Lit K

Copy 1

Wimmer   Kommentar zur Insolvenzordnung

Frankfurter Kommentar zur Insolvenzordnung

Herausgegeben von:

Dr. Klaus Wimmer

Bearbeitet von:
Dr. Martin Ahrens, Wissenschaftlicher Assistent an der Universität Lüneburg
Michael App, Rechtsanwalt in Kehl
Dr. Kurt Bartenbach, Rechtsanwalt in Köln
Dr. Wolfgang Boochs, Regierungsdirektor am Finanzamt Neuss
Jörg Dauernheim, Rechtsanwalt in Altenstadt
Ernst Eisenbeis, Rechtsanwalt in Köln
Dr. Richard Foltis, Rechtsanwalt in Kassel
Gert Griebeling, Vorsitzender Richter am BAG Kassel
Hugo Grote, Rechtsanwalt in Köln
Christoph Hössl, Direktor des Amtsgerichts Nidda
Frank Imberger, Rechtsanwalt in Bochum
Dr. Michael Jaffé, Rechtsanwalt in München
Dr. Wulf-Gerd Joneleit, Rechtsanwalt in Bochum
Prof. Dr. Wolfhard Kohte, Professor an der Universität Halle-Wittenberg
Werner M. Mues, Rechtsanwalt in Köln
Parwäz Rafiqpoor, Wissenschaftlicher Mitarbeiter an der Universität Bonn
Robert Schallenberg, Rechtsanwalt in Bonn
Ulrich Schmerbach, Richter am Amtsgericht Göttingen
Hans-Werner Schulz, Rechtspfleger am Amtsgericht Bochum
Dr. Franz-Eugen Volz, Betzdorf
Burghard Wegener, Rechtsanwalt in Göttingen
Dr. Klaus Wimmer, Ministerialrat im Bundesministerium der Justiz

Luchterhand

Die Deutsche Bibliothek – CIP-Einheitsaufnahme

Frankfurter Kommentar zur Insolvenzordnung / hrsg. von Klaus Wimmer. Bearb. von: Martin Ahrens ... – Neuwied ; Kriftel : Luchterhand, 1999
    ISBN 3-472-03303-7

Zitiervorschlag: FK-InsO/Bearb. § ... Rz. ...

Projektleitung: Christiane Bachmann

Alle Rechte vorbehalten.
© 1999 by Hermann Luchterhand Verlag GmbH, Neuwied, Kriftel.
Das Werk einschließlich aller seiner Teile ist urheberrechtlich geschützt.
Jede Verwertung außerhalb der engen Grenzen des Urheberrechtsgesetzes ist ohne Zustimmung des Verlages unzulässig und strafbar. Das gilt insbesondere für Vervielfältigungen, Übersetzungen, Mikroverfilmungen und die Einspeicherung und Verarbeitung in elektronischen Systemen.
Umschlaggestaltung: Ute Weber GrafikDesign, München
Satz: Satz-Offizin Hümmer GmbH, Waldbüttelbrunn
Druck: Wilhelm & Adam, Heusenstamm
Bindung: Buchbinderei Fikentscher, Darmstadt
Printed in Germany. Dezember 1998

∞ Gedruckt auf säurefreiem, alterungsbeständigem und chlorfreiem Papier.

Vorwort

Die Insolvenzordnung, die bereits 1994 verabschiedet wurde, ist am 1. Januar 1999 endlich in Kraft getreten. Damit hat das umfänglichste und am gründlichsten vorbereitete Gesetzgebungsvorhaben der deutschen Nachkriegszeit Wirksamkeit erlangt. Fast bis zu dem genannten Datum rissen die Versuche nicht ab, das Inkrafttreten noch einmal hinauszuschieben. Insbesondere die Länder glaubten, den mit der Insolvenzordnung geschaffenen Neuerungen nicht gewachsen zu sein und noch längere Zeit für die personelle und organisatorische Vorbereitung zu benötigen. Rückblickend kann man dies vielleicht sogar als Gewinn ansehen, da seit der Verabschiedung noch eine intensive Diskussion stattfand, die manche Probleme aufzeigte und manche Streitfragen bereits vor dem Inkrafttreten klärte. Die teilweise strikt ablehnende Haltung, auf die die Insolvenzordnung kurz nach ihrer Verabschiedung stieß, ist zwischenzeitlich einem eher kritischen Wohlwollen gewichen. Es überwiegen die Stimmen, die die Insolvenzordnung als realistische Chance für die Sanierung notleidender Unternehmen und für den wirtschaftlichen Neubeginn überschuldeter Verbraucher sehen. Die Länder haben überwiegend die seit Verabschiedung der Insolvenzordnung vergangene Zeit intensiv genutzt, um die Justiz auf das neue Recht vorzubereiten. Ohne die Bemühungen anderer Länder schmälern zu wollen, seien in diesem Zusammenhang noch einmal die außergewöhnlichen Anstrengungen Nordrhein-Westfalens hervorgehoben.

Das Inkrafttreten eines neuen Gesetzes bietet einen guten Anlaß, auch einen neuen Kommentar aus der Taufe zu heben. Insgesamt war es ein Anliegen der Autoren und des Herausgebers, sich an den Bedürfnissen der Praxis zu orientieren und die angegebene Rechtsprechung und Literatur unter dem Blickwinkel der Praxisrelevanz einer Auswahl zu unterziehen. Umfänglichere Literaturangaben finden sich deshalb oftmals in den den einzelnen Erläuterungsabschnitten vorangestellten Literaturhinweisen.

Einen besonderen Schwerpunkt legt der Kommentar auf die Erläuterungen der dem deutschen Recht neuen Institute der Restschuldbefreiung und des Verbraucherinsolvenzverfahrens. Den zuständigen Autoren ist es hier gelungen, ein wissenschaftlich geschlossenes Konzept mit einer Vielzahl praktischer Hinweise zu verbinden.

Um die angestrebte Praxistauglichkeit des Frankfurter Kommentars zur Insolvenzordnung weiter zu erhöhen, sind Autoren und Herausgeber dankbar für Kritik und Anregungen, die dann in den nächsten Auflagen Berücksichtigung finden könnten.

Berlin, im November 1998　　　　　　　　　　　　　　　　　　　　　Klaus Wimmer

Bearbeiterverzeichnis

Dr. Martin Ahrens §§ 286, 287, 289–291, 294–297,
Wissenschaftlicher Assistent 299–303
an der Universität Lüneburg

Michael App §§ 80–102
Rechtsanwalt in Kehl

Dr. Kurt Bartenbach Anhang II: Arbeitnehmererfindungen
Fachanwalt für Arbeitsrecht in Köln in der Insolvenz

Dr. Wolfgang Boochs §§ 155
Regierungsdirektor am Finanzamt Neuss

Jörg Dauernheim §§ 129–147
Fachanwalt für Steuerrecht in Altenstadt

Ernst Eisenbeis Vor §§ 113 ff., §§ 113, 114, 120–128
Fachanwalt für Arbeitsrecht in Köln

Dr. Richard Foltis Vor §§ 270 ff., §§ 270–285
Rechtsanwalt in Kassel

Gert Griebeling Anhang III: Betriebliche Altersversor-
Vorsitzender Richter am BAG Kassel gung

Hugo Grote Vor §§ 286 ff., §§ 288, 292, 293, 298,
Rechtsanwalt in Köln 305–307, 309

Christoph Hössl §§ 56–79
Direktor des Amtsgerichts Nidda

Frank Imberger §§ 47–52
Rechtsanwalt in Bochum

Dr. Michael Jaffé §§ 217–269
Fachanwalt für Steuerrecht in München

Dr. Wulf-Gerd Joneleit §§ 47–52
Fachanwalt für Steuerrecht in Bochum

Prof. Dr. Wolfhard Kohte §§ 304, 308, 310–314
Professor an der Universität Halle-Wittenberg

Bearbeiterverzeichnis

Werner M. Mues Fachanwalt für Arbeitsrecht in Köln	Vor §§ 113 ff., Anh. zu § 113: Vergütungsansprüche des Arbeitnehmers in der Insolvenz
Parwäz Rafiqpoor Wissenschaftlicher Mitarbeiter an der Universität Bonn	Vor §§ 315 ff., §§ 315–335
Robert Schallenberg Rechtsanwalt in Bonn	Vor §§ 315 ff., §§ 315–335
Ulrich Schmerbach Richter am Amtsgericht Göttingen	§§ 1–34
Hans-Werner Schulz Rechtspfleger am Amtsgericht Bochum	§§ 35–46, 53–55, 174–216
Dr. Franz-Eugen Volz Betzdorf	Anhang II: Arbeitnehmererfindungen in der Insolvenz
Burghard Wegener Rechtsanwalt in Göttingen	§§ 103–112, 115–119, 148–154, 156–173
Dr. Klaus Wimmer Ministerialrat im Bundesministerium der Justiz	Anhang I: Art. 102 Internationales Insolvenzrecht

Inhaltsverzeichnis

Literaturverzeichnis XXI

Abkürzungsverzeichnis XXVII

Insolvenzordnung – Gesetzestext 3

Insolvenzordnung – Kommentar 93

Erster Teil. Allgemeine Vorschriften

	Vorbemerkungen vor §§ 1ff.	93
§ 1	Ziele des Insolvenzverfahrens	102
§ 2	Amtsgericht als Insolvenzgericht	105
§ 3	Örtliche Zuständigkeit	111
§ 4	Anwendbarkeit der Zivilprozeßordnung	120
§ 5	Verfahrensgrundsätze	132
§ 6	Sofortige Beschwerde	141
§ 7	Weitere Beschwerde	153
§ 8	Zustellungen	159
§ 9	Öffentliche Bekanntmachung	164
§ 10	Anhörung des Schuldners	168

Zweiter Teil. Eröffnung des Insolvenzverfahrens. Erfaßtes Vermögen und Verfahrensbeteiligte

Erster Abschnitt. Eröffnungsvoraussetzungen und Eröffnungsverfahren

	Vorbemerkungen vor §§ 11 ff.	172
§ 11	Zulässigkeit des Insolvenzverfahrens	173
§ 12	Juristische Personen des öffentlichen Rechts	180
§ 13	Eröffnungsantrag	182
§ 14	Antrag eines Gläubigers	209
§ 15	Antragsrecht bei juristischen Personen und Gesellschaften ohne Rechtspersönlichkeit	234
§ 16	Eröffnungsgrund	243
§ 17	Zahlungsunfähigkeit	245
§ 18	Drohende Zahlungsunfähigkeit	253
§ 19	Überschuldung	261
§ 20	Auskunftspflicht im Eröffnungsverfahren	268
§ 21	Anordnung von Sicherungsmaßnahmen	272
§ 22	Rechtsstellung des vorläufigen Insolvenzverwalters	297
§ 23	Bekanntmachung der Verfügungsbeschränkungen	314
§ 24	Wirkungen der Verfügungsbeschränkungen	320
§ 25	Aufhebung der Sicherungsmaßnahmen	330
§ 26	Abweisung mangels Masse	335

Inhaltsverzeichnis

§ 27	Eröffnungsbeschluß	355
§ 28	Aufforderungen an die Gläubiger und die Schuldner	361
§ 29	Terminbestimmungen	364
§ 30	Bekanntmachung des Eröffnungsbeschlusses. Hinweis auf Restschuldbefreiung	367
§ 31	Handels-, Genossenschafts- und Vereinsregister	374
§ 32	Grundbuch	376
§ 33	Register für Schiffe und Luftfahrzeuge	379
§ 34	Rechtsmittel	380

Zweiter Abschnitt. Insolvenzmasse. Einteilung der Gläubiger

§ 35	Begriff der Insolvenzmasse	393
§ 36	Unpfändbare Gegenstände	395
§ 37	Gesamtgut bei Gütergemeinschaft	397
§ 38	Begriff der Insolvenzgläubiger	400
§ 39	Nachrangige Insolvenzgläubiger	403
§ 40	Unterhaltsansprüche	406
§ 41	Nicht fällige Forderungen	409
§ 42	Auflösend bedingte Forderungen	410
§ 43	Haftung mehrerer Personen	411
§ 44	Rechte der Gesamtschuldner und Bürgen	413
§ 45	Umrechnung von Forderungen	414
§ 46	Wiederkehrende Leistungen	417
§ 47	Aussonderung	417
§ 48	Ersatzaussonderung	432
§ 49	Abgesonderte Befriedigung aus unbeweglichen Gegenständen ..	437
§ 50	Abgesonderte Befriedigung der Pfandgläubiger	444
§ 51	Sonstige Absonderungsberechtigte	449
§ 52	Ausfall der Absonderungsberechtigten	460
§ 53	Massegläubiger	464
§ 54	Kosten des Insolvenzverfahrens	465
§ 55	Sonstige Masseverbindlichkeiten	474

Dritter Abschnitt. Insolvenzverwalter. Organe der Gläubiger

§ 56	Bestellung des Insolvenzverwalters	477
§ 57	Wahl eines anderen Insolvenzverwalters	485
§ 58	Aufsicht des Insolvenzgerichts	488
§ 59	Entlassung des Insolvenzverwalters	491
§ 60	Haftung des Insolvenzverwalters	494
§ 61	Nichterfüllung von Masseverbindlichkeiten	504
§ 62	Verjährung	506
§ 63	Vergütung des Insolvenzverwalters	507
§ 64	Festsetzung durch das Gericht	509
§ 65	Verordnungsermächtigung	510
§ 66	Rechnungslegung	511
§ 67	Einsetzung des Gläubigerausschusses	514
§ 68	Wahl anderer Mitglieder	516

§ 69	Aufgaben des Gläubigerausschusses	517
§ 70	Entlassung	519
§ 71	Haftung der Mitglieder des Gläubigerausschusses	521
§ 72	Beschlüsse des Gläubigerausschusses	522
§ 73	Vergütung der Mitglieder des Gläubigerausschusses	523
§ 74	Einberufung der Gläubigerversammlung	523
§ 75	Antrag auf Einberufung	525
§ 76	Beschlüsse der Gläubigerversammlung	526
§ 77	Feststellung des Stimmrechts	528
§ 78	Aufhebung eines Beschlusses der Gläubigerversammlung	531
§ 79	Unterrichtung der Gläubigerversammlung	532

Dritter Teil. Wirkungen der Eröffnung des Insolvenzverfahrens

Erster Abschnitt. Allgemeine Wirkungen

§ 80	Übergang des Verwaltungs- und Verfügungsrechts	534
§ 81	Verfügungen des Schuldners	540
§ 82	Leistungen an den Schuldner	550
§ 83	Erbschaft. Fortgesetzte Gütergemeinschaft	553
§ 84	Auseinandersetzung einer Gesellschaft oder Gemeinschaft	556
§ 85	Aufnahme von Aktivprozessen	564
§ 86	Aufnahme bestimmter Passivprozesse	569
§ 87	Forderungen der Insolvenzgläubiger	572
§ 88	Vollstreckung vor Verfahrenseröffnung	582
§ 89	Vollstreckungsverbot	586
§ 90	Vollstreckungsverbot bei Masseverbindlichkeiten	592
§ 91	Ausschluß sonstigen Rechtserwerbs	595
§ 92	Gesamtschaden	600
§ 93	Persönliche Haftung der Gesellschafter	602
§ 94	Erhaltung einer Aufrechnungslage	603
§ 95	Eintritt der Aufrechnungslage im Verfahren	608
§ 96	Unzulässigkeit der Aufrechnung	610
§ 97	Auskunfts- und Mitwirkungspflichten des Schuldners	614
§ 98	Durchsetzung der Pflichten des Schuldners	619
§ 99	Postsperre	622
§ 100	Unterhalt aus der Insolvenzmasse	625
§ 101	Organschaftliche Vertreter. Angestellte	628
§ 102	Einschränkung eines Grundrechts	630

Zweiter Abschnitt. Erfüllung der Rechtsgeschäfte. Mitwirkung des Betriebsrats

§ 103	Wahlrecht des Insolvenzverwalters	631
§ 104	Fixgeschäfte. Finanztermingeschäfte	645
§ 105	Teilbare Leistungen	653
§ 106	Vormerkung	657
§ 107	Eigentumsvorbehalt	662

Inhaltsverzeichnis

§ 108	Fortbestehen von Dauerschuldverhältnissen		670
§ 109	Schuldner als Mieter oder Pächter		677
§ 110	Schuldner als Vermieter oder Verpächter		684
§ 111	Veräußerung des Miet- oder Pachtobjekts		687
§ 112	Kündigungssperre		690
	Vorbemerkungen vor § 113 ff.		694
§ 113	Kündigung eines Dienstverhältnisses		710
	Anhang zu § 113: Vergütungsansprüche des Arbeitnehmers in der Insolvenz, Insolvenzgeld, Masseverbindlichkeiten und Insolvenzforderungen		731
§ 114	Bezüge aus einem Dienstverhältnis		786
§ 115	Erlöschen von Aufträgen		790
§ 116	Erlöschen von Geschäftsbesorgungsverträgen		794
§ 117	Erlöschen von Vollmachten		807
§ 118	Auflösung von Gesellschaften		810
§ 119	Unwirksamkeit abweichender Vereinbarungen		812
§ 120	Kündigung von Betriebsvereinbarungen		814
§ 121	Betriebsänderungen und Vermittlungsverfahren		819
§ 122	Gerichtliche Zustimmung zur Durchführung einer Betriebsänderung		821
§ 123	Umfang des Sozialplans		833
§ 124	Sozialplan vor Verfahrenseröffnung		840
§ 125	Interessenausgleich und Kündigungsschutz		847
§ 126	Beschlußverfahren zum Kündigungsschutz		860
§ 127	Klage des Arbeitnehmers		869
§ 128	Betriebsveräußerung		872

Dritter Abschnitt. Insolvenzanfechtung

§ 129	Grundsatz		875
§ 130	Kongruente Deckung		894
§ 131	Inkongruente Deckung		911
§ 132	Unmittelbar nachteilige Rechtshandlung		919
§ 133	Vorsätzliche Benachteiligung		922
§ 134	Unentgeltliche Leistung		931
§ 135	Kapitalersetzende Darlehen		939
§ 136	Stille Gesellschaft		965
§ 137	Wechsel- und Scheckzahlungen		968
§ 138	Nahestehende Personen		971
§ 139	Berechnung der Fristen vor dem Eröffnungsantrag		977
§ 140	Zeitpunkt der Vornahme einer Rechtshandlung		978
§ 141	Vollstreckbarer Titel		984
§ 142	Bargeschäft		985
§ 143	Rechtsfolgen		989
§ 144	Ansprüche des Anfechtungsgegners		1008
§ 145	Anfechtung gegen Rechtsnachfolger		1011
§ 146	Verjährung des Anfechtungsanspruchs		1017
§ 147	Rechtshandlungen nach Verfahrenseröffnung		1021

Vierter Teil. Verwaltung und Verwertung der Insolvenzmasse

Erster Abschnitt. Sicherung der Insolvenzmasse

§ 148	Übernahme der Insolvenzmasse	1023
§ 149	Wertgegenstände	1027
§ 150	Siegelung	1030
§ 151	Verzeichnis der Massegegenstände	1031
§ 152	Gläubigerverzeichnis	1035
§ 153	Vermögensübersicht	1038
§ 154	Niederlegung in der Geschäftsstelle	1042
§ 155	Handels- und steuerrechtliche Rechnungslegung	1043

Zweiter Abschnitt. Entscheidung über die Verwertung

§ 156	Berichtstermin	1144
§ 157	Entscheidung über den Fortgang des Verfahrens	1147
§ 158	Maßnahmen vor der Entscheidung	1149
§ 159	Verwertung der Insolvenzmasse	1151
§ 160	Besonders bedeutsame Rechtshandlungen	1156
§ 161	Vorläufige Untersagung der Rechtshandlung	1160
§ 162	Betriebsveräußerung an besonders Interessierte	1161
§ 163	Betriebsveräußerung unter Wert	1162
§ 164	Wirksamkeit der Handlung	1163

Dritter Abschnitt. Gegenstände mit Absonderungsrechten

§ 165	Verwertung unbeweglicher Gegenstände	1164
§ 166	Verwertung beweglicher Gegenstände	1169
§ 167	Unterrichtung des Gläubigers	1172
§ 168	Mitteilung der Veräußerungsabsicht	1173
§ 169	Schutz des Gläubigers vor einer Verzögerung der Verwertung	1175
§ 170	Verteilung des Erlöses	1177
§ 171	Berechnung des Kostenbeitrags	1177
§ 172	Sonstige Verwendung beweglicher Sachen	1181
§ 173	Verwertung durch den Gläubiger	1183

Fünfter Teil. Befriedigung der Insolvenzgläubiger. Einstellung des Verfahrens

Erster Abschnitt. Feststellung der Forderungen

§ 174	Anmeldung der Forderungen	1185
§ 175	Tabelle	1192
§ 176	Verlauf des Prüfungstermins	1193
§ 177	Nachträgliche Anmeldungen	1197
§ 178	Voraussetzungen und Wirkungen der Feststellung	1201
§ 179	Streitige Forderungen	1204

Inhaltsverzeichnis

§ 180	Zuständigkeit für die Feststellung	1206
§ 181	Umfang der Feststellung	1207
§ 182	Streitwert	1208
§ 183	Wirkung der Entscheidung	1209
§ 184	Klage gegen einen Widerspruch des Schuldners	1211
§ 185	Besondere Zuständigkeiten	1212
§ 186	Wiedereinsetzung in den vorigen Stand	1213

Zweiter Abschnitt. Verteilung

§ 187	Befriedigung der Insolvenzgläubiger	1215
§ 188	Verteilungsverzeichnis	1216
§ 189	Berücksichtigung bestrittener Forderungen	1218
§ 190	Berücksichtigung absonderungsberechtigter Gläubiger	1220
§ 191	Berücksichtigung aufschiebend bedingter Forderungen	1223
§ 192	Nachträgliche Berücksichtigung	1224
§ 193	Änderung des Verteilungsverzeichnisses	1224
§ 194	Einwendungen gegen das Verteilungsverzeichnis	1225
§ 195	Festsetzung des Bruchteils	1227
§ 196	Schlußverteilung	1228
§ 197	Schlußtermin	1230
§ 198	Hinterlegung zurückbehaltener Beträge	1233
§ 199	Überschuß bei der Schlußverteilung	1234
§ 200	Aufhebung des Insolvenzverfahrens	1235
§ 201	Rechte der Insolvenzgläubiger nach Verfahrensaufhebung	1236
§ 202	Zuständigkeit bei der Vollstreckung	1239
§ 203	Anordnung der Nachtragsverteilung	1240
§ 204	Rechtsmittel	1242
§ 205	Vollzug der Nachtragsverteilung	1243
§ 206	Ausschluß von Massegläubigern	1244

Dritter Abschnitt. Einstellung des Verfahrens

§ 207	Einstellung mangels Masse	1244
§ 208	Anzeige der Masseunzulänglichkeit	1246
§ 209	Befriedigung der Massegläubiger	1248
§ 210	Vollstreckungsverbot	1253
§ 211	Einstellung nach Anzeige der Masseunzulänglichkeit	1255
§ 212	Einstellung wegen Wegfalls des Eröffnungsgrunds	1256
§ 213	Einstellung mit Zustimmung der Gläubiger	1256
§ 214	Verfahren bei der Einstellung	1259
§ 215	Bekanntmachung und Wirkung der Einstellung	1260
§ 216	Rechtsmittel	1262

Sechster Teil. Insolvenzplan

Erster Abschnitt. Aufstellung des Plans

§ 217	Grundsatz	1263
§ 218	Vorlage des Insolvenzplans	1277
§ 219	Gliederung des Plans	1288
§ 220	Darstellender Teil	1290
§ 221	Gestaltender Teil	1309
§ 222	Bildung von Gruppen	1312
§ 223	Rechte der Absonderungsberechtigten	1320
§ 224	Rechte der Insolvenzgläubiger	1322
§ 225	Rechte der nachrangigen Insolvenzgläubiger	1324
§ 226	Gleichbehandlung der Beteiligten	1327
§ 227	Haftung des Schuldners	1330
§ 228	Änderung sachenrechtlicher Verhältnisse	1332
§ 229	Vermögensübersicht. Ergebnis- und Finanzplan	1334
§ 230	Weitere Anlagen	1338
§ 231	Zurückweisung des Plans	1341
§ 232	Stellungnahmen zum Plan	1347
§ 233	Aussetzung von Verwertung und Verteilung	1351
§ 234	Niederlegung des Plans	1358

Zweiter Abschnitt. Annahme und Bestätigung des Plans

§ 235	Erörterungs- und Abstimmungstermin	1359
§ 236	Verbindung mit dem Prüfungstermin	1367
§ 237	Stimmrecht der Insolvenzgläubiger	1369
§ 238	Stimmrecht der absonderungsberechtigten Gläubiger	1374
§ 239	Stimmliste	1376
§ 240	Änderung des Plans	1377
§ 241	Gesonderter Abstimmungstermin	1380
§ 242	Schriftliche Abstimmung	1383
§ 243	Abstimmung in Gruppen	1386
§ 244	Erforderliche Mehrheiten	1387
§ 245	Obstruktionsverbot	1394
§ 246	Zustimmung nachrangiger Insolvenzgläubiger	1403
§ 247	Zustimmung des Schuldners	1406
§ 248	Gerichtliche Bestätigung	1411
§ 249	Bedingter Plan	1414
§ 250	Verstoß gegen Verfahrensvorschriften	1416
§ 251	Minderheitenschutz	1418
§ 252	Bekanntgabe der Entscheidung	1422
§ 253	Rechtsmittel	1424

Inhaltsverzeichnis

Dritter Abschnitt. Wirkungen des bestätigten Plans. Überwachung der Planerfüllung

§ 254	Allgemeine Wirkungen des Plans	1425
§ 255	Wiederauflebensklausel	1428
§ 256	Streitige Forderungen. Ausfallforderungen	1434
§ 257	Vollstreckung aus dem Plan	1437
§ 258	Aufhebung des Insolvenzverfahrens	1441
§ 259	Wirkungen der Aufhebung	1444
§ 260	Überwachung der Planerfüllung	1447
§ 261	Aufgaben und Befugnisse des Insolvenzverwalters	1450
§ 262	Anzeigepflicht des Insolvenzverwalters	1453
§ 263	Zustimmungsbedürftige Geschäfte	1456
§ 264	Kreditrahmen	1458
§ 265	Nachrang von Neugläubigern	1463
§ 266	Berücksichtigung des Nachrangs	1466
§ 267	Bekanntmachung der Überwachung	1467
§ 268	Aufhebung der Überwachung	1470
§ 269	Kosten der Überwachung	1473

Siebter Teil   Eigenverwaltung

	Vorbemerkungen vor §§ 270 ff.	1475
§ 270	Voraussetzungen	1486
§ 271	Nachträgliche Anordnung	1498
§ 272	Aufhebung der Anordnung	1502
§ 273	Öffentliche Bekanntmachung	1507
§ 274	Rechtsstellung des Sachwalters	1507
§ 275	Mitwirkung des Sachwalters	1525
§ 276	Mitwirkung des Gläubigerausschusses	1534
§ 277	Anordnung der Zustimmungsbedürftigkeit	1537
§ 278	Mittel zur Lebensführung des Schuldners	1541
§ 279	Gegenseitige Verträge	1546
§ 280	Haftung. Insolvenzanfechtung	1552
§ 281	Unterrichtung der Gläubiger	1557
§ 282	Verwertung von Sicherungsgut	1565
§ 283	Befriedigung der Insolvenzgläubiger	1572
§ 284	Insolvenzplan	1575
§ 285	Masseunzulänglichkeit	1579

Achter Teil. Restschuldbefreiung

	Vorbemerkungen vor §§ 286 ff.	1580
§ 286	Grundsatz	1586
§ 287	Antrag des Schuldners	1606
§ 288	Vorschlagsrecht	1634
§ 289	Entscheidung des Insolvenzgerichts	1638

§ 290	Versagung der Restschuldbefreiung	1644
§ 291	Ankündigung der Restschuldbefreiung	1664
§ 292	Rechtsstellung des Treuhänders	1667
§ 293	Vergütung des Treuhänders	1680
§ 294	Gleichbehandlung der Gläubiger	1686
§ 295	Obliegenheiten des Schuldners	1699
§ 296	Verstoß gegen Obliegenheiten	1720
§ 297	Insolvenzstraftaten	1732
§ 298	Deckung der Mindestvergütung des Treuhänders	1735
§ 299	Vorzeitige Beendigung	1740
§ 300	Entscheidung über die Restschuldbefreiung	1744
§ 301	Wirkung der Restschuldbefreiung	1749
§ 302	Ausgenommene Forderungen	1758
§ 303	Widerruf der Restschuldbefreiung	1766

Neunter Teil. Verbraucherinsolvenzverfahren und sonstige Kleinverfahren

Erster Abschnitt. Anwendungsbereich

§ 304	Grundsatz	1775

Zweiter Abschnitt. Schuldenbereinigungsplan

§ 305	Eröffnungsantrag des Schuldners	1785
§ 306	Ruhen des Verfahrens	1800
§ 307	Zustellung an die Gläubiger	1808
§ 308	Annahme des Schuldenbereinigungsplans	1815
§ 309	Ersetzung der Zustimmung	1821
§ 310	Kosten	1837

Dritter Abschnitt. Vereinfachtes Insolvenzverfahren

§ 311	Aufnahme des Verfahrens über den Eröffnungsantrag	1842
§ 312	Allgemeine Verfahrensvereinfachungen	1852
§ 313	Treuhänder	1877
§ 314	Vereinfachte Verteilung	1900

Zehnter Teil. Besondere Arten des Insolvenzverfahrens

	Vorbemerkung	1913

Erster Abschnitt. Nachlaßinsolvenzverfahren

§ 315	Örtliche Zuständigkeit	1914
§ 316	Zulässigkeit der Eröffnung	1923
§ 317	Antragsberechtigte	1928

Inhaltsverzeichnis

§ 318	Antragsrecht beim Gesamtgut	1936
§ 319	Antragsfrist	1938
§ 320	Eröffnungsgründe	1939
§ 321	Zwangsvollstreckung nach Erbfall	1946
§ 322	Anfechtbare Rechtshandlungen des Erben	1951
§ 323	Aufwendungen des Erben	1954
§ 324	Masseverbindlichkeiten	1955
§ 325	Nachlaßverbindlichkeiten	1961
§ 326	Ansprüche des Erben	1964
§ 327	Nachrangige Verbindlichkeiten	1967
§ 328	Zurückgewährte Gegenstände	1972
§ 329	Nacherbfolge	1974
§ 330	Erbschaftskauf	1976
§ 331	Gleichzeitige Insolvenz des Erben	1979

Zweiter Abschnitt. Insolvenzverfahren über das Gesamtgut einer fortgesetzten Gütergemeinschaft

§ 332	Verweisung auf das Nachlaßinsolvenzverfahren	1984

Dritter Abschnitt. Insolvenzverfahren über das gemeinschaftlich verwaltete Gesamtgut einer Gütergemeinschaft

§ 333	Antragsrecht. Eröffnungsgründe	1999
§ 334	Persönliche Haftung der Ehegatten	2007

Elfter Teil. Inkrafttreten

§ 335	Verweisung auf das Einführungsgesetz	2011

Anhang I
Internationales Insolvenzrecht (Art. 102 EGInsO) 2017

Anhang II
Arbeitnehmererfindungen in der Insolvenz 2215

Anhang III
Betriebliche Altersversorgung 2239

Anhang IV
Insolvenzrechtliche Vergütungsverordnung (InsVV) 2271

Anhang V
Formularsatz für das Verbraucherinsolvenzverfahren mit anschließender Restschuldbefreiung (NRW) 2295

Stichwortverzeichnis 2329

Literaturverzeichnis

App, Michael	Die Insolvenzordnung (1995)
Arbeitskreis für Insolvenz- und Schiedsgerichtswesen (Hrsg.)	Kölner Schrift zur Insolvenzordnung (1997)
Balz, Manfred/Landfermann, Hans G.	Die neuen Insolvenzgesetze (1995)
Bassenge, Peter/Herbst, Gerhard	Gesetz über die Angelegenheiten der freiwilligen Gerichtsbarkeit/Rechtspflegergesetz, 7. Aufl. (1995)
Baumbach, Adolf/Hefermehl, Wolfgang	Wettbewerbsrecht, Gesetz gegen den unlauteren Wettbewerb, Zugabeverordnung, Rabattgesetz und Nebengesetze, 20. Aufl. (1998)
dies.	Wechsel- und Scheckgesetz, 20. Aufl. (1997)
Baumbach, Adolf/Hopt, Klaus	Handelsgesetzbuch, 29. Aufl. (1995)
Baumbach Adolf/Hueck, Alfred	GmbH-Gesetz, 17. Aufl. (1998)
Baumbach, Adolf/Lauterbach, Wolfgang/Albers, Jon/Hartmann, Peter	Zivilprozeßordnung mit GVG und anderen Nebengesetzen, Kommentar, 56. Aufl. (1998)
Baur, Fritz/Stürner, Rolf	Zwangsvollstreckungs-, Konkurs- und Vergleichsrecht, 6. Aufl. (1989)
	Bd. II Insolvenzrecht, 12. Aufl. (1990)
dies.	Insolvenzrecht, 3. Aufl. (1991)
Bley, Erich/Mohrbutter, Jürgen	Vergleichsordnung (VerglO), 4. Aufl., Bd. 1 (1979), Bd. 2 (1981)
Böhle-Stammschräder, Alois/Kilger, Joachim	Vergleichsordnung (VerglO), Kommentar, 11. Aufl. (1986)
Bork, Reinhard	Einführung in das neue Insolvenzrecht (1995)
Brox, Hans	Erbrecht, 17. Aufl. (1998)
Brox, Hans/Walker, Wolf D.	Zwangsvollstreckungsrecht, 5. Aufl. (1996)
Canaris, Claus-Wilhelm	Bankvertragsrecht, 3 Aufl. (1988)
Dassler/Schiffhauer/Gerhardt	Gesetz über die Zwangsversteigerung und Zwangsverwaltung, Kommentar, 12. Aufl. (1991)
Dallmayer, Peter/Eickmann, Dieter	Rechtspflegergesetz, Kommentar (1996)
Dauernheim, Jörg	Das Anfechtungsrecht in der Insolvenz (1999)
Delhaes, Wolfgang	Der Insolvenzantrag – verfahrens- und kostenrechtliche Probleme der Konkurs- und Vergleichsantragstellung (1994)
Dietz, Rolf/Richardi, Reinhard	Betriebsverfassungsgesetz. Mit Wahlordnungen, 6. Aufl., Bd. 1 (1981), Bd. 2 (1982)
Drukarczyk, Jochen	Unternehmen und Insolvenz (1987)
Eickmann, Dieter	Konkurs und Vergleichsrecht, 2. Aufl. (1980)

Literaturverzeichnis

ders.	Aktuelle Probleme des Insolvenzverfahrens aus Verwalter- und Gläubigersicht, RWS-Skript Nr. 88, 3. Aufl. (1995)
ders.	VergütVO, Kommentar zur Vergütung im Insolvenzverfahren, 2. Aufl. (1997)
Eickmann, Dieter/Mohn, Johann	Handbuch für das Konkursgericht, 5. Aufl. (1976)
Ermann, Walter/Bearbeiter	Handkommentar zum Bürgerlichen Gesetzbuch, 2 Bde., 9. Aufl. (1993)
Fabricius, Fritz/Kraft, Alfons/Wiese, Günther/Kreutz, Peter (Hrsg.)	Betriebsverfassungsgesetz, Gemeinschaftskommentar, 6. Aufl. (1998)
Frotscher, Gerrit	Steuern im Konkurs, 4. Aufl. (1997)
Gerhardt, Walter	Grundpfandrechte im Insolvenzverfahren, RWS-Skript Nr. 35, 7. Aufl. (1996)
ders.	Die systematische Einordnung der Gläubigeranfechtung. Göttinger Rechtswissenschaftliche Studien, Bd. 75 (1969)
Gerhardt, Walter/Kreft, Gerhart	Aktuelle Probleme der Insolvenzanfechtung. – KO, GesO, AnfG –, RWS-Skript Nr. 82, 7. Aufl. (1996)
Gerkan, Hartwin von/Hommelhoff, Peter	Kapitalersatz im Gesellschafts- und Insolvenzrecht, RWS-Skript Nr. 196, 3. Aufl. (1994)
Gottwald, Peter (Hrsg.)	Insolvenzrechts-Handbuch. Arnold, Hans/Delhaes, Karl/Eickmann, Dieter u. a. (1990), mit Nachtrag GesO (1993)
Haarmeyer, Hans/Wutzke, Wolfgang/Förster, Karsten	Insolvenzordnung (InsO/EGInsO), Kommentierte Textausgabe (1995)
dies.	Handbuch zur Insolvenzordnung. InsO/EGInsO (1997)
dies.	Gesamtvollstreckungsordnung, Kommentar zur Gesamtvollstreckungsordnung (GesO) und zum Gesetz über die Unterbrechung von Gesamtvollstreckungsverfahren (GUG), 3. Aufl. (1995)
Hachenburg, Max/Ulmer, Peter	Gesetz betreffend die Gesellschaften mit beschränkter Haftung (GmbHG), Großkommentar Bd. 1: §§ 1–34, 8. Aufl. (1992) Bd. 2: §§ 35–52, 8. Aufl. (1997) Bd. 3: §§ 53–85, 8. Aufl. (1997)
Häsemeyer, Ludwig	Insolvenzrecht, 2. Aufl. (1998)
Heile, Bernhard	Die Anweisung im Konkurs des Schuldners (1976)
Henckel, Wolfram	Pflichten des Konkursverwalters gegenüber Aus- und Absonderungsberechtigten, RWS-Skript Nr. 25, 2. Aufl. (1979)
Hess Harald	Kommentar zur Konkursordnung (KO), 6. Aufl. (1998)
Hess, Harald/Binz, Fritz/Wienberg, Rüdiger	Gesamtvollstreckungsordnung (GesO), Kommentar, 4. Aufl. (1998)
Hess, Harald/Boochs, Wolfgang/Weis, Michaela	Steuerrecht in der Insolvenz (1996)

Inhaltsübersicht

Literaturverzeichnis XXI

Abkürzungsverzeichnis XXVII

Insolvenzordnung – Gesetzestext 3

Insolvenzordnung – Kommentar 93

Anhänge 2017

Stichwortverzeichnis 2329

Hess, Harald/Fechner, Dietrich/Freund, Konrad/ Körner, Friederike	Sanierungshandbuch, 3. Aufl. (1998)
Hess, Harald/Obermüller, Manfred	Die Rechtsstellung der Verfahrensbeteiligten nach der Insolvenzordnung (1995)
Hess, Harald/Pape, Gerhard	InsO und EGInsO. Grundzüge des neuen Insolvenzrechts, RWS-Skript Nr. 278 (1995)
Hess, Harald/Weis Michaela	Das neue Anfechtungsrecht (1996)
Heymann/Bearbeiter	Heymann Handelsgesetzbuch, Kommentar (1989), 2. Aufl. (1994 ff.)
Hübschmann, Walter/ Hepp/Spitaler, Armin	Kommentar zur Abgabenordnung und Finanzgerichtsordnung, Loseblattausgabe, 10. Aufl. (1995)
Jaeger, Ernst	Lehrbuch des Deutschen Konkursrechts, 8. Aufl. (1973)
Jaeger, Ernst/Henckel, Wolfram	Konkursordnung (KO), Großkommentar, 9. Aufl. (1997)
Jaeger, Ernst/Lent	Konkursordnung (KO), Kommentar, 8. Aufl. (1985)
Jaeger, Ernst/Weber	Konkursordnung, Kommentar, 8. Aufl. (1985)
Jauernig, Othmar/Bearbeiter	Bürgerliches Gesetzbuch, 8. Aufl. (1997)
Jauernig, Othmar	Zwangsvollstreckungs- und Insolvenzrecht, 20. Aufl. (1996)
Jonas/Pohle	Zwangsvollstreckungsnotrecht, 16. Aufl. (1954)
Kilger, Joachim/Schmidt, Karsten	Konkursordnung (KO), Kurzkommentar, 16. Aufl. (1993)
Kübler, Bruno	Neuordnung des Insolvenzrechts (1989)
Kübler, Bruno M./Prütting, Hanns	Das neue Insolvenzrecht (1994), Bd. I: InsO, Bd. II: EGInsO (RWS-Dok. 18)
Kuhn, Georg/Uhlenbruck, Wilhelm	Konkursordnung, Kommentar (KO), 11. Aufl. (1994)
Larenz, Karl	Lehrbuch des Schuldrechts, Bd. I: Allgemeiner Teil, 14. Aufl. (1987)
Leipold, Dieter/Heinze, Meinhardt/Stürner, Rolf/ Uhlenbruck, Wilhelm	Insolvenzrecht im Umbruch (1991)
Lutter, Marcus/Hommelhoff	GmbH-Gesetz, 14. Aufl. (1995)
Marotzke, Wolfgang	Gegenseitige Verträge im neuen Insolvenzrecht, 2. Aufl. (1998)
Meyer-Cording, Ulrich	Das Recht der Banküberweisung (1951)
Mohrbutter, Jürgen/ Drischler, Karl	Die Zwangsversteigerungs- und Zwangsverwaltungspraxis Bd. 1: 7. Aufl (1986), Bd. 2: 7. Aufl. (1990)
Mohrbutter/Mohrbutter	Handbuch der Insolvenzverwaltung (Hdb. d. Insolvenzvw.), 7. Aufl. (1997), bis zur 6. Auflage wurde das Werk unter dem Titel »Handbuch der Konkurs- und Vergleichsverwaltung« geführt
dies.	Handbuch des gesamten Vollstreckungs- und Insolvenzrechts, 2. Aufl. (1974)

Literaturverzeichnis

Münchener Kommentar	zum BGB Bd. 7: Familienrecht I (§§ 1297–1588), 3. Aufl. (1993) Bd. 9: Erbrecht (§§ 1922–2385), 3. Aufl. (1992) zur Zivilprozeßordnung Bd. 1: Einleitung (§§ 1 –354) (1993) Bd. 3: (§§ 803–1048) (1993)
Neumann, Friedrich	Die Gläubigerautonomie in einem künftigen Insolvenzverfahren, 1995 (Schriften zum Deutschen und Europäischen Zivil-, Handels- und Prozeßrecht, Bd. 153)
Obermüller, Manfred	Handbuch des Insolvenzrechts für die Kreditwirtschaft (HdbInsR), 4. Aufl. (1991)
ders.	Insolvenzrecht in der Bankpraxis, 5. Aufl. (1997)
Obermüller, Manfred/ Hess, Harald	InsO, Eine systematische Darstellung der Insolvenzordnung unter Berücksichtigung kreditwirtschaftlicher und arbeitsrechtlicher Aspekte, 2. Aufl. (1998)
Onusseit, Dietmar	Umsatzsteuer im Konkurs (1988)
Onusseit, Dietmar/Kunz Peter	Steuern in der Insolvenz, RWS-Skript Nr. 271, 2. Aufl. (1997)
Palandt, Otto/Bearbeiter	Bürgerliches Gesetzbuch, Kurzkommentar, 57. Aufl. (1998)
Petersen, Julius/Kleinfeller, Georg	Konkursordnung für das Deutsche Reich, 3. Aufl. (1892)
Pohl, Reinhard	Der Zahlungsverkehr der Bank mit dem Kunden während der Krise und nach Vergleichseröffnung (1982)
Prütting, Hanns (Hrsg.)	RWS-Forum 9 Insolvenzrecht 1996 (1997)
Richardi/Wlotzke	Münchener Handbuch zum Arbeitsrecht (MünchArbR), Bd. 1 (1992), Bde. 2, 3 (1993)
Rosenberg/Gaul/Schilken	Zwangsvollstreckungsrecht, 10. Aufl. (1987)
Schaub, Günter	Arbeitsrechts-Handbuch, 8. Aufl. (1996)
Schilken, Eberhard	Zivilprozeßrecht, 2. Aufl. (1995)
Schlegelberger, Franz/Bearbeiter	Handelsgesetzbuch, Kommentar von Geßler/Hefermehl/Hildebrand/Martens/Schröder/K. Schmidt, 5. Aufl. (1973 ff.)
Schmidt, Ludwig	Einkommensteuergesetz (EStG), Kommentar, 17. Aufl. (1998)
Schmidt-Räntsch, Ruth	Insolvenzordnung mit Einführungsgesetz (1995)
Scholz, Franz/Bearbeiter	Kommentar zum GmbH-Gesetz, 8. Aufl. (1995)
Schrader/Uhlenbruck	Konkurs- und Vergleichsverfahren, 4. Aufl. (1977)
Schwarz, Bernard/Dumke, Wolfgang/Frotscher, Gerrit/Schultz, Walter	Kommentar zur Abgabenordnung (AO 1977), Loseblattausgabe (1976 ff.)
Serick, Rolf	Eigentumsvorbehalt und Sicherungsübertragung Bd. III: Die einfache Sicherungsübertragung, Zweiter Teil (1970)
Smid, Stefan (Hrsg.)/Zeuner, Mark/Rattunde, Rolf	Gesamtvollstreckungsordnung-Kommentar. Das Insolvenzrecht der fünf neuen Bundesländer und Ostberlins, 3. Aufl. (1996)
Soergel, Theodor/Bearbeiter	Bürgerliches Gesetzbuch mit Einführungsgesetz und Nebengesetzen, 12. Aufl. (1987 ff.)

Literaturverzeichnis

Staub, Hermann/Bearbeiter	Großkommentar zum HGB, 4. Aufl. (1983 ff.)
Staudinger, J./Bearbeiter	Bürgerliches Gesetzbuch mit Einführungsgesetzen und Nebengesetzen, Großkommentar, 13. Aufl. (1998)
Stein, Friedrich/Jonas, Martin	Kommentar zur Zivilprozeßordnung, Bd. 2: (§§ 91–252), 21. Aufl. (1994)
Stöber, Kurt	Förderungspfändung, 11. Aufl. (1996)
Thomas, Heinz/Putzo, Hans	Zivilprozeßordnung (ZPO), 21. Aufl. (1998)
Tipke, Klaus/Kruse, Heinrich W.	Abgabenordnung/Finanzgerichtsordnung. Kommentar zur AO 1977 und FGO (ohne Strafrecht), Loseblattausgabe, 16. Aufl.
Uhlenbruck, Wilhelm	Die GmbH & Co. KG in Krise, Konkurs und Vergleich, 2. Aufl. (1988)
ders.	Das neue Insolvenzrecht. Insolvenzordnung und Einführungsgesetz nebst Materialien (1994)
Uhlenbruck, Wilhelm/ Delhaes, Karl	Konkurs und Vergleichsverfahren, Handbuch der Rechtspraxis, 5. Aufl. (1990)
Weinbörner, Udo	Das neue Insolvenzrecht mit EU-Übereinkommen (1997)
Zeller, Friedrich/Stöber, Kurt	Zwangsversteigerungsgesetz (ZVG), 15. Aufl. (1996)
Zöller/Bearbeiter	Zivilprozeßordnung, Kommentar, 20. Aufl. (1997)

Abkürzungsverzeichnis

a. A.	anderer Ansicht, anderer Auffassung
AA	Arbeitsamt
a. a. O.	am angegebenen Ort
AB	Ausführungsbestimmung
ABA	Zeitschrift »Arbeit, Beruf und Arbeitslosenhilfe«
AbgG	Gesetz über die Rechtsverhältnisse der Mitglieder des Deutschen Bundestages (Abgeordnetengesetz)
abl.	ablehnend
Abs.	Absatz
Abschn.	Abschnitt
abw.	abweichend
AcP	Archiv für die civilistische Praxis
a. E.	am Ende
a. F.	alte Fassung
AfA	Absetzung für Abnutzung
AFG	Arbeitsförderungsgesetz
AFKG	Arbeitsförderungs-Konsolidierungsgesetz
AG	1. Ausführungsgesetz
	2. Aktiengesellschaft
	3. Amtsgericht
	4. Zeitschrift »Die Aktiengesellschaft«
AGB	Allgemeine Geschäftsbedingungen
AGBE	Entscheidungssammlung zum AGB-Gesetz
AGBG	Gesetz zur Regelung des Rechts der Allgemeinen Geschäftsbedingungen
AgrarR	Zeitschrift »Agrarrecht«
AIB	Allgemeine Versicherungsbedingungen für die Insolvenzsicherung der betrieblichen Altersversorgung
AK	Alternativ-Kommentar
AktG	Aktiengesetz
Alg	Arbeitslosengeld
Alhi	Arbeitslosenhilfe
Alt.	Alternative
a. M.	anderer Meinung
amtl.	amtlich
amtl. Begr.	amtliche Begründung
ANBA	Amtliche Nachrichten der Bundesanstalt für Arbeit
ÄndG	Änderungsgesetz
AnfG	Gesetz betr. die Anfechtung von Rechtshandlungen eines Schuldners außerhalb des Konkursverfahrens (Anfechtungsgesetz)
AnfR	Anfechtungsrecht
AngKSchG	Gesetz über die Fristen für die Kündigung von Angestellten (Angestelltenkündigungsschutzgesetz)
Anh.	Anhang

Abkürzungsverzeichnis

Anhang I	Arbeitsförderungsgesetz (AFG)-Konkursausfallgeld
Anhang II	Verordnung über die Vergütung des Konkursverwalters, des Vergleichsverwalters, der Mitglieder des Gläubigerausschusses und der Mitglieder des Gläubigerbeirats
Anhang III	Strafgesetzbuch (StGB) – Konkursstraftaten
Anhang IV	Gesetz zur Verbesserung der betrieblichen Altersversorgung (BetrAVG)
Anhang V	Das Steuerrecht im Konkurs
Anhang VI	Gesetz über den Sozialplan im Konkurs- und Vergleichsverfahren
Anhang VII	Gesamtvollstreckungsordnung
Anm.	Anmerkung
AnwBl.	Anwaltsblatt
AO	Abgabenordnung
AOK	Allgemeine Ortskrankenkasse
AP	Zeitschrift »Arbeitsrechtliche Praxis«
ArbG	Arbeitsgericht
ArbGG	Arbeitsgerichtsgesetz
AR-Blattei	Arbeitsrecht-Blattei
ArbEG	Gesetz über Arbeitnehmererfindungen
ArbPlSchG	Gesetz über den Schutz des Arbeitsplatzes bei Einberufung zum Wehrdienst (Arbeitsplatzschutzgesetz)
ArbRdG	Zeitschrift »Das Arbeitsrecht der Gegenwart«
ArbSG	Gesetz zur Sicherstellung von Arbeitsleistungen zum Zwecke der Verteidigung einschließlich des Schutzes der Zivilbevölkerung (Arbeitssicherstellungsgesetz)
ArchBürgR	Archiv für bürgerliches Recht
ARGE	Arbeitsgemeinschaft
Art.	Artikel
ArVNG	Gesetz zur Neuregelung des Rechts der Rentenversicherung der Arbeiter (Arbeiterrentenversicherungs-Neuregelungsgesetz)
ASiG	Gesetz über Betriebsärzte, Sicherheitsingenieure und andere Fachkräfte für Arbeitssicherheit (Arbeitssicherheitsgesetz)
AT	Allgemeiner Teil
AuA	Zeitschrift »Arbeit und Arbeitsrecht«
AuB	Zeitschrift »Arbeit und Beruf«
Aufl.	Auflage
AÜG	Gesetz zur Regelung der gewerbsmäßigen Arbeitnehmerüberlassung (Arbeitnehmerüberlassungsgesetz)
AuR	Zeitschrift »Arbeit und Recht«
AVG	Angestelltenversicherungsgesetz
AVO	Ausführungsverordnung
AWD	Außenwirtschaftsdienst des Betriebs-Beraters
Az.	Aktenzeichen
BA	Bundesanstalt für Arbeit
BAFöG	Bundesgesetz über individuelle Förderung der Ausbildung (Bundesausbildungsförderungsgesetz)
BAG	Bundesarbeitsgericht

Abkürzungsverzeichnis

BAGE	Entscheidungen des Bundesarbeitsgerichts
BAnz.	Bundesanzeiger
BABl.	Bundesarbeitsblatt
BauFdgG	Gesetz über die Sicherung der Bauforderungen
BauR	Zeitschrift »Baurecht«
BauSpkG	Gesetz über Bausparkassen
Ba-Wü.	Baden-Württemberg
BayNotV	Mitteilungen des Bayerischen Notarvereins
BayObLG	Bayerisches Oberstes Landesgericht
BayObLGZ	Entscheidungen des Bayerischen Obersten Landesgerichts in Zivilsachen
BayVBl.	Bayerische Verwaltungsblätter
BayVGH	1. Sammlung von Entscheidungen des Bayerischen Verwaltungsgerichtshofs mit Entscheidungen des Bayerischen Verfassungsgerichtshofs 2. Bayerischer Verwaltungsgerichtshof
BB	Zeitschrift »Der Betriebsberater«
BBiG	Berufsbildungsgesetz
Bd.	Band
Bde.	Bände
BDSG	Bundesdatenschutzgesetz
BEG	Bundesgesetz zur Entschädigung für Opfer der nationalsozialistischen Verfolgung (Bundesentschädigungsgesetz)
Begr.	Begründung
Beil.	Beilage
Bek.	Bekanntmachung
BErzGG	Gesetz über die Gewährung von Erziehungsgeld und Erziehungsurlaub (Bundeserziehungsgeldgesetz)
BeschFG	Gesetz über arbeitsrechtliche Vorschriften zur Beschäftigungsförderung (Beschäftigungsförderungsgesetz)
Beschl.	Beschluß
BetrAV	Zeitschrift »Betriebliche Altersversorgung«
BetrAVG	Gesetz zur Verbesserung der betrieblichen Altersversorgung
BetrVG	Betriebsverfassungsgesetz
BewG	Bewertungsgesetz
BezG	Bezirksgericht
BfA	Bundesversicherungsanstalt für Angestellte
BFH	Bundesfinanzhof
BFHE	Entscheidungen des Bundesfinanzhofs
BFHEntlG	Bundesfinanzhof-Entlastungsgesetz
BFuP	Zeitschrift »Betriebswirtschaftliche Forschung und Praxis«
BG	1. Berufsgenossenschaft 2. Zeitschrift »Die Berufsgenossenschaft«
BGB	Bürgerliches Gesetzbuch
BGBl.	Bundesgesetzblatt
BGB-RGRK	BGB Kommentar, hrsg. von Reichsgerichtsräten und Bundesrichtern
BGE	Amtl. Sammlung der Entscheidungen des Schweizerischen Bundesgerichts

XXIX

Abkürzungsverzeichnis

BGH	Bundesgerichtshof
BGHSt	Entscheidungen des Bundesgerichtshofs in Strafsachen
BGHZ	Entscheidungen des Bundesgerichtshofs in Zivilsachen
BHO	Bundeshaushaltsordnung
BKK	Zeitschrift »Die Betriebskrankenkasse«
BlPMZ	Blätter für Patent-, Muster- und Zeichenwesen
BlStSozArbR	Blätter für Steuerrecht, Sozialversicherung und Arbeitsrecht
BlSchKG	Blätter für Schuldbetreibung und Konkurs (Schweiz)
BMF	Bundesminister für Finanzen
BMJ	Bundesminister der Justiz
BNotO	Bundesnotarordnung
BochKomm	Bochumer Kommentar zum Sozialgesetzbuch – Allgemeiner Teil
BR	Bundesrat
BRAGO	Bundesrechtsanwaltsgebührenordnung
BRD	Bundesrepublik Deutschland
BR-Drucks.	Bundesratsdrucksache
Breith.	Sammlung von Entscheidungen aus dem Sozialrecht (Breithaupt)
BReg.	Bundesregierung
BRTV-Bau	Bundesrahmentarifvertrag für das Baugewerbe
BSchFG	Beschäftigungsförderungsgesetz
BSG	Bundessozialgericht
BSGE	Entscheidungen des Bundessozialgerichts
BSHG	Bundessozialhilfegesetz
Bsp.	Beispiel
BStBl.	Bundessteuerblatt
BT	Bundestag
BT-Drucks.	Bundestagsdrucksache
Buchst.	Buchstabe
BUrlG	Mindesturlaubsgesetz für Arbeitnehmer (Bundesurlaubsgesetz)
BuW	Zeitschrift »Betrieb und Wirtschaft«
BVerfG	Bundesverfassungsgericht
BVerfGE	Entscheidungen des Bundesverfassungsgerichts
BVerfGG	Gesetz über das Bundesverfassungsgericht (Bundesverfassungsgerichtsgesetz)
BVerwG	Bundesverwaltungsgericht
BVerwGE	Entscheidungen des Bundesverwaltungsgerichts
BWNotZ	Zeitschrift für das Notariat in Baden-Württemberg
bzgl.	bezüglich
bzw.	beziehungsweise
ca.	circa
CIM	Internationales Übereinkommen über den Eisenbahnfrachtverkehr (Convention internationale concernant le transport des merchandises par chemin de fer)
CIV	Internationales Übereinkommen über den Eisenbahn-Personen- und Gepäckverkehr (Convention internationale

	concernant le transport des voyageurs et des bagages par chemins de fer)
Co.	Compagnie
CR	Zeitschrift »Computerrecht«
CuR	Zeitschrift »Computer und Recht«
DAV	Deutscher Anwaltsverein
DB	Zeitschrift »Der Betrieb«
DBGrG	Deutsche Bahn Gründungsgesetz
DBl.	Dienstblatt
DBl.R	Dienstblatt der Bundesanstalt für Arbeit-Rechtsprechung
DBW	Zeitschrift »Die Betriebswirtschaft«
DDR	Deutsche Demokratische Republik
DepotG	Depotgesetz
ders.	derselbe
DEVO	2. Datenerfassungs-Verordnung
dgl.	dergleichen
DGO	Deutsche Gemeindeordnung
DGVZ	Deutsche Gerichtsvollzieher-Zeitung
d.h.	das heißt
Die Beiträge	Zeitschrift »Die Beiträge zur Sozial- und Arbeitslosenversicherung«
Die Justiz	Amtsblatt des Ministeriums für Justiz, Bundes- und Europaangelegenheiten Baden-Württemberg
Die Leistungen	Zeitschrift »Die Leistungen der Krankenkasse«
dies.	dieselbe(n)
diff.	differenzierend
Diss.	Dissertation
DMBilG	Gesetz über die Eröffnungsbilanz in Deutsche Mark und die Kapitalneufestsetzung
DNotZ	Deutsche Notar-Zeitschrift
DöKV	Deutsch-österreichischer Konkursvertrag
DöKVAG	Ausführungsgesetz zum Deutsch-österreichischen Konkursvertrag
Dok.	Dokumentation
DOK	Zeitschrift »Die Ortskrankenkasse«
DR	Zeitschrift »Deutsches Recht«
DRiZ	Deutsche Richterzeitung
DRK	Deutsches Rotes Kreuz
Drucks.	Drucksache
DRZ	Deutsche Rechts-Zeitschrift
DStR	1. Deutsche Steuer-Rundschau (bis 1961)
	2. Deutsches Steuerrecht (ab 1962)
DStZ	Deutsche Steuer-Zeitung
DSWR	Zeitschrift »Datenverarbeitung, Steuer, Wirtschaft, Recht«
DtöKoVtr	Vertrag zwischen der Bundesrepublik Deutschland und der Republik Österreich auf dem Gebiete des Konkurs- und Vergleichs-(Ausgleichs-)rechts
DtZ	Deutsch-Deutsche Rechts-Zeitschrift
DÜVO	2. Datenübermittlungs-Verordnung

Abkürzungsverzeichnis

DuR	Demokratie und Recht
DVO	Durchführungsverordnung
DVR	Deutsche Verkehrssteuer-Rundschau
DWiR	Deutsche Zeitschrift für Wirtschaftsrecht
DWSR	Zeitschrift »Datenverarbeitung in Steuer, Wirtschaft und Recht«
DZWiR	Deutsche Zeitschrift für Wirtschaftsrecht
EB-Reform	Erstbericht der Kommission für Insolvenzrecht
EFG	Entscheidungen der Finanzgerichte
EG	Einführungsgesetz, Europäische Gemeinschaft
EGBGB	Einführungsgesetz zum Bürgerlichen Gesetzbuch
EGEStRG	Einführungsgesetz zum Einkommensteuerreformgesetz
EGHGB	Einführungsgesetz zum Handelsgesetzbuch
EGInsO	Einführungsgesetz zur Insolvenzordnung
EGKO	Einführungsgesetz zur Konkursordnung
EGStGB	Einführungsgesetz zum Strafgesetzbuch
EheG	Ehegesetz
EhfG	Entwicklungshelfer-Gesetz
EignÜG	Gesetz über den Einfluß von Eignungsübungen der Streitkräfte auf Vertragsverhältnisse der Arbeitnehmer und Handelsvertreter sowie auf Beamtenverhältnisse (Eignungsübungsgesetz)
Einl.	Einleitung
einschl.	einschließlich
EInsO	Entwurf einer Insolvenzordnung
EKH	Eigenkapitalhilfeprogramm
ErbbauVO	Verordnung über das Erbbaurecht
ErbStG	Erbschaft- und Schenkungsteuergesetz
ERP	European Recovery Program
ErsK	Zeitschrift »Die Ersatzkasse«
EStG	Einkommensteuergesetz
EStRG	Einkommensteuerreformgesetz
etc.	et cetera
EuGH	Europäischer Gerichtshof
EuGHE	Entscheidungen des Europäischen Gerichtshofes
EuGVÜ	Europäisches Übereinkommen über die gerichtliche Zuständigkeit und die Vollstreckung gerichtlicher Entscheidungen in Zivil- und Handelssachen
EuZW	Europäische Zeitschrift für Wirtschaftsrecht
EV	Einigungsvertrag, Einführungsverordnung
evtl.	eventuell
EWiR	Zeitschrift »Entscheidungen zum Wirtschaftsrecht« (ab 1985)
EzA	Entscheidungssammlung zum Arbeitsrecht
EzAÜG	Entscheidungssammlung zum Arbeitnehmerüberlassungsgesetz
f./ff.	folgend/fortfolgend(e)
FamRZ	Zeitschrift für das gesamte Familienrecht
FAZ	Frankfurter Allgemeine Zeitung

Abkürzungsverzeichnis

FEVS	Fürsorgerechtliche Entscheidungen der Verwaltungs- und Sozialgerichte
Ffm.	Frankfurt am Main
FG	Finanzgericht
FGG	Gesetz über die Angelegenheiten der freiwilligen Gerichtsbarkeit
FGO	Finanzgerichtsordnung
FLF	Finanzierung, Leasing, Factoring (vorher Teilzahlungswirtschaft)
Fn.	Fußnote
FR	Finanz-Rundschau
FS	Festschrift
G	Gesetz
GA	Goltdammer's Archiv für Strafrecht
Gagel	Kommentar zum AFG
GBl. DDR	Gesetzblatt der Deutschen Demokratischen Republik
GBO	Grundbuchordnung
GbR	Gesellschaft bürgerlichen Rechts
GebrMG	Gebrauchsmustergesetz
gem.	gemäß
GenG	Gesetz betr. die Erwerbs- und Wirtschaftsgenossenschaften (Genossenschaftsgesetz)
GeschmMG	Gesetz betr. das Urheberrecht an Mustern und Modellen (Geschmacksmustergesetz)
GesO	Gesamtvollstreckungsordnung
GesRZ	Zeitschrift »Der Gesellschafter«
GewO	Gewerbeordnung
GewStDV	Gewerbesteuer-Durchführungsverordnung
GewStG	Gewerbesteuergesetz
GG	Grundgesetz
ggf.	gegebenenfalls
GK	Gemeinschaftskommentar
GK-AFG	Ambs u. a., Gemeinschaftskommentar zum Arbeitsförderungsgesetz, Loseblatt
GK-HGB	Bandasch (Hrsg.), Gemeinschaftskommentar zum Handelsgesetzbuch, Loseblatt
GK-SGB I	Burdenski/v. Maydell/Schellhorn, Gemeinschaftskommentar zum Sozialgesetzbuch – Allgemeiner Teil
GKG	Gerichtskostengesetz
GMBl.	Gemeinsames Ministerialblatt
GmbH	Gesellschaft mit beschränkter Haftung
GmbHG	Gesetz betr. die Gesellschaften mit beschränkter Haftung
GmbHR	Zeitschrift »GmbH-Rundschau« (ab 1984)
GmbH-Rdsch.	Zeitschrift »GmbH-Rundschau« (bis 1983)
GoB	Grundsätze ordnungsmäßiger Buchführung
GrEStSWBG	Gesetz über die Befreiung des sozialen Wohnungsbaus von der Grunderwerbsteuer
grds.	grundsätzlich
Grdz.	Grundzüge

Abkürzungsverzeichnis

GrS	Großer Senat
GrEStG	Grunderwerbsteuergesetz
GrStG	Grundsteuergesetz
Gruchot	Beiträge zur Erläuterung des (Preußischen) Deutschen Rechts, begr. v. Gruchot
GRUR	Zeitschrift »Gewerblicher Rechtsschutz und Urheberrecht«
GüKG	Güterkraftverkehrsgesetz
GuG	Zeitschrift »Grundstücksmarkt und Grundstückswert«
GVG	Gerichtsverfassungsgesetz
GVBl.	Gesetz und Verordnungsblatt
HAG	Heimarbeitsgesetz
hans.	hanseatisches
Hdb.	Handbuch
HdbInsR	Handbuch des Insolvenzrechts für die Kreditwirtschaft, *Obermüller*
HFR	Höchstrichterliche Finanzrechtsprechung
h. M.	herrschende Meinung
HGB	Handelsgesetzbuch
HöfeO	Höfeordnung
HOLG	Hanseatisches Oberlandesgericht
HRR	Zeitschrift »Höchstrichterliche Rechtsprechung«
hrsg./Hrsg.	herausgegeben/Herausgeber
HS	Halbsatz
HypBG	Hypothekenbankgesetz
i. d. F.	in der Fassung
i. d. R.	in der Regel
i. e. S.	im engeren Sinne
IHK	Industrie- und Handelskammer
IIR	Internationales Insolvenzrecht
INF	Zeitschrift »Die Information über Steuer und Wirtschaft«
InsO	Insolvenzordnung
InsolvenzRHdb	Insolvenzrechts-Handbuch (Hrsg. Gottwald)
InsVV	Insolvenzrechtliche Vergütungsverordnung
InVo	Zeitschrift »Insolvenz & Vollstreckung«
InvZulG	Investitionszulagengesetz
IPRax	Zeitschrift »Praxis des Internationalen Privat- und Verfahrensrechts«
IPRG	Gesetz zur Neuregelung des Internationalen Privatrechts
i. S.	im Sinne
i. S. d.	im Sinne des (der)
i. S. v.	im Sinne von
i. V. m.	in Verbindung mit
i. w. S.	im weiteren Sinne
IZPR	Internationales Zivilprozeßrecht
JA	Zeitschrift »Juristische Arbeitsblätter«
JBl	Justizblatt/Juristische Blätter
JbSoZRGeg.	Jahrbuch des Sozialrechts der Gegenwart
JFG	Jahrbuch für Entscheidungen in Angelegenheiten der freiwilligen Gerichtsbarkeit und des Grundbuchrechts

Jg.	Jahrgang
JherJb (JhJ)	Jherings Jahrbücher der Dogmatik des bürgerlichen Rechts
JMBl.	Justizministerialblatt
JPrax.	Zeitschrift »Juristische Praxis«
JR	Juristische Rundschau
JurBüro	Zeitschrift »Das juristische Büro«
JURA	Zeitschrift »Jura«
JuS	Zeitschrift »Juristische Schulung«
JW	Juristische Wochenschrift
JZ	Juristenzeitung
KabPfG	Kabelpfandgesetz
Kap.	Kapitel
KapAEG	Kapitalaufnahmeerleichterungsgesetz
Kaug	Konkursausfallgeld
KaugG	Gesetz über das Konkursausfallgeld
KfW	Kreditanstalt für Wiederaufbau
KG	Kommanditgesellschaft, Kammergericht
KGaA	Kommanditgesellschaft auf Aktien
KGJ	Jahrbuch für Entscheidungen des Kammergerichts in Sachen der freiwilligen Gerichtsbarkeit, in Kosten-, Stempel- und Strafsachen
KK OWiG	Karlsruher Kommentar, Gesetz über Ordnungswidrigkeiten
KKZ	Kommunal-Kassen-Zeitschrift
KO	Konkursordnung
KölnerKomm	Zöllner, Kölner Kommentar zum Aktiengesetz
Komm.	Kommission, Kommentar
Komp.	Zeitschrift »Der Kompaß«
KostO	Kostenordnung
KR	Gemeinschaftskommentar zum Kündigungsschutzgesetz und sonstigen kündigungsschutzrechtlichen Vorschriften
KraftStG	Kraftfahrzeugsteuergesetz
KRG	Kontrollratsgesetz
krit.	kritisch
KrV	Zeitschrift »Die Krankenversicherung«
KSchG	Kündigungsschutzgesetz
KStG	Körperschaftsteuergesetz
KStZ	Kommunale Steuer-Zeitschrift
KTS	Zeitschrift »Konkurs-, Treuhand- und Schiedsgerichtswesen« (Fortsetzung von KuT)
KündFG	Kündigungsfristengesetz
KuT	Zeitschrift »Konkurs- und Treuhandwesen«
KV	Kostenverzeichnis
KVStG	Kapitalverkehrsteuergesetz
KWG	Gesetz über das Kreditwesen (Kreditwesengesetz)
LAA	Landesarbeitsamt
LAG	1. Landesarbeitsgericht 2. Gesetz über den Lastenausgleich (Lastenausgleichsgesetz)
LAGE	Entscheidungen der Landesarbeitsgerichte
LFZG	Lohnfortzahlungsgesetz

Abkürzungsverzeichnis

LG	Landgericht
lfd.	laufend
lit.	littera
LM	Lindenmaier/Möhring (Nachschlagewerk des Bundesgerichtshofs)
LöschG	Löschungsgesetz
LohnFG	Gesetz über die Fortzahlung des Arbeitsentgelts im Krankheitsfall (Lohnfortzahlungsgesetz)
LPG	Landwirtschaftliche Produktionsgenossenschaft
LS	Leitsatz
LSG	Landessozialgericht
LStDV	Lohnsteuer-Durchführungsverordnung
LuftfzRG	Gesetz über Rechte an Luftfahrzeugen
LuftVG	Luftverkehrsgesetz
LVA	Landesversicherungsanstalt
LZ	Leipziger Zeitschrift für Deutsches Recht
m.	mit
m.E.	meines Erachtens
MDR	Monatszeitschrift für Deutsches Recht
MinBlFin.	Ministerialblatt des Bundesministers der Finanzen
MitbestG	Gesetz über die Mitbestimmung der Arbeitnehmer (Mitbestimmungsgesetz)
MitGespr	Zeitschrift »Das Mitbestimmungsgespräch«
MitIHK	Mitteilungen der Industrie- und Handelskammer
Mitt.	Mitteilungen
MiZi.	Allgemeine Verfügung über Mitteilungen in Zivilsachen
MontanMitbestG	Gesetz über die Mitbestimmung der Arbeitnehmer in den Aufsichtsräten und Vorständen der Unternehmen des Bergbaus und der Eisen und Stahl erzeugenden Industrie
MünchArbR	Münchener Handbuch zumr Arbeitsrecht
MünchKomm	Münchener Kommentar zum Bürgerlichen Gesetzbuch
MuSchG	Gesetz zum Schutz der erwerbstätigen Mutter (Mutterschutzgesetz)
m.w.N.	mit weiteren Nachweisen
Nachw.	Nachweise
NdsRpfl.	Niedersächsische Rechtspflege
n.F.	neue Fassung
NJW	Neue Juristische Wochenschrift
NJW-RR	NJW-Rechtsprechungs-Report
n.r.	nicht rechtskräftig
Nr./Nrn.	Nummer/Nummern
NRW	Nordrhein-Westfalen
NStZ	Neue Zeitschrift für Strafrecht
NWB	Neue Wirtschafts-Briefe für Steuer- und Wirtschaftsrecht
NZA	Neue Zeitschrift für Arbeits- und Sozialrecht
NZJ	Neue Zeitschrift für Insolvenz und Sanierung
NZS	Neue Zeitschrift für Sozialrecht
o.	oben
o.ä.	oder ähnliches

ÖBGBl.	Österreichisches Bundesgesetzblatt
OFD	Oberfinanzdirektion
OGH	Oberster Gerichtshof (Österreich)
OHG	Offene Handelsgesellschaft
OLG	Oberlandesgericht
OLGE	Entscheidungen der Oberlandesgerichte
OLGZ	Entscheidungen der Oberlandesgerichte in Zivilsachen
Ordo	Jahrbuch für die Ordnung von Wirtschaft und Gesellschaft
OVG	Oberverwaltungsgericht
OWiG	Gesetz über Ordnungswidrigkeiten (Ordnungswidrigkeitengesetz)
PAllGBerG	Allgemeines Berggesetz für die Preußischen Staaten
PatG	Patentgesetz
PersV	Personalvertretung
PersVG	Personalvertretungsgesetz
PKH	Prozeßkostenhilfe
pp.	per prokura
PostVerfG	Postverfassungsgesetz
PostVwG	Postverwaltungsgesetz
PrJM	Preußisches Justizministerium
Prot.	Protokoll
PSVaG	Pensions-Sicherungs-Verein auf Gegenseitigkeit
RabelsZ	Rabels Zeitschrift für ausländisches und internationales Privatrecht
RAG	Reichsarbeitsgericht
RAGE	Entscheidungen des Reichsarbeitsgerichts
RAO	Reichsabgabenordnung
rd.	rund
RdA	Zeitschrift »Recht der Arbeit«
RdErl.	Runderlaß
Rdn.	Randnummer
RdVfg.	Rundverfügung
RegE	Regierungsentwurf
RFH	Reichsfinanzhof
RFHE	Sammlung der Entscheidungen und Gutachten des Reichsfinanzhofs
RG	Reichsgericht
RGBl.	Reichsgesetzblatt
RGRK	Reichsgerichtsrätekommentar
RGSt	Entscheidungen des Reichsgerichts in Strafsachen
RGZ	Entscheidungen des Reichsgerichts in Zivilsachen
RHeimstG	Reichsheimstättengesetz
RHaftpflG	Reichshaftpflichtgesetz
RHO	Reichshaushaltsordnung
RiLi	Richtlinie
RIW	Recht der Internationalen Wirtschaft
RKG	Reichsknappschaftsgesetz
ROHG	Reichsoberhandelsgericht
Rpfleger	Zeitschrift »Der Deutsche Rechtspfleger«

Abkürzungsverzeichnis

RpflG	Rechtspflegergesetz
RRG	Rentenreformgesetz
RsDE	Beiträge zum Recht der sozialen Dienste und Einrichtungen
RSiedlG	Reichssiedlungsgesetz
Rspr.	Rechtsprechung
Rspr.-Dienst	Rechtsprechungsdienst der Sozialgerichtsbarkeit
RStBl.	Reichssteuerblatt
RTV	Rahmentarifvertrag
RV	Zeitschrift »Die Rentenversicherung«
RVO	Reichsversicherungsordnung
RWS	RWS-Skript, Verlag Kommunikationsforum Recht – Wirtschaft – Steuern
Rz.	Randziffer
s.	siehe
S.	Seite
SAE	Sammlung arbeitsrechtlicher Entscheidungen
SchiffsRG	Gesetz über Rechte an eingetragenen Schiffen und Schiffsbauwerken
SchiffsRO	Schiffsregisterordnung
SchlHAnz.	Schleswig-Holsteinische Anzeigen
SchKG	Bundesgesetz über Schuldbetreibung und Konkurs (Schweiz)
SchwbG	Gesetz zur Sicherung der Eingliederung Schwerbehinderter in Arbeit, Beruf und Gesellschaft (Schwerbehindertengesetz)
SchwBeschG	Schwerbeschädigtengesetz
SdL	Zeitschrift »Soziale Sicherheit in der Landwirtschaft«
SeemG	Seemannsgesetz
Sen.	Senat
SeuffArch	Seufferts Archiv für Entscheidungen der obersten Gerichte
SG	Sozialgericht
SGb	Zeitschrift »Die Sozialgerichtsbarkeit«
SGB-AT, SGB I	Sozialgesetzbuch – Allgemeiner Teil
SGB IV	Sozialgesetzbuch – Gemeinsame Vorschriften für die Sozialversicherung
SGB V	Sozialgesetzbuch – Gesetzliche Krankenversicherung
SGB X	Sozialgesetzbuch – Verwaltungsverfahren, Schutz der Sozialdaten, Zusammenarbeit der Leistungsträger und ihre Beziehung zu Dritten
SGG	Sozialgerichtsgesetz
SJZ	1. Schweizerische Juristen-Zeitung 2. Süddeutsche Juristenzeitung
s.o.	siehe oben
sog.	sogenannte
SozPlG	Gesetz über den Sozialplan im Konkurs- und Vergleichsverfahren (Sozialplangesetz)
SozR	Zeitschrift »Sozialrecht«
SozSich.	Zeitschrift »Soziale Sicherheit«
Sp.	Spalte
SparPG	Spar-Prämiengesetz

SpTUG	Gesetz über die Spaltung der von der Treuhandanstalt verwalteten Unternehmen
SR	Systematische Sammlung des Bundesrechts (Schweiz)
st.	ständig(e),(er)
StA	Staatsanwaltschaft
StAnpG	Steueranpassungsgesetz
StBerG	Steuerberatungsgesetz
StbJb	Steuerberater-Jahrbuch
StGB	Strafgesetzbuch
StPO	Strafprozeßordnung
str.	streitig
StrÄndG	Strafrechtsänderungsgesetz
StrEG	Gesetz über die Entschädigung für Strafverfolgungsmaßnahmen
StRK	Höchstgerichtliche Entscheidungen in Steuersachen (Steuerrechtsprechung in Karteiform)
st. Rspr.	ständige Rechtsprechung
StudKomm	Studienkommentar
StuW	Steuer und Wirtschaft
StVG	Staatliches Vertragsgericht (DDR)
StWa	Zeitschrift »Steuer-Warte«
teilw.	teilweise
TH	Treuhand
THA	Treuhandanstalt
TreuhandG	Treuhandgesetz
TSG	Transsexuellengesetz
TVG	Tarifvertragsgesetz
u.	unten/und
u. a.	unter anderem
u. ä.	und ähnliches
u. ä. m.	und ähnliches mehr
UrhG, UrhRG	Gesetz über Urheberrecht und verwandte Schutzrechte (Urheberrechtsgesetz)
UR	Umsatzsteuer-Rundschau
Urt.	Urteil
USK	Urteilssammlung für die gesetzliche Krankenversicherung
UStDV	Umsatzsteuer-Durchführungsverordnung
UStG	Umsatzsteuergesetz
usw.	und so weiter
u. U.	unter Umständen
UWG	Gesetz gegen den unlauteren Wettbewerb
v.	vom, von
VA	Verwaltungsakt
VAG	Gesetz über die Beaufsichtigung der privaten Versicherungsunternehmungen und Bausparkassen (Versicherungsaufsichtsgesetz)
VerbrKrG	Verbraucherkreditgesetz
VerglO	Vergleichsordnung

Abkürzungsverzeichnis

VergütVO/VergVO	Verordnung über die Vergütung des Konkursverwalters, des Vergleichsverwalters, der Mitglieder des Gläubigerausschusses und der Mitglieder des Gläubigerbeirats (Vergütungsverordnung)
VerlG	Gesetz über das Verlagsrecht
VermBG	Gesetz zur Förderung der Vermögensbildung der Arbeitnehmer
VermG	Gesetz zur Regelung offener Vermögensfragen
VersR	Zeitschrift »Versicherungsrecht«
Vfg.	Verfügung
VG	Verwaltungsgericht
VGFGEntlG	Gesetz zur Entlastung der Gerichte in der Verwaltungs- und Finanzgerichtsbarkeit
VGH	Verwaltungsgerichtshof
vgl.	vergleiche
VglO	Vergleichsordnung
v.H.	von Hundert (%)
VIZ	Zeitschrift für Vermögens- und Investitionsrecht
VO	Verordnung
VOB	Verdingungsordnung für Bauleistungen
VOB/B	Teil B: Allgemeine Vertragsbedingungen für die Ausführungen von Bauleistungen
Vorbem.	Vorbemerkung
VRG	Gesetz über die Gewährung von vorläufigen Renten an Personen, die durch Beseitigung von Vorsorgungseinrichtungen einen Versorgungsschaden erlitten haben (Versorgungsschadensrentengesetz)
VRTV	Vorruhestandstarifvertrag
VStG	Vermögensteuergesetz
VVaG	Versicherungsverein auf Gegenseitigkeit
VVG	Gesetz über den Versicherungsvertrag (Versicherungsvertragsgesetz)
Vw.	Verwaltung
VW	Zeitschrift »Versicherungswirtschaft«
VwGO	Verwaltungsgerichtsordnung
VwVfG	Verwaltungsverfahrensgesetz
VwVG	Verwaltungsvollstreckungsgesetz
VZS	Vereinigte Zivilsenate
WährG	Währungsgesetz
WahlO	Wahlordnung
WBl	Wirtschaftsrechtliche Blätter
WEG	Gesetz über das Wohnungseigentum und das Dauerwohnrecht (Wohnungseigentumsgesetz)
WarnRspr.	Sammlung zivilrechtlicher Entscheidungen des Reichsgerichts (Warneyer-Rechtsprechung)
WG	Wechselgesetz
WiB	Zeitschrift »Wirtschaftsrechtliche Beratung«
WiKG	Gesetz zur Bekämpfung der Wirtschaftskriminalität
WiSt	Zeitschrift »Wirtschaftswissenschaftliches Studium«

Abkürzungsverzeichnis

WiStG	Gesetz zur Vereinfachung des Wirtschaftsstrafrechts (Wirtschaftsstrafgesetz)
WiStra	Zeitschrift für Wirtschaft, Steuer und Strafrecht
WM	Wertpapier-Mitteilungen
WohnGebBefrG	Gesetz über Gebührenbefreiungen beim Wohnungsbau
WpflG	Wehrpflichtgesetz
WPg.	Zeitschrift »Die Wirtschaftsprüfung«
WPO	Wirtschaftsprüfungsordnung
WRV	Weimarer Reichsverfassung
WuB	Entscheidungssammlung zum Wirtschafts- und Bankrecht
WuM	Zeitschrift »Wirtschaftswohnungswirtschaft und Mietrecht«
WuW	Zeitschrift »Wirtschaft und Wettbewerb«
WZG	Warenzeichengesetz
WzS	Zeitschrift »Wege zur Sozialversicherung«
ZAkDR	Zeitschrift der Akademie für Deutsches Recht
ZAP	Zeitschrift für die Anwaltspraxis
z. B.	zum Beispiel
ZBB	Zeitschrift für Bankrecht und Bankwirtschaft
ZBR	Zeitschrift für Beamtenrecht
ZB Reform	Zweitbericht der Kommission für Insolvenzrecht
ZDG	Gesetz über den Zivildienst der Kriegsdienstverweigerer (Zivildienstgesetz)
ZEuP	Zeitschrift für Europäisches Privatrecht
ZfA	Zeitschrift für Arbeitsrecht
ZfB	Zeitschrift für Betriebswirtschaft
zfbf	Zeitschrift für betriebswirtschaftliche Forschung
ZfG	Zeitschrift für das gesamte Genossenschaftswesen
zfo	Zeitschrift »Führung und Organisation«
ZfS	Zentralblatt für Sozialversicherung, Sozialhilfe und Versorgung
ZfSH	Zeitschrift für Sozialhilfe
ZfZ	Zeitschrift für Zölle und Verbrauchsteuern
ZGR	Zeitschrift für Unternehmens- und Gesellschaftsrecht
ZgS	Zeitschrift für die gesamte Staatswissenschaft
ZHR	Zeitschrift für das gesamte Handelsrecht und Wirtschaftsrecht
Ziff.	Ziffer
ZIP	Zeitschrift für Wirtschaftsrecht und Insolvenzpraxis
zit.	zitiert
ZInsO	Zeitschrift für das gesamte Insolvenzrecht
ZivildienstG	Zivildienstgesetz
ZKF	Zeitschrift für Kommunalfinanzen
ZKredW	Zeitschrift für das gesamte Kreditwesen
ZKW	Zeitschrift für Kreditwesen
ZMR	Zeitschrift für Miet- und Raumrecht
ZPO	Zivilprozeßordnung
ZRP	Zeitschrift für Rechtspolitik
ZStW	Zeitschrift für die gesamte Strafrechtswissenschaft
z. T.	zum Teil

Abkürzungsverzeichnis

ZuSEG	Gesetz über die Entschädigung von Zeugen und Sachverständigen
zust.	zustimmend
ZVersWiss	Zeitschrift für die gesamte Versicherungswirtschaft
ZVG	Gesetz über die Zwangsversteigerung und die Zwangsverwaltung (Zwangsversteigerungsgesetz)
ZVglRWiss	Zeitschrift für vergleichende Rechtswissenschaft
ZZP	Zeitschrift für Zivilprozeß

Insolvenzordnung
Gesetzestext

Insolvenzordnung

Vom 5. Oktober 1994 (BGBl. I, 2866)

in Kraft getreten am 1. Januar 1999

Geändert durch:
- Gesetz zur Änderung des AGB-Gesetzes und der Insolvenzordnung vom 19. Juli 1996 (BGBl. I, 1013)
- Gesetz zur Abschaffung der Gerichtsferien vom 28. Oktober 1996 (BGBl. I, 1546, 1547)
- Arbeitsförderungs-Reformgesetz vom 24. März 1997 (BGBl. I, 594, 709)
- Kindschaftsrechtsreformgesetz vom 16. Dezember 1997 (BGBl. I, 2942, 2964)
- Erbrechtsgleichstellungsgesetz vom 16. Dezember 1997 (BGBl. I, 2968, 2969)
- Kindesunterhaltsgesetz vom 6. April 1998 (BGBl. I, 666, 673)
- Gesetz zur Änderung des Umwandlungsgesetzes, des Partnerschaftsgesellschaftsgesetzes und anderer Gesetze vom 22. Juli 1998 (BGBl. I, 1878, 1881)
- Gesetz zur Änderung der Haftungsbeschränkung in der Binnenschiffahrt vom 25. August 1998 (BGBl. I, 2489, 2498)

Erster Teil
Allgemeine Vorschriften

§ 1 Ziele des Insolvenzverfahrens

[1]Das Insolvenzverfahren dient dazu, die Gläubiger eines Schuldners gemeinschaftlich zu befriedigen, indem das Vermögen des Schuldners verwertet und der Erlös verteilt oder in einem Insolvenzplan eine abweichende Regelung insbesondere zum Erhalt des Unternehmens getroffen wird. [2]Dem redlichen Schuldner wird Gelegenheit gegeben, sich von seinen restlichen Verbindlichkeiten zu befreien.

§ 2 Amtsgericht als Insolvenzgericht

(1) Für das Insolvenzverfahren ist das Amtsgericht, in dessen Bezirk ein Landgericht seinen Sitz hat, als Insolvenzgericht für den Bezirk dieses Landgerichts ausschließlich zuständig.
(2) [1]Die Landesregierungen werden ermächtigt, zur sachdienlichen Förderung oder schnelleren Erledigung der Verfahren durch Rechtsverordnung andere oder zusätzliche Amtsgerichte zu Insolvenzgerichten zu bestimmen und die Bezirke der Insolvenzgerichte abweichend festzulegen. [2]Die Landesregierungen können die Ermächtigung auf die Landesjustizverwaltungen übertragen.

Gesetzestext

§ 3 Örtliche Zuständigkeit

(1) ¹Örtlich zuständig ist ausschließlich das Insolvenzgericht, in dessen Bezirk der Schuldner seinen allgemeinen Gerichtsstand hat. ²Liegt der Mittelpunkt einer selbständigen wirtschaftlichen Tätigkeit des Schuldners an einem anderen Ort, so ist ausschließlich das Insolvenzgericht zuständig, in dessen Bezirk dieser Ort liegt.
(2) Sind mehrere Gerichte zuständig, so schließt das Gericht, bei dem zuerst die Eröffnung des Insolvenzverfahrens beantragt worden ist, die übrigen aus.

§ 4 Anwendbarkeit der Zivilprozeßordnung

Für das Insolvenzverfahren gelten, soweit dieses Gesetz nichts anderes bestimmt, die Vorschriften der Zivilprozeßordnung entsprechend.

§ 5 Verfahrensgrundsätze

(1) ¹Das Insolvenzgericht hat von Amts wegen alle Umstände zu ermitteln, die für das Insolvenzverfahren von Bedeutung sind. ²Es kann zu diesem Zweck insbesondere Zeugen und Sachverständige vernehmen.
(2) ¹Die Entscheidungen des Gerichts können ohne mündliche Verhandlung ergehen. ²Findet eine mündliche Verhandlung statt, so ist § 227 Abs. 3 Satz 1 der Zivilprozeßordnung nicht anzuwenden.
(3) Tabellen und Verzeichnisse können maschinell hergestellt und bearbeitet werden.

§ 6 Sofortige Beschwerde

(1) Die Entscheidungen des Insolvenzgerichts unterliegen nur in den Fällen einem Rechtsmittel, in denen dieses Gesetz die sofortige Beschwerde vorsieht.
(2) ¹Die Beschwerdefrist beginnt mit der Verkündung der Entscheidung oder, wenn diese nicht verkündet wird, mit deren Zustellung. ²Das Insolvenzgericht kann der Beschwerde abhelfen.
(3) ¹Die Entscheidung des Landgerichts über die Beschwerde wird erst mit der Rechtskraft wirksam. ²Das Landgericht kann jedoch die sofortige Wirksamkeit der Entscheidung anordnen.

§ 7 Weitere Beschwerde

(1) ¹Gegen die Entscheidung des Landgerichts läßt das Oberlandesgericht auf Antrag die sofortige weitere Beschwerde zu, wenn diese darauf gestützt wird, daß die Entscheidung auf einer Verletzung des Gesetzes beruht, und die Nachprüfung der Entscheidung zur Sicherung einer einheitlichen Rechtsprechung geboten ist. ²Für den Zulassungsantrag gelten die Vorschriften über die Einlegung der sofortigen weiteren Beschwerde entsprechend, für die Prüfung der Verletzung des Gesetzes die §§ 550, 551, 561 und 563 der Zivilprozeßordnung.

(2) ¹Will das Oberlandesgericht bei der Entscheidung über die weitere Beschwerde in einer Frage aus dem Insolvenzrecht von der auf weitere Beschwerde ergangenen Entscheidung eines anderen Oberlandesgerichts abweichen, so hat es die weitere Beschwerde dem Bundesgerichtshof zur Entscheidung vorzulegen. ²Ist über die Rechtsfrage bereits eine Entscheidung des Bundesgerichtshofs ergangen, so gilt das gleiche, wenn das Oberlandesgericht von dieser Entscheidung abweichen will. ³Der Vorlagebeschluß ist zu begründen; ihm ist die Stellungnahme des Beschwerdeführers beizufügen.

(3) ¹Sind in einem Land mehrere Oberlandesgerichte errichtet, so kann die Entscheidung über die weitere Beschwerde in Insolvenzsachen von den Landesregierungen durch Rechtsverordnung einem der Oberlandesgerichte oder dem Obersten Landesgericht zugewiesen werden, sofern die Zusammenfassung der Rechtspflege in Insolvenzsachen, insbesondere der Sicherung einer einheitlichen Rechtsprechung, dienlich ist. ²Die Landesregierungen können die Ermächtigung auf die Landesjustizverwaltungen übertragen. ³Absatz 2 bleibt unberührt.

§ 8 Zustellungen

(1) ¹Die Zustellungen geschehen von Amts wegen. ²Sie können durch Aufgabe zur Post erfolgen. ³Einer Beglaubigung des zuzustellenden Schriftstücks bedarf es nicht.
(2) ¹An Personen, deren Aufenthalt unbekannt ist, wird nicht zugestellt. ²Haben sie einen zur Entgegennahme von Zustellungen berechtigten Vertreter, so wird dem Vertreter zugestellt.
(3) Das Insolvenzgericht kann den Insolvenzverwalter beauftragen, die Zustellungen durchzuführen.

§ 9 Öffentliche Bekanntmachung

(1) ¹Die öffentliche Bekanntmachung erfolgt durch Veröffentlichung in dem für amtliche Bekanntmachungen des Gerichts bestimmten Blatt; die Veröffentlichung kann auszugsweise geschehen. ²Dabei ist der Schuldner genau zu bezeichnen, insbesondere sind seine Anschrift und sein Geschäftszweig anzugeben. ³Die Bekanntmachung gilt als bewirkt, sobald nach dem Tag der Veröffentlichung zwei weitere Tage verstrichen sind.
(2) Das Insolvenzgericht kann weitere und wiederholte Veröffentlichungen veranlassen.
(3) Die öffentliche Bekanntmachung genügt zum Nachweis der Zustellung an alle Beteiligten, auch wenn dieses Gesetz neben ihr eine besondere Zustellung vorschreibt.

§ 10 Anhörung des Schuldners

(1) ¹Soweit in diesem Gesetz eine Anhörung des Schuldners vorgeschrieben ist, kann sie unterbleiben, wenn sich der Schuldner im Ausland aufhält und die Anhörung das Verfahren übermäßig verzögern würde oder wenn der Aufenthalt des Schuldners unbekannt ist. ²In diesem Fall soll ein Vertreter oder Angehöriger des Schuldners gehört werden.

Gesetzestext

(2) Ist der Schuldner keine natürliche Person, so gilt Absatz 1 entsprechend für die Anhörung von Personen, die zur Vertretung des Schuldners berechtigt oder an ihm beteiligt sind.

Zweiter Teil
Eröffnung des Insolvenzverfahrens
Erfaßtes Vermögen und Verfahrensbeteiligte

Erster Abschnitt
Eröffnungsvoraussetzungen und Eröffnungsverfahren

§ 11 Zulässigkeit des Insolvenzverfahrens

(1) ¹Ein Insolvenzverfahren kann über das Vermögen jeder natürlichen und jeder juristischen Person eröffnet werden. ²Der nicht rechtsfähige Verein steht insoweit einer juristischen Person gleich.
(2) Ein Insolvenzverfahren kann ferner eröffnet werden:
1. über das Vermögen einer Gesellschaft ohne Rechtspersönlichkeit (offene Handelsgesellschaft, Kommanditgesellschaft, Partnerschaftsgesellschaft, Gesellschaft des Bürgerlichen Rechts, Partenreederei, Europäische wirtschaftliche Interessenvereinigung);
2. nach Maßgabe der §§ 315 bis 334 über einen Nachlaß, über das Gesamtgut einer fortgesetzten Gütergemeinschaft oder über das Gesamtgut einer Gütergemeinschaft, das von den Ehegatten gemeinschaftlich verwaltet wird.

(3) Nach Auflösung einer juristischen Person oder einer Gesellschaft ohne Rechtspersönlichkeit ist die Eröffnung des Insolvenzverfahrens zulässig, solange die Verteilung des Vermögens nicht vollzogen ist.

§ 12 Juristische Personen des öffentlichen Rechts

(1) Unzulässig ist das Insolvenzverfahren über das Vermögen
1. des Bundes oder eines Landes;
2. einer juristischen Person des öffentlichen Rechts, die der Aufsicht eines Landes untersteht, wenn das Landesrecht dies bestimmt.

(2) Hat ein Land nach Absatz 1 Nr. 2 das Insolvenzverfahren über das Vermögen einer juristischen Person für unzulässig erklärt, so können im Falle der Zahlungsunfähigkeit oder der Überschuldung dieser juristischen Person deren Arbeitnehmer von dem Land die Leistungen verlangen, die sie im Falle der Eröffnung eines Insolvenzverfahrens nach den Vorschriften des Dritten Buches Sozialgesetzbuch über das Insolvenzgeld vom Arbeitsamt und nach den Vorschriften des Gesetzes zur Verbesserung der betrieblichen Altersversorgung vom Träger der Insolvenzsicherung beanspruchen könnten.

Gesetzestext

§ 13 Eröffnungsantrag

(1) ¹Das Insolvenzverfahren wird nur auf Antrag eröffnet. ²Antragsberechtigt sind die Gläubiger und der Schuldner.
(2) Der Antrag kann zurückgenommen werden, bis das Insolvenzverfahren eröffnet oder der Antrag rechtskräftig abgewiesen ist.

§ 14 Antrag eines Gläubigers

(1) Der Antrag eines Gläubigers ist zulässig, wenn der Gläubiger ein rechtliches Interesse an der Eröffnung des Insolvenzverfahrens hat und seine Forderung und den Eröffnungsgrund glaubhaft macht.
(2) Ist der Antrag zulässig, so hat das Insolvenzgericht den Schuldner zu hören.

§ 15 Antragsrecht bei juristischen Personen und Gesellschaften ohne Rechtspersönlichkeit

(1) Zum Antrag auf Eröffnung eines Insolvenzverfahrens über das Vermögen einer juristischen Person oder einer Gesellschaft ohne Rechtspersönlichkeit ist außer den Gläubigern jedes Mitglied des Vertretungsorgans, bei einer Gesellschaft ohne Rechtspersönlichkeit oder bei einer Kommanditgesellschaft auf Aktien jeder persönlich haftende Gesellschafter, sowie jeder Abwickler berechtigt.
(2) ¹Wird der Antrag nicht von allen Mitgliedern des Vertretungsorgans, allen persönlich haftenden Gesellschaftern oder allen Abwicklern gestellt, so ist er zulässig, wenn der Eröffnungsgrund glaubhaft gemacht wird. ²Das Insolvenzgericht hat die übrigen Mitglieder des Vertretungsorgans, persönlich haftenden Gesellschafter oder Abwickler zu hören.
(3) ¹Ist bei einer Gesellschaft ohne Rechtspersönlichkeit kein persönlich haftender Gesellschafter eine natürliche Person, so gelten die Absätze 1 und 2 entsprechend für die organschaftlichen Vertreter und die Abwickler der zur Vertretung der Gesellschaft ermächtigten Gesellschafter. ²Entsprechendes gilt, wenn sich die Verbindung von Gesellschaften in dieser Art fortsetzt.

§ 16 Eröffnungsgrund

Die Eröffnung des Insolvenzverfahrens setzt voraus, daß ein Eröffnungsgrund gegeben ist.

§ 17 Zahlungsunfähigkeit

(1) Allgemeiner Eröffnungsgrund ist die Zahlungsunfähigkeit.
(2) ¹Der Schuldner ist zahlungsunfähig, wenn er nicht in der Lage ist, die fälligen Zahlungspflichten zu erfüllen. ²Zahlungsunfähigkeit ist in der Regel anzunehmen, wenn der Schuldner seine Zahlungen eingestellt hat.

Gesetzestext

§ 18 Drohende Zahlungsunfähigkeit

(1) Beantragt der Schuldner die Eröffnung des Insolvenzverfahrens, so ist auch die drohende Zahlungsunfähigkeit Eröffnungsgrund.
(2) Der Schuldner droht zahlungsunfähig zu werden, wenn er voraussichtlich nicht in der Lage sein wird, die bestehenden Zahlungspflichten im Zeitpunkt der Fälligkeit zu erfüllen.
(3) Wird bei einer juristischen Person oder einer Gesellschaft ohne Rechtspersönlichkeit der Antrag nicht von allen Mitgliedern des Vertretungsorgans, allen persönlich haftenden Gesellschaftern oder allen Abwicklern gestellt, so ist Absatz 1 nur anzuwenden, wenn der oder die Antragsteller zur Vertretung der juristischen Person oder der Gesellschaft berechtigt sind.

§ 19 Überschuldung

(1) Bei einer juristischen Person ist auch die Überschuldung Eröffnungsgrund.
(2) ¹Überschuldung liegt vor, wenn das Vermögen des Schuldners die bestehenden Verbindlichkeiten nicht mehr deckt. ²Bei der Bewertung des Vermögens des Schuldners ist jedoch die Fortführung des Unternehmens zugrunde zu legen, wenn diese nach den Umständen überwiegend wahrscheinlich ist.
(3) ¹Ist bei einer Gesellschaft ohne Rechtspersönlichkeit kein persönlich haftender Gesellschafter eine natürliche Person, so gelten die Absätze 1 und 2 entsprechend. ²Dies gilt nicht, wenn zu den persönlich haftenden Gesellschaftern eine andere Gesellschaft gehört, bei der ein persönlich haftender Gesellschafter eine natürliche Person ist.

§ 20 Auskunftspflicht im Eröffnungsverfahren

¹Ist der Antrag zulässig, so hat der Schuldner dem Insolvenzgericht die Auskünfte zu erteilen, die zur Entscheidung über den Antrag erforderlich sind. ²Die §§ 97, 98, 101 Abs. 1 Satz 1, 2, Abs. 2 gelten entsprechend.

§ 21 Anordnung von Sicherungsmaßnahmen

(1) Das Insolvenzgericht hat alle Maßnahmen zu treffen, die erforderlich erscheinen, um bis zur Entscheidung über den Antrag eine den Gläubigern nachteilige Veränderung in der Vermögenslage des Schuldners zu verhüten.
(2) Das Gericht kann insbesondere
1. einen vorläufigen Insolvenzverwalter bestellen, für den die §§ 56, 58 bis 66 entsprechend gelten;
2. dem Schuldner ein allgemeines Verfügungsverbot auferlegen oder anordnen, daß Verfügungen des Schuldners nur mit Zustimmung des vorläufigen Insolvenzverwalters wirksam sind;
3. Maßnahmen der Zwangsvollstreckung gegen den Schuldner untersagen oder einstweilen einstellen, soweit nicht unbewegliche Gegenstände betroffen sind.
(3) ¹Reichen andere Maßnahmen nicht aus, so kann das Gericht den Schuldner zwangsweise vorführen und nach Anhörung in Haft nehmen lassen. ²Ist der Schuldner keine

natürliche Person, so gilt entsprechendes für seine organschaftlichen Vertreter. ³Für die Anordnung von Haft gilt § 98 Abs. 3 entsprechend.

§ 22 Rechtsstellung des vorläufigen Insolvenzverwalters

(1) ¹Wird ein vorläufiger Insolvenzverwalter bestellt und dem Schuldner ein allgemeines Verfügungsverbot auferlegt, so geht die Verwaltungs- und Verfügungsbefugnis über das Vermögen des Schuldners auf den vorläufigen Insolvenzverwalter über. ²In diesem Fall hat der vorläufige Insolvenzverwalter:
1. das Vermögen des Schuldners zu sichern und zu erhalten;
2. ein Unternehmen, das der Schuldner betreibt, bis zur Entscheidung über die Eröffnung des Insolvenzverfahrens fortzuführen, soweit nicht das Insolvenzgericht einer Stillegung zustimmt, um eine erhebliche Verminderung des Vermögens zu vermeiden;
3. zu prüfen, ob das Vermögen des Schuldners die Kosten des Verfahrens decken wird; das Gericht kann ihn zusätzlich beauftragen, als Sachverständiger zu prüfen, ob ein Eröffnungsgrund vorliegt und welche Aussichten für eine Fortführung des Unternehmens des Schuldners bestehen.

(2) ¹Wird ein vorläufiger Insolvenzverwalter bestellt, ohne daß dem Schuldner ein allgemeines Verfügungsverbot auferlegt wird, so bestimmt das Gericht die Pflichten des vorläufigen Insolvenzverwalters. ²Sie dürfen nicht über die Pflichten nach Absatz 1 Satz 2 hinausgehen.

(3) ¹Der vorläufige Insolvenzverwalter ist berechtigt, die Geschäftsräume des Schuldners zu betreten und dort Nachforschungen anzustellen. ²Der Schuldner hat dem vorläufigen Insolvenzverwalter Einsicht in seine Bücher und Geschäftspapiere zu gestatten. ³Er hat ihm alle erforderlichen Auskünfte zu erteilen; die §§ 97, 98, 101 Abs. 1 Satz 1, 2 Abs. 2 gelten entsprechend.

§ 23 Bekanntmachung der Verfügungsbeschränkungen

(1) ¹Der Beschluß, durch den eine der in § 21 Abs. 2 Nr. 2 vorgesehenen Verfügungsbeschränkungen angeordnet und ein vorläufiger Insolvenzverwalter bestellt wird, ist öffentlich bekanntzumachen. ²Er ist dem Schuldner, den Personen, die Verpflichtungen gegenüber dem Schuldner haben, und dem vorläufigen Insolvenzverwalter besonders zuzustellen. ³Die Schuldner des Schuldners sind zugleich aufzufordern, nur noch unter Beachtung des Beschlusses zu leisten.

(2) Ist der Schuldner im Handels-, Genossenschafts- oder Vereinsregister eingetragen, so hat die Geschäftsstelle des Insolvenzgerichts dem Registergericht eine Ausfertigung des Beschlusses zu übermitteln.

(3) Für die Eintragung der Verfügungsbeschränkungen im Grundbuch, im Schiffsregister, im Schiffsbauregister und im Register über Pfandrechte an Luftfahrzeugen gelten die §§ 32, 33 entsprechend.

Gesetzestext

§ 24 Wirkungen der Verfügungsbeschränkungen

(1) Bei einem Verstoß gegen eine der in § 21 Abs. 2 Nr. 2 vorgesehenen Verfügungsbeschränkungen gelten die §§ 81, 82 entsprechend.
(2) Ist die Verfügungsbefugnis über das Vermögen des Schuldners auf einen vorläufigen Insolvenzverwalter übergegangen, so gelten für die Aufnahme anhängiger Rechtsstreitigkeiten § 85 Abs. 1 Satz 1 und § 86 entsprechend.

§ 25 Aufhebung der Sicherungsmaßnahmen

(1) Werden die Sicherungsmaßnahmen aufgehoben, so gilt für die Bekanntmachung der Aufhebung einer Verfügungsbeschränkung § 23 entsprechend.
(2) [1]Ist die Verfügungsbefugnis über das Vermögen des Schuldners auf einen vorläufigen Insolvenzverwalter übergegangen, so hat dieser vor der Aufhebung seiner Bestellung aus dem von ihm verwalteten Vermögen die entstandenen Kosten zu berichtigen und die von ihm begründeten Verbindlichkeiten zu erfüllen. [2]Gleiches gilt für die Verbindlichkeiten aus einem Dauerschuldverhältnis, soweit der vorläufige Insolvenzverwalter für das von ihm verwaltete Vermögen die Gegenleistung in Anspruch genommen hat.

§ 26 Abweisung mangels Masse

(1) [1]Das Insolvenzgericht weist den Antrag auf Eröffnung des Insolvenzverfahrens ab, wenn das Vermögen des Schuldners voraussichtlich nicht ausreichen wird, um die Kosten des Verfahrens zu decken. [2]Die Abweisung unterbleibt, wenn ein ausreichender Geldbetrag vorgeschossen wird.
(2) [1]Das Gericht hat die Schuldner, bei denen der Eröffnungsantrag mangels Masse abgewiesen worden ist, in ein Verzeichnis einzutragen (Schuldnerverzeichnis). [2]Die Vorschriften über das Schuldnerverzeichnis nach der Zivilprozeßordnung gelten entsprechend; jedoch beträgt die Löschungsfrist fünf Jahre.
(3) [1]Wer nach Absatz 1 Satz 2 einen Vorschuß geleistet hat, kann die Erstattung des vorgeschossenen Betrages von jeder Person verlangen, die entgegen den Vorschriften des Gesellschaftsrechts den Antrag auf Eröffnung des Insolvenzverfahrens pflichtwidrig und schuldhaft nicht gestellt hat. [2]Ist streitig, ob die Person pflichtwidrig und schuldhaft gehandelt hat, so trifft sie die Beweislast. [3]Der Anspruch verjährt in fünf Jahren.

§ 27 Eröffnungsbeschluß

(1) [1]Wird das Insolvenzverfahren eröffnet, so ernennt das Insolvenzgericht einen Insolvenzverwalter. [2]Die §§ 270, 313 Abs. 1 bleiben unberührt.
(2) Der Eröffnungsbeschluß enthält:
1. Firma oder Namen und Vornamen, Geschäftszweig oder Beschäftigung, gewerbliche Niederlassung oder Wohnung des Schuldners;
2. Namen und Anschrift des Insolvenzverwalters;
3. die Stunde der Eröffnung.

(3) Ist die Stunde der Eröffnung nicht angegeben, so gilt als Zeitpunkt der Eröffnung die Mittagsstunde des Tages, an dem der Beschluß erlassen worden ist.

§ 28 Aufforderungen an die Gläubiger und die Schuldner

(1) [1]Im Eröffnungsbeschluß sind die Gläubiger aufzufordern, ihre Forderungen innerhalb einer bestimmten Frist unter Beachtung des § 174 beim Insolvenzverwalter anzumelden. [2]Die Frist ist auf einen Zeitraum von mindestens zwei Wochen und höchstens drei Monaten festzusetzen.

(2) [1]Im Eröffnungsbeschluß sind die Gläubiger aufzufordern, dem Verwalter unverzüglich mitzuteilen, welche Sicherungsrechte sie an beweglichen Sachen oder an Rechten des Schuldners in Anspruch nehmen. [2]Der Gegenstand, an dem das Sicherungsrecht beansprucht wird, die Art und der Entstehungsgrund des Sicherungsrechts sowie die gesicherte Forderung sind zu bezeichnen. [3]Wer die Mitteilung schuldhaft unterläßt oder verzögert, haftet für den daraus entstehenden Schaden.

(3) Im Eröffnungsbeschluß sind die Personen, die Verpflichtungen gegenüber dem Schuldner haben, aufzufordern, nicht mehr an den Schuldner zu leisten, sondern an den Verwalter.

§ 29 Terminbestimmungen

(1) Im Eröffnungsbeschluß bestimmt das Insolvenzgericht Termine für:
1. eine Gläubigerversammlung, in der auf der Grundlage eines Berichts des Insolvenzverwalters über den Fortgang des Insolvenzverfahrens beschlossen wird (Berichtstermin); der Termin soll nicht über sechs Wochen und darf nicht über drei Monate hinaus angesetzt werden;
2. eine Gläubigerversammlung, in der die angemeldeten Forderungen geprüft werden (Prüfungstermin); der Zeitraum zwischen dem Ablauf der Anmeldefrist und dem Prüfungstermin soll mindestens eine Woche und höchstens zwei Monate betragen.

(2) Die Termine können verbunden werden.

§ 30 Bekanntmachung des Eröffnungsbeschlusses. Hinweis auf Restschuldbefreiung

(1) [1]Die Geschäftsstelle des Insolvenzgerichts hat den Eröffnungsbeschluß sofort öffentlich bekanntzumachen. [2]Die Bekanntmachung ist, unbeschadet des § 9, auszugsweise im Bundesanzeiger zu veröffentlichen.

(2) Den Gläubigern und Schuldnern des Schuldners und dem Schuldner selbst ist der Beschluß besonders zuzustellen.

(3) Ist der Schuldner eine natürliche Person, so soll er bei der Eröffnung des Insolvenzverfahrens darauf hingewiesen werden, daß er nach Maßgabe der §§ 286 bis 303 Restschuldbefreiung erlangen kann.

Gesetzestext

§ 31 Handels-, Genossenschafts- und Vereinsregister

Ist der Schuldner im Handels-, Genossenschafts- oder Vereinsregister eingetragen, so hat die Geschäftsstelle des Insolvenzgerichts dem Registergericht zu übermitteln:
1. im Falle der Eröffnung des Insolvenzverfahrens eine Ausfertigung des Eröffnungsbeschlusses;
2. im Falle der Abweisung des Eröffnungsantrags mangels Masse eine Ausfertigung des abweisenden Beschlusses, wenn der Schuldner eine juristische Person oder eine Gesellschaft ohne Rechtspersönlichkeit ist, die durch die Abweisung mangels Masse aufgelöst wird.

§ 32 Grundbuch

(1) Die Eröffnung des Insolvenzverfahrens ist in das Grundbuch einzutragen:
1. bei Grundstücken, als deren Eigentümer der Schuldner eingetragen ist;
2. bei den für den Schuldner eingetragenen Rechten an Grundstücken und an eingetragenen Rechten, wenn nach der Art des Rechts und den Umständen zu befürchten ist, daß ohne die Eintragung die Insolvenzgläubiger benachteiligt würden.
(2) [1]Soweit dem Insolvenzgericht solche Grundstücke oder Rechte bekannt sind, hat es das Grundbuchamt von Amts wegen um die Eintragung zu ersuchen. [2]Die Eintragung kann auch vom Insolvenzverwalter beim Grundbuchamt beantragt werden.
(3) [1]Werden ein Grundstück oder ein Recht, bei denen die Eröffnung des Verfahrens eingetragen worden ist, vom Verwalter freigegeben oder veräußert, so hat das Insolvenzgericht auf Antrag das Grundbuchamt um Löschung der Eintragung zu ersuchen. [2]Die Löschung kann auch vom Verwalter beim Grundbuchamt beantragt werden.

§ 33 Register für Schiffe und Luftfahrzeuge

[1]Für die Eintragung der Eröffnung des Insolvenzverfahrens in das Schiffsregister, das Schiffsbauregister und das Register für Pfandrechte an Luftfahrzeugen gilt § 32 entsprechend. [2]Dabei treten an die Stelle der Grundstücke die in diese Register eingetragenen Schiffe, Schiffsbauwerke und Luftfahrzeuge, an die Stelle des Grundbuchamts das Registergericht.

§ 34 Rechtsmittel

(1) Wird die Eröffnung des Insolvenzverfahrens abgelehnt, so steht dem Antragsteller und, wenn die Abweisung des Antrags nach § 26 erfolgt, dem Schuldner die sofortige Beschwerde zu.
(2) Wird das Insolvenzverfahren eröffnet, so steht dem Schuldner die sofortige Beschwerde zu.
(3) [1]Sobald eine Entscheidung, die den Eröffnungsbeschluß aufhebt, Rechtskraft erlangt hat, ist die Aufhebung des Verfahrens öffentlich bekanntzumachen. [2]§ 200 Abs. 2 Satz 2 und 3 gilt entsprechend. [3]Die Wirkungen der Rechtshandlungen, die vom Insolvenzverwalter oder ihm gegenüber vorgenommen worden sind, werden durch die Aufhebung nicht berührt.

Zweiter Abschnitt
Insolvenzmasse.
Einteilung der Gläubiger

§ 35 Begriff der Insolvenzmasse

Das Insolvenzverfahren erfaßt das gesamte Vermögen, das dem Schuldner zur Zeit der Eröffnung des Verfahrens gehört und das er während des Verfahrens erlangt (Insolvenzmasse).

§ 36 Unpfändbare Gegenstände

(1) Gegenstände, die nicht der Zwangsvollstreckung unterliegen, gehören nicht zur Insolvenzmasse.
(2) Zur Insolvenzmasse gehören jedoch
1. die Geschäftsbücher des Schuldners; gesetzliche Pflichten zur Aufbewahrung von Unterlagen bleiben unberührt;
2. die Sachen, die nach § 811 Nr. 4 und 9 der Zivilprozeßordnung nicht der Zwangsvollstreckung unterliegen.

(3) Sachen, die zum gewöhnlichen Hausrat gehören und im Haushalt des Schuldners gebraucht werden, gehören nicht zur Insolvenzmasse, wenn ohne weiteres ersichtlich ist, daß durch ihre Verwertung nur ein Erlös erzielt werden würde, der zu dem Wert außer allem Verhältnis steht.

§ 37 Gesamtgut bei Gütergemeinschaft

(1) [1]Wird bei dem Güterstand der Gütergemeinschaft das Gesamtgut von einem Ehegatten allein verwaltet und über das Vermögen dieses Ehegatten das Insolvenzverfahren eröffnet, so gehört das Gesamtgut zur Insolvenzmasse. [2]Eine Auseinandersetzung des Gesamtguts findet nicht statt. [3]Durch das Insolvenzverfahren über das Vermögen des anderen Ehegatten wird das Gesamtgut nicht berührt.
(2) Verwalten die Ehegatten das Gesamtgut gemeinschaftlich, so wird das Gesamtgut durch das Insolvenzverfahren über das Vermögen eines Ehegatten nicht berührt.
(3) Absatz 1 ist bei der fortgesetzten Gütergemeinschaft mit der Maßgabe anzuwenden, daß an die Stelle des Ehegatten, der das Gesamtgut allein verwaltet, der überlebende Ehegatte, an die Stelle des anderen Ehegatten die Abkömmlinge treten.

§ 38 Begriff der Insolvenzgläubiger

Die Insolvenzmasse dient zur Befriedigung der persönlichen Gläubiger, die einen zur Zeit der Eröffnung des Insolvenzverfahrens begründeten Vermögensanspruch gegen den Schuldner haben (Insolvenzgläubiger).

Gesetzestext

§ 39 Nachrangige Insolvenzgläubiger

(1) Im Rang nach den übrigen Forderungen der Insolvenzgläubiger werden in folgender Rangfolge, bei gleichem Rang nach dem Verhältnis ihrer Beträge, berichtigt:
1. die seit der Eröffnung des Insolvenzverfahrens laufenden Zinsen der Forderungen der Insolvenzgläubiger;
2. die Kosten, die den einzelnen Insolvenzgläubigern durch ihre Teilnahme am Verfahren erwachsen;
3. Geldstrafen, Geldbußen, Ordnungsgelder und Zwangsgelder sowie solche Nebenfolgen einer Straftat oder Ordnungswidrigkeit, die zu einer Geldzahlung verpflichten;
4. Forderungen auf eine unentgeltliche Leistung des Schuldners;
5. Forderungen auf Rückgewähr des kapitalersetzenden Darlehens oder gleichgestellte Forderungen.

(2) Forderungen, für die zwischen Gläubiger und Schuldner der Nachrang im Insolvenzverfahren vereinbart worden ist, werden im Zweifel nach den in Absatz 1 bezeichneten Forderungen berichtigt.

(3) Die Zinsen der Forderungen nachrangiger Insolvenzgläubiger und die Kosten, die diesen Gläubigern durch ihre Teilnahme am Verfahren entstehen, haben den gleichen Rang wie die Forderungen dieser Gläubiger.

§ 40 Unterhaltsansprüche

[1]Familienrechtliche Unterhaltsansprüche gegen den Schuldner können im Insolvenzverfahren für die Zeit nach der Eröffnung nur geltend gemacht werden, soweit der Schuldner als Erbe des Verpflichteten haftet. [2]§ 100 bleibt unberührt.

§ 41 Nicht fällige Forderungen

(1) Nicht fällige Forderungen gelten als fällig.
(2) [1]Sind sie unverzinslich, so sind sie mit dem gesetzlichen Zinssatz abzuzinsen. [2]Sie vermindern sich dadurch auf den Betrag, der bei Hinzurechnung der gesetzlichen Zinsen für die Zeit von der Eröffnung des Insolvenzverfahrens bis zur Fälligkeit dem vollen Betrag der Forderung entspricht.

§ 42 Auflösend bedingte Forderungen

Auflösend bedingte Forderungen werden, solange die Bedingung nicht eingetreten ist, im Insolvenzverfahren wie unbedingte Forderungen berücksichtigt.

§ 43 Haftung mehrerer Personen

Ein Gläubiger, dem mehrere Personen für dieselbe Leistung auf das Ganze haften, kann im Insolvenzverfahren gegen jeden Schuldner bis zu seiner vollen Befriedigung den ganzen Betrag geltend machen, den er zur Zeit der Eröffnung des Verfahrens zu fordern hatte.

§ 44 Rechte der Gesamtschuldner und Bürgen

Der Gesamtschuldner und der Bürge können die Forderung, die sie durch eine Befriedigung des Gläubigers künftig gegen den Schuldner erwerben könnten, im Insolvenzverfahren nur dann geltend machen, wenn der Gläubiger seine Forderung nicht geltend macht.

§ 45 Umrechnung von Forderungen

[1] Forderungen, die nicht auf Geld gerichtet sind oder deren Geldbetrag unbestimmt ist, sind mit dem Wert geltend zu machen, der für die Zeit der Eröffnung des Insolvenzverfahrens geschätzt werden kann. [2] Forderungen, die in ausländischer Währung oder in einer Rechnungseinheit ausgedrückt sind, sind nach dem Kurswert, der zur Zeit der Verfahrenseröffnung für den Zahlungsort maßgeblich ist, in inländische Währung umzurechnen.

§ 46 Wiederkehrende Leistungen

[1] Forderungen auf wiederkehrende Leistungen, deren Betrag und Dauer bestimmt sind, sind mit dem Betrag geltend zu machen, der sich ergibt, wenn die noch ausstehenden Leistungen unter Abzug des in § 41 bezeichneten Zwischenzinses zusammengerechnet werden. [2] Ist die Dauer der Leistungen unbestimmt, so gilt § 45 Satz 1 entsprechend.

§ 47 Aussonderung

[1] Wer auf Grund eines dinglichen oder persönlichen Rechts geltend machen kann, daß ein Gegenstand nicht zur Insolvenzmasse gehört, ist kein Insolvenzgläubiger. [2] Sein Anspruch auf Aussonderung des Gegenstandes bestimmt sich nach den Gesetzen, die außerhalb des Insolvenzverfahrens gelten.

§ 48 Ersatzaussonderung

[1] Ist ein Gegenstand, dessen Aussonderung hätte verlangt werden können, vor der Eröffnung des Insolvenzverfahrens vom Schuldner oder nach der Eröffnung vom Insolvenzverwalter unberechtigt veräußert worden, so kann der Aussonderungsberechtigte die Abtretung des Rechts auf die Gegenleistung verlangen, soweit diese noch aussteht. [2] Er kann die Gegenleistung aus der Insolvenzmasse verlangen, soweit sie in der Masse unterscheidbar vorhanden ist.

§ 49 Abgesonderte Befriedigung aus unbeweglichen Gegenständen

Gläubiger, denen ein Recht auf Befriedigung aus Gegenständen zusteht, die der Zwangsvollstreckung in das unbewegliche Vermögen unterliegen (unbewegliche Gegenstände), sind nach Maßgabe des Gesetzes über die Zwangsversteigerung und die Zwangsverwaltung zur abgesonderten Befriedigung berechtigt.

Gesetzestext

§ 50 Abgesonderte Befriedigung der Pfandgläubiger

(1) Gläubiger, die an einem Gegenstand der Insolvenzmasse ein rechtsgeschäftliches Pfandrecht, ein durch Pfändung erlangtes Pfandrecht oder ein gesetzliches Pfandrecht haben, sind nach Maßgabe der §§ 166 bis 173 für Hauptforderung, Zinsen und Kosten zur abgesonderten Befriedigung aus dem Pfandgegenstand berechtigt.

(2) [1]Das gesetzliche Pfandrecht des Vermieters oder Verpächters kann im Insolvenzverfahren wegen des Miet- oder Pachtzinses für eine frühere Zeit als die letzten zwölf Monate vor der Eröffnung des Verfahrens sowie wegen der Entschädigung, die infolge einer Kündigung des Insolvenzverwalters zu zahlen ist, nicht geltend gemacht werden. [2]Das Pfandrecht des Verpächters eines landwirtschaftlichen Grundstücks unterliegt wegen des Pachtzinses nicht dieser Beschränkung.

§ 51 Sonstige Absonderungsberechtigte

Den in § 50 genannten Gläubigern stehen gleich:
1. Gläubiger, denen der Schuldner zur Sicherung eines Anspruchs eine bewegliche Sache übereignet oder ein Recht übertragen hat;
2. Gläubiger, denen ein Zurückbehaltungsrecht an einer Sache zusteht, weil sie etwas zum Nutzen der Sache verwendet haben, soweit ihre Forderung aus der Verwendung den noch vorhandenen Vorteil nicht übersteigt;
3. Gläubiger, denen nach dem Handelsgesetzbuch ein Zurückbehaltungsrecht zusteht;
4. Bund, Länder, Gemeinden und Gemeindeverbände, soweit ihnen zoll- und steuerpflichtige Sachen nach gesetzlichen Vorschriften als Sicherheit für öffentliche Abgaben dienen.

§ 52 Ausfall der Absonderungsberechtigten

[1]Gläubiger, die abgesonderte Befriedigung beanspruchen können, sind Insolvenzgläubiger, soweit ihnen der Schuldner auch persönlich haftet. [2]Sie sind zur anteilsmäßigen Befriedigung aus der Insolvenzmasse jedoch nur berechtigt, soweit sie auf eine abgesonderte Befriedigung verzichten oder bei ihr ausgefallen sind.

§ 53 Massegläubiger

Aus der Insolvenzmasse sind die Kosten des Insolvenzverfahrens und die sonstigen Masseverbindlichkeiten vorweg zu berichtigen.

§ 54 Kosten des Insolvenzverfahrens

Kosten des Insolvenzverfahrens sind:
1. die Gerichtskosten für das Insolvenzverfahren;
2. die Vergütungen und die Auslagen des vorläufigen Insolvenzverwalters, des Insolvenzverwalters und der Mitglieder des Gläubigerausschusses.

§ 55 Sonstige Masseverbindlichkeiten

(1) Masseverbindlichkeiten sind weiter die Verbindlichkeiten:
1. die durch Handlungen des Insolvenzverwalters oder in anderer Weise durch die Verwaltung, Verwertung und Verteilung der Insolvenzmasse begründet werden, ohne zu den Kosten des Insolvenzverfahrens zu gehören;
2. aus gegenseitigen Verträgen, soweit deren Erfüllung zur Insolvenzmasse verlangt wird oder für die Zeit nach der Eröffnung des Insolvenzverfahrens erfolgen muß;
3. aus einer ungerechtfertigten Bereicherung der Masse.
(2) [1]Verbindlichkeiten, die von einem vorläufigen Insolvenzverwalter begründet worden sind, auf den die Verfügungsbefugnis über das Vermögen des Schuldners übergegangen ist, gelten nach der Eröffnung des Verfahrens als Masseverbindlichkeiten. [2]Gleiches gilt für Verbindlichkeiten aus einem Dauerschuldverhältnis, soweit der vorläufige Insolvenzverwalter für das von ihm verwaltete Vermögen die Gegenleistung in Anspruch genommen hat.

Dritter Abschnitt
Insolvenzverwalter.
Organe der Gläubiger

§ 56 Bestellung des Insolvenzverwalters

(1) Zum Insolvenzverwalter ist eine für den jeweiligen Einzelfall geeignete, insbesondere geschäftskundige und von den Gläubigern und dem Schuldner unabhängige natürliche Person zu bestellen.
(2) [1]Der Verwalter erhält eine Urkunde über seine Bestellung. [2]Bei Beendigung seines Amtes hat er die Urkunde dem Insolvenzgericht zurückzugeben.

§ 57 Wahl eines anderen Insolvenzverwalters

[1]In der ersten Gläubigerversammlung, die auf die Bestellung des Insolvenzverwalters folgt, können die Gläubiger an dessen Stelle eine andere Person wählen. [2]Das Gericht kann die Bestellung des Gewählten nur versagen, wenn dieser für die Übernahme des Amtes nicht geeignet ist. [3]Gegen die Versagung steht jedem Insolvenzgläubiger die sofortige Beschwerde zu.

§ 58 Aufsicht des Insolvenzgerichts

(1) [1]Der Insolvenzverwalter steht unter der Aufsicht des Insolvenzgerichts. [2]Das Gericht kann jederzeit einzelne Auskünfte oder einen Bericht über den Sachstand und die Geschäftsführung von ihm verlangen.
(2) [1]Erfüllt der Verwalter seine Pflichten nicht, so kann das Gericht nach vorheriger Androhung Zwangsgeld gegen ihn festsetzen. [2]Das einzelne Zwangsgeld darf den Betrag von fünfzigtausend Deutsche Mark nicht übersteigen. [3]Gegen den Beschluß steht dem Verwalter die sofortige Beschwerde zu.

(3) Absatz 2 gilt entsprechend für die Durchsetzung der Herausgabepflichten eines entlassenen Verwalters.

§ 59 Entlassung des Insolvenzverwalters

(1) ¹Das Insolvenzgericht kann den Insolvenzverwalter aus wichtigem Grund aus dem Amt entlassen. ²Die Entlassung kann von Amts wegen oder auf Antrag des Verwalters, des Gläubigerausschusses oder der Gläubigerversammlung erfolgen. ³Vor der Entscheidung des Gerichts ist der Verwalter zu hören.
(2) ¹Gegen die Entlassung steht dem Verwalter die sofortige Beschwerde zu. ²Gegen die Ablehnung des Antrags steht dem Verwalter, dem Gläubigerausschuß oder, wenn die Gläubigerversammlung den Antrag gestellt hat, jedem Insolvenzgläubiger die sofortige Beschwerde zu.

§ 60 Haftung des Insolvenzverwalters

(1) ¹Der Insolvenzverwalter ist allen Beteiligten zum Schadenersatz verpflichtet, wenn er schuldhaft die Pflichten verletzt, die ihm nach diesem Gesetz obliegen. ²Er hat für die Sorgfalt eines ordentlichen und gewissenhaften Insolvenzverwalters einzustehen.
(2) Soweit er zur Erfüllung der ihm als Verwalter obliegenden Pflichten Angestellte des Schuldners im Rahmen ihrer bisherigen Tätigkeiten einsetzen muß und diese Angestellten nicht offensichtlich ungeeignet sind, hat der Verwalter ein Verschulden dieser Personen nicht gemäß § 278 des Bürgerlichen Gesetzbuchs zu vertreten, sondern ist nur für deren Überwachung und für Entscheidungen von besonderer Bedeutung verantwortlich.

§ 61 Nichterfüllung von Masseverbindlichkeiten

¹Kann eine Masseverbindlichkeit, die durch eine Rechtshandlung des Insolvenzverwalters begründet worden ist, aus der Insolvenzmasse nicht voll erfüllt werden, so ist der Verwalter dem Massegläubiger zum Schadenersatz verpflichtet. ²Dies gilt nicht, wenn der Verwalter bei der Begründung der Verbindlichkeit nicht erkennen konnte, daß die Masse voraussichtlich zur Erfüllung nicht ausreichen würde.

§ 62 Verjährung

¹Der Anspruch auf Ersatz des Schadens, der aus einer Pflichtverletzung des Insolvenzverwalters entstanden ist, verjährt in drei Jahren von dem Zeitpunkt an, in dem der Verletzte von dem Schaden und den Umständen, welche die Ersatzpflicht des Verwalters begründen, Kenntnis erlangt. ²Der Anspruch verjährt spätestens in drei Jahren von der Aufhebung oder der Rechtskraft der Einstellung des Insolvenzverfahrens an. ³Für Pflichtverletzungen, die im Rahmen einer Nachtragsverteilung (§ 203) oder einer Überwachung der Planerfüllung (§ 260) begangen worden sind, gilt Satz 2 mit der Maßgabe, daß an die Stelle der Aufhebung des Insolvenzverfahrens der Vollzug der Nachtragsverteilung oder die Beendigung der Überwachung tritt.

§ 63 Vergütung des Insolvenzverwalters

¹Der Insolvenzverwalter hat Anspruch auf Vergütung für seine Geschäftsführung und auf Erstattung angemessener Auslagen. ²Der Regelsatz der Vergütung wird nach dem Wert der Insolvenzmasse zur Zeit der Beendigung des Insolvenzverfahrens berechnet. ³Dem Umfang und der Schwierigkeit der Geschäftsführung des Verwalters wird durch Abweichungen vom Regelsatz Rechnung getragen.

§ 64 Festsetzung durch das Gericht

(1) Das Insolvenzgericht setzt die Vergütung und die zu erstattenden Auslagen des Insolvenzverwalters durch Beschluß fest.
(2) ¹Der Beschluß ist öffentlich bekanntzumachen und dem Verwalter, dem Schuldner und, wenn ein Gläubigerausschuß bestellt ist, den Mitgliedern des Ausschusses besonders zuzustellen. ²Die festgesetzten Beträge sind nicht zu veröffentlichen; in der öffentlichen Bekanntmachung ist darauf hinzuweisen, daß der vollständige Beschluß in der Geschäftsstelle eingesehen werden kann.
(3) ¹Gegen den Beschluß steht dem Verwalter, dem Schuldner und jedem Insolvenzgläubiger die sofortige Beschwerde zu. ²§ 567 Abs. 2 der Zivilprozeßordnung gilt entsprechend.

§ 65 Verordnungsermächtigung

Das Bundesministerium der Justiz wird ermächtigt, die Vergütung und die Erstattung der Auslagen des Insolvenzverwalters durch Rechtsverordnung näher zu regeln.

§ 66 Rechnungslegung

(1) Der Insolvenzverwalter hat bei der Beendigung seines Amtes einer Gläubigerversammlung Rechnung zu legen.
(2) ¹Vor der Gläubigerversammlung prüft das Insolvenzgericht die Schlußrechnung des Verwalters. ²Es legt die Schlußrechnung mit Belegen, mit einem Vermerk über die Prüfung und, wenn ein Gläubigerausschuß bestellt ist, mit dessen Bemerkungen zur Einsicht der Beteiligten aus; es kann dem Gläubigerausschuß für dessen Stellungnahme eine Frist setzen. ³Der Zeitraum zwischen der Auslegung der Unterlagen und dem Termin der Gläubigerversammlung soll mindestens eine Woche betragen.
(3) ¹Die Gläubigerversammlung kann dem Verwalter aufgeben, zu bestimmten Zeitpunkten während des Verfahrens Zwischenrechnung zu legen. ²Die Absätze 1 und 2 gelten entsprechend.

§ 67 Einsetzung des Gläubigerausschusses

(1) Vor der ersten Gläubigerversammlung kann das Insolvenzgericht einen Gläubigerausschuß einsetzen.

(2) ¹Im Gläubigerausschuß sollen die absonderungsberechtigten Gläubiger, die Insolvenzgläubiger mit den höchsten Forderungen und die Kleingläubiger vertreten sein. ²Dem Ausschuß soll ein Vertreter der Arbeitnehmer angehören, wenn diese als Insolvenzgläubiger mit nicht unerheblichen Forderungen beteiligt sind.
(3) Zu Mitgliedern des Gläubigerausschusses können auch Personen bestellt werden, die keine Gläubiger sind.

§ 68 Wahl anderer Mitglieder

(1) ¹Die Gläubigerversammlung beschließt, ob ein Gläubigerausschuß eingesetzt werden soll. ²Hat das Insolvenzgericht bereits einen Gläubigerausschuß eingesetzt, so beschließt sie, ob dieser beibehalten werden soll.
(2) Sie kann vom Insolvenzgericht bestellte Mitglieder abwählen und andere oder zusätzliche Mitglieder des Gläubigerausschusses wählen.

§ 69 Aufgaben des Gläubigerausschusses

¹Die Mitglieder des Gläubigerausschusses haben den Insolvenzverwalter bei seiner Geschäftsführung zu unterstützen und zu überwachen. ²Sie haben sich über den Gang der Geschäfte zu unterrichten sowie die Bücher und Geschäftspapiere einsehen und den Geldverkehr und -bestand prüfen zu lassen.

§ 70 Entlassung

¹Das Insolvenzgericht kann ein Mitglied des Gläubigerausschusses aus wichtigem Grund aus dem Amt entlassen. ²Die Entlassung kann von Amts wegen, auf Antrag des Mitglieds des Gläubigerausschusses oder auf Antrag der Gläubigerversammlung erfolgen. ³Vor der Entscheidung des Gerichts ist das Mitglied des Gläubigerausschusses zu hören; gegen die Entscheidung steht ihm die sofortige Beschwerde zu.

§ 71 Haftung der Mitglieder des Gläubigerausschusses

¹Die Mitglieder des Gläubigerausschusses sind den absonderungsberechtigten Gläubigern und den Insolvenzgläubigern zum Schadenersatz verpflichtet, wenn sie schuldhaft die Pflichten verletzen, die ihnen nach diesem Gesetz obliegen. ²§ 62 gilt entsprechend.

§ 72 Beschlüsse des Gläubigerausschusses

Ein Beschluß des Gläubigerausschusses ist gültig, wenn die Mehrheit der Mitglieder an der Beschlußfassung teilgenommen hat und der Beschluß mit der Mehrheit der abgegebenen Stimmen gefaßt worden ist.

Gesetzestext

§ 73 Vergütung der Mitglieder des Gläubigerausschusses

(1) ¹Die Mitglieder des Gläubigerausschusses haben Anspruch auf Vergütung für ihre Tätigkeit und auf Erstattung angemessener Auslagen. ²Dabei ist dem Zeitaufwand und dem Umfang der Tätigkeit Rechnung zu tragen.
(2) Die §§ 64 und 65 gelten entsprechend.

§ 74 Einberufung der Gläubigerversammlung

(1) ¹Die Gläubigerversammlung wird vom Insolvenzgericht einberufen. ²Zur Teilnahme an der Versammlung sind alle absonderungsberechtigten Gläubiger, alle Insolvenzgläubiger, der Insolvenzverwalter und der Schuldner berechtigt.
(2) ¹Die Zeit, der Ort und die Tagesordnung der Gläubigerversammlung sind öffentlich bekanntzumachen. ²Die öffentliche Bekanntmachung kann unterbleiben, wenn in einer Gläubigerversammlung die Verhandlung vertagt wird.

§ 75 Antrag auf Einberufung

(1) Die Gläubigerversammlung ist einzuberufen, wenn dies beantragt wird:
1. vom Insolvenzverwalter;
2. vom Gläubigerausschuß;
3. von mindestens fünf absonderungsberechtigten Gläubigern oder nicht nachrangigen Insolvenzgläubigern, deren Absonderungsrechte und Forderungen nach der Schätzung des Insolvenzgerichts zusammen ein Fünftel der Summe erreichen, die sich aus dem Wert aller Absonderungsrechte und den Forderungsbeträgen aller nicht nachrangigen Insolvenzgläubiger ergibt;
4. von einem oder mehreren absonderungsberechtigten Gläubigern oder nicht nachrangigen Insolvenzgläubigern, deren Absonderungsrechte und Forderungen nach der Schätzung des Gerichts zwei Fünftel der in Nummer 3 bezeichneten Summe erreichen.

(2) Der Zeitraum zwischen dem Eingang des Antrags und dem Termin der Gläubigerversammlung soll höchstens zwei Wochen betragen.
(3) Wird die Einberufung abgelehnt, so steht dem Antragsteller die sofortige Beschwerde zu.

§ 76 Beschlüsse der Gläubigerversammlung

(1) Die Gläubigerversammlung wird vom Insolvenzgericht geleitet.
(2) Ein Beschluß der Gläubigerversammlung kommt zustande, wenn die Summe der Forderungsbeträge der zustimmenden Gläubiger mehr als die Hälfte der Summe der Forderungsbeträge der abstimmenden Gläubiger beträgt; bei absonderungsberechtigten Gläubigern, denen der Schuldner nicht persönlich haftet, tritt der Wert des Absonderungsrechts an die Stelle des Forderungsbetrags.

Gesetzestext

§ 77 Feststellung des Stimmrechts

(1) ¹Ein Stimmrecht gewähren die Forderungen, die angemeldet und weder vom Insolvenzverwalter noch von einem stimmberechtigten Gläubiger bestritten worden sind. ²Nachrangige Gläubiger sind nicht stimmberechtigt.
(2) ¹Die Gläubiger, deren Forderungen bestritten werden, sind stimmberechtigt, soweit sich in der Gläubigerversammlung der Verwalter und die erschienenen stimmberechtigten Gläubiger über das Stimmrecht geeinigt haben. ²Kommt es nicht zu einer Einigung, so entscheidet das Insolvenzgericht. ³Es kann seine Entscheidung auf den Antrag des Verwalters oder eines in der Gläubigerversammlung erschienenen Gläubigers ändern.
(3) Absatz 2 gilt entsprechend
1. für die Gläubiger aufschiebend bedingter Forderungen;
2. für die absonderungsberechtigten Gläubiger.

§ 78 Aufhebung eines Beschlusses der Gläubigerversammlung

(1) Widerspricht ein Beschluß der Gläubigerversammlung dem gemeinsamen Interesse der Insolvenzgläubiger, so hat das Insolvenzgericht den Beschluß aufzuheben, wenn ein absonderungsberechtigter Gläubiger, ein nicht nachrangiger Insolvenzgläubiger oder der Insolvenzverwalter dies in der Gläubigerversammlung beantragt.
(2) ¹Die Aufhebung des Beschlusses ist öffentlich bekanntzumachen. ²Gegen die Aufhebung steht jedem absonderungsberechtigten Gläubiger und jedem nicht nachrangigen Insolvenzgläubiger die sofortige Beschwerde zu. ³Gegen die Ablehnung des Antrags auf Aufhebung steht dem Antragsteller die sofortige Beschwerde zu.

§ 79 Unterrichtung der Gläubigerversammlung

¹Die Gläubigerversammlung ist berechtigt, vom Insolvenzverwalter einzelne Auskünfte und einen Bericht über den Sachstand und die Geschäftsführung zu verlangen. ²Ist ein Gläubigerausschuß nicht bestellt, so kann die Gläubigerversammlung den Geldverkehr und -bestand des Verwalters prüfen lassen.

Dritter Teil
Wirkungen der Eröffnung des Insolvenzverfahrens

Erster Abschnitt
Allgemeine Wirkungen

§ 80 Übergang des Verwaltungs- und Verfügungsrechts

(1) Durch die Eröffnung des Insolvenzverfahrens geht das Recht des Schuldners, das zur Insolvenzmasse gehörende Vermögen zu verwalten und über es zu verfügen, auf den Insolvenzverwalter über.

Gesetzestext

(2) ¹Ein gegen den Schuldner bestehendes Veräußerungsverbot, das nur den Schutz bestimmter Personen bezweckt (§§ 135, 136 des Bürgerlichen Gesetzbuchs), hat im Verfahren keine Wirkung. ²Die Vorschriften über die Wirkungen einer Pfändung oder einer Beschlagnahme im Wege der Zwangsvollstreckung bleiben unberührt.

§ 81 Verfügungen des Schuldners

(1) ¹Hat der Schuldner nach der Eröffnung des Insolvenzverfahrens über einen Gegenstand der Insolvenzmasse verfügt, so ist diese Verfügung unwirksam. ²Unberührt bleiben die §§ 892, 893 des Bürgerlichen Gesetzbuchs, §§ 16, 17 des Gesetzes über Rechte an eingetragenen Schiffen und Schiffsbauwerken und §§ 16, 17 des Gesetzes über Rechte an Luftfahrzeugen. ³Dem anderen Teil ist die Gegenleistung aus der Insolvenzmasse zurückzugewähren, soweit die Masse durch sie bereichert ist.
(2) ¹Für eine Verfügung über künftige Forderungen auf Bezüge aus einem Dienstverhältnis des Schuldners oder an deren Stelle tretende laufende Bezüge gilt Absatz 1 auch insoweit, als die Bezüge für die Zeit nach der Beendigung des Insolvenzverfahrens betroffen sind. ²Das Recht des Schuldners zur Abtretung dieser Bezüge an einen Treuhänder mit dem Ziel der gemeinschaftlichen Befriedigung der Insolvenzgläubiger bleibt unberührt.
(3) Hat der Schuldner am Tag der Eröffnung des Verfahrens verfügt, so wird vermutet, daß er nach der Eröffnung verfügt hat.

§ 82 Leistungen an den Schuldner

¹Ist nach der Eröffnung des Insolvenzverfahrens zur Erfüllung einer Verbindlichkeit an den Schuldner geleistet worden, obwohl die Verbindlichkeit zur Insolvenzmasse zu erfüllen war, so wird der Leistende befreit, wenn er zur Zeit der Leistung die Eröffnung des Verfahrens nicht kannte. ²Hat er vor der öffentlichen Bekanntmachung der Eröffnung geleistet, so wird vermutet, daß er die Eröffnung nicht kannte.

§ 83 Erbschaft. Fortgesetzte Gütergemeinschaft

(1) ¹Ist dem Schuldner vor der Eröffnung des Insolvenzverfahrens eine Erbschaft oder ein Vermächtnis angefallen oder geschieht dies während des Verfahrens, so steht die Annahme oder Ausschlagung nur dem Schuldner zu. ²Gleiches gilt von der Ablehnung der fortgesetzten Gütergemeinschaft.
(2) Ist der Schuldner Vorerbe, so darf der Insolvenzverwalter über die Gegenstände der Erbschaft nicht verfügen, wenn die Verfügung im Falle des Eintritts der Nacherbfolge nach § 2115 des Bürgerlichen Gesetzbuchs dem Nacherben gegenüber unwirksam ist.

§ 84 Auseinandersetzung einer Gesellschaft oder Gemeinschaft

(1) ¹Besteht zwischen dem Schuldner und Dritten eine Gemeinschaft nach Bruchteilen, eine andere Gemeinschaft oder eine Gesellschaft ohne Rechtspersönlichkeit, so erfolgt die Teilung oder sonstige Auseinandersetzung außerhalb des Insolvenzverfahrens. ²Aus

Gesetzestext

dem dabei ermittelten Anteil des Schuldners kann für Ansprüche aus dem Rechtsverhältnis abgesonderte Befriedigung verlangt werden.
(2) ¹Eine Vereinbarung, durch die bei einer Gemeinschaft nach Bruchteilen das Recht, die Aufhebung der Gemeinschaft zu verlangen, für immer oder auf Zeit ausgeschlossen oder eine Kündigungsfrist bestimmt worden ist, hat im Verfahren keine Wirkung. ²Gleiches gilt für eine Anordnung dieses Inhalts, die ein Erblasser für die Gemeinschaft seiner Erben getroffen hat, und für eine entsprechende Vereinbarung der Miterben.

§ 85 Aufnahme von Aktivprozessen

(1) ¹Rechtsstreitigkeiten über das zur Insolvenzmasse gehörende Vermögen, die zur Zeit der Eröffnung des Insolvenzverfahrens für den Schuldner anhängig sind, können in der Lage, in der sie sich befinden, vom Insolvenzverwalter aufgenommen werden. ²Wird die Aufnahme verzögert, so gilt § 239 Abs. 2 bis 4 der Zivilprozeßordnung entsprechend.
(2) Lehnt der Verwalter die Aufnahme des Rechtsstreits ab, so können sowohl der Schuldner als auch der Gegner den Rechtsstreit aufnehmen.

§ 86 Aufnahme bestimmter Passivprozesse

(1) Rechtsstreitigkeiten, die zur Zeit der Eröffnung des Insolvenzverfahrens gegen den Schuldner anhängig sind, können sowohl vom Insolvenzverwalter als auch vom Gegner aufgenommen werden, wenn sie betreffen:
1. die Aussonderung eines Gegenstands aus der Insolvenzmasse,
2. die abgesonderte Befriedigung oder
3. eine Masseverbindlichkeit.
(2) Erkennt der Verwalter den Anspruch sofort an, so kann der Gegner einen Anspruch auf Erstattung der Kosten des Rechtsstreits nur als Insolvenzgläubiger geltend machen.

§ 87 Forderungen der Insolvenzgläubiger

Die Insolvenzgläubiger können ihre Forderungen nur nach den Vorschriften über das Insolvenzverfahren verfolgen.

§ 88 Vollstreckung vor Verfahrenseröffnung

Hat ein Insolvenzgläubiger im letzten Monat vor dem Antrag auf Eröffnung des Insolvenzverfahrens oder nach diesem Antrag durch Zwangsvollstreckung eine Sicherung an dem zur Insolvenzmasse gehörenden Vermögen des Schuldners erlangt, so wird diese Sicherung mit der Eröffnung des Verfahrens unwirksam.

Gesetzestext

§ 89 Vollstreckungsverbot

(1) Zwangsvollstreckungen für einzelne Insolvenzgläubiger sind während der Dauer des Insolvenzverfahrens weder in die Insolvenzmasse noch in das sonstige Vermögen des Schuldners zulässig.
(2) ¹Zwangsvollstreckungen in künftige Forderungen auf Bezüge aus einem Dienstverhältnis des Schuldners oder an deren Stelle tretende laufende Bezüge sind während der Dauer des Verfahrens auch für Gläubiger unzulässig, die keine Insolvenzgläubiger sind. ²Dies gilt nicht für die Zwangsvollstreckung wegen eines Unterhaltsanspruchs oder einer Forderung aus einer vorsätzlichen unerlaubten Handlung in den Teil der Bezüge, der für andere Gläubiger nicht pfändbar ist.
(3) ¹Über Einwendungen, die auf Grund des Absatzes 1 oder 2 gegen die Zulässigkeit einer Zwangsvollstreckung erhoben werden, entscheidet das Insolvenzgericht. ²Das Gericht kann vor der Entscheidung eine einstweilige Anordnung erlassen; es kann insbesondere anordnen, daß die Zwangsvollstreckung gegen oder ohne Sicherheitsleistung einstweilen einzustellen oder nur gegen Sicherheitsleistung fortzusetzen sei.

§ 90 Vollstreckungsverbot bei Masseverbindlichkeiten

(1) Zwangsvollstreckungen wegen Masseverbindlichkeiten, die nicht durch eine Rechtshandlung des Insolvenzverwalters begründet worden sind, sind für die Dauer von sechs Monaten seit der Eröffnung des Insolvenzverfahrens unzulässig.
(2) Nicht als derartige Masseverbindlichkeiten gelten die Verbindlichkeiten:
1. aus einem gegenseitigen Vertrag, dessen Erfüllung der Verwalter gewählt hat;
2. aus einem Dauerschuldverhältnis für die Zeit nach dem ersten Termin, zu dem der Verwalter kündigen konnte;
3. aus einem Dauerschuldverhältnis, soweit der Verwalter für die Insolvenzmasse die Gegenleistung in Anspruch nimmt.

§ 91 Ausschluß sonstigen Rechtserwerbs

(1) Rechte an den Gegenständen der Insolvenzmasse können nach der Eröffnung des Insolvenzverfahrens nicht wirksam erworben werden, auch wenn keine Verfügung des Schuldners und keine Zwangsvollstreckung für einen Insolvenzgläubiger zugrunde liegt.
(2) Unberührt bleiben die §§ 878, 892, 893 des Bürgerlichen Gesetzbuchs, § 3 Abs. 3, §§ 16, 17 des Gesetzes über Rechte an eingetragenen Schiffen und Schiffsbauwerken, § 5 Abs. 3, §§ 16, 17 des Gesetzes über Rechte an Luftfahrzeugen und § 20 Abs. 3 der Schiffahrtsrechtlichen Verteilungsordnung.

§ 92 Gesamtschaden

¹Ansprüche der Insolvenzgläubiger auf Ersatz eines Schadens, den diese Gläubiger gemeinschaftlich durch eine Verminderung des zur Insolvenzmasse gehörenden Vermögens vor oder nach der Eröffnung des Insolvenzverfahrens erlitten haben (Gesamtschaden), können während der Dauer des Insolvenzverfahrens nur vom Insolvenzverwalter

geltend gemacht werden. ²Richten sich die Ansprüche gegen den Verwalter, so können sie nur von einem neu bestellten Insolvenzverwalter geltend gemacht werden.

§ 93 Persönliche Haftung der Gesellschafter

Ist das Insolvenzverfahren über das Vermögen einer Gesellschaft ohne Rechtspersönlichkeit oder einer Kommanditgesellschaft auf Aktien eröffnet, so kann die persönliche Haftung eines Gesellschafters für die Verbindlichkeiten der Gesellschaft während der Dauer des Insolvenzverfahrens nur vom Insolvenzverwalter geltend gemacht werden.

§ 94 Erhaltung einer Aufrechnungslage

Ist ein Insolvenzgläubiger zur Zeit der Eröffnung des Insolvenzverfahrens kraft Gesetzes oder auf Grund einer Vereinbarung zur Aufrechnung berechtigt, so wird dieses Recht durch das Verfahren nicht berührt.

§ 95 Eintritt der Aufrechnungslage im Verfahren

(1) ¹Sind zur Zeit der Eröffnung des Insolvenzverfahrens die aufzurechnenden Forderungen oder eine von ihnen noch aufschiebend bedingt oder nicht fällig oder die Forderungen noch nicht auf gleichartige Leistungen gerichtet, so kann die Aufrechnung erst erfolgen, wenn ihre Voraussetzungen eingetreten sind. ²Die §§ 41, 45 sind nicht anzuwenden. ³Die Aufrechnung ist ausgeschlossen, wenn die Forderung, gegen die aufgerechnet werden soll, unbedingt und fällig wird, bevor die Aufrechnung erfolgen kann.
(2) ¹Die Aufrechnung wird nicht dadurch ausgeschlossen, daß die Forderungen auf unterschiedliche Währungen oder Rechnungseinheiten lauten, wenn diese Währungen oder Rechnungseinheiten am Zahlungsort der Forderung, gegen die aufgerechnet wird, frei getauscht werden können. ²Die Umrechnung erfolgt nach dem Kurswert, der für diesen Ort zur Zeit des Zugangs der Aufrechnungserklärung maßgeblich ist.

§ 96 Unzulässigkeit der Aufrechnung

Die Aufrechnung ist unzulässig,
1. wenn ein Insolvenzgläubiger erst nach der Eröffnung des Insolvenzverfahrens etwas zur Insolvenzmasse schuldig geworden ist,
2. wenn ein Insolvenzgläubiger seine Forderung erst nach der Eröffnung des Verfahrens von einem anderen Gläubiger erworben hat,
3. wenn ein Insolvenzgläubiger die Möglichkeit der Aufrechnung durch eine anfechtbare Rechtshandlung erlangt hat,
4. wenn ein Gläubiger, dessen Forderung aus dem freien Vermögen des Schuldners zu erfüllen ist, etwas zur Insolvenzmasse schuldet.

§ 97 Auskunfts- und Mitwirkungspflichten des Schuldners

(1) ¹Der Schuldner ist verpflichtet, dem Insolvenzgericht, dem Insolvenzverwalter, dem Gläubigerausschuß und auf Anordnung des Gerichts der Gläubigerversammlung über alle das Verfahren betreffenden Verhältnisse Auskunft zu geben. ²Er hat auch Tatsachen zu offenbaren, die geeignet sind, eine Verfolgung wegen einer Straftat oder einer Ordnungswidrigkeit herbeizuführen. ³Jedoch darf eine Auskunft, die der Schuldner gemäß seiner Verpflichtung nach Satz 1 erteilt, in einem Strafverfahren oder in einem Verfahren nach dem Gesetz über Ordnungswidrigkeiten gegen den Schuldner oder einen in § 52 Abs. 1 der Strafprozeßordnung bezeichneten Angehörigen des Schuldners nur mit Zustimmung des Schuldners verwendet werden.
(2) Der Schuldner hat den Verwalter bei der Erfüllung von dessen Aufgaben zu unterstützen.
(3) ¹Der Schuldner ist verpflichtet, sich auf Anordnung des Gerichts jederzeit zur Verfügung zu stellen, um seine Auskunfts- und Mitwirkungspflichten zu erfüllen. ²Er hat alle Handlungen zu unterlassen, die der Erfüllung dieser Pflichten zuwiderlaufen.

§ 98 Durchsetzung der Pflichten des Schuldners

(1) ¹Wenn es zur Herbeiführung wahrheitsgemäßer Aussagen erforderlich erscheint, ordnet das Insolvenzgericht an, daß der Schuldner zu Protokoll an Eides Statt versichert, er habe die von ihm verlangte Auskunft nach bestem Wissen und Gewissen richtig und vollständig erteilt. ²Die §§ 478 bis 480, 483 der Zivilprozeßordnung gelten entsprechend.
(2) Das Gericht kann den Schuldner zwangsweise vorführen und nach Anhörung in Haft nehmen lassen,
1. wenn der Schuldner eine Auskunft oder die eidesstattliche Versicherung oder die Mitwirkung bei der Erfüllung der Aufgaben des Insolvenzverwalters verweigert;
2. wenn der Schuldner sich der Erfüllung seiner Auskunfts- und Mitwirkungspflichten entziehen will, insbesondere Anstalten zur Flucht trifft, oder
3. wenn dies zur Vermeidung von Handlungen des Schuldners, die der Erfüllung seiner Auskunfts- und Mitwirkungspflichten zuwiderlaufen, insbesondere zur Sicherung der Insolvenzmasse, erforderlich ist.
(3) ¹Für die Anordnung von Haft gelten die §§ 904 bis 910, 913 der Zivilprozeßordnung entsprechend. ²Der Haftbefehl ist von Amts wegen aufzuheben, sobald die Voraussetzungen für die Anordnung von Haft nicht mehr vorliegen. ³Gegen die Anordnung der Haft und gegen die Abweisung eines Antrags auf Aufhebung des Haftbefehls wegen Wegfalls seiner Voraussetzungen findet die sofortige Beschwerde statt.

§ 99 Postsperre

(1) ¹Soweit dies erforderlich erscheint, um für die Gläubiger nachteilige Rechtshandlungen des Schuldners aufzuklären oder zu verhindern, ordnet das Insolvenzgericht auf Antrag des Insolvenzverwalters oder von Amts wegen durch begründeten Beschluß an, daß bestimmte oder alle Postsendungen für den Schuldner dem Verwalter zuzuleiten sind. ²Die Anordnung ergeht nach Anhörung des Schuldners, sofern dadurch nicht wegen besonderer Umstände des Einzelfalls der Zweck der Anordnung gefährdet wird.

³Unterbleibt die vorherige Anhörung des Schuldners, so ist dies in dem Beschluß gesondert zu begründen und die Anhörung unverzüglich nachzuholen.

(2) ¹Der Verwalter ist berechtigt, die ihm zugeleiteten Sendungen zu öffnen. ²Sendungen, deren Inhalt nicht die Insolvenzmasse betrifft, sind dem Schuldner unverzüglich zuzuleiten. ³Die übrigen Sendungen kann der Schuldner einsehen.

(3) ¹Gegen die Anordnung der Postsperre steht dem Schuldner die sofortige Beschwerde zu. ²Das Gericht hat die Anordnung nach Anhörung des Verwalters aufzuheben, soweit ihre Voraussetzungen fortfallen.

§ 100 Unterhalt aus der Insolvenzmasse

(1) Die Gläubigerversammlung beschließt, ob und in welchem Umfang dem Schuldner und seiner Familie Unterhalt aus der Insolvenzmasse gewährt werden soll.

(2) ¹Bis zur Entscheidung der Gläubigerversammlung kann der Insolvenzverwalter mit Zustimmung des Gläubigerausschusses, wenn ein solcher bestellt ist, dem Schuldner den notwendigen Unterhalt gewähren. ²In gleicher Weise kann den minderjährigen unverheirateten Kindern des Schuldners, seinem Ehegatten, seinem früheren Ehegatten und dem anderen Elternteil seines Kindes hinsichtlich des Anspruchs nach den §§ 1615 l, 1615 n des Bürgerlichen Gesetzbuchs Unterhalt gewährt werden.

§ 101 Organschaftliche Vertreter. Angestellte

(1)¹ Ist der Schuldner keine natürliche Person, so gelten die §§ 97 bis 99 entsprechend für die Mitglieder des Vertretungs- oder Aufsichtsorgans und die vertretungsberechtigten persönlich haftenden Gesellschafter des Schuldners. ²§ 97 Abs. 1 und § 98 gelten außerdem entsprechend für Personen, die nicht früher als zwei Jahre vor dem Antrag auf Eröffnung des Insolvenzverfahrens aus einer in Satz 1 genannten Stellung ausgeschieden sind. ³§ 100 gilt entsprechend für die vertretungsberechtigten persönlich haftenden Gesellschafter des Schuldners.

(2) § 97 Abs. 1 Satz 1 gilt entsprechend für Angestellte und frühere Angestellte des Schuldners, sofern diese nicht früher als zwei Jahre vor dem Eröffnungsantrag ausgeschieden sind.

§ 102 Einschränkung eines Grundrechts

Durch die §§ 99, 101 Abs. 1 Satz 1 wird das Grundrecht des Briefgeheimnisses sowie des Post- und Fernmeldegeheimnisses (Art. 10 Grundgesetz) eingeschränkt.

Zweiter Abschnitt
Erfüllung der Rechtsgeschäfte
Mitwirkung des Betriebsrats

§ 103 Wahlrecht des Insolvenzverwalters

(1) Ist ein gegenseitiger Vertrag zur Zeit der Eröffnung des Insolvenzverfahrens vom Schuldner und vom anderen Teil nicht oder nicht vollständig erfüllt, so kann der Insolvenzverwalter anstelle des Schuldners den Vertrag erfüllen und die Erfüllung vom anderen Teil verlangen.

(2) ¹Lehnt der Verwalter die Erfüllung ab, so kann der andere Teil eine Forderung wegen der Nichterfüllung nur als Insolvenzgläubiger geltend machen. ²Fordert der andere Teil den Verwalter zur Ausübung seines Wahlrechts auf, so hat der Verwalter unverzüglich zu erklären, ob er die Erfüllung verlangen will. ³Unterläßt er dies, so kann er auf der Erfüllung nicht bestehen.

§ 104 Fixgeschäfte. Finanztermingeschäfte

(1) War die Lieferung von Waren, die einen Markt- oder Börsenpreis haben, genau zu einer testbestimmten Zeit oder innerhalb einer festbestimmten Frist vereinbart und tritt die Zeit oder der Ablauf der Frist erst nach der Eröffnung des Insolvenzverfahrens ein, so kann nicht die Erfüllung verlangt, sondern nur eine Forderung wegen der Nichterfüllung geltend gemacht werden.

(2) ¹War für die Finanzleistungen, die einen Markt- oder Börsenpreis haben, eine bestimmte Zeit oder eine bestimmte Frist vereinbart und tritt die Zeit oder der Ablauf der Frist erst nach der Eröffnung des Verfahrens ein, so kann nicht die Erfüllung verlangt, sondern nur eine Forderung wegen der Nichterfüllung geltend gemacht werden. ²Als Finanzleistungen gelten insbesondere:
1. die Lieferung von Edelmetallen,
2. die Lieferung von Wertpapieren oder vergleichbaren Rechten, soweit nicht der Erwerb einer Beteiligung an einem Unternehmen zur Herstellung einer dauernden Verbindung zu diesem Unternehmen beabsichtigt ist,
3. Geldleistungen, die in ausländischer Währung oder in einer Rechnungseinheit zu erbringen sind,
4. Geldleistungen, deren Höhe unmittelbar oder mittelbar durch den Kurs einer ausländischen Währung oder einer Rechnungseinheit, durch den Zinssatz von Forderungen oder durch den Preis anderer Güter oder Leistungen bestimmt wird,
5. Optionen und andere Rechte auf Lieferungen oder Geldleistungen im Sinne der Nummern 1 bis 4.

³Sind Geschäfte über Finanzleistungen in einem Rahmenvertrag zusammengefaßt, für den vereinbart ist, daß er bei Vertragsverletzungen nur einheitlich beendet werden kann, so gilt die Gesamtheit dieser Geschäfte als ein gegenseitiger Vertrag im Sinne der §§ 103, 104.

(3) ¹Die Forderung wegen der Nichterfüllung richtet sich auf den Unterschied zwischen dem vereinbarten Preis und dem Markt- oder Börsenpreis, der am zweiten Werktag nach der Eröffnung des Verfahrens am Erfüllungsort für einen Vertrag mit der vereinbarten Erfüllungszeit maßgeblich ist. ²Der andere Teil kann eine solche Forderung nur als Insolvenzgläubiger geltend machen.

Gesetzestext

§ 105 Teilbare Leistungen

¹Sind die geschuldeten Leistungen teilbar und hat der andere Teil die ihm obliegende Leistung zur Zeit der Eröffnung des Insolvenzverfahrens bereits teilweise erbracht, so ist er mit dem der Teilleistung entsprechenden Betrag seines Anspruchs auf die Gegenleistung Insolvenzgläubiger, auch wenn der Insolvenzverwalter wegen der noch ausstehenden Leistung Erfüllung verlangt. ²Der andere Teil ist nicht berechtigt, wegen der Nichterfüllung seines Anspruchs auf die Gegenleistung die Rückgabe einer vor der Eröffnung des Verfahrens in das Vermögen des Schuldners übergegangenen Teilleistung aus der Insolvenzmasse zu verlangen.

§ 106 Vormerkung

(1) ¹Ist zur Sicherung eines Anspruchs auf Einräumung oder Aufhebung eines Rechts an einem Grundstück des Schuldners oder an einem für den Schuldner eingetragenen Recht oder zur Sicherung eines Anspruchs auf Änderung des Inhalts oder des Ranges eines solchen Rechts eine Vormerkung im Grundbuch eingetragen, so kann der Gläubiger für seinen Anspruch Befriedigung aus der Insolvenzmasse verlangen. ²Dies gilt auch, wenn der Schuldner dem Gläubiger gegenüber weitere Verpflichtungen übernommen hat und diese nicht oder nicht vollständig erfüllt sind.
(2) Für eine Vormerkung, die im Schiffsregister, Schiffsbauregister oder Register für Pfandrechte an Luftfahrzeugen eingetragen ist, gilt Absatz 1 entsprechend.

§ 107 Eigentumsvorbehalt

(1) ¹Hat vor der Eröffnung des Insolvenzverfahrens der Schuldner eine bewegliche Sache unter Eigentumsvorbehalt verkauft und dem Käufer den Besitz an der Sache übertragen, so kann der Käufer die Erfüllung des Kaufvertrages verlangen. ²Dies gilt auch, wenn der Schuldner dem Käufer gegenüber weitere Verpflichtungen übernommen hat und diese nicht oder nicht vollständig erfüllt sind.
(2) ¹Hat vor der Eröffnung des Insolvenzverfahrens der Schuldner eine bewegliche Sache unter Eigentumsvorbehalt gekauft und vom Verkäufer den Besitz an der Sache erlangt, so braucht der Insolvenzverwalter, den der Verkäufer zur Ausübung des Wahlrechts aufgefordert hat, die Erklärungen nach § 103 Abs. 2 Satz 2 erst unverzüglich nach dem Berichtstermin abzugeben. ²Dies gilt nicht, wenn in der Zeit bis zum Berichtstermin eine erhebliche Verminderung des Wertes der Sache zu erwarten ist und der Gläubiger den Verwalter auf diesen Umstand hingewiesen hat.

§ 108 Fortbestehen von Dauerschuldverhältnissen

(1) ¹Miet- und Pachtverhältnisse des Schuldners über unbewegliche Gegenstände oder Räume sowie Dienstverhältnisse des Schuldners bestehen mit Wirkung für die Insolvenzmasse fort. ²Dies gilt auch für Miet- und Pachtverhältnisse, die der Schuldner als Vermieter oder Verpächter eingegangen war und die sonstige Gegenstände betreffen, die einem Dritten, der ihre Anschaffung oder Herstellung finanziert hat, zur Sicherheit übertragen wurden.

Gesetzestext

(2) Ansprüche für die Zeit vor der Eröffnung des Insolvenzverfahrens kann der andere Teil nur als Insolvenzgläubiger geltend machen.

§ 109 Schuldner als Mieter oder Pächter

(1) [1]Ein Miet- oder Pachtverhältnis über einen unbeweglichen Gegenstand oder über Räume, das der Schuldner als Mieter oder Pächter eingegangen war, kann der Insolvenzverwalter ohne Rücksicht auf die vereinbarte Vertragsdauer unter Einhaltung der gesetzlichen Frist kündigen. [2]Kündigt der Verwalter nach Satz 1, so kann der andere Teil wegen der vorzeitigen Beendigung des Vertragsverhältnisses als Insolvenzgläubiger Schadenersatz verlangen.
(2) [1]Waren dem Schuldner der unbewegliche Gegenstand oder die Räume zur Zeit der Eröffnung des Verfahrens noch nicht überlassen, so kann sowohl der Verwalter als auch der andere Teil vom Vertrag zurücktreten. [2]Tritt der Verwalter zurück, so kann der andere Teil wegen der vorzeitigen Beendigung des Vertragsverhältnisses als Insolvenzgläubiger Schadenersatz verlangen. [3]Jeder Teil hat dem anderen auf dessen Verlangen binnen zwei Wochen zu erklären, ob er vom Vertrag zurücktreten will; unterläßt er dies, so verliert er das Rücktrittsrecht.

§ 110 Schuldner als Vermieter oder Verpächter

(1) [1]Hatte der Schuldner als Vermieter oder Verpächter eines unbeweglichen Gegenstands oder von Räumen vor der Eröffnung des Insolvenzverfahrens über die Miet- oder Pachtzinsforderung für die spätere Zeit verfügt, so ist diese Verfügung nur wirksam, soweit sie sich auf den Miet- oder Pachtzins für den zur Zeit der Eröffnung des Verfahrens laufenden Kalendermonat bezieht. [2]Ist die Eröffnung nach dem fünfzehnten Tag des Monats erfolgt, so ist die Verfügung auch für den folgenden Kalendermonat wirksam.
(2) [1]Eine Verfügung im Sinne des Absatzes 1 ist insbesondere die Einziehung des Miet- oder Pachtzinses. [2]Einer rechtsgeschäftlichen Verfügung steht eine Verfügung gleich, die im Wege der Zwangsvollstreckung erfolgt.
(3) [1]Der Mieter oder der Pächter kann gegen die Miet- oder Pachtzinsforderung für den in Absatz 1 bezeichneten Zeitraum eine Forderung aufrechnen, die ihm gegen den Schuldner zusteht. [2]Die §§ 95 und 96 Nr. 2 bis 4 bleiben unberührt.

§ 111 Veräußerung des Miet- oder Pachtobjekts

[1]Veräußert der Insolvenzverwalter einen unbeweglichen Gegenstand oder Räume, die der Schuldner vermietet oder verpachtet hatte, und tritt der Erwerber anstelle des Schuldners in das Miet- oder Pachtverhältnis ein, so kann der Erwerber das Miet- oder Pachtverhältnis unter Einhaltung der gesetzlichen Frist kündigen. [2]Die Kündigung kann nur für den ersten Termin erfolgen, für den sie zulässig ist. [3]§ 57 c des Gesetzes über die Zwangsversteigerung und die Zwangsverwaltung gilt entsprechend.

§ 112 Kündigungssperre

Ein Miet- oder Pachtverhältnis, das der Schuldner als Mieter oder Pächter eingegangen war, kann der andere Teil nach dem Antrag auf Eröffnung des Insolvenzverfahrens nicht kündigen:
1. wegen eines Verzugs mit der Entrichtung des Miet- oder Pachtzinses, der in der Zeit vor dem Eröffnungsantrag eingetreten ist;
2. wegen einer Verschlechterung der Vermögensverhältnisse des Schuldners.

§ 113 Kündigung eines Dienstverhältnisses

(1) ¹Ein Dienstverhältnis, bei dem der Schuldner der Dienstberechtigte ist, kann vom Insolvenzverwalter und vom anderen Teil ohne Rücksicht auf eine vereinbarte Vertragsdauer oder einen vereinbarten Ausschluß des Rechts zur ordentlichen Kündigung gekündigt werden. ²Die Kündigungsfrist beträgt drei Monate zum Monatsende, wenn nicht eine kürzere Frist maßgeblich ist. ³Kündigt der Verwalter, so kann der andere Teil wegen der vorzeitigen Beendigung des Dienstverhältnisses als Insolvenzgläubiger Schadenersatz verlangen.
(2) ¹Will ein Arbeitnehmer geltend machen, daß die Kündigung seines Arbeitsverhältnisses durch den Insolvenzverwalter unwirksam ist, so muß er auch dann innerhalb von drei Wochen nach Zugang der Kündigung Klage beim Arbeitsgericht erheben, wenn er sich für die Unwirksamkeit der Kündigung auf andere als die in § 1 Abs. 2 und 3 des Kündigungsschutzgesetzes bezeichneten Gründe beruft. ²§ 4 Satz 4 und § 5 des Kündigungsschutzgesetzes gelten entsprechend.

§ 114 Bezüge aus einem Dienstverhältnis

(1) Hat der Schuldner vor der Eröffnung des Insolvenzverfahrens eine Forderung für die spätere Zeit auf Bezüge aus einem Dienstverhältnis oder an deren Stelle tretende laufende Bezüge abgetreten oder verpfändet, so ist diese Verfügung nur wirksam, soweit sie sich auf die Bezüge für die Zeit vor Ablauf von drei Jahren nach dem Ende des zur Zeit der Eröffnung des Verfahrens laufenden Kalendermonats bezieht.
(2) ¹Gegen die Forderung auf die Bezüge für den in Absatz 1 bezeichneten Zeitraum kann der Verpflichtete eine Forderung aufrechnen, die ihm gegen den Schuldner zusteht. ²Die §§ 95 und 96 Nr. 2 bis 4 bleiben unberührt.
(3) ¹Ist vor der Eröffnung des Verfahrens im Wege der Zwangsvollstreckung über die Bezüge für die spätere Zeit verfügt worden, so ist diese Verfügung nur wirksam, soweit sie sich auf die Bezüge für den zur Zeit der Eröffnung des Verfahrens laufenden Kalendermonat bezieht. ²Ist die Eröffnung nach dem 15. Tag des Monats erfolgt, so ist die Verfügung auch für den folgenden Kalendermonat wirksam. ³§ 88 bleibt unberührt; § 89 Abs. 2 Satz 2 gilt entsprechend.

§ 115 Erlöschen von Aufträgen

(1) Ein vom Schuldner erteilter Auftrag, der sich auf das zur Insolvenzmasse gehörende Vermögen bezieht, erlischt durch die Eröffnung des Insolvenzverfahrens.

Gesetzestext

(2) ¹Der Beauftragte hat, wenn mit dem Aufschub Gefahr verbunden ist, die Besorgung des übertragenen Geschäfts fortzusetzen, bis der Insolvenzverwalter anderweitig Fürsorge treffen kann. ²Der Auftrag gilt insoweit als fortbestehend. ³Mit seinen Ersatzansprüchen aus dieser Fortsetzung ist der Beauftragte Massegläubiger.
(3) ¹Solange der Beauftragte die Eröffnung des Verfahrens ohne Verschulden nicht kennt, gilt der Auftrag zu seinen Gunsten als fortbestehend. ²Mit den Ersatzansprüchen aus dieser Fortsetzung ist der Beauftragte Insolvenzgläubiger.

§ 116 Erlöschen von Geschäftsbesorgungsverträgen

¹Hat sich jemand durch einen Dienst- oder Werkvertrag mit dem Schuldner verpflichtet, ein Geschäft für diesen zu besorgen, so gilt § 115 entsprechend. ²Dabei gelten die Vorschriften für die Ersatzansprüche aus der Fortsetzung der Geschäftsbesorgung auch für die Vergütungsansprüche.

§ 117 Erlöschen von Vollmachten

(1) Eine vom Schuldner erteilte Vollmacht, die sich auf das zur Insolvenzmasse gehörende Vermögen bezieht, erlischt durch die Eröffnung des Insolvenzverfahrens.
(2) Soweit ein Auftrag oder ein Geschäftsbesorgungsvertrag nach § 115 Abs. 2 fortbesteht, gilt auch die Vollmacht als fortbestehend.
(3) Solange der Bevollmächtigte die Eröffnung des Verfahrens ohne Verschulden nicht kennt, haftet er nicht nach § 179 des Bürgerlichen Gesetzbuchs.

§ 118 Auflösung von Gesellschaften

¹Wird eine Gesellschaft ohne Rechtspersönlichkeit oder eine Kommanditgesellschaft auf Aktien durch die Eröffnung des Insolvenzverfahrens über das Vermögen eines Gesellschafters aufgelöst, so ist der geschäftsführende Gesellschafter mit den Ansprüchen, die ihm aus der einstweiligen Fortführung eilbedürftiger Geschäfte zustehen, Massegläubiger. ²Mit den Ansprüchen aus der Fortführung der Geschäfte während der Zeit, in der er die Eröffnung des Insolvenzverfahrens ohne sein Verschulden nicht kannte, ist er Insolvenzgläubiger; § 84 Abs. 1 bleibt unberührt.

§ 119 Unwirksamkeit abweichender Vereinbarungen

Vereinbarungen, durch die im voraus die Anwendung der §§ 103 bis 118 ausgeschlossen oder beschränkt wird, sind unwirksam.

§ 120 Kündigung von Betriebsvereinbarungen

(1) ¹Sind in Betriebsvereinbarungen Leistungen vorgesehen, welche die Insolvenzmasse belasten, so sollen Insolvenzverwalter und Betriebsrat über eine einvernehmliche Herabsetzung der Leistungen beraten. ²Diese Betriebsvereinbarungen können auch dann mit einer Frist von drei Monaten gekündigt werden, wenn eine längere Frist vereinbart ist.

Gesetzestext

(2) Unberührt bleibt das Recht, eine Betriebsvereinbarung aus wichtigem Grund ohne Einhaltung einer Kündigungsfrist zu kündigen.

§ 121 Betriebsänderungen und Vermittlungsverfahren

Im Insolvenzverfahren über das Vermögen des Unternehmers gilt § 112 Abs. 2 Satz 1 des Betriebsverfassungsgesetzes mit der Maßgabe, daß dem Verfahren vor der Einigungsstelle nur dann ein Vermittlungsversuch des Präsidenten des Landesarbeitsamts vorangeht, wenn der Insolvenzverwalter und der Betriebsrat gemeinsam um eine solche Vermittlung ersuchen.

§ 122 Gerichtliche Zustimmung zur Durchführung einer Betriebsänderung

(1) [1]Ist eine Betriebsänderung geplant und kommt zwischen Insolvenzverwalter und Betriebsrat der Interessenausgleich nach § 112 des Betriebsverfassungsgesetzes nicht innerhalb von drei Wochen nach Verhandlungsbeginn oder schriftlicher Aufforderung zur Aufnahme von Verhandlungen zustande, obwohl der Verwalter den Betriebsrat rechtzeitig und umfassend unterrichtet hat, so kann der Verwalter die Zustimmung des Arbeitsgerichts dazu beantragen, daß die Betriebsänderung durchgeführt wird, ohne daß das Verfahren nach § 112 Abs. 2 des Betriebsverfassungsgesetzes vorangegangen ist. [2]§ 113 Abs. 3 des Betriebsverfassungsgesetzes ist insoweit nicht anzuwenden. [3]Unberührt bleibt das Recht des Verwalters, einen Interessenausgleich nach § 125 zustande zu bringen oder einen Feststellungsantrag nach § 126 zu stellen.
(2) [1]Das Gericht erteilt die Zustimmung, wenn die wirtschaftliche Lage des Unternehmens auch unter Berücksichtigung der sozialen Belange der Arbeitnehmer erfordert, daß die Betriebsänderung ohne vorheriges Verfahren nach § 112 Abs. 2 des Betriebsverfassungsgesetzes durchgeführt wird. [2]Die Vorschriften des Arbeitsgerichtsgesetzes über das Beschlußverfahren gelten entsprechend; Beteiligte sind der Insolvenzverwalter und der Betriebsrat. Der Antrag ist nach Maßgabe des § 61 a Abs. 3 bis 6 des Arbeitsgerichtsgesetzes vorrangig zu erledigen.
(3) [1]Gegen den Beschluß des Gerichts findet die Beschwerde an das Landesarbeitsgericht nicht statt. [2]Die Rechtsbeschwerde an das Bundesarbeitsgericht findet statt, wenn sie in dem Beschluß des Arbeitsgerichts zugelassen wird; § 72 Abs. 2 und 3 des Arbeitsgerichtsgesetzes gilt entsprechend. [3]Die Rechtsbeschwerde ist innerhalb eines Monats nach Zustellung der in vollständiger Form abgefaßten Entscheidung des Arbeitsgerichts beim Bundesarbeitsgericht einzulegen und zu begründen.

§ 123 Umfang des Sozialplans

(1) In einem Sozialplan, der nach der Eröffnung des Insolvenzverfahrens aufgestellt wird, kann für den Ausgleich oder die Milderung der wirtschaftlichen Nachteile, die den Arbeitnehmern infolge der geplanten Betriebsänderung entstehen, ein Gesamtbetrag von bis zu zweieinhalb Monatsverdiensten (§ 10 Abs. 3 des Kündigungsschutzgesetzes) der von einer Entlassung betroffenen Arbeitnehmer vorgesehen werden.
(2) [1]Die Verbindlichkeiten aus einem solchen Sozialplan sind Masseverbindlichkeiten. [2]Jedoch darf, wenn nicht ein Insolvenzplan zustande kommt, für die Berichtigung von

Sozialplanforderungen nicht mehr als ein Drittel der Masse verwendet werden, die ohne einen Sozialplan für die Verteilung an die Insolvenzgläubiger zur Verfügung stünde. ³Übersteigt der Gesamtbetrag aller Sozialplanforderungen diese Grenze, so sind die einzelnen Forderungen anteilig zu kürzen.
(3) ¹Sooft hinreichende Barmittel in der Masse vorhanden sind, soll der Insolvenzverwalter mit Zustimmung des Insolvenzgerichts Abschlagszahlungen auf die Sozialplanforderungen leisten. ²Eine Zwangsvollstreckung in die Masse wegen einer Sozialplanforderung ist unzulässig.

§ 124 Sozialplan vor Verfahrenseröffnung

(1) Ein Sozialplan, der vor der Eröffnung des Insolvenzverfahrens, jedoch nicht früher als drei Monate vor dem Eröffnungsantrag aufgestellt worden ist, kann sowohl vom Insolvenzverwalter als auch vom Betriebsrat widerrufen werden.
(2) Wird der Sozialplan widerrufen, so können die Arbeitnehmer, denen Forderungen aus dem Sozialplan zustanden, bei der Aufstellung eines Sozialplans im Insolvenzverfahren berücksichtigt werden.
(3) ¹Leistungen, die ein Arbeitnehmer vor der Eröffnung des Verfahrens auf seine Forderung aus dem widerrufenen Sozialplan erhalten hat, können nicht wegen des Widerrufs zurückgefordert werden. ²Bei der Aufstellung eines neuen Sozialplans sind derartige Leistungen an einen von einer Entlassung betroffenen Arbeitnehmer bei der Berechnung des Gesamtbetrags der Sozialplanforderungen nach § 123 Abs. 1 bis zur Höhe von zweieinhalb Monatsverdiensten abzusetzen.

§ 125 Interessenausgleich und Kündigungsschutz

(1) ¹Ist eine Betriebsänderung (§ 111 des Betriebsverfassungsgesetzes) geplant und kommt zwischen Insolvenzverwalter und Betriebsrat ein Interessenausgleich zustande, in dem die Arbeitnehmer, denen gekündigt werden soll, namentlich bezeichnet sind, so ist § 1 des Kündigungsschutzgesetzes mit folgenden Maßgaben anzuwenden:
1. es wird vermutet, daß die Kündigung der Arbeitsverhältnisse der bezeichneten Arbeitnehmer durch dringende betriebliche Erfordernisse, die einer Weiterbeschäftigung in diesem Betrieb oder einer Weiterbeschäftigung zu unveränderten Arbeitsbedingungen entgegenstehen, bedingt ist;
2. die soziale Auswahl der Arbeitnehmer kann nur im Hinblick auf die Dauer der Betriebszugehörigkeit, das Lebensalter und die Unterhaltspflichten und auch insoweit nur auf grobe Fehlerhaftigkeit nachgeprüft werden; sie ist nicht als grob fehlerhaft anzusehen, wenn eine ausgewogene Personalstruktur erhalten oder geschaffen wird.

²Satz 1 gilt nicht, soweit sich die Sachlage nach Zustandekommen des Interessenausgleichs wesentlich geändert hat.
(2) Der Interessenausgleich nach Absatz 1 ersetzt die Stellungnahme des Betriebsrats nach § 17 Abs. 3 Satz 2 des Kündigungsschutzgesetzes.

Gesetzestext

§ 126 Beschlußverfahren zum Kündigungsschutz

(1) [1]Hat der Betrieb keinen Betriebsrat oder kommt aus anderen Gründen innerhalb von drei Wochen nach Verhandlungsbeginn oder schriftlicher Aufforderung zur Aufnahme von Verhandlungen ein Interessenausgleich nach § 125 Abs. 1 nicht zustande, obwohl der Verwalter den Betriebsrat rechtzeitig und umfassend unterrichtet hat, so kann der Insolvenzverwalter beim Arbeitsgericht beantragen festzustellen, daß die Kündigung der Arbeitsverhältnisse bestimmter, im Antrag bezeichneter Arbeitnehmer durch dringende betriebliche Erfordernisse bedingt und sozial gerechtfertigt ist. [2]Die soziale Auswahl der Arbeitnehmer kann nur im Hinblick auf die Dauer der Betriebszugehörigkeit, das Lebensalter und die Unterhaltspflichten nachgeprüft werden.
(2) [1]Die Vorschriften des Arbeitsgerichtsgesetzes über das Beschlußverfahren gelten entsprechend; Beteiligte sind der Insolvenzverwalter, der Betriebsrat und die bezeichneten Arbeitnehmer, soweit sie nicht mit der Beendigung der Arbeitsverhältnisse oder mit den geänderten Arbeitsbedingungen einverstanden sind. [2]§ 122 Abs. 2 Satz 3, Abs. 3 gilt entsprechend.
(3) [1]Für die Kosten, die den Beteiligten im Verfahren des ersten Rechtszuges entstehen, gilt § 12a Abs. 1 Satz 1 und 2 des Arbeitsgerichtsgesetzes entsprechend. [2]Im Verfahren vor dem Bundesarbeitsgericht gelten die Vorschriften der Zivilprozeßordnung über die Erstattung der Kosten des Rechtsstreits entsprechend.

§ 127 Klage des Arbeitnehmers

(1) [1]Kündigt der Insolvenzverwalter einem Arbeitnehmer, der in dem Antrag nach § 126 Abs. 1 bezeichnet ist, und erhebt der Arbeitnehmer Klage auf Feststellung, daß das Arbeitsverhältnis durch die Kündigung nicht aufgelöst oder die Änderung der Arbeitsbedingungen sozial ungerechtfertigt ist, so ist die rechtskräftige Entscheidung im Verfahren nach § 126 für die Parteien bindend. [2]Dies gilt nicht, soweit sich die Sachlage nach dem Schluß der letzten mündlichen Verhandlung wesentlich geändert hat.
(2) Hat der Arbeitnehmer schon vor der Rechtskraft der Entscheidung im Verfahren nach § 126 Klage erhoben, so ist die Verhandlung über die Klage auf Antrag des Verwalters bis zu diesem Zeitpunkt auszusetzen.

§ 128 Betriebsveräußerung

(1) [1]Die Anwendung der §§ 125 bis 127 wird nicht dadurch ausgeschlossen, daß die Betriebsänderung, die dem Interessenausgleich oder dem Feststellungsantrag zugrundeliegt, erst nach einer Betriebsveräußerung durchgeführt werden soll. [2]An dem Verfahren nach § 126 ist der Erwerber des Betriebs beteiligt.
(2) Im Falle eines Betriebsübergangs erstreckt sich die Vermutung nach § 125 Abs. 1 Satz 1 Nr. 1 oder die gerichtliche Feststellung nach § 126 Abs. 1 Satz 1 auch darauf, daß die Kündigung der Arbeitsverhältnisse nicht wegen des Betriebsübergangs erfolgt.

Dritter Abschnitt
Insolvenzanfechtung

§ 129 Grundsatz

(1) Rechtshandlungen, die vor der Eröffnung des Insolvenzverfahrens vorgenommen worden sind und die Insolvenzgläubiger benachteiligen, kann der Insolvenzverwalter nach Maßgabe der §§ 130 bis 146 anfechten.
(2) Eine Unterlassung steht einer Rechtshandlung gleich.

§ 130 Kongruente Deckung

(1) Anfechtbar ist eine Rechtshandlung, die einem Insolvenzgläubiger eine Sicherung oder Befriedigung gewährt oder ermöglicht hat,
1. wenn sie in den letzten drei Monaten vor dem Antrag auf Eröffnung des Insolvenzverfahrens vorgenommen worden ist, wenn zur Zeit der Handlung der Schuldner zahlungsunfähig war und wenn der Gläubiger zu dieser Zeit die Zahlungsunfähigkeit kannte oder
2. wenn sie nach dem Eröffnungsantrag vorgenommen worden ist und wenn der Gläubiger zur Zeit der Handlung die Zahlungsunfähigkeit oder den Eröffnungsantrag kannte.

(2) Der Kenntnis der Zahlungsunfähigkeit oder des Eröffnungsantrags steht die Kenntnis von Umständen gleich, die zwingend auf die Zahlungsunfähigkeit oder den Eröffnungsantrag schließen lassen.
(3) Gegenüber einer Person, die dem Schuldner zur Zeit der Handlung nahestand (§ 138), wird vermutet, daß sie die Zahlungsunfähigkeit oder den Eröffnungsantrag kannte.

§ 131 Inkongruente Deckung

(1) Anfechtbar ist eine Rechtshandlung, die einem Insolvenzgläubiger eine Sicherung oder Befriedigung gewährt oder ermöglicht hat, die er nicht oder nicht in der Art oder nicht zu der Zeit zu beanspruchen hatte,
1. wenn die Handlung im letzten Monat vor dem Antrag auf Eröffnung des Insolvenzverfahrens oder nach diesem Antrag vorgenommen worden ist,
2. wenn die Handlung innerhalb des zweiten oder dritten Monats vor dem Eröffnungsantrag vorgenommen worden ist und der Schuldner zur Zeit der Handlung zahlungsunfähig war oder
3. wenn die Handlung innerhalb des zweiten oder dritten Monats vor dem Eröffnungsantrag vorgenommen worden ist und dem Gläubiger zur Zeit der Handlung bekannt war, daß sie die Insolvenzgläubiger benachteiligte.

(2) [1]Für die Anwendung des Absatzes 1 Nr. 3 steht der Kenntnis der Benachteiligung der Insolvenzgläubiger die Kenntnis von Umständen gleich, die zwingend auf die Benachteiligung schließen lassen. [2]Gegenüber einer Person, die dem Schuldner zur Zeit der Handlung nahestand (§ 138), wird vermutet, daß sie die Benachteiligung der Insolvenzgläubiger kannte.

Gesetzestext

§ 132 Unmittelbar nachteilige Rechtshandlung

(1) Anfechtbar ist ein Rechtsgeschäft des Schuldners, das die Insolvenzgläubiger unmittelbar benachteiligt,
1. wenn es in den letzten drei Monaten vor dem Antrag auf Eröffnung des Insolvenzverfahrens vorgenommen worden ist, wenn zur Zeit des Rechtsgeschäfts der Schuldner zahlungsunfähig war und wenn der andere Teil zu dieser Zeit die Zahlungsunfähigkeit kannte oder
2. wenn es nach dem Eröffnungsantrag vorgenommen worden ist und wenn der andere Teil zur Zeit des Rechtsgeschäfts die Zahlungsunfähigkeit kannte.

(2) Einem Rechtsgeschäft, das die Insolvenzgläubiger unmittelbar benachteiligt, steht eine andere Rechtshandlung des Schuldners gleich, durch die der Schuldner ein Recht verliert oder nicht mehr geltend machen kann oder durch die ein vermögensrechtlicher Anspruch gegen ihn erhalten oder durchsetzbar wird.

(3) § 130 Abs. 2 und 3 gilt entsprechend.

§ 133 Vorsätzliche Benachteiligung

(1)[1] Anfechtbar ist eine Rechtshandlung, die der Schuldner in den letzten zehn Jahren vor dem Antrag auf Eröffnung des Insolvenzverfahrens oder nach diesem Antrag mit dem Vorsatz, seine Gläubiger zu benachteiligen, vorgenommen hat, wenn der andere Teil zur Zeit der Handlung den Vorsatz des Schuldners kannte. [2]Diese Kenntnis wird vermutet, wenn der andere Teil wußte, daß die Zahlungsunfähigkeit des Schuldners drohte und daß die Handlung die Gläubiger benachteiligte.

(2)[1] Anfechtbar ist ein vom Schuldner mit einer nahestehenden Person (§ 138) geschlossener entgeltlicher Vertrag, durch den die Insolvenzgläubiger unmittelbar benachteiligt werden. [2]Die Anfechtung ist ausgeschlossen, wenn der Vertrag früher als zwei Jahre vor dem Eröffnungsantrag geschlossen worden ist oder wenn dem anderen Teil zur Zeit des Vertragsschlusses ein Vorsatz des Schuldners, die Gläubiger zu benachteiligen, nicht bekannt war.

§ 134 Unentgeltliche Leistung

(1) Anfechtbar ist eine unentgeltliche Leistung des Schuldners, es sei denn, sie ist früher als vier Jahre vor dem Antrag auf Eröffnung des Insolvenzverfahrens vorgenommen worden.

(2) Richtet sich die Leistung auf ein gebräuchliches Gelegenheitsgeschenk geringen Wertes, so ist sie nicht anfechtbar.

§ 135 Kapitalersetzende Darlehen

Anfechtbar ist eine Rechtshandlung, die für die Forderung eines Gesellschafters auf Rückgewähr eines kapitalersetzenden Darlehens oder für eine gleichgestellte Forderung
1. Sicherung gewährt hat, wenn die Handlung in den letzten zehn Jahren vor dem Antrag auf Eröffnung des Insolvenzverfahrens oder nach diesem Antrag vorgenommen worden ist;

2. Befriedigung gewährt hat, wenn die Handlung im letzten Jahr vor dem Eröffnungsantrag oder nach diesem Antrag vorgenommen worden ist.

§ 136 Stille Gesellschaft

(1) ¹Anfechtbar ist eine Rechtshandlung, durch die einem stillen Gesellschafter die Einlage ganz oder teilweise zurückgewährt oder sein Anteil an dem entstandenen Verlust ganz oder teilweise erlassen wird, wenn die zugrunde liegende Vereinbarung im letzten Jahr vor dem Antrag auf Eröffnung des Insolvenzverfahrens über das Vermögen des Inhabers des Handelsgeschäftes oder nach diesem Antrag getroffen worden ist. ²Dies gilt auch dann, wenn im Zusammenhang mit der Vereinbarung die stille Gesellschaft aufgelöst worden ist.
(2) Die Anfechtung ist ausgeschlossen, wenn ein Eröffnungsgrund erst nach der Vereinbarung eingetreten ist.

§ 137 Wechsel- und Scheckzahlungen

(1) Wechselzahlungen des Schuldners können nicht auf Grund des § 130 vom Empfänger zurückgefordert werden, wenn nach Wechselrecht der Empfänger bei einer Verweigerung der Annahme der Zahlung den Wechselanspruch gegen andere Wechselverpflichtete verloren hätte.
(2) ¹Die gezahlte Wechselsumme ist jedoch vom letzten Rückgriffsverpflichteten oder, wenn dieser den Wechsel für Rechnung eines Dritten begeben hatte, von dem Dritten zu erstatten, wenn der letzte Rückgriffsverpflichtete oder der Dritte zu der Zeit, als er den Wechsel begab oder begeben ließ, die Zahlungsunfähigkeit des Schuldners oder den Eröffnungsantrag kannte. ²§ 130 Abs. 2 und 3 gilt entsprechend.
(3) Die Absätze 1 und 2 gelten entsprechend für Scheckeinzahlungen des Schuldners.

§ 138 Nahestehende Personen

(1) Ist der Schuldner eine natürliche Person, so sind nahestehende Personen:
1. der Ehegatte des Schuldners, auch wenn die Ehe erst nach der Rechtshandlung geschlossen oder im letzten Jahr vor der Handlung aufgelöst worden ist;
2. Verwandte des Schuldners oder des in Nummer 1 bezeichneten Ehegatten in auf- und absteigender Linie und voll- und halbbürtige Geschwister des Schuldners oder des in Nummer 1 bezeichneten Ehegatten sowie die Ehegatten dieser Personen;
3. Personen, die in häuslicher Gemeinschaft mit dem Schuldner leben oder im letzten Jahr vor der Handlung in häuslicher Gemeinschaft mit dem Schuldner gelebt haben.
(2) Ist der Schuldner eine juristische Person oder eine Gesellschaft ohne Rechtspersönlichkeit, so sind nahestehende Personen:
1. die Mitglieder des Vertretungs- oder Aufsichtsorgans und persönlich haftende Gesellschafter des Schuldners sowie Personen, die zu mehr als einem Viertel am Kapital des Schuldners beteiligt sind;
2. eine Person oder eine Gesellschaft, die auf Grund einer vergleichbaren gesellschaftsrechtlichen oder dienstvertraglichen Verbindung zum Schuldner die Möglichkeit haben, sich über dessen wirtschaftliche Verhältnisse zu unterrichten;

Gesetzestext

3. eine Person, die zu einer der in Nummer 1 oder 2 bezeichneten Personen in einer in Absatz 1 bezeichneten persönlichen Verbindung steht; dies gilt nicht, soweit die in Nummer 1 oder 2 bezeichneten Personen kraft Gesetzes in den Angelegenheiten des Schuldners zur Verschwiegenheit verpflichtet sind.

§ 139 Berechnung der Fristen vor dem Eröffnungsantrag

(1) ¹Die in den §§ 88, 130 bis 136 bestimmten Fristen beginnen mit dem Anfang des Tages, der durch seine Zahl dem Tag entspricht, an dem der Antrag auf Eröffnung des Insolvenzverfahrens beim Insolvenzgericht eingegangen ist. ²Fehlt ein solcher Tag, so beginnt die Frist mit dem Anfang des folgenden Tages.
(2) ¹Sind mehrere Eröffnungsanträge gestellt worden, so ist der erste zulässige und begründete Antrag maßgeblich, auch wenn das Verfahren auf Grund eines späteren Antrages eröffnet worden ist. ²Ein rechtskräftig abgewiesener Antrag wird nur berücksichtigt, wenn er mangels Masse abgewiesen worden ist.

§ 140 Zeitpunkt der Vornahme einer Rechtshandlung

(1) Eine Rechtshandlung gilt als in dem Zeitpunkt vorgenommen, in dem ihre rechtlichen Wirkungen eintreten.
(2) Ist für das Wirksamwerden eines Rechtsgeschäftes eine Eintragung im Grundbuch, im Schiffsregister, im Schiffsbauregister oder im Register für Pfandrechte an Luftfahrzeugen erforderlich, so gilt das Rechtsgeschäft als vorgenommen, sobald die übrigen Voraussetzungen für das Wirksamwerden erfüllt sind, die Willenserklärung des Schuldners für ihn bindend geworden ist und der andere Teil den Antrag auf Eintragung der Rechtsänderung gestellt hat. ²Ist der Antrag auf Eintragung einer Vormerkung zur Sicherung des Anspruchs auf die Rechtsänderung gestellt worden, so gilt Satz 1 mit der Maßgabe, daß dieser Antrag an die Stelle des Antrags auf Eintragung der Rechtsänderung tritt.
(3) Bei einer bedingten oder befristeten Rechtshandlung bleibt der Eintritt der Bedingung oder des Termins außer Betracht.

§ 141 Vollstreckbarer Titel

Die Anfechtung wird nicht dadurch ausgeschlossen, daß für die Rechtshandlung ein vollstreckbarer Schuldtitel erlangt oder daß die Handhabung durch Zwangsvollstreckung erwirkt worden ist.

§ 142 Bargeschäft

Eine Leistung des Schuldners, für die unmittelbar eine gleichwertige Gegenleistung in sein Vermögen gelangt, ist nur anfechtbar, wenn die Voraussetzungen des § 133 Abs. 1 gegeben sind.

§ 143 Rechtsfolgen

(1) [1]Was durch die anfechtbare Handlung aus dem Vermögen des Schuldners veräußert, weggegeben oder aufgegeben ist, muß zur Insolvenzmasse zurückgewährt werden. [2]Die Vorschriften über die Rechtsfolgen einer ungerechtfertigten Bereicherung, bei der dem Empfänger der Mangel des rechtlichen Grundes bekannt ist, gelten entsprechend.
(2) [1]Der Empfänger einer unentgeltlichen Leistung hat diese nur zurückzugewähren, soweit er durch sie bereichert ist. [2]Dies gilt nicht, sobald er weiß oder den Umständen nach wissen muß, daß die unentgeltliche Leistung die Gläubiger benachteiligt.

§ 144 Ansprüche des Anfechtungsgegners

(1) Gewährt der Empfänger einer anfechtbaren Leistung das Erlangte zurück, so lebt seine Forderung wieder auf.
(2) [1]Eine Gegenleistung ist aus der Insolvenzmasse zu erstatten, soweit sie in dieser noch unterscheidbar vorhanden ist oder soweit die Masse um ihren Wert bereichert ist. [2]Darüber hinaus kann der Empfänger der anfechtbaren Leistung die Forderung auf Rückgewähr der Gegenleistung nur als Insolvenzgläubiger geltend machen.

§ 145 Anfechtung gegen Rechtsnachfolger

(1) Die Anfechtbarkeit kann gegen den Erben oder einen anderen Gesamtrechtsnachfolger des Anfechtungsgegners geltend gemacht werden.
(2) Gegen einen sonstigen Rechtsnachfolger kann die Anfechtbarkeit geltend gemacht werden:
1. wenn dem Rechtsnachfolger zur Zeit seines Erwerbs die Umstände bekannt waren, welche die Anfechtbarkeit des Erwerbs seines Rechtsvorgängers begründen;
2. wenn der Rechtsnachfolger zur Zeit seines Erwerbes zu den Personen gehörte, die dem Schuldner nahestehen (§ 138), es sei denn, daß ihm zu dieser Zeit die Umstände unbekannt waren, welche die Anfechtbarkeit des Erwerbs seines Rechtsvorgängers begründen;
3. wenn dem Rechtsnachfolger das Erlangte unentgeltlich zugewendet worden ist.

§ 146 Verjährung des Anfechtungsanspruchs

(1) Der Anfechtungsanspruch verjährt in zwei Jahren seit der Eröffnung des Insolvenzverfahrens.
(2) Auch wenn der Anfechtungsanspruch verjährt ist, kann der Insolvenzverwalter die Erfüllung einer Leistungspflicht verweigern, die auf einer anfechtbaren Leistung beruht.

§ 147 Rechtshandlungen nach Verfahrenseröffnung

(1) Eine Rechtshandlung, die nach Eröffnung des Insolvenzverfahrens vorgenommen worden ist und die nach den §§ 892, 893 des Bürgerlichen Gesetzbuches, §§ 16, 17 des

Gesetzestext

Gesetzes über Rechte an eingetragenen Schiffen und Schiffsbauwerken und §§ 16, 17 des Gesetzes über Rechte an Luftfahrzeugen wirksam ist, kann nach den Vorschriften angefochten werden, die für die Anfechtung einer vor der Verfahrenseröffnung vorgenommenen Rechtshandlung gelten.
(2) Die Verjährungsfrist nach § 146 Abs. 1 beginnt mit dem Zeitpunkt, in dem die rechtlichen Wirkungen der Handlung eintreten.

Vierter Teil
Verwaltung und Verwertung der Insolvenzmasse

Erster Abschnitt
Sicherung der Insolvenzmasse

§ 148 Übernahme der Insolvenzmasse

(1) Nach der Eröffnung des Insolvenzverfahrens hat der Insolvenzverwalter das gesamte zur Insolvenzmasse gehörende Vermögen sofort in Besitz und Verwaltung zu nehmen.
(2) [1]Der Verwalter kann auf Grund einer vollstreckbaren Ausfertigung des Eröffnungsbeschlusses die Herausgabe der Sachen, die sich im Gewahrsam des Schuldners befinden, im Wege der Zwangsvollstreckung durchsetzen. [2]§ 766 der Zivilprozeßordnung gilt mit der Maßgabe, daß an die Stelle des Vollstreckungsgerichts das Insolvenzgericht tritt.

§ 149 Wertgegenstände

(1) [1]Der Gläubigerausschuß kann bestimmen, bei welcher Stelle und zu welchen Bedingungen Geld, Wertpapiere und Kostbarkeiten hinterlegt oder angelegt werden sollen. [2]Ist kein Gläubigerausschuß bestellt oder hat der Gläubigerausschuß noch keinen Beschluß gefaßt, so kann das Insolvenzgericht entsprechendes anordnen.
(2) [1]Ist ein Gläubigerausschuß bestellt, so ist der Insolvenzverwalter nur dann berechtigt, Geld, Wertpapiere oder Kostbarkeiten von der Stelle, bei der hinterlegt oder angelegt worden ist, in Empfang zu nehmen, wenn ein Mitglied des Gläubigerausschusses die Quittung mitunterzeichnet. [2]Anweisungen des Verwalters auf diese Stelle sind nur gültig, wenn ein Mitglied des Gläubigerausschusses sie mitunterzeichnet hat.
(3) Die Gläubigerversammlung kann abweichende Regelungen beschließen.

§ 150 Siegelung

[1]Der Insolvenzverwalter kann zur Sicherung der Sachen, die zur Insolvenzmasse gehören, durch den Gerichtsvollzieher oder eine andere dazu gesetzlich ermächtigte Person Siegel anbringen lassen. [2]Das Protokoll über eine Siegelung oder Entsiegelung hat der Verwalter auf der Geschäftsstelle zur Einsicht der Beteiligten niederzulegen.

§ 151 Verzeichnis der Massegegenstände

(1) ¹Der Insolvenzverwalter hat ein Verzeichnis der einzelnen Gegenstände der Insolvenzmasse aufzustellen. ²Der Schuldner ist hinzuzuziehen, wenn dies ohne eine nachteilige Verzögerung möglich ist.
(2) ¹Bei jedem Gegenstand ist dessen Wert anzugeben. ²Hängt der Wert davon ab, ob das Unternehmen fortgeführt oder stillgelegt wird, sind beide Werte anzugeben. ³Besonders schwierige Bewertungen können einem Sachverständigen übertragen werden.
(3) ¹Auf Antrag des Verwalters kann das Insolvenzgericht gestatten, daß die Aufstellung des Verzeichnisses unterbleibt; der Antrag ist zu begründen. ²Ist ein Gläubigerausschuß bestellt, so kann der Verwalter den Antrag nur mit Zustimmung des Gläubigerausschusses stellen.

§ 152 Gläubigerverzeichnis

(1) Der Insolvenzverwalter hat ein Verzeichnis aller Gläubiger des Schuldners aufzustellen, die ihm aus den Büchern und Geschäftspapieren des Schuldners, durch sonstige Angaben des Schuldners, durch die Anmeldung ihrer Forderungen oder auf andere Weise bekannt geworden sind.
(2) ¹In dem Verzeichnis sind die absonderungsberechtigten Gläubiger und die einzelnen Rangklassen der nachrangigen Insolvenzgläubiger gesondert aufzuführen. ²Bei jedem Gläubiger sind die Anschrift sowie der Grund und der Betrag seiner Forderung anzugeben. ³Bei den absonderungsberechtigten Gläubigern sind zusätzlich der Gegenstand, an dem das Absonderungsrecht besteht, und die Höhe des mutmaßlichen Ausfalls zu bezeichnen; § 151 Abs. 2 Satz 2 gilt entsprechend.
(3) ¹Weiter ist anzugeben, welche Möglichkeiten der Aufrechnung bestehen. ²Die Höhe der Masseverbindlichkeiten im Falle einer zügigen Verwertung des Vermögens des Schuldners ist zu schätzen.

§ 153 Vermögensübersicht

(1) ¹Der Insolvenzverwalter hat auf den Zeitpunkt der Eröffnung des Insolvenzverfahrens eine geordnete Übersicht aufzustellen, in der die Gegenstände der Insolvenzmasse und die Verbindlichkeiten des Schuldners aufgeführt und einander gegenübergestellt werden. ²Für die Bewertung der Gegenstände gilt § 151 Abs. 2 entsprechend, für die Gliederung der Verbindlichkeiten § 152 Abs. 2 Satz 1.
(2) ¹Nach der Aufstellung der Vermögensübersicht kann das Insolvenzgericht auf Antrag des Verwalters oder eines Gläubigers dem Schuldner aufgeben, die Vollständigkeit der Vermögensübersicht eidesstattlich zu versichern. ²Die §§ 98, 101 Abs. 1 Satz 1, 2 gelten entsprechend.

§ 154 Niederlegung in der Geschäftsstelle

Das Verzeichnis der Massegegenstände, das Gläubigerverzeichnis und die Vermögensübersicht sind spätestens eine Woche vor dem Berichtstermin in der Geschäftsstelle zur Einsicht der Beteiligten niederzulegen.

Gesetzestext

§ 155 Handels- und steuerrechtliche Rechnungslegung

(1) ¹Handels- und steuerrechtliche Pflichten des Schuldners zur Buchführung und zur Rechnungslegung bleiben unberührt. ²In bezug auf die Insolvenzmasse hat der Insolvenzverwalter diese Pflichten zu erfüllen.
(2) ¹Mit der Eröffnung des Insolvenzverfahrens beginnt ein neues Geschäftsjahr. ²Jedoch wird die Zeit bis zum Berichtstermin in gesetzliche Fristen für die Aufstellung oder die Offenlegung eines Jahresabschlusses nicht eingerechnet.
(3) ¹Für die Bestellung des Abschlußprüfers im Insolvenzverfahren gilt § 318 des Handelsgesetzbuchs mit der Maßgabe, daß die Bestellung ausschließlich durch das Registergericht auf Antrag des Verwalters erfolgt. ²Ist für das Geschäftsjahr vor der Eröffnung des Verfahrens bereits ein Abschlußprüfer bestellt, so wird die Wirksamkeit dieser Bestellung durch die Eröffnung nicht berührt.

Zweiter Abschnitt
Entscheidung über die Verwertung

§ 156 Berichtstermin

(1) ¹Im Berichtstermin hat der Insolvenzverwalter über die wirtschaftliche Lage des Schuldners und ihre Ursachen zu berichten. ²Er hat darzulegen, ob Aussichten bestehen, das Unternehmen des Schuldners im ganzen oder in Teilen zu erhalten, welche Möglichkeiten für einen Insolvenzplan bestehen und welche Auswirkungen jeweils für die Befriedigung der Gläubiger eintreten würden.
(2) ¹Dem Schuldner, dem Gläubigerausschuß, dem Betriebsrat und dem Sprecherausschuß der leitenden Angestellten ist im Berichtstermin Gelegenheit zu geben, zu dem Bericht des Verwalters Stellung zu nehmen. ²Ist der Schuldner Handels- oder Gewerbetreibender oder Landwirt, so kann auch der zuständigen amtlichen Berufsvertretung der Industrie, des Handels, des Handwerks oder der Landwirtschaft im Termin Gelegenheit zur Äußerung gegeben werden.

§ 157 Entscheidung über den Fortgang des Verfahrens

¹Die Gläubigerversammlung beschließt im Berichtstermin, ob das Unternehmen des Schuldners stillgelegt oder vorläufig fortgeführt werden soll. ²Sie kann den Verwalter beauftragen, einen Insolvenzplan auszuarbeiten, und ihm das Ziel des Plans vorgeben.
³Sie kann ihre Entscheidungen in späteren Terminen ändern.

§ 158 Maßnahmen vor der Entscheidung

(1) Will der Insolvenzverwalter vor dem Berichtstermin das Unternehmen des Schuldners stillegen, so hat er die Zustimmung des Gläubigerausschusses einzuholen, wenn ein solcher bestellt ist.
(2) ¹Vor der Beschlußfassung des Gläubigerausschusses oder, wenn ein solcher nicht bestellt ist, vor der Stillegung des Unternehmens hat der Verwalter den Schuldner zu

unterrichten. ²Das Insolvenzgericht untersagt auf Antrag des Schuldners und nach Anhörung des Verwalters die Stillegung, wenn diese ohne eine erhebliche Verminderung der Insolvenzmasse bis zum Berichtstermin aufgeschoben werden kann.

§ 159 Verwertung der Insolvenzmasse

Nach dem Berichtstermin hat der Insolvenzverwalter unverzüglich das zur Insolvenzmasse gehörende Vermögen zu verwerten, soweit die Beschlüsse der Gläubigerversammlung nicht entgegenstehen.

§ 160 Besonders bedeutsame Rechtshandlungen

(1) ¹Der Insolvenzverwalter hat die Zustimmung des Gläubigerausschusses einzuholen, wenn er Rechtshandlungen vornehmen will, die für das Insolvenzverfahren von besonderer Bedeutung sind. ²Ist ein Gläubigerausschuß nicht bestellt, so ist die Zustimmung der Gläubigerversammlung einzuholen.
(2) Die Zustimmung nach Absatz 1 ist insbesondere erforderlich,
1. wenn das Unternehmen oder ein Betrieb, das Warenlager im ganzen, ein unbeweglicher Gegenstand aus freier Hand, die Beteiligung des Schuldners an einem anderen Unternehmen, die der Herstellung einer dauernden Verbindung zu diesem Unternehmen dienen soll, oder das Recht auf den Bezug wiederkehrender Einkünfte veräußert werden soll;
2. wenn ein Darlehen aufgenommen werden soll, das die Insolvenzmasse erheblich belasten würde;
3. wenn ein Rechtsstreit mit erheblichem Streitwert anhängig gemacht oder aufgenommen, die Aufnahme eines solchen Rechtsstreits abgelehnt oder zur Beilegung oder zur Vermeidung eines solchen Rechtsstreits ein Vergleich oder ein Schiedsvertrag geschlossen werden soll.

§ 161 Vorläufige Untersagung der Rechtshandlung

¹In den Fällen des § 160 hat der Insolvenzverwalter vor der Beschlußfassung des Gläubigerausschusses oder der Gläubigerversammlung den Schuldner zu unterrichten, wenn dies ohne nachteilige Verzögerung möglich ist. ²Sofern nicht die Gläubigerversammlung ihre Zustimmung erteilt hat, kann das Insolvenzgericht auf Antrag des Schuldners oder einer in § 75 Abs. 1 Nr. 3 bezeichneten Mehrzahl von Gläubigern und nach Anhörung des Verwalters die Vornahme der Rechtshandlung vorläufig untersagen und eine Gläubigerversammlung einberufen, die über die Vornahme beschließt.

§ 162 Betriebsveräußerung an besonders Interessierte

(1) Die Veräußerung des Unternehmens oder eines Betriebs ist nur mit Zustimmung der Gläubigerversammlung zulässig, wenn der Erwerber oder eine Person, die an seinem Kapital zu mindestens einem Fünftel beteiligt ist,
1. zu den Personen gehört, die dem Schuldner nahestehen (§ 138),

2. ein absonderungsberechtigter Gläubiger oder ein nicht nachrangiger Insolvenzgläubiger ist, dessen Absonderungsrechte und Forderungen nach der Schätzung des Insolvenzgerichts zusammen ein Fünftel der Summe erreichen, die sich aus dem Wert aller Absonderungsrechte und den Forderungsbeträgen aller nicht nachrangigen Insolvenzgläubiger ergibt.

(2) Eine Person ist auch insoweit im Sinne des Absatzes 1 am Erwerber beteiligt, als ein von der Person abhängiges Unternehmen oder ein Dritter für Rechnung der Person oder des abhängigen Unternehmens am Erwerber beteiligt ist.

§ 163 Betriebsveräußerung unter Wert

(1) Auf Antrag des Schuldners oder einer in § 75 Abs. 1 Nr. 3 bezeichneten Mehrzahl von Gläubigern und nach Anhörung des Insolvenzverwalters kann das Insolvenzgericht anordnen, daß die geplante Veräußerung des Unternehmens oder eines Betriebs nur mit Zustimmung der Gläubigerversammlung zulässig ist, wenn der Antragsteller glaubhaft macht, daß eine Veräußerung an einen anderen Erwerber für die Insolvenzmasse günstiger wäre.

(2) Sind dem Antragsteller durch den Antrag Kosten entstanden, so ist er berechtigt, die Erstattung dieser Kosten aus der Insolvenzmasse zu verlangen, sobald die Anordnung des Gerichts ergangen ist.

§ 164 Wirksamkeit der Handlung

Durch einen Verstoß gegen die §§ 160 bis 163 wird die Wirksamkeit der Handlung des Insolvenzverwalters nicht berührt.

Dritter Abschnitt
Gegenstände mit Absonderungsrechten

§ 165 Verwertung unbeweglicher Gegenstände

Der Insolvenzverwalter kann beim zuständigen Gericht die Zwangsversteigerung oder die Zwangsverwaltung eines unbeweglichen Gegenstands der Insolvenzmasse betreiben, auch wenn an dem Gegenstand ein Absonderungsrecht besteht.

§ 166 Verwertung beweglicher Gegenstände

(1) Der Insolvenzverwalter darf eine bewegliche Sache, an der ein Absonderungsrecht besteht, freihändig verwerten, wenn er die Sache in seinem Besitz hat.

(2) Der Verwalter darf eine Forderung, die der Schuldner zur Sicherung eines Anspruchs abgetreten hat, einziehen oder in anderer Weise verwerten.

Gesetzestext

§ 167 Unterrichtung des Gläubigers

(1) ¹Ist der Insolvenzverwalter nach § 166 Abs. 1 zur Verwertung einer beweglichen Sache berechtigt, so hat er dem absonderungsberechtigten Gläubiger auf dessen Verlangen Auskunft über den Zustand der Sache zu erteilen. ²Anstelle der Auskunft kann er dem Gläubiger gestatten, die Sache zu besichtigen.
(2) ¹Ist der Verwalter nach § 166 Abs. 2 zur Einziehung einer Forderung berechtigt, so hat er dem absonderungsberechtigten Gläubiger auf dessen Verlangen Auskunft über die Forderung zu erteilen. ²Anstelle der Auskunft kann er dem Gläubiger gestatten, Einsicht in die Bücher und Geschäftspapiere des Schuldners zu nehmen.

§ 168 Mitteilung der Veräußerungsabsicht

(1) ¹Bevor der Insolvenzverwalter einen Gegenstand, zu dessen Verwertung er nach § 166 berechtigt ist, an einen Dritten veräußert, hat er dem absonderungsberechtigten Gläubiger mitzuteilen, auf welche Weise der Gegenstand veräußert werden soll. ²Er hat dem Gläubiger Gelegenheit zu geben, binnen einer Woche auf eine andere, für den Gläubiger günstigere Möglichkeit der Verwertung des Gegenstands hinzuweisen.
(2) Erfolgt ein solcher Hinweis innerhalb der Wochenfrist oder rechtzeitig vor der Veräußerung, so hat der Verwalter die vom Gläubiger genannte Verwertungsmöglichkeit wahrzunehmen oder den Gläubiger so zu stellen, wie wenn er sie wahrgenommen hätte.
(3) ¹Die andere Verwertungsmöglichkeit kann auch darin bestehen, daß der Gläubiger den Gegenstand selbst übernimmt. ¹Günstiger ist eine Verwertungsmöglichkeit auch dann, wenn Kosten eingespart werden.

§ 169 Schutz des Gläubigers vor einer Verzögerung der Verwertung

¹Solange ein Gegenstand, zu dessen Verwertung der Insolvenzverwalter nach § 166 berechtigt ist, nicht verwertet wird, sind dem Gläubiger vom Berichtstermin an laufend die geschuldeten Zinsen aus der Insolvenzmasse zu zahlen. ²Ist der Gläubiger schon vor der Eröffnung des Insolvenzverfahrens auf Grund einer Anordnung nach § 21 an der Verwertung des Gegenstands gehindert worden, so sind die geschuldeten Zinsen spätestens von dem Zeitpunkt an zu zahlen, der drei Monate nach dieser Anordnung liegt. ³Die Sätze 1 und 2 gelten nicht, soweit nach der Höhe der Forderung sowie dem Wert und der sonstigen Belastung des Gegenstands nicht mit einer Befriedigung des Gläubigers aus dem Verwertungserlös zu rechnen ist.

§ 170 Verteilung des Erlöses

(1) ¹Nach der Verwertung einer beweglichen Sache oder einer Forderung durch den Insolvenzverwalter sind aus dem Verwertungserlös die Kosten der Feststellung und der Verwertung des Gegenstands vorweg für die Insolvenzmasse zu entnehmen. ²Aus dem verbleibenden Betrag ist unverzüglich der absonderungsberechtigte Gläubiger zu befriedigen.

Gesetzestext

(2) Überläßt der Insolvenzverwalter einen Gegenstand, zu dessen Verwertung er nach § 166 berechtigt ist, dem Gläubiger zur Verwertung, so hat dieser aus dem von ihm erzielten Verwertungserlös einen Betrag in Höhe der Kosten der Feststellung sowie des Umsatzsteuerbetrages (§ 171 Abs. 2 Satz 3) vorweg an die Masse abzuführen.

§ 171 Berechnung des Kostenbeitrags

(1) [1]Die Kosten der Feststellung umfassen die Kosten der tatsächlichen Feststellung des Gegenstands und der Feststellung der Rechte an diesem. [2]Sie sind pauschal mit vier vom Hundert des Verwertungserlöses anzusetzen.
(2) [1]Als Kosten der Verwertung sind pauschal fünf vom Hundert des Verwertungserlöses anzusetzen. [2]Lagen die tatsächlich entstandenen, für die Verwertung erforderlichen Kosten erheblich niedriger oder erheblich höher, so sind diese Kosten anzusetzen. [3]Führt die Verwertung zu einer Belastung der Masse mit Umsatzsteuer, so ist der Umsatzsteuerbetrag zusätzlich zu der Pauschale nach Satz 1 oder den tatsächlich entstandenen Kosten nach Satz 2 anzusetzen.

§ 172 Sonstige Verwendung beweglicher Sachen

(1) [1]Der Insolvenzverwalter darf eine bewegliche Sache, zu deren Verwertung er berechtigt ist, für die Insolvenzmasse benutzen, wenn er den dadurch entstandenen Wertverlust von der Eröffnung des Insolvenzverfahrens an durch laufende Zahlungen an den Gläubiger ausgleicht. [2]Die Verpflichtung zu Ausgleichszahlungen besteht nur, soweit der durch die Nutzung entstehende Wertverlust die Sicherung des absonderungsberechtigten Gläubigers beeinträchtigt.
(2) [1]Der Verwalter darf eine solche Sache verbinden, vermischen und verarbeiten, soweit dadurch die Sicherung des absonderungsberechtigten Gläubigers nicht beeinträchtigt wird. [2]Setzt sich das Recht des Gläubigers an einer anderen Sache fort, so hat der Gläubiger die neue Sicherheit insoweit freizugeben, als sie den Wert der bisherigen Sicherheit übersteigt.

§ 173 Verwertung durch den Gläubiger

(1) Soweit der Insolvenzverwalter nicht zur Verwertung einer beweglichen Sache oder einer Forderung berechtigt ist, an denen ein Absonderungsrecht besteht, bleibt das Recht des Gläubigers zur Verwertung unberührt.
(2) [1]Auf Antrag des Verwalters und nach Anhörung des Gläubigers kann das Insolvenzgericht eine Frist bestimmen, innerhalb welcher der Gläubiger den Gegenstand zu verwerten hat. [2]Nach Ablauf der Frist ist der Verwalter zur Verwertung berechtigt.

Fünfter Teil
Befriedigung der Insolvenzgläubiger.
Einstellung des Verfahrens

Erster Abschnitt
Feststellung der Forderungen

§ 174 Anmeldung der Forderungen

(1) ¹Die Insolvenzgläubiger haben ihre Forderungen schriftlich beim Insolvenzverwalter anzumelden. ²Der Anmeldung sollen die Urkunden, aus denen sich die Forderung ergibt, in Abdruck beigefügt werden.
(2) Bei der Anmeldung sind der Grund und der Betrag der Forderung anzugeben.
(3) ¹Die Forderungen nachrangiger Gläubiger sind nur anzumelden, soweit das Insolvenzgericht besonders zur Anmeldung dieser Forderungen auffordert. ²Bei der Anmeldung solcher Forderungen ist auf den Nachrang hinzuweisen und die dem Gläubiger zustehende Rangstelle zu bezeichnen.

§ 175 Tabelle

¹Der Insolvenzverwalter hat jede angemeldete Forderung mit den in § 174 Abs. 2 und 3 genannten Angaben in eine Tabelle einzutragen. ²Die Tabelle ist mit den Anmeldungen sowie den beigefügten Urkunden innerhalb des ersten Drittels des Zeitraums, der zwischen dem Ablauf der Anmeldefrist und dem Prüfungstermin liegt, in der Geschäftsstelle des Insolvenzgerichts zur Einsicht der Beteiligten niederzulegen.

§ 176 Verlauf des Prüfungstermins

¹Im Prüfungstermin werden die angemeldeten Forderungen ihrem Betrag und ihrem Rang nach geprüft. ²Die Forderungen, die vom Insolvenzverwalter, vom Schuldner oder von einem Insolvenzgläubiger bestritten werden, sind einzeln zu erörtern.

§ 177 Nachträgliche Anmeldungen

(1) ¹Im Prüfungstermin sind auch die Forderungen zu prüfen, die nach dem Ablauf der Anmeldefrist angemeldet worden sind. ²Widerspricht jedoch der Insolvenzverwalter oder ein Insolvenzgläubiger dieser Prüfung oder wird eine Forderung erst nach dem Prüfungstermin angemeldet, so hat das Insolvenzgericht auf Kosten des Säumigen entweder einen besonderen Prüfungstermin zu bestimmen oder die Prüfung im schriftlichen Verfahren anzuordnen. ³Für nachträgliche Änderungen der Anmeldung gelten die Sätze 1 und 2 entsprechend.
(2) Hat das Gericht nachrangige Gläubiger nach § 174 Abs. 3 zur Anmeldung ihrer Forderungen aufgefordert und läuft die für diese Anmeldung gesetzte Frist später als eine Woche vor dem Prüfungstermin ab, so ist auf Kosten der Insolvenzmasse entweder ein

Gesetzestext

besonderer Prüfungstermin zu bestimmen oder die Prüfung im schriftlichen Verfahren anzuordnen.
(3) ¹Der besondere Prüfungstermin ist öffentlich bekanntzumachen. ²Zu dem Termin sind die Insolvenzgläubiger, die eine Forderung angemeldet haben, der Verwalter und der Schuldner besonders zu laden.

§ 178 Voraussetzungen und Wirkungen der Feststellung

(1) ¹Eine Forderung gilt als festgestellt, soweit gegen sie im Prüfungstermin oder im schriftlichen Verfahren (§ 177) ein Widerspruch weder vom Insolvenzverwalter noch von einem Insolvenzgläubiger erhoben wird oder soweit ein erhobener Widerspruch beseitigt ist. ²Ein Widerspruch des Schuldners steht der Feststellung der Forderung nicht entgegen.
(2) ¹Das Insolvenzgericht trägt für jede angemeldete Forderung in die Tabelle ein, inwieweit die Forderung ihrem Betrag und ihrem Rang nach festgestellt ist oder wer der Feststellung widersprochen hat. ²Auch ein Widerspruch des Schuldners ist einzutragen. ³Auf Wechseln und sonstigen Schuldurkunden ist vom Urkundsbeamten der Geschäftsstelle die Feststellung zu vermerken.
(3) Die Eintragung in die Tabelle wirkt für die festgestellten Forderungen ihrem Betrag und ihrem Rang nach wie ein rechtskräftiges Urteil gegenüber dem Insolvenzverwalter und allen Insolvenzgläubigern.

§ 179 Streitige Forderungen

(1) Ist eine Forderung vom Insolvenzverwalter oder von einem Insolvenzgläubiger bestritten worden, so bleibt es dem Gläubiger überlassen, die Feststellung gegen den Bestreitenden zu betreiben.
(2) Liegt für eine solche Forderung ein vollstreckbarer Schuldtitel oder ein Endurteil vor, so obliegt es dem Bestreitenden, den Widerspruch zu verfolgen.
(3) ¹Das Insolvenzgericht erteilt dem Gläubiger, dessen Forderung bestritten worden ist, einen beglaubigten Auszug aus der Tabelle. ²Im Falle des Absatzes 2 erhält auch der Bestreitende einen solchen Auszug. ³Die Gläubiger, deren Forderungen festgestellt worden sind, werden nicht benachrichtigt; hierauf sollen die Gläubiger vor dem Prüfungstermin hingewiesen werden.

§ 180 Zuständigkeit für die Feststellung

(1) ¹Auf die Feststellung ist im ordentlichen Verfahren Klage zu erheben. ²Für die Klage ist das Amtsgericht ausschließlich zuständig, bei dem das Insolvenzverfahren anhängig ist oder anhängig war. ³Gehört der Streitgegenstand nicht zur Zuständigkeit der Amtsgerichte, so ist das Landgericht ausschließlich zuständig, zu dessen Bezirk das Insolvenzgericht gehört.
(2) War zur Zeit der Eröffnung des Insolvenzverfahrens ein Rechtsstreit über die Forderung anhängig, so ist die Feststellung durch Aufnahme des Rechtsstreits zu betreiben.

§ 181 Umfang der Feststellung

Die Feststellung kann nach Grund, Betrag und Rang der Forderung nur in der Weise begehrt werden, wie die Forderung in der Anmeldung oder im Prüfungstermin bezeichnet worden ist.

§ 182 Streitwert

Der Wert des Streitgegenstands einer Klage auf Feststellung einer Forderung, deren Bestand vom Insolvenzverwalter oder von einem Insolvenzgläubiger bestritten worden ist, bestimmt sich nach dem Betrag, der bei der Verteilung der Insolvenzmasse für die Forderung zu erwarten ist.

§ 183 Wirkung der Entscheidung

(1) Eine rechtskräftige Enscheidung, durch die eine Forderung festgestellt oder ein Widerspruch für begründet erklärt wird, wirkt gegenüber dem Insolvenzverwalter und allen Insolvenzgläubigern.
(2) Der obsiegenden Partei obliegt es, beim Insolvenzgericht die Berichtigung der Tabelle zu beantragen.
(3) Haben nur einzelne Gläubiger, nicht der Verwalter, den Rechtsstreit geführt, so können diese Gläubiger die Erstattung ihrer Kosten aus der Insolvenzmasse insoweit verlangen, als der Masse durch die Entscheidung ein Vorteil erwachsen ist.

§ 184 Klage gegen einen Widerspruch des Schuldners

[1]Hat der Schuldner im Prüfungstermin oder im schriftlichen Verfahren (§ 177) eine Forderung bestritten, so kann der Gläubiger Klage auf Feststellung der Forderung gegen den Schuldner erheben. [2]War zur Zeit der Eröffnung des Insolvenzverfahrens ein Rechtsstreit über die Forderung anhängig, so kann der Gläubiger diesen Rechtsstreit gegen den Schuldner aufnehmen.

§ 185 Besondere Zuständigkeiten

[1]Ist für die Feststellung einer Forderung der Rechtsweg zum ordentlichen Gericht nicht gegeben, so ist die Feststellung bei dem zuständigen anderen Gericht zu betreiben oder von der zuständigen Verwaltungsbehörde vorzunehmen. [2]§ 180 Abs. 2 und die §§ 181, 183 und 184 gelten entsprechend. [3]Ist die Feststellung bei einem anderen Gericht zu betreiben, so gilt auch § 182 entsprechend.

§ 186 Wiedereinsetzung in den vorigen Stand

(1) [1]Hat der Schuldner den Prüfungstermin versäumt, so hat ihm das Insolvenzgericht auf Antrag die Wiedereinsetzung in den vorigen Stand zu gewähren. [2]§ 51 Abs. 2, § 85 Abs. 2, §§ 233 bis 236 der Zivilprozeßordnung gelten entsprechend.

Gesetzestext

(2) ¹Die den Antrag auf Wiedereinsetzung betreffenden Schriftsätze sind dem Gläubiger zuzustellen, dessen Forderung nachträglich bestritten werden soll. ²Das Bestreiten in diesen Schriftsätzen steht, wenn die Wiedereinsetzung erteilt wird, dem Bestreiten im Prüfungstermin gleich.

Zweiter Abschnitt
Verteilung

§ 187 Befriedigung der Insolvenzgläubiger

(1) Mit der Befriedigung der Insolvenzgläubiger kann erst nach dem allgemeinen Prüfungstermin begonnen werden.
(2) ¹Verteilungen an die Insolvenzgläubiger können stattfinden, sooft hinreichende Barmittel in der Insolvenzmasse vorhanden sind. ²Nachrangige Insolvenzgläubiger sollen bei Abschlagsverteilungen nicht berücksichtigt werden.
(3) ¹Die Verteilungen werden vom Insolvenzverwalter vorgenommen. ²Vor jeder Verteilung hat er die Zustimmung des Gläubigerausschusses einzuholen, wenn ein solcher bestellt ist.

§ 188 Verteilungsverzeichnis

¹Vor einer Verteilung hat der Insolvenzverwalter ein Verzeichnis der Forderungen aufzustellen, die bei der Verteilung zu berücksichtigen sind. ²Das Verzeichnis ist auf der Geschäftsstelle zur Einsicht der Beteiligten niederzulegen. ³Der Verwalter hat die Summe der Forderungen und den für die Verteilung verfügbaren Betrag aus der Insolvenzmasse öffentlich bekanntzumachen.

§ 189 Berücksichtigung bestrittener Forderungen

(1) Ein Insolvenzgläubiger, dessen Forderung nicht festgestellt ist und für dessen Forderung ein vollstreckbarer Titel oder ein Endurteil nicht vorliegt, hat spätestens innerhalb einer Ausschlußfrist von zwei Wochen nach der öffentlichen Bekanntmachung dem Insolvenzverwalter nachzuweisen, daß und für welchen Betrag die Feststellungsklage erhoben oder das Verfahren in dem früher anhängigen Rechtsstreit aufgenommen ist.
(2) Wird der Nachweis rechtzeitig geführt, so wird der auf die Forderung entfallende Anteil bei der Verteilung zurückbehalten, solange der Rechtsstreit anhängig ist.
(3) Wird der Nachweis nicht rechtzeitig geführt, so wird die Forderung bei der Verteilung nicht berücksichtigt.

§ 190 Berücksichtigung absonderungsberechtigter Gläubiger

(1) ¹Ein Gläubiger, der zur abgesonderten Befriedigung berechtigt ist, hat spätestens innerhalb der in § 189 Abs. 1 vorgesehenen Ausschlußfrist dem Insolvenzverwalter

nachzuweisen, daß und für welchen Betrag er auf abgesonderte Befriedigung verzichtet hat oder bei ihr ausgefallen ist. ²Wird der Nachweis nicht rechtzeitig geführt, so wird die Forderung bei der Verteilung nicht berücksichtigt.
(2) ¹Zur Berücksichtigung bei einer Abschlagsverteilung genügt es, wenn der Gläubiger spätestens innerhalb der Ausschlußfrist dem Verwalter nachweist, daß die Verwertung des Gegenstands betrieben wird, an dem das Absonderungsrecht besteht, und den Betrag des mutmaßlichen Ausfalls glaubhaft macht. ²In diesem Fall wird der auf die Forderung entfallende Anteil bei der Verteilung zurückbehalten. ³Sind die Voraussetzungen des Absatzes 1 bei der Schlußverteilung nicht erfüllt, so wird der zurückbehaltene Anteil für die Schlußverteilung frei.
(3) ¹Ist nur der Verwalter zur Verwertung des Gegenstands berechtigt, an dem das Absonderungsrecht besteht, so sind die Absätze 1 und 2 nicht anzuwenden. ²Bei einer Abschlagsverteilung hat der Verwalter, wenn er den Gegenstand noch nicht verwertet hat, den Ausfall des Gläubigers zu schätzen und den auf die Forderung entfallenden Anteil zurückzubehalten.

§ 191 Berücksichtigung aufschiebend bedingter Forderungen

(1) ¹Eine aufschiebend bedingte Forderung wird bei einer Abschlagsverteilung mit ihrem vollen Betrag berücksichtigt. ²Der auf die Forderung entfallende Anteil wird bei der Verteilung zurückbehalten.
(2) ¹Bei der Schlußverteilung wird eine aufschiebend bedingte Forderung nicht berücksichtigt, wenn die Möglichkeit des Eintritts der Bedingung so fernliegt, daß die Forderung zur Zeit der Verteilung keinen Vermögenswert hat. ²In diesem Fall wird ein gemäß Absatz 1 Satz 2 zurückbehaltener Anteil für die Schlußverteilung frei.

§ 192 Nachträgliche Berücksichtigung

Gläubiger, die bei einer Abschlagsverteilung nicht berücksichtigt worden sind und die Voraussetzungen der §§ 189, 190 nachträglich erfüllen, erhalten bei der folgenden Verteilung aus der restlichen Insolvenzmasse vorab einen Betrag, der sie mit den übrigen Gläubigern gleichstellt.

§ 193 Änderung des Verteilungsverzeichnisses

Der Insolvenzverwalter hat die Änderungen des Verzeichnisses, die auf Grund der §§ 189 bis 192 erforderlich werden, binnen drei Tagen nach Ablauf der in § 189 Abs. 1 vorgesehenen Ausschlußfrist vorzunehmen.

§ 194 Einwendungen gegen das Verteilungsverzeichnis

(1) Bei einer Abschlagsverteilung sind Einwendungen eines Gläubigers gegen das Verzeichnis bis zum Ablauf einer Woche nach dem Ende der in § 189 Abs. 1 vorgesehenen Ausschlußfrist bei dem Insolvenzgericht zu erheben.

Gesetzestext

(2) ¹Eine Entscheidung des Gerichts, durch die Einwendungen zurückgewiesen werden, ist dem Gläubiger und dem Insolvenzverwalter zuzustellen. ²Dem Gläubiger steht gegen den Beschluß die sofortige Beschwerde zu.
(3) ¹Eine Entscheidung des Gerichts, durch die eine Berichtigung des Verzeichnisses angeordnet wird, ist dem Gläubiger und dem Verwalter zuzustellen und in der Geschäftsstelle zur Einsicht der Beteiligten niederzulegen. ²Dem Verwalter und den Insolvenzgläubigern steht gegen den Beschluß die sofortige Beschwerde zu. ³Die Beschwerdefrist beginnt mit dem Tag, an dem die Entscheidung niedergelegt worden ist.

§ 195 Festsetzung des Bruchteils

(1) ¹Für eine Abschlagsverteilung bestimmt der Gläubigerausschuß auf Vorschlag des Insolvenzverwalters den zu zahlenden Bruchteil. ²Ist kein Gläubigerausschuß bestellt, so bestimmt der Verwalter den Bruchteil.
(2) Der Verwalter hat den Bruchteil den berücksichtigten Gläubigern mitzuteilen.

§ 196 Schlußverteilung

(1) Die Schlußverteilung erfolgt, sobald die Verwertung der Insolvenzmasse beendet ist.
(2) Die Schlußverteilung darf nur mit Zustimmung des Insolvenzgerichts vorgenommen werden.

§ 197 Schlußtermin

(1) ¹Bei der Zustimmung zur Schlußverteilung bestimmt das Insolvenzgericht den Termin für eine abschließende Gläubigerversammlung. ²Dieser Termin dient
1. zur Erörterung der Schlußrechnung des Insolvenzverwalters,
2. zur Erhebung von Einwendungen gegen das Schlußverzeichnis und
3. zur Entscheidung der Gläubiger über die nicht verwertbaren Gegenstände der Insolvenzmasse.

(2) Zwischen der öffentlichen Bekanntmachung des Termins und dem Termin soll eine Frist von mindestens drei Wochen und höchstens einem Monat liegen.
(3) Für die Entscheidung des Gerichts über Einwendungen eines Gläubigers gilt § 194 Abs. 2 und 3 entsprechend.

§ 198 Hinterlegung zurückbehaltener Beträge

Beträge, die bei der Schlußverteilung zurückzubehalten sind, hat der Insolvenzverwalter mit Zustimmung des Insolvenzgerichts für Rechnung der Beteiligten bei einer geeigneten Stelle zu hinterlegen.

Gesetzestext

§ 199 Überschuß bei der Schlußverteilung

[1]Können bei der Schlußverteilung die Forderungen aller Insolvenzgläubiger in voller Höhe berichtigt werden, so hat der Insolvenzverwalter einen verbleibenden Überschuß dem Schuldner herauszugeben. [2]Ist der Schuldner keine natürliche Person, so hat der Verwalter jeder am Schuldner beteiligten Person den Teil des Überschusses herauszugeben, der ihr bei einer Abwicklung außerhalb des Insolvenzverfahrens zustünde.

§ 200 Aufhebung des Insolvenzverfahrens

(1) Sobald die Schlußverteilung vollzogen ist, beschließt des Insolvenzgericht die Aufhebung des Insolvenzverfahrens.
(2) [1]Der Beschluß und der Grund der Aufhebung sind öffentlich bekanntzumachen. [2]Die Bekanntmachung ist, unbeschadet des § 9, auszugsweise im Bundesanzeiger zu veröffentlichen. [3]Die §§ 31 bis 33 gelten entsprechend.

§ 201 Rechte der Insolvenzgläubiger nach Verfahrensaufhebung

(1) Die Insolvenzgläubiger können nach der Aufhebung des Insolvenzverfahrens ihre restlichen Forderungen gegen den Schuldner unbeschränkt geltend machen.
(2) [1]Die Insolvenzgläubiger, deren Forderungen festgestellt und nicht vom Schuldner im Prüfungstermin bestritten worden sind, können aus der Eintragung in die Tabelle wie aus einem vollstreckbaren Urteil die Zwangsvollstreckung gegen den Schuldner betreiben. [2]Einer nicht bestrittenen Forderung steht eine Forderung gleich, bei der ein erhobener Widerspruch beseitigt ist.
(3) Die Vorschriften über die Restschuldbefreiung bleiben unberührt.

§ 202 Zuständigkeit bei der Vollstreckung

(1) Im Falle des § 201 ist das Amtsgericht, bei dem das Insolvenzverfahren anhängig ist oder anhängig war, ausschließlich zuständig für Klagen:
1. auf Erteilung der Vollstreckungsklausel;
2. durch die nach der Erteilung der Vollstreckungsklausel bestritten wird, daß die Voraussetzungen für die Erteilung eingetreten waren;
3. durch die Einwendungen geltend gemacht werden, die den Anspruch selbst betreffen.
(2) Gehört der Streitgegenstand nicht zur Zuständigkeit der Amtsgerichte, so ist das Landgericht ausschließlich zuständig, zu dessen Bezirk das Insolvenzgericht gehört.

§ 203 Anordnung der Nachtragsverteilung

(1) Auf Antrag des Insolvenzverwalters oder eines Insolvenzgläubigers oder von Amts wegen ordnet das Insolvenzgericht eine Nachtragsverteilung an, wenn nach dem Schlußtermin
1. zurückbehaltene Beträge für die Verteilung frei werden,

Gesetzestext

2. Beträge, die aus der Insolvenzmasse gezahlt sind, zurückfließen oder
3. Gegenstände der Masse ermittelt werden.

(2) Die Aufhebung des Verfahrens steht der Anordnung einer Nachtragsverteilung nicht entgegen.

(3) ¹Das Gericht kann von der Anordnung absehen und den zur Verfügung stehenden Betrag oder den ermittelten Gegenstand dem Schuldner überlassen, wenn dies mit Rücksicht auf die Geringfügigkeit des Betrags oder den geringen Wert des Gegenstands und die Kosten einer Nachtragsverteilung angemessen erscheint. ²Es kann die Anordnung davon abhängig machen, daß ein Geldbetrag vorgeschossen wird, der die Kosten der Nachtragsverteilung deckt.

§ 204 Rechtsmittel

(1) ¹Der Beschluß, durch den der Antrag auf Nachtragsverteilung abgelehnt wird, ist dem Antragsteller zuzustellen. ²Gegen den Beschluß steht dem Antragsteller die sofortige Beschwerde zu.

(2) ¹Der Beschluß, durch den eine Nachtragsverteilung angeordnet wird, ist dem Insolvenzverwalter, dem Schuldner und, wenn ein Gläubiger die Verteilung beantragt hat, diesem Gläubiger zuzustellen. ²Gegen den Beschluß steht dem Schuldner die sofortige Beschwerde zu.

§ 205 Vollzug der Nachtragsverteilung

¹Nach der Anordnung der Nachtragsverteilung hat der Insolvenzverwalter den zur Verfügung stehenden Betrag oder den Erlös aus der Verwertung des ermittelten Gegenstands auf Grund des Schlußverzeichnisses zu verteilen. ²Er hat dem Insolvenzgericht Rechnung zu legen.

§ 206 Ausschluß von Massegläubigern

Massegläubiger, deren Ansprüche dem Insolvenzverwalter
1. bei einer Abschlagsverteilung erst nach der Festsetzung des Bruchteils,
2. bei der Schlußverteilung erst nach der Beendigung des Schlußtermins oder
3. bei einer Nachtragsverteilung erst nach der öffentlichen Bekanntmachung

bekanntgeworden sind, können Befriedigung nur aus den Mitteln verlangen, die nach der Verteilung in der Insolvenzmasse verbleiben.

Dritter Abschnitt
Einstellung des Verfahrens

§ 207 Einstellung mangels Masse

(1) ¹Stellt sich nach der Eröffnung des Insolvenzverfahrens heraus, daß die Insolvenzmasse nicht ausreicht, um die Kosten des Verfahrens zu decken, so stellt das Insolvenz-

gericht das Verfahren ein. ²Die Einstellung unterbleibt, wenn ein ausreichender Geldbetrag vorgeschossen wird; § 26 Abs. 3 gilt entsprechend.
(2) Vor der Einstellung sind die Gläubigerversammlung, der Insolvenzverwalter und die Massegläubiger zu hören.
(3) ¹Soweit Barmittel in der Masse vorhanden sind, hat der Verwalter vor der Einstellung die Kosten des Verfahrens, von diesen zuerst die Auslagen, nach dem Verhältnis ihrer Beträge zu berichtigen. ²Zur Verwertung von Massegegenständen ist er nicht mehr verpflichtet.

§ 208 Anzeige der Masseunzulänglichkeit

(1) ¹Sind die Kosten des Insolvenzverfahrens gedeckt, reicht die Insolvenzmasse jedoch nicht aus, um die fälligen sonstigen Masseverbindlichkeiten zu erfüllen, so hat der Insolvenzverwalter dem Insolvenzgericht anzuzeigen, daß Masseunzulänglichkeit vorliegt. ²Gleiches gilt, wenn die Masse voraussichtlich nicht ausreichen wird, um die bestehenden sonstigen Masserverbindlichkeiten im Zeitpunkt der Fälligkeit zu erfüllen.
(2) ¹Das Gericht hat die Anzeige der Masseunzulänglichkeit öffentlich bekanntzumachen. ²Den Massegläubigern ist sie besonders zuzustellen.
(3) Die Pflicht des Verwalters zur Verwaltung und zur Verwertung der Masse besteht auch nach der Anzeige der Masseunzulänglichkeit fort.

§ 209 Befriedigung der Massegläubiger

(1) Der Insolvenzverwalter hat die Masseverbindlichkeiten nach folgender Rangordnung zu berichtigen, bei gleichem Rang nach dem Verhältnis ihrer Beträge:
1. die Kosten des Insolvenzverfahrens;
2. die Masseverbindlichkeiten, die nach der Anzeige der Masseunzulänglichkeit begründet worden sind, ohne zu den Kosten des Verfahrens zu gehören;
3. die übrigen Masseverbindlichkeiten, unter diesen zuletzt der nach den §§ 100, 101 Abs. 1 Satz 3 bewilligte Unterhalt.

(2) Als Masseverbindlichkeiten im Sinne des Absatzes 1 Nr. 2 gelten auch die Verbindlichkeiten
1. aus einem gegenseitigen Vertrag, dessen Erfüllung der Verwalter gewählt hat, nachdem er die Masseunzulänglichkeit angezeigt hatte;
2. aus einem Dauerschuldverhältnis für die Zeit nach dem ersten Termin, zu dem der Verwalter nach Anzeige der Masseunzulänglichkeit kündigen konnte;
3. aus einem Dauerschuldverhältnis, soweit der Verwalter nach der Anzeige der Masseunzulänglichkeit für die Insolvenzmasse die Gegenleistung in Anspruch genommen hat.

§ 210 Vollstreckungsverbot

Sobald der Insolvenzverwalter die Masseunzulänglichkeit angezeigt hat, ist die Vollstreckung wegen einer Masseverbindlichkeit im Sinne des § 209 Abs. 1 Nr. 3 unzulässig.

Gesetzestext

§ 211 Einstellung nach Anzeige der Masseunzulänglichkeit

(1) Sobald der Insolvenzverwalter die Insolvenzmasse nach Maßgabe des § 209 verteilt hat, stellt das Insolvenzgericht das Insolvenzverfahren ein.
(2) Der Verwalter hat für seine Tätigkeit nach der Anzeige der Masseunzulänglichkeit gesondert Rechnung zu legen.
(3) [1]Werden nach der Einstellung des Verfahrens Gegenstände der Insolvenzmasse ermittelt, so ordnet das Gericht auf Antrag des Verwalters oder eines Massegläubigers oder von Amts wegen eine Nachtragsverteilung an. [2]§ 203 Abs. 3 und die §§ 204 und 205 gelten entsprechend.

§ 212 Einstellung wegen Wegfalls des Eröffnungsgrunds

[1]Das Insolvenzverfahren ist auf Antrag des Schuldners einzustellen, wenn gewährleistet ist, daß nach der Einstellung beim Schuldner weder Zahlungsunfähigkeit noch drohende Zahlungsunfähigkeit noch, soweit die Überschuldung Grund für die Eröffnung des Insolverzverfahrens ist, Überschuldung vorliegt. [2]Der Antrag ist nur zulässig, wenn das Fehlen der Eröffnungsgründe glaubhaft gemacht wird.

§ 213 Einstellung mit Zustimmung der Gläubiger

(1) [1]Das Insolvenzverfahren ist auf Antrag des Schuldners einzustellen, wenn er nach Ablauf der Anmeldefrist die Zustimmung aller Insolvenzgläubiger beibringt, die Forderungen angemeldet haben. [2]Bei Gläubigern, deren Forderungen vom Schuldner oder vom Insolvenzverwalter bestritten werden, und bei absonderungsberechtigten Gläubigern entscheidet das Insolvenzgericht nach freiem Ermessen, inwieweit es einer Zustimmung dieser Gläubiger oder einer Sicherheitsleistung gegenüber ihnen bedarf.
(2) Das Verfahren kann auf Antrag des Schuldners vor dem Ablauf der Anmeldefrist eingestellt werden, wenn außer den Gläubigern, deren Zustimmung der Schuldner beibringt, andere Gläubiger nicht bekannt sind.

§ 214 Verfahren bei der Einstellung

(1) [1]Der Antrag auf Einstellung des Insolvenzverfahrens nach § 212 oder § 213 ist öffentlich bekanntzumachen. [2]Er ist in der Geschäftsstelle zur Einsicht der Beteiligten niederzulegen; im Falle des § 213 sind die zustimmenden Erklärungen der Gläubiger beizufügen. [3]Die Insolvenzgläubiger können binnen einer Woche nach der öffentlichen Bekanntmachung schriftlich oder zu Protokoll der Geschäftsstelle Widerspruch gegen den Antrag erheben.
(2) [1]Das Insolvenzgericht beschließt über die Einstellung nach Anhörung des Antragstellers, des Insolvenzverwalters und des Gläubigerausschusses, wenn ein solcher bestellt ist. [2]Im Falle eines Widerspruchs ist auch der widersprechende Gläubiger zu hören.
(3) Vor der Einstellung hat der Verwalter die unstreitigen Masseansprüche zu berichtigen und für die streitigen Sicherheit zu leisten.

Gesetzestext

§ 215 Bekanntmachung und Wirkung der Einstellung

(1) ¹Der Beschluß, durch den das Insolvenzverfahren nach § 207, 211, 212 oder 213 eingestellt wird, und der Grund der Einstellung sind öffentlich bekanntzumachen. ²Der Schuldner, der Insolvenzverwalter und die Mitglieder des Gläubigerausschusses sind vorab über den Zeitpunkt des Wirksamwerdens der Einstellung (§ 9 Abs. 1 Satz 3) zu unterrichten. ³§ 200 Abs. 2 Satz 2 und 3 gilt entsprechend.
(2) ¹Mit der Einstellung des Insolvenzverfahrens erhält der Schuldner das Recht zurück, über die Insolvenzmasse frei zu verfügen. ²Die §§ 201, 202 gelten entsprechend.

§ 216 Rechtsmittel

(1) Wird das Insolvenzverfahren nach den §§ 207, 212 oder 213 eingestellt, so steht jedem Insolvenzgläubiger und, wenn die Einstellung nach § 207 erfolgt, dem Schuldner die sofortige Beschwerde zu.
(2) Wird ein Antrag nach § 212 oder § 213 abgelehnt, so steht dem Schuldner die sofortige Beschwerde zu.

Sechster Teil
Insolvenzplan

Erster Abschnitt
Aufstellung des Plans

§ 217
Grundsatz

Die Befriedigung der absonderungsberechtigten Gläubiger und der Insolvenzgläubiger, die Verwertung der Insolvenzmasse und deren Verteilung an die Beteiligten sowie die Haftung des Schuldners nach der Beendigung des Insolvenzverfahrens können in einem Insolvenzplan abweichend von den Vorschriften dieses Gesetzes geregelt werden.

§ 218 Vorlage des Insolvenzplans

(1) ¹Zur Vorlage eines Insolvenzplans an das Insolvenzgericht sind der Insolvenzverwalter und der Schuldner berechtigt. ²Die Vorlage durch den Schuldner kann mit dem Antrag auf Eröffnung des Insolvenzverfahrens verbunden werden. ³Ein Plan, der erst nach dem Schlußtermin beim Gericht eingeht, wird nicht berücksichtigt.
(2) Hat die Gläubigerversammlung den Verwalter beauftragt, einen Insolvenzplan auszuarbeiten, so hat der Verwalter den Plan binnen angemessener Frist dem Gericht vorzulegen.
(3) Bei der Aufstellung des Plans durch den Verwalter wirken der Gläubigerausschuß, wenn ein solcher bestellt ist, der Betriebsrat, der Sprecherausschuß der leitenden Angestellten und der Schuldner beratend mit.

§ 219 Gliederung des Plans

¹Der Insolvenzplan besteht aus dem darstellenden Teil und dem gestaltenden Teil. ²Ihm sind die in den §§ 229 und 230 genannten Anlagen beizufügen.

§ 220 Darstellender Teil

(1) Im darstellenden Teil des Insolvenzplans wird beschrieben, welche Maßnahmen nach der Eröffnung des Insolvenzverfahrens getroffen worden sind oder noch getroffen werden sollen, um die Grundlagen für die geplante Gestaltung der Rechte der Beteiligten zu schaffen.
(2) Der darstellende Teil soll alle sonstigen Angaben zu den Grundlagen und den Auswirkungen des Plans enthalten, die für die Entscheidung der Gläubiger über die Zustimmung zum Plan und für dessen gerichtliche Bestätigung erheblich sind.

§ 221 Gestaltender Teil

Im gestaltenden Teil des Insolvenzplans wird festgelegt, wie die Rechtsstellung der Beteiligten durch den Plan geändert werden soll.

§ 222 Bildung von Gruppen

(1) ¹Bei der Festlegung der Rechte der Beteiligten im Insolvenzplan sind Gruppen zu bilden, soweit Gläubiger mit unterschiedlicher Rechtsstellung betroffen sind. ²Es ist zu unterscheiden zwischen
1. den absonderungsberechtigten Gläubigern, wenn durch den Plan in deren Rechte eingegriffen wird;
2. den nicht nachrangigen Insolvenzgläubigern;
3. den einzelnen Rangklassen der nachrangigen Insolvenzgläubiger, soweit deren Forderungen nicht nach § 225 als erlassen gelten sollen.

(2) ¹Aus den Gläubigern mit gleicher Rechtsstellung können Gruppen gebildet werden, in denen Gläubiger mit gleichartigen wirtschaftlichen Interessen zusammengefaßt werden. ²Die Gruppen müssen sachgerecht voneinander abgegrenzt werden. ³Die Kriterien für die Abgrenzung sind im Plan anzugeben.
(3) ¹Die Arbeitnehmer sollen eine besondere Gruppe bilden, wenn sie als Insolvenzgläubiger mit nicht unerheblichen Forderungen beteiligt sind. ²Für Kleingläubiger können besondere Gruppen gebildet werden.

§ 223 Rechte der Absonderungsberechtigten

(1) Ist im Insolvenzplan nichts anderes bestimmt, so wird das Recht der absonderungsberechtigten Gläubiger zur Befriedigung aus den Gegenständen, an denen Absonderungsrechte bestehen, vom Plan nicht berührt.
(2) Soweit im Plan eine abweichende Regelung getroffen wird, ist im gestaltenden Teil für die absonderungsberechtigten Gläubiger anzugeben, um welchen Bruchteil die

Rechte gekürzt, für welchen Zeitraum sie gestundet oder welchen sonstigen Regelungen sie unterworfen werden sollen.

§ 224 Rechte der Insolvenzgläubiger

Für die nicht nachrangigen Gläubiger ist im gestaltenden Teil des Insolvenzplans anzugeben, um welchen Bruchteil die Forderungen gekürzt, für welchen Zeitraum sie gestundet, wie sie gesichert oder welchen sonstigen Regelungen sie unterworfen werden sollen.

§ 225 Rechte der nachrangigen Insolvenzgläubiger

(1) Die Forderungen nachrangiger Insolvenzgläubiger gelten, wenn im Insolvenzplan nichts anderes bestimmt ist, als erlassen.
(2) Soweit im Plan eine abweichende Regelung getroffen wird, sind im gestaltenden Teil für jede Gruppe der nachrangigen Gläubiger die in § 224 vorgeschriebenen Angaben zu machen.
(3) Die Haftung des Schuldners nach der Beendigung des Insolvenzverfahrens für Geldstrafen und die diesen in § 39 Abs. 1 Nr. 3 gleichgestellten Verbindlichkeiten kann durch einen Plan weder ausgeschlossen noch eingeschränkt werden.

§ 226 Gleichbehandlung der Beteiligten

(1) Innerhalb jeder Gruppe sind allen Beteiligten gleiche Rechte anzubieten.
(2) [1]Eine unterschiedliche Behandlung der Beteiligten einer Gruppe ist nur mit Zustimmung aller betroffenen Beteiligten zulässig. [2]In diesem Fall ist dem Insolvenzplan die zustimmende Erklärung eines jeden betroffenen Beteiligten beizufügen.
(3) Jedes Abkommen des Insolvenzverwalters, des Schuldners oder anderer Personen mit einzelnen Beteiligten, durch das diesen für ihr Verhalten bei Abstimmungen oder sonst im Zusammenhang mit dem Insolvenzverfahren ein nicht im Plan vorgesehener Vorteil gewährt wird, ist nichtig.

§ 227 Haftung des Schuldners

(1) Ist im Insolvenzplan nichts anderes bestimmt, so wird der Schuldner mit der im gestaltenden Teil vorgesehenen Befriedigung der Insolvenzgläubiger von seinen restlichen Verbindlichkeiten gegenüber diesen Gläubigern befreit.
(2) Ist der Schuldner eine Gesellschaft ohne Rechtspersönlichkeit oder eine Kommanditgesellschaft auf Aktien, so gilt Absatz 1 entsprechend für die persönliche Haftung der Gesellschafter.

§ 228 Änderung sachenrechtlicher Verhältnisse

[1]Sollen Rechte an Gegenständen begründet, geändert, übertragen oder aufgehoben werden, so können die erforderlichen Willenserklärungen der Beteiligten in den gestal-

tenden Teil des Insolvenzplans aufgenommen werden. ²Sind im Grundbuch eingetragene Rechte an einem Grundstück oder an eingetragenen Rechten betroffen, so sind diese Rechte unter Beachtung des § 28 der Grundbuchordnung genau zu bezeichnen. ³Für Rechte, die im Schiffsregister, im Schiffsbauregister oder im Register für Pfandrechte an Luftfahrzeugen eingetragen sind, gilt Satz 2 entsprechend.

§ 229 Vermögensübersicht. Ergebnis- und Finanzplan

¹Sollen die Gläubiger aus den Erträgen des vom Schuldner oder von einem Dritten fortgeführten Unternehmens befriedigt werden, so ist dem Insolvenzplan eine Vermögensübersicht beizufügen, in der die Vermögensgegenstände und die Verbindlichkeiten, die sich bei einem Wirksamwerden des Plans gegenüberstünden, mit ihren Werten aufgeführt werden. ²Ergänzend ist darzustellen, welche Aufwendungen und Erträge für den Zeitraum, während dessen die Gläubiger befriedigt werden sollen, zu erwarten sind und durch welche Abfolge von Einnahmen und Ausgaben die Zahlungsfähigkeit des Unternehmens während dieses Zeitraums gewährleistet werden soll.

§ 230 Weitere Anlagen

(1) ¹Ist im Insolvenzplan vorgesehen, daß der Schuldner sein Unternehmen fortführt, und ist der Schuldner eine natürliche Person, so ist dem Plan die Erklärung des Schuldners beizufügen, daß er zur Fortführung des Unternehmens auf der Grundlage des Plans bereit ist. ²Ist der Schuldner eine Gesellschaft ohne Rechtspersönlichkeit oder eine Kommanditgesellschaft auf Aktien, so ist dem Plan eine entsprechende Erklärung der persönlich haftenden Gesellschafter beizufügen. ³Die Erklärung des Schuldners nach Satz 1 ist nicht erforderlich, wenn dieser selbst den Plan vorlegt.
(2) Sollen Gläubiger Anteils- oder Mitgliedschaftsrechte oder Beteiligungen an einer juristischen Person, einem nicht rechtsfähigen Verein oder einer Gesellschaft ohne Rechtspersönlichkeit übernehmen, so ist dem Plan die zustimmende Erklärung eines jeden dieser Gläubiger beizufügen.
(3) Hat ein Dritter für den Fall der Bestätigung des Plans Verpflichtungen gegenüber den Gläubigern übernommen, so ist dem Plan die Erklärung des Dritten beizufügen.

§ 231 Zurückweisung des Plans

(1) Das Insolvenzgericht weist den Insolvenzplan von Amts wegen zurück,
1. wenn die Vorschriften über das Recht zur Vorlage und den Inhalt des Plans nicht beachtet sind und der Vorlegende den Mangel nicht beheben kann oder innerhalb einer angemessenen, vom Gericht gesetzten Frist nicht behebt,
2. wenn ein vom Schuldner vorgelegter Plan offensichtlich keine Aussicht auf Annahme durch die Gläubiger oder auf Bestätigung durch das Gericht hat oder
3. wenn die Ansprüche, die den Beteiligten nach dem gestaltenden Teil eines vom Schuldner vorgelegten Plans zustehen, offensichtlich nicht erfüllt werden können.
(2) Hatte der Schuldner in dem Insolvenzverfahren bereits einen Plan vorgelegt, der von den Gläubigern abgelehnt, vom Gericht nicht bestätigt oder vom Schuldner nach der öffentlichen Bekanntmachung des Erörterungstermins zurückgezogen worden ist, so hat

das Gericht einen neuen Plan des Schuldners zurückzuweisen, wenn der Insolvenzverwalter mit Zustimmung des Gläubigerausschusses, wenn ein solcher bestellt ist, die Zurückweisung beantragt.
(3) Gegen den Beschluß, durch den der Plan zurückgewiesen wird, steht dem Vorlegenden die sofortige Beschwerde zu.

§ 232 Stellungnahmen zum Plan

(1) Wird der Insolvenzplan nicht zurückgewiesen, so leitet das Insolvenzgericht ihn zur Stellungnahme zu:
1. dem Gläubigerausschuß, wenn ein solcher bestellt ist, dem Betriebsrat und dem Sprecherausschuß der leitenden Angestellten;
2. dem Schuldner, wenn der Insolvenzverwalter den Plan vorgelegt hat;
3. dem Verwalter, wenn der Schuldner den Plan vorgelegt hat.

(2) Das Gericht kann auch der für den Schuldner zuständigen amtlichen Berufsvertretung der Industrie, des Handels, des Handwerks oder der Landwirtschaft oder anderen sachkundigen Stellen Gelegenheit zur Äußerung geben.
(3) Das Gericht bestimmt eine Frist für die Abgabe der Stellungnahmen.

§ 233 Aussetzung von Verwertung und Verteilung

[1]Soweit die Durchführung eines vorgelegten Insolvenzplans durch die Fortsetzung der Verwertung und Verteilung der Insolvenzmasse gefährdet würde, ordnet das Insolvenzgericht auf Antrag des Schuldners oder des Insolvenzverwalters die Aussetzung der Verwertung und Verteilung an. [2]Das Gericht sieht von der Aussetzung ab oder hebt sie auf, soweit mit ihr die Gefahr erheblicher Nachteile für die Masse verbunden ist oder soweit der Verwalter mit Zustimmung des Gläubigerausschusses oder der Gläubigerversammlung die Fortsetzung der Verwertung und Verteilung beantragt.

§ 234 Niederlegung des Plans

Der Insolvenzplan ist mit seinen Anlagen und den eingegangenen Stellungnahmen in der Geschäftsstelle zur Einsicht der Beteiligten niederzulegen.

**Zweiter Abschnitt
Annahme und Bestätigung des Plans**

§ 235 Erörterungs- und Abstimmungstermin

(1) [1]Das Insolvenzgericht bestimmt einen Termin, in dem der Insolvenzplan und das Stimmrecht der Gläubiger erörtert werden und anschließend über den Plan abgestimmt wird (Erörterungs- und Abstimmungstermin). [2]Der Termin soll nicht über einen Monat hinaus angesetzt werden.

Gesetzestext

(2) ¹Der Erörterungs- und Abstimmungstermin ist öffentlich bekanntzumachen. ²Dabei ist darauf hinzuweisen, daß der Plan und die eingegangenen Stellungnahmen in der Geschäftsstelle eingesehen werden können.
(3) ¹Die Insolvenzgläubiger, die Forderungen angemeldet haben, die absonderungsberechtigten Gläubiger, der Insolvenzverwalter, der Schuldner, der Betriebsrat und der Sprecherausschuß der leitenden Angestellten sind besonders zu laden. ²Mit der Ladung ist ein Abdruck des Plans oder eine Zusammenfassung seines wesentlichen Inhalts, die der Vorlegende auf Aufforderung einzureichen hat, zu übersenden.

§ 236 Verbindung mit dem Prüfungstermin

Der Erörterungs- und Abstimmungstermin darf nicht vor dem Prüfungstermin stattfinden. Beide Termine können jedoch verbunden werden.

§ 237 Stimmrecht der Insolvenzgläubiger

(1) ¹Für das Stimmrecht der Insolvenzgläubiger bei der Abstimmung über den Insolvenzplan gilt § 77 Abs. 1 Satz 1, Abs. 2 und 3 Nr. 1 entsprechend. ²Absonderungsberechtigte Gläubiger sind nur insoweit zur Abstimmung als Insolvenzgläubiger berechtigt, als ihnen der Schuldner auch persönlich haftet und sie auf die abgesonderte Befriedigung verzichten oder bei ihr ausfallen; solange der Ausfall nicht feststeht, sind sie mit dem mutmaßlichen Ausfall zu berücksichtigen.
(2) Gläubiger, deren Forderungen durch den Plan nicht beeinträchtigt werden, haben kein Stimmrecht.

§ 238 Stimmrecht der absonderungsberechtigten Gläubiger

(1) ¹Soweit im Insolvenzplan auch die Rechtsstellung absonderungsberechtigter Gläubiger geregelt wird, sind im Termin die Rechte dieser Gläubiger einzeln zu erörtern. ²Ein Stimmrecht gewähren die Absonderungsrechte, die weder vom Insolvenzverwalter noch von einem absonderungsberechtigten Gläubiger noch von einem Insolvenzgläubiger bestritten werden. ³Für das Stimmrecht bei streitigen, aufschiebend bedingten oder nicht fälligen Rechten gelten die §§ 41, 77 Abs. 2, 3 Nr. 1 entsprechend.
(2) § 237 Abs. 2 gilt entsprechend.

§ 239 Stimmliste

Der Urkundsbeamte der Geschäftsstelle hält in einem Verzeichnis fest, welche Stimmrechte den Gläubigern nach dem Ergebnis der Erörterung im Termin zustehen.

§ 240 Änderung des Plans

¹Der Vorlegende ist berechtigt, einzelne Regelungen des Insolvenzplans auf Grund der Erörterung im Termin inhaltlich zu ändern. ²Über den geänderten Plan kann noch in demselben Termin abgestimmt werden.

§ 241 Gesonderter Abstimmungstermin

(1) ¹Das Insolvenzgericht kann einen gesonderten Termin zur Abstimmung über den Insolvenzplan bestimmen. ²In diesem Fall soll der Zeitraum zwischen dem Erörterungstermin und dem Abstimmungstermin nicht mehr als einen Monat betragen.
(2) ¹Zum Abstimmungstermin sind die stimmberechtigten Gläubiger und der Schuldner zu laden. ²Im Falle einer Änderung des Plans ist auf die Änderung besonders hinzuweisen.

§ 242 Schriftliche Abstimmung

(1) Ist ein gesonderter Abstimmungstermin bestimmt, so kann das Stimmrecht schriftlich ausgeübt werden.
(2) ¹Das Insolvenzgericht übersendet den stimmberechtigten Gläubigern nach dem Erörterungstermin den Stimmzettel und teilt ihnen dabei ihr Stimmrecht mit. ²Die schriftliche Stimmabgabe wird nur berücksichtigt, wenn sie dem Gericht spätestens am Tag vor dem Abstimmungstermin zugegangen ist; darauf ist bei der Übersendung des Stimmzettels hinzuweisen.

§ 243 Abstimmung in Gruppen

Jede Gruppe der stimmberechtigten Gläubiger stimmt gesondert über den Insolvenzplan ab.

§ 244 Erforderliche Mehrheiten

(1) Zur Annahme des Insolvenzplans durch die Gläubiger ist erforderlich, daß in jeder Gruppe
1. die Mehrheit der abstimmenden Gläubiger dem Plan zustimmt und
2. die Summe der Ansprüche der zustimmenden Gläubiger mehr als die Hälfte der Summe der Ansprüche der abstimmenden Gläubiger beträgt.

(2) ¹Gläubiger, denen ein Recht gemeinschaftlich zusteht oder deren Rechte bis zum Eintritt des Eröffnungsgrunds ein einheitliches Recht gebildet haben, werden bei der Abstimmung als ein Gläubiger gerechnet. ²Entsprechendes gilt, wenn an einem Recht ein Pfandrecht oder ein Nießbrauch besteht.

§ 245 Obstruktionsverbot

(1) Auch wenn die erforderlichen Mehrheiten nicht erreicht worden sind, gilt die Zustimmung einer Abstimmungsgruppe als erteilt, wenn
1. die Gläubiger dieser Gruppe durch den Insolvenzplan nicht schlechter gestellt werden, als sie ohne einen Plan stünden,
2. die Gläubiger dieser Gruppe angemessen an dem wirtschaftlichen Wert beteiligt werden, der auf der Grundlage des Plans den Beteiligten zufließen soll, und

3. die Mehrheit der abstimmenden Gruppen dem Plan mit den erforderlichen Mehrheiten zugestimmt hat.

(2) Eine angemessene Beteiligung der Gläubiger einer Gruppe im Sinne des Absatzes 1 Nr. 2 liegt vor, wenn nach dem Plan
1. kein anderer Gläubiger wirtschaftliche Werte erhält, die den vollen Betrag seines Anspruchs übersteigen,
2. weder ein Gläubiger, der ohne einen Plan mit Nachrang gegenüber den Gläubigern der Gruppe zu befriedigen wäre, noch der Schuldner oder eine an ihm beteiligte Person einen wirtschaftlichen Wert erhält und
3. kein Gläubiger, der ohne einen Plan gleichrangig mit den Gläubigern der Gruppe zu befriedigen wäre, besser gestellt wird als diese Gläubiger.

§ 246 Zustimmung nachrangiger Insolvenzgläubiger

[1]Für die Annahme des Insolvenzplans durch die nachrangigen Insolvenzgläubiger gelten ergänzend folgende Bestimmungen:
1. [2]Die Zustimmung der Gruppen mit dem Rang des § 39 Abs. 1 Nr. 1 oder 2 gilt als erteilt, wenn die entsprechenden Zins- oder Kostenforderungen im Plan erlassen werden oder nach § 225 Abs. 1 als erlassen gelten und wenn schon die Hauptforderungen der Insolvenzgläubiger nach dem Plan nicht voll berichtigt werden.
2. [3]Die Zustimmung der Gruppen mit einem Rang hinter § 39 Abs. 1 Nr. 3 gilt als erteilt, wenn kein Insolvenzgläubiger durch den Plan besser gestellt wird als die Gläubiger dieser Gruppen.
3. [4]Beteiligt sich kein Gläubiger einer Gruppe an der Abstimmung, so gilt die Zustimmung der Gruppe als erteilt.

§ 247 Zustimmung des Schuldners

(1) Die Zustimmung des Schuldners zum Plan gilt als erteilt, wenn der Schuldner dem Plan nicht spätestens im Abstimmungstermin schriftlich oder zu Protokoll der Geschäftsstelle widerspricht.
(2) Ein Widerspruch ist im Rahmen des Absatzes 1 unbeachtlich, wenn
1. der Schuldner durch den Plan nicht schlechter gestellt wird, als er ohne einen Plan stünde, und
2. kein Gläubiger einen wirtschaftlichen Wert erhält, der den vollen Betrag seines Anspruchs übersteigt.

§ 248 Gerichtliche Bestätigung

(1) Nach der Annahme des Insolvenzplans durch die Gläubiger (§§ 244 bis 246) und der Zustimmung des Schuldners bedarf der Plan der Bestätigung durch das Insolvenzgericht.
(2) Das Gericht soll vor der Entscheidung über die Bestätigung den Insolvenzverwalter, den Gläubigerausschuß, wenn ein solcher bestellt ist, und den Schuldner hören.

Gesetzestext

§ 249 Bedingter Plan

¹Ist im Insolvenzplan vorgesehen, daß vor der Bestätigung bestimmte Leistungen erbracht oder andere Maßnahmen verwirklicht werden sollen, so darf der Plan nur bestätigt werden, wenn diese Voraussetzungen erfüllt sind. ²Die Bestätigung ist von Amts wegen zu versagen, wenn die Voraussetzungen auch nach Ablauf einer angemessenen, vom Insolvenzgericht gesetzten Frist nicht erfüllt sind.

§ 250 Verstoß gegen Verfahrensvorschriften

Die Bestätigung ist von Amts wegen zu versagen,
1. wenn die Vorschriften über den Inhalt und die verfahrensmäßige Behandlung des Insolvenzplans sowie über die Annahme durch die Gläubiger und die Zustimmung des Schuldners in einem wesentlichen Punkt nicht beachtet worden sind und der Mangel nicht behoben werden kann oder
2. wenn die Annahme des Plans unlauter, insbesondere durch Begünstigung eines Gläubigers, herbeigeführt worden ist.

§ 251 Minderheitenschutz

(1) Auf Antrag eines Gläubigers ist die Bestätigung des Insolvenzplans zu versagen, wenn der Gläubiger
1. dem Plan spätestens im Abstimmungstermin schriftlich oder zu Protokoll der Geschäftsstelle widersprochen hat und
2. durch den Plan schlechter gestellt wird, als er ohne einen Plan stünde.

(2) Der Antrag ist nur zulässig, wenn der Gläubiger glaubhaft macht, daß er durch den Plan schlechter gestellt wird.

§ 252 Bekanntgabe der Entscheidung

(1) Der Beschluß, durch den der Insolvenzplan bestätigt oder seine Bestätigung versagt wird, ist im Abstimmungstermin oder in einem alsbald zu bestimmenden besonderen Termin zu verkünden.

(2) Wird der Plan bestätigt, so ist den Insolvenzgläubigern, die Forderungen angemeldet haben, und den absonderungsberechtigten Gläubigern unter Hinweis auf die Bestätigung ein Abdruck des Plans oder eine Zusammenfassung seines wesentlichen Inhalts zu übersenden.

§ 253 Rechtsmittel

Gegen den Beschluß, durch den der Insolvenzplan bestätigt oder die Bestätigung versagt wird, steht den Gläubigern und dem Schuldner die sofortige Beschwerde zu.

Dritter Abschnitt
Wirkungen des bestätigten Plans. Überwachung der Planerfüllung

§ 254 Allgemeine Wirkungen des Plans

(1) ¹Mit der Rechtskraft der Bestätigung des Insolvenzplans treten die im gestaltenden Teil festgelegten Wirkungen für und gegen alle Beteiligten ein. ²Soweit Rechte an Gegenständen begründet, geändert, übertragen oder aufgehoben oder Geschäftsanteile einer Gesellschaft mit beschränkter Haftung abgetreten werden sollen, gelten die in den Plan aufgenommenen Willenserklärungen der Beteiligten als in der vorgeschriebenen Form abgegeben; entsprechendes gilt für die in den Plan aufgenommenen Verpflichtungserklärungen, die einer Begründung, Änderung, Übertragung oder Aufhebung von Rechten an Gegenständen oder einer Abtretung von Geschäftsanteilen zugrunde liegen. ³Die Sätze 1 und 2 gelten auch für Insolvenzgläubiger, die ihre Forderungen nicht angemeldet haben, und auch für Beteiligte, die dem Plan widersprochen haben.
(2) ¹Die Rechte der Insolvenzgläubiger gegen Mitschuldner und Bürgen des Schuldners sowie die Rechte dieser Gläubiger an Gegenständen, die nicht zur Insolvenzmasse gehören, oder aus einer Vormerkung, die sich auf solche Gegenstände bezieht, werden durch den Plan nicht berührt. ²Der Schuldner wird jedoch durch den Plan gegenüber dem Mitschuldner, dem Bürgen oder anderen Rückgriffsberechtigten in gleicher Weise befreit wie gegenüber dem Gläubiger.
(3) Ist ein Gläubiger weitergehend befriedigt worden, als er nach dem Plan zu beanspruchen hat, so begründet dies keine Pflicht zur Rückgewähr des Erlangten.

§ 255 Wiederauflebensklausel

(1) ¹Sind auf Grund des gestaltenden Teils des Insolvenzplans Forderungen von Insolvenzgläubigern gestundet oder teilweise erlassen worden, so wird die Stundung oder der Erlaß für den Gläubiger hinfällig, gegenüber dem der Schuldner mit der Erfüllung des Plans erheblich in Rückstand gerät. ²Ein erheblicher Rückstand ist erst anzunehmen, wenn der Schuldner eine fällige Verbindlichkeit nicht bezahlt hat, obwohl der Gläubiger ihn schriftlich gemahnt und dabei eine mindestens zweiwöchige Nachfrist gesetzt hat.
(2) Wird vor vollständiger Erfüllung des Plans über das Vermögen des Schuldners ein neues Insolvenzverfahren eröffnet, so ist die Stundung oder der Erlaß für alle Insolvenzgläubiger hinfällig.
(3) ¹Im Plan kann etwas anderes vorgesehen werden. ²Jedoch kann von Absatz 1 nicht zum Nachteil des Schuldners abgewichen werden.

§ 256 Streitige Forderungen. Ausfallforderungen

(1) ¹Ist eine Forderung im Prüfungstermin bestritten worden oder steht die Höhe der Ausfallforderung eines absonderungsberechtigten Gläubigers noch nicht fest, so ist ein Rückstand mit der Erfüllung des Insolvenzplans im Sinne des § 255 Abs. 1 nicht anzunehmen, wenn der Schuldner die Forderung bis zur endgültigen Feststellung ihrer Höhe in dem Ausmaß berücksichtigt, das der Entscheidung des Insolvenzgerichts über das Stimmrecht des Gläubigers bei der Abstimmung über den Plan entspricht. ²Ist keine

Entscheidung über das Stimmrecht getroffen worden, so hat das Gericht auf Antrag des Schuldners oder des Gläubigers nachträglich festzustellen, in welchem Ausmaß der Schuldner vorläufig die Forderung zu berücksichtigen hat.
(2) [1]Ergibt die endgültige Feststellung, daß der Schuldner zuwenig gezahlt hat, so hat er das Fehlende nachzuzahlen. [2]Ein erheblicher Rückstand mit der Erfüllung des Plans ist erst anzunehmen, wenn der Schuldner das Fehlende nicht nachzahlt, obwohl der Gläubiger ihn schriftlich gemahnt und ihm dabei eine mindestens zweiwöchige Nachfrist gesetzt hat.
(3) Ergibt die endgültige Feststellung, daß der Schuldner zuviel gezahlt hat, so kann er den Mehrbetrag nur insoweit zurückfordern, als dieser auch den nicht fälligen Teil der Forderung übersteigt, die dem Gläubiger nach dem Insolvenzplan zusteht.

§ 257 Vollstreckung aus dem Plan

(1) [1]Aus dem rechtskräftig bestätigten Insolvenzplan in Verbindung mit der Eintragung in die Tabelle können die Insolvenzgläubiger, deren Forderungen festgestellt und nicht vom Schuldner im Prüfungstermin bestritten worden sind, wie aus einem vollstreckbaren Urteil die Zwangsvollstreckung gegen den Schuldner betreiben. [2]Einer nicht bestrittenen Forderung steht eine Forderung gleich, bei der ein erhobener Widerspruch beseitigt ist. [3]§ 202 gilt entsprechend.
(2) Gleiches gilt für die Zwangsvollstreckung gegen einen Dritten, der durch eine dem Insolvenzgericht eingereichte schriftliche Erklärung für die Erfüllung des Plans neben dem Schuldner ohne Vorbehalt der Einrede der Vorausklage Verpflichtungen übernommen hat.
(3) Macht ein Gläubiger die Rechte geltend, die ihm im Falle eines erheblichen Rückstands des Schuldners mit der Erfüllung des Plans zustehen, so hat er zur Erteilung der Vollstreckungsklausel für diese Rechte und zur Durchführung der Vollstreckung die Mahnung und den Ablauf der Nachfrist glaubhaft zu machen, jedoch keinen weiteren Beweis für den Rückstand des Schuldners zu führen.

§ 258 Aufhebung des Insolvenzverfahrens

(1) Sobald die Bestätigung des Insolvenzplans rechtskräftig ist, beschließt das Insolvenzgericht die Aufhebung des Insolvenzverfahrens.
(2) Vor der Aufhebung hat der Verwalter die unstreitigen Masseansprüche zu berichtigen und für die streitigen Sicherheit zu leisten.
(3) [1]Der Beschluß und der Grund der Aufhebung sind öffentlich bekanntzumachen. [2]Der Schuldner, der Insolvenzverwalter und die Mitglieder des Gläubigerausschusses sind vorab über den Zeitpunkt des Wirksamwerdens der Aufhebung (§ 9 Abs. 1 Satz 3) zu unterrichten. [3]§ 200 Abs. 2 Satz 2 und 3 gilt entsprechend.

§ 259 Wirkungen der Aufhebung

(1) [1]Mit der Aufhebung des Insolvenzverfahrens erlöschen die Ämter des Insolvenzverwalters und der Mitglieder des Gläubigerausschusses. [2]Der Schuldner erhält das Recht zurück, über die Insolvenzmasse frei zu verfügen.

Gesetzestext

(2) Die Vorschriften über die Überwachung der Planerfüllung bleiben unberührt.
(3) [1]Einen anhängigen Rechtsstreit, der die Insolvenzanfechtung zum Gegenstand hat, kann der Verwalter auch nach der Aufhebung des Verfahrens fortführen, wenn dies im gestaltenden Teil des Plans vorgesehen ist. [2]In diesem Fall wird der Rechtsstreit für Rechnung des Schuldners geführt, wenn im Plan keine abweichende Regelung getroffen wird.

§ 260 Überwachung der Planerfüllung

(1) Im gestaltenden Teil des Insolvenzplans kann vorgesehen werden, daß die Erfüllung des Plans überwacht wird.
(2) Im Falle des Absatzes 1 wird nach der Aufhebung des Insolvenzverfahrens überwacht, ob die Ansprüche erfüllt werden, die den Gläubigern nach dem gestaltenden Teil gegen den Schuldner zustehen.
(3) Wenn dies im gestaltenden Teil vorgesehen ist, erstreckt sich die Überwachung auf die Erfüllung der Ansprüche, die den Gläubigern nach dem gestaltenden Teil gegen eine juristische Person oder Gesellschaft ohne Rechtspersönlichkeit zustehen, die nach der Eröffnung des Insolvenzverfahrens gegründet worden ist, um das Unternehmen oder einen Betrieb des Schuldners zu übernehmen und weiterzuführen (Übernahmegesellschaft).

§ 261 Aufgaben und Befugnisse des Insolvenzverwalters

(1) [1]Die Überwachung ist Aufgabe des Insolvenzverwalters. [2]Die Ämter des Verwalters und der Mitglieder des Gläubigerausschusses und die Aufsicht des Insolvenzgerichts bestehen insoweit fort. [3]§ 22 Abs. 3 gilt entsprechend.
(2) [1]Während der Zeit der Überwachung hat der Verwalter dem Gläubigerausschuß, wenn ein solcher bestellt ist, und dem Gericht jährlich über den jeweiligen Stand und die weiteren Aussichten der Erfüllung des Insolvenzplans zu berichten. [2]Unberührt bleibt das Recht des Gläubigerausschusses und des Gerichts, jederzeit einzelne Auskünfte oder einen Zwischenbericht zu verlangen.

§ 262 Anzeigepflicht des Insolvenzverwalters

[1]Stellt der Insolvenzverwalter fest, daß Ansprüche, deren Erfüllung überwacht wird, nicht erfüllt werden oder nicht erfüllt werden können, so hat er dies unverzüglich dem Gläubigerausschuß und dem Insolvenzgericht anzuzeigen. [2]Ist ein Gläubigerausschuß nicht bestellt, so hat der Verwalter an dessen Stelle alle Gläubiger zu unterrichten, denen nach dem gestaltenden Teil des Insolvenzplans Ansprüche gegen den Schuldner oder die Übernahmegesellschaft zustehen.

§ 263 Zustimmungsbedürftige Geschäfte

[1]Im gestaltenden Teil des Insolvenzplans kann vorgesehen werden, daß bestimmte Rechtsgeschäfte des Schuldners oder der Übernahmegesellschaft während der Zeit der

Überwachung nur wirksam sind, wenn der Insolvenzverwalter ihnen zustimmt. ²§ 81 Abs. 1 und § 82 gelten entsprechend.

§ 264 Kreditrahmen

(1) ¹Im gestaltenden Teil des Insolvenzplans kann vorgesehen werden, daß die Insolvenzgläubiger nachrangig sind gegenüber Gläubigern mit Forderungen aus Darlehen und sonstigen Krediten, die der Schuldner oder die Übernahmegesellschaft während der Zeit der Überwachung aufnimmt oder die ein Massegläubiger in die Zeit der Überwachung hinein stehen läßt. ²In diesem Fall ist zugleich ein Gesamtbetrag für derartige Kredite festzulegen (Kreditrahmen). ³Dieser darf den Wert der Vermögensgegenstände nicht übersteigen, die in der Vermögensübersicht des Plans (§ 229 Satz 1) aufgeführt sind.
(2) Der Nachrang der Insolvenzgläubiger gemäß Absatz 1 besteht nur gegenüber Gläubigern, mit denen vereinbart wird, daß und in welcher Höhe der von ihnen gewährte Kredit nach Hauptforderung, Zinsen und Kosten innerhalb des Kreditrahmens liegt und gegenüber denen der Insolvenzverwalter diese Vereinbarung schriftlich bestätigt.
(3) § 39 Abs. 1 Nr. 5 bleibt unberührt.

§ 265 Nachrang von Neugläubigern

¹Gegenüber den Gläubigern mit Forderungen aus Krediten, die nach Maßgabe des § 264 aufgenommen oder stehen gelassen werden, sind nachrangig auch die Gläubiger mit sonstigen vertraglichen Ansprüchen, die während der Zeit der Überwachung begründet werden. ²Als solche Ansprüche gelten auch die Ansprüche aus einem vor der Überwachung vertraglich begründeten Dauerschuldverhältnis für die Zeit nach dem ersten Termin, zu dem der Gläubiger nach Beginn der Überwachung kündigen konnte.

§ 266 Berücksichtigung des Nachrangs

(1) Der Nachrang der Insolvenzgläubiger und der in § 265 bezeichneten Gläubiger wird nur in einem Insolvenzverfahren berücksichtigt, das vor der Aufhebung der Überwachung eröffnet wird.
(2) In diesem neuen Insolvenzverfahren gehen diese Gläubiger den übrigen nachrangigen Gläubigern im Range vor.

§ 267 Bekanntmachung der Überwachung

(1) Wird die Erfüllung des Insolvenzplans überwacht, so ist dies zusammen mit dem Beschluß über die Aufhebung des Insolvenzverfahrens öffentlich bekanntzumachen.
(2) Ebenso ist bekanntzumachen:
1. im Falle des § 260 Abs. 3 die Erstreckung der Überwachung auf die Übernahmegesellschaft;
2. im Falle des § 263, welche Rechtsgeschäfte an die Zustimmung des Insolvenzverwalters gebunden werden;

Gesetzestext

3. im Falle des § 264, in welcher Höhe ein Kreditrahmen vorgesehen ist.

(3) ¹§ 31 gilt entsprechend. ²Soweit im Falle des § 263 das Recht zur Verfügung über ein Grundstück, ein eingetragenes Schiff oder Luftfahrzeug, ein Recht an einem solchen Gegenstand oder ein Recht an einem solchen Recht beschränkt wird, gelten die §§ 32 und 33 entsprechend.

§ 268 Aufhebung der Überwachung

(1) Das Insolvenzgericht beschließt die Aufhebung der Überwachung,
1. wenn die Ansprüche, deren Erfüllung überwacht wird, erfüllt sind oder die Erfüllung dieser Ansprüche gewährleistet ist oder
2. wenn seit der Aufhebung des Insolvenzverfahrens drei Jahre verstrichen sind und kein Antrag auf Eröffnung eines neuen Insolvenzverfahrens vorliegt.

(2) ¹Der Beschluß ist öffentlich bekanntzumachen. ²§ 267 Abs. 3 gilt entsprechend.

§ 269 Kosten der Überwachung

¹Die Kosten der Überwachung trägt der Schuldner. ²Im Falle des § 260 Abs. 3 trägt die Übernahmegesellschaft die durch ihre Überwachung entstehenden Kosten.

Siebter Teil
Eigenverwaltung

§ 270 Voraussetzungen

(1) ¹Der Schuldner ist berechtigt, unter der Aufsicht eines Sachwalters die Insolvenzmasse zu verwalten und über sie zu verfügen, wenn das Insolvenzgericht in dem Beschluß über die Eröffnung des Insolvenzverfahrens die Eigenverwaltung anordnet. ²Für das Verfahren gelten die allgemeinen Vorschriften, soweit in diesem Teil nichts anderes bestimmt ist.

(2) Die Anordnung setzt voraus,
1. daß sie vom Schuldner beantragt worden ist,
2. wenn der Eröffnungsantrag von einem Gläubiger gestellt worden ist, daß der Gläubiger dem Antrag des Schuldners zugestimmt hat und
3. daß nach den Umständen zu erwarten ist, daß die Anordnung nicht zu einer Verzögerung des Verfahrens oder zu sonstigen Nachteilen für die Gläubiger führen wird.

(3) ¹Im Falle des Absatzes 1 wird anstelle des Insolvenzverwalters ein Sachwalter bestellt. ²Die Forderungen der Insolvenzgläubiger sind beim Sachwalter anzumelden. ³Die §§ 32 und 33 sind nicht anzuwenden.

§ 271 Nachträgliche Anordnung

¹Hatte das Insolvenzgericht den Antrag des Schuldners auf Eigenverwaltung abgelehnt, beantragt die erste Gläubigerversammlung jedoch die Eigenverwaltung, so ordnet das

Gericht diese an. ²Zum Sachwalter kann der bisherige Insolvenzverwalter bestellt werden.

§ 272 Aufhebung der Anordnung

(1) Das Insolvenzgericht hebt die Anordnung der Eigenverwaltung auf,
1. wenn dies von der Gläubigerversammlung beantragt wird;
2. wenn dies von einem absonderungsberechtigten Gläubiger oder von einem Insolvenzgläubiger beantragt wird und die Voraussetzung des § 270 Abs. 2 Nr. 3 weggefallen ist;
3. wenn dies vom Schuldner beantragt wird.

(2) ¹Der Antrag eines Gläubigers ist nur zulässig, wenn der Wegfall der Voraussetzung glaubhaft gemacht wird. ²Vor der Entscheidung über den Antrag ist der Schuldner zu hören. ³Gegen die Entscheidung steht dem Gläubiger und dem Schuldner die sofortige Beschwerde zu.

(3) Zum Insolvenzverwalter kann der bisherige Sachwalter bestellt werden.

§ 273 Öffentliche Bekanntmachung

Der Beschluß des Insolvenzgerichts, durch den nach der Eröffnung des Insolvenzverfahrens die Eigenverwaltung angeordnet oder die Anordnung aufgehoben wird, ist öffentlich bekanntzumachen.

§ 274 Rechtsstellung des Sachwalters

(1) Für die Bestellung des Sachwalters, für die Aufsicht des Insolvenzgerichts sowie für die Haftung und die Vergütung des Sachwalters gelten § 54 Nr. 2 und die §§ 56 bis 60, 62 bis 65 entsprechend.

(2) ¹Der Sachwalter hat die wirtschaftliche Lage des Schuldners zu prüfen und die Geschäftsführung sowie die Ausgaben für die Lebensführung zu überwachen. ²§ 22 Abs. 3 gilt entsprechend.

(3) ¹Stellt der Sachwalter Umstände fest, die erwarten lassen, daß die Fortsetzung der Eigenverwaltung zu Nachteilen für die Gläubiger führen wird, so hat er dies unverzüglich dem Gläubigerausschuß und dem Insolvenzgericht anzuzeigen. ²Ist ein Gläubigerausschuß nicht bestellt, so hat der Sachwalter an dessen Stelle die Insolvenzgläubiger, die Forderungen angemeldet haben, und die absonderungsberechtigten Gläubiger zu unterrichten.

§ 275 Mitwirkung des Sachwalters

(1) ¹Verbindlichkeiten, die nicht zum gewöhnlichen Geschäftsbetrieb gehören, soll der Schuldner nur mit Zustimmung des Sachwalters eingehen. ²Auch Verbindlichkeiten, die zum gewöhnlichen Geschäftsbetrieb gehören, soll er nicht eingehen, wenn der Sachwalter widerspricht.

Gesetzestext

(2) Der Sachwalter kann vom Schuldner verlangen, daß alle eingehenden Gelder nur vom Sachwalter entgegengenommen und Zahlungen nur vom Sachwalter geleistet werden.

§ 276 Mitwirkung des Gläubigerausschusses

[1]Der Schuldner hat die Zustimmung des Gläubigerausschusses einzuholen, wenn er Rechtshandlungen vornehmen will, die für das Insolvenzverfahren von besonderer Bedeutung sind. [2]§ 160 Abs. 1 Satz 2, Abs. 2, § 161 Satz 2 und § 164 gelten entsprechend.

§ 277 Anordnung der Zustimmungsbedürftigkeit

(1) [1]Auf Antrag der Gläubigerversammlung ordnet das Insolvenzgericht an, daß bestimmte Rechtsgeschäfte des Schuldners nur wirksam sind, wenn der Sachwalter ihnen zustimmt. [2]§ 81 Abs. 1 Satz 2 und 3 und § 82 gelten entsprechend. [3]Stimmt der Sachwalter der Begründung einer Masseverbindlichkeit zu, so gilt § 61 entsprechend.
(2) [1]Die Anordnung kann auch auf den Antrag eines absonderungsberechtigten Gläubigers oder eines Insolvenzgläubigers ergehen, wenn sie unaufschiebbar erforderlich ist, um Nachteile für die Gläubiger zu vermeiden. [2]Der Antrag ist nur zulässig, wenn diese Voraussetzung der Anordnung glaubhaft gemacht wird.
(3) [1]Die Anordnung ist öffentlich bekanntzumachen. [2]§ 31 gilt entsprechend. [3]Soweit das Recht zur Verfügung über ein Grundstück, ein eingetragenes Schiff, Schiffsbauwerk oder Luftfahrzeug, ein Recht an einem solchen Gegenstand oder ein Recht an einem solchen Recht beschränkt wird, gelten die §§ 32 und 33 entsprechend.

§ 278 Mittel zur Lebensführung des Schuldners

(1) Der Schuldner ist berechtigt, für sich und die in § 100 Abs. 2 Satz 2 genannten Familienangehörigen aus der Insolvenzmasse die Mittel zu entnehmen, die unter Berücksichtigung der bisherigen Lebensverhältnisse des Schuldners eine bescheidene Lebensführung gestatten.
(2) Ist der Schuldner keine natürliche Person, so gilt Absatz 1 entsprechend für die vertretungsberechtigten persönlich haftenden Gesellschafter des Schuldners.

§ 279 Gegenseitige Verträge

[1]Die Vorschriften über die Erfüllung der Rechtsgeschäfte und die Mitwirkung des Betriebsrats (§§ 103 bis 128) gelten mit der Maßgabe, daß an die Stelle des Insolvenzverwalters der Schuldner tritt. [2]Der Schuldner soll seine Rechte nach diesen Vorschriften im Einvernehmen mit dem Sachwalter ausüben. [3]Die Rechte nach den §§ 120, 122 und 126 kann er wirksam nur mit Zustimmung des Sachwalters ausüben.

§ 280 Haftung. Insolvenzanfechtung

Nur der Sachwalter kann die Haftung nach den §§ 92 und 93 für die Insolvenzmasse geltend machen und Rechtshandlungen nach den §§ 129 bis 147 anfechten.

§ 281 Unterrichtung der Gläubiger

(1) ¹Das Verzeichnis der Massegegenstände, das Gläubigerverzeichnis und die Vermögensübersicht (§§ 151 bis 153) hat der Schuldner zu erstellen. ²Der Sachwalter hat die Verzeichnisse und die Vermögensübersicht zu prüfen und jeweils schriftlich zu erklären, ob nach dem Ergebnis seiner Prüfung Einwendungen zu erheben sind.
(2) ¹Im Berichtstermin hat der Schuldner den Bericht zu erstatten. ¹Der Sachwalter hat zu dem Bericht Stellung zu nehmen.
(3) ¹Zur Rechnungslegung (§§ 66, 155) ist der Schuldner verpflichtet. ²Für die Schlußrechnung des Schuldners gilt Absatz 1 Satz 2 entsprechend.

§ 282 Verwertung von Sicherungsgut

(1) ¹Das Recht des Insolvenzverwalters zur Verwertung von Gegenständen, an denen Absonderungsrechte bestehen, steht dem Schuldner zu. ²Kosten der Feststellung der Gegenstände und der Rechte an diesen werden jedoch nicht erhoben. ³Als Kosten der Verwertung können nur die tatsächlich entstandenen, für die Verwertung erforderlichen Kosten und der Umsatzsteuerbetrag angesetzt werden.
(2) Der Schuldner soll sein Verwertungsrecht im Einvernehmen mit dem Sachwalter ausüben.

§ 283 Befriedigung der Insolvenzgläubiger

(1) ¹Bei der Prüfung der Forderungen können außer den Insolvenzgläubigern der Schuldner und der Sachwalter angemeldete Forderungen bestreiten. ²Eine Forderung, die ein Insolvenzgläubiger, der Schuldner oder der Sachwalter bestritten hat, gilt nicht als festgestellt.
(2) ¹Die Verteilungen werden vom Schuldner vorgenommen. ²Der Sachwalter hat die Verteilungsverzeichnisse zu prüfen und jeweils schriftlich zu erklären, ob nach dem Ergebnis seiner Prüfung Einwendungen zu erheben sind.

§ 284 Insolvenzplan

(1) ¹Ein Auftrag der Gläubigerversammlung zur Ausarbeitung eines Insolvenzplans ist an den Sachwalter oder an den Schuldner zu richten. ²Wird der Auftrag an den Schuldner gerichtet, so wirkt der Sachwalter beratend mit.
(2) Ein Überwachung der Planerfüllung ist Aufgabe des Sachwalters.

Gesetzestext

§ 285 Masseunzulänglichkeit

Masseunzulänglichkeit ist vom Sachwalter dem Insolvenzgericht anzuzeigen.

Achter Teil
Restschuldbefreiung

§ 286 Grundsatz

Ist der Schuldner eine natürliche Person, so wird er nach Maßgabe der §§ 287 bis 303 von den im Insolvenzverfahren nicht erfüllten Verbindlichkeiten gegenüber den Insolvenzgläubigern befreit.

§ 287 Antrag des Schuldners

(1) [1]Die Restschuldbefreiung setzt einen Antrag des Schuldners voraus. [2]Der Antrag ist spätestens im Berichtstermin entweder schriftlich beim Insolvenzgericht einzureichen oder zu Protokoll der Geschäftsstelle zu erklären. [3]Er kann mit dem Antrag auf Eröffnung des Insolvenzverfahrens verbunden werden.
(2) [1]Dem Antrag ist die Erklärung beizufügen, daß der Schuldner seine pfändbaren Forderungen auf Bezüge aus einem Dienstverhältnis oder an deren Stelle tretende laufende Bezüge für die Zeit von sieben Jahren nach der Aufhebung des Insolvenzverfahrens an einen vom Gericht zu bestimmenden Treuhänder abtritt. [2]Hatte der Schuldner diese Forderungen bereits vorher an einen Dritten abgetreten oder verpfändet, so ist in der Erklärung darauf hinzuweisen.
(3) Vereinbarungen, die eine Abtretung der Forderungen des Schuldners auf Bezüge aus einem Dienstverhältnis oder an deren Stelle tretende laufende Bezüge ausschließen, von einer Bedingung abhängig machen oder sonst einschränken, sind insoweit unwirksam, als sie die Abtretungserklärung nach Absatz 2 Satz 1 vereiteln oder beeinträchtigen würden.

§ 288 Vorschlagsrecht

Der Schuldner und die Gläubiger können dem Insolvenzgericht als Treuhänder eine für den jeweiligen Einzelfall geeignete natürliche Person vorschlagen.

§ 289 Entscheidung des Insolvenzgerichts

(1) [1]Die Insolvenzgläubiger und der Insolvenzverwalter sind im Schlußtermin zu dem Antrag des Schuldners zu hören. [2]Das Insolvenzgericht entscheidet über den Antrag des Schuldners durch Beschluß.
(2) [1]Gegen den Beschluß steht dem Schuldner und jedem Insolvenzgläubiger, der im Schlußtermin die Versagung der Restschuldbefreiung beantragt hat, die sofortige Beschwerde zu. [2]Das Insolvenzverfahren wird erst nach Rechtskraft des Beschlusses

aufgehoben. ³Der rechtskräftige Beschluß ist zusammen mit dem Beschluß über die Aufhebung des Insolvenzverfahrens öffentlich bekanntzumachen.
(3) Im Falle der Einstellung des Insolvenzverfahrens kann Restschuldbefreiung nur erteilt werden, wenn nach Anzeige der Masseunzulänglichkeit die Insolvenzmasse nach § 209 verteilt worden ist und die Einstellung nach § 211 erfolgt. Absatz 2 gilt mit der Maßgabe, daß an die Stelle der Aufhebung des Verfahrens die Einstellung tritt.

§ 290 Versagung der Restschuldbefreiung

(1) In dem Beschluß ist die Restschuldbefreiung zu versagen, wenn dies im Schlußtermin von einem Insolvenzgläubiger beantragt worden ist und wenn
1. der Schuldner wegen einer Straftat nach den §§ 283 bis 283c des Strafgesetzbuchs rechtskräftig verurteilt worden ist,
2. der Schuldner in den letzten drei Jahren vor dem Antrag auf Eröffnung des Insolvenzverfahrens oder nach diesem Antrag vorsätzlich oder grob fahrlässig schriftlich unrichtige oder unvollständige Angaben über seine wirtschaftlichen Verhältnisse gemacht hat, um einen Kredit zu erhalten, Leistungen aus öffentlichen Mitteln zu beziehen oder Leistungen an öffentliche Kassen zu vermeiden,
3. in den letzten zehn Jahren vor dem Antrag auf Eröffnung des Insolvenzverfahrens oder nach diesem Antrag dem Schuldner Restschuldbefreiung erteilt oder nach § 296 oder § 297 versagt worden ist,
4. der Schuldner im letzten Jahr vor dem Antrag auf Eröffnung des Insolvenzverfahrens oder nach diesem Antrag vorsätzlich oder grob fahrlässig die Befriedigung der Insolvenzgläubiger dadurch beeinträchtigt hat, daß er unangemessene Verbindlichkeiten begründet oder Vermögen verschwendet oder ohne Aussicht auf eine Besserung seiner wirtschaftlichen Lage die Eröffnung des Insolvenzverfahrens verzögert hat,
5. der Schuldner während des Insolvenzverfahrens Auskunfts- oder Mitwirkungspflichten nach diesem Gesetz vorsätzlich oder grob fahrlässig verletzt hat oder
6. der Schuldner in den nach § 305 Abs. 1 Nr. 3 vorzulegenden Verzeichnissen seines Vermögens und seines Einkommens, seiner Gläubiger und der gegen ihn gerichteten Forderungen vorsätzlich oder grob fahrlässig unrichtige oder unvollständige Angaben gemacht hat.
(2) Der Antrag des Gläubigers ist nur zulässig, wenn ein Versagungsgrund glaubhaft gemacht wird.

§ 291 Ankündigung der Restschuldbefreiung

(1) Sind die Voraussetzungen des § 290 nicht gegeben, so stellt das Gericht in dem Beschluß fest, daß der Schuldner Restschuldbefreiung erlangt, wenn er den Obliegenheiten nach § 295 nachkommt und die Voraussetzungen für eine Versagung nach § 297 oder § 298 nicht vorliegen.
(2) Im gleichen Beschluß bestimmt das Gericht den Treuhänder, auf den die pfändbaren Bezüge des Schuldners nach Maßgabe der Abtretungserklärung (§ 287 Abs. 2) übergehen.

Gesetzestext

§ 292 Rechtsstellung des Treuhänders

(1) ¹Der Treuhänder hat den zur Zahlung der Bezüge Verpflichteten über die Abtretung zu unterrichten. ²Er hat die Beträge, die er durch die Abtretung erlangt, und sonstige Leistungen des Schuldners oder Dritter von seinem Vermögen getrennt zu halten und einmal jährlich auf Grund des Schlußverzeichnisses an die Insolvenzgläubiger zu verteilen. ³Von den Beträgen, die er durch die Abtretung erlangt, und den sonstigen Leistungen hat er an den Schuldner nach Ablauf von vier Jahren seit der Aufhebung des Insolvenzverfahrens zehn vom Hundert, nach Ablauf von fünf Jahren seit der Aufhebung fünfzehn vom Hundert, nach Ablauf von sechs Jahren seit der Aufhebung fünfzehn vom Hundert und nach Ablauf von sechs Jahren seit der Aufhebung zwanzig vom Hundert abzuführen.
(2) ¹Die Gläubigerversammlung kann dem Treuhänder zusätzlich die Aufgabe übertragen, die Erfüllung der Obliegenheiten des Schuldners zu überwachen. ²In diesem Fall hat der Treuhänder die Gläubiger unverzüglich zu benachrichtigen, wenn er einen Verstoß gegen diese Obliegenheiten feststellt. ³Der Treuhänder ist nur zur Überwachung verpflichtet, soweit die ihm dafür zustehende zusätzliche Vergütung gedeckt ist oder vorgeschossen wird.
(3) ¹Der Treuhänder hat bei Beendigung seines Amtes dem Insolvenzgericht Rechnung zu legen. ²Die §§ 58 und 59 geltend entsprechend, § 59 jedoch mit der Maßgabe, daß die Entlassung von jedem Insolvenzgläubiger beantragt werden kann und daß die sofortige Beschwerde jedem Insolvenzgläubiger zusteht.

§ 293 Vergütung des Treuhänders

(1) ¹Der Treuhänder hat Anspruch auf Vergütung für seine Tätigkeit und auf Erstattung angemessener Auslagen. ²Dabei ist dem Zeitaufwand des Treuhänders und dem Umfang seiner Tätigkeit Rechnung zu tragen.
(2) Die §§ 64 und 65 gelten entsprechend.

§ 294 Gleichbehandlung der Gläubiger

(1) Zwangsvollstreckungen für einzelne Insolvenzgläubiger in das Vermögen des Schuldners sind während der Laufzeit der Abtretungserklärung nicht zulässig.
(2) Jedes Abkommen des Schuldners oder anderer Personen mit einzelnen Insolvenzgläubigern, durch das diesen ein Sondervorteil verschafft wird, ist nichtig.
(3) Gegen die Forderung auf die Bezüge, die von der Abtretungserklärung erfaßt werden, kann der Verpflichtete eine Forderung gegen den Schuldner nur aufrechnen, soweit er bei einer Fortdauer des Insolvenzverfahrens nach § 114 Abs. 2 zur Aufrechnung berechtigt wäre.

§ 295 Obliegenheiten des Schuldners

(1) Dem Schuldner obliegt es, während der Laufzeit der Abtretungserklärung
1. eine angemessene Erwerbstätigkeit auszuüben und, wenn er ohne Beschäftigung ist, sich um eine solche zu bemühen und keine zumutbare Tätigkeit abzulehnen;

2. Vermögen, das er von Todes wegen oder mit Rücksicht auf ein künftiges Erbrecht erwirbt, zur Hälfte des Wertes an den Treuhänder herauszugeben;
3. jeden Wechsel des Wohnsitzes oder der Beschäftigungsstelle unverzüglich dem Insolvenzgericht und dem Treuhänder anzuzeigen, keine von der Abtretungserklärung erfaßten Bezüge und kein von Nummer 2 erfaßtes Vermögen zu verheimlichen und dem Gericht und dem Treuhänder auf Verlangen Auskunft über seine Erwerbstätigkeit oder seine Bemühungen um eine solche sowie über seine Bezüge und sein Vermögen zu erteilen;
4. Zahlungen zur Befriedigung der Insolvenzgläubiger nur an den Treuhänder zu leisten und keinem Insolvenzgläubiger einen Sondervorteil zu verschaffen.

(2) Soweit der Schuldner eine selbständige Tätigkeit ausübt, obliegt es ihm, die Insolvenzgläubiger durch Zahlungen an den Treuhänder so zu stellen, wie wenn er ein angemessenes Dienstverhältnis eingegangen wäre.

§ 296 Verstoß gegen Obliegenheiten

(1) [1]Das Insolvenzgericht versagt die Restschuldbefreiung auf Antrag eines Insolvenzgläubigers, wenn der Schuldner während der Laufzeit der Abtretungserklärung eine seiner Obliegenheiten verletzt und dadurch die Befriedigung der Insolvenzgläubiger beeinträchtigt; dies gilt nicht, wenn den Schuldner kein Verschulden trifft. [2]Der Antrag kann nur binnen eines Jahres nach dem Zeitpunkt gestellt werden, in dem die Obliegenheitsverletzung dem Gläubiger bekanntgeworden ist. [3]Er ist nur zulässig, wenn die Voraussetzungen der Sätze 1 und 2 glaubhaft gemacht werden.

(2) [1]Vor der Entscheidung über den Antrag sind der Treuhänder, der Schuldner und die Insolvenzgläubiger zu hören. [2]Der Schuldner hat über die Erfüllung seiner Obliegenheiten Auskunft zu erteilen und, wenn es der Gläubiger beantragt, die Richtigkeit dieser Auskunft an Eides Statt zu versichern. [3]Gibt er die Auskunft oder die eidesstattliche Versicherung ohne hinreichende Entschuldigung nicht innerhalb der ihm gesetzten Frist ab oder erscheint er trotz ordnungsgemäßer Ladung ohne hinreichende Entschuldigung nicht zu einem Termin, den das Gericht für die Erteilung der Auskunft oder die eidesstattliche Versicherung anberaumt hat, so ist die Restschuldbefreiung zu versagen.

(3) [1]Gegen die Entscheidung steht dem Antragsteller und dem Schuldner die sofortige Beschwerde zu. [2]Die Versagung der Restschuldbefreiung ist öffentlich bekanntzumachen.

§ 297 Insolvenzstraftaten

(1) Das Insolvenzgericht versagt die Restschuldbefreiung auf Antrag eines Insolvenzgläubigers, wenn der Schuldner in dem Zeitraum zwischen Schlußtermin und Aufhebung des Insolvenzverfahrens oder während der Laufzeit der Abtretungserklärung wegen einer Straftat nach den §§ 283 bis 283c des Strafgesetzbuchs rechtskräftig verurteilt wird.

(2) § 296 Abs. 1 Satz 2 und 3, Abs. 3 gilt entsprechend.

Gesetzestext

§ 298 Deckung der Mindestvergütung des Treuhänders

(1) Das Insolvenzgericht versagt die Restschuldbefreiung auf Antrag des Treuhänders, wenn die an diesen abgeführten Beträge für das vorangegangene Jahr seiner Tätigkeit die Mindestvergütung nicht decken und der Schuldner den fehlenden Betrag nicht einzahlt, obwohl ihn der Treuhänder schriftlich zur Zahlung binnen einer Frist von mindestens zwei Wochen aufgefordert und ihn dabei auf die Möglichkeit der Versagung der Restschuldbefreiung hingewiesen hat.
(2) [1]Vor der Entscheidung ist der Schuldner zu hören. [2]Die Versagung unterbleibt, wenn der Schuldner binnen zwei Wochen nach Aufforderung durch das Gericht den fehlenden Betrag einzahlt.
(3) § 296 Abs. 3 gilt entsprechend.

§ 299 Vorzeitige Beendigung

Wird die Restschuldbefreiung nach § 296, 297 oder 298 versagt, so enden die Laufzeit der Abtretungserklärung, das Amt des Treuhänders und die Beschränkung der Rechte der Gläubiger mit der Rechtskraft der Entscheidung.

§ 300 Entscheidung über die Restschuldbefreiung

(1) Ist die Laufzeit der Abtretungserklärung ohne eine vorzeitige Beendigung verstrichen, so entscheidet das Insolvenzgericht nach Anhörung der Insolvenzgläubiger, des Treuhänders und des Schuldners durch Beschluß über die Erteilung der Restschuldbefreiung.
(2) Das Insolvenzgericht versagt die Restschuldbefreiung auf Antrag eines Insolvenzgläubigers, wenn die Voraussetzungen nach § 296 Abs. 1 oder 2 Satz 3 oder des § 297 vorliegen, oder auf Antrag des Treuhänders, wenn die Voraussetzungen des § 298 vorliegen.
(3) [1]Der Beschluß ist öffentlich bekanntzumachen. [2]Wird die Restschuldbefreiung erteilt, so ist die Bekanntmachung, unbeschadet des § 9, auszugsweise im Bundesanzeiger zu veröffentlichen. [3]Gegen den Beschluß steht dem Schuldner und jedem Insolvenzgläubiger, der bei der Anhörung nach Absatz 1 die Versagung der Restschuldbefreiung beantragt hat, die sofortige Beschwerde zu.

§ 301 Wirkung der Restschuldbefreiung

(1) [1]Wird die Restschuldbefreiung erteilt, so wirkt sie gegen alle Insolvenzgläubiger. [2]Dies gilt auch für Gläubiger, die ihre Forderungen nicht angemeldet haben.
(2)[1] Die Rechte der Insolvenzgläubiger gegen Mitschuldner und Bürgen des Schuldners sowie die Rechte dieser Gläubiger aus einer zu ihrer Sicherung eingetragenen Vormerkung oder aus einem Recht, das im Insolvenzverfahren zur abgesonderten Befriedigung berechtigt, werden durch die Restschuldbefreiung nicht berührt. [2]Der Schuldner wird jedoch gegenüber dem Mitschuldner, dem Bürgen oder anderen Rückgriffsberechtigten in gleicher Weise befreit wie gegenüber den Insolvenzgläubigern.

Gesetzestext

(3) Wird ein Gläubiger befriedigt, obwohl er auf Grund der Restschuldbefreiung keine Befriedigung zu beanspruchen hat, so begründet dies keine Pflicht zur Rückgewähr des Erlangten.

§ 302 Ausgenommene Forderungen

Von der Erteilung der Restschuldbefreiung werden nicht berührt:
1. Verbindlichkeiten des Schuldners aus einer vorsätzlich begangenen unerlaubten Handlung;
2. Geldstrafen und die diesen in § 39 Abs. 1 Nr. 3 gleichgestellten Verbindlichkeiten des Schuldners.

§ 303 Widerruf der Restschuldbefreiung

(1) Auf Antrag eines Insolvenzgläubigers widerruft das Insolvenzgericht die Erteilung der Restschuldbefreiung, wenn sich nachträglich herausstellt, daß der Schuldner eine seiner Obliegenheiten vorsätzlich verletzt und dadurch die Befriedigung der Insolvenzgläubiger erheblich beeinträchtigt hat.
(2) Der Antrag des Gläubigers ist nur zulässig, wenn er innerhalb eines Jahres nach der Rechtskraft der Entscheidung über die Restschuldbefreiung gestellt wird und wenn glaubhaft gemacht wird, daß die Voraussetzungen des Absatzes 1 vorliegen und daß der Gläubiger bis zur Rechtskraft der Entscheidung keine Kenntnis von ihnen hatte.
(3) [1]Vor der Entscheidung sind der Schuldner und der Treuhänder zu hören. [2]Gegen die Entscheidung steht dem Antragsteller und dem Schuldner die sofortige Beschwerde zu. [3]Die Entscheidung, durch welche die Restschuldbefreiung widerrufen wird, ist öffentlich bekanntzumachen.

Neunter Teil
Verbraucherinsolvenzverfahren und sonstige Kleinverfahren

Erster Abschnitt
Anwendungsbereich

§ 304 Grundsatz

(1) Ist der Schuldner eine natürliche Person, die keine oder nur eine geringfügige selbständige wirtschaftliche Tätigkeit ausübt, so gelten für das Verfahren die allgemeinen Vorschriften, soweit in diesem Teil nichts anderes bestimmt ist.
(2) Eine selbständige wirtschaftliche Tätigkeit ist insbesondere dann geringfügig im Sinne des Absatzes 1, wenn sie nach Art oder Umfang einen in kaufmännischer Weise eingerichteten Geschäftsbetrieb nicht erfordert.

Gesetzestext

Zweiter Abschnitt
Schuldenbereinigungsplan

§ 305 Eröffnungsantrag des Schuldners

(1) Mit dem Antrag auf Eröffnung des Insolvenzverfahrens (§ 311) oder unverzüglich nach diesem Antrag hat der Schuldner vorzulegen:
1. eine Bescheinigung, die von einer geeigneten Person oder Stelle ausgestellt ist und aus der sich ergibt, daß eine außergerichtliche Einigung mit den Gläubigern über die Schuldenbereinigung auf der Grundlage eines Plans innerhalb der letzten sechs Monate vor dem Eröffnungsantrag erfolglos versucht worden ist; die Länder können bestimmen, welche Personen oder Stellen als geeignet anzusehen sind;
2. den Antrag auf Erteilung von Restschuldbefreiung (§ 287) oder die Erklärung, daß Restschuldbefreiung nicht beantragt werden soll;
3. ein Verzeichnis des vorhandenen Vermögens und des Einkommens (Vermögensverzeichnis), ein Verzeichnis der Gläubiger und ein Verzeichnis der gegen ihn gerichteten Forderungen; den Verzeichnissen ist die Erklärung beizufügen, daß die in diesen enthaltenen Angaben richtig und vollständig sind;
4. einen Schuldenbereinigungsplan; dieser kann alle Regelungen enthalten, die unter Berücksichtigung der Gläubigerinteressen sowie der Vermögens-, Einkommens- und Familienverhältnisse des Schuldners geeignet sind, zu einer angemessenen Schuldenbereinigung zu führen; in den Plan ist aufzunehmen, ob und inwieweit Bürgschaften, Pfandrechte und andere Sicherheiten der Gläubiger vom Plan berührt werden sollen.

(2) ¹In dem Verzeichnis der Forderungen nach Absatz 1 Nr. 3 kann auch auf beigefügte Forderungsaufstellungen der Gläubiger Bezug genommen werden. ²Auf Aufforderung des Schuldners sind die Gläubiger verpflichtet, auf ihre Kosten dem Schuldner zur Vorbereitung des Forderungsverzeichnisses eine schriftliche Aufstellung ihrer gegen diesen gerichteten Forderungen zu erteilen; insbesondere haben sie ihm die Höhe ihrer Forderungen und deren Aufgliederung in Hauptforderung, Zinsen und Kosten anzugeben. ³Die Aufforderung des Schuldners muß einen Hinweis auf einen bereits bei Gericht eingereichten oder in naher Zukunft beabsichtigten Antrag auf Eröffnung des Insolvenzverfahrens enthalten.

(3) ¹Hat der Schuldner die in Absatz 1 genannten Erklärungen und Unterlagen nicht vollständig abgegeben, so fordert ihn das Insolvenzgericht auf, das Fehlende unverzüglich zu ergänzen. ²Kommt der Schuldner dieser Aufforderung nicht binnen eines Monats nach, so gilt sein Antrag auf Eröffnung des Insolvenzverfahrens als zurückgenommen.

§ 306 Ruhen des Verfahrens

(1) ¹Das Verfahren über den Antrag auf Eröffnung des Insolvenzverfahrens ruht bis zur Entscheidung über den Schuldenbereinigungsplan. ²Dieser Zeitraum soll drei Monate nicht überschreiten.

(2) Absatz 1 steht der Anordnung von Sicherungsmaßnahmen nicht entgegen.

(3) ¹Beantragt ein Gläubiger die Eröffnung des Verfahrens, so hat das Insolvenzgericht vor der Entscheidung über die Eröffnung dem Schuldner Gelegenheit zu geben, ebenfalls einen Antrag zu stellen. ²Stellt der Schuldner einen Antrag, so gilt Absatz 1 auch für den Antrag des Gläubigers.

Gesetzestext

§ 307 Zustellung an die Gläubiger

(1) ¹Das Insolvenzgericht stellt den vom Schuldner genannten Gläubigern das Vermögensverzeichnis, das Gläubigerverzeichnis, das Forderungsverzeichnis sowie den Schuldenbereinigungsplan zu und fordert die Gläubiger zugleich auf, binnen einer Notfrist von einem Monat zu den Verzeichnissen und zu dem Schuldenbereinigungsplan Stellung zu nehmen. ²Zugleich ist jedem Gläubiger mit ausdrücklichem Hinweis auf die Rechtsfolgen des § 308 Abs. 3 Satz 2 Gelegenheit zu geben, binnen der Frist nach Satz 1 die Angaben über seine Forderungen in dem Forderungsverzeichnis zu überprüfen und erforderlichenfalls zu ergänzen. ³Auf die Zustellung nach Satz 1 ist § 8 Abs. 1 Satz 2, 3, Abs. 2 und 3 nicht anzuwenden.
(2) ¹Geht binnen der Frist nach Absatz 1 Satz 1 bei Gericht die Stellungnahme eines Gläubigers nicht ein, so gilt dies als Einverständnis mit dem Schuldenbereinigungsplan. ²Darauf ist in der Aufforderung hinzuweisen.
(3) ¹Nach Ablauf der Frist nach Absatz 1 Satz 1 ist dem Schuldner Gelegenheit zu geben, den Schuldenbereinigungsplan binnen einer vom Gericht zu bestimmenden Frist zu ändern oder zu ergänzen, wenn dies auf Grund der Stellungnahme eines Gläubigers erforderlich oder zur Förderung einer einverständlichen Schuldenbereinigung sinnvoll erscheint. ²Die Änderungen oder Ergänzungen sind den Gläubigern zuzustellen, soweit dies erforderlich ist. ³Absatz 1 Satz 1, 3 und Absatz 2 gelten entsprechend.

§ 308 Annahme des Schuldenbereinigungsplans

(1) ¹Hat kein Gläubiger Einwendungen gegen den Schuldenbereinigungsplan erhoben oder wird die Zustimmung nach § 309 ersetzt, so gilt der Schuldenbereinigungsplan als angenommen; das Insolvenzgericht stellt dies durch Beschluß fest. ²Der Schuldenbereinigungsplan hat die Wirkung eines Vergleichs im Sinne des § 794 Abs. 1 Nr. 1 der Zivilprozeßordnung. ³Den Gläubigern und dem Schuldner ist eine Ausfertigung des Schuldenbereinigungsplans und des Beschlusses nach Satz 1 zuzustellen.
(2) Die Anträge auf Eröffnung des Insolvenzverfahrens und auf Erteilung von Restschuldbefreiung gelten als zurückgenommen.
(3) ¹Soweit Forderungen in dem Verzeichnis des Schuldners nicht enthalten sind und auch nicht nachträglich bei dem Zustandekommen des Schuldenbereinigungsplans berücksichtigt worden sind, können die Gläubiger von dem Schuldner Erfüllung verlangen. ²Dies gilt nicht, soweit ein Gläubiger die Angaben über seine Forderung in dem Forderungsverzeichnis, das ihm nach § 307 Abs. 1 vom Gericht übersandt worden ist, nicht innerhalb der gesetzten Frist ergänzt hat, obwohl die Forderung vor dem Ablauf der Frist entstanden war; insoweit erlischt die Forderung.

§ 309 Ersetzung der Zustimmung

(1) ¹Hat dem Schuldenbereinigungsplan mehr als die Hälfte der benannten Gläubiger zugestimmt und beträgt die Summe der Ansprüche der zustimmenden Gläubiger mehr als die Hälfte der Summe der benannten Gläubiger, so ersetzt das Insolvenzgericht auf Antrag eines Gläubigers oder des Schuldners die Einwendungen eines Gläubigers gegen den Schuldenbereinigungsplan durch eine Zustimmung. ²Dies gilt nicht, wenn

Gesetzestext

1. der Gläubiger, der Einwendungen erhoben hat, im Verhältnis zu den übrigen Gläubigern nicht angemessen beteiligt wird, oder
2. dieser Gläubiger durch den Schuldenbereinigungsplan wirtschaftlich schlechter gestellt wird, als er bei Durchführung des Verfahrens über die Anträge auf Eröffnung des Insolvenzverfahrens und Erteilung von Restschuldbefreiung stünde; hierbei ist im Zweifel zugrunde zu legen, daß die Einkommens-, Vermögens- und Familienverhältnisse des Schuldners zum Zeitpunkt des Antrags nach Satz 1 während der gesamten Dauer des Verfahrens maßgeblich bleiben.

(2) ¹Vor der Entscheidung ist der Gläubiger zu hören. ²Die Gründe, die gemäß Absatz 1 Satz 2 einer Ersetzung seiner Einwendungen durch eine Zustimmung entgegenstehen, hat er glaubhaft zu machen. ³Gegen den Beschluß steht dem Antragsteller und dem Gläubiger, dessen Zustimmung ersetzt wird, die sofortige Beschwerde zu.

(3) Macht ein Gläubiger Tatsachen glaubhaft, aus denen sich ernsthafte Zweifel ergeben, ob eine vom Schuldner angegebene Forderung besteht oder sich auf einen höheren oder niedrigeren Betrag richtet als angegeben, und hängt vom Ausgang des Streits ab, ob der Gläubiger im Verhältnis zu den übrigen Gläubigern angemessen beteiligt wird (Absatz 1 Satz 2 Nr. 1), so kann die Zustimmung dieses Gläubigers nicht ersetzt werden.

§ 310 Kosten

Die Gläubiger haben gegen den Schuldner keinen Anspruch auf Erstattung der Kosten, die ihnen im Zusammenhang mit dem Schuldenbereinigungsplan entstehen.

Dritter Abschnitt
Vereinfachtes Insolvenzverfahren

§ 311 Aufnahme des Verfahrens über den Eröffnungsantrag

Werden Einwendungen gegen den Schuldenbereinigungsplan erhoben, die nicht gemäß § 309 durch gerichtliche Zustimmung ersetzt werden, so wird das Verfahren über den Eröffnungsantrag von Amts wegen wieder aufgenommen.

§ 312 Allgemeine Verfahrensvereinfachungen

(1) Bei der Eröffnung des Insolvenzverfahrens wird abweichend von § 29 nur der Prüfungstermin bestimmt.

(2) ¹Sind die Vermögensverhältnisse des Schuldners überschaubar und die Zahl der Gläubiger oder die Höhe der Verbindlichkeiten gering, so kann das Insolvenzgericht anordnen, daß das Verfahren oder einzelne seiner Teile schriftlich durchgeführt werden. ²Es kann diese Anordnung jederzeit aufheben oder abändern.

(3) Die Vorschriften über den Insolvenzplan (§§ 217 bis 269) und über die Eigenverwaltung (§§ 270 bis 285) sind nicht anzuwenden.

§ 313 Treuhänder

(1) ¹Die Aufgaben des Insolvenzverwalters werden von dem Treuhänder (§ 292) wahrgenommen. ²Dieser wird abweichend von § 291 Abs. 2 bereits bei der Eröffnung des Insolvenzverfahrens bestimmt. Die §§ 56 bis 66 gelten entsprechend.
(2) ¹Zur Anfechtung von Rechtshandlungen nach den §§ 129 bis 147 ist nicht der Treuhänder, sondern jeder Insolvenzgläubiger berechtigt. ²Aus dem Erlangten sind dem Gläubiger die ihm entstandenen Kosten vorweg zu erstatten. ³Hat die Gläubigerversammlung den Gläubiger mit der Anfechtung beauftragt, so sind diesem die entstandenen Kosten, soweit sie nicht aus dem Erlangten gedeckt werden können, aus der Insolvenzmasse zu erstatten.
(3) Der Treuhänder ist nicht zur Verwertung von Gegenständen berechtigt, an denen Pfandrechte oder andere Absonderungsrechte bestehen. Das Verwertungsrecht steht dem Gläubiger zu.

§ 314 Vereinfachte Verteilung

(1) ¹Auf Antrag des Treuhänders ordnet das Insolvenzgericht an, daß von einer Verwertung der Insolvenzmasse ganz oder teilweise abgesehen wird. ²In diesem Fall hat es dem Schuldner zusätzlich aufzugeben, binnen einer vom Gericht festgesetzten Frist an den Treuhänder einen Betrag zu zahlen, der dem Wert der Masse entspricht, die an die Insolvenzgläubiger zu verteilen wäre. ³Von der Anordnung soll abgesehen werden, wenn die Verwertung der Insolvenzmasse insbesondere im Interesse der Gläubiger geboten erscheint.
(2) Vor der Entscheidung sind die Insolvenzgläubiger zu hören.
(3) ¹Die Entscheidung über einen Antrag des Schuldners auf Erteilung von Restschuldbefreiung (§§ 289 bis 291) ist erst nach Ablauf der nach Absatz 1 Satz 2 festgesetzten Frist zu treffen. ²Das Gericht versagt die Restschuldbefreiung auf Antrag eines Insolvenzgläubigers, wenn der nach Absatz 1 Satz 2 zu zahlende Betrag auch nach Ablauf einer weiteren Frist von zwei Wochen, die das Gericht unter Hinweis auf die Möglichkeit der Versagung der Restschuldbefreiung gesetzt hat, nicht gezahlt ist. ³Vor der Entscheidung ist der Schuldner zu hören.

Zehnter Teil
Besondere Arten des Insolvenzverfahrens

Erster Abschnitt
Nachlaßinsolvenzverfahren

§ 315 Örtliche Zuständigkeit

¹Für das Insolvenzverfahren über einen Nachlaß ist ausschließlich das Insolvenzgericht örtlich zuständig, in dessen Bezirk der Erblasser zur Zeit seines Todes seinen allgemeinen Gerichtsstand hatte. ²Lag der Mittelpunkt einer selbständigen wirtschaftlichen Tätigkeit des Erblassers an einem anderen Ort, so ist ausschließlich das Insolvenzgericht zuständig, in dessen Bezirk dieser Ort liegt.

Gesetzestext

§ 316 Zulässigkeit der Eröffnung

(1) Die Eröffnung des Insolvenzverfahrens wird nicht dadurch ausgeschlossen, daß der Erbe die Erbschaft noch nicht angenommen hat oder daß er für die Nachlaßverbindlichkeiten unbeschränkt haftet.
(2) Sind mehrere Erben vorhanden, so ist die Eröffnung des Verfahrens auch nach der Teilung des Nachlasses zulässig.
(3) Über einen Erbteil findet ein Insolvenzverfahren nicht statt.

§ 317 Antragsberechtigte

(1) Zum Antrag auf Eröffnung des Insolvenzverfahrens über einen Nachlaß ist jeder Erbe, der Nachlaßverwalter sowie ein anderer Nachlaßpfleger, ein Testamentsvollstrekker, dem die Verwaltung des Nachlasses zusteht, und jeder Nachlaßgläubiger berechtigt.
(2) [1]Wird der Antrag nicht von allen Erben gestellt, so ist er zulässig, wenn der Eröffnungsgrund glaubhaft gemacht wird. [2]Das Insolvenzgericht hat die übrigen Erben zu hören.
(3) Steht die Verwaltung des Nachlasses einem Testamentsvollstrecker zu, so ist, wenn der Erbe die Eröffnung beantragt, der Testamentsvollstrecker, wenn der Testamentsvollstrecker den Antrag stellt, der Erbe zu hören.

§ 318 Antragsrecht beim Gesamtgut

(1) [1]Gehört der Nachlaß zum Gesamtgut einer Gütergemeinschaft, so kann sowohl der Ehegatte, der Erbe ist, als auch der Ehegatte, der nicht Erbe ist, aber das Gesamtgut allein oder mit seinem Ehegatten gemeinschaftlich verwaltet, die Eröffnung des Insolvenzverfahrens über den Nachlaß beantragen. Die Zustimmung des anderen Ehegatten ist nicht erforderlich. [2]Die Ehegatten behalten das Antragsrecht, wenn die Gütergemeinschaft endet.
(2) [1]Wird der Antrag nicht von beiden Ehegatten gestellt, so ist er zulässig, wenn der Eröffnungsgrund glaubhaft gemacht wird. [2]Das Insolvenzgericht hat den anderen Ehegatten zu hören.

§ 319 Antragsfrist

Der Antrag eines Nachlaßgläubigers auf Eröffnung des Insolvenzverfahrens ist unzulässig, wenn seit der Annahme der Erbschaft zwei Jahre verstrichen sind.

§ 320 Eröffnungsgründe

[1]Gründe für die Eröffnung des Insolvenzverfahrens über einen Nachlaß sind die Zahlungsunfähigkeit und die Überschuldung. [2]Beantragt der Erbe, der Nachlaßverwalter oder ein anderer Nachlaßpfleger oder ein Testamentsvollstrecker die Eröffnung des Verfahrens, so ist auch die drohende Zahlungsunfähigkeit Eröffnungsgrund.

§ 321 Zwangsvollstreckung nach Erbfall

Maßnahmen der Zwangsvollstreckung in den Nachlaß, die nach dem Eintritt des Erbfalls erfolgt sind, gewähren kein Recht zur abgesonderten Befriedigung.

§ 322 Anfechtbare Rechtshandlungen des Erben

Hat der Erbe vor der Eröffnung des Insolvenzverfahrens aus dem Nachlaß Pflichtteilsansprüche, Vermächtnisse oder Auflagen erfüllt, so ist diese Rechtshandlung in gleicher Weise anfechtbar wie eine unentgeltliche Leistung des Erben.

§ 323 Aufwendungen des Erben

Dem Erben steht wegen der Aufwendungen, die ihm nach den §§ 1978, 1979 des Bürgerlichen Gesetzbuchs aus dem Nachlaß zu ersetzen sind, ein Zurückbehaltungsrecht nicht zu.

§ 324 Masseverbindlichkeiten

(1) Masseverbindlichkeiten sind außer den in den §§ 54, 55 bezeichneten Verbindlichkeiten:
1. die Aufwendungen, die dem Erben nach den §§ 1978, 1979 des Bürgerlichen Gesetzbuchs aus dem Nachlaß zu ersetzen sind;
2. die Kosten der Beerdigung des Erblassers;
3. im Falle der Todeserklärung des Erblassers dem Nachlaß zur Last fallenden Kosten des Verfahrens;
4. die Kosten der Eröffnung einer Verfügung des Erblassers von Todes wegen, der gerichtlichen Sicherung des Nachlasses, einer Nachlaßpflegschaft, des Aufgebots der Nachlaßgläubiger und der Inventarerrichtung;
5. die Verbindlichkeiten aus den von einem Nachlaßpfleger oder einem Testamentsvollstrecker vorgenommenen Rechtsgeschäften;
6. die Verbindlichkeiten, die für den Erben gegenüber einem Nachlaßpfleger, einem Testamentsvollstrecker oder einem Erben, der die Erbschaft ausgeschlagen hat, aus der Geschäftsführung dieser Personen entstanden sind, soweit die Nachlaßgläubiger verpflichtet wären, wenn die bezeichneten Personen die Geschäfte für sie zu besorgen gehabt hätten.

(2) Im Falle der Masseunzulänglichkeit haben die in Absatz 1 bezeichneten Verbindlichkeiten den Rang des § 209 Abs. 1 Nr. 3.

§ 325 Nachlaßverbindlichkeiten

Im Insolvenzverfahren über einen Nachlaß können nur die Nachlaßverbindlichkeiten geltend gemacht werden.

§ 326 Ansprüche des Erben

(1) Der Erbe kann die ihm gegen den Erblasser zustehenden Ansprüche geltend machen.
(2) Hat der Erbe eine Nachlaßverbindlichkeit erfüllt, so tritt er, soweit nicht die Erfüllung nach § 1979 des Bürgerlichen Gesetzbuchs als für Rechnung des Nachlasses erfolgt gilt, an die Stelle des Gläubigers, es sei denn, daß er für die Nachlaßverbindlichkeiten unbeschränkt haftet.
(3) Haftet der Erbe einem einzelnen Gläubiger gegenüber unbeschränkt, so kann er dessen Forderung für den Fall geltend machen, daß der Gläubiger sie nicht geltend macht.

§ 327 Nachrangige Verbindlichkeiten

(1) Im Rang nach den in § 39 bezeichneten Verbindlichkeiten und in folgender Rangfolge, bei gleichem Rang nach dem Verhältnis ihrer Beträge, werden erfüllt:
1. die Verbindlichkeiten gegenüber Pflichtteilsberechtigten;
2. die Verbindlichkeiten aus den vom Erblasser angeordneten Vermächtnissen und Auflagen;
3. *(aufgehoben)*.
(2) ¹Ein Vermächtnis, durch welches das Recht des Bedachten auf den Pflichtteil nach § 2307 des Bürgerlichen Gesetzbuchs ausgeschlossen wird, steht, soweit es den Pflichtteil nicht übersteigt, im Rang den Pflichtteilsrechten gleich. ²Hat der Erblasser durch Verfügung von Todes wegen angeordnet, daß ein Vermächtnis oder eine Auflage vor einem anderen Vermächtnis oder einer anderen Auflage erfüllt werden soll, so hat das Vermächtnis oder die Auflage den Vorrang.
(3) ¹Eine Verbindlichkeit, deren Gläubiger im Wege des Aufgebotsverfahrens ausgeschlossen ist oder nach § 1974 des Bürgerlichen Gesetzbuchs einem ausgeschlossenen Gläubiger gleichsteht, wird erst nach den in § 39 bezeichneten Verbindlichkeiten und, soweit sie zu den in Absatz 1 bezeichneten Verbindlichkeiten gehört, erst nach den Verbindlichkeiten erfüllt, mit denen sie ohne die Beschränkungen gleichen Rang hätte. ²Im übrigen wird durch die Beschränkungen an der Rangordnung nichts geändert.

§ 328 Zurückgewährte Gegenstände

(1) Was infolge der Anfechtung einer vom Erblasser oder ihm gegenüber vorgenommenen Rechtshandlung zur Insolvenzmasse zurückgewährt wird, darf nicht zur Erfüllung der in § 327 Abs. 1 bezeichneten Verbindlichkeiten verwendet werden.
(2) Was der Erbe auf Grund der §§ 1978 bis 1980 des Bürgerlichen Gesetzbuchs zur Masse zu ersetzen hat, kann von den Gläubigern, die im Wege des Aufgebotsverfahrens ausgeschlossen sind oder nach § 1974 des Bürgerlichen Gesetzbuchs einem ausgeschlossenen Gläubiger gleichstehen, nur insoweit beansprucht werden, als der Erbe auch nach den Vorschriften über die Herausgabe einer ungerechtfertigten Bereicherung ersatzpflichtig wäre.

§ 329 Nacherbfolge

Die §§ 323, 324 Abs. 1 Nr. 1 und § 326 Abs. 2, 3 gelten für den Vorerben auch nach dem Eintritt der Nacherbfolge.

§ 330 Erbschaftskauf

(1) Hat der Erbe die Erbschaft verkauft, so tritt für das Insolvenzverfahren der Käufer an seine Stelle.
(2) [1]Der Erbe ist wegen einer Nachlaßverbindlichkeit, die im Verhältnis zwischen ihm und dem Käufer diesem zur Last fällt, wie ein Nachlaßgläubiger zum Antrag auf Eröffnung des Verfahrens berechtigt. [2]Das gleiche Recht steht ihm auch wegen einer anderen Nachlaßverbindlichkeit zu, es sei denn, daß er unbeschränkt haftet oder daß eine Nachlaßverwaltung angeordnet ist. [3]Die §§ 323, 324 Abs. 1 Nr. 1 und § 326 gelten für den Erben auch nach dem Verkauf der Erbschaft.
(3) Die Absätze 1 und 2 gelten entsprechend für den Fall, daß jemand eine durch Vertrag erworbene Erbschaft verkauft oder sich in sonstiger Weise zur Veräußerung einer ihm angefallenen oder anderweitig von ihm erworbenen Erbschaft verpflichtet hat.

§ 331 Gleichzeitige Insolvenz des Erben

(1) Im Insolvenzverfahren über das Vermögen des Erben gelten, wenn auch über den Nachlaß das Insolvenzverfahren eröffnet oder wenn eine Nachlaßverwaltung angeordnet ist, die §§ 52, 190, 192, 198, 237 Abs. 1 Satz 2 entsprechend für Nachlaßgläubiger, denen gegenüber der Erbe unbeschränkt haftet.
(2) Gleiches gilt, wenn ein Ehegatte der Erbe ist und der Nachlaß zum Gesamtgut gehört, das vom anderen Ehegatten allein verwaltet wird, auch im Insolvenzverfahren über das Vermögen des anderen Ehegatten und, wenn das Gesamtgut von den Ehegatten gemeinschaftlich verwaltet wird, auch im Insolvenzverfahren über das Gesamtgut und im Insolvenzverfahren über das sonstige Vermögen des Ehegatten, der nicht Erbe ist.

Zweiter Abschnitt
Insolvenzverfahren über das Gesamtgut einer fortgesetzten Gütergemeinschaft

§ 332 Verweisung auf das Nachlaßinsolvenzverfahren

(1) Im Falle der fortgesetzten Gütergemeinschaft gelten die §§ 315 bis 331 entsprechend für das Insolvenzverfahren über das Gesamtgut.
(2) Insolvenzgläubiger sind nur die Gläubiger, deren Forderungen schon zur Zeit des Eintritts der fortgesetzten Gütergemeinschaft als Gesamtgutsverbindlichkeiten bestanden.
(3) Die anteilsberechtigten Abkömmlinge sind nicht berechtigt, die Eröffnung des Verfahrens zu beantragen. Sie sind jedoch vom Insolvenzgericht zu einem Eröffnungsantrag zu hören.

Gesetzestext

Dritter Abschnitt
Insolvenzverfahren über das gemeinschaftlich verwaltete Gesamtgut einer Gütergemeinschaft

§ 333 Antragsrecht. Eröffnungsgründe

(1) Zum Antrag auf Eröffnung des Insolvenzverfahrens über das Gesamtgut einer Gütergemeinschaft, das von den Ehegatten gemeinschaftlich verwaltet wird, ist jeder Gläubiger berechtigt, der die Erfüllung einer Verbindlichkeit aus dem Gesamtgut verlangen kann.
(2) [1]Antragsberechtigt ist auch jeder Ehegatte. [2]Wird der Antrag nicht von beiden Ehegatten gestellt, so ist er zulässig, wenn die Zahlungsunfähigkeit des Gesamtguts glaubhaft gemacht wird; das Insolvenzgericht hat den anderen Ehegatten zu hören. [3]Wird der Antrag von beiden Ehegatten gestellt, so ist auch die drohende Zahlungsunfähigkeit Eröffnungsgrund.

§ 334 Persönliche Haftung der Ehegatten

(1) Die persönliche Haftung der Ehegatten für die Verbindlichkeiten, deren Erfüllung aus dem Gesamtgut verlangt werden kann, kann während der Dauer des Insolvenzverfahrens nur vom Insolvenzverwalter oder vom Sachwalter geltend gemacht werden.
(2) Im Falle eines Insolvenzplans gilt für die persönliche Haftung der Ehegatten § 227 Abs. 1 entsprechend.

Elfter Teil
Inkrafttreten

§ 335 Verweisung auf das Einführungsgesetz

Dieses Gesetz tritt an dem Tage in Kraft, der durch das Einführungsgesetz zur Insolvenzordnung bestimmt wird.

Insolvenzordnung
Kommentar

Erster Teil
Allgemeine Vorschriften

Vorbemerkungen vor §§ 1 ff.
Die Reform des Insolvenzrechts durch die InsO

Inhaltsübersicht: Rz.

- A. Übersicht 1– 2
- B. Geschichte der Reformbestrebungen 3– 9
- C. Reformbedarf 10
  - I. Die Zahlen 11–13
  - II. Funkionsverlust des Insolvenzrechts 14–16
  - III. Mangelnder rechtlicher Rahmen für die Sanierung 17–19
- D. Zielsetzungen der Reform 20–33
  - I. Ordnungsaufgabe des Insolvenzrechts 20–26
  - II. Die einzelnen Ziele 27–33
- E. Grundzüge der Umsetzung der Reformziele 34–44
- F. Wertung und Ausblick 45–48

Literatur:

Doehring Insolvenzen im statistischen Blickfeld, KTS 1993, 197; *Hofmann* Zur Geschichte der Reform des Insolvenzrechtes DRiZ 1994, 422; *Pick* Die (neue) Insolvenzordnung – ein Überblick, NJW 1995, 992.

Gesetzentwurf der Bundesregierung – Entwurf einer Insolvenzordnung (InsO) 15. 04. 1992, BT-Drucks. 12/2443;
Gesetzentwurf der Bundesregierung – Entwurf eines Einführungsgesetzes zur Insolvenzordnung (EGInsO) 24. 11. 1992, BT-Drucks. 12/3803;
Bericht des Rechtsausschusses des Deutschen Bundestages zum Gesetzesentwurf der InsO 13. 04. 1994, BT-Drucks. 12/7302 (mit Berichtigung in BT-Drucks. 12/8506);
Bericht des Rechtsausschusses des Deutschen Bundestages zum Gesetzentwurf der EGInsO 13. 04. 1994, Bz-Drucks. 12/7303 (mit Berichtigung in BT-Drucks. 12/8506).
Die Materialien sind (auszugsweise) abgedruckt bei – *Balz/Landfermann* Die neuen Insolvenzgesetze; *Schmidt-Räntsch* Insolvenzordnung mit Einführungsgesetz (jeweils mit Darstellung der Gesetzgebungsgeschichte auch nach Einbringen des Gesetzentwurfes der Bundesregierung und der nachträglichen Änderungen).

A. Übersicht

Die ersten Reformbestrebungen zur KO, eines der Reichsjustizgesetze aus dem Jahre 1877, stammen bereits aus der Zeit vor der Jahrhundertwende. Die Ursprünge der zur Schaffung der InsO führenden Reform reichen zurück bis in die Mitte der 70er Jahre. Die

Zielsetzungen der Reform haben sich im Laufe des mehrjährigen Gesetzgebungsverfahrens – auch unter dem Einfluß des ausländischen Insolvenzrechts – teilweise geändert. Zur Durchsetzung der Reformziele hat der Gesetzgeber in der InsO und – durch Änderung einer Vielzahl anderer Gesetze – im EGInsO zahlreiche zum Teil neuartiger Regelungen getroffen. Die wesentlichen Ziele des Insolvenzverfahrens werden in § 1 aufzählt. (Die nachfolgende Darstellung orientiert sich im wesentlichen an der allgemeinen Begründung zum RegEInsO, BT-Drucks. 12/2443 S. 72 ff.)

2 Ob und inwieweit sich in der Praxis die gesetzgeberischen Zielsetzungen verwirklichen lassen, ist jedoch zumindest in Teilbereichen fraglich. Insbesondere die mögliche unzureichende persönliche Ausstattung der Insolvenzgerichte und Unklarheiten bei der Verbraucherinsolvenz (Mindestquote bei der Restschuldbefreiung, Prozeßkostenhilfe) wirken sich belastend aus.

B. Geschichte der Reformbestrebungen

3 Bereits im Jahre 1893 gab es einen Versuch zur Änderung der am 01. 10. 1879 in Kraft getretenen KO. Während der Gesetzgeber der KO die Notwendigkeit betont hatte, gescheiterte Schuldner aus dem Wirtschaftsverkehr auszuscheiden, stieß schon vor dem ersten Weltkrieg Jaegers Äußerung, der Konkurs sei ein »Wertvernichter schlimmster Art« auf Widerhall. Die vordringlichste Reformaufgabe wurde nun darin gesehen, den Konkurs abzuwenden. Gleich zu Beginn des ersten Weltkrieges sollte eine neuartige »Geschäftsaufsicht zur Abwendung des Konkursverfahrens« insolvente Geschäftsleute »vor dem Konkurs und den damit verbundenen Schädigungen bewahren und ihnen über die schlimme Zeit ohne Zusammenbruch hinweghelfen«. 1916 wurde die Geschäftsaufsicht um den Zwangsvergleich im Geschäftsaufsichtsverfahren ergänzt. Die erste Vergleichsordnung von 1927 war ein aus der Wirtschaftskrise hervorgegangenes Gesetz, mit dem man einer weithin beklagten »Gemeinschädlichkeit des Konkurses« begegnen wollte. Die Reformbestrebungen, im Interesse des »Volksganzen« und zur Vermeidung von Mißbräuchen den Einfluß des Gerichts und des Vergleichsverwalters zu stärken, mündeten in die Vergleichsordnung von 1935. Bei einem nicht weiter verfolgten Entwurf zur Änderung der Konkursordnung aus dem Jahre 1937/38 ging es u. a. um die Stärkung der Stellung des Richters, die Verschärfung des Anfechtungsrechts zu Gunsten der Gläubiger, den Abbau von Privilegien sowie die bessere Abstimmung von Zwangsvergleich und Vergleich.

4 Nach dem zweiten Weltkrieg kehrten die Reformthemen der Vorkriegszeit wieder. Leitmotive waren die Forderungen nach einer stärkeren Gleichbehandlung der Gläubiger und dem Abbau nicht nur der Konkursvorrechte, sondern auch dinglicher Vorzugsstellungen, sowie die Klage über die angebliche Soziallastigkeit der Verfahren. Die Forderungen gingen in Richtung einer großen Insolvenzrechtsreform, insbesondere sollten Konkurs und Vergleich in einem einheitlichen, durchgängig am Gläubigerinteresse ausgerichteten Verfahren zusammengefaßt werden.

5 In der letzten Phase vor Einleitung der Insolvenzrechtsreform fand die wachsende Überzeugung von der Reformbedürftigkeit des Insolvenzrechts ihre Verdichtung in dem von Kilger geprägten Schlagwort vom **»Konkurs des Konkurses«**. Dessen Ursachen sah man in einer übersteigerten Entwicklung der publizitätslosen Sicherungsrechte, insbesondere des Eigentumsvorbehaltes und der Sicherungsübereignung, und in der zunehmenden Massebelastung durch Masseschulden und Massekosten. Der Funktionsverlust von Konkurs- und Vergleichsrecht dokumentierte sich vor allem in der sehr

großen Anzahl von Abweisungen der Konkursanträge mangels Masse, den im Durchschnitt ausgesprochen niedrigen Konkursquoten sowie der fast völligen Bedeutungslosigkeit des Vergleichsverfahrens.

Eine vom Bundesministerium der Justiz im Jahre 1976 und 1977 durchgeführte Prüfung 6
ergab, daß isolierte Einzeländerungen der KO und der Vergleichsordnung den Reformbedürfnissen insgesamt nicht gerecht werden würden. Nachdem 1978 Ergebnisse einer umfangreichen rechtstatsächlichen Untersuchung zur Praxis der Konkursabwicklung in der Bundesrepublik Deutschland vorlagen, berief der damalige Bundesminister der Justiz, Dr. Hans-Jochen Vogel, eine Sachverständigenkommission für Insolvenzrecht ein. Die Kommission arbeitete ein umfassendes Regelungsmodell aus und faßte die Ergebnisse als begründete Leitsätze in zwei Berichten zusammen, die 1985 und 1986 vom Bundesminister der Justiz herausgegeben wurden. Die zu den Kommissionsberichten ergangenen Stellungnahmen flossen ein in den Diskussionsentwurf eines Gesetzes zur Reform des Insolvenzrechts (August 1988, Ergänzungsentwurf Juni 1989) und des nahezu deckungsgleichen Referentenentwurfes eines Gesetzes zur Reform des Insolvenzrechts (November 1989). Die aufgrund des Einigungsvertrages ergangene und 1990 in Kraft getretene Gesamtvollstreckungsordnung (GesO) für die fünf neuen Bundesländer einschließlich Ost-Berlin wies bereits einige der auch in der InsO verwirklichten Reformelemente auf, so z. B.: Aufgabe der Zweispurigkeit von Konkurs- und Vergleichsverfahren, Wegfall des Erfordernisses der »Vergleichswürdigkeit des Schuldners« für das Zustandekommen eines Vergleichs, Einordnung der Lohnforderungen freigestellter Arbeitnehmer als nachrangige Masseschulden, Abschwächung der unbegrenzten Nachhaftung natürlicher Personen nach Durchführung des Insolvenzverfahrens durch Gewährung eines Vollstreckungsschutzes.

Die Reformbestrebungen mündeten im November 1991 in den Regierungsentwurf einer 7
Insolvenzordnung (BT-Drucks. 12/2443) und nachfolgend eines Entwurfs eines Einführungsgesetzes zur Insolvenzordnung (BT-Drucks. 12/3803). Zahlreiche Vorschläge des Rechtsausschusses des Deutschen Bundestages zur InsO (BT-Drucks. 12/7302 mit Berichtigung in BT-Drucks. 12/8506) und zur EGInsO (BT-Drucks. 12/7303 mit Berichtigung in BT-Drucks. 12/8506) führten zu zum Teil weitreichenden Änderungen und Neuerungen, letzteres z. B. durch Schaffung eines neuartigen Verbraucherinsolvenzverfahrens (§§ 304–314).

Das ursprünglich vorgesehene Datum des Inkrafttretens zum 01. 01. 1997 wurde auf- 8
grund eines Vorschlages des Vermittlungsausschusses, der vom Bundesrat angerufen worden war, um zwei Jahre bis zum 01. 01. 1999 im Hinblick auf die zu erwartende Mehrbelastung der Justiz hinausgeschoben. Zugleich forderte der Bundesrat justizentlastende Maßnahmen außerhalb des Bereiches des Insolvenzrechts an, um auf diese Weise die durch die Insolvenzrechtsreform erwartete Mehrbelastung der Justiz auffangen zu können.

Im weiteren Verlauf wurde von den Bundesländern die »**Reform der Reform**« noch vor 9
dem Inkrafttreten der InsO ins Gespräch gebracht. Die von der Justizministerkonferenz beschlossenen Änderungsvorschläge (ZIP 1997, 1207) fanden ihren Ausdruck im Entwurf Bayerns zur Änderung der Insolvenzordnung und anderer Gesetze (BR-Drucks. 783/97). Im Vordergrund stand die Einführung einer **Mindestquote** im Verbraucherinsolvenzverfahren nach österreichischem Vorbild durch Anfügung eines Satzes 2 in § 305 Abs. 1 Nr. 4, der lauten sollte: »Eine Schuldenbereinigung ist in der Regel nur dann als angemessen anzusehen, wenn den Gläubigern bei Durchführung des Planes mindestens zehn vom Hundert ihrer Forderungen gewährt werden«. Die Erteilung einer Restschuldbefreiung sollte auf Antrag eines Insolvenzgläubigers versagt werden können, wenn die

Gläubiger während der Laufzeit der Abtretungserklärung nicht – von Ausnahmefällen abgesehen – zehn vom Hundert der Forderungen erhalten hatten (§ 300 Abs. 1 Satz 2, 3 Entwurf). Durch Ausschluß der Möglichkeit eines Verbraucherentschuldungsverfahrens auf der Grundlage eines sogenannten Null-Planes hofften die Länder die erwartete Verfahrenszahl von 170 000 Verfahren auf 50 000 Verfahren zu senken und dadurch Ausgaben für Personalkosten und – möglicherweise aus verfassungsrechtlichen Gründen zu gewährende – **Prozeßkostenhilfe** von rund einer halben Milliarde DM einzusparen. Dieses Gesetzesvorhaben wurde jedoch nicht weiterverfolgt, ebenso nicht eine Länderinitiative, das Inkrafttreten auf das Jahr 2002 zu verschieben (BR-Drucks. 754/97). Durch die in der 2. Zwangsvollstreckungsnovelle vorgenommene Verlagerung der Abnahme eidesstattlicher Versicherungen auf die Gerichtsvollzieher sollen 2000 Rechtspflegerstellen frei werden, bei einem Mehrbedarf an 600 Gerichtsvollzieherstellen. Offen ist, wie der geschätzte Mehrbedarf von ca. 500 Richtern abgedeckt werden kann und der Bedarf von ca. 1700 Mitarbeitern in den sog. Folgediensten.

C. Reformbedarf

10 Der Reformbedarf wurde aus einer Vielzahl von Gründen hergeleitet, die sich auf verschiedenen Ebenen widerspiegelten.

I. Die Zahlen

11 Die weitgehende Funktionsunfähigkeit des Konkursrechtes wird in der Gesetzesbegründung bereits aus der Entwicklung der statistischen Zahlen hergeleitet. Der Anteil der Verfahren, bei denen die Eröffnung mangels Masse abgewiesen wurde, ist im Laufe der Jahre ständig angestiegen. Der Anteil lag 1950 bei 27 %, 1960 bei 35 % und 1970 bei 47 %. Seit 1980 liegt der Anteil der Abweisungen bei durchschnittlich 75 % (Insolvenzstatistik 1996, ZIP 1997, 1766). Zu der **geringen Eröffnungsquote von 25 %** tritt bei eröffneten Verfahren hinzu, daß wegen Zahl und Ausmaß der Vorrechtsforderungen nicht bevorrechtigte Gläubiger lediglich etwa 5 % auf ihre Forderungen erhalten. Bevorrechtigte Gläubiger erhalten im Durchschnitt 20 %.

12 Darüber hinaus war das Vergleichsverfahren zur Bedeutungslosigkeit herabgesunken. Die Zahl der eröffneten Vergleichsverfahren betrug laut Insolvenzstatistik 1997 lediglich 35 Verfahren. Die Zahl der Zwangsvergleiche im eröffneten Konkursverfahren wird in der Gesetzesbegründung auf lediglich 8 % beziffert.

13 Die Verluste für die Gläubiger wurden für den Zeitraum 1950 – 1990 auf annähernd 200 Milliarden DM beziffert (*Doehring* KTS 1993, 197 [200]). Die letztmals in der Insolvenzstatistik für 1990 aufgeführten Insolvenzverluste wurden für das Jahr 1990 auf 9 Milliarden DM geschätzt (ZIP 1991, 411). Für den nachfolgenden Zeitraum wurden die Verluste von Privatgläubigern auf ca. 18 Milliarden DM und für die öffentliche Hand auf ca. 12 Milliarden DM im Jahr und der volkswirtschaftliche Schaden auf rund 70 Milliarden DM geschätzt (*Pick* NJW 1995, 992 [993 mit Fn. 10]).

Vor §§ 1 ff.

II. Funktionsverlust des Insolvenzrechts

Durch diesen Funktionsverlust des Insolvenzrechts sah der Gesetzgeber die Überzeugungskraft der Rechtsordnung infrage gestellt. Das Versagen der Konkursordnung führte zu schweren Mißständen. Nahezu vermögenslose Schuldner, vor allem insolvente GmbHs, konnten am Rechtsverkehr teilnehmen und andere schädigen, ihr Marktaustritt konnte nicht erzwungen werden. Wegen der in 75 % der Fälle erfolgten Abweisung des Antrags mangels Masse konnten Haftungsansprüche gegen Gesellschafter/Geschäftsführer nicht geltend gemacht werden, Vermögensmanipulationen blieben unentdeckt und konnten nicht rückgängig gemacht werden. Gerade diejenigen Schuldner, deren Vermögen die Kosten eines Verfahrens nicht mehr deckte, wurden von den Folgen ihres illoyalen Verhaltens verschont. 14

Durch die häufige Nichteröffnung des Verfahrens kam es nicht zu einer geordneten gleichmäßigen Gläubigerbefriedigung. Wer seine Interessen härter durchsetzen konnte oder gute Beziehungen zum Schuldner unterhielt, hatte bessere Befriedigungschancen. 15

Durch den Zugriff der gesicherten Gläubiger auf das Sicherungsgut wurde häufig das Betriebsvermögen zerschlagen, da annähernd 4/5 des bei insolventen Schuldnern vorhandenen Vermögens mit Aus- und Absonderungsrechten Dritter belastet war. Fortführung oder Veräußerung des Betriebes wurden dadurch unmöglich gemacht. Arbeitnehmer verloren ihren Arbeitsplatz, Lohnansprüche waren nur teilweise durch das Konkursausfallgeld (das heutige Insolvenzgeld) abgedeckt. 16

III. Mangelnder rechtlicher Rahmen für die Sanierung

Als folgenschwersten Mangel sah der Gesetzgeber an, daß den Beteiligten kein funktionsfähiger rechtlicher Rahmen für die Sanierung notwendiger Unternehmen zur Verfügung stand. Insbesondere die unter heutigen Eigenkapitalverhältnissen unrealistisch hohe Mindestquote von 35 % (§ 7 Abs. 1 VerglO) stellte für die Sanierung erhaltenswerter Unternehmen oft eine unüberwindliche Hürde dar. Es blieb nur der Weg der übertragenen Sanierung, d. h. Übertragung des Unternehmens aus der Insolvenzmasse auf einen neuen Unternehmensträger. Diese Möglichkeit schied aus, wenn mangels Masse ein Verfahren gar nicht eröffnet oder der Verbundwert des lebenden Unternehmens durch den Einzelzugriff der Sicherungsgläubiger zerschlagen wurde. Durch diese Mängel verlor auch der Schuldner die Chance einer endgültigen Schuldenbereinigung durch einen Vergleich oder Zwangsvergleich. 17

Die Sanierung von Unternehmen war abgesehen von spektakulären Fällen wie z. B. AEG oder Metallgesellschaft die große Ausnahme. Insbesondere kleinere und mittlere Unternehmen wurden liquidiert. 18

Schließlich wurde ein wesentlicher Mangel in dem Nebeneinander von Konkurs- und Vergleichsverfahren gesehen. Hinzu kam ab 1990 die Geltung der GesO im Beitrittsgebiet. Die starre Mindestquote von 35 % verhinderte eine Sanierung nach der Vergleichsordnung. Stattdessen wurde das Konkursverfahren als Sanierungsinstrument zweckentfremdet. Eine Veräußerung des Unternehmens zu seinem wirklichen Fortführungswert war nicht gewährleistet. Die Technik der übertragenen Sanierung führte dazu, daß die Gläubiger durch die Trennung von Aktiv- und Passivvermögen vom Sanierungserfolg, also von der Teilhabe am Fortführungsmehrwert des Unternehmens, ausgeschlossen wurden. In den Fällen der Selbstsanierungen wurden insbesondere GmbHs planmäßig in 19 den Konkurs geführt, damit das Aktivvermögen auf eine Auffanggesellschaft übertragen werden konnte, die von den gleichen Gesellschaftern oder ihnen nahestehenden Personen getragen wurde.

D. Zielsetzungen der Reform

I. Ordnungsaufgabe des Insolvenzrechts

20 Der Gesetzgeber mißt dem Insolvenzrecht in der sozialen Marktwirtschaft eine Ordnungsaufgabe zu. Dies wirkt sich aus auf die im einzelnen mit der Reform verfolgte Ziele, die in den § 1 genannten Zielen des Insolvenzverfahrens zusammenfassend erwähnt sind, sowie in der konkreten Umsetzung in den nachfolgenden Vorschriften.

21 Das Insolvenzrecht soll, wie alles Recht in demokratischem und sozialem Rechtsstaat, einen **gerechten Ausgleich** schaffen, den Schwächeren schützen und Frieden stiften. Die Insolvenz stellt aber nicht lediglich einen Verteilungskonflikt dar. Das Insolvenzrecht ist vielmehr für die Funktion der Marktwirtschaft von grundliegender Bedeutung. Es geht um die richtige rechtliche Ordnung des Marktaustritts oder des finanziellen Umbaus am Markt versagender Wirtschaftseinheiten. Kommt es zur Insolvenz, hat nicht der Markt versagt. Eine wirtschaftspolitische Instrumentalisierung des Insolvenzrechts ist daher abzulehnen. Das Insolvenzverfahren soll Marktgesetze nicht außer Kraft setzen, notleidende Unternehmen sollen nicht zwangsweise aus dem Vermögen der privaten Verfahrensbeteiligten subventioniert werden. Der Gesetzgeber will die Effizienz des volkswirtschaftlichen Resourceneinsatzes nicht beeinträchtigt und den Strukturwandel der Volkswirtschaft nicht behindert sehen. Die Reform will den wirtschaftlichen Sachverhalt der Insolvenz nicht abschaffen, sondern nur seine wirtschaftlich sinnvolle und gerechte Bewältigung erleichtern. Nach dem Willen des Gesetzgebers dient das gerichtliche Insolvenzverfahren auch nicht dazu, das Arbeitsplatzinteresse der Arbeitnehmer gegenüber Rentabilitätsgesichtspunkten durchzusetzen.

22 Die Reform vertraut darauf, daß marktwirtschaftlich getroffene Entscheidungen am ehesten ein Höchstmaß an Wohlfahrt herbeiführen und somit auch im gesamtwirtschaftlichen Interesse liegen. Ziel des Gesetzgebers ist es deshalb, die Entscheidungsstruktur im gerichtlichen Insolvenzverfahren marktkonform auszugestalten. Auch zukünftig vorkommende Fehlentscheidungen sind dann denen zuzurechnen, um deren Vermögenswerte es in dem Verfahren geht, nicht aber der Justiz.

23 Das Ziel des Insolvenzverfahrens, die Gläubiger eines Schuldners gemeinschaftlich zu befriedigen (§ 1 Satz 1), kann auf verschiedene Weise erreicht werden. Unter marktwirtschaftlichen Bedingungen kommt es zur **Liquidation**, wenn der Liquidationswert höher als der Fortführungswert ist. Ein Unternehmen wird **saniert**, wenn seine Fortführung – durch den bisherigen oder neuen Rechtsträger – für die Beteiligten oder für neue Geldgeber vorteilhafter ist als seine Liquidation. Über die Sanierungswürdigkeit zu entscheiden, ist nicht Aufgabe des Gerichts, sondern der Beteiligten.

24 Das Verfahren kann nach den gesetzlichen Vorschriften abgewickelt werden, aber auch durch eine Übereinkunft der Beteiligten in einem Insolvenzplan abweichend von den gesetzlichen Vorschriften vollzogen werden. Unter dem letztgenannten Gesichtspunkt soll das Verfahren den Beteiligten ein Höchstmaß an Flexibilität bieten, gegenüber dem alten Recht strebt der Gesetzgeber eine Deregulierung des Insolvenzrechts an. Aus diesem Ziel folgt zudem der starke Einfluß, der den Gläubigern auf den Beginn, den Ablauf und die Beendigung des Verfahrens eingeräumt ist.

Als Grundvoraussetzung chancenreicher Sanierungsverhandlungen hat der Gesetzgeber 25 allerdings den Einzelzugriff von Sicherungsgläubigern unterbunden und diese gesicherten Gläubiger in das Gesamtverfahren einbezogen.

Für Schuldner, die natürliche Personen sind, hat der Gesetzgeber weiter die Möglichkeit 26 geschaffen, sich von der Haftung auch für solche Verbindlichkeiten zu befreien, die aus seinem vorhandenen Vermögen nicht erfüllt werden können. Diese **Schuldbefreiung** kann für Verbraucher und Kleingewerbetreibende durch das Verbraucherinsolvenzverfahren sowie für diese Personen und sämtliche anderen natürlichen Personen (falls dies bei letzteren nicht durch einen Insolvenzplan geschieht), durch die Restschuldbefreiung erfolgen.

II. Die einzelnen Ziele

a) Aus der bereits oben (s. Rz. 20 ff.) erwähnten Marktkonformität der Insolvenzabwick- 27 lung folgt, daß Ziel des Verfahrens die **bestmögliche Verwertung** des Schuldnervermögens und die optimale Abwicklung oder Umgestaltung der Finanzstruktur des Schuldners ist. Liquidation, übertragene Sanierung und Sanierung des Schuldners sind gleichrangig. Welche Vorgehensweise am sinnvollsten ist, läßt sich nur im Einzelfall entscheiden. Sämtliche Verwertungsarten werden den Beteiligten gleichrangig angeboten. Durch die Herstellung marktkonformer Rahmenbedingungen für die Entscheidung über Liquidation oder Sanierung eines Unternehmens soll die dem alten Recht eigene Tendenz zur Zerschlagung beseitigt werden. Die Herbeiführung von Sanierung ist jedoch kein eigenständiges Reformziel.

Der Gesetzgeber sieht es als Ziel der Marktkonformität an, externe Wirkungen des 28 Individualzugriffs auszuschalten und gesicherte Gläubiger in das Insolvenzverfahren einzubinden. Die Masseverwertung wird nämlich behindert, wenn einzelne Sicherungsgläubiger das ihnen haftende Sicherungsgut aus dem technisch-organisatorischen Verbund des Schuldnervermögens lösen und damit die Realisierung und Erhaltung des Verbundwertes verhindern können. Ansonsten soll den Beteiligten im Sinne einer Deregulierung der Insolvenzabwicklung ein Höchstmaß an Flexibilität eingeräumt werden. Das Insolvenzgericht ist im wesentlichen Hüter der Rechtmäßigkeit des Verfahrens. Aufgabe des Insolvenzverwalters ist es, die Interesse der Beteiligten, insbesondere der Gläubiger, zu wahren.

b) Die Verfahrens**eröffnung** soll zeitlich **früher** erfolgen und erleichtert werden. 29 Dadurch soll in mehr Fällen als bisher eine geordnete Abwicklung der Insolvenz ermöglicht werden auf der Grundlage des den Beteiligten eingeräumten weiten Gestaltungsspielraumes (s. o. Rz. 23 f.).

c) **Mehr Verteilungsgerechtigkeit** soll durch den Wegfall von Vorrechten erreicht 30 werden. Die Einräumung eines Vorrechtes bedeutet nämlich häufig den Ausschluß der nicht privilegierten Gläubiger. Die einfachen Insolvenzgläubiger sollen deutlich höhere Quoten erwarten dürfen.

d) Durch eine **Verschärfung des Anfechtungsrechts** soll eine bessere Bekämpfung 31 gläubigerschädigender Manipulationen erreicht werden. Oftmals werden im Vorfeld der Insolvenz erheblicher Vermögenswerte auf Dritte übertragen. Diese Manipulationen sind zu einem erheblichen Teil für die Massearmut verantwortlich. Die Rückabwicklung soll eine wesentliche Anreicherung der Insolvenzmasse und damit auch eine Erleichterung der Verfahrenseröffnung ermöglichen.

Vor §§ 1 ff. *Allgemeine Vorschriften*

32 e) Durch die **Restschuldbefreiung** soll eine endgültige Schuldenbereinigung erleichtert werden. Festgestellte bzw. titulierte Forderungen verjähren in dreißig Jahren, Vollstreckungshandlungen unterbrechen die Verjährung mit der Folge, daß selbst junge Schuldner häufig bis an ihr Lebensende haften. Schattenwirtschaft und Schwarzarbeit sind häufig die Folge. Die Zahl der Verbraucherverschuldung nimmt zu. 2 Millionen private Haushalte dürften in der Bundesrepublik überschuldet sein. Das bisherige Konkurs- und Vergleichsverfahren bot den Betroffenen keine praktische Hilfe.

33 f) Mit dem Ziel der Erleichterung der Restschuldbefreiung eng verknüpft ist ein weiteres Reformziel, das allerdings erst während der parlamentarischen Beratung erkannt, formuliert und eingefügt wurde: Die Schaffung eines **für Verbraucher** und sonstige Kleininsolvenzen **zugeschnittenen Insolvenzverfahrens**.

E. Grundzüge der Umsetzung der Reformziele

34 Zur Umsetzung seiner Reformziele hat der Gesetzgeber eine Vielzahl von Neuregelungen getroffen, die nachfolgend in ihren **Grundzügen** aufgezeigt werden:

35 a) Schaffung eines einheitlichen Insolvenzverfahrens, das die Funktion von Konkurs und Vergleich in sich vereint aufgrund der Forderung nach Marktkonformität, die den Beteiligten alle Verwertungsarten gleichrangig zur Verfügung stellen soll.

36 b) Die rechtzeitige und leichtere Eröffnung des Verfahrens wird mit einer Reihe von Maßnahmen verfolgt, wie z. B.
 – Einführung des Eröffnungsgrundes der drohenden Zahlungsunfähigkeit (§ 18).
 – Eröffnung des Verfahrens bereits dann, wenn die Kosten (§ 54) voraussichtlich gedeckt sind (§ 26 Abs. 1 Satz 1), ohne daß es auf weitere Verbindlichkeiten ankommt.
 – Verschärfung des Anfechtungsrechts (§§ 129 ff.) mit dem Ziel der Anreicherung der Insolvenzmasse und Erleichterung der Verfahrenseröffnung.
 – Anreize für den Schuldner zur rechtzeitigen Antragstellung, insbesondere bei drohender Zahlungsunfähigkeit im Hinblick auf die Möglichkeit der Restschuldbefreiung und der Eigenverwaltung.

37 c) Durch die Einbeziehung der gesicherten Gläubiger soll die Zerschlagungsautomatik des alten Insolvenzrechts beseitigt werden, die sich aus der fehlenden Abstimmung zwischen Kreditsicherungs- und Insolvenzrecht ergibt. Im Eröffnungsverfahren können im Rahmen der Anordnung von Sicherungsmaßnahmen Zwangsvollstreckungs- und Zwangsversteigerung unterbunden werden (§ 21 Abs. 2 Nr. 3, § 30d Abs. 4 ZVG). Im eröffneten Verfahren sind Vollstreckungsmöglichkeiten eingeschränkt (§§ 88, 90, § 30d Abs. 1 ZVG). Die Gläubiger sind an den Feststellungs- und Verwertungskosten beteiligt (z. B. § 170 Abs. 1).

38 d) Die allgemeinen Konkursvorrechte (§ 61 KO) werden abgeschafft. Dadurch soll sich die durchschnittliche Quote der einfachen Insolvenzgläubiger erhöhen und diese Gläubiger sollen verstärkt am Ablauf des Insolvenzverfahrens interessiert werden.

39 e) Der Insolvenzplan tritt an die Stelle von Vergleich und Zwangsvergleich und gestaltet diese grundlegend um. Die Beteiligten können von sämtlichen Vorschriften über die Zwangsverwertung und Verteilung abweichende Regelungen treffen. Deregulierung der Insolvenzabwicklung und Flexibilität gestattet es den Beteiligten, die für sie günstigste Art der Insolvenzabwicklung durchzusetzen.

40 f) Der Schutz der Arbeitnehmer bleibt dadurch gewahrt, daß der gesetzliche Kündigungsschutz auch bei Übertragung eines Betriebes oder Betriebsteiles gilt. § 613a BGB gilt auch im Insolvenzverfahren.

Vor §§ 1 ff.

g) Auf Wunsch der Gläubiger kann dem Schuldner die Fortführung oder die Abwicklung 41
seines Betriebes und gegebenenfalls eine Sanierung in Form der Eigenverwaltung
überlassen werden. Nach Auffassung des Gesetzgebers kann hierdurch in geeigneten
Fällen eine kostengünstige und wirtschaftlich sinnvolle Abwicklung erreicht und ein
Anreiz für einen frühzeitigen Eröffnungsantrag gegeben werden.

h) Hinsichtlich der Restschuldbefreiung schlägt die InsO zwischen dem geltenden Recht 42
der freien Nachforderung und den recht schuldnerfreundlichen angelsächsischen Rechten einen Mittelweg ein. Anders als insbesondere im amerikanischen Recht soll die
insolvenzmäßige Verwertung des Schuldnervermögens allein noch nicht zur Entschuldung führen, die Restschuldbefreiung ist vielmehr an eine Reihe weiterer Voraussetzungen geknüpft.

i) Für die Abwicklung von Verbraucherinsolvenzen und sonstigen Kleinverfahren sieht 43
die InsO ein eigenes, von den Regeln im Insolvenzverfahren abweichendes Verfahren
vor. Der gütlichen, außergerichtlichen Einigung zwischen Schuldnern und Gläubigern
wird dabei Vorrang eingeräumt. Nur wenn diese Einigung scheitert, ist ein Gerichtsverfahren zulässig. In einem Schuldenbereinigungsplan, der den im Regelinsolvenzverfahren vorgesehenen Insolvenzplan ersetzt, kann nach Zustimmung der Gläubiger oder
gerichtlicher Ersetzung der Zustimmung eine Regelung der Schulden erfolgen, wobei
der Schuldenbereinigungsplan die Wirkung eines Vergleichs hat.

j) Schließlich sind benachbarte Rechtsgebiete angepaßt worden. Zu nennen sind beispielhaft die Neufassung des Anfechtungsrechts außerhalb des Insolvenzverfahrens, die 44
Aufhebung des § 419 BGB und der neu eingefügte § 30 d ZVG mit der Möglichkeit der
einstweiligen Einstellung der Zwangsvollstreckung in unbewegliches Vermögen.

F. Wertung und Ausblick

Ob und inwieweit der Gesetzgeber seine Reformziele erreicht und ob und inwieweit die 45
zur Umsetzung getroffenen Maßnahmen dazu geeignet sind, bleibt abzuwarten. Folgendes ist aber an dieser Stelle anzumerken:

Die angestrebte Marktkonformität des Insolvenzverfahrens wird sich auch in Zukunft 46
nicht uneingeschränkt durchführen lassen. Bei drohendem Verlust von Arbeitsplätzen
jedenfalls im größerem Umfang wird der Ruf nach staatlichem Eingreifen (Subventionen, Bürgschaften) immer wieder aufkommen.

Der Erwartung des Gesetzgebers auf eine vermehrte Eröffnung statt der Abweisung 47
mangels Masse (in derzeit ca. 75 % der Fälle) ist mit Skepsis zu begegnen. Bereits nach
altem Recht konnten und wurden massearme oder masselose Verfahren eröffnet im
Hinblick darauf, daß der Insolvenzverwalter nach Bewilligung von Prozeßkostenhilfe
durch das zuständige Prozeßgericht voraus sichtlich im Klagewege die Masse zumindest
in Höhe der zu erwartenden Massekosten anreichern konnte. Neu eingefügte Vorschriften wie z.B. § 26 Abs. 3 dürften hingegen kaum weiterhelfen. Im Bereich der Unternehmensinsolvenzen ist mit grundlegenden Änderungen nur zu rechnen, wenn
Schuldner bereits bei drohender Zahlungsunfähigkeit (§ 18) den Antrag stellen.

Ob Restschuldbefreiung und Verbraucherinsolvenzverfahren eine große Bedeutung 48
erlangen, hängt davon ab, ob eine Mindestquote gefordert wird. Nachdem eine Mindestquote von 10 % nicht Gesetz geworden ist (s.o. Rz. 9), wird diese Frage von der
Rechtsprechung zu klären sein mit der Folge, daß bis zum Vorliegen einer höchstrichterlichen Entscheidung ein schwer erträglicher Zustand der Rechtsunsicherheit herrschen
wird. Bei Einführung einer Mindestquote dürften Restschuldbefreiung und Verbraucher-

insolvenzverfahren ein Schattendasein führen ähnlich wie in Österreich, wo innerhalb eines Zeitraumes des Jahres 1995 von ca. 120 000 überschuldeten Personen nur 900 (0,75 %) einen Antrag auf Eröffnung des sog. Verbraucherkonkursverfahrens stellten. Wird eine Mindestquote nicht gefordert, wird bei Insolvenzgerichten eine nicht absehbare Zahl von Anträgen eingehen. Ob die Insolvenzgerichte von ihrer sächlichen und personellen Ausstattung her zur Bewältigung einer derartigen Antragsflut ausgestattet sind, ist mehr als zweifelhaft.

§ 1
Ziele des Insolvenzverfahrens

¹**Das Insolvenzverfahren dient dazu, die Gläubiger eines Schuldners gemeinschaftlich zu befriedigen, indem das Vermögen des Schuldners verwertet und der Erlös verteilt oder in einem Insolvenzplan eine abweichende Regelung insbesondere zum Erhalt des Unternehmens getroffen wird.** ²**Dem redlichen Schuldner wird Gelegenheit gegeben, sich von seinen restlichen Verbindlichkeiten zu befreien.**

Inhaltsübersicht: Rz.

A. Stellung des Insolvenzrechts 1– 5
B. Bedeutung des Insolvenzrechts 6– 8
C. Ziele des Insolvenzrechts 9–19

Literatur:

Arnold Das Insolvenzverfahren für Verbraucher und Kleingewerbetreibende nach der Insolvenzordnung von 1994, DGVZ 1996, 129; *Grote* Der 1. 7. 1998 – Startschuß für das Verbraucherinsolvenzverfahren?, ZInsO 1998, 107; *Heyer* Der »Null-Plan« im Verbraucherinsolvenzverfahren, JR 1996, 314; *Pape* Restschuldbefreiung und Masselosigkeit, Rpfleger 1997, 237.

A. Stellung des Insolvenzrechts

1 Der Gläubiger einer titulierten Forderung wird deren zwangsweise Durchsetzung regelmäßig zunächst im Wege der Einzelzwangsvollstreckung (gem. §§ 704 ff. ZPO) versuchen. Häufig kommt es zu einem Wettlauf der Gläubiger, da bei mehrfacher Pfändung desselben Gegenstandes aufgrund des Prioritätsprinzipes die Befriedigung nach der Reihenfolge des Zugriffes erfolgt.

2 Reicht das Vermögen des Schuldners zur vollen Befriedigung aller Gläubiger nicht mehr aus, tritt an die Stelle der Einzelzwangsvollstreckung eine **Gesamtvollstreckung**. Erforderlich ist dazu der Antrag des Schuldners oder eines Gläubigers. Das Schuldnervermögen wird zugunsten aller Gläubiger in Beschlag genommen. Ziel des Insolvenzverfahrens als Gesamtvollstreckungsverfahren ist die gemeinschaftliche Befriedigung aller Gläubiger eines Schuldners. Zu beachten ist auch der Gedanke der Schuldenbereinigung (§ 1 Satz 2; s. u. Rz. 13). Die Gläubiger werden in einer festgelegten Reihenfolge befriedigt. Dingliche Rechte Dritter berechtigen zur Aussonderung oder Absonderung. Gläubiger der verbleibenden ungesicherten Forderungen werden regelmäßig nur anteilig

Ziele des Insolvenzverfahrens § 1

mit einer Quote befriedigt. Durch die Gesamtvollstreckung werden die Gläubiger zwangsläufig zu einer »Art Gemeinschaft« verbunden, wobei allerdings unterschiedliche Interessenlagen vorliegen können (*Jauernig* § 67 II. 4).

Das Insolvenzrecht regelt folglich den »Zwangsvollzug der persönlichen Haftung eines 3 in Vermögensverfall geratenen Schuldners im Rahmen der Verlustgemeinschaft der Gläubiger« (*Hess/Obermüller* Die Rechtsstellung der Verfahrensbeteiligten nach der InsO, Rz. 40). Es bildet somit eine Ergänzung des im 8. Buch der Zivilprozeßordnung geregelten Rechtes der Einzelzwangsvollstreckung (BT-Drucks. 12/2443 S. 108).

Beim Insolvenzrecht handelt es sich jedoch **nicht um reines Vollstreckungsrecht**, bei 4 dem anstelle der Individualvollstreckung nur die Gesamtvollstreckung des schuldnerischen Vermögens tritt (*Hess/Pape* InsO/EGInsO Rz. 3 ff.). Antragsberechtigt ist nämlich nicht nur ein Gläubiger, sondern auch der Schuldner. Der Gläubiger kann unter Umständen auch eine nichttitulierte Forderung zum Gegenstand des Antrages machen (s. § 14 Rz. 55 ff.). Statt Liquidation eines schuldnerischen Unternehmens können abweichende Regelungen, insbesondere zum Erhalt des Unternehmens, getroffen werden (§ 1 Satz 1). Natürlichen Personen wird im Rahmen eines globalen Vergleiches die Möglichkeit eingeräumt, sich von ihren restlichen Verbindlichkeiten zu befreien (§ 1 Satz 2). Diese Wirkungen gehen weit über den eigentlichen Vollstreckungszweck hinaus (*Hess/Pape* InsO/EGInsO Rz. 5). Schließlich erfolgt die Verteilung nicht durch staatliche Organe, sondern durch einen vom Insolvenzgericht bestellten, eigenverantwortlich handelnden Insolvenzverwalter (*Hess/Pape* InsO/EGInsO Rz. 8).

Das Insolvenzverfahren wird überwiegend der streitigen Gerichtsbarkeit zugeordnet 5 (s. u. § 4 Rz. 2). Der verfahrensmäßige Ablauf richtet sich – falls die InsO keine Sonderregeln enthält – demgemäß nach den Vorschriften der ZPO (§ 4).

B. Bedeutung des Insolvenzrechts

Die **tatsächliche** Bedeutung des Insolvenzrechtes zeigt sich an der seit Jahren steigenden 6 Zahl von Insolvenzverfahren. In den alten Bundesländern gab es 1985 18 876 Verfahren. Nach einem Rückgang auf 12 992 Verfahren im Jahre 1991 hat sich die Zahl zum Jahre 1996 mit 23 078 fast verdoppelt. Die Gesamtforderungssumme betrug im Jahre 1996 DM 42,9 Milliarden. Für die neuen Bundesländer sind im Jahre 1996 8.393 Insolvenzverfahren verzeichnet (Insolvenzstatistik 1996 ZIP 1997, 1766, 1768).

Die durch die InsO eingeführte Möglichkeit für natürliche Personen, sich von sämtlichen 7 Verbindlichkeiten zu befreien (§ 1 Satz 2), wird zu einer Vielzahl weiterer Insolvenzverfahren führen.

Die **rechtliche** Bedeutung des Insolvenzrechtes erstreckt sich auf fast alle Gebiete des 8 Rechtes. Im Zivilrecht ergeben sich Eingriffe in bestehende Vertragsverhältnisse und deren Abwicklung. Das Kreditsicherungs- und Bankrecht sind vom Insolvenzrecht beeinflußt. Auf dem Gebiet des Arbeitsrechts wirken sich die Kündigungen von Dienstverhältnissen aus. Nicht gezahlter Lohn kann als Insolvenzgeld nach den Vorschriften des SGB III ersetzt werden. Für Gesellschaften kann ein Insolvenzverfahrens zur Auflösung und Abwicklung führen. Ordnungsrechtliche Verantwortlichkeiten können auf den Insolvenzverwalter übergehen, ebenso steuerliche Verpflichtungen nach der Abgabenordnung. Insolvenzspezifische Strafvorschriften existieren sowohl im StGB (§§ 283 ff.) als auch in Sondergesetzen (z. B. § 84 GmbHG bei verspäteter Insolvenzanmeldung).

§ 1 *Allgemeine Vorschriften*

C. Ziele des Insolvenzrechts

9 Beim Konkursverfahren unter Geltung der KO handelte es sich um ein rein vermögensorientiertes Verfahren, bei dem es um die gemeinschaftliche Gläubigerbefriedigung ging. Die Verwertung des schuldnerischen Vermögens erfolgte im Wege der Liquidation durch den Konkursverwalter (§ 117 Abs. 1 KO). Im Laufe der Zeit wurde zunehmend ein (Teil-) Erhalt schuldnerischer Unternehmen durch Sanierung oder übertragene Sanierung versucht. Dies geschah unter Geltung der Verfahrensvorschriften der KO, da sich die Vergleichsordnung zunehmend als wirkungslos erwies.

10 Bei natürlichen Personen bestand für die Durchführung eines Insolvenzverfahrens regelmäßig kein Eigeninteresse. Zu einer praktisch lebenslänglichen Nachhaftung kam es nach Abschluß des Verfahrens wegen der Möglichkeit, 30 Jahre aus bestehenden titulierten Ansprüchen oder zur Tabelle festgestellten Ansprüchen zu vollstrecken, wobei jeder Vollstreckungsversuch die Verjährung unterbrach (§§ 217, 218 BGB).

11 Die ehemalige Zweispurigkeit des Insolvenzverfahrens mit Konkursverfahren und Vergleichsverfahren ist beseitigt, es besteht nur noch ein Insolvenzverfahren. Die InsO nimmt allerdings Abschied vom bisherigen Einheitsverfahren, das unabhängig von der Rechtsform des Schuldners sowie des Vorliegens und des Umfanges einer gewerblichen Tätigkeit galt. Für natürliche Personen und Kleingewerbetreibende ist ein eigenständiges Verbraucherinsolvenzverfahren vorgesehen (§§ 304 ff.).

12 Nach der Gesetzesbegründung liegt dem neuen Verfahren ein **einheitliches Hauptziel** zugrunde, die **bestmögliche Befriedigung der Gläubiger** (BT-Drucks. 12/2443 S. 108). Die gemeinschaftliche Befriedigung der Gläubiger (§ 1 Satz 1) kann auf drei gleichrangigen Wegen der Verwertung erfolgen: Liquidation des Vermögens, Teil-(Sanierung) des schuldnerischen Unternehmens oder übertragene Teil-(Sanierung) durch Verkauf an einen anderen Rechtsträger. Das Verfahren kann nach den gesetzlichen Vorschriften oder durch eine Übereinkunft der Beteiligten im Rahmen eines sogenannten Insolvenzplanes abgewickelt werden, wobei die Entscheidung Aufgabe der Gläubiger ist. Der Gesetzgeber betont dabei, daß der Erhalt von Unternehmen oder Betrieben kein eigenständiges Ziel des Insolvenzverfahrens ist (BT-Drucks. 12/2443 S. 109), sondern dem übergeordneten Zweck bestmöglicher Gläubigerbefriedigung untergeordnet ist..

13 Weiteres Ziel des Insolvenzverfahrens ist es, dem redlichen Schuldner Gelegenheit zu geben, sich von seinen restlichen Verbindlichkeiten zu befreien (**§ 1 Satz 2**). In diesem Zusammenhang ist **streitig**, ob es sich um ein **eigenständiges Verfahrensziel** oder um ein dem Ziel der bestmöglichen Gläubigerbefriedigung nachgeordnetes Verfahrensziel handelt. Von der Beantwortung der Frage kann die Zulässigkeit eines sogenannten »**Null-Planes**« im Schuldenbereinigungsverfahren (§§ 305 ff.) und bei der Restschuldbefreiung (§§ 286 ff.) abhängen. Im Zusammenhang damit steht auch die weitere Frage, ob dem **Schuldner Prozeßkostenhilfe** bewilligt werden kann, um eine Abweisung mangels Masse (§ 26) zu verhindern und dem Schuldner damit den Weg zur Restschuldbefreiung (§§ 286 ff.) zu eröffnen.

14 Die Gesetzesbegründung spricht lediglich die »Möglichkeit« des Schuldners an, sich von der Haftung auch für solche Verbindlichkeiten zu befreien, die aus seinem vorhandenen Vermögen nicht erfüllt werden können (BT-Drucks. 12/2443 S. 109). Die Literatur betrachtet die Haftungsbefreiung teilweise als der Haftungsverwirklichung nachgeordnetes Verfahrensziel (*Häsemeyer* Insolvenzrecht, Rz. 1.12). Teilweise wird in der Restschuldbefreiung aber auch eine Durchbrechung des Prinzipes der optimalen Haftungsverwirklichung gesehen (*Hess/Obermüller* a.a.O. Rz. 39) und betont, daß es sich um einen Beitrag zur Daseinsvorsorge handelt, bei dem der Gesichtspunkt der

Bereinigung der Rechtsverhältnisse des Schuldners durch einen Globalvergleich im Vordergrund steht (*Hess/Pape* InsO/EGInsO Rz. 5).
Im Zusammenhang mit der Zulässigkeit eines »Null-Planes« werden unterschiedliche Standpunkte vertreten (siehe die Übersicht bei *Grote* ZInsO 1998, 107 [109f.]). *Thomas* lehnt die Zulässigkeit eines Null-Planes im Rahmen der Restschuldbefreiung und die Bewilligung von Prozeßkostenhilfe ab, da ansonsten die Restschuldbefreiung der einzige Zweck des Insolvenzverfahrens wäre (*Thomas* Mindestquote als Voraussetzung für die Restschuldbefreiung, Rz. 15 ff. in: Kölner Schriften zur Insolvenzordnung S. 1205 ff.). Auch *Arnold* vertritt die Auffassung, daß die Restschuldbefreiung nicht als eigenständiges einziges Ziel des Insolvenzverfahrens ohne Rücksicht auf die Befriedigung der Gläubiger verfolgt werden kann (*Arnold* DGVZ 1996, 129 [133 f.]). **15**

Pape sieht in der Restschuldbefreiung einen zulässigen isolierten Verfahrenszweck und bejaht die Zulässigkeit von Prozeßkostenhilfe (*Pape* Rpfleger 1997, 237 [241, 243 f.]). Die Zulässigkeit von Schuldenbereinigungsplänen soll nicht von dem Angebot einer Mindestquote abhängig gemacht werden; allerdings soll in diesen Fällen eine Ersetzung der Zustimmung der Gläubiger durch das Gericht gem. § 309 Abs. 1 Nr. 2 ausscheiden (*ders.*, a.a.O., S. 241 f.). *Heyer* hält dagegen eine gerichtliche Ersetzung der Zustimmung auch in diesen Fällen für möglich (*Heyer* JR 1996, 314 [316]). **16**

Die vorstehenden Ausführungen zeigen, daß selbst bei der Bejahung eines eigenständigen Verfahrenszweckes der Befreiung des Schuldners von den restlichen Verbindlichkeiten in Einzelfragen auch entgegengesetzte Ergebnisse erzielt werden können wie bei der Frage der Möglichkeit der gerichtlichen Ersetzung der Zustimmung der Gläubiger gem. § 309 Abs. 1 Satz 2 im Rahmen eines sogenannten »Null-Planes«. **17**

Sollte der Gesetzgeber keine klärende Entscheidung treffen, bleibt die sich auf diesem Gebiet sicherlich ergebende weitere intensive Diskussion und die Entwicklung in der Rechtsprechung abzuwarten. Von der Beantwortung der Zulässigkeit des »Null-Planes« und der Möglichkeit von Prozeßkostenhilfe hängt in hohem Maße ab, welche Bedeutung das neue Insolvenzverfahren für natürliche Personen erlangt. **18**

Wegen der Einzelheiten wird auf die Kommentierungen zu §§ 286 ff. und §§ 304 ff. verwiesen. **19**

§ 2
Amtsgericht als Insolvenzgericht → § 71 KO

(1) Für das Insolvenzverfahren ist das Amtsgericht, in dessen Bezirk ein Landgericht seinen Sitz hat, als Insolvenzgericht für den Bezirk dieses Landgerichts ausschließlich zuständig.
(2) ¹Die Landesregierungen werden ermächtigt, zur sachdienlichen Förderung oder schnelleren Erledigung der Verfahren durch Rechtsverordnung andere oder zusätzliche Amtsgerichte zu Insolvenzgerichten zu bestimmen und die Bezirke der Insolvenzgerichte abweichend festzulegen. ²Die Landesregierungen können die Ermächtigung auf die Landesjustizverwaltungen übertragen.

Vgl. § 71 Abs. 1, 3 KO; § 2 Abs. 1 VerglO; § 1 Abs. 2, § 21 Abs. 2 GesO.

§ 2 Allgemeine Vorschriften

Inhaltsübersicht: Rz.

A. Überblick über Zuständigkeitsregelungen 1– 5
B. Zuständigkeitskonzentration in § 2 6–12
    I. Zweck der Zuständigkeitskonzentration in Abs. 1 6
    II. Abweichende Regelungen gem. Abs. 2 7–10
    III. Kriterien für die Entscheidung über Dekonzentration 11
    IV. Rechtshilfe 12
C. Funktionelle Zuständigkeit 13–36
    I. Richter 13–29
    II. Rechtspfleger 30–35
    III. Urkundsbeamter der Geschäftsstelle 36

Literatur:

Arnold/Meyer Stolte Rechtspflegergesetz, 4. Aufl. (1994); *Helwich* Neuordnung der Zuständigkeitsregelungen im künftigen Insolvenzverfahren, MDR 1997, 13; *Rellermeyer* Das Dritte Gesetz zur Änderung des Rechtspflegergesetzes, Rpfleger 1998, 309 ff.; *Uhlenbruck* Die Zusammenarbeit von Richter und Rechtspfleger in einem künftigen Insolvenzverfahren, Rpfleger 1997, 357

A. Überblick über Zuständigkeitsregelungen

1 1. Die Regelung der ausschließlichen sachlichen und örtlichen Zuständigkeit in § 71 KO ist im wesentlichen übernommen worden. § 2 Abs. 1 konzentriert die Verfahren allerdings bei dem Amtsgericht am Sitz des Landgerichtes, falls nicht gemäß § 2 Abs. 2 durch Rechtsverordnung Abweichendes bestimmt ist.

2 2. Die funktionelle Zuständigkeit von Richter, Rechtspfleger und Urkundsbeamten der Geschäftsstelle ist im Rechtspflegergesetz geregelt. § 18 Abs. 1 RpflG erweitert die Zuständigkeit des Richters über die Entscheidung für das Verfahren über einen Schuldensbereinigungsplan nach den §§ 305 bis 310 und über den Eröffnungsantrag hinaus für die Entscheidungen im Rahmen der Restschuldbefreiung, wenn ein Insolvenzgläubiger die Versagung der Restschuldbefreiung bzw. deren Widerruf beantragt.

3 Geschäfte in Insolvenzsachen dürfen im ersten Jahr nach ihrer Ernennung Richter auf Probe (§ 22 Abs. 6 GVG) bzw. Rechtspfleger (§ 18 Abs. 4 RpflG) nicht wahrnehmen.

4 3. Die internationale Zuständigkeit ist (noch) nicht ausdrücklich geregelt. Es gilt die allgemeine Regelung nach der ZPO sowie Art. 102 EGInsO, s. o. § 3 Rz. 39.

5 4. Eine weitergehende Zuständigkeit des Insolvenzgerichts für Streitigkeiten, die in engem Zusammenhang mit dem Insolvenzverfahren stehen (vis attractiva concursus), hat der Gesetzgeber nicht eingeführt. Insolvenzfeststellungsverfahren, Anfechtungsprozesse, Aus- und Absonderungsprozesse und sonstige Verfahren sind vor den ordentlichen Gerichten oder den Fachgerichten geltend zu machen.
§ 19a ZPO erklärt allerdings für Klagen des Insolvenzverwalters das Gericht am Sitz des Insolvenzgerichtes für zuständig. Die InsO enthält weitere Zuständigkeitsregelungen in §§ 180, 202 für Insolvenzfeststellungsklagen und in §§ 122, 126 für Verfahren vor den Arbeitsgerichten.

B. Zuständigkeitskonzentration in § 2

I. Zweck der Zuständigkeitskonzentration in Abs. 1

Die fünf neuen Bundesländer hatten von der Möglichkeit der Zuständigkeitskonzentration in § 21 Abs. 2 GesO Gebrauch gemacht (vgl. *Hess* KO, Anhang VII. Rz. 82). In den alten Ländern war eine Zuständigkeitskonzentration gemäß § 71 Abs. 3 KO nur vereinzelt erfolgt (*Uhlenbruck* /*Delhaes* Rz. 153). Nunmehr ist grundsätzlich nur das Amtsgericht am Sitz des Landgerichts für Insolvenzsachen zuständig. Durch diese Konzentration soll dazu beigetragen werden, daß die Richter und Rechtspfleger an den Insolvenzgerichten besondere Erfahrung und Sachkunde auf diesem Gebiet erwerben und damit auch den zum Teil erhöhten Anforderungen des neuen Insolvenzverfahrens gewachsen sind; ferner sollen ihnen leichter die technischen Hilfsmittel zur Verfügung gestellt werden, die insbesondere für die Abwicklung großer Verfahren erforderlich sind (BT-Drucks. 12/2443 S. 109 f.). Die Möglichkeit der Dekonzentration in Abs. 2 erlaubt es wie bisher § 71 Abs. 3 KO im umgekehrten Fall, den besonderen örtlichen Gegebenheiten Rechnung zu tragen, insbesondere bei mehreren, örtlich getrennten Wirtschaftsschwerpunkten. Die Konzentration bei dem Amtsgericht am Sitz des Landgerichtes soll jedoch die Regel und nicht wie bisher die Ausnahme sein (a. a. O.). 6

II. Abweichende Regelungen gem. Abs. 2

Im einzelnen sieht Abs. 2 mehrere, auch untereinander kombinierbare, Möglichkeiten der abweichenden Regelung der Zuständigkeit durch die Landesregierung bzw. je Landesjustizverwaltung vor . 7

a) Die Bestimmung zusätzlicher Amtsgerichte zu Insolvenzgerichten wird in Flächenstaaten mit dünnbesiedelten Gebieten und weiteren Entfernungen in Betracht kommen. Dies sollte aber die Ausnahme bleiben (s. o. Rz. 6 und s. u. Rz. 11). Von dieser Ermächtigung haben etwa Gebrauch gemacht: in Baden-Württemberg sind 23 Insolvenzgerichte vorgesehen; in Berlin sind die Insolvenzsachen ausschließlich dem AG Charlottenburg zugewiesen; in Hessen wurden neben den 9 Amtsgerichten am Sitz der Landgerichte weitere 8 Amtsgerichte zu Insolvenzgerichten bestimmt; im Saarland ist weiterhin das AG Saarbrücken zuständig; in Sachsen sind wie bisher die AG Chemnitz, Dresden und Leipzig zuständig. 8

b) Befindet sich in einem Bezirk der Wirtschaftsschwerpunkt an einem anderen Ort als dem Sitz des Landgerichtes, so kann ein anderes Amtsgericht zum Insolvenzgericht bestimmt werden. 9

c) Befindet sich ein Amtsgerichtsbezirk weit entfernt vom Sitz des Landgerichtes und nahe an dem Sitz des Landgerichtes eines benachbarten Bezirkes, so kann – statt der Bestimmung des Amtsgerichtes als zusätzlichem Insolvenzgericht – der Bezirk des Amtsgerichtes auch dem benachbarten Bezirk zugeordnet werden. 10

III. Kriterien für die Entscheidung über Dekonzentration

Die Bestimmung zusätzlicher Amtsgerichte als Insolvenzgerichte sollte möglichst nicht erfolgen. Die Insolvenzordnung stellt erhöhte Anforderungen an die Bewältigung neuer Rechtsfragen und an den wirtschaftlichen Sachverstand bei Richter und Rechtspfleger. 11

§ 2   *Allgemeine Vorschriften*

Insbesondere die neu geschaffenen Vorschriften in §§ 286 ff. (Restschuldbefreiung), §§ 305 ff. (Verbraucherinsolvenz), §§ 231 ff. (Insolvenzplanverfahren) und §§ 244 ff. (u. a. Obstruktionsverbot) enthalten Regelungen von großer wirtschaftlicher Tragweite, die nach einer angemessenen Spezialisierung und sicheren Handhabung verlangen, die nur durch die Bearbeitung einer Vielzahl von Fällen möglich sein wird. Die Zuständigkeitskonzentration fördert eine überschaubare und einheitliche Rechtsprechung. Den Belangen des Verbrauchers kann dadurch Rechnung getragen werden, daß im Landgerichtsbezirk genügend außergerichtliche Einigungsstellen gemäß § 305 Abs. 1 Nr. 1 vorhanden sind. Ein »Ausbluten« kleiner Amtsgerichte ist bei einem (derzeitigen) Pensum des Richters von 660 Verfahren und des Rechtspflegers von 35 (eröffneten) Verfahren nicht zu befürchten.

In jedem Fall muß eine verbesserte Ausstattung der Insolvenzgerichte in persönlicher oder sachlicher Hinsicht erfolgen. Mittelt man die im Jahre 1994 veröffentlichten Prognosen für den Mehrbedarf (DRiZ 1994, S. 148, 231, 417), so ergibt sich für einen Bezirk mit ca. 1/2 Millionen Einwohnern ein Mehrbedarf von 3,5 Richterkräften und mindestens 11 Rechtspflegern. Auch wenn diese Prognosen vor dem Hintergrund der letztlich erfolgten Verschiebung des Inkrafttretens der InsO zu sehen sind und sich als zu hoch erweisen, ist nicht einmal ansatzweise abzusehen, wie der Mehrbedarf gedeckt werden soll.

IV. Rechtshilfe

12 Aus der Zuständigkeitsregelung in Abs. 1 folgt für die Rechtshilfe, daß andere Amtsgerichte innerhalb dieses erweiterten Bezirkes vom Insolvenzgericht nicht als Rechtshilfegericht in Anspruch genommen werden können (BT-Drucks. 12/2443 S. 110). Dies war im Rahmen des § 71 Abs. 3 KO streitig (*Hess* KO, § 71 Rz. 10).

C. Funktionelle Zuständigkeit

I. Richter

13 § 3 Nr. 2e) RpflG überträgt dem Rechtspfleger die Geschäfte im Verfahren nach der Insolvenzordnung vorbehaltlich der Ausnahme in § 18 RpflG (vgl. hierzu *Wimmer* InVO 1997 S. 316 ff.). Der Richter ist danach wie folgt zuständig:

14 a) Beim Verfahren über einen Schuldenbereinigungsplan nach §§ 305–310 ist der Richter für das gesamte Verfahren zuständig.

15 b) Bei einem Antrag auf Erteilung der Restschuldbefreiung ist der Richter zuständig, soweit ein Insolvenzgläubiger die Versagung der Restschuldbefreiung oder deren Widerruf beantragt, § 18 Abs. 1 Nr. 2 RpflG, nicht aber im Falle des § 298.

16 c) In den **übrigen Verfahren** ist der Richter zuständig bis zur Entscheidung über den Eröffnungsantrag. Im einzelnen obliegen dem Richter folgende Entscheidungen:

17 (1) Anordnung von Sicherungsmaßnahmen (§ 21) und deren Aufhebung (§ 25) einschließlich der Aufsicht über vorläufigen Insolvenzverwalter/Sachverständigen;

18 (2) Abweisung des Antrages als unzulässig, unbegründet oder mangels Masse;

19 (3) Bei Rücknahme des Antrages oder Erledigungserklärung die Kosten(grund)entscheidung gemäß § 4 in Verbindung mit §§ 269 Abs. 3, 91 a, 91 ZPO;

(4) Eröffnung des Insolvenzverfahrens gemäß §§ 27 ff. einschließlich der Ernennung des **20** Insolvenzverwalters. Die Richterzuständigkeit besteht weiter für die – auch nachträgliche – Ernennung des an Stelle des Insolvenzverwalters tretenden Treuhänders oder Sachverwalters (s. u. § 30 Rz. 3). Gleiches gilt für die Ernennung eines Sonderinsolvenzverwalters, der bestellt wird, soweit der Insolvenzverwalter aus rechtlichen oder tatsächlichen Gründen (s. z. B. § 92 Satz 2) seine Aufgaben nicht wahrnehmen kann (s. u. § 27 Rz. 16), auch wenn sich die Notwendigkeit erst im weiteren Verlauf des Verfahrens ergibt (so zu § 79 KO [Ernennung eines weiteren Verwalters] *BGH* ZIP 1986, 319 = NJW-RR 1986, 412 [413]). Zur näheren Abgrenzung der Entscheidung von Richter und Rechtspfleger im Rahmen der Eröffnung s. o. § 30 Rz 3 ff.;

(5) Prüfung der Schlußrechnung des vorläufigen Insolvenzverwalters, § 21 Abs. 2 Nr. 1 **21** i. V. m. § 66 Abs. 2 Satz 1;

(6) Festsetzung der Vergütung des vorläufigen Insolvenzverwalters (s. o. § 21 Rz. 55 f.). **22** War der vorläufige Insolvenzverwalter zugleich als Sachverständiger beauftragt (§ 22 Abs. 1 Satz 2 Nr. 3), so setzt der Richter – nach Vorprüfung durch den Kostenbeamten – zweckmäßigerweise zugleich die Sachverständigenentschädigung nach dem ZSEG fest (§ 22 Rz. 55.).

d) Anordnung der nach Nachtragsverteilung gem. § 203. **23**

e) § 18 Abs. 2 RpflG räumt dem Richter die Möglichkeit ein, sich bei Eröffnung des **24** Verfahrens die Bearbeitung ganz oder teilweise vorzubehalten. Der Richter kann das Verfahren bis zum Abschluß bearbeiten oder das Verfahren schon vorher dem Rechtspfleger übertragen. Auch nach Übertragung kann er das Verfahren wieder an sich ziehen (sog. Evokationsrecht). Ein vom Rechtspfleger nach Eröffnung bearbeitetes Verfahren kann der Richter in dessen Verlauf auch erstmals an sich ziehen (*Dallmayer/Eickmann* RpflG, § 18 Rz. 13; *Uhlenbruck/Delhaes* Rz. 65; *Uhlenbruck* Rpfleger 1997, 357 [359]; a. A. *Arnold/Meyer-Stolte* RpflG, § 18 Rz. 8). Die Ausübung des Vorbehaltes ist unanfechtbar und bedarf keines formellen Beschlusses; im Interesse der Rechtssicherheit ist es aber zweckmäßig und auch erwünscht, die Übertragung aktenkundig zu machen (BGHZ 50, 258 [261]). Bei Unklarheiten über die Übertragung entscheidet der Richter durch unanfechtbaren Beschluß, § 7 RpflG.

Der Richter wird sich das Verfahren vorbehalten, wenn das eröffnete Verfahren besonders **25** umfangreich ist, für die Wirtschaft oder den Kreis der Betroffenen (Arbeitsplätze) von besonderer Bedeutung ist oder die Verfahrensabwicklung mit besonderen rechtlichen Schwierigkeiten verbunden ist (*Arnold/Meyer-Stolte* RpflG, § 18 Rz. 7; *Haarmeyer/Wutzke/Förster* Handbuch, 2/108). Denkbar ist auch eine gemeinsame Bearbeitung mit Trennung der Aufgabenbereiche, indem z. B. dem Rechtspfleger die Bearbeitung der Schuldenmasse (b-Band) überlassen wird und dem Richter die eigentliche Verfahrensdurchführung (*Uhlenbruck/Delhaes* Rz. 65).

Bei einem erfahrenen und qualifizierten Insolvenzrechtspfleger wird der Richter von dem Vorbehalt allenfalls in Ausnahmefällen Gebrauch machen. Bei kooperativer Zusammenarbeit werden sich Richter und Rechtspfleger bei Schwierigkeiten in ihrem jeweiligen Aufgabengebiet beraten.

Abzuraten ist von dem Vorschlag von *Haarmeyer/Wutzke/Förster* (Handbuch 2/107), den Vorbehalt gerade in den ersten eingehenden Verfahren unter Geltung der InsO anzuwenden. Eigene praktische Erfahrungen muß vor allem der Rechtspfleger sammeln. Der Richter wird bei Erinnerungen durchaus in der Lage sein, auch ohne eigene praktische Erfahrungen ggf. nach Rücksprache mit dem Rechtspfleger sachgerecht zu entscheiden.

§ 2 Allgemeine Vorschriften

26 f) Aufgabe des Richters ist ferner die Anordnung oder Abnahme eines Eides, § 4 Abs. 2 Nr. 1 RpflG. Die Abnahme der eidesstattlichen Versicherung gem. § 98 Abs. 1 Satz 1 obliegt dem Rechtspfleger, sofern er ansonsten für die Durchführung des Verfahrens zuständig ist (*Dallmayer/Eickmann* RpflG § 4 Rz. 19; *Helwich* MDR 1997, 14). Der Gerichtsvollzieher ist nicht zuständig, da keiner der in § 899 ZPO genannten Fälle vorliegt. Aufgabe des Richters ist weiter die Androhung und Anordnung von Freiheitsentziehung, § 4 Abs. 2 Nr. 2 RpflG. Unter den Begriff der Freiheitsentziehung fällt nicht nur die Haft, sondern auch die zwangsweise Vorführung (*Uhlenbruck/Delhaes* Rz. 72; *Dallmeyer/Eickmann* RpflG § 4 Rz. 20).

27 g) Zur Möglichkeit der Übertragung von Richtertätigkeiten auf den Rechtspfleger s. u. Rz. 32;

28 h) Weiter ist der Richter zuständig bei
– Vorlage durch den Rechtspfleger (§ 5 RpflG)
– engem Zusammenhang zwischen Richter- und Rechtspflegergeschäft (§ 6 RpflG)
– Entscheidung über die Erinnerung gegen Entscheidungen des Rechtspflegers (§ 11 Abs. 2 RpflG)
– Antrag auf Neufestsetzung des Stimmrechtes (§ 18 Abs. 3 RpflG)
– Ablehnungsgesuch gegen den Rechtspfleger (§ 10 S. 2 RpflG)
– Änderung einer Entscheidung des Urkundsbeamten der Geschäftsstelle (§ 4 Abs. 2 Nr. 3 RpflG.

29 i) Ein Verstoß gegen Zuständigkeitsregelungen berührt die Gültigkeit des richterlichen Geschäftes nicht. Im Verhältnis zur Zuständigkeit des Rechtspflegers bestimmt dies § 8 Abs. 1 RpflG, im Vergleich zum Urkundsbeamten der Geschäftsstelle folgt dies aus der analogen Anwendung des § 8 Abs. 1 bzw. Abs. 5 RpflG (*Dallmeyer/Eickmann* RpflG, § 8 Rz. 16).
Die Grenze für die Anwendung des § 8 Abs. 1 RpflG mag erreicht sein, wenn der Richter anstelle des Rechtspflegers Entscheidungen trifft, ohne die Sache gem. § 18 Abs. 2 RpflG an sich zu ziehen (*Uhlenbruck/Delhaes* Rz. 67).

II. Rechtspfleger

30 Der Rechtspfleger entscheidet weisungsfrei gem. § 9 RpflG (Ausnahme § 5 Abs. 2 Satz 3 RpflG) und ist wie folgt zuständig:

31 a) **Grundsätzlich** ab Eröffnung des Verfahrens, sofern nicht der Richter zuständig ist (s. o. Rz. 14 ff). Insbesondere ist der Rechtspfleger neben den bereits bei Erlaß des Eröffnungsbeschlusses zu treffenden Anordnungen (§§ 28, 29; ggf. Einsetzung eines vorläufigen Gläubigerausschusses gem. § 67; Postsperre gem. § 99) insbesondere für folgende Tätigkeiten zuständig: Beaufsichtigung des Insolvenzverwalters (§§ 58–66), Einsetzung eines vorläufigen Gläubigerausschusses (§ 67), Einberufung der Gläubigerversammlung (§ 74), Anordnung und Durchsetzung der Auskunfts- und Mitwirkungspflichten des Schuldners (§§ 97, 98), Prüfung und Feststellung der Insolvenzforderungen (§§ 176–195), Zustimmung zur Schlußverteilung und Bestimmung des Schlußtermins (§§ 196–201), Einstellung des Insolvenzverfahrens (§§ 207–215) sowie Entscheidungen im Rahmen der Restschuldbefreiung nach Maßgabe des § 18 Abs. 1 Nr. 2 RpflG und im vereinfachten (Verbraucher) Insolvenzverfahren gem. §§ 311 ff.

32 Für Entscheidungen in **Vollstreckungssachen** im Rahmen des Insolvenzverfahrens ist nicht der in Vollstreckungssachen tätige Rechtspfleger zuständig, sondern der Insolvenzrechtspfleger (vgl. § 89 Abs. 3 Satz 1). Nur so werden unterschiedliche Entscheidungs-

zuständigkeiten vermieden. Ansonsten drohen Verfahrensverzögerungen deshalb, weil wegen der Zuständigkeitskonzentration (§ 2 Abs. 1) sonst verschiedene Amtsgerichte für Vollstreckungssachen und Insolvenzsachen zuständig sein könnten. Zur Zuständigkeitskontrolle allgemein in diesen Fällen siehe § 6 Rz. 53 ff. und § 21 Rz. 83 b.

b) Der inzwischen aufgehobene § 25 RpflG sah die Möglichkeit vor, dem Rechtspfleger 33 die Vorbereitung gerichtlicher Entscheidungen zu übertragen, u.a. die Anhörung des Schuldners. Von der Übertragungsmöglichkeit hatten Gebrauch gemacht Nordrhein-Westfalen durch AV v. 26. 05. 1986 (JMBl. S. 153) und Hamburg durch AV v. 01. 09. 1990 (HmbJVBl. S. 105), ob eine Übertragungsmöglichkeit weiterhin – gemäß § 27 RpflG – besteht, ist streitig (vgl. *Rellermeyer* Rpfleger 1998, 309 [312]). Von der Übertragung der Anhörung auf den Rechtspfleger sollte der Richter keinen Gebrauch machen. Seine weitreichenden Entscheidungen im Insolvenzverfahren kann er nur dann sachgerecht treffen, wenn er das Eröffnungsverfahren persönlich bearbeitet.

c) Festsetzung der außergerichtlichen Kosten nach Kostengrundentscheidung des Rich- 34 ters (gem. § 4 i.V.m. §§ 269 Abs. 3, 91 a, 91 ZPO; s.o. Rz. 19) gemäß §§ 103 ff. ZPO).

d) Bei Kompetenzüberschreitung ist ein Rechtspflegergeschäft nur dann unwirksam, 35 wenn der Rechtspfleger ein Geschäft des Richters wahrgenommen hat, das ihm nach dem RpflG weder übertragen worden ist noch übertragen werden kann, falls nicht eine Zuweisung gem. § 7 RpflG durch den Richter erfolgt ist, § 8 Abs. 4 RpflG.

III. Urkundsbeamter der Geschäftsstelle

Die Geschäftsstelle des Insolvenzgerichtes ist mit einem Beamten des mittleren Justiz- 36 dienstes oder einem Angestellten besetzt. Das Aufgabengebiet der Geschäftsstelle ist in der InsO teilweise ausdrücklich erwähnt in §§ 23 Abs. 2, 30 Abs. 1, 31, 150 Satz 2, 154, 175, 178 Abs. 2 Satz 3, 188 Satz 2, 194 Abs. 3 Satz 1, 214 Abs. 1 Satz 2, 234, 235 Abs. 2 Satz 2. Diese Aufzählung ist nicht abschließend. Beispielsweise obliegt der Geschäftsstelle auch die Zustellung von Amts wegen gem. § 8 Abs. 1 Satz 1. Als Kostenbeamter setzt der Geschäftsstellenbeamte die Sachverständigenentschädigung fest, ggf. in Vorarbeit für den Richter (s.o. Rz. 22). Weitere Zuständigkeiten und Abgrenzungen zur Rechtspflegertätigkeit ergeben sich aus § 26 RpflG.

§ 3
Örtliche Zuständigkeit → § 71 KO

**(1) ¹Örtlich zuständig ist ausschließlich das Insolvenzgericht, in dessen Bezirk der Schuldner seinen allgemeinen Gerichtsstand hat. ²Liegt der Mittelpunkt einer selbständigen wirtschaftlichen Tätigkeit des Schuldners an einem anderen Ort, so ist ausschließlich das Insolvenzgericht zuständig, in dessen Bezirk dieser Ort liegt.
(2) Sind mehrere Gerichte zuständig, so schließt das Gericht, bei dem zuerst die Eröffnung des Insolvenzverfahrens beantragt worden ist, die übrigen aus.**

Vgl. § 71 Abs. 1 Nr. 2 KO; § 2 Abs. 1 VerglO; § 1 Abs. 2 GesO.

§ 3 Allgemeine Vorschriften

Inhaltsübersicht: Rz.

Vorbemerkung 1– 3
A. Der Mittelpunkt der selbständigen wirtschaftlichen Tätigkeit gem. § 3 Abs. 1 Satz 2 .. 4–11
   I. Selbständige wirtschaftliche Tätigkeit 4
   II. Mittelpunkt der wirtschaftlichen Tätigkeit 5–11
      1. Bestimmung des Mittelpunktes 5
      2. Zweigniederlassung 6
      3. Gesellschafter einer Gesellschaft ohne Rechtspersönlichkeit 7– 8
      4. Beendigung des Geschäftsbetriebes 9–11
B. Die Zuständigkeit am allgemeinen Gerichtsstand gem. § 3 Abs. 1 Satz 1 12–13
C. § 3 Abs. 2 14–15
D. Amtsprüfung und Zeitpunkt für die Zulässigkeitsvoraussetzungen 16–17
E. Zuständigkeitserschleichung 18–24
   I. Rechtsprechung des BGH 18–20
   II. Kritik 21–24
F. Verweisung und Abgabe 25–33
   I. Verweisung 25–30
   II. Abgabe 31
   III. Rechtsbehelfe 32–33
G. Zuständigkeitsbestimmung 34–38
H. Internationale Zuständigkeit 39–41

Literatur:

Pape Anm. zu *LG Magdeburg*, Beschl. vom 23. 10. 1996 – 3 T 490/96 –, EWiR 1/97 § 1 GesO, 31 f.;
Paulus Anm. zu *BGH* Beschl. vom 20. 03. 1996 – X ARZ 90/96 –, EWiR 2/96 § 1 GesO 741 f.

Vorbemerkung

1 § 3 regelt die örtliche Zuständigkeit des Insolvenzgerichtes im Insolvenzverfahren. Zur Zuständigkeit allgemein s. § 2 Rz. 1 ff., zu weiteren Zuständigkeitsregelungen außerhalb des eigentlichen Insolvenzverfahrens § 2 Rz. 4, zum Ausschluß der Amtshilfe innerhalb des Bezirkes des Insolvenzgerichtes § 2 Rz. 12. Die internationale Zuständigkeit ist (noch) nicht ausdrücklich geregelt.

2 Die Regelung der örtlichen Zuständigkeit entspricht im wesentlichen dem alten Konkurs- und Vergleichsrecht (BT-Drucks. 12/2443 S. 110). Ausschließlich zuständig ist das Insolvenzgericht, in dessen Bezirk der Mittelpunkt einer selbständigen wirtschaftlichen Tätigkeit des Schuldners liegt, ansonsten das Insolvenzgericht, in dessen Bezirk der Schuldner seinen allgemeinen Gerichtsstand (§ 4 i. V. m. §§ 12–17 ZPO) hat. Für das Nachlaßinsolvenzverfahren enthält § 315 eine entsprechende Regelung.

3 Der ausschließliche Gerichtsstand des § 3 Abs. 1 ist nicht abdingbar (§ 4 i. V. m. § 40 Abs. 2 Satz 1 2. Hs. ZPO). Bei Zuständigkeit mehrerer Gerichte – etwa bei einem Schuldner, der keine selbständige wirtschaftliche Tätigkeit ausübt, aber mehrere Wohnsitze hat – ist das Gericht zuständig, bei dem zuerst die Eröffnung beantragt worden ist. Bei Unzuständigkeit kommt Verweisung in Betracht (§ 4 i. V. m. § 281 ZPO), bei Zuständigkeitsstreitigkeiten zwischen verschiedenen Gerichten die Bestimmung des zuständigen Gerichtes gem. § 4 i. V. m. § 36 ZPO.

A. Der Mittelpunkt der selbständigen wirtschaftlichen Tätigkeit gem. § 3 Abs. 1 Satz 2

I. Selbständige wirtschaftliche Tätigkeit

Selbständige wirtschaftliche Tätigkeit ist jede auf Gewinnerzielung gerichtete Tätigkeit, die nicht in abhängiger Stellung erfolgt. Nicht erforderlich ist, daß tatsächlich Gewinn erzielt wird. Arbeitnehmer i. S. d. § 5 ArbGG üben keine selbständige wirtschaftliche Tätigkeit aus. Die Tätigkeit muß bereits aufgenommen sein (*BayObLG* Rpfleger 1980, 486) und darf noch nicht beendet sein.

II. Mittelpunkt der wirtschaftlichen Tätigkeit

1. Bestimmung des Mittelpunktes

Für die Bestimmung des Mittelpunktes der selbständigen wirtschaftichen Tätigkeit kommt es entscheidend auf die tatsächlichen Verhältnisse an. Der Mittelpunkt befindet sich an dem Ort, wo die tatsächliche Willensbildung stattfindet, die Entscheidungen der Unternehmensleitung getroffen und umgesetzt werden. Dabei kann darauf abgestellt werden, wo sich die Geschäftsbücher und Unterlagen der Gesellschaft befinden (*LG Dessau* ZIP 1998, 1006 [1007] = EWiR 1998, 557). Eine Eintragung in das Handelsregister ist weder erforderlich noch maßgebend (*LG Dessau* a. a. O.). Die Eintragung ins Handelsregister begründet allenfalls eine – widerlegliche – Vermutung dafür (*Uhlenbruck/Delhaes* Rz. 146). Abweichungen zwischen satzungsmäßigem Sitz und tatsächlichem Sitz sind in der Praxis nicht selten.

2. Zweigniederlassung

Am Ort einer Zweigniederlassung ist kein Gerichtsstand begründet. Auch die Gesetzesmaterialien stellen klar, daß es bei mehreren Niederlassungen auf die Hauptniederlassung ankommt (BT-Drucks. 12/2443 S. 110). Wird die Zweigniederlassung allerdings rechtlich selbständig (etwa in Form einer GmbH) geführt, findet ein gesondertes Insolvenzverfahren statt. Gehört die Schuldnerin einem Unternehmensverbund an, ist dadurch die Zuständigkeit am Sitz der Muttergesellschaft ohne Hinzutreten weiterer Umstände nicht begründet (*BGH* ZIP 1998, 477 [478]). Die Zuständigkeit am Sitz der Hauptniederlassung ist aber gegeben, wenn die Schuldnerin zwar rechtlich, nicht aber wirtschaftlich selbständig ist. Die Zuständigkeit am Ort der Hauptniederlassung ist aber dann gegeben, wenn dort die tatsächliche Willensbildung (s. o. Rz. 5) stattfindet. Das ist der Fall, wenn seitens der Hauptniederlassung das gesamte Rechnungswesen sowie der Einkauf und Verkauf geführt werden (vgl. *Uhlenbruck/Delhaes* Rz. 148) bzw. die Abrechnungen, die Vertragsgestaltungen und alle Zahlungen durch die Muttergesellschaft erfolgen (*LG Dessau* ZIP 1998, 1006 [1007 f.] = EWiR 1998, 557).

3. Gesellschafter einer Gesellschaft ohne Rechtspersönlichkeit

Bei der Insolvenz des Gesellschafters einer Gesellschaft ohne Rechtspersönlichkeit (§ 11 Abs. 2 Nr. 1) können unterschiedliche Gerichtsstände für Gesellschafter- und Gesellschaftsinsolvenz begründet sein (a. A. *Kilger/Karsten Schmidt* KO, § 71 Rz. 3, der immer das Wohnsitzgericht für zuständig hält). Übt der Gesellschafter eine selbständige wirtschaftliche Tätigkeit aus, so bestimmt sich die Zuständigkeit gem. Abs. 1 Satz 2. Liegt der Mittelpunkt am Geschäftszentrum (s. o. Rz. 5) der Gesellschaft, so besteht ein einheitlicher Gerichtsstand, andernfalls existieren verschiedene Gerichtsstände.

8 Für die Annahme einer selbständigen wirtschaftlichen Tätigkeit ist es beispielsweise bei dem Gesellschafter einer OHG erforderlich, daß der Gesellschafter tatsächlich Geschäftsführungsbefugnisse ausübt (*Bork* Rz, 44; a. A. *Kuhn/Uhlenbruck* KO, § 71 Rz. 3 a).

4. Beendigung des Geschäftsbetriebes

Bei Beendigung des Geschäftsbetriebes gilt folgendes:

9 a) Sind sämtliche Aktivitäten (auch Abwicklungstätigkeiten) eingestellt und die Geschäftsräume aufgegeben, so kommt es zunächst darauf an, wo die Geschäftsunterlagen aufbewahrt werden. Befinden sie sich beim Geschäftsführer bzw. organschaftlichen Vertreter, so ist dort die Zuständigkeit begründet (*LG Göttingen* Beschluß vom 16. 12. 1992 – 6 T 256/92 –; *Kilger/Karsten Schmidt* KO, § 71 Rz. 3). Wo sich die Unterlagen befinden, hat das Insolvenzgericht aufzuklären (*LG Göttingen* a. a. O.).

10 b) Ansonsten ist das Gericht am Sitz der Gesellschaft zuständig gem. § 3 Abs. 1 Satz 1 i. V. m. § 17 ZPO. Bei juristischen Personen des Privatrechtes wird der Sitz durch die Satzung (§ 5 AktG, § 278 Abs. 3 AktG, § 3 Abs. 1 GmbHG, § 6 Abs. 1 GenG, § 57 Abs. 1 BGB) bestimmt (vgl. *Zöller/ Vollkommer* ZPO, § 17 Rz. 9). Eine Sitzverlegung wird erst mit Eintragung im Register wirksam (z. B. § 54 Abs. 3 GmbHG, *Scholz/ Priester* GmbHG, § 54 Rz. 62). Bei Sitzverlegungen von nicht mehr werbend tätigen Gesellschaften, namentlich GmbH's, kommt aber eine **Zuständigkeitserschleichung** in Betracht (s. u. Rz. 18 ff.).

11 c) Bei der Nachtragsverteilung über eine gelöschte Gesellschaft ist das Amtsgericht zuständig, in dessen Handelsregister die Gesellschaft zuletzt eingetragen war; auf den Wohnsitz des letzten Geschäftsführers kommt es nicht an, da dessen Vertretungsmacht im Falle einer nachträglichen Abwicklung nicht ohne weiteres wieder auflebt (*OLG Koblenz* Rpfleger 1989, 251).

B. Die Zuständigkeit am allgemeinen Gerichtsstand gem. § 3 Abs. 1 Satz 1

12 Bei selbständiger wirtschaftlicher Tätigkeit geht die Zuständigkeit gemäß Abs. 1 Satz 2 vor. Eine Zuständigkeit gemäß Abs. 1 Satz 1 kommt nur in Betracht, wenn eine selbständige wirtschaftliche Tätigkeit nicht oder nicht mehr (oben Rz. 4) ausgeübt wird. Für juristische Personen, nicht rechtsfähige Vereine und die in § 11 Abs. 2 Nr. 1 aufgeführten Gesellschaften ohne Rechtspersönlichkeit bestimmt sich der Gerichtsstand gem. § 17 ZPO. Infolge der Anerkennung der Insolvenzfähigkeit der BGB-Gesellschaft sowie der Partenreederei und der EWIV ist § 17 ZPO jedenfalls bei der Zuständigkeitsbestimmung nach der InsO anwendbar.

13 Bei natürlichen Personen, die keine selbständige wirtschaftliche Tätigkeit (mehr) ausüben, bestimmt sich der allgemeine Gerichtsstand nach § 13 ZPO i. V. m. §§ 7 bis 11 BGB. Bei mehreren Wohnsitzen bestehen ebensoviele Gerichtsstände (*Gottwald/Heilmann/Klopp* Insolvenzrechts-Handbuch § 18 Rz. 4); die Zuständigkeit bestimmt sich gem. § 3 Abs. 2. Bei wohnsitzlosen Personen gilt § 16 ZPO (vgl. *LSG Schleswig-*

Holstein ZIP 1988, 1140). Zum Nachweis genügt, daß ein Wohnsitz trotz ernstlich angestellter Ermittlungen nicht bekannt ist (*Zöller/Vollkommer* ZPO, § 16 Rz. 4). Zustellungen erfolgen dann öffentlich (§ 4 i. V. m. § 209 ZPO).

C. § 3 Abs. 2

Hat ein Schuldner **mehrere Wohnsitze**, können mehrere Gerichte gem. § 3 Abs. 1 Satz 1 zuständig sein. In diesem Fall schließt gem. § 3 Abs. 2 das Gericht, bei dem zuerst die Eröffnung des Verfahrens beantragt worden ist (Erstgericht), die übrigen Gerichte (Zweitgericht) aus. Die Entscheidungen des Zweitgerichtes sind und bleiben aber wirksam, bis sie vom Erstgericht aufgehoben oder abgeändert werden; dies ist nicht möglich bis zur Rechtskraft eines Eröffnungsbeschlusses des Zweitgerichtes (s. u. Rz. 15). Vom Zweitgericht getroffene Sicherungsmaßnahmen gem. §§ 21 ff. kann das Erstgericht übernehmen, wobei sich eine klarstellende Veröffentlichung am Ort des Erstgerichtes – und ggf. des Zweitgerichtes – empfiehlt. 14

Weist das Zweitgericht den Antrag rechtskräftig mangels Masse (§ 26) ab, so hindert dies nicht eine Verfahrenseröffnung durch das Erstgericht, da auch das Zweitgericht an der Anordnung einer Nachtragsverteilung (§ 203) nicht gehindert wäre. Eröffnet das Zweitgericht das Verfahren und wird der Beschluß rechtskräftig, so kann das Erstgericht keine Entscheidung mehr (auch nicht gem. § 26) treffen, da der Beschluß des Zweitgerichtes nicht nichtig ist und durch die Rechtskraft die mangelnde Zuständigkeit geheilt wird (s. u. Rz. 33). Eröffnen beide Gerichte das Verfahren, so liegt ein Fall des § 36 Nr. 5 ZPO vor (s. u. Rz. 36). 15

D. Amtsprüfung und Zeitpunkt für die Zulässigkeitsvoraussetzungen

Das Insolvenzgericht prüft seine Zuständigkeit gem. § 5 Abs. 1 Satz 1 von Amts wegen durch Anhörung des Schuldners (*LG Göttingen*, Beschluß vom 16. 12. 1992 – 6 T 256/92 –) oder Einnahme eines Augenscheines (so der Sachverhalt in *BGH* ZIP 96, 847). Die Angabe des Wohnsitzes bzw. der Niederlassung ist Zulässigkeitsvoraussetzung eines Insolvenzantrages (s. § 14 Rz. 13). Bei fehlender Zuständigkeit regt das Gericht Verweisung an, ansonsten wird der Antrag als unzulässig abgewiesen. 16

Entscheidend für die Zuständigkeit ist der Zeitpunkt des Eingangs des Antrages beim Insolvenzgericht. Ein Wohnsitzwechsel oder eine Verlegung des Geschäftsbetriebes nach diesem Zeitpunkt ist daher unbeachtlich (*OLG München* Rpfleger 1987, 78 = NJW-RR 1987, 382 [383]). 17

E. Zuständigkeitserschleichung

I. Rechtsprechung des BGH

Zunehmend kommt es vor, daß vor Stellung des Insolvenzantrages der Sitz geändert wird, um die Zuständigkeit des Insolvenzgerichtes am neuen Sitz zu begründen. Häufig sollen **nicht mehr werbend tätige GmbH's** durch Abweisung des Antrages mangels Masse (§ 26 Abs. 1) elegant »beerdigt« werden. Handelt es sich um eine bloße Briefkastenanschrift, wird eine Zuständigkeit nicht begründet (*Kuhn/Uhlenbruck* KO, § 71 18

Rz. 3c; offen *BGH* ZIP 1996, 847). Nach der Rechtsprechung des *BGH* (ZIP 1996, 847 zu § 71 KO) setzt die Zuständigkeit des Insolvenzgerichtes am neuen Sitz eine werbende Tätigkeit des Schuldners nicht voraus. Ist zwischen Sitzverlegung und Stellung des Insolvenzantrages die 3-Wochen-Frist des § 64 Abs. 1 GmbHG abgelaufen, so verneint der *BGH* eine Zuständigkeitserschleichung. Da bei nicht mehr werbend tätigen GmbH's eine wirtschaftliche Tätigkeit i. S. d. Abs. 1 Satz 2 nicht ausgeübt wird, bestimmt sich die Zuständigkeit nach dem allgemeinen Gerichtsstand (s. Abs. 1 Satz 1).

19 Unter Berücksichtigung der Rechtsprechung des *BGH* ist zunächst zu prüfen, ob die Gesellschaft einen ordnungsgemäßen satzungsändernden Beschluß hinsichtlich der Sitzverlegung gefaßt hat (z. B. Berücksichtigung der notariellen Form gem. § 53 Abs. 2 GmbHG, s. dazu *LG Magdeburg* ZIP 1996, 2027), und ob die erforderliche Eintragung (z. B. gem. § 54 Abs. 3 GmbHG) erfolgt ist (s. o. Rz. 10). Vor der Eintragung besteht der alte Sitz fort.

20 Erfolgt die Stellung des Insolvenzantrages innerhalb der **3-Wochen-Frist** des § 64 Abs. 1 GmbHG nach der notariellen Beurkundung des Beschlusses über die Sitzverlegung, so rechtfertigt dies die Vermutung, daß die Gesellschaft schon zum Zeitpunkt der Sitzverlegung zahlungsunfähig war. Diese Vermutung hat die Gesellschaft zu widerlegen, andernfalls ist der Antrag als unzulässig abzuweisen, falls nicht die Gesellschaft auf richterlichen Hinweis einen Verweisungsantrag an das Insolvenzgericht an ihrem ursprünglichen Sitz stellt (*LG Magdeburg* ZIP 1996, 2027). Allenfalls in Extremsituationen wird die Stellung eines Insolvenzantrages innerhalb von drei Wochen nach Sitzverlegung nicht rechtsmißbräuchlich sein; in diesen Fällen wird die antragstellende GmbH immer in der Lage sein, die Ursachen der plötzlichen wirtschaftlichen Verschlechterung konkret und plausibel darzulegen (*Pape* EWiR 1997, 31 [32]).

II. Kritik

21 Die Entscheidung des *BGH* (ZIP 1996, 847) selbst ist von einer praktischen Warte aus gesehen jedoch nur schwer nachvollziehbar (*Paulus* EWiR 1996, 741 [742]). Der – für Zuständigkeitsbestimmungen gem. § 36 Nr. 6 ZPO, ansonsten aber für Insolvenzsachen nicht zuständige – X. Senat des *BGH* lädt zu einer Zuständigkeitserschleichung nach Abwarten einer dreiwöchigen »Schamfrist« ein. Wird der Sitz einer Gesellschaft verlegt und entfaltet sie am neuen Sitz keine werbende Tätigkeit, so spricht vielmehr eine **Vermutung** dafür, daß eine **Zuständigkeitserschleichung** vorliegt. Aufgabe der Gesellschaft ist es, diese Vermutung zu widerlegen. Ein deutliches **Indiz** für eine Zuständigkeitserschleichung ist das (im Rahmen eines Zwangsvollstreckungsversuches) festgestellte Vorhandensein von Geschäftsräumen am alten Firmensitz nach der Beurkundung der (angeblichen) Sitzverlegung (*LG Göttingen* ZIP 1997, 988 [989]).

22 Gesellschaften ohne Antragspflicht (s. § 15 Rz. 3, 22 f.) und natürliche Personen verwenden teilweise ähnliche Strategien. Sofern eine Sitzverlegung in Betracht kommt (§ 13 h HGB), so ist wieder entscheidend, ob am neuen Sitz eine werbende Tätigkeit entfaltet wird. Gleiches gilt für natürliche Personen, die eine selbständige wirtschaftliche Tätigkeit (§ 3 Abs. 1 Satz 2) ausüben. Bei sonstigen natürlichen Personen ist zu prüfen, ob der Lebensmittelpunkt tatsächlich verlegt worden ist oder es sich nur um einen Zweitwohnsitz oder eine Briefkastenadresse handelt.

23 Darüber hinaus sollte die Praxis versuchen, Anreize für Zuständigkeitserschleichungen abzumildern. Die erforderlichen Veröffentlichungen sollten auch in den Tageszeitungen des alten Sitzes erfolgen (*Uhlenbruck/Delhaes* Rz. 147). Die Eintragung in die Schuld-

Örtliche Zuständigkeit § 3

nerkartei (§ 26 Abs. 2 Satz 1) erfolgt zwar beim Gericht des neuen Sitzes. Hier kann nur eine SCHUFA-Auskunft weiterhelfen. Sofern insbesondere bei mehreren Unternehmen versucht wird, durch Verlagerung des Sitzes bei einigen Unternehmen Vermögensverschiebungen zu verschleiern, können einheitliche (vorläufige) Insolvenzverwalter ernannt werden, ansonsten sollten sie ihre Informationen austauschen. Strafrechtliche Ermittlungsverfahren im Zusammenhang mit der Insolvenz können als Sammelverfahren an einem Ort zentral geführt werden. Schließlich kommt in Betracht, eine Restschuldbefreiung zu versagen (*Haarmeyer/Wutzke/Förster* Handbuch 2/11). Diese bei der GesO (gem. § 18 Abs. 2 Satz 3 GesO) bestehende Möglichkeit (vgl. *BGH* ZIP 1996, 847 [848]) läßt sich für die InsO möglicherweise aus § 290 Abs. 1 Nr. 4 herleiten.

Bei Sitzverlegungen ins **Ausland** ist ebenfalls zu prüfen, ob eine Zuständigkeitserschleichung des ausländischen Gerichtsstandes erfolgen soll. Ist dem so, wird häufig die Möglichkeit einer öffentlichen Zustellung nach den §§ 203 ff. ZPO in Betracht kommen durch das Gericht am fortbestehenden ursprünglichen Sitz der Gesellschaft. 24

F. Verweisung und Abgabe

I. Verweisung

Hält das Insolvenzgericht sich für unzuständig, weist es den Antragsteller darauf hin und regt ggf. die Stellung eines Verweisungsantrages an (§ 4 i.V.m. § 139 ZPO). Der Verweisungsantrag kann noch im Beschwerdeverfahren gestellt werden (*Hess* KO, § 71 Rz. 9). 25

Eine Verweisung wird nicht gehindert durch Mängel des Insolvenzantrages und ist auch nicht von dessen Zulassung abhängig (*Kuhn/Uhlenbruck* KO, § 71 Rz. 7a). Möglich ist die Verweisung bis zur rechtskräftigen Abweisung des Antrages oder bis zur Rechtskraft des Eröffnungsbeschlusses. 26

Die Verweisung erfolgt – ggf. nach Anhörung des Antragsgegners (s. u. Rz. 29) – gem. § 281 ZPO durch Beschluß. Die dafür erforderliche Begründung muß nicht im Verweisungsbeschluß selbst enthalten sein, es genügt auch, daß die Erwägungen zur Zuständigkeit in einer Verfügung in den Gerichtsakten festgehalten sind (*BGH* DtZ 1992, 330 [331]). Wegen der grundsätzlichen Unanfechtbarkeit genügt eine formlose Mitteilung des Beschlusses gem. § 4 i.V.m. § 329 Abs. 2 Satz 1 ZPO. Die Akten werden sodann an das zuständige Gericht übersandt. 27

Eine **Bindungswirkung** des Beschlusses tritt nicht ein, wenn der Verweisung jede rechtliche Grundlage fehlt, sie also auf Willkür beruht (*Zöller/Greger* ZPO, § 281 Rz. 17). Dies ist zunächst der Fall, wenn die Verweisung mangels Begründung – weder im Beschluß noch sonst in den Akten (s. o. Rz. 27) – nicht erkennen läßt, ob sie auf gesetzlicher Grundlage beruht (*derselbe*, a.a.O.). Ein die Bindung ausschließender schwerer Verfahrensverstoß kann weiter vorliegen, wenn nach Aufgabe der Geschäftstätigkeit das Verfahren an das für den Wohnsitz des Geschäftsführers zuständige Insolvenzgericht verwiesen wird, ohne daß festgestellt ist, daß sich bei diesem auch die Geschäftsunterlagen befinden (zur Zuständigkeit in solchen Fällen s. o. Rz. 9f.). 28

Hat der Schuldner noch keine Kenntnis vom Insolvenzantrag und würde die erstmalige Unterrichtung im Rahmen der Zuständigkeitsprüfung zu einer Gefährdung des Verfahrens führen können, so kann die **Anhörung** zum Verweisungsantrag unterbleiben, ohne daß die Bindungswirkung des § 281 ZPO entfällt (*BGH* DtZ 1992, 330 [331]; *BGH* NJW 29

§ 3 Allgemeine Vorschriften

1996, 3013 = ZIP 1996, 1516 = EWiR 96, 957; *OLG Dresden* ZIP 1998, 1595 [1596]). In den übrigen Fällen ist eine Anhörung des Schuldners erforderlich, damit die Verweisung bindende Wirkung entfaltet (*OLG Dresden* ZIP 1998, 1596). Eine erforderliche Anhörung kann allerdings nachgeholt werden, der Verweisungsbeschluß ist dann bindend (*OLG Dresden* ZIP 1998, 1595 [1596]). Ansonsten ist die Anhörung des Schuldners erforderlich. Beim Nachlaßinsolvenzverfahren kommt eine Anhörung allerdings nur in Betracht in den Fällen des § 317 Abs. 2 und 3.

30 Hält das Insolvenzgericht, an das verwiesen wird, die Verweisung für unwirksam, so kann es die Akten unter Hinweis auf die fehlende Bindung dem Ursprungsgericht vorlegen mit dem Bemerken, daß die Übernahme abgelehnt wird; das Ursprungsgericht kann die Sache wieder übernehmen oder dem nächst höheren Gericht zur Bestimmung der Zuständigkeit vorlegen (s. u. Rz. 37). Das Gericht, an das verwiesen wird, kann auch sogleich die Akte dem nächst höheren Gericht vorlegen.

II. Abgabe

31 Neben der Verweisung ist auf Antrag des Antragstellers – ggf. nach telefonischer Anfrage oder im Fax-Wege – eine formlose Abgabe möglich, die keine Bindungswirkung entfaltet. In Betracht kommt sie bei Schuldnern, die häufig den Wohnsitz wechseln.

III. Rechtsbehelfe

32 Weist das Gericht auf seine Unzuständigkeit hin und stellt der Antragsteller keinen Verweisungsantrag, wird der Antrag als unzulässig abgewiesen. Der Antragsteller kann sofortige Beschwerde einlegen (§§ 6 Abs. 1, 34 Abs. 1), der das Amtsgericht abhelfen kann (§ 6 Abs. 2 Satz 2).

33 Hält der Schuldner das Insolvenzgericht für unzuständig, so kann er darauf hinweisen. Ein Rechtsbehelf steht dem Schuldner erst zu, wenn das Insolvenzgericht das Verfahren eröffnet (§ 34 Abs. 2) oder den Antrag mangels Masse nach § 26 abweist (§ 34 Abs. 1). Hatte der Beschwerdeführer allerdings Gelegenheit, zur Frage der örtlichen Zuständigkeit Stellung zu nehmen, so ist die Beschwerde analog § 512a ZPO ausgeschlossen (*OLG Köln* NJW-RR 1990, 894; *LG Frankfurt* MDR 1990, 1022; *Kilger/Karsten Schmidt* KO, § 71 Rz. 5; *Kuhn/Uhlenbruck* KO, § 71 Rz. 7b). Die Rechtskraft des Eröffnungsbeschlusses heilt Zuständigkeitsmängel, eine Abänderung der Entscheidung von Amts wegen ist unzulässig, § 4 i. V. m. § 577 Abs. 3 ZPO (*Kilger/Karsten Schmidt* KO, § 71 Rz. 5). In einem nachfolgenden Zivilprozeß kann sich eine Partei nicht darauf berufen, die Eröffnung des Insolvenzverfahrens sei durch ein örtlich nicht zuständiges Gericht erfolgt (*BGH* ZIP 1998, 477 [478]).

G. Zuständigkeitsbestimmung

34 Eine Bestimmung des zuständigen Gerichts kann erfolgen gem. § 4 i. V. m. § 36 ZPO. Denkbar ist sie in folgenden Fällen:
a) § 36 Abs. 1 Nr. 1 ZPO hat wegen der Zuständigkeitskonzentration gem. § 2 Abs. 1 keine Bedeutung und kann allenfalls im Falle des § 2 Abs. 2 eintreten.

Örtliche Zuständigkeit § 3

b) § 36 Abs. 1 Nr. 3 ZPO hatte Bedeutung für die Insolvenz mehrerer Gesellschafter einer BGB-Gesellschaft, wenn ein gemeinschaftlicher Gerichtsstand wegen Fehlens einer gewerblichen Niederlassung nicht bestand (*BGH* NJW 1951, 312). Durch Anerkennung der Insolvenzfähigkeit der BGB-Gesellschaft (§ 11 Abs. 2 Nr. 1) ist diese Rechtsprechung überholt. Ist über das Vermögen einer Gesellschaft und ihrer Gesellschafter von verschiedenen Gerichten ein Insolvenzverfahren eröffnet worden, so liegt kein Fall des § 36 Nr. 3 vor, da die Insolvenzschuldner nicht identisch sind (*Gottwald/Heilmann/Klopp* § 18 Rz. 2 unter irriger Erwähnung von § 36 Nr. 5). 35

c) § 36 Abs. 1 Nr. 5 ZPO kann vorliegen, wenn verschiedene Gerichte das Insolvenzverfahren eröffnet haben (s. o. Rz. 15). 36

d) § 36 Abs. 1 Nr. 6 ZPO ist der häufigste Anwendungsfall einer Zuständigkeitsbestimmung im Insolvenzverfahren. Voraussetzung ist, daß sich zwei Insolvenzgerichte rechtskräftig für unzuständig erklärt haben (*BGH* ZIP 1996, 847). Es genügt aber auch, daß ein Insolvenzgericht das Verfahren nach § 281 ZPO verweist und das andere Insolvenzgericht die Übernahme ausdrücklich ablehnt (*OLG München* Rpfleger 1987, 78 = NJW-RR 1987, 382). 37

Eines Antrages der Parteien bedarf es nicht, es genügt die Vorlage durch eines der Gerichte (*OLG München*, Rpfleger 1987, 78 = NJW-RR 1987, 382; *Kuhn/Uhlenbruck* KO, § 71 Rz. 5a). Die Vorlage erfolgt an das nächst höhere Gericht. Dies kann das Landgericht sein, wenn gemäß § 2 Abs. 2 mehrere Insolvenzgerichte im Landgerichtsbezirk errichtet sind und sich diese um die Zuständigkeit streiten. Gehören die Gerichte zum selben OLG-Bezirk, erfolgt die Zuständigkeitsbestimmung durch das *OLG*. Sofern gem. § 7 Abs. 3 ein *Oberlandesgericht* zum weiteren Beschwerdegericht in Insolvenzsachen bestimmt ist, gilt dies nicht für die Zuständigkeitsbestimmung; dafür bleibt jedes *OLG* zuständig. Gehören die Insolvenzgerichte zu verschiedenen OLG-Bezirken in Bayern, so entscheidet das *BayObLG*. Gehören die Insolvenzgerichte verschiedenen Bundesländern an, so entscheidet das *OLG*, zu dessen Bezirk das zuerst mit der Sache befaßte Insolvenzgericht gehört (§ 36 Abs. 2 ZPO), der *BGH* entscheidet nur in den Fällen des § 36 Abs. 3 ZPO. Das übergeordnete Gericht bestimmt durch unanfechtbaren Beschluß nach § 37 Abs. 2 ZPO das zuständige Gericht, ggf. auch ein drittes, am Kompetenzkonflikt nicht beteiligtes Gericht (BGHZ 71, 69, [74]; *Zöller/Vollkommer* ZPO § 36 Rz. 27). 38

H. Internationale Zuständigkeit

(vgl. hierzu eingehend die Ausführungen zu Art. 102 EGInsO in Anhang I)

Seit der Entscheidung des *BGH* (BGHZ 95, 256) ist die Geltung des Universalitätsprinzipes anerkannt: Die im Recht des Eröffnungsstaats vorgesehenen Wirkungen des Insolvenzverfahrens sind unter gewissen Voraussetzungen auch in Deutschland anzuerkennen. Diese Rechtsprechung ist in Art. 102 Abs. 1 EGInsO aufgegriffen worden. Art. 102 Abs. 3 Satz 1 EGInsO ermöglicht ein Sonderinsolvenzverfahren, beschränkt auf das Inlandsvermögen des Schuldners. Eröffnet ein deutsches Insolvenzgericht ein Verfahren, so gehört im Ausland belegenes Vermögen des Schuldners zur Insolvenzmasse. Erkennt der ausländische Staat die Wirkungen (§§ 24 I, 80 ff.) nicht an, ist der Schuldner verpflichtet, dem (vorläufigen) Insolvenzverwalter Vollmacht zu erteilen (s. u. § 27 Rz. 25 f.). 39

Der Regierungsentwurf der InsO enthielt ursprünglich in §§ 379 ff. eine ausführliche Regelung zum Internationalen Insolvenzrecht (BT-Drucks. 12/2443 S. 78 ff.). Geblieben 40

§ 4   *Allgemeine Vorschriften*

ist nur die rudimentäre Regelung des Art. 102 EGInsO für die Inlandswirkungen der Auslandsinsolvenz. Auf Ebene der Europäischen Gemeinschaft existiert das – nur vom Vereinigten Königreich noch nicht gezeichnete und deshalb noch nicht in Kraft getretene – Europäische Übereinkommen über Insolvenzverfahren (ZIP 1996, 976 ff.; dazu *Balz* Das neue Europäische Insolvenzübereinkommen ZIP 1996, 948 ff.) mit einer Regelung der internationalen Zuständigkeit in Art. 3 (vgl. hierzu die Ausführungen zum Internationalen Insolvenzrecht zu Art. 102 EGInsO). Abkommen auf dem Gebiet des Internationalen Insolvenzrechtes existieren z. Zt. zwischen Deutschland und Österreich sowie zwischen einzelnen Bundesländern und der Schweiz (*Gottwald/Arnold* § 124 Rz. 1 ff., 36 ff.).

41 Bis zu einer Regelung gilt der Grundsatz des Internationalen Zivilprozeßrechtes, das die internationale Kompetenz durch die innerstaatliche örtliche Zuständigkeit vermittelt wird (*Gottwald/Arnold* § 122 Rz. 3). Entsprechend § 3 sind die deutschen Gerichte international zuständig, wenn der Mittelpunkt einer selbständigen wirtschaftlichen Tätigkeit des Schuldners im Inland liegt. Übt der Schuldner keine selbständige wirtschaftliche Tätigkeit aus, so kommt es darauf an, ob der Schuldner seinen allgemeinen Gerichtsstand im Inland hat. Die Regelung des § 3 Abs. 2 wird modifiziert durch Art. 102 Abs. 3 EGInsO. Diese Vorschrift erlaubt zum Schutz der inländischen Interessen die Eröffnung eines Sonderinsolvenzverfahrens über das Inlandsvermögen, wobei – wie nach § 22 Abs. 2 GesO – ein Gerichtsstand überall dort gegeben ist, wo sich Gegenstände des Inlandsvermögens befinden (BT-Drucks. 12/7303 S. 117).

§ 4
Anwendbarkeit der Zivilprozeßordnung → § 72 KO

Für das Insolvenzverfahren gelten, soweit dieses Gesetz nichts anderes bestimmt, die Vorschriften der Zivilprozeßordnung entsprechend.

Vgl. § 72 KO; § 115 VerglO; § 1 Abs. 3 GesO.

Inhaltsübersicht: Rz.

A. Überblick	1– 2
B. Vorschriften der ZPO	3–25
C. Vorschriften des GVG und sonstige Vorschriften	26–29
D. Anhang	30–81
I. §§ 41 ff. ZPO Ausschluß und Ablehnung	30–48
II. § 299 ZPO Akteneinsicht	49–81

Literatur:

Haarmeyer Anm. zu *OLG Naumburg*, Beschl. vom 29. 10. 1996 – 5 VA 4/96 –, EWiR 5/97 § 2 GesO, 457 f.; *Haarmeyer/Seibt* Akteneinsicht durch Gläubiger und »Dritte« im Insolvenzverfahren, Rpfleger 1996, 221; *Pape* Recht auf Einsicht in Konkursakten – ein Versteckspiel für die Gläubiger, ZIP 1997, 1367; *Schmeel* Das Recht des Gläubigers auf Einsicht in die Insolvenzakte, MDR 1997, 437; *Uhlenbruck* Das Auskunfts- und Akteneinsichtsrecht in Konkurs- und Vergleichssakten, KTS 1989, 527

A. Überblick

Wie schon im alten Recht ordnet § 4 die subsidiäre Maßgeblichkeit der Zivilprozeßord- 1
nung an (BT-Drucks. 12/2443 S. 110). Zunächst ist zu prüfen, ob die InsO besondere
Bestimmungen zur Verfahrensordnung (z. B. § 5 Abs. 2) enthält. Ist dies nicht der Fall,
können die Vorschriften der ZPO, allerdings nur entsprechend, anwendbar sein. Dies
bedeutet, daß die Bestimmungen der ZPO auf das Insolvenzverfahren nur übertragen
werden können, wenn und soweit dies mit der besonderen Natur des Insolvenzverfahrens
zu vereinbaren ist (*BGH* NJW 1961, 2016). Aus der Eilbedürftigkeit des Insolvenzverfahrens folgt z. B., daß die Vorschriften über das Ruhen des Verfahrens (§ 251 ZPO)
nicht anwendbar sind.

Das Insolvenzverfahren ist entsprechend seiner Funktion als Gesamtvollstreckungsver- 2
fahren der streitigen Gerichtsbarkeit zuzuordnen (*Uhlenbruck/Delhaes* Rz. 22; *Kuhn/
Uhlenbruck* KO, § 72 Rz. 1; *Hess* KO, § 72 Rz. 1; in der Tendenz anders *Gottwald/
Heilmann/Klopp* § 18 Rz. 14, die das Insolvenzverfahren in die Nähe der freiwilligen
Gerichtsbarkeit rücken im Hinblick auf die angestrebte gerechte Verteilung an die
Gläubiger). Aus der Einbeziehung des Insolvenzverfahrens in die streitige Gerichtsbarkeit folgt, daß die Vorschriften des GVG entsprechend anwendbar sein können, soweit
dies mit der besonderen Natur des Insolvenzverfahrens zu vereinbaren ist. Nicht ergänzend anwendbar sind die Bestimmungen des FGG auch insoweit, als es sich bei der
Anordnung des Insolvenzgerichts um reine Verwaltungsakte (wie z. B. Ernennung und
Überwachung des Verwalters) handelt (*Uhlenbruck/Delhaes* Rz. 22; *Kuhn/Uhlenbruck*
KO, § 72 Rz. 1; *Kilger/Karsten Schmidt* KO, § 72 Rz. 1).

B. Vorschriften der ZPO

Soweit die InsO keine Sonderregelungen enthält, können die Vorschriften der **ZPO** 3
entsprechend angewandt werden**, wenn und soweit sie mit der besonderen Natur des
Insolvenzverfahrens zu vereinbaren sind** (*BGH* NJW 1961, 2016; s. o. Rz. 1). Im
einzelnen gilt nachfolgendes (ja = entsprechend anwendbar, nein = unanwendbar).

* §§ 1–11 ZPO nein (Sonderregelung in § 2 Abs. 1). 4
* §§ 12–37 ZPO: 5
  §§ 12, 20–35a ZPO nein (§ 3 Abs. 1, § 315).
  §§ 13–19 ZPO ja nach Maßgabe § 3 Abs. 1 (zur internationalen Zuständigkeit s. § 3 Rz. 39 ff.).
  §§ 36, 37 ZPO ja (s. § 3 Rz. 34 ff.).
* §§ 38 ff. ZPO nein (§ 2 Abs. 1, § 3 Abs. 1). 6
  §§ 41 ff. ZPO ja (s. u. Rz. 30 ff.).
* §§ 50–58 ZPO: 7
  § 50 ZPO nein (§§ 11, 12, 316, 332 Abs. 1, 333 Abs. 1).
  §§ 51 ff. ZPO ja (s. § 14 Rz. 15).
  Zur Prozeßstandschaft s. § 24 Rz. 30 ff.
* §§ 59 ff. ZPO nein (s. § 13 Rz. 36 ff.).
* §§ 78–90 ZPO: 8
  § 78 Abs. 1 ZPO grundsätzlich nein (s. § 6 Rz. 25).
  §§ 79 f. ZPO ja (s. § 14 Rz. 16).
  § 89 ZPO nein (s. § 14 Rz. 16).
* §§ 91–101 ZPO: 9
  § 91, 92 ZPO ja (s. § 13 Rz. 51).

§ 4 Allgemeine Vorschriften

§ 91a ZPO ja (s. § 13 Rz. 100 ff.). Zur einseitigen Erledigungserklärung s. § 13 Rz. 103 ff.
§ 97 ZPO ja (s. § 6 Rz. 22, 25).
§§ 103 ff. ZPO ja (s. § 2 Rz. 34).

10 * §§ 114 ff. ZPO ja (s. § 13 Rz. 76 ff.; § 24 Rz. 23, 34; s. auch § 26 Rz. 27 ff.).
11 * §§ 128–165 ZPO:
§ 128 Abs. 1 ZPO nein (§ 5 Abs. 2 Satz 1).
§ 133 ZPO nein (s. § 14 Rz. 11).
§ 139 ZPO ja (s. § 14 Rz. 5).
§ 141 ZPO nein (§ 79 Abs. 3 Satz 1).
§ 144 ZPO nein (§ 5 Abs. 1).
§ 147 ZPO ja, aber nur nach Verfahrenseröffnung (s. § 13 Rz. 36 f.).
§§ 148 f. ZPO nein (s. § 14 Rz. 22).
§ 157 ZPO ja.
§§ 159 ff. ZPO ja.

12 * §§ 166–213a ZPO ja unter Berücksichtigung der Sonderregeln in §§ 8, 307 Abs. 1 Satz 3. Die öffentliche Zustellung (§§ 203 ff. ZPO) erfolgt jedoch ohne Antrag von Amts wegen (s. § 8 Rz. 18; § 14 Rz. 13).

13 * §§ 214–229 ZPO ja mit folgenden Einschränkungen:
§ 217 ZPO gilt wegen des Eilcharakters nicht im Eröffnungsverfahren (s. § 5 Rz. 24), wohl aber bei der Einberufung von Gläubigerversammlungen (s. § 29 Rz. 11). Dabei sind die Sonderregeln der §§ 28, 29, 75 Abs. 2 zu beachten.
Bei der Fristberechnung ist § 139 zu beachten.
§ 227 Abs. 3 Satz 1 gilt nicht (§ 5 Abs. 2 Satz 2).

14 * §§ 230–238 ZPO ja hinsichtlich der das Verfahrensrecht betreffenden Fristen wie z. B. die Beschwerdefrist (zum letzteren vgl. *LG Frankfurt* ZIP 1995, 1836 = EWiR 1996, 79; *OLG Frankfurt* ZIP 1996, 556 = EWiR 1996, 519).

15 Unter Geltung der KO wurde für das materielle Konkursrecht (§§ 1–70 KO) die Geltung der Vorschriften über Fristen und Wiedereinsetzung abgelehnt (*Gottwald/Heilmann/Klopp* § 18 Rz. 18).
Zur Versäumung des Prüfungstermins s. die Regelung in § 186.

16 * §§ 239–252 ZPO:
§ 239 ZPO nein (s. § 11 Rz. 27).
§ 240 ZPO ja (s. § 24 Rz. 23 ff., 31 f.).
§ 251 ZPO nein (s. § 14 Rz. 22) mit Ausnahme in § 306.

17 * §§ 253–299a ZPO:
§ 253 ZPO ja im Hinblick auf die allgemeinen Zulässigkeitsvoraussetzungen (s. § 14 Rz. 9, 10, 12, 13, 21).
§ 261 Abs. 3 Nr. 1 ZPO nein (s. § 3 Abs. 2).
§ 261 Abs. 3 Nr. 2 ZPO ja (s. § 3 Rz. 17).
§§ 263 f. ZPO: Auswechseln bzw. Nachschieben einer Forderung ist zulässig (s. § 14 Rz. 20).
§ 269 ZPO: Zur zeitlichen Grenze für die Rücknahmemöglichkeit s. § 13 Abs. 2, zur Rücknahmefiktion s. § 305 Abs. 3, § 300 Abs. 2.
§ 269 Abs. 3 ZPO ja (s. § 13 Rz. 19 ff.).
§ 284 ZPO: Der Grundsatz der Parteiherrschaft ist eingeschränkt durch den Amtsermittlungsgrundsatz des § 5 Abs. 1 Satz 1 (s. § 5 Rz. 2; § 14 Rz. 109 f.). Im Rahmen der Glaubhaftmachung (§ 294) ZPO kann allerdings die Substantiierungspflicht Bedeutung erlangen (s. § 14 Rz. 51).

Anwendbarkeit der Zivilprozeßordnung § 4

§ 286 ZPO ja.
§§ 288–290 ZPO nein (wegen § 5; s. auch § 14 Rz. 109).
§ 294 ZPO ja (s. § 14 Rz. 50 ff.).
§ 299 ZPO ja (s. u. Rz. 50 ff.).
* §§ 300–329 ZPO: 18
§ 319 ZPO ja (s. § 7 Rz. 32; § 30 Rz. 33; § 31 Rz. 3, 6).
§ 322 ZPO teilweise (s. § 7 Rz. 31); Sondervorschrift in § 183 Abs. 1.
§ 329 ZPO ja (s. im einzelnen § 5 Rz. 33; § 8 Rz. 9, 10, 14; § 23 Rz. 11; § 30 Rz. 6 f.).
* §§ 355–455, 478–484 ZPO: 19
Die Beweisaufnahme hinsichtlich der einzelnen Beweismittel (s. § 5 Rz. 9, 12 ff., 15, 16) erfolgt von Amts wegen (§ 5 Abs. 1).
§ 383 ZPO ja (zu § 383 Abs. 1 Nr. 6 s. *LG Hamburg* ZIP 1988, 590 [591 ff.]).
§ 384 ZPO ja, aber Sonderregelung in § 101 Abs. 1 Satz 2 i. V. m. § 97 Abs. 1 Satz 2.
§ 385 Abs. 2 ZPO ja (s. § 5 Rz. 14).
Schuldner und organschaftliche Vertreter sind zur Aussage verpflichtet (§ 97 Abs. 1, § 98, § 101 Abs. 1).
* §§ 495–510 b ZPO: § 496 ZPO ja. 20
* §§ 511–591 ZPO: 21
§ 512 a ZPO ja (s. § 3 Rz. 33).
§§ 550, 551, 561, 563 ja (s. § 7 Abs. 1 Satz 2).
§§ 567–577 a ZPO ja mit Sondervorschriften in §§ 6, 7.
§§ 578–591 ZPO ja (s. § 7 Rz. 33).
* §§ 704–945 ZPO:
Die Vorschriften über die Einzelzwangsvollstreckung sind im Rahmen der Insolvenz- 22 ordnung, bei der es um eine Gesamtvollstreckung geht, nicht anwendbar, abgesehen von nachfolgenden Ausnahmen:
§ 704 ZPO s. § 201 Abs. 2 (zur Frage, ob zur Glaubhaftmachung der Forderung ein 23 rechtskräftig tituliertes Urteil erforderlich ist, s. § 14 Rz. 55 ff.).
§ 705 ZPO ja (s. § 7 Rz. 27–30).
§§ 724 ff. ZPO ja (s. § 23 Rz. 20) sowie § 202.
§§ 758, 758 a ZPO ja (s. i. E § 23 Rz. 20).
§ 764 ZPO nein (s. § 6 Rz. 46, § 21 Rz. 83 b); s. auch § 148 Abs. 2 Satz 2.
§ 765 a ZPO nein (s. § 14 Rz. 23).
§ 766 ZPO ja (s. § 6 Rz. 46; § 21 Rz. 83; § 23 Rz. 21) sowie § 148 Abs. 2. Zur Zuständigkeit s. o. bei § 764 ZPO.
§ 775 Nr. 1, 2 ZPO ja (s. § 21 Rz. 82).
§ 793 ZPO ja (s. § 6 Rz. 46; § 21 Rz. 82; § 23 Rz. 21).
§ 794 Abs. 1 Nr. 1 ZPO: Ein Vergleichsschluß vor dem Insolvenzgericht ist möglich; Sonderregelung in § 308 Abs. 1 Satz 2.
§ 794 Abs. 1 Nr. 3 ZPO ja (s. § 23 Rz. 19; § 34 Rz. 46).
§ 807 ZPO ja (§ 98 Abs. 1 Satz 1). Zu den Auswirkungen von Sicherungsmaßnahmen 24 auf die Verpflichtung zur Abgabe der eidesstattlichen Versicherung in der Einzelzwangsvollstreckung s. § 24 Rz. 35 f.
§§ 811–811 c, 850–850 k, 851 a, b ZPO ja mit Sonderregelungen in § 36 Abs. 2, §§ 100, 278.
§§ 883 ff. ZPO ja (s. § 21 Rz. 77; § 23 Rz. 19); s. auch § 148 Abs. 2 Satz 1.
§§ 899–915 h ZPO ja (s. § 26 Rz. 78 ff.); s. auch §§ 20, 98 Abs. 3 Satz 1.
§§ 916 ff. ZPO: Schutzschrift ja (s. § 14 Rz. 107). 25

C. Vorschriften des GVG und sonstige Vorschriften

26 * §§ 156 ff. GVG (Rechtshilfe) ja (s. § 5 Rz. 25 f.).
27 * §§ 169 ff. GVG (Öffentlichkeit)
In Insolvenzsachen gibt es kein »erkennendes Gericht« im Sinne des § 169 Satz 1 GVG (*Zöller/Gummer* ZPO, § 169 GVG Rz. 9). Die Verhandlungen sind folglich nichtöffentlich. Zu Ausnahmen s. § 5 Rz. 23. Zu Gläubigerversammlungen kommt eine Zulassung insbesondere von Pressevertretern in Großverfahren mit überörtlicher Bedeutung gemäß § 175 Abs. 2 Satz 1 GVG in Betracht (*Uhlenbruck/Delhaes* Rz. 46 f.; *Kuhn/Uhlenbruck* KO, § 72 Rz. 7; einschränkend *Kilger/Karsten Schmidt* KO, § 72 Rz. 3, der Bedenken anmeldet für den Fall des Widerspruchs eines Beteiligten oder bei der Erörterung eines für die Durchführung des Verfahrens wesentlichen Sachverhalts, der der Vertraulichkeit bedarf).
28 * §§ 176 ff. GVG (Sitzungspolizei) ja (*Gottwald/Heilmann/Klopp* § 18 Rz. 17).
* §§ 184 ff. GVG (Gerichtssprache) ja (*Gottwald/Heilmann/Klopp* § 18 Rz. 17).
29 * GG: Art. 103 Abs. 1 ja (s. § 10 Rz. 1).

D. Anhang

I. §§ 41 ff. ZPO Ausschluß und Ablehnung

30 Die Regelungen der §§ 41 ff. ZPO gelten für Richter, Rechtspfleger, Urkundsbeamte der Geschäftsstelle und Sachverständige (mit Einschränkungen), nicht aber für den (vorläufigen und endgültigen) Insolvenzverwalter. Aufgrund der lediglich entsprechenden Anwendbarkeit (§ 4) der ZPO-Vorschriften können im Insolvenzverfahren andere Beurteilungsmaßstäbe als im zivilprozessualen Erkenntnisverfahren anzuwenden sein sowohl hinsichtlich der Besorgnis der Befangenheit (§ 42 Abs. 1 ZPO) als auch der Ablehnungsberechtigten (vgl. § 42 Abs. 2 ZPO).

31 **a)** Die Regelung des § 41 ZPO gilt für Richter, Rechtspfleger (§ 10 RpflG), Urkundsbeamte (§ 49 ZPO) und Sachverständige (§ 406 Abs. 1 ZPO) mit Ausnahme der Regelung in § 41 Nr. 5 ZPO (vgl. *Zöller/Greger* ZPO, § 406 Rz. 7). Die Vorschrift des § 42 ZPO gilt für Richter, Rechtspfleger und Urkundsbeamte der Geschäftsstelle. Für den Sachverständigen gilt die Regelung nur, soweit er nicht gem. § 22 Abs. 1 Satz 2 Nr. 3 InsO beauftragt ist, sondern außerhalb dieses Bereiches beispielsweise mit der Prüfung der Schlußrechnung (s. § 22 Rz. 43).

32 Für den vorläufigen Insolvenzverwalter und den (endgültigen) Insolvenzverwalter gelten die Regelungen der §§ 41 ff. ZPO **nicht**. Bei der Bestellung wird das Insolvenzgericht die Regelungen der §§ 41, 42 ZPO beachten und ggf. von seinem Entlassungsrecht (§ 21 Abs. 2 Nr. 1, § 59) Gebrauch machen.

33 **b)** Hinsichtlich der Ausschließung gemäß § 41 ZPO wird auf die Kommentierung zu dieser Vorschrift in den ZPO-Kommentaren verwiesen.

34 **c)** Wegen **Besorgnis der Befangenheit** findet die Ablehnung statt, wenn ein Grund vorliegt, der geeignet ist, Mißtrauen gegen die Unparteilichkeit zu rechtfertigen (§ 42 Abs. 2 ZPO). In Betracht kommen nur objektive Gründe, die vom Standpunkt des Ablehnenden aus bei vernünftiger Betrachtung die Befürchtungen wecken können, der Abgelehnte stehe der Sache nicht unvoreingenommen und damit nicht unparteiisch gegenüber; rein subjektive, unvernünftige Vorstellungen des Ablehnenden scheiden aus. Nicht erforderlich ist, daß der Abgelehnte tatsächlich befangen ist (*Zöller/Vollkommer*

ZPO, § 42 Rz. 9). Diese für den Zivilprozeß entwickelten Grundsätze gelten auch im Insolvenzverfahren (*LG Düsseldorf* ZIP 1985, 631; *OLG Köln* ZIP 1990, 58 [60]; *Uhlenbruck/Delhaes* Rz. 76).

Aus der lediglich entsprechenden Anwendbarkeit und der Eigenart des Insolvenzverfahrens folgt für § 42 ZPO allerdings, daß **andere Maßstäbe als im Zivilprozeß** angelegt werden müssen (*OLG Köln* ZIP 1988, 110; bestätigt vom *BVerfG* ZIP 1988, 174; *Uhlenbruck/Delhaes* Rz. 50; *Kuhn/Uhlenbruck* KO, § 72 Rz. 6a). Insbesondere darf nicht das Aufsichtsrecht und die Aufsichtspflicht des Insolvenzgerichts (§ 58) unterlaufen werden (*Uhlenbruck/Delhaes* Rz. 50; *Kuhn/Uhlenbruck* KO, § 72 Rz. 6a). 35

Das **Recht** auf Ablehnung steht dem Schuldner, dem Verwalter und jedem einzelnen Gläubiger zu (*Gottwald/Heilmann/Klopp* § 18 Rz. 15). Beim Ablehnungsrecht des Insolvenzverwalters wird allerdings gefordert, daß die Befangenheit auch den Schuldner betreffen soll (s. u. Rz. 40). Teilweise wird die Auffassung vertreten, daß das Recht auf Ablehnung nicht auch einzelnen Gläubigern zustehe (*Uhlenbruck/Delhaes* Rz. 50b; *Kuhn/Uhlenbruck* KO, § 72 Rz. 6e). Begründet wird dies damit, das Ablehnungsgesuch sei nicht der geeignete Weg, Verfahrensmängel zu beanstanden und zu korrigieren. Dies ist sicher zutreffend. Soweit jedoch in der Verfahrensweise die Besorgnis der Befangenheit zum Ausdruck kommt, steht dem Gläubiger ein Ablehnungsrecht zu (so wie in dem vom *LG Düsseldorf* ZIP 1985, 631 entschiedenen Fall). Auch der weitergehende Einwand, der Richter oder Rechtspfleger müsse die Möglichkeit haben, auf einen zügigen Verfahrensablauf Einfluß zu nehmen und bestimmte Verfahrenstaktiken von Gläubigern zu unterbinden, trägt nicht. Die Gefahr einer mißbräuchlichen Benutzung des Ablehnungsrechts besteht in jeder Verfahrensordnung. Ihr kann zudem durch die Regelung des § 47 ZPO begegnet werden (s. u. Rz. 42). Soll durch die Ablehnung das Verfahren offensichtlich nur verschleppt werden oder werden verfahrensfremde Zwecke verfolgt, so ist das Ablehnungsgesuch als unzulässig (*Zöller/Vollkommer* ZPO, § 42 Rz. 6) vom Abgelehnten (*Zöller/Vollkommer* ZPO, § 45 Rz. 4) zu verwerfen. 36

Eine Einschränkung ist allerdings vorzunehmen. § 42 Abs. 2 ZPO gesteht das Ablehnungsrecht beiden Parteien zu. Spätestens mit der Eröffnung des Insolvenzverfahrens ist aus dem Parteiverfahren aber ein Amtsverfahren geworden (s. § 34 Rz. 25). Nach Eröffnung steht das Ablehnungsrecht dem betreffenden Gläubiger nur zu, wenn er – ähnlich der Beschwer (s. § 34 Rz. 13) – glaubhaft macht, daß er durch eine Maßnahme des Abgelehnten unmittelbar betroffen ist und daraus die Besorgnis der Befangenheit folgt. Unmutsäußerungen beispielsweise des Abgelehnten gegenüber einem einzelnen Gläubiger können ein Ablehnungsrecht anderer Gläubiger nur begründen, wenn dargelegt ist, daß auch aus der Sicht der anderen Gläubiger Besorgnis der Befangenheit besteht. 37

d) Die Besorgnis der Befangenheit ist gegeben, wenn objektiv ein vernünftiger Grund vorliegt, der einem Verfahrensbeteiligten von seinem Standpunkt aus befürchten läßt, der Abgelehnte werde nicht unparteiisch in der Sache entscheiden. **Besorgnis der Befangenheit** folgt noch nicht daraus, daß der Abgelehnte mit den Beteiligten die Sach- und Rechtslage kritisch erörtert (*Uhlenbruck/Delhaes* Rz. 76) und seine Rechtsansicht äußert (vgl. *OLG Köln* NJW 1975, 788). Verfahrensfehler oder materiell fehlerhafte Entscheidungen stellen grundsätzlich keinen Ablehnungsgrund dar. Etwas anderes gilt nur, wenn Indizien vorhanden sind, daß die festgestellten Rechtsfehler auf einer unsachlichen Einstellung gegenüber der ablehnenden Partei oder auf Willkür beruhen (*Kuhn/Uhlenbruck* KO, § 72 Rz. 6a). 38

In den **veröffentlichten Entscheidungen** ist die Ablehnung eines Rechtspflegers für begründet erklärt worden, der den Prüfungstermin vor der ersten Gläubigerversammlung 39

§ 4   *Allgemeine Vorschriften*

(§ 110 Abs. 1 KO) abhielt und im Prüfungstermin anregte, die Beschwerdeführerin möge einen Verzicht auf die Ausübung des Stimmrechts in der nachfolgenden Gläubigerversammlung bei der Neuwahl des Insolvenzverwalters überlegen (*LG Düsseldorf* ZIP 1985, 631). Das *OLG Köln* (ZIP 1990, 58 = EWiR 1991, 391) hält die Besorgnis der Befangenheit regelmäßig dann für begründet, wenn mit der Prüfung der Schlußrechnung eines Insolvenzverwalters ein anderer im selben Amtsgerichtsezirk tätiger Insolvenzverwalter als Sachverständiger beauftragt wird. Die Besorgnis, der mit der Prüfung der Schlußrechnung beauftragte Insolvenzverwalter könne die Gelegenheit nutzen, sich dem Insolvenzgericht zu empfehlen und seinen Konkurrenten in ein ungünstiges Licht zu setzen (*OLG Köln* ZIP 1990, 58 [60]), erscheint jedoch übertrieben. Bei Sachverständigentätigkeit von Handwerksmeistern wird bei vergleichbarer Sachlage die Besorgnis der Befangenheit abgelehnt (*OLG München* MDR 1989, 828). Eine andere Frage ist es, ob der Prüfungsauftrag der Schlußrechnung an einen anderen Insolvenzverwalter als Sachverständigen eine geschickte und sachgerechte Auswahl des Insolvenzgerichts darstellt.

40   Der Insolvenzverwalter wird ungeachtet seiner Stellung als Partei kraft Amtes zur Ablehnung nur als Bevollmächtigter des Schuldners angesehen, weil er als Verwalter der Masse im Insolvenzverfahren weder persönlich beteiligt ist noch mit eigenem Vermögen haftet (*OLG Köln* ZIP 1988, 110 = EWiR 1988, 98). Daraus wird abgeleitet, daß erhebliche persönliche Spannungen zwischen Richter und Insolvenzverwalter die Besorgnis der Befangenheit nur begründen können, wenn konkrete, verfahrensbezogene Umstände für eine negative Einstellung gegenüber der Partei selbst feststellbar sind (*OLG Köln* ZIP 1988, 110f.). Diese Entscheidung ist vom *Bundesverfassungsgericht* (ZIP 1988, 174f.) gebilligt worden. Die Weitergabe einer Ablichtung der Beschwerdeschrift des Schuldners gegen die Eröffnung des Insolvenzverfahrens an den Insolvenzverwalter begründet nicht die Besorgnis der Befangenheit (*OLG Frankfurt* ZIP 1996, 600 [601]).

41   e) In dem Ablehnungsgesuch (§ 44 Abs. 1 ZPO) ist der Ablehnungsgrund **glaubhaft** (§ 294 ZPO) zu machen (§ 44 Abs. 2 ZPO). Die dienstliche Äußerung des Abgelehnten (§ 44 Abs. 3) ist den Beteiligten zur Kenntnis zu geben. Dies gilt nicht, falls sich die dienstliche Äußerung darin erschöpft, daß der Abgelehnte sich nicht für befangen hält (vgl. *Zöller/Vollkommer* ZPO, § 46 Rz. 3).
Bei der Selbstablehnung (§ 48 ZPO) ist die Anzeige des Richters den Parteien zu Gehör zu bringen.

42   f) Entsprechend § 47 ZPO darf der Abgelehnte vor rechtskräftiger Entscheidung über das Ablehnungsgesuch nur solche Handlungen vornehmen, die keinen Aufschub gestatten. Wegen des Eilcharakters des Insolvenzverfahrens wird dies regelmäßig der Fall sein bei der Anordnung von Sicherungsmaßnahmen im Rahmen des Eröffnungsverfahrens und möglicherweise auch für die Entscheidung über die (Nicht)Eröffnung.

43   In der fehlerhaften Annahme der Voraussetzungen für eine Eilentscheidung im Sinne von § 47 ZPO liegt noch nicht eine schlechthin unhaltbare Entscheidung. Jeder Richter (bzw. Rechtspfleger) ist nämlich verpflichtet, nach der von ihm für zutreffend erachteten Gesetzesauslegung zu entscheiden, aus der Beachtung dieser Pflicht folgt bei objektiver Beurteilung kein Grund zur Besorgnis der Befangenheit (*OLG Köln* ZIP 1988, 110 [111]; *BVerfG* ZIP 1988, 174 [175]; *Kuhn/Uhlenbruck* KO, § 72 Rz. 6c).

44   Bei rechtsmißbräuchlicher Ablehnung zum Zwecke der Verschleppung oder Verfolgung verfahrensfremder Zwecke kann der Abgelehnte das Ablehnungsgesuch als unzulässig verwerfen (s. o. Rz. 36). In diesem Fall kann er nicht nur solche Handlungen vornehmen, die keinen Aufschub gestatten (§ 47 ZPO), sondern alle sonstigen Handlungen auch.

g) Für die **Zuständigkeit zur Entscheidung** und Rechtsbehelfe gegen die Entscheidung 45
gilt folgendes:
(1) Bei einem **unzulässigen Ablehnungsgesuch** (s. o. Rz. 44) entscheidet der Richter
am Amtsgericht bzw. das Kollegialgericht in alter Besetzung unter Mitwirkung des
abgelehnten Richters (*Zöller/Vollkommer* ZPO, § 45 Rz. 6, 4). Entsprechend diesen
Grundsätzen ist zur Entscheidung über ein unzulässiges Ablehnungsgesuch – abweichend von § 10 Satz 2 RpflG – der Rechtspfleger berufen. Gegen den Beschluß findet die
sofortige Beschwerde (§ 46 Abs. 2 ZPO) bzw. – bei der Rechtspflegerablehnung – die
sofortige Erinnerung (§ 11 Abs. 1 Satz 2 RpflG) statt.
(2) Über ein **zulässiges** Ablehnungsgesuch entscheidet beim Rechtspfleger (§ 10 Satz 2 46
RpflG), beim Urkundsbeamten der Geschäftsstelle und beim Sachverständigen der
Richter. Über die Ablehnung eines Richters am Amtsgericht entscheidet das Landgericht
(§ 45 Abs. 2 Satz 1 ZPO), ansonsten der Spruchkörper ohne Mitwirkung des Abgelehnten (§ 45 Abs. 1 ZPO). Hält der Richter beim Amtsgericht das Ablehnungsgesuch für
begründet, entscheidet darüber nicht das Landgericht, sondern der Abgelehnte legt –
nach rechtlichem Gehör der Beteiligten – die Akten dem Stellvertreter vor (*Zöller/
Vollkommer* ZPO, § 45 Rz. 5).
Gegen den Beschluß, durch den das Gesuch für unbegründet erklärt wird, findet die 47
sofortige Beschwerde (§ 46 Abs. 2 ZPO) bzw. Durchgriffserinnerung (§ 11 Abs. 2
Satz 4, 5 RpflG) statt. Ansonsten ist kein Rechtsmittel gegeben (§ 46 Abs. 2 ZPO).
(3) Im Falle der **Selbstablehnung** entscheidet beim Mitglied eines Kollegialgerichts das 48
Kollegialgericht ohne Mitwirkung des Selbstabgelehnten. Über die Selbstablehnung
eines Richters am Amtsgericht entscheidet stets das Landgericht (*Zöller/Vollkommer*
ZPO, § 48 Rz. 8). Bei Selbstablehnung der übrigen Verfahrensbeteiligten entscheidet der
Richter am Amtsgericht. Die Entscheidung ist nicht anfechtbar (*Zöller/Vollkommer*
ZPO, § 48 Rz. 11).

II. § 299 ZPO Akteneinsicht

a) Die InsO kennt einige spezielle Regelungen zur Einsicht in Bestandteile der Verfah- 49
rensakten (§§ 66, 153, 154, 175, 234, 188). Daneben besteht ein allgemeines Einsichtsrecht für Behörden (vgl. Art. 35 GG). In den übrigen Fällen folgt es aus § 4 i. V. m. § 299
ZPO. Bei dem Recht auf Akteneinsicht spielt das seit dem Volkszählungsurteil (*BVerfGE*
65, 1 ff. = NJW 1984, 419 ff.) anerkannte Recht auf informationelle Selbstbestimmung
eine Rolle, das allerdings in seiner Bedeutung für die vorliegende Materie teilweise stark
überschätzt wird.
Beim Akteneinsichtsrecht sind verschiedene Bereiche zu unterscheiden. Formell geht es 50
darum, ob eine Auskunft, eine Akteneinsicht oder die Erteilung von Ablichtungen
begehrt wird, wer für die Entscheidung zuständig ist und welche Rechtsbehelfe gegeben
sind. Inhaltlich geht es darum, in welchem Verfahrensstadium (Eröffnungsverfahren,
eröffnetes Verfahren, beendetes Verfahren) den Verfahrensbeteiligten in welchem Umfang Rechte zustehen.
b) Bei der Frage, unter welchen Voraussetzungen und in welchem Umfang Akteneinsicht 51
zu gewähren ist, herrschte längere Zeit weitgehend Einigkeit. Nach mehr als zehn Jahren
hat die aus dem Volkszählungsurteil des Bundesverfassungsgerichts (*BVerfGE* 65, 1 =
NJW 1984, 419) sich ergebende Diskussion über das Recht auf informationelle Selbstbestimmung auch das Recht auf Einsicht in Insolvenzakten erreicht.

52 Aus dem **Recht auf informationelle Selbstbestimmung** leiten Teile der Rechtsprechung (*LG Magdeburg* Rpfleger 1996, 364) und der Literatur (*Haarmeyer/Wutzke/ Förster* Handbuch 2/28 ff.; *Haarmeyer/Seibt* Rpfleger 1996, 221) eine **restriktive Auslegung** der im Insolvenzverfahren entsprechend anwendbaren Vorschrift des § 299 ZPO her. So soll das **Gutachten eines Sachverständigen** lediglich der Vorbereitung der gerichtlichen Entscheidung über die Eröffnung dienen und gemäß § 299 Abs. 3 ZPO analog von der Möglichkeit der Einsichtnahme ausgeschlossen sein, falls nicht Insolvenzgericht, Schuldner und Sachverständiger zustimmen (*LG Magdeburg* Rpfleger 1996, 364; *Haarmeyer/Wutzke/Förster* Handbuch 2/31; *Haarmeyer/Seibt* Rpfleger 1996, 221 [222]).

53 Diese und weitere Einschränkungen sind **abzulehnen**. Bei dem in einem Verfahren eingeholten Gutachten handelt es sich niemals um einen Entwurf. Vielmehr ist das Gutachten die wichtigste Entscheidungsgrundlage des Gerichts. Die erwogene analoge Anwendung des § 299 Abs. 3 ZPO ist nicht tragfähig (*OLG Braunschweig* ZIP 1997, 894 = EWiR 1997, 373). Die Frage des Akteneinsichtsrechtes ist nach der Vorschrift des § 299 Abs. 2 und nicht nach der des § 299 Abs. 3 ZPO zu beurteilen (*OLG Brandenburg* ZIP 1998, 962) Es muß den Gläubigern und Dritten die Möglichkeit offen stehen, in dem der gleichmäßigen gemeinschaftlichen Befriedigung aller Gläubiger dienenden Insolvenzverfahren die Möglichkeit einer Kontrolle über das Verfahren auszuüben (*Pape* ZIP 1997, 1367 [1369]). Ohne die Möglichkeit der Einsichtnahme in das Gutachten ist dies weder im eröffneten Verfahren möglich noch im mangels Masse abgewiesenen oder nach Eröffnung eingestellten Verfahren. Auch in den letztgenannten Fällen besteht ein anerkennenswertes Interesse der (potentiellen) Insolvenzgläubiger auf Akteneinsicht insbesondere in das Gutachten, damit die Gläubiger mögliche Haftungsansprüche beispielsweise gegen Geschäftsführer/Gesellschafter einer GmbH (§§ 9a, 31a, 32b, 43, 64 Abs. 1 GmbHG) geltend machen können und nicht gezwungen werden, einen eigenen Antrag zu stellen, um auf diese Weise Einsicht in das Gutachten aus dem vorherigen Verfahren zu erlangen (vgl. *Pape* ZIP 1997, 1367 [1370f.]). Weiter kann die Akteneinsicht für Gläubiger wichtig sein im Rahmen der Annahme eines Insolvenzplanes, der Eigenverwaltung sowie im Schuldenbereinigungs- und Restschuldbefreiungsverfahren (*Pape* ZIP 1997, 1367 [1371]).

54 Dem Recht auf informationelle Selbstbestimmung wird dadurch genügend Rechnung getragen, daß bei Akteneinsicht dritter Personen ein rechtliches Interesse glaubhaft gemacht werden muß (§ 299 Abs. 2 ZPO). Eingriffe in Rechte des Schuldners erfolgen schon im Falle der Eröffnung (und nachfolgenden Einstellung) durch die öffentliche Bekanntmachung (§§ 30 Abs. 1, 200 Abs. 2, 214 Abs. 1, 215). Bei Abweisung mangels Masse (§ 26) erfolgt eine Eintragung in das Schuldnerverzeichnis (§ 26 Abs. 2 Satz 1) und üblicherweise, obgleich gesetzlich nicht vorgeschrieben, eine öffentliche Bekanntmachung (s. § 26 Rz. 73). Aus der Entscheidung des Bundesverfassungsgerichts zur Eintragung ins Schuldnerverzeichnis (*BVerfG* NJW 1988, 3009) ergibt sich, daß der Schutz des Rechtsverkehrs vor insolventen Schuldnern höher eingeschätzt wird als der Schutz des Schuldners auf informationelle Selbstbestimmung. Zudem enthalten die Gutachten an persönlichen Daten regelmäßig nur die zum Verständnis unbedingt erforderlichen Informationen. Sofern darin bei natürlichen Personen Angaben zum Familienstand vorhanden sind, kann dies für die Durchsetzung von Haftungsansprüchen durchaus von Interesse sein.

55 Die Regelung des § 299 ZPO trägt auch dem sich aus dem Volkszählungsurteil des Bundesverfassungsgerichts (*BVerfGE* 65, 1 = NJW 1994, 419) ergebenden Grundsatz der Normenklarheit Rechnung. Aus § 299 ZPO ergeben sich Voraussetzung und Umfang der Beschränkungen. Auch der Gesetzgeber sieht keinen aktuellen Handlungsbedarf (Antwort des Staatssekretärs im BMJ Landfehrmann auf eine parlamentarische Anfrage, BT-Drucks. 13/7770 vom 30. 05. 1997 = ZIP aktuell 1997, A 65). Der Entwurf eines Justizmitteilungsgesetzes enthält in Art. 1 § 15 lediglich eine Regelung zur Übermittlung personenbezogener Daten bei der Abweisung des Antrages auf Eröffnung des Insolvenzverfahrens mangels Masse (BT-Drucks. 13/4709 S. 6), die nunmehr in der allgemeinen Regelung in § 15 Abs. 1 EGGVG aufgegangen ist. Schließlich liegt in der Kenntnisnahme vom Inhalt des Gutachtens keine Urheberrechtsverletzung (*Schmeel* MDR 1997, 437).

Es ist daher an der hergebrachten Rechtsprechung, die in der Literatur fast ausnahmslos anerkannt ist, festzuhalten (s. im einzelnen die nachfolgenden Ausführungen). Zu **unterscheiden sind Akteneinsicht und Auskunft**. 56

c) Im **Eröffnungsverfahren** kommen Anträge auf **Akteneinsicht** praktisch nicht vor. Interesse besteht regelmäßig nur an der Einsichtnahme in das Gutachten, nach dessen Vorlage aber auch alsbald über die (Nicht)Eröffnung entschieden wird. Gläubiger und Schuldner erhalten zudem in geeigneten Fällen unter Übersendung des Gutachtens Gelegenheit zur Stellungnahme (s. § 26 Rz. 58 ff. und § 27 Rz. 12). 57

Das Interesse der nichtantragstellenden Gläubiger ist regelmäßig auf die **Auskunft** gerichtet, ob ein Insolvenzverfahren anhängig ist. Bei der Beantwortung dieser Frage ist zu differenzieren: 58

(1) Beim **Eigenantrag** ist unbeschränkte Auskunft zulässig, da der Schuldner mit dem Antrag verlautbart hat, daß ein Insolvenzgrund vorliegt (*Uhlenbruck/Delhaes* Rz. 28 a). 59

(2) Beim **Gläubigerantrag** sind Parteien im Sinne des § 299 Abs. 1 ZPO nur Gläubiger und Schuldner. Ein rechtliches Interesse Dritter (§ 299 Abs. 2 ZPO) an einer Auskunft, ob ein Eröffnungsverfahren anhängig ist, besteht grundsätzlich nicht. Sind allerdings Sicherungsmaßnahmen (§§ 21 f.) angeordnet, werden diese regelmäßig öffentlich bekannt gemacht (s. § 23 Rz. 1, 4). In diesen Fällen besteht ein Auskunftsanspruch (ähnlich *Uhlenbruck/Delhaes* Rz. 28 a, b). Auf Verlangen wird auch eine Abschrift des Beschlusses, in dem Sicherungsmaßnahmen angeordnet sind, übersandt. 60

d) Im **eröffneten Verfahren** gilt folgendes:

(1) Zu **Auskünften** aus den Akten ist das Insolvenzgericht nicht verpflichtet, vielmehr ist es Sache der Verfahrensbeteiligten, sich die Kenntnisse durch Einsicht in die Akten oder Teilnahme an Gläubigerversammlungen zu beschaffen (*Uhlenbruck/Delhaes* Rz. 28 c). 61

(2) Den Gläubigern steht hingegen ein **Akteneinsichtsrecht** zu. Dieses Recht folgt aus § 299 Abs. 1 ZPO. Mit der Eröffnung des Verfahrens werden nämlich sämtliche Gläubiger kraft Gesetzes in das Verfahren einbezogen und sind damit als Partei im Sinne des § 299 Abs. 1 ZPO anzusehen (*Uhlenbruck/Delhaes* Rz. 28 c). Das Recht auf informationelle Selbstbestimmung steht dem nicht entgegen (*LG Potsdam* ZIP 1997, 987 [988] = EWiR 1997, 669). Die gegenteilige Auffassung (*LG Magdeburg* Rpfleger 1996, 364 [365 f.]; *AG Potsdam* Rpfleger 1998, 37) ist abzulehnen. Bei dem **Gutachten** des Sachverständigen handelt es sich auch nicht um ein Aktenstück im Sinne des § 299 Abs. 3 ZPO (s. o. Rz. 53). Schließlich muß sich der Gläubiger nicht darauf verweisen lassen, er könne die benötigten Informationen in der Gläubigerversammlung erhalten (so *LG Magdeburg* Rpfleger 1996, 364 [366]; *LG Magdeburg* Rpfleger 1996, 523). Es ist nämlich nicht sichergestellt, daß in der Gläubigerversammlung tatsächlich alle Umstände zur Sprache kommen, die sich aus dem Gutachten im Eröffnungsverfahren ergeben (vgl. *Pape* ZIP 1997, 1367 [1369]). 62

63 In begründeten Ausnahmefällen kann allerdings das den Gläubigern grundsätzlich zustehende Akteneinsichtsrecht für bestimmte Teile der Insolvenzakten versagt werden. Dies ist der Fall, wenn im Gläubigerausschuß ein schwebender Rechtsstreit zwischen dem Gläubiger und dem Insolvenzverwalter sowie Geschäftsbeziehungen, in die der Gläubiger als ehemaliger Geschäftsführer der Schuldnerin verwickelt war, erörtert worden sind (*LG Darmstadt* ZIP 1990, 1424 [1425 f.] = EWiR 1990, 1111). Diese Einschränkung läßt sich daraus begründen, daß die Vorschrift des § 299 ZPO lediglich entsprechend (§ 4) anwendbar ist. Unter Geltung der KO wurde die Einschränkung zudem auf eine Analogie zu § 120 Abs. 2 VerglO gestützt (*LG Darmstadt* ZIP 1990, 1424 [1425]; vgl. auch *Pape* ZIP 1997, 1367 [1368]).

64 e) Bei **beendeten Verfahren** ist zu unterscheiden je nach Art der Verfahrensbeendigung. (1) Wird der Insolvenzantrag zurückgenommen, der Eröffnungsbeschluß aufgehoben oder das Verfahren für erledigt erklärt, so besteht ein Auskunftsanspruch nicht, vielmehr kommt nur ein Recht auf Akteneinsicht in Betracht (*Uhlenbruck/Delhaes* Rz. 28 f.). Akteneinsicht gemäß § 299 Abs. 1 ZPO können antragstellender Gläubiger und Schuldner verlangen. Sonstige Gläubiger können nur gemäß § 299 Abs. 2 ZPO Akteneinsicht erlangen (dazu s. u. Rz. 66 ff.).

65 (2) Die Mehrzahl der Akteneinsichtsgesuche betrifft die Fälle **der Abweisung mangels Masse** (§ 26). Parteien im Sinne des § 299 Abs. 1 ZPO sind nur Schuldner und antragstellender Gläubiger.

66 Die **übrigen Gläubiger** sind Dritte im Sinne des § 299 Abs. 2 ZPO (*Uhlenbruck/Delhaes* Rz. 28 f.). Ohne Einwilligung kann Akteneinsicht nur gestattet werden, wenn ein rechtliches Interesse glaubhaft gemacht wird. Das Recht auf informelle Selbstbestimmung steht der Akteneinsicht nicht entgegen (*OLG Frankfurt* MDR 1996, 379; *OLG Braunschweig* ZIP 1997, 894 = EWiR 1997, 373; *OLG Naumburg* ZIP 1997, 985 mit abl. Anm. *Haarmeyer* EWiR 1997, 457; *OLG Brandenburg* ZIP 1998, 962 [963] = ZInsO 1998, 41 [42]; s. o. Rz. 51 ff.). Der Gläubiger muß sich nicht auf den Weg eines erneuten Insolvenzantrages verweisen lassen, um auf diesem Weg ein Einsichtsrecht – diesmal gemäß § 299 Abs. 1 ZPO - zu erhalten (*OLG Braunschweig* ZIP 1997, 894; *Pape* ZIP 1997, 1367 [1370 f.]).

67 Im Rahmen des **rechtlichen Interesses** sind abzuwägen das Interesse der Parteien bzw. Beteiligten an der Geheimhaltung des Prozeßstoffes und das Interesse des Antragstellers an der gewünschten Information (*Thomas/Putzo* ZPO, § 299 Rz. 3; *OLG Braunschweig* ZIP 1997, 894 f.). Geheimhaltungsbedürfnisse des Schuldners werden in den seltensten Fällen bestehen, insbesondere da persönliche Angaben nur in geringem Umfang im Gutachten enthalten sind (s. o. Rz. 54).

68 Dritter im Sinne des § 299 Abs. 2 ZPO, dem grundsätzlich ein berechtigtes Interesse auf Einsicht insbesondere in das Gutachten des Eröffnungsverfahren zusteht, sind nicht nur Gläubiger titulierter Forderungen. Vielmehr genügt es, daß der Dritte glaubhaft macht, daß er im Falle der Eröffnung Insolvenzgläubiger gewesen wäre (*OLG Köln* MDR 1988, 502; *OLG Frankfurt* MDR 1996, 379; *OLG Naumburg* ZIP 1997, 895; *Schmeel* MDR 1997, 437). Die Glaubhaftmachung (§ 294) können Gläubiger nichttitulierter Forderungen beispielsweise durch Vorlegung von Rechnungen führen. Wer durch Akteneinsicht prüfen will, ob die Geschäftsführer einer GmbH rechtzeitig (gemäß § 64 GmbHG) Insolvenzantrag gestellt oder sich (gemäß § 823 Abs. 2 BGB) schadensersatzpflichtig gemacht haben, soll kein rechtliches Interesse haben (*OLG Köln* BB 1998, 12).

69 (3) Bei Einstellung mangels Masse (§ 207) besteht aus dem oben erwähnten (Rz. 66) verfahrensökonomischen Erwägungen ein Anspruch auf Akteneinsicht (*OLG Köln* MDR 1988, 502 f.). Im übrigen gelten die obigen Ausführungen (Rz. 66 ff.).

(4) Ist ein eröffnetes Insolvenzverfahren ansonsten abgeschlossen worden (z. B. gem. 70
§ 200, § 213), gelten die obigen (Rz. 66 ff.) Ausführungen (vgl. *Uhlenbruck/Delhaes*
Rz. 28 g).

f) Neben Gläubigern, die nach den obigen Ausführungen als Dritte im Sinne des § 299 71
Abs. 2 ZPO angesehen werden können, kommen als sonstige Dritte in Betracht Personen, die zu Forschungszwecken Einsicht nehmen wollen (*Zöller/Greger* ZPO, § 299
Rz. 6).

g) Vom Akteneinsichtsrecht gemäß § 299 ZPO ist zu unterscheiden die Einsichtsgewäh- 72
rung im Rahmen der Rechts- und Amtshilfe an Behörden gemäß Art. 35 GG (vgl.
Zöller/Greger ZPO, § 299 Rz. 8). Das Akteneinsichtsrecht ist regelmäßig in Spezialgesetzen näher ausgestaltet, z. B. dem SGB X (§§ 3 ff., 69 Abs. 1 Nr. 1). Für die
Zuständigkeit gilt § 299 Abs. 2 ZPO (*Uhlenbruck* KTS 1989, 527 [533]).

h) Der **technische Ablauf** gestaltet sich wie folgt: Das Recht auf Akteneinsicht umfaßt 73
lediglich die Insolvenzakten, nicht dagegen Beiakten oder ein PKH-Beiheft (*Uhlenbruck/Delhaes* Rz. 28 h). Allerdings kann die Akteneinsicht in Teile der Akten versagt
werden (*Uhlenbruck/Delhaes* Rz. 28 i; s. o. Rz. 63).
Im laufenden Verfahren werden die Akten nicht versandt, eine Einsichtsmöglichkeit 74
besteht vielmehr nur auf der Geschäftsstelle (*OLG Köln* Rpfleger 1983, 325; *Kuhn/
Uhlenbruck* KO, § 72 Rz. 4 b). Im abgeschlossenen Verfahren können die Akten jedenfalls anderen Gerichten, Behörden oder Sozialversicherungsträgern übersandt werden
(vgl. *Uhlenbruck/Delhaes* Rz. 28 k, 28 l). Bei Versendung an auswärtige Rechtsanwälte
erfolgt die Versendung nach auswärts regelmäßig nur an das örtlich zuständige Amtsgericht zur Gewährung der Einsicht auf der dortigen Geschäftsstelle (*Zöller/Greger* ZPO,
§ 299 Rz. 4 a). Häufig genügt aber auch eine Übersendung einer Abschrift des Gutachtens, so bei Abweisung mangels Masse (§ 26).
Einen Anspruch auf Fertigung von Abschriften (Ablichtungen) räumt § 299 Abs. 1 ZPO 75
den Parteien/Verfahrensbeteiligten ein. Auch Dritten, denen ein rechtliches Interesse an
der Akteneinsicht zusteht (§ 299 Abs. 2 ZPO), können Abschriften erteilt werden
(*MK-Prütting* ZPO, § 299 Rz. 25). Im eröffneten Verfahren haben Gläubiger grundsätzlich ein Recht auf Erteilung von Abschriften bzw. Kopien (a. A. *LG Magdeburg* Rpfleger
1996, 523). Allerdings besteht der Anspruch nur auf jeweils eine Ausfertigung (a. A.
MK-Prütting ZPO, § 299 Rz. 12).

i) Fraglich ist, ob dem **Schuldner** vor der Entscheidung über die Gewährung von 75a
Akteneinsicht **rechtliches Gehör** gewährt werden muß. Soll der Antrag abgelehnt
werden, ist dies nicht erforderlich. In den übrigen Fällen wird dies bejaht (*OLG
Brandenburg* ZIP 1998, 962 [963] = ZInsO 1998, 41 [42] mit abl. Anmerkung *Kutzer*
ZIP 1998, 964). Der *BGH* relativiert die Ansicht in der zu dem Vorlagebeschluß des *OLG
Brandenburg* getroffenen Entscheidung dahin, daß eine ermessensfehlerfreie Abwägung voraussetzt, daß dem Schuldner Gelegenheit gegeben wird, »im Rahmen des Möglichen und Zumutbaren« sein Geheimhaltungsinteresse geltend zu machen (*BGH* ZIP
1998, 961 [962]). Bei **juristischen Personen** wie GmbHs wird eine Anhörung ausscheiden (vgl. *Kutzer* in der Anmerkung zu *OLG Brandenburg* ZIP 1998, 964), zumal häufig
die Vertretungsfrage unklar ist. Bei **natürlichen Personen** kommt eine Anhörung nur in
Betracht, wenn erkennbar Geheimhaltungsinteressen verletzt werden könnten. Das ist
eine Frage des Einzelfalles.

k) Entscheidungen gemäß § 299 Abs. 1 ZPO trifft regelmäßig der Geschäftsstellenbe- 76
amte, dem der bzw. die Richter/Rechtspfleger diese Befugnis übertragen können, ähnlich wie bei der Delegation von Entscheidungen durch den Vorstand des Gerichts (s. u.
Rz. 77) auf die Insolvenzabteilung (*Uhlenbruck* KTS 1989, 527 [531, 533, 537, 545]). In

§ 5 *Allgemeine Vorschriften*

Zweifelsfällen legt der Geschäftsstellenbeamte die Akten dem – je nach Verfahrensstadium zuständigen (s. § 2 Rz. 13 ff.) – Richter oder Rechtspfleger vor, so wenn z. B. die Versagung der Einsicht in bestimmte Teile der Akte (s. o. Rz. 63) in Betracht kommt. Gegen Entscheidungen des Geschäftsstellenbeamten ist der Rechtsbehelf des § 576 ZPO gegeben (*Zöller/Greger* ZPO, § 299 Rz. 5 a). Gegen die Entscheidung des Rechtspflegers kann Erinnerung (§ 11 RpflG) eingelegt werden, gegen die Entscheidung des Richters Beschwerde (§§ 567 ff. ZPO).

77 Für die **Entscheidung** nach § 299 Abs. 2 ZPO ist der Präsident/Direktor des Amtsgerichts zuständig. Die Delegation dieser Befugnis an die Insolvenzabteilung ist zulässig und verbreitet. In einfachen Fällen entscheidet der Geschäftsstellenverwalter, in schwierigen Fällen der mit der Sache befaßte Richter oder Rechtspfleger (*Uhlenbruck/Delhaes* Rz. 28 d). Soll der Antrag abgelehnt werden, muß dies jedoch durch den Vorstand des Gerichts erfolgen, um den Rechtsweg nach § 23 EGGVG zu eröffnen.

78 Die vom Gerichtsvorstand gemäß § 299 Abs. 2 ZPO getroffene Entscheidung ist als Justizverwaltungsakt gemäß §§ 23 EGGVG anfechtbar (*OLG Frankfurt* MDR 1996, 379; *OLG Braunschweig* ZIP 1997, 894; *OLG Naumburg* ZIP 1997, 895; *Uhlenbruck/ Delhaes* Rz. 28 d).

79 l) Für den Sachverständigen/vorläufigen Insolvenzverwalter gilt folgendes: Dem Insolvenzverwalter kann Einsicht in die Insolvenzakte in seinem Büro gewährt werden (*LG Hagen* ZIP 1987, 932). Dem vorläufigen Insolvenzverwalter werden nach Erlaß von Sicherungsmaßnahmen regelmäßig die Akten zur Einsichtnahme in sein Büro übersandt (s. § 23 Rz. 15).

80 Zum Anspruch des Insolvenzverwalters auf Einsicht in die Akten des Anwalts des Schuldners s. *BGH* ZIP 1990, 48 ff, zur Einsicht in Ermittlungsakten der Staatsanwaltschaft s. § 5 Rz. 17.

81 Ein Anspruch des Schuldners gegen den Sachverständigen auf Erörterung des Inhalts des Gutachtens und auf Auskunftserteilung an sonstige Beteiligte gegenüber dem Sachverständigen besteht nicht (s. § 22 Rz. 48 f.).

§ 5
Verfahrensgrundsätze → **§§ 73, 75 KO**

(1) ¹**Das Insolvenzgericht hat von Amts wegen alle Umstände zu ermitteln, die für das Insolvenzverfahren von Bedeutung sind.** ²**Es kann zu diesem Zweck insbesondere Zeugen und Sachverständige vernehmen.**
(2) ¹**Die Entscheidungen des Gerichts können ohne mündliche Verhandlung ergehen.** ²**Findet eine mündliche Verhandlung statt, so ist § 227 Abs. 3 Satz 1 der Zivilprozeßordnung nicht anzuwenden.**
(3) **Tabellen und Verzeichnisse können maschinell hergestellt und bearbeitet werden.**

Vgl. § 73 Abs. 1, § 75 KO; §§ 116, 117 VerglO; § 2 Abs. 2 GesO.

Inhaltsübersicht: Rz.

Vorbemerkung 1
A. Der Amtsermittlungsgrundsatz des § 5 Abs. 1 Satz 1 .... 2– 5

Verfahrensgrundsätze § 5

    I. Bedeutung des Amtsermittlungsgrundsatzes 2
    II. Anforderungen an den Insolvenzrichter 3– 5
B. Die einzelnen Ermittlungsmöglichkeiten/Beweismittel 6–18
    I. Schuldner 7–10
    II. Gläubiger 11
    III. Zeugen 12–14
    IV. Sachverständiger 15
    V. Urkunden 16–18
C. Verfahrensmäßiger Ablauf 19–26
    I. Kostenvorschuß 19–20
    II. Umfang der Beweisaufnahme 21–22
    III. Die Durchführung des Termins 23–24
    IV. Rechtshilfe 25–26
D. Mündliche Verhandlung 27–34
    I. Absehen von mündlicher Verhandlung und rechtliches Gehör 27–30
    II. Entscheidungen in Beschlußform 31–32
    III. Wirksamwerden und Bekanntgabe von Beschlüssen 33
    IV. Rechtsbehelf 34
E. § 5 Abs. 3 35

Literatur:

Brehm Anm. zu *LG Hamburg*, Beschl. vom 21. 03. 1988 – 76 T 8/88 –, EWiR 1/88 § 75 KO, 497 f.

Vorbemerkung

§ 5 Abs. 1, 2 entspricht §§ 73 Abs. 1, 75 KO; neu ist die Vorschrift des § 5 Abs. 3. § 5 Abs. 2 weicht von dem ansonsten gemäß § 4 Abs. 1 i. V. m. § 128 Abs. 1 ZPO geltenden Grundsatz der mündlichen Verhandlung im Beschleunigungsinteresse ab. Die wichtigste Regelung ist der in § 5 Abs. 1 Satz 1 enthaltene Amtsermittlungsgrundsatz. **1**

A. Der Amtsermittlungsgrundsatz des § 5 Abs. 1 Satz 1

I. Bedeutung des Amtsermittlungsgrundsatzes

Abweichend vom Beibringungsgrundsatz der ZPO hat das Insolvenzgericht von Amts **2** wegen alle Umstände zu ermitteln, die für das Insolvenzverfahren von Bedeutung sind (§ 5 Abs. 1 Satz 1). Bei dem Eröffnungsverfahren handelt es sich allerdings um ein »**quasi-streitiges**« **Parteiverfahren** (*Mohrbutter/Mohrbutter/Pape* XVI Rz. 49; s. § 13 Rz. 5 a). Einschränkungen erfährt der Amtsermittlungsgrundsatz daher bei der Prüfung der Zulässigkeit des Antrages (s. im einzelnen § 14 Rz. 5, 109). Nach Zulassung des Antrages erlangt der Amtsermittlungsgrundsatz dann im Eröffnungsverfahren besondere Bedeutung. Unabhängig von der Einzahlung eines Kostenvorschusses und ohne an Anträge gebunden zu sein, hat das Insolvenzgericht festzustellen, ob einer der Eröffnungsgründe der Zahlungsunfähigkeit, drohenden Zahlungsunfähigkeit oder Überschuldung (§§ 16 bis 19) vorliegt und eine die Kosten des Verfahrens deckende Masse vorhanden ist (§ 26 Abs. 1 Satz 1). Zur Aufklärung sind notfalls Zwangsmittel gegen den

Schuldner/Vertreter anzuwenden, bevor ein Antrag zurückgewiesen wird (*LG Stendal* ZIP 1995, 1105 = EWiR 95, 775; *LG Göttingen* ZIP 1996, 144 = EWiR 1996, 271; *LG Magdeburg* EWiR 1997, 659). Häufig ordnet das Insolvenzgericht Sicherungsmaßnahmen (§ 21) an und läßt durch einen Sachverständigen, regelmäßig den vorläufigen Insolvenzverwalter, prüfen, ob ein Eröffnungsgrund vorliegt (§ 22 Abs. 1 Satz 2 Nr. 3).

II. Anforderungen an den Insolvenzrichter

3 Der Insolvenzrichter muß sich seiner Verantwortung und »Macht« bewußt sein. Jede Entscheidung über eine Insolvenzeröffnung stellt sich als eine Entscheidung über die Existenz des Schuldners dar (*Kuhn/Uhlenbruck* KO, § 75 Rz. 1 a). Dem Schuldnerinteresse am Erhalt seiner Verfügungsmacht stehen häufig die Interessen der Gläubiger gegenüber. Auch innerhalb der Gläubigerschaft können **widerstreitende Interessen** bestehen, je nach dem Grad der Absicherung der Forderung (Sicherungsübereignungen, Eigentumsvorbehalte, Forderungsabtretungen). Bei Unternehmensinsolvenzen spielen die Interessen der Arbeitnehmer am Erhalt ihres Arbeitsplatzes herein. Die Gefahr der mißbräuchlichen Nutzung des Antragsrechtes durch Schuldner besteht häufig bei GmbHs, die einen Eigenantrag auf Eröffnung des Insolvenzverfahrens stellen, tatsächlich aber bereits im Vorfeld durch Vermögensverschiebungen auf eine Abweisung mangels Masse hingearbeitet haben, damit das Unternehmen ohne Verwalter unter Aufsicht des Gerichtes abgewickelt werden kann und Rückgriffsansprüche gegen Geschäftsführer und/oder Gesellschafter (gem. §§ 9 a, 31, 32 a, 32 b, 43, 64 Abs. 2 GmbHG) nicht geltend gemacht werden.

4 Insbesondere bei der Entscheidung über die Zulassung eines Antrages und bei der erst nach Antragszulassung möglichen Anordnung von Sicherungsmaßnahmen (§ 21) ist häufig eine schnelle Entscheidung geboten. Der Insolvenzrichter sollte sich andererseits nicht von Gläubigern unter (Zeit)Druck setzen lassen.

5 Der Insolvenzrichter muß daher neben rechtlichen Kenntnissen (Insolvenzrecht, Gesellschaftsrecht u. a.) auch über wirtschaftliche Kenntnisse verfügen und sich des Spannungsfeldes widerstreitender Interessen bewußt sein, in dem er sich bewegt. Besondere Verantwortung kommt dem Insolvenzrichter bei der **Auswahl des vorläufigen Verwalters**, der bei der Eröffnung regelmäßig auch der endgültige Verwalter sein wird, zu. Die Auswahl eines ungeeigneten Verwalters kann die erfolgreiche Durchführung eines Insolvenzverfahrens vereiteln, wenn z. B. Rückgriffsansprüche gegen Gesellschafter oder Geschäftsführer einer GmbH übersehen und die Eröffnung des Verfahrens mangels Masse abgewiesen wird. Der Insolvenzrichter darf die Ergebnisse des vorläufigen Insolvenzverwalters/Sachverständigen nicht ungeprüft übernehmen. Vielmehr muß er aufgrund eigener Würdigung vom (Nicht-) Vorliegen des Eröffnungsgrundes und (Nicht-) Vorliegen einer die Kosten des Verfahrens deckenden Masse überzeugt sein. Ansonsten kommen Amtshaftungsansprüche (§§ 839 BGB, Art. 34 GG) in Betracht. Schon deshalb sollte der Insolvenzrichter seine Überlegungen oder Entscheidungen dokumentieren (*Haarmeyer/Wutzke/Förster* Handbuch 3/92). Der Abschluß einer Haftpflichtversicherung für Verwalter, Insolvenzrichter und Insolvenzrechtspfleger (im Hinblick auf die weitreichenden Entscheidungen im eröffneten Verfahren) versteht sich von selbst.

B. Die einzelnen Ermittlungsmöglichkeiten/Beweismittel

Die Aufzählung der Beweismittel Zeugen und Sachverständige in § 5 Abs. 1 Satz 2 ist **6** nicht abschließend. Im einzelnen bestehen folgende Ermittlungmöglichkeiten:

I. Schuldner

Anders als § 116 Satz 2 VerglO und § 2 Abs. 2 Satz 3 GesO erwähnt die Insolvenzordnung das wichtigste Beweismittel, nämlich die Anhörung des Schuldners, im Rahmen des § 4 nicht. Der Gesetzgeber hat darauf verzichtet, weil § 20 und §§ 97, 98 detailliert die Auskunftspflichten des Schuldners u. a. gegenüber dem Insolvenzgericht regeln (BT-Drucks. 12/7302 S. 155). Von dieser Verpflichtung des Schuldners zur Auskunftserteilung ist zu unterscheiden der Anspruch des Schuldners auf rechtliches Gehör z. B. gem. §§ 10, 14 Rz. Abs. 2. **7**

Die Verpflichtung des Schuldners zur Auskunftserteilung besteht sowohl beim Gläubigerantrag als auch beim Eigenantrag. Zur Auskunft verpflichtet sind der Schuldner bzw. seine organschaftlichen Vertreter einschließlich der in den letzten zwei Jahren vor Antragstellung ausgeschiedenen organschaftlichen Vertreter (§§ 20, 97 Abs. 1, 100 Abs. 1). Die Auskunftspflicht gilt auch für Liquidatoren und Notgeschäftsführer (*Hess* KO, Anh. VII § 2 GesO Rz. 67). Weiter sind verpflichtet (frühere) faktische Geschäftsführer (zum Begriff s. § 15 Rz. 11). Im Hinblick auf die Gefahr einer Verfolgung wegen einer Straftat oder Ordnungswidrigkeit besteht zwar kein Auskunftsverweigerungsrecht, jedoch ein Verwertungsverbot (§ 97 Abs. 1 Satz 2 und 3). **8**

Der Schuldner wird als Partei nach §§ 445 ff. ZPO vernommen. Die Vernehmung erfolgt allerdings von Amts wegen. Der Schuldner ist zur Auskunft verpflichtet (*Haarmeyer/Wutzke/Förster* Handbuch 3/152). Die Aussage des Schuldners kann gem. § 98 erzwungen werden. Bei Verletzung von Auskunfts- und Mitwirkungspflichten kann die Restschuldbefreiung versagt werden (§ 290 Abs. 1 Nr. 5). **9**

Von der Vernehmung des Schuldners im Insolvenz(eröffnungs)verfahren ist zu unterscheiden die Vernehmung des Schuldners in einem Rechtsstreit außerhalb des Insolvenzverfahrens. Nimmt der Insolvenzverwalter einen Rechtsstreit auf (§§ 85 f.), so ist der Schuldner als Zeuge zu vernehmen (*BFH* ZIP 1997, 797 [798] = EWiR 1997, 609). Dasselbe gilt bei Aufnahme eines Rechtsstreites durch den vorläufigen Insolvenzverwalter (§§ 24 Abs. 2, 85, 86). **10**

II. Gläubiger

Der Gläubiger hat Anspruch auf rechtliches Gehör zu dem Ergebnis der Ermittlungen, bevor eine seinem Antrag nicht entsprechende Entscheidung getroffen wird. Vernommen wird er als Partei; im Gegensatz zum Schuldner kann er die Aussage verweigern (*OLG Düsseldorf* NJW 64, 2357; *Hess* KO, Anh. VII § 2 GesO Rz. 61). **11**

III. Zeugen

Zeugen werden vernommen, um beispielsweise den Verbleib von Vermögensgegenständen oder Geschäftsunterlagen zu klären. Als Zeugen werden auch die in § 101 Abs. 2 **12**

§ 5 Allgemeine Vorschriften

aufgeführten Personen vernommen. Sofern erforderlich, wird das Insolvenzgericht auf Anregung des (vorläufigen) Insolvenzverwalters Zeugen vernehmen (s. u. Rz. 22).

13 Ein förmlicher Beweisbeschluß ist nicht nötig (*Hess* KO, Anh. VII § 2 GesO Rz. 62). Dem Zeugen sollte aber ein Beweisthema mitgeteilt werden, damit er sich vorbereiten kann und andernfalls keine Ordnungsmittel gem. § 380 ZPO festgesetzt werden können (*Zöller/Greger* ZPO, § 273 Rz. 10). Neben einer förmlichen Ladung (wegen des Nachweises des Zuganges bei Verhängung von Ordnungsmitteln) kommt auch eine formlose Ladung in Betracht (tasächliche Kenntnis des Zeugen im Falle der Niederlegung bei förmlicher Ladung).

14 Für Ordnungsmittel und Zeugnisverweigerungsrechte gelten nicht § 97 Abs. 1 Satz 2, Satz 3, § 98 s sondern § 380 und §§ 383–385 ZPO. Der Insolvenzverwalter kann einen Zeugen gem. § 383 Abs. 1 Nr. 4 und 6 von der Verschwiegenheitspflicht entbinden (*LG Hamburg* ZIP 1988, 590 = EWiR 88, 497; *OLG Düsseldorf* ZIP 1993, 807; *Mohrbutter/Mohrbutter/Pape* X Rz. 17 mit weiteren Einzelheiten; *Kilger/Karsten Schmidt* KO, § 75 Rz. 1 c). Soweit im Eröffnungsverfahren die Befreiung von der Verschwiegenheitspflicht nicht für möglich gehalten wird (*Uhlenbruck/Delhaes* Rz. 308), dürfte dies im Hinblick auf die erweiterten Befugnisse des vorläufigen Insolvenzverwalters nicht mehr zutreffen.

IV. Sachverständiger

15 Die Frage, ob ein Eröffnungsgrund (§§ 16–19) vorliegt, wird das Gericht regelmäßig nur durch Beauftragung eines Sachverständigen gem. § 22 Abs. 1 Satz 2 Nr. 3 2. Hs. feststellen können. Ist ein vorläufiger Insolvenzverwalter bestellt, wird dieser zugleich als Sachverständiger beauftragt. Bei noch tätigen Unternehmen wird er als Sachverständiger auch bestellt werden, um die Aussichten einer Unternehmensfortführung beurteilen zu können. Ist ein vorläufiger Insolvenzverwalter bestellt und – wie im Regelfall – ein allgemeines Verfügungsverbot auferlegt, so hat der vorläufige Insolvenzverwalter gem. § 22 Abs. 1 Satz 2 Nr. 3 zu prüfen, ob eine die Kosten des Verfahrens deckende Masse (§ 26) vorhanden ist. Ist ausnahmsweise kein allgemeines Verfügungsverbot angeordnet worden (§ 21 Abs. 2 Satz 2 2. Alt.), so sollte auch zur Massekostendeckung ein Sachverständigengutachten eingeholt werden. Einzelheiten s. § 22 Rz. 29 ff.

V. Urkunden

16 Als Urkunden können verwertet werden Pfändungsprotokolle des Gerichtsvollziehers und eine eidesstattliche Versicherung des Schuldners nach den §§ 807, 899 ff. ZPO. Häufig werden sie vom antragstellenden Gläubiger beigefügt. Ansonsten kommt eine Anfrage des Insolvenzgerichts an die Vollstreckungsabteilung bzw. den zuständigen Gerichtsvollzieher in Betracht (*Uhlenbruck/Delhaes* Rz. 311, 312). Beim Nachlaßinsolvenzverfahren sind unbedingt die Nachlaßakten beizuziehen. Für den vorläufigen Insolvenzverwalter/Sachverständigen sind für die Erstattung seines Gutachtens von Bedeutung die Geschäftsunterlagen, die häufig unvollständig sind und deren Herausgabe ggf. gem. § 98 durchgesetzt werden muß.

17 Sind Unterlagen von der Staatsanwaltschaft sichergestellt worden, stellt sich die Frage des Akteneinsichtsrechtes des (vorläufigen) Insolvenzverwalters. Die frühere Rechtsprechung bejahte einen Anspruch auf Einsicht in **beschlagnahmte Unterlagen** gem.

§ 75 KO (heute § 4) i. V. m. Art. 35 GG (*OLG Koblenz* NJW 1985, 2038 [2040]). Waren Unterlagen eines Rechtsanwaltes des Schuldners beschlagnahmt, so verhinderten verfassungsrechtliche Gründe – Art. 12 Abs. 1 GG – die Akteneinsicht (*OLG Koblenz* a. a. O.). Der Akteneinsicht hätte allerdings nichts im Wege gestanden, sofern der Sequester (heute vorläufige Insolvenzverwalter) den Rechtsanwalt gem. § 383 Abs. 1 Nr. 6 ZPO von der Verschwiegenheitspflicht entbinden konnte (s. o. Rz. 14).

Im Hinblick auf das im sog. Volkszählungsurteil des *BVerfG* (BVerfGE 65, 1 = NJW 1984, 419) festgestellte Recht auf informationelle Selbstbestimmung lehnten spätere Entscheidungen mangels Ermächtigungsgrundlage ein Akteneinsichtsrecht ab (*OLG Koblenz* NJW 1986, 3093 [3094 ff.]; *OLG Frankfurt* NJW 1996, 1484 f.). Andere Entscheidungen sahen eine Rechtsgrundlage in der – für eine Übergangszeit als Eingriffsgrundlage geltenden – Regelung in Nr. 185 Abs. 3 RiStBV (vgl. *OLG Celle* NJW 1992, 253 f.; *OLG Karlsruhe* MDR 1993, 1229 f.) oder speziellen Regelungen des Landesdatenschutzgesetzes (*OLG Hamm* NStZ-RR 1996, 11 [12 f.]).   **17a**

Hinsichtlich der Regelung in Nr. 185 Abs. 3 RiStBV wird man davon ausgehen müssen,   **17b** daß die im Volkszählungsurteil des *BVerfG* im Jahre 1984 zugebilligte Übergangsfrist abgelaufen ist. Der Gesetzgeber hätte den Sachverhalt im Justizmitteilungsgesetz vom 18. 06. 1997 (BGBl. I S. 1430 ff.) regeln können. Zu beachten sind aber die in §§ 20, 22 Abs. 3, 97 Abs. 1 normierten Auskunfts- und Mitwirkungspflichten des Schuldners, die auch zwangsweise durchgesetzt werden können (§ 98). Diese Verpflichtung kann – zugunsten des Schuldners (!) – nicht deshalb entfallen, weil Unterlagen von der Staatsanwaltschaft beschlagnahmt sind. Eine **Einsichtnahme in Geschäftsunterlagen** ist daher **möglich** (ebenso *OLG Koblenz* NJW 1985, 2038 [2040]); mehr will der (vorläufige) Insolvenzverwalter auch nicht.

In Betracht kommt weiter die Anordnung einer Postsperre (§ 99), die auch schon im   **18** Eröffnungsverfahren zulässig ist (§ 21 Rz. 85).

C. Verfahrensmäßiger Ablauf

I. Kostenvorschuß

Die Ermittlungen sind **nicht abhängig** von der Einzahlung eines **Vorschusses**. Ein   **19** Vorschuß darf zwar eingefordert werden (§ 68 Abs. 3 Satz 1 GKG). Die Ermittlungen dürfen von ihm aber nicht abhängig gemacht werden (*BGH* MDR 1976, 396; *Kuhn/ Uhlenbruck* KO, § 75 Rz. 7). Anfallende Kosten sind im Falle der Eröffnung Kosten des Insolvenzverfahrens gem. § 54 Nr. 1. Sie sind aus der Masse vorrangig zu befriedigen (§ 209 Abs. 1 Nr. 1). Allenfalls hat vor Aufhebung von Sicherungsmaßnahmen hat der vorläufige Insolvenzverwalter auch diese Kosten aus dem verwalteten Vermögen zu begleichen (§ 25 Abs. 2 Satz 1).

Sofern der Antrag zurückgewiesen wird, haftet der Antragsteller für die Kosten. Bei   **20** Abweisung mangels Masse kommt eine Haftung des Antragstellers grundsätzlich nicht in Betracht (§ 26 Rz. 68 ff.). Wegen der teilweise verbreiteten Praxis, auch bei Abweisung mangels Masse dem Antragsteller die Kosten aufzuerlegen, beantragen Antragsteller, vor Einschaltung eines vorläufigen Insolvenzverwalters/Sachverständigen, Rücksprache zu nehmen. Dieser Antrag ist für das Gericht wegen des Amtsermittlungsgrundsatzes unbeachtlich, worauf der Antragsteller hingewiesen werden sollte (§ 13 Rz. 27). Werden die Kosten bei Abweisung mangels Masse – richtigerweise – dem Antragsgegner auferlegt (§ 26 Rz. 68), bedarf es dieser Einschränkung des Gläubigerantrages nicht.

II. Umfang der Beweisaufnahme

21 Das Insolvenzgericht ist auch befugt, auf Anregung des Insolvenzverwalters eine Beweisaufnahme (Zeugenvernehmung) durchzuführen, die neben einer Arbeitserleichterung für den Insolvenzverwalter bei der Erfassung der Insolvenzmasse zugleich verläßliche Prognosen über den weiteren Verlauf des Insolvenzverfahrens erbringen kann (*LG Hamburg* ZIP 1988, 590 für die Vernehmung von Zeugen zur Frage, ob Rückgriffsansprüche gem. §§ 32a, b GmbHG bestehen; ebenso *LG Hildesheim* ZIP 1983, 598; *AG Duisburg* KTS 1992, 135 [136]). Entgegen einer in der Literatur geäußerten Auffassung (*Kuhn/Uhlenbruck* KO, § 75 Rz. 3; *Haarmeyer/Wutzke/Förster* Handbuch 3/182), ist dieser Rechtsprechung zuzustimmen. Es entspricht einem praktischen Bedürfnis, Prozesse des Insolvenzverwalters durch Ermittlungen des Insolvenzgerichts vorzubereiten (*Brehm* EWiR 1988, 497 [498]). Die Ermittlungsmaßnahmen sind von dem Wortlaut des § 5 Abs. 1 Satz 1 gedeckt, da die Umstände für das Insolvenzverfahren von Bedeutung sind. In die Kompetenz des Prozeßgerichts wird durch die (vorweggenommene) Beweisaufnahme nicht eingegriffen, seine Entscheidungsfreiheit nicht berührt. Eine Beweisaufnahme durch das Insolvenzgericht kommt darüber hinaus bereits im Eröffnungsverfahren in Betracht, wenn geklärt werden soll, ob trotz fehlender Masse das Verfahren eröffnet werden soll, da sich Rückgriffsansprüche gegen Gesellschafter/Geschäftsführer oder Anfechtungsansprüche durchsetzen lassen (s. § 26 Rz.4, 10, 12).

22 Eine andere Frage ist es, ob das Insolvenzgericht auf Antrag des Verwalters zur Zeugenvernehmung verpflichtet ist (*LG Hildesheim* ZIP 1983, 598; a. A.; *Kuhn/Uhlenbruck* KO, § 75 Rz. 3 b; *Hess* KO, Anh. VII § 2 GesO Rz. 63). Nach der obigen Auffassung sollte ein Insolvenzgericht einem Antrag des Insolvenzverwalters nachkommen; jedenfalls ist es zur Beweisaufnahme im Rahmen der Amtsermittlungspflicht verpflichtet. Eine gerichtliche Überprüfungsmöglichkeit im Beschwerdeweg besteht gem. § 6 Abs. 1 aber nicht mehr.

III. Die Durchführung des Termins

23 Von der Terminsanberaumung werden der vorläufige Insolvenzverwalter (ggf. nach vorheriger telefonischer Absprache) und der Gläubiger/Vertreter benachrichtigt. Der Termin ist zwar nicht öffentlich (s. § 4 Rz. 27), dem Gläubiger/Vertreter sollte die Anwesenheit jedoch gestattet werden. Bei der Vernehmung von Zeugen wird auch der Schuldner/Vertreter benachrichtigt. Ein Zeuge ist möglichst förmlich mit Angabe des Beweisthemas zu laden (s. o. Rz. 13). Ein Schuldner/Vertreter ist im Hinblick auf mögliche Zwangsmittel gem. § 98 Abs. 2 förmlich (daneben ggf. noch formlos) zu laden. Damit bei Nichterscheinen Zwangsmaßnahmen angeordnet werden können, ist ebenso wie beim Zeugen (s. o. Rz. 13) zu fordern, daß ihm das Beweisthema mit der Ladung mitgeteilt worden ist.

24 Termine können uneingeschränkt auch in der Zeit vom 1. Juli bis 31. August stattfinden, da gem. § 5 Abs. 2 Satz 2 die Vorschrift des § 227 Abs. 3 Satz 1 ZPO nicht gilt. Anders als im eröffneten Verfahren (s. § 29 Rz. 11) gilt die Ladungsfrist von 3 Tagen (§ 217 ZPO) im Eröffnungsverfahren wegen des Eilcharakters nicht, wird aber in der Praxis selten unterschritten. Der Termin ist nichtöffentlich. Über den Inhalt wird ein Protokoll gefertigt, die Beteiligten erhalten Abschriften. Zur Abnahme von Eiden ist nur der Insolvenzrichter befugt (§ 4 Abs. 3 Nr. 1 RpflG). Der Insolvenzrichter entscheidet von Amts wegen über die Beeidigung, ein Verzicht gem. §§ 391, 402 ZPO ist unbeachtlich

(*Kuhn/Uhlenbruck* KO, § 75 Rz. 4b). Gegen nicht erschienene Zeugen bzw. Sachverständige können Zwangsmittel gem. § 380 ZPO (§ 402 ZPO) angeordnet werden, gegen nicht erschienene Schuldner/Vertreter gem. § 98 Abs. 2 Nr. 1.

IV. Rechtshilfe

Auf Vernehmungen im Wege der Rechtshilfe sollte das Insolvenzgericht insbesondere im Eröffnungsverfahren wegen des Zeitverlustes und des eingeschränkten Erkenntniswertes verzichten (*Haarmeyer/Wutzke/Förster* Handbuch 3/150). Bei der Vernehmung des Schuldners/Vertreters ist zudem zu bedenken, daß Zwangsmittel vom Insolvenzgericht anzuordnen sind. Das Insolvenzgericht kann für den Fall des Nichterscheinens einen Vorführungsbefehl beifügen (*Kuhn/Uhlenbruck* Rz. 312). Teilt der Schuldner/Vertreter allerdings unter Angabe von Gründen mit, daß er nicht erscheinen werde, so hat das Insolvenzgericht darüber zu entscheiden. Auch über die Anordnung von Haft hat das Insolvenzgericht zu entscheiden, da diese nur nach vorheriger Anhörung zulässig ist (§ 98 Abs. 2). Einem Schuldner/Vertreter wird es im übrigen regelmäßig zumutbar sein, vor dem Insolvenzgericht zu erscheinen. Ist dies nicht der Fall, sollte versucht werden, sowohl einen Schuldner/Vertreter als auch einen Zeugen (§ 4 i.V.m. § 377 Abs. 3 ZPO) schriftlich zu befragen. Nicht zu verkennen ist allerdings, daß durch das Erfordernis der vorherigen Anhörung vor Erlaß eines Haftbefehles die Verhaftung auswärtiger Schuldner/Vertreter unzumutbar erschwert worden ist, wenn man bedenkt, daß eine Vorführung durch einen auswärtigen Gerichtsvollzieher zum Ort des Insolvenzgerichts häufig nicht erfolgen wird. Es bleibt nur, dem Schuldner/Vertreter schriftlich Gelegenheit zur Stellungnahme einzuräumen, Haftbefehl zu erlassen und diesen vom auswärtigen (Rechtshilfe)Gericht vollstrecken zu lassen. 25

Nicht zulässig ist Rechtshilfe im Bezirk des Insolvenzgerichts (§ 2 Rz. 12). 26

D. Mündliche Verhandlung

I. Absehen von mündlicher Verhandlung und rechtliches Gehör

Entscheidungen des Insolvenzgerichtes müssen häufig binnen kurzer Frist ergehen, damit sie – wie insbesondere die Anordnung von Sicherungsmaßnahmen (§§ 21, 99) – Wirkung entfalten. Dies ermöglicht § 5 Abs. 2, wonach – in Anlehnung an § 764 Abs. 3 ZPO – Entscheidungen ohne mündliche Verhandlung getroffen werden können. Auch im eröffneten Verfahren hat die Vorschrift Bedeutung. Während ein Teil des Vefahrens zwingend mündlich abläuft (z.B.Gläubigerversammlung, § 74), kann ein anderer Teil schriftlich erfolgen (z.B. §§ 59, 64). Weitergehend bestimmt § 312 Abs. 2, daß das sog. Vereinfachte Insolvenzverfahren ganz oder teilweise schriftlich durchgeführt werden kann. 27

Grundsätzlich ist vor Erlaß einer Entscheidung rechtliches Gehör (Art. 103 Abs. 1 GG) zu gewähren. Eine Anhörung ist vorgeschrieben in §§ 10, 14 Abs. 2, 15 Abs. 2 Satz 2, 59, 70 Satz 3, 98 Abs. 2, 99 Abs. 1 Satz 3, 161, 173 Abs. 2, 207 Abs. 2, 214 Abs. 2, 248 Abs. 2, 272 Abs. 2 Satz 2, 289 Abs. 1 Satz 1, 296 Abs. 2 Satz 2, 298 Abs. 2 Satz 1, 303 Abs. 3 Satz 1, 309 Abs. 2 Satz 1, 314 Abs. 2, 317 Abs. 2 Satz 2, 318 Abs. 2 Satz 2, 333 Abs. 2 Satz 2. Darüber hinaus ist jedem Verfahrensbeteiligten rechtliches Gehör zu gewähren, bevor eine ihn beschwerende Entscheidung ergeht. 28

§ 5   *Allgemeine Vorschriften*

29 Ergehen Sicherungsmaßnahmen ohne vorherige Anhörung, um den Sicherungszweck nicht zu gefährden, ist nachträglich rechtliches Gehör zu gewähren (so ausdrücklich § 99 Abs. 1 Satz 3, s. u. § 10 Rz.9; § 21 Rz.23 ff.).
30 Eine Anhörung kann sowohl mündlich als auch schriftlich erfolgen (*Kilger/Karsten Schmidt* KO, § 73 Rz. 2; *Uhlenbruck/Delhaes* Rz. 249). Es genügt, daß die Gelegenheit zur Stellungnahme gegeben wird, z. B. beim Gläubigerantrag durch Übersendung eines Fragebogens an den Schuldner (§ 14 Rz.102).

II. Entscheidung in Beschlußform

31 Die Entscheidungen des Gerichts ergehen, auch wenn eine mündliche Verhandlung stattgefunden hat, in Beschlußform und werden begründet, wenn ein Antrag abgelehnt oder ein Rechtsmittel statthaft ist (*Hess* KO, § 71 Rz. 2, 4). Neben Beschlüssen kann das Gericht Verfügungen treffen wie die Ladung von Zeugen, die Aufforderung des Schuldners zu Erklärungen, die Gelegenheit der Beteiligten zur Stellungnahme usw.
32 Die früher teilweise streitige Frage, ob eine vorbereitende richterliche Tätigkeit oder eine Entscheidung vorlag (*Hess* KO, § 73 Rz. 1), war von Bedeutung für die Frage, ob gem. § 73 Abs. 3 KO die sofortige Beschwerde statthaft war. Sie ist bei richterlicher Tätigkeit überholt, seitdem § 6 Abs. 1 eine Beschwerde nur noch in den gesetzlich ausdrücklich geregelten Fällen zuläßt (s. § 6 Rz. 7); anders beim Rechtspfleger (s. § 6 Rz. 33).

III. Wirksamwerden und Bekanntgabe von Beschlüssen

33 Ergeht eine Entscheidung nach mündlicher Verhandlung, so ist sie gem. § 4 i. V. m. § 329 Abs. 1 ZPO zu verkünden. Mit Verkündung ist die Entscheidung zugleich wirksam geworden. Vom Wirksamwerden an ist das Gericht an die Entscheidung gebunden und kann sie nicht mehr abändern (Ausnahme § 319 ZPO), unter Umständen aber aufheben (§ 6 Abs. 2 Satz 2, § 25). Nicht verkündete Entscheidungen können bereits wirksam werden, wenn sie aus dem Bereich des Gerichts in den Geschäftsgang gelangt sind (*Hess* KO, Anh VII § 2 GesO Rz. 70), so z.B. die Anordnung von Sicherungsmaßnahmen (§ 21; s. § 23 Rz. 11) und der Eröffnungsbeschluß (§ 27; s. § 30 Rz. 7). Ansonsten tritt die Wirksamkeit mit der Zustellung ein. Die Zustellung kann ebenfalls geboten sein, um Rechtsmittelfristen in Lauf zu setzen (§ 8 Rz. 7 ff.). Die Bekanntgabe erfolgt an sämtliche Beteiligte, bei Antragsablehnung ohne Anhörung eines anderen jedoch nur an den Antragsteller (*Kilger/Karsten Schmidt* KO, § 73 Rz. 3).

IV. Rechtsbehelf

34 Ein Rechtsbehelf ist nur gegeben, falls die InsO die sofortige Beschwerde zuläßt (§ 6 Abs. 1) oder falls es sich um eine Entscheidung des Rechtspflegers handelt (§ 11 Abs. 2 RpflG, s. unter § 6 Rz. 44 ff.).

Sofortige Beschwerde § 6

E. § 5 Abs. 3

Durch Abs. 3 wird klargestellt, daß die Tabelle der Insolvenzforderungen (§ 175) und **35** die Stimmliste (§ 239) im Wege der elektronischen Datenverarbeitung oder mit anderen maschinellen Einrichtungen erstellt werden können. Die ZPO enthält vergleichbare Regelungen (§§ 6411 Abs. 4, 642a Abs. 5 Satz 1, 689 Abs. 1 Satz 2). Auch ohne ausdrückliche Erwähnung ist der Insolvenzverwalter berechtigt, das Verzeichnis der Massegegenstände, das Gläubigerverzeichnis und die Vermögensübersicht (§§ 151–153) sowie das Verteilungsverzeichnis (§ 188) maschinell zu erstellen (BT-Drucks. 12/2443 S. 110).

§ 6
Sofortige Beschwerde → §§ 73, 74 KO

(1) Die Entscheidungen des Insolvenzgerichts unterliegen nur in den Fällen einem Rechtsmittel, in denen dieses Gesetz die sofortige Beschwerde vorsieht.
(2) ¹Die Beschwerdefrist beginnt mit der Verkündung der Entscheidung oder, wenn diese nicht verkündet wird, mit deren Zustellung. ²Das Insolvenzgericht kann der Beschwerde abhelfen.
(3) ¹Die Entscheidung des Landgerichts über die Beschwerde wird erst mit der Rechtskraft wirksam. ²Das Landgericht kann jedoch die sofortige Wirksamkeit der Entscheidung anordnen.

Vgl. § 73 Abs. 3, § 74 KO; § 121 VerglO; § 20 GesO.

Inhaltsübersicht: Rz.

A. Überblick	1– 6
B. Sofortige Beschwerdemöglichkeit nach der InsO	7–10
C. Zulässigkeitsvoraussetzungen der sofortigen Beschwerde	11–14
D. Wirkungen der Beschwerde	15
E. Das Verfahren vor dem Insolvenzgericht (Amtsgericht)	16–22
I. Zulässigkeitsprüfung	16
II. Verfahrensablauf bei Prüfung der Begründetheit	17
III. Entscheidungsmöglichkeiten	18–22
F. Das Verfahren vor dem Beschwerdegericht (Landgericht)	23–26
G. Weitere Beschwerdemöglichkeiten gegen Entscheidungen des Richters	27–28
H. Gegenvorstellung und Beschwerdemöglichkeit infolge greifbarer Gesetzwidrigkeit	29–30
I. Entscheidungen des Rechtspflegers	31–61
I. Überblick	31–32
II. Zulässigkeitsvoraussetzungen	33–35
III. Weiterer Verfahrensablauf	36–49
1. § 11 Abs. 1 RpflG	37–43a
2. § 11 Abs. 2 RpflG	44–48
3. § 11 Abs. 3 RpflG	49
IV. Entscheidungen außerhalb der InsO	50–52
V. § 766 ZPO	53–59
VI. Bewertung	60–61
J. Entscheidungen des Urkundsbeamten der Geschäftsstelle	62

§ 6 Allgemeine Vorschriften

K. Entscheidungen des Gerichtsvollziehers 63
L. Rechtskraft und Wiederaufnahme 64

Literatur:

Hintzen Zwangsvollstreckungsverbote im Insolvenzeröffnungsverfahren, ZInsO 1998, 174 ff.; *Lohkemper* Die Zwangsvollstreckung während der Sequestration, ZIP 1995, 1641 ff.

A. Überblick

1   Ein Beschwerderecht sahen die GesO uneingeschränkt vor, die KO, falls es nicht ausdrücklich ausgeschlossen war, die VerglO nur in den gesetzlich bestimmten Fällen. Die letztgenannte Regelung übernimmt § 6 Abs. 1 InsO: die sofortige Beschwerde ist nur in den gesetzlich ausdrücklich zugelassenen Fällen zulässig. Nach dem Willen des Gesetzgebers soll so der zügige Ablauf des Insolvenzverfahrens gewährleistet werden (BT-Drucks. 12/2443 S. 110). Auch die Regelung des § 6 Abs. 2 Satz 1 ist aus der VerglO übernommen. Neu ist die Möglichkeit, daß das Amtsgericht der sofortigen Beschwerde in Abweichung von § 577 Abs. 3 ZPO abhelfen kann. Die Regelung in § 6 Abs. 3 entspricht § 74 KO.

2   Die Einschränkung der Beschwerdemöglichkeit in § 6 Abs. 1 ist allerdings in einigen Fällen problematisch und gibt Anlaß zu verfassungsrechtlichen Bedenken (so beim Ausschluß der Beschwerdemöglichkeit gegen die Anordnung von Sicherungsmaßnahmen gem. § 21, s. § 34 Rz. 47 ff.).

3   Die InsO enthält weitere Regelungen über Rechtsbehelfe, nämlich §§ 122, 126 zum Arbeitsgerichtsverfahren, §§ 189, 194 Abs. 1 (Einwendung gegen das Verteilungsverzeichnis) und § 214 (Widerspruch gegen die Einstellung des Insolvenzverfahrens).

4   Darüber hinaus bestehen **weitere Rechtsbehelfe**. Entscheidungen, die nicht unmittelbar das Insolvenzverfahren betreffen (z. B. Streitwertfestsetzung, Festsetzung der Sachverständigenentschädigung), sind mit den dafür vorgesehenen Rechtsbehelfen anzufechten, also insbesondere mit der einfachen Beschwerde. Trifft der Insolvenzrichter eine Kostengrundentscheidung gem. §§ 269 Abs. 3, 91 a ZPO bzw. § 91 ZPO (s. § 13 Rz. 20, 110), so ist dagegen die sofortige Beschwerde nach den allgemeinen Regeln der ZPO zulässig, der allerdings der Insolvenzrichter nicht abhelfen kann. Bei Beschlüssen besteht darüber hinaus die Möglichkeit der Berichtigung gem. §§ 319, 320 ZPO (z. B. bei unrichtiger Bezeichnung des Insolvenzschuldners, *Kilger/Karsten Schmidt* KO, § 74 Rz. 2).

5   Gegen Entscheidungen des Rechtspflegers kann sofortige Erinnerung (§ 11 Abs. 1, 2) RpflG erhoben werden; daneben kann der Richter gem. § 18 Abs. 3 RpflG das Stimmrecht neu festsetzen.

6   Über Erinnerungen auf Änderung einer Entscheidung des Urkundsbeamten der Geschäftsstelle entscheidet der Richter (§ 4 Abs. 2 Nr. 3 RpflG).

B. Sofortige Beschwerdemöglichkeit nach der InsO

7   Die früher streitige Frage, ob eine (beschwerdefähige) Entscheidung oder eine (nichtbeschwerdefähige) bloß vorbereitende Tätigkeit vorlag (*Kuhn/Uhlenbruck* KO, § 73 Rz. 11), hat im richterlichen Bereich (anders beim Rechtspfleger, s. u. Rz. 33) ihre

Sofortige Beschwerde § 6

Bedeutung verloren, da eine Beschwerdemöglichkeit nur in den ausdrücklich zugelassenen Fällen besteht. Unerheblich ist es, ob die Entscheidung (wie regelmäßig) in Beschlußform ergeht oder in Form einer Verfügung (*Haarmeyer/Wutzke/Förster* Handbuch 2/69). Gegen bloße Untätigkeit des Gerichts kann nur im Wege der Dienstaufsicht (§ 26 Deutsches Richtergesetz) vorgegangen werden.

Wer **beschwerdeberechtigt** ist, ist in der InsO im einzelnen geregelt (z. B. § 59 Abs. 2, 8 § 64 Abs. 3). Davon zu unterscheiden ist die Frage, wer bei einem Schuldner, der nicht eine natürliche Person ist, zur Einlegung der Beschwerde berechtigt ist (s. § 34 Rz. 9 ff.). Auch auf das Erfordernis der **Beschwer** kann unter Geltung der InsO nicht gänzlich verzichtet werden, z. B. bei der Frage, ob eine GmbH nach Stellung eines Eigenantrages gegen die Eröffnung des Insolvenzverfahrens Beschwerde einlegen kann mit der Begründung, es habe eine Abweisung mangels Masse erfolgen müssen (§ 34 Rz. 19 ff.).

Wird das Insolvenzverfahren beendet, so ist ein schwebendes Beschwerdeverfahren in 9 der Hauptsache erledigt, es wird nur noch über die Kosten entschieden. Etwas anderes gilt nur, wenn die Beschwerde dem Gegenstand nach von der Fortdauer des Insolvenzverfahrens unabhängig ist wie die Festsetzung von Vergütungen (*Kilger/Karsten Schmidt* KO, § 73 Rz. 4; *Kuhn/Uhlenbruck* KO, § 73 Rz. 10 b, 12 a).

Die InsO erklärt in folgenden Fällen Entscheidungen für **beschwerdefähig**: 10 §§ 20 Satz 2, 21 Abs. 3 Satz 3 i. V. m. § 98 Abs. 3 Satz 3, § 34, § 57 Satz 3, § 58 Abs. 2 Satz 3, Abs. 3, § 59 Abs. 2 Satz 1 und Satz 2, § 64 Abs. 3, § 70 Satz 3, § 73 Abs. 2 i. V. m. § 64 Abs. 3, § 75 Abs. 3, § 78 Abs. 2 Satz 2 und 3, § 98 Abs. 3 Satz 3, § 99 Abs. 3, § 101 i. V. m. § 98 Abs. 3 Satz 3, § 153 i. V. m. § 98 Abs. 3 Satz 3, § 194 Abs. 3, § 197 Abs. 3 i. V. m. § 194 Abs. 3, § 204, § 216, § 231 Abs. 3, § 253, § 272 Abs. 2, § 274 Abs. 1 i. V. m. § 64 Abs. 3, § 274 Abs. 2 Satz 2 i. V. m. §§ 22 Abs. 3, 98 Abs. 3, § 281 i. V. m. §§ 153, 98 Abs. 3, § 289 Abs. 2, § 292 Abs. 3 i. V. m. §§ 58 Abs. 2 Satz 3, Abs. 3, 59 Abs. 2 Satz 1 und 2, § 293 Abs. 2 i. V. m. § 64 Abs. 3, § 296 Abs. 3, § 298 i. V. m. § 296 Abs. 3, § 300 Abs. 3 Satz 3, § 303 Abs. 3, § 309 Abs. 2, § 313 Abs. 1 Satz 3 i. V. m. §§ 57 Satz 3, 58 Abs. 2, Abs. 3, 59 Abs. 2, 64 Abs. 3.

C. Zulässigkeitsvoraussetzungen der sofortigen Beschwerde

Die Beschwerde wird durch Einreichung einer Beschwerde**schrift** eingelegt (§ 569 11 Abs. 2 Satz 1 ZPO). Sie kann schriftlich, telegrafisch oder per Telefax eingelegt werden (*Hess* KO, Anh. VII § 20 GesO Rz. 3) oder auch zu Protokoll der Geschäftsstelle gegeben werden (§ 569 Abs. 1 Satz 2 ZPO). Ein Anwaltszwang besteht nur bei mündlicher Verhandlung vor dem Beschwerdegericht (s. u. Rz. 25).

Die zweiwöchige Beschwerde**frist** (§ 577 Abs. 2 Satz 1 ZPO) beginnt mit der Verkün- 12 dung der Entscheidung oder bei nichtverkündeten Entscheidungen mit der Zustellung, § 6 Abs. 2 Satz 1. Wird die Entscheidung öffentlich bekannt gemacht, so beginnt die Beschwerdefrist am 3. Tag nach der Veröffentlichung zu laufen, §§ 9 Abs. 3 i. V. m. Abs. 1 Satz 3 (s. u. § 9 Rz. 17). Gemäß § 577 a ZPO ist eine Anschlußbeschwerde auch nach Fristablauf zulässig. Wird ein nichtverkündeter Beschluß nicht öffentlich bekannt gemacht und nur formlos zugestellt, gelten die §§ 516, 552 ZPO analog (*LG Göttingen* Rechtspfleger 1994, 78). Dies gilt ebenfalls bei Zustellungsmängeln (*OLG Köln* ZIP 1993, 1483 [1484]. Die Beschwerdefrist läuft auch, wenn dem (die Eröffnung mangels Masse abweisenden) Beschluß nicht das Abschlußgutachten beigefügt war (*LG Göttingen* – 10 T 12/98 – Beschluß vom 24. 2. 1998). Nach Ablauf der zweiwöchigen Beschwerdefrist kann die Beschwerde erhoben werden, wenn (gemäß § 577 Abs. 2

Satz 3 ZPO) die Erfordernisse der Nichtigkeits- oder Restitutionsklage vorliegen (*LG Frankfurt* ZIP 1995, 1836 = EWiR 1996, 79; *OLG Frankfurt* ZIP 1996, 556 ff. = EWiR 1996, 519).

13 Die sofortige Beschwerde kann sowohl beim Amtsgericht als auch beim Landgericht eingelegt werden (§§ 569 Abs. 1, 577 Abs. 2 Satz 2 ZPO). Wegen der Abhilfemöglichkeit in § 6 Abs. 2 Satz 2 empfiehlt sich die Einlegung beim Amtsgericht.

14 Ein Zwang zur **Begründung** der sofortigen Beschwerde besteht nicht. Kündigt der Beschwerdeführer eine Begründung bis zu einem gewissen Zeitpunkt an, muß das Gericht entweder diese Frist abwarten oder eine angemessene kürzere Frist setzen (*BVerfG* ZIP 1986, 1336 [1338]). Bei einer nicht begründeten Beschwerde ohne Mitteilung, bis wann der Beschwerdeführer eine Begründung nachliefern wird, sollte das Gericht eine Frist setzen. In Anlehnung an die Regeln zur Einlegung und Begründung einer Berufung (§§ 516, 519 ZPO) sollte die Frist zur Begründung der Beschwerde zwei Wochen nicht übersteigen, kann bei Eilfällen aber auch darunter liegen. Eine Frist von 3 Tagen ist insbesondere in Verfahren, an denen ein Rechtsanwalt als Bevollmächtigter teilnimmt, zu kurz (*LG Frankfurt* ZIP 1986, 1483). Es empfiehlt sich, als Frist einen bestimmten Zeitpunkt (Tag) zu setzen, da ansonsten (bei Setzen einer Frist von 10 Tagen z. B.) zu sicheren Berechnung des Fristablaufs eine förmliche Zustellung (§ 329 Abs. 2 Satz 2 ZPO) nötig wäre (vgl. *BVerfG* ZIP 88, 1409 [1410]).

D. Wirkungen der Beschwerde

15 Die Einlegung der sofortigen Beschwerde hat keine aufschiebende Wirkung, § 572 Abs. 1 ZPO. Sowohl das Insolvenzgericht (§ 6 Abs. 2 Satz 2 i. V. m. § 572 Abs. 2 ZPO) als auch das Beschwerdegericht (§ 572 Abs. 3 ZPO) können die Vollziehung der angefochtenen Entscheidung aussetzen (*LG Karlsruhe* ZIP 1984, 623; *Gottwald/Heilmann/Klopp*, § 18 Rz. 26; *Kuhn/Uhlenbruck* KO, § 73 Rz. 10 d).

E. Das Verfahren vor dem Insolvenzgericht (Amtsgericht)

I. Zulässigkeitsprüfung

16 Das Insolvenzgericht prüft zunächst die Zulässigkeit der Beschwerde (§ 574 Satz 1 ZPO) unter Berücksichtigung der Regelungen der InsO (s. o. Rz. 7 ff.). Zulässigkeitsfragen können aber aus prozeßökonomischen Gründen offengelassen werden jedenfalls dann, wenn die Beschwerde offensichtlich unbegründet ist (*OLG Köln* Rpfleger 1975, 29; *Zöller/Gummer* ZPO, § 574 Rz. 6). Nimmt der Beschwerdeführer trotz gerichtlichen Hinweises auf die Unzulässigkeit die Beschwerde nicht zurück, so trifft das Insolvenzgericht eine Nichtabhilfeentscheidung und legt die Akten unter Benachrichtigung der Parteien dem Landgericht vor. Einer vorherigen Anhörung des Gegners bedarf es nicht. Die Nichtabhilfeentscheidung kann in Form eines Beschlusses oder auch in Form eines Vermerkes ergehen.

II. Verfahrensablauf bei Prüfung der Begründetheit

Andernfalls prüft das Insolvenzgericht die Begründetheit der Beschwerde. Neues Vorbringen ist zu berücksichtigen (§ 570 ZPO). Hält das Insolvenzgericht die Beschwerde für unbegründet, entscheidet es sofort ohne Anhörung des Beschwerdegegners. Ansonsten erhält dieser rechtliches Gehör. Beschwerdegegner ist jeder, der durch eine auch nur teilweise abändernde Entscheidung beschwert wäre. Regelmäßig wird über die Beschwerde ohne mündliche Verhandlung entschieden; etwas anderes gilt beispielsweise bei einer Beweisaufnahme durch Vernehmung von Zeugen. Es gilt das Verbot der reformatio in peius (*Kuhn/Uhlenbruck* KO, § 73 Rz. 12c; *Zöller/Gummer* ZPO, § 574 Rz. 16). Die Vorlagefrist von einer Woche (§ 571, 2. Hs. ZPO) beginnt, sofern rechtliches Gehör gewährt wird, erst danach zu laufen (*Zöller/Gummer* ZPO, § 571 Rz. 1). Dasselbe gilt bei weiterer Sachaufklärung durch das Insolvenzgericht. 17

III. Entscheidungsmöglichkeiten

Für das Insolvenzgericht bestehen folgende Entscheidungsmöglichkeiten: 18
a) Es kann der sofortigen Beschwerde abhelfen (§ 6 Abs. 2 Satz 2) nach rechtlichem Gehör des Beschwerdegegners. Die Abhilfe erfolgt in einem zu begründenden Beschluß und ist wegen § 7 demjenigen, zu dessen Nachteil abgeändert wird, förmlich zuzustellen. Dem (bisherigen) Beschwerdegegner steht seinerseits gegen den Abhilfebeschluß des Insolvenzgerichtes das Recht der sofortigen Beschwerde zu. Es handelt sich nämlich um eine Entscheidung des Insolvenzgerichtes, die gemäß § 6 Abs. 1 beschwerdefähig ist (ä. A. *Haarmeyer/Wutzke/Förster* Handbuch 4/34 unter Hinweis auf § 7, der aber nur die Beschwerdemöglichkeit gegen Entscheidungen des Landgerichtes regelt).
b) Das Insolvenzgericht hilft nicht ab und legt dem Beschwerdegericht vor (§ 571 2. Hs. 19 ZPO). Die Nichtabhilfeentscheidung erfolgt zweckmäßigerweise in Beschlußform, kann jedoch auch in Form eines Vermerkes erfolgen. Eine Begründung ist notwendig, wenn der Beschwerdeführer neue Tatsachen vorgebracht hat, deren Erheblichkeit verneint wird (*Zöller/Gummer* ZPO, § 571 Rz. 8) oder falls der angefochtene Beschluß keine Gründe aufweist. Enthält die Beschwerdebegründung rechtliche Ausführungen, so sollte das Insolvenzgericht darauf – ggf. mit der gebotenen Kürze – ebenfalls eingehen. Die Beteiligten erhalten formlos eine Abschrift des Nichtabhilfebeschlusses (§ 329 Abs. 2 Satz 1 ZPO), die Akten werden an das Beschwerdegericht übersandt.
c) Will das Insolvenzgericht an seiner Entscheidung festhalten, aber die Begründung 20 ergänzen, ist die ergänzende Begründung in den Nichtabhilfebeschluß aufzunehmen (*Zöller/Gummer* ZPO, § 571 Rz. 10; a. A. *Thomas/Putzo* ZPO, § 571 Rz. 3: Abhilfe durch Erlaß eines neuen Beschlusses mit Gründen). Die Gegenmeinung führt jedoch regelmäßig zu einer unnötigen zeitlichen Verzögerung (*Baumbach/Lauterbach/Albers* ZPO, § 571 Rz. 4), da regelmäßig auch gegen den erneuten Beschluß Beschwerde eingelegt werden wird, und läuft somit dem durch § 6 Abs. 2 Satz 2 bezweckten zügigen Ablauf des Insolvenzverfahrens entgegen.
d) Hält das Insolvenzgericht die Beschwerde teilweise für begründet, dann hilft es ihr 21 insoweit ab und legt die Akten wegen der unerledigten Beschwerde dem Beschwerdegericht vor (*Zöller/Gummer* ZPO, § 571 Rz. 11).
e) Weiter ist über die **Kosten** zu entscheiden. Die Kostengrundentscheidung erfolgt gem. 22 §§ 97, 91, 92 ZPO. Gerichtsgebühren können anfallen gem. KV Nr. 4110, 4111. Der Gegenstandswert für die Gerichtskosten berechnet sich nach §§ 37, 38 GKG bzw. § 35

§ 6   *Allgemeine Vorschriften*

GKG i. V. m. § 3 ZPO. Der Gegenstandswert für die Anwaltsgebühren richtet sich nach § 77 BRAGO, die Höhe der Gebühr ergibt sich aus § 76 BRAGO (s. auch § 13 Rz. 61 ff., 70 ff.).

F. Das Verfahren vor dem Beschwerdegericht (Landgericht)

23 Beschwerdegericht ist das Landgericht (§ 568 Abs. 1 ZPO). Auch hier gilt der Amtsermittlungsgrundsatz.
24 Ist die Beschwerde unzulässig (§ 574 ZPO), wird sie verworfen. Ist die Beschwerde unbegründet, wird sie zurückgewiesen. Seinen Anspruch auf rechtliches Gehör konnte der Beschwerdeführer schon vor dem Amtsgericht geltend machen. Sofern er die Beschwerde dem Amtsgericht gegenüber begründet hatte oder eine Frist zur Begründung der Beschwerde ungenutzt verstreichen ließ (s. o. Rz. 14), bedarf es keines rechtlichen Gehörs durch das Beschwerdegericht. Dies dient auch dem vom Gesetzgeber beabsichtigten zügigen Ablauf des Insolvenzverfahrens. Rechtliches Gehör ist dem Beschwerdeführer nur einzuräumen, wenn das Amtsgericht die Entscheidung mit anderer Begründung aufrechterhalten hatte (s. o. Rz. 20). Will das Landgericht den Beschluß mit anderer rechtlicher Begründung aufrechterhalten, ist es eine Frage des Einzelfalls, ob dem Beschwerdeführer vorher rechtliches Gehör gewährt wird. Wird die Beschwerde verworfen oder zurückgewiesen, muß dem Beschwerdegegner kein rechtliches Gehör gewährt werden; auch dies dient der Beschleunigung. Wird der Beschwerde auch nur teilweise abgeholfen, so ist dem Beschwerdegegner rechtliches Gehör zu gewähren.
25 Die Entscheidung ergeht in Beschlußform aufgrund freigestellter mündlicher Verhandlung (§ 573 Abs. 1 ZPO). Anwaltszwang gem. § 78 Abs. 1 ZPO besteht nur im Falle der mündlichen Verhandlung (*Thomas/Putzo* ZPO, § 573 Rz. 4). Der Beschluß ist im Hinblick auf § 7 zu begründen und dem Unterlegenen zuzustellen. Hinsichtlich der Kostenentscheidung und Wertfestsetzung s. o. Rz. 22.
In der Sache muß das Beschwerdegericht nicht selbst entscheiden. Vielmehr kann es gem. § 575 ZPO die Sache zurückverweisen. Dies kommt in Betracht bei schweren Verfahrensverstößen (*Thomas/Putzo* ZPO, § 575 Rz. 2). In diesem Zusammenhang ist zu beachten, daß eine Beschwerde wegen Verletzung des Grundsatzes des rechtlichen Gehörs nur Erfolg haben kann, wenn der Beschwerdeführer die ihm zur Verfügung stehenden Möglichkeiten, sich Gehör zu verschaffen, ausgeschöpft hat und wenn die angegriffene Entscheidung auf der Verletzung beruht oder beruhen kann (*Kuhn/Uhlenbruck* KO, § 73 Rz. 2 a). Das rechtliche Gehör kann im Beschwerdeverfahren nachgeholt werden (str; s. § 10 Rz. 11).
26 Die Entscheidung des Beschwerdegerichts wird erst mit der Rechtskraft wirksam (§ 6 Abs. 3 Satz 1), um unterschiedliche Entscheidungen zu verhindern (*Hess* KO, § 74 Rz. 1). Die Vorschrift will verhüten, daß eine Entscheidung des Insolvenzgerichts bei mehrfacher Abänderung im Instanzenzug zunächst unwirksam wird und dann von neuem wieder getroffen werden muß (*Kuhn/Uhlenbruck* KO, § 74 Rz. 1). Die Anordnung der sofortigen Wirksamkeit der Beschwerdeentscheidung (§ 6 Abs. 3 Satz 2) kann nur gleichzeitig mit der Beschwerdeentscheidung ergehen (*Kuhn/Uhlenbruck* KO, § 74 Rz. 2). Eine derartige Anordnung kommt nur in Ausnahmefällen in Betracht (so z. B. im Rahmen des § 34, s. § 34 Rz. 32).

G. Weitere Beschwerdemöglichkeiten gegen Entscheidungen des Richters

Gegen Beschlüsse des Insolvenzgerichts, die nicht unmittelbar das Insolvenzverfahren betreffen, findet nach Maßgabe der ZPO die **einfache Beschwerde** statt, z. B. gegen die Festsetzung von Gebühren von Zeugen und Sachverständigen oder von Ordnungsmitteln (*Kuhn/Uhlenbruck* KO, § 73 Rz. 9; *Kilger/Karsten Schmidt* KO, § 73 Rz. 4). Die Gegenauffassung (*Gottwald/Heilmann/Klopp*, § 18 Rz. 23), die in diesen Fällen lediglich die sofortige Beschwerde (gem. § 73 Abs. 3 KO) zuließ, ist überholt. § 6 Abs. 1 würde in diesen Fällen einen Rechtsbehelf ausschließen; das wäre von dem vom Gesetzgeber beabsichtigten Beschleunigungszweck jedoch nicht gedeckt. Die einfache Beschwerde ist regelmäßig beim Insolvenzgericht einzulegen (§ 569 Abs. 1 ZPO). Bei Kostenbeschwerden sind Vorschriften der §§ 567 Abs. 2 ZPO, 16 Abs. 2 ZSEG zu beachten. Das Insolvenzgericht kann seine Entscheidung abändern (§ 571 ZPO). Aufschiebende Wirkung hat die Beschwerde in den Fällen der §§ 380, 390, 409 ZPO gem. § 572 Abs. 1 ZPO. 27

Eine **sofortige Beschwerde** nach den Vorschriften der ZPO kommt in Betracht bei Kostengrundentscheidungen des Insolvenzgerichts gem. §§ 269 Abs. 3, 91 a, 91 ZPO nach Rücknahme des Antrages und übereinstimmender bzw. einseitiger Erledigungserklärung (§ 13 Rz. 20, 117 f.). Bei Zurückweisung des Antrages als unzulässig oder unbegründet ist eine isolierte Anfechtung der Kostenentscheidung gem. § 99 Abs. 1 ZPO nicht möglich. 28

H. Gegenvorstellung und Beschwerdemöglichkeit infolge greifbarer Gesetzwidrigkeit

Ist eine Entscheidung nicht oder nicht mehr anfechtbar, so kann eine Abänderung von Entscheidungen, die nicht in materielle Rechtskraft erwachsen sind (s. § 7 Rz. 31), im Wege der **Gegenvorstellung** beantragt werden (*Thomas/Putzo* ZPO, Vor § 567 Rz. 13 ff.). Infolge der Einschränkungen der Beschwerdemöglichkeiten gem. § 6 Abs. 1 und § 7 Abs. 1 ist vermehrt mit Gegenvorstellungen zu rechnen. 29

Ein nicht anfechtbarer oder nicht mehr anfechtbarer Beschluß kann mit der sogenannten außerordentlichen Beschwerde ausnahmsweise in der nächsten Instanz infolge **greifbarer Gesetzwidrigkeit** angefochten werden, wenn die Entscheidung jeder gesetzlichen Grundlage entbehrt und inhaltlich dem Gesetz fremd ist (*BGH* ZIP 1992, 1644 [1645]; *Zöller/Gummer* ZPO, § 567 Rz. 18 ff.). Der *BGH* betont jedoch bei Entscheidungen, die nicht in Rechtskraft erwachsen (wie bei Versagung von Prozeßkostenhilfe) und daher jederzeit abänderbar sind, den Vorrang der Gegenvorstellung zu dem Gericht, das die Entscheidung erlassen hat (*BGH* ZIP 1997, 1757 = EWiR 1997, 957; *BGH* ZIP 1997, 1553 = EWiR 1997, 909 = NJW 1997, 3318 f.). Greifbare Gesetzwidrigkeit liegt auch nicht vor, solange eine Rechtsfrage in der Rechtsprechung der Oberlandesgerichte unterschiedlich entschieden wird, deren Auffassungen noch als umstritten gelten und eine Entscheidung des *BGH* noch nicht vorliegt (*BGH* ZIP 1998, 792 [793]). Die Entwicklung im Bereich der InsO bleibt – beispielsweise bei der Versagung von Rechtsmitteln gegen die Anordnung von Sicherungsmaßnahmen gem. § 21 – abzuwarten. 30

I. Entscheidungen des Rechtspflegers

I. Überblick

31 Das Dritte Gesetz zur Änderung des Rechtspflegergesetzes vom 06. 08. 1998 (Bundesgesetzblatt I S. 2030) hat die Rechtsbehelfe gegen Entscheidungen des Rechtspflegers neu geordnet und die sogenannte Durchgriffserinnerung abgeschafft. Der Richter beim Amtsgericht hat nicht mehr in jedem Fall über einen Rechtsbehelf gegen eine Entscheidung des Rechtspflegers zu entscheiden. Zuständig ist der Richter in den Fällen des § 11 Abs. 2 RpflG. Die sog. Durchgriffserinnerung ist abgeschafft. Gem. § 11 Abs. 1 RpflG entscheidet über beschwerdefähige Entscheidungen nunmehr – nach Nichtabhilfe durch den Rechtspfleger – das Landgericht. Ob die damit vom Gesetzgeber angestrebte Entlastung eintritt, ist jedenfalls im Bereich des Insolvenzrechtes mehr als fraglich (s. u. Rz. 60).

32 Hinsichtlich der Rechtsbehelfe gegen Entscheidungen des Rechtspflegers ist nunmehr wie folgt zu differenzieren: Voraussetzung ist zunächst, daß eine Entscheidung und nicht eine bloß vorbereitende Tätigkeit des Rechtspflegers vorliegt. Sieht die InsO das Rechtsmittel der sofortigen Beschwerde ausdrücklich vor (vgl. § 6 Abs. 1), so ist gegen die Entscheidung des Rechtspflegers die sofortige Beschwerde gegeben. Der Rechtsmittelzug führt vom Rechtspfleger direkt zum Landgericht (§ 11 Abs. 1 RpflG). Räumt die InsO nicht ausdrücklich eine sofortige Beschwerdemöglichkeit ein, ist gegen die Entscheidung des Rechtspflegers die Erinnerung möglich, über die abschließend der Richter beim Amtsgericht entscheidet (§ 11 Abs. 2 RpflG). Für Entscheidungen des Rechtspflegers über die Gewährung des Stimmrechtes (§§ 77, 237, 238) gelten Sondervorschriften (s. u. Rz. 49). Zu Entscheidungen des Rechtspflegers außerhalb der Verfahrensvorschriften nach der InsO s. u. Rz. 50 ff.

II. Zulässigkeitsvoraussetzungen

33 Voraussetzung für jeden Rechtsbehelf ist, daß eine **Entscheidung** des Rechtspflegers vorliegt. Auf die bei Entscheidungen des Richters wegen § 6 Abs. 1 nicht mehr relevante Frage, ob eine Entscheidung oder bloß vorbereitende Tätigkeit vorliegt (s. o. Rz. 7), kommt es hier an. Keine Entscheidungen sind Anordnungen des Rechtspflegers, auch wenn sie in Form eines Beschlusses ergehen, die lediglich dazu dienen, eine Entscheidung des Gerichts vorzubereiten (*Hess* KO, § 73 Rz. 18). Darunter fallen beispielsweise die Anordnung, ein Gutachten zur Ermittlung der einem abgelösten Insolvenzverwalter zustehenden Gebühren einzuholen (*OLG Hamm* ZIP 1986, 724; *Hess* KO, § 73 Rz. 18). Weiter sind keine Entscheidungen die Beauftragung eines Gutachters, die Vernehmung von Zeugen, die Einholung von Auskünften, die Äußerung einer bestimmten Rechtsansicht und verfahrensleitende Maßnahmen sowie die Anberaumung von Terminen mit Ausnahme der Regelung des § 75 Abs. 3 InsO (*Haarmeyer/Wutzke/Förster* Handbuch 2/20). Von einem sachlichen Inhalt und nicht einer lediglich (unanfechtbaren) prozeßleitenden Maßnahme ist aber auszugehen, wenn der Rechtspfleger den Prüfungstermin vor der Gläubigerversammlung (heute Berichtstermin gem. § 29 Abs. 1 Nr. 1) anberaumt (*LG Düsseldorf* ZIP 1985, 628; *Kuhn/Uhlenbruck* KO, § 73 Rz. 12a).

34 Der Rechtsbehelf ist im Falle des § 11 Abs. 2 RpflG beim Amtsgericht einzulegen, dessen Entscheidung angefochten wird. Wegen der Abhilfemöglichkeit in § 6 Abs. 2

Sofortige Beschwerde § 6

Satz 2 empfiehlt sich auch im Falle des § 11 Abs. 1 RpflG die Einlegung der Beschwerde beim Amtsgericht (s. o. Rz. 13). Wegen der übrigen Voraussetzungen gelten die obigen Ausführungen (Rz. 11 ff.).
Die Beschwerde ist in jedem Fall innerhalb der **Frist** von zwei Wochen einzulegen. Dies 35 folgt aus § 11 Abs. 2 RpflG bzw. § 11 Abs. 1 RpflG i. V. m. § 6 Abs. 1. Zur Berechnung der Frist s. o. Rz. 12.

III. Weiterer Verfahrensablauf

Hinsichtlich des weiteren Verfahrensablaufes ist zu differenzieren. 36

1. § 11 Abs. 1 RpflG

Sieht die InsO ausdrücklich das Rechtsmittel der sofortigen Beschwerde vor (§ 6 37 Abs. 1), gilt § 1 Abs. 1 RpflG. Aufgrund der Regelung des § 6 Abs. 2 Satz 2, dessen Geltung nicht ausgeschlossen ist, hat der **Rechtspfleger** zunächst zu prüfen, ob er der Beschwerde **abhelfen** will. In den Gesetzesmaterialien (BT-Drucks. 12/2443, S. 110) ist zwar ausgeführt, daß für den Rechtspfleger eine dem Absatz 2 Satz 2 entsprechende Abhilfemöglichkeit bei der befristeten Erinnerung nicht vorgesehen zu werden braucht. Begründet wurde dies damit, daß das Verfahren innerhalb desselben Gerichtes bleibt und eine wesentliche zeitliche Verzögerung nicht zu befürchten ist. Diese Begründung trägt inzwischen nicht mehr, da das Verfahren vom Rechtspfleger beim Amtsgericht zum Landgericht gelangt.
Für den Verfahrensablauf gelten die obigen Ausführungen zu Rz. 16 und 17. Für die 38 Entscheidungen des Rechtspflegers ergeben sich folgende **Konstellationen**:
(1) Einer zulässigen und begründeten sofortigen Beschwerde hilft der Rechtspfleger ab. 39 Wegen des Ablaufes s. o. Rz. 18.
(2) Der Rechtspfleger hält die Beschwerde für unzulässig. Er verfährt entsprechend den 40 Ausführungen oben Rz. 16.
(3) Der Rechtspfleger hält die Beschwerde für unbegründet. In diesem Fall verfährt der 41 Rechtspfleger entsprechend den Ausführungen oben Rz. 17, 19–20. Da eine Abhilfemöglichkeit besteht (§ 6 Abs. 2 Satz 2), kann eine Begründung der Nichtabhilfeentscheidung geboten sein (s. o. Rz. 19).
(4) Der Rechtspfleger hält die sofortige Beschwerde teilweise für begründet. Soweit der 42 Rechtspfleger die Beschwerde für begründet hält, hört er den Gegner an und erläßt einen Abhilfebeschluß. Wegen der unerledigten Beschwerde legt er die Akten dem Beschwerdegericht vor (s. o. Rz. 21; ebenso zur vergleichbaren Fallkonstellation bei der früheren Durchgriffserinnerung *OLG Hamm* MDR 1971, 402).
Nach Vorlage der Akten an das Landgericht richtet sich das Verfahren nach den obigen 43 Ausführungen (Rz. 23 ff.).
Gegen die Entscheidung des Landgerichts ist bei Entscheidungen nach der InsO weitere 43 a Beschwerde gemäß § 7 möglich.

2. § 11 Abs. 2 RpflG

44 Räumt die InsO keine ausdrückliche Beschwerdebefugnis (z. B. im Falle des § 211 Abs. 1) ein (vgl. § 6 Abs. 1), gilt § 11 Abs. 2 RpflG. Da es sich um eine sofortige Erinnerung handelt (§ 11 Abs. 2 Satz 1 RpflG), ist der Rechtsbehelf fristgebunden innerhalb der zweiwöchigen Frist des § 577 Abs. 2 Satz 1 ZPO einzulegen. Einzulegen ist die Erinnerung beim Amtsgericht. Eine Einlegung beim Landgericht gemäß § 577 Abs. 2 Satz 2 ZPO scheidet aus, da der Richter beim Amtsgericht abschließend entscheidet.

45 Der Rechtspfleger hat zu prüfen, ob er der Erinnerung abhilft (§ 11 Abs. 2 Satz 2 RpflG). Andernfalls legt er die Akten – ggf. mit einer Nichtabhilfebegründung – dem Richter zur Entscheidung vor (§ 11 Abs. 2 Satz 3 RpflG). Wegen der Einzelheiten gelten sinngemäß auch die obigen Ausführungen (Rz. 39 ff.).

46 Der Richter entscheidet in jedem Fall abschließend über die Erinnerung. Hält der Richter die Erinnerung (zumindest teilweise) für begründet, so hilft er ihr ab. Dabei ist zu beachten, daß zuvor dem Gegner rechtliches Gehör gewährt worden ist. Ansonsten wird die Erinnerung zurückgewiesen.

47 Das Erinnerungsverfahren vor dem Amtsgericht ist gebührenfrei (§ 11 Abs. 4 RpflG). Auslagen sind jedoch zu erstatten (*Uhlenbruck/Delhaes* Rz. 1346 b). Die Gebühr eines Rechtsanwaltes bestimmt sich gemäß § 55 BRAGO.

48 Die Entscheidung des Richters ist unanfechtbar. Es bleiben nur die Möglichkeiten der Gegenvorstellung und eine Beschwerdemöglichkeit infolge greifbarer Gesetzwidrigkeit (s. o. Rz. 29, 30).

3. § 11 Abs. 3 RpflG

49 Entscheidungen über die Gewährung des Stimmrechtes (§§ 77, 237, 238) können mit der Erinnerung nicht angefochten werden (§ 11 Abs. 3 Satz 2, 2. Hs. RpflG). Der Richter kann allerdings unter Umständen das Stimmrecht neu festsetzen und die Wiederholung der Abstimmung anordnen (§ 18 Abs. 3 Satz 2 RpflG). Zuvor kann der Rechtspfleger seine Entscheidung ändern (§ 77 Abs. 2 Satz 3). Bei weitreichenden Maßnahmen – wie z. B. Grundstücksveräußerung – wird der Insolvenzverwalter im Regelfall die Entscheidung des Richters abwarten.

IV. Entscheidungen außerhalb der InsO

50 Für Entscheidungen des Rechtspflegers außerhalb der InsO gilt folgendes: Sieht das Gesetz die Möglichkeit einer sofortigen Beschwerde vor (z. B. Kostenfestsetzung gemäß § 104 ZPO), gilt die Regelung des § 11 Abs. 1. Da die Regelung des § 6 Abs. 2 Satz 2 hier nicht gilt, besteht keine Abhilfemöglichkeit (§ 577 Abs. 3 ZPO). Bei Entscheidungen außerhalb des Insolvenzverfahrens sind allerdings die Wertgrenzen (z. B. § 567 Abs. 2 ZPO, § 16 Abs. 2 ZSEG) zu beachten. Sind die Wertgrenzen nicht erreicht, richtet sich das Verfahren nach § 11 Abs. 2 RpflG.

51 Ist die einfache Beschwerde gegeben, ist der Rechtsbehelf unbefristet einzulegen (z. B. bei Verhängung von Ordnungsmitteln gem. §§ 380, 390, 402 ZPO oder der Festsetzung der Vergütung von Zeugen- und Sachverständigen gemäß § 16 ZSEG). Es gilt § 11 Abs. 1 RpflG. Der Rechtspfleger kann abhelfen (§ 571 ZPO).

§ 11 Abs. 2 RpflG gilt, wenn die Entscheidung im Gesetz ausdrücklich für unanfechtbar 52 erklärt ist oder Wertgrenzen eingreifen (s. o. Rz. 51).

V. § 766 ZPO

Das Insolvenzgericht kann auch zuständig sein zur Entscheidung über Rechtsbehelfe 53 gem. § 766 ZPO. Ausdrücklich geregelt ist dies für das **eröffnete Verfahren** in §§ 89 Abs. 3, 148 Abs. 2. Auch im **Eröffnungsverfahren** kommt eine Zuständigkeit in Betracht.

Über Anträge, Einwendungen und Erinnerungen, die die Art und Weise der Zwangsvoll- 54 streckung betreffen, entscheidet das Vollstreckungsgericht (§ 766 Abs. 1 Satz 1 ZPO). § 766 ZPO verdrängt als Spezialvorschrift den § 11 RpflG, wenn der Rechtspfleger im Rahmen der Zwangsvollstreckung eine Vollstreckungsmaßnahme ohne vorherige Anhörung des Schuldners getroffen hat. Lehnt er dagegen einen Antrag des Gläubigers (ganz oder teilweise) ab oder gewährt er dem Schuldner bzw. Drittschuldner rechtliches Gehör, liegt eine Entscheidung gem. § 11 RpflG vor und nicht eine Vollstreckungsmaßnahme gem. 766 ZPO (*Zöller/Stöber* ZPO, § 766 Rz. 3).

Pfändungs- und Überweisungsbeschlüsse (§§ 829, 835 ZPO) ergehen ohne rechtliches 55 Gehör des Schuldners (§ 834 ZPO). Denkbar ist, daß trotz eines Vollstreckungsverbotes durch das Insolvenzgericht gem. § 21 Abs. 2 Nr. 3 (siehe § 21 Rz. 74 ff.) vom Vollstreckungsgericht Pfändungs- und Überweisungsbeschlüsse erlassen werden (zur Pfändung durch den Gerichtsvollzieher s. u. Rz. 63). Nach den Vorschriften der ZPO ist örtlich zuständig zur Entscheidung über die Vollstreckungserinnerung ausschließlich das Gericht, das den Beschluß erlassen hat (§§ 764, 802, 828 ZPO). Der Rechtspfleger ist abhilfebefugt (entsprechend § 571 ZPO), bevor er die Akten dem (Vollstreckungs-) Richter vorlegt (*Zöller/Stöber* ZPO, § 766 Rz. 24).

Gem. § 89 Abs. 3 entscheidet über Einwendungen wegen Verstoßes gegen Vollstrek- 56 kungsverbote allerdings das Insolvenzgericht. Diese Vorschrift ist nach ihrer systematischen Stellung erst im eröffneten Verfahren anwendbar. Die Gesetzesbegründung (BT-Drucks. 12/2443, S. 138) führt aus, über Erinnerungen gem. § 766 ZPO solle nicht das Vollstreckungsgericht, sondern das Insolvenzgericht entscheiden, das die Voraussetzungen von Vollstreckungsverboten besser beurteilen kann. Diese Überlegung trifft ebenso zu auf das **Eröffnungsverfahren**. Bereits in diesem Stadium ist das **Insolvenzgericht** zuständig (*Hintzen* ZInsO 1998, 174 [176]; siehe auch unten Rz. 63 und § 21 Rz. 83 b).

Das Insolvenzgericht ist nicht nur befugt zur Überprüfung der Einhaltung der insolvenz- 57 rechtlichen Vollstreckungsverbote (z. B. gem. § 21 Abs. 2 Nr. 3). Vielmehr sind **alle Vollstreckungsvoraussetzungen zu prüfen**. Eine aufgespaltene Zuständigkeit zwischen Vollstreckungsgericht (hinsichtlich der allgemeinen Vollstreckungsvoraussetzungen) und dem Insolvenzgericht (hinsichtlich eines Vollstreckungsverbotes) wäre unpraktikabel und würde der beabsichtigten Zuständigkeitskonzentration im § 89 Abs. 3 beim Insolvenzgericht zuwiderlaufen.

Fraglich ist, ob mit der Zuständigkeitskonzentration die Abhilfebefugnis des Rechtspfle- 58 gers beim Vollstreckungsgericht entfällt bzw. ob der Rechtspfleger beim Insolvenzgericht, der den Beschluß nicht erlassen hat, abhelfen kann (beides verneinend *Hintzen* Zwangsvollstreckungsverbote im Insolvenzeröffnungsverfahren ZInsO 1998, 174 [176]). Jedenfalls eine Abhilfemöglichkeit des Rechtspflegers beim Insolvenzgericht, bei dem die Zuständigkeit kraft Gesetzes (s. o. Rz. 56) konzentriert ist, ist zu bejahen.

§ 6 *Allgemeine Vorschriften*

59 Der Richter am Insolvenzgericht entscheidet gem. § 766 ZPO. Die sofortige Beschwerde gem. § 793 ZPO ist ausgeschlossen, da sie in der InsO nicht ausdrücklich vorgesehen ist (§ 6 Abs. 1). Für die vergleichbare Vorschrift des § 148 ist dies in den Gesetzesmaterialien (BT-Drucks. 12/2443, S. 170) ausdrücklich anerkannt.

VI. Bewertung

60 Die Neuregelung in § 11 Abs. 1 RpflG ist für den Bereich der InsO verfehlt. Nach der Gesetzesbegründung (BT-Drucks. 13/10244, S. 7) soll vermieden werden, daß sich in derselben Instanz zwei Rechtspflegeorgane mit dem Rechtsbehelf befassen müssen. Es soll vermieden werden, daß sich der zuständige Richter mit dem Akteninhalt vertraut machen und auch in für ihn eher abgelegenen Rechtsgebieten tätig werden muß. Da jedoch eine Abhilfemöglichkeit besteht (§ 6 Abs. 2 Satz 2), muß sich nunmehr dasselbe Rechtspflegeorgan – der Rechtspfleger – zweimal mit derselben Sache befassen. Für einen in Insolvenzsachen tätigen Richter handelt es sich auch nicht um einen abgelegenen Rechtsbereich. Zudem wird der Insolvenzrichter wegen des grundsätzlichen Ausschlusses der sofortigen Beschwerde (vgl. § 6 Abs. 1) weiter über Erinnerungen gemäß § 11 Abs. 2 entscheiden, und zwar abschließend. Eine entsprechende Sachkenntnis wird beim Insolvenzrichter vorhanden sein. Schließlich ist zweifelhaft, ob die mit der Regelung des § 6 InsO beabsichtigte Förderung des zügigen Fortgangs des Insolvenzverfahrens (BT-Drucks. 12/2443, S. 110) durch die Regelung in § 11 Abs. 1 RpflG nicht in ihr Gegenteil verkehrt wird.

61 Gerade bei einem neuen Gesetz wie der InsO hätte es nahegelegen, sich den Sachverstand der beim Amtsgericht tätigen Insolvenzrichter zunutze zu machen, bevor über die sofortige Beschwerde gegen die Entscheidung des Rechtspflegers das Landgericht möglicherweise durch den Einzelrichter aufgrund des im Gesetzgebungsverfahrens befindlichen Gesetzes zur Vereinfachung des zivilgerichtlichen Verfahrens entscheidet. Die Hoffnung des Gesetzgebers, von einer Übertragung auf den Einzelrichter solle nur sehr behutsam Gebrauch gemacht werden (BT-Drucks. 13/10244, S. 7), kann sich als sehr trügerisch erweisen.

J. Entscheidungen des Urkundsbeamten der Geschäftsstelle

62 Gegen Entscheidungen des Urkundsbeamten der Geschäftsstelle ist die Erinnerung gegeben, z. B. gegen den Kostenansatz nach § 5 Abs. 1 Satz 1 GKG. Über die Erinnerung entscheidet nicht der Rechtspfleger, sondern der Richter (§ 4 Abs. 2 Nr. 3 RpflG). Gegen die Erinnerungsentscheidung des Richters ist Beschwerde möglich (z. B. § 5 Abs. 2–6 GKG).

K. Entscheidungen des Gerichtsvollziehers

63 Werden Verfahrensverstöße des Gerichtsvollziehers beispielsweise im Rahmen der Herausgabevollstreckung nach §§ 883 ff. ZPO durch den Schuldner gerügt, so ist die Vollstreckungserinnerung nach § 766 ZPO statthaft, über die nicht das Vollstreckungsgericht, sondern das Insolvenzgericht zu entscheiden hat (s. § 21 Rz. 83b und oben Rz. 53 ff.; ebenso unter Geltung der KO *BGH* NJW 1962, 1392; *Kuhn/Uhlenbruck* KO,

§ 117 Rz. 6e; a.A. *Lohkemper* ZIP 1995, 1641 [1644]). Für Teilbereiche ist dies nunmehr ausdrücklich geregelt in § 89 Abs. 3 und § 148 Abs. 2 Satz 2. Bei den letztgenannten Fällen besteht die Möglichkeit der sofortigen Beschwerde (§ 793 ZPO) nicht, da die sofortige Beschwerde in der InsO nicht ausdrücklich vorgesehen (§ 6 Abs. 1) ist (vgl. BT-Drucks. 12/2443 S. 170).

L. Rechtskraft und Wiederaufnahme 64
(s. § 7 Rz. 27 ff.)

§ 7
Weitere Beschwerde → § 73 KO

(1) ¹Gegen die Entscheidung des Landgerichts läßt das Oberlandesgericht auf Antrag die sofortige weitere Beschwerde zu, wenn diese darauf gestützt wird, daß die Entscheidung auf einer Verletzung des Gesetzes beruht, und die Nachprüfung der Entscheidung zur Sicherung einer einheitlichen Rechtsprechung geboten ist. ²Für den Zulassungsantrag gelten die Vorschriften über die Einlegung der sofortigen weiteren Beschwerde entsprechend, für die Prüfung der Verletzung des Gesetzes die §§ 550, 551, 561 und 563 der Zivilprozeßordnung.
(2) ¹Will das Oberlandesgericht bei der Entscheidung über die weitere Beschwerde in einer Frage aus dem Insolvenzrecht von der auf weitere Beschwerde ergangenen Entscheidung eines anderen Oberlandesgerichts abweichen, so hat es die weitere Beschwerde dem Bundesgerichtshof zur Entscheidung vorzulegen. ²Ist über die Rechtsfrage bereits eine Entscheidung des Bundesgerichtshofs ergangen, so gilt das gleiche, wenn das Oberlandesgericht von dieser Entscheidung abweichen will. ³Der Vorlagebeschluß ist zu begründen; ihm ist die Stellungnahme des Beschwerdeführers beizufügen.
(3) ¹Sind in einem Land mehrere Oberlandesgerichte errichtet, so kann die Entscheidung über die weitere Beschwerde in Insolvenzsachen von den Landesregierungen durch Rechtsverordnung einem der Oberlandesgerichte oder dem Obersten Landesgericht zugewiesen werden, sofern die Zusammenfassung der Rechtspflege in Insolvenzsachen, insbesondere der Sicherung einer einheitlichen Rechtsprechung, dienlich ist. ²Die Landesregierungen können die Ermächtigung auf die Landesjustizverwaltungen übertragen. ³Absatz 2 bleibt unberührt.

Vgl. § 73 Abs. 3 KO

Inhaltsübersicht: Rz.

A.	Überblick	1– 2
B.	Zulassungsbeschwerde in § 7 Abs. 1	3–23
	I. Antrag und Zulässigkeit des Antrags	3– 6
	II. Verletzung des Gesetzes	7–11
	III. Sicherung einer einheitlichen Rechtsprechung	12–17
	IV. Entscheidungsmöglichkeiten des OLG	18–23
C.	Vorlage an den BGH gem. § 7 Abs. 2	24–25

§ 7   Allgemeine Vorschriften

D. Zuständigkeitskonzentration gem. § 7 Abs. 3 26
E. Rechtskraft und Wiederaufnahme 27–33
   I. Formelle Rechtskraft 27–30
  II. Materielle Rechtskraft 31–32
 III. Wiederaufnahme 33

Literatur:

Boujong Karlsruher Kommentar, Gesetz über Ordnungswidrigkeiten, 1989; *Bumiller/Winkler* Freiwillige Gerichtsbarkeit, 6. Aufl. 1995; *Göhler* Ordnungswidrigkeitengesetz, Kommentar, 12. Aufl. 1998.

A. Überblick

1 Die sofortige weitere Beschwerde war bislang zulässig, sofern die Entscheidung des Beschwerdegerichtes einen neuen selbständigen Beschwerdegrund enthielt (§ 568 Abs. 2 Satz 2 ZPO, sog. Difformitätsprinzip); unabhängig davon war sie weiter zulässig bei Verfahrensverstößen (*Thomas/Putzo* ZPO, § 568 Rz. 13). § 7 Abs. 1 schränkt die Möglichkeit der weiteren Beschwerde dadurch ein, daß eine Zulassung durch das Oberlandesgericht erforderlich ist, die neben einer Gesetzesverletzung zur Voraussetzung hat, daß die Nachprüfung der Entscheidung zur Sicherung einer einheitlichen Rechtsprechung geboten ist. Nach dem Willen des Gesetzgebers sollen durch die Verminderung der Rechtsmittel die Entlastung der Gerichte, aber auch die Straffung des Insolvenzverfahrens erfolgen (BT-Drucks. 12/7302 S. 155). Andererseits sollen durch die Regelung in § 7 Abs. 2 die bislang fehlenden Voraussetzungen für eine einheitliche Rechtsprechung in Insolvenzsachen geschaffen werden (BT-Drucks. 12/2443 S. 110). Es ist zweifelhaft, ob dieses in Anlehnung an §§ 27, 28 FGG (BT-Drucks. 12/2443 S. 110) bzw. an das mietrechtliche Rechtsentscheidsverfahren nach § 541 ZPO (*Hess/Pape* Rz. 44) konzipierte Verfahren angesichts der teilweise völlig neuen Rechtsfragen eine kluge Entscheidung darstellt (*Hess/Pape* Rz. 44; *Haarmeyer/Wutzke/Förster* Handbuch 2/77). Der gesetzgeberische Wille nach einer einheitlichen Insolvenzrechtsprechung wird sich nur dann verwirklichen lassen, wenn die Oberlandesgerichte jedenfalls in der Anfangszeit die Vorschrift des § 7 Abs. 1 und Abs. 2 nicht restriktiv, sondern großzügig handhaben.

2 Bei Entscheidungen des Insolvenzgerichts außerhalb des Insolvenzverfahrens kommt eine einfache weitere Beschwerde in Betracht (§ 6 Rz. 27).

B. Zulassungsbeschwerde in § 7 Abs. 1

I. Antrag und Zulässigkeit des Antrags

3 Voraussetzung für die Zulassung der sofortigen weiteren Beschwerde ist zunächst ein Antrag. Antragsberechtigt ist nur, wer durch die Entscheidung des Landgerichts **beschwert** ist (s. § 6 Rz. 8). Weiter muß das Rechtsschutzbedürfnis vorliegen, das fehlt, wenn die nachzuprüfende Entscheidung verfahrensmäßig überholt ist (so zum vergleichbaren FGG-Verfahren *Bumiller/Winkler* FG, § 27 Rz. 1).

4 Für den **Zulassungsantrag** gelten die Vorschriften über die Einlegung der sofortigen weiteren Beschwerde entsprechend (§ 7 Abs. 1 Satz 2 1. Hs.). Eine ausdrückliche

Weitere Beschwerde § 7

Vorschrift über die Einlegung der sofortigen weiteren Beschwerde enthält die ZPO – anders als § 29 FGG – weder in § 568 Abs. 2 ZPO noch in § 568a ZPO. Für das Verfahren nach Einlegung der sofortigen weiteren Beschwerde gilt auch § 577 ZPO (*Zöller/Gummer* ZPO, § 568a Rz. 6). Der Antrag ist binnen 2 Wochen seit Zustellung der Beschwerdeentscheidung zu stellen, und zwar an das LG (§ 569 Abs. 1 ZPO) oder OLG (§ 577 Abs. 2 Satz 2 ZPO) in der Form des § 569 Abs. 2 ZPO. Ein Anwaltszwang besteht nicht; auch eine mündliche Verhandlung wird nicht in Betracht kommen.

§ 7 Abs. 1 Satz 1 fordert weiter, daß die sofortige weitere Beschwerde darauf gestützt 5 wird, daß die Entscheidung des Landgerichts auf einer Gesetzesverletzung beruht und die Nachprüfung zur Sicherung einer einheitlichen Rechtsprechung geboten ist. Dazu sollte es genügen, daß der Antrag in sich **schlüssig** ist (so zu der ähnlichen Vorschrift des § 80 OWiG *KK OWiG-Steindorf* § 80 Rz. 28 i. V. m. § 79 Rz. 108). Es genügt, daß eine beachtliche Gesetzesverletzung (s. u. Rz. 7 ff.) vorliegen kann und eine Zulassung zur Sicherung einer einheitlichen Rechtsprechung (zu den Kriterien s. Rz. 12 ff.) geboten erscheint.

Ist der Antrag nicht fristgerecht eingelegt, so wird er als unzulässig verworfen. Sind die 6 Voraussetzungen des § 7 Abs. 1 nicht schlüssig dargelegt, wird er als unbegründet zurückgewiesen. Ansonsten wird der Antrag zugelassen. Eine vorherige Anhörung des Gegners ist nicht vorgesehen und im Hinblick auf erwünschte schnelle Entscheidungen im Insolvenzverfahren auch nicht erforderlich. Die Zulassung geschieht formlos. Sie ist den Beteiligten mitzuteilen, dem Gegner ist zugleich Gelegenheit zur Stellungnahme zu geben. Das OLG entscheidet sodann über die (zugelassene) sofortige weitere Beschwerde (s. u. Rz. 18 ff.).

II. Verletzung des Gesetzes

Erstes Erfordernis für die Begründetheit der weiteren sofortigen Beschwerde ist, daß die 7 Entscheidung des Landgerichts auf einer Verletzung des Gesetzes beruht. Für die Prüfung der Verletzung des Gesetzes gelten die §§ 550, 551, 561 und 563 ZPO. Eine entsprechende Regelung findet sich in § 27 Abs. 1 FGG; eine ähnliche Regelung enthält § 10 Abs. 3 Satz 6 BRAGO.

a) Eine **Verletzung** des Gesetzes liegt vor, wenn eine Rechtsnorm (§ 12 EGZPO) nicht 8 oder nicht richtig angewendet worden ist (§ 550 ZPO). Eine Verletzung der Rechtsnorm liegt vor, wenn die abstrakten Tatbestandsmerkmale oder Rechtsnormen nicht richtig erkannt sind, das Recht also unrichtig aufgefaßt oder ausgelegt wird, die Norm, der das Rechtsverhältnis untersteht, überhaupt nicht berücksichtigt ist oder der festgestellte Sachverhalt die abstrakten Tatbestandsmerkmale der Norm nicht ausfüllt (Subsumtionsfehler).

Das OLG als Gericht der weiteren Beschwerde geht grundsätzlich von dem Sachverhalt 9 aus, den das Landgericht als Beschwerdegericht festgestellt hat, § 561 ZPO. Neue Tatsachen werden nur ausnahmsweise berücksichtigt, die Tatsachenfeststellung des Beschwerdegerichts ist nur eingeschränkt überprüfbar (*Bumiller/Winker* FG, § 27 Rz. 3c). Ausnahmsweise ist das OLG in der Feststellung von Tatsachen frei, soweit diese die allgemeinen Verfahrensvoraussetzungen für die Zulässigkeit der weiteren Beschwerde betreffen. Neue Tatsachen werden nur berücksichtigt, wenn sie im Falle der Rechtskraft der Entscheidung eine Wiederaufnahme rechtfertigen würden. Die Tatsachenfeststellung des Beschwerdegerichts wird nur daraufhin überprüft, ob sie unter Verletzung des Gesetzes zustandegekommen ist. Das ist der Fall, wenn Formvorschriften

Schmerbach

§ 7   *Allgemeine Vorschriften*

für die Beweisaufnahme nicht beachtet worden sind, bei der Beweiswürdigung gegen gesetzliche Beweisregeln, gegen Denkgesetze oder feststehende Erfahrungssätze verstoßen wurde oder wenn die Beweiswürdigung auf einer rechtlichen Voraussetzung beruht, die mit dem Gesetz nicht in Einklang steht.

10 b) Die Entscheidung **beruht** nur dann auf einer Gesetzesverletzung, wenn sie sich nicht aus anderen Gründen im Ergebnis als richtig darstellt (§ 563 ZPO). Der ursächliche Zusammenhang zwischen Gesetzesverletzung und Entscheidung besteht bei Verfahrensverstößen, wenn sie so schwer wiegen, daß die Möglichkeit einer anderen Entscheidung bei ordnungsgemäßer Durchführung des Verfahrens nicht ausgeschlossen werden kann (*Bumiller/Winkler* FG, § 27 Rz. 3 a).

11 Die Kausalität der Gesetzesverletzung wird allerdings unwiderlegbar vermutet in den Fällen des § 551 ZPO; auf die Frage, ob sich die Entscheidung aus anderen Gründen als richtig darstellt, kommt es in diesen Fällen nicht an. § 551 Nr. 4 ZPO hat nur für die internationale und die funktionelle Zuständigkeit Bedeutung. Die Prüfung der örtlichen Zuständigkeit ist häufig bereits dem Landgericht als Beschwerdegericht entzogen (§ 3 Rz. 33). Die Frage der Zuständigkeit wird bei Zweifeln spätestens in der Beschwerdeinstanz erörtert werden, so daß unter Berücksichtigung der Ausführungen zu § 3 Rz. 33 sowie der angestrebten Gerichtsentlastung und Straffung des Verfahrens (s. o. Rz. 1) eine Überprüfung durch das OLG ausscheidet. § 561 Nr. 6 kommt nicht zur Anwendung, weil die Vorschriften des GVG über die Öffentlichkeit nicht anwendbar sind (§ 4 Rz. 27).

III. Sicherung einer einheitlichen Rechtsprechung

12 Weiter muß die Nachprüfung der Entscheidung zur Sicherung einer einheitlichen Rechtsprechung geboten sein. Eine ähnliche Formulierung findet sich in § 80 Abs. 1 OWiG, wonach die Rechtsbeschwerde auf Antrag zuzulassen ist, wenn es geboten ist, die Nachprüfung des Urteils u. a. zur Sicherung einer einheitlichen Rechtsprechung zu ermöglichen. Die von der Rechtsprechung zu § 80 OWiG entwickelten Kriterien können verwandt werden. Das Kriterium der Sicherung einer einheitlichen Rechtsprechung findet sich ferner in § 73 Abs. 2 Nr. 2 GWB und § 116 Abs. 1 StVollzG.

13 a) Die Anforderungen an den Zulassungsgrund der Sicherung einer einheitlichen Rechtsprechung würden überspannt, wenn man generell eine grundsätzliche Bedeutung i. S. v. § 137 GVG a. F. fordern würde (*KK OWiG-Steindorf*, § 80 Rz. 11). Andererseits gefährdet eine Fehlentscheidung, die sich nur im Einzelfall auswirkt, die Einheitlichkeit der Rechtsprechung noch nicht. Entscheidend kommt es auf die im Rahmen einer Prognoseentscheidung zu treffende Wiederholungsgefahr an (*Göhler* OWiG, § 80 Rz. 5). Wird diese bejaht, liegt ein sog. Sicherungsbedürfnis vor (*KK OWiG-Steindorf*, § 80 Rz. 15). Dabei sind **verschiedene Fallgruppen** zu unterscheiden:

14 (1) Befindet sich die Entscheidung des Landgerichts im Einklang mit der höchstrichterlichen Rechtsprechung (BGH, OLG), so ist bereits der Antrag auf Zulassung der sofortigen Beschwerde abzuweisen (s. o. Rz. 6). Weicht das Landgericht bewußt von der höchstrichterlichen Rechtsprechung ab, liegt das Sicherungsbedürfnis vor, weil auch in Zukunft mit Abweichungen zu rechnen ist. Bei unbewußter Abweichung ist zu überlegen, ob die Wiederholungsgefahr dadurch ausgeräumt wird, daß im Nichtzulassungsbeschluß auf den Rechtsfehler hingewiesen wird (vgl. *Göhler* OWiG, § 80 Rz. 8). In diesem Fall könnte es sich lediglich um einen Einzelfall handeln. Ein die Wiederholungsgefahr ausschließender Einzelfall liegt ferner vor, wenn die Fehlentscheidung einen Fall betrifft, der eine einmalige oder ganz ausgefallene Fallgestaltung zum Gegenstand

Weitere Beschwerde § 7

hat (*KK OWiG-Steindorf*, § 80 Rz. 10). Bei Zweifeln ist ein Sicherungsbedürfnis zu bejahen (*ders.* a. a. O. Rz. 20).
Fehler des materiellen Rechts werden die Einheitlichkeit der Rechtsprechung nicht 15 weniger beeinträchtigen als Fehler des Verfahrensrechts (*KK OWiG-Steindorf*, § 80 Rz. 22, 23; a. A. *Göhler* OWiG, § 80 Rz. 6, 7).
(2) Bei höchstrichterlich noch nicht entschiedenen Rechtsfragen kann eine höchstrich- 16 terliche Entscheidung von vornherein verhindern, daß sich bei den unteren Gerichten eine unterschiedliche Rechtsprechung entwickelt. Im Bereich der InsO wird hier zunächst der Schwerpunkt liegen. Jedenfalls in der Anfangsphase sollten die Oberlandesgerichte hier großzügig verfahren. Ein Sicherungsbedürfnis besteht nur dann nicht, wenn es sich um einen Einzelfall handelt (s. o. Rz. 14).
Die Sicherung einer einheitlichen Rechtsprechung muß sich nicht auf das Gebiet des 17 Insolvenzrechts beziehen wie in § 7 Abs. 2 Satz 1. Gegenstand der Entscheidung können daher z. B. auch Verfahrensverstöße sein.

IV. Entscheidungsmöglichkeiten des OLG

Das OLG kann wie folgt entscheiden:
a) Eine Verwerfung als unzulässig kommt nur ausnahmsweise in Betracht, wenn 18 übersehen wurde, daß die Beschwerde nicht fristgerecht eingelegt wurde.
b) Die Beschwerde ist als unbegründet zurückzuweisen, wenn die Entscheidung des 19 Landgerichts nicht auf einer Verletzung des Gesetzes beruht oder sich aus anderen Gründen als richtig darstellt (§ 563 ZPO, der allerdings im Fall des § 551 ZPO nicht gilt).
Die Beschwerde ist ebenfalls zurückzuweisen, wenn eine Nachprüfung der Entschei- 20 dung zur Sicherung einer einheitlichen Rechtsprechung nicht geboten ist. In diesen Fällen wird häufig bereits der Antrag auf Zulassung der weiteren sofortigen Beschwerde zurückzuweisen sein (s. o. Rz. 6).
c) Eine sachliche Änderung der Beschwerdeentscheidung nimmt das OLG vor, wenn ein 21 Gesetzesverstoß vorliegt und der Sachverhalt genügend geklärt ist (*Bumiller/Winkler* FG, § 27 Rz. 6c).
d) Eine Aufhebung und Zurückverweisung zur anderweitigen Verhandlung und Ent- 22 scheidung ordnet das OLG an, wenn ein Gesetzesverstoß vorliegt und weitere tatsächliche Ermittlungen notwendig sind (*Bumiller/Winker* FG, § 27 Rz. 6d).
e) Die Kostenentscheidung folgt allgemeinen Grundsätzen (§ 6 Rz. 22). 23

C. Vorlage an den BGH gem. § 7 Abs. 2

Zur Sicherung einer einheitlichen Rechtsprechung sieht § 7 Abs. 2 einer Vorlagepflicht 24 des OLG an den BGH vor. Das Verfahren ist nachgebildet dem Rechtsentscheidsverfahren in Mietsachen (§ 541 ZPO). Eine ähnliche Vorschrift findet sich für Strafsachen in § 121 Abs. 2 GVG.
Voraussetzung ist, daß das OLG von einer Entscheidung eines anderen OLG oder des 25 BGH in einer Frage aus dem Insolvenzrecht abweichen will. Der Vorlagebeschluß an den BGH ist zu begründen und ihm ist die Stellungnahme des Beschwerdeführers beizufügen (§ 7 Abs. 2 Satz 3). Für das weitere Verfahren vor dem BGH wird verwiesen auf die Kommentierungen zur vergleichbaren Regelung des § 541 ZPO.

§ 7 Allgemeine Vorschriften

D. Zuständigkeitskonzentration gem. § 7 Abs. 3

26 Durch die Konzentrationsermächtigung in § 7 Abs. 3 will der Gesetzgeber die Gerichte entlasten und eine einheitliche Rechtsprechung in Insolvenzsachen fördern (BT-Drucks. 12/7302, S. 155). Ähnliche Vorschriften finden sich in § 541 Abs. 2 ZPO, § 121 Abs. 3 GVG.

E. Rechtskraft und Wiederaufnahme

I. Formelle Rechtskraft

27 Die formelle Rechtskraft (äußere Rechtskraft) von Entscheidungen nach der InsO tritt wie folgt ein:
a) Beim Rechtspfleger
(1) mit Auflauf der zweiwöchigen Frist zur Einlegung der sofortigen Beschwerde (§ 11 Abs. 1 RpflG) bzw. der sofortigen Erinnerung (§ 11 Abs. 2 RpflG),
(2) mit Wirksamwerden der Entscheidung des Richters, sofern gegen die Entscheidung des Richters die InsO kein Rechtsmittel vorsieht (§ 6 Abs. 1),
(3) mit Rechtskraft der richterlichen Entscheidung, sofern sie beschwerdefähig ist.
28 **b)** Beim Insolvenzrichter am Amtsgericht
(1) bei Unanfechtbarkeit der Entscheidung (§ 6 Abs. 1),
(2) bei Ablauf der zweiwöchigen Frist zur Einlegung der sofortigen Beschwerde, sofern diese in der InsO vorgesehen ist (§ 6 Abs. 1),
(3) bei Einlegung der sofortigen Beschwerde mit Rechtskraft der Beschwerdeentscheidung.
29 **c)** Bei Entscheidungen des Landgerichts mit Rechtskraft (§ 6 Abs. 3 Satz 1), also
(1) mit Ablauf der zweiwöchigen Frist zur Stellung des Antrages auf Zulassung der weiteren sofortigen Beschwerde gem. § 7 oder
(2) mit rechtskräftiger Entscheidung durch das OLG.
30 **d)** Beim OLG mit Erlaß der Entscheidung über die (zugelassene) weitere sofortige Beschwerde, ggf. nach Vorlageverfahren an den BGH (§ 7 Abs. 2).

II. Materielle Rechtskraft

31 Die InsO trifft keine Bestimmung darüber, ob Entscheidungen des Insolvenzgerichts infolge formeller Rechtskraft auch in materielle (innere) Rechtskraft (Bindung für den Richter eines anderen Verfahrens) erwachsen. Beschlüsse, die bürgerlichrechtliche Beziehungen unter bestimmten Verfahrensbeteiligten festlegen, entfalten Rechtskraftwirkung. Dies gilt für Beschlüsse über die Vergütung und Auslagen des (vorläufigen) Insolvenzverwalters (§ 64 Abs. 1), der Mitglieder des Gläubigerausschlusses (§ 73 Abs. 1), des Sachwalters (§ 274 Abs. 1) und des Treuhänders (§ 293 Abs. 1, § 313 Abs. 1) (vgl. *Kuhn/Uhlenbruck* KO, § 74 Rz. 3). Bejahung und Verneinung des Insolvenzgrundes entfalten keine Rechtskraft (*Kilger/Karsten Schmidt* KO, § 74 Rz. 2), ebenso nicht die Aufhebung und Einstellung des Insolvenzverfahrens (*Hess* KO, § 74 Rz. 3). Ist der Eröffnungsbeschluß formell rechtskräftig geworden, können die Zulässigkeit der Insolvenzeröffnung und die Wirksamkeit der zur Insolvenzdurchführung dienenden Maßnahmen (u.a. Ernennung des Insolvenzverwalters) aber nicht mehr in

Zustellungen § 8

Frage gestellt werden (*Kilger/Karsten Schmidt* KO, § 74 Rz. 2); niemand kann also mit der Behauptung gehört werden, der Verwalter sei zu Unrecht bestellt worden und die von ihm getroffenen Verfügungen seien Maßnahmen eines Nichtberechtigten (*Kuhn/Uhlenbruck* KO, § 74 Rz. 3). Durch formell rechtskräftigen Eröffnungsbeschluß wird auch ein **Mangel** der Insolvenzfähigkeit **geheilt** (*BGH* NJW 1991, 922 = ZIP 1991, 233 für die BGB-Gesellschaft; durch § 11 ist die Bedeutung der Entscheidung hinsichtlich der Insolvenzfähigkeit gemindert).

Zu beachten ist, daß das Insolvenzgericht offenbare Fehler wie z. B. unrichtige Bezeichnung des Gemeinschuldners gem. §§ 319, 320 ZPO berichtigen kann (*Uhlenbruck/Delhaes* Rz. 487a). Bei irrtümlicher Abweisung des Antrags mangels Masse kann der Beschluß aber nicht dahin geändert werden, daß die Abweisung als unzulässig bzw. unbegründet erfolgt (s. § 26 Rz. 84). 32

III. Wiederaufnahme

Die Wiederaufnahmevorschriften der §§ 578 ZPO gelten analog für Beschlüsse im Insolvenzverfahren (*Zöller/Greger* ZPO, vor § 578 Rz. 14). Die Wiederaufnahme geschieht nicht durch Klage, sondern durch Wiederaufnahmegesuch, über das im Beschlußverfahren entschieden wird (*Zöller/Greger* ZPO, § 585 Rz. 15). Bei Versäumnis der Beschwerdefrist kann Beschwerde erhoben werden, wenn die Erfordernisse der Nichtigkeits- oder Restitutionsklage vorliegen (s. § 6 Rz. 12). 33

§ 8
Zustellungen → **§ 73, 77 KO**

(1) ¹Die Zustellungen geschehen von Amts wegen. ²Sie können durch Aufgabe zur Post erfolgen. ³Einer Beglaubigung des zuzustellenden Schriftstücks bedarf es nicht.
(2) ¹An Personen, deren Aufenthalt unbekannt ist, wird nicht zugestellt. ²Haben sie einen zur Entgegennahme von Zustellungen berechtigten Vertreter, so wird dem Vertreter zugestellt.
(3) Das Insolvenzgericht kann den Insolvenzverwalter beauftragen, die Zustellungen durchzuführen.

Vgl. § 73 Abs. 2, § 77 Abs. 1 KO; § 118 VerglO; § 6 Abs. 3 GesO

Inhaltsübersicht: Rz.

Vorbemerkung	1
A. Zustellungen	2–20
I. Überblick	2
II. Zustellungsarten	3–6
III. Auswahl der Zustellungsart	7–15
IV. Zustellungsadressat	16
V. Weitere Zustellungsfragen	17–20
B. Zustellung durch den Insolvenzverwalter	21–24

§ 8 Allgemeine Vorschriften

Literatur:

Bernsen Probleme der Insolvenzrechtreform aus der Sicht des Rechtspflegers, in Kölner Schrift zur Insolvenzordnung; *Uhlenbruck* Probleme des Eröffnungsverfahrens, KTS 1994, 169 ff.

Vorbemerkung

1 § 8 Abs. 1 entspricht im wesentlichen §§ 73 Abs. 2, 77 Abs. 1 KO und § 118 Abs. 1 Satz 2 VerglO. Neu eingefügt ist § 8 Abs. 2. § 8 Abs. 3 ist § 6 Abs. 3 GesO nachgebildet.

A. Zustellungen

I. Überblick

2 Abweichend von §§ 170, 210, 317 Abs. 3 ZPO bedarf es einer Beglaubigung des zuzustellenden Schriftstückes nicht. Die Zustellungen geschehen von Amts wegen. Während § 8 RegE Zustellungen zwingend durch Aufgabe zur Post vorsah (BT-Drucks. 12/2443 S. 11), hat der Rechtsausschuß durch die Abänderung in eine Kann-Bestimmung im Einzelfall auch die Möglichkeit einer förmlichen Zustellung (wie bisher, § 77 Abs. 1 KO) eröffnet und die Auswahl der gebotenen Art der Zustellung in das pflichtgemäße Ermessen des Gerichts gestellt (BT-Drucks. 12/7302 S. 155). Bei der Entscheidung ist zu bedenken, ob bei der Zustellung einer Entscheidung eine Beschwerdefrist zu laufen beginnt (§ 6 Abs. 2 Satz 1), die sich allerdings bei daneben erfolgter öffentlicher Bekanntmachung unabhängig von dem Datum der Einzelzustellung(en) nach der Vorschrift des § 9 Abs. 1 Satz 3 berechnet. In geeigneten Fällen erfolgt statt der Zustellung formlose Übersendung durch einfachen Brief.

II. Zustellungsarten

3 a) Die **förmliche Zustellung** erfolgt in der Regel durch Postzustellungsurkunde (§ 211 Abs. 1 i. V. m. § 195 Abs. 2 ZPO) oder bei anwaltlicher Vertretung gegen Empfangsbekenntnis (§ 212 a ZPO). Eine Zustellung durch den Gerichtswachtmeister (§§ 211, 212 ZPO) empfiehlt sich, wenn der Schuldner die Unzustellbarkeit herbeizuführen versucht (*Haarmeyer/Wutzke/Förster* Handbuch 3/121). Verfügt der Schuldner über keinen Briefkasten (mehr), so kann bei feststehendem Aufenthaltsort der Wachtmeister die Sendung unter der Tür hindurchschieben oder an der Tür befestigen.

4 b) Die Zustellung durch **Aufgabe zur Post** erfolgt gem. §§ 213, 175 ZPO. Der Urkundsbeamte der Geschäftsstelle übergibt das Schriftstück dem Gerichtswachtmeister, der es beim Postamt aufgibt. An die Stelle der Zustellungsurkunde tritt der Aktenvermerk (ausgefüllter Vordruck) des Urkundsbeamten. Der Urkundsbeamte hält fest, in welchen Verfahren er welche(s) Schriftstück(e) ggf. mit näher bezeichnetem Inhalt (z. B. Ladung zum ... mit Antragsabschrift und Vordrück für Vermögensübersicht) an welchen Empfänger mit genauer Adresse dem Wachtmeister übergeben hat. Er unterschreibt mit Datumsangabe. Der Wachtmeister bestätigt durch Unterschrift mit Datumsangabe die Aufgabe bei dem näher bezeichneten Postamt. Mit der Aufgabe zur Post gilt die

Zustellungen § 8

Zustellung am Tag der Aufgabe als bewirkt, auch wenn die Sendung als unzustellbar zurückkommt (§ 175 Abs. 1 Satz 3 ZPO).
c) Die **formlose Übersendung** erfolgt durch gewöhnlichen Brief. Ein Zustellungsnachweis kann nicht geführt werden. Eine formlose Übersendung bietet sich an bei nicht beschwerdefähigen Entscheidungen (z. B. Verweisungsbeschluß, s. oben § 3 Rz. 27), § 4 i. V. m. § 329 Abs. 2 Satz 1 ZPO. 5
d) Davon zu unterscheiden sind die Übermittlung von Beschlüssen an das Registergericht (z. B. §§ 23 Abs. 2, 31), das Eintragungsersuchen an das Grundbuchamt (§ 32 Abs. 2), die Übersendung im Insolvenzplanverfahren (§ 252 Abs. 2) sowie die – vom Verwalter vorzunehmende – Unterrichtung (§§ 158 Abs. 2, 161), Mitteilung (§ 195) und öffentliche Bekanntmachung (§ 188). 6

III. Auswahl der Zustellungsart

Nach dem Bericht des Rechtsausschusses obliegt die Auswahl der gebotenen Art der Zustellung dem **pflichtgemäßen Ermessen des Gerichts** (BT-Drucks. 12/7302 S. 155). Sieht die ZPO eine förmliche Zustellung vor, hat das Insolvenzgericht aufgrund des ihm eingeräumten Ermessens zu prüfen, ob nicht auch eine Aufgabe zur Post genügt. Dies gilt auch in den Fällen, in denen die InsO eine besondere Zustellung (z. B. §§ 23 Abs. 1 Satz 2, 30 Abs. 2) fordert. Bereits im Rahmen des § 77 Abs. 1 Satz 1 KO war anerkannt, daß bei gleichzeitiger öffentlicher Bekanntmachung einer Entscheidung z. B. gem. § 111 KO (entspr. §§ 23, 30) die Zustellung durch Aufgabe zur Post erfolgten konnte (*Kuhn/Uhlenbruck* KO, § 77 Rz. 2). 7
a) § 307 Abs. 1 Satz 3 schließt u. a. eine Zustellung durch Aufgabe zur Post aus. Die Zustellung erfolgt förmlich. 8
b) Die Notwendigkeit der förmlichen Zustellung kann sich weiter aus § 4 i. V. m. § 329 Abs. 2, Abs. 3 ZPO ergeben. Eine förmliche Zustellung kommt insbesondere in Betracht, wenn die Entscheidung eine (Rechtsmittel)Frist in Lauf setzt oder eine Terminsbestimmung enthält. Weiter kann von Bedeutung sein, ob Beschlüsse zu ihrer Wirksamkeit noch ihrer Zustellung bedürfen. Im einzelnen ist wie folgt **zu differenzieren**: 9
(1) **Verkündete Beschlüsse** werden mit Verkündung zugleich existent und wirksam. Für verkündete Beschlüsse wird im Geltungsbereich der ZPO die Zustellung gemäß § 329 Abs. 3 ZPO gefordert, um die Rechtsmittelfristen in Lauf zu setzen (*Thomas/Putzo*, ZPO § 329 Rz. 4). § 6 Abs. 2 Satz 1 bestimmt jedoch abweichend von § 577 Abs. 2 Satz 1 ZPO, daß die Beschwerdefrist mit der Verkündung der Entscheidung beginnt. Einer Zustellung bedarf es daher weder bei verkündeten anfechtbaren noch bei verkündeten nicht anfechtbaren Entscheidungen. 10
(2) **Nichtverkündete Entscheidungen**, die beschwerdefähig sind, sind **förmlich** zuzustellen. Dies gilt für alle Entscheidungen des Rechtspflegers, die der sofortigen Beschwerde (§ 11 Abs. 1 RpflG) oder sofortigen Erinnerung (§ 11 Abs. 2 RpflG) unterliegen (s. § 6 Rz. 31), sowie für Entscheidungen des Insolvenzrichters, sofern sie ausnahmsweise (§ 6 Abs. 1) beschwerdefähig sind und für alle Beschwerdeentscheidungen des Landgerichts, falls sie nicht jeweils verkündet worden sind. Erfolgt eine **öffentliche Bekanntmachung** der Entscheidung, richtet sich der Lauf der Rechtsmittelfristen nach § 9 Abs. 3 (s. § 9 Rz. 6). Im Hinblick auf die nachfolgenden Ausführungen (s. Rz. 12) erfolgt auch in diesen Fällen grundsätzlich eine **förmliche Zustellung**. 11

§ 8 *Allgemeine Vorschriften*

12 (3) Daneben kann eine Einzelzustellung im Hinblick auf die Außenwirkungen (z. B. §§ 81, 82; s. § 9 Rz. 5) in Betracht kommen, wenn sie schneller als die öffentliche Bekanntmachung bewirkt werden kann und beim Zustellungsempfänger eine frühere Kenntnis bewirkt (*Haarmeyer/Wutzke/Förster* Handbuch 2/79). Auch bei Einsatz eines Fax-Gerätes zur Übermittlung des Beschlusses an das Publikationsorgan gilt die öffentliche Bekanntmachung gem. § 9 Abs. 1 Satz 3 erst am dritten Tag nach der Veröffentlichung als bewirkt (s. § 9 Rz. 17; zur Anwendbarkeit der Frist unter Geltung der insoweit vergleichbaren Regelung der KO s. *Kuhn/Uhlenbruck* KO, § 8 Rz. 7). Unterbleibt die förmliche Zustellung, können Schadensersatzverpflichtungen entstehen (*Haarmeyer/Wutzke/Förster* Handbuch 2/79; *Kuhn/Uhlenbruck* KO, § 76 Rz. 5).

13 (4) Eine Zustellung nicht verkündeter Beschlüsse ist darüber hinaus erforderlich, sofern von der Zustellung die Wirksamkeit des Beschlusses abhängig ist. Während ein Beschluß existent geworden ist und damit »erlassen« ist, wenn er aus dem inneren Bereich des Gerichts herausgelangt ist, ist für das Wirksamwerden des Beschlusses darüber hinaus in der Regel erforderlich, daß er den Parteien zugegangen ist (*Zöller/Vollkommer* ZPO, § 329 Rz. 6 und 7). Bei Anordnung von Sicherungsmaßnahmen (§ 21) ist die Zustellung des nicht verkündeten Beschlusses entgegen der früheren Rechtsprechung des BGH kein Wirksamkeitserfordernis mehr (*BGH* ZIP 1996, 1909 = EWiR 1996, 1077; *OLG Köln* ZIP 1995, 1684 = EWiR 1995, 1205, s. i. E. § 23 Rz. 11). Da auch der Eröffnungsbeschluß zu seiner Wirksamkeit nicht der Zustellung bedarf (§ 30 Rz. 7), hat die Frage an praktischer Bedeutung verloren.

14 (5) Über die aufgezählten Fälle bedarf es ansonsten **keiner förmlichen Zustellung**. Dies gilt insbesondere für die **Übersendung eines Insolvenzantrages** mit Aufforderung zur Stellungnahme bzw. die Ladung zu einem Anhörungstermin. Es genügt eine Zustellung druch Aufgabe zur Post (*Haarmeyer/Wutzke/Förster* Handbuch 3/120). Zudem kann eine förmliche Zustellung Probleme ergeben, wenn das Geschäftslokal einer juristischen Person geschlossen ist, da eine Ersatzzustellung in diesen Fällen nicht gem. §§ 181, 182 ZPO, sondern nur gem. § 184 ZPO möglich ist (*Thomas/Putzo* ZPO, § 184).

15 c) Ist eine förmliche Zustellung nicht vorgeschrieben, kann sie dennoch vom Insolvenzgericht angeordnet werden. Auch eine Kombination von förmlicher Zustellung und formloser Übersendung kann sinnvoll sein (z. B. bei Zeugenladung, § 5 Rz. 23).

IV. Zustellungsadressat

16 Die Zustellung hat zu erfolgen an die in der InsO aufgeführten Personen (s. z. B. § 23 Abs. 1 Satz 2, § 30 Abs. 2; § 64 Abs. 2) sowie an jeden, der durch eine Entscheidung beschwert sein kann (*Uhlenbruck/Delhaes* Rz. 41). Bei juristischen Personen erfolgt die Zustellung an das Vertretungsorgan, bei Gesellschaften ohne Rechtspersönlichkeit an jeden persönlich haftenden Gesellschafter (vgl. die Übersicht § 15 Rz. 3 »Antragsrecht«). Bei Sonderinsolvenzen (§§ 315 ff.) wird an jeden Miterben/Ehegatten zugestellt. Bei Personen, die unbekannten Aufenthaltes sind, wird an einen etwaigen zur Entgegennahme von Zustellungen berechtigten Vertreter zugestellt (§ 8 Abs. 2).

V. Weitere Zustellungsfragen

17 a) Hat die Zustellung im Ausland zu erfolgen, ist Zustellung durch Aufgabe zur Post zulässig gem. §§ 174 Abs. 2, 175 ZPO (BT-Drucks. 12/2443 S. 111).

Zustellungen § 8

b) Ist der Aufenthalt unbekannt, so kommt öffentliche Zustellung (§§ 203 ff. ZPO) in 18
Betracht (s. § 14 Rz. 13). Die öffentliche Zustellung erfolgt in Abweichung von § 204
Abs. 1 Satz 1 ZPO ohne Parteiantrag (*OLG Köln* ZIP 1988, 1070 = EWiR 1988, 1111).
Schwierigkeiten können sich jedoch bei der Feststellung des Insolvenzgrundes ergeben
(*Haarmeyer/Wutzke/Förster* Handbuch 3/125), da der Schuldner/Vertreter als Auskunftsperson nicht zur Verfügung steht.

c) Hat der Geschäftsführer einer GmbH sein Amt niedergelegt oder ist abberufen worden 19
und ist dies infolge Eintragung im Handelsregister vom Insolvenzgericht zu beachten
(§ 15 Rz. 16), so kommt bei der GmbH die Zustellung an einen vom Registergericht zu
bestellenden Notgeschäftsführer in Betracht (*Haarmeyer/Wutzke/Förster* Handbuch 3/
127; s. u. § 15 Rz. 17).

d) Soll eine Zustellung an eine im Handelsregister gelöschte GmbH oder AG erfolgen, so 20
muß zunächst ein Nachtragsliquidator bestellt werden, an den dann die Zustellung
erfolgen kann (*Uhlenbruck/Delhaes* Rz. 244).

B. Zustellung durch den Insolvenzverwalter

Für den Gesetzgeber war Vorbild § 6 Abs. 3 GesO und die mit dieser Regelung 21
gemachten positiven Erfahrungen für eine weitreichende Aufgabenverlagerung vom
Insolvenzgericht auf den Insolvenzverwalter (BT-Drucks. 12/3207 S. 155). Das Gericht
kann nach pflichtgemäßem Ermessen dem Insolvenzverwalter alle oder einen Teil der
Zustellungen übertragen (Ausnahme § 307 Abs. 1 Satz 3). Der Mehraufwand des Verwalters wird sich allerdings in der Regel bei der Vergütung erhöhend auswirken
(*Haarmeyer/Wutzke/Förster* Handbuch 2/80).

Auch eine Übertragung auf den **vorläufigen** Verwalter ist möglich. Die allgemeine 22
Vorschrift des § 8 gilt auch für das Eröffnungsverfahren. Aus der Tatsache, daß der
vorläufige Insolvenzverwalter in § 8 Abs. 3 nicht ausdrücklich erwähnt ist, kann nichts
gegenteiliges geschlossen werden (a. A. *Haarmeyer/Wutzke/Förster* Handbuch 2/80).
Einer klarstellenden Regelung in § 21 Abs. 2 Nr. 1 (durch Anordnung der entsprechenden Geltung des § 8 Abs. 3), wie in den Vorschlägen der Justizministerkonferenz zur
Vereinfachung des neuen Insolvenzverfahrens (ZIP 1997, 1207) vorgesehen, bedarf es
nicht. Der vorläufige Insolvenzverwalter ist im wesentlichen dem (endgültigen) Insolvenzverwalter gleichgestellt. Es dürfte sich um eine redaktionelle Ungenauigkeit des
Gesetzes handeln. Ein Entlastungsbedürfnis der Gerichte kann auch schon im Eröffnungsverfahren bestehen, wenn nach Anordnung von Sicherungsmaßnahmen nachträglich Drittschuldner (§ 23 Abs. 1 Satz 2) bekannt werden. Es kann auch nicht darauf
abgestellt werden, daß bis zur Eröffnung alle Zustellungen oder Bekanntmachungen von
Amts wegen zu bewirken sind (so *Haarmeyer/Wutzke/Förster* Handbuch 3/122). Auch
nach Eröffnung gilt das Erfordernis der Amtszustellung nämlich weiter. Frühester
Zeitpunkt für die Übertragung ist die Zulassung des Insolvenzantrages, da erst dann ein
vorläufiger Insolvenzverwalter eingesetzt werden kann (*Uhlenbruck* Probleme des Eröffnungsverfahrens KTS 1994, 169 [181]). Da § 23 Abs. 1 Satz 2 eine Zustellung an den
vorläufigen Insolvenzverwalter fordert, sollte das Gericht die Zustellung an den Schuldner und den Drittschuldner zunächst vornehmen, dem vorläufigen Insolvenzverwalter
aber die Zustellung an später namhaft werdende Drittschuldner überlassen.

Zuständig für die Anordnung ist im Eröffnungsverfahren der Richter. Eine vom Richter 23
getroffene Anordnung gilt für das eröffnete Verfahren fort, kann jedoch vom Insolvenzrechtspfleger abgeändert werden. Hat der Richter im Eröffnungsverfahren noch keine

§ 9 *Allgemeine Vorschriften*

Anordnung getroffen, sollte er im Rahmen des Eröffnungsbeschlusses die Entscheidung dem Rechtspfleger überlassen. Die Entscheidung in Form eines Beschlusses und öffentliche Bekanntmachung (so *Haarmeyer/Wutzke/Förster* Handbuch 2/81) ist nicht erforderlich.

24 Für den (vorläufigen) Insolvenzverwalter gelten dieselben Auswahlkriterien der Zustellungsart wie für das Insolvenzgericht. Eine Zustellung durch **Aufgabe zur Post** (§ 213 ZPO) kann er allerdings **nicht** vornehmen (*Bernsen* Kölner Schrift zur Insolvenzordnung). Kommt es auf den Nachweis des Zuganges an, so erfolgt die Zustellung durch die Post gegen Zustellungsurkunde. Auch durch Einschreiben gegen Rückschein (so zu § 6 Abs. 3 GesO *Hess/Binz/Wienberg* GesO, § 6 Rz. 29 a; *Smid/Zeuner* GesO, § 6 Rz. 30) kann der Nachweis nicht erbracht werden. § 6 Abs. 3 GesO sah nicht die Zustellung (des Eröffnungsbeschlusses), sondern nur die formlose Übersendung vor. Eine Zustellung kann aber wirksam nur erfolgen mit den in der ZPO aufgeführten Zustellungsarten.

§ 9
Öffentliche Bekanntmachung → § 76 KO

(1) ¹**Die öffentliche Bekanntmachung erfolgt durch Veröffentlichung in dem für amtliche Bekanntmachungen des Gerichts bestimmten Blatt; die Veröffentlichung kann auszugsweise geschehen.** ²**Dabei ist der Schuldner genau zu bezeichnen, insbesondere sind seine Anschrift und sein Geschäftszweig anzugeben.** ³**Die Bekanntmachung gilt als bewirkt, sobald nach dem Tag der Veröffentlichung zwei weitere Tage verstrichen sind.**
(2) Das Insolvenzgericht kann weitere und wiederholte Veröffentlichungen veranlassen.
(3) Die öffentliche Bekanntmachung genügt zum Nachweis der Zustellung an alle Beteiligten, auch wenn dieses Gesetz neben ihr eine besondere Zustellung vorschreibt.

Vgl. § 76 KO; § 119 VerglO; § 6 Abs. 1 Satz 1 GesO

Inhaltsübersicht: Rz.

A. Übersicht 1
B. Anwendungsfälle 2– 3
C. Wirkungen 4– 7
    I. Zustellungsfiktion 4
    II. Publizitätswirkung 5
    III. Lauf von Rechtsmittelfristen 6
    IV. Auswirkungen auf die Einzelzustellung 7
D. Verfahrensmäßiger Ablauf 8–17
    I. Ort der Veröffentlichung 8–12
    II. Inhalt 13
    III. Wiederholte Veröffentlichung 14
    IV. Anordnung und Kosten 15–16
    V. Wirksamkeitszeitpunkt 17

Öffentliche Bekanntmachung § 9

Literatur:

Oesterreich Öffentliche Bekanntmachungen im »Amtsblatt«, Rpfleger 1988, 302.

A. Übersicht

Auch in der InsO ist vorgesehen, daß die Eröffnung und die Einstellung oder Aufhebung 1
des Verfahrens sowie wichtige verfahrensleitende Entscheidungen des Gerichts wie z. B.
Terminsbestimmungen öffentlich bekannt gemacht werden. Häufig erfolgen sowohl
Einzelzustellung als auch öffentliche Bekanntmachung (z. B. § 23 Abs. 1). Die öffentliche Bekanntmachung hat die Aufgabe, der Entscheidung nach außen hin Geltung zu
verschaffen und die Publizitätswirkungen (s. u. Rz. 5) auch gegenüber solchen Personen
eintreten zu lassen, an die eine Einzelzustellung nicht erfolgt. Unabhängig vom Datum
der Einzelzustellung wird im Fall der öffentlichen Bekanntmachung für alle Beteiligten
die Rechtsmittelfrist einheitlich bestimmt (§ 9 Abs. 3, Abs. 1 Satz 3). Mängel der
Einzelzustellung werden durch die öffentliche Bekanntmachung geheilt. Zu beachten ist,
daß eine öffentliche Bekanntmachung auch neben den im Gesetz geregelten Fällen in
Betracht kommt.

B. Anwendungsfälle

Vorgeschrieben ist die öffentliche Bekanntmachung in folgenden Vorschriften: § 23 2
Abs. 1, § 25 Abs. 1 i. V. m. § 23, § 30 Abs. 1, § 34 Abs. 3, § 64 Abs. 2, § 73 Abs. 2
i. V. m. § 64 Abs. 2, § 74 Abs. 2, § 78 Abs. 2, § 188 Satz 3 (durch den Insolvenzverwalter!), § 197 Abs. 2, § 200 Abs. 2, § 214 Abs. 1, § 215, § 235 Abs. 2, § 258 Abs. 3, § 267,
§ 273, § 277 Abs. 3, § 289 Abs. 2, § 296 Abs. 3, § 300 Abs. 3, § 303 Abs. 3.
Die Anordnung erfolgt durch das Insolvenzgericht und ausnahmsweise durch den
Insolvenzverwalter (§ 188 Satz 3).
Das Insolvenzgericht kann die öffentliche Bekanntmachung im Hinblick auf die Publi- 3
zitätswirkungen (s. u. Rz. 5) in **weiteren Fällen** anordnen, wie z. B. bei der Abweisung
mangels Masse gem. § 26 (häufig im Zusammenhang mit der Bekanntmachung der
Aufhebung von Sicherungsmaßnahmen gem. § 25).

C. Wirkungen

I. Zustellungsfiktion

Sobald nach dem Tag der Veröffentlichung zwei weitere Tage verstrichen sind, gilt die 4
Bekanntmachung als bewirkt. Die Zustellung wird fingiert. Diese Art der Zustellung ist
in Massenverfahren wie dem Insolvenzverfahren sachgerecht, in denen der Kreis der
Betroffenen groß ist und sich nicht immer von vornherein überschauen läßt. Insolvenzverfahren weisen regelmäßig eine hohe Zahl der Beteiligten auf, deren Person und
Wohnort nicht immer bekannt sind. Darin findet die Zustellungsfiktion auch ihre
verfassungsrechtliche Rechtfertigung (*BVerfG* NJW 1988, 1255 [1256] zu § 119 Abs. 4
VerglO).

§ 9 *Allgemeine Vorschriften*

II. Publizitätswirkung

5 Die öffentliche Bekanntmachung verschafft dem Insolvenzverfahren und den getroffenen Entscheidungen nach außen hin unbeschränkt gegenüber jedermann Wirkung unabhängig von der Frage einer (wirksamen) Einzelzustellung. Ausgeschlossen werden u. a.
– gutgläubiger Erwerb (§ 81, § 24 Abs. 1) mit Ausnahme der in § 81 Abs. 1 Satz 2 aufgeführten Fälle
– wirksame Leistungen an den Schuldner (§ 82, § 24 Abs. 1)
– wirksame Vornahme von Auszahlungen oder Überweisungen durch Banken. Zum Ausschluß von Verrechnungsmöglichkeiten von Zahlungseingängen mit einem Debetsaldo s. u. § 24 Rz. 12.

III. Lauf von Rechtsmittelfristen

6 Die öffentliche Bekanntmachung ersetzt die Einzelzustellung (§ 9 Abs. 3). Dieser Zeitpunkt ist für den Beginn der Beschwerdefrist auch dann maßgebend, wenn die Einzelzustellung früher erfolgte. Im Interesse der Verkehrssicherheit soll erreicht werden, daß für alle Beteiligten derselbe Zeitpunkt für den Beginn der Rechtsmittelfrist gilt (*OLG Hamm* ZIP 1993, 777 = EWiR 1993, 603; *LG Frankfurt* ZIP 1995, 1836 = EWiR 1996, 79; *OLG Frankfurt* ZIP 1996, 556 = EWiR 1996, 519; *Hess* KO, § 76 Rz. 5). Zur Berechnung der Frist s. u. Rz. 17.

IV. Auswirkungen auf die Einzelzustellung

7 Auch wenn die öffentliche Bekanntmachung die Einzelzustellung ersetzt, darf die Einzelzustellung nicht unterbleiben, zumal wenn sie schneller bewirkt werden kann als die öffentliche Bekanntmachung (*Hess* KO, § 76 Rz. 2; s. § 8 Rz. 12). Die Veröffentlichung heilt darüber hinaus Mängel der Einzelzustellung (*Kuhn/Uhlenbruck* KO, § 76 Rz. 4).

D. Verfahrensmäßiger Ablauf

I. Ort der Veröffentlichung

8 a) Anders als im § 9 RegE (BT-Drucks. 12/2443 S. 11 mit Begründung S. 111) vorgesehen, erfolgen Veröffentlichungen nicht generell im Bundesanzeiger, sondern nur ausnahmsweise (z. B. § 30 Abs. 1, § 200 Abs. 2, § 300 Abs. 3). Die Veröffentlichung im Bundesanzeiger erfolgt stets auszugsweise. Daneben sind weitere Veröffentlichungen erforderlich.

9 b) Bei gesetzlich vorgeschriebener öffentlicher Bekanntmachung erfolgt diese Veröffentlichung in dem für amtliche Bekanntmachungen des Gerichts bestimmten Blatt (§ 9 Abs. 1 Satz 1). Dieses Blatt wird landesrechtlich von den einzelnen Landesjustizverwaltungen bestimmt (vgl. *Oesterreich* Rpfleger 1988, 302 ff.). In Niedersachsen z. B. sind amtliche Bekanntmachungen im »Niedersächsischen Staatsanzeiger« zu veröffentlichen (AVdNJ v. 10. 11. 1997 Niedersächsische Rechtspflege 1997 S. 301). Ist die Veröffent-

lichung nicht vorgeschrieben (s. o. Rz. 2), erfolgt sie nur in Lokalzeitungen/überregionalen Zeitungen (s. u. Rz. 11).
c) Gemäß § 9 Abs. 2 kann das Insolvenzgericht **weitere Veröffentlichungen** veranlassen. Davon wird es regelmäßig Gebrauch machen.   10
(1) Die Veröffentlichung wird regelmäßig erfolgen in der/den »Lokalzeitung(en)«. Es ist   11
nicht erforderlich, diese Publikationsorgane zu Beginn eines Jahres durch Beschluß festzulegen und diesen Beschluß zu den Generalakten zu nehmen (a. A. *Uhlenbruck/ Delhaes* Rz. 33a, lediglich empfehlend *Haarmeyer/Wutzke/Förster* Handbuch 2/83). Auch für eine entsprechende Anwendung von § 11 HGB ist kein Raum (a. A. *Kuhn/ Uhlenbruck* KO, § 76 Rz. 2). Die Regelung des § 9 Abs. 1 Satz 1 geht vor und ist abschließend. Gleichwohl empfiehlt es sich, daß das Insolvenzgericht im Interesse des Rechtsverkehrs die Veröffentlichungen in regionalen Publikationsorganen gleichmäßig handhabt.
(2) Ist ein Unternehmen überregional tätig, so kommen darüber hinaus Veröffent-   12
lichungen in den Tageszeitungen an den Orten von Niederlassungen und/oder im Handelsblatt in Betracht.

II. Inhalt

Die Veröffentlichung kann **auszugsweise** geschehen (§ 9 Abs. 1 Satz 1 2. Hs.). Davon   13
wird regelmäßig Gebrauch gemacht. Der Antragsteller des Verfahrens wird z. B. nie genannt (siehe das Muster bei *Uhlenbruck/Delhaes* Rz. 35). In jedem Fall ist der Schuldner genau zu bezeichnen (§ 9 Abs. 1 Satz 2), wobei Spezialregelungen (§ 27 Abs. 2) zu beachten sind.

III. Wiederholte Veröffentlichung

Wiederholte Veröffentlichungen können gem. § 9 Abs. 2 erfolgen. Sie kommen insbe-   14
sondere in folgenden Fällen in Betracht:
– fehlerhafte Erstveröffentlichung (§ 8 GKG beachten)
– Wechsel der Firmierung des Unternehmens während des Verfahrens
– Wechsel des (vorläufigen) Insolvenzverwalters (§ 21 Rz. 41; § 57)
– Aufrechterhaltung von Sicherungsmaßnahmen bei mehreren Anträgen, wenn die aufgrund des Erstantrages getroffenen Sicherungsmaßnahmen (§ 21) nach Rücknahme/Erledigung des Erstantrages im Hinblick auf die weiteren Anträge aufrechterhalten werden (§ 13 Rz. 36)

IV. Anordnung und Kosten

Die Anordnung erfolgt nur ausnahmsweise durch den Verwalter (§ 188 Satz 3), ansons-   15
ten durch das Insolvenzgericht, also den Richter oder Rechtspfleger.
Die Kosten der Veröffentlichung trägt im Falle der Eröffnung die Masse, ansonsten   16
derjenige, dem die Kosten auferlegt werden. Bei der Auswahl der Blätter der Veröffentlichung sollten die Kosten zwar bedacht werden, jedoch dem Interesse des Rechtsverkehrs an der Unterrichtung im Zweifelsfall der Vorrang eingeräumt werden. Bei den Veröffentlichungen in regionalen Publikationsorganen ist zu bedenken, daß Rabatte

bewilligt werden oder auch für bestimmte Arten Pauschalpreise vereinbart werden können. Letzteres hat den Vorteil, daß im Rahmen des § 25 Abs. 2 die Kosten einfach berechnet werden können (s. im einzelnen § 25 Rz. 20 ff.).

V. Wirksamkeitszeitpunkt

17 Die Bekanntmachung gilt als bewirkt, sobald nach dem Tag der Veröffentlichung zwei weitere Tage verstrichen sind (§ 9 Abs. 1 Satz 3). Für den Fristbeginn kommt es nicht auf das aufgedruckte Erscheinungsdatum des Amtsblattes, sondern den Tag der tatsächlichen Ausgabe an (*BGH* NJW-RR 1993, 255). Der Ausgabetag wird nicht in die Frist mit eingerechnet. Fällt der letzte Tag der Frist auf einen Sonnabend, Sonntag oder gesetzlichen Feiertag, endet die Frist am folgenden Werktag gem. § 4 i. V. m. § 222 Abs. 2 ZPO (*Kuhn/Uhlenbruck* KO, § 76 Rz. 3). Erfolgt die Veröffentlichung am Montag, den 11. 01. 1999, so gilt die Bekanntmachung bewirkt am Donnerstag, den 14. 01. 1999. An diesem Tag beginnt die zweiwöchige Frist der sofortigen Beschwerde zu laufen. Für den Lauf der Beschwerdefrist gem. § 9 Abs. 3 ist zu beachten, daß es immer ankommt auf die Veröffentlichung in dem für amtliche Bekanntmachungen des Gerichts bestimmten Blatt. Erfolgen Veröffentlichungen auch in anderen Blättern, so haben diese nicht die Wirkungen des § 9 Abs. 3 (*Kuhn/Uhlenbruck* KO, § 76 Rz. 2).

§ 10
Anhörung des Schuldners → § 105 KO

(1) ¹Soweit in diesem Gesetz eine Anhörung des Schuldners vorgeschrieben ist, kann sie unterbleiben, wenn sich der Schuldner im Ausland aufhält und die Anhörung das Verfahren übermäßig verzögern würde oder wenn der Aufenthalt des Schuldners unbekannt ist. ²In diesem Fall soll ein Vertreter oder Angehöriger des Schuldners gehört werden.
(2) Ist der Schuldner keine natürliche Person, so gilt Absatz 1 entsprechend für die Anhörung von Personen, die zur Vertretung des Schuldners berechtigt oder an ihm beteiligt sind.

Vgl. § 105 Abs. 3 KO; § 2 Abs. 2 Satz 3 GesO

Inhaltsübersicht: Rz.

A. Überblick 1– 2
B. Anhörungspflichten und Anhörungsverfahren 3– 9
C. Anhörungsberechtigte gem. § 10 Abs. 2 10
D. Folgen der unterlassenen Anhörung des Schuldners 11
E. Pflicht des Schuldners zur Auskunftserteilung 12

Literatur:

Vallender Das rechtliche Gehör im Insolvenzverfahren, in Kölner Schrift zur Insolvenzordnung, 1997, 209.

A. Überblick

§ 10 Abs. 1 verallgemeinert die Regelung, die in § 105 Abs. 3 KO für die Anhörung im Eröffnungsverfahren nach Zulassung des Antrages getroffen war (BT-Drucks. 12/2443 S. 111). Es handelt sich um eine Ausprägung des **Anspruchs auf rechtliches Gehör (Art. 103 Abs. 1 GG).** Art. 103 Abs. 1 GG fordert eine Anhörung auch in den Fällen, in denen die InsO eine Anhörung nicht zwingend vorschreibt, aber eine für die Beteiligten nachteilige Entscheidung erfolgen soll (*Vallender* Rz. 5). Will das Gericht beispielsweise einen Insolvenzantrag mangels Masse abweisen, so sind vorher sowohl der Schuldner und – beim Gläubigerantrag – auch dieser zu hören (§ 26 Rz. 58 ff.). Andererseits kann die Anhörung unterbleiben, wenn dadurch der Sicherungszweck einer Maßnahme gefährdet wäre. Dies ist häufig bei Sicherungsmaßnahmen (§ 21) der Fall. Die Anhörung muß dann nachgeholt werden. Der (potentielle) Schuldner kann aber eine Schutzschrift einreichen (§ 14 Rz. 107 f.). 1

Von dem Recht des Schuldners auf Anhörung zu unterscheiden ist die Verpflichtung des Schuldners, Auskünfte zu erteilen (§§ 20, 97). 2

B. Anhörungspflichten und Anhörungsverfahren

1. Vorgeschrieben ist die Anhörung des Schuldners in folgenden Vorschriften: § 14 Abs. 2, § 21 Abs. 3, § 98 Abs. 2 und 3, § 99 Abs. 1 Satz 2, § 232 Abs. 1 Nr. 2, § 248 Abs. 2, § 272 Abs. 2, § 296 Abs. 2, § 298 Abs. 2, § 300 Abs. 1, § 303 Abs. 3., § 314 Abs. 3 Satz 3; § 317 Abs. 2 Satz 2, Abs. 3, § 318 Abs. 2 Satz 2, § 333 Abs. 2 Satz 2, 2. Halbsatz; zu § 10 Abs. 2 s. u. Rz. 10. 3

2. Die Anhörung kann **mündlich oder schriftlich** erfolgen (*Uhlenbruck/Delhaes* Rz. 249). Dem Schuldner kann daher im Eröffnungsverfahren der Antrag mit einem Fragebogen übersandt werden, in dem er aufgefordert wird, Auskunft über seine Vermögensverhältnisse zu geben (*Haarmeyer/Wutzke/Förster* Handbuch 2/89). Die Entscheidung trifft das Gericht nach seinem Ermessen. Bei geschäftsungewandten Schuldnern wird es sich häufig empfehlen, einen mündlichen Termin anzuberaumen. Mit der Möglichkeit für den Schuldner, sich zu äußern, ist dem Anspruch auf rechtliches Gehör genügt. Nicht erforderlich ist, daß er sich tatsächlich geäußert hat (*Vallender* Rz. 7). 4

Entscheidet sich das Gericht für eine schriftliche Anhörung, ist zugleich eine Frist zur Stellungnahme zu setzen. Beraumt das Gericht einen Termin an, so sollte auch der Antragsteller bzw. sein Vertreter zur Ermöglichung einer vollständigen Sachaufklärung zugelassen werden (*Uhlenbruck/Delhaes* Rz. 251). Steht der Erlaß von Sicherungsmaßnahmen (§ 21) im Raum, kann es sich empfehlen, den (voraussichtlichen) vorläufigen Insolvenzverwalter zuzuziehen. Dies empfiehlt sich insbesondere, wenn eine Unternehmensfortführung (§ 22 Abs. 1 Satz 2 Nr. 2) in Betracht kommt. Schuldner und ggf. Gläubiger/Vertreter und vorläufiger Insolvenzverwalter erhalten eine Protokollabschrift über die Anhörung. 5

§ 10 *Allgemeine Vorschriften*

6   Die in einigen Bundesländern gem. § 25 RpflG mögliche Übertragung der Anhörung auf den Rechtspfleger sollte nicht erfolgen (*Haarmeyer/Wutzke/Förster* Handbuch 3/139; § 2 Rz. 32). Auch eine Anhörung im Wege der Rechtshilfe sollte vermieden werden (§ 5 Rz. 25).

3. Die Anhörung kann in folgenden Fällen unterbleiben:

7   a) Aufenthalt des Schuldners im Ausland und übermäßige Verfahrensverzögerung (§ 10 Abs. 1 Satz 1, 1. Alt.).
Es handelt sich um eine Ermessensentscheidung des Gerichts, die aktenkundig gemacht werden sollte (*Haarmeyer/Wutzke/Förster* Handbuch 3/135). Ob eine übermäßige Verzögerung vorliegt, entscheidet das Gericht im Einzelfall aufgrund der konkreten Anhaltspunkte unter Berücksichtigung des Aufenthaltsortes des Schuldners und der Kommunikationsmöglichkeiten. Durch das Unterbleiben der Anhörung kann z. B. systematischen Sitzverlagerungen der Gesellschaft ins Ausland oder Bestellung von Geschäftsführern im Ausland begegnet werden. Die Anhörung einer Ersatzperson (§ 10 Abs. 1 Satz 2) wird regelmäßig nicht erfolgversprechend sein, da diese Personen häufig keinen Einblick in die Vermögensverhältnisse des Schuldners haben (*Uhlenbruck/ Delhaes* Rz. 250).

8   b) Unbekannter Aufenthalt des Schuldners (§ 10 Abs. 1 Satz 1, 2. Alt.)
Unbekannt ist der Aufenthalt, wenn er allgemein und nicht nur der antragstellenden Partei unbekannt ist. Wegen der Einzelheiten kann auf die Kommentierung zu § 203 Abs. 1 ZPO verwiesen werden. Erforderliche Zustellungen werden bei dieser Sachlage häufig durch öffentliche Zustellung gem. § 4 i. V. m. § 203 ff. ZPO erfolgen. Die Anhörung einer Ersatzperson ist auch in diesem Fall häufig untunlich (s. o. Rz. 7).

9   c) Anordnung von Sicherungsmaßnahmen
Sie können ohne Anhörung ergehen, wenn ansonsten der Sicherungszweck vereitelt oder gefährdet würde (*Haarmeyer/Wutzke/Förster* Handbuch 3/137; *Vallender* a. a. O., Rz. 3). Daß vorläufige Maßnahmen zur einstweiligen Sicherung ohne vorherige Anhörung ergehen können, ist auch in der Rechtsprechung des Bundesverfassungsgerichts anerkannt (*BVerfGE* 9, 89 [97]). Für den Fall der Anordnung der Postsperre ist dies in der InsO geregelt (§ 99 Abs. 1 Satz 2). Bei Sicherungsmaßnahmen gem. § 21 verbietet sich häufig die vorherige Gewährung rechtlichen Gehörs, damit der Schuldner nicht vorzeitig gewarnt wird und Vermögen beiseite schaffen kann (*Uhlenbruck/Delhaes* Rz. 256). In diesen Fällen ist nachträglich rechtliches Gehör zu gewähren. Für die Postsperre ist dies geregelt in § 99 Abs. 1 Satz 3. Auch in den übrigen Fällen ist das rechtliche Gehör nachzuholen (s. auch § 21 Rz. 22 ff.).

C. Anhörungsberechtigte gem. § 10 Abs. 2

10 Ist der Schuldner keine natürliche Person, so steht das Anhörungsrecht allen Personen zu, die zur Vertretung des Schuldners berechtigt oder an ihm beteiligt sind (§ 10 Abs. 2). Es handelt sich dabei um die in § 11 neben der natürlichen Person aufgezählten insolvenzfähigen Vermögensmassen. Wer im einzelnen zu hören ist, ergibt sich aus den gesetzlichen Regelungen des § 15 Abs. 2 Satz 2, § 15 Abs. 3 Satz 1, § 317 Abs. 2 Satz 2, § 318 Abs. 2 Satz 2, § 333 Abs. 3 Satz 2 (BT-Drucks. 12/2443 S. 111). Beim Gläubigerantrag sind also z. B. alle Geschäftsführer einer GmbH und bei der OHG alle persönlich haftenden Gesellschafter einer OHG zu hören, also nicht nur die geschäftsführenden Gesellschafter (*Uhlenbruck/Delhaes* Rz. 246). Wird ein Eigenantrag nicht von allen

vertretungsberechtigten oder beteiligten Personen gestellt, so sind diejenigen zu hören, die den Antrag nicht gestellt haben.

D. Folgen der unterlassenen Anhörung des Schuldners

Ein Rechtsbehelf kann auf die Verletzung rechtlichen Gehörs gestützt werden. Häufig wird sich nicht ausschließen lassen, daß das Gericht anders entschieden hätte, wenn rechtliches Gehör gewährt worden wäre (*BVerfGE* 67, 96 [100]). Nicht zu folgen ist der Meinung, wonach eine versäumte Anhörung des Schuldners im Beschwerdeverfahren nicht nachgeholt werden kann und der angefochtene Beschluß in jedem Fall aufzuheben ist (*LG Baden-Baden* ZIP 83, 205; *Uhlenbruck/Delhaes* Rz. 252; a. A. *Haarmeyer/Wutzke/Förster* Handbuch 2/90 und 3/134). Bei der Aufhebung eines Eröffnungsbeschlusses können sich im Hinblick auf die Vergütung des Verwalters und die von ihm abgeschlossenen Verträge weitreichende Haftungsprobleme ergeben. Jedenfalls dem Insolvenzgericht sollte im Beschwerdeverfahren die Nachholung einer versäumten Anhörung des Schuldners möglich sein, damit es von seiner Abhilfebefugnis (§ 6 Abs. 2 Satz 2) wirksam Gebrauch machen kann. **11**

E. Pflicht des Schuldners zur Auskunftserteilung

Zum Anspruch des Schuldners auf rechtliches Gehör (§ 10) ist zu unterscheiden die Verpflichtung des Schuldners, sowohl im Eröffnungsverfahren (§ 20) als auch im eröffneten Verfahren (§ 97) Auskünfte zu erteilen. Diese Verpflichtung kann zwangsweise durchgesetzt werden (§ 20 Satz 2, § 98). Die Verpflichtung gilt auch für (frühere) organschaftliche Vertreter und (frühere) Angestellte des Schuldners. **12**

Zweiter Teil
Eröffnung des Insolvenzverfahrens.
Erfaßtes Vermögen und Verfahrensbeteiligte

Erster Abschnitt
Eröffnungsvoraussetzungen und Eröffnungsverfahren

Vorbemerkung vor §§ 11 ff.

1 Der Erste Abschnitt des Zweiten Teils (§§ 11–34) regelt die formellen und materiellen Voraussetzungen der Eröffnung des Insolvenzverfahrens sowie das bei der Eröffnung einzuhaltende Verfahren. Teilweise abweichende Sonderregelungen bestehen bei den Besonderen Arten des Insolvenzverfahrens (§§ 315 ff.). Ist der Schuldner eine natürliche Person, die keine oder nur eine geringfügige wirtschaftliche Tätigkeit ausübt, sind die §§ 304 ff. zu beachten.

2 Die §§ 11–15 enthalten Zulässigkeitsvoraussetzungen. §§ 11 und 12 regeln die Insolvenzfähigkeit. § 13 bestimmt, daß das Insolvenzverfahren nur auf Antrag eröffnet wird und daß die Gläubiger und der Schuldner antragsberechtigt sind. Bei juristischen Personen und Gesellschaften ohne Rechtspersönlichkeit gestaltet § 15 das Antragsrecht näher aus. Sofern eine Antragspflicht besteht, ist dies in Spezialgesetzen geregelt. Für die Zulässigkeit eines Gläubigerantrages ist ein rechtliches Interesse an der Eröffnung des Insolvenzverfahrens und Glaubhaftmachung von Forderung und Eröffnungsgrund erforderlich (§ 14). Daneben treten weitere Voraussetzungen wie die örtliche Zuständigkeit (§ 3) und ggf. weitere, sich aus der ZPO ergebende Voraussetzungen.

3 Wird der Antrag nicht als unzulässig abgewiesen, richtet sich der Ablauf des Eröffnungsverfahrens nach §§ 20–25. Es geht um die Feststellung, ob ein Eröffnungsgrund (§§ 16–19) und eine die Kosten des Verfahrens deckende Masse (§ 26 Abs. 1) vorliegt. Der Schuldner ist zur Auskunft verpflichtet (§ 20). Um nachteilige Veränderungen des Schuldnervermögens zu verhüten, ordnet das Gericht sowohl beim Schuldner- wie auch beim Gläubigerantrag regelmäßig Sicherungsmaßnahmen (§ 21) an. Bei noch laufendem Geschäftsbetrieb wird ein vorläufiger Insolvenzverwalter bestellt, dessen Rechtsstellung nunmehr ausführlich in § 22 geregelt ist. In jedem Fall sind dem Schuldner Verfügungsbeschränkungen, regelmäßig ein allgemeines Verfügungsverbot, aufzuerlegen. Diese Sicherungsmaßnahmen sind öffentlich bekanntzumachen (§ 23) und verhindern grundsätzlich gutgläubigen Erwerb und befreiende Leistung an den Schuldner (§ 24 Abs. 1 i.V.m. §§ 81, 82). Die Aufhebung von Sicherungsmaßnahmen ist entsprechend bekanntzumachen (§ 25).

4 Die Feststellung, ob das Vermögen des Schuldners die Kosten des Verfahrens decken wird und ein Eröffnungsgrund vorliegt, trifft das Gericht regelmäßig mit Hilfe des vorläufigen Insolvenzverwalters, zugleich bestimmt zum Sachverständigen (§ 22 Abs. 1 Nr. 3) oder – sofern kein vorläufiger Insolvenzverwalter bestellt ist – mit Hilfe eines Sachverständigen (§ 4 i.V.m. §§ 402 ff. ZPO).

5 Das Eröffnungsverfahren wird beendet durch die verfahrensabschließende Entscheidung des Insolvenzgerichts. Sind die Kosten des Verfahrens (§ 54) voraussichtlich nicht gedeckt, wird der Antrag mangels Masse abgewiesen (§ **26**). Natürliche Personen werden ins Schuldnerverzeichnis eingetragen (§ 26 Abs. 2). Juristische Personen sowie

Zulässigkeit des Insolvenzverfahrens § 11

OHG und KG, bei denen keine natürliche Person als unbeschränkt haftender Gesellschafter vorhanden ist, werden mit Rechtskraft des Beschlusses über die Abweisung mangels Masse aufgelöst.

Liegt kein Eröffnungsgrund (§§ 17–19) vor, wird der Antrag als unbegründet zurückgewiesen. Begleicht der Schuldner während des Eröffnungsverfahrens die Forderung des Gläubigers, so kommen übereinstimmende (§ 91a ZPO) oder einseitige Erledigungserklärung in Betracht. 6

Die **Eröffnung** des Insolvenzverfahrens hat – neben der Zulässigkeit des Antrags – folgende Voraussetzungen: 7
(1) eine die Kosten des Verfahrens deckende Masse (vgl. § 26 Abs. 1);
(2) Vorliegen eines der Eröffnungsgründe der §§ 17–19, von denen die Zahlungsunfähigkeit der wichtigste Eröffnungsgrund ist;
(3) beim Gläubigerantrag zusätzlich (Fort) Bestehen der Forderung (vgl. § 14 Abs. 1).

Das Gericht ernennt einen Insolvenzverwalter (§ 27 Abs. 1), der regelmäßig mit dem vorläufigen Insolvenzverwalter identisch ist und auf den das Verwaltungs- und Verfügungsrecht des Schuldners übergeht (§ 80), falls nicht ein Sachwalter (§ 270) oder ein Treuhänder (§ 291 Abs. 2, § 313) ernannt wird. Ansonsten enthalten die §§ 27–33 Regelungen über den verfahrensmäßigen Ablauf bei Eröffnung, nämlich 8
– Nennung von Schuldner, Insolvenzverwalter und Stunde der Eröffnung
– Aufforderung an die Gläubiger zur Forderungsanmeldung und Mitteilung etwaiger Sicherungsrechte
– Bestimmung des Berichtstermins und des Prüfungstermins
– Bekanntmachung des Eröffnungsbeschlusses mit dem obigen Inhalt
– Mitteilung an die verschiedenen Register zum Zwecke der Eintragung des Eröffnungsbeschlusses (§§ 31–33).

Mit der Eröffnung des Verfahrens geht die Zuständigkeit vom Richter auf den Rechtspfleger über vorbehaltlich der Regelung in § 18 RPflG. 9

§ 34 regelt, in welchen Fällen ein Rechtsmittel zulässig ist und läßt in – bedenklicher – Weise gegen die Anordnung von Sicherungsmaßnahmen (§ 21) kein Rechtsmittel zu. 10

§ 11 Zulässigkeit des Insolvenzverfahrens	→ §§ 207, 209, 213, 214, 236, 236a KO

(1) ¹Ein Insolvenzverfahren kann über das Vermögen jeder natürlichen und jeder juristischen Person eröffnet werden. ²Der nicht rechtsfähige Verein steht insoweit einer juristischen Person gleich.

(2) Ein Insolvenzverfahren kann ferner eröffnet werden:
1. über das Vermögen einer Gesellschaft ohne Rechtspersönlichkeit (offene Handelsgesellschaft, Kommanditgesellschaft, Partnerschaftsgesellschaft, Gesellschaft des Bürgerlichen Rechts, Partenreederei, Europäische wirtschaftliche Interessenvereinigung);
2. nach Maßgabe der §§ 315 bis 334 über einen Nachlaß, über das Gesamtgut einer fortgesetzten Gütergemeinschaft oder über das Gesamtgut einer Gütergemeinschaft, das von den Ehegatten gemeinschaftlich verwaltet wird.

(3) Nach Auflösung einer juristischen Person oder einer Gesellschaft ohne Rechtspersönlichkeit ist die Eröffnung des Insolvenzverfahrens zulässig, solange die Verteilung des Vermögens nicht vollzogen ist.

§ 11 Eröffnung des Insolvenzverfahrens

Vgl. §§ 207, 209, 213, 214, 236 KO; § 108 Abs. 1, § 109 Abs. 1, §§ 111, 113, 114 VerglO; § 1 Abs. 1 Satz 1 GesO

Inhaltsübersicht: Rz.

A. Überblick	1– 2
B. Insolvenzfähigkeit	3–22
I. Fälle des § 11 Abs. 1	3–11
II. Fälle des § 11 Abs. 2 Nr. 1	12–17
III. Fälle des § 11 Abs. 2 Nr. 2	18
IV. Faktische Gesellschaft	19
V. Fehlerhafte Gesellschaft	20
VI. Scheingesellschaften	21
VII. Ausländische Gesellschaft	22
C. Insolvenzunfähigkeit	23–26
D. Beginn und Ende der Insolvenzfähigkeit	27–33
I. Natürliche Personen	27
II. Juristische Personen	28–29
III. Gesellschaften ohne Rechtspersönlichkeit	30–31
IV. Sondervermögen gem. § 11 Abs. 2 Nr. 2	32
V. Verschmelzung und Umwandlung	33
E. Fehlen und Wegfall der Insolvenzfähigkeit	34–35
I. Wegfall	34
II. Fehlen/Heilung	35

A. Überblick

1 Entgegen der irreführenden Überschrift regelt § 11 nicht die Zulässigkeit des Insolvenzverfahrens ingesamt, sondern die Frage, welche Rechtsträger und Vermögensmassen Gegenstand eines Insolvenzverfahrens sein können. Die Regelung tritt an die Stelle der verstreuten Bestimmungen in der Konkursordnung und der Regelung in Spezialgesetzen (§ 63 Abs. 2 GmbHG a.F.; § 98 Abs. 2 GenG a.F.). Neu ist die Anerkennung der Insolvenzfähigkeit der Partenreederei und der BGB-Gesellschaft, die in nicht geringem Umfang am Rechtsverkehr teilnehmen. Der zeitliche Beginn der Insolvenzfähigkeit ist teilweise vorverlagert und vereinheitlicht: Vorgründungs- und Vorgesellschaft sind insolvenzfähig, auch wenn sie in Form einer BGB-Gesellschaft betrieben werden. Auf die früher streitige und schwierige Abgrenzung, ob eine OHG oder ein eingetragener Verein vorlag, kommt es nicht mehr an. § 11 Abs. 3 stellt klar, daß ein Insolvenzverfahren nach Auflösung einer juristischen Person oder einer Gesellschaft ohne Rechtspersönlichkeit zulässig ist, solange noch Vermögen vorhanden ist. Insolvenzfähig sind ebenso die Partnergesellschaft, faktische Gesellschaft und fehlerhafte Gesellschaft, sowie die Scheingesellschaft.

2 Von dem Grundsatz der Haftung des gesamten Vermögens (Gesamt- oder Universalinsolvenz) macht § 11 Abs. 2 Nr. 2 eine Ausnahme. In diesen Fällen der **Sonder- oder Partikularinsolvenz** haftet nur das Sondervermögen. Bei den Gesellschaften ohne Rechtspersönlichkeit ist die **Trennung von Gesellschafts- und Gesellschafterinsolvenz** zu beachten. Ein Insolvenzverfahren über die Gesellschaft erstreckt sich nur auf das Gesellschaftsvermögen, nicht aber auf das sonstige Vermögen der Gesellschafter; andererseits wird das Gesellschaftsvermögen von der Insolvenz über das Vermögen eines

Gesellschafters nicht erfaßt. Zu beachten ist aber die Vorschrift des § 93. Wird allerdings über das Vermögen sämtlicher GbR-Gesellschafter das Verfahren eröffnet, soll nicht nur das Anteilsrecht an der Gesellschaft, sondern auch das Gesellschaftsvermögen in die Insolvenzmasse fallen (*BFH* ZIP 1996, 1617 = EWiR 1996, 949). Ob dies noch gilt, ist zweifelhaft im Hinblick auf die nunmehr anerkannte Insolvenzfähigkeit der GbR. Richtet sich das Insolvenzverfahren gegen einen Gesellschafter, kann dieser in den Genuß der Restschuldbefreiung kommen. Bei der GmbH & CoKG ist streng zu trennen zwischen der Insolvenz der KG und dem der Komplementär-GmbH. Auch wenn regelmäßig beide Insolvenzen zusammentreffen, handelt es sich um jeweils eigenständige Insolvenzverfahren, in denen insbesondere der Eröffnungsgrund (§ 16) jeweils gesondert festzustellen ist.

B. Insolvenzfähigkeit

I. Fälle des § 11 Abs. 1

Insolvenzfähig sind gem. § 11 Abs. 1:
a) **Natürliche Personen.** Jeder Mensch ist von der Geburt bis zum Tode insolvenzfähig, er braucht weder Kaufmann zu sein noch ein Gewerbe zu betreiben. Natürliche Personen haften mit ihrem gesamten Vermögen, falls kein Fall der Sonderinsolvenz (s. o. Rz. 2) vorliegt. Für Personen, die keine oder nur eine geringfügige selbständige wirtschaftliche Tätigkeit ausüben, ist in den §§ 304 ff. eine besondere Regelung getroffen. Die Möglichkeit der Restschuldbefreiung (§§ 286 ff.) steht jeder natürlichen Person offen. 3

Bei der Restschuldbefreiung ist zu beachten, daß das Insolvenzverfahren über das Vermögen einer natürlichen Person eröffnet worden sein muß. Der persönlich haftende Gesellschafter einer OHG z.B. kann keine Befreiung von seiner Mithaftung für die Schulden der Gesellschaft erlangen, wenn nur über das Vermögen der OHG das Insolvenzverfahren eröffnet ist. Der mitschuldende oder bürgende Ehegatte (oder sonstige Familienangehörige) kann Befreiung nur erhalten, wenn auch über sein Vermögen das Insolvenzverfahren eröffnet und Restschuldbefreiung gewährt wird. Gemäß § 301 Abs. 2 Satz 1 bleiben bei der Restschuldbefreiung (nur) des Hauptschuldners Ansprüche gegen Mitschuldner und Bürgen bestehen. Diese Überlegungen sind auch beim Schuldenbereinigungsplan (§§ 304 ff.) zu beachten. 4

b) Aktiengesellschaften (§ 1 Abs. 1 Satz 1 AktG); 5
c) Kommanditgesellschaften auf Aktien (§ 278 Abs. 1 AktG); 6
d) GmbH's (§ 13 Abs. 1, 2 GmbHG); 7
e) Genossenschaften (§ 17 Abs. 1 GenG); 8
f) eingetragene Vereine (§§ 21, 22 BGB); 9
g) nicht rechtsfähige Vereine (§ 54 BGB) gem. § 11 Abs. 1 Satz 2. Insolvenzfähig kann daher auch der als Wirtschaftsunternehmen geführte Sportverein sein (*Mohrbutter/Mohrbutter/Pape* XV. 63); 10
h) Stiftungen (§ 80 BGB). 11

II. Fälle des § 11 Abs. 2 Nr. 1

Insolvenzfähig sind ferner die in § 11 Abs. 2 Nr. 1 aufgeführten gesamthänderisch gebundenen Sondervermögensmassen, nämlich: 12

a) OHG (§ 105 HGB);

13 b) KG (§ 161 HGB). Bei der Insolvenz der GmbH & CoKG ist zu unterscheiden zwischen der KG und der GmbH (s. o. Rz. 2);.

14 c) BGB-Gesellschaft (§ 705 BGB). Über das Vermögen einer GbR konnte nach früherem Recht kein selbständiges Insolvenzverfahren eröffnet werden, es mußte vielmehr stets die Insolvenz über das Vermögen der Gesellschafter stattfinden. Die Neuregelung in § 11 verfolgt das Ziel, die GbR, die als Träger eines Unternehmens am Geschäftsverkehr teilnehmen, im Grundsatz den gleichen insolvenzrechtlichen Regelungen zu unterwerfen wie die OHG, ohne daß damit allerdings der GbR die passive Parteifähigkeit zuerkannt ist (BT-Drucks. 12/7302 S. 156). Da für Gesellschaftsverträge kein Formzwang besteht, kann sich die Ermittlung der tatsächlichen und rechtlichen Verhältnisse als schwierig herausstellen. Die Abgrenzung zwischen Privatvermögen und Gesellschaftsvermögen kann sich schwierig gestalten. Regelmäßig empfiehlt sich sowohl ein **Antrag gegen die GbR als auch die einzelnen Gesellschafter** (s. o. Rz. 2) schon im Hinblick auf den Erlaß von Sicherungsmaßnahmen gem. § 21. Reine Innengesellschaften, die keine Rechtsbeziehungen zu Dritten begründen, können außer Betracht bleiben, da bei ihnen ein Grund für die Eröffnung eines Insolvenzverfahrens nicht eintreten kann (BT-Drucks. 12/2443 S. 112). Akzeptiert ein Gläubiger eine Haftungsbeschränkung dahingehend, daß nur ein bestimmter Gesellschafter haftet, ändert dies nichts an der Insolvenzfähigkeit der Gesellschaft, der Gläubiger ist lediglich an einer Teilnahme im Insolvenzverfahren über das Vermögen der Gesellschaft gehindert (*Hess/Obermüller* Rz. 24). Durch die Insolvenzfähigkeit der GbR entfallen auch die teilweise schwierigen Abgrenzungsfragen hinsichtlich der Insolvenzfähigkeit von Vorgründungs- und Vorgesellschaften, da diese jedenfalls als GbR insolvenzfähig sein können.

15 d) Partnergesellschaft gemäß Gesetz über Partnergesellschaften Angehöriger Freier Berufe (BGBl. I 1994, S. 1744 ff.). Bei dieser Gesellschaftsform schließen sich Angehörige freier Berufe zur Ausübung zusammen, ohne ein Handelsgewerbe zu betreiben (§ 1 Abs. 1 PartGG). Die gemäß § 8 Abs. 2 PartGG mögliche Haftungsbeschränkung auf einen Partner ändert nichts an der Insolvenzfähigkeit, ebenso wie bei der GbR (im einzelnen s. o. Rz. 14).

16 e) Partenreederei (§ 489 HGB). Eine Partenreederei liegt vor, wenn mehrere Personen ein ihnen gemeinschaftlich gehörendes Schiff zum Erwerb durch die Seefahrt auf gemeinsame Rechnung verwenden (Einzelheiten *Hess/Obermüller* Rz. 16).

17 f) Europäische Wirtschaftliche Interessenvereinigung (EWIV). Die EWIV soll nicht selbst eine wirtschaftliche Tätigkeit ausüben, sondern vielmehr Möglichkeiten für die internationale Zusammenarbeit ihrer Mitglieder eröffnen (*Wegener* Die Europäische Wirtschaftliche Interessenvereinigung, S. 3). Das EWIV-Ausführungsgesetz vom 14. 04. 1988 (BGBl. I 1988 S. 514 ff.) enthält die nationalen deutschen Ausführungsregelungen und erklärt die Vorschriften über die OHG für anwendbar (Einzelheiten bei *Wegener* a. a. O. und *Hess/Obermüller* Rz. 18).

III. Fälle des § 11 Abs. 2 Nr. 2

18 Bei Insolvenzverfahren über einen Nachlaß, über das Gesamtgut einer fortgesetzten Gütergemeinschaft oder über ein von Ehegatten gemeinsam verwaltetes Gesamtgut handelt es sich um ein Sonderinsolvenzverfahren, bei dem die Haftung auf das entsprechende Sondervermögen beschränkt ist. Nicht insolvenzfähig ist allerdings die unternehmerisch tätige Erbengemeinschaft (s. u. Rz. 25).

Zulässigkeit des Insolvenzverfahrens § 11

IV. Faktische Gesellschaft

Erfüllt eine Personengesellschaft die Merkmale des § 105 HGB, so liegt eine OHG vor, 19
unabhängig davon, ob die Gesellschafter dies wollten oder nicht; diese OHG ist dann
insolvenzfähig (*Gottwald/Timm/Körber* § 84 Rz. 2; *Hess* KO, § 209 Rz. 5).

V. Fehlerhafte Gesellschaft

Ist der Vertrag einer Gesellschaft mangelhaft, so wird sie gleichwohl als wirksam und 20
auch insolvenzfähig angesehen, sobald sie aufgrund des Gesellschaftsvertrages in Vollzug gesetzt worden ist, Sondervermögen gebildet hat und darüber hinaus die Anerkennung der Gesellschaft nicht mit gewichtigen Interessen der Allgemeinheit in Widerspruch steht (*Gottwald/Uhlenbruck* § 8 Rz. 4; *Gottwald/Timm/Körber* § 84 Rz. 4; *Hess* KO, § 209 Rz. 4).

VI. Scheingesellschaften

Geriert sich eine Personenmehrheit als offene Handelsgesellschaft, ohne daß ein Gesell- 21
schaftsvertrag vorliegt oder auch nur ein vollkaufmännisches Gerwerbe beabsichtigt oder
betrieben wird, so handelt es sich um eine Scheingesellschaft. Diese wurde unter Geltung
der KO als nicht insolvenzfähig angesehen (*Hess* KO, § 209 Rz. 6; *Gottwald/Timm/Körber* § 84, Rz. 3). Nunmehr ist sie insolvenzfähig als BGB-Gesellschaft.

VII. Ausländische Gesellschaft

Ausländische Personen, Personenvereinigungen oder Vermögensmassen sind als in- 22
solvenzfähig anzusehen, wenn sie Rechtsfähigkeit oder eine (unabhängig von der
Rechtsfähigkeit verliehene) passive Parteifähigkeit nach dem Recht des Eröffnungsstaates besitzen (s. im einzelnen *Gottwald/Arnold* § 122 Rz. 11). Die internationale
Zuständigkeit der Deutschen Gerichtsbarkeit richtet sich in solchen Fällen nach § 3 (§ 3
Rz. 41).

C. Insolvenzunfähigkeit

Die Insolvenzfähigkeit fehlt (kann jedoch durch rechtskräftigen Eröffnungsbeschluß
geheilt werden, s. u. Rz. 35) bei:
1. den in § 12 erwähnten juristischen Personen einschließlich der Kirchen (s. im 23
einzelnen § 12);
2. BGB-Innengesellschaften (s. o. Rz. 14); 24
3. stillen Gesellschaften (§ 230 HGB). Bei der stillen Gesellschaft wird kein Gesell- 25
schaftsvermögen gebildet, die stille Gesellschaft hat keine eigene Rechtsfähigkeit und
ist deshalb nicht insolvenzfähig (*Gottwald/Timm/Körber* § 86 Rz. 1); es handelt
sich nur um eine Innengesellschaft (*Kilger/Karsten Schmidt* KO, § 209 Rz. 5). Zulässig ist nur das Insolvenzverfahren über das Vermögen des Inhabers der stillen
Gesellschaft.

§ 11 *Eröffnung des Insolvenzverfahrens*

26 **4. Unternehmerisch tätigen Erbengemeinschaften.** Nicht insolvenzfähig ist ein von einer ungeteilten Erbengemeinschaft fortgeführtes Unternehmen (*LG Osnabrück* KTS 1962, 126; *Mohrbutter/Mohrbutter/Pape* XV. 61; *Uhlenbruck/Delhaes* Rz. 184) falls es sich nur um eine stille Gesellschaft handelt; anders, sofern die Fortführung zumindest in Form einer BGB-Gesellschaft erfolgt.

D. Beginn und Ende der Insolvenzfähigkeit

I. Natürliche Personen

27 Die Insolvenzfähigkeit natürlicher Personen beginnt mit der Geburt (§ 1 BGB) und endet mit dem Tod. Nach dem Tod kommt ein Nachlaßinsolvenzverfahren (§§ 315 ff.) in Betracht. Bei Versterben während des Insolvenzeröffnungsverfahrens kann das Verfahren als Nachlaßinsolvenzverfahren fortgesetzt werden (*Uhlenbruck/Delhaes* Rz. 327). Eröffnet das Insolvenzgericht in Unkenntnis des Todes eines Schuldners, so ist dieser Mangel mit Rechtskraft des Eröffnungsbeschlusses geheilt, das Verfahren ist allerdings als Nachlaßinsolvenzverfahren fortzusetzen und dies durch einen Berichtigungsbeschluß klarzustellen (*Uhlenbruck/Delhaes* Rz. 331).

II. Juristische Personen

28 **a)** Juristische Personen werden existent mit der Eintragung in das Register. Hat eine Gesellschaft vor Eintragung in das Handelsregister ihre Tätigkeit bereits aufgenommen und Gesellschaftsvermögen als Sondervermögen gebildet, liegt eine **Vorgesellschaft** vor (*Uhlenbruck/Delhaes* Rz. 185). Diese Gesellschaft ist insolvenzfähig. Nicht (mehr) für die Insolvenzfähigkeit ist erforderlich, daß die Vorgesellschaft eine OHG bildet, da auch die BGB-Gesellschaft insolvenzfähig ist. Grundsätzlich nicht insolvenzfähig ist die **Vorgründungsgesellschaft** als Personenvereinigung mit dem Zweck, die Gründung einer Gesellschaft vorzubereiten und herbeizuführen. Es handelt sich um eine nicht insolvenzfähige BGB-Innengesellschaft (s. o. Rz. 14; *Kilger/Karsten Schmidt* KO, § 207 Rz. 2). Etwas anderes gilt, wenn die Vorgründungsgesellschaft nach außen hin in Erscheinung getreten ist und bereits Sondervermögen gebildet hat (vgl. *Gottwald/Timm/Körber* § 84 Rz. 6; *Kuhn/Uhlenbruck* KO, § 209 Rz. 6).

29 **b)** Befinden sich juristische Personen im Stadium der Abwicklung, sind auch diese Liquidationsgesellschaften insolvenzfähig (*Uhlenbruck/Delhaes* Rz. 183 a). Die Insolvenzfähigkeit dauert fort, solange die Verteilung des Vermögens nicht vollzogen ist (§ 11 Abs. 3). Dies gilt auch dann, wenn die Gesellschaft im Register bereits gelöscht ist (*Uhlenbruck/Delhaes* Rz. 188). In diesen Fällen muß der Antragsteller beim zuständigen Registergericht die Bestellung eines Nachtragsliquidators beantragen, damit die juristische Person ordnungsgemäß vertreten ist und für dessen Kosten aufkommen (*BayObLG* EWiR 1994, 83; *Gottwald/Uhlenbruck* § 8 Rz. 11). Taucht nach Abschluß eines Insolvenzverfahrens nachträglich Vermögen auf, handelt es sich um einen Fall der Nachtragsverteilung (§ 203 Abs. 1 Nr. 3).

Zulässigkeit des Insolvenzverfahrens § 11

III. Gesellschaften ohne Rechtspersönlichkeit

Gesellschaften ohne Rechtspersönlichkeit sind insolvenzfähig von dem Zeitpunkt an, an **30** dem sie ihre Tätigkeit aufnehmen und Sondervermögen bilden. Auf die Eintragung gem. §§ 123 Abs. 1, 161 Abs. 2 HGB kommt es bei OHG und KG nicht mehr entscheidend an, da auch die BGB-Gesellschaft insolvenzfähig ist. Wird das Handelsgeschäft der OHG/ KG während des Eröffnungsverfahrens (mit Zustimmung des vorläufigen Insolvenzverwalters) veräußert, ändert dies nichts an der Insolvenzfähigkeit der – nunmehr zur GbR gewordenen – Gesellschaft.

Auch nach Auflösung einer Gesellschaft ohne Rechtspersönlichkeit ist die Eröffnung des **31** Insolvenzverfahrens zulässig, solange die Verteilung des Vermögens nicht vollzogen ist (§ 11 Abs. 3; s. o. Rz. 29).

IV. Sondervermögen gem. § 11 Abs. 2 Nr. 2

Beim Sondervermögen gem. § 11 Abs. 2 Nr. 2 beginnt die Insolvenzfähigkeit mit **32** Entstehen des Sondervermögens. Die Eröffnung ist zulässig, bis das Vermögen verteilt ist (§ 11 Abs. 3).

V. Verschmelzung und Umwandlung

Zur Insolvenzfähigkeit bei Verschmelzung und Umwandlung vgl. *Hess* KO, § 207 **33** Rz. 11–15 und *Kuhn/Uhlenbruck* KO, § 207 Rz. 5 ff.

E. Fehlen und Wegfall der Insolvenzfähigkeit

I. Wegfall

Fällt die Insolvenzfähigkeit des Schuldners während des Eröffnungsverfahrens weg, **34** wird der Antrag unzulässig. Um der mit einer Antragsrücknahme oder Abweisung als unzulässig verbundenen Kostentragungspflicht zu entgehen, kann der Antragsteller auch für erledigt erklären (s. § 13 Rz. 100 ff.).

II. Fehlen/Heilung

Nimmt bei fehlender Insolvenzfähigkeit der Antragsteller den Antrag nicht zurück, wird **35** der Antrag als unzulässig abgewiesen. Wird das Verfahren allerdings durch das Gericht eröffnet, so heilt die Rechtskraft des Eröffnungsbeschlusses grundsätzlich die fehlende Insolvenzfähigkeit (*BGHZ* 113, 216 = ZIP 1991, 233 = EWiR 1991, 481; *OLG Frankfurt* ZIP 1996, 556 = EWiR 1996, 519 oder die fehlende örtliche Zuständigkeit des Insolvenzgerichtes (*BGH* ZIP 1998, 477 [478]). Das Insolvenzverfahren ist durchzuführen (*OLG Hamburg* ZIP 1984, 348; *Uhlenbruck/Delhaes* Rz. 182).

§ 12
Juristische Personen des öffentlichen Rechts

(1) Unzulässig ist das Insolvenzverfahren über das Vermögen
1. des Bundes oder eines Landes;
2. einer juristischen Person des öffentlichen Rechts, die der Aufsicht eines Landes untersteht, wenn das Landesrecht dies bestimmt.

(2) Hat ein Land nach Absatz 1 Nr. 2 das Insolvenzverfahren über das Vermögen einer juristischen Person für unzulässig erklärt, so können im Falle der Zahlungsunfähigkeit oder der Überschuldung dieser juristischen Person deren Arbeitnehmer von dem Land die Leistungen verlangen, die sie im Falle der Eröffnung eines Insolvenzverfahrens nach den Vorschriften des Dritten Buches Sozialgesetzbuch über das Insolvenzgeld vom Arbeitsamt und nach den Vorschriften des Gesetzes zur Verbesserung der betrieblichen Altersversorgung vom Träger der Insolvenzsicherung beanspruchen könnten.

Vgl. Art. IV Einführungsgesetz zu dem Gesetze betreffend Änderungen der Konkursordnung vom 17. Mai 1898 (BGBl. III 311–3)

Inhaltsübersicht: Rz.

A. Bund und Länder 1
B. Juristische Personen des öffentlichen Rechtes 2–4
C. Kirchen 5

A. Bund und Länder

1 Für das alte Recht war allgemein anerkannt, daß Bund und Länder schon mit Rücksicht auf ihren öffentlich-rechtlichen Aufgabenbereich und das Fehlen einer übergeordneten Zwangsgewalt nicht konkursfähig sind (*Kilger/Karsten Schmidt* KO, § 213 Rz. 1). Dies ist nunmehr in § 12 Abs. 1 Nr. 1 ausdrücklich geregelt.

B. Juristische Personen des öffentlichen Rechts

2 Durch Abs. 1 Nr. 2 wird der Vorbehalt in Art. IV des Einführungsgesetzes zu dem Gesetze betreffend Änderungen der Konkursordnung vom 17. 05. 1898 (BGBl. III 311–3) inhaltlich übernommen. Die Länder sollen weiter die Möglichkeit haben, für juristische Personen des öffentlichen Rechts die Zulässigkeit des Verfahrens auszuschließen. Nach der Gesetzesbegründung dient die Regelung dazu, die Funktionsfähigkeit der öffentlichen Verwaltung aufrechtzuerhalten; ihre Gegenstücke in der Einzelzwangsvollstreckung bilden § 882a ZPO und § 15 Nr. 3 EGZPO (BT-Drucks. 12/2443, S. 113). Von der Ermächtigung haben die Länder Gebrauch gemacht. Das Niedersächsische Gesetz über die Konkursunfähigkeit juristischer Personen des öffentlichen Rechts vom 27. März 1987 (Nieders. GVBl. S. 67) z. B. nimmt von der Insolvenzunfähigkeit nur öffentlich-rechtliche Versicherungsunternehmen und öffentlich-rechtliche Bank- und Kreditinstitute aus, für die nicht die unbeschränkte Haftung

Juristische Personen des öffentlichen Rechts § 12

einer Gebietskörperschaft oder eines kommunalen Zweckverbandes als Gewährträger besteht.

Die nach Maßgabe des Abs. 1 Nr. 2 insolvenzunfähigen Personen des öffentlichen 3 Rechts unterliegen nicht den Beitrags- und Umlagepflichten nach dem SGB III – Arbeitsförderung – und dem Betriebsrentengesetz (§ 361 Abs. 1 Satz 4 SGB III; § 17 Abs. 2 BetrAVG). Bei Insolvenz sind die Arbeitnehmer weder durch Insolvenzgeld noch durch einen Eintritt des Pensions-Sicherungs-Vereins geschützt. Der Gesetzgeber hat deshalb die Ansprüche auf Arbeitsentgelt und Betriebsrenten durch die Regelung in Abs. 2 sichergestellt (BT-Drucks. 12/2443 S. 113). Danach ist ein Land, das die Durchführung eines Insolvenzverfahrens bei juristischen Personen für unzulässig erklärt hat, im Insolvenzfall verpflichtet, den Arbeitnehmern die Leistungen zu erbringen, die im Falle der Zulässigkeit eines Insolvenzverfahrens vom Arbeitsamt und vom Pensions-Sicherungs-Verein erbracht worden wären.

Die bislang zur Frage der Insolvenz(un)fähigkeit juristischer Personen des öffentlichen 4 Rechts ergangenen Entscheidungen betrafen die Frage der Beitragspflicht zur Insolvenzsicherung. Soweit der Landesgesetzgeber nichts anderes bestimmt hat, sind insolvenzfähig Ersatzkassen (*BSG* MDR 1978, 962), Rechtsanwaltskammern (*BVerwG* BB 1982, 372), Industrie- und Handelskammern (*BVerwG* NJW 1983, 60), Allgemeine Ortskrankenkassen (*BVerwG* NJW 1987, 793). Als nichtinsolvenzfähig sind angesehen worden aufgrund landesgesetzlicher Regelung eine Landesärztekammer (*BVerfG* ZIP 1984, 344). Eine öffentliche Sparkasse ist als nichtinsolvenzfähig angesehen worden (*BGH* NJW 1984, 1681 [1684]), nicht aber andere Kreditanstalten (*VG Schleswig-Holstein* ZIP 1985, 46; *BVerwG* ZIP 1987, 521). Entgegen der Rechtsprechung des *Bundesverwaltungsgerichts* (ZIP 1987, 381 = NJW 1987, 317) hat das *Bundesverfassungsgericht* (NJW 1994, 1466) ein Insolvenzverfahren über das Vermögen einer öffentlich-rechtlichen Rundfunkanstalt als durch Art. 5 Abs. 1 Satz 2 GG ausgeschlossen angesehen (ebenso *BSG* ZIP 1994, 1544).

C. Kirchen

Nach dem Willen des Gesetzgebers findet das Insolvenzrecht jedenfalls auf solche 5 Religionsgemeinschaften, die als Körperschaften des öffentlichen Rechts organisiert sind, keine Anwendung (BT-Drucks. 12/7302 S. 156). Veranlassung zu einer Regelung der Insolvenzunfähigkeit über das Vermögen der Kirchen hat der Gesetzgeber nicht gesehen, da nach der Rechtsprechung des Bundesverfassungsgerichts aus Art. 140 GG i. V. m. Art. 137 Abs. 3 der Weimarer Verfassung die Unanwendbarkeit insolvenzrechtlicher Vorschriften auf Religionsgemeinschaften folgt, die als öffentlich-rechtliche Körperschaften organisiert sind. Die mit der Eröffnung des Insolvenzverfahrens verbundene Einschränkung der Verfügungs- und Verwaltungsbefugnis und der Übergang der Rechte auf den Insolvenzverwalter würde die Verwirklichung des kirchlichen Auftrages nahezu unmöglich machen (BT-Drucks. 12/7302 S. 156). In der in der Gesetzesbegründung in Bezug genommenen Entscheidung des Bundesverfassungsgerichts (*BVerfGE* 66, 1 ff. = NJW 1984, 2401) wurde die Pflicht zur Zahlung der Umlage für das Insolvenzgeld demgemäß verneint.

§ 13
Eröffnungsantrag → § 103 KO

(1) ¹Das Insolvenzverfahren wird nur auf Antrag eröffnet. ²Antragsberechtigt sind die Gläubiger und der Schuldner.
(2) Der Antrag kann zurückgenommen werden, bis das Insolvenzverfahren eröffnet oder der Antrag rechtskräftig abgewiesen ist.

Vgl. § 103 KO; § 2 Abs. 1 Satz 1, 2 VerglO; § 2 Abs. 1 Satz 1, 2 GesO

Inhaltsübersicht: Rz.

A. Überblick §§ 13–15	1– 6
B. Antragsgrundsatz und Antragsrecht	7–15
I. Antragsgrundsatz	7
II. Einzelfälle zum Antragsrecht	8–14
III. Weitere Regelungen zum Antragsrecht	15
C. Antragsrücknahme	16–23
I. Rücknahmemöglichkeit	16–17
II. Rücknahmeberechtigung	18
III. Folgen der Rücknahme	19–21
IV. Erneute Antragstellung	22
V. Rücknahmefiktion	23
D. Antragstellung und Antragrücknahme als Problem des Gläubiger-Kalküls und des Schuldner-Kalküls	24
I. Gläubiger-Kalkül	25–28
II. Schuldner-Kalkül	29–32
E. Verfahrensmäßiger Ablauf/Einzelfragen	33–42
I. Vorschußpflicht	33
II. Vorprüfung und Hauptprüfung	34
III. Prozeßkostenhilfeantrag	35
IV. Mehrere Anträge	36–41
V. Mitteilungspflichten	42
F. Kosten	43–75
I. »Kosten« im Insolvenzeröffnungsverfahren	43
II. Kostenvorschuß	44
III. Kostenfreiheit	45
IV. Kostenschuldner	46–52
V. Umfang der Kostentragungspflicht, insbesondere des vorläufigen Insolvenzverwalters	53–60
VI. Gerichtskosten und Wertberechung	61–67
VII. Höhe der Entschädigung des Sachverständigen und des vorläufigen Insolvenzverwalters	68–69
VIII. Rechtsanwaltskosten	70–72
IX. Rechtsbehelfe	73–75
G. Prozeßkostenhilfe	76–99
I. Überblick	76–80
II. Voraussetzungen beim Gläubigerantrag	81–84
III. Umfang und Wirkung der Bewilligung	85–89
IV. Verfahrensmäßiger Ablauf	90–93
V. Schuldnerantrag	94–96
VI. Beratungshilfe	97–98

VII. Rechtsbehelfe	99
H. Erledigung	100–118
I. Überblick	100
II. Übereinstimmende Erledigungserklärung	101–102
III. Einseitige Erledigungserklärung	103–107
IV. Verfahrensmäßiger Ablauf	108–112
V. Kriterien für die Kostenentscheidung	113–116
VI. Rechtsbehelfe	117–118
I. Schadensersatz bei unberechtigtem Insolvenzantrag	119–120

Literatur:

Bolling Aufgaben, Befugnisse und Entscheidungen des gerichtlichen Sachverständigen, KTS 1990, 599; *Braun* Anm. zu *AG Mühlhausen*, Beschl. v. 30. 05. 1997 – 8 N 225/95 –, EWiR 1/97 § 21 GesO, 751 f.; *Delhaes/Delhaes* Die Rücknahme des Antrages nach der Konkursordnung und in der neuen Insolvenzordnung, in Kölner Schrift zur Insolvenzordnung, S. 115; *Eickmann* VergVO, Kommentar zur Vergütung in Insolvenzverfahren, 1997; *Hartmann* Kostengesetze, 1995; *Mohrbutter* Anm. zu *OLG Köln*, Beschl. v. 17. 7. 1992 – ZW 84/92 –, EWiR 1/93 § 107 KO, 801 f.; *Pape* Zu den Voraussetzungen der Anwaltsbeiordnung im Rahmen der Prozeßkostenhilfe, ZIP 1989, 692; *ders.* Neuordnung der Sicherungsmaßnahmen im Insolvenzeröffnungsverfahren, WPrax 1995, 236 und 252; *ders.* Schadensersatzpflicht wegen fahrlässig gestellten Konkursantrages, ZIP 1995, 623; *ders.* Keine Prozeßkostenhilfe für den Gesamtvollstreckungsschuldner zwecks Restschuldbefreiung?, ZIP 1997, 190; *ders.* Greifbare Gesetzwidrigkeit der Versagung von Prozeßkostenhilfe KTS 1993, 179; *ders.* Anm. zu *LG Bielefeld*, Beschl. vom 30. 05. 1986 – 3 T 484/86 –, EWiR 2/86 § 72 KO, 1123 f.; *Smid* Prozeßkostenhilfe für den Eigenantrag des Gemeinschuldners im Insolvenzverfahren nach geltendem Recht?, NJW 1994, 2678; *Uhlenbruck* Prozeßkostenhilfe im Konkurs, ZIP 1982, 288; *Vallender* Die bevorzugte Behandlung von »Altfall-Schuldnern« bei der Restschuldbefreiung, ZIP 1996, 2058; *ders.* Das Rechtliche Gehör im Insolvenzverfahren, in Kölner Schrift zur Insolvenzordnung 1997, 209.

A. Überblick §§ 13–15

In den §§ 13–15 werden die ehemals in der KO und in Spezialgesetzen (§ 63 Abs. 2 **1** GmbHG a. F.; § 100 GenG a. F.) verstreuten Regelungen über die Antragsberechtigten im wesentlichen zusammengefaßt. Weiter in Spezialgesetzen geregelt bleiben die von der Antragsberechtigung zu unterscheidenden Antragspflichten bei juristischen Personen und Gesellschaften ohne Rechtspersönlichkeit, bei denen kein persönlich haftender Gesellschafter eine natürliche Person ist. Im wesentlichen sind die Regelungen aus der KO übernommen worden. Es verbleibt beim Antragsgrundsatz. Antragsberechtigt ist neben dem Schuldner jeder Gläubiger und nicht nur – wie in § 103 Abs. 2 KO – jeder Insolvenzgläubiger und die in § 59 Abs. 1 Nr. 3 KO erwähnten Massengläubiger. Zu beachten ist aber, daß beispielsweise beim Antrag eines Aussonderungsberechtigten (§ 47) das nunmehr ausdrücklich erwähnte Erfordernis des rechtlichen Interesses (§ 14 Abs. 1) fehlen kann (BT-Drucks. 12/2443 S. 113).

Das Eröffnungsverfahren ist weiterhin zweigeteilt in die **Vorprüfung und die Haupt-** **2** **prüfung**. In der Vorprüfung wird die **Zulässigkeit** des Antrages geprüft. Für den Antrag eines Gläubigers ist erforderlich, daß dieser ein rechtliches Interesse an der Eröffnung hat und seine Forderung und den Eröffnungsgrund glaubhaft macht (§ 14 Abs. 1). Durch die Vorprüfung soll verhindert werden, daß der Schuldner aufgrund eines unzulässigen Gläubigerantrages irreparable Nachteile erleidet, insbesondere durch die Anordnung

§ 13 *Eröffnung des Insolvenzverfahrens*

von Sicherungsmaßnahmen (§ 21) und die damit einhergehende Publizität (§ 23). Im Rahmen der Vorprüfung obliegt es dem antragstellenden Gläubiger, die Zulässigkeitsvoraussetzungen glaubhaft zu machen (§ 4 i. V. m. § 294 ZPO). Beim Schuldnerantrag ist der Eröffnungsgrund nur in den Fällen des § 15 Abs. 2, 3 und teilweise bei Sonderinsolvenzverfahren (§§ 315 ff.) glaubhaft zu machen. In den übrigen Fällen ist erforderlich, daß der Schuldner den Eröffnungsgrund (§§ 16–19) schlüssig darlegt.

3 **Weitere Zulässigkeitsvoraussetzungen** wie örtliche Zuständigkeit (§ 3) und Insolvenzfähigkeit (§§ 11, 12) ergeben sich aus der InsO. Darüber hinaus muß die gewählte Verfahrensart zulässig sein. Für sogenannte Verbraucherinsolvenzen und sonstige Kleinverfahren enthalten die §§ 304 ff., für besondere Arten des Insolvenzverfahrens wie Nachlaßinsolvenzverfahren enthalten die §§ 315 ff. Spezialregelungen. Weitere Zulässigkeitsvoraussetzungen ergeben sich aus den gem. § 4 anwendbaren Vorschriften der ZPO (s. § 14 Rz. 5 ff.).

4 Das Vorverfahren kann enden mit einer Rücknahme des Antrages, mit einer Verweisung, mit einer Abweisung des Antrages als unzulässig oder mit einer Erledigungserklärung des Gläubigers, falls der Schuldner die Forderung begleicht. Ist dies nicht der Fall, wird der Schuldnerantrag weiter bearbeitet. Der Gläubigerantrag wird zugelassen, der Schuldner ist zu hören (§ 14 Abs. 2).

5 Im anschließenden **Hauptprüfungsverfahren** prüft das Insolvenzgericht von Amts wegen, ob ein Eröffnungsgrund (§§ 16–19) besteht. Dies geschieht durch eine Beweisaufnahme, insbesondere durch Einholung von Sachverständigengutachten. Anders als für die Zulassung eines Gläubigerantrages genügt jetzt nicht mehr Glaubhaftmachung, es ist voller Beweis erforderlich. Ebenso wie im Rahmen des § 14 Abs. 1 genügt es allerdings, daß die Forderung glaubhaft gemacht bleibt. Erschüttern kann sie der Schuldner durch eine sogenannte Gegenglaubhaftmachung. Vom Bestand der Forderung muß das Insolvenzgericht nur dann überzeugt sein, wenn von der Existenz der Forderung das Vorliegen eines Insolvenzgrundes abhängig ist.

5a Das Hauptprüfungsverfahren – nach Zulassung des Insolvenzantrages – wird häufig auch als **»quasi-streitiges« Parteiverfahren** bezeichnet. Anders als im eröffneten Insolvenzverfahren stehen sich die Parteien nach Zulassung des Eröffnungsantrages quasi als Parteien des Rechtstreites gegenüber (*BGH* NJW 1962, 2016; *Vallender* Das rechtliche Gehör im Insolvenzverfahren Rz. 15 in: Kölner Schrift zur Insolvenzordnung S. 209). Auch beim Eigenantrag kann das Eröffnungsverfahren zu einem quasi-streitigen Parteiverfahren werden, wenn mehrere Antragsberechtigte um das Vorliegen eines Eröffnungsgrundes streiten, so mehrere organschaftliche Vertreter (vgl. § 15 Abs. 2) oder Miterben (vgl. § 317 Abs. 2) untereinander (*Uhlenbruck/Delhaes* Rz. 202). Der Charakter als quasi-streitiges Parteiverfahren zeigt sich in der Möglichkeit der Gegenglaubhaftmachung der Forderung (s. o. Rz. 5) oder des mangelnden Insolvenzgrundes durch die (übrigen) Schuldner sowie die Möglichkeit der Antragsrücknahme (§ 13 Abs. 2) und der Erledigungserklärung (s. u. Rz. 100 ff.). Das – nachfolgende – eröffnete Verfahren ist dagegen ein reines Amtsverfahren, das wegen des hoheitlichen Charakters der Parteidisposition entzogen ist. Eine Rücknahme des Antrages kommt beispielsweise nicht mehr in Betracht (§ 13 Abs. 2).

6 Als Ergebnis des Hauptprüfungsverfahrens kommen in Betracht: Rücknahme des Antrages, Verweisung, Abweisung als unzulässig (Fehlen oder Wegfall der Zulässigkeitsvoraussetzungen), Abweisung als unbegründet (fehlender Eröffnungsgrund), Abweisung mangels Masse bei zulässigem und begründetem Antrag, wenn die Kosten des Verfahrens nicht gedeckt sind (§ 26), oder Eröffnung (§§ 27 ff.).

Eröffnungsantrag § 13

B. Antragsgrundsatz und Antragsrecht

I. Antragsgrundsatz

Die InsO übernimmt den Grundsatz, daß ein Insolvenzverfahren nur auf Antrag eröffnet 7
werden kann. Zu den Anforderungen an einen Antrag s. § 14 Rz. 9 ff. Die Möglichkeit,
den Antrag zurückzunehmen, ist durch die Regelung des § 13 Abs. 2 eingeschränkt.

II. Einzelfälle zum Antragsrecht

Neben dem Schuldner gewährt Abs. 1 Satz 2 ebenso wie die GesO (§ 2 Abs. 1 Satz 2) 8
und weitergehend als die KO (§ 103 Abs. 2) jedem Gläubiger ein Antragsrecht. Wer
Gläubiger ist, ergibt sich aus §§ 38, 39. Eine Einschränkung ergibt sich allerdings aus
dem beim Gläubigerantrag erforderlichen rechtlichen Interesse gem. § 14 Abs. 1 (BT-
Drucks. 12/2443, S. 113).
Antragsberechtigt sind:
a) Aus- und Absonderungsberechtigte. Allerdings kann das rechtliche Interesse fehlen 9
(§ 14 Rz. 35).
b) Gesellschafter, die einen Anspruch auf Rückgewähr eines kapitalersetzenden Darle- 10
hens geltend machen. Dies ergibt sich aus § 39 Abs. 1 Nr. 5 und § 32 a
Abs. 1 GmbHG. Dieselben Grundsätze gelten für eigenkapitalersetzende Darlehen bei
anderen Gesellschaften (Einzelheiten s. § 39) sowie *Hess/Pape* Rz. 1138 ff.). Auch
Dritte, die ein eigenkapitalersetzendes Darlehen gewährt haben (vgl. § 32a Abs. 2
GmbHG), sind als Gläubiger gleichgestellter Forderungen gem. § 39 Abs. 1 Nr. 5
antragsberechtigt. Zu beachten ist jeweils, daß es am rechtlichen Interesse fehlen kann
(§ 14 Rz. 49).
c) Ein ausgeschiedener Gesellschafter, sofern er Insolvenzgläubiger ist und auf diese 11
Weise seinen Anspruch auf Auszahlung des Abfindungsguthabens verfolgt (*Gottwald/
Timm/Körber* § 84 Rz. 53).
d) Bei einer verpfändeten oder gepfändeten Forderung sind antragsberechtigt sowohl der 12
Pfandgläubiger als auch der Pfandschuldner, falls nicht die Einziehungsbefugnis aus-
schießlich dem Pfandgläubiger zusteht (*Gottwald/Uhlenbruck* § 11 Rz. 11; *Haarmeyer/
Wutzke/Förster* Handbuch 3/38).
e) Bei Kreditinstituten, Versicherungen und Bausparkassen sowie sonstigen gleichge- 13
stellten Instituten (§§ 1, 2 KWG) ist antragsberechtigt gem. § 46b KWG nur das
Bundesaufsichtsamt für das Versicherungswesen bzw. Kreditwesen (Einzelheiten bei
Gottwald/Uhlenbruck § 11 Rz. 20; *Gottwald/Timm/Körber* § 83 Rz. 41, 46, 51).
f) Der Pensionssicherungsverein ist nicht antragsberechtigt, da er erst mit Insolvenz- 14
eröffnung Gläubiger wird (*Gottwald/Uhlenbruck* § 11 Rz. 14; *Scholz/Karsten Schmidt*
GmbHG, § 63 Rz. 35).

III. Weitere Regelungen zum Antragsrecht

Die InsO enthält weitere Regelungen zum Antragsrecht in § 15 für juristische Personen 15
und Gesellschaften ohne Rechtspersönlichkeit. Sonderregelungen bestehen für das
Nachlaßinsolvenzverfahren (§§ 317, 318) und das Gesamtgut (§ 332 Abs. 2, Abs. 3,
§ 333). Beim Verbraucherinsolvenzverfahren hat beim Antrag eines Gläubigers das

§ 13 *Eröffnung des Insolvenzverfahrens*

Gericht dem Schuldner Gelegenheit zu geben hat, ebenfalls einen Antrag zu stellen (§ 306 Abs. 3 Satz 1).

C. Antragsrücknahme

I. Rücknahmemöglichkeit

16 Die dem Antragsgrundsatz des Abs. 1 entsprechende Möglichkeit der Antragsrücknahme wird in Abs. 2 eingeschränkt. Nach Eröffnung des Verfahrens soll nach dem Willen des Gesetzgebers im Interesse der Rechtssicherheit eine Verfahrenseröffnung mit ihren Wirkungen gegenüber Dritten durch eine Rücknahme des Antrages nicht mehr in Frage gestellt werden können; nicht erforderlich ist, daß der Beschluß über die Verfahrenseröffnung rechtskräftig ist (BT-Drucks. 12/2443 S. 113). Bei Verfahrenseröffnung entfällt die Rücknahmemöglichkeit mit dem Wirksamwerden des Eröffnungsbeschlusses (s. dazu § 30 Rz. 7). Anlaß für eine Rücknahme sowohl durch den Schuldner als auch durch den Gläubiger können nicht behebbare Zulässigkeitsmängel des Antrages, fehlende Begründetheit des Antrages oder – beim Gläubigerantrag – mangelnde Masse (§ 26) sein. Eine Teilrücknahme bei Teilbefriedigung des Gläubigers kommt nicht in Betracht (*Delhaes/Delhaes* Rz. 13), da dadurch die Zahlungsunfähigkeit nicht entfällt. Als Prozeßhandlung ist der Rücknahmeantrag bedingungsfeindlich (*Kuhn/Uhlenbruck* KO, § 103 Rz. 3). Die Rücknahme erfolgt durch Erklärung gegenüber dem Gericht. Beim Gläubigerantrag bedarf es nicht einer Zustimmung des Schuldners (*Delhaes/ Delhaes* Rz. 13), da eine mündliche Verhandlung im Sinne der ZPO (§ 269 Abs. 1 ZPO) im Eröffnungsverfahren nicht stattfindet. Nach Eröffnung des Insolvenzverfahrens kann bis zur Rechtskraft des Beschlusses eine sofortige Beschwerde – etwa mit der Begründung, daß der antragstellende Gläubiger befriedigt worden ist (*OLG Celle* KTS 1972, 264) – unter Geltung der InsO nicht eingelegt werden (s. § 34 Rz. 25 ff.).

17 Wird der Antrag auf Eröffnung des Konkursverfahrens abgewiesen, so kann der Antrag auch nach Erlaß des Beschlusses solange zurückgenommen werden, bis der Beschluß rechtskräftig geworden ist. Eine natürliche Person kann dadurch im Falle der Abweisung mangels Masse die Eintragung in das Schuldnerverzeichnis (§ 26 Abs. 2) verhindern. Bei juristischen Personen kann die mit Rechtskraft des Beschlusses, durch den die Eröffnung des Insolvenzverfahrens mangels Masse abgelehnt worden ist, eintretende Auflösung (z.B. § 60 Abs. 1 Nr. 5 GmbHG) abgewendet werden.

II. Rücknahmeberechtigung

18 Zur Rücknahme berechtigt ist der jeweilige Antragsteller. Bei juristischen Personen und Gesellschaften ohne Rechtspersönlichkeit können sich Probleme hinsichtlich der Rücknahmeberechtigung ergeben (§ 15 Rz. 14 ff.). Zur Rücknahmeberechtigung beim Nachlaßinsolvenzverfahren und der Gütergemeinschaft s. die dortige Kommentierung.

Eröffnungsantrag § 13

III. Folgen der Rücknahme

Der Antragsteller, der den Antrag zurücknimmt, trägt die Kosten des Verfahrens (§ 4 **19**
i.V.m. § 269 Abs. 3 ZPO). Nimmt ein Gläubiger nach Befriedigung der Forderung den
Antrag zurück, können auf ihn erhebliche Kosten zukommen (Gerichtsgebühren, Veröffentlichungskosten, Sachverständigenkosten, Kosten des vorläufigen Insolvenzverwalters, Kosten eines vom Schuldner beauftragten Rechtsanwaltes). Der Gläubiger kann
stattdessen das Verfahren aber auch für erledigt erklären (s.u. Rz. 100). Ggf. ist durch
Auslegung zu ermitteln, ob es sich bei der Rücknahmeerklärung nur um eine Erledigungserklärung handeln soll (s.u. Rz. 108).

Bei Rücknahme eines Gläubigerantrages spricht das Insolvenzgericht auf Antrag des **20**
Schuldners nach Anhörung des Gläubigers aus, daß der Gläubiger die Kosten des
Verfahrens zu tragen hat (§ 4 i.V.m. § 269 Abs. 3 ZPO). Diese Kostengrundentscheidung trifft der Insolvenzrichter, dagegen ist sofortige Beschwerde möglich (§ 269 Abs. 3
Satz 5 ZPO). Für die Festsetzung der Höhe nach ist für die Gerichtskosten der Urkundsbeamte der Geschäftsstelle (s. § 2 Rz. 36), für die außergerichtlichen Kosten (insbesondere Rechtsanwaltskosten) der Rechtspfleger zuständig (s. § 2 Rz. 34).

Wird der Antrag wirksam zurückgenommen, so sind bis dahin ergangene Entscheidun- **21**
gen wirkungslos geworden, ohne daß es eines ausdrücklichen Ausspruchs bedarf (§ 4
i.V.m. § 269 Abs. 3 Satz 1 ZPO). Auf Antrag des Schuldners ist die Wirkungslosigkeit
deklaratorisch (gem. § 4 i.V.m. § 269 Abs. 3 Satz 3 ZPO) auszusprechen (*OLG Köln*
ZIP 1993, 936 = EWiR 1993, 801). Zuständig ist das Insolvenzgericht (Amtsgericht),
auch wenn das Verfahren in der Beschwerdeinstanz anhängig ist (*Mohrbutter* EWiR
1993, 801 [802]; a.A. *OLG Köln* ZIP 1993, 936; *OLG Köln* ZIP 1993, 1483 [1484]). Das
Insolvenzgericht veranlaßt weiter die erforderlichen Mitteilungen.

IV. Erneute Antragstellung

Nimmt ein Gläubiger nach Befriedigung den Antrag zurück, so sollen bei nochmaliger **22**
Antragstellung wegen weiterer Forderungen an die Glaubhaftmachung des Insolvenzgrundes der Zahlungsfähigkeit strengere Anforderungen zu stellen sein (*LG Bonn* ZIP
1985, 1342 [1343]; *Gottwald/Uhlenbruck* § 13 Rz. 15; *Hess* KO, § 103 Rz. 14). Diese
Auffassung ist abzulehnen. Häufig erfolgt eine Antragsrücknahme nach Teilzahlung
durch den Schuldner und Abschluß einer Ratenzahlungsvereinbarung. Wird wegen
Nichteinhaltung der Ratenzahlungsvereinbarung erneut Insolvenzantrag gestellt, so liegt
kein Grund vor, an die Glaubhaftmachung der Zahlungsunfähigkeit erhöhte Anforderungen zu stellen. Nichts anderes gilt, wenn die ursprüngliche Forderung vom Schuldner
freiwillig oder durch vom Gläubiger erfolgte Pfändungen (so im Falle des *LG Bonn* ZIP
1985, 1342) ausgeglichen wurde und wegen erneuter Forderungen Insolvenzantrag
gestellt wird. Regelmäßig ist der antragstellende Gläubiger nicht der einzige Gläubiger.
Aus der Tatsache, daß die ursprüngliche Forderung aus dem Schuldnervermögen beglichen werden konnte, lassen sich weder Rückschlüsse auf die gegenwärtige Zahlungsfähigkeit des Schuldners ziehen noch darauf, daß er seine Zahlungspflichten im wesentlichen noch begleichen kann (s. § 17 Rz. 19ff.).

V. Rücknahmefiktion

23 In den Fällen der §§ 305 Abs. 3, 308 Abs. 2 fingiert das Gesetz die Rücknahme.

D. Antragstellung und Antragrücknahme als Problem des Gläubiger-Kalküls und des Schuldner-Kalküls

24 Unter betriebswirtschaftlichen Aspekten wurde das Konkursverfahren als Wertvernichter schlimmster Sorte und zugleich als teuerstes Schuldentilgungsverfahren bezeichnet. Kritisiert wurde, daß sich der Konkurs schon lange von seiner eigentlichen Wurzel, der Generalexekution, entfernt hatte (*Gottwald/Uhlenbruck* § 7 Rz. 2). Dem versucht die InsO bei Unternehmen dadurch Rechnung zu tragen, daß durch Aufstellung eines Insolvenzplanes (§§ 217 ff.) ein Erhalt des Unternehmens ermöglicht wird. Natürlichen Personen wird Gelegenheit gegeben, sich von ihren restlichen Verbindlichkeiten zu befreien (§ 1 Satz 2). Die Gläubiger sollen gemeinschaftlich befriedigt werden (§ 1 Satz 1). Für Gläubiger bietet das Insolvenzverfahren nach erfolgloser Einzelzwangsvollstreckung häufig die einzige und letzte Möglichkeit, ihre Forderungen (wenigstens teilweise) zu befriedigen.

I. Gläubiger-Kalkül

25 Gläubiger, die in der Einzelzwangsvollstreckung erfolglos waren, erreichen im Insolvenzverfahren häufig eine Zahlung oder Teilzahlung. Durch den Insolvenzantrag wird auf den Schuldner Druck ausgeübt. Er fürchtet die mit dem Insolvenzverfahren verbundene Publizität, insbesondere durch Bekanntmachungen (§§ 23, 30). Weiter besteht die Gefahr, daß bei Überprüfung durch einen vorläufigen Insolvenzverwalter/Sachverständigen Verhaltensweisen aufgedeckt werden, die bei juristischen Personen zu einer persönlichen Haftung der Gesellschafter und Geschäftsführer führen können (z. B. gem. § 9 a GmbH wegen falscher Versicherung, daß die Stammeinlage geleistet sei). Schließlich können der Entzug der Gewerbeerlaubnis nach § 35 GewO drohen sowie strafrechtliche Sanktionen.

26 Es kann erreicht werden, daß der Schuldner nicht einzelne Gläubiger, die ihm persönlich näher stehen, bevorzugt befriedigt oder daß konkurrierende Gläubiger, die eine bessere Übersicht über die Vermögensverhältnisse des Schuldners haben, sich in der Einzelzwangsvollstreckung zu Lasten der übrigen Gläubiger befriedigen. Insbesondere für nicht abgesicherte Gläubiger bietet der Insolvenzantrag häufig die **letzte Möglichkeit**, zu einer **(Teil)befriedigung** zu gelangen. Der Schuldner mobilisiert häufig »versteckte Reserven« bzw. verwertet Gegenstände, auf die im Wege der Einzelzwangsvollstreckung aus den unterschiedlichsten Gründen ein Zugriff nicht möglich war. Aus der Sicht des betroffenen Gläubigers kommt es aber auch darauf an, den Antrag rechtzeitig zu stellen, bevor eine Vielzahl anderer Gläubiger Befriedigung erlangt hat.

27 Das Risiko, sich schadensersatzpflichtig zu machen, ist für den antragstellenden Gläubiger gering. Ein nur fahrlässig gestellter, unbegründeter Konkursantrag verpflichtet nicht zum Schadensersatz (s. u. Rz. 119). Die eigentliche Gefahr liegt für den Gläubiger im **Kostenrisiko**. Als Antragsteller haftet er in jedem Fall für die Gerichtsgebühren, die Veröffentlichungskosten und die Kosten eines Sachverständigen sowie ggf. die Kosten eines vom Schuldner beauftragten Rechtsanwalts. Kostenauslösende Maßnahmen kann

Eröffnungsantrag § 13

der Gläubiger nicht verhindern, da sie nicht von der Einzahlung eines Vorschusses abhängig sind, ein Antrag unter der Bedingung, daß keine kostenauslösenden Maßnahmen getroffen werden, unzulässig ist und das Insolvenzgericht nicht verpflichtet ist, den Gläubiger vor kostenauslösenden Maßnahmen anzuhören, damit dieser ggf. seinen Antrag zurücknehmen kann. Wird vorläufige Insolvenzverwaltung angeordnet, muß ein Gläubiger nach der Rechtsprechung einiger Gerichte damit rechnen, auch für die Vergütung zu haften (s. u. Rz. 53 ff.).

Ist der Gläubiger vollständig befriedigt worden auch hinsichtlich der (voraussichtlichen) 28 Kosten, kann er den Antrag zurücknehmen, evtl. nach vorheriger Zusicherung des Schuldners, keinen Kostenantrag zu stellen. Kommt mit dem Schuldner eine Ratenzahlungsvereinbarung zustande, kann der Gläubiger ebenfalls den Antrag zurücknehmen und mit dem Schuldner eine Vereinbarung treffen, daß er auch die Kosten des Verfahrens trägt. Hält der Schuldner die Ratenzahlungsvereinbarung nicht ein, wird der Gläubiger regelmäßig einen neuen Insolvenzantrag stellen, bei dem er auch die bislang entstandenen Kosten einberechnen kann. Vorteil für den Schuldner ist, daß angeordnete Sicherungsmaßnahmen wie beispielsweise ein allgemeines Verfügungsverbot (§ 21 Abs. 2 Nr. 2) sofort ihre Wirkung verlieren. Erklärt der Gläubiger hingegen den Antrag für erledigt, muß der Schuldner damit rechnen, daß Sicherungsmaßnahmen erst aufgehoben werden, wenn Ansprüche eines vorläufigen Insolvenzverwalters und von diesem begründete Verbindlichkeiten erfüllt sind (§ 25 Abs. 2 Satz 1).

II. Schuldner-Kalkül

Werden nach Antragstellung – wie regelmäßig – Sicherungsmaßnahmen angeordnet, kann 29 sich der Schuldner zumindest eine Atempause verschaffen. Der vorläufige Insolvenzverwalter kann die für die Unternehmensfortführung erforderliche **Liquidität** durch Kreditaufnahme oder Vorfinanzierung auf das den Arbeitnehmern für die letzten drei Monate vor Eröffnung/Ablehnung der Eröffnung mangels Masse zustehende Insolvenzgeld **schöpfen** (s. § 22 Rz. 20 ff.). Durch (teilweise) Befriedigung der Arbeitnehmer kann deren Ausscheiden verhindert werden, andererseits können Arbeitsverhältnisse auch gekündigt werden (s. § 22 Rz. 23). Die Verrechnung von Zahlungseingängen mit einem Debet-Saldo auf Kosten des Schuldners bei Kreditinstituten kann verhindert werden (s. § 21 Rz. 93; § 24 Rz. 11 f.). Bei Untersagung oder einstweiliger Einstellung der Zwangsvollstreckung in das bewegliche Vermögen (§ 21 Abs. 2 Nr. 3) und einstweiliger Einstellung von Zwangsversteigerungsmaßnahmen in das unbewegliche Vermögen (§ 30g Abs. 4 ZVG) kann (zunächst) eine **Zerschlagung des Unternehmens verhindert und eine Fortführung ermöglicht** werden. Durch Aufstellung eines Insolvenzplanes (§ 217 ff.) kann eine (Teil)sanierung versucht werden. Voraussetzung ist, daß der Antrag rechtzeitig gestellt wird, insbesondere auch schon bei drohender Zahlungsunfähigkeit (§ 18).

Insbesondere bei GmbHs besteht aber die Gefahr, daß nach entsprechender Vorarbeit auf 30 eine Abweisung des Antrages mangels Masse (§ 26) hingearbeitet wird und insbesondere Haftungsansprüche gegen Geschäftsführer/Gesellschafter nicht realisiert werden sollen (s. o. § 5 Rz. 3).

Natürliche Personen können eine »Totalsanierung« durch Schuldenbereinigungsplan 31 oder Restschuldbefreiung anstreben mit der Folge, daß sie zumindest durch teilweise Begleichung der Forderungen von ihren Schulden im wesentlichen befreit werden und einen **wirtschaftlichen Neuanfang** machen können, statt lebenslang im »modernen Schuldturm« verharren zu müssen.

§ 13 *Eröffnung des Insolvenzverfahrens*

32 Bei der Zurücknahme eines Antrages durch den Schuldner kann es darum gehen, einer Eintragung ins Schuldnerverzeichnis (§ 26 Abs. 2) bei Abweisung mangels Masse oder bei juristischen Personen deren Auflösung bei Abweisung mangels Masse zu verhindern (vgl. o. Rz. 17, § 26 Rz. 86 ff.).

E. Verfahrensmäßiger Ablauf/Einzelfragen

I. Vorschußpflicht

33 Die Einleitung des Verfahrens ist nicht abhängig von der Zahlung eines Gerichtsgebührenvorschusses. § 1 Abs. 1 lit. a GKG bestimmt, daß für Verfahren u. a. nach der Insolvenzordnung Kosten nur erhoben werde, soweit dies ausdrücklich im GKG bestimmt ist. Eine Vorauszahlungsverpflichtung ist in §§ 65 ff. für Gerichtsgebühren nicht bestimmt. Ein Vorschuß zur Deckung der Auslagen kann zwar angefordert werden (§ 68 Abs. 3 Satz 1 GKG). Wegen des Amtsermittlungsgrundsatzes (§ 5 Abs. 1) sind jedoch der vorläufige Insolvenzverwalter/Sachverständiger unabhängig von der Zahlung des Vorschusses zu beauftragen. Dies birgt für den antragstellenden Gläubiger ein Kostenrisiko (s. o. Rz. 27). Zu den Einzelheiten der Kostenfragen s. u. Rz. 43 ff.

II. Vorprüfung und Hauptprüfung

34 Zur Unterteilung in Vorprüfungsverfahren und Hauptprüfungsverfahren s. o. Rz. 2 ff.

III. Prozeßkostenhilfeantrag

35 Zum verfahrensmäßigen Ablauf beim PKH-Antrag s. u. Rz. 90 ff.

IV. Mehrere Anträge

36 a) Werden mehrere Anträge gestellt, so wird für jedes Verfahren einen gesonderte Akte angelegt. Jeder Antrag wird **gesondert geprüft** und später kostenmäßig grundsätzlich getrennt abgerechnet. Eine Verbindung im Eröffnungsverfahren kommt nicht in Betracht (*Gottwald/Uhlenbruck* § 13 Rz. 8; *Haarmeyer/Wutzke/Förster* Handbuch 3/19). Wird einer der Anträge zurückgenommen oder erledigt er sich durch Begleichung der Forderung, würde die kostenmäßige Abrechnung sich komplizierter gestalten. Ausreichend ist es, wenn bei mehreren Verfahren einmal Sicherungsmaßnahmen angeordnet bzw. einmal ein Sachverständiger beauftragt wird. Wird der Antrag in diesem Verfahren beispielsweise zurückgenommen, so empfiehlt sich ein klarstellender und zu veröffentlichender Beschluß, daß Sicherungsmaßnahmen usw. im Hinblick auf das (die) andere(n) Verfahren aufrecht erhalten bleiben.

37 Wird das Verfahren eröffnet, können alle zulässigen Anträge verbunden werden (*Haarmeyer/Wutzke/Förster* Handbuch 3/19). Die Verbindung erfolgt durch unanfechtbaren gerichtlichen Beschluß (*LG Frankfurt* ZIP 1995, 1836 [1837]), in dem das Aktenzeichen des führenden Verfahrens festzulegen ist (*Uhlenbruck/Delhaes* Rz. 240). Rechtlich unbedenklich ist es aber auch, ein Verfahren zu eröffnen. Die übrigen anhängigen

Eröffnungsantrag § 13

Verfahren werden durch die Eröffnung erledigt, die Antragsteller haben ihre Ansprüche zur Insolvenztabelle anzumelden (*Gottwald/Uhlenbruck* § 13 Rz. 8).

b) Wird das/die Verfahren eröffnet, sind die **Sachverständigenkosten** Masseschulden 38 (§ 54 Nr. 1). In diesem Fall kommt eine Aufteilung der Kosten auf die verschiedenen Verfahren nicht in Betracht.

Kommt es nicht zur Eröffnung, sind die Gutachterkosten auf die verschiedenen Verfahren aufzuteilen. Unabhängig vom Stand der Vorarbeiten des Gutachtens bei Eingang 39 späterer Anträge erfolgt eine Aufteilung nach Kopfteilen, da eine genaue arbeitsanteilige Aufteilung nicht möglich ist (*Bolling* KTS 1990, 599 [615]; *Uhlenbruck/Delhaes* Rz. 322). Nicht erforderlich ist es, daß in jedem Verfahren durch entsprechenden Beschluß eine Gutachterbestellung erfolgt ist (a. A. *Uhlenbruck/Delhaes* Rz. 322). Jeder Antragsteller muß damit rechnen, daß das Gericht im Rahmen der Amtsermittlungspflicht (§ 5) einen Gutachter bestellt. In der Praxis erhält der spätere Antragsteller eine Abschrift des bereits in dem früheren Verfahren ergangenen Beschlusses; das genügt (ebenso *AG Duisburg* und *LG Duisburg* Rpfl. 1990, 434 [435]). Lassen sich Ansprüche gegen einen Antragsteller nicht durchsetzen, müssen wegen der grundsätzlich bestehenden gesamtschuldnerischen Haftung (§ 58 Abs. 1 GKG) die übrigen Antragsteller dafür aufkommen.

Ist das Gutachten allerdings bei Eingang des späteren Antrages schon zu den Akten 40 gereicht, kommt eine Kostenaufteilung nicht mehr in Betracht. Der spätere Antragsteller hat Anspruch auf Abschrift des Gutachtens gegen Erstattung der entsprechenden Kosten (*Uhlenbruck/Delhaes* Rz. 322).

c) Wird das Verfahren eröffnet, sind die Ansprüche des vorläufigen Insolvenzverwalters 41 auf Vergütung und Auslagen Massekosten (§ 54 Nr. 2). Wird das Verfahren nicht eröffnet, ist zunächst die Vorschrift des § 25 Abs. 2 zu beachten. Eine Aufteilung der **Vergütungsansprüche des vorläufigen Insolvenzverwalters** auf die Antragsteller kommt nur in Betracht, wenn man einen direkten Anspruch gegen die Antragsteller oder einen Anspruch auf Ausfallhaftung gegen die Staatskasse bejaht mit der Folge, daß diese bei den Antragstellern Rückgriff nehmen kann (s. u. Rz. 54 ff.).

V. Mitteilungspflichten

Bestehen Anhaltspunkte dafür, daß der Schuldner Elternteil eines minderjährigen Kindes ist (und handelt es sich nicht um ein Nachlaßinsolvenzverfahren), hat der Urkundsbeamte der Geschäftsstelle bei einem Eigenantrag des Schuldners eine Mitteilung über den Antrag auf Eröffnung des Insolvenzverfahrens an das Vormundschaftsgericht zu richten (Anordnung über Mitteilung in Zivilsachen – MiZi XII. 1). Bei Anträgen auf Eröffnung des Insolvenzverfahrens über das Vermögen von Rechtsanwälten, Notaren, Notarassessoren und Patentanwälten teilt der Urkundsbeamte der Geschäftsstelle auf Anweisung des Insolvenzrichters den Sachverhalt an die entsprechenden Kammern und die Landesjustizverwaltung mit. Die Mitteilung unterbleibt, wenn der mitzuteilende Sachverhalt für Maßnahmen nach der entsprechenden Berufsordnung offensichtlich ohne Bedeutung ist oder wenn besondere gesetzliche Verwendungsregelungen entgegenstehen. Die relativ geringe Höhe einer Verbindlichkeit hindert die Mitteilung nicht (vgl. AV d. MJ v. 05. 12. 1991 Nds. Rpfl. 1991 S. 291 und die inhaltlich übereinstimmenden AV der übrigen Bundesländer). Danach unterbleibt eine Mitteilung nur bei einem offensichtlich unzulässigen (z. B. querulatorischen) Antrag.

F. Kosten

I. »Kosten« im Insolvenzeröffnungsverfahren

43 Im **Eröffnungsverfahren** können **folgende** erstattungsfähige **Kosten** anfallen:
a) Gerichtskosten (Gebühren und Auslagen) gem. § 1 Abs. 1 GKG. Darunter fallen
– Gerichtsgebühren gem. KV Nr. 1400 ff. Für das Eröffnungsverfahren fällt eine halbe der in § 11 Abs. 2 GKG vorgesehenen Gebühren an, beim Gläubigerantrag mindestens 200,– DM (KV Nr. 1400, 1401). Fällig wird die Gebühr mit Einreichung des Antrages (§ 61 GKG). Die Bearbeitung des Antrages darf jedoch von der Zahlung der Gebühr nicht abhängig gemacht werden, da die §§ 65 ff. GKG dies nicht vorsehen;
– Auslagen gem. KV Nr. 9000 ff. In Betracht kommen Zustellungskosten (KV Nr. 9002, allerdings erst ab einem Betrag von mehr als 100,– DM), Kosten für das Anfertigen von Ablichtungen (KV Nr. 9000), Kosten der öffentlichen Bekanntmachungen (KV Nr. 9004, pro Bekanntmachung regelmäßig mehrere 100,– DM), Kosten für die Entschädigung von Zeugen und Sachverständigen nach dem ZSEG (KV Nr. 9005, insbesondere Kosten für die Erstellung eines Sachverständigengutachtens).
b) Vergütung und Auslagen des vorläufigen Insolvenzverwalters (§ 21 Abs. 2 Nr. 1, § 63). Dabei ist streitig, ob ein Anspruch des vorläufigen Insolvenzverwalters gegen den Antragsteller oder die Landeskasse besteht mit der Möglichkeit, daß diese beim Antragsteller Rückgriff nimmt (s. u. Rz. 54 ff.);
c) Vergütung (Gebühren und Auslagen) eines vom Schuldner oder Gläubiger beauftragten Rechtsanwaltes (§ 1 Abs. 1, §§ 72 ff. BRAGO).
d) Die einem Gläubiger im Zusammenhang mit einem Schuldenbereinigungsplan entstehenden Kosten sind nicht erstattungsfähig (§ 310).

II. Kostenvorschuß

44 Fällig wird die Gerichtsgebühr (gem. KV Nr. 4110, 4111) bei Einreichung des Antrages (§ 61 GKG). Von der Zahlung der Gebühr darf die Bearbeitung jedoch nicht abhängig gemacht werden, da die §§ 65 ff. GKG dies nicht vorsehen.

III. Kostenfreiheit

45 Von der Zahlung der Kosten, nämlich der Gebühren und Auslagen, sind befreit die in § 2 GKG aufgeführten Rechtssubjekte. Nicht darunter fallen die – im Insolvenzverfahren häufig als Antragsteller auftretenden – Träger der Sozialversicherungen wie Allgemeine Ortskrankenkasse, Berufsgenossenschaften usw. (*Gottwald/Delhaes* § 119 Rz. 2; weitere Einzelheiten a. a. O. sowie bei *Hartmann* Kostengesetze, § 2 GKG).

IV. Kostenschuldner

46 Die §§ 50 ff. GKG bestimmen, wer Schuldner der Gerichtskosten ist und in welcher Reihenfolge mehrere Schuldner haften.

47 a) Schuldner für die Gebühr des Eröffnungsverfahrens (KV Nr. 1400, 1401) ist der **Antragsteller** (§ 50 Abs. 1 Satz 1 GKG). Dies entspricht der bisherigen Regelung.

Eröffnungsantrag § 13

Bei Abweisung oder Zurücknahme des Antrages ist der Antragsteller auch Schuldner der **48** in dem Verfahren entstandenen Auslagen (§ 50 Abs. 1 Satz 2 GKG). Der Gesetzgeber ist dabei davon ausgegangen, daß der Antragsteller **nicht für die Vergütung eines vorläufigen Insolvenzverwalters haftet**, da diese Vergütung nicht unter den Begriff der Auslagen fällt und das Kostenverzeichnis keinen derartigen Auslagentatbestand enthält (BT-Drucks. 12/3803 S. 72; s. u. Rz. 55).

Beantragt ein Insolvenzgläubiger Versagung oder Widerruf der Restschuldbefreiung, so **49** entsteht dafür in den Fällen der §§ 296, 297, 300, 303 eine Gerichtsgebühr (in Höhe von 50,– DM gem. KV Nr. 1431). Kostenschuldner ist der Insolvenzgläubiger; es soll gewährleistet sein, daß der Gläubiger nur in aussichtsreichen Fällen den Antrag stellt (BT-Drucks. 12/3803 S. 72).

In den übrigen Fällen verbleibt es bei dem hergebrachten Grundsatz, daß Schuldner der **50** Gebühren und Auslagen der **Schuldner** des Insolvenzverfahrens ist (§ 50 Abs. 3 GKG).

b) Schuldner der Kosten (also der Gebühren und Auslagen) ist ferner derjenige, dem **51** durch gerichtliche Entscheidung die **Kosten** des Verfahrens **auferlegt** sind (§ 54 Nr. 1 GKG). Dies ist der Antragsteller, wenn er den Antrag zurücknimmt, sein Antrag als unzulässig oder unbegründet abgewiesen wird oder ihm – ausnahmsweise – bei Erledigungserklärung die Kosten auferlegt werden. Bei Abweisung mangels Masse sind die Kosten dem Schuldner aufzuerlegen (s. u. § 26 Rz. 68 f.).

c) **Mehrere Kostenschuldner** haften als Gesamtschuldner (§ 58 Abs. 1 GKG). Die **52** Reihenfolge der Inanspruchnahme regelt § 58 Abs. 2 GKG. Vorrangig haftet als Erstschuldner der Schuldner, dem gem. § 54 Nr. 1 GKG die Kosten des Verfahrens auferlegt worden sind. Die Haftung des Zweitschuldners gem. § 50 GKG kommt nur unter den in § 58 Abs. 2 GKG näher beschriebenen Voraussetzungen in Betracht. War dem aufgrund von § 54 Nr. 1 GKG haftenden Kostenschuldner Prozeßkostenhilfe bewilligt worden, soll die Haftung des Zweitschuldners nicht geltend gemacht werden (§ 58 Abs. 2 Satz 2 GKG). Im übrigen haftet der Zweitschuldner nur, wenn eine Zwangsvollstreckung in das bewegliche Vermögen des Erstschuldners erfolglos geblieben ist oder aussichtslos erscheint (§ 58 Abs. 2 Satz 1 GKG). Aussichtslos erscheint die Zwangsvollstreckung insbesondere dann, wenn die Eröffnung des Verfahrens mangels Masse (§ 26) abgewiesen worden ist (*OLG München* ZIP 1987, 48 [49]). Beim abgewiesenen Eigenantrag mangels Masse werden die Kosten häufig gem. § 10 KostVfg. außer Ansatz bleiben (vgl. *Uhlenbruck/Delhaes* Rz. 1322).

V. Umfang der Kostentragungspflicht, insbesondere des vorläufigen Insolvenzverwalters

Zu den vom Kostenschuldner zu erstattenden Kosten gehören die Gerichtsgebühren, die **53** Auslagen (insbesondere Veröffentlichungskosten und die Entschädigung eines Sachverständigen) und ggf. außergerichtliche Kosten (insbsondere eines Verfahrensbevollmächtigten). Fraglich ist, wer Kostenschuldner für die **Vergütung und Auslagen** des vom Insolvenzgericht bestellten **vorläufigen Insolvenzverwalters** ist. In Betracht kommen der Schuldner, der antragstellende Gläubiger und die Landeskasse. Festgesetzt wird die Vergütung vom Insolvenzgericht (§ 64 Abs. 1). Im Falle der Eröffnung des Verfahrens handelt es sich um Massekosten (§ 54 Nr. 2). Wird der Antrag zurückgenommen, in der Hauptsache für erledigt erklärt, als unzulässig, unbegründet oder mangels Masse abgewiesen, stellt sich die Frage, gegen wen der vorläufige Insolvenzverwalter seinen Vergütungsanspruch geltend machen kann. Diese Frage war unter **Geltung der KO**

§ 13 *Eröffnung des Insolvenzverfahrens*

streitig. Sie stellte sich insbesondere in den häufigen Fällen, in denen der Antrag zurückgenommen oder mangels Masse die Eröffnung abgelehnt wurde.

54 a) Ein unmittelbarer Vergütungsanspruch gegen den **Schuldner** wurde aus einer entsprechenden Anwendung der Regelung für den Vermögenspfleger (§§ 1915, 1835, 1836 BGB) hergeleitet (*OLG Frankfurt* ZIP 1992, 1564 = EWiR 1993, 165). Dieser Anspruch nutzte dem Sequester allerdings nichts in den häufigen Fällen der Abweisung mangels Masse.

55 b) Für den Fall der Antragsrücknahme vertrat die Rechtsprechung die Auffassung, daß der antragstellende **Gläubiger** auch die Kosten für eine Sequestration zu tragen habe; der Gläubiger wurde darauf verwiesen, die Kosten der Sequestration als Verzugsschaden im Wege der ordentlichen Klage gegen den Gemeinschuldner geltend zu machen (*LG Münster* ZIP 1990, 807 = EWiR 1991, 283; zustimmend *Kilger/Karsten Schmidt* KO, § 103 Rz. 2). Dem wurde entgegengehalten, daß die Sequestrationskosten weder im GKG noch im Kostenverzeichnis erwähnt sind mit der Folge, daß sie auch nicht als gerichtliche Auslagen über die Vorschrift des § 50 Abs. 1 Satz 2 GKG beim Gläubiger eingefordert werden können (*Kuhn/Uhlenbruck* KO, § 103 Rz. 39; § 106 Rz. 20a). Weiter wurde geltend gemacht, daß der antragstellende Gläubiger auf die Anordnung der Sequestration keinen Einfluß hat und das Kostenrisiko für ihn kaum mehr kalkulierbar wäre; zudem wurde darauf hingewiesen, daß die Sequestration im Interesse aller Gläubiger erfolge (*LG Darmstadt* ZIP 1998, 1198 [1199]; *Kuhn/Uhlenbruck* KO, § 106 Rz. 20a). Ein gerichtlicher Beschluß, dem Antragsteller die Kosten der Sequestration aufzuerlegen, wurde nur ausnahmsweise für zulässig gehalten, wenn der Antragsteller durch einen leichtfertig oder willkürlich gestellten Konkursantrag die Sequestrationskosten schuldhaft verursachte (*Kuhn/Uhlenbruck* KO, § 106 Rz. 20d).

56 c) Ein Teil der Rechtsprechung bejaht einen Anspruch des Verwalters gegen die **Landeskasse**. Dieser Anspruch in entsprechender Anwendung der §§ 1835, 1836, 2221 BGB wurde nicht nur bei Abweisung mangels Masse bejaht (*LG Stuttgart* ZIP 1995, 762 = EWiR 1995, 595; *AG Mühlhausen* ZIP 1997, 1974 – mit abl. Anm. *Braun* EWiR 1997, 751 – gem. §§ 612, 632 BGB; *LG Mainz* Rpfleger 1998, 364 = ZInsO 1998, 236 LS; a. A. *BGH* ZIP 1981, 365 [366 f.]), sondern auch bei Rücknahme des Antrages (*LG Frankfurt/O.* ZIP 1995, 485). Ein Teil der Kommentarliteratur teilte diese Auffassung (*Kilger/Karsten Schmidt* KO, § 106 Rz. 4; *Eickmann* VergütVO Anh. A Rz. 25 ff.; für die InsO ausdrücklich *Haarmeyer/Wutzke/Förster* Handbuch 3/318). Überwiegend wurde diese Meinung jedoch abgelehnt mit dem schon (s. o. Rz. 55) erwähnten Argument, daß die Sequestrationskosten im GKG bzw. Kostenverzeichnis nicht erwähnt sind und auch ansonsten eine Anspruchsgrundlage nicht ersichtlich ist (*LG Köln* ZIP 1983, 714; *AG Göttingen* EWiR 1992, 495, mit kritischer Anmerkung *Pape*; *Kuhn/Uhlenbruck* KO, § 106 Rz. 20b; *Mohrbutter/Mohrbutter/Ernestus* I. 78). Weiter wurde argumentiert, daß der Ermittlungspflicht des Insolvenzgerichts zur Feststellung des Insolvenzgrundes und einer etwa vorhandenen Masse durch Bestellung eines Sachverständigen Genüge getan sei; die Sequestration liege ausschließlich im Interesse der späteren Konkursgläubiger (*Gottwald/Delhaes* § 119 Rz. 5). Diese Auffassung wurde vom *BVerfG* (KTS 1982, 221) jedenfalls für den Fall als verfassungsgemäß angesehen, daß der Sequester zugleich zum Sachverständigen bestellt war und aus der Staatskasse eine Vergütung als Gutachter erhielt.

57 Ein weiteres Problem für die Auffassung, die einen Vergütungsanspruch gegen die Landeskasse bejahte, ergab sich daraus, daß sie einen **Rückgriff** der Landeskasse **beim Antragsteller** für möglich hielt (*LG Frankfurt/O.* ZIP 1995, 485 [486]; *LG Stuttgart* ZIP 1995, 762 [764]; *LG Mainz* Rpfleger 1998, 364 = ZInsO 1998, 236 LS).

Eröffnungsantrag § 13

d) Die Unklarheiten werden durch die **InsO** abgeschwächt. Ist ein vorläufiger Insolvenz- 58
verwalter bestellt – und wie im Regelfall – ein allgemeines Verfügungsverbot
angeordnet worden, darf das Verfügungsverbot erst aufgehoben werden, wenn der
vorläufige Insolvenzverwalter zuvor die entstandenen Kosten beglichen hat (§ 25 Abs. 2
Satz 1), also auch seine Vergütung und Auslagen (§ 54 Nr. 2). Damit ist klargestellt, daß
die Kosten der vorläufigen Insolvenzverwaltung in jedem Fall aus dem Vermögen des
Schuldners zu decken sind. Damit stimmt überein die Gesetzesbegründung zu § 50
Abs. 1 Satz 2 GKG (BT-Drucks. 12/3803 S. 72). Dort wird ausgeführt, daß nach Abweisung oder Rücknahme des Eröffnungsantrages der Antragsteller nicht für die Vergütung
eines vorläufigen Insolvenzverwalters haftet, da die Vergütung nicht unter den Begriff
der Auslagen fällt und das Kostenverzeichnis keinen derartigen Auslagentatbestand
enthält. Sofern dem Schuldner Schadensersatzansprüche gegen den Gläubiger wegen
unrechtmäßiger Insolvenzantragstellung zustehen können (s. u. Rz. 119), kann er Rückgriffsansprüche gegen den Gläubiger wegen zu Unrecht verursachter Kosten der
vorläufigen Insolvenzverwaltung geltend machen, allerdings nicht im Insolvenzverfahren, sondern im ordentlichen Verfahren (*Pape* WPrax 1995, 236 [254]).

Die **Kostenproblematik** stellt sich **nur** noch, wenn die Kosten der vorläufigen Insol- 59
venzverwaltung **bei Abweisung mangels Masse** (§ 26 Abs. 1) nicht gedeckt werden
können.Für diesen Sachverhalt hat der Gesetzgeber sich bewußt dafür entschieden, den
vorläufigen Insolvenzverwalter dem begrenzten Risiko eines Ausfalles seiner Forderung
auszusetzen. Auf eine entsprechende Anregung des Bundesrates (BT-Drucks. 12/2443
S. 249) hat die Bundesregierung bekräftigt, daß der **Antragsteller nicht für die Vergütung eines vorläufigen Insolvenzverwalters haftet** und daß die neue Regelung des § 26
den vorläufigen Insolvenzverwalter dem begrenzten Risiko aussetzt, seinen Vergütungsanspruch nicht voll durchsetzen zu können. Die Bundesregierung hat darauf abgestellt,
der vorläufigen Verwalter werde mit dem ihm in § 22 eingeräumten rechtlichen Möglichkeiten häufig rechtzeitig feststellen können, ob das Vermögen zu einer Eröffnung
ausreicht. Durch das begrenzte Ausfallrisiko werde zudem der Gefahr vorgebeugt, daß
der vorläufige Verwalter auch in einer Situation, in der die Abweisung mangels Masse
geboten sei, zu Lasten der übrigen Beteiligten weiter wirtschafte (BT-Drucks. 12/2443
S. 262).

Die von der Bundesregierung geäußerte Befürchtung, der vorläufige Verwalter könne 60
auch in der Situation, in der die Abweisung mangels Masse geboten sei, zu Lasten der
übrigen Beteiligten weiter wirtschaften, dürfte kaum bestehen. Der vorläufige Verwalter
untersteht der Aufsicht durch das Insolvenzgericht und muß damit rechnen, bei Beendigung seines Amtes Rechnung zu legen (§ 66). Darüber hinaus liefe er Gefahr, bei
zukünftigen Verfahren nicht mehr berücksichtigt zu werden. Die Übernahme des Amtes
des vorläufigen Insolvenzverwalters erfolgt freiwillig. Ein gewisser Ausgleich wird
dadurch geschaffen, daß er regelmäßig zugleich zum Sachverständigen bestellt wird und
in diesen Fällen eine Vergütung erhält. Mit der Rechtsprechung des *BVerfG* (KTS 1982,
221)) ist die Regelung als verfassungsgemäß anzusehen in den Fällen, in denen der
vorläufige Insolvenzverwalter zugleich – wie im Regelfall – zum Sachverständigen
bestellt wird. Die nicht bestehende Ausfallhaftung der Landeskasse mag Anlaß sein,
sorgfältig zu prüfen, ob die Bestellung eines vorläufigen Insolvenzverwalters geboten ist
(*Pape* WPrax 1995, 236 [255]). Dies darf allerdings nicht dazu führen, die gebotenen
Sicherungsmaßnahmen deswegen zu unterlassen. Der Schaden für die Sicherung des
Schuldnervermögens wäre größer als der Nutzen.

§ 13 *Eröffnung des Insolvenzverfahrens*

VI. Gerichtskosten und Wertberechung

61 a) Im Eröffnungsverfahren fällt eine halbe **Gebühr** des Streitwertes bzw. Gegenstandswertes nach § 11 Abs. 2 GKG an, beim Gläubigerantrag beträgt die Mindestgebühr 200,– DM (KV Nr. 4111). Bei Eröffnung des Insolvenzverfahrens auf Antrag des Schuldners fällt eine 2 1/2fache Gebühr an (KV Nr. 4120), bei Eröffnung auf Antrag eines Gläubigers eine dreifache Gebühr (KV Nr. 4130). Diese Gebühren entfallen, falls der Eröffnungsbeschluß auf die Beschwerde hin aufgehoben wird (KV Nr. 4120, 4130). Im Beschwerdeverfahren gegen den Beschluß über die Eröffnung des Insolvenzverfahrens (§ 34) entsteht eine Gebühr (KV Nr. 4300). Ebenfalls eine Gebühr entsteht, wenn eine Beschwerde verworfen oder zurückgewiesen wird, falls das Verfahren nicht nach anderen Vorschriften gebührenfrei ist (KV Nr. 4301).

62 b) § 37 Abs. 1 GKG bestimmt, daß die Gebühren für den Antrag auf Eröffnung des Insolvenzverfahrens und auf die Durchführung des Insolvenzverfahrens einheitlich nach dem **Wert** der Insolvenzmasse zur Zeit der Beendigung des Verfahrens erhoben werden. Dies korrespondiert mit der Regelung für die Wertfestsetzung der Vergütung des Insolvenzverwalters (§ 63 Satz 2). Neuerwerb des Schuldners während des Verfahrens erhöht den maßgeblichen Wert (BT-Drucks. 12/3803, S. 72), da gemäß § 35 das Insolvenzverfahren auch das Vermögen erfaßt, das der Schuldner während des Verfahrens erlangt. Werterhöhend sind auch die laufenden Bezüge des Schuldners, deren pfändbarer Teil während der gesamten Laufzeit des Vefahrens in die Insolvenzmasse fließt (BT-Drucks. 12/3803, S. 72). Wie bisher werden Gegenstände, die mit Absonderungsrechten belastet sind, nur in Höhe des die Belastung übersteigenden Wertes berücksichtigt.

63 Beim Gläubigerantrag wird die Gebühr für das Verfahren über den Eröffnungsantrag nach dem Wert der Insolvenzmasse nur berechnet, wenn diese geringer ist als der Betrag der Forderung (§ 37 Abs. 2 GKG). Der Wert der Insolvenzmasse (gem. § 37 Abs. 1 GKG) kann im Rahmen des § 37 Abs. 2 GKG der Wertberechnung nicht nur dann zugrundegelegt werden, wenn die Aktivmasse tatsächlich festgestellt ist (a. A. *LG Krefeld* ZIP 1984, 92 mit abl. Anm. *Eickmann* = Rpfl. 1983, 332; *LG Mainz* Rpfl. 1986, 110). Vielmehr ist das Gericht gehalten, den **Betrag der Aktivmasse** (gem. § 35 GKG i. V. m. § 26 GKG, § 3 ZPO) anhand von Angaben des Schuldners oder der Feststellungen des zur Überprüfung der Massekostendeckung eingesetzten Gutachters, ggf. auch des Berichts des vorläufigen Insolvenzverwalters, **zu schätzen**. Eine allein am Betrag der Forderung orientierte Festsetzung kommt erst dann in Betracht, wenn das Gericht keine Erkenntnisse über die Aktivmasse hat, etwa weil der Gläubiger seinen Insolvenzantrag wegen Befriedigung seiner Forderung zurückgenommen oder das Verfahren für erledigt erklärt hat (*AG Göttingen* ZIP 1992, 790 = EWiR 1992, 677 mit zust. Anm. *Pape*). Weitere Ermittlungen des Gerichtes sind nicht erforderlich, da der Amtsermittlungsgrundsatz (§ 5) für die Wertfestsetzung keine Anwendung findet (*AG Göttingen* und *LG Göttingen*, ZInsO 1998, 142). War der Schuldner praktisch vermögenslos, ist die Mindestgebühr von 200,– DM (KV Nr. 4111) anzusetzen.

64 Macht der Gläubiger eine **Teilforderung** geltend, ist im Rahmen des § 37 Abs. 2 GKG nicht der Teilbetrag zugrundezulegen, sondern die gesamte Forderung. Im Einzelfall kann nämlich die Prüfung notwendig werden, ob nicht die dem Insolvenzantrag zugrundeliegende Forderung den wesentlichen Teil der Verbindlichkeiten nach Maßgabe des § 17 darstellt. Anders als im Zivilprozeß muß daher die volle Forderung zugrundegelegt werden (*Kuhn/Uhlenbruck* KO, § 103 Rz. 6f.). Regelmäßig wird aber das rechtliche Interesse (§ 14 Abs. 1) fehlen (s. § 14 Rz. 44 i. V. m. Rz. 19).

Eröffnungsantrag § 13

Nebenforderungen wie Zinsen oder Kosten werden bei der Wertberechnung nicht berücksichtigt (§§ 35, 22 Abs. 1 GKG) anders als bei der Wertfestsetzung für die Rechtsanwalts-Gebühren (s. u. Rz. 71). 65

c) Bei **Beschwerden** des Schuldners gegen die Eröffnung des Insolvenzverfahrens oder gegen die Abweisung des Eröffnungsantrages mangels Masse bestimmt sich der Wert gem. § 37 Abs. 1 GKG, bei der Beschwerde eines sonstigen Antragstellers gegen die Abweisung des Eröffnungsantrages gem. § 37 Abs. 2 GKG (§ 38 GKG). 66

d) Die Wertfestsetzung erfolgt durch das Insolvenzgericht (§§ 35, 25 GKG). Wird das Verfahren nicht eröffnet, ist der Richter zuständig, ansonsten der Rechtspfleger. 67

VII. Höhe der Entschädigung des Sachverständigen und des vorläufigen Insolvenzverwalters

a) Die Entschädigung des Sachverständigen beträgt pro Stunde 50,- DM bis 100,- DM, kann jedoch bei sogenannten »Berufssachverständigen« erhöht werden (§ 3 ZSEG; s. u. § 22 Rz. 53). Die Entschädigung des im Eröffnungsverfahren beauftragten Sachverständigen setzt der Urkundsbeamte der Geschäftsstelle fest (s. § 2 Rz. 36). 68

b) Die Vergütung des vorläufigen Insolvenzverwalters bestimmt sich gem. § 21 Abs. 2 Nr. 1 i. V. m. § 63 Satz 2, 3 (s. § 21 Rz. 49 ff.). Die Einzelheiten sind geregelt in der aufgrund von § 65 erlassenen insolvenzrechtlichen Vergütungsverordnung (InsVV) vom 19. 08. 1998. Die Vergütung und die zu erstattenden Auslagen des vorläufigen Insolvenzverwalters setzt das Insolvenzgericht fest (§ 21 Abs. 2 Nr. 1, § 64 Abs. 1). Zuständig ist der Insolvenzrichter (streitig; s. § 21 Rz. 55 f.). 69

VIII. Rechtsanwaltskosten

a) Für die Vertretung eines Schuldners im Eröffnungsverfahren erhält der Rechtsanwalt 3/10 der vollen **Gebühr**, bei Vertretung des Gläubigers 5/10 der vollen Gebühr (§ 72 BRAGO). Wird das Verfahren eröffnet, erhält der Rechtsanwalt die Hälfte der vollen Gebühr (§ 73 BRAGO). Beide Gebühren können nebeneinander geltend gemacht werden (*Uhlenbruck/Delhaes* § 119 Rz. 65). Im Beschwerdeverfahren erhält der Rechtsanwalt 5/10 der in § 31 bestimmten Gebühren (§ 76 Satz 1 Nr. 1 BRAGO). Sonderregelungen existieren für die Vertretung im Verfahren über einen Schuldenbereinigungsplan (§ 72 BRAGO: Erhöhung bei Schuldner-Vertretung auf die volle Gebühr, bei Gläubiger-Vertretung auf 8/10) sowie Insolvenzplan (§ 74 Abs. 1 BRAGO) und Restschuldbefreiung (§ 74 Abs. 1 und Abs. 2 BRAGO). 70

b) Bei Beauftragung durch den Schuldner bestimmt sich der **Gegenstandswert** für die Vertretung im Eröffnungsverfahren (§ 72 Abs. 1 BRAGO), im Insolvenzverfahren (§ 73 BRAGO) und im Beschwerdeverfahren (§ 76 BRAGO) nach dem Wert der Insolvenzmasse nach Maßgabe des § 37 Abs. 1 GKG (§ 77 Abs. 1 BRAGO). Bei Vertretung des Schuldners im Eröffnungsverfahren (§ 72 Abs. 1 BRAGO) beträgt der Gegenstandswert jedoch mindestens 6.000,- DM. Bei Beauftragung durch einen Gläubiger werden für die Vertretung im Eröffnungsverfahren (§ 72 Abs. 2 BRAGO), im Insolvenzverfahren (§ 73 BRAGO) und im Falle der Beschwerde gegen den Beschluß über die Eröffnung des Insolvenzverfahrens die Gebühren nach dem Nennwert der Forderungen berechnet. Anders als bei der Berechnung der Gerichtsgebühren (s. o. Rz. 64) werden Nebenforderungen mitgerechnet (§ 77 Abs. 2 BRAGO). Im übrigen ist der Gegenstandswert unter 71

§ 13   *Eröffnung des Insolvenzverfahrens*

Berücksichtigung der wirtschaftlichen Interessen des Auftraggebers nach § 8 Abs. 2 Satz 2 BRAGO zu bestimmen (§ 77 Abs. 3 BRAGO).

72 c) Eine gerichtliche Wertfestsetzung ist auch für die Gebühren des Rechtsanwalts maßgebend (§ 9 Abs. 1 BRAGO). In den Fällen des § 77 Abs. 3 BRAGO setzt das Gericht den Wert auf Antrag des Rechtsanwalts durch Beschluß fest (§ 10 Abs. 1 BRAGO).

IX. Rechtsbehelfe

73 a) Die Wertfestsetzung der Gerichtsgebühren kann von Amts wegen innerhalb einer Frist von 6 Monaten geändert werden (nachdem die Entscheidung in der Hauptsache Rechtskraft erlangt oder das Verfahren sich anderweitig erledigt hat, § 25 Abs. 2 GKG). Innerhalb dieser Frist kann gegen den Beschluß auch Beschwerde eingelegt werden (§ 25 Abs. 3 GKG). Gegen den Kostenansatz (die Höhe der Kosten) kann Erinnerung und danach Beschwerde eingelegt werden (§ 5 GKG).

74 b) Gegen die Festsetzung der Sachverständigenvergütung können der Sachverständige und die Staatskasse Beschwerde einlegen (§ 16 Abs. 2 ZSEG). Gegen die Festsetzung der Vergütung und Auslagen des vorläufigen Insolvenzverwalters können der vorläufige Verwalter, der Schuldner und jeder Insolvenzgläubiger sofortige Beschwerde einlegen (§ 21 Abs. 2 Nr. 1 i. V. m. § 64).

75 c) Der Rechtsanwalt kann nicht nur aus eigenem Recht Festsetzung des auch für seine Gebühren gem. § 9 Abs. 1 BRAGO maßgebenden Wertes beantragen, sondern gegen die Festsetzung auch Rechtsmittel einlegen (§ 9 Abs. 2 BRAGO). Gegen die gesonderte Festsetzung des Gegenstandswertes für die Tätigkeit des Rechtsanwalts ist Beschwerde möglich (§ 10 Abs. 3 BRAGO).

G. Prozeßkostenhilfe

I. Überblick

76 Bei der Bewilligung von Prozeßkostenhilfe (PKH) ist zu **differenzieren**, für welchen Verfahrensbeteiligten und in welchem Verfahrensstadium Prozeßkostenhilfe bewilligt werden soll. Daneben kommt die Bewilligung von Beratungshilfe in Betracht.

77 a) Für das Eröffnungsverfahren kann dem **Gläubiger** als Antragsteller PKH bewilligt werden. Im eröffneten Verfahren kommt dies sowohl für den Gläubiger, der der den Insolvenzantrag gestellt hat, als auch in den übrigen Fällen nur ausnahmsweise in Betracht.

78 b) Bei einem Gläubigerantrag kann dem **Schuldner** im Eröffnungsverfahren PKH bewilligt werden, im eröffneten Verfahren nur ausnahmsweise. Beim Eigenantrag des Schuldners wurde PKH unter Geltung der KO/GesO überwiegend abgelehnt. Anders kann dies jedoch zu beurteilen sein, wenn eine natürliche Person Antrag auf Schuldenbereinigung (§§ 305 ff.) oder Restschuldbefreiung (§§ 286 ff.) stellt.

79 c) Dem **Insolvenzverwalter**, der als Partei kraft Amtes anzusehen ist, kann im eröffneten Verfahren PKH bewilligt werden (§ 116 Nr. 1 ZPO), um außerhalb des eigentlichen Insolvenzverfahrens im Zivilprozeß Ansprüche geltend zu machen (z. B. Rückgriffsansprüche gegen Geschäftsführer und Gesellschafter einer GmbH gem. §§ 9a, 32b, § 43 Abs. 2, 64 Abs. 2 GmbHG). Über die Bewilligung entscheidet das Prozeßgericht. Das Insolvenzgericht hat jedoch bei der Entscheidung, ob der Antrag auf Eröffnung mangels

Eröffnungsantrag § 13

Masse abgewiesen wird (§ 26), die Möglichkeit zu berücksichtigen, daß der (spätere) Insolvenzverwalter nach Eröffnung und nach Bewilligung von PKH Ansprüche für die Masse durchsetzt. Unter diesen Voraussetzungen kommt sogar eine Eröffnung in Betracht, wenn kein Vermögen vorhanden ist (s. im einzelnen § 26 Rz. 27 ff.).
Wird ein allgemeines Verfügungsverbot verhängt und ein vorläufiger Insolvenzverwalter bestellt, so kann diesem PKH bewilligt werden, sofern er anhängige Rechtsstreitigkeiten des Schuldners aufnimmt (§ 24 Abs. 2), da er insoweit dem (endgültigen) Verwalter gleichgestellt ist. PKH kann auch bewilligt werden, wenn im Eröffnungsverfahren der vorläufige Insolvenzverwalter Ansprüche geltend macht oder in Anspruch genommen wird (s. § 24 Rz. 34). Zuständig ist jeweils das Prozeßgericht. **80**

II. Voraussetzungen beim Gläubigerantrag

a) Erste Voraussetzung ist, daß ein Gläubiger nach seinen persönlichen und wirtschaftlichen Verhältnissen nicht in der Lage ist, die Kosten des Verfahrens sofort insgesamt aufbringen zu können (§ 114 Satz 1 ZPO). Die Einzelheiten ergeben sich aus § 115 ZPO und den dort in Bezug genommenen Vorschriften. Unter die Kosten des Verfahrens fallen die Gerichtsgebühr(en), Auslagen des Gerichtes (insbesondere Veröffentlichungskosten und Kosten des Sachverständigen) und Kosten eines Rechtsanwalts (unter den Voraussetzungen des § 121 Abs. 2 ZPO), nicht aber die Vergütung und Auslagen eines vorläufigen Insolvenzverwalters (s. o. Rz. 58). **81**
b) Weiter muß die beabsichtigte Rechtsverfolgung des Gläubigers hinreichende Aussicht auf Erfolg bieten (§ 114 Satz 1 ZPO). Dies ist der Fall, wenn der antragstellende Gläubiger Aussicht zumindest auf teilweise Befriedigung hat. Selbst bei einer zu erwartenden Quote von nur wenigen Prozent kann PKH mangels Erfolgsaussicht nicht versagt weden (*Gottwald/Uhlenbruck* § 13 Rz. 44; *Haarmeyer/Wutzke/Förster* Handbuch 3/96). Mangelnde Erfolgsaussicht ergibt sich nicht automatisch aus der Fruchtlosigkeitsbescheinigung des zuständigen Gerichtsvollziehers, der eidesstattlichen Versicherung des Antragsgegners (§ 807 ZPO) oder einer bereits erfolgten Konkursabweisung mangels Masse (a. A. *Gottwald/Uhlenbruck* § 13 Rz. 44). Eidesstattliche Versicherungen des Antragsgegners können unvollständig sein, die Fruchtlosigkeitsbescheinigung des Gerichtsvollziehers kommt aufgrund einer kursorischen Prüfung unter Berücksichtigung der Angaben des Antragsgegners zustande. Die Ermittlungen eines vorläufigen Insolvenzverwalters/Sachverständigen decken häufig weitere Vermögensgegenstände oder Ansprüche auf, die Eröffnung des Verfahrens kann sogar trotz (zunächst) fehlender Kostendeckung aus dem Vermögen des Schuldners erfolgen (s. § 26 Rz. 28). Bei bereits erfolgter Abweisung eines Antrages mangels Masse ist allerdings genau zu prüfen, ob neue Vermögensgegenstände aufgetaucht sind oder sich bislang übersehene Forderungen realisieren lassen (s. § 26 Rz. 94). **82**
Beim Antrag eines Arbeitnehmers, der Anspruch auf Zahlung von Insolvenzgeld haben kann, ist hinreichende Erfolgsaussicht dann zu bejahen, wenn der Antrag dazu dient, durch einen Abweisungsbeschluß gem. § 26 den Zeitpunkt für das Insolvenzereignis festzulegen und die Auszahlung des Insolvenzgeldes zu ermöglichen (vgl. *Gottwald/Uhlenbruck* § 13 Rz. 44). **83**
Mangels hinreichender Erfolgsaussicht darf jedenfalls die untere Instanz Prozeßkostenhilfe nicht versagen, wenn die Entscheidung von der Beantwortung einer schwierigen, bislang in der höchstrichterlichen Rechtsprechung und im Schrifttum nicht geklärten Rechtsfrage abhängt (*BGH* ZIP 1997, 1757; *Zöller/Philippi* ZPO, § 114 Rz. 21). **83a**

§ 13 *Eröffnung des Insolvenzverfahrens*

84 c) Schließlich darf der Antrag nicht mutwillig erscheinen (§ 114 Satz 1 ZPO). Der Gesichtspunkt der Mutwilligkeit erlangt im Eröffnungsverfahren keine große Bedeutung, weil das Insolvenzgericht das rechtliche Interesse des Gläubigers (§ 14 Abs. 1) zu prüfen hat (vgl. *Uhlenbruck* ZIP 1982, 288).

III. Umfang und Wirkung der Bewilligung

85 a) Die Bewilligung von PKH **bewirkt**, daß der antragstellende Gläubiger von der Zahlung der Gerichtskosten befreit ist und ein beigeordneter Rechtsanwalt Ansprüche auf Vergütung nicht gegen den Gläubiger geltend machen kann (§ 122 Abs. 1 Nr. 3 ZPO), sondern nur gegen die Landeskasse (nach Maßgabe der §§ 121 ff. BRAGO). Allerdings kann das Gericht Ratenzahlung anordnen (§ 120 ZPO). Die dem Schuldner entstehenden Kosten muß der Gläubiger jedoch erstatten (§ 123 ZPO). Nicht erstatten muß der Gläubiger die Kosten eines Sachverständigen (da es sich um Gerichtskosten handelt) und eines vorläufigen Insolvenzverwalters, da er dafür nicht haftet (s. o. Rz. 58). Zeitlich begrenzt ist die Bewilligung von PKH durch die Abweisung mangels Masse (§ 26), die Abweisung des Antrages aus sonstigen Gründen oder die Verfahrenseröffnung. Im letztgenannten Fall sind die angefallenen Kosten Kosten des Insolvenzverfahrens (§ 54 Nr. 1). Trotz Bewilligung von PKH kann eine Abweisung mangels Masse erfolgen, da der erforderliche Vorschuß (vgl. § 26 Abs. 1 Satz 2) durch die PKH nicht abgedeckt ist (*LG Frankenthal* Rpfl. 1985, 504 [505]; *LG Koblenz* NJW-RR 1998, 339; *Kilger/Karsten Schmidt* KO, § 72 Rz. 4; *Haarmeyer/Wutzke/Förster* Handbuch 3/97). Unter den Voraussetzungen des § 124 kann die Bewilligung von PKH aufgehoben werden.

86 b) **Nach Eröffnung** kommt für die Forderungsanmeldung und die allgemeine Teilnahme am Verfahren PKH allenfalls für die Anwaltsbeiordnung in Betracht. Anmeldung und Mitwirkung sind grundsätzlich kostenfrei (Ausnahmen KV Nr. 4140: besonderer Prüfungstermin gem. § 177; KV Nr. 1431: Entscheidung über den Antrag auf Versagung oder Widerruf der Restschuldbefreiung).

87 c) Die **Beiordnung eines Rechtsanwalts** kommt unter den Voraussetzungen des § 121 Abs. 2 ZPO in Betracht. Dabei soll eine Beiordnung nach § 121 Abs. 2 Satz 1 2. Alt. ZPO ausscheiden, da sich die Beteiligten nicht als Gegner gegenüberstehen (*BVerfG* ZIP 1989, 719 [720]; MK/*Wax* ZPO, § 121 Rz. 27 a. E.). Ob diese Auffassung für das **Eröffnungsverfahren** zutrifft, in dem sich Gläubiger und Schuldner gegenüberstehen und das als quasistreitiges Parteiverfahren bezeichnet wird (s. u. § 14 Rz. 5, 109), muß bezweifelt werden. Letztlich kann die Frage aber dahinstehen. Der Grundsatz der prozessualen Waffengleichheit gebietet es nämlich, im Rahmen der Erforderlichkeitsprüfung des § 121 Abs. 2 Satz 1 1. Alt. ZPO dem antragstellenden Gläubiger einen Rechtsanwalt beizuordnen, wenn der Schuldner anwaltlich vertreten ist (*AG Göttingen* ZIP 1992, 637 = EWiR 1992, 513 mit zust. Anm. *Pape*; *Pape* ZIP 1989, 692 [695]). Ansonsten kommt für den Antrag auf Eröffnung des Verfahrens eine Anwaltsbeiordnung bei einfach gelagerter Sach- und Rechtslage nicht in Betracht, da die Rechtsantragstelle des Amtsgerichts in Anspruch genommen werden kann. Etwas anderes gilt nur, wenn sich Schwierigkeiten insbesondere bei der Glaubhaftmachung des Insolvenzgrundes ergeben (*AG Göttingen* ZIP 1992, 637 = EWiR 1992, 513 mit zust. Anm. *Pape*; ähnlich *Haarmeyer/Wutzke/Förster* Handbuch 3/96).

88 Auch im **eröffneten Verfahren** kommt die Beiordnung eines Rechtsanwaltes (für die Forderungsanmeldung) regelmäßig nicht in Betracht (*LG Oldenburg* ZIP 1991, 115 =

EWiR 1991, 199; *Stein/Jonas/Bork* ZPO, § 116 Rz. 5). Die Gegenmeinung (*LG Hannover* AnwBl 1985, 596; MK/*Wax* ZPO, § 121 Rz. 33; *Zöller/Philippi* ZPO, § 121 Rz. 8 a) führt zu einer ausufernden Rechtsanwaltsbeiordnung (ähnlich *Pape* ZIP 1989, 692 [694]). Das *Bundesverfassungsgericht* (ZIP 1989, 719 = NJW 1989, 3271) hat die Ablehnung der Anwaltsbeiordnung für die Anmeldung einer Insolvenzforderung einer im Ausland lebenden Gläubigerin verfassungsrechtlich nicht beanstandet. Eine Beiordnung kann nur gemäß § 121 Abs. 2 Satz 1 1. Alt. ZPO erfolgen. Für Forderungsanmeldungen stehen Formulare und Merkblätter zur Verfügung, regelmäßig kann die Rechtsantragsstelle beim Ausfüllen helfen.

d) Für das **PKH-Verfahren selbst** kann Prozeßkostenhilfe nicht bewilligt werden, die Bewilligung der Prozeßkostenhilfe wirkt grundsätzlich nicht zurück (*Mohrbutter/Mohrbutter/Pape* X. 29). Erledigt sich das PKH-Verfahren beispielsweise durch Begleichung der dem Antrag zugrundeliegenden Forderung durch den Schuldner, müssen durch das PKH-Verfahren entstandene Kosten gesondert außerhalb des Insolvenzverfahrens geltend gemacht werden. 89

IV. Verfahrensmäßiger Ablauf

a) Dem PKH-Antrag ist der ausgefüllte amtliche Vordruck über die persönlichen und wirtschaftlichen Verhältnisse nebst entsprechender Belege beizufügen (§ 117 Abs. 2 ZPO). Beizufügen ist auch ein Entwurf des Insolvenzantrages; dabei ist klarzustellen, ob die Stellung des Antrages von der Bewilligung von PKH abhängig gemacht wird. Bei Unklarheiten teilt das Gericht dem Antragsteller mit, daß es davon ausgeht, daß es sich um einen Antrag unter der Bedingung der Bewilligung von PKH handelt, falls nicht innerhalb einer gesetzten Frist eine gegenteilige Mitteilung eingeht. Beizufügen sind Unterlagen, die die Forderung und den Insolvenzgrund belegen. Die Unterlagen über die persönlichen und wirtschaftlichen Verhältnisse nebst Anlagen werden in ein Sonderheft genommen. 90

b) Ist der Antrag erkennbar unzulässig, z. B. mangels rechtlichen Interesses (§ 14 Abs. 2) oder unbegründet, wird der Antrag durch Beschluß zurückgewiesen, ohne daß der Schuldner angehört wird. Ansonsten erhält der Schuldner den Antrag übersandt mit der Gelegenheit zur Stellungnahme in angemessener Frist, falls nicht das Gericht aus besonderen Gründen davon absieht (§ 118 Abs. 1 Satz 1 ZPO). Bei Unklarheiten hat das Gericht den Antragsteller zu vollständigen Angaben zu veranlassen (§ 139 ZPO). Weiter kann das Gericht dem Antragsteller eine Frist setzen, die Angaben zu den persönlichen und wirtschaftlichen Verhältnissen glaubhaft zu machen oder zu erläutern und nach fruchtlosem Fristablauf den Antrag ablehnen (§ 118 Abs. 2 Satz 4 ZPO). Das Gericht kann bereits mit Eingang des Antrages Amtsermittlungen (§ 5) anordnen (*Uhlenbruck/Delhaes* Rz. 162). Insbesondere kann es den Schuldner mit Übersendung des PKH-Antrages zur Anhörung laden und einen Fragebogen hinsichtlich der Vermögensverhältnisse beifügen (*Uhlenbruck* ZIP 1982, 288 [289]; *Gottwald/Uhlenbruck* § 13 Rz. 41). Ohne Anhörung des Schuldners PKH zu bewilligen (§ 118 Abs. 1 Satz 1 ZPO), sollte die Ausnahme bleiben. Die Anhörung des Schuldners kann nämlich ergeben, daß es am rechtlichen Interesse (§ 14 Abs. 2) fehlt oder keine hinreichende Erfolgsaussicht besteht. 91

Liegen die Voraussetzungen vor, bewilligt das Gericht durch Beschluß PKH, ggf. mit Festsetzung von Raten (§ 120 ZPO). Eine Begründung ist nicht erforderlich, sie kann sich jedoch bei im Bewilligungsverfahren aufgetauchten Streitfragen empfehlen. Andernfalls lehnt das Gericht durch zu begründenden Beschluß den Antrag ab. 92

§ 13 *Eröffnung des Insolvenzverfahrens*

93 c) Sicherungsmaßnahmen (§ 21) darf das Gericht im PKH-Prüfungsverfahren nicht anordnen (*Uhlenbruck/Delhaes* Rz. 162), da die Anordnung einen zugelassenen Antrag voraussetzt.

V. Schuldnerantrag

94 a) Dem Schuldner kann Prozeßkostenhilfe bewilligt werden, sofern er sich gegen einen Gläubigerantrag wendet (*Haarmeyer/Wutzke/Förster* Handbuch 3/99).

95 b) Unter der Geltung der KO wurde bei einem Eigenantrag des Schuldners die Bewilligung von PKH abgelehnt. Zur Begründung wurde angeführt, daß das Gericht die notwendigen Ermittlungen von Amts wegen und unabhängig von der Einzahlung eines Kostenvorschusses anzustellen hat und daß § 107 Abs. 1 Satz 1 KO (entsprechend § 26 Abs. 1 Satz 1) eine abschließende Sonderregelung enthielt, wonach Abweisung mangels Masse zu erfolgen hat, wenn eine die Kosten des Verfahens entsprechende Masse nicht vorhanden ist (*Gottwald/Uhlenbruck* § 12 Rz. 7). Diese Auffassung ist vom Landgericht Dresden in zwei Entscheidungen zur GesO bestätigt worden (*LG Dresden* ZIP 1996, 1671 = EWiR 1996, 1079; ZIP 1997, 207). Im Geltungsbereich der InsO ist jedoch zu überlegen, ob im Rahmen der Restschuldbefreiung nicht die Bewilligung von PKH in Betracht kommt (*Pape* ZIP 1997, 190ff; *Vallender* ZIP 1996, 2058 [2061 f.]; *Smid* NJW 1994, 2678ff.; *Haarmeyer/Wutzke/Förster* Handbuch 2/20, 3/99). S. im einzelnen die Kommentierung bei den entsprechenden Paragraphen.

96 c) Da der Schuldner weder bei der Verwaltung noch der Verwertung des zur Masse gehörenden Vermögens beteiligt ist, kann ihm im übrigen im eröffneten Verfahren PKH nicht bewilligt werden (*Gottwald/Uhlenbruck* § 12 Rz. 7).

VI. Beratungshilfe

97 Beratungshilfe nach dem Beratungshilfegesetz kann im Vorfeld eines Insolvenzeröffnungsverfahrens dem Schuldner zur Vorbereitung eines Eigenantrages oder dem Gläubiger gewährt werden. Bei Vorliegen der der Bewilligung von PKH ähnelden Voraussetzungen (§ 1 BerHG) bewilligt der Rechtspfleger Beratungshilfe (§ 24a Abs. 1 Nr. 1 RPflG). Kann dem Anliegen u.a. durch eine sofortige Auskunft oder einem Hinweis entsprochen werden (§ 3 Abs. 2 BerHG), so erteilt ihn der Rechtspfleger beim Insolvenzgericht (§ 24a Abs. 1 Nr. 2 RPflG). Im Hinblick auf die Komplexität der Neuregelung in der InsO kann es sich empfehlen, die mit der Bearbeitung von Insolvenzsachen betrauten Rechtspfleger auch mit den Aufgaben der Beratungshilfe zu betrauen. Rechtspfleger an Amtsgerichten, denen keine Insolvenzsachen zugewiesen sind, bleibt die Möglichkeit, bei den mit Insolvenzsachen betrauten Rechtspflegern beim zuständigen Insolvenzgericht nachzufragen. Da die Beratungstätigkeit durch den Rechtspfleger gem. § 3 Abs. 2 BerHG nur einen eingeschränkten Rahmen hat, besteht nicht die Gefahr einer möglichen Befangenheit, wenn der Rechtspfleger später auch das anhängige Verfahren bearbeitet. Erforderlichenfalls kann durch Regelungen in der Geschäftsverteilung sichergestellt werden, daß der beratende Rechtspfleger nicht später als bearbeitender Rechtspfleger tätig ist.

98 Wird die Angelegenheit nicht durch das Amtsgericht erledigt, erhält der Rechtsuchende einen Berechtigungsschein zur Beratungshilfe und kann sich durch einen Rechtsanwalt seiner Wahl beraten lassen (§ 6 Abs. 1 BerHG). Dem Rechtsanwalt steht ein Vergütungs-

anspruch gegen die Landeskasse zu (§ 131–133 BRAGO) und gegen den Rechtssuchenden eine Gebühr von 20,– DM, die er erlassen kann (§ 8 Abs. 1 BerHG).

VII. Rechtsbehelfe

Gegen den Beschluß, der den Antrag auf Beratungshilfe zurückweist, ist nur die Erinnerung statthaft (§ 6 Abs. 2 BerHG), über die der Richter beim Amtsgericht abschließend entscheidet. Gegen die Bewilligung von PKH kann nach Maßgabe des § 128 Abs. 3 ZPO die Landeskasse Beschwerde einlegen. Gegen die Ablehnung von PKH ist die Beschwerde uneingeschränkt zulässig (§ 127 Abs. 2 Satz 2 ZPO). Nach Ausschöpfung des Rechtsweges kann eine außerordentliche Beschwerde wegen greifbarer Gesetzwidrigkeit in Betracht kommen (*BGH* ZIP 1992, 1644 = NJW 1993, 135; dazu *Pape*, KTS 1993, 179; s. auch § 6 Rz. 30). **99**

H. Erledigung

I. Überblick

Begleicht der Schuldner während des Eröffnungsverfahrens die dem Antrag zugrundeliegende Forderung, wird der Antrag unzulässig. Verfolgt der Gläubiger – trotz gerichtlichen Hinweises – seinen Antrag weiter, wird dieser auf seine Kosten abgewiesen (§ 4 i. V. m. § 91 ZPO). Nimmt der Gläubiger den Antrag zurück, trägt er die Kosten (§ 4 i. V. m. § 269 Abs. 3 ZPO). In beiden Fällen hat der Gläubiger die Gerichtskosten (Gebühren, Veröffentlichungskosten, Sachverständigenkosten) zu tragen und die außergerichtlichen Kosten des Schuldners (u. a. Rechsanwaltskosten). Dem Gläubiger bleibt nur die Möglichkeit, diese Kosten gegen den Schuldner geltend zu machen, gerichtlich titulieren zu lassen, im Wege der Einzelzwangsvollstreckung beizutreiben zu versuchen und erforderlichenfalls erneut ein Insolvenzverfahren zu beantragen. Dieses Vorgehen ist nicht prozeßökonomisch. Im zivilprozessualen Erkenntnisverfahren kann in vergleichbarer Lage der Kläger den Rechtsstreit in der Hauptsache für erledigt erklären. Schließt sich der Beklagte an, handelt es sich um eine übereinstimmende Erledigungserklärung, über die Kosten wird gem. § 91 a ZPO entschieden. Verweigert der Beklagte seine Zustimmung, handelt es sich um eine einseitige Erledigungserklärung. War die Klage bis zum zulässigen Ereignis zulässig und begründet, wird festgestellt, daß der Rechtsstreit in der Hauptsache erledigt ist, der Beklagte hat in der Regel die Kosten zu tragen. Es bleibt nur die Gefahr, daß der Gläubiger als Zweitschuldner haftet (s. o. Rz. 47, 52). Diese Grundsätze sind im Ergebnis auch auf das Insolvenzverfahren zu übertragen. **100**

II. Übereinstimmende Erledigungserklärung

Im Geltungsbereich der KO und der GesO war eine übereinstimmende Erledigungserklärung möglich nach h. M. in Rechtsprechung (*LG Düsseldorf* ZIP 1985, 697 = EWiR 1985, 603; *LG Bielefeld* ZIP 1986, 1593 = EWiR 1986, 1123; *LG Göttingen* ZIP 1992, 572 = EWiR 1992, 587; *LG Münster* ZIP 1993, 1103; *LG Göttingen* EWiR 1997, 271) und Literatur (*Mohrbutter/Mohrbutter/Pape* II. 27; *Gottwald/Uhlenbruck* § 11 Rz. 45; **101**

Hess KO, § 103 Rz. 36; *Kilger/Karsten Schmidt* § 103 Rz. 2). Die Gegenauffassung (*LG Rottweil* ZIP 1986, 43 mit abl. Anm. *Hess* EWiR 1986, 91; *Zöller/Herget* ZPO, § 91 a Rz. 58 »Konkurs«) argumentiert damit, es liege kein kontradiktorisches Verfahren mit Verfügungsbefugnis über den Verfahrensgegenstand vor. Bis zur Eröffnung oder rechtskräftigen Abweisung des Antrages kann dieser jedoch zurückgenommen werden (§ 13 Abs. 2); bei dem Eröffnungsverfahren handelt es sich um ein quasistreitiges Parteiverfahren (s. § 14 Rz. 5 a). Bis zu dieser zeitlichen Grenze kommt eine Erledigung in Betracht. Zudem ist es sachgerecht und verfahrensökonomisch, das mit dem Eröffnungsverfahren bereits befaßte Insolvenzgericht die Frage der Kostentragungspflicht prüfen und entscheiden zu lassen. Auch im Geltungsbereich der InsO ist eine **übereinstimmende Erledigungserklärung**, bei der über die Kosten gem. § 91 a ZPO entschieden wird, **möglich** (ebenso *Haarmeyer/Wutzke/Förster* Handbuch 3/265). Zeitliche Grenze ist die Eröffnung des Insolvenzverfahrens, auch wenn der Eröffnungsbeschluß noch nicht rechtskräftig ist (*OLG Brandenburg* ZInsO 1998, 138 [139]).

102 Eine Erledigung des Insolvenzantragsverfahrens ist deshalb sowohl dann **möglich**, wenn der Schuldner den antragstellenden Gläubiger befriedigt, als auch in allen übrigen Fällen, in denen das Interesse des Gläubigers an der Antragstellung entfällt. Dies ist beispielsweise der Fall, wenn das Insolvenzgericht in einem Parallelverfahren den Antrag gegen den Schuldner mangels Masse abweist; auch in diesem Fall kann der Gläubiger des vorliegenden Verfahrens für erledigt erklären (*LG Göttingen* ZIP 1992, 572). Begleicht der Schulder nur die dem Antrag zugrundeliegende Hauptforderung, nicht aber Zinsen und Kosten, kann der Antrag wegen der offenstehenden Forderung weiterverfolgt werden, einer (teilweisen) Erledigungserklärung bedarf es nicht. Auch für die Verfolgung einer (geringfügigen) Restforderung fehlt es nicht am Rechtsschutzbedürfnis (vgl. § 14 Rz. 34, 39; *Gottwald/Uhlenbruck* § 13 Rz. 63). Soweit der Gläubiger anwaltlich vertreten ist und die Rechtsanwaltsgebühren bei Antragstellung in die Forderung nicht mit einberechnet waren, können sie dennoch im anhängigen Verfahren nachgeschoben werden (vgl. *LG Göttingen* ZIP 1993, 446 [447], das das Nachschieben einer weiteren Hauptforderung zuläßt; a. A. *Gottwald/Uhlenbruck* § 13 Rz. 63).

III. Einseitige Erledigungserklärung

103 Schließt sich im Zivilprozeß der Beklagte der Erledigungserklärung des Klägers nicht an, werden die Grundsätze der einseitigen Erledigungserklärung angewandt. Wie in diesem Fall im Geltungsbereich der KO und GesO zu verfahren war (und im Geltungsbereich der InsO zu verfahren ist), war (und ist) streitig.

104 a) Eine Auffassung wendet auch in diesem Fall die Vorschrift des § 91 a ZPO an (*LG Köln* KTS 1988, 170 [171]; *Uhlenbruck/Delhaes* Rz. 273; *Gottwald/Uhlenbruck* § 11 Rz. 48; für den Geltungsbereich der InsO unklar *Haarmeyer/Wutzke/Förster* Handbuch 3/267, 3/269).

105 b) Die einseitige Erledigungserklärung halten Teile der Rechtsprechung (*LG Bielefeld* ZIP 1986, 1593 = EWiR 1986, 1123) und der Literatur (*Zöller/Herget* ZPO, § 91 a Rz. 58 »Konkurs«) für unzulässig. Argumentiert wird damit, die erforderliche hypothetische Prüfung der Insolvenzeröffnungsvoraussetzungen sei praktisch kaum durchführbar, da sie sich auf einen zeitlich zurückliegenden Zeitpunkt beziehe und nur mit einem völlig unverhältnismäßigen Aufwand die Prüfung durchgeführt werden könne, ob der Schuldner zahlungsunfähig oder nur zahlungsunwillig gewesen sei oder Überschuldung vorgelegen habe. Der Gläubiger wird darauf verwiesen, die von ihm zunächst zu

tragenden Verfahrenskosten gesondert als Verzugsschaden gegen den Schuldner geltend zu machen.

c) Überwiegend wird hingegen die Möglichkeit einer einseitigen Erledigungserklärung **106** bejaht in Rechtsprechung (*LG Düsseldorf* ZIP 1985, 697 = EWiR 1985, 603; *OLG Köln* ZIP 1993, 1483; *LG Frankfurt/O.* ZIP 1995, 1211 = EWiR 1995, 993; *LG Göttingen* EWiR 1997, 271) und Literatur (*Hess* KO, § 103 Rz. 38; *Pape* in der – abl. – Anm. EWiR 1996, 1123 zu *LG Bielefeld* ZIP 1986, 1593). Diese Meinung weist – ebenso wie bei der Frage der Anwendung der Grundsätze der übereinstimmenden Erledigungserklärung (s. o. Rz. 101) – darauf hin, daß es sachgerecht und verfahrensökonomisch ist, daß das mit dem Insolvenzeröffnungsverfahren befaßte Insolvenzgericht die Frage der Kostentragungspflicht prüft und entscheidet (*LG Düsseldorf* ZIP 1985, 697 [698]). Weiter wird darauf verwiesen, daß dadurch dem Charakter des Eröffnungsverfahrens als quasistreitigem Verfahren (s. o. Rz. 5 a) Rechnung getragen wird (*LG Frankfurt/O.* ZIP 1995, 1211 [1212]) und es inkonsequent wäre, bei übereinstimmender Erledigungserklärung § 91a ZPO entsprechend anzuwenden, bei einseitiger Erledigungserklärung aber den Schuldner auf einen materiellrechtlichen Schadensersatzanspruch zu verweisen (*Pape* EWiR 1986, 1123 [1124]; ähnlich *LG Frankfurt/O.* ZIP 1995, 1211 [1212]). Schließlich wird darauf hingewiesen, daß es dem Schuldner möglich ist, Tatsachen beizubringen, die Unzulässigkeit oder Unbegründetheit des Antrages zu belegen und eine vor Antragstellung erfolgte erfolglose Zwangsvollstreckung Indiz dafür sein kann, daß die Eröffnungsvoraussetzungen vorgelegen haben (*Pape* EWiR 1986, 1123 [1124]).

d) Die Meinung, die den Gläubiger auf einen materiellrechtlichen Schadensersatzanspruch verweist, ist abzulehnen. Konsequent erscheint es, statt der auf die übereinstimmende Erledigungserklärung zugeschnittenen Vorschrift des § 91a ZPO die **Grundsätze der einseitigen Erledigungserklärung anzuwenden**, bei der die Kostenentscheidung aus § 91 ZPO folgt. Im Ergebnis dürften sich die beiden Auffassungen kaum unterscheiden. Im Zivilprozeßverfahren kommt bei der übereinstimmenden Erledigungserklärung eine Beweisaufnahme grundsätzlich nicht mehr in Betracht, wohl aber bei der einseitigen Erledigungserklärung. Anders verhält es sich im Insolvenzeröffnungsverfahren. Der Antrag eines Gläubigers ist zulässig, wenn er ein rechtliches Interesse an der Eröffnung hat sowie Forderung und Eröffnungsgrund glaubhaft macht (§ 14 Abs. 1). Die Glaubhaftmachung kann jedoch nur durch präsente Beweismittel geführt werden (§ 4 i. V. m. § 294 Abs. 2 ZPO). In Betracht kommen Urkunden und Erklärungen/eidesstattliche Versicherungen von Gläubiger und Schuldner. Eine Beweisaufnahme wie beispielsweise Einholung eines Sachverständigengutachtens kommt in diesem Verfahrensstadium nicht in Betracht. Sie erfolgt vielmehr erst, wenn der Gläubigerantrag zugelassen ist und u. a. überprüft wird, ob ein Eröffnungsgrund (§ 16) vorliegt und das Verfahren eröffnet werden kann.

IV. Verfahrensmäßiger Ablauf

a) Ebenso wie im Zivilprozeß kann nur der Gläubiger/Antragsteller für erledigt erklären. **108** Bei Rücknahme eines Insolvenzantrages unter Protest gegen die Kostenlast darf nicht ohne weiteres von einer Antragsrücknahme (§ 4 i. V. m. § 269 ZPO) ausgegangen werden; das Gericht hat vielmehr durch weitere Aufklärung und Auslegung zu ermitteln, ob nicht **tatsächlich eine Erledigungserklärung gemeint ist** (*LG Bielefeld* ZIP 1986, 1593 [1594] = EWiR 1986, 1123). Die Erledigungserklärung kann auch in der Rechtsmittelinstanz abgegeben werden (*LG Göttingen* ZIP 1992, 572f. = EWiR 1992, 587).

§ 13 *Eröffnung des Insolvenzverfahrens*

Auf Antrag des Schuldners ist die Wirkungslosigkeit bis dahin ergangener Entscheidungen – wie bei der Antragsrücknahme – anzusprechen (s. o. Rz. 21).

109 b) Dem Schuldner ist innerhalb einer vom Gericht zu setzenden Frist **rechtliches Gehör** zum Antrag des Gläubigers zu gewähren. Innerhalb dieser Frist hat der Schuldner auch mitzuteilen, ob er sich der Erledigungserklärung anschließt. Sein Schweigen darf nicht als Zustimmung gewertet werden. Dazu besteht – anders als im zivilprozessualen Erkenntnisverfahren – auch kein »Anreiz«, da in jedem Fall durch Beschluß entschieden wird und eine weitere Beweisaufnahme nicht stattfindet (s. o. Rz. 107).

110 c) Das Insolvenzgericht entscheidet durch **Beschluß**, der zu begründen ist und förmlich zugestellt wird. Bei der übereinstimmenden Erledigungserklärung werden im Tenor – ohne daß es eines ausdrücklichen Antrages hinsichtlich der Kostentragungspflicht bedarf (*Gottwald/Uhlenbruck* § 11 Rz. 46) – die Kosten des Verfahrens dem Gläubiger oder Schuldner auferlegt; eine Quotelung oder Aufhebung kommt nicht in Betracht (s. u. Rz. 113). Bei der einseitigen Erledigungserklärung wird festgestellt, daß das Verfahren in der Hauptsache erledigt ist und daß der Gläubiger/Schuldner die Kosten des Verfahrens trägt; eine Quotelung kommt ebenfalls nicht in Betracht.

111 In jedem Fall wird der **Wert** des Verfahrens festgesetzt. Ist keine der Parteien anwaltlich vertreten, erfolgt die Wertfestsetzung nach Maßgabe des § 37 Abs. 2 GKG. Regelmäßig ist das der Wert der Insolvenzmasse (s. o. Rz. 65). Der Gegenstandswert wird nicht unterteilt nach dem Wert vor und nach Erledigung. An Gerichtsgebühren entsteht im Eröffnungsverfahren eine halbe Gebühr; eine Ermäßigung infolge Erledigungserklärung kommt nicht in Betracht. Auch bei Rechtsanwälten entstehen – anders als im Zivilprozeß gem. § 31 BRAGO – nicht mehrere Gebühren, sondern nur eine Gebühr (§§ 72, 73 BRAGO). Bei anwaltlicher Beteiligung ist allerdings zu beachten, daß der Gegenstandswert für die Gerichtskosten unter dem Wert für die Berechnung der Rechtsanwaltskosten liegt, da für letztere Nebenforderungen mit eingerechnet werden (§ 77 Abs. 2 Satz 2 BRAGO). Sofern sich ein Gebührensprung ergibt, können im Wertbeschluß die Gebühren getrennt festgesetzt werden.

112 d) War ein **vorläufiger Insolvenzverwalter** bestellt und dem Schuldner ein allgemeines Verfügungsverbot auferlegt worden, so ist zu beachten, daß der vorläufige Insolvenzverwalter vor der Aufhebung seiner Bestellung aus dem von ihm verwalteten Vermögen u. a. die entstandenen Kosten zu berichtigen hat (**§ 25 Abs. 2 Satz 1**). Der vorläufige Insolvenzverwalter sollte in diesen Fällen dem Gericht umgehend die Berechnung seiner Sequestervergütung und (regelmäßig) Sachverständigenentschädigung mitteilen. Der Insolvenzrichter setzt die Kosten (die Sachverständigenkosten nach Vorprüfung durch den Kostenbeamten, s. o. § 2 Rz. 22, 36) in dem Beschluß fest. Weiter wird der Schuldner darauf hingewiesen, daß die Aufhebung der Sicherungsmaßnahmen erst nach Begleichung dieser Kosten erfolgt.

V. Kriterien für die Kostenentscheidung

113 Im Rahmen sowohl der übereinstimmenden als auch einseitigen Erledigungserklärung prüft das Gericht, ob der Antrag ursprünglich (bis zum erledigenden Ereignis) **zulässig** war. Nicht prüft das Gericht, ob der Antrag auch begründet war, da es auf den Sach- und Streitstand im Eröffnungsverfahren ankommt (*Gottwald/Uhlenbruck* § 11 Rz. 48; *Uhlenbruck* EWiR 1997, 271 [272]). Es genügt, daß der Insolvenzgrund und die Forderung **glaubhaft** gemacht worden war. Eine Beweisaufnahme findet in keinem Fall statt. Eine Quotelung scheidet daher – anders als bei der zivilprozessualen Erledigung – aus, da

Eröffnungsantrag § 13

nicht mit dem ungewissen Ausgang der ohne das erledigende Ereignis erforderlichen Beweisaufnahme argumentiert werden kann.

Im Rahmen der **übereinstimmenden Erledigungserklärung** hat das Gericht davon 113a auszugehen, daß ein **erledigendes Ereignis eingetreten** ist. Bei der **einseitigen Erledigungserklärung** soll eine Erledigung nur bei vollständiger Befriedigung durch Erfüllung der dem Antrag zugrundeliegenden Forderungen eintreten, nicht aber bei Zahlung eines Teilbetrages und Verpflichtung des Schuldners zur späteren Zahlung des Restbetrages. Auch eine **teilweise Erledigung** soll nicht in Betracht kommen, vielmehr soll das Rechtsschutzbedürfnis für den Antrag entfallen mit der Folge, daß der Gläubiger den Antrag zurücknehmen muß, damit er nicht auf seine Kosten als unzulässig abgewiesen wird (*OLG Oldenburg* OLG Report 1997, 178 f.). Diese Auffassung übersieht jedoch die Besonderheit des Insolvenzverfahrens und ist abzulehnen. Auch bei der Antragsrücknahme trägt der Gläubiger gem. § 4 i. V. m. § 269 Abs. 3 ZPO die Kosten des Verfahrens einschließlich eventueller Anwaltskosten des Schuldners. Der Gläubiger kann zwar versuchen, die Kosten gesondert als Verzugsschaden gegen den Schuldner geltend zu machen. Sachgerecht und verfahrensökonomisch ist es jedoch, daß über die Kosten das mit dem Insolvenzeröffnungsverfahren befaßte Insolvenzgericht entscheidet (s. o. Rz. 106). Die Auffassung des *OLG Oldenburg* kann zudem die Bereitschaft der Gläubiger zur Beendigung des Insolvenzverfahrens in der obengenannten Weise herabsetzen und führt im Ergebnis zu einer Mehrbelastung der Gerichte.

Ein (ursprünglich) zulässiger Antrag des Gläubigers setzt voraus, daß die allgemeinen 114 Zulässigkeitsvoraussetzungen vorlagen (s. u. § 14 Rz. 5 ff.) und daß der Gläubiger entsprechend § 14 Abs. 1 das rechtliche Interesse, seine Forderung und den Eröffnungsgrund glaubhaft gemacht hatte. Im Zweifel ergeht die Kostenentscheidung zu Lasten des Schuldners (*Gottwald/Uhlenbruck* § 11 Rz. 48), insbesondere wenn er die Forderung beglichen hat (*Uhlenbruck* EWiR 1997, 271 [272]). Am rechtlichen Interesse kann es fehlen, wenn der Antrag rechtsmißbräuchlich nur deshalb gestellt wurde, um den Schuldner unter Druck zu setzen und zur Zahlung zu bewegen (*LG Münster* ZIP 1993, 1103; s. u. § 14 Rz. 42).

Zur **Glaubhaftmachung der Forderung** ist es nicht erforderlich, daß sie tituliert ist (s. 115 § 14 Rz. 55 ff.). Ein Bestreiten des Schuldners ist – entsprechend zivilprozessualen Grundsätzen – nur beachtlich, wenn es sich um ein ernsthaftes und substantiiertes Bestreiten handelt (*LG Göttingen* ZIP 1992, 572 [573]). Der Antrag kann auch nachträglich unzulässig werden durch eine noch vor Zahlung durch den Schuldner eingegangene Gegenglaubhaftmachung des Schuldners (*OLG Köln* ZIP 1993, 1483 [1484]).

Der **Eröffnungsgrund** ist nicht **glaubhaft** gemacht, wenn der Antragsteller nicht 116 vorträgt, daß, wann und wie oft er den Schuldner zur Zahlung aufgefordert hat oder woraus sich sonst die Zahlungsunfähigkeit ergeben soll (*LG Münster* ZIP 1993, 1103). Anders verhält es sich bei erfolglosen vorherigen Zahlungsaufforderungen und insbesondere einer erfolglosen Einzelzwangsvollstreckung. Ergibt sich – aufgrund eines Gutachtens in einem Parallelverfahren gegen denselben Schuldner – daß es an einer die Kosten des Verfahrens deckenden Masse fehlt (§ 26), so trägt der Schuldner die Kosten, da er sie auch bei Abweisung des Antrages mangels Masse hätte tragen müssen (*LG Göttingen* ZIP 1992, 572 [573]; s. u. § 26 Rz. 68).

VI. Rechtsbehelfe

117 Gegen den Beschluß, in dem aufgrund übereinstimmender Erledigungserklärung über die Kosten entschieden wird, findet die sofortige Beschwerde statt (§ 91 a Abs. 2 ZPO). Die Regelung des § 6 Abs. 1, wonach Entscheidungen des Insolvenzgerichts nur aufgrund ausdrücklicher gesetzlicher Zulassung der sofortigen Beschwerde unterliegen, greift nicht. Es handelt sich nicht um eine spezifisch insolvenzrechtliche Entscheidung (s. o. § 6 Rz. 27 f.), auch der Beschleunigungszweck erfordert keinen Ausschluß der Beschwerde. Demgemäß besteht auch keine Abhilfemöglichkeit des Insolvenzgerichts gem. § 6 Abs. 2 Satz 2. Die Wertgrenze des § 567 Abs. 2 Satz 1 ZPO von 200,– DM ist nur von Bedeutung, wenn zu einer Mindestgebühr beim Gläubigerantrag von 200,– DM (KV Nr. 1401) keine weiteren Kosten hinzukommen.

118 Bei einseitiger Erledigungserklärung im Zivilprozeß ergeht ein Urteil, das grundsätzlich mit der Berufung angefochten werden kann. Im Insolvenzverfahren wird stets durch Beschluß entschieden (§ 5 Abs. 2; s. o. § 5 Rz. 31). Die Entscheidung ergeht nach ähnlichen Grundsätzen wie bei der übereinstimmenden Erledigungserklärung gem. § 91 a ZPO (s. o. Rz. 113). Dies spricht dafür, daß der Rechtsbehelf bei der einseitigen Erledigungserklärung entsprechend § 91 a Abs. 2 ZPO die sofortige (und nicht die einfache) Beschwerde ist. Für die Wertgrenze des § 567 Abs. 2 Satz 1 ZPO gelten die obigen Ausführungen (s. Rz. 117).

I. Schadensersatz bei unberechtigtem Insolvenzantrag

119 Erweist sich der Insolvenzantrag als unzulässig oder unbegründet, kommt ein Schadensersatzanspruch des Schuldners gegen den Gläubiger **nur ausnahmsweise** in Betracht. Nach der grundlegenden Entscheidung des *BGH* (BGHZ 36, 18 = NJW 1961, 2254) bestehen Ansprüche nur, sofern der Schuldner nachweist, daß der Gläubiger das Insolvenzverfahren rechtsmißbräuchlich gewählt hat, um den Schuldner zu schädigen. Daran hält der BGH trotz der geäußerten Kritik fest (*BGHZ* 74, 9 [15 f.] = NJW 1979, 1351; *BGH* ZIP 1990, 805 = EWiR 1990, 681). Die Gegenmeinungen reichen von einer Garantiehaftung über eine Haftung bei einfacher Fahrlässigkeit bis zu einer Haftung bei grober Fahrlässigkeit (vgl. die Nachweise bei *Pape* ZIP 1995, 623 [625]). Zutreffend weist jedoch der BGH darauf hin, daß es ein Widerspruch ist, von demjenigen, der ein gesetzliches Verfahren in Anspruch nimmt, zusätzlich zu der Einhaltung der Verfahrensvorschriften noch die Beachtung weiterer Sorgfaltspflichten zu verlangen (*BGHZ* 36, 18 [21]). Weiteren Schutz erfährt der Schuldner dadurch, daß bei Gläubigerantrag weiteres Zulässigkeitserfordernis das inzwischen festgeschriebene rechtliche Interesse (§ 14 Abs. 1) ist. Der Gläubiger hat häufig keinen genauen Einblick in die Vermögensverhältnisse des Schuldners. Das Gesetz sieht ausdrücklich vor, daß es genügt, daß er seine Angaben glaubhaft macht (§ 14 Abs. 1). Begleicht der Schuldner die Forderung, läßt dies nicht zwingend den Schluß zu, daß er nicht zahlungsfähig ist und war. Die Mittel können von dritter Seite zur Verfügung gestellt worden sein, im Hinblick auf weitere Ansprüche übriger Gläubiger kann trotz Tilgung der Forderung immer noch Zahlungsunfähigkeit vorliegen. Ließe man grobe Fahrlässigkeit genügen, würden zudem kaum lösbare Abgrenzungsschwierigkeiten zur einfachen Fahrlässigkeit auftauchen (*Pape* ZIP 1995, 623 [626]). Jede andere Auffassung würde Gläubigeranträge zu einem kaum kalkulierbaren Risiko machen (*Mohrbutter/Mohrbutter/Pape* II. 37). Bei fehlerhafter Bearbeitung eines Insolvenzverfahrens durch das Insolvenzgericht können dem Schuldner aber Amtshaftungsansprüche aus § 839 BGB zustehen.

Antrag eines Gläubigers § 14

Auf der Grundlage der zutreffenden Rechtsprechung des BGH hat das *OLG Düsseldorf* 120
(ZIP 1994, 479) entschieden, daß ein Schadensersatzanspruch ausscheidet, wenn ein
Schuldner den Pachtzins für zwei Monate nicht gezahlt hat und der Rechtsvertreter des
Schuldners zudem erklärt, eine fristlose Kündigung könne möglicherweise das Insolvenzverfahren der Gesellschaft beschleunigen. Das *LAG Sachsen-Anhalt* (EWiR 1994, 459) hat einen Schadensersatzanspruch gegen eine ehemalige Arbeitnehmerin verneint, die wegen offener Lohn- und Gehaltsansprüche und rückständiger Krankenversicherungsanträge einen Insolvenzantrag gestellt hatte. Das *OLG Celle* verneint eine Verpflichtung von Arbeitnehmern zur Rücknahme des Insolvenzantrages als Gegenleistung für die in Aussicht gestellte Zahlung rückständiger Löhne. Die Entscheidung des *OLG Düsseldorf* (ZIP 1984, 1499), die vor Stellung eines Insolvenzantrages nach vergeblicher Zwangsvollstreckung den Weg des § 807 ZPO (eidesstattliche Versicherung) für erforderlich hält, betraf den Fall eines Anwaltsregresses und ist auf das eigentliche Insolvenzverfahren nicht übertragbar. Der Gläubiger ist nicht verpflichtet, alle Möglichkeiten der Einzelzwangsvollstreckung auszuschöpfen (*Kuhn/Uhlenbruck* KO, § 103 Rz. 26).

§ 14
Antrag eines Gläubigers → §§ 104, 105 KO

(1) Der Antrag eines Gläubigers ist zulässig, wenn der Gläubiger ein rechtliches Interesse an der Eröffnung des Insolvenzverfahrens hat und seine Forderung und den Eröffnungsgrund glaubhaft macht.
(2) Ist der Antrag zulässig, so hat das Insolvenzgericht den Schuldner zu hören.

Vgl. § 105 Abs. 1, 2 KO; § 2 Abs. 1 Satz 2, Abs. 2 Satz 3, § 4 Abs. 1 Satz 1 GesO

Inhaltsübersicht: Rz.

A.	Übersicht	1– 4
B.	Allgemeine Zulässigkeitsvoraussetzungen	5–25
	I. Sondervorschriften des Neunten und Zehnten Teiles	6– 7
	II. Kostenvorschuß	7a
	III. Zuständigkeit	8
	IV. Ordnungsgemäßer Antrag	9–12
	V. Ladungsfähige Anschrift	13
	VI. Parteifähigkeit	14
	VII. Prozeßfähigkeit	15
	VIII. Antragsrecht bei Insolvenz des Antragstellers	15a
	IX. Vertretung	16–17
	X. Rechtshängigkeit und Rechtskraft	18
	XI. Teilbetrag	19
	XII. Auswechseln/Nachschieben einer Forderung	20
	XIII. Bedingung/Befristung	21
	XIV. Ruhen und Aussetzung	22
	XV. Verhältnismäßigkeit/§ 765 a ZPO	23
	XVI. Anfechtung und Verzicht	24
	XVII. Heilung	25
C.	Gläubigerantrag	26–87

I.	Rechtliches Interesse	26– 49
	1. Bedeutung	26– 30
	2. Einfachere Vollstreckungsmöglichkeit	31– 34
	3. Aus- und Absonderungsberechtigte	35
	4. Bestehen der Forderung	36– 38
	5. Höhe der Forderung	39
	6. Mißbrauchsfälle	40– 49
II.	Glaubhaftmachung: Übersicht	50– 54
III.	Glaubhaftmachung der Forderung	55– 69
	1. Finanzämter, Krankenkassen, Sozialversicherungsträger	55– 56
	2. Nicht titulierte Forderung	57– 58
	3. Rechtskräftig durch Urteil titulierte Forderung	59– 63
	4. Nicht rechtskräftig (nur vorläufig vollstreckbar) titulierte Forderung	64– 66
	5. Versäumnisurteil	67
	6. Vorbehaltsurteil	68
	7. Vollstreckungsgegenklage gegen notarielle Urkunde	69
IV.	Glaubhaftmachung Eröffnungsgrund	70– 87
D. Schuldnerantrag		88– 98
I.	Inhaltliche Anforderungen	88– 89
II.	Einzelheiten	90– 98
E. Anhörung des Schuldners		99–108
I.	Anwendungsbereich	99
II.	Entbehrlichkeit	100–101
III.	Art und Weise der Anhörung	102–103
IV.	Funktionen der Anhörung	104–106
V.	Schutzschrift	107–108
F. Weiterer Verfahrensgang		109

Literatur:

App Checkliste für die Stellung eines Konkursantrages wegen Zahlungsunfähigkeit des Schuldners, JurBüro 1996, 177; *Gerhardt* Anm. zu *OLG Köln*, Beschl. v. 18. 5. 1989 – 2 W 41/89 –, EWiR 1/89 § 102 KO, 701 f.; *Holzer* Anm. zu *LG Leipzig*, Beschl. v. 29. 4. 1996 – 12 T 2903/96 –, EWiR 2/96 § 2 GesO, 6019 f.; *Pape* Unzulässige Konkursanträge aufgrund vorläufig vollstreckbarer Schuldtitel?, NJW 1993, 297; *ders*. Anm. zu *OLG Köln*, Beschl. v. 1. 8. 1988 – 2 W 131/88 –, EWiR 2/88 § 75 KO, 1111 f.; *ders*. Anm. zu *LG Halle*, Beschl. v. 10. 5. 1993 – 2 T 53/93 –, EWiR 1/93 § 2 GesO, 883 f.; *Stürner* Anm. zu *OLG Köln*, Beschl. v. 29. 2. 1988 – 2 W 9/88 –, EWiR 1/88 § 105 KO 603 f.

A. Übersicht

1 Die Vorschrift des § 14 ist aus dem alten Recht übernommen (§ 105 Abs. 1, Abs. 2 KO; §§ 2 Abs. 1 Satz 3, 4 Abs. 1 Satz 1 GesO). Das geforderte rechtliche Interesse deckt sich im wesentlichen mit dem bisherigen Erfordernis des Rechtsschutzbedürfnisses. Neben die in Abs. 1 aufgeführten speziellen Zulässigkeitsvoraussetzungen für den Gläubigerantrag treten weitere Zulässigkeitsvoraussetzungen. Diese ergeben sich aus der InsO (z. B. § 3, § 11) und aus den Vorschriften der gemäß § 4 anwendbaren ZPO (z. B. ordnungsgemäße Antragstellung).

2 Beim Schuldnerantrag müssen ebenfalls die allgemeinen Zulässigkeitsvoraussetzungen (nach der InsO und der ZPO) vorliegen. Spezielle Zulässigkeitsvoraussetzungen – wie § 14 Abs. 1 für den Gläubigerantrag – enthält die InsO für den Schuldnerantrag nicht,

Antrag eines Gläubigers § 14

anders als früher § 104 KO. Der Schuldner ist jedoch verpflichtet, den Eröffnungsgrund (§ 16) schlüssig darzulegen. Bei juristischen Personen und Gesellschaften ohne Rechtspersönlichkeit ist der Eröffnungsgrund im Falle des § 15 Abs. 2 Satz 1 allerdings glaubhaft zu machen, ebenso wie teilweise bei Sonderinsolvenzen gem. § 315 ff. (s. u. Rz. 4).

Ist der Gläubigerantrag zulässig, ist der Schuldner anzuhören (§ 14 Abs. 2). Beim Schuldnerantrag besteht eine Anhörungspflicht in den Fällen des § 15 Abs. 2 Satz 2. 3

Es ergibt sich folgende **Gegenüberstellung der Zulässigkeitsvoraussetzungen** (bei Sonderinsolvenzen gem. §§ 304 ff. s. ergänzend Rz. 6 f.): 4

Gläubiger-Antrag		Schuldner-Antrag
ja	Allgemeine Zulässigkeits- voraussetzungen	ja
	Spezielle Zulässigkeits- voraussetzungen	
ja	– Rechtliches Interesse	ja (aber selten von Bedeutung)
ja	– Glaubhaftmachung Forderung	nein
ja	– Glaubhaftmachung Eröffnungsgrund	grundsätzlich genügt schlüssige Darstellung (Vorlegung Unterlagen); Glaubhaftmachung aber gem. – § 15 Abs. 2 Satz 1, Abs. 3 – § 317 Abs. 2, § 318 Abs. 2, § 332 Abs. 1, § 333 Abs. 2 Satz 2
ja (§ 14 Abs. 2)	Anhörung Schuldner	erforderlich in den Fällen des – § 15 Abs. 2 Satz 2, Abs. 3 – § 317 Abs. 2 Satz 2 – § 318 Abs. 2 Satz 2 – § 332 Abs. 1, Abs. 3 Satz 2 – § 333 Abs. 2 Satz 2

B. Allgemeine Zulässigkeitsvoraussetzungen

Die allgemeinen Zulässigkeitsvoraussetzungen, die sich aus der InsO und der ZPO ergeben, müssen sowohl beim Gläubgerantrag als auch beim Schuldnerantrag vorliegen. Glaubhaftmachung genügt nicht, es ist **voller Beweis** erforderlich. Auf Bedenken weist 5

Schmerbach

das Gericht hin (§ 4 i. V. m. § 139 ZPO). Die Darlegung der allgemeinen Zulässigkeitsvoraussetzungen ist Sache des Antragstellers. Die Amtsermittlungspflicht (§ 4) besteht noch nicht im Vorprüfungsverfahren, sondern erst nach Zulassung des Gläubigerantrages bzw. schlüssiger Darlegung des Schuldnerantrages im anschließenden Hauptprüfungsverfahren. Werden Mängel nicht behoben, weist das Gericht den Antrag als unzulässig ab. Dagegen steht dem Antragsteller die sofortige Beschwerde zu (§ 34 Abs. 1).

I. Sondervorschriften des Neunten und Zehnten Teiles

6   Für bestimmte Schuldner- und Vermögensgruppen sieht die InsO im Neunten und Zehnten Teil Sonderverfahren vor. Deren Vorschriften sind bereits im Eröffnungsverfahren zu beachten. Ist der Schuldner eine natürliche Person, die keine oder nur eine geringfügige selbständige wirtschaftliche Tätigkeit (sog. **Verbraucherinsolvenz**) ausübt (§ 304 Abs. 1), so ist ein Eigenantrag des Schuldners nur zulässig, wenn zuvor eine außergerichtliche Einigung mit den Gläubigern erfolglos versucht worden ist (§ 305 Abs. 1 Nr. 1). Stellt der Gläubiger den Antrag, so hat das Insolvenzgericht dem Schuldner Gelegenheit zu geben, ebenfalls einen Antrag zu stellen (§ 306 Abs. 3 Satz 1). Bei Unklarheiten setzt das Gericht dem Antragsteller eine Frist. Nach Fristablauf kann der Antrag kostenpflichtig zurückgewiesen werden (vgl. zum ganzen *Haarmeyer/Wutzke/Förster* Handbuch 3/13 und 14).

7   Bei den Sonderinsolvenzverfahren des Zehnten Teiles bestehen Spezialregelungen u. a. für die Antragsfrist und die Antragsberechtigung (§ 319, §§ 316–318, § 332, § 333).

II. Kostenvorschuß

7a Von der Einzahlung eines Kostenvorschusses darf die Einleitung des Verfahrens nicht abhängig gemacht werden (s. o. § 13 Rz. 33, 43 f.).

III. Zuständigkeit

8   Sachliche und örtliche Zuständigkeit ergeben sich aus §§ 2, 3 (zur internationalen Zuständigkeit s. § 3 Rz. 39 ff.). Eine Sonderregelung für die örtliche Zuständigkeit enthält § 315.

IV. Ordnungsgemäßer Antrag

9   a) Aus dem Antrag muß sich klar ergeben, daß ein Antrag auf Eröffnung des Insolvenzverfahrens gestellt wird. Die Anmeldung einer Forderung schon im Eröffnungsverfahren ist kein (weiterer) Insolvenzantrag, sondern eine in diesem Verfahrensstadium unzulässige Forderungsanmeldung, die erst nach Eröffnung beim Insolvenzverwalter erfolgen kann (vgl. § 174 Abs. 1).

10 b) Der Antrag kann als Prozeßhandlung wirksam nur schriftlich oder zu Protokoll der Geschäftsstelle eingelegt werden. Ebenso wie bei Schriftsätzen im Zivilprozeß genügt auch die fernmeldetechnische Übermittlung insbesondere durch **Telefax** (*Holzer* Die

Antrag eines Gläubigers **§ 14**

Entscheidungsträger im Insolvenzverfahren, Rz. 111; vgl. auch *Zöller/Greger* ZPO, § 130 Rz. 9 ff.). Anhängigkeit tritt bereits mit Eingang des Telefaxes und nicht erst des Originales bei Gericht ein (a. A. *Uhlenbruck/Delhaes* Rz. 210; *Haarmeyer/Wutzke/ Förster* Handbuch 3/15). Das kann im Rahmen des § 88 von Bedeutung sein. Der Antrag muß eine lesbare Unterschrift enthalten, damit z. B. ein Vergleich mit den im Handelsregister eingetragenen Namen des organschaftlichen Vertreters möglich ist (*Uhlenbruck/ Delhaes* Rz. 210). Die Unterschrift eines bevollmächtigten Rechtsanwaltes braucht nicht unbedingt lesbar zu sein. Es genügt, wenn sie erkennbar individuelle Züge aufweist, die über eine wahllose »Schlangenlinie« hinausgehen (*Zöller/Greger* ZPO, § 130 Rz. 7). Fehlt die erforderliche Anzahl von Durchschriften (§ 4 i. V. m. § 133 ZPO) beim Gläubigerantrag oder beim Schuldnerantrag (falls weitere Anhörungsberechtigte vorhanden sind), so wird das Gericht wegen des Eilcharakters des Verfahrens nicht die erforderlichen Durchschriften anfordern, sondern sie auf Kosten des Antragstellers (§ 56 GKG i. V. m. KV Nr. 9000 (2) b) anfertigen. **11**

c) Antragsteller und Antragsgegner müssen genau bezeichnet werden (§ 4 i. V. m. § 253 Abs. 2 Nr. 1 ZPO), so daß keine Zweifel an ihrer **Identität** bestehen. Anzugeben sind Vor- und Zuname, bei Einzelhandelsfirmen die Bezeichnung des Inhabers. Bei juristischen Personen sind Firmierung, Namen und ladungsfähigen Anschriften sämtlicher vertretungsberechtigter Organe, bei Gesellschaften ohne Rechtspersönlichkeit (§ 11 Abs. 2 Nr. 1) die Namen und ladungsfähigen Anschriften sämtlicher Gesellschafter anzugeben im Hinblick auf die Verpflichtung zu deren Anhörung (§ 15 Abs. 2 Satz 2). Wegen der Einzelheiten s. § 15 Rz. 3 ff., 11 ff. Die dortigen Ausführungen zum Antragsrecht gelten entsprechend für die Vertretungsbefugnis. Weiter muß klargestellt sein, ob es sich um eine Gesellschaftsschuld oder um eine Privatschuld eines Gesellschafters handelt, denn letztere berechtigt nicht zur Eröffnung der Gesellschaftsinsolvenz (*Kuhn/ Uhlenbruck* KO, § 105 Rz. 2). Bei geschäftsunfähigen Personen ist der Name des gesetzlichen Vertreters anzugeben (s. auch Rz. 15). Stehen Personen unter Betreuung und ist dies bekannt, so empfiehlt es sich, den Namen des Betreuers mitzuteilen. Bei den Sonderinsolvenzen des Zehnten Teiles sind Namen und ladungsfähige Anschriften der übrigen Anhörungsberechtigten (§ 317 Abs. 2, Abs. 3; § 318 Abs. 2; § 332 Abs. 1, Abs. 3 Satz 2; § 333) mitzuteilen. **12**

V. Ladungsfähige Anschrift

Auch die Angabe des Wohnsitzes bzw. des Mittelpunktes der selbständigen wirtschaftlichen Tätigkeit gehört zu den unverzichtbaren Zulässigkeitsvoraussetzungen, damit das Gericht seine örtliche Zuständigkeit prüfen kann. Soweit *Pape* (EWiR 1988, 1111 [1112]) aus einer Entscheidung des *OLG Köln* (ZIP 1988, 1070) folgert, die Mitteilung der ladungsfähigen Anschrift sei keine Zulässigkeitsvoraussetzungen, trifft dies nicht zu. Der Entscheidung des OLG Köln läßt sich allenfalls entnehmen, daß nach Zulassung eines Insolvenzantrages im Rahmen der Amtsermittlungspflicht (§ 5) das Gericht die Anschrift zu ermitteln hat (*Kuhn/Uhlenbruck* KO, § 105 Rz. 2). Im Rahmen der Zulässigkeitsprüfung kann jedoch auf die Mitteilung der ladungsfähigen Anschrift des Schuldners nicht verzichtet werden (*Uhlenbruck/Delhaes* Rz. 212). Ist die Adresse des Schuldners unbekannt und kommt bei juristischen Personen eine Zustellung unter der Privatanschrift des Geschäftsführers (§§ 181, 182 ZPO) nicht in Betracht, kann **öffentliche Zustellung** erfolgen, wenn die Voraussetzungen des § 203 Abs. 1 ZPO vorliegen. Ist der Antrag noch nicht zugelassen, hat der Antragsteller das Vorliegen der Vorausset- **13** zungen für die öffentliche Zustellung nachzuweisen, nach Zulassung des Antrages hat das Gericht von Amts wegen (§ 5) zu ermitteln. Da die Zustellungen von Amts wegen erfolgen (§ 8), bedarf es in keinem Stadium des Verfahrens eines Antrags des Antragstellers. Vielmehr ordnet das Insolvenzgericht die öffentliche Zustellung von Amts wegen an (*OLG Köln* ZIP 1988, 1070; *Haarmeyer/Wutzke/Förster* Handbuch 3/40).

VI. Parteifähigkeit

14 Der Parteifähigkeit im Zivilprozeß entspricht die Insolvenzfähigkeit gem. §§ 11, 12. Verstirbt der Schuldner, kann das Verfahren dennoch fortgesetzt werden (§ 11 Rz. 27).

VII. Prozeßfähigkeit

15 Wirksamkeitsvoraussetzung für den Insolvenzantrag ist die Prozeßfähigkeit des Antragstellers (§ 4 i. V. m. §§ 51 ff. ZPO). Ist der **Antragsteller** nur beschränkt geschäftsfähig und daher nicht prozeßfähig (§ 52 ZPO), muß der gesetzliche Vertreter den Insolvenzantrag stellen. Einer vormundschaftlichen Genehmigung nach § 1822 BGB bedarf es nicht (*Hess* KO, § 103 Rz. 17; *Gottwald/Uhlenbruck* § 11 Rz. 1). Nachträgliche Genehmigung eines durch einen Prozeßunfähigen gestellten Antrages durch den gesetzlichen Vertreter ist möglich bis zur rechtskräftigen Abweisung des Antrages (*Hess* KO, § 103 Rz. 16). Ist der **Antragsgegner** nicht voll geschäftsfähig, ist der gesetzliche Vertreter anzugeben (vgl. KG KTS 1962, 111 [112]), an den auch die Zustellungen erfolgen müssen (§ 4 i. V. m. § 171 ZPO).

VIII. Antragsrecht bei Insolvenz des Antragstellers

15a Zur Zustellung eines Gläubigerantrages auf Eröffnung des Insolvenzverfahrens über das Vermögen des Schuldners ist bei Insolvenz des antragstellenden Gläubigers nur der Insolvenzverwalter befugt. Einem vorläufigen Insolvenzverwalter steht das Antragsrecht im Falle des § 22 Abs. 1 Nr. 1 zu; ansonsten gilt § 22 Abs. 2.

IX. Vertretung

16 Gewillkürte Stellvertretung ist bei Erteilung einer entsprechenden Vollmacht möglich. Stellvertreter haben eine Vollmachtsurkunde vorzulegen. Ein Rechtsanwalt muß eine Vollmachtsurkunde nur auf Rüge des Gegners vorlegen (§ 4 i. V. m. § 88 Abs. 2 ZPO; *Gottwald/Uhlenbruck* § 11 Rz. 1; a. A. *Kilger/Karsten Schmidt* KO, § 103 Rz. 2 a. E.: immer). Das Rügerecht steht auch einem Mitantragsberechtigten wie Mitgeschäftsführer oder Miterben zu (*Uhlenbruck/Delhaes* Rz. 181). Eine einstweilige Zulassung bis zur Vorlage der Vollmacht (§ 89 ZPO) kommt nicht in Betracht im Hinblick auf die erheblichen wirtschaftlichen Folgen und die Unmöglichkeit, die Höhe einer Sicherheitsleistung einzuschätzen (*Uhlenbruck/Delhaes* Rz. 181).

17 Von der gewillkürten Vertretung ist zu unterscheiden die Frage der Antragsberechtigung bei juristischen Personen und Gesellschaften ohne Rechtspersönlichkeit (§ 15, § 18 Abs. 3) und Sonderinsolvenzen nach dem Zehnten Teil (§ 317, § 318, § 332, § 333).

X. Rechtshängigkeit und Rechtskraft

Der Vorschrift des § 261 Abs. 3 Nr. 1 ZPO geht die Regelung des § 3 Abs. 2 vor (s. o. § 3 **18** Rz. 14). Die Rechtskraft eines einen früheren Antrag abweisenden Beschlusses hindert nicht die Stellung eines erneuten Antrages (s. § 7 Rz. 31; § 26 Rz. 94).

XI. Teilbetrag

Die Geltendmachung nur eines Teilbetrages ist nicht zulässig. Zum einen tritt eine **19** Kostenersparnis nicht ein, da der volle Wert der Forderung zugrundezulegen ist (s. o. § 13 Rz. 63). Zudem kann die Prüfung erforderlich werden, ob die dem Antrag zugrunde liegende Forderung den wesentlichen Teil der Verbindlichkeiten des Schuldners nach Maßgabe des § 17 (s. § 17 Rz. 19 ff.) darstellt (*Uhlenbruck/Delhaes* Rz. 213). Schließlich liefe der Schuldner ansonsten Gefahr, wegen Teilbeträgen mit mehreren Insolvenzanträgen überzogen zu werden (*Haarmeyer/Wutzke/Förster* Handbuch 3/20). Die Geltendmachung einer Teilforderung ist unzulässig, es fehlt jedenfalls am Rechtsschutzinteresse (*Uhlenbruck/Delhaes* Rz. 213). Dagegen ist der Antragsteller berechtigt, den Antrag wegen eines Teilbetrages weiter zu verfolgen, wenn der Schuldner die Forderung im übrigen beglichen hat (*Gottwald/Uhlenbruck* § 7 Rz 15).

XII. Auswechseln/Nachschieben einer Forderung

Es besteht kein Grundsatz, daß eine Forderung im Insolvenzantragsverfahren nicht **20** ausgewechselt oder nachgeschoben werden kann (*LG Göttingen* ZIP 1993, 446 [447] = NJW – RR 1993, 767; *LG Halle* ZIP 1993, 1036). Auch die Literatur sieht dies als zulässig an (*Kilger/Karsten Schmidt* KO, § 105 Rz. 1a; *Hess* KO, § 105 Rz. 4 unter dem Gesichtspunkt des Rechtsschutzinteresses; unklar *Haarmeyer/Wutzke/Förster* Handbuch 3/45 und 3/51)

XIII. Bedingung/Befristung

Ein bedingter oder befristeter Konkursantrag ist unzulässig. Der Antragsteller kann **21** keinen Antrag mit der Bedingung stellen, daß Sicherungsmaßnahmen erst nach Rückfrage mit ihm oder gar nicht angeordnet werden (*AG Gummersbach* KTS 1962, 61; *Uhlenbruck/Delhaes* Rz. 210). Über den Erlaß von Sicherungsmaßnahmen – wie Beauftragung eines vorläufigen Insolvenzverwalters – entscheidet das Gericht von Amts wegen. Es steht im Ermessen des Gerichts, ob es dem Antragsteller vor Erlaß von Sicherungsmaßnahmen nach einer Anhörung des Schuldners Gelegenheit zur Stellungnahme gibt (*Gottwald/Uhlenbruck* § 13 Rz. 4). Sieht man den antragstellenden Gläubiger nicht als Kostenschuldner der Vergütung des vorläufigen Insolvenzverwalters an (s. § 13 Rz. 58 ff.), erledigt sich das Problem häufig. Einen **kurzfristigen Aufschub einer Entscheidung** wird man jedoch als zulässig ansehen können (*Kilger/Karsten Schmidt* KO, § 103 Rz. 2), so wenn z.B. der Antragsteller mitteilt, der Schuldner habe kurzfristig Zahlung zugesagt oder der vorgelegte Scheck müsse nur noch eingelöst werden. Zulässig ist es, die Stellung des Antrages von der Bewilligung von Prozeßkostenhilfe abhängig zu machen (*Haarmeyer/Wutzke/Förster* Handbuch 3/18; s. o. § 13 Rz. 90).

XIV. Ruhen und Aussetzung

22 Beim Insolvenzverfahren handelt es sich um ein Eilverfahren. Die Vorschriften über das Ruhen und Aussetzung finden keine Anwendung. Trifft der Schuldner mit dem Gläubiger eine Ratenzahlungsvereinbarung, so bleibt nur die Möglichkeit, den Antrag zurückzunehmen. Hält der Schuldner das Zahlungsversprechen nicht ein, kann der Gläubiger einen neuen Antrag gegen den Schuldner stellen (*Gottwald/ Uhlenbruck* § 13 Rz. 29; s. o. § 13 Rz. 22). Eine Ausnahme gilt im Falle des § 306 (Ruhen bis zur Entscheidung über den Schuldenbereinigungsplan).

XV. Verhältnismäßigkeit/§ 765 a ZPO

23 Im Insolvenzantragsverfahren ist für eine Beachtung des Grundsatzes der Verhältnismäßigkeit grundsätzlich kein Raum. Im Gegensatz zu Privatgläubigern können sich nur für das Finanzamt und Sozialversicherungsträger Einschränkungen ergeben (*Kuhn/Uhlenbruck* KO, § 105 Rz. 8 a; s. u. Rz. 46). Die auf die Einzelzwangsvollstreckung zugeschnittene Vorschrift des § 765 a ZPO ist im Eröffnungsverfahren nicht anwendbar (*Kuhn/Uhlenbruck* § 13 Rz. 68; *Kilger/Karsten Schmidt* KO, § 105 Rz. 2). Soweit die Rechtsprechung die Anwendbarkeit des § 765 a ZPO bejaht, handelt es sich um den Zeitraum nach Insolvenzeröffnung (*OLG Celle* ZIP 1981, 1005) oder krass gelagerte, in der zur Entscheidung anstehenden Fallgestaltung im Ergebnis nicht bejahte Ausnahmefälle (*BGH* Rpfleger 1977, 359 [360]).

XVI. Anfechtung und Verzicht

24 Als Prozeßhandlung kann der Insolvenzantrag nicht angefochten werden (*Schlesw.- Holst. OLG* MDR 1951, 49). Der Schuldner kann seinen Antrag nur zurücknehmen oder nach Eröffnung sofortige Beschwerde einlegen (s. § 34 Rz. 16). Der Gläubiger kann auf das Recht zur Antragstellung verzichten und sich dazu auch schuldrechtlich verpflichten (*Kuhn/Uhlenbruck* KO, § 103 Rz. 4).

XVII. Heilung

25 Läßt das Insolvenzgericht einen unzulässigen Antrag zu und eröffnet es das Insolvenzverfahren, so werden die Zulässigkeitsmängel grundsätzlich geheilt (s. § 11 Rz. 35). Eine Partei kann sich im nachfolgenden Zivilprozeß folglich nicht darauf berufen, die Eröffnung des Verfahrens sei – z. B. mangels örtlicher Zuständigkeit des Insolvenzgerichtes – unzulässig gewesen (*BGH* ZIP 1998, 477 [478]).

C. Gläubigerantrag

I. Rechtliches Interesse

1. Bedeutung

Das Insolvenzverfahren stellt einen weitreichenden Eingriff dar, bei dem z.B. schon **26** wegen geringer Forderungen die wirtschaftliche Existenz zerschlagen und eine juristische Person liquidiert werden kann. Unter Geltung der KO war allgemein anerkannt, daß Insolvenzanträge von Gläubigern mangels Rechtsschutzbedürfnisses bzw. Rechtsschutzinteresses unzulässig sein können (*Gottwald/Uhlenbruck* § 13 Rz. 10 ff.). Dieses Erfordernis ist in § 14 Abs. 1 festgeschrieben. Der Gläubiger muß ein rechtliches Interesse an der Eröffnung des Insolvenzverfahrens haben.

Nach den Vorstellungen des Gesetzgebers sollen zunächst die Fälle ausgeschieden **27** werden, in denen **Gläubiger** im Falle der Eröffnung des Insolvenzverfahrens **nicht an dem Verfahren beteiligt** sind. Dies gilt etwa für Gläubiger, die als Aussonderungsberechtigte (§ 47) ihre Rechte innerhalb wie außerhalb des Verfahrens in gleicher Weise geltend machen können (BT-Drucks. 12/2443 S. 113). Das erforderliche rechtliche Interesse dient als Korrektiv für das auf jeden Gläubiger erweiterte Antragsrecht (s.o. § 13 Rz. 1, 9).

Nach dem Willen des Gesetzgebers soll durch das Erfordernis des rechtlichen Interesses **28** weiter einem Mißbrauch des Insolvenzantrages – etwa zu dem Zweck, Zahlungen solventer Schuldner zu erzwingen – vorgebeugt werden (BT-Drucks. 12/2443 S. 113). Es handelt sich um die auch unter Geltung der KO und GesO bislang diskutierten »**Mißbrauchsfälle**«. Es geht u.a. um die Frage, ob der Gläubiger sich auf einfacherem Wege befriedigen kann, ob die Forderung eine Mindesthöhe aufweisen muß und wann unzulässige insolvenzfremde Zwecke verfolgt werden. Die dazu bestehende weitgefächerte Kasuistik gilt fort.

Das Erfordernis des rechtlichen Interesses ist **von Amts wegen** zu beachten. Hat das **29** Gericht Bedenken oder äußert der Schuldner sie, ist der Gläubiger dazu zu hören. Räumt der Gläubiger die Bedenken nicht aus, ist der Antrag als unzulässig abzuweisen.

Stellt der Gläubiger vorsätzlich rechtsmißbräuchlich einen Insolvenzantrag, um den **30** Schuldner zu schädigen, kann er sich schadensersatzpflichtig machen (s.o. § 13 Rz. 119). Amtshaftungsansprüche (§ 839 BGB, Art. 34 GG) kommen hingegen schon bei einfacher Fahrlässigkeit in Betracht. Für den Schaden hat das betreffende Land als Dienstherr des Richters einzustehen (*Kuhn/Uhlenbruck* KO, § 105 Rz. 6i).

2. Einfachere Vollstreckungsmöglichkeit

Ein Rechtsschutzbedürfnis kann fehlen, wenn der Gläubiger aufgrund anderer Mög- **31** lichkeiten in der Lage ist, auf einfachere, schnellere, leichtere oder billigere Weise Ausgleich seiner Forderung zu erlangen (*Hess* KO, § 105 Rz. 5).

a) Es ist nicht erforderlich, daß der Gläubiger zuvor versucht hat, eine titulierte **32** Forderung im Wege der **Einzelzwangsvollstreckung** beizutreiben (*LG Göttingen* ZIP 1993, 446 [447]; *LG Göttingen/AG Göttingen* Z InsO 1998, 190; *Kilger/Karsten Schmidt* KO, § 105 Rz. 2).

b) Der Gläubiger muß sich auch nicht darauf verweisen lassen, daß er im Schuldnervermögen **33** oder im Vermögen eines Dritten ausreichend abgesichert ist (so *Kuhn/Uhlenbruck* KO, § 105 Rz. 6b; *Haarmeyer/Wutzke/Förster* Handbuch 3/43) wie bei einer Absicherung durch erstrangige Grundpfandrechte oder Pfändungspfandrechte bei einer Individualzwangsvollstreckung (*Hess* KO, § 105 Rz. 5). Auch muß sich der Gläubiger nicht darauf verweisen lassen, eine Einzelzwangsvollstreckung mittels Eintragung einer Sicherungshypothek zu betreiben (so *LG Magdeburg* ZIP 1995, 579 = EWiR 1995, 665). Das Ausschöpfen aller Möglichkeiten der Singularzwangsvollstreckung ist nicht Voraussetzung für einen Antrag (*LG Göttingen/AG Göttingen* ZInsO 1998, 190; *Kuhn/Uhlenbruck* KO, § 105 Rz. 6 b). Eine vorherige Einzelzwangsvollstreckung ist in keinem Fall erforderlich. Es besteht keine Veranlassung, den Gläubiger auf den hindernisreichen und langwierigen Weg beispielsweise einer **Immobiliarzwangsvollstreckung** zu verweisen und damit die Verfahrenseröffnung hinauszuziehen. Infolge des Zeitablaufes kann der Gläubiger hierdurch erheblich geschädigt werden (*Mohrbutter/Mohrbutter/Pape* XVI. 46). Vielmehr kommt es entscheiden darauf an, ob der Gläubiger die Zahlungsunfähigkeit des Schuldners glaubhaft machen kann. Dies kann insbesondere bei nicht rechtskräftig titulierten Einzelforderungen problematisch sein (s. u. Rz. 57 ff.). Dies verkennt auch das *OLG Köln* (ZIP 1989, 789 [791] = EWiR 1989, 701), wenn es bei einer nicht rechtskräftig titulierten Einzelforderung ein Rechtsschutzbedürfnis nur annimmt, wenn dargetan ist, warum ein Vorgehen im Wege der Einzelzwangsvollstreckung nicht ausreicht.

34 c) Erbringt der Schuldner **Teilzahlungen**, läßt dies das Rechtsschutzinteresse auch dann nicht entfallen, wenn die Forderung bis auf Kosten und Zinsen beglichen ist (*Gottwald/Uhlenbruck* § 13 Rz. 13). Wird die Hauptverbindlichkeit innerhalb kurzer Zeit durch Teilzahlungen getilgt, besteht das rechtliche Interesse fort (a. A. *Kilger/Karsten Schmidt* KO, § 105 Rz. 2). Der von der Gegenmeinung in Bezug genommenen Entscheidung des *AG Holzminden* (ZIP 1987, 1272 = EWiR 1987, 807) kann nur darin zugestimmt werden, daß ein Rechtsschutzbedürfnis nach Tilgung der Hauptschuld wegen der für eine angestrebte Ratenzahlungsvereinbarung entstandenen streitigen Gebührenforderung des Gläubigervertreters nicht besteht. Eine andere Frage ist es, ob bei Tilgung der Hauptverbindlichkeit innerhalb kurzer Zeit der Insolvenzgrund der Zahlungsunfähigkeit (noch) glaubhaft gemacht ist. Erbringt der Schuldner eine Teilzahlung und einigt er sich mit dem Gläubiger auf die spätere Zahlung des Restbetrages, so läßt dies das Rechtsschutzinteresse entfallen (*OLG Oldenburg* OLG Report 1997, 178 [179]; zum weiteren Verfahrensgang s. o. § 13 Rz. 115a).

3. Aus- und Absonderungsberechtigte

35 Aussonderungsberechtigte (§ 47), die ihre Rechte innerhalb wie außerhalb des Verfahrens in gleicher Weise geltend machen können, haben kein rechtliches Interesse an der Durchführung des Insolvenzverfahrens (s. o. Rz. 27). Absonderungsberechtigte (§ 49 ff.) haben ein rechtliches Interesse an der Antragstellung, sofern sie Insolvenzgläubiger sind, ihnen der Schuldner also auch persönlich – wie es § 52 Satz 1 fordert – haftet (vgl. *Jauernig* § 74 III).

4. Bestehen der Forderung

36 a) **Nicht** erforderlich ist, daß die Forderung **rechtskräftig tituliert** ist. Auch bei einer vorläufig vollstreckbar titulierten Forderung besteht ein rechtliches Interesse (*Mohrbutter/Mohrbutter/Pape* II. 6). Die Gegenmeinung (*Haarmeyer/Wutzke/Förster* Handbuch 3/46; einschränkend *OLG Köln* ZIP 1989, 789 = EWiR 1989, 701) verkennt, daß es sich um eine Frage der Glaubhaftmachung der Forderung handelt (s. u. Rz. 64 ff.). Auch der

Antrag eines Gläubigers § 14

BGH (ZIP 1992, 947 [948] = EWiR 1992, 805 = NJW-RR 1992, 919) prüft die Frage, ob bei vorläufig vollstreckbaren Forderungen ein Insolvenzverfahren eröffnet werden kann, unter dem Gesichtspunkt der Zahlungsunfähigkeit bzw. des Bestehens und der Fälligkeit der Forderung (s. u. Rz. 64). Es ist **nicht** einmal nötig, daß die Forderung **tituliert** ist (*LG Göttingen* ZIP 1992, 572 [573]; *LG Göttingen* Rpfl. 1995, 125). Wird die Forderung vom Schuldner bestritten und hängt das Vorliegen eines Insolvenzgrundes vom Bestand der Forderung ab, so beseitigt dies nicht das rechtliche Interesse. Allerdings ist nicht zu übersehen, daß die Frage eng damit zusammenhängt (*Mohrbutter/Mohrbutter/Pape* II. 15). Vielmehr geht es darum, ob es dem Gläubiger gelingt, bei substantiiertem Bestreiten durch den Schuldner und entsprechende Gegenglaubhaftmachung die erforderliche Glaubhaftmachung zu führen (s. u. Rz. 57 f.).

Das rechtliche Interesse fehlt auch nicht bei rechtlich zweifelhaften Forderungen, wenn 37 die Realisierung der Forderung von vornherein ausgeschlossen und unter keinem rechtlichen Gesichtspunkt gerechtfertigt erscheint (so aber *Haarmeyer/Wutzke/Förster* Handbuch 3/43). Auch eine Einschränkung auf die Fälle des offenkundigen Nichtbestehens einer Forderung (*Hess* KO, § 105 Rz. 6) ist abzulehnen. Klare Abgrenzungskriterien existieren nicht.

b) Das rechtliche Interesse fehlt jedoch bei der Geltendmachung verjährter Forderungen 38 und gestundeter Forderungen (*Kilger/Karsten Schmidt* KO, § 105 Rz. 2; *Kuhn/Uhlenbruck* KO, § 105 Rz 6 g).

5. Höhe der Forderung

Das rechtliche Interesse hängt nicht ab von der Höhe der dem Insolvenzantrag zugrun- 39 deliegenden Forderung (*BGH* NJW-RR 1986, 1188). Die gegenteilige Rechtsprechung der Oberlandesgerichte (*OLG Hamburg* Rpfleger 1973, 254; *OLG Stuttgart* Rpfleger 1973, 255) ist damit überholt. Von den Gerichten gezogene Grenzen der rechtsschutzbedürftigen Forderung sind durch das Gesetz nicht gedeckt und setzen Kleingläubiger zurück. Vielmehr kann die Tatsache, daß der Schuldner selbst eine geringe Forderung nicht erfüllen kann, seine Zahlungsunfähigkeit beweisen. Allein die Höhe der Forderung ist somit für das rechtliche Interesse irrelevant (*LG Dortmund* ZIP 1980, 633; *LG Gießen* MDR 1985, 508; *LG Bückeburg* MDR 1985, 855; *LG Berlin* Rpfleger 1992, 173 = NJW-RR 1992, 831; *Haarmeyer/Wutzke/Förster* Handbuch 3/44; *Kilger/Karsten Schmidt* KO, § 105 Rz. 2; *Kuhn/Uhlenbruck* KO, § 105 Rz. 6c). Daß mit dem Antrag konkursfremde Zwecke wie Durchsetzung von Teilzahlungen verfolgt werden (vgl. *LG Gießen* MDR 1985, 508; *LG Bückeburg* MDR 1985, 855 [856]; s. u. Rz. 42), wird sich in den seltensten Fällen nachweisen lassen. Nach Begleichung der Forderung im wesentlichen kann der Antrag jedoch aus anderen Gründen unzulässig werden (s. o. Rz. 34).

6. Mißbrauchsfälle

a) Hat der Schuldner die **eidesstattliche Versicherung** (§ 807 ZPO) bereits abgegeben, 40 fehlt es nicht am rechtlichen Interesse (*OLG Frankfurt* KTS 1971, 285; *Gottwald/ Uhlenbruck* § 13 Rz. 14; *Haarmeyer/Wutzke/Förster* Handbuch 3/46). Es ist keineswegs gewährleistet, daß die eidesstattliche Versicherung eines Schuldners richtig und vollständig ist. Die Praxis lehrt, daß durchaus realisierbare Ansprüche des Schuldners bestehen können. Durch eine eidesstattliche Versicherung wird nicht gewährleistet, daß diese Ansprüche in vollem Umfang aufgedeckt werden (wie z. B. Ansprüche gem. §§ 9 a, 31, 32 b, 43, 64 GmbHG).

§ 14 *Eröffnung des Insolvenzverfahrens*

41 b) Aus den o. g. genannten Gründen kann der Antrag auch nicht deshalb abgelehnt werden, da der Schuldner vermögenslos sei (a. A. *AG St. Ingbert* KTS 1983, 648; *Hess* KO, § 105 Rz. 9).

42 c) Unzulässig ist ein Konkursantrag, den der Gläubiger als **Druckmittel** auf den Schuldner zur Erbringung von Ratenzahlungen benutzt (*LG Koblenz* Rpfleger 1975, 318; *LG Münster* ZIP 1993, 1103; *Mohrbutter/Mohrbutter/Pape* II. 5; *Kilger/Karsten Schmidt* KO, § 105 Rz. 2). Dafür müssen aber konkrete Anhaltspunkte vorliegen. Ob das allein daraus gefolgert werden kann, daß der Schuldner die in einem früheren Insolvenzverfahren getroffene Ratenzahlungsvereinbarung nicht einhält (*LG Koblenz* Rpfleger 1975, 318), ist zweifelhaft. Legt der Antragsteller jedoch lediglich ein Urteil und eine Ablichtung einer eidesstattlichen Versicherung vor, ohne vorzutragen, daß und wie oft er den Schuldner zur Zahlung aufgefordert hat (*LG Münster* ZIP 1993, 1103), kann das rechtliche Interesse fehlen.

43 d) Rechtsmißbräuchlich kann es sein, einen Insolvenzantrag zu stellen, nur um pfändbare Vermögenswerte zu ermitteln (*AG Gummersbach* KTS 1964, 61; *Kilger/Karsten Schmidt* KO, § 105 Rz. 2).

44 e) Für die Geltendmachung einer **Teilforderung** fehlt jedenfalls das rechtliche Interesse (s. o. Rz. 19). Bei **Teilzahlungen** entfällt das rechtliche Interesse nicht (s. o. Rz. 34).

45 f) Ein Arbeitnehmer ist berechtigt, wegen seines Anspruchs auf **Insolvenzgeld** für die letzten drei Monate vor Eröffnung oder Ablehnung der Eröffnung Insolvenzantrag zu stellen (*Gottwald/Uhlenbruck* § 13 Rz. 15). Das rechtliche Interesse fehlt ebenfalls nicht, wenn ein Sozialversicherungsträger mit dem Antrag das wesentliche Ziel verfolgt, eine Beitragszahlung der Bundesanstalt für Arbeit zu erlangen (*LG Bonn* ZIP 1985, 1342; *Gottwald/Uhlenbruck* § 13 Rz. 15; a. A. *LG Rottweil* ZIP 1982, 729 mit abl. Anm. *Ruschke*). Nimmt der Sozialversicherungsträger den Antrag zurück, sind an die Glaubhaftmachung des Insolvenzgrundes keine erhöhten Anforderungen zu stellen (s. o. § 13 Rz. 22).

46 g) Auch bei Insolvenzanträgen des **Finanzamtes** ist Rechtsmißbrauch denkbar. Die veröffentlichten Entscheidungen ergingen überwiegend im Rahmen des einstweiligen Rechtsschutzes oder von Feststellungsklagen vor dem Finanzgericht (*BFH* ZIP 1989, 247 = EWiR 1989, 189; ZIP 1991, 457 = EWiR 1991, 395; ZIP 1991, 458). Daneben existieren Entscheidungen der Zivilgerichte (*BGH* ZIP 1990, 805 = EWiR 1990, 681; *OLG Hamm* ZIP 1980, 258; *AG Burgwedel* ZIP 1984, 475 – dazu s. u. Rz. 48). Für vorbeugenden Rechtsschutz gegen erwartete Insolvenzanträge von Sozialversicherungsträgern sind die Sozialgerichte zuständig (*BSG* JZ 1978, 318). Ein Sozialversicherungsträger ist nicht verpflichtet, für die Antragstellung einen Beitragsrückstand von sechs Monaten abzuwarten (*BSG* JZ 1978, 318 [319]).

47 h) Insolvenzfremder Zweck ist auch die schnelle und günstige Abwicklung bzw. Beendigung eines lästigen Vertragsverhältnisses (*OLG Oldenburg* MDR 1955, 175 [176]; *Gottwald/Uhlenbruck* § 13 Rz. 12). Dasselbe gilt, wenn der Gläubiger einen Schuldner als Konkurrenten aus dem Wettbewerb ausschalten will (*OLG Frankfurt* ZIP 1984, 195).

48 i) Sonstige insolvenzfremde Zwecke liegen beispielsweise vor, wenn das Finanzamt den Insolvenzantrag stellt, um durch die Abweisung mangels Masse zu erreichen, daß eine unangenehme Entscheidung des BFH in einem dort mit dem Schuldner anhängigen Rechtsstreit ergeht (*AG Burgwedel* ZIP 1984, 475 [476]). Die Ermessensausübung der Finanzbehörde bei Stellung eines Insolvenzantrages kann aber, außer in eindeutigen Fällen des Rechtsmißbrauches, vom Insolvenzgericht nicht überprüft werden (*AG Göttingen* ZInsO 1998, 190).

Antrag eines Gläubigers § 14

k) Bei kapitalersetzenden Darlehen (§ 32a GmbHG, §§ 129a, 172a HGB) war unter 49
Geltung der KO umstritten, ob der Gläubiger überhaupt antragsberechtigt war (verneinend *Gottwald/Uhlenbruck* § 11 Rz. 15). Durch § 39 Abs. 1 Nr. 5 ist die Antragsberechtigung klargestellt (s. o. § 13 Rz. 10). Es kann jedoch das rechtliche Interesse fehlen (*Mohrbutter/Mohrbutter/Pape* II 6; zweifelnd *LG Dortmund* ZIP 1986, 855 [857]). Bei Vorliegen entsprechender Anhaltspunkte hat der Antragsteller darzulegen, daß die qualifizierenden Voraussetzungen (z. B. des § 32a Abs. 1 GmbHG) nicht vorliegen (so im Ergebnis *LG Dortmund* ZIP 1985, 855 [857]; *Hess* KO, § 105 Rz. 13; a. A. *Uhlenbruck/Delhaes* Rz. 112).

II. Glaubhaftmachung: Übersicht

a) Stellt der **Gläubiger** Insolvenzantrag, hat er seine **Forderung und** den **Eröffnungs-** 50
grund glaubhaft zu machen. Alle anderen Zulässigkeitsvoraussetzungen einschließlich des rechtlichen Interesses muß der Gläubiger dagegen zur vollen Überzeugung des Gerichts – wie auch im zivilprozessualen Verfahren – darlegen. Die Glaubhaftmachung von Forderung und Eröffnungsgrund im Rahmen der Vorprüfung soll verhindern, daß der Schuldner aufgrund eines fahrlässig gestellten Gläubigerantrages irreparable Nachteile erleidet (*Mohrbutter/Mohrbutter/Pape* II. 14), die insbesondere durch die Anordnung von Sicherungsmaßnahmen (§ 21) eintreten können.
Zur Glaubhaftmachung der Behauptungen des Gläubigers (§ 4 i. V. m. § 294 ZPO) 51
bedarf es nicht des vollen Beweises. Vielmehr genügt die **überwiegende Wahrscheinlichkeit**, daß die Behauptung zutrifft (*OLG Köln* ZIP 1988, 664 = EWiR 1988, 603). Da es sich bei dem Eröffnungsverfahren um ein quasistreitiges Parteiverfahren (s. § 13 Rz. 5a) handelt, besteht für den Schuldner die Möglichkeit der Gegenglaubhaftmachung. Die Anforderungen an die Glaubhaftmachung und Gegenglaubhaftmachung hängen – ähnlich wie die Substantiierungspflicht im Zivilprozeß – von dem Verhalten der anderen Seite ab. Bestreitet der Schuldner die Forderung und/oder den Eröffnungsgrund nicht, kann man die **schlüssige Darlegung** durch den Gläubiger genügen lassen. Sicherungsmaßnahmen (§ 21) ohne vorherige Anhörung des Schuldners können allerdings nur im Falle der Glaubhaftmachung von Forderung und Eröffnungsgrund angeordnet werden. Bestreitet der Schuldner nur unsubstantiiert, ist dieses Bestreiten unbeachtlich (*LG Göttingen* ZIP 1992, 572 [573]). Bestreitet der Schuldner substantiiert, muß der Gläubiger die überwiegende Wahrscheinlichkeit des Bestehens von Forderung und/oder Eröffnungsgrund nachweisen. Dies geschieht durch **Glaubhaftmachung**. Eine erforderliche Glaubhaftmachung einer nicht titulierten und nicht urkundlich belegten Forderung kann jedenfalls durch eidesstattliche Versicherung erfolgen. Der Eröffnungsgrund der Zahlungsunfähigkeit kann regelmäßig in Form der Zahlungseinstellung (z. B. erfolglose Vollstreckung) glaubhaft gemacht werden. Dem Schuldner steht die Möglichkeit der **Gegenglaubhaftmachung** offen (*OLG Köln* ZIP 1988, 664 [665]).
Die Glaubhaftmachung der Forderung soll allerdings nicht genügen, wenn der Schuldner 52
sie (substantiiert) bestreitet und die dem Antrag zugrundeliegende **Forderung die einzige ist, die für den Fall ihres Bestehens den Insolvenzgrund ausmachen würde** (*Gottwald/Uhlenbruck* § 13 Rz. 26). Nach der – abzulehnenden – herrschenden Meinung ist der Vollbeweis erforderlich. Die Einzelheiten sind streitig (s. u. Rz. 57 ff).
b) Die Glaubhaftmachung kann nur durch präsente Beweismittel erfolgen (§ 294 ZPO). 53
Als Mittel der Glaubhaftmachung kommen in Betracht: Versicherung an Eides Statt (§ 294 ZPO), Urteile, Wechsel, Schuldscheine, Rechnungen, Protokolle einer eidesstatt-

§ 14   *Eröffnung des Insolvenzverfahrens*

lichen Versicherung, Protokolle über eine Zwangsvollstreckung, schriftliche Erklärungen von Zeugen. Urkunden müssen nicht unbedingt im Original vorgelegt werden, es genügt auch die Vorlage einer anwaltlich beglaubigten Ablichtung (*Gottwald/Uhlenbruck* § 13 Rz. 20).

54   c) Erforderlichenfalls hat das Gericht den Gläubiger aufzufordern, die Glaubhaftmachung nachzuholen oder eine ungenügende Glaubhaftmachung zu ergänzen. Von Amts wegen ermittelt das Gericht nicht (*Gottwald/Uhlenbruck* § 13 Rz. 27). Kommt der Gläubiger einer Aufforderung nach Fristsetzung nicht nach, ist der Konkursantrag als unzulässig auf Kosten des Gläubigers abzuweisen, der dagegen sofortige Beschwerde (§ 34) einlegen kann.

III. Glaubhaftmachung der Forderung

1. Finanzämter, Krankenkassen, Sozialversicherungsträger

55   **Finanzämter, Krankenkassen und Sozialversicherungsträger** können die Forderung durch Vorlage des Leistungsbescheides glaubhaft machen. Beim Antrag einer Krankenkasse hat der *BGH* (LM § 839 BGB Fi Nr. 4) die amtliche Erklärung über die Forderung genügen lassen. Bei Antrag eines Finanzamtes genügt die Vorlage des Steuerfeststellungsbescheides, auch wenn dieser nicht rechtskräftig ist (*OLG Hamm* ZIP 1980, 258 [259]). Auch anfechtbar festgesetzte Steueransprüche sind nämlich grundsätzlich vollstreckbar (§§ 251, 254 AO). Überwiegend ist anerkannt, daß die sogenannte vereinfachte Glaubhaftmachung der Forderung für Behörden wie das Finanzamt und Sozialversicherungsträger gilt (*Gottwald/Uhlenbruck* § 11 Rz. 16 und 17). Die Forderungen sind allerdings zu spezifizieren, so daß das Insolvenzgericht ohne Schwierigkeiten prüfen kann, für welche Zeit und für welche Höhe Ansprüche geltend gemacht werden. Säumniszuschläge, Zinsen, Mahngebühren und bisherige Vollstreckungskosten sind kenntlich zu machen (*Gottwald/Uhlenbruck* § 11 Rz. 16 und 17). Das Insolvenzgericht darf sich aufgrund der Stellung der Gläubiger darauf verlassen, daß die Eröffnung nicht aufgrund von Bescheiden beantragt wird, mit deren Änderung oder Aufhebung ernstlich zu rechnen ist (*Kuhn/Uhlenbruck* KO, § 105 Rz. 3 c). Zu beachten ist weiter, daß in der Praxis Einwendungen von Schuldnern regelmäßig nur gegen die Höhe der Forderung erhoben werden; dies ist in der Regel im Rahmen des Insolvenzverfahrens unbeachtlich.

56   Anerkannt ist im Ergebnis auch, daß das Steuergeheimnis (§ 30 AO) der Stellung eines Insolvenzantrages nicht entgegensteht (vgl. *Kuhn/Uhlenbruck* KO, § 105 Rz. 3 e; *OLG Hamm* ZIP 1980, 258 [260]). Allerdings hat das Finanzamt aufgrund von Verwaltungsvorschriften bei der Antragstellung Einschränkungen zu beachten (*Gottwald/Uhlenbruck* § 11 Rz. 16). Für die Gewährung des Rechtsschutzes sind insoweit allerdings die Finanzgerichte zuständig (*Hess* KO, § 103 Rz. 4 und die oben bei Rz. 46 zitierten Entscheidungen des *BFH*). Das Insolvenzgericht kann nur prüfen, ob das rechtliche Interesse fehlt (vgl. die oben bei Rz. 46 zitierten Entscheidungen der Zivilgerichte).

2. Nicht titulierte Forderung

57   Bei **nicht** (auch nicht vorläufig vollstreckbar) **titulierten Forderungen** hat der Gläubiger die Forderung zunächst schlüssig darzulegen (*AG Göttingen* ZInsO 1998, 143). Auch eine nicht titulierte Forderung kann Grundlage eines Insolvenzantrages sein (*LG Göttin-*

gen ZIP 1992, 572 [573] = EWiR 1992, 587; *LG Göttingen* ZIP 1994, 1376 [1377]; *AG Stendal* ZInsO 1998, 234; *AG Göttingen* ZInsO 1998, 143; *Pape* NJW 1993, 297 [299]). Bestreitet der Schuldner die substantiiert dargelegte Forderung des Gläubigers nicht nur (unzulässigerweise) pauschal, sondern substantiiert (vgl. *LG Göttingen* ZIP 1992, 572 [573]; *LG Göttingen* ZIP 1994, 1376 [1377]), hat der Gläubiger die Forderung gem. § 294 ZPO glaubhaft zu machen (s. o. Rz. 51 f.), dem Schuldner steht sodann die Gegenglaubhaftmachung offen. **Sicherungsmaßnahmen** dürfen allerdings ohne vorheriges rechtliches Gehör des Schuldners nur erlassen werden, wenn der Gläubiger den Anspruch nicht nur schlüssig darlegt, sondern glaubhaft gemacht hat (*AG Göttingen*) ZInsO 1998, 143).

Ist das Bestehen des Insolvenzgrundes der Zahlungsunfähigkeit oder Überschuldung vom **Bestehen der Forderung** abhängig, wird gefordert, daß der Gläubiger den vollen Beweis der Forderung erbringt. Da das Insolvenzgericht im Eröffnungsverfahren insoweit zu einer Beweisaufnahme nicht befugt ist (a. A. nur *Stürner* EWiR 1988, 603 [604]; *Baur/Stürner* Zwangsvollstreckungs-, Konkurs- und Vergleichsrecht Band II, Rz. 7.21), ist der Gläubiger auf den ordentlichen Rechtsweg zu verweisen (*Gottwald/Uhlenbruck* § 13 Rz. 55). Wegen des Charakters des Insolvenzverfahrens als Eilverfahren kommt eine Aussetzung nicht in Betracht (*Gottwald/Uhlenbruck* § 13 Rz. 55; s. o. Rz. 22). Dies ist allerdings **nicht eine Frage der Zulässigkeit, sondern der Begründetheit** (*AG Göttingen* ZInsO 1998, 143; *AG Stendal* ZInsO 1998, 234; *Uhlenbruck/Delhaes* Rz. 231, 289; *Kuhn/Uhlenbruck* KO, § 105 Rz. 3 f; *Stürner* EWiR 1988, 603 [604]; *Haarmeyer/Wutzke/Förster* Handbuch 3/52; wohl auch *OLG Köln* ZIP 1988, 664 [665]). Die Gegenauffassung, die bei einer nicht titulierten Forderung (*Hess* KO, § 105 Rz. 11) oder bei dem vergleichbaren Fall einer nur vorläufig vollstreckbar titulierten Forderung (s. u. Rechtsprechungsnachweise bei Rz. 64) die Zulässigkeit verneint, wenn der Insolvenzgrund vom Bestehen der Forderung abhängt, ist abzulehnen. Es besteht kein Anlaß für eine derartige teleologische Reduktion des Gesetzes, die zudem zu einem erheblichen Eingriff in die Gläubigerrechte führt, da diese evtl. noch vorhandene Befriedigungsmöglichkeiten verlieren können (*Pape* NJW 1993, 297 [300]). Nur wenn man in diesen Fällen den Antrag zuläßt, hat das Gericht zudem die **Möglichkeit, Sicherungsmaßnahmen** (§ 21) anzuordnen (*Kuhn/Uhlenbruck* KO, § 105 Rz. 3 f). Dem Schuldner bleibt die Möglichkeit der Gegenglaubhaftmachung.

3. Rechtskräftig durch Urteil titulierte Forderung

Ist die **Forderung rechtskräftig in** einem **Urteil tituliert**, bedarf es keiner schlüssigen Darlegung und Glaubhaftmachung durch den Gläubiger. Die **Gegenglaubhaftmachung** ist für den Schuldner so gut wie ausgeschlossen. Zudem ist die Gegenglaubhaftmachung gegen einen titulierten Anspruch von vornherein unerheblich, wenn die dem Antrag zugrundeliegende Forderung nicht den Insolvenzgrund ausmacht (*Uhlenbruck/Delhaes* Rz. 288). Ansonsten kommt es entscheidend darauf an, ob dem Schuldner die Gegenglaubhaftmachung gelingt. Ist dies nicht der Fall, ist im Rahmen der Begründetheitsprüfung das (Fort)bestehen der Forderung zu prüfen (*Uhlenbruck/Delhaes* Rz. 288; s. o. Rz. 58).

In der Praxis kann sich der Schuldner im wesentlichen darauf berufen, daß die Forderung beglichen oder durch wirksame Aufrechnung erloschen ist (*Gottwald/Uhlenbruck* § 13 Rz. 54). Bestreitet der Gläubiger dies, kann der Schuldner die Gegenglaubhaftmachung nicht durch den bloßen Nachweis führen, daß er Vollstreckungsabwehrklage nach § 767 ZPO erhoben und Antrag auf einstweilige Einstellung der Zwangsvollstreckung aus dem

Titel beim Prozeßgericht gestellt hat (a. A. *Gottwald/Uhlenbruck* § 13 Rz. 54). Damit wäre Verfahrensverschleppungen von Schuldnern Tür und Tor geöffnet.

61 Trifft das **Prozeßgericht** eine **einstweilige Anordnung** gem. § 769 ZPO, wird eine Einstellung ohne Sicherheitsleistung nur in Ausnahmefällen in Betracht kommen. Erfolgt die Einstellung nur gegen Sicherheitsleistung, ist die Anordnung des Prozeßgerichts für das Insolvenzgericht erst dann beachtlich, wenn die Sicherheitsleistung erbracht ist. In diesen Fällen erledigt sich das Insolvenzverfahren.

62 Geht ein Schuldner gegen ein **rechtskräftiges Versäumnisurteil** an, ist Mindestvoraussetzung für die Berücksichtigung seiner Einwendungen die Vorlage eines Beschlusses des Prozeßgerichts über die einstweilige Einstellung der Zwangsvollstreckung im Rahmen des Einspruchs- und Wiedereinsetzungsverfahrens gem. §§ 707, 719 ZPO (*AG Göttingen* EWiR 1997, 181 [182]). Eine Einstellung ohne Sicherheitsleistung kommt nur in Betracht, wenn das Versäumnisurteil nicht in gesetzlicher Weise ergangen war oder die säumige Partei dem Prozeßgericht gegenüber glaubhaft gemacht hat, daß ihre Säumnis unverschuldet war. Ansonsten wird einstweilige Einstellung nur gegen Sicherheitsleistung gewährt. Solange der Schuldner die Sicherheitsleistung nicht erbracht hat, ist die einstweilige Einstellung durch das Prozeßgericht für das Insolvenzgericht unbeachtlich. Ist die Sicherheitsleistung erbracht, erledigt sich das Insolvenzverfahren.

63 Zur Rechtslage bei
– nicht rechtskräftigem Versäumnisurteil,
– Vorbehaltsurteil,
– Vollstreckungsklage gegen notarielle Ukrunde
s. u. Rz. 67–69.

4. Nicht rechtskräftig (nur vorläufig vollstreckbar) titulierte Forderung

64 Ist die Forderung in **einer nicht rechtskräftigen Entscheidung vorläufig vollstreckbar tituliert**, bedarf es (zunächst) keiner schlüssigen Darlegung und Glaubhaftmachung der Forderung durch den Gläubiger. Handelt es sich um eine **Forderung, von deren Bestehen** der **Insolvenzgrund abhängt**, soll bereits im Rahmen der Zulassung des Antrages der volle Nachweis des Bestehens der Forderung erforderlich sein (*BGH* ZIP 1992, 947 [948] = EWiR 1992, 805; *OLG Köln* ZIP 1988, 664 [665] = EWiR 1988, 603; *OLG Köln* ZIP 1989, 789 [790] = EWiR 1989, 701; *LG Stendal* ZIP 1994, 1034 = EWiR 1994, 779; *LG Magdeburg* ZIP 1995, 579 [580] = EWiR 1995, 665; *Hess* KO, § 105 Rz. 11, 12). Da das Insolvenzgericht zu einer Beweisaufnahme in diesem Stadium des Verfahrens nicht befugt ist (s. o. Rz. 58) und der Gläubiger den vollen Beweis folglich nicht führen kann, ist der Antrag nach dieser Auffassung mangels Glaubhaftmachung bereits als unzulässig abzuweisen. Mißliche Folge ist u. a., daß Sicherungsmaßnahmen (§ 21) nicht angeordnet werden können. Diese Auffassung ist im Anschluß an die fundierte Kritik von *Pape* (NJW 1993, 297) abzulehnen (*AG Göttingen* ZInsO 1998. 143; ebenso *Haarmeyer/Wutzke/Förster* Handbuch 3/46 und 3/52; *Uhlenbruck/Delhaes* Rz. 227, 231, 288, 289; *Kuhn/Uhlenbruck* KO, § 105 Rz. 3f).

65 Die vorläufige Vollstreckbarkeit einer Entscheidung wird entwertet, wenn man die im Ergebnis nicht mögliche volle Überzeugung des Insolvenzgerichts fordert. Der Schuldner kann durch die Einlegung von Rechtsmitteln den Abschluß des Prozesses um mehrere Jahre hinauszögern. Es besteht eine erhebliche Gefahr, daß der Gläubiger evtl. noch vorhandene Befriedigungsmöglichkeiten verliert. Die Möglichkeit für den Gläubiger, sich im Wege der Einzelzwangsvollstreckung zu befriedigen, bietet keinen hinreichenden Ersatz. Dabei geht es nicht um die Frage, daß der Gläubiger trotz

Anordnung einer Sicherheitsleistung (wie im Falle des § 709 ZPO) bei Pfändung beweglichen Vermögens oder Eintragung einer Sicherungshypothek (§ 720a ZPO) die Zwangsvollstreckung auch ohne Sicherheitsleistung betreiben darf. Ohne genaue Kenntnis des Vermögens des Schuldners ist dem Gläubiger nämlich eine erfolgreiche Zwangsvollstreckung auch gem. § 720a ZPO nicht möglich. Auch die Abgabe einer eidesstattlichen Versicherung (§ 807 ZPO) liefert nicht unbedingt einen vollständigen Überblick über das Vermögen des Schuldners. Dieser kann erst im Wege der Gesamtvollstreckung erlangt werden, bei der der (vorläufige) Insolvenzverwalter unbeschränkten Zugriff auf das Vermögen und die Unterlagen des Schuldners hat und das Insolvenzgericht von Amts wegen ermittelt. Der Gesetzestext liefert keine Anhaltspunkte für eine Auslegung, nach der letztlich nur rechtskräftig festgestellte Ansprüche zur Antragstellung berechtigen, wenn die Forderung für das Vorliegen eines Insolvenzgrundes entscheidend ist (*Kuhn/Uhlenbruck* KO, § 105 Rz. 3f). Im Ergebnis würde das vorläufig vollstreckbare Urteil geringer eingestuft als ein vom Finanzamt oder einem Sozialversicherungsträger einseitig festgesetzter Bescheid (s. o. Rz. 55). Dem kann auch nicht das Fehlen eines spezialgesetzlich geregelten Schadensersatzanspruches wegen eines fahrlässig gestellten Konkursantrages entgegengehalten werden. Daß der fahrlässig gestellte Konkursantrag keine Schadensersatzpflichten auslöst (s. o. § 13 Rz. 119), kann hingenommen werden, da bei einer vorläufig vollstreckbar titulierten Forderung in der Regel eine richterliche Überprüfung erfolgt ist (*Pape* NJW 1993, 297 [302]). Bei einem Vollstreckungsbescheid hat es der Schuldner in der Hand gehabt, dessen Erlaß durch Einlegung eines Widerspruchs gegen den Mahnbescheid abzuwenden.

Im Rahmen der Zulässigkeitsprüfung **genügt** es folglich, wenn die **Forderung** durch Vorlage eines vorläufig vollstreckbaren Urteils **glaubhaft** gemacht wird. Des vollen Beweises bedarf es auch dann nicht, wenn von der Existenz der Forderung das Vorliegen des Insolvenzgrundes abhängt. Die dem Schuldner mögliche **Gegenglaubhaftmachung** dürfte nur in den wenigsten Fällen zum Erfolg führen. Dem Schuldner soll der Nachweis möglich sein, daß die angegriffene Entscheidung offensichtlich fehlerhaft ist und sein Rechtsmittel mit großer Sicherheit erfolgreich sein wird (*Pape* NJW 1993, 297 [301]). Dies zu beurteilen, wird für das Insolvenzgericht bei umfangreichen Rechtsstreitigkeiten häufig unmöglich sein. Der Schuldner muß sich vielmehr darauf verweisen lassen, die Vollstreckung seinerseits durch Sicherheitsleistung abzuwenden (§§ 712, 719, 707, 720a Abs. 3 ZPO). Wird die Sicherheitsleistung erbracht, erledigt sich das Insolvenzverfahren. So bleibt dem Insolvenzgericht in der Regel auch die **Möglichkeit** erhalten, **Sicherungsmaßnahmen (§ 21) anzuordnen.** Nach der im Vorprüfungsverfahren erfolgten Zulassung des Antrages prüft das Insolvenzgericht im anschließenden Hauptprüfungsverfahren, ob ein Eröffnungsgrund vorliegt. Hängt dies von dem Bestehen der dem Antrag zugrundeliegenden Forderung ab, bedarf die Forderung des vollen Beweises. Dies kann nunmehr mit der gebotenen Gründlichkeit erfolgen ohne den im Zulassungsverfahren vorhandenen Zeitdruck, der sich daraus ergibt, daß erst nach Zulassung Sicherungsmaßnahmen angeordnet werden können.

5. Versäumnisurteil

Die Forderung kann auch durch ein **Versäumnisurteil** glaubhaft gemacht werden (a. A. nur *LG Leipzig* ZIP 1996, 880 mit abl. Anm. *Holzer* EWiR 1996, 601). Das *OLG Köln* (ZIP 1988, 664 [665] = EWiR 1988, 603) läßt die Glaubhaftmachung durch ein Versäumnisurteil und durch eine eidesstattliche Versicherung genügen, auch wenn der Schuldner Einspruch eingelegt und das Arbeitsgericht einen Beweisbeschluß erlassen hat mit der Begründung, der Schuldner habe sein vom Vortrag des Gläubigers abweichendes Vorbringen nicht glaubhaft gemacht. Zur Rechtslage bei einem rechtskräftigen Versäumnisurteil s. o. Rz. 62.

6. Vorbehaltsurteil

68 Ergeht ein rechtskräftiges **Vorbehaltsurteil**, bei dem ein Nachverfahren anhängig ist, genügt dies regelmäßig nach den o. g. Grundsätzen zur Glaubhaftmachung (a. A. *OLG Frankfurt* KTS 1983, 148; *Hess* KO; § 105 Rz. 18). Liegt ein durch das Prozeßgericht bestätigtes aber noch nicht rechtskräftiges Vorbehaltsurteil vor, so kommt es nicht darauf an, ob das Insolvenzgericht die Aussicht des Rechtsmittels als äußerst gering beurteilt. Diese Prüfung obliegt nicht dem Insolvenzgericht und dürfte es zumindest in zeitlicher Hinsicht überfordern (s. o. Rz. 66).

7. Vollstreckungsgegenklage gegen notarielle Urkunde

69 Wird **gegen** eine **notarielle Urkunde Vollstreckungsgegenklage** erhoben, muß der Abschluß des Klageverfahrens nicht abgewartet werden (a. A. *OLG Köln* ZIP 1989, 789 = EWiR 1989, 701). Entgegen der Auffassung des OLG Köln ergibt sich aus der Tatsache, daß das Landgericht im ersten Rechtszug eine Einstellungsentscheidung getroffen hat und umfangreichem Vorbringen der Berufung gegen das Urteil des Landgerichts nicht ohne weiteres eine erfolgreiche Gegenglaubhaftmachung durch den Schuldner. Dies ist vielmehr nach den o. g. Grundsätzen zu beurteilen. Zudem weist *Gerhardt* (EWiR 1989, 701 [702]) zutreffend daraufhin, daß bei der vom OLG Köln vorgenommenen Verweisung des Gläubigers auf die Einzelzwangsvollstreckung diese nicht dieselben Sicherungsmöglichkeiten wie ein Insolvenzverfahren gewährt.

IV. Glaubhaftmachung Eröffnungsgrund

70 a) Eröffnungsgründe beim Gläubigerantrag sind die Zahlungsunfähigkeit (§ 17) und die Überschuldung (§ 19). Der Gläubiger hat selten einen genauen Einblick in die Vermögensverhältnisse des Schuldners. Die Glaubhaftmachung der Überschuldung gelingt in den seltensten Fällen. Regelmäßig werden Anträge auf Zahlungsunfähigkeit gestützt. Auch hier ist das Problem, daß der Gläubiger selten über genaue Kenntnisse der internen Verhältnisse des Schuldners verfügt. Der Gläubiger wird regelmäßig **nur äußere Anzeichen** für die Zahlungseinstellung vortragen können, aus der in der Regel aus die Zahlungsunfähigkeit geschlossen werden kann (§ 17 Abs. 2 Satz 2). Wie im Rahmen der Glaubhaftmachung der Forderung genügt zunächst die schlüssige Darlegung (s. o. Rz. 57). Glaubhaftmachung durch den antragstellenden Gläubiger ist nur erforderlich, wenn der Schuldner den schlüssigen Vertrag substantiiert bestreitet (*AG Göttingen* ZInsO 1998, 143). Sollen Sicherungsmaßnahmen ohne vorheriges rechtliches Gehör des Schuldners angeordnet werden, ist Glaubhaftmachung erforderlich (*AG Göttingen* ZInsO 1998, 143). Da es nur um die Zulassung eines Antrages geht, dürfen keine allzu strengen Anforderungen an die Glaubhaftmachung gestellt werden (*Hess/Pape* Rz. 123).

71 b) Bei Anträgen auf Eröffnung des Insolvenzverfahrens über Versicherungsunternehmen, Kreditinstitute und Bausparkassen darf das Insolvenzgericht nunmehr prüfen, ob ein Insolvenzgrund vorliegt (§ 46 b KWG). Das Insolvenzgericht ist an den Antrag des

Antrag eines Gläubigers § 14

Bundesaufsichtsamtes nicht mehr gebunden (zur alten Rechtslage s. *Gottwald/Timm/ Körber* § 83 Rz. 42, 47, 51). Demgemäß kann auch eine Glaubhaftmachung verlangt werden.

c) Anders als bei der Glaubhaftmachung der Forderung gibt es bei Anträgen des 72 Finanzamtes und der Sozialversicherungsträger keine Erleichterungen hinsichtlich des Eröffnungsgrundes. Den Eröffnungsgrund der Zahlungsunfähigkeit machen sie regelmäßig glaubhaft durch Vorlage eines Protokolls über einen erfolglosen Vollstreckungsversuch.

d) Der Schuldner ist **zahlungsunfähig**, wenn er nicht in der Lage ist, die fälligen 73 Zahlungspflichten zu erfüllen (§ 17 Abs. 2 Satz 1). Ganz geringfügige Liquiditätslücken bleiben ebenso außer Betracht wie eine vorübergehende Zahlungsstockung (vgl. § 17 Rz. 13 ff.). Hat der Schuldner seine Zahlungen eingestellt, so begründet dies eine widerlegliche Vermutung für den Eintritt der Zahlungsunfähigkeit (§ 17 Abs. 2 Satz 2). Der Gläubiger wird die Zahlungsunfähigkeit regelmäßig nur durch Glaubhaftmachung der Zahlungseinstellung darlegen können. Dem Schuldner steht die Möglichkeit offen, durch eine Gegenglaubhaftmachung dies zu widerlegen. An die Glaubhaftmachung des Gläubigers dürfen keine allzu strengen Anforderungen angelegt werden. Es geht nur um die Zulassung des Antrages, der die Anhörungen des Schuldners und Amtsermittlungen folgen (*Mohrbutter/Mohrbutter/Pape* XVI. 48).

Es steht im Belieben des Gläubigers, auf welche Art und Weise er den Bestand glaubhaft 74 macht. Ein bestimmtes Vorgehen wie Vorlage einer Fruchtloskeitsbescheinigung eines Gerichtsvollziehers kann nicht verlangt werden (*LG Halle* ZIP 1993, 1036 = EWiR 1993, 883; *Mohrbutter/Mohrbutter/Pape* XVI. 48).

e) Als äußere Anzeichen (**Indizien**) **zur Zahlungsunfähigkeit**, die alleine oder in einer 75 Gesamtschau genügen, kommen insbesondere in Betracht (weitere Indizien bei *Haarmeyer/Wutzke/Förster* Handbuch 3/59 und 3/65; *App* JurBüro 1996, 177 f.):

(1) Die kommentarlose Nichtbegleichung einer **unbestrittenen Forderung** stellt eine 76 ausreichende Glaubhaftmachung dar (ähnlich *Mohrbutter/Mohrbutter/Pape* XVI. 48; *OLG Dresden* ZIP 1997, 1036 f. = EWiR 1997, 519; bestätigt von *BGH* ZInsO 1998, 141 f.). Die Gegenmeinung (*LG Halle* ZIP 1993, 1036 mit abl. Anm. *Pape* EWiR 1993, 883; *LG Leipzig* ZIP 1996, 880) verkennt, daß bei der gegebenen Sachlage eine Zahlungsunwilligkeit die absolute Ausnahme ist. Dies gilt auch und gerade bei der Nichtbegleichung von Sozialversicherungsbeiträgen (s. u. Rz. 77). In den alten Bundesländern stellen allerdings Sozialversicherungsträger einen Insolvenzantrag erst nach erfolglosem Vollstreckungsversuch. Sobald in den neuen Bundesländern ein funktionsfähiges Vollstreckungswesen existiert, wird dort sicherlich ebenso verfahren werden, so daß sich die Problematik jedenfalls bei Anträgen von Sozialversicherungsträgern nicht mehr stellen wird.

(2) Die Nichtabführung von **Sozialversicherungsbeiträgen** ist deshalb ein starkes 77 Indiz, weil diese Forderungen in der Regel wegen der drohenden Strafbarkeit gem. § 266a StGB bis zuletzt bedient werden (*Pape* EWiR 1993, 883 [884]; ähnlich *OLG Dresden* ZIP 1997, 1036 = EWiR 1997, 519; bestätigt von *BGH* ZInsO 1998, 141 f.) und zudem Sozialversicherungsträger relativ schnell Insolvenzantrag stellen spätestens nach Ablauf der 3-Monats-Frist, für die ihnen Insolvenzgeld gewährt wird. Auch Löhne und Gehälter und Forderungen von Energielieferanten werden relativ lange bedient, ihre Nichtzahlung ist ein starkes Indiz.

(3) Indizien können sich aus dem **Verhalten des Schuldners** ergeben. In Betracht 78 kommen entsprechende Erklärungen des Schuldners (*Haarmeyer/Wutzke/Förster* Handbuch 3/62), wie der Erklärung »man sei am Ende« oder habe die Zahlungen eingestellt

§ 14   *Eröffnung des Insolvenzverfahrens*

(*Gottwald/Uhlenbruck* § 13 Rz. 23). Indizien sind weiter außergerichtliche Vergleichsbemühungen des Schuldners mit völlig unzureichender Tilgungsquote oder Stundungsgesuche mit völlig unzumutbarer Laufzeit, insbesondere wenn sie in Form eines Rundschreibens in einer Vielzahl an Gläubiger erfolgt (*App* JurBüro 1996, 177). Dem stehen gleich mehrfach nicht eingehaltene Zahlungszusagen. Ein starkes Indiz ist die Einstellung des Geschäftsbetriebes (*Gottwald/Uhlenbruck* § 13 Rz. 23).

79 (4) Mehrere Haftbefehle zur Erzwingung der eidesstattlichen Versicherung (*Gottwald/Uhlenbruck* § 13 Rz. 23).

80 (5) Abgabe der **eidesstattlichen Versicherung** (§§ 899 ff. ZPO).

81 (6) In Betracht kommt die Bescheinigung eines Gerichtsvollziehers oder eines Vollstreckungsbeamten, daß der Schuldner pfändbare bewegliche Habe nicht besitzt (**Fruchtlosigkeitszeugnis** gem. § 63 GVGA) oder das **Protokoll über einen fruchtlosen Pfändungsversuch** (*Gottwald/Uhlenbruck* § 13 Rz. 23). Die Bescheinigung des Gerichtsvollziehers sollte nicht länger als 6 Monate alt sein bzw. der entsprechende Pfändungsversuch nicht länger als 6 Monate zurückliegen (*Mohrbutter/Mohrbutter/Pape* II. 14; *Hess* KO, § 105 Rz. 11). Teilweise wird ein längerer Zeitraum von einem Jahr angenommen (*LG Halle* ZIP 1993, 1036 = EWiR 1993, 883; *Haarmeyer/Wutzke/Förster* Handbuch 3/58; *Gottwald/Uhlenbruck* § 13 Rz. 23). Dies dürfte aber nur für die neuen Bundesländer und nur für einen Übergangszeitraum gelten, bis auch dort ein voll funktionierendes Vollstreckungswesen vorhanden ist.

82 Zur Glaubhaftmachung der Zahlungsunfähigkeit einer BGB-Gesellschaft genügt ein vergeblicher Zwangsvollstreckungsversuch in das **gesamthänderische Vermögen** der Gesellschaft. Ein Vollstreckungsversuch in das Privatvermögen der Gesellschafter ist nicht erforderlich, da es sich bei dem Vermögen der BGB-Gesellschaft um ein gesamthänderisch gebundenes Sondervermögen handelt (*LG Frankfurt/O.* ZIP 1995, 1211 [1213]) und das Privatvermögen ein vom Gesellschaftsvermögen getrenntes Vermögen bildet (s. o. § 11 Rz. 2). Handelt es sich bei dem Schuldner um einen Einzelkaufmann, kann die Vorlage eines Fruchtlosigkeitszeugnisses oder eines Protokolls über eine erfolglose Zwangsvollstreckung sowohl bezüglich der Geschäftsräume als auch des Privatvermögens sinnvoll sein (vgl. *Haarmeyer/Wutzke/Förster* Handbuch 3/61). Zwingend erforderlich ist dies aber nicht. Die Tatsache einer erfolglosen Zwangsvollstreckung genügt regelmäßig zur Glaubhaftmachung. Häufig werden zudem noch weitere Indizien hinzutreten.

83 (7) Bei Wechselprotesten ist zu beachten, daß diese auch auf Bestreiten der Forderung beruhen können (*Kilger/Karsten Schmidt* KO, § 105 Rz. 1 b). Bei Scheckrückgaben oder Wechselprotesten kann es vorkommen, daß der Schuldner über sein Geschäftskonto dennoch Zahlungen leistet; bei gehäuftem Auftreten liegt allerdings ein starkes Indiz für Zahlungsunfähigkeit vor (*Gottwald/Uhlenbruck* § 13 Rz. 24).

84 (8) Holen Lieferanten unter Eigentumsvorbehalt gelieferte Waren zurück und bedient der Schuldner nur noch neue Schulden, spricht dies für die Zahlungseinstellung des Schuldners (*OLG Stuttgart* ZIP 1997, 652 = EWiR 1997, 469).

85 (9) Eine Formularklausel, nach der ein Schuldner eine vereinbarte Ratenzahlung nur bei absoluter Zahlungsunfähigkeit einstellen werde, ist zur Glaubhaftmachung nicht geeignet (*LG Cottbus* ZIP 1995, 234 [235] = EWiR 1995, 255; *Mohrbutter/Mohrbutter/Pape* XVI. 48). Eine Formularklausel kann auch nicht einer ausdrücklichen Erklärung des Schuldners (s. o. Rz. 77) gleichgestellt werden.

86 f) Soweit **Überschuldung** als Insolvenzgrund in Betracht kommt (§ 19), ist die Glaubhaftmachung für den Gläubiger kaum möglich, der regelmäßig keinen Zugang zu den Unterlagen des Schuldners hat (*Gottwald/Uhlenbruck* § 13 Rz. 25). Nach Zulassung

eines auf Zahlungsunfähigkeit gestützten Antrages wird sich im Rahmen der Amtsermittlungen jedoch häufig (auch) eine Überschuldung ergeben. Weist die Schuldnerin selbst in ihrem Bilanzen jahrelang eine Überschuldung aus, kann dies zur Glaubhaftmachung genügen (*Mohrbutter/Mohrbutter/Pape* XVI. 48).

g) Nach Rücknahme eines Antrages sind bei erneuter Antragstellung an die Glaubhaftmachung des Insolvenzgrundes keine erhöhten Anforderungen zu stellen (s.o. § 13 Rz. 22). **87**

D. Schuldnerantrag

I. Inhaltliche Anforderungen

Zur Stellung des Eröffnungsantrages sind berechtigt die Gläubiger und der Schuldner **88** (§ 13 Abs. 1 Satz 2). Der Gläubiger hat seine Forderung und den Eröffnungsgrund glaubhaft zu machen (§ 14 Abs. 1). Beim Schuldnerantrag müssen zunächst die allgemeinen Zulässigkeitsvoraussetzungen (s. o. Rz. 5 ff.) vorliegen. Spezielle Zulässigkeitsvoraussetzungen sieht die InsO nur in Sonderfällen vor. Wird der Antrag bei juristischen Personen und Gesellschaften ohne Rechtspersönlichkeit nicht von allen Mitgliedern des Vertretungsorganes, allen persönlich haftenden Gesellschaftern oder allen Abwicklern gestellt, ist der Eröffnungsgrund glaubhaft zu machen (§ 15 Abs. 2 Satz 1, Abs. 3). Das dem Schuldner sonst nur beim Gläubigerantrag zustehende Recht auf Anhörung (§ 14 Abs. 2) steht in diesen Fällen den übrigen Mitgliedern des Vertretungsorgans, persönlich haftenden Gesellschaftern oder Abwicklern zu (§ 15 Abs. 2 Satz 2; s. auch § 15 Rz. 26). Vergleichbare Regelungen enthält der Zehnte Teil (§ 317 Abs. 2, § 318 Abs. 2, § 332, § 333 Abs. 2).

In den übrigen Fällen sieht das Gesetz spezielle Zulässigkeitsvoraussetzungen nicht vor. **89** Dies bedeutet aber nicht, daß das Gericht im Vorprüfungsverfahren das Vorliegen eines Eröffnungsgrundes (§ 16) nicht zu prüfen hat. Erforderlich ist vielmehr, daß der **Schuldner konkrete Tatsachen** darlegt, aus denen sich der Eröffnungsgrund ergibt und ihn – jedenfalls auf Anfordern des Gerichts – durch Unterlagen belegt (*Haarmeyer/Wutzke/Förster* Handbuch 3/21 und 3/28). Kein Schuldner hat bei nicht schlüssig dargelegtem Eröffnungsgrund Anspruch darauf, daß ein Insolvenzverfahren eingeleitet und auch seinem Schutz dienende Sicherungsmaßnahmen wie beispielsweise Untersagung oder einstweilige Einstellung der Zwangsvollstreckung (§ 21 Abs. 2 Nr. 3) erfolgen. Es kann nämlich nicht ohne weiteres davon ausgegangen werden, daß sich niemand ohne Grund in die Rolle des Insolvenzschuldners begibt (*Uhlenbruck/Delhaes* Rz. 173). Häufig stellen GmbHs Eigenantrag mit dem Ziel, eine Abweisung mangels Masse zu erreichen und dadurch die Gläubiger zu benachteiligen (s. § 26 Rz. 14). Im Ergebnis bedarf auch der Eigenantrag der Zulassung, es handelt sich lediglich um ein vereinfachtes Zulassungsverfahren (*Uhlenbruck/Delhaes* Rz. 202).

II. Einzelheiten

a) Die Vorschrift des § 104 KO ist zwar nicht in die InsO übernommen worden. Danach **90** hatte beim Eigenantrag der Schuldner ein **Verzeichnis der Gläubiger und Schuldner** sowie eine Übersicht der Vermögensmasse bei Antragstellung einzureichen oder unverzüglich nachzuliefern. Durch die Vorschrift des § 20 sollte aber die Regelung des § 104

§ 14 *Eröffnung des Insolvenzverfahrens*

KO verallgemeinert werden (BT-Drucks. 12/2443 S. 115). Die Verallgemeinerung ist jedoch dadurch mißlungen, daß § 20 einen zulässigen Antrag voraussetzt. Es kann jedoch nicht davon ausgegangen werden, daß der Gesetzgeber den Schuldner unter Geltung der InsO von der Vorlage der in § 104 KO (bzw. § 3 Abs. 1 GesO) aufgeführten Unterlagen befreien wollte. Auszugehen ist daher von einer inhaltlichen Fortgeltung dieser Vorschriften (*Haarmeyer/Wutzke/Förster* Handbuch 3/28; *Hess/Pape* Rz. 113). Ausdrücklich geregelt ist die Vorlage von Unterlagen beim Schuldenbereinigungsplan (§ 305 Abs. 1 Nr. 3).

91 b) Dem Schuldnerantrag sind daher beizufügen ein Verzeichnis der Gläubiger und Schuldner mit ladungsfähiger Anschrift und Angabe von Betrag und Schuldgrund bei jeder Forderung und Verbindlichkeit. Ist eine Forderung oder Schuld streitig, so ist dies anzugeben (*Gottwald/Uhlenbruck* § 12 Rz. 5). Wegen der Einzelfragen kann zurückgegriffen werden auf § 6 Abs. 1 der außer Kraft getretenen VglO. In der Übersicht über die Vermögensmasse sind sämtliche werthaltigen Positionen wie Grundstücke, Warenbestände, Kraftfahrzeuge, Bankguthaben usw. ggf. unter Angabe des Wertes aus der Sicht des Schuldners anzuführen (*Haarmeyer/Wutzke/Förster* Handbuch 3/80 und 81).

92 c) Durch die Vorlage der Unterlagen soll dem Insolvenzrichter nicht nur die Prüfung der (vereinfachten) Zulässigkeitsvoraussetzungen (s. o. Rz. 89) ermöglicht werden, sondern auch die Tätigkeit des (vorläufigen) Insolvenzverwalters erleichtert werden (vgl. *Mohrbutter/Mohrbutter/Pape* XVI. 36).

93 d) Liegen die erforderlichen Unterlagen nicht oder nicht vollständig vor, setzt das Insolvenzgericht dem Schuldner eine angemessene Frist (*Gottwald/Uhlenbruck* § 12 Rz. 6), die zwei Wochen nicht überschreiten sollte (*Mohrbutter/Mohrbutter/Pape* XVI. 37). Kommt der Schuldner seinen Verpflichtungen nicht nach, wird der Antrag als unzulässig abgewiesen (*LG Kassel* Beschl. v. 06. 09. 1996 – 3 T 459/96 –). Zwangsmaßnahmen (§ 20) kommen nicht in Betracht, da diese einen zulässigen Antrag voraussetzen.

94 e) Das Insolvenzgericht kann vom Schuldner weiter Mitteilung von Namen und ladungsfähigen Anschriften verlangen, sofern dies zur Anhörung weiterer Beteiligter erforderlich ist (§ 15 Abs. 2, § 317 Abs. 2, § 318 Abs. 2, § 332, § 333 Abs. 3).

95 f) Kommt der Eröffnungsgrund der drohenden Zahlungsunfähigkeit (§ 18) in Betracht, hat der Schuldner zusätzlich einen **Liquiditätsplan** einzureichen. Darin hat er die gesamte Entwicklung seiner Finanzlage für einen bestimmten Zeitraum darzulegen und neben den zu erwartenden Einnahmen auch die künftigen, noch nicht unbedingt begründeten oder fälligen Zahlungspflichten einzubeziehen. Eine genaue Prüfung ist auch deshalb geboten, weil manche Schuldner auf die Untersagung bzw. einstweilige Einstellung von Zwangsvollstreckungsmaßnahmen (§ 21 Abs. 2 Nr. 3) und auf den damit verbundenen Zeitgewinn spekulieren (*Haarmeyer/Wutzke/Förster* Handbuch 3/71).

96 g) Natürliche Personen, die keine oder nur eine geringfügige selbständige wirtschaftliche Tätigkeit ausüben (§ **304 Abs. 1**), sind verpflichtet, die in § 305 Abs. 1 aufgezählten **Unterlagen** vorzulegen oder unverzüglich nachzureichen. Kommt der Schuldner einer entsprechenden Aufforderung nicht binnen eines Monats nach, gilt sein Antrag auf Eröffnung des Insolvenzverfahrens als zurückgenommen (§ 305 Abs. 3 Satz 2).

97 h) Kommt der Schuldner seinen Auskunfts- und Mitwirkungspflichten vorsätzlich oder grob fahrlässig nicht oder nicht ordnungsgemäß nach, kann dies zum Verlust einer Restschuldbefreiung führen (§ 290 Abs. 1 Nr. 5, 6).

98 i) Weiter kann der Schuldner, für den die Vorschriften der Verbraucherinsolvenz (§§ 304 ff.) nicht gelten, mit Antragstellung einen Insolvenzplan (§§ 217 ff.) und/oder einen Antrag auf Eigenverwaltung (§§ 270 ff.) vorlegen. Nach der vereinfachten Zulas-

sung des Schuldnerantrages sind die Sicherungsmaßnahmen, das Vorgehen des vorläufigen Insolvenzverwalters und der Umfang der Tätigkeit eines Sachverständigen darauf abzustimmen (*Haarmeyer/Wutzke/Förster* Handbuch 3/31, 32).

E. Anhörung des Schuldners

I. Anwendungsbereich

Wird der Gläubigerantrag vom Insolvenzgericht zugelassen, hat es den Schuldner zu hören (§ 14 Abs. 2). Die Zulassung geschieht nicht durch Beschluß, sondern konkludent dadurch, daß das Insolvenzgericht den Antrag nicht als unzulässig abweist, sondern das Verfahren weiterbetreibt. Es empfiehlt sich jedoch, die Zulassung in Form eines Vermerkes aktenkundig zu machen. Dem Schuldner ist rechtliches Gehör zu gewähren. Die Anhörung kann aber auch bereits nach Antragstellung und vor der Entscheidung über die Zulassung durchgeführt werden (*Hess* KO, § 105 Rz. 16). Dies kann sich empfehlen z. B. bei Zweifeln über die Zuständigkeit. Beim Schuldnerantrag kann rechtliches Gehör in Betracht kommen bei Fällen mehrköpfiger Vertretung usw. (§ 15 Abs. 2 Satz 2) und bei Verfahren nach dem Zehnten Teil (§ 317 Abs. 2, Abs. 3, § 318 Abs. 2, § 332, § 333 Abs. 2). **99**

II. Entbehrlichkeit

Die Anhörung des Schuldners kann unterbleiben in den in § 10 aufgeführten Fällen (s. o. § 10 Rz. 7 ff.). Auch die Anhörung einer Ersatzperson ist in diesen Fällen regelmäßig nicht sinnvoll (s. o. § 10 Rz. 7 ff.). Eine unterlassene Anhörung führt nicht automatisch zur Aufhebung und Zurückverweisung durch das Beschwerdegericht (s. o. § 10 Rz. 11). **100**

Hat eine Anhörung zum Insolvenzantrag stattgefunden, ist eine nochmalige Anhörung vor der Anordnung von Sicherungsmaßnahmen entbehrlich (*OLG Düsseldorf* NJW-RR 1994, 1126 = Rpfleger 1994, 475; *Mohrbutter/Mohrbutter/Pape* II. 7). Es genügt auch eine Anhörung im Rahmen eines PKH-Verfahrens. Sicherungsmaßnahmen (§ 21) können aber regelmäßig auch ohne vorherige Anhörung wegen der Eilbedürftigkeit angeordnet werden, allerdings ist dann die Anhörung unverzüglich nachzuholen (§ 10 Rz. 9). **101**

III. Art und Weise der Anhörung

Die Anhörung des Schuldners erfolgt unverzüglich nach Zulassung des Insolvenzantrages (*Hess/Pape* Rz. 124), falls sie nicht bereits schon zuvor erfolgt ist (s. o. Rz. 99, 101). Die Anhörung kann mündlich oder schriftlich erfolgen, ein Recht auf mündliche Anhörung besteht nicht (*Kuhn/Uhlenbruck* KO, § 105 Rz. 10a). Die Art der Anhörung bestimmt das Insolvenzgericht nach pflichtgemäßem Ermessen (s. o. § 10 Rz. 4). Die schriftliche Anhörung kann erfolgen durch Übersendung der Antragsschrift und eines Fragebogens mit Fristsetzung (*AG Duisburg* Rpfleger 1994, 268). Der Schuldner kann auch zu einer mündlichen Anhörung geladen werden. Der Ladung wird beigefügt der Antrag und der Fragebogen mit der Bitte, ihn ausgefüllt zum Termin mitzubringen. Es **102**

§ 14

genügt eine Frist von drei Tagen unter Einschluß des Sonntages (*AG Göttingen* – 71 N 27/98 – Beschluß vom 30. 03. 1998) bzw. zwei Werktagen (*LG Göttingen* – 10 T 20/98 – Beschluß vom 06. 04. 1998), um den Anspruch des Schuldners auf rechtliches Gehör zu wahren. Dem Gläubiger sollte die Anwesenheit im Termin gestattet werden (s. o. § 5 Rz. 23). Wegen der Einzelheiten des Termins s. o. § 5 Rz. 23 f. Die Erklärungen des Schuldners sollten im Termin ausführlich protokolliert werden. Häufig macht der Schuldner/Vertreter Angaben, die für das weitere Verfahren von Bedeutung sind (Anfechtungsprozesse, Schadensersatzansprüche gegen Gesellschafter/Geschäftsführer). Die Anhörung sollte nicht dem Rechtspfleger übertragen werden (s. o. § 2 Rz. 32). Erfolgt die Anhörung im Wege der Rechtshilfe (s. o. § 5 Rz. 25), so bestimmt das ersuchende Gericht die Art der Anhörung. Das Rechtshilfegericht kann nicht von sich aus statt mündlicher Anhörung eine schriftliche Anhörung anordnen (*Kuhn/Uhlenbruck* KO, § 105 Rz. 10 a).

103 Nicht erforderlich ist, daß der Schuldner sich tatsächlich äußert.

IV. Funktionen der Anhörung

104 a) Die Anhörung des Schuldners hat eine **Doppelfunktion**. Zum einen gewährt sie ihm das erforderliche **rechtliche Gehör** (Art. 103 Abs. 1 GG). Der Schuldner erhält die Möglichkeit, zunächst zu allen Zulässigkeitsfragen Stellung zu nehmen. Selbst wenn das Insolvenzgericht den Antrag zugelassen hat und sich bei einer Anhörung des Schuldners seine Unzuständigkeit herausstellt, ist der Antrag als unzulässig abzuweisen, falls der Gläubiger keinen Verweisungsantrag stellt. Neben den allgemeinen Zulässigkeitsvoraussetzungen kann der Schuldner das rechtliche Interesse bestreiten. Er kann weiter versuchen, die glaubhaft gemachte Forderung und den glaubhaft gemachten Eröffnungsgrund durch eine sogenannte Gegenglaubhaftmachung zu erschüttern. Gelingt ihm die Gegenglaubhaftmachung und erbringen die – sofern der Antrag zugelassen ist – erforderlichen Ermittlungen von Amts wegen kein Ergebnis oder sind sie von vornherein aussichtslos, ist der Antrag abzuweisen.

105 Den Angaben des Schuldners ist mit großer Vorsicht zu begegnen. Häufig versucht er, durch unrichtige oder unvollständige Angaben einen Aufschub zu erreichen (*Hess/Pape* Rz. 124). Insbesondere kann dem Schuldner daran gelegen sein, den Erlaß von Sicherungsmaßnahmen zu verhindern oder ihre Aufhebung (§ 25 Abs. 1) zu erreichen.

106 b) Regelmäßig geht es bei der Anhörung nicht nur darum, das Recht des Schuldners durchzusetzen. Vielmehr erfolgt die Anhörung – jedenfalls wenn der Antrag zugelassen ist – auch, um die **Auskunftspflicht** des Schuldners (§ 20) durchzusetzen. Vor diesem Hintergrund erklärt sich die lediglich zur Gewährung des rechtlichen Gehörs nicht erforderliche Übersendung eines umfangreichen Fragebogens an den Schuldner. Darin wird der Schuldner nicht nur befragt, ob er die Forderung und den Eröffnungsgrund bestreitet. Vielmehr hat der Schuldner u. a. seine Aktiva und Passiva im einzelnen anzugeben und ein Gläubiger- und Schuldnerverzeichnis zu erstellen (vgl. das Muster bei *Uhlenbruck/Delhaes* Rz. 264 und bei *Haarmeyer/Wutzke/Förster* Handbuch 3/17). Im Hinblick auf die bestehende Auskunftspflicht (§ 20) kann in dem Anschreiben zur Übersendung des Fragebogens der Schuldner auch darauf hingewiesen werden, daß er bei Nichterscheinen zum Termin oder Nichtausfüllen des Fragebogens bis zu einem bestimmten Termin vorgeführt werden kann (vgl. das Muster bei *Uhlenbruck/Delhaes* Rz. 258).

V. Schutzschrift

Droht im Zivilverfahren der Erlaß eines Arrestes oder insbesondere einer einstweiligen **107** Verfügung, kann eine Schutzschrift bei Gericht eingereicht werden (*Zöller/Vollkommer* ZPO, § 937 Rz. 4; § 921 Rz. 1). Durch die Einreichung der Schutzschrift als vorbeugendes Verteidigungsmittel soll verhindert werden, daß bei Erlaß einer einstweiligen Verfügung ohne mündliche Verhandlung die Rechte des Einreichers beeinträchtigt werden. Die Schutzschrift zielt nicht nur darauf ab, eine mündliche Verhandlung zu erreichen, sie kann vielmehr auch zu Verfügungsanspruch und Verfügungsgrund Stellung nehmen und die Glaubhaftmachung des Antragstellers im einstweiligen Verfügungsverfahren erschüttern (*Zöller/Vollkommer* ZPO, § 937 Rz. 4).

Auch im Insolvenzverfahren muß es einem Schuldner möglich sein, bei erwartetem **108** Antrag eine Schutzschrift einzureichen und insbesondere eine Art Gegenglaubhaftmachung hinsichtlich Forderung und/oder Insolvenzgrund vorzulegen. Nur so kann der Schuldner häufig den Erlaß der einschneidenden Sicherungsmaßnahmen (§ 21) verhindern, die oft ohne rechtliches Gehör ergehen (s. § 10 Rz. 9; § 21 Rz. 23 ff.). Die gebotene unverzügliche Anhörung kann zwar zur Aufhebung der Sicherungsmaßnahmen führen (§ 25). Die häufig einschneidenden Folgen für den Schuldner können aber bestehen bleiben. Entgegen der in der Literatur geäußerten Auffassung (*Gottwald/Uhlenbruck* § 13 Rz. 52; *Uhlenbruck/Delhaes* Rz. 171) ist eine Schutzschrift zulässig.

F. Weiterer Verfahrensgang

Mit der **Zulassung** des Antrages, der keines besonderen Beschlusses bedarf (*Haarmeyer/* **109** *Wutzke/Förster* Handbuch 3/109; s. o. Rz. 99), tritt das Verfahren in das Hauptprüfungsverfahren ein, das häufig als sog. »quasi-streitiges« Verfahren bezeichnet wird (s. § 13 Rz. 5a). Nunmehr ist auch der **Erlaß von Sicherungsmaßnahmen (§ 21) möglich**. Nach Antragszulassung kann sich der Schuldner seiner Mitwirkung nicht mehr mit der Begründung entziehen, gar nicht Schuldner der Antragsforderung zu sein (*OLG Köln* WiB 1996, 136; *Mohrbutter/Mohrbutter/Pape* II. 7). Das bloße Bestreiten der Forderung durch den Schuldner ist unerheblich. Vielmehr bleibt ihm nur der Weg der Gegenglaubhaftmachung mit der Folge, daß bei erfolgreicher Gegenglaubhaftmachung der Antrag als unzulässig abgewiesen wird (s. o. Rz. 54). Die unabhängig von der Einzahlung eines Vorschusses erfolgenden Amtsermittlungen des Insolvenzgerichts beziehen sich im wesentlichen darauf, ob ein Eröffnungsgrund (§ 16) und eine die Kosten des Verfahrens deckende Masse (§ 26 Abs. 1) vorliegt. Die Prüfungspflicht entfällt wegen der weitreichenden wirtschaftlichen Konsequenzen nicht deshalb, weil der Schuldner den Insolvenzgrund einräumt oder sich nicht äußert. Geschäftsführer von GmbHs räumen häufig den Insolvenzgrund ein und versuchen durch die dennoch erfolgende Abweisung mangels Masse (§ 26) ungerechtfertigte Vorteile zu erzielen (s. § 26 Rz. 1,4). Das Insolvenzgericht muß hier vom Vorliegen des Insolvenzgrundes überzeugt sein aufgrund eigener Ermittlungen, die regelmäßig mit Hilfe eines Sachverständigen erfolgen. Steht der Insolvenzgrund nicht zur Überzeugung des Gerichts fest, ist der Antrag als unbegründet abzuweisen. Vor einer Zurückweisung des Antrages ist aber die Anhörung des Schuldners zu erzwingen, wenn dies den einzigen Weg darstellt, um die Eröffnungsvoraussetzungen zu ermitteln (*LG Göttingen* ZIP 1996, 144 [145] = EWiR 1996, 271; *Mohrbutter/Mohrbutter/Pape* II. 7). Trotz rechtskräftiger Abweisung eines Eröffnungsantrages kann ein neuer Antrag gestellt werde, da der Beschluß nicht in Rechtskraft erwächst (s. o. § 7 Rz. 31).

§ 15
Antragsrecht bei juristischen Personen und Gesellschaften ohne Rechtspersönlichkeit

→ §§ 208, 210, 213, 236, 236a KO

(1) Zum Antrag auf Eröffnung eines Insolvenzverfahrens über das Vermögen einer juristischen Person oder einer Gesellschaft ohne Rechtspersönlichkeit ist außer den Gläubigern jedes Mitglied des Vertretungsorgans, bei einer Gesellschaft ohne Rechtspersönlichkeit oder bei einer Kommanditgesellschaft auf Aktien jeder persönlich haftende Gesellschafter, sowie jeder Abwickler berechtigt.
(2) ¹Wird der Antrag nicht von allen Mitgliedern des Vertretungsorgans, allen persönlich haftenden Gesellschaftern oder allen Abwicklern gestellt, so ist er zulässig, wenn der Eröffnungsgrund glaubhaft gemacht wird. ²Das Insolvenzgericht hat die übrigen Mitglieder des Vertretungsorgans, persönlich haftenden Gesellschafter oder Abwickler zu hören.
(3) ¹Ist bei einer Gesellschaft ohne Rechtspersönlichkeit kein persönlich haftender Gesellschafter eine natürliche Person, so gelten die Absätze 1 und 2 entsprechend für die organschaftlichen Vertreter und die Abwickler der zur Vertretung der Gesellschaft ermächtigten Gesellschafter. ²Entsprechendes gilt, wenn sich die Verbindung von Gesellschaften in dieser Art fortsetzt.

Vgl. §§ 208, 210, 213 KO; § 63 Abs. 2 GmbHG, § 100 Abs. 1, Abs. 2 GenG; § 111 Nr. 1 VerglO

Inhaltsübersicht:

	Rz.
A. Überblick	1– 2
B. Antragsberechtigte	3–10
C. Einzelfragen	11–25a
I. Faktischer Geschäftsführer	11–13
II. Folgen einer Amtsniederlegung/Abberufung	14–21
III. Vor(gründungs)Gesellschaft	22–25
IV. Gelöschte Gesellschaft	25a
D. § 15 Abs. 2	26–27
E. Pflicht zur Beobachtung und Antragspflicht	28–36
I. Fälle der Antragspflicht	28–29
II. Antragspflichtige	30
III. Antragsfristen	31–33
IV. Beobachtungspflicht und Beginn des Laufes der Antragsfristen	34–35
V. Entfallen der Antragspflicht/Ausscheiden des Antragspflichtigen	36
F. Persönliche Haftung	37–39

Literatur:

Altmeppen Konkursantragspflicht in der Vor-GmbH?, ZIP 1997, 273; *Fenski* Rücknahme des Konkursantrages durch ein anderes Organmitglied?, BB 1988, 2265; *Uhlenbruck* Problem des Eröffnungsverfahrens nach dem Insolvenzrechts-Reformgesetz 1994, KTS 1994, 169; *Vallender* Das rechtliche Gehör zum Insolvenzverfahren, in Kölner Schrift zur Insolvenzordnung, 1997, 209; *Wimmer* Die Haftung des GmbH-Geschäftsführers, NJW 1996, 2546.

Antragsrecht bei jur. Personen ohne Rechtspersönlichkeit § 15

A. Überblick

Die Regelung des § 15 entspricht inhaltlich dem bisherigen Konkursrecht (BT-Drucks. 12/2443, S. 114). Geregelt ist das Antragsrecht bei juristischen Personen und Gesellschaften ohne Rechtspersönlichkeit. Sonderregeln sind im Zehnten Teil enthalten (§ 317, § 318, § 332, § 333). Mit dem Antragsrecht korrespondiert häufig eine Antragspflicht, die in Spezialgesetzen (z.B. § 64 Abs. 1 GmbHG) geregelt ist. Eine Verletzung kann zivilrechtliche Schadensersatzverpflichtungen auslösen aufgrund spezieller Regelung (z.B. § 64 Abs. 2 GmbHG) oder aufgrund der allgemeinen Regelungen (§§ 823 ff. BGB). Ferner kommen Erstattungsansprüche aufgrund der Regelung des § 26 Abs. 3 in Betracht. Schließlich können sich die betreffenden Personen auch strafbar machen. 1

Der Kreis der Antragsberechtigten ist in § 15 Abs. 1, Abs. 3 umschrieben. Wird der Antrag nicht von allen Antragsberechtigten gestellt, muß der Eröffnungsgrund glaubhaft gemacht werden und es sind die übrigen Antragsberechtigten anzuhören (§ 15 Abs. 2). 2

B. Antragsberechtigte

Antragsrecht (und Antragspflicht) für die jeweilige Vermögensmasse ergeben sich aus der nachfolgenden **Übersicht**. Die Erläuterungen zu denen mit * gekennzeichneten Stellen befinden sich nach der Übersicht. 3

Vermögensmasse	Antragsrecht	Antragspflicht
AG	Vorstand (§§ 76, 78 AktG)	§ 92 Abs. 2 AktG
GmbH	Geschäftsführer (§ 35 GmbHG)	§ 64 Abs. 1 GmbHG
Genossenschaft	Vorstand (§ 24 GenG)	§ 99 GenG
eV	Vorstand (§ 26 BGB)	§ 42 Abs. 2 BGB
nicht eV	wie eV*	wie eV*
Stiftung	wie eV (§ 86 BGB)	wie eV (§ 86 BGB)
Versicherungsunternehmen, Kreditinstitute, Bausparkassen und gleichgestellte Institute	Aufsichtsbehörde*	
Gesellschaften ohne Rechtspersönlichkeit (§ 11 Abs. 2 Nr. 1)	jeder persönlich haftende Gesellschafter*	nur gem. § 130a Abs. 1 Satz 1 HGB, § 177a Satz 1 HGB*
GmbH & Co KG	KG: persönlich haftender Gesellschafter (i.d.R. GmbH, vertreten durch Geschäftsführer)* GmbH: Geschäftsführer	s.o. bei KG und GmbH
KG aA	jeder persönlich haftende Gesellschafter (§ 278 Abs. 2 AktG)	wie AG (§ 278 Abs. 3, § 283 Nr. 12 AktG)
Sonderinsolvenzverfahren (Zehnter Teil)	§ 317, § 318, § 332, § 333	§§ 1489 Abs. 1, 1980, 1985 BGB*
Körperschaften des öffentlichen Rechtes, sofern insolvenzfähig (vgl. § 12)	wie eV (vgl. § 89 Abs. 2 BGB)	wie eV (§ 89 Abs. 2 BGB)*

Schmerbach

4 Nicht antragsberechtigte Personen wie Kommanditisten können nur einen Antrag als Gläubiger stellen (*Gottwald/Timm/Körber* § 84 Rz. 11). Auch antragsberechtigte Gesellschafter können (zusätzlich) als Gläubiger zur Antragstellung berechtigt sein, z. B. aus Anstellungsvertrag, Kauf, Miete oder Darlehen (*Gottwald/Timm/Körber* § 84 Rz. 51).

5 Befindet sich die Gesellschaft in Liquidation, so ist anstelle der oben aufgeführten Personen jeder Abwickler zur Antragstellung berechtigt (§ 15 Abs. 1, Abs. 3) und ggf. auch verpflichtet. Zum Antragsrecht und zur Antragspflicht des faktischen Geschäftsführers s. u. Rz. 11, bei der Vor(gründungs)Gesellschaft Rz. 22 ff.

6 Zu der obigen Übersicht ergeben sich folgende **Erläuterungen** zu *:
§ 54 Satz 1 BGB verweist für nichtrechtsfähige Vereine auf die Vorschriften über die Gesellschaft. Wegen der Gleichsetzung des nicht rechtsfähigen Vereins mit einer juristischen Person (§ 11 Abs. 1 Satz 2) und der passiven Parteifähigkeit (§ 50 Abs. 2 ZPO) ist der nicht rechtsfähige Verein jedoch insoweit dem rechtsfähigen Verein gleichzustellen. Dies entspricht der bislang unter Geltung der KO vertretenen Auffassung (*Gottwald/Timm/Körber* § 83 Rz. 32–35). Nicht nur der Vorstand, sondern alle Mitglieder sind antragsberechtigt beim wirtschaftlichen Verein (§ 22 BGB), da neben dem Vereinsvermögen auch alle Mitglieder persönlichen haften (vgl. *Palandt/Heinrichs* BGB, § 54 Rz. 12).

7 Bei Versicherungsunternehmen, Kreditinstituten und Bausparkassen sowie gleichgestellten Instituten steht das Antragsrecht nur der Aufsichtsbehörde zu (s. o. § 13 Rz. 13).

8 Bei Gesellschaften ohne Rechtspersönlichkeit steht das Antragsrecht jedem einzelnen persönlich haftenden Gesellschafter (bzw. bei der BGB-Gesellschaft jedem Gesellschafter) zu, auch wenn er ansonsten von der Vertretung ausgeschlossen ist (*Gottwald/Timm/Körber* § 84 Rz. 11). Eine Antragspflicht besteht nur bei einer OHG und KG, bei der kein Gesellschafter eine natürliche Person ist (§§ 130a Abs. 1 Satz 1, 177a Satz 1 HGB).

9 Bei der GmbH & Co KG ist zwischen der Insolvenz der GmbH und der KG streng zu unterscheiden (s. o. § 11 Rz. 2). Persönlich haftender Gesellschafter ist in der Regel die GmbH, antragsberechtigt ist der Geschäftsführer. Dieser ist es auch bei der Insolvenz der GmbH selbst.

10 Bei Verletzung der Antragspflicht kommen neben Ansprüchen nach § 26 Abs. 3 und §§ 823 ff. BGB teilweise auch Schadensersatzansprüche aufgrund spezieller Regelungen im Zusammenhang mit der Antragspflicht in Betracht. Entsprechende Regelungen enthalten § 42 Abs. 2 BGB, §§ 130a Abs. 1 Satz 1, 177a Satz 1 HGB, §§ 1980, 1984 Abs. 2, 1985 Abs. 2 (vgl. Rz. 1).

C. Einzelfragen

I. Faktischer Geschäftsführer

11 Wer eine Gesellschaft wie ein vertretungsberechtigtes Organ (insbesondere bei der GmbH wie ein Geschäftsführer) führt, ohne dazu förmlich bestellt worden zu sein, ist faktischer Geschäftsführer (bzw. faktisches Organ). Der *BGH* (ZIP 1988, 771 = NJW 1988, 1789) bejaht eine Verpflichtung zur Antragstellung und weist darauf hin, daß eine völlige Verdrängung des gesetzlichen Geschäftsführers nicht erforderlich ist. Der **Antragspflicht** entspricht zwangsläufig ein **Antragsrecht**, weil der Antragspflichtige ansonsten seiner Pflicht nicht nachkommen könnte (*Gottwald/Uhlenbruck* § 11 Rz. 4; a. A. *Uhlenbruck/Delhaes* Rz. 177, die Antragspflicht und Antragsrecht nicht gleichstellen, und *Scholz/Karsten Schmidt* GmbHG, § 63 Rz. 37). Überwiegend wird das Antragsrecht des faktischen Organs aber zutreffend bejaht (*Gottwald/Uhlenbruck* § 11 Rz. 4; *Haarmeyer/Wutzke/Förster* Handbuch 3/35; *Hess/Obermüller* Rz. 76, 81). Der faktische Geschäftsführer hat allerdings darzulegen, daß er die maßgeblichen, für den wirtschaftlichen Fortbestand des Unternehmens entscheidenden Maßnahmen trifft (*Haarmeyer/Wutzke/Förster* Handbuch 3/38).

Im Ergebnis kann für die Fälle der **drohenden Zahlungsunfähigkeit** (§ 18), bei der **12** keine Antragspflicht besteht, nichts anderes gelten (a. A. *Uhlenbruck* KTS 1994, 169 [172]). Der faktische Geschäftsführer verfügt häufig als einziger über die Informationen, die eine Antragstellung ermöglichen. Die Gesellschaft wird nicht unbillig belastet. Sie muß sich das Handeln des faktischen Organs zurechnen lassen. Die anderen Mitglieder des Vertretungsorgans sind anzuhören und die drohende Zahlungsunfähigkeit glaubhaft zu machen (§ 15 Abs. 2). Die Intention der InsO, durch rechtzeitige Antragstellung eine Abweisung mangels Masse zu verhindern, spricht ebenfalls dafür.

Ebenso wie beim faktischen Vorstand oder Geschäftsführer beseitigen rechtliche und **13** formelle Mängel einer Bestellung die gesetzliche Antragspflicht nicht (*Gottwald/Uhlenbruck* § 11 Rz. 27). Da mit der Antragspflicht ein Recht zur Antragstellung korrespondiert (s. o. Rz. 11), besteht für ein **fehlerhaft bestelltes Organ** auch ein Antragsrecht (a. A. *Uhlenbruck/Delhaes* Rz. 178 a. E.).

II. Folgen einer Amtsniederlegung/Abberufung

Bei einer Amtsniederlegung ist zunächst zu prüfen, ob die Niederlegung wirksam erfolgt **14** ist. Ist dies der Fall, kann das Registergericht einen Notgeschäftsführer bestellen, der sodann einen Antrag stellen kann. Problematisch ist, wer nach Amtsniederlegung oder Abberufung eines Organs einen von diesem gestellten Konkursantrag zurücknehmen kann.

a) Wer sein Amt wirksam niedergelegt hat oder wirksam abberufen worden ist, kann **15** keinen wirksamen Insolvenzantrag stellen (vgl. *Gottwald/Uhlenbruck* § 10 Rz. 11). Ein vor dem Ausscheiden gestellter Antrag bleibt allerdings wirksam (*Gottwald/Uhlenbruck* § 11 Rz. 9). Lag zum Zeitpunkt der Amtsniederlegung/Abberufung schon Insolvenzreife vor, können Schadensersatzansprüche entstehen, falls die bis zum Ausscheiden unterlassene Antragstellung ein schuldhaftes Zögern darstellt (*Gottwald/Uhlenbruck* § 10 Rz. 11; *Haarmeyer/Wutzke/Förster* Handbuch 1/71).

Die **Amtsniederlegung** erfolgt durch empfangsbedürftige Willenserklärung und ist dem **16** Organ gegenüber abzugeben, das auch für die Bestellung zuständig ist. Bei der GmbH ist dies in der Regel die Gesellschafterversammlung (*Scholz/Schneider* GmbHG, § 38 Rz. 85). Für die **Abberufung** ist erforderlich, daß der Beschluß dem Organ/Geschäftsführer bekannt gegeben wird (*AG Göttingen* Beschluß vom 06. 08. 1996 – 71 N 30/96 –). Das Insolvenzgericht überprüft die Antragsbefugnis anhand eines **Registerauszuges** (*Uhlenbruck/Delhaes* Rz. 174). Bis zur Löschung der entsprechenden Eintragung im Register kann sich das Insolvenzgericht auf die Richtigkeit der Eintragung und damit die Antragsberechtigung des Organs verlassen (*Uhlenbruck/Delhaes* Rz. 179). Es gilt die Vermutung des § 15 Abs. 1 HGB (so für die unterlassene Eintragung eines Wechsels des Geschäftsführers einer GmbH *Baumbach/Zöllner* GmbH-Gesetz, § 39 Rz. 15). Die Vermutung entfällt bei Kenntnis des Insolvenzgerichts. Im Streitfall ist derjenige darlegungs- und beweispflichtig gegenüber dem Insolvenzgericht, der sich auf die bislang nicht eingetragene und bekannt gemachte Tatsache beruft.

17 b) Werden **der einzige oder sämtliche organschaftlichen Vertreter abberufen**, fragt es sich, wer zur Stellung eines Insolvenzantrages befugt ist. Wer die Geschäfte der Gesellschaft in diesem Fall weiter führt, kann faktischer Geschäftsführer/Organ sein (s. o. Rz. 11) und ist zur Antragstellung berechtigt (*Kuhn/Uhlenbruck* KO, § 103 Rz. 8 f.). Ansonsten kann bei der Aktiengesellschaft auf Antrag eines Beteiligten das Gericht (Rechtspfleger) ein Vorstandsmitglied bestellen (§ 85 Abs. 1 Satz 1 AktG; *Uhlenbruck/Delhaes* Rz. 178). Bei der GmbH fordert das Registergericht zunächst die Gesellschafter auf, einen Geschäftsführer zu bestellen. Danach kommt auf Antrag eines Antragsberechtigten die Bestellung eines Notgeschäftsführers in Betracht nicht in Analogie zu § 85 AktG, sondern zu § 29 BGB (*AG Göttingen* ZIP 1993, 1175; *OLG Hamm* Rpfleger 1996, 251; *Uhlenbruck/Delhaes* Rz. 126).

18 c) Streitig ist, ob der Insolvenzantrag bei einer Alleinvertretung durch den neuen Geschäftsführer oder bei mehrfacher Vertretung durch sämtliche neuen Geschäftsführer **zurückgenommen** werden kann. Parallel dazu wird diskutiert, ob bei mehrköpfiger Vertretung der von einem Geschäftsführer gestellte Insolvenzantrag von einem anderen zurückgenommen werden kann. Die Rechtsprechung läßt überwiegend eine Rücknahme durch einen neuen oder anderen Geschäftsführer nicht zu, die Literatur ist uneinheitlich und differenziert teilweise.

19 Das *LG Tübingen* (KTS 1961, 158; ebenso *AG Magdeburg* ZInsO 1998, 43) läßt bei mehrköpfiger Vertretung die Rücknahme nur durch den Antragsteller zu. Das *LG Berlin* (KTS 1974, 182 [184]) vertritt die entgegengesetzte Ansicht. Für den Fall des Wechsels läßt die veröffentlichte Rechtsprechung – im Anschluß an die Entscheidung des LG Tübingen – die Rücknahme durch einen neuen Geschäfsführer nicht zu (*LG Dortmund* ZIP 1985, 1341 [1342] = EWiR 1985, 993 = NJW-RR 1986, 258; *AG Duisburg* ZIP 1995, 582 [583]). Die Literatur läßt die Rücknahme entweder unbeschränkt zu (*Fenski* BB 1988, 2265; *Uhlenbruck* KTS 1994, 169 [172]; *Delhaes/Delhaes* Die Rücknahme des Antrages nach der Konkursordnung und der neuen Insolvenzordnung Rz. 20 ff., 27 ff., in: Kölner Schrift zur Insolvenzordnung S. 115), lehnt sie insgesamt ab (*Mohrbutter/Mohrbutter/Pape* II. 26) oder differenziert mit folgendem Ergebnis: Rücknahmerecht des Nachfolgers (*Kuhn/Uhlenbruck* KO, § 103 Rz. 3; *Uhlenbruck/Delhaes* § 11 Rz. 41; a. A. aber Rz. 9), bei mehrköpfiger Vertretung Rücknahme nur durch den Antragsteller oder alle Antragsberechtigten (*Kuhn/Uhlenbruck* KO, § 103 Rz. 3; *Gottwald/Uhlenbruck* § 11 Rz. 42).

20 Bei **mehrköpfiger Vertretung** ist zur Rücknahme nur der Antragsteller berechtigt. Der Dispositionsgrundsatz (§ 13 Abs. 2) muß in den Fällen mehrköpfiger Vertretung eine Einschränkung erfahren. Rechtssicherheit und Rechtsklarheit erfordern es, daß nicht ein Antrag gestellt, zurückgenommen und möglicherweise erneut gestellt wird. Die übrigen Geschäftsführer werden nicht übergangen, Meinungsverschiedenheiten (oder interne Machtkämpfe) können auch nicht zu Lasten der Gesellschaft ausgetragen werden. Das Gesetz sieht nämlich einen doppelten Schutz vor: Der (Allein)Antragsteller hat den Eröffnungsgrund glaubhaft zu machen (§ 15 Abs. 2 Satz 1), die übrigen Mitglieder sind zu hören (§ 15 Abs. 2 Satz 2). Sicherungsmaßnahmen sind frühestens nach der erforderlichen Glaubhaftmachung zulässig. Im Rahmen der Anhörung können die übrigen Geschäftsführer den Eröffnungsgrund durch eine Gegenglaubhaftmachung ausräumen (*AG Magdeburg* ZInsO 1998, 43). Wird das Verfahren dennoch eröffnet, kann jeder der Geschäftsführer sofortige Beschwerde einlegen (*LG Tübingen* KTS 1961, 158 [159]).

Beim **Wechsel des Geschäftsführers** liegt die Gefahr auf der Hand, daß die Bestellung 21
des neuen Geschäftsführers erfolgt, um das (weitere) Bekanntwerden der Insolvenz zu
verhindern (vgl. *Mohrbutter/Mohrbutter/Pape* II. 26). In den Fällen, in denen der Geschäftsführer zur Stellung des Insolvenzantrages verpflichtet ist (§ 17, § 19), würde seine
Weisungsfreiheit und die Unbeachtlichkeit selbst entgegenstehender Weisungen ausgehöhlt und der durch die Verpflichtung zur Antragstellung angestrebte Zweck gefährdet
(*LG Dortmund* ZIP 1985, 1341 [1342]; ähnlich *AG Duisburg* ZIP 1995, 582 [583]). In den
Fällen der drohenden Zahlungsunfähigkeit (§ 18), bei denen keine Pflicht zur Antragstellung besteht, findet das Verbot der Antragsrücknahme nach Geschäftsführerwechsel
seine Rechtfertigung darin, daß durch die Einführung des § 18 eine rechtzeitige Sanierung
(anstelle der regelmäßigen Abweisung mangels Masse) ermöglicht werden soll. Dieser
Zweck, an dem die (übrigen) Gesellschafter möglicherweise kein Interesse haben, würde
unterlaufen. Das Bestehen und die Durchsetzbarkeit von Schadensersatzansprüchen sind
zudem zweifelhaft. Im übrigen sieht § 18 Abs. 3 über § 15 Abs. 2 hinaus eine weitere
Sicherung dahin vor, daß der Antragsteller zur Vertretung der juristischen Person oder
Gesellschaft berechtigt sein muß (s. i. E. § 18 Rz. 16 ff.). Die Gesellschaft ist auch nicht
unbillig dadurch benachteiligt, daß weder der alte noch der neue Geschäftsführer den
Antrag zurücknehmen können (vgl. *AG Duisburg* ZIP 1995, 582). Der neue Geschäftsführer kann nämlich darlegen, daß die Eröffnungsvoraussetzungen nicht gegeben sind (*LG
Dortmund* ZIP 1985, 1341 [1342]). Dadurch kann er insbesondere die Aufhebung von
Sicherungsmaßnahmen (§ 25) erreichen wie in dem vom AG Duisburg entschiedenen
Fall, in dem lediglich die Bestellung des Sachverständigen aufrechterhalten wurde. Wird
das Verfahren eröffnet, kann der neue Geschäftsführer sofortige Beschwerde einlegen.

III. Vor(gründungs)Gesellschaft

Es ist zu unterscheiden zwischen Vorgründungsgesellschaft und Vorgesellschaft einerseits und andererseits zwischen Antragsrecht und Antragspflicht. 22
a) Bei der Vorgründungsgesellschaft (s. dazu § 11 Rz. 28) ist antragsberechtigt jeder 23
Gesellschafter (vgl. *Uhlenbruck/Delhaes* Rz. 175). Wegen der unbeschränkten persönlichen Haftung der Gesellschafter besteht eine Antragspflicht nicht.
b) Nimmt die Vorgesellschaft bereits am Rechtsverkehr teil, hat sie Sondervermögen 24
gebildet und organschaftliche Vertreter bestellt, sind bei der Vor-Aktiengesellschaft die
Vorstandsmitglieder und bei der Vor-GmbH der/die Geschäftsführer zur Antragstellung
berechtigt sowie die persönlich Handelnden in Hinblick auf die Haftungsvorschriften in
§ 41 Abs. 1 Satz 2 AktG, § 11 Abs. 2 GmbHG (vgl. *Gottwald/Uhlenbruck* § 11 Rz. 3
und 4); zur Beschwerdeberechtigung s. u. § 34 Rz. 11. Bei der Vor-GmbH ist allerdings
zu beachten, daß wegen der (zunächst) bestehenden persönlichen Haftung (§ 11 Abs. 2
GmbHG) nicht der Insolvenzgrund der Überschuldung, sondern nur der der Zahlungsunfähigkeit in Betracht kommt. Aus diesem Grund besteht auch keine Antragspflicht
(*Altmeppen* ZIP 1997, 273 [274 f.]).
c) Bei der Vor-GmbH & Co KG sind die Gründer der Vorgesellschaft nicht antragsberechtigt. Ist die KG bereits nach außen hin werbend tätig geworden und hat sie 25
Sondervermögen gebildet, ist der Geschäftsführer einer bereits errichteten GmbH antragsbefugt. Da auch die Vor-GmbH komplementärfähig ist, ist deren Geschäftsführer
zur Antragstellung (auch) über das Vermögen der werbenden GmbH & Co KG berechtigt
(*Uhlenbruck/Delhaes* Rz. 175; *Gottwald/Uhlenbruck* § 11 Rz. 5). In den übrigen Fällen
ist jeder Gesellschafter zum Konkursantrag berechtigt.

IV. Gelöschte Gesellschaft

25a Bei einer im Handelsregister gelöschten Gesellschaft kann ein Insolvenzverfahren in Betracht kommen, wenn nachträglich neues Vermögen auftaucht. Ist kein organschaftlicher Vertreter mehr vorhanden, kann das Registergericht einen Nachtragsliquidator oder Notliquidator bei der AG (entsprechend §§ 85, 265 Abs. 1 AktG) und der GmbH (entsprechend §§ 29, 28 Abs. 1 GBG) bestellen (*Vallender* Kölner Schrift zur Insolvenzordnung S. 209, Rz. 28).

D. § 15 Abs. 2

26 Wird der Antrag nicht von allen Mitgliedern des Vertretungsorgans, allen persönlich haftenden Gesellschaftern oder allen Abwicklern gestellt, stellt § 15 Abs. 2 erschwerte Zulassungsvoraussetzungen auf. Zu beachten ist, daß interne Regelungen das jeweilige Antragsrecht nicht einschränken können. Anders als beim Eigenantrag muß der Eröffnungsgrund nicht nur dargelegt werden, sondern – wie beim Gläubigerantrag – glaubhaft gemacht werden (§ 15 Abs. 2 Satz 1). Wird der Antrag auf drohende Zahlungsunfähigkeit gestützt, ist zudem die Regelung des § 18 Abs. 3 zu beachten. Weiter wird die in § 14 Abs. 2 nur für den Gläubigerantrag vorgesehene Anhörungspflicht ausgedehnt auf die Nichtantragsteller (§ 15 Abs. 2 Satz 2).

27 Die nichtantragstellenden Mitglieder können allerdings ein zur Antragstellung berechtigtes Mitglied oder einen Dritten schriftlich **zur Antragstellung bevollmächtigen**. Wird die erforderliche Vollmachtsurkunde (s.o. § 14 Rz. 16) vorgelegt, müssen der Eröffnungsgrund nicht glaubhaft und die übrigen Antragsberechtigten nicht angehört werden. Tritt als Bevollmächtigter ein Rechtsanwalt auf, ist die Vorlage einer Vollmacht nicht erforderlich (s.o. § 14 Rz. 16). Aus den Angaben muß sich allerdings klar und eindeutig ergeben, daß der Rechtsanwalt als Bevollmächtigter sämtlicher der im einzelnen namentlich aufgeführten Antragsberechtigten auftritt.

E. Pflicht zur Beobachtung und Antragspflicht

I. Fälle der Antragspflicht

28 Eine Antragspflicht besteht nur bei Vermögensmassen, bei denen eine natürliche Person nicht unbeschränkt haftet, und nur bei den Insolvenzgründen der §§ 17, 19. Bei Verletzung der Antragspflicht kommen zivil- und strafrechtliche Sanktionen in Betracht. Natürliche Personen laufen zudem Gefahr, daß ihnen die Restschuldbefreiung versagt wird (§ 290 Abs. 1 Nr. 4).

29 Die Pflicht zur Antragstellung ist nicht in der InsO geregelt, sondern im Zusammenhang mit den gesellschaftsrechtlichen und sonstigen Vorschriften. Im einzelnen handelt es sich um **folgende Vorschriften**:
– §§ 92 Abs. 2, 94, 268 Abs. 2 AktG (AG)
– §§ 278 Abs. 3, 283 Nr. 14 AktG (KGaA)
– §§ 64 Abs. 1, 71 Abs. 4 GmbHG (GmbH)
– §§ 42 Abs. 2, 48 Abs. 2, 86, 89 Abs. 2 BGB (eV, Stiftung, Körperschaften des öffentl. Rechts; ebenso beim nicht eV, *Haarmeyer/Wutzke/Förster* Handbuch 1/63; s.o. Rz. 6)

– §§ 130a Abs. 1, 177a HGB (OHG und KG, sofern keiner der persönlich haftenden Gesellschafter eine natürlichhe Person ist, also im wesentlichen GmbH & Co KG)
– §§ 1489 Abs. 2, 1980, 1985 Abs. 2 (fortgesetzte Gütergemeinschaft, Erben, Nachlaßverwalter).

Unabhängig davon haben Vorstand einer AG und Geschäftsführer einer GmbH die Hauptversammlung bzw. Gesellschafterversammlung einzuberufen, wenn ein Verlust in der Hälfte des Grundkapitals bzw. Stammkapitals eingetreten ist (§ 92 Abs. 1 AktG, § 49 Abs. 3 GmbHG) (vgl. Rz. 3).

II. Antragspflichtige

Zur Antragstellung verpflichtet ist jedes einzelne Organ oder Mitglied. Eine interne Geschäftsaufteilung z.B. mit dem Mitgeschäftsführer einer GmbH entbindet andere Geschäftsführer nicht von ihrer eigenen Verantwortung zur rechtzeitigen Stellung des Insolvenzantrages (*BGH* ZIP 1994, 891 [892]; *LG Dessau* ZIP 1998, 1006 [1007] = EWiR 1998, 557; *Hess* KO, § 103 Rz. 26). Zur Antragstellung verpflichtet sind auch der faktische Geschäftsführer oder Vorstand (s.o. Rz. 11) und das fehlerhaft bestellte Organ (s.o. Rz. 13). Die Antragspflicht besteht auch bei Streit zwischen mehreren Vertretern über das Vorliegen eines Insolvenzgrundes (*Uhlenbruck/Delhaes* Rz. 129). Entgegenstehende Weisungen von Gesellschaftern sind unbeachtlich (*Kuhn/Uhlenbruck* KO, § 103 Rz. 10a). Antragspflicht besteht auch, wenn der Antrag voraussichtlich mangels Masse (§ 26) abgewiesen wird (*Uhlenbruck/Delhaes* Rz. 127). Nur so kann dem Schutzzweck der jeweiligen Antragspflichten genügt werden, daß insolvente Vermögensmassen, bei denen keine natürliche Person unbeschränkt haftet, rechtzeitig aus dem Rechtsverkehr entfernt werden. Tauchen nach rechtskräftiger Abweisung mangels Masse (§ 26) neue Vermögensgegenstände auf und ist die Gesellschaft noch nicht gelöscht, entsteht keine neue Antragspflicht für den Liquidator (*Uhlenbruck/Delhaes* Rz. 128), da der Schutzzweck des Antragsrechtes nicht mehr eingreift. Die Antragspflicht entfällt nicht, wenn ein Gläubiger bereits Antrag gestellt hat (*BGH* BB 1957, 273 *OLG Dresden* ZInsO 1998, 236; *Hess* KO, § 103 Rz. 26). Es ist durchaus denkbar, daß der Gläubiger nach Befriedigung den Antrag zurücknimmt, der Insolvenzgrund aber trotzdem weiter fortbesteht.

III. Antragsfristen

a) In den Fällen, in denen das Gesetz **keine Frist** vorsieht, ist der Antrag unverzüglich zu stellen, also ohne schuldhaftes Zögern (*Gottwald/Uhlenbruck* § 11 Rz. 29). Die Antragspflichtigen haben das Recht, sich fachkundig beraten zu lassen und erst dann die Entscheidung zu treffen, ohne sich schadensersatzpflichtig zu machen. Bei wirtschaftlichen Vereinen (s.o. § 11 Rz. 10) wird man wegen ihrer Nähe zu den nachfolgend aufgeführten Fällen (GmbH usw.) auch Sanierungsbemühungen bis zu einer Frist von drei Wochen zulassen müssen.

b) In einer Reihe von – wirtschaftlich bedeutsamen – Fällen fordert das Gesetz zur Antragstellung ohne schuldhaftes Zögern, **spätestens** aber **3 Wochen** nach Eintritt der Zahlungsunfähigkeit oder Überschuldung auf (§ 92 Abs. 2 AktG, § 64 Abs. 1 GmbHG, § 99 Abs. 1 GenG, §§ 130a Abs. 1, 177a HGB. Die 3-Wochen-Frist für die Antragstellung war unter Geltung der KO nichts anderes als eine Bedenkfrist, die der Prüfung diente, welchem Insolvenzverfahren (Konkurs oder Vergleich) der Vorzug zu geben war (*Kuhn/ Uhlenbruck* KO, § 103 Rz. 11 a). Im Rahmen dieser Frist wurden organschaftliche Vertreter nicht als gehindert angesehen, gleichzeitig außergerichtliche Sanierungsmöglichkeiten zu prüfen (*BGHZ* 75, 96 [108] = NJW 1979, 1823 [1829]; *Kuhn/Uhlenbruck* KO, § 103 Rz. 11 a). Der Gesetzgeber hat die Höchstfrist von 3 Wochen in den durch die EGInsO (redaktionell) geänderten Vorschriften beibehalten, so daß die vorgenannte Rechtsprechung weiter gilt. Sofern eine Sanierung in Betracht kommt, hat eine unverzügliche Prüfung der Sanierungschancen einzusetzen (*Haarmeyer/Wutzke/Förster* Handbuch 1/74). Die Antragstellung ist nicht erforderlich, solange noch objektive Aussicht besteht, die Insolvenzreife vor Ablauf der Frist zu beseitigen (*Scholz/Karsten Schmidt* GmbHG, § 64 Rz. 16). Sobald sich eine Sanierung als nicht nachhaltig oder aussichtslos erweist, ist unverzüglich Insolvenzantrag zu stellen. Sanierungschancen nach Ablauf der 3-Wochen-Frist beseitigen die Antragsfrist nicht (*Kuhn/Uhlenbruck* KO, § 103 Rz. 13). Dies auch deshalb, weil ein Ziel der InsO die rechtzeitige Verfahrenseröffnung ist.

33 Zum Beginn des Laufes der Antragspflicht s. Rz. 35.

IV. Beobachtungspflicht und Beginn des Laufes der Antragsfristen

34 Für die Antragsverpflichteten besteht die Pflicht, auf die Zahlungsfähigkeit und finanzielle Deckung zu achten. Diese Verpflichtung verschärft sich bei Vorliegen bestimmter Krisensymptome wie z. B. nachhaltigen Liquiditätsproblemen, erheblichen Forderungsausfällen, schwerer Verkäuflichkeit des Warenbestandes, nicht nur vorübergehender negativer Ertragslage (*Haarmeyer/Wutzke/Förster* Handbuch 1/67). Bei Verdacht einer Überschuldung ist eine gesonderte Überschuldungsbilanz (Überschuldungsstatus) zu erstellen (*Kuhn/Uhlenbruck* KO, § 103 Rz. 10a); Einzelheiten bei § 19, Rz. 9ff.

35 Die 3-Wochen-**Frist** beginnt nicht schon zu **laufen** beim objektiven Vorliegen der Insolvenzantragspflichten. Diese Auffassung wäre sanierungsfeindlich, weil nach ihr die 3-Wochen-Frist bei der Überschuldung vielfach schon abgelaufen wäre, bevor diese mit hinreichender Gewißheit feststellbar ist (*Scholz/Karsten Schmidt* GmbHG § 64 Rz. 18). Verlangt man hingegen positive Kenntnis (*BGHZ* 75, 96 [111] = NJW 1979, 1823 [1827]), würde die Frist viel zu spät zu laufen beginnen und die potentielle Insolvenzmasse weiter geschmälert werden (*Kuhn/Uhlenbruck* KO, § 103 Rz. 11). Abzustellen ist daher auf die positive Kenntnis des Antragsverpflichteten von den die Überschuldung begründenden Fakten und Zahlen (*Kuhn/Uhlenbruck* KO, § 103 Rz. 11; so wohl auch im Ergebnis *BGHZ* 75, 96 [111] = NJW 1979, 1823 [1827]).

V. Entfallen der Antragspflicht/Ausscheiden des Antragspflichtigen

36 Die Pflicht zur Antragstellung entfällt nur, wenn der Insolvenzgrund im Zeitpunkt der Erlangung der Kenntnis behoben ist oder vor Ablauf der 3-Wochen-Frist behoben wird. Im Falle der Überschuldung muß sich der Antragspflichtige aber durch Aufstellung eines Vermögensstatus über die gegenwärtige Vermögenslage Gewißheit verschaffen (*Hess* KO, § 103 Rz. 26). Wird die Zahlungsunfähigkeit beseitigt, entfällt die Antragspflicht nur, falls nicht Überschuldung besteht (*Scholz/Karsten Schmidt* GmbHG, § 63 Rz. 9). Scheidet der Antragsverpflichtete infolge Amtsniederlegung vor Ablauf der 3-Wochen-Frist aus, hat er den Antrag noch vor seinem Ausscheiden zu stellen oder dahin zu

Eröffnungsgrund § 16

wirken, daß die übrigen vertretungsberechtigten Organe oder das neue vertretungsberechtigte Organ den Antrag innerhalb der Frist stellen (*Hess* KO, § 103 Rz. 26; ähnlich *Kuhn/Uhlenbruck* KO, § 103 Rz. 8 f.; jeweils unter Hinweis auf *BGHZ* 2, 53 = NJW 1952, 554).

F. Persönliche Haftung

Die unterlassene oder verspätete Antragstellung kann zunächst eine sogenannte Innenhaftung nach sich ziehen. Die Gesellschaft kann Schadensersatzansprüche aufgrund spezialgesetzlicher Regelungen geltend machen wie z.B. gem. § 64 Abs. 2 GmbHG (*Gottwald/Uhlenbruck* § 11 Rz. 31) oder gemäß § 43 GmbHG. Bei der Außenhaftung gegenüber Gläubigern kommen deliktische Ansprüche gemäß § 823 Abs. 2 BGB in Verbindung mit z.B. § 64 Abs. 1 GmbHG in Betracht. Dabei ist zu unterscheiden zwischen Altgläubigern und Neugläubigern. **Altgläubiger** sind solche Gläubiger, die schon vor Eintritt der Eröffnungsvoraussetzungen ihren Anspruch gegen die Gesellschaft begründet hatten. Diese können regelmäßig nur dadurch geschädigt sein, daß sich ihre Insolvenzquote verkürzt hat. Während des Insolvenzverfahrens können ihre Ansprüche nur als sogenannter »Gesamtschaden« durch den Verwalter geltend gemacht werden (*Hess/Pape* Rz. 131). **Neugläubiger** sind solche Gläubiger, die erst nach Eintritt der Eröffnungsvoraussetzungen in geschäftlichen Kontakt mit der Gesellschaft getreten sind. Diese sind nicht mehr auf einen in der Regel gar nicht nachweisbaren Quotenschaden beschränkt, vielmehr geht ihr Ersatzanspruch auf das negative Interesse. Dies steht seit der Grundsatzentscheidung des BGH fest (*BGH* ZIP 1994, 1103 = NJW 1994, 2220 = EWiR 1994, 791). Der Neugläubiger kann den Anspruch trotz § 92 auch während des Insolvenzverfahrens selbst geltend machen, da kein Gesamtschaden vorliegt (*Wimmer* NJW 1996, 2546 [2548]). 37

Alt- und Neugläubiger können daneben unter den Voraussetzungen des § 26 Abs. 3 Ansprüche geltend machen (s. § 26 Rz. 95 ff.). 38

Schließlich kommen strafrechtliche Sanktionen in Betracht gem. §§ 283 ff., 266, 266 a StGB und aufgrund spezialgesetzlicher Regelungen (§ 401 AktG, § 84 GmbHG, § 148 GenG, §§ 130 b, 177 a HGB), die in Verbindung mit § 823 Abs. 2 BGB auch zu einer zivilrechtlichen Haftung führen können. 39

§ 16
Eröffnungsgrund

Die Eröffnung des Insolvenzverfahrens setzt voraus, daß ein Eröffnungsgrund gegeben ist.

Die verstreut in der KO (§§ 102, 207, 209, 213) und in Spezialgesetzen (z.B. § 63 Abs. 1 GmbHG a. F.) geregelten Eröffnungsgründe sind im wesentlichen in §§ 16–19 zusammengefaßt. Sonderreglungen enthält das Zehnte Buch (§§ 320, 332 Abs. 1, 333 Abs. 2 Satz 3). 1

Ein Ziel der Insolvenzreform ist die **zeitliche Vorverlagerung der Insolvenzauslösung**. Durch eine frühzeitige Antragstellung soll erreicht werden, daß genügend Masse vorhanden ist, damit nicht mehr – wie bisher – die Abweisung mangels Masse den Regelfall (in ca. 75 % der Verfahren) darstellt. Bislang wurde die Zahlungsunfähigkeit 2

§ 16 *Eröffnung des Insolvenzverfahrens*

definiert als das auf den Mangel an Zahlungsmitteln beruhende, voraussichtlich dauernde Unvermögen des Schuldners, seine sofort zu erfüllenden Geldschulden noch im wesentlichen zu berichtigen. In der Legaldefinition des § 17 Abs. 2 Satz 1 verzichtet der Gesetzgeber auf das Element der Dauer und der Wesentlichkeit. Verbindlichkeiten, die nur einen ganz unwesentlichen Teil ausmachen, bleiben ebenso wie ein nur kurzfristiges Unvermögen zur Zahlung, bei dem es sich nur um eine Zahlungsstockung handelt, außer Betracht. Zeitraum und die Höhe des unwesentlichen Teiles sind geringer als bisher anzusetzen. Nach der widerleglichen Vermutung in § 17 Abs. 2 Satz 2 ist Zahlungsunfähigkeit anzunehmen, wenn der Schuldner seine Zahlungen eingestellt hat.

3 **Überschuldung** ist wie bisher nur bei juristischen Personen (und bei den Sonderinsolvenzverfahren des Zehnten Teiles) Eröffnungsgrund. Der Gesetzgeber hat jedoch die auch vom BGH vertretene sogenannte zweistufige modifizierte Überschuldungsprüfung nicht übernommen, nach der ein Überschuldungsstatus nach Liquidationswerten nicht mehr aufgestellt zu werden brauchte, wenn die Überlebensprognose des Unternehmens gesichert erschien. Vielmehr ist zunächst die rechnerische Überschuldung des Vermögens nach Liquidationswerten zu prüfen. Fällt die Fortführungsprognose positiv aus, dürfen in der Bilanz nicht Liquidationswerte, sondern Fortführungswerte angesetzt werden, wodurch die rein rechnerische Überschuldung entfallen kann. Es bleiben die Schwierigkeiten bei der Bewertung und die durch das Prognoseelement der überwiegenden Wahrscheinlichkeit der Fortführung des Unternehmens sich ergebenden Unsicherheiten.

4 Neu eingefügt ist der nur beim Schuldnerantrag beachtliche Eröffnungsgrund der **drohenden Zahlungsunfähigkeit** (§ 18). Auch in diesem Fall ist eine Prognose erforderlich, nämlich dahingehend, ob der Schuldner voraussichtlich nicht in der Lage sein wird, die bestehenden Zahlungspflichten zum Zeitpunkt der Fälligkeit zu erfüllen. Als Anreiz zur rechtzeitigen Antragstellung bietet die InsO u. a. die Möglichkeit des Einzelvollstreckungsschutzes (§ 21 Abs. 2 Nr. 3, ggf. auch § 30d Abs. 4 ZVG), die Eigenverwaltung und die Möglichkeit für einen wirtschaftlichen Neuanfang durch Gewährung der Restschuldbefreiung. Eine Antragspflicht besteht bei diesem Eröffnungsgrund nicht.

5 Der **wichtigste Eröffnungsgrund** war und bleibt die **Zahlungsunfähigkeit**. Ein Gläubiger kann in der Regel nur die Zahlungsunfähigkeit in Form der Zahlungseinstellung darlegen, nicht aber – mangels Kenntnis des Rechnungswesens des Schuldners – die Überschuldung. In der Regel wird bei Überschuldung auch Zahlungsunfähigkeit vorliegen. Eine eigenständige Bedeutung erlangt der Eröffnungsgrund der Überschuldung nur bei der Komplementär-GmbH bei der GmbH & Co. KG. Welche Bedeutung der Eröffnungsgrund der drohenden Zahlungsunfähigkeit in der Praxis erlagen wird, bleibt abzuwarten.

6 Für die Zulassung des Gläubigerantrages (§ 14 Abs. 1) bzw. des nicht von allen Mitgliedern des Vertretungsorganes, allen persönlich haftenden Gesellschaftern oder allen Abwicklern gestellten Antrages (§ 15 Abs. 2) ist es erforderlich, daß der Eröffnungsgrund glaubhaft gemacht wird. In den übrigen Fällen ist er schlüssig darzulegen. Im Zeitpunkt der Entscheidung über die Eröffnung des Verfahrens bzw. bei der Entscheidung im Beschwerdeverfahren muß er dagegen zur vollen Überzeugung des Gerichts feststehen. Zur Feststellung bedient sich das Gericht regelmäßig eines Sachverständigen; bei der Anordnung von Sicherungsmaßnahmen wird damit zugleich der vorläufige Insolvenzverwalter beauftragt. Das Insolvenzgericht kann unabhängig von dem bei Antragstellung angegebenen und ggf. glaubhaft gemachten Grund auch aus einem anderen Grund eröffnen.

§ 17
Zahlungsunfähigkeit → § 102 KO

(1) Allgemeiner Eröffnungsgrund ist die Zahlungsunfähigkeit.
(2) [1]**Der Schuldner ist zahlungsunfähig, wenn er nicht in der Lage ist, die fälligen Zahlungspflichten zu erfüllen.** [2]**Zahlungsunfähigkeit ist in der Regel anzunehmen, wenn der Schuldner seine Zahlungen eingestellt hat.**

Vgl. § 102 KO; § 1 Abs. 1 Satz 1 GesO

Inhaltsübersicht: Rz.

A.	Allgemein	1– 3
	I. Überblick	1
	II. Gesellschaften ohne Rechtspersönlichkeit	2
	III. GmbH & Co. KG	3
B.	Zahlungsunfähigkeit	4–25
	I. Definition	4– 5
	II. Zahlungsunwilligkeit	6
	III. Fällige Zahlungspflichten	7–12
	IV. Zahlungsstockung/Dauer	13–18
	V. Wesentlichkeit	19–23
	VI. Art und Zeitpunkt der Feststellung der Zahlungsunfähigkeit	24–25
C.	Zahlungseinstellung	26–30
	I. Überblick	26–27
	II. Zahlungseinstellung	28
	III. Erkennbarkeit	29
	IV. Feststellung der Zahlungseinstellung	30

Literatur:

Burger/Schellberg Zur Vorverlagerung der Insolvenzauslösung durch das neue Insolvenzrecht, KTS 1995, 563; *dies.* Die Auslösetatbestände im neuen Insolvenzrecht, BB 1995, 261; *Drukarczyk/ Schüler* Zahlungsunfähigkeit, drohende Zahlungsunfähigkeit und Überschuldung als Insolvenzrisiko, in Kölner Schrift zur Insolvenzordnung, 1997, 57.

A. Allgemein

I. Überblick

Bedeutendster Eröffnungsgrund ist die Zahlungsunfähigkeit, die insbesondere ein Gläubiger leichter belegen kann als eine Überschuldung. Nach der gesetzlichen Definition ist Zahlungsunfähigkeit gegeben, wenn der Schuldner nicht in der Lage ist, die fälligen Zahlungspflichten zu erfüllen. Nach der widerleglichen Vermutung in Abs. 2 Satz 2 ist Zahlungsunfähigkeit anzunehmen, wenn der Schuldner seine Zahlungen eingestellt hat. Neben der Zahlungseinstellung kommen weitere Indizien in Betracht, aus denen auf die Zahlungsunfähigkeit geschlossen werden kann. Beim Schuldnerantrag ist auch drohende Zahlungsunfähigkeit (§ 18) ein Eröffnungsgrund. Zum Verhältnis zur Überschuldung vgl. § 19 Rz. 4f. **1**

II. Gesellschaften ohne Rechtspersönlichkeit

2 Bei OHG/KG ist zu beachten, daß Zahlungsunfähigkeit der Gesellschaft auch dann gegeben sein kann, wenn der/die persönlich haftende/n Gesellschafter selbst noch zahlungsfähig sind (*Gottwald/Timm/Körber* § 84 Rz. 9), da es sich um zwei getrennt Vermögensmassen handelt (vgl. auch oben § 11 Rz. 2). Dies gilt nunmehr allgemein bei allen Gesellschaften ohne Rechtspersönlichkeit i. S. d. § 11 Abs. 2 Nr. 1.

III. GmbH & Co. KG

3 Auch bei der GmbH & Co. KG ist zwischen der GmbH einerseits und der KG andererseits zu unterscheiden und der Insolvenzgrund jeweils gesondert festzustellen. Daher kommt es – wie bei KG (s. o. Rz. 2) – bei der Feststellung der Zahlungsunfähigkeit der KG weder auf die Zahlungsfähigkeit der GmbH noch auf deren Haftung nach §§ 161 Abs. 2, 128 HGB an (*Gottwald/Timm/Körber* § 85 Rz. 4). Regelmäßig wird allerdings bei Zahlungsunfähigkeit der KG zumindest eine Überschuldung der GmbH vorliegen (s. u. § 19 Rz. 25).

B. Zahlungsunfähigkeit

I. Definition

4 a) Zahlungsunfähigkeit wurde unter Geltung der **KO** definiert als das auf dem Mangel an Zahlungsmitteln beruhende, voraussichtlich dauernde Unvermögen, die fälligen Geldschulden wenigstens zu einem wesentlichen Teil zu erfüllen (*BGH* ZIP 1991, 93 [40] = NJW 1991, 980 [981]; *Hess* KO, § 102 Rz. 5; *Gottwald/Uhlenbruck* § 9 Rz. 3). Für die stärkste Form der Zahlungsunfähigkeit, nämlich die Zahlungseinstellung, wurde zusätzlich gefordert, daß dieser Zustand mindestens für die beteiligten Verkehrskreise erkennbar war. Umstritten war insbesondere, welche Anforderungen an die Merkmale der Dauer und der Wesentlichkeit zu stellen sind.

5 b) Der Gesetzgeber hat im Interesse der Rechtsklarheit den Begriff der Zahlungsunfähigkeit in Abs. 2 Satz 1 gesetzlich umschrieben. In den Gesetzesmaterialien ist ausgeführt, daß die vorübergehende Zahlungsstockung keine Zahlungsunfähigkeit begründet, daß jedoch das Element der **Dauer** deshalb nicht in die Gesetzesdefinition aufgenommen worden ist, damit nicht eine über Wochen oder gar Monate fortbestehende Illiquidität zur rechtlich unerheblichen Zahlungsstockung erklärt wird. Auch ganz geringfügige Liquiditätslücken sollen außer Betracht bleiben. Das Erfordernis eines **wesentlichen Teiles** ist deshalb nicht in die Gesetzesdefinition aufgenommen worden, um den bisherigen Tendenzen zu einer übermäßig einschränkenden Auslegung des Begriffes der Zahlungsunfähigkeit entgegenzuwirken; insbesondere soll es nicht gerechtfertigt sein, Zahlungsunfähigkeit erst bei Nichterfüllung eines bestimmten Bruchteiles der Gesamtsumme der Verbindlichkeiten anzunehmen (BT-Drucks. 12/2443 S. 114).

Zahlungsunfähigkeit § 17

II. Zahlungsunwilligkeit

Die Zahlungsunfähigkeit ist zunächst abzugrenzen zur Zahlungsunwilligkeit. Zahlungsunwilligkeit liegt vor, wenn ein zahlungsfähiger Schuldner sich böswillig weigert, seine fälligen Verbindlichkeiten zu erfüllen. Darin liegt keine Zahlungsunfähigkeit (*Kilger/ Karsten Schmidt* KO, § 30 Rz. 5; *Hess/Pape* Rz. 98; zweifelnd *Mohrbutter/Mohrbutter/ Pape* II. 3). Bei Zahlungsverweigerung kann aber bei Vorliegen der übrigen Voraussetzungen eine Zahlungseinstellung vorliegen (so *Mohrbutter/Moorbutter/Pape* II. 3). In jedem Fall ist bei Zahlungsunwilligkeit genau zu prüfen, ob es sich nicht um eine in Wahrheit bestehende Zahlungsunfähigkeit handelt (*Hess/Pape* Rz. 98). **6**

III. Fällige Zahlungspflichten

a) Unter Geltung der **KO** wurden für die Feststellung der Zahlungsunfähigkeit nur die **fälligen und ernstlich eingeforderten Geldschulden** berücksichtigt (*BGH* ZIP 1995, 929 [930]; *BayObLG* BB 1988, 1840; *Gottwald/Uhlenbruck* § 9 Rz. 9). § 17 Abs. 2 Satz 1 stellt zwar nur auf die fälligen Zahlungspflichten ab. Im Ergebnis hat sich jedoch kaum etwas geändert. **7**

b) Bei der Frage der **Fälligkeit** wurde die Meinung vertreten, daß demnächst fällig werdende Zahlungsverpflichtungen nicht unberücksichtigt bleiben müssen. Es sollte nicht auf die Zeitpunkt-Illiquidität abgestellt werden, sondern vielmehr auf eine Zeitraum-Illiquidität (*Gottwald/Uhlenbruck* § 9 Rz. 9; *Kuhn/Uhlenbruck* KO, § 102 Rz. 2 c). Damit wird jedoch die Grenze zum Eröffnungsgrund der drohenden Zahlungsunfähigkeit (§ 18) verwischt. Aus den Gesetzesmaterialien ergibt sich, daß anders als bei der (eingetretenen) Zahlungsunfähigkeit bei der bevorstehenden Zahlungsunfähigkeit gem. § 18 auch diejenigen Zahlungsverpflichtungen des Schuldners in die Betrachtungen einbezogen werden, die schon bestehen, aber noch nicht fällig sind (BT-Drucks. 12/2443, S. 114). Zudem ist unklar, auf welche Dauer der Zeitraum bei der Zeitraum-Illiquidität bemessen werden soll. Durch Einführung des § 18 ist dem willigen Schuldner vielmehr geholfen, rechtzeitig einen Insolvenzantrag zu stellen, so daß im Rahmen der Zahlungsunfähigkeit auf die Zeitraum-Illiquidität nicht mehr zurückgegriffen werden muß (*Kilger/Karsten Schmidt* KO, § 102 Rz. 2a; *Bork* Rz. 87). Viel mehr ist auf die **Zeitpunkt-Illiquidität** abzustellen (*Drukarczyk/Schüler* Kölner Schrift zur Insolvenzordnung, S. 57, Rz. 42). **8**

c) Das Merkmal des **ernstlichen Verlangens** der Forderungsbegleichung besagt letztlich nichts anderes, als daß die Forderungen **nicht gestundet** sein dürfen (*Gottwald/Uhlenbruck* § 9 Rz. 10). Dabei sind verschiedene Problemkreise zu unterscheiden. **9**

(1) Ist beim Gläubigerantrag die Forderung, auf die der Insolvenzantrag gestützt wird, gestundet, fehlt es bereits am rechtlichen Interesse (s. o. § 14 Rz. 38), der Antrag ist unzulässig. Beim Gläubigerantrag dürfen gestundete Forderungen anderer Gläubiger bei der Feststellung der Zahlungsunfähigkeit nicht berücksichtigt werden. Nur fällige und nicht gestundete Forderungen können den vorhandenen Geldmitteln gegenübergestellt werden. Beim Schuldnerantrag ist die Frage der Stundung von geringer Bedeutung, da gestundete Forderungen jedenfalls bei der Feststellung der drohenden Zahlungsunfähigkeit zu berücksichtigen sind. **10**

(2) Eine Stundung kann zunächst aufgrund ausdrücklicher Vereinbarung zustandekommen. Bei der Annahme einer stillschweigenden Stundung ist Vorsicht geboten. Sie folgt **11**

nicht allein aus der Tatsache, daß Gläubiger ihre Ansprüche nicht geltend machen (unklar *OLG Stuttgart* ZIP 1997, 652 [653] = EWiR 1997, 649). Allein durch eine Nichtzahlung bzw. verspätete Zahlung kann der Schuldner keine Stundung erzwingen, sie folgt auch nicht aus dem Absehen der Gläubiger von aussichtslosen Vollstreckungsmaßnahmen. Insbesondere bei kurzfristigen Verbindlichkeiten aus Lieferungen und Leistungen kann im Regelfall davon ausgegangen werden, daß sie nach Ablauf eines Zahlungszieles uneingeschränkt fällig sind und vom Gläubiger ernsthaft verlangt werden (*Kuhn/Uhlenbruck* KO, § 102 Rz. 2c), sie also nicht (stillschweigend) gestundet sind. Der BGH läßt eine einzige, ernsthafte Zahlungsaufforderung genügen und weist darauf hin, daß es nicht erforderlich ist, daß Gläubiger den Schuldner besonders bedrängen (*BGH* ZIP 1995, 929 [930]).

12 (3) Zu der Bedeutung einer allgemeinen Stundung bei der Frage der Zahlungseinstellung s. u. Rz. 29.

IV. Zahlungsstockung/Dauer

13 **a) Bislang** wurde die Zahlungsunfähigkeit definiert als der dauernde Mangel an Zahlungsmitteln, die Geldschulden zu erfüllen. Das Element der Dauer diente zur Abgrenzung zur bloß vorübergehenden Zahlungsunfähigkeit, der sogenannten Zahlungsstockung, die als Insolvenzgrund nicht ausreichte. Unklarheiten herrschten über den Zeitraum und die Frage, ob noch weitere Umstände zu berücksichtigen waren. Die in der Rechtsprechung gezogene Obergrenze reichte von rund einem Monat (*BGH* ZIP 1995, 929 [931]) bis zu drei Monaten (*BayObLG* BB 1988, 1840), die Literatur stellte teilweise auf die Umstände des Einzelfalles ab (*Hess* KO, § 102 Rz. 7) und kam zu einem Zeitraum von sechs Wochen bis zu drei Monaten (*Gottwald/Uhlenbruck* § 9 Rz. 7 und 8). Teilweise wurde auch ein Zeitraum von bis zu drei Monaten zugebilligt, auf das Verhältnis der bezahlten zu den unbezahlten Schulden abgestellt und darauf, ob das Unterbleiben der Zahlung nur die Ausnahme oder die Regel bildete (*Kilger/Karsten Schmidt* KO, § 30 Rz. 5). Andererseits wurde die Nichterfüllung der Verbindlichkeiten über mehrere Wochen hinweg nicht mehr als bloße Zahlungsstockung angesehen (*Mohrbutter/Mohrbutter/Pape* II. 3).

14 **b)** Der **Gesetzgeber** hat bewußt darauf verzichtet, im Gesetzestext ausdrücklich festzuschreiben, daß eine andauernde Unfähigkeit zur Erfüllung der Zahlungspflichten vorliegen muß (vgl. Rz. 5), um nicht dadurch das Ziel einer rechtzeitigen Verfahrenseröffnung erheblich zu gefährden. Vorübergehende Zahlungsstockung begründet weiterhin keine Zahlungsunfähigkeit. Der Gesetzgeber geht davon aus, daß bei vorübergehender Illiquidität sich der Schuldner durch Bankkredit neue flüssige Mittel beschaffen kann und wird (BT-Drucks. 12/2443 S. 114). Als Obergrenze werden angesehen ein Zeitraum von ein bis zwei Wochen (*Burger/Schellberg* KTS 1995, 563 [567]; *dies.* BB 1995, 261 [262 f.]) bzw. von zehn Tagen in Anlehnung an die Frist nach § 30 Nr. 2 KO (*Hess/Obermüller* Rz. 55).

c) Im einzelnen ist von folgenden **Grundsätzen** auszugehen:

15 (1) Abzustellen ist weiterhin auf die **Geldilliquidität** (*Gottwald/Uhlenbruck* § 9 Rz. 5; *Kuhn/Uhlenbruck* KO, § 102 Rz. 2 und 2e). Dies folgt schon daraus, daß sich (größere) Vermögensgegenstände selten innerhalb von ein bis zwei Wochen veräußern lassen. Es kommt auch nicht darauf an, ob das Unterbleiben der Zahlung nur die Ausnahme und nicht die Regel bildet unter Berücksichtigung des Verhältnisses der bezahlten zu den unbezahlten Schulden (so *Kilger/Karsten Schmidt* KO, § 30 Rz. 5).

(2) Eine vorübergehende Zahlungsstockung liegt nur vor, wenn dem Schuldner in einem **16**
bestimmten Zeitpunkt liquide Mittel fehlen, etwa, weil eine erwartete Zahlung nicht
eingegangen ist (BT-Drucks. 12/2443 S. 114). Es kommt darauf an, ob der Schuldner
sich durch einen Bankkredit neue flüssige Mittel beschaffen kann (BT-Drucks. 12/2443
S. 114; *BGH* ZIP 1995, 929 [931]; *Hess* KO, § 102 Rz. 6). Der Zufluß neuer Zahlungsmittel kann sich auch aus anderen Gründen ergeben wie beispielsweise der in Kürze zu
erwartenden Begleichung ausstehender Rechnungen. Entgegen der Auffassung von
Uhlenbruck (KTS 1994, 169 [171]) besteht durchaus die Möglichkeit, im Falle der
vorübergehenden Illiquidität kurzfristig einen Kredit zu bekommen, z. B. durch Erhöhung der Kreditlinie. Gelingt es dem Schuldner nicht, neue flüssige Mittel zu beschaffen,
ist es in aller Regel für die Gläubiger nachteilig, wenn die Eröffnung des Insolvenzverfahrens hinausgezögert wird (BT-Drucks. 12/2443 S. 114).
(3) Eine nach Tagen feste Obergrenze wird sich nicht finden lassen. Vielmehr sind die **17**
konkreten Gegebenheiten in Bezug auf den Schuldner, auf die Branche und auf die Art
der fälligen Schulden zu berücksichtigen (*Burger/Schellberg* BB 1995, 261 [263]; ähnlich *Kuhn/Uhlenbruck* KO, § 102 Rz. 2e, der auf die gesamte wirtschaftliche Situation
des Schuldners abstellt). Insoweit sind die Umstände des Einzelfalles – wenn auch nur
begrenzt – zu berücksichtigen. Unabhängig von der Branche und der dort üblichen
»Zahlungsmoral« ist die **Obergrenze bei zwei Wochen** zu ziehen. Dabei ist auch zu
bedenken, daß bei juristischen Personen und Gesellschaften ohne Rechtspersönlichkeit,
bei denen keine natürliche Person persönlich haftender Gesellschafter ist, mit dem
Eintritt der Zahlungsunfähigkeit nicht automatisch die Pflicht zur Antragstellung eintritt. Vielmehr beginnt die Frist von drei Wochen zu laufen, bis zu deren Ende spätestens
Antrag gestellt werden muß (s. o. § 15 Rz. 32).
(4) Daß es sich lediglich um eine **Zahlungsstockung** handelt, ist immer vom **Schuldner** **18**
nachzuweisen (*Gottwald/Uhlenbruck* § 9 Rz. 8), der – im Gegensatz zum Gläubiger –
über einen genauen Einblick verfügt. Da eine unbeachtliche Zahlungsstockung maximal
bei einer Frist von zwei Wochen vorliegt, hat die Frage nur im Rahmen der Zulassung
eines Gläubigerantrages bei der (Glaubhaftmachung) Bedeutung. Zulassung eines Eröffnungsantrages. Für den im Rahmen der Eröffnung erforderlichen Vollbeweis über die
Zahlungsunfähigkeit ist die Abgrenzung zur unbeachtlichen Zahlungsstockung infolge
des kurzen Zeitraumes von zwei Wochen regelmäßig ohne Belang.

V. Wesentlichkeit

a) Unter **Geltung der KO** setzte Zahlungsunfähigkeit weiter voraus, daß die Unfähigkeit **19**
zur Zahlung einen wesentlichen Teil der Verbindlichkeiten betraf. Die Rechtsprechung
ließ es zur Bejahung der Zahlungsunfähigkeit nicht genügen, daß der Schuldner vereinzelt noch Zahlungen auch in beträchtlicher Höhe leistete (*BGH* ZIP 1991, 1014 [1015])
oder noch einzelne Gläubiger befriedigt wurden (*BGH* ZIP 1995, 929 [930]). Bei
weltweit tätigen Unternehmen wurde auf das gesamte Zahlungsverhalten im In- und
Ausland abgestellt (*BGH* ZIP 1991, 1014f.). Vielmehr kam es darauf an, ob das
Ausbleiben der Zahlung die Regel und nicht nur die Ausnahme bildete, wobei das
Verhältnis der bezahlten zu den unbezahlten Schulden bedeutsam war (*BGH* ZIP 1991,
1014 [1015]). Die Zahlung nur eines geringen Bruchteiles stand der Annahme der
Zahlungsunfähigkeit nicht entgegen (*BGH* ZIP 1995, 929 [930]). Bei der Gegenüberstellung der fälligen Verbindlichkeiten und der zur Tilgung vorhandenen oder herbeizuschaffenden Mittel wurde erst eine Unterdeckung von 25% als beachtlich dafür an-

gesehen, daß Zahlungsunfähigkeit vorliegt, wobei es genügte, daß der Schuldner auch nur eine einzelne Forderung nicht mehr zu erfüllen vermochte (*BayObLG* BB 1988, 1840). Die Literatur stellte auf eine Spanne zwischen 10 und 25 % ab (*Gottwald/ Uhlenbruck* § 9 Rz. 6), sah eine Unterdeckung von 25 % als genügend aber auch erforderlich an (*Hess* KO, § 102 Rz. 5) oder sprach von einer Tatfrage, bei der die Verkehrsanschauung eine erhebliche Rolle spielte (*Kilger/Karsten Schmidt* KO, § 30 Rz. 5).

20 b) Der **Gesetzgeber** hat auch das Erfordernis eines wesentlichen Teiles (ebenso wie der nicht nur vorübergehenden Zahlungsstockung) im Gesetz nicht festgeschrieben. Es sollte den bisherigen Tendenzen zu einer übermäßig einschränkenden Auslegung des Begriffes der Zahlungsunfähigkeit entgegengewirkt werden. Insbesondere soll Zahlungsunfähigkeit nicht erst anzunehmen sein, wenn der Schuldner einen bestimmten Bruchteil der Gesamtsumme seiner Verbindlichkeiten nicht mehr erfüllen kann. Allerdings sollen ganz geringfügige Liquiditätslücken außer Betracht bleiben (BT-Durcks. 12/2443, S. 114). In der Literatur wird darauf hingewiesen, daß der Bruchteil der Verbindlichkeiten nicht zu hoch angesetzt werden sollte (*Hess/Pape* Rz. 96), dem Gericht ein größerer Beurteilungsspielraum eingeräumt ist (*Mohrbutter/Mohrbutter/ Pape* XVI. 19), sich allerdings die Problematik gegenüber dem geltenden Recht nicht verändert hat, da die Definition der geringfügigen Liquiditätslücke der Rechtsprechung überlassen bleibt (*Uhlenbruck* KTS 1994, 169 [171]).

c) Auszugehen ist von folgenden **Kriterien**:

21 (1) Ein fester Prozentsatz zur Beantwortung der Frage, wann eine geringfügige Liquiditätslücke vorliegt, kann und muß nicht aufgestellt werden. Ein Insolvenzantrag ist **auch wegen Kleinbeträgen** zulässig, das rechtliche Interesse liegt vor (s. o. § 14 Rz. 39). Beim Gläubigerantrag ist die geltend gemachte Forderung erfahrungsgemäß nicht die einzige, die der Schuldner nicht begleicht. Sozialversicherungsträger stellen schneller und häufiger Insolvenzantrag als das Finanzamt, bei dem intern zunächst die Zustimmung der OFD eingeholt werden muß. Bis es zum Insolvenzantrag kommt, vergeht zudem häufig ein längerer Zeitraum. Die Forderung wird eingeklagt und nach Titulierung wird zunächst erfolglos versucht, sie im Wege der Zwangsvollstreckung beizutreiben. Titulierung und erfolglose Zwangsvollstreckung sind zwar nicht Zulässigkeitsvoraussetzungen für einen Insolvenzantrag (s. o. § 14 Rz. 32 und Rz. 36 ff.), jedoch der Regelfall.

22 (2) Es spricht daher viel dafür, daß **ganz geringfügige Liquiditätslücken** im wesentlichen nur im Rahmen der vorübergehenden Zahlungsstockung von Bedeutung und dort zu berücksichtigen sind. Zutreffend weisen *Burger/Schellberg* (BB 1995, 261 [263] in Fn. 25) darauf hin, daß binnen ein oder zwei Wochen behebbare Zahlungsschwierigkeiten vorübergehender Natur sind und dann jedenfalls das Kriterium der Wesentlichkeit unbedeutend ist. Regelmäßig wird es bei ganz geringfügigen Liquiditätslücken dem Schuldner gelingen, sich mit dem Gläubiger – beispielsweise durch Ratenzahlungsvereinbarung – zu einigen. Sofern sich ein Gläubiger darauf nicht einläßt, wird dies häufig seinen guten Grund darin haben, daß er bereits erfolglos vollstreckte und möglicherweise eine frühere Ratenzahlungsvereinbarung nicht eingehalten wurde. In diesen Fällen wird es sich aber regelmäßig nicht um eine ganz geringfügige Liquiditätslücke handeln, vielmehr werden noch andere Gläubiger vorhanden sein, deren Forderungen ebenfalls unbefriedigt sind. Auch dürfte die Deckung einer ganz geringfügigen Liquiditätslücke für einen Schuldner regelmäßig kein großes Problem sein, indem er sich beispielsweise bei Banken oder Dritten Geld beschafft.

(3) Ebenso wie das Merkmal der Zahlungsstockung/Dauer wird das Merkmal der **23** Wesentlichkeit für die Frage, ob ein Eröffnungsgrund vorliegt, ohne große Bedeutung sein. Beim Gläubigerantrag liegt zwischen Antragszulassung und Entscheidung über die Eröffnung ein längerer Zeitraum. Innerhalb dieses Zeitraumes wird es dem Schuldner entweder gelingen, die ganz geringfügige Liquiditätslücke zu schließen, oder aber es werden häufig weitere Forderungen bekannt werden, so daß von einer ganz geringfügigen Liquiditätslücke keinesfalls mehr die Rede sein kann. Die **Bedeutung** beschränkt sich auf die Frage der Zulassung und die damit verbundene Anordnung von Sicherungsmaßnahmen. Nur bei geringen Forderungen im Vergleich zum Umfang der üblichen Zahlungen werden ganz geringfügige Liquiditätslücken vorliegen können. Bei geringen Forderungen wird das Insolvenzgericht immer überlegen, ob die Anordnung von Sicherungsmaßnahmen ohne vorherige Anhörung des Schuldners erforderlich ist. Dem **Schuldner** obliegt es in jedem Fall, darzulegen und glaubhaft zu machen, daß es sich nur um eine ganz geringfügige Liquiditätslücke handelt.

VI. Art und Zeitpunkt der Feststellung der Zahlungsunfähigkeit

a) Die Feststellung der Zahlungsunfähigkeit erfordert eine stichtagsbezogene Gegen- **24** überstellung (**Liquiditätsbilanz**) der verfügbaren Zahlungsmittel und der vollständigen Geldschulden. Dazu ist es erforderlich, daß eine vollständige und geordnete Vermögensübersicht vorgelegt wird, regelmäßig wird der Insolvenzrichter einen Sachverständigen hinzuziehen (*Gottwald/Uhlenbruck* § 9 Rz. 12); bei der Anordnung von Sicherungsmaßnahmen wird als Sachverständiger regelmäßig der vorläufige Insolvenzverwalter beauftragt (vgl. § 22 Abs. 1 Nr. 3). Soweit die Auffassung vertreten wurde, wegen des Merkmales der Dauer sei zudem die Aufstellung eines Finanzplanes erforderlich (*Kuhn/Uhlenbruck* KO, § 102 Rz. 6a), ist diese Auffassung dadurch überholt, daß es auf das Merkmal der Dauer nur noch in geringem Umfang ankommt (vgl. oben Rz. 13ff.). Zudem war unklar, auf welchen Zeitraum die Planungsperiode bestimmt werden sollte. Häufig ist zudem bei einer desolaten Buchführung die Aufstellung eines Finanzplanes nicht bzw. häufig nur unter Vorbehalt späterer Erkenntnisse und späterer Aufarbeitung der Unterlagen möglich. Bei Verbindlichkeiten und Forderungen des Schuldners ist zu berücksichtigen, ob sie streitig sind und wie die Chancen einer prozessualen Durchsetzung eingeschätzt werden. Häufig können sie nur als nichtliquide Vermögenswerte angesetzt werden (mit 0,00 DM).

b) Der Eröffnungsgrund muß nicht nur wie bei Antragstellung glaubhaft gemacht (s.o. **25** § 14 Rz. 50 und Rz. 88) oder zumindest schlüssig dargelegt werden (s.o. § 14 Rz. 89). Vielmehr muß das Gericht im Zeitpunkt der Entscheidung über die (Nicht-)Eröffnung vom Vorliegen des Eröffnungsgrundes **überzeugt** sein (*Hess* KO, § 102 Rz. 15). Dies gilt auch und gerade beim Schuldnerantrag. Das Bestreben von Organen juristischer Personen geht häufig dahin, daß das Gericht das Vorliegen eines Eröffnungsgrundes bejaht, den Antrag aber mangels Masse abweist. Auf diese Weise werden insbesondere GmbHs elegant »beerdigt«, die Schuldner gehen leer aus, eine neu gegründete GmbH kann die Geschäftstätigkeit ohne Übernahme der bisherigen Schulden fortführen. Bei der gebotenen sorgfältigen Prüfung des Insolvenzgrundes werden häufig zumindest Rückgriffsansprüche gegen Gesellschafter/Geschäftsführer aufgedeckt (z.B. gem. §§ 9a, 31, 32b, 64 GmbHG).

§ 17 Eröffnung des Insolvenzverfahrens

C. Zahlungseinstellung

I. Überblick

26 a) § 102 Abs. 2 KO bestimmte, daß Zahlungsunfähigkeit insbesondere anzunehmen ist, wenn Zahlungseinstellung erfolgt ist. Zahlungseinstellung wurde dann angenommen, wenn der Schuldner wegen eines voraussichtlich dauernden Mangels an Zahlungsmitteln seine fälligen und von den jeweiligen Gläubigern ernsthaft eingeforderten Verbindlichkeiten im allgemeinen nicht mehr erfüllen konnte und dieser Zustand mindestens für die beteiligten Verkehrskreise nach außen erkennbar geworden war (*BGH* NJW 1984, 1953; *BGH* ZIP 1991, 39 [40] = EWiR 1991, 277 = NJW 1991, 980 [981]; *Gottwald/ Uhlenbruck* § 9 Rz. 3). Gerichtsentscheidungen ergingen zur Frage der Zahlungseinstellung im Rahmen der Konkursanfechtung nach § 30 Nr. 1 KO (nunmehr §§ 130–132). Die Elemente der Dauer und Wesentlichkeit sind infolge der gesetzlichen Neudefinition der Zahlungsunfähigkeit nur noch eingeschränkt zu berücksichtigen (s. o. Rz. 13 ff. und Rz. 19 ff.). Im übrigen verbleibt es bei der Aufgliederung in das Element der Zahlungsunfähigkeit und das Element der Erkennbarkeit nach außen oder wie *Kilger/Karsten Schmidt* prägnant formulieren: Zahlungseinstellung ist kundgetane Zahlungsunfähigkeit (§ 102 Anm. 3).

27 b) Der Gesetzgeber hat in § 17 Abs. 2 Satz 2 eine widerlegliche Vermutung dahin aufgestellt, daß bei Zahlungseinstellung Zahlungsunfähigkeit vorliegt (BT-Drucks. 12/ 2443 S. 114). Stärkste bzw. wichtigste Erscheinungsform der Zahlungsunfähigkeit ist die Zahlungseinstellung. Sie bildet jedoch keinen selbständigen Insolvenzgrund, vielmehr ist sie ein Erkennungsmerkmal, dem nunmehr der Rang einer widerleglichen Vermutung zukommt (a.A *Kilger/Karsten Schmidt* § 102 Anm. 3). Die Zahlungseinstellung ist äußeres, sichtbares Anzeichen der Zahlungsunfähigkeit (*Mohrbutter/Mohrbutter/Pape* II. 3). Zahlungseinstellung ohne Zahlungsunfähigkeit gibt es nicht, wohl aber kann Zahlungsunfähigkeit ohne Zahlungseinstellung vorliegen (*Kilger/Karsten Schmidt* KO, § 102 Rz. 3). Die Zahlungseinstellung kann sich ebenso wie die Zahlungsunfähigkeit wie bisher anhand von Indizien festgestellt werden.

II. Zahlungseinstellung

28 Das **objektive Element** der Zahlungseinstellung deckt sich mit den obigen Kriterien zur Fälligkeit (s. Rz. 7 ff.), Zahlungsstockung/Dauer (s. o. Rz. 13 ff.) und Wesentlichkeit (s. o. Rz. 19 ff.). Es ist zu beachten, daß die frühere, einschränkende Rechtsprechung hinsichtlich der Dauer und der Wesentlichkeit nur eingeschränkt fort gilt. Insbesondere ist es nicht erforderlich, daß der Schuldner gar keine Zahlungen mehr leistet. Vielmehr genügt es, wenn die Zahlungseinstellung aufgrund der Nichtbezahlung nur einer (nicht unwesentlichen) Forderung erkennbar wird (*BGH* ZIP 1995, 929 [930]). Eine eingetretene Zahlungseinstellung wird durch eine allgemeine Stundung bzw. Stundung seitens der Hauptgläubiger nicht wieder beseitigt. Erforderlich ist vielmehr, daß es zu einer allgemeinen Wiederaufnahme der Zahlungen kommt (*Hess* KO, § 102 Rz. 14; *Kilger/ Karsten Schmidt* KO, § 30 Rz. 6a).

III. Erkennbarkeit

Das **subjektive Element** der Erkennbarkeit erfordert, daß die Zahlungseinstellung nach 29
außen jedenfalls den beteiligten Verkehrskreisen erkennbar wird (*BGH* NJW 1984,
1953; *BGH* ZIP 1991, 39 [40] = EWiR 1991, 277 = NJW 1991, 980 [981]). Die
Erkennbarkeit wird sich regelmäßig aus den Indizien ergeben, aus denen auch auf die
Zahlungseinstellung geschlossen wird (s. Rz. 31).

IV. Feststellung der Zahlungseinstellung

Für die Feststellung der Zahlungseinstellung können wie bisher **Indizien** herangezogen 30
werden. Die Indizien decken sich mit denjenigen, mit deren Hilfe der Gläubiger das
Vorliegen des Eröffnungsgrundes der Zahlungsunfähigkeit in Form der Zahlungseinstellung glaubhaft machen kann (s. o. § 14 Rz. 75 ff.). Steht aufgrund der Indizien fest, daß
der Schuldner seine Zahlungen eingestellt hat, ist von einer Zahlungsunfähigkeit auszugehen. Der **Schuldner** hat allerdings die Möglichkeit, die gesetzliche Vermutung zu
widerlegen. Die Feststellung der Zahlungsunfähigkeit aufgrund Zahlungseinstellung hat
besondere Bedeutung im Rahmen der Glaubhaftmachung durch den Gläubiger. Ist der
Antrag zugelassen und ein Sachveständiger beauftragt, wird dieser aufgrund der vorhandenen Unterlagen regelmäßig nicht nur die Zahlungseinstellung, sondern auch die
Zahlungsunfähigkeit feststellen können.

§ 18
Drohende Zahlungsunfähigkeit

(1) Beantragt der Schuldner die Eröffnung des Insolvenzverfahrens, so ist auch die drohende Zahlungsunfähigkeit Eröffnungsgrund.
(2) Der Schuldner droht zahlungsunfähig zu werden, wenn er voraussichtlich nicht in der Lage sein wird, die bestehenden Zahlungspflichten im Zeitpunkt der Fälligkeit zu erfüllen.
(3) Wird bei einer juristischen Person oder einer Gesellschaft ohne Rechtspersönlichkeit der Antrag nicht von allen Mitgliedern des Vertretungsorgans, allen persönlich haftenden Gesellschaftern oder allen Abwicklern gestellt, so ist Absatz 1 nur anzuwenden, wenn der oder die Antragsteller zur Vertretung der juristischen Person oder der Gesellschaft berechtigt sind.

Inhaltsübersicht: Rz.

A. Überblick	1– 2a
B. Zahlungsunfähigkeit	3
C. Drohen der Zahlungsunfähigkeit	4–15
I. Bestehende Zahlungspflichten	5– 7
II. Zeitpunkt der Fälligkeit	8– 8a
III. Prognose	9–14
IV. Anhaltspunkte	15
D. Abs. 3	16–20
E. Bewertung	21–23

§ 18 *Eröffnung des Insolvenzverfahrens*

Literatur:

Burger/Schellberg Zur Vorverlagerung der Insolvenzauslösung durch das neue Insolvenzrecht, KTS 1995, 563; *dies.* Die Auslösetatbestände im neuen Insolvenzrecht, BB 1995, 261; *Drukarczyk/ Schüler* Zahlungsunfähigkeit, drohende Zahlungsunfähigkeit und Überschuldung als Insolvenzauslöser, in Kölner Schrift zur Insolvenzordnung, S. 57; *Müller* Bilanzierungsprobleme bei der Erstellung eines Überschuldungsstatus nach § 19 Abs. 2 InsO, in Kölner Schrift zur Insolvenzordnung, 1997, 97; *Uhlenbruck* Probleme des Eröffnungsverfahrens nach dem Insolvenzrechts-Reformgesetz 1994, KTS 1994, 169; *ders.* Gesellschaftsrechtliche Aspekte des neuen Insolvenzrechts, in Kölner Schrift zur Insolvenzordnung 1997, 879 ff.; *Warrikoff* Die Möglichkeiten zum Unternehmenserhalt nach dem neuen Insolvenzrecht, KTS 1996, 489.

A. Überblick

1 Durch den neu eingeführten Insolvenzgrund der drohenden Zahlungsunfähigkeit soll eine rechtzeitige Antragstellung ermöglicht werden, um bei einer sich deutlich abzeichnenden Insolvenz bereits vor ihrem Eintritt verfahrensrechtliche Gegenmaßnahmen einzuleiten (BT-Drucks. 12/2443 S. 114). In erster Linie dürfte es darum gehen, in wirtschaftliche Not geratene Unternehmen zu erhalten (vgl. § 1 Satz 1 a. E.). Das Ziel, durch eine Vorverlagerung der Insolvenzeröffnungstatbestände die Fälle der Antragsabweisung mangels Masse (§ 26) zu vermindern, tritt dahinter zurück, da eine Antragspflicht, anders als in den Fällen der §§ 17, 19 bei juristischen Personen nicht besteht. Der Gesetzgeber hat sich nämlich für die sogenannte Innenlösung entschieden. Nur der Schuldner ist antragsberechtigt, eine Antragspflicht besteht nicht. Bei den besonderen Arten des Insolvenzverfahrens des Zehnten Teiles ist drohende Zahlungsunfähigkeit nur ausnahmsweise Eröffnungsgrund (§ 320 Satz 2, § 333 Abs. 2 Satz 3). Als **Anreize** für den Schuldner werden genannt:
- Einstellung von Zwangsvollstreckungen ihm Rahmen des Erlasses von Sicherungsmaßnahmen (§ 21 Abs. 2 Nr. 3, § 30d Abs. 4 ZVG) und die Herausgabesperre im eröffneten Verfahren (§§ 165, 166; für unbewegliches Vermögen § 30d Abs. 1 ZVG)
- Recht auf Vorlage eines Insolvenzplanes schon bei Antragstellungs (§ 218 Abs. 1 S. 2)
- Möglichkeit der Eigenverwaltung (§§ 270 ff.)
- Möglichkeit der Restschuldbefreiung (§§ 286 ff.), allerdings nur bei natürlichen Personen

2 Die Beschränkung auf die sogenannte Innenlösung liefert Anlaß zur **Kritik**. Problematisch ist weiter die im Rahmen des Abs. 2 zu treffende Prognoseentscheidung, bei der es um die Frage geht, ob der Schuldner voraussichtlich nicht in der Lage sein wird, die bestehenden Zahlungspflichten im Zeitpunkt der Fälligkeit zu erfüllen. Der neu geschaffene Insolvenzgrund der drohenden Zahlungsunfähigkeit kann auch Anreize zu Mißbräuchen durch Schuldner liefern. Schließlich ist die Regelung in Abs. 3 unklar und wenig geglückt.

2a Nach Auffassung des Rechtsausschusses des Deutschen Bundestages (BT-Drucks. 12/ 7302, S. 157) bestehen mit dem Eröffnungsgrund der Überschuldung (§ 19) keine Überschneidungen. Bei drohender Zahlungsunfähigkeit ist der Insolvenzauslösungstatbestand gegenüber der Zahlungsunfähigkeit also ebenso vorverlagert wie bei der Überschuldung (s. u. § 19 Rz. 4). Daher sind **Überschneidungen zwischen § 18 und § 19** denkbar (*Drukarczyk/Schüler* Kölner Schrift zur Insolvenzordnung, 1997, 57

Drohende Zahlungsunfähigkeit § 18

Rz. 43, 90, 94; *Müller* Kölner Schrift zur Insolvenzordnung, S. 97, Rz. 3 mit Fn. 11). Eine derartige Überschneidung ist aber akzeptabel und sinnvoll. Auch zwischen § 17 und § 19 gibt es Überschneidungen (s. u. § 19 Rz. 4). Ist das Vorliegen einer Überschuldung zweifelhaft, kann ein Eigenantrag wegen drohender Zahlungsunfähigkeit in Betracht kommen. Schließlich sieht § 18 keine Antragspflicht vor (s. o. Rz. 1) und ist insoweit enger gefaßt als § 19. Weiter gefaßt ist § 18 dadurch, daß er nicht nur für juristische Personen gilt.

B. Zahlungsunfähigkeit

Der Begriff der Zahlungsunfähigkeit deckt sich mit der Definition in § 17. Ebenso **3** wie dort bleiben vorübergehende Zahlungsstockungen und ganz geringfügige Liquiditätslücken außer Betracht (BT-Drucks. 12/2443 S. 114; s. o. § 17 Rz. 13 ff. und Rz. 19 ff.).

C. Drohen der Zahlungsunfähigkeit

In der Gesetzesbegründung wird darauf hingewiesen, daß der Begriff der drohenden **4** Zahlungsunfähigkeit bereits im geltenden Konkursstrafrecht (§ 283 Abs. 1, Abs. 4 Nr. 1, Abs. 5 Nr. 1, § 283 d Abs. 1 Nr. 1 StGB) verwendet, dort jedoch nicht näher bestimmt wird. Die Legaldefinition in Abs. 2 soll eine größere Klarheit bringen (BT-Drucks. 12/2443, S. 114). Anders als bei der Feststellung der (eingetretenen) Zahlungsunfähigkeit wird nicht auf die Zeitpunkt-Illiquidität abgestellt, sondern auf die Zeitraum-Illiquidität (vgl. § 17 Rz. 8). Dies folgt daraus, daß eine vorausschauende Betrachtung in die Zukunft erforderlich ist. Dabei ist eine Prognose (»voraussichtlich«) anzustellen.

I. Bestehende Zahlungspflichten

Nach dem Gesetzestext sind nur **zu berücksichtigen** die bestehenden Zahlungs- **5** pflichten, auch wenn sie noch nicht fällig sind. Darunter fallen nur Zahlungsverpflichtungen, die bereits rechtlich bestehen (*Burger/Schellberg* BB 1995, 261 [264]). In Betracht kommen sowohl bereits begründete einmalige wie auch wiederkehrende Zahlungsverpflichtungen. Einmalige Zahlungspflichten sind z. B. Ansprüche auf Bezahlung von bereits bestellten, aber noch nicht gelieferten Waren oder Forderungen auf Bezahlung von bereits gelieferten Waren, die infolge Zahlungszieles erst in Zukunft fällig werden; gestundete Ansprüche, Ansprüche aus Darlehen oder Bürgschaft. Als regelmäßig wiederkehrende Leistungen kommen in Betracht Löhne und Sozialversicherungsbeiträge für bereits beschäftigte Arbeitnehmer, Geschäftsraummiete, Vorauszahlungen an Stromversorgungsunternehmen, Zins- und Tilgungszahlungen. Daß diese Beträge Schwankungen unterliegen können, ist bei der Prognoseentscheidung zu berücksichtigen. Weiter ist der Prognosezeitraum sinnvoll einzugrenzen (s. u. Rz. 8, 8 a).
Nicht zu berücksichtigen sind **noch nicht begründete Zahlungsverpflichtungen** (a.A **6** wohl *Braun/Uhlenbruck* Unternehmerinsolvenz 1997, für noch nicht begründete aber voraussehbare Zahlungspflichten S. 285). Werden z. B. Produkthaftungsansprüche gel-

tend gemacht, deren Berechtigung zweifelhaft ist, können sie nicht als zukünftige Zahlungsverpflichtung berücksichtigt werden (*Uhlenbruck* KTS 1994, 169 [171]). Hat sich ein Importeur verkalkuliert und zu teuer eingekauft, handelt es sich zwar um eine bereits bestehende Zahlungsverpflichtung. Im Rahmen des aufzustellenden Liquiditätsplanes (s. u. Rz. 9) kann jedoch der noch nicht feststehende Verlust aus dem Weiterverkauf nicht berücksichtigt werden (a. A. *Uhlenbruck* Kölner Schrift zum Insolvenzrecht, S. 879 ff., Rz. 12). Solange nicht auch die Höhe von Ansprüchen gegen den Schuldner oder von Verlusten feststeht, können diese Ansprüche im Rahmen des § 18 nicht berücksichtigt werden. Auch ungewisse Verbindlichkeiten – wie die in der Bilanz ausgewiesenen Rückstellungen beispielsweise wegen drohender Inanspruchnahme aus Produkthaftung – reichen für die Annahme der drohenden Zahlungsunfähigkeit nicht aus.

7 In der Gesetzesbegründung wird weiter ausgeführt, daß – neben den zu erwartenden Einnahmen – auch die zukünftigen, noch nicht begründeten Zahlungspflichten mit zu berücksichtigen sind (BT-Drucks. 12/2443 S. 115). Diese Erwägungen beziehen sich aber nicht auf die im Rahmen der bestehenden Zahlungspflichten zu berücksichtigenden Forderungen. Vielmehr bezieht sie sich auf die zu treffende Prognoseentscheidung. In diesem Rahmen können **künftige, noch nicht begründete Zahlungspflichten Bedeutung** erlangen (s. u. Rz. 10). Würde man schon bei den bestehenden Zahlungspflichten auch zukünftige, noch nicht begründete Zahlungspflichten berücksichtigen, müßte im Rahmen der Prognose grundsätzlich eine zeitlich unbegrenzte Finanzvorschau durchgeführt werden, was zu einem mit Unsicherheitsproblemen behafteten, allgemein unhandhabbaren Verfahren führen würde (*Burger/Schellberg* BB 1995, 261 [264 mit Fn. 27]).

II. Zeitpunkt der Fälligkeit

8 In der Berücksichtigung bereits bestehender, aber noch nicht fälliger Zahlungspflichten liegt eine Abkehr von der stichtagsbezogenen Gegenwartsliquidität hin zur zeitraumbezogenen Analyse (*Burger/Schellberg* KTS 1995, 563 [572]). Anders als im Rahmen des § 17 wird nicht auf die Zeitpunkt-Illiquidität abgestellt, sondern auf die **Zeitraum-Illiquidität**. Damit ist auch der Zeitpunkt vorgegeben, bis zu dem im Rahmen der erforderlichen Prognose sämtliche Verbindlichkeiten zu berücksichtigen sind (*Burger/Schellberg* BB 1995, 261 [264]). Zu berücksichtigen sind alle bereits bestehenden Verbindlichkeiten bis zum letzten bzw. spätesten Zeitpunkt der Fälligkeit. Bis zu diesem Zeitpunkt muß sich diese Prognose erstrecken und ist ein Liquiditätsplan aufzustellen (s. u. Rz. 9).

8a Der **Prognosezeitraum** muß allerdings auf einen für die Praxis handhabbaren Zeitraum **eingegrenzt werden**. Eine zeitlich unbegrenzte Finanzvorschau kann nicht durchgeführt werden (s. o. Rz. 7). Hat der Schuldner langfristige Verbindlichkeiten über beispielsweise 15 Jahre zu bedienen, so erscheint eine Prognose über die nächsten 15 Jahre nicht sinnvoll aufgrund der mit einem so langen Prognosezeitraum vorhandenen Unsicherheiten (*Drukarczyk/Schüler* Kölner Schrift zur Insolvenzordnung, 1997, 57, Rz. 38). Die gem. Abs. 2 erforderliche Wahrscheinlichkeit von mindestens 50% (s. u. Rz. 13) ließe sich in den wenigsten Fällen feststellen. Im Ergebnis wird daher im Hinblick auf die gem. Abs. 2 erforderliche Wahrscheinlichkeit ein Prognoszeitraum zugrunde zulegen sein, der dem bei der Überschuldungsprüfung entspricht (s. u. § 19 Rz. 22), also **maximal drei Jahre**.

Drohende Zahlungsunfähigkeit § 18

III. Prognose

a) Bei der gemäß Abs. 2 zu stellenden Prognose ist die gesamte Entwicklung der 9
Finanzlage des Schuldners bis zur Fälligkeit aller bestehenden Verbindlichkeiten einzubeziehen (BT-Drucks. 12/2443, S. 115). Dazu ist es erforderlich, einen Finanzplan oder **Liquiditätsplan** aufzustellen. Auf der einen Seite sind die zu berücksichtigenden Zahlungsverpflichtungen (s. o. Rz. 5) einzustellen, auf der anderen Seite die vorhandene Liquidität und die im Prognosezeitraum zu erwartenden Einnahmen (BT-Drucks. 12/2443, S. 115). Der Finanzplan muß also die Bestände an liquiden Mitteln sowie Planeinzahlungen und Planauszahlungen enthalten (*Burger/Schellberg* BB 1995, 261 [264]).
Nach den Gesetzesmaterialien sind neben den zu erwartenden Einnahmen auch die 10
zukünftigen, noch nicht begründeten Zahlungspflichten miteinzubeziehen (BT-Drucks. 12/2443, S. 115). Um (zukünftige) Einnahmen zu erzielen, müssen regelmäßig zunächst Ausgaben getätigt werden. Ist für die Produktion in dem zugrundezulegenden Prognosezeitraum (s. o. Rz. 8) nicht genügend Material vorhanden, sind von den aus dem Verkauf des Fertigproduktes zu erwartenden Einnahmen die zu erwartenden, noch nicht begründeten Ausgaben abzusetzen. Je länger der Prognosezeitraum dauert, desto höher können die den zu erwartenden Einnahmen gegenzurechnenden zu erwartenden, aber noch nicht begründeten Zahlungspflichten in Form von Ausgaben sein. Die Einschränkung, daß nur im Zeitpunkt der Antragstellung bereits bestehende Zahlungsverpflichtungen Grundlage für den Eröffnungsantrag bilden können, besagt also nur, daß die zeitraumbezogene Zahlungsunfähigkeit nicht zu weit gedehnt werden soll, die Entscheidung über die Eröffnung vielmehr von einer sicheren Grundlage ausgehen soll (vgl. Erster Bericht der Kommission für Insolvenzrecht 1.2.5., S. 110). Es wird der Prognosezeitraum bestimmt (s. o. Rz. 8).
Graphisch ergibt sich folgende Übersicht: 11

Aktiva	**Passiva**
vorhandene Liquidität	bestehende, noch nicht fällige Zahlungspflichten
voraussichtliche Einnahmen	voraussichtliche Ausgaben

b) Der Schuldner kann vom Gericht aufgefordert werden, einen entsprechenden Liqui- 12
ditätsplan oder Finanzplan einzureichen (BT-Drucks. 12/2443, S. 115). Zum Umfang der erforderlichen Darlegung des Schuldners bei Antragstellung s. o. § 14 Rz. 95.
c) Nach der Gesetzesbegründung ist das Wort »voraussichtlich« in Abs. 2 so zu verste- 13
hen, daß der Eintritt der Zahlungsunfähigkeit wahrscheinlicher sein muß als deren Vermeidung. Sobald diese Voraussetzungen vorliegen, wird die Befriedigung der Gläubiger als so stark gefährdet angesehen, daß die Eröffnung eines Insolvenzverfahrens gerechtfertigt erscheint (BT-Drucks. 12/2443 S. 115). Drohende Zahlungsunfähigkeit ist dann anzunehmen, wenn die Wahrscheinlichkeit, daß die Erfüllung der bestehenden Zahlungsverpflichtungen nicht gelingen wird, **mindestens 50%** beträgt (*Burger/Schellberg* BB 1995, 261 [265]).
Da der Tatbestand der drohenden Zahlungsunfähigkeit zukunftsgerichtet ist, ist er jedoch 14
mit dem Problem der Unsicherheit behaftet. Eine **Prognose** im Sinne mathematischer Genauigkeit wird sich nicht stellen lassen. Die bestehenden, aber noch nicht fälligen Zahlungspflichten werden sich zwar im wesentlichen feststellen lassen. Regelmäßig wiederkehrende Zahlungsverpflichtungen sind jedoch gerade bei einem längeren Prognosezeitraum Schwankungen unterworfen. Diese können sich beispielsweise ergeben aus einer Veränderung des Zinsniveaus bei Rückführung bereits aufgenommener Kredite, der Änderung der Höhe von Miet- oder Pachtzinszahlungen und Löhnen bzw. Gehältern. Auch bei

§ 18   *Eröffnung des Insolvenzverfahrens*

den zu erwartenden Einnahmen sind Schwankungen denkbar. Die Verkaufspreise für ein Produkt können sich verändern ebenso wie der Verkaufserlös infolge von Währungsschwankungen. Schließlich stehen die zu berücksichtigenden voraussichtlichen Ausgaben (s. o. Rz. 10) der Höhe nach noch nicht fest. Die Grauzone um die Wahrscheinlichkeitsgrenze von 50%, bei deren Ermittlung es sich um eine subjektive Wahrscheinlichkeit handelt, bietet erhebliche Spielräume (*Burger/Schellberg* BB 1995, 261 [265]).

IV. Anhaltspunkte

15 Anhaltspunkte oder Warnsignale für eine drohende Zahlungsunfähigkeit sind sinkende Ertragszahlen, drohender größerer Zahlungsausfall bei einem Kunden (möglicherweise wegen dessen Insolvenz, sog. Folgeinsolvenz), Aufzehren der Reserven oder Darlehen, keine Aussicht auf weiteren Kredit. Kurz: Der Schuldner ist noch flüssig, das Ende aber absehbar.

D. Abs. 3

16 Ein auf drohende Zahlungsunfähigkeit gestützter Antrag kann bei einer juristischen Person oder einer Gesellschaft ohne Rechtspersönlichkeit von einem von mehreren Mitgliedern des Vertretungsorgans, einem von mehreren persönlich haftenden Gesellschaftern oder einem von mehreren Abwicklern gem. Abs. 3 nur gestellt werden, wenn der Antragsteller zur Vertretung der juristischen Person oder der Gesellschaft berechtigt ist. § 22 Abs. 3 Nr. 1 des RegE sah vor, daß der Antrag eines Mitgliedes des Vertretungsorganes, eines persönlich haftenden Gesellschafters oder eines Abwicklers genügte (BT-Drucks. 12/2443, S. 13). Der Rechtsausschuß des Bundestages änderte die Vorschrift. Nach seiner Begründung sollen in einer Situation, in der wie bei drohender Zahlungsunfähigkeit noch keine Antragspflichten bestehen, voreilige, nicht ausreichend abgestimmte Anträge vermieden werden. Durch diese Eingrenzung soll ein mißbräuchlicher Umgang mit dem neuen Insolvenzgrund der drohenden Zahlungsunfähigkeit vermieden werden (BT-Drucks. 12/7302, S. 157). Bei juristischen Personen beispielsweise soll nicht jedes Mitglied des Vertretungsorganes allein antragsberechtigt sein, vielmehr soll es bei mehreren Mitgliedern nur zulässig sein, wenn der oder die Antragsteller zur Vertretung der juristischen Person berechtigt sind (BT-Drucks. 12/7302, S. 157). Diese **Formulierung** ist **unklar**. Es kann nur darum gehen, ob der Antragsteller alleine oder nur mit anderen zur Vertretung berechtigt ist. Soweit keine **vertraglichen Regelungen** vorliegen, beurteilt sich dies nach dem **Gesetz**. Für juristische Personen und Gesellschaften ohne Rechtspersönlichkeit gelten folgende Regelungen:

AG	Gesamtvertretung	(§ 78 Abs. 2 AktG)
GmbH	Gesamtvertretung	(§ 35 Abs. 2 GmbHG)
Gen	Gesamtvertretung	(§ 25 Abs. 1 GenG)
eV	Mehrheitsprinzip	(*Palandt-Heinrichs* § 26 BGB Rz. 6)
nicht eV	wie eV	(*Palandt-Heinrichs* § 54 BGB Rz. 6)
OHG/KG, KGaA	Einzelvertretung	(§§ 125, 161 Abs. 2 HGB, § 278 Abs. 2 AktG)
BGB-G	Frage des Gesellschaftsvertrages	(§ 714 BGB)

Drohende Zahlungsunfähigkeit § 18

Nur bei der OHG/KG/KGaA kann ein persönlich haftender Gesellschafter ohne nähere 17
Erläuterungen Antrag wegen drohender Zahlungsunfähigkeit stellen. Bei AG, GmbH
und Genossenschaft muß sich aus der Satzung, dem Gesellschaftsvertrag oder dem Statut
die Befugnis des/der Antragsteller ergeben, daß sie nach außen hin die Gesellschaft ohne
die übrigen Mitglieder des Vertretungsorganes vertreten können. Bei der GbR richtet
sich die Befugnis zur Antragstellung nach dem Gesellschaftsvertrag. Existieren keine
Regelungen, sind nur alle Gesellschafter antragsberechtigt. Beim eingetragenen und
nichteingetragenen Verein muß die Mehrheit der Vorstandsmitglieder den Antrag stellen.

Diese Regelung ist **unübersichtlich** und wird **in der Praxis nur schwer zu handhaben** 18
sein. Bei AG, GmbH, Genossenschaft und eingetragenem Verein kann die Frage der
Vertretungsbefugnis noch mit Hilfe eines öffentlichen Registers geklärt werden. Bei
OHG/KG/KGaA kann das Insolvenzgericht aus dem Handelsregister ersehen, ob statt
Einzelvertretung Gesamtvertretung besteht oder ein Gesellschafter von der Vertretung
ausgeschlossen ist (§ 125 Abs. 1 HGB). Beim nichteingetragenen Verein und der GbR
existieren keine öffentlichen Register, die verläßlich Auskunft geben. Bei der GbR
existiert häufig kein schriftlicher Gesellschaftsvertrag. Wem nach dem (mündlichen)
Gesellschaftsvertrag oder der tatsächlichen Übung die Befugnis zur Geschäftsführung
und damit die Vertretungsmacht (§ 714 BGB) zusteht, wird häufig nur schwer zu klären
sein. Da die Antragsberechtigung nicht nur glaubhaft gemacht, sondern zur vollen
Überzeugung des Gerichts feststehen muß (s. o. § 14 Rz. 5), kann die beabsichtigte
frühzeitige Antragstellung hieran scheitern. Der Gefahr von voreiligen, nicht ausreichend abgestimmten Anträgen (vgl. BT-Drucks. 12/2443, S. 115) wäre der Gesetzgeber
besser dadurch begegnet, daß er auf die Vorschrift des § 18 Abs. 3 verzichtet und es bei
der Regelung des § 15 Abs. 2 belassen hätte.

Im **Verhältnis von § 15 Abs. 2 zu § 18 Abs. 3** wird man nicht davon ausgehen können, 19
daß es sich bei § 18 Abs. 3 um eine den § 15 Abs. 2 verdrängende Spezialregelung
handelt. Vielmehr ist eine Glaubhaftmachung der drohenden Zahlungsunfähigkeit erforderlich, wenn der Antrag nicht von allen Mitgliedern des Vertretungsorgans oder allen
persönlich haftenden Gesellschaftern gestellt wird. Aus der Vorschrift des § 14 Abs. 1
läßt sich dieses Ergebnis allerdings nicht herleiten (so aber *Burger/Schellberg* KTS
1995, 563 [573] und BB 1995, 261 [265]). § 14 Abs. 1 gilt nur für den Gläubigerantrag,
wegen drohender Zahlungsunfähigkeit kann aber nur der Schuldner einen Antrag stellen.
Würde man die Vorschrift des § 15 Abs. 2 neben § 18 Abs. 3 nicht anwenden, käme man
aber zu einem dem Gesetzeszweck entgegengesetzten Ergebnis. Jedes alleinvertretungsberechtigte Mitglied des Vertretungsorganes oder jeder alleinvertretungsberechtigte
persönlich haftende Gesellschafter könnte den Antrag stellen, ohne die drohende Zahlungsunfähigkeit glaubhaft machen zu müssen, er müßte sie lediglich darlegen wie bei
Antragstellung durch einen Schuldner, der eine natürliche Person ist (s. o. § 14 Rz. 89).
Gerade bei der GmbH ist aber von mehreren Geschäftsführern häufig jeder alleinvertretungsberechtigt, er müßte dann die drohende Zahlungsunfähigkeit nicht glaubhaft
machen, sondern lediglich darlegen. Zudem wird auch von einem Miterben verlangt, daß
er die drohende Zahlungsunfähigkeit (§ 320 Satz 2) glaubhaft macht (§ 317 Abs. 2
Satz 1); ebenso im Falle des § 333 Abs. 2.

Hinsichtlich des Antragsrechtes des faktischen Geschäftsführers und der Rücknahmeberechtigung wird verwiesen auf die Kommentierung bei § 15 (Rz. 11 ff. und Rz. 18 ff.). 20

E. Bewertung

21 Der Vorschrift des § 18 ist nicht nur im Hinblick auf den mißglückten Abs. 3 (s. o. Rz. 16 ff.) mit Skepsis zu begegnen. Ob die genannten **Anreize** (vgl. *Burger/Schellberg* KTS 1995, 563 [573 f.]) genügen, Schuldner schon bei drohender Zahlungsunfähigkeit zur Antragstellung zu veranlassen, muß bezweifelt werden. Im Rahmen der Anordnung von Sicherungsmaßnahmen können zwar Zwangsvollstreckungsmaßnahmen unterbunden werden (§ 21 Abs. 2 Nr. 3, § 30d Abs. 4 ZVG). Auch mag die Anordnung der Eigenverwaltung (§§ 270 ff.) eher in Betracht kommen. Ob und in welchem Umfang die Eigenverwaltung in der Praxis überhaupt Bedeutung erlangt, ist jedoch völlig offen. Eine Versagung der Restschuldbefreiung wegen Verzögerung der Eröffnung des Insolvenzverfahrens (§ 290 Abs. 1 Nr. 4) ist bei Stellung eines Antrages wegen drohender Zahlungsunfähigkeit nicht möglich (a. A. *Warrikoff* KTS 1996, 489 [494]). Restschuldbefreiung können nur natürliche (§ 286), nicht aber juristische Personen und Personen ohne Rechtspersönlichkeit erlangen. Es steht zu befürchten, daß insbesondere bei GmbHs keine Anträge gestellt werden, weil die »Hoffnung« auf eine Besserung der wirtschaftlichen Lage überwiegt oder einfach kein Interesse an einer Antragstellung besteht, sondern vielmehr auf eine (spätere) Abweisung mangels Masse (§ 26) hingearbeitet wird (s. u. § 26 Rz. 1, 4).

22 Der Gesetzgeber hat die sogenannte **Innenlösung** gewählt und abweichend vom Kommissionsvorschlag den Eröffnungsgrund auf den Fall des Schuldnerantrages beschränkt, um zu vermeiden, daß Außenstehende den Schuldner schon im Vorfeld der Insolvenz durch einen Insolvenzantrag unter Druck setzen und Bemühungen um außergerichtliche Sanierungen behindern können (BT-Drucks. 12/2443 S. 114). Im Hinblick auf die außergerichtlichen Sanierungsmöglichkeiten sind die bei juristischen Personen und Personen ohne Rechtspersönlichkeit, bei denen keine natürliche Person unbeschränkt haftet, die Antragspflichten nicht auf die drohende Zahlungsunfähigkeit ausgedehnt worden (BT-Drucks. 12/2443 S. 115). In diesem Zusammenhang wird darauf hingewiesen, daß der Schuldner über die ökonomische Entwicklung am besten informiert ist (*Burger/Schellberg* BB 1995, 261 [265]). Aus den oben genannten Gründen (Rz. 1 f.) ist jedoch nicht damit zu rechnen, daß ohne Bestehen einer Antragspflicht der Insolvenzgrund der drohenden Zahlungsunfähigkeit größere Bedeutung erlangt (ebenso *Hess/Pape* Rz. 101; a. A. *Burger/Schellberg* KTS 1995, 563 [574]). Unklar ist auch, inwieweit Außenstehende (gemeint wohl Gläubiger) den Schuldner schon im Vorfeld der Insolvenz unter Druck setzen könnten. Gläubiger müssen den Eröffnungsgrund glaubhaft machen (§ 14 Abs. 1), bei der drohenden Zahlungsunfähigkeit dürfte das nur erschwert möglich sein.

23 Ein Nachteil der Innenlösung liegt zudem in möglichen Interessenkonflikten des Schuldners (*Burger/Schellberg* KTS 1995, 563 [574] und BB 1995, 261 [265]). Das Insolvenzrecht will den Gläubiger vor Schädigungen durch den Schuldner schützen. Besonders wichtig ist der Schutz bei nur beschränkt haftenden Vermögensmassen (juristische Personen und Gesellschaften ohne Rechtspersönlichkeit, bei denen keine natürliche Person unbeschränkt haftet). Solange keine Antragspflicht besteht, wird dieser Schutz weitgehend leerlaufen. Rechtzeitige Antragstellungstellung mit der Möglichkeit einer (Teil)Sanierung des Unternehmens oder wenigstens Eröffnung des Verfahrens statt Abweisung mangels Masse, wird weiterhin die Ausnahme bleiben. Ob außergerichtliche Sanierungsmaßnahmen durch die Abschaffung des § 419 BGB (Haftung bei Vermögensübernahme) erleichtert werden, bleibt abzuwarten. Denkbar sind schließlich auch **Mißbrauchsfälle**. Mit Hilfe der Vorschrift des § 88 könnte versucht

werden, Vollstreckungen im letzten Monat vor Antragstellung auszuhebeln. Darüber hinaus kann versucht werden, statt einer außergerichtlichen Sanierung eine gerichtliche Sanierung mit Hilfe eines Sachverständigen auf Kosten der Landeskasse zu erreichen.

§ 19
Überschuldung → §§ 207, 209, 213 KO

(1) Bei einer juristischen Person ist auch die Überschuldung Eröffnungsgrund.
(2) ¹Überschuldung liegt vor, wenn das Vermögen des Schuldners die bestehenden Verbindlichkeiten nicht mehr deckt. ²Bei der Bewertung des Vermögens des Schuldners ist jedoch die Fortführung des Unternehmens zugrunde zu legen, wenn diese nach den Umständen überwiegend wahrscheinlich ist.
(3) ¹Ist bei einer Gesellschaft ohne Rechtspersönlichkeit kein persönlich haftender Gesellschafter eine natürliche Person, so gelten die Absätze 1 und 2 entsprechend. ²Dies gilt nicht, wenn zu den persönlich haftenden Gesellschaftern eine andere Gesellschaft gehört, bei der ein persönlich haftender Gesellschafter eine natürliche Person ist.

Vgl. § 207 Abs. 1, § 209 Abs. 1 Satz 2, 3, § 213 KO; § 63 Abs. 1 GmbHG; § 1 Abs. 1 Satz 1 GesO

Inhaltsübersicht: Rz.

A. Überblick	1– 2
B. Persönlicher Anwendungsbereich	3
C. Verhältnis zu anderen Insolvenzauslösungsvorschriften	4– 5
D. Überschuldung	6–24
I. Definition	6– 7
II. Erste Stufe: rechnerische Überschuldung	8–18
III. Zweite Stufe: Fortführungsprognose	19–23 a
IV. Pflicht zur Eigenprüfung	24
E. GmbH & Co. KG	25

Literatur:

Burger/Schellberg Zur Vorverlagerung der Insolvenzauslösung durch das neue Insolvenzrecht, KTS 1995, 563; *dies.* Die Auslösetatbestände im neuen Insolvenzrecht, BB 1995, 261; *Drukarczyk/Schüler* Zahlungsunfähigkeit, drohende Zahlungsunfähigkeit und Überschuldung als Insolvenzauslöser, in Kölner Schrift zur Insolvenzordnung, S. 57; *Henkel* Buchbesprechung zu Karsten Schmidt Wege zum Insolvenzrecht der Unternehmen, ZIP 1991, 133; *Landfermann* Der Ablauf des künftigen Insolvenzverfahrens, BB 1995, 1649; *Müller* Bilanzierungsprobleme bei der Erstellung eines Überschuldungsstatus nach § 19 Abs. 2 InsO, in Kölner Schrift zur Insolvenzordnung, S. 97; *Uhlenbruck* Probleme des Eröffnungsverfahrens nach dem Insolvenzrechtsreformgesetz 1994, KTS 1994, 169 ff.; *Vonnemann* Die Feststellung der Überschuldung BB 1991, 867; *Wimmer* Die Haftung des GmbH-Geschäftsführers, NJW 1996, 2546 f.

§ 19 Eröffnung des Insolvenzverfahrens

A. Überblick

1 In § 19 sind die wesentlichen Fälle erwähnt, in denen der Eröffnungsgrund der Überschuldung in Betracht kommt (Abs. 1, 3). Damit sind die früher in der KO verstreuten und zum Teil in Spezialgesetzen (§ 63 Abs. 1 GmbHG a.F.) enthaltenen Regelungen zusammengefaßt. Die InsO enthält weitere Regelungen in § 320 Satz 1, § 332 Abs. 1. Sonderregelungen existieren für die Genossenschaft (§ 98 GenG) sowie Kreditinstitute und Bausparkassen.

2 Die praktische Bedeutung der Vorschrift für das Insolvenzverfahren selbst ist gering. Beim Gläubigerantrag ist die Überschuldung für Außenstehende nur schwer glaubhaft zu machen. Die Bewertung des Vermögens bzw. der einzelnen Vermögensteile bereitet Probleme. Beim Schuldnerantrag wird häufig zumindest zugleich drohende Zahlungsunfähigkeit (§ 18) vorliegen. Bedeutsam war der Eröffnungsgrund der Überschuldung bislang bei der Komplementär-GmbH einer GmbH & Co. KG. Hier bleibt abzuwarten, ob vermehrt auf die drohende Zahlungsunfähigkeit zurückgegriffen wird. Relevanter ist die Vorschrift für zivilrechtliche Schadensersatzansprüche und im Strafrecht.

B. Persönlicher Anwendungsbereich

3 Überschuldung kommt als Eröffnungsgrund in folgenden Fällen in Betracht:
– juristische Personen (Abs. 1);
– rechtsfähiger Verein gem. § 11 Abs. 1 Satz 2 (BT-Drucks. 12/2443 S. 115);
– Gesellschaften ohne Rechtspersönlichkeit, bei denen keine natürliche Person unbeschränkt haftet (Abs. 3);
– bei der Genossenschaft nur in den in § 98 GenG genannten Fällen der aufgelösten Genossenschaft, der Genossenschaft ohne Nachschußpflicht oder der beschränkten Nachschußpflicht, wenn die Überschuldung ¼ des Gesamtbetrages der Haftsummen aller Genossen übersteigt. Der satzungsmäßige Ausschluß der Nachschußpflicht gilt auch bei der Insolvenz einer noch nicht eingetragenen Genossenschaft i.G. (*LG Göttingen* ZIP 1995, 1104 [1105 f.]). In diesen Fällen sind Eröffnungsgründe daneben auch Zahlungsunfähigkeit und drohende Zahlungsunfähigkeit. Für Genossenschaft mit unbeschränkter Nachschußpflicht kommen nur die Gründe der §§ 17, 18 in Betracht (vgl. *Gottwald/Timm/Körber* § 83 Rz. 2);
– Nachlaß (§ 320 Satz 1);
– fortgesetzte Gütergemeinschaft (§ 332 Abs. 1 i.V.m. § 320 Satz 1);
– bei Kreditinstituten in jedem Fall unabhängig von der Rechtsform gem. § 46b KWG, also auch wenn die Bank von einer natürlichen Person betrieben wird (*Kuhn/Uhlenbruck* KO, § 102 Rz. 8);
– bei natürlichen Personen und insbesondere Einzelkaufleuten ist ansonsten die Überschuldung kein Eröffnungsgrund. § 50 Satz 2 des Umwandlungsgesetzes schließt eine Umwandlung allerdings aus, wenn die Verbindlichkeiten eines Einzelkaufmannes sein Vermögen übersteigen.

C. Verhältnis zu anderen Insolvenzauslösungsvorschriften

4 Bei Überschuldung kann, muß aber nicht **Zahlungsunfähigkeit** vorliegen; ebenso kann bei Zahlungsunfähigkeit Überschuldung vorliegen, muß es aber nicht (*Scholz/Karsten*

Schmidt GmbHG, § 63 Rz. 5). Zahlungsunfähigkeit ohne Überschuldung kann ausnahmsweise eintreten, wenn z. B. das Aktivvermögen zur Begleichung der Verbindlichkeiten nicht flüssig gemacht werden kann (*Scholz/Karsten Schmidt* GmbHG, § 63 Rz. 6). Überschuldung ohne Zahlungsunfähigkeit kann vorliegen bei hinreichendem Kredit (*Kilger/Karsten Schmidt* KO, § 102 Rz. 2b a. E.), wobei zu beachten ist, daß Maßnahmen zur Beseitigung der Zahlungsunfähigkeit – wie Kreditaufnahmen – zur Überschuldung führen können (*Kuhn/Uhlenbruck* KO, § 102 Rz. 2). Bei Überschuldung wird aber regelmäßig auch Zahlungsunfähigkeit vorliegen. Durch den Eröffnungstatbestand der Überschuldung soll verhindert werden, daß die Insolvenz einer überlebensunfähigen Gesellschaft bis zur Zahlungsunfähigkeit hinausgezögert wird (*Scholz/Karsten Schmidt* GmbHG, § 63 Rz. 10), der Insolvenzgrund wird gegenüber der Zahlungsunfähigkeit vorverlegt (*Kilger/Karsten Schmidt* KO, § 102 Rz. 2b a. E.).

Durch die Neueinführung des Insolvenzgrundes der **drohenden Zahlungsunfähigkeit** 5 (§ 18) verliert beim Eigenantrag der Überschuldungstatbestand des § 19 an Bedeutung. Regelmäßig wird ein Unternehmen, das in absehbarer Zeit nicht mehr in der Lage sein wird, seine fälligen Verbindlichkeiten zu erfüllen, allerdings auch überschuldet sein (*Henkel* ZIP 1991, 133 [135]). Die Fortführungsprognose wird in diesen Fällen negativ ausfallen, die dann zu Liquidationswerten anzusetzenden Aktiva werden die Passiva in den seltensten Fällen decken. Gänzlich funktionslos wird der Überschuldungstatbestand damit aber nicht. Eine Pflicht zur Antragstellung besteht nämlich nur in den Fällen des § 19 (s. § 15 Rz. 28), nicht aber in den Fällen des § 18. Zum Verhältnis zu § 18 s. o. § 18 Rz. 2 a.

D. Überschuldung

I. Definition

Der Begriff der Überschuldung war bisher weder in der KO noch in der GesO definiert. 6 Nach § 92 Abs. 2 Satz 2 AktG a. F., § 64 Abs. 1 Satz 1 GmbHG a. F. lag Überschuldung vor, wenn das Vermögen der Gesellschaft nicht mehr die Schulden deckte (ähnlich § 98 Abs. 1 Nr. 2 GenG a. F.). Daran knüpft die Definition in § 19 Abs. 2 Satz 1 an, wonach Überschuldung vorliegt, wenn das Vermögen des Schuldners die bestehenden Verbindlichkeiten nicht mehr deckt. Schwierig gestaltet sich die Bewertung des Vermögens des Schuldners im Rahmen einer sogenannten Überschuldungsbilanz bzw. eines Überschuldungsstatus. Die Bewertung kann unterschiedlich ausfallen je nachdem, ob man bei einem Unternehmen von dessen Fortführung oder Auflösung ausgeht. Diese Schwierigkeiten vermied teilweise die Rechtsprechung des BGH, die eine sogenannte **zweistufige modifizierte Überschuldungsprüfung** durchführte (*BGHZ* 119, 201 [214] = ZIP 1992, 1382 = EWiR 1992, 1093; *BGH* NJW 1995, 1739 [1743]). Nach dieser Auffassung war eine Überschuldung im konkursrechtlichen Sinn bereits dann nich mehr gegeben, wenn die Fortführungsprognose positiv ausfiel; ein Überschuldungsstatus mußte in diesen Fällen nicht erstellt werden. Das prognostische Element (Lebensfähigkeitsprognose) und exekutorische Element (nach Liquiditätswerten bewertetes Schuldnervermögen) standen **gleichwertig nebeneinander**. Nur wenn die Finanzkraft nach überwiegender Wahrscheinlichkeit mittelfristig nicht zur Fortführung des Unternehmens ausreichte, die Überlebens- oder Fortbestehensprognose also negativ ausfiel, mußte ein Überschuldungsstatus nach Liquidationswerten erstellt werden. Dies bedeutete, selbst wenn bilanziell eine Überschuldung vorlag, aber eine positive Fortführungsprognose gestellt werden konnte, bestand keine Konkursantragspflicht. Der Gesetzgeber hat sich gegen

§ 19 *Eröffnung des Insolvenzverfahrens*

diese Auffassung entschieden. Erweist sich die Prognose als falsch, kann es sich erheblich zum Nachteil der Gläubiger auswirken, wenn eine Gesellschaft trotz fehlender persönlicher Haftung weiterwirtschaftet, ohne daß ein die Schulden deckendes Kapital zur Verfügung steht (BT-Drucks. 12/7302 S. 157).

6 a Gemäß § 19 Abs. 2 ist die sogenannte **einfache zweistufige Überschuldungsprüfung** vorzunehmen. In Stufe 1 (Abs. 2 Satz 1) ist die rechnerische Überschuldung des Vermögens nach Liquidationswerten festzustellen. Fällt jedoch die Fortführungsprognose positiv aus (Stufe 2), schlägt diese Prognose auf die Bewertung (Stufe 1) zurück. In der Überschuldungsbilanz werden nunmehr nicht die (niedrigeren) Liquidationswerte zugrundegelegt, sondern die (höheren) Fortführungswerte. Da eine zweite Überschuldungsbilanz erstellt wird, spricht man auch von einer dreistufigen (*Bork* Rz. 92 f.) Überschuldungsprüfung: Stufe 1 rechnerische Überschuldung nach Liquidationswerten, Stufe 2 bei positiver Fortführungsprognose, Stufe 3 rechtliche Überschuldung nach Fortführungs-(Going-concern-)Werten. Dadurch kann die zunächst unter Zugrundelegung von Liquidationswerten festgestellte rechnerische Überschuldung entfallen. Auch ein Unternehmen, dessen Ertragsfähigkeit gesichert erscheint, kann damit im Rechtssinne überschuldet sein, wenn das nach Fortführungswerten angesetzte Vermögen die entstehenden Verbindlichkeiten nicht deckt. Darin liegt die Abkehr von der bisherigen Rechtsprechung des BGH. In einem solchen Fall kann ein Insolvenzverfahren nur vermieden werden, wenn die Gesellschafter zusätzliches Kapital einschießen (*Landfermann* BB 1995, 1649 [1651]).

6 b Diese **Reihenfolge der Prüfung** ergibt sich aus dem Gesetz: Zunächst ist die rechnerische Überschuldung festzustellen (Abs. 2 S. 1). Fällt die Fortführungsprognose positiv aus, erfolgt eine Überprüfung der festgestellten rechnerischen Überschuldung (unter Zugrundelegung von Fortführungswerten) im Sinne einer Überschuldung im Rechtssinne. Anders als nach der modifizierten zweistufigen Überschuldungsprüfung, die u. a. der BGH vornahm (s. o. Rz. 6), stehen die beiden Prüfungselemente nicht mehr gleichrangig nebeneinander. Es kann daher nicht auf der ersten Stufe mit der Prüfung der Fortführungsprognose begonnen werden (*Uhlenbruck* KTS 1994, 169 [173]; *Burger/Schellberg* KTS 1995, 563 [570]; a. A. *Drukarczyk/Schüler* Kölner Schrift zur Insolvenzordnung S. 57, Rz. 61 ff.; *Müller* S. 97, Rz. 10).

7 Es verbleiben jedoch **Unsicherheiten** bei der Fortführungsprognose und bei der bei positiver Prognose möglichen Bewertung des Vermögens nach Fortführungswerten. Es ist zu erwarten, daß auch der neu gefaßte Überschuldungstatbestand keine wesentliche Bedeutung erlangt neben dem Eröffnungsgrund der Zahlungsunfähigkeit. Zahlungsunfähigkeit tritt deutlich zutage. Die im Vorfeld möglicherweise bestehende Überschuldung kann »weggerechnet« werden, um der Verpflichtung zu Stellung eines Insolvenzantrages zu entgehen. Die in diesem Stadium häufig bestehende drohende Zahlungsunfähigkeit begründet keine Antragspflicht.

II. Erste Stufe: rechnerische Überschuldung

8 a) Die Überschuldung muß sich nicht aus einer Bilanz ergeben, vielmehr genügt ihr objektiver Eintritt (*Kilger/Karsten Schmidt* KO, § 213 Rz. 3 b). Die für die Erstellung der Jahresbilanz geltenden Bewertungsbestimmungen sind nicht anzuwenden (*Gottwald/Uhlenbruck* § 9 Rz. 21; *Müller* a. a. O., Rz. 5). Die Ansätze in einem Jahresabschluß (§§ 264 ff. HGB) können lediglich Anhaltspunkte liefern. Auszugehen ist nicht von Buchwerten, sondern von dem wirklichen Wert (*Hess* KO, § 207 Rz. 1).

Es ist eine gesonderte **Überschuldungsbilanz** nach betriebswirtschaftlichen Erkenntnissen zu erstellen, bei der Bewertungsfragen im Vordergrund stehen (*Kilger/Karsten Schmidt* KO, § 102 Rz. 2b). Als Stichtag der Überschuldungsbilanz ist grundsätzlich der Zeitpunkt der Prüfung maßgeblich (*Kuhn/Uhlenbruck* KO, § 102 Rz. 6c). **Überschuldung** liegt vor, wenn die auf den Stichtag bezogene Unternehmensliquidation für die Gläubiger eine Quote von unter 100% ergäbe (*Gottwald/Uhlenbruck* § 9 Rz. 14). 9

Vorschriften über die anzuwendenden **Bewertungsregeln** bestehen nicht (vgl. Rz. 8). Die Bewertung muß in möglichst hohem Maß objektiviert sein (*Vonnemann* BB 1991, 867), es gilt das Verbot der Überbewertung von Aktiva (*Scholz/Karsten Schmidt* GmbHG, § 63 Rz. 15). Auszugehen ist von **Liquidationswerten**. Diese Werte können sehr unterschiedlich sein, je nachdem, welche Art der Liquidation man zugrundelegt (*Vonnemann* BB 1991, 867 [867]). Wiederbeschaffungswerte können nicht angesetzt werden, da sie zu überhöhten Wertansätzen führen, vielmehr ist von Veräußerungswerten auszugehen (*Gottwald/Uhlenbruck* § 9 Rz. 15). Zugrundegelegt werden die Erlöse aus der (fiktiven) Veräußerung des Vermögens. Der Erlös ist abhängig von der Auflösungsgeschwindigkeit und der Auflösungsintensität. Bei der Schätzung des Verkaufserlöses kann man von einer Auflösung unter Zeitdruck (Zerschlagung) oder von einer Auflösung unter Normalbedingungen ausgehen. Von Bedeutung kann auch sein, ob Einzelveräußerungen erfolgen oder eine Gesamtveräußerung (*Burger/Schellberg* KTS 1995, 563 [571]). Die Höhe des Erlöses aus einer Betriebsauflösung kann sich in einem sehr breiten Spektrum bewegen (*Burger/Schellberg* BB 1995, 261 [266]). Die Aufstellung eines Insolvenzstatus nach Liquidationswerten kommt folglich ohne prognostische Elemente nicht aus. 10

b) Im Rahmen der Überschuldungsbilanz ist zunächst das Vermögen des Schuldners zu ermitteln. Auf der **Aktivseite** sind sämtliche Vermögensgegenstände auszuweisen. In Betracht kommen (Einzelheiten s. *Gottwald/Uhlenbruck* § 9 Rz. 22ff.; *Scholz/Karsten Schmidt* GmbHG, § 63 Rz. 16ff.) folgende Vermögenswerte: 11

– Umlaufvermögen (Roh-, Hilfs- und Betriebsstoffe);
– Gegenstände, die Gläubigern lediglich ein Recht zur abgesonderten Befriedigung gewähren, nicht aber der Aussonderung (§ 47) unterliegende Gegenstände (*Müller* a. a. O., Rz. 23);
– Grundstücke, Beteiligungen, Wertpapiere;
– Firmenwert (Good-will), sofern er bei einer Liquidation selbständig verwertbar ist (vgl. *Gottwald/Uhlenbruck* § 9 Rz. 23). Dies kann bejaht werden, wenn eine Veräußerung des Unternehmens als Ganzes möglich ist (vgl. *Scholz/Karsten Schmidt* GmbHG, § 63 Rz. 18);
– sonstige immaterielle Vermögenswerte wie Konzessionen, Markenrechte oder Patente;
– Forderung aus Lieferung und Leistung, sofern und soweit sie durchsetzbar und vollwertig sind (*Scholz/Karsten Schmidt* GmbHG, § 63 Rz. 19);
– Zusagen von Gesellschafterdarlehen, sofern sie durchsetzbar und mit einer Rangrücktrittserklärung (s. u. Rz. 18) verbunden sind (*Scholz/Karsten Schmidt* GmbHG, § 63 Rz. 22);
– Ansprüche auf ausstehende Einlagen gegen Gesellschafter, auf Erstattung verbotener Rückzahlungen (§ 31 GmbHG) oder sonstige Haftungsansprüche gegen Gesellschafter/Geschäftsführer (§§ 9a, 43 Abs. 2 GmbHG), die allerdings unmittelbar der Gesellschaft zustehen und jeweils realisierbar sein müssen;
– nicht dagegen Ansprüche gegen persönlich haftende Gesellschafter gem. §§ 128, 161 Abs. 2 HGB oder gegen gem. § 176 HGB unmittelbar den Gläubigern gegenüber haftenden Kommanditisten (*Gottwald/Uhlenbruck* § 9 Rz. 31).

§ 19 Eröffnung des Insolvenzverfahrens

12 c) In den Überschuldungsstatus sind weiter einzustellen die bestehenden **Verbindlichkeiten** als Passiva. Dabei ist folgendes zu beachten (wegen der Einzelheiten s. *Gottwald/Uhlenbruck* § 9 Rz. 32 ff.):

13 (1) In einer Jahresbilanz ausgewiesene oder auszuweisende Rückstellungen sind zu passivieren, wenn ernsthaft mit einer Inanspruchnahme der Gesellschaft zu rechnen ist (*Kuhn/Uhlenbruck* KO, § 106 Rz. 6p). Bei Rückstellungen handelt es sich nämlich nicht um Rücklagen, sondern um Mittel zur Abdeckung entstehender Verbindlichkeiten, die nur dann gekürzt werden können, wenn sie zu hoch angesetzt sind (*Hess/Obermüller* Rz. 66).

14 Daraus folgt zugleich, daß auch noch nicht fällige Verbindlichkeiten zu berücksichtigen sind. Anders als in § 17 und ebenso wie in § 18 wird nicht auf die Fälligkeit, sondern auf das Bestehen der Zahlungspflicht bzw. Verbindlichkeit abgestellt. Dies entspricht der zur alten Rechtslage vertretenen Meinung (*Gottwald/Uhlenbruck* § 9 Rz. 45).

15 (2) Streitige Verbindlichkeiten können schon dadurch passiviert worden sein, daß für sie eine Rückstellung gebildet worden ist (vgl. o. Rz. 13). Ansonsten wird die Verbindlichkeit jedenfalls dann nicht passiviert, wenn von ihrem Bestehen die Überschuldung abhängt (vgl. *Gottwald/Uhlenbruck* § 9 Rz. 46). Erforderlich ist allerdings, daß die Forderung ernsthaft streitig bzw. substantiiert bestritten ist (vgl. o. § 14 Rz. 57). Ist die Forderung vorläufig tituliert, gelten die Ausführungen im Rahmen des § 14 (Rz. 64 ff.).

16 (3) Unter Geltung der KO war anerkannt, daß die Kosten des Insolvenzverfahrens oder Verbindlichkeiten, die durch eine Eröffnung des Verfahrens ausgelöst wurden, in den Überschuldungsstatus nicht einzustellen waren (*Kuhn/Uhlenbruck* KO, § 102 Rz. 6e). Diese Frage ist weiter generell zu verneinen (*Uhlenbruck* KTS 1994, 169 [173]).

17 (4) Fraglich ist, inwieweit die in § 39 aufgezählten nachrangigen Verbindlichkeiten zu berücksichtigen sind. Teilweise wird dies einschränkungslos bejaht (*Uhlenbruck* KTS 1994, 169 [173]; *Hess/Pape* Rz. 109). Richtigerweise ist jedoch zu differenzieren: Ansprüche, die erst nach Eröffnung des Verfahrens entstehen (§ 39 Abs. 1 Nr. 1 und Nr. 2), sind nicht zu berücksichtigen. Die Kosten entstehen nämlich nur, wenn das Insolvenzverfahren durchgeführt wird, für den Status vor Eröffnung sind sie also ohne Belang (ebenso *Haarmeyer/Wutzke/Förster* Handbuch 1/93). Ansonsten entstünde auch ein Wertungswiderspruch dazu, daß z. B. Ansprüche aus einem Sozialplan nicht zu berücksichtigen sind (so ausdrücklich *Uhlenbruck* KTS 1994, 169 [173]).

18 Etwas anderes gilt nur bei kapitalersetzenden Darlehen eines Gesellschafters oder gleichgestellten Forderungen gem. § 39 Abs. 1 Nr. 5 (zu den Einzelheiten s. *Gottwald/Timm/Körber* § 82 Rz. 12 ff.). Für diese Fälle wird in der Begründung des RegE ausgeführt, daß diese Verbindlichkeiten zu passivieren sind (BT-Drucks. 12/7302 S. 157). Dem Bedürfnis der Praxis, den Eintritt einer Überschuldung zu vermeiden oder eine bereits eingetretene Überschuldung wieder zu beseitigen, kann durch einen Erlaß der Forderung des Gläubigers für den Fall der Eröffnung des Insolvenzverfahrens Rechnung getragen werden (BT-Drucks. 12/7302 S. 157). Dies entspricht der bislang herrschenden Meinung. Der Gläubiger kann auf die Forderung verzichten bzw. durch unwiderruflichen Rangrücktritt erklären, daß die Forderung nur zu Lasten von Bilanzgewinnen, aus einem Liquidationsüberschuß oder nach Überwindung der Krise aus einem die sonstigen Schulden der Gesellschaft übersteigenden Vermögen beglichen werden soll (*Gottwald/Uhlenbruck* § 9 Rz. 42; ebenso für die InsO: *Müller* a. a. O., Rz. 41).

III. Zweite Stufe: Fortführungsprognose

a) Ist die Fortführung des Unternehmens überwiegend wahrscheinlich, sind bei der Bewertung des Schuldnervermögens nicht Liquidationswerte zugrundezulegen, sondern **Fortführungswerte** (§ 19 Abs. 2), sogenannte going-concern-Werte. Dies kann dazu führen, daß trotz rechnerischer Überschuldung (unter Zugrundelegung von Liquiditätswerten) keine Überschuldung im Rechtssinne vorliegt und keine Antragspflicht besteht (s. o. Rz. 6). Durch die Neufassung des Gesetzes ist die Prognoseentscheidung nicht mehr in der Bewertung der Aktiva versteckt, vielmehr findet eine eigenständige Prüfung statt (*Scholz/Karsten Schmidt* GmbHG, § 63 Rz. 10). Diese Bewertung ist allerdings mit erheblichen subjektiven Unsicherheiten behaftet (*Haarmeyer/Wutzke/Förster* Handbuch 1/92). Das prognostische Element wird nicht selten vom »Prinzip Hoffnung« gespeist (*Kuhn/Uhlenbruck* KO, § 102 Rz. 5h). 19

b) Die Formulierung der »überwiegenden Wahrscheinlichkeit« hat der Gesetzgeber der Rechtsprechung des BGH entnommen, in der die sogenannte zweistufige modifizierte Überschuldensprüfung festgeschrieben war (s. o. Rz. 6). Die Formulierung soll zum Ausdruck bringen, daß die Fortführung nach den Umständen wahrscheinlicher ist als die Stillegung (BT-Drucks. 12/7302 S. 157). Bei der Überlebens- oder **Fortführungsprognose** hat der BGH darauf abgestellt, ob die Finanzkraft der Gesellschaft nach überwiegender Wahrscheinlichkeit mittelfristig nicht zur Fortführung des Unternehmens ausreicht (*BGHZ* 119, 201 [214] = ZIP 1992, 1382 [1386] = EWiR 1992, 1093). Es handelt sich also nicht nur um eine allgemein gehaltene Aussage zur Zukunft des Unternehmens mit der Folge, daß man die Fortführungspremisse zugrundelegen kann, soweit keine Auflösung des Unternehmens geplant ist (so aber *Burger/Schellberg* KTS 1995, 563 [571] und BB 1995, 261 [266]). 20

c) Im Rahmen der Prognose ist zu überprüfen, ob die Ertragsfähigkeit oder die Lebensfähigkeit einer Unternehmung auf absehbare Zeit gewährleistet oder sie in absehbarer Zeit wiederhergestellt werden kann (*Gottwald/Uhlenbruck* § 9 Rz. 16). Dafür ist eine **Liquiditätsplanung** nach betriebswirtschaftlichen Grundsätzen erforderlich (*Scholz/Karsten Schmidt* GmbHG, § 63 Rz. 12). Zu bedenken ist allerdings, daß allenfalls bei größeren Unternehmen zur Bestimmung der künftigen Erträge das Instrument der Global-Finanzplanung verwendet wird. Ob jedoch von einem kleinen oder mittleren Unternehmen in der Rechtsform der GmbH oder GmbH & Co. KG nicht mehr als eine pauschale Prognose verlangt werden kann (so *Kuhn/Uhlenbruck* KO, § 102 Rz. 5h), ist jedenfalls in der Krise zweifelhaft. 21

Als **Zeitraum** der erforderlichen mittelfristigen Prognose wird eine Dauer von zwei bis drei Jahren (*Wimmer* NJW 1996, 2546 [2547]) bzw. mindestens zwei Jahren oder mindestens bis zum Ablauf des nächsten Geschäftsjahres (vgl. *Scholz/Karsten Schmidt* GmbHG, § 63 Rz. 12; *Kuhn/Uhlenbruck* KO, § 102 Rz. 6e) genannt. Diese Zeiträume können nur Richtwerte sein, entscheidend ist der betriebswirtschaftlich überschaubare Zeitraum (*Scholz/Karsten Schmidt* GmbHG, § 63 Rz. 12). Dieser kann auch von Branche zu Branche unterschiedlich sein. Ein zu lange angesetzter Prognosezeitraum würde wegen der geringeren Prognosesicherheit eine Risikoerhöhung bedeuten (*Müller* a. a. O., Rz. 17). 22

d) Nicht verkannt werden darf, daß durch eine entsprechend »geschönte« Fortführungsprognose die rechnerische Überschuldung beseitigt werden kann und bei der Bewertung des Vermögens nach Fortführungswerten überhöhte Werte angesetzt werden können. Notfalls muß der größere Auftrag aus arabischen Ländern herhalten oder es wird zur Erhaltung der Zahlungsfähigkeit und Überlebensprognose ein langfristiger Kredit aufgenommen (vgl. *Kuhn/Uhlenbruck* KO, § 102 Rz. 5h). 23

§ 20 Eröffnung des Insolvenzverfahrens

23a **e)** Liegen Anhaltspunkte für eine Überschuldung vor, sind die Vertretungsorgane gehalten, eine substantiierte **Dokumentation** der Fortführungsprognose vorzunehmen, auch um etwaigen Haftungsansprüchen zu entgehen (*Müller* a.a.O., Rz. 19).

IV. Pflicht zur Eigenprüfung

24 Es besteht die bereits oben (§ 15 Rz. 34) angesprochene Pflicht zur Eigenprüfung (*Scholz/Karsten Schmidt* GmbHG, § 63 Rz. 12) mit der Folge, daß bei Verletzung die zur Antragstellung Verpflichteten sich schadensersatzpflichtig machen. Der Anlaß für die Erstellung eines Überschuldungsstatus kann sich aus einer Handelsbilanz ergeben, so bei Ausweis eines nicht durch Eigenkapital gedeckten Fehlbetrages (§ 268 Abs. 3 HGB) oder bei Ausweis von Verlusten in einer die Lebensfähigkeit bedrohenden Höhe (*Müller* a.a.O., Rz. 7). Daneben treten die oben (s. § 15, Rz. 34) erwähnten Krisensymptome.

E. GmbH & Co. KG

25 Abs. 3 bestimmt, daß die Absätze 1 und 2 gelten, sofern bei einer Gesellschaft ohne Rechtspersönlichkeit kein persönlich haftender Gesellschafter eine natürliche Person ist. Dies ist in der Regel bei der GmbH & Co. KG der Fall. Die Überschuldung ist für die GmbH und die KG gesondert zu prüfen. Die Überschuldung der KG führt allerdings im Regelfall gleichzeitig zur Überschuldung auch der Komplementär-GmbH, insbesondere wenn sie nur über das Mindeststammkapital von 50 000,– DM verfügt. Bei der Feststellung der Überschuldung der KG zählt die Komplementärhaftung der GmbH nicht zu den Aktiva der KG (s.o. Rz. 11; *Gottwald/Timm/Körber* § 85 Rz. 5; *Scholz/Karsten Schmidt* GmbHG, § 63 Rz. 94). Die Komplementär-GmbH ist überschuldet, wenn ihr Vermögen nicht mehr ausreicht, die ungedeckten Schulden der KG aus eigenem Vermögen zu begleichen (*Scholz/Karsten Schmidt* GmbHG, § 63 Rz. 97). Für die Überschuldung genügt es, daß die Verbindlichkeit besteht (s.o. Rz. 14).

§ 20
Auskunftspflicht im Eröffnungsverfahren → §§ 100, 104 KO

[1]Ist der Antrag zulässig, so hat der Schuldner dem Insolvenzgericht die Auskünfte zu erteilen, die zur Entscheidung über den Antrag erforderlich sind. [2]Die §§ 97, 98, 101 Abs. 1 Satz 1, 2, Abs. 2 gelten entsprechend.

Vgl. § 104 KO; § 3 GesO

Inhaltsübersicht: Rz.

A. Überblick	1–3
B. Auskunftspflicht	4–8
I. Inhalt	4–5
II. Auskunftspflichtige	6
III. Einschränkung	7

IV. Durchführung 8
C. Durchsetzung... 9–12
D. Kosten/Rechtsbehelfe 13–14

Literatur:

Uhlenbruck Probleme des Eröffnungsverfahrens nach dem Insolvenzrechts-Reformgesetz 1994, KTS 1994, 169; *Vallender* Anm. zu *AG Gelsenkirchen*, Beschl. v. 29. 8. 1997 – 5 N 93/97 –, EWiR 1/97 § 75 KO, 1097 f.

A. Überblick

Beim Eigenantrag des Schuldners war dieser unter Geltung der KO bereits im Eröff- 1
nungsverfahren verpflichtet, ein Verzeichnis der Gläubiger und Schuldner sowie eine Übersicht der Vermögensmasse bei Antragstellung einzureichen oder unverzüglich nachzuliefern (§ 104 KO). Beim Gläubigerantrag sah § 100 KO für das eröffnete Verfahren eine Auskunftspflicht des Schuldners vor. Für das Stadium vor Eröffnung war streitig, ob die Auskunftsverpflichtung des Schuldners bestand. Diese Unsicherheit beseitigt die Vorschrift des § 20. Die Regelung des § 104 KO wird verallgemeinert und gilt auch im Falle des Gläubigerantrages (BT-Drucks. 12/2443 S. 115). Beim Gläubigerantrag ist allerdings Voraussetzung, daß der Antrag zulässig ist. Die Durchsetzung der Auskunftspflicht wird durch die Verweisung in Satz 2 wie für das eröffnete Verfahren geregelt.

Der Schuldner ist verpflichtet, sämtliche erforderlichen Auskünfte zu erteilen. Dadurch 2
kann beispielsweise die Eröffnung eines massearmen Vefahrens ermöglicht werden, in dem Anfechtungsansprüche oder sonstige Vermögensgegenstände erschlossen werden (BT-Drucks. 12/2443 S. 115). Dem Gericht wird die Prüfung der Voraussetzungen für die Eröffnung des Verfahrens ermöglicht, dem vorläufigen Insolvenzverwalter wird die Erfüllung seiner Aufgaben erleichtert. Ist der Schuldner eine natürliche Person, läuft er bei Verletzung der Auskunfts- oder Mitwirkungspflichten Gefahr, daß die Restschuldbefreiung versagt wird (§ 290 Abs. 1 Nr. 5) oder die Rücknahme des Antrages bei der sog. Verbraucherinsolvenz fingiert wird (§ 305 Abs. 3).

Von der Auskunftspflicht ist das Anhörungsrecht des Schuldners zu unterscheiden (§ 10, 3
§ 14 Abs. 2). Die Gewährung rechtlichen Gehörs und die Erteilung der erforderlichen Auskünfte fallen in der Praxis allerdings regelmäßig zusammen (s. o. § 14 Rz. 104 ff.). Die **Anhörung** des Schuldners gem. § 20 ist vor einer Zurückweisung des Antrages sogar zu **erzwingen**, wenn sich nur so das Vorliegen eines Insolvenzgrundes oder die Masselosigkeit ermitteln lassen (*LG Göttingen* ZIP 1996, 144 [145] = EWiR 1996, 271; *LG Stendal* ZIP 1995, 1106 [1107]; *LG Magdeburg* EWiR 1997, 659; *Mohrbutter/Mohrbutter/Pape* II. 7).

B. Auskunftspflicht

I. Inhalt

Der Schuldner hat dem Insolvenzgericht die zur Entscheidung über den Antrag erforder- 4
lichen **Auskünfte** zu erteilen (§ 20 S. 1). Der Regelung des § 104 KO, die in § 20

§ 20 *Eröffnung des Insolvenzverfahrens*

verallgemeinert worden ist (s. o. Rz. 1), läßt sich zunächst entnehmen, daß der Schuldner ein Verzeichnis der Gläubiger und Schuldner sowie eine Übersicht der Vermögensmasse vorzulegen hat. Er hat darüber hinaus über alle das Verfahren betreffenden Verhältnisse Auskunft zu geben (§ 20 S. 2 i. V. m. § 97 Abs. 1 S. 1). Da die Auskunftspflicht in § 97 Abs. 1 Satz 1 in Anlehnung an § 100 KO geregelt ist (BT-Drucks. 12/2443 S. 142), kann auf die bisherige Kommentierung zu § 100 KO zurückgegriffen werden. Danach konnte Auskunft über alles verlangt werden, was das Insolvenzverfahren betrifft, insbesondere über die Gründe, die die Insolvenz veranlaßt haben, das Vermögen, die einzelnen Forderungen und ihre Berechtigung, Aus- und Absonderungsberechtigungen und Umstände, die eine Anfechtung von Rechtshandlungen begründen können (*Kuhn/Uhlenbruck* KO, § 100 Rz. 1). Die Auskunftspflicht bezieht sich auch auf im Ausland belegenes Vermögen (*Kuhn/Uhlenbruck* KO, § 100 Rz. 2 b), da auch dieses in die Insolvenzmasse fällt (s. o. § 3 Rz. 39).

5 Darüber hinaus besteht eine **Mitwirkungspflicht** des Schuldners. Es ist davon auszugehen, daß die Verweisung in § 20 Satz 2 auch § 97 Abs. 2 erfaßt (*Uhlenbruck* KTS 1994, 169 [176]). So kann der Schuldner verpflichtet sein, im Ausland belegene Gegenstände durch geeignete Mitwirkungshandlungen für die Verwertung zu erschließen, falls ausländische Staaten grenzüberschreitende Wirkungen des Insolvenzverfahrens nicht anerkennen (vgl. BT-Drucks. 12/2443 S. 142; s. o. § 22 Rz. 63).

II. Auskunftspflichtige

6 Auskunftspflichtig sind:
– der Schuldner;
– sofern der Schuldner keine natürliche Person ist, gemäß der Verweisung in § 20 Satz 2 die in § 101 aufgeführten Personen, nämlich Mitglieder des Vertretungs- oder Aufsichtsorgans, vertretungsberechtigte persönlich haftende Gesellschafter, Angestellte, sofern sie jeweils die Position noch bekleiden oder nicht früher als zwei Jahre vor dem Eröffnungsantrag ausgeschieden sind. Bei mehreren Geschäftsführern ist jeder auskunftsverpflichtet (*Haarmeyer/Wutzke/Förster* Handbuch 3/144), bei der OHG jeder vertretungsberechtigte persönlich haftende Gesellschafter, bei einer Nachlaßinsolvenz jeder der Erben;
– der faktische Vertreter bzw. Geschäftsführer (*Gottwald/Heilmann/Klopp* § 19 Rz. 4; *Kuhn/Uhlenbruck* KO, § 100 Rz. 3 b; zum Begriff s. o. § 15 Rz. 11).

III. Einschränkung

7 Mit Ausnahme der Angestellten und früheren Angestellten (vgl. § 101 Abs. 2) haben die Aukunftspflichtigen auch Tatsachen zu offenbaren, die geeignet sind, eine Verfolgung wegen einer Straftat oder einer Ordnungswidrigkeit herbeizuführen (§ 97 Abs. 1 Satz 2, § 101 Abs. 1 Satz 1, 2). Ohne Zustimmung des Auskunftspflichtigen können die Tatsachen jedoch in einem Verfahren gegen den Auskunftspflichtigen oder einen in § 52 Abs. 1 StPO bezeichneten Angehörigen nicht verwertet werden.

IV. Durchführung

Wegen der Durchführung der Anhörung vgl. § 10 Rz. 4 bis 6. Ein Schuldner/Vertreter ist **8** im Hinblick auf mögliche Zwangsmittel (§ 98 Abs. 2) förmlich (daneben ggf. noch formlos) zu laden (vgl. o. § 5 Rz. 23). Auf eine Vernehmung im Wege der Rechtshilfe sollte möglichst verzichtet werden (§ 5 Rz. 25).

C. Durchsetzung

Die Auskunfts- und Mitwirkungspflichten können gem. § 20 Satz 2 i. V. m. § 98 **9** **zwangsweise** durchgesetzt werden. Wegen der Einzelheiten wird verwiesen auf die Kommentierung zu § 98. Gemäß § 98 Abs. 1 kann das Insolvenzgericht zunächst von Amts wegen oder auf Antrag des vorläufigen Insolvenzverwalters oder eines Insolvenzgläubigers anordnen, daß der Schuldner die Richtigkeit und Vollständigkeit einer Auskunft eidesstattlich versichert, für die Abnahme ist das Insolvenzgericht selbst zuständig (BT-Drucks. 12/2443 S. 142). Da der Rechtspfleger für die Durchführung des Eröffnungsverfahrens nicht zuständig ist, ist funktionell der Richter zuständig (s. o. § 2 Rz. 26).

Unter den Voraussetzungen des § 98 Abs. 2 kann das Gericht den **Schuldner** zwangs- **10** weise vorführen und nach erfolgter Anhörung bis zu 6 Monaten in Haft nehmen. Die Haft darf aber nur so lange aufrechterhalten werden, wie dies für den Verfahrenszweck erforderlich ist (§ 98 Abs. 3 S. 2). In Anlehnung an § 116 StPO ist zu prüfen, ob auch eine Aussetzung des Haftbefehls in Betracht kommt (*LG Memmingen* ZIP 1983, 204 f.; *LG Köln* EWiR 1998, 77 f.; *Kilger/Karsten Schmidt* KO, § 101 Rz. 2). Nach dem Grundsatz der Verhältnismäßigkeit ist weiter zu prüfen, ob mildere Mittel als Vorführung und insbesondere Haft in Betracht kommen. Daher sind auch **Durchsuchung der Wohn- und Geschäftsräume** des Schuldners und seiner gesetzlichen Vertreter sowie die Beschlagnahme von Geschäftsunterlagen zulässig (so zu § 106 KO *LG Duisburg* ZIP 1991, 674 f. = EWiR 1991, 601; *Hess* KO, § 106 Rz. 2). Gegen einen nicht am Verfahren beteiligten **Dritten** kann das Insolvenzgericht Durchsuchungen und Beschlagnahme anordnen, wenn der Verdacht besteht, daß der Dritte an einer Vermögensverschiebung beteiligt ist, indem er Gegenstände des Schuldners lediglich zum Schein in Gewahrsam genommen hat (*AG Gelsenkirchen* ZIP 1997, 2092 = EWiR 1997, 1097). Dem Gutachter/vorläufigen Verwalter hat das Gericht die Anwesenheit zu gestatten, um so einen erfolgreichen Zugriff auf die benötigten Unterlagen zu garantieren (*Vallender* EWiR 1997, 1097 [1098]).

Gegenüber **Angestellten und früheren Angestellten** des Schuldners kommt einen **11** zwangsweise Durchsetzung gem. § 98 nicht in Betracht, da § 101 Abs. 2 nur auf die Vorschrift des § 97 Abs. 1 Satz 1 verweist. Diese Personen sind nicht unmittelbar am Verfahren beteiligt und daher nicht der Entscheidungsgewalt des Insolvenzgerichts unterstellt (BT-Drucks. 12/2443 S. 144). Allerdings ist das Insolvenzgericht befugt, sie im Rahmen seiner Ermittlungen als Zeugen zu vernehmen (s. o. § 5 Rz. 12). Es gelten die zivilprozessualen Vorschriften über den Zeugenbeweis einschließlich der Bestimmungen über Ordnungsmittel (§ 380 ZPO) und Zeugnisverweigerungsrechte gem. §§ 383 bis 385 ZPO (BT-Drucks. 12/2443 S. 144; s. o. § 5 Rz. 14).

Verweigert der Schuldner/Vertreter die Auskünfte oder verschleppt sie, wird das Insol- **12** venzgericht, sofern noch nicht geschehen, unverzüglich **Sicherungsmaßnahmen** (§ 21) anordnen. Legt der Schuldner ein privatärztliches **Attest** vor, ist dem mit der gebotenen

Vorsicht zu begegnen. Das Insolvenzgericht kann die Vorlage eines Attestes mit genauer Diagnose und Begründung verlangen, weshalb der Schuldner seinen Auskunfts- und Mitwirkungspflichten nicht nachkommen und beispielsweise nicht vor Gericht erscheinen kann. Es kommt auch die Vorlage eines amtsärztlichen Gutachtens in Betracht (*Kuhn/Uhlenbruck* KO, § 101 Rz. 2c). Bis zur Vorlage eines amtsärztlichen Gutachtens kann der Vollzug eines bereits erlassenen Haftbefehls auch analog § 116 StPO außer Vollzug gesetzt werden (*LG Köln* EWiR 1998. 77 [78]; s. o. Rz. 10).

D. Kosten/Rechtsbehelfe

13 Im Rahmen des § 98 entstandene Kosten sind bei Eröffnung Kosten des Insolvenzverfahrens (§ 54 Nr. 1) und werden von der Insolvenzmasse getragen. In den übrigen Fällen ist zur Erstattung verpflichtet, wem die Kosten des Verfahrens auferlegt sind (s. o. § 13 Rz. 46 ff.), der Antragsteller kann auch als Zweitschuldner haften (s. o. § 13 Rz. 52). Von der Zahlung eines Vorschusses dürfen Maßnahmen gem. § 98 nicht abhängig gemacht werden (*Kuhn/Uhlenbruck* KO, § 101 Rz. 2 d; s. o. § 13 Rz. 33). Die dem Schuldner zur Erfüllung seiner Auskunfts- und Mitwirkungspflicht entstandenen notwendigen Auslagen wie z. B. Fahrtkosten sind nicht aus der Insolvenzmasse zu erstatten, eine entsprechende Vorschrift ist nicht Gesetz geworden (BT-Drucks. 12/7302 S. 167).

14 Gegen die Anordnung der Haft (§ 98 Abs. 2) und die Abweisung eines Antrages auf Aufhebung des Haftbefehls (§ 98 Abs. 3 Satz 2) findet die sofortige Beschwerde statt (§ 98 Abs. 3 Satz 3).

§ 21
Anordnung von Sicherungsmaßnahmen → § 106 KO

(1) Das Insolvenzgericht hat alle Maßnahmen zu treffen, die erforderlich erscheinen, um bis zur Entscheidung über den Antrag eine den Gläubigern nachteilige Veränderung in der Vermögenslage des Schuldners zu verhüten.

(2) Das Gericht kann insbesondere
1. einen vorläufigen Insolvenzverwalter bestellen, für den die §§ 56, 58 bis 66 entsprechend gelten;
2. dem Schuldner ein allgemeines Verfügungsverbot auferlegen oder anordnen, daß Verfügungen des Schuldners nur mit Zustimmung des vorläufigen Insolvenzverwalters wirksam sind;
3. Maßnahmen der Zwangsvollstreckung gegen den Schuldner untersagen oder einstweilen einstellen, soweit nicht unbewegliche Gegenstände betroffen sind.

(3) ¹Reichen andere Maßnahmen nicht aus, so kann das Gericht den Schuldner zwangsweise vorführen und nach Anhörung in Haft nehmen lassen. ²Ist der Schuldner keine natürliche Person, so gilt entsprechendes für seine organschaftlichen Vertreter. ³Für die Anordnung von Haft gilt § 98 Abs. 3 entsprechend.

Vgl. § 106 Abs. 1 Satz 2, 3 KO; §§ 11–13 VerglO.; § 2 Abs. 3 GesO

Anordnung von Sicherungsmaßnahmen § 21

Inhaltsübersicht: Rz.

A.	Überblick über die Sicherungsmaßnahmen (§§ 21–25)	1–13
I.	Zweck	1– 3
II.	Regelung in der KO/GesO	4
III.	Regelung in der InsO	5–12
IV.	Übersicht über die wichtigsten Sicherungsmaßnahmen und ihre Wirkungen	13
B.	Anforderungen an den Erlaß von Sicherungsmaßnahmen	14–26a
I.	Allgemeine Voraussetzungen	14–16
II.	Verfahrensmäßiger Ablauf	17–21
III.	Rechtliches Gehör	22–24
IV.	Verhältnismäßigkeit	25–26a
C.	Verhältnis der wichtigsten Sicherungsmaßnahmen zueinander	27–35
I.	Allgemeines Verfügungsverbot	28
II.	Sonstige Anordnungen	29–30
III.	Regelfall	31a
IV.	Ausnahmefälle	32–35
D.	Vorläufiger Insolvenzverwalter (§ 21 Abs. 2 Nr. 1)	36–70
I.	§ 56 (Bestellung)	37–39
II.	§ 58 (Aufsicht)	40
III.	§ 59 (Entlassung)	41
IV.	§ 60 (Haftung)	42
V.	§ 61 (Nichterfüllung Masseverbindlichkeiten)	43–47
VI.	§ 62 (Verjährung Schadensersatzansprüche)	48
VII.	§ 63 (Vergütung)	49–54
VIII.	§ 64 (Festsetzung)	55–63
IX.	§ 65 (Vergütungsverordnung)	64
X.	§ 66 (Rechnungslegung)	65–70
E.	§ 21 Abs. 2 Nr. 2	71
F.	Zwangsvollstreckungsmaßnahmen (§ 21 Abs. 2 Nr. 3)	72–83
I.	Alte und neue Rechtslage	72–74
II.	Bewegliches Vermögen	75–78
III.	Unbewegliches Vermögen	79–80
IV.	Aufhebung	81
V.	Rechtsbehelfe	82–83b
G.	Weitere Sicherungsmaßnahmen	84–98
I.	Postsperre	85–91
II.	Besonderes Verfügungsverbot und besonderer Zustimmungsvorbehalt	92
III.	Kontensperre	93
IV.	Sonstige Maßnahmen	94–98
H.	Vorführung und Haft (Abs. 3)	99

Literatur:

Bähner Die Prüfung der Schlußrechnung des Konkursverwalters, KTS 1991, 347; *Bähner/Berger/ Braun* Die Schlußrechnung des Konkursverwalters, ZIP 1993, 1283; *Gerhardt* Die Verfahrenseröffnung nach der Insolvenzordnung und ihre Wirkung, ZZP 109 [1996] 415; *ders.* Kölner Schrift zur Insolvenzordnung: Verfügungsbeschränkungen in der Eröffnungsphase und nach Verfahrenseröffnung, S. 164; *Grub* Der Regierungsentwurf der Insolvenzordnung ist sanierungsfeindlich!, ZIP 1993, 393; *Landfermann* Kölner Schrift zur Insolvenzordnung: Allgemeine Wirkungen der Insolvenzeröffnung, S. 127; *Lohkemper* Die Zwangsvollstreckung während der Sequestration und in einem vorläufigen Insolvenzverfahren, ZIP 1995, 1641; *Pape* Neuordnung der Sicherungsmaßnahmen im Insolvenzeröffnungsverfahren, WPrax 1995, 236; *Smid* Funktion des Sequesters und

Aufgaben des Insolvenzgerichts in der Eröffnungsphase nach der verabschiedeten Insolvenzordnung (InsO), WM 1995, 785; *Uhlenbruck* Probleme des Eröffnungsverfahrens nach dem Insolvenzrechts-Reformgesetz 1994, KTS 1994, 169; *ders.* Zuständigkeits- und Berechnungsprobleme bei der Festsetzung der Sequestervergütung, ZIP 1996, 1889; *ders.* Kölner Schrift zur Insolvenzordnung: Die Rechtsstellung des vorläufigen Insolvenzverwalters, S. 239; *Vallender* Einzelzwangsvollstreckung im neuen Insolvenzrecht, ZIP 1997, 1993; *ders.* Das rechtliche Gehör beim Insolvenzverfahren, in Kölner Schrift zur Insolvenzordnung, S. 209; *Warrikoff* Die Möglichkeiten zum Unternehmenserhalt nach dem Neuen Insolvenzrecht, KTS 1996, 489 ff.

A. Überblick über die Sicherungsmaßnahmen (§§ 21–25)

I. Zweck

1 Ist der Antrag zulässig, prüft das Gericht im Rahmen der Begründetheit, ob ein Eröffnungsgrund (§ 16) vorliegt und eine kostendeckende Masse (§ 26) vorhanden ist. Die Ermittlungen dauern Wochen oder Monate. Es besteht die Gefahr einer zwischenzeitlichen Verschlechterung der Vermögenslage durch masseschädigende Verfügung des Schuldners, Einzelzwangsvollstreckungen von Gläubigern und Wertverfall des Unternehmens. Das Insolvenzgericht hat bis zur Entscheidung über den Antrag alle erforderlichen Maßnahmen zu treffen, um eine nachteilige Veränderung in der Vermögenslage des Schuldners zu verhüten (§ 21 Abs. 1). Die wichtigsten Sicherungsmaßnahmen sind in § 21 Abs. 2 aufgezählt. Im Vergleich zur Regelung der KO (§ 106) bestehen teilweise weitreichende Unterschiede. Anstelle des Sequesters ist der vorläufige Insolvenzverwalter getreten, anstelle des allgemeinen Veräußerungsverbotes die Regelung des § 21 Abs. 2 Nr. 2. Neu ist die Regelung in § 21 Abs. 2 Nr. 3, ergänzt durch § 30 d Abs. 4 ZVG für das unbewegliche Vermögen. Weitere Sicherungsmaßnahmen kann das Insolvenzgericht gem. § 21 Abs. 1 treffen, wie z. B. eine besondere Verfügungsbeschränkung (Verfügungsverbot nur für einzelne Gegenstände oder Verfügung darüber nur mit Zustimmung eines vorläufigen Insolvenzverwalters) oder Postsperre (letzteres fraglich).

2 Zur Durchsetzung gegenüber dem Schuldner dienen die Regelungen der §§ 21 Abs. 3, 22 Abs. 3. Die Durchsetzung gegenüber Dritten sichern die Bekanntmachung (§ 23) und § 24 Abs. 1 i. V. m. §§ 81, 82 (Unwirksamkeit von Verfügungen des Schuldners und Leistungen an den Schuldner). Bei Vorliegen der Voraussetzungen des § 24 Abs. 2 werden anhängige Rechtsstreitigkeiten unterbrochen (§ 240 ZPO) und können vom vorläufigen Insolvenzverwalter aufgenommen werden. Die Sicherungsmaßnahmen können jederzeit aufgehoben werden (vgl. § 25 Abs. 1).

3 Die Sicherungsmaßnahmen dienen dem **Erhalt des Schuldnervermögens** und sollen insbesondere eine Abweisung mangels Masse (§ 26) verhindern und eine geordnete Abwicklung und gleichmäßige Befriedigung aller Gläubiger ermöglichen. Daneben haben die Sicherungsmaßnahmen eine Erhaltungsfunktion. Ein vom Schuldner betriebenes Unternehmen ist grundsätzlich bis zur Entscheidung über die Eröffnung des Insolvenzverfahrens fortzuführen (§ 22 Abs. 1 Satz 2 Nr. 2), das Insolvenzgericht kann eine Prüfung der Aussichten für eine Fortführung des Unternehmens anordnen (§ 22 Abs. 1 Satz 2 Nr. 3).

II. Regelung in der KO/GesO

Die Sicherungsmaßnahmen waren in der KO (§ 106 Abs. 1) und der GesO (§ 2 Abs. 3) **4**
nur rudimentär geregelt. Vorgesehen waren der Erlaß eines allgemeinen Veräußerungsverbotes (§ 106 Abs. 1 Satz 3 KO) bzw. das Erfordernis einer gerichtlichen Zustimmung zu Verfügungen des Schuldners (§ 2 Abs. 3 GesO). Die KO (§ 106 Abs. 1 Satz 1) sah darüber hinaus noch zwangsweise Vorführung und Haft des Schuldners vor. Aus der Befugnis, alle zur Sicherung der Masse dienenden einstweiligen Anordnungen zu treffen (§ 106 Abs. 1 Satz 2 KO; ähnlich § 2 Abs. 3 GesO), wurde die Befugnis zur Anordnung der Sequestration entnommen. Einzelheiten, insbesondere Stellung, Befugnisse, Haftung und Vergütung des Sequesters waren nicht geregelt. Ungeregelt war auch die Frage der Bekanntmachung und Wirkung von Sicherungsmaßnahmen, der Folgen einer verbotswidrigen Verfügung und des Einflusses auf anhängige Rechtsstreitigkeiten. Lediglich hinsichtlich der Eintragung ins Grundbuch (§ 113 Abs. 1 KO) und der Aufhebung von Sicherungsmaßnahmen (§ 106 Abs. 2 KO) existierten Vorschriften. Die InsO trifft insoweit Regelungen, die teilweise von den bisherigen Vorschriften oder von Rechtsprechung und Literatur zu den ungeregelten Fragen abweichen; die alte Rechtsprechung und Kommentierung sind daher nur noch bedingt verwertbar.

III. Regelung in der InsO

Auch die InsO enthält in § 21 Abs. 1 eine Art **Generalklausel**, wonach das Insolvenzge- **5**
richt alle erforderlichen Maßnahmen zu treffen hat, um eine nachteilige Veränderung der Vermögenslage des Schuldners zu verhüten. In Absatz 2 werden dann beispielhaft die wichtigsten Maßnahmen genannt. Anstelle des allgemeinen Veräußerungsverbotes (§ 106 Abs. 1 Satz 3 KO) ist zunächst die Regelung des § 21 Abs. 2 Nr. 2 getreten. Danach kann das Insolvenzgericht dem Schuldner ein **allgemeines Verfügungsverbot** auferlegen oder anordnen, daß seine Verfügungen nur mit Zustimmung eines zu bestellenden vorläufigen Insolvenzverwalters wirksam sind. Darüber hinaus können speziellere Verfügungsbeschränkungen gem. § 21 Abs. 1 angeordnet werden dahingehend, daß Verfügungsverbote nur für einzelne Gegenstände und nicht das gesamte Schuldnervermögen bestehen oder daß Verfügungen des Schuldners nur über bestimmte, besonders wichtige Gegenstände der Zustimmung eines vorläufigen Insolvenzverwalters bedürfen. Regelfall ist die Anordnung eines allgemeinen Verfügungsverbotes (§ 21 Abs. 2 Nr. 2, 1. Alt.).

Auch ein **vorläufiger Insolvenzverwalter** (§ 21 Abs. 2 Nr. 1) ist regelmäßig zu bestel- **6**
len (s. u. Rz. 31). Die Vorschriften der §§ 56, 58–66 regeln den äußeren Rahmen der Tätigkeit des vorläufigen Insolvenzverwalters, nämlich Ernennung, Aufsicht und Entlassung, Haftung, Vergütung und Rechnungslegung. Rechtsstellung und Aufgaben des vorläufigen Insolvenzverwalters ergeben sich aus § 22 Abs. 1 und 2. Wird ein vorläufiger Insolvenzverwalter bestellt, ohne daß zugleich ein allgemeines Verfügungsverbot (§ 21 Abs. 2 Nr. 2, 1. Alt.) angeordnet ist, hat das Insolvenzgericht die Pflichten des vorläufigen Verwalters nach Maßgabe des § 22 Abs. 2 zu bestimmen. Ist ein allgemeines Verfügungsverbot angeordnet worden, geht die Verwaltungs- und Verfügungsbefugnis auf den vorläufigen Insolvenzverwalter über (§ 22 Abs. 1). Neben der Sicherung und Erhaltung obliegt dem vorläufigen Insolvenzverwalter bei einem vom Schuldner betriebenen Unternehmen auch die **Fortführung** bis zur Entscheidung über die Eröffnung des Insolvenzverfahrens; nur um eine erhebliche Verminderung des Vermögens zu vermei-

§ 21 *Eröffnung des Insolvenzverfahrens*

den, kann er mit Zustimmung des Insolvenzgerichts ein Unternehmen stilllegen. Neben der obligatorischen Prüfung, ob eine kostendeckende Masse vorhanden ist, wird er regelmäßig beauftragt werden, als **Sachverständiger** das Vorliegen eines Eröffnungsgrundes und ggf. die Aussichten auf eine Fortführung eines Unternehmens zu prüfen (§ 22 Abs. 1 Satz 2 Nr. 3). Durch die Bestellung zum Sachverständigen erlangt der vorläufige Insolvenzverwalter zudem einen realisierbaren Vergütungsanspruch gegen die Landeskasse. Bei der Vergütung für die Tätigkeit als vorläufiger Insolvenzverwalter besteht hingegen insbesondere bei Abweisung mangels Masse die Gefahr, daß der vorläufige Insolvenzverwalter leer ausgeht, da beim Schuldner nichts zu holen ist, der Gläubiger als Antragsteller nicht haftet und auch eine Ausfallhaftung der Landeskasse nicht besteht (s. o. § 13 Rz. 59, 60).

7 **Regelmäßig** wird das Insolvenzgericht auch Maßnahmen der Zwangsvollstreckung in bewegliches Vermögen untersagen oder einstweilen einstellen (**§ 21 Abs. 2 Nr. 3**). Dabei geht es im Hinblick auf die Regelung in § 88 nicht in erster Linie darum, eine bevorzugte Befriedigung bestimmter Gläubiger zu verhindern. Vielmehr soll eine Fortführung des schuldnerischen Unternehmens und mögliche Sanierung nicht durch Einzelzwangsvollstreckungsmaßnahmen erschwert oder unmöglich gemacht werden. Ist ein vorläufiger Insolvenzverwalter bestellt, wird dieser regelmäßig prüfen, ob er einen Antrag gem. § 30 d Abs. 4 ZVG auf einstweilige Einstellung der Zwangsvollstreckung in unbewegliches Vermögen stellt.

8 Die effektive bzw. zwangsweise Durchsetzung des Sicherungszweckes gegenüber dem Schuldner ist geregelt in §§ 21 Abs. 3, 22 Abs. 3 mit Verweisung auf die §§ 97, 98, 101.

9 Die Wirkungen gegenüber **Dritten** ergeben sich aus §§ 23, 24. Jede allgemeine Verfügungsbeschränkung gem. § 21 Abs. 2 Nr. 2 (nicht aber eine spezielle Verfügungsbeschränkung gem. § 21 Abs. 1) bewirkt gem. § 24 Abs. 1, daß Verfügungen des Schuldners grundsätzlich unwirksam sind (§ 81); nur der öffentliche Glaube des Grundbuches o. ä. bleibt unberührt. Leistungen an den Schuldner führen grundsätzlich nicht zur Befreiung (§ 82). Darin liegt – anders als bei einem Veräußerungsverbot gem. § 106 Abs. 1 Satz 3 KO – nicht nur ein relatives, sondern ein absolutes Veräußerungsverbot (s. u. § 24 Rz. 4). Um den guten Glauben auszuschließen und den Rechtsverkehr zu schützen, sind die in § 21 Abs. 2 Nr. 2 vorgesehenen Verfügungsbeschränkungen ebenso bekanntzumachen wie die Bestellung eines vorläufigen Insolvenzverwalters (§ 23). Dies geschieht u. a. durch öffentliche Bekanntmachung (§ 9), Zustellung an Schuldner und Drittschuldner und Übermittlung an das Grundbuch und die öffentlichen Register, damit dort eine entsprechende Eintragung erfolgen kann.

10 Wird ein vorläufiger Insolvenzverwalter bestellt und dem Schuldner ein allgemeines Verfügungsverbot auferlegt (§ 21 Abs. 2 Nr. 2, 1. Alt.), geht die Verwaltungs- und Verfügungsbefugnis auf den vorläufigen Insolvenzverwalter über (§ 22 Abs. 1 Satz 1). In diesen Fällen werden **anhängige Rechtsstreitigkeiten unterbrochen** (§ 240 ZPO) und können vom vorläufigen Insolvenzverwalter aufgenommen werden (§ 24 Abs. 2 i. V. m. § 85 Abs. 1 Satz 1, § 86). In den übrigen Fällen tritt eine Unterbrechung gem. § 240 ZPO nicht ein. Nicht geregelt ist die Prozeßführungsbefugnis eines vorläufigen Insolvenzverwalters für Prozesse, die erst im Verlaufe des Eröffnungsverfahrens anhängig werden.

11 § 25 Abs. 1 setzt voraus, daß **Sicherungsmaßnahmen aufgehoben** werden, sobald sie nicht mehr erforderlich sind. Der wichtigste Fall ist die Ablehnung des Antrages auf Eröffnung. Die **Bekanntmachung** erfolgt entsprechend § 23. War ein vorläufiger Insolvenzverwalter bestellt und ein allgemeines Verfügungsverbot (§ 21 Abs. 2 Nr. 2, 1. Alt.) angeordnet worden, ging die Verwaltungs- und Verfügungsbefugnis auf den vorläufigen Insolvenzverwalter über (§ 22 Abs. 1 Satz 1). Gemäß **§ 25 Abs. 2** ist in

diesem Fall dem vorläufigen Insolvenzverwalter zunächst die **Möglichkeit** zu geben, aus dem Vermögen des Schuldners die **entstandenen Kosten zu berichtigen und Verbindlichkeiten zu erfüllen**. Dadurch kann der vorläufige Insolvenzverwalter seine Ansprüche auf Vergütung und Auslagen befriedigen und das Entstehen etwaiger Schadensersatzansprüche gem. § 61 verhindern. Bedeutsam ist die Vorschrift insbesondere bei Erledigung des Verfahrens, nachdem der Schuldner die dem Antrag zugrundeliegende Forderung es Gläubigers beglichen hat (vgl. § 13 Rz. 100 ff.). Bei Abweisung des Antrages mangels Masse (§ 26) hilft die Regelung dem vorläufigen Insolvenzverwalter nicht oder allenfalls teilweise (falls zwar Vermögen vorhanden ist, dies aber unter den Kosten des Verfahrens liegt). Regelmäßig besteht aber ein Anspruch auf Entschädigung als Sachverständiger (s. o. Rz. 6 a. E.).

Gemäß § 73 Abs. 3 KO war u. a. gegen Sicherungsmaßnahmen die sofortige Beschwerde 12 möglich. Da § 34 gegen die Anordnung von Sicherungsmaßnahmen ein Rechtsmittel nicht gewährt, ist gem. § 6 **keine Beschwerdemöglichkeit** gegeben. Nur im Falle der Haft (§§ 21 Abs. 3 Satz 3, 22 Abs. 3 Satz 3 i. V. m. 98 Abs. 3) besteht eine Beschwerdemöglichkeit. Dieser weitgehende Ausschluß eines Rechtsmittels ist bedenklich (s. im einzelnen § 34 Rz. 47 ff.). Es bleibt nur die Aufhebung von Sicherungsmaßnahmen von Amts wegen (§ 25).

IV. Übersicht über die wichtigsten Sicherungsmaßnahmen und ihre Wirkungen

Art der Sicherungsmaßnahme(n) gem. § 21	Wirkung(en) gem. §§ 22–25, 55 (unter Einschluß von § 30d Abs. 4 ZVG, § 240 ZPO)
§ 21 **Abs. 1** (z. B. besonderes Verfügungsverbot)	– relatives Veräußerungsverbot
§ 21 Abs. 1 i. V. m. § 21 Abs. 2 Nr. 1	– relatives Veräußerungsverbot – § 22 Abs. 3 – Antragsmöglichkeit gem. § 30d Abs. 4 ZVG
§ 21 **Abs. 2** Nr. 2, 1. Alt.	kann regelmäßig alleine nicht angeordnet werden (s. u. Rz. 31 ff.)
§ 21 Abs. 2 Nr. 2, **2. Alt.** i. V. m. § 21 Abs. 2 Nr. 1	– § 22 Abs. 3 – § 22 Abs. 2 – § 23 Abs. 3 – § 24 Abs. 1 i. V. m. §§ 81, 82 (absolutes Veräußerungsverbot) – Antragsmöglichkeit gem. § 30d Abs. 4 ZVG
§ 21 Abs. 2 Nr. 2, **1. Alt.** i. V. m. § 21 Abs. 2 Nr. 1	– § 22 Abs. 3 – § 22 Abs. 1 Satz 1 – § 22 Abs. 1 Satz 2, Nr. 1–3, 1. Halbsatz – § 22 Abs. 1 Satz 2 Nr. 3, 2. Halbsatz – § 23 Abs. 3 – § 24 Abs. 1 i. V. m. §§ 81, 82 (absolutes Veräußerungsverbot) – § 240 ZPO – § 24 Abs. 2 i. V. m. §§ 85, 86 – § 25 Abs. 2 – § 55 Abs. 2 – Antragsmöglichkeit gem. § 30d Abs. 4 ZVG

13

B. Anforderungen an den Erlaß von Sicherungsmaßnahmen

I. Allgemeine Voraussetzungen

14 Sicherungsmaßnahmen sind **von Amts wegen** anzuordnen. Bei einem entsprechenden »Antrag« des Gläubigers handelt es sich lediglich um eine Anregung, an die das Gericht jedoch nicht gebunden ist. Hat das Gericht einen Sachverständigen bestellt und Sicherungsmaßnahmen nicht getroffen (s. u. Rz. 33 f.), wird es im Regelfall auf Anregung des Sachverständigen ohne weitere Nachprüfung weitergehende Sicherungsmaßnahmen wie vorläufige Insolvenzverwaltung anordnen (vgl. *Uhlenbruck/Delhaes* Rz. 336). Der Erlaß von Sicherungsmaßnahmen ist von der Zahlung eines Vorschusses nicht abhängig (s. o. § 5 Rz. 19; § 13 Rz. 44).

15 Auch beim **Schuldnerantrag** muß das Gericht prüfen, ob Sicherungsmaßnahmen erforderlich sind. Eine Vermögensgefährdung kann nicht nur durch den Schuldner selbst erfolgen. Auch seitens der beteiligten Gläubiger besteht die Gefahr von masseschädigenden Eingriffen in das Vermögen (*Pape* WPrax 1995, 236 [237]) wie beispielsweise

16 Einzelvollstreckungsmaßnahmen. Voraussetzung ist allerdings, daß die **allgemeinen Zulässigkeitsvoraussetzungen** vorliegen (s. o. § 14 Rz. 5 ff.). Beim Schuldnerantrag muß weiter der Eröffnungsgrund glaubhaft gemacht sein in den Fällen des § 15 Abs. 2 Satz 1, Abs. 3, § 317 Abs. 2, § 318 Abs. 2, § 332 Abs. 2, § 333 Abs. 2 Satz 2 (vgl. oben § 14 Rz. 4). Der Gläubigerantrag muß darüber hinaus zugelassen sein (*Uhlenbruck/Delhaes* Rz. 332), es müssen die Voraussetzungen des § 14 Abs. 1 vorliegen (s. o. § 14 Rz. 26 ff.). Die Zulassung geschieht regelmäßig nicht durch Beschluß, sondern konkludent dadurch, daß das Insolvenzgericht den Antrag nicht als unzulässig abweist, sondern das Verfahren weiter betreibt (s. o. § 14 Rz. 99). In der Rechtsprechung ist dazu entschieden, daß das Insolvenzgericht zuständig sein muß (*LG Göttingen* ZIP 1993, 447 [448]) und daß beim Gläubigerantrag Forderung und Insolvenzgrund glaubhaft gemacht sein müssen (*OLG Köln* ZIP 1988, 664 f.). Bestreitet der Schuldner die durch Versäumnisurteil titulierte Forderung des Gläubigers und äußert er allein die Absicht, Wiedereinsetzung in den vorigen Stand in die Frist zur Einspruchseinlegung zu beantragen, so hindert allein dies das Gericht nicht am Erlaß von Sicherungsmaßnahmen (*AG Göttingen* EWiR 1997, 181; s. o. § 14 Rz. 62).

II. Verfahrensmäßiger Ablauf

17 Beim **Eigenantrag** eines Schuldners, der ein Unternehmen betreibt, kann sich eine sofortige Anhörung empfehlen. Ggf. wird der in Aussicht genommene vorläufige Insolvenzverwalter hinzugezogen. Sicherungsmaßnahmen können erlassen werden, eine nahtlose Fortführung des Unternehmens ist möglich. Ist der vorläufige Insolvenzverwalter nicht anwesend, vereinbart der Insolvenzrichter am besten mit dessen Büro telefonisch einen schnellstmöglichen Termin und teilt ihn dem anwesenden Schuldner mit. Ist beim Eigenantrag eines Schuldners, der ein Unternehmen betreibt, eine Anhörung nicht sofort möglich, sollte sie spätestens am nächsten Tag erfolgen. Zur Vorbereitung kann dem Schuldner ein auszufüllender Fragebogen ausgehändigt werden, zum Termin kann der in Aussicht genommene vorläufige Insolvenzverwalter hinzugezogen werden.

18 Beim Eigenantrag eines Schuldners, der ein Unternehmen nicht (mehr) betreibt, kann für Art und Umfang der anzuordnenden Sicherungsmaßnahmen eine persönliche Anhörung sinnvoll sein.

Anordnung von Sicherungsmaßnahmen § 21

Beim **Gläubigerantrag** ist der sofortige Erlaß von Sicherungsmaßnahmen eine Frage 19
des Einzelfalles und wird beeinflußt von der Höhe der Forderung (s. u. Rz. 25) und auch
den Vorkenntnissen des Gerichts über den konkreten Schuldner.
Insbesondere beim Gläubigerantrag können Sicherungsmaßnahmen ohne rechtliches 20
Gehör ergehen, das dann nachzuholen ist (s. u. Rz. 22 f.). Voraussetzung ist, daß Forderung und Insolvenzgrund glaubhaft gemacht sind (s. § 14 Rz. 57, 70).
Die **Entscheidung** ergeht in Form eines Beschlusses (Muster bei *Uhlenbruck/Delhaes* 21
Rz. 351; *Haarmeyer/Wutzke/Förster* Handbuch 3/196; Einzelheiten s. § 23 Rz. 5 ff.).
Wichtig ist eine schnelle Entscheidung und schnelle Bekanntmachung des Beschlusses
im Hinblick auf die Wirkungen (§§ 24 Abs. 1, 81, 82). Häufig wird sich eine Übersendung per Fax an die entsprechende(n) Zeitung(en) empfehlen. Der vorläufige Insolvenzverwalter – sofern nicht anwesend – kann vom Richter im Rahmen einer Terminsvereinbarung (s. o. Rz. 17) oder ebenfalls per Fax informiert werden. Erforderlichenfalls sind
dem vorläufigen Insolvenzverwalter auch wichtige Unterlagen aus der Akte zu faxen,
damit er sofort informiert ist. Wegen der weiteren Einzelheiten der Bekanntmachung des
Beschlusses s. § 23 Rz. 12 ff. Wegen der Eigenschaft des Beschlusses als Vollstreckungstitel s. § 23 Rz. 19. Der Beschluß ist nicht anfechtbar (s. o. Rz. 12).

III. Rechtliches Gehör

Ist der Schuldner bereits gem. § 14 Abs. 2 angehört worden, ist eine erneute Anhörung 22
vor der Anordnung von Sicherungsmaßnahmen nicht erforderlich (*OLG Düsseldorf*
NJW-RR 1994, 1126). Zwingend vorgeschrieben ist die Anhörung des Schuldners vor
dessen Verhaftung (§ 98 Abs. 2). Ansonsten können Sicherungsmaßnahmen durch das
Insolvenzgericht **ohne vorherige Anhörung** des Schuldners erlassen werden (*Kuhn/
Uhlenbruck* KO, § 106 Rz. 1 b, s. o. § 10 Rz. 9). Insoweit besteht eine Parallele zum
einstweiligen Rechtsschutz nach den §§ 916 ff. ZPO, bei dem im Hinblick auf die
Sicherungsfunktionen von einer vorherigen Anhörung abgesehen werden kann (*Smid*
WM 1995, 785 [786 f.]; *Vallender* Kölner Schrift für Insolvenzordnung S. 209, Rz. 3).
Ein Verzicht auf die Anhörung ist auch **verfassungsrechtlich unbedenklich**, wenn bei 23
einer Interessenabwägung der schnellen Haftungsverwirklichung Vorrang einzuräumen
ist (*Mohrbutter/Moorbutter/Ernestus* I. 1.). Konkret ist dies der Fall, wenn bei Anhörung
der Sicherungszweck vereitelt oder gefährdet würde (*LG Magdeburg* Rpfleger 1995, 224
[225]). Für den Fall der Anordnung einer Postsperre ist dies in der InsO (§ 99 Abs. 1
Satz 2) ausdrücklich geregelt.
Teilweise wird gefordert, eine **Anhörung** des Schuldners dürfe **nur unterbleiben**, wenn 23 a
konkrete Anhaltspunkte die Befürchtung rechtfertigten, daß die Anhörung den Sicherungszweck vereiteln könnte (*LG Magdeburg* Rpfleger 1995, S. 224 Leitsatz 2;
Mohrbutter/Mohrbutter/Pape XVI. 52.). Diese **Auffassung überzeugt nicht**. Sie verkennt, daß über die Anordnung von Sicherungsmaßnahmen häufig binnen kürzester Frist
entschieden werden muß und läßt offen, woraus die konkreten Anhaltspunkte sich
ergeben sollen. Eine Anhörung des Schuldners wird auch nicht immer dann geboten sein,
wenn beispielsweise die Forderung des antragstellenden Gläubigers relativ geringfügig
oder nach Grund bzw. Höhe zweifelhaft ist wie bei Steuerschätzung durch Finanzämter
oder Schätzung durch Sozialversicherungsträger (so aber *Mohrbutter/Mohrbutter/Ernestus* I. 1.). Bei Finanzämtern und Sozialversicherungsträgern werden ebenso wie bei
Krankenkassen an die Glaubhaftmachung der Forderung zwar geringere Anforderungen
gestellt, Einwendungen des Schuldners werden aber allenfalls gegen die Höhe der

§ 21 Eröffnung des Insolvenzverfahrens

Forderung erhoben (s. o. § 14 Rz. 55). Bei geringfügigen Forderungen wird das Insolvenzgericht allerdings prüfen, ob der Erlaß von Sicherungsmaßnahmen (s. u. Rz. 25 f.) erforderlich ist. Hat das Insolvenzgericht **allerdings Bedenken** hinsichtlich der vom Gläubiger vorgetragenen Gefährdungsmomente, so wird der Schuldner vor Erlaß von Sicherungsmaßnahmen **angehört** (*Vallender* Kölner Schrift zur Insolvenzordnung S. 209, Rz. 34).

24 Wird vor Erlaß von Sicherungsmaßnehmen kein **rechtliches Gehör** gewährt, ist dies **nachzuholen** (s. o. § 10 Rz. 9).

IV. Verhältnismäßigkeit

25 Auch im Insolvenzverfahren ist der Grundsatz der Verhältnismäßigkeit zu berücksichtigen (*BGH* NJW-RR 1986, 1888 [1889]; *Kuhn/Uhlenbruck* KO, § 105 Rz. 8 a.) Das dem Insolvenzrichter bei der Auswahl der Sicherungsmaßnahmen zustehende **pflichtgemäße Ermessen** wird hierdurch konkretisiert bzw. begrenzt. Insbesondere ist zu prüfen, ob der Eingriff erforderlich ist oder nicht eine mildere Maßnahmen genügt, und ob die Maßnahme trotz Erforderlichkeit nicht **unverhältnismäßig i. e. S.** ist. Die Anordnung von Sicherungsmaßnahmen kommt grundsätzlich **auch bei geringfügigen Forderungen** in Betracht. So hat der *BGH* (NJW-RR 1986, 1188 [1189]) entschieden, daß ein Veräußerungsverbot bei einer Forderung von 1.500,– DM nicht unverhältnismäßig ist. Die Erforderlichkeit kann fehlen, wenn der Antragsteller über einen Zeitraum von mehr als 3½ Jahren Sozialversicherungsbeiträge auflaufen ließ (so der Sachverhalt *LG Magdeburg* Rpfleger 1995, 224 [225]). Auch kann das Insolvenzgericht berücksichtigen, daß kleinere Forderungen, insbesondere von Gewerbetreibenden, häufig unter dem Druck des Insolvenzantrages beglichen werden. Auch in diesen Fällen sind jedoch häufig Sicherungsmaßnahmen zu erlassen, wenn der Schuldner zu einer anberaumten Anhörung nicht erscheint. In den übrigen Fällen ist aber zu bedenken, daß eine geltend gemachte geringfügige Forderung regelmäßig nicht die einzige vom Schuldner unbeglichene Forderung ist. Zwangsweise Vorführung und Haft des Schuldners kommen nur in Betracht, wenn die konkrete Gefahr besteht, daß Verdunklungshandlungen und das Beiseiteschaffen von Vermögenswerten drohen (*Pape* WPrax 1995, 236 [237]).

26 Weiter ist anerkannt, daß die Sicherungsmaßnahmen nicht gleichzeitig angeordnet werden müssen. Es kommt auch in Betracht, sie später noch zu erweitern. Ist beispielsweise lediglich ein Sachverständiger bestellt, so kann auf dessen Anregung noch vorläufige Insolvenzverwaltung angeordnet werden. Darüber hinaus hat das Gericht in jeder Lage des Verfahrens zu prüfen, ob die Maßnahmen noch erforderlich oder nicht gemäß § 25 aufzuheben sind.

26 a Zum Verhältnis der einzelnen Sicherungsmaßnahmen untereinander s. unter Rz. 27 ff.

C. Verhältnis der wichtigsten Sicherungsmaßnahmen zueinander

27 Das Gericht hat nach **pflichtgemäßem Ermessen** zu entscheiden, ob und welche Sicherungsmaßnahmen es einzeln oder in Kombination anordnet. Zu berücksichtigen ist der Grundsatz der Verhältnismäßigkeit. Das Insolvenzgericht hat zu prüfen, ob die beabsichtigte Maßnahme erforderlich ist. Dabei ist allerdings auch zu bedenken, daß es sich um Eilentscheidungen handelt, die keinen Aufschub dulden und demgemäß die

Anordnung von Sicherungsmaßnahmen **§ 21**

Erkenntnismöglichkeiten des Insolvenzgerichts regelmäßig begrenzt sind. Auszugehen ist von folgenden Überlegungen:

I. Allgemeines Verfügungsverbot

Ein allgemeines Verfügungsverbot (§ 21 Abs. 2 Nr. 2, 1. Alt.) **verhindert masseschädi-** 28 **gende Handlungen des Schuldners**. Darunter fällt nicht nur das Beiseiteschaffen von Vermögensgegenständen oder der Einzug von Forderungen. Es besteht auch die Gefahr, daß der Schuldner z. B. widerrufliche Lebensversicherungen an Dritte abtritt. Außerdem wird durch ein allgemeines Verfügungsverbot nebst Bekanntmachung verhindert, daß Kreditinstitute Auszahlungen/Überweisungen tätigen können (s.unter § 24 Rz. 12). Die Einzelheiten wird der Insolvenzrichter beim Erlaß von Sicherungsmaßnahmen regelmäßig nicht übersehen können. Die Möglichkeit, später entsprechende Sicherungsmaßnahmen anzuordnen, wird häufig ins Leere gehen. Der Erlaß eines Verfügungsverbotes ist daher als Regelfall anzusehen (*Haarmeyer/Wutzke/Förster* Handbuch 3/ 210; ähnlich *Uhlenbruck* Die Rechtsstellung des vorläufigen Insolvenzverwalters Rz. 25).

II. Sonstige Anordnungen

Sicherungsmaßnahmen unterhalb der Anordnung eines allgemeinen Verfügungsverbo- 29 tes erscheinen **nicht praktikabel**. Die Anordnung, daß Verfügungen des Schuldners nur mit Zustimmung des vorläufigen Insolvenzverwalters wirksam sind (§ 21 Abs. 2 Nr. 2, 2. Alt.), wird diskutiert, wenn der Schuldner Eigenantrag wegen drohender Zahlungsunfähigkeit gestellt und mit dem Antrag zugleich einen Antrag auf Eigenverwaltung nach § 270 Abs. 2 Nr. 1 InsO verbunden hat (*Uhlenbruck* Die Rechtsstellung des vorläufigen Insolvenzverwalters Rz. 11). Ob damit das Ansehen des Schuldners im Rechtsverkehr für Außenstehende erhalten bleibt und für eine etwaige Betriebsfortführung hilfreich ist (*Gerhardt* Kölner Schrift zur Insolvenzordnung S. 164, Rz. 14), muß bezweifelt werden. Das Ansehen des Schuldners hat häufig bereits aufgrund von Zahlungsverzögerungen oder erfolglosen Zwangsvollstreckungsmaßnahmen Einbußen erlitten und manifestiert sich durch die Einleitung eines gerichtlichen Insolvenzverfahrens. Der Insolvenzverwalter ist jedoch gehindert, das Vermögen zur Massesicherung in Besitz zu nehmen, so daß die Gefahr masseschädigender Verfügungen des Schuldners bestehen bleibt. Praktische Probleme können auftreten, wenn eine Abstimmung zwischen vorläufigem Insolvenzverwalter und Schuldner bei einer Betriebsfortführung erforderlich ist (*Gerhardt* a. a. O.). Schließlich besteht die Schwierigkeit für das Gericht, die Pflichten des vorläufigen Insolvenzverwalters nach § 22 Abs. 2 individuell zu bestimmen. In der Regel sind die erforderlichen Maßnahmen nicht vorhersehbar (*Pape* WPrax. 1995, 236 [238]). Es ist davon auszugehen, daß eine entsprechende Anordnung die **Ausnahme** bleibt (*Hess/Pape* Rz. 143; *Uhlenbruck* Die Rechtsstellung des vorläufigen Insolvenzverwalters Rz. 11; *Gerhardt* Verfügungsbeschränkungen in der Eröffnungsphase und nach Verfahrenseröffnung Rz. 14). Bemerkenswert ist schließlich, daß derartige Anordnungen im alten Recht auch auf § 106 Abs. 1 Satz 2 KO hätten gestützt werden können, derartige Maßnahmen jedoch keine praktische Bedeutung erlangt haben.

Besondere Verfügungsverbote als andere Sicherungsmaßnahmen gem. § 21 Abs. 1 30 können angeordnet werden bezogen nur auf einzelne Gegenstände und nicht das gesamte Schuldnervermögen (s. o. Rz. 5; s. u. Rz. 92). Eine derartige Anordnung fällt nicht unter die Regelung des § 24 InsO und bildet kein absolutes Veräußerungsverbot. Es liegt lediglich ein relatives Veräußerungsverbot nach § 135 BGB vor mit der Möglichkeit und Gefahr, daß Dritte gutgläubig erwerben (*Gerhardt* a. a. O. Rz. 16). Bindet man nur Verfügung des Schuldners über bestimmte, besonders wichtige Gegenstände an die Zustimmung eines vorläufigen Insolvenzverwalters, ergeben sich zunächst dieselben Probleme wie im Rahmen des § 21 Abs. 2 Nr. 2, 2. Alt. (s. o. Rz. 29); daneben besteht die Gefahr gutgläubigen Erwerbs (*Gerhardt* a. a. O. Rz. 17).

III. Regelfall

31 Regelfall ist die **Auferlegung eines allgemeinen Verfügungsverbotes (§ 21 Abs. 2 Nr. 2, 1. Alt.)**. Aus der Verweisung in § 24 auf §§ 81, 82 folgt, daß es sich um ein absolutes Verfügungsverbot handelt (s. u. § 24 Rz. 4). Da für das Vermögen des Schuldners aber auch während des Eröffnungsverfahrens ein Verfügungsbefugter existieren muß, ist zwingend ein **vorläufiger Insolvenzverwalter** zu bestellen (*Gerhardt* ZZP 109 [1996], 415 [419]), abgesehen von Ausnahmefällen (s. u. Rz. 32 ff.). Bei der Anordnung der vorläufigen Insolvenzverwaltung handelt es sich zwar um eine einschneidende und kostenintensive Maßnahme, aber auch bei eingestelltem Geschäftsbetrieb kann auf die Anordnung eines allgemeinen Verfügungsverbotes aus den obigen Gründen nicht verzichtet werden (a. A. *Haarmeyer/Wutzke/Förster* Handbuch 3/205 und 208; *Pape* WPrax 1995, 236 [237]). Auch ein bloßer Gutachtenauftrag mit gleichzeitigem allgemeinen Verfügungs- und Vollstreckungsverbot (dafür *Haarmeyer/Wutzke/Förster* Handbuch 3/194) kommt nur ausnahmsweise in Betracht (s. u. Rz. 33 f.). Die sich bei der Anordnung eines allgemeinen Verfügungsverbotes ergebenden Probleme bei der Vorfinanzierung durch Insolvenzgeld im Hinblick auf eine persönliche Haftung des vorläufigen Insolvenzverwalters (§§ 55 Abs. 2, 61) sind lösbar (s. § 22 Rz. 21 a, 21 c ff.).

31 a Beim Zustimmungsvorbehalt (§ 21 Abs. 2. Nr. 2, 2. HS) ist immer ein vorläufiger Insolvenzverwalter zu bestellen.

IV. Ausnahmefälle

32 Wird ein Antrag auf Eigenverwaltung gestellt und beabsichtigt das Gericht, diesem stattzugeben, soll ein vorläufiger Insolvenzverwalter nicht bestellt (*Grub* ZIP 1993, 393 [396]) und nach § 22 Abs. 2 verfahren werden (*Smid* WM 1995, 785 [789]) bzw. ein Insolvenzverwalter ohne Verfügungsbefugnis bestellt werden (*Uhlenbruck* Die Rechtsstellung des vorläufigen Insolvenzverwalters Rz. 11). Fraglich ist jedoch, ob das Gericht im Eröffnungsverfahren bei Anordnung von Sicherungsmaßnahmen sofort erkennen kann, ob es dem Antrag auf Eigenverwaltung stattzugeben beabsichtigt. Weitere Bedenken ergeben sich aus den obigen Ausführungen Rz. 29.

33 Beim Gläubigerantrag sind also ebenso wie beim Eigenantrag regelmäßig ein allgemeines Verfügungsverbot anzuordnen und ein vorläufiger Insolvenzverwalter zu bestellen (ebenso *Smid* WM 1995, 785 [789]). Etwas anderes kann gelten beim Antrag einer natürlichen Person, die keine oder nur eine geringfügige wirtschaftliche Tätigkeit ausübt (**§ 304**). Bei Eröffnung wird in diesen Fällen statt des Insolvenzverwalters ein Treuhänder bestellt (§ 313 Abs. 1 Satz 1). In diesen Fällen kann überlegt werden, ob lediglich ein Sachverständiger beauftragt wird, um das Vorliegen eines Eröffnungsgrundes und einer kostendeckenden Masse zu prüfen. Sofern erforderlich, können auf Anregung des

Sachverständigen Sicherungsmaßnahmen angeordnet werden. Bei Eröffnung kann der Sachverständige zum Treuhänder bestellt werden.

Eine ähnliche Verfahrensweise (Bestellung eines Sachverständigen, ggf. in Kombination mit einem allgemeinen Verfügungsverbot) bietet sich an beim Eigenantrag im **Nachlaßinsolvenzverfahren** und beim Insolvenzverfahren über eine GmbH & Co KG hinsichtlich der **Komplementär-GmbH**, die keine wirtschaftliche Tätigkeit ausübt. 34

Bei Anordnung eines allgemeinen Verfügungsverbotes ist es in diesen Fällen nicht erforderlich, daß während des Eröffnungsverfahrens ein Verfügungsberechtigter existiert. Laufende Geschäfte sind nicht abzuwickeln, einziehbare Forderungen sind regelmäßig nicht vorhanden. 35

D. Vorläufiger Insolvenzverwalter (§ 21 Abs. 2 Nr. 1)

An die Stelle des Sequesters nach der KO ist der vorläufige Insolvenzverwalter getreten. Im Anwendungsbereich des Vertragshilfegesetzes kann an Stelle des vorläufigen Insolvenzverwalters eine Vertrauensperson bestellt werden (§ 12 Abs. 2 Vertragshilfegesetz i.d.F. Art. 34 Nr. 2 EGInsO). Rechtsstellung und Befugnisse des vorläufigen Insolvenzverwalters sind im wesentlichen in § 22 geregelt. § 21 Abs. 2 Nr. 1 erklärt die für den (endgültigen) Insolvenzverwalter bestimmten Vorschriften der §§ 56, 58–59 (Bestellung, Aufsicht und Entlassung), §§ 60–62 (Haftung) und §§ 63–66 (Vergütung) für entsprechend anwendbar. Auch dadurch ist der vorläufige Insolvenzverwalter dem (endgültigen) Insolvenzverwalter angenähert. Wegen der Einzelheiten wird Bezug genommen auf die Kommentierung zu den §§ 56, 58–66. Nachfolgend wird auf die sich aus der lediglich **entsprechenden Anwendbarkeit** der Vorschriften der §§ 56, 58–66 **ergebenden Besonderheiten** eingegangen. Der vorläufige Insolvenzverwalter kann auch mit der Durchführung von Zustellungen (§ 8 Abs. 3) beauftragt werden (s.o. § 8 Rz. 22). 36

I. § 56 (Bestellung)

Die Bestellung des vorläufigen Insolvenzverwalters erfolgt durch den **Richter** (s. § 2 Rz. 20). Die Amtsführung des vorläufigen Insolvenzverwalters beginnt erst nach seiner **Annahmeerklärung**, da er die Übernahme des Amtes ablehnen kann (*OLG Düsseldorf* ZIP 1993, 135). In Zweifelsfällen wird sich das Gericht vorher vergewissern, ob der in Aussicht genommene vorläufige Insolvenzverwalter an der Übernahme (z.B. wegen Überlastung, Urlaubes, Beratung des Schuldners im Vorfeld der Insolvenz) gehindert ist. Insbesondere im Eröffnungsverfahren kommt der **Auswahl einer geeigneten Person große Bedeutung** zu. Die Anforderungen erfüllt regelmäßig nur derjenige, der Insolvenzverwaltungen berufsmäßig, also ausschließlich oder weit überwiegend, betreibt, nicht aber ein »Gelegenheitsverwalter«. Die entscheidenden Weichenstellungen, insbesondere für eine mögliche Unternehmensfortführung, erfolgen in den ersten Tagen und Wochen. Um eine Abweisung mangels Masse (§ 26) zu verhindern, muß der vorläufige Insolvenzverwalter häufig mögliche Rückgriffsansprüche (z.B. gem. §§ 9a, 31, 32b, 64 GmbHG) aufspüren. 37

Regelmäßig wird der vorläufige Insolvenzverwalter auch zum endgültigen Insolvenzverwalter bestellt. Diese Auswahl obliegt noch dem Richter(s. § 2 Rz. 20), das nachfolgende Verfahren liegt in der Hand des Rechtspflegers. Der Richter wird sich 38 regelmäßig beim Rechtspfleger – wie auch beim Geschäftsstellenbeamten – über die Qualität der Arbeit des Insolvenzverwalters erkundigen.

39 Eine **Stellvertretung des vorläufigen Insolvenzverwalters** kann im Einzelfall zulässig sein (s. i. E. unten § 56). Für den Konkursverwalter war anerkannt, daß eine Stellvertretung bei Rechtshandlungen ausgeschlossen war, bei denen auch außerhalb eines Konkursverfahrens eine Stellvertretung nicht möglich war (*LAG Schleswig-Holstein* ZIP 1988, 250 [251] = EWiR 1988, 283; *OLG Düsseldorf* ZIP 1988, 855), wie z. B. Ausübung des Wahlrechts (§ 17 KO; entsprechend § 103). Eine »Vertretung in der Erklärung« wurde dabei jedoch als zulässig angesehen (*LAG Schleswig-Holstein* ZIP 1988, 250 = EWiR 1988, 283; offen *OLG Düsseldorf* ZIP 1988, 855 [856]).

II. § 58 (Aufsicht)

40 Der Insolvenzrichter ist einziges Kontrollorgan, da ein Gläubigerausschluß (§ 69) noch nicht existiert. Bei längerer Dauer wird sich der Insolvenzrichter Zwischenberichte vorlegen lassen (Muster bei *Haarmeyer/Wutzke/Förster* Handbuch 3/253).

III. § 59 (Entlassung)

41 Eine Entlassung des vorläufigen Insolvenzverwalters kann auf Antrag des Verwalters oder von Amts wegen erfolgen (Gläubigerausschluß und Gläubigersammlung existieren noch nicht). Als wichtiger Grund für den Antrag des vorläufigen Insolvenzverwalters kommt Krankheit in Betracht. Eine Entlassung von Amts wegen kommt nicht schon in Betracht bei bloßen Meinungsverschiedenheiten zwischen Gericht und vorläufigem Insolvenzverwalter. Das Gericht darf auch nicht sein eigenes wirtschaftliches Ermessen anstelle der Erwägungen des vorläufigen Insolvenzverwalters setzen (*Mohrbutter/Mohrbutter/Pape* XVI. 66). Mangelnde Eignung und schwerwiegende Pflichtverletzungen, die eine Abberufung rechtfertigen könnnen, sind in den bislang veröffentlichten Gerichtsentscheidungen (*OLG Köln* ZIP 1986, 1261; *AG Halle-Saarkreis* ZIP 1993, 1667; *AG Halle-Saarkreis* ZIP 1993, 1669 = EWiR 1993, 885; *LG Halle* ZIP 1993, 1739 = EWiR 1993, 1203; *AG Halle* ZIP 1993, 1912; *LG Halle* EWiR 1995, 1091; *LG Magdeburg* ZIP 1996, 2116 = EWiR 1997, 109; *LG Magdeburg* ZIP 1996, 2119 = EWiR 1997, 111) teilweise angenommen worden.

IV. § 60 (Haftung)

42 Der vorläufige Insolvenzverwalter haftet für die Verletzung sogenannter »sequestrationsspezifischer« Pflichten, wenn er die sich aus der Insolvenzordnung ergebenen, gegenüber den Insolvenzgläubigern bestehenden Pflichten verletzt und dadurch einen Schaden der Gläubiger insgesamt oder einzelner Gläubiger eintritt (*Hess/Pape* Rz. 146). Die Pflicht des vorläufigen Insolvenzverwalters geht auf Sicherung und Erhaltung der Masse, ihm obliegen Sorgfalts- und Obhutspflichten für die von ihm verwalteten Gegenstände, er hat für ausreichenden Versicherungsschutz zu sorgen. Weiter hat er Außenstände einzuziehen und das Bestehen von Ansprüchen aufzuklären. (Einzelheiten § 22 Rz. 8 ff.)

Anordnung von Sicherungsmaßnahmen § 21

V. § 61 (Nichterfüllung Masseverbindlichkeiten)

Bei der Haftung des vorläufigen Insolvenzverwalters gem. § 61 ist zu **differenzieren:** 43
a) Wird das Verfahren eröffnet, gelten als Masseverbindlichkeiten (gemäß § 55 Abs. 2) 44
die Verbindlichkeiten, die von einem vorläufigen Insolvenzverwalter begründet worden sind, auf den die Verfügungsbefugnis über das Vermögen des Schuldners übergegangen ist (§ 22 Abs. 1 Satz 1). Dem Schuldner muß also ein allgemeines Verfügungsverbot auferlegt worden sein (§ 21 Abs. 2 Nr. 2, 1. Alt.). In diesem Fall kommt eine Haftung gem. § 61 Satz 1 in Betracht. Zur Haftung des Verwalters im Rahmen der Vorfinanzierung des Insolvenzgeldes s. § 22 Rz. 21 c ff.
b) Wird das Verfahren nicht eröffnet, sind die Sicherungsmaßnahmen aufzuheben (§ 25 45
Abs. 1). Zuvor hat der vorläufige Insolvenzverwalter die von ihm begründeten Verbindlichkeiten einschließlich der Verbindlichkeiten aus einem Dauerschuldverhältnis, soweit er die Gegenleistung in Anspruch genommen hat, zu begleichen (§ 25 Abs. 2). Diese Vorschrift entspricht § 55 Abs. 2. Ist eine Begleichung der Verbindlichkeiten gem. § 25 Abs. 2 nicht – wie häufig bei Abweisung mangels Masse (§ 26) möglich –, so kommt eine Haftung des vorläufigen Insolvenzverwalters aufgrund der in § 21 Abs. 2 Nr. 1 angeordneten entsprechenden Geltung des § 61 Satz 1 in Betracht. Anstelle des Insolvenzverwalters tritt der vorläufige Insolvenzverwalter, anstelle der Insolvenzmasse gleichsam die vorläufige, durch die Auferlegung des allgemeinen Verfügungsverbotes entstandene Insolvenzmasse.
c) War dem Schuldner kein allgemeines Verfügungsverbot (§ 22 Abs. 2 Nr. 2, 1. Alt.) 46
auferlegt und daher die Verwaltungs- und Verfügungsbefugnis nicht gem. § 22 Abs. 1 Satz 1 auf den vorläufigen Insolvenzverwalter übergegangen, kommt sowohl bei Eröffnung als auch bei Nichteröffnung eine Haftung gem. § 61 Satz 1 nicht in Betracht. Die Vorschrift des § 55 Abs. 2 gilt nicht. Der vorläufige Insolvenzverwalter hat nur geringe Einflußmöglichkeiten auf das Schuldvermögen. Die Haftung kann vielmehr nur nach allgemeinen Grundsätzen eintreten (s. § 61).
d) Bei der Entlastungsregelung des Satz 2 ist zu bedenken, daß der vorläufige Insolvenz- 47
verwalter insbesondere im Anfangsstadium einen vollständigen Überblick über den Umfang der Masse und die Höhe der Masseverbindlichkeiten noch nicht hat, er aber gem. § 22 Satz 2 Nr. 2 zur Unternehmensfortführung verpflichtet ist.

VI. § 62 (Verjährung Schadensersatzansprüche)

Die Regelung über den Verjährungsbeginn in Satz 2 gilt im Falle der Eröffnung unmit- 48
telbar. Wird die Eröffnung mangels Masse oder aus sonstigen Gründen abgewiesen, ist auf die Rechtskraft des die Eröffnung abweisenden Beschlusses abzustellen.

VII. § 63 (Vergütung)

Bislang erfolgte die Festsetzung der Sequestervergütung analog der Vergütung des 49
Konkursverwalters in entsprechender Anwendung der VergütungsVO. Im Regelfall wurde ein Satz von 25 % der fiktiven Konkursverwaltervergütung als angemessen angesehen und dieser Satz sodann vervierfacht, so daß sich im Ergebnis der einfache Satz als Vergütung für den Sequester ergab, während der Vergütungsanspruch des Konkursverwalters im Normalverfahren sich regelmäßig auf der vierfachen Satz belief. Er-

schwernissen und Erleichterungen in der Tätigkeit wurde durch Zu- und Abschläge Rechnung getragen. Für eine gleichzeitige Tätigkeit als Sachverständiger bestand ein gesonderter Entschädigungsanspruch.

50 Durch Verweisung auf die §§ 63–66 wird die bisherige Rechtslage im wesentlichen übernommen. Zweifelsfragen wie z. B. die der Zuständigkeit zur Festsetzung der Vergütung im eröffneten Verfahren (Richter oder Rechtspfleger) bleiben allerdings ungeregelt.

51 Bei der Berechnung der Vergütung des (endgültigen) Insolvenzverwalters wird der **Wert** der Insolvenzmasse zur Zeit der Beendigung des Insolvenzverfahrens zugrundegelegt. Aufgrund der nur entsprechenden Geltung der Vorschrift ist für die Berechnung der Vergütung des vorläufigen Insolvenzverwalters der Wert der Insolvenzmasse zum Zeitpunkt der Beendigung seiner Tätigkeit anzusetzen. Das Amt des vorläufigen Insolvenzverwalters endet mit der Eröffnung. Wird der Antrag abgewiesen (als unzulässig, unbegründet oder mangels Masse) oder für erledigt erklärt (s. dazu oben § 13 Rz. 100 ff.), endet das Amt des vorläufigen Insolvenzverwalters erst mit der Aufhebung seiner Bestellung (§ 25 Abs. 2), sofern ein allgemeines Verfügungsverbot (§ 21 Abs. 2 Nr. 2, 1. Alt.) angeordnet war.

52 Aufgrund der in § 21 Abs. 2 Nr. 1 angeordneten entsprechenden Geltung ist für die Berechnung der **Wert zur Zeit der Beendigung des vorläufigen Insolvenzverfahrens** zugrundezulegen. Auszugehen ist also von der Sicherungsmasse, nämlich dem Wert des Vermögens, das der Sicherung und Verwaltung durch den vorläufigen Insolvenzverwalter unterlag. Bislang wurden nach überwiegender Meinung auch die mit Aus- und Absonderungsrechten belasteten Gegenstände einberechnet (*AG Stendal* ZIP 1996, 37 = EWiR 1996, 115; *Uhlenbruck* ZIP 1996, 1889 [1891]; a. A. *LG Münster* ZIP 1993, 1102 = EWiR 1993, 1007 = Rpfleger 1994, 36). Auch in Zukunft wird der Teil des Vermögens, der mit Aus- und Absonderungsrechten belastet ist, bei der Berechnung zu berücksichtigen sein, weil auch insoweit den vorläufigen Insolvenzverwalter die volle Haftung trifft (*Uhlenbruck* KTS 1994, 169 [182]).Wegen der Einzelheiten s. § 1 Abs. 2 InsVV. Auch bei Veräußerung verderblicher Ware sollte der Wert derselben mit berücksichtigt werden (*Uhlenbruck* ZIP 1996, 1889 [1891]). Dies kann geschehen im Rahmen des § 63 Abs. 3, in dem im Hinblick auf den Umfang der Geschäftsführung des vorläufigen Insolvenzverwalters durch Abweichung vom Regelsatz nach oben Rechnung getragen wird.

53 Gemäß § 63 Satz 3 kommt für eine nur kurzfristige Tätigkeit des vorläufigen Insolvenzverwalters eine Abweichung vom Regelsatz nach unten in Betracht. Eine Abweichung nach oben erscheint angebracht, wenn sich der Wert der (vorläufigen) Insolvenzmasse/Sicherungsmasse bis zum für die Wertberechnung entscheidenden Zeitpunkt der Beendigung der vorläufigen Insolvenzverwaltung (s. o. Rz. 51) erheblich vermindert hat. Bei Unternehmen wird zu bedenken sein, daß durch die gebotene Betriebsfortführung (§ 22 Abs. 1 Satz 2 Nr. 2) der vorläufige Insolvenzverwalter ein erhebliches Haftungsrisiko eingeht.

54 Wird das Verfahren eröffnet, handelt es sich bei dem Anspruch des vorläufigen Insolvenzverwalters um Kosten des Insolvenzverfahrens (§ 54 Nr. 2), die gemäß § 209 Nr. 1 zu befriedigen sind. Bei Ablehnung der Eröffnung mangels Masse (§ 26) haftet weder die Ladeskasse subsidiär noch der Antragsteller als Zeitschuldner (s. o. § 13 Rz. 56, 58 ff.). Zum Vorschuß s. u. Rz. 69 f.). Der Anspruch verjährt in 30 Jahren (*LG Meiningen* ZIP 1997, 1848 f. = EWiR 1997, 1067 für Sequestervergütung).

VIII. § 64 (Festsetzung)

a) Die Festsetzung der Vergütung und erstattungsfähigen Auslagen des vorläufigen und 55
des endgültigen Insolvenzverwalters erfolgt in getrennten Beschlüssen (*Mohrbutter/ Mohrbutter/Ernestus* I. 75). Während die Vergütung des (endgültigen) Insolvenzverwalters der Rechtspfleger festsetzt, war schon unter Geltung der KO und der GesO umstritten, wer für die Festsetzung der Vergütung des Sequesters zuständig war. Der Streit um die funktionelle Zuständigkeit dauert fort. Relevant wird er allerdings nur, wenn das Verfahren eröffnet wird. In den übrigen Fällen ist unstreitig der Richter zuständig. Auch bei Eröffnung ist eine andere Betrachtungsweise nicht geboten, der Richter ist zuständig.
Dem **Richter** ist das Verfahren bis zur Entscheidung über den Eröffnungsantrag vorbe- 56
halten (§ 18 Abs. 1 Nr. 1 RPflG). Dem Richter sind alle Aufgaben zugewiesen, die im Zusammenhang mit der Vorbereitung und der Eröffnung stehen, ihm obliegt auch die Bestellung, Überwachung und ggf. Abberufung eines vorläufigen Insolvenzverwalters. Die Festsetzung der Vergütung gehört funktionell zu dem vor Eröffnung des Insolvenzverfahrens liegenden Abschnitt (*LG Köln* Rpfleger 1997, 273 mit abl. Anm. *Haarmeyer*; *LG Koblenz* Rpfleger 1997, 427). Zudem entsteht der Vergütungsanspruch des vorläufigen Insolvenzverwalters ebenso wie der des Sequesters bereits in seiner Tätigkeit (*BGH* ZIP 1992, 120). Schließlich kann nur derjenige, der das Verfahren in funktioneller Zuständigkeit bearbeitet hat, letztlich sachgerecht entscheiden, in welcher Höhe eine angemessene Vergütung festzusetzen ist (*Uhlenbruck/Delhaes* Rz. 65; *Uhlenbruck* ZIP 1996, 1889 [1890]). Die zur GesO ergangenen entgegenstehenden Entscheidungen (*LG Halle* ZIP 1995, 486; *LG Magdeburg* Rpfleger 1996, 38) überzeugen daher nicht. Für die Zuständigkeit des Richters bedarf es nicht eines entsprechenden Richtervorbehalts (§ 18 Abs. 2 RPflG). Es kommt auch nicht darauf an, ob der Antrag auf Festsetzung vor oder nach Eröffnung des Verfahrens gestellt wird (*Dallmeyer/Eickmann* RPflG, § 18 Anm. 6; *Mohrbutter/Mohrbutter/Ernestus* I. 80). Neben den oben genannten Gründen spricht dagegen, daß es nicht in das Belieben eines vorläufigen Insolvenzverwalters gelegt werden kann, sich auszusuchen, wer seine Vergütung festsetzt.
Eine Vergütungsfestsetzung durch den **Rechtspfleger** ist gem. § 8 Abs. 4 Satz 1 RpflG 56a
unwirksam (*LG Koblenz* Rpfleger 1997, 427; s. auch oben § 2 Rz. 35). Eine Heilung durch eine nachfolgende Nichtabhilfeentscheidung des Richters auf den Rechtsbehelf eines Beteiligten hin kommt nicht in Betracht, da eine von einem funktionell unzuständigen Rechtspflegeorgan erlassene Entscheidung an einem unheilbaren Mangel leidet (*LG Koblenz*, Rpfleger 1997, 427f.).
b) Bei **Unklarheiten** hat das Insolvenzgericht sich beim vorläufigen Insolvenzverwalter 57
um Aufklärung zu bemühen. Auch sofern die Vergütung niedriger als beantragt festgesetzt werden soll, empfiehlt es sich, dem vorläufigen Insolvenzverwalter zuvor Gelegenheit zur Stellungnahme zu geben. Ein Anspruch der Beteiligten auf vorherige Anhörung besteht aber nicht. Gesetzlich vorgeschrieben ist die Anhörung nicht und würde bei einer Vielzahl von Gläuigern zudem zu einer unzumutbaren Verfahrensverzögerung führen (*Vallender* Kölner Schrift zur Insolvenzordnung S. 209, Rz. 71; *Kuhn/ Uhlenbruck* KO § 85 Rz. 16d).
Die Festsetzung der Vergütung kann bei Abweisung, Zurücknahme oder Erledigungser- 58
klärung des Antrages in der Entscheidung erfolgen, in der über die Kostentragungspflicht befunden wird (s. o. § 13 Rz. 51), sofern sie zu diesem Zeitpunkt schon bekannt und festsetzbar sind. Zu beachten ist § 25 Abs. 2, wonach Sicherungsmaßnahmen erst aufzuheben sind, wenn der vorläufige Insolvenzverwalter aus dem Schuldnervermögen

u. a. seine Vergütung entnommen hat, sofern dies tatsächlich möglich ist. Bei Eröffnung des Verfahrens erfolgt die Festsetzung in einem gesonderten Beschluß. Dem vorläufigen Insolvenzverwalter sollte die Entnahme aus der Insolvenzmasse gestattet werden. Der die Vergütung festsetzende Beschluß ist Vollstreckungstitel (*Uhlenbruck/Delhaes* Rz. 358).

59 Ist der vorläufige Insolvenzverwalter zugleich als **Sachverständiger** (§ 22 Abs. 1 Satz 2 Nr. 3) tätig geworden, setzt der Insolvenzrichter – nach Vorprüfung durch den Kostenbeamten – zweckmäßiger Weise die Sachverständigenkosten mit fest und spricht ggf. die Befugnis aus, die Kosten der Insolvenzmasse zu entnehmen (s. § 2 Rz. 22; § 22 Rz. 55).

60 c) Die **öffentliche Bekanntmachung** des Beschlusses gem. § 64 Abs. 2 kommt nur in Betracht, wenn das Verfahren auch eröffnet ist. Nur in diesem Fall kann eine Vielzahl von Personen betroffen sein, die möglicherweise dem Gericht nicht alle bekannt sind. Wird das Verfahren nicht eröffnet, besteht kein Grund zu einer öffentlichen Bekanntmachung, die Rechte von Gläubigern können im Hinblick auf die zur Durchführung des Verfahrens erforderliche Masse nicht beeinträchtigt sein. Die in § 21 Abs. 2 Nr. 1 gebotene entsprechende Geltung erfordert keine öffentliche Bekanntmachung. Zumindest ist eine teleologische Reduktion geboten.

61 d) § 64 Abs. 3 regelt das **Beschwerderecht**. Ist die Festsetzung der Vergütung durch den Rechtspfleger erfolgt (s. o. Rz. 55 f.), ist dagegen die sofortige Beschwerde gemäß § 11 Abs. 1 RpflG (s. o. § 6 Rz. 37) zulässig (vgl. *LG Halle* ZIP 1995, 486 [488]). Entscheidet – so auch nach der oben vertretenen Auffassung – der Richter, gilt § 64 Abs 3. Zum Beschwerderecht bei Gewährung eines Vorschusses s. u. Rz. 69 f.

62 Hat das Insolvenzgericht mit der Vergütung des vorläufigen Insolvenzverwalters gleichzeitig die Entschädigung für seine Tätigkeit als Sachverständiger festgesetzt, so ist dagegen nach Maßgabe des § 16 Abs. 2 ZSEG die (einfache) Beschwerde zulässig.

63 Entnimmt der vorläufige Insolvenzverwalter aufgrund eines Beschlusses des Insolvenzgerichts seine Vergütung aus dem Schuldnervermögen und macht ein Gläubiger geltend, daß ihm der Betrag (aufgrund einer Globalzession) zustehe, kann das Insolvenzgericht den vorläufigen Insolvenzverwalter nicht anweisen, die Beträge an den Gläubiger herauszugeben; der Gläubiger muß vielmehr gesondert klagen (*LG Göttingen* ZIP 1995, 858).

IX. § 65 (Vergütungsverordnung)

64 § 11 der InsVV stellt zunächst klar, daß die Tätigkeit des vorläufigen Insolvenzverwalters besonders vergütet wird und bei Beauftragung als Sachverständiger daneben eine gesonderte Vergütung nach dem ZSEG erfolgt. Die Vergütung des vorläufigen Insolvenzverwalters soll in der Regel einen angemessenen Bruchteil der Vergütung des Insolvenzverwalters nicht überschreiten. War die vorläufige Insolvenzverwaltung nur von kurzer Dauer, wird ein Zurückbleiben hinter dem Regelsatz für gerechtfertigt erklärt. Bei vorzeitiger Beendigung des Verfahrens (Antragsrücknahme, Erledigungserklärung) erfolgt die Berechnung des Wertes der (vorläufigen) Insolvenzmasse nach den Grundsätzen der Festsetzung des Wertes für die Gerichtsgebühren (s. § 13 Rz. 63; *AG Göttingen* ZInsO 1998, 142 f.).

Anordnung von Sicherungsmaßnahmen § 21

X. § 66 (Rechnungslegung)

a) Unter Geltung der **KO** war streitig, ob der Sequester – wie der Konkursverwalter – 65
verpflichtet war, eine Schlußrechnung zu legen (dafür *Bähner* KTS 1991, 347 [357];
differenzierend *Uhlenbruck/Delhaes* Rz. 367, 394 f.). § 21 Abs. 2 Nr. 1 erklärt auch § 66
Abs. 1 für anwendbar, allerdings nur für entsprechend. Danach ist eine Rechnungslegung
erforderlich, wenn das **Verfahren eröffnet** wird. In diesem Fall hat der (endgültige)
Insolvenzverwalter bei der Beendigung seines Amtes in jedem Fall Rechnung zu legen.
Es kann überlegt werden, ob der vorläufige Insolvenzverwalter für den Zeitraum bis zur
Eröffnung die Rechnungslegung erst mit zur Beendigung seines Amtes durchführt,
damit beide Rechnungen zu diesem Zeitpunkt ggf. von einem Sachverständigen geprüft
werden können. Für die Tätigkeit als vorläufiger Insolvenzverwalter kann ein Vorschuß
gewährt werden (s. u. Rz. 69 f.). Wird das Verfahren **nicht eröffnet**, gebietet die lediglich
entsprechende Anwendung des § 66 nicht, daß in jedem Fall der vorläufige Insolvenzverwalter zur Rechnungslegung verpflichtet ist. Dies würde nicht eine Verfahrensvereinfachung und Verfahrensbeschleunigung bedeuten, sondern eine Verfahrenserschwerung
und Verfahrensverzögerung. Häufig wird der Insolvenzrichter, der nach zutreffender
Meinung zur Festsetzung der Vergütung des vorläufigen Insolvenzverwalters (s. o.
Rz. 55 f.) und damit zur Überprüfung der Schlußrechnung zuständig ist, einen Sachverständigen beauftragen, wodurch die Verfahren verzögert und verteuert und bei Abweisung mangels Masse (§ 26) die Landeskasse zusätzlich belastet wird. Wird das Verfahren
nicht eröffnet, ist der vorläufige Insolvenzverwalter zur Rechnungslegung **nur** verpflichtet, wenn das Verfahren ein **größeres Unternehmen** betrifft und **längere Zeit**
angedauert hat (*Uhlenbruck/Delhaes* Rz. 367; ähnlich *Uhlenbruck* Die Rechtsstellung
des vorläufigen Insolvenzverwalters Rz. 52, der lediglich auf die Zeitdauer abstellt). Die
Schwierigkeit liegt darin, verläßliche Abgrenzungskriterien zu finden. Dem Insolvenzgericht sollte insoweit ein weiter Ermessensspielraum eingeräumt werden.

b) Der vorläufige Insolvenzverwalter legt der Gläubigerversammlung Rechnung (§ 66 66
Abs. 1). Kommt es nicht zur Verfahrenseröffnung, legt er gegenüber dem Gericht (vgl.
§ 66 Abs. 2 Satz 1) Rechnung (*Uhlenbruck* KTS 1994, 169 [181]), sofern erforderlich
(s. o. Rz. 65). Im eröffneten Verfahren prüft das Insolvenzgericht vor Vorlage an die
Gläubigerversammlung die Schlußrechnung (§ 66 Abs. 2). Zuständig ist der Insolvenzrichter (*Bähner* KTS 1991, 347 [358]), da er auch für die Festsetzung der Vergütung des
vorläufigen Insolvenzverwalters zuständig ist (s. o. Rz. 55 f.).

Für die **Rechnungslegung** des Sequesters wurde gefordert, daß sie mit einer Inventari- 67
sierung des bei Anordnung der Sequestration übernommenen Vermögens beginnt und
mit der »Schlußrechnung« endete. Für die Rechnungslegung wurde eine zahlenmäßige
Darstellung aller Einnahmen und Ausgaben, außerdem ein Tätigkeitsbericht gefordert.
Das Rechnungswesen sollte so aufgebaut werden, daß es den für das Konkursverfahren
aufgestellten Grundsätzen genügte, für die Bedienung von Aus- und Absonderungsrechten sollten die Ausführungen zum Konkursverfahren entsprechend gelten (*Bähner/
Berger/Braun* ZIP 1993, 1283 [1288 f.]). Diese Ausführungen dürften weiterhin Geltung
beanspruchen. Bei Großverfahren wird man aber eine stichprobenartige Überprüfung
der (zumeist auf Datenträgern festgehaltenen) Einnahmen und Ausgaben genügen lassen
müssen.

Das Insolvenzgericht wird sich regelmäßig aus den oben aufgeführten Gründen (Rz. 65) 68
der Hilfe eines Sachverständigen bedienen (vgl. *OLG Hamm* ZIP 1986, 724 f. = EWiR
1986, 399). Im Falle der Verfahrenseröffnung sind die Kosten Massekosten (§ 54 Nr. 1).
Wird das Verfahren nicht eröffnet, so haftet weder Antragsteller noch die Landeskasse

§ 21 *Eröffnung des Insolvenzverfahrens*

für die Vergütung des vorläufigen Insolvenzverwalters (oben § 13 Rz. 53 ff., 59). Schon deshalb scheidet eine Haftung des Antragstellers für die mit den Kosten der vorläufigen Insolvenzverwaltung eng zusammenhängenden Kosten für die Beauftragung eines Sachverständigen zur Überprüfung der Schlußrechnung des vorläufigen Insolvenzverwalters aus.

69 c) Ist abzusehen, daß die Prüfung der Schlußrechnung und damit Festsetzung der Vergütung des vorläufigen Insolvenzverwalters einen längeren Zeitraum beanspruchen wird, sollte das Insolvenzgericht auf Antrag eine **Vorschußzahlung** bewilligen. Die Zustimmung sollte unabhängig von den in § 9 InsVV aufgestellten Voraussetzungen (Dauer des Verfahrens von mehr als sechs Monaten oder besonders hohe Auslagen) erteilt werden. Der Vorschuß kann sich dem Grenzbereich der später endgültig festzusetzenden Vergütung nähern (*LG Magdeburg* ZIP 1995, 1372 [1373]). Im eröffneten Verfahren kann so vermieden werden, daß bei drohender Massearmut der vorläufige Insolvenzverwalter seinen Anspruch nicht (mehr) durchsetzen kann (*LG Magdeburg* ZIP 1995, 1372 [1373]; *LG Bremen* ZIP 1996, 290 [291] = EWiR 1996, 311). Für die Beschwerdemöglichkeit gelten die Ausführungen im Rahmen der Vorschußgewährung an den (endgültigen) Insolvenzverwalter (s. u. § 64).

70 Auch und gerade im nichteröffneten Verfahren kommt ein Vorschuß in Betracht. Vor Aufhebung von Sicherungsmaßnahmen sind aus dem Schuldnervermögen u. a. die Vergütung und Auslagen des vorläufigen Insolvenzverwalters zu berichtigen (§ 25 Abs. 2). Sofern eine Rechnungslegung und Überprüfung erforderlich ist (s. o. Rz. 65), wird diese wegen der regelmäßig erfolgenden Einschaltung eines Sachverständigen (s. o. Rz. 65, 68) längere Zeit in Anspruch nehmen. Die mögliche Aufhebung von Sicherungsmaßnahmen würde in unvertretbarer Weise um Monate hinausgezögert. Während dieses Zeitraumes müßte der vorläufige Insolvenzverwalter häufig weiter tätig werden, es könnten zudem weitere Kosten anfallen (z. B. durch Erhöhung des Regelsatzes wegen der Dauer der Verwaltung). In diesen Fällen kann ein sinnvolles Ergebnis nur erreicht werden, wenn dem vorläufigen Insolvenzverwalter die Entnahme eines Vorschusses in der Höhe der von ihm geltend gemachten Vergütung und Auslagen nach (überschlägiger) Prüfung durch das Insolvenzgericht gestattet wird. Fällt die endgültige Vergütung geringer aus, wird es keine Schwierigkeiten bereiten, den überschießenden Betrag vom vorläufigen Insolvenzverwalter zurückzuerhalten.

E. § 21 Abs. 2 Nr. 2

71 Die Anordnung eines allgemeinen Verfügungsverbotes ist wegen der weitreichenden Sicherungsmöglichkeit die Regel. Die Anordnung eines Zustimmungsvorbehaltes wird wegen der beschränkten Wirkung und der Schwierigkeiten für das Insolvenzgericht, gem. § 22 Abs. 2 die Pflichten zu umschreiben (s. o. Rz. 29), nur ausnahmsweise in Betracht kommen (s. o. Rz. 18, 30). Ebenso verhält es sich mit der Anordnung eines besonderen, nur auf bestimmte Gegenstände beschränkten Verfügungsverbotes (s. o. Rz. 5, 30) oder eines besonderen, nur auf bestimmte Gegenstände angeordneten Zustimmungsvorbehaltes (s. o. Rz. 5, 30). Das allgemeine Verfügungsverbot und der Zustimmungsvorbehalt wirken kraft der Verweisung in § 24 auf die §§ 81, 82 als absolutes Verbot im Sinne des § 134 BGB (s. u. § 24 Rz. 4). Wegen der übrigen Wirkungen vgl. die Übersicht oben Rz. 13.

Anordnung von Sicherungsmaßnahmen § 21

F. Zwangsvollstreckungsmaßnahmen (§ 21 Abs. 2 Nr. 3)

I. Alte und neue Rechtslage

a) Die Anordnung eines allgemeinen Veräußerungsverbotes nach der KO (§ 106 Abs. 2 **72** Satz 3) verhinderte Zwangsvollstreckungsmaßnahmen nicht, da es sich nur um ein relatives Verbot handelte. Zwangsvollstreckungsmaßnahmen wurden erst bei Eröffnung unwirksam (gem. § 136 BGB bzw. analog § 14 KO). Allerdings durften Zwangsvollstreckungsmaßnahmen nicht zu einer Verwertung des Schuldnervermögens oder Befriedigung der Vollstreckungsgläubiger führen. War das allgemeine Veräußerungsverbot mit einer Sequestration verbunden, stand bei Verstößen dem Sequester die Widerspruchsklage nach §§ 772 Satz 2, 771 ZPO zu (*Gottwald/Uhlenbruck* § 14 Rz. 5). Zwangsversteigerung (§ 15 ZVG) und Zwangsverwaltung (§ 146 ZVG) konnte ein Gläubiger aus einem eingetragenen dinglichen Recht unbeschränkt weiterbetreiben. Ein persönlicher Gläubiger war an der Verwertung nur gehindert, wenn das allgemeine Veräußerungsverbot zeitlich vor dem Wirksamwerden der Liegenschaftsbeschlagnahme (§ 23 ZVG) wirksam geworden war. In diesen Fällen war die Liegenschaftsvollstreckung nach § 28 ZVG einzustellen, § 772 ZPO stand der Verwertung entgegen (*Mohrbutter/Mohrbutter/Ernestus* I. 12, 13). Unbeschränkt zulässig waren allerdings Vollstreckungen aus- bzw. absonderungsberechtigter Gläubiger (*Kuhn/Uhlenbruck* KO, § 106 Rz. 4e; *Lohkemper* ZIP 1995, 1641 [1648]). Drohte eine Abweisung mangels Masse, konnte sich aus Gläubigersicht eine Zwangsvollstreckung trotz Verhängung eines allgemeinen Veräußerungsverbotes als sinnvoll erweisen (*Uhlenbruck/Delhaes* Rz. 373), da das relative Veräußerungsverbot mangels Eröffnung keine Wirksamkeit entfaltete und mit Abweisung die Sicherungsmaßnahmen aufgehoben wurden.

Demgegenüber sah § 2 Abs. 4 GesO die vorläufige Einstellung anhängiger Einzel- **73** zwangsvollstreckungsmaßnahmen gegen den Schuldner vor. Diese Möglichkeit wurde als eine der wirksamsten Maßnahmen zur Sicherung des Gesamtvollstreckungseröffnungsverfahrens bezeichnet, mit der eine erhebliche Minderung der Gesamtvollstreckungsmasse vermieden werden konnte (*Mohrbutter/Mohrbutter/Pape* XVI. 81).

b) § 21 Abs. 2 Nr. 3 bestimmt, daß Maßnahmen der Zwangsvollstreckung in das beweg- **74** liche Vermögen des Schuldners untersagt oder – sofern sie schon begonnen sind – einstweilen eingestellt werden können. Diese Möglichkeit besteht auch beim Schuldenbereinigungsplan (§ 306 Abs. 2). Bei unbeweglichen Gegenständen kann auf Antrag des vorläufigen Insolvenzverwalters das Vollstreckungsgericht die Zwangsversteigerung nach Maßgabe des § 30d Abs. 4 ZVG einstellen. Wird das Vollstreckungsverbot gemäß § 21 Abs. 2 Nr. 3 für das gesamte Vermögen des Schuldners und nicht nur für einzelne Gegenstände (was ebenfalls zulässig wäre) angeordnet, wird damit im Ergebnis das erst mit Verfahrenseröffnung eintretende Vollstreckungsverbot (**§ 89**) in das Eröffnungsverfahren **vorgezogen** (BT-Drucks. 12/2443 S. 116). Nach den Gesetzesmaterialien wird es das Ziel einer möglichst effektiven Verfahrensgestaltung häufig erfordern, ein vorzeitiges Auseinanderreißen der einzelnen Vermögensgegenstände des Schuldners zu verhindern (BT-Drucks. 12/2443 S. 116). Weiter wird dem Bestreben einzelner Gläubiger entgegengewirkt, sich noch Vorteile verschaffen zu wollen und die angestrebte gleichmäßige Befriedigung aller Gläubiger zu unterlaufen. Schließlich können so Anfechtungsprozesse vermieden werden, die ansonsten mit der Begründung geführt würden, daß einzelne Gläubiger noch Pfändungspfandrechte erlangt haben, die ihnen wegen der gläubigerschädigenden Wirkung nicht mehr zustünden (*Hess/Pape* Rz. 157).

II. Bewegliches Vermögen

75 a) Die Anordnung der Untersagung bzw. einstweiligen Einstellung trifft das Gericht **von Amts wegen**. Da es sich um eine Sicherungsmaßnahme handelt, ist Voraussetzung, daß der Antrag zulässig ist (s. o. Rz. 22). Die Anordnung kann auf bestimmte Gegenstände beschränkt werden, wird sich aber regelmäßig auf das gesamte Schuldnervermögen erstrecken. Dem Insolvenzgericht wird häufig in dem früheren Verfahrensstatium, in dem Sicherungsmaßnahmen angeordnet werden, der genaue Überblick über die Vermögenslage des Schuldners fehlen. Es empfiehlt sich daher, **in jedem Falle** Maßnahmen gem. Abs. 2 Nr. 3 anzuordnen (*Lohkemper* ZIP 1995, 1641 [1649]; *Gerhardt* ZZP 109 [1996], 415 [426]; einschränkend *Vallender* ZIP 1997, 1993 [1996]). Nur so kann häufig die gebotene Fortführung des schuldnerischen Unternehmens ermöglicht werden.

76 b) Bei den **Wirkungen** ist zunächst zu beachten, daß die einstweilige Einstellung lediglich einen Verfahrensstillstand bewirkt, die Pfändung jedoch bestehen bleibt, nur die Versteigerung nicht stattfindet (vgl. *Zöller/Stöber* ZPO, § 775 Rz. 5). Die Aufhebung einer bereits erfolgten Zwangsvollstreckungsmaßnahme ist nicht möglich, der Rang bleibt gewahrt (*Gerhardt* ZZP 109 [1996], 415 [424]; *Vallender* ZIP 1997, 1993 [1996]). Durch die Untersagung wird die – noch nicht eingeleitete – Zwangsvollstreckung hingegen gehindert, der Vermögensgegenstand unterliegt weiterhin der Verfügungsgewalt des Schuldners bzw. vorläufigen Insolvenzverwalters. Die Anordnung bewirkt kein Aufrechnungsverbot gem. § 394 BGB (BGH ZIP 1996, 845 [846] = EWiR 1996, 549). Über Sicherungsmaßnahmen ist zügig zu entscheiden, damit die Wirkungen nach Maßgabe des § 23 (s. dort Rz. 10 ff.) eintreten können.

77 c) Die Zwangsvollstreckung kann z. B. allen Insolvenzgläubigern (vgl. BT-Drucks. 12/2443 S. 116) und den absonderungsberechtigten Gläubigern untersagt werden kann. Den absonderungsberechtigten Gläubigern (§§ 50, 51) stehen die **aussonderungsberechtigten** Gläubiger nicht gleich. § 47 Satz 1 bestimmt, daß sie nicht Insolvenzgläubiger sind. Auch im Eröffnungsverfahren kann der Verkäufer, der einen einfachen Eigentumsvorbehalt vereinbart hat, seinen Herausgabeanspruch weiter gem. §§ 883 ff. ZPO vollstrecken, sofern er einen Herausgabetitel erwirkt hat (*Lohkemper* ZIP 1995, 1641 [1650]; *Vallender* ZIP 1997, 1993 [1997]). Im eröffneten Verfahren sind nur Zwangsvollstreckungen einzelner Insolvenzgläubiger verboten (§ 89).

78 d) Dem **absonderungsberechtigten** Gläubiger ist unter den Voraussetzungen des § 169 Satz 2 (nach dem dritten Monat der Anordnung der Sicherungsmaßnahmen) eine Nutzungsentschädigung in Form von Zinsen zu zahlen (s. im einzelnen § 169). Für Wertverluste bestimmt § 172 von der Eröffnung des Insolvenzverfahrens an eine Ausgleichspflicht. Anders als § 169 Satz 2 fehlt eine Anordnung, daß die Vorschrift des § 172 bereits vor Eröffnung gilt. Nach den Gesetzesmaterialien (BT-Drucks. 12/2443 S. 116) sollten jedenfalls bei länger andauernden Beschränkungen der Rechte der absonderungsberechtigten Gläubiger im Eröffnungsverfahren nicht nur die Regelungen über eine Nutzungsentschädigung, sondern auch über den Ausgleich von Wertverlusten vorzeitig zur Anwendung gebracht werden. Deshalb ist eine analoge Anwendung des § 172 Abs. 1 geboten (im Ergebnis ebenso *Haarmeyer/Wutzke/Förster* Handbuch 3/213; *Warrikoff* KTS 1996, 489 [492]; *Gerhardt* ZZP 109 [1997], 415 [425]). Da sich ein Wertverlust nicht sofort absehen lassen wird, wird eine Festsetzung durch das Insolvenzgericht erst nach einem gewissen Zeitraum in Betracht kommen. Mit dem absonderungsberechtigten Gläubiger sollte eine Einigung dahin versucht werden, daß die Ausgleichszahlungen einheitlich nach der (möglichen) Eröffnung festgesetzt werden.

III. Unbewegliches Vermögen

Eine einstweilige Einstellung einer Zwangsversteigerung kommt nur auf Antrag des **79** vorläufigen Insolvenzverwalters in Betracht (§ 30 d Abs. 4 ZVG). Zuständig für die Entscheidung über den Antrag ist nicht das Insolvenzgericht, sondern das Vollstreckungsgericht, und zwar der Rechtspfleger (§ 3 Nr. 1 e RPflG). Voraussetzung ist, daß der vorläufige Insolvenzverwalter glaubhaft macht, daß die Einstellung zur Verhütung nachteiliger Veränderungen in der Vermögenslage des Schuldners erforderlich ist. Betreibt der Schuldner ein Unternehmen, ist der vorläufige Insolvenzverwalter grundsätzlich zur Fortführung verpflichtet (§ 22 Abs. 1 Satz 2 Nr. 2). In diesem Fall wird der vorläufige Insolvenzverwalter schon zwecks Vermeidung eigener Haftung den Antrag nach § 30 d Abs. 4 ZVG stellen müssen (*Uhlenbruck* Das neue Insolvenzrecht S. 65). So kann erreicht werden, daß ein zur Fortführung des Betriebes nötiges Betriebsgrundstück weiter zur Verfügung steht. Das Vollstreckungsgericht wird dem Antrag regelmäßig zu entsprechen haben.

Entsprechend der Regelung in § 169 Satz 2 ist eine Zahlung von Zinsen spätestens **80** anzuordnen, wenn die einstweilige Einstellung seit drei Monaten bewilligt ist (§ 30 e Abs. 1 Satz 2 ZVG). Hinsichtlich eines (etwaigen) Wertverlustes enthält § 30 e Abs. 2 ZVG ebenso wie § 172 keine ausdrückliche Anordnung, daß die Regelung schon im Eröffnungsverfahren anwendbar ist. Aus den oben dargelegten Gründen (Rz. 78) ist jedoch auch hier davon auszugehen. Auch die Gesetzesmaterialien (BT-Drucks. 12/2443 S. 115) gehen davon aus, daß ein Wertverlust bei einstweiliger Einstellung der Zwangsversteigerung auszugleichen ist.

IV. Aufhebung

Entfällt das Sicherungsbedürfnis, wird der Antrag zurückgenommen, abgewiesen oder **81** für erledigt erklärt, sind die Sicherungsmaßnahmen (§ 25 Abs. 1) **unter Beachtung der Regelung in § 25 Abs. 2** aufzuheben. Für den Fall der Zurücknahme oder Abweisung enthält § 30 f Abs. 2 Satz 1 ZVG eine entsprechende Regelung. Im übrigen kommt eine Aufhebung gem. § 30 f Abs. 2 Satz 2 in Verbindung mit Abs. 1 ZVG in Betracht. Mit Eröffnung des Verfahrens verliert der Beschluß seine Wirkung für Vollstreckungen ab dem Eröffnungszeitpunkt, da dann das Vollstreckungsverbot des § 89 eingreift.

V. Rechtsbehelfe

a) Die **Anordnung** gemäß Abs. 2 Nr. 3 ist nicht anfechtbar (§ 6 Abs. 1). Ob in Ausnah- **82** mefällen analog der Rechtsprechung zu § 707 Abs. 2 Satz 2 ZPO bei greifbarer Gesetzwidrigkeit (s. o. § 6 Rz. 30) die sofortige Beschwerde zulässig ist, ist zweifelhaft (ablehnend *Vallender* ZIP 1997, 1993 [1997 f.]). Der zügige Ablauf des Insolvenzverfahrens wäre gefährdet (ebenso *Vallender* a. a. O.). Es bleibt nur die jederzeit mögliche Aufhebung durch das Insolvenzgericht gemäß § 25.

b) Bei **Vollstreckungsmaßnahmen** entgegen einer Anordnung gem. § 21 Abs. 2 Nr. 3 **83** liegt ein Verstoß gegen § 775 Nr. 1 bzw. Nr. 2 ZPO vor. Gegen eine Vollstreckungsmaßnahme des Gerichtsvollziehers ist Erinnerung (§ 766 ZO) und gegen die Erinnerungsentscheidung sofortige Beschwerde (§ 793 ZPO) zulässig. Ist eine Zwangsvollstreckung untersagt, sind die getroffenen Vollstreckungsmaßregeln aufzuheben (§ 775 Nr. 1, § 776

§ 21 Eröffnung des Insolvenzverfahrens

Satz 1 ZPO). Ist eine einstweilige Einstellung der Zwangsvollstreckung angeordnet, bleibt diese Maßregel bestehen (§ 776 ZPO). Eine Befugnis, die Aufhebung der bisherigen Vollstreckungshandlungen anzuordnen (vgl. § 776 2. Hs. ZPO), sieht die InsO nämlich nicht vor. Gegen eine Entscheidung des Rechtspflegers (z.B. Pfändungs- und Überweisungsbeschluß gem. §§ 829, 835 ZPO) wird regelmäßig ebenfalls Erinnerung gem. § 766 ZPO (und nicht gem. § 11 RPflG) in Betracht kommen, da diese Entscheidungen ohne vorherige Anhörung des Schuldners erlassen werden (s. o. § 6 Rz. 53 ff.).

83a Bei Zwangsvollstreckung in das unbewegliche Vermögen ist die sofortige Erinnerung (§ 30b Abs. 3 Satz 1 ZVG i. V. m. § 11 Abs. 1 Satz 2 RPflG) zulässig gemäß § 30d Abs. 3 ZVG, § 30f Abs. 3 Satz 2 ZVG.

83b Zuständig für die Entscheidungen über Rechtsbehelfe ist nicht das Vollstreckungsgericht, sondern das **Insolvenzgericht** (s. o. § 6 Rz. 56). Dies läßt sich mit einer analogen Anwendung des § 89 Abs. 3 begründen (*Vallender* ZIP 1997, 1993 [1996]).

G. Weitere Sicherungsmaßnahmen

84 Durch die Erwähnung des Wortes »insbesondere« in Abs. 2 ist klargestellt, daß noch weitere Sicherungsmaßnahmen in Betracht kommen (BT-Drucks. 12/2443, S. 115). Nach Abs. 1 ist das Insolvenzgericht verpflichtet, alle erforderlich erscheinenden Maßnahmen zu treffen, um bis zur Entscheidung über den Antrag eine den Gläubigern nachteilige Veränderung der Vermögenslage des Schuldners zu verhüten. Beispielhaft kommen in Betracht:

I. Postsperre

85 Ausdrücklich vorgesehen ist die Postsperre nur im eröffneten Verfahren (§ 99). Es ist anerkannt, daß die Generalklausel des § 21 Abs. 1 dem Gericht die Verhängung einer Postsperre auch im **Eröffnungsverfahren** erlaubt (*Uhlenbruck* KTS 1994, 169 [177]; *Pape* WPrax 1995, 236 [238 f.]; *Haarmeyer/Wutzke/Förster* Handbuch 3/218; *Landfermann* Allgemeine Wirkungen der Insolvenzeröffnung Rz. 96). Nach der Auffassung in den Vorschlägen der Justizministerkonferenz zur Vereinfachung des Insolvenzverfahrens (ZIP 1997, 1207 f.) bedarf es aber einer ausdrücklichen Regelung (aus verfassungsrechtlichen Gründen [Art. 10 GG]). Die Gefahr eines Mißbrauches ist im Frühstadium des Eröffnungsverfahrens am größten. Durch eine Postsperre kann frühzeitig ein Einblick in die Geschäftsbeziehungen erlangt werden.

86 Der Beschluß ergeht von Amts wegen oder auf Antrag des vorläufigen Insolvenzverwalters. Eine Anordnung scheidet aus, wenn kein vorläufiger Insolvenzverwalter bestellt ist (*Haarmeyer/Wutzke/Förster* Handbuch 3/218). Entsprechend § 99 Abs. 2 Satz 1 ist der vorläufige Insolvenzverwalter berechtigt, die Sendungen zu öffnen. Eine Ausübung der »Postkontrolle« durch das Gericht ist weder rechtlich vorgesehen noch tatsächlich durchführbar.

87 Nach dem Grundsatz der Verhältnismäßigkeit kann eine Postsperre nicht ohne zwingende Anhaltspunkte (*Uhlenbruck/Delhaes* Rz. 388) oder eine zumindest naheliegende Mißbrauchsmöglichkeit (*Hess/Pape* Rz. 303) angeordnet werden. Eine formularmäßige Anordnung ohne Begründung kommt nicht mehr in Betracht. Die Verhältnismäßigkeit ist nicht schon dadurch gewahrt, daß keine Gründe ersichtlich sind, die es nahelegen, von der Anordnung der Postsperre abzusehen (so noch *LG Stuttgart* EWiR 1986, 1127 mit

abl. Anm. *Balz*). Vielmehr müssen **konkrete Anhaltspunkte** für eine Mißbrauchsmöglichkeit vorliegen (so zu § 121 KO *OLG Bremen* ZIP 1992, 1757 = EWiR 1992, 1215 = NJW 1993, 798). Entsprechend § 99 Abs. 1 Satz 1 ist der Beschluß zu begründen, eine formularmäßige Anordnung verbietet sich (*Haarmeyer/Wutzke/Förster* Handbuch 3/219). Wegen der zu fordernden konkreten Anhaltspunkte vgl. im übrigen § 99. Zu bedenken ist allerdings, daß die Erkenntnismöglichkeiten des Insolvenzrichters im Eröffnungsverfahren besonders im Frühstadium eingeschränkt sind. Überzogene Anforderungen an die Begründungspflicht dürfen nicht dazu führen, daß die Anordnung einer Postsperre keine praktische Bedeutung erlangt.

Durch die gebotene Anhörung des Schuldners (entsprechend § 99 Abs. 1 Satz 2) dürfte 88 im Regelfall der Zweck der Anordnung gefährdet werden. Das Unterbleiben ist im Beschluß gesondert zu begründen (s. u. Rz. 90), die Anhörung unverzüglich nachzuholen (entsprechend § 99 Abs. 1 Satz 3).

Nicht von der Anordnung umfaßt sind der Telefonanschluß und vom Schuldner heraus- 89 gehende Sendungen (*Mohrbutter/Mohrbutter/Ernestus* III. 630) und Faxe. Die Postsperre kann auf bestimmte Sendungen beschränkt werden.

Die Anordnung geschieht durch zu begründenden **Beschluß**, in dem das Absehen von 90 einer Anhörung des Schuldners ebenfalls gesondert zu begründen ist (entsprechend § 99 Abs. 1 Satz 1, Satz 3; vgl. das Muster bei *Haarmeyer/Wutzke/Förster* Handbuch 3/221). Die Postsperre kann auch zusammen in einem Beschluß mit anderen Sicherungsmaßnahmen angeordnet werden. Einer öffentlichen Bekanntmachung (§ 9 Abs. 1) bedarf es nicht. Der Beschluß ist dem Schuldner förmlich gegen Zustellungsurkunde (s. § 8 Rz. 11) zuzustellen, da entsprechend § 99 Abs. 3 Satz 1 die sofortige Beschwerde möglich ist. Sobald der Sicherungszweck es nicht mehr erfordert, hat das Gericht von Amts wegen nach Anhörung des vorläufigen Verwalters oder auf Anregung des vorläufigen Verwalters die Postsperre aufzuheben (entsprechend § 99 Abs. 3 Satz 2).

Eine im Eröffnungsverfahren erlassene Postsperre endet wie die übrigen Sicherungs- 91 maßnahmen (wie z. B. gem. Abs. 2 Nr. 3, s. o. Rz 81) mit der Eröffnung. Für die (erneute) Anordnung im eröffneten Verfahren ist der Rechtspfleger zuständig (s. § 30 Rz. 3 f.).

II. Besonderes Verfügungsverbot und besonderer Zustimmungsvorbehalt

Statt einem allgemeinen Verfügungsverbot oder allgemeinen Zustimmungsvorbehalt 92 (§ 21 Abs. 2 Nr. 2) kommt auch in Betracht, dem Schuldner die Herausgabe bestimmter beweglicher Sachen, die beispielsweise Gegenstand von Absonderungsrechten sind, an die gesicherten Gläubiger zu verbieten oder nur bestimmte, besonders wichtige Verfügungen des Schuldners an die Zustimmung eines vorläufigen Insolvenzverwalters zu binden (BT-Drucks. 12/2443 S. 116; *Gerhardt* ZZP 109 [1996], 415 [423]). Der Schutz vor unberechtigten Veräußerungen des Schuldners ist jedoch gering (s. o. Rz. 17). Da es sich nicht um ein absolutes, sondern relatives Verfügungsverbot handelt, kommt zudem ein gutgläubiger Erwerb nach Maßgabe des § 135 Abs. 2 BGB in Betracht (*Gerhardt* ZZP 109 [1996], 415 [423]). Derartige Maßnahmen kommen daher nur in Ausnahmefällen in Betracht.

III. Kontensperre

93 Denkbar ist auch die Verhängung einer Kontensperre (*Haarmeyer/Wutzke/Förster* Handbuch 3/227). Dadurch soll der Einzelzugriff, auch eines Kreditinstitutes, durch Aufrechnung oder Verrechnung gegen ein Guthaben des Schuldners verhindert werden. Auch soll den Kreditinstituten ausdrücklich durch Einzelbeschluß jede Verrechnung oder Verfügung zum Nachteil der Vermögensmasse des Schuldners vorläufig untersagt werden können (*Haarmeyer/Wutzke/Förster* Handbuch 3/227). Diese Möglichkeit kann **Bedeutung**, da durch Anordnung von Sicherungsmaßnahmen Kreditinstitute nicht gehindert sind, Zahlungseingänge mit einem Debet-Saldo zu verrechnen, es vielmehr erst der Kündigung des Girovertrages durch den vorläufigen Insolvenzverwalter bedarf (s. u. § 24 Rz. 12). Ein gerichtliches Verbot der Verrechnung – auf bekannten Konten – kann schneller Wirkung entfalten.

IV. Sonstige Maßnahmen

94 a) Möglich ist eine Siegelung der Geschäftsräume oder einzelner Gegenstände des Schuldners, wenn dies zur Sicherung und Feststellung des Schuldnervermögens erforderlich ist (*Uhlenbruck/Delhaes* Rz. 341; *Hess* KO, § 106 Rz. 40). Der vorläufige Insolvenzverwalter kann dies auch aus eigener Verwaltungskompetenz anordnen, einer Anordnung des Insolvenzgerichts bedarf es nicht (*LG Baden-Baden* ZIP 1983, 345 f.).

95 b) Weiter kommt die Durchsuchung von Wohn- und Geschäftsräumen und Beschlagnahme von Geschäftsunterlagen in Betracht (*LG Duisburg* ZIP 1991, 674 f. = EWiR 1991, 601; *Hess* KO, § 106 Rz. 2; s. i. E. oben § 20 Rz. 10).

96 c) Büro- und Betriebsräume des Schuldners können geschlossen werden (*Uhlenbruck/Delhaes* Rz. 334), dem Schuldner kann verboten werden, die Geschäftsräume zu betreten (*AG Göttingen* – 71 N 90/94 – Beschluß vom 12. 12. 1994; *Kuhn/Uhlenbruck* KO, § 106 Rz. 2).

97 d) Weiter ist denkbar, dem Schuldner den Reisepaß zu entziehen oder ein Ausreiseverbot in den Bundespersonalausweis einzutragen (*Kuhn/Uhlenbruck* KO, § 106 Rz. 2 und Rz. 13 i).

98 Weiter kann die persönliche Freiheit des Schuldners dahin beschränkt werden, daß er sich nur mit gerichtlicher Erlaubnis von seinem Wohnsitz entfernen darf (*Kuhn/Uhlenbruck* KO, § 106 Rz. 13 i) oder daß ein Hausarrest verhängt wird (*Uhlenbruck/Delhaes* Rz. 334). Bei diesen Maßnahmen stellt sich jedoch die Frage der Wirksamkeit. Je weitergehend die Eingriffe sind, desto mehr ist der Grundsatz der Verhältnismäßigkeit zu beachten. Bei Verstößen des Schuldners ist zu überlegen, ob die Anordnung von Haft erforderlich ist.

H. Vorführung und Haft (Abs. 3)

99 Reichen die oben angeführten, anderen Maßnahmen nicht aus, kann das Gericht dem Schuldner bzw. seine organschaftlichen Vertreter (§ 101 Abs. 1 Satz 1) vorführen und erforderlichenfalls nach Anhörung in Haft nehmen lassen. Während es sich bei einer Haft nach § 20 um eine Beugehaft handelt, um die Auskunfts- oder Mitwirkungspflichten des Schuldners durchzusetzen, handelt es sich hier um eine Sicherungshaft, um eine nachteilige Veränderung des Vermögens des Schuldners zu verhindern. Meistens wird sie auf

Anregung des vorläufigen Insolvenzverwalters angeordnet. Zur Dauer und Aussetzung des Haftbefehles s. o. § 20 Rz. 10, zu den Kosten und Rechtsbehelfen s. o. § 20 Rz. 13 und 14.

§ 22
Rechtsstellung des vorläufigen Insolvenzverwalters

(1) [1]Wird ein vorläufiger Insolvenzverwalter bestellt und dem Schuldner ein allgemeines Verfügungsverbot auferlegt, so geht die Verwaltungs- und Verfügungsbefugnis über das Vermögen des Schuldners auf den vorläufigen Insolvenzverwalter über. [2]In diesem Fall hat der vorläufige Insolvenzverwalter:
1. das Vermögen des Schuldners zu sichern und zu erhalten;
2. ein Unternehmen, das der Schuldner betreibt, bis zur Entscheidung über die Eröffnung des Insolvenzverfahrens fortzuführen, soweit nicht das Insolvenzgericht einer Stillegung zustimmt, um eine erhebliche Verminderung des Vermögens zu vermeiden;
3. zu prüfen, ob das Vermögen des Schuldners die Kosten des Verfahrens decken wird; das Gericht kann ihn zusätzlich beauftragen, als Sachverständiger zu prüfen, ob ein Eröffnungsgrund vorliegt und welche Aussichten für eine Fortführung des Unternehmens des Schuldners bestehen.

(2) [1]Wird ein vorläufiger Insolvenzverwalter bestellt, ohne daß dem Schuldner ein allgemeines Verfügungsverbot auferlegt wird, so bestimmt das Gericht die Pflichten des vorläufigen Insolvenzverwalters. [2]Sie dürfen nicht über die Pflichten nach Absatz 1 Satz 2 hinausgehen.

(3) [1]Der vorläufige Insolvenzverwalter ist berechtigt, die Geschäftsräume des Schuldners zu betreten und dort Nachforschungen anzustellen. [2]Der Schuldner hat dem vorläufigen Insolvenzverwalter Einsicht in seine Bücher und Geschäftspapiere zu gestatten. [3]Er hat ihm alle erforderlichen Auskünfte zu erteilen; die §§ 97, 98, 101 Abs. 1 Satz 1, 2 Abs. 2 gelten entsprechend.

Vgl. § 11 Abs. 2, § 40 Abs. 1 VerglO

Inhaltsübersicht: Rz.

A. Überblick über die Rechtsstellung des vorläufigen Insolvenzverwalters	1– 7
I. Grundzüge der Rechtsstellung des Sequesters und des vorläufigen Insolvenzverwalters	1– 4
II. Rechtsstellung bei Übergang der Verwaltungs- und Verfügungsbefugnis (Abs. 1)	5
III. Rechtsstellung nach Abs. 2	6
IV. Vorläufiger Treuhänder	7
B. Einzelheiten zu Abs. 1	8–28
I. Allgemein	8– 9
II. Sicherung und Erhalt des Vermögens (Abs. 2 Nr. 1)	10–16a
III. Unternehmensfortführung (Satz 2 Nr. 2, 1. Alt.)	17–26
IV. Unternehmensstillegung (Satz 2 Nr. 2, 2. Alt.)	27–28
C. Abs. 1 Satz 2 Nr. 3	29–57
I. Allgemein	29–31

II.	Kostendeckung und Eröffnungsgrund	32–35
III.	Unternehmensfortführung	36–38
IV.	Verfahrensmäßiger Ablauf	39–44
V.	Stellung des Sachverständigen	45–50
VI.	Gutachten	51
VII.	Vergütung	52–56
VIII.	»Isolierter« Sachverständiger	57
D. Einzelheiten zu Abs. 2		58–61
E. Abs. 3		62–63

Literatur:

Berscheid Stellung und Befugnis des vorläufigen Insolvenzverwalters aus arbeitsrechtlicher Sicht, ZInsO 1998, 9; *ders.* Kündigungsbefugnis in der Sequestration, ZIP 1997, 1569; *Bolling* Aufgaben, Befugnisse und Entschädigung des gerichtlichen Sachverständigen im Konkurseröffnungsverfahren, KTS 1990, 599; *Diller* Insolvenzvermeidung durch außergerichtliche Übernahme von Betriebsrenten durch den PSV, ZIP 1997, 765; *Düwell* Kölner Schrift zum Insolvenzrecht: Änderungs- und Beendigungskündigung nach dem neuen Insolvenzrecht, S. 1103; *Feuerborn* Rechtliche Probleme der Unternehmensfortführung durch den Sequester und den vorläufigen Insolvenzverwalter, KTS 1997, 171; *Hauser/Hawelka* Neue Masseverbindlichkeiten und Gefährdung der »KAuG«-Vorfinanzierung durch die InsO, ZIP 1998, 1261; *Krause* Europarechtliche Vorgabe für das Konkursausfallgeld, ZIP 1998, 56; *Landfermann* Der Ablauf des künftigen Insolvenzverfahrens, BB 1995, 1649; *Pape* Zu den Schwierigkeiten des Sequesters ohne Verwaltungsmacht, ZIP 1994, 89; *ders.* Neuordnung und Sicherungsmaßnahmen im Insolvenzeröffnungsverfahren, WPrax 1995, 236; *Smid* Funktion des Sequesters und Aufgaben des Insolvenzgerichts in der Eröffnungsphase nach der verabschiedeten Insolvenzordnung (InsO), WM 1995, 785; *Uhlenbruck* Probleme des Eröffnungsverfahrens nach dem Insolvenzrechts Reformgesetz 1994, KTS 1994, 169; *ders.* Die Rechtsstellung des vorläufigen Insolvenzverwalters, in Kölner Schrift zur Insolvenzordnung, S. 239; *ders.* Auskunfts- und Mitwirkungspflichten des Schuldners und seiner organschaftlichen Vertreter nach der KO, VerglO, GesO sowie InsO, KTS 1997, 371; *Vallender* Das rechtliche Gehör im Insolvenzverfahren, in Kölner Schrift zur Insolvenzordnung, 1997, 209; *Wiester* Die Fortführungspflicht des vorläufigen Insolvenzverwalters und ihre Auswirkungen auf die Vorfinanzierung des Insolvenzgeldes, ZInsO 1998, 99; *Wimmer* Die Auswirkungen der EuGH-Rechtsprechung auf die Vorfinanzierung von Konkursausfallgeld, ZIP 1997, 1635.

A. Überblick über die Rechtsstellung des vorläufigen Insolvenzverwalters

I. Grundzüge der Rechtsstellung des Sequesters und des vorläufigen Insolvenzverwalters

1 a) Die Zulässigkeit der Sequestration wurde unter Geltung der KO aus § 106 Abs. 1 Satz 2 hergeleitet, wonach das Gericht alle zur Sicherung der Masse dienenden einstweiligen Anordnungen treffen konnte. Die Rechtsstellung des Sequesters war gesetzlich nicht geregelt. Einigkeit bestand im wesentlichen darin, daß der Sequester kein »Vorkonkursverwalter« war, auch wenn er in der Regel bei Eröffnung des Verfahrens zum Konkursverwalter ernannt wurde. Unter dem Stichwort der »**dynamischen Sequestration**« wurden dem Sequester teilweise weitreichende Befugnisse zugestanden, damit er genug Masse aufbringen und das Verfahren eröffnungsreif machen konnte (vgl. *Pape* ZIP 1994, 89). Von der »dynamischen Sequestration« wurde auch deshalb gesprochen, weil sich Art und Umfang der gebotenen Maßnahmen nicht im voraus vom Gericht festlegen ließen, sondern sich erst aus der konkreten Situation und orientiert am Sicherungszweck ergaben (vgl. *Gottwald/Uhlenbruck* § 14 Rz. 9). Einschränkend wurde aber darauf hingewiesen, daß der Sequester sich in der Regel auf das Bewahren und Verwahren zu beschränken habe und daß seine Verfügungs- und Verwaltungsmacht in keiner Form vergleichbar mit der eines Konkursverwalters sei. Der Sequester sollte keine Verpflichtungen des Schuldners begründen können, die dieser im Falle der Nichteröffnung des Verfahrens erfüllen mußte. Auch während der Sequestration sollte der Schuldner Handelnder bleiben, für die Handlung allerdings die Genehmigung des Sequesters erforderlich sein (*Mohrbutter/Mohrbutter/Ernestus* I. 21, 22). Wurde neben der Sequestration – wie regelmäßig – ein allgemeines Verfügungsverbot (§ 106 Abs. 1 Satz 3 KO) angeordnet, ging das Verwaltungs- und Verfügungsrecht allerdings faktisch auf den Sequester über (*Pape* ZIP 1994, 89). Im wesentlichen unproblematisch waren die Fälle, in denen sich Schuldner und Sequester einigten und der Schuldner mit Zustimmung des Sequesters handelte. Der Sequester sollte den schuldnerischen Betrieb fortführen und Eingriffe unterlassen, die die Substanz des Betriebes berührten, Liquidationsmaßnahmen kamen grundsätzlich nicht in Betracht (*Pape* ZIP 1994, 89 [91]). Die Kosten notwendiger Erhaltungs- und Verwaltungsmaßnahmen durfte er aus dem Schuldnervermögen aufbringen (*BGH* ZIP 1988, 1411 [1414] = BGHZ 105, 230). Nach herrschender Meinung war er auch zur Einziehung von Außenständen berechtigt (a. A. *Kuhn/Uhlenbruck* KO, § 106 Rz. 13 d; allerdings ohne unterschiedliche Auswirkungen im Ergebnis, vgl. *Mohrbutter/Mohrbutter/Ernestus* I 38). Streitig war, ob der Sequester alleine oder nur zusammen mit dem Schuldner einen Sozialplan abschließen konnte (vgl. *Gottwald/Uhlenbruck* § 14 Rz. 11) und Dauerschuldverhältnisse wie Arbeitsverträge nur vom Schuldner mit Zustimmung des Sequesters oder eigenständig vom Sequester gekündigt werden konnten (vgl. *Mohrbutter/Mohrbutter/Ernestus* I. 37). Auch die Veräußerung zumindest von Teilen des Schuldnervermögens war nicht generell ausgeschlossen. Der *BGH* hat Veräußerungsgeschäfte des Schuldners mit Zustimmung des Sequesters nicht beanstandet (*BGH* ZIP 1993, 48 [49 f.]; ZIP 1993, 687 [688 f.]). In der Praxis erfolgte nicht nur die Veräußerung verderblicher Ware, sondern auch von während der Sequestration fertiggestellten Produkten im Rahmen des ordnungsgemäßen Geschäftsganges durch den Schuldner mit Zustimmung des Sequesters (vgl. *Kuhn/Uhlenbruck* KO, § 106 Rz. 13 c).

Auch bei Anordnung eines allgemeinen Veräußerungsverbotes und der Sequestration 2 wurde der Geschäftsbetrieb fortgeführt. Zumindest Fertigprodukte wurden regelmäßig veräußert. Der Sequester beschaffte zur Betriebsfortführung notwendige liquide Mittel durch Aufnahme von Darlehen (vgl. *Kuhn/Uhlenbruck* KO, § 106 Rz. 13 m). Die Finanzierung der Löhne erfolgte durch Vorfinanzierung des zu erwartenden Konkursausfallgelds (Insolvenzgeld), indem ein Kreditinstitut sich die Ansprüche auf das Konkursausfallgeld (das für den Zeitraum der letzten drei Monate vor Eröffnung bzw. Nichteröffnung gezahlt wird) abtreten ließ und dafür eine entsprechende Summe auszahlte (vgl. *Kuhn/Uhlenbruck* KO, § 106 Rz. 13 n; *Feuerborn* KTS 1997, 171 [194 f., 196]). Welche der einzelnen Maßnahmen jeweils erforderlich war, ließ sich bei Erlaß des Sequestrationsbeschlusses und allgemeinen Veräußerungsverbotes nicht ersehen, so daß von einer »dynamischen Sequestration« gesprochen werden konnte. Darüber hinaus wurde eine Unterscheidung in Sicherungssequestration und Verwaltungssequestration vorgenommen (*Kuhn/Uhlenbruck* KO, § 106 Rz. 12). Die **Sicherungssequestration**, die auf Sicherung und Verwaltung der Haftungsmasse beschränkt war, wurde als der Regelfall angesehen, während bei der **Verwaltungssequestration** dem Sequester weitgehend die Befugnisse eines Konkursverwalters eingeräumt worden. Bei Fortführung eines Unternehmens ist die Grenze zwischen Sicherung und Verwaltung jedoch fließend, eine genaue Grenzziehung ist weder möglich noch erforderlich.

3 b) Die Ergebnisse in Rechtsprechung und Literatur über die Rechte des Sequesters können nicht einfach übernommen werden, sind aber weiter von Bedeutung. Wird ein vorläufiger Insolvenzverwalter bestellt, ohne daß (ausnahmsweise, § 21 Rz. 71) ein allgemeines Verfügungsverbot auferlegt wird, hat das Insolvenzgericht die Pflichten des vorläufigen Insolvenzverwalters zu bestimmen (§ 22 Abs. 2 Satz 1). Die Verwaltungs- und Verfügungsbefugnis geht in diesem Fall nicht gem. § 22 Abs. 1 Satz 1 auf den vorläufigen Insolvenzverwalter über. Es stellt sich die Frage, welche Maßnahmen der vorläufige Insolvenzverwalter nicht, nur unter Mitwirkung des Schuldners oder alleine treffen kann (vgl. *Feuerborn* KTS 1997, 171 [185 f.]).

4 Im Regelfall der Anordnung eines allgemeinen Verfügungsverbotes und Bestellung eines vorläufigen Insolvenzverwalters (s.o. § 21 Rz. 28) geht die Verwaltungs- und Verfügungsbefugnis über das Vermögen des Schuldners auf den vorläufigen Insolvenzverwalter über (§ 22 Abs. 1 Satz 1). Auf den ersten Blick wird damit die Rechtsstellung des vorläufigen Insolvenzverwalters erweitert im Vergleich zur Stellung des Sequesters. Die bisherigen Erkenntnisse liefern zumindest Anhaltspunkte für die Festlegung der Befugnisse des vorläufigen Insolvenzverwalters (vgl. *Pape* ZIP 1994, 89 [90]).

II. Rechtsstellung bei Übergang der Verwaltungs- und Verfügungsbefugnis (Abs. 1)

5 Bei Anordnung von Sicherungsmaßnahmen ist die Auferlegung eines allgemeinen Verfügungsverbotes und Bestellung eines vorläufigen Insolvenzverwalters der Regelfall (§ 21 Rz. 28 ff., 31). Die Verwaltungs- und Verfügungsbefugnis über das Vermögen des Schuldners geht auf den vorläufigen Insolvenzverwalter über (Abs. 1 Satz 1). Dieser hat nicht nur das Vermögen des Schuldners zu sichern und zu erhalten (Abs. 1 Satz 2 Nr. 1), sondern ein vom Schuldner betriebenes Unternehmen grundsätzlich bis zur Entscheidung über die Eröffnung des Insolvenzverfahrens fortzuführen (Abs. 1 Satz 2 Nr. 2). Bei Verstoß gegen das allgemeine Verfügungsverbot gelten gem. § 24 Abs. 1 die §§ 81, 82 entsprechend. Es handelt sich somit um ein absolutes (und nicht nur wie bisher relatives) Verbot (s. u. § 24 Rz. 4). Schließlich kann der vorläufige Insolvenzverwalter gem. § 24 Abs. 2 anhängige Rechtsstreitigkeiten aufnehmen. Der vorläufige Insolvenzverwalter ist in seiner Stellung dem **(endgültigen) Insolvenzverwalter weitgehend angenähert** (*Pape* ZIP 1994, 89 [96]; *Bork* Rz. 104). Der vorläufige Insolvenzverwalter kann ohne jede Mitwirkung des Schuldners wirksame Rechtsgeschäfte abschließen (*Feuerborn* KTS 1997, 171 [184]). Nach der Gesetzesbegründung darf der vorläufige Insolvenzverwalter seine Befugnisse allerdings »nur insoweit ausüben, als es der Zweck der Vermögenssicherung bis zur Entscheidung über die Verfahrenseröffnung erfordert (vgl. Abs. 1 Satz 2 Nr. 1); dazu kann z. B. auch der Notverkauf verderblicher Waren gehören« (BT-Drucks. 12/2443 S. 116). Daraus darf aber nicht gefolgert werden, daß der Gesetzgeber die Tätigkeit des vorläufigen Insolvenzverwalters auf eine bloße Sicherungssequestration beschränken will. Die nach außen hin weite Stellung des vorläufigen Insolvenzverwalters mit Übergang der Verwaltungs- und Verfügungsbefugnis wird nicht durch einen Sicherungszweck begrenzt. Der vorläufige Insolvenzverwalter muß sich nicht darauf verweisen lassen, daß er die vom Sicherungszweck nicht mehr gedeckten Geschäfte nur noch mit Zustimmung des Schuldners durchführen kann (so *Feuerborn* KTS 1997, 171 [184]). Es existiert zwar eine Beschränkung auf einen Sicherungszweck,

der Liquidationsmaßnahmen weitgehend ausschließt (*Pape* ZIP 1994, 89 [96]). Der Zweck der Vermögenssicherung läßt sich jedoch nicht begrenzen beispielsweise auf den Notverkauf verderblicher Waren. Die Gesetzesbegründung (BT-Drucks. 12/2443 S. 117) führt dieses Beispiel nur im Rahmen des Abs. 1 Satz 2 Nr. 1 bei der Sicherung und Erhaltung des schuldnerischen Vermögens an. Bei laufendem Geschäftsbetrieb ist der vorläufige Insolvenzverwalter jedoch weiter verpflichtet, das Unternehmen grundsätzlich fortzuführen (Abs. 1 Satz 2 Nr. 2). Sicherung und Erhaltung des Vermögens bestehen in diesem Fall auch darin, daß der Geschäftsbetrieb aufrechterhalten wird. Dazu ist es regelmäßig erforderlich, Erzeugnisse aus der laufenden Produktion zu veräußern. Ziel ist es, eine Verminderung des Vermögens zu vermeiden. Ausdrücklich ausgesprochen ist das nur für den Fall der Stillegung, in dem die Vermeidung einer erheblichen Verminderung des Vermögens Voraussetzung für eine Zustimmung des Insolvenzgerichts ist. Zielsetzung der Gesetzesreform ist jedoch, der zunehmenden Masseamut der Verfahren entgegenzuwirken, mehr Verfahren zu eröffnen und statt Liquidation die Sanierungsmöglichkeiten zu verstärken. Dies kann nur erreicht werden, wenn eine Verminderung des Schuldnervermögens im Eröffnungsverfahren verhindert wird, was regelmäßig erfordert, den Geschäftsbetrieb fortzuführen. Infolge des Überganges der Verwaltungs- und Verfügungsbefugnis kann dies nur der vorläufige Insolvenzverwalter. Eine Zustimmung des Schuldners ist nicht erforderlich. Zudem fragt sich, welche rechtliche Bedeutung die Zustimmung eines Schuldners haben könnte, dem die Verwaltungs- und Verfügungsbefugnis entzogen ist.

III. Rechtsstellung nach Abs. 2

Zur Rechtsstellung eines vorläufigen Insolvenzverwalters nach Abs. 2 s. u. Rz. 58 ff. **6**

IV. Vorläufiger Treuhänder

Trotz Ruhens des Eröffnungsverfahrens bis zur Entscheidung über einen Schuldenberei- **7** nigungsplan können Sicherungsmaßnahmen angeordnet werden (§ 306 Abs. 2). Analog dem vorläufigen Insolvenzverwalter (§ 22) ist die Bestellung eines vorläufigen Treuhänders möglich (*Jauernig* § 94 III 1 b; s. auch unten § 306).

B. Einzelheiten zu Abs. 1

I. Allgemein

Stellung und Funktion des vorläufigen Insolvenzverwalters nach Absatz 1 (s. dazu **8** zunächst oben Rz. 5) entsprechen in weiten Bereichen der des endgültigen Verwalters. Der vorläufige Insolvenzverwalter kann in diesem Stadium schon als Partei kraft Amtes wie der endgültige Verwalter angesehen werden (*Haarmeyer/Wutzke/Förster* Handbuch 3/240) und nicht nur als gesetzlicher Vertreter (so *Hess/Pape* Rz. 628). Dafür spricht die Regelung des § 24. Grundsätzlich wird das schuldnerische Vermögen durch den Abschluß von Verträgen durch den Verwalter verpflichtet. Eine Zustimmung des Schuldners ist nicht erforderlich. Im Falle der Eröffnung sind Verbindlichkeiten Masseverbindlichkeiten (§ 55 Abs. 2). Eine persönliche Haftung kommt im Falle der Eröffnung gem.

§ 61 in Betracht, im Falle der Nichteröffnung nach allgemeinen Grundsätzen, wenn Verbindlichkeiten aus dem verwalteten Vermögen nicht nach Maßgabe des § 25 Abs. 2 befriedigt werden können (§ 21 Rz. 46). Eine unmittelbare persönliche Verpflichtung des vorläufigen Insolvenzverwalters kann sich allerdings ergeben, wenn er auf eigenen Namen ein Darlehen aufnimmt, weil ein Kredit für das schuldnerische Vermögen nicht mehr gewährt wird.

9 Die Verwaltungs- und Verfügungsbefugnis erfaßt auch das Vermögen, das der Schuldner nach Anordnung der Sicherungsmaßnahmen erwirbt (BT-Drucks. 12/2443 S. 116). Dies steht im Einklang mit § 35, wonach im Falle der Eröffnung das Insolvenzverfahren auch das während des Verfahrens erlangte Vermögen erfaßt wird. Auch Auslandsvermögen des Schuldners fällt darunter (*Mohrbutter/Mohrbutter/Ernestus* I. 10; *Kuhn/Uhlenbruck* KO, § 106 Rz. 4). Dies gilt unabhängig davon, ob das ausländische Recht die Sicherungsmaßnahme anerkennt oder nicht (*BGH* ZIP 1992, 781 [783] = BGHZ 118, 151). Eine Ausnahme gilt nur, wenn im Ausland über das Schuldnervermögen ein selbständiges Insolvenzverfahren eröffnet worden ist (BGHZ 95, 256 [270]). Der Schuldner ist verpflichtet, dem vorläufigen Insolvenzverwalter hinsichtlich des im Ausland belegenen Vermögens Vollmacht zu erteilen (s. u. Rz. 63).

II. Sicherung und Erhalt des Vermögens (Abs. 2 Nr. 1)

10 Maßnahmen gem. Abs. 2 Satz 1 Nr. 1 haben sich am Erhaltungszweck zu orientieren und zu berücksichtigen, daß es zu einer Ablehnung der Verfahrenseröffnung und anschließenden Rückfall der Verwaltungs- und Verfügungsbefugnis auf den Schuldner kommen kann. Unumkehrbare Maßnahmen sind deshalb nur in Ausnahmefällen zulässig (*Hess/ Pape* Rz. 142), anders als bei der Unternehmensfortführung. Es kommen insbesondere folgende Maßnahmen in Betracht:

11 (1) Regelmäßig Inbesitznahme der Masse, wobei jedoch eine Verpflichtung nicht in jedem Falle besteht (*OLG Hamburg* ZIP 1996, 386 [387]; *Mohrbutter/Mohrbutter/ Ernestus* I. 19);

12 (2) Der vorläufige Insolvenzverwalter hat für ausreichenden Versicherungsschutz zu sorgen und auch ansonsten die erforderlichen Maßnahmen zu treffen wie beispielsweise Siegelung (§ 21 Rz. 94) oder Austausch der Schlösser (*Mohrbutter/Mohrbutter/Ernestus* I. 24–26);

13 (3) Bewegliche Gegenstände wird der vorläufige Insolvenzverwalter regelmäßig nicht herausgeben, sondern nutzen. Für das Sicherungseigentum folgt dies aus dem nach Verfahrenseröffnung bestehenden Verwertungsrecht (§ 166 Abs. 1). Bei Eigentumsvorbehaltsware kann die Eröffnung abgewartet werden, erst danach muß der Verwalter sein Wahlrecht ausüben (§ 107 Abs. 2)

14 (4) Ist der Geschäftsbetrieb eingestellt, ist der vorläufige Insolvenzverwalter auch zur Kündigung von Arbeitsverhältnissen und Geschäftsräumen berechtigt (s. auch unten Rz. 23);

15 (5) Fällige Forderungen des Schuldners sind einzuziehen (*Mohrbutter/Mohrbutter/Ernestus* I. 38) und auf ein Anderkonto zu nehmen (*Gottwald/Uhlenbruck* § 14 Rz. 12);

16 (6) Der vorläufige Insolvenzverwalter sollte unverzüglich das (die) **Kreditinstitut(e) des Schuldners** vom Erlaß des allgemeinen Verfügungsverbotes und Anordnung der vorläufigen Insolvenzverwaltung **in Kenntnis setzen** (*Mohrbutter/Mohrbutter/Ernestus* I. 47). Schecks dürfen nicht mehr eingelöst werden, Lastschriften werden unwirksam (s. u. § 24 Rz. 12).

(7) Regelungen zum Unterhalt des Schuldners enthält die InsO nur für das eröffnete **16a** Verfahren (§ 100). Für die entsprechende Vorschrift der KO (§ 129 Abs. 1) wurde eine analoge Anwendung im Eröffnungsverfahren in der Literatur teilweise abgelehnt (*Kuhn/ Uhlenbruck* KO, § 106 Rz. 13 k). Bei langer Sequestrationsdauer kam aber eine analoge Anwendung durchaus in Betracht (*AG Göttingen* Beschluß vom 16. 01. 1998 – 71 N 63/97 –). Dies gilt auch für die InsO. Zuständig zur Entscheidung ist der vorläufige Insolvenzverwalter. Voraussetzung ist aber, daß der Schuldner vollständige und wahrheitsgemäße Angaben über seine Vermögensverhältnisse macht, damit die Unterhaltsbedürftigkeit beurteilt werden kann (*AG Göttingen* Beschluß vom 16. 01. 1998 – 71 N 63/97 –). Die Entscheidung des vorläufigen Insolvenzverwalters ist nicht anfechtbar.

III. Unternehmensfortführung (Satz 2 Nr. 2, 1. Alt.)

Grundsätzlich ist der vorläufige Insolvenzverwalter verpflichtet, ein vom Schuldner **17** betriebenes Unternehmen bis zur Entscheidung über die Eröffnung des Insolvenzverfahrens fortzuführen. Die endgültige Entscheidung hat die Gläubigerversammlung zu treffen (§ 157). Aus der Verpflichtung zur Unternehmensfortführung ergeben sich weitergehende Rechte und Pflichten als bei der Sicherung und Erhaltung des Vermögens des Schuldners, der kein Unternehmen betreibt. Neben den oben (Rz. 11 bis Rz. 16) angeführten Maßnahmen bestehen insbesondere folgende Rechte und Pflichten des Insolvenzverwalters:
(1) Fortführung der **Produktion**. Darunter fällt nicht nur die Fertigstellung von Halbfa- **18** brikaten und deren Verkauf. Vielmehr darf der vorläufige Insolvenzverwalter auch neue Verbindlichkeiten begründen (so auch schon zur Sequestration *Mohrbutter/Mohrbutter/ Ernestus* I. 43). Der vorläufige Insolvenzverwalter kann die zur Fortführung der Produktion benötigten Gegenstände einkaufen. Es muß allerdings sichergestellt sein, daß die Neugläubiger aus den Erträgen des forlaufenden Geschäftsbetriebes befriedigt werden, ggf. auch erst nach Eröffnung (*Haarmeyer/Wutzke/Förster* Handbuch 5/324).
(2) Durch Abschluß von **Verwertungsverträgen** mit Sicherungseigentümern und Ei- **19** gentumsvorbehaltslieferanten kann die Aufrechterhaltung des Betriebes und Aufarbeitung von Halbfabrikaten ermöglicht werden, jedoch muß der vorläufige Insolvenzverwalter dafür sorgen, daß ein angemessener Anteil vom Wert des Fertigproduktes der Masse verbleibt (*Kilger/Karsten Schmidt* KO, § 106 Rz. 4).
(3) Die zur Unternehmensfortführung erforderliche **Beschaffung liquider Geldmittel** **20** kann wie folgt erfolgen: Der vorläufige Insolvenzverwalter kann einen Massekredit aufnehmen. Kredite sind nunmehr gem. § 55 Abs. 2 zwar privilegiert, jedoch bleibt die Gefahr einer persönlichen Inanspruchnahme des vorläufigen Insolvenzverwalters gem. § 61. Wird kein Massekredit für das schuldnerische Unternehmen gewährt, kann der vorläufige Insolvenzverwalter nur persönlich einen Kredit aufnehmen (vgl. *Kuhn/ Uhlenbruck* KO, § 106 Rz. 13k). Er wird dies tun, wenn das Geld voraussichtlich während der Zeit der vorläufigen Insolvenzverwaltung zurückfließt. Auf einem Anderkonto des vorläufigen Insolvenzverwalters läßt er sich einen Überziehungskredit (z. B. von 20000,– DM) einräumen, um Material einkaufen sowie Telefon, Strom usw. bezahlen zu können. Ein persönlicher Kredit kommt auch in Betracht, wenn die Hausbank des Schuldners zwar einen Kredit einräumen will, die Sicherungslage aber problematisch ist (z. B. im Hinblick auf die Wirksamkeit von Sicherungsübereignungen/ Sicherungsabtretungen).

§ 22 *Eröffnung des Insolvenzverfahrens*

21 (4) Unter Geltung der KO wurde die **Betriebsfortführung** in der Sequestrationsphase häufig erst durch Leistungen aus der Konkursausfallgeldversicherung (KAUG) ermöglicht (s. im einzelnen oben Rz. 2). Der Betrieb konnte – für einen begrenzten Zeitraum – frei von Personalkosten geführt und die dabei erzielte Wertschöpfung zur späteren Konkursmasse gezogen werden (*Wimmer* ZIP 1997, 1635 [1636]). Darüber hinaus konnten spezialisierte, nicht ohne weiteres zu ersetzende Arbeitskräfte im Betrieb gehalten werden.

21a Die **Vorfinanzierung** wird unter Geltung der InsO eine noch wichtigere Rolle spielen als bisher, da der vorläufige Verwalter gem. Abs. 1 Nr. 2 zur Betriebsfortführung verpflichtet ist (*Wimmer* a. a. O.). Dem vorläufigen Insolvenzverwalter drohen Haftungsgefahren (s. u. Rz. 21c). Arbeitnehmern steht für die letzten drei Monate vor Eröffnung (s. § 30 Rz. 31) bzw. Ablehnung der Eröffnung mangels Masse (s. § 26 Rz. 93) oder Beendigung ihres Arbeitsverhältnisses ein Anspruch auf **Insolvenzgeld** gegen das Arbeitsamt zu, das allerdings bei laufendem Arbeitsverhältnis keinen Vorschuß zahlt (§ 185a SGB III). Gem. § 187 Abs. 4 SGB III ist die Übertragung oder Verpfändung zur Vorfinanzierung von der Zustimmung des Arbeitsamtes abhängig. Die Zustimmung darf nur erteilt werden, wenn Tatsachen die Annahme rechtfertigen, daß durch die Vorfinanzierung der Arbeitsentgelte ein erheblicher Teil der Arbeitsplätze erhalten bleibt. Nach der Gesetzesbegründung soll die Zustimmung an eine positive Prognoseentscheidung des Arbeitsamtes geknüpft sein (ZIP 1997, 564). Es bleibt zu hoffen, daß seitens des Arbeitsamtes ein großzügiger Maßstab angelegt wird.

21b Die Rechtsprechung des *EuGH* wird allerdings keine Auswirkungen auf die Vorfinanzierung haben. In zwei Entscheidungen (ZIP 1997, 1658 [1661 f.]; ZIP 1997, 1663 [1666] = EWiR 1998, 241) hat der EuGH ausgesprochen, daß – kraft europäischen Rechtes – Ansprüche auf KAUG (Insolvenzgeld) abgedeckt sind für den Zeitraum von drei Monaten vor dem Einreichen des Antrages auf Verfahrenseröffnung, die Leistung kann allerdings nicht vor der Entscheidung über die (Nicht)Eröffnung gewährt werden. Von einer Anpassung des deutschen Rechtes an die obige Rechtslage müssen jedoch nicht unbedingt erhebliche Auswirkungen auf die Praxis der Vorfinanzierung und die Sanierungsmöglichkeit ausgehen (a. A. wohl *Wimmer* ZIP 1997, 1635 [1637]; *Peters-Lange* EWiR 1998, 241 [242]). Weitere Zeiträume, insbesondere solche nach Einreichung des Antrages, können nämlich von den Mitgliedstaaten in den Insolvenzschutz einbezogen werden (*EuGH* ZIP 1997, 1658 [1662], *Krause* ZIP 1998, 56 [61]). Bei der gebotenen Anpassung muß der Gesetzgeber allerdings den Anspruch auf Insolvenzgeld in der bisherigen Form bestehen lassen, um die vorgeschriebene Unternehmensfortführung dem vorläufigen Insolvenzverwalter zu ermöglichen (*Krause* a. a. O).

21c Allerdings drohen Haftungsgefahren für den vorläufigen Insolvenzverwalter. Lohnforderungen der Arbeitnehmer sind Masseverbindlichkeiten (§ 55 Abs. 2), die Ansprüche gehen auf die Bundesanstalt für Arbeit über. Eine dem § 59 Abs. 2 KO entsprechende Vorschrift, die diese Ansprüche zu Masseschulden herabstufte, fehlt in der InsO. Der vorläufige Verwalter ist zur Betriebsfortführung verpflichtet (§ 22 Abs. 1 Satz 2 Nr. 2). Ist nicht sicher vorhersehbar, daß die Bezahlung der Arbeitnehmer sichergestellt ist, droht eine Haftung gem. § 61 (*Hauser/Hawelka* ZIP 1998, 1261 [1262]; *Wiester* ZInsO 1998, 99 [102]). Kaum ein vorläufiger Verwalter wird das Haftungsrisiko in den ersten Tagen seiner Tätigkeit abschätzen können. Entgegen der Zielsetzung der InsO droht, daß die Quote der eröffneten Verfahren (weiter) sinkt. Zur Behebung des Problems bieten sich verschiedene Lösungswege an:

21d a) In Betracht kommt die Vereinbarung eines Rangrücktrittes mit der Bundesanstalt für Arbeit, daß sie übergegangene Ansprüche des Arbeitnehmers nicht gegenüber der

Masse geltend macht, sondern als Insolvenzgläubigerin zur Tabelle anmeldet. Bereitschaft dazu wird nur in spektakulären Großverfahren bestehen, nicht aber in den Normalverfahren (*Hauser/Hawelka* ZIP 1998, 1261 [1263]).

b) Einer Rangänderung durch Insolvenzplan im Falle der Verfahrenseröffnung dürfte **21e** entgegenstehen, daß Massegläubiger über den Plan nicht abstimmungsberechtigt sind und ein entsprechender Plan sich als unzulässiger Vertrag zu Lasten Dritter darstellen könnte. Jedenfalls wäre auf Antrag die Bestätigung des Planes zu versagen (§ 252 Abs. 1 Nr. 2), da durch den Plan eine Schlechterstellung eintritt als ohne Plan (*Hauser/Hawelka* ZIP 1998, 1261 [1263]).

c) Bei Anordnung von Sicherungsmaßnahmen nur nach § 22 Abs. 2 gilt § 55 Abs. 2 **21f** zwar nicht. Sicherungsmaßnahmen unterhalb der Anordnung eines allgemeinen Verfügungsverbotes sind aber nicht praktikabel und kommen nur ausnahmsweise in Betracht (s. § 21 Rz. 29 ff.). Bei Großverfahren, massereichen Verfahren und Verfahren mit »unwilliger« Geschäftsleitung kommen Anordnungen gem. § 22 Abs. 2 ohnehin nicht in Betracht, wie auch die Befürworter dieser Meinung einräumen (*Hauser/Hawelka* ZIP 1998, 1261 [1264]).

d) Der Vergleich mit der Rechtslage bei Anordnung von Sicherungsmaßnahmen nach **21g** § 22 Abs. 2 zeigt den bestehenden Wertungswiderspruch auf. Der vorläufige Verwalter mit geringeren Kompetenzen (gem. § 22 Abs. 2) wäre in seinen Handlungsmöglichkeiten freier als der vorläufige Verwalter nach § 22 Abs. 1. Dieses Ergebnis kann vom Gesetzgeber nicht gewollt sein (ebenso *Haarmeyer* Das Ende der Betriebsfortführung im Insolvenzantragsverfahren? ZInsO 1998, 157). Die Regelung in § 108 Abs. 2 geht daher der Regelung der § 55 Abs. 2 vor (eingehend *Wiester* ZInsO 1998, 99 [103 f.]). Dies gilt jedenfalls für auf die Bundesanstalt für Arbeit übergegangene Ansprüche. Für Ansprüche der Arbeitnehmer direkt gilt dies nicht. Ob eine Schadensersatzverpflichtung des vorläufigen Verwalters gem. § 61 deshalb ausscheidet, weil die Pflicht zur Betriebsfortführung (§ 22 Abs. 1 Satz 2 Nr. 2) einen Rechtfertigungsgrund darstellt (so *Wiester* ZInsO 1998, 99 [102]), kann daher offenbleiben.

e) Zu der Möglichkeit der Vorfinanzierung des Insolvenzgeldes durch Arbeitnehmerbanken siehe die Formularmuster ZInsO 1998, 191 f.; 238 ff. **21h**

(5) Zur außergerichtlichen Übernahme von Betriebsrenten durch den Pensions-Sicherungs-Verein (PSV) s. *Diller* ZIP 1997, 765 ff. **22**

(6) Unter Geltung der KO war das Kündigungsrecht des Sequesters umstritten (vgl. *Pape* **23** ZIP 1994, 89 [91]; *Berscheid* ZIP 1997, 1569 f.; *ders.* ZInsO 1998, 10). Im Rahmen der Betriebsfortführung muß dem vorläufigen Insolvenzverwalter auch das Recht zur **Kündigung** von Dauerschuldverhältnissen, insbesondere **Arbeitsverhältnissen**, zugebilligt werden (*Uhlenbruck* Die Rechtsstellung des vorläufigen Insolvenzverwalters Rz. 19; *Düwell* Änderungs- und Beendigungskündigung nach dem neuen Insolvenzrecht Rz. 20; *Berscheid* ZInsO 1998, 10 f.). Dies gilt nicht nur für den Fall der Betriebsstillegung (so *Uhlenbruck* KTS 1994, 169 [180]). Wegen der kürzeren Kündigungsfrist des § 113 Abs. 1 Satz 2 wird die Kündigung häufig aber erst nach Insolvenzeröffnung erfolgen (*Smid* WM 1995, 785 [788]). Um die kürzere Kündigungsfrist des § 113 Abs. 1 Satz 2 auszunutzen, wird der Verwalter eine vor Eröffnung ausgesprochene Kündigung nach Eröffnung erneut aussprechen, sog. »Nachkündigung« (*Berscheid* ZInsO 1998, 9 [13]). Auch die Vorschrift des § 122 gilt nicht (*Düwell* Änderungs- und Beendigungskündigung nach dem neuen Insolvenzrecht Rz. 20). Ist der vorläufige Insolvenzverwalter zu Kündigungen und mit Zustimmung des Gerichts auch zur Stillegung des Unternehmens berechtigt, ist es nur konsequent, ihm auch die Befugnis zuzugestehen, **Sozialpläne** abzuschließen.

24 (7) Soll ein Räumungsverkauf durchgeführt werden, wird dies regelmäßig im Rahmen einer Betriebsstillegung geschehen.Erteilt das Gericht die Zustimmung, ist der Räumungsverkauf jedenfalls deshalb zulässig.

25 (8) Die Rechtsprechung sah einen Sequester als berechtigt an, unmittelbar vor Konkurseröffnung einer Veräußerung des Betriebes zuzustimmen, wenn dies eine wirtschaftlich vernünftige, im Interesse der Konkursgläubiger geradezu zwingend gebotene Maßnahme zur Sicherung des Schuldnervermögens darstellte (*OLG Düsseldorf* ZIP 1992, 344 [346] = EWiR 1992, 493; *Kilger/Karsten Schmidt* KO, § 106 Rz. 4). Im Ergebnis kommt die Veräußerung des gesamten Unternehmens jedoch einer Stillegung nahe. Der vorläufige Insolvenzverwalter sollte sich durch eine Zustimmung des Insolvenzgerichts absichern. Das Kriterium der Vermeidung einer erheblichen Vermögensminderung ist dazu brauchbar, wie der vom *OLG Düsseldorf* (ZIP 1992, 344) entschiedene Fall zeigt, in dem bei Veräußerung von Geschäftseinrichtung nebst Warenlager vor Eröffnung aller Voraussicht nach ein fünfmal so hoher Erlös wie nach Eröffnung erzielt werden konnte.

26 Die Veräußerung einzelner Teile des Schuldnervermögens hingegen kann durchaus noch im Rahmen der Unternehmensfortführung liegen, insbesondere, wenn durch den Erlös die notwendige Liquidität für die Fortführung erzielt wird. Dazu ist der vorläufige Insolvenzverwalter ohne Zustimmung des Gerichts berechtigt.

IV. Unternehmensstillegung (Satz 2 Nr. 2, 2. Alt.)

27 Von einer Betriebsstillegung ist auch auszugehen, wenn das Unternehmen insgesamt veräußert wird (Rz. 25). Eine zustimmungsbedürftige Stillegung liegt nach der Gesetzesbegründung auch dann vor, wenn das Unternehmen teilweise stillgelegt wird (BT-Drucks. 12/2443 S. 117). Dies ist z. B. der Fall, wenn von mehreren Filialen einige (unter Rentabilitätsgesichtspunkten) geschlossen werden. Eine Stillegung kann im Interesse der Gläubiger geboten sein, wenn ein Unternehmen erhebliche Verluste erwirtschaftet und keine Aussicht auf Sanierung besteht (BT-Drucks. 12/2443 S. 117). Es ist jedoch zu erwarten, daß die Stillegung die Ausnahme bleibt. In einem Teil der Fälle wird bei einem nicht sanierungsfähigen Unternehmen der Geschäftsbetrieb bei Antragstellung schon eingestellt sein. Wird das Unternehmen noch betrieben, wird der vorläufige Insolvenzverwalter häufig zunächst versuchen, es zumindest zeitlich begrenzt fortzuführen. Nicht zu unterschätzen ist noch der Druck der Arbeitnehmer und der gesicherten Gläubiger (vgl. *Bork* Rz. 104 Fn. 37). Für den vorläufigen Insolvenzverwalter wird es schwierig sein, unmittelbar nach Beauftragung festzustellen, ob erhebliche Verluste erwirtschaftet werden und keine Aussicht auf Sanierung besteht. Sobald dies feststeht, kann der Antrag häufig mangels Masse abgewiesen werden. Die Klärung, ob ein Vorschuß gezahlt wird (§ 26 Abs. 1 Satz 2), ist erforderlichenfalls beschleunigt herbeizuführen.

28 Auf Seiten des Insolvenzgerichts besteht die Schwierigkeit, aufgrund welcher Erkenntnisse der geplanten Betriebsstillegung die Zustimmung erteilt werden kann. Die Entscheidung muß zügig ergehen. Die Einschaltung eines gesonderten Sachverständigen kommt daher nicht in Betracht. Daher kann nur eine Plausibilitätsprüfung erfolgen. Der vorläufige Insolvenzverwalter muß darlegen, daß das Unternehmen bei Fortführung erhebliche Verluste erwirtschaftet und keine Aussicht auf Sanierung besteht. Der Schuldner sollte angehört werden. Aus Beschleunigungsgründen kann sich eine mündliche Erörterung des zuvor dem Schuldner übersandten Berichtes des vorläufigen

Insolvenzverwalters empfehlen. Ist diese Darlegung für das Insolvenzgericht nachvollziehbar, erteilt es seine Zustimmung. Verweigert es seine Zustimmung, dürfte dies zu einer Haftungsfreistellung des vorläufigen Insolvenzverwalters führen (*Haarmeyer/ Wutzke/Förster* Handbuch 3/250).

C. Abs. 1 Satz 2 Nr. 3

I. Allgemein

Die Vorschrift des Nr. 3 führt drei weitere Tätigkeitsfelder für den vorläufigen Insol- 29 venzverwalter auf. Zwingend ist die Prüfung, ob das Vermögen des Schuldners die Kosten des Verfahrens (§ 54) decken wird. Das Gericht wird den vorläufigen Insolvenzverwalter regelmäßig auch damit beauftragen, als Sachverständiger zu prüfen, ob ein Eröffnungsgrund (§ 16) vorliegt. Die zusätzliche Bestellung des vorläufigen Insolvenzverwalters zum Sachverständigen ist zwar nicht zwingend, die Aufgaben können auch von einem besonderen Sachverständigen wahrgenommen werden. Zutreffend führen die Gesetzesmaterialien aus, daß die Sachverständigentätigkeit im Falle der Bestellung eines vorläufigen Insolvenzverwalters zweckmäßigerweise von diesem zusätzlich wahrgenommen wird (BT-Drucks. 12/2443 S. 117). Dies entspricht der Praxis unter Geltung der KO. Aus den Feststellungen, ob das Vermögen des Schuldners die Kosten des Verfahrens decken wird, läßt sich für den zum Sachverständigen bestellten vorläufigen Insolvenzverwalter regelmäßig ableiten, ob ein Eröffnungsgrund vorliegt. Durch Beauftragung als Sachverständiger wird zudem erreicht, daß der vorläufige Insolvenzverwalter auch bei Abweisung des Antrages mangels Masse (§ 26) nicht ohne jede Vergütung bleibt (BT-Drucks. 12/2443 S. 117).

Betreibt der Schuldner ein Unternehmen, wird das Gericht den vorläufigen Insolvenz- 30 verwalter auch damit beauftragen, als Sachverständiger zu prüfen, welche Aussichten für eine Unternehmensfortführung bestehen. Im Vordergrund steht nicht mehr die Verwertung des Schuldnervermögens, vielmehr kommt auch der Erhalt des Unternehmens im Rahmen des Insolvenzverfahrens in Betracht (§ 1 Satz 2). Darüber muß in dem spätestens drei Monate nach Eröffnung stattfindenden Berichtstermin (§ 29 Abs. 1 Nr. 1) die Gläubigerversammlung befinden (§ 157 Satz 1). Eine vernünftige Entscheidung auf gesicherter Tatsachengrundlage ist nur möglich, wenn möglichst frühzeitig mit der **Prüfung von Sanierungschancen** begonnen wird. Diese Prüfung haben auch unter Geltung der KO Sequester schon durchgeführt. Absatz 1 Satz 1 Nr. 3 ist allerdings etwas mißverständlich, da er die Möglichkeit einer Beauftragung als Sachverständiger auf die vorläufigen Insolvenzverwalter mit Verwaltungs- und Verfügungsbefugnis zu beschränken scheint. Zutreffend können jedoch alle vorläufigen Insolvenzverwalter als Sachverständige beauftragt werden (s. u. Rz. 57).

Ein Ziel der Insolvenzrechtsreform war ursprünglich, eine schnelle Verfahrenseröffnung 31 zu erreichen. Nach den Vorstellungen des Rechtsausschusses des Bundestages kann durch die Prüfung der Fortführungsmöglichkeiten die Eröffnung des Verfahrens entsprechend hinausgeschoben werden. Dem Verwalter wird dadurch die Ausübung des Wahlrechts bei gegenseitigen Verträgen erleichtert, dessen Ausübung häufig von den Fortführungschancen des Unternehmens abhängt (BT-Drucks. 12/7302 S. 158). Durch die dem Richter eingeräumte Möglichkeit, die Eröffnung des Insolvenzverfahrens bis zum Abschluß der (ersten) Sanierungsprüfung aufzuschieben, selbst wenn die Voraussetzungen der Eröffnung schon vorher feststehen, wird der Praxis auch mittelbar erlaubt, vor der Verfahrenseröffnung den Zeitraum von drei Monaten auszuschöpfen, für den Insolvenzgeld (s. o. Rz. 21) gezahlt wird; dadurch kann zusätzliche Liquidität für die Fortführung des Unternehmens geschaffen werden (*Landfermann* BB 1995, 1649 [1652]).

II. Kostendeckung und Eröffnungsgrund

32 **a)** Zweckmäßigerweise wird der vorläufige Insolvenzverwalter, der die Kostendeckung zu prüfen hat, zugleich als Sachverständiger beauftragt, ob ein Eröffnungsgrund vorliegt (Rz. 29).

33 Zu prüfen ist zunächst, ob das Vermögen des Schuldners die Kosten des gesamten Verfahrens (und nicht nur die Kosten des Verfahrens bis zum Berichtstermin, wie im RegE vorgesehen) decken wird. Unter die Kosten fallen die in § 54 aufgeführten Kosten des Insolvenzverfahrens. Die Gesetzesbegründung stellt klar, daß das Insolvenzverfahren auch dann eröffnet werden kann, wenn das vorhandene Vermögen des Schuldners die Kosten nicht deckt, der fehlende Betrag aber auf dem Wege der Insolvenzanfechtung hinzugewonnen werden kann (BT-Drucks. 12/2443 S. 117). Die Prüfung, ob eine ausreichende Masse vorhanden ist, hat sich daher auch auf mögliche Anfechtungsansprüche zu erstrecken. In Betracht kommen nicht nur die in der Gesetzesbegründung ausdrücklich erwähnten Anfechtungsansprüche (§§ 129 ff.). Bei der GmbH ist beispielsweise zu prüfen, ob das Stammkapital eingezahlt und nicht wenig später wieder abgezogen worden ist. Bei der GmbH kommen weiter in Betracht Ansprüche gem. §§ 9a, 31, 32b, 43, 64 GmbHG. Zu beachten ist allerdings, ob die Ansprüche werthaltig sind. Lassen sich Ansprüche wegen Vermögenslosigkeit nicht realisieren, können sie nicht berücksichtigt werden. Besteht hingegen Aussicht, den fehlenden Betrag hinzuzugewinnen, ist der Antrag nicht gem. § 26 mangels Masse abzuweisen, sondern das Verfahren zu eröffnen, damit der Insolvenzverwalter – ggf. nach Bewilligung von PKH durch das Prozeßgericht – die Ansprüche geltend machen kann (s. im einzelnen § 26 Rz. 27 ff.).

34 Bei der Ermittlung, ob freie Masse vorhanden ist, darf sich der vorläufige Insolvenzverwalter nicht auf die Angaben des Schuldners verlassen. Vielmehr ist ein gewisser Spürsinn angezeigt. Die Vermögenssituation des Schuldners ist grundlegend zu ermitteln und zu überprüfen. Grundlagen sind – sofern vorhanden – Jahresbilanzen, Kontoauszüge und Belege, betriebswirtschaftliche Auswertungen, Verrechnungskonten und Belege, Nachweise über die Einzahlung des Stammkapitals, eingehende Post.

35 **b)** Mit der Feststellung, ob ein Eröffnungsgrund (§ 16) vorliegt, beauftragt das Insolvenzgericht zweckmäßigerweise den vorläufigen Insolvenzverwalter als Sachverständigen, der einen wesentlichen Teil der Prüfung schon bei der Frage, ob die Kosten des Verfahrens gedeckt sind, vornimmt. Auch wenn der Schuldner den Eröffnungsgrund beispielsweise der Zahlungsunfähigkeit einräumt, ist es Aufgabe des Sachverständigen, sich hiervon selbst zu überzeugen, da die Angaben nicht immer zutreffen (*Bolling* KTS 1990, 599 [604]). Bei einer GmbH bzw. GmbH & Co. KG sind durchaus Fälle denkbar, in denen auf eine Abweisung mangels Masse hingearbeitet und dadurch Gläubigeransprüche vereitelt werden sollen.

Rechtsstellung des vorläufigen Insolvenzverwalters § 22

III. Unternehmensfortführung

Betreibt der Schuldner ein Unternehmen, wird das Insolvenzgericht den vorläufigen **36** Insolvenzverwalter auch als Sachverständigen beauftragen, die Aussichten für eine Fortführung zu prüfen. Die Vorschrift ist auf Vorschlag des Rechtsausschusses des Bundestages eingefügt worden, da nach Ansicht vieler Experten der Zeitraum vor der Verfahrenseröffnung zur **Prüfung von Sanierungschancen** genutzt werden sollte. Im Rahmen der Prüfung der Aussichten für eine Fortführung hat der vorläufige Insolvenzverwalter auch die Möglichkeit, Sanierungen vorzubereiten (BT-Drucks. 12/7302 S. 158). Das Erfordernis dafür ergibt sich zum einen daraus, daß in dem spätestens drei Monate nach Eröffnung anzuberaumenden Berichtstermin (§ 29 Abs. 1 Nr. 1) der Insolvenzverwalter die Aussichten des Erhaltes des schuldnerischen Unternehmens darzulegen (§ 156) und der Gläubigerausschuß daraufhin über die Stillegung oder vorläufige Fortführung zu befinden hat (§ 157). Zur Fertigung des Sanierungskonzeptes soll dem Verwalter der volle Zeitraum von Beginn der Anordnung der Sicherungsmaßnahmen zur Verfügung stehen. Zum anderen ist die in § 22 Abs. 1 Satz 2 Nr. 2 vorgesehene Unternehmensforführung regelmäßig nur möglich, wenn dem vorläufigen Insolvenzverwalter ein entsprechender Massekredit eingeräumt wird. Solche Massekredite werden von den Banken aber nur vergeben, wenn ein plausibles Zukunftskonzept vorgelegt werden kann (Uhlenbruck Die Rechtsstellung des vorläufigen Insolvenzverwalters Rz. 23).

Nach den weiteren Ausführungen des Rechtsausschusses kann durch die entsprechende **37** Beauftragung des vorläufigen Insolvenzverwalters die Eröffnung des Verfahrens hinausgeschoben und eine **zu schnelle Eröffnung** vermieden werden mit dem Vorteil, daß dem Verwalter die Ausübung des Wahlrechts bei gegenseitigen Verträgen erleichtert wird und er sie von dem Ausgang der Fortführungsprüfung abhängig gemachen kann (BT-Drucks. 12/7302 S. 158). Mittelbar wird auf diese Weise der Praxis erlaubt, vor der Verfahrenseröffnung auch den Zeitraum von drei Monaten für die Zahlung von Insolvenzgeld (s. o. Rz. 21) auszuschöpfen und so zusätzliche Liquidität für das Unternehmen zu schaffen (*Landfermann* BB 1995, 1649 [1652]).

Der auch als Sachverständige beauftragte vorläufige Insolvenzverwalter muß über **38** erhebliche betriebswirtschaftliche Kenntnisse verfügen und eine gründliche Durchleuchtung des schuldnerischen Vermögens vornehmen (*Obermüller* Rz. 139). Dieser anspruchsvollen Aufgabe entsprechen die Vergütungssätze des ZSEG (s. u. Rz. 52 ff.) in keiner Weise. Aufgabe des Sachverständigen ist es, eine **Unternehmensanalyse** zu erstellen. Dazu hat er

– die Unternehmensstammdaten zu erfassen,
– Vermögensübersichten aufzustellen,
– Krisenursachen und Krisensymphtome zu analysieren,
– Finanzpläne zu erstellen,
– Planliquiditätsrechnungen vorzulegen,
– die Ergebnisse dahin auszuwerten, ob Aussichten für eine Fortführung des Unternehmens bestehen,
– und bejahendenfalls ein Sanierungskonzept zu erarbeiten (vgl. *Obermüller* Rz. 139; *Uhlenbruck* Die Rechtsstellung des vorläufigen Insolvenzverwalters Rz. 23).

IV. Verfahrensmäßiger Ablauf

39 a) Die Beauftragung als Sachverständiger darf gem. § 68 Abs. 3 GKG – ebenso wie die Anordnung der übrigen Sicherungsmaßnahmen (§ 21 Rz. 14) – nicht von der Zahlung eines Vorschusses abhängig gemacht werden.

40 b) Sind die Aussichten der Unternehmensfortführung zu prüfen, ist darauf zu achten, daß der mit dem vorläufigen Insolvenzverwalter regelmäßig identische Sachverständige über die erforderlichen Kenntnisse (vgl. oben Rz. 37) verfügt.

41 c) Die Beauftragung des vorläufigen Insolvenzverwalters als Sachverständiger erfolgt zweckmäßigerweise in dem Beschluß, in dem Sicherungsmaßnahmen angeordnet und der vorläufige Insolvenzverwalter bestellt wird. Ergibt sich erst später, daß die Aussichten einer Unternehmensfortführung zu prüfen sind, ergeht ein gesonderter Beschluß. Dieser ist den Beteiligten zu übersenden, aber nicht öffentlich bekanntzumachen. Der Beschluß ist nicht anfechtbar (§ 21 Rz. 12).

42 d) In der Regel ist es nicht erforderlich, daß das Gericht dem vorläufigen Insolvenzverwalter für seine Tätigkeit als Sachverständiger gem. § 404a Abs. 1 ZPO Weisungen erteilt. Ähnlich wie beim vorläufigen Insolvenzverwalter (§ 21 Abs. 2 Nr. 1, § 58) übt das Gericht die Aufsicht aus. Es achtet insbesondere darauf, daß das Gutachten innerhalb einer angemessenen Frist erstellt wird und läßt sich ggf. durch Zwischenberichte informieren.

43 e) Eine Ablehnung wegen Besorgnis der Befangenheit (§§ 406, 42 ZPO) findet nicht statt. Bereits unter Geltung der KO war anerkannt, daß die Beauftragung eines Sachverständigen insoweit nicht anfechtbar ist (*OLG Düsseldorf* EWiR 1991, 1225; *Kilger/Karsten Schmidt* KO, § 107 Rz. 2). Hinzu kommt, daß vorläufiger Insolvenzverwalter und Sachverständiger regelmäßig identisch sind. Der vorläufige Insolvenzverwalter kann aber wegen Besorgnis der Befangenheit nicht abgelehnt werden. Dann ist es nur konsequent, wegen der mit der Tätigkeit als vorläufiger Insolvenzverwalter eng zusammenhängenden Tätigkeit als Sachverständiger das Recht zur Ablehnung wegen Besorgnis der Befangenheit auszuschließen. Erforderlichenfalls wird das Insolvenzgericht aber einen anderen Sachverständigen ernennen (§§ 404 Abs. 1 Satz 3, 360 Satz 2 ZPO). Wegen Besorgnis der Befangenheit abgelehnt werden kann aber ein Sachverständiger, dem die Prüfung der Schlußrechnung übertragen ist (vgl. *OLG Köln* ZIP 1990, 58 = EWiR 1991, 391).

44 f) Die Sachverständigentätigkeit endet mit einem Abschlußbericht (s. u. Rz. 51), für die dem Sachverständigen ein Entschädigungsanspruch (s. u. Rz. 52 ff.) zusteht.

V. Stellung des Sachverständigen

45 a) Der Sachverständige ist berechtigt und verpflichtet, alle zur Aufklärung des Sachverhaltes erforderlichen Ermittlungen anzustellen. Ist er – wie regelmäßig – identisch mit dem vorläufigen Insolvenzverwalter, stehen ihm auch die Rechte nach § 22 Abs. 3 zu.

46 b) Da Sicherungsmaßnahmen allerdings erst nach Zulassung des Antrages getroffen werden können, hat er von der Zulässigkeit auszugehen. Kommen dem Sachverständigen jedoch **Zweifel wegen der Zulässigkeit** des Antrages (z. B. im Hinblick auf die örtliche Zuständigkeit gem. § 3), sollte der Sachverständige unverzüglich Kontakt mit dem Gericht aufnehmen und das weitere Vorgehen abstimmen (vgl. *Bolling* KTS 1990, 599 [605 f.]).

c) Der Sachverständige ist zwar verpflichtet, das Gutachten höchstpersönlich zu erstatten und darf seine Aufgaben nicht delegieren. Gestattet ist ihm aber die Zuziehung von Hilfskräften, wie auch § 8 Abs. 1 Nr. 1 ZSEG zeigt (*Bolling* KTS 1990, 599 [608]). Die Erstellung eines Inventarverzeichnisses und einer Gläubiger- und Schuldnerliste werden regelmäßig Hilfskräften übertragen. **47**

d) Ein Anspruch des Schuldners, daß der Sachverständige mit ihm den Inhalt des Gutachtens erörtert, besteht zwar nicht, da der Sachverständige vom Gericht beauftragt ist. In geeigneten Fällen empfiehlt es sich allerdings, daß der Sachverständige das Gutachten vor seiner endgültigen Erstellung und Übersendung an das Gericht mit dem Schuldner bespricht. Etwaige Einwendungen des Schuldners können so bereits berücksichtigt und eine Verfahrensverzögerung verhindert werden. **48**

e) Zu einer Auskunftserteilung an sonstige Beteiligte ist der Sachverständige weder berechtigt noch verpflichtet (*Bolling* KTS 1990, 599 [602]). Auftraggeber des Sachverständigen ist das Gericht, diesem gegenüber ist der Sachverständige zur Auskunft berechtigt und verpflichtet. Hinsichtlich des Auskunftsanspruchs des Schuldners Rz. 48, hinsichtlich des rechtlichen Gehörs Rz. 51. **49**

f) Eine Haftung des Sachverständigen scheidet jedenfalls bei leichter Fahrlässigkeit aus. Sie kommt nur bei vorsätzlich oder grob fahrlässig falschen Gutachten in Betracht (*Zöller/Greger* ZPO, § 402 Rz. 10). **50**

VI. Gutachten

Die Tätigkeit des vorläufigen Insolvenzverwalters endet mit einem Gutachten. Darin legt er dar, welche Maßnahmen er getroffen hat, wie sich die geschäftliche Entwicklung der Schuldnerin gestaltete, wie sich der Vermögensstatus darstellt und ob eine die Kosten des Verfahrens deckende Masse vorhanden ist. Bei entsprechender Beauftragung äußert er sich weiter als Sachverständiger zum Eröffnungsgrund und zur Frage, welche Aussichten für eine Unternehmensfortführung bestehen. In diesem Rahmen sind die Ursachen der Insolvenz, bereits getroffene Sanierungsmaßnahmen und die Möglichkeit einer Sanierung darzulegen (vgl. die Muster bei *Haarmeyer/Wutzke/Förster* Handbuch 3/177, 3/253; *Uhlenbruck/Delhaes* Rz. 318; *Holzer* Die Entscheidungsträger im Insolvenzverfahren, 1997 Rz. 351 ff.). Weiter kann für den Fall der Eröffnung dargelegt werden, wie der weitere Gang des Verfahrens ablaufen und welche Maßnahmen getroffen werden sollen. Gläubiger und Schuldner erhalten Gelegenheit zur Stellungnahme (s. u. § 26 Rz. 58 ff. und § 27 Rz. 12 ff.). Hat der Sachverständige das Gutachten mit dem Schuldner erörtert und erhebt dieser keine Einwendungen, ist dem Anspruch des Schuldners auf rechtliches Gehör genügt (*Vallender* Kölner Schrift für Insolvenzordnung S. 209, Rz. 45). **51**

VII. Vergütung

Für die Tätigkeit als Sachverständiger besteht ein Vergütungsanspruch gem. § 3 ZSEG. Dieser Anspruch besteht neben dem Anspruch auf die Vergütung für die Tätigkeit als vorläufiger Insolvenzverwalter gem. § 21 Abs. 2 Nr. 1 i.V.m. § 63 (§ 11 Abs. 3 InsVV-E). Im Falle der Abweisung des Antrages mangels Masse bleibt so der vorläufige Insolvenzverwalter, wenn er zugleich als Sachverständiger beauftragt war, nicht ohne jede Vergütung (s. § 21 Rz. 6). **52**

53 Die Entschädigung beträgt für jede Stunde 50,– bis 100,– DM. Jedenfalls in größeren Verfahren gebieten es die Schwierigkeit der Leistung und der Grad der erforderlichen Fachkenntnisse, den höchsten Satz von 100,– DM festzusetzen (*AG Göttingen* – 71 N 13/96 – Beschluß vom 11. 03. 1997). Dies gilt insbesondere, wenn die Unternehmensforführung geprüft worden ist. Häufig wird der Satz von 100,– DM/Stunde nicht annähernd kostendeckend sein. In Betracht kommt nur noch die Erhöhungsmöglichkeit nach § 3 Abs. 3 Satz 1 b ZSEG.

54 Daneben sind erstattungsfähige Aufwendungen gem. § 8 ZSEG zu ersetzen. Die Aufwendungen für Hilfskräfte sind im einzelnen nachvollziehbar darzulegen. Weiter können gem. § 9 ZSEG Fahrtkosten verlangt werden.

55 Die Festsetzung sollte zusammen mit der Festsetzung der Vergütung des vorläufigen Insolvenzverwalters nach Vorprüfung der Sachverständigenentschädigung durch den Kostenbeamten erfolgen. Anders als beim vorläufigen Insolvenzverwalter ist insoweit eine öffentliche Bekanntmachung gem. § 21 Abs. 2 Nr. 1 i. V. m. § 64 Abs. 2 Satz 1 nicht erforderlich. Gegen die Festsetzung ist die unbefristete Beschwerde zulässig (§ 16 Abs. 2 ZSEG).

56 Im Falle der Eröffnung handelt es sich um Kosten des Insolvenzverfahrens (§ 54 Nr. 1). Kommt es nicht zur Eröffnung, bestimmt sich der Kostenschuldner nach allgemeinen Grundsätzen (§ 13 Rz. 46 ff.). Der (gem. § 22 Abs. 1 Satz 2 Nr. 3, 2. Halbs.) zugleich als Sachverständiger beauftragte vorläufige Insolvenzverwalter hat einen Entschädigungsanspruch gegen die Landeskasse. Diese kann die Entschädigung als Auslagen gem. § 50 Abs. 1 Satz 2, Abs. 3 GKG vom Antragsteller bzw. Schuldner zurückfordern.

VIII. »Isolierter« Sachverständiger

57 Möglich ist auch die Bestellung eines Sachverständigen nicht auf der Grundlage des § 22 Abs. 1 Nr. 3, sondern gem. §§ 5 Abs. 1 Satz 2, 4 i. V. m. §§ 402 ff. ZPO. Die Bestellung eines gesonderten Sachverständigen neben dem vorläufigen Insolvenzverwalter zur Prüfung des Eröffnungsgrundes und der Aussichten der Unternehmensfortführung empfiehlt sich nicht (Rz. 29). Denkbar ist jedoch die Bestellung lediglich eines Sachverständigen ohne Anordnung von Sicherungsmaßnahmen. Dies kommt ausnahmsweise in Betracht, wenn vermögensschädigende oder masseminderende Handlungen nicht zu befürchten sind (*Haarmeyer/Wutzke/Förster* Handbuch 3/157 und 158). Zu den denkbaren Fällen s. o. § 21 Rz. 33 f. Im Hinblick auf die Möglichkeit der (späteren) Anordnung von Sicherungsmaßnahmen (§ 21) sind an die Person des Sachverständigen die gleichen Anforderungen zu stellen, wie an einen vorläufigen Verwalter gem. § 21 Abs. 2 Nr. 1 i. V. m. § 56 (*Haarmeyer/Wutzke/Förster* Handbuch 3/159).

D. Einzelheiten zu Abs. 2

58 Wird ein vorläufiger Insolvenzverwalter bestellt, ohne daß dem Schuldner zugleich ein allgemeines Verfügungsverbot (§ 21 Abs. 2 Nr. 2, 1. Alt.) auferlegt wird, so hat das Gericht die Pflichten des vorläufigen Insolvenzverwalters zu bestimmen. Erfaßt sind davon die Fälle des allgemeinen Zustimmungsvorbehaltes (§ 21 Abs. 2 Nr. 2, 2. Alt.) sowie die Fälle eines besonderen Veräußerungsverbotes und besonderen Zustimmungsvorbehaltes, jeweils nur bezogen auf einzelne oder bestimmte Arten von Rechtsgeschäften, gem. § 21 Abs. 1 (§ 21 Rz. 5, 92).

Rechtsstellung des vorläufigen Insolvenzverwalters § 22

Ein **Nachteil** dieser Anordnung liegt zunächst darin, daß sie in ihren Wirkungen 59
teilweise weit hinter den Wirkungen zurückbleiben, die bei Anordnung eines allgemeinen Verfügungsverbotes und vorläufiger Insolvenzverwaltung eintreten (s. die Übersicht oben § 21 Rz. 13). In keinem Fall tritt die Unterbrechungswirkung gem. § 240 ZPO ein, die Aufnahmemöglichkeit gem. § 24 Abs. 2 für den vorläufigen Insolvenzverwalter besteht nicht. Vom vorläufigen Insolvenzverwalter begründete Verbindlichkeiten sind im Falle der Eröffnung nicht sonstige Masseverbindlichkeiten (§ 55 Abs. 2). Vor Aufhebung von Sicherungsmaßnahmen (insbesondere im Falle der Abweisung mangels Masse gem. § 26) ist der vorläufige Insolvenzverwalter nicht berechtigt, seine Vergütung und die von ihm begründeten Verbindlichkeiten aus dem Schuldnervermögen gem. § 25 Abs. 2 zu befriedigen. Bei Anordnung eines allgemeinen Zustimmungsvorbehaltes (§ 21 Abs. 2 Nr. 2, 2. Alt.) ist gutgläubiger Erwerb grundsätzlich (gem. § 24 i. V. m. § 81) nicht möglich, da es sich um ein absolutes Verbot handelt (s. u. § 24 Rz. 4). Bei besonderen Verfügungsverboten oder besonderen Zustimmungsvorbehalten handelt es sich hingegen um relative Verbote gem. §§ 135, 136 BGB mit der Folge, daß gutgläubiger Erwerb grundsätzlich in Betracht kommt.

Wird kein allgemeines Verfügungsverbot verhängt, geht die Verwaltungs- und Verfü- 60
gungsbefugnis über das Vermögen des Schuldners – anders als nach § 22 Abs. 1 Satz 1 – nicht auf den vorläufigen Insolvenzverwalter über. Das Gericht hat die Pflichten des vorläufigen Insolvenzverwalters zu bestimmen, wobei diese Pflichten nicht über die Pflichten nach Abs. 1 Satz 2 hinausgehen dürfen. Dem Gericht ist damit ein weiter Spielraum eingeräumt (*Uhlenbruck* KTS 1994, 169 [178]). Das Gericht kann die zustimmungsbedürftigen Verfügungen des Schuldners konkret bestimmen oder auf eine bestimmte Gruppe von Verfügungen begrenzen (*Haarmeyer/Wutzke/Förster* Handbuch 3/217). Die **Bestimmung des Pflichtenkataloges** wird dem Gericht jedoch regelmäßig **erhebliche Schwierigkeiten** bereiten. Es besteht die Gefahr, daß Unklarheiten durch das Nebeneinander von Zuständigkeit des vorläufigen Insolvenzverwalters und des Schuldners entstehen, die haftungsrechtlich später kaum noch aufzulösen sein werden (*Pape* ZIP 1994, 89 [90]). Für das Insolvenzgericht werden die erforderlichen Maßnahmen regelmäßig nicht vorhersehbar sein (*Pape* WPrax 1995, 236 [238]). Die Befugnisse des vorläufigen Insolvenzverwalters können nicht so detailliert festgelegt werden, daß in jedem Fall zweifelsfrei klar ist, wie weit die vom Gericht verliehene Rechtsmacht des vorläufigen Insolvenzverwalters reicht (*Hess/Pape* Rz. 153). Die Rechtsstellung des vorläufigen Insolvenzverwalters entspricht in diesen Fällen eher der eines gerichtlichen Sachverständigen oder Beraters (*Haarmeyer/Wutzke/Förster* Handbuch 3/236). Wegen der oben aufgezeigten Unklarheiten und Risiken sollte die Bestellung eines vorläufigen Insolvenzverwalters ohne gleichzeitige Anordnung eines allgemeinen Verfügungsverbotes die Ausnahme sein (*Haarmeyer/Wutzke/Förster* Handbuch 3/226; *Pape* WPrax 1995, 236 [238]; *Hess/Pape* Rz. 153; s. auch oben § 21 Rz. 28 ff.).

Entsprechend der Befugnis des Insolvenzgerichtes, eine Kontensperre zu verfügen (s. 60a
§ 21 Rz. 93), kann der vorläufige Insolvenzverwalter bei Fehlen eines allgemeinen Verfügungsverbotes der Bank des Schuldners untersagen, Kontobelastungen vorzunehmen (*LG Hamburg* ZIP 1997, 2091 f. = EWiR 1997, 1037).

Im Fall des Abs. 2 beauftragt das Gericht regelmäßig den vorläufigen Insolvenzverwal- 61
ter als Sachverständigen mit der Prüfung, ob ein Eröffnungsgrund vorliegt und das Vermögen des Schuldners die Kosten des Verfahrens decken wird. Der vorläufige Insolvenzverwalter wird gebeten Mitteilung zu machen, falls weitergehende Sicherungsmaßnahmen erforderlich sind. Im übrigen gelten die obigen Ausführungen sinngemäß.

E. Abs. 3

62 Abs. 3 räumt dem vorläufigen Insolvenzverwalter eine umfassende Unterrichtungsmöglichkeit ein in Anlehnung von § 40 Abs. 1 VerglO (BT-Drucks. 12/2443 S. 117). Darüber hinaus gilt die Auskunftspflicht des § 97. Wegen der Auskunftspflichtigen und des Umfanges der Auskunftspflicht vgl. § 20 Rz. 6f., wegen der zwangsweisen Durchsetzung § 20 Rz. 9ff., wegen der Kosten und Rechtsbehelfe § 20 Rz. 13f. Die Auskunftspflicht bezieht sich nicht nur auf inländisches, sondern auch auf ausländisches Schuldnervermögen.

63 Im **Ausland** belegenes Vermögen des Schuldners gehört zur Insolvenzmasse (s. § 3 Rz. 39) und wird von Sicherungsmaßnahmen umfaßt (s.o. Rz. 9). Der Schuldner ist verpflichtet, die nötigen Mitwirkungshandlungen vorzunehmen, damit ein Zugriff auf das Vermögen möglich ist. Es gelten die Grundsätze wie im eröffneten Verfahren (*Uhlenbruck* KTS 1997, 371 [389]). In Betracht kommt beispielsweise die Erteilung einer Vollmacht für das Auslandsvermögen s. § 27 Rz. 25).

§ 23 → §§ 112, 113 KO
Bekanntmachung der Verfügungsbeschränkungen

(1) ¹Der Beschluß, durch den eine der in § 21 Abs. 2 Nr. 2 vorgesehenen Verfügungsbeschränkungen angeordnet und ein vorläufiger Insolvenzverwalter bestellt wird, ist öffentlich bekanntzumachen. ²Er ist dem Schuldner, den Personen, die Verpflichtungen gegenüber dem Schuldner haben, und dem vorläufigen Insolvenzverwalter besonders zuzustellen. ³Die Schuldner des Schuldners sind zugleich aufzufordern, nur noch unter Beachtung des Beschlusses zu leisten.
(2) Ist der Schuldner im Handels-, Genossenschafts- oder Vereinsregister eingetragen, so hat die Geschäftsstelle des Insolvenzgerichts dem Registergericht eine Ausfertigung des Beschlusses zu übermitteln.
(3) Für die Eintragung der Verfügungsbeschränkungen im Grundbuch, im Schiffsregister, im Schiffsbauregister und im Register über Pfandrechte an Luftfahrzeugen gelten die §§ 32, 33 entsprechend.

Vgl. § 113 KO; § 61 VerglO

Inhaltsübersicht: Rz.

A. Überblick	1– 3
B. Abs. 1	4–17
I. Anwendungsbereich	4
II. Inhalt des Beschlusses	5– 9
III. Wirksamwerden des Beschlusses	10–11
IV. Veröffentlichung	12
V. Ort und Inhalt der öffentlichen Bekanntmachung	13–14
VI. Weitere Zustellungen und Mitteilungen	15–17
C. Wirkungen des Beschlusses	18–21
D. Abs. 2	22
E. Abs. 3	23

Literatur:

Lohkemper Die Zwangsvollstreckung während der Sequestration und in einem vorläufigen Insolvenzverfahren, ZIP 1995, 1641; *Pape* Neuordnung der Sicherungsmaßnahmen im Insolvenzeröffnungsverfahren, WPrax 1995, 236; *Smid* Funktion des Sequesters und Aufgaben des Insolvenzgerichts in der Eröffnungsphase nach der verabschiedeten Insolvenzordnung (InsO), WM 1995, 785; *Vallender* Einzelzwangsvollstreckung im neuen Insolvenzrecht, ZIP 1997, 1993.

A. Überblick

Sicherungsmaßnahmen gem. § 106 KO (Allgemeines Veräußerungsverbot, Sequestration) wurden, obgleich gesetzlich nicht vorgesehen, gewohnheitsmäßig öffentlich bekannt gemacht, um einen gutgläubigen Erwerb (§ 135 Abs. 2 BGB) bzw. eine schuldbefreiende Leistung (§ 407 Abs. 1 BGB) zu verhindern (vgl. *Gottwald/Uhlenbruck* § 14 Rz. 6). Für den Regelfall der Bestellung eines vorläufigen Insolvenzverwalters und Anordnung von Verfügungsbeschränkungen gem. § 21 Abs. 2 Nr. 2 sieht das Gesetz nunmehr eine öffentliche Bekanntmachung vor. Auch bei der – seltenen – Anordnung von Sicherungsmaßnahmen gem. § 21 Abs. 1 (s.o. § 21 Rz. 5, 30, 92) sollte eine öffentliche Bekanntmachung erfolgen, um gutgläubigen Erwerb oder schuldbefreiende Leistung an den Schuldner zu verhindern. 1

Bei einem Verstoß gegen die in § 21 Abs. 2 Nr. 2 vorgesehenen Verfügungsbeschränkungen gelten gem. § 24 Abs. 1 die §§ 81, 82 entsprechend. Es handelt sich um ein absolutes Verfügungsverbot (s.u. § 24 Rz. 4). Gutgläubiger Erwerb ist nur möglich gem. § 81 Abs. 1. Dieser wird verhindert durch die Vorschrift in Abs. 3, die auf §§ 32, 33 Bezug nimmt und dem § 113 KO nachgebildet ist. In den übrigen Fällen dient die öffentliche Bekanntmachung der Information des Geschäftsverkehrs. Ferner wird vermutet, daß bei Leistung an den Schuldner der Leistende keine Kenntnis von der Sicherungsmaßnahme gem. § 21 Abs. 2 Nr. 2 hatte, sofern die Leistung vor der öffentlichen Bekanntmachung erfolgte (§ 24 Abs. 1 i.V.m. § 82 Satz 2). An die (bekannten) Drittschuldner wird der Beschluß besonders zugestellt und sie werden aufgefordert, nur noch unter Beachtung des Beschlusses zu leisten. Weiter erfolgt eine besondere Zustellung an den Schuldner und den vorläufigen Insolvenzverwalter. 2

Neu ist die Vorschrift des Abs. 2. § 112 KO sah eine entsprechende Mitteilung nur im Falle der Eröffnung vor. 3

B. Abs. 1

I. Anwendungsbereich

Die Vorschrift des § 23 gilt nur, wenn ein vorläufiger Insolvenzverwalter bestellt und eine Sicherungsmaßnahme gem. § 21 Abs. 2 Nr. 2 angeordnet worden ist. Auch in den übrigen Fällen kommen allerdings eine öffentliche Bekanntmachung (s.o. Rz. 1) und eine besondere Zustellung an Schuldner und Drittschuldner in Betracht. 4

II. Inhalt des Beschlusses

5 a) Voraussetzung für die Anordnung von Sicherungsmaßnahmen ist die **Zulässigkeit** des Antrages (s. o. § 14 Rz. 1–4, 5 ff., 26 ff., 88 ff.). Es empfiehlt sich, die Zulässigkeit des Antrages in Form eines Vermerkes aktenkundig zu machen (s. § 14 Rz. 99).

6 b) Entsprechend § 27 Abs. 2 enthält der Eröffnungsbeschluß die genaue Bezeichnung des Schuldners, Namen und Anschrift des vorläufigen Insolvenzverwalters und Tag und Stunde der Anordnung der Sicherungsmaßnahmen. Beim Nachlaßinsolvenzverfahren (§§ 315 ff.) ist Schuldner nicht der (die) Erbe(n), sondern das Vermögen des am ... um ... verstorbenen, zuletzt wohnhaft in ... gewesenen Herrn (Frau) .... Verfügungsbeschränkungen (§ 21) werden dem (den) Erben auferlegt.

7 c) Weiter werden aufgeführt die im **einzelnen** angeordneten **Sicherungsmaßnahmen**, insbesondere also die Maßnahmen gem. § 21 Abs. 2 Nr. 1–3, § 21 Abs. 1 (z. B. Postsperre), § 22 Abs. 1 Satz 2 Nr. 3, 2. Hs. (Prüfung als Sachverständiger, ob ein Eröffnungsgrund vorliegt und welche Aussichten für eine Unternehmensfortführung bestehen). Ggf. sind die Pflichten des vorläufigen Insolvenzverwalters gem. § 22 Abs. 2 aufzuführen. Schließlich werden Drittschuldner aufgefordert, nur noch unter Beachtung des Beschlusses zu leisten (§ 23 Abs. 1 Satz 3). Dies bedeutet, daß Drittschuldner ihre Verbindlichkeiten gegenüber dem Schuldner bei Fälligkeit an den vorläufigen Insolvenzverwalter zu entrichten haben und Zahlungen an den Schuldner persönlich oder von ihm Bevollmächtigte unwirksam sind. Ein allgemeines Verfügungsverbot bedeutet, daß Veräußerungen und Verfügungen des Schuldners über Gegenstände seines Vermögens ihm verboten und unwirksam sind und daß unter dieses Verbot auch die Einziehung von Außenständen fällt (vgl. die Muster bei *Haarmeyer/Wutzke/Förster* Handbuch 3/196; *Uhlenbruck/Delhaes* Rz. 347, 376, 376 a).

8 d) Eine Begründung ist regelmäßig nicht erforderlich. Sie kann sich aber empfehlen, wenn die Zulässigkeit des Antrages zweifelhaft ist, z. B. im Hinblick auf die Zuständigkeit oder die Glaubhaftmachung der Forderung oder des Eröffnungsgrundes. Diese unter Geltung der KO gehandhabte Praxis sollte weiterverfolgt werden, auch wenn die Anordnung von Sicherungsmaßnahmen nicht mehr anfechtbar ist.

9 e) Der Beschluß wird allerdings nicht mit vollem Inhalt, sondern nur auszugsweise veröffentlicht (s. u. Rz. 14).

III. Wirksamwerden des Beschlusses

10 a) Wird der **Beschluß verkündet**, wird er mit der Verkündung wirksam, wobei unerheblich ist, ob der Adressat anwesend ist (*Gottwald/Uhlenbruck* § 14 Rz. 13; s. o. § 5 Rz. 33, § 8 Rz. 10). Eine Verkündung kommt in Betracht, wenn ein Anhörungstermin stattfindet und in diesem Termin Sicherungsmaßnahmen seitens des Gerichts beschlossen werden.

11 b) **Nichtverkündete Beschlüsse** bedürfen zu ihrer Wirksamkeit nicht mehr der Zustellung an den Schuldner oder sonstiger Dritter, wie es die früher herrschende Meinung forderte (BGHZ 83, 158 = ZIP 1982, 464 [465 f.]). Nichtverkündete Beschlüsse können bereits wirksam werden, wenn sie aus dem Bereich des Gerichts in den Geschäftsgang gelangt sind (s. o. § 5 Rz. 33). Bei Beschlüssen, die Sicherungsmaßnahmen jedenfalls gemäß § 21 **Abs. 2 Nr. 2** anordnen, ist für das Wirksamwerden rückwirkend auf die Zeitangabe im Beschluß und bei fehlender Zeitangabe auf die Mittagsstunde des entsprechenden Tages abzustellen. In einer Entscheidung zur GesO hat der *BGH*

zunächst festgestellt, daß ein allgemeines Veräußerungsverbot bereits mit Erlaß des Beschlusses wirksam wird, wenn das Gericht Tag und Stunde angegeben hat (ZIP 1995, 40 [41] = EWiR 1995, 57). Diese Grundsätze hat das *OLG Köln* (ZIP 1995, 1684 [1685] = EWiR 1995, 1205) auch für das Konkursverfahren angewandt ebenso *OLG Dresden* ZIP 1998, 432 [433] = EWiR 1998, 397; *OLG Celle* ZIP 1998, 1232). In einer weiteren Entscheidung hat der *BGH* ein Verfügungsverbot nach der GesO bei fehlender Zeitangabe ebenfalls mit seinem Erlaß, und zwar ab der Mittagsstunde des Erlaßtages, als wirksam angesehen (ZIP 1996, 1909 [1911] = EWiR 1996, 1077; a. A. für § 106 KO BAG ZIP 1998, 33 [34] = EWiR 1998, 183). Der *BGH* hat in der letztgenannten Entscheidung ausdrücklich Bezug genommen auf die Gesetzesbegründung zu § 21 (BT-Drucks. 12/2443 S. 116). Danach ist in dem Beschluß, mit dem Sicherungsmaßnahmen angeordnet werden, die genaue Zeit der Anordnung anzugeben, damit der Zeitpunkt des Wirksamwerdens der Maßnahme feststeht. Daraus folgt, daß nichtverkündete Beschlüsse, in denen Sicherungsmaßnahmen angeordnet werden, zu ihrer Wirksamkeit nicht der Zustellung bedürfen, sondern bereits mit ihrem Erlaß wirksam werden (*Smid* WM 1995, 785 [787]; *Pape* WPrax 95, 236 [240]). Ist die Stunde des Erlasses nicht angegeben, ist (entsprechend § 27 Abs. 3) auf die Mittagsstunde abzustellen (*Haarmeyer/Wutzke/Förster* Handbuch 3/197).

Anordnungen gemäß **§ 21 Abs. 2 Nr. 3** müssen an die Gläubiger nicht zugestellt werden, damit sie wirksam werden (a. A. *Vallender* ZIP 1997, 1993 [1996]). Für die vergleichbare Vorschrift des § 775 Nr. 2 ZPO ist anerkannt, daß der Mitteilung an die Parteien nur eine »Benachrichtigungsfunktion« zukommt; wirksam wird die Anordnung im Zeitpunkt des ersten Hinausgehens der Entscheidung nach außen (BGHZ 25, 60 [66]). Es genügt also, daß die Entscheidung – regelmäßig zusammen mit der Anordnung weiterer Sicherungsmaßnahmen gemäß § 21 Abs. 2 Nr. 1, 2 – in den Geschäftsgang gelangt ist (s. auch § 5 Rz. 33). Die die Zwangsvollstreckung durchführenden Stellen erhalten eine Beschlußabschrift (s. u. Rz. 17). 11 a

IV. Veröffentlichung

Entsprechend § 30 Abs. 1 Satz 1 hat die Geschäftsstelle des Insolvenzgerichts den Beschluß, der Sicherungsmaßnahmen anordnet, sofort öffentlich bekannt zu machen. Der Beschluß ist per Fax an die entsprechenden Zeitungen zu übersenden. Abzuraten ist von der von *Haarmeyer/Wutzke/Förster* (Handbuch 3/158, 199) propagierten sogenannten »stillen Sequestration«, bei der nach Anordnung der Sicherungsmaßnahmen die Veröffentlichung so lange zurückgestellt wird, bis der vorläufige Insolvenzverwalter die Notwendigkeit der Anordnung von vorläufigen Sicherungsmaßnahmen bestätigt hat. Erscheint ein vorläufiger Insolvenzverwalter oder auch nur Gutachter in einem schuldnerischen Unternehmen, wird sich dies in Kürze herumsprechen. Zudem drohen Haftungsgefahren, die Vermutung des § 82 Satz 2 greift nicht ein. 12

V. Ort und Inhalt der öffentlichen Bekanntmachung

a) Entspechend § 30 Abs. 1 veranlaßt die Geschäftsstelle die sofortige öffentliche Bekanntmachung. Eine Veröffentlichung im Bundesanzeiger (wie in § 30 Abs. 1 Satz 2 vorgesehen) ist nicht erforderlich. Die Veröffentlichung erfolgt gem. § 9 Abs. 1 Satz 1 in dem für amtliche Bekanntmachungen des Gerichts bestimmten Blatt (§ 9 Rz. 9). 13

§ 23 *Eröffnung des Insolvenzverfahrens*

Darüber hinaus erfolgen gem. § 9 Abs. 2 weitere Veröffentlichungen in anderen Zeitungen (s. o. § 9 Rz. 10–12).

14 b) Die Veröffentlichung erfolgt **nur auszugsweise** (§ 9 Abs. 1 Satz 1, 2. Hs.). So ist z. B. die Nennung des Antragstellers entbehrlich (s. o. § 9 Rz. 13), ebenso die Mitteilung von der Anordnung einer Postsperre. Wird die Anordnung der Postsperre nicht öffentlich bekannt gemacht, bestimmt sich die Frist zur sofortigen Beschwerde nicht gemäß § 9 s sondern es kommt auf den Zeitpunkt der – hier erforderlichen – förmlichen Zustellung gegen Zustellungsurkunde an. Auch eine wiederholte Veröffentlichung kommt in Betracht (§ 9 Rz. 14).

14a Anordnungen gemäß **§ 21 Abs. 2 Nr. 3** bedürfen zu ihrer Wirksamkeit nicht der Zustellung an die Gläubiger (s. o. Rz. 11 a) bzw. der öffentlichen Bekanntmachung. Eine Veröffentlichung zur Unterrichtung des Geschäftsverkehrs empfielt sich und wird regelmäßig kaum besondere Kosten verursachen, wenn zugleich die Anordnung weiterer Sicherungsmaßnahmen (§ 21 Abs. 2 Nr. 1, 2) bekannt gemacht wird.

VI. Weitere Zustellungen und Mitteilungen

15 Der Beschluß ist daneben besonders zuzustellen dem vorläufigen Insolvenzverwalter (dem zugleich die Akten übersendet werden, s. o. § 4 Rz. 79), dem Schuldner und den Drittschuldnern, letzteren mit der Aufforderung, nur noch unter Beachtung des Beschlusses zu leisten (Abs. 1 Satz 2, 3). Die Zustellung kann durch Aufgabe zur Post erfolgen (s. o. § 8 Rz. 7, 4). Regelmäßig wird aber eine **förmliche Zustellung** erfolgen (s. o. § 8 Rz. 12) oder erforderlich ist (s. o. Rz. 14). Im Hinblick auf die Publizitätswirkungen (s. o. § 9 Rz. 5) kann es sich empfehlen, Kreditinstituten z. B. den Beschluß zuzufaxen.

16 Der Insolvenzrichter kann die Zustellungen auch dem vorläufigen Insolvenzverwalter übertragen (s. o. § 8 Rz. 21 ff.). Eine Zustellung durch Aufgabe zur Post kann dieser allerdings nicht vornehmen (s. o. § 8 Rz. 24). Die Zustellung an den Schuldner sollte das Insolvenzgericht aus Beschleunigungsgründen selbst vornehmen. Ob und in welchem Umfang die Zustellung an Drittschuldner dem vorläufigen Insolvenzverwalter übertragen werden kann, ist eine Frage des Einzelfalles. Zweckmäßig ist es jedenfalls, daß der vorläufige Insolvenzverwalter die Zustellungen an nachträglich bekannt werdende Drittschuldner vornimmt.

17 Beschlußausfertigungen erhalten die in Abs. 2 genannten Register, die Gerichtsvollzieherverteilungsstelle (insbesondere im Hinblick auf § 21 Abs. 2 Nr. 3), die Zwangsvollstreckungs-(M)Abtei-lung (im Hinblick auf § 807, §§ 829, 835 ZPO), das Arbeitsamt (im Hinblick auf Insolvenzgeld), die übrigen Amtsgerichte und das Landgericht des Bezirks sowie das Arbeitsgericht. Ggf. sind die RA-/Notarkammer zu informieren (bundeseinheitliche AV, z. B. Nds. Rpfl. 1991, 291). Schließlich ist die Verfügungsbeschränkung im Grundbuch und ins Register einzutragen (gem. Abs. 3; s. u. Rz. 23). Bei Anordnung der Postsperre ist das Postamt zu informieren (Einzelheiten bei § 99).

C. Wirkungen des Beschlusses

18 Die Wirkungen des Beschlusses ergeben sich aus §§ 21, 22, 24. Dritten gegenüber treten die Wirkungen ein bei Verfügungen des Schuldners nach Anordnung der Sicherungsmaßnahmen (§ 81), bei Leistungen an den Schuldner ab der öffentlichen Bekanntma-

chung (§ 82), falls nicht schon vorher positive Kenntnis vorhanden war, sei es aufgrund einer förmlichen Zustellung oder auch eines Fax (vgl. oben Rz. 15).
Darüber hinaus bildet der Beschluß einen **Vollstreckungstitel**. Für den Sequestrations- 19 beschluß war anerkannt, daß er Vollstreckungstitel i. S. v. § 794 Nr. 3 ZPO gegenüber dem Gemeinschuldner war, aus dem der Sequester die Wegnahmevollstreckung nach §§ 883 ff. ZPO betreiben konnte (*Kuhn/Uhlenbruck* KO, § 106 Rz. 8a). Die Vorschrift des § 794 Abs. 1 Nr. 3 ZPO greift zwar nicht mehr unmittelbar ein, da gegen die Anordnung von Sicherungsmaßnahmen kein Rechtsmittel mehr möglich ist (§§ 6, 34). Da die Rechtsstellung des vorläufigen Insolvenzverwalters jedoch gestärkt werden sollte, ist davon auszugehen, daß der Gesetzgeber dieses Problem übersehen hat und der Beschluß weiter einen Vollstreckungstitel bildet. Andernfalls müßte das Insolvenzgericht gem. § 21 Abs. 1 entsprechende Anordnungen treffen.
Der Anordnungsbeschluß muß mit einer **Vollstreckungsklausel** versehen werden (strei- 20 tig, *Lohkemper* ZIP 1995, 1641 [1642]). Dafür spricht auch die vergleichbare Regelung in § 148 Abs. 2 Satz 1. Unter Geltung der KO wurde die Auffassung vertreten, daß es einer **besonderen gerichtlichen Durchsuchungsanordnung** im Hinblick auf Art. 13 Abs. 2 GG nicht bedürfe, da sich das Gericht bei Anordnung bewußt ist, daß neben der freiwilligen Herausgabe auch die zwangsweise Besitzergreifung in Betracht kommt (*Lohkemper* ZIP 1995, 1641 [1642 f.]). Diese Auffassung ist teilweise überholt. § 758a Abs. 1 ZPO bestimmt, daß die Wohnung des Schuldners grundsätzlich nur mit richterlicher Einwilligung durchsucht werden darf. Der Begriff der Wohnung ist weit auszulegen, darunter fallen u. a. auch Geschäftsräume (*Zöller/Stöber* ZPO, § 758 Rz. 4). Für Geschäftsräume dürfte aufgrund der Regelung in § 22 Abs. 3 Satz 1 eine richterliche Einwilligung nicht erforderlich sein. Für die Fälle der Durchsuchung von Wohnraum i. e. S. wird eine richterliche Einwilligung (mit Anordnung gem. § 758a Abs. 4 ZPO) die Ausnahme darstellen. Der vorläufige Verwalter fordert den Schuldner zunächst zur Vorlage der benötigten Unterlagen auf, ggf. findet ein gerichtlicher Anhörungstermin statt. Die vor Anordnung der Durchsuchung grundsätzlich gebotene Anhörung des Schuldners (vgl. *Zöller/Stöber* ZPO, § 758 Rz. 19) ist bei vorangegangenen richterlichen Anhörungsterminen entbehrlich, wenn der Schuldner in dem Termin – sinnvollerweise – auch insoweit angehört worden ist. In den übrigen Fällen ist zu prüfen, ob eine richterliche Einwilligung nicht gemäß § 758a Abs. 1 Satz 2 ZPO entbehrlich ist. Zuständig für die Einwilligung ist der Insolvenzrichter; ggf. ist dies im Geschäftsverteilungsplan zu regeln.
Will der Schuldner Verfahrensverstöße des Gerichtsvollziehers rügen, ist die Vollstrek- 21 kungserinnerung nach § 766 ZPO statthaft (*Lohkemper* ZIP 1995, 1641 [1644]), über die nicht das Vollstreckungsgericht, sondern das Insolvenzgericht entscheidet (s. o. § 6 Rz. 46; § 21 Rz. 83 ff.). Wird der Gerichtsvollzieher auf Antrag des vorläufigen Insolvenzverwalters nicht tätig, steht diesem ebenfalls die Erinnerung (§ 766 ZPO) zu.

D. Abs. 2

Die Geschäftsstelle des Insolvenzgerichts hat eine Beschlußausfertigung dem Register- 22 gericht zu übermitteln, wenn der Schuldner im Handels-, Partnerschafts-, Genossenschafts- oder Vereinsregister eingetragen ist. Die Eintragungspflicht besteht, wenn ein vorläufiger Insolvenzverwalter bestellt und eine der Sicherungsmaßnahmen des § 21 Abs. 2 Nr. 2 getroffen wird (§ 32 Abs. 1 Satz Nr. 2 HGB, § 102 Abs. 1 Satz 2 Nr. 2 GenG, § 75 Abs. 1 Satz 2 Nr. 2 BGB). Ggf. hat das Insolvenzgericht zu ermitteln, ob der

Schuldner als Kaufmann im Handelsregister eingetragen ist. Werden Sicherungsmaßnahmen aufgehoben, hat die Geschäftsstelle gem. § 25 Abs. 1 i. V. m. § 23 Abs. 2 dem Registergericht eine entsprechende Beschlußausfertigung zu übermitteln, da auch die Aufhebung derartiger Sicherungsmaßnahmen ins Register einzutragen ist.

E. Abs. 3

23 Wird eine Verfügungsbeschränkung gem. § 21 Abs. 2 Nr. 2 angeordnet, handelt es sich um ein absolutes Verbot, ein gutgläubiger Erwerb ist nur ausnahmsweise möglich (§ 24 Abs. 1 i. V. m. § 81 Abs. 1; s. u. § 24 Rz. 7). Um diesen auszuschließen, ordnet Abs. 3 die Eintragung der Verfügungsbeschränkung in die entsprechenden Register an. Wichtig ist eine schnelle und umfassende Ermittlung des Grundvermögens und der weiteren in § 81 Abs. 1 Satz 2 genannten Vermögensgegenstände des Schuldners. Antragsberechtigt sind das Insolvenzgericht und der vorläufige Insolvenzverwalter (§ 32 Abs. 2). Es genügt nicht die Übersendung eines Beschlusses wie in Abs. 2. Erforderlich ist ein beglaubigtes Eintragungsersuchen mit genauer Bezeichnung (Grundbuch von ... Bd. ... Bl. ...), unterschrieben vom Richter bzw. vom vorläufigen Insolvenzverwalter, der eine beglaubigte Ablichtung seiner Bestellungsurkunde (§ 56 Abs. 2) beifügen muß. Aus Beschleunigungsgründen sollte für die bei Anordnung von Sicherungsmaßnahmen bekannten Vermögensgegenstände der Insolvenzrichter die Anordnung treffen, während für nachträglich bekannt werdende Gegenstände dies der vorläufige Insolvenzverwalter tun sollte. Bei der Aufhebung von Sicherungsmaßnahmen ist zu beachten, daß wiederum (gem. § 25 Abs. 1 i. V. m. § 23 Abs. 3) ein entsprechendes Ersuchen an das Register gerichtet wird. Wegen der übrigen Einzelheiten wird auf die Kommentierung zu §§ 32, 33 verwiesen.

§ 24
Wirkungen der Verfügungsbeschränkungen

(1) Bei einem Verstoß gegen eine der in § 21 Abs. 2 Nr. 2 vorgesehenen Verfügungsbeschränkungen gelten die §§ 81, 82 entsprechend.
(2) Ist die Verfügungsbefugnis über das Vermögen des Schuldners auf einen vorläufigen Insolvenzverwalter übergegangen, so gelten für die Aufnahme anhängiger Rechtsstreitigkeiten § 85 Abs. 1 Satz 1 und § 86 entsprechend.

Inhaltsübersicht: Rz.

A. Überblick	1
B. Abs. 1	2–22
I. Anwendungsgebiet	2
II. Entsprechende Anwendung des § 81	3–15
III. Rechtsfolgen eines Verstoßes gegen § 81	16–20
IV. Entsprechende Anwendung des § 82	21
V. Sonstige Fälle	22
C. Abs. 2	23–34
I. Anwendungsgebiet und Bedeutung	23–24
II. §§ 85, 86	25–26

III.	Entscheidung des vorläufigen Insolvenzverwalters	27–29
IV.	Neuverfahren	30
V.	Sonstige Fälle	31–33
VI.	Prozeßkostenhilfe in Neuverfahren	34
D. Sonstige Wirkungen		35–39
I.	Eidesstattliche Versicherung § 807 ZPO	35
II.	Zwangshypothek/Grundbuchsperre	37
III.	Abfallrechtliche Verfügung	38
IV.	Steuerrecht	39

Literatur:

Eckardt Vorausverfügung und Sequestration, ZIP 1997, 957; *Feuerborn* Rechtliche Probleme der Unternehmensfortführung durch den Sequester und den vorläufigen Insolvenzverwalter, KTS 1997, 171; *Gerhardt* Die Verfahrenseröffnung nach der Insolvenzordnung und ihre Wirkung, ZZP 109 [1996], 415; *Pape* Zur Prozeßkostenhilfebewilligung für Konkursverwalter, ZIP 1990, 1529; *ders.* Neuordnung der Sicherungsmaßnahmen im Insolvenzeröffnungsverfahren, WPrax 1995, 236; *Smid* Funktion des Sequesters und Aufgaben des Insolvenzgerichts in der Eröffnungsphase nach der verabschiedeten Insolvenzordnung (InsO), WM 1995, 785; *Uhlenbruck* Probleme des Eröffnungsverfahrens nach dem Insolvenzrechts-Reformgesetz 1994, KTS 1994, 169

A. Überblick

Die Wirkungen von Sicherungsmaßnahmen sind in der InsO an einer Vielzahl von Stellen geregelt (vgl. die Übersicht § 21 Rz. 13). Für den Regelfall der Bestellung eines vorläufigen Insolvenzverwalters und Anordnung einer Sicherungsmaßnahme gem. § 21 Abs. 2 Nr. 2 regelt § 24 durch Verweisung auf die Vorschriften für das eröffnete Verfahren die Wirkungen eines Verstoßes gegen eine der in § 21 Abs. 2 Nr. 2 vorgesehenen Verfügungsbeschränkungen (Abs. 1 i. V. m. § 81, 82). Es handelt sich nicht nur um ein relatives, sondern um ein absolutes Verbot. Dies kann insbesondere Auswirkungen haben auf die (bislang) gängige Praxis der Begleichung von Forderungen durch den Schuldner auch nach Anordnung von Sicherungsmaßnahmen. Ist die Verfügungsbefugnis über das Vermögen des Schuldners auf einen vorläufigen Insolvenzverwalter übergegangen, also dem Schuldner – wie regelmäßig – ein allgemeines Verfügungsverbot auferlegt worden (§ 21 Abs. 2 Nr. 2, 1. Alt.), so können die gem. § 240 Satz 2 ZPO unterbrochenen anhängigen Rechtsstreitigkeiten fortgeführt werden (Abs. 2 i.V.m. §§ 85 Abs. 1 Satz 1, 86). Daneben bestehen weitere Fallgestaltungen (u. a. Neuverfahren des oder gegen den vorläufigen Insolvenzverwalter). Schließlich können sich noch weitere Wirkungen aus den Verfügungsbeschränkungen ergeben (s. i. E. Rz. 35 ff.).

1

B. Abs. 1

I. Anwendungsgebiet

Zur Sicherung und Erhaltung der Masse wird dem Schuldner regelmäßig ein allgemeines Verfügungsverbot auferlegt (s. o. § 21 Rz. 28 ff.). In diesem Fall und im Falle der Anordnung eines allgemeinen Zustimmungsvorbehaltes (§ 21 Abs. 2 Nr. 2) gelten bei einem Verstoß gegen die Verfügungsbeschränkungen die §§ 81, 82 entsprechend. Sie

2

gelten nicht, wenn lediglich ein besonderes Verfügungsverbot oder ein besonderer Zustimmungsvorbehalt angeordnet sind (s. o. § 21 Rz. 5, 30).

II. Entsprechende Anwendung des § 81

3 **a)** Bei dem allgemeinen Veräußerungsverbot gem. § 106 Abs. 1 Satz 3 KO handelte es sich nach herrschender Meinung in Rechtsprechung (BGHZ 19, 355 [359] = NJW 1956, 463 [464]; *OLG Koblenz* ZIP 1989, 1593 [1594]) und Literatur (*Kuhn/Uhlenbruck* KO, § 106 Rz. 4 m. w. N.) um ein relatives Veräußerungsverbot (§§ 135, 136 BGB). Allerdings ließ der *BGH* die Frage zuletzt dahinstehen (*BGH* ZIP 1997, 737 f.). Die relative Unwirksamkeit zu Gunsten der Konkursgläubiger trat erst ein, wenn es zur Konkurseröffnung kam, bis dahin war ein gutgläubiger Erwerb (§ 135 Abs. 2 BGB) möglich (*Uhlenbruck/Delhaes* § 14 Rz. 6). Ist eine Verfügungsbeschränkung gem. § 21 Abs. 2 Nr. 2 angeordnet worden, ist eine Verfügung des Schuldners über einen Gegenstand der Insolvenzmasse nunmehr unwirksam (§ 81 Abs. 1 Satz 1 entsprechend).

4 In § 81 ist keine relative Unwirksamkeit angeordnet, sondern die **absolute** Unwirksamkeit der erfaßten Verfügungen (BT-Drucks. 12/2443 S. 136). Auch bei einem Verstoß gegen eine der in § 21 Abs. 2 Nr. 2 vorgesehenen Verfügungsbeschränkungen tritt absolute Unwirksamkeit (gem. § 134 BGB) ein. Dies folgt aus der in § 24 Abs. 1 angeordneten entsprechenden Geltung u. a. des § 81 Abs. 1 Satz 1. Ausdrücklich bejaht wird dies überwiegend für das allgemeine Verfügungsverbot gem. § 21 Abs. 2 Nr. 2, 1. Alt. (*Haarmeyer/Wutzke/Förster* Handbuch 3/210; *Mohrbutter/Mohrbutter/Pape* XVI. 53; *Pape* WPrax 1995, 236 [239f.]; *Uhlenbruck* Das neue Insolvenzrecht S. 63; *Uhlenbruck* Kölner Schrift zur Insolvenzordnung, Die Rechtsstellung des vorläufigen Insolvenzverwalters, S 239 Rz. 48; *Bork* Rz. 104). Die entgegenstehenden Äußerungen (*Hess/Obermüller* Rz. 116, 128, 454, 737; *Smid* WM 1995, 785 [785]) begründen ihre Auffassung nicht näher. Auch bei Anordnung eines allgemeinen Zustimmungsvorbehaltes (§ 21 Abs. 2 Nr. 2, 2. Alt.) tritt infolge der Verweisung in § 24 Abs. 1 auf § 81 Abs. 1 Satz 1 absolute Unwirksamkeit ein (so ausdrücklich *Gerhardt* ZZP 109 [1996] 415, [417, 423]; *Jauernig* § 69 IV. 2).

5 **b)** Unwirksam ist jede Verfügung des Schuldners. Verfügung ist jedes Rechtsgeschäft, durch das der Verfügende auf ein Recht unmittelbar einwirkt, indem er es auf einen Dritten überträgt oder das Recht aufhebt oder es mit einem Recht belastet oder es in seinem Inhalt verändert (BGHZ 101, 24 [26]; *Jauernig* § 69 IV. 2). Im einzelnen ergeben sich folgende **Schlußfolgerungen**:

6 (1) Unpfändbare Gegenstände, die nach Maßgabe des § 36 nicht zur Insolvenzmasse gehören, unterliegen nicht dem Verfügungsverbot und können vom Schuldner unbeschränkt übertragen werden.

7 (2) Ein gutgläubiger Erwerb ist nur möglich in den Fällen des § 81 Abs. 1 Satz 2.

8 (3) Fraglich ist, welche Auswirkungen die Anordnung von Sicherungsmaßnahmen (§ 21 Abs. 2 Nr. 2) auf **Vorausverfügungen** des Schuldners hat. Dies war auch unter Geltung der KO streitig (vgl. *Kuhn/Uhlenbruck* KO, § 106 Rz. 13 e). Allgemein wurde aber davon ausgegangen, daß Vorausabtretungen und Vorauspfändungen von Verfügungsbeschränkungen erfaßt wurden, wenn die betroffene künftige Forderung erst nach Verbotserlaß entstand (*Gottwald/Uhlenbruck* § 14 Rz. 12; *Eckardt* ZIP 1997, 957 [958]). Der *BGH* (ZIP 1997, 737 [738] = NJW 1997, 1857) hielt jedoch auch die Pfändung von Ansprüchen aus einem Girovertrag für wirksam, die sich auf ein nach Erlaß eines Sequestrationsbeschlusses entstandenes Guthaben erstreckte. Die Vorausabtretung einer

zukünftigen Forderung wird danach auch dann wirksam, wenn der Zessionar vor dem Entstehen der Forderung, aber nach dem Abtretungsgeschäft die Verfügungsmacht verliert; ebenso verhält es sich bei der Pfändung einer zukünftigen Forderung (*BGH* ZIP 1997, 737 [738] = EWiR 1997, 943. Es verblieb die Möglichkeit der Anfechtungsklage (§§ 29 ff. KO).

Unter Geltung der InsO wird angenommen, daß unter das allgemeine Verfügungsverbot **9** der §§ 21 Abs. 2 Nr. 2, 24 alle Verfügungen des Schuldners fallen, die bei dessen Anordnung noch keine Wirksamkeit erlangt haben. Mit der Anordnung des allgemeinen Verfügungsverbotes sollen alle Vorausverfügungen unwirksam werden (*Gerhardt* ZZP 109 [1996], 415 [419]). Bei Globalzessionen sollen neu entstehende Forderungen nicht mehr unter die Sicherung gebracht werden können, da § 81 entgegensteht (*Uhlenbruck* Die Rechtsstellung des vorläufigen Insolvenzverwalters Rz. 48).

Diese Auffassung ist so nicht haltbar. Unter Hinweis auf den in § 24 für das Eröffnungs- **10** verfahren fehlenden Verweis auf § 91 ging der *BGH* (ZIP 1997, 737 [739] = EWiR 1997, 943) davon aus, daß sich der InsO keine Anhaltspunkte entnehmen lassen, die gegen die Wirksamkeit von Vorausabtretungen/Vorauspfändungen unter Geltung der KO sprechen. Auch unter Geltung der InsO ist von der Wirksamkeit von Vorauspfändungen/ -abtretungen auszugehen. Es bleibt die Möglichkeit der Insolvenzanfechtung (§§ 129 ff.). Daneben tritt die Vorschrift des § 88 (»Rückschlagsperre«). Voraussetzung für die Anwendung dieser Vorschriften ist aber, daß das Verfahren eröffnet und nicht mangels Masse (§ 26) die Eröffnung abgelehnt wird. Ein anderes Ergebnis mag man mit der Vorschrift des § 140 erzielen können (vgl. *Eckardt* ZIP 1997, 957 [964]). Die Voraussetzungen für eine analoge Anwendung dieser bei den Anfechtungsvorschriften (§§ 129 ff.) angesiedelten Regelung im Rahmen des Eröffnungsverfahren dürften jedoch nicht vorliegen.

(4) Im **Bankverkehr** führte die Unwirksamkeit von Vorausverfügungen dazu, daß zwar **11** nicht der Girovertrag des Schuldners mit der Bank erlosch, jedoch der im Girovertrag enthaltene antizipierte Verrechnungsvertrag (*Gerhardt* ZZP 109 [1996], 415 [419]). Nach Anordnung der Sicherungsmaßnahme vorgenommene Verrechnungen von Zahlungseingängen auf dem Konto des Schuldners mit einem Debetsaldo wurden als unwirksam angesehen (*OLG Hamm* ZIP 1995, 140 [142]; *OLG Schleswig* ZIP 1995, 759 [760]). Die Bank wurde auf die Möglichkeit der Aufrechnung verwiesen. Gegen eine nach Sequestrationsanordnung begründete Forderung wurde eine Aufrechnung (analog § 55 Nr. 1 KO) in der Rechtsprechung als teilweise nicht zulässig angesehen (*OLG Dresden* ZIP 1998, 432 [433 f.] = EWiR 1998, 379; a. A. *BGH* ZIP 1998, 1319 = EWiR 1998, 755).

Diese Auffassung ist durch die Entscheidung des *BGH* (ZIP 1997, 737) überholt (so auch **12** *OLG Celle* ZInsO 1998, 235). Verrechnungen werden vom Verfügungsverbot nicht tangiert und sind allenfalls im Wege der Anfechtung angreifbar (*Eckardt* ZIP 1997, 957 [959]; a. A. *Dampf* Die Rückführung von Kontokorrentkrediten in der Unternehmenskrise, KTS 1998, 145 [153]). Das Insolvenzgericht kann durch eine »Kontensperre« die Verrechnungsmöglichkeit unterbinden (s. o. § 21 Rz. 93). Voraussetzung ist eine entsprechende Kenntnis des Gerichts wie auch des vorläufigen Insolvenzverwalters, der den Girovertrag sofort kündigen sollte, wenn er Zahlungseingänge zur Masse ziehen und eine Verrechnung verhindern will. Unabhängig davon darf die Bank in keinem Fall mehr Überweisungen ausführen oder Auszahlungen tätigen (*OLG Celle* ZIP 1998, 1232). Ist die Firma teilweise falsch geschrieben und das Konto so nicht sofort über die bankeigene EDV-Anlage zu ermitteln, trifft die Bank eine Nachforschungspflicht zu weiteren Suchabfragen in der EDV-Anlage; vorgenommene Auszahlungen sind unwirksam (*LG*

Stralsund ZIP 1995, 578 [579]). Für die Kenntnis der Bank i. S. v. § 407 BGB wird teilweise auf die Kenntnis der kontoführenden Stelle abgestellt, die Kenntnis der Rechtsabteilung soll nicht genügen, allerdings wird diese zur sofortigen Weiterleitung an die kontoführende Stelle verpflichtet gehalten (*Kuhn/Uhlenbruck* KO, § 106 Rz. 16a). Die Rechtsprechung (*OLG Celle* ZIP 1998, 1232 [1233]) stellt auf den Eingang des Faxes ab. Wegen der oben erwähnten Pflicht zur sofortigen Weiterleitung an die kontoführende Stelle bestehen zwischen beiden Auffassungen keine Unterschiede, wenn man die Verpflichtung zur sofortigen Weiterleitung einer bei der Fax-Stelle eingegangenen Verfügungssperre an die kontoführende Stelle (so *OLG Celle* ZIP 1998, 1232 [1233]) bejaht.

13 (5) Bei der Übereignung einer beweglichen Sache hingegen muß der Übereignende bei der Übergabe noch verfügungsbefugt sein, weil neben der Einigung noch der Eigentumsübergang zum Verfügungstatbestand gehört (*BGH* ZIP 1997, 737 [738]).

14 (6) Zu den Folgen eines Verstoßes s. u. Rz. 16 ff.

15 c) Die Sicherungsmaßnahme gem. § 21 Abs. 2 Nr. 2 wird mit Anordnung durch das Gericht wirksam, auf die Zustellung kommt es nicht an (s. o. § 23 Rz. 10 f.). Die oben im einzelnen aufgeführten Verfügungen des Schuldners (Rz. 6 ff.) sind nach Erlaß des Verbotes nicht mehr wirksam (*Hess/Pape* Rz. 152). Ist die Verfügung am Tage der Anordnung der Sicherungsmaßnahme erfolgt, ist zu vermuten, daß sie nach der Anordnung getroffen worden ist (§ 81 Abs. 3 entsprechend).

III. Rechtsfolgen eines Verstoßes gegen § 81

16 Verfügungen des Schuldners nach Anordnung einer Sicherungsmaßnahme gem. § 21 Abs. 2 Nr. 2 sind absolut unwirksam. Bei einem Verstoß gegen ein gesetzliches Verbot ordnet § 134 BGB grundsätzlich die Nichtigkeit des Rechtsgeschäfts an. Nichtigkeit bedeutet, daß das Rechtsgeschäft die nach seinem Inhalt bezweckten Rechtswirkungen von Anfang an nicht hervorbringen kann, die Nichtigkeit wirkt für und gegen alle, bedarf keiner Geltendmachung und ist im Prozesse von Amts wegen zu berücksichtigen (*Palandt/Heinrichs* BGB, Überbl. v. § 104 Rz. 27). Zu bedenken ist allerdings, daß die Sicherungsmaßnahme gem. § 21 Abs. 2 Nr. 2 nur von zeitlich beschränkter Dauer ist. Sie endet mit Eröffnung des Verfahrens oder Aufhebung (§ 25). Daher ist zu untersuchen, ob sich Abweichungen **gegenüber den üblichen Nichtigkeitsfolgen** ergeben.

17 a) Bei Anordnung einer Sicherungsmaßnahme gem. § 21 Abs. 2 Nr. 2 geht die Verwaltungs- und Verfügungsbefugnis über das Vermögen des Schuldners auf den vorläufigen Insolvenzverwalter über (1. Alt.), oder es sind Verfügungen des Schuldners nur mit Zustimmung des vorläufigen Insolvenzverwalters wirksam (2. Alt.). Im letztgenannten Fall sind die §§ 182 ff. BGB unmittelbar anwendbar. Ein allgemeines Verfügungsverbot (1. Alt.) dient der Sicherung und Erhaltung der Masse. Verbotswidrige Verfügungen des Schuldners schädigen die Masse nicht in jedem Fall, so falls z. B. der Schuldner für die Veräußerung eines Gegenstandes einen angemessenen Erlös erzielt und das Geld der Masse zugeführt wird. Ebenso wie im bisherigen Recht der Sequester kann auch der vorläufige Insolvenzverwalter Verfügungen entsprechend §§ 185 Abs. 2, 184 Abs. 1 BGB genehmigen (vgl. BT-Drucks. 12/2443 S. 135; *Jauernig* § 69 IV. 2 für den endgültigen Verwalter).

18 b) Entsprechend § 185 Abs. 2 Satz 1, 2. Alt. BGB wird man davon ausgehen müssen, daß mit Aufhebung der Sicherungsmaßnahmen die Unwirksamkeit für die Zukunft entfällt (vgl. *Jauernig* § 69 IV. 2).

Wirkungen der Verfügungsbeschränkungen § 24

c) In der Vergangenheit ist es trotz Anordnung eines allgemeinen Veräußerungsverbotes 19
(§ 106 Abs. 1 Satz 3 KO) häufig vorgekommen, daß der **Schuldner** die dem Antrag
zugrundeliegende **Forderung** ganz oder teilweise (unter Abschluß einer Ratenzahlungsvereinbarung) **beglichen** hat und der Gläubiger daraufhin den Antrag zurücknahm oder
die Hauptsache für erledigt erklärte. Derartige Zahlungen eines Schuldners sind (zunächst) absolut unwirksam. Entsprechend § 185 Abs. 2 BGB entfällt jedoch mit
Aufhebung der Sicherungsmaßnahmen (§ 25) die Unwirksamkeit für die Zukunft (s. o.
Rz. 18). Einer Bestätigung gem. § 141 BGB nach Aufhebung der Sicherungsmaßnahmen
bedarf es daher nicht. Schuldner werden daher weiterhin die dem Antrag zugrundeliegende Forderung begleichen und die Beendigung des Verfahrens herbeiführen können.
d) Ist eine Verfügung unwirksam, so ist der Gegenstand oder das Recht, auf das sich die 20
Verfügung bezieht, der Insolvenzmasse zurückzugewähren. Ist die Insolvenzmasse
durch eine Gegenleistung bereichert, ist diese aus der Insolvenzmasse ebenfalls zurückzugewähren (entsprechend § 81 Abs. 1
Satz 3).

IV. Entsprechende Anwendung des § 82

Nach Anordnung von Sicherungsmaßnahmen gem. § 21 Abs. 2 Nr. 2 kann ein Dritt- 21
schuldner an den Schuldner mit befreiender Wirkung nur eingeschränkt leisten
(entsprechend § 82 Satz 1). Voraussetzung ist, daß der leistende Drittschuldner zur Zeit
der Leistung die Anordnung von Sicherungsmaßnahmen nicht kannte. Hat er vor der
öffentlichen Bekanntmachung der Sicherungsmaßnahmen geleistet, so wird vermutet,
daß er die Anordnung der Sicherungsmaßnahmen nicht kannte (§ 82 Satz 2 entsprechend). Dasselbe muß im Falle einer individuellen Zustellung (§ 23 Abs. 1 Satz 2) gelten
(vgl. *Pape* WPrax 1995, 263 [239]). Ebenso wie im Rahmen des § 81 ist eine Genehmigung durch den vorläufigen Insolvenzverwalter möglich (s. o. Rz. 17), im Falle der
Aufhebung von Sicherungsmaßnahmen tritt die schuldbefreiende Wirkung ein (s. o.
Rz. 19).

V. Sonstige Fälle

Wird ein besonderes Verfügungsverbot oder ein besonderer Zustimmungsvorbehalt 22
(§ 21 Abs. 1) angeordnet, handelt es sich nur um ein relativ unwirksames Verbot
(§§ 135, 136 BGB). Gutgläubiger Erwerb ist möglich, ebenso schuldbefreiende Leistung
bei Nichtkenntnis (entsprechend § 407 BGB, vgl. *Gottwald/Uhlenbruck* § 14 Rz. 6). Im
Ergebnis bestehen kaum Unterschiede im Vergleich zur entsprechenden Anwendung der
§§ 81, 82.

C. Abs. 2

I. Anwendungsgebiet und Bedeutung

Abs. 2 ist nur anwendbar, wenn die Verfügungsbefugnis über das Vermögen des Schuld- 23
ners auf einen vorläufigen Insolvenzverwalter übergegangen ist (§ 22 Abs. 1 Satz 1),
also ein vorläufiger Insolvenzverwalter bestellt und dem Schuldner ein allgemeines

§ 24 *Eröffnung des Insolvenzverfahrens*

Verfügungsverbot auferlegt worden ist (§ 21 Abs. 2 Nr. 2, 1. Alt.). In diesem Fall wird ein anhängiger Rechtsstreit über das Vermögen des Schuldners unterbrochen (§ 240 Satz 2 ZPO), soweit er die (vorläufige) Insolvenzmasse betrifft (§ 35 mit Ausnahme der in § 36 genannten Gegenstände). Nimmt der vorläufige Insolvenzverwalter einen unterbrochenen Rechtsstreit auf, kann das Prozeßgericht Prozeßkostenhilfe bewilligen (s. o. § 13 Rz. 80). Es gelten die Voraussetzungen wie beim (endgültigen) Insolvenzverwalter (s. u. § 26 Rz. 27 ff.) mit der Einschränkung, daß von dem vorläufigen Verwalter keine Angaben dazu verlangt werden können, ob Gläubigern die Aufbringung der Kosten zumutbar ist (s. u. Rz. 34).

24 Zwar ist fraglich, ob das Aufnahmerecht des vorläufigen Insolvenzverwalters im Hinblick auf die angestrebte kurze Dauer des Eröffnungsverfahrens eine große Bedeutung erlangt (*Pape* WPrax 95, 236 [241]). Die angestrebte kurze Dauer wird sich jedoch nicht immer verwirklichen lassen, insbesondere bei kooperationsunwilligen Schuldnern zieht sich das Eröffnungsverfahren häufig über Monate hin. Es entfällt jedenfalls die Möglichkeit, während des Eröffnungsverfahrens durch Fortführung von Prozessen auf die Verfahrensabwicklung Druck auszuüben (*Pape* WPrax 1995, 236 [241]). Die Prozeßgerichte werden entlastet, weil Rechtsstreitigkeiten nicht unbedingt fortgeführt werden müssen, auf deren Entscheidung es im eröffneten Verfahren im Hinblick auf die Anmeldepflicht nicht mehr ankommt (*Uhlenbruck* Kölner Schrift zur Insolvenzordnung, S. 239, Die Rechtsstellung des vorläufigen Insolvenzverwalters, Rz. 47), oder aus deren Urteil in den Fällen der Abweisung mangels Masse ohnehin nicht mehr vorgegangen wird.

II. §§ 85, 86

25 Aktivprozesse kann nur der Insolvenzverwalter aufnehmen (§ 85 Abs. 1 Satz 1 entsprechend). Die Vorschriften über eine Verzögerung oder eine Ablehnung der Aufnahme (§ 85 Abs. 1 Satz 2, Abs. 2) kommen nicht zur Anwendung. Es ist dem Prozeßgegner im Eröffnungsverfahren zumutbar, bis zur Entscheidung über die Verfahrenseröffnung abzuwarten (BT-Drucks. 12/2443 S. 117). Passivprozesse können vom vorläufigen Insolvenzverwalter und vom Gegner des Schuldners nur unter den engen Voraussetzungen des § 86 Abs. 1 Nr. 1–3 aufgenommen werden.

26 Erfolgt keine Aufnahme gem. § 86 m muß der Gegner die Entscheidung über die Eröffnung des Verfahrens abwarten. Im Falle der Eröffnung kann er seinen Anspruch im Insolvenzverfahren geltend machen, bei einer Ablehnung der Eröffnung kann er nach Aufhebung der Sicherungsmaßnahmen den Prozeß gegen den Schuldner weiterführen (BT-Drucks. 12/2443 S. 118). Im Falle des § 85 kann der Gegner nach Eröffnung gem. § 85 Abs. 1 Satz 2, Abs. 2 vorgehen. Im Falle der Nichteröffnung kann der Gegner nach Aufhebung der Sicherungsmaßnahmen die Aufnahme des Prozesses gem. § 250 ZPO erreichen.

III. Entscheidung des vorläufigen Insolvenzverwalters

27 Der vorläufige Insolvenzverwalter wird Aktivprozesse (§ 85) dann aufnehmen, wenn er sich einen schnellen Abschluß und als deren Folge eine Anreicherung der Masse verspricht. Dies kann insbesondere der Fall sein, wenn die Möglichkeit einer vergleichsweisen Einigung und damit der schnellen Zahlung eines Geldbetrages besteht.

Wirkungen der Verfügungsbeschränkungen § 24

Die Aufnahme von Passivprozessen wird selten in Betracht kommen. Sind Ansprüche 28
gem. § 86 Abs. 1 Nr. 1 oder Nr. 2 offensichtlich begründet, kann der vorläufige Insolvenzverwalter daran denken, den Anspruch anzuerkennen, um Schaden von der (vorläufigen) Insolvenzmasse und Schadensersatzansprüche gegen sich abzuwenden und die Kostenfolge des § 86 Abs. 2 herbeizuführen.
Bei der Aufnahme von Prozessen muß der vorläufige Insolvenzverwalter bedenken, daß 29
er persönlich (gem. § 21 Abs. 2 Nr. 1 i. V. m. §§ 60, 61) haften kann, wenn der Gegner die Prozeßkosten beim Schuldner nicht beitreiben kann, weil es sich um ein massearmes Verfahren handelt oder weil er hätte erkennen müssen, daß keine hinreichende Erfolgsaussicht besteht (*Uhlenbruck* Die Rechtsstellung des vorläufigen Insolvenzverwalters Rz. 47). Diese Haftung bestand nach der KO auch für den Konkursverwalter (*OLG Hamm* ZIP 1995, 1436 [1437]). Zur Bewilligung von Prozeßkostenhilfe s. o. Rz. 23.

IV. Neuverfahren

Die Regelung in § 24 Abs. 2 betrifft nur die Aufnahme anhängiger (vgl. § 253 Abs. 5 30
ZPO) Rechtsstreitigkeiten im Zeitpunkt der Anordnung der Sicherungsmaßnahmen. Im Falle des § 24 Abs. 2 geht die Verfügungsbefugnis auf den vorläufigen Insolvenzverwalter über. Der vorläufige Insolvenzverwalter erlangt bereits die Rechtsstellung des endgültigen Insolvenzverwalters, er ist nämlich Partei kraft Amtes (s. o. § 22 Rz. 8). Der vorläufige Insolvenzverwalter kann damit nach Anordnung der Sicherungsmaßnahmen im eigenen Namen klagen und verklagt werden. Auf die Frage, ob es sich um eine unaufschiebbare Maßnahme handelt (s. u. Rz. 33), kommt es hier nicht an. Im Ergebnis werden allerdings sowohl Aktivprozesse als auch Passivprozesse nur geführt werden, sobald es sich um Eilmaßnahmen handelt. Lassen sich die Verfahrenskosten aus der (vorläufigen) Insolvenzmasse nicht decken, droht dem vorläufigen Insolvenzverwalter eine Haftung für die Kosten des Gegners (§§ 60, 61). Gläubiger werden normalerweise den Ausgang des Eröffnungsverfahrens abwarten und im Falle der Eröffnung ihre Forderungen anmelden.

V. Sonstige Fälle

Wird kein vorläufiger Insolvenzverwalter bestellt und dem Schuldner kein allgemeines 31
Verfügungsverbot auferlegt (§ 21 Abs. 2 Nr. 2, 1. Alt.), stellt sich die Rechtslage wie folgt dar:
a) Eine Unterbrechungswirkung gem. § 240 ZPO tritt nicht ein, die Aufnahmemög- 32
lichkeit gem. § 24 Abs. 2 (i. V. m. §§ 85 Abs. 1 Satz 1, 86) besteht nicht. Dem Prozeßgericht ist es unbenommen, den Ausgang des Eröffnungsverfahrens abzuwarten, um die sich daraus ergebenden Vorteile zu nutzen (s. o. Rz. .24).
b) Entsprechend der Rechtsprechung unter Geltung der KO zum Prozeßführungsrecht 33
des Sequesters ist davon auszugehen, daß der vorläufige Insolvenzverwalter bei Eilmaßnahmen im eigenen Namen klagen und verklagt werden kann (*OLG Hamburg* ZIP 1982, 860 [861]; *OLG Düsseldorf* ZIP 1983, 1079; *OLG Köln* ZIP 1984, 89 f.; *LG Bonn* ZIP 1984, 867; *OLG Hamburg* ZIP 1987, 385 f. = EWiR 1987, 277 f.; *AG Magdeburg* ZIP 1996, 1756 = EWiR 1996, 1033; bestätigend *LG Magdeburg* ZIP 1997, 896 = EWiR 1997, 551; *LG Frankfurt* NJW-RR 1997, 796 f.; *LG Düsseldorf* WM 1997, 1345 [1346 f.]; *OLG Celle* OLG Report 1998, 102 f.). Die Ernennung des vorläufigen Verwalters zum

(endgültigen) Verwalter bei Eröffnung des Insolvenzverfahrens läßt das Prozeßführungsrecht nicht entfallen (*LG Düsseldorf* WM 1997, 1345 [1347]). Die Rechtsprechung hat im Schrifttum Zustimmung erfahren (*Mohrbutter/Mohrbutter/Ernestus* I. 49–51, 56–57; *Gottwald/Uhlenbruck* § 14 Rz. 13; *Kuhn/Uhlenbruck* KO, § 106 Rz. 131, 19). In der Praxis wird es sich regelmäßig um Eilmaßnahmen im Rahmen von einstweiligen Verfügungen handeln, wie die Sicherung des Vermieterpfandrechtes (*OLG Köln* ZIP 1984, 89) und des Anspruches zur Fortsetzung der Wasserversorgung zur Betriebsfortführung (*AG Magdeburg* ZIP 1996, 1756 = EWiR 1996, 1033; bestätigt von *LG Magdeburg* ZIP 1997, 896 = EWiR 1997, 551). Dagegen handelt es sich bei der Einziehung einer Stammeinlage nicht um eine Notmaßnahme (*OLG Hamburg* ZIP 1987, 385 [386]; a.A. *OLG Hamburg* ZIP 1985, 1012) oder der Geltendmachung eines Zahlungsanspruches (*LG Frankfurt* NJW-RR 1997, 796 f.).

VI. Prozeßkostenhilfe in Neuverfahren

34 In Neuverfahren kann das Prozeßgericht, nicht das Insolvenzgericht, dem vorläufigen Insolvenzverwalter Prozeßkostenhilfe gemäß § 116 Satz 1 Nr. 1 ZPO bewilligen. Es gelten – mit einer Ausnahme – dieselben Voraussetzungen wie bei einem (endgültigen) Insolvenzverwalter (s. u. § 26 Rz. 27 ff.). Von dem vorläufigen Insolvenzverwalter können nicht Angaben dazu verlangt werden, welche Gläubiger aus der beabsichtigten Rechtsverfolgung Vorteile genießen und ob diesen eine Aufbringung der Kosten zuzumuten ist.Dies läßt sich regelmäßig in diesem frühen Verfahrensstadium noch nicht übersehen (*Mohrbutter/Mohrbutter/Ernestus* I. 53). Die gegenteilige Auffassung in Rechtsprechung (*OLG Hamburg* ZIP 1985, 1012 mit abl. Anm. *Johlke*; *OLG Hamburg* ZIP 1987, 385 f. = EWiR 1987, 277) und Literatur (*Gottwald/Uhlenbruck* § 14 Rz. 13; *Kilger/Karsten Schmidt* KO, § 6 Rz. 7 c; Münchener Kommentar/*Wax*, ZPO, § 116 Rz. 19) überspannt die Anforderungen (*Stein/Jonas/Bork* ZPO, § 116 Rz. 11; *Pape* ZIP 1990, 1529 [1530]).

D. Sonstige Wirkungen

I. Eidesstattliche Versicherung § 807 ZPO

35 Die Anordnung eines allgemeinen Veräußerungsverbotes (§ 106 Abs. 1 Satz 3 KO) ließ nach herrschender Meinung nicht das Rechtschutzinteresse für die Verpflichtung des Schuldners zur Abgabe der eidesstattlichen Versicherung (§ 807 ZPO) entfallen (*Uhlenbruck/Delhaes* Rz. 374; *Hess* KO, § 106 Rz. 8; *Kilger/Karsten Schmidt* KO, § 106 Rz. 3; a.A. *Kuhn/Uhlenbruck* KO, § 106 Rz. 4 e). Die Meinung, die ein Rechtschutzbedürfnis bejahte, argumentierte damit, daß es sich bei dem allgemeinen Veräußerungsverbot (§ 106 Abs. 1 Satz 3 KO) nur um ein relatives Veräußerungsverbot (i. S. d. §§ 135, 136 BGB) handelte und eine Pfändung unbeschränkt wirksam war, lediglich eine Verwertung nicht erfolgen durfte (*AG München* DGVZ 1985, 158). Weiter wurde darauf hingewiesen, daß unklar ist, ob das Verfahren tatsächlich eröffnet wird (*LG Frankfurt* NJW-RR 1988, 191 = Rpfleger 1988, 111; *LG Detmold* Rpfleger 1989, 300 f.). Die Gegenmeinung verlangte ein Rechtschutzinteresse auch für Maßnahmen, die die Einzelzwangsvollstreckung lediglich vorbereiten sollten (*LG Braunschweig* Nds. Rpfl. 1976, 135; *LG Köln* Rpfleger 1988, 422 [423]).

Unter Geltung der InsO wird die Streitfrage erheblich an Bedeutung verlieren. Das **36**
Insolvenzgericht wird nämlich regelmäßig Maßnahmen der Zwangsvollstreckung gegen
das bewegliche Vermögen des Schuldners gem. § 21 Abs. 2 Nr. 3 untersagen oder
einstweilen einstellen (s. o. § 21 Rz. 75). Die Abgabe der eidesstattlichen Versicherung,
die eine Maßnahme der Zwangsvollstreckung ist, ist in diesen Fällen nicht zulässig. Die
Streitfrage stellt sich nur noch, falls – ausnahmsweise – eine Sicherungsmaßnahme gem.
§ 21 Abs. 2 Nr. 3 nicht angeordnet wird. Ist eine Sicherungsmaßnahme gem. § 21 Abs. 2
Nr. 2 angeordnet, handelt es sich um ein absolutes Veräußerungsverbot (s. o. Rz. 4). In
diesen Fällen dürfte ein Rechtsschutzbedürfnis nicht bestehen. Allenfalls bei Anordnung
besonderer Sicherungsmaßnahmen gem. § 21 Abs. 1 (s. o. § 21 Rz. 5, 92) kann das
Rechtsschutzinteresse streitig sein. Für die Praxis allerdings fragt es sich, ob das Vollstreckungsgericht in diesen Fällen nicht sinnvollerweise den Ausgang des Eröffnungsverfahrens abwarten sollte, in dem zudem regelmäßig bessere Erkenntnismöglichkeiten
bestehen als im Rahmen des § 807 ZPO.

II. Zwangshypothek/Grundbuchsperre

Dazu s. u. § 32 Rz. 13 ff. **37**

III. Abfallrechtliche Verfügung

Die Androhung der Ersatzvornahme in einer an den Sequester gerichteten ordnungsbe- **38**
hördlichen Verfügung auf Abfallbeseitigung wurde unter Geltung der KO als rechtswidrig angesehen (*OVG Schleswig* ZIP 1993, 283 = EWiR 1993, 167), weil sie auf eine – mit
der Konkursordnung nicht in Einklang stehende – vollständige Befriedigung einer
Konkursforderung eines späteren Konkursgläubigers gerichtet war (*Hess* KO, § 106
Rz. 9 a. E.; *Kuhn/Uhlenbruck* KO, § 106 Rz. 4 b a. E.). Diese Meinung gilt auch unter der
InsO fort. Ist – wie regelmäßig – eine Anordnung gem. § 21 Abs. 2 Nr. 3 getroffen,
verhindert sie eine Durchsetzung die ordnungsbehördlichen Verfügung.

IV. Steuerrecht

Der vorläufige Insolvenzverwalter, auf den die Verwaltungs- und Verfügungsbefugnis **39**
übergeht (§ 22 Abs. 1 Satz 1), hat die Begleichung der Steuern sicherzustellen (*Haarmeyer/Wutzke/Förster* Handbuch 3/249; *Feuerborn* KTS 1997, 171 [198]; vgl. auch
Kuhn/Uhlenbruck KO, § 106 Rz. 26a, 26e, 27). Er haftet für die Erfüllung der steuerlichen Pflichten gem. §§ 34, 35, 69 AO (*Uhlenbruck* Die Rechtsstellung des vorläufigen
Insolvenzverwalters Rz. 53). Ist dem vorläufigen Insolvenzverwalter dagegen die Verwaltungs- und Verfügungsbefugnis nicht übertragen, bleiben die steuerlichen Pflichten –
wie bisher – grundsätzlich beim Schuldner (*Feuerborn* KTS 1997, 171 [198 f.]; *Uhlenbruck* Die Rechtsstellung des vorläufigen Insolvenzverwalters Rz. 53).

§ 25
Aufhebung der Sicherungsmaßnahmen → §106 KO

(1) Werden die Sicherungsmaßnahmen aufgehoben, so gilt für die Bekanntmachung der Aufhebung einer Verfügungsbeschränkung § 23 entsprechend.
(2) ¹Ist die Verfügungsbefugnis über das Vermögen des Schuldners auf einen vorläufigen Insolvenzverwalter übergegangen, so hat dieser vor der Aufhebung seiner Bestellung aus dem von ihm verwalteten Vermögen die entstandenen Kosten zu berichtigen und die von ihm begründeten Verbindlichkeiten zu erfüllen. ²Gleiches gilt für die Verbindlichkeiten aus einem Dauerschuldverhältnis, soweit der vorläufige Insolvenzverwalter für das von ihm verwaltete Vermögen die Gegenleistung in Anspruch genommen hat.

Vgl. § 106 Abs. 2 KO; § 15 Abs. 2 VerglO

Inhaltsübersicht: Rz.

A.	Überblick	1
B.	Aufhebungsfälle	2– 9
	I. Allgemein	2
	II. Fälle der Aufhebung	3– 6
	III. Verfahren	7– 8
	IV. Wirkung	9
C.	Bekanntmachung und Mitteilungen	10–14
D.	Abs. 2	15–26
	I. Anwendungsgebiet	15
	II. Zweck	16
	III. Umfang	17–19
	IV. Verfahren	20–25
	V. Rückgriffsanspruch des Schuldners gegen den Antragsteller	26

Literatur:

Pape Neuordnung der Sicherungsmaßnahmen im Insolvenzeröffnungsverfahren, WPrax 1995, 236.

A. Überblick

1 § 106 Abs. 2 KO schrieb fest, daß Sicherungsmaßregeln bei Abweisung des Eröffnungsantrages aufzuheben waren, daneben kam eine Aufhebung bei Rücknahme und Erledigungserklärung in Betracht. § 25 Abs. 1 benennt die Voraussetzungen, unter denen die Sicherungsmaßnahmen aufzuheben sind, nicht. Der Aufhebung von Sicherungsmaßnahmen durch das Gericht von Amts wegen kommt unter Geltung der InsO **gesteigerte Bedeutung** zu wegen des Ausschlusses der Beschwerdemöglichkeit gegen die Anordnung von Sicherungsmaßnahmen. Neu ist die Vorschrift des Abs. 2, durch die die Begleichung der vom vorläufigen Insolvenzverwalter begründeten Verbindlichkeiten und der entstandenen Kosten ermöglicht werden soll.

Aufhebung der Sicherungsmaßnahmen § 25

B. Aufhebungsfälle

I. Allgemein

Sobald kein Sicherungszweck mehr besteht, ist jede der sich aus § 21 ergebenden Sicherungsmaßnahmen aufzuheben. Eine öffentliche Bekanntmachung der Aufhebung kommt aber nur in bestimmten Fällen in Betracht (s. u. Rz. 10). 2

II. Fälle der Aufhebung

§ 29 Abs. 1 RegE (BT-Drucks. 12/2443 S. 14) sah vor, daß Sicherungsmaßnahmen aufzuheben sind, wenn der Antrag auf Eröffnung des Insolvenzverfahrens abgewiesen wird oder die Maßnahmen aus anderen Gründen entbehrlich werden. Die Vorschrift ist vom Rechtsausschuß mit der Begründung gestrichen worden, daß es sich auch ohne ausdrückliche Anordnung ergibt, daß in diesen Fällen die Sicherungsmaßnahmen aufzuheben sind (BT-Drucks. 12/7302 S. 158). Es besteht eine umfassende Aufhebungsbefugnis des Insolvenzgerichts (*Pape* WPrax 1995, 236 [239]), mit der eine Aufhebungspflicht des Insolvenzgerichts korrespondiert. Eine Aufhebung kommt – **unter Berücksichtigung** von **Abs. 2** – in Betracht bei Abweisung des Antrages, der Abweisung gleichgestellter Fälle und bei Entbehrlichkeit der Maßnahme. Im einzelnen handelt es sich um folgende Fallgruppen: 3
a) Rechtskräftige Abweisung des Antrages als unzulässig oder als unbegründet (mangels Feststellbarkeit des Insolvenzgrundes) oder rechtskräftige Abweisung mangels Masse (§ 26). 4
b) Rücknahme des Antrages (s. o. § 13 Rz. 16 ff.) und Erledigungserklärung (s. o. § 13 Rz. 100 ff.). 5
c) Die Aufhebung ist auch geboten, wenn die Beibehaltung der Maßnahme nicht mehr begründet ist und eine Gefahr für die Insolvenzmasse nicht mehr besteht (*Uhlenbruck/ Delhaes* Rz. 337). Dies wird insbesondere bei Anordnung einer Postsperre (vgl. § 21 Rz. 85) in Betracht kommen. Bei der Aufhebung der übrigen Sicherungsmaßnahmen insbesondere gem. § 21 Abs. 2 vor Abschluß des Eröffnungsverfahrens ist hingegen Vorsicht geboten. 6
d) Zur Aufhebung von Sicherungsmaßnahmen über unbewegliches Vermögen (§ 30 d ZVG) gemäß § 30 f. ZVG s. o. § 21 Rz. 81.

III. Verfahren

Die Aufhebung von Sicherungsmaßnahmen erfolgt von Amts wegen. Ein Antragsrecht steht dem Schuldner nicht zu. Ein von ihm gestellter Antrag ist lediglich eine Anregung, über die das Insolvenzgericht allerdings zu befinden hat. Zwar kann die Entscheidung nicht mit einem Rechtsbehelf angegriffen werden, die Gründe sollten jedoch dem Schuldner regelmäßig mitgeteilt oder erläutert werden. Einer entsprechenden Anregung des vorläufigen Insolvenzverwalters wird das Gericht regelmäßig entsprechen. 7
Gläubiger und vorläufiger Insolvenzverwalter haben keinen Anspruch darauf, vor der beabsichtigten Maßnahme des Insolvenzgerichts gehört zu werden. Das Insolvenzgericht sollte sein Vorgehen jedoch mit dem vorläufigen Insolvenzverwalter abstimmen, der aufgrund seiner Sachnähe das Erfordernis der Aufrechterhaltung von Sicherungs- 8

maßnahmen am besten wird beurteilen können. Ist die Verfügungsbefugnis des Schuldners auf den vorläufigen Insolvenzverwalter übergegangen (§ 22 Abs. 1 Satz 1), so ist die Vorschrift des Abs. 2 zu beachten, eine Aufhebung kann nicht sofort erfolgen (s. u. Rz. 20).

IV. Wirkung

9 Maßnahmen, die der vorläufige Insolvenzverwalter in Ausübung seiner Verwaltungs- und Verfügungsbefugnis getätigt hat, bleiben auch nach Aufhebung wirksam. Dies gilt insbesondere für Rechtsgeschäfte und sonstige Maßnahmen, die der Verwaltung und Erhaltung des Schuldnervermögens gedient haben (*Kuhn/Uhlenbruck* KO, § 106 Rz. 31). Das Vermögen des Schuldners haftet für die vom vorläufigen Insolvenzverwalter begründeten Verbindlichkeiten und die entstandenen Kosten (vgl. Abs. 2). Die Aufhebung der Sicherungsmaßnahmen wirkt folglich nur für die Zukunft.

C. Bekanntmachung und Mitteilungen

10 Abs. 1 ordnet an, daß für die Bekanntmachung der Aufhebung einer Verfügungsbeschränkung § 23 entsprechend gilt. § 23 Abs. 1 Satz 1 sieht die öffentliche Bekanntmachung bei Anordnung einer Verfügungsbeschränkung gem. § 21 Abs. 2 Nr. 2 und bei Bestellung eines vorläufigen Insolvenzverwalters vor. In diesen Fällen ist auch die Aufhebung öffentlich bekannt zu machen. In den übrigen Fällen erfolgt eine öffentliche Bekanntmachung der Aufhebung, sofern Sicherungsmaßnahmen gem. § 21 Abs. 1 angeordnet und öffentlich bekannt gemacht worden sind (s. o. § 23 Rz. 4, 1) oder weitere Sicherungsmaßnahmen öffentlich bekannt gemacht wurden und zusammen mit den oben genannten Sicherungsmaßnahmen aufgehoben werden (s. o. § 23 Rz. 14, 14 a).

11 Erklärt der **Schuldner**, daß er **auf die öffentliche Bekanntmachung** der Aufhebung von Sicherungsmaßnahmen **verzichtet**, so ist dies **unbeachtlich**. Motiv des Schuldners wird häufig sein, daß er nach Begleichung der Forderung oder Teilzahlung mit Abschluß eines Ratenzahlungsvergleichs die nochmalige Publizität vermeiden und nicht weitere Gläubiger »hellhörig« machen will. Der Rechtsverkehr hat aber Anspruch nicht nur auf Information über die Anordnung von Sicherungsmaßnahmen, sondern auch bei deren Aufhebung. Das Unterlassen der Bekanntmachung kann auch nachteilig sein für Gläubiger, die möglicherweise infolge der Anordnung von Sicherungsmaßnahmen davon absehen, Forderungen gegen den Schuldner klagweise oder vollstreckungsweise geltend zu machen (*AG Göttingen* – 71 N 12/97 – Beschluß vom 18. 02. 1997).

12 Einer Zustellung entsprechend § 23 Abs. 1 Satz 2 und 3 bedarf es nicht, da § 25 Abs. 1 nur für die Bekanntmachung § 23 für entsprechend anwendbar erklärt. Insbesondere die Unterrichtung der Drittschuldner ist durch die öffentliche Bekanntmachung oder durch die formlose Übersendung des Beschlusses möglich (s. u. Rz. 13).

13 Eine **Beschlußabschrift erhalten** formlos
– Antragsteller
– Schuldner
– vorläufiger Insolvenzverwalter
sowie die Stellen, die eine Abschrift der Anordnung der Sicherungsmaßnahme (s. o. § 23 Rz. 17) erhalten haben, also
– Gerichtsvollzieherverteilungsstelle

Aufhebung der Sicherungsmaßnahmen § 25

– Zwangsvollstreckungs- (M) Abteilung
– Arbeitsamt
– Amts- und Landgericht des Bezirkes
– Arbeitsgericht.
– Postamt (bei Postsperre)
Weiter erhalten üblicherweise eine Beschlußabschrift formlos
– bekannte Gläubiger
– Drittschuldner.
Ist eine Mitteilung gem. § 23 Abs. 2 ergangen, so teilt die Geschäftsstelle die Aufhebung **14**
einer Sicherungsmaßnahme gem. § 21 dem Register mit. Hat der Richter Eintragungen
gem. § 23 Abs. 3 im Grundbuch usw. verfügt, ist an das entsprechende Register ein vom
Richter unterzeichnetes Löschungsersuchen mit genauer Bezeichnung des Grundstücks
usw. (vgl. § 23 Rz. 23) zu übersenden. War eine Mitteilung an die Rechtsanwalts-
/Notarkammer erfolgt (vgl. § 23 Rz. 17), wird diese von der Aufhebung der Sicherungsmaßnahme entsprechend informiert.

D. Abs. 2

I. Anwendungsgebiet

Die Vorschrift des Abs. 2 gilt nur, wenn die Verfügungsbefugnis über das Vermögen des **15**
Schuldners auf einen vorläufigen Insolvenzverwalter übergegangen ist (§ 22 Abs. 1),
also neben der Bestellung eines vorläufigen Insolvenzverwalters dem Schuldner ein
allgemeines Verfügungsverbot auferlegt worden ist (§ 22 Abs. 2 Nr. 2 1. Alt.).

II. Zweck

Wird im Anschluß an die vorläufige Insolvenzverwaltung das Insolvenzverfahren eröff- **16**
net, ist durch § 54 Nr. 2 und § 55 Abs. 2 sichergestellt, daß die vor Eröffnung
entstandenen Kosten und die vom vorläufigen Verwalter begründeten Verbindlichkeiten
aus der Insolvenzmasse erfüllt werden. Wird das Verfahren nicht eröffnet, soll durch die
Vorschrift des Abs. 2 möglichst vermieden werden, daß nach dem Rückfall der Verfügungsbefugnis auf den Schuldner aus der Zeit der vorläufigen Insolvenzverwaltung noch
Verbindlichkeiten offenstehen, über deren Erfüllung dann Streit entstehen könnte (BT-
Drucks. 12/2443 S. 118). Weiter wird dadurch das Ausfallrisiko des vorläufigen Insolvenzverwalters hinsichtlich seiner Vergütung und Auslagen gemindert, für die der
Antragsteller nicht haftet (vgl. § 13 Rz. 59). Der vorläufige Insolvenzverwalter muß
nicht mühsam und häufig erfolglos versuchen, seinen Vergütungsanspruch beim Schuldner zu realisieren. Vielmehr kann er ihn vor Aufhebung der Sicherungsmaßnahmen aus
dem Schuldnervermögen befriedigen. Das Ausfallrisiko des vorläufigen Insolvenzverwalters wird reduziert auf die Fälle der Abweisung mangels Masse (§ 26), sofern
überhaupt keine Masse vorhanden ist. In diesen Fällen kommt nur eine Entschädigung
als Sachverständiger in Betracht (vgl. § 13 Rz. 60; § 22 Rz. 29). In den – durchaus
vorkommenden – Fällen, daß zwar Masse vorhanden ist, daß sie nur nicht zur Eröffnung
ausreicht, kann der vorläufige Insolvenzverwalter seinen Vergütungsanspruch (teilweise) befriedigen.

III. Umfang

Unter die Vorschrift des Abs. 2 fallen folgende Positionen:

17 a) Während des Verfahrens entstandene Kosten gem. § 54 Nr. 1 und 2 (Gerichtsgebühren, Auslagen des Gerichts wie Veröffentlichungskosten und Sachverständigenkosten, Vergütung und Auslagen des vorläufigen Insolvenzverwalters). Veröffentlichungskosten sind auch die durch die öffentliche Bekanntmachung der Aufhebung von Sicherungsmaßnahmen noch anfallenden Kosten.

18 b) Die vom vorläufigen Insolvenzverwalter im Rahmen seiner Tätigkeit begründeten Verbindlichkeiten. Dies wird regelmäßig bei der Unternehmensfortführung (vgl. § 22 Abs. 1 Satz 2 Nr. 2) der Fall sein. Können die Verbindlichkeiten nicht oder nur teilweise erfüllt werden, kommt eine Haftung gem. § 21 Abs. 2 Nr. 1 in Verbindung mit § 61 in Betracht (s. o. § 21 Rz. 45). Zu streitigen Forderungen s. u. Rz. 23.

19 c) Verbindlichkeiten aus Dauerschuldverhältnissen sind zu begleichen, soweit der vorläufige Insolvenzverwalter für das von ihm verwaltete Vermögen die Gegenleistung in Anspruch genommen hat. Durch diese Regelung werden insbesondere Arbeitnehmer geschützt, die der vorläufige Insolvenzverwalter weiterbeschäftigt hat, und dem Vermieter ein Anspruch eingeräumt, wenn der vorläufige Insolvenzverwalter die Mietsache für das verwaltete Vermögen genutzt hat (BT-Drucks. 12/2443, S. 118).

IV. Verfahren

20 a) Grundsätzlich kann das Insolvenzgericht die Aufhebung der Sicherungsmaßnahmen erst beschließen, wenn die durch die Verwaltung entstandenen Kosten und die begründeten Verbindlichkeiten aus der Masse beglichen sind (*Hess/Pape* Rz. 156; s. auch unten § 34 Rz. 44). Die durch die vorläufige Insolvenzverwaltung entstandenen Kosten einschließlich der Vergütung des vorläufigen Insolvenzverwalters sind vor der Aufhebung festzusetzen und dem Vermögen zu entnehmen (*Pape* WPrax 1995, 236 [239]). War der vorläufige Insolvenzverwalter – wie regelmäßig – zugleich als Sachverständiger beauftragt (vgl. § 22 Rz. 29), so ist zugleich die Sachverständigenentschädigung festzusetzen (vgl. § 22 Rz. 55). Der Urkundsbeamte der Geschäftsstelle setzt zugleich die Gerichtskosten fest, damit diese vom vorläufigen Insolvenzverwalter aus dem Vermögen des Schuldners an die Landeskasse abgeführt werden können.

21 Nicht erforderlich ist, daß die Beschlüsse rechtskräftig sind. Wird der Beschluß später abgeändert, werden sowohl die Landeskasse als auch der vorläufige Insolvenzverwalter überzahlte Beträge zurückerstatten.

22 b) Häufig will der **Schuldner** nach Begleichung der dem Antrag zugrundeliegenden Forderung eine **schnelle Aufhebung der Sicherungsmaßnahmen erreichen**. Sind die Kosten im einzelnen noch nicht bekannt und festgesetzt, können diese geschätzt werden (ggf. nach vorheriger Abfrage beim vorläufigen Insolvenzverwalter/Sachverständigen). Der Schuldner kann dann bei der Gerichtskasse einen **Betrag** in Höhe der zu erwartenden Kosten unter Verzicht auf die Rücknahme **hinterlegen**. Daraus können die Kosten des vorläufigen Insolvenzverfahrens (§ 54) beglichen werden. Ein etwaiger Überschuß wird an den Schuldner ausgezahlt.

23 c) Bei **streitigen Verbindlichkeiten** eines Gläubigers dürfte es sich empfehlen, daß der Betrag auf einem Anderkonto hinterlegt wird, bis über das (Nicht-) Bestehen der Verbindlichkeit entschieden ist (entsprechend der Rechtslage im Falle des § 34 Abs. 3, s. u. § 34 Rz. 44). Der vorläufige Insolvenzverwalter würde pflichtwidrig handeln, wenn

er eine streitige Verbindlichkeit unbesehen begleichen würde. Auch eine Zahlung unter Vorbehalt der Rückforderung ist im Hinblick auf eine mögliche Insolvenz des Gläubigers riskant und dürfte allenfalls bei Stellung entsprechender Sicherheiten in Betracht kommen. Andererseits kann dem vorläufigen Insolvenzverwalter nicht das Haftungsrisiko aufgebürdet werden, daß das Vermögen des Schuldners freigegeben wird, später jedoch Ansprüche gegen den vorläufigen Insolvenzverwalter festgestellt werden und nunmehr eine Befriedigung aus dem Schuldnervermögen nicht mehr möglich ist.

d) Begleichen Schuldner die dem Verfahren zugrundeliegende Forderung, wird die Hauptsache regelmäßig für erledigt erklärt. Häufig hat der vorläufige Insolvenzverwalter keine Zugriffsmöglichkeit auf realisierbare Vermögensgegenstände. In diesen Fällen kommt eine Veröffentlichung (gem. § 9 Abs. 2) dahin in Betracht, daß der Schuldner die Hauptforderung zwar beglichen und die Hauptsache erledigt erklärt ist, daß die Sicherungsmaßnahmen aber weiter fortbestehen, da die Kosten des Verfahrens noch offen sind. 24

e) Ein verbleibender Überschuß ist an den Schuldner auszukehren. Gläubiger können nunmehr wieder pfänden. 25

V. Rückgriffsanspruch des Schuldners gegen den Antragsteller

Der Schuldner haftet nach Abs. 2 mit seinem Vermögen für die dort aufgeführten Ansprüche, auch, wenn der Antrag zurückgenommen oder als unzulässig oder unbegründet abgewiesen wird. Der Schuldner kann lediglich versuchen, Schadensersatzansprüche gegen den Gläubiger wegen unrechtmäßiger Insolvenzantragstellung geltend zu machen (vgl. § 13 Rz. 58), die allerdings nur unter engen Voraussetzungen in Betracht kommen (s.o. § 13 Rz. 119 f.). Daneben können Amtshaftungsansprüche (Art. 34 GG, § 839 BGB) bestehen. 26

§ 26
Abweisung mangels Masse → § 107 KO

(1) ¹Das Insolvenzgericht weist den Antrag auf Eröffnung des Insolvenzverfahrens ab, wenn das Vermögen des Schuldners voraussichtlich nicht ausreichen wird, um die Kosten des Verfahrens zu decken. ²Die Abweisung unterbleibt, wenn ein ausreichender Geldbetrag vorgeschossen wird.
(2) ¹Das Gericht hat die Schuldner, bei denen der Eröffnungsantrag mangels Masse abgewiesen worden ist, in ein Verzeichnis einzutragen (Schuldnerverzeichnis). ²Die Vorschriften über das Schuldnerverzeichnis nach der Zivilprozeßordnung gelten entsprechend; jedoch beträgt die Löschungsfrist fünf Jahre.
(3) ¹Wer nach Absatz 1 Satz 2 einen Vorschuß geleistet hat, kann die Erstattung des vorgeschossenen Betrages von jeder Person verlangen, die entgegen den Vorschriften des Gesellschaftsrechts den Antrag auf Eröffnung des Insolvenzverfahrens pflichtwidrig und schuldhaft nicht gestellt hat. ²Ist streitig, ob die Person pflichtwidrig und schuldhaft gehandelt hat, so trifft sie die Beweislast. ³Der Anspruch verjährt in fünf Jahren.

Vgl. § 107 KO; § 17 Nr. 6 VerglO; § 4 Abs. 2 GesO

§ 26 *Eröffnung des Insolvenzverfahrens*

Inhaltsübersicht: Rz.

A. Überblick	1– 5
B. Abweisung mangels Masse (Abs. 1 Satz 1)	6–16
I. Grundvoraussetzung	6
II. Kosten des Verfahrens	6a
III. Vermögen des Schuldners	7–12
IV. Prognose des Gerichts	13–16
C. Abs. 1 Satz 2 (Vorschuß)	17–26
I. Ausreichender Geldbetrag	17
II. Vorschußpflichtige	18–21
III. Gläubigerkalkül	22–23
IV. Verfahren	24
V. Art der Vorschußzahlung und Behandlung von Vorschußleistungen	25–26
D. Prozeßkostenhilfe für den Insolvenzverwalter	27–55
I. Überblick	27–30
II. Mangelnde Aufbringung der Kosten	31–34
III. Unzumutbarkeit der Kostenaufbringung für die wirtschaftlich Beteiligten	35–46
IV. Erfolgsaussicht	47
V. Keine Mutwilligkeit	48–49
VI. Verfahrensmäßiger Ablauf	50
VII. Wirkungen	51–55
E. Verfahren	56–77
I. Amtsermittlungen	56
II. Vorschußanforderung	57
III. Rechtliches Gehör	58–63
IV. Beschluß	64–65
V. Kosten	66–70
VI. Bekanntmachung und Mitteilungen	71–75
VII. Rechtsbehelfe	76
VIII. Akteneinsicht	77
F. Rechtsfolgen	78–94
I. Schuldnerverzeichnis	79–85
II. Juristische Personen	86–91
III. Weitere Folgen	92
IV. Insolvenzgeld	93
V. Erneuter Antrag	94
G. Abs. 3	95–98

Literatur:

Grub Anm. zu OLG Hamm, Beschl. v. 07. 01. 1997 – 8W 43/96 –, EWiR 1/97, § 114 ZPO, 333 f.; *Kübler* Die Behandlung masseamer Insolvenzverfahren nach neuem Recht, in Kölner Schrift zur InsO. 1997, 735; *Pape* Prozeßkostenhilfe für Konkursverwalter, ZIP 1988, 1293; *ders.* Zur Anwendung und zu den weiterbestehenden Problemen des § 116 ZPO nach dem Beschluß des BGH, KTS 1991, 132, KTS 1991, 33; *Schmidt, Karsten* Insolvenzordnung und Unternehmensrecht – Was bringt die Reform?, in Kölner Schrift zur InsO, 1997, 9; *Oepen/Rettmann* Prozeßkostenhilfe für den Insolvenzverwalter bei Teilnahme des Steuerfiskus am Insolvenzverfahren, Rpfleger 1998, 273 ff.; *Uhlenbruck* Probleme der Sequestration nach § 106 KO, KTS 1988, 201; *ders.* Probleme des Eröffnungsverfahrens nach dem Insolvenzrechts-Reformgesetz 1994, KTS 1994, 169; *Vallender* Schuldenregulierung in der Verbraucherinsolvenz, DGVZ 1997, 97.

A. Überblick

Die Durchführung eines Insolvenzverfahrens erfordert einen größeren Geldbetrag, der 1
häufig aus dem Vermögen des Schuldners nicht aufgebracht werden kann. Ein geordnetes Verfahren kann dann nicht mehr stattfinden, Vermögensmanipulationen können nicht aufgedeckt und Vermögensverschiebungen nicht rückgängig gemacht werden, persönliche Haftungsansprüche werden nicht realisiert. Einen Anlaß für die Insolvenzrechtsreform bildete die Tatsache, daß im gewerblichen Bereich unter Geltung der KO drei Viertel der Konkursanträge mangels einer die Verfahrenskosten deckenden Masse abgewiesen wurden. Diese Abweisungen wurden – insbesondere bei GmbH und GmbH & Co. KG – häufig gezielt herbeigeführt, um eine geordnete Abwicklung zu verhindern. Die Massekostendeckung ist die Kernfrage für den weiteren Verlauf des Verfahrens, der das Insolvenzgericht die größte Aufmerksamkeit widmen wird (*Hess/Pape* Rz. 161).

§ 30 Abs. 1 RegE (BT-Drucks. 12/2443 S. 14) sah vor, daß es bei einem – ansonsten 2 zulässigen und begründeten – Antrag ausreichte, daß die Kosten des Verfahrens bis zum Berichtstermin (vgl. § 29 Abs. 1 Nr. 1) gedeckt waren. Auf Anregung des Rechtsausschusses ist das Gesetz jedoch so gefaßt worden, daß voraussichtlich die Kosten des gesamten Verfahrens gedeckt sein müssen, da ansonsten zwar viele Verfahren eröffnet, aber alsbald wieder eingestellt und nicht bis zum Ende hätten durchgeführt werden können. Allerdings müssen nur noch die in § 54 aufgeführten Kosten des Insolvenzverfahrens gedeckt sein, nicht aber – wie früher teilweise angenommen – weitere Massekosten wie die für die Verwaltung, Verwertung und Verteilung der Masse oder gar Masseschulden (§§ 58 Nr. 2, 59 KO) bzw. sonstige Masseverbindlichkeiten (§ 55).

Ob dadurch die **Zahl der Verfahrenseröffnungen ansteigen** wird, ist **zweifelhaft**. Die 3 Praxis (so das *AG Göttingen*) geht davon aus, daß mindestens ein Betrag von 18 000,– DM erforderlich ist (bei Annahme einer freien Masse von 20 000,- DM), um ein Verfahren eröffnen zu können. Dieser Betrag ist häufig nicht vorhanden und wird auch nicht von dritter Seite vorgeschossen, so daß die Abweisung erfolgt (§ 26 Abs. 1 Satz 2). Auch der Anspruch gem. § 26 Abs. 3 wird die Vorschußbereitschaft nicht fördern. Die Verfahrenskosten für das vereinfachte Insolvenzverfahren (§§ 311 ff.) werden für den Regelfall auf bis zu 3.000,- DM beziffert (*Vallender* DGVZ 1997, 97 [101]).

Dennoch können – wie bisher – **massearme oder masselose Verfahren eröffnet** 4 werden. Besteht nämlich die Aussicht, daß der spätere Insolvenzverwalter Anfechtungsansprüche (§§ 129 ff.) oder sonstige Ersatzansprüche (bei der GmbH z. B. gem. §§ 9a, 31, 32b, 43, 64 GmbHG) vor dem Prozeßgericht nach Bewilligung von Prozeßkostenhilfe durch dieses durchsetzen kann, kann und wird das Insolvenzgericht das Verfahren eröffnen.

Die Rechtsfolgen der Abweisung mangels Masse sind nur teilweise in der InsO geregelt. 5 Entsprechend der Regelung in § 107 Abs. 2 KO erfolgt einen Eintragung in das Schuldnerverzeichnis (§ 26 Abs. 2). Juristische Personen des Handelsrechtes werden zudem aufgrund der gesellschaftsrechtlichen Regelungen (z. B. § 60 Abs. 1 Nr. 5 GmbHG) aufgelöst und langfristig im Handelsregister gelöscht (§ 141a Abs. 1 FGG). Wegen dieser weitreichenden Folgen sind Antragsteller und Schuldner beschwerdeberechtigt (§ 34 Abs. 1).

§ 26 *Eröffnung des Insolvenzverfahrens*

B. Abweisung mangels Masse (Abs. 1 Satz 1)

I. Grundvoraussetzung

6 Eine Abweisung mangels Masse darf nur erfolgen, wenn die allgemeinen und speziellen Zulässigkeitsvoraussetzungen vorliegen, der Eröffnungsgrund nachgewiesen ist und – beim Gläubigerantrag – die zugrundeliegende Forderung weiter glaubhaft gemacht oder zur vollen Überzeugung des Gerichtes nachgewiesen ist, falls das Vorliegen des Eröffnungsgrundes vom Bestehen der Forderung abhängt. Es gelten dieselben Voraussetzungen wie für eine Eröffnung des Verfahrens (s. u. § 27 Rz. 3 ff.) mit der einen Ausnahme, daß nicht genügend Masse für eine Eröffnung vorhanden ist.

II. Kosten des Verfahrens

6a Ein Ziel der Insolvenzrechtsreform ist eine vermehrte Eröffnung der Verfahren. Die Kosten müssen zwar nicht nur bis zum Berichtstermin – wie im Regierungsentwurf vorgesehen (s. o. Rz. 2) – gedeckt sein. Das Gesetz stellt aber klar, daß Kosten des Verfahrens **nur die in § 54 aufgeführten Kosten** sind, nämlich die Gerichtskosten sowie die Vergütung des vorläufigen Insolvenzverwalters, des Insolvenzverwalters und der Mitglieder des Gläubigerausschusses. Die sonstigen Masseverbindlichkeiten haben für die Frage der Kostendeckung außer Betracht zu bleiben (BT-Drucks. 12/2443 S. 118). Im Gegensatz zum früheren Recht steht damit fest, daß nachrangige Masseverbindlichkeiten ebenso wenig berücksichtigt werden (*Hess/Pape* Rz. 163) wie vorrangige Masseschulden (*Haarmeyer/Wutzke/Förster* Handbuch 3/283). Der Begriff der »Gerichtskosten« kann auch nicht so weit ausgelegt werden, daß darunter auch die Kosten für die Verwaltung, Verwertung und die Verteilung der Insolvenzmasse fallen (s. o. *Obermüller* Rz. 149). Die Gesetzesbegründung stellt ausdrücklich klar, daß die sonstigen Masseverbindlichkeiten für die Frage der Kostendeckung außer Betracht zu bleiben haben. Sind sie im eröffneten Verfahren nicht gedeckt, führt dies zur Anzeige der Masseunzulänglichkeit, nicht jedoch zur sofortigen Einstellung mangels Masse gem. §§ 207, 208 (BT-Drucks. 12/2443 S. 118). Zudem sind die Kosten für Verwaltung, Verwertung und Verteilung der Insolvenzmasse jedenfalls teilweise (gem. §§ 170 ff.) abgedeckt.

III. Vermögen des Schuldners

7 Die Vermögenslage eines schuldnerischen Unternehmens im Zeitpunkt der Entscheidung über die Eröffnung des Verfahrens ist häufig durch folgende Merkmale gekennzeichnet: Die Geschäftsausstattung, sofern sie wertvoll ist, steht unter Eigentumsvorbehalt, ansonsten läßt sie keinen oder nur geringen Veräußerungserlös erwarten. Der Fuhrpark ist geleast, Warenbestände sind sicherungsübereignet, Forderungen sind abgetreten, Bankguthaben nicht vorhanden. Grundvermögen ist bis an die Grenze belastet. Der Kassenbestand, sofern vorhanden, erfüllt die Funktion der »klassischen Portokasse« (*Haarmeyer/Wutzke/Förster* Handbuch 3/281). Als **berücksichtigungsfähige Vermögenswerte** kommen in Betracht:

8 (1) Bargeld oder vorhandene, freie Vermögensgegenstände. Bei – gem. § 36 verwertbaren – Inventar ist zu bedenken, daß der Veräußerungswert (z. B. von Büroausstattung, Computern) häufig gering ist.

(2) Nicht berücksichtigt werden Gegenstände, an denen ein Aussonderungsrecht besteht 9
(vgl. § 47). Gegenstände, an denen ein Absonderungsrecht besteht (§§ 49 ff.), können
nur in Höhe des Überschußbetrages (nach Abzug der in § 170 Abs. 1 genannten
Positionen) berücksichtigt werden.
(3) Bei Forderungen, insbesondere Zahlungsansprüchen, die nur im Prozeßwege geltend 10
gemacht werden können, sind die Prozeßaussichten und das Prozeßkostenrisiko zu
beachten (*OLG Karlsruhe* ZIP 1989, 1070 [1071]; s. aber auch unten Rz. 48 f.). Zu
berücksichtigen sind nicht nur die »klassischen« Forderungen aus der Geschäftstätigkeit
des Schuldners, sondern auch Ersatzansprüche (z. B. gem. § 9 a, 31, 32 b, 43, 64 Abs. 1
GmbHG). Diese Forderungen werden allerdings regelmäßig schwer eintreibbar sein.
Schließlich sind – worauf die Gesetzesbegründung ausdrücklich hinweist – mögliche
Anfechtungsansprüche (§§ 129 ff.) zu berücksichtigen (BT-Drucks. 12/2443 S. 117).
(4) Bei Auslandsvermögen des Schuldners kommt es darauf an, ob die ausländischen 11
Vermögenswerte zur inländischen Masse gezogen werden können (vgl. Erläuterungen in
Art. 102 EG InsO; *Kuhn/Uhlenbruck* KO, § 107 Rz. 1 i). Zur Dauer des abzuwartenden
Zeitraumes s. u. Rz. 15, zum Verfahren s. o. § 22 Rz. 63 und unten § 27 Rz. 25.
(5) Deckt das Vermögen des Schuldners die Kosten nicht oder nicht vollständig ab, folgt 12
daraus jedoch nicht zwingend, daß der Antrag mangels Masse abzuweisen ist. Das
Verfahren kann nämlich dennoch eröffnet werden, wenn zu erwarten ist, daß nach
Eröffnung der Insolvenzverwalter nach Bewilligung von Prozeßkostenhilfe durch das
Prozeßgericht die erforderlichen Beträge zur Masse zieht (s. u. Rz. 27 ff.).

IV. Prognose des Gerichts

Der Antrag ist abzuweisen, wenn die Kosten des Verfahrens aus dem Vermögen des 13
Schuldners voraussichtlich nicht gedeckt werden können. Damit wird von dem Gericht
eine Prognose in mehrfacher Hinsicht verlangt. Das Gericht hat zunächst die zu erwartenden Kosten des Verfahrens zu ermitteln. Schwieriger ist die Feststellung, ob das
Vermögen des Schuldners zur Deckung ausreichen wird bzw. sich innerhalb angemessener Zeit entsprechende Forderungen realisieren lassen. Bei der Prognose wird sich das
Gericht auf den Bericht des vorläufigen Insolvenzverwalters/Sachverständigen stützen
(s. u. Rz. 50).
a) Die **Kosten** des Verfahrens (§ 54) lassen sich summenmäßig nicht genau vorausberechnen. Die Vergütung des endgültigen – aber nicht des vorläufigen (s. o. § 21 Rz. 52) – 14
Insolvenzverwalters bestimmt sich nämlich nach dem Wert der Insolvenzmasse zur Zeit
der Beendigung des Verfahrens (§ 63 Satz 2). Dem Umfang und der Schwierigkeit der
Geschäftsführung des Verwalters wird durch Abweichungen vom Regelsatz nach oben
oder unten Rechnung getragen (§ 63 Satz 3). Insoweit kommt nur eine überschlägige
Berechnung in Betracht. Weiterhin ist unklar, ob ein Gläubigerausschuß bestellt und
welchen Umfang die Vergütungsansprüche gem. § 54 Nr. 2 haben werden. Im Hinblick
auf das Ziel vermehrter Verfahrenseröffnungen sollte das Insolvenzgericht nicht kleinlich verfahren.
b) Fraglich kann noch sein, wie lang der **Zeitraum** zu bemessen ist, innerhalb dessen die 15
zur Deckung der Verfahrenskosten erforderliche **Masse realisiert werden muß**. So wird
die Meinung vertreten, daß es entscheidend auf eine kurzfristige Liquidität ankomme,
langfristig liquidierbare Vermögenswerte oder bestrittene Forderungen seien in der
Regel nicht geeignet, die Massekostendeckung herbeizuführen (*Gottwald/Uhlenbruck*
§ 15 Rz. 3). Zur Begründung wird angeführt, es könne einem Insolvenzverwalter nicht

zugemutet werden, monate- oder jahrelang mit Kosten in Vorlage zu treten auf die Gefahr hin, später mit Ersatzansprüchen auszufallen (*Gottwald/Uhlenbruck* § 15 Rz. 3). Dem kann so nicht gefolgt werden. Ein Verfahren kann nämlich trotz fehlender Masse eröffnet werden, wenn Aussicht besteht, daß der Insolvenzverwalter nach Eröffnung und Bewilligung von Prozeßkostenhilfe durch das Prozeßgericht klagweise Forderungen einbringen und dadurch die erforderliche Massekostendeckung herbeiführen wird (s. u. Rz. 27 ff.). Der Abschluß dieser Verfahren kann Jahre in Anspruch nehmen, der Verwalter tritt hinsichtlich der Kosten in Vorlage. Deshalb sollte vom Gericht in dieser Situation von der Möglichkeit einer Vorschußgewährung eher großzügig Gebrauch gemacht werden. Zu beachten ist das erklärte Ziel der Insolvenzrechtsreform, eine vermehrte Eröffnung der Verfahren zu erreichen. Daher ist wiederum – wie auch bei der Prognose hinsichtlich der Kosten (s. o. Rz. 14) – ein großzügiger Maßstab anzulegen. Eine Realisierbarkeit von Vermögenswerten nur innerhalb eines längeren Zeitraumes hindert die Eröffnung des Verfahrens nicht. So führt es nicht zur Abweisung mangels Masse, wenn sich möglicherweise erst durch die spätere Verwertung von Grundstücken noch erhebliche Masse bilden kann (*Kuhn/Uhlenbruck* KO, § 107 Rz. 1 i; a. A. *LG Darmstadt* ZIP 1981, 470 [471]). Bei ausländischen Vermögenswerten kann es ebenfalls längere Zeit dauern, bis sie zur Masse gezogen werden können. Die Grenze ist erreicht, wenn keine Möglichkeit der Verwertung des Auslandsvermögens im Inland besteht. Den Schuldner treffen allerdings Mitwirkungspflichten, um einen Zugriff auf Auslandsvermögen zu ermöglichen (s. o. § 22 Rz. 63 und unten § 27 Rz. 25). Mit einem geeigneten Insolvenzverwalter werden sich derartige Verfahren auch durchführen lassen, in denen die Realisierung der Masse einen längeren Zeitraum in Anspruch nimmt.

16 Anerkennt ein Schuldner seine Zahlungsverpflichtung, kann er sie jedoch nur in Raten begleichen, ist es durchaus möglich, mit der Eröffnung (§ 27) solange zu warten, bis die Ratenzahlungen die voraussichtlichen Kosten abdecken.

C. Abs. 1 Satz 2 (Vorschuß)

I. Ausreichender Geldbetrag

17 Die Abweisung unterbleibt, wenn ein ausreichender Geldbetrag vorgeschossen wird. Der Vorschuß ist so zu bemessen, daß die Kosten des Verfahrens (§ 54) abgedeckt sind (s. o. Rz. 6). Sind die Kosten teilweise gedeckt, muß nur der Restbetrag vorgeschossen werden. Nach Eröffnung besteht keine (weitere) Nachschußpflicht mehr, diese kann jedoch zur Abwendung der Einstellung mangels Masse geboten sein (§ 207).

II. Vorschußpflichtige

18 Beim Eigenantrag des Schuldners ist das Gericht nicht verpflichtet, von ihm eine Vorschußleistung anzufordern. Entscheidend ist nur, ob das Schuldnervermögen voraussichtlich die Verfahrenskosten decken wird (vgl. *Gottwald/Uhlenbruck* § 15 Rz. 14). Prozeßkostenhilfe kann dem Schuldner grundsätzlich nicht bewilligt werden. Ob im Rahmen des Schuldenbereinigungsplanes und der Restschuldbefreiung etwas anderes gilt, ist streitig (s. o. § 13 Rz. 95).

19 Zur Vorschußzahlung wird daher nur der antragstellende Gläubiger aufgefordert. Eine dem Antragsteller bewilligte Prozeßkostenhilfe umfaßt nicht den Vorschuß gem. § 26

Abs. 1 (s. o. § 13 Rz. 85). Steht dem Antragsteller Gebührenfreiheit zu (s. o. § 13 Rz. 45), entfällt die Vorschußpflicht nicht (*Kilger/Karsten* Schmidt KO, § 107 Rz. 4).

Haben mehrere Gläubiger Eröffnungsanträge gestellt, kann das Insolvenzgericht von jedem Antragsteller die Vorschußleistung in voller Höhe verlangen (*LG Mainz* Rpfleger 1975, 253), die verschiedenen Antragsteller können aber gemeinsam den erforderlichen Vorschuß einzahlen (*Gottwald/Uhlenbruck* § 15 Rz. 6). 20

Der Vorschuß kann auch von Insolvenzgläubigern, die keinen Antrag gestellt haben, oder Dritten aufgebracht werden (*Gottwald/Uhlenbruck* § 15 Rz. 6). 21

III. Gläubigerkalkül

Ein Gläubiger wird eine Vorschußleistung nur erbringen, wenn er sich vor einer Verfahrenseröffnung eine Haftungsrealisierung verspricht, die ohne die Durchführung des Insolvenzverfahrens nicht in Betracht käme. Anfechtungsrechte (§§ 129 ff.) können nur im Insolvenzverfahren durchgesetzt werden. Dadurch kann freie Masse ebenso realisiert werden wie durch die Verletzung von Insolvenzantragspflichten entstandenen Gesamtschäden (s. o. § 15 Rz. 37) durch den Insolvenzverwalter (*Hess/Pape* Rz. 167). Der Gläubiger muß allerdings immer bedenken, ob unter Berücksichtigung der Rangordnung des § 209 für ihn eine realisierbare Chance besteht. 22

Andere Gläubiger wie Sozialversicherungsträger haben kein Interesse an der Einzahlung eines Vorschusses und erklären bereits in der Antragsschrift, daß sie nicht bereit sind, einen Vorschuß zu leisten. Ihnen geht es darum, im Falle der Abweisung für die letzten drei Monate zuvor über das Insolvenzgeld ihre Ausfälle ersetzt zu bekommen (s. u. Rz. 93). 23

IV. Verfahren

Der antragstellende Gläubiger wird zur Zahlung eines Vorschusses aufgefordert. Da eine Beschwerdemöglichkeit gegen die Vorschußanforderung nicht besteht (vgl. § 6 Abs. 1), genügt ein formloses Schreiben. Geht dieser nicht innerhalb einer bestimmten Frist ein, wird der Antrag zurückgewiesen (zu den Einzelheiten s. u. Rz. 57 ff.). 24

V. Art der Vorschußzahlung und Behandlung von Vorschußleistungen

a) Die Vorschußzahlung erfolgt auf das Konto der Gerichtskasse. Das Gericht kann sich statt einer Einzahlung auch mit einer Massekostengarantie begnügen (*Obermüller* Insolvenzrecht in der Praxis, S. 506). Davon machen insbesondere Banken Gebrauch, die mit dem Geld statt dessen arbeiten können. Die Massekostengarantie enthält die Verpflichtung des Gläubigers zur Zahlung des ursprünglich angeforderten Vorschußbetrages, wenn die Einstellung des Verfahrens mangels Masse erfolgen müßte. 25

b) Der geleistete Vorschuß ist zweckgebunden und ausschließlich für die Deckung der Verfahrenskosten zu verwenden, er bildet keinen Bestandteil der Insolvenzmasse. Der Insolvenzverwalter hält den Vorschußbetrag als Treuhänder (*Hess* KO, § 107 Rz. 6). Der Insolvenzverwalter ist verpflichtet, den Vorschuß als Sondermasse zu führen und darf ihn ausschließlich dafür verwenden, Verfahrenskosten zu begleichen (*Hess/Pape* Rz. 168). Sobald die Masse ausreicht, um die Kosten des Verfahrens zu decken, hat der vorschußleistende Gläubiger einen Anspruch auf Rückzahlung (*OLG Frankfurt* ZIP 26

1986, 931 [932]) = EWiR 1986, 503; *Hess* KO, § 107 Rz. 7). Mit dem Rückzahlungsanspruch kann trotz fehlender Gegenseitigkeit gegen eine zur Insolvenzmasse gehörende Forderung aufgerechnet werden (*OLG Frankfurt* ZIP 1986, 931 [932 f.] zu § 55 Abs. 1 Nr. 2 KO).

D. Prozeßkostenhilfe für den Insolvenzverwalter

I. Überblick

27 Im Eröffnungsverfahren kann das Insolvenzgericht dem Gläubiger (s. o. § 13 Rz. 77, 81 ff.) und u. U. auch dem Schuldner (s. o. § 13 Rz. 78, 94 ff.) Prozeßkostenhilfe bewilligen gemäß § 4 i. V. m. §§ 114, 115 ZPO. PKH kann jedoch **nicht** bewilligt werden, um die Durchführung des Insolvenzverfahrens erst zu ermöglichen (ggf. anders bei Schuldenbereinigung – §§ 305 ff. – und Restschuldbefreiung – §§ 286 ff.). Aufgrund der **Spezialregelung des § 26 Abs. 1 Satz 1** ist der **Antrag** vielmehr **abzuweisen**, wenn die voraussichtlichen Kosten des Verfahrens (§ 54) nicht gedeckt sind und kein Vorschuß gezahlt wird. Der endgültige **Insolvenzverwalter kann allerdings** – ebenso wie der vorläufige Insolvenzverwalter (s. o. § 24 Rz. 23, 34) – zur Durchsetzung von Ansprüchen **vom zuständigen Prozeßgericht Prozeßkostenhilfe** erhalten. Häufig stellt sich das Problem, daß nur im Klagewege realisierbare Ansprüche bestehen, für die voraussichtlich das Prozeßgericht nach einer Verfahrenseröffnung Prozeßkostenhilfe bewilligen würde, die Eröffnung jedoch an der mangelnden Masse scheitert.

28 Der Insolvenzverwalter als Partei kraft Amtes kann Prozeßkostenhilfe gemäß § 116 Satz 1 Nr. 1, Satz 2 ZPO erhalten. Neben hinreichender Erfolgsaussicht und mangelnder Mutwilligkeit sind Voraussetzung, daß die Kosten aus der Masse nicht aufgebracht werden können und den am Gegenstand des Rechtsstreits wirtschaftlich Beteiligten die Aufbringung der Kosten nicht zuzumuten ist. Häufig geht es um die Geltendmachung von Anfechtungsansprüchen (§§ 129 ff.) oder Ansprüche z. B. gem. §§ 9 a, 31, 32 b, 43, 64 GmbHG. Obgleich **keine (oder nur zu wenig) Masse** vorhanden ist, **kann** das Verfahren jedoch dann **eröffnet werden**, wenn Aussicht besteht, daß der **Insolvenzverwalter nach Eröffnung** und Bewilligung von Prozeßkostenhilfe durch das zuständige Prozeßgericht bei erfolgreichem Prozeßausgang **so viel Geld zur Masse ziehen kann**, daß die Kosten des Insolvenzverfahrens (§ 54) gedeckt sind. Nur so lassen sich diese Ansprüche in der Praxis realisieren. Einzelnen Gläubigern fehlt häufig die notwendige interne Kenntnis und die Bereitschaft, das finanzielle Risiko der gerichtlichen Durchsetzbarkeit und des möglichen Ausfalls in der nachfolgenden Zwangsvollstreckung einzugehen.

29 **Die Auslegung des § 116 ZPO ist eine der Schlüsselfragen des Insolvenzrechts.** Weitgehende Reformbestrebungen sind zwar nicht Gesetz geworden. So war im Leitsatz 3.5 des Zweiten Berichtes der Kommission für Insolvenzrecht 1986 vorgesehen, daß das Erfordernis der Unzumutbarkeit des Kostenvorschusses durch Insolvenzgläubiger im Rahmen des § 116 ZPO entfallen sollte (vgl. *Uhlenbruck* KTS 1988, 435 [439]). Die Bewilligung von Prozeßkostenhilfe ist jedoch in den letzten Jahren unter Einfluß der Rechtsprechung des *BGH* nicht mehr die Ausnahme, sondern der Regelfall geworden. Darauf, ob die Unterlassung der Rechtsverteidigung allgemeinen Interessen zuwiderlaufen würde, kommt es nicht an, da die Vorschrift des § 116 Satz 1 Nr. 2 ZPO neben der Vorschrift des Nr. 1 nicht gilt (*BGH* ZIP 1990, 1490 [1491]). Der Kreis der Personen, denen als wirtschaftlich Beteiligte die Auferlegung der Kosten zuzumuten ist, ist

eingeschränkt worden. Träger öffentlicher Belange sind in der Regel nicht zur Vorschußzahlung verpflichtet.
Die Bewilligung der Prozeßkostenhilfe kann nur für die Geltendmachung jedes einzelnen Anspruchs durch das jeweilige Prozeßgericht erfolgen. Das Insolvenzgericht prüft allerdings im Rahmen der Entscheidung über die Eröffnung oder Abweisung mangels Masse nach, ob dem Insolvenzverwalter voraussichtlich – vorbehaltlich der endgültigen Prüfung durch das Prozeßgericht – Prozeßkostenhilfe bewilligt werden wird. Besteht die Aussicht, die Masse so anzureichern, daß die Kosten des Verfahrens (§ 54) gedeckt sind, wird **das Insolvenzgericht trotz (zunächst) fehlender Masse das Verfahren eröffnen.**

II. Mangelnde Aufbringung der Kosten

Die erste Voraussetzung für die Bewilligung von Prozeßkostenhilfe liegt darin, daß die Kosten aus der verwalteten Vermögensmasse nicht aufgebracht werden können (§ 116 Satz 1 Nr. 1, 1. HS ZPO). Die voraussichtlichen Kosten des konkreten Rechtsstreits dürfen aus der Insolvenzmasse (§§ 35, 36) voraussichtlich ganz oder teilweise vom Insolvenzverwalter nicht aufgebracht werden könnnen. Im einzelnen ist von folgenden **Grundsätzen** auszugehen:
(1) Einzusetzen ist der vorhandene Barbestand. Forderungen sind einzuziehen. Kurzfristig liquidierbare Gegenstände des Anlage- und Umlaufvermögens sind zu verwerten. Abweichend von den §§ 115 Abs. 2 ZPO, 88 BSHG gibt es im Falle des § 116 kein Schonvermögen, daß nicht eingesetzt werden muß. Eine Verwertung des Vermögens in wirtschaftlich unsinniger Weise kann jedoch nicht verlangt werden (*Zöller/Philippi* ZPO, § 116 Rz. 4; *Mohrbutter/Mohrbutter/Pape* X. 22).
(2) Auf eine Darlehensaufnahme muß sich der Insolvenzverwalter nur verweisen lassen, wenn die Darlehensgewährung und die spätere Rückzahlungen außer Zweifel stehen (*Kilger/Karsten Schmidt* KO, § 6 Rz. 7 c; Münchener Kommentar/*Wax* ZPO, § 116 Rz. 15).
(3) Die vorhandenen Mittel sind allerdings nicht uneingeschränkt einzusetzen. Abzusetzen sind die Kosten des Insolvenzverfahrens (§ 54) und die sonstigen Masseverbindlichkeiten (§ 55) (*Haarmeyer/Wutzke/Förster* Handbuch 2/22). Dem Verwalter darf nämlich nicht jeder wirtschaftlicher Handlungsspielraum genommen werden, er muß vielmehr noch in der Lage sein, seine sonstige Tätigkeit zu finanzieren (*Mohrbutter/Mohrbutter/Pape* X. 22). Ihm sind die Mittel zu belassen, die er zur Abwicklung der Insolvenz braucht (*Zöller/Philippi* ZPO, § 116 Rz. 4). Diese Grundsätze sind auch in der Rechtsprechung anerkannt (*OLG Köln* ZIP 1990, 936 = EWiR 1990, 1137; *OLG Celle* EWiR 1994, 97; *OLG Köln* ZIP 1994, 724 [725] = EWiR 1994, 829; *OLG Schleswig* ZIP 1995, 759; *OLG München* ZIP 1996, 512; *OLG Rostock* ZIP 1997, 1710f.; *OLG München* ZIP 1998, 1197 [1198]). Auch auf die Möglichkeit einer Teilklage muß sich der Insolvenzverwalter nicht verweisen lassen (*OLG München* ZIP 1996, 512 [513]).

III. Unzumutbarkeit der Kostenaufbringung für die wirtschaftlich Beteiligten

Weiter darf es den am Gegenstand des Rechtsstreits wirtschaftlich Beteiligten nicht zumutbar sein, die Kosten aufzubringen (§ 116 Satz 1 Nr. 1, 2. HS ZPO). Wer vom Prozeßergebnis mittelbar durch eine spätere Auszahlung aus der Insolvenzmasse profitiert, soll dafür auch dem Insolvenzverwalter die zur Rechtsverfolgung erforderlichen Kosten vorstrecken. Unterbleibt dies, kann dem Insolvenzverwalter keine Prozeßkosten-

§ 26 *Eröffnung des Insolvenzverfahrens*

hilfe bewilligt werden. Anders verhält es sich aber, wenn die Kostenaufbringung unzumutbar ist. Dies muß der Insolvenzverwalter dem Prozeßgericht unter Vorlage einer aktuelle Gläubigerliste lückenlos und nachvollziehbar darlegen (*BGH* ZIP 1997, 1553 [1554] = NJW 1997, 3318 [3319] = EWiR 1997, 909). Bei einer Vielzahl von Gläubigern ist diese Verpflichtung aber eingeschränkt (s. u. Rz. 40).

36 **a) Wirtschaftlich beteiligt** ist grundsätzlich jeder Gläubiger, der bei der Verteilung der Masse ohne den zu erwartenden Erlös aus dem Rechtsstreit schlechter stehen würde als bei einem erfolgreichen Abschluß des Rechtsstreits (*BGH* ZIP 1990, 1490; Münchener Kommentar/*Wax* ZPO, § 116 Rz. 16). Wirtschaftlich beteiligt sind **nicht:**
 – Gläubiger, die auch ohne Prozeßführung mit einer vollständigen Befriedigung (wegen des Vorranges der Forderungen) rechnen können (*Kilger/Karsten* Schmidt KO, § 6 Rz. 7 c; Münchner Kommentar/*Wax* ZPO, § 116 Rz. 16)
 – nachrangige Konkursgläubiger sind nicht beteiligt, wenn die Masse trotz Obsiegen des Insolvenzverwalters nur zur Verteilung an vorrangige Gläubiger ausreichen würde (*Zöller-Philippi* ZPO, § 116 Rz. 16)
 – der Insolvenzverwalter wegen der Aussicht auf Befriedigung seines Vergütungsanspruchs (*Mohrbutter/Mohrbutter/Pape* X. 24; *Haarmeyer/Wutzke/Förster* Handbuch 2/24; *Thomas/Putzo* ZPO, § 116 Rz. 1; *Zöller/Philippi* ZPO, § 116 Rz. 6; jeweils mit Nachweisen aus der Rechtsprechung; zuletzt *OLG Köln* ZIP 1997, 1969 = EWiR 1997, 1049. Ebenso hat nunmehr der *BGH* entschieden (*BGH* ZIP 1998, 297 f. = NJW 1998, 1229 f. = EWiR 1998, 239)). Die gegenteiligen Entscheidungen (*OLG Celle* ZIP 1988, 792 = EWiR 1988, 1245; *OLG Köln* EWiR 1994, 721; *OLG Köln* MDR 1997, 104) sind vereinzelt geblieben. Hält man den Insolvenzverwalter für einen wirtschaftlich Beteiligten, ist ihm die Kostenaufbringung allerdings unzumutbar. Ihm ist daher Prozeßkostenhilfe zu bewilligen (*OLG Frankfurt* ZIP 1997, 1600 [1601] = EWiR 1997, 859; *OLG Rostock* ZIP 1997, 1710 [1711 f.] = EWiR 1997, 1051, a. A. *OLG Köln* MDR 1997, 104).

b) Bei der Frage der **Unzumutbarkeit** sind **verschiedene Fallgestaltungen** zu unterscheiden:

37 (1) Für den Gläubiger einer **bestrittenen** Forderung ist die Kostenaufbringung unzumutbar (*Mohrbutter/Mohrbutter/Pape* X. 23; *Zöller/Philippi* ZPO, § 116 Rz. 7; a. A. *LG Aachen* MDR 1996, 638 f.).

38 (2) Unzumutbar ist die Kostenaufbringung auch für Gläubiger, die bei erfolgreicher Prozeßführung allenfalls Aussicht auf eine **geringfügige Quotenverbesserung** haben (*Mohrbutter/Mohrbutter/Pape* X. 23). Die Rechtsprechung bejaht die Zumutbarkeit neben dem Fall der Aussicht auf volle Befriedigung (*OLG Köln* ZIP 1990, 937) bei Aussicht auf eine Quote von 90% (*OLG Düsseldorf* ZIP 1990, 938 = EWiR 1990, 721) oder bei Aussicht auf erheblichen Ausgleich der Forderungen (*BGH* ZIP 1997, 1553 [1554] = NJW 1997, 3318 [3319] = EWiR 1997,909; *OLG Köln* ZIP 1990, 1283 = EWiR 1990, 1029). Das *OLG Köln* (JurBüro 1994, 480 = MDR 94, 407) stellt nicht auf die Befriedigung eines gewissen Prozentsatzes der Gesamtforderung ab, sondern darauf, daß dem Gläubiger ein hinreichend hoher Teil der eingeklagten Forderung zufließt. Ob dies mindestens 50% sein müssen, läßt das *OLG Köln* dahingestellt sein. Unzumutbarkeit wird bejaht bei einer Quote von bis zu 50% (*OLG Schleswig* ZInsO 1998, 234), weniger als 30% bzw 3,74% an der eingeklagten Forderung (*OLG Köln* ZIP 1997, 1969 f. = EWiR 1997, 1049). Das *OLG Dresden* (EWiR 1995, 515) bejaht dagegen eine Vorschußpflicht schon bei einer 10% igen Quotenaussicht.

39 (3) Unzumutbar ist die Zahlung der Prozeßkosten auch dann, wenn die Höhe der vorzuschießenden **Kosten zu der zu erwartenden Erhöhung der Quote außer Ver-**

hältnis steht (*Stein/Jonas/Bork* ZPO, § 116 Rz. 13; Münchener Kommentar/*Wax* ZPO, § 116 Rz. 18, ähnlich *OLG Schleswig* ZIP 1997, 1427 f. = EWiR 1997, 911).
(4) Sind nur **einige Gläubiger** zur Finanzierung des Rechtsstreits nicht bereit und ist der 40 Rest allein dazu nicht in der Lage, dann soll PKH versagt werden, da auf die Gesamtheit der Gläubiger abzustellen ist, denen der Prozeßerfolg zugute käme (BGH ZIP 1997, 1553 [1554] = NJW 1997, 3318 [3319] = EWiR 1997, 909; *Zöller/Philippi* ZPO, § 116 Rz. 7; *Münchener Kommentar/Wax* ZPO, § 116 Rz. 16; *Kuhn/Uhlenbruck* KO, § 6 Rz. 31 b a E.). Dieser Zustand ist unbefriedigend (kritisch auch *Pape* KTS 1991, 33 [43 ff.]). Andererseits betont die Rechtsprechung, daß Gläubigern, denen im Falle des Obsiegens lediglich ein Kleinbetrag verbleibt, ein Vorschuß nicht zuzumuten ist (*BGH* ZIP 1995, 660 [661] = EWiR 1995, 617; *OLG Naumburg* ZIP 1994, 383 [384] = EWiR 1994, 621). Ist die Anzahl der in die Kostenbeteiligung einzubeziehenden Insolvenzgläubiger so groß, daß die Verteilung in der Praxis Schwierigkeiten bereitet, braucht der Insolvenzverwalter keine Angaben zu den wirtschaftlichen Verhältnissen (nachrangiger) Gläubiger beizubringen (*OLG Stuttgart* EWiR 1997, 861 [862]). Das *OLG Stuttgart* a. a. O. hat offengelassen, ab wann von einer **Vielzahl von Gläubigern** gesprochen werden kann. Das *OLG Frankfurt* (ZIP 1994, 1536) hat eine Vielzahl bei 37 Gläubigern angenommen. Die Grenze dürfte bei einer Anzahl von 20 Gläubigern zu sehen sein, und zwar ohne Rücksicht auf den Umfang ihrer wirtschaftlichen Beteiligung (*Sinz* EWiR 1997, 861 [862]).
c) Zunehmend wird auch von **Gläubigern, die öffentliche Aufgaben wahrnehmen**, 41 nicht verlangt, die Kosten aufzubringen. Der *BGH* ist in mehreren Entscheidungen von der (zunächst) restriktiven Rechtsprechung der *OLG*s abgewichen. Unter Bezugnahme auf die Gesetzesbegründung zur Neufassung des § 116 ZPO stellt der *BGH* klar, daß die Bewilligung von Prozeßkostenhilfe für den Insolvenzverwalter die Regel und die Verweigerung die Ausnahme sein soll (*BGH* ZIP 1990, 1490 = EWiR 1990, 1243 = NJW 1991, 40; ZIP 1992, 1644 = EWiR 1992, 1241 = NJW 1993, 135). Dem Insolvenzverwalter soll die Prozeßführung zum Zwecke der Anreicherung der Masse im weiteren Umfang als bisher ermöglicht werden (*BGH* ZIP 1990, 1490). Der Insolvenzverwalter soll die ihm auch im öffentlichen Interesse übertragene Aufgabe erfüllen können, die geordnete und rechtlich gesicherte Abwicklung eines auch masselosen Unternehmens vor allem zum Schutz sozial Schwächerer herbeizuführen (*BGH* ZIP 1992, 1644 [1646]). Durch die Rechtsprechung des *BGH* und die im Anschluß daran ergangenen Entscheidungen ist die frühere, teilweise gegenteilige Rechtsprechung überholt. Einzelne Fallgestaltungen sind jedoch noch nicht endgültig entschieden, es existieren widersprechende Entscheidungen. Im einzelnen ist die Unzumutbarkeit der Kostenaufbringung für folgende **Fallgruppen** zu bejahen:
(1) **Bundesanstalt für Arbeit** (*BGH* ZIP 1990, 1490 = EWiR 1990, 1243 = NJW 1991, 42 40), ebenso die betroffenen **Arbeitnehmer** (*BGH* ZIP 1990, 1490; *OLG Hamm* ZIP 1995, 758; *OLG Schleswig* ZIP 1995, 759; *OLG Schleswig* ZIP 1997, 1427 = EWiR 1997, 911). Ebenso das Landesarbeitsamt (*BGH* ZIP 1992, 1644 [1646]) und das Arbeitsamt (*OLG Hamm* ZIP 1995, 758).
(2) **Sozialversicherungsträger** (*OLG Schleswig* ZIP 1997, 1427 = EWiR 1997, 911) wie 43 die AOK (*BGH* ZIP 1992, 1644 [1646]; *OLG Hamm* ZIP 1995, 758) und die Berufsgenossenschaft (*BGH* ZIP 1992, 1644 [1646]; *OLG Frankfurt/M.* ZIP 1993, 1250; *OLG Dresden* ZIP 95, 1830).
(3) Industrie- und Handelskammer (*OLG Frankfurt/M.* ZIP 1993, 1250), Kreishandwer- 44 kerschaft (*OLG Frankfurt/M.* ZIP 1995, 1536), Friseurinnung (*OLG Frankfurt/M.* ZIP 1995, 1536).

45 (4) Bundesrepublik Deutschland, Gemeinde und Oberjustizkasse (*OLG München* ZIP 1996, 512); a. A. für einen Landkreis *OLG Celle* ZInsO 1998, 235.

46 (5) Auch hinsichtlich der **Finanzämter** ist **Unzumutbarkeit** zu bejahen. Der *BGH* (ZIP 1995, 660 = EWiR 1995, 617 = NJW 1994, 3170) hat Unzumutbarkeit jedenfalls dann angenommen, wenn der bei Obsiegen erlangte Betrag überwiegend zur Befriedigung der nicht mit einer Vorschußpflicht belasteten bevorrechtigten Insolvenzgläubiger (gemäß § 61 Abs. 1 Nr. 1 KO) verwendet werden müßte, die Finanzbehörden also am Prozeßerfolg weitgehend nicht teilhaben könnten. Den Finanzbehörden ist jedoch generell nicht zuzumuten, die Kosten aufzubringen (*OLG Düsseldorf* ZIP 1993, 1018 = EWiR 1993, 827; *OLG Köln* ZIP 1993, 1019; *OLG Frankfurt* ZIP 1993, 1250 = EWiR 1993, 1031; *OLG Hamburg* ZIP 1994, 221 = EWiR 1994, 403; *OLG Köln* 1994, 724 = EWiR 1994, 829; *OLG Celle* ZIP 1994, 1973 [1974] = EWiR 1994, 1241; *OLG Hamm* ZIP 1995, 758 = EWiR 1995, 619; *OLG Düsseldorf* ZIP 1995, 1277 = EWiR 1995, 1037; *OLG Frankfurt* ZIP 1995, 1536 = EWiR 1995, 1141; *OLG Dresden* ZIP 1995, 1830 = EWiR 1995, 1241; *OLG Stuttgart* ZIP 1996, 1670; OLG Stuttgart EWiR 1997, 861). **Abzulehnen** ist die **gegenteilige Rechtsprechung** (*OLG Koblenz* EWiR 1991, 411; *OLG Karlsruhe* EWiR 1992, 619; *OLG Düsseldorf* ZIP 1993, 780 = EWiR 1993, 617; *OLG Celle* EWiR 1993, 1033; *OLG Düsseldorf* EWiR 1993, 1133; *OLG Köln* MDR 1994, 407 = JurBüro 1994, 480; *OLG Hamm* NJW-RR 1994, 1342; *LG Aachen* MDR 1996, 638; *OLG Oldenburg* OLG-Report 1997, 202 f.; *OLG Schleswig* ZInsO 1998, 234) **und Literatur** (*Jaeger* Voraussetzungen der Bewilligung von Prozeßkostenhilfe für den Konkursverwalter, VersR 1997, 1060 ff.; *Degen/Rettmann* Rpfleger 1998, 273). Auch der – allerdings nicht für Insolvenzsachen zuständige – XI. Senat des *BGH* hat sich der gegenteiligen Rechtsprechung angeschlossen (*BGH* ZIP 1998, 789 ff. mit abl. Anm. *Pape* = NJW 1998, 1868 f.). Der II. Senat hat die Frage im Ergebnis offen gelassen (*BGH* ZIP 1998, 792 f.). Mit der Neufassung des § 116 Abs. 1 Nr. 1 ZPO hat der Gesetzgeber beabsichtigt, die Bewilligung von Prozeßkostenhilfe für den Insolvenzverwalter zur Regel und die Ablehnung zur Ausnahme zu machen (s. o. Rz. 41). Die gesetzgeberische Absicht, Ansprüche für die Masse realisieren zu können, würde unmöglich gemacht werden, es könnten auch nicht öffentliche Abgaben realisiert werden, die ansonsten unbeglichen blieben (*Mohrbutter/Mohrbutter/Pape* X. 26). Hinzu kommt, daß die Mittel für die Prozeßführung ohnehin von der öffentlichen Hand aufgebracht werden müssen, entweder aus Mitteln der Finanzverwaltung oder als Prozeßkostenhilfe (*AG Göttingen*, ZIP 1993, 1020 = Rpfleger 1994, 35 f.; *OLG Hamburg* ZIP 1994, 221 [222] = EWiR 1994, 403). Demgemäß gehen auch Insolvenzgerichte davon aus, daß das Finanzamt nicht vorschußpflichtig ist und eröffnen bei Vorliegen der sonstigen Voraussetzungen das Insolvenzverfahren (*AG Göttingen* Rpfleger 1994, 35 f. = ZIP 1993, 1020 [dort allerdings mit der unrichtigen Sachverhaltsdarstellung, daß das Insolvenzgericht Prozeßkostenhilfe gewährt hat]).

46a Unzumutbarkeit ist weiterhin zu bejahen.

IV. Erfolgsaussicht

47 Die beabsichtigte Klage des Insolvenzverwalters muß hinreichende Aussicht auf Erfolg haben (§ 116 Satz 2). Hängt die Entscheidung von der Beantwortung einer schwierigen, bislang in der höchstrichterlichen Rechtsprechung und im Schrifttum nicht geklärten Rechtsfrage ab, ist Prozeßkostenhilfe zu bewilligen (*BGH* ZIP 1997, 1757 = EWiR 1997, 957).

V. Keine Mutwilligkeit

Mutwilligkeit der beabsichtigten Rechtsverfolgung (§ 114 ZPO) soll nicht vorliegen, **48** wenn der Erfolg aus dem erstrebten Titel ungewiß und eine Beitreibung z. Zt. sogar unmöglich ist (*OLG Hamm* ZIP 1997, 248 = EWiR 1997, 333). Das *OLG Hamm* begründet dies mit möglichen neuen Erkenntnissen aus künftigen Vollstreckungsversuchen und des abzuwartenden künftigen Vermögenserwerbes. Zu beachten sein soll auch die Möglichkeit eines Forderungsverkaufes an Dritte, der jedoch zur Voraussetzung habe, daß der Anspruch tituliert ist (*Grub* EWiR 1997, 333 [334]).
Abzuwarten bleibt, ob diese Rechtsprechung auch Auswirkungen auf die Praxis der **49** Insolvenzgerichte hat. Diese haben nämlich bislang trotz mangelnder Masse im Hinblick auf die Möglichkeit von Bewilligung von Prozeßkostenhilfe nur eröffnet, wenn die Forderung, die klagweise geltend gemacht werden sollte, auch werthaltig war. Es wurde darauf abgestellt, daß allein die Prozeßführung ohne Aussicht auf erfolgreiche Vollstreckung des Titels nicht zur Mehrung des Vermögens führt (*LG Göttingen* – 6 T 3/97 – Beschluß vom 02. 05. 1997; ähnlich *OLG Schleswig* ZIP 1996, 1051 = EWiR 1996, 757). Jedenfalls wird das Insolvenzgericht die Entscheidung über die Eröffnung des Verfahrens nicht unbegrenzt hinausschieben (s. o. Rz. 15).

VI. Verfahrensmäßiger Ablauf

Der **vorläufige Insolvenzverwalter** wird bei den am Rechtsstreit **wirtschaftlich Betei-** **50** **ligten feststellen**, ob sie zur **Aufbringung der Kosten bereit** sind, falls nicht ein Fall der Unzumutbarkeit vorliegt. In seinem Abschlußbericht wird der vorläufige Insolvenzverwalter dies darlegen und weiter ausführen, welche Ansprüche er gegen welche Gläubiger aufgrund welcher Rechtsgrundlage geltend machen will. Ggf. wird er auch darlegen, ob die Forderungen werthaltig sind (s. o. Rz. 48 f.). Das Insolvenzgericht kann und wird nicht abschließend prüfen, ob die Voraussetzungen für die Bewilligung von Prozeßkostenhilfe vorliegen. Dies obliegt dem zuständigen Prozeßgericht. Um jedoch überflüssige Eröffnungen zu vermeiden, wird das **Insolvenzgericht eine überschlägige Prüfung** vornehmen. Von dieser Berechtigung geht auch die Rechtsprechung aus (*OLG Karlsruhe* ZIP 1989, 1070 [1072], das davon spricht, daß die Gewährung von Prozeßkostenhilfe nicht von vornherein außer Betracht bleibt; *OLG Schleswig* ZIP 1996, 1051 = EWiR 1996, 757, mit der Begründung, daß für eine offenkundige Fehlbeurteilung keine Anhaltspunkte vorliegen).

VII. Wirkungen

Kommt das Insolvenzgericht aufgrund seiner – überschlägigen (s. o. Rz. 50) – Prüfung **51** zu dem Ergebnis, daß dem Insolvenzverwalter Prozeßkostenhilfe bewilligt werden wird, so eröffnet es das Verfahren, selbst wenn keine oder nicht genügend Masse zur Deckung der Kosten des Verfahrens (§ 54) vorhanden ist. Voraussetzung ist, daß sich ein Betrag realisieren läßt, der zumindest die Verfahrenskosten abdeckt.
Nach Eröffnung stellt der Insolvenzverwalter in seiner Funktion als Partei kraft Amtes **52** beim zuständigen Prozeßgericht einen Prozeßkostenhilfeantrag. Da die Entscheidung über den PKH-Antrag einige Zeit in Anspruch nehmen wird, werden im Berichtstermin und Prüfungstermin (§ 29 Nr. 1, 2) weitreichende Entscheidungen nicht getroffen werden können.

§ 26

53 Wird der Prozeßkostenhilfeantrag rechtskräftig abgewiesen, hat der Gegner keinen Anspruch auf Kostenerstattung (§ 118 Abs. 1 Satz 4 ZPO). Auch der Insolvenzverwalter oder ein von ihm beauftragter Rechtsanwalt geht leer aus.

54 Wird Prozeßkostenhilfe bewilligt, sind dadurch die Kosten des Insolvenzverwalters bzw. eines Rechtsanwalts aus der Landeskasse gedeckt. Geht der Prozeß verloren, bestehen allerdings Kostenerstattungsansprüche des Gegners (§ 123 ZPO). Nach rechtskräftiger Ablehnung des Antrages auf Bewilligung von Prozeßkostenhilfe oder rechtskräftiger Abweisung der Klage wird das Verfahren mangels Masse einzustellen sein (§ 207 Abs. 1 Satz 1).

55 Eine Haftung des Insolvenzverwalters für die von der Bewilligung der Prozeßkostenhilfe nicht erfaßten Kosten des Gegners (§ 123 ZPO) bei Abweisung der Klage dürfte nicht in Betracht kommen. Der Insolvenzverwalter macht sich nicht schadensersatzpflichtig, wenn er bei hinreichender Erfolgsaussicht einen Prozeß anstrengt, ohne über flüssige Mittel zur Befriedigung von Kostenerstattungsansprüchen für den Fall des Unterliegens zu verfügen. Der Insolvenzverwalter ist nämlich nicht verpflichtet, von einem aussichtsreichen Prozeß deshalb Abstand zu nehmen, weil die Masse unzulänglich ist (*OLG Karlsruhe* ZIP 1989, 1070 [1071] = EWiR 1989, 799; *OLG Schleswig* ZIP 1996, 1051 = EWiR 1996, 757; *Pape* Das Beschwerderecht des Gemeinschuldners bei selbstherbeigeführter Konkurseröffnung ZIP 1989, 1029 [1036 ff.]). Die Entscheidung des *BGH* (ZIP 1988, 1068 = EWiR 1988, 1015) betrifft den Fall der nachträglich im Verlaufe des Prozesses eintretenden Masseunzulänglichkeit. Die Entscheidung des *OLG Hamm* (ZIP 1995, 1436 = EWiR 1995, 905) behandelt einen Spezialfall.

E. Verfahren

I. Amtsermittlungen

56 Das Insolvenzgericht hat von Amts wegen zu ermitteln, ob ein Eröffnungsgrund und eine die Kosten des Verfahrens deckende Masse vorliegen. Die Ermittlungen dürfen von der Einzahlung eines Vorschusses nicht anhängig gemacht werden (s. o. § 5 Rz. 19). Grundlage für die Ermittlungen sind die Unterlagen des Schuldners. Wird – wie regelmäßig – ein vorläufiger Insolvenzverwalter bestellt und ein allgemeines Verfügungsverbot angeordnet, hat er zu prüfen, ob das Vermögen des Schuldners die Kosten des Verfahrens decken wird (§ 22 Abs. 1 Satz 2 Nr. 3). In den übrigen Fällen wird das Insolvenzgericht einen Sachverständigen mit dieser Prüfung beauftragen (s. o. § 22 Rz. 57). Wichtig ist, daß die Prüfung nicht nur oberflächlich geschieht, sondern daß alle in Betracht kommenden Ansprüche geprüft werden (bei der GmbH z. B. Ansprüche gem. §§ 9 a, 31, 32 b, 43, 64 GmbHG). Prüft der vorläufige Insolvenzverwalter/Sachverständige diese Ansprüche nicht und übersieht dies der Insolvenzrichter bei der gebotenen eigenen Überprüfung des Gutachtens (s. o. § 5 Rz. 5), drohen Amtshaftungsansprüche (§ 839 BGB). Das Insolvenzgericht hat gem. § 20 die **Anhörung des Schuldners zu erzwingen**, wenn sich nur so das Vorliegen eines Insolvenzgrundes oder die Masselosigkeit ermitteln lassen (s. o. § 20 Rz. 3; § 5 Rz. 2). Eine Ablehnung mangels Masse kann auch nicht mit der Begründung erfolgen, der Schuldner habe zuletzt vor einem halben Jahr die eidesstattliche Versicherung abgegeben (*LG Stendal* ZIP 1995, 1106 [1107] = EWiR 1995, 775). Dies folgt schon daraus, daß eine eidesstattliche Versicherung (§ 807 ZPO) keine sichere Gewähr dafür bietet, daß die Vermögensverhältnisse richtig und vollständig erfaßt sind (s. o. § 14 Rz. 40).

II. Vorschußanforderung

Vom Schuldner wird kein Vorschuß angefordert (s. o. Rz. 18), wohl aber von den antragstellenden Gläubigern. Bei mehreren antragstellenden Gläubigern wird von jedem der volle Vorschußbetrag eingefordert, allerdings können sie den Betrag zusammen einzahlen (s. o. Rz. 19 f.). Bei der Vorschußanforderung wird eine Frist zur Einzahlung des Vorschusses gesetzt (s. die Muster bei *Haarmeyer/Wutzke/Förster* Handbuch 3/292; *Uhlenbruck/Delhaes* Rz. 411).Dem Gläubiger wird mit der Vorschußanforderung eine Abschrift des Berichtes des vorläufigen Insolvenzverwalters/Sachverständigen übersandt. Der Schuldner behält eine Abschrift des Vorschußbeschlusses und des Gutachtens zur Kenntnis mit der Möglichkeit zur Stellungnahme binnen einer Frist. Damit wird Gläubiger und Schuldner rechtliches Gehör gewährt. 57

III. Rechtliches Gehör

a) Dem **Gläubiger**, der bei Ablehnung der Eröffnung beschwerdeberechtigt ist (§ 34 Abs. 1) wird das rechtliche Gehör gewährt, indem ihm das Gutachten mit Vorschußanforderung unter Fristsetzung übersandt wird (s. o. Rz. 57). Auf die Anhörung des Gläubigers kann verzichtet werden, wenn dieser – wie regelmäßig Sozialversicherungsträger – erklärt hat, daß er zur Einzahlung eines Kostenvorschusses nicht bereit ist. 58

Bevor im Rahmen eines **Schuldenbereinigungsplanes** (§§ 305 ff.) über den Antrag auf Eröffnung des Verfahrens entschieden werden kann, hat das Insolvenzgericht eine Entscheidung der Gläubiger über den Schuldenbereinigungsplan herbeizuführen (§§ 306 ff.). Nehmen die Gläubiger den Plan an, hat dieser die Wirkung eines Prozeßvergleichs (§ 308 Abs. 1 Satz 2), der Antrag auf Eröffnung des Insolvenzverfahrens und ein Antrag auf Erteilung der Restschuldbefreiung gelten als zurückgenommen (§ 308 Abs. 2). 59

b) Für den **Schuldner** hat die Abweisung des Antrages weitreichende Folgen. Es erfolgt eine Eintragung in das Schuldnerverzeichnis (Abs. 2), juristische Personen des Handelsrechtes werden aufgelöst. Deshalb ist dem Schuldner, der gem. § 34 Abs. 1 beschwerdeberechtigt ist, vor Abweisung des Antrages mangels Masse rechtliches Gehör zu gewähren. Dies geschieht je nach Fallgestaltung unterschiedlich: 60

(1) Wird der Gläubiger zur Vorschußzahlung aufgefordert (s. o. Rz. 57 f.), erhält der Schuldner ebenfalls eine Abschrift des Gutachtens mit der Gelegenheit zur Stellungnahme. 61

(2) Hat der Gläubiger – wie Sozialversicherungsträger – erklärt, daß er zur Zahlung eines Vorschusses nicht bereit ist, muß dem Gläubiger kein rechtliches Gehör gewährt werden (s. o. Rz. 58). Nach Zulassung eines Gläubigerantrages ist der Schuldner vom Insolvenzgericht gehört worden (§ 14 Abs. 2). Hat der Schuldner neben dem Eröffnungsgrund auch die (voraussichtliche) Massselosigkeit eingeräumt, ist eine erneute Anhörung nicht erforderlich. Räumt der Schuldner nach Erstellung des Gutachtens – neben dem Eröffnungsgrund – auch die Massselosigkeit nunmehr ein, bedarf es keiner erneuten Anhörung. Es kann sich empfehlen, daß der Schuldner sich schriftlich mit dem Inhalt des Gutachtens zur Massekostendeckung (und ggf. zum Eröffnungsgrund) einverstanden erklärt (*Uhlenbruck/Delhaes* Rz. 419). 62

(3) Beim Eigenantrag des Schuldners bedarf es einer erneuten Anhörung nicht, wenn der Schuldner – neben dem Eröffnungsgrund – auch die (voraussichtliche) Massselosigkeit einräumt. In den übrigen Fällen kann die Anhörung unterbleiben, wenn sich der Schuldner mit dem Inhalt des Gutachtens zur Massselosigkeit einverstanden erklärt. 63

IV. Beschluß

64 Der Antrag auf Eröffnung des Insolvenzverfahrens wird durch Beschluß mangels einer den Kosten des Verfahrens entsprechenden Insolvenzmasse abgewiesen, wenn das Vermögen des Schuldners voraussichtlich nicht ausreichen wird, um die Kosten des Verfahrens zu decken. Beim Gläubigerantrag muß hinzutreten, daß der Gläubiger innerhalb der gesetzten Frist den angeforderten Kostenvorschuß nicht eingezahlt oder von vornherein die Einzahlung des Vorschusses abgelehnt hat (Muster bei *Uhlenbruck/ Delhaes* Rz. 420).

65 Der gleichzeitigen Aufhebung von Sicherungsmaßnahmen wird regelmäßig die Vorschrift des § 25 Abs. 2 entgegenstehen. Beim Gläubigerantrag ist zudem zu bedenken, daß der Gläubiger die Anordnung des Vorschusses nicht mehr – wie unter Geltung der KO – mit der sofortigen Beschwerde anfechten kann, sondern erst die Abweisung des Antrages (gem. § 34 Abs. 1). Auch dieser Gesichtspunkt steht der sofortigen Aufhebung von Sicherungsmaßnahmen entgegen.

V. Kosten

66 In dem Beschluß, in dem der Antrag mangels Masse abgewiesen wird, ist zugleich über die Kostentragungspflicht zu befinden und der Wert festzusetzen. Zugleich können – sofern möglich – die Vergütung des vorläufigen Insolvenzverwalters und Entschädigung des Sachverständigen festgesetzt werden.

67 a) Hinsichtlich der anfallenden Gerichtskosten und der Wertberechnung für Gerichtsgebühren und Rechtsanwaltsgebühren wird auf die obige Kommentierung (§ 13 Rz. 61, 62 ff., 70 ff.) verwiesen.

68 b) Die **Kosten** des Verfahrens hat der **Antragsgegner/Schuldner** zu tragen. Sie können nicht dem antragstellenden Gläubiger (gem. § 4 i. V. m. § 91 ZPO) auferlegt werden. Die Abweisung erfolgt nicht, weil der Antrag unzulässig oder unbegründet ist. Vielmehr erfolgt die Abweisung mangels Masse. Dies darf nur erfolgen, wenn ein zulässiger und begründeter Antrag vorliegt. In Wahrheit obsiegt also der Gläubiger. Der Schuldner ist allerdings derart vermögenslos, daß nicht einmal eine Verfahrenseröffnung in Betracht kommt. Der Eröffnung steht lediglich das Verfahrenshindernis der Massearmut entgegen. Daher hat der Schuldner die Kosten zu tragen (*Uhlenbruck/Delhaes* Rz. 424; *Kuhn/Uhlenbruck* KO, § 107 Rz. 5 e; *Haarmeyer/Wutzke/Förster* Handbuch 3/301; a. A. *Hess/Pape* Rz. 191). Der Gesetzgeber hat das Problem ungeregelt gelassen. Auf eine Anregung des Bunderates (BT-Drucks. 12/2443 S. 249) hat die Bundesregierung mitgeteilt, daß sie eine nähere gesetzliche Regelung, wer bei Abweisung eines Eröffnungsantrages mangels Masse die entstandenen Verfahrenskosten zu tragen hat, nicht für erforderlich hält (BT-Drucks. 12/2443 S. 262).

69 Bei einer Kostentragungspflicht des Gläubigers liefe dieser zudem Gefahr, auch außergerichtliche Kosten des Schuldners zu tragen. Die Zweitschuldnerhaftung des Gläubigers bleibt allerdings bestehen (s. o. § 13 Rz. 52). Für die Kosten des vorläufigen Insolvenzverwalters haftet der antragstellende Gläubiger auch als Zweitschuldner aber nicht (s. o. § 13 Rz. 53 ff.).

70 c) Für den Vergütungsanspruch des vorläufigen Insolvenzverwalters haftet folglich nur der Schuldner, nicht aber der Antragsteller. Der Gesetzgeber hat dem vorläufigen Insolvenzverwalter bewußt ein begrenztes Ausfallrisiko auferlegt (s. o. § 13 Rz. 59). Ein gewisser Ausgleich kann dadurch geschaffen werden, daß der vorläufige Insolvenzver-

Abweisung mangels Masse § 26

walter zugleich zum Sachverständigen bestellt wird und in diesen Fällen eine Vergütung erhält (s. o. § 13 Rz. 60).

VI. Bekanntmachung und Mitteilungen

a) Der die Eröffnung mangels Masse abweisende Beschluß ist dem Schuldner und dem antragstellenden Gläubiger im Hinblick auf deren Beschwerderecht (gem. § 34 Abs. 1) förmlich zuzustellen. 71

b) Weiter hat die Geschäftsstelle des Insolvenzgerichts bei einem im Handels-, Genossenschafts- oder Vereinsregister eingetragenen Schuldner dem Registergericht eine Ausfertigung des abweisenden Beschlusses nach Rechtskraft zu übermitteln, wenn der Schuldner eine juristische Person oder eine Gesellschaft ohne Rechtspersönlichkeit ist, die durch die Abweisung mangels Masse aufgelöst wird (§ 31 Nr. 2; s. u. Rz. 87). 72

c) Schon unter Geltung der KO gingen die Gerichte vermehrt dazu über, den Beschluß über die Abweisung mangels Masse **öffentlich bekannt zu machen**. Dieses Vorgehen dient dem Gläubigerschutz (*Gottwald/Uhlenbruck* § 17 Rz. 7; *Uhlenbruck/Delhaes* Rz. 427) und wurde auch schon nach dem Recht der KO als zulässig angesehen (*Kuhn/Uhlenbruck* KO, § 107 Rz. 5 d). Dadurch kann auch die Zustellungsfiktion des § 9 Abs. 3 eintreten. Die eine Veröffentlichung ablehnende Auffassung beruft sich darauf, daß es an der erforderlichen gesetzlichen Grundlage fehle, insbesondere für die dabei entstehenden Kosten (*Haarmeyer/Wutzke/Förster* Handbuch 3/304). Die InsO enthält jedoch keinen Grundsatz mit dem Inhalt, daß Veröffentlichungen nur in den Fällen erfolgen dürfen, in denen dies ausdrücklich vorgesehen ist. Regelmäßig werden auch durch die Veröffentlichung keine (erhöhten) Kosten verursacht. Die Aufhebung von Sicherungsmaßnahmen ist nämlich öffentlich bekannt zu machen (§ 25 Abs. 1 i. V. m. § 23 Abs. 1 Satz 1). Sicherungsmaßnahmen werden regelmäßig angeordnet. In dem die Sicherungsmaßnahmen aufhebenden Beschluß wird dann ausgeführt, daß die Sicherungsmaßnahmen aufgehoben werden, nachdem die Eröffnung des Verfahrens mangels einer den Kosten des Verfahrens entsprechenden Masse abgewiesen worden ist. Die Eintragung im Schuldnerverzeichnis oder Eintragung der Auflösung einer juristischen Person im Handelsregister, im Bundesanzeiger und einem anderen Blatt (s. u. Rz. 89) führt nicht zu einer zufriedenstellenden Publizität (so aber *Haarmeyer/Wutzke/Förster* Handbuch 3/305). Diese Eintragung erfolgt nämlich erst geraume Zeit nach der Abweisung mangels Masse. 73

d) Mitteilungen gemäß MiZi (Anordnung über die Mitteilung in Zivilsachen, XII 2) erfolgen nach Rechtskraft des Abweisungsbeschlusses üblicherweise mit der Mitteilung über die Aufhebung von Sicherungsmaßnahmen (§ 25). In dem Beschluß kann ausgeführt werden, daß die Aufhebung der Sicherungsmaßnahmen erfolgt, nachdem der Antrag rechtskräftig abgewiesen ist, da das Vermögen des Schuldners voraussichtlich nicht ausreichen wird, um die Kosten des Verfahrens zu decken. Eine Abschrift dieses Beschlusses erhalten die oben bei § 25 Rz. 13 f. aufgeführten Stellen. Entsprechend den Ausführungen zu § 13 Rz. 42 sind ggf. das Vormundschaftsgericht und zusätzlich das Familiengericht zu informieren. Der Arbeitgeber ist verpflichtet, den Beschluß dem Betriebsrat oder, wenn ein solcher nicht besteht, den Arbeitnehmern unverzüglich bekanntzumachen (§ 183 Abs. 4 SGB III). Die Bekanntgabe kann auch der vorläufige Insolvenzverwalter vornehmen. Der Staatsanwaltschaft werden die Akten übersandt. 74

e) Der Urkundsbeamte der Geschäftsstelle füllt die vorgesehenen Angaben in der Zählkarte A aus zu statistischen Zwecken (vgl. *Uhlenbruck/Delhaes* Rz. 1061 ff.). 75

VII. Rechtsbehelfe

76 Gläubiger und Schuldner sind beschwerdeberechtigt (§ 34 Abs. 1). Die Beschwerdefrist beginnt mit der Verkündung der Entscheidung oder mit deren Zustellung (§ 6 Abs. 2 Satz 1). Erfolgt eine öffentliche Bekanntmachung (s. o. Rz. 73), bestimmt diese den Lauf der Rechtsmittelfristen (s. o. § 9 Rz. 6, 17). Gegen eine unrichtige oder überhöhte Vorschußanforderung kann sich der Gläubiger nicht unmittelbar wenden, vielmehr kann er erst gegen den Abweisungsbeschluß Beschwerde einlegen.

VIII. Akteneinsicht

77 Nach Abschluß des Verfahrens durch Abweisung mangels Masse wird häufig Akteneinsicht begehrt. Zu den Voraussetzungen und dem Umfang s. § 4 Rz. 49 ff., 65 ff.

F. Rechtsfolgen

78 Die Abweisung mangels Masse hat Rechtsfolgen im wesentlichen für den Schuldner. Die Abweisung wird im Schuldnerverzeichnis eingetragen. Juristische Personen des Handelsrechts werden aufgelöst und nach Beendigung der Liquidation im Register gelöscht. Das Insolvenzgericht übersendet die Akten von Amts wegen der Staatsanwaltschaft zur strafrechtlichen Überprüfung. Auch die Ordnungsbehörde kann Maßnahmen ergreifen wie beispielsweise eine Gewerbeuntersagung. Betroffenen Arbeitnehmern steht nunmehr der Anspruch auf Insolvenzgeld zu.

I. Schuldnerverzeichnis

79 a) Jeder Schuldner, bei dem der Eröffnungsantrag mangels Masse abgewiesen worden ist, wird in das sogenannte Schuldnerverzeichnis eingetragen (Abs. 2 Satz 1). Damit wird der Grundsatz des § 107 Abs. 2 KO übernommen, wonach zur Warnung des Geschäftsverkehrs eine Eintragung in das Schuldnerverzeichnis erfolgt (BT-Drucks. 12/2443 S. 118). Der Urkundsbeamte der Geschäftsstelle erteilt auf Antrag Auskunft (§ 915 b ZPO) und versendet insbesondere an Kreditschutzorganisationen (§ 915 e Abs. 1 b ZPO) Abdrucke. Die Kreditwürdigkeit des Schuldners sinkt mit der Eintragung in das Schuldnerverzeichnis auf Null.

80 b) Abs. 2 Satz 2 ordnet an, daß die Vorschriften der ZPO (§§ 915–915 h) entsprechend gelten, die Löschungsfrist jedoch statt drei Jahre fünf Jahre beträgt.

81 c) Das Verzeichnis wird als alphabetisches Verzeichnis (Schuldnerverzeichnis) in Karteiform geführt. Sind mit der Bearbeitung der Vollstreckungs- und Insolvenzsachen mehrere Abteilungen der Geschäftsstelle befaßt, so ist das Schuldnerverzeichnis für alle Abteilungen gemeinschaftlich zu führen (§ 17 Abs. 1 Satz 1 AktO). Nicht einzutragen ist die Einstellung des einmal eröffneten Insolvenzverfahrens bei Masseunzulänglichkeit, da eine öffentliche Bekanntmachung nach § 215 erfolgt. Vertreter des Schuldners werden nicht in das Schuldnerverzeichnis eingetragen (§ 1 Abs. 3 SchuVVO).

82 d) Das Auskunftsrecht ist geregelt in § 915 b, das Recht auf Erteilung von Abdrucken und Listen in §§ 915 d–f ZPO sowie §§ 2 ff. Schuldnerverzeichnisverordnung (SchuVVO).

Abweisung mangels Masse § 26

e) Zuständig für die Erteilung von Auskünften gem. § 915 b ist die Geschäftsstelle, für 83
die grundsätzliche Entscheidung über den laufenden Bezug von Abdrucken (§ 915 d
Abs. 1 Satz 1 ZPO) der Präsident des Amtsgerichts bzw. Landgerichts (§ 3
SchuVVO).
f) Abweichend von § 915 b Abs. 2 ZPO beträgt die Löschungsfrist nicht drei Jahre, 84
sondern fünf Jahre. Unter Geltung der KO war umstritten, ob (gem. § 915 Abs. 2 Satz 1
ZPO a.F) eine vorzeitige Löschung im Schuldnerverzeichnis möglich war, wenn der
Schuldner die Befriedigung sämtlicher Gläubiger nachwies (dafür *Hess* KO, § 107
Rz. 9 a. E.; dagegen *BVerfG* NJW 1988, 3009 f.; *LG Oldenburg* ZIP 1980, 966 [967];
Gottwald/Uhlenbruck § 17 Rz. 9; *Kilger/Karsten Schmidt* KO, § 107 Rz. 7). Von einer
vorzeitigen Löschungsmöglichkeit ist auch gem. § 915 a Abs. 2 Nr. 1 ZPO nicht auszugehen.
Es überwiegt das Interesse am Schutz der Gläubiger (*Kuhn/Uhlenbruck* KO,
§ 107 Rz. 10).
Unter Geltung der KO wurde bei irrtümlicher Abweisung mangels Masse der Richter als 85
befugt angesehen, seinen Beschluß dahin zu ändern, daß der Konkursantrag nicht
mangels Masse, sondern als unzulässig bzw. unbegründet abgewiesen wird (*Gottwald/
Uhlenbruck* § 17 Rz. 9). In diesen Fällen sollte eine Löschung im Schuldnerverzeichnis
erfolgen (*Gottwald/Uhlenbruck* § 17 Rz. 9). Dies sollte auch gelten, wenn nach Abweisung
mangels Masse die Antragstellerin mitteilte, daß die dem Antrag zugrundeliegende
Forderung nicht bestanden hat (*LG Münster* ZIP 1995, 1760 f. = EWiR 1995, 1207). Die
zur Begründung angeführte Auffassung, daß gegen die Abweisung mangels Masse dem
Schuldner kein Rechtsbehelf zusteht (*Uhlenbruck/Delhaes* Rz. 437), trägt nicht mehr.
Der Schuldner ist beschwerdeberechtigt (§ 34 Abs. 1). Eine vorzeitige Löschung im
Schuldnerverzeichnis kann nicht erfolgen.

II. Juristische Personen

Juristische Personen des Handelsrechtes werden mit Rechtskraft des Beschlusses über 86
die Abweisung mangels Masse aufgelöst. Der bisherige Auflösungstatbestand des § 1
LöschG ist in die Spezialgesetze (z. B. GmbHG) übernommen worden. Die Vollbeendigung
der Gesellschaft muß in diesen Fällen jedoch nicht eingetreten sein, da sie noch
immer über Vermögen verfügen kann. Vollbeendigung tritt erst ein bei Vermögenslosigkeit
und Löschung im Register. Der Löschungstatbestand des § 2 LöschG ist in das FGG
(§§ 141 a, 147 Abs. 1) aufgenommen worden sowie in Spezialgesetze (§ 262 Abs. 1
Nr. 6 AktG, § 289 Abs. 2 Nr. 3 AktG, 60 Abs. 1 Nr. 7 GmbHG, § 131 Abs. 2 Nr. 2 HGB,
§ 181 Nr. 2 GenG).
a) Mit Rechtskraft des Abweisungsbeschlusses mangels Masse werden **aufgelöst**: 87
– Aktiengesellschaften (§ 262 Abs. 1 Nr. 4 AktG)
– Kommanditgesellschaften auf Aktien (§ 289 Abs. 2 Nr. 1 AktG)
– GmbH (§ 60 Abs. 1 Nr. 5 GmbHG)
– GmbH & Co KG (§§ 131 Abs. 2 Satz 1 Nr. 1, 161 Abs. 2, HGB), sofern kein persönlich
haftender Gesellschafter eine natürliche Person ist.
– Genossenschaften (§ 81 a Nr. 1 GenG).
Nicht aufgelöst werden: 88
– OHG und KG (s. aber oben Rz. 87)
– BGB-Gesellschaften, Partnergesellschaften, EWIV
– rechtsfähiger Verein und Stiftung
– nicht rechtsfähiger Verein.

89 Wird die Gesellschaft durch die Abweisung des Insolvenzantrages mangels Masse aufgelöst, wird die Auflösung von Amts wegen in das Register eingetragen (§ 263 AktG, § 65 GmbHG, § 82 GenG, § 143 Abs. 1 HGB). Dazu übersendet die Geschäftsstelle des Insolvenzgerichts dem Registergericht eine Ausfertigung des den Eröffnungsantrag mangels Masse abweisenden Beschlusses (§ 31 Nr. 2). Die Eintragung wird im Bundesanzeiger und mindestens einem anderen Blatt bekannt gemacht (§ 10 Abs. 1 Satz 1 HGB).

90 b) Trotz Abweisung des Antrages mangels Masse kann auch bei einer aufgelösten Gesellschaft noch Vermögen vorhanden sein (das aber die voraussichtlichen Kosten des Verfahrens nicht insgesamt abdeckt). Diese Fälle werden allerdings unter Geltung der InsO seltener werden. Zum einen reicht es für eine Verfahrenseröffnung, wenn lediglich die voraussichtlichen Kosten des Insolvenzverfahrens (§ 54) gedeckt sind. Zum anderen hat der vorläufige Insolvenzverwalter aus dem Vermögen des Schuldners zunächst die entstandenen Kosten und die von ihm begründeten Verbindlichkeiten zu erfüllen (§ 25 Abs. 2), bevor die Sicherungsmaßnahmen aufgehoben werden und das Vermögen wieder in die Verfügungsbefugnis des Schuldners fällt. Das vorhandene Schuldnervermögen unterliegt wieder voll dem Zugriff der Gläubiger. Liegen keine Anhaltspunkt dafür vor, daß die Gesellschaft noch Vermögen besitzt, wird sie nach Durchführung des Insolvenzverfahrens von Amts wegen **gelöscht** (§§ 141a, 147 Abs. 1 FGG). Bei der GmbH ist nach der Lehre vom Doppeltatbestand damit die Vollbeendigung eingetreten (*Kuhn/Uhlenbruck* KO, § 107 Rz. 8).

91 c) Tauchen nach Löschung wegen Vemögenslosigkeit noch (größere) Vermögenswerte auf, kommt eine Nachtragsverteilung (§§ 203 ff.) in Betracht.

III. Weitere Folgen

92 Die Verwaltungsbehörde kann dem Schuldner die weitere Ausübung des Gewerbes (gem. § 35 GewO) untersagen (vgl. *Kuhn/Uhlenbruck* KO, § 107 Rz. 8d). Die Staatsanwaltschaft, an die die Akten von Amts wegen übersandt werden, prüft zudem nach, ob Straftatbestände erfüllt sind und Anklage zu erheben ist.

IV. Insolvenzgeld

93 Vergleichbar dem Fall der Eröffnung (s. § 30 Rz. 31) erhalten Arbeitnehmer für die letzten drei Monate vor Abweisung des Antrages nicht gezahltes Arbeitsentgelt in Höhe des Nettolohnes als Insolvenzgeld vom Arbeitsamt (§§ 183 ff. SGB III). Aufgrund der Rechtsprechung des EuGH besteht weiter ein Anspruch für den Zeitraum von drei Monaten vor dem Einreichen des Antrages (s. o. § 22 Rz. 21b). Das Arbeitsamt erstattet für die letzten drei Monate Sozialversicherungsträgern nicht gezahlte Gesamtversicherungssozialbeiträge (§ 206 SGB III). Ansprüche aus betrieblicher Altersversorgung können gegen den Träger der Insolvenzsicherung geltend gemacht werden (§ 7 Abs. 1 Satz 4 Nr. 1 des Gesetzes zur Verbesserung der betrieblichen Altersversorgung i.d.F. von Art. 91 Nr. 2 EGInsO).

Eröffnungsbeschluß § 27

V. Erneuter Antrag

Nach Abweisung mangels Masse setzt eine erneute Antragstellung voraus, daß glaubhaft 94
gemacht wird, daß Vermögenswerte vorhanden sind (*LG Hagen* KTS 1988, 805 [806];
Kilger/Karsten Schmidt KO, § 105 Rz. 4a und § 107 Rz. 5).

G. Abs. 3

Die Bereitschaft zur Leistung eines Vorschusses (Abs. 1 Satz 2) soll durch Abs. 3 95
gefördert werden. Es besteht ein Rückgriffsanspruch in Höhe der Vorschußzahlung
gegen den Geschäftsführer/Vorstand der Gesellschaft, der den Antrag auf Eröffnung des
Insolvenzverfahrens pflichtwidrig und schuldhaft nicht gestellt hat (s. o. § 15 Rz. 1 ff.,
29 ff.). Die Durchsetzung des Anspruchs soll durch die Beweislastregelung in Abs. 3
Satz 2 erleichtert werden. Die Vorschrift gilt entsprechend im Falle des § 207 Abs. 1.
Die Vorschrift trifft nach ihrem Wortlaut nicht zu bei lediglich verspäteter Antragstel- 96
lung der Geschäftsleitung. Die Gesetzesmaterialien erwähnen allerdings im Rahmen der
Beweislastregelung, daß den Geschäftsführern die Möglichkeit bleibt, sich durch den
Nachweis zu entlasten, daß besondere Umstände vorlagen, aufgrund deren die Verzögerung der Antragstellung nicht pflichtwidrig oder nicht schuldhaft erscheint (BT-Drucks.
12/2443 S. 119). Daher ist in diesen Fällen eine entsprechende Anwendung geboten
(ebenso *Kübler* Kölner Schrift zur Insolvenzverordnung, 1997, 735 Rz. 10).
Den Insolvenzverwalter wird man nicht als befugt ansehen können, Vorschuß zu leisten 97
und Rückgriff zu nehmen. Er würde in die Rolle eines Verfahrensbeteiligten geraten und
seine Stellung als unabhängiger Sachwalter (§ 56 Abs. 1) gefährden (*Kübler* Kölner
Schrift zur Insolvenzverordnung, 1997, 735 Rz. 10; *Haarmeyer/Wutzke/Förster* Handbuch 3/295).
Die praktische Bedeutung der Vorschrift ist jedoch als gering anzusetzen (*Kübler* Kölner 98
Schrift zur Insolvenzverordnung, 1997, 735 Rz. 9; *Karsten Schmidt* Kölner Schrift zur
Insolvenzverordnung, 1997, 9 Rz. 42; *Uhlenbruck* KTS 1994, 168 [175]). Bei den
meisten Geschäftsführern oder Vorständen wird nichts zu holen sein. Ein Gläubiger, der
einen Vorschuß geleistet und im Insolvenzverfahren nicht befriedigt worden ist, wird
zudem selten motiviert sein, das Prozeßrisiko und Vollstreckungsrisiko gegen einen
Geschäftsführer/Vorstand der insolventen Gesellschaft auf sich zu nehmen.

§ 27
Eröffnungsbeschluß → **§§ 78, 108, 110 KO**

(1) ¹**Wird das Insolvenzverfahren eröffnet, so ernennt das Insolvenzgericht einen Insolvenzverwalter.** ²**Die §§ 270, 313 Abs. 1 bleiben unberührt.**
(2) **Der Eröffnungsbeschluß enthält:**
1. **Firma oder Namen und Vornamen, Geschäftszweig oder Beschäftigung, gewerbliche Niederlassung oder Wohnung des Schuldners;**
2. **Namen und Anschrift des Insolvenzverwalters;**
3. **die Stunde der Eröffnung.**
(3) **Ist die Stunde der Eröffnung nicht angegeben, so gilt als Zeitpunkt der Eröffnung die Mittagsstunde des Tages, an dem der Beschluß erlassen worden ist.**

§ 27 *Eröffnung des Insolvenzverfahrens*

Vgl. § 78 Abs. 1, §§ 108, 110 Abs. 1 KO; §§ 20, 21 VerglO; § 5 Abs. 1 Satz 1, 2 Nr. 1, 2 GesO

Inhaltsübersicht: Rz.

A. Übersicht §§ 27–33 .... 1– 2
B. Eröffnungsvoraussetzungen 3–11
    I. Unternehmensinsolvenz 4– 8
    II. Verbraucherinsolvenz 9
    III. Nachlaßinsolvenz 10
    IV. Auswirkungen eines ausländischen Insolvenzverfahrens 11
C. Rechtliches Gehör des Schuldners 12
D. Inhalt des Eröffnungsbeschlusses 13–28
    I. Überblick 13
    II. Ernennung eines Insolvenzverwalters (Abs. 1) 14–17
    III. Angaben gem. Abs. 2 18–23
    IV. Weiterer Inhalt des Eröffnungsbeschlusses 24–28

Literatur:

Pape Zur Regelung der Insolvenz privater Verbraucher nach der Insolvenzordnung (InsO), Rpfleger 1995, 133; *Vallender* Das rechtliche Gehör im Insolvenzeröffnungsverfahren, in Kölner Schrift zur Insolvenzordnung, 1997, 209.

A. Übersicht §§ 27–33

1 Die §§ 27–33 fassen die in der KO verstreuten Regelungen über die bei der Eröffnung einzuhaltenden Formalien mit einigen Änderungen und Ergänzungen zusammen. Hinsichtlich Bekanntmachung und Mitteilungen an Register bestehen Parallelen zu den Vorschriften über die Anordnung von Sicherungsmaßnahmen (§§ 21 ff.), die teilweise ausdrücklich eine Verweisung enthalten (in § 23 Abs. 3 auf §§ 32, 33). Nicht behandelt werden die Voraussetzungen, die zur Eröffnung des Insolvenzverfahrens erfüllt sein müssen. Die sich aus der Eröffnung ergebenden Rechtsfolgen sind teilweise in der InsO, teilweise aber auch (so die Auflösung juristischer Personen durch die Eröffnung des Insolvenzverfahrens) außerhalb der InsO geregelt.

2 Die §§ 27–29 enthalten Regelungen zum Inhalt des Eröffnungsbeschlusses, § 30 zur Bekanntmachung des Eröffnungsbeschlusses, §§ 31–33 zur Mitteilung bzw. Eintragung in Register und Grundbuch.

B. Eröffnungsvoraussetzungen

3 Die Voraussetzungen für die Eröffnung des Insolvenzverfahrens nennt § 27 nicht. Es ist nach den verschiedenen Insolvenzverfahren zu differenzieren.

Eröffnungsbeschluß § 27

I. Unternehmensinsolvenz

a) Es müssen die allgemeinen **Zulässigkeit**svoraussetzungen (s. o. § 14 Rz. 1 ff., 5 ff.) **4**
und die speziellen Zulässigkeitsvoraussetzungen beim Gläubigerantrag (s. o. § 14
Rz. 26 ff.) bzw. beim Schuldnerantrag (s. o. § 14 Rz. 88 ff.) vorliegen.
b) Der **Eröffnungsgrund** (§§ 16–19) muß zur vollen Überzeugung des Gerichts **5**
nachgewiesen sein, Glaubhaftmachung wie für die Zulassung des Antrages und Anordnung von Sicherungsmaßnahmen (s. § 14 Rz. 50 ff., 70 ff.) genügt nicht.
c) Beim Gläubigerantrag muß die dem Antrag zugrundeliegende **Forderung** weiter **6**
glaubhaft gemacht und darf nicht durch eine Gegenglaubhaftmachung erschüttert sein,
da andernfalls der Antrag als unzulässig abgewiesen wird (s. o. § 14 Rz. 54, 109). Ist das
Bestehen des Insolvenzgrundes der Zahlungsunfähigkeit oder Überschuldung vom
Bestehen der Forderung abhängig, muß diese Forderung **zur vollen Überzeugung des
Gerichts nachgewiesen** sein. Dabei sind die Grundsätze der freien Beweisführung
(§ 286 ZPO) zu beachten. (*OLG Hamm* ZPO 1980, 258 [259 f.]). Ansonsten ist der
Antrag als unbegründet abzuweisen (s. o. § 14 Rz. 58).
d) Es dürfen nicht die Voraussetzungen für die Abweisung mangels Masse (§ 26) **7**
vorliegen. Das Vermögen des Schuldners muß also voraussichtlich ausreichen, um die
Kosten des Verfahrens zu decken (s. o. § 26 Rz. 6a) – oder es muß ein ausreichender
Geldbetrag vorgeschossen sein (s. o. § 26 Rz. 17). Außerdem ist eine Eröffnung trotz
fehlender Masse möglich wenn das Prozeßgericht voraussichtlich dem Insolvenzverwalter für die Durchsetzung von Ansprüchen Prozeßkostenhilfe bewilligen und die Masse
dadurch in Höhe der erforderlichen Kosten (§ 54) angereichert werden wird (s. o. § 26
Rz. 28).
Hat der vorläufige Insolvenzverwalter mit einem Schuldner eine Ratenzahlungsverein- **8**
barung getroffen (z. B. zur Begleichung der nicht eingezahlten Stammkapitaleinlage)
und werden die Raten bedient, so kann mit der Eröffnung auch abgewartet werden, bis
die Kosten des Verfahrens gedeckt sind. Dieses Vorgehen ist für die Landeskasse
kostengünstiger als eine Eröffnung im Hinblick auf die voraussichtliche Bewilligung
von Prozeßkostenhilfe durch das Prozeßgericht. Hinsichtlich des zeitlichen Ablaufs
werden sich im Ergebnis kaum Unterschiede ergeben.

II. Verbraucherinsolvenz

Beim Verbraucherinsolvenzverfahren ist die Eröffnung nur als letzte Möglichkeit (ul- **9**
tima ratio) vorgesehen (*Pape* Rpfleger 1995, 133 [135]). Beim Gläubigerantrag hat das
Insolvenzgericht vor der Entscheidung über die Eröffnung dem Schuldner, der keine
oder nur eine geringfügige wirtschaftliche Tätigkeit ausübt (§ 304 Abs. 1), die Gelegenheit zu geben, ebenfalls einen Antrag zu stellen (§ 306 Abs. 3 Satz 1). Infolge der
Antragstellung ruht das Verfahren zunächst (§ 306 Abs. 1). Nur wenn gegen den Schuldenbereinigungsplan Einwendungen erhoben werden und die fehlende Zustimmung der
Gläubiger nicht ersetzt werden kann (§ 309), wird das Verfahren über den Eröffnungsantrag wieder aufgenommen (§ 311). Sofern die übrigen Voraussetzungen vorliegen
(s. o. Rz. 4 ff.), kann nunmehr das Insolvenzverfahren eröffnet werden. Daran kann sich
anschließen das Verfahren auf Restschuldbefreiung (§§ 286 ff.).

III. Nachlaßinsolvenz

10 Für das Nachlaßinsolvenzverfahren enthält § 316 Vorschriften über die Zulässigkeit, § 319 über die Antragsfrist und § 320 über die Eröffnungsgründe.

IV. Auswirkungen eines ausländischen Insolvenzverfahrens

11 Die Anhängigkeit eines ausländischen Insolvenzverfahrens schließt nicht die Eröffnung eines Sonderinsolvenzverfahrens, beschränkt auf das Inlandsvermögen des Schuldners, aus (s. o. § 3 Rz. 39). Im Falle der Verfahrenseröffnung im Ausland bedarf es zur Eröffnung des inländischen Insolvenzverfahrens nicht des Nachweises der Zahlungsunfähigkeit oder der Überschuldung (vgl. im einzelnen die Ausführungen zu Art. 102 Abs. 3 EGInsO).

C. Rechtliches Gehör des Schuldners

12 Beim Gläubigerantrag ist dem Schuldner rechtliches Gehör bereits nach Zulassung des Antrages gewährt worden (§ 14 Abs. 2). Soll das Verfahren auf den Gläubigerantrag hin eröffnet werden, ist der Schuldner erneut zu hören, wenn er das Vorliegen eines Insolvenzgrundes bestritten hat und das Gericht – wie regelmäßig – einen Sachverständigen mit der Prüfung des Vorliegens des Eröffnungsgrundes (§ 22 Abs. 1 Satz 2 Nr. 3) beauftragt hat (*Uhlenbruck/Delhaes* Rz. 441; *Vallender* Kölner Schrift zur Insolvenzordnung, 1997, 209 Rz. 45). Die Gegenmeinung hält eine erneute Anhörung für nicht erforderlich (*LG Göttingen* ZInsO 1998, 142; *Kuhn/Uhlenbruck* KO, § 105 Rz. 10e). Häufig wird allerdings im Verlaufe der Ermittlungen des Sachverständigen jedenfalls der Insolvenzgrund der Zahlungsunfähigkeit vom Schuldner eingeräumt werden. Die praktische Bedeutung der Streitfrage ist daher gering. Ist (erneut) rechtliches Gehör zu gewähren, so genügt im Hinblick auf die Eilbedürftigkeit des Verfahrens eine Frist von drei Tagen zur Stellungnahme ab Zugang des Gutachtens (*Uhlenbruck/Delhaes* Rz. 441). In den übrigen Fällen muß der Schuldner vor Eröffnung des Verfahrens nicht erneut gehört werden.

D. Inhalt des Eröffnungsbeschlusses

I. Überblick

13 Zwingende Vorschriften über den Inhalt des Eröffnungsbeschlusses enthalten die §§ 27–29. Im Eröffnungsbeschluß können weitere Anordnungen getroffen werden wie z. B. Anordnung einer Postsperre (§ 99) oder Einsetzung eines vorläufigen Gläubigerausschusses (§ 67 Abs. 1). Der Beschluß wird regelmäßig nur auszugsweise veröffentlicht (§ 30 Abs. 1). Wegen des Wirksamwerdens und der Wirkungen des Beschlusses s. die Kommentierung zu § 30 Rz. 6 ff., 23 ff. und zu §§ 31–33.

Eröffnungsbeschluß § 27

II. Ernennung eines Insolvenzverwalters (Abs. 1)

a) Bei Unternehmensinsolvenzen werden regelmäßig Sicherungsmaßnahmen mit Er- 14
nennung eines vorläufigen Insolvenzverwalters angeordnet. Dieser wird in der Regel bei
Eröffnung des Verfahrens zum (endgültigen) Insolvenzverwalter ernannt. Ist kein vorläufiger Insolvenzverwalter ernannt, sondern lediglich ein Sachverständiger mit der
Prüfung beauftragt (wie z. B. bei der Nachlaßinsolvenz oder bei der KomplementärGmbH einer GmbH & Co.KG möglich, s. o. § 21 Rz. 33 f.; § 22 Rz. 57), wird der mit
dem Sachverhalt vertraute Sachverständige zum Insolvenzverwalter ernannt. Bereits bei
der Bestellung des Sachverständigen ist darauf zu achten, daß dieser über die erforderliche Qualifikation auch für die Tätigkeit als Insolvenzverwalter verfügt (s. o. § 22
Rz. 57). Hinsichtlich Qualifikation, Auswahl und Unabhängigkeit des Insolvenzverwalters wird Bezug genommen auf die Kommentierung oben zu § 21 Rz. 36 ff. und zu
§§ 56 ff. Zur Rechtsstellung des vorläufigen Insolvenzverwalters s. o. § 22 Rz. 1 ff.
Die Ernennung des Insolvenzverwalters, dessen Amt mit der Annahme durch ihn 15
beginnt, hat im Hinblick auf § 57 nur vorläufigen Charakter.
b) Anders als § 79 KO sieht die InsO nicht mehr die Möglichkeit der Ernennung 16
mehrerer Verwalter vor. Der Regierungsentwurf enthielt in § 77 (BT-Drucks. 12/2443
S. 20) die Möglichkeit, einen Sonderinsolvenzverwalter zu bestellen. Vorgesehen war
dieses für die Fälle, daß der Insolvenzverwalter aus rechtlichen oder tatsächlichen
Gründen seine Aufgabe nicht wahrnehmen konnte oder wenn zur Befriedigung bestimmter Gläubigergruppen Sondermassen zu bilden sind. Für den Bereich, für den der
Sonderinsolvenzverwalter bestellt ist, wurde ihm die Rechtsstellung des Insolvenzverwalters zuerkannt und die entsprechende Geltung der (heutigen) §§ 56–66 angeordnet.
Der Rechtsausschuß hat die Vorschrift als überflüssig gestrichen und betont, daß die
Bestellung eines Sonderinsolvenzverwalters auch ohne ausdrückliche gesetzliche Regelung entsprechend der bisherigen Praxis zur Konkursordnung möglich ist (BT-Drucks.
12/7302 S. 162). Zur Bestellung eines Sonderinsolvenzverwalters ist auch nach Verfahrenseröffnung in jedem Fall der Richter zuständig (s. o. § 2 Rz. 20).
c) Bei Anordnung der Eigenverwaltung wird statt des Insolvenzverwalters ein Sachwal- 17
ter ernannt (§ 270 Abs. 3 Satz 1), im vereinfachten Insolvenzverfahren wird statt des
Insolvenzverwalters ein Treuhänder bestimmt (§ 313 Abs. 1).

III. Angaben gem. Abs. 2

a) Der Schuldner ist genau zu bezeichnen (Abs. 2 **Nr. 1**). Anzugeben sind Firma oder 18
Name und Vorname. Bei juristischen Personen ist neben der Firma (§ 17 Abs. 1 HGB)
auch der/die gesetzlichen Vertreter aufzuführen. Entsprechendes gilt für eingetragene
und nichteingetragene Vereine (im Hinblick auf die Gleichstellung in § 11 Abs. 1 Satz 2)
sowie für Stiftungen. Im Hinblick auf die nachfolgende Eintragung der Eröffnung im
entsprechenden Register (§ 31 Nr. 1) sollte die im Insolvenzverfahren angegebene
Firmierung mit der aus dem (beigezogenen) Registerauszug ersichtlichen Firmierung
verglichen und ggf. korrigiert werden. Wird unter unzutreffender Firmierung eröffnet,
kann eine Berichtigung des Beschlusses erfolgen (s. u. § 30 Rz. 33).
Bei Gesellschaften ohne Rechtspersönlichkeit (§ 11 Abs. 2 Nr. 1) sind alle persönlich 19
haftenden Gesellschafter aufzuführen (*Mohrbutter/Mohrbutter/Pape* XVI. 101; a. A.
Kuhn/Uhlenbruck § 108 Rz. 4). Bei den Sonderinsolvenzverfahren gem. §§ 315 ff., bei
der die Haftung auf das entsprechende Sondervermögen beschränkt ist (s. o. § 11 Rz. 18),

ist die Sonderinsolvenzmasse genau zu bezeichnen (z. B. Insolvenzverfahren über den Nachlaß des am....... verstorbenen....... zuletzt wohnhaft.......).
20 Bei Kaufleuten sollte auch der Firmenname angegeben werden (*Uhlenbruck/Delhaes* Rz. 242). Bei nur beschränkt oder nicht geschäftsfähigen Schuldnern ist der gesetzliche Vertreter anzugeben.
21 Weiter sind aufzuführen Geschäftszweig oder Beschäftigung, falls sich dies nicht schon aus der Firma ergibt, sowie gewerbliche Niederlassung (bei Unternehmensinsolvenzen) oder Wohnung des Schuldners (bei Verbraucherinsolvenzen).
22 b) Name und Anschrift des Insolvenzverwalters (Abs. 2 **Nr. 2**) sind – wie schon bisher – anzugeben im Hinblick auf § 28 Abs. 2, 3.
23 c) Die Angabe der Stunde der Eröffnung (Abs. 2 **Nr. 3**) ist von Bedeutung im Hinblick auf den Eintritt der Wirkungen des § 81. Ist die Stunde der Eröffnung nicht angegeben, gilt als Zeitpunkt der Eröffnung die Mittagsstunde (Abs. 3). Der Tag der Eröffnung ergibt sich aus dem Beschlußdatum. Vorläufige Insolvenzverwalter bitten häufig in ihrem Abschlußbericht darum, an einem bestimmten Tag und/oder zu einer bestimmten Stunde zu eröffnen. Dieser Bitte sollte das Insolvenzgericht nachkommen. Eine Eröffnung zu einer bestimmten Stunde (z. B. 18.00 Uhr nach Geschäftsschluß) kann die Abrechnung für den Zeitraum vor und nach Eröffnung erleichtern. Die Bitte um Eröffnung an einem bestimmten Tag (häufig der 1. des Monats) ist davon bestimmt, daß bis zu dem vorherigen Tag das Insolvenzgeld in Anspruch genommen werden soll.

IV. Weiterer Inhalt des Eröffnungsbeschlusses

24 a) Sofern angeordnet, sind in den Eröffnungsbeschluß aufzunehmen:
– Postsperre (§ 99)
– Einsetzung eines vorläufigen Gläubigerausschusses (§ 67 Abs. 1)
– Bestimmung der Hinterlegungsstelle (§ 149 Abs. 1 Satz 2).
– Beauftragung des Insolvenzverwalters mit den Zustellungen (§ 8 Abs. 3).
25 b) Im **Ausland belegenes Vermögen** gehört zur Insolvenzmasse (s. o. § 3 Rz. 39). Die Mitwirkungspflicht des Schuldners (§ 97) verpflichtet diesen, im Ausland belegene Gegenstände durch geeignete Mitwirkungshandlungen dem Zugriff des Insolvenzverwalters zu erschließen; häufig wird nämlich die grenzüberschreitende Wirkung der Eröffnung eines Insolvenzverfahrens nicht anerkannt (BT-Drucks. 12/2443 S. 142). Dem Schuldner kann aufgegeben werden, dem Insolvenzverwalter Vollmachten für sein Auslandsvermögen zu erteilen (*Haarmeyer/Wutzke/Förster* Handbuch 4/25). Diese Verpflichtung besteht sogar schon im Eröffnungsverfahren (s. o. § 22 Rz. 63).
26 Die – fortgeltende – Rechtsprechung bejaht eine Verpflichtung des Schuldners nicht nur zur Auskunfterteilung (*OLG Koblenz* ZIP 1993, 844), sondern auch zur Erteilung einer Auslandsvollmacht an den Insolvenzverwalter (*OLG Köln* ZIP 1986, 384 f. [Sachverhalt], i. V. m. ZIP 1986, 658 = EWiR 1986, 505; *BVerfG* ZIP 1986, 1336 [1337] = EWiR 1986, 1125; *LG Köln* ZIP 1997, 2161 [2162]). Weigert sich der Schuldner, macht er sich schadensersatzpflichtig (*LG Köln* ZIP 1997, 989 [990] = EWiR 1997, 745; bestätigt von *OLG Köln* ZIP 1998, 113 [114 f.]). Weiter kann die Verhaftung des Schuldners angeordnet werden (*LG Köln* EWiR 1998, 77). Bleiben Zwangsmittel erfolglos, kann der Insolvenzverwalter auf Erteilung einer Vollmacht klagen (*LG Köln* ZIP 1997, 2161 [2162] = EWiR 1998, 507).
27 c) Aufgenommen in den Beschluß wird auch der Insolvenzgrund (*Uhlenbruck/Delhaes* Rz. 442; *Kilger/Karsten Schmidt* KO, Vorbem. vor § 108). Entgegen einer verbreiteten

Aufforderungen an die Gläubiger und die Schuldner § 28

Auffassung (Gottwald/Uhlenbruck § 17 Rz. 12; *Kilger/Karsten Schmidt* KO, Vorbem. § 108; *Kuhn/Uhlenbruck* KO, § 108 Rz. 4) wird der antragstellende Gläubiger in dem Eröffnungsbeschluß nicht aufgeführt (*Uhlenbruck/Delhaes* Rz. 442; *Haarmeyer/Wutzke/Förster* Handbuch 4/26). Die Angabe des Antragstellers ist für das weitere Verfahren unerheblich, da es sich spätestens mit Erlaß des Eröffnungsbeschlusses nicht mehr um ein Parteiverfahren, sondern um ein Amtsverfahren handelt (*Mohrbutter/Mohrbutter/Pape* XVI. 101). Eine Kostenentscheidung enthält der Beschluß nicht, da die Kosten des Verfahrens von der Masse zu tragen sind (§ 54).
d) Zum weiteren Inhalt des Beschlusses vgl. §§ 28, 29. Beschlußmuster sind abgedruckt bei *Haarmeyer/Wutzke/Förster* Handbuch 4/22 und 27 sowie *Uhlenbruck/Delhaes* Rz. 445 a.

28

§ 28 → §§ 118, 119, 138 KO
Aufforderungen an die Gläubiger und die Schuldner

(1) ¹Im Eröffnungsbeschluß sind die Gläubiger aufzufordern, ihre Forderungen innerhalb einer bestimmten Frist unter Beachtung des § 174 beim Insolvenzverwalter anzumelden. ²Die Frist ist auf einen Zeitraum von mindestens zwei Wochen und höchstens drei Monaten festzusetzen.
(2) ¹Im Eröffnungsbeschluß sind die Gläubiger aufzufordern, dem Verwalter unverzüglich mitzuteilen, welche Sicherungsrechte sie an beweglichen Sachen oder an Rechten des Schuldners in Anspruch nehmen. ²Der Gegenstand, an dem das Sicherungsrecht beansprucht wird, die Art und der Entstehungsgrund des Sicherungsrechts sowie die gesicherte Forderung sind zu bezeichnen. ³Wer die Mitteilung schuldhaft unterläßt oder verzögert, haftet für den daraus entstehenden Schaden.
(3) Im Eröffnungsbeschluß sind die Personen, die Verpflichtungen gegenüber dem Schuldner haben, aufzufordern, nicht mehr an den Schuldner zu leisten, sondern an den Verwalter.

Vgl. § 110 Abs. 1, §§ 118, 119, 138 Satz 1 KO; § 20 Abs. 3 Nr. 4 VerglO; § 5 Nr. 3–5 GesO

Inhaltsübersicht: Rz.

A. Vorbemerkung	1
B. Forderungsanmeldung (Abs. 1)	2–7
I. Zweck	2
II. Gläubiger der anzumeldenden Forderungen	3
III. Inhalt der Anmeldung	4
IV. Anmeldefrist (Abs. 1 Satz 2)	5–7
C. Abs. 2	8–12
I. Zweck der Regelung	8
II. Einzelheiten	9–10
III. Schadensersatzpflicht	11–12
D. Abs. 3	13

A. Vorbemerkung

1 Nach Abs. 1 haben Gläubiger ihre Forderungen form- und fristgerecht beim Insolvenzverwalter anzumelden. Gläubiger, die Sicherungsrechte in Anspruch nehmen, haben dies unverzüglich dem Insolvenzverwalter mitzuteilen (Abs. 2). Drittschuldner sind aufzufordern, nicht mehr an den Schuldner, sondern an den Verwalter zu leisten (Abs. 3). Die Vorschriften der §§ 118, 119, 138 KO werden damit zusammengefaßt und u. a. dahin modifiziert, daß die Anmeldung nicht mehr an das Gericht, sondern an den Insolvenzverwalter zu erfolgen hat.

B. Forderungsanmeldung (Abs. 1)

I. Zweck

2 Die Forderungsanmeldung innerhalb der Frist des Abs. 1 Satz 2 soll sicherstellen, daß die Schuldenmasse unverzüglich ermittelt wird (*Hess* KO, § 138 Rz 1). Durch die Verlagerung der Anmeldung vom Insolvenzgericht zum Insolvenzverwalter soll die in den neuen Bundesländern schon durch § 5 Abs. 2 Nr. 3 GesO erfolgte Entlastung der Insolvenzgerichte erreicht werden (BT-Drucks. 12/2443 S. 119).

II. Gläubiger der anzumeldenden Forderungen

3 Anmeldepflichtige Gläubiger von Forderungen sind die Insolvenzgläubiger (§ 174 Abs. 1 Satz 1). Insolvenzgläubiger sind die persönlichen Gläubiger, denen zur Zeit der Eröffnung des Insolvenzverfahrens ein Vermögensanspruch gegen den Schuldner zustehen kann (vgl. § 38). Nachrangige Gläubiger (§ 39) haben ihre Forderungen nur auf besondere Aufforderung des Insolvenzgerichts anzumelden (§ 174 Abs. 3 Satz 1). Nicht anzumelden sind Aussonderungsrechte (§ 47) (*Hess* KO, § 138 Rz. 7). Weiterhin sind nicht anzumelden Masseansprüche (§ 53). Die Insolvenzgläubiger können ihre Forderungen gegen den Schuldner nur nach den Vorschriften der InsO durchsetzen, weshalb sie zur Forderungsanmeldung aufgefordert werden. Anzumelden sind Forderungen, gleich, ob sie tituliert sind oder nicht (*Hess* KO, § 138 Rz. 4). Anzumelden sind auch alle vor Eröffnung entstandenen Steuerforderungen, gleich, ob ein Steuerbescheid bereits ergangen ist oder nicht (*Kuhn/Uhlenbruck* KO, § 138 Rz. 3). Nicht anzumelden sind hingegen Forderungen, die bereits vor Eröffnung aufgrund eines vorläufig vollstreckbaren Titels im Wege der Zwangsvollstreckung beigetrieben worden sind, auch wenn der Rechtsstreit noch anhängig ist (*Kuhn/Uhlenbruck* KO, § 138 Rz. 2).

III. Inhalt der Anmeldung

4 Die Insolvenzgläubiger haben ihre Forderungen schriftlich unter Beifügung von Urkunden und Angaben von Grund und Betrag der Forderung gegenüber dem Insolvenzverwalter anzumelden (§ 174 Abs. 1, Abs. 2).

Aufforderungen an die Gläubiger und die Schuldner § 28

IV. Anmeldefrist (Abs. 1 Satz 2)

a) Die Anmeldefrist von mindestens zwei Wochen und höchstens drei Monaten beginnt 5
zu dem Zeitpunkt, in dem die öffentliche Bekanntmachung (§ 30 Abs. 1 Satz 1) als
bewirkt gilt (§ 9 Abs. 1 Satz 3). Die Praxis verfährt so, daß sie anstelle eines Zeitraumes
einen Endtermin für die Anmeldung der Forderungen festlegt.
b) Wird eine Forderung vor Eröffnung angemeldet und die Anmeldung nicht von der 6
Geschäftsstelle des Insolvenzgerichts zurückgesandt, so ist die Anmeldung im Falle der
Eröffnung an den Verwalter zu übergeben und unter dem Datum der Eröffnung zur
Tabelle zu nehmen (vgl. *Hess* KO, § 138 Rz. 13).
c) Die Anmeldefrist ist keine Ausschlußfrist. Im Prüfungstermin sind auch Forderungen 7
zu prüfen, die nach Ablauf der Anmeldefrist angemeldet worden sind (§ 177 Abs. 1
Satz 1). Bei Widerspruch des Insolvenzverwalters oder eines Insolvenzgläubigers oder
Anmeldung erst nach dem Prüfungstermin ist auf Kosten des Säumigen ein besonderer
Prüfungstermin zu bestimmen oder die Prüfung im schriftlichen Verfahren anzuordnen
(§ 177 Abs. 1 Satz 2). Eine nach Ablauf der Ausschlußfrist für die Schlußverteilung
angemeldete Forderung kann zwar noch festgestellt werden, sie nimmt jedoch an der
Schlußverteilung und evtl. Nachtragsverteilungen nicht mehr teil (vgl. § 189; *Hess* KO,
§ 138 Rz. 16).

C. Abs. 2

I. Zweck der Regelung

Sicherungsrechte wie Eigentumsvorbehalt, Sicherungsübereignung und Sicherungsab- 8
tretung, die im heutigen Wirtschaftsleben große Bedeutung haben, werden sich aus den
Unterlagen des Schuldners häufig nicht eindeutig ergeben, sollen aber andererseits dem
Verwalter sobald als möglich bekannt werden (BT-Drucks. 12/2443 S. 119). Dem
Verwalter soll die Feststellung und Verwertung der Masse ermöglicht werden.

II. Einzelheiten

Die Gläubiger sind aufzufordern, dem Verwalter unverzüglich mitzuteilen, welche 9
Sicherungsrechte sie an beweglichen Sachen oder an Rechten des Schuldners in Anspruch nehmen. Angeknüpft wird nicht mehr an den Besitz der Sache (so § 118 KO). Im
heutigen Wirtschaftsleben dominieren besitzlose Sicherungsrechte der Gläubiger wie
Eigentumsvorbehalt, Sicherungsübereignung und Sicherungsabtretung. Diese sind mitzuteilen, ebenso Sicherheitenpool, Mehrfachabtretungen von Forderungen. Hingegen ist
der Besitz einer unbelasteten Sache aus dem Vermögen des Schuldners nicht mehr
anzeigepflichtig. Bei Sicherungsrechten am unbeweglichen Vermögen ist eine entsprechende Mitteilungspflicht als entbehrlich angesehen worden, da diese Rechte in der
Regel ohne Schwierigkeiten aus dem Grundbuch und den entsprechenden Registern für
Schiffe und Luftfahrzeugen entnommen werden können (BT-Drucks. 12/2443 S. 119).
Die Gläubiger haben das beanspruchte Sicherungsrecht unverzüglich (ohne schuldhaftes 10
Zögern, § 121 Abs. 1 Satz 1 BGB) dem Insolvenzverwalter mitzuteilen und dabei den
Gegenstand, an dem das Sicherungsrecht beansprucht wird, die Art und den Entste-
hungsgrund des Sicherungsrechts sowie die gesicherte Forderung zu bezeichnen (Abs. 2

Satz 1, 2). Dadurch soll dem Insolvenzverwalter die Überprüfung ermöglicht werden, ob das Sicherungsrecht besteht oder nicht.

III. Schadensersatzpflicht

11 Schadensersatzpflichtig macht sich der, der die Mitteilung schuldhaft unterläßt oder verzögert (Abs. 2 Satz 3). Diese Vorschrift ist § 119 KO nachgebildet.

12 Ein Schaden kann z. B. dadurch entstehen, daß bei rechtzeitiger Mitteilung eine günstigere Verwertung für die Masse möglich gewesen wäre. Ein Verschulden liegt beispielsweise vor, wenn der Gläubiger die Mitteilung unterließ, obwohl er zumindest fahrlässig von der Aufforderung gem. Abs. 2 trotz öffentlicher Bekanntmachung des Beschlusses keine Kenntnis hatte. Die Geltendmachung des Schadens erfolgt durch den Insolvenzverwalter für die Masse (*Kuhn/Uhlenbruck* KO, § 119 Rz. 5).

D. Abs. 3

13 Gemäß Abs. 3, der der Regelung in § 118 KO entspricht, sind Drittschuldner aufzufordern, nicht mehr an den Schuldner, sondern an den Verwalter zu leisten. Wird bei Eröffnung des Verfahrens kein Insolvenzverwalter bestellt, sondern Eigenverwaltung angeordnet (§ 270), so entfällt die Aufforderung an die Drittschuldner (BT-Drucks. 12/2443 S. 119). Bei Bestellung eines Treuhänders im vereinfachten Insolvenzverfahren (§ 313 Abs. 1 Satz 1) entfällt die Aufforderung nach Abs. 3 hingegen nicht. Aufgabe des Treuhänders (§ 292) ist es nämlich auch, Forderungen des Schuldners einzuziehen. Die Vorschrift des Abs. 3 gilt auch für ausländische Schuldner, wenn die Leistung innerhalb der Grenzen des deutschen Staatsgebietes zur Ausführung kommt (*Kuhn/Uhlenbruck* KO, § 118 Rz. 4). Bei einem Verstoß regeln sich die Rechtsfolgen nach § 82.

§ 29
Terminbestimmungen → §§ 110, 138 KO

(1) Im Eröffnungsbeschluß bestimmt das Insolvenzgericht Termine für:
1. **eine Gläubigerversammlung, in der auf der Grundlage eines Berichts des Insolvenzverwalters über den Fortgang des Insolvenzverfahrens beschlossen wird (Berichtstermin); der Termin soll nicht über sechs Wochen und darf nicht über drei Monate hinaus angesetzt werden;**
2. **eine Gläubigerversammlung, in der die angemeldeten Forderungen geprüft werden (Prüfungstermin); der Zeitraum zwischen dem Ablauf der Anmeldefrist und dem Prüfungstermin soll mindestens eine Woche und höchstens zwei Monate betragen.**

(2) Die Termine können verbunden werden.

Vgl. §§ 110, 138 KO; § 11 Abs. 2, § 15 Abs. 1, 3 GesO

Inhaltsübersicht: Rz.

A. Überblick 1
B. Die Termine und ihre Verbindung 2– 5
   I. Berichtstermin 2
   II. Prüfungstermin 3
   III. Verbindung 4
   IV. Weitere Termine 5
C. Fristen 6–12
   I. Berechnung 6
   II. Einzelne Fristen 7–11
   III. Folgen von Verstößen 12

A. Überblick

Abweichend von der KO (§ 110 Abs. 1) ist ein Termin zur Beschlußfassung über die Wahl eines anderen Verwalters und die Bestellung eines Gläubigerausschusses nicht vorgesehen. Stattdessen findet ein Berichtstermin statt (Abs. 1 Nr. 1), in dem auch die Wahl eines anderen Verwalters und die Bestellung eines Gläubigerausschusses beschlossen werden kann. Bereits ab Eröffnung kann das Insolvenzgericht einen vorläufigen Gläubigerausschuß einsetzen (§ 67 Abs. 1). Sofern mit diesen Entscheidungen nicht bis zum Berichtstermin abgewartet werden soll, kann eine gesonderte Gläubigerversammlung (gem. § 75) einberufen werden. Die Vorschriften über den Prüfungstermin (Abs. 1 Nr. 2) und die Möglichkeit der Terminsverbindung (Abs. 2) sind aus der KO (§§ 110, 138) übernommen worden. Die Terminsbestimmung erfolgt im Eröffnungsbeschluß durch den Rechtspfleger (s. u. § 30 Rz. 4) nach vorheriger Absprache mit dem Verwalter. 1

B. Die Termine und ihre Verbindung

I. Berichtstermin

Im Berichtstermin hat der Insolvenzverwalter über die wirtschaftliche Lage des Schuldners, ihre Ursachen, die Möglichkeit des Unternehmenserhaltes und eines Insolvenzplanes einschließlich der Auswirkungen auf die Befriedigung der Gläubiger zu berichten (§ 156 Abs. 1). Ein Berichtstermin findet **nicht** statt im vereinfachten Insolvenzverfahren (§ 312 Abs. 1). Die Gläubigerversammlung beschließt im Berichtstermin über die vorläufige Fortführung oder Stillegung des Schuldnerunternehmens und kann den Verwalter beauftragen, einen Insolvenzplan auszuarbeiten und ihm das Ziel des Planes vorgeben (§ 157). Bis zum Berichtstermin kann der Verwalter die Einstellung der Zwangsversteigerung ohne das Vorliegen besonderer Voraussetzungen durchsetzen (§ 30d Abs. 1 Nr. 1 ZVG). Dieser Schwebezustand ist nach Auffassung des Gesetzgebers nur für eine begrenzte Zeit hinnehmbar (BT-Drucks. 12/2443 S. 119), woraus sich auch die Fristen in Nr. 1 erklären. 2

II. Prüfungstermin

3 Im Prüfungstermin werden die angemeldeten Forderungen ihrem Betrag und ihrem Rang nach geprüft, bestrittene Forderungen werden einzeln erörtert (§ 176). Festgestellte Forderungen werden in eine Tabelle eingetragen und wirken wie ein rechtskräftiges Urteil gegenüber dem Insolvenzverwalter und allen Insolvenzgläubigern (§ 178). Streitige Forderungen müssen vor dem Prozeßgericht geklärt werden (§§ 179, 180).

III. Verbindung

4 Eine Verbindung (Abs. 2) kommt nur bei kleineren Verfahren in Betracht, wenn die Masse klein oder der Kreis der Insolvenzgläubiger von geringem Umfang ist (*Uhlenbruck/Delhaes* Rz. 447).

IV. Weitere Termine

5 Weitere Gläubigerversammlungen können vom Insolvenzgericht (§ 74) oder auf Antrag der in § 75 Abs. 1 genannten Berechtigten einberufen werden.

C. Fristen

I. Berechnung

6 Die Fristen für die Termine, die in dem öffentlich bekanntzumachenden Eröffnungsbeschluß (§ 30 Abs. 1 Satz 1) enthalten sind, beginnen zu laufen am 3. Tag nach der Veröffentlichung (§ 9 Abs. 1 Satz 3). Wegen der Einzelheiten s. § 9 Rz. 17.

II. Einzelne Fristen

7 a) Der Berichtstermin soll nicht über sechs Wochen und darf nicht über drei Monate hinaus angesetzt werden. Bei der Frist von **sechs Wochen** handelt es sich um eine **Sollvorschrift**, die möglichst eingehalten werden sollte. Dem Insolvenzverwalter muß es allerdings möglich sein, den erforderlichen Bericht (§ 156) und die für die Entscheidung der Gläubigerversammlung über die Unternehmensfortführung (§ 157) benötigten Angaben vorzubereiten. Weiter ist die Terminslage des Insolvenzgerichts zu berücksichtigen auch im Hinblick auf die zu erwartende ungenügende personelle Ausstattung mit Rechtspflegern. Ein vom Insolvenzverwalter oder dem Insolvenzgericht nur ungenügend vorbereiteter Termin nützt keinem, er schadet vielmehr nur, da er unnütz Arbeitskraft bindet.

8 Bei der Frist von drei Monaten handelt es sich um eine Obergrenze, die **zwingend** einzuhalten ist. Dies folgt aus der Verwendung des Wortes »darf« statt »soll«.

9 b) Die Frist für die Anmeldung von Forderungen beträgt mindestens zwei Wochen und höchstens drei Monate (§ 28 Abs. 1 Satz 2). Die Frist läuft ab dem dritten Tag nach der Veröffentlichung (§ 9 Abs. 1 Satz 3). Der Prüfungstermin (Nr. 2) soll mindestens eine Woche und höchstens zwei Monate nach Ablauf der Anmeldefrist abgehalten werden.

Die Frist beginnt sofort nach dem Ablauf der Anmeldefrist zu laufen.Es handelt sich um eine **Soll**vorschrift. Eine Unterschreitung der Mindestfrist von einer Woche dürfte kaum in Betracht kommen, wohl aber eine Überschreitung der Höchstfrist von zwei Monaten. Ein Überschreiten kommt insbesondere in Betracht bei Großinsolvenzen mit einer Vielzahl von Gläubigern im Hinblick auf die für die Prüfung der Forderungen erforderliche Zeit (*Hess* KO, § 138 Rz. 17).

c) Feste zeitliche Grenzen existieren also hinsichtlich des Berichtstermins, der nicht über **10** drei Monate hinaus angesetzt werden darf. Diese Obergrenze gilt auch, wenn Berichtstermin und Prüfungstermin verbunden werden.

d) Bei den übrigen Gläubigerversammlungen ist die Sollvorschrift des § 75 Abs. 2 und **11** die Ladungsfrist von drei Tagen (§ 4 i. V. m. § 217 ZPO) zu beachten.

III. Folgen von Verstößen

Wird der Berichtstermin über drei Monate hinaus angesetzt, liegt ein Gesetzesverstoß **12** vor. Die Möglichkeit einer sofortigen Beschwerde besteht nicht (§§ 6, 34). Ist der Termin jedoch – wie in der Praxis häufig (s. u. § 30 Rz. 4) – vom Rechtspfleger angesetzt worden, so ist die Erinnerung möglich (s. § 6 Rz. 44 ff.).

§ 30 → § 111 KO
Bekanntmachung des Eröffnungsbeschlusses. Hinweis auf Restschuldbefreiung

(1) ¹**Die Geschäftsstelle des Insolvenzgerichts hat den Eröffnungsbeschluß sofort öffentlich bekanntzumachen.** ²**Die Bekanntmachung ist, unbeschadet des § 9, auszugsweise im Bundesanzeiger zu veröffentlichen.**
(2) **Den Gläubigern und Schuldnern des Schuldners und dem Schuldner selbst ist der Beschluß besonders zuzustellen.**
(3) **Ist der Schuldner eine natürliche Person, so soll er bei der Eröffnung des Insolvenzverfahrens darauf hingewiesen werden, daß er nach Maßgabe der §§ 286 bis 303 Restschuldbefreiung erlangen kann.**

Vgl. § 111 KO; § 22 Abs. 1, 2 VerglO; § 6 Abs. 1 GesO

Inhaltsübersicht: Rz.

A. Überblick 1– 2
B. Zuständigkeit von Richter und Rechtspfleger für die einzelnen Anordnungen 3– 5
C. Wirksamwerden des Eröffnungsbeschlusses 6– 9
D. Bekanntmachung des Beschlusses (§ 30) 10–19
    I. Öffentliche Bekanntmachung (Abs. 1) 10–13
    II. Besondere Zustellung (Abs. 2) 14–18
    III. Hinweis auf Restschuldbefreiung (Abs. 3) 19
E. Weitere Maßnahmen 20–22
    I. Mitteilungen 20
    II. Bestallungsurkunde und Aufforderungen an den Verwalter 21
    III. Sonderinsolvenzen 22
F. Wirkungen der Eröffnung 23–31

§ 30 Eröffnung des Insolvenzverfahrens

I.	Insolvenzgericht	24
II.	Gesicherte Gläubiger	25
III.	Schuldner	26
IV.	Auflösung	27–29
V.	Natürliche Personen	30
VI.	Insolvenzgeld	31
G. Rechtsbehelfe		32–33

A. Überblick

1 Regelungen zum Inhalt des Eröffnungsbeschlusses enthalten die §§ 27–29. § 30 regelt Bekanntmachung und Zustellungen des Eröffnungsbeschlusses. Die Bekanntmachung dient der Unterrichtung des Geschäftsverkehrs (BT-Drucks. 12/2443 S. 120). Darüber hinaus erhalten eine Vielzahl von Stellen Mitteilungen über die Eröffnung.

2 Der Beschluß wird wirksam bereits vor der öffentlichen Bekanntmachung. Hinsichtlich der einzelnen Anordnungen im Eröffnungsbeschluß ist abzugrenzen zwischen der Zuständigkeit des Richters und des Rechtspflegers. Die Eröffnung wird eingetragen im Grundbuch und den einschlägigen Registern (§§ 31–33). Bei den weiteren Wirkungen der Eröffnung ist zu unterscheiden hinsichtlich der Wirkungen für das Insolvenzgericht, auf Schuldner und Insolvenzverwalter, für Gläubiger und den Auswirkungen für den Bestand des Schuldners bei juristischen Personen und Gesellschaften ohne Rechtspersönlichkeit (im Hinblick auf die Auflösung).

B. Zuständigkeit von Richter und Rechtspfleger für die einzelnen Anordnungen

3 Für die Verfahren nach der Insolvenzordnung ist grundsätzlich der Rechtspfleger zuständig, § 3 Nr. 2e RpflG vorbehaltlich der Ausnahme in § 18 RpflG. Dem **Richter** ist vorbehalten das Verfahren bis zur Entscheidung über den Eröffnungsantrag unter Einschluß dieser Entscheidung und der Ernennung des Insolvenzverwalters (§ 18 Abs. 1 Nr. 1 RpflG). Der Richter ist auch zuständig für die Ernennung des an Stelle des Insolvenzverwalters tretenden Treuhänders oder Sachwalters (§ 27 Abs. 1 Satz 2). Im letzten Fall ist der Richter auch bei nachträglicher Anordnung (§ 271) zuständig, da er auch für die bei Verfahrenseröffnung erfolgende Ernennung zuständig ist; es verhält sich so wie bei der Ernennung eines Sonderinsolvenzverwalters (s.o. § 2 Rz. 20). Die entsprechenden Entscheidungen trifft der Richter und setzt sie in den Eröffnungsbeschluß ein einschließlich der Angabe des Insolvenzgrundes. Diesen Teil des Beschlusses unterschreibt der Richter.

4 Die restlichen Anordnungen sind Aufgabe des **Rechtspflegers**, der den nachfolgenden Teil des Beschlusses unterschreibt. Dies entspricht der Rechtslage nach der KO und der gängigen Praxis. Einer Absprache mit dem Rechtspfleger oder eines Einsetzenlassens durch den Rechtspfleger (*Uhlenbruck/Delhaes* Rz. 442) bedarf es nicht. Der Richter sollte diese Anordnungen auch nicht gem. § 6 RpflG kraft Sachzusammenhanges treffen (so *Dallmeyer/Eickmann* RpflG, § 18 Rz. 7). Der Rechtspfleger ist nämlich grundsätzlich für das weitere Vefahren zuständig. Eine sachgerechte Verfahrensweise gebietet es, ihm die Entscheidungen für diesen ihm nunmehr obliegenden Bereich zu übertragen. Eine Verfahrensverzögerung tritt dadurch nicht ein. Würde der Richter die Terminsbestimmungen (§ 29) vornehmen, müßte er sich sinnvollerweise mit dem Rechtspfleger und auch dem Verwalter (s. o. § 29 Rz. 1) abstimmen. Der Rechtspfleger wird seine Entscheidungen jedoch erst nach dem Studium der Akte treffen können. Bei Abstimmung mit dem Richter und Rückgabe an diesen sind im Gegenteil sogar Verfahrensverzögerungen zu befürchten.

Der **Richter** bleibt allerdings zuständig beim Schuldenbereinigungsplan (§ 18 Abs. 1 Nr. 1 RpflG) und bei einem Antrag auf Erteilung der Restschuldbefreiung, soweit ein Insolvenzgläubiger die Versagung der Restschuldbefreiung oder deren Widerruf beantragt (§ 18 Abs. 1 Nr. 2 RpflG). Auch nach Eröffnung bleibt der Richter für weitere Entscheidungen zuständig (s. im einzelnen oben § 2 Rz. 16–26, 28).

5

C. Wirksamwerden des Eröffnungsbeschlusses

Bewirkt und existent geworden ist der Eröffnungsbeschluß mit der Unterschriftsleistung durch den Richter (BGHZ 50, 242 [245]; *LG Halle* ZIP 1995, 1757 [1759] = EWiR 1995, 1193; *Hess* KO, § 108 Rz. 1). Ein versehentlich nicht unterschriebener und nicht verkündeter Eröffnungsbeschluß ist unwirksam, selbst wenn festgestellt werden kann, daß der Beschluß im Einverständnis mit dem Insolvenzrichter verlautbart wurde und der Richter die Entscheidung nachträglich zweifelsfrei billigt (*BGH* ZIP 1997; 2126 [2127 ff.] = EWiR 1998, 175; a. A. *LG Halle* ZIP 1995, 1557 [1759 f.] = EWiR 1995, 1193; *Mohrbutter/Mohrbutter/Pape* XVI. 100).

6

Vom Bewirken/Existentwerden des Beschlusses ist zu unterscheiden das **Wirksamwerden** (s. auch oben § 5 Rz. 33). Ein verkündeter Beschluß wird mit seiner Verkündung wirksam (*Mohrbutter/Mohrbutter/Pape* II. 38). Ein nichtverkündeter Eröffnungsbeschluß wird wirksam, sobald er aufhört, eine innere Angelegenheit des Insolvenzgerichts zu sein (*BGH* ZIP 1982, 464 [465 f.]). Das ist der Fall, wenn der Beschluß von der Geschäftsstelle in den Ausgang gegeben ist, er im Einverständnis mit dem Konkursrichter dem Schuldner, Verwalter oder einem Gläubiger mitgeteilt wird oder dem Grundbuchamt oder Registergericht ein Eintragungsersuchen übersandt wird (*Kuhn/Uhlenbruck* KO, § 108 Rz. 2). Auf die Zustellung, Veröffentlichung oder gar Rechtskraft des Eröffnungsbeschlusses kommt es folglich nicht an.

7

Das Wirksamwerden des Eröffnungsbeschlusses liegt zwar zeitlich stets nach der Unterzeichnung durch den Richter. Der Eintritt hinsichtlich der insolvenzrechtlichen Folgen bestimmt sich jedoch nicht nach dem zeitlich meist nicht genau zu fixierenden Wirksamwerden, sondern nach dem im Beschluß angegebenen Zeitpunkt (*Hess* KO, § 108 Rz. 1).

8

Auf den Zeitpunkt der Bekanntmachung (§ 30) ist hingegen abzustellen für den Lauf der Rechtsmittelfristen bei – wie es regelmäßig der Fall ist – nichtverkündeten Eröffnungsbeschlüssen (s. o. § 6 Rz. 12) und für die Bestimmung des Zeitpunktes, von dem an an den Schuldner erfolgte Leistungen unwirksam werden (§ 82).

9

D. Bekanntmachung des Beschlusses (§ 30)

I. Öffentliche Bekanntmachung (Abs. 1)

Die wie im bisherigen Recht vorgeschriebene öffentliche Bekanntmachung dient der Unterrichtung des Geschäftsverkehrs (BT-Drucks. 12/2443 S. 120). Bekannt gemacht

10

§ 30 *Eröffnung des Insolvenzverfahrens*

wird der Eröffnungsbeschluß mit dem Inhalt gem. §§ 27–29. Die Veröffentlichung erfolgt zwingend im Bundesanzeiger (§ 30 Abs. 1 Satz 2) und in dem für amtliche Bekanntmachungen des Gerichts bestimmten Blatt (§ 9 Abs. 1 Satz 1; s. o. § 9 Rz. 9). Üblicherweise ordnet das Insolvenzgericht weitere Veröffentlichungen (§ 9 Abs. 2) an in der örtlichen Presse und ggf. in überregionalen Publikationen (s. o. § 9 Rz. 11, 12).

11 Die **Veröffentlichung** erfolgt **auszugsweise** (Muster bei *Uhlenbruck/Delhaes* Rz. 461 f.; *Haarmeyer/Wutzke/Förster* Handbuch 4/22, 4/27. In die Veröffentlichung werden aufgenommen:
 – eröffnendes Gericht mit Aktenzeichen
 – Tag und Stunde der Eröffnung des Insolvenzverfahrens
 – genaue Bezeichnung des Schuldners (§ 27 Abs. 2 Nr. 1)
 – Namen und Anschrift des Insolvenzverwalters (§ 27 Abs. 2 Nr. 2)
 – Aufforderungen gem. § 28 Abs. 1, Abs. 2, Abs. 3. Die Aufforderungen erfolgen in dem für amtliche Bekanntmachungen des Gerichts bestimmten Blatt (§ 9 Abs. 1 Satz 1) – wie bisher – ausführlich unter zumindest sinngemäßer Wiedergabe des Textes in § 28 Abs. 2 Satz 1, Abs. 3. In den übrigen Publikationsorganen genügt ein stichwortartiger Hinweis wie bisher (offener Arrest mit Anzeigepflicht an den Insolvenzverwalter bis zum …).
 – Terminsbestimmungen gem. § 29 Abs. 1 Nr. 1, Nr. 2. Nicht erforderlich ist es, die vollständige Tagesordnung einer Gläubigerversammlung zu veröffentlichen (*LG Freiburg* ZIP 1983, 1098 [1099] mit abl. Anm. *Kübler* zu § 137 KO [§ 149 Abs. 3 InsO]; wegen der Einzelheiten s. § 74).

12 Die Geschäftsstelle sorgt für die sofortige öffentliche Bekanntmachung des Eröffnungsbeschlusses. Die Übersendung an die Publikationsorgane erfolgt – ebenso wie bei der Anordnung von Siherungsmaßnahmen (s. o. § 23 Rz. 12) – per Fax.

13 Wegen der Wirkungen der öffentlichen Bekanntmachung s. o. Rz. 9.

II. Besondere Zustellung (Abs. 2)

14 Der Beschluß wird den Gläubigern, dem Schuldner und den Drittschuldnern besonders zugestellt. Daß auch der Insolvenzverwalter über den Inhalt des Beschlusses zu unterrichten ist, brauchte nach Auffassung des Gesetzgebers nicht besonders erwähnt zu werden (BT-Drucks. 12/2443 S. 120).

15 Die Zustellungen erfolgen durch die Geschäftsstelle, falls nicht dem Insolvenzverwalter alle oder ein Teil der Zustellungen (§ 8 Abs. 3) durch den Richter oder Rechtspfleger übertragen sind (s. o. § 8 Rz. 21, 23). Von dieser Möglichkeit wird das Insolvenzgericht regelmäßig Gebrauch machen. Verzögerungen sind nicht zu befürchten, da die öffentliche Bekanntmachung (Abs. 1) den Beschluß nach außen hin unbeschränkt gegenüber jedermann Wirkung verschafft (s. o. § 9 Rz. 5).

16 Durch Aufgabe zur Post können Zustellungen an Gläubiger und Drittschuldner (wie bisher; vgl. *Hess* KO § 111 Rz. 4) und auch den Schuldner erfolgen (§ 8 Abs. 1 Satz 2). Der Insolvenzverwalter kann allerdings eine Zustellung durch Aufgabe zur Post nicht bewirken (s. o. § 8 Rz. 24). Grundsätzlich erfolgt jedoch eine förmliche Zustellung (s. o. § 8 Rz. 11 f.).

17 Die Zustellung erfolgt nur an die Gläubiger, deren Anschrift dem Gericht bekannt ist. Dies ergibt sich aus § 8 Abs. 2 (BT-Drucks. 12/7302 S. 159). Beigelegt wird ein Merkblatt (vgl. das – teilweise überholte – Muster bei *Uhlenbruck/Delhaes* Rz. 475) und ein Anmeldeformular. Ähnliches kann nunmehr auch bei Drittschuldnern erfolgen.

Bekanntmachung des Eröffnungsbeschlusses § 30

Diesen kann der Verwalter auch nähere Angaben machen zu Zahlungen auf das Verwalteranderkonto. Ist Postsperre angeordnet, wird das Schreiben an den Schuldner mit dem Vermerk »trotz Postsperre aushändigen« versehen (*Uhlenbruck/Delhaes* Rz. 476). Kommen Sendungen als unzustellbar zurück, werden sie zu den Akten genommen, falls sich nicht die richtige Anschrift aus dem Rückbriefvermerk oder sonst aus den Akten ergibt (*Uhlenbruck/Delhaes* Rz. 472). Die Zustellung gilt nämlich als durch die öffentliche Bekanntmachung bewirkt (§ 9 Abs. 3). 18

III. Hinweis auf Restschuldbefreiung (Abs. 3)

Damit Schuldner nicht aus Rechtsunkenntnis die Chance der Restschuldbefreiung verlieren, sollen sie bei der Eröffnung des Verfahrens auf ihre Rechte hingewiesen werden (BT-Drucks. 12/2443 S. 120). Der Hinweis erfolgt zweckmäßigerweise durch ein Formblatt, in dem die Restschuldbefreiung in ihren Grundzügen, nicht aber in allen Einzelheiten erläutert wird. Der Schuldner sollte hingewiesen werden auf die Regelungen in §§ 287 Abs. 1 Satz 1, Satz 2, Abs. 2, 288, die Möglichkeit der Versagung (§ 290), das Bestehen von Obliegenheiten (§ 295) und die Wirkungen (§§ 301, 302). 19

E. Weitere Maßnahmen

I. Mitteilungen

Ebenso wie bei der Anordnung von Sicherungsmaßnahmen (s. o. § 23 Rz. 17), der Aufhebung von Sicherungsmaßnahmen (s. o. § 25 Rz. 13) und der Ablehnung mangels Masse (s. o. § 26 Rz. 74) veranlaßt die Geschäftsstelle eine Reihe von Mitteilungen an verschiedene Stellen (gemäß MiZi XII/3). Entsprechend der Ausführungen zu § 13 Rz. 42 sind ggf. das Vormundschaftsgericht und zusätzlich das Familiengericht zu informieren. Bei Anordnung einer Postsperre (§ 99) sind die betreffenden Stellen zu informieren. Darüber hinaus erfolgt bei Rechtsanwälten und Notaren eine Mitteilung an die entsprechende Kammer (Ziffer 1.5.2. der bundeseinheitlichen AV der Landesjustizminister, z. B. NdsRpfl. 1991, 291 f.). Muster von Abschlußverfügungen finden sich bei *Uhlenbruck/Delhaes* Rz. 456 sowie *Haarmeyer/Wutzke/Förster* Handbuch 4/33). Schließlich wird für statistische Zwecke die Zählkarte A ausgefüllt (*Uhlenbruck/Delhaes* Rz. 1061 ff.). 20

II. Bestallungsurkunde und Aufforderungen an den Verwalter

Der Verwalter erhält über seine Bestellung (§ 56 Abs. 2 Satz 1) eine Urkunde (Muster bei *Uhlenbruck/Delhaes* Rz. 458). Der Rechtspfleger kann den Verwalter zugleich auffordern, noch nötige Unterlagen (z. B. Vermögensverzeichnis) einzureichen. 21

III. Sonderinsolvenzen

Bei Sonderinsolvenzen kommen bestimmte Maßnahmen in Betracht (vgl. *Uhlenbruck/Delhaes* Rz. 343). Die Bestellung eines Pflegers ist vorgesehen in § 32 Abs. 5 DepG 22

Schmerbach 371

§ 30 *Eröffnung des Insolvenzverfahrens*

sowie §§ 78, 79 VAG. Eine Versammlung der Schuldverschreibungsgläubiger ist einzuberufen gem. § 18 des Gesetzes betreffend die gemeinsamen Rechte der Besitzer von Schuldverschreibungen.

F. Wirkungen der Eröffnung

23 Die Eröffnung des Insolvenzverfahrens hat eine Reihe von Auswirkungen in verschiedenen Bereichen.

I. Insolvenzgericht

24 Mit Ausnahme des Verfahrens beim Schuldenbereinigungsplan und teilweise bei der Restschuldbefreiung geht die Zuständigkeit grundsätzlich auf den Rechtspfleger über (s. o. § 2 Rz. 13 ff.). Die zentrale Zuständigkeit des Gerichts im Eröffnungsverfahren tritt nunmehr zurück hinter den gläubigerautonomen Entscheidungen zum weiteren Verlauf des Verfahrens, z. B. Verwertung oder Erhalt des Unternehmens im Rahmen eines Insolvenzplanes. Im weiteren Ablauf des Verfahrens übt das Gericht im wesentlichen eine Rechtsaufsicht aus. Daneben trifft es aber auch zum Teil bedeutsame Einzelentscheidungen (z. B. §§ 57, 59, 70, 158, 163, 194, 231, 248 und – im Rahmen der Restschuldbefreiung/Verbraucherinsolvenz – gem. §§ 289, 296, 300, 303, 309).

II. Gesicherte Gläubiger

25 Der Insolvenzverwalter kann ohne weitere Voraussetzungen bis zum Berichtstermin die einstweilige Einstellung der Zwangsversteigerung durchsetzen (§ 30d Abs. 1 Nr. 1 ZVG). Bewegliche Sachen kann er unter den Voraussetzungen des § 166 Abs. 1 freihändig verwerten, Forderungen kann er einziehen oder auf andere Weise verwerten (§ 166 Abs. 2).

III. Schuldner

26 Der Schuldner verliert die Verwaltungs- und Verfügungsbefugnis (§ 80) über das zur Insolvenzmasse gehörende Vermögen (§§ 35, 36); darunter fällt auch das Vermögen, das er während des Verfahrens erlangt. Verfügungen des Schuldners und Leistungen an ihn sind grundsätzlich unwirksam (§§ 81, 82). Vollstreckungen sind grundsätzlich (§ 89) bzw. zeitlich begrenzt (§ 90) unwirksam. Die Unwirksamkeit wird auf einen Zeitraum vor Verfahrenseröffnung zurückerstreckt (§ 88, sogenannte Rückschlagsperre). Anhängige Prozesse werden spätestens jetzt unterbrochen (§ 240 ZPO), die Aufnahme regelt sich nach §§ 85–87. Insolvenzgläubiger können ihre Ansprüche nur im Insolvenzverfahren zur Tabelle anmelden (§ 87). Gesamtschadensersatzansprüche (§§ 92, 93) können während der Dauer des Insolvenzverfahrens nur vom Insolvenzverwalter geltend gemacht werden.

Bekanntmachung des Eröffnungsbeschlusses § 30

IV. Auflösung

Durch die Eröffnung des Insolvenzverfahrens werden jurstische Personen, der nicht rechtsfähige Verein (§ 11 Abs. 1) und Gesellschaften ohne Rechtspersönlichkeit (§ 11 Abs. 2 Nr. 1) **aufgelöst**. Dies ergibt sich aus den spezialgesetzlichen Regelungen (§ 262 Abs. 1 Nr. 3 AktG, § 289 Abs. 1 AktG i. V. m. § 131 Abs. 1 Nr. 3 HGB, § 60 Abs. 1 Nr. 4 GmbHG, § 101 GenG, § 42 Abs. 1 Satz 1 BGB sowie § 131 Abs. 1 Nr. 3 HGB, § 161 Abs. 2 i. V. m. § 131 Abs. 1 Nr. 3 HGB, § 728 Abs. 1 Satz 1 BGB, § 506a HGB). Die Partnergesellschaft wird aufgelöst gemäß § 9 Abs. 1 PartGG i. V. m. § 131 Abs. 1 Nr. 3 HGB, die EWIV aufgrund der angeordneten entsprechenden Anwendbarkeit der Vorschriften für die OHG (s. o. § 11 Rz. 17) gemäß § 131 Abs. 1 Nr. 3 HGB. 27

Die Auflösung wird von Amts wegen ins Register eingetragen (z. B. gem. § 65 Abs. 1 Satz 2, 3 GmbHG). Dazu übermittelt die Geschäftsstelle des Insolvenzgerichts dem Registergericht eine Ausfertigung des Eröffnungsbeschlusses (§ 31 Nr. 1). Auch das in § 31 Nr. 1 nicht ausdrücklich erwähnte Partnerschaftsregister erhält eine Beschlußausfertigung, damit der in § 5 Abs. 4 Nr. 4 Partnerschaftsregisterverordnung (BGBl. I 1995, S. 809) vorgesehene Vermerk eingetragen werden kann. Bei AG, KG a. A., GmbH, Gen sowie OHG und KG, bei denen kein persönlich haftender Gesellschafter eine natürliche Person ist, erfolgt die **Löschung** nach Durchführung des Insolvenzverfahrens von Amts wegen, wenn keine Anhaltspunkte dafür vorliegen, daß die Gesellschaft noch Vermögen besitzt (§§ 141a, 147 FGG). 28

Von der Insolvenz der Gesellschaft ist zu unterscheiden die Auseinandersetzung einer Gesellschaft oder Gemeinschaft. Dies vollzieht sich nicht nach insolvenzrechtlichen Regeln, sondern nach gesellschaftsrechtlichen Grundsätzen gem. § 84 Abs. 1 Satz 1. Fraglich ist, ob bei Eröffnung des Verfahrens über sämtliche GbR-Gesellschafter nicht nur das Anteilsrecht an der Gesellschaft, sondern auch das Gesellschaftsvermögen selbst in die Insolvenzmasse fällt (s. o. § 11 Rz. 2). 29

V. Natürliche Personen

Die Eröffnung des Insolvenzverfahrens hat für natürliche Personen darüber hinaus eine Vielzahl von öffentlich-rechtlichen Wirkungen (*Kuhn/Uhlenbruck* KO, § 6 Rz. 14). U. a. ist ein Notar seines Amtes zu entheben, die Zulassung zur Rechtsanwaltschaft kann zurückgenommen werden, bei Angehörigen der Heilberufe kann die Approbation entzogen werden. 30

VI. Insolvenzgeld

Arbeitnehmer erhalten für die vorausgegangenen drei Monate nicht gezahltes Arbeitsentgelt in Höhe des Nettogehaltes als Insolvenzgeld vom Arbeitsamt (§§ 183 ff. SGB III). Aufgrund der Rechtsprechung des EuGH besteht weiter ein Anspruch für den Zeitraum von drei Monaten vor dem Einreichen des Antrages (s. o. § 22 Rz. 21b). Das Arbeitsamt erstattet für die letzten drei Monate Sozialversicherungsträgern nicht gezahlte Gesamtversicherungssozialbeträge (§ 206 SGB III). Ansprüche aus betrieblicher Altersversorgung können gegen den Träger der Insolvenzsicherung geltend gemacht werden (§ 7 Abs. 1 Satz 1, 2 des Gesetzes zur Verbesserung der betrieblichen Altersversorgung i. d. F. von Art. 91 Nr. 2 EGInsO). Die Rechtslage entspricht damit der bei Abweisung des Antrages mangels Masse (s. o. § 26 Rz. 93). 31

G. Rechtsbehelfe

32 Gegen die Eröffnung des Insolvenzverfahrens steht dem Schuldner gem. § 34 Abs. 2 die sofortige Beschwerde zu (s. u. § 34 Rz. 30).

33 Schreibfehler und ähnliche offenbare Unrichtigkeiten können von Amts wegen berichtigt werden (§ 4 i. V.m. § 319 Abs. 1 ZPO). Dies kann in Betracht kommen, wenn die Firma (§ 17 Abs. 1 HGB) des Schuldners im Eröffnungsbeschluß unrichtig angegeben ist und das Registergericht die Eintragung in das entsprechende Register (§ 31 Nr. 1) nicht vornehmen kann.

§ 31
Handels-, Genossenschafts- und Vereinsregister → §112 KO

Ist der Schuldner im Handels-, Genossenschafts- oder Vereinsregister eingetragen, so hat die Geschäftsstelle des Insolvenzgerichts dem Registergericht zu übermitteln:
1. im Falle der Eröffnung des Insolvenzverfahrens eine Ausfertigung des Eröffnungsbeschlusses;
2. im Falle der Abweisung des Eröffnungsantrags mangels Masse eine Ausfertigung des abweisenden Beschlusses, wenn der Schuldner eine juristische Person oder eine Gesellschaft ohne Rechtspersönlichkeit ist, die durch die Abweisung mangels Masse aufgelöst wird.

Vgl. § 112 KO; § 23 Abs. 1, § 108 Abs. 1 Satz 2, § 111 Nr. 4 VerglO; § 6 Abs. 2 Nr. 4 GesO

Inhaltsübersicht: Rz.

A. Vorbemerkungen zu §§ 31–33 1
B. Übersendung des Eröffnungsbeschlusses (§ 31 Nr. 1) 2–3
C. Mitteilung des Abweisungsbeschlusses mangels Masse (§ 31 Nr. 2) .. 4–7

A. Vorbemerkungen zu §§ 31–33

1 Zweck der §§ 31–3 ist es, den gutgläubigen Erwerb von Rechten an Gegenständen der Insolvenzmasse zu verhindern (*Hess/Pape* Rz. 177). Im Falle des § 31 übermittelt die Geschäftsstelle des Insolvenzgerichts dem Registergericht eine Beschlußausfertigung. In den Fällen der §§ 32, 33 bedarf es eines vom Richter oder Insolvenzverwalter unterzeichneten Eintragungsersuchens.

B. Übersendung des Eröffnungsbeschlusses (§ 31 Nr. 1)

2 Die Vorschrift entspricht im wesentlichen § 112 KO. Die Mitteilung der Verfahrenseröffnung an die Dienstbehörde des Schuldners erfolgt allerdings nicht mehr, da die

Handels-, Genossenschafts- und Vereinsregister § 31

Dienstbehörde auch auf anderem Wege Kenntnis erlangen wird (BT-Drucks. 12/2443 S. 120). Die Geschäftsstelle übersendet eine beglaubigte Abschrift des Eröffnungsbeschlusses an die nachfolgend aufgeführten Registerbehörden, auch wenn sie dem gleichen Gericht angehören (*Hess* KO, § 112 Rz. 1). Mitteilung erfolgt an folgende Registerbehörden, die eine Eintragung vornehmen:
– Handelsregister (§ 32 HGB)
– Genossenschaftsregister (§ 102 GenG)
– Vereinsregister (§ 75 BGB)
– Partnerschaftsregister.
Die Eintragung durch das Registergericht ist gebührenfrei (§ 87 Nr. 1 KostO). Das 3 Registergericht übersendet eine Abschrift der Eintragung an das Insolvenzgericht. Kann die Eintragung nicht erfolgen (z. B. wegen abweichenden Angaben zur Firma im Eröffnungsbeschluß und im Handelsregister), so kann das Insolvenzgericht den Eröffnungsbeschluß berichtigen (gem. § 4 i. V. m. § 319 ZPO, s. o. § 30 Rz. 33).

C. Mitteilung des Abweisungsbeschlusses mangels Masse (§ 31 Nr. 2)

Die Regelung in Nr. 2, nach der bei bestimmten Schuldnern auch die Abweisung 4 mangels Masse (§ 26) dem Registergericht mitzuteilen ist, übernimmt die bisherige Regelung in § 1 Abs. 2 Satz 1 des Gesetzes über die Auflösung und Löschung von Gesellschaft und Genossenschaften und erweitert es inhaltlich (BT-Drucks. 12/2443 S. 120). Eine Auflösung infolge Abweisung mangels Masse ist angeordnet bei der:
– AG (§ 262 Abs. 1 Nr. 4 AktG)
– KG aA (§ 289 Abs. 2 Nr. 1 AktG)
– GmbH (§ 60 Abs. 1 Nr. 5 GmbHG)
– Genossenschaft (§ 81 a GenG)
– OHG und KG, bei der kein persönlich haftender Gesellschafter eine natürliche Person ist (§ 131 Abs. 2 Nr. 1, § 161 Abs. 2 HGB).
In diesen Fällen übersendet die Geschäftsstelle des Insolvenzgerichts eine beglaubigte 5 Abschrift des die Eröffnung mangels Masse abweisenden Beschlusses an die Registerbehörde. Die Übersendung erfolgt, sobald der Beschluß rechtskräftig ist. Erst nach Rechtskraft des Abweisungsbeschlusses erfolgt nämlich eine Eintragung in das entsprechende Register.
Für die Eintragung im Register werden Kosten nicht erhoben (§ 87 Nr. 1 KostO). Das 6 Registergericht übersendet dem Insolvenzgericht eine Abschrift der Eintragung in das Register. Ist die Firmierung im Beschluß des Insolvenzgerichts abweichend von der Eintragung im Register angegeben, so kommt eine Berichtigung des Eröffnungsbeschlusses gem. § 4 i. V. m. § 319 ZPO in Betracht (vgl. auch oben Rz. 3).
Nach Eintragung der Auflösung erfolgt nach einiger Zeit die Löschung im Register. Die 7 frühere Vorschrift des § 2 LöschungsG ist entfallen. Die Löschung erfolgt, wenn keine Anhaltspunkte dafür vorliegen, daß die Gesellschaft noch Vermögen besitzt (s. im einzelnen oben § 26 Rz. 86 a. E.)

§ 32
Grundbuch → §§ 113, 114 KO

(1) Die Eröffnung des Insolvenzverfahrens ist in das Grundbuch einzutragen:
1. bei Grundstücken, als deren Eigentümer der Schuldner eingetragen ist;
2. bei den für den Schuldner eingetragenen Rechten an Grundstücken und an eingetragenen Rechten, wenn nach der Art des Rechts und den Umständen zu befürchten ist, daß ohne die Eintragung die Insolvenzgläubiger benachteiligt würden.

(2) ¹Soweit dem Insolvenzgericht solche Grundstücke oder Rechte bekannt sind, hat es das Grundbuchamt von Amts wegen um die Eintragung zu ersuchen. ²Die Eintragung kann auch vom Insolvenzverwalter beim Grundbuchamt beantragt werden.

(3) ¹Werden ein Grundstück oder ein Recht, bei denen die Eröffnung des Verfahrens eingetragen worden ist, vom Verwalter freigegeben oder veräußert, so hat das Insolvenzgericht auf Antrag das Grundbuchamt um Löschung der Eintragung zu ersuchen. ²Die Löschung kann auch vom Verwalter beim Grundbuchamt beantragt werden.

Vgl. §§ 113, 114 KO; § 6 Abs. 2 Nr. 4 GesO

Inhaltsübersicht: Rz.

A. Allgemein	1
B. Die Regelung in Abs. 1	2– 4
I. Nr. 1	2– 3
II. Nr. 2	4
C. Abs. 2	5– 9
D. Wirkungen der Eintragung bei Eröffnung	10–12
E. Sicherungsmaßnahmen	13–15
F. Löschung der Eintragung	16–20

Literatur:

Demharter Grundbuchordnung, Kommentar, 1997; *Gerhardt* Verfügungsbeschränkungen in der Eröffnungsphase und nach Verfahrenseröffnung, in Kölner Schrift zur Insolvenzordnung.

A. Allgemein

1 Die Vorschrift ist §§ 113, 114 KO nachgebildet. Zur Verhinderung des gutgläubigen Erwerbes wird dafür gesorgt, daß bei Grundstücken und Grundstücksrechten, die zur Insolvenzmasse gehören, die Eröffnung des Insolvenzverfahrens aus dem Grundbuch ersichtlich ist. Aufgrund der Verweisung in § 23 Abs. 3 gilt die Vorschrift auch für die Eintragung von Verfügungsbeschränkungen gem. § 21 Abs. 2 Nr. 2. Bei Eigenverwaltung ist § 32 nicht anzuwenden (§ 270 Abs. 3 Satz 3).

B. Die Regelung in Abs. 1

I. Nr. 1

Die Eröffnung des Insolvenzverfahrens wird im Grundbuch eingetragen bei Grundstücken, als deren Eigentümer der Schuldner eingetragen ist. Ist der Schuldner nicht als Berechtigter eingetragen, so erfolgt die Eintragung doch, wenn die materielle Berechtigung unzweifelhaft ist (*LG Köln* KTS 1965, 177 [178]; *Kuhn/Uhlenbruck* KO, § 113 Rz. 2). Grundstücken gleichgestellt ist das Erbbaurecht (*Kuhn/Uhlenbruck* KO, § 113 Rz. 2). Der Insolvenzvermerk wird bei der Insolvenz eines Nacherben auch beim eingetragenen Nacherbenrecht vermerkt (*Kuhn/Uhlenbruck* KO, § 113 Rz. 2), auch wenn der Vorerbe nicht im Grundbuch eingetragen ist (*OLG Düsseldorf* ZIP 1998, 870 = EWiR 1998, 609). Schließlich gilt § 32 nicht nur für Grundstücke, die von vornherein zur Insolvenzmasse gehören, sondern auch für die Grundstücke, die – gem. § 143 – zurückzugewähren oder der Insolvenzmasse aus einem anderen Grunde zufallen (*Kuhn/Uhlenbruck* KO, § 113 Rz. 2). Entbehrlich ist die Eintragung hingegen, wenn das Grundstück bereits vom Insolvenzverwalter freigegeben worden ist; in diesem Fall besteht keine Massezugehörigkeit, der Sicherung durch die Eintragung eines Sperrvermerkes bedarf es nicht (*Hess* KO, § 113 Rz. 6).

In der Insolvenz des Gesellschafters einer BGB-Gesellschaft ist die Eintragung eines Insolvenzvermerkes im Grundbuch der Gesellschaft zulässig (*LG Hamburg* ZIP 1986, 1590 = EWiR 1986, 1221; *Kilger/Karsten Schmidt* KO, § 113 Rz. 1; a.A. *Kuhn/Uhlenbruck* KO, § 113 Rz. 1). Zur Eintragung im Grundbuch eines Gesellschaftsgrundstückes bei Anordnung eines Verfügungsverbotes (§ 21 Abs. 2 Nr. 2) s. u. Rz. 14.

II. Nr. 2

Bei den zu Gunsten des Schuldners eingetragenen Grundstücksrechten erfolgt eine Eintragung – anders als im Falle des Nr. 1 – nur, wenn nach der Art des Rechtes und den Umständen zu befürchten ist, daß ohne die Eintragung die Insolvenzgläubiger benachteiligt würden. Die Eintragung kann unterbleiben, wenn über das Recht (Hypothek, Grundschuld, Rentenschuld) ein Brief erteilt ist und sich dieser in der Hand des Insolvenzverwalters befindet (*Kuhn/Uhlenbruck* KO, § 113 Rz. 3). Zur Rechtslage bei Erlaß eines Verfügungsverbotes (§ 21 Abs. 2 Nr. 2) s. u. Rz. 15.

C. Abs. 2

Zur Stellung des Antrages beim Grundbuchamt sind das Insolvenzgericht und der Insolvenzverwalter berechtigt. Auch ein ausländischer Insolvenzverwalter kann dazu befugt sein (*OLG Zweibrücken* Rpfleger 1990, 87 = EWiR 1990, 83 für den luxemburgischen Insolvenzverwalter). Insolvenzgericht und Insolvenzverwalter sind zur Antragstellung nicht nur berechtigt, sondern auch verpflichtet. Andernfalls können sie sich schadensersatzpflichtig machen. Wird einem Eintragungsersuchen nicht stattgegeben, kann das Insolvenzgericht gegen die Entscheidung des Grundbuchamtes gemäß § 71 GBO Beschwerde einlegen (*LG Köln* KTS 1965, 177 [178]; *OLG Düsseldorf* ZIP 1998, 870 = EWiR 1998, 609; *Demharter* GBO, § 71 Rz. 76; i. V. m. § 38 Rz. 8). Wird der Antrag eines vorläufigen Insolvenzverwalters abgelehnt, ist dieser beschwerdeberechtigt.

6 Die Kenntnis über Grundstücke oder Rechte können sich aus dem vom Schuldner ausgefüllten Fragebogen, Angaben des Schuldners im Anhörungstermin oder Ermittlungen des vorläufigen Insolvenzverwalters/Sachverständigen ergeben. Der Verwalter ist zu entsprechenden Ermittlungen verpflichtet (*Kuhn/Uhlenbruck* KO, § 113 Rz. 6). Bei nachträglicher Kenntniserlangung ist die Antragstellung sofort nachzuholen.

7 Für die bei Eröffnung bekannten Grundstücke und Rechte empfiehlt es sich, daß das Insolvenzgericht den Antrag beim Grundbuchamt stellt. Das Insolvenzgericht hat den Antrag auch dann zu stellen, wenn das Insolvenzgericht gleichzeitig Grundbuchamt ist (*Kilger/Karsten Schmidt* KO, § 113 Rz. 2). Zuständig beim Insolvenzgericht ist der Rechtspfleger (*Uhlenbruck/Delhaes* Rz. 454), auf den grundsätzlich die Zuständigkeit mit Eröffnung des Verfahrens übergegangen ist (s. o. § 30 Rz. 3). Das Insolvenzgericht richtet üblicherweise ein förmliches Eintragungsersuchen an das Grundbuchamt unter genauer Bezeichnung des Rechtes (Muster bei *Uhlenbruck/Delhaes* Rz. 477, z. B. Grundbuch von... Bd. ... Bl. ...).

8 Den Eintragungsantrag für nach Eröffnung bekanntwerdende Grundstücke und Rechte hat der Insolvenzverwalter zu stellen. Dabei sollte er eine beglaubigte Ablichtung seiner Bestellungsurkunde beifügen, um seine Antragsberechtigung nachzuweisen.

9 Die Eintragungen sind gebührenfrei (§ 69 Abs. 2 KostO). Gebührenfrei ist auch die Löschung. Gebührenfreiheit besteht auch bei Eintragung und Löschung von Sicherungsmaßnahmen gemäß § 21 (so zur alten Rechtslage *Kilger/Karsten Schmidt* KO, § 115 Rz. 1; *Kuhn/Uhlenbruck* KO, § 115).

D. Wirkungen der Eintragung bei Eröffnung

10 Durch den Insolvenzvermerk wird eine Verfügungsbeschränkung im Sinne des § 892 Abs. 1 Satz 2 BGB verlautbart. Ein Gutglaubensschutz besteht daher nicht mehr (*Kilger/Karsten Schmidt* KO, § 113 Rz. 4).

11 Weitere Folge der Eintragung des Insolvenzvermerkes ist die sogenannte Grundbuchsperre. Nach Eröffnung des Verfahrens vom Schuldner getroffene Verfügungen oder beim Grundbuchamt eingereichte Anträge können nicht mehr zu Eintragungen führen. Unzulässig ist auch die Eintragung aufgrund von Zwangsmitteln zu Gunsten einzelner Insolvenzgläubiger (*Kilger/Karsten Schmidt* KO, § 113 Rz. 4).

12 Die Grundbuchsperre hindert die Eintragung einer Rechtsänderung allerdings nicht, wenn das Insolvenzverfahren erst nach Stellung des Eintragungsantrages eröffnet worden ist. Der gemäß § 91 Abs. 2 durch die Insolvenzeröffnung unberührt bleibende § 878 BGB greift ein, die Eintragung ist trotz der Insolvenzeröffnung vorzunehmen (*Kuhn/Uhlenbruck* KO, § 113 Rz. 4; *Kilger/Karsten Schmidt* KO, § 113 Rz. 4; *Gottwald/Eickmann* § 32 Rz. 62), vorbehaltlich der Ausführungen unten zu Rz. 15.

E. Sicherungsmaßnahmen

13 Für die Eintragung von Verfügungsbeschränkungen im Grundbuch gilt § 32 entsprechend (§ 23 Abs. 3).

14 Die Anordnung von Sicherungsmaßnahmen in Form eines allgemeinen Verfügungsverbotes oder eines Zustimmungsvorbehaltes (§ 21 Abs. 2 Nr. 2) sowie eines besonderen Verfügungsverbotes und besonderen Zustimmungsvorbehaltes (gemäß § 21 Abs. 1; s. dazu oben § 21 Rz. 5, 30) sind im Grundbuch einzutragen. Dies entspricht im wesent-

lichen dem bisher geltenden Recht. Während die Rechtsprechung die Eintragung eines Insolvenzvermerkes im Grundbuch der BGB-Gesellschaft bei Insolvenz eines Gesellschafters zuließ (s. o. Rz. 3), lehnte sie die Eintragung eines Veräußerungs- und Verfügungsverbotes gegen einen Gesellschafter einer BGB-Gesellschaft in deren Grundbuch ab (*LG Hamburg* ZIP 1986, 1592 [1593] = EWiR 1987, 77).

Unter Geltung der KO war streitig, ob die Eintragung eines allgemeinen Veräußerungsverbotes eine **Grundbuchsperre** bewirkte (bejahend *Gottwald/Uhlenbruck* § 14 Rz. 4; abl. *Hess* KO, § 106 Rz. 5 und § 113 Rz. 16 ff.; *Kuhn/Uhlenbruck* KO, § 106 Rz. 4 a und § 113 Rz. 4 a). Die ablehnende Meinung stützte sich darauf, daß ein allgemeines Veräußerungsverbot (§ 106 Abs. 1 Satz 3 KO) nur relative Unwirksamkeit begründete. Bei den Verfügungsbeschränkungen gemäß § 21 Abs. 2 Nr. 2 handelt es sich jedoch um absolute Veräußerungsverbote (s. o. § 24 Rz. 4). In diesen Fällen tritt daher eine Grundbuchsperre wie im eröffneten Verfahren nach Eintragung eines Insolvenzvermerkes ein (*Gerhardt* Kölner Schrift zur Insolvenzordnung S. 170 f. Rz. 29). Etwas anderes kann nur gelten in den – seltenen – Fällen der Anordnung eines besonderen Veräußerungsverbotes oder eines besonderen Zustimmungsvorbehaltes gemäß § 21 Abs. 1 (s. o. § 21 Rz. 17). 15

F. Löschung der Eintragung

Die Löschung des Insolvenzvermerkes oder der Anordnung von Sicherungsmaßnahmen gemäß § 21 Abs. 2 Nr. 2, Abs. 1 erfolgt in den nachfolgenden Fällen: 16

(1) Gibt der Verwalter ein Grundstück oder ein Recht, bei denen die Eröffnung des Verfahrens eingetragen worden ist, frei oder veräußert er es, so ist das Grundbuchamt um Löschung der Eintragung zu ersuchen (§ 32 Abs. 3). Die Bestimmung soll eine vereinfachte und beschleunigte Löschung des Sperrvermerkes ermöglichen, um den mit der Freigabe oder Veräußerung verfolgten Zweck nicht zu behindern (*Hess* KO, § 114 Rz. 2). Der Antrag sollte sinnvollerweise vom Insolvenzverwalter gestellt werden. Mit Zustimmung des Verwalters kann bei Freigabe auch der Schuldner und bei Veräußerung der Erwerber den Antrag beim Grundbuchamt anbringen (*Kuhn/Uhlenbruck* KO, § 114 Rz. 4). 17

(2) Löschungsanträge nach anderen Bestimmungen bleiben möglich, z. B. gemäß § 130 ZVG (*Hess* KO, § 114 Rz. 3). 18

(3) Eine Löschung erfolgt ferner nach Aufhebung oder Einstellung des Insolvenzverfahrens (Hess KO, § 114 Rz. 4). War der Erlaß von Sicherungsmaßnahmen eingetragen, so erfolgt nach Abweisung mangels Masse (§ 26) die Löschung (*Kuhn/Uhlenbruck* KO, § 113 Rz. 9). Veranlaßt werden sollte die Löschung durch das Insolvenzgericht. Zu beachten ist aber die Vorschrift des § 25 Abs. 2 (s. o. § 25 Rz. 20). Eine Löschung unterbleibt (zunächst) auch, wenn nach Aufhebung des Eröffnungsbeschlusses auf eine Beschwerde hin noch Verbindlichkeiten zu erfüllen sind (s. u. § 34 Rz. 44). 19

Die Löschung ist – ebenso wie die Eintragung – gebührenfrei (s. o. Rz. 9). 20

§ 33
Register für Schiffe und Luftfahrzeuge → §§ 113, 114 KO

¹Für die Eintragung der Eröffnung des Insolvenzverfahrens in das Schiffsregister, das Schiffsbauregister und das Register für Pfandrechte an Luftfahrzeugen gilt

§ 32 entsprechend. ²Dabei treten an die Stelle der Grundstücke die in diese Register eingetragenen Schiffe, Schiffsbauwerke und Luftfahrzeuge, an die Stelle des Grundbuchamts das Registergericht.

Vgl. §§ 113, 114 KO; § 89 Abs. 3 Satz 1 Gesetz über Rechte an Luftfahrzeugen; § 6 Abs. 2 Nr. 4 GesO

1 Für die Eintragung des Insolvenzvermerkes in die in § 33 Satz 1 bezeichneten Register gilt § 32 entsprechend. Insoweit wird auf die obige Kommentierung verwiesen. Für die Eintragung von Verfügungsbeschränkungen in die in § 33 bezeichneten Register ordnet § 23 Abs. 3 die entsprechende Geltung des § 33 an. Wegen der Einzelheiten wird insoweit verwiesen auf die obige Kommentierung zu den Sicherungsmaßnahmen (§ 32 Rz. 13 ff.). Bei Eigenverwaltung ist § 33 nicht anzuwenden (§ 270 Abs. 3 Satz 3).
2 Das Schiffsregister ist unterteilt in das Seeschiffregister und Binnenschiffregister (§ 3 SchiffsregisterVO, BGBl. I. 1951, S. 360). Schiffsbauwerke werden in das Schiffsbauregister eingetragen (§§ 65 ff. SchiffsregisterVO, BGBl. I. 1951, S. 366 f.). Zu beachten ist, daß die Vorschriften des Schiffsregisters nur für eingetragene Schiffe gelten. Nicht eingetragene Schiffe werden wie bewegliche Sachen behandelt, so daß insoweit Erwerberschutz nicht Platz greift (*Gottwald/Eickmann* § 32 Rz. 63). Dies ergibt sich auch aus der Erwähnung des Wortes »eingetragenen« in § 33 Satz 2.
3 Satz 2 ist zu entnehmen, daß es bei einem Luftfahrzeug nicht auf die Eintragung in die Luftfahrzeugrolle ankommt, sondern auf die Eintragung im Register für Pfandrechte an Luftfahrzeugen (BT-Drucks. 12/2443 S. 101). Bei einem bisher unbelasteten und nicht im Register eingetragenen Luftfahrzeug ist es zunächst Sache des Insolvenzverwalters, das Luftfahrzeug zur Eintragung in das Register anzumelden und dabei die erforderlichen Angaben und Nachweise beizubringen (vgl. §§ 79, 80 des Gesetzes über Rechte an Luftfahrzeugen, BGBl. I. 1959, S. 57 ff.). Erst anschließend kann auf dem Registerblatt des Luftfahrzeuges die Eröffnung des Insolvenzverfahrens eingetragen werden (BT-Drucks. 12/2443 S. 120). Entsprechendes hat zu gelten für die Eintragung einer Verfügungsbeschränkung gem. § 23 Abs. 3.

§ 34
Rechtsmittel → §§ 109, 116 KO

(1) Wird die Eröffnung des Insolvenzverfahrens abgelehnt, so steht dem Antragsteller und, wenn die Abweisung des Antrags nach § 26 erfolgt, dem Schuldner die sofortige Beschwerde zu.
(2) Wird das Insolvenzverfahren eröffnet, so steht dem Schuldner die sofortige Beschwerde zu.
(3) ¹Sobald eine Entscheidung, die den Eröffnungsbeschluß aufhebt, Rechtskraft erlangt hat, ist die Aufhebung des Verfahrens öffentlich bekanntzumachen. ²§ 200 Abs. 2 Satz 2 und 3 gilt entsprechend. ³Die Wirkungen der Rechtshandlungen, die vom Insolvenzverwalter oder ihm gegenüber vorgenommen worden sind, werden durch die Aufhebung nicht berührt.

Vgl. §§ 109, 116 KO; § 20 GesO

Rechtsmittel § 34

Inhaltsübersicht: Rz.

A. Überblick 1– 3
B. Zulässigkeitsvoraussetzungen 4–26
   I. Allgemeine Zulässigkeitsvoraussetzungen 5
   II. Einräumung der Beschwerdemöglichkeit (Abs. 1, 2) 6– 7
   III. Sonderfälle 8
   IV. Person des Beschwerdeberechtigten 9–12
   V. Beschwer 13–26
C. Begründetheit der Beschwerde 27–30
D. Wirkungen und Verfahrensablauf bei Beschwerde 31–40
   I. Allgemein 31
   II. Eröffnung 32
   III. Aufhebung des Eröffnungsbeschlusses 33–40
E. Wirkungen der Aufhebung der Eröffnung gemäß Abs. 3 Satz 3 41–46
   I. Überblick und Anwendungsbereich 41–42
   II. Einzelheiten 43
   III. Verfahrensmäßiger Ablauf 44
   IV. Rechnungslegung und Vergütungsanspruch des Verwalters 45–46
F. Bedenken gegen den weitgehenden Rechtsbehelfsausschluß 47–53

Literatur:

Gerhardt Anm. zu LG Aachen, Beschl. v. 20. 06. 1989 – 3 I 583/89 –, EWiR 1/89, § 58 KO, 91 ff.; *Heintzmann* Befugnis der Gesellschafter einer Gründer-GmbH zur Einlegung eines Rechtsmittels gegen die Konkurseröffnung, BB 1997, 454; *Pape* Das Beschwerderecht des Gemeinschuldners bei selbst herbeigeführter Konkurseröffnung und die Eröffnung masseloser Konkursverfahren, ZIP 1989, 1029; *ders.* Neuordnung der Sicherungsmaßnahmen im Insolvenzeröffnungsverfahren, WPrax 1995, 236 und 252; *Paulsdorff* Die Rechtsstellung des Pensions-Sicherungs-Vereins, Versicherungsverein auf Gegenseitigkeit (PSVaG) nach dem neuen Insolvenzrecht, in Kölner Schrift zur Insolvenzordnung, 1997, 1155; *Schmidt-Bleibtreu/Klein* Kommentar zum Grundgesetz, 1995; *Siemon* Anm. zu LG München II, Beschl. v. 04. 11. 1996 – 7 T 6168/96 –, EWiR 1/97, § 109 KO, 613 f.; *Uhlenbruck* Probleme des Eröffnungsverfahrens nach dem Insolvenzrechts-Reformgesetz 1994, KTS 1994, 169; *ders.* Die Rechtsstellung des vorläufigen Insolvenzverwalters, in Kölner Schrift zur Insolvenzordnung, 1997, 239.

A. Überblick

§ 34 übernimmt die Regelungen aus §§ 109, 116 KO unter Einbeziehung des § 1 Abs. 1 **1** Satz 2 LöschungsG. Die Einschränkung, daß bei Abweisung mangels Masse (§ 26) nur AG, KG aA und GmbH beschwerdeberechtigt waren, entfällt. § 34 ist zu sehen im Zusammenhang mit der Regelung des § 6 Abs. 1, wonach ein Rechtsmittel nur in den ausdrücklich aufgeführten Fällen zulässig ist. Insbesondere bei juristischen Personen ist im Rahmen der Zulässigkeitsprüfung die Frage der Beschwer von Bedeutung.

Nicht (mehr) beschwerdefähig sind neben der Anforderung des Massekostenvorschusses **2** die Anordnung von Sicherungsmaßnahmen mit Ausnahme der Anordnung der Haft und die Abweisung eines Antrages auf Aufhebung eines Haftbefehls wegen Wegfalls seiner Voraussetzungen (§§ 20 Satz 2, 21 Abs. 3 Satz 3, 22 Abs. 3 Satz 3 i. V. m. § 98 Abs. 3 Satz 3) sowie die Anordnung der Postsperre (§ 21 Abs. 1 i. V. m. § 99 Abs. 3 Satz 1). Der Ausschluß der Beschwerdemöglichkeit gegen Sicherungsmaßnahmen wie z. B. das allgemeine Verfügungsverbot ist – auch verfassungsrechtlich – bedenklich.

§ 34 *Eröffnung des Insolvenzverfahrens*

3 Abs. 3 regelt das Verfahren bei Aufhebung des Eröffnungsbeschlusses und stellt klar, daß die Wirkungen der vom oder dem Insolvenzverwalter gegenüber vorgenommenen Rechtshandlungen durch die Aufhebung nicht berührt werden.

B. Zulässigkeitsvoraussetzungen

4 Bei den Zulässigkeitsvoraussetzungen ist zu unterscheiden zwischen den allgemeinen, sich teilweise aus § 6 ergebenden Zulässigkeitsvoraussetzungen und den in § 34 Abs. 1, 2 aufgeführten Voraussetzungen. Weiter kommt es insbesondere bei Schuldnern, die keine natürliche Person sind, darauf an, wer zur Einlegung der Beschwerde befugt ist und ob die erforderliche Beschwer vorliegt.

I. Allgemeine Zulässigkeitsvoraussetzungen

5 Wegen der allgemeinen Zulässigkeitsvoraussetzungen s. die Kommentierung zu § 6 Rz. 11 bis 14.

II. Einräumung der Beschwerdemöglichkeit (Abs. 1, 2)

6 Wird der Antrag als unzulässig, unbegründet oder mangels Masse abgewiesen, steht dem Antragsteller das Recht der sofortigen Beschwerde zu (Abs. 1). Der Schuldner kann bei Eröffnung des Verfahrens (Abs. 2) im Hinblick auf die weitreichenden Folgen sofortige Beschwerde einlegen. Weiter steht dem Schuldner ein Beschwerderecht zu bei Abweisung des Antrages nach § 26 mangels Masse (Abs. 1) wegen der damit verbundenen Eintragung gemäß § 26 Abs. 2 im Schuldnerverzeichnis (BT-Drucks. 12/2443 S. 121).

7 Hält bei einem Gläubigerantrag das Insolvenzgericht die Voraussetzungen des § 304 beim Insolvenzschuldner für gegeben und stellt dieser ebenfalls einen Antrag, so ruht das Eröffnungsverfahren (§ 306). Wegen der darin liegenden Ablehnung des vom Gläubiger beantragten Regelinsolvenzverfahrens soll dem Antragsteller die Möglichkeit der sofortigen Beschwerde gegeben sein mit der Begründung, der Insolvenzschuldner erfülle nicht die Merkmale des § 304 (*Jauernig* § 83 V. 4). Siehe im einzelnen unten § 306.

III. Sonderfälle

8 Die frühere Unanfechtbarkeit von Eröffnungsbeschlüssen über das Vermögen eines Kreditinstitutes, einer Bausparkasse, einer Versicherungs-Aktiengesellschaft und eines Versicherungsvereins auf Gegenseitigkeit (vgl. *Kuhn/Uhlenbruck* KO, § 109 Rz. 12) sind durch Änderung von § 46b KWG und § 88 Abs. 1 VAG beseitigt worden. Über § 34 Abs. 2 hinaus steht dem Träger der Insolvenzsicherung gegen die Verfahrenseröffnung die sofortige Beschwerde zu (§ 9 Abs. 5 des Gesetzes zur Verbesserung der betrieblichen Altersversorgung i. d. F. Art. 91 Nr. 4d EGInsO). Hintergrund der Regelung ist, daß mit der Eröffnung des Insolvenzverfahrens der Pensionssicherungsverein in die Verpflichtung des Schuldners aus einer betrieblichen Altersversorgung eintritt (§§ 7, 9 Abs. 2 Satz 1 des Gesetzes zur Verbesserung der betrieblichen Altersversorgung; *Paulsdorff* Kölner Schrift zur Insolvenzordnung, S. 1155 Rz. 13).

IV. Person des Beschwerdeberechtigten

Ist der Schuldner prozeßunfähig, wird das Beschwerderecht grundsätzlich durch den 9
gesetzlichen Vertreter ausgeübt. Gewillkürte Stellvertretung ist zulässig (Einzelheiten
s. o. § 14 Rz. 16).
Von mehreren Miterben ist jeder Miterbe beschwerdeberechtigt. Bei **Personengesellschaften** steht das Beschwerderecht jedem persönlich unbeschränkt haftenden Gesellschafter zu (vgl. *Kilger/Karsten Schmidt* KO, § 109 Rz. 1), nicht aber den Kommanditisten. Jeder persönlich haftende Gesellschafter ist, auch wenn er den Antrag nicht gestellt hat, beim Eigenantrag beschwerdeberechtigt nicht nur im Falle der Eröffnung, sondern auch der Ablehnung mangels Masse im Hinblick auf die durch die Auflösung (s. o. § 26 Rz. 86 f.) eintretenden wirtschaftlichen Folgen (mißverständlich *Gottwald/Timm/Körber* § 84 Rz. 18).
Nicht beschwerdeberechtigt sind die Aktionäre einer AG oder die Gesellschafter einer 10
GmbH (*Kuhn/Uhlenbruck* KO, § 109 Rz. 1). In diesen Fällen ist jedes Vorstandsmitglied (bei der AG) bzw. jeder Geschäftsführer einer GmbH beschwerdeberechtigt, und zwar unabhängig von der in der Gesellschaft geltenden Vertretungsregelung (*LG Dessau* ZIP 1998, 1006 [1007] = EWiR 1998, 557; *Kuhn/Uhlenbruck* KO, § 109 Rz. 1 a, 10). Der faktische Geschäftsführer, der zur Antragstellung berechtigt und verpflichtet ist (s. o. § 15 Rz. 11), ist auch beschwerdeberechtigt. Bei mehrköpfiger Vertretung sind zwar die nichtantragstellenden Geschäftsführer nicht zur Zurücknahme des Antrags berechtigt, ebenso können neue Geschäftsführer einen wirksam gestellten Antrag nicht zurücknehmen (s. o. § 15 Rz. 18 ff.). Die übrigen nichtantragstellenden Geschäftsführer bzw. die neuen Geschäftsführer sind jedoch beschwerdeberechtigt (s. o. § 15 Rz. 20, 21).
Bei der Insolvenz der **GmbH & Co KG** ist für die KG die persönlich haftende 11
Gesellschafterin, regelmäßig also die GmbH, vertreten durch den/die Geschäftsführer beschwerdebefugt. Sofern – in seltenen Ausnahmefällen – noch weitere persönlich haftende Gesellschafter neben der GmbH vorhanden sind, sind diese ebenfalls beschwerdebefugt. Bei der **in Gründung befindlichen GmbH** sollen nicht die Geschäftsführer, sondern die Gründungsgesellschafter beschwerdeberechtigt sein (*Kuhn/Uhlenbruck* KO, § 109 Rz. 1 a; *Heintzmann* BB 1979, 454 f.). Dies ist zutreffend im Hinblick auf die (zunächst) bestehende persönliche Haftung (§ 11 Abs. 2 GmbHG) der Handelnden (zum Antragsrecht s. o. § 15 Rz. 22 ff.). Beschwerdeberechtigt ist jeder Gründungsgesellschafter alleine (a. A. *Heintzmann* a. a. O.). Befindet sich eine Gesellschaft in **Liquidation**, sind nicht die früheren Geschäftsführer, sondern der bestellte Liquidator beschwerdeberechtigt (*OLG Frankfurt* Rpfleger 1982, 436; vgl. auch *OLG Düsseldorf* ZIP 1993, 214 = EWiR 1993, 277).
Beim eingetragenen **Verein** ist jedes Vorstandsmitglied beschwerdeberechtigt. Im Hin- 12
blick auf die Gleichstellung in § 11 Abs. 1 Satz 2 ist beim nichtrechtsfähigen Verein gleichfalls jedes Vorstandsmitglied, nicht aber jedes einfache Mitglied, beschwerdeberechtigt. Die Haftung ist nämlich in der Regel auf das Vereinsvermögen beschränkt (*Palandt/Heinrichs* BGB, § 54 Rz. 12). Haften alle Mitglieder neben dem Vereinsvermögen auch persönlich wie beim wirtschaftlichen Verein gemäß § 22 BGB (*Palandt/Heinrichs* BGB, § 54 Rz. 12), so ist jedes Mitglied auch beschwerdeberechtigt. Mit der Beschwerdeberechtigung verhält es sich ebenso wie mit der Antragsberechtigung (s. o. § 15 Rz. 3, 6).

V. Beschwer

13 Zulässigkeisvoraussetzung eines Rechtsmittels im Sinne der ZPO ist u. a. die Beschwer des Rechtsmittelführers (*Zöller/Gummer* ZPO, vor § 511 Rz. 6ff.). Dieser Grundsatz galt für die sofortige Beschwerde im Konkursrecht (*Pape* ZIP 1989, 1029 [1031]) und gilt unter der InsO fort. Beim Kläger/Antragsteller wird die Beschwer formell bestimmt. Eine – formelle – Beschwer liegt vor, wenn der Inhalt der Entscheidung von dem Antrag abweicht (*Thomas/Putzo* ZPO, Vorbem. § 511 Rz. 18). Stellt der Schuldner einen Antrag auf Eröffnung des Verfahrens und wird das Verfahren eröffnet, so fehlt es an der formellen Beschwer. Es wird jedoch zu verschiedenen Fallgruppen diskutiert, ob wegen der einschneidenden Wirkungen des Insolvenzeröffnungsbeschlusses **ausnahmsweise auf die formelle Beschwer verzichtet** werden soll (*Pape* ZIP 89, 1029 [1032]) und eine materielle Beschwer genügt (vgl. *LG München* II ZIP 1996, 1952 [1953]). Die Rechtsprechung ist vornehmlich mit den Fällen beschäftigt, in denen nach Stellung eines Eigenantrages – meist bei einer GmbH – und Eröffnung Beschwerde mit dem Ziel eingelegt wird, der Antrag sei mangels Masse (§ 26) abzuweisen.

Es sind verschiedene **Fallgruppen** zu unterscheiden:

14 (1) Anerkannt ist, daß trotz fehlender formeller Beschwer die sofortige Beschwerde in bestimmten **Ausnahmefällen** zulässig ist (*Pape* ZIP 1989, 1029 [1032]; *Kilger/Karsten Schmidt* KO, § 109 Rz. 3).

– Bejaht wird dies zunächst für den Fall, daß ein (früherer) gesetzlicher Vertreter das Antragsrecht arglistig mißbraucht hat (*Pape* ZIP 1989, 1029 [1032]; *Kilger/Karsten Schmidt* KO, § 109 Rz. 3). Dem ist zuzustimmen, zumal nach Ablösung des alten Geschäftsführers weder dieser noch der neue Geschäftsführer den Antrag zurücknehmen kann, vielmehr nur die Möglichkeit der Beschwerde durch den neuen Geschäftsführer besteht (s. o. § 15 Rz. 21).

15 – Die Beschwerde ist auch möglich, wenn ein Geschäftsunfähiger den Antrag gestellt hat oder durch einen Bevollmächtigten hat stellen lassen (*Kuhn/Uhlenbruck* KO, § 109 Rz. 1).

16 – Das *OLG Schleswig* (MDR 1951, 49) hält die Beschwerde auch für zulässig, wenn der Konkursgrund in Wahrheit nicht vorlag oder vom Schuldner irrtümlich angenommen wurde. Die Antragstellung kann nämlich als Prozeßhandlung nicht angefochten werden (s. o. § 14 Rz. 24), deswegen ist die Beschwerde möglich (*Kuhn/Uhlenbruck* KO, § 103 Rz. 3h).

17 – Die Beschwerde ist auch zulässig, wenn der Eröffnungsgrund (§ 16) ursprünglich vorlag, aber wieder weggefallen ist. Streitig ist allerdings, ob mit der Beschwerde auch die Befriedigung des antragstellenden Gläubigers in der Zeit zwischen Verfahrenseröffnung und Entscheidung über die Beschwerde geltend gemacht werden kann (s. dazu unten Rz. 25 f.).

18 (2) Über die oben (Rz. 14 ff.) genannten Ausnahmefälle hinaus ist die Beschwerde einer **natürlichen Person** bei der aufgrund ihres eigenen Antrages erfolgten Eröffnung des Insolvenzverfahrens mangels Beschwer unzulässig (*OLG Karlsruhe* ZIP 1992, 417 [418] = EWiR 1992, 497; *Kuhn/Uhlenbruck* KO, § 109 Rz. 1) Der Wortlaut des Abs. 2 muß somit berichtigend ausgelegt werden. Bei einer **Nachlaßinsolvenz** soll allerdings der Antragsteller auch dann durch die Eröffnung beschwert sein, wenn er mit dem Antrag die Ablehnung der Eröffnung des Nachlaßinsolvenzverfahrens mangels Masse angeregt hatte (*OLG Frankfurt* KTS 1971, 219; *Uhlenbruck/Delhaes* Rz. 284; vgl. *Pape* ZIP 1989, 1029 [1033]).

(3) Streitig ist die Beschwer des Schuldners, der **keine natürliche Person** ist, und der 19
beim Eigenantrag gegen die Eröffnung des Verfahrens mit der Beschwerde geltend
macht, der Antrag sei **mangels Masse** (§ 26) abzuweisen gewesen. Die Rechtsprechung
hält überwiegend eine Beschwer für gegeben (*OLG Bamberg* ZIP 1983, 200; *OLG
Karlsruhe* ZIP 1989, 1070 [1071] = EWiR 1989, 799; im Ergebnis auch *OLG Hamm* ZIP
1993, 777 [778] = EWiR 1993, 603; a. A. *LG München* II ZIP 1996, 1952 [1953] = EWiR
1997, 613; *LG Mönchen-Gladbach* ZIP 1997, 1384 = EWiR 1997, 801 [für den Fall des
Gläubigerantrages, s. dazu unten Rz. 24]; *LG Frankfurt* NJW – RR 1998, 338). Die
Literatur stimmt der bejahenden Rechtsprechung teilweise zu (*Hess* KO, § 109 Rz. 5;
Kilger/Karsten Schmidt KO, § 109 Rz. 3), teilweise lehnt sie sie ab (*Kuhn/Uhlenbruck*
KO, § 109 Rz. 1 a, 4; *Pape* ZIP 1989, 1029; zweifelnd *Gottwald/Uhlenbruck* § 17
Rz. 20).

Die von der Rechtsprechung entschiedenen Fälle betrafen im wesentlichen GmbHs. Die 20
bejahende Rechtsprechung argumentiert damit, daß die Geschäftsführer zur Antragstellung (gemäß § 64 GmbHG) verpflichtet sind, ohne Rücksicht auf eine etwaige
Unzulänglichkeit der Masse (*OLG Bamberg* ZIP 1983, 200; *OLG Karlsruhe* ZIP 1989,
1070 [1071]). Das *OLG Bamberg* (ZIP 1983, 200) nimmt weiter Bezug auf den Beschluß
des *OLG Frankfurt* (KTS 1971, 219), der das Beschwerderecht des Nachlaßverwalters
gegen eine auf seinen Antrag hin erfolgte Eröffnung damit begründet hat, daß dem
Nachlaß bei Eröffnung weitere Kosten erwachsen, die abzuwehren zu den Aufgaben des
Nachlaßverwalters zähle. Diese Rechtsprechung ist **abzulehnen**, wie *Pape* (ZIP 1989,
1029 ff.) überzeugend dargelegt hat. Die Pflicht zur Antragstellung (§ 64 GmbHG) dient
dem Gläubigerschutz auf eine geordnete Liquidation des Gesellschaftsvermögens (*Pape*
ZIP 1989, 1029 [1034]; *LG München* II ZIP 1996, 1952 [1953]). Der Schutzzweck
beispielsweise des § 64 GmbHG würde in sein Gegenteil verkehrt, wenn man aus ihm ein
Beschwerderecht der Schuldnerin herleitet (*LG Frankfurt* NJW – RR 1998, 338; *Pape*
ZIP 1989, 1029 [1034]). Ziel der Eigenantragstellung bei der GmbH ist es häufig, eine
Abweisung mangels Masse zu erreichen, um den Geschäftsbetrieb möglichst komplikationslos beenden zu können. Genügend Masse für die Eröffnung des Verfahrens ist nicht
vorhanden, die Gläubiger sind zur Vorschußzahlung nicht bereit (*Pape* ZIP 1989, 1029
[1030]). Eröffnet das Insolvenzgericht das Verfahren »wider Erwarten« dennoch im
Hinblick auf die Möglichkeit der Bewilligung von Prozeßkostenhilfe durch das Prozeßgericht (s. o. § 26 Rz. 27 ff.), droht häufig den Geschäftsführern der GmbH eine persönliche Inanspruchnahme (§§ 9a, 32a, 43, 64 GmbHG). Die Rechte der Gläubiger, die
Aussicht auf eine gewisse Befriedigung haben, gehen dem Interesse der Schuldnerin
bzw. der antragstellenden Geschäftsführer vor (*Pape* ZIP 1989, 1029 [1033]). Ist nach
Auffassung der Geschäftsführer eine Eröffnung mangels Masse nicht möglich, spricht
zudem viel dafür, daß sie den Antrag verspätet gestellt haben. Daraus kann nicht das
Recht abgeleitet werden, ausnahmsweise trotz Fehlens einer formellen Beschwer
Rechtsmittel einlegen zu dürfen (*Kunkel* EWiR 1992, 497 [498]).

Auch der vom *OLG Bamberg* (ZIP 1983, 200) herangezogene Vergleich zur sofortigen 21
Beschwerde des Nachlaßverwalters gegen den auf seinen Antrag eröffneten Nachlaßkonkurs (*OLG Frankfurt* KTS 1971, 219) ist nicht zwingend. Ob weitere Verfahrenskosten anfallen, ist für die GmbH ohne Belang und kann eine Beschwer nicht begründen
(*LG München* II ZIP 1996, 1952 [1953]; *LG Frankfurt* NJW – RR 1998, 338). Bei einer
natürlichen Person ist anerkannt, daß die durch die Eröffnung des Verfahrens entstehenden Kosten eine Beschwer nicht rechtfertigen (*OLG Karlsruhe* ZIP 1992, 417 [418] =
EWiR 1992, 497). Die GmbH wird sowohl durch Eröffnung des Insolvenzverfahrens als
auch durch Ablehnung der Eröffnung mangels Masse aufgelöst (§ 60 Abs. 1 Nr. 4, 5

GmbHG). Eine natürliche Person »existiert« weiter, für diese ist die Belastung mit weiteren Verfahrenskosten weitaus höher als für eine GmbH, die aufgelöst und danach regelmäßig alsbald wegen Vermögenslosigkeit gelöscht wird (§ 141 a FGG). Schließlich dient die Voraussetzung der Kostendeckung alleine dazu, die Justizkasse und den Verwalter vor Forderungsausfällen zu schützen. Mit der Eröffnung des Verfahrens übernehmen Gericht und Verwalter die Verantwortung dafür, daß die Kosten aus der (zu erwartenden) Masse beglichen werden können (*Siemon* EWiR 1997, 613 [614]).

22 Auch beim **Eigenantrag** einer juristischen Person **kann auf** das Erfordernis der **formellen Beschwer** folglich **nicht verzichtet** werden. Es handelt sich nicht um einen Fall, in dem die Verfahrenseröffnung eine materiell-rechtlich nicht akzeptable Entscheidung darstellt, bei der es zumindest aus der zurückschauenden Betrachtung an den Voraussetzungen für die Verfahrenseröffnung gefehlt hat (*Pape* ZIP 1989, 1029 [1032]). Einer dieser Ausnahmefälle (s. o. Rz. 14 ff.) liegt nicht vor. Vielmehr ist der Antrag zulässig und begründet, zur Verfahrenseröffnung könnte es nur deshalb nicht kommen, weil die Kosten für die Abwicklung der Insolvenz nicht vorhanden sind. Die Verfahrenseröffnung stellt für den antragstellenden Schuldner keine unannehmbare Härte dar wie in den oben (Rz. 14 ff.) aufgeführten Ausnahmefällen.

23 Auch den Geschäftsführern einer **Komplementär-GmbH** einer KG steht das Beschwerderecht mangels Beschwer nicht zu, wenn sie selbst den Insolvenzantrag gestellt haben. Das *OLG Hamm* (ZIP 1993, 777 [787] = EWiR 1993, 603) ließ dahinstehen, ob der Rechtsprechung *des OLG Bamberg* (ZIP 1983, 200) und des *OLG Karlsruhe* (ZIP 1989, 1070 [1071]) zu folgen sei. Die Beschwer leitete es daraus her, daß bei Ablehnung des Insolvenzverfahrens das Vermögen einer GmbH & Co KG nicht aufgelöst wurde und – anders als bei Eröffnung des Insolvenzverfahrens – sie als werbende Gesellschaft weiter tätig sein konnte. Diese Begründung trägt nicht mehr, da gemäß § 131 Abs. 2 Nr. 1 eine offene Handelsgesellschaft, bei der kein persönlich haftender Gesellschafter eine natürliche Person ist, mit der Rechtskraft des Beschlusses aufgelöst ist, durch den die Eröffnung des Insolvenzverfahrens mangels Masse abgelehnt worden ist. Aufgrund obiger Erwägungen (Rz. 22) liegt eine Beschwer auch ansonsten nicht vor.

24 (4) Streitig ist auch die Frage, ob bei Eröffnung des Verfahrens **aufgrund eines Gläubigerantrages** der Schuldner Beschwerde mit dem Ziel der Abweisung des Antrages mangels Masse einlegen kann. Das *OLG Stuttgart* (ZIP 1989, 1069 [1070] = EWiR 1989, 1021) bejaht die Zulässigkeit einer derartigen Beschwerde. Verneint wird lediglich die Begründetheit mit dem Argument, der Schuldner habe gegen die Höhe des eingezahlten Vorschusses kein Beschwerderecht, da es Zweck des Vorschusses sei, Gerichtskosten und Verwalterkosten zu decken, nicht aber den Schuldner vor weiteren Kosten zu bewahren. Das *LG Mönchen-Gladbach* (ZIP 1997, 1384 = EWiR 1997, 801) entscheidet gegenteilig unter ausdrücklicher Bezugnahme auf die Entscheidung des *LG München* II (ZIP 1996, 1952), bei der es um einen Eigenantrag einer GmbH ging (s. o. Rz. 19). Ebenso wie beim Eigenantrag ist auch hier eine Beschwer nicht gegeben (s. o. Rz. 22).

25 (5) Unter Geltung der KO war streitig, ob mit der Beschwerde auch die **Befriedigung des antragstellenden Gläubigers** in der Zeit **zwischen Verfahrenseröffnung und Entscheidung über die Beschwerde** geltend gemacht werden konnte. Zugelassen wurde dies von der überwiegenden Meinung in der Rechtsprechung (*LG Ulm* NJW 1964, 2357; *OLG Celle* KTS 1972, 264; *LG Düsseldorf* NJW 1987, 813 mit abl. Anm. *Dempewolf*; *LG Köln* ZIP 1980, 34 mit abl. Anm. *Uhlenbruck*; *LG Kiel* ZIP 1987, 870 mit abl. Anm. *Pape* EWiR 1987, 913; *LG Berlin* Rpfleger 1992, 214). Zur Begründung wurde ausgeführt, daß mit Tilgung der Forderung dem Gläubiger sein zur Zeit der Eröffnung

bestehendes Antragsrecht genommen wurde. Die Gegenauffassung sah eine Beschwerde als unzulässig an, die lediglich darauf gestützt wurde, daß das Gläubigerrecht des Antragstellers nach Wirksamwerden des Eröffnungsbeschlusses weggefallen sei und verwiesen auf die Möglichkeit der Einstellung gem. § 212 KO (*LG Braunschweig* NJW 1961, 2316). Andere Entscheidungen stellten darauf ab, ob – z. B. durch Stundung sämtlicher Insolvenzforderungen – die Zahlungsunfähigkeit fortfiel (*LG Hamburg* MDR 1963, 144) oder stellten darauf ab, ob der befriedigte Antragsteller einziger Gläubiger war oder ob andernfalls sämtliche Gläubiger befriedigt wurden oder gestundet hatten (*LG Mainz* Rpfleger 1988, 155; ähnlich *OLG Koblenz* ZIP 1991, 1604 [1605] = EWiR 1992, 176 im Fall eines Eigenantrages; *LG Göttingen* ZIP 1998, 571 [572] = EWiR 1998, 423). Die Kommentarliteratur, soweit sie Stellung nahm, folgte der letztgenannten einschränkenden Rechtsprechung (*Kilger/Karsten Schmidt* KO, § 109 Rz. 3; *Kuhn/Uhlenbruck* KO, § 109 Rz. 3 a). Zur Begründung wurde – zutreffend – ausgeführt, daß mit Erlaß des Eröffnungsbeschlusses und nicht erst mit Rechtskraft das Verfahren in ein reines Amtsverfahren übergeht. Da nunmehr die Rechte aller Gläubiger zu wahren sind, konnte eine Beschwerde auf die Befriedigung des antragstellenden Gläubigers nach Verfahrenseröffnung nur unter den oben dargestellten engen Voraussetzungen gestützt werden.

Der Streit dürfte unter Geltung der InsO bedeutungslos geworden sein. § 212 bestimmt **26** nämlich, daß das Insolvenzverfahren auf Antrag des Schuldners einzustellen ist, wenn gewährleistet ist, daß nach der Einstellung beim Schuldner weder Zahlungsunfähigkeit noch ein sonstiger Eröffnungsgrund vorliegt. Der Schuldner muß folglich Einstellung des Verfahrens gemäß § 212 beantragen, ein Beschwerderecht steht ihm daneben nicht zu (*Jauernig* § 83 V 7; *Haarmeyer/Wutzke/Förster* Handbuch 4/38).

C. Begründetheit der Beschwerde

Die Beschwerde kann sowohl auf formelle als auch auf materielle Gründe gestützt **27** werden und Erfolg haben. Zur Gewährung des Rechtsschutzes bei Insolvenzanträgen des Finanzamtes s. o. § 14 Rz. 56.

Als formelle Gründe kommen das Fehlen der allgemeinen Zulässigkeitsvoraussetzungen **28** (s. o. § 14 Rz. 5 ff.) wie beispielsweise mangelnde Prozeßfähigkeit in Betracht. Bei der Rüge der Unzuständigkeit des Gerichts ist zu beachten, daß die Beschwerde analog § 512 a ZPO ausgeschlossen sein kann (s. o. § 3 Rz. 33). Die Beschwerde kann auch darauf gestützt werden, daß nicht sämtliche anhörungsberechtigten Personen (s. o. § 10 Rz. 10) angehört worden sind (*LG Baden-Baden* ZIP 1983, 205; zum Verfahren in diesem Falle s. o. § 10 Rz. 11).

Bei Antragsablehnung (§ 34 Abs. 1) kann die Beschwerde darauf gestützt werden, daß **29** ein Eröffnungsgrund (§ 16) vorliegt, oder (selten) daß die dem Antrag zugrundeliegende Forderung besteht (vgl. oben § 27 Rz. 6). Ist die Abweisung mangels Masse (§ 26) erfolgt, kann der Schuldner sich darauf berufen, daß kein Eröffnungsgrund (§ 16) vorliegt oder die dem Antrag zugrundeliegende Forderung nicht besteht (vgl. oben § 27 Rz. 6). Der Antragsteller kann sich bei Abweisung mangels Masse (§ 26) darauf berufen, daß Vermögensgegenstände übersehen und genug Masse vorhanden sei, der Massekostenvorschuß (§ 26 Abs. 1 Satz 2) zu hoch sei oder daß das Insolvenzgericht das Verfahren eröffnen müßte im Hinblick darauf, daß nach Bewilligung von Prozeßkostenhilfe durch das zuständige Prozeßgericht voraussichtlich sich Ansprüche in Höhe der erforderlichen Masse realisieren lassen (s. o. § 26 Rz. 6 ff., 17 ff., 27 ff.).

30 Im Falle der Eröffnung (§ 34 Abs. 2) kann der Schuldner – wie bei Abweisung mangels Masse gemäß Abs. 1 – seine Beschwerde darauf stützen, daß kein Eröffnungsgrund (§ 16) vorliegt oder die Forderung nicht besteht (vgl. oben § 27 Rz. 6).

D. Wirkungen und Verfahrensablauf bei Beschwerde

I. Allgemein

31 Das Amtsgericht als Insolvenzgericht und das Landgericht als Beschwerdegericht können die Vollziehung der angefochtenen Entscheidung aussetzen (s. o. § 6 Rz. 15). Das Insolvenzgericht prüft, ob es der Beschwerde abhilft (§ 6 Abs. 2 Satz 2). Zum verfahrensmäßigen Ablauf und den Entscheidungsmöglichkeiten s. o. § 6 Rz. 16 bis 22. Bei Nichtabhilfe legt das Amtsgericht regelmäßig unter Beifügung einer Begründung (s. o. § 6 Rz. 19) die Akten dem Landgericht als Beschwerdegericht vor. Wegen des Verfahrensablaufes s. o. § 6 Rz. 23 bis 26. Zur weiteren Beschwerde s. die Kommentierung zu § 7 z zu Rechtskraft und Wiederaufnahme s. o. § 7 Rz. 27 ff.

II. Eröffnung

32 Eröffnet das Beschwerdegericht das Insolvenzverfahren, überläßt es die Ernennung des Insolvenzverwalters und die Anordnungen gemäß §§ 28, 29 zweckmäßigerweise dem Amtsgericht als Insolvenzgericht, das auch das weitere Verfahren durchzuführen hat (*Kilger/Karsten Schmidt* KO, § 110 Rz. 4; *Kuhn/Uhlenbruck* KO, § 110 Rz. 1; a. A. *Hess* KO, § 110 Rz. 5). Zugleich hat das Landgericht im Hinblick auf § 6 Abs. 3 Satz 1 die sofortige Wirksamkeit der Entscheidung gemäß § 6 Abs. 3 Satz 2 anzuordnen (vgl. *Kilger/Karsten Schmidt* KO, § 108 Rz. 3).

III. Aufhebung des Eröffnungsbeschlusses

33 Wird die Eröffnung des Insolvenzverfahrens auf die Beschwerde des Schuldners hin aufgehoben, wird die Aufhebung bei einer Entscheidung des Amtsgerichts erst mit Rechtskraft wirksam und zwar sowohl, da der Antragsteller seinerseits Beschwerde einlegen kann (s. o. § 6 Rz. 18), als auch bei einer Entscheidung des Landgerichts (§ 6 Abs. 3 Satz 1). Rechtskraft mit der Entscheidung tritt nur in den – seltenen – Fällen ein, in denen das *OLG* auf die weitere Beschwerde hin (§ 7) den Eröffnungsbeschluß aufhebt. Das Landgericht als Beschwerdegericht kann jedoch die sofortige Wirksamkeit der Entscheidung anordnen (§ 6 Abs. 3 Satz 2). Dies kommt nur in Ausnahmefällen in Betracht (s. o. § 6 Rz. 26).

34 Die öffentliche Bekanntmachung der Aufhebung und Mitteilung an Grundbuch/Register erfolgt erst nach Rechtskraft des die Eröffnung aufhebenden Beschlusses (§ 34 Abs. 3 Satz 1, Satz 2). Veranlaßt wird sie durch das Amtsgericht als Insolvenzgericht, das alle zur Ausführung des Eröffnungsbeschlusses getroffenen Maßnahmen rückgängig zu machen hat (*Uhlenbruck/Delhaes* Rz. 484). Im einzelnen gilt folgendes, wobei jedoch die nachfolgenden Ausführungen (unten Rz. 41 ff.) zu beachten sind:

35 – Die öffentliche Bekanntmachung erfolgt jeweils auszugsweise im Bundesanzeiger, in dem für amtliche Bekanntmachungen des Gerichts bestimmten Blatt und in allen

Zeitungen, in denen die Eröffnung bekannt gemacht wurde (Abs. 3 Satz 2 i. V. m. § 200 Abs. 2 Satz 2 i. V. m. § 9). Veröffentlicht wird nur die Tatsache, daß der das Insolvenzverfahren eröffnende Beschluß über das Vermögen des gemäß § 27 Abs. 2 Nr. 1 bezeichneten Schuldners durch Beschluß aufgehoben ist (s. das Muster bei *Uhlenbruck/Delhaes* Rz. 486).

– Eine Postsperre ist ebenso aufzuheben wie anberaumte Termine. Sofern möglich, empfiehlt es sich, die Vergütung und Auslagen des Verwalters festzusetzen. Sofern dies nicht möglich ist, sollte dem Verwalter die Entnahme eines Vorschusses aus dem Vermögen des Schuldners bewilligt werden (s. dazu unten Rz. 46 sowie oben § 21 Rz. 69 f). Die Aufhebung von Terminen kann dann in die Veröffentlichung mit aufgenommen werden ebenso wie die Vergütungsfestsetzung, deren öffentliche Bekanntmachung aber aus denselben Gründen wie bei der Abweisung mangels Masse (s. o. § 21 Rz. 60) nicht erforderlich sein dürfte. **36**

– Eine Mitteilung an Gläubiger und Drittschuldner, denen gemäß § 30 Abs. 2 der Eröffnungsbeschluß zugestellt wurde, ist nicht vorgeschrieben. Die Tatsache der Aufhebung der Eröffnung sollte jedoch Gläubigern, die Forderungen angemeldet haben, mitgeteilt werden (*Kuhn/Uhlenbruck* KO, § 116 Rz. 4). Auch Drittschuldner sollten informiert werden. Auch wenn das Insolvenzverfahren beendet ist, kann dies durch den Insolvenzverwalter erfolgen (§ 8 Abs. 3), zumal die Zustellung nicht förmlich erfolgen muß, sondern formlose Übersendung genügt. **37**

– Weiter werden informiert alle Stellen, die auch von der Eröffnung (gemäß XII. 3 MiZi) informiert worden sind (vgl. oben § 30 Rz. 20). **38**

– Die in § 31 genannten Register sowie das Partnerschaftsregister (s. o. § 30 Rz. 28) erhalten Nachricht von der Aufhebung der Eröffnung (§ 34 Abs. 2, § 200 Abs. 2 Satz 3). An das Grundbuchamt (§ 32) und die in § 33 genannten Register ist ein Löschungsersuchen zu senden (s. im einzelnen § 32 Rz. 16 ff.). Das Insolvenzgericht hat mit dem Verwalter abzustimmen, wer die Löschung veranlaßt. **39**

Bei all diesen Maßnahmen ist aber die Regelung des Abs. 3 Satz 3 zu beachten (s. u. Rz. 41 ff.). **40**

E. Wirkungen der Aufhebung der Eröffnung gemäß Abs. 3 Satz 3

I. Überblick und Anwendungsbereich

Die Aufhebung der Eröffnung wird regelmäßig nicht sofort wirksam, sondern erst mit Rechtskraft (s. o. Rz. 33). Die Aufhebung hat aber rückwirkende Kraft, der Schuldner wird so behandelt, als wäre das Verfahren nie eröffnet worden (*Bork* Rz. 114). Alle privat- und öffentlich-rechtlichen Folgen der Insolvenzeröffnung fallen rückwirkend weg (*Kuhn/Uhlenbruck* KO, § 109 Rz. 7). Eine wichtige Einschränkung enthält Abs. 3 Satz 3, der dem Schutz des Rechtsverkehrs dient. Aus ihm ergibt sich insbesondere, daß die vom Verwalter begründeten Verbindlichkeiten aus dem Vermögen des Schuldners zu erfüllen sind, wie es unter Geltung der KO aus der Verweisung in § 116 Satz 2 KO auf § 191 KO entnommen wurde (BT-Drucks. 12/2443 S. 121). Ebenso wie bei der Aufhebung von Sicherungsmaßnahmen (s. o. § 25 Rz. 26) kann der Schuldner nur versuchen, Schadensersatzansprüche gegen die Gläubiger wegen unrechtmäßiger Insolvenzantragstellung (s. o. § 13 Rz. 58) durchzusetzen, die allerdings nur unter engen Voraussetzungen gegeben sind (s. o. § 13 Rz. 119 f.). Daneben kommen Amtshaftungsansprüche (§ 839 BGB, Art. 34 GG) in Betracht. **41**

42 Gleiches gilt auch hinsichtlich der Rechtshandlungen eines vorläufigen Insolvenzverwalters, was sich mit einer entsprechenden Anwendung des § 34 Abs. 3 Satz 3 begründen läßt (*Uhlenbruck* KTS 1994, 169 [182]; *ders.* Kölner Schrift zur Insolvenzordnung S. 239, Rz. 37). Es folgt zudem aus dem Zweck der Regelung des § 25 Abs. 2 (s. o. § 25 Rz. 16).

II. Einzelheiten

43 Im einzelnen gilt folgendes: Einseitige empfangsbedürftige Willenserklärungen des Schuldners bleiben – entsprechend den in §§ 111, 174, 180 BGB enthaltenen Rechtsgedanken – unwirksam, während an eine dem Schuldner gegenüber abgegebene einseitige, empfangsbedürftige Willenserklärung der Erklärende gebunden ist (*Kuhn/Uhlenbruck* KO, § 109 Rz. 7). Rechtsgeschäfte mit dem Schuldner bleiben wirksam. Bei kollidierenden rechtsgeschäftlichen Verfügungen des Schuldners und Insolvenzverwalters aber geht diejenige des Verwalters ohne Rücksicht auf die zeitliche Abfolge vor und nimmt der des Schuldners die Wirksamkeit. Dies ergibt sich aus der Rechtsprechung des *BGH* (BGHZ 30, 173 [175] = NJW 1959, 1873) zur gleichen Rechtsfrage beim Zwangsverwalter (*Kuhn/Uhlenbruck* KO, § 109 Rz. 8).

III. Verfahrensmäßiger Ablauf

44 Die verfahrensmäßige Abwicklung gestaltet sich wie folgt. Mit Rechtskraft des die Eröffnung aufhebenden Beschlusses endet das Amt des Insolvenzverwalters. Es fehlt an einer Insolvenzmasse, über die er noch verfügen kann. Das Vermögen des Schuldners ist diesem grundsätzlich wieder auszuhändigen (*Uhlenbruck/Delhaes* Rz. 484). Unter Geltung der KO wurde der Verweisung in § 116 Satz 2 KO auf § 191 KO entnommen, daß der Insolvenzverwalter zunächst alle Ansprüche, die ohne die Beschwerdeentscheidung Masseansprüche gewesen wären, zu befriedigen oder im Bestreitensfalle sicherzustellen hatte (*Hess* KO, § 116 Rz. 3). Dem Insolvenzverwalter wurden daher trotz der Aufhebung noch alle Rechte an der Masse zugestanden, soweit er ihrer zur Erfüllung ihrer Aufgaben bedurfte, einen entsprechenden Teil der Masse brauchte der Insolvenzverwalter zunächst nicht herauszugeben, er durfte auch die Löschung des Insolvenzvermerkes im Grundbuch aufhalten (*Kuhn/Uhlenbruck* KO, § 116 Rz. 6 a, 6 b). Daran hat sich unter Geltung der Insolvenzordnung nichts geändert. Der Insolvenzverwalter ist berechtigt, vor Rückgabe des Vermögens an den Schuldner seine Vergütung, die Auslagen und die von ihm begründeten Verbindlichkeiten zu erfüllen (*Haarmeyer/Wutzke/Förster* Handbuch 4/42) ebenso wie im Falle des § 25 Abs. 2 (s. o. § 25 Rz. 17 ff.). Streitige Ansprüche sind (wie früher gemäß § 191 Abs. 1 Satz 2 KO) sicherzustellen (entsprechend § 258 Abs. 2; s. dazu auch oben § 25 Rz. 23).

IV. Rechnungslegung und Vergütungsanspruch des Verwalters

45 Unter Geltung der KO wurde angenommen, daß der Insolvenzverwalter auf Verlangen des Schuldners diesem gegenüber, nicht aber dem Gericht, Rechnung zu legen hatte (*Uhlenbruck/Delhaes* Rz. 484). Auch unter Geltung der InsO dürfte eine Rechnungslegungsverpflichtung gemäß § 66 gegenüber Gericht/Gläubigerversammlung nicht in

Betracht kommen. Dies folgt aus einer teleologischen Reduktion der Vorschrift. Eine Masse, die geschützt werden muß, ist nicht mehr vorhanden und muß aufgrund der grundsätzlich rückwirkenden Kraft der Aufhebung des Eröffnungsbeschlusses als nie vorhanden angesehen werden (s. auch § 66).

Vor Aushändigung der gesamten Vermögensmasse an den Schuldner sollte der Insolvenzverwalter auch seine Vergütung durch das Gericht festsetzen lassen. Ist dies nicht möglich, ist er als berechtigt anzusehen, einen Vorschuß zu entnehmen, wie in vergleichbaren Fällen der vorläufige Insolvenzverwalter (s. o. § 21 Rz. 69 f.). Nach Aushändigung der Masse an den Schuldner haftet dem Insolvenzverwalter für dessen Vergütung und Auslagen nicht der Antragsteller, sondern lediglich der Schuldner, allerdings nur mit den wieder in seine freie Verfügung gelangten Massebestandteilen (*LG Aachen* EWiR 1989, 911; *Kuhn/Uhlenbruck* KO, § 116 Rz. 6b). Zur Vollstreckung gegen den Schuldner genügt ein die Vergütung festsetzender Beschluß des Insolvenzgerichts (§ 64 i. V. m. § 794 Abs. 1 Nr. 3 ZPO), einer gesonderten Klage gegen den Schuldner bedarf es nicht (*Kilger/Karsten Schmidt* KO, § 85 Rz. 3; a. A. *LG Aachen* EWiR 1989, 911 mit abl. Anm. *Gerhardt*). **46**

F. Bedenken gegen den weitgehenden Rechtsbehelfsausschluß

Anders als unter Geltung der KO sind im Eröffnungsverfahren weder die Anforderung eines Kostenvorschusses (§ 26 Abs. 1 Satz 2) noch die Anordnung von Sicherungsmaßnahmen (§§ 21, 22) anfechtbar. Unter Geltung der KO bestanden insoweit weder große Probleme noch ein erhöhter Arbeitsaufwand (*Pape* WPrax 1995, 236 [256]). Aus Beschleunigungsgründen sah sich der Gesetzgeber jedoch veranlaßt, den Rechtsschutz insoweit auf ein Mindestmaß zu reduzieren. Der fast gänzliche Ausschluß des Rechtsschutzes gegen die Anordnung von Sicherungsmaßnahmen ist nicht nur sachlich nicht geboten, vielmehr ist er verfassungsrechtlich bedenklich (ebenso *Pape* WPrax 1995, 236 [256 f.]; *Haarmeyer/Wutzke/Förster* Handbuch 3/201). **47**

Der Gesetzgeber hat sich beim Ausschluß des Rechtsmittels an § 121 Abs. 1 VerglO orientiert (BT-Drucks. 2443 S. 110). Ein Vergleichsverfahren wurde aber nur auf Antrag des Schuldners eingeleitet (§ 2 Abs. 1 Satz 2 VerglO). Ihre Bedeutung haben Rechtsmittel gegen Anordnung von Sicherungsmaßnahmen jedoch bei Anträgen der Gläubiger. Bei einem auf Antrag des Schuldners eingeleiteten Verfahren kann er das Verfahren zudem sofort dadurch beenden, daß er den Antrag bis zur Eröffnung zurücknimmt (§ 13 Abs. 2). Die Auswirkungen der Sicherungsmaßnahmen sind unter Geltung der InsO verstärkt worden und reichen bis zur Stillegung eines Unternehmens (vgl. § 22 Abs. 1 Satz 2 Nr. 2). Betrifft ein allgemeines Verfügungsverbot ein Unternehmen des Schuldners, werden Amtshaftungsansprüche (§ 839 BGB, Art. 34 GG) nur einen unzureichenden Ersatz bieten. Eine **Verfahrensbeschleunigung** durch Ausschluß von Rechtsmitteln gegen die Anordnung von Sicherungsmaßnahmen ist **nicht ersichtlich**. Verzögerungen durch die Einlegung von Rechtsbehelfen haben sich in der Praxis nicht ergeben. Auch eine wesentliche Entlastung des Amtsgerichts als Insolvenzgericht und des Landgerichts als Beschwerdegericht läßt sich nicht erwarten. Zwar hat das Insolvenzgericht nunmehr eine Abhilfemöglichkeit (§ 6 Abs. 2 Satz 2). Die Begründung einer Nichtabhilfe bedeutet jedoch für das Insolvenzgericht keinen hohen Arbeitsaufwand. Zudem muß das Insolvenzgericht nunmehr vermehrt mit der Anregung rechnen, Sicherungsmaßnahmen gemäß § 25 aufzuheben. Bei den Landgerichten ist eine spürbare Entlastung nicht zu erwarten, wenn man bedenkt, daß gegen die Anordnung von Sicherungsmaßnahmen **48** unter Geltung der KO Rechtsbehelfe nur in wenigen Fällen eingelegt wurden (im Bezirk des *AG Göttingen* im langjährigen Mittel in maximal 3 % der Fälle).

49 Eine weitere **Ungereimtheit** ergibt sich daraus, daß gegen den Erlaß eines Haftbefehls und die Abweisung des Antrages auf Aufhebung des Haftbefehls wegen Wegfalls seiner Voraussetzungen die sofortige Beschwerde (§§ 20 Satz 2, 21 Abs. 3 Satz 3, 22 Abs. 3 Satz 3 i. V. m. § 98 Abs. 3) ebenso zulässig ist wie gegen die Anordnung der Postsperre im Eröffnungsverfahren (entsprechend § 99 Abs. 3, s. o. § 21 Rz. 90). In diesen Fällen muß sich die gerichtliche Überprüfung auch auf die Frage erstrecken, ob sämtliche Voraussetzungen für die getroffene Anordnung vorliegen (so für den Fall der Postsperre ausdrücklich *Haarmeyer/Wutzke/Förster* Handbuch 3/203). Beim Gläubigerantrag ist also auch eine Überprüfung dahin zulässig, ob der Gläubiger ein rechtliches Interesse an der Eröffnung des Insolvenzverfahrens hat und ob er Forderung und Eröffnungsgrund glaubhaft gemacht hat. Eine Überprüfung der gesamten Voraussetzungen bei Anordnung der Postsperre und Ausschluß einer Überprüfungsmöglichkeit bei weitergehenden Sicherungsmaßnahmen ist aber in sich nicht schlüssig und widersprüchlich.

50 Schließlich bestehen **verfassungsrechtliche Bedenken**. Art. 19 Abs. 4 Satz 1 GG gewährt den Rechtsweg. Zwar wird auch unter Berücksichtigung des aus Art. 20 Abs. 3 GG hergeleiteten Rechtsstaatsprinzips gefolgt, daß zwar nicht gegen jede richterliche Entscheidung ein Rechtsmittel möglich sein oder daß der Rechtszug in allen Zweigen einen Instanzenzug haben muß (*Schmidt-Bleibtreu/Klein* GG, Art. 20 Rz. 10b). Dies bedeutet aber nicht, daß es im freien Belieben des Gesetzgebers steht, ob er einen Instanzenzug vorsieht.

51 In der ersten Entscheidung (BVerfGE 4, 74 [94] f. betreffend ärztliche Berufsgerichte in Niedersachsen) hat das Bundesverfassungsgericht knapp ausgeführt, es habe von jeher unanfechtbare erstinstanzliche Gerichtsentscheidungen gegeben. Im nachfolgenden Beschluß (BVerfGE 4, 387 f. [411 f.] betreffend den Verzicht auf eine zweite Tatsacheninstanz im Baulandbeschaffungsgesetz) nimmt das Bundesverfassungsgericht eine Abwägung vor. Der Verzicht auf eine zweite Tatsacheninstanz wird damit gerechtfertigt, daß die ZPO es in Bagatellsachen bei einer Instanz bewenden lasse und in Baulandsachen der Sachverhalt durch das vorgeschaltete Verwaltungsverfahren bereits abgeklärt sei und zudem die Möglichkeit der Revision bestehe. Für Eilmaßnahmen (Inverwahrnahme nach dem Hessischen SOG) ist der Ausschluß der Beschwerdemöglichkeit gegen die Anordnung des Amtsgerichts gebilligt, zugleich aber ausgeführt worden, daß dies die verfassungsrechtlichen Anforderungen an die gesetzliche Ausgestaltung des Verfahrens im Blick auf die Wahrheitsforschung verstärkt und als Mittel eigener richterlicher Sachaufklärung bei eilbedürftigen Entscheidungen insbesondere die persönliche Anhörung des Betroffenen zur Verfügung steht (BVerfGE 83, 24 [31, 34]).

52 Bei Anordnung von Sicherungsmaßnahmen gemäß § 21 Abs. 2 Nr. 1, 2 handelt es sich um eine Eilmaßnahme, die häufig ohne vorherige Anhörung des Schuldners getroffen wird, in ihren Auswirkungen jedoch über »Bagatellforderungen« im Sinne der ZPO (Berufungssumme 1.500,- DM, § 511a ZPO) weit hinausgeht. Schon deshalb ist der Ausschluß eines Rechtsmittels verfassungsrechtlich bedenklich. Ein effektiver Rechtsschutz besteht nicht. Die Beschwerdemöglichkeit für den Schuldner gegen die Eröffnung des Insolvenzverfahrens gemäß § 34 Abs. 2 ist zeitlich zu spät, wenn man bedenkt, daß zwischen Anordnung von Sicherungsmaßnahmen und Entscheidung über die Eröffnung häufig mehrere Monate liegen. Die Möglichkeit, beim Insolvenzgericht die Aufhebung der Sicherungsmaßnahmen (§ 25) anzuregen, bietet keinen ausreichenden Ersatz. Verstärkt werden die Bedenken dadurch, daß in grundrechtlich geschützte Rechtsposition des Schuldners gemäß Art. 103 Abs. 1 GG (rechtliches Gehör), Art. 14 GG (Eigentum)

und Art. 12 GG (Berufsfreiheit) eingegriffen wird. Der Ausschluß der Beschwerdemöglichkeit könnte auch gegen den Grundsatz der Verhältnismäßigkeit verstoßen. Es ist nicht ersichtlich, inwieweit der zügige Ablauf des Insolvenzverfahrens durch eine Beschwerdemöglichkeit eingeschränkt wird (s. o. Rz. 48). Schließlich könnte Art. 3 GG (Gleichheitssatz) verletzt sein durch den sachlich nicht gerechtfertigten Ausschluß bei weitreichenden Sicherungsmaßnahmen gemäß § 21 Abs. 2 Nr. 1, 2 im Vergleich beispielsweise zur Anordnung der Postsperre (entsprechend § 99), zumal darüber hinaus die Insolvenzordnung eine Vielzahl von Beschwerdemöglichkeiten vorsieht.

Es bleibt zu hoffen, daß eine baldige verfassungsrechtliche Überprüfung erfolgt und Insolvenzrichter wegen des Ausschlusses der Beschwerdemöglichkeit nicht vorläufige Sicherungsmaßnahmen nur nach persönlicher Anhörung des Schuldners anordnen, so daß der angestrebte zügige Ablauf des Insolvenzverfahrens ins Gegenteil verkehrt wird. 53

Zweiter Abschnitt
Insolvenzmasse.
Einteilung der Gläubiger

§ 35
Begriff der Insolvenzmasse → § 1 KO

Das Insolvenzverfahren erfaßt das gesamte Vermögen, das dem Schuldner zur Zeit der Eröffnung des Verfahrens gehört und das er während des Verfahrens erlangt (Insolvenzmasse).

Inhaltsübersicht: Rz.

A. Allgemeines	1–2
B. Schuldnerfremdes Vermögen	3
C. Vermögenserwerb während des Verfahrens	4–8
I. Arbeitseinkommen	4–5
II. Einkommen aus selbständiger Beschäftigung	6
III. Sonstiger Vermögenserwerb	7
IV. Erwerb durch nicht natürlichen Personen	8

A. Allgemeines

Das Vermögen des Schuldners, das ihm zum Zeitpunkt der Verfahrenseröffnung gehört 1
und das er während des Verfahrens erlangt, gehört zur Insolvenzmasse und steht den Gläubigern zur Befriedigung zur Verfügung. Maßgeblich ist der im Eröffnungsbeschluß angegebene Zeitpunkt (s. § 27 Abs. 2 Nr. 2, Abs. 3). Vermögen, über das der Schuldner vor diesem Zeitpunkt wirksam verfügt hat, gehört nicht mehr zur Insolvenzmasse. Erwirbt der Schuldner danach Vermögen (s. dazu Rz. 4 ff.), gehört dieses zur Masse und unterliegt der Verwaltungs- und Verfügungsbefugnis des Verwalters (§ 80).

Was im einzelnen der Insolvenzmasse zuzurechnen ist, ergibt sich im Zusammenhang 2
mit § 36 Abs. 1. Dort wird für die dem Schuldner gehörenden Sachen bestimmt, daß die Gegenstände, die nicht der (Einzel)Zwangsvollstreckung unterliegen, nicht zur Insol-

venzmasse gehören. Im Umkehrschluß heißt dies – auch für das sonstige Vermögen (Forderungen und andere Rechte) des Schuldners –: alle Vermögenswerte, auf die ein Gläubiger durch Einzelzwangsvollstreckungsmaßnahmen zugreifen kann, stehen im Fall der Insolvenz zur gemeinschaftlichen Befriedigung aller Gläubiger zur Verfügung und gehören zur Insolvenzmasse.

B. Schuldnerfremdes Vermögen

3   Grundsätzlich ist der Gläubigerzugriff auch im Insolvenzverfahren auf das beschränkt, was dem Schuldner gehört. Eine Ausnahme ist § 37: Das Gesamtgut von Eheleuten, die im Güterstand der Gütergemeinschaft leben, gehört vollständig zur Insolvenzmasse, wenn über das Vermögen des allein verwaltenden Ehegatten das Insolvenzverfahren eröffnet wird. In diesem Fall gehört somit auch solches Vermögen zur Insolvenzmasse, das dem Schuldner nicht allein gehört (s. dazu auch die Kommentierung zu § 37).

C. Vermögenserwerb während des Verfahrens

I. Arbeitseinkommen

4   Erwirbt der Schuldner während des Verfahrens Vermögen, gehört dieses zur Insolvenzmasse. Bedeutung erlangt die Hinzuziehung des Neuerwerbs zur Masse bei **natürlichen Personen**, die Einkünfte aus ihrer beruflichen Tätigkeit beziehen. Ihre Einkünfte gehören bis zur Beendigung des Insolvenzverfahrens zur Masse.

5   Einkünfte aus nicht selbständiger Tätigkeit (Arbeitseinkommen, Lohn, Gehalt) gehören insoweit zur Insolvenzmasse, als diese Ansprüche pfändbar gemäß den §§ 850 ff. ZPO sind. Die nach § 850 c ZPO (Lohnpfändungstabelle) unpfändbaren Teile des Arbeitseinkommen bleiben auch im Insolvenzverfahren beschlagnahmefrei. Die nur bedingt pfändbaren Bezüge (§ 850 b ZPO) gehören nicht zur Insolvenzmasse, da ihre Pfändung eine Entscheidung des Vollstreckungsgerichts (§ 850 b Abs. 3 ZPO) voraussetzt und sie ohne eine solche Entscheidung in voller Höhe unpfändbar sind (*Stöber* Rz. 1025, 1029). Gleiches gilt für die Ansprüche, die nur für bestimmte Gläubiger pfändbar sind. So hat der erweiterte Pfändungszugriff eines Unterhaltsgläubigers (§ 850 d ZPO) für das Insolvenzverfahren keine Bedeutung, selbst dann nicht, wenn der Unterhaltsgläubiger auch zu den Insolvenzgläubigern gehört.

II. Einkommen aus selbständiger Beschäftigung

6   Läßt sich der Umfang dessen, was bei abhängig Beschäftigten zur Insolvenzmasse gehört, durch die Anwendung der Pfändungsvorschriften für das Arbeitseinkommen (insbesondere also durch die Pfändungstabelle des § 850 c ZPO) bestimmen, sagt die Insolvenzordnung nichts darüber, wie bei Gewerbetreibenden und bei den übrigen selbständig Beschäftigten (Freiberufler) zu verfahren ist. Das während des Insolvenzverfahrens vom Schuldner erwirtschaftete Einkommen gehört zur Insolvenzmasse, wird aber nicht in vollem Umfang den Gläubigern zur Verfügung stehen können, da dem Schuldner den für seinen **notwendigen** Lebensunterhalt und für die Aufrechterhaltung seines Gewerbe- oder Geschäftsbetriebes erforderliche Teil des Einkommens belassen

werden muß. Es bleibt abzuwarten, welches Verfahren sich zur Lösung des Interessenkonfliktes zwischen dem Schuldner einerseits und dem Insolvenzverwalter/den Gläubigern anderseits entwickeln wird.

III. Sonstiger Vermögenserwerb

Eine Erbschaft, die der Schuldner während des Insolvenzverfahrens erwirb, gehört im Fall der Annahme der Erbschaft zur Insolvenzmasse. Der Schuldner ist aber nicht verpflichtet, eine ihm zugefallene Erbschaft anzunehmen. Seine Befugnis, selbst über die Annahme oder Ausschlagung einer Erbschaft zu entscheiden, wird durch die Eröffnung des Insolvenzverfahrens nicht berührt (§ 83 Abs. 1 Satz 1). Schlägt er die Erbschaft aus, fällt sie an die gemäß den erbrechtlichen Vorschriften dann berufenen Personen. Die Verpflichtung, eine ihm zugefallene Erbschaft den Gläubigern zur Verfügung zu stellen, hat der Schuldner nur im Restschuldbefreiungsverfahren (§ 295 Abs. 1 Nr. 2). 7

IV. Erwerb durch nicht natürliche Personen

Nicht natürliche Personen (juristische Personen, nicht rechtsfähige Vereine und Gesellschaften ohne eigene Rechtspersönlichkeit, siehe § 11) können nach Verfahrenseröffnung nur durch den Insolvenzverwalter neues Vermögen erwerben. Dieser Erwerb ist kein Neuerwerb im Sinne dieser Vorschrift, er gehört kraft Surrogation (siehe dazu BT-Drucks. 12/2443, S. 122) zur Masse. 8

§ 36
Unpfändbare Gegenstände → § 1 KO

(1) Gegenstände, die nicht der Zwangsvollstreckung unterliegen, gehören nicht zur Insolvenzmasse.
(2) Zur Insolvenzmasse gehören jedoch
1. die Geschäftsbücher des Schuldners; gesetzliche Pflichten zur Aufbewahrung von Unterlagen bleiben unberührt;
2. die Sachen, die nach § 811 Nr. 4 und 9 der Zivilprozeßordnung nicht der Zwangsvollstreckung unterliegen.
(3) Sachen, die zum gewöhnlichen Hausrat gehören und im Haushalt des Schuldners gebraucht werden, gehören nicht zur Insolvenzmasse, wenn ohne weiteres ersichtlich ist, daß durch ihre Verwertung nur ein Erlös erzielt werden würde, der zu dem Wert außer allem Verhältnis steht.

Inhaltsübersicht: Rz.

A. Die unpfändbaren Gegenstände 1– 2
B. Die Geschäftsbücher des Schuldners 3– 6
C. Unpfändbare Sachen nach § 811 Nr. 4 und 9 ZPO 7– 8
D. Hausrat 9–10

§ 36 Eröffnung des Insolvenzverfahrens

A. Die unpfändbaren Gegenstände

1 Zur Insolvenzmasse gehören nur die Gegenstände, in die bei einer Einzelzwangsvollstreckung nach den §§ 808 – 827 (bewegliches Vermögen) und 864 – 871 ZPO (unbewegliches Vermögen) vollstreckt werden kann.
2 Gegenstände, die nach der ZPO nicht gepfändet werden können, gehören nicht zu Insolvenzmasse. Dies sind z. B. gemäß § 811 Nr. 1 ZPO die zum persönlichen Gebrauch dienenden Sachen des Schuldners (Kleidungsstücke, Wäsche usw.), soweit sie zur bescheidenen Lebens- und Haushaltsführung notwendig sind; Tiere im häuslichen Bereich, soweit sie nicht zu Erwerbszwecken (Zuchtbetrieb) gehalten werden (§ 811 c ZPO); die Gegenstände, denen der Schuldner zur Fortsetzung seiner Erwerbstätigkeit bedarf (§ 811 Nr. 5 ZPO).

B. Die Geschäftsbücher des Schuldners

3 Die Geschäftsbücher des Schuldners können zwar nicht gepfändet werden, § 811 Nr. 11 ZPO, sie gehören jedoch zur Insolvenzmasse. Bei der Einzelzwangsvollstreckung soll dem Schuldner nicht die Möglichkeit genommen werden, seinen Betrieb fortzusetzen; dazu ist er auf seine Geschäftsbücher angewiesen. In der Insolvenz soll das gesamte Vermögen des Schuldners verwertet werden, es ist deshalb hier nicht erforderlich, dem Schuldner die Geschäftsbücher zu belassen.
4 Der Konkursverwalter ist zur ordnungsgemäßen Verwaltung und Verwertung der Masse auf die Geschäftsbücher angewiesen; ohne sie ist eine Abwicklung der Insolvenz nicht möglich. Die Feststellung, welche Vermögenswerte zur Masse gehören oder zur Masse gezogen werden können, die Prüfung angemeldeter Forderungen und das Abwehren unberechtigter Ansprüche gegen die Masse setzt voraus, daß dem Insolvenzverwalter die Geschäftsbücher **uneingeschränkt** zur Verfügung stehen.
5 Die gesetzlichen Pflichten zur Aufbewahrung der Unterbleiben unberührt. Der Insolvenzverwalter hat daher die ihm überlassenen Geschäftsbücher unter Beachtung der gesetzlichen Aufbewahrungsfristen (§ 147 AO, § 257 HGB) für die Dauer von 6 oder 10 Jahren aufzubewahren.
6 Zu den Geschäftsbüchern im Sinne der Vorschrift gehören (s. dazu auch § 147 AO und § 257 HGB): Bilanzen, Inventare, Jahresabschlüsse, die empfangenen und abgesandten Handels- und Geschäftsbriefe, die Buchungsbelege und die Buchführung.

C. Unpfändbare Sachen nach § 811 Nr. 4 und 9 ZPO

7 Der Einzelzwangsvollstreckung entzogen sind bei Personen, die Landwirtschaft betreiben, die Gegenstände (Gerät und Vieh) und Betriebsmittel (Dünger und landwirtschaftliche Erzeugnisse), die der Schuldner, seine Familie und seine Arbeitnehmer zum Unterhalt benötigen oder die zur Fortführung des Betriebes erforderlich sind (§ 811 Nr. 4 ZPO). Die Insolvenz eines landwirtschaftlichen Betriebes hat – abgesehen von der Möglichkeit einer Sanierung – seine Liquidation zum Ziel. Der Zweck des § 811 Nr. 4 ZPO, nämlich den Fortbestand des landwirtschaftlichen Betriebes sicherzustellen, entfällt in der Insolvenz, so daß hier folgerichtig die Betriebsmittel zur Insolvenzmasse gezogen werden.

Gleiches gilt für die Gegenstände, die zum Betrieb einer Apotheke erforderlich sind. Der **8**
Vollstreckungsschutz des § 811 Nr. 9 ZPO hat nur Sinn, wenn die Apotheke weiterbetrieben würde.

D. Hausrat

Hausrat und im Haushalt des Schuldners gebrauchte Sachen haben in der Regel wegen **9**
ihres Gebrauchs keinen großen Wert mehr. Durch ihre Verwertung wird häufig nur ein
Erlös zu erzielen sein, der in keinem angemessenen Verhältnis zu ihrem Wert steht, da der
Markt für gebrauchte Gegenstände häufig nur Preise erzielen läßt, der unter dem wahren
Wert liegt. Derartige Gegenstände gehören deshalb nur ausnahmsweise zur Insolvenzmasse, nämlich dann, wenn es sich um **wertvollere Stücke** (kostbare Teppiche, Möbel,
Bilder, neuwertige und aufwendige Unterhaltungselektronik) handelt, für die auch unter
Berücksichtigung der Tatsache, daß es sich um gebrauchte Sachen handelt, noch angemessene Preise erzielt werden können.

Sinn der Vorschrift ist es – entsprechend § 812 ZPO für die Einzelzwangsvollstrek- **10**
kung –, den Hausrat des Schuldners und die in seinem Haushalt gebrauchten Sachen
nicht zu verschleudern. Die Verwertung des Hausrates ist nur dann zulässig, wenn dem
Verlust des Schuldners eine angemessene Mehrung der Masse gegenübersteht.

§ 37
Gesamtgut bei Gütergemeinschaft → § 2 KO

(1) ¹Wird bei dem Güterstand der Gütergemeinschaft das Gesamtgut von einem
Ehegatten allein verwaltet und über das Vermögen dieses Ehegatten das Insolvenzverfahren eröffnet, so gehört das Gesamtgut zur Insolvenzmasse. ²Eine Auseinandersetzung des Gesamtguts findet nicht statt. ³Durch das Insolvenzverfahren über
das Vermögen des anderen Ehegatten wird das Gesamtgut nicht berührt.
(2) Verwalten die Ehegatten das Gesamtgut gemeinschaftlich, so wird das Gesamtgut durch das Insolvenzverfahren über das Vermögen eines Ehegatten nicht
berührt.
(3) Absatz 1 ist bei der fortgesetzten Gütergemeinschaft mit der Maßgabe anzuwenden, daß an die Stelle des Ehegatten, der das Gesamtgut allein verwaltet, der
überlebende Ehegatte, an die Stelle des anderen Ehegatten die Abkömmlinge
treten.

Inhaltsübersicht: Rz.

A. Allgemeines 1– 3
B. Die Gütergemeinschaft 4– 8
    I.   Einleitung 4
    II. Das Gesamtgut 5– 6
    III. Das Sondergut 7
    IV. Das Vorbehaltsgut 8
C. Die Haftung des Gesamtgutes und die (Einzel-)Zwangsvollstreckung 9–10
D. Das Gesamtgut im Insolvenzverfahren 11–15

§ 37   *Eröffnung des Insolvenzverfahrens*

    I. Verwaltung durch den (Insolvenz-)Schuldner 11–13
    II. Gemeinschaftliche Verwaltung 14–15
E. Die fortgesetzte Gütergemeinschaft 16–17

A. Allgemeines

1 Nach § 35 erfaßt das Insolvenzverfahren das gesamte Vermögen, das dem Schuldner zur Zeit der Eröffnung des Verfahrens gehört. Der Zugriff der Insolvenzgläubiger ist auf schuldnereigenes Vermögen beschränkt.

2 Durch § 37 wird auch schuldnerfremdes Eigentum in die Haftung einbezogen. Außer dem Vermögen, das dem Schuldner gehört, wird auch das Vermögen zur Insolvenzmasse gezogen, das dem Schuldner gemeinschaftlich mit seinem Ehegatten gehört, das Gesamtgut (§ 1416 BGB).

3 Eine Einbeziehung des Gesamtgutes in die Insolvenzmasse tritt dann ein, wenn für die Verwaltung vereinbart worden ist, daß einer der Ehegatten das Gesamtgut allein verwalten soll (§ 1421 BGB) und wenn über das Vermögen dieses Ehegatten das Insolvenzverfahren eröffnet wird.

B. Die Gütergemeinschaft

I. Einleitung

4 Bei der Gütergemeinschaft sind verschiedene Vermögensmassen zu unterscheiden: das beiden Ehegatten gemeinschaftlich gehörende Gesamtgut (§ 1416 BGB), das Sondergut (§ 1417 BGB) und das Vorbehaltsgut (§ 1418 BGB).

II. Das Gesamtgut

5 Das Gesamtgut ist das gemeinsame Vermögen beider Ehegatten, das diese eingebracht haben oder das hinzuerworben worden ist. Die Ehegatten bilden eine Gemeinschaft zur gesamten Hand (§ 1419); über seinen Anteil am Gesamtgut und über einzelne zum Gesamtgut gehörende Gegenstände kann keiner der Ehegatten verfügen.

6 Im Ehevertrag kann bestimmt werden, daß das Gesamtgut von einem der Ehegatten allein verwaltet wird (§ 1421 Satz 1 BGB). Treffen die Ehegatten im Ehevertrag keine andere Vereinbarung, wird das Gesamtgut von beiden Ehegatten gemeinschaftlich verwaltet (§ 1421 Satz 2 BGB).

III. Das Sondergut

7 Zum Sondergut (§ 1417 BGB) gehören die Gegenstände, die nicht durch Rechtsgeschäft übertragen werden können (so z. B. die unpfändbaren Lohn- und Gehaltsansprüche). Das Sondergut gehört nicht zum Gesamtgut, es bleibt alleiniges Eigentum des Ehegatten und wird allein von ihm verwaltet. Durch die Eröffnung des Insolvenzverfahrens über das Vermögen des Ehegatten wird das Sondergut nicht berührt.

IV. Das Vorbehaltsgut

Zum Vorbehaltsgut (§ 1418 BGB) gehören die Gegenstände, die durch den Ehevertrag **8** zum Vorbehaltsgut eines Ehegatten erklärt worden sind (so z. B. ein Erwerbsgeschäft), die einer der Ehegatten von Todes wegen erwirbt, falls der Erblasser bestimmt hat, daß der Erwerb Vorbehaltsgut sein soll und Gegenstände, die als Ersatz von Gegenständen des Vorbehaltsgutes angeschafft worden sind. Das Vorbehaltsgut gehört ebenso wie das Sondergut nicht zum Gesamtgut, es bleibt ebenfalls alleiniges Eigentum des Ehegatten und wird von ihm allein verwaltet. Ebenso wie beim Sondergut wird durch die Eröffnung des Insolvenzverfahrens über das Vermögen des Ehegatten das Vorbehaltsgut nicht berührt.

C. Die Haftung des Gesamtgutes und die (Einzel-)Zwangsvollstreckung

Das Gesamtgut haftet für die Forderungen der persönlichen Gläubiger des Ehegatten, der **9** das Gesamtgut allein verwaltet (§ 1437 BGB, wegen der Haftung bei der hier nicht interessierenden gemeinschaftlichen Verwaltung siehe §§ 1460–1462 BGB). Darüber hinaus haftet das Gesamtgut nur dann, wenn das Rechtsgeschäft vom verwaltenden Ehegatten oder mit seiner Zustimmung abgeschlossen worden ist (§ 1438 BGB). Betreibt jedoch der nicht verwaltende Ehegatte ein durch Ehevertrag zum Vorbehaltsgut erklärtes Erwerbsgeschäft, so haftet das Gesamtgut auch für die aus dem Erbwerbsgeschäft stammenden Verbindlichkeiten (§ 1440 Satz 2 BGB).

Zur Zwangsvollstreckung in das Gesamtgut ist in den Fällen der Einzelverwaltung ein **10** Vollstreckungstitel gegen den verwaltenden Ehegatten erforderlich und genügend (§ 740 Abs. 2 ZPO). Ein Vollstreckungstitel gegen den nicht verwaltenden Ehegatten reicht dann aus, wenn dieser Ehegatte ein Erwerbsgeschäft betreibt (§ 741 ZPO).

D. Das Gesamtgut im Insolvenzverfahren

I. Verwaltung durch den (Insolvenz-)Schuldner

Durch die Eröffnung des Insolvenzverfahrens über das Vermögen des verwaltenden **11** Ehegatten wird das Gesamtgut der Insolvenzmasse hinzugerechnet und haftet den Gläubigern auch insoweit, als eine ursprüngliche Haftung des anderen (nicht verwaltenden) Ehegatten nicht gegeben ist. Das Gesetz knüpft an die Verwaltung des Gesamtgutes durch einen Ehegatten die Haftung des Gesamtgutes für dessen Verbindlichkeiten.

Neben dem Gesamtgut haftet das dem verwaltende Ehegatten (Schuldner) kraft Gesetzes **12** oder Ehevertrag gehörende Sonder- und Vorbehaltsgut. Das Sonder- und Vorbehaltsgut des anderen (nicht verwaltenden) Ehegatten bleibt jedoch durch die Eröffnung des Insolvenzverfahrens unberührt (Absatz 1 Satz 3).

Durch Einbeziehung des Gesamtgutes in die Insolvenzmasse und dessen Verwertung **13** verliert der nicht verwaltenden Ehegatte seine Rechte am Gesamtgut. Er kann diesem Rechtsverlust auch nicht dadurch entgehen, daß die Eheleute den Güterstand beenden und die Auseinandersetzung (§§ 1471 ff. BGB) betreiben. Ab der Eröffnung des Insolvenzverfahrens ist die Auseinandersetzung nicht mehr zulässig (Absatz 1 Satz 2). Die insolvenzrechtliche Einbeziehung des Gesamtgutes und seine Verwertung zugunsten der Gläubiger des verwaltenden Ehegatten hat Vorrang vor dem Anspruch des (nichtverwal-

§ 38 Eröffnung des Insolvenzverfahrens

tenden) Ehegatten, nach Beendigung der Gütergemeinschaft die Auseinandersetzung zu verlangen.

II. Gemeinschaftliche Verwaltung

14 Verwalten die Ehegatten das Gesamtgut gemeinschaftlich und wird über das Vermögen eines Ehegatten das Insolvenzverfahren eröffnet (Absatz 2), wird das Gesamtgut durch die Insolvenz nicht berührt; es steht den Gläubigern nicht zur Befriedigung zur Verfügung.

15 Wenn das Gesamtgut für die Verbindlichkeit haftet, kann der Gläubiger stattdessen das Insolvenzverfahren über das gemeinschaftlich verwaltete Gesamtgut betreiben. Über das Gesamtgut, daß von beiden Ehegatten gemeinschaftlich verwaltet wird, findet in diesem Fall ein besonderes Insolvenzverfahren statt (§§ 333, 334).

E. Die fortgesetzte Gütergemeinschaft

16 Durch Ehevertrag können die Ehegatten bestimmen, daß nach dem Tod eines Partners die Gütergemeinschaft zwischen dem Überlebenden und den gemeinschaftlichen Abkömmlingen fortgesetzt wird (§ 1483 BGB). Die Verwaltung des Gesamtgutes erfolgt kraft Gesetzes (§ 1487 BGB) stets durch den Überlebenden.

17 Für die insolvenzrechtliche Behandlung des Gesamtgutes gilt das oben Gesagte. An die Stelle des alleinverwaltenden Ehegatten tritt – falls er nicht ohnehin der Alleinverwaltende ist – der überlebende Ehegatte. An die Stelle des anderen (nicht verwaltenden Ehegatten) treten die Abkömmlinge (Absatz 3).

§ 38
Begriff der Insolvenzgläubiger → § 3 KO

Die Insolvenzmasse dient zur Befriedigung der persönlichen Gläubiger, die einen zur Zeit der Eröffnung des Insolvenzverfahrens begründeten Vermögensanspruch gegen den Schuldner haben (Insolvenzgläubiger).

Inhaltsübersicht: Rz.

A. Der Begriff »Insolvenzgläubiger«	1–12
I. Vermögensanspruch	1
II. Persönliche Gläubiger	2–4
III. Vor Eröffnung des Insolvenzverfahrens begründet	5–12
B. Stellung der Insolvenzgläubiger im Verfahren (Überblick)	13–15

A. Der Begriff »Insolvenzgläubiger«

I. Vermögensanspruch

Insolvenzgläubiger ist nur der Gläubiger, der einen Anspruch hat, der sich gegen das **1**
Vermögen des Schuldners richtet. Ein Gläubiger, des Anspruch darin besteht, daß ihm
der Schuldner persönliche Dienste leistet, ist wegen dieses Anspruches auf Dienstleistung kein Insolvenzgläubiger. So ist z. B. der Auftraggeber eines Architekten oder
Ingenieurs kein Insolvenzgläubiger, soweit es sich um die vom Schuldner zu erbringenden Dienstleistungen geht. Schadenersatzansprüche wegen der nicht, nicht vollständig
oder mangelhaft erbrachten Dienstleistungen richten sich dagegen gegen das schuldnerische Vermögen, sind daher Insolvenzforderungen.

II. Persönliche Gläubiger

Gläubiger, denen der Schuldner nicht persönlich haftet, sondern die lediglich ein ding- **2**
liches Recht an Vermögensgegenständen des Schuldners haben (z. B. Pfandrechte an
beweglichem oder unbeweglichen Vermögen) – die absonderungsberechtigten Gläubiger – sind ebenfalls keine Insolvenzgläubiger. Ihre Befriedigung im Insolvenzfall erfolgt
außerhalb des Insolvenzverfahrens, nämlich bei unbeweglichen Gegenstände nach den
Vorschriften des Gesetzes über die Zwangsversteigerung und Zwangsverwaltung (§ 49)
und bei beweglichen Gegenstände in der Weise, daß die Gegenstände durch freihändige
Verwertung durch den Insolvenzverwalter (§§ 166–172) oder durch die unmittelbare
Verwertung durch den Gläubiger selbst (§ 173) liquidiert werden.
Absonderungsberechtigte Gläubiger, denen der Schuldner **auch persönlich** haftet **3**
(Schuldner ist Darlehnsnehmer und hat zur Sicherung ein Grundpfandrecht bestellt),
sind jedoch wegen ihrer persönlichen Forderung Insolvenzgläubiger. Für sie gilt jedoch,
daß bei der Verteilung ihre Befriedigung aus dem Sicherungsrecht zu berücksichtigen ist
(§ 190).
Gleichfalls keine Insolvenzgläubiger sind die Gläubiger, denen ein Recht zusteht, **4**
Gegenstände aus der Masse auszusondern, weil aufgrund eines ihnen zustehenden
Rechtes persönlicher oder dinglicher Art die Gegenstände nicht zur Masse gehören. Ihre
Rechte auf Aussonderung sind **außerhalb** des Insolvenzverfahrens geltend zu machen.

III. Vor Eröffnung des Insolvenzverfahrens begründet

Der Vermögensanspruch muß vor Eröffnung des Insolvenzverfahrens begründet sein. **5**
Damit scheiden alle Forderungen aus, die durch den Schuldner oder den Insolvenzverwalter nach diesem Zeitpunkt begründet worden sind.
Die vom Verwalter in Ausübung seines Amtes zur Verwaltung, Verwertung und Vertei- **6**
lung der Masse begründeten Verbindlichkeiten sind keine Insolvenzforderungen,
sondern Masseverbindlichkeiten, die vorab aus der Masse zu befriedigen sind (§ 53) und
für die die Vorschriften über die Insolvenzforderungen (Anmeldung, Prüfung, quotenmäßige Befriedigung) nicht gelten.
Verbindlichkeiten, die der Schuldner selbst nach Eröffnung des Insolvenzverfahrens **7**
begründet, sind ebenfalls keine Insolvenzforderungen. Das Vermögen, das dem Schuld-

§ 38 *Eröffnung des Insolvenzverfahrens*

ner zur Zeit der Verfahrenseröffnung gehört oder das er während des Verfahrens erlangt (die Insolvenzmasse, siehe § 35), dient nur zur Befriedigung der Gläubiger, deren Ansprüche vor diesem Zeitpunkt begründet worden sind.

8   Es kommt bei Prüfung der Frage, ob ein Anspruch vor Eröffnung begründet worden ist, nicht darauf an, ob die Forderung bereits fällig ist oder erst später (während des Insolvenzverfahrens oder nach dessen Abschluß) fällig wird (wegen der noch nicht fälligen Forderungen siehe § 41).

9   Wesentlich dafür, daß ein Gläubiger als Insolvenzgläubiger am Verfahren teilnimmt, ist, daß der Vermögensanspruch vor Verfahrenseröffnung begründet ist. Dabei kommt es nicht darauf an, aus welchem Rechtsverhältnis der Anspruch stammt. Ob es sich bei der Forderung um eine zivilrechtliche, arbeitsrechtliche, sozial- oder verwaltungsrechtliche Forderung handelt oder ob eine Steuerforderungen geltend gemacht wird, ist ohne Bedeutung.

10 Für Steuerforderung hat der *BFH* in seinem Urteil vom 21. 09. 1993 (NJW 1995, 80) definiert, wann eine Steuerforderung als Konkursforderung im Sinne von § 3 KO ist: »Eine Steuerforderung ist immer dann Konkursforderung, wenn der zugrunde liegende zivilrechtliche Sachverhalt, der zur Entstehung der Steueransprüche führte, vor Konkurseröffnung verwirklicht worden ist.«

11 Ausgehend von dieser zutreffenden Definition läßt sich für die Insolvenzordnung der Begriff »Insolvenzgläubiger« wie folgt umschreiben:
»Insolvenzgläubiger ist der Gläubiger, dessen Vermögensanspruch gegen den Schuldner vor Eröffnung des Insolvenzverfahrens begründet worden ist.
Der Vermögensanspruch ist dann vor Eröffnung des Insolvenzverfahrens begründet, wenn dem Anspruch ein Sachverhalt zugrunde liegt, der vor Verfahrenseröffnung verwirklicht worden ist.«

12 Für den Insolvenzverwalter, der prüfen muß, ob ein anmeldender Gläubiger zu den Insolvenzgläubigern gehört, ist es daher wichtig zu prüfen, wann der Sachverhalt vorgelegen hat, aus dem die Forderung hergeleitet wird. Sind die anspruchsbegründenden Umstände vor Verfahrenseröffnung eingetreten, liegt eine Insolvenzforderung vor und der Gläubiger nimmt am Verfahren als Insolvenzgläubiger teil.

B. Stellung der Insolvenzgläubiger im Verfahren (Überblick)

13 Die Insolvenzgläubiger haben entscheidenden Einfluß auf den Gang des Verfahrens. Dies ist deshalb gerechtfertigt, weil sie es sind, die mit ihren Mitteln (in der Regel mit Krediten) den Geschäftsbetrieb des Schuldners erst ermöglichen.

14 In den Gläubigerversammlungen haben sie Stimmrecht (§ 77) und können mit der Mehrheit der abgegebenen Stimmen (berechnet nach der Höhe der Forderungen, § 76 Abs. 2) Verfahrensentscheidungen treffen, so z. B. einen anderen als den vom Gericht eingesetzten Verwalter wählen (§ 57), einen Gläubigerausschuß wählen und dessen Zusammensetzung bestimmen (§ 68) oder den Verwalter beauftragen, einen Insolvenzplan vorzulegen (§ 218 Abs. 2).

15 Die nachrangigen Insolvenzgläubiger (§ 39) sind in ihren Mitwirkungsrechten beschränkt, siehe dazu § 39 Rz. 4.

§ 39
Nachrangige Insolvenzgläubiger → § 63 KO

(1) Im Rang nach den übrigen Forderungen der Insolvenzgläubiger werden in folgender Rangfolge, bei gleichem Rang nach dem Verhältnis ihrer Beträge, berichtigt:
1. die seit der Eröffnung des Insolvenzverfahrens laufenden Zinsen der Forderungen der Insolvenzgläubiger;
2. die Kosten, die den einzelnen Insolvenzgläubigern durch ihre Teilnahme am Verfahren erwachsen;
3. Geldstrafen, Geldbußen, Ordnungsgelder und Zwangsgelder sowie solche Nebenfolgen einer Straftat oder Ordnungswidrigkeit, die zu einer Geldzahlung verpflichten;
4. Forderungen auf eine unentgeltliche Leistung des Schuldners;
5. Forderungen auf Rückgewähr des kapitalersetzenden Darlehens oder gleichgestellte Forderungen.

(2) Forderungen, für die zwischen Gläubiger und Schuldner der Nachrang im Insolvenzverfahren vereinbart worden ist, werden im Zweifel nach den in Absatz 1 bezeichneten Forderungen berichtigt.
(3) Die Zinsen der Forderungen nachrangiger Insolvenzgläubiger und die Kosten, die diesen Gläubigern durch ihre Teilnahme am Verfahren entstehen, haben den gleichen Rang wie die Forderungen dieser Gläubiger.

Inhaltsübersicht: Rz.

A. Allgemeines	1
B. Stellung der nachrangigen Insolvenzgläubiger im Verfahren	2– 7
I. Allgemeines	2– 3
II. Stimmrecht	4
III. Verteilungen	5
IV. Insolvenzplan	6– 7
C. Die nachrangigen Insolvenzgläubiger	8–13
D. Rangfolge	14–15
E. Vereinbarter Nachrang (Abs. 2)	16–17
F. Zinsen und Kosten (Abs. 3)	18

A. Allgemeines

Zahlungen an die Gläubiger der hier genannten Forderungen werden nur in Ausnahmefällen erfolgen. Die nachrangigen Insolvenzgläubiger können erst dann Befriedigung erlangen, wenn **alle übrigen** – die nicht nachrangigen – Insolvenzgläubiger **in voller Höhe** befriedigt worden sind. Zweck der Vorschrift ist es, daß der Überschuß, der nach der Befriedigung der nicht nachrangigen Insolvenzgläubiger verbleibt, nicht an den Schuldner ausgezahlt wird, sondern daß er zu Begleichung der hier aufgeführten nachrangigen Gläubiger verwendet wird (BT-Drucks. 12/2443, S. 123). 1

B. Stellung der nachrangigen Insolvenzgläubiger im Verfahren

I. Allgemeines

2 Die hier genannten nachrangigen Gläubiger werden – soweit das Gesetz keine abweichenden Regelungen vorsieht (s. dazu Rz. 2–7) – verfahrensrechtlich wie die übrigen nicht nachrangigen Insolvenzgläubiger behandelt. Sie unterliegen deshalb auch den Beschränkungen, denen die nicht nachrangigen Insolvenzgläubiger unterworfen sind.

3 Auch sie können ihre Forderungen nur nach den Vorschriften der Insolvenzordnung geltend machen (§ 87), von ihnen durch Zwangsvollstreckungsmaßnahmen erwirkte Sicherungen an der Insolvenzmasse werden unter den Voraussetzungen des § 88 unwirksam und die Zwangsvollstreckung für ihre Forderungen sind während der Dauer des Insolvenzverfahrens unzulässig (§ 89). Zur Anmeldung nachrangiger Forderungen s. § 174 Abs. 3.

II. Stimmrecht

4 In der Gläubigersammlung hat der Gläubiger Stimmrecht, dessen Forderung angemeldet und weder vom Insolvenzverwalter noch von einem stimmberechtigten Gläubiger bestritten worden ist sowie der Gläubiger der bestrittenen Forderungen, dessen Stimmrecht durch das Gericht festgestellt worden ist (§ 77 Abs. 1, 2). Der geringeren Bedeutung der nachrangigen Insolvenzgläubiger entsprechend (an sie wird nur in Ausnahmefällen gezahlt) ist ihnen das **Stimmrecht versagt** (§ 77 Abs. 1 Satz 2).

III. Verteilungen

5 Verteilungen an die Insolvenzgläubiger können stattfinden, sooft dazu hinreichende Barmittel vorhanden sind (§ 187 Abs. 2 Satz 1). Da die nachrangigen Insolvenzgläubiger erst dann Zahlungen erhalten, wenn alle übrigen Insolvenzgläubiger voll befriedigt worden sind, sollen die nachrangigen Insolvenzgläubiger bei Abschlagsverteilungen nicht berücksichtigt werden (§ 187 Abs. 2 Satz 2). Abschlagszahlungen an die nachrangigen Insolvenzgläubiger sind für den Insolvenzverwalter riskant, da die Gefahr besteht, daß bei weiteren Abschlagszahlungen oder bei der Schlußverteilung nicht mehr ausreichende Masse zur Verteilung an die nicht nachrangigen Insolvenzgläubiger zur Verfügung steht.

IV. Insolvenzplan

6 Das Stimmrecht der Insolvenzgläubiger bei der Abstimmung über einen Insolvenzplan ist in § 237 geregelt. Nach dieser Vorschrift – die nur auf § 77 Abs. 1 Satz 1 und nicht auf Satz 2, der den Ausschluß des Stimmrechts der nachrangigen Insolvenzgläubiger vorschreibt, Bezug nimmt – wären auch die nachrangigen Insolvenzgläubiger stimmberechtigt. Die Annahme eines Insolvenzplanes durch die nachrangigen Insolvenzgläubiger ist jedoch in § 246 besonders geregelt. Die Zustimmungen der nachrangigen Insolvenzgläubiger der Gruppen § 39 Abs. Nr. 1 oder 2 und Nr. 4 und 5 geltend unter den in § 246 genannten Voraussetzungen als erteilt (die Gläubiger der Gruppe § 39 Abs. 1 Nr. 3 ist hier nicht erwähnt, da sie durch den Plan nicht betroffen sind, § 225 Abs. 3).

Liegen die Voraussetzungen nicht vor, unter denen die Zustimmungen der nachrangigen 7
Insolvenzgläubiger als erteilt gelten, sind sie stimmberechtigt (s. dazu § 246 Nr. 3).

C. Die nachrangigen Insolvenzgläubiger

Die bis zur Eröffnung des Insolvenzverfahrens entstandenen Zinsen werden als nicht 8
nachrangige Insolvenzforderungen berücksichtigt und – bei der Feststellung des Stimmrechts – der Hauptforderung hinzugerechnet. Die ab der Eröffnung laufenden Zinsen sind nachrangige Insolvenzforderungen (Nr. 1). Hat ein Gläubiger sowohl die Hauptforderung mit den bis zur Eröffnung entstandenen Zinsen angemeldet und zusätzlich die ab Eröffnung laufenden Zinsen als nachrangige Forderung, nimmt der Gläubiger sowohl als nicht nachrangiger als auch als nachrangiger Gläubiger am Verfahren teil. Dies kann Bedeutung erlangen, wenn auch die Zustimmung der nachrangigen Gläubiger zum Insolvenzplan erforderlich ist, weil die Voraussetzungen des § 246, unter denen die Zustimmung als erteilt gilt, nicht erfüllt sind.

Kosten, die den Insolvenzgläubigern durch ihre Teilnahme am Verfahren entstehen 9
(Nr. 2), sind insbesondere die Anwaltskosten für die Vertretung eines Gläubigers im Verfahren (§§ 73, 74 BRAGO) und für die Anmeldung von Forderungen (§ 75 BRAGO). Die Gerichtskosten, die für die Prüfung von nachträglich angemeldeten Forderungen in einem besonderen Prüfungstermin oder im schriftlichen Verfahren entstehen (§ 177, Nr. 1430 des Kostenverzeichnisses des § 11 Abs. 1 GKG) gehören nicht zu in Nr. 2 genannten Kosten. Diese (Säumnis-)Kosten trägt allein der Gläubiger.

Bei den Geldstrafen und -bußen, Ordnungs- und Zwangsgeldern und den sonstigen zur 10
Zahlung von Geld verpflichtenden Nebenfolgen einer Straftat oder Ordnungswidrigkeit (Nr. 3) ist zu beachten, daß ihre Mitwirkung in einem Verfahren über die Annahme eines Insolvenzplanes stets ausgeschlossen ist. Da derartige Forderungen durch einen Plan nicht berührt werden (§ 225 Abs. 3) haben die Gläubiger kein Stimmrecht (§ 237 Abs. 1 Satz 1 i. V. m. §§ 77 Abs. 1 Satz 1 und 246 Nr. 1 und 2). Zu den hier genannten Forderung zählen nur Geldzahlungen, die zu **Sanktionszwecken** verhängt oder angeordnet werden, so z. B. das Zwangsgeld nach § 328 AO, nicht aber die Säumniszuschläge nach § 240 AO. Letztere sind als nicht nachrangige Insolvenzforderungen zusammen und mit dem gleichen Rang der Steuerforderung geltend zu machen.

Bei den in Nr. 5 genannten Forderung handelt es sich im Grundsatz nur um die 11
Forderungen aus kapitalersetzenden Darlehen, die von den Gesellschaftern selbst der insolvent gewordenen Gesellschaft gewährt worden sind (BT-Drucks. 12/2443, S. 123). Diese Forderungen werden an letzter Rangstelle berücksichtigt.

Haben Dritte das Darlehen gewährt (mit Bürgschaft eines Gesellschafters), hat dieses 12
Kapitalersatzfunktion. Der Dritte nimmt in einem solchen Fall am Verfahren lediglich mit einer Ausfallforderung teil, hat insoweit jedoch alle Rechte eines nicht nachrangigen Insolvenzläubigers (§ 32a Abs. 2 GmbHG, BT-Drucks., a. a. O.).

Zu den Forderungen, die den Forderungen eines Gesellschafters auf Rückgewähr des 13
kapitalersetzenden Darlehens gleichgestellt sind (2. Alternative der Nr. 5), gehören die Forderungen aus Rechtshandlungen (z. B. Darlehensgewährung) eines Dritten, wenn dies wirtschaftlich den Rechtshandlungen durch einen Gesellschafter entspricht. Dies ist z. B. dann der Fall, wenn das Darlehen von einer Gesellschaft gewährt wird, die mit einem der Gesellschafter des Schuldners verbunden ist (§ 32a Abs. 3 GmbHG, BT-Drucks., a. a.O). In solch einem Fall nimmt die Forderung nur als nachrangige, letztrangige Insolvenzforderung am Verfahren teil.

D. Rangfolge

14 Die nachrangigen Insolvenzgläubiger werden in der in hier genannten Reihenfolge befriedigt. Kein Gläubiger einer Rangklasse erhält Zahlungen, bevor nicht alle die ihm vorgehenden Rangklassen **in voller Höhe** befriedigt worden sind.

15 Reicht die Masse nur noch aus, um mehrere nachrangige Insolvenzgläubiger der gleichen Rangklasse zu befriedigen, erhalten diese Gläubiger Zahlungen im Verhältnis ihrer festgestellten Forderungen.

E. Vereinbarter Nachrang (Abs. 2)

16 Vertraglich kann zwischen dem – späteren – Insolvenzschuldner und dem – späteren – Insolvenzgläubiger der Nachrang der Forderung und auch deren Rangstelle vereinbart werden (BT-Drucks. 2443, S. 123). Dies ist im Verhältnis zu den übrigen nachrangigen Gläubigern deshalb möglich, weil ohne eine solche Vereinbarung die Forderung zu den nicht nachrangigen Forderung gehört und so allen nachrangigen Forderung vorgehen würde.

17 Ist über den Rang der Forderung nichts gesagt oder ist der Vertrag in diesem Punkt unklar, stellt Absatz 2 klar, das in einem solchen Fall die Forderung Rang nach allen übrigen nachrangigen Forderung hat.

F. Zinsen und Kosten (Abs. 3)

18 Sind die Forderungen der nachrangigen Gläubiger verzinslich, haben diese Zinsforderung den gleichen Rang wie die Forderung selbst. Gleiches gilt für die Kosten, die den nachrangigen Insolvenzgläubigern durch ihre Teilname am Verfahren entstehen (s. dazu Rz. 9).

§ 40
Unterhaltsansprüche → § 3 KO

[1]Familienrechtliche Unterhaltsansprüche gegen den Schuldner können im Insolvenzverfahren für die Zeit nach der Eröffnung nur geltend gemacht werden, soweit der Schuldner als Erbe des Verpflichteten haftet. [2]§ 100 bleibt unberührt.

Inhaltsübersicht: Rz.

A. Die Unterhaltsansprüche im einzelnen 1– 2
B. Die Unterhaltsansprüche im Insolvenzverfahren 3– 9
    I.   Die bis zur Eröffnung fällig gewordenen Ansprüche 3– 5
    II. Die ab der Eröffnung bis zum Abschluß des Verfahrens fällig werdenden Ansprüche 6– 8
    III. Die nach Abschluß des Verfahrens fällig werdenden Ansprüche 9
C. Der Schuldner als Erbe des Verpflichteten 10–13
D. Unterhalt aus der Insolvenzmasse 14

Literatur:

Uhlenbruck Unterhaltsansprüche in einem Restschuldbefreiungsverfahren nach dem Entwurf einer Insolvenzordung, FamRZ 1993, 1026–1029.

A. Die Unterhaltsansprüche im einzelnen

Die Vorschrift bezieht sich nur auf die familienrechtlichen Unterhaltsansprüche. Ansprüche auf Zahlung von Unterhalt (Rente), die sich aus anderen Rechtsgründen ergeben (so z. B. der Anspruch auf Zahlung einer Geldrente wegen der Verletzung des Körpers oder der Gesundheit gemäß § 843 BGB) nehmen als Insolvenzforderungen wie die sonstigen Ansprüche am Verfahren teil. 1

Bei den in der Vorschrift genannten Unterhaltsansprüchen handelt es sich um den ehelichen Unterhalt (§ 1360 BGB), den Unterhalt bei getrennt lebenden Ehegatten (§ 1361 BGB), den Unterhalt, den Verwandte in gerader Linie schulden (§§ 1601 ff. BGB), den Unterhalt des geschiedenen Ehegatten (§§ 1569 ff. BGB) und den Unterhalt des nichtehelichen Kindes gegenüber seinem Vater (§§ 1615a ff. BGB) einschließlich des Anspruches der Kindesmutter auf Ersatz der durch die Entbindung und die Schwangerschaft entstandenen notwendigen Aufwendungen (§ 1615k BGB). 2

B. Die Unterhaltsansprüche im Insolvenzverfahren

I. Die bis zur Eröffnung fällig gewordenen Ansprüche

Die bis zur Eröffnung fällig gewordenen Ansprüche sind Insolvenzforderungen. Sie sind beim Insolvenzverwalter anzumelden, in die Tabelle einzutragen und zu prüfen. 3

An der Verteilung der Masse nehmen die Gläubiger rückständiger Unterhaltsansprüche in gleicher Weise wie die sonstigen Insolvenzgläubiger teil. 4

Von den rückständigen Unterhaltsansprüchen, die im Insolvenzverfahren nicht erfüllt werden, kann der Schuldner befreit werden, wenn er mit Erfolg das Restschuldbefreiungsverfahren (§§ 286 ff.) durchläuft. Unterhaltsansprüche gehören nicht zu den Forderungen, die von der Restschuldbefreiung ausgenommen worden sind (s. § 302). Wegen der Kritik dazu s. *Uhlenbruck* a. a. O. 5

II. Die ab der Eröffnung bis zum Abschluß des Verfahrens fällig werdenden Ansprüche

Die während der Dauer des Insolvenzverfahrens fällig werdenden Unterhaltsansprüche sind zwar nach der Definition des § 38 Insolvenzforderungen (sie sind vor Verfahrenseröffnung begründet), sie können aber im Insolvenzverfahren nicht geltend gemacht werden (zur Ausnahme s. Rz. 11–13). Der Unterhaltsgläubiger kann seine Rechte wegen dieser Ansprüche nur außerhalb des Verfahrens geltend machen. Er kann in das nicht zur Insolvenzmasse gehörende Vermögen vollstrecken, wobei jedoch in der Regel nur der Zugriff auf das Arbeitseinkommen bleibt. 6

Zwar gehört gemäß § 35 auch das Vermögen, das der Schuldner während des Verfahrens erwirbt, zur Insolvenzmasse, so also auch das Arbeitseinkommen. Der Unterhaltsgläu- 7

§ 40 Eröffnung des Insolvenzverfahrens

biger kann jedoch wegen des erweiterten Pfändungszugriffes nach § 850d ZPO auf mehr Arbeitseinkommen zugreifen als es den übrigen Gläubigern möglich ist. Den übrigen Insolvenzgläubigern steht nur der Teil des Arbeitseinkommens zu Verfügung, der gemäß § 850c (Lohnpfändungstabelle) für gewöhnliche Forderungen pfändbar ist. Der Differenzbetrag zwischen den pfändbaren Beträgen gemäß § 850c ZPO und § 850d ZPO bleibt während des Insolvenzverfahrens für den Unterhaltsgläubiger pfändbar.

8 Dem steht auch nicht das Vollstreckungsverbot des § 89 entgegen. Die Vollstreckung in künftige Forderungen auf Bezüge aus einem Dienstverhältnis des Schuldners oder an deren Stelle tretenden Bezüge ist für Unterhaltsgläubiger (und wegen einer Forderung aus einer vorsätzlich unerlaubten Handlung) ausdrücklich zugelassen (§ 89 Abs. 2 Satz 2).

III. Die nach Abschluß des Verfahrens fällig werdenden Ansprüche

9 Für die nach Abschluß des Verfahrens fällig werdenden Unterhaltsansprüche ergeben sich keine Besonderheiten. Der Unterhaltsgläubiger kann uneingeschränkt in das gesamte Vermögen des Schuldner vollstrecken, insbesondere unterliegen diese Ansprüche nicht der Restschuldbefreiung.

C. Der Schuldner als Erbe des Verpflichteten

10 Die ab der Verfahrenseröffnung fällig werdenden Unterhaltsansprüche können im Insolvenzverfahren nur dann geltend gemacht werden, wenn der Schuldner als Erbe des Verpflichteten haftet.
11 Eine Verpflichtung des Erben (des Insolvenzschuldners), für die Unterhaltsansprüche des Verpflichteten (Erblassers) aufzukommen, sieht das BGB in § 1586b vor. Danach geht beim Tode eines geschiedenen unterhaltsverpflichteten Ehegatten seine Unterhaltspflicht auf dessen Erben als Nachlaßverbindlichkeit über.
12 Im Insolvenzverfahren über das Vermögen des Erben kann der Unterhaltsgläubiger seine Ansprüche als Insolvenzforderung auch dann geltend machen, wenn diese erst nach Eröffnung des Verfahrens fällig werden.
13 Die Unterhaltsansprüche sind Insolvenzforderungen. Sie sind anzumelden und zu prüfen. Da sie erst im Lauf des Verfahren fällig werden, gilt für sie § 41. Sie sind also, bezogen auf den Zeitpunkt der Verfahrenseröffnung, abzuzinsen. Ist außerdem ihre Dauer unbestimmt, ist ihr Wert zu schätzen (§§ 46 Satz 2, 45).

D. Unterhalt aus der Insolvenzmasse

14 Der Hinweis in Satz 2 stellt klar, daß der von der Gläubigerversammlung dem Schuldner und seiner Familie gewährte Unterhalt nicht zu den in § 40 genannten Ansprüchen gehört. Ein von der Gläubigerversammlung gewährter Unterhalt ist vorab aus der Masse zu zahlen. Im Fall der Masseunzulänglichkeit wird ein solcher Anspruch als letztrangige Masseverbindlichkeit befriedigt (§ 209 Abs. 1 Nr. 3).

§ 41
Nicht fällige Forderungen → § 65 KO

(1) Nicht fällige Forderungen gelten als fällig.
(2) ¹Sind sie unverzinslich, so sind sie mit dem gesetzlichen Zinssatz abzuzinsen. ²Sie vermindern sich dadurch auf den Betrag, der bei Hinzurechnung der gesetzlichen Zinsen für die Zeit von der Eröffnung des Insolvenzverfahrens bis zur Fälligkeit dem vollen Betrag der Forderung entspricht.

Inhaltsübersicht: Rz.

A. Allgemeines 1–3
B. Die Abzinsung unverzinslicher Forderungen 4–8
C. Verzinsliche Forderungen 9

Literatur:

Kuhn Anm. zu *BGH* Urt. v. 10. 12. 1959 – VII ZR 210/58 (Stuttgart), MDR 1960, 490.

A. Allgemeines

Die Vorschrift, nicht fällige Forderungen fällig zu stellen und dabei unverzinsliche **1** Forderungen abzuzinsen, dient dazu, eine klare Grundlage für die Stellung des Gläubigers im Verfahren zu schaffen (BT-Drucks. 12/2443, S. 124). Nach der Höhe der Forderung bemißt sich das Stimmrecht des Gläubigers in der Gläubigerversammlung (§ 77), die Berechnung einer anteiligen Kürzung in einem Insolvenzplan (§ 224) und die Berücksichtigung bei Verteilungen (§ 195).
Anzuwenden ist die Vorschrift auch bei noch nicht fälligen Steuerforderungen (*BFH* **2** KTS 1975, 300 [303]) und bei Forderungen, für die Absonderungsrechte bestehen (*BGH* NJW 1960, 675 = MDR 1960, 301; a. A. *Kuhn* MDR 1960, 490).
Nicht anzuwenden ist die Vorschrift jedoch auf Forderungen des Schuldners (der **3** Masse); § 41 gilt nur für Forderungen gegen den Schuldner (*OLG Frankfurt* ZIP 1983, 1229 [1232]).

B. Die Abzinsung unverzinslicher Forderungen

Unverzinsliche Forderungen, deren Fälligkeit jedoch bestimmt ist, sind mit dem gesetz- **4** lichen Zinssatz abzuzinsen.
Der gesetzliche Zinssatz beträgt 4% (§ 246 BGB) und bei Forderungen aus Geschäften, **5** die sowohl für den Schuldner als auch für den Gläubiger als Handelsgeschäfte gelten, 5% (§ 352 HGB).
Die Berechnung ist in der Weise vorzunehmen, daß die abgezinste Forderung zuzüglich **6** der gesetzlichen Zinsen daraus für die Zeit ab der Eröffnung des Verfahrens bis zur ursprünglichen Fälligkeit den Betrag der Forderung ergibt. Zur Berechnung bei einem Zinssatz von 4% kann folgende Formel verwendet werden (Hoffmannsche Methode):

$$X = \frac{36500 \times K}{36500 + (4 \times T)}.$$

Dabei bedeuten: X der zu ermittelnde Betrag der abgezinsten Forderung, K die Höhe der ursprünglichen Forderung (Nennbetrag) und T die Zahl der Tage von der Verfahrenseröffnung bis zur Fälligkeit.

7 Ist das Verfahren z.B. am 01.07. eröffnet worden und macht der Gläubiger eine Forderung von 10000 DM geltend, die am 01.10. des gleichen Jahres fällig wird, so beträgt der zu berücksichtigende Betrag (bei einem Zinssatz von 4%) 9900,45 DM (Anzahl der Tage: 91).

8 Bei einem Zinssatz von 5% ist im Nenner »4« durch »5« zu ersetzen.

C. Verzinsliche Forderungen

9 Verzinsliche Forderungen sind einschließlich der bis zur Verfahrenseröffnung entstandenen Zinsen zu berücksichtigen. Die nach der Verfahrenseröffnung entstehenden Zinsen sind nachrangige Insolvenzforderungen, § 39 Abs. 1 Nr. 1. Sie sind nur nach vorheriger Aufforderung durch das Insolvenzgericht anzumelden (§ 174 Abs. 3). Wegen der Berücksichtigung der ohne Aufforderung angemeldeten nachrangigen Zinsansprüche s. § 174 Rz. 42f.

§ 42
Auflösend bedingte Forderungen → § 66 KO

Auflösend bedingte Forderungen werden, solange die Bedingung nicht eingetreten ist, im Insolvenzverfahren wie unbedingte Forderungen berücksichtigt.

1 Auflösend bedingte Forderungen, deren Wirksamkeit von dem Eintritt eines ungewissen Ereignisses abhängen, werden im Insolvenzverfahren nicht besonders behandelt. Solange die auflösenden Bedingung nicht eingetreten ist, werden sie wie die übrigen Forderungen berücksichtigt.

2 Dem Gläubiger gewähren sie – soweit die Forderungen festgestellt werden oder das Stimmrecht durch eine Entscheidung des Gerichts gewährt wird – volles Stimmrecht in den Gläubigerversammlungen (§ 77); gegen sie kann aufgerechnet werden (s. § 95d der sich auf aufschiebend bedingte Forderungen bezieht) und sie werden bei Verteilungen berücksichtigt (§ 187).

3 Tritt die auflösende Bedingung während des Insolvenzverfahrens aber vor der Forderungsprüfung ein, ist die Forderung vom Verwalter zu bestreiten. Ist die Prüfung bereits erfolgt und die Forderung festgestellt, hat der Verwalter das Erlöschen der Forderung durch Vollstreckungsgegenklage (§ 767 ZPO) geltend zu machen (die Eintragung in die Tabelle wirkt wie ein rechtskräftiges Urteil, § 178 Abs. 3). Hat der Verwalter bereits Zahlungen geleistet, sind die geleisteten Beträge zurückzufordern. Sollten dabei Beträge zur Masse zurückfließen und das Verfahren bereits aufgehoben oder wegen Masseunzulänglichkeit eingestellt worden sein, ist zu prüfen, ob eine Nachtragsverteilung anzuordnen ist (§ 203 Abs. 1 Nr. 2).

4 Die Behandlung aufschiebend bedingter Forderungen wird vom Gesetz an verschiedenen Stellen geregelt. Für die Feststellung des Stimmrechts in der Gläubigerversammlung

gilt, daß entweder eine Einigung unter den Beteiligten oder eine Entscheidung des Gerichts erforderlich ist (§ 77 Abs. 2, 3, der gemäß § 237 auch für die Abstimmung über einen Insolvenzplan anzuwenden ist). Für die Berücksichtigung bei Verteilungen siehe § 191.

§ 43
Haftung mehrerer Personen → §68 KO

Ein Gläubiger, dem mehrere Personen für dieselbe Leistung auf das Ganze haften, kann im Insolvenzverfahren gegen jeden Schuldner bis zu seiner vollen Befriedigung den ganzen Betrag geltend machen, den er zur Zeit der Eröffnung des Verfahrens zu fordern hatte.

Inhaltsübersicht: Rz.

A. Allgemeines 1– 5
B. Zahlungen des anderen Gesamtschuldners 6– 9
C. Zahlungen bei nur teilweiser Mithaft 10–12

Literatur:

Dempewolf Zur Anwendbarkeit der §§ 68 und 32 VerglO bei Teilbürgschaften, NJW 1961, 1341 [1343]; *Kuhn* Zur Anwendbarkeit des § 68 KO bei Teilbürgschaften, KTS 1957, 68 [69]; *Künne* Über die Anwendung der §§ 68 KO und 32 VglO bei Teilbürgschaften und Teilgesamtschuldnerschaften, KTS 1957, 58 [61].

A. Allgemeines

Die Vorschrift regelt den Fall, daß der Insolvenzschuldner zusammen mit einem anderen 1 die Forderung des Gläubigers als Gesamtschuldner schuldet. Sie ist die insolvenzrechtliche Entsprechung der in § 421 BGB enthaltenen Bestimmung, wonach der Gläubiger bis zu seiner vollen Befriedigung seine Forderung von jedem der Schuldner fordern kann.

Der Gläubiger kann seine volle Forderung im Insolvenzverfahren geltend machen, ohne 2 wegen der Mithaft seines anderen Schuldners eine Minderung seiner Insolvenzforderung oder seiner insolvenzrechtlichen Mitwirkungsrechte hinnehmen zu müssen. Inbesondere richtet sich sein Stimmrecht (§ 77) nach der vollen Höhe der angemeldeten (und festgestellten) Forderung zum Zeitpunkt der Eröffnung des Verfahrens. Zahlungen des anderen Schuldners nach Eröffnung des Verfahrens bleiben – zunächst – unberücksichtigt (zur Behandlung möglicher Überzahlungen s. Rz. 9).

§ 43 ist somit eine Schutzvorschrift für den Gläubiger (so auch *BGH* NJW 1963, 1873 3 [1875]), da er bis zu seiner vollen Befriedigung trotz bestehender Mithaftung und trotz Zahlungen des mithaftenden Schuldners seine gesamte Forderung im Insolvenzverfahren eines der Gesamtschuldner geltend machen kann.

Gleiches gilt, wenn über das Vermögen beider Schuldner das Insolvenzverfahren eröff- 4 net wird. Dann kann der Gläubiger in jedem Insolvenzverfahren die gesamte Forderung geltend machen. Die Einschränkung »bis zu seiner vollen Befriedigung« bedeutet zum einen, daß dem Gläubiger bis zur vollständigen Befriedigung der Schutz des § 43 zuteil wird und zum anderen, daß die Zahlung des mithaftenden Schuldners und die Zahlung der Insolvenzquote zusammengerechnet die Forderung insgesamt nicht übersteigen dürfen.

5 Neben den Fällen gesamtschuldnerischer Haftung nach § 421 BGB ist die Vorschrift auch dann anzuwenden, wenn dem Bürgen im Insolvenzverfahren über das Vermögen des Hauptschuldners die Einrede der Vorausklage nach § 773 BGB oder 349 HGB nicht zusteht (BT-Drucks. 12/2443, S. 124).

B. Zahlungen des anderen Gesamtschuldners

6 Bedeutung erlangt die Vorschrift dann, wenn der mithaftende Schuldner nach Eröffnung des Insolvenzverfahrens Zahlungen an den Gläubiger leistet.

7 Nach § 422 Abs. 1 BGB würde die Erfüllung auch für den Insolvenzschuldner gelten. Der Gläubiger müßte daher seine Anmeldung um den vom mithaftenden Schuldner gezahlten Betrag ermäßigen. Im Insolvenzverfahren kann der Gläubiger jedoch regelmäßig nur mit einer teilweisen Befriedigung (Quote) rechnen und die Höhe dieser Quote ist abhängig von der Höhe seiner angemeldeten Forderung. Die Forderung betrage beispielsweise 10 000 DM und der mithaftende Schuldner zahle nach Eröffnung des Insolvenzverfahrens 5000 DM. Müßte der Gläubiger seine Anmeldung auf die verbleibenden 5000 DM ermäßigen und würde eine Quote von 10% gezahlt werden, so erhielte der Gläubiger auf seine Forderung 500 DM aus der Insolvenzmasse. Auch seine Mitwirkungsrechte im Insolvenzverfahren (Stimmrecht) würden sich entsprechend verschlechtern, da auch deren Umfang von der Höhe der angemeldeten Forderung abhängig ist.

8 Dies zu verhindern ist der Sinn des § 43. Der Gläubiger kann bis zu seiner vollen Befriedigung den Betrag geltend machen, den er zur Zeit der Eröffnung des Verfahrens zu fordern hatte, also – trotz der Zahlung der 5000 DM durch den mithaftenden Schuldner – die vollen 10 000 DM. Bei einer Quote von 10% erhält er aus der Insolvenzmasse 1000 DM, zusammen mit der Zahlung des mithaftenden Schuldners also 6000 DM. Auch seine Mitwirkungsrechte im Verfahren bleiben unberührt und bemessen sich nach der Höhe der Forderung zum Zeitpunkt der Verfahrenseröffnung.

9 Ausgeschlossen bleibt selbstverständlich, daß der Gläubiger insgesamt mehr als seine Forderung erhält. Die Zahlung der Insolvenzquote darf zusammen mit der Zahlung durch den mithaftenden Schuldner die Forderung des Gläubigers nicht übersteigen (*OLG Karlsruhe* ZIP 1982, 1108, 1109, betreffend den Fall, daß die Quote 100% beträgt). Sollte die Forderung bereits zur Tabelle angemeldet und festgestellt worden sein, hat der Insolvenzverwalter (falls er von der Zahlung des mithaftenden Schuldners Kenntnis hat) Vollstreckungsabwehrklage (§ 767 ZPO) zu erheben, um eine Überzahlung des Gläubigers zu verhindern (*OLG Karlsruhe* a. a. O.).

C. Zahlungen bei nur teilweiser Mithaft

10 Die bisherigen Ausführungen gelten für den Fall, daß der mithaftende Schuldner neben dem Insolvenzschuldner für den Gesamtbetrag haftet.

Haftet der andere Schuldner nur für einen Teilbetrag und befriedigt er den Gläubiger in voller Höhe seiner (Teil-)Haftung, kann § 43 nicht mehr angewendet werden (*Kuhn* a.a.O., *BGH* NJW 1960, 1295, 1296, a.A. *Künne* a.a.O. und *Dempewolf* a.a.O.). Voraussetzung für die Anwendung von § 43 ist, daß für die Forderung neben dem Insolvenzschuldner noch mindestens ein weiterer Schuldner haftet. Zahlt der nur für einen Teil der Forderung mithaftende Schuldner in voller Höhe seiner Haftung, gibt es keine Forderung mehr, für die noch eine Gesamthaftung besteht; für die restliche Forderung haftet der Insolvenzschuldner allein. Damit ist die Voraussetzung des § 43 entfallen.

Die Konsequenz ist, daß der Gläubiger sich in diesem Fall (vollständige Befriedigung der Teilforderung durch den nur für diesen Teil der Forderung haftenden Mitschuldner) die vom mithaftenden Schuldner gezahlten Beträge anrechnen lassen muß. Er hat daher seine Forderungsanmeldung zu kürzen. Falls erforderlich (und wenn der Verwalter Kenntnis von der Zahlung hat) hat der Insolvenzverwalter die Forderungsminderung durch Vollstreckungsabwehrklage geltend zu machen.

§ 44
Rechte der Gesamtschuldner und Bürgen

Der Gesamtschuldner und der Bürge können die Forderung, die sie durch eine Befriedigung des Gläubigers künftig gegen den Schuldner erwerben könnten, im Insolvenzverfahren nur dann geltend machen, wenn der Gläubiger seine Forderung nicht geltend macht.

Die Vorschrift regelt zwei Fälle: 1
a) Der Insolvenzschuldner haftet zusammen mit einem anderen als Gesamtschuldner.
b) Für die Verbindlichkeit des Insolvenzschuldners haftet ein Dritter als Bürge.
Meldet der Gläubiger seine Forderung an, nimmt sie als Insolvenzforderung am Verfahren teil. Der mithaftende Gesamtschuldner und der Bürge können aber künftig Rückgriffsforderungen gegen den Insolvenzschuldner erwerben, wenn sie den Gläubiger befriedigen.
Im Fall der Gesamtschuldnerschaft hat der neben dem Insolvenzschuldner Haftende eine 3 aufschiebend bedingte Forderung gegen den Insolvenzschuldner auf Ausgleich gemäß § 426 BGB. Befriedigt der Gesamtschuldner den Gläubiger, ist ihm der Insolvenzschuldner unter den Voraussetzungen des § 426 BGB zum Ausgleich verpflichtet. Dieser Anspruch entsteht zwar erst dann, wenn der Gesamtschuldner den Gläubiger befriedigt und er dabei mehr leistet, als er dazu im Innenverhältnis mit dem Insolvenzschuldner verpflichtet ist, als aufschiebend bedingte Forderung könnte er sie jedoch im Insolvenzverfahren geltend machen und zur Tabelle anmelden (s. § 191).
Entsprechendes gilt für die Rückgriffsforderung des Bürgen nach § 774 BGB. Als 4 aufschiebend bedingte Forderung könnte sie der Bürge im Insolvenzverfahren des Hauptschuldners auch vor Befriedigung des Gläubigers geltend machen.
Die aufschiebend bedingten Rückgriffsforderungen des mithaftenden Gesamtschuldners 5 und des Bürgen gegen den Insolvenzschuldner sind zwar von den Forderungen des Gläubigers rechtlich zu unterscheiden, wirtschaftlich gesehen handelt es sich aber um identische Forderungen (BT-Drucks. 12/2443, S. 124).

6 Die Vorschrift schließt aus, daß beide Forderungen (die des Gläubigers und die Rückgriffsforderung des mithaftenden Gesamtschuldners oder des Bürgen) im Insolvenzverfahren nebeneinander geltend gemacht werden. Die Rückgriffsforderung kann nur dann geltend gemacht werden, wenn der Gläubiger seine Forderung nicht geltend macht. Dies gilt auch dann, wenn der Gesamtschuldner mehr bezahlt hat, als er im Innenverhältnis zum Schuldner an sich zahlen müßte.

7 Die Forderung des Gläubigers hat dabei Vorrang. Hat er seine Forderung geltend gemacht (zur Tabelle angemeldet), hat der Insolvenzverwalter der Feststellung der Rückgriffsforderung zu widersprechen. Meldet der Gläubiger seine Forderung erst dann an, wenn die Rückgriffsforderung bereits angemeldet und – als aufschiebend bedingte Forderung – festgestellt worden ist, müßte der Insolvenzverwalter die Wirkungen des Tabelleintrages (§ 178 Abs. 3) notfalls durch Vollstreckungsabwehrklage (§ 767 ZPO) beseitigen.

§ 45
Umrechnung von Forderungen → § 69 KO

¹Forderungen, die nicht auf Geld gerichtet sind oder deren Geldbetrag unbestimmt ist, sind mit dem Wert geltend zu machen, der für die Zeit der Eröffnung des Insolvenzverfahrens geschätzt werden kann. ²Forderungen, die in ausländischer Währung oder in einer Rechnungseinheit ausgedrückt sind, sind nach dem Kurswert, der zur Zeit der Verfahrenseröffnung für den Zahlungsort maßgeblich ist, in inländische Währung umzurechnen.

Inhaltsübersicht: Rz.

A. Allgemeines (auch zu § 46) 1– 5
B. Forderungen, die nicht auf Geld gerichtet sind 6–11
C. Forderungen, deren Geldbetrag unbestimmt ist 12–18
D. Forderungen in ausländischer Währung oder in einer anderen Rechnungseinheit 19–23

Literatur:

Arend Die insolvenzrechtliche Behandlung des Zahlungsanspruches in fremder Währung, ZIP 1988, 69 [76]; *Paulsdorff* Die Rechtsstellung des Pensions-Sicherungs-Vereins, Versicherungsverein auf Gegenseitigkeit (PSVaG) nach neuem Insolvenzrecht, in Kölner Schrift zur Insolvenzordnung, 1997.

A. Allgemeines (auch zu § 46)

1 Das Insolvenzverfahren dient dazu, die Gläubiger gleichmäßig zu befriedigen (§ 1). Damit dies geschehen kann, werden die Forderungen aller Insolvenzgläubiger (die Gläubiger von Aus- und Absonderungsrechten und die Massegläubiger nehmen an der gleichmäßigen Befriedigung nicht teil) durch Anmeldung und Eintragung in die Tabelle ermittelt.

Umrechnung von Forderungen § 45

Die zur Verteilung vorhandene Masse wird an die Insolvenzgläubiger im Verhältnis ihrer 2
festgestellten Forderungen verteilt; die Gläuiger erhalten auf ihre Forderungen eine
Quote, die sich nach der Höhe der Forderungen richtet.
Die insolvenzrechtliche Befriedigung ist deshalb nur dann durchführbar, wenn sich die 3
Forderungen für eine Berechnung der Quote eignen.
Dies ist bei den in den §§ 45 und 46 genannten Forderungen nicht der Fall. Diese 4
Forderungen müssen daher nach den dort genannten Verfahren in solche Forderungen
umgestaltet werden, die einer Berechnung der Quote zur gleichmäßigen Befriedigung
zugänglich sind.
Die Umrechnung ist auch deshalb erforderlich, weil sich die Mitwirkungsrechte (Stimm- 5
recht nach §§ 76, 77) danach richten, ob und in welcher Höhe Forderungen bestehen.
Nach der Höhe der festgestellten Forderung richtet sich das Gewicht der Stimme des
Gläubigers in den Gläubigerversammlungen. Die Feststellung des Stimmrechts ist aber
nur dann möglich, wenn die Höhe der Forderung mit allen anderen Forderungen vergleichbar ist. Dies ist nur dann der Fall, wenn auch die Forderungen der hier besprochenen Art so umgestaltet (umgerechnet) werden, daß nur noch die Kapitalbeträge (die in
Deutsche Mark umgerechneten Beträge) den übrigen Forderungen gegenüberstehen.
Erst dadurch entstehen vergleichbare Geldbeträge, die eine gleichberechtigte Teilnahme
der Gläubiger am Verfahren ermöglicht (BT-Drucks. 12/2443, S. 124).

B. Forderungen, die nicht auf Geld gerichtet sind

Die auf Zahlung von Geld gerichteten Forderungen stellen den größten Teil der Insol- 6
venzforderungen dar. Der Begriff des Insolvenzgläubigers geht aber weiter. Auch der ist
Insolvenzgläubiger, der zwar keinen Zahlungsanspruch, wohl aber einen sonstigen
Vermögensanspruch hat. Voraussetzung ist lediglich, daß der Schuldner mit seinem
Vermögen haftet, sich der Anspruch also gegen das Vermögen des Schuldner richtet.
Keine Insolvenzforderung ist daher beispielsweise ein Anspruch auf Leistung einer 7
unvertretbaren Handlung im Sinne von § 888 ZPO (z. B. Erstellung eines Kunstwerkes,
Erteilung von Auskünften, Rechnungslegung). Bei derartigen Ansprüchen richtet sich
die Forderung nicht gegen das Vermögen, sondern gegen den Schuldner persönlich.
Derartige Forderungen sind keine Insolvenzforderungen, sie können daher auch nicht in 8
eine Geldforderung umgerechnet werden.
Etwaige Schadensersatzansprüche wegen der Nichterfüllung unvertretbarer Handlungen 9
richten sich jedoch gegen das Vermögen. Es sind Ansprüche auf Zahlung eines bestimmten Betrages die – falls sie vor Eröffnung des Insolvenzverfahrens begründet sind –
normale Insolvenzforderungen sind. Sie sind zur Tabelle anzumelden, die Anwendung
von § 45 erübrigt sich.
Als Forderungen, die nicht auf Geld gerichtet sind und deren Werte zu schätzen sind, 10
kommen Ansprüche auf Leistung von Sachen (so z. B. Deputatkohle, siehe *AG Düsseldorf* KTS 1970, 319 [321]), Verschaffungsansprüche, Ansprüche auf Rückgewähr von
Gegenständen bei Wandlung eines Kaufvertrages und Schuldbefreiungsansprüche in
Betracht.
Die Werte derartiger Forderungen sind vom Gläubiger zu schätzen und mit dem 11
Schätzwert zur Tabelle anzumelden. Ob die Schätzung zutreffend vorgenommen wurde,
ist nicht im Insolvenzverfahren zu entscheiden. Sollten Grund und/oder Höhe der
Geldforderung bestritten werden, ist der Streit darüber im Feststellungsprozeß
(s. §§ 179 ff.) auszutragen.

C. Forderungen, deren Geldbetrag unbestimmt ist

12 Eine Forderung, die zwar auf Zahlung von Geld gerichtet ist, deren Betrag jedoch unbestimmt ist, ist zu schätzen und mit dem Wert anzumelden, den sie zum Zeitpunkt der Eröffnung des Insolvenzverfahrens hat.

13 Für die insolvenzrechtliche Praxis bedeutsam sind die Ansprüche auf Zahlung von Betriebsrenten und Versorgungsanwartschaften. Mit der Eröffnung des Insolvenzverfahrens gehen die Rentenansprüche der (ehemaligen) Betriebsangehörigen, die bereits eine Betriebsrente beziehen, auf den Pensions-Sicherungs-Verein (PSV) über (§ 9 Abs. 2 BetrAV). Als Gläubiger treten jetzt nicht mehr die einzelnen Pensionäre, sondern nur noch der PSV auf. Er zahlt die Betriebsrenten (§ 7 BetrAV) und meldet die auf ihn übergegangenen Ansprüche zur Tabelle an.

14 Die Höhe der gegenwärtigen Rentenansprüche steht hier zwar fest. Unbekannt ist aber, welche Zahlungen der PSV zukünfig an die Pensionäre wird leisten müssen. Daher ist auch die Höhe der insgesamt auf den PSV übergegangen Rentenansprüche unbestimmt.

15 Es ist deshalb erforderlich, daß die Rentenansprüche kapitalisiert werden. Dies hat unter Berücksichtigung der Regeln der Versicherungsmathematik zu erfolgen (*LAG München* ZIP 1987, 1466 [1467]). Die Zwischenzinsen für die noch nicht fälligen Renten sind dabei mit einem Mindestzinssatz (s. *LAG München* a.a.O.; *BAG* ZIP 1989, 319 [320]) abzuziehen (§ 46). Der danach errechnete Kapitalbetrag ist zur Tabelle anzumelden.

16 Neben den Rentenansprüchen gehen auch die Versorgungsanwartschaften auf den PVS über, soweit diese Anwartschaften unverfallbar sind (§§ 9 Abs. 2, 1 BetrAV). Inhaber von verfallbaren Anwartschaften haben keine Ansprüche gegen die Masse. Mit Eröffnung des Insolvenzverfahrens verfallen ihre Anwartschaften.

17 Bei den unverfallbaren Anwartschaften ist im Gegensatz zu den bereits zu zahlenden Renten nicht nur unbekannt, bis wann Zahlungen zu leisten sind, es ist darüber hinaus auch ungewiß, ob eine Rente zukünftig gezahlt werden muß. Die Rentenzahlung hängt davon ab, ob der (ehemalige) Arbeitnehmer die Voraussetzungen für ihren Bezug erfüllen wird. Nach der Systematik des Gesetzes wären die Anwartschaften deshalb als aufschiebend bedingte Forderungen zu behandeln. Dies hätte zur Folge, daß die (in Geldforderungen umgerechneten) Anwartschaften nur nach § 191 berücksichtigt werden könnten. Bevor nicht die Bedingungen für die Rentenzahlungen eingetreten wären, würde ihre insolvenzmäßige Feststellung also allenfalls zu einer Sicherung berechtigen.

18 Mit Inkrafttreten der Insolvenzordnung ist jedoch durch die Einführung des § 9 Abs. 2 Satz 3 des Gesetzes zur Verbesserung der betrieblichen Altersversorgung (BetrAV) für die unverfallbaren und auf den PSV übergegangenen Anwartschaften klargestellt, daß auch diese Ansprüche nach § 45 zu kaptalisieren sind (Art. 91 Nr. 4b Einführungsgesetz zur Insolvenzordnung – EGInsO – BGBl. I 1994, 2911 ff.). S. *Paulsdorff* a.a.O., S. 1159, 1160 (= Rz. 18–20).

D. Forderungen in ausländischer Währung oder in einer anderen Rechnungseinheit

19 Die gleichen Gründe, die er erforderlich machen, nicht auf Geld gerichtete Forderungen und Forderungen ohne einen bestimmten Geldbetrage umzurechnen (s.o. Rz. 1–5), erfordern es auch, Forderungen in fremder Währung in inländische Währung umzurechnen.

Aussonderung **§ 47**

Die Umrechnung ist vom Gläubiger selbst vorzunehmen. Eine Anmeldung in fremder Währung kann nicht geprüft werden (*LG Mönchengladbach* KTS 1976, 67); sie ist deshalb auch nicht vom Insolvenzverwalter in die Tabelle einzutragen. **20**

Die Fremdwährung ist zum Kurswert am Tage der Eröffnung des Insolvenzverfahrens umzurechnen. Änderungen des Wechselkurses nach Verfahrenseröffnung werden nicht mehr berücksichtigt. Die von *Arend* dagegen geäußerten Bedenken (a. a. O.) sind durch die eindeutige gesetzliche Regelung, die Umrechnung mit dem Tag der Verfahrenseröffnung als Stichtag durchzuführen, gegenstandslos. **21**

Der Kurswert ist nach den amtlichen Devisenkursen zu berechnen, der am Zahlungsort gilt (entsprechend § 244 Abs. 2 BGB). **22**

Die Einbeziehung von Rechnungseinheiten (so z. B. die Sonderziehungsrechte des Internationalen Währungsfonds) erfolgte aufgrund der Stellungnahme des Bundesrates (Anlage 2 zur BT-Drucks. 12/2443, S. 250). Die Ergänzung nimmt Rücksicht darauf, daß im internationalen Wirtschaftsverkehr von ihnen Gebrauch gemacht wird. **23**

§ 46
Wiederkehrende Leistungen → § 70 KO

[1]Forderungen auf wiederkehrende Leistungen, deren Betrag und Dauer bestimmt sind, sind mit dem Betrag geltend zu machen, der sich ergibt, wenn die noch ausstehenden Leistungen unter Abzug des in § 41 bezeichneten Zwischenzinses zusammengerechnet werden. [2]Ist die Dauer der Leistungen unbestimmt, so gilt § 45 Satz 1 entsprechend.

Die Vorschrift (Satz 1) behandelt den Fall, daß der Schuldner verpflichtet ist, wiederkehrende Leistungen zu zahlen, wobei – im Unterschied zu § 45 – sowohl der Betrag der Einzelleistungen als auch die Dauer der Verpflichtung bestimmt ist. Eine Schätzung ist hier weder möglich noch erforderlich, da die Höhe des Gesamtanspruches feststeht. **1**

Die bei Verfahrensöffnung bereits fälligen Forderungen werden addiert und nehmen mit ihrem Gesamtbetrag am Verfahren teil. Die danach fällig werdenden Leistungen werden aus den zu § 45 Rz. 1–5 genannten Gründen zusammengerehcnt, die Einzelleistungen also kapitalisiert. Dabei sind jedoch für jede einzelne Leistung die Zwischenzinsen abzuziehen. Sie werden berechnet, wie zu § 41 Rz. 6 beschrieben. Die Summe der um die Zwischenzinsen verminderten Einzelleistungen ergibt zusammen mit den bereits fälligen Forderungen den zur Tabelle anzumeldenden Betrag. **2**

Ist nicht bekannt, wie lange die wiederkehrenden Leistungen zu erbringen sind (Satz 2), ist deren Gesamtwert entsprechend § 45 Satz 1 zu schätzen. **3**

§ 47
Aussonderung → § 43 KO

[1]Wer auf Grund eines dinglichen oder persönlichen Rechts geltend machen kann, daß ein Gegenstand nicht zur Insolvenzmasse gehört, ist kein Insolvenzgläubiger. [2]Sein Anspruch auf Aussonderung des Gegenstandes bestimmt sich nach den Gesetzen, die außerhalb des Insolvenzverfahrens gelten.

§ 47 Eröffnung des Insolvenzverfahrens

Inhaltsübersicht: Rz.

A. Allgemeines	1– 4
I. Systematik	2
II. Begriff	3
III. Gesetzestechnik	4
B. Voraussetzungen der Aussonderung	5–57
I. Aussonderungsobjekt	6– 7
II. Dingliche Aussonderungsrechte	8–53
1. Alleineigentum	9–10
2. Miteigentum	11–16
a) Bestimmung von Miteigentumsanteilen	12
b) Miteigentumsanteile im Lieferantenpool	13–16
3. Einfacher Eigentumsvorbehalt	17–24
a) Begründung des Eigentumsvorbehalts	18–21
b) Untergang des Eigentumsvorbehalts	22
c) Faktische Ausübungssperre in der Insolvenz des Vorbehaltskäufers	23
d) Eigentumsvorbehalt in der Insolvenz des Vorbehaltsverkäufers	24
4. Sicherungseigentum	25–27
5. Mobilienleasing	28–30
6. Factoring	31–32
7. Pensions- und Unterstützungsfonds/Lebensversicherungen	33–39
a) Pensionsrückstellungen	34
b) Direktversicherungen	35–38
c) Rückdeckungsversicherungen	39
8. Treuhand	40–45
a) Uneigennützige Treuhand	41–42
b) Eigennützige Treuhand	43–45
9. Begrenzt dingliche Recht	46
10. Verträge für fremde Rechnung	47–51
a) Kommission	48–50
b) Versicherung für fremde Rechnung	51
11. Erbschaftsanspruch	52
12. Besitz	53
III. Persönliche Aussonderungsrechte	54–57
C. Verfahren der Aussonderung	58–71
I. Verbot der Selbsthilfe	58
II. Prüfungspflicht des Verwalters/Prüfungszeitraum	59
III. Auskunftspflicht des Verwalters	60
IV. Anerkennung der Aussonderungsrechte	61
V. Umfang der Herausgabepflicht	62–63
VI. Aussonderungskosten	64–67
VII. Aufgabe des Aussonderungsrechts	68
VIII. Aussonderungsrechtsstreit	69–71

Literatur:

Ehricke Nutzungsüberlassung von Gegenständen an eine GmbH nach § 32 a GmbHG – Bestandsaufnahme nach den Lagergrundstücksurteilen des BGH, WiB 1995, 889 ff.; *Gottwald/Adolphsen* Die Rechtsstellung dinglich gesicherter Gläubiger in der Insolvenzordnung, in Kölner Schrift zur Insolvenzordnung, 1997, 805 ff.; *Heilmann* Der Vertrag zugunsten Dritter im Insolvenzrecht, KTS 1972, 14–23; *Häde* Die Behandlung von Geldzeichen in Zwangsvollstreckung und Konkurs, KTS 1991, 365 ff.; *Lüke* Die Konkursverwaltervergütung bei der Verwaltung von Mobiliarsicherheiten,

KTS 1988, 421–433; *Marotzke* Der Eigentumsvorbehalt im neuen Insolvenzrecht, JZ 1995, 803–814; *Niesert* Das Recht der Aus- und Absonderung nach der neuen Insolvenzordnung, InVo 1998, 141 ff.; *Sinz* Leasing und Factoring im Insolvenzverfahren, in Kölner Schrift zur Insolvenzordnung, 1997, 455 ff.

A. Allgemeines

Die Vorschrift des § 47 InsO übernimmt im Grundsatz das geltende, durch die bisherigen Bestimmungen (§ 43 KO; § 26 Abs. 1 VglO) normierte Recht (RegE zu § 54, BR-Drucks. 1/92, S. 124). 1

I. Systematik

Wie in der Einzelzwangsvollstreckung sollen auch von der Gesamtvollstrekung nur Vermögensgegenstände des **Schuldners** erfaßt werden. Gemäß § 35 InsO fallen deshalb Gegenstände nur dann in die Insolvenzmasse, wenn sie dem Gemeinschuldner »gehören«, er an ihnen also im Grundsatz ein vorbehaltsloses Vollrecht innehat (vgl. *Jaeger/Lent* KO, § 43 Rz. 1). Übernimmt der Verwalter demgemäß bei der Inbesitznahme nach § 148 InsO auch Gegenstände, die einem Dritten gehören, so kann sich dieser einer Inanspruchnahme seines Gegenstandes für die Masse widersetzen, indem er nach § 47 InsO Aussonderung begehrt. Systematisch stellt sich § 47 InsO somit als Komplementärvorschrift zu § 35 InsO (vgl. *Huber* in Gottwald, InsolvenzRHdb, § 41 Rz. 1) und als Parallelvorschrift zu § 771 ZPO dar (*Bley/Mohrbutter* VglO, § 26 Rz. 8; *Baur/Stürner* Insolvenzrecht, Rz. 14.3). 2

II. Begriff

Begrifflich versteht man unter der Aussonderung die Geltendmachung der Nichtzugehörigkeit eines Gegenstandes zur Insolvenzmasse aufgrund eines hieran bestehenden dinglichen oder persönlichen Rechts eines Dritten (*Kuhn/Uhlenbruck* KO, § 43 Rz. 1b; *Jaeger/Lent* KO, § 43 Rz. 1; enger demgegenüber *Kilger/Karsten Schmidt* KO, § 43 Anm. 1: »Verteidigung eines massefremden *Rechts*«; diese begriffliche Abweichung ist jedenfalls für die Praxis ohne Relevanz). Wie schon im Geltungsbereich der Konkursordnung kann deshalb auch im Anwendungsbereich der InsO der Gemeinschuldner selbst nicht Aussonderungsberechtigter sein (vgl. *Kuhn/Uhlenbruck* KO, § 43 Rz. 1b; *Jaeger/Lent* KO, § 43 Rz. 1). Insoweit mißverständlich die Gesetzesbegründung, wonach der Schuldner sein unpfändbares Vermögen »aussondern« könne (RegE zu § 54, BR-Drucks. 1/92, S. 124). Reklamiert der Gemeinschuldner die Unpfändbarkeit eines Gegenstandes, so geht es um die Frage der Massezugehörigkeit nach § 35 InsO und nicht um Aussonderung (*Vortmann* in Mohrbutter/Mohrbutter Hdb. d. Insolvenzvw., Rz. VI.174 und *Häsemeyer* Insolvenzrecht, Rz. 11.07 in Fn. 12), auch diese Begrifflichkeit ist allerdings für die Praxis ohne Relevanz, da sowohl der Aussonderungsrechtsstreit als auch der Streit über die Massezugehörigkeit im ordentlichen Zivilprozeß auszutragen sind. 3

III. Gesetzestechnik

4 Rechtstechnisch enthält § 47 InsO für den Aussonderungsberechtigten in doppelter Hinsicht eine Verweisung auf das materielle Recht. Zum einen beurteilt sich die Frage, *ob* überhaupt ein Aussonderungsanspruch besteht gem. § 47 Satz 2 InsO nach materiellem Recht, die Vorschrift räumt dem Aussonderungsberechtigten also keinen eigenständigen materiell-rechtlichen Anspruch ein (*Kilger/Karsten Schmidt* KO, § 43 Rz. 1). Zum anderen bestimmt § 47 Satz 1 InsO, daß der Aussonderungsberechtigte *mit* seinen Ansprüchen nicht Insolvenzgläubiger ist, d. h. nicht wie diese bei der Geltendmachung seiner Rechte an die Beschränkungen des Insolvenzverfahrens gebunden ist (*Haarmeyer/Wutzke/Förster* Hdb. zur InsO, Rz. 249).

B. Voraussetzungen der Aussonderung

5 Der Aussonderung unterliegen **Gegenstände**, wenn dem Berechtigten hieran ein **dingliches** oder **persönliches** Recht zusteht und der Gegenstand **massebefangen** ist, was auch schon vor einer Inbesitznahme des Insolvenzverwalters dann der Fall ist, wenn dieser auf den Gegenstand Ansprüche erhebt.

I. Aussonderungsobjekt

6 Aussonderungsfähig i. S. d. § 47 InsO sind Gegenstände, d. h. bewegliche und unbewegliche Sachen, dingliche und persönliche Rechte, Forderungen aller Art sowie der Besitz (vgl. zum Gegenstandsbegriff der KO *Jaeger/Lent* KO, § 43 Rz. 7; *Baur/Stürner* Insolvenzrecht, Rz. 14.4; *Kilger/Karsten Schmidt* KO, § 43 Rz. 1).

7 Das Aussonderungsobjekt muß allerdings individuell **bestimmt** oder bestimmbar sein (*BGH* BGHZ 58, 257 ff. [258]), was bei vertretbaren Sachen nur dann der Fall ist, wenn sich diese unterscheidbar in der Masse befinden. Ist eine solche Unterscheidbarkeit wegen Vermischung/Vermengung mit schuldnereigenen Gegenständen nach § 948 BGB nicht gegeben, so erfolgt die Abwicklung über § 84 InsO (vgl. unten Rz. 11 ff. »Miteigentum«). Die Aussonderungsfähigkeit fehlt – in der Praxis allerdings wenig relevant – einer bestimmten Summe Geldes (vgl. *BGH* BGHZ 58, 257 [258]; dazu auch *Häde* KTS 1991, 365, 370 f. und ausführlich *Kuhn/Uhlenbruck* KO, § 43 Rz. 4).

II. Dingliche Aussonderungsrechte

8 Während gewöhnlich unter einem dinglichen Recht das Recht einer Person zur Herrschaft über eine Sache verstanden wird (*Palandt/Thomas* BGB, Einl. vor § 854 Rz. 2), fallen unter die dinglichen Rechte des § 47 InsO all diejenigen, die die Rechtsinhaberschaft an Gegenständen i. S. d. InsO (vgl. oben Rz. 6 f.) zuweisen (*Baur/Stürner* Insolvenzrecht, Rz. 14.4). Im einzelnen:

1. Alleineigentum

9 Der aus dem Alleineigentum erwachsende dingliche Aussonderungsanspruch des Berechtigten geht regelmäßig auf Herausgabe des Aussonderungsobjekts nach § 985 BGB,

Aussonderung § 47

soweit der Gemeinschuldner als Eigen- oder Fremdbesitzer jedenfalls unmittelbarer Besitzer ist (*Jaeger/Lent* KO, § 43 Rz. 20) und kein Recht zum Besitz hat. Ist der Gemeinschuldner nur mittelbarer Besitzer, so geht das Aussonderungsrecht auf Abtretung des Herausgabeanspruchs gegen den Besitzmittler; auf Herausgabe nur dann, wenn der Gemeinschuldner gegen den Besitzmittler selbst einen Herausgabeanspruch hat (*Jaeger/Lent* a. a. O. mit Verweis auf *RG* LZ 1909, 863).

Soweit ein Gesellschafter seiner insolventen GmbH oder KG einen in seinem Eigentum 10 stehenden Anlagegegenstand überlassen hat und diese Nutzungsüberlassung eigenkapitalersetzend geworden ist (vgl. *BGH* BGHZ 127, 1 ff.; vgl. dazu *Ehricke* WiB 1995, 889 ff.), kann der Gesellschafter diesen Gegenstand für einen bestimmten, an der Dauer des ursprünglichen Überlassungsvertrags zwischen der Gesellschaft und dem Gesellschafter orientierten Zeitraum nicht aussondern (zum Zeitraum: *Baumbach/Hueck* GmbHG, § 32a Rz. 33k).

2. Miteigentum

Bei den aus dem Miteigentum resultierenden Rechten ist danach zu unterscheiden, ob der 11 Gemeinschuldner zu den übrigen Miteigentümern des Gegenstandes gehört oder nicht. Ist dies nicht der Fall, so kann jeder Miteigentümer gem. §§ 1011, 432 BGB Aussonderung durch Herausgabe des Gegenstandes an alle Miteigentümer verlangen (*Gottwald* in Gottwald, InsolvenzRHdb, § 41 Rz. 6). Ist der Gemeinschuldner hingegen Miteigentümer, etwa weil es in seinem Lager zu einer Vermischung gem. § 948 BGB von eigenen mit schuldnerfremden Gegenständen kam, so kann der andere Teil neben Feststellung seines Miteigentumsanteils und Einräumung des Mitbesitzes auch Auseinandersetzung der Gemeinschaft nach § 84 InsO verlangen (*BGH* LM Nr. 1 zu § 82 KO).

a) Bestimmung von Miteigentumsanteilen

In Fällen der **Vermischung/Vermengung** von vertretbaren Sachen ist aber immer 12 besonders zu prüfen, ob sich der quotenmäßige Miteigentumsanteil des vermeintlich aussonderungsberechtigten Dritten am Gesamtbestand rechnerisch noch genau ermitteln läßt. Fehlt es – wie nicht selten in der Insolvenz – an hierfür erforderlichen Unterlagen (z. B. Listen über den Lagerbestand vor Vermischung/Vermengung), so soll der Dritte nach einer Entscheidung des Reichsgerichts sein Eigentum ganz verlieren, da § 742 BGB ist in diesem Fall unanwendbar sei (*RG* RGZ 112, 102 ff. [103]). Der Annahme eines Verlustes des Miteigentums für den vorgenannten Fall ist der Bundesgerichtshof zwar ausdrücklich entgegengetreten (*BGH* LM Nr. 1 zu § 82 KO), da er dem Eigentümer des vermengten Materials aber auch nur dann Rechte gibt, wenn dieser die Höhe seines Miteigentumsanteils beweisen kann, führt die Unaufklärbarkeit der Wertanteile auch vom Ansatz des BGH dazu, daß der Miteigentümer seinen Aussonderungsanspruch nicht durchsetzen kann.

b) Miteigentumsanteile im Lieferantenpool

Ist der Miteigentumsanteil eines Lieferanten an einer vermischten Menge unaufklärbar, 13 steht aber andererseits fest, daß eine vermischte Menge **insgesamt** nicht massezugehörig ist, so können die Lieferanten ihre Rechte auch in einen **Pool** einbringen. Ungeachtet der beim einzelnen Lieferanten hiernach fehlenden Beweisbarkeit seines Anteils gehen dessen Rechte dann nicht verloren, er kann vielmehr Herausgabe an alle Mitberechtigten verlangen (*Gottwald* in Gottwald, InsolvenzRHdb, § 46 Rz. 4; *Hess* KO, § 43 Rz. 76 und oben Rz. 11 »Miteigentum«). Zu beachten ist allerdings, daß das über Verarbeitungsklauseln i. S. d. § 950 BGB erworbene Miteigentum nur ein Absonderungsrecht gewährt, da über die Verarbeitungsklausel nur antizipiertes Sicherungseigentum an der neu hergestellten Sache erlangt wird (*Häsemeyer* Insolvenzrecht, Rz. 18.32).

14 Trotz diverser Gegenstimmen in der Literatur (Nachweise bei *Kilger/Karsten Schmidt* KO, § 43 Rz. 3b bb) ist eine Poolbildung zur Durchsetzung von wirksamen im einzelnen aber unbestimmbaren Miteigentumsrechten als rechtlich zulässig zu erachten (*BGH* ZIP 1988, 1534 ff. [1535]). Erfolgt die Poolbildung in der Insolvenz allerdings zu dem Zwecke, im einzelnen unwirksame Aussonderungsrechte durchzusetzen, so ist die Poolvereinbarung nichtig (*Kuhn/Uhlenbruck* KO, § 43 Rz. 18 b).

15 Erforderlich zur Rechtsdurchsetzung über einen Pool ist, daß in Ansehung der insgesamt auszusondernden Gegenstände auch sämtliche insoweit jedenfalls dem Grunde nach berechtigten Lieferanten dem Pool beitreten, da ansonsten Herausgabe an alle Poolmitglieder nicht verlangt werden kann (*Gottwald* in Gottwald, InsolvenzRHdb, § 46 Rz. 16). Es gibt im übrigen keinen Zwang, dem Pool beizutreten, auch kann dieser zu Lasten der nicht Beigetretenen keine Entscheidungen treffen (*BGH* ZIP 1982, 543 ff. [545]).

16 Schwierigkeiten der Rechtsdurchsetzung bestehen für einen Pool dann, wenn der Gemeinschuldner Miteigentümer des in den Pool eingebrachten Warenbestandes ist. In diesem Fall kann zwar nach allgemeinen Grundsätzen eine Auseinandersetzung der Miteigentümergemeinschaft nach § 84 erfolgen (vgl. oben Rz. 11). Sind aber wiederum die Anteile des Pools im Verhältnis zum Insolvenzverwalter nicht eindeutig bestimmbar, lassen sich zugunsten der Poolmitglieder auch keine Mindestanteile am Bestand nachweisen und mangels konkreter Anhaltspunkte auch keine Schätzungen nach § 287 Abs. 2 ZPO vornehmen (*Ernestus* in Mohrbutter/Mohrbutter, Rz. VI.335), so verbleibt der Bestand insgesamt bei der Masse (vgl. *Kilger/Karsten Schmidt* KO, § 43 Rz. 3 b bb). Der Umstand, daß die fehlende Aufklärbarkeit des genauen Umfangs der mit Fremdrechten belasteten Waren wegen Fehlens entsprechender Aufzeichnungen im Verantwortungsbereich des Gemeinschuldners liegt, rechtfertigt es nicht, unter dem Gesichtspunkt der Beweisvereitelung zu Lasten der Masse eine anderweitige Verteilung vorzunehmen (*Gottwald* in Gottwald, InsolvenzRHdb, § 46 Rz. 19).

3. Einfacher Eigentumsvorbehalt

17 Wie schon nach bisherigem Recht (vgl. dazu *BGH* BGHZ 10, 69 ff. [72]) soll auch im Geltungsbereich der Insolvenzordnung der einfache Eigentumsvorbehalt in der Insolvenz des Vorbehaltskäufers den Vorbehaltsverkäufer zur Aussonderung berechtigen (RegE zu § 58, BR-Drucks. 1/92, 125), die Verlängerungs- und Erweiterungsformen des Eigentumsvorbehalts hingegen nur zur Absonderung (vgl. unten § 51 Rz. 14ff.). Es kann aber auch ein unter verlängertem oder erweitertem Eigentumsvorbehalt gelieferter Gegenstand jedenfall so lange, als er nicht verarbeitet worden ist und auch keine Weiterveräußerung stattgefunden hat, aus der Istmasse ausgesondert werden (*Obermüller/Hess* Rz. 801).

a) Begründung des Eigentumsvorbehalts

18 Die Begründung des Eigentumsvorbehalts setzt eine auch formlos mögliche Einigung über den durch vollständige Kaufpreiszahlung aufschiebend bedingten Eigentumsüber-

gang voraus. Er wird i.d.R. über AGBs des Vorbehaltsverkäufers eingeführt. Bei Kaufleuten ist stillschweigende Vereinbarung möglich, wenn Verwender auf seine AGB verweist und sein Vertragspartner deren Geltung nicht widerspricht, Nichtkaufleuten gegenüber ist § 2 AGBG zu beachten (statt aller: *Palandt/Heinrichs* BGB, AGBG § 2 Rz. 24).

Mit erst auf Lieferscheinen befindlichen Eigentumsvorbehaltsklauseln kann auch noch nachträglich Eigentumsvorbehalt begründet werden, wenn die Klausel deutlich erkennbar ist und nicht nur Lagerverwaltern oder Auslieferungsfahrern, sondern vielmehr einer zur Entgegennahme von vertragsändernden Erklärungen bevollmächtigten Person zugeht (*Westermann* in MünchKomm, § 455 Rz. 21; *Kilger/Karsten Schmidt* KO, § 43 Rz. 3a). Grundsätzlich stellt die Rechtsprechung an die Vereinbarung nachträglichen Eigentumsvorbehalts strenge Anforderungen (*BGH* BGHZ 64, 395 ff. [397]). Aus Beweisgründen sollte in jedem Fall über den nachträglichen Eigentumsvorbehalt eine schriftliche Vereinbarung getroffen werden (vgl. dazu *OLG Celle* KTS 1977, 175 f. [176]). 19

Bei den in der Praxis häufigen Kollisionen zwischen den allgemeinen Geschäftsbedingungen des Verkäufers und den mit Abwehrklauseln versehenen allgemeinen Einkaufsbedingungen des Käufers gilt die »Theorie des letzten Wortes« nicht, der BGH ermittelt den Inhalt der vertraglichen Vereinbarung dann durch Auslegung, hat aber für den Fall des einfachen Eigentumsvorbehalts bei sich widersprechenden AGBs entschieden, daß jedenfalls dieser trotz einer entgegenstehenden Abwehrklausel als vereinbart gelten soll (*BGH* ZIP 1992, 447 ff. [448]; vgl. auch *Vortmann* in Mohrbutter/Mohrbutter, Hdb. der Insolvenzvw. Rz. VI.188; zur Rechtslage bei Verlängerungs- und Erweiterungsformen des Eigentumsvorbehalts vgl. unten § 51 Rz. 14). 20

Einen allgemeinen Handelsbrauch, wonach bei Stundung des Kaufpreises Eigentumsvorbehalt vereinbart sei, gibt es nicht (*Kilger/Karsten Schmidt* KO, § 43 Rz. 3a). 21

b) Untergang des Eigentumsvorbehalts

Ist der Eigentumsvorbehalt untergegangen, können Aussonderungsansprüche nicht mehr geltend gemacht werden. Für die Praxis relevant ist hier ein Erlöschen durch Verbindung, Vermischung oder Verarbeitung nach Maßgabe der §§ 946 ff. BGB, soweit der Vorbehaltsverkäufer keinen entsprechend verlängerten Eigentumsvorbehalt vereinbart hat (vgl. dazu unten § 51 Rz. 14). Der dem Vorbehaltsverkäufer hiernach zustehende Anspruch aus § 951 BGB ist lediglich Insolvenzforderung, Ersatzaussonderungsansprüche kommen nicht in Betracht (vgl. unten § 48 Rz. 8). 22

c) Faktische Ausübungssperre in der Insolvenz des Vorbehaltskäufers

Der Insolvenzverwalter des Vorbehaltskäufers kann – wie auch schon nach bisherigem Recht – grundsätzlich die Aussonderungsansprüche der Vorbehaltsverkäufer nur abwehren, wenn er Vertragserfüllung nach § 103 Abs. 1 wählt und den ausstehenden Kaufpreis zahlt. Darüber hinaus hat sich die Position des Insolvenzverwalters allerdings durch den neuen § 107 Abs. 2 nachhaltig verbessert, da dieser nunmehr die Erklärungen nach §§ 103 Abs. 1, Abs. 2 Satz 2 erst unverzüglich nach dem Berichtstermin abzugeben hat, d. h. bis zu 3 Monate nach Verfahrenseröffnung (vgl. § 29 Abs. 1 Nr. 1) die Vorbehaltsware selbst dann behalten kann, wenn er in dieser Phase keine ausreichende Liquidität hat (vgl. *Marotzke* JZ 1995, 803 ff. [812]). Wird die Ablehnungserklärung allerdings trotz erkennbarer Mittellosigkeit der Masse verzögert, kommt eine persönliche Haftung 23

§ 47   *Eröffnung des Insolvenzverfahrens*

des Verwalters nach § 60 in Betracht (vgl. *Häsemeyer* Insolvenzrecht, Rz. 18.35 in Fn. 99).

d) Eigentumsvorbehalt in der Insolvenz des Vorbehaltsverkäufers

24 Im Geltungsbereich der KO konnte der Verwalter des Vorbehaltsverkäufers die weitere Erfüllung des mit dem Vorbehaltskäufer geschlossenen Vertrages ablehnen und hiernach die Vorbehaltsware herausverlangen (*BGH* BGHZ 92, 280 ff. [288 f.]). Nach dem neuen § 107 Abs. 1 ist das Anwartschaftsrecht des Vorbehaltskäufers nunmehr insolvenzfest, soweit dem Käufer vor Verfahrenseröffnung bereits Besitz an der Vorbehaltsware übertragen worden war. Der Vorbehaltskäufer kann Erfüllung des Vertrages verlangen und den Gegenstand – zwar rechtstechnisch nicht aussondern – so aber doch herausverlangen. Hat der Vorbehaltskäufer hingegen vor Verfahrenseröffnung keinen Besitz an der Vorbehaltsware erlangt, so ist ihm der Weg zum Vollrecht an der Vorbehaltsware über § 107 Abs. 1 verschlossen (vgl. *Häsemeyer* Insolvenzrecht, Rz. 18.36).

4. Sicherungseigentum

25 Zum Sicherungseigentum allg. vgl. zunächst unten § 51 Rz. 5. Ein Aussonderungsrecht gibt es im Bereich des Sicherungseigentums nur für den Sicherungsgeber in der praktisch wenig relevanten Insolvenz des Sicherungsnehmers (*Hess* KO, § 43 Rz. 91; *Vortmann* in Mohrbutter/Mohrbutter, Hdb. d. Insolvenzvw. Rz. VI 283); bei der Insolvenz des Sicherungsgebers resultieren aus dem Sicherungseigentum – wie sich nunmehr auch ausdrücklich aus dem Gesetz ergibt (§ 51 Nr. 1) – nur Absonderungsrechte (vgl. unten § 51 Rz. 5)

26 Der Einräumung eines Aussonderungsrechts für den Sicherungsgeber in der Insolvenz des Sicherungsnehmers liegt die Annahme zugrunde, es sei die dingliche Übertragung des Volleigentums durch die schuldrechtliche Sicherungsabrede so stark überlagert, daß ihr eine quasi-dingliche Wirkung zukomme, die in der Insolvenz des Sicherungsnehmers entgegen der formellen Rechtslage und unter Durchbrechung des Abstraktionsprinzips zur Entstehung eines Aussonderungsrechts führe (vgl. *Serick* Band III, § 35 II 1). An der vorbeschriebenen Rechtslage hat sich durch die Bestimmungen der Insolvenzordnung nichts geändert.

27 Voraussetzung für eine Aussonderung ist, daß entweder der Sicherungszweck entfallen ist (selten) oder der Sicherungsgeber die gesicherten Forderungen zurückführt (*Gottwald* in Gottwald, InsolvenzRHdb, § 45 Rz. 33). Zu beachten ist, daß der Sicherungsgeber in der Insolvenz des Sicherungsnehmers kein Recht zur vorzeitigen Tilgung der gesicherten Forderung vor der vereinbarten Fälligkeit hat, da die Vorschrift des § 41 nur für Verbindlichkeiten, nicht aber für Forderungen des Gemeinschuldners gilt (vgl. zur inhaltlich unveränderten Vorgängervorschrift des § 65 KO: *Hess*, KO § 43 Rz. 2). Insoweit ist also eine Einigung mit dem Insolvenzverwalter erforderlich (*Gottwald* a. a. O.), der sich dieser aber in Ansehung der erwarteten Zahlung in der Praxis nicht verschließen wird.

5. Mobilienleasing

28 Im Falle der Insolvenz eines Leasingnehmers beim Mobilien-Leasing resultiert aus dem Eigentum des Leasinggebers an dem Leasinggegenstand ein Aussonderungsanspruch, nachdem – anders als im Geltunsbereich der KO – Leasingverträge über Mobilien mit der Eröffnung des Insolvenzverfahrens grundsätzlich automatisch enden, wenn nicht der

Insolvenzverwalter Erfüllung des Vertrages nach § 103 wählt (vgl. aber Rz. 30). Lehnt der Insolvenzverwalter des Leasingnehmers auf eine Aufforderung zur Erfüllungswahl nach § 103 Abs. 2 Satz 2 ab – die diesbezügliche Erklärung ist unverzüglich, anders wie im Falle des Eigentumsvorbehalts nach § 107 Abs. 2 Satz 1, abzugeben –, so entfällt sein Besitzrecht und der Leasinggeber kann aussondern. Wählt der Insolvenzverwalter allerdings Erfüllung, so kann der Leasinggeber wegen Zahlungsrückständen vor Eröffnung des Insolvenzverfahrens keine Kündigung aussprechen, um sich so über die Aussonderung wieder in den Besitz des Leasinggutes zu setzen. Hier enthält § 112 eine Kündigungssperre, die zu einer deutlichen Schlechterstellung der Leasinggeber führt (vgl. dazu *Gottwald/Adolphsen* in Kölner Schrift zur InsO Rz. 53; *Obermüller/Hess* InsO Rz. 851) und die die Leasinggeber zur Vermeidung von Nachteilen zwingen wird, bei Zahlungsverzug möglichst frühzeitig, d. h. vor Insolvenzantragstellung, die Verträge zu kündigen (vgl. dazu *Sinz* in Kölner Schrift zur InsO Rz. 7).

Die vorstehenden Mechanismen gelten sowohl für das sog. **Operating-Leasing** als auch 29 beim sog. **Finanzierungsleasing**, da beide Leasing-Erscheinungsformen jedenfalls nach der Rechtsprechung als besondere Erscheinungsform des Mietvertrages zu qualifizieren sind (BGHZ 94, 44 ff. [49] und BGHZ 96, 103 ff. [107]). Hieran ändert sich auch im Geltungsbereich der InsO nichts (*Gottwald/Adolphsen* a. a. O. Rz. 48, 49). Das Bestreben, Finanzierungsleasingverträge wegen ihrer kaufrechtlichen Elemente denjenigen Bestimmungen zu unterstellen, die für den Kauf unter Eigentumsvorbehalt gelten (so *Häsemeyer* Insolvenzrecht, Rz. 18.40), ist vom Regelungsgehalt der InsO nicht gedeckt (vgl. *Gottwald/Adolphsen* a. a. O. Rz. 49 m. Fn. 124).

Im Falle der Insolvenz des Leasinggebers kann der Insolvenzverwalter nach erfolgter 30 Vertragsablehnung i. S. d. § 103 Abs. 2 das Leasinggut aussondern. Ist das Leasinggut allerdings refinanziert, so wird die refinanzierende Bank i. d. R. Sicherungseigentümerin des Leasingguts sein. In diesem Fall sind die Leasingverträge insolvenzfest, da diese gem. § 108 Abs. 1 Satz 2 trotz Eröffnung des Insolvenzverfahrens fortbestehen. Dem Verwalter steht in diesem Fall keine Erfüllungswahl nach § 103 zu.

6. Factoring

Beim **echten** Factoring (zum Factoring insgesamt unten § 51 Rz. 28), dem als Kausal- 31 geschäft ein Forderungskauf zugrunde liegt, erteilt der Factor dem Anschlußkunden im Gegenzug für die Übertragung seiner Forderungen eine vorbehaltlose Gutschrift, die also bei Insolvenz des Schuldners des Anschlußkunden nicht zurückgefordert werden soll. Da der Factor beim echten Factoring demnach Vollrechtsinhaber geworden ist und die Forderung nicht nur zum Zwecke der Besicherung erworben hat, kann er in der Insolvenz des Anschlußkunden die abgetretenen und bezahlten Forderungen des Anschlußkunden aus der Insolvenzmasse aussondern (vgl. *Hess* KO, § 43 Rz. 63; *Kuhn/Uhlenbruck* KO, § 23 Rz. 20 d). An dieser Rechtslage hat sich im Geltungsbereich der InsO nichts geändert (*Sinz* a. a. O. Rz. 53).

Beim **unechten** Factoring hingegen hat der Factor in der Insolvenz des Anschlußkunden 32 nur ein Absonderungsrecht (dazu im einzelnen unten § 51 Rz. 28).

7. Pensions- und Unterstützungsfonds/Lebensversicherungen

An Vermögenswerten, die zum Zwecke der betrieblichen Altersversorgung festgelegt 33 wurden, bestehen im einzelnen folgende dinglichen Berechtigungen:

a) Pensionsrückstellungen

34 Vom insolventen Arbeitgeber zur Abdeckung von Pensionszusagen gebildete Rückstellungen in der Bilanz begründen keine Aussonderungsansprüche der insoweit bedachten Arbeitnehmer, da es sich hierbei um rechtlich unselbständige Bilanzposten handelt (*Hess* KO, § 43 Rz. 117).

b) Direktversicherungen

35 Häufig werden zur Erfüllung von Versorgungszusagen zugunsten der Arbeitnehmer Versicherungsverträge abgeschlossen. Diese können – je nach Ausgestaltung der Widerruflichkeit des Bezugsrechts – Aussonderungsansprüche begründen:

36 Bei widerruflichen Bezugsrechten hat der Versorgungszusagenempfänger kein Aussonderungsrecht. Dies gilt auch dann, wenn die Prämien aus einer Gehaltsumwandlung aufgebracht worden sind (vgl. *LAG München* ZIP 1988, 1070 ff. [1071]). Unerheblich ist des weiteren, ob die Versorgungsanwartschaft nach § 1 Abs. 2 BetrAVG bereits unverfallbar geworden ist (*Gottwald* in Gottwald, InsolvenzRHdb, § 41 Rz. 42).

37 Bei unwiderruflichen Bezugsrechten kann der Arbeitnehmer Aussonderung der Versicherung fordern (*BAG* NJW 1991, 717 f. [717]); zur regreßfreien Abwicklung vgl. *Huntemann* EWiR 1998, 953 f.

38 Wurde zugunsten des Arbeitnehmers hingegen ein eingeschränkt unwiderrufliches Bezugsrecht begründet, so kann er die Versicherung aussondern für den Fall, daß seine Versorgungsanwartschaft unverfallbar geworden ist (*BAG* NJW 1991, 717 f. [718]).

c) Rückdeckungsversicherungen

39 Soweit der Arbeitgeber zur Finanzierung einer Versorgungs- oder Pensionszusage eine Rückdeckungsversicherung abschließt, so steht den Arbeitnehmern im Konkurs des Arbeitgebers kein diesbezügliches Aussonderungsrecht zu (*Kuhn/Uhlenbruck* KO, § 43 Rz. 8c).

8. Treuhand

40 Bei der Prüfung der Aussonderungsrechte ist nicht auf den formalen Rechtszustand, sondern vielmehr auf die materielle Rechtslage abzustellen. Aus diesem Grund gilt bei Treuhandverhältnissen folgendes:

a) Uneigennützige Treuhand

41 Bei der uneigennützigen oder Verwaltungstreuhand dient der Treuhandvertrag ausschließlich den Interessen des Treugebers, der das Recht zur Verwahrung, Verwaltung oder Durchsetzung auf den Treuhänder überträgt (vgl. *Palandt/Bassenge* § 903 Rz. 35). Die Befugnisse des Treuhänders sind durch die Treuhandabrede in einer Art und Weise beschränkt, daß bei wirtschaftlicher Betrachtungsweise der treuhänderisch überlassene Gegenstand dem Treugeber zuzuordnen ist, weshalb diesem in der Insolvenz des Treuhänders auch ein entsprechender Aussonderungsanspruch zusteht (*Hess* KO, § 43 Rz. 104; *BGH* BGHZ 11, 37 ff. [41 f.]).

42 Aufgrund der vorgenannten Beschränkungen der Befugnisse des Treuhänders hat dieser in der Insolvenz des Treugebers keinen Anspruch auf Herausgabe des Treugutes (*BGH*

Aussonderung § 47

NJW 1962, 1200 ff. [1201]). Da das Treuhandverhältnis mit der Eröffnung des Insolvenzverfahrens erlischt (vgl. §§ 115, 116), hat der Insolvenzverwalter des Treugebers gegen den Treuhänder einen Anspruch auf Rückübertragung des Treuguts zur Insolvenzmasse (vgl. *Häsemeyer* Insolvenzrecht, Rz. 11.15).

b) Eigennützige Treuhand

Bei der eigennützigen Treuhand hat der Treuhänder ein eigenes Interesse an der Übertragung des Treuguts. Dieses geht regelmäßig auf Sicherung einer Forderung, den Hauptanwendungsfall bilden Sicherungsübereignungen und -abtretungen, die in der Insolvenz des Treugebers zu einem Absonderungsrecht des Treuhänders nach § 51 Abs. 1 Nr. 1 führen (vgl. unten § 51 Rz. 5 und oben Rz. 25). 43

In der Insolvenz des Treuhänders hat der Treugeber bzgl. des Treuguts ein Aussonderungsrecht (*BGH* BGHZ 11, 37 ff. [41]; *Gottwald* in Gottwald, InsolvenzRHdb, § 41 Rz. 34). Dieses geht auf Herausgabe, wenn die Forderung des Treuhänders befriedigt ist oder nicht valutiert (vgl. auch *BGH* BGHZ 72, 141 ff. [143]). 44

Praktisch bedeutsam ist in dieser Fallgruppe vor allem die Mietkaution in der Insolvenz des Vermieters. An dieser hat der Mieter ein Aussonderungsrecht, wenn sie der Vorgabe des § 550 b Abs. 2 BGB entsprechend auf einem Sonderkonto angelegt worden ist. Es muß sich hierbei um ein offensichtliches Treuhandkonto handeln, wobei i. d. R. bereits die Bezeichnung des Kontos als »Kautionskonto« die treuhänderische Bindung des Guthabens erkennbar macht (*BGH* ZIP 1993, 213 f. [214]; vgl. auch *OLG Schleswig* ZIP 1989, 252 ff. und *LG München* ZIP 1989, 254 ff.). Wurde die Kaution des Mieters hingegen mit dem übrigen Vermögen des Vermieters vermischt, so hat der Mieter keinen Aussonderungsanspruch (vgl. *Häsemeyer* Insolvenzrecht, Rz. 11.04 in Fn. 9). 45

9. Begrenzt dingliche Rechte

Begrenzt dingliche Rechte gewähren ebenfalls einen Aussonderungsanspruch, relevant sind hier insbesondere der Nießbrauch nach §§ 1030 ff. BGB und das Erbbaurecht nach §§ 1 ff. ErbbauVO, die ein Recht zum Besitz gewähren. Zu beachten ist, daß sich die Aussonderung auf Herausgabe des Rechtes selbst richet, der Anspruch auf Sachherausgabe ist dabei nur Nebenanspruch (*Jaeger/Lent* KO, § 43 Rz. 26). Ein Aussonderungsrecht räumt auch das dingliche Vorkaufsrecht des § 1094 Abs. 1 BGB ein. Hier geht der Aussonderungsanspruch bei Insolvenz des Eigentümers auf Bewilligung der Umschreibung des Grundbuches (*Kuhn/Uhlenbruck* KO, § 43 Rz. 59). 46

10. Verträge für fremde Rechnung

Bei Verträgen für fremde Rechnung haben im Insolvenzverfahren in aussonderungsrechtlicher Hinsicht die Kommission sowie die Versicherung für fremde Rechnung praktische Relevanz. 47

a) Kommission

Bei der handelsrechtlichen Kommission gelten nach § 392 Abs. 2 HGB die Forderungen des Kommissionärs im Verhältnis zum Kommittenten auch ohne Abtretung als solche des Kommittenten. Dieser hat daher in der Insolvenz des Kommissionärs bzgl. der Forderungen des Kommittenten gegen dessen Vertragspartner ein Aussonderungsrecht. 48

49 Hat bei der Einkaufskommission eine Lieferung der Ware an den Kommissionär noch nicht stattgefunden, kann der Kommittent vom Insolvenzverwalter im Zuge der Aussonderung Abtretung der Lieferansprüche des Kommissionärs verlangen. Bei bereits vorverfahrensrechtlicher Lieferung an den Kommissionär ist der Anspruch des Kommittenten gegen den Verwalter auf Verschaffung der Ware lediglich einfache Konkursforderung.

50 Bei der Verkaufskommission kann der Kommittent das noch beim Kommissionär befindliche Kommissionsgut aussondern. Soweit die Waren bereits vom Kommissionär übereignet worden sind, steht ihm lediglich der Zahlungsanspruch des Kommittenten zu (vgl. oben Rz. 48).

b) Versicherung für fremde Rechnung

51 Bei der Versicherung für fremde Rechnung hat der Versicherte nach § 75 Abs. 1 VVG einen Aussonderungsanspruch auf die Versicherungsrechte, wenn der Versicherungsnehmer insolvent wird (*BGH* BGHZ 10, 376 ff. [377, 380]; *Heilmann* KTS 1972, 14 ff. [16]).

11. Erbschaftsanspruch

52 Aussonderungsansprüche begründet in der Insolvenz des Erbschaftsbesitzers § 2018 BGB bzgl. der Gegenstände der Erbschaft und § 2019 Abs. 1 BGB bzgl. der mit Mitteln der Erbschaft erworbenen weiteren Gegenstände.

13. Besitz

53 Soweit auch der Besitz eine Befugnis zur Aussonderung gewährt, geht sie auf Wiedereinräumung des Besitzes nach § 861 Abs. 1 BGB bzw. Herausgabe nach § 1007 Abs. 1 BGB und Beseitigung einer Besitzstörung nach § 862 Abs. 1 BGB. Eine auf Besitz gestützte Aussonderung kommt nur in Betracht, wenn weder der Insolvenzverwalter noch der vermeintlich Berechtigte Eigentum an der herauszugebenden Sache beweisen können (*Jaeger/Lent* KO, § 43 Rz. 27). Die Praxisrelevanz ist daher gering.

III. Persönliche Aussonderungsrechte

54 Persönliche, d. h. schuldrechtliche Ansprüche verschaffen nur dann einen Anspruch auf Aussonderung, wenn sie auf Herausgabe eines dem Gemeinschuldner nicht gehörenden Gegenstandes gerichtet sind, wobei der Anspruchsinhaber nicht zugleich auch dinglich Berechtigter sein muß (*Kilger/Karsten Schmidt* KO, § 43 Rz. 6). Zu diesen Ansprüchen gehören die Herausgabeansprüche des Vermieters nach § 556 Abs. 1 BGB, des Verpächters nach § 596 Abs. 1 BGB, des Verleihers nach § 604 Abs. 1 BGB, des Auftraggebers bzgl. der dem Auftragnehmer zur Ausführung des Auftrages überlassenen Gegenstände nach § 667 1. Alt. BGB und des Hinterlegers nach § 695 BGB. Die persönlichen Ansprüche des Hinterlegers geben etwa auch im praktisch seltenen Fall der Insolvenz des Wertpapierverwahrers bei der Sonderverwahrung nach § 2 DepotG und der Sammelverwahrung nach § 5 DepotG ein Aussonderungsrecht (ausführlich *Kuhn/Uhlenbruck* KO, § 43 Rz. 62 ff.).

Unwirksam sind schuldrechtliche Verträge, durch die für den Fall der Insolvenz dem 55
Vertragspartner des nachmaligen Gemeinschuldners ein Aussonderungsrecht eingeräumt werden soll, da sie gegen den Grundsatz der gleichmäßigen Befriedigung der Gläubiger verstoßen (*BGH* BGHZ 26, 185 ff. [193]; *Gottwald* in Gottwald, InsolvenzRHdb, § 41 Rz. 23).

Keinen Aussonderungsanspruch begründen im übrigen schuldrechtliche Ansprüche, die 56
lediglich auf Verschaffung gerichtet sind. Hierzu gehören der Herausgabeanspruch des
§ 281 Abs. 1 BGB, Rückgewähransprüche nach §§ 346 ff. BGB, die Ansprüche auf
Erfüllung schuldrechtlicher Verträge, der Herausgabeanspruch des Auftraggebers nach
§ 667 2. Alt. BGB sowie die Bereicherungsansprüche der §§ 812 und 816 BGB (*Hess*
KO, § 43 Rz. 125). Nicht zu den Aussonderungsansprüchen gehören auch die Wegnahmerechte des Mieters nach § 547 a Abs. 1, des Wiederverkäufers nach § 500 Satz 2, des
Pächters nach §§ 581 Abs. 2, 547 a und des Entleihers nach 601 Abs. 2 Satz 2 BGB.

Stehen dem Berechtigten sowohl dingliche als auch persönliche Ansprüche auf Aussonderung zu, so hat er insoweit ein Wahlrecht. Dieses wird er im Hinblick darauf ausüben, 57
bei welchem Anspruch sich für ihn die günstigere Behauptungs- und Beweislast bzw. der
günstigere Gerichtsstand ergibt (*Jaeger/Lent* KO, § 43 Rz. 28a).

C. Verfahren der Aussonderung

I. Verbot der Selbsthilfe

Ohne Zustimmung des Insolvenzverwalters hat der Aussonderungsberechtigte kein 58
Recht, die Geschäftsräume des Gemeinschuldners zu betreten, um dort das Aussonderungsobjekt zu besichtigen, herauszusuchen oder mitzunehmen (*OLG Köln* ZIP 1987,
653 ff. [654]). Anders als bei der eigenmächtigen Wegnahme und Verwertung von mit
Absonderungsrechten belasteten Gegenständen (dazu *LAG Hamm* ZIP 1986, 1262 ff.
[1266]), macht sich der Aussonderungsberechtigte insoweit allerdings nicht schadensersatzpflichtig.

II. Prüfungspflicht des Verwalters/Prüfungszeitraum

Werden Aussonderungsrechte an Gegenständen nicht geltend gemacht, so trifft den 59
Insolvenzverwalter keine Verpflichtung von sich aus Fremdrechte zu ermitteln und an
die Aussonderungsberechtigten heranzutreten (*Haarmeyer/Wutzke/Förster* Hdb. zur
InsO Kap. 5 Rz. 249). Sind Aussonderungsansprüche hingegen erhoben, so hat der
Insolvenzverwalter das Vorliegen der Fremdrechte dahingehend zu überprüfen, ob, in
welchem Umfang und mit welchen Maßgaben die Aussonderung zu erfolgen hat. Ihm
steht hier ein vom Umfang der mit Fremdrechten belasteten Aussonderungsobjekte
abhängiger angemessener **Prüfungszeitraum** zur Verfügung, während dessen er nicht in
Verzug geraten kann (vgl. *Vortmann* in Mohrbutter/Mohrbutter, Hdb. d. Insolvenzvw.
Rz. VI.176: 2 Monate bei mittlerer Insolvenz; *AG Bonn* ZIP 1994, 1880: 3 Monate). In
der Insolvenz des Käufers beim Kauf unter Eigentumsvorbehalt greift im übrigen für den
Zeitraum bis zum Berichtstermin die faktische Ausübungssperre des § 107 Abs. 2 Satz 1
(vgl. oben Rz. 23).

III. Auskunftspflicht des Verwalters

60 Der Insolvenzverwalter ist verpflichtet, den Aussonderungsberechtigten Auskunft über den Verbleib, etwaige Verarbeitungen usw. der mit Fremdrechten belasteten Gegenstände zu erteilen (*Gottwald* in Gottwald, InsolvenzRHdb, § 41 Rz. 67). Der Umfang der Auskunftspflicht orientiert sich an der Zumutbarkeit (*BGH* BGHZ 70, 86 ff. [91]). Der Insolvenzverwalter ist daher nicht verpflichtet, selbst umfangreiche Nachforschungen anzustellen, wenn der Aussonderungsberechtigte die auszusondernden Gegenstände nicht im einzelnen näher bezeichnet (*OLG Düsseldorf* ZIP 1988, 450 ff. [452]). Im übrigen kann der Insolvenzverwalter den Aussonderungsberechtigten auch darauf verweisen, selbst Einsicht in die Geschäftsunterlagen zu nehmen (*LG Baden-Baden* ZIP 1989, 1003 f. [1004]). Die gegenüber den Absonderungsberechtigten bestehenden Auskunftspflichten sind nunmehr in § 167 geregelt. Stehen die Warengläubiger auch hiernach vor Beweisschwierigkeiten, was die Höhe ihrer Anteile an einem vermischten Bestand anbelangt, so besteht insoweit kein – wegen etwaiger Beweisvereitelung nachteiliger – Auskunftsanspruch gegen den Insolvenzverwalter (*Ernestus* in Mohrbutter/Mohrbutter, Hdb. d. Insolvenzvw. Rz. VI.335).

IV. Anerkennung der Aussonderungsrechte

61 Nach erfolgter Prüfung anerkennt der Insolvenzverwalter bei Vorliegen der Voraussetzungen das Aussonderungsrecht und erklärt insoweit Freigabe. Der Zustimmung des Gläubigerausschusses bzw. der Gläubigerversammlung bedarf er nach § 160 nur dann, wenn das Aussonderungsobjekt – in Abweichung der 300-DM-Grenze des alten § 133 Nr. 2 KO – von erheblichem Wert ist (dazu *Wegener* § 160 Rz. 3). Die irrtümlich erklärte Freigabe zugunsten eines nicht berechtigten Dritten hat keine Auswirkungen auf die Eigentumsposition des wirklichen Eigentümers.

V. Umfang der Herausgabepflicht

62 Der Insolvenzverwalter genügt seiner Herausgabepflicht grundsätzlich, wenn er das Aussonderungsgut zur Abholung bereitstellt. Es trifft ihn keine Verpflichtung zum Versand (*Kuhn/Uhlenbruck* KO, § 43 Rz. 68).

63 Hat der Insolvenzverwalter allerdings ein **Grundstück** oder **Mieträumlichkeiten** herauszugeben, so hat er dieses zu räumen, da er anderenfalls den Aussonderungsanspruch des Vermieters nicht erfüllt (*BGH* BGHZ 127, 156 ff. [166]). Da Teilleistungen bei der Erfüllung der Rückgabepflicht gem. § 266 BGB unzulässig sind, wird bei einer nur teilweisen Räumung das auszusondernde Grundstück auch weiterhin vorenthalten, so lange nicht nur einzelne Gegenstände zurückbleiben (*BGH* BGHZ 104, 285 ff. [289]). Die Räumungspflicht besteht auch dann, wenn das Mietverhältnis bereits vor Konkurseröffnung beendet wurde (*OLG Hamm* InVo 1996, 14 f. [14]).

VI. Aussonderungskosten

64 Die Kosten, die dem Insolvenzverwalter im Zusammenhang mit der Durchführung der Aussonderung selbst aber auch im Vorfeld durch Erteilung von Auskünften entstehen, fallen der Masse zu Last, da der Verwalter insoweit ein in seinem Pflichtenkreis liegendes eigenes Geschäft führt (*BGH* BGHZ 104, 304 ff. [308]). Der Gesetzgeber hat sich ausdrücklich dagegen entschieden, die Aussonderungsberechtigten mit einem Kostenbeitrag zu belasten (vgl. Begr. zu § 195 des RegE [BR-Drucks. 1/92, 180 f.]). Ein Kostenerstattungsanspruch gegen den Aussonderungsberechtigten besteht daher ohne eine – jederzeit mögliche – gesonderte Vereinbarung nicht (*Lüke* KTS 1988, 421 ff. [431 f.], anders aber jetzt *Häsemeyer* Insolvenzrecht, Rz. 11.27).

Gleiches gilt für die Aufwendungen, die dem Insolvenzverwalter im Zusammenhang mit der Erhaltung und Sicherung der Aussonderungsobjekte entstehen (*Kuhn/Uhlenbruck* KO, § 43 Rz. 70i gegen *Kilger/Karsten Schmidt* KO, § 43 Rz. 3 b cc). 65

Bei einer vom Aussonderungsberechtigten allerdings vorbehaltlos gezahlten Aufwandsentschädigung als Gegenleistung für die Aussonderung besteht kein Rückzahlungsanspruch (*LG Köln* ZIP 1988, 1272). Im übrigen steht es dem Insolvenzverwalter frei, eine Aufwandsentschädigung zu vereinbaren, wenn er dem Berechtigten etwa die Möglichkeit einer zeitlich bevorzugten Aussonderung einräumt. 66

Aufwendungen, die dem Aussonderungsberechtigten anläßlich der Abholung seiner Gegenstände entstehen (s. o. Rz. 62), können im Insolvenzverfahren lediglich als nachrangige Forderungen nach § 39 Abs. 1 Nr. 2 geltend gemacht werden. 67

VII. Aufgabe des Aussonderungsrechts

Insbesondere soweit es um Vorbehaltseigentum geht, werden zu Beginn eines jeden Verfahrens von den meisten Berechtigten zunächst einmal Aussonderungsrechte angemeldet. Der Aussonderungsberechtigte hat dann aber oftmals kein Interesse an einer Aussonderung seiner Gegenstände, sei es wegen deren zu geringer Menge oder wegen deren zwischenzeitlich fehlender Marktgängigkeit. In diesem Fall besteht für ihn keine Aussonderungspflicht. Beläßt er den Gegenstand allerdings in der Masse läuft er Gefahr, mit den diesbezüglichen Verwertungskosten belastet zu werden (*Kuhn/Uhlenbruck* KO, § 43 Rz. 70c). Diesen wird er sich nur entziehen können, wenn er sich etwa seines Vorbehaltseigentums durch einfache Erklärung (*Quack* in MünchKomm, § 959 Rz. 16) oder seines Eigentums durch Dereliktion nach § 959 BGB entledigt, was jederzeit möglich ist, soweit kein Dereliktionsverbot besteht (dazu *Quack* a. a. O., § 959 Rz. 14). In diesem Fall kann der Verwalter die Gegenstände freihändig verwerten. 68

VIII. Aussonderungsrechtsstreit

Wenn auch in der Praxis von Gläubigern teilweise versucht wird, ein Aussonderungsbegehren durch Beschwerden über den Verwalter beim Insolvenzgericht zur Durchsetzung zu bringen, so ist ein Aussonderungsrechtsstreit ausschließlich im ordentlichen Prozeßweg zwischen Verwalter und Gläubiger auszutragen. Bezüglich des Gerichtsstands gelten die allgemeinen Regeln der ZPO. Ausweislich des durch Art. 18 EGInsO eingefügten neuen § 19a ZPO wurde der allgemeine Gerichtsstand bei gegen die Insolvenzmasse gerichteten Prozessen nunmehr an den Sitz des Insolvenzgerichtes verlegt (der diesbezüglich gegensätzlichen Rechtsprechung des *BGH* BGHZ 88, 331 ff. [334], ist damit die Grundlage entzogen). Auch für die Klageanträge ergeben sich keine insolvenzspezifischen Besonderheiten. 69

§ 48 *Eröffnung des Insolvenzverfahrens*

70 Was die Beweislast anbelangt, so wirkt zugunsten des Insolvenzverwalters bei einem gegen ihn gerichteten Aussonderungsrechtsstreit die Eigentumsvermutung des § 1006 Abs. 1 BGB (vgl. *BGH* WM 1996, 1242 ff. [1243]).

71 Bei Fällen mit Auslandsbezug ist zu beachten, daß bei im Inland befindlichen Aussonderungsobjekten kraft Gewohnheitsrechts das Recht des Lageorts gilt und dieses mithin für alle sachenrechtlichen Tatbestände, wie z. B. die Voraussetzungen einer Übereignung, maßgeblich ist (*BGH* a. a. O.).

§ 48
Ersatzaussonderung → § 46 KO

¹Ist ein Gegenstand, dessen Aussonderung hätte verlangt werden können, vor der Eröffnung des Insolvenzverfahrens vom Schuldner oder nach der Eröffnung vom Insolvenzverwalter unberechtigt veräußert worden, so kann der Aussonderungsberechtigte die Abtretung des Rechts auf die Gegenleistung verlangen, soweit diese noch aussteht. ²Er kann die Gegenleistung aus der Insolvenzmasse verlangen, soweit sie in der Masse unterscheidbar vorhanden ist.

Inhaltsübersicht: Rz.

A. Allgemeines	1– 2
B. Voraussetzungen des Ersatzaussonderungsanspruchs	3–11
I. Vereitelung eines Aussonderungsanspruchs	4– 6
II. Vorliegen einer Veräußerung	7– 8
III. Entgeltlichkeit der Veräußerung	9
IV. Wirksamkeit der Veräußerung	10
V. Keine Berechtigung zur Veräußerung	11
C. Inhalt des Ersatzaussonderungsanspruchs	12–20
I. Abtretung der ausstehenden Gegenleistung	13
II. Herausgabe der erbrachten Gegenleistung	14–17
III. Höhe des Anspruchs	18–20
D. Analoge Anwendung auf den vorläufigen Insolvenzverwalter	21
E. Analoge Anwendung auf Ersatzabsonderung	22–23

Literatur:

Gerhardt Der Surrogationsgedanke im Konkursrecht – dargestellt an der Ersatzaussonderung, KTS 1990, 1–14; *Gundlach* Zur »Gegenleistung« im Sinne des § 46 KO, ZIP 1995, 1789–1797; *ders.* Die »Veräußerung« im Sinne des § 46 KO, KTS 1996, 505–515; *ders.* Der maßgebliche Zeitpunkt für die Aussonderungsfähigkeit des veräußerten Gegenstandes bei der Ersatzaussonderung, KTS 1997, 55–61; *ders.* Notwendigkeit einer wirksamen Veräußerung für die Ersatzaussonderung, KTS 1997, 211–221; *Niesert* Das Recht der Aus- und Absonderung nach der neuen Insolvenzordnung, InVo 1998, 141 ff.

A. Allgemeines

§ 48 erweitert das Recht der Ersatzaussonderung im Vergleich zum bislang geltenden 1
Recht (§ 46 KO, § 26 Abs. 1 VglO): der Anspruch wird nun ausgedehnt auch auf die vor
Eröffnung des Insolvenzverfahrens vereinnahmte Gegenleistung aus der Veräußerung
eines Aussonderungsgegenstandes, soweit diese in der Masse noch unterscheidbar
vorhanden ist. Der im Sinne einer Stärkung der Insolvenzmasse wünschenswerte Ausschluß des Ersatzaussonderungsrechts für alle vor der Verfahrenseröffnung erfolgten
Veräußerungen von Aussonderungsgegenständen, wie er noch im Regierungsentwurf
vorgesehen war (vgl. dazu RegE Begr. zu § 55, BR-Drucks. 1/92, S. 125), wurde nicht in
das Gesetz übernommen.

Wird ein Aussonderungsgegenstand im Rahmen eines entgeltlichen Veräußerungsge- 2
schäfts aus der Ist-Masse entfernt, so geht der Aussonderungsanspruch des Berechtigten
unter (*Gottwald* in Gottwald, InsolvenzRHdb, § 43 Rz. 1). Der dem Berechtigten in
diesem Fall nach bürgerlichem Recht zustehende Erstattungsanspruch wird durch § 48
verstärkt, indem er mit Aussonderungskraft ausgestattet wird (*Vortmann* in Mohrbutter/
Mohrbutter, Hdb. d. Insolvenzvw. VI.206). Die Bestimmung des § 48, die nach alledem
keinen neuen Anspruch schafft, will verhindern, daß die übrigen Insolvenzgläubiger
nach einer unberechtigten Veräußerung aus der Gegenleistung einen Nutzen ziehen,
während der Aussonderungsberechtigte auf die eventuelle Quote eines Masseanspruchs
nach § 55 Abs. 1 Nr. 3 verwiesen wird (zur teilweisen Systemwidrigkeit schon nach
altem Recht: *Jaeger/Lent* KO, § 46 Rz. 1, 4).

B. Voraussetzungen des Ersatzaussonderungsanspruchs

Durch die Erweiterung seines Anwendungsbereichs (vgl. oben Rz. 1) enthält § 48 3
nunmehr nur noch einen Tatbestand, die unberechtigte Veräußerung, dessen Verwirklichung – je nach Verbleib der Gegenleistung – zwei unterschiedliche Rechtsfolgen nach
sich zieht (zum alten Recht vgl. *Kuhn/Uhlenbruck* KO, § 46 Rz. 1).

I. Vereitelung eines Aussonderungsanspruchs

Der Ersatzaussonderungsanspruch setzt voraus, daß ein Aussonderungsgegenstand (vgl. 4
oben § 47 Rz. 6), der aufgrund eines dinglichen (vgl. oben § 47 Rz. 8) oder persönlichen
Rechts (vgl. oben § 47 Rz. 54) hätte ausgesondert werden müssen, der Masse entzogen
worden ist.

§ 48 kommt deshalb nicht in Betracht, wenn aufgrund dinglicher Surrogation an die 5
Stelle des ursprünglichen Aussonderungsgegenstandes ein Ersatzgegenstand getreten ist
(z. B. nach den §§ 1048 Abs. 1 Satz 2, 1247, 1287, 1370, 1473, 1646, 2019, 2042, 2111
BGB; § 392 Abs. 2 HGB; § 92 Abs. 1 ZVG), der dann nach § 47 ausgesondert werden
kann (*Gottwald* in Gottwald, InsolvenzRHdb, § 43 Rz. 5). Dies ist nicht der Fall bei
§ 281 BGB, der dem Gläubiger nur einen schuldrechtlichen Verschaffungsanspruch
einräumt, der lediglich eine einfache Insolvenzforderung darstellt (vgl. oben Rz. 56).

Der Aussonderungsanspruch muß zum Zeitpunkt der Veräußerung noch bestanden 6
haben. Fand zuvor etwa eine Verarbeitung der Vorbehaltsware gem. § 950 BGB statt, so
hat der Vorbehaltsverkäufer keinen anteiligen Ersatzaussonderungsanspruch an der
Gegenleistung für die Veräußerung der verarbeiteten Sache, weil sein Eigentum und

damit sein Aussonderungsanspruch bereits durch die Verarbeitung untergegangen waren (dazu *Gundlach* KTS 1997, 55 ff.).

II. Vorliegen einer Veräußerung

7 Eine den Ersatzaussonderungsanspruch auslösende Veräußerung i. S. d. § 48 liegt nicht schon dann vor, wenn ein schuldrechtlicher Vertrag geschlossen worden ist, der eine Verpflichtung zur Veräußerung enthält (*Jaeger/Lent* KO, § 46 Rz. 8). Erforderlich ist vielmehr, daß der Gemeinschuldner bzw. der Insolvenzverwalter über einen der Aussonderung unterliegenden Gegenstand **verfügt** hat (*Kuhn/Uhlenbruck* KO, § 46 Rz. 6). Aus diesem Grund wird der Veräußerung gleichgestellt der unberechtigte **Einzug** einer **fremden Forderung** (*BGH* BGHZ 23, 306 ff. [317]; *BGH* ZIP 1989, 118 ff. [119]).

8 Eine Veräußerung i. S. d. § 48 setzt des weiteren voraus, daß die Einwirkung auf den mit einem Aussonderungsrecht belasteten Gegenstand im Zusammenhang mit einer **rechtsgeschäftlichen Einigung** zwischen Gemeinschuldner/Insolvenzverwalter und dem Erwerber des Aussonderungsgegenstandes erfolgt (*Hess* KO, § 46 Rz. 15). Der Untergang von Eigentum kraft Gesetzes, etwa durch Verbindung oder Vermischung, eröffnet aber auch dann den Anwendungsbereich des § 48, wenn die Verbindung oder Vermischung auf der Grundlage eines entsprechenden gegenseitigen Vertrages erfolgte (*BGH* BGHZ 30, 176 ff. [180 f.]). Ansonsten löst aber ein originärer Rechtserwerb aufgrund tatsächlicher Vorgänge die Rechtsfolge des § 48 nicht aus. Kommt es demgemäß alleine aufgrund von Verarbeitung i. S. d. § 950 BGB zum Eigentumsverlust des ehemals Aussonderungsberechtigten, so steht diesem auch kein Ersatzaussonderungsrecht an der neu hergestellten Sache zu (*BGH* NJW 1989, 3213 f. [3213]; vgl. aber *OLG Düsseldorf* ZIP 1988, 1415 ff. [1416 f.]).

III. Entgeltlichkeit der Veräußerung

9 Da sich der Ersatzaussonderungsanspruch auf die Gegenleistung für die Veräußerung bezieht, muß es sich bei der Veräußerung um ein **entgeltliches Geschäft** handeln. Bei unentgeltlicher Verfügung ist § 48 daher nicht anwendbar. Liegt eine gemischte Schenkung vor, so bezieht sich § 48 auf den entgeltlichen Teil des Geschäfts (*Hess* KO, § 46 Rz. 17). Als entgeltliche Veräußerung i. S. d. § 48 gilt – wie schon im Geltungsbereich des § 46 KO – auch die Einziehung einer Forderung (vgl. zum alten Recht *BGH* MDR 1998, 790 f. [790]).

IV. Wirksamkeit der Veräußerung

10 Für die Anwendbarkeit des § 48 ist es nach der Rechtsprechung und h. M. ohne Belang, ob die Veräußerung dem Berechtigten gegenüber unwirksam ist oder nicht (*BGH* NJW 1977, 901 f. [901]; *Kuhn/Uhlenbruck* KO, § 46 Rz. 9; *Kilger/Karsten Schmidt* KO, § 46 Rz. 6). Soweit Teile der Literatur § 48 nur im Falle von dem Berechtigten gegenüber wirksamen Verfügungen für anwendbar halten (so *Hess* KO, § 46 Rz. 19; *Baur/Stürner* Insolvenzrecht, Rz. 14.33), ist dem entgegenzuhalten, daß eine Beschränkung des § 48 nur auf wirksame Veräußerungen sich weder dem Wortlaut der Vorschrift noch den Motiven zur Konkursordnung entnehmen läßt, in denen es ausdrücklich heißt, es ginge

Ersatzaussonderung § 48

der Ersatzaussonderungsanspruch des Berechtigten nicht dadurch verloren, daß ihm noch Rechte gegen einen Dritten zustehen würden (*Hahn* Materialien, Bd. 4, 1998, 182; vgl. zum Streitstand im übrigen ausführlich *Gundlach* KTS 1997, 211 ff. [212 ff.]).

V. Keine Berechtigung zur Veräußerung

Der Ersatzaussonderungsanspruch besteht nur im Falle einer **unberechtigten Veräußerung** (*BGH* BGHZ 68, 199 ff. [201]). Bei einer Veräußerungsermächtigung ist § 48 demgemäß unanwendbar (*BGH* NJW 1953, 217), wenn und soweit sich der Gemeinschuldner an die Grenzen der Ermächtigung gehalten hat (*Häsemeyer* Insolvenzrecht, Rz. 11.23). War also der Vorbehaltskäufer vom Vorbehaltsverkäufer zur Weiterveräußerung der Vorbehaltsware im ordnungsgemäßen Geschäftsgang ermächtigt worden, so hat der Vorbehaltsverkäufer keinen Ersatzaussonderungsanspruch (*Vortmann* in Mohrbutter/Mohrbutter, Hdb. d. Insolvenzvw. Rz. VI.209). Diese Weiterveräußerungsermächtigung entfällt noch nicht bei schlechter Wirtschaftslage des Vorbehaltskäufers, erlischt aber spätestens mit Zahlungseinstellung (*Gottwald* in Gottwald, InsolvenzRHdb, § 43 Rz. 11), dem Insolvenzverwalter ist eine Veräußerung ohnehin untersagt (*Jaeger/Lent* KO, § 46 Rz. 2), soweit sie nicht schon im Zusammenhang mit der Verwertung nach §§ 166 ff. erfolgt. Die in den Verkaufsbedingungen des Vorbehaltsverkäufers enthaltene Ermächtigung zur Weiterveräußerung ist im übrigen auch dann unbeachtlich, wenn schon bzgl. der Vereinbarung eines Eigentumsvorbehalts eine Kollision mit Einkaufsbedingungen des Käufers vorliegt (*BGH* ZIP 1986, 1052 ff. [1054]; *Vortmann* in Mohrbutter/Mohrbutter, Hdb. d. Insolvenzvw. Rz. VI.211). 11

C. Inhalt des Ersatzaussonderungsanspruchs

Der Ersatzaussonderungsanspruch des § 48 räumt dem Berechtigten nach Satz 1 Ansprüche an der ausstehenden bzw. nach Satz 2 an der erbrachten **Gegenleistung** ein, soweit sie das Entgelt für den Gegenstand der vereitelten Aussonderung bildet (*BGH* BGHZ 30, 176 ff. [184]). Die Gegenleistung bildet bei einem Verkauf der Kaufpreis, bei der Einziehung einer Forderung der für die Befreiung von der Schuld gezahlte Betrag (*BGH* MDR 1998, 790 f. [790]). 12

I. Abtretung der ausstehenden Gegenleistung

Steht die Gegenleistung noch aus, so kann der Ersatzaussonderungsberechtigte nur Abtretung des Anspruchs auf die Gegenleistung verlangen, es findet also von Gesetzes wegen kein automatischer Gläubigerwechsel statt (*Jaeger/Lent* KO, § 46 Rz. 14). Das Problem fehlender Abtretbarkeit des Gegenanspruchs wegen eines zwischen Gemeinschuldner und Drittschuldner vereinbarten Abtretungsverbots ist durch § 354 a HGB bei beidseitigen Handelsgeschäften entschärft. Zahlt der Drittschuldner hiernach gemäß § 354 a Satz 2 HGB gleichwohl in die Insolvenzmasse, so ist die Ersatzaussonderung auf den zur Masse gelangten Erlös beschränkt (entsprechend *BGH* BGHZ 56, 228 ff. [233 f.]). 13

II. Herausgabe der erbrachten Gegenleistung

14 Soweit die Gegenleistung bereits erbracht ist, kann der Ersatzaussonderungsberechtigte diese nach § 48 Satz 2 aus der Masse verlangen, wenn sie dort noch **unterscheidbar** vorhanden ist. Dies ist der Fall, wenn Zahlungen auf ein Kontokorrentkonto des Insolvenzverwalters oder auf ein seiner Verfügung unterliegendes Konto des Gemeinschuldners gelangt sind, da hier die Unterscheidbarkeit schon durch die einzelnen Buchungen gewährleistet ist (*BGH* ZIP 1989, 118 ff. [119]; *Vortmann* in Mohrbutter/Mohrbutter, Hdb. d. Insolvenzvw. Rz. VI.207; *Gottwald* in Gottwald, InsolvenzRHdb, § 43 Rz. 16).

15 Die Unterscheidbarkeit auf dem Kontokorrentkonto dauert allerdings nur so lange fort, als der Wert auf dem Konto noch vorhanden und nicht durch anderweitige Belastungen wieder abgeflossen ist (*OLG Köln* ZIP 1980, 855 ff. [857]; *Gottwald* a. a. O.).

16 Werden demnach von dem Konto, auf dem mit Ersatzaussonderungsrechten belastete Gegenleistungen gutgeschrieben worden sind, auch Abbuchungen vorgenommen, so zerstört bereits die erste Abbuchung die Unterscheidbarkeit, da nicht festgestellt werden kann, welche der dort befindlichen ersatzaussonderungsfähigen Gegenleistungen von der Abbuchung betroffen sind (*Gerhardt* KTS 1990, 1 ff. [8]). In diesem Fall wandelt sich der Ersatzaussonderungsanspruch in einen Anspruch gegen die Masse nach § 55 Abs. 1 Nr. 3 aus ungerechtfertigter Bereicherung. Da dieser bei Masseunzulänglichkeit gem. § 209 Abs. 1 Nr. 3 erst im dritten Rang befriedigt wird, sollte der Verwalter zur Vermeidung eigener Inanspruchnahme nach § 60 Abs. 1 Gegenleistungen, die mit Ersatzaus- oder -absonderungsrechten belastet sind, auf ein Sonderkonto übertragen, da letztlich nur dort eine dauerhafte Unterscheidbarkeit gewährleistet ist (*Haarmeyer/Wutzke/Förster* Hdb. zur InsO Rz. 5/259).

17 Soweit gegenüber dem alten Recht nun auch neu in die Ersatzaussonderung mit einbezogen worden ist die vom Gemeinschuldner vor Eröffnung des Verfahrens vereinnahmte Gegenleistung aus der Veräußerung eines aussonderungsfähigen Gegenstandes, so wird die praktische Relevanz dieser Erweiterung angesichts der strengen Anforderungen an die Unterscheidbarkeit (vgl. oben Rz. 14 f.) wohl gering bleiben (vgl. z. B. *OLG Schleswig* ZIP 1989, 252 ff. [253]); in jedem Fall ist nun aber die bislang zu vorkonkurslichen Gutschriften vorliegende Rechtsprechung (vgl. *BGH* BGHZ 58, 257 ff. [260]) durch die Gesetzesänderung obsolet.

III. Höhe des Anspruchs

18 Nach herrschender Rechtsprechung (*RG* RGZ 115, 262 ff. [265]) und wohl noch überwiegender Literaturansicht (*Jaeger/Lent* KO, § 46 Rz. 16; *Kilger/Karsten Schmidt* KO, § 46 Rz. 8; *Gottwald* in Gottwald, InsolvenzRHdb, § 43 Rz. 17) soll das Ersatzaussonderungsrecht die volle Gegenleistung erfassen und zwar auch dann, wenn sie den Gegenwert des Aussonderungsobjekts übersteigt (a. A. demgegenüber *Kuhn/Uhlenbruck* KO, § 46 Rz. 17).

19 Ist hingegen das Aussonderungsobjekt zusammen mit anderen Gegenständen des Gemeinschuldners zu einem Gesamtpreis veräußert worden, so ist der Ersatzaussonderungsanspruch beschränkt auf den Teil der Gegenleistung, der auf den Aussonderungsgegenstand entfällt (*Hess* KO, § 46 Rz. 33 f.; *Gottwald* in Gottwald, InsolvenzRHdb, § 43 Rz. 17). Die Beweislast über die Höhe seines Anteils trifft nach allgemeinen Grundsätzen den Ersatzaussonderungsberechtigten (*Kuhn/Uhlenbruck* KO, § 46 Rz. 18).

Auf seinen Ersatzaussonderungsanspruch muß sich der Eigentumsvorbehaltsverkäufer 20
die durch die anderweitige Veräußerung ersparten Transport-, Lager-, Verkaufs- und
Wartungskosten anrechnen lassen (so nach *LG Hamburg* ZIP 1981, 1238 ff. [1240] auch
Kuhn/Uhlenbruck KO, § 46 Rz. 17; *Hess* KO, § 46 Rz. 36).

D. Analoge Anwendung auf den vorläufigen Insolvenzverwalter

Wird im Insolvenzeröffnungsverfahren ein vorläufiger Insolvenzverwalter mit Verfü- 21
gungsbefugnis bestellt und vereitelt dieser durch eine wirksame Verfügung ein
Aussonderungsrecht eines Gläubigers, so greift § 48 von seinem Wortlaut her nicht ein,
da er vor Eröffnung des Insolvenzverfahrens nur Verfügungen des »Schuldners« sanktioniert. Der vorstehende Sachverhalt unterscheidet sich allerdings weder von der
Aussonderungsvereitelung durch den Schuldner noch durch den Insolvenzverwalter,
weshalb § 48 auch analoge Anwendung auf die Aussonderungsvereitelung durch den
vorläufigen Insolvenzverwalter finden muß (*Niesert* InVo 1998, 141 ff. [142]).

E. Analoge Anwendung auf Ersatzabsonderung

Wie schon nach altem Recht ist auch im Geltungsbereich der InsO auch ohne eine 22
ausdrückliche gesetzliche Regelung die Zulässigkeit der Ersatzabsonderung in analoger
Anwendung des § 48 InsO anerkannt (vgl. § 49 Rz. 13 ff.). Bezüglich der Voraussetzungen des Ersatzabsonderungsanspruchs kann auf die vorstehenden Rz. 3–11 verwiesen
werden, das Ersatzabsonderungsrecht entsteht also nur, wenn durch eine unberechtigte
aber wirksame entgeltliche Verfügung des Gemeinschuldners ein Absonderungsrecht
vereitelt wird.

Nachdem der Insolvenzverwalter nunmehr berechtigt ist, im Rahmen des §§ 166 ff. InsO 23
Gegenstände mit Absonderungsrechten zu verwerten, scheidet bei seinen diesbezüglichen Verfügungen ein Ersatzabsonderungsanspruch des Gläubigers nach § 48 InsO
analog begrifflich aus. Das Absonderungsrecht des Gläubigers wird aber insoweit
geschützt, als es sich nach § 170 Abs. 1 Satz 1 im Wege der Surrogation am Verwertungserlös fortsetzt.

§ 49 → § 47 KO
Abgesonderte Befriedigung aus unbeweglichen Gegenständen

**Gläubiger, denen ein Recht auf Befriedigung aus Gegenständen zusteht, die der
Zwangsvollstreckung in das unbewegliche Vermögen unterliegen (unbewegliche
Gegenstände), sind nach Maßgabe des Gesetzes über die Zwangsversteigerung und
die Zwangsverwaltung zur abgesonderten Befriedigung berechtigt.**

Inhaltsübersicht: Rz.

A. Allgemeines zur Absonderung 1–12
B. Ersatzabsonderung 13–17
C. Unbewegliche Gegenstände 18–37

§ 49 Eröffnung des Insolvenzverfahrens

I. Grundstücke und grundstücksgleiche Rechte 19–21
II. Sonstige unbewegliche Gegenstände 22–25
III. Zwangsversteigerung und Zwangsverwaltung 26–31
IV. Umsatzsteuerrechtliche Folgen 32–37

Literatur:

Gottwald/Adolphsen Die Rechtstellung dinglich gesicherter Gläubiger in der Insolvenzordnung, in Kölner Schrift zur Insolvenzordnung, 1997, 805–835; *Marotzke* Die dinglichen Sicherheiten im neuen Insolvenzrecht, ZZP 109 (1996), 429–471; *Vallender* Zwangsversteigerung und Zwangsverwaltung im Lichte des neuen Insolvenzrechts, Rpfleger 1997, 353–359.

A. Allgemeines zur Absonderung

1 Während die Aussonderung einen nicht zur Konkursmasse gehörenden Gegenstand betrifft, setzt die Absonderung voraus, daß der Gegenstand, an dem ein Absonderungsrecht geltend gemacht wird, zur Insolvenzmasse gehört und dem Verwaltungs- und Verfügungsrecht des Verwalters unterliegt (§ 80). Der Verwertungserlös kann von dem Absonderungsberechtigten in Höhe seiner Forderung, für die das Absonderungsrecht besteht, beansprucht werden – gegebenenfalls nach Maßgabe der §§ 166–173; verbleibt nach Befriedigung des Absonderungsberechtigten ein Überschuß, steht dieser Überschuß der Insolvenzmasse zu.

2 Die Vorschriften über die einzelnen Absonderungsrechte nach der InsO bestätigen die bisherige Rechts- und Gesetzeslage nach der KO und der VglO. Neu ist die Aufnahme der Sicherungsübereignung und Sicherungsabtretung in § 51 Ziff. 1 und die Abwicklung der Absonderungsrechte nach §§ 166–173. § 49 regelt das Absonderungsrecht an unbeweglichen Gegenständen, in die im Wege der Zwangsversteigerung oder Zwangsverwaltung vollstreckt werden kann (früher § 47 KO); § 50 regelt Absonderungsrechte aufgrund rechtsgeschäftlicher, gesetzlicher oder durch Pfändung erlangter Pfandrechte (früher §§ 48, 49 Abs. 1 Nr. 2 KO); § 51 Nr. 1 regelt die Absonderungsrechte aus Sicherungsübereignung und Sicherungsabtretung (früher § 48 KO i.V.m. Rechtsprechung); § 51 Nr. 2 behandelt Rechte aufgrund von Zurückbehaltungsrechten und Aufwendungsersatzansprüchen (früher § 49 Abs. 1 Nr. 3 KO); § 51 Nr. 2 betrifft die kaufmännischen Zurückbehaltungsrechte (früher § 49 Abs. 1 Nr. 4 KO); § 51 Nr. 4 regelt die Absonderungsrechte der Zoll- und Steuergläubiger (früher § 49 Abs. 1 Nr. 1 KO). § 27 VglO verwies bezüglich der Absonderung auf die Vorschriften der KO. Die wesentliche Änderung nach der InsO liegt in der Verwertung des Absonderungsgutes und der Befriedigung des Absonderungsgläubigers (dazu unten Rz. 7). Das Stimmrecht der absonderungsberechtigten Gläubiger in der Gläubigerversammlung ist in § 77 und für den Insolvenzplan in § 238 geregelt.

3 Die Ausgestaltung der Absonderungsrechte ist ausschließlich der Regelung des Gesetzgebers vorbehalten. Weder der Schuldner noch der Verwalter können Absonderungsrechte vereinbaren oder anerkennen, soweit diese über die gesetzlich vorgesehenen Absonderungsrechte hinausgehen (vgl. RGZ 93, 211 f.; RGZ 137, 111; *BGH* KTS 1968, 99 ff.; *Kilger/Karsten Schmidt* KO, § 47 Rz. 1; *Kuhn/Uhlenbruck* KO, § 47 Rz. 1; *Hess* KO, § 47 Rz. 3). Dem Bundesgesetzgeber bleibt es unbenommen, neue Absonderungsrechte zu schaffen (*Kilger/Karsten Schmidt* KO, § 47 Rz. 1). § 4 Abs. 1 KO stellte ausdrücklich klar, daß ein Anspruch auf abgesonderte Befriedigung aus Gegenständen,

Abgesonderte Befriedigung aus unbeweglichen Gegenständen § 49

welche zur Konkursmasse gehören, nur in den von der KO zugelassenen Fällen geltend gemacht werden konnten. Eine entsprechende Vorschrift fehlt in der InsO; dennoch ist eine Veränderung der früheren Rechtslage nicht eingetreten.

Aus § 91 ergibt sich, daß grundsätzlich das Absonderungsrecht bei Insolvenzeröffnung wirksam begründet sein muß; dieses gilt nicht für Absonderungsrechte aufgrund einer Vormerkung gemäß § 106. 4

Das bedeutet nicht, daß nicht nach Eröffnung des Verfahrens Sicherungsrechte an Massegegenständen entstehen können, beispielsweise durch Vollstreckungsmaßnahmen eines Massegläubigers in die Insolvenzmasse (§ 90) oder aufgrund einer Rechtshandlung des Insolvenzverwalters im Rahmen seiner Verwaltertätigkeit (beispielsweise bei Aufnahme eines Darlehens gemäß § 160 Abs. 2 Nr. 2 i.V.m. der Bestellung von Sicherheiten aus der Insolvenzmasse). Bei diesen Sicherungsrechten, die nach Eröffnung entstehen können, handelt es sich nicht um Absonderungsrechte im Sinne der InsO. Für diese Sicherungsrechte gelten nicht die Verwertungsvorschriften der §§ 165 ff. 5

Nach dem Recht der KO war eine Unterscheidung von derartigen Sicherungsrechten und den Absonderungsrechten wegen der gleichen Verwertungsregelungen nicht notwendig und es wurde die Entstehung von Absonderungsrechten auch nach Konkurseröffnung für möglich gehalten (*Kilger/Karsten Schmidt* KO, § 47 Rz. 2; *Gottwald* InsolvenzRHdb, § 44 Rz. 3). Wegen der besonderen Verwertungsvorschriften für die Gegenstände der Absonderung nach der InsO ist nunmehr eine genaue Differenzierung derartiger Rechte notwendig; abgesonderte Befriedigung gewähren nur die vor Eröffnung entstandenen Rechte – unbeschadet irgendwelcher sonstigen Sicherungsrechte an Massegegenständen, die auch nach Eröffnung des Verfahrens begründet werden können aber keine Absonderungsrechte im Sinne der InsO darstellen. 6

Eine dem § 4 Abs. 2 KO entsprechende Vorschrift fehlt in der InsO. Nach § 4 Abs. 2 KO erfolgte die abgesonderte Befriedigung unabhängig vom Konkursverfahren. Dieses gilt nach der InsO nur für ein Recht auf Befriedigung aus Gegenständen, die der Zwangsvollstreckung in das unbewegliche Vermögen unterliegen (unbewegliche Gegenstände) oder für bewegliche Sachen, die sich nicht im Besitz des Verwalters befinden. Darüber hinaus, das heißt bezüglich der beweglichen Habe, soweit sie der Verwalter besitzt, und der Forderungen erfolgt die Berücksichtigung der Absonderungsrechte und die Befriedigung der Absonderungsgläubiger im Rahmen des Insolvenzverfahrens; das Einziehungs- und Verwertungsrecht steht insoweit nach Maßgabe der §§ 166–173 dem Verwalter zu. Im übrigen bleibt nach § 173 Abs. 1 das Recht des Gläubigers zur Verwertung unberührt. Zu Einzelheiten der Verwertung s. §§ 165 ff. 7

Aus dem Wortlaut des § 49 ist nicht zu entnehmen, daß abgesonderte Befriedigung die Zwangsversteigerung oder Zwangsverwaltung voraussetzt. Vielmehr muß die abgesonderte Befriedigung nach dem Sinn und Zweck des Gesetzes auch dann möglich sein, wenn der Verwalter freihändig verwertet. Der Verwalter kann mit dem Absonderungsgläubiger Vereinbarungen treffen, die zum gleichen Ergebnis wie eine dadurch ersparte Zwangsverwaltung oder Zwangsversteigerung führen (s. dazu *OLG München* ZIP 1993, 135 = WM 1993, 434). 8

Dieses muß auch für alle Verwertungshandlungen des Verwalters und Verwertungsvereinbarungen mit den Absonderungsgläubigern gelten (so einhellige Meinung in Rechtsprechung und Literatur nach altem Insolvenzrecht, s. dazu *Kuhn/Uhlenbruck* KO, § 47 Rz. 5 m.w.N.). 9

Der Verwalter kann einen Vermögenswert aus der Masse freigeben, wenn – bedingt durch ein Absonderungsrecht – die Verwertung für die Masse einen Gewinn nicht erwarten läßt (vgl. *Kuhn/Uhlenbruck* KO, § 6 Rz. 35 m.w.N.). Einzelheiten dazu in § 80. 10

11 Ist der Schuldner nicht auch der persönliche Schuldner des Absonderungsgläubigers, haftet nur das Absonderungsgut; der absonderungsberechtigte Gläubiger nimmt in diesem Fall am Insolvenzverfahren nicht teil (§ 52).

12 Der Insolvenzverwalter ist – abgesehen von dem Fall der Anfechtungsklage – an eine von dem Schuldner getroffene Schiedsabrede gebunden, soweit diese das dem Absonderungsrecht zugrundeliegende Rechtsverhältnis betrifft (BGHZ 24, 15; *Kuhn/Uhlenbruck* KO, § 47 Rz. 7a; *Hess* KO, § 47 Rz. 11). Durch Schiedsvertrag kann der Schuldner aber nicht rechtswirksam vereinbaren, daß ein Recht in einer zukünftigen Insolvenz ein Recht auf Absonderung begründet (*Kuhn/Uhlenbruck* KO, § 47 Rz. 7a; RGZ 137, 110, 111).

B. Ersatzabsonderung

13 Nach altem Insolvenzrecht war ein Ersatzabsonderungsrecht in entsprechender Anwendung des § 46 KO anerkannt für den Fall, daß der Konkursverwalter ein Absonderungsrecht eines Gläubigers vereitelt hatte (*Kuhn/Uhlenbruck* KO, § 46 Rz. 4; *Hess* § 46 Rz. 21; *Kilger/Karsten Schmidt* KO, § 46 Rz. 9).
Nach § 60 RegE zur InsO war folgende Vorschrift vorgesehen:
§ 60 Ersatzabsonderung
Ist ein Gegenstand, an dem ein Absonderungsrecht bestand, vom Insolvenzverwalter unberechtigt veräußert worden, so kann der Absonderungsberechtigte abgesonderte Befriedigung aus dem Recht auf die Gegenleistung verlangen, soweit diese noch aussteht. Er kann abgesonderte Befriedigung aus der Gegenleistung verlangen, soweit diese in der Insolvenzmasse unterscheidbar vorhanden ist.
Die Begründung dazu lautete wie folgt:
Begr. zu § 60 RegE (BR-Drucks. 1/92 S. 125, 126)
Zu § 60 Ersatzabsonderung
Der Fall, daß der Insolvenzverwalter durch die unberechtigte Veräußerung eines Gegenstandes ein Absonderungsrecht vereitelt, wird parallel zum Fall der Ersatzaussonderung (§ 55 des Entwurfs) geregelt. Die Ersatzabsonderung ist bisher ohne gesetzliche Grundlage in Rechtsprechung und Literatur anerkannt. Bei der Anwendung der neuen Vorschrift ist zu beachten, daß der Verwalter nach dem Gesetzentwurf zur Verwertung bestimmter Gegenstände mit Absonderungsrechten berechtigt ist (vgl. insbesondere § 191 des Entwurfs). Die neue Vorschrift, die auf unberechtigte Veräußerungen beschränkt ist, erfaßt also nur die Fälle, in denen ein solches Verwertungsrecht nicht besteht oder in denen die Voraussetzungen für die Ausübung eines bestehenden Verwertungsrechts nicht beachtet wurde.
Die Beschlußempfehlung des Rechtsausschusses dazu lautete wie folgt:
Beschl.-Empfehlung des Rechtsausschusses zu § 60 (BT-Drucks. 12/7302, S. 160)
Die Vorschrift entfällt aus Gründen der redaktionellen Straffung. Der Ausschuß will dadurch jedoch nicht die Möglichkeit der Ersatzabsonderung ausschließen. Auch in der Konkursordnung hat die Ersatzabsonderung keine ausdrückliche Regelung gefunden und ist gleichwohl anerkannt. Die analoge Anwendung der Vorschriften über die Ersatzaussonderung erscheint dem Ausschuß für die Insolvenzordnung ebenso wie für die Konkursordnung ein praktikabler Lösungsweg.

14 Die Ersatzabsonderung ist in der InsO somit nicht geregelt. Über die Ersatzaussonderung verhält sich § 48. In analoger Anwendung dieser Vorschrift ist nach der InsO auch ein Ersatzabsonderungsrecht anzuerkennen. Zu den Einzelheiten der Ersatzaussonderungen wird verwiesen auf § 48.

15 Zu konkurrierenden Absonderungsrechten und Hinterlegung durch den Verwalter vgl. *BGH* KTS 1981, 193 ff.; danach ist entscheidend das Rangverhältnis für die Reihenfolge der Befriedigung, wobei irgendein Rangverhältnis immer besteht. Zum Inhaberwechsel des Absonderungsrechts und Übergang des Sicherungsgutes vgl. BGHZ 42/56 ff.

Abgesonderte Befriedigung aus unbeweglichen Gegenständen § 49

Pfandklagen der absonderungsberechtigten Gläubiger setzen einen Titel gegen den 16
Verwalter voraus, wobei ein vorhandener Titel auf den Verwalter umgeschrieben werden kann.
Gibt der Verwalter einen unbeweglichen Gegenstand aus der Masse frei, findet die 17
Fortsetzung eines anhängigen Verfahrens gegen den Schuldner statt (*Haarmeyer/
Wutzke/Förster* Hdb. zur InsO Rz. 5/270).

C. Unbewegliche Gegenstände

Nach § 864 ZPO unterliegen der Zwangsvollstreckung in das unbewegliche Vermögen 18
Grundstücke, grundstücksähnliche Berechtigungen, Schiffe und Luftfahrzeuge. Voraussetzung für die Vollstreckung in unbewegliche Gegenstände im Wege der Zwangsversteigerung ist die Eintragung im Grundbuch oder in einem Register. Fehlt eine solche Eintragung, ist § 49 nicht anwendbar, das heißt ein Absonderungsrecht nach § 49 besteht nicht (s. aber Rz. 23 für Luftfahrzeuge).

I. Grundstücke und grundstücksgleiche Rechte

Grundstücke sind begrenzte, selbständige Flächen, die als solche im Grundbuch einge- 19
tragen sind. Ein Bruchteil an einem Grundstück ist kein selbständiges Grundstück und kann nur Gegenstand der Zwangsversteigerung sein, wenn die Voraussetzungen des § 864 Abs. 2 ZPO vorliegen (z. B. Wohnungs- oder Teileigentum nach §§ 1, 2 WEG und Wohnungs- oder Teilerbbaurecht nach § 30 WEG).
Grundstücksähnliche Berechtigungen sind das Wohnungseigentum, Teileigentum, Woh- 20
nungserbbaurecht, Teilerbbaurecht, Erbbaurecht und das Bergwerkseigentum.
In der heutigen Praxis spielen keine Rolle mehr landesrechtliche Jagd- und Fischereige- 21
rechtigkeiten und Kohleabbauberechtigungen, die ebenfalls Absonderungsrechte nach § 49 begründen können (s. dazu *Baumbach/Lauterbach/Albers/Hartmann* ZPO, § 864 Rz. 4); gleiches gilt für Realgemeindeanteile, Bahneinheiten und Kabelpfandrechte (s. dazu *Kuhn/Uhlenbruck* KO, § 47 Rz. 11a, 11d).

II. Sonstige unbewegliche Gegenstände

Schiffe, Schiffsbauwerke und Schwimmdocks unterliegen der Zwangsversteigerung, 22
wenn sie nach den §§ 3, 66 und § 73a SchiffsRO in das Schiffsregister oder das Register für Schiffsbauwerke eingetragen sind.
Luftfahrzeuge, die in der Luftfahrzeugrolle eingetragen sind – das sind Flugzeuge, 23
Drehflügler, Luftschiffe und Motorsegler (§ 14 Luftverkehrs-Zulassungs-Ordnung) –, unterliegen der Zwangsversteigerung nach § 864 ZPO (Verweisung auf §§ 864 u. a. ZPO in § 99 LuftfzRG). Nach § 171c ZVG ist die Eintragung in die Luftfahrzeugrolle nicht erforderlich, es genügt der Antrag auf Eintragung in die Luftfahrzeugrolle.
Bei Schiffen und Luftfahrzeugen gibt es keine Zwangsverwaltung, aber nach § 165 ZVG 24
bzw. nach § 171c Abs. 3 ZVG sind zwangsverwaltungsähnliche Nutzungen möglich.
Zur Unzulässigkeit der Zwangsversteigerung für ein auf der Reise befindliches Schiff vgl. 25
§ 482 HGB.

III. Zwangsversteigerung und Zwangsverwaltung

26 Die Rechte selbst, die ein Absonderungsrecht begründen, sind außerhalb der InsO geregelt. Diese sind als dingliche Rechte an unbeweglichen Gegenständen überwiegend die Grund- und Registerpfandrechte (zu den einzelnen Rechten vgl. *Zeller/Stöber* ZVG, § 10 Rz. 8.1). Aus diesen Rechten kann der Absonderungsberechtigte die Zwangsversteigerung, Zwangsverwaltung und zwangsverwaltungsähnliche Verfahren während des Insolvenzverfahrens betreiben.

27 Voraussetzung ist ein vollstreckbarer Titel gegen den Insolvenzverwalter, der auch durch Umschreibung auf den Verwalter erteilt werden kann.

28 Die Rechte der Gläubiger in der Zwangsversteigerung wurden durch Artikel 20 EGInsO eingeschränkt.
Nach § 10 Abs. 1 Nr. 1a ZVG m.w.N. fließt aus dem Versteigerungserlös eine 4 %ige Kostenpauschale an die Konkursmasse, berechnet nach dem gemäß § 74a Abs. 5 Satz 2 ZVG festgesetzten Wert für die beweglichen Gegenstände, auf die sich die Zwangsversteigerung erstreckt.
Nach §§ 30d–31, §§ 153b und 153c ZVG m.w.N. kann der Verwalter die vorläufige Einstellung unter erleichterten Umständen beantragen, um eine Fortführung oder eine Veräußerung eines Betriebes zu erreichen.

29 Ist ein unbeweglicher Gegenstand höher mit Absonderungsrechten belastet als der Wert, kann der Verwalter die Freigabe erklären; die Zwangsversteigerung oder Zwangsverwaltung ist dann gegen den Schuldner zu betreiben.

30 Nach wie vor hat der Insolvenzverwalter auch ein selbständiges Recht, die Zwangsversteigerung oder Zwangsverwaltung zu beantragen (§ 165).

31 Ansonsten gelten die für die Durchführung der Zwangsversteigerung, Zwangsverwaltung und zwangsverwaltungsähnliche Verfahren keine Besonderheiten im Insolvenzverfahren; die Durchführung erfolgt außerhalb des Verfahrens, obwohl es eine dem § 4 Abs. 2 KO entsprechende Vorschrift nicht mehr gibt. Gleiches gilt für die Gegenstände, auf die sich die Pfandrechte erstrecken (z.B. Bestandteile, Zubehör, Früchte, Ersatzteile); auch insoweit sind die entsprechenden Vorschriften außerhalb der InsO maßgebend.

IV. Umsatzsteuerrechtliche Folgen

32 Nach § 4 Nr. 9a UStG sind Umsätze steuerfrei, soweit sie unter das Grunderwerbsteuergesetz fallen. Dazu gehören die freihändigen Veräußerungen durch den Verwalter als auch Veräußerungen im Wege der Zwangsversteigerung (§ 1 Nr. 1 und 3c GrEStG). Nach § 9 UStG kann der Verwalter unter der Voraussetzung der Unternehmerschaft auf beiden Seiten (Verwalter/Erwerber) auf die Umsatzsteuerfreiheit verzichten mit der Folge, daß er die Umsatzsteuer dem Erwerber in Rechnung stellen kann und das Finanzamt eine entsprechende Umsatzsteuerforderung erwirbt.

33 Für den Fall der Veräußerung im Wege der Zwangsversteigerung hat der Gesetzgeber in § 51 UStDV eine Regelung derart getroffen, daß der Erwerber die Umsatzsteuer als Vorsteuer in Anspruch nehmen kann, der Erwerber die Umsatzsteuer als Teil des Veräußerungsentgelts aber nicht an den früheren Eigentümer oder an das Versteigerungsgericht zahlen darf, vielmehr muß er die Umsatzsteuer einbehalten und an das Finanzamt – quasi im Namen und für Rechnung des Eigentümers – abführen. Es sind keine Umstände oder Gründe ersichtlich dafür, daß diese Regelung nicht für alle

Abgesonderte Befriedigung aus unbeweglichen Gegenständen § 49

Zwangsversteigerungsverfahren Gültigkeit hat, also auch für solche in einem Insolvenzverfahren.
Die Regelung des § 51 UStDV gilt somit auch im Insolvenzverfahren.
Eine entsprechende Regelung fehlt aber für einen freihändigen Verkauf durch den Verwalter. Zweifelsfrei dürfte der Verwalter zunächst einmal das Optionsrecht nach § 9 UStG haben; fraglich ist aber, ob er für die Umsatzsteuer optieren darf, wenn erkennbar wegen Unzulänglichkeit der Masse der Umsatzsteueranspruch des Finanzamts nicht oder nicht vollständig befriedigt werden kann. 34
Der Verfasser bejaht diese Frage für den Fall, daß die Umsatzsteuer an die Masse fließt und vertritt darüber hinaus die Auffassung, daß in diesem Fall der Verwalter – nach altem Recht der KO und nach neuem Recht nach der InsO – die Verpflichtung zur Mehrwertsteueroption hatte und hat, wenn dieselbe der Massemehrung dient.
Dies folgt aus der Systematik der Umsatzsteuer im Insolvenzrecht. Die Umsatzsteuerforderung des Finanzamts für die Zeit nach Eröffnung ist ein Masseanspruch (Massekosten nach § 58 Nr. 2 KO, Masseverbindlichkeit nach § 55 Abs. 1 Nr. 1 InsO). Bei Masseunzulänglichkeit diente die vereinnahmte Umsatzsteuer nach altem Recht der Befriedigung der Massegläubiger nach § 59 Abs. 1 Nr. 1 und 2 KO (§ 60 KO) und nach neuem Recht der Befriedigung der Masseverbindlichkeiten nach §§ 55 Abs. 1 Nr. 1, 209 Abs. 1 Nr. 2, zu denen auch die Verbindlichkeiten aus Mehrwertsteuer gehören. Der Gesetzgeber hat also im System des Insolvenzrechts bewußt in Kauf genommen, daß die vom Verwalter vereinnahmte Umsatzsteuer Verwendung findet für die Befriedigung von Gläubigern, die nicht der Fiskus sind. Haben diese Gläubiger den Befriedigungsanspruch nach der Rangfolge des § 60 KO oder nunmehr des § 209, leitet sich daraus die Verpflichtung des Verwalters ab zur optimalen Massemehrung, das heißt auch zur Realisierung von möglichst hoher Umsatzsteuer. Dieses gelingt dem Verwalter im Falle einer Grundstücksveräußerung nur, wenn er zur Umsatzsteuer optiert und sicherstellt, daß er die Umsatzsteuer vereinnahmt.
Nach *FG Münster* (EFG 1997 Nr. 5, 193 ff.) verletzt der Verwalter seine Pflichten vorsätzlich, wenn er bei der Veräußerung von zur Konkursmasse gehörenden Grundstücken auf Veranlassung der Grundpfandrechtsgläubiger zur Umsatzsteuer optiert, obwohl er weiß, daß er wegen Masseunzulänglichkeit und der Auskehrung des Bruttokaufpreises an die Grundpfandrechtsgläubiger die Umsatzsteuer nicht wird abführen können. 35
Im Verhältnis Grundpfandrechtsgläubiger/Konkursmasse richtet sich die Frage der Zuordnung des Erlöses für ein freihändig veräußertes Grundstück bezüglich der Umsatzsteuer nach der Vereinbarung, die der Verwalter mit dem Grundpfandrechtsgläubiger getroffen hat (*BGH* ZIP 1987, 764; BGHZ 58, 292; *BGH* ZIP 80, 520); fehlt eine ausdrückliche Vereinbarung zugunsten der Masse, kann der Grundpfandrechtsgläubiger auch die Umsatzsteuer beanspruchen obwohl dieselbe aus der Masse als Masseverbindlichkeit (§ 55 Abs. 1 Nr. 1) an das Finanzamt abzuführen ist. Der Verwalter sollte daher einen freihändigen Verkauf eines Grundstücks im Einvernehmen mit dem dinglich gesicherten Gläubiger mit Option zur Umsatzsteuer nur vornehmen, wenn die Umsatzsteuer in die Masse fließt. 36
Bei einem ursprünglichen Erwerb durch den Schuldner mit Umsatzsteueroption kann die Umsatzsteueroption des Verwalters zur Vermeidung von Steueransprüchen gemäß § 15a UStG führen. 37

§ 50
Abgesonderte Befriedigung der Pfandgläubiger → §§ 48, 49 KO

(1) Gläubiger, die an einem Gegenstand der Insolvenzmasse ein rechtsgeschäftliches Pfandrecht, ein durch Pfändung erlangtes Pfandrecht oder ein gesetzliches Pfandrecht haben, sind nach Maßgabe der §§ 166 bis 173 für Hauptforderung, Zinsen und Kosten zur abgesonderten Befriedigung aus dem Pfandgegenstand berechtigt.

(2) ¹Das gesetzliche Pfandrecht des Vermieters oder Verpächters kann im Insolvenzverfahren wegen des Miet- oder Pachtzinses für eine frühere Zeit als die letzten zwölf Monate vor der Eröffnung des Verfahrens sowie wegen der Entschädigung, die infolge einer Kündigung des Insolvenzverwalters zu zahlen ist, nicht geltend gemacht werden. ²Das Pfandrecht des Verpächters eines landwirtschaftlichen Grundstücks unterliegt wegen des Pachtzinses nicht dieser Beschränkung.

Inhaltsübersicht: Rz.

A. Allgemeines	1– 5
I. Pflichten des Verwalters	5
B. Rechtsgeschäftliches Pfandrecht	6– 8
C. Pfändungspfandrecht	9–15
D. Gesetzliches Pfandrecht	16–23
I. Hinterleger (§ 233 BGB)	20
II. Vermieter/Verpächterpfandrecht (§§ 559, 585 BGB)	21–23

Literatur:

Eckert Das Vermieterpfandrecht im Konkurs des Mieters, ZIP 1984, 663; *ders.* Miete, Pacht und Leasing im neuen Insolvenzrecht, ZIP 1996, 897–909; *Giesen* Das Vermieterpfandrecht in der Insolvenz des Mieters, KTS 1995, 579–607.

A. Allgemeines

1 § 50 entspricht den §§ 48, 49 Ziff. 2 KO. Die Sicherungsabtretung und Sicherungsübereignung wurden nach § 48 KO behandelt, während nunmehr die Regelung des § 51 Ziff. 1 gilt.
Der Gesetzgeber hat die Absonderungsrechte für Pfandrechte klarer gegliedert, nämlich die eigentlichen Pfandrechte (rechtsgeschäftliches, gesetzliches oder Pfändungspfandrecht) in § 50 und die pfandrechtsähnlichen Rechte in § 51, zu denen durch ausdrückliche Erwähnung im Gesetz die Sicherungsübereignung und Sicherungsabtretung gehören.
Der Gesetzgeber hat mit dieser rechtlichen Einordnung der Tatsache Rechnung getragen, daß die Sicherungsübertragung bei wirtschaftlicher Betrachtung dem Pfandrecht näher steht als dem Eigentum (so Begr. zu § 58 RegE, BR-Drucks. I/92, S. 125. Weiter heißt es in der Begr. zu § 58 RegE (a.a.O.):

2   Als Sicherungsübertragung sind wie nach geltendem Recht grundsätzlich auch die Verlängerungs- und Erweiterungsformen des Eigentumsvorbehalts zu behandeln, also die Vorausabtre-

Abgesonderte Befriedigung der Pfandgläubiger § 50

tung der Kaufpreisforderung aus der Weiterveräußerung unter Eigentumsvorbehalt gelieferter Ware, die vorweggenommene Übereignung des Produkts, das durch die Verarbeitung der gelieferten Ware entstehen soll, oder die Erstreckung des Eigentumsvorbehalts auf Forderungen des Veräußerers, die nicht aus dem Kaufvertrag stammen. Der einfache Eigentumsvorbehalt soll dagegen weiterhin zur Aussonderung berechtigen.

Die Formulierung in § 50 Abs. 1 bezüglich der Befriedigung für Hauptforderung, Zinsen und Kosten stellt keine Reihenfolge der Befriedigung auf. Die Tilgungsreihenfolge bestimmt vielmehr § 367 Abs. 1 BGB und § 11 Abs. 3 VerbrKrG (Beschl.-Empfehlungen des Rechtsausschusses zu § 57, BT-Drucks. 12/7302, S. 160). 3

Die Formulierung in § 50 Abs. 2 »die letzten zwölf Monate« stellt klar, daß der maßgebliche Zeitraum für die Geltendmachung des Vermieterpfandrechts des Vermieters oder Verpächters nicht das Kalenderjahr ist (Beschl.-Empfehlungen des Rechtsausschusses zu § 57, BT-Drucks. 12/7302, S. 160). 4

I. Pflichten des Verwalters

Für die Pflichten des Verwalters bei Durchsetzung der Absonderungsrechte (Mitwirkungs-, Auskunftspflichen und dgl.) gelten die gleichen Grundsätze wie bei der Aussonderung, d. h., es besteht eine Mitwirkungsverpflichtung (BGHZ 70, 86 = WM 78, 137). Siehe auch § 47 Rz. 60. Erfordert die Mitwirkung einen erheblichen Zeit- und Arbeitsaufwand, kann sich der Verwalter seiner Pflichten dadurch entledigen, daß er dem Gläubiger Einsicht in die Buchhaltung oder sonstigen Unterlagen des Schuldners gewährt (*Kuhn/Uhlenbruck* KO, § 49 Rz. 27). 5

B. Rechtsgeschäftliches Pfandrecht

Die Bestellung rechtsgeschäftlicher Pfandrechte muß vor Eröffnung des Verfahrens rechtswirksam erfolgt sein, und zwar nach den §§ 1204 ff. BGB für bewegliche Sachen und nach §§ 1273 ff. BGB für Rechte, insbesondere Forderungen, zu denen auch Forderungen aus einer Grund- oder Rentenschuld (§ 1291 BGB), Forderungen aus Order- oder Inhaberpapieren (§§ 1292, 1293 BGB) und andere übertragbare Rechte (§ 1274 Abs. 2 BGB) gehören. 6
Die Bestellung der Pfandrechte regelt sich nach den allgemeinen Zivilrechtsvorschriften, während die Verwertung im Insolvenzverfahren nach den §§ 166–173 InsO stattfindet.
Die Bestellung des Pfandrechts an beweglichen Sachen setzt Einigung und Besitzeinräumung voraus (§ 1205 BGB). Die Besitzeinräumung durch Besitzkonstitut (§ 930 BGB) ist nicht möglich (*Palandt/Bassenge* BGB, § 1205 Rz. 1), aber möglicherweise kann eine Umdeutung in eine Sicherungsübereignung stattfinden.
Die Bestellung des Pfandrechts an Rechten folgt den Übertragungsvorschriften für das betreffende Recht (§ 1274 BGB), d.h. bei Forderungen durch Einigung und Anzeige (§ 1280 BGB), bei sonstigen Rechten durch Einigung und gegebenenfalls Übergabe oder Eintragung (Einzelfälle vgl. BGB § 1274 Rz. 2).
Einzelheiten der Pfandrechtsbestellung: 7

– Gebrauchsmuster	§ 22 GebrMG
– GmbH-Anteil	§§ 15 Abs. 3, 17 GmbHG
– Erbanteil	§§ 2033 BGB

§ 50   *Eröffnung des Insolvenzverfahrens*

- Grundschuld   § 1192, 1154
- Hypothek   § 1154
- Marken und Kennzeichen   § 27 MarkenG
- Patent   § 15 PatG
- Inhaberpapiere   § 1205 BGB
- Wertpapiere im Depot   §§ 4, 6, 8, 12, 33 DepotG

8   Pfandrechte an Orderpapieren können durch Pfandvertrag und Übergabe des entsprechenden Papiers begründet werden (*Kuhn/Uhlenbruck* KO, § 48 Rz. 23).
Gutgläubiger Erwerb des Pfandrechts ist gemäß § 1207 BGB und § 366 HGB möglich (*Kuhn/Uhlenbruck* KO, § 48 Rz. 18).
Zum Absonderungsrecht bei unechtem Factoring vgl. unten § 51 Rz. 28.
Das Pfandrecht erstreckt sich auf Bestandteile, Erzeugnisse (§ 1212 BGB) und Nebenrechte der Pfandsache, wie Zinsen (§ 1289 BGB) und Gewinnanteile (§ 1296 BGB).
Auf Zubehör erstreckt sich das Pfandrecht nur, wenn das Zubehör mitverpfändet wurde (vgl. aber *Kuhn/Uhlenbruck* KO, § 48 Rz. 3).

C. Pfändungspfandrecht

9   Das Pfandrecht entsteht gemäß § 804 ZPO durch Pfändung aus zivilrechtlichen oder öffentlich rechtlichen vollstreckbaren Titeln. Die Pfändung erfolgt an beweglichen Sachen nach §§ 808 ff. ZPO und an Forderungen und anderen Vermögensrechten nach §§ 828 ff. ZPO.

10   Gemäß § 89 sind Zwangsvollstreckungsmaßnahmen ab Eröffnung des Verfahrens nicht mehr zulässig. Das Pfandrecht muß daher durch eine Zwangsvollstreckungsmaßnahme wirksam entstanden sein vor Eröffnung des Verfahrens und – gemäß § 88 – außerhalb der Sperrfrist von einem Monat vor dem Antrag des Schuldners auf Eröffnung des Verfahrens. Alle Wirksamkeitsvoraussetzungen für die Entstehung des Pfändungspfandrechts müssen vor der Sperrfrist erfüllt sein. Eine Ausnahme bildet die Vollziehung des Arrestes nach § 930 ZPO; hier genügt es, wenn vor der Sperrfrist der Arrest vollzogen wurde, wenn die Zustellung innerhalb einer Woche – gegebenenfalls innerhalb der Sperrfrist – erfolgte (so für das bisherige Konkursrecht *Kuhn/Uhlenbruck* KO, § 49 Rz. 22; *Kilger/Karsten Schmidt* KO, § 49 Rz. 4; *Hess* KO, § 49 Rz. 11).

11   Der Pfandgegenstand (bewegliche Sachen, Forderungen und sonstige Vermögensrechte) muß zum Vermögen des Schuldners gehören. Ein gutgläubiger Erwerb eines Pfändungspfandrechts ist ausgeschlossen (*BGH* NJW 1992, 2574). Erwirbt der Schuldner die ihm nicht gehörende gepfändete Sache nach der Pfändung aber vor der Sperrfrist des § 88, ist das Pfändungspfandrecht wirksam entstanden (Analoge Anwendung des § 185 Abs. 2 BGB; s. auch BGHZ 20, 101; BGHZ 56, 351), weil gemäß § 808 Abs. 1 ZPO auch in eine schuldnerfremde Sache gepfändet werden kann. Dieses gilt nicht für Pfändungen in Forderungen und sonstige Vermögensrechte, da ein rechtswirksamer Staatsakt (Beschlagnahme) bei der ins Leere gehenden und daher nichtigen Forderungspfändung fehlt (BGHZ 56, 351).

12   Eine Pfändung und Überweisung einer Forderung an Zahlungs Statt gemäß § 835 ZPO begründet ein Aussonderungsrecht, da gemäß § 835 Abs. 2 ZPO der Schuldner nicht mehr Inhaber der Forderung ist. Soweit es um die Pfändung von Bezügen aus einem Dienstverhältnis geht, so wurde hier allerdings die Wirksamkeit der Pfändung durch § 114 Abs. 3 InsO erheblich eingeschränkt.

Eine Vorpfändung gemäß § 845 ZPO begründet ein Pfändungspfandrecht nur, wenn die 13
Pfändung der Forderung innerhalb eines Monats bewirkt wird und der Zeitpunkt der
Pfändung vor der Sperrfrist des § 88 liegt. Gleiches gilt für eine Vollstreckung nach
§ 720a ZPO, denn das Pfändungspfandrecht entsteht mit der Pfändung (BGHZ 93, 74f.),
lediglich die Verwertungsbefugnis ist noch nicht gegeben.

Das Pfandrecht erlischt, wenn die Verstrickung endet, also mit der Verwertung oder 14
Aufhebung der Pfändung durch ein Vollstreckungsorgan (*Zöller/Stöber* ZPO, § 805
Rz. 13); bei einer gerichtlichen Entscheidung, die die Zwangsvollstreckung für unzulässig erklärt, bedarf es keiner Aufhebung (*Zöller/Stöber* ZPO, § 805 Rz. 13). Der
Gläubiger kann auf sein Pfandrecht verzichten (§ 843 ZPO). Ein gutgläubiger Dritter
kann die Pfandsache erwerben (*Zöller/Stöber* ZPO, § 805 Rz. 13).
Die Sperrfrist des § 88 macht die Zwangsvollstreckungsmaßnahmen innerhalb der
Sperrfrist unwirksam durch die Eröffnung, d.h. die Verstrickung endet durch eine
gerichtliche Entscheidung, so daß es einer Aufhebung durch den Gerichtsvollzieher
nicht bedarf (So für das Konkurs- und Vergleichsrecht *Kuhn/Uhlenbruck* KO, § 49
Rz. 23; *Kilger/Karsten Schmidt* KO, § 49 Rz. 4; *Hess* KO, § 49 Rz. 12).

Bei Konkurrenzen mehrerer Pfandrechte gilt das Prioritätsprinzip des § 804 Abs. 3 ZPO 15
(*Zöller/Stöber* ZPO, § 804 Rz. 4).

D. Gesetzliches Pfandrecht

Das gesetzliche Pfandrecht entsteht kraft gesetzlicher Sondervorschrift zugunsten des 16
Gläubigers an Sachen oder Rechten aufgrund eines besonderen Rechtsverhältnisses zur
Sicherung einer Forderung. Für das gesetzliche Pfandrecht gelten die Vorschriften über
das rechtsgeschäftliche Pfandrecht (§ 1257 BGB), soweit nicht Sondervorschriften
entgegenstehen (*Palandt/Bassenge* BGB, § 1257 Rz. 2).

Ein gutgläubiger Erwerb des Pfandrechts ist nur möglich nach § 366 Abs. 3 HGB; 17
§ 1207 BGB ist nicht anwendbar, denn das gesetzliche Pfandrecht entsteht nicht durch
Einigung und Übergabe seitens des Bestellers, was wiederum Voraussetzung für den
Pfandrechtserwerb ist, sondern das gesetzliche Pfandrecht entsteht kraft Gesetzes, so daß
dem Erwerb durch Übergabe nicht die gleiche Legitimationswirkung zukommt wie bei
der Übergabe durch den Besteller des Pfandrechts (*BGH* NJW 1992, 2574; *BGH* NJW
1983, 2141; *Palandt/Bassenge* BGB, § 1257 Rz. 2; a.A. *Hess* KO, § 49 Rz. 5; *Kuhn/
Uhlenbruck* KO, § 49 Rz. 5b).

Die Vorschriften über das Pfandrechtsverhältnis, §§ 1210–1232 BGB, sind mit Ein- 18
schränkungen anwendbar (vgl. *Palandt/Bassenge* BGB, § 1257 Rz. 4).

Folgende Sondervorschriften regeln das gesetzliche Pfandrecht: 19

§ 233 BGB	**Hinterleger** am hinterlegten Gut oder an Rückerstattungsforderung (Rz. 20)
§ 559 BGB	**Vermieter** an eingebrachten Sachen des Mieters, soweit diese pfändbar sind (Rz. 21)
§ 585 BGB	**Verpächter** an eingebrachten Sachen und Früchten (Rz. 21, 22)
§ 590 BGB	**Pächter** an gepachtetem Inventar
§ 647 BGB	**Unternehmer** an hergestellten oder ausgebesserten beweglichen Sachen
§ 704 BGB	**Gastwirt** an eingebrachten Sachen des Gastes
§ 1 DüngemittelG	**Dünge- und Samenlieferant** an Früchten

§ 50   *Eröffnung des Insolvenzverfahrens*

§ 22 FlößG	**Entschädigungsberechtigter** an dem Floß
§ 397 HGB	**Kommissionär** am Kommissionsgut
§ 410 HGB	**Spediteur** an dem Frachtgut
§ 421 HGB	**Lagerhalter** an dem Lagergut
§ 440 HGB	**Frachtführer** an dem Frachtgut
§ 623 HGB	**Verfrachter** an dem Frachtgut
§ 674 HGB	**Beförderer** an dem Gepäck
§ 726 HGB	**Havarievergütungsberechtigter** an dem Schiff und dem Ladegut
§ 752 HGB	**Bergungs- und Hilfskostengläubiger** an gerettetem Schiff und der Ladung
§ 755 HGB	**Schiffsgläubiger** an dem Schiff

I. Hinterleger (§ 233 BGB)

20   Zur Hinterlegung gemäß § 233 BGB gehören auch die Hinterlegungen gemäß §§ 108, 713 Abs. 2, 923 ZPO, nicht die Hinterlegung gemäß § 711 ZPO (*Kuhn/Uhlenbruck* KO, § 94 Rz. 12; *Kilger/Karsten Schmidt* KO, § 49 Rz. 3).

II. Vermieter/Verpächterpfandrecht (§§ 559, 585 BGB)

21   Das Vermieter- und Verpächterpfandrecht ist – soweit nicht landwirtschaftliche Grundstücke betroffen sind – beschränkt auf die Sicherung von Miet- und Pachtzinsen für die letzten zwölf Monate vor Eröffnung des Verfahrens; für den Entschädigungsanspruch des Vermieters/Verpächters wegen der Kündigung des Verwalters entsteht das Pfandrecht nicht. Diese stellen Insolvenzforderungen dar (§ 38).
Bei einer Konkurrenz mit anderen Absonderungsrechten gilt die Beschränkung der Zwölfmonatsfrist nicht (*BGH* NJW 1959, 2251).
Der Einbringung gleich steht die Erzeugung (*Palandt/Putzo* BGB, § 559 Rz. 6). Die Einbringung nur zum vorübergehenden Zweck ist ausreichend, nicht jedoch die kurzfristige Zwischenlagerung von *Sachen* oder *Geld* in der Tageskasse (*Kuhn/Uhlenbruck* KO, § 49 Rz. 5 a). Die Einbringung muß erfolgt sein bis zur Eröffnung, danach eingebrachte Sachen begründen kein Absonderungsrecht (vgl. *Eckert* ZIP 1984, 665 ff.).
Der Verwalter kann selbst einbringen bei Fortsetzung des Miet- oder Pachtverhältnisses, so daß er selbst ein Pfandrecht nach den §§ 559, 585 BGB begründen kann, das aber kein Absonderungsrecht im Sinne der InsO darstellt (vgl. oben § 49 Rz. 5).
Das Pfandrecht erlischt mit der Entfernung des Gegenstandes vom Mietgrundstück und zwar auch dann, wenn diese betriebsbedingt ist (vgl. *OLG Hamm* ZIP 1981, 165 zur Behandlung von Pfandrechtsansprüchen des Vermieters eines Geländes an den hierauf befindlichen Fahrzeugen des Mieters).

22   Die Haftung des Pfandrechts besteht für den Miet- oder Pachtzins und für alle Nebenforderungen aus dem Mietverhältnis, auch für Entschädigungsansprüche (z. B. §§ 556, 545 BGB), nicht jedoch für selbständig neben dem Miet- oder Pachtverhältnis bestehende sonstigen Vertragsansprüche – z. B. Darlehensvertragsanspruch (*Palandt/Putzo* BGB, § 559 Rz. 13).
Gehören die eingebrachten Sachen nicht dem Schuldner (z. B. Leasinggegenstand, gemieteter Gegenstand oder unter Eigentumsvorbehalt stehender Gegenstand) entsteht kein Pfandrecht.

Verwertet der Verwalter eingebrachte Sachen des Schuldners in Unkenntnis des Vermieter-/Verpächterpfandrechts setzt sich das Pfandrecht am Veräußerungserlös fort (*Kuhn/ Uhlenbruck* KO, § 49 Rz. 8 m.w.N.), solange der Erlös unterscheidbar in der Masse vorhanden ist. Ist eine Unterscheidung nicht mehr möglich hat der Vermieter/Verpächter einen Masseanspruch nach § 55 Abs. 1 Nr. 3, dem bei Masseunzulänglichkeit die Masseansprüche gemäß § 209 Abs. 1 Nr. 1 und 2 vorgehen.

Da die Verwertung durch den Verwalter nach der InsO gemäß § 166 die Regel ist, ist § 170 als Anspruchsgrundlage des Vermieters gegeben, unabhängig davon, ob dem Verwalter das Vermieter- oder Verpächterpfandrecht bekannt war oder nicht. Erst wenn der Verwalter über den Verwertungserlös verfügt hat, sind Ansprüche des Vermieters gemäß § 55 Abs. 1 Nr. 3 gegeben.

Dem Verpächterpfandrecht gehen die gesetzlichen Pfandrechte nach dem DüngemittelG 23 im Range vor; eine weitere Einschränkung ist durch das Pachtkreditgesetz gegeben (vgl. dazu *Kuhn/Uhlenbruck* KO, § 49 Rz. 7).

§ 51
Sonstige Absonderungsberechtigte → § 49 KO

Den in § 50 genannten Gläubigern stehen gleich:
1. Gläubiger, denen der Schuldner zur Sicherung eines Anspruchs eine bewegliche Sache übereignet oder ein Recht übertragen hat;
2. Gläubiger, denen ein Zurückbehaltungsrecht an einer Sache zusteht, weil sie etwas zum Nutzen der Sache verwendet haben, soweit ihre Forderung aus der Verwendung den noch vorhandenen Vorteil nicht übersteigt;
3. Gläubiger, denen nach dem Handelsgesetzbuch ein Zurückbehaltungsrecht zusteht;
4. Bund, Länder, Gemeinden und Gemeindeverbände, soweit ihnen zoll- und steuerpflichtige Sachen nach gesetzlichen Vorschriften als Sicherheit für öffentliche Abgaben dienen.

Inhaltsübersicht:

	Rz.
A. Allgemeines	1– 4
B. Sicherungsübereignung und Sicherungsabtretung (§ 51 Nr. 1)	5–28
I. Sicherungsübereignung	5–16
1. Begründung des Sicherungseigentums	6–10
2. Wirksamkeit der Sicherungsübereignung	11–16
a) Nachträgliche Übersicherung bei revolvierenden Globalsicherheiten	12–14
b) Anfängliche Übersicherung bei revolvierenden Globalsicherungen	15
c) Kollision der Sicherungsübereignung mit anderen Sicherungsmitteln	16
II. Verlängerungsformen des Eigentumsvorbehalts	17–22
1. Eigentumsvorbehalt mit Verarbeitungsklausel	18–19
2. Eigentumsvorbehalt mit Veräußerungsermächtigung	20–21
3. Berücksichtigung von Abschlagszahlungen auf zedierte Forderungen	22
III. Erweiterungsformen des Eigentumsvorbehalts	23–24
IV. Sonstige Sicherungsabtretungen	25–28
1. Globalzession	25–27
2. Unechtes Factoring	28

C. Zurückbehaltungsrecht wegen nützlicher Verwendungen (§ 51 Nr. 2) 29–30
D. Zurückbehaltungsrecht nach HGB (§ 51 Nr. 3) 31
E. Absonderungsrechte nach VVG und DepotG 32–35
F. Absonderungsrecht des Fiskus (§ 51 Nr. 4) 36

Literatur:

Balz Das neue Europäische Insolvenzübereinkommen, ZIP 1996, 948 ff.; *Ganter* Die Rechtsprechung des BGH zum Kreditsicherungsrecht, WM 1998, 2045–2052 und 2081–2091; *Gottwald/Adolphsen* Die Rechtsstellung dinglich gesicherter Gläubiger in der Insolvenzordnung, in Kölner Schrift zur Insolvenzordnung, 1997, 805–835; *Klasmeyer/Elsner/Ringstmeier* Ausgewählte Probleme bei der Verwertung von Mobiliarsicherheiten, in Kölner Schrift zur Insolvenzordnung, 1997, 837–850; *Marotzke* Anm. zu *OLG Hamm*, Urt. v. 04. 08. 1987 – 25 U 173/86 –, EWiR 1/87 § 49 KO, 1121 f.; *ders.* Der Eigentumsvorbehalt im neuen Insolvenzrecht, JZ 1995, 803–814; *Niesert* Das Recht der Aus- und Absonderung nach der neuen Insolvenzordnung, InVO 1998, 85–91 und 141 ff.; *Prölls/Martin* Versicherungsvertragsgesetz. Kommentar zum VVG, 1992; *Sinz* Leasing und Faktoring im Insolvenzverfahren, in Kölner Schrift zur Insolvenzordnung, S. 455 ff.; *Vortmann* Raumsicherungsübereignung und Vermieterpfandrecht, ZIP 1988, 626 ff.

A. Allgemeines

1 Bei der Neugestaltung der sonstigen absonderungsberechtigten Gläubiger in § 51 ist die Regelung über das Vorrecht des Fiskus (§ 49 Abs. 2 KO) nicht ausdrücklich erwähnt. Die Vorschrift über das Absonderungsrecht des Fiskus an zoll- und steuerpflichtigen Sachen (Nr. 4) ist so gefaßt, daß sie auf die entsprechenden steuerrechtlichen Vorschriften, insbesondere auf § 76 AO, Bezug nimmt. Aus dem Steuerrecht ergibt sich, daß der Fiskus mit seinem Absonderungsrecht an den genannten Sachen sonstigen Absonderungsrechten an denselben Sachen vorgeht (vgl. § 76 Abs. 1 AO »ohne Rücksicht auf Rechte Dritter«), so Begr. zu § 59 RegE (BR-Drucks. 1/92, S. 125).
Das Vorrecht des Fiskus bezüglich des Absonderungsrechts für verbrauchssteuerliche Waren und zollpflichtige Güter gilt daher nach wie vor, obwohl eine gesetzliche Normierung in der InsO nicht vorgenommen wurde.
Für die Umsatzsteuer besteht kein Absonderungsrecht (*Tipke/Kruse* AO, § 76 Rz. 1). Der Vorrang des Fiskus besteht nicht im Verhältnis zu Schiffsgläubigern (§ 761 HGB n. F., s. Art. 40 EGInsO; früher § 49 Abs. 2 letzter Halbsatz KO).

2 Die Regelung des § 51 ist nicht abschließend. Weitere Absonderungsrechte sind geregelt in § 84 (früher § 51 KO) und § 157 VVG.
Nach § 157 VVG kann der im Konkurs des Versicherungsnehmers geschädigte Dritte im Rahmen einer Haftpflichtversicherung abgesonderte Befriedigung beanspruchen an der Entschädigungsforderung des Schuldners gegen die Versicherungsgesellschaft (Einzelheiten dazu s. unten § 51 Rz. 32).
Die Reihenfolge des § 51 stellt keine Rangfolge dar für die Befriedigung der Gläubiger; diese richtet sich vielmehr nach allgemeinen Vorschriften des bürgerlichen Rechts und des Prozeßrechts (siehe z. B. § 443 HGB, § 1208 BGB, § 810 ZPO). Im übrigen gilt grundsätzlich das Prioritätsprinzip, auch bei Zusammentreffen von gesetzlichen und rechtsgeschäftlichen Rechten (*Kilger/Karsten Schmidt* KO, § 49 Rz. 9).

3 Eine dem § 50 KO entsprechende Vorschrift fehlt in der InsO. Nach § 50 KO konnte der Konkursverwalter eine Schadensersatzforderung geltend machen, wenn ein Konkurs-

gläubiger seine Forderung an einen im Ausland Wohnenden abtrat, der Inhaber eines zur Konkursmasse gehörenden Gegenstandes war und der Konkursmasse dadurch der Gegenstand entzogen wurde.
Gemäß Art. 102 EGInsO erfaßt das ausländische Insolvenzverfahren auch das im Inland befindliche Vermögen des Schuldners. Nicht geregelt ist das Problem des Inlandsverfahrens mit Vermögen im Ausland.
Der BGH hat den Grundsatz aufgestellt, daß die gesetzliche örtliche Zuständigkeit die internationale Zuständigkeit indiziert (BGHZ 95, 256, 264 ff.).
Nach § 3 ist das Gericht, in dessen Bereich der Schuldner seinen Sitz oder Wohnsitz hat, zuständig für das Insolvenzverfahren, also auch das international zuständige Gericht. Das bedeutet, daß inländisches Insolvenzrecht grundsätzlich auch Anwendung findet auf Vermögensgegenstände des Schuldners im Ausland, unabhängig davon, ob das inländische Recht im Ausland durchsetzbar ist oder nicht (vgl. *Haarmeyer/Wutzke/Förster* Hdb. zur InsO Rz. 10/124). Die Vorschriften der InsO über den Rechtserwerb an Massegegenständen (§ 91) oder die Vorschriften über die Anfechtung des inländischen Verwalters (§§ 129 ff.) oder das allgemeine Verfügungsverbot (§ 21) oder die Regelungen bezüglich des Vollstreckungsverbotes (§ 90) und der Aufrechnung (§§ 95 ff.) sind daher auch anwendbar, wenn ausländische Vermögensgegenstände des Schuldners betroffen sind. Dadurch ist eine dem § 50 KO entsprechende Vorschrift entbehrlich (zur Anfechtung des ausländischen Insolvenzverwalters vgl. aber Art. 102 Abs. 2 EGInsO).

Nach Art. 16 Abs. 1, Art. 17 Abs. 1 des Europäischen Insolvenzübereinkommens ist **4** vorgesehen, daß die Eröffnung eines Insolvenzverfahrens durch das für die Eröffnung zuständige Gericht automatisch ohne weiteres Anerkennung findet in den übrigen Zeichnerstaaten (vgl. dazu *Balz* ZIP 1996, 948 ff.), wobei nach Art. 4 des Übereinkommens das anwendbare Recht bestimmt wird.

B. Sicherungsübereignung und Sicherungsabtretung (§ 51 Nr. 1)

I. Sicherungsübereignung

Das Sicherungseigentum stellt sich als der Hauptanwendungsfall der eigennützigen **5** Treuhand dar (dazu oben § 47 Rz. 40 ff.). Der Sicherungsnehmer wird nach Übereignung unter Vereinbarung eines Besitzkonstituts formal Vollrechtsinhaber. Seine rechtlichen Befugnisse sind jedoch begrenzt durch die Sicherungsabrede. Hiernach darf er auf das Sicherungsgut nur Zugriff nehmen, wenn die Forderungen, zu deren Besicherung die Sicherungsübereignung erfolgte, nicht ausgeglichen werden. Da somit das Sicherungseigentum in der Insolvenz des Sicherungsgebers dem Pfandrecht nahesteht, wurde es schon im Geltungsbereich der KO den Absonderungsrechten zugeordnet (*Vortmann* in Mohrbutter/Mohrbutter, Hdb. d. Insolvenzvw. Rz. VI.283), was der Gesetzgeber durch § 51 Nr. 1 nunmehr auch bestätigt hat. In der praktisch seltenen Insolvenz des Sicherungsnehmers hingegen kann der Sicherungsgeber das Sicherungsgut aussondern (dazu oben § 47 Rz. 25 f.).

1. Begründung des Sicherungseigentums

Das Sicherungseigentum wird nach allgemeinen Regeln durch eine dingliche Einigung **6** und Übergabe bzw. ein Übergabesurrogat nach §§ 929 ff. BGB begründet. Der in der Praxis häufigste Fall ist der eines Besitzmittlungsverhältnisses nach § 930 BGB.

7 Sicherungsübereignungen sind nur wirksam, wenn sie dem sachenrechtlichen Bestimmtheitsgrundsatz entsprechen. Dies bereitet keine Schwierigkeiten bei der Übereignung individueller Sachen.

8 Bei der Übereignung von **Sachgesamtheiten** hingegen, insbesondere den in der Praxis häufigen Übereignungen von Warenlagern mit wechselndem Bestand, muß die dingliche Einigung zusätzliche einfache äußerliche Abgrenzungskriterien enthalten, die für jeden Außenstehenden, der nur die vertraglichen Vereinbarungen kennt, ohne weiteres ersichtlich machen, welche individuell bestimmten Sachen übereignet wurden (*BGH* NJW 1991, 2144 ff. [2146]; BGHZ 73, 253 ff. [254]).

9 Diesem Erfordernis genügen nicht solche Klauseln, bei denen aus einem Lager nur Waren in einem bestimmten Wert oder einer bestimmten Menge übereignet werden sollen, d. h. eine bloß quantitative Zuordnung stattfindet (*BGH* BGHZ 21, 52 ff. [55]). Die Bestimmtheit fehlt weiter, wenn von neu in ein Lager hinzukommenden Waren ausgenommen sein sollen die dem Sicherungsgeber unter Eigentumsvorbehalt gelieferten (*BGH* NJW 1986, 1985 f. [1986]).

10 Bestimmt ist hingegen eine Beschreibung nach Eigenschaften wie Formen, Farben oder Größen, wenn aus einem Lagerbestand sämtliche Waren mit diesen Eigenschaften übereignet werden sollen (*Quack* in MünchKomm, BGB, § 929 Rz. 83). Bestimmtheit liegt vor, wenn alle Waren in bestimmten Räumen übereignet werden sollen (= Raumsicherungsvertrag), selbst wenn Teile hiervon dem Sicherungsgeber unter Eigentumsvorbehalt geliefert wurden: in diesem Fall erfaßt die Einigung die Vollrechte sowie die Anwartschaftsrechte aus den Vorbehaltswaren (*BGH* BGHZ 28, 16 ff. [20]). Dem Bestimmtheitserfordernis genügt ebenfalls die Übereignung von Teilen der in einer bestimmten Räumlichkeit befindlichen Waren, wenn diese äußerlich klar vom übrigen Bestand abgegrenzt sind (= Markierungsvertrag). Nicht ungefährlich sind Sicherungsverträge, bei denen das Sicherungsgut aufgrund periodisch zu fertigender Bestandslisten konkretisiert wird: Die in der Zeit zwischen der Fertigung der Inventarlisten hinzugekommenen Waren werden erst nach Fertigung der neuesten Liste individualisiert und fallen erst hiernach in das Sicherungseigentum.

2. Wirksamkeit der Sicherungsübereignung

11 Sicherungsübereignungsverträge waren bislang wegen der in einer Übersicherung liegenden Knebelung des Sicherungsgebers nichtig, wenn sie dem Sicherungsnehmer die Möglichkeit einer erheblichen Übersicherung eröffneten. Die Rechtsprechung konzedierte den Kreditinstituten zwar eine den Geschäftsgrundsätzen der Banken entsprechende allgemein anerkannte Übersicherung, gleichwohl sollte eine formularmäßige Sicherungsübereignung eines Warenlagers mit wechselndem Bestand unwirksam sein, wenn sie nicht durch eine Freigabeklausel mit zahlenmäßig bestimmter Deckungsgrenze zur Verhinderung einer Übersicherung des Sicherungsnehmers begrenzt war (*BGH* BGHZ 117, 334 ff. [337]). Hinzukommen mußte die Vereinbarung einer festen Bezugsgröße für die Wertberechnung (z. B. Wareneinkaufspreise), damit festgestellt werden konnte, ob die Deckungsgrenze überschritten war (*BGH* BGHZ 125, 83 ff. [89]). Eine Überschreitung der Deckungsgrenze war bislang anzunehmen, soweit der Bestand der zu ihrem realisierbaren Wert zusammengefaßten Sicherheiten 120% der zu sichernden Forderung überstieg (*BGH* BGHZ 120, 300 ff. [303]), wobei für die Berechnung der zu sichernden Forderung der Kreditrahmen, nicht die tatsächliche Kreditinanspruchnahme entscheidend war (*BGH* NJW 1996, 847 f. [848]). Die Rechtsprechung hat hier allerdings einen grundsätzlichen Wandel vollzogen, soweit es um die

Nichtigkeit wegen nachträglicher Übersicherung durch revolvierende Sicherheiten geht:

a) Nachträgliche Übersicherung bei revolvierenden Globalsicherheiten

Auf die zur Begründung einer wirksamen Sicherungsvereinbarung über revolvierende Sicherheiten bislang erforderliche ermessensunabhängige Freigabeklausel im Vertrag des Sicherungsnehmers hatte zunächst der 11. Zivilsenat des BGH verzichtet (*BGH* NJW 1996, 2790 f.). Auch bezüglich des Erfordernisses einer Deckungsgrenze sowie einer Bewertungsklausel wollten der vorgenannte sowie der 9. Zivilsenat von der obigen Rechtsprechung abweichen. Es wurde daher mit zwei Vorlagebeschlüssen (*BGH* ZIP 1997, 632 ff. und ZIP 1997, 1185 ff.) der Große Senat für Zivilsachen zur Entscheidung angerufen.

In seinem grundlegenden Beschluß vom 27. 11. 1997 (*BGH GSZ*, NJW 1998, 671 ff. = ZIP 1998, 235 ff.) hat der Große Senat für Zivilsachen nun entschieden, daß revolvierende Globalsicherungen auch dann wirksam sind, wenn diese zur Vermeidung einer nachträglichen Übersicherung weder eine ausdrückliche Freigaberegelung noch eine zahlenmäßig bestimmte Deckungsgrenze noch eine Klausel für die Bewertung der Sicherungsgegenstände haben. Der Entscheidung des Großen Senats liegt der Rechtsgedanke zugrunde, es handele sich bei Verträgen über Globalsicherheiten auch ohne ausdrückliche Vereinbarung um Treuhandverhältnisse, wobei es den Treuhandverhältnissen immanent sei, daß der Sicherungsnehmer die Sicherheit schon vor Beendigung des Vertrages zurückzugeben habe, wenn und soweit sie endgültig nicht mehr benötigt werde. Der BGH hält zwar auch weiterhin Klauseln, die den Freigabeanspruch des Sicherungsgebers *nur* vom Ermessen des Sicherungsnehmers abhängig machen, für nichtig. Aus der Nichtigkeit der Freigaberegelung folgt nun aber nicht mehr die Unwirksamkeit des Vertrages über die Globalsicherheit, sie schafft lediglich Raum für den vertragsimmanenten ermessensunabhängigen Freigabeanspruch des Sicherungsgebers (*BGH* NJW 1998, 2206 f., 2207).

Soweit das Sicherungseigentum keine revolvierende Sicherheit, sondern vielmehr nur eine bestimmte, in ihrem Bestand im wesentlichen unveränderliche Sachgesamtheit zum Gegenstand hatte, so war im übrigen auch schon nach bisheriger Rechtsprechung für die Wirksamkeit einer solchen Sicherungsübereignung eine Freigabeklausel mit zahlenmäßig bestimmter Deckungsklausel nicht erforderlich (*BGH* ZIP 1994, 305 ff. [307]).

b) Anfängliche Übersicherung bei revolvierenden Globalsicherungen

Auf die höchstrichterliche Rechtsprechung zu den Folgen einer ursprünglichen Übersicherung bleibt die vorgeschilderte Rechtsprechungsänderung ohne Auswirkungen. Wie bisher sind Sicherstellungsverträge gleich welcher Art dann gem. § 138 Abs. 1 BGB unwirksam, wenn bereits bei Vertragsabschluß gewiß ist, daß ein auffälliges Mißverhältnis zwischen dem realisierbaren Wert der Sicherheit und der gesicherten Forderung bestehen wird (*BGH* InVo 1998, 192 ff. [193]; vgl. zur bisherigen Rspr. *BGH* NJW 1994, 1796 ff. [1798]). Für die Bewertung des auffälligen Mißverhältnisses legt der BGH nach wie vor keine allgemeinen Kriterien – etwa durch pauschale Abschläge vom Nennwert abgetretener Forderungen oder vom Schätzwert sicherungsübereigneter Waren – fest, diese seien nur für das Entstehen eines Freigabeanspruchs wegen **nachträglicher** Übersicherung, nicht aber für die Frage der **anfänglichen** Übersicherung von Relevanz (vgl. auch *BGH GSZ* NJW 1998, 671 ff., LS 4). Soweit es um die Feststellung einer anfänglichen Übersicherung geht, fordert der BGH eine Ermittlung des realisierbaren Wertes der Sicherheiten im jeweiligen Einzelfall, wobei Bewertungsrisiken zum Zeitpunkt des Vertragsschlusses angemessen Rechnung zu tragen sei (*BGH* WM 1998, 248 ff. [250]). Ist der realisierbare Wert der Sicherheiten zum Zeitpunkt des Abschlusses des Sicherungsvertrages festgestellt und übersteigt dieser das Sicherungsbedürfnis erheblich, so greift § 138 Abs. 1 BGB nur ein, wenn die Übersicherung auf einer verwerflichen Gesinnung des Sicherungsnehmers beruht (*BGH* InVo 1998, 192 ff. [193]). Dies nachzuweisen dürfte außerordentlich schwierig sein und wohl nur dann in Betracht kommen, wenn es zu einer erheblichen Anhäufung von Sicherheiten aller Art kommt (so im Fall *BGH* InVo 1998, 192 ff. [193]).

c) Kollision der Sicherungsübereignung mit anderen Sicherungsmitteln

16 Insbesondere bei der Sicherungsübereignung von Warenlagern ergeben sich häufig Kollisionen mit Lieferantenansprüchen aus Eigentumsvorbehalt oder Ansprüchen des Vermieters aus dem Vermieterpfandrecht. Hier gilt folgendes: Der Eigentumsvorbehalt geht in jedem Fall der Sicherungsübereignung und dem Vermieterpfandrecht vor. Wird bezahlte Ware in den Miet- bzw. Sicherungsraum eingebracht, so geht das Vermieterpfandrecht dem Sicherungseigentum vor, der Sicherungsnehmer erlangt nur das mit dem vorrangigen Pfandrecht belastete Sicherungseigentum (*BGH* NJW 1992, 1156 f. [1157]) und zum Ganzen *Vortmann* ZIP 1988, 626 ff.). Werden hingegen konkrete Gegenstände – z. B. Pkws – sicherungsübereignet, noch bevor sie auf das Mietgrundstück gelangen, so geht die Sicherungsübereignung in diesem Fall dem Vermieterpfandrecht vor (*OLG Hamm* ZIP 1981, 165 f. [166]).

II. Verlängerungsformen des Eigentumsvorbehalts

17 Der Sicherungsübereignung in ihren insolvenzrechtlichen Auswirkungen gleichzusetzen sind die Verlängerungsformen des Eigentumsvorbehalts, die ebenfalls lediglich zu einem Absonderungsrecht führen (Begr. zu § 58 RegE, BR-Drucks. 1/92, S. 125). Beim verlängerten Eigentumsvorbehalt erteilt der Vorbehaltsverkäufer dem Vorbehaltskäufer sein Einverständnis in den Verkauf bzw. die Verarbeitung der Vorbehaltsware. Im Gegenzug hierfür läßt er sich die aus der Veräußerung resultierende Forderung abtreten bzw. vereinbart eine Herstellerklausel. Auch die Verlängerungsformen des Eigentumsvorbehalts werden i. d. R. über AGBs des Vorbehaltsverkäufers eingeführt (vgl. deshalb zunächst oben § 47 Rz. 18 ff.). Anders als bei den nur bezüglich des einfachen Eigentumsvorbehalts kollidierenden AGBs (vgl. oben § 47 Rz. 20) führt bei den Verlängerungsformen die in den Einkaufsbedingungen enthaltene Abwehrklausel des Käufers dazu, daß die in den Verkaufsbedingungen vorgegebenen Verlängerungsformen des Eigentumsvorbehalts nicht Vertragsbestandteil werden (*BGH* ZIP 1985, 544 ff.).

1. Eigentumsvorbehalt mit Verarbeitungsklausel

18 Eine ordnungsgemäß vereinbarte Verarbeitungsklausel bestimmt, daß die Verarbeitung der Vorbehaltsware i. S. d. § 950 BGB für den Vorbehaltsverkäufer erfolgen soll, dieser mithin ohne Durchgangserwerb des Vorbehaltskäufers Eigentümer der neuen Sache wird (*BGH* BGHZ 20, 159 ff. [163]), soweit der Wert der Verarbeitung jedenfalls 60% des Werts der verarbeiteten Grundstoffe erreicht (*BGH* NJW 1995, 2633).

Die Verarbeitungsklausel ist unwirksam, wenn sie keine Öffnung für den Fall enthält, 19
daß von der Verarbeitung auch noch andere unter Eigentumsvorbehalt gelieferte Waren
betroffen sind (*LG Bonn* ZIP 1993, 692 f. [693]; ZIP 1994, 1975). Beim Zusammentreffen von Eigentumsvorbehalten verschiedener Art von mehreren Lieferanten wird
Miteigentum nach §§ 947, 950 BGB gebildet (*BGH* KTS 1972, 176 ff. [178]).

2. Eigentumsvorbehalt mit Veräußerungsermächtigung

Die Ermächtigung zur Veräußerung der Vorbehaltsware wird verbunden mit einer 20
Vorausabtretung der aus der Veräußerung resultierenden Forderungen. Die Forderungsabtretung muß wiederum bestimmt oder bestimmbar sein. Soweit hier zur Vermeidung
einer Übersicherung sogleich eine Teilabtretung »in Höhe des Werts der Lieferung« des
Vorbehaltsverkäufers vorgenommen wird, genügt eine solche Formulierung dem Bestimmbarkeitserfordernis, da sich die Höhe der Teilforderung anhand von Lieferscheinen und Rechnungen feststellen läßt (*Vortmann* in Mohrbutter/Mohrbutter, Hdb. d.
Insolvenzvw. Rz. VI.243).

Ansonsten ist auf der Grundlage der bisherigen Rechtsprechung ein verlängerter Eigen- 21
tumsvorbehalt mit Vorausabtretungsklausel nur dann wirksam, wenn in den AGBs des
Vorbehaltsverkäufers eine Freigabeklausel enthalten ist, derzufolge über die Vorausabtretung erlangte Sicherheiten freizugeben sind, sobald der realisierbare Wert der
zedierten Forderungen 120% der zu sichernden Forderungen erreicht, bzw. ausgehend
vom Nennwert der zedierten Forderungen eine Deckungsgrenze von 150% vorgesehen
ist (*BGH* BGHZ 120, 300 ff. [303]). Die vorgeschilderte Änderung der Rechtsprechung
(vgl. oben § 51 Rz. 13) wird sich allerdings auch in diesem Bereich auswirken, wegen
Fehlens einer Deckungsgrenze oder einer Freigabeklausel werden in Zukunft Eigentumsvorbehalts-AGBs von Lieferanten nicht im Verhältnis zum Vorbehaltskäufer
unwirksam sein; Unwirksamkeitsgründe können nur noch bestehen, soweit sich ein
Vorbehaltskäufer mit seinen AGBs Vorrang vor anderen Eigentumsvorbehaltsgläubigern verschaffen will (s. o. Rz. 19).

3. Berücksichtigung von Abschlagszahlungen auf zedierte Forderungen

Insbesondere im Bereich der Insolvenzen von Bauunternehmen ergibt es sich häufig, daß 22
die Bauunternehmung bereits vor Eröffnung des Insolvenzverfahrens Waren, die ihr von
einem Baustofflieferanten unter verlängertem Eigentumsvorbehalt mit Vorausabtretungsklausel geliefert wurden, verbaut hat. Hatte die Bauunternehmung nach dem
Einbau Abschlagsrechnungen erteilt und sind hierauf auch vor Eröffnung des Insolvenzverfahrens Abschlagszahlungen erfolgt, so sind die Abschlagszahlungen wie folgt zu
berücksichtigen: Die Abschlagszahlung wird angerechnet auf die an den Vorbehaltslieferanten zedierte Forderung in der Höhe, in der der Wert des Vorbehaltsmaterials in der
Abschlagsrechnung enthalten war. Nur soweit also die Vorbehaltsware mit der Abschlagsrechnung nicht vollständig abgerechnet wurde, steht dem Vorbehaltslieferanten
noch ein allerdings nur anteiliger Anspruch an der Restforderung des Schuldners zu
(geringfügig anders aber *LG Hamburg* ZIP 1982, 87: Abschlagszahlungen sind in das
Verhältnis zur Gesamtforderung des Gemeinschuldners zu setzen, hierbei ist der Prozentsatz der bisherigen Tilgung der Forderung des Gemeinschuldners zu ermitteln; um
diesen Prozentsatz ist dann auch die Forderung des Vorbehaltslieferanten zu ermäßigen).

III. Erweiterungsformen des Eigentumsvorbehalts

23 Die Erweiterungsformen des Eigentumsvorbehalts sehen vor, daß das vorbehaltene Eigentum nicht bereits mit Zahlung des auf die Sache bezogenen Kaufpreises, sondern erst nach Bezahlung weiterer Verbindlichkeiten auf den Käufer übergehen soll. Bei dem in der Praxis relevanten Kontokorrentvorbehalt werden die Forderungen aus der Geschäftsbeziehung in ein Kontokorrent eingestellt. Wichtig ist, daß ein einmal durch einen Saldoausgleich erloschener Eigentumsvorbehalt nicht dadurch wieder ingesamt auflebt, als mit der Lieferung neuer Waren neue Forderungen entstanden sind. Die Forderungen des Verkäufers aus den neuen Lieferungen werden nur gesichert durch den Eigentumsvorbehalt an den Warenbeständen aus dieser Lieferung (*Vortmann* in Mohrbutter/Mohrbutter, Hdb. d. Insolvenzvw. Rz. VI.261).

24 Eine bislang umstrittene Erweiterungsform des Eigentumsvorbehalts, der Konzernvorbehalt, wird durch den neuen § 455 Abs. 2 BGB, der durch Art. 33 Nr. 17 EGInsO eingeführt wurde, für schuldrechtlich nichtig erklärt (zu den damit verbundenen sachenrechtlichen Konsequenzen vgl. *Niesert* InVo 1998, 141 ff. [141]).

IV. Sonstige Sicherungsabtretungen

1. Globalzession

25 Die Globalzession zeichnet sich dadurch aus, daß sich der Gläubiger sicherungshalber zukünftige Forderungen des Schuldners abtreten läßt. Die Globalzession ist nach allgemeinen Grundsätzen nur wirksam, wenn die global abgetretenen Forderungen ausreichend bestimmbar sind, d. h. im Zeitpunkt ihrer Entstehung nach Gläubiger, Schuldner und Rechtsgrund einwandfrei ermittelt werden können.

26 Die Globalzession eines Kreditinsituts ist unwirksam, wenn sie dem Grunde nach auch diejenigen Forderungen erfaßt, die aufgrund branchenüblichen Eigentumsvorbehalts den Gläubigern des Kunden zustehen (*BGH* BGHZ 98, 303 ff. [314]). Dieser müßte bei einer uneingeschränkten Globalzession seine Warenlieferanten darüber täuschen, daß er die Forderungen aus der Verwertung der Lieferantenware bereits global abgetreten und demgemäß die Eigentumsvorbehaltsrechte der Lieferanten vereitelt hat. Der Vorwurf der Sittenwidrigkeit wird allerdings beseitigt, wenn die Globalzession den branchenüblichen verlängerten Eigentumsvorbehaltsrechten den Vorrang einräumt (*BGH* a. a. O.) oder aber der mit der Globalzession abgesicherte Kredit gerade der Befriedigung der Forderungen des Eigentumsvorbehaltsverkäufers dienen soll (*Vortmann* in Mohrbutter/Mohrbutter, Hdb. d. Insolvenzvw. Rz. VI.253).

27 Darüber hinaus war eine Globalzession auf der Grundlage der bisherigen Rechtsprechung auch dann nichtig, wenn sie ohne eine ermessensunabhängige Freigabeklausel ausgestattet war und keine bestimmte Deckungsobergrenze enthielt (120% des realisierbaren Werts bzw. 150% des Nominalwerts der zedierten Forderungen im Verhältnis zu den Ansprüchen des Zessionars gegen den Zedenten; vgl. Nachweise oben Rz. 11). Die vorstehend skizzierte grundlegende Änderung der Rechtsprechung im Bereich der revolvierenden Globalsicherheiten (vgl. oben Rz. 13 ff.) gilt nun allerdings auch für Globalzessionen, diese sind künftig also auch ohne Freigabeklausel, Deckungsgrenze und Bewertungsklausel zur Vermeidung einer nachträglichen Übersicherung wirksam. Die aus einer möglichen anfänglichen Übersicherung resultierenden Konsequenzen sind allerdings auch hier zu beachten (vgl. oben Rz. 15).

Sonstige Absonderungsberechtigte § 51

2. Unechtes Factoring

Beim Factoring tritt ein Gläubiger, der Anschlußkunde, die Forderungen gegen seinen 28
Schuldner, den Debitor, an den Factor, ein Finanzierungsinstitut, ab. Soweit der Anschlußkunde die Gutschrift des Factors endgültig behalten kann, spricht man von echtem Factoring, das dem Factor in der Insolvenz des Anschlußkunden ein Aussonderungsrecht zuweist (vgl. oben § 47 Rz. 31). Beim unechten Factoring hingegen kann der Factor dem Anschlußkunden die erteilte Gutschrift wieder zurückbelasten, wenn die zedierte Forderung beim Debitor nicht eingetrieben werden kann. Die zunächst erfolgte Abtretung der Forderung des Anschlußkunden an den Factor dient demgemäß lediglich dessen Besicherung. Aus diesem Grund hat beim unechten Factoring der Factor in der Insolvenz des Anschlußkunden auch lediglich ein Absonderungsrecht (*Hess* KO, § 43 Rz. 65; a. A. mit Darstellung des Streitstandes: *Sinz* a. a. O., Rz. 54).

C. Zurückbehaltungsrecht wegen nützlicher Verwendungen (§ 51 Nr. 2)

Das allgemeine Zurückbehaltungsrecht des § 273 Abs. 1 BGB ist als persönliches Recht 29
im Insolvenzverfahren nicht durchsetzbar. Mit der Insolvenzeröffnung wird das Zurückbehaltungsrecht des § 273 Abs. 1 BGB hinfällig (seit RGZ 51, 83, 86 ff. allg. Auffassung; s. *Kuhn/Uhlenbruck* KO, § 49 Rz. 24; *Hess* KO, § 49 Rz. 14; *Kilger/ Karsten Schmidt* KO, § 49 Rz. 7). Das folgt aus der abschließenden Aufzählung der Absonderungsrechte in den gesetzlichen Regelungen der §§ 50, 51, 84 und § 157 VVG. Gleiches gilt für ein rechtsgeschäftlich vereinbartes Zurückbehaltungsrecht (*Hess* KO, § 49 Rz. 14; *Kuhn/Uhlenbruck* KO, § 49 Rz. 24). Der Insolvenzverwalter ist verpflichtet, derartig belastete Gegenstände in Besitz zu nehmen und zu verwerten (*BGH* WM 1965, 408, 410 ff.).
Der Rechtsanwalt kann die Herausgabe seiner Handakten nicht verweigern (*RG* JW 1921, 636; *AG München* KTS 1969, 190; *Kuhn/Uhlenbruck* KO, § 49 Rz. 24). Auch der Steuerberater kann Buchhaltungsunterlagen nicht zurückbehalten wegen offener Honoraransprüche (*OLG Stuttgart* ZIP 1982, 80; *OLG Düsseldorf* NJW 1977, 1201; *OLG Düsseldorf* ZIP 1982, 471). Die Durchsetzung des Herausgabeanspruchs per einstweiliger Verfügung haben bejaht *OLG Düsseldorf* ZIP 1982, 471; *OLG Hamm* ZIP 1987, 1330 = EWiR 1987, 1121 ff. (*Marotzke* zu § 49 KO).
Die Verpflichtung des Steuerberaters zur Herausgabe der Hauptabschlußübersicht hat der BGH verneint, weil der vertragliche Anspruch des Gemeinschuldners gemäß § 23 Abs. 2 KO erloschen war (*BGH* ZIP 1988, 1474 = NJW 1989, 1216 = Der Steuerberater 1989, 113); dem § 23 Abs. 2 KO entspricht § 116, so daß die Entscheidung des BGH auch für die Zukunft Geltung hat.
Nützliche Verwendungen an beweglichen Sachen sind im Gesetz vorgesehen wie folgt: 30
§§ 102, 292, 304, 347 Satz 2, 450, 500, 538 Abs. 2, 547, 592, 601 Abs. 2, 670, 675, 683, 693, 850, 972, 994 bis 996, 1000 Satz 1, 1049, 1057, 1216, 2022 BGB.
Das Zurückbehaltungsrecht des Gläubigers wegen nützlicher Verwendungen ergibt sich aus § 273 Abs. 2 BGB und § 1000 BGB. § 51 Nr. 2 gilt nur für bewegliche Sachen, weil die Regelung über die abgesonderte Befriedigung an unbeweglichen Gegenständen in § 49 InsO in Verbindung mit den Vorschriften des ZVG abschließend ist.
Zur Verwertungsbefugnis vgl. §§ 166, 173 Abs. 1.
Die Höhe des Anspruchs auf abgesonderte Befriedigung ist begrenzt auf den Vorteil (Werterhöhung), der zum Zeitpunkt der Verwertung – nicht zum Zeitpunkt der Eröff-

§ 51 *Eröffnung des Insolvenzverfahrens*

nung des Verfahrens – besteht (*Kuhn/Uhlenbruck* KO, § 49 Rz. 26; *Kilger/Karsten Schmidt* KO, § 49 Rz. 6; *Hess* KO, § 49 Rz. 16).
Das Zurückbehaltungsrecht setzt voraus, daß der Gläubiger den Gegenstand in Besitz hat, wobei die Besitzerlangung vor Eröffnung des Verfahrens stattgefunden haben muß und bis zur Geltendmachung des Rechts bestehen muß (*Kilger/Karsten Schmidt* KO, § 49 Rz. 6; *Kuhn/Uhlenbruck* KO, § 49 Rz. 25).

D. Zurückbehaltungsrecht nach HGB (§ 51 Nr. 3)

31   Das kaufmännische Zurückbehaltungsrecht ist in § 369 HGB geregelt. Voraussetzung des Zurückbehaltungsrechts ist die Kaufmannseigenschaft auf seiten des Gläubigers und des Schuldners und die Besitzerlangung durch den Gläubiger vor Eröffnung des Verfahrens durch Handelsgeschäft.
Weitere Voraussetzung ist eine fällige Forderung, da § 370 HGB durch Artikel 40 EGInsO aufgehoben wurde. Nach § 370 HGB konnte auch wegen nicht fälliger Forderungen in bestimmten Fällen das sogenannte »Notzurückbehaltungsrecht« geltend gemacht werden. Die Konkurseröffnung hatte also zur Folge, daß ein vorher nicht bestehendes Zurückbehaltungsrecht durch die Eröffnung entstand. Diese Regelung ist mit dem Grundsatz der neuen InsO nicht vereinbar, nach dem Rechte eines Gläubigers durch die Eröffnung des Verfahrens nicht erweitert werden dürfen. Aus diesem Grunde wurde die Aufrechnung (§ 54 KO, § 54 VglO) durch § 95 derart neu geregelt, daß nach Eröffnung des Verfahrens nicht mit nicht fälligen Forderungen sofort aufgerechnet werden darf. Das kaufmännische Zurückbehaltungsrecht entspricht funktional der Aufrechnung, so daß auch das Zurückbehaltungsrecht durch die Eröffnung des Verfahrens nicht vorzeitig zum Entstehen gebracht wird, so Begr. zu Art. 40 EGInsO in Art. 38 RegE (BT-Drucks. 12/3803, S. 81–88).
§ 41 Abs. 1 gilt somit nicht für die Gläubigerforderung des Absonderungsrechts des § 51 Nr. 3.
Die Befriedigung aus dem Zurückbehaltungsrecht erfolgt nach § 371 HGB außerhalb des Insolvenzverfahrens.
Der nach § 371 HGB notwendige Titel ist gegen den Verwalter zu erwirken; § 87 ist nicht anwendbar. Wegen § 91 ist der Erwerb eines Zurückbehaltungsrechts nach Eröffnung des Verfahrens ausgeschlossen.
Besteht das Grundgeschäft – z. B. durch Anfechtung – nicht mehr, hat dieses auf das Absonderungsrecht keinen Einfluß (§ 369 Abs. 1 Satz 2 HGB; s. auch *BGH* KTS 1957, 10).
Gegenstand des Zurückbehaltungsrechts sind bewegliche Sachen und Wertpapiere, die im Eigentum des Schuldners stehen, nicht Rechte, namentlich Forderungen, Beweisurkunden, Ausweispapiere, Sparbücher, Hypothekenbriefe, Kfz-Briefe und dergleichen (vgl. *Baumbach/Hopt* HGB, § 369 Rz. 7).
Auch an unpfändbaren Sachen ist ein Zurückbehaltungsrecht möglich; die Ausübung kann aber rechtsmißbräuchlich sein (*Baumbach/Hopt* HGB, § 369 Rz. 7).
Wird die Ausübung des Zurückbehaltungsrechts gemäß § 369 Abs. 4 HGB durch Hinterlegung abgewendet, setzt sich das Absonderungsrecht fort an der hinterlegten Sicherheitsleistung (§ 233 BGB; s. auch *Baumbach/Hopt* HGB, § 369 Rz. 14; *Kuhn/Uhlenbruck* KO, § 49 Rz. 28d).

E. Absonderungsrechte nach VVG und DepotG

Ein Absonderungsrecht gewährt § 157 VVG im Konkurs des Versicherungsnehmers zugunsten des geschädigten Dritten im Rahmen einer Haftpflichtversicherung. Die Entschädigungsforderung gegen die Versicherung fällt in die Konkursmasse (RGZ 93, 211), das heißt der ursprüngliche Anspruch auf Befreiung von dem Schadensersatzanspruch wandelt sich im Insolvenzverfahren in einen Leistungsanspruch um (*Kuhn/Uhlenbruck* KO, § 49 Rz. 31 m. w. N.). Das Absonderungsrecht umfaßt die gesamte Entschädigungsforderung unabhängig von einer Quote, die im Verfahren zur Auszahlung gelangt. 32

Partei des Haftpflichtprozesses ist der Verwalter (*BGH* VersR 89, 730; 81, 328; 56, 625; 64, 966; *Prölss/Martin* VVG, § 157 Rz. 3; *Kuhn/Uhlenbruck* KO, § 49 Rz. 32).

Der geschädigte Dritte muß dabei nicht seine Forderung zunächst zur Tabelle anmelden und feststellen lassen, um dann im Falle des Bestreitens Klage auf Leistung zu erheben; im Gegenteil kann der Geschädigte das Recht auf abgesonderte Befriedigung aus der Versicherungsforderung ohne den Umweg über das konkursrechtliche Prüfungsverfahren durch unmittelbare Klage auf Zahlung gegen den Konkursverwalter geltend machen, wobei er die Klage auf die Leistung aus der Entschädigungsforderung gegen den Versicherer zu beschränken hat (*BGH* KTS 1989, 660 f. [661]).

Das Absonderungsrecht entsteht mit Eröffnung des Verfahrens und dauert fort bis zum Eintritt des Versicherungsfalles unabhängig vom Lauf des Insolvenzverfahrens. Der Versicherungsfall kann daher nach Eröffnung oder nach Abschluß des Verfahrens eintreten, ohne daß die Rechtsposition des geschädigten Dritten beeinträchtigt wird (*Gottwald* in Gottwald, InsolvenzRHdb, § 44 Rz. 47; *Kuhn/Uhlenbruck* KO, § 49 Rz. 32, 33).

Bei der Versicherung für fremde Rechnung (§ 74 VVG) handelt sich um eine Art gesetzliches Treuhandverhältnis (*Prölss/Martin* VVG, § 76 Rz. 1 m. w. N.). Gegen den Versicherten oder im Falle der Insolvenz gegen den Verwalter kann der Versicherungsnehmer Zurückbehaltungsrechte (z. B. am Versicherungsschein) geltend machen wegen seiner Forderungen aus der versicherten Sache gegen den Versicherten (§ 77 VVG; s. auch *Gottwald* in Gottwald, InsolvenzRHdb, § 44 Rz. 46; *Kuhn/Uhlenbruck* KO, § 49 Rz. 29). 33

Die Vorschriften über die Seeversicherung auf fremde Rechnung (§§ 886 ff. HGB) enthalten in § 888 HGB dem § 77 VVG entsprechende Regelungen. Ist die Entschädigungsforderung vor Eröffnung des Verfahrens über das Vermögen des Versicherten gezahlt worden, besteht ein Absonderungsrecht nicht mehr (*Kuhn/Uhlenbruck* KO, § 49 Rz. 30; *Gottwald* in Gottwald, InsolvenzRHdb, § 44 Rz. 46). 34

Weitere kaufmännische Zurückbehaltungsrechte sind geregelt in § 4 DepotG für Verwahrungsgeschäfte und in § 30 DepotG für Kommissionsgeschäfte über Wertpapiere. Voraussetzung dieser Zurückbehaltungsrechte ist die kaufmännische Verwahrung von Wertpapieren. 35

F. Absonderungsrecht des Fiskus (§ 51 Nr. 4)

§ 51 Nr. 4 stellt auf die gesetzlichen Vorschriften ab, die außerhalb der InsO gelten, insbesondere auf § 76 AO. Die nach den Zoll- und Verbrauchssteuergesetzen bestehende Haftung bestimmter Waren und Güter, die zur Insolvenzmasse gehören, begründet das Absonderungsrecht des Steuer- oder Abgabengläubigers. 36

Die Haftung besteht wegen der Steuer- oder Abgabenforderung des Fiskus und setzt nicht die Entstehung oder Fälligkeit der Forderung voraus (*Tipke/Kruse* AO, § 76 Rz. 3).
Eine analoge Anwendung auf die Mehrwertsteuer kommt nicht in Betracht (*Tipke/Kruse* AO, § 76 Rz. 1).
Die Geltendmachung der gesetzlich normierten Haftung erfolgt durch Beschlagnahme und Verwertung. Die Beschlagnahme kann auch noch nach Eröffnung des Verfahrens erfolgen (*Gottwald* in Gottwald, InsolvenzRHdb, § 44 Rz. 51; *Kuhn/Uhlenbruck* KO, § 49 Rz. 2a; *Kilger/Karsten Schmidt* KO, § 49 Rz. 2; a.A. *Hess* KO, § 49 Rz. 2; *Klein/Orlopp* AO, § 76 Rz. 3).
Aus § 76 Abs. 1 AO ergibt sich der Vorrang des Fiskus gegenüber allen anderen Rechten Dritter (»ohne Rücksicht auf die Rechte Dritter«).
Bei einer Hinterlegung nach § 241 AO setzt sich das Absonderungsrecht an der hinterlegten Sicherheit fort (*Kuhn/Uhlenbruck* KO, § 49 Rz. 2b).
Bei Befriedigung der Steuer- oder Abgabenforderung durch einen Dritten geht das Absonderungsrecht auf den Dritten über (*BGH* KTS 1964, 268; *Kuhn/Uhlenbruck* KO, § 49 Rz. 2a).
Für öffentliche Grundstückslasten ist eine Befriedigung aus dem Grundstück vorgesehen in § 10 Abs. 1 Nr. 3 ZVG.
Außerhalb des Zwangsversteigerungs- oder Zwangsverwaltungsverfahrens ist für öffentliche Grundstückslasten ein Absonderungsrecht nicht gegeben.

§ 52
Ausfall der Absonderungsberechtigten → § 64 KO

[1]**Gläubiger, die abgesonderte Befriedigung beanspruchen können, sind Insolvenzgläubiger, soweit ihnen der Schuldner auch persönlich haftet.** [2]**Sie sind zur anteilsmäßigen Befriedigung aus der Insolvenzmasse jedoch nur berechtigt, soweit sie auf eine abgesonderte Befriedigung verzichten oder bei ihr ausgefallen sind.**

Inhaltsübersicht: Rz.

A.	Allgemeines	1
B.	Stimmrecht und Befriedigung	2–8
	I. Berechnung des Ausfalls	3
	II. Verzicht auf das Absonderungsrecht	4
	III. Ungewißheit über den Ausfall	5
	IV. Nicht beteiligte Insolvenzgläubiger	6
	V. Verwirkung	7
	VI. Kosten und Umsatzsteuer gemäß § 171	8

Literatur:

Grub Können bei der Berechnung der Ausfallforderung eines absonderungsberechtigten Gläubigers die nach Konkurseröffnung aufgelaufenen Zinsen berücksichtigt werden?, KTS 1992, 391–392f.; *Henckel* EWiR 1997, 227–228; *Walter* Nochmals: Können bei der Berechnung der Ausfallforderung eines absonderungsberechtigten Gläubigers die nach Konkurseröffnung aufgelaufenen Zinsen berücksichtigt werden?, KTS 1993, 179–182.

Ausfall der Absonderungsberechtigten § 52

A. Allgemeines

Daß die absonderungsberechtigten Gläubiger nur mit ihrer Ausfallforderung an der Befriedigung der Insolvenzgläubiger aus der Insolvenzmasse teilnehmen können, ergab sich für das alte Insolvenzrecht aus § 64 KO und § 27 Abs. 1 Satz VglO. Die neue Fassung des § 52 stellt darüber hinaus klar, daß die Absonderungsberechtigten, denen der Schuldner auch persönlich haftet, im Grundsatz mit der vollen Höhe ihrer Forderung als Insolvenzgläubiger zu betrachten sind. Auch der gesicherte Teil der Forderung wird wenn er angemeldet worden ist, im Prüfungstermin erörtert und gegebenenfalls festgestellt (Begr. zu § 61 RegE (BR-Drucks. 1/92, S. 126)).

1

B. Stimmrecht und Befriedigung

Der Absonderungsgläubiger ist Insolvenzgläubiger mit Stimmrecht in der Gläubigerversammlung (zur Höhe s. § 77 Abs. 2 und 3), wenn der Schuldner auch persönlich haftet neben der Haftung des Absonderungsgegenstandes, der zur Insolvenzmasse gehören muß. Lediglich die Befriedigung aus der Insolvenzmasse ist begrenzt auf den »Ausfall« des Absonderungsberechtigten, da der Gläubiger ansonsten den Verwertungserlös aus der abgesonderten Befriedigung und gegebenenfalls die Quote auf die volle Insolvenzforderung bekäme (*Haarmeyer/Wutzke/Förster* Hdb. zur InsO, Rz. 5/274); ein solches Ergebnis vermeidet § 52. Der Gläubiger kann seine Forderung in voller Höhe anmelden und dieselbe kann auch in voller Höhe festgestellt werden; lediglich bei der Ausschüttung muß der Verwalter sicherstellen, daß der Gläubiger nur mit der ausgefallenen Forderung berücksichtigt wird (*Haarmeyer/Wutzke/Förster* Hdb. zur InsO, Rz. 5/274). Meldet der Gläubiger nur eine Ausfallforderung an, darf der Verwalter nur in dieser Höhe oder gegebenenfalls als Ausfallforderung anerkennen (*Haarmeyer/Wutzke/Förster* Hdb. zur InsO, Rz. 5/274).

2

I. Berechnung des Ausfalls

Der tatsächliche Ausfall des Absonderungsgläubigers muß dem Verwalter nachgewiesen werden, wenn der Gläubiger selbst verwerten läßt (§ 190).
Für die Berechnung des Ausfalls können Zinsen, die nach der Eröffnung entstanden sind, berücksichtigt werden bei der Verrechnung mit dem Verwertungserlös. Die entgegenstehende Auffassung zur Konkursordnung von *Hess* KO, § 64 Rz. 7 und *Grub* KTS 1982, 391 ff. ist durch die Entscheidung des *BGH* ZIP 1997, 120 ff. unbeachtlich. Darüber hinaus hat der Gesetzgeber durch § 39 Abs. 1 Nr. 1 und durch § 30e n. F. ZVG diese Auffassung bestätigt, indem dokumentiert wird, daß die nach Eröffnung entstehenden Zinsen gemäß § 39 Abs. 1 Nr. 1 Insolvenzforderungen sind und der Grundpfandrechtsgläubiger diese Zinsen gemäß § 49 in Verbindung mit den Vorschriften des ZVG aufgrund seines Absonderungsrechts beanspruchen kann.
Dogmatisch besteht zwischen dem Absonderungsrecht des Grundpfandrechtsgläubigers kein Unterschied zu den Rechten der sonstigen Absonderungsgläubiger, so daß der Verwertungserlös des Absonderungsgegenstandes generell haftet für Zinsen, die nach Eröffnung entstanden sind und es kann eine Verrechnung gemäß § 367 BGB mit dem Verwertungserlös stattfinden.

3

Erwirbt der Absonderungsgläubiger bei der Verwertung den Sicherungsgegenstand selbst unter dem Verkehrswert, muß der Gläubiger sich diesen Vorteil in der Regel nicht anrechnen lassen, wenn nicht Sonderregelungen bestehen, wie z. B. § 114a ZVG (*Hess* KO, § 64 Rz. 10, *Kuhn/Uhlenbruck* KO, § 64 Rz. 10, *Kilger/Karsten Schmidt* KO, § 64 Rz. 6).

II. Verzicht auf das Absonderungsrecht

4 Verzichtet der Absonderungsberechtigte auf sein Sicherungsrecht, wird der Sicherungsgegenstand frei für die Insolvenzmasse und kann durch den Verwalter verwertet werden.
Auch ein Teilverzicht ist möglich. Dieser Teilverzicht ist bedeutsam für den Insolvenzplan gemäß §§ 217 ff., da nach § 238 ein solcher Teilverzicht der Absonderungsgläubiger vorgesehen ist (s. auch *Haarmeyer/Wutzke/Förster* Hdb. zur InsO, Rz. 5/375). Die Stimmrechtsfestsetzung erfolgt in diesem Fall gemäß § 238, also entgegen § 52, in Höhe der Absonderungsrechte und nicht in Höhe des Ausfalls. Das ist aber kein Widerspruch, denn § 52 regelt und beschränkt sich auf die Verteilung, während § 238 ausschließlich das Stimmrecht betrifft.
Die Befriedigung des Absonderungsgläubigers erfolgt daher in zweifacher Weise, nämlich einmal aus dem Aussonderungsgegenstand nach § 170 – gegebenenfalls mit Kürzungen nach dem Insolvenzplan – und sodann aus der verbleibenden Teilungsmasse, wobei hier § 52 maßgebend ist und der Ausfall festgestellt werden muß. In Höhe des Verzichts oder des Teilverzichts auf das Absonderungsrecht ist gemäß § 52 eine Insolvenzforderung (§ 38) zu berücksichtigen – vorbehaltlich einer anderen Regelung im Insolvenzplan (vgl. dazu § 223).
Der Verzicht/Teilverzicht muß dem Verwalter gegenüber erklärt werden; wobei die Erklärung auch durch schlüssiges Handeln oder Verhalten erfolgen kann. Die Form der Erklärung richtet sich nach den allgemeinen gesetzlichen Bestimmungen (z. B. §§ 875 Abs. 1 Satz 2, 1168 Abs. 2 BGB); besteht kein Formerfordernis, genügt ein entsprechendes Handeln oder Verhalten (*Kilger/Karsten Schmidt* KO, § 64 Rz. 5; *Hess* KO, § 64 Rz. 13; *Kuhn/Uhlenbruck* KO, § 64 Rz. 13). Kein Verzicht bedeutet die Beteiligung an einer Abstimmung mit der vollen Forderung (*Kuhn/Uhlenbruck* KO, § 64 Rz. 13a) oder die vorbehaltlose Anmeldung der Forderung zur Tabelle (*Hess* KO, § 64 Rz. 14). Die Feststellung, ob ein Gläubiger auf sein Absonderungsrecht verzichtet hat, richtet sich nach den Umständen des Einzelfalles.
Der Verzicht ist unwiderruflich und gilt über die Beendigung des Verfahrens hinaus (*Kuhn/Uhlenbruck* KO, § 64 Rz. 14; *Kilger/Karsten Schmidt* KO, § 64 Rz. 5, 6; *Hess* KO, § 64 Rz. 13).

III. Ungewißheit über den Ausfall

5 Ist der Ausfall bis zur Verteilung nicht zu ermitteln, muß der Verwalter in ausreichender Höhe Mittel zurückhalten und eine Nachtragsverteilung (§ 203) durchführen (*Kuhn/Uhlenbruck* KO, § 64 Rz. 9).

Ausfall der Absonderungsberechtigten § 52

IV. Nicht beteiligte Insolvenzgläubiger

Nur für Insolvenzgläubiger gilt § 52 (»soweit ihnen der Schuldner auch persönlich 6
haftet«).
Für Massegläubiger (§§ 54, 55, 123) oder für dingliche Gläubiger, denen nur ein Massegegenstand haftet ohne daß eine Forderung gegen den Schuldner besteht, ist § 52 nicht anwendbar (s. die Zusammenstellung bei *Hess* KO, § 64 Rz. 4). Ein Gesellschafter, der unter den Voraussetzungen des § 32 a GmbHG der Gesellschaft ein Darlehen gewährt hat unter gleichzeitiger Bestellung eines Grundpfandrechts auf dem Grundstück der Gesellschaft zur Sicherung seiner Forderung, kann weder die Forderung noch die Grundschuld im Insolvenzverfahren geltend machen (vgl. *Lutter/Hommelhoff* GmbH, § 32 a Rz. 68). Gleiches gilt für eine sonstige Sicherheit des Gesellschafters aus dem Vermögen der Gesellschaft für ein kapitalersetzendes Darlehen (BGHZ 81, 252, 262 ff.).
Hat ein Dritter eine Sicherheit gestellt für eine Forderung des Gläubigers gegen den Schuldner, ist der Gläubiger in voller Höhe seiner Forderung Insolvenzgläubiger.

V. Verwirkung

Das Absonderungsrecht des Gläubigers kann auch verwirkt werden (*Kuhn/Uhlenbruck* 7
KO, § 64 Rz. 15; *Hess* KO, § 64 Rz. 15). Eine solche Verwirkung wurde für das alte Insolvenzrecht bejaht, wenn ein Vergleichsgläubiger ohne Vorbehalt am Vergleichsverfahren teilgenommen und die Vergleichsquoten regelmäßig in Empfang genommen hatte (*OLG München* NJW 1959, 1542).

VI. Kosten und Umsatzsteuer gemäß § 171

Die Feststellungs- und Verwertungskosten des § 171 sind bei der Feststellung des 8
Ausfalls des absonderungsberechtigten Gläubigers entsprechend zu berücksichtigen, das heißt die Ausfallforderung des absonderungsberechtigten Gläubigers erhöht sich um die bei der Masse verbleibenden Kosten. Gleiches gilt für die Umsatzsteuer, die gemäß § 171 Abs. 2 bei der Konkursmasse verbleibt.
§ 39 Abs. 1 Ziff. 2 steht dem nicht entgegen, denn es handelt sich bei den Kosten und der Mehrwertsteuer gemäß § 171 um Kosten des Verfahrens und nicht um Kosten, die den einzelnen Insolvenzgläubigern durch ihre Teilnahme am Verfahren erwachsen sind.
In der Begründung zu § 39 InsO (BR-Drucks. 1/92, S. 123/124) wird ausdrücklich auf die Vorschriften des § 63 KO und 29 VglO hingewiesen. Nach altem Recht gehörten zu diesen Kosten die Kosten der Forderungsanmeldung, der Teilnahme an Gläubigerversammlungen, der Hinzuziehung von Beratern und dergleichen (*Kuhn/Uhlenbruck* KO, § 63 Rz. 4; *Kilger/Karsten Schmidt* KO, § 63 Rz. 3; *Hess* KO, § 63 Rz. 14). Es handelt sich dabei um Kosten, die der Gläubiger selbst auslöst und deren Entstehung er beeinflussen kann. Dieses gilt nicht für den Kostenbeitrag gemäß § 171. Auch die Umsatzsteuer, die gegebenenfalls durch Verwertung einer Sicherheit entsteht, steht außerhalb des Insolvenzverfahrens dem Sicherungsgläubiger zu. Durch § 171 wird die Werthaltigkeit des Absonderungsrechts zugunsten der Masse verändert, so daß sich die Ausfallforderung des Absonderungsgläubigers entsprechend erhöht.

§ 53
Massegläubiger → § 57 KO

Aus der Insolvenzmasse sind die Kosten des Insolvenzverfahrens und die sonstigen Masseverbindlichkeiten vorweg zu berichtigen.

Inhaltsübersicht: Rz.

A. Allgemeines	1– 5
B. Kosten des Insolvenzverfahrens	6
C. Sonstige Masseverbindlichkeiten	7– 8
D. Vollstreckungsverbot	9–10

A. Allgemeines

1 Die vom Gesetz als »Kosten des Insolvenzverfahrens« und »sonstige Masseverbindlichkeiten« bezeichneten Ansprüche sind vorweg zu berichtigen. Die Gläubiger derartiger Ansprüche sind vor allen anderen Gläubigern zu befriedigen.

2 Die hier vorgenommene Differenzierung in Verfahrenskosten und in die sonstigen Masseverbindlichkeiten in Verbindung mit der in § 54 enthaltenen Definition der Verfahrenskosten erlangt Bedeutung in massearmen Verfahren. Reicht die Insolvenzmasse nicht aus, um die Verfahrenskosten zu decken, hat das Insolvenzgericht das Verfahren mangels Masse einzustellen, § 207. Sind die Verfahrenskosten zwar gedeckt, können die sonstigen Masseverbindlichkeiten jedoch nicht erfüllt werden, hat das Gericht das Verfahren wegen Masseunzulänglichkeit einzustellen, § 211.

3 Vor einer Einstellung wegen Masseunzulänglichkeit hat der Insolvenzverwalter die Masse in der Rangfolge des § 209 zu verteilen. Dabei haben die Verfahrenskosten die erste Rangstelle.

4 Die Gläubiger der Verfahrenskosten und die Gläubiger sonstiger Masseverbindlichkeiten nehmen an der insolvenzrechtlichen Verteilung der Masse nicht teil; sie sind zu befriedigen, bevor der Verwertungserlös an die Insolvenzgläubiger verteilt wird. Sie sind zwar Gläubiger des Insolvenzschuldners, jedoch keine Insolvenzgläubiger im Sinne des § 38. Eine Anmeldung zur Tabelle ist daher weder zulässig noch erforderlich.

5 Der Verwalter, der die Vorschrift nicht beachtet und den Verwertungserlös an die Insolvenzgläubiger ausgezahlt hat, macht sich den Massegläubigern gegenüber schadenersatzpflichtig (§ 60). Für die Haftung des Verwalters im Fall der Masseunzulänglichkeit siehe § 61.

B. Kosten des Insolvenzverfahrens

6 Was zu den Verfahrenskosten zählt, ist in § 54 im einzelnen aufgeführt. Auf die dortigen Ausführungen wird verwiesen.

C. Sonstige Masseverbindlichkeiten

Sonstige Masseverbindlichkeiten sind zunächst die in § 55 im einzelnen aufgeführten Ansprüche. Daneben zählen die an anderen Stellen der InsO als Masseverbindlichkeiten bezeichneten Ansprüchen zu den vorab zu befriedigenden Verbindlichkeiten. 7

Dies sind (die Aufzählung ist keine Rangfolge, zur Rangfolge bei Masseunzulänglichkeit s. § 209): 8
1. der dem Schuldner und seiner Familie von der Gläubigerversammlung gewährte Unterhalt, § 100
2. der einem vertretungsberechtigten persönlich haftenden Gesellschafter des Schuldners gewährte Unterhalt, §§ 101 Abs. 1 Satz 3, 100
3. der Ersatzanspruch eines Beauftragten, § 115 Abs. 2 Satz 3
4. die Ansprüche aus einem Sozialplan, § 123 Abs. 2
5. die Zinsen, wenn die Verwertung von Absonderungsgut verzögert wird, § 169 Satz 1
6. der Ersatz des Wertverlustes, wenn der Insolvenzverwalter Absonderungsgut für die Insolvenzmasse verwendet, § 172 Abs. 1 Satz 1.

D. Vollstreckungsverbot

Die Massegläubiger sind keine Insolvenzgläubiger, auf sie ist daher die Vorschrift, daß Forderungen nur nach den Vorschriften über das Insolvenzverfahren (d. h. durch Anmelden zur Tabelle mit anschließendem Prüfungsverfahren) verfolgt werden können (§ 87), nicht anzuwenden. Sie können daher ihre Forderungen einklagen. 9

Die Vollstreckung während des Insolvenzverfahrens ist jedoch eingeschänkt oder ausgeschlossen. § 90 schränkt die Vollsteckung ein, § 210 schließt die Vollstreckung im Fall der Masseunzulänglichkeit aus. 10

§ 54
Kosten des Insolvenzverfahrens → § 58 KO

Kosten des Insolvenzverfahrens sind:
1. **die Gerichtskosten für das Insolvenzverfahren;**
2. **die Vergütungen und die Auslagen des vorläufigen Insolvenzverwalters, des Insolvenzverwalters und der Mitglieder des Gläubigerausschusses.**

Inhaltsübersicht: Rz.

A. Allgemeines	1– 7
B. Die Gerichtskosten	8–31
I. Eröffnungsverfahren	8–16
II. Verfahren nach Eröffnung	17–19
III. Gerichtskosten, die keine Masseverbindlichkeiten sind	20–30
1. Prüfungsgebühr	20
2. Beschwerdegebühr	21–27
3. Entscheidung über Versagung und Widerruf der Restschuldbefreiung	28–30

IV. Kostenfreie Tätigkeiten des Insolvenzgerichts	31
C. Die Vergütungen des Verwalters und des Gläubigerausschusses	32–33
D. Prozeßkostenhilfe	34–52
I. Prozeßkostenhilfe für den Schuldner	34–50
1. Einleitung	34–36
2. Sinn der Prozeßkostenhilfe	37–38
3. Gläubigerrechte und »Null-Plan«	39–44
4. Gleichheitsgebot des GG	45–48
5. Ergebnis	49–50
II. Prozeßkostenhilfe für Gläubiger	51–52

Literatur:

Kohte Schuldenbereinigungsverfahren – ein untauglicher Versuch, ZIP 1994, 184 [187]; *Thomas* Mindestquote als Voraussetzung für die Restschuldbefreiung, in Kölner Schrift zur Insolvenzordnung, S. 1205 [1215].

A. Allgemeines

1 Die Gerichtskosten, die Vergütungen und die Auslagen des Insolvenzverwalters, des vorläufigen Insolvenzverwalters und der Mitglieder des Gläubigerausschusses sind die durch § 53 privilegierten Forderungen, die im Fall der Masseunzulänglichkeit mit Vorrang vor allen anderen Ansprüchen befriedigt werden, § 209 Abs. 1 Nr. 1 (BT-Drucks. 12/2443, S. 126).

2 Nr. 2 der Vorschrift stellt klar, daß auch der vorläufige Insolvenzverwalter seine Vergütung aus der Masse erhält.

3 Nicht alle Gerichtskosten, die im Insolvenzverfahren entstehen, sind Masseverbindlichkeiten, die der Insolvenzverwalter vorab aus der Masse zu bezahlen hat. Sie entstehen zwar während und im Insolvenzverfahren, sind aber keine Masseverbindlichkeiten (s. u. Rz. 20–27).

4 Auch werden nicht für jede Tätigkeit des Insolvenzgerichts Kosten erhoben. Zu den kostenfreien Geschäften s. u. Rz. 31.

5 Die durch ihre Einordnung als Masseverbindlichkeiten bevorzugten Gerichtskosten sind im Hauptabschnitt D des Kostenverzeichnisses unter dem Unterabschnitt I. (Insolvenzverfahren) aufgeführt. Es sind die Kosten für das Eröffnungsverfahren (Abschnitt 1 mit den Nrn. 1400, 1401), für die Durchführung des Verfahrens (Abschnitt 2 und 3 mit den Nrn. 1410 bis 1423). Wegen der Entscheidungen im Restschuldbefreiungsverfahren (Abschnitt 5 mit der Nr. 1431) s. Rz. 28–30.

6 Die Gebühr für einen besonderen Prüfungstermin und für das schriftliche Prüfungsverfahren gehört nicht dazu, da die Insolvenzordnung diese Gebühr dem säumigen Gläubiger auferlegt (§ 177 Abs. 1 Satz 2).

7 Die Kosten für Beschwerden im Insolvenzverfahren gehören gleichfalls nicht zu den Kosten des Insolvenzverfahrens im Sinne von § 54. Diese Kosten sind im Kostenverzeichnis nicht unter dem Abschnitt I (Insolvenzverfahren) aufgeführt (s. Rz. 21–26).

B. Die Gerichtskosten

I. Eröffnungsverfahren

Für das Eröffnungsverfahren auf Antrag des Schuldners oder eines Gläubigers entsteht 8
eine 1/2-Gebühr nach den Nrn. 1400, 1401 Kostenverzeichnis (im Folgenden mit »KV«
abgekürzt) zu § 11 Abs. 1 GKG (Anlage 1 zum Gerichtskostengesetz).
Hat der Schuldner den Antrag gestellt, berechnen sich die Kosten nach der Höhe der 9
Insolvenzmasse, die jedoch um den Wert der Gegenstände, die der abgesonderten
Befriedigung (§§ 49, 50, 51) unterliegen, zu mindern ist (§ 37 Abs. 1 GKG). Mit
Absonderungsrechten belastete Gegenstände sind also nur in Höhe des die Belastung
übersteigenden Wertes anzusetzen (BT-Drucks. 12/3803, S. 72).
Für den Wert bei einem Gläubigerantrag gilt das gleiche. Ist die Forderung des Gläubi- 10
gers höher als die Insolvenzmasse, so ist nur die Höhe der Insolvenzmasse als Wert
anzunehmen, § 37 Abs. 2 GKG).
Die Mindestgebühr für ein auf Gläubigerantrag eingeleitetes Eröffnungsverfahren be- 11
trägt 200 DM (Nr. 1401 KV). Diese Kosten hat der Gläubiger zu tragen (§ 50 GKG).
Wird der Antrag zurückgewiesen oder zurückgenommen, trägt er auch die im Eröffnungsverfahren entstandenen Auslagen (ausgenommen die Vergütung des vorläufigen
Insolvenzverwalters, s. u. Rz. 16). Wird der Antrag zurückgenommen, weil der Antragsgegner (Schuldner) die Forderung bezahlt hat, können die Kosten des Eröffnungsverfahren dem Schuldner auferlegt werden (§ 54 Nr. 1 GKG). Die Haftung des Gläubigers wird
dadurch aber nicht berührt.
Anträge mehrerer Gläubiger führen dazu, daß gegen den gleichen Schuldner mehrere 12
Eröffnungsverfahren anhängig werden. Für jedes Eröffnungsverfahren entsteht deshalb
die Eröffnungsgebühr der Nr. 1401.
Die Kosten desjenigen Eröffnungsverfahrens, das zur Eröffnung des Insolvenzverfah- 13
rens führt, zählen zu den in § 54 Nr. 1 genannten Gerichtskosten für das Insolvenzverfahren (vgl. die Überschrift vor Nr. 1400; die Gerichtskosten für das Insolvenzverfahren
setzen sich aus den Kosten für das der Eröffnung vorausgegangene Eröffnungsverfahren
und den Kosten für die Durchführung des Insolvenzverfahrens zusammen). Diese
Kosten sind daher als Masseverbindlichkeiten zu berücksichtigen.
Die Kosten weiterer Eröffnungsverfahren (aufgrund von Anträgen anderer Gläubiger) 14
rechnen nicht zu den Kosten des Insolvenzverfahrens im Sinne von § 54. Die Gläubiger
in diesen Verfahren haben daher die Eröffnungsgebühr zu tragen, können sie aber als
Insolvenzforderung anmelden.
Neben den Gebühren gehören die im Eröffnungsverfahren entstehenden Auslagen zu 15
den Kosten. Dies sind regelmäßig die Zustellungs- und Bekanntmachungskosten (Nrn.
9002, 9004 KV) und die Kosten, die für die zwangsweise Vorführung des Schuldners
durch den Gerichtsvollzieher (vgl. §§ 20 Satz 2, 98) anfallen (Nr. 9006 KV).
Die Vergütung eines vorläufigen Insolvenzverwalters zählt nicht zu den Kosten des 16
Eröffnungsverfahrens (BT-Drucks. 12/3803, S. 72). Die Rücknahme oder Abweisung
eines Eröffnungsantrages führt daher nicht zu einer Haftung des Antragstellers (Schuldner oder Gläubiger) für sie.

II. Verfahren nach Eröffnung

17 Für die Durchführung des Insolvenzverfahrens auf Antrag des Schuldners entsteht (zusätzlich zur Gebühr für das Eröffnungsverfahren) eine 2 1/2-fache Gebühr (Nr. 1410 KV). Die gleiche Gebühr entsteht, wenn das Verfahren sowohl auf Antrag des Schuldners als auch auf einen Gläubigerantrag hin eröffnet wird (s. Überschrift zu den Nrn. 1410 ff. des Kostenverzeichnisses). Sie entfällt, wenn der Eröffnungsbeschluß auf Beschwerde (§ 34 Abs. 2) aufgehoben wird (Nr. 1411 KV) und ermäßigt sich auf die Hälfte oder die 1 1/2-fache Gebühr, wenn das Verfahren vor dem Ende des Prüfungstermins (Nr. 1412 KV) bzw. danach (Nr. 1413 KV) aus den dort genannten Gründen eingestellt wird. Wegen des Wertes s. o. Rz. 9–11.

18 Für die Durchführung des Insolvenzverfahrens nur auf Antrag eines Gläubigers entsteht (zusätzlich zur Gebühr für das Eröffnungsverfahren) eine 3-fache Gebühr (Nr. 1420 KV). Sie entfällt, wenn der Eröffnungsbeschluß auf Beschwerde (§ 34 Abs. 2) aufgehoben wird (Nr. 1421 KV) und ermäßigt sich auf eine volle Gebühr oder eine doppelte Gebühr, wenn das Verfahren vor dem Ende des Prüfungstermin (Nr. 1422 KV) bzw. danach (Nr. 1423 KV) aus den dort genannten Gründen eingestellt wird. Wegen des Wertes s. o. Rz. 9–11.

19 Die vorstehend in den Rz. 8–18 genannten Kosten sind die Kosten, die als Masseverbindlichkeiten vorab aus der Masse zu zahlen sind.

III. Gerichtskosten, die keine Masseverbindlichkeiten sind

1. Prüfungsgebühr

20 Die Prüfung der rechtzeitig angemeldeten Forderungen ist kostenfrei. Für die Prüfung nachträglich angemeldeter Forderungen (s. § 177) entsteht für jeden Gläubiger eine Gebühr von 20 DM (Nr. 1430 KV), unabhängig davon, ob eine oder mehrere Forderungen dieses Gläubigers nachträglich zu prüfen sind und ob ein besonderer Prüfungstermin anberaumt wird oder ob die Forderung im schriftlichen Verfahren geprüft wird. Die Prüfungsgebühr schuldet nur der Gläubiger (§ 177 Abs. 1 Satz 2).

2. Beschwerdegebühr

21 Das GKG sieht für Beschwerden im Insolvenzverfahren zwei Kostenvorschriften vor: die Nr. 1450 KV für die Beschwerde gegen den Beschluß über die Eröffnung des Insolvenzverfahrens und die Nr. 1451 KV für die sonstigen Beschwerden. Die in diesen Beschwerdeverfahren anfallenden Gerichtskosten zählen nicht zu den Kosten des Insolvenzverfahren im Sinne von § 54 (s. o. Rz. 7).

22 Kostenschuldner der Gebühr Nr. 1450 KV ist bei Zurückweisung oder Rücknahme der Beschwerde der Schuldner, nicht die Insolvenzmasse. Wird der Beschwerde stattgegeben, sind dem Antragsteller die Kosten aufzuerlegen. Der Wert bestimmt sich nach der Höhe der Insolvenzmasse, § 38 Satz 1 GKG.

23 Kostenschuldner der Gebühr Nr. 1451 KV ist der Beschwerdeführer, wenn die Beschwerde verworfen oder zurückgewiesen wird; keine Gebühr entsteht, wenn der Beschwerde stattgegeben wird. Für die Berechnung des Wertes im Falle der Abweisung des Insolvenzantrages mangels Masse kommt es darauf an, ob der Schuldner oder ein sonstiger Antragsteller Beschwerde eingelegt hat. Hat der Schuldner Beschwerde einge-

legt, ist als Geschäftswert der Wert des Insolvenzmasse, vermindert um den Wert der abzusondernden Gegenstände anzunehmen, §§ 38, 37 Abs. 1 GKG. Hat ein anderer Antragsteller Beschwerde eingelegt, ist als Geschäftswert höchstens die Höhe seiner Forderung anzunehmen, §§ 38, 37 Abs. 2 GKG.

Für die übrigen Beschwerden im Insolvenzverfahren (s. Rz. 25, 26) ist der Geschäftswert 24 unter Berücksichtigung des Einzelfalles nach den allgemeinen Bestimmungen gemäß § 35 GKG, 3 ZPO nach freiem Ermessen festzusetzen.

Die Entscheidungen des Insolvenzgerichts unterliegen nur in den von der Insolvenzord- 25 nung selbst genannten Fällen dem Rechtsmittel der (sofortigen) Beschwerde, § 6 Abs. 1. Die im Beschwerdeverfahren entstehenden Gerichtskosten sind keine Kosten im Sinne von § 54. Sie sind daher auch nicht aus der Masse zu zahlen und zwar auch dann nicht, wenn der Schuldner der unterliegende Beschwerdeführer ist und nach der Kostenentscheidung die Kosten zu tragen hat. Die Landeskasse kann sich in einem solchen Fall nur an das etwa vorhandene insolvenzfreie Vermögen halten.

Die nachfolgende Auflistung enthält eine Übersicht über die nach der InsO zulässigen 26 Beschwerden. In den Klammern ist vermerkt, wer jeweils beschwerdeberechtigt ist.

- § 34 Abs. 1   Ablehnung der Eröffnung (Antragsteller)
- § 34 Abs. 1   Ablehnung der Eröffnung mangels Masse (Antragsteller und Schuldner)
- § 34 Abs. 2   Eröffnung (Schuldner)
- § 57 Satz 3   Versagung der Ernennung eines gewählten Insolvenzverwalters (jeder Insolvenzgläubiger)
- § 58 Abs. 2 Satz 3 Festsetzung eines Zwangsgeldes (Insolvenzverwalter)
- § 59 Abs. 2 Satz 1 Entlassung des Insolvenzverwalters (Insolvenzverwalter)
- § 59 Abs. 2 Satz 2 Ablehnung, den Insolvenzverwalter zu entlassen (Verwalter, Gläubigerausschuß und – wenn die Gläubigerversammlung den Antrag gestellt hat – jeder Insolvenzgläubiger)
- § 64 Abs. 3   Festsetzung der Vergütung des Insolvenzverwalters (Insolvenzverwalter, Schuldner, jeder Insolvenzgläubiger)
- § 70 Satz 3   Entlassung eines Mitglieds des Gläubigerausschusses (das entlassene Mitglied)
- §§ 73 Abs. 2, 64 Abs. 3 Festsetzung der Vergütung der Mitglieder des Gläubigerausschusses (Insolvenzverwalter, Schuldner, jeder Insolvenzgläubiger und – wegen § 67 Abs. 3 – das Mitglied des Gläubigerausschusses)
- § 75 Abs. 3   Ablehnung, eine Gläubigerversammlung einzuberufen (Antragsteller)
- § 78 Abs. 2   Aufhebung eines Beschlusses der Gläubigerversammlung (jeder absonderungsberechtigte Gläubiger und jeder nicht nachrangige Insolvenzgläubiger)
- § 78 Abs. 3   Ablehnung, einen Beschluß der Gläubigerversammlung aufzuheben (Antragsteller)
- § 98 Abs. 3   Anordnung der Haft und Abweisung eines Antrages, den Haftbefehl aufzuheben (Schuldner)
- § 99 Abs. 3   Anordnung der Postsperre (Schuldner)
- § 194 Abs. 2 Satz 2 Zurückweisung von Einwendungen gegen das Verteilungsverzeichnis (Gläubiger)

– § 194 Abs. 3 Satz 2	Anordnung, das Verteilungsverzeichnis zu berichtigen (Verwalter und Insolvenzgläubiger)
– §§ 197 Abs. 3, 194 Abs. 2	Zurückweisung von Einwendungen gegen Schlußrechnung und/oder Schlußverzeichnis (Gläubiger)
– §§ 197 Abs. 3, 194 Abs. 3	Anordnung, Schlußrechnung und/oder Schlußverzeichnis zu berichtigen (Verwalter und Insolvenzgläubiger)
– § 204 Abs. 1 Satz 2	Ablehnung, die Nachtragsverteilung anzuordnen (Antragsteller)
– § 204 Abs. 2 Satz 2	Anordnung der Nachtragsverteilung bei Aufhebung des Verfahrens (Schuldner)
– §§ 211 Abs. 3 Satz 2, 204 Abs. 2 Satz 2	Anordnung der Nachtragsverteilung bei Einstellung des Verfahrens (Schuldner)
– §§ 211 Abs. 3 Satz 2, 204 Abs. 1 Satz 2	Ablehnung, die Nachtragsverteilung bei Einstellung des Verfahrens anzuordnen (Verwalter und Massegläubiger, der den Antrag gestellt hat)
– § 216 Abs. 1	Einstellung mangels Masse, wegen Wegfall des Eröffnungsgrundes und mit Zustimmung der Gläubiger (jeder Insolvenzgläubiger und – bei Einstellung mangels Masse – der Schuldner)
– § 216 Abs. 2	Ablehnung, das Verfahren wegen Wegfall des Eröffnungsgrundes oder mit Zustimmung der Gläubiger einzustellen (Schuldner)
– § 231 Abs. 3	Zurückweisung eines Insolvenzplanes (der Vorlegende)
– § 253	Bestätigung oder Versagung der Bestätigung eines Insolvenzplanes (Gläubiger und Schuldner)
– § 272 Abs. 2 Satz 3	Entscheidung über den Antrag, die Eigenverwaltung aufzuheben (Gläubiger und Schuldner)
– § 289 Abs. 2 Satz 1	Entscheidung über die Ankündigung der Restschuldbefreiung (Schuldner und jeder Gläubiger, der die Versagung beantragt hat
– §§ 292 Abs. 3 Satz 2, 58 Abs. 2 Satz 3	Festsetzung eines Zwangsgeldes gegen den Treuhänder (Treuhänder)
– §§ 292 Abs. 3 Satz 2, 59 Abs. 2 Satz 1	Entlassung des Treuhänders (Treuhänder)
– §§ 292 Abs. 3 Satz 2, 59 Abs. 2 Satz 2	Ablehnung, den Treuhänder zu entlassen (Treuhänder, Insolvenzgläubiger)
– §§ 293 Abs. 2, 64 Abs. 3	Vergütung des Treuhänders (Treuhänder, Schuldner, Insolvenzgläubiger)
– § 296 Abs. 3	Entscheidung über die Versagung der Restschuldbefreiung wegen Verstoßes gegen Obliegenheiten (Antragsteller und Schuldner)
– §§ 297 Abs. 2, 296 Abs. 3	Entscheidung über die Versagung der Restschuldbefreiung wegen einer Insolvenzstraftat (Antragsteller und Schuldner)
– §§ 298 Abs. 3, 296 Abs. 3	Entscheidung über die Versagung der Restschuldbefreiung wegen mangelnder Deckung der Mindesvergütung des Treuhänders (Schuldner und Treuhänder)
– § 300 Abs. 3	Entscheidung über die Restschuldbefreiung nach Ende der Laufzeit der Abtretungserklärungen (Schuldner und jeder Insolvenzgläubiger, der die Versagung beantragt hat)

– § 303 Abs. 3 Satz 2	Entscheidung über den Antrag, die Restschuldbefreiung zu widerrufen (Antragsteller und Schuldner)
– § 309 Abs. 2 Satz 3	Ersetzung der Zustimmung eines Gläubigers zum Schuldenbereinigungsplan (Antragsteller und Gläubiger, dessen Zustimmung ersetzt werden soll)

Die darüber hinaus von der InsO zugelassenen Beschwerden betreffen Beschwerdeverfahren vor dem Arbeitsgericht. Sie sind hier nur der Vollständigkeit halber erwähnt. Es sind dies a) die Rechtsbeschwerde an das Bundesarbeitsgericht bei der Entscheidung des Arbeitsgerichts über die Zustimmung zur Durchführung einer Betriebsänderung (§ 122 Abs. 3 Satz 2) und b) die Rechtsbeschwerde an das Bundesarbeitsgericht im Beschlußverfahren zum Kündigungsschutz (§§ 126 Abs. 2 Satz 2, 122 Abs. 3). 27

3. Entscheidung über Versagung und Widerruf der Restschuldbefreiung

Die Restschuldbefreiung kann auf Antrag eines Insolvenzgläubigers versagt werden, wenn der Schuldner seine Obliegenheiten verletzt hat (§ 296) oder wenn er sich einer Insolvenzstraftat schuldig gemacht hat (§ 297). Auf Antrag des Treuhänders ist die Restschuldbefreiung zu versagen, wenn seine Mindestvergütung nicht gedeckt ist (§ 298). 28

Außerdem kann die erteilte Restschuldbefreiung auf Antrag eines Insolvenzgläubigers widerrufen werden, wenn sich nachträglich herausstellt, daß der Schuldner seine Obliegenheiten vorsätzlich verletzt und dadurch die Befriedigung der Insolvenzgläubiger erheblich beeinträchtigt hat (§ 303). 29

Für die Entscheidung über Anträge auf Versagung oder Widerruf der Restschuldbefreiung entsteht eine Gebühr von 50 DM (Nr. 1431 KV). Die Gebühr steht zwar auch im Unterabschnitt I. (Insolvenzverfahren), gehört jedoch nicht zu den Masseverbindlichkeiten im Sinne der §§ 53, 54. Für sie haftet ausschließlich der Insolvenzgläubiger, der die Versagung oder den Widerruf beantragt hat, § 50 Abs. 2 GKG. Für den Treuhänder, der wegen fehlender Deckung seiner Mindesvergütung die Versagung beantragt, gilt diese Vorschrift nicht, eine von ihm eingelegte Beschwerde löst keine Gebühr aus. 30

IV. Kostenfreie Tätigkeiten des Insolvenzgerichts

Keine Gebühren entstehen für die Tätigkeiten des Gerichts im Verfahren über einen Insolvenzplan (§§ 217–269), im Verfahren über einen Schuldenbereinigungsplan (305–310) und – mit Ausnahme der Gebühr Nr. 1431 KV (s. Rz. 30) – im Verfahren über die Restschuldbefreiung. Die Tätigkeit des Gerichts in diesen Verfahren ist durch die Gebühren für das Insolvenzverfahren (Nrn. 1400–1423 KV) abgegolten. 31

C. Die Vergütungen des Verwalters und des Gläubigerausschusses

Neben den Gerichtskosten sind als vorrangig zu befriedigende Masseverbindlichkeiten die Vergütungen und Auslagen derjenigen zu berücksichtigen, die vom Gericht oder von der Gläubigerversammlung zur Mitwirkung an der Abwicklung des Insolvenzverfahrens herangezogen werden. Diese sind im einzelnen: 32
– der vorläufige Insolvenzverwalter, § 54 Nr. 1

- der Insolvenzverwalter, § 54 Nr. 1
- die Mitglieder des Gläubigerausschusses, §§ 73, 54 Nr. 1
- der Sachwalter bei Eigenverwaltung, §§ 274 Abs. 1, 54 Nr. 1
- der Insolvenzverwalter und die Mitglieder des Gläubigerausschusses bei der Überwachung der Planerfüllung, § 269 Satz 1. (Die Ämter des Verwalters und der Mitglieder des Gläubigerausschusses bestehen trotz Aufhebung des Insolvenzverfahrens fort, § 261 Abs. 1 Satz 2.).

33 Die Höhe der Vergütungen und der zu erstattenden Auslagen werden durch das Insolvenzgericht auf Grundlage der vom Bundesministerium der Justiz zu erlassenden Rechtsverordnung festgesetzt, §§ 64, 65.

D. Prozeßkostenhilfe

I. Prozeßkostenhilfe für Schuldner

1. Einleitung

34 Nach Aufhebung des Insolvenzverfahrens können die Gläubiger ihre Forderungen, soweit sie nicht durch Zahlung der Quote befriedigt worden sind, unbeschränkt gegen den Schuldner geltend machen, § 201. Ist der Schuldner eine natürliche Person, kann er durch das Restschuldbefreiungsverfahren auch von den nicht im Insolvenzverfahren befriedigten Forderungen befreit werden, §§ 201 Abs. 3, 286 ff.

35 Reicht die Insolvenzmasse nicht aus, um die Kosten des Verfahrens und die Mindestvergütung des Treuhänders zu decken, wird das Verfahren nicht eröffnet (§ 26) bzw. die Restschuldbefreiung wird versagt (§ 298). Ein völlig mittelloser Schuldner hat daher nicht die Möglichkeit, Restschuldbefreiung zu erlangen.

36 Damit stellt sich die Frage, ob einem Schuldner, dessen Vermögen nicht ausreicht, um die Verfahrenskosten decken zu können, Prozeßkostenhilfe bewilligt werden kann und ob ein Insolvenzverfahren mit anschließender Restschuldbefreiung auch dann durchgeführt werden kann, wenn an die Gläubiger keine Zahlungen geleistet werden, das Insolvenzverfahren also nur zum Zwecke der Restschuldbefreiung und ohne jede (Teil-)Befriedigung der Gläubiger durchgeführt werden soll.

2. Sinn der Prozeßkostenhilfe

37 Nach § 114 ZPO erhält eine Partei, die nach ihren persönlichen und wirtschaftlichen Verhältnissen die Kosten der Prozeßführung nicht aufbringen kann, auf Antrag Prozeßkostenhilfe. Voraussetzung ist jedoch, daß die beabsichtigte Rechtsverfolgung oder Rechtsverteidigung hinreichende Aussicht auf Erfolg bietet und nicht mutwillig erscheint.

38 Das Insolvenzverfahren ist kein Verfahren, in dem sich der Schuldner gegen Ansprüche verteidigen müßte oder in dem er seine Rechte verfolgen kann. Es dient dazu, wie § 1 Satz 1 ausführt, die Gläubiger eines Schuldners gemeinschaftlich zu befriedigen. Eine Rechtsverteidigung oder -verfolgung durch den Schuldner findet im Insolvenzverfahren nicht statt. Auch das Bestreiten einer angemeldeten Forderung durch den Schuldner (§ 184) ist keine Rechtsverteidigung, denn im Prüfungsverfahren vor dem Insolvenzgericht wird eine Entscheidung über den Widerspruch des Schuldners nicht getroffen; die Tätigkeit des Insolvenzgerichts beschränkt sich auf die Beurkundung des Prüfungser-

gebnisses. Der Bestand der Forderung wird außerhalb des Insolvenzverfahrens im ordentlichen Feststellungsprozeß geprüft. Dort kann dem Schuldner Prozeßkostenhilfe bewilligt werden, es handelt sich dann um einen Fall der Rechtsverteidigung.

3. Gläubigerrechte und »Null-Plan«

Im Anschluß an die Definition der Ziele des Insolvenzverfahrens führt § 1 Satz 2 aus, 39
daß dem redlichen Schuldner Gelegenheit gegeben wird, sich von seinen restlichen Verbindlichkeiten zu befreien. Dies bedeutet jedoch nicht, daß einem völlig mittellosen Schuldner die Durchführung eines Insolvenzverfahrens mit dem alleinigen Ziel, Restschuldbefreiung zu erlangen, ermöglicht werden muß (so aber offenbar *Kohte* a. a. O.).
Beide Sätze des § 1 sind nur aus ihrem Zusammenhang heraus und unter Berücksichti- 40
gung des verfassungsrechtlich geschützten Eigentums (Art. 14 Abs. 1 GG) auch der Gläubiger zu interpretieren.
Die Gläubiger verlieren in der Insolvenz ihres Schuldners einen Teil ihrer Forderungen; 41
sie erhalten regelmäßig nur die Insolvenzquote, die unbeschränkte Nachforderung nach § 201 ist, insbesondere bei juristischen Personen oder Handelsgesellschaften als Schuldner, mehr theoretisch. Gläubiger einer völlig mittellosen natürlichen Person würden ihre Ansprüche vollständig und ohne jede Teilbefriedigung verlieren, wenn der Schuldner das Restschuldbefreiungsverfahren durchläuft.
Der teilweise Verlust im Insolvenzverfahren (ohne Restschuldbefreiung) ist dadurch 42
gerechtfertigt, daß zuvor das Vermögen des Schuldners verwertet und an die Gläubigergemeinschaft verteilt wird.
Der vollständige Verlust in einem Insolvenzverfahren mit anschließendem Restschuld- 43
befreiungsverfahren läßt sich nur dann hinreichend rechtfertigen, wenn auch hier die Gläubiger zuvor wenigstens wegen eines Teils ihrer Ansprüche befriedigt worden sind und im übrigen das Vermögen des Schuldners verwertet und der Erlös verteilt wurde.
Deshalb ist auch ein »Null-Plan«, also ein Schuldenbereinigungsplan, der keine Zahlun- 44
gen an die Gläubiger vorsieht, dem Gesetzeswortlaut nach zwar nicht unzulässig (der Schuldner kann einen solchen Plan vorlegen), jedoch ohne praktische Bedeutung, denn wenn die Gläubiger – was zu vermuten ist – einem solchen Plan nicht zustimmen und das Gericht (wegen § 309 Abs. 1 Satz 1) die Zustimmungen nicht ersetzen kann, wäre die Eröffnung eines Insolvenzverfahrens mit anschließender Restschuldbefreiung mangels Masse abzuweisen, § 26 (so auch *Thomas* a. a. O.).

4. Gleichheitsgebot des GG

Dem völlig mittellosen Schuldner die Prozeßkostenhilfe nur zum Zwecke der Rest- 45
schuldbefreiung zu gewähren, ohne die Gläubiger (wenigstens) teilweise zu befriedigen, verstößt auch nicht gegen das Gleichheitsgebot des Art. 3 GG.
Zwar hat des *BVerfG* entschieden (BVerfGE 88, 5 ff.), daß der Ausschluß der Beratungs- 46
hilfe in arbeitsrechtlichen Angelegenheiten gegen Art. 3 Abs. 1 GG verstößt. Diese Entscheidung kann aber nicht (a. A. *Kohte* a. a. O.) als Beleg für die Annahme dienen, auch der Ausschluß der Prozeßkostenhilfe im Insolvenzverfahren bedeute einen Verstoß gegen den verfassungsrechtlichen Grundsatz der Gleichbehandlung.
Im vom *BVerfG* entschiedenen Fall ging es um vergleichbare Sachverhalte: das Bera- 47
tungshilfegesetz hatte die Beratungshilfe für arbeitsrechtliche Angelegenheiten ausgeschlossen und die Rechtsuchenden damit schlechter gestellt als die Rechtsuchenden in anderen zivilrechtlichen Angelegenheiten.

48 Wie oben dargelegt, ist aber das Insolvenzverfahren gerade kein Verfahren, im dem der Schuldner sich gegen Ansprüche verteidigen muß oder in dem er seine Rechte verfolgen kann. Der in § 114 ZPO enthaltene Zweck der Prozeßkostenhilfe, nämlich die Rechtsverteidigung oder -verfolgung läßt es nicht zu, die besonderen Aufgaben des Insolvenzrechtes, also die gleichmäßige Befriedigung der Gläubiger mit sich dann anschließender Restschuldbefreiung, den Verfahren und Prozessen gleichzusetzen, die der Rechtsverfolgung oder -verteidigung dienen.

5. Ergebnis

49 Es ist daher als Ergebnis festzuhalten, daß die Kosten eines Insolvenzverfahrens auch dann gedeckt und vom Schuldner aufzubringen sind, wenn das Motiv des Schuldners, das Insolvenzverfahren zu betreiben, nur darin besteht, am Ende des Insolvenzverfahrens Restschuldbefreiung zu erlangen. Einem Schuldner, der die Kosten des Insolvenzverfahrens nicht aufbringen kann (und der folglich seine Gläubiger auch nicht teilweise befriedigen kann), ist keine Prozeßkostenhilfe zu bewilligen. Eine Restschuldbefreiung, die nur zu Lasten Dritter geht (der Allgemeinheit – Landeskasse – wegen der Kosten und der Gläubiger, da sie auch keine teilweise Befriedigung erhalten würden) ist nicht möglich und verfassungsrechtlich auch nicht geboten.

50 Die Eigentumsgarantie des Art. 14 Abs. 1 GG schützt die Gläubiger davor, einen endgültigen Verlust ihrer Ansprüche nach Ausspruch der Restschuldbefreiung hinnehmen zu müssen, ohne nicht zumindest wegen eines Teils ihrer Forderungen befriedigt worden zu sein und ohne daß das Vermögen des Schuldners in einem ordentlichen Verfahren verwertet worden ist (a. A. *Ahrens* § 286 Rz. 45 ff.).

II. Prozeßkostenhilfe für Gläubiger

51 Dem antragstellenden Gläubiger ist unter den Voraussetzungen der §§ 114 ff. ZPO Prozeßkostenhilfe zu bewilligen. Er wird damit von der Haftung für die Kosten des Eröffnungsverfahrens (Nr. 1401 KV, § 50 Abs. 1 GKG) befreit, falls die Eröffnung des Verfahrens abgewiesen oder zurückgenommen wird oder falls das Verfahren aufgrund des Antrages des Schuldners oder eines anderen Gläubigers eröffnet wird (im Fall der Eröffnung aufgrund seines Antrages sind die Kosten für das Eröffnungsverfahren aus der Masse zu zahlen, s. o. Rz. 13).

52 Die Beiordnung eines Anwaltes (§ 121 Abs. 2 Satz 2 ZPO) dürfte nur in Ausnahmefällen erforderlich erscheinen, da Anträge eines Gläubigers zu Protokoll der Geschäftsstelle erklärt werden können, § 4 i. V. m. § 496 ZPO.

§ 55
Sonstige Masseverbindlichkeiten → § 59 KO

(1) Masseverbindlichkeiten sind weiter die Verbindlichkeiten:
1. die durch Handlungen des Insolvenzverwalters oder in anderer Weise durch die Verwaltung, Verwertung und Verteilung der Insolvenzmasse begründet werden, ohne zu den Kosten des Insolvenzverfahrens zu gehören;
2. aus gegenseitigen Verträgen, soweit deren Erfüllung zur Insolvenzmasse verlangt wird oder für die Zeit nach der Eröffnung des Insolvenzverfahrens erfolgen muß;

3. aus einer ungerechtfertigten Bereicherung der Masse.

(2) ¹Verbindlichkeiten, die von einem vorläufigen Insolvenzverwalter begründet worden sind, auf den die Verfügungsbefugnis über das Vermögen des Schuldners übergegangen ist, gelten nach der Eröffnung des Verfahrens als Masseverbindlichkeiten. ²Gleiches gilt für Verbindlichkeiten aus einem Dauerschuldverhältnis, soweit der vorläufige Insolvenzverwalter für das von ihm verwaltete Vermögen die Gegenleistung in Anspruch genommen hat.

Inhaltsübersicht: Rz.

A. Allgemeines	1– 3
B. Die Masseverbindlichkeiten	4–12
I. Durch Verwaltung, Verwertung und Verteilung der Masse	4– 5
II. Aus gegenseitigen Verträgen	6–11
III. Ungerechtfertigte Bereicherung der Masse	12
C. Verbindlichkeiten, die vom vorläufigen Insolvenzverwalter begründet worden sind (Abs. 2)	13–18

A. Allgemeines

Neben den Kosten des Verfahrens (§ 54) sind die hier genannten Verbindlichkeiten vorweg aus der Masse zu berichtigen. Reicht die Masse nicht aus, um die Verfahrenskosten und die sonstigen Masseverbindlichkeiten zu befriedigen, ist das Verfahren wegen Masseunzulänglichkeit einzustellen (s. dazu §§ 208–211). Zahlungen an die Insolvenzgläubiger werden daher erst dann geleistet, wenn die Massegläubiger **in voller Höhe** befriedigt sind, also die Kosten des Verfahrens gedeckt und die sonstigen Masseverbindlichkeiten vollständig erfüllt sind. 1

Die in den Nummern 1 bis 3 des Absatzes 1 gewählte Aufzählung der Masseverbindlichkeiten ist keine Rangfolge. Im Fall der Masseunzulänglichkeit, also dann, wenn nur ein Teil der Masseverbindlichkeiten erfüllt werden kann, richtet sich die Rangfolge nach § 209. 2

Außer den hier genannten Masseverbindlichkeiten sind zu beachten: a) die an anderen Stellen der InsO genannten Masseverbindlichkeiten, siehe dazu § 53 Rz. 6, 7 und b) die in § 324 genannten Masseverbindlichkeiten im Nachlaßinsolvenzverfahren. 3

B. Die Masseverbindlichkeiten

I. Durch Verwaltung, Verwertung und Verteilung der Masse

Verbindlichkeiten, die durch Handlungen des Insolvenzverwalters bei der Verwaltung, Verwertung und Verteilung der Masse begründet worden sind, sind Masseverbindlichkeiten. Die Einordnung derartiger Ansprüche als Masseverbindlichkeiten schützt den, der mit dem Insolvenzverwalter Verträge abschließt und macht es so erst möglich, daß der Insolvenzverwalter Vertragspartner findet, die bereit sind, mit ihm Verträge abzuschließen. 4

5 »Handlungen« im Sinne dieser Vorschrift sind auch deliktische Handlungen und Unterlassungen des Insolvenzverwalters (BT-Drucks. 12/12332, S. 126). Verletzt der Insolvenzverwalters im Rahmen seines Amtes gesetzliche Vorschriften (z. B. die Verkehrssicherheitspflicht) oder fremde Rechte (z. B. Patente) sind die daraus resultierenden Ansprüche Masseverbindlichkeiten.

II. Aus gegenseitigen Verträgen

6 Bei gegenseitigen Verträgen aus der Zeit vor Eröffnung des Insolvenzverfahrens hat der Verwalter das Recht, entweder die Erfüllung des Vertrages abzulehnen oder den Vertrag zu erfüllen und von dem anderen Teil Erfüllung zu verlangen (§ 103).

7 Lehnt er die Erfüllung ab, kann der andere Teil seine Ansprüche wegen der Nichterfüllung nur als Insolvenzforderung geltend machen (§ 103 Abs. 2).

8 Verlangt jedoch der Insolvenzverwalter, daß der Vertrag erfüllt wird, ist die dem anderen Teil zustehende Gegenleistung eine Masseverbindlichkeit. Die Vorschrift des §§ 55 Abs. 1 Nr. 2 stellt damit sicher, daß die Masse nicht auf Kosten Dritter bereichert wird. Der Insolvenzverwalter hat den Gegenwert dessen, was der Masse zugeflossen ist, an den Vertragspartner zu leisten. Wählt der Verwalter die Erfüllung, nachdem er die Masseunzulänglichkeit angezeigt hat, gehörten die Ansprüche zu den Verbindlichkeiten, die vor den übrigen Masseverbindlichkeiten zu erfüllen sind, s. § 209 Abs. 2 Nr. 1.

9 Gleiches gilt, wenn die Erfüllung des Vertrages durch den Vertragspartner wegen der Natur des Vertrages für die Zeit nach der Eröffnung des Insolvenzverfahrens erfolgen muß. Dies ist dann der Fall, wenn es sich um Dauerschuldverhältnisse handelt, die vor Verfahrenseröffnung begründet sind und bei denen bis zum Ablauf der Kündigungsfrist noch während des Insolvenzverfahrens weitere Ansprüche entstehen.

10 Kündigt z. B. der Insolvenzverwalter einen Miet- und Pachtvertrag, gehören die Ansprüche auf Zahlung des Miet- und Pachtzinses zu den Masseverbindlichkeiten, wenn wegen der gesetzlichen oder vertraglichen Kündigungsfristen die Auflösung des Vertrages erst zu einem späteren Zeitpunkt wirksam werden kann.

11 Die Vorschrift schützt bei Dauerschuldverhältnissen die Vertragspartner des Insolvenzschuldners. Ihre während der Kündigungsfrist weiter entstehenden Ansprüche werden bevorzugt befriedigt. Kündigt der Insolvenzverwalter das Dauerschuldverhältnis nicht rechtzeitig (zum **ersten** möglichen Termin), gehören die Ansprüche im Fall der Masseunzulänglichkeit zu den Masseverbindlichkeiten, die vor den übrigen zu befriedigen sind (s. § 209 Abs. 2 Nr. 2), soweit sie nach dem ersten möglichen Kündigungstermin entstanden sind.

III. Ungerechtfertigte Bereicherung der Masse

12 Die Vorschrift stellt klar, daß an die Insolvenzgläubiger nichts verteilt werden darf, was die Masse ohne Rechtsgrund erworben hat.

C. Verbindlichkeiten, die vom vorläufigen Insolvenzverwalter begründet worden sind (Abs. 2)

Die Bestellung eines vorläufigen Insolvenzverwalters im Eröffnungsverfahren (§ 21 Abs. 2 Nr. 1) nimmt dem Schuldner **nicht** seine Verwaltungs- und Verfügungsbefugnis. Wird das Insolvenzverfahren eröffnet, sind die vom Schuldner während des Eröffnungsverfahrens begründeten Forderungen Insolvenzforderungen, die nur in Höhe der Insolvenzquote befriedigt werden. 13

Ordnet das Gericht zusätzlich ein allgemeines Verfügungsverbot an (§ 21 Abs. 2 Nr. 2), geht die Befugnis, die Masse zu verwalten und über sie zu verfügen, auf den vorläufigen Insolvenzverwalter über (§ 22 Abs. 1 Satz 1). 14

Die dann vom vorläufigen Insolvenzverwalter kraft seiner Verwaltungs- und Verfügungsbefugnis begründeten Verbindlichkeiten gelten nach der Verfahrenseröffnung als Masseverbindlichkeiten; § 55 Abs. 2 stellt dies klar. 15

Gleiches gilt für die Verbindlichkeiten aus einem Dauerschuldverhältnis, wenn der verwaltungs- und verfügungsbefugte Insolvenzverwalter für die Masse die Gegenleistung in Anspruch genommen hat. 16

Die während des Eröffnungsverfahrens begründeten Verbindlichkeiten werden vom Gesetz unterschiedlich behandelt, je nach dem, ob dem Schuldner die Verwaltungs- und Verfügungsbefugnis belassen wird oder ob diese Rechte auf den vorläufigen Insolvenzverwalter übergehen. Wird dem Schuldner kein allgemeines Verfügungsverbot auferlegt, sind die Verbindlichkeiten Insolvenzforderungen; im anderen Fall gelten sie als Masseverbindlichkeiten. 17

Im Eröffnungsverfahren ist deshalb vom Insolvenzgericht sorgfältig zu prüfen, ob als Sicherungsmaßnahme neben der Bestellung eines vorläufigen Insolvenzverwalters dem Schuldner auch ein allgemeines Verfügungsverbot aufzuerlegen ist. 18

Dritter Abschnitt
Insolvenzverwalter.
Organe der Gläubiger

§ 56
Bestellung des Insolvenzverwalters → § 78 KO

(1) Zum Insolvenzverwalter ist eine für den jeweiligen Einzelfall geeignete, insbesondere geschäftskundige und von den Gläubigern und dem Schuldner unabhängige natürliche Person zu bestellen.

(2) ¹Der Verwalter erhält eine Urkunde über seine Bestellung. ²Bei Beendigung seines Amtes hat er die Urkunde dem Insolvenzgericht zurückzugeben.

Inhaltsübersicht: Rz.

A. Vorbemerkung	1–6
I. Allgemeines	1
II. Probleme des Auswahlverfahrens und der Eignungskriterien	2–4
III. Die Rechtsstellung des Verwalters	5–6

B. Besonderheiten der Bestellung	7–13
I. Keine juristische Person	7
II. Persönliches Amt	8
III. Geschäftsfähigkeit	9–10
IV. Bestellung weiterer Verwalter	11–13
C. Die Eignung des Insolvenzverwalters	14–28
I. Allgemeines	14
II. Die Richtlinien des Deutschen Anwaltvereins	15
III. Einzelfallprüfung	16–17
IV. Allgemeine Bestellungsvoraussetzungen	18–23
V. Besondere Bestellungsvoraussetzungen im Einzelfall	24–26
VI. Folgen der Bestellung eines ungeeigneten Verwalters	27–28
D. Die Unabhängigkeit des Insolvenzverwalters	29–32
E. Die Bestellung des Insolvenzverwalters	33–39
I. Allgemeines	33–35
II. Beendigung der Bestellung	36–39
F. Die Bestellungsurkunde	40–43

Literatur:

App Anm. zu *OLG München* Urt. v. 18. 7. 1991 – 1 U 2199/89 (n. rk.) –, EWiR § 78 KO 1/91, 1003 f.; *Haarmeyer* Die Auswahl des Insolvenzverwalters nach der InsO und das richterliche Ermessen, InVo 1997, 57 ff.; *Haegele* Urkundenvorlage beim Grundbuchamt, Rpfleger 1967, 33 ff.; *Pape* Konkursverwalter mit beschränkter Haftung?, ZIP 1993, 737 ff.; *Schick* Der Konkursverwalter – berufsrechtliche und steuerrechtliche Aspekte, NJW 1991, 1328 ff.

A. Vorbemerkungen

I. Allgemeines

1 Der Insolvenzverwalter ist die Person, die das Insolvenzverfahren maßgebend bestimmt. Von seinem Geschick und seinen Fähigkeiten hängt der Erfolg des Verfahrens weitestgehend ab. Die Abwicklung von Insolvenzen ist zudem eine Aufgabe, die nicht unerhebliche Verdienstmöglichkeiten eröffnet. Das Gericht ist daher gehalten, besondere Sorgfalt bei der Auswahl des Insolvenzverwalters walten zu lassen. Es gilt, eine ohne Einschränkung befähigte Person einzusetzen und den Eindruck der Willkür bei der Auswahl zu vermeiden. Die Vorschrift des § 56 InsO betont diese Sorgfaltspflicht des Gerichts im Hinblick auf die Befähigungen des Insolvenzverwalters aufgrund negativer Erfahrungen, die mit der Arbeitsleistung unerfahrener Verwalter in der Praxis gemacht wurden.

II. Probleme des Auswahlverfahrens und der Eignungskriterien

2 Die InsO enthält jedoch wie auch die bisherigen rechtlichen Regelungen keine Vorschriften, die das Auswahlverfahren näher regeln und dies einer rechtlichen Nachprüfbarkeit zugänglich machen würden. Somit ist die InsO Forderungen nicht nachgekommen, die teilweise in der Literatur erhoben wurden, das Auswahlverfahren transparenter zu machen, und ferner die Eignungskriterien, die bei der Auswahl des Verwalters anzulegen

Bestellung des Insolvenzverwalters § 56

sind, näher zu bestimmen (dazu *Haarmeyer* InVo 1997, 57 ff.; *Schick* NJW 1991, 1328 ff.).
Das Auswahlverfahren ist daher nicht überprüfbar, auch nicht als Justizverwaltungsakt 3 (*OLG Düsseldorf* Rpfleger 1996, 522). Die Auswahl liegt damit allein im pflichtgemäßen Ermessen des zuständigen Insolvenzgerichtes.
Es existiert ferner kein allgemeingültiges Berufsbild des Insolvenzverwalters. Die 4 Voraussetzungen für die Ausübung der Verwaltertätigkeit und die notwendigen Befähigungen sind nicht fest umrissen und greifbar. In der Praxis führt dies dazu, daß meist auf bekannte und erfahrene Verwalter zurückgegriffen wird. Diese Handhabung erschwert es Anfängern, mit einer Verwaltertätigkeit betraut zu werden.

III. Die Rechtsstellung des Verwalters

Auch ist die Rechtsstellung des Insolvenzverwalters nicht geklärt. Wie bisher kann auf 5 folgende Theorien zur Beschreibung der Verwaltertätigkeit zurückgegriffen werden:
a) **Amtstheorie:** der Verwalter wird als amtliches Organ tätig;
b) **Vertretertheorie:** der Insolvenzverwalter ist Vertreter der Gläubiger oder/und des Schuldners, dessen Vertretungsmacht sich auf die von ihm verwaltete Masse bezieht;
c) **Organtheorie:** der Verwalter vertritt die Konkursmasse, die als eine Art juristische Person, jedenfalls als Rechtssubjekt anzusehen ist.
Diese Theorien (vgl. *Hess* KO, § 6 Rz. 13 ff. m. w. N.; *Kuhn/Uhlenbruck* KO, § 6 6 Rz. 16 ff. m. w. N.) sind in der Praxis jedoch ohne besondere Bedeutung und ergänzen sich teilweise. Es wird daher auf eine weitere Darstellung und Auseinandersetzung verzichtet. In der Rechtsprechung wird die Amtstheorie vertreten (BGHZ 44, 1 ff.).

B. Besonderheiten der Bestellung

I. Keine juristischen Person

Der Insolvenzverwalter muß eine natürliche Person sein (vgl. *Pape* ZIP 1993, 737). Die 7 InsO folgt damit der bisherigen Regelung. Der Entwurf der Bundesregierung, der keine Beschränkung auf natürliche Personen vorsah, so daß unter anderem auch Steuerberatungs- und Wirtschaftsprüfungsgesellschaften mit der Insolvenzverwaltung hätten betraut werden können (vgl. BT-Drucks. 12/2443 zu § 65), wurde ausdrücklich vom Rechtsausschuß des Deutschen Bundestages verworfen (vgl. BT-Drucks. 12/7302 zu § 65).

II. Persönliches Amt

Damit ist das Amt des Insolvenzverwalters ein an die Person des Verwalters gebundenes, 8 höchstpersönliches Amt. Der bestellte Verwalter muß dieses Amt auch persönlich ausüben. Er kann dieses Amt als ganzes nicht einer dritten Person übertragen, sondern darf lediglich einzelne Aufgaben oder begrenzte Aufgabenbereiche delegieren. Auch dabei muß gewährleistet sein, daß er die endgültige Kontrolle ausübt.

III. Geschäftsfähigkeit

9 Zum Insolvenzverwalter kann nur eine Person bestellt werden, die geschäftsfähig ist. Die Ernennung einer geschäftsunfähigen Person, § 104 BGB, ist von Anfang an nichtig (*Kuhn/Uhlenbruck* KO, § 78 Rz. 10).

10 Eine unter Betreuung stehende Person kann das Amt eines Insolvenzverwalters nicht ausüben. Minderjährige Personen oder Personen, die ihrerseits in Vermögensverfall geraten sind – ein anhängiges Verfahren zur Abgabe der eidesstattlichen Versicherung ist ausreichend – sind ebenfalls nicht zu bestellen. Ihre Bestellung ist jedoch wirksam, es liegt lediglich ein Entlassungsgrund nach § 59 InsO vor (*Hess* KO, § 78 Rz. 16).

IV. Bestellung weiterer Verwalter

11 Im Gegensatz zur bisherigen Regelung sieht die InsO auch nicht vor, daß mehrere Verwalter für verschiedene Geschäftszweige eines Unternehmens eingesetzt werden können, da sich in der Praxis die Einsetzung nur eines Verwalters bewährt hat, der sich gegebenenfalls geeigneter Mitarbeiter bedienen kann. Hierdurch werden die in der Praxis manchmal schwierigen Abgrenzungsprobleme bei mehreren Verwaltern vermieden.

12 Dies schließt jedoch die Bestellung eines Sonderinsolvenzverwalters nicht aus. Besteht eine Sondermasse – etwa nach § 32 Abs. 3 Depotgesetz –, so ist im Einzelfall zu prüfen, ob die Einsetzung eines Sonderverwalters zweckmäßig ist. Der eventuell eingesetzte Sonderverwalter ist von dem eingesetzten Verwalter unabhängig und führt seinen Aufgabenbereich selbständig (vgl. BT-Drucks. 12/2443 zu §§ 65 und 77).

13 Ein weiterer Verwalter kann schließlich bei rechtlicher oder tatsächlicher Verhinderung des Verwalters bestellt werden.

C. Die Eignung des Insolvenzverwalters

I. Allgemeines

14 Die InsO nennt für die Eignung des Verwalters lediglich die Kriterien, daß die zu bestellende Person geschäftskundig und unabhängig sein muß. Damit ist die Eignung des Insolvenzverwalters nur unzureichend beschrieben, und die Schwierigkeiten des Insolvenzgerichtes, einen geeigneten Verwalter zu bestimmen, sind nicht gelöst. Das Gericht wird daher in aller Regel auf bewährte Verwalter, mit denen bereits eine längere Zusammenarbeit besteht, zurückgreifen (vgl. zu dem Problem des Berufsbildes des Insolvenzverwalters *Schick* NJW 1991, 1328 ff.; *Haarmeyer* InVo 1997, 57 ff.; *Pape* ZIP 1993, 737 ff.).

II. Die Richtlinien des Deutschen Anwaltvereins

15 Der Arbeitskreis im Deutschen Anwaltverein (DAV) hat angesichts dieser Schwierigkeiten Richtlinien für die als Insolvenzverwalter tätigen Anwälte erstellt (AnwBl. 1992, 118) mit Regeln, die als eine Grundlage angesehen werden können. Die Richtlinien werden deshalb nachfolgend wiedergegeben:

Bestellung des Insolvenzverwalters § 56

»Der Insolvenzverwalter ist der unabhängige, objektive, geschäftskundige und leistungsbereite Wahrer der Interessen aller am Insolvenzverfahren Beteiligten. Er übt sein Amt unter Beachtung dieser Kriterien aus.

Unabhängigkeit
Er hat die Übernahme jeglicher Tätigkeit in einem Insolvenzverfahren abzulehnen, wenn er oder ein Sozius vor der Beantragung des Insolvenzverfahrens den Gemeinschuldner bzw. dessen Gesellschafter, gesetzliche Vertreter oder nahe Angehörige des Gemeinschuldners ständig vertreten oder beraten hat, es sei denn, daß sich diese Beratung bzw. Vertretung offensichtlich auf den privaten Sektor des Vertretenen (z. B. Familienrechtssachen, Unterhalts- und erbrechtliche Fragen u. ä.) bezieht.
Der Insolvenzverwalter steht zu keinem Beteiligten und/oder Gruppe von Beteiligten in Beziehungen, die seiner Unabhängigkeit zuwider laufen könnten. Er hat deshalb spätestens in seinem Bericht zum Wahltermin oder weiteren Berichten auf Umstände hinzuweisen, die mit solchen Beziehungen in Verbindung stehen könnten, damit die Gläubiger und das Insolvenzgericht in Kenntnis dieser Umstände über seine Bestätigung zum Insolvenzverwalter des konkreten Verfahrens entscheiden können. Zählt ein Großgläubiger oder ein Kreditversicherer zum ständigen Mandantenkreis, wird er dieses im Bericht zum Wahltermin erwähnen.
Er hat seine Tätigkeit zu versagen, wenn seine Unabhängigkeit gefährdet ist oder er sich befangen fühlt.
Er oder seine Sozietät übernehmen während der Dauer des Verfahrens weder für den Gemeinschuldner, dessen gesetzliche Vertreter, Gesellschafter oder Verwandte eine anwaltliche Vertretung.
Der Insolvenzverwalter darf weder unmittelbar noch mittelbar – auch nicht über Familienangehörige – an Verwertungs-, Auffang- oder ähnlichen Gesellschaften beteiligt sein. Er lehnt jede für im Verfahren erbrachte Leistungen angebotene Vergütung ab, die nicht in die Insolvenzmasse fließt, d. h. insbesondere von dritter Seite angebotene Provisionen für die Vermittlung von Grundstücken, Gewerbebetrieben, gewerblichen Schutzrechten usw. Er hat zu verhindern, daß derartige Vergütungen an Angehörige, ihm nahestehende Personen oder Gesellschaften oder Mitarbeiter gezahlt werden. Der Insolvenzverwalter hat, soweit möglich, auch die Beauftragung der Mandanten der Kanzlei zu vermeiden.
Der Insolvenzverwalter, ein Sozius, ein Mitarbeiter oder nahestehende Person übernehmen nicht die Leitung bzw. Vertretung eines am Verfahren beteiligten Pools.
Der Insolvenzverwalter erwirbt keine zur Konkursmasse gehörenden Gegenstände oder Rechte, auch nicht im Falle der öffentlichen Versteigerung. Er wirkt darauf hin, daß auch Sozien, Mitarbeiter oder nahestehende Personen sich so verhalten.
Der Insolvenzverwalter versteht sich weder als Vertreter der Gläubiger noch des Gemeinschuldners, sondern als Amtswalter, der die berechtigten Interessen der am Verfahren Beteiligten nach streng objektiven Gesichtspunkten zu wahren und abzuwägen hat. Dies erfordert:
Er vermeidet in seiner Amtsführung und insbesondere in seinen Berichten jede unnötige Polemik oder auf bloße Vermutungen gegründete Schlüsse. Verdachtsmomente, auf die er während seiner Tätigkeit gestoßen ist, werden als solche dargestellt und auf Tatsachen gegründete Vermutungen als solche bezeichnet.
Der Insolvenzverwalter stellt seine Amtsführung für alle Beteiligten übersichtlich und nachvollziehbar dar. Er wird dem Stand des Verfahrens entsprechende schriftliche Berichte erstatten und ggf. mündlich erläutern. Dies gilt naturgemäß nicht für Komplexe, die streitbefangen sind und so auf diese Weise dem Gegner Informationen zur Kenntnis gelangen, auf die er sonst keinen Anspruch hat. Derartige Komplexe sind anzugeben. Allgemeine Sachstandsanfragen braucht der Insolvenzverwalter unter Hinweis auf die Gerichtsakten sachlich nicht zu beantworten.
Der Insolvenzverwalter unterläßt im Rahmen seiner Tätigkeit jede unzulässige Werbung.
Die Vergütung des Insolvenzverwalters ist abschließend und für alle Beteiligten nachvollziehbar in der Vergütungsordnung und durch die hierzu ergangene Rechtsprechung geregelt. Der Insolvenzverwalter vermeidet jeden Anschein einer dieser Regelung entgegenstehenden Absprache bzw. eines entsprechenden Verhaltens.

Geschäftskunde
Die Abwicklung von Insolvenzverfahren setzt fundierte juristische und wirtschaftliche Kenntnisse voraus, die der fortlaufenden Entwicklung auf diesem Gebiet entsprechen. Der Insolvenzverwalter ist verpflichtet, sich ständig im angemessenen Rahmen fortzubilden.

Leistungsbereitschaft
Die Abwicklung von Insolvenzverfahren erfordert – insbesondere in der Anlaufphase – einen hohen persönlichen Zeiteinsatz sowie eine leistungsfähige Organisation. Der Insolvenzverwalter lehnt deshalb die Übernahme neuer Verfahren ab, wenn er durch laufende Verfahren oder sonstwie so stark belastet ist, daß die Abwicklung künftiger Verfahren durch ihn nicht mehr im erforderlichen Umfang gesichert ist. Es muß gewährleistet sein, daß der Insolvenzverwalter in wichtigen Angelegenheiten persönlich zu Auskünften bzw. Besprechungen zur Verfügung steht.«

III. Einzelfallprüfung

16   Der Insolvenzverwalter muß für die konkrete Aufgabe und Tätigkeit geeignet sein. Es ist auf den jeweiligen Einzelfall abzustellen, da unterschiedliche Verfahren unterschiedliche Voraussetzungen erfordern können. Eine schematische Auswahl des Insolvenzverwalters ist unzulässig. Soweit bei dem Gericht Listen geführt werden, in denen Bewerber für das Amt eines Insolvenzverwalters verzeichnet sind, darf eine automatische Übernahme des nächsten Bewerbers nicht erfolgen. Die Auswahlkriterien sollten zumindest in größeren Verfahren in einem Aktenvermerk niedergelegt werden. Auch bei Bestellung eines Verwalters, der bisher bei dem Gericht nicht tätig war, erscheint dies zweckmäßig.

17   Im Hinblick auf die Haftung des Insolvenzverwalters nach § 60 InsO ist es besonders bei großen Insolvenzverfahren zweckmäßig, wenn der Insolvenzverwalter über eine ausreichende Haftpflichtversicherung verfügt. Die im Regierungsentwurf vorgesehene Sicherheitsleistung hat keinen Eingang in das Gesetz gefunden, sie erscheint auch im Hinblick auf die Versicherungsmöglichkeit verzichtbar.

IV. Allgemeine Bestellungsvoraussetzungen

18   Generell muß der Insolvenzverwalter zuverlässig und vertrauenswürdig sein.
19   Der Insolvenzverwalter muß geeignet sein, die Aufgaben eines Insolvenzverwalters zu erfüllen. Trotz des unbestimmten Berufsbildes gibt es einige Grundanforderungen, die an die Qualifikation eines Verwalters zu stellen sind. Ein Insolvenzverwalter ist dann als geeignet anzusehen, wenn davon ausgegangen werden kann, daß er die zur Erfüllung seiner Aufgaben erforderlichen Erfahrungen und Kenntnisse besitzt (vgl. BT-Drucks. 12/2443 zu § 65).
20   Er muß über Grundkenntnisse auf rechtlichem Gebiet und über genaue Kenntnisse der InsO verfügen. Steuerrechtliche Kenntnisse sowie Kenntnisse im Bereich der Betriebs- und Wirtschaftswissenschaften sind wünschenswert, wenn diese auch im Gegensatz zu den rechtlichen Kenntnissen nicht unbedingt Voraussetzungen für eine Amtsübertragung sind.
21   Neben den theoretischen Kenntnissen muß der Insolvenzverwalter aber auch praktische Erfahrungen besitzen, was im Gesetz als Geschäftskunde bezeichnet wird. Als »geschäftskundig« ist eine Person anzusehen, die praktische Erfahrungen im Geschäftsleben, besonders im Bereich des Verkaufes und des Vertragsrechtes, besitzt. Dagegen sind Kenntnisse in einer bestimmten Branche sicherlich günstig, können jedoch im

Hinblick auf die Vielfalt des Wirtschaftslebens nicht zur Voraussetzung gemacht werden.

In der Regel sind Rechtsanwälte, Steuerberater, Wirtschaftsprüfer, aber auch Kaufleute als geschäftskundig anzusehen. 22

Sie sollten darüber hinaus hinreichende praktische Erfahrungen mit Insolvenzverfahren besitzen. (so auch die Verhaltensrichtlinien für Insolvenzverwalter, s. o. Rz. 15). 23

V. Besondere Bestellungsvoraussetzungen im Einzelfall

Bei der Auswahl eines geeigneten Verwalters ist aber auch auf den konkreten Insolvenzfall abzustellen. Das zuständige Insolvenzgericht hat deshalb vor der Bestellung des Verwalters eine Beurteilung des Einzelfalles vorzunehmen. 24

Es hat dabei den wahrscheinlichen Umfang des Verfahrens zu berücksichtigen, der im wesentlichen von der Größe des Vermögens des Schuldners oder der Betriebsgröße abhängt, die sich auch nach der Anzahl der Arbeitnehmer einer Firma bemißt. 25

Es ist zu prüfen, ob eine Fortführung des Unternehmens in Betracht kommt; in diesem Fall sollte der Insolvenzverwalter über entsprechende Kenntnisse verfügen. Neben der persönlichen und der fachlichen Eignung des Verwalters ist auch der ihm zur Verfügung stehenden Mitarbeiterstab zu berücksichtigen. Der Verwalter muß über ein Büro mit einer ausreichenden personellen Ausstattung verfügen. Es kann aber ausreichend sein, wenn er mit anderen Büros zusammenarbeitet. 26

VI. Folgen einer Bestellung eines ungeeigneten Verwalters

Die Bestellung eines ungeeigneten Verwalters kann eine Amtspflichtverletzung sein, so daß gegen das jeweilige Land Schadensersatzansprüche geltend gemacht werden können (*BGH* ZIP 1990, 1141). Anspruchsberechtigt ist der jeweilige Geschädigte; dies kann auch der pflichtwidrig bestellte und später entlassene Insolvenzverwalter sein, dessen Anspruch wegen anderweitiger abgelehnter Mandate sich nicht nur auf die Zeit bis zur Aufhebung der Bestellung erstreckt, sondern bis zur Behebung der Unsicherheit durch eine rechtskräftige gerichtliche Entscheidung (*BGH* a. a. O.) 27

Die Bestellung eines untauglichen Insolvenzverwalters hat zu Schadensersatzansprüchen aus dem Gesichtspunkt der Amtshaftung geführt, als ein Verwalter, der den zuständigen Rechtspfleger bestochen hatte, einen Betrieb fortführte und dabei Schäden entstanden, wobei hinzukam, daß der Rechtspfleger dies dem Richter nicht mitgeteilt hatte (*OLG München* ZIP 1991, 1367; dazu auch *App* EWiR § 78 KO 1/91, 1003). 28

D. Die Unabhängigkeit des Insolvenzverwalters

Der Insolvenzverwalter hat seine Aufgabe neutral zu erfüllen. Er muß daher von den Gläubigern und dem Schuldner unabhängig sein, um sein Amt frei von sachwidrigen Einflüssen ausüben zu können. Es reicht aus, daß Zweifel an der Unabhängigkeit des Verwalters bestehen, um von einer Bestellung abzusehen. 29

Die Tatsache allein, daß der Verwalter von einem Gläubiger vorgeschlagen worden ist, begründet jedoch noch keinen Zweifel an seiner Unabhängigkeit (vgl. BT-Drucks. 12/2443 zu § 65; *Hess* KO, § 78 Rz. 18). 30

§ 56 *Eröffnung des Insolvenzverfahrens*

31 Zu den Gläubigern und dem Schuldner darf kein Dienst- oder sonstiges Arbeitsverhältnis bestehen. Ist der Insolvenzverwalter Anwalt oder Steuerberater, so soll kein Mandatsverhältnis zu den genannten Beteiligten bestehen.
32 Auch engere Verwandtschaft zu einer am Insolvenzverfahren beteiligten Person schließt die Bestellung zum Insolvenzverwalter aus.

E. Die Bestellung des Insolvenzverwalters

I. Allgemeines

33 Gemäß § 27 InsO wird der Insolvenzverwalter durch Beschluß in sein Amt eingesetzt. Die Einsetzung erfolgt mit der Eröffnung des Verfahrens. Nach § 18 Abs. 1 Nr. 1 RpflG ist die Entscheidung über den Eröffnungsantrag und die Ernennung des Insolvenzverwalters funktional dem Richter vorbehalten.
34 Falls ein vorläufiger Insolvenzverwalter bestellt war, sollte dieser auch zum Insolvenzverwalter bestellt werden, falls keine besonderen Gründe entgegenstehen.
35 Eine Verpflichtung, das Amt anzunehmen, besteht nicht, die bisherige Regelung ist beibehalten worden. Der zuständige Richter des Insolvenzgerichtes sollte sich daher bereits vor Bestellung des Verwalters vergewissern, daß diesem die Amtsübernahme möglich und er dazu bereit ist. Die Amtsführung beginnt mit der ausdrücklichen oder stillschweigenden Übernahmeerklärung durch den bestellten Insolvenzverwalter und nicht mit der Bestellung durch das Gericht (*OLG Düsseldorf* KTS 1973, 270).

II. Beendigung der Bestellung

36 Gegen die Bestellung des Insolvenzverwalters ist kein Rechtsmittel gegeben. Gegen die Eröffnung des Insolvenzverfahrens steht dem Schuldner gemäß § 34 InsO zwar das Rechtsmittel der sofortigen Beschwerde zu,. dieses Rechtsmittel richtet sich jedoch nicht gegen die Bestellung des Insolvenzverwalters. Die Auswahl des Verwalters muß daher in dem Bestellungsbeschluß nicht begründet werden.
37 Ein Rechtsmittel ist auch nicht zwingend notwendig, da nach § 57 InsO die Gläubigerversammlung die Möglichkeit hat, einen anderen als den vom Gericht bestellten Verwalter zu wählen. Diese Möglichkeit besteht jedoch nur in der ersten und nicht mehr in den nachfolgenden Gläubigerversammlungen. Das Amt des ursprünglich bestellten Verwalters ist mit einer Neuwahl und Amtsübernahme des neuen Verwalters beendet.
38 Nach § 59 InsO kann der Insolvenzverwalter ferner aus wichtigem Grund durch das Insolvenzgericht aus dem Amt entlassen werden.
39 Das Amt wird schließlich durch rechtskräftige Beendigung des Verfahrens oder den Tod des Verwalters beendet.

F. Die Bestellungsurkunde

40 Der Insolvenzverwalter muß im Rahmen seiner Aufgaben Verhandlungen mit Außenstehenden führen und Auskünfte über Angelegenheiten des Schuldners einholen. Damit seine Berechtigung besonders in dem Fall, daß Daten des Schuldners erhoben werden müssen (Bankauskünfte pp.), ohne große Schwierigkeiten nachgewiesen werden kann, ist dem Insolvenzverwalter ein Ausweis über seine Bestellung auszuhändigen.

Der Ausweis wird vom Gericht ausgestellt; die Urkunde weist nach, daß der Inhaber das 41
Amt eines Insolvenzverwalters in einem bestimmten Insolvenzverfahren ausübt. Die
InsO knüpft damit an eine bewährte Handhabung an, wie sie bereits in der Konkursordnung vorgesehen war und die beispielsweise im Betreuungsrecht mit dem Betreuerausweis geübt wird. Der Nachweis nach § 29 Abs. 2 GBO kann mit Hilfe der Bestellungsurkunde geführt werden (vgl. *Haegele* Rpfleger 1967, 37).

Die Bestellungsurkunde enthält keine Vollmacht. Die Urkunde begründet keinen Ver- 42
trauenstatbestand. Personen, die auf die Handlungsvollmacht aufgrund einer vorgelegten Bestellungsurkunde vertrauen, sind durch die Urkunde nicht geschützt (*Kuhn/Uhlenbruck* KO, § 82 Rz. 2, 4).

Bereits um Mißbrauch zu unterbinden, ist der Ausweis nach Amtsbeendigung zurückzu- 43
geben. Die Rückgabe kann analog § 58 Abs. 2, 3 InsO durchgesetzt werden. Eine
Strafbarkeit bei Nichtrückgabe der Urkunde kommt nach den allgemeinen Vorschriften
des Strafgesetzbuches in Betracht.

§ 57
Wahl eines anderen Insolvenzverwalters → § 80 KO

[1]In der ersten Gläubigerversammlung, die auf die Bestellung des Insolvenzverwalters folgt, können die Gläubiger an dessen Stelle eine andere Person wählen. [2]Das Gericht kann die Bestellung des Gewählten nur versagen, wenn dieser für die Übernahme des Amtes nicht geeignet ist. [3]Gegen die Versagung steht jedem Insolvenzgläubiger die sofortige Beschwerde zu.

Inhaltsübersicht: Rz.

A. Vorbemerkung 1– 5
B. Die Wahl 6–16
C. Die Ablehnung der Bestellung 17–27

Literatur:

Hegmanns Anm. zu *LG Freiburg* Beschl. v. 4. 6. 1987 – 8 T 68/87, EWiR § 80 KO, 2/87, 1223 f.

A. Vorbemerkung

Gemäß § 29 InsO hat das Insolvenzgericht im Eröffnungsbeschluß, der auch die Bestel- 1
lung des Insolvenzverwalters enthält, einen Termin zu einer Gläubigerversammlung zu
bestimmen. Zur Gläubigerversammlung wird gemäß § 74 InsO durch das Insolvenzgericht eingeladen.

Vorrangiges Ziel des Insolvenzverfahrens ist die Befriedigung der Gläubiger. Die 2
Gläubigerversammlung ist deshalb das Gremium der Hauptinteressenten des Insolvenzverfahrens. Damit ist sie die ausschlaggebende Institution für die Verfahrensdurchführung. Alle Entscheidungen des Insolvenzverfahrens müssen daher entweder von dieser
Versammlung gebilligt werden, oder es muß eine Ermächtigung zu einer Entscheidung
durch dieses Gremium bestehen.

3 Die Mehrheit der Gläubiger muß daher mit der Bestellung des Verwalters durch das Gericht einverstanden sein und Vertrauen in den vom Gericht bestellten Verwalter haben (vgl. BT-Drucks. 12/2443 zu § 66). Die erste Gläubigerversammlung dient damit automatisch auch der Bestätigung des vom Gericht bestellten Insolvenzverwalters durch die Gläubigerversammlung.
4 Der bestellte Verwalter kann als bestätigt angesehen werden, wenn in der Gläubigerversammlung kein anderer Verwalter vorgeschlagen und gewählt wird.
5 In Gläubigerversammlungen, die der ersten Versammlung folgen, kann kein neuer Insolvenzverwalter gewählt werden. Nach der ersten Versammlung ist eine Entlassung des Insolvenzverwalters nur gemäß § 59 InsO aus wichtigem Grunde möglich. Der Antrag kann in einer weiteren Gläubigerversammlung gestellt werden.

B. Die Wahl

6 Soll in der Gläubigerversammlung ein anderer Insolvenzverwalter gewählt werden, so geschieht dies durch den Vorschlag einer anderen Person zum Verwalter.
7 Jeder der anwesenden Gläubiger kann einen Vorschlag für einen Verwalter einbringen. Der Antrag kann auch durch einen bevollmächtigten und beauftragten Vertreter gestellt werden, der in der Versammlung anwesend ist. Es ist aber auch ausreichend, vor der Versammlung einen Antrag an das Insolvenzgericht zu richten, in dem ein neuer Insolvenzverwalter vorgeschlagen und der Antrag auf dessen Wahl gestellt wird.
8 Wird ein anderer Insolvenzverwalter vorgeschlagen, so hat eine Wahl stattzufinden. Die Wahl findet unter der Leitung des Insolvenzgerichtes statt.
9 Funktional zuständig für die Wahl wie für die Leitung der Gläubigerversammlung ist der Rechtspfleger des Amtsgerichtes, da kein Richtervorbehalt nach § 18 Abs. 1 RpflG besteht. Der zuständige Richter kann sich jedoch die Leitung der Gläubigerversammlung vorbehalten, § 18 Abs. 2 RpflG.
10 Die Wahl ist als Beschluß der Gläubigerversammlung anzusehen; damit findet § 76 InsO Anwendung. So unterliegt die Wahl auch der Vorschrift über die Beschlußfassung § 76 Abs. 2 InsO. Danach ist der vorgeschlagene neue Insolvenzverwalter gewählt, wenn die Forderungen der für ihn votierenden Gläubiger mehr als die Hälfte der Gesamtsumme der Forderungen der anwesenden Gläubiger ausmachen. Das heißt, daß eine einfache Mehrheit, die sich nach den Forderungssummen bemißt, erforderlich ist. Dabei werden nur die Forderungen der anwesenden Gläubiger berücksichtigt. Stimmrecht besitzen die Insolvenzgläubiger und auch die absonderungsberechtigten Gläubiger. Ist dies nicht der Fall, so gilt der Vorschlag als abgelehnt.
11 Werden mehrere Vorschläge gemacht, so sollte in der Reihenfolge der Eingänge der Vorschläge abgestimmt werden, wovon jedoch aus besonderen Gründen abgewichen werden kann, besonders dann, wenn dies die Mehrheit der Versammlung wünscht.
12 Wahlberechtigt ist jeder Gläubiger, bei enger wirtschaftlicher Verflechtung eines Gläubigers mit dem Schuldner kann das Stimmrecht eventuell versagt werden (*AG Wolfratshausen* ZIP 1990, 597).
13 Das Insolvenzgericht ist grundsätzlich an die Wahl – den Beschluß der Gläubigerversammlung – gebunden. Es hat den bisher bestellten Verwalter aus dem Amt zu entlassen und den neu gewählten Verwalter zu bestellen. Dies muß unverzüglich geschehen.
14 Die Amtsübernahme wird andererseits erst mit der Bestellung durch das Insolvenzgericht wirksam, dies folgt bereits aus dem Umstand, daß das Gericht die Bestellung des Gewählten versagen kann. Die Bestellung des neuen Insolvenzverwalters erfolgt durch

den Richter, da sich aus § 18 Abs. 1 RpflG ergibt, daß die Ernennung des Verwalters funktional in den Aufgabenbereich des Richters fällt, der von dem Rechtspfleger unverzüglich zu unterrichten ist, falls dieser die Versammlung geleitet hat.
Der neue Verwalter kann jedoch nur bestellt werden, wenn er das Amt annimmt. Es 15 empfiehlt sich daher, sich bereits vorher zu vergewissern, ob die vorgeschlagene Person mit einer Amtsübernahme einverstanden ist (*Hess* KO, § 78 Rz. 2).
Dem neuen Insolvenzverwalter ist eine Urkunde über seine Bestellung gemäß § 56 InsO 16 auszuhändigen.

C. Die Ablehnung der Bestellung

Das Insolvenzgericht kann die Bestellung des neuen Verwalters ablehnen, wenn der 17 gewählte Verwalter ungeeignet ist. Dabei ist auf die Kriterien abzustellen, die für die Bestellung eines Verwalters maßgebend sind, vgl. § 60 InsO.
Das Gericht sollte mit der Ablehnung zurückhaltend verfahren, da die Gläubiger mög- 18 lichst weitgehend den Gang des Verfahrens autonom bestimmen sollen. Lediglich bei offenkundiger und gravierender Nichteignung sollte eine Ablehnung erfolgen. Dies besonders dann, wenn der neue Verwalter geschäftsunfähig ist, nicht die erforderliche Sachkunde besitzt oder eine erhebliche Abhängigkeit zu Beteiligten besteht und er damit nicht die Gewähr für eine objektive Wahrnehmung der Interessen der Gläubiger bietet. Dabei ist auf den konkreten Fall abzustellen. Mangelnde Zuverlässigkeit und Vertrauenswürdigkeit gelten als weitere Kriterien für eine Ungeeignetheit (vgl. BT-Drucks. zu § 66).
In einem Fall, in dem der Vorschlag auf Abwahl des vom Gericht bestellten Verwalters 19 durch einen Gläubiger gemacht wurde, an dessen Komplementär-GmbH Gesellschafter der Schuldnerin mit wesentlichem Stimmanteil beteiligt waren, wurde beispielsweise eine erhebliche Abhängigkeit angenommen, die Grund für die Ablehnung der Wahl sein kann (*OLG Hamm* ZIP 1987, 1333). Diese Einschränkung ist jedoch als zu weitgehend abzulehnen und wird der Autonomie der Gläubigerversammlung nicht gerecht (*Hegmanns* EWiR § 80 KO, 2/87, 1223).
Die Ernennung des gewählten Verwalters kann auch nicht mit der Begründung abgelehnt 20 werden, daß dieser nur durch einige und im wesentlichen gut gesicherte Gläubiger gewählt wurde (*OLG Schleswig* WM 1986, 1199). Es ist beispielsweise legitim, wenn sich ein »Großgläubiger« bei der Neuwahl eines Verwalters von dem Gedanken leiten läßt, daß dieser als Ortsansässiger bei Verwertung von Grundstücken des Schuldners mehr erzielen kann als der vom Gericht bestellte, nicht ortsansässige Verwalter (*Hess* KO, § 80).
Organisatorische Probleme, Verzögerungen in der Abwicklung oder Einarbeitungszeit 21 des neuen Verwalters sowie Mehrkosten können nicht zur Ablehnung führen, da es sich um zwangsläufige mit einer Neuwahl verbundene Probleme handelt, die deshalb in Kauf zu nehmen sind.
Hält das Gericht den durch die Gläubigerversammlung gewählten Verwalter für unge- 22 eignet, so erläßt es einen ablehnenden Beschluß. Dieser Beschluß ist zu begründen. Funktional zuständig ist der Insolvenzrichter.
Gegen die Entscheidung des Gerichtes steht jedem Gläubiger das Rechtsmittel der 23 sofortigen Beschwerde zu.
Entgegen anderer Auffassungen, die davon ausgehen, daß nur der Gläubiger beschwer- 24 deberechtigt sein soll. der für die Person gestimmt hat, deren Ernennung vom Gericht

abgelehnt wurde, kommt es nicht darauf an, ob der betreffende Gläubiger an der Gläubigerversammlung teilgenommen und wie er abgestimmt hat.

25 Dagegen hat weder der Schuldner noch der neu gewählte Verwalter ein Beschwerderecht, da es sich allein um eine Entscheidung der Gläubigerversammlung handelt und der neu gewählte Verwalter ein Ablehnungsrecht hat.

26 Auch der bisherige Verwalter hat kein Beschwerderecht. Sein Amt endet mit der Bestellung des neuen Verwalters und dessen Amtsübernahme, also ohne ausdrückliche Entlassung durch das Gericht. Seine Rechtsstellung wird damit durch den Beschluß der Gläubigerversammlung und nicht durch das Gericht beeinträchtigt, so daß § 59 Abs. 2 InsO nicht zur Anwendung kommt.

27 Das fehlende Beschwerderecht des vorläufigen Verwalters wird in der Literatur kritisiert (vgl. *Hess/Pape* InsO/EGInsO, Rz. 57). Die Kritik erscheint jedoch unberechtigt, da die Einsetzung des Verwalters durch das Gericht als vorläufig anzusehen ist und der Bestätigung durch die Gläubigerversammlung – die auch konkludent erfolgen kann, indem kein Antrag auf Ab- und Neuwahl gestellt wird – bedarf. Der vorläufige Verwalter erwirbt mit seiner Einsetzung kein Anwartschaftsrecht auf die endgültige Ernennung zum Verwalter.

§ 58
Aufsicht des Insolvenzgerichts → § 83 KO

(1) ¹Der Insolvenzverwalter steht unter der Aufsicht des Insolvenzgerichts. ²Das Gericht kann jederzeit einzelne Auskünfte oder einen Bericht über den Sachstand und die Geschäftsführung von ihm verlangen.
(2) ¹Erfüllt der Verwalter seine Pflichten nicht, so kann das Gericht nach vorheriger Androhung Zwangsgeld gegen ihn festsetzen. ²Das einzelne Zwangsgeld darf den Betrag von fünfzigtausend Deutsche Mark nicht übersteigen. ³Gegen den Beschluß steht dem Verwalter die sofortige Beschwerde zu.
(3) Absatz 2 gilt entsprechend für die Durchsetzung der Herausgabepflichten eines entlassenen Verwalters.

Inhaltsübersicht: Rz.

A. Vorbemerkung 1– 3
B. Die Aufsichtsbefugnis 4– 9
C. Das Auskunftsverlangen 10–18
D. Die Zwangsmaßnahmen 19–27
E. Das Rechtsmittel 28
F. Die Durchsetzung der Herausgabepflicht 29

Literatur:

Depré Anm. zu *LG Coburg* Beschl. v. 8. 2. 1990 – 2 T 10/90 –, Rpfleger 1990, 383; *Schmidt* Die Vergütung des Konkursverwalters, Rpfleger 1968, 251 ff.; *Skrotzki* Interessenkollision beim Konkursverwalter, KTS 1955, 111 ff.; *Uhlenbruck* Anm. zu *LG Oldenburg* 5. ZK, Beschl. v. 29. 4. 1982 – 5 T 128/82 –, Rpfleger 1982, 351 f.

Aufsicht des Insolvenzgerichts § 58

A. Vorbemerkung

Die Aufgabenfülle und die erheblichen Vollmachten des Insolvenzverwalters erfordern 1
eine ausreichende Kontrolle des Verwalters. Neben den Kontrollorganen der Gläubiger, dem Gläubigerausschuß und der Gläubigerversammlung, obliegt die Kontrolle in erster Linie dem Insolvenzgericht. Es hat die Tätigkeit des Insolvenzverwalters zu überwachen, um gegen Pflichtwidrigkeiten einschreiten zu können (*Hess* KO, § 83 Rz. 1).
Das Gericht hat zudem die Möglichkeit, durch die Verhängung von Zwangsgeldern und 2
die Befugnis, den Verwalter nach § 59 InsO zu entlassen, Anordnungen sowie Sachstandsauskünfte und -berichte durchzusetzen.
Das Insolvenzgericht soll auch über den Verfahrensstand informiert sein, damit es in der 3
Lage ist, eventuell Auskünfte zu erteilen.

B. Die Aufsichtsbefugnis

Die Aufsichtsbefugnis gibt dem Gericht die Möglichkeit, den Insolvenzverwalter anzu- 4
weisen und Anordnungen auszusprechen. Funktional zuständig ist der Rechtspfleger des Amtsgerichtes, da die Aufsicht nicht ausdrücklich dem Richter übertragen wurde, § 18 RpflG. Der Richter kann sich die Aufsicht jedoch vorbehalten, § 18 Abs. 2 RpflG. Der Umfang der Anweisungsbefugnis des Gerichtes ist im Einzelfall problematisch und schwierig zu fassen.
Die Handlungsfreiheit des Insolvenzverwalters soll grundsätzlich nicht zu stark einge- 5
schränkt werden. Zweckmäßigkeits- und Ermessensentscheidungen des Insolvenzverwalters sind daher nicht überprüfbar (*Kuhn/Uhlenbruck* KO, § 83 Rz. 5, 6 m. w. N.).
Generell gilt, daß das Gericht nur im Rahmen einer Gefahrenabwehr tätig werden darf. 6
Dies kann in dem Fall bejaht werden, daß beispielsweise eine Interessenkollision vorliegt und dadurch masseschädigende Geschäfte zu befürchten sind (*Skrotzki* KTS 1955, 111).
Das Gericht kann ferner den Verwalter auffordern, die Schlußrechnung zu erstellen, 7
wenn die Voraussetzungen für die Abrechnung vorliegen (*LG Essen* KTS 1971, 295 mit Anm. *Mohrbutter*).
Andererseits ist es beispielsweise strittig, ob die Anordnung einer Rückzahlung von 8
Beträgen möglich ist, die von dem Verwalter aus der Masse entnommen wurden. Dies wurde in einem Fall bejaht, in dem ein Verwalter seine Gebühren für eine Tätigkeit als Rechtsanwalt der Masse entnommen hatte (*OLG Köln* KTS 1977, 56f.; so auch *LG Aachen* Rpfleger 1978, 380; a. A. *Schmidt* Rpfleger 1968, 251, vgl. weiter *Hess* KO, § 83 Rz. 6 m. w. N.).
Kein Fall einer Anweisungsbefugnis wurde in einem Fall angenommen, in dem ein 9
Verwalter die Gebührenrechnung eines von ihm beauftragten Rechtsanwaltes in einer angeblich nicht gerechtfertigten Höhe anerkannt hat und durch das Gericht aufgefordert wurde, den als nicht gerechtfertigt empfundenen Teil zurückzuzahlen (*LG Freiburg* ZIP 1980, 438).

C. Das Auskunftsverlangen

Das Gericht kann jederzeit Auskunft verlangen. Der Insolvenzverwalter ist in jedem 10
Stadium des Verfahrens zur Auskunftserteilung verpflichtet.

11 Das Gericht muß die Kontrolle nach pflichtgemäßen Ermessen wirksam ausüben. Die Häufigkeit und der Umfang des Auskunftsverlangens bestimmt sich nach den Erfordernissen im Einzelfall. Das Gericht sollte dabei die Arbeitsbelastung des Insolvenzverwalters beachten. Von dem Auskunftsverlangen sollte zurückhaltend Gebrauch gemacht werden. Die Zurückhaltung ist sowohl im Hinblick auf den Umfang als auch auf die Form der Auskunft geboten.
12 Normalerweise werden einfache Auskunftsschreiben ausreichend sein. Auskünfte einfacher Art können auch telefonisch gegeben werden; das Gericht kann diese Auskünfte in einem Aktenvermerk niederlegen.
13 Die Auskünfte müssen nicht durch den Insolvenzverwalter persönlich erfolgen, es sei denn, dies wird durch das Gericht angeordnet. Die Auskunft durch einen beauftragten Mitarbeiter ist in der Regel ausreichend.
14 Die Beteiligten können bei dem Insolvenzgericht Überprüfungsmaßnahmen und das Einholen bestimmter Auskünfte anregen. Das Gericht ist an diese Anregungen nicht gebunden. Die Beteiligten haben keine Möglichkeit, eine Überprüfungsmaßnahme durchzusetzen, da die InsO hier keine sofortige Beschwerde vorsieht, § 6 Abs. 1 InsO. Damit hat auch der Insolvenzverwalter kein Rechtsmittel gegen die Anordnungen des Gerichtes auf Auskunftserteilung. Da er jederzeit sein Amt niederlegen kann, besteht auch keine Notwendigkeit, ihm ein Rechtsmittel einzuräumen.
15 Die Auskunftspflicht bezieht sich auf den Sachstand des Verfahrens und die Geschäftsführung.
16 Auskünfte über den Sachstand sind Fragen, die sich auf die Verwertung von Gegenständen und Liegenschaften des Schuldners, Verhandlungsstände und -ergebnisse, Stand von Forderungsprüfungen etc. beziehen.
17 Auskünfte über die Geschäftsführung können Fragen zur Handhabung der Abwicklung, Art und Weise der Forderungsprüfung, Rechnungs- und Kassenprüfungen und Auskünfte zu Personen, die für den Verwalter tätig sind, sein.
18 Das Gericht kann periodisch wiederkehrende Auskünfte verlangen, wenn dies erforderlich erscheint, andererseits besteht aber keine regelmäßige Rechnungsprüfungspflicht (*Hess* KO, a. a. O.).

D. Die Zwangsmaßnahmen

19 Kommt der Verwalter seiner Auskunftspflicht oder berechtigten Anweisungen des Gerichtes nicht oder nur unzureichend nach, kann wie auch bei jeder anderen Pflichtverletzung ein Zwangsgeld festgesetzt werden. Das Zwangsgeld dient allein der Durchsetzung der Gerichtsanweisungen, es darf nicht als Strafe wegen einer Pflichtwidrigkeit benutzt werden (*Kuhn/Uhlenbruck* KO, § 84 Rz. 1; *Hess* KO, § 84 Rz. 1 m. w. N.; *OLG Köln* KTS 1969, 59). Das Zwangsgeld ist damit ein Erzwingungsmittel.
20 Das Gericht verhängt das Zwangsgeld, ohne ein etwaiges Verschulden des Verwalters zu prüfen. Der Verwalter ist jedoch vorher anzuhören.
21 Die Anhörung, die in schriftlicher Form erfolgen sollte – eine mündliche Anhörung wäre jedoch grundsätzlich ebenfalls wirksam – muß nochmals die Aufforderung an den Verwalter enthalten, seiner Verpflichtung nachzukommen. Für die Erfüllung der Pflicht ist durch das Gericht eine angemessene Frist auszusprechen.
22 Ferner ist ihm die Absicht, ein Zwangsgeld zu verhängen, anzudrohen. Es muß ein Hinweis auf das Zwangsgeld und dessen mögliche Höhe gegeben werden.

Das Zwangsgeld, das bis zu 50 000 DM betragen kann, ist durch den zuständigen 23
Rechtspfleger anzudrohen und festzusetzen. Die Höhe des Zwangsgeldes ist nach der
Vorschrift des § 888 Abs. 1 Satz 2 ZPO anzupassen.
Es ist nicht notwendig, daß der Verwalter vor Androhung des Zwangsgeldes darauf 24
hingewiesen wird, daß eine Androhung eines Zwangsgeldes erfolgen könnte. Einer
»Androhung der Zwangsgeldandrohung« bedarf es nicht (*Depré* Rpfleger 1990, 384).
Durch die Anhörung soll dem Verwalter die Möglichkeit zur Abhilfe gegeben werden. 25
Erfolgt eine Abhilfe, ist die Festsetzung eines Zwangsgeldes unzulässig.
Ein festgesetztes Zwangsgeld ist zudem aufzuheben, wenn der Verwalter nachweist, daß 26
ihn kein Verschulden an seiner Säumnis trifft.
Es kann wiederholtes Zwangsgeld unter den gleichen Bedingungen verhängt werden. 27
Die Höhe des Zwangsgeldes kann gesteigert werden. Die Gesamtsumme darf dabei den
Betrag von fünfzigtausend Deutsche Mark übersteigen. Die Absicht, ein wiederholtes
Zwangsgeld festzusetzen, ist erneut anzudrohen. Die Androhung kann jedoch entfallen,
wenn im Zwangsgeldbeschluß darauf hingewiesen wurde, daß nach Ablauf einer Frist
ein erneutes Zwangsgeld verhängt wird, wenn der Verwalter seinen Verpflichtungen
nicht nachkommt. Es liegt dann keine Verletzung des rechtlichen Gehörs vor (*Depré*
Rpfleger 1990, 384 gegen Beschluß des *LG Coburg* vom 8. 2. 1990, 2 T 10/90).

E. Das Rechtsmittel

Gegen den Beschluß, der das Zwangsgeld festsetzt, und nicht bereits gegen die Andro- 28
hung, steht dem Insolvenzverwalter das Rechtsmittel der sofortigen Beschwerde zu. Sie
hat aufschiebende Wirkung, § 6 Abs. 1, 3 InsO. Ist eine Abhilfe nach Festsetzung des
Zwangsgeldes erfolgt, so kann der Zwangsgeldbeschluß im Beschwerdeverfahren aufgehoben werden, wenn der Verwalter ausreichende Gründe für seine Säumnis vorbringt.
Der Umstand, daß der Zweck erreicht wurde, ist allein kein Grund, den Beschluß
aufzuheben, da sonst die Wirkung der Zwangsmaßnahme unterlaufen wird (*Uhlenbruck*
Rpfleger 1982, 351; *Kuhn/Uhlenbruck* KO, § 84 Rz. 1b; dagegen *LG Wuppertal* KTS
1985, 45; *Hess* KO, § 84 Rz. 6 m. w. N.).

F. Die Durchsetzung der Herausgabepflicht

Der durch die Wahl eines anderen Verwalters, § 57 InsO, oder aus wichtigem Grunde 29
entlassene Verwalter, § 59 InsO, hat alle Gegenstände des Schuldners, die er in Besitz
genommen hat, alle in seiner Hand befindlichen Verfahrensunterlagen und seine Bestellungsurkunde, § 56 Abs. 2 InsO, unverzüglich herauszugeben. Kommt der entlassene
Verwalter diesen Verpflichtungen nicht nach, so kann entgegen den früheren Regelungen
nun auch gegen diesen entlassenen Verwalter ein Zwangsgeld verhängt werden,
Abs. 3.

§ 59
Entlassung des Insolvenzverwalters → § 84 KO

(1) ¹Das Insolvenzgericht kann den Insolvenzverwalter aus wichtigem Grund aus
dem Amt entlassen. ²Die Entlassung kann von Amts wegen oder auf Antrag des

§ 59

Verwalters, des Gläubigerausschusses oder der Gläubigerversammlung erfolgen. ³Vor der Entscheidung des Gerichts ist der Verwalter zu hören.

(2) ¹Gegen die Entlassung steht dem Verwalter die sofortige Beschwerde zu. ²Gegen die Ablehnung des Antrags steht dem Verwalter, dem Gläubigerausschuß oder, wenn die Gläubigerversammlung den Antrag gestellt hat, jedem Insolvenzgläubiger die sofortige Beschwerde zu.

Inhaltsübersicht: Rz.

A.	Vorbemerkung	1
B.	Wichtige Gründe	2– 9
C.	Entlassung	10–14
	I. Entlassung von Amtswegen	10–11
	II. Entlassung auf Antrag	12–14
D.	Beschlußfassung	15–18
E.	Rechtsmittel	19–22

A. Vorbemerkung

1 Der Umstand, daß nur eine geeignete und befähigte Person zum Insolvenzverwalter bestellt werden soll, erfordert es, daß ein ungeeigneter und nicht befähigter Verwalter auch nach der Bestellung wieder entlassen werden kann. Die Entlassung des Verwalters ist ein letztes Mittel und daher nur in Ausnahmefällen anzuwenden. Um Willkür zu vermeiden und die Kontinuität und Verläßlichkeit des Verfahrens zu garantieren, darf eine solche Entlassung nur aus wichtigem Grund erfolgen.

B. Wichtige Gründe

2 Wichtige Gründe liegen dann vor, wenn sich nachträglich herausstellt, daß der bestellte Insolvenzverwalter, gemessen an den Kriterien des § 56 InsO, nicht geeignet ist, also ersichtlich nicht über die notwendige Qualifikation für das Amt verfügt.

3 Neben der generellen Nichteignung ist der Verwalter zu entlassen, wenn er sich im Rahmen seiner Geschäftsführung strafbar gemacht hat.

4 Erkrankt der Verwalter und ist dadurch für längere oder nicht absehbare Zeit verhindert, das Amt auszuüben, so ist dies als wichtiger Entlassungsgrund anzusehen.

5 Ferner sind mangelnde Unabhängigkeit oder Neutralität oder wiederholte schwere Pflichtverletzungen als Entlassungsgründe anzusehen.

6 Eine derartig schwere Pflichtverletzung liegt beispielsweise vor, wenn der Verwalter bedeutsame Rechtshandlungen nach § 160 InsO vornimmt, ohne die Zustimmung des Gläubigerausschusses einzuholen. So ist eine Pflichtwidrigkeit, die zur Entlassung des Verwalters führen kann, für den Fall angenommen worden, daß dieser ein Grundstück ohne die notwendige Zustimmung der Gläubigerversammlung verkauft (so *LG Mainz* Rpfleger 1986, 490).

7 Verursacht der Verwalter einen Schaden, für den er im Rahmen des § 60 InsO haftet, so ist dies in der Regel als ein wichtiger Entlassungsgrund anzusehen. Gleiches gilt, wenn ein Gesamtschaden nach § 92 InsO verursacht wurde. Es ist dann sinnvoll, einen anderen Verwalter zu bestellen, der den Schaden geltend machen kann.

Andrerseits muß wie bisher nicht jede Handlung des Insolvenzverwalters, die eine **8**
Haftung nach § 60 InsO begründet, zu seiner Entlassung führen (*KG* Rpfleger 1987, 211, 212).
Die Zerstörung des Vertrauensverhältnisses ist in der Regel kein ausreichender Entlas- **9**
sungsgrund. Es müssen zusätzlich wichtige Gründe vorgetragen werden, die zur Zerstörung des Vertrauensverhältnisses geführt haben.

C. Entlassung

I. Entlassung von Amts wegen

Die Entlassung muß von Amts wegen erfolgen, wenn dem Insolvenzgericht im Rahmen **10**
seiner Aufsichtspflicht wichtige Entlassungsgründe bekannt werden. Die Entlassung ist zwingend geboten, für das Gericht besteht kein Ermessensspielraum. Im Gegensatz zur Regelung des § 84 Satz 2 KO, wonach eine Entlassung von Amts wegen nur bis zur ersten Gläubigerversammlung vorgesehen war, ist jetzt mit der Regelung in der GesO davon auszugehen, daß die Entlassung durch das Gericht von Amts wegen während des gesamten Verfahrens erfolgen kann, wenn ein wichtiger Grund vorliegt.
Trägt ein einzelner Gläubiger oder der Schuldner Entlassungsgründe vor, so ist das **11**
Gericht gehalten, nach pflichtgemäßen Ermessen diesen Gründen von Amts wegen nachzugehen.

II. Entlassung auf Antrag

Die Entlassung kann aber auch auf Antrag der Gläubigerversammlung oder des Gläubi- **12**
gerausschusses erfolgen; der einzelne Gläubiger ist nicht antragsberechtigt.
Das Gericht ist verpflichtet, den Antrag zu bescheiden; dies muß in Form eines Beschlus- **13**
ses erfolgen, der zu begründen ist, da nach § 59 Abs. 2 InsO dagegen Rechtsmittel möglich sind.
Der Insolvenzverwalter selbst kann jederzeit seine Entlassung beantragen. Dem Antrag **14**
ist aber in der Regel nur dann stattzugeben, wenn wichtige Gründe vorliegen. Eine Entlassung des Insolvenzverwalters ohne wichtigem Grund ist nicht vorgesehen und nicht möglich, da dies der Bedeutung des Amtes und der Bestellung zuwiderlaufen würde (vgl. BT-Drucks. 12/1443 zu § 70).

D. Beschlußfassung

Vor der Entscheidung ist der Verwalter durch das Gericht zu hören. Die Anhörung kann **15**
mündlich unter Aufnahme eines Protokolles erfolgen, es reicht jedoch auch eine schriftliche Anhörung, in der die Entlassungsgründe aufzuführen sind, aus.
Die Entlassung erfolgt mit Beschluß des Gerichtes, der zu begründen ist, da gegen den **16**
Beschluß das Rechtsmittel der sofortigen Beschwerde gegeben ist, § 58 Abs. 2 InsO.
Da § 18 RpflG die Entlassung des Verwalters nicht ausdrücklich erwähnt, ist für den **17**
Entlassungsbeschluß funktional der Rechtspfleger zuständig. Diese Regelung erscheint jedoch bedenklich. Da nach § 18 Abs. 1 Ziff. 1 RpflG die Ernennung des Insolvenzverwalters in die Zuständigkeit des Richters fällt, sollte auch die Entlassung dem Richter

§ 60   *Eröffnung des Insolvenzverfahrens*

vorbehalten sein. Hierfür sprechen auch Zweckmäßigkeitsgründe, da mit Entlassung des Insolvenzverwalters ein neuer Verwalter bestimmt werden muß.

18 Bis zur Rechtskraft des Entlassungsbeschlusses hat der bisherige Verwalter sein Amt fortzuführen.

E. Rechtsmittel

19 Gegen die Beschlüsse des Gerichtes ist das Rechtsmittel der sofortigen Beschwerde nach § 6 InsO gegeben.

20 Im Falle der Entlassung hat allein der entlassene Insolvenzverwalter ein Beschwerderecht. Wird auf seine Beschwerde der Entlassungsbeschluß aufgehoben, ist er erneut als Insolvenzverwalter zu bestellen (*Hess* KO, § 84 Rz. 13).

21 Gibt das Gericht einem Entlassungsantrag nicht statt, so haben der Insolvenzverwalter und der Gläubigerausschuß unabhängig davon, wer den Antrag gestellt hat, ein Beschwerderecht.

22 Hat die Gläubigerversammlung den Entlassungsantrag gestellt, so hat jeder Insolvenzgläubiger ein Beschwerderecht. Dabei kommt es nicht darauf an, ob der Gläubiger an der Gläubigerversammlung, die den Entlassungsantrag beschlossen hat, teilgenommen oder wie er dort gestimmt hat (a. A. *Hess* KO, § 84 Rz. 14, der das Beschwerderecht nur einem Gläubiger zubilligen will, der für die Entlassung gestimmt hat. Allein aufgrund praktischer Erwägungen – das Stimmverhalten läßt sich häufig nicht mehr eindeutig feststellen – ist diese Ansicht abzulehnen).

§ 60
Haftung des Insolvenzverwalters   → § 82 KO

(1) [1]**Der Insolvenzverwalter ist allen Beteiligten zum Schadenersatz verpflichtet, wenn er schuldhaft die Pflichten verletzt, die ihm nach diesem Gesetz obliegen.** [2]**Er hat für die Sorgfalt eines ordentlichen und gewissenhaften Insolvenzverwalters einzustehen.**
(2) Soweit er zur Erfüllung der ihm als Verwalter obliegenden Pflichten Angestellte des Schuldners im Rahmen ihrer bisherigen Tätigkeiten einsetzen muß und diese Angestellten nicht offensichtlich ungeeignet sind, hat der Verwalter ein Verschulden dieser Personen nicht gemäß § 278 des Bürgerlichen Gesetzbuchs zu vertreten, sondern ist nur für deren Überwachung und für Entscheidungen von besonderer Bedeutung verantwortlich.

Inhaltsübersicht: **Rz.**

A. Vorbemerkung	1–12
I. Allgemeines	1– 6
II. Weitere Anspruchsgrundlagen	7
III. Die Rechtsnatur	8–12
B. Die Beteiligten	13–20
I. Allgemeines	13
II. Besonderheiten	14–20

1. Der Schuldner	14
2. Die Gläubiger	15
3. Weitere Beteiligte	16–17
4. Nichtbeteiligte	18–20
C. Die Pflichtverletzung	21–36
I. Verpflichtung im Rahmen der InsO	21–22
II. Abgrenzung spezifischer von sonstigen Tätigkeiten	23–27
III. Abgrenzung Pflichtverletzungen von unzweckmäßigen Handlungen	28–30
IV. Aufgaben des Verwalters	31–36
1. Generelle Verpflichtungen	31–32
2. Besondere Verpflichtungen	33–34
3. Einzelvorschriften	35–36
D. Das Verschulden	37–44
I. Schuldhaftes Verhalten im Sinne des § 276 BGB	37–38
II. Der Sorgfaltsmaßstab	39–40
III. Ausschluß eines Verschuldens	41–44
E. Der Vermögensschaden	45–51
I. Abgrenzung des Individualschadens vom Gesamtschaden	45–48
II. Umfang des Schadensersatzes	49–50
III. Weitere Schädiger	51
F. Die Haftung für Erfüllungsgehilfen	52–61
I. Haftung für eigenes Personal	52–53
II. Haftung für Personal des Schuldners	54–61
G. Die Haftung gegenüber Nichtbeteiligten	62
H. Die Verjährungsfrist	63

Literatur:

Lüke Anm. zu *BGH* Urt. v. 17. 1. 1985 – IX ZR 59/84 (Schleswig) –, NJW 1985, 1164; *Schmidt* »Amtshaftung« und »interne Verantwortlichkeit« des Konkursverwalters – Eine Analyse des § 82 KO –, KTS 1976, 191 ff.

A. Vorbemerkung

I. Allgemeines

Die Insolvenzordnung kennt wie die bisherigen gesetzlichen Regelungen die persönliche **1** Haftung des Verwalters. Es bleibt daher bei dem Grundsatz, daß der Insolvenzverwalter allen am Verfahren Beteiligten für die Erfüllung der ihm obliegenden Pflichten persönlich verantwortlich ist (vgl. BT-Drucks. 12/2443 zu § 71).

Dabei regeln die §§ 60, 61, 62 InsO den Ersatz des Individualschadens. Es geht also im **2** Gegensatz zu dem Gesamtschaden, der in § 92 InsO geregelt ist, um den Schaden, den ein einzelner Beteiligter durch eine Pflichtverletzung des Verwalters erlitten hat. Die bisherige gesetzliche Regelung wurde weitgehend übernommen. Es wurde jedoch die bisherige Rechtsprechung berücksichtigt und einige Klarstellungen – etwa im Bereich der Verjährung – vorgenommen.

Daß einem Amtsinhaber, der ein Amt durch das Gericht übertragen bekommt, eine **3** persönliche Haftung – also eine Haftung mit seinem Privatvermögen – aufgebürdet wird, ist ungewöhnlich. Die Regelung rechtfertigt sich jedoch im Hinblick auf die Bedeutung des Amtes, das durch die Verwaltung und Abwicklung fremden Vermögens und die Wahrnehmung der Vermögensinteressen der Gläubiger gekennzeichnet ist. Der Insolvenzverwalter hat zudem eine weitreichende Eigenverantwortung im Rahmen des Verfahrens, und Fehler können gravierende Vermögensschäden nach sich ziehen.

4 Damit begründet sich auch die nicht unerhebliche Vergütung, die mit der Durchführung einer Insolvenzverwaltung verbunden ist. Die Vergütung berücksichtigt dabei unter anderem das nicht unerhebliche Haftungsrisiko. Es liegt somit eine deutliche Unterscheidung zu sonstigen durch ein Gericht übertragenen Ämtern vor.

5 Die Regelung des § 60 InsO setzt dieser Schadensersatzpflicht aber Grenzen. Eine Haftung des Insolvenzverwalters mit seinem Privatvermögen erfolgt nur, wenn es um die Verletzung solcher Pflichten geht, die ihm in dieser Eigenschaft nach den Vorschriften der Insolvenzordnung obliegen. Damit folgt die Regelung weitgehend den Haftungsbeschränkungen, die sich aus der bisherigen Rechtsprechung zur Haftung des Konkursverwalters ergeben haben. Die Fassung des § 60 InsO will damit einer ausufernden Haftung des Insolvenzverwalters vorbeugen (vgl. BT-Drucks. 12/2443 zu § 71).

6 Die Einschränkung der Haftung berücksichtigt auch, daß die Insolvenzordnung in § 1 InsO im Gegensatz zur bisherigen Konkursordnung die Sanierung des Unternehmens ausdrücklich als ein Ziel des Verfahrens nennt und dieses gleichrangig neben der Liquidation steht. Eine Unternehmensfortführung durch den Verwalter bringt für diesen erheblich größere Risiken mit sich als eine Liquidation, die im Rahmen der Haftung zu beachten sind (vgl. *Smid* in Kölner Schrift zur InsO, S. 338 f.).

II. Weitere Anspruchsgrundlagen

7 Eine persönliche Haftung des Insolvenzverwalters kann sich nicht nur aus den Gründen des § 60 InsO ergeben. Neben dieser spezifischen Haftung ergibt sich eine persönliche Haftung auch aus dem Gesichtspunkt der unerlaubten Handlung, der Verwalter haftet persönlich für deliktisches Handeln nach § 823 BGB. Der Anspruch aus § 823 BGB kann dann neben dem Anspruch aus § 60 InsO gegeben sein. Ferner liegt eine persönliche Haftung auch dann vor, wenn der Verwalter ausdrücklich vertraglich persönliche Verpflichtungen übernommen hat. Schließlich kann es zu einer persönlichen Haftung auch aus dem Gesichtspunkten der culpa in contrahendo (c.i.c.) und aus § 69 AO kommen.

III. Die Rechtsnatur

8 Die Frage nach der Rechtsnatur der Haftung nach § 60 InsO ist wie bisher die Haftung nach der KO als strittig anzusehen.

9 Es wird einmal eine Art deliktischer Haftung (aus einer »rechtsgeschäftsähnlichen Beziehung«) angenommen, was sich nicht zuletzt in der bisherigen Rechtsprechung zeigte, die § 852 BGB bei der Berechnung der Verjährungsfristen zur Anwendung brachte (BGHZ 93, 278 ff.).

10 In der Literatur wurde dagegen auch ein schuldrechtsähnliches Verhältnis zwischen dem Verwalter und den am Verfahren Beteiligten als Grundlage der Haftung gesehen (vgl. *Lüke* NJW 1985, 1164).

11 Schließlich wird teilweise auch zwischen der Innenhaftung und der Außenhaftung unterschieden (vgl. *Schmidt* KTS 1976, 191 f.). Die Innenhaftung wird aus einer beson-

deren Beziehung im Innenverhältnis zum Schuldner (etwa als Organ der Gesellschaft) und die Außenhaftung aus den gegenüber den Beteiligten bestehenden Schutzpflichten hergeleitet (vgl. *Kilger/Karsten Schmidt* KO, § 82 Anm. 1).
Der Streit ist in der Praxis ohne Bedeutung zumal nun die Verjährungsfristen klargestellt sind, § 62 InsO. **12**

B. Die Beteiligten

I. Allgemeines

Ansprüche auf Schadensersatz nach § 60 InsO können nur durch die am Insolvenzver- **13** fahren Beteiligten geltend gemacht werden. Wurde früher der Beteiligtenbegriff noch eng gefaßt (RGZ 74, 258 ff.), sind mit der jetzt geltenden Rechtsprechung alle Personen, gegenüber denen der Verwalter konkursspezifische Pflichten zu erfüllen hat, als Beteiligte anzusehen (BGHZ 99, 151 ff.; *BGH* ZIP 1984, 1506; *Kuhn/Uhlenbruck* KO, § 82 Rz. 8 m. w. N.). Dieser Kreis ist identisch mit dem Personenkreis zu dessen Schutz Amtspflichten des Verwalters bestehen. In erster Linie sind daher der Insolvenzschuldner, die Insolvenzgläubiger einschließlich der aus- und absonderungsberechtigten Gläubiger, Massegläubiger und der Steuerfiskus als Beteiligte anzusehen (vgl. *Smid* in Kölner Schrift zur InsO, S. 343).

II. Besonderheiten

1. Der Schuldner

Handelt es sich bei dem Schuldner um eine juristische Person, sind nur deren Vertreter – **14** etwa der persönlich haftende Gesellschafter – als Beteiligte anzusehen (*BGH* WM 1985, 423), da in § 39 InsO die Gesellschafter einer juristischen Person nicht als nachrangige Insolvenzgläubiger erwähnt sind. Eine Ausnahme bildet allein der Umstand, daß eine Forderung auf Rückgewähr eines kapitalersetzenden Darlehens besteht, § 39 Abs. 1 Ziff. 5 InsO. So sind die Kommanditisten grundsätzlich keine Beteiligten, da sie die KG nicht vertreten (*OLG Hamm* KTS 1972, 106).

2. Die Gläubiger

Weitere Beteiligte sind die Gläubiger. Neben den Insolvenzgläubigern, die eine Forde- **15** rung anmelden, sind dies die Massegläubiger, auch diejenigen, gegenüber denen eine Masseverbindlichkeit nach § 55 InsO begründet wird (*Hess* KO, § 82 Rz. 65; *Kuhn/ Uhlenbruck* KO, § 82 Rz. 8, jeweils m. w. N.). Es gehören ferner die Aus- und Absonderungsberechtigten dazu, da ihre Sonderrechte vereitelt werden könnten (*BGH* NJW 1973, 1198).

3. Weitere Beteiligte

Wird eine Bank als Hinterlegungsstelle bestimmt, ist auch diese als Beteiligte anzusehen **16** (*BGH* KTS 1962, 106).

17 Ferner können der Zwangsvergleichsbürge (*RG* RGZ 74, 262) und der Nacherbe im Hinblick auf § 83 Abs. 2 InsO Beteiligte sein.

4. Nichtbeteiligte

18 Die Mieter des Schuldners zählen nicht zu den Beteiligten (*BGH* WM 1987, 144; *Hess* KO, § 82 Rz. 1 m. w. N.), da gegenüber diesem Personenkreis keine konkursspezifischen Pflichten bestehen.
19 Personen, die zur Insolvenzmasse gehörende Gegenstände erwerben, sind nicht Beteiligte.
20 Ein Bürge, auf den die Forderung noch nicht gemäß § 774 Abs. 2 BGB übergegangen ist, ist nicht Beteiligter, auch wenn der Gläubiger der verbürgten Forderung diese angemeldet hat (*BGH* ZIP 1984, 1506 und WM 1984, 1575).

C. Die Pflichtverletzung

I. Verpflichtungen im Rahmen der InsO

21 Die Haftung des § 60 InsO setzt voraus, daß der Verwalter im Rahmen seiner Aufgaben gehandelt hat. Es muß sich also um eine für das Insolvenzverfahren spezifische Verfehlung handeln. Voraussetzung ist danach regelmäßig, daß eine Pflichtverletzung vorliegt, die der Verwalter im Rahmen seiner Aufgaben im Insolvenzverfahren begeht. Das ist dann der Fall, wenn er Aufgaben, die er als Insolvenzverwalter hat und die sich aus den Vorschriften der InsO ergeben, schuldhaft nicht oder nur unzureichend wahrnimmt. Grundsätzlich besteht also keine persönliche Haftung des Insolvenzverwalters, wenn keine Verpflichtung nach den Vorschriften der InsO besteht.
22 Die Pflichtverletzung kann in einem Tun oder Unterlassen bestehen.

II. Abgrenzung spezifischer von sonstigen Tätigkeiten

23 Die Abgrenzung, ob es sich noch um Wahrnehmung spezifischer Verwaltungstätigkeiten oder sonstiger Tätigkeiten handelt, kann in Einzelfällen Schwierigkeiten bereiten. Allgemein gilt, daß Pflichten, wie sie jeden Vertreter fremder Vermögensinteressen treffen, keine spezifischen Verpflichtungen im Rahmen der InsO sind. Beispielsweise haftet der Verwalter nur nach § 823 BGB, wenn er eine allgemeine Verkehrssicherungspflicht verletzt, die jeden Besitzer einer Sache trifft (*BGH* WM 1987, 1404).
24 Keine persönliche Haftung hinsichtlich eines Nutzungsausfalles ist anzunehmen, wenn der Verwalter Räume, die der Schuldner als Untermieter angemietet und gewerblich genutzt hatte, nur verzögert herausgibt, obwohl das Hauptmietverhältnis gekündigt wurde (*OLG Hamm* ZIP 1985, 628).
25 Arbeitet der Verwalter im Rahmen einer Betriebsfortführung Sicherungsgut auf, so ist dies keine spezifische Tätigkeit im Rahmen des Insolvenzverfahrens (*BGH* WM 1987, 695).
26 Verkennt der Verwalter beispielsweise die Einordnung von Beiträgen zur Unfallversicherung und wertet sie als Massekosten statt als Masseverbindlichkeiten, so kommt, wenn die Rechtslage strittig ist, keine persönliche Haftung in Betracht (*OLG Nürnberg* ZIP 1986, 244).

Wenn der Verwalter gegen Verpflichtungen verstößt, die sich aus den Steuergesetzen 27
ergeben, ist grundsätzlich keine Haftung nach § 60 InsO gegeben. Die Haftung richtet
sich dann nach § 69 AO. Auch hier können jedoch Abgrenzungsschwierigkeiten entstehen.

III. Abgrenzung Pflichtverletzungen von unzweckmäßigen Handlungen

Auch ist nicht jede unzweckmäßige Handlung des Verwalters bereits als Pflichtverlet- 28
zung anzusehen, vielmehr muß eine klarer Verstoß gegen die Regelungen der InsO
vorliegen. In vielen Fällen ist dem Verwalter ein gewisses Ermessen zuzubilligen und er
kann Zweckmäßigkeitserwägungen anstellen, allgemeine Grundsätze und Regeln der
Wirtschaftlichkeit sind jedoch zu beachten.

Nach diesen Gesichtspunkten ist beispielsweise zu verfahren, wenn der Verwalter einen 29
Insolvenzplan nach § 218 InsO vorlegt, der mit Sachverständigenkosten verbunden ist,
der Plan aber nicht nach §§ 245, 248 InsO bestätigt wird (vgl. *Smid* in Kölner Schrift zur
InsO, S. 347).

Macht der Verwalter in Einzelfällen Forderungen nicht geltend, so ist dies keine 30
Pflichtverletzung, wenn die Kosten der Geltendmachung die Forderung übersteigen
würden oder Aufrechnungsmöglichkeiten bestehen. So hatte es ein Verwalter unterlassen, einen Steuererstattungsanspruch geltend zu machen, da Steuerberatungskosten
angefallen wären und das Finanzamt ebenfalls Forderungen gegen die Schuldnerin hatte,
mit denen aufgerechnet hätte werden können (*OLG Koblenz* ZIP 1993, 52).

IV. Aufgaben des Verwalters

1. Generelle Verpflichtungen

Hauptaufgabe des Verwalters ist es, die möglichst umfassende Befriedigung der Gläubi- 31
ger durch Verwertung des Vermögens des Schuldners oder durch Erhalt des Unternehmens zu erreichen, § 1 InsO.

Diese Verpflichtung besteht gegenüber den Gläubigern und dem Schuldner, der daran 32
interessiert ist, daß seine Restverschuldung nach Verwertung des Vermögens so gering
wie möglich ist, er also eine möglichst große Enthaftung erreicht oder daß gar ein
Überschuß erzielt wird. Eine Begrenzung der Haftung des Verwalters gegenüber dem
Schuldner, wie dies früher teilweise vertreten wurde (vgl. *Smid* in Kölner Schrift zur
InsO, S. 345 ff., m.w.N.), ist daher nicht mehr aufrechtzuerhalten.

2. Besondere Verpflichtungen

Aus der Verpflichtung zur bestmöglichen Verwertung des Schuldnervermögens ergibt 33
sich, daß der Verwalter bei der Veräußerung von Vermögensgegenständen darauf zu
achten hat, einen angemessenen Preis zu erzielen. Eine leichtfertige und übereilte
Veräußerung kann zu einem Schadensersatzanspruch führen. Dies wurde beispielsweise
für den Fall einer Unternehmensveräußerung bejaht, bei der ein geringerer Preis erzielt
wurde, als dies objektiv möglich gewesen wäre, wenn der Verwalter nicht übereilt
gehandelt hätte (*BGH* ZIP 1985, 423 ff.).

§ 60 *Eröffnung des Insolvenzverfahrens*

34 Schließlich haftet der Verwalter dafür, daß er seiner Pflicht zur ordnungsgemäßen Buchführung nachkommt (BGHZ 77, 316). Darunter fällt auch die steuerliche Buchführungspflicht, so daß ein Anspruch auch des Schuldners besteht, wenn eine Schädigung durch eine zu hoch geschätzte Steuerforderung entsteht.

3. Einzelvorschriften

35 Daneben werden die Pflichten des Insolvenzverwalters in zahlreichen Einzelvorschriften in der Insolvenzordnung konkretisiert (beispielsweise § 40 Aussonderung von nicht zur Masse gehörenden Gegenständen, § 50 abgesonderte Befriedigung von Pfandgläubigern, § 66 Rechnungslegungspflicht, § 80 ff. Verwaltungs- und Verfügungsrechte und -pflichten, pp.). Es ist daher eine Vielzahl verschiedener Fallgestaltungen denkbar, die eine Pflichtverletzung im Rahmen der Aufgaben des Verwalters darstellen. Der Verwalter ist auch verpflichtet, dem Gericht anzuzeigen, daß er in seiner Amtsführung beeinträchtigt oder verhindert ist. Bereits wenn Umstände vorliegen, aus denen sich eine entsprechende Besorgnis ergeben, besteht die Pflicht, dies dem Gericht unmißverständlich anzuzeigen, besonders im Fall einer nicht unbedeutenden Interessenkollision (*BGH* WM 1991, 420).

36 Typische Pflichtverletzungen, die zu einem Anspruch führen können, sind beispielsweise ferner:
– die Unterlassung der Aussonderung nicht zur Masse gehörender Gegenstände, wenn die Aussonderung verlangt wurde,
– die Nichtbeachtung der abgesonderten Befriedigung,
– der schuldhaft verursachte Untergang von Vermögensgegenständen des Schuldners,
– die Nichtgeltendmachung von Ansprüchen und Forderungen des Schuldners,
– das Nichtführen erforderlicher Prozesse bei nachfolgender Verjährung oder erschwerter Durchsetzung der Ansprüche.

D. Das Verschulden

I. Schuldhaftes Verhalten im Sinne des § 276 BGB

37 Die Anspruchsgrundlage des § 60 InsO setzt grundsätzlich schuldhaftes Handeln im Sinne des § 276 BGB voraus. Eine Schadensersatzpflicht trifft den Verwalter danach nur, wenn eine schuldhafte Pflichtverletzung vorliegt, die adäquat kausal auf seine Pflichtverletzung zurückzuführen ist.

38 Ein schuldhaftes Verhalten kann nach diesen allgemeinen Regeln vorsätzlich und fahrlässig erfolgen, dabei ist jede Form der Fahrlässigkeit, also auch leichteste Fahrlässigkeit, ausreichend.

II. Der Sorgfaltsmaßstab

39 Als Sorgfaltsmaßstab nennt die Vorschrift die Sorgfalt eines ordentlichen und gewissenhaften Insolvenzverwalters. Die Formulierung ist angelehnt an § 347 Abs. 1 HGB (Sorgfalt eines ordentlichen Kaufmannes), an § 93 Abs. 1 Satz 1 AktG und § 34 Abs. 1 Satz 1 GenG (Sorgfalt eines ordentlichen und gewissenhaften Geschäftsleiters) sowie an § 43 Abs. 1 GmbHG (Sorgfalt eines ordentlichen Geschäftsführers).

Bei Bemessung der Sorgfaltspflichten eines Insolvenzverwalters sind die Besonderheiten und Schwierigkeiten des Amtes zu berücksichtigen. Es ist zu beachten, daß der Verwalter eine Einarbeitungszeit benötigt, die besonders bei der Einarbeitung in einen ihm nicht vertrauten Geschäftszweig erheblich sein kann. Seine Anfangsbedingungen sind damit normalerweise ungünstiger als die Bedingungen, unter denen die bisherige eingearbeitete Geschäfts- oder Firmenleitung arbeitete. Auch der Umstand, daß das Unternehmen insolvent ist, sich also in wirtschaftlichen Schwierigkeiten befindet, erschwert die Aufgabenstellung im Vergleich zu einem wirtschaftlich gesunden Betrieb. Er ist damit nicht einem ordentlichen Kaufmann oder Geschäftsmann und Geschäftsleiter gleichzustellen. Soweit keine Unternehmensfortführung, sondern lediglich die Verwertung einzelner Gegenstände des Schuldners stattfindet, kommt nur ein speziell auf die Verwaltertätigkeit bezogener Maßstab in Betracht (vgl. BT-Drucks. 12/2443 zu § 71). 40

III. Ausschluß eines Verschuldens

Ein Verschulden ist zu verneinen, wenn der Verwalter nach objektiven Gesichtspunkten alles Erforderliche veranlaßt hat. Dies liegt beispielsweise vor, wenn er Wertgegenstände des Schuldners bei einer Firma einlagert, die seriös ist, die jedoch die Haftung für bestimmte Schadensarten im branchenüblichen Umfang ausschließt. Eine Haftung des Verwalters ist in diesem Fall nur gegeben, wenn die Möglichkeit des Schadenseintrittes naheliegt und der Verwalter keine Vorsorge trifft, obwohl die Kosten und der Aufwand im vertretbaren Verhältnis zu dem Wert der Sache gestanden hätten (*OLG Köln* ZIP 1982, 977). 41

Die Haftung des Verwalters kann bereits durch Handlungen begründet werden, die vor seiner eigentlichen Bestellung von ihm vorgenommen werden, wenn sie im Rahmen eines gerichtlichen Auftrages und mit Blick auf die beantragte Eröffnung des Verfahrens sowie die in Aussicht genommene Bestellung zum Verwalter erfolgen. Trifft der spätere Verwalter in diesem Rahmen Verfügungen, die geeignet sind, die Rechte der Beteiligten zu verletzen, so kann eine Schadensersatzpflicht entstehen (*OLG Celle* WM 1982, 306). 42

Ein Verschulden des Verwalters scheidet aber nicht bereits dadurch aus, daß der Gläubigerausschuß seine Handlungen genehmigt hat, diesen also eventuell selbst ein Verschulden trifft (*BGH* ZIP 1985, 423, 427). Allerdings kann die Zustimmung des Gläubigerausschusses ein Indiz dafür sein, daß der Verwalter seinen Sorgfaltspflichten nachgekommen ist. Dies kann jedoch nur dann gelten, wenn der Verwalter den Ausschuß oder die Gläubigerversammlung ausreichend informiert hat (*Smid* in Kölner Schrift zur InsO, S. 352, 353). 43

Schließlich muß sich der entstandene Schaden adäquat kausal auf die pflichtverletzende Handlung des Verwalters zurückführen lassen. Er haftet nur für die Folgen, die seinem pflichtwidrigen Handeln und Unterlassen billigerweise zuzurechnen sind (*Kuhn/Uhlenbruck* KO, § 82 Rz. 10). 44

E. Der Vermögensschaden

I. Abgrenzung Individualschaden von Gesamtschaden

45 Durch das Handeln des Verwalters muß ein Vermögensschaden entstanden sein. Zu unterscheiden sind die Fälle, in denen ein einzelner Beteiligter oder mehrere Beteiligte geschädigt werden. Die Abgrenzung muß zur Entscheidung, ob ein Individualschaden, der im Rahmen des § 60 InsO zu ersetzen ist, oder ein Gesamtschaden vorliegt, für den die Regelung des § 92 InsO maßgebend ist, getroffen werden.

46 Es ist zu prüfen, ob ein einzelner Beteiligter oder eine Gruppe von Beteiligten betroffen ist, wie dies bei dem schuldhaft verursachten Untergang aussonderungsberechtigter Gegenstände vorliegt, oder alle am Insolvenzverfahren beteiligte Gläubiger geschädigt sind. Entscheidend ist danach, ob die Insolvenzgläubiger in ihrer Gesamtheit geschädigt sind. In diesem Fall liegt kein Individualschaden vor, sondern der Schaden ist als Gesamtschaden, der gewissermaßen das Innenverhältnis betrifft, anzusehen. Ein Individualschaden liegt dagegen dann vor, wenn ein oder auch mehrere Beteiligten privat quasi als Einzelperson geschädigt sind, ihm oder ihnen also ein konkreter Einzelschaden entstanden ist. Die Abgrenzung, ob ein Individualschaden oder ein Gesamtschaden vorliegt, kann in Einzelfällen Schwierigkeiten bereiten.

47 Liegt ein Gesamtschaden vor, so kann ein einzelner Gläubiger diesen nicht geltend machen. Auch eine teilweise Geltendmachung etwa des auf den Beteiligten entfallenden Anspruchs ist nicht möglich.

48 Der einzelne Schadensfall kann von diesen Beteiligten während des laufenden Verfahrens geltend gemacht werden. Der Schaden muß von den Betreffenden, die ihn behaupten und geltend machen, nachgewiesen werden; sie trifft die Beweispflicht.

II. Umfang des Schadensersatzes

49 Der Schadensersatz ist in voller Höhe zu leisten und wird nicht etwa durch die Höhe der Vergütung des Insolvenzverwalters begrenzt. Bereits deshalb empfiehlt sich eine Versicherung des Insolvenzverwalters.

50 Es gelten im übrigen die allgemeinen Regeln zur Höhe des Schadensersatzanspruches nach §§ 249 ff. BGB. Ein etwaiges Mitverschulden des Geschädigten ist im Rahmen des § 154 BGB zu berücksichtigen. Dies kann nach § 254 BGB dazu führen, daß die Haftung ausgeschlossen oder im Umfang zu mindern ist.

III. Weitere Schädiger

51 Neben dem Insolvenzverwalter können wegen eines Schadensereignisses weitere Schädiger zum Schadensersatz verpflichtet sein. Eine weitere Schadensersatzpflicht kann so durch Mitglieder des Gläubigerausschusses nach § 71 InsO gegeben sein. Der Insolvenzverwalter und die Mitglieder des Gläubigerausschusses haften in diesem Fall gesamtschuldnerisch.

F. Die Haftung für Erfüllungsgehilfen

I. Haftung für eigenes Personal

Grundsätzlich haftet der Verwalter für das Verschulden der Personen, deren er sich zur 52 Erfüllung seiner Pflichten bedient, er hat dieses Verschulden wie eigenes Verschulden zu vertreten. Dieser Grundsatz, wie er sich letztlich aus § 278 BGB ergibt, gilt auch für die InsO.

Die InsO geht zunächst davon aus, daß der Verwalter eigenes, verläßliches Personal 53 einsetzt. In diesen Fällen gelten die allgemeinen Regeln des § 278 BGB. Soweit der Verwalter Selbständige beauftragt und einsetzt, um bestimmte Arbeiten zu erledigen, wie beispielsweise einen Steuerberater zur Erstellung nachträglicher Bilanzen, so haftet er lediglich für die sorgfältige Auswahl des Betreffenden. Ein Verschulden, das zur Haftung führen kann, liegt nur dann vor, wenn er erkennen konnte, daß der Betreffende nachlässig arbeitet (vgl. *BGH* ZIP 1980, 25,26).

II. Haftung für Personal des Schuldners

Absatz 2 des § 60 InsO regelt nun die Haftung, wenn der Verwalter Personal des 54 Schuldners einsetzt.

Generell sollte nur in Ausnahmefällen auf das beim Schuldner vorhandene Personal 55 zurückgegriffen werden, insbesondere dann wenn die Befähigung der Mitarbeiter starken Zweifeln unterliegt.

Gerade zu Anfang der Amtszeit des Verwalters sollte aber die Möglichkeit, auf Mitar- 56 beiter des Schuldners zurückzugreifen, nicht zu sehr eingeschränkt werden. Besonders in Fällen, in denen der Verwalter das Unternehmen fortführt, ist er wegen der besonderen Kenntnisse, die dazu notwendig sind, verstärkt auf die Mit- und Weiterarbeit der Angestellten des Schuldners im Sinne des § 60 Abs. 2 InsO angewiesen.

Aber auch in zahlreichen anderen Fällen ist der Insolvenzverwalter auf die Hilfe der 57 Mitarbeiter des Schuldners angewiesen, da diese über die notwendigen internen Kenntnisse des Unternehmens und der bisherigen Geschäftsführung verfügen. Er kann seine vielfältigen Pflichten ohnehin nicht alle selbst erledigen und ist, da er bei Übernahme des Amtes normalerweise nicht mit den tatsächlichen, rechtlichen und wirtschaftlichen Verhältnissen des Schuldners vertraut ist, häufig auf die Mitarbeit von Angestellten des Schuldners angewiesen (vgl. BT-Drucks. zu § 71).

In § 60 Abs. 2 InsO ist diesem Umstand Rechnung getragen und die Haftung des 58 Insolvenzverwalters eingeschränkt worden, soweit er sich dieser Personen bei seinen Aufgaben bedient. Die Vorschrift ist an § 347 Abs. 1 HGB und an § 93 Abs. 1 AktG sowie § 34 Abs. 1 GmbHG angelehnt. Der Grundsatz des § 278 BGB ist außer Kraft gesetzt und der Verwalter haftet nur für die Überwachung dieser Angestellten. Diese allgemeine Überwachungspflicht bedeutet, daß nicht jede Arbeitsleistung inhaltlich zu prüfen ist, sondern allenfalls gelegentliche Stichproben durchzuführen sind. Der in der Regel schwierigen Situation, wie sie zu Beginn eines Insolvenzverfahrens vorliegt, ist Rechnung zu tragen.

Die Einschränkung der Haftung gilt auch nur für den Fall, daß der Verwalter diese 59 Personen einsetzen muß und diese nicht offensichtlich ungeeignet sind. So sollte der Verwalter keine Angestellten einsetzen, die offensichtlich ungeeignet und für das Vorliegen der Insolvenz mitverantwortlich sind, wie dies beispielsweise bei einem

§ 61 *Eröffnung des Insolvenzverfahrens*

Geschäftsführer einer GmbH der Fall sein könnte (vgl. BT-Drucks. 12/2443 zu § 71).

60 Der Verwalter ist ferner gehalten, Entscheidungen von besonderer Bedeutung selbst zu treffen. Er darf nicht jede Entscheidung den Mitarbeitern überlassen und muß eine sorgfältige und begründete Auswahl der Entscheidungen treffen, die er sich selbst vorbehält.

61 Haben sich die Mitarbeiter dann bewährt, bestehen keine Bedenken, sie mit weiteren Aufgaben zu betrauen.

G. Die Haftung gegenüber Nichtbeteiligten

62 Nicht unter die Vorschrift des § 60 InsO fällt eine persönliche Haftung des Insolvenzverwalters, wenn dieser gegenüber Dritten ausdrücklich eine persönliche Haftung übernommen hat, wie etwa bei Zusicherungen von Eigenschaften bei dem Verkauf von zur Masse gehörenden Gegenständen. Muß er sich an von ihm geschaffenen Vertrauenstatbeständen festhalten lassen oder liegt eine unerlaubte Handlung vor, so folgt die persönliche Haftung aus den allgemeinen Bestimmungen des BGB.

H. Die Verjährungsfrist

63 Der Schadensersatzanspruch unterliegt der Frist des § 62 InsO. Im Gegensatz zur bisherigen Regelung in § 86 Satz 4 KO ist zu beachten, daß die Schlußrechnung des Verwalters nicht automatisch als anerkannt gilt, sofern im Schlußtermin keine Einwendungen erhoben werden, § 66 InsO.

§ 61
Nichterfüllung von Masseverbindlichkeiten

[1]**Kann eine Masseverbindlichkeit, die durch eine Rechtshandlung des Insolvenzverwalters begründet worden ist, aus der Insolvenzmasse nicht voll erfüllt werden, so ist der Verwalter dem Massegläubiger zum Schadenersatz verpflichtet.** [2]**Dies gilt nicht, wenn der Verwalter bei der Begründung der Verbindlichkeit nicht erkennen konnte, daß die Masse voraussichtlich zur Erfüllung nicht ausreichen würde.**

1 Die Vorschrift des § 61 InsO regelt einen Sonderfall der persönlichen Haftung des Insolvenzverwalters. Es geht um Masseverbindlichkeiten. Dabei regelt § 61 nicht die Haftung für solche Verbindlichkeiten, die bei Übernahme des Amtes schon bestanden und die von dem Insolvenzverwalter vorab zu befriedigen sind. In diesem Fall richtet sich die Haftung des Verwalters nach den allgemeinen Gesichtspunkten des § 60 InsO. In § 61 InsO geht es um Masseverbindlichkeiten, die nach Amtsübernahme durch den Verwalter begründet werden. Masseverbindlichkeiten nach § 61 InsO sind Ansprüche gegen die Masse, die durch Rechtshandlungen und Rechtsgeschäfte des Verwalters im Rahmen seiner Tätigkeit begründet wurden. Es handelt sich um Ansprüche, die nach Eröffnung des Insolvenzverfahrens begründet werden (*Kilger/Karsten Schmidt* KO, § 59, 1). Zum weiteren Begriff der Masseverbindlichkeit siehe § 55 InsO.

Nichterfüllung von Masseverbindlichkeiten § 61

Nach den bisherigen Regelungen war die Frage, ob und in welchem Umfang der 2
Verwalter für von ihm begründete Masseverbindlichkeiten haftet, umstritten. Die InsO
stellt nun grundsätzlich klar, daß der Verwalter für Verbindlichkeiten, die die Masse
betreffen, persönlich haften muß. Der Verwalter muß persönlich dafür einstehen, daß
eine zur Erfüllung einer Masseschuld ausreichende Masse vorhanden ist (vgl. BT-
Drucks. 12/2443 zu § 72). Er garantiert durch das Eingehen der Verbindlichkeit, daß
diese erfüllt wird und dafür eine ausreichende Masse zur Verfügung steht. Kann die
entstandene Forderung nur teilweise erfüllt werden, so haftet der Verwalter mit seinem
Privatvermögen für den entstandenen Ausfall. Die InsO folgt damit im Grundsatz der
bisherigen Rechtsprechung (BGHZ 100, 346, 351).
Vergleichbar der Regelung des § 60 InsO soll auch durch § 61 InsO der persönlichen 3
Haftung des Verwalters enge Grenzen gesetzt werden (vgl. § 60 InsO Rz. 5). Der
Verwalter haftet mit seinem Privatvermögen nur dann, wenn er bei Eingehen der
Verbindlichkeit erkennen konnte, daß die Masse zur Erfüllung der Forderung unzurei-
chend sein würde.
Die Haftung des Verwalters ist von der Vorhersehbarkeit der Massenunzulänglichkeit 4
abhängig. Der Verwalter kann sich mit dem Einwand entschuldigen, daß er nicht
übersehen konnte, daß die Masse unzureichend ist. Entscheidend ist, daß der Eintritt der
Masseunzulänglichkeit aus der Sicht eines objektiven Beobachters wahrscheinlicher war
als der Nichteintritt dieses Umstandes (vgl. BT-Drucks. 12/2443 zu § 72). Die Beweislast für den Umstand, daß die Masseunzulänglichkeit nicht vorhersehbar war, trifft den
Verwalter. Er muß dabei vor allem darlegen, daß eine Bewertung der Masse stattgefunden hat. Die Bewertungskriterien müssen offengelegt werden. Die Beweislastregelung
rechtfertigt sich aus dem Umstand heraus, daß nur der Verwalter den notwendigen
Überblick über die Masse, deren Umfang und die Höhe der sie belastenden Verbind-
lichkeiten haben kann (vgl. BT-Drucks. 12/2443 zu § 72).
Die Vorschrift trägt damit dem Umstand Rechnung, daß es in vielen Fällen für den 5
Verwalter schwierig ist, sich ein genaues und klares Bild über die Masse zu verschaffen.
So wird auch demjenigen, der Geschäfte im Rahmen eines Insolvenzverfahrens ab-
schließt, zu Recht ein gewisses Risiko aufgebürdet.
Zum Schutz des Vertragspartners des Insolvenzverwalters ist jedoch zu fordern, daß der 6
Verwalter die Verpflichtung hat, seinem Vertragspartner eine drohende Masseunzulänglichkeit zu offenbaren, wenn er diese voraussieht. Er ist dann grundsätzlich zu einer
Warnung des Vertragspartners verpflichtet. Unterläßt er diese Warnung, so haftet er
ebenfalls persönlich. Der Verwalter kann sich daher auch nicht mit dem Einwand
exculpieren, der Massegläubiger habe bei Vertragsschluß gewußt, daß eine Insolvenz
anhängig ist, und habe damit quasi billigend die Gefahr einer Massearmut in Kauf
genommen (vgl. *Smid* Kölner Schrift zur InsO 1997, 351). Die gegenteilige Meinung
würde dazu führen, daß Verträge nur mit entsprechenden Sicherheiten und Vorleistungen
abgeschlossen würden, was die Handlungsfähigkeit des Verwalters unzumutbar einschränken würde. (vgl. BT-Drucks. 12/2443 zu § 72).
Soweit der Verwalter im Rahmen des § 103 Abs. 1 InsO von seinem Wahlrecht Gebrauch 7
macht, haftet der Verwalter auch im Rahmen des § 61 InsO für die Erfüllung der
Masseverbindlichkeit, wenn er die Erfüllung des gegenseitigen Vertrages wählt oder
von der Kündigung eines Dauerschuldverhältnisses absieht (vgl. BT-Drucks. 12/2443 zu
§ 72).

§ 62
Verjährung

¹Der Anspruch auf Ersatz des Schadens, der aus einer Pflichtverletzung des Insolvenzverwalters entstanden ist, verjährt in drei Jahren von dem Zeitpunkt an, in dem der Verletzte von dem Schaden und den Umständen, welche die Ersatzpflicht des Verwalters begründen, Kenntnis erlangt. ²Der Anspruch verjährt spätestens in drei Jahren von der Aufhebung oder der Rechtskraft der Einstellung des Insolvenzverfahrens an. ³Für Pflichtverletzungen, die im Rahmen einer Nachtragsverteilung (§ 203) oder einer Überwachung der Planerfüllung (§ 260) begangen worden sind, gilt Satz 2 mit der Maßgabe, daß an die Stelle der Aufhebung des Insolvenzverfahrens der Vollzug der Nachtragsverteilung oder die Beendigung der Überwachung tritt.

1 Die Verjährung der Schadensersatzansprüche, die sich aus den §§ 60, 61 InsO ergeben, ist in der vorliegenden Vorschrift geregelt worden. Die Verjährung tritt in drei Jahren ein. Die Regelung folgt damit der bisherigen Rechtsprechung des Bundesgerichtshofes, der entschieden hat, daß die entsprechende Anwendung des § 852 BGB auf Ersatzansprüche der Beteiligten gegen den Verwalter sach- und interessengerecht ist (BGHZ 93, 278).

2 Ziel der relativ kurzen Verjährungsfrist ist es, den Insolvenzverwalter davor zu bewahren, daß er noch lange Zeit nach Abschluß des Insolvenzverfahrens mit Haftungsansprüchen überzogen werden kann. Ein verstärktes Bedürfnis für diese Regelung folgt auch aus dem Umstand, daß die Anerkennung der Schlußrechnung im Schlußtermin keine entlastende Wirkung mehr hat, § 66 InsO (vgl. BT-Drucks. 12/2443 zu § 73).

3 Die Verjährungsfrist wird nach den allgemeinen Grundsätzen, wie sie in Rechtsprechung und Literatur zu § 852 BGB entwickelt wurden, in Gang gesetzt. Es sei hier auf die Rechtsprechung und Literatur sowie die einschlägigen Kommentierungen zu § 852 BGB verwiesen.

4 Grundsätzlich ist die Kenntnisnahme des Geschädigten von dem Schadensereignis maßgebend. Entscheidend ist damit der Zeitpunkt, in dem der Verletzte Kenntnis davon erlangt, daß er geschädigt ist. Es reicht aus, daß der Geschädigte die entsprechenden Tatsachen erfahren hat, eine rechtliche Würdigung ist unerheblich (*BGH* NJW 1992, 3034). Es gilt, daß unter Zugrundelegung der Wertung eines objektiven Beteiligten die bekanntgewordenen Umstände zu der Wertung hätten führen müssen, daß ein Schaden vorliegt.

5 Allerdings reicht eine bloße Vermutung nicht aus, eine zuverlässige Kenntnis ist Voraussetzung (RGZ 132, 2, 4), die jedoch nicht so weit gehen muß, daß der Verletzte den Anspruch in allen Einzelheiten beweisen kann oder die Höhe des Schadens bereits feststeht. Der Verletzte kann sich dabei auch nicht auf die Unkenntnis der Haftungsvorschriften berufen. Es reicht also aus, daß ihm bekannt geworden ist, daß das Schadenereignis im Zusammenhang mit der Insolvenzabwicklung steht und er die Umstände kennt, die zu dem Schaden geführt haben. Einer Wertung, daß diese Umstände eine Haftung des Insolvenzverwalters begründen, bedarf es nicht.

6 Unabhängig von der Kenntnis des Geschädigten verjährt der Schadensersatzanspruch in jedem Fall in drei Jahren nach Aufhebung des Verfahrens nach § 200 InsO. Entscheidend ist die Veröffentlichung des Beschlusses und die Frist des § 9 InsO.

7 In gleicher Weise wirkt die Einstellung des Insolvenzverfahrens nach §§ 207 ff. InsO. Da gegen diese Einstellung nach § 216 InsO Rechtsmittel gegeben ist, ist hier der Zeitpunkt der Rechtskraft maßgebend.

In § 62 Satz 3 InsO sind die besonderen Fälle geregelt, daß es zu einer Nachtragsvertei- 8
lung gemäß § 203 InsO oder zu einer Überwachung der Planerfüllung gemäß § 260 InsO
gekommen ist. In diesen Fällen ist die Regelung des § 62 Satz 1, 2 InsO sinngemäß
anzuwenden.
Da es in diesen Verfahrensbereichen zu keiner Aufhebung des Verfahrens gemäß § 200 9
InsO kommt, tritt an deren Stelle bei einer Nachtragsverteilung der Vollzug nach § 205
InsO. Entscheidend für den Fristbeginn der Verjährung ist der Eingang der Rechnungs-
legung des Verwalters bei dem Gericht.
Im Falle der Überwachung der Planerfüllung ist für den Beginn der Verjährungsfrist 10
der Zeitpunkt der Beendigung der Überwachung nach § 286 InsO entscheidend, die
Frist beginnt mit der Veröffentlichung des Aufhebungsbeschlusses gemäß § 286 Abs. 2
InsO.

§ 63
Vergütung des Insolvenzverwalters → § 85 KO

¹Der Insolvenzverwalter hat Anspruch auf Vergütung für seine Geschäftsführung
und auf Erstattung angemessener Auslagen. ²Der Regelsatz der Vergütung wird
nach dem Wert der Insolvenzmasse zur Zeit der Beendigung des Insolvenzverfahrens berechnet. ³Dem Umfang und der Schwierigkeit der Geschäftsführung des
Verwalters wird durch Abweichungen vom Regelsatz Rechnung getragen.

Inhaltsübersicht: Rz.

A. Vorbemerkung 1
B. Die Grundlagen der Berechnung 2– 5
C. Vergütung zusätzlicher Aufgaben 6–10

A. Vorbemerkung

§ 63 regelt die Grundzüge der Vergütung des Insolvenzverwalters. Er gibt zwei An- 1
spruchsgrundlagen für den Verwalter, indem er dem Verwalter einmal einen Anspruch
auf Vergütung seiner Tätigkeit und zum anderen einen Anspruch auf Auslagenerstattung
einräumt. Die Berechnung der Vergütung soll derart ausgestaltet sein, daß sie unabhängig vom Verfahrensergebnis ist, so daß der Verwalter nicht aus Vergütungsgründen
heraus bestimmte Ergebnisse und Verfahrensabwicklungen bevorzugt (vgl. BT-Drucks.
12/2443 zu § 74).

B. Die Grundlagen der Berechnung

Die Vergütung wird nach § 64 InsO durch Beschluß des Gerichtes festgesetzt. Der 2
Vergütungsanspruch entsteht aber bereits durch die Tätigkeit und nicht erst durch die
Festsetzung des Gerichtes.
Die Vergütung errechnet sich aus dem Wert der Insolvenzmasse. Abzustellen ist auf den 3
Wert, den die Insolvenzmasse zum Zeitpunkt der Beendigung des Insolvenzverfahrens
hat, die sogenannte Teilungsmasse. Vermögen, das Aus- und Absonderungsrechten
unterliegt, ist nicht zu berücksichtigen.

4 Bei der Vergütung für Geschäftstätigkeit bleibt es bei dem Grundsatz, daß die Entlohnung nicht pauschal erfolgen soll, sondern individuell auf den Einzelfall abzustellen ist. Der Umfang und die Schwierigkeiten der Verwaltertätigkeit im Einzelfall sollen Berücksichtigung finden. Bemessungskriterien können hierfür beispielsweise die Anzahl der geltend gemachten Absonderungsrechte und deren Besonderheiten, die Anzahl der Arbeitnehmer sowie die Dauer einer eventuellen Betriebsfortsetzung sein. Dem Einzelfall wird durch Abweichung vom Regelsatz Rechnung getragen, dabei kommen Zu- aber auch Abschläge in Betracht (vgl. BT-Drucks. 12/2443 zu § 74).

5 Die Vergütungsverordnung ist im Anhang abgedruckt.

C. Vergütung zusätzlicher Aufgaben

6 Die Vergütung nach der InsO ist vorrangig, wird ein Rechtsanwalt zum Verwalter bestellt, so finden die Vorschriften der Bundesrechtsanwaltsgebührenordnung zunächst keine Anwendung. Das Gleiche gilt sinngemäß für Angehörige anderer Berufsgruppen, für die eine eigene Gebührenordnung existiert. Nimmt der Verwalter jedoch berufsspezifische Aufgaben im Rahmen seiner Tätigkeit selbst wahr, für die sonst eine andere Person beauftragt hätte werden müssen, so kann diese Tätigkeit gesondert nach den allgemeinen Bestimmungen der Berufsgruppe abgerechnet werden (vgl. § 5 InsVV). Grundlage hierfür ist der Gedanke, daß ein Verwalter nicht unbedingt Spezialkenntnisse haben muß. Es ist jedoch sinnvoll, wenn der Verwalter, der beispielsweise Rechtsanwalt ist, notwendige Prozesse selbst führt, da er mit der Materie am Besten vertraut ist.

7 Führt ein Verwalter einen solchen Prozeß, so kann er diesen nach der BRAGO abrechnen, es handelt sich dann um Massekosten (*BGH* NJW 1971, 381). Dieser Grundsatz gilt zunächst für alle streitigen Verfahren, in denen Anwaltszwang besteht. Er ist aber auch auf andere Verfahren ohne Anwaltszwang zu erweitern, wenn ein Verwalter, der nicht Anwalt ist, sich eines solchen zur Führung des Gerichtsverfahrens bedient hätte. Dies ist regelmäßig dann anzunehmen, wenn der Sachverhalt nicht so einfach gelagert ist, daß die Beauftragung eines Anwaltes auch in vergleichbaren Fällen einer Privatperson unterblieben wäre. Es ist allgemein anerkannt, daß sich ein Verwalter eines Anwaltes zum Führen von Gerichtsverfahren bedienen kann, schon um dem Vorwurf unsachgemäßer Prozeßführung zu entgehen, zumal sich die Schwierigkeiten eines Prozesses nicht unbedingt absehen lassen (*Hess* KO, § 85 Rz 4, 5 m.w.N. aus der Rechtsprechung).

8 Der Verwalter als Rechtsanwalt rechnet die Kosten für seine Anwaltstätigkeit nach allgemeinen Grundsätzen ab. Dabei kann er eine Verkehrsanwaltsgebühr nicht geltend machen, da er auch Partei ist (*OLG München* NJW 1966, 2416; *OLG Frankfurt* NJW 1972, 1328; dagegen *OLG Karlsruhe* KTS 1978, 260, das eine Verkehrsanwaltsgebühr dann zusprechen will, wenn eine private Partei einen Verkehrsanwalt benötigt hätte). Deshalb ist es auch nicht möglich, daß er eine Vergleichsgebühr geltend macht, wenn in einer Instanz ein Vergleich geschlossen wird und er in dieser Instanz nicht als Anwalt aufgetreten ist.

9 Auch eine nicht prozessuale anwaltliche Tätigkeit kann abgerechnet werden, wenn ein Verwalter, der selbst nicht Anwalt ist, sich eines solchen für die Erledigung der Aufgabe bedient hätte. Dies ist auch der Abgrenzungsmaßstab, um zu beurteilen, ob eine Aufgabe als eine normale Tätigkeit im Rahmen der allgemeinen Aufgaben eines Verwalters darstellt oder ob es sich um eine besondere Tätigkeit handelt, die er als Anwalt oder sonstige Fachkraft einbringt.

10 Die Überprüfung dieser Gebühren unterliegt gemäß § 64 InsO ebenfalls dem Gericht.

§ 64
Festsetzung durch das Gericht → § 85 KO

(1) Das Insolvenzgericht setzt die Vergütung und die zu erstattenden Auslagen des Insolvenzverwalters durch Beschluß fest.

(2) ¹Der Beschluß ist öffentlich bekanntzumachen und dem Verwalter, dem Schuldner und, wenn ein Gläubigerausschuß bestellt ist, den Mitgliedern des Ausschusses besonders zuzustellen. ²Die festgesetzten Beträge sind nicht zu veröffentlichen; in der öffentlichen Bekanntmachung ist darauf hinzuweisen, daß der vollständige Beschluß in der Geschäftsstelle eingesehen werden kann.

(3) ¹Gegen den Beschluß steht dem Verwalter, dem Schuldner und jedem Insolvenzgläubiger die sofortige Beschwerde zu. ²§ 567 Abs. 2 der Zivilprozeßordnung gilt entsprechend.

Inhaltsübersicht: Rz.

A. Vorbemerkung	1
B. Form und Inhalt des Antrages	2– 5
C. Bekanntmachung des Beschlusses	6–10
D. Rechtsmittel	11

A. Vorbemerkung

Das Gesetz unterscheidet zwischen der Vergütung und den zu erstattenden Auslagen des Verwalters. Während die Vergütung als Entlohnung für die Tätigkeit anzusehen ist, ist die Auslagenerstattung eine Aufwandsentschädigung und erstattet im wesentlichen die Bürokosten und Fahrtkosten. **1**

B. Form und Inhalt des Antrages

Der jeweilige Verwalter hat seine Vergütung bei Gericht geltend zu machen, indem er einen entsprechenden Antrag einreicht. Der Antrag ist zwar formlos, das heißt, an keine bestimmte äußere Form gebunden, sollte jedoch schriftlich gestellt werden. Aus dem Antrag muß sich ferner nachvollziehbar die beanspruchte Vergütung ergeben. **2**

Es ist deshalb zunächst anzugeben, von welcher Teilungsmasse ausgegangen wird. Auch hierzu sind die Angaben in nachprüfbarer Weise zu machen, wobei allerdings auf die dem Gericht vorliegenden Unterlagen Bezug genommen werden kann. **3**

Der Antrag muß ferner die Gründe darlegen, die eine Abweichung vom Regelsatz rechtfertigen und die eventuell geltend gemachten Erhöhungen begründen. **4**

Das Gericht setzt aufgrund des Antrages die Vergütung fest. Es ist an den Antrag des Verwalters nicht gebunden und kann sowohl einen höheren als auch einen geringeren Betrag festsetzen. Damit eine Nachprüfbarkeit gegeben ist, erfolgt die Festsetzung durch Beschluß, der zu begründen ist. Die Begründung kann allerdings auf den Antrag des Verwalters Bezug nehmen und sich auf die Begründung abweichender Festsetzungen beschränken. **5**

C. Bekanntmachung des Beschlusses

6 Der Beschluß ist entsprechend § 9 InsO bekanntzumachen, indem er in dem vom Gericht bestimmten Blatt für amtliche Bekanntmachungen veröffentlicht wird. Im Hinblick auf den Datenschutz und den Schutz des Verwalters sind unnötige Einblicke Außenstehender in die Abrechnung zu vermeiden (vgl. BT-Drucks. 12/2443 zu § 75). Es sind daher weder die festgesetzten Beträge zu veröffentlichen, noch ist die festgesetzte Teilungsmasse anzugeben. In der Bekanntmachung ist lediglich darauf hinzuweisen, daß die Festsetzung erfolgt ist und der vollständige Beschluß bei Gericht eingesehen werden kann.
7 Der Beschluß ist auf der Geschäftsstelle als Leseabschrift zu hinterlegen und auf Anforderung offenzulegen. Ein berechtigtes oder sonstiges Interesse muß nicht nachgewiesen werden. Es empfiehlt sich, eine Frist zu setzen, bis zu der eine Einsichtnahme erfolgen kann. Auf diese Frist ist gegebenenfalls in der Veröffentlichung hinzuweisen.
8 Dem Schuldner und den Mitgliedern des Gläubigerausschusses, wenn ein solcher existiert, ist der Beschluß förmlich zuzustellen. Diesem Personenkreis ist der ganze Beschluß einschließlich der Gründe zu übersenden.
9 Auch dem Verwalter ist der ganze Beschluß bereits auch im Hinblick auf die Rechtsmittelmöglichkeit zuzustellen.
10 Dagegen ist schon aus Kostengründen davon abzusehen, jedem Insolvenzgläubiger den Beschluß zuzustellen. Hierfür ist die öffentliche Zustellung vorgesehen.

D. Rechtsmittel

11 Die Festsetzung ist durch die Betroffenen mit dem Rechtsmittel der sofortigen Beschwerde angreifbar. Aufgrund der Verweisung auf § 567 Abs. 2 ZPO ist wie bei sonstigen Entscheidungen über Kosten, Gebühren und Auslagen das Rechtsmittel nur dann zulässig, wenn der Beschwerdewert 100 DM übersteigt. Die Beschwerdefrist beginnt zwei Tage nach der Veröffentlichung.

§ 65
Verordnungsermächtigung → § 85 KO

Das Bundesministerium der Justiz wird ermächtigt, die Vergütung und die Erstattung der Auslagen des Insolvenzverwalters durch Rechtsverordnung näher zu regeln.

1 Bis zum 01. 01. 1999 galt die Verordnung über die Vergütung des Konkursverwalters, des Vergleichsverwalters, der Mitglieder des Gläubigerausschusses und der Mitglieder des Gläubigerbeirats vom 25. Mai 1960 (BGBl. I, 329), geändert durch Verordnung vom 22. Dezember 1967 (BGBl. I, 1366), der Zweiten Verordnung vom 19. Juli 1972 (BGBl. I, 1260) der Dritten Verordnung vom 8. Dezember 1977 (BGBl. I, 2482) und der Vierten Verordnung vom 11. Juni 1979 (BGBl. I, 637) zur Änderung der Verordnung über die Vergütung des Konkursverwalters, des Vergleichsverwalters, der Mitglieder des Gläubigerausschusses und der Mitglieder des Gläubigerbeirats.

Rechnungslegung § 66

Gemeinsam mit der InsO ist die neue insolvenzrechtliche Vergütungsverordnung 2
(InsVV) vom 19. 08. 1998 in Kraft getreten (BGBl. I, 2205), die einschließlich der Begründung des BMJ unter Anhang IV abgedruckt ist.

§ 66
Rechnungslegung → §§ 86, 132 KO

(1) Der Insolvenzverwalter hat bei der Beendigung seines Amtes einer Gläubigerversammlung Rechnung zu legen.
(2) ¹Vor der Gläubigerversammlung prüft das Insolvenzgericht die Schlußrechnung des Verwalters. ²Es legt die Schlußrechnung mit Belegen, mit einem Vermerk über die Prüfung und, wenn ein Gläubigerausschuß bestellt ist, mit dessen Bemerkungen zur Einsicht der Beteiligten aus; es kann dem Gläubigerausschuß für dessen Stellungnahme eine Frist setzen. ³Der Zeitraum zwischen der Auslegung der Unterlagen und dem Termin der Gläubigerversammlung soll mindestens eine Woche betragen.
(3) ¹Die Gläubigerversammlung kann dem Verwalter aufgeben, zu bestimmten Zeitpunkten während des Verfahrens Zwischenrechnung zu legen. ²Die Absätze 1 und 2 gelten entsprechend.

Inhaltsübersicht: Rz.

A. Vorbemerkung 1
B. Rechnungslegung 2– 6
   I. Form und Inhalt 2
   II. Frist und Zwangsmaßnahmen 3– 4
   III. Ersatzvornahme 5– 6
C. Prüfung durch das Gericht 7–10
D. Prüfung durch den Gläubigerausschuß 11
E. Auslegung des Prüfungsergebnisses 12
F. Rechte der Gläubigerversammlung 13–16
   I. Erläuterung der Rechnung 13
   II. Sonstige Auskünfte 14–16

Literatur:

Eickmann Zweifelsfragen aus dem Konkursverfahren, Rpfleger 1970, 318 ff.

A. Vorbemerkung

Nach Abschluß der Abwicklung hat der Verwalter über seine Tätigkeit Rechenschaft in 1
Form einer Rechnungslegung zu geben. Die Schlußrechnung erfolgt gegenüber der
Gläubigerversammlung, die damit die Tätigkeit des Verwalters überprüft. Damit wird
dem Umstand Rechnung getragen, daß das Verfahren von der Autonomie der Gläubiger
geprägt ist (vgl. BT-Drucks. 12/2443 zu § 76) und der Verwalter in erster Linie den

Gläubigern Rechenschaft schuldet. Die Rechnungslegung gehört zu den Pflichten des Verwalters im Rahmen seiner Geschäftsführung.

B. Rechnungslegung

I. Form und Inhalt

2 Die Rechnungslegung muß schriftlich, abgefaßt werden und umfassend sein. Sie soll über die Gesamttätigkeit des Verwalters Auskunft geben. Die Abrechnung ist in nachprüfbarer Form dem Gericht vorzulegen. Unterlagen und Belege sind beizufügen. Sie sollte daher zunächst einen Tätigkeitsbericht und sodann eine Zusammenstellung der Einnahmen und Ausgaben enthalten. Der Verwalter hat darzulegen, welchen Massebestand er vorgefunden hat, wie dieser verwertet wurde, welche Gegenstände freigegeben wurden, welche Aus- und Absonderungsrechte geltend gemacht wurden und mit welchem Erfolg er schwebende Rechtsgeschäfte abgewickelt hat (*Hess* KO, § 86 Rz. 2). Weitere Formerfordernisse – besonders für die äußere Form – bestehen nicht.

II. Frist und Zwangsmaßnahmen

3 Die Rechnungslegung hat in einer angemessenen Zeit nach Beendigung der Abwicklungstätigkeiten zu erfolgen. Das Gericht kann im Rahmen seiner Aufsichtspflicht dem Verwalter eine Frist zur Abgabe der Schlußrechnung setzen.
4 Die ordnungsgemäße Rechnungslegung kann durch Zwangsgeld nach § 58 Abs. 2 InsO erzwungen werden.

III. Ersatzvornahme

5 Es ist strittig, ob Dritte ersatzweise mit der Erstellung der Rechnung beauftragt werden können, wenn der Verwalter seiner Verpflichtung nicht nachkommt oder nachkommen kann. Da die Rechnung in erster Linie einen Tätigkeits- und Rechenschaftsbericht beinhaltet, wird die Möglichkeit, einen Dritten zu beauftragen überwiegend verneint (*LG Bayreuth* Rpfleger 1965, 306).
6 Auch sind die Erben des Verwalters bei dessen Tod nicht verpflichtet, die Rechnung zu erstellen (*Eickmann* Rpfleger 1970, 318, 320; a. A. *Kuhn/Uhlenbruck* KO, § 86 Rz. 2). Allerdings kann von den Erben die Herausgabe der Unterlagen verlangt werden.

C. Prüfung durch das Gericht

7 Sobald die Abrechnung eingeht, hat das Gericht durch den zuständigen Rechtspfleger die Rechnung zu prüfen. Dadurch soll gewährleistet werden, daß eine sachgemäße Prüfung erfolgt, die einem Gläubiger infolge mangelnder Sachkunde unter Umständen nicht möglich ist. Bei Unstimmigkeiten und Unklarheiten ist der Verwalter zu befragen und anzuhalten, die Rechnung klarzustellen und zu ergänzen.

Rechnungslegung § 66

Das Gericht kann sich zur Prüfung der Rechnung eventuell eines Sachverständigen 8
bedienen (*OLG Hamm* ZIP 1986, 724; a. A. *Hess* KO, § 86 Rz. 8). In Verfahren, die sehr
umfangreich sind und deren Prüfung mit erheblichen Schwierigkeiten verbunden ist oder
wenn der Verdacht besteht, daß der Verwalter das Verfahren nicht korrekt abgewickelt
hat, ist die Bestellung eines Sachverständigen anzuraten.
Die Beauftragung eines Sachverständigen durch das Gericht ist nicht angreifbar, aller- 9
dings kann der Verwalter geltend machen, daß der Gutachter befangen ist. Dies wird
immer dann der Fall sein, wenn das Gericht einen anderen Verwalter mit der Begutach-
tung beauftragt hat, der im gleichen Bezirk tätig ist (*OLG Köln* ZIP 1990, 58). Die Kosten
des Gutachtens sind Massekosten.
Das Prüfungsergebnis wird durch das Gericht in einem Vermerk niedergelegt. Der 10
Vermerk enthält etwaige Kritikpunkte und Beanstandungen oder bescheinigt, daß die
Tätigkeit des Verwalters nicht zu beanstanden ist.

D. Prüfung durch den Gläubigerausschuß

In dem Fall, daß ein Gläubigerausschuß bestellt ist, ist die Rechnung anschließend mit 11
dem Prüfungsvermerk diesem Gremium zuzuleiten. Der Gläubigerausschuß hat die
Rechnung ebenfalls in angemessener Zeit zu prüfen und mit einem Votum zu versehen.
Die Prüfungspflicht gehört zu den Aufgaben des Ausschusses. Das Gericht kann dem
Ausschuß eine Prüfungsfrist setzen und diesen damit anhalten, in angemessener Zeit seine
Stellungnahme abzugeben. Ist nach Ablauf der Frist keine Stellungnahme erfolgt, so kann
die Rechnung ohne die Bemerkung des Gläubigerausschusses ausgelegt werden.

E. Auslegung des Prüfungsergebnisses

Anschließend erfolgt eine Auslegung der Unterlagen, damit vor der Gläubigerversamm- 12
lung alle Beteiligten die Möglichkeit haben, die Vorgänge einzusehen. Die Auslegung
muß mindestens eine Woche dauern. Damit soll gewährleistet werden, daß dem einzelnen Gläubiger ausreichende Zeit zur Prüfung zur Verfügung steht. Sollte das Gericht
erkennen, daß die Wochenfrist nicht ausreichend ist, ist die Frist zu verlängern. Das
Gericht hat auch dafür Sorge zu tragen, daß eine ausreichende Anzahl von Kopien der
Rechnungslegung zur Verfügung stehen, wenn dies die Anzahl der Beteiligten, die die
Rechnung einsehen wollen, erfordert. Die Auslegung muß nicht im Gerichtsgebäude
erfolgen. Je nach Zweckmäßigkeit kann das Gericht auch andere Auslegungsorte bestimmen. Entscheidend ist, daß die Einsichtnahme ohne große Schwierigkeiten erfolgen
kann.

F. Rechte der Gläubigerversammlung

I. Erläuterung der Rechnung

Schließlich ist die Rechnung nochmals in einer Gläubigerversammlung darzulegen und 13
zu erörtern. Die Darlegung der Rechnung und die Begründung obliegt dem Verwalter.
Eine Entlastung oder offizielle Genehmigung und Anerkennung der Rechnung ist nicht
vorgesehen. Dem Bedürfnis des Verwalters, nicht allzu lange über etwaige Ersatzpflich-

ten und Schadensersatzforderungen im Unklaren zu sein, wird durch die Verjährungsregelung des § 62 InsO ausreichend Rechnung getragen (vgl. BT-Drucks. 12/2443 zu § 76).

II. Sonstige Auskünfte

14 Wie nach dem bisherigen Recht hat die Gläubigerversammlung nach Abs. 3 das Recht, Zwischenrechnungen, Berichte zu dem Sachstand und der Geschäftsführung zu verlangen. Die Anzahl und Zeitpunkte der Berichte sollten möglichst zu Beginn des Insolvenzverfahrens durch einen Beschluß der Versammlung festgelegt werden.

15 Es empfiehlt sich besonders in größeren Verfahren, daß der Verwalter von Zeit zu Zeit einen Bericht vorlegt, selbst wenn kein entsprechender Beschluß vorliegt (vgl. *Hess* KO, § 132 Rz. 5). Dabei ist darauf zu achten, daß keine unzumutbaren Anforderungen an den Verwalter gestellt werden und die Berichtspflicht nicht mißbräuchlich gehandhabt wird. Berichtsanforderungen sind erst berechtigt, wenn erwartet werden kann, daß sich nicht unerhebliche Entwicklungen des Verfahrens ergeben haben.

16 Hinsichtlich der Stellungnahmen und der Auslegungs- und Besprechungspflicht gilt das Gleiche wie für die Schlußrechnung.

§ 67
Einsetzung des Gläubigerausschusses → § 87 KO

(1) Vor der ersten Gläubigerversammlung kann das Insolvenzgericht einen Gläubigerausschuß einsetzen.
(2) ¹Im Gläubigerausschuß sollen die absonderungsberechtigten Gläubiger, die Insolvenzgläubiger mit den höchsten Forderungen und die Kleingläubiger vertreten sein. ²Dem Ausschuß soll ein Vertreter der Arbeitnehmer angehören, wenn diese als Insolvenzgläubiger mit nicht unerheblichen Forderungen beteiligt sind.
(3) Zu Mitgliedern des Gläubigerausschusses können auch Personen bestellt werden, die keine Gläubiger sind.

Inhaltsübersicht: Rz.

A. Vorbemerkung 1– 2
B. Ermessen des Gerichts 3– 4
C. Bestätigung durch die Gläubigerversammlung 5– 6
D. Besetzung des Ausschusses 7–13
E. Besonderheiten des Amtes 14–17

A. Vorbemerkung

1 Der Gläubigerausschuß ist ein Organ der Gläubiger, das nach § 69 InsO die Aufgabe hat, den Insolvenzverwalter und dessen Arbeit zu überwachen und zu unterstützen. Durch ihn soll der ständige Einfluß der beteiligten Gläubiger auf den Ablauf des Insolvenzverfahrens sichergestellt werden (vgl. BT-Drucks. 12/2443 zu § 78). Aus § 78 InsO ergibt sich,

Einsetzung des Gläubigerausschusses § 67

daß es Aufgabe der Gläubigerversammlung ist, die Entscheidung zu treffen, ob ein Gläubigerausschuß eingesetzt werden soll, da ein Gläubigerausschuß nicht zwingend eingesetzt werden muß. Der Beschluß bedarf der in § 76 Abs. 2 InsO festgesetzten Mehrheit. (vgl. BT-Drucks. 12/2443 zu § 78).
Durch § 69 InsO ist jedoch die Möglichkeit eröffnet, einen Gläubigerausschuß vor der 2 ersten Gläubigerversammlung einzusetzen. Außerdem enthält die Vorschrift Aussagen über die Zusammensetzung des Ausschusses.

B. Ermessen des Gerichts

Die Möglichkeit, einen Gläubigerausschuß vor der ersten Gläubigerversammlung einzu- 3 setzen, ist zweckmäßig, da die Mitwirkung des Ausschusses regelmäßig schon vom Beginn des Insolvenzverfahrens an sinnvoll ist. Das Gericht hat nach pflichtgemäßem Ermessen zu entscheiden, ob es von seinem Einsetzungsrecht Gebrauch macht. Eine Einsetzung sollte die Regel sein. Vor allem in größeren Verfahren mit einer Vielzahl von Gläubigern ist ein Gläubigerausschuß aus praktischen Gründen sinnvoll. Der Verwalter kann mit diesem Ausschuß Probleme erörtern und eine Übereinstimmung treffen, ohne jedesmal die Gläubigerversammlung einberufen zu müssen. Besonders im Falle der Betriebsfortführung im Konkurs ist der Gläubigerausschuß häufig notwendig, da die darin vertretenen Gläubiger auch darüber befinden müssen, ob dem Verwalter Gelder zur Betriebsfortführung zur Verfügung gestellt werden.
Die Einsetzung eines Ausschusses kann vor allem dann unterbleiben, wenn die Vermö- 4 gensverhältnisse des Schuldners überschaubar sind und die Zahl der Gläubiger oder die Höhe der Verbindlichkeiten gering ist, es sich also um ein Verfahren geringen Ausmaßes handelt (vgl. BT-Drucks. 12/2443 zu § 78).

C. Bestätigung durch die Gläubigerversammlung

Der vom Gericht eingesetzte Ausschuß muß in der ersten Gläubigerversammlung nach 5 § 68 InsO bestätigt werden, es handelt sich daher um einen vorläufigen Gläubigerausschuß. Dieser hat jedoch von Anfang an die gleichen Rechte und Pflichten wie der endgültige Ausschuß.
Erfolgt keine Bestätigung, erlischt das Amt. Das gilt auch, wenn die Gläubigerversamm- 6 lung einen anderen Ausschuß wählt oder teilweise Mitglieder abwählt. Die Versammlung kann auch zusätzliche Mitglieder bestimmen, § 68 InsO.

D. Besetzung des Ausschusses

Das Gericht entscheidet nach eigenem Ermessen über die Zusammensetzung des vorläu- 7 figen Ausschusses. Allerdings ist das Ermessen des Gerichtes eingeschränkt, da alle in Abs. 2 genannten Gläubigergruppen vertreten sein sollen, um die Interessen aller beteiligten Gläubiger angemessen zu berücksichtigen. Der Ausschuß soll entsprechend der Bedeutung und Wichtigkeit der Gläubiger besetzt werden.
Das Gesetz nennt die absonderungsberechtigten und die Insolvenzgläubiger. Vor allem 8 sollen die Gläubiger mit den höchsten Forderungen vertreten sein. Es müssen aber keinesfalls alle Großgläubiger im Ausschuß vertreten sein.

9 Ferner sollen neben den wichtigsten absonderungsberechtigten Gläubigern und den ungesicherten Großgläubigern möglichst auch die Gläubiger mit Kleinforderungen im Ausschuß vertreten sein (vgl. BT-Drucks. 12/2443 zu § 78).

10 Da die Arbeitnehmer von einem Unternehmenskonkurs stark betroffen sind, soll auch ein Vertreter dieser Gruppe im Ausschuß sein, vor allem, wenn die Arbeitnehmer noch erhebliche Forderungen, wie ausstehende Löhne etc., haben. Es empfiehlt sich häufig, einen gewerkschaftlich gebundenen Arbeitnehmervertreter oder ein Betriebsratsmitglied zu berufen, was auch dann gilt, wenn dieser selbst nicht im Betrieb tätig ist oder war.

11 Nach Abs. 3 wird die Möglichkeit eröffnet, daß außenstehende Personen berufen werden können. Damit können Personen Mitglieder des Gläubigerausschusses werden, die in besonderer Weise geeignet erscheinen, die Interessen der Gläubiger oder einer Gläubigergruppierung wahrzunehmen (vgl. BT-Drucks. 12/2443 zu § 78) oder externen Sachverstand einbringen. So ist es auch möglich, neben natürlichen Personen juristische Personen in den Gläubigerausschuß zu berufen.

12 Mit der bisherigen Rechtsprechung ist jedoch anzunehmen, daß Behörden nicht Ausschußmitglieder werden können (*BGH* WM 1994, 166). Wird ein Mitglied einer Behörde berufen, so ist nicht die Behörde, sondern allein der Berufene persönliches Mitglied des Ausschusses (*OLG Köln* ZIP 1988, 992).

13 Nicht berufen werden können der Insolvenzverwalter und der Insolvenzschuldner. Ist die Schuldnerin eine Gesellschaft und damit juristische Person, so können deren Vertreter nicht in den Ausschuß gewählt werden. So kann beispielsweise der Geschäftsführer einer GmbH nicht Mitglied der Gläubigerversammlung sein. Dagegen können die Gesellschafter oder Aufsichtsratsmitglieder einer AG berufen werden (vgl. *Hess* KO, § 87 Rz. 9; dagegen *Jaeger/Weber* KO, § 87 Rz. 5).

E. Besonderheiten des Amtes

14 Die Annahme des Amtes ist freiwillig, das gilt sowohl für die vom Gericht berufenen vorläufigen als auch die von der Gläubigerversammlung gewählten Mitglieder des Ausschusses. Die Mitgliedschaft im Ausschuß ist mit dem Tod des Mitgliedes oder der Aufhebung des Insolvenzverfahrens, § 259 Abs. 1 InsO beendet.

15 Die Ausschußmitglieder müssen ihr Amt persönlich wahrnehmen, allenfalls können einzelne Aufgaben delegiert werden.

16 Die Mitglieder des Gläubigerausschusses sind den absonderungsberechtigten Gläubigern und den Insolvenzgläubigern zum Schadensersatz verpflichtet, wenn sie schuldhaft ihre Pflichten verletzen, § 71 InsO.

17 Die Mitglieder des Gläubigerausschusses haben einen Anspruch auf Vergütung für ihre Tätigkeit, § 73 InsO.

**§ 68
Wahl anderer Mitglieder** → **§ 87 KO**

(1) ¹Die Gläubigerversammlung beschließt, ob ein Gläubigerausschuß eingesetzt werden soll. ²Hat das Insolvenzgericht bereits einen Gläubigerausschuß eingesetzt, so beschließt sie, ob dieser beibehalten werden soll.

Aufgaben des Gläubigerausschusses § 69

(2) **Sie kann vom Insolvenzgericht bestellte Mitglieder abwählen und andere oder zusätzliche Mitglieder des Gläubigerausschusses wählen.**

Nach dem Grundsatz, daß die Gläubiger über das Insolvenzverfahren möglichst autonom bestimmen sollen, obliegt ihnen auch die Entscheidung, ob ein Gläubigerausschuß eingesetzt werden soll. Deshalb ist schon in der ersten Gläubigerversammlung durch das Insolvenzgericht eine Entscheidung über die Bestellung eines Gläubigerausschusses herbeizuführen. Die Gläubigerversammlung hat daher einen Beschluß zu fassen, ob ein Gläubigerausschuß eingesetzt wird oder ob dies unterbleibt. Der Beschluß bedarf der in § 76 InsO bestimmten Mehrheit. 1

Hat das Insolvenzgericht von seiner Möglichkeit, bereits vor der ersten Gläubigerversammlung einen Ausschuß einzusetzen, Gebrauch gemacht, so ist in der ersten Gläubigerversammlung darüber abzustimmen und Beschluß zu fassen, ob der Ausschuß beibehalten wird. Wird der durch das Gericht nach § 67 InsO eingesetzte vorläufige Ausschuß bestätigt, so ist er endgültig eingesetzt. Eine Entlassung findet dann nur nach § 70 InsO statt. 2

Der Autonomiegrundsatz beinhaltet auch, daß die Gläubigerversammlung über die Zusammensetzung des Gläubigerausschusses bestimmen kann. Es können daher auch vom Gericht bestellte einzelne Ausschußmitglieder abgewählt oder weitere Mitglieder hinzugewählt werden (Voraussetzung: Die Summenmehrheit wird erreicht). Das Gericht hat keine besonderen Ablehnungsrechte sondern ist gehalten, soweit nicht nach § 70 InsO ein Entlassungsgrund vorliegt, die Wahl der Gläubigerversammlung zu akzeptieren. 3

Generell sollten jedoch die Regeln über die Zusammensetzung des Ausschusses, wie sie in § 67 InsO Niederschlag gefunden haben, beachtet werden, vgl oben § 67 Rz. 7–13. 4

§ 69
Aufgaben des Gläubigerausschusses → § 88 KO

[1]**Die Mitglieder des Gläubigerausschusses haben den Insolvenzverwalter bei seiner Geschäftsführung zu unterstützen und zu überwachen.** [2]**Sie haben sich über den Gang der Geschäfte zu unterrichten sowie die Bücher und Geschäftspapiere einsehen und den Geldverkehr und -bestand prüfen zu lassen.**

In § 69 InsO werden die Aufgaben des Gläubigerausschusses allgemein beschrieben. Die Vorschrift lehnt sich eng an die bisherige Regelung an. 1

Erste Aufgabe des Ausschusses ist es, die Geschäftsführung des Insolvenzverwalters zu unterstützen und zu überwachen (vgl. BT-Drucks. 12/2443 zu § 80). Dazu gehört, daß sich die einzelnen Ausschußmitglieder und der Ausschuß in seiner Gesamtheit regelmäßig über den Gang des Verfahrens unterrichten und sich über die wirtschaftliche Tätigkeit des Verwalters informieren. 2

Es gehört nicht zum Aufgabenbereich des Ausschusses, die Bücher und Unterlagen des Schuldners zu prüfen, da dies originäre Aufgabe des Verwalters ist. 3

Dagegen fällt es in den Aufgabenbereich des Ausschusses, die Bücher und die Geschäftspapiere des Verwalters und der Geldverkehr und -bestand einzusehen und zu prüfen. 4

§ 69   *Eröffnung des Insolvenzverfahrens*

5 Dabei sind keine festen Zeiten vorgegeben; eine ursprünglich vorgesehene Regelung, daß eine vierteljährliche Prüfung erfolgen soll, wurde nicht übernommen, so daß die Prüfung an den Einzelfall angepaßt zu erfolgen hat. Die vorgesehene Regelung kann dabei als Richtschnur dienen. Maßgebend ist, daß eine regelmäßige und eingehende Kontrolle erfolgt.

6 Die Kontrolle der Bücher und der Kasse muß nicht durch ein Mitglied des Ausschusses erfolgen, sondern kann durch den Ausschuß einem Sachverständigen übertragen werden. Der Ausschuß hat sich davon zu überzeugen, daß eine ordnungsgemäße Prüfung erfolgt ist und alle Konten und Belege einbezogen wurden (*BGH* NJW 1968, 710).

7 Der Gläubigerausschuß hat darüberhinaus die Aufgabe, den Verwalter bei seiner Arbeit zu unterstützen und zu beraten. Allerdings ist der Ausschuß nicht berechtigt, dem Verwalter Weisungen zu erteilen.

8 Die Insolvenzordnung sieht im einzelnen folgende Rechte und Pflichten des Gläubigerausschusses vor:
- Beantragung der Entlassung des Verwalters, § 59 Abs. 1 Satz 2 InsO;
- Beschwerderecht gegen die Entlassung, § 59 Abs. 2 Satz 2 InsO;
- Zustellungsrecht des vollständigen Vergütungsbeschlusses des Verwalters, § 64 Abs. 2 InsO;
- Prüfung und Kommentierung der Rechnung des Verwalters, § 66 Abs. 2 Satz 2 InsO;
- Auskunftsrecht gegenüber dem Verwalter, § 69 InsO;
- Prüfung der Bücher und Geschäftspapiere sowie Überwachung des Geldverkehrs und -bestandes, § 69 InsO;
- Anspruch auf Vergütung, § 73 InsO;
- Beantragung der Einberufung der Gläubigerversammlung, § 75 Abs. 1 Ziff. 2 InsO;
- Auskunftsanspruch gegenüber dem Insolvenzschuldner, § 97 Abs. 1 InsO;
- Vorläufige Zustimmung zur Unterhaltsgewährung für den Schuldner, § 100 Abs. 2 InsO;
- Bestimmungsrecht bei Hinterlegung von Geld, Wertpapieren und Kostbarkeiten, § 149 Abs. 1 InsO;
- Mitwirkungsrecht bei Empfangnahme von hinterlegtem Geld, Wertpapieren und Kostbarkeiten durch den Verwalter, § 149 Abs. 2 Satz 1 InsO;
- Wirksamkeit von Anweisungen des Verwalters an eine Hinterlegungsstelle nur bei Mitwirkung eines Ausschußmitgliedes, § 149 Abs. 2 Satz 2 InsO;
- Verzeichnis der Massegegenstände nach § 151 Abs. 3 InsO;
- Stellungnahme im Berichtstermin des Verwalters, 156 Abs. 2 InsO;
- Zustimmung zur Stillegung eines Unternehmens vor dem Berichtstermin, § 158 Abs. 1 InsO;
- Zustimmung zu Rechtshandlungen des Verwalters nach § 160 InsO;
- Zustimmung zur Verteilung, § 187 Abs. 3 InsO;
- Bestimmung des Bruchteils einer Abschlagsverteilung, § 195 InsO;
- Anhörungsrecht bei Einstellung des Verfahrens, § 214 Abs. 2 InsO;
- Mitwirkung bei der Vorlage des Insolvenzplanes § 218 Abs. 3 InsO;
- Zustimmung zur Zurückweisung eines Insolvenzplanes des Schuldners durch den Verwalter, § 231 Abs. 2 InsO;
- Stellungnahme zum Insolvenzplan, § 232 Abs. 1 Ziff. 1 InsO;
- Anhörungsrecht vor Bestätigung eines Insolvenzplanes durch das Insolvenzgericht, § 248 Abs. 2 InsO;

Entlassung § 70

- Vorherige Unterrichtung der Ausschußmitglieder über die Aufhebung des Insolvenzverfahrens, § 258 Abs. 3 InsO;
- Überwachung der Planerfüllung, § 261 Abs. 1 InsO;
- Recht auf Berichte des Verwalters im Rahmen der Planüberwachung, § 261 Abs. 2 InsO;
- Anzeigepflicht des Verwalters gegenüber dem Ausschuß bei Nichterfüllung des Planes, § 262 InsO;
- Unterrichtungsrecht durch den Sachwalter bei der Befürchtung, daß eine Fortsetzung der Eigenverwaltung zu Nachteilen führt, § 274 Abs. 3 InsO;
- Mitwirkungsrechte des Ausschusses bei Rechtshandlungen des Schuldners im Rahmen der Eigenverwaltung, § 276 InsO.

§ 70
Entlassung → § 92 KO

¹Das Insolvenzgericht kann ein Mitglied des Gläubigerausschusses aus wichtigem Grund aus dem Amt entlassen. ²Die Entlassung kann von Amts wegen, auf Antrag des Mitglieds des Gläubigerausschusses oder auf Antrag der Gläubigerversammlung erfolgen. ³Vor der Entscheidung des Gerichts ist das Mitglied des Gläubigerausschusses zu hören; gegen die Entscheidung steht ihm die sofortige Beschwerde zu.

Inhaltsübersicht: Rz.

A. Vorbemerkung	1
B. Entlassungsvoraussetzungen	2–10
I. Entlassung von Amts wegen	2
II. Entlassung auf Antrag	3–5
III. Wichtige Gründe	6–10
C. Entlassungsbeschluß	11–12

A. Vorbemerkung

Vergleichbar mit der Entlassung des Insolvenzverwalters nach § 59 InsO ist eine **1** Entlassung eines Mitglieds des Gläubigerausschusses aus »wichtigem Grund« möglich. Da die Unabhängigkeit der Ausschußmitglieder gewährleistet sein soll, sollte die Entlassung eine Ausnahme darstellen. Von der Möglichkeit des § 70 InsO sollte daher zurückhaltend Gebrauch gemacht werden. Eine Entlassung kommt nur aus gravierenden Gründen in Betracht (vgl. BT-Drucks. 12/2443 zu § 81).

B. Entlassungsvoraussetzungen

I. Entlassung von Amts wegen

2 Über die Entlassung eines Mitglieds des Gläubigerausschusses entscheidet das Gericht. Das Gericht muß von Amts wegen tätig werden, wenn ihm wichtige Entlassungsgründe bekannt werden.

II. Entlassung auf Antrag

3 Auch die Gläubigerversammlung kann die Entlassung eines Ausschußmitgliedes beantragen. Ist ein Ausschuß einmal mit Zustimmung der Gläubigerversammlung gebildet, kann die Gläubigerversammlung diesen nur insgesamt wieder auflösen, jedoch nicht einzelne Mitglieder abwählen.
4 Das jeweilige betroffene Mitglied des Ausschusses, kann selbst seine Entlassung beantragen. Auch wenn das Ausschußmitglied selbst die Entlassung beantragt, sollte ein wichtiger Grund vorliegen. Es ist damit nicht in das Belieben des Ausschußmitgliedes gestellt, jederzeit das Amt aufgeben zu können. Im Hinblick auf die Bedeutung der Kontrolltätigkeit des Ausschusses soll dadurch eine Kontinuität gewährleistet werden. Da andererseits kein Ausschußmitglied gezwungen werden kann, das Amt auszuüben, macht sich ein Ausschußmitglied, welches das Amt ohne wichtigen Grund niederlegt, unter Umständen schadensersatzpflichtig, § 71 InsO.
5 Die Kontinuität des Insolvenzverfahrens ist auch der Grund dafür, daß weitere Antragsmöglichkeiten nicht vorgesehen, die Antragsmöglichkeiten auf Entlassung eines Ausschußmitgliedes also eingeschränkt sind. So haben der Verwalter, der Gläubigerausschuß als Gremium oder einzelne Gläubiger kein Antragsrecht, tragen sie jedoch dem Gericht Entlassungsgründe vor, so hat das Gericht diesen von Amts wegen nachzugehen.

III. Wichtige Gründe

6 Eine Entlassung setzt voraus, daß ein wichtiger Grund vorliegt.
7 Davon ist beispielsweise auszugehen, wenn das Ausschußmitglied gehindert ist, das Amt auszuüben. Dies kann durch eine andauernde Krankheit oder eine sonstige längere Abwesenheit gegeben sein.
8 Einem solchen äußerem Grund steht gleich, wenn das Ausschußmitglied den Aufgaben nicht gewachsen ist oder im Laufe des Verfahrens eine Unfähigkeit eintritt, so beispielsweise wenn es selbst unter Betreuung gestellt wird.
9 Eine Interessenkollision sollte nur dann ein Entlassungsgrund sein, wenn diese nicht nur einen Einzelfall betrifft, also nicht von vorübergehender Natur ist.
10 Schwierigkeiten in der Zusammenarbeit der Ausschußmitglieder untereinander oder einzelner Ausschußmitglieder mit dem Verwalter sollten nur in gravierenden Fällen zu einer Entlassung führen, gegebenenfalls ist vorher durch das Gericht ein Vermittlungsversuch zu unternehmen.

C. Entlassungsbeschluß

Die Entlassungsentscheidung trifft zuständigkeitshalber der Rechtspfleger. Er entscheidet durch Beschluß, der zu begründen ist. Vor der Entscheidung ist das Ausschußmitglied anzuhören. Dies kann schriftlich oder mündlich geschehen. Bei einer schriftlichen Anhörung sind dem Ausschußmitglied die Entlassungsgründe in dem Schreiben mitzuteilen. 11

Der Beschluß ist dem betroffenen Ausschußmitglied zuzustellen. Gegen den Beschluß besteht das Rechtsmittel der sofortigen Beschwerde nach § 6 InsO. 12

§ 71
Haftung der Mitglieder des Gläubigerausschusses → § 89 KO

¹Die Mitglieder des Gläubigerausschusses sind den absonderungsberechtigten Gläubigern und den Insolvenzgläubigern zum Schadenersatz verpflichtet, wenn sie schuldhaft die Pflichten verletzen, die ihnen nach diesem Gesetz obliegen. ²§ 62 gilt entsprechend.

Entsprechend der Haftung des Insolvenzverwalters sieht die InsO auch eine Haftung der Mitglieder des Gläubigerausschusses vor. 1

Im Gegensatz zur Haftung des Verwalters besteht jedoch keine Haftung gegenüber allen Beteiligten. Vielmehr ist die Haftung beschränkt. Eine Haftung besteht nur gegenüber den absonderungsberechtigten Gläubigern und den Insolvenzgläubigern. Eine Haftung gegenüber dem Schuldner und den Massegläubigern sowie gegenüber dem Verwalter ist damit ausdrücklich ausgenommen. Besonders die Haftung des Verwalters nach § 61 InsO kann keine analoge Anwendung finden, da die Massegläubiger ausreichend durch die weitergehende Haftung des Verwalters und durch die Aufsicht des Gerichtes geschützt sind (vgl. BT-Drucks. 12/2443 zu § 82). 2

Voraussetzung der Passivlegitimation ist, daß die Wahl und deren Annahme dem jeweiligen Ausschußmitgliedern nachgewiesen wird (*OLG Köln* ZIP 1988, 992). 3

Der Gläubigerausschuß haftet in der Regel gesamtschuldnerisch, wenn er auf Schadensersatz in Anspruch genommen wird. Ist in einem solchen Fall ein Ausschußmitglied gleichzeitig durch das Schadensereignis geschädigt, so steht ihm kein Ausgleichsanspruch nach §§ 426 BGB zu, da die Rechtsgründe verschiedenartig sind (*Kuhn/Uhlenbruck* KO, § 82 Rz. 17 m. w. N.). Die Haftung der Ausschußmitglieder kann neben einem Anspruch gegen den Verwalter bestehen. 4

Die Vorschrift des § 71 InsO gibt jedoch auch einen Anspruch gegen ein einzelnes Ausschußmitglied, wenn dieses eine Pflichtverletzung begangen hat, die zu einem Schaden führt. 5

Auch in diesem Fall ist eine gesamtschuldnerische Haftung denkbar, wenn beispielsweise auch den Insolvenzverwalter ein Verschulden trifft, für das er im Rahmen des § 60 InsO haftet. 6

Gleichfalls ist eine Haftung für Fehler von Hilfspersonen analog der Haftung des Insolvenzverwalters anzunehmen, so wenn der beauftragte Sachverständige bei der Prüfung der Bücher fehlerhaft handelt und der Ausschuß seinen Kontrollpflichten schuldhaft nicht nachgekommen ist. 7

8 Voraussetzung der Haftung ist eine Pflichtverletzung. Die Pflicht, die verletzt wird, muß sich aus dem Aufgabenbereich ergeben, den die InsO für den Gläubigerausschuß vorsieht (s. o. § 69 Rz. 8).

9 Eine Pflichtverletzung liegt auch schon dann vor, wenn sich Ausschußmitglieder bei Übernahme des Amtes fahrlässig nicht über ihren Aufgabenbereich informiert haben (*OLG Hamm* BB 1955, 296, 297).

10 Der Schadensersatzanspruch kann von jedem einzelnen Gläubiger geltend gemacht werden.

11 Die Verjährung des Anspruches richtet sich durch die ausdrückliche Bezugnahme nach § 62 InsO.

§ 72
Beschlüsse des Gläubigerausschusses → § 90 KO

Ein Beschluß des Gläubigerausschusses ist gültig, wenn die Mehrheit der Mitglieder an der Beschlußfassung teilgenommen hat und der Beschluß mit der Mehrheit der abgegebenen Stimmen gefaßt worden ist.

1 Die Vorschrift entspricht der bisherigen Regelung. Es handelt sich um eine zwingende Regelung (*Hess* KO, § 90 Rz. 2), der Gläubigerausschuß kann sich über diese Vorschrift nicht hinwegsetzen.

2 Der Gläubigerausschuß ist danach beschlußfähig, wenn die Mehrheit der Mitglieder anwesend ist. Auf die Beschlußfähigkeit hat es keinen Einfluß, ob ein anwesendes Mitglied durch besondere Umstände an der Abgabe der Stimme gehindert ist, solange die Mehrheit der Stimmen gewährleistet ist. Die Beschlußfassung kann aber auch auf schriftlichem Weg erfolgen, dann müssen mehr als die Hälfte der Ausschußmitglieder eine Stimme abgegeben haben.

3 Jedes Ausschußmitglied hat eine Stimme.

4 Die eigentliche Beschlußfassung erfolgt mit einfacher Mehrheit der abgegebenen Stimmen. Maßgebend ist also allein die Anzahl der anwesenden Ausschußmitglieder und deren Stimmen.

5 Ein Ausschußmitglied kann sich seiner Stimme enthalten.

6 Besteht eine Interessenkollission, so ist das betreffende Ausschußmitglied an der Stimmabgabe gehindert. Dies ist beispielsweise dann der Fall, wenn ein mit ihm abzuschließendes Rechtsgeschäft behandelt wird (*Hess* KO, § 90 Rz. 4) oder Rechtsgeschäfte oder Rechtsstreitigkeiten, die die Konkursmasse und ein von einem Ausschußmitglied vertretenes Unternehmen betreffen (*BGH* WM 1985, 423).

7 Bei Stimmengleichheit gilt ein Antrag als abgelehnt.

8 Der Gläubigerausschuß kann sich eine Geschäftsordnung geben, in der beispielsweise die Leitung der Sitzung und die Art der Abstimmung geregelt werden (*Hess* KO, § 90 Rz. 1). Auch kann eine Protokollführung vorgesehen werden.

§ 73
Vergütung der Mitglieder des Gläubigerausschusses → § 91 KO

(1) ¹Die Mitglieder des Gläubigerausschusses haben Anspruch auf Vergütung für ihre Tätigkeit und auf Erstattung angemessener Auslagen. ²Dabei ist dem Zeitaufwand und dem Umfang der Tätigkeit Rechnung zu tragen.
(2) Die §§ 64 und 65 gelten entsprechend.

Wie der Insolvenzverwalter haben auch die Mitglieder des Gläubigerausschusses einen Anspruch auf Vergütung. Die Vergütung und die Erstattung der Auslagen ist den Grundsätzen der Vergütung des Insolvenzverwalters angeglichen. In erster Linie richtet sich die Vergütung nach dem Zeitaufwand, der erbracht wurde, erst in zweiter Linie ist der Umfang der Tätigkeit zu berücksichtigen (vgl. BT-Drucks. 12/2443 zu § 84). Maßgebend ist also in erster Linie der Zeitumfang der erbrachten Tätigkeiten, es sind aber auch die besonderen Schwierigkeiten und Probleme des Verfahrens zu berücksichtigen. 1

Ebenfalls haben die Mitglieder des Gläubigerausschusses einen Anspruch auf Erstattung von Auslagen, dabei handelt es sich in erster Linie um Fahrtkosten-, Bürokosten- und Übernachtungskostenerstattung. 2

Die Festsetzung der Vergütung erfolgt durch das Insolvenzgericht. Zuständig ist der Rechtspfleger. Durch den ausdrücklichen Verweis auf § 64 InsO ist klargestellt, daß der Beschluß öffentlich bekanntzumachen und dem Verwalter sowie dem Schuldner zuzustellen ist (vgl. oben § 64). 3

Auch die Rechtsmittel richten sich nach § 64 Abs. 3 InsO, so daß neben dem Schuldner und den Insolvenzgläubigern auch den Mitgliedern des Gläubigerausschusses das Rechtsmittel der sofortigen Beschwerde zusteht. Der Verwalter hat kein Rechtsmittel, da er von dem Beschluß nicht betroffen ist. 4

Die Einzelheiten der Vergütung sind in der InsVV geregelt. 5

§ 74
Einberufung der Gläubigerversammlung → §§ 93, 98 KO

(1) ¹Die Gläubigerversammlung wird vom Insolvenzgericht einberufen. ²Zur Teilnahme an der Versammlung sind alle absonderungsberechtigten Gläubiger, alle Insolvenzgläubiger, der Insolvenzverwalter und der Schuldner berechtigt.
(2) ¹Die Zeit, der Ort und die Tagesordnung der Gläubigerversammlung sind öffentlich bekanntzumachen. ²Die öffentliche Bekanntmachung kann unterbleiben, wenn in einer Gläubigerversammlung die Verhandlung vertagt wird.

Die Gläubigerversammlung ist das wichtigste Gremium im Insolvenzverfahren, da hier die Hauptinteressenten an der Durchführung des Verfahrens versammelt sind. Zur Teilnahme sind alle Gläubiger berechtigt. Teilnahmeberechtigt sind danach die Insolvenzgläubiger nach § 38 InsO sowie die absonderungsberechtigten Gläubiger nach §§ 50 und 51 InsO, aber auch die nachrangigen Insolvenzgläubiger nach § 39 InsO. Letztere besitzen jedoch kein Stimmrecht, § 77 Abs. 1 Satz 2 InsO. Neben den Gläubigern sind der Insolvenzverwalter, die Mitglieder des Gläubigerausschusses und der Schuldner teilnahmeberechtigt. 1

§ 74   *Eröffnung des Insolvenzverfahrens*

2   Wenn die Versammlung zustimmt, können auch Pressevertreter beobachtend an der Versammlung teilnehmen, die sonst nicht öffentlich ist.
3   Die Gläubigerversammlung ist einzuberufen, wenn dies vom Verwalter, § 75 Abs. 1 Nr. 1 InsO, vom Gläubigerausschuß, § 75 Abs. 1 Nr. 2 InsO, oder von mindestens fünf absonderungsberechtigten oder nicht nachrangigen Gläubigern unter den Voraussetzungen des § 75 Abs. 1 Nr. 3 InsO sowie von einem absonderungsberechtigten oder nicht nachrangigen Gläubiger unter den Voraussetzungen des § 75 Abs. 1 Nr. 4 InsO beantragt wird.
4   Darüber hinaus hat das Insolvenzgericht mit dem Eröffnungsbeschluß einen Termin für eine Gläubigerversammlung zu bestimmen, § 29 InsO. Dabei ist zu beachten, daß die Zuständigkeit des Rechtspflegers des Insolvenzgerichts gegeben ist, der auch die Gläubigerversammlung leitet, § 76 InsO.
5   Zumindest die erste Gläubigerversammlung ist öffentlich bekanntzumachen, § 9 InsO. In der öffentlichen Bekanntmachung sind Zeit, Ort und Tagesordnung bekanntzugeben. Der wesentliche Inhalt der Tagesordnung ist dabei ausreichend, aber auch unverzichtbar. Weitere Gläubigerversammlungen brauchen nicht öffentlich bekanntgegeben zu werden, wenn eine Vertagung in der Gläubigerversammlung erfolgte.
6   Alle wichtigen Entscheidungen sind von der Gläubigerversammlung zu fassen oder von ihr zu bestätigen. So ist ihre Zustimmung ausdrücklich bei bedeutsamen Rechtshandlungen erforderlich, wenn kein Gläubigerausschuß besteht, § 160 InsO.
7   Die Gläubigerversammlung kann in ihrer ersten Sitzung einen neuen Insolvenzverwalter wählen, § 57 InsO.
8   Sie kann ferner Antrag auf Entlassung des Verwalters stellen, § 59 Abs. 1 InsO.
9   Sie beschließt, ob ein Gläubigerausschuß eingesetzt wird oder ein bereits eingesetzter Ausschuß beibehalten wird, § 68 Abs. 1 InsO, und kann einzelne Ausschußmitglieder abwählen oder andere Personen in den Ausschuß berufen, § 68 Abs. 2 InsO.
10 Die Rechnung des Verwalters bei Beendigung seines Amtes ist den Mitgliedern der Gläubigerversammlung bekanntzumachen, § 66 Abs. 1 InsO. Die Gläubigerversammlung kann Zwischenrechnungen fordern, 66 Abs. 3 InsO.
11 Sie trifft die Entscheidung, ob das Unternehmen des Schuldners stillgelegt oder fortgeführt werden soll und kann den Auftrag an den Insolvenzverwalter erteilen, einen Insolvenzplan zu erstellen, § 157 InsO.
12 Die Verwertung der Insolvenzmasse kann nur erfolgen, soweit Beschlüsse der Gläubigerversammlung nicht entgegenstehen, § 159 InsO. Die Veräußerung des Unternehmens oder eines Betriebes ist nur mit Zustimmung der Versammlung möglich, wenn die Voraussetzungen des §§ 162 oder 163 InsO vorliegen.
13 Bei einer Schlußverteilung ist eine abschließende Gläubigerversammlung einzuberufen, § 197 InsO.
14 Bei einer Eigenverwaltung kann die Gläubigerversammlung den Antrag auf Aufhebung stellen, § 272 InsO.
15 Beschlüsse der Gläubigerversammlung können durch das Insolvenzgericht aufgehoben werden, wenn sie dem gemeinsamen Interesse der Insolvenzgläubiger widersprechen, § 78 InsO.

§ 75
Antrag auf Einberufung → § 93 KO

(1) Die Gläubigerversammlung ist einzuberufen, wenn dies beantragt wird:
1. vom Insolvenzverwalter;
2. vom Gläubigerausschuß;
3. von mindestens fünf absonderungsberechtigten Gläubigern oder nicht nachrangigen Insolvenzgläubigern, deren Absonderungsrechte und Forderungen nach der Schätzung des Insolvenzgerichts zusammen ein Fünftel der Summe erreichen, die sich aus dem Wert aller Absonderungsrechte und den Forderungsbeträgen aller nicht nachrangigen Insolvenzgläubiger ergibt;
4. von einem oder mehreren absonderungsberechtigten Gläubigern oder nicht nachrangigen Insolvenzgläubigern, deren Absonderungsrechte und Forderungen nach der Schätzung des Gerichts zwei Fünftel der in Nummer 3 bezeichneten Summe erreichen.

(2) Der Zeitraum zwischen dem Eingang des Antrags und dem Termin der Gläubigerversammlung soll höchstens zwei Wochen betragen.

(3) Wird die Einberufung abgelehnt, so steht dem Antragsteller die sofortige Beschwerde zu.

Die Regelung des § 75 InsO ermöglicht es einer Minderheit von Gläubigern unter 1 bestimmten Voraussetzungen weitere Gläubigerversammlungen, die nicht ohnehin von Amts wegen – so nach § 29 InsO – durch das Gericht anzuberaumen sind, zu erzwingen. Die Regelung folgt sinngemäß dem bisher geltenden Recht. Dabei wird nun auch die Teilnahmemöglichkeit der absonderungsberechtigten Gläubiger an der Gläubigerversammlung berücksichtigt, indem auch diese ein Antragsrecht auf Einberufung der Versammlung bekommen (vgl. BT-Drucks. 12/2443 zu § 86).

Der Antrag auf Einberufung einer Gläubigerversammlung kann mit formlosem Schrei- 2 ben oder zu Protokoll der Geschäftsstelle gestellt werden. Die Einberufung der Versammlung ist bei dem zuständigen Gericht zu beantragen, das nach Eingang des Antrages gemäß § 74 InsO die Gläubigerversammlung einberuft. Zuständig ist der Rechtspfleger des Insolvenzgerichts.

Nach einer Antragstellung muß regelmäßig eine Versammlung einberufen werden, das 3 Gericht kann den Antrag jedoch zurückweisen, wenn keine Notwendigkeit einer Einberufung der Versammlung vorliegt.

Eine Begründung des Antrages ist zwar nicht zwingend vorgeschrieben, sie ist aber 4 zweckmäßig, damit das Gericht über die Notwendigkeit der Einberufung entscheiden kann.

Eine Ablehnung des Einberufungsantrages darf jedoch nur ausnahmsweise erfolgen. 5 Es ist nicht ausreichend, daß die Einberufung der Versammlung unzweckmäßig erscheint. Ein Ablehnungsgrund ist allerdings bei offensichtlicher Willkür gegeben, so wenn keine Tagesordnung erkennbar ist. Dies liegt auch dann vor, wenn über Dinge entschieden werden soll, die nicht zum Aufgabenbereich der Gläubigerversammlung zählen.

Das Gericht erläßt in diesen Fällen einen Beschluß, mit dem der Antrag zurückgewiesen 6 wird. Der Beschluß ist zu begründen. Gegen den ablehnenden Beschluß ist die sofortige Beschwerde nach § 6 InsO gegeben.

Der Einberufungsantrag kann von dem Insolvenzverwalter gestellt werden. 7

§ 76 *Eröffnung des Insolvenzverfahrens*

8 Der Antrag kann ferner durch den Gläubigerausschuß gestellt werden. Es muß sich dabei um einen Beschluß des Gläubigerausschusses nach § 72 InsO handeln, da einzelne Ausschußmitglieder den Antrag nicht stellen können, sondern der Ausschuß nur als Gremium, also in seiner Gesamtheit das Antragsrecht besitzt.

9 Weiterhin kann der Antrag von fünf absonderungsberechtigten Gläubigern gestellt werden. Die Gläubiger müssen den Antrag nicht gemeinsam stellen, es reicht aus, wenn fünf Anträge aus dieser Gläubigergruppe dem Gericht vorliegen.

10 Weitere Voraussetzung der Antragsberechtigung ist jedoch, daß die Summe der Forderungen der Antragsteller mindestens 20%, also ein Fünftel der gesamten geltend gemachten Forderungen beträgt. Die Gesamtsumme der Forderungen ergibt sich aus den Anmeldungen der absonderungsberechtigten Gläubiger sowie der weiteren Insolvenzgläubiger, wobei allerdings nachrangige Forderungen nach § 39 InsO keine Berücksichtigung finden.

11 Ob die Antragsteller ein Fünftel der Gesamtforderungen geltend machen, obliegt der Schätzung des Gerichtes. Damit wird dem Umstand Rechnung getragen, daß gerade zu Beginn eines Insolvenzverfahrens häufig keine genaue Übersicht über die Gesamtsumme der Forderungen gegeben ist und der Verwalter und das Gericht zwangsläufig auf Schätzungen angewiesen sind. Daraus ergibt sich auch, daß das Insolvenzgericht keine zu engen Maßstäbe bei der Schätzung anlegen darf.

12 Auch fünf andere Gläubiger, wenn sie nicht nach § 39 InsO lediglich nachrangige Forderungen haben, können den Antrag auf Einberufung stellen. Für sie gelten die gleichen Voraussetzungen wie für die absonderungsberechtigten Gläubiger.

13 Schließlich können auch weniger als fünf Insolvenzgläubiger oder absonderungsberechtigte Gläubiger einen Antrag auf Einberufung der Versammlung stellen, wenn sie zusammen 40% der Gesamtforderungen geltend machen. Auch hier sind nachrangige Forderungen nicht zu berücksichtigen. Es gelten die gleichen Grundsätze wie oben.

14 Ist der Einberufungsantrag nicht willkürlich oder sonst offensichtlich unbegründet, so ist das Gericht verpflichtet, innerhalb kürzester Frist eine Einberufung der Gläubigerversammlung vorzunehmen. Zwischen Antragseingang und Termin zur Versammlung sollen höchstens zwei Wochen liegen. Diese Frist darf nur in dringenden und begründeten Fällen überschritten werden. Die Frist ist bewußt kurz gehalten und in der Praxis – besonders in umfangreichen Verfahren mit vielen Gläubigern – nur schwer einzuhalten, um den Gläubigern eine schnelle und wirksame Reaktion auf Entscheidungen des Gerichts oder des Gläubigerausschusses zu ermöglichen (vgl. BT-Drucks. 12/2443 zu § 86).

15 Lehnt das Gericht eine Einberufung der Versammlung ab, weil es die Einberufung als willkürlich ansieht oder ein anderer Grund vorliegt, der die Einberufung mißbräuchlich erscheinen läßt, oder sieht es die Voraussetzungen für die Antragstellung als nicht gegeben an, so steht den Antragstellern ein Beschwerderecht nach § 6 InsO zu. Diese sofortige Beschwerde kann von jedem einzelnen Gläubiger oder Mitglied des Gläubigerausschusses erhoben werden.

§ 76
Beschlüsse der Gläubigerversammlung → §§ 94, 95, 97 KO

(1) Die Gläubigerversammlung wird vom Insolvenzgericht geleitet.
(2) Ein Beschluß der Gläubigerversammlung kommt zustande, wenn die Summe der Forderungsbeträge der zustimmenden Gläubiger mehr als die Hälfte der

Beschlüsse der Gläubigerversammlung § 76

Summe der Forderungsbeträge der abstimmenden Gläubiger beträgt; bei absonderungsberechtigten Gläubigern, denen der Schuldner nicht persönlich haftet, tritt der Wert des Absonderungsrechts an die Stelle des Forderungsbetrags.

Die Leitung der Gläubigerversammlung erfolgt durch den Rechtspfleger oder den 1
Richter des Insolvenzgerichts, wenn dieser sich die Leitung vorbehalten hat. Die Leitung der Gläubigerversammlung bedeutet, daß der Rechtspfleger den Ablauf der Versammlung bestimmt und darauf achtet, daß die Tagesordnung eingehalten wird, zu der nach § 74 InsO eingeladen wurde.

Zu Beginn der Versammlung ist die Anwesenheit aufzunehmen und festzustellen, daß 2
die anwesenden Gläubiger stimmberechtigt sind, § 77 InsO. Die Prüfung des Stimmrechtes kann jedoch entfallen, wenn die Beschlüsse einstimmig oder mit deutlicher, unbezweifelbarer Mehrheit gefaßt werden. Wenn jedoch Beschlüsse gefaßt werden, bei denen die Mehrheiten fraglich sind, so umfaßt die Leitung der Versammlung auch die Prüfung der Stimmberechtigung und die Höhe der Forderungen, die durch die anwesenden Gläubiger geltend gemacht werden. Zur Prüfung des Stimmrechtes s. § 77 InsO.

Die Leitung der Versammlung umfaßt auch das Hausrecht und die Sitzungspolizei nach 3
§ 176 GVG.

Die Versammlung ist nicht öffentlich, da die Voraussetzungen des § 169 GVG nicht 4
vorliegen.

Über die Versammlung ist ein Protokoll zu führen. 5

Die Vorschrift des § 76 Abs. 2 regelt ferner, daß Beschlüsse der Gläubigerversammlung 6
mit einfacher Mehrheit zustandekommen. Dabei wird nicht auf die Anzahl der Gläubiger, sondern auf die Summe ihrer Forderungen abgestellt. Entscheidend ist, daß die Forderungen der Gläubiger, die dem Beschluß zustimmen, mehr als die Hälfte der Forderungssumme ausmachen. Berücksichtigung finden nur die Forderungen der anwesenden Gläubiger. Es ist also wie nach dem bisher geltenden Recht die einfache Mehrheit (Summenmehrheit) der abstimmenden Gläubiger, nach den Forderungssummen berechnet, ausschlaggebend.

Ein Gläubiger kann sich aber auch vertreten lassen. In diesen Fällen ist die Bevollmäch- 7
tigung durch das Gericht von Amts wegen zu prüfen.

Neu ist, daß auch die absonderungsberechtigten Gläubiger Stimmrecht haben. Anders 8
als die bisherige Regelung, wonach sich die gesicherten Gläubiger sofort aus dem Sicherungsgegenstand befriedigen konnten, werden sie nun in das Verfahren einbezogen. Grund hierfür ist, daß ein Unternehmen nicht auseinandergerissen werden soll, wenn die Möglichkeit einer Fortführung gegeben ist (vgl. auch die Regelung des § 166 InsO, wonach nur der Verwalter in seinem Besitz befindliche bewegliche Sachen verwerten und auch abgetretene Forderungen einziehen kann).

Grundsätzlich werden die absonderungsberechtigten Gläubiger mit dem vollen Wert des 9
Absonderungsrechts berücksichtigt. Sollte ihre Forderung höher als das Absonderungsrecht sein, so sind sie soweit als ungesicherte Gläubiger ebenfalls stimmberechtigt. Dies gilt allerdings nur, wenn sich die Forderung gegen den Schuldner persönlich richtet, also bei einer persönlichen Haftung des Schuldners.

Richtet sich die Forderung gegen einen Dritten, so beispielsweise die Ehefrau des 10
Schuldners, und ist die Forderung durch eine Hypothek auf dem Grundstück des Schuldners gesichert, so richtet sich der Wert des Absonderungsrechts nach dem Betrag, der dem Gläubiger nach Verwertung der Sicherheit zufließen wird; sie haben danach ein Stimmrecht, das sich zwar nach der Höhe des Absonderungsrechtes bemißt, der Erlös aus

Hössl

der Sicherheit ist jedoch abzuziehen. Die Grundsätze des § 77 InsO sind anzuwenden (vgl. BT-Drucks. 12/2443 zu § 87).

11 Nachrangige Gläubiger nach § 39 InsO haben kein Stimmrecht.

§ 77
Feststellung des Stimmrechts → §§ 95, 96 KO

(1) ¹Ein Stimmrecht gewähren die Forderungen, die angemeldet und weder vom Insolvenzverwalter noch von einem stimmberechtigten Gläubiger bestritten worden sind. ²Nachrangige Gläubiger sind nicht stimmberechtigt.
(2) ¹Die Gläubiger, deren Forderungen bestritten werden, sind stimmberechtigt, soweit sich in der Gläubigerversammlung der Verwalter und die erschienenen stimmberechtigten Gläubiger über das Stimmrecht geeinigt haben. ²Kommt es nicht zu einer Einigung, so entscheidet das Insolvenzgericht. ³Es kann seine Entscheidung auf den Antrag des Verwalters oder eines in der Gläubigerversammlung erschienenen Gläubigers ändern.
(3) Absatz 2 gilt entsprechend
1. für die Gläubiger aufschiebend bedingter Forderungen;
2. für die absonderungsberechtigten Gläubiger.

Inhaltsübersicht: Rz.

A. Vorbemerkung	1
B. Allgemeine Grundsätze	2– 5
C. Verfahren in Zweifelsfällen	6– 9
I. Bestrittene Forderungen	6– 8
II. Absonderungsberechtigte Gläubiger	9
D. Verfahren bei bestrittenen Forderungen	10–26
I. Einigungsversuch	10–11
II. Gerichtliche Entscheidung	12–14
III. Überprüfbarkeit der Gerichtsentscheidung	15–26

Literatur:

Pape Zur Problematik der Unanfechtbarkeit von Stimmrechtsfestsetzungen in der Gläubigerversammlung, ZIP 1991, 837 ff.

A. Vorbemerkung

1 Die Feststellung des Stimmrechtes ist Teil der Leitung der Gläubigerversammlung und damit Aufgabe des Insolvenzgerichts, § 76 InsO. Zuständig ist der Rechtspfleger, der die Gläubigerversammlung leitet, es sei denn, daß sich der Richter die Leitung vorbehalten hat, § 18 Abs. 1 Nr. 1 und Abs. 2 RpflG.

Feststellung des Stimmrechts § 77

B. Allgemeine Grundsätze

Grundsätzlich können nur anwesende Gläubiger ihr Stimmrecht ausüben, s. o. § 76 Rz. 5. **2**

Nachrangige Insolvenzgläubiger nach § 39 InsO sind generell nicht stimmberechtigt, da ihre Forderungen in aller Regel keinen wirtschaftlichen Wert darstellen. **3**

Das Stimmrecht hängt davon ab, daß der Gläubiger eine unbestrittene Forderung, also in der Regel eine festgestellte Forderung im Sinne des § 178 InsO hat. **4**

Im Einklang mit der bisherigen Rechtslage ist aber auch klar, daß angemeldete aber noch nicht geprüfte Forderungen ein Stimmrecht gewähren. Das Stimmrecht ist zunächst allein davon abhängig, daß der jeweilige Gläubiger eine Forderung rechtzeitig und ordnungsgemäß nach § 28 InsO bei dem Insolvenzverwalter angemeldet hat. **5**

C. Verfahren in Zweifelsfällen

I. Bestrittene Forderungen

Ist eine Forderung ordnungsgemäß angemeldet, so kann das Stimmrecht nur versagt werden, wenn diese Forderung bestritten wird. **6**

Bestreiten kann die Forderung grundsätzlich der Insolvenzverwalter, jedoch steht dieses Recht auch jedem anderen Gläubiger zu, der selbst eine nach § 179 InsO ordnungsgemäß angemeldete und unbestrittene Forderung geltend macht. **7**

Das Bestreiten kann vor oder in der Versammlung erfolgen. Auch ein mündliches Bestreiten, das zu Protokoll zu nehmen ist, ist ausreichend. Eine Begründung ist nicht erforderlich. **8**

II. Absonderungsberechtigte Gläubiger

Nach § 77 Abs. 3 InsO sind die absonderungsberechtigten Gläubiger und der Gläubiger mit aufschiebend bedingten Forderungen so zu behandeln wie die Gläubiger, deren Forderung bestritten wurde. Sie haben daher zunächst kein Stimmrecht. **9**

D. Verfahren bei bestrittenen Forderungen

I. Einigungsversuch

Über das Stimmrecht dieser Gläubiger entscheidet zunächst der Insolvenzverwalter und die restliche Gläubigerversammlung. Es gilt, eine Einigung herbeizuführen. An der Einigung, die immer einen einstimmigen Beschluß darstellt, sind alle Gläubiger, deren Stimmrecht feststeht, da sie eine unbestrittene Forderung geltend machen, sowie der Verwalter beteiligt. Stimmenthaltungen sind als zustimmende Stimmen zu werten. **10**

Wenn die Gläubigerversammlung und der Verwalter dem betreffenden Gläubiger das Stimmrecht einräumen, so darf dieser trotz der bestrittenen Forderung mitstimmen, wobei seine Forderung im Rahmen des § 76 Abs. 2 InsO zu berücksichtigen und zu bewerten ist. Einigen sich die Gläubigerversammlung und der Verwalter jedoch dahin, **11** dem Gläubiger das Stimmrecht zu verwehren, ist dieser von der Gläubigerversammlung ausgeschlossen. Seine Forderung wird bei einer Beschlußfassung im Rahmen des § 76 Abs. 2 InsO nicht berücksichtigt.

II. Gerichtliche Entscheidung

12 Nur wenn keine Einigung zustandekommt, die Gläubigerversammlung und der Verwalter also zu keinem Ergebnis gelangen, hat das Insolvenzgericht durch den die Versammlung leitenden Rechtspfleger über das Stimmrecht des betreffenden Gläubigers zu entscheiden, § 77 Abs. 2 InsO.

13 Die Entscheidung des Gerichts ist nach pflichtgemäßem Ermessen zu treffen. Dabei sind alle bekannten Umstände, die für oder gegen die Berechtigung der Forderung sprechen, zu berücksichtigen. Es empfiehlt sich für das Gericht, den Gläubiger, der die Forderung bestritten hat, den Gläubiger, der die Forderung geltend macht, sowie den Verwalter zu hören.

14 Die Gerichtsentscheidung wie auch die Einigung der Gläubigerversammlung betrifft nur das Stimmrecht in der betreffenden Versammlung. Die materielle Berechtigung des Gläubigers, seine Antrags- und Beschwerderechte, so §§ 78, 216, 251, 253, 289 InsO, bleiben unberührt (vgl. BT-Drucks. 12/2443 zu § 88).

III. Überprüfbarkeit der Gerichtsentscheidung

15 Gegen die Entscheidung des Gerichts, hier durch den die Versammlung leitenden Rechtspfleger, ist grundsätzlich keine Erinnerung möglich, § 11 Abs. 5 Satz 2 RpflG, die Entscheidung ist damit im Grundsatz unanfechtbar (vgl. hierzu die kritischen Ausführungen zur Problematik der Unanfechtbarkeit von Stimmrechtsfestsetzungen in der Gläubigerversammlung von *Pape* ZIP 1991, 837 ff.).

16 Der Rechtspfleger kann aber jederzeit seine eigene Entscheidung überprüfen und aufheben oder ändern, wenn dies der Verwalter oder ein anderer in der Versammlung anwesender Gläubiger beantragt. Der beantragende Gläubiger sollte stimmberechtigt sein.

17 Ein Antrag durch einen Gläubiger oder den Insolvenzverwalters auf Überprüfung der Entscheidung des Rechtspflegers durch den Richter des Insolvenzgerichtes ist aber für den Fall möglich, daß sich die Stimmrechtsentscheidung auf das Abstimmungsergebnis ausgewirkt hat.

18 In diesen Fällen nach § 18 Abs. 3 Satz 2 RpflG kann der Richter die Entscheidung des Rechtspflegers überprüfen und gegebenenfalls nachträglich korrigieren.

19 Der Richter hat zunächst zu prüfen, ob sich die Entscheidung über das Stimmrecht auf die Beschlußfassung ausgewirkt hat. Nur wenn durch das Versagen oder durch die Gewährung des Stimmrechts der betreffende Beschluß der Gläubigerversammlung zustandegekommen ist bzw. abgelehnt wurde, besteht die Notwendigkeit, die Entscheidung des Rechtspflegers zu überprüfen.

20 Kommt der Richter zu der Auffassung, daß die Entscheidung des Rechtspflegers unrichtig war, so kann er das Stimmrecht neu festsetzen und den in der Versammlung gefaßten Beschluß aufheben sowie die Wiederholung der Abstimmung anordnen.

21 Dabei ist zu beachten, daß der Antrag auf richterliche Entscheidung nur bis zum Schluß des Termins gestellt werden kann, in dem die Abstimmung stattgefunden hat.

Aufhebung eines Beschlusses der Gläubigerversammlung § 78

Eine Wiederholung der Abstimmung steht im Ermessen des Richters. Kommt er zu dem 22
Schluß, daß die Entscheidung im gemeinsamen Interesse der Gläubiger ist, s. § 78 InsO,
so braucht die Abstimmung nicht wiederholt zu werden.
Wird das Stimmrecht neu festgesetzt, so ordnet der Richter gleichzeitig die Wiederho- 23
lung der Abstimmung an.
Kann der Richter nicht sofort über den Antrag entscheiden, so ist die Versammlung 24
auszusetzen bzw. zu vertagen. Eine neue Versammlung wird jedoch nur dann notwendig,
wenn der Richter eine neue Abstimmung anordnet.
Die Entscheidung des Richters ist unanfechtbar, da keine sofortige Beschwerde vorge- 25
sehen ist, § 6 InsO.
Hat der Richter sich die Leitung der Versammlung vorbehalten und über das Stimm- 26
recht entschieden, so hat die Entscheidung für den Fall der Bestätigung eines Planes die in §§ 237, 238 und 256 InsO festgelegten Rechtsfolgen, § 18 Abs. 3 Satz 1
RpflG.

§ 78
Aufhebung eines Beschlusses der Gläubigerversammlung → § 99 KO

**(1) Widerspricht ein Beschluß der Gläubigerversammlung dem gemeinsamen
Interesse der Insolvenzgläubiger, so hat das Insolvenzgericht den Beschluß aufzuheben, wenn ein absonderungsberechtigter Gläubiger, ein nicht nachrangiger
Insolvenzgläubiger oder der Insolvenzverwalter dies in der Gläubigerversammlung beantragt.**
(2) ¹**Die Aufhebung des Beschlusses ist öffentlich bekanntzumachen.** ²**Gegen die
Aufhebung steht jedem absonderungsberechtigten Gläubiger und jedem nicht
nachrangigen Insolvenzgläubiger die sofortige Beschwerde zu.** ³**Gegen die Ablehnung des Antrags auf Aufhebung steht dem Antragsteller die sofortige Beschwerde
zu.**

Nach § 78 InsO besteht die Möglichkeit, einen Beschluß der Gläubigerversammlung 1
aufzuheben. Die Vorschrift übernimmt die bisherige Regelung und verwirft die ursprüngliche Absicht des Regierungsentwurfes, einen Minderheitenschutz vorzusehen
(vgl BT-Drucks. 12/2443 zu § 89). Zweck der Vorschrift ist es daher nicht, dem
eventuellen Mißbrauch der Machtstellung einer Gläubigermehrheit entgegenzuwirken,
die Beschlüsse fassen könnte, die einseitig in ihrem Interesse sind. Die Vorschrift
versucht daher auch nicht dem Umstand Rechnung zu tragen, daß die Interessen der
Gläubiger sehr unterschiedlich sein können und durch die Mehrheitsverhältnisse in der
Gläubigerversammlung Beschlüsse gefaßt werden könnten, die unter Umständen einseitig im Interesse nur einer Gläubigergruppe sind.
Alleiniger Maßstab, der zur Aufhebung eines Beschlusses führen kann, ist der Umstand, 2
daß das gemeinsame Interesse der Gläubiger an einer bestmöglichen Befriedigung aller
Gläubiger gefährdet ist. Es ist Ziel der Vorschrift, offensichtlichen Schaden abzuwenden, der bei der Durchführung eines Beschlusses an der zu erzielenden Verteilungsmasse
entstehen könnte.
Dem gemeinsamen Interesse widerspricht ein Beschluß, der einen einzelnen Gläubiger 3
oder Dritte im Hinblick auf die Gesamtheit der Gläubiger begünstigt oder niemandem
nützlich ist *OLG Köln* LZ 1909, 407; *Kuhn/Uhlenbruck* KO, § 99 Rz. 2).

§ 79 *Eröffnung des Insolvenzverfahrens*

4 Im Einzelfall kann die Regelung zu schwierigen Abgrenzungsproblemen führen. Im Hinblick auf die besondere Stellung, die in der Insolvenzordnung den Gläubigern und der Gläubigerversammlung eingeräumt wird, soll das Gericht nur zurückhaltend von der Aufhebungsbefugnis Gebrauch machen. In Zweifelsfällen sollte die Entscheidung der Gläubigerversammlung bestätigt werden.

5 Antragsberechtigt sind der Verwalter sowie die Insolvenzgläubiger, dabei kann es sich auch um absonderungsberechtigte Gläubiger handeln. Nachrangige Gläubiger nach § 39 InsO sind jedoch von dem Antragsrecht ausgeschlossen. Der antragstellende Gläubiger muß zudem im Sinne des § 77 InsO stimmberechtigt sein.

6 Das Gericht, funktional zuständig ist der Rechtspfleger oder der Richter, wenn letzterer sich die Entscheidung vorbehalten hat, muß die Entscheidung aufheben, wenn sie dem gemeinsamen Interesse der Gläubiger widerspricht, es besteht dann kein Ermessensspielraum.

7 Beschlüsse, die von Anfang an nichtig sind, weil sie beispielsweise unter Verletzung von zwingenden Formvorschriften zustandegekommen sind, fallen nicht unter die Regelung des § 78 InsO, da sie rechtlich unwirksam sind. Die Nichtigkeit eines Beschlusses kann jederzeit geltend gemacht werden.

8 Es empfiehlt sich, eine Stellungnahme des Verwalters einzuholen, wenn ein Gläubiger den Antrag gestellt hat.

9 Für den Fall, daß der Beschluß der Gläubigerversammlung durch das Insolvenzgericht aufgehoben wird, ist dies im Staatsanzeiger öffentlich bekanntzumachen, § 78 Abs. 2 InsO. Damit wird die Frist für die sofortige Beschwerde in Gang gesetzt.

10 Verwirft das Insolvenzgericht den Antrag auf Aufhebung des Beschlusses, so ist die Entscheidung dem Antragsteller zuzustellen, da diesem auch das Recht auf sofortige Beschwerde zusteht.

§ 79
Unterrichtung der Gläubigerversammlung → § 132 KO

[1]**Die Gläubigerversammlung ist berechtigt, vom Insolvenzverwalter einzelne Auskünfte und einen Bericht über den Sachstand und die Geschäftsführung zu verlangen.** [2]**Ist ein Gläubigerausschuß nicht bestellt, so kann die Gläubigerversammlung den Geldverkehr und -bestand des Verwalters prüfen lassen.**

1 Die Gläubigerversammlung kann ihrer Bedeutung nur gerecht werden und ihre Mitwirkungsrechte nur dann sinnvoll ausüben, wenn sie über den jeweiligen Sachstand des Verfahrens ausreichend informiert ist. Die Insolvenzordnung gibt deshalb durch die Vorschrift des § 79 InsO der Gläubigerversammlung ein weitgehendes Informationsrecht. Die Vorschrift macht deutlich, daß die Versammlung nicht nur einen generellen Bericht sondern auch einzelne Auskünfte verlangen kann (vgl. BT-Drucks. 12/2443 zu § 90).

2 Dagegen umfaßt das Bericht- und Auskunftsrecht nicht die Einsicht in die Unterlagen des Verwalters oder die Geschäftsunterlagen des Schuldners.

3 Es kann grundsätzlich jederzeit Auskunft verlangt werden. Der Insolvenzverwalter ist in jedem Stadium des Verfahrens zur Auskunftserteilung verpflichtet. Dabei sollte jedoch die Arbeitsbelastung des Insolvenzverwalters beachtet werden, mißbräuchliches Auskunftsverlangen, das vorliegt, wenn der mit der Auskunft verbundene Aufwand in

keinem Verhältnis zu dem Interesse der Gläubigerversammlung an der Auskunft besteht (vgl. *BGH* WM 1978, 137), ist zu vermeiden. Normalerweise werden einfache Auskunftsschreiben ausreichend sein. Auskünfte einfacher Art können auch telefonisch gegeben werden. Die Auskünfte müssen nicht durch den Insolvenzverwalter persönlich erfolgen, es sei denn, dies wird von der Versammlung ausdrücklich verlangt, sonst ist die Auskunft durch einen beauftragten Mitarbeiter ausreichend.

Die Auskunftspflicht bezieht sich auf den Sachstand des Verfahrens, also auf den aktuellen Stand der Abwicklung des Verfahrens, und die Geschäftsführung, also die Vorgehensweise des Verwalters bei der Verfahrensabwicklung. Auskünfte über den Sachstand sind beispielsweise Fragen, die sich auf die Verwertung von Gegenständen und Liegenschaften des Schuldners, Verhandlungsstände und -ergebnisse, Stand von Forderungsprüfungen etc. beziehen. **4**

Auskünfte über die Geschäftsführung können Fragen zur Handhabung der Abwicklung, Art und Weise der Forderungsprüfung, Rechnungs- und Kassenprüfungen und Auskünfte zu Personen, die für den Verwalter tätig sind, sein (vgl. § 58 Abs. 3). **5**

Die Auskunft oder der Bericht des Verwalters braucht nicht jedes Detail zu umfassen. Es ist jedoch darauf zu achten, daß die Information geeignet ist, daß sich die Gläubiger ein Bild vom Verfahrensstand oder der Geschäftsführung des Verwalters machen können. Einzelne Auskünfte sind möglichst vollständig zu erteilen. **6**

Die Gläubigerversammlung kann in einer Versammlung beschließen, wann, wie oft und über welche Fragen der Verwalter Bericht erstatten soll. Ein derartiger Beschluß ist besonders in größeren Verfahren zweckmäßig, um einem Mißbrauch des Informationsrechtes vorzubeugen. **7**

Das Frage- und Berichtsrecht steht der Versammlung als Gremium, also nicht einem einzelnen Gläubiger zu. **8**

Ist ein Gläubigerausschuß nicht bestellt, so geht dessen Recht, die Kasse des Verwalters zu prüfen, § 69 Satz 2 InsO, auf die Gläubigerversammlung über. Wie der Gläubigerausschuß, so kann auch die Gläubigerversammlung einen Sachverständigen mit der Prüfung beauftragen. Es können auch einzelne Mitglieder der Versammlung von dieser mit der Prüfung beauftragt werden. In beiden Fällen ist der Versammlung über das Prüfungsergebnis zu berichten. **9**

Dritter Teil
Wirkungen der Eröffnung des Insolvenzverfahrens

Erster Abschnitt
Allgemeine Wirkungen

§ 80
Übergang des Verwaltungs- und Verfügungsrechts → §§ 6, 13 KO

(1) Durch die Eröffnung des Insolvenzverfahrens geht das Recht des Schuldners, das zur Insolvenzmasse gehörende Vermögen zu verwalten und über es zu verfügen, auf den Insolvenzverwalter über.

(2) ¹Ein gegen den Schuldner bestehendes Veräußerungsverbot, das nur den Schutz bestimmter Personen bezweckt (§§ 135, 136 des Bürgerlichen Gesetzbuchs), hat im Verfahren keine Wirkung. ²Die Vorschriften über die Wirkungen einer Pfändung oder einer Beschlagnahme im Wege der Zwangsvollstreckung bleiben unberührt.

Inhaltsübersicht: Rz.

A. Inhalt und Zweck der Vorschrift 1– 2
B. Anwendungsbereich und Verhältnis zu anderen Vorschriften 3– 4
C. Verlust des Verwaltungs- und Verfügungsrechts des Schuldners 5– 9
D. Verwaltungs- und Verfügungsrecht des Insolvenzverwalters 10–26
E. Unwirksamkeit von Veräußerungsverboten 27–28

Literatur:

Heilmann Aus welchen Gegenständen besteht die Konkursmasse?, BB 1988, 1546; *Pape* Zum Freigaberecht des Konkursverwalters bei Grundstücken mit Altlasten, ZIP 1991, 1544.

A. Inhalt und Zweck der Vorschrift

1 Abs. 1 ist § 6 KO, Abs. 2 ist § 13 KO nachgebildet; die Rechtsprechung zu diesen Bestimmungen kann in großem Umfang zur Klärung von Zweifelsfragen im Zusammenhang mit § 80 weiterhin herangezogen werden, ebenso die zu dem (allerdings mißglückten) § 7 Abs. 1 GesO. Zu beachten ist jedoch, daß der Begriff der Insolvenzmasse nach neuem Recht nicht deckungsgleich mit dem der Konkursmasse nach altem Recht ist (§ 35). Ein gegen den Schuldner bestehendes Veräußerungsverbot bindet den Insolvenzverwalter nicht. § 80 stellt jedoch weder die Pfändung von beweglichen Sachen oder Rechten noch die Beschlagnahme von unbeweglichem Vermögen im Wege der Zwangsvollstreckung in Frage. Diese Vollstreckungsmaßnahmen gewähren im Insolvenzverfahren ein Recht auf abgesonderte Befriedigung (§§ 49, 50 Abs. 1).

Übergang des Verwaltungs- und Verfügungsrechts § 80

Zweck der Regelung ist, daß das dem Insolvenzverfahren zu Grunde liegende Prinzip der 2
gleichmäßigen Befriedigung aller Insolvenzgläubiger die weitgehende Sicherung des
den Gläubigern als Haftungsmasse zugewiesenen Schuldnervermögens erfordert (*Hess*
KO, § 6 Rz. 1 zur Vorläufervorschrift).

B. Anwendungsbereich und Verhältnis zu anderen Vorschriften

Dieselbe Rechtsfolge wie § 80 Abs. 1 ordnet § 22 Abs. 1 für den Fall an, daß ein 3
vorläufiger Insolvenzverwalter bestellt und dem Schuldner ein allgemeines Verfügungsverbot auferlegt wird (siehe die dortige Kommentierung). Dauert die mit dieser Maßgabe
angeordnete Bestellung eines vorläufigen Insolvenzverwalters bis zur Eröffnung des
Insolvenzverfahrens fort wie im Regelfall, so wird im Ergebnis also die Wirkung von
§ 80 Abs. 1 auf den Zeitpunkt der Bestellung des vorläufigen Insolvenzverwalters
vorverlegt.

Abbedungen wird § 80 durch § 270 Abs. 1 Satz 1, wenn das Insolvenzgericht die 4
Eigenverwaltung angeordnet hat, doch ist auch in diesem Falle eine Regelung möglich,
daß der Zahlungsverkehr über den Sachwalter abzuwickeln ist (§ 275 Abs. 2; siehe die
dortige Kommentierung).

C. Verlust des Verwaltungs- und Verfügungsrechts des Schuldners

Der Schuldner bleibt ungeachtet der Eröffnung des Insolvenzverfahrens rechtsfähig 5
(auch im Falle einer juristischen Person), geschäftsfähig, parteifähig und prozeßfähig. Er
ist auch danach Inhaber seines Vermögens (BGHZ 49, 13), etwa als Eigentümer von
körperlichen Sachen und als Inhaber von Forderungen, das ihm auch steuerrechtlich im
Insolvenzverfahren zugerechnet wird (vgl. *Hess/Boochs/Weis* Steuerrecht in der Insolvenz, Rz. 188), und der Schuldner seiner Verbindlichkeiten. Der Schuldner behält des
weiteren seine Kaufmannseigenschaft, bis der Insolvenzverwalter das Handelsunternehmen aufgibt oder es im ganzen veräußert (*Henckel* in Jaeger, KO, § 6 Rz. 52 m. w. N.). Er
verliert jedoch das Recht, sein zur Insolvenzmasse gehörendes Vermögen zu verwalten
und über es zu verfügen (§ 80 Abs. 1) sowie darüber einen Rechtsstreit zu führen
(§§ 85 ff. InsO und § 240 ZPO). Derselbe Verlust tritt bei dem gesetzlichen und bei dem
gewillkürten Vertreter des Schuldners ein, desgleichen bei den Vertretungsorganen oder
den vertretungsberechtigten Gesellschaftern des Schuldners, falls der Schuldner keine
natürliche Person ist (*Jauernig* Zwangsvollstreckungs- und Insolvenzrecht, S. 286).

Daraus ergibt sich, das der Schuldner an die Wirkungen der von dem nunmehr zuständi- 6
gen Insolvenzverwalter vorgenommenen Rechtshandlungen gebunden ist, auch soweit
es sich dabei um Verpflichtungen handelt, die über die Dauer des Insolvenzverfahrens
hinausreichen (*Hess* KO, § 6 Rz. 9; *Kilger/Karsten Schmidt* KO, § 6 Anm. 3 a), und zwar
in der gleichen Weise, als wenn er die betreffenden Rechtsgeschäfte selbst abgeschlossen
hätte. Folgerichtig wirkt die Rechtskraft von Urteilen in Prozessen, die Massegegenstände betreffen, auch nach Abschluß des Insolvenzverfahrens gegen den Schuldner
(*Kilger/Karsten Schmidt* KO, § 6 Anm. 3 a). Die Bindung erstreckt sich auch auf vom
Insolvenzverwalter zu vertretende Vertragsverletzungen und Leistungsstörungen (*Hess*
KO, § 6 Rz. 9), doch ist die Haftung auf den Bestand der Masse beschränkt (*BGH* NJW
1955, 339; *Kuhn/Uhlenbruck* KO, § 57 Rz. 11b). Für unerlaubte Handlungen des Insolvenzverwalters hat hingegen nur dieser, nicht der Schuldner einzustehen (*Kuhn/*

App

§ 80 *Wirkungen der Eröffnung des Insolvenzverfahrens*

Uhlenbruck KO, § 57 Rz. 11c; *Karsten Schmidt* KTS 1984, 393). Nach *BVerfG* ZIP 1993 686 soll es nicht gegen die Eigentumsgarantie von Art. 14 GG verstoßen, daß dem Schuldner ein Beschwerderecht gegen Maßnahmen des Insolvenzverwalters versagt ist.

7 In Masseprozessen kann der Schuldner als Zeuge benannt und vernommen werden, da er in diesen Prozessen nicht Partei ist (*Hess* KO, § 6 Rz. 10). Nicht Zeuge sein kann der Schuldner dagegen bei richterlichen Ermittlungen in seinem eigenen Insolvenzverfahren (*BGH* NJW 1953, 151).

8 Verschiedene Vorschriften ordnen über die Vermögenssphäre hinaus Beschränkungen des Schuldners im persönlichen Bereich an. Seine Bewegungsfreiheit ist durch § 97 Abs. 3 eingeschränkt; es besteht die Möglichkeit der Anordnung einer Postsperre gem. § 99 (vgl. dazu die dortige Kommentierung). Die Zulassung zur Rechtsanwaltschaft kann versagt werden, wobei die BRAO seit der Änderung durch Art. 16 Nr. 1 EGInsO nur noch an den durch die Eröffnung eines Insolvenzverfahrens allerdings indizierten Vermögensverfall anknüpft (§ 7 Nr. 9 BRAO), während die Eröffnung des Insolvenzverfahrens als solche anders als nach dem aufgehobenen § 7 Nr. 10 BRAO kein Versagungstatbestand mehr ist. Die familienrechtlichen Beschränkungen des Schuldners sind durch Art. 33 Nr. 28–30 EGInsO aufgehoben worden. Einschränkungen bestehen in staatsbürgerlicher Hinsicht für die Bestellung zum Schöffen und zum ehrenamtlichen Richter (§ 33 Nr. 5 GVG; § 21 Abs. 2 Satz 2 ArbGG; § 17 Abs. 1 Satz 2 SGG; § 21 Abs. 2 VwGO; § 18 Abs. 2 FGO), wobei die neugefaßten Vorschriften, verfassungsrechtlichen und rechtspolitischen Bedenken gegen die bisherigen Bestimmungen (dazu *App* MDR 1987, 106; BB 1987, 2016; SGb 1990, 486; VR 1991, 156; DStZ 1987, 464) Rechnung tragend, gegenüber den zwingenden Vorläuferregelungen nur noch als Sollvorschriften ausgestaltet sind und nicht an die Verfügungsbeschränkung, sondern an den Vermögensverfall des Schuldners anknüpfen. Das aktive und das passive Wahlrecht zum Bundestag werden durch die Eröffnung eines Insolvenzverfahrens nicht beeinträchtigt.

9 Zum Insolvenzverwalter steht der Schuldner in einem Geschäftsbesorgungsverhältnis, das zwar seiner Natur nach ein gesetzliches Schuldverhältnis ist, jedoch ähnliche Verpflichtungen erzeugt, wie sie bei einer vertraglichen Übernahme einer Geschäftsbesorgung entstehen (vgl. BGHZ 21, 291). In keinem Falle wird zwischen dem Insolvenzverwalter und dem Schuldner ein Arbeitsverhältnis begründet (*ArbG Stade* DB 1954, 476). Der Insolvenzverwalter hat gegenüber dem Schuldner keine Auskunftspflicht (*Kilger/Karsten Schmidt* KO, § 6 Rz. 3 b).

D. Verwaltungs- und Verfügungsrecht des Insolvenzverwalters

10 Das Verwaltungs- und Verfügungsrecht des Insolvenzverwalters berechtigt ihn der Gläubigergemeinschaft gegenüber zu allen Maßnahmen, welche dem Insolvenzzweck, der größtmöglichsten und gleichmäßigen Befriedigung der Insolvenzgläubiger, dienen oder sich sonst auf die Masse beziehen (*Kilger/Karsten Schmidt* KO, § 6 Anm. 4a). Das sind insbesondere Erfassung und Verwertung der Masse nach Maßgabe der §§ 148 ff. Schadensersatzansprüche macht der Insolvenzverwalter kraft seines Amtes zu Gunsten der Gläubiger geltend, soweit es um die Masseverkürzung zum Schaden aller Gläubiger geht (§ 92). Gegen Gesellschafter kann und muß er Einlagenansprüche und Rückforderungsansprüche wegen verbotener Ausschüttungen geltend machen, außerdem nach § 171 Abs. 2 HGB die Kommanditistenhaftung. Der Insolvenzverwalter darf das Geschäft des Schuldners weiterführen. Gegenstände (auch Grundstücke, die dann auf den

Übergang des Verwaltungs- und Verfügungsrechts **§ 80**

Namen des Schuldners mit »Insolvenzvermerk« einzutragen sind) erwerben, Bürgschaften eingehen, Massegegenstände verpfänden, Übereinkünfte mit Absonderungsberechtigten treffen. Ein zinsloses Darlehen, dessen Rückzahlung in das Belieben des Darlehensnehmers gestellt ist, kann der Insolvenzverwalter unter Berücksichtigung von Treu und Glauben kündigen (*OLG Köln* KTS 1961, 44). Der Insolvenzverwalter darf im Einzugsermächtigungsverfahren einer vor Eröffnung des Insolvenzverfahrens vorgenommenen Belastung des Schuldnerkontos widersprechen, wenn der Grund anerkennenswert ist (*OLG Hamm* EWiR 1985, 203). Einer nach Eröffnung des Insolvenzverfahrens vorgenommenen Belastung mit einer davor begründeten Forderung muß er widersprechen (*Kilger/Karsten Schmidt* KO, § 6 Anm. 4 a).

Der Insolvenzverwalter kann grundsätzlich nicht andere und nicht mehr Rechte hinsichtlich der Masse ausüben, als der Schuldner hatte (*BGH* NJW 1971, 1750). Deshalb sind Lasten und Beschränkungen der Massegegenstände vom Insolvenzverwalter zu beachten (*Kilger/Karsten Schmidt* KO, § 6 Anm. 4 b). Veräußert der Insolvenzverwalter einen mit einem dinglichen Recht belasteten Massegegenstand, so erwirbt ihn der Erwerber nur mit dem dinglichen Recht (RGZ 157, 44). Scheitert ein Bereicherungsanspruch des Schuldners an § 814 BGB, so kann auch der Insolvenzverwalter ihn nicht geltend machen (BGHZ 113, 98). Hat der Schuldner einen Gegenstand rechtsgrundlos (§§ 812 ff. BGB) oder anfechtbar (§§ 1 ff. AnfG) erworben, so ist die Masse und damit auch der Insolvenzverwalter diesem Anspruch ausgesetzt (*BGH* NJW 1993, 663). **11**

Der Insolvenzverwalter übt im Insolvenzverfahren eines Unternehmens Arbeitgeberfunktionen aus (BAG DB 1974, 2207). Er verdrängt den Geschäftsführer einer GmbH aus dessen Arbeitgeberfunktion (*AG Königswinter* NJW-RR 1986, 913). Er ist auch z. B. der Adressat für Zeugnisansprüche von Arbeitnehmern, wenn deren Arbeitsverhältnisse im Insolvenzverfahren fortbestanden haben (*BAG* DB 1991, 1626; *Karsten Schmidt* DB 1991, 1930). Der Insolvenzverwalter ist im Rahmen eines allgemein verbindlichen Tarifvertrags auskunftspflichtig, wenn er nur noch mit der Liquidation verbundene Arbeiten ausführen läßt (*GAB* ZIP 1987, 727). Im Insolvenzverfahren gelten generell die Bestimmungen des BetrVG; der Insolvenzverwalter ist daher verpflichtet, bei allen Maßnahmen, die Arbeitnehmer betreffen, das Mitwirkungs- und Mitbestimmungsrecht des Betriebsrats zu beachten (BAGE 23, 72; Uhlenbruck BB 1973, 1362). Der Betriebsrat ist bei allen Ermessensentscheidungen des Insolvenzverwalters anzuhören. Führt der Insolvenzverwalter vom Gesetz vorgeschriebene Maßnahmen aus, so ist der Betriebsrat dabei nicht zu beteiligen (*Kilger/Karsten Schmidt* § 6 Anm. 5 d ff.). **12**

Der das Unternehmen fortführende Insolvenzverwalter ist an die Grundsätze des Wettbewerbsrechts gebunden. Umstritten ist die Anwendung der Grundsätze über Sonderveranstaltungen (§ 7 UWG) und Räumungsverkauf (§ 8 UWG). Herkömmlich werden diese Bestimmungen angewendet; ein Insolvenzprivileg wird abgelehnt (*Baumbach/Hefermehl* Wettbewerbsrecht § 8 UWG Rz. 2; *Frey* BB 1963, 842). **13**

Die Verantwortlichkeit im Ordnungsrecht, insbesondere im Umweltrecht ist umstritten (dazu eingehend *Karsten Schmidt* BB 1991, 1273; *Stoll* ZIP 1992, 1437). Es ist zwischen Zustandshaftung und Handlungshaftung zu unterscheiden. Eine Art Insolvenzprivileg, also eine Verdrängung von Ordnungsrecht durch Insolvenzrecht gibt es nicht (*OVG Lüneburg* NJW 1992, 1252). Eine in der Masse begründete Beseitigungspflicht ist auch keine Insolvenzforderung (*VGH Mannheim* BB 1991, 237; zust. *Karsten Schmidt* BB 1991, 1278). Vielmehr muß der Insolvenzverwalter eine durch Handlungs- oder Zustandshaftung zu Lasten der Masse begründete Ordnungspflicht im Rahmen seiner Amtsbefugnisse nach § 80 erfüllen (*Karsten Schmidt* BB 1991, 1275; in gleicher Richtung *OVG Lüneburg* BB 1992, 1091 und NJW 1993, 1671). Für die Zustandshaftung **14** für eine vom Schuldner begründete Handlungshaftung ergibt sich das daraus, daß die Ordnungspflicht massebezogen ist und daß der Insolvenzverwalter die Masse mit allen Rechten und Lasten zu übernehmen hat. Eine nach Eröffnung des Insolvenzverfahrens begründete Handlungspflicht löst eine vom Insolvenzverwalter zu erfüllende Ordnungspflicht nur dann aus, wenn er bzw. eine seiner Hilfspersonen Handlungsstörer ist (*Karsten Schmidt* BB 1991, 1277). Ersatzvornahmekosten wegen einer die Masse treffenden Ordnungspflicht begründen Masseschulden nach § 55 Abs. 1 Nr. 1 (*OVG Lüneburg* BB 1992, 1091 m. Anm. *Karsten Schmidt*; a. A. *VGH Mannheim* BB 1991, 237).

15 Nach § 34 AO obliegen dem Insolvenzverwalter die steuerlichen Pflichten zur Abgabe der diversen Steuererklärungen und der Zahlung der die Masse treffenden Steuern (*BFH* BStBl. 1972 II, 784; *Lohmeyer* JR 1973, 236). Der Insolvenzverwalter einer Personengesellschaft ist nach h. M. nicht verpflichtet, die Erklärung zur einheitlichen und gesonderten Feststellung abzugeben, weil diese den steuerlichen Bereich der Gesellschafter betrifft und mithin dem insolvenzfreien Bereich zuzuweisen ist (vgl. dazu *BFH* ZIP 1993, 374). Diese steuerliche Pflicht ist vom Liquidator zu erfüllen.

16 Um ihm die Wahrnehmung des Verwaltungs- und Verfügungsrechts zu ermöglichen, stattet die InsO den Insolvenzverwalter mit zahlreichen Antrags- und Gestaltungsrechten aus.

17 Berechtigt ist der Insolvenzverwalter (siehe die Übersicht von *Haarmeyer/Wutzke/Förster* Handbuch zur Insolvenzordnung, 340) zu folgenden Anträgen:
– Antrag auf Einberufung der Gläubigerversammlung gem. § 75 InsO,
– Antrag auf Anordnung der Postsperre gem. § 99 InsO,
– Antrag auf Zustimmung zur Stillegung des Betriebes gem. § 22 InsO,
– Antrag auf Zustimmung zur Betriebsänderung gem. § 122 InsO,
– Antrag auf Einleitung eines Beschlußverfahrens zum Kündigungsschutz gem. § 126 InsO,
– Antrag auf Setzung einer Verwertungsfrist gem. § 173 InsO,
– Antrag auf Anordnung einer Nachtragsverteilung gem. § 203 InsO,
– Antrag auf Einstellung des Verfahrens gem. § 207 InsO,
– Antrag auf Bestellung eines Abschlußprüfers nach § 155 Abs. 3 InsO.

18 Folgende Gestaltungsrechte stehen dem Insolvenzverwalter nach der InsO zu (siehe die Übersicht von *Haarmeyer/Wutzke/Förster* Handbuch zur Insolvenzordnung, 341):
– Wahlrecht bei gegenseitigen Verträgen gem. §§ 103 ff. InsO,
– Anfechtungsrecht nach §§ 129 ff. InsO,
– Kündigungsrechte nach §§ 109, 113, 120 InsO,
– Geltendmachung eines Gesamtschadensanspruchs gem. § 92 InsO,
– Aufnahme anhängiger Prozesse gem. §§ 85, 86 InsO,
– Initiativrecht zur Vorlage eines Insolvenzplans gem. §§ 218, 240 InsO,
– Verwertung der Masse gem. § 159 InsO,
– Übertragung von Vermögenswerten oder Betriebsteilen.

19 Daneben sind dem Insolvenzverwalter durch die InsO weitere Rechte eingeräumt:
– Beschwerderechte nach §§ 59, 64, 75, 194, 204, 231 InsO,
– Anhörungsrechte nach §§ 99 Abs. 3, 248, 280 InsO,
– Auskunftsrechte nach § 97 InsO,
– Teilnahmerecht gem. § 74 InsO.

20 Die Fülle der Befugnisse des Insolvenzverwalters hat schon unter Geltung der KO zahlreiche Bestrebungen ausgelöst, seine rechtliche Stellung unter einem theoretisch einheitlichen Gesichtspunkt zu erfassen (Überblick bei *Hess* KO, § 6 Rz. 14 ff.):

Übergang des Verwaltungs- und Verfügungsrechts **§ 80**

Die Amtstheorie, die der Gerichtspraxis teils ausgesprochen, teils stillschweigend 21
zugrundeliegt, sieht im Insolvenzverwalter ein besonderes Rechtspflegeorgan, das im
eigenen Namen ein ihm vom Gesetz übertragenes (privates) Amt ausübt (vgl. dazu
BGHZ 88, 334 und *BGH* NJW 1995, 1484).
Die Vertretertheorie sieht im Insolvenzverwalter einen gesetzlichen Vertreter des 22
Schuldners in bezug auf die Masse.
Die Organtheorie sieht in der Insolvenzmasse eine Art juristische Person und im 23
Verwalter deren Organ mit der Stellung eines gesetzlichen Vertreters ähnlich § 26 Abs. 2
BGB (vgl. *Erdmann* KTS 1967, 87).
Nach der Theorie vom neutralen Handeln wird der Insolvenzverwalter weder in fremdem 24
Namen (als gesetzlicher Vertreter) noch in eigenem Namen tätig, sondern »neutral«, nur
als Verwalter fremden Vermögens; sein Handeln ist rein objektbezogen (vgl. *Dölle*
Festschrift für Schulz 1951, Bd. 2, S. 268).
Nach der teils »neuere Vertretertheorie«, teils »neuere Organtheorie« genannten Sicht- 25
weise ist der Insolvenzverwalter bei juristischen Personen und insolvenzfähigen
Personenvereinigungen obligatorischer Fremdliquidator und damit ihr Vertretungsorgan, bei natürlichen Personen deren gesetzlicher Vertreter, beschränkt auf die Insolvenzmasse (so vor allem *Kilger/Karsten Schmidt* KO, § 6 Anm. 2b mit zahlreichen
Nachweisen).
Die neuere Vertretertheorie liefert am ehesten in sich widerspruchsfrei stimmige Ergeb- 26
nisse; in der Insolvenzpraxis sind jedoch die Fälle selten, in denen es auf die
Unterschiede der genannten Theorien ankäme, und dort vorwiegend formeller Natur
(vgl. auch *Jauernig* Zwangsvollstreckungs- und Insolvenzrecht, S. 199), so daß von
einer Vertiefung hier abgesehen werden soll.

E. Unwirksamkeit von Veräußerungsverboten

Abs. 2 betrifft die gesetzlichen Veräußerungsverbote, die nur den Schutz bestimmter 27
Personen bezwecken (§ 135 BGB). Diese (relativen) Veräußerungsverbote stehen im
Gegensatz zu den im öffentlichen Interesse angeordneten (absoluten) Veräußerungsverboten. Die absoluten Veräußerungsverbote wirken auch im Insolvenzverfahren. Des
weiteren nennt Abs. 2 die richterlichen und behördlichen Veräußerungsverbote (§ 136
BGB). Diese Vorschrift betrifft wie § 135 BGB nur Veräußerungsverbote, die den
Schutz bestimmter Personen bezwecken (RGZ 105, 75). Darum gehört eine Beschlagnahme nach §§ 94ff., 111c, 290ff. StPO nicht hierher (*Kuhn/Uhlenbruck* KO, § 13
Rz. 3). Verbote, die eine Veräußerung im Interesse der Allgemeinheit verhindern sollen
(absolute Veräußerungsverbote), sind auch im Insolvenzverfahren wirksam. Ein relatives Veräußerungsverbot liegt dagegen vor bei der Einziehung (§ 74e StGB) und bei
Beschlagnahme zur Sicherstellung nach §§ 111b, c StPO (§ 111c Abs. 5 StPO). Unter
Abs. 2 fallen vor allem Veräußerungsverbote auf Grund einstweiliger Verfügung; sie
werden mit der Zustellung wirksam und brauchen ins Grundbuch nur eingetragen zu
werden, um gutgläubigen Erwerb zu verhindern (RGZ 135, 384).
Nach Abs. 2 Satz 1 bindet ein gegen den Schuldner bestehendes Veräußerungsverbot 28
den Insolvenzverwalter nicht. Damit ist jedoch weder die Pfändung von beweglichen
Sachen oder Rechten noch die Beschlagnahme von unbeweglichem Vermögen im Wege
der Zwangsvollstreckung in Frage gestellt, sofern nicht § 88 eingreift. Zwangsvollstreckungsmaßnahmen gewähren im Insolvenzverfahren ein Recht auf abgesonderte Befriedigung (§§ 49, 50 Abs. 1).

§ 81
Verfügungen des Schuldners → § 7 KO

(1) ¹Hat der Schuldner nach der Eröffnung des Insolvenzverfahrens über einen Gegenstand der Insolvenzmasse verfügt, so ist diese Verfügung unwirksam. ²Unberührt bleiben die §§ 892, 893 des Bürgerlichen Gesetzbuchs, §§ 16, 17 des Gesetzes über Rechte an eingetragenen Schiffen und Schiffsbauwerken und §§ 16, 17 des Gesetzes über Rechte an Luftfahrzeugen. ³Dem anderen Teil ist die Gegenleistung aus der Insolvenzmasse zurückzugewähren, soweit die Masse durch sie bereichert ist.
(2) ¹Für eine Verfügung über künftige Forderungen auf Bezüge aus einem Dienstverhältnis des Schuldners oder an deren Stelle tretende laufende Bezüge gilt Absatz 1 auch insoweit, als die Bezüge für die Zeit nach der Beendigung des Insolvenzverfahrens betroffen sind. ²Das Recht des Schuldners zur Abtretung dieser Bezüge an einen Treuhänder mit dem Ziel der gemeinschaftlichen Befriedigung der Insolvenzgläubiger bleibt unberührt.
(3) Hat der Schuldner am Tag der Eröffnung des Verfahrens verfügt, so wird vermutet, daß er nach der Eröffnung verfügt hat.

Inhaltsübersicht: Rz.

A. Zweck und Inhalt der Vorschrift	1– 4
B. Betroffene Verfügungen	5–11
C. Rechtsfolgen	12–16
D. Zeitmoment	17–21
E. Subjektive Momente	22–24
F. Ausgleichsansprüche	25
G. Schutz des guten Glaubens	26–39
H. Erstreckung der Unwirksamkeit auf Verfügungen über künftige Forderungen	40–41
I. Beweislastverteilung	42

Literatur:

App Vorsorgliche Überlegungen im Blick auf das künftige Insolvenzrecht bei Auftragsvergabe und Auftragsabwicklung, KKZ 1997, 50.

A. Zweck und Inhalt der Vorschrift

1 § 81 zieht die Konsequenz aus den in §§ 1, 35 und 80 enthaltenen Rechtsgrundsätzen. Nach § 80 verliert der Schuldner die Befugnis, mit Wirkung für und gegen die Masse rechtswirksam zu handeln. § 81 regelt die unabdingbaren zivilrechtlichen Folgen gleichwohl vorgenommener Rechtshandlungen und zieht dem Vertrauensschutz Grenzen. Die Vorschrift wird ergänzt durch § 91. Der Begriff »Verfügungen« ist im weiteren Sinne zu verstehen (vgl. *Hess* KO, § 7 Rz. 2). Dazu gehören Rechtsgeschäfte (dingliche und schuldrechtliche) auch nicht-rechtsgeschäftliche Rechtshandlungen, also Handlungen und Unterlassungen, die Rechtsfolgen auslösen, ohne daß der Wille des Handelnden auf diesen Erfolg gerichtet ist (RGZ 59, 57). Zu den Verfügungen zählen des weiteren Prozeßhandlungen (Geständnis, Anerkenntnis, Verzicht, Vergleich) sowie die Entgegen-

Verfügungen des Schuldners § 81

nahme empfangsbedürftiger Willenserklärungen und von Prozeßerklärungen, auch von Zustellungen in Steuersachen (vgl. dazu *RFH* JW 35, 469). Den Rechtshandlungen des Schuldners gleich stehen Rechtshandlungen eines gesetzlichen oder gewillkürten Vertreters des Schuldners (dazu gehört auch das Organ einer juristischen Person), nicht dagegen solche des Treuhänders, der Gegenstände als treuhänderischer Eigentümer hält und ggf. im eigenen Namen verfügt (vgl. *Henckel* in Jaeger, KO, § 7 Rz. 11; *Kilger/ Karsten Schmidt* KO, § 7 Anm. 1). Soweit der Treuhänder im Bezug auf die Masse als Nichtberechtigter handelt, finden die Verkehrsschutzvorschriften über den Erwerb vom Nichtberechtigten unmittelbar Anwendung (*Hess* KO, § 7 Rz. 6).

Die Regelung von § 81 Abs. 1 Satz 1 bezweckt den Schutz der Insolvenzgläubiger (auch 2 der künftigen, wie sich aus § 24 Abs. 1 ergibt) gegen eine Masseminderung durch Verfügungen des Insolvenzschuldners, z. B. durch Verschleuderung oder Verschiebung von Massegut.

Eine andere Zielsetzung liegt § 81 Abs. 2 Satz 1 zu Grunde. Die dort angeordnete 3 Unwirksamkeit von Verfügungen betrifft Dienst- und ähnliche Bezüge für die Zeit nach Beendigung des Insolvenzverfahrens. Die Ansprüche darauf gehören also nicht zur Insolvenzmasse. Dabei geht es nicht um Erhaltung eines Massebestandes. Vielmehr sollen diese künftigen Ansprüche im Rahmen einer etwaigen Restschuldbefreiung (§ 287 Abs. 2 Satz 1) oder eines Insolvenzplans (§§ 217ff.) zur Verfügung stehen. Deshalb sind ferner Zwangsvollstreckungen in die Ansprüche während des Insolvenzverfahrens auch für Dritte, d. h. Nicht-Insolvenzgläubiger, unzulässig (§ 89 Abs. 2 Satz 1, Ausnahme in Satz 2); außerdem sind vor Verfahrenseröffnung getätigte Verfügungen über diese Ansprüche oder Zwangsvollstreckungen in sie nur zeitlich begrenzt wirksam, ebenso eine Aufrechnung gegen sie (§ 114).

§ 81 nimmt, obwohl er nur den Zweck hat, die Gläubiger vor Schaden zu bewahren, nicht 4 einmal die ihnen günstigen Schuldnerhandlungen aus; denn die Beurteilung der Nützlichkeit muß dem pflichtmäßigen Ermessen des Insolvenzverwalters vorbehalten bleiben, wenn er in der Lage sein soll, seine Aufgaben eigenverantwortlich zu erfüllen. Darum wird auch das vorteilhafte Geschäft des Schuldners nicht als solches, sondern nur auf Grund einer (u. U. konkludenten) Genehmigung des Insolvenzverwalters für die Masse wirksam.

B. Betroffene Verfügungen

Eine Verfügung ist ein Rechtsgeschäft, durch das der Verfügende auf ein Recht unmit- 5 telbar einwirkt, indem er es auf einen Dritten überträgt oder das Recht aufhebt oder es mit einem Recht belastet oder es in seinem Inhalt verändert (BGHZ 101, 26). Zu den Verfügungen gehört auch die Annahme von Zahlungen und anderen Leistungen durch den Insolvenzschuldner. Als Verfügungen i. S. v. § 81 Abs. 1 sind weiter rechtsgeschäftsähnliche Handlungen mit verfügendem, d. h. unmittelbar rechtsgestaltendem Charakter anzusehen (z. B. eine Mahnung), ferner Prozeßhandlungen »verfügenden« Charakters wie Geständnis, Anerkenntnis, Klagerücknahme. Realakte (z. B. Vermischung, Verarbeitung) fallen hingegen nicht darunter (vgl. *Jauernig* Zwangsvollstreckungs- und Insolvenzrecht, S. 287).

Betroffen sind nur Verfügungen, die einen Gegenstand der Masse betreffen (§ 80 Abs. 1 6 Satz 1). Daher gehören Verfügungen über insolvenzfreies Vermögen nicht hierher (*Hess* KO, § 7 Rz. 5), z. B. die Veräußerung einer unpfändbaren Sache (§ 36 Abs. 1 i. V. m. § 811 ZPO außer Nr. 4, 9; vgl. § 36 Abs. 2 Nr. 2).

7 Ebensowenig gehören Verfügungen hierher, die nicht auf vermögensrechtlichem Gebiet liegen. Dem Schuldner soll nur verwehrt sein, die der Befriedigung der Insolvenzgläubiger dienende Masse zu schmälern. Zu den Rechtshandlungen, die die Masse nicht berühren, gehört auch die Begründung von Verpflichtungen seitens des Schuldners nach der Eröffnung des Insolvenzverfahrens, sei es durch Rechtsgeschäft oder kraft Gesetzes z. B. durch unerlaubte Handlung. Solche Verbindlichkeiten einzugehen ist ein geschäfts- bzw. deliktsfähiger Schuldner imstande, weil er durch die Verfahrenseröffnung weder seine Geschäftsfähigkeit verliert noch die Fähigkeit, durch sein Verhalten die Haftung seines freien Vermögens auszulösen. Aber mit seiner Verpflichtung begründet er nur die Haftung seines freien Vermögens, nicht die der Masse, die seiner Verwaltung entzogen ist. Schon nach § 38 bilden neue, erst nach Verfahrenseröffnung entstehende Verpflichtungen keine Insolvenzforderungen. § 81 wiederholt diesen Gedanken.

8 Vereinbarungen, die der Schuldner für den Fall des Rückerwerbs der Verfügungsmacht, besonders des Zustandekommens eines in Aussicht stehenden Verfahrensverzichts mit einem Dritten abschließt, sind nicht nur als Verpflichtungsgeschäfte, sondern auch als aufschiebend bedingte Verfügungen statthaft (*Henckel* in Jaeger, KO, § 7 Rz. 8 m.w.N.).

9 Eine der Masseerhaltung dienende Handlung nicht rechtsgeschäftlicher Art, die nach Lage des Einzelfalles auch ein beliebiger Dritter ausführen könnte, darf auch der Schuldner mit Wirksamkeit für die Masse vornehmen (vgl. *Henckel* in Jaeger, KO, § 7 Rz. 9 m.w.N.), z.B. Anzeige der Verfahrenseröffnung an eine Versicherungsgesellschaft, Sicherung von Massebestandteilen gegen Verderb bis zur Herausgabe an den Insolvenzverwalter und dergleichen.

10 Nur Verfügungen des Schuldners fallen unter § 81. Ihnen stehen Rechtshandlungen seines gesetzlichen Vertreters oder eines Bevollmächtigten gleich, auch wenn die Vollmacht nach § 115 Abs. 1 i. V. m. § 168 BGB erlischt, denn selbst ein Vertreter mit Vertretungsmacht kann nicht mehr Befugnisse als sein Vollmachtgeber haben.

11 Nicht zu den Stellvertretern gehört der Treuhänder; er handelt im eigenen Namen. War Schuldnervermögen einem Dritten zu treuen Händen übertragen (übereignet oder abgetreten) worden, damit er es für einen bestimmten Zweck, namentlich kraft insolvenzverfahrensabwehrenden Treuhandvergleichs zur Gläubigerbefriedigung verwendet, die Übertragung aber infolge der Verfahrenseröffnung erloschen, dann hat der Treuhänder das bei ihm verbliebene, nun zur Masse gehörende Vermögen als Nichtberechtigter und Nichtvertreter inne. Verfügt er im eigenen Namen, so finden die Verkehrsschutzvorschriften über den Erwerb vom Nichtberechtigten unmittelbare Anwendung. Auch im Rechtsverkehr mit beweglichen Sachen ist also schon der gutgläubige Geschäftspartner des Treuhänders geschützt. Zahlungen an ihn befreien nach Maßgabe der §§ 407, 412 BGB den Schuldner der abgetretenen Forderung.

C. Rechtsfolgen

12 Die gegen § 81 verstoßende Rechtshandlung ist unwirksam; sie löst keine rechtliche Wirkung aus, und zwar absolut, nicht nur wie nach der Rechtslage unter Geltung von KO, § 7 nur den Insolvenzgläubigern gegenüber. Für die Geltendmachung des Mangels besteht keine Formvorschrift (*Hess* KO, § 7 Rz. 8). Es bedarf weder einer feststellenden oder rechtsgestaltenden richterlichen Nichtigkeitserklärung noch einer Vernichtung durch rechtsgestaltende Parteierklärung. Die Unwirksamkeit besteht von Anfang an. Soweit sie reicht, ist auch für eine Insolvenzanfechtung kein Raum. Eine zur Masse

Verfügungen des Schuldners § 81

gehörende Sache, die der Schuldner nach Verfahrenseröffnung veräußert hat, kann der Insolvenzverwalter mit der auf den Herausgabeanspruch gem. § 985 BGB gestützten Klage zurückverlangen. Beruft sich der Insolvenzverwalter darauf, daß ein vom Gegner behaupteter Erwerb unter § 81 Abs. 1 falle, so erhebt er eine rechtsverneinende Einwendung, nicht eine Einrede i. S. des BGB. Bedeutsam wird das im Versäumnisverfahren: Wenn nämlich der andere Teil den auf die Rechtshandlung des Schuldners gestützten Anspruch durch Klage gegen den Insolvenzverwalter geltend macht und bei dessen Ausbleiben Versäumnisurteil beantragt, ist die Klage gleichwohl als unbegründet abzuweisen, falls das mündliche Vorbringen des Klägers die Unwirksamkeit seines Erwerbs ergibt (§ 331 Abs. 2 ZPO).

»Unwirksam« i. S. von § 81 ist nicht inhaltsgleich mit »nichtig«; denn die Unwirksamkeit nach § 81 ist heilbar, etwa durch Genehmigung des Insolvenzverwalters. Die Unwirksamkeit einer Verfügung nach § 81 ist deshalb der Unwirksamkeit einer Verfügung eines Nichtberechtigten nach § 185 BGB gleichzustellen (vgl. *Hess* KO, § 7 Rz. 7). Daß die Unwirksamkeit einer Verfügung des Schuldners etwas anderes bedeutet als die relative Unwirksamkeit i. S. der §§ 135 f. BGB, zeigt folgende Überlegung (nach *Henckel* in Jaeger, KO, § 7 Rz. 17): Die Veräußerungsverbote der §§ 135 f. BGB schützen einzelne Personen, die einen Anspruch auf das Verfügungsobjekt oder ein durch Verstrickung bzw. Beschlagnahme begründetes Verwertungsrecht haben, nicht aber selbst über die Sache verfügen können. Das Verfügungsobjekt gehört auch nach Erlaß des Veräußerungsverbots zu dem Vermögen des Verbotsbelasteten, über das er grundsätzlich verfügungsbefugt ist. Die Eröffnung des Insolvenzverfahrens dagegen belegt den Schuldner nicht nur mit einem Veräußerungsverbot, sondern entzieht ihm die Verfügungsbefugnis über die Masse schlechthin. Sie gibt den Gläubigern nicht nur ein Recht darauf, daß die Masse zu ihren Gunsten verwertet wird, sondern verschafft dem Insolvenzverwalter im Interesse der Gläubiger die ausschließliche Verfügungsbefugnis über die Massegegenstände. Der Schuldner ist also nicht – wie der Verbotsbelastete i. S. v. §§ 135 f. BGB – ein Verfügungsbefugter, der mit einem Verfügungsverbot belegt ist, sondern er ist zu Verfügungen schlechthin nicht berechtigt, somit Nichtberechtigter i. S. v. § 185 BGB, weil sein Verfügungsrecht auf den Insolvenzverwalter übergegangen ist. Der Verbotsbelastete kann auch selbst zugunsten des Verbotsbegünstigten verfügen und muß dies sogar, wenn das Verbot der Sicherung eines Verschaffungsanspruchs dient. Der Schuldner dagegen darf über die Masse überhaupt nicht verfügen, auch nicht zugunsten seiner Gläubiger. Die Rechtsfolge von § 81 Abs. 1 ist also für Verfügungen des Schuldners die absolute – aber heilbare – Unwirksamkeit.

Hieraus ergibt sich, daß Erzeugnisse und sonstige Bestandteile der Sache, die nach § 953 BGB auch nach der Trennung dem Eigentümer gehören, trotz der Verfügung des Schuldners Massebestandteile sind. Ferner bilden mit dem Eigentum die aus demselben abgeleiteten Ansprüche (§§ 985 ff., 1004, 823 Abs. 1 BGB) Rechte des Schuldners. Auch sie sind Bestandteile der Masse und der Ausübung durch den Insolvenzverwalter vorbehalten. Die Veräußerung der Sache durch den Schuldner ändert als unwirksame Verfügung daran nichts. Verliert der Erwerber die Sache, kann er sie vom Besitzer nicht nach § 985 BGB herausverlangen.

Praktische Bedeutung erlangt diese Auffassung vor allem im formellen Grundbuchrecht: Enthielte § 81 Abs. 1 nur ein Veräußerungsverbot i. S. der §§ 135 f. BGB, so dürfte das Grundbuchamt verbotswidrige Eintragungsanträge nicht zurückweisen. Aus der absoluten Unwirksamkeit der Verfügungen des Schuldners folgt indessen, daß das Grundbuchamt, wenn es Kenntnis von der Verfahrenseröffnung hat, die Eintragung verweigern muß, sofern der Antrag bei ihm nach Verfahrenseröffnung eingegangen ist. Die Verfahrenseröffnung bewirkt also eine Grundbuchsperre. Dieses Ergebnis ist allein sachgerecht. Nur auf diese Weise wird verhindert, daß der Insolvenzverwalter genötigt wäre, die Eintragung verbotswidriger Verfügungen – möglicherweise erst auf Grund eines Prozesses – beseitigen zu lassen, und daß Dritte vor einem Erwerb eines massezugehörigen Rechtes vom Insolvenzverwalter zurückschrecken, über das der Schuldner grundbuchmäßig anderweitig verfügt hat und das deshalb nicht mehr für den Schuldner im Grundbuch eingetragen ist.

16 Der Insolvenzverwalter kann einer nach § 81 Abs. 1 unwirksamen Verfügung des Schuldners über einen Massegegenstand durch Genehmigung rückwirkende Kraft und damit die volle, endgültige Wirksamkeit verleihen. Das folgt aus § 185 Abs. 2 BGB i. V. m. §§ 182, 184 BGB, weil der Grundsatz des § 185 Abs. 2 BGB auch für Verfügungen eines Berechtigten gelten muß, dem nur die Verfügungsbefugnis fehlt. Mitunter veräußert ein Kaufmann aus Unkenntnis der bereits vollzogenen Eröffnung des Insolvenzverfahrens noch Waren zum Ladenpreis und liefert diesen später gewissenhaft an den Insolvenzverwalter ab (Beispiel nach *Henckel* in Jaeger, KO, § 7 Rz. 26). Hier wird der Insolvenzverwalter Verkauf und Übereignung genehmigen, da er regelmäßig nicht mit der Erzielung höherer Preise rechnen kann. Wird die Leistung auf einen zur Masse gehörenden Sachverschaffungsanspruch unter Außerachtlassung von § 81 Abs. 1 an den Schuldner statt an den Insolvenzverwalter bewirkt, ersterem z. B. unter Übereignungseinigung eine gekaufte oder vermachte bewegliche Sache übergeben worden ist, bedeutet die rückwirkende Kraft der Genehmigung, daß die Sache von der Übergabe an den Schuldner an Massebestandteil geworden war, also von der Lieferung an zum insolvenzgebundenen Vermögen des Schuldners gehört hat. Ob der Verwalter genehmigt, ist eine im Einzelfall nach dem Wohle der Gesamtgläubigerschaft zu bestimmende Zweckmäßigkeitsfrage. Die Genehmigung steht dem Insolvenzverwalter in Ausübung der ihm durch § 80 Abs. 1 verliehenen Befugnisse zu (vgl. auch *Hess* KO, § 6 Rz. 35).

D. Zeitmoment

17 Der Verlust der Verfügungsbefugnis des Schuldners tritt nach § 80 Abs. 1 unmittelbar mit der Eröffnung des Insolvenzverfahrens, also dem Erlaß des Eröffnungsbeschlusses ein nicht erst mit der Zustellung, Bekanntmachung oder gar der Rechtskraft des Eröffnungsbeschlusses. Andererseits wird der Verlust nicht schon vom Beginn des Eröffnungstages ab angenommen. Daher läßt sich bei Rechtshandlungen des Schuldners, die noch am Tage der Eröffnung des Insolvenzverfahrens erfolgen, mitunter schwer bestimmen, ob sie nach der Eröffnung oder früher vorgenommen worden und dementsprechend unwirksam sind. Dem dient die Regelung in § 81 Abs. 3. Die Erfahrung lehrt, daß noch in den letzten Augenblicken vor der Eröffnung des Verfahrens häufig Rechtshandlungen zum Nachteil der Gläubiger vorgenommen werden. Den Gläubigern kann daher ein praktischer Vorteil von der Bestimmung des § 81 nur dann gesichert werden, wenn das Gesetz die Vermutung aufstellt, daß alles, was der Schuldner am Tage der Eröffnung des Verfahrens vorgenommen hat, nach der Eröffnung geschehen ist. Diese Vermutung rechtfertigt sich durch den Verdacht, der allen erst an diesem Tage erfolgten Operationen anhaftet (so *Henckel* in Jaeger, KO, § 7 Rz. 31).

18 Soll eine Rechtshandlung des Schuldners Wirksamkeit haben, so muß sie nach § 81 Abs. 1 vor der Eröffnung des Insolvenzverfahrens »vorgenommen« sein. Zweifelhaft ist die praktisch erhebliche Frage, wann empfangsbedürftige Willenserklärungen, wie Mahnung, Kündigung, Rücktritt, Aufrechnung, unter Abwesenden »vorgenommen« sind.

Verfügungen des Schuldners § 81

Die Verfügungsbefugnis und ihre Ausübungsberechtigung sind sachliche Voraussetzungen für die Wirksamkeit der Erklärung und daher für den Zeitpunkt zu fordern, in dem die Wirksamkeit der rechtsgeschäftlichen Willenserklärung beginnt. Darauf weist gerade der Zusammenhang der insolvenzrechtlichen Vorschriften hin: §§ 81 und 129 korrespondieren miteinander. Der Schutz durch § 81 setzt dort ein, wo der von § 129 aufhört. Nach dem Zweck der Insolvenzanfechtung unterliegt es aber keinem Zweifel, daß eine vor der kritischen Frist abgegebene, aber erst während der Frist »wirksam« gewordene Rechtshandlung innerhalb der Frist vorgenommen worden ist. Unter § 81 fällt danach eine die Masse betreffende empfangsbedürftige Willenserklärung auch dann, wenn sie vom Schuldner zwar vor der Eröffnung des Insolvenzverfahrens abgegeben wird, aber dem Adressaten erst danach zugeht (§ 130 Abs. 1 BGB). Dies wird auch dadurch bestätigt, daß § 878 BGB von der Unanwendbarkeit von § 130 Abs. 2 und 3 BGB auf Verfügungsbeschränkungen – mit Einschluß des Insolvenzbeschlags – ausgeht.

Ein Angebot des späteren Schuldners zu einer Verfügung über einen zur Masse gehörenden Gegenstand kann von dem Empfänger nicht angenommen werden, wenn es diesem erst nach Verfahrenseröffnung zugeht, denn dieses Angebot ist nach § 81 unwirksam. Ist das Angebot des Schuldners dem Empfänger vor Verfahrenseröffnung zugegangen, so kann durch die nach Verfahrenseröffnung erfolgte Annahme eine wirksame Verfügung ebenfalls nicht zustande kommen. 19

§ 153 BGB ist auf das Insolvenzverfahren nicht anwendbar. Das ergibt sich für das Angebot des Schuldners zu einem Verfügungsgeschäft daraus, daß die Verfahrenseröffnung das Vermögen des Schuldners seinen Gläubigern haftungsrechtlich zuweist und deshalb Verfügungen des Schuldners, welche die haftende Masse verkürzen, nach §§ 80, 81 unwirksam sind. Darin unterscheidet sich die Eröffnung des Insolvenzverfahrens von den in § 153 BGB geregelten Fällen des Todes oder des Eintritts der Geschäftsunfähigkeit. 20

Verfügungen, deren Wirksamkeit neben der Willenserklärung oder dem Vertrag weitere Umstände voraussetzt, sind erst »vorgenommen«, wenn der Verfügungstatbestand voll erfüllt ist. So wird die Abtretung einer künftigen Forderung erst mit deren Entstehung wirksam, eine Fremdhypothek entsteht erst mit ihrer Valutierung. Der Eigentumsübergang nach § 929 BGB vollendet sich erst, wenn neben der Einigung auch die Übergabe erfolgt ist. Entsteht die abgetretene Forderung erst nach Eröffnung des Insolvenzverfahrens, wird die Hypothek erst nach Verfahrenseröffnung durch Auszahlung der Valuta an den Schuldner valutiert oder die Sache erst nach Verfahrenseröffnung vom Schuldner übergeben, so sind diese Verfügungen des Schuldners unwirksam (*BGH* NJW 1955, 544). Eine Ausnahme enthält § 91 Abs. 2 i. V. m. § 878 BGB (dazu dort). 21

E. Subjektive Momente

Da die Unwirksamkeit eine gesetzliche Folge des Insolvenzbeschlags, also von Verschulden unabhängig ist, steht ihr auch die Abwesenheit jedes Verschuldens, die Unkenntnis des Gegners und selbst die des Schuldners von der Verfahrenseröffnung nicht entgegen. Nur ausnahmsweise kommt dem Geschäftspartner des Schuldners der Verkehrsschutz zustatten. Wohl aber kann sich ein Dritterwerber auf seinen guten Glauben berufen. 22

Ob und inwieweit der andere Teil bei Unmöglichkeit einer Rückgewähr in Natur Schadensersatz zur Masse zu leisten hat, entscheidet sich nach bürgerlichem Recht. Insoweit spielt seine Redlichkeit eine Rolle. Darum ist der gute Glaube dessen, der nach 23

Verfahrenseröffnung Waren vom Schuldner gekauft hat, unerheblich zwar gegenüber dem Verlangen der Herausgabe noch vorhandener, nicht aber hinsichtlich der Ersatzpflicht für weiterveräußerte, verschlechterte oder untergegangene Waren (vgl. §§ 989, 990 BGB). Der vom Ersatz beanspruchenden Insolvenzverwalter zu beweisende Mangel des guten Glaubens i. S. v. § 990 Abs. 1 Satz 1 BGB liegt vor, wenn der Erwerber der vom Schuldner veräußerten Fahrnis beim Besitzerwerb die Eröffnung des Insolvenzverfahrens kannte oder nur aus grober Fahrlässigkeit nicht kannte (§ 932 Abs. 2 BGB). Eine Anwendung von § 990 Abs. 1 Satz 2 BGB rechtfertigt nur positive Kenntnis der Verfahrenseröffnung.

24 Die Gegenrechte des Besitzers gegenüber einer Eigentumsklage des Insolvenzverwalters zu Gunsten der Masse bestimmen sich nach den allgemeinen Vorschriften der §§ 994–1003 BGB.

F. Ausgleichsansprüche

25 Die Frage, ob der Schuldner dem anderen Teil wegen Nichtverschaffung des durch die unwirksame Handlung bezweckten rechtlichen Erfolges gewähr- oder erstattungspflichtig ist, entscheidet die InsO nicht. Hier greifen also die Vorschriften des allgemeinen bürgerlichen Rechts ein, namentlich §§ 439 ff., 812 ff., 823 ff. BGB. Ein danach begründeter Anspruch gegen den Schuldner bildet, sofern er nach Verfahrenseröffnung entstanden ist, keine Insolvenzforderung (§ 38). § 103 ist unanwendbar. Wenn etwa der Schuldner Massegegenstände an einen von der Eröffnung des Insolvenzverfahrens nicht informierten Dritten gegen bar veräußert hat und mit dem Erlös ins Ausland geflüchtet ist, muß der Erwerber die Gegenstände zur Masse herausgeben, ohne daß er einen Gewährleistungsanspruch anmelden oder im Wege der Zurückbehaltung geltend machen könnte. Dem anderen Teil ist jedoch die Gegenleistung der Masse zurückzugewähren, soweit die Masse selbst – nicht das sonstige Vermögen des Schuldners – durch die Gegenleistung bereichert ist. Die Rückgewährpflicht gründet sich sonach auf eine des rechtlichen Grundes ermangelnde Bereicherung der Masse als solcher und bildet dementsprechend eine Masseschuld i. S. v. § 55 Abs. 1 Nr. 3. Inhalt und Umfang der Bereicherungshaftung bemessen sich nach den allgemeinen Regeln des bürgerlichen Rechts (vgl. namentlich §§ 818, 819 BGB). Der Gegner hat daher einen Wertersatzanspruch nach § 818 Abs. 2 BGB, wenn die zur Masse geflossene Gegenleistung nicht in Geld bestand und vom Insolvenzverwalter – vor Eintritt der Rechtshängigkeit (§ 818 Abs. 4 BGB) oder der Kenntnis vom Mangel des rechtlichen Grundes (§ 819 BGB) – veräußert worden ist. Bestand die Gegenleistung im Aufgeben einer Forderung, die im Insolvenzverfahren hätte verfolgt werden können, so würde die Masse, wenn dem bisherigen Gläubiger die Teilnahme am Insolvenzverfahren versagt wäre, um den Betrag bereichert, der an sich auf die Forderung entfällt. Ein Bereicherungsanspruch auf Wiederherstellung der Forderung würde jedoch dem Gegner namentlich deshalb keinen ausreichenden Ersatz gewähren, weil Sicherungsrechte nicht von selbst wieder aufleben würden. Man wird vielmehr sagen müssen (so *Henckel* in Jaeger, KO, § 7 Rz. 47): Die Kehrseite der fortdauernden Massezugehörigkeit des Erfüllungsgegenstandes ist die Fortdauer der unwirksamen erfüllten Schuld. Besteht der Insolvenzverwalter auf der Unwirksamkeit des Erfüllungsgeschäfts (z. B. der Hingabe von Waren an Erfüllungs Statt), dann muß er auch die Folgerung des Nichterloschenseins der Schuld gelten lassen. Das einheitliche Rechtsgeschäft läßt sich nicht, soweit es ein Masseaktivum aufopfert, als ungültig, soweit es aber ein Massepassivum tilgt, als gültig behandeln.

Verfügungen des Schuldners § 81

G. Schutz des guten Glaubens

Gem. § 892 Abs. 1 BGB gilt zu Gunsten desjenigen, der ein Recht an einem Grundstück 26
oder ein Recht an einem solchen Rechte durch Rechtsgeschäft erwirbt, der Inhalt des
Grundbuchs als richtig, es sei denn, daß ein Widerspruch gegen die Richtigkeit eingetragen oder die Unrichtigkeit dem Erwerber bekannt ist.
Der unrichtige Grundbuchinhalt gilt als richtig (mit Ausnahme von zu Unrecht eingetragenen Verfügungsbeschränkungen) und – weil nicht eingetragene, aber eintragungsfähige Rechte und Verfügungsbeschränkungen als nicht bestehend gelten – als vollständig. 27
Die Fiktionen beziehen sich auf das Grundbuchblatt in seiner Gesamtheit. § 892 BGB
setzt wirksame Eintragung voraus (BGHZ 7, 69). Maßgebend ist der Grundbuchstand bei
Vollendung des Rechtserwerbs. Ist das Grundbuch in diesem Zeitpunkt berichtigt, so ist
ein Erwerb gem. § 892 BGB nicht möglich.
Der öffentliche Glaube erfaßt die dinglichen Rechte am Grundstück mit buchmäßigem 28
Inhalt und Rang (einschließlich Rangvermerk gem. §§ 880 Abs. 2 Satz 1, 881 Abs. 2);
bei zulässiger Bezugnahme gehört Eintragungsbewilligung zum Grundbuchinhalt und
wird vom öffentlichen Glauben erfaßt. Die Vormerkung erfaßt der öffentliche Glaube
nur begrenzt, die Hypothekenforderung nur in bezug auf (»für«) die Hypothek, § 1138
BGB, und das Fehlen relativer Verfügungsbeschränkungen, z.B. Veräußerungs- und
Erwerbsverbot auf Grund einstweiliger Verfügung, tatsächliche Angaben im Grundbuch
nur, soweit damit das Grundstück als Rechtsgegenstand bezeichnet wird (*OLG Nürnberg*
MDR 1976, 666).
Der gute Glaube des Erwerbers wird auch dann geschützt, wenn über das Vermögen des 29
eingetragenen Berechtigten das Insolvenzverfahren eröffnet worden ist (§ 81 Abs. 1
Satz 2).
Allerdings vernichtet ein Widerspruch, der z.Zt. der Vollendung des Rechtserwerbs 30
eingetragen ist, den öffentlichen Glauben des Grundbuchs (ab Eintragung, auch wenn
dabei gegen § 17 GBO verstoßen wird), aber nur bei Eintragung zugunsten des Berechtigten und nur hinsichtlich des gesicherten Rechts. Schädlich ist weiterhin die Kenntnis
des Erwerbers von der Unrichtigkeit. Ungenügend ist bloße Kenntnis der Tatsachen, aus
denen sich die Unrichtigkeit des Grundbuchs ergibt, z.B. Kenntnis fehlender Valutierung der erworbenen Hypothek. Aus den Tatsachen muß der zutreffende rechtliche
Schluß gezogen sein (*KG* NJW 1973, 58f.). Selbst grobfahrlässige Unkenntnis ist
unschädlich; daher besteht bei Zweifeln keine Pflicht, sich über wahre Rechtslage zu
erkundigen. Erwerb gem. § 892 BGB ist aber ausgeschlossen, wenn Zweifel bewußt
verdrängt werden, um den Berechtigten sittenwidrig zu schädigen, § 826 BGB (s.
BayObLG NJW-RR 1989, 909).
Maßgebend für den Zeitpunkt der Kenntnis ist die Vollendung des Rechtserwerbs 31
(»welcher ... erwirbt«). Zu diesem Zeitpunkt muß das Grundbuch unrichtig sein. Es
genügt, daß das Grundbuch erst durch gleichzeitige Erledigung eines anderen Antrags
unrichtig wird (*BGH* NJW 1969, 94: unberechtigte Löschung eines Erbbaurechts bei
gleichzeitiger Eintragung einer Grundschuld verschafft dieser gem. § 892 BGB den
Rang vor dem Erbbaurecht). Fehlt nur die Eintragung zum Rechtserwerb, so ist der
Zeitpunkt der Antragstellung (§ 13 Abs. 2 GBO) maßgebend, wenn das Grundbuch
unrichtig ist (*BGH* NJW 1980, 2414). Fehlt außer der Eintragung noch eine andere
Voraussetzung (z.B. Einigung; bei Briefhypothek Valutierung oder Briefübergabe,
§§ 1117, 1163 BGB oder die privat- oder öffentlich-rechtliche Genehmigung), so ist der
Eintritt der letzten anderen Voraussetzung maßgebend. Bei einem aufschiebend bedingten Erwerbsgeschäft ist maßgebend das Vorliegen aller Erwerbsvoraussetzungen außer

App 547

§ 81　　　　　　　　　*Wirkungen der Eröffnung des Insolvenzverfahrens*

dem Bedingungseintritt. Daher ist die Kenntnis, die erst bei Bedingungseintritt vorliegt, unschädlich.

32　Der in § 892 BGB gewährte Gutglaubensschutz gilt auch dann, wenn an denjenigen, für den ein Recht im Grundbuch eingetragen ist, auf Grund dieses Rechtes eine Leistung bewirkt wird oder wenn zwischen ihm und diesem anderen in Ansehnung dieses Rechtes ein nicht unter die Vorschriften des § 892 BGB fallendes Rechtsgeschäft vorgenommen wird, das eine Verfügung über das Recht enthält (§ 893 BGB).

33　Dies betrifft etwa Verfügungen, die nicht einen Rechtserwerb i. S. v. § 892 BGB zum Gegenstand haben. Bsp.: Änderung des Rechtsinhalts (§ 877 BGB) oder Ranges (§ 880 BGB); Rechtsaufhebung (§ 875 BGB); Zustimmung (§ 185 BGB); Kündigung eines Grundpfandrechts; Bewilligung einer Vormerkung, wenn die Eintragung folgt (BGHZ 57, 342). Keine Verfügungen sind schuldrechtliche Geschäfte (vgl. RGZ 90, 399 f.), z. B. Grundstücksvermietung, auch nicht bei Gebrauchsüberlassung. Weiter betroffen sind Leistungen an den eingetragenen Nichtberechtigten zur Tilgung eines Anspruchs aus dem eingetragenen, existierenden Recht, z. B. Zahlung gem. §§ 1113, 268, 1142 BGB. Bei Briefgrundpfandrechten genügt die Eintragung des Gläubigers nicht, stets ist der Besitz des Briefes nötig (RGZ 150, 356; h. M.).

34　In §§ 16 und 17 SchiffsRG sind für eingetragene Schiffe und Schiffsbauwerke hinsichtlich des Rechtserwerbs die Vorschriften von § 892 BGB, für Leistungen an einen eingetragenen Berechtigten und andere Rechtsgeschäfte mit ihm § 893 BGB sinngemäß wiederholt. Jedoch sind folgende Besonderheiten zu beachten: Während für die Übereignung eines im Binnenschiffsregister oder im Schiffsbauregister eingetragenen Schiffes entsprechend § 873 BGB Einigung und Eintragung erforderlich sind (§§ 3, 78 SchiffsRG), werden im Seeschiffsregister eingetragene Schiffe durch bloße Einigung übereignet. Für den gutgläubig insolvenzbeschlagfreien Erwerb dieser Schiffe ist deshalb die Vollendung der Einigung der maßgebende Zeitpunkt.

35　Das SchiffsRG gilt nur für die im Register eingetragenen Schiffe. Nicht eingetragene Schiffe werden als bewegliche Sachen behandelt (§§ 929, 929 a BGB). Ein gutgläubiger insolvenzbeschlagsfreier Erwerb kommt deshalb bei ihnen ebensowenig in Frage wie bei anderen beweglichen Sachen.

36　Luftfahrzeuge werden als bewegliche Sachen behandelt und deshalb nach §§ 929 ff. BGB übereignet. Ein gutgläubiger insolvenzbeschlagsfreier Erwerb nach § 81 Abs. 1 Satz 2 kommt deshalb nicht in Betracht. Jedoch kann das Registerpfandrecht, das wie die Schiffshypothek der Sicherungsbuchhypothek des BGB nachgebildet ist (§§ 4, 5, 51 LuftfzRG) nach § 16 LuftfzRG entsprechend § 892 BGB gutgläubig erworben werden. § 16 LuftfzRG gilt nach § 17 dieses Gesetzes sinngemäß, wenn an denjenigen, für den ein Registerpfandrecht im Register eingetragen ist, auf Grund dieses Rechts eine Leistung bewirkt oder zwischen ihm und einem anderen ein nicht unter § 16 LuftfzRG fallendes Rechtsgeschäft vorgenommen wird, das eine Verfügung über das Recht enthält (entspricht § 893 BGB). Der Verkehrsschutz für das Registerpfandrecht gilt somit auch gegenüber dem Verfügungsverbot von §§ 80, 81, wenn der Begünstigte von der Verfahrenseröffnung nichts weiß und der Insolvenzvermerk im Register für Pfandrechte an Luftfahrzeugen nicht eingetragen ist.

37　Für den rechtsgeschäftlichen Verkehr mit beweglichen Sachen bestehen in der Insolvenz gleiche Schutzvorschriften zugunsten gutgläubiger Geschäftspartner des Schuldners nicht (dazu *Hess* KO, § 7 Rz. 10). § 81 Abs. 1 hat den Schutz der Unkenntnis der Eröffnung des Insolvenzverfahrens zum einen deshalb auf den Liegenschaftsverkehr beschränkt, weil erfahrungsgemäß das bewegliche Vermögen eigenmächtigen Eingriffen des Schuldners in erhöhtem Maße unterliegt, gerade hier aber eine Einrichtung fehlt,

Verfügungen des Schuldners § 81

die es – wie die Eintragung ins Grundbuch – ermöglicht, alsbald zugunsten der Masse den Verkehrsschutz auszuschalten; zum anderen im Hinblick auf die wirtschaftliche Bedeutung von Immobilien und die Bedeutung des Realkredits. Endlich sieht auch § 147 eine Insolvenzanfechtung nur vor hinsichtlich der »nach §§ 892, 893 BGB wirksamen« Rechtshandlungen. Diese Fassung bestätigt, daß § 81 Abs. 1 lediglich die Schutzvorschriften von §§ 892, 893 BGB ausnehmen will. Wer also den Erwerb einer beweglichen Sache oder eines Rechts an einer solchen unmittelbar auf eine nach Verfahrenseröffnung vorgenommene Verfügung des Schuldners stützt, dringt mit seinem Erwerb auch dann nicht durch, wenn er zu der für den guten Glauben maßgebenden Zeit die Eröffnung des Insolvenzverfahrens weder kannte noch kennen mußte.

Dagegen betrifft § 81 Abs. 1 nicht den Fall, daß ein Dritter über eine in Wahrheit zur **38** Masse gehörende Sache, die ihm vom nachmaligen Schuldner vor Verfahrenseröffnung etwa zum Zwecke der Leihe, Verwahrung, Miete, eines Auftrags oder Werkvertrags anvertraut worden war, wie ein Eigentümer verfügt. Hier ist gutgläubiger Erwerb möglich (§§ 932 ff. BGB unter Ausschluß von § 935 BGB). Der Erwerber stützt sein Recht nicht – auch nicht mittelbar – auf eine Verfügung des Schuldners, sondern auf die Verfügung eines anderen, der sich als Eigentümer ausgibt. Für § 81 Abs. 1 ist daher kein Raum. Ob der Besitzmittler die ihm anvertraute Sache vor oder nach Verfahrenseröffnung veruntreut, ist für die Anwendung der Schutzvorschriften zugunsten des gutgläubigen Dritterwerbers gleichgültig. Es ist auch nicht anders zu entscheiden, wenn der Schuldner die bis dahin in seiner Hand verbliebene Sache dem Besitzmittler erst nach Verfahrenseröffnung anvertraut (z. B. in Verwahrung gegeben) hat.

§ 81 betrifft ferner nicht den Fall, daß der andere Teil, zu dessen Gunsten der Schuldner **39** eine nach § 81 unwirksame Veräußerung einer beweglichen Sache vorgenommen hat, nun seinerseits an eine gutgläubigen Dritten weiter veräußert. Hier beruht zwar der Erwerb des Dritten mittelbar auf einer unwirksamen Verfügung des Schuldners. Er hängt aber rechtlich von dieser Verfügung nicht ab. Der Geschäftspartner des Schuldners hat (von § 81 unberührt) als »Nichtberechtigter« verfügt, jedoch erwirbt der Dritte um seines guten Glaubens willen das Recht. Aus welchem Grunde sein Vormann nicht erworben hatte, ist – vom Fall des Abhandenkommens abgesehen – für die Anwendung der §§ 932 ff., 1032, 1207 f., 1244 BGB, der §§ 366 f. HGB, gleichgültig. Daß durch die unwirksame Veräußerung des Schuldners die Sache der Masse oder dem Insolvenzverwalter abhanden gekommen wäre, kann nicht angenommen werden. »Abhandenkommen« bedeutet unfreiwilligen Verlust des unmittelbaren Besitzes (RGZ 101, 225). Da der Besitz nicht kraft Gesetzes auf die »Masse« oder den Insolvenzverwalter übergeht, erwirbt der Insolvenzverwalter unmittelbaren Besitz erst, wenn er die Sache ergreift (vgl. § 148). Vorher kann ihm die Sache nicht abhanden kommen (so *Henckel* in Jaeger, KO, § 7 Rz. 70).

H. Erstreckung der Unwirksamkeit auf Verfügungen über künftige Forderungen

Das Verfügungsverbot des Absatz 2 bezieht sich auch auf Arbeitseinkommen des **40** Schuldners und andere künftige Bezüge; diese Neuregelung ist mit der Insolvenzmasseregelung in § 35 koordiniert. Der Grund hierfür liegt darin, daß diese Bezüge zur Verteilung an die Insolvenzgläubiger im Rahmen der gesetzlichen Neuregelung über die Restschuldbefreiung (§§ 286 bis 303) oder auf der Grundlage eines Insolvenzplans (§§ 217 bis 269) zur Verfügung stehen sollen. Eine Begrenzung der Verfügungsfreiheit besteht auch gem. § 114 InsO. Das Verfügungsverbot steht daher einer Abtretung der Bezüge für die Zeit nach Verfahrensbeendigung an einen Treuhänder (Voraussetzung für die Restschuldbefreiung) nicht im Wege (vgl. *Weinbörner* Das neue Insolvenzrecht mit EU-Übereinkommen, 1997, Rz. B 192).

41 Der Begriff »Bezüge aus einem Dienstverhältnis des Schuldners oder an deren Stelle tretende laufende Bezüge«, der auch in den genannten anderen Vorschriften der InsO benutzt wird, schließt nicht nur jede Art von Arbeitseinkommen i. S. v. § 850 ZPO ein, sondern insbesondere auch die Renten und die sonstigen laufenden Geldleistungen der Träger der Sozialversicherung und der Bundesanstalt für Arbeit im Falle des Ruhestandes, der Erwerbsunfähigkeit oder der Arbeitslosigkeit. Das Arbeitsentgelt eines Strafgefangenen für die in der Justizvollzugsanstalt geleistete Arbeit (§ 43 StVollzG) gehört ebenfalls zu diesen Bezügen (*Weinbörner* a. a. O., Rz. B 193), was häufig relevant werden kann, da im Anschluß an die Eröffnung eines Insolvenzverfahrens nicht selten Strafverfahren wegen Insolvenzdelikten eingeleitet werden.

I. Beweislastverteilung

42 Bestehen Zweifel, ob die Verfügung vor oder nach der Eröffnung des Insolvenzverfahrens vorgenommen worden ist, so hat der Insolvenzverwalter, der die Unwirksamkeit behauptet, die Beweislast dafür, daß die Vornahme nach der Eröffnung des Insolvenzverfahrens liegt (*Hess* KO, § 7 Rz. 14). Für den Fall aber, daß die Rechtshandlung am Tage der Eröffnung des Insolvenzverfahrens vorgenommen ist und der Insolvenzverwalter dies im Bestreitensfall beweisen kann (*Kilger/Karsten Schmidt* KO, § 7 Rz. 8), stellt § 81 Abs. 3 die durch Gegenbeweis widerlegbare Rechtsvermutung auf, daß die Vornahme nach der Eröffnung des Verfahrens liegt. Für diese Bestimmung war maßgebend, daß erfahrungsgemäß noch in letzter Stunde massebenachteiligende Geschäfte geschlossen werden und daß sich schwer beweisen läßt, ob die Rechtshandlung vor der in den Lauf eines Tages oder kraft der Fiktion in § 27 Abs. 3 auf die Mittagsstunde fallenden Verfahrenseröffnung vorgenommen ist. Dem anderen Teil geschieht kein Unrecht, da ihm der Gegenbeweis offen bleibt.

§ 82
Leistungen an den Schuldner → § 8 KO

¹Ist nach der Eröffnung des Insolvenzverfahrens zur Erfüllung einer Verbindlichkeit an den Schuldner geleistet worden, obwohl die Verbindlichkeit zur Insolvenzmasse zu erfüllen war, so wird der Leistende befreit, wenn er zur Zeit der Leistung die Eröffnung des Verfahrens nicht kannte. ²Hat er vor der öffentlichen Bekanntmachung der Eröffnung geleistet, so wird vermutet, daß er die Eröffnung nicht kannte.

Inhaltsübersicht: Rz.

A. Zweck und Inhalt der Vorschrift 1
B. Anwendungsfälle der Vorschrift 2– 7
C. Schutz des guten Glaubens 8–16

Leistungen an den Schuldner § 82

A. Zweck und Inhalt der Vorschrift

Ähnlich wie § 81 gewährt § 82 dem Geschäftspartner des Schuldners einen beschränkten 1
Gutglaubensschutz für den Fall, daß er die Verfahrenseröffnung nicht kannte. Während
§ 81 den Fall betrifft, daß der Geschäftspartner unter Verstoß gegen § 80 eine Leistung
empfangen hat, betrifft § 82 den umgekehrten Fall, daß der Geschäftspartner seinerseits
an den Schuldner geleistet hat. Die mit der Leistung bezweckte Befreiungswirkung nach
§ 362 Abs. 1 BGB tritt mangels Empfangszuständigkeit des Schuldners nicht ein, außer
wenn der Insolvenzverwalter sie genehmigt (§ 362 Abs. 2 BGB i. V. m. § 185 Abs. 2
BGB), was er aber unterlassen wird, wenn der Schuldner das Erlangte nicht zur Masse
abführt. § 82 will die verbleibende Unbilligkeit für die darin bezeichneten Fälle beheben;
er ist inhaltsgleich mit § 8 KO und lediglich straffer formuliert worden, so daß die
Rechtsprechung zu § 8 KO weiterhin herangezogen werden kann.

B. Anwendungsfälle der Vorschrift

Anwendungsfälle von § 82 sind etwa Geldzahlungen an den Schuldner (praktisch am 2
wichtigsten), die Übergabe einer an ihn vor Verfahrenseröffnung verkauften Sache und
die Herausgabe einer dem Schuldner gehörenden Sache an ihn.
Als Leistung an den Schuldner ist es auch anzusehen, wenn mit seiner Einwilligung an 3
einen Dritten geleistet wird, etwa an denjenigen, dem der Schuldner nach Eröffnung des
Insolvenzverfahrens die Forderungen abgetreten hat; denn, weil die Abtretung eine
unwirksame Verfügung des Schuldners ist, gilt der Zessionar nicht als forderungsberechtigter Gläubiger (*Kuhn/Uhlenbruck* KO § 8 Rz. 2). Die Annahme einer Leistung an
Erfüllungs Statt gemäß § 364 Abs. 1 BGB fällt dagegen nicht unter § 82. Nach Eröffnung des Insolvenzverfahrens über das Vermögen des Auftragnehmers kann der
Auftraggeber keine schuldbefreienden Zahlungen mehr gem. § 16 Nr. 6 VOB/B an den
Gläubiger des Auftragnehmers leisten (*BGH* ZIP 1986, 720). Zur Annahme von Teilleistungen durch den Schuldner bedarf es einer besonderen Genehmigung des Insolvenzverwalters. Leistungen müssen immer zur Masse zu erfüllende Verbindlichkeiten
betreffen. Deshalb gilt § 82 nicht für freie Ansprüche des Schuldners (*Hess* KO, § 8
Rz. 2), etwa den unpfändbaren Teil von Arbeitseinkommen und Sozialleistungen.
Steht die an den Schuldner bewirkte Leistung dem Zugriff des Insolvenzverwalters in der 4
Art offen, daß er sie zur Masse ziehen kann, so ist er zu diesem Zugriff verpflichtet.
Unterläßt er dies und verweigert er die Genehmigung der Leistung für die Masse, so kann
ihm derjenige, der die Leistung an den Schuldner erbracht hat, gegenüber der nochmaligen Leistungsforderung mit der Arglisteinrede begegnen (*Henckel* in Jaeger, KO, § 8
Rz. 48).
War auf Grund einer Anweisung des Schuldners an einen Dritten geleistet worden, so ist 5
der Gegenstand der Anweisungsleistung regelmäßig für den Insolvenzverwalter über das
Vermögen des Anweisenden nicht erreichbar. Deshalb kann er vom Angewiesenen
weiterhin Leistung in die Masse verlangen, d. h. dieser muß die geschuldete Leistung
nochmals erbringen. Der Angewiesene, der nochmals leisten muß, hat gegen den
Schuldner einen Bereicherungsanspruch, weil der Zweck der Leistung, die Schuldbefreiung herbeizuführen, nicht erreicht worden ist (§ 812 Abs. 1 Satz 2 HS 2 BGB). Da der
Bereicherungsanspruch erst nach Eröffnung des Insolvenzverfahrens entsteht, kann er
nicht als Insolvenzforderung geltend gemacht werden. Der Anspruch richtet sich gegen
den Schuldner persönlich und kann erst nach Beendigung des Insolvenzverfahrens in

§ 82 *Wirkungen der Eröffnung des Insolvenzverfahrens*

sein Vermögen vollstreckt werden (*Kuhn/Uhlenbruck* KO, § 8 Rz. 4). Eine Bank, die einen auf ihren Kunden gezogenen, von diesem angenommenen und bei ihr zahlbar gestellten Wechsel einlöst, nachdem über das Vermögen des Kunden, wie der Empfänger der Zahlung weiß, das Insolvenzverfahren eröffnet worden ist, hat gegen diesen einen unmittelbaren Bereicherungsanspruch aus § 812 BGB (*BGH* NJW 1976, 1845 m. Anm. *Schubert* in JZ 1977, 200).

6 In solchen Fällen, in denen die Bank keine Verrechnungsmöglichkeiten gegenüber der Masse hat, ist für die Frage, ob ein Bereicherungsanspruch der Bank gegen den Zahlungsempfänger besteht, die Lösung in einer Durchgriffskondiktion der Bank gegen den Zahlungsempfänger zu suchen (*Kuhn/Uhlenbruck* KO, § 8 Rz. 4; *Obermüller* Hdb. d. InsolvenzR Rz. 412 ff.; *Kübler* BB 1976, 801, 805; im Ergebnis auch *BGH* NJW 1976, 1845). Eine vom Schuldner getätigte Anweisung und entsprechende Tilgungsbestimmung wirkt sich auf ein bestimmtes Konto aus, das zur Masse gehört. Es fehlt mit der Eröffnung des Insolvenzverfahrens an einer der Masse zurechenbaren zweckgerichteten Vermögenszuwendung, insbesondere an einer wirksamen Tilgungsbestimmung, da diese nach Verfahrenseröffnung gemäß § 80 nur noch vom Insolvenzverwalter getroffen werden kann (*Kübler* BB 1976, 805). Die Funktion der Durchgriffskondiktion liegt gerade darin, einen Bereicherungsausgleich da zu schaffen, wo das von den Parteien beabsichtigte Leistungsaustauschverhältnis zusammengebrochen ist (*Kuhn/Uhlenbruck* KO, § 8 Rz. 4). Ist der Bank die Eröffnung des Insolvenzverfahrens bekannt, so ist nach § 814 BGB zu entscheiden, ob sie einen Bereicherungsanspruch gegen den Überweisungsempfänger hat. Bei Gutgläubigkeit des Empfängers ist § 818 Abs. 3 BGB anzuwenden, so daß auch der herausgabepflichtige Zahlungsempfänger die Rückzahlung insoweit verweigern kann, als er nicht mehr bereichert ist (vgl. *Kübler* BB 1976, 805; *Obermüller* a. a. O. Rz. 419; *Canaris* Bankvertragsrecht, Rz. 503). Abzulehnen ist eine Leistungskondiktion der Masse gegen den Überweisungsempfänger an Stelle der Durchgriffskondiktion des Kreditinstituts, da dieses im Regelfall von der Eröffnung des Insolvenzverfahrens nichts weiß und keine Leistung zur Masse, sondern nur eine solche an den Anweisenden erbringen will. Anders verhält es sich, wenn der gute Glaube der Bank nach § 82 geschützt ist. In solchen Fällen erwirbt die Masse gegen den Überweisungsempfänger einen Bereicherungsanspruch (§ 816 Abs. 2 BGB entsprechend; vgl. auch *OLG Hamm* WM 1977, 1238 f.; *LG Hamburg* MDR 1966, 338; *LG Düsseldorf* KTS 1971, 293 m. Anm. *Runge*).

7 Das in Rz. 6 für die Anweisung Gesagte gilt auch für die Annahme beim Wechsel. Ein vor Eröffnung des Insolvenzverfahrens angenommener Wechsel kann trotz § 82 mit Wirkung gegen die Insolvenzgläubiger eingelöst werden. Ein Drittschuldner, der auf Grund eines am Tage der Eröffnung des Insolvenzverfahrens über das Vermögen des Schuldners erlassenen Pfändungs- und Überweisungsbeschlusses an den pfändenden Gläubiger vor der öffentlichen Bekanntmachung der Verfahrenseröffnung zahlt, wird frei, wenn er die Verfahrenseröffnung nicht positiv kennt (*LG Berlin* KTS 1963, 185).

C. Schutz des guten Glaubens

8 Zum Schutz derjenigen Personen, die auf eine zur Masse gehörende Verbindlichkeit eine Leistung zu bewirken haben, bestimmt § 82 daß der Leistende befreit wird, wenn er gutgläubig ist, d. h. wenn ihm zur Zeit der Vollendung des Erfüllungsaktes die Insolvenzbefangenheit des Gegenstandes, auf den sich die Leistung bezog, unbekannt war. Nur positive Kenntnis schadet, fahrlässige Unkenntnis schadet nicht (*Jauernig* Zwangsvoll-

Erbschaft. Fortgesetzte Gütergemeinschaft **§ 83**

streckungs- und Insolvenzrecht, S. 289). Bei Leistung durch einen Vertreter des Leistungspflichtigen kommt es grundsätzlich auf die Kenntnis des Vertreters an (§ 166 Abs. 1 BGB).
Maßgeblich für die Kenntnis ist der Zeitpunkt, bis zu dem der Leistende den Leistungs- 9 erfolg noch verhindern kann (*Henckel* in Jaeger KO, § 8 Rz. 59). Im Nachlaßkonkurs steht die Leistung an den Erben einer solchen an den Schuldner gleich.
Die Beweislast ist verschieden geregelt, je nach dem, ob die Leistung vor oder nach der 10 öffentlichen Bekanntmachung der Eröffnung des Insolvenzverfahrens erfolgt ist.
Hat sie vor der Bekanntmachung des Eröffnungsbeschlusses stattgefunden, so hat der 11 Insolvenzverwalter zu beweisen, daß dem Leistenden die Eröffnung des Verfahrens bekannt war.
Ist dagegen die Leistung nach der Bekanntmachung erfolgt, so hat der Leistende zu 12 beweisen, daß ihm die Eröffnung des Verfahrens unbekannt war (diese Beweislast trifft auch Träger der öffentlichen Verwaltung, *LSG Nordrhein-Westfalen* ZIP 1992, 1159).
Ist bestritten, ob die Leistung vor der Bekanntmachung der Eröffnung des Insolvenzver- 13 fahrens bewirkt worden ist, so obliegt der Beweis dem Leistenden (*Henckel* in Jaeger KO, § 8 Rz. 63). Die Beweisführung unterliegt der freien richterlichen Beweiswürdigung (§ 286 ZPO; *Kuhn/Uhlenbruck* KO, § 8 Rz. 7).
Indessen befreien Leistungen, die an den im Grundbuch, Schiffs- oder Schiffsbauregister 14 eingetragenen Inhaber eines Rechts bewirkt werden, auch nach öffentlicher Bekanntmachung der Eröffnung des Insolvenzverfahrens, falls der Insolvenzvermerk oder ein Veräußerungsverbot weder eingetragen noch die Verfügungsbeschränkung dem Leistenden bekannt war.
Hier trifft den Insolvenzverwalter in jedem Verfahrensstadium die Beweislast für die 15 Kenntnis des Leistenden von der Eröffnung des Insolvenzverfahrens (*Henckel* in Jaeger KO, § 8 Rz. 61).
Die Beweislastverteilung gem. § 82 gilt auch für ausländische Leistende insoweit, als die 16 Leistung innerhalb der Grenzen der Bundesrepublik Deutschland im Bereich der inländischen Zwangsvollstreckungsgewalt zur Ausführung kommt, und zwar ohne Rücksicht darauf, ob der Erfüllungsort im Inland oder im Ausland belegen ist und ob die Forderung des inländischen Schuldners zu seinem inländischen oder seinem ausländischen Vermögen gehört (RGZ 90, 127; vgl auch Art. 29 EU-Insolvenzübereinkommen).

§ 83
Erbschaft. Fortgesetzte Gütergemeinschaft → **§§ 9, 128 KO**

(1) ¹Ist dem Schuldner vor der Eröffnung des Insolvenzverfahrens eine Erbschaft oder ein Vermächtnis angefallen oder geschieht dies während des Verfahrens, so steht die Annahme oder Ausschlagung nur dem Schuldner zu. ²Gleiches gilt von der Ablehnung der fortgesetzten Gütergemeinschaft.
(2) Ist der Schuldner Vorerbe, so darf der Insolvenzverwalter über die Gegenstände der Erbschaft nicht verfügen, wenn die Verfügung im Falle des Eintritts der Nacherbfolge nach § 2115 des Bürgerlichen Gesetzbuchs dem Nacherben gegenüber unwirksam ist.

§ 83 Wirkungen der Eröffnung des Insolvenzverfahrens

Inhaltsübersicht: Rz.

A. Inhalt 1– 2
B. Anfall einer Erbschaft 3– 9
C. Anfall eines Vermächtnisses 10–12
D. Fortgesetzte Gütergemeinschaft 13–15
E. Vorerbschaft 16–17

A. Inhalt

1 Abs. 1 greift die bisher in § 9 KO getroffene Regelung auf, weitet sie aber auf den Fall aus, daß es zum Erbfall oder zum Eintritt der fortgesetzten Gütergemeinschaft erst nach der Verfahrenseröffnung kommt. Dies war notwendig, weil nach § 35 InsO auch der Neuerwerb des Schuldners während des Verfahrens zur Insolvenzmasse gehört. Nach der Vorläuferregelung in § 1 Abs. 1 KO fielen eine nach Konkurseröffnung angefallene Erbschaft und das Gesamtgut einer nach Konkurseröffnung eingetretenen fortgesetzten Gütergemeinschaft ohnehin in das konkursfreie Vermögen des Gemeinschuldners.

2 Abs. 2 ist inhaltsgleich mit § 128 KO.

B. Anfall einer Erbschaft

3 Das Vermögen des Erblassers, der Nachlaß, geht mit seinem Tod ohne weiteren Vollzugsakt auf den oder die gesetzlichen oder durch letztwillige Verfügung bestimmten Erben über (§ 1922 Abs. 1 BGB). Bleibt der so bestimmte Erbe also untätig, so fällt ihm die Erbschaft zu. Neben den Gläubigern des Verstorbenen können dann auch seine Gläubiger auf die Nachlaßgegenstände zugreifen. Ist über das Vermögen des Erben das Insolvenzverfahren eröffnet, so fällt der Nachlaß in die Masse und dient nach Verwertung der Verteilung an die Insolvenzgläubiger.

4 Dies kann sowohl den Interessen der Nachlaßgläubiger als auch den Interessen des Erben zuwiderlaufen.

5 Den Interessen der Nachlaßgläubiger, nicht unversehens mit den Gläubigern des Erben konkurrieren zu müssen, trägt das Gesetz dadurch Rechnung, daß die Nachgläubiger Nachlaßverwaltung (§ 1981 Abs. 2 BGB) oder das Nachlaßinsolvenzverfahren (§ 317 Abs. 1 InsO; s. im einzelnen die Kommentierung zu §§ 315–331) beantragen können. Dadurch tritt rückwirkend (§ 1976 BGB) eine Trennung der Haftungsmassen ein, so daß die Nachlaßgläubiger ausschließlich aus dem Nachlaß, die Eigengläubiger des Erben ausschließlich aus dessen Vermögen zu befriedigen sind.

6 Die Interessen des Erben können u. a. dahin gehen, daß der Nachlaß, wenn schon ihm nicht selbst, so doch zumindest der Familie des Erblassers verbleiben soll. Dies würde nicht geschehen, wenn die Nachlaßgegenstände in die Masse fielen und infolgedessen verwertet würden und ihr Wert letztlich unter die Insolvenzgläubiger verteilt würde. Der Erbe hat die Möglichkeit, den Erbanfall rückwirkend ungeschehen zu machen, indem er die Erbschaft innerhalb der vom Gesetz bestimmten Frist (dazu im einzelnen § 1944 BGB) und in der vom Gesetz bestimmten Form (dazu im einzelnen § 1945 BGB) ausschlägt. In diesem Fall tritt der nach ihm Nächstberufene die Erbschaft an.

7 Die Annahme und die Ausschlagung einer Erbschaft sind, auch bei Erbfall vor Verfahrenseröffnung, in das freie Belieben des Schuldners gestellt (RGZ 54, 295); zur

Erbschaft. Fortgesetzte Gütergemeinschaft § 83

Annahme berechtigt ist der Schuldner auch bei überschuldetem Nachlaß (so *Kilger/ Karsten Schmidt* KO, § 9 Rz. 1) – es obliegt dann dem Insolvenzverwalter, Maßnahmen zur Haftungsbeschränkung auf den Nachlaß zu treffen.
In Falle der Ausschlagung fällt die Erbschaft nicht in die Masse, sondern dem nächstberufenen Erben an. Hatte der Insolvenzverwalter schon Gegenstände des Nachlasses zur Masse gezogen, so hat der Ersatzerbe ein Aussonderungsrecht. Dieses Recht steht im Falle der Anordnung einer Nachlaßverwaltung dem Nachlaßverwalter zu. Die Ausschlagung – dasselbe gilt vom Erbverzicht (§ 2346 BGB) und der Ablehnung der fortgesetzten Gütergemeinschaft (§ 1484 BGB) – kann, aus welchem Grunde sie auch vorgenommen werden mag, nicht angefochten werden, weil aus dem Vermögen des Schuldners nichts veräußert, weggegeben oder aufgegeben, sondern nur ein angetragener Erwerb abgelehnt wird (RGZ 54, 289; 67, 431). Wollte man die Anfechtung der Ausschlagung oder eines Erbverzichts zulassen, so würde eine solche dem Zweck der Regelung in § 83 kraß zuwiderlaufen (so *Kuhn/Uhlenbruck* KO, § 9 Rz. 3). 8

Der Insolvenzverwalter hat nicht die Möglichkeit, die Erbschaft als solche freizugeben; freigegeben werden können nur einzelne Sachen oder Rechte (*Kilger/Karsten Schmidt* KO, § 9 Anm. 1). 9

C. Anfall eines Vermächtnisses

Das Vermächtnis ist ein schuldrechtlicher Anspruch des in der letztwilligen Verfügung des Erblassers damit Bedachten gegen den Erben (§ 1939 BGB); er entsteht ebenfalls ohne weiteres Zutun des Vermächtnisnehmers mit dem Erbfall (§ 2176 BGB) und kann nur durch Ausschlagung rückwirkend zum Erlöschen gebracht werden (§ 2180 BGB). Auch zu dieser Ausschlagung ist allein der Vermächtnisnehmer, nicht der Insolvenzverwalter befugt. 10

Unanwendbar ist § 83 hingegen auf Pflichtteilsansprüche (*Kilger/Karsten Schmidt* KO, § 9 Anm. 5 zur insoweit inhaltsgleichen Vorläuferregelung). Sie gehören zur Masse, wenn sie bei Verfahrenseröffnung anerkannt oder rechtshängig waren, wie sich aus einer Analogie zu § 852 ZPO ergibt. 11

Des weiteren kann § 83 auf echte Verträge zu Gunsten Dritter nicht angewandt werden, sofern der Vertrag vor Verfahrenseröffnung geschlossen worden ist. Hier steht das Ausschlagungsrecht allein dem Insolvenzverwalter zu (*Henckel* in Jaeger KO, § 9 Rz. 23). 12

D. Fortgesetzte Gütergemeinschaft

Die Fortsetzung der Gütergemeinschaft kann vom überlebenden Ehegatten abgelehnt werden. Auf die Ablehnung finden die für die Ausschlagung einer Erbschaft geltenden Vorschriften entsprechende Anwendung (§ 1484 BGB). Dementsprechend gilt der Eintritt der fortgesetzten Gütergemeinschaft als nicht erfolgt. Es rechtfertigt sich daher die gleiche Behandlung für den Fall, daß über das Vermögen des überlebenden Ehegatten nach dem Tode des anderen ein Insolvenzverfahren eröffnet wird, bevor sein Ablehnungsrecht verfallen ist (§§ 1484, 1943ff. BGB). 13

Lehnt der überlebende Ehegatte die Fortsetzung der Gütergemeinschaft nicht binnen der gesetzlichen Frist (§ 1944 BGB) ab, so fällt gemäß § 35 das Gesamtgut in die Masse. 14

15 Lehnt der überlebende Ehegatte die Fortsetzung der Gütergemeinschaft ab, so ist die Gütergemeinschaft nach § 84 auseinanderzusetzen. Die Auseinandersetzung vollzieht sich außerhalb des Insolvenzverfahrens nach Maßgabe der Bestimmungen des BGB. Bei ihr vertritt der Insolvenzverwalter die Interessen des Schuldners. Der dem Schuldner gebührende Reinanteil fällt in die Masse (§§ 1484 Abs. 3, 1482 BGB). Der Anteil des verstorbenen Ehegatten fällt an dessen Erben. Ist der überlebende Ehegatte Miterbe, so steht es ihm frei, ob er die Erbschaft annehmen oder ausschlagen will (*Henckel* in Jaeger, KO, § 9 Rz. 13).

E. Vorerbschaft

16 Der Vorerbe wird zwar mit dem Erbfall rechtlicher Vollinhaber des Nachlasses (§ 1922 BGB), die Substanz des Nachlasses soll aber dem Nacherben erhalten bleiben (§ 2139 BGB). Darum schützt ihn das Gesetz in mehrfacher Weise davor, daß die Erbschaft vom Vorerben zum Nachteil des Nacherben geschmälert wird. Im Ergebnis sollen dem Nacherben die Substanz des Nachlasses und dem Vorerben ähnlich einem Nießbraucher die Nutzungen zustehen.

17 Dieser Schutz wird in § 2115 BGB auf Verfügungen des Insolvenzverwalters ausgedehnt, die das Recht der Nacherben vereiteln oder beeinträchtigen würden. Die zur Erbschaft gehörenden Sachen und Rechte fallen also zwar in die Masse, können aber so weit für die Masse verwertet werden, als es sich um Nutzungen handelt, die bis zum Eintritt des Nacherbfalls anfallen. Der Insolvenzverwalter kann also z. B. die Mieten eines Miethauses für Verteilungen verwenden, nicht aber das Miethaus selbst versteigern oder sonstwie veräußern.

§ 84 → §§ 16, 51 KO
Auseinandersetzung einer Gesellschaft oder Gemeinschaft

(1) ¹Besteht zwischen dem Schuldner und Dritten eine Gemeinschaft nach Bruchteilen, eine andere Gemeinschaft oder eine Gesellschaft ohne Rechtspersönlichkeit, so erfolgt die Teilung oder sonstige Auseinandersetzung außerhalb des Insolvenzverfahrens. ²Aus dem dabei ermittelten Anteil des Schuldners kann für Ansprüche aus dem Rechtsverhältnis abgesonderte Befriedigung verlangt werden.

(2) ¹Eine Vereinbarung, durch die bei einer Gemeinschaft nach Bruchteilen das Recht, die Aufhebung der Gemeinschaft zu verlangen, für immer oder auf Zeit ausgeschlossen oder eine Kündigungsfrist bestimmt worden ist, hat im Verfahren keine Wirkung. ²Gleiches gilt für eine Anordnung dieses Inhalts, die ein Erblasser für die Gemeinschaft seiner Erben getroffen hat, und für eine entsprechende Vereinbarung der Miterben.

Inhaltsverzeichnis: Rz.

A. Inhalt und Zweck der Regelung 1
B. Anwendungsfälle 2–6
C. Bruchteilsgemeinschaft 7–8
D. Erbteile 9

E. Eheliche Gütergemeinschaft 10
F. Anteile an Personengesellschaften 11–32
G. Absonderungsrecht 33–36
H. Vertragliche Bescheränkung der Auseinandersetzung 37–38

A. Inhalt und Zweck der Regelung

Das Insolvenzverfahren betrifft nur das Vermögen des Schuldners (§ 1 Satz 1); in die 1
verfassungsrechtlich (Art. 14 Abs. 1 GG) geschützten Rechtspositionen Dritter soll es
nicht eingreifen, wie auch §§ 47 und 49–51 zeigen. Stehen Sachen oder Rechte nicht
dem Schuldner allein zu, sondern auch weiteren Personen, so muß das Gesetz einen Weg
finden, den wirtschaftlichen Wert des Anteils des Schuldners für die Masse verfügbar zu
machen, ohne daß die anderen Beteiligten den wirtschaftlichen Wert ihrer Beteiligung
einbüßen. Diesen Weg hat das Gesetz in § 84 gewiesen, der die in §§ 16 und 51 KO
enthaltenen Regelungen aufnimmt, so daß auf die Rechtsprechung zu §§ 16, 51 KO
weiterhin zurückgegriffen werden kann. Neu ist die Präzisierung in § 84 Abs. 2 Satz 2,
wonach nicht nur – wie bisher – aufhebungsbeschränkende Anordnungen des Erblassers
im Insolvenzverfahren unbeachtlich sind, sondern auch solche Vereinbarungen der
Miterben.

B. Anwendungsfälle

§ 84 Abs. 1 gilt für Bruchteilsgemeinschaften und für Gesamthandsberechtigungen; nur 2
der Anteil des Schuldners fällt in die Insolvenzmasse (*Hess* KO, § 16 Rz. 1). Es findet
eine Auseinandersetzung außerhalb des Verfahrens statt, bei der der Insolvenzverwalter
an die Stelle tritt, die sonst der Schuldner in der Auseinandersetzung einnimmt. Der auf
den Schuldner entfallende Anteil am Erlös der Auseinandersetzung steht sodann für die
Verteilungen an die Massegläubiger und an die Insolvenzgläubiger zur Verfügung.
Bruchteilsgemeinschaften bestehen vor allem an beweglichen oder unbeweglichen 3
Sachen, die auf Grund vertraglicher Vereinbarung (dazu *Henckel* in Jaeger, KO, § 16
Rz. 9) oder kraft Gesetzes (z. B. §§ 947 Abs. 1, 963, 984 BGB) im Miteigentum mehrerer
Personen stehen. Gesamthandsgemeinschaften bestehen zwischen Miterben und zwischen Gesellschaftern einer Personengesellschaft.
Unanwendbar ist § 84 auf Mitgliedschaftsrechte an juristischen Personen (*Hess* KO, § 16 4
Rz. 4). Der Insolvenzverwalter kann den Anteil des Schuldners an einer Kapitalgesellschaft veräußern, selbst wenn die Übertragung des Anteils an die Zustimmung der
juristischen Person (wie nach §§ 68 Abs. 2 AktG, 15 Abs. 5 GmbHG) geknüpft ist. Beim
rechtsfähigen Verein kommt eine Übertragung des Mitgliedschaftsrechts nicht in Betracht (§ 38 Satz 1 BGB); der Insolvenzverwalter kann von dem Verein auch nicht die
Auszahlung des Werts der mitgliedschaftsrechtlichen Beteiligung verlangen (was bei
Vereinen mit großem Vermögen sinnvoll sein könnte!).
Ein nichtrechtsfähiger Verein wird durch die Eröffnung des Insolvenzverfahrens über 5
das Vermögen eines Mitglieds nicht aufgelöst; § 728 BGB (i. V. mit § 54 Satz 1 BGB)
gilt durch die Satzung als ausgeschlossen (körperschaftsrechtliche Organisation auch
des nicht rechtsfähigen Vereins; vgl. RGZ 143, 213 und 113, 135).
Außerdem hat das ausscheidende Vereinsmitglied anders als der ausscheidende Gesell- 6
schafter einer GdbR (§ 730 Abs. 1 BGB) keinen Auseinandersetzungsanspruch, da das

Vereinsvermögen dem Vereinszweck dauernd erhalten bleiben soll (*Kuhn/Uhlenbruck* KO, § 16 Rz. 4).

C. Bruchteilsgemeinschaft

7 Ist z. B. der Schuldner zusammen mit seinem Bruder Miteigentümer zur Hälfte an einem Hausgrundstück, so fällt der Miteigentumsanteil des Schuldners in die Masse; der Insolvenzverwalter kann den Anteil veräußern (dies ist beim Wohnungseigentum die einzige Möglichkeit, § 11 WEG), er kann aber auch Aufhebung der Gemeinschaft und Verkauf des Grundstücks verlangen (§ 753 BGB), dies selbst dann, wenn der Schuldner und sein Bruder die Aufhebung vertraglich ausgeschlossen und eine entsprechende Eintragung im Grundbuch (§ 1010 Abs. 1 BGB) erwirkt hatten (§ 84 Abs. 2 Satz 1).
8 Bei Besitz des Schuldners hat der andere Miteigentümer den Aussonderungsanspruch (*BGH* WM 1962, 181); dieser Anspruch geht entweder auf Feststellung des Miteigentums, auf Einräumung des Mitbesitzes oder auf Auseinandersetzung (*BGH* LM KO, § 82 Nr. 1).

D. Erbteile

9 Sind etwa der Schuldner und sein Bruder Miterben am Nachlaß ihres Vaters und hat dieser letztwillig die Auseinandersetzung auf zwanzig Jahre ausgeschlossen (§ 2044 BGB), so gehört im Insolvenzverfahren über das Vermögen des Schuldners sein Anteil am Nachlaß in die Masse. Der Insolvenzverwalter kann die Auseinandersetzung verlangen (vgl. § 84 Abs. 2 Satz 2 i. V. m. §§ 2042 ff. BGB, §§ 86 ff., 192 FGG). Hatte der Erblasser dem Bruder letztwillig das Recht eingeräumt, das zum Nachlaß gehörige Geschäft zu einem günstigen Preis bei der Teilung zu erwerben, so wirkt diese Anordnung auch gegenüber dem Insolvenzverwalter.

E. Eheliche Gütergemeinschaft

10 Wird das Gesamtgut einer Gütergemeinschaft von einem Ehegatten allein verwaltet und über das Vermögen dieses Ehegatten das Insolvenzverfahren eröffnet, so gehört neben dem Sondergut und dem Vorbehaltsgut des Schuldners das Gesamtgut zur Insolvenzmasse (§ 37 Abs. 1 Satz 1; siehe die dortige Kommentierung); für die fortgesetzte Gütergemeinschaft gilt dasselbe, nur daß an die Stelle des Ehegatten, der das Gesamtgut verwaltet, der überlebende Ehegatte und an die Stelle des anderen Ehegatten die Abkömmlinge treten (§ 37 Abs. 3). Da die Gütergemeinschaft durch die Eröffnung des Insolvenzverfahrens nicht aufgelöst wird (vgl. *Jaeger/Henckel* KO, § 2 Rz. 18) und die Anteile an der ehelichen Gütergemeinschaft auch nicht pfändbar sind (§ 860 Abs. 1 Satz 1 ZPO), ist § 84 auf die eheliche Gütergemeinschaft nur anwendbar, wenn sie bereits vor Eröffnung des Insolvenzverfahrens beendet war und nur die Auseinandersetzung noch nicht durchgeführt war (*Kuhn/Uhlenbruck* KO, § 16 Rz. 5).

F. Anteile an Personengesellschaften

Anteile des Schuldners an einer Gesellschaft des bürgerlichen Rechts, einer OHG oder 11
einer KG sind pfändbar (dazu im einzelnen *App* NWB Fach 2 S. 4878) und gehören
deshalb zur Insolvenzmasse (§§ 859 Abs. 1 ZPO, 725 BGB, 135, 161 Abs. 2 HGB).
Ist über das Vermögen sämtlicher Gesellschafter einer bürgerlich-rechtlichen Gesell- 12
schaft das Insolvenzverfahren eröffnet worden, so erfaßt der Insolvenzbeschlag aller
Gesellschaftsanteile nicht das gesamte Gesellschaftsvermögen (*Kuhn* WM 1957, 1022;
KTS 1960, 76; *Berges*, KTS 1962, 191); die von BGHZ 23, 307 und *OLG Neustadt/
Weinstraße* NJW 1956, 26 sowie in *Hess* KO, § 16 Rz. 3 vertretene Gegenmeinung ist
durch § 11 Abs. 2 Nr. 1 überholt, da der von der Rechtsprechung rechtspolitisch befür-
wortete Insolvenzbeschlag des Gesellschaftsvermögens jetzt durch Eröffnung eines
Insolvenzverfahrens über das Vermögen der GdbR herbeigeführt werden kann.
Durch die Eröffnung des Insolvenzverfahrens über das Vermögen eines Gesellschafters 13
werden Gesellschaften des bürgerlichen Rechts, Offene Handelsgesellschaften und
Kommanditgesellschaften kraft Gesetzes (§§ 728 BGB, 131 Nr. 5 HGB) aufgelöst. Für
§ 84 ist kein Raum, wenn über das Vermögen der Offenen Handelsgesellschaft oder der
Kommanditgesellschaft das Insolvenzverfahren eröffnet ist, weil dann das Gesellschaftsvermögen in die Masse fällt. Für die Anwendung von § 84 ist es unerheblich, ob
das Gemeinschaftsverhältnis kraft Gesetzes, durch Vertrag, Kündigung oder Auflö-
sungsklage beendet worden ist. Unerheblich ist auch, ob die Beendigung vor der
Verfahrenseröffnung oder durch sie eingetreten ist wie z. B. nach den §§ 728, 736 BGB,
131 Nr. 5, 138, 141 Abs. 2, 161 Abs. 2 HGB. Auch eine während des Insolvenzverfahrens eintretende Auflösung ändert an der Anwendbarkeit nichts. Entscheidend ist, daß
mit Eröffnung des Insolvenzverfahrens ungeteiltes Gemeinschaftsgut vorhanden ist
(*Henckel* in Jaeger KO, § 16 Rz. 2).
Mangels besonderer Vereinbarung finden bei der Auseinandersetzung einer GdbR 14
§§ 730 ff. BGB Anwendung. Im einzelnen gilt dann folgendes:
- Die Geschäftsführung steht, auch wenn für die bisherige Gesellschaft etwas anderes
  galt, von der Auflösung der Gesellschaft an allen Gesellschaftern gemeinsam zu, es sei
  denn, daß der Gesellschaftsvertrag etwas anderes bestimmt, etwa die bisherige abweichende Regelung der Geschäftsführung auch für das Liquidationsverfahren aufrecht-
  erhält (§ 730 Abs. 2 Satz 2 BGB). Doch gilt, abgesehen vom Fall der Auflösung durch
  Kündigung, die einem Gesellschafter durch den Gesellschaftsvertrag übertragene
  Geschäftsführungsbefugnis zu seinen Gunsten als fortbestehend, solange er die Auflösung nicht kennt oder kennen muß (§ 729 BGB).
- Von einem Gesellschafter der Gesellschaft nur zum Gebrauch überlassene Gegenstände sind zurückzugeben (§ 732 BGB). Eine Entschädigung für die Gebrauchsüberlassung kann nicht verlangt werden (§ 733 Abs. 2 Satz 3 BGB).
- Weiter sind zunächst die gemeinschaftlichen Schulden zu befriedigen; die Gesellschaftsgläubiger gehen also im wirtschaftlichen Ergebnis den Insolvenzgläubigern
  vor. Ist eine Schuld noch nicht fällig oder streitig, so ist das zur Berichtigung Erforderliche zurückzubehalten (§ 733 Abs. 1 BGB).
- Anschließend sind die Einlagen zurückzuerstatten, und zwar nicht in natura, sondern
  in Geld nach dem Wert zur Zeit der Einbringung. Dienstleistungen werden nicht
  vergütet (zu einer Ausnahme von diesem Grundsatz vgl. *BGH* NJW 1980, 1744).
  Genügen die vorhandenen Barmittel zur Bezahlung der Schulden und Erstattung der
  Einlagen nicht, so ist das sonstige Gesellschaftsvermögen in Höhe des erforderlichen
  Betrages zu versilbern (§ 733 Abs. 2 und 3 BGB).

– Der letztlich verbleibende Rest des Gesellschaftsvermögens wird unter die Gesellschafter nach dem Verhältnis ihrer Gewinnanteile verteilt; der auf den Schuldner entfallende Verteilungsbetrag ist an den Insolvenzverwalter abzuführen. Teilbare Gegenstände werden in natura geteilt, andere in Geld umgesetzt und dieses verteilt (§ 734 BGB). Reicht das Gesellschaftsvermögen zur Tilgung der Schulden und zur Rückerstattung der Einlagen nicht aus, so haben die Gesellschafter für den Fehlbetrag nach Maßgabe ihrer Verlustanteile aufzukommen. Ist ein Gesellschafter zahlungsunfähig, so haben die übrigen Gesellschafter den Ausfall nach dem gleichen Maßstab zu tragen (§ 735 BGB).

15 Bei der OHG ist das Liquidationsverfahren etwas abweichend vom bürgerlichen Recht geregelt. Das Gesetz trägt den Besonderheiten einer Gesellschaft Rechnung, die notwendig ein vollkaufmännisches Gewerbe betreibt. Das zeigt sich vor allem darin, daß die Abwicklung von besonderen Liquidatoren durchzuführen ist. Im einzelnen gelten folgende Regeln (dazu §§ 147 ff. HGB):

16 Durch den Eintritt in das Liquidationsstadium wird die Identität der OHG nicht geändert. Die Gesellschaft bleibt Gesamthandsgemeinschaft. Sie ändert nur ihren Zweck: Aus der Erwerbsgesellschaft wird eine Abwicklungsgesellschaft. Da aber die Abwicklung als Schlußakt noch zum Betrieb des Handelsgewerbes gehört, bleibt die Gesellschaft Handelsgesellschaft. Die Vorschriften des OHG-Rechts sind weiterhin anwendbar, soweit sich nicht aus dem Liquidationszweck oder den besonderen Vorschriften über die Liquidation etwas anderes ergibt (§ 156 HGB). Die Gesellschaft behält auch ihre Firma, soll aber einen entsprechenden Zusatz (»in Liquidation«) hinzufügen.

17 Dementsprechend unterstehen auch die Gesellschafter grundsätzlich noch den bisherigen Vorschriften. Doch ergeben sich für ihre Rechtsstellung im einzelnen bedeutsame Modifikationen: Die Beitragspflicht wird beschränkt; Beiträge sind nur noch zu leisten, falls sie für die Zwecke der Liquidation erforderlich sind; Recht und Pflicht zur Geschäftsführung bestehen nur noch insoweit, als die Gesellschafter zugleich Liquidatoren sind, die Vertretungsmacht der Gesellschafter als solcher fällt fort; ein Recht auf Entnahmen aus der Gesellschaftskasse besteht nicht mehr.

18 Durchgeführt wird die Liquidation durch besondere Liquidatoren. Diese sind also jetzt die Organe der Gesellschaft.

19 Wer Liquidator ist, richtet sich nach dem Gesellschaftsvertrag oder einem einstimmigen Beschluß der Gesellschafter. Diese sind in der Auswahl der Liquidatoren nicht beschränkt; sie können auch einen Nichtgesellschafter, etwa einen Vertrauensmann der Gläubiger, zum Liquidator bestellen (»gekorene Liquidatoren«); insoweit ist der Grundsatz der Selbstorganschaft hier gelockert. Mangels einer solchen Bestimmung sind alle Gesellschafter Liquidatoren ohne Rücksicht auf die bisher geltende Geschäftsführung und Vertretung (»geborene Liquidatoren«). Bei Vorliegen eines wichtigen Grundes kann das zuständige Amtsgericht auf Antrag eines Beteiligten Liquidatoren abberufen und neue ernennen. Alle Liquidatoren sind in das Handelsregister einzutragen.

20 Geschäftsführungsbefugnis und Vertretungsmacht stehen fortan nur den Liquidatoren zu. Im Gegensatz zur werbenden Gesellschaft gilt jetzt Gesamtgeschäftsführung und Gesamtvertretung. Der Umfang der Befugnisse richtet sich nach den Liquidationsaufgaben. Doch darf dieser Rahmen nicht zu eng gefaßt werden, vielmehr können die Liquidatoren zur Erfüllung dieser Aufgaben, insbesondere zur Abwicklung schwebender Geschäfte, auch neue Geschäfte abschließen (§ 149 HGB).

21 Die Aufgaben der Liquidatoren richten sich nach dem Ziel der Liquidation. Das Gesellschaftsvermögen soll aus der Gesamthandsbindung gelöst und auf die einzelnen Gesellschafter überführt werden. Zu diesem Zweck haben die Liquidatoren die laufen-

Auseinandersetzung einer Gesellschaft oder Gemeinschaft § 84

den Geschäfte zu beendigen, die Forderungen einzuziehen, das übrige Vermögen in Geld umzusetzen und die Gläubiger zu befriedigen, soweit das Gesellschaftsvermögen dazu ausreicht (§ 149 HGB). Ist letzteres nicht der Fall, so können die Liquidatoren von den Gesellschaftern keine Nachschüsse verlangen, sondern müssen es den Gläubigern überlassen, die einzelnen Gesellschafter in Anspruch zu nehmen. Das verbleibende Nettovermögen ist sodann auf Grund einer Schlußbilanz an die Gesellschafter zu verteilen (§ 155 HGB).

Die Verteilung erfolgt nach den Kapitalanteilen. Ergeben sich in der Schlußbilanz für 22 einzelne Gesellschafter negative Kapitalanteile, so sind sie den anderen in diesem Verhältnis zum Ausgleich verpflichtet. Dieser Ausgleich ist nicht mehr Sache der Liquidatoren, sondern bleibt den Gesellschaftern überlassen.

Mit der Schlußverteilung des Gesellschaftsvermögens endet die Liquidation. Die Ge- 23 samthandsgemeinschaft ist beseitigt; es tritt Vollbeendigung der OHG ein. Zugleich erlischt die Firma, was von den Liquidatoren zum Handelsregister anzumelden ist (§ 157 HGB). – Den nicht befriedigten Gläubigern haften die früheren Gesellschafter in der alten Weise fort, doch läuft eine besondere fünfjährige Verjährung (§ 159 HGB).

Wird über das Vermögen eines Kommanditisten das Insolvenzverfahren eröffnet, so wird 24 die KG – ebenso wie eine OHG – aufgelöst (§§ 131 Nr. 5, 161 Abs. 2 HGB) und liquidiert, so daß der Liquidationserlös des Kommanditisten in die Masse fällt. Das Gleiche gilt für den Abfindungsanspruch des Kommanditisten bei Fortsetzung der KG (§§ 138, 141 Abs. 2 HGB). Vom Fall der Insolvenz des Kommanditisten sind die Insolvenz der KG und die Haftung des Kommanditisten bei Insolvenz der KG zu unterscheiden (dazu §§ 15 und 19 und die dortige Kommentierung).

Eine stille Gesellschaft wird durch die Eröffnung des Insolvenzverfahrens über das 25 Vermögen des Geschäftsinhabers aufgelöst (vgl. §§ 234 HGB, 728, 727 Abs. 2 Satz 2 BGB; BGHZ 51, 350, 351). § 235 HGB schreibt die Auseinandersetzung der stillen Gesellschaft (§§ 234 ff. HGB) vor. Da die Einlage des stillen Gesellschafters in das Vermögen des Geschäftsinhabers fließt und es weder ein Gesellschaftsvermögen noch Gesellschaftsschulden gibt, beschränkt sich die Auseinandersetzung auf die Ermittlung und Auszahlung des Guthabens des stillen Gesellschafters (*RG* JW 1936, 921). Daher sind die geleisteten Einlagen, ihre Vermehrung oder Verminderung durch den vereinbarten Gewinn- oder Verlustanteil und die vertragliche Beteiligung des stillen Gesellschafters an dem Ergebnis des letzten Geschäftsjahres bis zum Zeitpunkt der Auflösung festzustellen (*Kuhn/Uhlenbruck* KO, § 16 Rz. 6). Der stille Gesellschafter nimmt an einer bis zur Auflösung der Gesellschaft durch Gesellschaftsmittel herbeigeführten Vermehrung des Gesellschaftsvermögens teil (RGZ 120, 410; *BGH* WM 1960, 13). Der stille Gesellschafter muß seine Forderung nicht zur Tabelle anmelden, um eine Abrechnung des Insolvenzverwalters herbeizuführen. Vielmehr kann er unmittelbar vom Insolvenzverwalter die Berechnung des Auseinandersetzungsguthabens verlangen oder aber die Berechnung seines Anteils am Verlust (*Kuhn/Uhlenbruck* KO, § 16 Rz. 6).

Ist die Einlage erbracht, so braucht der stille Gesellschafter einen Passivsaldo nicht 26 auszugleichen. Die Sonderanfechtung einer ganzen oder teilweisen Rückgewähr der stillen Beteiligung im letzten Jahr vor Eröffnung des Insolvenzverfahrens oder Erlaß ist in § 342 Abs. 1 HGB geregelt (vgl. die Kommentierungen dieser Vorschrift).

Durch die Eröffnung des Insolvenzverfahrens über das Vermögen oder über den Nachlaß 27 (§ 339 Abs. 2 HGB) eines stillen Gesellschafters wird die stille Gesellschaft aufgelöst (§ 728 BGB; *Karsten Schmidt* KTS 1977, 7; *Baumbach/Duden/Hopt* § 235 HGB Anm. 1). Die Auseinandersetzung zwischen Geschäftsinhaber und Insolvenzverwalter findet nach §§ 235 HGB, 84 InsO außerhalb des Insolvenzverfahrens statt. Im Insolvenzverfahren des stillen Gesellschafters ist der Geschäftsinhaber Insolvenzgläubiger, soweit sich bei der Auseinandersetzung ein Passivsaldo ergibt. Einen etwaigen Aktivsaldo zieht der Insolvenzverwalter zur Masse ein.

28 Auch wenn über das Vermögen des Geschäftsinhabers das Insolvenzverfahren eröffnet wird, wird die stille Gesellschaft aufgelöst (§ 728 BGB). Besteht die stille Gesellschaft nur aus zwei Personen, kommt eine Fortsetzung gem. § 736 BGB nicht in Betracht (*Henckel* in Jaeger, KO, § 16 Rz. 5). Anders kann dies bei einer Publikumsgesellschaft mit zahlreichen stillen Gesellschaftern oder gesplitteten Einlagen sein (*Kuhn/Uhlenbruck* KO, § 16 Rz. 6b). Die Auseinandersetzung erfolgt dann gem. §§ 340 HGB, 84 InsO. Im Insolvenzverfahren über das Vermögen des Geschäftsinhabers kann der stille Gesellschafter die Einlage, soweit sie durch den auf ihn entfallenden Verlustanteil nicht aufgezehrt ist, als Insolvenzforderung geltend machen (§ 341 Abs. 1 HGB). Die Beweislast dafür, daß die Einlage durch Verluste aufgezehrt sei, obliegt dem Geschäftsinhaber (*BGH* WM 1960, 14). Der stille Gesellschafter hat die rückständige Einlage bis zu dem Betrag, der zur Deckung seines Anteils am Verlust erforderlich ist, an die Masse zu leisten.

29 Die Auseinandersetzung findet zwischen dem Insolvenzverwalter und dem anderen Gesellschafter außerhalb des Insolvenzverfahrens statt. Maßgebend ist der Vermögensstand zur Zeit der Eröffnung des Insolvenzverfahrens (*RG* JW 1884, 270). Die Einlage des stillen Gesellschafters fließt in das Vermögen des Geschäftsinhabers und nimmt am Schicksal des Unternehmens teil (RGZ 168, 286; *BGH* NJW 1952, 421). Wertveränderungen, die erst nach der Auflösung der Gesellschaft eintreten, berühren indessen nur den Geschäftsinhaber als den Inhaber des Geschäftsvermögens und nicht den stillen Gesellschafter. Zur Zeit der Konkurseröffnung noch nicht beendete Geschäfte sind jedoch mit dem Ergebnis zu berücksichtigen, das ihre Abwicklung erbringt (*RG* JW 1901, 404).

30 Die Aufstellung der Auseinandersetzungsbilanz ist Sache des Geschäftsinhabers, also in dessen Insolvenzverfahren Aufgabe des Insolvenzverwalters (*Kuhn/Uhlenbruck* KO, § 16 Rz. 6d).

31 Ist vereinbart, daß der stille Gesellschafter nicht nur an dem Geschäftsergebnis des Unternehmens, sondern auch an dem Vermögen des Geschäftsinhabers beteiligt sein soll (atypische stille Gesellschaft), so ist er bei der Auseinandersetzung so zu stellen, als ob er an dem Vermögen gesamthänderisch beteiligt wäre (BGHZ 7, 178).

32 Der Insolvenzverwalter über das Vermögens eines Anteilsinhabers einer Kapitalanlagegesellschaft kann nicht nach § 11 Abs. 1 KAGG die Aufhebung der in bezug auf das Sondervermögen bestehenden Gemeinschaft verlangen. § 84 findet keine Anwendung (*Henckel* in Jaeger, KO, § 16 Rz. 14).

G. Absonderungsrecht

33 § 84 Abs. 1 Satz 2 betrifft die Bruchteilsgemeinschaft einschließlich des Miteigentums, die Gesellschaft des bürgerlichen Rechts als Gesamthandsgemeinschaft, die Offene Handelsgesellschaft, die Kommanditgesellschaft und die Erbengemeinschaft (*Hess* KO, § 51 Rz. 2). Er verleiht den rein persönlichen Ansprüchen nach Maßgabe von §§ 731 Satz 2, 756, 2042 BGB, §§ 105 Abs. 2, 161 Abs. 2 HGB ein Absonderungsrecht im Insolvenzverfahren des Anspruchsgegners. Sie setzt Gemeinschaftsvermögen bzw. Gesamthandsvermögen voraus, deshalb scheidet ihre Anwendung bei bloßen Innengesellschaften, z.B. bei einer Gesellschaft zur Verwertung von Gegenständen, die als Alleineigentum eines Gesellschafters angeschafft wurden, aus (*RG* LZ 1928, 1330; keine

Auseinandersetzung einer Gesellschaft oder Gemeinschaft § 84

Anwendung auch bei der stillen Gesellschaft, *RG* JW 1904, 719; *Hess* KO, § 51 Rz. 2).

§ 84 Abs. 1 Satz 2 gilt nur, wenn bei Verfahrensbeginn die Gemeinschaft, sei es auch nur im Liquidationsstadium, noch besteht (*Kuhn/Uhlenbruck* KO, § 51 Rz. 2). 34

Die Vorschrift gewährt dem an der Gemeinschaft Beteiligten (nicht auch einem Dritten, RGZ 42, 106) wegen seiner auf das Gemeinschaftsverhältnis gegründeten Forderungen ein Absonderungsrecht am Anteil des Schuldners. Auf das Gemeinschaftsverhältnis gründet sich eine Forderung, wenn die Gemeinschaft den Inhalt der Forderung dahin beeinflußt, daß die Forderung selbst in das Gemeinschaftsverhältnis derart eintritt, daß sie bei der Auseinandersetzung mitberücksichtigt werden muß, RGZ 78, 274 (Darlehenshingabe unter Miterben). 35

Den Gegenstand der Absonderung bildet nicht das Anteilsrecht des Schuldners am Gemeinschaftsgegenstand, sondern lediglich der bei der Auseinandersetzung ermittelte Anteil, d.h. der Nettoanteil, der auf den Schuldner nach Begleichung aller Gemeinschaftsschulden und nach Rückerstattung entfällt (RGZ 51, 344). Bei ununterscheidbarer Vermischung des Erlösanteils mit der Masse besteht ein Masseanspruch nach § 55 Abs. 1 Nr. 3. 36

H. Vertragliche Beschränkung der Auseinandersetzung

Vertragliche Beschränkungen der Auseinandersetzung wirken nicht gegenüber dem pfändenden Gläubiger (§ 751 Abs. 1, § 2044 Abs. 1 BGB). Diese Regel erweitert § 84 Abs. 2 für das Insolvenzverfahren auf die Auseinandersetzung einer Bruchteils- und einer Erbengemeinschaft (*Hess* KO, § 16 Rz. 8). Der Insolvenzverwalter kann daher jederzeit die Auseinandersetzung verlangen, auch wenn die Beschränkung im Grundbuch eingetragen ist, also dinglich wirkt (§ 1010 BGB). Der Insolvenzverwalter ist berechtigt, die Aufhebung der Bruchteilsgemeinschaft sogar dann zu verlangen, wenn die Gemeinschaftsbeteiligten das Teilungsrecht durch Vereinbarung für immer oder auf Zeit ausgeschlossen haben oder es von einer Kündigung abhängig gemacht haben. Dagegen kann der Gemeinschaftsbeteiligte keine vorzeitige Auseinandersetzung gem. § 84 Abs. 2 verlangen (*OLG Hamburg* NJW 1961, 612). § 84 Abs. 2 gilt aber nur, wenn die Auseinandersetzung durch Vereinbarung oder durch eine Anordnung des Erblassers für immer oder auf Zeit ausgeschlossen oder eine Kündigungsfrist bestimmt ist. Gesetzliche Teilungsbeschränkungen sind auch der Insolvenzmasse gegenüber wirksam (*Hess* KO, § 16 Rz. 8; *Kuhn/Uhlenbruck* KO, § 16 Rz. 12). Als solche kommen namentlich in Betracht: 37

- § 1066 Abs. 2 BGB, wonach die Aufhebung der Gemeinschaft beim Nießbrauch an dem Anteil eines Miteigentümers nur von dem Miteigentümer und dem Nießbraucher gemeinschaftlich verlangt werden kann
- § 2043 BGB, wonach die Auseinandersetzung bei Unbestimmtheit der Erbteile bis zur Hebung der Unbestimmtheit ausgeschlossen ist, und
- § 2045 BGB, wonach jeder Miterbe den Aufschub der Auseinandersetzung während schwebenden Aufgebotsverfahrens (§ 1970 BGB) oder bis zum Ablauf der Anmeldefrist für die Forderungen der Nachlaßgläubiger (§ 2061 BGB) verlangen kann.

Absprachen zwischen Miterben, die eine Verfügungsfreiheit des Insolvenzverwalters über den zur Insolvenzmasse gehörenden Erbteil hintertreiben könnten, brauchen nicht beachtet zu werden und sind den Insolvenzgläubigern gegenüber unwirksam (§ 84 Abs. 2 Satz 2); sie binden die Erben lediglich im Innenverhältnis. Dadurch verbleibt dem 38

Insolvenzverwalter bei einer durch den Schuldner angenommenen Erbschaft das Recht, die Aufhebung der Gemeinschaft zu betreiben, um so weitere Geldmittel zur Erreichung des Insolvenzziels zu erlangen.

§ 85
Aufnahme von Aktivprozessen → § 10 KO

(1) ¹Rechtsstreitigkeiten über das zur Insolvenzmasse gehörende Vermögen, die zur Zeit der Eröffnung des Insolvenzverfahrens für den Schuldner anhängig sind, können in der Lage, in der sie sich befinden, vom Insolvenzverwalter aufgenommen werden. ²Wird die Aufnahme verzögert, so gilt § 239 Abs. 2 bis 4 der Zivilprozeßordnung entsprechend.
(2) Lehnt der Verwalter die Aufnahme des Rechtsstreits ab, so können sowohl der Schuldner als auch der Gegner den Rechtsstreit aufnehmen.

Inhaltsübersicht: Rz.

A. Inhalt und Zweck der Vorschrift 1– 2
B. Unterbrechung des Aktivprozesses durch Eröffnung des Insolvenzverfahrens 3– 7
C. Aufnahme des unterbrochenen Prozesses 8–16
D. Ablehnung der Aufnahme des unterbrochenen Prozesses 17–22

Literatur:

Riegel Prozeßunterbrechung nach § 240 ZPO im Fall ausländischer Konkurseröffnung, RIW 1990, 546.

A. Inhalt und Zweck der Vorschrift

1 Da der Schuldner mit Eröffnung des Insolvenzverfahrens gem. § 80 Abs. 1 die Verfügungsmacht über sein Vermögen verliert, soll er auch nicht in der Lage sein, durch Prozeßhandlungen auf eingeklagte Forderungen einzuwirken (*Hess* KO, § 10 Rz. 1). Dies ist fortan Sache des Insolvenzverwalters. Damit sich dieser ein genaues Bild von den Erfolgsaussichten der weiteren Prozeßführung (einschließl. der Finanzierbarkeit der dadurch entstehenden Kosten) machen kann, tritt gem. § 240 ZPO zunächst automatisch, d.h. ohne Antrag und ohne Anordnung sowie unabhängig von etwaiger Kenntnis des Gerichts und der Parteien von der Eröffnung des Insolvenzverfahrens (*Gerhardt* in Gottwald Insolvenzrechts-Handbuch, § 33 Rz. 1) eine Unterbrechung des Prozesses ein, auch in der Berufungs- oder der Revisionsinstanz (*BGH* NJW 1975, 443). Diese dauert so lange an, bis das Verfahren entweder nach den insolvenzrechtlichen Vorschriften aufgenommen wird oder aber der Schuldner durch Beendigung des Insolvenzverfahrens seine eigene Prozeßführungsbefugnis wiedererlangt.

2 Weil der Schuldner bereits nach Bestellung eines vorläufigen Insolvenzverwalters (§ 21 Abs. 2 Nr. 1) zumindest vorübergehend die Verfügungsbefugnis über sein Vermögen verliert und keine Prozeßhandlungen mehr vornehmen kann, war es konsequent, auch für den Fall der Bestellung eines vorläufigen Insolvenzverwalters ausdrücklich die Unter-

brechung des Prozesses anzuordnen; dies ist in § 240 Satz 2 n. F. geschehen. Damit ist der entgegengesetzten Rechtsprechung des BGH (*BGH* MDR 1988, 124) die Grundlage entzogen worden.

B. Unterbrechung des Aktivprozesses durch Eröffnung des Insolvenzverfahrens

Die Verfahrensunterbrechung gem. § 240 ZPO tritt kraft Gesetzes ein; ein etwaiger **3** Beschluß des Prozeßgerichts hat nur deklaratorische Bedeutung (vgl. *Greger* in Zöller § 240 ZPO Rz. 5).
Voraussetzung der Unterbrechung ist, daß das Verfahren die Insolvenzmasse betrifft **4** (*Hess* KO, § 10 Rz. 2), also das der Zwangsvollstreckung unterliegende Vermögen des Schuldners. Keine Unterbrechung tritt daher z.B. dann ein, wenn das Verfahren nichtvermögensrechtliche Ansprüche betrifft oder die Anfechtung eines vermögensmäßig neutralen Gesellschafterbeschlusses zum Gegenstand hat (*OLG München* DB 1994, 1464 zum Fall der Abberufung des Geschäftsführers). Nicht zur Masse gehören Gegenstände, die der Verwalter durch Erklärung gegenüber dem Schuldner freigegeben hat (RGZ 73, 277 und RGZ 127, 200. Die Unterbrechung tritt auch ein, wenn nur Teile des Streitgegenstandes in die Masse fallen (*BGH* NJW 1966, 51; RGZ 151, 279). § 240 ZPO trifft auch dann zu, wenn bei einer Unterlassungsklage die Geltendmachung eines Schadenersatzanspruchs angekündigt worden ist (RGZ 132, 362), ferner bei die Masse betreffenden Feststellungsklagen (*BGH* NJW 1996, 1751), bei Klagen auf Rechnungslegung, bei patentrechtlichen Unterlassungsklagen gegen den Schuldner, wenn von ihnen ein zur Masse gehörendes Recht abhängt (RGZ 132, 363; RGZ 141, 428; *BGH* LM KO, § 146 Nr. 4), und bei patentrechtlichen Nichtigkeitsklagen durch den Schuldner, jedenfalls stets dann, wenn dieser Gewerbetreibender ist und die Nichtigkeitsklage mit Rücksicht auf den Gewerbebetrieb erhoben hat (*BGH* ZIP 1995, 414).
Ob der Schuldner den Prozeß in der Stellung des Klägers oder in der Stellung des **5** Beklagten führt, ist für die Anwendbarkeit von § 85 nicht entscheidend. Ein Prozeß kann Aktivprozeß sein, obwohl der Schuldner Beklagter ist (RGZ 45, 376; RGZ 731, 277; RGZ 122, 53; RGZ 134, 379). Entscheidend ist immer, ob im Einzelfall Vermögensstücke für den Schuldner bzw. für das dem Insolvenzbeschlag unterliegende Vermögen beansprucht werden (*Kilger/Karsten Schmidt* KO, § 10 Anm. 4). So liegt es bei einem Unterlassungsanspruch, der sich gegen den eingerichteten und ausgeübten Gewerbebetrieb des Schuldners richtet (RGZ 134, 379; *BGH* NJW 1966, 51), oder wenn mit einer negativen Feststellungsklage gegenüber dem Schuldner geltend gemacht wird, ein sonst zur Masse gehörender Anspruch sei erloschen, ein zur Masse gehörendes Recht bestehe nur eingeschränkt oder eine Behauptung, er habe an einer gepfändeten Sache ein die Veräußerung hinderndes Recht, sei unbegründet. Hat der – spätere – Schuldner während eines Prozesses die Hauptforderung unter dem Vorbehalt der Rückforderung für den Fall des Obsiegens gezahlt, so ist der durch die Eröffnung des Insolvenzverfahrens unterbrochene Prozeß zum Aktivprozeß i. S. von § 85 geworden (*BGH* NJW-RR 1986, 673).
Betroffen sind nicht nur Erkenntnisverfahren, sondern auch Mahn-, Kostenfestsetzungs- **6** (*OLG Hamm* Rpfleger 1975, 446; *Behr* JurBüro 1979 Sp. 1105) und Zwangsvollstreckungsverfahren.
Die Verfahrensunterbrechung tritt auch dann ein, wenn die Partei einen Prozeßbevoll- **7** mächtigten bestellt hatte (dessen Vollmacht erlischt gem. § 117; *BGH* VersR 1982, 1054; RGZ 118, 161) oder ihren Anspruch nach Rechtshängigkeit abgetreten hat (RGZ 66,

182). Hat das Gericht in Unkenntnis der Eröffnung des Insolvenzverfahrens ein Urteil erlassen, so ist dieses nicht nichtig; der Verstoß gegen § 240 ZPO kann von jeder Partei mit dem allgemein zulässigen Rechtsmittel geltend gemacht werden (*BGH* NJW 1995, 2563). Daß aus dem vorläufig vollstreckbaren Urteil (selbst vor Eröffnung des Insolvenzverfahrens) bereits vollstreckt wurde, hindert die Unterbrechung nicht (*KG* OLGZ 1977, 364; a. A. *OLG Celle* OLGZ 1969, 368).

C. Aufnahme des unterbrochenen Prozesses

8 Der Insolvenzverwalter hat nach pflichtgemäßem Ermessen zu entscheiden, ob er den unterbrochenen Prozeß aufnehmen will oder nicht (*Kuhn/Uhlenbruck* KO, § 10 Rz. 3). Falls er die Aufnahme ablehnt, kann sowohl der Schuldner als auch der Gegner den Rechtsstreit aufnehmen (§ 85 Abs. 2). Die Ablehnung der Aufnahme hat die Wirkungen einer »Freigabe« des Prozeßgegenstandes (vgl. *BGH* KTS 1969, 97; *Hess* KO, § 10 Rz. 34; *Baur/Stürner*, Zwangsvollstreckungs-, Konkurs- und Vergleichsrecht, Band II Insolvenzrecht, Rz. 9.82). Ohne Ablehnungserklärung des Insolvenzverwalters ist der Schuldner nicht berechtigt, einen Prozeß, der einen zur Masse gehörenden Anspruch betrifft, aufzunehmen; ein vom Schuldner gleichwohl eingelegtes Rechtsmittel ist unzulässig (*BGH* WM 1956, 1473; *BGH* WM 1968, 948). Läßt sich der Insolvenzverwalter vorbehaltlos auf einen vom Gegner unzulässigerweise aufgenommenen Aktivprozeß ein, so kann darin seine stillschweigende Erklärung erblickt werden, den Prozeß aufzunehmen (*RG* JW 1902, 423; *Kuhn/Uhlenbruck* KO, § 10 Rz. 3).

9 Die Aufnahme des nach § 240 ZPO unterbrochenen Prozesses ist eine Prozeßhandlung mit unmittelbarer Gestaltungswirkung (*Kuhn/Uhlenbruck* KO, § 10 Rz. 4).

10 Einfache Streitgenossen können jeder für sich, notwendige Streitgenossen müssen gemeinsam aufnehmen (hierfür gilt § 62 ZPO).

11 Die Aufnahme geschieht durch Zustellung eines beim Prozeßgericht einzureichenden (§ 250 ZPO) Schriftsatzes (§ 78 ZPO beim Landgericht; beim Amtsgericht §§ 496, 129a ZPO), der den Willen zur Fortsetzung zweifelsfrei erkennen lassen muß (*BGH* NJW 1995, 2171). Die Aufnahme kann in Verbindung mit einer anderen Prozeßhandlung (z. B. Rechtsmittel BGHZ 111, 109; BGHZ 36, 260; nicht bereits Prozeßkostenhilfegesuch hierfür, *BGH* NJW 1970, 1790) erfolgen, wenn darin der Wegfall des Unterbrechungsgrundes zumindest behauptet wird. Nicht ausreichend ist aber eine bloße sonstige Prozeßhandlung (§ 249 Abs. 2 ZPO), z. B. die Zustellung eines Urteils (RGZ 41, 403), die Mitteilung des Abwicklers vom Tod des Rechtsanwalts (*OLG Köln* VersR 1973, 161) oder Parteivereinbarung (RGZ 66, 400). Bei Anwesenheit beider Parteien vor Gericht ist ein Schriftsatz entbehrlich, und es genügt mündliche Aufnahme zu Protokoll (RGZ 109, 48). Mangelhafte Aufnahme wird zwar regelmäßig durch Nichtrüge (§ 295 ZPO) geheilt (*BGH* NJW 1969, 49), jedoch nicht bei Unterbrechung wegen Eröffnung des Insolvenzverfahrens (§§ 240, 243 ZPO). Wenn der Insolvenzverwalter erklärt, er nehme den Aktivprozeß nicht auf, endet nicht bereits mit dieser Erklärung, sondern erst mit Aufnahmeerklärung des Schuldners die Unterbrechung des Prozesses über den nunmehr insolvenzfreien Gegenstand.

12 Zuständig zur Entgegennahme ist das Prozeßgericht, bei mit Rechtsmittel verbundener Aufnahme das obere Gericht, auch wenn die Unterbrechung bereits in der Vorinstanz nach Verkündung, aber vor Zustellung des Urteils eingetreten war (BGHZ 111, 109; BGHZ 36, 258; BGHZ 30, 112; *Hess* KO, § 10 Rz. 28). Das Gericht stellt den Schriftsatz dem Gegner zu. Ist bei Eröffnung eines Insolvenzverfahrens die Unzulässigkeit der

Aufnahme von Amts wegen zu beachten, so ergeht ein Endurteil auf Zurückweisung der Aufnahme des Prozesses bzw. auf Verwerfung des mit dieser verbundenen Rechtsmittels. Bei Zulassung zur Aufnahme ergeht ein Zwischenurteil hierüber oder ein Endurteil in der Hauptsache mit Erklärung der Zulässigkeit in der Urteilsbegründung (RGZ 86, 235).

Grundsätzlich ist der Insolvenzverwalter an die bisherige Prozeßführung des Schuldners 13 gebunden. Er nimmt den Prozeß in der Lage auf, in der sich dieser befindet. Die vorherige Prozeßführung des Schuldners muß der Insolvenzverwalter, einschließlich eventueller Anerkenntnisse, Verzichte, Geständnisse, Fristversäumnisse usw. gelten lassen, sofern er nicht im Einzelfall solche Rechtshandlungen gemäß §§ 129 ff. InsO erfolgreich anfechten kann. Andererseits steht es ihm frei, sämtliche dem Schuldner bei Eintritt der Unterbrechung noch zustehenden Angriffs- und Verteidigungsmittel vorzubringen. Auch ist der Insolvenzverwalter befugt, mit bindender Wirkung für den Schuldner über den Streitgegenstand zu verfügen, also etwa die Klage zurückzunehmen, Rechtsbehelfe und Rechtsmittel einzulegen oder zurückzunehmen sowie Anerkenntnisse oder Verzichte zu erklären (*Henckel* in Jaeger, KO, § 10 Rz. 117). Ein vom Insolvenzverwalter in dem von ihm aufgenommenen Prozeß erstrittenes Urteil erwächst in Rechtskraft für und gegen den Schuldner. Etwas anders gilt nur, wenn der Insolvenzverwalter (unerkannt) einen Prozeß über massefremdes Vermögen geführt hat (*Gerhardt* in Gottwald, Insolvenzrechts-Handbuch, § 33 Rz. 26).

Der Insolvenzverwalter muß die Entscheidung, ob er den unterbrochenen Prozeß aufneh- 14 men oder aber die Aufnahme ablehnen will, binnen einer den Umständen nach angemessenen Überlegungsfrist treffen (*Gerhardt* in Gottwald, a.a.O., § 33 Rz. 31). Tut er dies nicht, so hat der Prozeßgegner nach §§ 85 Abs. 1 Satz 2 InsO i. V. m. 239 Abs. 2 ZPO die Möglichkeit, den Insolvenzverwalter zur Aufnahme und zur Verhandlung der Hauptsache zu laden.

Eine Verzögerung der Aufnahme setzt die Kenntnis vom Rechtsstreit voraus (*OLG* 15 *Zweibrücken* NJW 1968, 1635). Der Antrag muß die die Rechtsnachfolge infolge Verlustes der Verfügungsbefugnis des Schuldners durch Eröffnung des Insolvenzverfahrens über sein Vermögen begründenden Tatsachen enthalten. Bei Säumigkeit des geladenen Insolvenzverwalters gilt die Rechtsnachfolge als zugestanden, und es kann gem. §§ 330, 331a ZPO sachlich gegen ihn entschieden werden. Sind beide Prozeßparteien säumig, so ist keine Entscheidung gem. § 251a ZPO mangels Antrags möglich und es ist das Ruhen des Verfahrens anzuordnen. Erscheint der Gegner nicht, kann der Insolvenzverwalter bei zugestandener Rechtsnachfolge gegen ihn Versäumnisurteil in der Sache beantragen.

Soweit der Insolvenzverwalter den von ihm aufgenommenen Prozeß verliert, bilden die 16 Kosten des gesamten Rechtsstreits, also auch die vor der Aufnahme entstandenen Kosten, eine Masseschuld i.S. von § 55 Abs. 1 Nr. 1 InsO (*Henckel* in Jaeger KO, § 10 Rz. 119); gemäß dem Prinzip der Einheitlichkeit der Kostenentscheidung. Die Belastung der Masse mit dem Risiko, im Unterliegensfall die gesamten Prozeßkosten tragen zu müssen, hat der Insolvenzverwalter bei der Aufnahme des Prozesses zu berücksichtigen.

D. Ablehnung der Aufnahme des unterbrochenen Prozesses

§ 85 Abs. 2 gewährt für den Fall einer Ablehnung der Verfahrensaufnahme dem Schuld- 17 ner und dem Gegner gleichermaßen die Aufnahmebefugnis.

§ 85   *Wirkungen der Eröffnung des Insolvenzverfahrens*

18 Bei mangelndem Interesse der Masse an der Prozeßführung kann der Insolvenzverwalter die Aufnahme ablehnen. Die Ablehnungserklärung ist nicht dem Gericht gegenüber, sondern formlos entweder dem Schuldner oder der anderen Partei gegenüber zu erklären; sie unterliegt nicht dem Anwaltszwang (*BGH* MDR 1969, 389). Der Ablehnungswille des Insolvenzverwalters kann auch durch schlüssiges Verhalten zum Ausdruck gebracht werden, insbesondere durch Freigabe des Streitgegenstandes an den Schuldner (*Henckel* in Jaeger KO, § 10 Rz. 122). Eine Ablehnung der Aufnahme mit dem Vorbehalt, den Gegenstand trotzdem für die Masse in Anspruch nehmen zu wollen, ist wegen inneren Widerspruchs unwirksam (RGZ 70, 370; *Kuhn/Uhlenbruck* KO, § 10 Rz. 10). Ebenso ist ein geheimer Vorbehalt dieses Inhalts wirkungslos (RGZ 122, 57). Nicht zulässig ist es, wenn der Insolvenzverwalter, anstelle einer Freigabe des Streitgegenstandes den Schuldner zur Aufnahme des unterbrochenen Prozesses ermächtigt, etwa um der Masse das Prozeßkostenrisiko zu ersparen (*BGH* NJW 1973, 2065; *Gerhardt* in Gottwald, a. a. O., § 33 Rz. 28).

19 Lehnt der Insolvenzverwalter die Aufnahme des Rechtsstreits ab, so überläßt er den Rechtsstreit und das streitige Recht dem Schuldner zur freien Verfügung. Der streitige Gegenstand gehört nach der Ablehnung der Aufnahme zum freigegebenen Vermögen. Dementsprechend können gemäß § 85 Abs. 2 sowohl der Schuldner als auch der Gegner den Rechtsstreit aufnehmen. Die nach § 240 ZPO eingetretene Unterbrechung des Prozesses endet erst mit dieser Aufnahme, nicht schon mit der Ablehnung seitens des Insolvenzverwalters.

20 Bei Ablehnung der Aufnahme des Prozesses durch den Insolvenzverwalter fallen der Masse keine Prozeßkosten zur Last. Dagegen läßt sich die Entstehung einer Masseforderung i. S. von § 55 Abs. 1 Nr. 1 nicht vermeiden, wenn der Insolvenzverwalter den Prozeß allein zu dem Zweck aufnimmt, eine aussichtslose Klage oder ein aussichtsloses Rechtsmittel des Schuldners zurückzunehmen. Bei Aufnahme und Fortführung des Prozesses durch den Schuldner treffen diesen die Kosten für den Fall des Unterliegens in vollem Umfange, d. h. einschließlich der vor Eröffnung des Insolvenzverfahrens entstandenen Kosten (*Henckel* in Jaeger, KO, § 10 Rz. 123).

21 Auch im Insolvenzverfahren über das Vermögen einer aufgelösten oder erloschenen juristischen Person ist der Insolvenzverwalter berechtigt, die Aufnahme eines Rechtsstreits abzulehnen. Ist eine Aktiengesellschaft oder Gesellschaft mbH Schuldnerin, so findet die Aufnahme durch den Vorstand bzw. den Geschäftsführer oder gegen ihn statt, denn wenn auch die Gesellschaft infolge der Eröffnung des Insolvenzverfahrens aufgelöst ist, so besteht sie doch als in Auflösung begriffen weiter und wird in allen Angelegenheiten, die nicht zur Masse und nicht zum Pflichtenkreis des Insolvenzverwalters gehören, von ihren Organen weiter vertreten (RGZ 127, 200). Die Kostenlast trifft für den Fall des Unterliegens das freie Vermögen der Gesellschaft (*Henckel* in Jaeger, KO, § 10 Rz. 126), was im Falle der Verfahrensbeendigung durch Reorganisation relevant werden kann. Entsprechendes gilt bei Ablehnung der Aufnahme eines durch Eröffnung des Insolvenzverfahrens unterbrochenen Aktivprozesses der Offenen Handelsgesellschaft (*BGH* NJW 1966, 51).

22 Ebenso ist im Nachlaßinsolvenzverfahren der Insolvenzverwalter zur Ablehnung der Aufnahme berechtigt (vgl. *Henckel* in Jaeger, KO, § 10 Rz. 125); das Verfahren kann dann vom oder gegen den Erben aufgenommen werden. Unterliegt er, so treffen die Kosten, falls er nur beschränkt haftet (§ 2013 BGB), den Nachlaß, von dem er sie gemäß § 1978 Abs. 3 BGB i. V.m. § 324 Abs. 1 Nr. 1 InsO als Masseforderung erstattet verlangen kann (vgl. RGZ 90, 94). Deshalb muß der Insolvenzverwalter sorgfältig prüfen, ob er in einem solchen Fall die Prozeßführung aus der Hand geben darf.

§ 86
Aufnahme bestimmter Passivprozesse → § 11 KO

(1) Rechtsstreitigkeiten, die zur Zeit der Eröffnung des Insolvenzverfahrens gegen den Schuldner anhängig sind, können sowohl vom Insolvenzverwalter als auch vom Gegner aufgenommen werden, wenn sie betreffen:
1. die Aussonderung eines Gegenstands aus der Insolvenzmasse,
2. die abgesonderte Befriedigung oder
3. eine Masseverbindlichkeit.

(2) Erkennt der Verwalter den Anspruch sofort an, so kann der Gegner einen Anspruch auf Erstattung der Kosten des Rechtsstreits nur als Insolvenzgläubiger geltend machen.

Inhaltsübersicht:

	Rz.
A. Inhalt und Zweck der Vorschrift	1– 2
B. Abgrenzung gegenüber § 87	3– 8
C. Fälle von § 86	9–14
D. Sofortiges Anerkenntnis des Verwalters	15–16

A. Inhalt und Zweck der Vorschrift

Regelmäßig wird ein Rechtsstreit durch die Eröffnung des Insolvenzverfahrens unterbrochen (§ 240 ZPO). Dann jedoch, wenn der Rechtsstreit in direkter Beziehung zum Insolvenzverfahren steht, weil er die Feststellung der Insolvenzmasse selbst betrifft oder die Rechte auf vorrangige Befriedigung, regelt § 86 das Recht der Wiederaufnahme eines solchen Rechtsstreits. Bei der Aufnahme von Prozessen, die Absonderungsrechte betreffen, sind allerdings die Vorschriften der Insolvenzordung über die Einbeziehung der Gläubiger mit Absonderungsrechten in das Insolvenzverfahren zu beachten (insbesondere §§ 166 bis 173). 1

Ergänzt werden §§ 86 und 87 durch § 180 Abs. 2 (s. die dortige Kommentierung). 2

B. Abgrenzung gegenüber § 87

Bei Passivprozessen des Schuldners, also bei Prozessen, in denen es um Vermögensansprüche gegen den Schuldner geht, sind zwei Fallgestaltungen auseinanderzuhalten: 3

In der einen Fallgruppe vergrößert das Recht des Gegners die Schuldenmasse, es handelt sich also um einen Vermögensanspruch, dessen Inhaber Insolvenzgläubiger i. S. von § 38 ist (»Schuldenmassestreit«). Für diese Fälle bestimmt § 87, daß die Rechtsverfolgung nur im Wege der Anmeldung zur Tabelle (§§ 174 ff.) stattfinden darf. Die Rechtsverfolgung findet hier also nur im Insolvenzverfahren statt. Wird die angemeldete Forderung im Prüfungstermin bestritten, so ist ihre Feststellung grundsätzlich vom Anmelder durch Aufnahme des unterbrochenen Rechtsstreits nach § 180 zu verfolgen (*Henckel* in Jaeger, KO, § 10 Rz. 70). 4

In der anderen Gruppe von Passivprozessen mindert das im Streit befindliche Recht des Prozeßgegners die Aktivmasse, es geht also um Aussonderungs-, Absonderungs- oder 5

§ 86 Wirkungen der Eröffnung des Insolvenzverfahrens

Masseschuldansprüche gegen die jetzige Insolvenzmasse (»Teilungsmasse-Gegenstreit«). Hierfür bestimmt § 86, daß der unterbrochene Prozeß sowohl vom Insolvenzverwalter als auch vom Gegner aufgenommen werden kann.

6 Die Ablehnung der Prozeßaufnahme durch den Insolvenzverwalter bzw. die ihr regelmäßig gleichstehende Freigabe des Streitgegenstandes aus der Masse kann entweder dem Schuldner oder der andren Partei gegenüber formlos erklärt werden (*BGH* MDR 1969, 389). Seit BGHZ 36, 261, entspricht es der h. M., daß dadurch die Unterbrechung des Verfahrens gem. § 240 ZPO nicht ohne weiteres endet: Vielmehr bedarf es in diesen Fällen der Aufnahme des Verfahrens durch den Schuldner oder den Prozeßgegner.

7 Durch die Aufnahme ändert sich kraft Gesetzes der Gegenstand des Rechtsstreits. Auch wenn die Klage auf Verurteilung zur Leistung gerichtet war, ist jetzt nur über die Feststellung der Forderung zur Tabelle zu entscheiden (*BGH* NJW-RR 94, 1251; *BGH* LM KO, § 146 Nr. 4; RGZ 65, 133). War die Klage im Urkundenprozeß erhoben, so geht der Rechtsstreit kraft Gesetzes in das ordentliche Verfahren über. Liegt für die Forderung bereits ein noch nicht rechtskräftiger Vollstreckungstitel vor, so muß der widersprechende Insolvenzverwalter den Rechtsstreit gegen den Gläubiger aufnehmen (§ 179 Abs. 2; RGZ 86, 237). Wird die Aufnahme verzögert, so ist der Gläubiger zur Aufnahme (§ 250 ZPO) befugt (RGZ 86, 237). Neuer Klage könnte die Einrede der Rechtshängigkeit entgegengehalten werden.

8 Gibt der Verwalter den Gegenstand vor Aufnahme des Rechtsstreits frei, so kann der Prozeß zwischen dem Schuldner und dem Gegner fortgesetzt werden; dazu ist aber die Aufnahme erforderlich (vgl. *Kuhn/Uhlenbruck* KO, § 6 Rz. 27; *BGH* NJW 1973, 2065). Nach *OLG Düsseldorf* (ZIP 1981, 1114) widerspricht es billigem Ermessen, nach Erledigung der Hauptsache den Insolvenzverwalter mit den Kosten eines Verfahrens persönlich zu belasten, in dem von ihm die Beseitigung von Firmenrechten und Namensrechten beeinträchtigenden Aufschriften an den Geschäftslokalen des Schuldners verklagt wurde, wenn die Klage zu einem Zeitpunkt erhoben worden war, zu dem die Räumung der Geschäftslokale durch den Insolvenzverwalter bereits im wesentlichen beendet war oder jedenfalls unmittelbar bevorstand. Bei einer derartigen Sachlage kann es nach Auffassung des OLG unentschieden bleiben, ob gegen den Insolvenzverwalter persönlich oder in seiner Eigenschaft als Insolvenzverwalter ein solcher Beseitigungsanspruch überhaupt besteht.

C. Fälle von § 86

9 Unmittelbar regelt § 86 die gegen den Schuldner anhängigen, die Aktiv-(Teilungs-) Masse betreffenden Rechtsstreitigkeiten. Das sind Prozesse, die auf Aussonderung eines Gegenstandes aus der Masse oder auf abgesonderte Befriedigung gerichtet sind oder mit denen ein Masseanspruch verfolgt wird. In diesen Fällen droht den Insolvenzgläubigern eine Verminderung der Teilungsmasse (*Henckel* in Jaeger, KO, § 11 Rz. 1; *Hess* KO, § 11 Rz. 1). Ob ein Prozeß gegen oder für den Schuldner anhängig ist, entscheidet sich nicht nach der Parteirolle, in der sich der Schuldner befindet. So fällt die vor Eröffnung des Insolvenzverfahrens erhobene Vollstreckungsgegenklage gegen einen Absonderungsanspruch unter § 86 (*BGH* WM 1974, 78). § 239 ZPO kommt hier nicht in Betracht, da jede Partei sofort zur Aufnahme befugt ist (*Henckel* in Jaeger, KO, § 11 Rz. 19). Das Versäumnisverfahren findet nach Aufnahme ohne weiteres auch gegenüber dem Insolvenzverwalter statt. Bei negativer Feststellungsklage gegen den Schuldner liegt ein Teilungsmasse-Gegenstreit vor, wenn der Kläger Feststellung des Nichtbestehens eines

Aufnahme bestimmter Passivprozesse § 86

Rechtes gegen den Schuldner begehrt. Da die vom Schuldner erteilte Prozeßvollmacht erloschen ist (RGZ 118, 158), ist der Aufnahmeschriftsatz des Gegners dem Insolvenzverwalter persönlich zuzustellen (*Kuhn/Uhlenbruck* KO, § 11 Rz. 1).

Gegen den Schuldner gerichtete Unterlassungsklagen können ihrem sachlichen Gehalt nach Aussonderungsansprüche sein und schon darum unter § 86 fallen. Das ist der Fall, wenn sich der Schuldner zur Rechtfertigung seines von der Klage beanstandeten Verhaltens auf ein Recht beruft, das im Fall seines Bestehens zur Masse gehören würde; alsdann wird im Rahmen des Unterlassungsstreits wie bei einem Aussonderungsstreit darüber gestritten, ob das Recht dem Kläger oder der Masse zusteht. So liegt es bei einer Klage auf Unterlassung von Patentverletzungen, gegenüber der sich der Beklagte damit verteidigt, er sei der Patentinhaber oder er habe ein Lizenz- oder ein Vorbenutzungsrecht. Hier ist § 86 entsprechend anzuwenden und nicht § 85 (*Henckel* in Jaeger, KO, § 10 Rz. 19 ff. u. 72 ff.), da solche Unterlassungsklagen die Insolvenzmasse in Mitleidenschaft ziehen und es bei ihnen deshalb um die Aktivmasse betreffende Passivprozesse geht (*Jaeger* KuT 1932, 51). Verstößt sowohl der Insolvenzverwalter als auch der Schuldner gegen die Unterlassungspflicht, kommt auch die Aufnahme gegen beide in Betracht (*BGH* NJW 1966, 51). **10**

Ein Aussonderungsanspruch wird auch dann geltend gemacht, wenn auf Bewilligung der Löschung einer Hypothek (RGZ 86, 240), auf Unterlassung des Gebrauchs eines Warenzeichens oder Patents (*RG* LZ 1907, 230), auf Unterlassung der Verbreitung widerrechtlich aufgenommener Lichtbilder und auf Vernichtung der dazugehörigen Platten (RGZ 45, 170) oder auf Feststellung des Nichtbestehens eines sonstigen vom Schuldner in Anspruch genommenen Rechts geklagt wird. Eine weitere Form der Geltendmachung eines Aussonderungsanspruchs liegt vor, wenn der Schuldner z. Zt. der Eröffnung des Insolvenzverfahrens auf Herausgabe einer im Eigentum des Klägers stehenden Sache (§ 985 BGB) verklagt war; ferner auf Feststellung des Eigentums, einer Dienstbarkeit, eines persönlichen Herausgabe- oder Räumungsanspruchs (*AG Düsseldorf* KTS 1963, 126; *Henckel* in Jaeger, KO, § 11 Rz. 2). **11**

§ 86 ist für einen in der Rechtsmittelinstanz anhängigen Rechtsstreit einschlägig, wenn der zur Zahlung verurteilte Schuldner von seinem Recht, die Zwangsvollstreckung durch Sicherheitsleistung abzuwenden, Gebrauch gemacht hat. Weil der Urteilsgläubiger ein Pfandrecht an dem hinterlegten Geld erwirbt (§ 233 BGB), steht ihm ein Absonderungsrecht zu, wenn das Rechtsmittel erfolglos bleibt (RGZ 84, 218). In der Revisionsinstanz kann der Rechtsstreit aber nur mit dem Ziel der Feststellung der Forderung zur Tabelle und nicht mit dem Ziel der abgesonderten Befriedigung fortgesetzt werden, da hierzu außer der Tatsache der Eröffnung des Insolvenzverfahrens noch der Nachweis gehört, daß ein das Recht auf abgesonderte Befriedigung rechtfertigender Tatbestand gegeben ist, und § 561 ZPO der Zulassung dieses Nachweises entgegensteht (*RG* KuT 1931, 132). **12**

Als Ansprüche, die als Masseschuld anzusehen sind, kommen vornehmlich die in § 103 Abs. 1 Nr. 2 Fall 1 genannten in Betracht, also die Ansprüche aus gegenseitigen Verträgen, deren Erfüllung zur Masse verlangt wird, § 103 (vgl. *Henckel* in Jaeger, KO, § 11 Rz. 3; *Hess* KO, § 11 Rz. 5). Es sind aber auch Fälle denkbar, in denen im Prozeß befindliche Ansprüche infolge der Eröffnung des Insolvenzverfahrens nach § 55 Abs. 1 Nr. 2 Fall 2 zu Masseforderungen werden, z. B. ein mit der Klage auf künftige Leistung geltend gemachter Mietzinsanspruch, soweit er die Miete für die Zeit nach der Eröffnung des Insolvenzverfahrens betrifft. **13**

Obsiegt der Verwalter in dem aufgenommenen Rechtsstreit, so hat die Masse einen Anspruch auf Erstattung sowohl der vor wie nach Eröffnung des Insolvenzverfahrens **14** entstandenen Kosten (*Henckel* in Jaeger, KO, § 11 Rz. 20; *Hess* KO, § 11 Rz. 12). Unterliegt er, so sind die gesamten Kosten Masseschuld gemäß § 55 Abs. 1 Nr. 1 *(OLG Dresden* LZ 1917, 421), und zwar auch dann, wenn der Verwalter den Anspruch anerkennt, ohne daß Absatz 2 zutrifft (RGZ 137, 72; *Henckel* in Jaeger, KO, § 11 Rz. 20; *Hess* KO, § 11 Rz. 12). Die Gerichtskosten des ersten Rechtszuges sind auch dann gegen den Entscheidungsschuldner in Ansatz zu bringen, wenn im zweiten Rechtszug das Verfahren gem. § 240 ZPO unterbrochen wird und es mangels Aufnahme möglicherweise zu keiner rechtskräftigen Entscheidung in der Sache kommt (*OLG Hamburg* JurBüro 1990 Sp. 486).

D. Sofortiges Anerkenntnis des Verwalters

15 Nur wenn der Verwalter den Anspruch sofort (spätestens in der ersten mündlichen Verhandlung, *Kuhn/Uhlenbruck* KO, § 11 Rz. 8) anerkennt, fallen die Kosten nicht der Masse zur Last. Auf Antrag ist er gemäß dem Anerkenntnis zu verurteilen (§§ 307 i. V. m. 99 Abs. 2, 160 Abs. 3 Nr. 1, 311, 313 b, 708 Nr. 1 ZPO). Der Insolvenzverwalter kann also nicht erst das Ergebnis einer Beweisaufnahme abwarten, um die Prozeßaussichten zu beurteilen (*Henckel* in Jaeger, KO, § 11 Rz. 22). Das Anerkenntnis ist nach Erhebung einer unbegründeten Prozeßrüge kein sofortiges mehr (RGZ 137, 72; *RG* LZ 1917, 421; *Kuhn/Uhlenbruck* KO, § 53 Rz. 7).

16 Wer im Falle sofortigen Anerkenntnisses die Kosten zu tragen hat, entscheidet nicht § 86. Maßgebend sind vielmehr die Bestimmungen der Zivilprozeßordnung. Hatte der Schuldner zur Klage keinen Anlaß gegeben, so sind die Kosten dem Gegner aufzuerlegen (§ 93 ZPO). Anderenfalls bilden sie wegen § 86 Abs. 2 eine Insolvenzforderung (*KG*, OLGZ 15, 226; *Henckel* in Jaeger, KO, § 11 Rz. 22; *Kilger/Karsten Schmidt* KO, § 11 Anm. 4; *Hess* KO, § 11 Rz. 12). *Henckel* (*Henckel* in Jaeger, KO, § 11 Rz. 22) unterscheidet drei Fälle: a) Der Insolvenzverwalter erkennt überhaupt nicht oder nicht sofort an und unterliegt. Die Kosten sind von der Masse als Masseschulden nach § 55 Abs. 1 Nr. 1 KO zu tragen; b) der Insolvenzverwalter erkennt sofort an, der Schuldner hat aber zur Klage Veranlassung gegeben. Hier trägt die Masse die Kosten, der Kläger hat aber nur eine einfach Insolvenzforderung; c) der Insolvenzverwalter erkennt sofort an und der Schuldner hat keine Veranlassung zur Klage gegeben. Hier trägt der Kläger nach § 93 ZPO die Kosten.

§ 87
Forderungen der Insolvenzgläubiger → § 12 KO

Die Insolvenzgläubiger können ihre Forderungen nur nach den Vorschriften über das Insolvenzverfahren verfolgen.

Inhaltsübersicht: Rz.

A. Inhalt und Zweck der Vorschrift 1– 3
B. Anwendungsbereich 4– 6
C. Der vom Gesetz vorgezeichnete Weg der Geltendmachung der von § 87 erfaßten Forderungen 7–64

Forderungen der Insolvenzgläubiger § 87

Literatur:

Scholten Erlaß von Meßbescheiden nach Konkurseröffnung und Unterbrechung von Rechtsbehelfsverfahren gem. § 240 ZPO, ZInsO 1998, 222.

A. Inhalt und Zweck der Vorschrift

Ebenso wie § 86 betrifft § 87 Passivprozesse. Sie werden nach § 240 ZPO unterbrochen 1 (vgl. dazu Erläuterungen zu § 85), können aber anders als die in § 86 bezeichneten Rechtsstreitigkeiten nicht – unmittelbar – aufgenommen werden, da sie Insolvenzforderungen betreffen. Neben dem Insolvenzverfahren können nicht Prozesse einzelner Gläubiger laufen; vielmehr müssen Insolvenzgläubiger ihre Forderungen auf Befriedigung aus der Masse durch Anmeldung und Prüfung im Insolvenzverfahren verfolgen, wobei es nach § 180 Abs. 2 wiederum zu einer speziellen Art der Aufnahme eines Rechtsstreits kommen kann.

§ 87 schließt auch die Verfolgung von Insolvenzforderungen auf andere Art als durch 2 Erhebung einer Leistungsklage aus, z.B. durch Erlaß eines auf eine Geldforderung gerichteten Verwaltungsakts (*Hess* KO, § 12 Rz. 3), wie sich aus dem Wort »nur« ergibt.

Bisher konnten Gläubiger, die auf eine Teilnahme am Konkursverfahren verzichtet 3 hatten, gegen den Schuldner persönlich Klage erheben (ständige Rechtsprechung seit BGHZ 25, 395). Ihnen war nur die Vollstreckung während der Dauer des Konkursverfahrens durch § 14 KO verwehrt. Ein solches Ausscheren der Gläubiger ist nach den neuen Bestimmungen nicht mehr erlaubt. Dies schafft Rechtssicherheit.

B. Anwendungsbereich

§ 87 betrifft den sog. Schuldenmassestreit (*Hess* KO, § 16 Rz. 1), d.h. Passivprozesse 4 des Schuldners um Ansprüche, die in seinem Insolvenzverfahren den Charakter einer Insolvenzforderung haben einschließlich der ab Verfahrenseröffnung laufenden Zinsen, die nunmehr – mit Nachrang – ebenfalls Insolvenzforderungen sind (§ 39 Abs. 1 Nr. 1) und nicht mehr außerhalb des Insolvenzverfahrens eingeklagt werden können. Nicht hierunter fallen also Masseforderungen und andere Ansprüche, die keine Insolvenzforderung sind, etwa Auskunfts- oder Unterlassungsansprüche gegen den Schuldner persönlich (*Henckel* in Jaeger, KO, § 12 Rz. 2; *Kuhn/Uhlenbruck* KO, § 12 Rz. 1 und 1 b).

§ 87 kann auch anzuwenden sein, obwohl der Kläger bereits alles erhalten hat, was er zu 5 beanspruchen hatte. Das ist der Fall, wenn er das ihm durch vorläufig vollstreckbares, aber noch nicht rechtskräftiges Urteil Zuerkannte beigetrieben oder zur Abwendung der Zwangsvollstreckung gezahlt erhalten hat. Denn eine solche Leistung hat keine schuldtilgende Wirkung, sondern bezweckt nur eine vorläufige Regelung des Streitverhältnisses zugunsten des Klägers und erfolgt unter voller Wahrung der Rechte des Beklagten (dazu *Brox/Walker* Zwangsvollstreckungsrecht, Rz. 315; RGZ 63, 330; RGZ 85, 219; RGZ 98, 328; *BGH* WM 1990, 1434).

Das Verbot der individuellen Sicherstellung oder Befriedigung von Forderungen außer- 6 halb des Insolvenzverfahrens erstreckt sich auch auf das vor Verfahrenseröffnung vereinbarte Recht, einen noch nicht beiderseits erfüllten Bauwerkvertrag nach § 8 Nr. 2

§ 87 *Wirkungen der Eröffnung des Insolvenzverfahrens*

VOB/B zu kündigen, wenn über das Vermögen des Auftragnehmers das Insolvenzverfahren eröffnet wird (*LG Aachen* KTS 1979, 123; *Rosenberger* BauR 1975, 236; str. a. A. *Heidland* BauR 1975, 305; 1981, 21 ff.). Jedoch wird man mit der vermittelnden Auffassung von *Henckel* (*Henckel* in Jaeger, KO, § 17 Rz. 214) differenzieren und auf die Zumutbarkeit im Einzelfall abstellen müssen. Bei Unzumutbarkeit der Erfüllung kann dem Besteller ein Kündigungsrecht nach § 8 Nr. 2 VOB/B zustehen (vgl. *BGH* WM 1985, 1479).

C. Der vom Gesetz vorgezeichnete Weg der Geltendmachung der von § 87 erfaßten Forderungen

7 Die Insolvenzgläubiger müssen ihre Forderungen zur Tabelle anmelden; nur die formgerechte Anmeldung führt zur Berücksichtigung der Forderungen im Insolvenzverfahren, selbst wenn sie dem Insolvenzverwalter oder dem Insolvenzgericht (oder beiden) aus den Unterlagen des Schuldners bereits ersichtlich wären. Anzumelden sind alle Forderungen, gleichgültig ob sie bereits bestandskräftig festgesetzt sind, ob sie vollstreckbar sind, ob sie bestritten oder unbestritten sind.

8 Für die Anmeldung bestimmt das Insolvenzgericht sogleich mit der Eröffnung des Insolvenzverfahrens eine Anmeldefrist (§§ 28 Abs. 1, 174, 177). Die Frist beträgt zwischen zwei Wochen bis drei Monaten; sie ist keine Ausschlußfrist.

9 Anmeldbar und umgekehrt nur auf Anmeldung bei Verteilungen und beim Stimmrecht in Gläubigerversammlungen zu berücksichtigen sind die Insolvenzforderungen, die noch nicht getilgt sind. Soweit der Gläubiger bei Eröffnung des Insolvenzverfahrens bereits Zahlung erlangt hat, ist er kein Insolvenzgläubiger mehr. Dies gilt auch dann, wenn er aus einem vorläufig vollstreckbaren Urteil (§§ 708, 709 ZPO) gegen den späteren Schuldner vollstreckt hatte und der Rechtsstreit noch anhängig ist oder wenn der spätere Schuldner lediglich zur Abwendung der Zwangsvollstreckung gezahlt hatte; denn bei Aufrechterhaltung des Vollstreckungstitels hatte der Gläubiger die Zahlung von Anfang an zu Recht erlangt (vgl. *Kuhn* KTS 1963, 69).

10 Der Kreis der Insolvenzforderungen ist in § 38 bestimmt; danach muß es sich um einen zur Zeit der Eröffnung des Insolvenzverfahrens (für die der Eröffnungsbeschluß maßgeblich ist, § 27) begründeten Vermögensanspruch an den Schuldner handeln.

11 Insolvenzforderungen sind auch solche Vermögensansprüche, für die dem Gläubiger ein Sicherungsrecht zusteht, das ihm im Insolvenzverfahren ein Recht auf abgesonderte Befriedigung gem. §§ 49 ff. gewährt. Sie können aber, sofern der Gläubiger – etwa wegen Wertverfalls des Sicherungsgegenstandes – nicht auf das Recht zur abgesonderten Befriedigung verzichtet, nur mit dem Betrag bei der Verteilung berücksichtigt werden, mit dem der Absonderungsberechtigte bei der Verwertung des Sicherungsgutes ausgefallen ist (§ 52). Gleichwohl kann der Gläubiger seine Insolvenzforderung in voller Höhe zur Tabelle anmelden. Zur Frage, ob der Gläubiger bei der Anmeldung auf sein Absonderungsrecht hinweisen muß, wie dies Merkblätter der Gerichte vorsehen, vgl. *Uhlenbruck/Delhaes* Konkurs- und Vergleichsverfahren, Rz. 737.

12 Nicht anzumelden braucht der Gläubiger Forderungen, mit denen er gegen Forderungen der Masse an ihn aufrechnen kann (§ 94). Solange er die Aufrechnung nicht erklärt hat, ist der Gläubiger aber ungeachtet seiner Aufrechnungsbefugnis nicht daran gehindert, die Forderung anzumelden. Der Gläubiger kann beispielsweise seine volle Forderung anmelden, obwohl er mit einem Teil davon gegen Gegenforderungen der Masse aufrechnen könnte, um damit sein Stimmrecht in Gläubigerversammlungen zu erhöhen (§ 76

Forderungen der Insolvenzgläubiger § 87

Abs. 2) und eine ihm genehme Entscheidung durchzusetzen, und die Aufrechnung erst danach erklären. Der Insolvenzverwalter kann dieser Taktik, falls er sie erkennt, allerdings den Boden entziehen, indem er seinerseits die Aufrechnung erklärt.

Die Anmeldefrist wird vom Insolvenzgericht bestimmt; ihre Versäumung kann nachteilig sein: Der Gläubiger, der seine Forderung verspätet anmeldet, hat keinen Anspruch auf ihre Erörterung im allgemeinen Prüfungstermin und ist darauf verwiesen, daß der Insolvenzverwalter und die erschienenen konkurrierenden Insolvenzgläubiger die Miterörterung im anberaumten Termin gestatten (§ 177 Abs. 1). Bei Widerspruch des Insolvenzverwalters oder eines Insolvenzgläubigers findet die Prüfung in einem späteren Prüfungstermin statt, dessen Kosten die säumigen Insolvenzgläubiger zu tragen haben; an einer vor dem besonderen Prüfungstermin eventuell stattfindenden Abschlagsverteilung nehmen die säumigen Insolvenzgläubiger nicht teil. **13**

Anzumelden ist schriftlich beim Insolvenzverwalter. Die Anmeldung unterliegt nicht dem Anwaltszwang. Für prozeßunfähige Personen hat der gesetzliche Vertreter anzumelden (§ 4 InsO i. V. m. §§ 51, 56 ZPO). **14**

Jede einzelne Forderung ist für sich anzumelden; verschiedene Forderungen können nicht in einem Betrag zusammengefaßt werden. Soweit die Forderungen zahlenmäßig noch nicht feststehen, sind sie zu schätzen; noch nicht fällige unverzinsliche Forderungen sind abzuzinsen (§ 41 Abs. 2). **15**

Die formgerechte Forderungsanmeldung unterbricht gem. § 209 Abs. 2 Nr. 2 BGB die Verjährung. **16**

Der Forderungsgrund ist bei der Anmeldung anzugeben (§ 174 Abs. 2). Wird dies unterlassen, ist die Anmeldung unwirksam. Auch durch Eintragung in die Tabelle gem. § 175 wird die Unwirksamkeit nicht geheilt (vgl. *Kilger/Karsten Schmidt* KO, § 140 Anm. 2). Ob die Anmeldung wirksam ist oder nicht, hat Auswirkungen auf die durch Forderungsanmeldung eintretende Unterbrechung der Verjährung nach § 209 Abs. 2 Nr. 2 BGB (vgl. *Kuhn/Uhlenbruck* KO, § 139 Rz. 1 b und 1 g). **17**

Ausreichend, aber auch erforderlich für die Konkretisierung der Forderung ist, daß der Inhalt der Anmeldung die für die Erörterung der Forderung im Prüfungstermin notwendige Individualisierung einzelner Sachverhalte ermöglicht, so daß sichergestellt ist, daß nur bestimmte in der Anmeldung durch die Angabe einer Summe begrenzte Sachverhalte erfaßt sind. Bei laufend veranlagten Steuern reicht dazu in der Regel die Angabe der Steuerart, des erfaßten Zeitraums und des Betrags aus. Nicht erforderlich ist bei der Umsatzsteuer, daß die einzelnen umsatzsteuerrelevanten Sachverhalte, also die Angabe jedes einzelnen erfaßten Umsatzes, aufgezeigt werden; die Individualisierung durch zeitliche Eingrenzung genügt den insolvenzrechtlichen Anforderungen (vgl. *BFH* ZIP 1988, 181 und 183). **18**

Eine Anmeldung von Steuerforderungen durch das Finanzamt ist kein Steuerbescheid, selbst wenn sie die Form eines solchen hat; die Anmeldung ist eine besondere Form der Geltendmachung einer Forderung, die zur Prüfung und Feststellung einer Insolvenzforderung und damit zur insolvenzmäßigen Befriedigung führt, sowie die Erklärung des Steuergläubigers, daß er sich zwecks Befriedigung seiner Forderung aus der Masse am Insolvenzverfahren beteiligen will. Das hindert nicht, daß die Anmeldung (mit Ausnahme des Leistungsgebots und der Rechtsbehelfsbelehrung) all das enthält, was der Steuerbescheid enthalten müßte, dies schon deshalb, um dem Insolvenzverwalter die Prüfung zu erleichtern und unbegründete Widersprüche zu vermeiden. Lag bei der Eröffnung des Insolvenzverfahrens für die angemeldete Steuerforderung noch kein Steuerbescheid vor, so unterbleibt dieser zunächst bis zum Ausgang des Prüfungstermins; andererseits ist die Anmeldung auch erforderlich, wenn über die Steuerforderung **19** ein Rechtsbehelfsverfahren im Gang ist oder über sie schon rechtskräftig entschieden ist. Auch bei Steuerforderungen wird durch die Anmeldung die Verjährung unterbrochen (§ 231 AO). Die Unterbrechung endet mit der Beendigung des Insolvenzverfahrens.

20 Gegen den Ehegatten des Gemeinschuldners kann auch während des anhängigen Insolvenzverfahrens ein Einkommensteuerbescheid erlassen werden, wenn die Zusammenveranlagung gewählt wurde (vgl. *Hess/Boochs/Weis* Steuerrecht in der Insolvenz, Rz. 306). Hierbei ist aber darauf zu achten, daß der Steuerbescheid an den Ehegatten als Gesamtschuldner adressiert ist und nicht an die Eheleute. Macht der Ehegatte von der Möglichkeit Gebrauch, eine Aufteilung der Gesamtschuld gemäß §§ 268–280 AO zu beantragen, so ist die Steuerschuld aufzuteilen in die Steuerschuld des Ehegatten (Steuerbescheid) und die Steuerschuld des Schuldners (Anmeldung zur Tabelle).

21 Umstritten ist, ob durch die Eröffnung des Insolvenzverfahrens auch Steuerfeststellungsverfahren unterbrochen werden. Ein Feststellungsverfahren kann nach Verfahrenseröffnung fortgesetzt werden, wenn die Feststellung Steueransprüche betrifft, die keine Insolvenzforderungen sind. Dies gilt insbesondere für die Gewinnfeststellung einer in Insolvenz befindlichen Personengesellschaft, die steuerliche Bedeutung nur für die Besteuerung der Gesellschafter, nicht jedoch für die Masse hat (vgl. *BFH* BStBl. 1988 II, 23). In diesem Fall ist der Gewinnfeststellungsbescheid abweichend von § 183 AO allen Gesellschaftern zuzustellen (*BFH* BStBl. 1967 III, 790). Ungeachtet § 352 Abs. 1 AO ist in diesem Fall jeder Gesellschafter anfechtungsberechtigt (*BFH* BStBl. 1967 III, 790). Hat ein Gesellschafter den Gewinnfeststellungsbescheid nicht angefochten, so ist er ebenso beizuladen wie der Insolvenzverwalter (*FG Schleswig-Holstein* EFG 1976, 195; *Hess/Boochs/Weis* a. a. O., Rz. 307).

22 Ist auch über das Vermögen der Gesellschafter ein Insolvenzverfahren eröffnet worden, so muß der Feststellungsbescheid an die für deren Vermögen bestellten Insolvenzverwalter gerichtet werden (*BFH* BFH/NV 1987, 343). Der Insolvenzverwalter ist allein befugt, Rechtsbehelfe einzulegen (*FG Schleswig-Holstein* EFG 1975, 549). Das gleiche gilt für die Einheitswertfeststellung des Betriebsvermögens einer Personengesellschaft.

23 Die Anmeldung bewirkt keine Rechtshängigkeit, was sich schon daraus ergibt, daß auch rechtskräftig festgestellte Forderungen angemeldet werden müssen. Die Anmeldung ist notwendige Prozeßvoraussetzung einer Klage auf Feststellung einer Forderung (*BAG* NJW 1986, 1896).

24 Eintragungen in die Tabelle können berichtigt werden. Das geschieht in der Berichtigungsspalte. Hierhin gehört die Berichtigung von Schreibfehlern und anderen offensichtlichen Unrichtigkeiten der Anmeldung oder des Prüfungsergebnisses z. B. bei Rücknahme des Widerspruchs. Anmeldungen können vom Gläubiger jederzeit ergänzt oder berichtigt werden. Gegen die Berichtigung von Amts wegen ist die Erinnerung bei Entscheidungen des Rechtspflegers und die sofortige Beschwerde bei Entscheidungen des Insolvenzrichters gegeben, ebenso bei der Berichtigung auf Antrag, wenn dem Antrag nicht voll entsprochen wurde. Die Berichtigungen sind in der Berichtigungsspalte der Insolvenztabelle zu vermerken.

25 Für die Anmeldung von Steuerforderungen ist es unerheblich, ob die Steuerforderung bei Eröffnung des Insolvenzverfahrens bereits feststeht oder fällig ist. Anzumelden sind auch vor Verfahrenseröffnung fällige Vorauszahlungsschulden. Nicht anzumelden sind bereits gezahlte Steuern, auch wenn sie noch nicht festgesetzt sind. Betagte Steuerforderungen sind, soweit unverzinslich, abgezinst anzumelden (*BFH* KTS 1975, 30; *FG Niedersachsen* EFG 1983, 219).

26 Ist die Steuerschuld bei Eröffnung des Insolvenzverfahrens noch nicht festgesetzt worden, so hat das Finanzamt sie zu errechnen und anzumelden. Kann sie nicht errechnet

Forderungen der Insolvenzgläubiger § 87

werden, so hat das Finanzamt sie gemäß § 162 AO zu schätzen. Dabei hat es die für den Steuerpflichtigen maßgeblichen Gewinnermittlungsvorschriften zu beachten. Die Schätzung ist so vorzunehmen, daß sie im Ergebnis einem ordnungsgemäß durchgeführten Bestandsvergleich möglichst nahekommt (*BFH* BStBl. 1993 II, 594). Fremdwährungsforderungen sind nach dem im Zeitpunkt der Eröffnung des Insolvenzverfahrens gültigen Wechselkurs umzurechnen. Sind Steuerschulden zur Tabelle festgestellt worden, so können sie auch außerhalb des Insolvenzverfahrens nur noch in der Gestalt und mit dem Inhalt geltend gemacht werden, den sie durch § 291 erhalten haben (*BGH* NJW 1989, 3157). Bei der Ermittlung des steuerlich relevanten Sachverhaltes müssen sowohl der Schuldner als auch der Insolvenzverwalter mitwirken (vgl. *Frotscher* Steuern im Konkurs, 37).

Verwaltungsintern sind die Finanzämter ebenso wie die Hauptzollämter gehalten, bei der Anmeldung ihrer Forderungen zur Tabelle Verwaltungsvorschriften einzuhalten, im einschlägigen Fall Abschn. 58 Abs. 3 der »Allgemeinen Verwaltungsvorschrift über die Durchführung der Vollstreckung nach der Abgabenordnung« vom 13. 03. 1980 (Vollstreckungsanweisung – VollstrA), BStBl. 1980 I, 112. Diese Vorschrift ordnet an, daß Anmeldungen zur Tabelle weitgehend dieselben Bestandteile enthalten sollen wie die Vollstreckungsaufträge (§ 285 Abs. 2 AO) an den Vollziehungsbeamten, also 27
– Steuernummer oder Sollbuchnummer,
– Familiennamen, Vornamen und Anschrift des Schuldners,
– die Bezeichnung des Geldbetrages und des Schuldgrundes, zum Beispiel Steuerart und Entrichtungszeitraum,
– die Angabe des Tages, bis zu dem die aufgeführten Säumniszuschläge berechnet worden sind,
– den Betrag der Kosten für einen Postnachnahmeauftrag,
– den Betrag der Kosten der Vollstreckung, die bisher entstanden sind,
– die Feststellung, daß der Schuldner die Leistung und die Kosten schuldet (vgl. Abschn. 34 VollstrA).

Außerdem soll das Finanzamt angeben, welche Forderungen vor Eröffnung des Insolvenzverfahrens bereits festgesetzt worden sind bzw. wegen welcher Forderungen der Schuldner eine Steueranmeldung eingereicht hatte und bei welchen Forderungen bereits Bestandskraft eingetreten ist. 28

Da die Anmeldung zur Tabelle kein Verwaltungsakt ist, kann die Finanzbehörde sie jederzeit ändern (*BFH* BStBl. 1965 III, 491). Von diesem Grundsatz wird man aber in zwei Richtungen Ausnahmen machen müssen: 29
– Lag bei Eröffnung des Insolvenzverfahrens bereits ein Steuerbescheid vor, so kann das Finanzamt über den festgesetzten Steuerbetrag nur dann hinausgehen, wenn die Tatbestandsvoraussetzungen der Berichtigungsvorschriften in §§ 172–177 AO vorliegen, es sei denn, die Steuer wäre unter Vorbehalt der Nachprüfung (§ 164 AO) oder vorläufig (§ 165 AO) festgesetzt worden. Wäre das Insolvenzverfahren nicht eröffnet worden, so hätte das Finanzamt schließlich auch nur unter den Voraussetzungen der gesetzlichen Berichtigungsvorschriften den Steuerbescheid zu seinen Gunsten ändern können. Die Eröffnung des Insolvenzverfahrens stellt aber keinen sachlich gerechtfertigten Grund für eine Erweiterung der Berichtigungsmöglichkeiten zu Gunsten des Steuergläubigers dar.
– War der Steuerbescheid bei Eröffnung des Insolvenzverfahrens bereits bestandskräftig, so kommt auch eine Herabsetzung der Steuerschuld nur in Frage, wenn die gesetzlichen Berichtigungsvorschriften anwendbar wären. Dies entspricht der Wertung, die in § 172 Abs. 1 Nr. 2a) AO zum Ausdruck kommt.

§ 87 Wirkungen der Eröffnung des Insolvenzverfahrens

30 Die angemeldeten Insolvenzforderungen werden in einem zu diesem Zweck anberaumten Prüfungstermin unter den Verfahrensbeteiligten erörtert.

31 Gem. § 176 Satz 2 ist eine detaillierte Einzelerörterung nur für solche Forderungen erforderlich, die vom Insolvenzverwalter, vom Schuldner oder von einem Insolvenzgläubiger bestritten werden. Der Prüfungstermin soll dadurch gestrafft werden. Für die Insolvenzgläubiger, die zu hohe Anmeldungen durch konkurrierende Gläubiger befürchten, wird dies bedeuten, daß sie rechtzeitig vor dem Termin die Tabelleneinträge sichten und prüfen müssen, damit sie Gelegenheit haben, durch Bestreiten im Termin die Erörterung der nach ihrer Ansicht zu Unrecht angemeldeten Forderungen zu erzwingen.

32 Ein Widerspruchsrecht gegen eine zur Tabelle angemeldete und im Prüfungstermin erörterte Insolvenzforderung haben der Insolvenzverwalter, der Schuldner persönlich und jeder einzelne Insolvenzgläubiger, sofern seine Anmeldung zugelassen ist (dazu *OLG Hamburg* KTS 1975, 43; *LG Hamburg* KTS 1975, 46). Der Widerspruch kann sich beziehen auf den Grund der Forderung (dazu gehört die Inhaberschaft des Anmelders), die Höhe oder die Anmeldbarkeit der Forderung im Insolvenzverfahren. Der Bestreitende ist nicht verpflichtet, seinen Widerspruch zu begründen; doch ist eine Begründung (welche aber nicht bindet) zur Vermeidung unnötiger Feststellungsklagen zweckmäßig. Widerspricht der Insolvenzverwalter, ohne die Forderung geprüft zu haben, hat er die Kosten des folgenden Rechtsstreits auch bei sofortigem Anerkenntnis zu tragen (*LG Bonn* MDR 1990, 538).

33 Ist die Forderung vom Insolvenzverwalter oder (und) einem oder mehreren Gläubigern bestritten worden, so wird dieser Umstand in die Tabelle eingetragen und hindert – zunächst – die Feststellung der Forderung. Der Widerspruch muß im Prozeßweg beseitigt werden, will der Anmelder weiter am Verfahren und insbesondere an der Verteilung der Masse teilnehmen.

34 Haben weder der Insolvenzverwalter noch ein Insolvenzgläubiger im Prüfungstermin Widerspruch erhoben oder haben sich die Widersprüche erledigt oder sind sie beseitigt, so gilt die Forderung als festgestellt (§ 178 Abs. 1). Die Eintragung in die Tabelle gilt hinsichtlich der festgestellten Forderungen ihrem Betrage nach wie auch hinsichtlich des Vorrechts wie ein rechtskräftiges Urteil gegenüber allen Insolvenzgläubigern (§ 178 Abs. 3). Es ist also zwischen dem Gläubiger der betreffenden Forderung und allen übrigen Insolvenzgläubigern festgestellt, daß die Forderung in Höhe des festgestellten Betrages am Insolvenzverfahren mit allen Rechten teilnimmt. Dem hat der Insolvenzverwalter bei der Verteilung Rechnung zu tragen. Ein nachträgliches Erlöschen der Forderung kann im Wege der Vollstreckungsgegenklage (§ 767 ZPO) verfolgt werden (*BGH* NJW 1985, 271).

35 Die Rechtskraftwirkung des Eintrags in die Tabelle erstreckt sich nicht auf den als steuerrechtlichen Haftungsschuldner in Anspruch genommenen Gesellschafter einer Offenen Handelsgesellschaft, über deren Vermögen das Insolvenzverfahren eröffnet wurde.

36 Da die Feststellung wie ein rechtskräftiges Urteil wirkt, sind hiergegen nur diejenigen Rechtsbehelfe gegeben, die außerhalb des Insolvenzverfahrens einer rechtskräftig verurteilten Prozeßpartei zur Verfügung stehen. Diese Rechtsbehelfe sind entsprechend anwendbar.

37 Der Insolvenzverwalter kann also im Rahmen der §§ 578–591 ZPO die Wiederaufnahme des Verfahrens betreiben. Er wird z. B. die Restitutionsklage aus § 580 Nr. 2 ZPO zu erheben haben, wenn sein Anerkenntnis auf der Vorlage einer Urkunde beruht, die fälschlich angefertigt oder verfälscht war (*Weber* in Jaeger, KO, § 145 Rz 12). Der

Forderungen der Insolvenzgläubiger § 87

Insolvenzverwalter wird die Klage auch dann zu erheben haben, wenn die Feststellung zur Tabelle in einer gegen die guten Sitten verstoßenden Weise arglistig erschlichen worden ist (BGHZ 26, 391).

Häufiger als von diesen Rechtsbehelfen gegen die Feststellungswirkung wird der Insolvenzverwalter von der Vollstreckungsgegenklage aus § 767 ZPO Gebrauch machen müssen. Dazu gehören: nachträgliches Erlöschen der Forderung, Aufrechnung, wenn die Aufrechenbarkeit erst nach der Feststellung entstanden ist. Zeitpunkt im Sinne des § 767 Abs. 2 ZPO ist die Feststellung der Forderung (*BGH* WM 1957, 1226). 38

Die Rechtskraftwirkung gilt auch für festgestellte Steueransprüche; es bedarf keines Steuerbescheids mehr. Nach richtiger Meinung kann es schon deswegen nicht zu einer Steuerfestsetzung kommen, weil die Eintragung in die Tabelle die Funktion dieser Steuerfestsetzung übernimmt (*Frotscher* a. a. O., 290; *Fichtelmann* NJW 1970, 2277). Zutreffend weist *Frotscher* (a. a. O.) darauf hin, daß nicht ersichtlich ist, welchen Sinn eine solche Steuerfestsetzung noch haben soll, wenn die Eintragung in die Tabelle nach § 178 Abs. 3 wie ein rechtskräftiges Urteil wirkt. Wird nur ein Teil bestritten, so gilt der andere Teil der Steuerforderung als festgestellt. Widerspricht nur der Schuldner, so hindert dies nicht die Feststellung der Steuerforderung. 39

Hält der Gläubiger, dessen angemeldete Forderung im Prüfungstermin bestritten worden ist, den Widerspruch für unbegründet und will er darum die Eintragung seiner Forderung in die Tabelle nach wie vor erreichen, so muß er den Widerspruch im ordentlichen Prozeß ausräumen (§ 179 Abs. 1 und 2), also außerhalb des Insolvenzverfahrens. Zu richten ist der Klageantrag auf Feststellung der angemeldeten Insolvenzforderung. Mit Rechtskraft der Feststellung der bestrittenen Forderung ist der Widerspruch ausgeräumt (§ 183 Satz 1). Umgekehrt wirkt das rechtskräftige Urteil, das auch nur den Widerspruch eines einzigen Bestreitenden für begründet erklärt, zu Gunsten aller Insolvenzgläubiger. 40

Kläger ist im Normalfall der Gläubiger der im Prüfungstermin endgültig oder vorläufig bestrittenen Forderung, Beklagter der Widersprechende. Klageziel ist die Feststellung des Gläubigerrechts 41

Eine Besonderheit gilt, wenn über die Forderung zur Zeit der Eröffnung des Insolvenzverfahrens schon ein Rechtsstreit anhängig war. Dann wird der zunächst unterbrochene Rechtsstreit durch den Gläubiger der Forderung gegen den Widersprechenden aufgenommen (§ 180 Abs. 2). 42

Der Klageantrag ist nunmehr auf Feststellung umzustellen (*BGH* NJW 1962, 153). Der Verfahrensabschnitt bis zur Unterbrechung und der mit der Aufnahme beginnende Verfahrensabschnitt bilden dabei eine Einheit. 43

Liegt über die angemeldete Forderung bereits ein gerichtlicher Titel vor, so muß der Widersprechende die titulierte Forderung angreifen (§ 179 Abs. 2). Dies erfolgt durch eine Feststellungsklage mit dem Antrag, den Widerspruch gegen die Forderung für begründet zu erklären. Im Rahmen dieser Feststellungsklage stehen dem Widersprechenden diejenigen Rechtsbehelfe zu, die der Schuldner gegen den Titel hätte erheben können, falls nicht das Insolvenzverfahren eröffnet worden wäre. 44

Der »Widerspruch« eröffnet dem Widersprechenden also keinen neuen Rechtsbehelf gegen den Titel; es liegt nur ein Wechsel in der Person dessen vor, der die gegebenen prozessualen Chancen nützt. 45

Die Rechtskraftwirkung tritt nur ein, wenn sämtliche Widersprüche beseitigt sind. Der Gläubiger kann dabei zugleich die Klage gegen den Insolvenzverwalter und die bestreitenden Gläubiger richten. Die Forderung kann nur einheitlich festgestellt werden (dazu: *BGH* ZIP 1980, 427). Die Bestreitenden sind daher notwendige Streitgenossen im Sinne von § 62 ZPO (*Weber* in Jaeger, KO, § 146 Rz. 10). Richtet der Gläubiger die Klage nur 46 gegen einen der mehreren Bestreitenden und unterliegt er in diesem Rechtsstreit, so ist damit der eine Widerspruch für begründet erklärt. Weitere Klagen erübrigen sich, da die Feststellung zur Tabelle nicht mehr erreicht werden kann.

47 Bei einer Steuerforderung kann die Finanzbehörde einen Widerspruch im Wege der Feststellung der Insolvenzforderung durch schriftlichen Verwaltungsakt gemäß § 251 Abs. 3 AO ausräumen, falls es ihr nicht gelingt, den Widersprechenden zur Rücknahme seines Widerspruchs zu bewegen. Versuchen kann die Finanzbehörde dies durch eine eingehendere und überzeugendere Begründung ihrer Anmeldung oder indem sie der Anmeldung das Ergebnis einer – u. U. abgekürzten (§ 203 AO) – Außenprüfung zugrundelegt, falls die Anmeldung zunächst nur auf geschätzte Besteuerungsgrundlagen gestützt war.

48 *BFH* BStBl. 1969 II, 54 hält die Finanzbehörde sogar für verpflichtet, zunächst den Weg über eine neue Anmeldung zu beschreiten, wenn die Tatumstände wesentlich andere sind als zuvor angegeben (insb. bei Haftungsschulden). Erst dann, wenn die erneut angemeldete Forderung ebenfalls bestritten werde, sei der Erlaß eines Feststellungsbescheides zulässig.

49 Der Feststellungsbescheid nach § 251 Abs. 3 AO ist das verwaltungsrechtliche Gegenstück zum Feststellungsurteil i. S. v. § 183. Sein Inhalt darf sich daher weder in der Formel noch in der Begründung von den Feststellungsurteilen der ordentlichen Gerichte unterscheiden. Die Feststellung hat sich auf Grund und Betrag der Forderung zu beschränken, ggf. auf das Vorrecht. Der Feststellungsbescheid muß zu den erhobenen Einwendungen gegen die Anmeldung Stellung nehmen und sich mit ihnen in tatsächlicher und rechtlicher Hinsicht auseinandersetzen. Es genügt also nicht das bloße Zahlenwerk, das sich üblicherweise in Steuerbescheiden findet; was die gebotene Ausführlichkeit angeht, kommt der Feststellungsbescheid eher einer Einspruchsentscheidung nahe.

50 Ansprüche, die nicht auf Grund eines Bescheides fällig gestellt und nicht nach dem betreffenden Steuergesetz verzinslich sind, müssen mit ihren abgezinsten Werten nach § 41 Abs. 2 festgestellt werden.

51 Grenzen für den Inhalt der Feststellung ergeben sich aus der entsprechenden Anwendung von § 181 Abs. 4: Danach kann keine höhere Steuerforderung festgestellt werden, als sie die Finanzbehörde nach § 174 angemeldet hat und als sie nach § 176 zur Erörterung gestanden hat (*BFH* BStBl. 1984 II, 545). Die Forderungsidentität hat die Finanzbehörde im Feststellungsbescheid kenntlich zu machen. Umgekehrt ist die Finanzbehörde aber nicht daran gehindert, eine niedrigere Forderung festzustellen, als sie zur Tabelle angemeldet hatte. Dies ergibt sich schon daraus, daß die Finanzbehörde die Möglichkeit haben muß, die im Prüfungstermin erhobenen Widersprüche zu berücksichtigen, soweit sie sie nunmehr für gerechtfertigt hält.

52 Der Feststellungsbescheid ist Verwaltungsakt; er bedarf der Schriftform (§ 251 Abs. 3 AO). Als schriftlicher Verwaltungsakt muß er die erlassende Behörde erkennen lassen und die Unterschrift oder die Namenswiedergabe des Behördenleiters, seines Vertreters oder seines Beauftragten enthalten (§ 119 Abs. 3 AO). Intern zuständig für den Erlaß des Feststellungsbescheids ist die Veranlagungs- oder Festsetzungsstelle der Finanzbehörde (Abschn. 58 Abs. 4 Satz 3 VollstrA).

53 Adressat des Feststellungsbescheids nach § 251 Abs. 3 AO ist der Widersprechende oder sind die Widersprechenden.

54 Mit Bestandskraft des Feststellungsbescheids kann die Finanzbehörde in entsprechender Anwendung von § 183 Abs. 2 die Berichtigung der Tabelle erwirken. Sie kann nunmehr Befriedigung aus der Masse erreichen. Dies setzt voraus, daß die Finanzbehörde gegen-

Forderungen der Insolvenzgläubiger § 87

über sämtlichen Widersprechenden bestandskräftige Feststellungsbescheide erwirken muß. Dringt sie auch nur gegen einen einzigen Widersprechenden nicht durch, so nützt ihr das Obsiegen über alle übrigen Widersprechenden nicht: Sie kann die Berichtigung der Tabelle nicht erreichen.

Gegen den Feststellungsbescheid kann jeder Adressat Einspruch erheben (§ 347 AO), 55 gegen die Einspruchsentscheidung Klage beim Finanzgericht, evtl. Revision. Auch das Finanzgericht muß sich auf die Feststellung beschränken, daß der angemeldete und bestrittene Steueranspruch besteht, anmeldbar und ggf. bevorrechtigt ist (*BFH* BStBl. 1963 III, 382).

Im Verfahren vor dem Finanzgericht sind die Widersprechenden notwendige Streitge- 56 nossen i. S. von § 59 FGO i. V. mit § 62 Abs. 1 ZPO, soweit sich nicht ein Widerspruch gegenüber den anderen Widersprüchen auf einen Streitpunkt beschränkt hat.

Im Rechtsbehelfsverfahren kann der Widersprechende alle Einwendungen gegen das 57 Bestehen des Steueranspruchs vorbringen, die der Schuldner selbst gegen einen entsprechenden Steuerbescheid in dem Fall hätte vorbringen können, daß kein Insolvenzverfahren über sein Vermögen eröffnet worden wäre, z. B.:
– Es bestehe überhaupt keine Steuerpflicht.
– Die Steuer bestehe nur in geringerer Höhe.
– Die Festsetzungsfrist sei bei Eröffnung des Insolvenzverfahrens bereits abgelaufen gewesen.
– Bei Eröffnung des Insolvenzverfahrens habe bereits eine bestandskräftige Steuerfestsetzung vorgelegen, die nicht mehr geändert werden könne.
– Bereits bei Eröffnung des Insolvenzverfahrens sei Zahlungsverjährung eingetreten.

Der Widersprechende kann andererseits aber auch nur die Einwendungen mit Erfolg 58 erheben, die dem Schuldner selbst noch möglich wären. Dies wirkt sich insbesondere in dem Fall nachteilig aus, daß die Anmeldung bestandskräftig festgesetzte Steuern betrifft.

Erfolgversprechend ist in diesem Fall nur 59
– die Geltendmachung von Wiedereinsetzungsgründen i. S. v. § 110 AO gegen die Versäumung der Rechtsbehelfsfrist durch den Schuldner oder
– das Vorbringen von nachträglich bekanntgewordenen Tatsachen oder Beweismitteln i. S. v. § 173 Abs. 1 Nr. 2 AO, sofern der Widersprechende weiter geltend machen kann, daß den Schuldner kein grobes Verschulden an dem erst nachträglichen Bekanntwerden trifft.

Beachtlich ist daneben selbstverständlich die Behauptung, die bestandskräftig festge- 60 setzte Steuerschuld sei bereits getilgt (entsprechend § 257 Abs. 1 Nr. 3 AO).

Der erfolgreichen Geltendmachung von Einwendungen kann außerdem die Bindungs- 61 wirkung von Grundlagenbescheiden (§ 171 Abs. 10 AO) entgegenstehen, da die Einschränkungen durch § 351 Abs. 2 AO und § 42 FGO für Feststellungsbescheide entsprechend gelten müssen.

Ein bestandskräftiger Meßbescheid oder Feststellungsbescheid (i. S. v. §§ 179–183 AO) 62 ist auch für die Feststellung der Steuerforderung nach § 251 Abs. 3 AO verbindlich. Nachteilig für den Rechtsschutz der konkurrierenden Insolvenzgläubiger wirkt sich insoweit aus, daß allein der Insolvenzverwalter Grundlagenbescheide mit Rechtsbehelfen anfechten kann – den Insolvenzgläubigern werden Grundlagenbescheide im übrigen nicht bekanntgegeben (dazu *Urban* DStZ 1984, 169). Für die Insolvenzgläubiger kommt es daher entscheidend darauf an, daß der Insolvenzverwalter die Einlegung von Rechtsbehelfen gegen rechtswidrige Grundlagenbescheide nicht versäumt; in gravierenden Fällen kann seine Haftung gemäß § 60 in Betracht kommen.

63 Dringt der Rechtsbehelfsführer mit seinem Rechtsbehelf durch, so scheidet der Steuergläubiger mit der entsprechenden Forderung aus dem Insolvenzverfahren aus.
64 Eine Erhöhung des festgestellten Steueranspruchs führt nur über eine vorherige Neuanmeldung des Mehrbetrags zur Tabelle und erneuten Prüfung – was voraussetzt, daß die Erhöhung des angemeldeten Steueranspruchs ihrerseits verfahrensrechtlich zulässig ist.

§ 88
Vollstreckung vor Verfahrenseröffnung

Hat ein Insolvenzgläubiger im letzten Monat vor dem Antrag auf Eröffnung des Insolvenzverfahrens oder nach diesem Antrag durch Zwangsvollstreckung eine Sicherung an dem zur Insolvenzmasse gehörenden Vermögen des Schuldners erlangt, so wird diese Sicherung mit der Eröffnung des Verfahrens unwirksam.

Inhaltsübersicht: Rz.

A. Inhalt und Zweck der Vorschrift 1– 2
B. Betroffene Vollstreckungsforderungen 3
C. Betroffene Maßnahmen 4–11
D. Kein Gutglaubensschutz 12
E. Die Frist für die Rückschlagsperre 13–15
F. Entscheidender Zeitpunkt 16

Literatur:

Vallender Einzelzwangsvollstreckung im neuen Insolvenzrecht, ZIP 1997, 1993; *App* Die Einschränkung der Vollstreckungsbefugnis der Gemeinden und die Unwirksamkeit von Vollstreckungsmaßnahmen nach der Insolvenzordnung, KKZ 1998, 69.

A. Inhalt und Zweck der Vorschrift

1 Bisher gab es eine »Rückschlagsperre« allein im gerichtlichen Vergleichsverfahren gem. §§ 28, 87, 104 VerglO; dieses Institut wird nunmehr auf das gesamte Insolvenzverfahren ausgedehnt, auch weil schon bisher an Stelle des eigentlich gebotenen Konkursantrags aussichtslose Vergleichsanträge oft nur deshalb gestellt wurden, um in den Genuß der Rückschlagsperre zu gelangen und diese auch nach Überleitung des gerichtlichen Vergleichsverfahrens in das Anschlußkonkursverfahren zu behalten. Mit der Eröffnung des Insolvenzverfahrens wird jede Sicherung unwirksam, die ein Insolvenzgläubiger im letzten Monat vor dem Antrag auf Eröffnung des Insolvenzverfahrens oder nach diesem Antrag durch Zwangsvollstreckung an dem zur Insolvenzmasse gehörenden Vermögen des Schuldners oder im Wege der Verwaltungsvollstreckung erlangt hat. Die Unwirksamkeit tritt schon bei Beginn des Verfahrens und unabhängig von dessen Ausgang ein. Die Vorschrift ergänzt damit das Recht der Insolvenzanfechtung und soll die Anreicherung der Insolvenzmasse sichern. Die Regelung wird ihrerseits ergänzt durch die Vorschriften über die Unwirksamkeit der Pfändung von Miet- und Pachtzinsforderungen

Vollstreckung vor Verfahrenseröffnung **§ 88**

oder Arbeitseinkünften für die Zeit nach Eröffnung des Insolvenzverfahrens (§§ 110, 114).

Der von der Rückschlagsperrfrist betroffene Gläubiger nimmt ohne Rücksicht auf die erlangte Sicherung oder Befriedigung mit der vollen Höhe seiner Insolvenzforderung am Verfahren teil. Er ist voll stimmberechtigt und wird wegen seiner ganzen Forderung vom Insolvenzverfahren betroffen. Das Institut der Rückschlagsperre vermeidet Beweisschwierigkeiten hinsichtlich des Eintritts der Krise, indem Satz 1 einen Anfangszeitpunkt festlegt, von dem aus der Beginn der Sperrfrist zu berechnen ist. Da dieser Zeitpunkt, wie auch der Zeitpunkt der in Frage stehenden Vollstreckungsmaßnahme ebenso leicht wie eindeutig feststellbar ist, schließt das Gesetz hinsichtlich der Zeitfrage jeden Streit über den Kreis der Gläubiger, die von der Rückschlagsperre betroffen werden, aus (vgl. *Weber* KTS 1965, 134). 2

B. Betroffene Vollstreckungsforderungen

Betroffen von der Rückschlagsperre sind nach dem eindeutigen Gesetzeswortlaut nur Insolvenzgläubiger. Vollstreckungsmaßnahmen anderer Gläubiger, namentlich der Aussonderungsberechtigten und der Absonderungsberechtigten, bleiben mithin wirksam, vorausgesetzt, sie hatten in den Gegenstand vollstreckt, der dem Aussonderungs- bzw. Absonderungsrecht unterlag, und sie hatten wegen des Anspruchs vollstreckt, auf den sich das Recht zur Aussonderung bzw. zur abgesonderten Befriedigung gründete. Ein Absonderungsrecht gewährt auch das durch Zwangsvollstreckung oder im Wege der Verwaltungsvollstreckung erlangte Pfändungspfandrecht (§ 50 Abs. 1). War also die Pfändung vor dem letzten Monat vor dem Antrag auf Eröffnung des Insolvenzverfahrens bewirkt worden, so kann der Gläubiger bis zur Eröffnung des Insolvenzverfahrens die Vollstreckung weiter betreiben, also die Pfandsache abholen (lassen) und sie durch öffentliche Versteigerung verwerten. Danach hängt seine Verwertungsbefugnis davon ab, ob er die Pfandsache (vermittelt durch den Gerichtsvollzieher) in seinem Besitz hat (§ 166 Abs. 1). So zu Recht auch *Binz*, in Hess KO, Anh. VII § 7 GesO Rz. 31 gegen *Smid* GesO, § 7 Rz. 23 u. 28; *Braun/Bußhardt* ZIP 1992, 905. – Eine Vorpfändung nach § 845 ZPO außerhalb der Monatsfrist wird von der Rückschlagsperre erfaßt, wenn die eigentliche Forderungspfändung erst innerhalb der Monatsfrist folgt (*Böhle-Stamschräder/Kilger* VerglO, § 28 Rz. 4; RGZ 151, 265). 3

C. Betroffene Maßnahmen

Zwangsvollstreckung im Sinne von § 88 ist jeder auf Sicherstellung des Gläubigers hinzielende Akt, der in einem an bestimmte Voraussetzungen geknüpften Verfahren unter Androhung oder Anwendung von Zwangsmitteln gegen den Schuldner vorgenommen wird. Auch der Vollzug eines Arrestes und einer einstweiligen Verfügung gilt als Zwangsvollstreckung; insoweit ist eine ergänzende Auslegung von § 88 am Platze (so zutreffend *Jauernig* Zwangsvollstreckungs- und Insolvenzrecht, 318). Doch trifft die Rückschlagsperre nicht nur den Erwerb in den Formen der zivilprozessualen Zwangsvollstreckung einschließlich der Zwangsversteigerung und Zwangsverwaltung von Gegenständen des unbeweglichen Vermögens (Grundstücken, grundstücksgleichen Rechten, eingetragenen Schiffen und Schiffsbauwerken und registrierten Luftfahrzeugen), sondern auch den Erwerb im Wege der Verwaltungsvollstreckung oder der 4

App

Vollstreckung verwaltungsgerichtlicher, finanzgerichtlicher oder sozialgerichtlicher Titel. Ohne Bedeutung ist die Art des Vollstreckungstitels. Auch Vollstreckungen auf Grund eines gerichtlichen Vergleichs oder einer vollstreckbaren Urkunde unterfallen § 88.

5 Durch Zwangsvollstreckung erlangte Sicherungen bilden namentlich die Pfändungspfandrechte an beweglichen Sachen, Forderungen und sonstigen Vermögensrechten (§§ 804, 829 ff., 857 ff., 886 ZPO), auch Arrestpfandrechte an Gegenständen des beweglichen Vermögens sowie an registrierten Schiffen und an Schiffsbauwerken (§§ 930 ff. ZPO), wie an der in der Luftfahrzeugrolle eingetragenen Luftfahrzeugen (§ 99 Abs. 2 LuftRG). Hinzu treten Zwangs- und Arresthypotheken (§§ 886 ff., 932 ZPO). Zu nennen ist ferner die Zwangssicherung, die sich im Liegenschaftsvollstreckungsrecht der Zwangsversteigerung und Zwangsverwaltung mit dem Eintritt der Beschlagnahme (§§ 20 ff., 146, 148, 162, 165, 171 a, 171 c, ZVG) ergibt. Schließlich gehören die Sicherungen die im Wege einer Zwangsvollstreckung im Grundbuch, Schiffs-, Schiffsbauregister und Register für Pfandrechte an Luftfahrzeugen eingetragenen Zwangsvormerkungen (§§ 941 ff. ZPO, § 99 Abs. 1 LuftRG) dazu. Gleiches gilt für die Eintragung der gemäß § 895 ZPO als bewilligt anzusehenden Vormerkungen. Nicht darunter fallen hingegen die auf Grund von Schuldtiteln gegen die Richtigkeit des Grundbuchs oder der vorbezeichneten Register eingetragenen Widersprüche, weil sie lediglich eine zu Gunsten des Gläubigers bereits bestehende dingliche Rechtslage schützen sollen. Auch die durch einstweilige Verfügung ausgesprochenen Erwerbsverbote scheiden hier aus, weil sie noch vorhandenes Grundeigentum des Antragstellers sichern sollen.

6 Anders als § 28 Abs. 1 Satz 2 VerglO erstreckt § 88 die Rückschlagsperre nicht ausdrücklich auf Zwangsvollstreckungsmaßnahmen, die unmittelbar zur Befriedigung des Vollstreckungsgläubigers geführt haben wie namentlich die Wegnahme von Geld durch den Gerichtsvollzieher (§ 815 Abs. 3 ZPO). Ob hier ein Redaktionsversehen des Gesetzgebers vorlag, ist fraglich, da sich dieser bewußt an § 28 VerglO orientiert hat; darum ist anzunehmen, daß er die unmittelbar zur Befriedigung führende Zwangsvollstreckung gezielt von der Rückschlagsperre ausnehmen wollte, auch wenn der Gesetzeszweck hierfür einschlägig gewesen wäre. Allerdings kann eine dadurch erlangte Befriedigung nach § 130 Abs. 1 Nr. 1 der Insolvenzanfechtung unterliegen, wenn der Schuldner bei Wegnahme des Geldes bereits zahlungsunfähig war und der Pfändende zu dieser Zeit die Zahlungsunfähigkeit kannte.

7 Nicht von der Rückschlagsperre betroffen sind – rechtspolitisch wenig befriedigend – freiwillig gewährte Sicherungen, d.h. solche, die nicht durch Zwangsvollstreckung erlangt sind (BGHZ 55, 307). Dies auch dann nicht, wenn sie nach dem Beginn einer Zwangsvollstreckung gewährt werden (*Böhle-Stamschräder/Kilger* VerglO, § 28 Anm. 2).

8 Die Rückschlagsperre trifft nur den Zugriff auf Vermögen des Schuldners, nicht eines mithaftenden Dritten, und nur den Zugriff auf solche Gegenstände des Schuldners, die zu dem Vermögen gehören oder gehört haben, über das das Verfahren eröffnet wird. Diese Beschränkung der Rückschlagsperre ist namentlich bei Sonderinsolvenzverfahren zu beachten.

9 Gehört der Gegenstand der Zwangsvollstreckung nicht dem Schuldner, sondern einem Dritten, ist aber der Erwerb des Gegenstandes oder einer Sicherung an demselben seitens des Gläubigers dem Dritten gegenüber wirksam, so ist zu unterscheiden: Der geschilderte Erwerb, der sich nach §§ 894, 895 ZPO vollzieht, ist ein rechtsgeschäftlicher Erwerb, denn der richterliche Akt ersetzt eine Willenserklärung. Auf diesen Erwerb sind daher auch die Vorschriften über den Erwerb kraft guten Glaubens anzuwenden (§ 898

ZPO). Maßgebend ist hierbei der gute Glaube des Gläubigers im Zeitpunkt der Vollendung des Rechtserwerbs. Auf ein Wissen des Gerichtsvollziehers kommt es im Falle des § 897 ZPO nicht an, da dieser nicht als Vertreter des Gläubigers handelt (RGZ 90, 193). Nun ist in der Bestimmung des § 898 ZPO nur der sich nach §§ 894, 897 ZPO vollziehende Erwerb, nicht aber die im Falle des § 895 ZPO als bewilligt geltende Vormerkung genannt. Doch besteht kein innerer Grund, diese anders zu behandeln. Die zur Zeit der Einfügung der §§ 895, 898 ZPO noch maßgebliche Auffassung, eine Vormerkung könne nicht gutgläubig erworben werden, erklärt diese Lücke im Gesetz, die durch eine entsprechende Anwendung der Vorschrift zu schließen ist (vgl. *Reinicke* NJW 1964, 2373). Da in den genannten Fällen, in denen Dritte den Erwerb des Gläubigers als rechtsbegründet gegen sich gelten lassen muß, den Schuldner die Bereicherungshaftung trifft, hat der Gläubiger Befriedigung oder Sicherung auf Kosten des Schuldners erhalten und unterliegt mithin der Rückschlagsperrfrist.

Kann bei Geldvollstreckung (§§ 803 ff., 817 ff. ZPO) ein an der Pfandsache und am Erlös **10** Drittberechtigter die Drittwiderspruchsklage aus § 771 ZPO nicht mehr erheben, weil die Zwangsvollstreckung durch Auszahlung des Erlöses beendet ist, so steht diesem die Bereicherungsklage aus § 812 Abs. 1 Satz 1 BGB zu, da dem Gläubiger der Erlös nur gebührte, soweit ein Pfändungspfandrecht wirksam entstanden war (RGZ 156, 399); es hat also kein Erwerb aus dem Vermögen des Schuldners stattgefunden, und die Rückschlagsperre gem. § 88 greift nicht ein.

Eine im Wege der Gläubigeranfechtung (§§ 3–6 AnfG) während der Rückschlagsperrfrist erlangte Zwangsdeckung, die aus Gegenständen erwirkt ist, die der Schuldner aus **11** seinem Vermögen veräußert, weggegeben oder aufgegeben hat und die nach § 11 Abs. 1 AnfG als noch zu demselben gehörig anzusehen sind, ist kein Zwangserwerb i.S. von § 88, weil ein Unwirksamwerden der Sicherung oder eine Erstattung der Befriedigung, die der Gläubiger von dem Anfechtungsgegner erlangt hat, dem Schuldner nicht zugute kommen kann, da dieser selbst sich nicht dem Anfechtungsgegner gegenüber auf die Unwirksamkeit der nur zu Gunsten seiner Gläubiger anfechtbaren Rechtshandlung berufen kann (§§ 1, 2 AnfG). Der Erwerb des Gläubigers beim Anfechtungsgegner fällt mithin nicht in die Rückschlagsperre. Doch muß sich der Gläubiger – im Hinblick auf § 11 Abs. 1 AnfG – in entsprechender Anwendung von § 52 als Ausfallgläubiger behandeln lassen.

D. Kein Gutglaubensschutz

Die Rückschlagsperre tritt unabhängig davon ein, ob der Gläubiger von der Absicht des **12** Schuldners, einen Insolvenzantrag zu stellen, Kenntnis hatte. Ein Schutz des guten Glaubens ist ausgeschlossen. Die Rückschlagsperrfrist trifft auch Rechtsnachfolger des Gläubigers, so die Erben den Zessionar und den Pfandgläubiger der gesicherten Gläubigerforderung.

E. Die Frist für die Rückschlagsperre

Ihrer Rechtsnatur nach ist die Sperrfrist von § 88 keine prozeßrechtliche Ausschlußfrist, **13** sondern eine materiellrechtliche Frist. Es handelt sich bei der Frist, die mit der Verfahrenseröffnung endet und einen Monat vor der Stellung des Antrags auf Eröffnung des Insolvenzverfahrens beginnt, um eine Zeitspanne, die verstrichen sein muß, damit die durch Zwangsvollstreckungen erlangte Rechtstellung bestehen bleibt. Die Sperrfrist ist ein »zeitliches Tatbestandsmoment für das Unwirksamwerden oder Unwirksamsein einer Rechtshandlung« (so RGZ 131, 201). Jedes durch einen Vollstreckungszugriff oder einen Arrestvollzug erlangte Pfändungspfandrecht ist einen Monat lang von den Wirkungen der Rückschlagsperre bedroht, wenn der Vollstreckungsschuldner innerhalb dieses Zeitraums einen Antrag auf Eröffnung des Insolvenzverfahrens stellt und auf diesen – wenn auch zunächst mangelhaften oder beim unzuständigen Gericht angebrachten Antrag das Insolvenzverfahren eröffnet wird (vgl. *Böhle-Stamschräder/Kilger* VerglO, § 29 Anm. 4). Erst wenn die Zeit von einem Monat abgelaufen ist, ohne daß ein Insolvenzantrag gestellt wurde, der zur Eröffnung eines Verfahrens führte, erlangt der Vollstreckungsgläubiger eine durch § 88 nicht mehr bedrohte Stellung aus dem Pfändungspfandrecht (vgl. *Weber* KTS 1965, 124).

14 Die Frist beginnt mit dem Beginn des Tages des Vormonats, der durch seine Benennung dem Tage entspricht, an welchem der Antrag auf Eröffnung des Insolvenzverfahrens bei dem Insolvenzgericht eingeht. Für die Berechnung der Frist gelten die Bestimmungen des BGB.

15 Der Antrag auf Eröffnung des Inolvenzverfahrens ist maßgeblich nur dann, wenn er zur Eröffnung des Insolvenzverfahrens geführt hat. Ohne Bedeutung ist, ob der Antrag vollständig oder zunächst mangelhaft war und ob er zunächst bei einem unzuständigen Gericht gestellt worden war. Die Bestimmung von § 88 stellt schlicht auf die Stellung des Insolvenzantrags ab und verlangt nicht, daß dieser nach Form und Inhalt den in § 14 zwingend vorgeschriebenen Anforderungen entspricht.

F. Entscheidender Zeitpunkt

16 Maßgeblich für das, was in die Rückschlagsperrfrist fällt, ist der Erwerbszeitpunkt. Es kann nicht etwa ganz allgemein auf den Zeitpunkt der Vollstreckungshandlung abgestellt werden. Es kommt vielmehr darauf an, wann die Sicherung erlangt worden ist, wie aus dem Wortlaut von § 88 folgt. Ein den Gläubiger sicherndes Pfändungspfandrecht bei der Forderungspfändung entsteht nicht bereits mit dem Erlaß des Pfändungsbeschlusses, sondern erst mit dessen Zustellung an den Drittschuldner (§ 829 Abs. 2 Satz 1 Abs. 3 ZPO). Dies gilt auch dann, wenn der Gläubiger selbst Drittschuldner ist (*RG* JW 1938, 2400). War der Pfändungsbeschluß auf Erinnerung aufgehoben worden, ohne daß das Rechtsmittelgericht die Vollziehung seiner Entscheidung bis zum Ablauf der Beschwerdefrist (§§ 793, 577 Abs. 2 ZPO) oder bis zur anderweiten Anordnung ausgesetzt hatte, so erlangt der Gläubiger, wenn das Rechtsmittelgericht den amtsgerichtlichen Pfändungsbeschluß wiederherstellt, ein Pfandrecht erst mit erneuter Pfändung, denn die Aufhebung einer Vollstreckungsmaßnahme wird regelmäßig sofort wirksam (*BGH* KTS 1977, 40).

§ 89
Vollstreckungsverbot → § 14 KO

(1) **Zwangsvollstreckungen für einzelne Insolvenzgläubiger sind während der Dauer des Insolvenzverfahrens weder in die Insolvenzmasse noch in das sonstige Vermögen des Schuldners zulässig.**

(2) ¹Zwangsvollstreckungen in künftige Forderungen auf Bezüge aus einem Dienstverhältnis des Schuldners oder an deren Stelle tretende laufende Bezüge sind während der Dauer des Verfahrens auch für Gläubiger unzulässig, die keine Insolvenzgläubiger sind. ²Dies gilt nicht für die Zwangsvollstreckung wegen eines Unterhaltsanspruchs oder einer Forderung aus einer vorsätzlichen unerlaubten Handlung in den Teil der Bezüge, der für andere Gläubiger nicht pfändbar ist.
(3) ¹Über Einwendungen, die auf Grund des Absatzes 1 oder 2 gegen die Zulässigkeit einer Zwangsvollstreckung erhoben werden, entscheidet das Insolvenzgericht. ²Das Gericht kann vor der Entscheidung eine einstweilige Anordnung erlassen; es kann insbesondere anordnen, daß die Zwangsvollstreckung gegen oder ohne Sicherheitsleistung einstweilen einzustellen oder nur gegen Sicherheitsleistung fortzusetzen sei.

Inhaltsübersicht: Rz.

A. Inhalt und Zweck der Vorschrift 1– 4
B. Betroffene Gläubiger 5– 8
C. Betroffene Maßnahmen 9–12
D. Zwangsvollstreckung in künftige Forderungen 13–14
E. Folgen und Beseitigung unzulässiger Zwangsvollstreckungsmaßnahmen 15–20

Literatur:

App Die Einschränkung der Vollstreckungsbefugnis der Gemeinden und die Unwirksamkeit von Vollstreckungsmaßnahmen nach der Insolvenzordnung, KKZ 1998, 69; *ders.* Wettlaufer Verwaltungsvollstreckungsrecht, 1997; *Vallender* Einzelzwangsvollstreckung im neuen Insolvenzrecht, ZIP 1997, 1993.

A. Inhalt und Zweck der Vorschrift

§ 89 enthält angelehnt an die bisherigen Regelungen in § 14 KO und § 47 VerglO ein allgemeines Vollstreckungsverbot für Insolvenzgläubiger. Das Verbot betrifft das gesamte Vermögen des Schuldners und ist anders als § 88 nicht auf die Gegenstände der Insolvenzmasse beschränkt. Es hat auch für die nachrangigen Insolvenzgläubiger i.S. von § 39 absolute Geltung. 1

Das Vollstreckungsverbot auch in künftige Forderungen des Schuldners gem. Abs. 2 entspricht der Regelung in § 81, die auf die Möglichkeit der Restschuldbefreiung gründet. Diese Bestimmung betrifft auch neue Gläubiger des Schuldners und Gläubiger von Unterhaltsansprüchen. Unberührt bleibt jedoch nach Abs. 2 Satz 2 die Vollstreckung durch Unterhalts- und Deliktsgläubiger in den Teil der Bezüge, der nach §§ 850d, 850f Abs. 2 ZPO für diese Gläubiger erweitert pfändbar ist. Dieser Teil der Einkünfte gehört nicht zur Insolvenzmasse (§§ 35, 36 Abs. 1). 2

Bei einem Verstoß gegen die Vollstreckungsverbote ist nach § 766 ZPO die Erinnerung zulässig. Über diese soll jedoch nach Abs. 3 Satz 1 nicht das Vollstreckungsgericht, sondern das Insolvenzgericht entscheiden. Auch die Entscheidungen über einstweilige Anordnungen in diesem Zusammenhang sollen vom Insolvenzgericht getroffen werden. 3

4 Ergänzt wird § 89, der nur Vollstreckungsmaßnahmen von Insolvenzgläubigern betrifft, durch § 90, der ein befristetes Vollstreckungsverbot für einen Teil der Massegläubiger begründet.

B. Betroffene Gläubiger

5 Ausdrücklich ordnet § 89 ein Vollstreckungsverbot nur für Insolvenzgläubiger, gleich ob Privatpersonen oder Hoheitsträger, an, es muß aber auch für Gläubiger gelten, die erst nach Verfahrenseröffnung einen Vermögensanspruch gegen den Insolvenzschuldner erlangt haben und daher keine Insolvenzgläubiger sind (vgl. § 38). Man kann sie (nach *Jauernig* Zwangsvollstreckungs- und Insolvenzrecht, S. 318) Nachinsolvenzgläubiger nennen (der unter der KO gebräuchliche Ausdruck »Neugläubiger« ist verbraucht, vgl. Überschrift von § 265). Eine Vollstreckung in die Masse ist den Nachinsolvenzgläubigern verwehrt, da die Masse für die Befriedigung der Insolvenzgläubiger (und der Massegläubiger) reserviert ist (§ 38). Eine Vollstreckung in den Neuerwerb des Schuldners scheidet aus, da er in die Masse fällt (§ 35). Diese Diskrepanz beruht darauf, daß für die Zugehörigkeit zur Insolvenzmasse ein Zeitraum (§ 35), für die Eigenschaft als Insolvenzgläubiger ein Zeitpunkt (§ 38) erheblich ist.

6 Auf die Kenntnis des Gläubigers und des Vollstreckungsorgans von der Eröffnung des Insolvenzverfahrens kommt es nicht an, auch nicht bei Vollstreckungsmaßnahmen in Gegenstände des unbeweglichen Vermögens, da § 892 BGB nur den guten Glauben des rechtsgeschäftlichen Erwerbers schützt (*Kuhn/Uhlenbruck* KO, § 14 Rz. 18).

7 § 89 gilt auch für ausländische Insolvenzgläubiger im inländischen Insolvenzverfahren in bezug auf inländisches Vermögen, während sich in- und ausländische Gläubiger aus einem im Ausland (außerhalb der EU-Mitgliedstaaten) befindlichen Vermögensgegenstand des Schuldners befriedigen können, soweit es das ausländische Recht nicht verbietet (RGZ 54, 194; vgl. aber BGHZ 88, 147; *Jahr* in Jaeger, KO, §§ 237, 238 Rz. 74, 225 ff. m. w. N.). § 89 bezieht sich nur auf inländische Arreste und Zwangsvollstreckungen (RGZ 54, 194).

8 Zulässig bleibt nach Eröffnung des Insolvenzverfahrens selbstverständlich die Zwangsvollstreckung in das Vermögen dritter Personen, selbst wenn sich bewegliche Sachen dieser Personen im Gewahrsam des Schuldners befinden. Hier kann der Fall eintreten, daß eine in Wahrheit im Eigentum des Schuldners befindliche und damit in die Insolvenzmasse fallende Sache von Gläubigern des Ehegatten des Schuldners gepfändet wird. Dies ist wegen der Gewahrsamsvermutung nach § 739 BGB und der Eigentumsvermutung nach § 1362 BGB zulässig; es obliegt dann dem Insolvenzverwalter, die Gewahrsamsvermutung und die Eigentumsvermutung (letztere im Wege der Drittwiderspruchsklage nach § 771 ZPO oder § 262 AO) zu widerlegen, wie es auch der Schuldner selbst tun müßte, wenn kein Insolvenzverfahren eröffnet worden wäre und er die Pfändung seiner Sachen zu Fall bringen möchte.

C. Betroffene Maßnahmen

9 Als Zwangsvollstreckung i. S. von § 89 gilt jeder auf Befriedigung des Gläubigers hinzielende Akt, der in einem an bestimmte Voraussetzungen geknüpften Verfahren unter Androhung oder Anwendung von Zwangsmitteln gegen den Schuldner vorgenommen wird. Auch der Vollzug eines Arrestes und einer einstweiligen Verfügung gilt als

Zwangsvollstreckung; insoweit ist eine ergänzende Auslegung von § 89 am Platze (so zutreffend *Jauernig* a. a. O., S. 318). Doch gilt das Vollstreckungsverbot nicht nur für den Erwerb in den Formen der zivilprozessualen Zwangsvollstreckung einschließlich der Zwangsversteigerung und Zwangsverwaltung von Gegenständen des unbeweglichen Vermögens (Grundstücken, grundstücksgleichen Rechten, eingetragenen Schiffen und Schiffsbauwerken und registrierten Luftfahrzeugen), sondern auch für den Erwerb im Wege der Verwaltungsvollstreckung oder der Vollstreckung verwaltungsgerichtlicher, finanzgerichtlicher oder sozialgerichtlicher Titel. Ohne Bedeutung ist die Art des Vollstreckungstitels. Auch Vollstreckungen auf Grund eines gerichtlichen Vergleichs oder einer vollstreckbaren Urkunde unterfallen § 89. Dem Zweck der Vorschrift entspricht es, daß auch Maßnahmen zu unterbleiben haben, die vom Gesetz zwar nicht als Vollstreckungsmaßnahmen ausgestaltet sind, faktisch aber zur Zahlung zwingen, wie etwa die Zwangsabmeldung eines Kraftfahrzeugs wegen rückständiger Kraftfahrzeugsteuer gem. § 14 KraftStG (*Hess* KO, § 14 Rz. 2; *App* KTS 1990, 579).

Hat die Zwangsvollstreckung vor Eröffnung des Insolvenzverfahrens oder, falls ein **10** allgemeines Veräußerungsverbot vorhergegangen ist, vor dem Wirksamwerden dieses Verbots bereits zu einer dinglichen Sicherung des Gläubigers geführt und entfällt diese auch nicht infolge der Rückschlagsperre gem. § 88, so findet, weil der Gläubiger absonderungsberechtigt ist, § 89 insoweit keine Anwendung (dazu *LG Osnabrück* DGVZ 1954, 60). Titelumschreibung gegen den Insolvenzverwalter ist möglich (vgl. *Kilger/Karsten Schmidt*, KO, § 6 Anm. 7i; *Schmidt* JR 1991, 309), allerdings bei der Grundschuld nur hinsichtlich des absonderungsrelevanten Duldungstitels, nicht hinsichtlich des Zahlungstitels aus der gesicherten Forderung (*LG Köln* MittRhNotK 1989, 28 mit Anm *Möller*). Verfrüht vorgenommene Zwangsvollstreckungsakte sind den Insolvenzgläubigern gegenüber nur wirksam, wenn die Voraussetzungen ihres Wirksamwerdens vor der Eröffnung des Insolvenzverfahrens vorlagen (§§ 750, 751,794 Nr. 5, 798 ZPO; RG 125, 288; *Stöber* NJW 1963, 796; *Stöber* Rpfleger 1962, 11). Eine wirksame Pfändung hindert nicht die Insolvenzanfechtung.

Auf Maßnahmen, die die Zwangsvollstreckung nur vorbereiten sollen, z. B. Vollstreck- **11** barkeitserklärungen, Erteilung der Vollstreckungsklausel, bezieht sich das Verbot von § 89 nicht (so zutreffend *Kuhn/Uhlenbruck* KO, § 14 Rz. 3; RGZ 29, 76; 35, 81). Ebenso sind zulässig eine Umschreibung von Vollstreckungstiteln und Zustellungen, sofern letztere nicht die Vollstreckungswirkung unmittelbar herbeiführen (vgl. *Mümmler* JurBüro 1971, 578; *Noack* MDR 1975, 454; *Behr* DGVZ 1977, 49). Die Zustellung eines Pfändungs- und Überweisungsbeschlusses an den Drittschuldner entfaltet Vollstreckungswirkung (vgl. *Noack*, JurBüro 1976, 276). Gleiches gilt für die Vorpfändung nach Eröffnung des Insolvenzverfahrens, denn auch hier hat die Zustellung an den Drittschuldner unmittelbare Vollstreckungswirkung. Der Gerichtsvollzieher müßte die Zustellung einer Vorpfändungsbenachrichtigung ablehnen (*Kuhn/Uhlenbruck* KO, § 14 Rz. 3; *Behr* DGZV 1977, 51).

Unzulässig ist auch der Erlaß eines Arrestbefehls oder einer Arrestanordnung durch eine **12** Behörde (vgl. *Jauernig* a.a.O., S. 318). Ein durch Eröffnung des Insolvenzverfahrens unterbrochenes Arrestverfahren ist nach Aufnahme in derselben Prozeßart und mit denselben Anträgen weiterzuführen. Ist der Arrest bei Eröffnung des Insolvenzverfahrens noch nicht vollzogen, so ist er auf Widerspruch des Insolvenzverwalters aufzuheben. Denn wegen § 89 Abs. 1 kann ein Arrestbefehl nach Eröffnung des Insolvenzverfahrens nicht mehr vollzogen werden. Er wird damit auch für die Vergangenheit bedeutungslos und verfällt darum der Aufhebung. War der Arrest dagegen bei Eröffnung des Insolvenzverfahrens bereits vollzogen, so ist auf Widerspruch des Insolvenzverwalters über seine Rechtmäßigkeit zu entscheiden (*BGH* KTS 1962, 52). Das gleiche gilt für eine zur Abwendung der Arrestvollziehung geleistete Sicherheit (*Kuhn/Uhlenbruck* KO, § 14 Rz. 5). Arrestvollziehung und Sicherheitsleistung behalten ihre Kraft, wenn der Arrest während des Insolvenzverfahrens zunächst durch ein vorläufig vollstreckbares Urteil aufgehoben, dann aber in der höheren Instanz bestätigt wird (RGZ 56, 145). Wenn aber auf Grund des ersten Urteils die Arrestpfändung aufgehoben oder die Sicherheit zurückgegeben worden ist, so kann der Arrest, auch wenn er an sich begründet war, nicht mehr bestätigt werden, weil er im Hinblick auf die §§ 929 Abs. 2 ZPO und § 89 Abs. 1 InsO nicht neu vollzogen werden könnte und darum gem. § 89 unstatthaft ist (vgl. *OLG Düsseldorf* NJW 1950, 113; *OLG Hamburg* MDR 1977, 148).

D. Zwangsvollstreckung in künftige Forderungen

13 Betroffen vom Vollstreckungsverbot nach Abs. 2 sind nur Forderungen auf Bezüge aus einem Dienstverhältnis oder an deren Stelle tretende Bezüge, also diejenigen Forderungen, die im Falle eines Antrags auf Restschuldbefreiung gem. § 287 Abs. 2 an einen Treuhänder abzutreten sind. Zu den davon erfaßten Forderungen vgl. die Kommentierung zu § 287 und die Kommentare zu § 850i ZPO. In andere künftige Forderungen kann wirksam vollstreckt werden, vorausgesetzt die zwangsvollstreckungsrechtlichen Erfordernisse für die Pfändung der künftigen Forderung sind im betreffenden Fall gegeben (Vorhandensein einer rechtlichen Grundlage, die die Bestimmung der Forderung entsprechend ihrer Art und ihrem Inhalt sowie der Person des Drittschuldners ermöglicht; RGZ 82, 227 und 135, 141; BGHZ 80, 181; *BGH* KKZ 1987, 118). So wären z. B. die nach Beendigung des Insolvenzverfahrens entstehenden Pachtzinsen für ein Grundstück pfändbar, das der Insolvenzverwalter aus der Insolvenzmasse freigegeben hat.

14 Das Vollstreckungsverbot nach Abs. 2 gilt anders als das nach Abs. 1 für sämtliche Gläubiger, also etwa auch für Massegläubiger. Ausgenommen sind lediglich Unterhaltsgläubiger, sofern es sich um Verwandte des Schuldners, seinen jetzigen oder einen früheren Ehegatten oder die Mutter eines vom Schuldner gezeugten nichtehelichen Kindes handelt und der Anspruch kraft Gesetzes besteht (§ 850d Abs. 1 Satz 1 ZPO), und Gläubiger aus einer vorsätzlichen (auch bedingt vorsätzlichen) unerlaubten Handlung i. S. von §§ 823 ff. BGB. Diese Gläubiger haben die Pfändung auf die Beträge zu beschränken, auf die §§ 850d und 850f Abs. 2 ZPO die Pfändbarkeit von Arbeitseinkommen und gleichgestellten Forderungen gegenüber den Pfändungsgrenzen nach § 850c ZPO erweitern. Die Pfändungserweiterung nach § 850f Abs. 2 ZPO kann u. a. Gläubigern zugute kommen, die der Schuldner durch gezielte Irreführung über seine Solvenz zum Abschluß von Geschäften bewogen hatte und denen ein Anspruch aus § 823 Abs. 2 BGB i. V. mit § 263 StGB gegen den Schuldner zusteht. Kein Anspruch aus vorsätzlicher unerlaubter Handlung ergibt sich indessen aus einer Steuerhinterziehung für den Steuergläubiger, da der Entstehungsgrund der Steuerforderung nicht die Steuerhinterziehung, sondern die Erfüllung des gesetzlichen Besteuerungstatbestandes (§ 38 AO) ist; dazu *App* DStZ 1984, 280, a. A. *Urban* Stbg 1991, 132. Zur Frage der Hinterziehungszinsen nach § 235 AO *App* ZIP 1990, 910 und KKZ 1990, 33.

E. Folgen und Beseitigung unzulässiger Zwangsvollstreckungsmaßnahmen

Das Vollstreckungsverbot gem. § 89 Abs. 1 und 2 ist von Amts wegen zu beachten; dazu *Kilger/Karsten Schmidt* KO, § 14 Anm. 5 ; *LG Oldenburg* ZIP 1981, 1011. Verbotswidrig vorgenommene Vollstreckungen und Arreste sind materiellrechtlich unwirksam, doch hindert § 89 nicht die öffentlich-rechtliche Beschlagswirkung (Verstrickung). Es kann also eine strafrechtlich nach § 136 StGB geschützte Verstrickung entstehen. Dementsprechend wird – wenn die Vollstreckungsmaßregel nicht aufgehoben ist – auch eine auf Grund des Beschlags durchgeführte Versteigerung (oder anderweitige Zwangsverwertung) durch die Eröffnung des Insolvenzverfahrens nicht berührt (*OLG Celle* DGVZ 1962, 124). Die öffentliche Versteigerung kann nach h.M, wenn die Verstrickung eingetreten war, trotz § 91 zum Rechtserwerb führen (*Henckel* in Jaeger, KO, § 15 Rz. 89). Alsdann kann jedoch u.U der Insolvenzverwalter den Erlös nach §§ 812ff. BGB zur Masse ziehen, denn ein Pfändungspfandrecht war nicht entstanden (*Hess* KO, § 14 Rz. 16). 15

Gegen unzulässig vollzogene Vollstreckungen steht dem Insolvenzverwalter die Erinnerung nach § 766 ZPO zu, bei Streit über die Massezugehörigkeit des Vollstreckungsobjekts dem materiell Berechtigten auch die Drittwiderspruchsklage nach § 771 ZPO (*Häsemeyer* Insolvenzrecht, 210). Der Antrag auf Eintragung einer Zwangs- oder Arresthypothek ist vom Grundbuchamt, falls ihm die Eröffnung des Insolvenzverfahrens bekannt ist, namentlich infolge des Insolvenzvermerks, abzulehnen. Die trotzdem erfolgte Eintragung macht das Grundbuch unrichtig. Der Insolvenzverwalter und der Schuldner können den Grundbuchberichtigungsanspruch (§ 894 BGB) geltend machen und im Beschwerdeweg die Eintragung eines Widerspruchs herbeiführen (§ 71 Abs. 2 Satz 2 GBO). Der Grundbuchrechtspfleger kann von Amts wegen (§ 53 GBO) einen Widerspruch eintragen, nicht aber die unrichtige Eintragung löschen, weil die Eintragung nicht ihrem Inhalt nach unzulässig ist (§ 53 Abs. 1 Satz 2 GBO). Der Umschreibung einer Arresthypothek in eine Zwangshypothek steht der Eröffnung des Insolvenzverfahrens auch dann entgegen, wenn der Gläubiger bereits vor der Eröffnung des Insolvenzverfahrens einen Duldungstitel erlangt hatte (*OLG Frankfurt* Rpfleger 1975, 103). 16

Nicht ausdrücklich geregelt hat der Gesetzgeber das Verhältnis von Abs. 3 zu den für die Verwaltungsvollstreckung geltenden Zuständigkeitsbestimmungen in §§ 72, 73 VwGO und § 367 Abs. 1 AO (zum Rechtsbehelfsverfahren gegen Maßnahmen in der Verwaltungsvollstreckung siehe *App/Wettlaufer* Verwaltungsvollstreckungsrecht, 263ff.). Aus der Tatsache, daß es der Gesetzgeber für geboten hielt, wegen der besonderen Entscheidungsrelevanz insolvenzspezifischer Fragen die Prüfungszuständigkeit auch bei Vollstreckungsmaßnahmen im Zwangsvollstreckungsverfahren vom bisher dafür zuständigen Vollstreckungsgericht (§ 764 ZPO) auf das Insolvenzgericht zu übertragen, läßt sich jedoch schließen, daß auch bei Maßnahmen in der Verwaltungsvollstreckung primär die insolvenzspezifischen Fragen die gerichtliche Kontrollbefugnis bestimmen und darum auch dafür die Erinnerung gegeben sein soll (*App* Die Insolvenzordnung, Rz. 407). Das schließt nicht aus, daß gegen Maßnahmen in der Verwaltungsvollstreckung Widerspruch bzw. Einspruch eingelegt wird, falls nicht ein Verstoß gegen § 89 gerügt, sondern z.B. ein Ermessensfehler bei einer nach § 89 ausnahmsweise zulässigen Vollstreckung beanstandet wird. In bestimmten Fällen kann es sogar geboten sein, zweigleisig vorzugehen, etwa wenn sich nicht eindeutig sagen läßt, ob die Forderung des Gläubigers als Insolvenzforderung oder als Masseforderung zu qualifizieren ist oder ob es sich um eine 17

Forderung aus einer vorsätzlichen unerlaubten Handlung i. S. von § 850 f Abs. 2 ZPO handelt.

18 Eine Frist ist für die Erinnerung nicht vorgesehen; wird ihr nicht stattgegeben, so ist sofortige Beschwerde nach § 793 Abs. 1 ZPO möglich.

19 Ausschließlich zuständig für die Erinnerung ist das Insolvenzgericht (Abs. 3 Satz 1). Nach dem Wortlaut des Gesetzes gilt dies nur, wenn Verstöße gegen Abs. 1 und 2 beanstandet werden. Nicht geregelt hat der Gesetzgeber den Fall, daß daneben andere zwangsvollstreckungsspezifische Rügen erhoben werden (z. B. zwecklose Pfändung i. S. von § 803 Abs. 2 ZPO oder Überpfändung i. S. von § 803 Abs. 1 Satz 2 ZPO). Falls das Insolvenzgericht, sofern es nicht ohnehin zugleich die Kompetenzen des Vollstreckungsgerichts wahrnimmt, einen Verstoß gegen Abs. 1 und 2 verneint, muß es die weitere Prüfung des Falles an das Vollstreckungsgericht abgeben, da anderenfalls Art. 101 Abs. 1 Satz 2 GG tangiert wäre. Der Annahme einer Annexkompetenz des Insolvenzgerichts steht der eindeutige Wortlaut von Abs. 3 Satz 1 entgegen.

20 Abs. 3 Satz 2 ist § 732 Abs. 2 ZPO nachgebildet worden; zum Inhalt möglicher einstweiliger Anordnungen siehe die Kommentierungen dieser Vorschrift. Eines Antrags bedarf es nicht. Angebracht sind einstweilige Anordnungen nur, wenn die Erinnerung nicht aussichtslos ist (*Thomas/Putzo* § 732 ZPO Rz. 11). Die einstweilige Anordnung darf die Entscheidung in der Hauptsache nicht vorwegnehmen; es ist darum nicht zulässig, die bereits erfolgten Zwangsvollstreckungsmaßnahmen auf diesem Wege aufzuheben (*OLG Hamburg* MDR 1958, 44). Mit der Entscheidung über die Erinnerung wird die einstweilige Anordnung gegenstandslos (*Stöber* in Zöller § 732 ZPO Rz. 17).

§ 90
Vollstreckungsverbot bei Masseverbindlichkeiten

(1) Zwangsvollstreckungen wegen Masseverbindlichkeiten, die nicht durch eine Rechtshandlung des Insolvenzverwalters begründet worden sind, sind für die Dauer von sechs Monaten seit der Eröffnung des Insolvenzverfahrens unzulässig.
(2) Nicht als derartige Masseverbindlichkeiten gelten die Verbindlichkeiten:
1. aus einem gegenseitigen Vertrag, dessen Erfüllung der Verwalter gewählt hat;
2. aus einem Dauerschuldverhältnis für die Zeit nach dem ersten Termin, zu dem der Verwalter kündigen konnte;
3. aus einem Dauerschuldverhältnis, soweit der Verwalter für die Insolvenzmasse die Gegenleistung in Anspruch nimmt.

Inhaltsübersicht: Rz.

A. Zweck und Inhalt der Vorschrift 1–2
B. Betroffene Maßnahmen 3
C. Masseverbindlichkeiten ohne Vollstreckungsverbot 4–9

Literatur:

Vallender Einzelzwangsvollstreckung im neuen Insolvenzrecht, ZIP 1997, 1993.

Vollstreckungsverbot bei Masseverbindlichkeiten **§ 90**

A. Zweck und Inhalt der Vorschrift

Zwar sind Masseverbindlichkeiten gem. § 53 aus der Insolvenzmasse vorweg zu entrichten, doch gibt es zwei Fallgruppen, in denen auch bei Masseverbindlichkeiten ein Bedürfnis für einen Vollstreckungsschutz auftritt:
a) Bei drohender oder bereits eingetretener Masseunzulänglichkeit muß verhindert werden können, daß einzelne der betroffenen Massegläubiger durch Einzelzwangsvollstreckungsmaßnahmen die Verteilung der Masse nach der in § 209 bestimmten Rangordnung gefährden; diese Problematik regelt § 210 (s. dazu die dortige Kommentierung).
b) Der Insolvenzverwalter muß insbesondere in der Anfangsphase des Insolvenzverfahrens davor geschützt werden, daß die Masse durch Vollstreckungsmaßnahmen solcher Massegläubiger auseinandergerissen wird, deren Forderungen ohne Zutun des Insolvenzverwalters entstanden sind; dem dient § 90.

Die Regelung von § 90 besteht darin, bestimmte Masseforderungen, die dem Handeln des Insolvenzverwalters zuzurechnen sind (»nicht oktroyierte« Masseforderungen im Sprachgebrauch der Begründung zu § 101 RegE) von solchen abzugrenzen, die nicht seinem Zutun zugerechnet werden sollen (»oktroyierte« Masseforderungen). Wegen nicht oktroyierter Masseforderungen ist die Zwangsvollstreckung zulässig, doch kommt Vollstreckungsschutz nach den allgemeinen Vorschriften (z.B. §§ 765a ZPO, 258 AO, 30c ZVG) auch hier in Betracht.

1

2

B. Betroffene Maßnahmen

Obwohl § 90 ebenso wie §§ 88 und 89 von »Zwangsvollstreckung« spricht, sind auch Maßnahmen der Verwaltungsvollstreckung unzulässig. Betroffen sind die Pfändung beweglicher Sachen, von Forderungen und anderen Vermögensrechten sowie Vollstreckungsmaßnahmen in das unbewegliche Vermögen. Des weiteren gehören Arrestbefehle und Arrestanordnungen hierzu, obwohl sie nicht unter den Begriff Zwangsvollstreckung fallen (vgl. *Jauernig* Zwangsvollstreckungs- und Insolvenzrecht, S. 318). Die Zwangsvollstreckung findet erst statt, wenn das Handeln der Vollstreckungsorgane Außenwirkung entfaltet, bei einer Forderungspfändung etwa mit Zustellung des Pfändungs- und Überweisungsbeschlusses an den Drittschuldner (§ 829 Abs. 3 ZPO); der Erlaß eines Pfändungs- und Überweisungsbeschlusses und der Zustellungsauftrag an den Gerichtsvollzieher sind darum bereits vor Ablauf der Sechsmonatsfrist zulässig.

3

C. Masseverbindlichkeiten ohne Vollstreckungsverbot

Nach Abs. 1 ist die Vollstreckung wegen solcher Masseverbindlichkeiten sofort möglich, die durch eine Rechtshandlung des Insolvenzverwalters begründet worden sind (zum Umfang dieser Verbindlichkeiten siehe die Kommentierung zu § 55 Abs. 1 Nr. 1.). Gemäß § 55 Abs. 2 gehören dazu auch die Verbindlichkeiten, die von einem vorläufigen Insolvenzverwalter begründet worden sind, auf den die Verfügungsbefugnis über das Vermögen des Schuldners übergegangen ist. Der Wortlaut von Abs. 1 würde zwar auch einen Gegenschluß rechtfertigen, der jedoch nicht vom Zweck des Gesetzes gedeckt wäre; dieser geht dahin, daß im Interesse der Verfahrensabwicklung jeder,

4

§ 90   *Wirkungen der Eröffnung des Insolvenzverfahrens*

der mit einem Insolvenzverwalter oder einem vorläufigen Insolvenzverwalter kontrahiert, darauf vertrauen können muß, daß er seine daraus entstehenden Forderungen realisieren kann (vgl. *Weinbörner* Das Neue Insolvenzrecht mit EU-Übereinkommen, Rz. A 182).

5 Abs. 2 nennt speziell drei Gruppen von Masseverbindlichkeiten, die an sich bereits nach dem Wortlaut von Abs. 1 nicht oktroyierte Masseverbindlichkeiten sind (lediglich für Abs. 2 Nr. 2 ist das fraglich); er dient der Klarstellung.

6 Zum Umfang der Masseverbindlichkeiten nach Abs. 2 Satz 1 siehe die Kommentierung von § 55 Abs. 1 Nr. 2.

7 Nr. 2 und 3 betreffen Dauerschuldverhältnisse; darunter fallen außer den in § 108 ausdrücklich als solche bezeichneten Miet- und Pachtverhältnissen über unbewegliche Gegenstände oder Räume sowie Dienstverhältnissen des Schuldners alle Schuldverhältnisse, bei denen eine dauernde Leistungspflicht, z. B. die Herstellung eines Zustandes, ein längerwährendes Verhalten oder Einzelleistungen über einen längeren Zeitraum, geschuldet wird (vgl. *Vollkommer* in Jauernig, Kommentar zum BGB, § 241 BGB Anm. 1 b bb m. w. N.), also auch auf Dauer angelegte Lieferverträge oder Wartungsverträge. Hätte der Gesetzgeber den Begriff Dauerschuldverhältnisse in § 90 Abs. 2 auf die in § 108 genannten Dauerschuldverhältnisse einschränken wollen, so hätte es nach herkömmlicher Gesetzgebungspraxis nahegelegen, in einem Klammerzusatz auf § 108 zu verweisen.

8 Aus Nr. 2 ergibt sich z. B., daß die Lohnforderungen eines Arbeitnehmers, dem der Insolvenzverwalter zum arbeitsrechtlich frühest möglichen Termin gekündigt hat, für die Zeit bis zum Ablauf der Kündigungsfrist als oktroyierte Masseverbindlichkeiten anzusehen sind; die Zwangsvollstreckung wegen dieser Forderungen ist innerhalb der Sechsmonatsfrist mithin nicht zulässig. Nach Nr. 3 gilt dies jedoch nicht, wenn der Insolvenzverwalter die Arbeitskraft des Arbeitnehmers vor Ablauf der Kündigungsfrist noch tatsächlich in Anspruch nimmt; in diesem Fall könnte es dem Arbeitnehmer nicht zugemutet werden, auf eine pünktliche Lohnzahlung zu verzichten (Begr. zu § 101 RegE).

9 Um das Vollstreckungsverbot zu nutzen, muß der Insolvenzverwalter auf den ersten nach Gesetz oder Vertrag möglichen Termin kündigen, der sich in der Reihenfolge
1. zwingende gesetzliche Regelung,
2. vertragliche Regelung,
3. abdingbare gesetzliche Regelung

bestimmt. Möglich ist dabei der Fall, daß der Insolvenzverwalter den ersten Termin versäumt, weil er diesen nach einer abdingbaren gesetzlichen Regelung berechnet hatte, in Wirklichkeit aber eine vertragliche Regelung eine Kündigung zu einem früheren Zeitpunkt zugelassen hätte. Das Wort »konnte« läßt offen, ob es auf das objektive oder das subjektive Können des Insolvenzverwalters ankommt. Da § 90 der ordnungsmäßigen Abwicklung des Insolvenzverfahrens zu dienen bestimmt ist, kann sich der verspätet Gekündigte nur dann auf eine frühere Kündigungsmöglichkeit berufen, wenn dem Insolvenzverwalter im konkreten Fall nach seinem Wissensstand die Kündigung möglich war, wenn er also die Kündigungsmöglichkeit entweder kannte oder infolge von Fahrlässigkeit nicht kannte (§ 122 Abs. 2 BGB analog), wobei der Farlässigkeitsmaßstab von § 60 Abs. 1 Satz 2 (dazu die dortige Kommentierung) hierfür entsprechend herangezogen werden kann. Dasselbe gilt, wenn eine außerordentliche Kündigung möglich gewesen wäre, der Insolvenzverwalter von den maßgebenden Tatsachen aber keine Kenntnis hatte; bei Arbeitsverhältnissen kann dieser Fall wegen § 626 Abs. 2 BGB allerdings nur dann relevant werden, wenn das Insolvenzverfahren über das Vermögen des ursprünglich kündigungsberechtigten Schuldners ausnahmsweise gerade während der zweiwöchigen Überlegungsfrist eröffnet worden war. Allerdings lassen sich auch Gründe für die Meinung anführen, daß stets die gesetzliche Kündigungsfrist maßgeblich ist: Der Rechtsausschuß des Bundestages hatte den Vorschlag des RegE insbesondere mit dem Ziel der Entlastung der Justiz abgelehnt. Kommt es aber auf den Wissensstand des Insolvenzverwalters an, so können durchaus Rechtsstreitigkeiten dadurch ausgelöst werden, daß der Insolvenzverwalter – auch zwecks Vermeidung von Haftungsansprüchen – häufig vorbringen wird, die konkrete Kündigungsmöglichkeit sei ihm unbekannt gewesen.

§ 91
Ausschluß sonstigen Rechtserwerbs → § 15 KO

(1) Rechte an den Gegenständen der Insolvenzmasse können nach der Eröffnung des Insolvenzverfahrens nicht wirksam erworben werden, auch wenn keine Verfügung des Schuldners und keine Zwangsvollstreckung für einen Insolvenzgläubiger zugrunde liegt.
(2) Unberührt bleiben die §§ 878, 892, 893 des Bürgerlichen Gesetzbuchs, § 3 Abs. 3, §§ 16, 17 des Gesetzes über Rechte an eingetragenen Schiffen und Schiffsbauwerken, § 5 Abs. 3, §§ 16, 17 des Gesetzes über Rechte an Luftfahrzeugen und § 20 Abs. 3 der Schiffahrtsrechtlichen Verteilungsordnung.

Inhaltsübersicht: Rz.

A. Inhalt und Zweck der Vorschrift 1
B. Der Rechtserwerb 2– 6
C. Zeitpunkt des Rechtserwerbs 7–16
D. Gutglaubensschutz 17–21

A. Inhalt und Zweck der Vorschrift

§ 91, der im Zusammenhang mit § 81 zu sehen ist, versucht, die Lücken zu schließen, die 1
das Verfügungsverbot nach § 81 und das Vollstreckungsverbot nach § 89 offenlassen. In Betracht kommen etwa Vorausverfügungen des Schuldners oder in letzter Minute »erschlichene« Sonderrechte von Gläubigern. Hat der Schuldner z.B. einem Gläubiger vor Verfahrenseröffnung eine künftige Forderung zur Sicherung abgetreten und entsteht die Forderung nach der Verfahrenseröffnung für die Masse, so erwirbt der Gläubiger nach § 91 Abs. 1 kein Absonderungsrecht. Es gibt jedoch Ausnahmen: Die Wirkungen von Verfügungen des Insolvenzverwalters (§ 80 Abs. 1) und von Zwangsvollstreckungsmaßnahmen zugunsten von Massegläubigern (§ 89 Abs. 1, § 90) bleiben unberührt. Ebenso bleibt die Übertragung von Rechten möglich, die Dritte vor Verfahrenseröffnung an Gegenständen erworben haben, die nach der Verfahrenseröffnung zur Insolvenzmasse gehören. So wird der Inhaber einer Grundschuld durch die Eröffnung des Insolvenzverfahrens über das Vermögen des Grundstückseigentümers nicht daran gehindert, die Grundschuld auf einen Dritten zu übertragen (*Weinbörner* Das neue Insolvenzrecht mit

§ 91 Wirkungen der Eröffnung des Insolvenzverfahrens

EU-Übereinkommen, Rz. B 212). Wichtig für den Rechtsverkehr ist auch, daß solche Rechte unberührt bleiben, die nach den Vorschriften über den Immobilienerwerb (§§ 878, 892, 893 BGB) bindend entstanden sind.

B. Der Rechtserwerb

2 § 91 Abs. 1 will lediglich den Rechtserwerb unterbinden; dienen die Maßnahmen ausschließlich zur Erhaltung bereits wirksam entstandener Rechte (*Kuhn/Uhlenbruck* KO, § 15 Rz. 15), steht § 91 ihnen nicht entgegen (vgl. auch RGZ 82, 22). Betroffen ist ferner nur der Erwerb von Rechten an Massegegenständen; das insolvenzfreie Vermögen ist, insoweit gegenüber § 89 erweiternd, nicht betroffen (*Hess* KO, § 15 Rz. 2). Auf der anderen Seite können u. U. auch Rechte an Massegegenständen erworben werden, so etwa seitens der gem. § 89 und 90 nicht an einer Zwangsvollstreckung gehinderten Massegläubiger (RGZ 61, 261; *Henckel* in Jaeger, KO, § 15 Rz. 58). Tritt der Grundstückskäufer einen im Falle der Eröffnung des Insolvenzverfahrens über sein Vermögen entstehenden Anspruch gegen den Verkäufer auf Rückzahlung des entrichteten Kaufpreises an einen Dritten ab, so ist die Abtretung den Insolvenzgläubigern gegenüber jedenfalls dann wirksam, wenn dem Dritten auch der Anspruch auf Verschaffung des Eigentums abgetreten oder verpfändet war (*BGH* WM 1991, 1575). Vor Fälligkeit der Bürgschaftsschuld steht einer Bank zur Sicherung ihrer Ansprüche gegen den Bürgen weder ein Pfandrecht nach Nr. 19 Abs. 2 AGB-Banken an dessen Sachen und Rechten zu noch kann sie aus einer Sicherungsabtretung nach Nr. 44 Satz 1 und 4 AGB-Banken Rechte gegen ihn herleiten. Beides ist mit dem Leitbild der Bürgschaft unvereinbar (*BGH* WM 1990, 1910). Die Auslegungsregel von § 742 BGB, wonach bei vertraglich begründeter Gemeinschaft im Zweifel anzunehmen ist, daß den Teilhabern gleiche Anteile zustehen, ist nicht anzuwenden, wenn Sachen verschiedener Eigentümer vermengt oder vermischt worden sind, der Anteil des einzelnen Miteigentümers jedoch nicht bestimmt werden kann (*BGH* NJW 1958, 1534).

3 Rechte i. S. von § 91 können neben dem Vollrecht des Eigentums (*BGH* KTS 1965, 169) an zur Masse gehörenden Sachen und der Inhaberschaft einer Forderung alle beschränkt dinglichen Rechte sein wie Pfandrecht, Grundpfandrecht, Nießbrauch, Reallast (vgl. *Kilger/Karsten Schmidt* KO, § 15 Anm. 2a). Dem Erwerb einer Forderung gegen die Masse steht § 91 nicht entgegen, da hierdurch kein Recht **an** zur Masse gehörigen Gegenständen geschaffen wird (*Hess* KO, § 15 Rz. 5).

4 Zurückbehaltungsrechte unterfallen nur dann § 91, wenn sie ein Absonderungsrecht begründen (*Kuhn/Uhlenbruck* KO, § 15 Rz. 7) und wenn alle Entstehungsvoraussetzungen bereits bei Eröffnung des Insolvenzverfahrens erfüllt waren (*OLG Köln* ZIP 1993, 1249). Hat der Gläubiger vor Eröffnung des Insolvenzverfahrens den Besitz über die beweglichen Sachen erlangt, greift beim kaufmännischen Zurückbehaltungsrecht § 91 nicht ein.

5 Absonderungsberechtigte können trotz § 91 die ihrem Absonderungsrecht unterliegenden Gegenstände pfänden (*Kuhn/Uhlenbruck* KO, § 14 Rz. 14); wenn ein Hypothekengläubiger die Miet- und Pachtzinsforderungen in Beschlag nimmt, auf die sich seine Hypothek erstreckt (§ 1123 BGB), so erwirbt er ohne Rücksicht auf § 91 ein Pfändungspfandrecht. Ist die Übergabe eines Hypotheken- oder Grundschuldbriefs nicht schon vor Eröffnung des Insolvenzverfahrens vollzogen oder ersetzt gewesen (§§ 1117, 1154 Abs. 1 Satz 1 BGB), so greift § 91 ein. Die nach Eröffnung des Insolvenzverfahrens erfolgende Briefübergabe fällt unter § 91. Bei der Übertragung einer durch Buchhypo-

Ausschluß sonstigen Rechtserwerbs § 91

thek gesicherten Forderung oder einer Buchgrundschuld steht § 91 entgegen, wenn die Eintragung im Grundbuch erst nach Verfahrenseröffnung vorgenommen wird; Ausnahme: § 91 Abs. 2. Auch eine Rangänderung kann wegen § 91 Abs. 1 nicht mehr eingetragen werden. Allerdings greift § 91 nur ein, soweit die Masse betroffen ist. Betroffen ist die Masse bei einer Rangänderung von Grundpfandrechten nur, wenn der zurücktretende, nicht aber auch der vortretende Gläubiger zugleich Insolvenzgläubiger ist (*Kilger/Karsten Schmidt* KO, § 15 Anm. 5). Soweit eine Rangänderung nicht nach § 880 Abs. 2 Satz 2 BGB der Zustimmung des Eigentümers bedarf, ist sie auch nach Eröffnung des Insolvenzverfahrens ohne Zustimmung des Insolvenzverwalters möglich. § 91 Abs. 1 hindert sowohl die Eintragung einer vor Eröffnung des Insolvenzverfahrens vom Schuldner bewilligten Vormerkung als auch die Eintragung einer Zwangshypothek zugunsten eines unanmeldbaren Anspruchs (*Kuhn/Uhlenbruck* KO, § 15 Rz. 2). Die kurz vor Zahlungseinstellung erfolgte Abtretung eines Anspruchs auf Rückübertragung von Sicherungsgut durch den Sicherungsgeber und späteren Schuldner an einen Warenlieferanten unterliegt selbst dann nicht der Insolvenzanfechtung, wenn der Sicherungsnehmer erst nach Zahlungseinstellung das zur Befriedigung der Ansprüche nicht mehr erforderliche Sicherungsgut freigibt. Insoweit handelt es sich nicht um die Vorausabtretung eines künftigen Anspruchs, sondern um die Abtretung eines durch den Wegfall des Sicherungszwecks aufschiebend bedingten Anspruchs, der bereits mit Abschluß der Abtretungsvereinbarung entstanden ist (*OLG Hamburg* ZIP 1981, 1353).

Rechtserwerb im Sinne von § 91 ist nur die Begründung, nicht die Übertragung eines 6 Rechts; denn durch die Übertragung eines Rechts werden die Rechte der Insolvenzgläubiger regelmäßig nicht beeinträchtigt (RGZ 34, 61).

C. Zeitpunkt des Rechtserwerbs

Betroffen ist nur der Rechtserwerb nach der Eröffnung des Insolvenzverfahrens. Der 7 gesamte Erwerbstatbestand, bei mehraktigen auch der zeitlich letzte Teil, muß zum Zeitpunkt des Wirksamwerdens des Eröffnungsbeschlusses vollendet sein (*BGH* WM 1974, 1218), um der Sperrwirkung des § 91 zu entgehen (*Kilger/Karsten Schmidt* KO, § 15 Anm. 4b).

Der Erwerb eines Pfandrechts ist von dem Entstehen der gesicherten Forderung abhängig 8 (*Kuhn/Uhlenbruck* KO, § 15 Rz. 9). Nach *OLG Stuttgart* ZIP 1994, 2229 ist die Pfändung eines Anspruchs auf den Übererlös aus der Verwertung von Sicherungsgut rechtsunwirksam, wenn dieser Anspruch kontokorrentgebunden ist und deshalb gem. § 357 HGB nicht gesondert gepfändet werden kann. Im Zweifel sind alle Ansprüche und Leistungen aus einer Geschäftsverbindung kontokorrentzugehörig, sofern sich nicht nach Art und Umfang der einzelnen geschäftlichen Verbindung etwas anderes ergibt. Mit Eröffnung des Insolvenzverfahrens über das Vermögen einer der Kontokorrentbeteiligten endet das Kontokorrentverhältnis. Nach Aufhebung des Kontokorrentverhältnisses durch die erfolgte Eröffnung steht § 91 Abs. 1 der rechtswirksamen Entstehung eines Pfändungspfandrechts entgegen (*Hess* KO, § 15 Rz. 9). Nach Eröffnung des Insolvenzverfahrens scheitert die Entstehung eines Pfändungspfandrechts darüber hinaus auch an § 89, der Einzelzwangsvollstreckungen während des Insolvenzverfahrens untersagt. Der Hypothekengläubiger hat deshalb ein Absonderungsrecht nur insoweit, als die Forderung vor Eröffnung des Insolvenzverfahrens entstanden war (RGZ 51, 44). Das Absonderungsrecht an einer Sicherungsgrundschuld setzt den Erwerb der zu sichernden Forderung voraus (*BGH* NJW 1972, 2084; *Kuhn/Uhlenbruck* KO, § 15 Rz. 9).

9 Hat ein Insolvenzgläubiger vor der Eröffnung des Insolvenzverfahrens eine nach §§ 750, 751, 798 ZPO verfrühte Pfändung erwirkt, deren Fehler nicht ebenfalls noch vor der Eröffnung des Insolvenzverfahrens durch Zeitablauf oder Verzicht des Schuldners geheilt wird, steht § 91 Abs. 1 der Entstehung des Pfandrechts nach der Eröffnung des Insolvenzverfahrens entgegen (RGZ 125, 286; *Kuhn/Uhlenbruck* KO, § 15 Rz. 9d).

10 Der Eigentumserwerb durch Ersitzung (§ 937 BGB) oder durch Fund (§§ 973, 974 BGB) kann sich entgegen § 91 Abs. 1 vollenden, selbst dann, wenn die Frist erst nach Eröffnung des Insolvenzverfahrens vollendet ist (*Henckel* in Jaeger, KO, § 15 Rz. 83).

11 Der Fruchterwerb (§ 955 BGB) kann sich nach der Eröffnung des Insolvenzverfahrens verwirklichen, wenn der Besitz an der Muttersache vor Eröffnung des Insolvenzverfahrens auf die Fruchtziehungsberechtigten übergegangen ist (*Hess* KO, § 15 Rz. 13).

12 Die Vorausabtretung künftiger Forderungen ist erst mit der Forderungsentstehung vollendet (BGHZ 32, 369); entsteht die zedierte Forderung daher nach der Eröffnung des Insolvenzverfahrens, hindert § 91 Abs. 1 den Erwerb (*Hess* KO, § 15 Rz. 14). Leasingraten sich nach *BGH* JZ 1990, 868 während der Grundmietzeit regelmäßig als betagte Forderungen anzusehen, so daß im Falle ihrer Vorausabtretung auch ein Erwerb nach Eröffnung des Insolvenzverfahrens möglich ist; dies gilt jedoch nicht für Vorausverfügung über den Erlös der Leasingsache in Ausübung der Kaufoption.

13 Bei bedingtem Rechtserwerb gehört der Eintritt der – aufschiebenden – Bedingung an sich auch zu den Erfordernissen des Rechtserwerbs; Bedingungseintritt nach Eröffnung des Insolvenzverfahrens hindert dennoch nicht (*BGH* NJW 1955, 544). Der Vorbehaltskäufer kann daher uneingeschränkt über das Anwartschaftsrecht verfügen, der erst nach Eröffnung des Insolvenzverfahrens liegende Bedingungseintritt durch Zahlung des Restkaufpreises steht dem nicht entgegen; dies ergibt sich unmittelbar aus § 107 Abs. 1 InsO.

14 Die Verarbeitungsklausel gestattet einem Dritten den Eigentumserwerb an massezugehörigen Gegenständen durch Verbindung, Vermischung und Verarbeitung, ohne daß § 91 entgegensteht (*Henckel* in Jaeger, KO, § 15 Rz. 8).

15 Wird eine vom Schuldner vor Eröffnung des Insolvenzverfahrens erfolgte Verfügung über ein massezugehöriges Recht nachträglich im Insolvenzverfahren genehmigt, so steht § 91 der Wirksamkeit der Verfügung nicht entgegen (*Henckel* in Jaeger, KO, § 15 Rz. 93). Wird der Gläubiger einer Forderung, deren Abtretung durch Vereinbarung mit dem Schuldner ausgeschlossen ist (§ 399 HS. 2 BGB), insolvent, nachdem er sie trotz der Ausschließungsabrede abgetreten hat, und genehmigt hierauf der Schuldner die Abtretung, so wirkt die Genehmigung nicht auf den Zeitpunkt der Abtretung zurück (*Kuhn/Uhlenbruck* KO, § 15 Rz. 12). Eine solche Genehmigung beseitigt nämlich keinen Schwebezustand, sie hat vielmehr eine unveräußerliche Forderung zum Gegenstand, die wieder verkehrsfähig gemacht werden soll, inzwischen aber in die Masse gefallen ist; bei der verbotswidrigen Abtretung fehlt es sowohl an einer genehmigungsfähigen Verfügung als auch an schwebender Unwirksamkeit; die abredewidrige Abtretung ist nicht die Verfügung eines Nichtberechtigten (*OLG Celle* NJW 1968, 632); es verfügt vielmehr der Berechtigte über eine ihm zustehende, jedoch unveräußerliche Forderung (*OLG Hamburg* MDR 1962, 405); die verbotswidrige Abtretung ist nicht bloß relativ, sondern gegenüber jedem Dritten unwirksam (BGHZ 40, 156); die vertragswidrige Abtretung verschafft dem »Zessionar« keine Anwartschaft und nicht die Stellung eines aufschiebend bedingt Berechtigten, sondern beläßt die Forderung uneingeschränkt beim »Zedenten«; erst infolge der Genehmigung des Schuldners erlangt der durch sie Begünstigte ein Recht (so *Kuhn/Uhlenbruck* KO, § 15 Rz. 12).

Ausschluß sonstigen Rechtserwerbs § 91

Die Wirksamkeit eines Rechtsgeschäfts, das der devisenrechtlichen Genehmigung bedarf, wird nicht dadurch beeinträchtigt, daß die Devisengenehmigung erst nach Eröffnung des Insolvenzverfahrens erteilt wird (*BGH* LM KO, § 15 Nr. 2). Denn diese Genehmigung beendet einen vor Eröffnung des Insolvenzverfahrens geschaffenen Schwebezustand und ist zudem öffentlich-rechtlicher, behördlicher Art. 16

D. Gutglaubensschutz

Aus Gründen des Verkehrsschutzes wird der gutgläubige Erwerb von Immobilarrechten sowie Rechten an Schiffen und Schiffsrechten ermöglicht, gegenüber § 81 unter zusätzlicher Einbeziehung des § 878 BGB. Gutgläubiger Erwerb beweglicher Sachen unmittelbar vom Schuldner ist nicht möglich, da der gute Glaube an die Verfügungsmacht nicht geschützt ist (*Kuhn/Uhlenbruck* KO, § 15 Rz. 17). 17

Die Voraussetzungen für den Rechtserwerb müssen im Grundsatz so lange vorliegen, bis der Erwerb vollzogen ist (BGHZ 9, 250); § 878 BGB macht insoweit eine Ausnahme, als eine Beschränkung der Verfügungsbefugnis durch Gesetz oder behördliche Anordnung noch vor der Eintragung den Rechtserwerb nicht hindert, sofern gewisse Erwerbsvoraussetzungen bereits erfüllt sind. Zu den von § 878 BGB geschützten Rechtsvorgängen gehören die Erklärungen nach §§ 873, 875, 977, 880, 1109 Abs. 2, 1116 Abs. 2, 1132 Abs. 2, 1154 Abs. 3, 1168 Abs. 2, 1180 Abs. 1, 1196 Abs. 2, 1260 Abs. 1 BGB, ferner die Bewilligung einer Vormerkung (BGHZ 33, 129) und die Zustimmungen nach §§ 876, 880 Abs. 2 und 1183 BGB sowie der entsprechenden verfahrensrechtlichen Zustimmungen. Dementsprechend wird ein rechtsgeschäftlicher Erwerb auf dem Gebiet des Liegenschaftsrechts als bei Eröffnung des Insolvenzverfahrens vollzogen behandelt, wenn zu diesem Zeitpunkt die Bindung an die – vollwirksame – dingliche Einigung (§§ 873 Abs. 2, 875 Abs. 2 BGB) eingetreten und die Antragstellung beim Grundbuchamt erfolgt war: der Rechtserwerb durch Zwangsvollstreckung wird jedoch nicht erfaßt (BGHZ 9, 250). Auf die Bewilligung einer Vormerkung ist § 878 BGB ebenfalls anzuwenden (BGHZ 28, 182). Die vom als Grundstückseigentümer eingetragene und bindend bewilligte und beantragte Vormerkung bleibt daher bestehen und entfaltet die Wirkung nach § 106 auch, wenn sie nach Eröffnung des Insolvenzverfahrens eingetragen wird (*Hess* KO, § 15 Rz. 21). 18

Unabhängig davon, daß im Falle der Einigung und des bei Gericht vor Eröffnung des Insolvenzverfahrens eingegangenen Eintragungsantrages nach § 878 BGB § 91 Abs. 2 eingreift, wenn die Eintragung des Rechts nach der Eröffnung erfolgt, ist damit dem Insolvenzverwalter nicht das Recht der Anfechtung nach §§ 129 ff. genommen (*BGH* BB 1955, 236). Denn da ein Eigentumserwerb vor Eröffnung des Insolvenzverfahrens anfechtbar sein kann, muß dies erst recht gelten, wenn sich der Eigentumserwerb formal erst nach der Eröffnung des Insolvenzverfahrens vollzieht (so zutr. *Hess* KO, § 15 Rz. 23). 19

Fällt die rechtsgeschäftliche Willenserklärung des Schuldners bereits in die Zeit des Insolvenzverfahrens, ist § 81 Abs. 1 Satz 2 InsO i. V. mit § 892 BGB, § 16 SchiffsRG, § 16 LuftfzRG anwendbar. § 91 Abs. 2 ist hingegen dann anwendbar, wenn die Eintragung schon vor der Eröffnung des Insolvenzverfahrens bewilligt, aber erst während des Insolvenzverfahrens vom Begünstigten beantragt und vom Grundbuchamt noch in Unkenntnis des Insolvenzverfahrens vollzogen worden ist (RGZ 81, 424 f.). Des weiteren ist § 91 Abs. 2 einschlägig, wenn der Schuldner die auf einem wirksamen Rechtsgeschäft beruhende Eintragung noch selbst vor Eröffnung des Insolvenzverfah- 20 rens beantragt hatte, ohne daß bei Eröffnung des Insolvenzverfahrens eine bindende Einigung i. S. von § 873 Abs. 2 BGB, § 3 Abs. 2 SchiffsRG, § 5 Abs. 3 LuftfzRG erfolgt war. Jedoch darf das Grundbuchamt, das Kenntnis vom Insolvenzverfahren hat, einen die Masse betreffenden Eintragungsantrag, den der Schuldner selbst erst nach Eröffnung des Insolvenzverfahrens stellt, nach § 81 nicht vollziehen.

21 Ein Erwerber kann sich allerdings nicht auf den Schutz von § 892 BGB, § 16 SchiffsRG und § 16 LuftfzRG berufen, wenn er zur Zeit der Stellung des Eintragungsantrags oder zur Zeit der etwa erst später zustande gekommenen Einigung von dem bereits eröffneten, aber noch nicht im Grundbuch eingetragenen Insolvenzverfahren positive Kenntnis hat. Die Beweislast hierfür liegt beim Insolvenzverwalter (vgl. *Henckel* in Jaeger, KO, § 15 Rz. 13).

§ 92
Gesamtschaden

¹**Ansprüche der Insolvenzgläubiger auf Ersatz eines Schadens, den diese Gläubiger gemeinschaftlich durch eine Verminderung des zur Insolvenzmasse gehörenden Vermögens vor oder nach der Eröffnung des Insolvenzverfahrens erlitten haben (Gesamtschaden), können während der Dauer des Insolvenzverfahrens nur vom Insolvenzverwalter geltend gemacht werden.** ²**Richten sich die Ansprüche gegen den Verwalter, so können sie nur von einem neu bestellten Insolvenzverwalter geltend gemacht werden.**

Inhaltsübersicht: Rz.

A. Zweck und Inhalt der Vorschrift	1– 3
B. Betroffene Schadensersatzforderungen	4– 7
C. Ansprüche gegen den Insolvenzverwalter	8– 9
D. Anhängiger Rechtsstreit und titulierte Forderung	10

A. Zweck und Inhalt der Vorschrift

1 Die Befriedigungschancen der Insolvenzgläubiger werden oft durch pflichtwidrige Handlungen Dritter geschmälert, z. B. eine verspätete Stellung des gebotenen Insolvenzantrags durch die Geschäftsführer einer GmbH. Jedem Insolvenzgläubiger steht in einem solchen Fall materiellrechtlich gegen den betreffenden Dritten ein Schadensersatzanspruch in der Höhe zu, um die sich seine Insolvenzdividende durch das schädigende Ereignis gemindert hat (§ 249 Satz 1 BGB). Sowohl für die Insolvenzgläubiger als auch für den Dritten ist es unökonomisch, wenn jeder Geschädigte seinen (u.U für sich allein geringfügigen) Anspruch in einer gesonderten Klage geltend macht; zudem kann dies infolge des vollstreckungsrechtlichen Prioritätsprinzips zu unbilligen Zufallsergebnissen führen, falls der zu ersetzende Schaden das pfändbare Vermögen des Schädigers übersteigt.

2 Aus dieser Überlegung heraus hat der Gesetzgeber in Anlehnung an bereits bisher bestehende Einzelregelungen (z. B. § 171 Abs. 2 HGB, §§ 62 Abs. 2 Satz 2, 93 Abs. 5 Satz 4, 309 Abs. 4 Satz 5 AktG) und den Trend in der höchstrichterlichen Recht-

Gesamtschaden § 92

sprechung zum Gesamtschadensproblem die Geltendmachung dieser Forderungen dem Insolvenzverwalter im Interesse aller Insolvenzgläubiger zugewiesen; der einzelne Insolvenzgläubiger kommt erst durch die Verteilung in den Genuß der um den Schadensersatzanspruch erhöhten Quote.
§ 92 Satz 2 soll den Insolvenzverwalter vor Interessenkonflikten bewahren. 3

B. Betroffene Schadensersatzforderungen

§ 92 gilt für alle zu Schadensersatz verpflichtenden Handlungen und Unterlassungen 4 anderer Personen als des Schuldners (auch der Insolvenzverwalter selbst gehört dazu), durch die nicht lediglich ein einzelner Insolvenzgläubiger, sondern die Masse als solche geschädigt worden ist.
Dazu gehören beispielsweise: 5
– die Verletzung von Insolvenzantragspflichten, etwa nach § 823 Abs. 2 BGB i.V mit § 64 Abs. 1 GmbHG (dazu *BGH* KTS 1986, 293),
– die sittenwidrige Schädigung der Gläubiger durch Vermögensverschiebungen (*BGH* MDR 1974, 398),
– Verschleuderung oder gezielte Vernichtung von Vermögenswerten in der Absicht, die Gläubiger zu schädigen (§ 826 BGB),
– Verletzung der Aufsichtspflicht des Insolvenzgerichts (§ 839 BGB i.V mit Art. 34 GG).
Nicht dazu gehören Pflichtwidrigkeiten, durch die nur ein einzelner Insolvenzgläubiger 6 betroffen ist, z. B. Vertragsverletzungen. Einen Ersatzanspruch auf Grund eines solchen Individualschadens kann der betreffende Insolvenzgläubiger unbeeinflußt vom Insolvenzverfahren selbst geltend machen. Dies gilt auch, wenn eine ganze Gruppe von Insolvenzgläubigern, z. B. sämtliche Anleger einer Kapitalanlagegesellschaft, durch gleichartige Handlungen geschädigt worden ist. Aus prozeßökonomischen Gründen bestünde dann zwar die Möglichkeit, den Insolvenzverwalter mit der Geltendmachung der einzelnen Forderungen zu beauftragen, doch wird er insofern nicht in seiner Funktion als Insolvenzverwalter tätig; es handelt sich hierbei nicht um einen Fall von § 92.
Ohne Belang ist, ob der Schaden vor oder nach Eröffnung des Insolvenzverfahrens 7 eingetreten ist. Ist bei Eröffnung des Insolvenzverfahrens bereits ein Rechtsstreit über eine Gesamtschadenforderung anhängig, so verliert der Kläger infolge § 92 Satz 1 mit Verfahrenseröffnung die Aktivlegitimation. Außerdem geht der Einzelanspruch im Anspruch der Gläubigergemeinschaft auf und kann nicht mehr isoliert weiterverfolgt werden. Interessengerecht erscheint es, auf diese Fallkonstellation den Rechtsgedanken von §§ 16 und 17 AnfG anzuwenden, in denen eine vergleichbare Interessenlage ausdrücklich geregelt ist.

C. Ansprüche gegen den Insolvenzverwalter

Betroffen sind pflichtwidrige Handlungen und Unterlassungen des Insolvenzverwalters, 8 die zu Lasten der Masse gehen (dazu die Kommentierung zu § 60), also nicht etwa Handlungen, die einen Aussonderungs- oder Absonderungsberechtigten schädigen.
Ein Gesamtschadensanspruch gegen den Insolvenzverwalter kann nur von einem neu 9 bestellten Insolvenzverwalter geltend gemacht werden. Das kann entweder ein an die Stelle des entlassenen (§ 59) Insolvenzverwalters tretender neuer Insolvenzverwalter

sein oder ein Sonderinsolvenzverwalter, der neben den eigentlichen Insolvenzverwalter tritt (*Jauernig* Zwangsvollstreckungs- und Insolvenzrecht, S. 303). Dieser Sonderinsolvenzverwalter hat in dem Bereich, für den er bestellt ist, die Rechtsstellung des Insolvenzverwalters; § 77 Abs. 2 Satz 1 RegE, der dies ausdrücklich bestimmte, ist lediglich deshalb nicht ins Gesetz gelangt, weil man bei den Beratungen im Rechtsausschuß des Deutschen Bundestages dies für selbstverständlich gehalten hatte (BT-Drucks. 12/7302, S. 162).

D. Anhängiger Rechtsstreit und titulierte Forderung

10 War bei Eröffnung des Insolvenzverfahrens ein Rechtsstreit eines einzelnen Insolvenzgläubigers wegen einer unter § 92 fallenden Schadensersatzforderung bereits anhängig, so wird er entsprechend § 240 ZPO unterbrochen (s. o. Rz. 7). Hatte der Insolvenzgläubiger schon einen Vollstreckungstitel erwirkt, so darf er daraus für die Dauer des Insolvenzverfahrens nicht vollstrecken, da nicht nur die Einklagung, sondern auch die Zwangsvollstreckung unter den Begriff der Geltendmachung i. S. von § 92 Satz 1 fällt. Der Insolvenzverwalter kann gem. § 727 ZPO die Erteilung der Vollstreckungsklausel an sich beantragen.

§ 93
Persönliche Haftung der Gesellschafter → § 212 KO

Ist das Insolvenzverfahren über das Vermögen einer Gesellschaft ohne Rechtspersönlichkeit oder einer Kommanditgesellschaft auf Aktien eröffnet, so kann die persönliche Haftung eines Gesellschafters für die Verbindlichkeiten der Gesellschaft während der Dauer des Insolvenzverfahrens nur vom Insolvenzverwalter geltend gemacht werden.

Inhaltsübersicht:

	Rz.
A. Zweck und Inhalt der Vorschrift	1
B. Betroffene Gesellschafter	2–3
C. Geltendmachung	4–7

A. Zweck und Inhalt der Vorschrift

1 § 93, der denselben Zweck verfolgt wie § 92 (dazu § 92 Rz. 1 u. 2), erweitert die bereits für Kommanditisten einer Kommanditgesellschaft bestehende Regelung in § 171 Abs. 2 HGB auf sämtliche persönlich haftenden Gesellschafter von Personengesellschaften und einer Kommanditgesellschaft auf Aktien.

Erhaltung einer Aufrechnungslage § 94

B. Betroffene Gesellschafter

§ 93 gilt für 2
– sämtliche Gesellschafter einer Gesellschaft des bürgerlichen Rechts,
– sämtliche Gesellschafter einer Offenen Handelsgesellschaft,
– Komplementäre einer Kommanditgesellschaft,
– Kommanditisten einer Kommanditgesellschaft (für diese hat § 171 Abs. 2 HGB in der Fassung durch Art. 40 Nr. 15 EGInsO – überflüssigerweise – nochmals eine inhaltsgleiche Regelung getroffen),
– Partner einer Partnerschaftsgesellschaft,
– Mitglieder einer Europäischen Wirtschaftlichen Interessenvereinigung,
– persönlich haftende Gesellschafter einer Kommanditgesellschaft auf Aktien.

§ 93 betrifft nur die Außenhaftung der genannten Personen, eine eventuell darüber 3
hinausgehende Innenhaftung (namentlich von Kommanditisten) kann der Insolvenzverwalter auf Grund seiner Befugnis aus § 80 Abs. 1 ohnehin geltend machen; ein Zugriff von Insolvenzgläubigern darauf in Form der Pfändung und Überweisung zur Einziehung ist gem. § 89 ausgeschlossen.

C. Geltendmachung

Der Insolvenzverwalter ist auf die Geltendmachung der Forderungen beschränkt, die 4
über den Wert der Insolvenzmasse hinaus zur Befriedigung der Insolvenzgläubiger erforderlich sind; dies ergibt sich aus § 199 Abs. 2 i. V. mit § 242 BGB.
Zu bereits anhängigen Zahlungsprozessen und bereits erlangten Vollstreckungstiteln s. 5
§ 92 Rz. 10.
Die persönliche Haftung der Gesellschafter wird vom Insolvenzverwalter in der Weise 6
geltend gemacht, daß er die Gesellschafter zur Zahlung der Beträge auffordert, die zur Befriedigung der Insolvenzgläubiger erforderlich sind. Gläubiger eines Gesellschafters, die nicht zugleich Gesellschaftsgläubiger sind, können weiterhin gesondert auf das Vermögen des Gesellschafters zugreifen; wird ihre Befriedigung durch das Vorgehen des Insolvenzverwalters gefährdet, so ist erforderlichenfalls auf entsprechenden Antrag ein besonderes Insolvenzverfahren über das Vermögen des Gesellschafters zu eröffnen, an dem sie gleichberechtigt mit dem Insolvenzverwalter der Gesellschaft teilnehmen.
War ein Gläubiger der Gesellschaft vor der Eröffnung des Insolvenzverfahrens über das 7
Vermögen der Gesellschaft zur Aufrechnung gegen die Forderung eines Gesellschafters berechtigt, so bleibt ihm dieses Aufrechnungsrecht auch im Insolvenzverfahren erhalten (§§ 406, 412 BGB analog).

§ 94
Erhaltung einer Aufrechnungslage → § 53 KO

Ist ein Insolvenzgläubiger zur Zeit der Eröffnung des Insolvenzverfahrens kraft Gesetzes oder auf Grund einer Vereinbarung zur Aufrechnung berechtigt, so wird dieses Recht durch das Verfahren nicht berührt.

§ 94 *Wirkungen der Eröffnung des Insolvenzverfahrens*

Inhaltsübersicht: Rz.

A. Inhalt und Zweck der Vorschrift 1– 4
B. Bestehen einer Aufrechnungslage 5–24
    I. Gegenseitigkeit der Forderungen 6– 7
    II. Gleichartigkeit der Forderungen 8–10
    III. Fälligkeit der Forderung des Aufrechnenden 11–14
    IV. Ausschluß der Aufrechnung 15–24
C. Aufrechnungserklärung 25–28
D. Wirkung der Aufrechnung 29

Literatur:

Holzer Die Aufrechnung im neuen Insolvenzrecht, DStR 1998, 1268.

A. Inhalt und Zweck der Vorschrift

1 Gemäß § 94 kann der Insolvenzgläubiger mit seiner Insolvenzforderung gegen eine Forderung, die zur Masse gehört, aufrechnen. Er wird damit in Höhe seiner Hauptforderung voll befriedigt, ist also insoweit nicht auf die Insolvenzdividende verwiesen; wirtschaftlich gleicht dies einer abgesonderten Befriedigung aus der Hauptforderung (so *Jauernig* Zwangsvollstreckungs- und Insolvenzrecht, S. 329).

2 Anders als § 53 KO und § 54 VerglO betrifft § 94 nur die bei Verfahrenseröffnung bereits voll bestehende Aufrechnungslage; für die erst während des Verfahrens entstehende Aufrechnungslage enthält § 95 Abs. 1 (siehe die dortige Kommentierung) eine – vom bisherigen Recht abweichende – Sonderregelung. Mit der von § 53 KO abweichenden Formulierung wollte der Gesetzgeber zum Ausdruck bringen, daß auch der weitere Ablauf des Verfahrens, insbesondere die Annahme und Bestätigung eines Insolvenzplans, die Befugnis zur Aufrechnung nicht beeinträchtigen kann (vgl. Begründung zu § 106 RegE). Die ausdrückliche Erwähnung der vertraglichen Aufrechnungsberechtigung und ihre Gleichstellung mit der gesetzlichen Aufrechnungsberechtigung sollte der Klarstellung dienen (BT-Drucks. 12/7302, S. 165).

3 Eine Einschränkung erfährt § 94 durch § 96 Nr. 3 (siehe die dortige Kommentierung).

4 Nicht geregelt ist in § 94 die Aufrechnung durch den Insolvenzverwalter; dessen Befugnis ergibt sich unmittelbar aus § 387 BGB i. V. mit § 80 Abs. 1 InsO. Eine Aufrechnung durch den Insolvenzverwalter wird etwa in Betracht kommen, wenn dieser die Absicht des Insolvenzgläubigers erkennt, zunächst mit den zur Aufrechnung berechtigenden Insolvenzforderungen seinen Stimmanteil in Gläubigerversammlungen zu erhöhen und erst dann zur Aufrechnung überzugehen, wenn er in der Gläubigerversammlung seine Ziele durchgesetzt hat; dem kann der Insolvenzverwalter durch seinerseits erklärte Aufrechnung den Boden entziehen.

B. Bestehen einer Aufrechnungslage

5 Nach dem auch für die Aufrechnung im Insolvenzverfahren maßgeblichen § 387 BGB setzt die Befugnis zur Aufrechnung dreierlei voraus:
– Gegenseitigkeit der Forderungen

Erhaltung einer Aufrechnungslage § 94

- Gleichartigkeit der Forderungen
- Fälligkeit der Forderung des Aufrechnenden.

I. Gegenseitigkeit der Forderungen

Die zur Aufrechnung gestellten Forderungen müssen bei Eröffnung des Insolvenzverfahrens (§ 96 Nr. 1 und 2) zwischen dem Insolvenzgläubiger und dem Insolvenzschuldner bestehen; jeder der Beteiligten muß zugleich Gläubiger und Schuldner des anderen sein. Der Insolvenzgläubiger kann also nicht gegen eine Forderung aufrechnen, die einem Dritten gegen ihn zusteht; allerdings ist eine abweichende Vereinbarung zwischen mehreren Gläubigern und Schuldnern möglich (BGHZ 94, 135) und nach dem Wortlaut des neuen § 94 (»auf Grund einer Vereinbarung«) auch im Insolvenzverfahren beachtlich, falls sie nicht der Insolvenzanfechtung unterliegt (§§ 96 Nr. 3, 129 ff.), was namentlich dann der Fall wäre, wenn sie ausdrücklich für den Insolvenzfall geschlossen worden ist. 6

Der Bürge kann nicht mit der Forderung des Hauptschuldners aufrechnen (vgl. RGZ 122, 147), ein Gesamtschuldner nicht mit der Forderung eines anderen Gesamtschuldners (vgl. § 422 Abs. 2 BGB), ein Gesellschafter nicht mit Gesellschaftsforderungen, der Miterbe nicht mit einer Erbschaftsforderung (vgl. § 2040 Abs. 1 BGB), der Nebenintervenient nicht mit einer Forderung der unterstützten Partei, der Gesamthänder nicht mit Forderungen der Gesamthand (vgl. §§ 719 Abs. 1, 2040 Abs. 1 BGB, *Hess* KO, § 53 Rz. 10). 7

II. Gleichartigkeit der Forderungen

Haupt- und Gegenforderung müssen bei Eröffnung des Insolvenzverfahrens (im Falle späteren Eintritts dieser Voraussetzung gilt § 95 Abs. 1 Satz 1) ihrem Gegenstand nach gleichartig sein. 8

Maßgeblich ist, ob der Leistungsinhalt gleichwertig ist, auf den Zweck der Leistung kommt es nicht an (vgl. RGZ 78, 409). Gleichartigkeit ist auch dann gegeben, wenn die eine Forderung schuldrechtlicher Art und die andere eine dingliche ist (vgl. RGZ 78, 398). 9

Jedoch ist Gleichartigkeit zu verneinen zwischen einer Geldforderung und dem Anspruch auf Befreiung von einer Geldschuld (vgl. RGZ 158, 10 und *BGH* NJW 1957, 1514) oder zwischen einer Geldforderung und dem Anspruch auf Befriedigung aus einem Grundstück (*BGH* WM 1965, 476). Jedoch gibt hier § 1142 Abs. 2 BGB dem Eigentümer (nicht dem Gläubiger) ein Aufrechnungsrecht. 10

III. Fälligkeit der Forderung des Aufrechnenden

Die Forderung des aufrechnenden Insolvenzgläubigers (die Gegenforderung) muß bei Eröffnung des Insolvenzverfahrens voll wirksam, d. h. einklagbar und fällig sein (vgl. zu den Einzelheiten *Heinrichs* in Palandt, Kommentar zum BGB, § 387 BGB Rz. 11; *Kuhn/Uhlenbruck* KO, § 53 Rz. 7). Die Forderung, gegen die der Insolvenzgläubiger aufrechnet (Hauptforderung), muß lediglich bestehen. Sie braucht nicht einklagbar zu sein und kann mit Einreden behaftet sein (vgl. *Kuhn/Uhlenbruck* KO, § 53 Rz. 8). 11

12 Im Gesellschaftskonkurs kann der Kommanditist mit einer vor der Eröffnung des Insolvenzverfahrens begründeten Forderung aufrechnen (*BGH* BB 1972, 240; *Kuhn/ Uhlenbruck* KO, § 53 Rz. 5a).
Das gilt auch für den ausgeschiedenen Kommanditisten einer GmbH & Co KG (vgl. *BGH* WM 1980, 1191).

13 Der typisch stille Gesellschafter einer GmbH kann in deren Insolvenzverfahren gegenüber einer gegen ihn bestehenden Forderung der GmbH mit seinem Anspruch auf Rückzahlung der erbrachten Einlage aufrechnen, soweit nicht wegen besonderer Umstände die Einlage der Haftungsmasse der GmbH zuzurechnen ist (*BGH* WM 1983, 594; *Kuhn/Uhlenbruck* KO, § 54 Rz. 5b, 14e).

14 Mit einer verjährten Forderung kann der Insolvenzgläubiger noch aufrechnen, falls sie bei Eintritt der Aufrechnungslage noch nicht verjährt war (§ 390 Satz 2 BGB).

IV. Ausschluß der Aufrechnung

15 Die Aufrechnung kann trotz Vorliegens der genannten Voraussetzungen gesetzlich oder vertraglich ausgeschlossen sein; außer den insolvenzspezifischen Ausschlußgründen, die in der Kommentierung von § 96 behandelt werden, können allgemeine Ausschlußgründe greifen.

16 Gegen eine Forderung aus **vorsätzlicher unerlaubter Handlung** ist die Aufrechnung unzulässig (§ 393 BGB), d. h. die Aufrechnung ist unzulässig, wenn der Aufrechnende etwas aus vorsätzlich begangener unerlaubter Handlung schuldet.

17 Gegen Ersatzansprüche aus vorsätzlicher Vertragsverletzung ist hingegen eine Aufrechnung grundsätzlich zulässig (*BGH* NJW 1975, 1120), es sei denn, die Vertragsverletzung stellt auch gleichzeitig eine unerlaubte Handlung dar (*BGH* NJW 1967, 2013).

18 Die Aufrechnung kann vertraglich ausgeschlossen werden. Dies ist z. B. der Fall bei der Vereinbarung effektiver Zahlung und der Klausel »netto Kasse gegen Rechnung und Verladepapier« (vgl. BGHZ 14, 61). Ein vertragliches Aufrechnungsverbot gilt jedoch nicht im Insolvenzverfahren über das Vermögen des Aufrechnungsgegners, falls davon auszugehen ist, daß der Gläubiger für den Insolvenzfall nicht auf die Möglichkeit verzichten wollte, sich unabhängig vom Insolvenzverfahren aus der gegen ihn gerichteten Forderung zu befriedigen (vgl. RGZ 124, 8; *BGH* WM 1975, 616).

19 In der Rechtsprechung ist heute allgemein anerkannt, daß ein in den AGB enthaltenes Aufrechnungsverbot nicht für den Fall des Insolvenzverfahrens über das Vermögen des Klauselverwenders gilt (vgl. *BGH* WM 1975, 616).

20 Jedoch muß eine vor Eröffnung des Insolvenzverfahrens unwirksam abgegebene Aufrechnungserklärung nach Eintritt des Insolvenzverfahrens wiederholt werden (vgl. *BGH* WM 1983, 1359).

21 Auch der Vermögensverfall des Gläubigers der Hauptforderung kann dem Aufrechnungsverbot nach Treu und Glauben entgegenstehen (vgl. *BGH* WM 1983, 1359).

22 Ein Aufrechnungsverbot kann sich auch aus dem Sinn und Zweck des Schuldverhältnisses ergeben. Im Rahmen eines Auftrages ist es beispielsweise unzulässig, gegen den Anspruch auf Herausgabe des durch die Geschäftsführung Erlangten (§ 667 BGB) mit Forderungen aufzurechnen, die mit der Geschäftsbesorgung in keinem Zusammenhang stehen (vgl. RGZ 160, 60; BGHZ 14, 346).

23 Die Mitglieder einer AG, einer KGaA, einer GmbH, einer Genossenschaft und eines Versicherungsvereins auf Gegenseitigkeit dürfen gegen eine geschuldete Einzahlung nicht aufrechnen (vgl. §§ 66, 278 Abs. 3 AktG; § 19 Abs. 2 GmbHG; § 22 Abs. 5 GenG;

§§ 26, 53, 85 Abs. 2 VAG).Die Aufrechnung der Gesellschaft mit einer Einlageforderung ist nach § 19 Abs. 2 Satz 2 GmbHG auch ausgeschlossen, wenn der verpflichtete Gesellschafter zugleich (Allein-)Geschäftsführer der GmbH ist. Dieses Aufrechnungsverbot gilt auch gegenüber dem Insolvenzverwalter (*OLG Frankfurt* GmbHR 1993, 652). Nach § 105 Abs. 5 GenG kann der Genosse eine Forderung an die Genossenschaft in Höhe der Insolvenzdividende gegen ihm auferlegte Nachschüsse aufrechnen, da es unerheblich ist, ob der Genosse den Betrag eingezahlt hat und wieder zurückerhält oder ob er aufrechnet (vgl. *Lent* in Jaeger, KO, § 55 Rz. 12). Die Mitglieder einer AG, GmbH und eines VVaG hingegen dürfen gegen ihre Einlageschuld auch dann nicht aufrechnen, wenn ihre Forderung unbestritten, fällig und – am Vermögensstand der Gesellschaft gemessen – vollwertig ist (vgl. RGZ 94, 61; BGHZ 15, 57). Zu beachten ist, daß der Verrechnung einer in bar zu erfüllenden Stammeinlagenforderung mit einem Darlehensanspruch des Gesellschafters gegen die GmbH auch bei deren Einverständnis unwirksam ist, wenn die Gesellschaft überschuldet ist oder das Darlehen verlorenes Stammkapital ersetzt (vgl. *Hess* KO, § 54 Rz. 23).

Der Kommanditist einer Publikums-KG kann mit einem gesellschaftsvertraglichen Anspruch, dessen Erfüllung eine Rückgewähr der zum Eigenkapital der KG geleisteten Beiträge darstellen würde, nicht aufrechnen (*BGH* WM 1985, 258). 24

C. Aufrechnungserklärung

Die Wirkung der Aufrechnung tritt nur ein, wenn bei bestehender Aufrechnungslage 25
gegenüber dem Insolvenzverwalter eine Aufrechnungserklärung abgegeben wird (§ 388 Satz 1 BGB), eine bestimmte Form ist dafür nicht vorgesehen. Diese Erklärung kann aber nicht unter einer Bedingung oder einer Zeitbestimmung abgegeben werden (§ 388 Satz 2 BGB). Sie setzt als einseitiges Rechtsgeschäft volle Geschäftsfähigkeit voraus (§ 111 Satz 1 BGB).

Hat der Insolvenzgläubiger oder die Masse gegen ihn mehrere Forderungen, so kann er 26
bestimmen, welche Forderungen gegeneinander aufgerechnet werden sollen (§ 396 Abs. 1 Satz 1 BGB). Wird eine solche Bestimmung zusammen mit der Aufrechnungserklärung nicht getroffen oder widerspricht der Insolvenzverwalter unverzüglich, so ist § 366 Abs. 2 BGB entsprechend anzuwenden (§ 396 Abs. 1 Satz 2 BGB). Besteht die Gesamtforderung der Insolvenzmasse gegen den Insolvenzgläubiger aus Hauptleistung, Zinsen und Kosten, so ist § 367 BGB entsprechend anwendbar (§ 396 Abs. 2 BGB).

Aufgerechnet werden kann auch mit gemäß § 39 Abs. 1 Nr. 3–5 **nachrangigen Insol-** 27
venzforderungen, da die Aufrechnung sich außerhalb des Insolvenzverfahrens vollzieht (so bereits für die nach § 63 KO nichtanmeldbaren Forderungen *Kuhn/Uhlenbruck* KO, § 53 Rz. 2c und 15; *Hess* KO, § 53 Rz. 3).

In der Wahl des Zeitpunkts ist der Insolvenzgläubiger frei. Er kann die Aufrechnungser- 28
klärung zurückstellen und solange mit seiner zur Tabelle angemeldeten Forderung an Gläubigerversammlungen teilnehmen und dort mitstimmen; durch eventuelle Abschlagsverteilungen wird seine Forderung anteilsmäßig gemindert. Wird er allerdings vom Insolvenzverwalter auf Zahlung verklagt, muß er die Aufrechnung spätestens bis zum Schluß der mündlichen Verhandlung im Erkenntnisverfahren erklären; im Vollstreckungsverfahren wird er damit nicht mehr gehört (§ 767 Abs. 3 ZPO).

D. Wirkung der Aufrechnung

29 Durch die Aufrechnung erlöschen die Forderung des Insolvenzgläubigers und die gegen ihn bestehende Forderung in der Höhe, in der sie sich decken, und zwar mit Rückwirkung auf den Zeitpunkt des Eintritts der Aufrechnungslage (§ 389 BGB); zwischenzeitlich gezahlte Zinsen auf die eine oder die andere Forderung sind nach den Grundsätzen über die ungerechtfertigte Bereicherung (§ 812 Abs. 1 BGB) zurückzugewähren, bereits gezahlte Säumniszuschläge auf Steuerforderungen sind nach § 37 Abs. 2 AO zu erstatten (*Tipke/Kruse* Kommentar zur AO 1977 und FGO, § 226 AO Tz 20). Hatte der Insolvenzgläubiger seine Forderung bereits zur Tabelle angemeldet und ist sie eingetragen worden, so ist die Tabelle unter dem Gesichtspunkt des nachträglich unrichtigen Eintrags (*Kuhn/Uhlenbruck* KO, § 145 Rz. 7 a m. w. N.) zu berichtigen.

§ 95
Eintritt der Aufrechnungslage im Verfahren → § 54 KO

(1) ¹Sind zur Zeit der Eröffnung des Insolvenzverfahrens die aufzurechnenden Forderungen oder eine von ihnen noch aufschiebend bedingt oder nicht fällig oder die Forderungen noch nicht auf gleichartige Leistungen gerichtet, so kann die Aufrechnung erst erfolgen, wenn ihre Voraussetzungen eingetreten sind. ²Die §§ 41, 45 sind nicht anzuwenden. ³Die Aufrechnung ist ausgeschlossen, wenn die Forderung, gegen die aufgerechnet werden soll, unbedingt und fällig wird, bevor die Aufrechnung erfolgen kann.
(2) ¹Die Aufrechnung wird nicht dadurch ausgeschlossen, daß die Forderungen auf unterschiedliche Währungen oder Rechnungseinheiten lauten, wenn diese Währungen oder Rechnungseinheiten am Zahlungsort der Forderung, gegen die aufgerechnet wird, frei getauscht werden können. ²Die Umrechnung erfolgt nach dem Kurswert, der für diesen Ort zur Zeit des Zugangs der Aufrechnungserklärung maßgeblich ist.

Inhaltsübersicht: Rz:

A. Zweck und Inhalt der Vorschrift 1–2
B. Zeitpunkt der Zulässigkeit der Aufrechnung 3–4
C. Ausschluß der Aufrechnung 5
D. Währungsverschiedene Forderungen 6

A. Zweck und Inhalt der Vorschrift

1 Die Vorläufervorschrift, § 54 (der auch im gerichtlichen Vergleichsverfahren anwendbar war, § 54 Satz 1 VerglO), ermöglichte dem Konkursgläubiger die sofortige Aufrechnung sogleich nach Konkurseröffnung auch dann, wenn seine eigene Forderung noch betagt oder noch bedingt oder nicht auf einen Geldbetrag gerichtet war. Der Gläubiger stand somit besser, als wenn über das Vermögen des Schuldners kein Konkursverfahren eröffnet worden wäre; dann nämlich hätte er bei Fälligkeit der Forderung des Schuldners leisten müssen, ohne sich auf eine später eintretende Aufrechnungslage berufen zu

Eintritt der Aufrechnungslage im Verfahren **§ 95**

können. Dies lief dem Grundprinzip des Konkursverfahrens, im Falle eines Konkurses den Gläubigern Einbußen zuzumuten, sie nicht aber noch zusätzlich zu begünstigen, geradezu zuwider.
Die Neuregelung hat § 54 in sein Gegenteil verkehrt und die Fälligstellung nicht fälliger 2 Forderungen ausgeschlossen. Außerdem hat sie dem Insolvenzgläubiger die Aufrechnungsmöglichkeit entzogen für den Fall, daß die gegen ihn gerichtete Forderung bereits unbedingt und fällig war, bevor während des Verfahrens die Aufrechnungslage eintrat. Damit wird verhindert, daß ein Insolvenzgläubiger eigens darum die Erfüllung seiner Schuld verzögert, um später die Aufrechnungseinrede erheben zu können.

B. Zeitpunkt der Zulässigkeit der Aufrechnung

War die Insolvenzforderung im Zeitpunkt der Eröffnung des Insolvenzverfahrens schon 3 begründet, jedoch noch bedingt, noch nicht fällig oder noch nicht gleichartig mit der gegen den Insolvenzgläubiger gerichteten Forderung, so darf sie zunächst nicht aufgerechnet werden. Sobald das Hindernis für die Aufrechnung fortfällt, kann der Insolvenzgläubiger die Aufrechnung erklären. Zahlt der Insolvenzgläubiger, so bleibt der Insolvenzgläubiger endgültig auf die Quote verwiesen, während er selbst seine Schuld in voller Höhe beglichen hatte.
Unklar formuliert ist Abs. 1 Satz 1 für den Fall, daß die Forderung des Insolvenzgläubi- 4 gers schon fällig ist, die gegen ihn gerichtete hingegen noch nicht. Aus der Formulierung »eine von ihnen (der aufzurechnenden Forderungen)« könnte man entnehmen, daß auch dann die Aufrechnung durch den Insolvenzgläubiger nicht möglich wäre. Das ist indessen nicht der Fall: Die Aufrechnung darf nach Abs. 1 Satz 1 a. E. erfolgen, sobald ihre Voraussetzungen eingetreten sind; eingetreten sind ihre Voraussetzungen, sobald die Forderung des Insolvenzgläubigers fällig ist, während die gegen ihn gerichtete Forderung lediglich erfüllbar zu sein braucht (§ 387 BGB a. E.). Erfüllbar ist eine Forderung mangels anderer Vereinbarungen aber bereits vor Eintritt der Fälligkeit (§ 271 Abs. 2 BGB). Der von *Jauernig* Zwangsvollstreckungs- und Insolvenzrecht, S. 330 geforderten berichtigenden Auslegung der Vorschrift bedarf es darum nicht, um zu einem sinngerechten Ergebnis zu gelangen.

C. Ausschluß der Aufrechnung

Die Aufrechnung durch den Insolvenzgläubiger ist nicht gestattet, wenn die gegen ihn 5 gerichtete Forderung unbedingt und fällig wird, bevor die Aufrechnungslage eintritt (Abs. 1 Satz 3, der § 392 BGB entspricht). Der Insolvenzgläubiger darf dann die Zahlung zur Masse nicht verweigern und ist darauf verwiesen, seine Forderung zur Tabelle anzumelden. Die vorherige Fälligkeit der Forderung des Schuldners kann sich u. a. daraus ergeben, daß der Insolvenzgläubiger dem Schuldner Stundung gewährt hatte. In einem solchen Fall wird der Insolvenzgläubiger Anlaß haben zu prüfen, ob er die Stundung widerrufen und damit den Eintritt der sofortigen Fälligkeit seiner Forderung herbeiführen kann. Dies gelingt jedoch, wenn die Stundungsvereinbarung einen Widerruf für den Fall des Vermögensverfalls ausdrücklich vorsah. Im übrigen dürfte der Vermögensverfall des Schuldners ebenso zu einem Widerruf der Stundung berechtigen, wie ein drohender Konkurs nach der Rechtsprechung (*BGH* NJW-RR 1990, 111) einen wichtigen Grund zu einer außerordentlichen Kündigung eines Darlehensvertrages durch den Darlehensgeber darstellt. Für gestundete Steuern ergibt sich dasselbe aus § 131 Abs. 2 Satz 1 Nr. 3 AO, da die gesetzliche Stundungsvoraussetzung, daß der Anspruch durch die Stundung nicht gefährdet erscheint (§ 222 Satz 1 AO), ab dem Vermögensverfall nicht mehr gegeben ist. Entsprechendes gilt für gestundete Kommunalabgaben, da die Kommunalabgabengesetze aller Bundesländer auf §§ 131 und 222 AO verweisen.

D. Währungsverschiedene Forderungen

6 Die Umrechnung ist, abgesehen vom maßgeblichen Umrechnungszeitpunkt und von dem Erfordernis, daß die für die Schuldnerforderung maßgebliche Währung frei konvertibel sein muß, ebenso geregelt wie in § 45 Satz 2 (siehe die dortige Kommentierung).

§ 96
Unzulässigkeit der Aufrechnung → § 55 KO

Die Aufrechnung ist unzulässig,
1. wenn ein Insolvenzgläubiger erst nach der Eröffnung des Insolvenzverfahrens etwas zur Insolvenzmasse schuldig geworden ist,
2. wenn ein Insolvenzgläubiger seine Forderung erst nach der Eröffnung des Verfahrens von einem anderen Gläubiger erworben hat,
3. wenn ein Insolvenzgläubiger die Möglichkeit der Aufrechnung durch eine anfechtbare Rechtshandlung erlangt hat,
4. wenn ein Gläubiger, dessen Forderung aus dem freien Vermögen des Schuldners zu erfüllen ist, etwas zur Insolvenzmasse schuldet.

Inhaltsübersicht: Rz.

A. Inhalt und Zweck der Vorschrift	1– 3
B. Entstehung der Forderung des Schuldners nach Verfahrenseröffnung	4– 9
C. Erwerb der Forderung nach Eröffnung des Insolvenzverfahrens von einem anderen Gläubiger	10–15
D. Erwerb der Aufrechnungsmöglichkeit durch eine anfechtbare Rechtshandlung	16–18
E. Forderungen gegen das freie Vermögen des Schuldners	19
F. Massegläubiger	20

A. Inhalt und Zweck der Vorschrift

1 §§ 94 und 95 regeln den Fall, daß der Gläubiger bei Verfahrenseröffnung schon Inhaber seiner Forderung ist. § 96 Nr. 1 und 2 geht von der Situation aus, daß der Gläubiger die Forderung erst nach der Verfahrenseröffnung erworben hat oder die Gegenforderung erst nach der Verfahrenseröffnung begründet worden ist. Hier konnte er noch nicht darauf vertrauen, daß er seine Forderung im Wege der Aufrechnung werde durchsetzen können.

2 Nach Nr. 3 ist eine Aufrechnung auch dann nicht zulässig, wenn die Aufrechnungslage vor der Verfahrenseröffnung in einer Weise herbeigeführt worden ist, die den Insolvenz-

Unzulässigkeit der Aufrechnung **§ 96**

verwalter gegenüber dem Gläubiger zur Insolvenzanfechtung berechtigt. Dies wäre beispielsweise dann der Fall, wenn ein Schuldner des Insolvenzschuldners in der kritischen Zeit vor der Verfahrenseröffnung eine Forderung gegen den Insolvenzschuldner erworben hat, um im Wege der Aufrechnung die volle Befriedigung dieser Forderung durchzusetzen. Einer Geltendmachung der Insolvenzanfechtung bedarf es im Fall von Nr. 3 nicht.

Nr. 4 macht die Trennung von Insolvenzmasse und freiem Vermögen des Schuldners deutlich. Die Klarstellung ist im Grunde genommen überflüssig (vgl. *Jauernig* Zwangsvollstreckungs- und Insolvenzrecht, S. 331). 3

B. Entstehung der Forderung des Schuldners nach Verfahrenseröffnung

Eine Aufrechnung ist unzulässig, wenn die Forderung des Schuldners erst nach der Eröffnung des Insolvenzverfahrens entstanden ist (§ 96 Nr. 1), d. h. der Gläubiger etwas zur Masse schuldig geworden ist und die Forderung bei Eröffnung des Insolvenzverfahrens selbst in ihrem Kern noch nicht begründet war (RGZ 121, 371). Auf Aufrechnungen, die nach Erlaß des allgemeinen Verfügungsverbots nach § 21 Abs. 2 Nr. 2 erklärt werden, ist § 96 Nr. 1 analog anwendbar (LG *Mönchengladbach* ZIP 1993, 694; zur Rechtfertigung *Hess* KO, § 55 Rz. 12 b). 4

Dem steht es gleich, wenn die Forderung zwar vor Eröffnung des Insolvenzverfahrens entstanden ist, der Aufrechnende aber erst durch eine Schuldübernahme nach Eröffnung des Insolvenzverfahrens Schuldner wurde (*BGH* NJW 1957, 420). Gegen eine Forderung auf Grund eines Erfüllungsverlangens des Insolvenzverwalters nach § 103 kann nicht mit einem vor Eröffnung des Insolvenzverfahrens und außerhalb des Vertragsverhältnisses begründeten Anspruch aufgerechnet werden (*BGH* ZIP 1992, 48). Der *BGH* hat das (zu § 55 Nr. 1 KO) damit begründet, daß durch die Eröffnung des Insolvenzverfahrens das Rechtsverhältnis zwischen dem Gemeinschuldner und seinem Vertragspartner umgestaltet werde. An die Stelle des gegenseitigen Vertrages trete der einseitige Anspruch des anderen Teils auf Schadensersatz wegen Nichterfüllung (§ 26 KO). Der Erfüllungsanspruch sei erloschen. Allein die Willenserklärung des Insolvenzverwalters, den Vertrag zu erfüllen oder – was gleichstehe – Erfüllung zu verlangen, lasse den untergegangenen Anspruch gegen den Vertragspartner wieder erstehen. Diese Erklärung habe daher nicht nur rechtsgestaltende Wirkung, sie begründe vielmehr den Anspruch aus dem Schuldverhältnis – mit dem bisherigen Inhalt – neu. Deshalb bleibe kein Raum für die Annahme einer aufschiebenden Bedingung i. S. § 54 Abs. KO, denn diese setze ein ununterbrochen bestehendes Rechtsverhältnis voraus, dessen Rechtswirkungen lediglich hinausgeschoben seien. Die anspruchsbegründende Wirkung der Erklärung nach § 17 KO habe zur Folge, daß der Anspruch des Insolvenzverwalters gegen den Vertragspartner erst nach Eröffnung des Verfahrens entstanden und die hiergegen erklärte Aufrechnung deshalb gem. § 55 Satz 1 Nr. 1 KO unzulässig sei. 5

§ 96 Nr. 1 schließt ferner die Aufrechnung des Gläubigers aus 6
a) gegen Forderungen aus Rechtsgeschäften mit dem Insolvenzverwalter (*Kuhn/Uhlenbruck* KO, § 55 Rz. 6 m. w. N.);
b) gegen Forderungen aus unerlaubter Handlung in bezug auf Masseschulden (*Kilger/ Karsten Schmidt* KO, § 55 Rz. 3a);
c) gegen den anfechtungsrechtlichen Rückgewähranspruch nach § 143 Abs. 1 (*BGH* NJW 1955, 259);

§ 96

Wirkungen der Eröffnung des Insolvenzverfahrens

d) gegen eine Forderung aus Geschäftsbesorgung für die Masse, wenn der Auftrag nicht vor Eröffnung des Insolvenzverfahrens erteilt wurde (*Kuhn/Uhlenbruck* KO, § 55 Rz. 6).

7 § 96 Nr. 1 betrifft auch öffentlich-rechtliche Forderungen; so kann eine Gemeinde gegenüber einem von dem Insolvenzverwalter geltend gemachten Gewerbesteuererstattungsanspruch, der dadurch entstanden ist, daß die vor Eröffnung des Insolvenzverfahrens aufgrund von Vorauszahlungsbescheiden geltend gemachte Gewerbesteuer geringer festgesetzt wurde, nicht mit den zur Insolvenztabelle angemeldeten Forderungen aufrechnen (*VG Düsseldorf* KTS 1977, 185).

8 Lehnt der Insolvenzverwalter die Erfüllung eines vor Eröffnung des Insolvenzverfahrens abgeschlossenen Grundstückskaufvertrages ab, so gehört der Anspruch auf Erstattung der Grunderwerbsteuer zur Masse. Gegen diesen, erst nach Eröffnung des Insolvenzverfahrens entstandenen, abgabenrechtlichen Erstattungsanspruch öffentlich-rechtlicher Natur kann nicht mit Steuerforderungen aufgerechnet werden, die vor Eröffnung des Insolvenzverfahrens entstanden sind (vgl. *FG Bremen* KTS 1974, 121; vgl. auch *Hess* KO, § 55 Rz. 8).

9 Unzulässig ist die Aufrechnung gegen Forderungen auf Herausgabe des Versteigerungserlöses einer vor Eröffnung des Insolvenzverfahrens unwirksam gepfändeten und verwerteten Sache (RGZ 150, 45) sowie der Anspruch auf nach Eröffnung des Insolvenzverfahrens fällig gewordenen Miet- und Pachtzinsen (*BGH* WM 1983, 372).

C. Erwerb der Forderung nach Eröffnung des Insolvenzverfahrens von einem anderen Gläubiger

10 § 96 Nr. 2 will in erster Linie Manipulationen zu Lasten der Insolvenzmasse vorbeugen. So könnte ohne diese Vorschrift ein nicht gesicherter Insolvenzgläubiger seine Forderung gegen Entgelt an eine Person abtreten, die ihrerseits etwas zur Masse schuldet. Der Abtretungsempfänger könnte sich daraufhin durch Aufrechnung von dieser Schuld befreien, und der Insolvenzgläubiger erhielte an Stelle der Quote das Entgelt. Der Insolvenzmasse ginge indessen die Differenz zwischen der vom Abtretungsempfänger zu zahlenden Schuld und der an den Insolvenzgläubiger aus der Masse zu zahlenden Insolvenzdividende verloren (vgl. *Jauernig* Zwangsvollstreckungs- und Insolvenzrecht, S. 331). § 96 Nr. 2 erfaßt in seiner allgemeinen Formulierung aber nicht nur diese Fälle. Er schließt die Aufrechnungsbefugnis unabhängig davon aus, ob die Forderung im Wege der Sonderrechtsnachfolge oder im Wege der Gesamtrechtsnachfolge erworben wurde (*Kuhn/Uhlenbruck* KO, § 55 Rz. 9; *Kilger/Karsten Schmidt* KO, § 55 Rz. 4; s. hierzu auch *BGH* NJW 1962, 1201).

11 Die Aufrechnungsbefugnis ist nach § 96 Nr. 2 dann nicht ausgeschlossen, wenn eine Forderung vor Eröffnung des Insolvenzverfahrens in der Hand des Gläubigers aufschiebend bedingt entstanden war und nach Eröffnung des Insolvenzverfahrens die Bedingung eintritt (*Kuhn/Uhlenbruck* KO, § 55 Rz. 9 m. w. N.).

12 Die Aufrechnungsbefugnis entfällt auch dann nicht, wenn die Gegenforderung von einem aufrechnungsberechtigten Schuldner auf einen Mitschuldner übergeht (*Kilger/Karsten Schmidt* KO, § 55 Rz. 4 m. w. N.; *Kuhn/Uhlenbruck* KO, § 55 Rz. 9).

13 Nicht aufrechnungsbefugt ist der Gläubiger, der seine Forderung vorbehaltlos vor Eröffnung des Insolvenzverfahrens abgetreten hat und nach Eröffnung des Insolvenzverfahrens zurückerwirbt, wenn der Wiedererwerb deshalb erfolgt, um dem Zessionar volle Befriedigung zu verschaffen (*Hess* KO, § 55 Rz. 23). Dagegen ist die Aufrechnung

Unzulässigkeit der Aufrechnung § 96

zulässig, wenn der Wiedererwerb der abgetretenen Forderung wie bei einer Sicherungszession von vornherein beabsichtigt war (RGZ 51, 397; *Kuhn/Uhlenbruck* KO, § 55 Rz. 10).

Erfolgt die Abtretung der Gegenforderung aufgrund eines Factoring-Geschäfts, so besteht die Möglichkeit, daß die Zession an den Factor vor Eröffnung des Insolvenzverfahrens, der Rückerwerb der Forderung durch den Anschlußkunden dagegen nach Eröffnung des Insolvenzverfahrens liegt. Ist der Anschlußkunde dem Schuldner vor Eröffnung des Insolvenzverfahrens über dessen Vermögen etwas schuldig geworden, aber nach dem Factoringgeschäft, so kann bei Rückübertragung der Forderung an den Anschlußkunden im Insolvenzverfahren über das Vermögen des Schuldners keine Aufrechnungslage entstehen. Hierbei ist es unerheblich, ob es sich um ein echtes oder unechtes Factoringgeschäft handelt (*Hess* KO, § 55 Rz. 24). **14**

Löst der Indossant einen Wechsel ein, so erwirbt er gem. Art. 49 WG einen Rückgriffsanspruch gegen einen früheren Indossanten. Hat dieser eine Forderung gegen ihn und ist nach deren Entstehung und Weiterbegebung des Wechsels an den Indossatar, aber vor dessen Einlösung, über das Vermögen des Vormanns das Insolvenzverfahren eröffnet worden, so kann der Indossant, der den Wechsel im Rücklauf nach Eröffnung des Insolvenzverfahrens einlöst, sein vor Eröffnung des Insolvenzverfahrens bestehendes Aufrechnungsrecht ausüben. § 96 Nr. 2 ist hierauf nicht anwendbar. Die Regreßforderung aus einem vom Schuldner akzeptierten und weiterindossierten Wechsel ist eine aufschiebend bedingte Forderung (vgl. *Henckel* in Jaeger, KO, § 3 Rz. 58; *Hess* KO, § 55 Rz. 24). **15**

D. Erwerb der Aufrechnungsmöglichkeit durch eine anfechtbare Rechtshandlung

In den Fällen von § 96 Nr. 3 bestand die Aufrechnungslage anders als in den Fällen von § 96 Nr. 1 und 2 bereits bei Verfahrenseröffnung, doch ist diese Möglichkeit durch eine anfechtbare Rechtshandlung herbeigeführt worden. Zur Frage, welche Handlungen dafür in Betracht kommen, siehe die Kommentierung zu §§ 130–135. **16**

Anschauungsbeispiel (nach *Jauernig* Zwangsvollstreckungs- und Insolvenzrecht, S. 331): **17**
Ein Insolvenzgläubiger hat zwei Monate vor dem Antrag auf Eröffnung des Insolvenzverfahrens und in Kenntnis der Zahlungsunfähigkeit des Schuldners von einem Dritten dessen Forderung gegen den Schuldner erworben und rechnet nach Eröffnung des Insolvenzverfahrens auf. Dieser Aufrechnung steht § 96 Nr. 3 i. V. mit § 131 Abs. 1 Nr. 2 entgegen.

Über den Gesetzeswortlaut hinaus erstreckt die Begründung zu § 108 RegE in Anlehnung an die Rechtsprechung zu § 55 KO (BGHZ 58, 108) die Rechtsfolge der Unwirksamkeit auch auf vor Eröffnung des Insolvenzverfahrens erklärte Aufrechnungen. Im Gesetz findet diese Auffassung keine Stütze, doch kann sie letzten Endes hingenommen werden, da sie die Rechtsstellung des Insolvenzgläubigers im Ergebnis nicht verschlechtert. Folgt man ihr nicht, muß der Insolvenzverwalter gem. § 143 Abs. 1 Klage auf Rückgewähr zur Insolvenzmasse erheben, folgt man ihr, so kann er unmittelbar Zahlungsklage erheben, wenn der Aufrechnende unter Berufung auf das Erlöschen seiner Schuld durch die Aufrechnung die Zahlung verweigert; in beiden Fällen hat das Gericht zu prüfen, ob der vom Insolvenzverwalter geltend gemachte Anfechtungstatbestand tatsächlich vorlag. **18**

E. Forderungen gegen das freie Vermögen des Schuldners

19 § 96 Nr. 4 betrifft etwa rechtsgeschäftliche Verpflichtungen, die der Schuldner nach Eröffnung des Insolvenzverfahrens eingegangen ist.

F. Massegläubiger

20 § 96 regelt seinem eindeutigen Wortlaut nach nur die Aufrechnung durch Insolvenzgläubiger. Die Aufrechnungsbefugnis von Massegläubigern wird durch diese Vorschrift nicht eingeschränkt. Das gilt auch für Forderungen, die von einem vorläufigen Insolvenzverwalter begründet worden sind und nach § 55 Abs. 2 Satz 1 als Masseverbindlichkeiten gelten. Ob die Aufrechnung mit Masseforderungen im Falle der Massenunzulänglichkeit Beschränkungen unterliegt, wollte der Gesetzgeber anders als § 320 Abs. 3 RegE, der dafür eine eindeutige Regelung enthält, der Rechtsprechung überlassen (vgl. BT-Drucks. 12/7302, S. 180 und die Kommentierung zu § 208). Für eine Anwendung von § 55 KO auf Massegläubiger bei unzureichender Masse spricht sich unter Geltung der Vorläufervorschriften *Kuhn/Uhlenbruck* KO, § 55 Rz. 7g aus; dort auch weitere Nachweise.

§ 97 → §§ 100, 101 KO
Auskunfts- und Mitwirkungspflichten des Schuldners

(1) ¹Der Schuldner ist verpflichtet, dem Insolvenzgericht, dem Insolvenzverwalter, dem Gläubigerausschuß und auf Anordnung des Gerichts der Gläubigerversammlung über alle das Verfahren betreffenden Verhältnisse Auskunft zu geben. ²Er hat auch Tatsachen zu offenbaren, die geeignet sind, eine Verfolgung wegen einer Straftat oder einer Ordnungswidrigkeit herbeizuführen. ³Jedoch darf eine Auskunft, die der Schuldner gemäß seiner Verpflichtung nach Satz 1 erteilt, in einem Strafverfahren oder in einem Verfahren nach dem Gesetz über Ordnungswidrigkeiten gegen den Schuldner oder einen in § 52 Abs. 1 der Strafprozeßordnung bezeichneten Angehörigen des Schuldners nur mit Zustimmung des Schuldners verwendet werden.
(2) Der Schuldner hat den Verwalter bei der Erfüllung von dessen Aufgaben zu unterstützen.
(3) ¹Der Schuldner ist verpflichtet, sich auf Anordnung des Gerichts jederzeit zur Verfügung zu stellen, um seine Auskunfts- und Mitwirkungspflichten zu erfüllen. ²Er hat alle Handlungen zu unterlassen, die der Erfüllung dieser Pflichten zuwiderlaufen.

Inhaltsübersicht:

		Rz.
A. Inhalt und Zweck der Vorschrift		1
B. Auskunftspflichten		2–14
I.	Auskunftsberechtigte	2–3
II.	Auskunftspflichtige	4–10
III.	Gegenstand und Inhalt der Auskunft	11–14

Auskunfts- und Mitwirkungspflichten des Schuldners § 97

C. Weitere Mitwirkungspflichten 15–16
D. Sekundärpflichten 17–19
  I. Erreichbarkeit 17–18
  II. Unterlassungspflichten.. 19

Literatur:

Gerhardt/Merz Aktuelle Probleme der Gläubigeranfechtung im Konkurs, 1990; *Uhlenbruck* Auskunfts- und Mitwirkungspflichten des Schuldners und seiner organschaftlichen Vertreter nach der Konkursordnung, Vergleichsordnung, Gesamtvollstreckungsordnung sowie Insolvenzordnung, KTS 1997, 371.

A. Inhalt und Zweck der Vorschrift

Da der Schuldner selbst die Verhältnisse seines Vermögens, insb. eines bisher von ihm 1 geführten Unternehmens, die Geschäftsentwicklung und die Geschäftsbeziehungen von allen Beteiligten am besten kennt und überschaut, will sich das Gesetz diese Kenntnisse im Interesse aller Beteiligter (und letzten Endes auch des Schuldners selbst) zunutzemachen. Den Schuldner trifft im Insolvenzverfahren eine aktive Mitwirkungspflicht und Verfahrensförderungspflicht, § 97 Abs. 2. Einzelne dieser Pflichten hat Abs. 1 in Anlehnung an § 100 KO und § 69 VerglO besonders hervorgehoben; Abs. 3 bestimmt in Anlehnung an § 101 KO Sekundärpflichten des Schuldners, mit denen die Erfüllung der in Abs. 1 und 2 genannten Primärpflichten sichergestellt werden soll. Da im Vorfeld eines Unternehmenszusammenbruchs Wirtschaftsstraftaten und Steuerdelikte nicht selten sind, hat der Gesetzgeber auch Anlaß gesehen, das Verhältnis der Auskunftspflicht des Schuldners zum Schweigerecht des Straftäters ausdrücklich zu regeln, und hat dieses im Sinne des Vorrangs der Auskunftspflicht entschieden. Die Pflichten aus § 97 treffen den Schuldner bereits im Eröffnungsverfahren (§ 20).

B. Auskunftspflichten

I. Auskunftsberechtigte

Wichtigste Mitwirkungspflicht ist die in Abs. 1 Satz 1 genannte Auskunftspflicht. Sie 2 besteht schon kraft Gesetzes gegenüber dem Insolvenzgericht, dem Insolvenzverwalter und dem Gläubigerausschuß, der Gläubigerversammlung gegenüber dagegen nur, wenn das Gericht dies gesondert anordnet. Aus dem Umkehrschluß ergibt sich, daß eine Auskunftspflicht des Schuldners (in seiner Eigenschaft als Schuldner) gegenüber einzelnen Insolvenzgläubigern, anders als bisher im gerichtlichen Vergleichsverfahren (§ 69 Abs. 1 VerglO), nicht besteht. Eine Ausnahme gilt für Steuergläubiger soweit es um Fragen geht, die die Ermittlung des Besteuerungstatbestandes betreffen. Den Schuldner treffen dabei die Mitwirkungspflichten nach § 90 AO (vgl. *Frotscher* Steuern im Konkurs, 28).

Das Insolvenzgericht kann, wenn es aus sachlichen Gründen direkte Auskünfte des 3 Schuldners gegenüber der Gläubigerversammlung für zweckmäßig hält, eine Auskunftspflicht des Schuldners dieser gegenüber auch ohne Antrag anordnen, da das Gesetz diese Anordnung nicht von einem Antrag abhängig macht. Es genügt bereits ein formloser

§ 97 *Wirkungen der Eröffnung des Insolvenzverfahrens*

Wunsch aus den Reihen der Gläubigerversammlung, der auch nicht der Unterstützung der Mehrheit bedarf, damit das Gericht eine Auskunftsanordnung aussprechen kann; eines förmlichen Beschlusses der Gläubigerversammlung gem. § 76 Abs. 2 bedarf es nicht. Ist allerdings ein Beschluß zustande gekommen und auf Grund dessen ein Antrag an das Gericht gestellt worden, so muß das Gericht über diesen Antrag entscheiden.

II. Auskunftspflichtige

4 Auskunftspflichtig sind der Schuldner oder sein gesetzlicher Vertreter – im Insolvenzverfahren über das Vermögen einer juristischen Person die Geschäftsführer (*OLG Hamm* ZIP 1980, 280) bzw. die Mitglieder des Vorstandes und die Liquidatoren, im Insolvenzverfahren über das Vermögen einer Einmann-GmbH der Gesellschafter (*LG Düsseldorf* KTS 1961, 191), im Insolvenzverfahren über das Vermögen der OHG sämtliche Gesellschafter, im Nachlaßinsolvenzverfahren die Erben.

5 Der Insolvenzverwalter kann jedoch nicht, statt seine gesetzlichen Auskunftsrechte gegen den Schuldner zu erheben, von früheren Arbeitnehmern des Schuldners Auskunft über von diesen dem Schuldner gewährten Kredite und deren anschließende Abwicklung verlangen (*BAG* WM 1991, 379). Das Urteil des BAG ergänzt die Rechtsprechung des BGH zum Auskunftsanspruch des Insolvenzverwalters bei anfechtungsrechtlich relevanten Sachverhalten (ausführlich hierzu *Gerhardt/Merz* Aktuelle Probleme der Gläubigeranfechtung im Konkurs, 38–40 m. w. N.).

6 Für die Insolvenzanfechtung steht der BGH auf dem Standpunkt, daß der Insolvenzverwalter von einem potentiellen Anfechtungsgegner – dies kein Fall von § 97 – Auskunft nur dann verlangen kann, wenn ein Rückgewähranspruch nach § 143 dem Grunde nach gewiß ist und die Informationsgewinnung nur noch auf die nähere Bestimmung von Art und Umfang der Rückgewähr abzielt und der Berechtigte in entschuldbarer Weise über Bestehen und Umfang seines Rechts im Ungewissen ist. Deshalb bedarf es auch keiner Erwägung darüber, ob der Berechtigte auf andere zumutbare Weise – wie etwa nach den §§ 97, 98 vom Schuldner – die von ihm benötigten Auskünfte erlangen kann (*BGH*, WuB VI B § 100 KO 1.91 mit Anm. *Sundermann*).

7 Die Auskunft kann nur von dem Schuldner, nicht auch von Dritten, beispielsweise von der Ehefrau (*BGH* WM 1978, 872), verlangt werden, da eine allgemeine, nicht aus besonderen Rechtsgründen abgeleitete Auskunftspflicht dem bürgerlichen Recht unbekannt ist (vgl. *Hess* KO, § 100 z. 6).

8 Gelegentlich legt der Geschäftsführer einer GmbH oder GmbH & Co. KG in Fällen drohender Insolvenz sein Amt nieder oder er wird, weil er einen Insolvenzantrag beabsichtigt, von den Gesellschaftern mit sofortiger Wirkung abberufen. Nach § 38 Nr. 1 GmbHG ist die Bestellung eines Geschäftsführers zu jeder Zeit widerruflich. Der Geschäftsführer selbst kann ohne Einhaltung einer Frist von einem Amt zurücktreten, wenn hierfür ein wichtiger Grund vorliegt (*BGH* MDR 1978, 643). Auch bei Streit über die objektive Berechtigung der Amtsniederlegung ist diese sofort wirksam (BGH, GmbHR 1980 S. 270). Ebenso wie hinsichtlich der Insolvenzantragspflicht ist zweifelhaft, ob der bisherige Geschäftsführer zur Auskunft nach § 97 Abs. 1 verpflichtet ist. Nur er kennt die Vermögensverhältnisse der Gesellschaft und ist zur Auskunft in der Lage. Deshalb ordnet § 101 Abs. 1 Satz 2 an, daß die Niederlegung des Geschäftsführeramtes in der Krise der GmbH nicht von der Verpflichtung nach § 97 Abs. 1 entbindet. Während des Insolvenzverfahrens kann sich der GmbH-Geschäftsführer seiner Verpflichtung nicht durch Amtsniederlegung entziehen. Bei zulässiger Niederlegung wird auch der

neue Geschäftsführer gem. § 97 Abs. 1 verpflichtet. Er hat sich gegebenenfalls die Informationen zu beschaffen, die von ihm verlangt werden (*Kuhn/Uhlenbruck* KO, § 100 Rz. 3a).
Nach heute wohl h. M. ist der faktische Geschäftsführer einer GmbH nicht nur strafrechtlich bei unterlassenem Insolvenzantrag verantwortlich i. S. von § 84 Abs. 1 Nr. 2, Abs. 2 GmbHG; vielmehr treten auch die zivilrechtlichen Sanktionen für einen unterlassenen Insolvenzantrag hinsichtlich des faktischen Geschäftsführers ein (vgl. BGHSt 31, 118; BGHZ 75, 96, 106; BGHZ 104, 44; *Karsten Schmidt* ZIP 1988, 1500; *Kuhn/Uhlenbruck* KO, § 100 Rz. 3b). Dies wirkt sich auch auf die Rechtsstellung des faktischen Geschäftsführers im Insolvenzverfahren über das Vermögen der GmbH aus. Wer mit dem Einverständnis der Gesellschafter oder als maßgeblicher Gesellschafter ohne formellen Bestellungsakt die Geschäfte einer GmbH tatsächlich führt, dem obliegen in einem späteren Insolvenzverfahren die Pflichten des organschaftlichen Vertreters, wenn im übrigen kein sonstiger Geschäftsführer bestellt ist. Der tatsächliche Geschäftsführer ist deshalb zur unbeschränkten Auskunft verpflichtet (so *Kuhn/Uhlenbruck* KO, § 100 Rz. 3b). 9

Die Auskunftsberechtigten können sich auch dann an den Schuldner persönlich halten, wenn dieser anwaltlich vertreten ist; sie sind nicht gezwungen, sich über den Anwalt an den Schuldner zu wenden (*Kilger/Karsten Schmidt* KO, § 100 Rz. 1c; *Kuhn/Uhlenbruck* KO, § 100 Rz. 8). 10

III. Gegenstand und Inhalt der Auskunft

Gefordert werden kann Auskunft über alles, was das Insolvenzverfahren betrifft, insbesondere über die Gründe, die die Eröffnung des Insolvenzverfahrens veranlaßt haben, über das Vermögen des Schuldners, über die einzelnen Forderungen und ihre Berechtigung, über Aussonderungs- und Absonderungsrechte und über Umstände, die eine Anfechtung von Rechtshandlungen begründen können. Die Auskunft ist persönlich und mündlich zu erteilen, wenn nicht im einzelnen Fall eine andere Form der Auskunftserteilung gestattet wird. Erhöhte Auskunftspflichten bestehen im Insolvenzplanverfahren, wie u. a. aus § 220 geschlossen werden kann. Im Insolvenzplanverfahren können z. B. auch Auskünfte über Produktion, Vertrieb usw. erforderlich sein. 11

Die Auskunftspflicht erstreckt sich nach Abs. 1 Satz 2 auch auf Angaben, durch die der Schuldner eine begangene strafbare Handlung offenbaren muß. Die solchenfalls entstehende Zwangslage berechtigt den Schuldner nicht, die Auskunft zu verweigern (*BVerfG* Rpfleger 1981, 225; *LG Hamburg*, KTS 1975, 242). Nach Auffassung des BVerfG werden die Grundrechte des Schuldners nicht dadurch verletzt, daß er nach den Vorschriften des Insolvenzrechts uneingeschränkt zur Aussage verpflichtet ist und dazu durch die Anordnung von Beugemitteln angehalten werden kann (str., a. A. *Uhlenbruck* JR 1971, 445). Beschwört der Schuldner wissentlich falsche Aussagen über insolvenzverfahrenserhebliche Umstände, so macht er sich wegen Meineids (§§ 154, 155, 156 StGB) strafbar ohne Rücksicht darauf, ob die gerichtlich angeordnete Aufklärung strafbare Handlungen zum Gegenstand hatte (BGHSt 3, 309; RGSt 66, 152). Das BVerfG stimmt aber der Kritik von *Uhlenbruck* JR 1971, 445, insoweit zu, als es die unbeschränkte Auskunftspflicht durch ein strafrechtliches Verwertungsverbot ergänzt. Bei den erzwingbaren Pflichten des Vollstreckungsrechts (§§ 807, 883 Abs. 2 ZPO) tragen die Gläubiger das Vollstreckungsrisiko. Ein wirksamer Rechtsschutz der Gläubiger ist ohne erzwingbare Aufklärung unmöglich. Deshalb ist der Gläubigerschutz gegenüber 12 dem Schutz vor Selbstbelastung vorrangig. Dem Schutz des Schuldners vor den strafrechtlichen Folgen einer Selbstbelastung ist dadurch Rechnung getragen, daß seine Aussage nicht gegen seinen Willen in einem Strafverfahren gegen ihn verwertet werden darf. Das gilt auch für Umgehungstatbestände wie z. B. eine Anwesenheit des Vertreters der Staatsanwaltschaft in der Gläubigerversammlung oder die Vernehmung von Gläubigern als Zeugen darüber, was der Schuldner in der Gläubigerversammlung offenbar hat. Unzulässig ist also auch jede mittelbare Verwertung einer Aussage nach § 97 im Strafverfahren (*Kuhn/Uhlenbruck* KO, § 100 Rz. 2). In Satz 3 sind die vom BVerfG entwickelten Grundsätze in Gesetzesform umgesetzt worden.

13 Die Auskunftspflicht des Schuldners erstreckt sich auch auf das im Ausland belegene Vermögen (*BGH* WM 1983, 858; *Hanisch* ZIP 1983, 1289; *Merz* ZIP 1983, 136; *Kuhn/Uhlenbruck* KO, § 100 Rz. 2b). Der Insolvenzverwalter kann auf § 97 Abs. 1 gestützt eine Vollmacht verlangen, die ihn befähigen soll, im Ausland befindliche, zur Insolvenzmasse gehörige Gegenstände herauszuverlangen, und zwar insbesondere *dann, wenn die ausländischen Behörden den inländischen Insolvenztitel nicht anerkennen* (*OLG Köln* WM 1986, 682; *Hess* KO, § 100 Rz. 8).

14 Eine Auskunftspflicht kann sich auch aus vorangegangenem Tun ergeben. Hat der Schuldner dem Insolvenzantrag eine unvollständige Übersicht seines Vermögens beigefügt, so hat er dem Insolvenzverwalter anzuzeigen, welche Gegenstände er wohin weggeschafft und welche der Verwalter bei der Bestandsaufnahme übersehen hat (*Kuhn/Uhlenbruck* KO, § 100 Rz. 2c).

C. Weitere Mitwirkungspflichten

15 Abs. 2 begründet die Pflicht des Schuldners, den Insolvenzverwalter bei der Erfüllung von dessen Aufgaben zu unterstützen. Dieser Pflicht kommt in der Praxis vor allem dann eine Bedeutung zu, wenn der Versuch unternommen wird, das Unternehmen zu sanieren. Gerade in einem solchen Fall kann aber auch am ehesten auf die Mitwirkungsbereitschaft des Schuldners gebaut werden, da dieser den Betrieb ja später wieder vom Insolvenzverwalter übertragen bekommen soll. Die Mitwirkung des Schuldners ist des weiteren dann von Bedeutung, wenn die Gegenstände des Schuldnervermögens einzeln verwertet werden sollen.

16 Zu Arbeiten für die Masse ist der Schuldner hingegen grundsätzlich nicht verpflichtet (vgl. *Kuhn/Uhlenbruck* KO, § 1 Rz. 78). Leistet aber ein Schuldner oder ein organschaftlicher Vertreter desselben auch noch im Rahmen der Abwicklung des Insolvenzverfahrens Arbeiten für die Masse, so ist ihm eine seiner Leistung entsprechende Vergütung zu gewähren (*Kuhn/Uhlenbruck* KO, § 100 Rz. 6). Erfordert dagegen eine richtige Auskunft Vorbereitungsarbeiten wie z. B. eine Einsicht in das Rechnungswesen oder die Durcharbeitung von Unterlagen, so sind diese der Auskunftspflicht zuzuordnenden Arbeiten nicht besonders zu vergüten. Der Geschäftsführer einer GmbH kann sich unter Hinweis auf die fehlende Arbeitspflicht nicht darauf berufen, er wisse nicht mehr als angegeben, nachzusehen brauche er nicht (*OLG Hamm* ZIP 1980, 282).

Durchsetzung der Pflichten des Schuldners § 98

D. Sekundärpflichten

I. Erreichbarkeit

Anders als § 101 Abs. 1 KO baut § 97 Abs. 3 InsO auf die Einsicht des Schuldners. Nicht 17
er muß grundsätzlich das Gericht um Erlaubnis bitten, seinen Wohnort zu verlassen,
sondern das Gericht kann seine Anwesenheit anordnen, wenn und sobald es diese für
erforderlich hält.

Eine Aufenthaltsbeschränkung des Schuldners kann geboten sein, um zu verhindern, daß 18
er sich seinen Mitwirkungspflichten entzieht. Ausnahmen kann das Gericht zulassen.
Bei unerlaubter Entfernung kann von den Zwangsmitteln von § 99 Abs. 2 Gebrauch
gemacht werden.

II. Unterlassungspflichten

Abs. 3 Satz 2 betrifft Handlungen, die die Erfüllung der Aufgaben des Insolvenzverwal- 19
ters erschweren, wie z. B. das Beiseiteschaffen von Vermögensgegenständen der Masse,
und ebenso Handlungen, mit denen sich der Schuldner zur Erfüllung seiner Mitwirkungspflichten außerstande setzt, wie z. B. die Vernichtung von Aufzeichnungen.

§ 98
Durchsetzung der Pflichten des Schuldners → § 101 KO

(1) ¹Wenn es zur Herbeiführung wahrheitsgemäßer Aussagen erforderlich erscheint, ordnet das Insolvenzgericht an, daß der Schuldner zu Protokoll an Eides
Statt versichert, er habe die von ihm verlangte Auskunft nach bestem Wissen und
Gewissen richtig und vollständig erteilt. ²Die §§ 478 bis 480, 483 der Zivilprozeßordnung gelten entsprechend.
(2) Das Gericht kann den Schuldner zwangsweise vorführen und nach Anhörung in
Haft nehmen lassen,
1. wenn der Schuldner eine Auskunft oder die eidesstattliche Versicherung oder
   die Mitwirkung bei der Erfüllung der Aufgaben des Insolvenzverwalters verweigert;
2. wenn der Schuldner sich der Erfüllung seiner Auskunfts- und Mitwirkungspflichten entziehen will, insbesondere Anstalten zur Flucht trifft, oder
3. wenn dies zur Vermeidung von Handlungen des Schuldners, die der Erfüllung
   seiner Auskunfts- und Mitwirkungspflichten zuwiderlaufen, insbesondere zur
   Sicherung der Insolvenzmasse, erforderlich ist.
(3) ¹Für die Anordnung von Haft gelten die §§ 904 bis 910, 913 der Zivilprozeßordnung entsprechend. ²Der Haftbefehl ist von Amts wegen aufzuheben, sobald die
Voraussetzungen für die Anordnung von Haft nicht mehr vorliegen. ³Gegen die
Anordnung der Haft und gegen die Abweisung eines Antrags auf Aufhebung des
Haftbefehls wegen Wegfalls seiner Voraussetzungen findet die sofortige Be-
schwerde statt.

App

§ 98 Wirkungen der Eröffnung des Insolvenzverfahrens

Inhaltsübersicht: Rz.

A. Inhalt und Zweck der Vorschrift 1
B. Eidesstattliche Versicherung 2– 3
C. Verhaftung des Schuldners 4– 7
D. Gründe zur Anordnung von Vorführung oder Verhaftung 8–10
E. Vorschriften über Anordnung und Beendigung der Haft 11

A. Inhalt und Zweck der Vorschrift

1 § 98 gibt dem Insolvenzgericht bestimmte Mittel in die Hand, um die Erreichbarkeit eines unwilligen Schuldners und wahrheitsgemäße Auskünfte sicherzustellen.

B. Eidesstattliche Versicherung

2 Für den Fall, daß Anhaltspunkte darauf hindeuten, daß der Schuldner auf Fragen, die er gem. § 97 zu beantworten hat, die Unwahrheit sagt oder vielleicht Wesentliches verschweigt, sieht § 98 Abs. 1 die Möglichkeit einer »Eidesstattlichen Versicherung« vor. Die Vorschrift verweist auf die entsprechenden Vorschriften im Rahmen der ZPO. Die »Eidesstattliche Versicherung« ist von geringerem Gewicht als der Eid und dient in den durch Gesetz bestimmten oder zugelassenen Fällen dazu, eine Tatsachenbehauptung vor Gericht oder Behörde glaubhaft zu machen. Leistet der Schuldner in der Zwangsvollstreckung oder im Insolvenzverfahren vor dem Gericht eine falsche Versicherung an Eides Statt, so hat er mit einem Strafverfahren und einer Verurteilung mit bis zu drei Jahren oder Geldstrafe zu rechnen (§ 156 StGB). Die Anordnung einer Eidesstattlichen Versicherung kann von Amts wegen oder auf Antrag des Insolvenzverwalters oder eines Insolvenzgläubigers getroffen werden.

3 Für die Abnahme der Eidesstattlichen Versicherung ist das Insolvenzgericht und dort regelmäßig der Rechtspfleger zuständig.

C. Verhaftung des Schuldners

4 Als Zwangsmittel können gegen den Schuldner die Vorführung durch einen Gerichtsvollzieher oder Justizbeamten des einfachen Dienstes und die Haft angeordnet werden, auf Antrag oder auch von Amts wegen, jedoch nur durch den Richter (§ 4 Abs. 2 Satz 2 RpflG) und die Haft nur nach Androhung bzw. Anhörung des Schuldners. Bei Anordnung der Haft wird zugleich ein Haftbefehl erlassen. Der Haftanordnungsbeschluß ist nicht Vollstreckungstitel, sondern nur Grundlage für den Erlaß des Haftbefehls. Gleiches gilt für den Vorführungsbefehl. Der Beschluß muß zugestellt werden (§ 8), damit die Anfechtungsfrist in Gang gesetzt wird (*Weber* in Jaeger, KO, § 101 Rz. 4). Es gelten insoweit die gleichen Grundsätze wie zu § 901 ZPO (vgl. *Stöber* in Zöller, ZPO, § 901 Rz. 8).

5 Soweit das Insolvenzgericht Haftbefehl zur Erzwingung von Auskunftspflichten des Schuldners erläßt oder Haft zur Sicherung der Masse gegen unberechtigte Verfügungen des Schuldners, Verdunkelungen oder Behinderung der Geschäftsführung des Insolvenzverwalters, bedarf es keiner besonderen Anordnung nach § 758 ZPO, denn der Haftbefehl enthält ohne besonderen Ausspruch zugleich auch die Anordnung zum Betre-

Durchsetzung der Pflichten des Schuldners § 98

ten und zur Durchsuchung der Wohnung des Schuldners (so für den Haftbefehl im Offenbarungsversicherungsverfahren die ganz h. M. in Literatur und Rechtsprechung; vgl. *AG Köln* DGVZ 1979, 170; *LG Düsseldorf* DGVZ 1980, 58). Der Haftbefehl gestattet alle zur Verhaftung notwendigen Maßnahmen ebenso wie der Vorführungsbefehl. Auch bei der zwangsweisen Vorführung des Schuldners bedarf es nicht einer richterlichen Durchsuchungsanordnung, um den Schuldner in der Wohnung zu verhaften. Die Vorschrift des § 758 ZPO paßt insoweit nicht.

In vielen Fällen ist die Anhörung des Schuldners vor Anordnung der Haft nicht möglich, 6 weil dieser sich den gerichtlichen Feststellungen und seinen Verpflichtungen im Insolvenzverfahren entzieht. Das Gericht genügt seiner Anhörungspflicht, wenn es den Haftanordnungsbeschluß dem Schuldner zustellt. § 10 sieht vor, daß die Anhörung unterbleiben kann, wenn sich der Schuldner im Ausland aufhält und die Anhörung das Verfahren übermäßig verzögern würde oder wenn der Aufenthalt des Schuldners unbekannt ist.

Die Kosten von Zwangsmitteln fallen als Massekosten nach § 54 Nr. 1 der Masse zur Last. 7 Der Antragsteller ist nicht vorschußpflichtig, weil die Zwangsmittel nicht im persönlichen Interesse des Antragstellers, sondern im Gesamtinteresse der Gläubiger verhängt werden.

D. Gründe zur Anordnung von Vorführung oder Verhaftung

Als solche kommen in Betracht: 8
1. die Nichterfüllung der dem Schuldner gesetzlich auferlegten Pflichten,
2. Fluchtvorbereitungen und
3. die Sicherung der Masse, falls der Verdacht begründet ist, daß der Schuldner massezugehörige Vermögensgegenstände beiseite schafft, Außenstände einzieht oder auf andere Weise die Masse schädigt.

Bei einem Haftbefehl i. S. von § 98 Abs. 2 Nr. 3 soll nach *LG Memmingen* ZIP 1983, 204 in Anlehnung an § 116 StPO zu prüfen sein, ob die Haft gegenüber dem Schuldner vollzogen werden muß oder ob weniger einschneidende Maßnahmen ausreichen. Danach ist die Außervollzugsetzung unter Aufrechterhaltung des Haftbefehls geboten und ermessensfehlerfrei, wenn auch in Zukunft zu erwarten ist, daß der Schuldner von der ihm nach schweizerischem Recht zustehenden Möglichkeit Gebrauch machen wird, eine dem Insolvenzverwalter unwiderruflich erteilte Vollmacht zur Verwertung seines in der Schweiz belegenen Grundbesitzes (Eigentumswohnung) vor dem schweizerischen Grundbuchamt zu widerrufen, um die Verwertung des Auslandsvermögens durch den inländischen Insolvenzverwalter zu verhindern. Dies ergibt sich schon aus dem Grundsatz der Verhältnismäßigkeit. Im Einzelfall können weniger einschneidende Maßnahmen ausreichen (vgl. *LG Hamburg* MDR 1971, 309). Die zwingende Prüfung der Verhältnismäßigkeit zwischen Haftanordnung und abzuwendenden Nachteilen folgt aus allgemeinen Grundsätzen.

Die Zwangsmittel können auch gegen den gesetzlichen Vertreter des Schuldners und 9 gegen die in der Schuldnerrolle befindlichen Personen in Sonderinsolvenzverfahren angewendet werden (§ 101). Der Insolvenzverwalter kann nicht, anstatt seine gesetzlichen Auskunftsrechte gegen den Schuldners zu erheben und gegebenenfalls zu erzwingen, von früheren Arbeitnehmern des Schuldners Auskunft über von diesen dem Schuldner gewährte Kredite und der anschließende Abwicklung verlangen (*BGH* DB 1990, 2075).

10 Zur Erzwingung der Räumung eines Grundstücks oder der Herausgabe beweglicher Sachen kann die Haft nicht angeordnet werden (*OLG Stuttgart* NJW 1953, 389; *Böhle-Stamschräder* NJW 1952, 1521). Das folgt aus dem Zusammenhang von § 98 mit § 97 und der Ordnung des Vollstreckungsrechts in der ZPO (vgl. *Kuhn/Uhlenbruck* KO, § 117 Rz. 7).

E. Vorschriften über Anordnung und Beendigung der Haft

11 Die Verweisung auf bestimmte Vorschriften der ZPO betrifft insbesondere die Fälle der Unzulänglichkeit, der Unterbrechung und des Aufschubs der Haft (§§ 904 bis 906 ZPO), das Erfordernis eines förmlichen Haftbefehls (§ 908 ZPO/Richtervorbehalt) und die Höchstdauer der Haft (§ 913 ZPO, sechs Monate). Die Schwere des Eingriffs, den eine Verhaftung bedeutet, wird dadurch Rechnung getragen, daß das Gericht ausdrücklich verpflichtet wird, stets von Amts wegen zu prüfen, ob der Grund für die Anordnung der Haft fortbesteht (Abs. 3 Satz 2). Die sofortige Beschwerde ist nicht nur gegen die Anordnung der Haft gegeben, sondern auch gegen ihre Aufrechterhaltung trotz eines Antrags auf Aufhebung (*Weinbörner* Das neue Insolvenzrecht mit EU-Übereinkommen, Rz. B 233).

§ 99
Postsperre → § 121 KO

(1) ¹Soweit dies erforderlich erscheint, um für die Gläubiger nachteilige Rechtshandlungen des Schuldners aufzuklären oder zu verhindern, ordnet das Insolvenzgericht auf Antrag des Insolvenzverwalters oder von Amts wegen durch begründeten Beschluß an, daß bestimmte oder alle Postsendungen für den Schuldner dem Verwalter zuzuleiten sind. ²Die Anordnung ergeht nach Anhörung des Schuldners, sofern dadurch nicht wegen besonderer Umstände des Einzelfalls der Zweck der Anordnung gefährdet wird. ³Unterbleibt die vorherige Anhörung des Schuldners, so ist dies in dem Beschluß gesondert zu begründen und die Anhörung unverzüglich nachzuholen.
(2) ¹Der Verwalter ist berechtigt, die ihm zugeleiteten Sendungen zu öffnen. ²Sendungen, deren Inhalt nicht die Insolvenzmasse betrifft, sind dem Schuldner unverzüglich zuzuleiten. ³Die übrigen Sendungen kann der Schuldner einsehen.
(3) ¹Gegen die Anordnung der Postsperre steht dem Schuldner die sofortige Beschwerde zu. ²Das Gericht hat die Anordnung nach Anhörung des Verwalters aufzuheben, soweit ihre Voraussetzungen fortfallen.

Inhaltsübersicht: Rz.

A. Inhalt und Zweck der Vorschrift	1– 2
B. Folgen der Postsperre	3–10
C. Voraussetzungen einer Postsperre	11–12
D. Rechtsbehelfe und Aufhebung der Postsperre	13–16

Postsperre § 99

A. Inhalt und Zweck der Vorschrift

Wie § 98 dient auch § 99 der Sicherung der in § 97 normierten Pflichten des Schuldners, 1
insbesondere der Unterlassungspflichten von § 97 Abs. 3 Satz 2. Schuldner können versucht sein, unter Mithilfe Dritter Vermögensgegenstände beiseite zu schaffen oder bereits erfolgte masseschädigende Handlungen zu verdunkeln. Da ein solcher Verdacht aber nicht generell besteht, tritt anders als nach § 121 KO die Postsperre nicht regelmäßig ein. Vielmehr ist ihre Erforderlichkeit zu prüfen, und sie ist auf das erforderliche Maß zu begrenzen. Erforderlich erscheint sie immer dann, wenn Vermögensverschiebungen und Manipulationen zu Lasten der Insolvenzmasse vorgebeugt werden muß oder wenn diesbezüglich ein Aufklärungsbedarf besteht.

Überhaupt setzt die Anordnung der Postsperre und die Prüfung der Erforderlichkeit vor 2
dem Hintergrund des Grundrechteingriffs die Anhörung des Schuldners voraus. Dies kollidiert natürlich mit Praxisinteressen, denn die Postsperre wird insbesondere dann wirksam sein, wenn sie den Schuldner überraschend trifft und dieser ihr nicht vorbeugen kann. Abs. 1 Satz 2 räumt daher dem Insolvenzgericht unter den in dieser Regelung festgelegten Voraussetzungen die Möglichkeit ein, eine Postsperre auch ohne vorherige Anhörung des Schuldners anzuordnen. Allerdings ist in diesen Fällen das rechtliche Gehör des Schuldners unverzüglich nachzuholen. Die Anordnung der Postsperre ist durch das Insolvenzgericht zu begründen, was den Schuldner davor schützen soll, daß durch voreilige oder gar formularmäßige Anordnung der Postsperre ohne zwingenden Grund in sein Grundrecht des Briefgeheimnisses (Art. 10 GG) eingegriffen wird. Zudem kann der Schuldner sein Beschwerderecht in Anspruch nehmen. Wenn die Voraussetzungen der Anordnung ganz oder teilweise fortfallen, ist die Postsperre unverzüglich aufzuheben oder zu beschränken (Abs. 3). Dies macht deutlich, daß das Insolvenzgericht auch nach Anordnung der Postsperre – ähnlich wie bei der Anordnung der Haft – stets prüfen muß, ob der Grund für die Anordnung fortbesteht.

B. Folgen der Postsperre

Gegen § 99 bestehen keine verfassungsrechtlichen Bedenken (*BVerfG* ZIP 1986, 1336). 3
§ 99 i. V. mit § 102 schränkt das Grundrecht aus Art. 10 Abs. 1 GG wirksam ein; das Zitiergebot des Art. 19 Abs. 1 Satz 2 GG ist durch § 102 gewahrt. Wird die Postsperre angeordnet, ist die Post, die an den Gemeinschuldner gerichtet ist, dem Insolvenzverwalter auszuhändigen, dem das Recht zur Öffnung und Einsichtnahme zusteht.

Bei drohender Verletzung des Privatgeheimnisses (s. hierzu *BGH* NJW 1991, 2955; *OLG* 4
Köln ZIP 1992, 1320; *KG* NJW 1992, 2771) gilt für die Anordnung der Postsperre folgendes:

Die Anordnung einer Postsperre im Insolvenzverfahren eines Arztes, die dem Insolvenz- 5
verwalter auch ermöglicht, äußerlich nicht als solche erkennbare Patientenpost zu öffnen, ist bei Wahrung der Verhältnismäßigkeit nicht verfassungswidrig. Bei mangelnder Kooperationsbereitschaft und der Gefahr unzulässiger Verfügungen des Schuldners ist die Verhältnismäßigkeit gewahrt, wenn die Anordnung der Postsperre den Insolvenzverwalter verpflichtet, Briefe nur persönlich zu öffnen und, wenn sie Patientendaten enthalten, wieder zu verschließen und an den Schuldner weiterzuleiten (*OLG Bremen* ZIP 1992, 1757; *Pape* EWiR 1992, 1215, *Hess* KO, § 121 Rz. 3).

Der Postsperre unterliegen die für den Schuldner eingehenden Sendungen, Briefe und 6
Telegramme; sie kann nicht auf die vom Schuldner ausgehenden ausgedehnt werden

App

(anders § 99 StPO). Sendungen, die nicht an den Schuldner, sondern an seine Familienangehörigen gerichtet sind, werden von der Anordnung nicht betroffen. Wert hat die Anordnung ganz besonders für die ersten Tage nach der Eröffnung des Insolvenzverfahrens (*Kuhn/Uhlenbruck* KO, § 121 Rz. 2). Für den späteren Verlauf des Verfahrens kann sie durch Benutzung einer Deckadresse in ihrem Wert sehr gemindert werden. § 99 ermöglicht nicht eine Fernsprechsperre. Im übrigen ist der Begriff Postsendung weit auszulegen. Diesem Begriff unterfallen z. B. auch Telegramme, Fernschreiben und Telekopien (Fax). Der Nutzen der Anordnungen ist jedoch wegen der Möglichkeit von Deckadressen und sonstigen Umgehungsmöglichkeiten gering.

7 Ob die Sperre auf alle Sendungen des Schuldners auszudehnen ist, bleibt dem pflichtmäßigen, an Art. 10 GG ausgerichteten Ermessen des Insolvenzgerichts überlassen. Um den Postverkehr zwischen dem Insolvenzverwalter und dem Schuldner nicht zu unterbinden, wird sich empfehlen, die Postsendungen des Verwalters an den Schuldner und Zustellungen des Insolvenzgerichts durch die Post von der Sperre auszunehmen. Dies geschieht durch einen vom Insolvenzgericht oder vom Verwalter anzubringenden Vermerk »Trotz Insolvenzverfahrens auszuhändigen«. Von der Postsperre ausgenommen werden können auch Postsendungen eines Strafgerichts an den Schuldner und Postsendungen der Steuerbehörden. Es empfiehlt sich nicht, Gerichtspost grundsätzlich auszunehmen, weil oftmals Grundbuchmitteilungen wertvolle Aufschlüsse über Vermögen des Schuldners geben (so *Kuhn/Uhlenbruck* KO, § 121 Rz. 3). Werden Postzustellungen nicht ausgenommen, werden sie als unzustellbar behandelt.

8 In der Insolvenz der KG und der OHG werden von der Postsperre auch die an die persönlich haftenden Gesellschafter gerichteten Sendungen erfaßt (*Kuhn/Uhlenbruck* KO, § 121 Rz. 3a).

9 In der Insolvenz juristischer Personen, eines Vereins, einer AG, einer GmbH oder einer Genossenschaft werden die an einzelne Vorstandsmitglieder gerichteten Sendungen dann von der Postsperre erfaßt, wenn aus der Aufschrift nicht offensichtlich erkennbar ist, daß es sich um Privatpost handelt, die die Masse nicht betrifft (*Hess* KO, § 121 Rz. 6).

10 Der Schuldner kann von dem Insolvenzverwalter Einsichtnahme in die Sendungen und die Herausgabe verlangen, wenn die Post die Masse nicht betrifft. Die Sendungen sind dem Schuldner unverzüglich zuzuleiten (§ 99 Abs. 2 Satz 1).

C. Voraussetzungen einer Postsperre

11 Die Neufassung der Vorschrift macht deutlich, daß von der Postsperre nicht beliebig und nicht schematisch Gebrauch gemacht werden darf. Der Grundrechtseingriff muß vielmehr dem verfassungsmäßigen Gebot der Verhältnismäßigkeit genügen (so bereits zur Vorläufervorschrift *Hess* KO, § 121 Rz. 3; *LG Stuttgart* ZIP 1986, 1591; *LG Coburg* KTS 1972, 124). Das Verhältnismäßigkeitsgebot erfordert es jedenfalls beim Widerspruch des Schuldners gegen die Postsperre und bei einem bereits eine nähere Prüfung ermöglichenden Verfahrensstand (vgl. hierzu *Uhlenbruck* Rpfleger 1984, 11), unter Berücksichtigung der konkreten Umstände des Falles, eine Abwägung zwischen dem Recht des Schuldners auf Wahrung des Brief- und Postgeheimnisses einerseits und dem Interesse nicht nur der Gläubiger, sondern auch des Staates an einer den Zweck des Insolvenzverfahrens sichernden Rechtspflege andererseits vorzunehmen und danach unverhältnismäßig erscheinende Eingriffe in das Grundrecht des Schuldners zu vermeiden. Da die von der Postsperre nach § 99 ausgehende Beeinträchtigung des in Betracht

kommenden verfassungsrechtlich geschätzten Geheimhaltungsinteresses dritter Personen bei einem Schuldner, dem derartige Geheimnisse anvertraut werden, bei pflichtgemäßem Verhalten des Insolvenzverwalters nur verhältnismäßig geringfügig, das Allgemeininteresse an der Sicherstellung der Effektivität von Insolvenzverfahren durch die Zulassung der Postsperre hingegen aufgrund ihrer großen praktischen Bedeutung für diesen Zweck ganz erheblich ist (vgl. *Uhlenbruck* Rpfleger 1984, 10), ist § 99 bei verfassungskonformer Auslegung nicht etwa dahingehend einzuschränken, daß allein schon wegen der Möglichkeit der Kenntnisnahme des Insolvenzverwalters von verfassungsrechtlich geschützten Daten aus der Privatsphäre Dritter die Anordnung einer Postsperre von vornherein unzulässig ist. Vielmehr ist die Postsperre verfassungsrechtlich unbedenklich, soweit sie auf Grund der konkreten Umstände sowohl unter Berücksichtigung des Geheimhaltungsinteresses Dritter hinsichtlich ihrer Privatsphäre als auch des Brief- und Postgeheimnisses als Eingriff in die betroffenen Grundrechte nicht unverhältnismäßig ist.

Besondere Umstände, von der vorherigen Anhörung des Schuldners ausnahmsweise 12 abzusehen, können etwa vorausgegangene Vermögensverschiebungen, deren Wiederholung droht, Wirtschaftsstraftaten und Fluchtvorbereitungen sein. Das Gericht muß zu diesen Umständen Stellung nehmen; auf jeden Fall ist der Schuldner anschließend unverzüglich anzuhören (§ 99 Abs. 1 Satz 3).

D. Rechtsbehelfe und Aufhebung der Postsperre

Auf Antrag des Schuldners kann nach Anhörung des Insolvenzverwalters das Insolvenz- 13 gericht die Postsperre aufheben, wenn nicht mehr zu befürchten ist, daß der Schuldner die Posteingänge nachteilig zu Lasten der Gläubiger und der Schuldner ausnutzt (§ 99 Abs. 3 Satz 2; so bereits zur Vorläufervorschrift *LG Coburg* KTS 1972, 124).

Der Beschluß über die Anordnung der Postsperre ist dem Schuldner zuzustellen, dem das 14 Recht der Beschwerde zusteht (§ 99 Abs. 3 Satz 1). Dem Insolvenzverwalter sowie der Post und Telekom ist die Anordnung der Postsperre bekanntzugeben.

Weist der Rechtspfleger am Amtsgericht einen Antrag des Schuldners auf Aufhebung der 15 Postsperre zurück, so kann der Schuldner Erinnerung einlegen (§ 11 Abs. 1 Satz 2, Abs. 4 RpflG; § 569 ZPO). Hilft der Richter der Erinnerung nicht ab, weil er sie für unbegründet hält, wird die Erinnerung dem Landgericht vorgelegt und als sofortige Beschwerde gegen die Entscheidung des Rechtspflegers behandelt (§ 11 Abs. 2 Satz 4 und 5 RpflG; § 6 InsO).

Hebt der Rechtspfleger am Amtsgericht auf Antrag des Schuldners die Postsperre auf, so 16 steht dem Insolvenzverwalter das Recht der Erinnerung zu.

§ 100
Unterhalt aus der Insolvenzmasse → §§ 129, 132, 58 KO

(1) **Die Gläubigerversammlung beschließt, ob und in welchem Umfang dem Schuldner und seiner Familie Unterhalt aus der Insolvenzmasse gewährt werden soll.**

(2) ¹**Bis zur Entscheidung der Gläubigerversammlung kann der Insolvenzverwalter mit Zustimmung des Gläubigerausschusses, wenn ein solcher bestellt ist, dem Schuldner den notwendigen Unterhalt gewähren.** ²**In gleicher Weise kann den**

minderjährigen unverheirateten Kindern des Schuldners, seinem Ehegatten, seinem früheren Ehegatten und dem anderen Elternteil seines Kindes hinsichtlich des Anspruchs nach den §§ 1615 l, 1615 n des Bürgerlichen Gesetzbuchs Unterhalt gewährt werden.

Inhaltsübersicht: Rz.

A. Inhalt und Zweck der Vorschrift 1– 3
B. Notwendiger Unterhalt 4– 8
C. Unterhaltsbeschluß der Gläubigerversammlung 9–10

A. Inhalt und Zweck der Vorschrift

1 Da anderenfalls die Allgemeinheit in Form von Sozialhilfe für den Unterhalt des Schuldners und meist auch seiner Familie aufkommen müßte, hatte es bereits der Gesetzgeber der KO (§§ 129, 132 KO) und der VerglO (§ 56 VerglO) für angebracht gehalten, daß die zur Lebensführung des Schuldners notwendigen Mittel primär der Masse entnommen werden sollen (vgl. *Weinbörner* Das neue Insolvenzrecht mit EU-Übereinkommen, Rz. B 238). § 100 faßt die bisherigen Regelungen mit der Konsequenz zusammen, daß wegen der Einbeziehung des Neuerwerbs in die Masse (§ 35) die Unterhaltsberechtigten künftig schlechter gestellt werden als nach dem früheren Recht. Der Rechtsausschuß des Bundestags hat dies in seiner Schlußberatung ausdrücklich in Kauf genommen und den Nachteil als nicht so gravierend angesehen, weil die pfändungsfreien Teile des Einkommens des Schuldners nicht in die Masse fallen und Unterhaltspflichten gem. § 850 c ZPO die Pfändungsfreibeträge erhöhen.

2 Anders als nach § 114 des Regierungsentwurfs steht dem Schuldner auch für den Fall seiner Bedürftigkeit kein einklagbarer Anspruch auf Unterhalt zu, sondern die Gläubigerversammlung entscheidet darüber nach freiem Ermessen.

3 Bis zur Gläubigerversammlung kann der Insolvenzverwalter selbst (mit Zustimmung des Gläubigerausschusses) nach freiem Ermessen Unterhalt aus der Insolvenzmasse gewähren. Dieses Ermessen erstreckt sich auch auf die Familie und die minderjährigen unverheirateten Kinder des Schuldners. Bei Einberufung der Gläubigerversammlung im ersten Termin ist diese Frage von den Gläubigern selbst zu entscheiden.

B. Notwendiger Unterhalt

4 Die Gewährung des notwendigen (§ 129 Abs. 1 KO sprach vom »notdürftigen«) Unterhalts durch den Insolvenzverwalter soll lediglich die Zeit bis zur Beschlußfassung der Gläubigerversammlung (Abs. 1) überbrücken. Der Insolvenzverwalter kann dem Schuldner und bestimmten unterhaltsberechtigten Personen notwendigen Unterhalt zahlen. Der Höhe nach orientiert sich der notwendige Unterhalt an den Sozialhilfesätzen (*Hess* KO, § 129 Rz. 1).

5 Der Insolvenzverwalter sollte die Zahlung des notwendigen Unterhaltes nur dann ins Auge fassen, wenn dem Schuldner nicht hinreichend insolvenzfreies Vermögen zur Verfügung steht und er durch Einsatz seiner Arbeitskraft nicht in der Lage ist, seinen Unterhalt selbst zu verdienen (*Hess* KO, § 129 Rz. 2):

Unterhalt aus der Insolvenzmasse **§ 100**

Die vorläufige Gewährung des notwendigen Unterhalts bedarf der Zustimmung des Gläubigerausschusses. **6**

Fällt ein Grundstück, in dem sich die eheliche Wohnung des Schuldners befindet, in die Masse und überläßt der Insolvenzverwalter die eheliche Wohnung im Rahmen der Gewährung des notwendigen Unterhalts dem Schuldner, so kann er auch von der Ehefrau keine Nutzungsentschädigung verlangen (*LG Oldenburg* NJW 1967, 785). Der Mitbesitz der Ehefrau rechtfertigt sich aus den Unterhaltsansprüchen gegen den Ehemann, da sie insoweit verlangen kann, daß ihr als Unterhalt der Mitbesitz an der Wohnung überlassen wird (so *Hess* KO, § 129 Rz. 7). Etwas anderes kann nur dann gelten, wenn der Ehemann selbst Unterhaltsansprüche gegenüber seiner Frau geltend machen kann. Der Schuldner, der auf Grund eines eigenen Nutzungsrechts als Mitglied einer Erbengemeinschaft eine Wohnung in einem zum ungeteilten Nachlaß gehörenden Haus benutzt, muß hierfür seit Eröffnung des Insolvenzverfahrens eine Nutzungsentschädigung an die Masse zahlen, wenn ihm die Weiterbenutzung nicht gem. § 100 gestattet wurde (*BGH* WM 1984, 1650). **7**

Notwendiger Unterhalt ist das, was zur Befriedigung der einfachsten Lebensbedürfnisse erforderlich erscheint. Die Erziehungsgelder für die Kinder gehören zum notwendigen Unterhalt nur insoweit, als sie unter Berücksichtigung der veränderten Verhältnisse des Schuldners dringend erforderlich sind (dazu *Weber* in Jaeger, KO, § 129 Rz. 2; *Kilger/ Karsten Schmidt* KO, § 129 Rz. 1). Über den notwendigen Unterhalt ginge es hinaus, wenn dem Schuldner auf Kosten der Masse gestattet würde, eine teure Mietwohnung beizubehalten. **8**

C. Unterhaltsbeschluß der Gläubigerversammlung

Die Gläubigerversammlung kann mehr gewähren als den notwendigen Unterhalt; dabei wird auch die Mitarbeit des Schuldners an der Abwicklung des Insolvenzverfahrens eine Rolle spielen. Weiter kann sie außer dem Schuldner seine Familie berücksichtigen. Unter Familie sind diejenigen Angehörigen zu verstehen, die zum Hauswesen des Schuldners gehören, nicht nur die Unterhaltsberechtigten. Als zum Hauswesen gehörig sind auch die Kinder zu betrachten, die zu Lehrzwecken anderwärts wohnen, aber noch zum elterlichen Hausstand gehören. Der Begriff der Familie steht nicht ein- für allemal fest; das Unterstützungsrecht ist je nach den Gegebenheiten des Falles zu handhaben (*Kuhn/ Uhlenbruck* KO, § 129 Rz. 3; *Weber* in Jaeger, KO, § 129 Rz. 8). Als Familie kann auch eine nichteheliche Lebensgemeinschaft zählen, vor allem, wenn die zusammenlebenden Partner gemeinschaftliche Kinder haben. Ist der Schuldner verstorben, so kann der notwendige Unterhalt seiner Familie weitergewährt werden. Diese vom Rechtsausschuß des Bundestags befürwortete Ausdehnung des Begriffs Familie steht in gewisser Diskrepanz zu Abs. 2 Satz 2, der als Legaldefinition des Begriffs Familie verstanden werden kann (*Haarmeyer/Wutzke/Förster* Handbuch zur Insolvenzordnung, 547). Der Unterhalt gehört zu den Masseverbindlichkeiten; er ist aber im Rangverhältnis des § 209 erst an letzter Stelle zu berücksichtigen (§ 209 Abs. 1 Nr. 3). **9**

Die Gläubigerversammlung entscheidet durch Beschluß, für den § 76 Abs. 2 gilt (siehe die dortige Kommentierung). Sie kann ihren Beschluß jederzeit durch einen neuen Beschluß ersetzen und darin den Unterhalt erhöhen oder vermindern. Es steht ihr auch frei, den Unterhalt von vornherein auf einen Gesamtbetrag zu begrenzen oder ihn zu befristen, z. B. für eine Zeit, die der Schuldner voraussichtlich benötigt, um einen neuen Arbeitsplatz zu finden. **10**

§ 101
Organschaftliche Vertreter. Angestellte

(1)[1] **Ist der Schuldner keine natürliche Person, so gelten die §§ 97 bis 99 entsprechend für die Mitglieder des Vertretungs- oder Aufsichtsorgans und die vertretungsberechtigten persönlich haftenden Gesellschafter des Schuldners.** [2]**§ 97 Abs. 1 und § 98 gelten außerdem entsprechend für Personen, die nicht früher als zwei Jahre vor dem Antrag auf Eröffnung des Insolvenzverfahrens aus einer in Satz 1 genannten Stellung ausgeschieden sind.** [3]**§ 100 gilt entsprechend für die vertretungsberechtigten persönlich haftenden Gesellschafter des Schuldners.**
(2) § 97 Abs. 1 Satz 1 gilt entsprechend für Angestellte und frühere Angestellte des Schuldners, sofern diese nicht früher als zwei Jahre vor dem Eröffnungsantrag ausgeschieden sind.

Inhaltsübersicht: Rz.

A. Inhalt und Zweck der Vorschrift	1–2
B. Betroffene Personen	3–4
C. Weiterwirkung der beendeten Vertretungsbefugnis	5
D. Unterhaltszahlungen	6
E. Angestellte und frühere Angestellte des Schuldners	7

Literatur:

Khatib-Shahidi/Bögner Die rechtsmißbräuchliche oder zur Unzeit erklärte Amtsniederlegung des Geschäftsführers einer GmbH, BB 1997, 1161; *Uhlenbruck* Auskunfts- und Mitwirkungspflichten des Schuldners und seiner organschaftlichen Vertreter nach der Konkursordnung, Vergleichsordnung, Gesamtvollstreckungsordnung sowie Insolvenzordnung, KTS 1997, 371.

A. Inhalt und Zweck der Vorschrift

1 Das Grundmodell der InsO – wie früher noch mehr das der KO und der VerglO – ist die natürliche Person als Schuldner. In der Praxis überwiegen hingegen Insolvenzen von juristischen Personen und Personengesellschaften. Der Gesetzgeber mußte dafür Sorge tragen, daß auch dann eine Person zur Mitwirkung zur Verfügung steht, die Kenntnisse und Entscheidungskompetenz gehabt hatte.

2 Des weiteren sah der Gesetzgeber Anlaß, einer verbreiteten Handhabung im Vorfeld von Insolvenzverfahren den Boden zu entziehen: Oftmals legt der Geschäftsführer einer GmbH oder GmbH & Co. KG in Fällen wirtschaftlicher Schwierigkeiten sein Amt nieder oder er wird, weil er Konkursantrag beabsichtigt, von den Gesellschaftern mit sofortiger Wirkung abberufen (*Kuhn/Uhlenbruck* KO, § 100 Rz. 3a). Nach § 38 Nr. 1 GmbHG ist die Bestellung eines Geschäftsführers zu jeder Zeit widerruflich. Der Geschäftsführer selbst kann ohne Einhaltung einer Frist von seinem Amt zurücktreten, wenn hierfür ein wichtiger Grund vorliegt (*BGH* GmbHRdsch 1978, 85). Auch bei Streit über die objektive Berechtigung der Amtsniederlegung ist diese sofort wirksam (*BGH* GmbHR 1980, 270). Ebenso wie hinsichtlich der Konkursantragspflicht war zweifelhaft, ob der bisherige Geschäftsführer zur Auskunft nach § 100 KO verpflichtet ist. Nur er kennt die

Organschaftliche Vertreter. Angestellte **§ 101**

Vermögensverhältnisse der Gesellschaft und ist zur Auskunft in der Lage. Deshalb hat der Gesetzgeber angeordnet, daß die Niederlegung des Geschäftsführeramtes in der Krise der GmbH nicht von den Mitwirkungspflichten des Gemeinschuldners entbindet.

B. Betroffene Personen

Betroffen sind insbesondere 3
- Vorstandsmitglieder und Aufsichtsratsmitglieder einer Aktiengesellschaft,
- Geschäftsführer einer GmbH und bei Vorhandensein eines Aufsichtsrats dessen Mitglieder,
- Vorstandsmitglieder einer eingetragenen Genossenschaft,
- Liquidatoren einer AG, GmbH oder Genossenschaft,
- die Gesellschafter einer Offenen Handelsgesellschaft, soweit sie nicht gem. § 125 Abs. 1 HGB i. V. mit § 114 Abs. 2 HGB von der Vertretung der OHG ausgeschlossen worden sind,
- die Komplementäre einer Kommanditgesellschaft, im Falle einer GmbH & Co. KG die Geschäftsführer der Komplementär-GmbH,
- die Gesellschafter einer Gesellschaft des bürgerlichen Rechts, soweit sie nicht gem. § 714 BGB i. V. mit § 710 BGB von der Vertretung der Gesellschaft ausgeschlossen sind.

Diese Personen haben in vollem Umfang den Mitwirkungspflichten nach § 97 nachzukommen und unterliegen den Zwangsmitteln gem. § 98 sowie der Möglichkeit einer Postsperre nach § 99. Betroffen sind auch diejenigen Mitglieder eines mehrköpfigen Vertretungsorgans, die intern nicht mit kaufmännischen Dingen befaßt gewesen waren (so bereits *Kuhn/Uhlenbruck* KO, § 101 Rz. 1 zum alten Recht), doch wird sich der Insolvenzverwalter schon im eigenen Interesse an die Personen halten, die zu Auskünften am ehesten in der Lage scheinen. 4

C. Weiterwirkung der beendeten Vertretungsbefugnis

Die Auskunftspflicht nach § 97 Abs. 1 und ihre Erzwingbarkeit durch Haft sowie die Pflicht zur eidesstattlichen Versicherung und deren Erzwingbarkeit durch Haft, nicht dagegen die Unterstützungspflicht nach § 97 Abs. 2, die Pflicht zur Erreichbarkeit nach § 97 Abs. 3 Satz 1 und die Möglichkeit der Postsperre trifft die unter B. genannten Personen auch dann, wenn sie nicht früher als zwei Jahre vor dem Insolvenzantrag ihre Vertretungsbefugnis verloren haben. Maßgebend ist der Tag des Eingangs des Insolvenzantrags beim Insolvenzgericht, da der Antrag erst dann wirksam wird und dieser Tag zudem mit der Beweiskraft von § 415 Abs. 1 ZPO dokumentiert ist. Es muß sich um denjenigen Insolvenzantrag handeln, der schließlich – auch nach Verstreichen eines gewissen Zeitraums – zur Eröffnung des betreffenden Insolvenzverfahrens geführt hat (vgl. *Hess* KO, § 30 Rz. 23 zu einem Parallelproblem). Einer theoretisch denkbaren Verzögerungstaktik der – früheren – Vertretungsbefugten durch Stellung eines unvollständigen Antrags und Verschleppung seiner Bearbeitung hat der Gesetzgeber durch die relativ lange Frist von zwei Jahren ohnehin Rechnung getragen. 5

D. Unterhaltszahlungen

6 Unterhaltszahlungen aus der Masse gem. § 100 können nur organschaftlichen Vertretern gewährt werden, die zugleich persönlich für die Schulden der insolventen Gesellschaft haften. Damit sind z.B. Vorstandsmitglieder einer Aktiengesellschaft oder der Geschäftsführer einer GmbH nicht unterhaltsberechtigt aus der Masse. Berechtigt wäre jedoch der Gesellschafter einer Offenen Handelsgesellschaft oder der Komplementär einer Kommanditgesellschaft. Seine Stellung gleicht regelmäßig der eines insolventen Einzelkaufmanns. Allerdings besteht der Anstellungsvertrag eines Vorstandsmitglieds einer AG oder des Geschäftsführers einer GmbH im Insolvenzverfahren zunächst fort, bis er unter den Erleichterungen von § 113 gekündigt wird, so daß auf anderer Grundlage Zahlungspflichten entstehen können (*Weinbörner* Das neue Insolvenzrecht mit EU-Übereinkommen, Rz. B 240).

E. Angestellte und frühere Angestellte des Schuldners

7 Nach Abs. 2 treffen die Auskunftspflichten auch (frühere) Angestellte des Schuldner-Unternehmens. Die Auskunftspflicht erstreckt sich jedoch bei den Angestellten und früheren Angestellten nicht auch auf die Offenbarung von Straftaten und Ordnungswidrigkeiten. Zudem können ihre Auskunftspflichten nicht mit den gleichen Zwangsmaßnahmen durchgesetzt werden, die gegen den Schuldner möglich wären. Dies hat seinen Grund darin, daß sie als Angestellte am Verfahren nicht unmittelbar beteiligt sind und daher auch nicht mit voller Konsequenz der Entscheidungsgewalt des Insolvenzgerichts unterstellt werden dürfen. Allerdings kann der Insolvenzverwalter die Angestellten auf Auskunft vor dem Prozeßgericht verklagen. Werden sie vom Insolvenzgericht im Rahmen seiner Ermittlungen als Zeugen vernommen (§ 5 Abs. 1), gelten die zivilprozessualen Vorschriften über den Zeugenbeweis einschließlich den Bestimmungen über Ordnungsmittel (§ 380 ZPO) und über Zeugnisverweigerungsrechte (§§ 383 bis 385 ZPO), so daß auf anderem Wege Anlaß zu wahrheitsmäßigen Aussagen besteht. Auch bei den früheren Angestellten kommt es auf das Ausscheiden im Zweijahreszeitraum vor dem Eröffnungsantrag an; zur Fristberechnung gilt das in Rz. 5 Gesagte.

§ 102
Einschränkung eines Grundrechts

Durch die §§ 99, 101 Abs. 1 Satz 1 wird das Grundrecht des Briefgeheimnisses sowie des Post- und Fernmeldegeheimnisses (Art. 10 Grundgesetz) eingeschränkt.

Inhaltsübersicht: Rz.

A. Notwendigkeit der Vorschrift 1
B. Bedeutung der Vorschrift 2

A. Notwendigkeit der Vorschrift

Die KO enthielt keine entsprechende Bestimmung, obwohl auch unter ihrer Geltung 1
Einigkeit bestand, daß § 121 KO das – durch Gesetz beschränkbare (Art. 10 Abs. 2
Satz 1 GG) – Briefgeheimnis tangierte. Indessen handelte es sich bei § 121 KO um
vorkonstitutionelles Recht, für das das BVerfG in ständiger Rechtsprechung (seit
BVerfGE 2 S. 122 und BVerfGE 5 S. 16) die Ansicht vertritt, daß darauf das Zitiergebot
von Art. 19 Abs. 1 Satz 2 GG nicht anwendbar sei. Als nachkonstitutionelle Vorschrift
muß die InsO hingegen dem Zitiergebot genügen, auch wenn §§ 99 und 101 lediglich
eine ältere Grundrechtsbeschränkung wiederholen (so zu Recht *Herzog* in Maunz/Dürig,
GG, Art. 19 Abs. 2 Rz. 52 und 57).

B. Bedeutung der Vorschrift

Wegen Art. 10 Abs. 2 Satz 1 GG kann sich ein Betroffener nicht darauf berufen, daß die 2
dem Zitiergebot genügenden §§ 99 und 101 Abs. 1 Satz 1 wegen Verstoßes gegen
Art. 10 Abs. 1 GG verfassungswidrig seien. Wohl aber können einzelne Maßnahmen, die
auf diese Vorschriften gestützt werden, verfassungswidrig sein, falls sie übermäßig in
das Grundrecht des Art. 10 Abs. 1 GG eingreifen. Die Anordnung der Postsperre muß
vom Zweck des Insolvenzverfahrens gedeckt sein, und sie muß sich an der Bedeutung
des einzelnen Insolvenzverfahrens orientieren (allgemein zur Verhältnismäßigkeit einer
Einschränkung des Briefgeheimnisses BVerfGE 67 S. 172). Des weiteren ist bei den
nach § 101 Abs. 1 Satz 1 generell in Frage kommenden Personen zu prüfen, welche
davon so in den Geschäftsablauf involviert waren und sind, daß eine Kontrolle der
eingehenden Postsendungen aus Insolvenzgesichtspunkten angebracht ist. Schließlich
dürfen die Beschränkungen nicht länger aufrechterhalten werden, als es der Insolvenzzweck gebietet. Wird gegen diese Grundsätze verstoßen, die sich bereits aus einfachem
Gesetzesrecht ergeben (§ 99 Abs. 1 Satz 1: »erforderlich«; Abs. 3 Satz 2), so liegt
zugleich eine Verletzung von Art. 10 Abs. 1 vor. Der Betroffene kann dann nicht nur
sofortige Beschwerde einlegen (§ 99 Abs. 1 Satz 1), sondern nach Ausschöpfung des
Rechtsweges auch Verfassungsbeschwerde erheben.

**Zweiter Abschnitt
Erfüllung der Rechtsgeschäfte
Mitwirkung des Betriebsrats**

**§ 103
Wahlrecht des Insolvenzverwalters** → **§§ 17, 26 KO**

(1) Ist ein gegenseitiger Vertrag zur Zeit der Eröffnung des Insolvenzverfahrens
vom Schuldner und vom anderen Teil nicht oder nicht vollständig erfüllt, so kann
der Insolvenzverwalter anstelle des Schuldners den Vertrag erfüllen und die
Erfüllung vom anderen Teil verlangen.
(2) [1]Lehnt der Verwalter die Erfüllung ab, so kann der andere Teil eine Forderung
wegen der Nichterfüllung nur als Insolvenzgläubiger geltend machen. [2]Fordert der
andere Teil den Verwalter zur Ausübung seines Wahlrechts auf, so hat der Verwal-

§ 103

ter unverzüglich zu erklären, ob er die Erfüllung verlangen will. ³Unterläßt er dies, so kann er auf der Erfüllung nicht bestehen.

Inhaltsübersicht: Rz.

A. Grundgedanke 1–3
B. Betroffene Verträge 4–34
C. Fehlende Vertragserfüllung 35–56
    I. Grundsatz 35–38
    II. Kaufvertrag 39–53
    III. Werkvertrag über Bauleistungen 54–55
    IV. Mietverträge 56
D. Wahlrecht 57–82
    I. Grundsatz 57–64
    II. Rechtsfolgen 65–82
E. Nichtausübung des Wahlrechts 83–84
F. Abdingbarkeit 85–86

Literatur:

Baumbach/Duden/Hopt Handelsgesetzbuch 1989; *Eckert* Miete, Pacht und Leasing im neuen Insolvenzrecht, ZIP 1996, 897 ff.; *ders.* Konkursforderungen und Masseschulden bei Erfüllung und Abwicklung von Mietverhältnissen, ZIP 1983, 770 ff.; *Hadding* Die Rechtswirkungen beiderseits zu vertretender Unmöglichkeit der Leistung, AcP 168 (1968), 150 ff.; *Kreft* Die Wende in der Rechtsprechung zu § 17 KO, ZIP 1997, 865 ff.; *Livonius* Auswirkungen der Insolvenzrechtsreform auf das Leasing, DB 1995, 27 ff.; *Meincke* Rechtsfolgen nachträglicher Unmöglichkeit der Leistung beim gegenseitigen Vertrag, AcP 171 (1971), 19 ff.; *Müller* Die Bedeutung des § 878 BGB für die Abwicklung des Grundstückskaufvertrages im Konkurs des Verkäufers, JZ 1980, 554 ff.; *Obermüller* Die Bank im Konkurs und Vergleich ihres Kunden, 3. Aufl. 1985; *Obermüller/Livonius* Auswirkungen der Insolvenzrechtsreform auf das Leasinggeschäft, DB 1995, 27 ff.; *Paulus* Software in Vollstreckung und Insolvenz, ZIP 1996, 2 ff.; *Schmid-Burgk/Ditz* Die Refinanzierung beim Leasing nach der Insolvenzrechtsreform, ZIP 1996, 1123 ff.; *Serick* Verarbeitungsklauseln im Wirkungskreis des Konkursverfahrens, ZIP 1982, 507 ff.; *Teubner* Gegenseitige Vertragsuntreue, 1975; *Tintelnot* Die gegenseitigen Verträge in neuen Insolvenzrecht, ZIP 1995, S. 616 ff.

A. Grundgedanke

1   § 103 InsO hat denselben Zweck wie § 17 KO. Die Vorschrift soll sowohl dem Schutz des Vertragspartners als auch dem der Insolvenzmasse dienen. Für bestimmte zweiseitige Schuldverhältnisse enthält die InsO-Sonderregelungen in den §§ 104 ff. Neu aufgenommen ist die besondere Behandlung des Eigentumsvorbehaltskaufes in § 107 InsO. Nach dem Grundgedanken des Gesetzes soll der Vertragspartner des Gemeinschuldners nicht mehr verpflichtet sein, seine vertraglich vereinbarte Leistung nach der Eröffnung des Insolvenzverfahrens zu erbringen, wenn er hinsichtlich der ihm zustehenden Gegenleistung nur noch auf die Insolvenzquote verwiesen werden kann. Andererseits soll aber die Erfüllung des Vertrages in den Fällen möglich bleiben, bei denen sie im Interesse der Insolvenzmasse liegt und zur Stärkung der Masse herangezogen werden kann.

Um dieser Zielsetzung weitestgehend gerecht zu werden, räumt die Norm dem Insolvenzverwalter ein Erfüllungswahlrecht ein. Sofern dieser sich für die Vertragserfüllung entscheidet, muß er den Vertragspartner vollständig aus der Insolvenzmasse befriedigen; die Forderung ist Masseschuld. Lehnt er die Erfüllung ab, wandelt sich der Erfüllungsanspruch des anderen Teils in einen Geldanspruch um; der Vertragspartner kann nur noch einen Schadensersatzanspruch als einfache Insolvenzforderung (§§ 103 II 1, 38 InsO) geltend machen. 2

Nach inzwischen ständiger Rechtsprechung des *BGH* seit der grundsätzlichen Entscheidung vom 20. 12. 1986 (BGHZ 106, 236; BGHZ 116, 156 ff.; BGHZ 129, 336; ZIP 1991, 955; ZIP 1993, 600) wird das Rechtsverhältnis zwischen dem Gemeinschuldner und seinem Vertragspartner mit der Eröffnung des Insolvenzverfahrens in einen einseitigen Anspruch auf Schadensersatz wegen Nichterfüllung umgestaltet (ausführlich zur Rechtsprechung *Kreft*, ZIP 1997, 865 ff.). Der Erfüllungsanspruch des Vertragspartners erlischt somit durch die Insolvenzeröffnung und kann nur durch das Erfüllungsverlangen des Verwalters wieder entstehen. Bei Erfüllungsablehnung kommt der Erklärung des Verwalters nur noch deklaratorische Bedeutung zu, ausführlich *Jaeger/Henckel* KO, § 17 Rz. 150 ff. 3

B. Betroffene Verträge

§ 103 InsO erfaßt nur gegenseitige Verträge im Sinne von §§ 320 ff. BGB, die im Zeitpunkt der Insolvenzeröffnung von keiner der Vertragsparteien vollständig erfüllt sind. Nicht erfaßt werden zweiseitige, aber nur einseitig verpflichtende Verträge (Schenkung, unverzinsliches Darlehen) und unvollkommen zweiseitige Verträge (z.B. Auftrag): 4

– Bauvertrag: Der Vertrag über die Erbringung von Bauleistungen unterfällt § 103 InsO. In der Praxis ist die Abdingbarkeit des Verwalterwahlrechts gem. §§ 18, 8 VOB von erheblicher Bedeutung. Während die Literatur sich wohl überwiegend für eine strenge Anwendung des § 103 InsO ausspricht (ausführlich *Jaeger/Henckel* KO, § 17 Rz. 214), hat der *BGH* in BGHZ 56, 34 ff. das außerordentliche Kündigungsrecht selbst dann zugelassen, wenn der Verwalter sich für die Erfüllung entschieden hatte. Die Rechtsprechung wird Bestand haben. Die Möglichkeit, für den Fall der Insolvenz im Bauvertrag ein Kündigungsrecht vorzusehen, wird auch durch § 119 InsO nicht eingeschränkt. Der RegE hatte eine solche Lösungsmöglichkeit generell eingeschränkt. Der Rechtsausschuß verwarf diese Entscheidung nach Anhörung der Wirtschaftsverbände. Die mittelbare Einschränkung des Verwalter-Wahlrechts wird ausdrücklich in Kauf genommen. Vereinbarungen, mit denen die Entscheidungsmöglichkeit des Verwalters eingeschränkt wird, sind gem. § 119 InsO unwirksam. 5

– Darlehensverträge über verzinsliche Darlehen sind gegenseitige Verträge. Von § 103 InsO werden sie erfaßt, so lange die Darlehensvaluta nicht ausbezahlt sind. Nach diesem Zeitpunkt fehlt es an der beiderseitigen Nichterfüllung (*Jaeger/Henckel* KO, § 17 Rz. 12). Ist das Darlehen noch nicht ausbezahlt, kann der Darlehensgeber seine Zusage gem. § 610 BGB widerrufen. Dieses Widerrufsrecht widerspricht nicht § 119 InsO (vgl. unten Rz. 85). 6

– Dienstverträge, aber nur insoweit §§ 113 und 116 InsO nicht zur Anwendung kommen. 7

– Energielieferungsverträge, insbesondere Stromlieferungsverträge werden durch die InsO gesondert geregelt, vgl. § 105 InsO. 8

9 – Frachtverträge im Konkurs des Frachtführers (*Jaeger/Henckel* KO § 17, Rz. 15).
10 – Kauf- und Tauschverträge gem. §§ 433, 515 BGB; auch in der Form des Factoring Vertrages (*Kuhn/Uhlenbruck* KO, § 17 Rz. 2a; jedenfalls im Konkurs des Factors). Etwas anderes gilt nur bei Kaufverträgen, bei denen ein Eigentumsvorbehalt vereinbart wurde. In derartigen Fällen kommen allein die Sonderregelungen des § 107 InsO zur Anwendung.
11 – Kommissionsvertrag: § 103 InsO greift in der Insolvenz des Kommissionärs, die Sonderregelung des § 115 InsO regelt die Insolvenz des Kommittenten. Bei der Verkaufskommission hat der Kommittent im Falle der Erfüllungsablehnung des Verwalters ein Aussonderungsrecht an der Ware; das gilt nach Ausführung auch für die Forderungen aus dem Geschäft, § 392 Abs. 2 HGB.
12 – Leasingverträge über bewegliche Sachen, bei denen der mietvertragliche Charakter überwiegt. Vom Anwendungsbereich des § 103 InsO ausgenommen sind nach der Ergänzung des § 108 (dazu *Schmid-Burgk/Ditz* ZIP 1996, 1123) Leasingverträge über bewegliche Sachen, die vom Schuldner als Leasinggeber finanziert und Dritten zur Sicherheit übereignet wurden.
13 – Maklerverträge werden von § 103 InsO nur erfaßt, wenn der Makler sich verpflichtet, den Erfolg herbeizuführen, anderenfalls liegt nur einseitige Verpflichtung vor (*Jaeger/Henckel* KO, § 17 Rz 15).
14 – Miet- und Pachtverträge über bewegliche Sachen und Rechte; bei Miet- und Pachtverhältnissen des Schuldners über Grundstücke und andere unbewegliche Sachen oder über Räume gelten die Sonderregelungen der §§ 108 bis 111 InsO. Gesonderte Bestimmungen bestehen auch für finanzierte Verträge in der Insolvenz des Vermieters/Pächters, vgl. § 108 Satz 2 InsO.
15 – Rückabwicklungsschuldverhältnisse aus gegenseitigen Verträgen; diese fallen unter § 103 InsO, wenn die Leistungen Zug um Zug zurückzugewähren sind. Insbesondere gilt dies für den Rücktritt (§§ 348, 320, 327 BGB), die Wandlung (§§ 467, 348, 320 BGB) und bei ungerechtfertigter Bereicherung, wenn die Leistung noch zurückgegeben werden kann (*Jaeger/Henckel* KO, § 17 Rz. 28; *Kilger/Karsten Schmidt* KO, § 17, 2c; *Kuhn/Uhlenbruck* KO, § 17 Rz. 21).
16 – Software-Lizenzverträge: Bisher unterfielen diese Verträge den mietrechtlichen Sondervorschriften, die sich jetzt nur noch auf unbewegliche Gegenstände beziehen. Das Gestaltungsrecht des Verwalters nach der InsO wird erhebliche praktische Bedeutung haben (*Paulus* ZIP 1996, 2, 6ff.). § 108 InsO reduziert die Auswirkungen. Software-Leasingverträge, die vom Schuldner als Leasinggeber finanziert wurden, während das Leasinggut Dritten zur Absicherung übertragen wurde, bestehen gem. § 108 InsO fort, vgl. unten § 108 Rz 15.
17 – Vergleichsverträge (vgl. *Jaeger/Henckel* KO, § 17 Rz. 12).
18 – Verlagsverträge: zu beachten ist jedoch, daß bei der Insolvenz des Verlegers die Sonderregelungen des § 36 VerlG gelten (*Kilger/Karsten Schmidt* KO, § 17, 2a; *Kuhn/Uhlenbruck* KO, § 17 Rz. 2i), die das Wahlrecht des Verwalters zugunsten des Verfassers einschränken.
19 – Verwahrungsverträge, wenn die Verwahrung gegen Entgelt erfolgt. Erfaßt wird auch das Lagergeschäft (§§ 116ff. HGB) als Sonderform der entgeltlichen Verwahrung.
20 – Versicherungsverträge: im Konkurs des Versicherungsnehmers (RGZ 52, 49, 53), Lebensversicherungsverträge (*BGH* ZIP 1993, 600; *BAG*, ZIP 1991, 1295; *Kilger/Karsten Schmidt* KO, § 17, 2a; zum Konkurs des Versicherers vgl. *Kuhn/Uhlenbruck* KO, § 3 Rz. 35).

- Wettbewerbsabreden und -verbote; wirksam vereinbarte Wettbewerbsverbote gem. 21 § 74 HGB sind als gegenseitige Verträge anzusehen, so daß § 103 InsO uneingeschränkt Anwendung findet (*Jaeger/Henckel* KO, § 17 Rz. 215; *Kilger/Karsten Schmidt* KO, § 17, 2a; *Kuhn/Uhlenbruck* KO, § 17 Rz. 2h).
- Werk- und Werklieferungsverträge, soweit sie nicht eine Geschäftsbesorgung zum 22 Gegenstand haben und damit der Sonderregelung der §§ 116, 115 InsO unterfallen.

Nicht unter § 103 InsO fallende Verträge:
Der Anwendungsbereich der Norm ist für einige zweiseitige Verträge durch Sonderregelungen eingeschränkt, die entweder ein Kündigungsrecht oder eine Auflösung per legem mit Verfahrenseröffnung vorsehen. 23

- Akkreditiv: hierbei handelt es sich um einen Werkvertrag, der eine Geschäftsbesorgung gem. §§ 631, 675 BGB beinhaltet (*BGH* WM 1958, 1542), so daß § 115 InsO Anwendung findet (RGZ 114, 268, 270; vgl. auch *Baumbach/Duden/Hopt* HGB, Anh. zu § 406 Anm. 8). 24
- Baubetreuungsverträge sind Geschäftsbesorgungsverträge (*Jaeger/Henckel* KO, § 17 25 Rz. 23; *Kuhn/Uhlenbruck* KO, § 17 Rz. 2f.); anders nur, wenn der Bauträger auf eigenem Grundstück zum Vorrat baut.
- Depotgeschäfte: (*Jaeger/Henckel* KO, § 17 Rz. 22; *Kuhn/Uhlenbruck* KO, § 17 26 Rz. 2e; vgl. auch *Obermüller* Die Bank im Konkurs und Vergleich ihres Kunden Rz. 67).
- Gesellschaftsverträge: aufgrund der Sonderregelungen der §§ 728 BGB und 131 HGB 27 unterfallen diese gegenseitigen Verträge nicht § 103 InsO (vgl. Ausführungen bei *Jaeger/Henckel* KO, § 17 Rz. 29; *Kilger/Schmidt* KO, § 23, 1b; *Kuhn/Uhlenbruck* KO, § 17 Rz. 29).
- Gründung einer Aktiengesellschaft und Kapitalerhöhung; die Übernahme der Aktien 28 durch die Gründer bei der Errichtung einer AG (§§ 23 ff. AktG) und die Zeichnung der neuen Aktien (§ 185 AktG) sowie das Verlangen neuer Aktien durch einen Bezugsberechtigten bei einer Kapitalerhöhung gegen Einlagen stellen keinen gegenseitigen Vertrag im Sinne von § 103 InsO dar, da sowohl bei der Leistungspflicht des Gründers wie auch bei den Aktionärsrechten kein Leistungs-/Gegenleistungsverhältnis besteht (vgl. zu den Einzelheiten *Jaeger/Henckel* KO, § 17 Rz. 36).
- Kommissionsgeschäfte: s. o. Rz. 11, bei der Insolvenz des Kommittenten greifen die 29 §§ 115, 116 InsO.
- Konkursfreie Schuldverhältnisse: Verträge, die konkursfreies Vermögen des Gemein- 30 schuldners betreffen, werden von § 103 InsO nicht berührt.
- Kontokorrent: dieses erlischt mit der Eröffnung des Insolvenzverfahrens, ohne daß 31 gleichzeitig eine neue Saldoforderung entsteht (BGHZ 70, 86, 93).
- Krediteröffnungsverträge: derartige Verträge stellen einen Geschäftsbesorgungsver- 32 trag (§ 675 BGB) dar und fallen unter § 115 InsO.
- Tarifverträge: der normative Teil stellt keinen gegenseitigen Vertrag dar; der schuld- 33 rechtliche Teil, der zwar ein gegenseitiger Vertrag ist, enthält keine vermögensrechtlichen Ansprüche (*Jaeger/Henckel* KO, § 17 Rz. 30; *Kuhn/Uhlenbruck* KO, § 17 Rz. 7b).
- Verträge, bei denen Leistungen durch eine Vormerkung gesichert sind; hier gilt die 34 Sonderregelung des § 106 InsO.

C. Fehlende Vertragserfüllung

I. Grundsatz

35 Die Anwendbarkeit des § 103 InsO ist nur gegeben, wenn keine der Vertragsparteien den Vertrag vollständig erfüllt hat. Sobald durch einen Vertragspartner Leistungserfüllung eingetreten ist, sind schon die allgemeinen Regeln anzuwenden (*BGH* NJW 1980, 226, 227; *Jaeger/Henckel* KO, § 17 Rz. 40; *Kilger/Karsten Schmidt* KO, § 17, 3 a; *Kuhn/ Uhlenbruck* KO, § 17 Rz. 17). Bei Erfüllung durch den Gemeinschuldner fällt die Gegenleistung vollständig in die Masse. Die Eröffnung des Insolvenzverfahrens hat hierauf keine Auswirkungen mehr. Erfüllt der Geschäftspartner des Gemeinschuldners vor der Eröffnung des Verfahrens, so erhält er für seine Forderung nur die Insolvenzquote. Für die Anwendung des § 103 InsO spielt es keine Rolle, aus welchen Gründen bisher noch keine Erfüllung des Vertrages eingetreten ist. Selbst bei unverschuldeter Nichterfüllung ist § 103 InsO anwendbar (RGZ 85, 402, 404). Leistungsverzug hindert die Anwendung des § 103 InsO nicht (*Jaeger/Henckel* KO, § 17 Rz. 40).

36 Der Erfüllungszeitpunkt im Sinne von § 103 InsO liegt erst vor, wenn der zur Erfüllung notwendige Leistungserfolg tatsächlich eingetreten ist. Nicht ausreichend ist, daß der Schuldner aus seiner Sicht alles zur Leistung Erforderliche getan hat. Wesentlich ist allein der Eintritt des Leistungserfolges und nicht das Bewirken der Leistungshandlung (*OGH* NJW 1950, 385; *Jaeger/Henckel* KO, § 17 Rz. 14; *Kuhn/Uhlenbruck* KO, § 17 Rz. 18 a).

37 Eine Annahme der Leistung unter Vorbehalt verdrängt § 103 InsO. Ob der Vertragspartner zur Annahme verpflichtet war, ist nicht von Bedeutung. Erfüllungssurrogate wie Hinterlegung, Aufrechnung und Erlaß bewirken Erfüllung. Auch Drittleistungen hindern die Anwendbarkeit des § 103 InsO. Die Annahme einer Leistung an Erfüllung Statt gem. § 364 BGB ist Erfüllung (*Kuhn/Uhlenbruck* KO, § 17 Rz 17). Die Hereinnahme eines Schecks oder Wechsel erfolgt regelmäßig erfüllungshalber. Der Verwalter hat das Wahlrecht.

38 Der nach Verfahrenseröffnung eintretende Leistungserfolg führt nicht zum Untergang des Wahlrechts. In der Annahme der Leistung durch den Verwalter kann ein konkludentes Erfüllungsverlangen zu sehen sein. Der Verwalter muß dann die Gegenleistung erbringen.

II. Kaufvertrag

39 Dementsprechend hat der Verkäufer bei einem Versendungskauf erst dann, wenn der Käufer Eigentümer wird, seine Vertragspflicht erfüllt. Es genügt nicht, daß er die Ware an eine Versendungs- oder Transportperson gem. § 447 BGB abgegeben hat (*BGH* NJW 1950, 385; *Kuhn/Uhlenbruck* KO, § 17 Rz. 18 a). Im Zeitpunkt der Eröffnung des Insolvenzverfahrens muß die Kaufsache gem. § 433 Abs. 1, S. 1 BGB übereignet und übergeben sein. Ob der Verkäufer als Berechtigter oder Nichtberechtigter gehandelt hat, ist unerheblich, da der Käufer gem §§ 892, 932 BGB auch Eigentümer wird, wenn der Verkäufer Nichtberechtigter war (*Jaeger/Henckel* KO, § 17 Rz. 46). Auf Seiten des Käufers liegt Erfüllung vor, wenn er den Kaufpreis gem. § 433 Abs. 2 BGB gezahlt hat. Die Erfüllungswirkung ist unabhängig von der Abnahme der Kaufsache durch den Käufer (*Jaeger/Henckel* KO, § 17 Rz. 47).

Erhält der Käufer eine mangelhafte Sache vom Verkäufer, so hat dieser seine Leistungs- 40
pflicht noch nicht erfüllt (RGZ 53, 70; 66, 76). Wichtig ist, daß zwischen Rechts- und
Sachmangel unterschieden wird.
Beim Grundstücksverkauf ist zu unterscheiden zwischen der Käufer- und der Verkäufer- 41
insolvenz. Grundsätzlich erfüllt der Verkäufer erst mit der Auflassung und Eintragung
des Käufers in das Grundbuch (§§ 873, 925 BGB) seine Verpflichtung. Die bloße
Abgabe der Auflassungserklärung und die Beantragung der Eintragung des Käufers gem.
§§ 925 BGB, 13, 19, 20 GBO reicht nicht aus. Ebenso genügt der Eintritt der Gebunden-
heit gem. § 873 Abs. 2 BGB nicht für die Erfüllung. Hat der Käufer schon den Kaufpreis
gezahlt und das Grundstück in Besitz genommen, ist trotzdem noch keine Erfüllungswirkung eingetreten. Wesentlich ist die Mitwirkung bei der Übereignung (*BGH* NJW
1972, 875).
Wählt der Insolvenzverwalter bei Käuferinsolvenz die Nichterfüllung des Vertrages, so 42
muß er das Eigentum gem. § 55 Abs. 1 Nr. 3 InsO wegen ungerechtfertigter Bereicherung der Masse herausgeben (*Jaeger/Henckel* KO, § 17 Rz. 63).
Bei Verkäuferinsolvenz dagegen ist § 103 InsO in der Regel dann nicht anwendbar, wenn 43
vor Eröffnung des Insolvenzverfahrens die Auflassung erfolgt ist und beide Parteien den
Eintragungsantrag gestellt haben, da gem. § 91 Abs. 2 InsO die Vorschrift des § 878
BGB unberührt bleibt. Das Insolvenzverfahren hat dann keinen Einfluß auf den Eigentumserwerb (*BGH* NJW 1968, 493; *Müller* JZ 1980, 554; *Jaeger/Henckel* KO, § 17
Rz. 64; *Kuhn/Uhlenbruck* KO, § 17 Rz. 18 o), weil der Verwalter über die vom Schuldner zu erbringenden Leistung nicht mehr verfügen kann. Anders nur, wenn nur der
Verkäufer den Eintragungsantrag gestellt hatte (*Jaeger/Henckel* KO, § 17 Rz. 64).
Sofern es zur vorherigen Eintragung einer Vormerkung für die Eigentumsverschaffung 44
gekommen ist, greift die Sonderregelung des § 106 InsO. Das Wahlrecht des Verwalters
ist ausgeschlossen.
Beim Erwerb eines Grundstückes im Wege der Zwangsversteigerung greift § 103 InsO 45
nicht, da durch Meistgebot und Zuschlag kein wechselseitiges Austauschverhältnis
zustande kommt (*Jaeger/Henckel* KO, § 17 Rz. 66).
Liegt ein Rechtsmangel vor und ist der Insolvenzverwalter nicht in der Lage, diesen 46
Mangel zu beheben, kann der Käufer gem. §§ 440, 325 BGB vorgehen. Solange er von
seinem dortigen Wahlrecht noch keinen Gebrauch gemacht hat, besteht ein Schwebezustand (vgl. *Hadding* AcP 168, 150, 163 Note 43; *Larenz* SchuldR I § 22 II a; a. A.
Meincke AcP 171, 19, 33; *Teubner* Gegenseitige Vertragsuntreue (1975), 37 ff.), wäh-
renddessen er nicht verpflichtet ist, den Kaufpreis zu bezahlen. Für die Anwendung des
§ 103 InsO ist es wesentlich, ob der Käufer Schadensersatz nach der Differenztheorie
oder nach der Surrogationstheorie geltend macht. Entscheidet er sich für die Differenztheorie, so verbleibt ihm ein einseitiger Anspruch auf Schadensersatz. Der Insolvenzverwalter kann den Kaufpreis nicht fordern (*Larenz* SchuldR I § 22 II S. 277). Da so keine
gegenseitigen Verpflichtungen bestehen, ist § 103 InsO zumindest dann nicht anwendbar, wenn im Zeitpunkt der Eröffnung des Insolvenzverfahrens ein Rechtsmangel vorlag.
Der Anspruch des Käufers ist Insolvenzforderung.
Fordert der Käufer Schadensersatz nach der Surrogationstheorie, ist er verpflichtet, den 47
vereinbarten Kaufpreis zu bezahlen, wenn er dafür den vollen Wert der unmöglichen
Leistung als Surrogat beansprucht (*Larenz* SchuldR I § 22, 278 f.). In diesem Fall ist
§ 103 InsO anwendbar. Fordert der Insolvenzverwalter Zahlung des Kaufpreises, so muß
er den vollen Schadensersatz leisten. Entscheidet er sich gegen die Erfüllung, so
verbleibt dem Käufer die Möglichkeit der Aufrechnung zwischen dem Schadensersatzanspruch und der Kaufpreisforderung. Hinsichtlich der übersteigenden Forderungen

§ 103

wird er Insolvenzgläubiger. Verlangt der Käufer statt dessen nur den Rücktritt vom Vertrag gem. 325, 327, 346 ff. BGB so wandelt sich der Kaufvertrag in ein Rückgewährschuldverhältnis. Beim Vorliegen von gegenseitigen Rückgewährverpflichtungen, hat der Insolvenzverwalter wieder gem. § 103 InsO das Wahlrecht (vgl. im einzelnen *Jaeger/Henckel* KO, § 17 Rz. 87 ff.).

48 Im Bereich der Sachmängelhaftung muß zum einen zwischen der Insolvenz des Verkäufers und der des Käufers unterschieden werden. Zum anderen ist es auch wichtig, ob ein Spezies- oder ein Gattungskauf vorliegt. Bei Insolvenz des Verkäufers gilt: Liegt ein Spezieskauf vor, bei dem die Wandlung bereits vor Eröffnung des Insolvenzverfahrens erklärt worden ist, so besteht ein Rückgewährschuldverhältnis, auf das § 103 InsO anwendbar ist. Entscheidet sich der Insolvenzverwalter für Erfüllung, muß er dem Käufer den gesamten Kaufpreis aus der Masse herausgeben. Will er dagegen keine Erfüllung, darf der Käufer die Sache behalten und Schadensersatz wegen Nichterfüllung des Rückabwicklungsverhältnisses verlangen (*Jaeger/Henckel* KO, § 17 Rz. 90).

49 Bei Leistung einer mangelhaften Sache vor Eröffnung des Insolvenzverfahrens, kann der Käufer zum einen gem. § 320 BGB die Zahlung des Kaufpreises verweigern. Zum anderen kann er auch während des Insolvenzverfahrens noch die Wandlung erklären (*Jaeger/Henckel* KO, § 17 Rz. 92). Im Anschluß daran kommt es wieder darauf an, ob sich der Insolvenzverwalter für oder gegen Erfüllung entscheidet. Bei Erfüllung muß der Verwalter den Kaufpreis Zug um Zug gegen Rückgabe der Kaufsache erstatten. Bei Erfüllungsablehnung behält der Käufer die Kaufsache und erlangt zudem einen Schadensersatzanspruch nach der Differenztheorie. Dadurch wird er Insolvenzgläubiger.

50 Nach wie vor umstritten ist, wie die Aufforderung des Insolvenzverwalters an den Käufer auf Zahlung des Kaufpreises zu werten ist. Einige sehen hierin bereits ein Erfüllungsverlangen hinsichtlich der Ansprüche auf Wandelung (*Kuhn/Uhlenbruck* KO, § 17 Rz. 18u). Andere dagegen lehnen diese Auffassung ab, da sich das Wahlrecht des § 103 InsO nicht auf die Wandelung selbst, sondern erst auf das daraus resultierende Rückabwicklungsschuldverhältnis bezieht. Demnach muß der Insolvenzverwalter nur dann den Kaufpreis aus der Masse begleichen, wenn er die mangelhafte Sache zurückverlangt (vgl. *Jaeger/Henckel* KO, § 17 Rz. 94). Verlangt der Käufer unter Rückgabe der gelieferten mangelhaften Sache Schadensersatz wegen Nichterfüllung, so schuldet er keine Kaufpreisforderung mehr, und die Schadensersatzforderung wird zu einer einfachen Insolvenzforderung (*Jaeger/Henckel* KO, § 17 Rz. 96).

51 Handelt es sich nun um die Lieferung einer mangelhaften Gattungssache, hat der Käufer gem. §§ 480, 465 BGB einen Anspruch auf Wandelung, Minderung oder Lieferung einer mangelfreien Sache. Nur wenn der Käufer sich für die Lieferung einer mangelfreien Sache (also gegen Wandelung) entscheidet und der Verwalter Erfüllung dieses Abwicklungsverhältnisses wählt, kann der Verwalter Zahlung des Kaufpreises Zug um Zug gegen Lieferung einer mangelfreien Sache fordern (*Jaeger/Henckel* a. a. O. Rz. 98).

52 Bei Insolvenz des Käufers kann der Verkäufer einer Speziessache seine Kaufpreisforderung als Insolvenzforderung anmelden, wenn er die Sache dem Käufer übergeben und übereignet hat, dieser aber den Kaufpreis noch nicht bezahlt hat. Widerspricht der Insolvenzverwalter diesem Verlangen, hat er die Möglichkeit im Rahmen der vom Verkäufer erhobenen Feststellungsklage, die Wandelungseinrede zu erheben. Hält das Gericht das Gewährleistungsbegehren für begründet, ist der Insolvenzverwalter dennoch nicht verpflichtet, das Wandelungsschuldverhältnis zu erfüllen. Er muß lediglich einen entsprechenden Schadensersatzanspruch zur Tabelle feststellen (*Jaeger/Henckel* KO, § 17 Rz. 99).

Ist die vom Käufer bereits vollständig bezahlte Sache mangelhaft, so kann der Insolvenzverwalter vom Verkäufer die Rückgabe des Kaufpreises, d. h. Wandelung, verlangen. Kommt es zum Vollzug der Wandelung, ist der Verkäufer verpflichtet, den Kaufpreis Zug um Zug gegen die Rückgabe der mangelhaften Sache zu erstatten. Gem. § 55 Abs. 1 Nr. 2 InsO ist die Rückgabeverpflichtung Masseschuld (*Jaeger/Henckel* KO, § 17 Rz. 100). Liefert der Verkäufer eine mangelhafte Gattungssache, kann der Insolvenzverwalter gem. § 480 BGB Lieferung einer mangelfreien Sache verlangen. Streitig ist jedoch, ob in einem solchen Fall die Kaufpreisforderung zur Masseschuld wird. Nach wohl zutreffenden Auffassung hat der Insolvenzverwalter die Kaufpreisforderung als Masseschuld gem. § 55 Abs. 1 Nr. 2 InsO zu begleichen und die mangelhafte Sache Zug um Zug gegen die Lieferung der mangelhaften Sache zurückzugeben (*Kuhn/Uhlenbruck* KO, § 17 Rz. 18 u). 53

III. Werkvertrag über Bauleistungen

Beim Werkvertrag tritt Erfüllung bis zur Beseitigung sämtlicher Mängel nicht ein. Der Anspruch auf Beseitigung der Mängel steht im Gegenseitigkeitsverhältnis mit dem Anspruch des Unternehmens auf den Werklohn (*Jaeger/Henckel* KO § 17 Rz. 104). Fordert der Verwalter den Werklohn, hat er sich für die Erfüllung entschieden und muß nachbessern. Der Verwalter ist regelmäßig nicht zur Fertigstellung des Werks in der Lage. Er wird deshalb Erfüllung ablehnen. In der Praxis besteht das Risiko für den Verwalter des Bestellers, wenn er Nachbesserung verlangt. Er muß dann den ganzen Werklohn als Masseschuld entrichten (*Jaeger/Henckel* KO § 17, Rz. 84). 54

Ausstehenden Werklohn für die bereits erbrachten Leistungen kann der Verwalter aus Bereicherungsrecht nur fordern, wenn der Wert der Teilleistungen den durch die Nichterfüllung entstandenen Schaden des Bauherren übersteigt (BGHZ 68, 379, 380 ff.; *BGH* ZIP 1983, 709, 711). Den Leistungsstand kann der Verwalter regelmäßig nur durch Sachverständige ermitteln. Die Grundsätze des *BGH* zu § 649 BGB (*BGH* NJW 1997, 733, 735) sind nicht anwendbar, weil die Erfüllungsverweigerung keine Kündigung des Vertrages ist. Die ersparten Aufwendungen muß der Verwalter unter Aufdeckung der Kalkulation nicht darlegen. 55

IV. Mietverträge

Der Gesetzgeber (RegE BT-Drucks. 12/2443, 146) geht davon aus, Mietverträge über bewegliche Sachen unterlägen dem Wahlrecht des Verwalters. Dem folgt auch überwiegend das Schrifttum (*Obermüller/Hess* InsO Rz. 857; *Eckert* ZIP 1996, 897, 900; *Tintelnot* ZIP 1995, 616, 621 ff.). Dabei muß allerdings berücksichtigt werden, daß dem Verwalter das Wahlrecht nur zusteht, wenn beide Pflichten aus dem Synallagma noch nicht vollständig erfüllt sind. Im Hinblick auf den Charakter des Mietverhältnisses als Dauerschuldverhältnis gelangt man zu diesem Ergebnis, wenn man die Pflichten bis zum Ablauf der Vertragszeit gegenüberstellt. 56

D. Wahlrecht

I. Grundsatz

57 Grundsätzlich wird die Forderung gegen den Gemeinschuldner bei Eröffnung des Insolvenzverfahrens zu einer Insolvenzforderung gegen diesen gem. § 38 InsO (BGHZ 106, 236, 242; *BGH* ZIP 1987, 304, 305), da die Erfüllungsansprüche der Parteien aus dem gegenseitigen nicht vollständig erfüllten Vertrag dann erlöschen (*BGH* WM 1987, 380; *BGH* WM 1989, 229). Die Vorschrift des § 103 InsO ändert daran nichts, sie gewährt aber dem Insolvenzverwalter ein Wahlrecht, nach dem er sich für oder gegen die Erfüllung des noch nicht erfüllten gegenseitigen Vertrages entscheiden kann. Die Gegenleistung wird zur Forderung der Insolvenzmasse.

58 Das Erfüllungsverlangen des Insolvenzverwalters ist eine einseitige empfangsbedürftige Willenserklärung (*Jaeger/Henckel* KO, § 17 Rz. 116; *Kuhn/Uhlenbruck* KO, § 17 Rz. 20), auf die die Vorschriften der §§ 130 ff. BGB anwendbar sind. Sie kann ausdrücklich oder konkludent (RGZ 96, 292, 295; BGHZ 15, 334, 335) abgegeben werden, ist wie jede andere empfangsbedürftige Willenserklärung bedingungsfeindlich (*BGH* WM 1958, 430, 432) und wirkt unabhängig davon, ob dem Insolvenzverwalter bewußt ist, daß er eine Erklärung gem. § 103 InsO abgibt (*Kilger/Karsten Schmidt* KO, § 17, 4 a). Sie unterliegt nicht der Form des zugrundeliegenden Rechtsgeschäfts (*Jaeger/Henckel* KO, § 17 Rz. 116; *Kuhn/Uhlenbruck* KO, § 17 Rz. 23). Das gilt auch bei Grundstückskaufverträgen.

59 Die Annahme geschuldeter Leistungen ist keine Erfüllungswahl; die Anforderung der Leistung ist Ausübung des Wahlrechts. Verwertungsmaßnahmen hat die Rechtsprechung bisher immer als Erfüllungswahl bewertet (*OLG Celle* ZIP 1988, 384). Schon die Verarbeitung der Waren sollte als konkludente Erfüllungswahl zu werten sein (*OLG Celle* WM 1985, 926, 927; *Serick* ZIP 1982, 507, 515 ff.). Der *BGH* hat nunmehr mit einer ausführlich begründeten Entscheidung dargelegt, daß allein Verwertungshandlungen noch nicht als konkludente Erfüllung gewertet werden könne. Die verschiedenen Gestaltungsmöglichkeiten des Verwalters auch bei der Verwertung der Ware verböten es, generell von einer Erfüllungswahl auszugehen. Deshalb muß in jedem Einzelfall sorgfältig geprüft werden, wie die Verwertungshandlung des Verwalters durch Dritte zu verstehen ist; das erfordern die allgemeinen Auslegungsgrundsätze (*BGH* ZIP 1998, 298, 299). Kommt man dazu, daß die Verwertungshandlung des Verwalters als Erfüllung zu werten ist, ist der Kaufpreis auch dann in voller Höhe zu erstatten, wenn der Erlös diesen nicht deckt (*OLG Celle* WM 1987, 1569).

60 Der Insolvenzverwalter kann seine Erklärung nicht widerrufen (*Kuhn/Uhlenbruck* KO, § 17 Rz. 24). Nach h. M. besitzt er aber die Möglichkeit, seine Erklärung aufgrund eines Irrtums oder eines Willensmangels gem. §§ 119 ff., 142 ff. BGB anzufechten (*Jaeger/Henckel* KO, § 17 Rz. 120 ff.; *Kuhn/Uhlenbruck* KO, § 17 Rz. 25). Die Anfechtung ist ausgeschlossen, wenn der Insolvenzverwalter die Erfüllung in bewußter Unkenntnis der Sachlage gewählt hat (RGZ 62, 201).

61 Der Insolvenzverwalter kann mit dem Wahlrecht nur über die Erfüllung oder Nichtabwicklung des ursprünglichen Vertrages entscheiden. Verlangt er Erfüllung unter veränderten Bedingungen, so liegt darin eine Erfüllungsablehnung verbunden mit einem neuen Vertragsangebot (RGZ 85, 221; *BGH* ZIP 1988, 322). Behauptet der Konkursverwalter den Abschluß von Neuverträgen, so ist der Abschluß von ihm zu beweisen (*OLG Frankfurt* NJW 1988, 1338).

Die Ausübung des Wahlrechts ist an keine Fristen gebunden. Erst die Aufforderung des 62
Vertragspartners verpflichtet den Verwalter, unverzüglich eine Entscheidung zu treffen.
Bei der Beurteilung des schuldhaften Zögerns ist dem Verwalter eine angemessene
Überlegungsfrist zuzubilligen.

Der Insolvenzverwalter ist bei seiner Ausübung des Wahlrechts nach § 103 InsO in der 63
Regel nur an den Grundsatz aus Treu und Glauben gem. § 242 BGB gebunden. Dies
bedeutet, daß er sich ausschließlich zum Wohle der Insolvenzmasse zu entscheiden hat.
Letztlich kommt es immer auf die Umstände des Einzelfalles an. Sofern er Vertragser-
füllung wählt, muß er selbst auch in der Lage sein, den Vertrag erfüllen zu können (*OLG
Hamm* NJW 1977, 768; *Kuhn/Uhlenbruck* KO, § 17 Rz. 22). Die Zustimmung des
Gläubigerausschusses ist nur unter den Voraussetzungen des § 160 InsO notwendig; im
Außenverhältnis entfaltet sie keine Wirkung.

Bei Erfüllungsablehnung durch den Insolvenzverwalter liegt auch dann kein Verstoß 64
gegen Treu und Glauben vor, wenn der Vertragspartner schon seit mehreren Jahren auf
die Endgültigkeit des Vertrages vertraut hat. Hatte der Gemeinschuldner bereits Leistungen erbracht, können diese vom Verwalter nur in der Höhe zurückgefordert werden, in
der sie den Schaden des Vertragspartners aus der Erfüllungsverweigerung übertreffen
(*BGH* WM 1988, 1576).

II. Rechtsfolgen

Hat sich der Insolvenzverwalter für die Erfüllung des Vertrages entschieden, muß dieser 65
von beiden Vertragspartnern voll erfüllt werden. Dabei tritt der Insolvenzverwalter in die
Rechte und Pflichten des Gemeinschuldners ein (*Kuhn/Uhlenbruck* KO, § 17 Rz. 23 a).
Inhalt und Umfang des Schuldverhältnisses ergeben sich aus dem im Zeitpunkt der
Eröffnung des Insolvenzverfahrens bestehenden Vertrag (*BGH* ZIP 1993, 600; *Kilger/
Karsten Schmidt* KO, § 17, 4 b).

Da der Insolvenzverwalter durch die Erfüllungswahl direkt an die Stelle des Schuldners 66
tritt, bleiben für ihn die Vorschriften der §§ 320 ff. BGB anwendbar. Ebenso ist er
vorleistungspflichtig, wenn der Gemeinschuldner dies war (*Kuhn/Uhlenbruck* KO, § 17
Rz. 23 d).

Die Rechte des Vertragsgegners des Gemeinschuldners werden durch das Wahlrecht des 67
Insolvenzverwalters nicht geschmälert. Durch Erfüllungswahl des Verwalters entsteht
der Vertrag erneut, wie er zwischen den ursprünglichen Vertragspartnern vereinbart
wurden war. Es kommt zum Austausch von Leistung und Gegenleistung.

Sofern der Insolvenzverwalter Erfüllung gem. § 103 InsO wählt, kommt der Erlös der 68
Masse zugute. Dies gilt auch, wenn die Forderung vor Eröffnung des Verfahrens
abgetreten worden war. Mit dem Erfüllungsverlangen des Verwalters entsteht die
Forderung neu (*BGH* ZIP 1989, 171; *OLG Düsseldorf* ZIP 1996, 337). Die jetzt
entstandene Forderung der Masse kann der Zessionar wegen § 91 InsO nicht erwerben.
Der Anspruch des Vertragsgegners wird zum Masseanspruch gem. § 55 Abs. 1 Zi 2
InsO.

Grundsätzlich kann gegen eine Forderung, die aufgrund des Erfüllungsverlangen des 69
Insolvenzverwalters gem. § 103 InsO entstanden ist, nicht mit einer vor Eröffnung des
Insolvenzverfahrens und außerhalb des Vertragsverhältnisses entstandenen Forderung
aufgerechnet werden (BGHZ 116, 156 = ZIP 1992, 38; *Kilger/Karsten Schmidt* KO, § 17,
4 b; *Kuhn/Uhlenbruck* KO, § 17 Rz. 19). Eine Ausnahme besteht für den Teil des
Anspruchs, für den bereits eine Teilleistung erbracht worden ist. Der Vertragsgegner

kann gegen diesen Anspruch mit vorinsolvenzlichen Forderungen aufrechnen (*OLG Celle* WM 1993, 1653; *BGH* ZIP 1995, 926).

70 Ist bereits vor Eröffnung des Insolvenzverfahrens Verzug eingetreten oder bestanden vor diesem Zeitpunkt Rechte Dritter, wie z. B. eine Pfändung oder Abtretung, an dem Anspruch auf die Gegenleistung, so muß der Insolvenzverwalter diese gegen die Masse gelten lassen (*Kuhn/Uhlenbruck* KO, § 17 Rz. 34).

71 Kommt es zur Verwertung von beweglichen Gegenständen durch den Insolvenzverwalter gem. § 166 InsO, ist in jedem Einzelfall zu prüfen, ob diese Verwertung eine Erfüllungswahl ist (s. o. Rz 59). Der Verwalter hat bei der Verwertung von Vorbehaltsware, die unter verlängerten oder erweiterten Eigentumsvorbehalt geliefert wurde, den Nettoerlös abzüglich der Masseanteile gem. §§ 170, 171 InsO an den Vorbehaltsgläubiger herauszugeben. Der einfache Eigentumsvorbehalt begründet Aussonderungsansprüche des Gläubigers. § 166 InsO greift nicht, so daß der gesamte Bruttoerlös herausgegeben werden muß (*OLG Hamm* WM 1987, 549).

72 Trotz Erfüllungsverlangen des Insolvenzverwalters kann der Auftragnehmer bei vertraglicher Einbeziehung der VOB den Vertrag gem. § 8 Nr. 2 VOB/B kündigen (*OLG Celle* ZIP, 1985, 1013), s. o. Rz. 29.

73 Bei Ablehnung der Erfüllung steht dem Vertragsgegner Schadenersatz wegen Nichterfüllung zu. Dieser ist gem. § 103 Abs. 2 Satz 1 InsO Insolvenzforderung. Der Auftraggeber hat die Möglichkeit, sich innerhalb des entstandenen Abrechnungsverhältnisses unabhängig von den allgemeinen Verjährungsfristen des Gewährleistungsrechts auf Mängel an Teilleistungen zu berufen (*BGH* NJW 1977, 1345; *BGH* WM 1986, 398).

74 Der Vermieter kann mit den ihm wegen der insolvenzbedingten vorzeitigen Beendigung des Vertrages zustehenden Schadenersatzansprüchen gegenüber Forderungen aus dem Zeitraum vor Verfahrenseröffnung aufrechnen. Zwar sind diese Schadenersatzansprüche ausdrücklich als Insolvenzforderungen festgelegt. Diese Einordnung des Gesetzgebers hindert die Aufrechnungsbefugnis nicht. Bereits 1954 hatte der *BGH* entschieden, daß der Schadenersatzanspruch wegen der Möglichkeit der insolvenzbedingten Beendigung von Verträgen mit der Verfahrenseröffnung aufschiebend bedingt entstanden ist (BGHZ 15, 333, 336; bestätigt in BGHZ 68, 379, 382; *Gottwald/Huber* Insolvenzrechtshandbuch § 36 Rz 36; *Henckel* läßt mit anderer Begründung die Aufrechnung in *Jaeger/ Henckel* KO, § 17 Rz 202 zu). Dieser Grundsatz gilt auch in der InsO fort, allerdings ist dabei § 95 InsO zu beachten; die Gegenforderung muß mithin unbedingt und fällig sein.

75 Die vorgenannten Grundsätze gelten auch für Lebensversicherungsverträge, die widerrufliche Bezugsberechtigungen eines Dritten vorsehen und das Bezugsrecht des Versicherten noch widerruflich ist. Dementsprechend fällt mit der Eröffnung des Insolvenzverfahrens über das Vermögen des Versicherungsnehmers der Rückkaufwert in die Masse, ohne daß es einer Kündigung oder des Widerrufs der Bezugsberechtigung bedarf (*BAG* ZIP 1990, 1596, 1598; *BGH* WM 1993, 1057 ff.; *Jaeger/Henckel* KO, § 1 Rz. 50; *Kuhn/Uhlenbruck* KO, § 1 RZ. 71 b u. § 25 Rz. 8 c). Liegt eine unwiderrufliche Bezugsberechtigung vor und ist der Versicherungsfall noch nicht eingetreten, gehört der Versicherungsanspruch bzw. die Anwartschaft nicht zur Insolvenzmasse. Der Bezugsberechtigte kann sein Anwartschaftsrecht ohne weiteres aussondern (*Jaeger/Henckel* KO, § 1 Rz. 50; *Kuhn/Uhlenbruck* KO, § 1 Rz. 71 b). Beim Tod des Versicherungsnehmers fällt der Anspruch auf die Versicherungssumme in das Vermögen des begünstigten Dritten und nicht in die Nachlaßkonkursmasse (BGHZ 13, 232; 32, 47). Für den Fall, daß der Lebensversicherungsvertrag zugunsten der im Unternehmen des Gemeinschuldners

tätigen Arbeitnehmer zum Zwecke der betrieblichen Altersversorgung abgeschlossen worden ist, gilt das gleiche (*BAG* NJW 1991, 717; *OLG München* ZIP 1991, 1505).
Hatte der Arbeitnehmer im Rahmen einer Gehaltsumwandlung die Direktversicherung selbst finanziert, fällt das Guthaben auch dann nicht in die Masse, wenn dem Arbeitnehmer ein unwiderrufliches Bezugsrecht nicht eingeräumt wurde. Dem Arbeitnehmer steht ein Aussonderungsrecht zu (*OLG Düsseldorf* NJW – RR 92, 798). **76**

Bei der Ablehnung der Erfüllung eines Mietverhältnisses über eine bewegliche Sache, erhält der Vermieter grundsätzlich einen Anspruch auf Schadensersatz wegen Nichterfüllung und wird Insolvenzgläubiger. Der Verwalter dagegen ist verpflichtet, die Mietsache zurückzugeben. Hat der Mieter die Mietsache aber gar nicht mehr im Besitz, da er die Nutzung einem Dritten überlassen hat bzw. die Nutzung bereits vor Eröffnung des Insolvenzverfahrens aufgeben hat, kann der Insolvenzverwalter nicht mehr zur Rückgabe der Sache verpflichtet werden. Denn mit der Erfüllungsverweigerung erlöschen sämtliche vertraglichen Verpflichtungen. Ansonsten steht dem Vermieter bei Erfüllungsablehnung eines vollzogenen Mietverhältnisses für die Überlegungszeit des Insolvenzverwalters im Rahmen von § 103 InsO das Nutzungsentgelt für die Mietsache aus der Masse gem. § 55 II InsO zu (vgl. *Eckert* ZIP 1996, 897, 904). Der Verwalter ist bei Erfüllungsablehnung zur unverzüglichen Rückgabe der Mietsache verpflichtet (*BGH* ZIP 1994, 1700, 1703). Gibt der Verwalter auch nach endgültiger Erfüllungsablehnung die Mietsache nicht unverzüglich zurück, hat der Vermieter gem. § 55 I Nr. 3 InsO einen Anspruch gegen die Masse wegen ungerechtfertigter Bereicherung durch Nutzung der Mietsache (*Obermüller/Livonius* DB 1995, 27, 28; *Eckert* ZIP 1983, 770). Kosten die dem Vermieter durch die Rückholung des Mietgegenstandes entstehen, sind demgegenüber nur Insolvenzforderungen (BGHZ 72, 261, 263). Bei Erfüllungsablehnung kann der Verwalter Teilleistungen nur dann vom Auftraggeber zurückfordern, wenn der Wert dieser Leistungen des Gemeinschuldners den Schaden des Vertragspartners aus der Erfüllungsverweigerung übersteigt (BGHZ 68, 379). **77**

Wählt der Verwalter die Erfüllung des Mietvertrages, ist er zur Entrichtung der vor Verfahrenseröffnung aufgelaufenen rückständigen Mietzinsraten nicht verpflichtet. Es ist kein Anhaltspunkt ersichtlich, daß allein Mietverträge als Dauerschuldverhältnisse nicht dem Grundsatz des § 105 InsO unterfallen sollten (*Tintelnot* ZIP 1995, 616, 620; andere Auffassung offensichtlich *Obermüller/Livonius* DB 1995, 27, 28). **78**

Die Kündigung des Bauvertrages durch den Insolvenzverwalter ist gleichzusetzen mit der Erfüllungsablehnung, so daß der Vertragsgegner des Gemeinschuldners einen Anspruch auf Schadensersatz wegen Nichterfüllung als einfache Insolvenzforderung erhält (*BGH* NJW 1977, 1345; WM 1982, 188; WM 1984, 231; WM 1984, 265, 266).
§ 103 InsO erfaßt ebenfalls die aus einem Bauträgervertrag neben der Übereignungsverpflichtung enthaltene Pflicht, den Erschließungsbeitrag zu übernehmen. Dies gilt unabhängig davon, ob die Übereignungsverpflichtung gem. § 106 InsO dem Wahlrecht entzogen ist bzw. das Entgelt für das Grundstück gesondert ausgewiesen ist. Ist jedoch der Erschließungsbeitrag bereits übernommen, findet das Wahlrecht keine Anwendung mehr. Dabei kommt es nicht darauf an, ob die anderen Pflichten aus dem Vertrag erfüllt sind. Verlangt der Insolvenzverwalter nach der Übernahme den Erschließungsbeitrag von der Gemeinde zurück, ist darin eine nachvertragliche Pflichtverletzung zu sehen, so daß dafür die Insolvenzmasse gem. § 55 I 1 InsO haftet (*OLG Karlsruhe* ZIP 1986, 1404). **79**

Die Erfüllungsverweigerung des Insolvenzverwalters bedeutet gleichzeitig, daß dieser nicht aus einem vom Gemeinschuldner gegen den Erfüllungsanspruch erlangten Urteil die Zwangsvollstreckung einleiten darf (*BGH* WM 1986, 398; WM 1987, 380). **80**

81 Wählt der Insolvenzverwalter einer OHG die Erfüllungsablehnung, haftet für den dadurch dem Vertragspartner entstehenden Schadensersatzanspruch wegen Nichterfüllung auch der ausgeschiedene Gesellschafter gem. §§ 129, 159 HGB, sofern er für den Erfüllungsanspruch ebenfalls hätte einstehen müssen (BGHZ 48, 203 = NJW 67, 2203, *Kilger/Karsten Schmidt* KO, § 17 4 c). Die Haftung des ausgeschiedenen Gesellschafters greift auch, wenn ein Gesellschafter allein das Unternehmen übernommen hat, und bei dessen Insolvenz der Insolvenzverwalter die Erfüllung eines gegenseitigen Vertrages ablehnt (BGHZ 48, 203 = NJW 67, 2203; vgl. aber auch *Jaeger/Henckel* KO, § 17 Rz. 200, der dem Vertragspartner gegenüber dem ausgeschiedenen Gesellschafter den Erfüllungsanspruch gewährt, wenn dieser nicht an der Insolvenz teilnehmen will.).

82 Der Anspruch des Vertragsgegners ist bei Erfüllungsablehnung grundsätzlich Schadensersatz wegen Nichterfüllung. Dementsprechend ist der Vertragspartner so zu stellen, wie er bei ordnungsgemäßer Erfüllung des Vertrages durch den Gemeinschuldner bzw. den Insolvenzverwalter stünde (RGZ 91, 30, 33). Hinsichtlich der Streitfrage, ob es sich hierbei um einen bürgerlich-rechtlichen oder einen besonderen insolvenzrechtlichen Anspruch handelt, s. *Jaeger/Henckel* KO, § 17 Rz. 171 und *Kuhn/Uhlenbruck* KO, § 17 Rz. 37. Die Schadensberechnung erfolgt nach der uneingeschränkten Differenztheorie. Er kann konkret oder abstrakt berechnet werden (*Kilger/Karsten Schmidt* KO, § 17, 4 c) und umfaßt sowohl den positiven Schaden wie auch den entgangenen Gewinn (*Kuhn/Uhlenbruck* KO, § 17 Rz. 37). Sofern trotz Beachtung der vom anderen Vertragsteil bereits erbrachten Leistungen und dessen Schadensersatzanspruch immer noch zu dessen Gunsten ein Vermögensvorteil besteht, kann der Insolvenzverwalter einen Bereicherungsanspruch geltend machen (*BGH* NJW 1972, 1577).

E. Nichtausübung des Wahlrechts

83 Gem. § 103 Abs. 2, S. 2 InsO besteht bis zur Erklärung des Insolvenzverwalters ein Schwebezustand. In dieser Zeit bleibt der Vertragspartner im Ungewissen, ob es zur Vertragserfüllung kommt oder nicht. Um diesen unerträglichen Zustand für den Vertragspartner abzuhelfen, räumt das Gesetz diesem die Möglichkeit ein, den Insolvenzverwalter aufzufordern, ihm das Ergebnis seiner Wahl mitzuteilen (§ 103 II 2 InsO). Daraufhin hat sich der Insolvenzverwalter unverzüglich zu äußern. »Unverzüglich« bedeutet dabei »ohne schuldhaftes Zögern« im Sinne von § 121 BGB. Gibt der Insolvenzverwalter trotz Aufforderung keine Erklärung ab, ist sein Schweigen als Erfüllungsablehnung zu werten.

84 Gibt aber weder der Insolvenzverwalter eine Erklärung ab noch fordert der Vertragspartner diesen zur Abgabe dieser Erklärung auf, liegt beiderseitige Untätigkeit vor. Der Schwebezustand wird entgegen anderer Auffassung (*Hess* KO, § 17 Rz. 65) dadurch nicht beendet. Erst die Anmeldung der Schadenersatzforderung verbunden mit der Nichteintrittserklärung des Verwalters beendet die Ungewißheit und damit den Schwebezustand.

F. Abdingbarkeit

85 Nach § 119 InsO sind Vereinbarungen unwirksam, die die Geltung von § 103 InsO ausschließen. Die Vertragsparteien können dementsprechend das Wahlrecht des Verwalters nicht abdingen. Wirksam sind allerdings die in der Praxis üblichen Lösungsklauseln

Fixgeschäfte. Finanztermingeschäfte § 104

für den Fall der Insolvenz. Dementsprechend kann vereinbart werden, daß dem Vertragsgegner für den Fall der Insolvenz ein Sonderkündigungsrecht zusteht, wie es z. B. in § 8 Abs. 2 Ziffer 1 VOB/B vorgesehen ist. Der ursprüngliche Gesetzesentwurf hatte auch diese Lösungsklauseln untersagt. Nach Anhörung der Wirtschaftsverbände wurde § 119 InsO entsprechend geändert (vgl. dazu Ausschußbericht BT-Drucks. 12/7302 S. 170). Der Gesetzgeber hat ausdrücklich die mittelbare Beeinträchtigung des Verwalterwahlrechtes in Kauf genommen. Insofern sind auch Close-out-netting-Vereinbarungen wirksam (vgl. auch die Erläuterungen zu § 104 Abs. 2 InsO). Weitergehende Vereinbarungen, die unmittelbar das Wahlrecht des Konkursverwalters bei Fortbestand des Vertrages ausschließen, bleiben unwirksam. Unwirksam sind weiterhin Vereinbarungen, die dem Vertragspartner für den Zeitpunkt nach Konkurseröffnung ein Wahlrecht einräumen, um ihm die Möglichkeit zu geben, zunächst mit dem Verwalter über den Fortbestand des Vertrages zu verhandeln (*Jaeger/Henckel* KO § 17 Rz. 214).

Fraglich ist, ob Vereinbarungen vor § 119 InsO Bestand haben, welche die Rechtsfolge **86** des § 103 InsO modifizieren. Zu denken ist an die dingliche Absicherungen von Vertragsstrafen, die für den Fall der insolvenzbedingten Auflösung des Vertrages vereinbart wurden. Dadurch wird § 103 Abs. 2 Satz 1 InsO durchbrochen, weil der Vertragspartner mit seinem Anspruch auf Schadenersatz wegen Nichterfüllung nicht auf die Quote beschränkt ist. Die KO hatte solche Absicherungen zugelassen, indem sie in § 26 Satz 2 Absicherungen über abgesonderte Befriedigungen als Ausnahme ausdrücklich zuließ. Die InsO enthält eine entsprechende Einschränkung nicht sondern legt in § 103 fest, daß der Schadenersatz wegen Nichterfüllung **nur** als Insolvenzforderung geltend gemacht werden könne. Die hier diskutierten Absicherungen könnten Umgehungsgeschäfte sein, die nach den allgemeinen Grundsätzen nur dann unwirksam sind, wenn auch die gewählte Gestaltung nach der Gesetzesauslegung verboten sein soll (*Soergel/ Hefermehl* BGB § 134 Rz. 37). Davon kann indes nicht ausgegangen werden. Die InsO will zulässige Gestaltungen zur Absicherung der Vertragsparteien für den Fall der Insolvenz nicht verbieten. Grundpfandrechte erkennt auch die InsO als zulässige Gestaltung an (§ 50). Entsprechende sichernde Gestaltungen sind damit zulässig und wirksam.

§ 104
Fixgeschäfte. Finanztermingeschäfte → §§ 18, 26 KO

(1) War die Lieferung von Waren, die einen Markt- oder Börsenpreis haben, genau zu einer festbestimmten Zeit oder innerhalb einer festbestimmten Frist vereinbart und tritt die Zeit oder der Ablauf der Frist erst nach der Eröffnung des Insolvenzverfahrens ein, so kann nicht die Erfüllung verlangt, sondern nur eine Forderung wegen der Nichterfüllung geltend gemacht werden.
(2) [1]**War für die Finanzleistungen, die einen Markt- oder Börsenpreis haben, eine bestimmte Zeit oder eine bestimmte Frist vereinbart und tritt die Zeit oder der Ablauf der Frist erst nach der Eröffnung des Verfahrens ein, so kann nicht die Erfüllung verlangt, sondern nur eine Forderung wegen der Nichterfüllung geltend gemacht werden.** [2]**Als Finanzleistungen gelten insbesondere:**
1. die Lieferung von Edelmetallen,
2. die Lieferung von Wertpapieren oder vergleichbaren Rechten, soweit nicht der Erwerb einer Beteiligung an einem Unternehmen zur Herstellung einer dauernden Verbindung zu diesem Unternehmen beabsichtigt ist,

3. Geldleistungen, die in ausländischer Währung oder in einer Rechnungseinheit zu erbringen sind,
4. Geldleistungen, deren Höhe unmittelbar oder mittelbar durch den Kurs einer ausländischen Währung oder einer Rechnungseinheit, durch den Zinssatz von Forderungen oder durch den Preis anderer Güter oder Leistungen bestimmt wird,
5. Optionen und andere Rechte auf Lieferungen oder Geldleistungen im Sinne der Nummern 1 bis 4.

[3]Sind Geschäfte über Finanzleistungen in einem Rahmenvertrag zusammengefaßt, für den vereinbart ist, daß er bei Vertragsverletzungen nur einheitlich beendet werden kann, so gilt die Gesamtheit dieser Geschäfte als ein gegenseitiger Vertrag im Sinne der §§ 103, 104.

(3) [1]Die Forderung wegen der Nichterfüllung richtet sich auf den Unterschied zwischen dem vereinbarten Preis und dem Markt- oder Börsenpreis, der am zweiten Werktag nach der Eröffnung des Verfahrens am Erfüllungsort für einen Vertrag mit der vereinbarten Erfüllungszeit maßgeblich ist. [2]Der andere Teil kann eine solche Forderung nur als Insolvenzgläubiger geltend machen.

Inhaltsübersicht: Rz.

A. Vorbemerkung 1– 2
B. Grundgedanke 3– 5
C. Voraussetzungen 6–21
    I.   Fixgeschäfe 6– 9
   II. Finanztermingeschäfte 10–21
        1. Allgemeines 10–15
        2. Der Katalog 16–21
D. Rechtsfolgen 22–28
E. Vertragliche Netting-Bestimmungen 29–30

Literatur:

Bosch Finanztermingeschäfte in der Insolvenz, Teil I WM 1995, 365 ff.; Teil II WM 1995, 1413 ff.; *ders.* Kölner Schriften zur Insolvenzordnung, 1997, Differenz- und Finanztermingeschäfte nach der Insolvenzordnung, S. 775; *Fülbier* Swap-Verträge – Internationale Standardisierung, ZIP 1990, 680 ff.; *Jahn* Internationale Rahmen-Verträge für Finanztermingeschäfte, Die Bank 1992, 349 ff.; *Obermüller* Devisentermingeschäfte im Konkurs des Bankkunden, WM 1984, 325 ff.

A. Vorbemerkung

1 § 104 InsO tritt an die Stelle von § 18 KO. Die bisherige Einschränkung des Verwalter-Wahlrechtes bei Fixgeschäften wird auf Devisen- und Finanztermingeschäfte erweitert. Diese Erweiterung war aufgrund der immensen Bedeutung der Finanztermingeschäfte im nationalen und internationalen Wirtschaftsverkehr (dazu *Bosch* WM 1995, 365, 466 FN 1) auch für die Wettbewerbsfähigkeit der Deutschen Finanzmärkte unverzichtbar. Die Ausdehnung erfolgte, um Rechtsunsicherheiten zu beseitigen und Spekulation des Verwalters zu verhindern (so schon RegEntw, BT-Drucks. 12/2443, S. 145). Der Rechts-

ausschuß erweiterte den Katalog des Absatzes 2 über den Regierungsentwurf hinaus, um den künftigen Entwicklungen auf dem Finanzmarkt Rechnung zu tragen (Rechtsausschuß BT-Drucks. 12/7302, S. 168). Die neue Regelung bewertet mit Absatz 2 Satz 3 mehrere Geschäfte unter dem Dach eines Rahmenvertrages als einheitliche Rechtsgeschäfte.

Inhaltlich ist § 104 Abs. 2, 3 InsO bereits seit dem 01. 08. 1994 durch Artikel 15 des 2. Finanzmarktförderungsgesetzes und seit dem 19. 10. 1994 nach der Verkündung des Artikel 105 EGInsO in Kraft getreten. Der Rechtsausschuß hielt die neue Regelung wegen der immensen Bedeutung für die Finanzmärkte für dringend geboten (BT-Drucks. 12/7302, S. 168). **2**

B. Grundgedanken

Die Vorschrift ist eine der Ausnahmen zu dem in § 103 InsO niedergelegten Wahlrecht **3** des Verwalters. Durch den Ausschluß des Wahlrechtes unter den in § 104 InsO genannten Voraussetzungen soll den besonderen Gegebenheiten bei Fixgeschäften und Finanztermingeschäften Rechnung getragen werden. Selbst wenn der Verwalter zu einer unverzüglichen Erklärung über sein Wahlrecht aufgefordert wird, besteht eine gewisse Zeit der Ungewißheit für den Vertragspartner, der er nach der Art des Geschäftes nicht ausgesetzt werden soll. Regelmäßig ist er bei diesen Geschäften zur Vermeidung schwerer Nachteile auf eine schnelle Klärung der Rechtslage angewiesen. Dem Grundgedanken des Fixgeschäftes bzw. Finanztermingeschäftes ist es wesentlich, daß der Geschäftspartner bei der Insolvenz des Vertragspartners über die Abwicklung sofort Klarheit erlangt. Er soll in der Lage sein, im Krisenfall jederzeit Ersatzgeschäfte abschließen zu können. Gerade bei den sich ständig ändernden Markt- und Börsenpreisen kann der Vertragspartner häufig gezwungen sein, Deckungskäufe zu tätigen (*Kuhn/Uhlenbruck* KO, § 18 Rz. 1).

Dementsprechend werden Fixgeschäfte über die Verfahrenseröffnung hinaus nicht mehr **4** aufrechterhalten. Die Weitergeltung in der Insolvenz würde der Natur der Fixgeschäfte widersprechen. Das allgemeine Wahlrecht des Verwalters hätte zwingend eine unbillige Belastung des Vertragspartners zur Folge, da der Verwalter nur im Fall des Vorteils für die Masse sein Wahlrecht ausüben würde. Diesen zwingenden Nachteil soll der Vertragspartner bei Fixgeschäften nach dem Willen des Gesetzgebers nicht ausgesetzt werden, zumal der Vertrag mit dem Gemeinschuldner häufig nur einer in der Kette nachfolgender Verträge ist. Die Sicherheit des Verkehrs gebietet eine sofortige, spekulationsfreie Entscheidung. Der Käufer weiß, daß er sich anderweitig eindecken muß; der Verkäufer kann über seine Ware sofort verfügen und Ersatzverträge schließen, um seinen Schaden zu mindern. Per legem wird eine Saldierung der gegenseitigen Forderungen vorgenommen. Der Saldo wird aus der Differenz zwischen Vertrags- und Marktpreis ermittelt.

Die Notwendigkeit einer sofortigen eindeutigen Entscheidung besteht im besonderen **5** Maß bei sich stündlich ändernden Finanztermingeschäften. Das Wahlrecht des Verwalters würde zu einer selektiven Erfüllung, dem sog. Cherry Picking (*Bosch* WM 1995, 367) führen. Der Verwalter hätte zudem im Rahmen des Eröffnungsverfahrens ausreichend Gelegenheit, die günstigen Umstände zu ermitteln; bekanntlich hat er Einfluß auf den Eröffnungszeitpunkt. All dies würde beim Vertragspartner zu schweren Schäden führen, bei diesen möglicherweise ebenfalls zur Insolvenz führen. Grundsätzlich besteht für ihn ein Schutz durch die Möglichkeit der Aufrechnung nach den allgemeinen Bestimmungen (§§ 387 ff. BGB, 94 ff. InsO). Häufig besteht aber die Gefahr, daß in derartigen Situationen die Voraussetzungen für die Gleichartigkeit und Fälligkeit der aufzurechnenden Forderungen nicht erfüllt sein werden. Eine Überwindung dieser Erfordernisse durch die Vorschriften der §§ 41, 45 InsO ist durch § 95 Abs. 1 Satz 2 InsO ausgeschlossen. Um der Gefahr wirksam entgegentreten zu können, ist in § 104 InsO eine gesetzliche Regelung für die Verrechnung (das sog. Close-Out-Netting) geschaffen worden. Hierbei werden alle positiven und negativen Marktwerte der Aktiv- und Passivposten zum Zeitpunkt der Konkurseröffnung saldiert. Dadurch wird das Risiko der Geschäftspartner auf den aus der Verrechnung resultierende Saldo beschränkt (*Bosch* Kölner Schrift zur InsO, 777; *Obermüller/Hess* InsO Rz. 939).

C. Voraussetzungen

I. Fixgeschäfte

6 Da § 104 InsO in unmittelbaren Zusammenhang mit § 103 InsO steht, muß bei Fixgeschäften des Abs. 1 ein gegenseitiger Vertrag vorliegen, der noch von keiner Seite vollständig erfüllt worden ist (*Jaeger/Henckel* KO, § 18 Rz. 3; *Kuhn/Uhlenbruck* KO, § 18 Rz. 2). Ist bereits eine der Vertragsparteien seinen Leistungspflichten voll nachgekommen, greift § 104 InsO nicht mehr; es bleibt dem Gläubiger nur der Anspruch auf die Gegenleistung als einfache Insolvenzforderung, wenn über das Vermögen des anderen Teils das Insolvenzverfahren eröffnet wurde.

7 § 104 Abs. 1 InsO findet allgemein auf Waren Anwendung. Waren sind bewegliche Sachen und damit körperliche Gegenstände, §§ 1 Abs. 2 Nr. 1 HGB, 90 BGB. Zu den körperlichen Gegenständen zählen auch Flüssigkeiten und der elektrische Strom (*Staub/Brüggemann* Großkommentar zum HGB, § 1 Rz. 61). Forderungen und Rechte können keine Waren sein. Aus dem Warenbegriff folgt weiterhin, daß es sich um vertretbare Sachen gem. § 91 BGB handeln muß. Die Ware darf sich also nicht durch bestimmte Merkmale von anderen der gleichen Art abheben, so z. B. die in einem konkreten Raum eingepaßte Maschine (RGZ 45, 64). Grundstücke sind nach der gesetzlichen Definition ebenfalls keine Waren.

8 Die Ware muß ein Markt- oder Börsenpreis haben. Ein aktueller Marktpreis ist nicht erforderlich. Es genügt, wenn der Preis objektiv ermittelt werden kann. Dabei ist eine Preisermittlung aufgrund amtlicher Feststellung oder Sachverständigenermittlung möglich. Ob eine Schätzung nach § 286 ZPO möglich sein soll (so *Jaeger/Henckel* KO, § 18 Rz. 7) erscheint zweifelhaft. Die Schadensschätzung des Richters gem. § 286 ZPO stützt sich nicht nur auf den Marktpreis sondern berücksichtigt auch die Besonderheit des anhängigen Prozesses. § 18 KO hatte es für den Fall des fehlenden Markt- oder Börsenpreises bei dem Verwalterwahlrecht belassen. Diese ausschließliche Regelung hat § 104 InsO nicht übernommen. Daraus folgt indes nicht, daß die Saldierung in jedem Fall erfolgen soll. Ein objektiv bestimmbarer Preis ist in jedem Fall erforderlich. Ggf. muß die Feststellung auf einen anderen Stichtag erfolgen (Rechtsausschuß BT-Drucks. 12/7302, S. 168). Nur wenn der Preis weitestgehend von den subjektiven Einschätzungen der Vertragsparteien abhängig ist, greift § 104 InsO nicht (so zutreffend für die Finanztermingeschäfte *Bosch* WM 1995, 413, 417). Das ergibt sich aus dem Gesetzeswortlaut und dem Ziel des Gesetzgebers eine objektive Saldierung herbeizuführen.

9 Weitere Voraussetzung des § 104 Abs. 1 InsO ist ein Fixgeschäft. Die Vorschrift erfaßt Verträge, welche die Lieferung von Waren zu einer festbestimmten Zeit oder innerhalb einer festbestimmten Frist zum Gegenstand haben. Dabei handelt es sich um Fixge-

schäfte im Sinne von §§ 361 BGB, 376 HGB, 50 ff. BörsG. Für das Vorliegen eines Fixgeschäftes ist entscheidend, daß die fest bestimmte Lieferungszeit für die Vertragschließenden ein so wesentlicher Bestandteil des Rechtsgeschäftes geworden ist, daß mit der zeitgerechten Leistung das Geschäft stehen und fallen soll (*Palandt/Heinrichs* BGB, § 361 Rz. 2; BGHZ 110, 96). Allerdings führt nicht jede genaue Bestimmung der Leistungszeit zum Vorliegen eines Fixgeschäftes (*Jaeger/Henckel* KO, § 18 Rz. 8). Unter Umständen kann nur eine kalendermäßige Zeitbestimmung als Mahnungsersatz gem. § 284 Abs. II BGB gegeben sein. Nicht als Fixgeschäfte anzusehen sind zudem die sog. Abladegeschäfte (vgl. *Kilger Karsten Schmidt* KO, § 18, 1d), das börsenmäßige Getreidelieferungsgeschäft (vgl. *Jaeger/Henckel* KO, § 18 Rz. 8). Differenzgeschäfte gem. § 764 BGB sind keine Fixgeschäfte, da sie als Naturobligationen keinen klagbaren Anspruch geben.

II. Finanztermingeschäfte

1. Allgemeines

Mit Abs. 2 hat der Gesetzgeber den bedeutenden Kreis der Finanztermingeschäfte dem 10 Wahlrecht des Verwalters entzogen. Nicht nur die Marktteilnehmer auch die Bankenaufsicht hatten seit langem darauf gedrängt, die Risiken der Finanzgeschäfte zu minimieren. Bei dem Volumen des Marktes unter ständiger Beteiligung der Banken sah sich der Gesetzgeber verpflichtet, auch das Eigenkapital der Kreditinstitute zu sichern. Die vorgezogene Geltung des § 104 InsO zeigt das dringende Interesse des Gesetzgebers. Die Grundformen des Termingeschäfts sind zum einen die Festgeschäfte, zum anderen 11 die Optionen (*Obermüller/Hess* InsO, Rz. 908; ausführlich *Bosch* WM 1995, 365, 369 ff.). Das Festgeschäft kommt in der Regel in der Form des Terminkaufs vor. Charakteristisch ist dabei, daß der Kaufgegenstand erst zu einem hinausgeschobenen Zeitpunkt zu liefern und zu bezahlen ist. Das typische Optionsgeschäft ist ein Vertrag, durch den einer Partei, dem Optionskäufer, das Recht (Optionsrecht) eingeräumt wird, zu einem künftigen Zeitpunkt durch einseitige Erklärung (Ausübung) ein Geschäft, z. B. den Kauf eines Wertpapieres, zu vorab festgelegten Konditionen abzuschließen. Die Gegenleistung für den Erwerb des Optionsrechts, die Prämie, wird meist bei Abschluß des Optionsgeschäftes gezahlt. Der Optionskäufer hat danach bis zur Ausübung des Optionsrechtes nur ein Recht, keine Pflichten. Das Festgeschäft dagegen ist zwischen Abschluß und Fälligkeit ein beiderseits noch nicht erfülltes schwebendes Geschäft; beide Parteien haben Rechte und Pflichten. Letztlich sind alle Finanztermingeschäfte auf diese Grundform zurückführen (*Bosch* Kölner Schrift zur InsO, 779; *ders.* WM 1995, 365, 370). Die wichtigsten Finanzleistungen sind in § 104 Abs. 2 InsO Nr. 1–5 genannt.

Auch für Finanztermingeschäfte greift die Sonderregelung des § 104 InsO nur, wenn es 12 sich um gegenseitige Verträge handelt. Dieses Synalagma wird durch das Gesetz auch dann vorgegeben, wenn einzelne Finanzgeschäfte vorliegen, die in einem Vertrag zusammengefaßt werden. Auch dann sind sämtliche Leistungen der Vertragspartner zu saldieren. Der Regelungszweck des Gesetzes würde anderenfalls nicht greifen, da der Verwalter in der Lage wäre, an günstigen Einzel-Geschäften festzuhalten (*Obermüller/Hess* a.a.O. Rz. 937). Dabei ist die Erfüllung einzelner Leistungen nicht schädlich. Es kommt nur darauf an, daß einzelne Leistungen aus dem Rahmenvertrag noch nicht erfüllt wurden. Ausgeschlossen ist die Anwendung des § 104 InsO nur, wenn sämtliche Pflichten einer Vertragspartei aus einem Rahmenvertrag vollständig erfüllt sind.

13 Die Geschäftsbeziehung zweier Vertragspartner wird bei Finanztermingeschäften häufig durch Rahmenverträge gestaltet. Diese Rahmenverträge regeln sämtliche Einzelgeschäfte. Regelmäßig findet sich in diesen Verträgen bereits eine Saldierungsregelung für den Fall der Insolvenz (*Bosch* WM 1995, 413, 419; zur Zulässigkeit s. u. Rz. 30). Die Verträge können für bestimmte Arten von Finanztermingeschäften oder für sämtliche Einzelgeschäfte der Vertragspartner (im einzelnen *Jahn*, Die Bank 1992, 349 ff.) geschlossen worden sein. Voraussetzung der Zusammenfassung der Einzelgeschäfte im Rahmen des § 104 InsO ist ein Rahmenvertrag, der bei Vertragsverletzungen eine einheitliche Beendigung aller Geschäfte vorsieht. Dieses Merkmal ist Ausdruck des Vertragswillens, alle Leistungen in einem Austauschverhältnis zusammenzufassen. Daraus folgt weiterhin, daß alle Geschäfte der Vertragspartner zu saldieren sind, wenn eine grundsätzliche Vereinbarung besteht, die Vertragsbeziehung einheitlich bei Vertragsverletzungen zu beenden. Diese generelle Beendigungsregelung ist das konstitutive Merkmal. Der Gesetzeswortlaut ist eindeutig (a. A. *Bosch* WM 1995, 413, 425, der die Frage der Einheitlichkeit der Vertragsbeziehung aus der Gesamtbewertung aller Einzelelemente des Vertrages ableiten will). Fehlt dem entsprechenden Rahmenvertrag die einheitliche Beendigungsvorgabe, kann der Verwalter am Cherry Picking allenfalls durch den Grundsatz von Treu und Glauben gehindert werden (*Bosch* WM 1995, 413, 425).

14 Die Notwendigkeit eines Markt- oder Börsenpreises ist nicht streng zu verstehen. Insbesondere ist es nicht erforderlich, daß der Wert auf einem Markt oder an der Börse festgestellt ist. Es reicht aus, wenn die Preise anhand anderer Kriterien ermittelt werden können. Dementsprechend ist das Verwalterwahlrecht auch ausgeschlossen, wenn ein abgeleiteter Marktpreis ermittelt werden kann. Grundsätzlich wird § 104 InsO immer anwendbar sein, wenn der konkrete Preis mit der Bewertungsmethode der bankaufsichtlichen Praxis ermittelt werden kann (ausführlich *Bosch* WM 1995, 413, 418).

15 Die gesetzliche Formulierung der bestimmten Zeit oder Frist macht im Vergleich zum Wortlaut des Abs. 1 deutlich, daß ein Fixgeschäft nicht erforderlich ist. Die Formulierung dient lediglich der Abgrenzung zu Geschäften, für die eine Frist überhaupt nicht bestimmt wurde. Sobald ein letzter – weit in der Zukunft liegender – Zeitpunkt der Fälligkeit bestimmt wurde, greift § 104 InsO (*Bosch* WM 1995, 413, 417; *Obermüller/Hess* InsO Rz. 911).

2. Der Katalog

16 Nach Nr. 1 gehört hierzu zunächst die Lieferung von Edelmetallen. Diese ist nach § 340c HGB ein Finanzgeschäft. Die ausdrückliche Aufnahme in den Katalog des Abs. II dient lediglich der Klarstellung. Zu den Edelmetallgeschäften gehören hauptsächlich Vereinbarungen über die Lieferung von Gold, Silber und Platin. Zu berücksichtigen ist hier, daß Rohstofflieferungen von Nr. 1 nicht erfaßt werden. Hierbei handelt es sich um normale Warengeschäfte gem. § 104 Abs. 1 InsO (*Obermüller/Hess*, InsO Rz 895).

17 Von Nr. 2 werden Wertpapiergeschäfte oder Geschäfte mit vergleichbaren Rechten erfaßt. Als vergleichbare Rechte sind nicht verbriefte Schuldbuchforderungen oder Schuldscheine anzusehen, die nicht als Wertpapiere gelten. Der Anwendungsbereich der Nr. 2 beschränkt sich auf Wertpapiere des Kapitalmarktes wie Aktien, kurze Investmentzertifikate, Staatsanleihen und Kommunalanlagen, Kassenobligationen und Wandelschuldverschreibungen. Ausgenommen von der Regelung werden Wertpapiergeschäfte, die dem Erwerb einer dauerhaften Beteiligung an einem Unternehmen dienen. In einem solchen Fall ist kein Finanzgeschäft gegeben, sondern allein der Erwerb eines Unterneh-

mensanteils. Hier kann der Verwalter sein Wahlrecht ausüben (*Bosch* WM 1995, 365, 413, 416).

Nr. 3 betrifft die sog. Devisentermingeschäfte. Es handelt sich hierbei um Warentermin- **18** geschäfte, bei denen die Ware eine Währung ist. Der Kurs der Devise wird bei Vertragsschluß vereinbart. Da die Erfüllung für einen festen Termin in der Zukunft vereinbart wird, hängt der Gewinn oder Verlust von den Währungsschwankungen ab (ausführlich dazu *Obermüller* WM 1984, 325 ff.). Devisentermingeschäfte werden nicht nur zur Spekulation abgeschlossen; sie dienen auch der Absicherung von Währungsschwankungen im internationalen Warenverkehr. Devisentermingeschäfte sind nach ständiger Rechtsprechung inoffizielle aber zulässige Börsentermingeschäfte (BGH WM 1979, 1381; ZIP 1988, 694). Erfaßt von Nr. 3 werden auch die Währungs-Swap-Geschäfte, die eine Sonderform des Devisentermingeschäfts darstellen (*Bosch* Kölner Schrift zur InsO, 781). Dies gilt sowohl für die herkömmlichen Währungs-Swap-Geschäfte als auch die des neuen Typs. Beim herkömmlichen Swap-Geschäft verkauft und liefert eine Vertragspartei der anderen einen Währungsvertrag und kauft ihn gleichzeitig zu einem künftigen Termin zu einem anderen Kurs zurück (ausführlich *Obermüller/Hess* InsO Rz 900). Beim Währungs-Swap neuen Typs handelt es sich um die Langfristvariante dieser Geschäftsform. Hierbei wird typischerweise vereinbart, daß der Rücktausch zum gleichen Kurs erfolgt, aber zwischenzeitlich periodische Ausgleichszahlungen stattfinden (*Bosch* WM 1995, 371 m. w. N.).

Des weiteren zählen zum Katalog des Abs. II die Finanztermingeschäfte, bei denen die **19** Höhe der geschuldeten Geldleistungen von einem Wechselkurs, einem Zinssatz oder Warenpreis bestimmt wird. (Nr. 4). Der Rechtsausschuß hatte den RegE dahin ergänzt, daß auch die mittelbare Bestimmung der Geldleistung ermöglicht wird. Damit sollten Vereinbarungen erfaßt werden, welche die Geldleistung von einem Wertpapierindex abhängig machen (Ausschußbericht BT-Drucks 12/7302, S. 168). Unter Nr. 4 sind auch Warentermingeschäfte zu erfassen, die als Differenzgeschäfte ausgestaltet sind. An diesen Geschäften findet ein Barausgleich statt Lieferung statt (*Obermüller/Hess* InsO Rz 902; ausführlich auch hierzu *Bosch* WM 1995, 413, 416), wenn der Optionsgegenstand noch nicht geliefert ist.

Bei Optionsgeschäften (Nr. 5) ist zu unterscheiden. Ist statt Lieferung Barausgleich **20** vereinbart, ist der Vertrag nach Zahlung der Optionsprämie durch den Optionskäufer erfüllt. § 104 Abs. 2 InsO greift nicht mehr. Anders, wenn die Lieferung des Optionsgegenstandes gegen Zahlung vereinbarten Preises vereinbart ist. Dieses Geschäft ist auch nach Zahlung der Optionsprämie von keiner der Parteien vollständig erfüllt, weil der *BGH* beide Einzelakte als einheitliches Geschäft wertet (*BGH* WM 1984, 1595 ff.). Bei dieser Gestaltung ist mithin das Wahlrecht des Verwalters ausgeschlossen (*Bosch* WM 1955, 413, 417; *Obermüller/Hess* Rz. 906/907).

Die Aufzählung einzelner Finanzgeschäfte ist nicht abschließend. Der Wortlaut ist **21** eindeutig. Der Katalog des Absatzes 2 wurde vom Rechtsausschuß ergänzt. Insbesondere ist vorgesehen worden, daß es sich bei dem konkret genannten Katalog um einen beispielhaften handelt. Nur so kann gewährleistet werden, daß die Regelung auch künftigen Entwicklungen in dem Bereich der Finanzgeschäfte gewachsen ist (Ausschußbericht BT-Drucks 12/7302, S. 168). Schon jetzt ist absehbar, daß sich § 104 InsO auf weitere Finanzgeschäfte erstreckt, die explizit nicht genannt sind. Aus der Gesetzesbegründung ergibt sich, daß auch Finanzgeschäfte, für die Lieferung auf den Zeitpunkt der Verfahrenseröffnung oder den Tag danach vereinbart ist, erfaßt werden soll. Auch Kassengeschäfte, Wertpapier-Leihgeschäfte und börsengehandelte Derivate sind der Pflicht der Saldierung unterzogen. Auch hier greift die gesetzliche Intention, die Risiken der Insolvenz für den Finanzmarkt zu reduzieren (zum Ganzen *Bosch* WM 1995, 413, 420ff.).

D. Rechtsfolgen

22 Mit der Anwendung des § 104 InsO verliert der Verwalter sein Wahlrecht aus § 103 InsO. Mit der Eröffnung des Verfahrens kommt es kraft Gesetzes durch die Saldierung zu einer Ausgleichsforderung. Es kommt zu einer gesetzlichen Gleichstellung. Die Vertragsbeziehung ist – bis auf die Ausgleichsforderung – beendet. Die Umwandlung ist endgültig; sie bleibt auch bestehen wenn der Eröffnungsbeschluß aufgehoben wird (*Jaeger/Henckel* KO, § 18 Rz. 17; *Kuhn/Uhlenbruck* § 18 Rz. 8). Die Erfüllung des Vertrages kann nicht mehr gefordert werden.

23 Die Berechnung des Schadenersatzanspruches wird abstrakt nach Maßgabe des Abs. III vorgenommen. Der Betrag bestimmt sich allein aus dem Unterschied zwischen dem Vertrags- und dem Markt- oder Börsenpreis. Keine Rolle spielt dabei, ob der Käufer tatsächlich einen Deckungskauf vornimmt, und wenn ja, ob er dann irgendwelche Verluste erleidet (*RG* LZ 1915, 540; vgl. auch *Obermüller* WM 1984, 325, 328; *Jaeger/Henckel* KO, § 18 Rz. 21). Maklergebühren und Provisionen sind jeweils zu berücksichtigen. Geleistete Anzahlungen sind zu berücksichtigen (*Jaeger/Henckel* KO, § 18 Rz. 22). Die Ausgleichsforderung ist gerichtlich durchsetzbar; § 764 BGB greift nicht (*Jaeger/Henckel* KO, § 18 Rz. 26).

24 Zugrundegelegt wird immer der Markt- und Börsenpreis, der am zweiten Werktag nach der Eröffnung des Insolvenzverfahrens am Erfüllungsort für einen Vertrag mit der vereinbarten Erfüllungszeit üblich ist. Sollte es nicht möglich sein, diesen Preis für den zweiten Tag nach der Eröffnung des Verfahrens zu ermitteln, ist der Preis zu berücksichtigen, der für den Tag davor maßgeblich war. Diese Möglichkeit sieht der Ausschußbericht ausdrücklich vor (Ausschußbericht, BT-Drucks. 12/7302, S. 168). Um die Möglichkeit zu eröffnen, die Saldierung auch auf andere Stichtage vorzunehmen, hat der Gesetzgeber die noch in der KO enthaltene Ausschlußklausel nicht übernommen; § 18 Abs. 3 KO hatte eine Saldierung ausgeschlossen, wenn der Marktpreis auf den Stichtag nicht ermittelt werden kann. Ggf. muß der Marktpreis am vereinbarten Liefertag zu ermittelt werden (*Bosch* WM 1995, 413, 420).

25 Liegt der Marktpreis höher als der Vertragspreis, hat der Käufer die Möglichkeit, den Unterschied zu fordern. Ist das Verhältnis aber umgekehrt, so liegen dann die Vorteile beim Verkäufer (*Kuhn/Uhlenbruck* KO, § 18 Rz. 9; zum Devisengeschäft *Obermüller* WM 1984, 325, 328). Gegenüber der Masse kann der positive Saldo nur als Insolvenzforderung geltend gemacht werden, § 104 Abs. 3 Satz 2.

26 War zwischen den Vertragspartnern ein sog. Nachgeschäft vereinbart, d.h. es verabredet war, daß der Käufer am Erfüllungstage ein mehrfaches der Ware nachkaufen oder der Verkäufer in gleicher Weise nachliefern durfte, wird das gesamte Geschäft und nicht nur der auf die fest gekaufte Ware bezogene Vertragsteil in ein Differenzgeschäft umgewandelt (*Jaeger/Henckel* KO, § 18 Rz. 21; *Kuhn/Uhlenbruck* KO, § 18 Rz. 10).

27 Bei der Anwendung des § 104 InsO ist es letztlich unerheblich, ob über das Vermögen des Käufers oder des Verkäufers das Insolvenzverfahren eröffnet worden ist. Ergibt sich nach der o.g. Differenzberechnung ein Anspruch des Gemeinschuldners, so ist dieser vom Insolvenzverwalter zur Masse zu ziehen. Hat dagegen der Vertragspartner einen Anspruch, so erhält dieser eine einfache Insolvenzforderung; die Ausgleichsforderung ist nicht Masseschuld.

Teilbare Leistungen § 105

Die Möglichkeit der Aufrechnung oder die Verwertung von Sicherheiten im Weg der 28
abgesonderten Befriedigung wird durch § 104 InsO nicht eingeschränkt. Die Aufrechnung mit der Saldoforderung des Verwalters wird indes regelmäßig an § 96 InsO scheitern.

E. Vertragliche Netting-Bestimmungen

Bei der Vorschrift des § 104 InsO handelt es sich um zwingendes Gesetzesrecht. Die 29
Vertragspartner können daher für den Fall der Insolvenz eines Vertragsteils keine wirksamen Abweichungen hinsichtlich der Bestimmungen des § 104 InsO vereinbaren (*Jaeger/Henkel* KO, § 18 Rz. 27; *Kilger/Karsten Schmidt* KO, § 18, 4), § 119 InsO). Dementsprechend sind Vereinbarungen, welche die Fortsetzung der Vereinbarung über die Verfahrenseröffnung hinaus festlegen ebenso unwirksam wie die Festlegung abweichender Stichtage.

Die in der Praxis üblichen Vereinbarungen der auflösenden Bedingung für den Fall der 30
Insolvenz (dazu *Fülbier* ZIP 1990, 680 ff.) bleiben wirksam, schon weil sie die Rechtsfolge der InsO nicht ändern (*Obermüller/Hess* InsO Rz 928). Vertragliche Netting-Vereinbarung, die eine Vertragsbeendigung wegen Überschuldung, Zahlungsunfähigkeit oder Konkursantragstellung vorsehen, sind ebenfalls wirksam (Ausschußbericht BT-Drucks. 12/7302, S. 170). Der *BGH* hat mehrfach zu der KO darauf hingewiesen, daß der Verwalter den rechtlichen Bestand des Vertrages im Zeitpunkt der Verfahrenseröffnung hinnehmen müsse (ausführlich BGHZ 96, 34, 37; dazu auch *Bosch* WM 1995, 413, 422). Auch Zusatzvergütungen für den Fall der insolvenzbedingten Saldierung können nicht wirksam vereinbart werden; damit würde die Masse entgegen dem Gesetzeszweck unbillig belastet. Als untergeordnetes Recht können auch Handelsbräuche und Geschäftsbedingungen der Börsen keine abweichenden Regelungen festlegen.

§ 105
Teilbare Leistungen → § 26 KO

[1]Sind die geschuldeten Leistungen teilbar und hat der andere Teil die ihm obliegende Leistung zur Zeit der Eröffnung des Insolvenzverfahrens bereits teilweise erbracht, so ist er mit dem der Teilleistung entsprechenden Betrag seines Anspruchs auf die Gegenleistung Insolvenzgläubiger, auch wenn der Insolvenzverwalter wegen der noch ausstehenden Leistung Erfüllung verlangt. [2]Der andere Teil ist nicht berechtigt, wegen der Nichterfüllung seines Anspruchs auf die Gegenleistung die Rückgabe einer vor der Eröffnung des Verfahrens in das Vermögen des Schuldners übergegangenen Teilleistung aus der Insolvenzmasse zu verlangen.

Inhaltsübersicht: Rz.

A. Allgemeines 1– 4
B. Voraussetzungen 5–13
C. Rechtsfolge 14–19
D. Abdingbarkeit 20

§ 105

Literatur:

Böhle-Stamschräder Vergleichsordnung, 1977; *Henckel* Gegenseitige Verträge in Konkurs und Vergleich, ZZP 99 (1986), 419 ff.; *Obermüller/Livonius* Auswirkungen der Insolvenzrechtsreform auf das Leasinggeschäft, DB 1995, 27 ff.; *Neuschäfer* Der Eigentumsvorbehalt in der neuen Vergleichsordnung, JW 1935, 3516 ff.; *Tintelnot* Die gegenseitigen Verträge im neuen Insolvenzrecht, ZIP 1995, 616 ff.

A. Allgemeines

1   § 105 InsO findet in der KO keine Entsprechung. Wollte der Konkursverwalter einen Vertrag, der aufteilbare Leistungen zum Gegenstand hatte, fortsetzen, mußte er mit der Vertragserfüllung auch die vor Verfahrenseröffnung entstandenen Verbindlichkeiten aus der Masse erfüllen. Die Praxis hatte unter der KO die Probleme insbesondere zu Energielieferungsverträgen mit dem sog. Wiederkehrschuldverhältnis gelöst. Aufgrund des Kontrahierungszwanges der Versorgungsunternehmen konnte der Verwalter die bisherigen Verträge kündigen und sogleich erneut abschließen. Damit hatten die Versorgungsunternehmen indes die Möglichkeit, den alten Vertrag nicht zu den mit dem Schuldner ausgehandelten Sonderkonditionen fortsetzen zu müssen. Die InsO übernimmt den Grundgedanken des § 36 Abs. 2 VerglO. Der Gesetzgeber hat die Kritik an dieser Vorschrift nicht berücksichtigt. In der Literatur war es als unbillig angesehen worden, den Vertragspartner an Konditionen festzuhalten, die unter anderen Voraussetzungen kalkuliert worden waren (*Henckel* ZZP 99 (1986), 419, 442). Unter der InsO muß der Vertragspartner diesen Nachteil hinnehmen. Dogmatisch widerspricht § 105 InsO der Rechtsprechung des *BGH*, mit der Eröffnung des Verfahrens erlösche der Erfüllungsanspruch. Im Zusammenhang mit den nachfolgenden Bestimmungen schafft § 105 InsO indes die Gleichbehandlung aller Gläubiger (*Tintelnot* ZIP 1995, 616, 619).

2   Sinn der Vorschrift ist es, dem Insolvenzverwalter die Fortführung des Unternehmens zu erleichtern. Er muß jetzt bei der Ausübung seines Wahlrechts gem. § 103 InsO nur noch die zukünftigen Leistungen für die Insolvenzmasse berücksichtigen. Dadurch behält er die Möglichkeit, auch günstige Verträge unter den gleichen Bedingungen fortzusetzen. Eine Rückabwicklung der vor der Eröffnung des Insolvenzverfahrens erbrachten Teilleistungen ist selbst bei der Wahl der Erfüllung ausgeschlossen.

3   § 105 InsO ergänzt als lex specialis das allgemeine Wahlrecht des Verwalters aus § 103 InsO. Die nachfolgenden Sondervorschriften über die Behandlung von Miet-/Pachtverträgen über Immobilien und Dienstverhältnisse gehen als Sondervorschriften vor. § 105 gilt indes, wenn der Verwalter Erfüllung des Mietvertrages wählt. Es ist kein Anhaltspunkt ersichtlich, daß der Gesetzgeber den Vermieter bei der Erfüllungswahl des Verwalters besserstellen wollte als den Verkäufer (*Tintelnot* ZIP 1995, 616, 620 gegen *Obermüller/Livonius* DB 1995, 27, 28).

4   § 107 InsO verdrängt § 105. Die Nichterfüllung der vor Verfahrenseröffnung fällig gewordenen Teilleistungen würde nach dem Eigentumsvorbehalt dazu führen, daß das Eigentum auf den Verwalter nicht übergeht. Diese dingliche Zuordnung soll durch § 105 InsO nicht durchbrochen werden. Das Aussonderungsrecht des Vorbehaltsverkäufers hat auch unter der InsO Bestand, § 47. Daraus folgt weiterhin, daß § 105 InsO auf Teillieferungen anzuwenden ist, für die der Eigentumsvorbehalt gegenstandslos geworden ist, weil der Schuldner die Waren bereits weiterveräußert hatte. Dabei kommt es nicht darauf an, ob die Weiterveräußerung durch die Ermächtigung des Verkäufers gedeckt war oder

der Erwerber gutgläubig Eigentümer geworden ist (*Bley/Mohrbutter* VerglO, § 36 Rz. 47 b).

B. Voraussetzungen

Von § 105 InsO werden sämtliche Verträge erfaßt, deren vertragliche Leistungen getrennt beurteilt werden können. Unter der KO war der Begriff des Wiederkehrschuldverhältnisses geprägt worden. Unter diesen Verträgen war zur Abgrenzung von Sukzessivlieferungsverträgen ein Vertrag verstanden worden, in dessen Rahmen gleiche Leistungen ständig neu begründet wurden. Hauptanwendungsfall waren die Energielieferungsverträge. Der *BGH* hatte das Institut des konkursrechtlich begründeten Wiederkehrschuldverhältnisses abgelehnt (BGHZ 81, 90). Die Abgrenzung zwischen Wiederkehrschuldverhältnis und Sukzessivlierungsvertrag waren streitig (*Jaeger/Henckel* KO, § 17 Rz. 85). Eine Auseinandersetzung mit dieser Problematik ist nunmehr entbehrlich (*Tintelnot* ZIP 1995, 616, 619). § 105 InsO greift, wenn die weiteren Voraussetzungen vorliegen, für sämtliche gegenseitigen Verträge.

Es muß ein Vertrag vorliegen, der beiderseits teilbare Leistung zum Gegenstand hat. Ist eine der Leistungen im Synallagma unteilbar, ist der Verwalter auf die Anwendung des Wahlrechts aus § 103 InsO beschränkt (*Böhle-Stamschräder* VerglO, § 36 Anm. 6). Bei der Anwendung des § 105 InsO auf Dauerschuldverhältnisse und Wiederkehrschuldverhältnisse kommt es im Wesentlichen auf die Parteiabreden an (*OLG Frankfurt* BB 1978, 1087; *Jaeger/Henckel* KO, § 17 Rz. 85 m. w. N zur Frage des Wiederkehrschuldverhältnisses; *Kilger/Karsten Schmidt* KO, § 17, 3 a; vgl. auch *Kuhn/Uhlenbruck* KO, § 17 Rz. 27). Die Teilbarkeit kann sich aus der Parteiabrede, aber auch aus der Natur der Sache ergeben (*Hess* KO, § 17 Rz. 41).

Eine gesetzliche Definition der teilbaren Leistung fehlt. Eine Leistung ist teilbar, wenn sie ohne Wertminderung und ohne Beeinträchtigung des Leistungszwecks in Teilleistungen zerlegt werden kann (RGZ 155, 306, 313; *Soergel-Wolf* BGB, § 266 Rz.). Teilbarkeit setzt darüber hinaus voraus, daß ein Leistungsteil seinem Wesen und Wert nach anteilig der Gesamtleistung entspricht; er darf sich in der Größe, nicht aber in der Beschaffenheit von der Gesamtleistung unterscheiden. Schon das *RG* ging zu § 36 Abs. 2 VerglO davon aus, daß von der Vorschrift alle Gläubiger aus Dauerschuldverhältnissen betroffen sind, deren Leistungen ihrem wirtschaftlichen Wert nach geteilt werden können; nach dem Gesetzeszweck sei eine weite Auslegung des Begriffs der Teilbarkeit geboten (RGZ 155 306, 312 f., bestätigt durch BGHZ 67, 242, 246 ff.). Die Leistung von Geld oder die Lieferung vertretbarer Sachen sind der Hauptanwendungsfall (*Soergel-Wolf* BGB § 266 Rz. 9; *Bley/Mohrbutter* VerglO § 36 Rz. 48). Für Kaufverträge unter Vereinbarung eines Eigentumsvorbehaltes gilt indes Sonderrecht, § 107 InsO (vgl. oben Rz. 4).

Auch Werkleistungen können teilbar sein. Das setzt allerdings voraus, daß einzelne Leistungsbereiche in selbständige Teile aufgespalten werden können (BGZ 67, 242, 249). Allein ein Zahlungsplan im Bauvertrag, der bestimmte Teilbeträge für einzelne Leistungsabschnitte vorsieht, ist kein hinreichender Anknüpfungspunkt für abtrennbare Teilleistungen (BGHZ 67, 242, 250).

Der Anwendbarkeit des § 105 InsO steht es nicht entgegen, daß dem Schuldner aufgrund des Lieferumfanges ein günstiger Preis eingeräumt wurde. Auch Tauschgeschäfte unterfallen der Norm, soweit die Gegenleistung unter Berücksichtigung der bereits erfolgten Lieferungen berechnet werden kann (*Neuschäfer* JW 1935, 3516, 3519). Rahmen- oder Mantelverträge zur Regelung langfristiger Lieferbeziehungen sind keine Gesamtleistun-

§ 105 *Wirkungen der Eröffnung des Insolvenzverfahrens*

gen i. S. des § 105 InsO, weil sich die einzelnen Leistungen nach gesonderten Verträgen richten (*Bley/Mohrbutter* VerglO, § 36 Rz. 49). Nur wenn sich die gesamte Leistungsbeziehung unmittelbar aus dem Rahmenvertrag ergibt, greift § 105 InsO. Anderenfalls kann der Verwalter aus dem Rahmenvertrag keine Rechte herleiten.

10 Energielieferungsverträge, die nach dem alten Recht § 17 KO (103 InsO) unterfielen, durften in der Vergangenheit regelmäßig vom Verwalter nicht fortgeführt werden, wenn vor Verfahrenseröffnung Rückstände aufgelaufen waren. Heftig umstritten war die Frage, ob die stillschweigende Nutzung der Energie als konkludenter Eintritt in den Vertrag und damit als Ausübung des Erfüllungswahlrechtes gewertet werden kann (ausführlich BGHZ 81, 90, 94). Die Fortführung des Vertrages war bei Stromabnahmeverträgen für den Verwalter wirtschaftlich von erheblicher Bedeutung. Die jetzige Regelung beendet die Problematik und erlaubt dem Verwalter auch die Fortführung von Energielieferungsverträgen mit günstigen Sonderkonditionen (so auch *Tintelnot* ZIP 1995, 616, 619) auch bei erheblichen, vor Verfahrenseröffnung aufgelaufenen Rückständen.

11 Fernsprechteilnehmerverhältnisse waren von der Rechtsprechung als mietähnliche Verträge behandelt worden (BGHZ 39, 35, 37; ausführlich *Jaeger/Henckel* KO, § 17 Rz. 13 u. § 19 Rz. 10). Dieser Beurteilung wird man auch dann folgen können, wenn das Vertragsverhältnis nicht mehr hoheitlich gestaltet ist. § 105 InsO wird bei diesen Verträgen durch die mietrechtlichen Sondervorschriften verdrängt.

12 Versicherungsverträge zählen zu den gegenseitigen Verträgen. Teilbar sind indes nur die Leistungen Deckungsübernahme einerseits und Versicherungsleistung. Diese Leistungen sind indes nicht gleichartig (*LG Münster* KTS 58, 28).

13 Die selbständige Teilleistung muß vor Verfahrenseröffnung vollständig erfüllt sein. Anderenfalls ist die Forderung für die erbrachte Leistung bei Erfüllungswahl des Verwalters Masseschuld (*Bley/Mohrbutter* VerglO, § 36 Rz. 49).

C. Rechtsfolge

14 Rechtsfolge des § 105 InsO ist zunächst, daß der Vertragspartner mit seinem Anspruch wegen der vor Eröffnung erbrachten Leistungen Insolvenzgläubiger in Höhe seiner bereits erbrachten Teilleistungen wird. Ein Anspruch auf Erfüllung aus der Masse besteht nicht. Seine Rechtsstellung als Insolvenzgläubiger ist zudem unabhängig davon, ob sich der Insolvenzverwalter für oder gegen die Erfüllung des Vertrages entscheidet.

15 Entscheidet sich der Insolvenzverwalter für die Erfüllung des Vertrages, wird der Vertragspartner für die Leistungen von dem Zeitpunkt der Eröffnung des Insolvenzverfahrens an voll aus der Masse befriedigt.

16 Der Gläubiger kann § 105 InsO nicht dadurch umgehen, daß er die Rückgabe der bereits vor Verfahrenseröffnung erbrachten Teilleistung fordert. Wie auch die VerglO ist in der InsO eine Rücktrittsschranke festgelegt, welche die Ausübung gesetzlicher oder vertraglicher Rücktrittsrechte wegen Nichterfüllung ausschließt (RegE BT-Drucks. 12/2443 S. 146). Dieses Rücktrittsverbot wird in der Praxis insbesondere beim Eigentumsvorbehalt – soweit § 105 InsO anwendbar ist (s. o. Rz. 4) – Bedeutung erlangen, weil das gesetzliche Rücktrittsrechts des § 455 BGB ausgeschlossen wird.

17 Der Gläubiger ist auch nicht etwa berechtigt, Wertersatz für die von ihm bis zur Verfahrenseröffnung erbrachten Teilleistungen zu fordern. Dieses Verbot ergibt sich zwar nicht aus dem Gesetzeswortlaut; es folgt aus dem Grundgedanken des Gesetzes, dem Gläubiger den Rücktritt wegen der Leistungen vor Verfahrenseröffnung insgesamt zu nehmen.

Ein vor Verfahrenseröffnung erklärter Rücktritt bleibt unberührt; die Rücktrittserklärung 18
muß dem Schuldner zugegangen sein. Dieser für die VerglO anerkannte Grundsatz
(*Bley/Mohrbutter* VerglO, § 36 Rz. 50) ergibt sich aus Satz 1, der sich ausschließlich auf
vor Verfahrenseröffnung erbrachte Leistungen bezieht. Daraus folgt weiter, daß der
Rücktritt wegen Leistungen, die nach Verfahrenseröffnung erbracht wurden, möglich ist
(*BGH* NJW 1972, 827; *Böhle-Stamschräder* VerglO, § 36 Anm. 9).
In der Konsequenz des Rücktrittsverbotes kann der andere Teil auch kein Zurückbehal- 19
tungsrecht geltend machen. Verrechnungen von Zahlungen des Verwalters auf nicht
beglichene Leistungen vor Eröffnung sind unzulässig. Gegenüber einem bereits vor
Verfahrenseröffnung entstandenen Werklohnanspruch kann der Gläubiger mit Insolvenzforderungen aufrechnen (*BGH* ZIP 1997, 688, 689).

D. Abdingbarkeit

Die Bestimmungen des § 105 InsO sind zwingend und können daher nicht durch 20
vorherige Abreden zwischen den Vertragspartnern abbedungen werden. Daraus folgt
indes nicht die Unwirksamkeit von Auflösungsklauseln für den Fall der Insolvenz. Diese
Vertragsfreiheit soll unter Inkaufnahme der mittelbaren Wahlrechtsbeeinträchtigung aus
§ 103 InsO aufrechterhalten bleiben (Ausschußbericht BT-Drucks. 12/7302 S. 168).

§ 106
Vormerkung → § 24 KO

(1) ¹Ist zur Sicherung eines Anspruchs auf Einräumung oder Aufhebung eines
Rechts an einem Grundstück des Schuldners oder an einem für den Schuldner
eingetragenen Recht oder zur Sicherung eines Anspruchs auf Änderung des Inhalts
oder des Ranges eines solchen Rechts eine Vormerkung im Grundbuch eingetragen, so kann der Gläubiger für seinen Anspruch Befriedigung aus der Insolvenzmasse verlangen. ²Dies gilt auch, wenn der Schuldner dem Gläubiger gegenüber
weitere Verpflichtungen übernommen hat und diese nicht oder nicht vollständig
erfüllt sind.
(2) Für eine Vormerkung, die im Schiffsregister, Schiffsbauregister oder Register
für Pfandrechte an Luftfahrzeugen eingetragen ist, gilt Absatz 1 entsprechend.

Inhaltsübersicht: Rz.

A. Grundsatz 1
B. Voraussetzung 2–13
C. Wirkung 14–18
D. § 106 Abs. 1 Satz 2 19–20
E. Entsprechende Anwendung 21–22

§ 106

Literatur:

Blomeyer Die Auflassungsvormerkung in der Zwangsversteigerung, DNotZ 1979, 515 ff.; *Denck* Die Auflassungsvormerkung für den Versprechensempfänger und der Schutz des unbekannten Dritten, NJW 1984, 1009 ff.; *Holch* Vormerkung für Unbekannt, JZ 1958, 724 ff.; *Ludwig*, Die Auflassungsvormerkung und der noch zu benennende Dritte, NJW 1983, 2792 ff.; *Stürner* Anm. zu BGH, Urt. v. 17. 06. 1997 – XI ZR 119/96 –, EWiR § 878 BGB, 1/97, 887 f.

A. Grundsatz

1 Die Vorschrift entspricht weitgehend § 24, KO und § 9 Abs. I Satz 3 der GesO. Die quasi-dingliche, sich auf das Eigentumsrecht erstreckende Wirkung der Vormerkung, die auch in anderen Fällen sichergestellt ist (vgl. §§ 439 Abs. 2 Satz 2, 883 Abs. 3, 1971, BGB, § 48 ZVG), bleibt auch in der Insolvenz gewahrt. Der durch die Vormerkung gesicherte Vermögensgegenstand ist der Masse entzogen. Vormerkungswidrige Verfügungen des Verwalters sind unwirksam. § 106 InsO schränkt damit das Wahlrecht des Verwalters ein, weil die Erfüllung vormerkungsgesicherter Kaufverträge nicht verweigert werden kann. Wie bereits unter der KO greift der Schutz der Vormerkung nicht nur bei Grundstücken sondern auch bei Rechten, die im Schiffsregister, Schiffsbauregister oder in die Luftfahrzeugrolle bzw. in das Register für Pfandrechte an Luftfahrzeugen eingetragen sind.

B. Voraussetzung

2 § 106 InsO schützt nur die enumerativ aufgezählten Vormerkungen. Die Eintragung muß der Sicherung eines
 – Anspruchs auf Einräumung oder Aufhebung eines Rechts an einem Grundstück (Auflassungsvormerkung, Bestellung eines Grundpfandrechtes, Löschungsvormerkung),
 – Anspruchs auf Einräumung oder Aufhebung eines Rechts an einem Recht (beschränkt dingliche Rechte, z. B. Pfandrecht an einer Grundschuld) oder
 – Anspruchs auf Änderung des Inhalts oder des Rangs eines beschränkt dinglichen Rechts (Inhalts- und Rangänderung beschränkt dinglicher Rechte)
dienen. Handelt es sich um Sicherungsinstitute, die zwar als Vormerkung bezeichnet werden, aber allein der Rangwahrung dienen (z. B. §§ 18 Abs. II, 76 Abs. I GBO), ist die Anwendung des § 106 InsO ausgeschlossen (RGZ 62, 375; *Kuhn/Uhlenbruck* KO, § 24 Rz. 5).

3 Der Anspruch muß sich auf ein eintragungsfähiges Recht, wie z. B. Eigentum, Nießbrauch, Hypothek o. ä beziehen. Schuldrechtliche Ansprüche an einem Grundstück, wie Miete reichen nicht aus. Erfaßt werden auch Ansprüche kraft testamentarischer Anordnungen sowie Ansprüche des Bauhandwerkers aus § 648 a BGB (*Kuhn/Uhlenbruck* KO, § 24 Rz. 2). Möglich ist auch die Sicherung künftiger oder bedingter Ansprüche (§ 883 Abs. I Satz 2 BGB), so daß auch Rückübereignungsansprüche aus Bereicherungsrecht (*Jaeger/Henckel* KO, § 24 Rz. 18) insolvenzfest sind.

4 Immer ist zu trennen zwischen dem Recht, welches die Vormerkung sichern soll und dem Anspruch, der durch das Recht gesichert werden soll. Will sich ein Bauunternehmer seinen noch nicht fälligen Anspruch auf Werklohn durch eine Hypothek absichern, ist

Vormerkung § 106

der Verwalter nicht gehindert, die Erfüllung des Werkvertrages zu verweigern. Fraglich ist in diesem Fall, ob die vorgemerkte Hypothek den Schadenersatz wegen Nichterfüllung, welcher normale Insolvenzforderung ist, sichert. Räumt man dem Verwalter das Wahlrecht ein, muß es bei der gesetzlich angeordneten Rechtsfolge bleiben. Gerade der Schadenersatzanspruch ist gem. § 103 Abs. 2 Satz 1 InsO einfache Insolvenzforderung (a. A. *Jaeger/Henckel* KO, § 24 Rz. 34 unter Hinweis auf *RG* WarnRspr. 1908 Nr. 304). Auch der *BGH* will von der Bau- und Werksicherungshypothek Schadenersatzansprüche nicht erfaßt wissen (*BGH* NJW 1974, 1761, 1762).

Zukünftige oder bedingte Ansprüche müssen während der Insolvenz noch entstehen 5 können. Hierfür reicht es aus, wenn zugunsten des Berechtigten eine feste Rechtsgrundlage besteht (*BayObLG* Rpfleger 1977, 361). Diese Rechtsgrundlage liegt bereits dann vor, wenn der Schuldner die zur Anspruchsbegründung notwendige Willenserklärung nicht einseitig widerrufen kann oder zu ihrer Abgabe verpflichtet ist (BGHZ 54, 56; *Palandt/Bassenge* BGB, § 883 Rz. 15).

Dementsprechend reicht zur Sicherung des Anspruches in der Insolvenz das Bestehen 6 eines formgültigen Grundstücksverkaufsangebots (*BGH* NJW 1981, 446) bzw. eines Grundstückskaufvertrages, der zu seiner Wirksamkeit lediglich noch die Zustimmung eines Dritten (*KG* NJW 1973, 428) oder eine behördliche Genehmigung (RGZ 108, 91) benötigt. Liegt dagegen ein formungültiger Grundstückskaufvertrag vor, besteht kein zu sichernder Anspruch, so daß eine Vormerkung ebenfalls wirkungslos bleibt (BGHZ 54, 56).

Liegt ein echter Vertrag zugunsten Dritter vor, der die Übereignung eines Grundstücks an 7 einen vom Versprechensempfänger noch zu benennenden Dritten zum Gegenstand hat, ist nur der Anspruch des Versprechensempfängers (§ 335 BGB) auf Übereignung an den Dritten vormerkungsfähig. Bei dem Anspruch des unbenannten Dritten ist die Eintragung einer Vormerkung nicht möglich (*BGH* WM 1983, 311). Eine »Vormerkung für unbekannt« gibt es nicht (*Holch* JZ 1958, 724, 725). Die Auflassungsvormerkung gegenüber dem Versprechensempfänger ist aber nur dann möglich, wenn dieser ein eigenes Forderungsrecht gegen den Grundstückseigentümer auf Leistung an den Dritten hat. Nicht möglich ist jedoch, den »noch zu benennenden Dritten« für den Insolvenzfall durch Vormerkung abzusichern (a.A *Ludwig* NJW 1983, 2792, 2798). Allerdings soll nach neuester Ansicht die Auflassungsvormerkung des Versprechensempfänger auch dem Schutz des Dritten bei der Insolvenz des Grundstückseigentümers dienen, wenn die Benennung des Dritten und die Entstehung des Auflassungsanspruchs erst nach der Eröffnung des Insolvenzverfahrens erfolgt (*Denck* NJW 1984, 1009; *Ludwig* NJW 1983, 2792; *Kuhn/Uhlenbruck* KO, § 24 Rz. 4 a).

Das dingliche Vorkaufsrecht hat nach § 1098 Abs. II BGB die Wirkung einer Vormer- 8 kung. Der Schutz des Vorkaufsrechtsinhaber in der Insolvenz besteht indes nicht. Das Vorkaufsrecht gewährt keinen Anspruch auf Eigentumsübertragung, so daß § 106 InsO grundsätzlich keine Anwendung findet (*Jaeger/Henckel* KO, § 24 Rz. 6). Fraglich ist nur, wann der Vormerkungsberechtigte sein Recht ausüben kann. Die Antwort ergibt sich aus § 1098 Abs. I Satz 2 BGB: Verkauft der Verwalter das Grundstück freihändig, kann das Vorkaufsrecht ausgeübt werden. Betreibt der Verwalter die Zwangsversteigerung, hindert er die Ausübung des Vorkaufsrechtes. Das Schuldrechtliche Vorkaufsrecht zu dem die Rechte nach Reichssiedlungsgesetz, Landbeschaffungsgesetz, Reichsheimstättengesetz und das Vorkaufsrecht der Miterben zählt, sind gem. § 512 BGB im Konkurs ausgeschlossen.

Bei der Anwendung des § 106 InsO ist es unwichtig, ob die Vormerkung kraft Bewilli- 9 gung (§§ 885 BGB, 19, 29 GBO, 895 ZPO) oder durch einstweilige Verfügung (§§ 885

BGB, 941, 942 Abs. II ZPO, 38 GBO) entstanden ist (*Kilger/Karsten Schmidt* KO, § 24, 3).

10 Um die Wirkung des § 106 InsO zu erzielen, ist es zudem notwendig, daß die Eintragung der Vormerkung vor Eröffnung des Insolvenzverfahrens erfolgt (*Kuhn/Uhlenbruck* KO, § 24 Rz. 4). Ist im Rahmen einer angeordneten Sequestration ein allgemeines Veräußerungsverbot (§ 106 KO) erlassen worden, ist die Vormerkung nur wirksam, wenn sie vor dem Wirksamwerden des Verbots eingetragen wurde. Ansonsten ist sie gem. § 135 Abs. II BGB unwirksam (*Jaeger/Henckel* KO, § 24 Rz. 19; *Kuhn/Uhlenbruck* KO, § 24 Rz. 4). Eine Besonderheit gilt beim Erwerb einer Vormerkung für eine Bauhandwerkersicherungshypothek. War die Eintragung der Vormerkung aus formellen Gründen z. B. wegen Unvollständigkeit vor dem Veräußerungsverbot zurückgewiesen worden, bewirkt eine Heilung dieses Mangels nicht mehr die Eintragung (*BGH* ZIP 1997, 1585 mit Anm. *Stürner* EWiR § 878 BGB 1/97, 887).

11 Der Erwerb erfolgt bei der Eintragung der Vormerkung ins Grundbuch aufgrund einstweiliger Verfügung nur, wenn vorher das gegenüber dem Schuldner nach Antrag auf Eröffnung des Insolvenzverfahrens erlassene allgemeine Veräußerungsverbot noch nicht wirksam geworden ist (*Kuhn/Uhlenbruck* KO, § 24 Rz. 2a).

12 Beim Vorliegen einer Nachlaßinsolvenz ist für die Wirksamkeit der Vormerkung aufgrund Zwangsvollstreckungsmaßnahmen entscheidend auf den Zeitpunkt des Erbfalls und nicht auf den der Eröffnung des Insolvenzverfahrens abzustellen, § 321 InsO.

13 Der Erwerb einer Vormerkung nach der Eröffnung des Insolvenzverfahrens ist unter den Voraussetzungen der §§ 91 Abs. 2 InsO, 878 BGB möglich. Demgemäß kommt § 106 InsO auch dann zur Anwendung, wenn die Vormerkung vor der Eröffnung des Insolvenzverfahrens bereits bindend bewilligt und der Eintragungsantrag beim Grundbuchamt gestellt wurde (BGHZ 57, 341; *Jaeger/Henckel* KO, § 24 Rz. 19; *Kuhn/Uhlenbruck* KO, § 24 Rz. 6). Gleiches gilt für Rechte an Luftfahrzeugen und Schiffen/Schiffsbauwerken. Der Verwalter wird indes immer zu prüfen haben, ob die Bewilligung anfechtbar ist.

C. Wirkung

14 Die Wirkung des § 106 InsO besteht darin, daß der durch die Vormerkung gesicherte Anspruch aus der Insolvenzmasse erfüllt werden muß. Eine Beschränkung auf die Insolvenzquote ist nicht gegeben (*Kuhn/Uhlenbruck* KO, § 24 Rz. 8). Auch ein Vollstreckungsschutz findet nicht statt. Der Verwalter muß alle Erfüllungshandlungen vornehmen, die der Schuldner zu erbringen gehabt hätte. Hierunter fällt vor allem die Eintragungsbewilligung (*Hess* KO, § 24 Rz. 9). Der Verwalter ist nicht zur lastenfreien Übertragung verpflichtet. Vorrangige Grundstücksbelastungen bleiben bestehen (*BGH* WM 1994, 2134).

15 § 106 InsO stellt für den Insolvenzverwalter aber nicht nur eine Verpflichtung zur vollständigen Erfüllung des Anspruchs dar, sondern er verleiht diesem auch Rechte. Dem Verwalter stehen alle Einreden und Einwendungen zu, die vor der Eröffnung des Insolvenzverfahrens der Gemeinschuldner gegenüber dem vorgemerkten Anspruch des Gläubigers besessen hat (*Jaeger/Henckel* KO, § 24 Rz. 28; *Kilger/Karsten Schmidt* KO, § 24, 4). Der Verwalter ist, um eine Haftung nach § 60 InsO zu vermeiden, sogar zur Geltendmachung verpflichtet. Der Beseitigungsanspruch des § 886 BGB steht ihm ebenfalls zu. Für den Fall, daß der gesicherte Anspruch besteht, der Insolvenzverwalter jedoch die Erfüllung aufgrund des Bestehens einer dauerhaften Einrede (z. B. §§ 222

Vormerkung § 106

Abs. I, 821, 853 BGB; vgl. *Palandt/Bassenge* BGB, § 886 Rz. 9) verweigern kann, ist der Gläubiger verpflichtet, die Vormerkung gem. § 886 BGB zu beseitigen. Dazu gehört nicht nur die Bewilligung der Löschung, sondern auch deren Beantragung durch den Gläubiger (*Jaeger/Henckel* KO, § 24 Rz. 28).

§ 106 InsO stellt eine Ausnahmeregelung zu § 103 InsO dar. Dementsprechend besitzt der Insolvenzverwalter nicht die Möglichkeit, die Erfüllung eines gegenseitigen, von beiden Seiten noch nicht vollständig erfüllten Vertrages aus der Insolvenzmasse gem. § 103 InsO abzulehnen. Die Vorschrift des § 106 InsO greift jedoch nur für den Teil des Vertrages, der durch die Vormerkung tatsächlich gesichert wird. Erfolgt daher mit der Realisierung des vormerkungsgesicherten Anspruchs keine vollständige Erfüllung des Vertrages, bleibt es dem Insolvenzverwalter für den übrigen Teil des Vertrages unbenommen, sein Wahlrecht gem. § 103 InsO auszuüben und sich ggf. für die Ablehnung der Erfüllung zu entscheiden (*Kuhn/Uhlenbruck* KO, § 24, Rz. 7). So ist der Verwalter eines Bauträgers nur zur Übereignung eines Grundstücks, nicht aber zur Erbringung der Bauleistung verpflichtet (BGHZ 96, 275, 281). Ein durch Vormerkung gesicherter Anspruch auf Grundstücksübertragung wird gem. § 106 InsO auch dann nicht von dem Wahlrecht des Insolvenzverwalters berührt, wenn der dem Übereignungsanspruch zugrundeliegende Vertrag zugleich auf Erstellung eines Bauwerks gerichtet ist (*Kuhn/Uhlenbruck* KO, § 24 Rz. 11 a). Das ergibt sich eindeutig aus Abs. I Satz 2 (vgl. Rz. 19). 16

§ 106 InsO bewirkt, daß der zwischen dem Gemeinschuldner und dem Gläubiger geschlossene Vertrag trotz Eröffnung des Insolvenzverfahrens vollständig erfüllt wird. Der Gläubiger erhält nicht die Möglichkeit, zwischen Vertragserfüllung und -aufhebung zu wählen. § 106 InsO will ihm nur eine Sonderstellung gegenüber den anderen Gläubigern im Falle der Insolvenz des Gemeinschuldners einräumen. Seiner Gegenleistungspflicht kann er sich aufgrund des § 106 InsO nicht entziehen (*Jaeger/Henckel* KO, § 24, Rz. 33). 17

Nimmt der Insolvenzverwalter Verfügungen vor, die die Rechte des Vormerkungsberechtigten vereiteln oder beeinträchtigen, sind diese gem. 883 Abs. 2 BGB unwirksam (*Kuhn/Uhlenbruck* KO, § 24 Rz. 9). Der Verwalter kann die Wirkung der Vormerkung zum Vorkaufsrecht s. o. Rz. 7 – auch nicht dadurch zerstören, daß der das Grundstück im Wege der Zwangsversteigerung verwertet. Die Auflassungsvormerkung ist nach § 48 ZVG in das geringste Gebot aufzunehmen. Anders nur, wenn ein Gläubiger nach § 174 ZVG vorgeht (dazu *Blomeyer* DNotZ 1979, 515, 526). 18

D. § 106 Abs. 1 Satz 2

Die Regelung des Satzes 2 verdeutlicht die partielle Wirkung des § 106 InsO. Die gleichlautende Regelung war bereits 1977 in die KO eingefügt worden, um den durch die Vormerkung gesicherten Anspruch von weiteren, dem Wahlrecht des Verwalters unterliegenden Verpflichtungen zu lösen (vgl. dazu *BGH* ZIP 1981, 250, 251; *Jaeger/Henckel* KO, § 24 Rz. 35). Aufgrund der Ergänzung des Satzes 1 kann der Gläubiger eines durch Vormerkung gesicherten Anspruchs diesen auch dann geltend machen, wenn der Gemeinschuldner dem Gläubiger gegenüber weitere Verpflichtungen übernommen hat und diese nicht oder nicht vollständig erfüllt sind. So kann sich z. B. bei einem Bauträgervertrag der Käufer seinen Übereignungsanspruch vor der Insolvenz des Bauträgers durch eine Vormerkung sichern. Für den Werkleistungsanspruch des Unternehmers scheidet eine Sicherung durch Vormerkung aus, da dieses kein eintragungsfähiges Recht darstellt. 19

20 Der neben der Übereignung bestehende Anspruch ist dagegen nicht durch die Vormerkung geschützt. Auch Nachbesserungsansprüche werden von der Schutzwirkung der Vormerkung nicht erfaßt (*BGH* NJW 1986, 1056, 1057 = ZIP 1996, 426, 427). Bei der Insolvenz des Bauträgers steht es dem Insolvenzverwalter frei, die Erfüllung des Werkvertrages gem. § 103 InsO abzulehnen (grundsätzlich *BGH* ZIP 1981, 250, 25; ZIP 1996, 426, 427). Dabei kommt es nicht darauf an, ob das Entgelt für das Grundstück gesondert ausgewiesen ist und ob sämtliche Pflichten in einer Vertragsurkunde niedergelegt sind (*OLG Karlsruhe* ZIP 1986, 1404). Besteht in einem Bauträgervertrag auch die Pflicht zur Übernahme des Erschließungsbetrages, fällt diese unter das Wahlrecht des Insolvenzverwalters gem. § 103 InsO.

E. Entsprechende Anwendung

21 Sofern eine Vormerkung sich auf Wohnungseigentum bezieht ist § 106 InsO entsprechend anzuwenden (vgl. *Kuhn/Uhlenbruck* KO, § 24, Rz. 14; *Jaeger/Henckel* KO, § 24 Rz. 45).

22 Wie bereits im allgemeinen Zwangsvollstreckungsrecht, § 864 ZPO, werden Luftfahrzeuge und Schiffe sowie Schiffsbauwerke den Immobilien gleichgestellt, § 106 Abs. 2 InsO. Auch die in den dortigen Registern eingetragenen Vormerkungen sind insolvenzfest.

§ 107
Eigentumsvorbehalt

(1) ¹Hat vor der Eröffnung des Insolvenzverfahrens der Schuldner eine bewegliche Sache unter Eigentumsvorbehalt verkauft und dem Käufer den Besitz an der Sache übertragen, so kann der Käufer die Erfüllung des Kaufvertrages verlangen. ²Dies gilt auch, wenn der Schuldner dem Käufer gegenüber weitere Verpflichtungen übernommen hat und diese nicht oder nicht vollständig erfüllt sind.
(2) ¹Hat vor der Eröffnung des Insolvenzverfahrens der Schuldner eine bewegliche Sache unter Eigentumsvorbehalt gekauft und vom Verkäufer den Besitz an der Sache erlangt, so braucht der Insolvenzverwalter, den der Verkäufer zur Ausübung des Wahlrechts aufgefordert hat, die Erklärungen nach § 103 Abs. 2 Satz 2 erst unverzüglich nach dem Berichtstermin abzugeben. ²Dies gilt nicht, wenn in der Zeit bis zum Berichtstermin eine erhebliche Verminderung des Wertes der Sache zu erwarten ist und der Gläubiger den Verwalter auf diesen Umstand hingewiesen hat.

Inhaltsübersicht: Rz.

A. Allgemeines	1– 3
B. Voraussetzungen	4–20
I. Verkäuferinsolvenz	4–14
II. Käuferinsolvenz	15–20
C. Rechtsfolgen	21–33
I. Verkäuferinsolvenz	21–25

Eigentumsvorbehalt **§ 107**

II. Käuferinsolvenz 26–33
D. Zwingendes Recht 34

Literatur:

Marotzke Der Eigentumsvorbehalt im neuen Insolvenzrecht, JZ 1995, 803 ff.; *Musielak* Die Erfüllungsablehnung des Konkursverwalters. Zur Auslegung des § 17 Abs. 1 der Konkursordnung, AcP 179, 189 ff.; *Tintelnot*, Die gegenseitigen Verträge im neuen Insolvenzverfahren, ZIP 1995, 616 ff.

A. Allgemeines

Die Vorschrift des § 107 InsO regelt das Schicksal der Kaufverträge mit dem Schuldner, bei denen die Kaufsache vor der Eröffnung des Insolvenzverfahrens unter Eigentumsvorbehalt geliefert worden ist. Dabei ist zu unterscheiden zwischen der Verkäufer- und der Käuferinsolvenz. Bei einem Kauf unter Eigentumsvorbehalt handelt es sich zwar auch um gegenseitige Verträge, die unter § 103 InsO fallen würden; doch um der speziellen Problematik eines Kaufes unter Eigentumsvorbehalt gerecht zu werden, war es notwendig, eine Sonderregelung zu schaffen. Die Rechtsprechung hatte unter der KO, § 17 grundsätzlich für anwendbar gehalten und unbillige Rechtsfolgen nur über den Grundsatz von Treu und Glauben lösen können (BGHZ 98, 168; zur Kritik *Kuhn/Uhlenbruck* KO, § 17 Rz. 18 c). Die neue Regelung will diese unbilligen Rechtsfolgen vermeiden und bereits das Anwartschaftsrecht des Käufers insolvenzfest ausgestalten. 1

Im Fall der Verkäuferinsolvenz erkennt die InsO an, daß der Käufer durch den Kauf unter Eigentumsvorbehalt ein unentziehbares Anwartschaftsrecht an der Sache erlangt hat. Der Insolvenzverwalter kann daher nicht mehr über das vorbehaltenen Eigentum als Massebestandteil zu Lasten des vertragstreuen Käufers verfügen. Bei der Käuferinsolvenz soll die Regelung dazu dienen, das Vermögen im Besitz des Schuldners zusammenzuhalten, damit so die Fortführungs- und Sanierungschancen gewahrt werden. Dies wäre nicht möglich, wenn die unter Eigentumsvorbehalt gelieferte Sache bereits kurz nach der Eröffnung des Verfahrens aus dem Unternehmen des Gemeinschuldners herausgefordert werden könnte. Darüber hinaus berücksichtigt der Gesetzgeber, daß der Verwalter in der ersten Phase des Verfahrens nicht über ausreichende Liquidität verfügt, um in die für die Fortführung notwendigen Verträge einzutreten (Begründung RegE BT-Drucks. 12/2443 S. 146). 2

§ 107 InsO greift nur beim Kauf beweglicher Gegenstände; bei Immobilien besteht der Schutz des § 106 InsO. 3

B. Voraussetzungen

I. Verkäuferinsolvenz

Die das Verwalterrecht einschränkende Sonderregelung ergreift nur Kaufverträge. Eine erweiternde Anwendung des § 107 InsO auf ähnliche Vertragsarten verbietet sich. Die Einschränkung der Verwalterrechte aber auch die Pflicht des Vertragspartners, die Ungewißheit des Vertragsschicksals bis zum Berichtstermin zu dulden, läßt eine Einbe- 4 ziehung weiterer Verträge nicht zu. Die Anwendung auf Tauschverträge würde z. B. zu einer Pflicht des Verwalters führen, Tauschgegenstände zur Masse zu fordern, für die er keine Verwendung hat. In diesen Fällen muß es auch bei Vereinbarung eines Eigentumsvorbehaltes bei dem Wahlrecht des § 103 InsO bleiben. Im Fall der Schenkung muß, soweit diese noch nicht vollzogen ist, der Verwalter die Möglichkeit haben, eine Schmälerung der Masse zu verhindern.

5 Auf Leasingverträge ist § 107 InsO schon nach dem Wortlaut nicht anwendbar. In der Literatur wird gefordert, die Vorschrift auch auf Leasingverträge im Gewande des Mietkaufes anzuwenden (*Marotzke* JZ 1995, 803, 807). Soweit der Vertrag tatsächlich eine aufschiebend bedingte Übereignung enthält, ist dem zuzustimmen. Dann handelt es sich indes nicht um einen Leasingvertrag. Die praktizierten Leasingverträge enthalten regelmäßig nur eine Option, keine Verpflichtung des Leasingnehmers zum Erwerb (zu den einzelnen Verträgen § 108 Rz. 8 ff.). Das kaufrechtliche Element tritt bis zur Ausübung der Option zurück. Die Ausübung ist dann dem Wahlrecht des Verwalters unterworfen. § 107 InsO ist dementsprechend auf Leasingverträge nicht anwendbar. Das ergibt sich schließlich auch aus der Neufassung des § 108 Abs. 1 Satz 2, nach der auch Leasingverträge des Schuldners als Leasinggeber dem Wahlrecht des Verwalters nicht mehr unterworfen sind, wenn sie finanziert wurden. Gerade diese vom Gesetzgeber eingefügte Ergänzung zeigt, daß finanzierte Leasingverträge ausschließlich dem Mietrecht unterfallen.

6 Der Kaufvertrag muß vor Verfahrenseröffnung geschlossen worden sein. Ein Angebot des Käufers kann der Schuldner nach Eröffnung nicht mehr annehmen. Mit Eröffnung gehen die Verwaltungsbefugnisse auf den Verwalter über, § 80 InsO. Rechte an Massegegenständen können nach Eröffnung gem. § 91 InsO nicht mehr begründet werden. Auch die Annahme eines Angebotes des Schuldners durch den Käufer kann keine Verpflichtung des Verwalters begründen, den Kaufvertrag zu erfüllen.

7 Der Kauf muß unter Vereinbarung eines Eigentumsvorbehaltes erfolgt sein. Nach den vertraglichen Vereinbarungen muß sich der Schuldner die Übereignung der Sache bis zur vollständigen Zahlung des Kaufpreises vorbehalten haben, § 455 BGB. Der Eigentumsvorbehalt wird im Wirtschaftsleben in vielfältiger Erscheinungsformen vereinbart. Neben dem einfachen Eigentumsvorbehalt gibt es den weitergeleiteten, bei dem der Käufer den Vorbehalt seines Verkäufers weitergeben muß. Beim nachgeschalteten Eigentumsvorbehalt darf der Käufer seinerseits nur unter Vereinbarung eines Eigentumsvorbehaltes veräußern (*Soergel/Münch* BGB § 455 Rz. 23, 24). Beim verlängerten Eigentumsvorbehalt erstreckt sich der Vorbehalt auf sonstige Vermögenswerte, die an die Stelle der Kaufsache treten (*Soergel/Münch* BGB § 455 Rz. 28), während beim erweiterten Eigentumsvorbehalt weitere Forderungen des Verkäufers gegenüber dem Käufer abgesichert werden (*Soergel/Münch* BGB § 455 Rz. 42). Dabei ist § 107 InsO nur für den einfachen, weitergeleiteten und nachgeschalteten Eigentumsvorbehalt von Bedeutung. Bei diesen Erscheinungsformen bleibt das Eigentum an der Kaufsache beim Schuldner. § 107 will die sich daraus ergebenden Herausgabeansprüche des Verwalters gegenüber dem vertragstreuen Käufer verhindern. Bei den weiteren Erscheinungsformen des erweiterten Eigentumsvorbehaltes ist das Eigentum an der Kaufsache auf Dritte übergegangen. Der Verwalter könnte Herausgabe nicht mehr fordern sondern sich nur noch an den aus der Verwendung der Kaufsache sich ergebenden Forderungen zugunsten der Masse befriedigen. Diese Rechtsausübung soll dem Verwalter nicht untersagt werden. In der Praxis wird der Verwalter davon keinen Gebrauch machen sondern den Kaufpreis fordern. Der Konzernvorbehalt ist durch die Ergänzung des § 455 BGB seit Inkrafttreten der InsO unzulässig (Art. 33 Ziff. 17 EGInsO).

Eigentumsvorbehalt § 107

Die Zahlung eines Kaufpreisteils ist für den Schutz des § 107 InsO nicht erforderlich. **8**
Das insolvenzfeste Anwartschaftsrecht erwirbt der Käufer mit bedingter Übereignung und Übergabe. Die Fälligkeit der Kaufpreisraten hängt von den vertraglichen Vereinbarungen ab. Gerät der Käufer in Verzug kann der Verwalter nach § 455 BGB zurücktreten und Herausgabe der Kaufsache fordern. Dieses Recht nimmt die InsO nicht. Bis zum Rücktritt besteht das Recht zum Besitz.

Dem Käufer muß der Besitz an der Kaufsache übertragen worden sein. Die gesetzliche **9** Formulierung ist unscharf. Insbesondere läßt der Gesetzeswortlaut nicht erkennen, welche Form des Besitzerwerbes das Wahlrecht des Verwalters einschränken soll (*Marotzke* JZ 1995, 803, 810, der den Besitz des Käufers für entbehrlich erachtet). Die Motive des Gesetzgebers gehen von einer »Auslieferung« vor Verfahrenseröffnung aus (RegE BT-Drucks. 12/2443 S. 146). Die Terminologie deutet darauf hin, daß entscheidendes Kriterium die Aufgabe der tatsächlichen Gewalt über die Sache (§ 854 BGB) durch den Gemeinschuldner ist. Dieses Verständnis entspricht dem Verlauf des Vorbehaltsverkaufes. Bis zur endgültigen Übereignung der Kaufsache im Rahmen des Eigentumsvorbehaltskaufes ist der Verkäufer mittelbarer Besitzer gem. § 868 BGB (h. M. BGHZ 28, 16, 27; *Palandt/Putzo* BGB § 455 Rz. 6). Nach dem Verständnis des Gesetzgebers der InsO ist also der mittelbare Besitz des Schuldners gerade die Grundform für den Verlust des Verwalterwahlrechts. Abzustellen ist dementsprechend auf Sachverhalte, bei denen der unmittelbare Besitz durch den Schuldner aufgegeben wurde. Dieses Verständnis wird auch der Praxis gerecht. Wenn der Verwalter keine tatsächlichen Zugriffsmöglichkeiten hat, soll er nicht mehr berechtigt sein, die Sache vom vertragstreuen Käufer zurückzufordern. Erst die Aufgabe der tatsächlichen Verfügungsgewalt bewirkt den Verlust des Wahlrechts des späteren Verwalters.

Der Verlust der tatsächlichen Gewalt bietet auch bei Streckengeschäften des täglichen **10** Wirtschaftslebens ein geeignetes Abgrenzungskriterium. Diese Beurteilung wird durch das Handelsrecht bestätigt. So ist bereits mit Aushändigung der Ladepapiere an den berechtigten Empfänger und der Übergabe der Kaufsache an den Frachtführer gem. § 450 HGB der Käufer Besitzer. Der Schuldner ist nicht mehr unmittelbarer Besitzer.

Ein Besitzverlust ist dementsprechend nicht anzunehmen, wenn die Kaufsache beim **11** Verkäufer verbleibt. Das hat insbesondere für das in der Praxis übliche Sale- and Leaseback Verfahren Bedeutung, das der Finanzierung dient. Der Eigentümer verkauft eine Sache an den zukünftigen Leasinggeber, um sie dann unter Aufrechterhaltung der Nutzung zu leasen. Für die Anwendbarkeit des § 107 InsO kommt es allein auf den Verkauf an den späteren Leasinggeber an. Ist bei diesem Vertrag ein Eigentumsvorbehalt vereinbart, besteht das Wahlrecht des Verwalters mit der Folge, daß die Kaufsache Massebestandteil bleibt. Der auch zeitlich auf den Kaufvertrag folgende Leasingvertrag ist gesondert nach §§ 103 oder 108 ff. InsO zu beurteilen.

Denkbar sind schließlich Konstellationen, bei denen der Käufer den tatsächlichen Besitz **12** an der Sache nie erlangt. Auch Leasinggegenstände werden vom Leasinggeber unter Vereinbarung eines Eigentumsvorbehaltes erworben und auftragsgemäß sogleich an den Leasingnehmer ausgeliefert. Der Käufer ist damit nur mittelbarer Besitzer gem. § 868 BGB. Auch hier gibt der Schuldner die tatsächliche Gewalt an der Kaufsache auf und überträgt den (mittelbaren) Besitz auf den Käufer. Die Voraussetzungen des § 107 InsO liegen vor.

Der Besitz muß vor Verfahrenseröffnung übertragen worden sein. Der Gesetzeswortlaut **13** macht deutlich, daß der Tatbestand der Übertragung vollständig abgeschlossen sein muß. So müssen z. B. die Ladepapiere im Fall der Beauftragung eines Frachtführers beim Empfänger eingegangen sein.

Wegener 665

14 Das Wahlrecht des Verwalters ist auch dann ausgeschlossen, wenn der Schuldner neben der Pflicht zur Übergabe und Übereignung weitere Pflichten übernommen hatte, § 107 Abs. 1 Satz 2 InsO. Diese zusätzliche Regelung dient der Sicherstellung des Erfüllungsrechtes des Käufers, wenn der Schuldner nicht nur Übergabe und Übereignung schuldet. So ist es gerade in der Wirtschaftspraxis häufig der Fall, daß sich der Verkäufer zur Installation von Maschinen, Einweisung von Personal oder kostenlosen Wartung für einen festen Zeitraum verpflichtet. Die Einfügung des Satzes 2 beruht auf der Rechtsprechung zu § 24 a. F. KO. Dort war, wie in § 106 Abs. 1 Satz 1 InsO festgelegt, daß die Vormerkung insolvenzfest ist. Der *BGH* hatte mit BGZ 96, 275 entschieden, daß der Insolvenzschutz nur greife, wenn der gegenseitige Vertrag vollständig vom Schuldner erfüllt werden könne; anderenfalls stand dem Verwalter das Wahlrecht zu. Daraufhin ergänzte der Gesetzgeber § 24 KO, um das Wahlrecht auch dann auszuschließen, wenn der Schuldner weitere Pflichten übernommen hatte. Der Gesetzgeber hat diesen Schutz für den Eigentumsvorbehaltskauf in die InsO übernommen. Der Käufer der Vorbehaltsware kann mithin auch dann Erfüllung verlangen, wenn neben der Übereignung weitere Pflichten des Verkäufers bestehen (zu den Rechtsfolgen s. u. Rz. 26).

II. Käuferinsolvenz

15 Ist der Schuldner Vorbehaltskäufer, bleibt das Wahlrecht des Verwalters bestehen. Abs. 2 sieht zu Lasten des Verkäufers eine modifizierte Ausübung vor. Auch für die Anwendbarkeit von Absatz 2 ist ein vor Verfahrenseröffnung geschlossener Kaufvertrag unter Vereinbarung der aufschiebend bedingten Kaufpreiszahlung erforderlich.

16 War der Schuldner bereits vor der Verfahrenseröffnung mit den Kaufpreisraten in Verzug geraten, besteht das Wahlrecht des Verwalters gleichwohl. Verzug allein läßt den Bestand des Kaufvertrages unberührt (RGZ 86, 247, 250). Der Vorbehaltsverkäufer hat allerdings gem. § 455 BGB die Möglichkeit, vom Vertrag zurückzutreten. War dem Gemeinschuldner vor Verfahrenseröffnung die Rücktrittserklärung noch nicht zugegangen, bleibt es beim Wahlrecht des Verwalters. Erst mit Zugang der Rücktrittserklärung wandelt sich der Vertrag in das Rückgewährschuldverhältnis (*Soergel/Hadding* BGB, Vor § 346 Rz. 4). Nach diesem Zeitpunkt kann der Verwalter Erfüllung nicht mehr verlangen, weil in die Masse kein Erfüllungsanspruch fällt (*Jaeger/Henckel* KO, § 17 Rz. 141).

17 War der Verkäufer vor der Verfahrenseröffnung nach § 326 BGB vorgegangen (weil das Rücktrittsrecht für den Fall des Verzuges abbedungen war), ist ein Wahlrecht des Verwalters zu verneinen. Mit Ablauf der Nachfrist ist der Erfüllungsanspruch untergegangen. Ist die Frist noch nicht abgelaufen, ist sie bis zum Zeitpunkt der letztmöglichen Ausübung des Wahlrechts gehemmt (ähnlich *Jaeger/Henckel* KO, § 17 Rz. 143).

18 Der Schuldner muß vom Verkäufer – ebenfalls vor Verfahrenseröffnung – den Besitz an der Sache erlangt haben. Der Wortlaut des Abs. 2 erscheint deutlicher als die »Besitzübertragung« des Abs. 1. Der Wortlaut knüpft offensichtlich an die gesetzliche Definition des § 854 BGB an, der vom Besitzerwerb mit der Erlangung der tatsächlichen Gewalt ausgeht. Damit würde Abs. 2 zusätzliche Voraussetzungen gegenüber der Besitzaufgabe in Abs. 1 fordern. Diese zusätzlichen Erfordernisse erscheinen gerechtfertigt. § 107 Abs. 2 InsO fordert vom Verkäufer ein nicht unerhebliches Opfer. Es ist nicht ausgeschlossen, daß der Verkäufer über Monate bis zum Berichtstermin (max. drei Monate nach Eröffnung, § 29 InsO) den Verbleib seines Eigentums in der Masse dulden muß, um dann zu erfahren, daß der Kaufvertrag nicht erfüllt wird. Die Erlangung der tatsächlichen Gewalt über die Kaufsache durch den Schuldner ist schon aus diesem

Eigentumsvorbehalt § 107

Grund ein nachvollziehbares Erfordernis. Auch der Schutzzweck zeigt das. Durch Abs. 2 soll sichergestellt werden, daß dem Verwalter die Fortführung des Unternehmens in der Übergangsphase bis zum Berichtstermin ermöglicht wird. Der Masse sollen keine Vermögensgegenstände entzogen werden (RegE BT-Drucks. 12/2443 S. 146).

Aus diesem Schutzzweck heraus wird deutlich, daß auch der mittelbare Besitz des 19 Schuldners geschützt ist. Hat der Gemeinschuldner die unter Eigentumsvorbehalt gekaufte Sache vermietet, muß der Mietvertrag zur Aufrechterhaltung des Unternehmens weiterhin Bestand haben. Der Masse sollen die Nutzungsentgelte weiterhin zufließen, ohne daß der Verkäufer die Möglichkeit hat, sein Eigentum zurückzufordern. Für den Mitbesitz muß das gleiche gelten. Auch in diesem Fall übt der Schuldner neben Dritten die tatsächliche Gewalt aus, § 866 BGB. Der Vermögensgegenstand wird durch die Masse genutzt.

Schwierig ist die Abgrenzung bei den Streckengeschäften. Ist die Kaufsache – vor 20 Verfahrenseröffnung -noch nicht beim Schuldner eingetroffen, fehlt es an der Ausübung der tatsächlichen Gewalt durch den Schuldner. Mit der Verfahrenseröffnung findet der Verwalter ein Unternehmen vor, das ohne die Kaufsache betrieben wird. Anderseits kann die von der InsO zu sichernde Unternehmenskontinuität gerade den Zugang der Kaufsache erfordern. Eine Sicherheit bietende Abgrenzung ermöglicht bei Streckengeschäften der formale Besitzbegriff. Besitz erlangt der Schuldner erst mit Zugang der Ladepapiere und Übergabe des Gutes an den Frachtführer, § 450 HGB. Von diesem Zeitpunkt an kann die Kaufsache vom Verkäufer nicht mehr zurückgefordert werden.

C. Rechtsfolgen

I. Verkäuferinsolvenz

Im Fall der Verkäuferinsolvenz stehen dem Insolvenzverwalter nur die Rechte zu, die 21 ansonsten dem Verkäufer zustanden. Nach § 107 Abs. I InsO kann der Vorbehaltskäufer, wenn ihm bei der Eröffnung des Insolvenzverfahrens über das Vermögen des Verkäufers bereits der Besitz übertragen war, die Erfüllung des Kaufvertrages verlangen. Der Verwalter muß diesem Verlangen nachkommen. Beim Vorbehaltsverkauf ist die Einigung durch den Verkäufer unter der aufschiebenden Bedingung der vollständigen Zahlung des Kaufpreises bei der Besitzübergabe erklärt (*Soergel/Mühl* BGB § 929 Rz. 319). Mit der vollständigen Zahlung des Kaufpreises tritt diese Bedingung ein. Die Übereignung erfolgt damit ohne weiteres Zutun des Verwalters mit der Zahlung der letzten Kaufpreisrate. Der Verwalter kann dementsprechend nicht durch Ablehnung der Erfüllung das Anwartschaftsrecht des Käufers zerstören (*Marotzke* Gegenseitige Verträge in Konkurs und Vergleich, 78 ff.; *Musielak*, AcP 179, 189, 210; *Jaeger/Henckel* KO, § 17 Rz. 53; *Kuhn Uhlenbruck* KO, § 17 Rz. 18 d). Zahlt also der Eigentumsvorbehaltskäufer den Restkaufpreis und verhält sich damit vertragstreu, so erstarkt die dingliche Rechtsposition des Anwartschaftsrecht zum Vollrecht (vgl. *Kuhn/Uhlenbruck* KO, § 17 Rz. 18 d).

Erst wenn der Käufer mit den Kaufpreisraten in Verzug gerät, kann der Verwalter vom 22 Vertrag zurücktreten und Herausgabe der Sache zur Masse fordern, § 455 BGB. § 326 BGB ist nicht erforderlich (*Soergel/Mühl* BGB, § 929 Rz. 66). Eine Fristsetzung des Verwalters muß vor dem Rücktritt nicht erfolgen. Erforderlich ist dementsprechend nur, daß die Kaufpreiszahlung kalendermäßig bestimmt war und zu dem vereinbarten Datum nicht geleistet wurde.

23 Gerade beim Verlauf eines Insolvenzverfahrens kommt indes der Grundsatz des § 162 BGB zum Tragen, wonach der Verwalter den Eintritt der Bedingung nicht treuwidrig verhindern darf. Der Käufer weiß in der besonderen Situation häufig nicht, an wen die vereinbarten Zahlungen zu leisten sind. Insbesondere bestehen Zweifel, unter welchen Voraussetzungen erfüllungswirksame Zahlungen geleistet werden können. Der Käufer wird ohne eine Zahlungsaufforderung durch den Verwalter deshalb nicht in Verzug geraten. Weitere Verzögerungen muß der Verwalter indes nicht hinnehmen. Dabei ist auch von Bedeutung, daß der Verwalter nicht verpflichtet ist, etwaige weitere Nebenpflichten zu erfüllen (s. o. Rz. 22). Auf diese Nichterfüllung kann sich der Käufer zur Begründung eines Zurückbehaltungsrechtes nicht stützen. Das gesetzliche Zurückbehaltungsrecht des § 273 BGB erfordert einen fälligen Gegenanspruch.

24 Im Rahmen eines Vorbehaltskaufes kann der Verkäufer weitere Pflichten übernehmen. Gemeint sind hiermit nicht die gesetzlichen Nebenpflichten des Verkäufers, sondern zusätzliche, die Übereignung übersteigende Pflichten (s. o. Rz. 14). Die Nichterfüllung dieser Pflichten durch den Verwalter berührt den Erfüllungsanspruch des Käufers nicht. Wie die Vormerkung gem. § 106 Abs. 1, S. 2 InsO besitzt auch der Eigentumsvorbehalt partielle Wirkung (*Tintelnot* ZIP 1995, 616, 618).

25 Keine Aussage trifft das Gesetz zu der Frage, welches Schicksal der Erfüllungsanspruch des Käufers wegen der genannten weiteren Pflichten erleidet. Diese Rechtsfolge erschließt sich aus zu § 24 Abs. 1 Satz 2 KO. Gegenüber dem Anspruch auf Erfüllung der genannten weiteren Pflichten steht dem Verwalter das Wahlrecht aus § 103 InsO zu (*Marotzke* JZ 1995, 803, 809 f). Diese Rechtsfolge war für den gleichlautenden § 24 S. 2 anerkannt (*Kilger/Karsten Schmidt* KO, § 24 Anm. 8). Jedes andere Verständnis würde die Masse unbillig belasten. Der Verwalter wird häufig nicht in der Lage sein, die weiteren Pflichten zu erfüllen. Schadenersatzansprüche wegen Nichterfüllung wären Masseschuld.

II. Käuferinsolvenz

26 Ist über das Vermögen des Käufers das Insolvenzverfahren eröffnet worden, behält der Verwalter sein Wahlrecht gem. § 103 InsO. § 107 Abs. 2 InsO schafft jedoch eine Sonderregelung zum Zeitpunktes der Ausübung des Wahlrechts. Nach der Aufforderung des Verkäufers ist der Verwalter gem. § 103 InsO gezwungen, unverzüglich eine Erklärung abzugeben, ob er erfüllen will. Diese sehr kurze Frist verlängert § 107 Abs. 2 InsO. Die Erklärung des Verwalters muß grundsätzlich (zu den Ausnahmen Abs. 2 und Rz. 34) erst nach dem Berichtstermin abgeben werden. Dieser Zeitraum ist beachtlich. Nach § 29 InsO soll der Berichtstermin zwar möglichst binnen sechs Wochen stattfinden; diese Frist kann auf bis zu drei Monate ausgedehnt werden. Hinzu kommt die Zeit zwischen Antragstellung und Eröffnung. Auch in dieser Phase können Monate verstreichen. Die Vorschrift greift damit erheblich in die Eigentumsrechte der Vorbehaltseigentümer ein. Der Gesetzgeber hat die Interessen der Gläubigergesamtheit an der Unternehmensfortführung auch in diesem Punkt hoch bewertet. § 107 Abs. 2 InsO dient dazu, dem Verwalter bis zur Entscheidung der Gläubigerversammlung über die Betriebsfortführung die Aufrechterhaltung des Unternehmens zu ermöglichen.

27 Innerhalb dieser Frist sind dem Vorbehaltsverkäufer gleichsam die Hände gebunden. Er kann sein Eigentumsrecht auf Herausgabe der Kaufsache nicht geltend machen. Mit der Verfahrenseröffnung tritt ein Schwebezustand ein; der Verwalter ist auch nicht verpflichtet, die vertraglich vereinbarten Kaufpreisraten zu entrichten. Das in § 107 Abs. 2 InsO

niedergelegte Wahlrecht des Verwalters entspricht dem des § 103 InsO. Das wird durch die Bezugnahme in Abs. 2 deutlich. Die Rechtsprechung zu dem § 103 InsO entsprechenden 17 KO geht seit BGHZ 106, 236 davon aus, daß die Erfüllungsansprüche des Verwalters mit Verfahrenseröffnung erlöschen und mit dem Erfüllungsverlangen des Verwalters neu begründet werden (Best. in BGHZ 115, 156; ZIP 1993, 600; BGHZ 129, 336). Diesen Schwebezustand muß der Verkäufer hinnehmen. Er kann insbesondere das vom Gesetzgeber festgelegte Wahlrecht dadurch nicht zerstören, daß er vom Verwalter innerhalb der gesetzlichen Frist Zahlung der Kaufpreisraten fordert, um ihn dann in Verzug zu setzen. Diesen Mechanismus hat der Gesetzgeber im Interesse der Masse außer Kraft gesetzt.

Nach der Vorstellung des Gesetzgebers dient der Schwebezustand zwischen Verfahrenseröffnung und Berichtstermin dazu, die Masse zusammenzuhalten, um eine mögliche Unternehmensfortführung zu sichern. Der Gesetzeszweck rechtfertigt die Beeinträchtigung der Rechte des Vorbehaltskäufers nicht mehr, wenn der Verwalter das Unternehmen vor diesem Zeitpunkt gem. 158 InsO stillegt. Diese Maßnahme kann aus wirtschaftlichen Erwägungen heraus zwingend sein, um Masseschwund zu verhindern. Es besteht dann kein Rechtfertigungsgrund, dem Verwalter das Recht zuzugestehen, die Herausgabe der Kaufsache zu verweigern. Der Verwalter hat nur noch die Möglichkeit, den Kaufvertrag zu erfüllen, um die Kaufsache zugunsten der Masse zu verwerten. In diesem Fall besteht keine Notwendigkeit, die Entscheidung über die Erfüllung des Kaufvertrages bis zum Berichtstermin hinauszuschieben. Dementsprechend greift die Sonderregel des § 107 Abs. 2 InsO nur bis zur Stillegung des Betriebes durch den Verwalter. 28

Entscheidet sich der Verwalter für die Erfüllung des Kaufvertrages, muß er den vertraglich vereinbarten Kaufpreis aus der Masse entrichten. Der Käufer kann einen etwaigen Verzugsschaden nicht geltend machen. Der Verwalter konnte, da der Erfüllungsanspruch mit Verfahrensöffnung erloschen war, nicht in Verzug geraten. Einen vor Verfahrenseröffnung entstandenen Verzugsschaden muß der Verwalter ausgleichen, da mit dem Erfüllungsverlangen der Vertrag in der Fassung auflebt, wie er bei Verfahrenseröffnung bestand (*Jaeger/Henckel* KO, § 17 Rz. 142). 29

Lehnt der Verwalter die Erfüllung des Vorbehaltskaufes ab, entfällt das Recht zum Besitz. Das Eigentumsrecht des Verkäufers bleibt bestehen. Der Verwalter kann dem Herausgabeverlangen des Verkäufers kein Besitzrecht entgegensetzen (*Jaeger/Henckel* KO, § 17 Rz. 166). Dem Vorbehaltskäufer bleibt in diesem Fall nur der Schadenersatz wegen Nichterfüllung. § 107 stellt für die Rechtsfolgen der Erfüllungsablehnung beim Eigentumsvorbehaltskauf keine besonderen Regeln auf. Es gelten aufgrund der Bezugnahme des Gesetzes in Abs. 2 die Grundsätze des § 103 InsO. Dem Verkäufer stehen Schadenersatzansprüche als Insolvenzforderung zu. 30

Etwaige Nutzungsentschädigungen als Ausgleich für die »vertragslose« Zeit kann der Verkäufer allenfalls aus Bereicherung der Masse gem. § 55 Abs. 1 Nr. 3 InsO verlangen. Der Nachteilsausgleich des § 169 InsO steht dem Verkäufer nicht zu. Die Norm gesteht absonderungsberechtigten Gläubigern die laufenden Zinsen zu. Auf das Aussonderungsrecht des Verkäufers ist § 169 InsO nicht anwendbar (*Obermüller/Hess* InsO, Rz. 840). Auch § 172 InsO, der einen Ausgleich für den Werteverlust vorsieht, ist nicht anwendbar, da sich auch diese Norm auf Absonderungsrechte bezieht (BT-Drucks. 12/2443 S. 182). Deshalb ist auch für eine Analogie kein Raum (a. A. offensichtlich *Marotzke* JZ 1995, 803, 813). Schließlich kann über § 346 Satz 2 BGB eine Nutzungsentschädigung nicht begründet werden (so aber *Marotzke* JZ 1995, 803, 813 FN 105). Wählt der Verwalter nicht die Erfüllung, bleibt es beim Schadenersatzanspruch des Verkäufers, der mit Verfahrenseröffnung eingetreten ist. Nach der Rechtsprechung wird der Vertrag nicht in 31 ein Rückgewährschuldverhältnis umgewandelt (s. o. Rz. § 103 Rz. 3). Rücktrittsrecht ist nicht anwendbar.

32 In der Literatur wird die Auffassung vertreten, der Verwalter könne die Erfüllung des Kaufvertrages nur ablehnen, wenn die Gläubigerversammlung die Stillegung des Betriebes beschließt (so wohl *Hess/Pape* InsO und EGInsO, Rz. 720). Für diese Einschränkung des Verwalterwahlrechts ergibt sich aus dem Gesetzeswortlaut kein Anhaltspunkt. Der Gesetzgeber scheint auch davon ausgegangen zu sein, daß »die Erfüllung noch abgelehnt (werden kann), wenn im Berichtstermin die Stillegung des Unternehmens beschlossen wird« (Begründung RegE BT-Drucks 12/2443 S. 146). Eine Einschränkung des Wahlrechts in diesem Sinn wird den Aufgaben des Verwalters und dem notwendigen Gestaltungsraum nicht gerecht. In der Phase bis zum Berichtstermin prüft der Verwalter nicht nur die Alternative Fortführung/Stillegung. Gerade in der Insolvenz stellt sich auch die Frage der Teilstillegung unrentabler Betriebsteile. Diese Sanierungsmaßnahme erschließt sich dem Verwalter erst nach eingehender Prüfung. Dieser Prüfung dient das Wahlrecht bis zum Berichtstermin. Der Verwalter muß auch die Möglichkeit haben, die Erfüllung der Verträge nach dem Berichtstermin abzulehnen, die der Unternehmenssanierung nicht dienen.

33 Droht eine Wertminderung der Ware, darf der Verwalter nicht bis zum Berichtstermin abwarten. Der Gesetzgeber wollte die Sonderrechte des Verwalters beim Vorbehaltskauf nicht auf Kaufverträge über leicht verderbliche Waren oder Saisonartikel (Ausschußbericht BT-Drucks. 12/7302 S. 169) erstrecken (§ 107 Abs. II 2 InsO). Bei diesen Kaufgegenständen ist es dem Eigentumsvorbehaltsverkäufer in der Regel unzumutbar, die Erklärung des Insolvenzverwalters bis zum Berichtstermin abzuwarten. Die leicht verderblichen Waren könnten schon verdorben sein, die Saisonartikel hätten an Aktualität verloren. Folglich findet hier wieder die allgemeine Regelung des § 103 InsO Anwendung (*Marotzke* JZ 1995, 803 812).

D. Zwingendes Recht

34 Da Recht des Verwalters aus Abs. 2, bis zum Berichtstermin mit einer Erklärung über den Bestand des Vertrages abwarten zu können, ist nicht abdingbar, § 119 InsO. Vereinbarungen, die für den Fall der Insolvenz die Auflösung und Rückabwicklung des Vertrages vorsehen, sind gleichwohl wirksam.

§ 108
Fortbestehen von Dauerschuldverhältnissen → § 21 KO

(1) ¹Miet- und Pachtverhältnisse des Schuldners über unbewegliche Gegenstände oder Räume sowie Dienstverhältnisse des Schuldners bestehen mit Wirkung für die Insolvenzmasse fort. ²Dies gilt auch für Miet- und Pachtverhältnisse, die der Schuldner als Vermieter oder Verpächter eingegangen war und die sonstige Gegenstände betreffen, die einem Dritten, der ihre Anschaffung oder Herstellung finanziert hat, zur Sicherheit übertragen wurden.
(2) Ansprüche für die Zeit vor der Eröffnung des Insolvenzverfahrens kann der andere Teil nur als Insolvenzgläubiger geltend machen.

Fortbestehen von Dauerschuldverhältnissen § 108

Inhaltsübersicht: Rz.

A. Grundsatz	1– 3
B. Voraussetzungen	4–23
C. Rechtsfolgen	24–31
D. Abdingbarkeit	32

Literatur:

Eckert Miete, Pacht und Leasing im neuen Insolvenzrecht, ZIP 1996, 897 ff.; *Hoffstadt* Rechtsstellung des Handelsvertreters im Konkurs des vertretenen Unternehmens, DB 1983, 645; *Paulus* Software in Vollstreckung und Insolvenz, ZIP 1996, S. 2 ff.; *Schmid/Burgk/Ditz* Die Refinanzierung beim Leasing nach der Insolvenzrechtsreform, ZIP 1996, 1123 ff.; *Tintelnot*, Die gegenseitigen Verträge im neuen Insolvenzverfahren, ZIP 1995, 616 ff.

A. Grundsatz

Die Vorschrift übernimmt für bestimmte Vertragsverhältnisse den schon unter der KO geltenden Grundsatz des Fortbestehens über die Verfahrenseröffnung hinaus. Sie legt fest, daß Miet-, Pacht- und Dienstverhältnisse mit Verfahrenseröffnung nicht erlöschen. § 108 InsO enthält damit für die genannten Verträge eine Abweichung von dem grundsätzlichen Wahlrecht des Verwalters. Wie auch die KO gewährt die InsO in den nachfolgenden Bestimmungen den Vertragsparteien besondere Kündigungsrechte. Abweichend von der KO werden Miet- und Pachtverhältnisse über bewegliche Gegenstände von der Sonderregelung ausgenommen. Für sie gilt das Wahlrecht des Verwalters. § 108 Abs. 1 Satz 2 wurde vom Gesetzgeber nachträglich eingefügt, um finanzierte Leasingverträge über bewegliche Gegenstände einschließlich Softwareverträgen über die Verfahrenseröffnung hinaus aufrecht zu erhalten. 1

Mit Abs. 2 legt die InsO – abweichend vom bisherigen Recht – fest, daß Ansprüche für die Zeit vor Verfahrenseröffnung Insolvenzforderungen sind. Die Norm folgt damit dem bereits in § 105 InsO festgelegten Grundsatz, daß die Masse von Ansprüchen für die Zeit vor Verfahrenseröffnung freigehalten wird. 2

§ 108 InsO legt zunächst als Grundsatz das Fortbestehen der genannten Schuldverhältnisse über die Verfahrenseröffnung hinaus fest. Die §§ 109–112 InsO treffen detaillierte Regelungen, die auf die jeweilige Stellung des Gemeinschuldners als Vermieter/Pächter oder Mieter/Pächter abgestellt sind. §§ 113, 114 InsO betreffen den Bestand der Dienstverträge. 3

B. Voraussetzungen

Entgegen der generalisierenden Überschrift gelten §§ 108 ff. InsO nicht für sämtliche Dauerschuldverhältnisse. Erwähnt werden im Gesetzestext ausschließlich Miet-, Pacht- und Dienstverhältnisse. Es besteht kein Anlaß, den Fortbestandes von Verträgen über die Verfahrenseröffnung hinaus und die nachfolgenden Sonderkündigungsrechte auf weitere Dauerschuldverhältnisse auszudehnen (*Tintelnot* ZIP 1995, 616, 620). Bei anderen Dauerschuldverhältnissen kann neben dem allgemeinen Wahlrecht des Verwalters aus § 103 InsO bei teilbaren Leistungen 105 InsO herangezogen werden. 4

5 § 108 InsO setzt wirksame Verträge voraus. War der Vertrag bereits vor Verfahrenseröffnung angefochten, entsteht ein bereicherungsrechtliches Rückgewährschuldverhältnis, das nach § 103 InsO zu beurteilen ist. Dem Verwalter steht das dort festgelegte Wahlrecht zu. Gleiches gilt für unerfüllte Schuldverhältnisse aus Rücktritt und Wandlung (*Jaeger/Henckel* KO, § 17 Rz. 28; *Kilger/Karsten Schmidt* KO, § 17 Anm. 2c).

6 Zu den Miet- und Pachtverhältnissen zählen sowohl der Hauptvertrag wie der Untermiet- und Pachtvertrag. Unter dem alten Recht hatte bereits die Abgrenzung zum Kaufvertrag erhebliche Abgrenzungsschwierigkeiten bereitet (dazu *Jaeger/Henckel* KO, § 19 Rz. 9 mit Hinweis auf *Soergel/Mezger* 10. Aufl. BGB Vor § 581 Anm. 6). Entscheidend ist, ob die entgeltliche Nutzungsüberlassung die Hauptleistung des Vertrages ist (anschaulich zum alten Recht *OLG Karlsruhe* 1989, 6599). Häufig treten Abgrenzungsschwierigkeiten bei Vereinbarungen über die Ausbeute von Bodenschätzen auf. Die Praxis bewertet diese Verträge regelmäßig als Pachtvertrag, solange die Ausbeutung des Grundstücks durch den Pächter im Vordergrund steht (*BGH* NJW 1985, 1025). Ein entscheidendes Kriterium hierfür ist die Frage der Risikoverteilung. Wenn der vermeintliche Pächter das Risiko des zufälligen Untergangs der Ausbeute trägt, wird man von einem Kaufvertrag ausgehen müssen (*Staudinger/Emmerich* 12. Aufl. BGB Vor § 582 Rz. 53).

7 Partiarische Miet- oder Pachtverhältnisse zählen ebenfalls zu den Dauerschuldverhältnissen der §§ 108 ff. InsO. Die pauschale Ablehnung (*Jaeger/Henckel* KO, § 19 Rz. 11) oder Einbeziehung dieser Verträge (*Kilger/Karsten Schmidt* KO, § 19 Anm. 2) wird der auch für die InsO erforderlichen Abgrenzung nicht gerecht. Mit dem Kriterium des gemeinsamen Zwecks (*Staudinger/Emmerich* BGB Vor § 581 Rz. 64ff) gelingt die Unterscheidung zwischen Pacht- und Gesellschaftsvertrag. Dagegen ist die Frage, ob der Vertragspartner an den Umsätzen der Masse beteiligt ist (*Jaeger/Henckel* KO, § 19 Rz. 11) kein geeignetes Kriterium. Ein Verbot der Massebeteiligung kennt die InsO – ebenso wie die KO – nicht.

8 Leasingverträge haben – mietähnlich – die mittel- und langfristige Gebrauchsüberlassung von Wirtschaftsgütern zum Gegenstand. Die Rechtsprechung bewertet dementsprechend Leasingverträge durchgehend als Mietverträge i. S. d. Insolvenzrechtes (*BGH* WM 1974, 96, WM 1977, 473, ZIP 1993, 1874). Dabei darf nicht übersehen werden, daß die Vertragsbezeichnung für die rechtliche Einordnung nicht entscheidend ist. Es gibt durchaus Verträge, die zwar als Mietvertrag bezeichnet werden, ihren rechtlichen Verpflichtungen nach indes Kaufverträge sind (*BGH* WM 1978, 512). Mietverträge sind nach der InsO unterschiedlich zu bewerten. Während nach dem alten Recht – so die h. M. – sämtliche Leasingverträge (*BGH* ZIP 1990, 180, 182ff.: *Kuhn/Uhlenbruck* KO, 19 Rz. 23 m. w. N.) dem Sonderkündigungsrecht des § 19 KO unterfielen, greift für Leasingverträge über bewegliche Sachen, ausgenommen die finanzierten Verträge (§ 108 Satz 2 InsO), das Wahlrecht des Verwalters aus § 103 InsO, während Leasingverträge über Immobilien und Räume über die Verfahrenseröffnung hinaus mit unterschiedlichen Sonderkündigungsrechten fortbestehen. Dieses Wahlrecht des Verwalters wird in der Praxis erheblichen Einfluß auf Teilamortisationsverträge haben. Die unter dem alten Recht strittige Frage, welche Leasingverträge als Mietverträge i. S. d. Insolvenzrechts oder als Kaufverträge zu bewerten sind, entscheidet auch die InsO nicht. Bedeutung hat die Streitfrage jetzt nur noch für Immobilien-, Leasing- und finanzierten Verträge. Sämtliche weiteren Verträge unterstehen unabhängig von der rechtlichen Einordnung dem Wahlrecht des Verwalters. Im einzelnen gilt für Leasing-Verträge folgende Einordnung:

9 Operating-Leasing-Verträge werden auf unbestimmte Zeit geschlossen und sehen ein ordentliches Kündigungsrecht des Leasingnehmers vor; Erwerbsoptionen werden nicht

Fortbestehen von Dauerschuldverhältnissen **§ 108**

vereinbart. Diese Verträge sind nach übereinstimmender Auffassung (*Hess* KO, § 19 Rz. 3; *Jaeger/Henckel* KO, § 19 Rz. 12) Mietverträge und werden von § 108 InsO erfaßt.

Finanzierungs-Leasing-Verträge sehen vor Ablauf der Vertragslaufzeit keine Kündigungsmöglichkeit vor. Die Leasingraten dienen – neben dem Ertrag des Leasinggebers – der Finanzierung des Kaufpreises. Bei sogen. Teilamortisationsverträgen wird der Kaufpreis zum Teil über die Leasingraten abgedeckt. Der Restkaufpreis wird über eine Abschlußzahlung oder Verwertung des Leasinggutes geleistet Nach übereinstimmender Auffassung wurden Finanzierungs-Leasing-Verträge als Mietverträge i. S. d. § 19 KO bewertet, wenn keine Kaufoption zugunsten des Leasingnehmers vereinbart ist (*BGH* ZIP 1990, 180; *Jaeger/Henckel* KO, § 19 Rz. 16; *Kuhn/Uhlenbruck* KO, § 19 Rz. 23). Dieser Grundsatz gilt uneingeschränkt für die InsO fort. **10**

Der *BGH* und die h.M. in der Literatur hielten § 19 KO auch auf Verträge mit Kaufoptionen des Leasingnehmers für anwendbar (BGHZ 71, 189 ff.; *BGH* ZIP 1990, 180, 182; *Kuhn/Uhlenbruck* KO, § 19 Rz. 23 m. w. N.; a. A. *Hess* KO, § 19 Rz. 4). Ein wesentlicher Teil der Literatur will bei den Leasingverträgen mit Kaufoptionen bei den Rechtsfolgen differenzieren (dazu ausführlich *Jaeger/Henckel* KO, § 19 Rz. 17 ff.; a. A. *Hess* KO, § 19 Rz. 4, der auf diese Verträge insgesamt § 17 anwenden will). Die h. M. ist zutreffend. Auch Leasingverträge mit Kaufoptionen haben die Verpflichtung zur entgeltlichen Gebrauchsüberlassung zum Gegenstand. Die eingeräumte Option zum Erwerb des Leasingobjektes nach Ablauf der Vertragszeit ist nicht Verpflichtung zur Eigentumsverschaffung. Zutreffend muß man deshalb bei der Bewertung des Vertrages zwischen der Gebrauchsüberlassung und der rechtlichen Einordnung des Optionsrechtes unterscheiden. Erst die Ausübung der Option durch den Verwalter unterliegt dem Kaufrecht, so daß dann § 103 InsO gilt (*Kuhn/Uhlenbruck* KO, § 19 Rz. 24; *Jaeger/Henckel* KO, § 21 Rz. 43). Verträge mit Verlängerungsoptionen unterliegen § 108 InsO in vollen Umfang (*BGH* ZIP 1990, 180 ff.). **11**

§ 108 InsO betrifft Schuldverhältnisse, welche die entgeltliche Überlassung von unbeweglichen Gegenständen oder Räumen regeln. Der Gesetzgeber der InsO dachte in erster Linie an Grundstücke. Die Abgrenzung zu den beweglichen Gegenständen ergibt sich aus der Legaldefinition des § 49 InsO. Unbewegliche Gegenstände sind mithin die, welche der Zwangsvollstreckung in das unbewegliche Vermögen unterliegen. Damit werden von § 108 InsO auch Mietverträge über Schiffe und Flugzeuge erfaßt. Die Überlassung eines Rechtes zur Ausübung ist auch dann kein Pachtverhältnis i. S. d. § 108 InsO, wenn die Ausübung mit der Nutzung von Grundstücken zusammenhängt. Jagdpachtverträge haben die Ausübung eines Rechtes zum Gegenstand und nicht die Überlassung einer Immobilie. Bergwerkpachtverhältnisse dagegen dienen der Ausbeute eines Grundstücks und werden deshalb von §§ 108 ff. InsO erfaßt. Die Überlassung von Krankenzimmern an angestellte Ärzte zur Behandlung von Privatpatienten soll kein Mietvertrag sein (*RG* DR 1942, 1333), während der Belegarztvertrag als Mietvertrag gewertet wird (*Jaeger/Henckel* KO, § 19 Rz. 32). **12**

Räume, die nicht bereits unter die erste Alternative fallen, können wegen §§ 94, 95 BGB z. B. bewegliche Wohncontainer oder Scheinbestandteile i. S. d. § 95 BGB sein. Hierher gehört z. B. ein Behelfsheim (BGHZ 8, 5) oder Baulichkeiten, die nur zu einem vorübergehenden Zweck errichtet wurde. Dabei kommt es nicht auf die Bauweise an, sondern ausschließlich auf den Willen des Errichtenden zur vorübergehenden Nutzung. Eine massive Bauweise soll allerdings Indiz dafür sein, daß der Mieter das Gebäude nach Ablauf seiner Nutzung dem Vermieter überlassen will (*Palandt/Heinrichs* BGB § 95 Rz. 3). **13**

§ 108

14 Der Gesetzgeber hat Abs. 1 Satz 2 nachträglich eingeführt, um die Refinanzierungsmöglichkeiten für banken- und herstellerunabhängige Leasingverträge über bewegliche Gegenstände aufrechtzuerhalten (Rechtsausschuß BT-Drucks. 13/4699, S. 1). Nach der Grundfassung der InsO waren diese Verträge dem Wahlrecht des Verwalters unterfallen. Dieses Insolvenzrisiko würden nach Auffassung des Gesetzgebers die refinanzierenden Banken nicht eingehen, so daß der Fortbestand über die Verfahrenseröffnung hinaus sichergestellt werden sollte (Rechtsausschuß BT-Drucks. 13/4699, S. 6). Die benannten Verträge unterliegen damit nicht dem Wahlrecht des Verwalters sondern bestehen über die Verfahrenseröffnung hinaus fort. Er hat damit keine Möglichkeit, die Verträge insolvenzbedingt zu kündigen. Die vertraglich vereinbarten Kündigungsrechte bleiben natürlich bestehen. Diese Rechtslage ist für den Verwalter regelmäßig sehr problematisch. Sonderkündigungsrechte stehen ihm überhaupt nicht zu. Die Abtretung der Mietzinsforderungen an die finanzierenden Bankinstitute bleiben wirksam, weil § 110 InsO nicht greift. Der Verwalter muß damit die Pflichten aus den Leasingverträgen zu Lasten der Masse hinnehmen, während die Leasingraten der finanzierenden Bank zufließen. In die Masse könnte allenfalls der Mietzinsanteil fließen, der nach der pflichtgemäßen Auskehrung bzw. unmittelbaren Zahlung an den Sicherungsgeber verbleibt. Da der Leasingvertrag aufrechterhalten wird, kann der Verwalter den Leasinggegenstand auch nicht verwerten, um den dann absonderungsberechtigten Sicherungseigentümer (§ 51 Nr. 1 InsO) zu befriedigen. Die gesamte Situation mag für die sicherungsgebenden Banken befriedigend sein (*Schmidt/Burgk/Ditz* ZIP 1996, 1123, 1124). Die Masse wird mit unnötigen Verbindlichkeiten belastet, ohne daß ihr entsprechende Vorteile zufließen. Für eine Kostenbeteiligung der Masse fehlt es an einer entsprechenden Rechtsgrundlage (dazu auch *Eckert* ZIP 1996, 897, 908). Der Gesetzgeber hat dieses Problem gesehen, indes nicht befriedigend gelöst. Die Begründung führt aus, für den Fall, daß aus der Masse noch zusätzliche Leistungen zu erbringen seien, müßte eine Aufteilung der abgetretenen Forderungen vorgenommen (Rechtsausschuß BT-Drucks. 13/4699, S. 6). Die Praxis wird eine solche Aufteilung nach den Grundsätzen des § 105 InsO vornehmen müssen.

15 Der ergänzende Satz 2 in Abs. 1 soll weit verstanden werden. Der Begriff der sonstigen Gegenstände macht das deutlich (BT-Drucks. 13/4699, S. 6). Erfaßt werden sollen damit sämtliche Bestandteile der Insolvenzmasse. Gedacht ist insbesondere an die Vermietung und Verpachtung von Rechten, also Software und ähnliches sowie sonstige Rechtspachtverträge. Auch diese Verträge sind damit insolvenzfest unter Voraussetzung, daß eine Sicherungsabtretung- oder Übereignung vorlag. Der Gesetzgeber hat mit dieser weiteren Fassung den Bedenken der Praxis Rechnung getragen, die insbesondere zu den Lizenz- und Softwareverträgen aufgezeigt worden war (*Paulus* ZIP 1996, 2, 5 ff.).

16 Zu den unbeweglichen Gegenständen zählt der Gesetzgeber auch Schiffe und Luftfahrzeuge. Dieser Grundsatz des allgemeinen Vollstreckungsrechtes (§ 864 Abs. I ZPO) wird vom Gesetzgeber für das Insolvenzrecht vorausgesetzt (vgl. dazu auch § 49 InsO).

17 Die Besitzüberlassung ist für die Anwendung der §§ 108 ff. InsO keine Voraussetzung. § 19 KO setzte ein vollzogenes Miet-/Pachtverhältnis, mithin die Übergabe voraus. Schon nach dem Wortlaut des § 108 fehlt die Übergabe des Miet-/Pachtgegenstandes als weitere Voraussetzung des Fortbestandes der angesprochenen Verträge. Die nachfolgenden Bestimmungen zeigen, daß der Gesetzgeber der InsO unterschiedliche Rechtsfolgen für vollzogene und nicht vollzogene Verträge festlegt. § 109 Abs. 2 InsO legt für den Fall des Nichtvollzuges statt des Kündigungs- ein Rücktrittsrecht fest (ausführlich dazu *Eckert* ZIP 1996, 897, 899). Der Fortbestand der erfaßten Schuldverhältnisse gilt deshalb für vollzogene und nicht vollzogene Verträge.

Weiterhin werden von § 108 InsO Dienstverträge erfaßt. Anders als unter der KO werden jetzt alle Dienstverträge erfaßt. § 22 KO beschränkte sich auf Dienstverhältnisse im Haushalt, Wirtschaftsbetrieb oder Erwerbsgeschäft. **18**

Unter Dienstverhältnissen ist ein Vertrag i. S. d. § 611 BGB zu verstehen. Geschäftsbesorgungsverträge gem. § 675 BGB werden von 115 InsO geregelt. Unter der KO sollten unentgeltliche Dienstleistungen von § 22 KO nicht erfaßt werden (*Jaeger/Henckel* KO, § 22 Rz. 5). Für diese Einschränkung gibt der jetzige Gesetzeswortlaut keinen Anlaß. Der Dienstvertrag muß die Verpflichtung zu fortgesetzter Dienstleistung enthalten; ist der Vertrag auf vorübergehende Dienstleistung gerichtet, liegt kein Dauerschuldverhältnis vor. Auch Ausbildungsverhältnisse sind Dienstverträge i. S. d. G. (*BAG* ZIP 1993, 1316). Fraglich ist allenfalls, ob der Ausbildungsvertrag gem. § 15 BBiG überhaupt gekündigt werden kann, weil ein wichtiger Grund vorliegt. Schließlich zählen zu den Dienstverträgen auch die Schuldverhältnisse, welche aufgrund sonderrechtliche Bestimmungen als arbeitnehmerähnlich zu bewerten sind. Deshalb gilt § 108 InsO auch für Prokuristen und Handlungsgehilfen des HGB. **19**

Handelsvertreterverhältnisse sind durch die Selbständigkeit des Handelsvertreters geprägt. Sie sind keine Dienstverhältnisse. Auch die Verträge mit dem Einfirmenhandelsvertreter des § 92a HGB sollen Geschäftsbesorgungsverträge sein und mit Konkurseröffnung enden (*Jaeger/Henckel* KO, § 23 Rz. 9 a. E.; so wohl auch *Hoffstadt* DB 1983, 645). Der Gesetzgeber stellt diese Einfirmenvertreter unter besonderen Schutz und wertet sie insbesondere in § 5 ArbGG als arbeitnehmerähnlich. Dementsprechend waren die Provisionsansprüche dieser Berufsgruppe unter der KO Masseschulden gem. § 59 Abs. 1 Nr. 3c KO. Anlaß dieser gesetzlichen Priveligierung ist die besondere Schutzbedürftigkeit, die u. a. aus der Abhängigkeit von einem Unternehmer herrührt. Es ist deshalb geboten, auch den Einfirmenvertretern des § 92a HGB den Bestandsschutz des § 108 InsO zu gewähren. **20**

Zu den Dienstverhältnissen zählen auch die Anstellungsverhältnisse der Vorstandsmitglieder von Aktiengesellschaften (BGHZ 75, 209), Genossenschaften und Vereinen (nur *Kuhn/Uhlenbruck* KO, § 22 Rz. 5). Davon geht der Gesetzgeber in § 87 Abs. 3 AktG aus, indem er den Vorstandsmitgliedern für den Fall der insolvenzbedingten vorzeitigen Beendigung des Dienstverhältnisses – so die Wortwahl des Gesetzgebers – Schadenersatzansprüche zubilligt. **21**

Für die Praxis hat die Einordnung der Anstellungsverträge von GmbH-Geschäftsführern erhebliche Bedeutung. Dienstverträge mit GmbH-Geschäftsführern zählen zu den Anstellungsverhältnissen des § 108 InsO und müssen gesondert gekündigt werden (*BGH* ZIP 1981, 367; *BAG*, ZIP 1992 1496). Dieser von der Rechtsprechung aufgestellte Grundsatz ist für den Angestellten-Geschäftsführer allgemeine Auffassung (*Jaeger/Henckel* KO, § 23 Rz. 11). Der *BGH* will auch den Allein-Gesellschafter-Geschäftsführer dem Schutz des § 108 InsO unterstellen (BGHZ 75, 209, 211 ff.; ausführlich *OLG Hamm*, ZIP 1987, 121, 123). Diese Rechtsprechung wird in der Literatur nach wie vor kritisiert (zur Meinungsvielfalt *Jaeger/Henckel* KO, § 22 Rz. 13; *Kuhn/Uhlenbruck* KO, § 22 Rz. 5a und *Kilger/Karsten Schmidt* KO, 22 Anm. 3c). Zu Recht wendet *E. Schmid* ein, daß die Einmann-GmbH vom Gesetzgeber anerkannt ist und diese Gestaltung nicht als Mißbrauch gewertet werden darf (Kündigung und Kündigungsschutz in der Insolvenz, S. 39). Die Fortdauer des Vertrages führt zudem zur Fortdauer der vertraglichen Verpflichtungen, die gerade bei der Fortführung ein zusätzliches Hilfsmittel des Verwalters ist. Dem Verwalter bleibt im übrigen mit der sofortigen Kündigung aus wichtigem Grund ein ausreichendes Gestaltungsmittel (BGHZ 75, 209; *Hachenburg/Ulmer* GmbHG § 63 Rz. 102; *Kuhn/Uhlenbruck* KO, § 22 Rz. 5a). **22**

§ 108 *Wirkungen der Eröffnung des Insolvenzverfahrens*

23 Der Wortlaut des Gesetzes fordert kein vollzogenes Dienstverhältnis. § 22 KO hatte noch ein »angetretenes Dienstverhältnis« vorausgesetzt. Anders als bei der Frage des Besitzüberganges (s. o. Rz. 13) kann aus den nachfolgenden Regelungen zur Beendigung von Dienstverträgen die Auffassung des Gesetzgebers nicht ermittelt werden. Auch aus den Gesetzesbegründungen ergibt sich kein Hinweis. Ob der Schutz der Arbeitnehmer im Rahmen der InsO bereits vor Dienstantritt wünschenswert ist, mag dahinstehen. Der von der KO abweichende Wortlaut der InsO läßt nur den Schluß zu, daß der Vollzug des Dienstvertrages nicht erforderlich ist.

C. Rechtsfolgen

24 Die erfaßten Schuldverhältnisse bestehen über die Verfahrenseröffnung hinaus fort. Dem Verwalter ist kein Wahlrecht eingeräumt. An die Stelle des Wahlrechts treten die gesondert geregelten Kündigungsrechte des Verwalters und, wenn die Besitzübergabe noch nicht erfolgte, Rücktrittsrechte beider Vertragsteile (§ 109 InsO). Dienstverträge können von beiden Vertragsteilen gekündigt werden, § 113 InsO.

25 Die Aufrechterhaltung über die Verfahrenseröffnung hinaus führt dazu, daß die Zahlungsansprüche des Vertragspartners für den Zeitraum nach Eröffnung Masseverbindlichkeiten sind, § 55 Abs. 1 Zi 2 InsO. Auch Verbindlichkeiten, die der vorläufige Verwalter begründet hat, sind vollständig aus der Masse zu begleichen, § 55 Abs. InsO, sofern der vorläufige Verwalter die Gegenleistung in Anspruch genommen hat.

26 Erfüllt der Verwalter den Vertrag nicht, sind die hieraus resultierenden Schadenersatzansprüche Masseverbindlichkeiten (*Jaeger/Henckel* KO, § 21 Rz. 10), während Schadenersatzansprüche wegen der insolvenzbedingten, vorzeitigen Beendigung des Vertrages Insolvenzforderungen sind, § 109 Abs. 1 Satz 2 für Miet-/Pachtverträge, § 113 Abs. 1 Satz 3 für Dienstverträge. Die Ansprüche des Vermieters wegen Vorenthaltung der Mietsache sind demnach Masseverbindlichkeiten (*Eckert* ZIP 1996, 897, 905). Diesen Verpflichtungen kann sich der Verwalter auch nicht dadurch entziehen, daß er die Mietsache aus der Masse freigibt (*Jaeger/Henckel* KO, § 21 Rz. 11; *Kilger/Karsten Schmidt* KO, § 21 Anm. 3; a. A. *Kuhn/Uhlenbruck* KO, § 21 Rz. 3).

27 Anders als unter dem alten Recht sind Ansprüche aus dem Zeitraum vor Verfahrenseröffnung nur Insolvenzforderungen; mit Ausnahme der Sonderregelung in § 55 Abs. 2 muß der Verwalter im Fall der Vertragsfortführung keine aufgezwungenen Masseschulden begleichen. Auch diese Regelung dient der Fortführung, da eine Weiternutzung der Mietgegenstände möglich ist, ohne daß die Masse mit Verbindlichkeiten aus der Zeit vor Verfahrenseröffnung belastet wird. Schon unter der KO hatte der *BGH* entschieden, daß Abwicklungskosten nicht aus der Masse zu befriedigen sind, weil sie wegen der fehlenden Gegenseitigkeit nicht Erfüllungsansprüchen gleichgesetzt werden können (BGHZ 72, 263; 265 *Eckert* ZIP 1996, 897, 905). Dieser Grundsatz muß umso mehr unter der InsO gelten, weil die Masse nunmehr ausschließlich mit Verbindlichkeiten belastet werden soll, die nach Verfahrenseröffnung entstehen. Der Rechtsgrund für die Rückgabe der Mietsache und Wiederherstellung des vertraglichen Zustandes, wie der Renovierung, ist vor Verfahrenseröffnung gelegt worden.

28 Zweifelhaft wird diese Rechtsfolge, wenn der Verwalter den Mietgegenstand nutzt und damit zur weiteren Abnutzung beiträgt. In diesem Fall kommt der Masse auf Kosten des Vermieters ein Vorteil zugute. Nach dem Grundsatz, daß die Masse nur mit Verbindlichkeiten belastet werden darf, die nach Verfahrenseröffnung entstanden sind, ist eine Aufteilung notwendig. Schönheitsreparaturen sind deshalb nur zeitanteilig der Masse

zuzurechnen (*Jaeger/Henckel* KO, § 19 Rz. 76). Abwicklungs- und Räumungskosten sind demgegenüber immer Insolvenzforderungen, weil es sich hierbei nicht um Leistungen handelt, die der Masse zugute kommt (BGHZ 72, 263, 265).

Die Abgrenzung zwischen Insolvenzforderung und Masseverbindlichkeit wird in der Regel keine Probleme bereiten. Die Gegenleistung für den Zeitraum bis zur Verfahrenseröffnung kann anhand der vertraglichen Vereinbarungen zeitanteilig ermittelt werden. Dabei wird man auch bei Leasingverträgen auf die vertragliche Fälligkeit abzustellen haben. Bei Teilamortisationsverträgen wird durch die Abschlußleistung auch ein Teil der Nutzungsüberlassung vor Verfahrenseröffnung vergütet. Indes ist auch hier auf die Fälligkeit nach dem Vertrag abzustellen. Mit diesem Kriterium ist die Unterscheidung der bis zur Verfahrenseröffnung entstandenen Leistungen sachgerecht möglich. Die Ausübung der Option nach Vertragsbeendigung hat nach § 103 InsO zu erfolgen, weil dieses Gestaltungsrecht als Antrag auf einen Kaufvertrag zu werten ist. 29

Der Fortbestand der Dienstverträge über die Verfahrenseröffnung hinaus führt ebenfalls zur Masseverbindlichkeiten für den Zeitraum nach Eröffnung, während rückständiges Entgelt für den Zeitraum vor Eröffnung Insolvenzforderung ist. Schadenersatzansprüche wegen insolvenzbedingter vorzeitiger Beendigung des Dienstverhältnisses sind Insolvenzforderungen, § 113 Abs. 1 Satz 3 InsO. 30

Die differenzierte Trennung von Masseschulden und Konkursforderungen für den Zeitraum bis zu sechs Monaten vor Verfahrenseröffnung hat die InsO nicht übernommen. Auch unter der InsO muß man die Ansprüche, welche erst nach Verfahrenseröffnung fällig werden, aber in dem Zeitraum vor Eröffnung verdient wurden, getrennt bewerten. Ansprüche aus Gratifikationen sind anteilig nur für den Zeitraum nach Eröffnung Masseverbindlichkeiten. Ansprüche aus Urlaubsabgeltung wegen Beendigung des Arbeitsverhältnisses gem. § 7 Abs. 4 UrlG sind dagegen in vollem Umfang Masseverbindlichkeiten, weil dieser Anspruch erst mit Beendigung entsteht. 31

D. Abdingbarkeit

§ 108 InsO ist zwingend, § 119. Unwirksam sind aufgrund der in § 112 InsO niedergelegten Kündigungssperre auch Vereinbarungen, die für den Fall der Insolvenz oder der wirtschaftlichen Schwierigkeiten eine Auflösung des Mietvertrages vorsehen. Etwaige Auflösungsklauseln wollte der Gesetzgeber für Mietverträge auch nach der Überarbeitung des Regierungsentwurfes nicht zulassen (ausführlich *Eckert* ZIP 1996, 897, 902; differenziert wohl *Hess/Pape* InsO und EGInsO Rz. 340). 32

§ 109
Schuldner als Mieter oder Pächter → §§ 19, 20, 26 KO

(1) ¹**Ein Miet- oder Pachtverhältnis über einen unbeweglichen Gegenstand oder über Räume, das der Schuldner als Mieter oder Pächter eingegangen war, kann der Insolvenzverwalter ohne Rücksicht auf die vereinbarte Vertragsdauer unter Einhaltung der gesetzlichen Frist kündigen.** ²**Kündigt der Verwalter nach Satz 1, so kann der andere Teil wegen der vorzeitigen Beendigung des Vertragsverhältnisses als Insolvenzgläubiger Schadenersatz verlangen.**
(2) ¹**Waren dem Schuldner der unbewegliche Gegenstand oder die Räume zur Zeit der Eröffnung des Verfahrens noch nicht überlassen, so kann sowohl der Verwalter**

als auch der andere Teil vom Vertrag zurücktreten. ²Tritt der Verwalter zurück, so kann der andere Teil wegen der vorzeitigen Beendigung des Vertragsverhältnisses als Insolvenzgläubiger Schadenersatz verlangen. ³Jeder Teil hat dem anderen auf dessen Verlangen binnen zwei Wochen zu erklären, ob er vom Vertrag zurücktreten will; unterläßt er dies, so verliert er das Rücktrittsrecht.

Inhaltsübersicht: Rz.

A. Allgemeines	1– 2
B. Abs. 1	3–14
C. Nicht vollzogene Verträge	15–27
D. Aufrechnungsmöglichkeit mit Schadenersatzansprüchen	28
E. Abdingbarkeit	29–30

Literatur:

Eckert Konkursforderungen ohne Masseschulden bei Erfüllung und Abwicklung von Mietverhältnissen, ZIP 1983, 770; *ders.* Miet, Pacht und Leasing im neuen Insolvenzrecht, ZIP 1996, 897 ff.; *Gerhardt* Inhalte und Umfang der Sequestrationsanordnungen, ZIP 1982, 1 ff.; *Tintelnot* Die gegenseitigen Verträge im neuen Insolvenzverfahren, ZIP 1995, 616 ff.

A. Allgemeines

1 Die Vorschrift entspricht §§ 19, 20 KO und dem Grundgedanken des § 50 VerglO mit der Einschränkung, daß die InsO Sonderkündigungsrechte nur für Miet-/Pachtverhältnisse über unbewegliche Gegenstände und Räume begründen will, während dem Verwalter bei Verträgen über bewegliche Sachen gem. § 103 InsO ein Wahlrecht zusteht. Bei vollzogenen Verträgen steht dem Verwalter ein Kündigungsrecht zu, wenn der Schuldner Mieter oder Pächter war. Dieses einseitige Sonderrecht des Verwalters dient dem Reformziel Fortführung (*Tintelnot* ZIP 1995, 616, 620). Ist der Besitz noch nicht übergegangen, können beide Parteien vom Vertrag zurücktreten. Wie auch die KO legt § 109 InsO fest, daß Schadenersatzansprüche wegen insolvenzbedingter Kündigung oder Rücktritts Insolvenzforderungen sind.

2 Voraussetzung ist ein Miet- oder Pachtvertrag, der den Schuldner als Mieter-/Pächter ausweist. Gekündigte Verträge werden von § 109 InsO nicht erfaßt, wenn die Beendigung vor Verfahrenseröffnung eintritt. Dann handelt es sich um ein Rückgewährschuldverhältnis, das dem Wahlrecht des Verwalters nach § 103 InsO unterliegt. Bewirkt eine vor Verfahrenseröffnung erklärte Kündigung den Ablauf des Vertrages nach Eröffnung, kann der Verwalter die Frist durch eigene Kündigung verkürzen. Dabei wird er zu berücksichtigen haben, daß seine insolvenzbedingte Kündigung zu Schadenersatzansprüchen nach Satz 2 führt.

B. Abs. 1

3 Der Besitz an der Miet-/Pachtsache muß auf den Schuldner vor Verfahrenseröffnung noch nicht übergegangen sein. Das ergibt sich bereits aus dem Wortlaut. § 19 KO hatte

das »Überlassen des Mietgegenstandes vor Verfahrenseröffnung gefordert. § 109 Abs. 1 InsO setzt dagegen nur einen vor Verfahrenseröffnung geschlossenen Miet-/Pachtvertrag voraus. Der Gesetzgeber bezeichnet Abs. 2 indes als vorgehende Sonderregelung (BT-Drucks. 12/2443 zu § 123, S. 147). Die Anmerkung deutet darauf hin, daß das Sonderkündigungsrecht des Abs. 1 nur greifen soll, wenn der Vertrag vor Verfahrenseröffnung vollzogen wurde. Wenn der Gesetzgeber indes tatsächlich eine verdrängende Spezialregelung ausschließlich für nicht vollzogene Verträge schaffen wollte, hätte er § 19 KO im Wortlaut übernommen. Zu Recht führt *Eckert* (ZIP 1996, 898, 901) aus, daß eine verdrängende Sonderregelung dem Verfahrenszweck widersprechen würde. Es ist kein Anhaltspunkt ersichtlich, daß der Verwalter bei nicht vollzogenen Verträgen auf das Rücktrittsrecht beschränkt ist. Vielmehr muß er auch die Möglichkeit haben, ein noch nicht in Besitz genommenes benötigtes Grundstück für die Masse zeitlich begrenzt zu nutzen. Der Vermieter-/Pächter wird nicht unbillig belastet, da ihm das Rücktrittsrecht in jedem Fall zusteht. Der Verwalter kann sich also entscheiden, ob er den Vertrag kündigen oder davon zurücktreten will.

Die Fortdauer des Besitzes im Zeitpunkt der Verfahrenseröffnung ist nicht erforderlich. **4** Der Besitzentzug durch verbotenen Eigenmacht oder unzulässige vorläufige Räumung führt ebenso zur Anwendung des § 109 Abs. 1 InsO (*Jaeger/Henckel* KO, § 19 Rz. 43) wie ein vorzeitiger Auszug des Schuldners vor Verfahrenseröffnung, während der Mietvertrag weiterbesteht. Beim vorzeitigen Auszug ist indes immer zu prüfen, ob damit eine konkludente Vertragsaufhebung verbunden ist.

Bei vollzogenen Miet- oder Pachtverhältnissen sieht § 109 Abs. 1 InsO für den Verwalter **5** ein Kündigungsrecht vor, während der Vermieter/Verpächter auf die vertraglich vereinbarten oder gesetzlichen Kündigungsrechte beschränkt bleibt. Die Kündigung wegen der Insolvenz ist dem Vermieter/Verpächter ausdrücklich verwehrt, § 112 InsO. Ist der Verwalter nicht in der Lage, die Miet-/Pachtzinsen für den Zeitraum nach Verfahrenseröffnung zu erbringen, kann der Vermieter jederzeit wegen Zahlungsverzug kündigen.

Die Kündigungsfrist ist die gesetzliche. Sieht der Vertrag kürzere Kündigungsfristen vor, **6** kann der Verwalter auch diese ausnutzen. Die Ausnutzung der gesetzlichen Frist ist schon nach dem Wortlaut ein Recht des Verwalters, ohne ihn daran binden zu wollen. Auch die Begründung des Gesetzgebers ergibt keinen Anhaltspunkt, daß die gesetzliche Regelung auch kürzeren vertraglichen Vereinbarungen vorgehen sollte (*Tintelnot* ZIP 1995, 616, 621).

Die Kündigungserklärung des Verwalters muß den allgemeinen Grundsätzen entspre- **7** chen. Sie muß deutlich zum Ausdruck bringen, daß der Vertrag beendet werden soll. Die bloße Rückgabe der Mietsache ist nicht mit der Kündigung gleichzusetzen. Nimmt der Vermieter die Mietsache unmittelbar nach der Rückgabe in Besitz und nutzt sie, wird man von einer konkludenten Vertragsaufhebung ausgehen können (*Jaeger/Henckel* KO, § 19 Rz. 61).

Die in der Praxis häufig erklärte Freigabe des Miet-/Pachtgegenstandes gegenüber dem **8** Gläubiger ist ebenfalls keine Kündigung. Insbesondere kann sich der Verwalter den nach Verfahrenseröffnung anfallenden Miet-/Pachtzinzen (Masseverbindlichkeiten) nicht durch Freigabe des Vertragsgegenstandes entziehen (*OLG Düsseldorf* KTS 1968, 189). In der Praxis erklärt der Verwalter regelmäßig die Freigabe der Privatwohnung aus der Masse. Diese Freigabe gegenüber dem Schuldner führt ebenfalls nicht zur Befreiung der Masse von Verbindlichkeiten aus dem Miet-/Pachtverhältnis. Erforderlich ist immer eine Sicherstellung der Zahlungen durch den Schuldner. Der Vermieter muß sich eine Freigabe gegenüber dem Schuldner nicht als Vertragsbeendigung anrechnen lassen. Die

Freigabe gegenüber dem Schuldner befreit die Masse nur, wenn der Vermieter mit einbezogen wurde.

9 Die insolvenzbedingte Sonderkündigung ist während der Dauer des gesamten Verfahrens zulässig. Auch die InsO sieht für den Verwalter keine Pflicht vor, die Kündigung zum erstmöglichen Termin auszusprechen. Bereits unter der KO war dem Verwalter das Recht zugebilligt worden, das Mietverhältnis so lange weiterzuführen, wie es für die Masse erforderlich ist (*RG* JW 1904, 97; *Jaeger/Henckel* KO, § 19 Rz. 59; *Kuhn/Uhlenbruck* KO, § 19 Rz. 8; *Eckert* ZIP 1996, 897, 901 zur InsO).

10 In der Praxis besteht häufig das Bedürfnis, Mietverhältnisse bereits vor Verfahrenseröffnung zu kündigen, um die Masse von weiteren Verbindlichkeiten zu entlasten. Ob die InsO dem vorläufigen Verwalter entsprechende Gestaltungsrechte verleiht, ist fraglich. Nach § 22 geht auf den vorläufigen Verwalter die Verwaltungs- und Verfügungsbefugnis über das Vermögen des Schuldners mit Auferlegung eines allgemeinen Veräußerungsverbotes über. Diese Befugnis soll nach dem Willen des Gesetzgebers indes nur der Vermögenssicherung dienen (RegE BT-Drucks. 12/2443, S. 185). Darüber hinaus kann der Verwalter mit Zustimmung des Insolvenzgerichtes das Unternehmen stilllegen, wenn die wirtschaftliche Situation dies erfordert (§ 22 Abs. 2 Nr. 1 InsO). Aus § 55 Abs. 2 InsO ergibt sich weiterhin, daß der vorläufige Verwalter berechtigt ist, Masseverbindlichkeiten zu begründen. Dementsprechend wird in der Literatur gefordert, bereits dem vorläufigen Verwalter das Kündigungsrecht zu gewähren (*Eckert* ZIP 1996, 897). Dieser Forderung widerspricht indes der eindeutige Wortlaut des § 109 InsO, der entsprechende Rechte erst nach Verfahrenseröffnung verleiht. Dem vorläufigen Insolvenzverwalter bleibt dementsprechend nur die Möglichkeit, den Schuldner dazu zu bewegen, das ihm zustehende allgemeine Kündigungsrecht auszuüben. Das Sonderkündigungsrecht der InsO kann erst nach Verfahrenseröffnung ausgeübt werden (so auch zur KO bereits *Gerhardt* ZIP 1982, 1, 7).

11 Die Kündigungserklärung des Verwalters bewirkt die Beendigung des gesamten Mietverhältnisses. Sind neben dem Schuldner weitere Mieter-/Pächter vorhanden, wird der Vertrag insgesamt beendet. Das Interesse des nicht insolventen Mieters/Pächters an der Vertragsfortführung tritt hinter dem Schutz der Masse zurück (h.M. *OLG Celle* NJW 1974, 2012; *Jaeger/Henckel* KO, § 19 Rz. 35). Eine Ausnahme gilt nur für Jagdpachtverhältnisse. Nach § 13 a BJagdG bleibt der Pachtvertrag mit den übrigen Pächtern bestehen. Den Pächtern bleibt die Möglichkeit den Pachtvertrag zu kündigen, wenn die Fortsetzung für sie wegen des Ausfalls eines Pächters nicht zumutbar ist.

12 Der Verpächter/Vermieter kann bei insolvenzbedingter Kündigung Schadenersatz wegen der vorzeitigen Beendigung des Vertrages verlangen. Der Schadensersatzanspruch setzt also voraus, daß die Kündigung des Verwalters eine vorzeitige Beendigung des Vertrages bewirkt. War ohnehin die gesetzliche Kündigungsfrist einschlägig, fehlt es an dem insolvenzbedingten Schaden. Der Schadensersatzanspruch ist Insolvenzforderung, § 109 Abs. 1 Satz 2 InsO. Absonderungsrechte können wegen des Schadenersatzanspruches nicht geltend gemacht werden, § 50 Abs. 2 Satz 1 InsO. Ein Vermieterpfandrecht kann nach Verfahrenseröffnung schon wegen § 91 InsO nicht mehr begründet werden. Bei mehreren Mietern richtet sich der Schadenersatzanspruch nur gegen die Masse (*OLG Celle* MDR 1974, 673).

13 Der als Insolvenzforderung anzumeldende Schadenersatzanspruch umfaßt ausschließlich den tatsächlich entstandenen Schaden. Dieser besteht regelmäßig in dem für die Restmietzeit entgangenen Mietzinsansprüchen. Durch Weitervermietung erzielte Mietzinsansprüche sind anzurechnen. Unterläßt es der Vermieter schuldhaft, den Mietgegenstand weiterzuvermieten, muß er sich den entgangenen Mietzins anrechnen lassen, § 254

BGB (*BGH* NJW 1968, 985). Ersparte Aufwendungen mindern den Schaden ebenfalls (*OLG Frankfurt* DB 1979, 2125). Vertraglich vereinbarte Vertragsstrafen können nicht gefordert werden. Auch nach der InsO soll nur der insolvenzbedingte Schaden gefordert werden können. Anderenfalls könnte der Vermieter aufgrund vertraglicher Vereinbarungen den Restmietzins für die gesamte Vertragslaufzeit fordern. Das würde gegen den zwingenden Charakter der §§ 103 ff. InsO gem. § 119 InsO verstoßen. (*Jaeger/Henckel* KO, § 19 Rz. 69; *Kilger/Karsten Schmidt* KO, § 19 Anm. 8; a. A. *Kuhn/Uhlenbruck* KO, § 19). Dementsprechend hat der *BGH* den Anspruch der Deutschen Bundespost auf Ersatz der Restgebühren aus dem vom Verwalter gekündigten Vertrag verneint (BGHZ 39, 35, 38 ff.).

Der Schadenersatzanspruch des § 557 BGB wegen verspäteter Rückgabe der Mietsache **14** durch den Verwalter ist Masseverbindlichkeit (*Jaeger/Henckel* KO, § 19 Rz. 78; *Kuhn/ Uhlenbruck* KO, § 19 Rz. 18 a; *Eckert* ZIP 1983, 770, 774). Es handelt sich hierbei nicht um den in § 109 Abs. 1 Satz 2 InsO geregelten Schaden wegen insolvenzbedingter Kündigung. Wegen der Nichtrückgabe durch den Verwalter ist der Mietgegenstand dem Vermieter weiterhin entzogen, während der Masse wenigstens die Möglichkeit der Nutzung zufließt. Ist der Mietvertrag vor Verfahrenseröffnung bereits beendet, ist indes auch der Anspruch aus § 557 BGB Insolvenzforderung, wenn die Mieträume im Zeitpunkt der Eröffnung noch nicht geräumt waren (*Kuhn/Uhlenbruck* KO, § 19 Rz. 18 a).

C. Nicht vollzogene Verträge

Für den Fall, daß die Mietsache dem Mieter noch nicht überlassen war, räumt die InsO **15** sowohl dem Verwalter als auch dem Vermieter/Verpächter die Möglichkeit ein, vom Vertrag zurückzutreten. Das besondere Rücktrittsrecht beider Vertragsparteien setzt voraus, daß der Vertrag noch nicht vollzogen wurde. Der Verwalter kann also entscheiden, ob er den Rücktritt oder die Kündigung wählt. Diese Entscheidung wird neben der Frage von Mietvorauszahlungen auch davon abhängen, ob die Mietsache für den Zeitraum bis zum Ablauf der Kündigungsfrist noch benötigt wird.

Dieses gesonderte Rücktrittsrecht widerspricht dem gesetzlichen Reformziel Sanierung **16** durch Fortführung. Es sind zahlreiche Sachverhalte denkbar, bei denen das bereits angepachtete Grundstück für die Sanierung dringend erforderlich ist. Abs. 2 erscheint insgesamt systemwidrig (*Tintelnot* ZIP 1995, 616, 621; *Eckert* ZIP 1996, 897, 900).

Der zum Rücktrittsrecht führende Nichtvollzug des Vertrages ist immer dann anzuneh- **17** men, wenn der Schuldner vor Verfahrenseröffnung nicht in den Besitz der Miet-/ Pachtsache gelangt war. Die vom Gesetzgeber als Entscheidungskriterien gewählte »Überlassung« ist dem Mietrecht entnommen. Der Grundfall der Überlassung besteht in der Übergabe und damit der Einräumung des unmittelbaren Besitzes (BGHZ 65, 137, 139; *Staudinger/Emmerich*, § 571 BGB, Rz. 39 auch zum Streitstand). Da ausschließlich unbewegliche Gegenstände oder Räume Vertragsgegenstand sein können, ist der notwendige Besitzübergang regelmäßig mit dem Einzug des Mieters vollzogen (*Jaeger/ Henckel* KO, § 19 Rz. 41; *Hess* KO, § 21 Rz. 3). Von diesem Zeitpunkt an ist der Rücktritt nicht mehr möglich.

Die bloße Bereitstellung der Mietsache bewirkt demnach noch keinen Vollzug i. S. d. **18** § 109 InsO (s. o. aber *Kuhn/Uhlenbruck* KO, § 19 Rz. 4). Ausreichend ist die Möglichkeit der Nutzung, wenn sich die Vertragsparteien bereits über den Besitzübergang einigten, § 854 Abs. 2 BGB. Dieser unkörperliche Besitzübergang setzt voraus, daß die tatsächliche Inbesitznahme sogleich erfolgen kann (*Soergel/Mühl* BGB § 854 Rz. 14).

Bei Mieträumen ist der Besitzübergang erfolgt, wenn die Schlüssel übergeben wurden (*Soergel/Mühl* BGB § 854 Rz. 17; *Staudinger/Emmerich* BGB, § 571 Rz. 42), so daß bereits ab diesem Zeitpunkt nur noch die Kündigung möglich ist.

19 Der Besitzübergang darf bis zur Verfahrenseröffnung nicht erfolgt sein. Eine Teilübergabe ist bei Miet-/Pachtverträgen über unbewegliche Gegenstände nur schwer vorstellbar. Ohnehin wird man jede Teilbesitzeinräumung für die Anwendung des § 109 Abs. 1 InsO genügen lassen, weil sich eine Teilanwendung des Abs. 1 verbietet (*Jaeger/Henckel* KO, 3 Rz. 42). Besitzerlangung durch verbotene Eigenmacht vor Verfahrenseröffnung führt zum Rücktrittsrecht, weil durch verbotenen Eigenmacht kein Besitz erworben wird.

20 Der insolvenzbedingte Rücktritt ist auch möglich, wenn neben dem Schuldner weitere Mieter-/Pächter Vertragspartner sind. Regelmäßig kommt es für den Vermieter-/Verpächter darauf an, daß sämtliche Vertragspartner leistungsfähig sind (*Jaeger/Henckel* KO, § 20 Rz. 5). Nur wenn sich aus dem Vertrag konkrete Anhaltspunkte ergeben, daß der Bestand des Mietvertrages nicht von der Leistungsfähigkeit des Schuldners abhängt, ist ein Rücktritt unzulässig.

21 Die Rücktrittserklärung ist eine einseitige gestaltende Willenserklärung, die dem Vertragsgegner oder dem Verwalter zugehen muß; sind mehrere Personen Vermieter/Verpächter oder neben dem Schuldner weitere Mieter/Pächter vorhanden, muß sie allen Vertragsgegnern zugehen. Die Erklärung muß zum Ausdruck bringen, daß der Vertrag nicht vollzogen werden soll. Sie ist als Gestaltungsrecht nicht widerruflich (*Palandt/Heinrichs* BGB Überblick vor § 104 Rz. 17). Grundsätzlich ist der Rücktritt bedingungsfeindlich. Nur wenn keine unzumutbare Unsicherheit über die Vertragslage entsteht, soll der bedingte Widerruf zulässig sein (BGHZ 97, 264). Eine Frist für die Ausübung des Widerrufes schreibt auch die InsO nicht vor. Solange eine der Vertragsparteien den Gegner nicht zur Entscheidung über den Rücktritt aufgefordert hat, muß der Erklärungsgegner keine Fristen beachten. Die Rücktrittserklärung wird mit Zugang wirksam.

22 Die Rücktrittserklärung des Vermieters ist auch dann nicht unzulässig, wenn es sich bei dem Mietvertrag um einen Vertrag über Wohnraum handelte. Dies ergibt sich bereits aus § 570a BGB, der vertragliche Rücktrittsrechte – wie die InsO – zuläßt, wenn der Wohnraum an den Mieter noch nicht überlassen ist. Dieser Grundsatz gilt auch für das gesetzliche Rücktrittsrecht aus der InsO (*Staudinger/Sonnenschein* BGB, § 556a, Anm. 19, § 564b Anm. 17, § 570a Anm. 8). Henckel (*Jaeger/Henckel* KO, § 19 Rz. 6) bewertete die Kündigung des Vermieters nach § 19 KO unter bestimmten Voraussetzungen als unzulässige Rechtsausübung. Das sei insbesondere dann der Fall, wenn der Verwalter die Mietsache für die weitere Verwaltung dringend benötigte und nicht anderweitig Ersatz beschaffen könne. Dieser Grundsatz ist für das Kündigungsrecht des Vermieters aus § 109 InsO schon deshalb nicht anwendbar, weil die Sache dem Verwalter noch nicht überlassen war. Auch ist die gesetzliche Regelung eindeutig, so daß eine Einschränkung des Rücktrittsrechts aus dem Grundsatz von Treu und Glauben nicht möglich ist. Der Verwalter hat deshalb keine Möglichkeit, das Rücktrittsrecht über die Grenzen des § 109 Abs. 2 InsO hinaus zu verhindern.

23 Jede der Vertragsparteien kann sich durch die Aufforderung zur Erklärung über das Rücktrittsrecht Gewißheit über das Vertragsverhalten des Vertragsgegners verschaffen. Erfolgt innerhalb von zwei Wochen nach Zugang der Aufforderung keine Erklärung des Rücktritts, kann der Rücktritt später nicht mehr erklärt werden. Unzulässig ist dann nur der insolvenzbedingte Rücktritt. Nach dem eindeutigen Wortlaut des Gesetzes geht das Rücktrittsrecht nur nach der Aufforderung durch die Gegenseite verloren. Der Auffor-

dernde kann also auch seinerseits vom Vertrag noch zurücktreten, wenn die Zwei-Wochen-Frist verstrichen ist. Ein solcher Rücktritt ist indes an dem Grundsatz von Treu und Glauben zu messen. Wenn der Auffordernde selbst nicht zurücktritt, ruft er den Eindruck hervor, den Vertrag vollziehen zu wollen. Ein dann erklärter Rücktritt widerspricht diesem Verhalten und verstößt somit gegen § 242 BGB.

Nach Untergang der Rücktrittsrechte besteht der Vertrag fort. Er kann dann aber nicht vom Verwalter gekündigt werden (*Hess* KO, § 20 Rz. 6). Rücktritt und Kündigung sind unterschiedliche Rechtsinstitute, die unabhängig voneinander bestehen. Der Vermieter kann nur sein Rücktrittsrecht ausüben und ist im übrigen dem Kündigungsrecht des Verwalters unterworfen (s. o. *Jaeger/Henckel* zu § 20 KO, Rz. 13). 24

Mit der Ausübung des Rücktrittsrechtes, wandelt sich der Vertrag in ein Rückgewährschuldverhältnis. Nach wohl übereinstimmender Auffassung sind die vertraglichen Rücktrittsregeln des BGB anwendbar (*Jaeger/Henckel* KO, § 20 Rz. 6; *Hess* KO, § 20 Rz. 5). 25

Bei den zurückzugewährenden Leistungen aus der Masse kann es sich wegen nicht erfolgten Besitzüberganges nur um Nebenleistungen des Vermieters handeln. Eine Teil-Inbesitznahme der Mietsache schließt die Anwendung des Abs. 2 bereits aus (s. o. Rz. 18). Hatte der Schuldner Miet-/Pachtzinsen im voraus entrichtet, kann der Verwalter diese durch Ausübung des Rücktrittsrechtes zur Masse fordern. 26

Erleidet der Vermieter/Verpächter wegen der insolvenzbedingten Ausübung des Rücktrittsrechtes durch den Verwalter einen Schaden, kann dieser nur als Insolvenzforderung geltend gemacht werden. Von diesem Schadenersatzanspruch ist die vertragliche Rückgewährforderung zu unterscheiden. Diese ist Masseforderung. Auch wenn der Verwalter seine Pflichten aus dem Rückgewährschuldverhältnis verletzt, sind die daraus folgenden Schadenersatzansprüche Masseverbindlichkeiten. 27

D. Aufrechnungsmöglichkeit mit Schadenersatzansprüchen

Der Vermieter kann mit den ihm wegen der insolvenzbedingten vorzeitigen Beendigung des Vertrages zustehenden Schadenersatzansprüchen gegenüber Forderungen aus dem Zeitraum vor Verfahrenseröffnung aufrechnen. Zwar sind diese Schadenersatzansprüche ausdrücklich als Insolvenzforderungen festgelegt. Diese Einordnung des Gesetzgebers hindert die Aufrechnungsbefugnis nicht. Bereits 1954 hatte der *BGH* entschieden, daß der Schadenersatzanspruch wegen insolvenzbedingter Beendigung von Verträgen mit der Verfahrenseröffnung aufschiebend bedingt entstanden ist (BGHZ 15, 333, 336; bestätigt in BGHZ 68, 379, 382; *Gottwald/Huber* Insolvenzrechtshandbuch, § 36 Rz. 36; *Henckel* läßt mit anderer Begründung die Aufrechnung in *Jaeger/Henckel* KO, § 17 Rz. 202 zu). Dieser Grundsatz gilt auch in der InsO fort. 28

E. Abdingbarkeit

Das Sonderkündigungsrecht des Verwalters kann durch Parteivereinbarung nicht abbedungen, auch die Kündigungsfrist kann durch Vereinbarung nicht verlängert werden (*Eckert* ZIP 1996, 897, 903). Eine Verkürzung der Frist verstößt indes nicht gegen § 119 InsO. Auflösungsklauseln für den Fall der Insolvenz verstoßen gegen den zwingenden § 112 InsO. Das gilt für die Vereinbarung eines besonderes Kündigungsrechtes wie für insolvenzbedingte auflösende Bedingungen (*Eckert* ZIP 1996, 897, 903). 29

30 Tritt der Vermieter zurück, kann er keinen Ersatzanspruch geltend machen (*Eckert* ZIP 1996, 897, 900). Ein solcher Ersatzanspruch kann wegen § 119 InsO auch nicht vertraglich ausbedungen werden.

§ 110
Schuldner als Vermieter oder Verpächter → § 21 KO

(1) ¹Hatte der Schuldner als Vermieter oder Verpächter eines unbeweglichen Gegenstands oder von Räumen vor der Eröffnung des Insolvenzverfahrens über die Miet- oder Pachtzinsforderung für die spätere Zeit verfügt, so ist diese Verfügung nur wirksam, soweit sie sich auf den Miet- oder Pachtzins für den zur Zeit der Eröffnung des Verfahrens laufenden Kalendermonat bezieht. ²Ist die Eröffnung nach dem fünfzehnten Tag des Monats erfolgt, so ist die Verfügung auch für den folgenden Kalendermonat wirksam.
(2) ¹Eine Verfügung im Sinne des Absatzes 1 ist insbesondere die Einziehung des Miet- oder Pachtzinses. ²Einer rechtsgeschäftlichen Verfügung steht eine Verfügung gleich, die im Wege der Zwangsvollstreckung erfolgt.
(3) ¹Der Mieter oder der Pächter kann gegen die Miet- oder Pachtzinsforderung für den in Absatz 1 bezeichneten Zeitraum eine Forderung aufrechnen, die ihm gegen den Schuldner zusteht. ²Die §§ 95 und 96 Nr. 2 bis 4 bleiben unberührt.

Inhaltsübersicht: Rz.

A. Allgemeines	1
B. Voraussetzungen	2–11
C. Rechtsfolgen	12–16
D. Abdingbarkeit	17

Literatur:

Eckert Miete, Pacht und Leasing im neuen Insolvenzrecht, ZIP 1996, 897ff.; *Hoffstadt* Rechtsstellung des Handelsvertreters im Konkurs des vertretenen Unternehmens, DB 1983, 645; *Paulus* Software in Vollstreckung und Insolvenz, ZIP 1996, 2ff.; *Schmid-Burgk/Ditz* Die Refinanzierung beim Leasing nach der Insolvenzrechtsreform, ZIP 1996, 1123 ff.; *Tintelnot* Die gegenseitigen Verträge im neuen Insolvenzverfahren, ZIP 1995, 616 ff.

A. Allgemeines

1 Die Vorschrift entspricht im wesentlichen § 21 Abs. 2 KO. Sie gibt dem Verwalter die Möglichkeit, an dem Miet-/Pachtvertrag zugunsten der Masse festzuhalten, ohne nachteilige Vorausverfügungen des Schuldners berücksichtigen zu müssen. Abweichend von § 21 KO gilt die jetzige Regelung auch für noch nicht vollzogene Verträge. Nach Abs. 2 sind auch Verfügungen im Wege der Zwangsvollstreckung für den konkret genannten Zeitraum unwirksam. Die InsO bestätigt damit den unter der KO von Rechtsprechung und Literatur entwickelten Grundsatz. Abs. 3 schließlich regelt die Zulässigkeit der Aufrechnung in dem relevanten Monatszeitraum.

Schuldner als Vermieter oder Verpächter § 110

B. Voraussetzungen

§ 110 InsO erfordert einen Miet- oder Pachtvertrag über einen unbeweglichen Gegen- 2
stand, bei dem der Schuldner Vermieter/-pächter ist (zu den Verträgen im einzelnen vgl.
§ 108 Rz. 6ff.). Es reicht aus, daß der Schuldner nachträglich gem. §§ 571, 1956 oder
2135 BGB vor Verfahrenseröffnung in den Vertrag eingetreten ist.

Eine Ausdehnung des Verfügungsverbotes auf Verträge über bewegliche Mietgegen- 3
stände ist angesichts des klaren Wortlautes der Norm nicht möglich und im übrigen
auch – von § 108 Abs. 1 Satz 2 abgesehen – nicht erforderlich, da diese Verträge dem
Wahlrecht des Verwalters unterfallen. Das gilt auch für die drittfinanzierten Leasingverträge
des § 108 Abs. 1 Satz 2 InsO. Diese Verfügungen zugunsten der finanzierenden
Banken haben Bestand (vgl. hierzu § 108 InsO Rz. 14).

Abweichend von der unter der KO geltenden Rechtslage fordert § 110 InsO nicht die 4
Überlassung des Miet-/Pachtgegenstandes vor Verfahrenseröffnung (*Eckert* ZIP 1996,
897, 908). Entscheidend ist damit nur der wirksame Vertragsschluß (s.o. § 108 Rz.). Der
Verwalter hat damit die Möglichkeit, an dem Vertrag festzuhalten, ohne Vorauszahlungen
gegen sich gelten zu lassen zu müssen (RegE BT-Drucks. 12/2443, S. 301).

§ 110 InsO schützt die Masse vor Vorausverfügungen des Schuldners. Dieser Schutz ist – 5
abweichend von § 108 InsO – erforderlich, weil der Vertrag fortbesteht. Anderenfalls
müßte der Verwalter hinnehmen, daß der Miet-/Pachtgegenstand genutzt wird, ohne daß
der Masse eine entsprechende Gegenleistung zufließt. Mit dem Begriff der Verfügung
knüpft die InsO an die zivilrechtliche Terminologie an. Erfaßt werden Rechtsgeschäfte,
die Rechte aufheben, übertragen oder belasten (*Palandt/Heinrichs* BGB Überblick
V. 104 Rz. 16). Auch die Einziehung der Miet-/Pachtzinsen ist eine Verfügung, weil
dadurch die Erfüllung herbeigeführt wird. Abs. 2 Satz 1 bestätigt diesen Grundsatz.
Verfügungen sind in erster Linie Abtretungen, Nießbrauchbestellung und Verpfändung.
Auch der Erlaßvertrag gem. § 397 BGB ist Verfügung. Zu diesen Rechtsgeschäften zählt
neben der Aufhebung des Schuldverhältnisses der Änderungsvertrag (*Palandt/Heinrichs*
Überblick v. 104 Rz. 16). Damit unterfallen auch die Stundung oder Änderung der
Zahlungsart hinsichtlich Ort, Zeit oder Gegenstand dem § 110 InsO (*Jaeger/Henckel*
KO, § 21 Rz. 14).

§ 110 InsO wird auf Immobilienleasingverträge, in deren Rahmen die Leasingraten an 6
die finanzierende Bank des Leasinggebers abgetreten wurden, erheblichen Einfluß
haben. Auch die Abtretung dieser Leasingraten ist allenfalls für den Monat der Verfahrenseröffnung
oder den Folgemonat wirksam. Werden Leasingraten vom Leasingnehmer
in Unkenntnis von der Insolvenzeröffnung über das Vermögen des Leasinggebers an
die refinanzierende Bank gezahlt, sind diese an den Insolvenzverwalter gem. § 816
Abs. 2 BGB herauszugeben. Die Bank kann mit ihren Forderungen aus dem Kreditvertrag
nicht aufrechnen (*Obermüller/Hess* InsO, Rz. 889). Der finanzierenden Bank bleibt
jetzt nur noch die Möglichkeit, sich durch Eintragung von Grundpfandrechten auf dem
Leasinggegenstand abzusichern (*Obermüller/Hess* InsO, Rz. 890). Zur Wirksamkeit
dieser dinglichen Absicherung gegenüber dem Grundsatz des § 103 InsO s.o. § 103
Rz. 86).

Die Annahme von Mietzinsvorauszahlungen zählt zu den Verfügungen des § 110 InsO. 7
Das gilt auch, wenn die Vorauszahlung bereits im Mietvertrag vereinbart war. Auch
wenn der Mietzins für die Gesamtdauer des Mietvertrages vereinbart und in einer
Summe vor Verfahrenseröffnung fällig gestellt worden war, ist die Entrichtung der
Gesamtzahlung eine unwirksame Verfügung (BGZ 37, 347, 349; a.A. offensichtlich
Kilger/Karsten Schmidt KO, § 21 Anm. 4). Die (unwirksame) Verfügung besteht in der

Wegener

§ 110

Annahme der Zahlung (BGHZ 37, 346; 53, 35, 38; *Kuhn/Uhlenbruck* KO, § 21 Rz. 9 m. w. N.).

8 Mietzinsvorauszahlungen in Form eines Baukostenzuschusses sind dann keine Verfügungen i. S. d. G., wenn sie tatsächlich für den Auf- oder Ausbau des Grundstückes verwendet wurden und zu einer Wertsteigerung führten (BGHZ 15, 295; *Kuhn/Uhlenbruck* KO, § 21 Rz. 9). Wirksam ist die Vorauszahlung auch dann, wenn sie zur Befriedigung von Grundpfandgläubigern verwendet wurde (*OLG Düsseldorf* ZMR 1972, 376).

9 Die Hinterlegung der Mietkaution ist keine Vorauszahlung des Mietzinses. Die Annahme der Kaution ist daher keine Verfügung i. S. d. § 110 InsO. Streitig ist in diesem Zusammenhang nur, ob der Rückzahlungsanspruch Masseschuld oder Insolvenzforderung ist. Nach zutreffender Auffassung stehen dem Mieter bei richtiger Hinterlegung der Kaution Aussonderungsansprüche zu (vgl. dazu *Kuhn/Uhlenbruck* KO, § 21 Rz. 9). Dafür ist es nicht erforderlich, daß die Kaution unmittelbar vom Mieter auf das Kautionskonto gelangte. Es reicht aus, wenn der Vermieter das Kautionskonto vor Verfahrenseröffnung anlegte und dort – aus seinem Vermögen – den Kautionsbetrag einzahlte (*BayObLG* ZIP 1988, 789, 792).

10 Zu den Verfügungen zählen nach dem ausdrücklichen Wortlaut des Gesetzes auch solche im Wege der Zwangsvollstreckung. Das gilt auch für die Vollziehung einstweiliger Rechtsschutzmaßnahmen wie Arrest und einstweilige Verfügung. Diese Gleichstellung hatte bereits das *RG* entwickelt (RGZ 76, 118), sie war unter der KO allgemeine Auffassung (*Kuhn/Uhlenbruck* KO, § 21 Rz. 7; *Jaeger/Henckel* KO, § 21 Rz. 15). Die Pfändung künftiger Mietzinsansprüche muß der Verwalter damit nicht gegen sich gelten lassen. Die Gleichstellung mit rechtsgeschäftlichen Verfügungen greift indes nur bei Zwangsvollstreckungsmaßnahmen persönlicher Gläubiger. Zwangsmaßnahmen der Grundpfandgläubiger haben auch im Konkurs für die Zeit nach Verfahrenseröffnung Bestand. Aus § 110 InsO ergibt sich nur eine relative Unwirksamkeit gegenüber der Masse, welche die dingliche Beschlagnahme aus §§ 1124 BGB, 148 ZVG nicht berührt; das ergibt sich auch aus § 49 InsO.

11 Vorausverfügungen des Verwalters werden von § 110 InsO nicht erfaßt. Derartige Rechtsgeschäfte bleiben auch im Fall eines Nachfolgekonkurses wirksam. Das gilt für den Fall der Insolvenz in der Insolvenz wie im Fall der Wiedereröffnung des Verfahrens nach Masseunzulänglichkeit (*Jaeger/Henckel* KO, § 21 Rz. 20).

C. Rechtsfolgen

12 Vorausverfügungen und Zwangsvollstreckungsmaßnahmen persönlicher Gläubiger sind wirksam, wenn sie sich auf den bei Verfahrenseröffnung laufenden Monat erstrecken. Wird das Verfahren nach dem 15. eröffnet, ist die Verfügung für den Zeitraum vom übernächsten Monat an unwirksam.

13 Mit der Unwirksamkeit der Verfügung muß der Mieter/Pächter die Miet-/Pachtzinsen für den Zeitraum nach Verfahrenseröffnung noch einmal zur Masse entrichten. Die (unwirksame) Vorauszahlung ist damit ohne Rechtsgrund geleistet. Der Mieter-/Pächter hat einen Bereicherungsanspruch gegenüber dem Gemeinschuldner, der als Insolvenzforderung zur Tabelle angemeldet werden kann (*Jaeger/Henckel* KO, § 21 Rz. 17).

14 Bei Beendigung des Verfahrens tritt die Wirksamkeit der Verfügung wieder ein. Auch mit Freigabe des Miet-/Pachtgegenstandes durch den Verwalter endet die relative Unwirksamkeit (RGZ 138, 72).

Veräußerung des Miet- oder Pachtobjekts § 111

Mit Gegenforderungen, gleich aus welchem Rechtsgrund, kann der Mieter-/Pächter 15
gegenüber den Miet-/Pachtzinsforderungen der Masse für den Zeitraum nach Verfahrenseröffnung nur innerhalb der Grenzen des in § 110 Abs. 1 InsO genannten Zeitraumes aufrechnen. Das gilt auch für die Ausfallforderung des Mieters als Gläubiger der Masse (*BGH* ZIP 1983, 332, 333). Dieses Aufrechnungsverbot schränkt die Aufrechnungsmöglichkeit nach § 94 InsO ein. Im übrigen sind Aufrechnungen nach den §§ 95, 96 InsO zu beurteilen. Demnach kann der Mieter/Pächter gegenüber Forderungen der Masse aus dem Zeitraum nach Verfahrenseröffnung nicht aufrechnen (*BGH* ZIP 1983, 332, 333).

Zurückbehaltungsrechte werden, wie auch von der KO, vom Wortlaut des § 110 InsO 16
nicht ausdrücklich erfaßt. Die Ausübung von Zurückbehaltungsrechten wegen fälliger Forderungen ist den Gläubigern schon deshalb untersagt, weil die Befriedigung der Insolvenzgläubiger gem. dem in §§ 174 ff. InsO geregelten Verfahren zu erfolgen hat. Zurückbehaltungsrechte stehen nur privilegierten Gläubigern (§ 51 Nr. 2, 3 InsO) zu (*Jaeger/Henckel* KO, § 21 Rz. 22).

D. Abdingbarkeit

§ 110 InsO ist zwingend, § 119 InsO. Das Verfügungsverbot läßt lediglich Lösungs- 17
klauseln zu. § 110 InsO sichert dagegen den Massezufluß für den Zeitraum nach Verfahrenseröffnung. Davon werden Ausnahmen nicht zugelassen.

§ 111
Veräußerung des Miet- oder Pachtobjekts → § 21 KO

[1] Veräußert der Insolvenzverwalter einen unbeweglichen Gegenstand oder Räume, die der Schuldner vermietet oder verpachtet hatte, und tritt der Erwerber anstelle des Schuldners in das Miet- oder Pachtverhältnis ein, so kann der Erwerber das Miet- oder Pachtverhältnis unter Einhaltung der gesetzlichen Frist kündigen. [2] Die Kündigung kann nur für den ersten Termin erfolgen, für den sie zulässig ist. [3] § 57 c des Gesetzes über die Zwangsversteigerung und die Zwangsverwaltung gilt entsprechend.

Inhaltsübersicht: Rz.

A. Grundsatz 1
B. Voraussetzungen 2– 7
C. Rechtsfolgen 8–14

Literatur:

Eckert Miete, Pacht und Leasing im neuen Insolvenzrecht, ZIP 1996, 897 ff.; *Hoffstadt* Rechtsstellung des Handelsvertreters zum Konkurs des vertretenen Unternehmens, DB 1983, 645; *Schmid-Burgk/Ditz* Die Refinanzierung beim Leasing nach der Insolvenzrechtsreform, ZIP 1996, 1123 ff.; *Tintelnot* Die gegenseitigen Verträge im neuen Insolvenzverfahren, ZIP 1995, 616 ff.

A. Grundsatz

1 § 111 InsO übernimmt in vereinfachter Formulierung § 21 Abs. 4 KO. Freihändige Veräußerungen des Verwalters werden in den Rechtsfolgen der Zwangsversteigerung angeglichen und gewähren dem Erwerber besondere Kündigungsrechte. Der Erwerber muß diese Kündigungsrechte frühzeitig ausüben. Die Sonderkündigungsrechte ergeben sich nur bei der Veräußerung von Immobilien und Räumen; entsprechend dem allgemeinem Grundsatz der Zwangsvollstreckung sind Schiff- und Luftfahrzeuge den Immobilien gleichgestellt (§ 49).

B. Voraussetzungen

2 Erforderlich ist die Veräußerung einer vermieteten Immobilie oder eines Raumes. Anders als § 21 Abs. 4 KO nimmt der Wortlaut eingetragene Schiffe und damit auch Luftfahrzeuge nicht in die privilegierte Veräußerung durch den Verwalter auf. Die Begründung zum RegE (BT-Drucks. 12/2443 S. 147) geht davon aus, daß auch die Veräußerung von Schiffs- oder Luftfahrzeugen durch den Verwalter zu der erleichterten Kündigungsmöglichkeit durch den Erwerber führt. Der Erfassung der Schiffs- und Luftfahrzeuge erfolgt über § 49 InsO. Unbewegliche Gegenstände sind auch nach der InsO diejenigen, welche der Zwangsvollstreckung in das unbewegliche Vermögen unterliegen. Die Immobilienzwangsvollstreckung findet gem. §§ 864, 870a ZPO auch auf Schiffe Anwendung. (*Schmid-Burgk/Ditz* ZIP 1996, 1123, 1125 FN 9). Die Gleichstellung mit den Luftfahrzeugen hat der Gesetzgeber offensichtlich übersehen. Unter dem alten Recht war diese Gleichstellung über § 98 Abs. 3 LuftRG erfolgt. Diese Bestimmung ist durch Art. 38 EG InsO aufgehoben, weil, so die Begründung zum RegE, die Luftfahrzeuge jetzt ausdrücklich erwähnt würden. Die Begründung zum RegE wiederum läßt keinen Zweifel daran, daß auch der Verkauf von Luftfahrzeugen privilegiert sein soll.

3 Der Schuldner muß Alleineigentümer gewesen sein. War er Miteigentümer des Mietgegenstandes und veräußert der Verwalter den Gegenstand im Einvernehmen mit den weiteren Eigentümern, steht dem Erwerber das Sonderkündigungsrecht nicht zu (*Jaeger/Henckel* KO, § 21 Rz. 29; *Kuhn/Uhlenbruck* § 21 Rz. 17). Auch in Fall der Teilungsversteigerung ist der Ersteher gem. § 183 ZVG an die vertragsgemäßen Kündigungsrechte gebunden. Dieser Grundsatz muß dementsprechend für die nachempfundene freihändige Veräußerung des Verwalters gelten.

4 Die Veräußerung i. S. d. G. ist erst mit Eigentumsübergang abgeschlossen. Der Veräußerungsbegriff ist mit dem des § 571 BGB identisch (*Kilger/Karsten Schmidt* KO, § 21 Anm. 8; *Gottwald/Huber* Insolvenzrechts-Handbuch § 38 Rz. 28). Das Gesetz führt als zusätzliches Erfordernis des Sonderkündigungsrechtes den Eintritt des Erwerbers in das Mietverhältnis auf. Damit ist auf § 571 BGB Bezug genommen, der den Vertragseintritt des Erwerbers normiert. Eine Veräußerung gem. § 571 BGB liegt erst bei Eigentumsumschreibung im Grundbuch vor; auch die Eintragung einer Vormerkung genügt nicht (*Staudinger/Emmerich* BGB 2. Bearb. § 571 Rz. 28).

5 Der Verwalter hat allerdings die Möglichkeit, dem Erwerber sämtliche Rechte aus den Mietverträgen zu übertragen. Damit ist auch das Recht zur Kündigung auf den Erwerber übergegangen (*OLG München* v. 20. 12. 1995 – 15 U 4265/93 – a. A. *Staudinger/Emmerich* 2. Bearbeitung § 571 Rz. 30d). Damit kann indes nur ein Recht des Verwalters auf den Erwerber übertragen werden. Dem Verwalter steht ein Sonderkündigungsrecht

Veräußerung des Miet- oder Pachtobjekts **§ 111**

nicht zu. Der Vertrag besteht gem. § 108 InsO über die Verfahrenseröffnung hinaus fort. Denkbar ist allenfalls ein Kündigungsrecht nach § 564b Abs. 2 Nr. 3 BGB, weil anderenfalls eine angemessene wirtschaftliche Verwertung des Grundstücks nicht möglich ist.

Der Veräußerungsgegenstand muß bereits vermietet oder verpachtet gewesen sein. **6** Damit ist nur erforderlich, daß ein wirksamer Vertrag vorliegt. Abweichend von § 21 KO fordert der Wortlaut des § 111 InsO nicht die Überlassung des Mietgegenstandes an den Mieter noch vor Verfahrenseröffnung. Diese Regelung ist konsequent. Auch Verträge, die im Zeitpunkt der Verfahrenseröffnung noch nicht vollzogen wurden, sind nach § 108 InsO gegenüber der Masse wirksam.

§ 111 InsO setzt darüber hinaus den Eintritt des Erwerbers in das Vertragsverhältnis **7** voraus. Dieser Vertragseintritt wiederum ist nur nach Überlassung des Grundstücks an den Mieter möglich (BGHZ 65, 137, 140). Auch der RegE fordert die Überlassung vor Veräußerung (BT-Drucks. 12/2443 S. 147). Ebenso greift das Kündigungsrecht des § 57a ZVG, dem § 111 InsO nachempfunden ist nur, wenn die Besitzüberlassung schon vor der Versteigerung erfüllt war (*Zeller/Stöber* ZVG § 57a Anm. 2.4). Für Schiffe und Luftfahrzeuge ist die Eintragung in die Register erforderlich. Das Sonderkündigungsrecht des Erwerbers entsteht nach alldem erst, wenn dem Mieter der Mietgegenstand bei Veräußerung überlassen war (zur Überlassung s. o. § 109 Rz. 17). Vor der Überlassung kann der Verwalter nach § 109 InsO vom Vertrag zurücktreten. § 109 Abs. 2 gilt nur in der Mieterinsolvenz. Da bei der Vermieterinsolvenz eine dem § 109 Abs. 2 entsprechende Vorschrift fehlt, wird ein entsprechendes Rücktrittsrecht vor Übergabe in der Vermieterinsolvenz abgelehnt (*Pape* Kölner Schriften zur Insolvenzordnung, 1997, 450). Es wird jedoch angenommen, daß der Anspruch auf Gebrauchsüberlassung in der Vermieterinsolvenz Insolvenzforderung ist, so daß die Masse nicht verpflichtet sei, die Mietsache zu überlassen (*Eckert* ZIP 1996, 906 f.).

C. Rechtsfolgen

Dem Erwerber steht das Recht zu, den Miet-/Pachtvertrag unter Beachtung der gesetz- **8** lichen Frist zu kündigen. Die Kündigung muß zum erst möglichen Termin ausgesprochen werden. Das ist der Zeitpunkt, an dem die Kündigung für den Ersteher ohne schuldhaftes Zögern möglich ist. Im Wohnungsmietrecht ist damit § 565 Abs. 2 BGB zu berücksichtigen. Dabei ist dem Ersteher eine angemessene Zeit zur Prüfung der Sach- und Rechtslage zuzubilligen (*Zeller/Stöber* ZVG § 57a Anm. 5.2.). Fällt der Erwerbsvorgang mit dem dritten Werktag des § 565 BGB zusammen, ist die Kündigung bis zum nächsten Dritten zulässig.

Durch die Verweisung auf § 57c ZVG wird das Kündigungsrecht des Erwerbers einge- **9** schränkt. Die Kündigung ist nicht möglich, wenn der Mieter oder Pächter einen – auch verlorenen- Baukostenzuschuß entrichtet hatte. Das Sonderkündigungsrecht des Erwerbers ruht, bis der Zuschuß durch Zeitablauf getilgt ist (*Zeller/Stöber* ZVG § 57c Anm. 3.3.). Ein verlorener Zuschuß hindert das Kündigungsrecht nur, wenn er wenigstens einen Jahresmietzins ausmacht, § 57c Abs. 2 ZVG.

Die Einschränkung des Sonderkündigungsrechtes kann der Verwalter nicht dadurch **10** verhindern, daß er die Mieter auffordert, Baukostenzuschüsse mitzuteilen. § 57d ZVG ist auf die freihändige Veräußerung des Verwalters nicht anwendbar. Der Verweis auf das ZVG beschränkt sich auf § 57c ZVG. Die Aufforderung der Mitteilung über Baukostenzuschüsse durch das Versteigerungsgericht kann durch die Mitteilung des Verwalters nicht ersetzt werden.

11 Das Sonderkündigungsrecht des Erwerbers wird durch die Kündigungsschutzbestimmungen des Zivilrechts eingeschränkt. Zu § 57a ZVG hat der *BGH* unmißverständlich ausgeführt, daß der Kündigungsschutz des vertragstreuen Mieters dem Kündigungsrecht des Ersteigers vorgeht (BGHZ 84, 90, 100; so auch *Jaeger/Henckel* KO, § 21 Rz. 24). Der Mieter kann also nach §§ 556a und 564b BGB der Kündigung widersprechen.

12 Hatte der Verwalter den Miet-/Pachtvertrag abgeschlossen, folgt aus der freihändigen Veräußerung kein Sonderkündigungsrecht des Erwerbers (*Jaeger/Henckel* KO, § 21 Rz. 38). Dem Mieter steht ebenfalls kein Kündigungsrecht zu (*Jaeger/Henckel* KO, § 21 Rz. 25).

13 Entsteht dem Mieter durch die vorzeitige insolvenzbedingte Kündigung ein Schaden, ist auch dieser Schadenersatzanspruch nur einfache Insolvenzforderung. § 111 InsO enthält hierzu keine ausdrückliche Regelung. Gleichwohl ergibt sich insbesondere aus § 109 InsO der Grundsatz, daß Schadenersatzansprüche des Vertragsgegners wegen insolvenzbedingter vorzeitiger Kündigung keine Masseschulden sind sondern nur als Insolvenzforderung geltend gemacht werden können. Dieser Grundsatz galt auch unter der KO (*Gottwald/Huber* Insolvenzrechtshandbuch, § 38 Rz. 30; *Kilger/Karsten Schmidt* KO, § 26 Anm. 8).

14 Fraglich ist, ob der Mieter mit diesen Schadenersatzansprüchen gegenüber Forderungen des Verwalters aus dem Zeitraum vor Verfahrenseröffnung aufrechnen kann. Der *BGH* hatte bereits 1954 entschieden, daß der wegen der insolvenzbedingten Beendigung von Verträgen bestehende Schadenersatzanspruch schon vor Konkurseröffnung aufschiebend bedingt entstanden ist, so daß die Aufrechnung mit diesem Schadenersatzansprüchen durch die konkursrechtlichen Aufrechnungsverbote nicht ausgeschlossen werde (BGHZ 15, 333, 336; bestätigt in BGHZ 68, 379, 382; *Gottwald/Huber* Insolvenzrechtshandbuch § 36 Rz. 36; mit anderer Begründung kommt *Henckel, Jaeger/Henckel* KO, § 17 Rz. 202 zur Zulässigkeit). Dieser Grundsatz gilt unter der InsO fort, so daß der Mieter/Pächter gegenüber Forderungen des Verwalters aus dem Zeitraum vor Verfahrenseröffnung mit Ansprüchen aus Schäden wegen der Kündigung durch den Erwerber aufrechnen kann.

§ 112
Kündigungssperre

Ein Miet- oder Pachtverhältnis, das der Schuldner als Mieter oder Pächter eingegangen war, kann der andere Teil nach dem Antrag auf Eröffnung des Insolvenzverfahrens nicht kündigen:
1. **wegen eines Verzugs mit der Entrichtung des Miet- oder Pachtzinses, der in der Zeit vor dem Eröffnungsantrag eingetreten ist;**
2. **wegen einer Verschlechterung der Vermögensverhältnisse des Schuldners.**

Inhaltsübersicht: Rz.

A. Allgemeines 1
B. Voraussetzungen 2– 5
C. Rechtsfolgen 6–11
D. Abdingbarkeit 12

Kündigungssperre **§ 112**

Literatur:

Eckert Miete, Pacht und Leasing im neuen Insolvenzrecht, ZIP 1996, 897 ff.; *Paulus* Software in Vollstreckung und Insolvenz, ZIP 1996, 2 ff.; *Tintelnot* Die gegenseitigen Verträge in neuen Insolvenzrecht, ZIP 1995, 616 ff.

A. Allgemeines

Die Kündigungssperre des § 112 InsO hat der Gesetzgeber neu eingefügt, um die 1 wirtschaftliche Einheit der Masse im Interesse einer Betriebsfortführung nicht auseinanderzureißen. Unter der KO hatte der Vermieter fristlos wegen Zahlungsverzuges kündigen können; er hatte dann keinen Anspruch auf Schadenersatz (*BGH* WM 1984, 1217, 1219). Demgegenüber sollen nach der InsO gemietete und gepachtete Gegenstände in der Verfügungsgewalt des Verwalters bleiben, um alle Möglichkeiten der Sanierung und Fortführung zu erhalten. Die Vorschrift ist zusammen mit § 107 InsO die tragende Norm zur Ermöglichung der Fortführung und Sanierung. Die Kündigungssperre gilt auch für Nutzungsverträge über bewegliche Gegenstände; in der Praxis ist die Norm für Leasingverträge von besonderer Bedeutung. Dem Vermieter /-pächter verlangt die Kündigungssperre keinen zusätzlichen Nachteil ab. Die weiteren Miet-/Pachtzinsraten nach Verfahrenseröffnung sind Masseverbindlichkeiten gem. § 55 Abs. 1 Nr. 2 InsO. Auch die Inanspruchnahme der Nutzungsgegenstände durch den vorläufigen Verwalter begründet die Pflicht, die Miet-/Pachtzinsen aus der Masse zu erstatten, § 55 Abs. 2 InsO. Gleichwohl folgt aus der Kündigungssperre für den Vermieter ein erhebliches Risiko. Wenn das Verfahren nicht eröffnet oder wegen Massearmut eingestellt wird, erhöht sich der Ausfall durch die gesetzliche Anordnung. In der Literatur werden verfassungsrechtliche Bedenken angemeldet (*Eckert* ZIP 1996, 897, 898).

B. Voraussetzungen

Der Schuldner muß einen wirksamen Vertrag als Mieter oder Pächter geschlossen haben. 2 Nach §§ 119 ff. BGB angefochtene Verträge sind gem. § 142 BGB ex tunc nichtig. Die Vertragsparteien sind verpflichtet, empfangene Leistungen zurückzugewähren. Dieses Rückgewährschuldverhältnis wird von § 112 InsO nicht erfaßt. Rückgewährschuldverhältnisse unterliegen dem Wahlrecht des Verwalters aus § 103 InsO (§ 103 Rz. 15). Gekündigte Verträge unterfallen § 112 InsO nicht, wenn die Kündigung dem Schuldner vor dem Antrag auf Verfahrenseröffnung zugegangen war. Die Abwicklung des Vertrages erfolgt nach den allgemeinen Grundsätzen, ggf. nach § 103 InsO.

Der Gesetzeswortlaut unterscheidet nicht zwischen vollzogenen und nicht vollzogenen 3 Verträgen. Von Bedeutung wird diese Frage immer dann sein, wenn der Verwalter bereits gemietete Gegenstände für die Unternehmensfortführung dringend benötigt, während der Vermieter den Vertrag wegen der Insolvenz nicht mehr erfüllen möchte. Aus der Gesetzesbegründung ergibt sich, daß durch § 112 wie auch durch § 107 InsO »die wirtschaftliche Einheit im Besitz des Schuldners nicht zur Unzeit auseinandergerissen werden darf« (RegE BT-Drucks. 12/2443, S. 148). Die Begründung macht deutlich, daß in die Vermögensgegenstände des Vermieters (wie die des Eigentumsvorbehaltslieferanten) nur eingegriffen werden soll, wenn dieser den Besitz bereits aufgegeben hatte. Die Anwendung des § 112 InsO bei nicht vollzogenen Verträgen wäre zudem bei Immobilien

§ 112 *Wirkungen der Eröffnung des Insolvenzverfahrens*

systemwidrig, weil dem Vermieter für den Fall des Nichtvollzuges gem. § 109 Abs. 2 Satz 1 InsO ein Rücktrittsrecht zusteht. Vor dem Schutz des noch besitzenden Schuldners muß das Interesse des Verwalters, zu dem Zweck der Unternehmensfortführung in den Besitz der Gegenstände zu gelangen, zurücktreten. Dementsprechend kann der Vermieter insolvenzbedingt vor Überlassung der Mietgegenstände an den Schuldner kündigen (a. A. *Eckert* ZIP 1996, 897, 899).

4 Die Kündigungssperre erfaßt sämtliche Miet- und Pachtverträge. Die in den vorhergehenden Normen festgelegte Beschränkung auf Nutzungsverträge über unbewegliche Gegenstände nimmt § 112 InsO nicht auf. Der Gesetzgeber wollte sämtliche Betriebsmittel im Verfügungsbereich des Schuldners belassen (Begründung RegE zu § 126 BT-Drucks. 12/2443, S. 48), so daß gerade die beweglichen Gegenstände erfaßt werden. Neben den von § 108 InsO erfaßten Immobilien, regelt § 112 auch Leasingverträge für bewegliche Sachen; gerade diese Gegenstände werden für die Betriebsfortführung benötigt.

5 Die Kündigungssperre ist nicht auf Sachmiet-/Pachtverhältnisse beschränkt. Nach dem Gesetzeszweck sollen dem Verwalter sämtliche Betriebsmittel für die Betriebsfortführung zur Verfügung stehen (RegE BT-Drucks. 12/2443, S. 148). Dieser umfassende Sanierungszweck rechtfertigt die Einbeziehung auch der Rechtspachtverhältnisse. Die herrschende Meinung in der Literatur wertet auch die ausschließliche Lizenz als Pachtvertrag (*Kuhn/Uhlenbruck* KO, § 19 Rz. 2; *Kilger/Karsten Schmidt* KO, § 19 Anm. 2; *Jaeger/Henckel* KO, § 19 Rz. 23). Die in der Praxis üblichen Softwarelizenzverträge (dazu *Paulus* ZIP 1996, 2, 7) können dementsprechend insolvenzbedingt nicht gekündigt werden. Gleiches gilt für sämtliche Rechtspachtverträge, wie Jagdtpacht (weitere Beispiele *Jaeger/Henckel* KO, § 19 Rz. 8).

C. Rechtsfolgen

6 Die vertraglichen und gesetzlichen Kündigungsrechte des Vermieters werden eingeschränkt, wenn die Kündigung mit dem Verzug des Schuldners begründet wird. Angesprochen ist damit die Kündigung nach § 554 BGB. Der Schuldner muß mit zwei Mietzinsraten in Verzug geraten sein. Die Kündigung wegen Zahlungsverzuges ist unzulässig, wenn sie auf einen Zeitraum vor dem Antrag auf Eröffnung des Verfahrens gestützt wird. Stand vor dem Antrag auf Eröffnung des Verfahrens nur eine Rate aus, ist die fristlose Kündigung schon nach dem allgemeinen Mietrecht nicht möglich (*Eckert* ZIP 1996, 897, 898). Tritt der Verzug in Höhe von zwei Raten nach dem Eröffnungsantrag ein, ist die Kündigung zulässig. Der vorläufige Verwalter muß dafür Sorge tragen, daß die Mietzinszahlungen erfolgen, wenn er die Mietsache nutzen will. Unzulässig ist eine Kündigung, die auf § 554a BGB wegen fortwährender Zahlungsstockungen gestützt wird; auch vertragliche Vereinbarungen, die eine Kündigung wegen des Zahlungsverzuges zulassen, können nicht herangezogen werden (*Eckert* ZIP 1996, 897, 898).

7 Unzulässig ist die Kündigung zudem, wenn sie auf die Verschlechterung der Vermögensverhältnisse des Schuldners gestützt wird. § 112 InsO regelt dabei nur die nach Vertragsschluß eingetretene Vermögensverschlechterung. Der Wortlaut ist deutlich. Auch ist § 112 InsO § 321 BGB nachempfunden, der ebenfalls auf eine nachteilige Änderung der Vermögensverhältnisse nach Vertragsschluß abstellt. Die Vermögensverhältnisse im Zeitpunkt des Vertragsschlusses können allenfalls zur Anfechtung wegen Irrtums oder Täuschung führen. Hat der Vermieter-/Pächter wegen Täuschung über die finanzielle Situation des Mieters wirksam angefochten, ist das Schuldverhältnis § 112

InsO entzogen (s. o. Rz. 2). § 112 Nr. 2 InsO hindert auch Kündigungen, die auf vertragliche Auflösungsklauseln für den Fall der Vermögensverschlechterung gestützt werden. Die Rechtsprechung hält entsprechende Vereinbarungen grundsätzlich auch in AGB für wirksam (*BGH* ZIP 1994, 1114, 1115 ff. m. w. N., differenziert *BGH* NJW 1991, 102, 104). Dem Vermieter bleibt bei diesen Konstellationen nur die Möglichkeit, die Kündigung noch vor dem Antrag auf Verfahrenseröffnung auszusprechen.

Die Kündigungssperre erfaß nur Gestaltungserklärungen, die nach dem Antrag auf 8
Verfahrenseröffnung zugehen. Eine Rückwirkung der Kündigungssperre auf bereits vor dem Eröffnungsantrag erklärte Kündigungen ergibt sich weder aus dem Wortlaut noch aus dem Gesetzeszweck. Die gegenüber dem Schuldner vor dem Eröffnungsantrag erklärte Kündigung wegen Zahlungsverzug bleibt wirksam. Das gilt auch dann, wenn die Kündigung fristgemäß erklärt wurde und die Kündigungsfrist über den Zeitpunkt des Eröffnungsantrages oder der Verfahrenseröffnung hinaus wirkt (*Eckert* ZIP 1996, 897, 898). Der Verwalter kann die Räumung oder Entfernung der Mietsache auch nicht dadurch abwenden, daß er den rückständigen Mietzins entrichtet. Nur bei Wohnraummietverhältnissen kann der Verwalter den Mietzins entrichten und damit gem. § 554 Abs. 2 Nr. 2 BGB der Kündigung die Wirkung nehmen. Darüber hinaus kann der vorläufige Verwalter die Räumungsvollstreckung nach § 21 Abs. 2 Nr. 3 InsO untersagen lassen.

Die Kündigung des Vermieters /-pächters ist unzulässig. Der Vertrag besteht gem. § 108 9
InsO fort. Der Miet-/Pachtzins ist vom Zeitpunkt des Antrages an aus der Masse zu entrichten, § 55 Abs. 2 Satz 2 InsO. Für die Zeit nach der Eröffnung ist der Miet-/Pachtzins Masseschuld gem. § 55 Abs. 1 Nr. 2 InsO, für die der Verwalter gem. § 61 InsO persönlich einzustehen hat. Dies gilt allerdings nur bei Verwaltern mit Verwaltungs- und Verfügungsbefugnis.

Von der Kündigungssperre werden Rückgabeansprüche des Vermieters aufgrund vor 10
Verfahrensantrag erklärter Kündigungen nicht berührt. Das Gericht hat nach § 21 Abs. 2 Nr. 3 InsO die Möglichkeit, dem absonderungsberechtigten Vermieter-/Pächter von Mobilien den Zugriff auf die Mietsache – auch zeitlich begrenzt – zu untersagen.

Vermieterpfandrechte werden durch die Kündigungssperre nicht berührt. Dem Vermieter 11
steht das Absonderungsrecht aus § 50 Abs. 2 InsO wegen der im letzten Jahr vor Eröffnung ausgefallenen Mietzinsen zu. Auf Schadenersatzansprüche wegen der insolvenzbedingten vorzeitigen Kündigung können Absonderungsansprüche nicht gestützt werden, § 50 Abs. 2 Satz 1 InsO.

D. Abdingbarkeit

Die Kündigungssperre des § 112 InsO ist zwingend, § 119 InsO. Das gilt auch für 12
Vertragsaufhebungen, die für den Fall der Insolvenz vor dem Eröffnungsantrag mit dem Schuldner vereinbart wurden. Die grundsätzlich auch unter der InsO anerkannte Möglichkeit vorverfahrensrechtlicher Aufhebungsvereinbarungen (s. o. § 103 Rz. 85), die das Wahlrecht des Verwalters einschränken, gilt nicht für die Kündigungssperre. Auch eine Umgehung durch Vereinbarung auflösender oder aufschiebender Bedingungen ist nicht möglich. Entsprechende Auflösungsklauseln widersprechen der Rechtsfolge des § 112 InsO unmittelbar. Es handelt sich um unzulässige Umgehungen (*Eckert* ZIP 1996, 897, 902; a. A. *Hess/Pape* InsO, Rz. 336).

Vorbemerkungen vor §§ 113 ff.

Inhaltsübersicht: Rz.

A. Allgemeines	1– 7
B. Geltung des Kündigungsschutzgesetzes in der Insolvenz	8–54
I. Betriebsbedingte Kündigung in der Insolvenz	11–27
1. Dringende betriebliche Erfordernisse	12–16
2. Sozialauswahl	17–27
II. Änderungskündigung in der Insolvenz	28–33
III. Personen- und verhaltensbedingte Kündigung in der Insolvenz	34–36
IV. Außerordentliche Kündigung in der Insolvenz	37–40
V. Massenentlassung in der Insolvenz	41–54
C. Betriebsübergang und Haftung des Betriebserwerbers in der Insolvenz	55–85
I. Zur Anwendbarkeit des § 613 a BGB in der Insolvenz	55–65
II. Tatbestandliche Voraussetzungen des Betriebsübergangs	66–77
III. Umfang der Haftung des Betriebserwerbers	78–84

Literatur:

Bader Neuregelung im Bereich des Kündigungsschutzgesetzes durch das Arbeitsrechtliche Beschäftigungsförderungsgesetz, NZA 1996, 1125 ff.; *Balz* Das neue Gesetz über den Sozialplan im Konkurs- und Vergleichsverfahren, RWS Script Nr. 149; *ders.* Der Sozialplan im Konkurs- und Vergleichsverfahren, DB 1995, 692 ff.; *Bauer* Aktuelle Probleme des Personalabbaus im Rahmen von Betriebsänderungen, DB 1994, 217; *Bauer/Diller* Wettbewerbsverbote, 1995; *Bauer/Göpfert* Beschleunigtes Interessenausgleichsverfahren, DB 1997, 1464 ff.; *Berkowsky* Neue Perspektiven im Kündigungsrecht, DB 1996, 778 ff.; *Berscheid* Konkurs, Gesamtvollstreckung, Sanierung, Schriften zur AR-Blattei, Band 25; *ders.* Unzulässigkeit betriebsbedingter Kündigungen wegen Betriebsänderung im Konkurs innerhalb der Drei-Wochen-Frist ohne vorherigen Interessenausgleich, ZIP 1997, 474 ff.; *ders.* Kündigungsbefugnis in der Sequestration, ZIP 1997, 1569 ff.; *ders.* Personalabbau vor und in der Insolvenz unter Berücksichtigung des Betriebsüberganges, Anwaltsblatt 1995, 8 ff.; *ders.* Probleme der Massenentlassung und Sozialauswahl nach künftigem Insolvenzrecht und bei »übertragender (Teil-)Sanierung«, Kölner Schrift zur Insolvenzordnung, S. 1043 ff.; *Bichlmeier/Oberhofer* Neues Arbeitsrecht in Konkurs, AIB 1997, 161 ff.; *Caspers* Personalabbau und Betriebsänderung im Insolvenzverfahren, 1998, RWS Script Nr. 18; *Düwell* Änderungs- und Beendigungskündigung nach dem neuen Insolvenzrecht, Kölner Schrift zur Insolvenzordnung, S. 1103 ff.; *Ehlers/Drieling* Unternehmenssanierung nach neuem Insolvenzrecht, 1998; *Eisenbeis* Kasseler Handbuch zum Arbeitsrecht, Konkurs/Vergleich, S. 773 ff.; *Fischer* Interessenausgleich, Unterlassungsanspruch und Gesetzgeber – Der neue § 113 Abs. 3 BetrVG, AUR 1997, 177 ff.; *Gagel* Schadensersatzansprüche nach § 628 Abs. 2 BGB im Konkurs, ZIP 1981, 122 ff.; *Giesen* Das neue Kündigungsschutzrecht in der Insolvenz, ZIP 1998, 46 ff.; *ders.* Die Betriebsverfassung nach dem neuen Insolvenzrecht, ZIP 1998, 142 ff.; *Grunsky* Das Arbeitsverhältnis im Konkurs- und Vergleichsverfahren, RWS Script Nr. 86; *ders.* Wettbewerbsverbote für Arbeitnehmer, RWS Script Nr. 104; *ders.* Anmerkung zu LAG Frankfurt vom 04. 05. 1981, ZIP 1982, 107 ff,; *ders.* Festschrift für Lüke, S. 191 ff.; *Grunsky/Moll* Arbeitsrecht und Insolvenz, RWS Script Nr. 289; *Hauser/Hawelka* Neue Masseverbindlichkeiten und Gefährdung der »Kaug«-Vorfinanzierung durch die InsO, ZIP 1998, 1261; *Heilmann* Arbeitsverhältnisse von Organen juristischer Personen im Konkurs, ZIP 1980, 344; *Hess/Pape* InsO und EGInsO, Grundzüge des neuen Insolvenzrechts, 1995, RWS Script Nr. 278; *Hess/Weis/Wienberg* Insolvenzrecht, 1997; *Heupgen* Anspruch des Betriebsrats auf Unterlassung betriebsbedingter Kündigungen vor Einigung über einen Interessenausgleich und einen Sozialplan, NZA 1997, 1271 ff.; *Hillebrecht* Dringende

Vor §§ 113 ff.

betriebliche Erfordernisse (§ 1 Abs. 2 KSchG) zur Kündigung von Arbeitsverhältnissen durch den Konkursverwalter, ZIP 1985, 257 ff.; *von Hoyningen-Huene/Linck* Neuregelungen des Kündigungsschutzes und befristete Arbeitsverhältnisse, DB 1997, 41 ff.; *Kania* Arbeitsrecht in Konkurs und Insolvenz, DStR 1996, 832 ff.; *Kocher* Statt Kündigungsschutz: Ein kollektives Kündigungsverfahren, BB 1998, 213 ff.; *Krause* Europarechtliche Vorgaben für das Konkursausfallgeld, ZIP 1998, 56 ff.; *Lakies* Zu den seit 01. 10. 1996 geltenden arbeitsrechtlichen Vorschriften der Insolvenzordnung, RdA 1997, 145 ff.; *Löwisch* Das Arbeitsrechtliche Beschäftigungsförderungsgesetz, NZA 1996, 1009 ff.; *ders.* Neugestaltung des Interessenausgleiches durch das Arbeitsrechtliche Beschäftigungsförderungsgesetz, RdA 1997, 80 ff.; *Lohkemper* Die Bedeutung des neuen Insolvenzrechts für das Arbeitsrecht, KTS 1996, 1 ff.; *Lorenz* Das Arbeitsrechtliche Beschäftigungsförderungsgesetz, DB 1996, 1973 ff.; *Marotzke* Gegenseitige Verträge in Konkurs und Vergleich, 1997; *Matthes* Probleme des Kündigungsschutzes von Betriebsratsmitgliedern, DB 1980, 1165 ff.; *Meinel* Zur Beschleunigung des Interessenausgleichsverfahrens durch das Arbeitsrechtliche Beschäftigungsförderungsgesetz, DB 1997, 170 ff.; *Obermüller/Hess* Insolvenzordnung, 1995; *von Olshausen* »Verfügung« statt »Rechtshandlung« in § 81 InsO oder: Der späte Triumph des Reichstagsabgeordneten Levin Goldschmidt, ZIP 1998, 1093 ff.; *Paulsdorff* Die Rechtsstellung des Pensions-Sicherungs-Vereins auf Gegenseitigkeit nach neuem Insolvenzrecht, Kölner Schrift zur Insolvenzordnung, S. 1155 ff.; *Preis* Das arbeitsrechtliche Beschäftigungsförderungsgesetz, NJW 1996, 3369 ff.; *Pünnel* Die Einigungsstelle des Betriebsverfassungsgesetzes, 1985; *Richardi* Der Beseitigungs- und Unterlassungsanspruch in der Dogmatik des Betriebsverfassungsrechts, Festschrift für Wlotzke, 1996, 407 ff.; *Rummel* Der Interessenausgleich im Konkurs, DB 1997, 774 ff.; *Schaub* Die höchstrichterliche Rechtsprechung zum Arbeitsrecht im Konkurs, ZIP 1993, 969 ff.; *Schiefer* Das Arbeitsrechtliche Beschäftigungsförderungsgesetz in der Praxis – Instanzgerichtliche Entscheidungen zu § 1 V KSchG und § 113 III BetrVG, NZA 1997, 915 ff.; *Schmid* Kündigung und Kündigungsschutz in der Insolvenz, RWS Script Nr. 10; *Schmidt-Räntsch* Insolvenzordnung mit Einführungsgesetz, erläuternde Darstellung des neuen Rechts anhand der Materialien, Bundesanzeiger, Beilagen 1995, Nr. 111a; *Schrader* Übergangsregelungen zum Konkursrecht, NZA 1997, 70 ff.; *Schwerdtner* Der Sozialplan im Eröffnungsverfahren und nach der Verfahrenseröffnung, Kölner Schrift zur Insolvenzordnung, S. 1127 ff.; *Warrikoff* Die Stellung der Arbeitnehmer nach der neuen Insolvenzordnung, BB 1994, 2338 ff.; *Wichmann* Der Arbeitnehmer, Lehrling und Pensionär im Konkurs- und Vergleichsverfahren des Arbeitgebers; *Wiester* Die Fortführungspflicht des vorläufigen Insolvenzverwalters und ihre Auswirkung auf die Vorfinanzierung des Insolvenzgeldes, ZInsO 1998, 99; *Willemsen/Annuß* Betriebsübergang bei Neuvergabe eines Reinigungsauftrages: Rücknahme der Vorlage des BAG zum Europäischen Gerichtshof nach Anfrage des EuGH, DB 1997, 1875 ff.; *Willemsen/Tiesler* Interessenausgleich und Sozialplan in der Insolvenz, RWS Script Nr. 269; *Wimmer* Die Auswirkungen der EuGH-Rechtsprechung auf die Vorfinanzierung von Konkursausfallgeld ZIP 1997, 1635 ff.; *Zwanziger* Das Arbeitsrecht der Insolvenzordnung, 1997; *ders.* Neue Tatsachen nach Zugang einer Kündigung, BB 1997, 42 ff.; *ders.* Insolvenzordnung und materielle Voraussetzungen betriebsbedingter Kündigungen, BB 1997, 626 ff.; *ders.* Der Interessenausgleich – betriebliches Regelungsinstrument oder Muster ohne kollektiven Wert?, BB 1998, 477 ff.

A. Allgemeines

Die Zahl der Insolvenzverfahren hat in jüngster Zeit leider ein geradezu beängstigendes Ausmaß angenommen. Hierdurch ist die Problematik des Arbeitsverhältnisses in der Insolvenz aktueller denn je. Die Insolvenzordnung, die gerade für die Arbeitsverhältnisse des schuldnerischen Unternehmens grundlegende Neuerungen vorsieht, sollte ursprünglich insgesamt mit Wirkung ab dem 01. 01. 1999 in Kraft treten. Bis dahin sollte es bei der bisherigen Rechtslage nach der Konkursordnung bleiben. Durch das am 01. 10. 1996 in Kraft getretene arbeitsrechtliche Gesetz zur Förderung von Wachstum und Beschäftigung (Arbeitsrechtliches Beschäftigungsförderungsgesetz-ArbBeschFG) sind

1

Vor §§ 113 ff.   *Wirkungen der Eröffnung des Insolvenzverfahrens*

Teilregelungen der InsO vorzeitig in Kraft gesetzt worden, um negative Folgen des bisherigen Konkurs- und Vergleichsrechts für die Sanierung und insbesondere die Übernahme von insolventen Unternehmen schon jetzt zu beseitigen (vgl. *Löwisch* NZA 1996, 1009 ff.).

2   Art. 6 ArbBeschFG bestimmt, daß die §§ 113 und 120 bis 122 sowie 125 bis 128 der InsO vom 05. 10. 1994 (BGBl. I, 2866), die durch Art. 2 des Gesetzes vom 19. 07. 1996 (BGBl. I, 1013) geändert worden ist, im Geltungsbereich der KO bis zum Inkrafttreten der InsO mit der Maßgabe anzuwenden sind, daß jeweils das Wort »Insolvenzverwalter« durch das Wort »Konkursverwalter«, das Wort »Insolvenzgläubiger« durch das Wort »Konkursgläubiger«, das Wort »Insolvenzmasse« durch das Wort »Konkursmasse« und das Wort »Insolvenzverfahren« durch das Wort »Konkursverfahren« ersetzt wird.

3   Nicht vorzeitig in Kraft gesetzt wurden die §§ 123, 124 über den Sozialplan. Bis zum Inkrafttreten der InsO sind die Regeln des Gesetzes über den Sozialplan im Konkurs- und Vergleichsverfahren deshalb weiter anzuwenden.

4   Im Geltungsbereich der Konkursordnung – also in den alten Bundesländern und dem (ehemaligen) West-Berlin – gilt somit für den Personalabbau vor und in der Insolvenz unterschiedliches Recht. In den neuen Bundesländern verbleibt es vorübergehend bis zur Ablösung der GesVollstrO durch die InsO am 01. 01. 1999 bei der bisherigen Rechtslage. Insbesondere verbleibt es dabei, daß dort gemäß Art. 232, § 5 Abs. 2 EGBGB, § 613a BGB im Gesamtvollstreckungsverfahren nicht gilt. Die nachfolgende Darstellung gilt deshalb für die Zeit bis zum 01. 01. 1999 nur für die alten Bundesländer einschließlich des (ehemaligen) West-Berlin.

5   Zu beachten ist allerdings, daß gemäß Art. 103 EGInsO auf Konkurs-, Vergleichs- und Gesamtvollstreckungsverfahren, die vor dem 01. 01. 1999 beantragt worden sind, und deren Wirkungen weiter die bisherigen gesetzlichen Vorschriften anzuwenden sind. Gleiches gilt für Anschlußkonkursverfahen, bei denen der dem Verfahren vorausgehende Vergleichsantrag vor dem 01. 01. 1999 gestellt worden ist. Hieraus folgt, daß für solche Verfahren auch nach dem 01. 01. 1999 sowohl in den alten als auch in den neuen Bundesländern die §§ 123, 124 über den Sozialplan nicht gelten, sondern weiterhin das Gesetz über den Sozialplan im Konkurs- und Vergleichsverfahren anzuwenden ist.

Die Eröffnung des Insolvenzverfahrens selbst hat auf den Bestand des Arbeitsverhältnisses keine Auswirkungen, insbesondere kann eine Beendigung des Arbeitsverhältnisses nicht ohne Kündigung herbeigeführt werden. Dies ergibt sich im Umkehrschluß aus § 113, wonach ein Dienstverhältnis, bei dem der Schuldner der Dienstberechtigte ist, vom Insolvenzverwalter wie auch vom Arbeitnehmer mit einer Kündigungsfrist von drei Monaten zum Monatsende gekündigt werden kann.

6   Nach (bestrittener) Auffassung hat der Insolvenzverwalter entgegen der früheren Rechtslage nach § 17 KO kein Wahlrecht mehr, die Erfüllung noch nicht angetretener Dienst- und Arbeitsverhältnisse mit sofortiger Wirkung abzulehnen. In § 113 fehlt das bislang in § 22 KO enthaltene Adjektiv »angetretenes«, so daß im Ergebnis die Vorschrift die Beendigung für alle Dienstverhältnisse – seien sie angetreten oder nicht – regelt.

7   Für die Kündigung in der Insolvenz gelten der allgemeine und besondere Kündigungsschutz, das Anhörungserfordernis nach § 102 BetrVG, die Vorschriften über die Massenentlassungsanzeige sowie die insolvenzspezifischen Regeln in den §§ 113 und 120 bis 122 sowie 125 bis 128.

Vor §§ 113 ff.

B. Geltung des Kündigungsschutzgesetzes in der Insolvenz

Ist das Arbeitsverhältnis bei der Insolvenzeröffnung bereits in Vollzug gesetzt, so kann 8
der Insolvenzverwalter das Arbeitsverhältnis kündigen. Bei einer solchen Kündigung
nach § 113 Abs. 1 sind allerdings die **Vorschriften des KSchG zu beachten** (*BAG*
16. 09. 1982 EzA § 1 KSchG betriebsbedingte Kündigung Nr. 18). § 113 räumt dem
Insolvenzverwalter **kein Sonderkündigungsrecht** wegen der Insolvenz ein. Das BAG
formuliert a. a. O.: »Bei einer Kündigung nach Eröffnung des Konkursverfahrens sind
vom Konkursverwalter die Vorschriften des Kündigungsschutzgesetzes zu beachten.
Dies setzt nicht voraus, daß der Betrieb zumindest teilweise weitergeführt wird. Vielmehr hat der Konkursverwalter bei der etappenweise erfolgenden Betriebsstillegung
gemäß § 1 Abs. 3 KSchG bei der Auswahl der jeweils zu Kündigenden die Grundsätze
über die soziale Auswahl zu beachten. Er muß bei der Auswahl soziale Gesichtspunkte
auch dann berücksichtigen, wenn nur noch einige Arbeitnehmer mit Abwicklungsarbeiten beschäftigt werden sollen«.

Teilweise wird demgegenüber in der Literatur vertreten, daß die Anwendung des KSchG 9
und in der Folge die Überprüfung der Wirksamkeit einer Kündigung voraussetze, daß der
Betrieb nach der Insolvenzeröffnung wenigstens vorübergehend ganz oder teilweise
weitergeführt werde (*KR-Weigand* KO, § 22 Rz. 23; *Kuhn/Uhlenbruck* KO, § 22 Rz. 19).
Richtigerweise kann allerdings die Anwendbarkeit des Kündigungsschutzgesetzes in der
Insolvenz nicht mit dem Argument verneint werden, die Kündigung sei ohne weiteres
sozial gerechtfertigt ist, weil der Betrieb nach Insolvenzeröffnung überhaupt nicht mehr
weitergeführt worden ist. Mit der h. M. ist deshalb von der uneingeschränkten Anwendbarkeit des KSchG in der Insolvenz auszugehen.

Für den **Abschluß befristeter Arbeitsverträge** bedarf es auch in der Insolvenz konkre- 10
ter Sachgründe. Die Konkursabwicklung als solche stellt keinen derartigen Sachgrund
dar. Auch reicht der pauschale Hinweis des Insolvenzverwalters, er müsse bei der
Abwicklung flexibel reagieren können und außerdem möglichst masseschonend handeln, hierfür nicht aus (*LAG Düsseldorf* 08. 03. 1994 DB 1994, 1880 – rechtskräftig).

I. Betriebsbedingte Kündigung in der Insolvenz

Gemäß § 1 KSchG ist eine Kündigung in der Insolvenz nur dann sozial gerechtfertigt und 11
damit rechtswirksam, wenn sie durch dringende betriebliche Erfordernisse, die einer
Weiterbeschäftigung des Arbeitnehmers im Betrieb entgegenstehen, bedingt ist, eine
Weiterbeschäftigung an einem anderen Arbeitsplatz in demselben Betrieb oder in einem
anderen Betrieb des Unternehmens nicht möglich ist und schließlich der Insolvenzverwalter bei der Auswahl des Arbeitnehmers die Dauer der Betriebszugehörigkeit, das
Lebensalter und die Unterhaltspflichten des Arbeitnehmers ausreichend berücksichtigt
hat.

1. Dringende betriebliche Erfordernisse

Die **Stillegung** des gesamten Betriebes stellt ein dringendes betriebliches Erfordernis 12
i. S. d. § 1 Abs. 2 Satz 1 KSchG dar (st. Rspr. des *BAG: BAG* 27. 02. 1987 DB 1987, 1896;
09. 02. 1994 AP Nr. 105 zu § 613 a BGB).

Unter Betriebsstillegung ist die Auflösung der zwischen Arbeitgeber und Arbeitnehmer 13
bestehenden Betriebs- und Produktionsgemeinschaft zu verstehen, die ihre Veranlas-

sung und zugleich ihren unmittelbaren Ausdruck darin findet, daß der Unternehmer die bisherige wirtschaftliche Betätigung in der ernstlichen Absicht einstellt, die Weiterverfolgung des bisherigen Betriebszwecks oder -teilszwecks dauernd oder für eine ihrer Dauer nach unbestimmte, wirtschaftlich nicht unerhebliche Zeitspanne nicht weiter zu verfolgen (*BAG* 09. 02. 1994 a. a. O.).

14 Dabei ist der Insolvenzverwalter nicht gehalten, die Kündigung erst nach Durchführung der Stillegung auszusprechen. Eine Kündigung aus Anlaß einer **geplanten Betriebsstillegung** ist wegen dringender betrieblicher Erfordernisse schon dann sozial gerechtfertigt, wenn die **betrieblichen Umstände** bereits **greifbare Formen** angenommen haben und eine vernünftige, betriebswirtschaftliche Betrachtung die Prognose rechtfertigt, daß bis zum Auslaufen der Kündigungsfrist der gekündigte Arbeitnehmer entbehrt werden kann. Die Ernsthaftigkeit und Endgültigkeit der Betriebsstillegungsabsicht erfordert nicht, daß diese Absicht dem eigenen Wunsch des Unternehmens entspricht. Sieht sich der Unternehmer zu dem Entschluß durch außerbetriebliche Umstände gezwungen, so ist auch unschädlich, wenn er sich vorbehält, seinen Entschluß dann nicht zu verwirklichen, wenn sich die Verhältnisse wider Erwarten anders als bei vernünftiger Betrachtung vorhersehbar entwickeln (*BAG* 27. 02. 1987, DB 1987, 1896).

15 Eine Stillegungsabsicht liegt dagegen nicht vor, wenn die Veräußerung des Betriebes beabsichtigt wird. Die Veräußerung des Betriebes allein ist, wie sich aus der Wirkung des § 613a BGB ergibt, keine Betriebsstillegung, weil die Identität des Betriebs gewahrt bleibt und lediglich ein Betriebsinhaberwechsel stattfindet (*BAG* 15. 02. 1984 AP Nr. 39 zu § 613a, BGB B III 2 der Gründe). Die Betriebsstillegung wie auch die Stillegung eines Teilbetriebes ist eine Unternehmerentscheidung, die durch die Arbeitsgerichte grundsätzlich nicht auf ihre Notwendigkeit und Zweckmäßigkeit hin zu überprüfen ist, sondern ausschließlich der **Willkürkontrolle** unterliegt (vgl. *BAG* 13. 03. 1987 EzA § 1 KSchG betriebsbedingte Kündigung Nr. 44). Die Gerichte für Arbeitssachen sind aber zur Überprüfung befugt, ob überhaupt eine Unternehmerentscheidung vorliegt (*BAG* 20. 02. 1986, DB 1986, 2236). Die Kündigung selbst ist keine Unternehmerentscheidung i. S. d. KSchG, sondern setzt diese voraus. Anderenfalls würde das KSchG keinen Bestandsschutz gewähren, da der Arbeitgeber stets die ausgesprochene Kündigung erfolgreich mit dem Hinweis verteidigen könnte, die Kündigung sei eine nicht zu überprüfende Unternehmerentscheidung.

16 Wenn sich der Insolvenzverwalter auf außerbetriebliche oder innerbetriebliche Umstände beruft, darf er sich nicht auf schlagwortartige Umschreibungen beschränken. Er muß seine **tatsächlichen Angaben** vielmehr so im einzelnen **darlegen**, daß sie vom Arbeitnehmer mit Gegentatsachen bestritten und vom Gericht überprüft werden können. Vom Insolvenzverwalter ist darüber hinaus insbesondere darzulegen, wie sich die von ihm behaupteten Umstände unmittelbar oder mittelbar auf den Arbeitsplatz des gekündigten Arbeitnehmers auswirken. Der Vortrag des Insolvenzverwalters muß erkennen lassen, ob durch eine innerbetriebliche Maßnahme oder durch einen außerbetrieblichen Anlaß das Bedürfnis an der Tätigkeit des gekündigten Arbeitnehmers wegfällt (*BAG* 30. 05. 1987 EzA § 1 KSchG betriebsbedingte Kündigung Nr. 36; zum Umfang der Darlegungs- und Beweislast des Arbeitgebers für die dringenden betrieblichen Erfordernisse sowie die Voraussetzungen einer Betriebsstillegung auch *BAG* KTS 86, 340).

2. Sozialauswahl

17 Ist die Kündigung aus dringenden betrieblichen Erfordernissen notwendig, so bleibt sie gleichwohl sozial ungerechtfertigt, wenn der Insolvenzverwalter bei der Auswahl des

Vor §§ 113 ff.

Arbeitnehmers die Sozialauswahlkriterien **Dauer der Betriebszugehörigkeit, Lebensalter** und **Unterhaltspflichten** des Arbeitnehmers nicht oder nicht ausreichend berücksichtigt hat. Der Insolvenzverwalter hat auf Verlangen des Arbeitnehmers diesem die Gründe anzugeben, die zu der getroffenen sozialen Auswahl geführt haben. In die soziale Auswahl sind aber Arbeitnehmer nicht einzubeziehen, deren Weiterbeschäftigung, insbesondere wegen ihrer Kenntnisse, Fähigkeiten und Leistungen oder zur Sicherung einer ausgewogenen Personalstruktur des Betriebes im berechtigten betrieblichen Interesse liegt (§ 1 Abs. 3 Satz 2 KSchG).

Die Pflicht zur ordnungsgemäßen Sozialauswahl gilt auch bei **Massenentlassungen** und 18 bei einer **etappenweisen Betriebsstillegung**. Der Insolvenzverwalter muß bei der Auswahl soziale Gesichtspunkte auch dann berücksichtigen, wenn nur einige Arbeitnehmer mit Abwicklungsarbeiten beschäftigt werden (*BAG* 16. 09. 1982 EzA § 1 KSchG betriebsbedingte Kündigung Nr. 18).

Im Unterschied zu der unternehmensbezogenen Möglichkeit der anderweitigen Beschäf- 19 tigung nach § 1 Abs. 2 KSchG ist die soziale Auswahl **betriebsbezogen** (*BAG* 22. 05. 1986 u. 26. 02. 1987 EzA § 1 KSchG soziale Auswahl Nrn. 22, 24).

Unterhalten mehrere Unternehmen einen **Gemeinschaftsbetrieb**, ist die Sozialauswahl 20 unternehmensübergreifend durchzuführen (*BAG* 05. 05. 1994 EzA § 1 KSchG 1969 soziale Auswahl Nr. 31). Wird der Gemeinschaftsbetrieb **aufgelöst**, so erlischt auch die Pflicht zur unternehmensübergreifenden Sozialauswahl (*BAG* 13. 09. 1995 EzA § 1 KSchG Nr. 48).

Die sozialen Gesichtspunkte i. S. d. § 1 Abs. 3 Satz 1 KSchG sind **arbeitsplatzbezogen**. 21 In den sozialauswahlrelevanten Personenkreis sind alle **vergleichbaren** Arbeitnehmer einzubeziehen. Die Vergleichbarkeit wird nur auf derselben hierarchischen Ebene »horizontal« im Betrieb geprüft. Der Insolvenzverwalter hat weder einen geringer bewerteten Arbeitsplatz, der mit einem sozial stärkeren Arbeitnehmer besetzt ist, »freizukündigen« und damit ggf. eine Kündigungskette »nach unten« in Gang zu setzen, noch besteht die Pflicht, dem Arbeitnehmer eine **Beförderungsstelle** anzubieten (vgl. *BAG* 15. 12. 1994 NZA 1995, 521 f.). Verlagert allerdings der Insolvenzverwalter Beschäftigungsmöglichkeiten von einem Betrieb des Unternehmens in einen anderen, so genießt das Arbeitsverhältnis des bisherigen Arbeitsplatzinhabers auch dann Bestandsschutz (§ 1 Abs. 2 und 3 KSchG), wenn die Arbeit **höher vergütet** wird, sofern sie nur dieselbe oder **zumindest ganz überwiegend gleich geblieben** ist (*BAG* 05. 10. 1995 – 1 AZR 269/95 – im Anschluß an *BAG* 10. 11. 1994 EzA § 1 KSchG betriebsbedingte Kündigung Nr. 77). Nach ständiger Rechtsprechung des BAG ist ein Arbeitsplatz vergleichbar i. S. d. § 1 Abs. 3 KSchG, wenn der Insolvenzverwalter den Arbeitnehmer dort aufgrund seines Weisungsrechts ohne Änderung des Arbeitsvertrages weiterbeschäftigen kann (*BAG* 15. 06. 1989, AP Nr. 18 zu § 1 KSchG 1969 – soziale Auswahl = NZA 1990, 226 f.; *BAG* 29. 03. 1990, NZA 1991, 181 f.; *BAG* 15. 12. 1994, NZA 1995, 521 f.; zur Sozialauswahl bei betriebsbedingter Umsetzung aufgrund erweiterten Direktionsrechts vgl. *LAG Hamm* 12. 02. 1996, LAGE § 611 BGB – Direktionsrecht Nr. 25).

Entgegen der früheren Rechtsprechung des *BAG* (DB 1983, 1822 ff.) können die zu 22 berücksichtigenden Sozialdaten Betriebszugehörigkeit, Lebensalter und Unterhaltspflichten (zur diesbezüglichen Reihenfolge nach altem Recht vgl. *BAG* 18. 10. 1984 EzA § 1 KSchG betriebsbedingte Kündigung Nr. 34; zur Problematik weiterhin *Bader* NZA 1996, 1125 [1127] u. *Löwisch* NZA 1996, 1009 [1010]) bei der Vorauswahl auch in ein **Punkteschema** eingebracht werden (*BAG* 18. 01. 1990 EzA § 1 KSchG soziale Auswahl Nr. 28). Bei der Festlegung der Punktwerte der Auswahlkriterien Alter, Betriebszugehörigkeit und Unterhaltspflicht steht den Betriebspartnern ein **Beurteilungs-**

spielraum zu. Dieser ist noch gewahrt, wenn Alter und Betriebszugehörigkeit im wesentlichen gleichbewertet werden. Zur Vermeidung unbilliger Härten, die die Anwendung jeden Schemas mit sich bringen kann, muß im Anschluß an die Vorauswahl aufgrund der Punktetabelle eine **individuelle Abschlußprüfung** der Auswahl stattfinden (*BAG* a. a. O.; bestätigt durch Senatsurteil v. 07. 12. 1995 – 2 AZR 1008/94 –).

23 Bei der individuellen Abschlußprüfung der Auswahl darf der Insolvenzverwalter das Angebot eines sozial schutzwürdigeren und deshalb nicht zur Kündigung vorgesehenen Arbeitnehmers berücksichtigen für den Fall einer Weiterbeschäftigung seines zur Kündigung vorgesehenen Sohnes auf seinen Arbeitsplatz zu verzichten, weil im Verhältnis des Vaters zum Sohn letzterer vorrangig zum Unterhalt verpflichtet ist (§ 1606 BGB).

24 Nimmt der Insolvenzverwalter ein solches Angebot an, begründet die Weiterbeschäftigung des Sohnes in der Regel nicht die Sozialwidrigkeit anderer Kündigungen aus dem Gesichtspunkt einer fehlerhaften Sozialauswahl (*BAG* 07. 12. 1995 a. a. O.).

25 Nach § 125 wird das **Kündigungsschutzgesetz** bei der Durchführung von **Betriebsänderungen** i. S. d. § 111 BetrVG **modifiziert**. Kommt ein Interessenausgleich zustande, in dem die **Arbeitnehmer**, denen gekündigt werden soll, **namentlich bezeichnet sind**, gilt eine **Vermutung**, daß dringende betriebliche Erfordernisse der Weiterbeschäftigung entgegenstehen. Des weiteren kann die **soziale Auswahl** nur im Hinblick auf die Dauer der Betriebszugehörigkeit, das Lebensalter und die Unterhaltspflichten und auch insoweit nur auf **grobe Fehlerhaftigkeit** nachgeprüft werden. Die Beschränkung der Überprüfungsmöglichkeit bei der Sozialauswahl bezieht sich hierbei nicht nur auf die Sozialindikatoren und deren Gewichtung, sondern auch bereits auf die Bildung der auswahlrelevanten Gruppe; auch dabei entscheidet nur »grobe Fahrlässigkeit« (vgl. *LAG Köln* 01. 08. 1997 – Az. 11 Sa 355/87 –, LAGE § 1 KSchG – Interessenausgleich Nr. 1 zu dem mit § 125 inhaltsgleichen § 1 Abs. 5 Satz 1 KSchG n. F.; bestätigt durch BAG 07. 05. 1998, 2 AZR 536/97).

26 Ein weiterer Unterschied bei der Durchführung von Betriebsänderungen in und außerhalb der Insolvenz besteht in folgendem:

27 Außerhalb der Insolvenz darf der Insolvenzverwalter nur solche Arbeitnehmer aus der Sozialauswahl herausnehmen, die er zur Sicherung einer ausgewogenen Personalstruktur des Betriebes benötigt. Im Gegensatz dazu bestimmt § 125, daß es nicht als grob fehlerhaft anzusehen ist, wenn eine ausgewogene **Personalstruktur erhalten** bzw. **geschaffen** wird (§ 125 Abs. 1 Nr. 2). In der Insolvenz ist es daher auch möglich, eine nach Leistungsstärke und Altersstruktur gleichwertige Belegschaft (erstmals) zu schaffen.

II. Änderungskündigung in der Insolvenz

28 Trifft der Insolvenzverwalter die Entscheidung, den Betrieb ganz oder teilweise fortzuführen, so ist dies regelmäßig nur dann möglich, wenn die fortzuführende Einheit umorganisiert und neu ausgerichtet wird. Dies wiederum bedingt regelmäßig die Änderung der Arbeitsbedingungen der Beschäftigten. Da die Eröffnung des Insolvenzverfahrens aber auf den Inhalt und Bestand des Arbeitsverhältnisses ohne Einfluß ist, kann die Änderung der Arbeitsbedingungen nur nach den allgemeinen Regeln durchgeführt werden. Insbesondere wird das Direktionsrecht des Arbeitgebers durch die Eröffnung des Insolvenzverfahrens nicht erweitert. Es muß deshalb für den Insolvenzverwalter ein dringendes betriebliches Erfordernis bestehen, für den Arbeitnehmer müssen die geänderten Bedingungen zumutbar sein (vgl. *BAG* 20. 03. 1986 AP Nr. 14 zu § 2 KSchG 1969).

Nach wohl h. M. soll es für die Beurteilung der sozialen Rechtfertigung einer Änderungs- 29
kündigung durchaus von Belang sein, daß der Insolvenzverwalter nicht die Beendigung
des Arbeitsverhältnisses, sondern nur dessen inhaltliche Veränderung anstrebt. Die im
Vergleich zum Verlust des Arbeitsplatzes lediglich geforderte Änderung der Arbeitsbedingungen
soll dem Arbeitnehmer danach eher zugemutet werden können (*Hillebrecht*
ZIP 1985, 257 ff.; *Grunsky* a. a. O. S. 27; *KR-Rost* § 2 KSchG Rz. 84; *Schaub* Arbeitsrechtshandbuch § 137 III 3 b; *BAG* 07. 06. 1973 AP Nr. 1 zu § 626 BGB – Änderungskündigung; a. A. *MünchKomm/Schwerdtner* BGB vor § 620 Rz. 651 ff.).

Die Unrentabilität des Betriebes ohne weitere Rationalisierungsmaßnahmen kann ein 30
Grund für eine betriebsbedingte Änderungskündigung sein, wenn durch die Senkung der
Personalkosten die Stillegung des Betriebes oder die Reduzierung der Belegschaft
verhindert werden kann und soll (*BAG* 20. 03. 1986 a. a. O. unter Hinweis auf *Hillebrecht*
ZIP 1985, 257).

Entsprechend der stets zu wahrenden Verhältnismäßigkeit muß aber in jedem Fall auch 31
geprüft werden, ob weniger einschneidende Maßnahmen als dauerhafte Lohn- oder
Zulagenkürzungen zur Behebung der Existenzkrise ausreichen, etwa eine stufenweise
Kürzung oder eine zeitweise Aussetzung von Zuschlagszahlungen (vgl. *LAG Köln*
30. 11. 1989 LAGE zu § 12 KSchG Nr. 10).

Ausdrücklich mit einem **Freiwilligkeitsvorbehalt** versehene übertarifliche Ansprüche 32
können vom Insolvenzverwalter eingestellt werden (*Kania* a. a. O. S. 823 f.).

Auch die vorherige Einführung von Kurzarbeit schließt den Ausspruch von Änderungs- 33
und Beendigungskündigungen nicht aus. Die Einführung der Kurzarbeit spricht zunächst
zwar indiziell dafür, daß der Insolvenzverwalter nur von einem vorübergehenden
Arbeitsmangel ausgegangen ist, der eine betriebsbedingte Kündigung nicht rechtfertigen
kann. Dieses Indiz kann jedoch der nach § 1 Abs. 2 Satz 4 KSchG beweisbelastete
Insolvenzverwalter durch konkreten Sachvortrag entkräften, wonach eine Beschäftigungsmöglichkeit
für einzelne von der Kurzarbeit betroffene Arbeitnehmer auf Dauer
entfallen ist (*BAG* 26. 06. 1997 EzA § 1 KSchG betriebsbedingte Kündigung Nr. 93).

III. Personen- und verhaltensbedingte Kündigung in der Insolvenz

Schon zum früheren Recht (§ 22 KO) war streitig, ob die Verkürzung der Kündigungs- 34
frist auf das gesetzliche Maß auch für eine personen- oder verhaltensbedingte Kündigung
galt. *Grunsky* (a. a. O. S. 29) lehnte dies unter Hinweis auf den mit der Vorschrift
verfolgten Zweck ab. § 22 KO wolle dem Insolvenzverwalter eine Anpassung des
Personalbestandes an die veränderte wirtschaftliche Lage des Betriebes ermöglichen,
wobei es sich um eine Sonderregelung ausschließlich für betriebsbedingte Kündigungen
handele. Soweit für die Kündigung keine betriebliche Notwendigkeit bestehe, soll der
Insolvenzverwalter an dieselben Kündigungsgrenzen wie der Gemeinschuldner gebunden sein.
§ 22 KO sei insoweit restriktiv auszulegen, d. h. die Kündigungsfrist reduziere
sich nicht auf die gesetzlich vorgesehene Dauer.

Dem trat *Hess* (KO, § 22 Rz. 542) zu Recht entgegen. Zunächst lasse sich dem Geset- 35
zeswortlaut eine Beschränkung auf ausschließlich betriebsbedingte Kündigungen nicht
entnehmen. Des weiteren führte die Reduzierung des Anwendungsbereichs der Norm
auf ausschließlich betriebsbedingte Kündigungen zu einem Wertungswiderspruch. Der
betriebstreue Arbeitnehmer könnte danach nämlich mit der ggf. verkürzten Frist gekündigt
werden, während derjenige, der das Arbeitsverhältnis aus in seiner Person oder in
seinem Verhalten liegenden Gründen belastet bzw. verletzt, nur unter Einhaltung ver-

traglich oder tariflich vereinbarter längerer Kündigungsfristen gekündigt werden könnte. Schließlich kommt hinzu, daß auch dort, wo aus personen- bzw. verhaltensbedingten Gründen eine Kündigung möglich ist, dies nach Sinn und Zweck des Gesetzes in der ggf. kürzeren gesetzlichen Frist zur Entlastung der Masse möglich sein muß (*Hess* a. a. O.). Schon nach altem Recht durfte deshalb der Insolvenzverwalter mit gesetzlicher Frist aus personen- und verhaltensbedingten Gründen kündigen.

36 § 113 ändert hieran nichts. Die Vorschrift soll im Hinblick auf die Interessen der Gläubiger eine kurzfristige Personalreduzierung möglich machen. Dieses Interesse gilt für alle Kündigungen ungeachtet ihrer Begründung (so auch *Obermüller/Hess* InsO, 1995 Rz. 558).

IV. Außerordentliche Kündigung in der Insolvenz

37 Die Befugnis zur außerordentlichen Kündigung des Arbeitsverhältnisses richtet sich auch in der Insolvenz nach § 626 BGB. Insbesondere bildet die Insolvenzeröffnung als solche keinen wichtigen Grund für eine fristlose Kündigung (*BAG* 25. 10. 1968 EzA § 626 BGB Nr. 10; *LAG Baden-Württemberg* 23. 12. 1976 BB 1977, 296 f.; *Schaub* Arbeitsrechtshandb. § 93 IV 3 b).
Wenn die Insolvenzeröffnung zur Kündigung eines Arbeitsverhältnisses ausdrücklich nur mit der dreimonatigen Kündigungsfrist berechtigt, dann kann sie nicht gleichzeitig noch als Grund zur fristlosen Kündigung dienen. Nach Insolvenzeröffnung kann ein Arbeitsverhältnis nur dann fristlos gekündigt werden, wenn außer ihr ein anderer Grund vorliegt, der wichtig genug ist, eine fristlose Kündigung zu rechtfertigen. Dies soll etwa dann der Fall sein, wenn sich der weiterbeschäftigte Arbeitnehmer vor oder nach Eröffnung der Insolvenz untreu verhalten hat (*BAG* a. a. O.).

38 Die Kenntnis eines Insolvenzverwalters, den Arbeitnehmer mit hoher Wahrscheinlichkeit nicht mehr aus der Masse bezahlen zu können, macht jenem die Fortsetzung des Arbeitsverhältnisses noch nicht unzumutbar. Wenn der Arbeitnehmer bei der Abwicklung der Insolvenz wegen der sich aus der Weiterbeschäftigung ergebenden Forderungen gegenüber anderen Gläubigern bevorzugt wird, so beruht dies auf der ausdrücklichen gesetzlichen Regelung, ist somit gerechtfertigt.

39 Nach einer Entscheidung des *LG Siegen* (24. 09. 1985, ZIP 1985, 1282) ist die fristlose Kündigung eines Gesellschafter-Geschäftsführers in der Insolvenz der GmbH zulässig, wenn dem Insolvenzverwalter die Fortsetzung des Dienstverhältnisses nicht zugemutet werden kann. Dies soll dann der Fall sein, wenn bei einer Betriebsaufspaltung in der Insolvenz der Geschäftsführer durch Fortsetzung seiner Tätigkeit für die gemeinschuldnerische Betriebsgesellschaft mit der gleichzeitigen Tätigkeit als Geschäftsführer der Besitzgesellschaft in Interessenkollision geraten würde.

40 Die **Betriebsstillegung** rechtfertigt in aller Regel nur eine ordentliche Kündigung. Dies ergibt sich aus § 1 Abs. 2 KSchG, dem ultima-ratio-Prinzip und dem Grundsatz, daß der Arbeitgeber nicht das Wirtschaftsrisiko auf den Arbeitnehmer abwälzen darf (BAGE 36, 112 ff. = NJW 1982, 78). Das BAG hat aber auch bislang mit Zustimmung der h. M. im Schrifttum entschieden, daß ausnahmsweise auch eine Betriebsstillegung geeignet sein kann, eine außerordentliche Kündigung zu rechtfertigen (*BAG* 28. 03. 1985, NJW 1985, 2606; BAGE 5, 20; *BAG* 12. 09. 1974, EzA § 1 TVG Nr. 3 Auslegung; *KR-Hillebrecht* § 626 BGB Rz. 121 b m. w. N.). Insbesondere könne danach die außerordentliche Kündigung dann gerechtfertigt sein, wenn die ordentliche Kündigung ausgeschlossen ist und eine Versetzung in einen anderen Betrieb des Unternehmens nicht

möglich ist. In diesem Fall würde der Ausschluß der ordentlichen Kündigung zur unzumutbaren Belastung des Arbeitgebers, da dieser nicht mehr in der Lage ist, die Dienste in Anspruch zu nehmen, andererseits aber über Jahre hinweg zur Zahlung des vereinbarten Entgelts verpflichtet bliebe (*BAG* 28. 03. 1985 a. a. O.). Dieser Argumentation dürfte letztlich durch § 113 der Boden entzogen sein, da das Arbeitsverhältnis vom Insolvenzverwalter mit der dreimonatigen Kündigungsfrist zum Monatsende auch dann gekündigt werden kann, wenn das Recht zur ordentlichen Kündigung vereinbarungsgemäß ausgeschlossen ist.

Der Insolvenzverwalter ist bei Ausspruch der außerordentlichen Kündigung an die **2-Wochen-Frist** des § 626 Abs. 2 BGB gebunden (*KR-Weigand* KO, § 22 Rz. 27; *Hess* KO, § 22 Rz. 549 ff.; *Grunsky* a. a. O. S. 33). Für den Lauf der Frist ist der Zeitpunkt der Kenntniserlangung des Insolvenzverwalters als Kündigungsberechtigtem entscheidend. Da der Insolvenzverwalter mit Übernahme seines Amtes lediglich in die Rechte und Pflichten des Schuldners eintritt, muß er allerdings bei einem vor Insolvenzeröffnung liegenden wichtigen Kündigungsgrund dartun und ggf. beweisen, daß die Kündigung nicht bereits durch eine frühere Kenntnis des Schuldners vom Kündigungssachverhalt verfristet ist (*KR-Weigand* KO, § 22 Rz. 27 unter Hinweis auf *LAG Stuttgart* 18. 12. 1980 – 11 Sa 86/80 –).

V. Massenentlassung in der Insolvenz

Der dritte Abschnitt des Kündigungsschutzgesetzes regelt das von dem Arbeitgeber zu beachtende Verfahren bei Massenentlassungen. Der Arbeitgeber ist unter den Voraussetzungen der §§ 17 ff. KSchG verpflichtet, dem Arbeitsamt **Anzeige** zu erstatten. Entlassungen, die nach § 17 KSchG anzuzeigen sind, werden vor Ablauf eines Monats nach Eingang der Anzeige beim Arbeitsamt nur mit Zustimmung des Landesarbeitsamtes wirksam; die Zustimmung kann auch rückwirkend bis zum Tage der Antragstellung erteilt werden. 41

Der Individualkündigungsschutz des ersten Abschnittes des Kündigungsschutzgesetzes bleibt von den §§ 17 ff. KSchG unberührt und wird durch die Regelungen bei Massenkündigungen weder erweitert noch eingeschränkt (*BAG* 06. 12. 1973, EzA § 1 KSchG Nr. 1). Die Vorschriften der §§ 17 ff. KSchG verfolgen einen **arbeitsmarktpolitischen Zweck**. 42

Der **Insolvenzverwalter** unterliegt den Anzeige- und Unterrichtungspflichten nach den §§ 17 ff. KSchG ebenso wie der Schuldner (*BAG* 06. 06. 1974 – 5 AZR 286/81 –; *BSG* 05. 12. 1978 DB 1979, 1283; *Jaeger/Henckel* KO, § 22 Rz. 35). 43

Die Massenentlassungsanzeige ist **schriftlich** unter Beifügung der Stellungnahme des Betriebsrats zu den Entlassungen zu erstatten (§ 17 Abs. 3 Satz 1 KSchG). **Telefax** ist zur Erfüllung der Schriftform ausreichend (*Kittner/Trittin* KSchR, § 17 Rz. 40 unter Hinweis auf BAG 24. 06. 1986, DB 1987, 183). Im Insolvenzfalle ist der Verwalter für die Anzeigenerstattung zuständig (*BSG* 21. 03. 1978, BSGE 4699; *LAG Hamm* 21. 05. 1985, ZIP 1986, 246). 44

Die Anzeige ist **rechtzeitig** vor den Entlassungen zu erstatten, allerdings nicht notwendigerweise vor Ausspruch der Kündigungen (*BAG* 31. 07. 1986, EzA § 17 KSchG Nr. 3) bzw. vor dem Abschluß der Aufhebungsverträge. 45

Bei der Ermittlung der **regelmäßigen Beschäftigtenzahl** (§ 17 Abs. 1 KSchG) ist auf den Zeitpunkt der Entlassung, d. h. der Beendigung des Arbeitsverhältnisses, abzustellen. Maßgeblich ist jedoch nicht die tatsächliche Beschäftigtenzahl zu diesem 46

Zeitpunkt, sondern die normale Beschäftigtenzahl des Betriebes, d. h. diejenige Personalstärke, die für den Betrieb im allgemeinen kennzeichnend ist (*BAG* 31. 07. 1986 a. a. O.).

47 Im Falle einer **Betriebsstillegung** kommt jedoch nur ein Rückblick auf die bisherige Belegschaftsstärke infrage. Entscheidend ist dann, wann der Arbeitgeber noch eine regelmäßige Betriebstätigkeit entwickelt und wieviel Arbeitnehmer er hierfür eingesetzt hat (*BAG* a. a. O.).

48 Der im Zeitpunkt des Stillegungsbeschlusses vorhandene Personalbestand bleibt auch dann für die Anzeigepflicht nach § 17 Abs 1 KSchG maßgebend, wenn der Arbeitgeber zunächst allen Arbeitnehmern zu dem vorgesehenen Stillegungstermin kündigt und später er oder der Insolvenzverwalter wegen zwischenzeitlich eingetretenem Vermögensverfalls zum selben Termin vorsorglich nochmals kündigt (*BAG* 08. 06. 1989 NZW 1990, 224).

49 Die **regelmäßige Sperrfrist** nach § 18 Abs. 1 KSchG beträgt **1 Monat**; sie kann nur mit Zustimmung des Arbeitsamtes verkürzt werden. Die Zustimmung kann auch rückwirkend bis zum Tage der Antragstellung erteilt werden.

50 Im **Einzelfall** kann die Sperrfrist auf **längstens 2 Monate** verlängert werden (§ 18 Abs. 2 KSchG). Der für die Entscheidung des Landesarbeitsamtes nach § 18 Abs. 1 und 2 KSchG zuständige Ausschuß (§ 20 KSchG) hat bei der Festsetzung der Entlassungssperrfrist sowohl das Interesse des Arbeitgebers als auch das der zu entlassenden Arbeitnehmer, das öffentliche Interesse und die Lage des gesamten Arbeitsmarktes unter besonderer Beachtung des Wirtschaftszweiges, dem der Betrieb angehört, zu berücksichtigen (§ 20 Abs. 3 Satz 1 KSchG). § 18 KSchG ist allerdings keine Schutzvorschrift für die Bundesanstalt für Arbeit zur Vermeidung von Leistungen an Arbeitslose; sie dient vielmehr dazu, eine Klärung des Sachverhalts sowie Hilfsmaßnahmen zur Vermeidung oder Einschränkung von Entlassungen oder aber auch die alsbaldige Unterbringung der gekündigten Arbeitnehmer in einem Arbeitsverhältnis zu ermöglichen. Nur zur Erreichung dieser Ziele darf daher die Sperrfrist verlängert werden (*BayLSG* 08. 08. 1985 NZA 1986, 654). In der **Insolvenz** ist danach eine **Verlängerung** der Sperrfrist regelmäßig **ausgeschlossen**.

51 Auch die in der Praxis häufig anzutreffende **Zustimmung zur Massenentlassung unter Auflagen**, insbesondere unter der Auflage der Zahlung einer Abfindung, erscheint im Insolvenzausfall nicht ermessensgerecht (vgl. *Jaeger/Henckel* KO, § 22 Rz. 35; *Hess* KO, § 22 Rz. 477 ff.). *Hess* weist zu Recht darauf hin, daß das Landesarbeitsamt sein Ermessen grundsätzlich nur dann richtig ausübt, wenn es darauf achtet, daß die Sperrfrist nicht länger als die zu beachtenden Kündigungsfristen läuft. Des weiteren ist die Arbeitsverwaltung bei Massenentlassungen nicht berechtigt, ihre Zustimmung von Auflagen abhängig zu machen, die die Masse über Gebühr belasten und die bereits in der InsO durch Anerkennung von Arbeitnehmerforderungen als Masseschulden berücksichtigt sind.

Nach früherem Recht hatte das Landesarbeitsamt vor seiner Entscheidung nach § 18 Abs. 1 KSchG zu prüfen, ob die Entlassungen rechtzeitig mitgeteilt worden sind. War der Gemeinschuldner seiner Meldepflicht nach § 8 AFG a. F. nicht rechtzeitig nachgekommen, so war die Ablehnung der Verkürzung der Sperrfrist nicht ermessensfehlerhaft (*BSG* 21. 03. 1978 NJW 1980, 2430). Mit Inkrafttreten des SGB III in der Fassung vom 16. 12. 1997 (1. SGB III-Änderungsgesetz) hat der Gesetzgeber die Meldepflicht bei Massenentlassungen abgeschafft.

52 Zu beachten ist aber, daß die Richtlinie 98/59/EG des Rates der EG vom 20. 07. 1998 zur Angleichung der Rechtsvorschriften der Mitgliedsstaaten über Massenentlassungen am

Vor §§ 113 ff.

01. 09. 1998 in Kraft getreten ist (abgedruckt im *Amtsblatt der Europäischen Gemeinschaften* Nr. L 225 v. 12. 08. 1998 S. 16 ff.). Nach erster Einschätzung ist davon auszugehen, daß der Inhalt dieser Richtlinie im wesentlichen durch die §§ 17 ff. KSchG in das deutsche Recht umgesetzt ist (vgl. DB 1998, 1818).

Stimmt das Landesarbeitsamt einer nach § 17 KSchG anzeigepflichtigen Entlassung zu einem bestimmten Zeitpunkt durch bestandskräftigen Verwaltungsakt zu und stellt damit inzident fest, daß eine wirksame Massenentlassungsanzeige vorlag, so sind die Arbeitsgerichte durch die Bestandskraft des Verwaltungsakts gehindert, im Kündigungsschutzprozeß die Entscheidung der Arbeitsverwaltung nachzuprüfen (*BAG* 24. 10. 1996 – 2 AZR 895/95 –). 53

Die Insolvenzordnung läßt die Anzeigepflicht bei Massenentlassungen nach § 17 KSchG unberührt. Lediglich in **§ 125 Abs. 2** ist bestimmt, daß der Interessenausgleich nach § 125 Abs. 1 die Stellungnahme des Betriebsrats nach § 17 Abs. 3 Satz 2 KSchG ersetzt. 54

C. Betriebsübergang und Haftung des Betriebserwerbers in der Insolvenz

I. Zur Anwendbarkeit des § 613 a BGB in der Insolvenz

Wenn es im Zuge eines Insolvenzfalls mit oder ohne, vor oder nach Eröffnung eines Insolvenzverfahrens zu der Veräußerung eines Betriebes oder Betriebsteils an einen neuen Inhaber kommt, tritt dieser gemäß § 613 a Abs. 1 Satz 1 BGB in die Rechte und Pflichten aus den im Zeitpunkt des Übergangs bestehenden Arbeitsverhältnissen ein. Sind diese Rechte und Pflichten durch Rechtsnormen eines Tarifvertrages oder durch eine Betriebsvereinbarung geregelt, so werden sie Inhalt des Arbeitsverhältnisses zwischen dem neuen Inhaber und dem Arbeitnehmer und dürfen nicht vor Ablauf eines Jahres nach dem Zeitpunkt des Übergangs zum Nachteil des Arbeitnehmers geändert werden. **§ 613 a BGB** ist daher auch bei einem Betriebsübergang in der Insolvenz **grundsätzlich anwendbar**. 55

Erfolgt die Veräußerung eines Betriebes oder Betriebsteiles jedoch nach der **Eröffnung des Insolvenzverfahrens** durch den Insolvenzverwalter, tritt die Rechtsfolge des Übergangs aller rückständigen Verbindlichkeiten aus den übergegangenen Arbeitsverhältnissen auf den neuen Inhaber gemäß § 613 a Abs. 1 BGB **nur eingeschränkt** ein. Die maßgebende Überlegung für die eingeschränkte Anwendung des § 613 a BGB im Falle der Veräußerung durch den Insolvenzverwalter ist die insolvenzrechtliche Erwägung, daß der Grundsatz der Gläubigerbefriedigung nach Maßgabe der Regeln des gerichtlichen Verfahrens der InsO durchbrochen wäre, wenn sich die Übernahme der Haftung für rückständige Ansprüche aus den Arbeitsverhältnissen bei der Ermittlung des Kaufpreises für den Betrieb oder Betriebsteil negativ auswirkt (*BAG* 20. 11. 1984 EzA § 613 a BGB Nr. 41). Eine einschränkungslose Übernahme der Haftung für rückständige Verbindlichkeiten aus den Arbeitsverhältnissen aus der Zeit vor Insolvenzeröffnung würde zu einer mit den Grundsätzen des Insolvenzverfahrens nicht zu vereinbarenden ungleichen Lastenverteilung führen, da die übernommene Belegschaft einen neuen zahlungskräftigen Schuldner für die schon entstandenen Ansprüche erhielte und dieser Vorteil letztlich durch die übrigen Gläubiger des Insolvenzverfahrens insoweit zu finanzieren wäre, als die Übernahme dieser Verbindlichkeiten in der Bemessung des Kaufpreises mit dem Betriebserwerber regelmäßig berücksichtigt wird. 56

57 Aus diesen Gründen ist § 613a BGB bei der Veräußerung eines Betriebes in einem Insolvenzverfahren nicht anwendbar, soweit die Vorschrift die Haftung des Betriebserwerbers für bereits vor Insolvenzeröffnung entstandene Ansprüche vorsieht. Insoweit haben die Verteilungsgrundsätze des Insolvenzverfahrens Vorrang (grundlegend *BAG* 17. 01. 1980 EzA § 613a BGB Nr. 24).

58 Aus diesem Grunde nehmen insbesondere sowohl unverfallbare Anwartschaften auf Leistungen der betrieblichen Altersversorgung wie auch verfallbare Versorgungsanwartschaften mit dem bis zur Verfahrenseröffnung erdienten Wert am Insolvenzverfahren des Schuldners teil und gehen nicht auf den Erwerber über (*BAG* 29. 10. 1985 EzA § 613a BGB Nr. 52).

59 Die eingeschränkte Anwendbarkeit der Bestimmungen des § 613a BGB bei Übernahme eines Betriebs oder Betriebsteils aus dem eröffneten Insolvenzverfahren führt zu der Notwendigkeit der zeitlichen Zuordnung von vor der Eröffnung des Insolvenzverfahrens ganz oder teilweise entstandenen Ansprüchen.

60 Anders ist die Lage jedoch, wenn das Insolvenzverfahren **nicht vor** oder **erst später** eröffnet wird: Wird ein konkursfreier Betrieb **vor Insolvenzeröffnung** durch Verwertung im Rahmen der Insolvenz veräußert oder verpachtet, gelten die Bestimmungen des § 613a BGB uneingeschränkt mit der Folge, daß der Erwerber auch für sämtliche bisher entstandenen Ansprüche ohne Einschränkung einstehen muß (*BAG* 15. 11. 1978 EzA § 613a BGB Nr. 21).

61 Würde man in einem solchen Fall ohne Eröffnung des Insolvenzverfahrens die Veräußerung oder Verpachtung des Betriebes an einen anderen Inhaber von der Geltung des § 613a BGB ausnehmen, würde dies zu dem absurden Ergebnis führen, daß ein insolvenzreifes Unternehmen nur vorübergehend eine Auffanggesellschaft gründen und die laufenden Geschäfte treuhänderisch betreiben lassen müßte, um sich von seiner Belegschaft und den rückständigen Verpflichtungen aus den Arbeitsverhältnissen lösen zu können. Liquidationen außerhalb des Insolvenzverfahrens können daher nicht zu einer Einschränkung der Haftung des § 613a BGB führen (ausdrückl. *BAG* 20. 11. 1984 EzA § 613a BGB Nr. 41).

62 Für die Beurteilung der Frage, ob ein Betrieb im Rahmen eines Insolvenzverfahrens oder außerhalb eines Insolvenzverfahrens übergeht, kommt es somit auf den **Zeitpunkt** der Insolvenzeröffnung und auf den Zeitpunkt der Betriebsübernahme an. Für die Bestimmung des Zeitpunkts der Betriebsübernahme stellt sich damit die Frage nach den tatbestandlichen Voraussetzungen für die Anwendbarkeit des § 613a BGB.

63 Die durch die Eröffnung des Insolvenzverfahrens eingetretene **Haftungsbeschränkung** des Betriebserwerbers durch eingeschränkte Anwendung des § 613a BGB wird durch die **spätere Einstellung des Insolvenzverfahrens** mangels einer die Kosten des Verfahrens deckenden Masse (§ 207 KO) **nicht berührt** (vgl. *BAG* 11. 02. 1992 EzA § 613a BGB Nr. 97 zum früheren Recht nach § 207 KO).

64 Diese Rechtsprechung ist jedoch nicht auf den Fall anwendbar, daß die Eröffnung des Insolvenzverfahrens von vornherein mangels Masse abgelehnt wird (*BAG* 11. 02. 1992 a. a. O.).

65 Diese Rechtsprechung erscheint deshalb bedenklich, weil sie am Insolvenzverfahren beteiligte Entscheidungsträger veranlassen kann, einen Beschluß über die Eröffnung des Insolvenzverfahrens nur deshalb herbeizuführen, um eine spätere Veräußerung des Betriebes nach der Einstellung des Insolvenzverfahrens an einen Erwerber ohne Belastung aus § 613a BGB zu ermöglichen, obwohl bei zutreffender Entscheidung der Beschluß über die Eröffnung des Insolvenzverfahrens gar nicht hätte ergehen dürfen. Diese Rechtsprechung über die eingeschränkte Anwendbarkeit des § 613a BGB

Vor §§ 113 ff.

wird daher um eine Möglichkeit der Korrektur von Mißbrauchsvarianten zu ergänzen sein.

II. Tatbestandliche Voraussetzungen des Betriebsübergangs

Für die Zuordnung des **Zeitpunkts** des Betriebsübergangs zu dem Zeitpunkt der 66
Insolvenzeröffnung und für die daran anknüpfende Entscheidung über die uneingeschränkte oder eingeschränkte Anwendbarkeit des § 613 a BGB kommt es entscheidend auf die Feststellung an, **wann** ein Betriebsübergang erfolgt ist.

Hierbei ist nicht der Abschluß des Vertrages als Rechtsgeschäft i. S. d. § 613 a Abs. 1 67
BGB maßgebend, wenn der Erwerber die arbeitstechnischen Zwecke des Betriebes unter **Nutzung der Betriebsmittel** bereits zu einem Zeitpunkt vor dem Vertragsschluß und/oder vor der Eigentumsübertragung ausübt (*BAG* 12. 11. 1991, EzA § 613 a BGB Nr. 96).

Der Zeitpunkt des Beginns der »Eigensubstrat-Nutzung« ist in diesen Fällen der Zeit- 68
punkt des Übergangs der Arbeitsverhältnisse (*BAG* 27. 04. 1995, EzA § 613 a BGB Nr. 126).

Wenn die Betriebsmittel in einzelnen Schritten dem Erwerber übertragen werden, kommt 69
es insofern auf eine Gesamtbeurteilung an (*BAG* 16. 02. 1993, EzA § 613 a BGB Nr. 106).

Ein Sonderproblem ergibt sich, wenn der Erwerber den Betrieb oder Betriebsteil durch 70
Rechtsgeschäft vom Insolvenzverwalter übernimmt, um eine **örtliche Verlagerung** des Betriebes durchzuführen und den Betrieb an einem anderen Ort fortzuführen, nicht jedoch am bisherigen Standort. Verlagert der Erwerber den Betrieb an einen Ort, an dem die Arbeitnehmer nach dem Inhalt ihrer bestehenden Arbeitsverhältnisse nicht zur Arbeitsleistung verpflichtet sind, so tritt ein Übergang der Rechte und Pflichten aus den zum Zeitpunkt des Übergangs bestehenden Arbeitsverhältnissen nach § 613 a BGB nur für diejenigen Arbeitnehmer ein, »die bereit sind, die Arbeit am neuen Leistungsort zu bringen« (*BAG* 20. 04. 1989, EzA § 1 KSchG – betriebsbedingte Kündigung Nr. 61).

Für die Beurteilung der Frage, ob und wann die wesentlichen Betriebsmittel übergegan- 71
gen sind, kann es auch auf das Know-how einzelner Arbeitnehmer ankommen, wenn andere sächliche und/oder immaterielle Betriebsmittel auf den Erwerber übergegangen sind und das Know-how des Betriebes überwiegend in der Person eines einzelnen Arbeitnehmers verkörpert wird, der im allseitigen Einverständnis zu dem Erwerber überwechselt (*BAG* 09. 02. 1994, EzA § 613 a BGB Nr. 115).

Auf das **Know how** und auf die **Übernahme von Arbeitnehmern** kann es für die 72
Beurteilung der Frage des Vorliegens eines Betriebs- (Teil) Übergangs in Branchen ankommen, in denen es im wesentlichen auf die menschliche Arbeitskraft ankommt. In solchen Branchen kann eine Gesamtheit von Arbeitnehmern, die durch eine gemeinsame Tätigkeit dauerhaft verbunden sind, eine wirtschaftliche Einheit darstellen und es kann eine solche Einheit ihre Identität über ihren Übergang hinaus bewahren, wenn der neue Unternehmensinhaber nicht nur die betreffende Tätigkeit weiterführt, sondern auch einen nach Zahl und Sachkunde wesentlichen Teil des Personals übernimmt, das sein Vorgänger gezielt bei dieser Tätigkeit eingesetzt hatte. Denn in diesem Fall erwirbt der neue Unternehmensinhaber eine organisierte Gesamtheit von Faktoren, die ihm die Fortsetzung der Tätigkeiten oder bestimmter Tätigkeiten des übertragenden Unternehmens auf Dauer erlaubt (*EuGH* 11. 03. 1997, EzA § 613 a BGB Nr. 145, Ziff. 21). In

diesen Fällen kommt der Übernahme des Personals ein **gleichwertiger Rang** neben den anderen möglichen Kriterien zur Annahme eines Betriebsübergangs zu (*BAG* 22. 05. 1997, EzA § 613 a BGB Nr. 149).

73 Für die Beurteilung der tatbestandlichen Voraussetzungen eines Betriebsübergangs gem. § 613 a BGB muß eine **Gesamtbeurteilung aller Faktoren im Einzelfall** erfolgen. Dazu gehören namentlich die **Art** des betreffenden Unternehmens oder Betriebes, der etwaige Übergang der **materiellen Betriebsmittel**, wie Gebäude und bewegliche Güter, der Wert der **immateriellen Aktiva** im Zeitpunkt des Übergangs, die etwaige **Übernahme der Hauptbelegschaft** durch den neuen Inhaber, der etwaige Übergang der **Kundschaft** sowie der **Grad der Ähnlichkeit** zwischen den vor und nach dem Übergang verrichteten Tätigkeiten und die **Dauer einer evtl. Unterbrechung** dieser Tätigkeit. Diese Umstände sind jedoch nur Teilaspekte der vorzunehmenden Gesamtbewertung und dürfen deshalb nicht isoliert betrachtet werden (*EuGH* 11. 03. 1997, EzA § 613 a BGB Nr. 145 Ziff. 14). Die Richtlinie 77/187/EWG des Rates vom 14. 02. 1977 zur Angleichung der Rechtsvorschriften der Mitgliedsstaaten über die Wahrung von Ansprüchen der Arbeitnehmer beim Übergang von Unternehmen, Betrieben oder Unternehmens- oder Betriebsteilen ist durch die Richtlinie 98/50 vom 29. 06. 1998 dieser Entwicklung der Rechtsprechung des EuGH angepaßt und modifiziert worden. Auch nach der geänderten Richtlinie kommt es nunmehr auf den Übergang **einer ihre Identität bewahrenden wirtschaftlichen Einheit im Sinne einer organisierten Zusammenfassung von Ressourcen zur Verfolgung einer wirtschaftlichen Haupt- oder Nebentätigkeit** an.

Die Richtlinie in der Fassung vom 29. 06. 1998 (ABl. Nr. L201 vom 17. 07. 1998, S. 88) sieht nunmehr in Art. 4a Abs. 1 als Regelfall die Nichtanwendbarkeit für das Insolvenzverfahren mit dem Ziel der Auflösung des Vermögens vor und stellt diese Anwendbarkeit in die Regelungskompetenz der Mitgliedsstaaten.

Die Richtlinie vom 29. 06. 1998 untersagt den Mitgliedsstaaten die Ausklammerung befristeter Beschäftigungsverhältnisse und die Ausklammerung von Leiharbeitsverhältnissen aus dem Geltungsbereich der Richtlinie und erweitert die Informationspflichten des Veräußerers gegenüber den Arbeitnehmervertretungen, gegenüber dem Erwerber und gegenüber den betroffenen Arbeitnehmern selbst.

Die nationale Umsetzung der Richtlinie ist den Mitgliedsstaaten bis zum 17. 07. 2001 vorgegeben.

74 Eine **Funktionsnachfolge allein** ist kein Betriebsübergang, wenn etwa eine Reinigungsfirma den Auftrag zur Reinigung eines bestimmten Objekts an eine Wettbewerbsfirma verliert und es nicht zu einer Übernahme einer organisierten Gesamtheit von Arbeitnehmern kommt (*BAG* 13. 11. 1997, EzA § 613 a BGB Nr. 154).

75 Soweit es auf die **sächlichen Betriebsmittel** ankommen soll, sind einem Betrieb i. S. v. § 613 a BGB auch solche Gebäude, Maschinen, Werkzeuge oder Einrichtungsgegenstände als sächliche Betriebsmittel zuzurechnen, die nicht im Eigentum des Betriebsinhabers stehen, sondern die dieser aufgrund einer mit einem Dritten getroffenen **Nutzungsvereinbarung** zur Erfüllung seines Betriebszwecks einsetzen kann. Die Nutzungsvereinbarung kann als Pacht, Nießbrauch oder als untypischer Vertrag ausgestaltet sein (*BAG* 11. 12. 1997, EzA § 613 a BGB Nr. 159).

76 Der Arbeitnehmer kann einem **Übergang** seines Arbeitsverhältnisses gem. § 613 a BGB **widersprechen**, ohne für die Ausübung dieses Widerspruchsrechts im Einzelfall auf bestimmte Gründe angewiesen zu sein (*BAG* 22. 04. 1993, ZIP 1994, 391).

Macht der Arbeitnehmer von diesem Widerspruchsrecht Gebrauch, **bleibt** sein Arbeitsverhältnis beim **alten Arbeitgeber**.

Vor §§ 113 ff.

Der Widerspruch des Arbeitnehmers gegen den Übergang seines Arbeitsverhältnisses gem. § 613a Abs. 1 Satz 1 BGB ist im Regelfall bis zum **Zeitpunkt des Betriebsübergangs** zeitlich unbefristet zulässig (*BAG* 19. 03. 1998, ZIP 1998, 1080).
Wird der Arbeitnehmer nach Ausübung seines Widerspruchsrechts bei seinem alten Arbeitgeber tatsächlich nicht weiter beschäftigt und weiter bezahlt, kann die Ausübung des Widerspruchsrechts und das Unterlassen einer Tätigkeit bei dem neuen Betriebsinhaber als böswilliges Unterlassen eines zumutbaren Erwerbs i.S.v. § 615 BGB zum **Verlust der Vergütungsansprüche** führen (*BAG* 19. 03. 1998, ZIP 1998, 1080).
Geht das Arbeitsverhältnis durch Betriebsübergang oder Betriebsteilübergang nach 77
§ 613a BGB auf einen Rechtsnachfolger des alten Arbeitgebers über und besteht deshalb über den Zeitpunkt des Insolvenzereignisses hinaus fort, ist ein Anspruch auf Urlaubsabgeltung nicht insolvenzgeldfähig (*BSG* 30. 06. 1997, ZIP 1998, 483).

III. Umfang der Haftung des Betriebserwerbers

Geht ein zum Vermögen des Schuldners gehörender Betrieb oder Betriebsteil nach 78
Eröffnung des Insolvenzverfahrens durch Rechtsgeschäft auf einen anderen Inhaber über, so haftet der Betriebserwerber **uneingeschränkt** für alle Ansprüche aus den gem. § 613a Abs. 1 BGB übergegangenen Arbeitsverhältnisse, die **nach dem Zeitpunkt des Übergangs** entstehen.
Da die Haftungserleichterung durch Einschränkung des Anwendungsbereichs des 79
§ 613a BGB mit der Geltung der Verteilungsgrundsätze des Insolvenzverfahrens nach dessen Eröffnung begründet wird (*BAG* 17. 01. 1980, EzA § 613a BGB Nr. 24), kann diese Haftungsprivilegierung des Betriebserwerbers nur für solche rückständigen Ansprüche aus Arbeitsverhältnissen zum Tragen kommen, die durch den Arbeitnehmer im Insolvenzverfahren geltend gemacht werden können. Hieraus ergibt sich insbesondere für **Sonderzahlungen und Gratifikationen** die Notwendigkeit der zeitlichen Zuordnung der Ansprüche, die sich an dem **Zweck** der Zahlung anhand der im Tarifvertrag oder Einzelvertrag normierten Voraussetzungen, der Ausschluß- und Kürzungstatbestände ergibt (*BAG* 24. 03. 1993, EzA § 611 BGB – Gratifikation Prämie Nr. 102).
Danach handelt es sich um einen Vergütungsbestandteil mit Entgeltcharakter, wenn eine 80
arbeitsleistungsbezogene Sonderzahlung als Vergütungsbestandteil in den jeweiligen Arbeitsmonaten verdient, jedoch aufgespart und erst dann am vereinbarten Fälligkeitstag ausbezahlt wird. Ansprüche auf derartige Sonderzahlungen mit Entgeltcharakter nehmen in dem Umfang des auf die Zeit vor Insolvenzeröffnung entfallenden Zeitanteilsfaktors am Insolvenzverfahren teil und gehen in diesem Umfang nicht auf den Betriebserwerber über. Der Betriebserwerber haftet nur für den nach Insolvenzeröffnung zeitanteilig entstandenen Anteil dieser Sonderzahlung.
Ergibt sich jedoch aus den definierten Voraussetzungen und Konditionen für die Sonder- 81
zahlung, daß der Anspruch erst am Fälligkeitstage entstehen soll und liegt dieser Fälligkeitstag nach Insolvenzeröffnung, haftet auch der Betriebserwerber hierfür in **vollem Umfang** (*BAG* 11. 10. 1995, EzA § 611 BGB – Gratifikation Prämie Nr. 132).
Für die zeitanteilige Zuordnung gelten die Grundsätze für die zeitliche Zuordnung des 82
Arbeitsentgelts zum Insolvenzgeld-Zeitraum entsprechend.
Im **Anhang zu § 113** werden die **Vergütungsansprüche** des Arbeitnehmers in der 83
Insolvenz und das **Insolvenzgeld** behandelt.
Im Anhang 3 wird die **betriebliche Altersversorgung** in der Insolvenz behandelt. 84

§ 113
Kündigung eines Dienstverhältnisses → §§ 22, 26 KO

(1) ¹Ein Dienstverhältnis, bei dem der Schuldner der Dienstberechtigte ist, kann vom Insolvenzverwalter und vom anderen Teil ohne Rücksicht auf eine vereinbarte Vertragsdauer oder einen vereinbarten Ausschluß des Rechts zur ordentlichen Kündigung gekündigt werden. ²Die Kündigungsfrist beträgt drei Monate zum Monatsende, wenn nicht eine kürzere Frist maßgeblich ist. ³Kündigt der Verwalter, so kann der andere Teil wegen der vorzeitigen Beendigung des Dienstverhältnisses als Insolvenzgläubiger Schadenersatz verlangen.

(2) ¹Will ein Arbeitnehmer geltend machen, daß die Kündigung seines Arbeitsverhältnisses durch den Insolvenzverwalter unwirksam ist, so muß er auch dann innerhalb von drei Wochen nach Zugang der Kündigung Klage beim Arbeitsgericht erheben, wenn er sich für die Unwirksamkeit der Kündigung auf andere als die in § 1 Abs. 2 und 3 des Kündigungsschutzgesetzes bezeichneten Gründe beruft. ²§ 4 Satz 4 und § 5 des Kündigungsschutzgesetzes gelten entsprechend.

Inhaltsübersicht: Rz.

A. Anwendungsbereich	1– 24
I. Kündigung	1– 11
II. Dienstverhältnis	12– 21
1. Dienstverhältnis von Organen	14– 16
2. Berufsausbildungsverhältnis	17– 21
III. Abgrenzung zu § 103	22– 24
B. Kündigungsfrist (§ 113 Abs. 1 Satz 2)	25– 31
I. Höchstfrist	25– 26
II. Befristetes Arbeitsverhältnis	27
III. Vereinbarter Kündigungsausschluß	28– 31
1. Einzelvertraglicher Kündigungsausschluß	28
2. Tariflicher Kündigungsausschluß	29– 31
C. Sonderkündigungsschutz	32– 76
I. Schutz der Betriebsratsmitglieder	33– 55
1. Ausschluß der ordentlichen Kündigung gemäß § 15 Abs. 1–3 KSchG	33– 36
2. Ordentliche Kündigung bei Betriebsstillegung	37– 44
3. Ordentliche Kündigung bei Stillegung einer Betriebsabteilung	45– 55
II. Schwerbehindertenschutz	56– 63
III. Mutterschutz	64– 71
IV. Sonderkündigungsschutz für Wehrdienstleistende	72– 73
V. Abgeordnetenschutz	74– 75
VI. Kündigungsschutz der Auszubildenden	76
D. Rechtsfolgen der Kündigung	77–110
I. Schadensersatz gemäß § 113 Abs. 1 Satz 3	77– 87
II. Schadensersatz gemäß § 628 Abs. 2 BGB	88– 92
III. Nachvertragliches Wettbewerbsverbot	93–106
1. Vor Insolvenzeröffnung ausgeschiedene Arbeitnehmer	95– 98
2. Nach Insolvenzeröffnung ausscheidende Arbeitnehmer	99–101
3. Rang des Karenzentschädigungsanspruchs	102–106
IV. Abfindungsanspruch gemäß §§ 9, 10 KSchG	107
V. Zeugnis	108–110
E. Klageerhebungsfrist (§ 113 Abs. 2)	111–115

§ 113

Literatur:

(siehe vor § 113, S. 694)

A. Anwendungsbereich

I. Kündigung

Der in § 113 verwendete Begriff der Kündigung ist weit zu verstehen; sowohl die **1** Beendigungskündigung als auch die Änderungskündigung werden erfaßt; letzteres ist selbstverständlich, da in der Insolvenz das Kündigungsschutzgesetz und damit auch § 2 KSchG gilt. Gleichwohl hat sich der Rechtsausschuß in seinem Bericht zu § 113 wegen der großen praktischen Bedeutung der Änderungskündigung in der Insolvenz veranlaßt gesehen, dies ausdrücklich hervorzuheben (vgl. Bericht des Rechtsausschusses zu § 127 des Regierungsentwurfs BT-Drucks. 12/7302, S. 169; vgl. auch *Schrader* NZA 1997, 70).
Weiterhin gilt das Kündigungsrecht für beide Teile, also auch für den Dienstnehmer. Der Dienstnehmer hat das Kündigungsrecht nach zutreffender h. M. auch dann, wenn das Dienstverhältnis **noch nicht angetreten** ist. Mangels einer § 103 entsprechenden Vorschrift ist eine analoge Anwendung von § 113 Abs. 1 für das noch nicht angetretene Dienstverhältnis geboten; wenn der Dienstnehmer sogar ein schon angetretenes Dienstverhältnis kündigen kann, so muß ihm diese Möglichkeit vor Antritt erst recht zugestanden werden (*Jaeger/Henckel* KO, § 22 Rz. 12; *KR-Weigand* KO, § 22 Rz. 29; *Hueck/Nipperdey* I S. 615; *Marotzke* S. 247; *Heinze* in: *Gottwald* Insolvenzrechtshandbuch, § 96 Rz. 180).
Teilweise wird auch vertreten, daß der Dienstnehmer das noch nicht angetretene Dienst- **2** verhältnis bei Insolvenzeröffnung **außerordentlich** kündigen kann (*Brill/Matthes/Oehmann* S. 26). Der h. M. ist der Vorzug einzuräumen, da die Insolvenzeröffnung als solche grundsätzlich keinen wichtigen Grund i. S. d. § 626 Abs. 1 BGB bildet.
Ausnahmsweise soll dem Dienstnehmer/Arbeitnehmer das außerordentliche Kündi- **3** gungsrecht dann zustehen, wenn die Insolvenzmasse noch nicht einmal die Masseschulden abdeckt (*KR-Weigand* a.a.O., Rz. 30 m.w.N.; a.A. *LAG Hamm* 06. 12. 1967 BB 1968, 218, unter Hinweis darauf, daß den besonderen Verhältnissen der Insolvenz, insbesondere der Unzulänglichkeit der Insolvenzmasse, durch die Regelung des § 22 KO bereits Rechnung getragen sei).
Andere wichtige Gründe im Umfeld der Insolvenz können es allerdings dem Dienstneh- **4** mer/Arbeitnehmer unzumutbar machen, den Ablauf der Kündigungsfrist hinzunehmen. Dies gilt namentlich für den Fall, daß der Schuldner oder Insolvenzverwalter erhebliche Zeit oder mit einem erheblichen Vergütungsbetrag in Rückstand geraten ist und der Arbeitnehmer ihn vor Kündigung zur Zahlung aufgefordert hat (*BAG* AP Nr. 1 zu § 448 ZPO; *Schaub* § 125 VIII. 7.; derselbe erkennt in der Insolvenz das außerordentliche Kündigungsrecht des Arbeitnehmers an, wenn die Vergütungsforderungen, die nach Insolvenzeröffnung entstehen, aus der Masse nicht gedeckt werden können).
Allein die Tatsache, daß dem Arbeitnehmer von dritter Seite ein Angebot zum Abschluß **5** eines Arbeitsvertrages zu wesentlich günstigeren Konditionen unterbreitet worden ist, führt nicht zur Entstehung des außerordentlichen Kündigungsrechts. Dem Arbeitnehmer wird zugemutet, das Arbeitsverhältnis bis zum Ablauf der insolvenzspezifischen Kündigungsfrist fortzusetzen, auch wenn er dadurch die Aussicht auf die besseren Arbeitsbe-

dingungen verliert. Die Grundsätze der Vertragstreue, der Rechtssicherheit und des ultima-ratio-Prinzips bei der außerordentlichen Kündigung gelten auch bei der arbeitnehmerseitigen Kündigung (*LAG Schleswig-Holstein* 30. 01. 1991 LAGE § 626 BGB Nr. 55).

6 Gerade in der Insolvenz kann z.B. eine teilweise Fortführung des Betriebes davon abhängen, daß der Insolvenzverwalter auf eingearbeitete Arbeitskräfte nicht unter Mißachtung der Kündigungsfrist verzichten muß (so auch *Grunsky* a.a.O., S. 47).

7 Dem Arbeitnehmer steht auch nicht deshalb ein außerordentliches Kündigungsrecht zu, weil der Arbeitgeber die **Insolvenz verschuldet** hat (*Hess* KO, § 22 Rz. 858; *Heinze* a.a.O., § 96 Rz. 181). Hieraus können allenfalls Schadenersatzansprüche gemäß § 628 Abs. 2 BGB bzw. aus positiver Vertragsverletzung resultieren (*KR-Weigand* BGB, § 628 Rz. 19 m. w. N.).

8 Für die Eigenkündigung des **Auszubildenden** in der Insolvenz gilt das oben ausgeführte, jedenfalls für den Fall, daß infolge der Insolvenz der Betrieb stillgelegt wird und die Ausbildungsmöglichkeit entfällt, § 113 Abs. 1.

9 Bis zur Entscheidung des *BAG* vom 27. 05. 1993 (EzA § 22 KO Nr. 5) war höchstrichterlich ungeklärt, ob Ausbildungsverhältnisse überhaupt unter die Vorgängerregelung des § 22 KO fallen, obgleich sie keine Dienstverhältnisse sind (vgl. *ArbG Oldenburg* ZIP 1985, 952; *Hess* KO, § 22 Rz. 5; *Grunsky* EWiR, § 22 KO 2/85 501). Unter Hinweis auf § 3 Abs. 2 BBiG, wonach Ausbildungsverhältnisse wie Arbeitsverhältnisse zu behandeln sind, hat das BAG die Anwendbarkeit von § 22 KO zutreffend bejaht und für den Fall der Kündigung durch den Konkursverwalter darauf erkannt, daß das Ausbildungsverhältnis im Konkurs für den Regelfall nicht außerordentlich, sondern nur unter Einhaltung einer ordentlichen Kündigungsfrist aufgekündigt werden kann. Diese Grundsätze gelten für § 113 entsprechend.

Für die Eigenkündigung des Auszubildenden in der Insolvenz kann nichts anderes gelten. Die Insolvenzeröffnung ist für den Auszubildenden ebensowenig ein wichtiger Grund zur außerordentlichen Kündigung wie für sonstige Arbeitnehmer. Wegen des besonderen Bestandsschutzes, den der Gesetzgeber dem Auszubildenden gewährt, kann er in der Insolvenz aber auch nicht schlechtergestellt werden als die übrigen Arbeitnehmer (im Ergebnis ebenso: *KR-Weigand* KO, § 22 Rz. 10 m. w. N.).

10 Für die **außerordentliche Eigenkündigung** des Auszubildenden in der Insolvenz gelten die Beschränkungen des § 15 Abs. 2–4 BBiG (*Hess* KO, § 22 Rz. 885; *Grunsky* S. 46).

11 Auch dem **vorläufigen Verwalter** muß nach allerdings streitiger Auffassung die Kündigungsbefugnis analog § 113 zustehen, wenn dem Schuldner ein allgemeines Verfügungsverbot auferlegt worden ist. In diesem Fall gehen gemäß § 22 Abs. 1 Satz 1 die Verwaltungs- und Verfügungsbefugnis über das Vermögen des Schuldners und damit zugleich auch dessen Arbeitgeberfunktion auf den vorläufigen Insolvenzverwalter über. Das Kündigungsrecht nach § 113 muß in diesem Falle ebenso entsprechende Anwendung finden wie die §§ 120–122 und 125–128. Zur Durchführung von Betriebsänderungen bedarf es aber der Zustimmung des Insolvenzgerichts, § 22 Abs. 1 Ziffer 2 (im Ergebnis ebenso *Caspers* a.a.O., S. 237 Rz. 551; vgl. auch *Berscheid* ZIP 1997, 1569 ff.).

Die Gegenmeinung kann für sich in Anspruch nehmen, daß der vorläufige Insolvenzverwalter regelmäßig das Unternehmen fortzuführen hat, bis die Gläubigerversammlung im Berichtstermin entscheidet. Bis zu diesem Zeitpunkt ist die Aufgabe des vorläufigen Insolvenzverwalters überwiegend sichernder Natur, weshalb der Ausspruch von Kündigungen die Ausnahme bleiben sollte.

Kündigung eines Dienstverhältnisses § 113

II. Dienstverhältnis

Die dreimonatige Höchstfrist für die Kündigung im Insolvenzverfahren ist für **alle Arten** 12
von Dienstverhältnissen anwendbar, bei denen der insolvente Schuldner der Dienstberechtigte ist. Der Begriff des Dienstverhältnisses ist entsprechend der Terminologie der §§ 621, 622 BGB der Oberbegriff für das Arbeitsverhältnis und für das Vertragsverhältnis über die Leistung von Diensten anderer Art. Neben den Arbeitsverhältnissen von Arbeitern und Angestellten, für die seit dem Inkrafttreten des Kündigungsfristengesetzes die gesetzlichen Kündigungsfristen in § 622 BGB zusammengefaßt sind, werden auch die Dienstverhältnisse erfaßt, für die sich die gesetzlichen Kündigungsfristen aus dem Seemannsgesetz, aus dem Heimarbeitsgesetz oder aus den allgemeinen Bestimmungen des § 621 BGB ergeben (vgl. *Bericht* des Rechtsausschusses zu § 127 des Regierungsentwurfs BT-Drucks. 12/7302, S. 169).
Wie schon bei § 22 KO ist es aber auch nach dem Willen des Gesetzgebers für die 13
Anwendung von § 113 erforderlich, daß die Dienstleistungen einen gewollten sachlichen Zusammenhang aufweisen. Einzelne Dienstleistungen, die nicht auf Dauer angelegt sind, unterfallen nicht der Norm (vgl. zu § 22 KO: *Motive II* S. 83). Dienstverhältnisse mit Geschäftsbesorgungscharakter nach den §§ 662, 675 BGB unterfallen der Regelung des § 115 mit der Folge, daß sie durch die Eröffnung des Verfahrens erlöschen, es sei denn, daß der Auftrag sich nicht auf das zur Insolvenzmasse gehörige Vermögen bezieht (vgl. zu der Vorläuferregelung in § 23 KO: *BGH* NJW 1974, 2286).

1. Dienstverhältnis von Organen

§ 113 ist auch auf das Dienstverhältnis von Organen juristischer Personen anwendbar. 14
Für das Vorstandsmitglied einer Aktiengesellschaft ergibt sich dies ohne weiteres aus § 87 Abs. 3 AktienG. Gleiches gilt für den Geschäftsführer einer GmbH (*BGH* WM 1981, 377) bzw. einer GmbH & Co. KG (*BGH* WM 1983, 120).
Schon zu § 22 KO war streitig, ob nur die Dienstverhältnisse solcher Organe, die auch 15
fremdbestimmte Arbeit in persönlicher Abhängigkeit leisten, unter den Anwendungsbereich jener Norm fielen. Nach *BGH* (25. 06. 1979 NJW 1980, 66) war § 22 KO auch auf die Alleingesellschafter einer Aktiengesellschaft, GmbH oder GmbH & Co. KG anwendbar. Diesem Ergebnis trat *Heilmann* (ZIP 1980, 344) unter Hinweis auf die soziale Bedeutung der Vorschrift entgegen. Ausgehend von den §§ 59 Abs. 1 Nr. 3 und 61 Abs. 1 KO, in denen von Arbeitnehmern und von einem Arbeitsverhältnis gesprochen werde, müsse es sich im Rahmen des § 22 KO stets auch um weisungsgebundene Arbeitnehmer handeln. Der soziale Schutz solle Organmitgliedern, die nicht wirklich Arbeitnehmer, sondern Unternehmer in ihrer Funktion als Alleingesellschafter sind, nicht zuteil werden (vgl. zum Meinungsstand den Überblick bei *KR-Weigand* KO, § 22 Rz. 9, der sich der Kritik *Heilmanns* anschließt). Der Meinungsstreit wurde durch die Neuregelung in § 113 nicht beendet.
Die Kündigung betrifft jedoch nur das Dienstverhältnis des Organs, die Abberufung als 16
Sozialakt bleibt dem zuständigen Gesellschaftsorgan vorbehalten (§ 84 Abs. 2 AktienG; § 104 GenG; § 46 Nr. 5 GmbHG).

2. Berufsausbildungsverhältnis

Obgleich das Berufsausbildungsverhältnis kein Dienstverhältnis ist, kann es in der 17
Insolvenz gekündigt werden. Dies hat das BAG mit Urteil vom 27. 05. 1993

Eisenbeis

§ 113   *Wirkungen der Eröffnung des Insolvenzverfahrens*

(*BAG* EzA § 22 KO Nr. 5) für den Fall der Betriebsstillegung und damit für den Fall des ersatzlosen Wegfalls der Ausbildungsmöglichkeit entschieden. Das BAG hat sich in der Begründung hierbei zu Recht auf § 3 Abs. 2 BBiG gestützt, wonach ein Ausbildungsverhältnis wie ein Arbeitsverhältnis zu behandeln ist (so schon: *ArbG Bochum* ZIP 1985, 1515).

18 Da aber die Möglichkeit einer ordentlichen Kündigung des Ausbildungsverhältnisses nach Ablauf der Probezeit im Berufsbildungsgesetz nicht vorgesehen ist, mußte schon unter der Geltung des § 22 KO entschieden werden, ob das Ausbildungsverhältnis vom Konkursverwalter außerordentlich oder lediglich ordentlich mit der entsprechenden Kündigungsfrist gekündigt werden kann. Weil einerseits die Insolvenz als solche nie einen Kündigungsgrund darstellt und andererseits der besondere Schutz, den der Auszubildende durch die eingeschränkte Kündigungsmöglichkeit genießt, nicht in sein Gegenteil verkehrt werden durfte, kam das BAG folgerichtig zur Kündigungsmöglichkeit unter Einhaltung einer ordentlichen Kündigungsfrist, die für das Arbeitsverhältnis gelten würde, wenn die Ausbildung zu dem erstrebten Beruf geführt hätte.

19 An der danach grundsätzlich für den Fall der **Betriebsstillegung** gegebenen Möglichkeit des Insolvenzverwalters, das Ausbildungsverhältnis zu kündigen, hat sich durch § 113 nichts geändert. Die insoweit gegebene Begründung überzeugt nach wie vor (vgl. a. a. O., die zustimmende Anm. von *Uhlenbruck*).

20 **Fraglich** kann nur sein, mit **welcher Kündigungsfrist** das Ausbildungsverhältnis in der Insolvenz gekündigt werden kann. Das *BAG* a. a. O., hatte zu § 22 KO zu Recht darauf erkannt, daß es nicht der ratio der Norm entspreche, dem Konkursverwalter ein außerordentliches Kündigungsrecht im Ausbildungsverhältnis zuzubilligen; über § 22 KO komme deshalb § 622 BGB zur Anwendung mit der Folge, daß der Konkursverwalter die Kündigungsfrist einzuhalten habe, die für das Arbeitsverhältnis gelten würde, wenn die Ausbildung zu dem erstrebten Beruf geführt hätte. *Obermüller/Hess* (a. a. O. Rz. 585) vertreten die Auffassung, daß die dargelegten Grundsätze zur Kündigungsfrist auch auf die Insolvenzordnung übertragen werden können.

21 Dem kann nicht gefolgt werden. Das *BAG* hat in seinem Urteil vom 27. 05. 1993 die gesetzliche Kündigungsfrist nach § 622 BGB deshalb zur Anwendung gebracht, weil im Geltungsbereich des § 22 KO nur der Rückgriff auf die gesetzlichen Kündigungsfristen möglich war. Nimmt man die tragenden Gründe der Entscheidung ernst, wonach der besondere Schutz, den der Auszubildende durch die eingeschränkte Kündigungsmöglichkeit genieße, nicht dazu führen dürfe, daß er in der Insolvenz schlechtergestellt werde als ein ordentlich kündbarer Arbeitnehmer, so führt dies nach Inkrafttreten von § 113 unweigerlich dazu, daß auch für die **Kündigung des Ausbildungsverhältnisses** durch den Insolvenzverwalter die insolvenzspezifische Kündigungsfrist von **drei Monaten zum Monatsende** gilt. Eine Beschränkung auf die erheblich kürzere Kündigungsfrist nach § 622 BGB wäre mit der grundsätzlichen Wertung, den Auszubildenden in der Insolvenz nicht schlechterzustellen als die übrige Belegschaft, nicht vereinbar (im Ergebnis ebenso: *Zwanziger*, Das Arbeitsrecht der Insolvenzordnung, S. 54, der sich für eine entsprechende Anwendung von § 113 bei einem durch Betriebsstillegung bedingten Wegfall des Ausbildungsplatzes ausspricht).

III. Abgrenzung zu § 103

22 Nach dem Wortlaut des bis zum 30. 09. 1996 gültigen § 22 Abs. 1 KO war klargestellt, daß die Vorschrift nur für Dienstverhältnisse galt, die bei Eröffnung des Verfahrens

Kündigung eines Dienstverhältnisses § 113

angetreten waren; das heißt, die Tätigkeit mußte bereits tatsächlich begonnen worden sein.
War das Dienstverhältnis bei Konkurseröffnung **noch nicht angetreten**, galt § 17 KO. **23**
Streitig ist, ob sich an dieser Rechtslage durch die Insolvenzordnung etwas geändert hat. Einerseits ist das Wahlrecht gemäß § 17 KO inhaltlich unverändert in § 103 übernommen worden, andererseits fehlt in § 113 die bisherige Einschränkung auf »angetretene« Dienstverhältnisse. Dennoch wird teilweise vertreten, daß § 103 der Regelung in § 17 KO inhaltlich nachgebildet sei und entsprechend dem bisherigen Rechtszustand auch zukünftig ein Wahlrecht des Insolvenzverwalters hinsichtlich der Erfüllung (aller) beiderseits noch nicht vollständig erfüllter gegenseitiger Verträge vorgesehen ist (*Hess/Pape* InsO und EGInsO, Rz. 325; *Lohkemper* KTS 1996, 1 [4]; *Lakies* RdA 1997, 145; *Hess/Weis/Wienberg* Insolvenzarbeitsrecht, Rz. 407). Demgegenüber weist *Düwell* (KS zur InsO, S. 1111) darauf hin, daß die Erfüllungsablehnung nach § 17 KO eine mit dem allgemeinen Prinzip des Arbeitnehmerschutzes unvereinbare Beendigungsart war und es deshalb sinnvoll sei, daß hinsichtlich der Beendigung von Dienstverhältnissen zukünftig kein Unterschied mehr gemacht werde, ob das Beschäftigungsverhältnis bereits angetreten ist oder nicht. Dafür spricht auch, daß die Insolvenzordnung Sanierungen erleichtern will und somit auch ein Interesse der Gläubiger anzuerkennen ist, einen hochqualifizierten Arbeitnehmer zumindest vorübergehend zu beschäftigen. Desweiteren kann das Weglassen des Adjektivs »angetreten« wohl auch nur so verstanden werden, daß der Gesetzgeber für alle Dienstverhältnisse ein einheitliches Kündigungsrecht schaffen wollte. Auch stellt der Ausschluß des »fristlosen« Ablehnungsrechts keine besondere Belastung für die Insolvenzgläubiger dar (*Düwell* a.a.O.). Es ist deshalb davon auszugehen, daß § 113 ein einheitliches Kündigungsrecht für alle Dienstverhältnisse in der Insolvenz bildet, seien sie angetreten oder nicht. Die Vorschrift geht der allgemeineren Regelung in § 103 insoweit vor (im Ergebnis ebenso: *Caspers* Personalabbau und Betriebsänderung im Insolvenzverfahren, S. 40 Rz. 92 ff., der zu Recht darauf verweist, daß ein außerordentliches Kündigungsrecht, das in seinen Wirkungen mit dem Wahlrecht des Verwalters vergleichbar ist, mit der Insolvenzeröffnung gerade nicht besteht [Rz. 95]).
Bis zu einer Klärung dieser Streitfrage durch die Rechtsprechung kann dem Insolvenz- **24**
verwalter nur empfohlen werden, nach einer eventuellen Erfüllungsablehnung gemäß § 103 vorsorglich eine Beendigungskündigung gemäß § 113 auszusprechen.

B. Kündigungsfrist (§ 113 Abs. 1 Satz 2)

I. Höchstfrist

Die Kündigungsfrist von Dienstverhältnissen im Insolvenzverfahren ist während des **25**
Gesetzgebungsverfahrens vom Rechtsausschuß neu geregelt worden. Der Regierungsentwurf sah ursprünglich in Abs. 1 vor, daß für das besondere Kündigungsrecht im Insolvenzverfahren, wie bei der Vorgängerregelung in § 22 KO auch, die gesetzlichen Fristen maßgeblich sein sollten. Da aber mit der Erhöhung des Arbeitnehmerschutzes durch Ausdehnung der gesetzlichen Kündigungsfristen (zuletzt durch die Angleichung der Kündigungsfristen von Arbeitern und Angestellten durch das Kündigungsfristengesetz vom 07.10.1993) häufig die Arbeitnehmer nicht mehr bis zum Ende der Kündigungsfrist im insolventen Unternehmen beschäftigt werden konnten, ihr Entgeltanspruch aber gleichwohl erhalten blieb und hierdurch die Masse oft verkürzt, in

manchen Fällen sogar entleert wurde, hat der Rechtsausschuß die dann auch so in Kraft gesetzte **eigene Kündigungsfrist** von **höchstens drei Monaten** zum Monatsende für die Kündigung von Dienstverhältnissen in der Insolvenz empfohlen.

26 Die Beschlußempfehlung hatte weiterhin den Vorteil, daß die zu § 22 KO entstandene Streitfrage, ob tarifvertraglich festgelegte Kündigungsfristen als gesetzliche Fristen im Sinne dieser Vorschrift aufzufassen sind, gegenstandslos wurde. Diese Frage stellt sich nicht mehr, nachdem in der Insolvenzordnung für das besondere Kündigungsrecht eine bestimmte Frist genannt ist. Geht man mit der bisherigen Rechtsprechung des BAG zu § 22 Abs. 1 KO davon aus, daß tarifvertragliche Kündigungsfristen und Unkündbarkeitsregelungen »gesetzliche« Kündigungsfristen im Sinne der Konkursordnung sind (*BAG* 07. 06. 1984 NZA 1985, 121 = ZIP 1984, 1517), so werden diese »gesetzlichen« Fristen durch die spezielle Regelung in § 113 Abs. 1 Satz 2 verdrängt (vgl. auch *Kania* DStR 1996, 83).

II. Befristetes Arbeitsverhältnis

27 § 620 BGB bestimmt, daß ein Dienstverhältnis mit dem Ablauf der Zeit endigt, für die es eingegangen ist. Ist für ein Dienstverhältnis eine bestimmte Zeitdauer festgelegt, so folgt hieraus die selbstverständliche Rechtsfolge der Befristung, daß das Dienstverhältnis unter den vereinbarten Voraussetzungen (Fristablauf oder Zweckerfüllung) von selbst endet, ohne daß es einer Kündigung bedarf (*BAG* 22. 09. 1961, AP Nr. 20 zu § 620 BGB befristeter Arbeitsvertrag). Eine ordentliche Kündigung ist bei einer rechtswirksamen Befristung des Dienstverhältnisses regelmäßig ausgeschlossen (*BAG* 19. 06. 1980, EzA § 620 BGB Nr. 47; *KR-Lipke*, § 620 BGB Rz. 14). Demgegenüber sieht § 113 Abs. 1 Satz 1 ausdrücklich vor, daß das Dienstverhältnis sowohl vom Insolvenzverwalter als auch vom anderen Teil **ohne Rücksicht auf eine vereinbarte Vertragsdauer** gekündigt werden kann. Dies bedeutet, daß die insolvenzspezifische Kündigungsbefugnis gegenüber dem vereinbarten Ausschluß der ordentlichen Kündigung voll wirksam wird (einhellige Meinung: *Schrader* NZA 1997, 70; *Zwanziger* a. a. O., S. 55; *Warrikoff* BB 1994, 2338; *Berscheid* Anwaltsbl. 1995, 8; *Eisenbeis* a. a. O., S. 783).

III. Vereinbarter Kündigungsausschluß

1. Einzelvertraglicher Kündigungsausschluß

28 Ebenso eindeutig ergibt sich schon aus dem Wortlaut von § 113 Abs. 1 Satz 1, daß die Kündigungsbefugnis ungeachtet eines vereinbarten Ausschlusses des Rechts zur ordentlichen Kündigung besteht. Beruht der Ausschluß des ordentlichen Kündigungsrechts auf einer **einzelvertraglichen Vereinbarung**, so ist er in der Insolvenz unbestritten unbeachtlich.

2. Tariflicher Kündigungsausschluß

29 Das Kündigungsrecht nach § 113 Abs. 1 Satz 1 soll jedoch nach teilweise vertretener Meinung für den Fall nicht gelten, wenn sich die längere Kündigungsfrist oder der Kündigungsausschluß aus einem kraft Tarifbindung einschlägigen **Tarifvertrag** ergebe. Insoweit seien nämlich gegenüber der Vorschrift verfassungsrechtliche Bedenken anzu-

melden (*Zwanziger* a. a. O., S. 56; *Bichlmeier/Oberhofer* AiB 1997, 161 [162]). Von diesen Autoren wird zwar zugestanden, daß der Gesetzgeber – neben Regelungen, die das Verhältnis der Tarifvertragsparteien zueinander ordnen – auch Vorschriften über Gegenstände erlassen dürfe, die in Tarifverträgen geregelt werden können. Dies sei zumindest dann der Fall, wenn er andere verfassungsrechtliche Güter schütze und das Verhältnismäßigkeitsgebot beachte (*Zwanziger* a. a. O., unter Hinweis auf *BVerfG* 24. 04. 1996, DB 1996, 2082). Ob der Gesetzgeber aber auch nicht verfassungsrechtlich geschützte Rechtsgüter gegen die Tarifautonomie durchsetzen könne, sei fraglich. Jedenfalls nehme die Wirkungskraft des Grundrechtes in dem Maße zu, je mehr die Tarifvertragsparteien die gegenseitigen Interessen zum Ausgleich bringen können, was vor allem beim Lohn und materiellen Arbeitsbedingungen der Fall sei. Bestehende tarifliche Regelungen genössen einen höheren Schutz als nur mögliche. Je gewichtiger der Schutz, desto schwerwiegender müßten die Gründe sein, die einen Eingriff rechtfertigen sollen (*Zwanziger* a. a. O., unter Hinweis auf *BVerfG* vom 24. 04. 1996, a. a. O.).

Da Kündigungsfristen aber ein klassischer Regelungsbereich für die Tarifparteien seien **30** und es keinen Mantel- oder Rahmentarifvertrag gebe, in dem nicht Kündigungsfristen geregelt sind, richte sich § 113 Abs. 1 gegen bestehende Tarifverträge. Aus der Entstehungsgeschichte des Gesetzes ergebe sich aber, daß der Gesetzgeber nicht etwa bestimmte Rechtsgüter habe schützen wollen, sondern daß es ihm darum gegangen sei, die Interessen der Insolvenzgläubiger stärker zur Geltung zu bringen. Somit habe er praktisch seine Abwägung an die Stelle der Abwägung durch die Tarifparteien gesetzt, was ihm allerdings durch Art. 9 Abs. 3 GG verwehrt sei (*Zwanziger* a. a. O.; vgl. auch *ArbG Limburg* 02. 07. 1997 Az. 1 Ca 174/97 EzA § 113 InsO Nr. 1 = BB 1998, 220 = AuR 1998, 92; a. A.: *LAG Hamm* 13. 08. 1997 ZIP 1998, 161, nicht rechtskräftig; vgl. auch den Vorlagebeschluß des *ArbG Stuttgart* 04. 08. 1997 ZIP 1997, 2013 ff.).

Dieser Auffassung kann nicht gefolgt werden. Zunächst ergibt sich aus der Entstehungs- **31** geschichte eindeutig, daß Kollektivvereinbarungen eine »Vereinbarung« i. S. d. § 113 sind (so auch *Zwanziger* a. a. O.). § 113 soll nach der ratio der Vorschrift Tarifverträgen und Betriebsvereinbarungen vorgehen. Dieser gesetzgeberische Vorrang ist verfassungsrechtlich nicht zu beanstanden, da hiermit nicht erstrangig eine Bevorzugung anderer Insolvenzgläubiger bezweckt wird, sondern vielmehr die negativen Folgen des bisherigen Konkurs- und Vergleichsrechts für die Sanierung und insbesondere die Übernahme von insolventen Unternehmen beseitigt werden sollen (vgl. *Löwisch* NZA 1996, 1009 ff.). Dieses Ziel ist prinzipiell geeignet, auch eine Regelung im Bereich der Tarifautonomie zu rechtfertigen, da es letztlich der Arbeitsplatzerhaltung zumindest in Teilen des insolventen Unternehmens dient. Die generelle Kündbarkeit von Arbeitsverhältnissen in der Insolvenz ist gemessen an diesem Ziel auch nicht unverhältnismäßig (im Ergebnis ebenso: *LAG Düsseldorf* 09. 01. 1998 LAGE Nr. 2 zu § 113 InsO – nicht rechtskräftig).

C. Sonderkündigungsschutz

Für den gesetzlichen Sonderkündigungsschutz gilt im Grundsatz das gleiche wie für den **32** allgemeinen Kündigungsschutz; er ist **insolvenzfest**. Hieran hat sich nach Inkrafttreten von § 113 nichts geändert. Insbesondere hat der Insolvenzverwalter auch weiterhin **gesetzliche Kündigungsverbote bzw. Kündigungseinschränkungen** zu beachten. Kann der in den einzelnen Vorschriften verfolgte erhöhte Bestandsschutz wegen der Besonderheiten in der Insolvenz – insbesondere bei der Betriebsstillegung – nicht mehr aufrechterhalten werden, so ist die Lösung der Arbeitsverhältnisse dieses besonders geschützten Personenkreises unter Einhaltung des jeweiligen Verfahrens möglich.

I. Schutz der Betriebsratsmitglieder

1. Ausschluß der ordentlichen Kündigung gemäß § 15 Abs. 1–3 KSchG

33 Die Kündigung eines Mitglieds eines Betriebsrats, einer Jugend- und Auszubildendenvertretung, einer Bordvertretung oder eines Seebetriebsrats ist unzulässig, es sei denn, daß Tatsachen vorliegen, die den Arbeitgeber zur Kündigung aus wichtigem Grund ohne Einhaltung einer Kündigungsfrist berechtigen, und daß die nach § 103 BetrVG erforderliche Zustimmung vorliegt oder durch gerichtliche Entscheidung ersetzt ist. Nach Beendigung der Amtszeit besteht für den vorgenannten Personenkreis nachwirkender Sonderkündigungsschutz innerhalb eines Jahres bzw. innerhalb von sechs Monaten nach Maßgabe von § 15 Abs. 1 Satz 2 KSchG.

34 Das gleiche gilt für die in § 15 Abs. 2 und 3 KSchG genannten Personen. Der Insolvenzverwalter kann somit die Arbeitsverhältnisse des in § 15 KSchG genannten Personenkreises **nicht** gemäß § 113 **ordentlich kündigen**.

35 Die Insolvenzeröffnung selbst stellt keinen wichtigen Grund dar, der die außerordentliche Kündigung der Betriebsratsmitglieder rechtfertigen könnte (*BAG* 29. 03. 1977 AP Nr. 11 zu § 102 BetrVG 1972; *KR-Weigand* KO, § 22 Rz. 25 m. w. N.).

36 Eine außerordentliche Kündigung der Betriebsratsmitglieder und der ihnen in § 15 KSchG gleichgestellten Arbeitnehmer durch den Insolvenzverwalter kommt nur in solchen Fällen in Betracht, in denen auch außerhalb der Insolvenz die fristlose Kündigung möglich wäre. Der Insolvenzverwalter hat dann die nach § 103 BetrVG erforderliche Zustimmung einzuholen bzw. sie gerichtlich ersetzen zu lassen. Hierbei ist der Insolvenzverwalter insbesondere auch zur Einhaltung der **Zwei-Wochen-Frist** des § 626 Abs. 2 BGB verpflichtet (*Hess* KO, § 22 Rz. 562). Da der Insolvenzverwalter mit der Übernahme seines Amtes lediglich in die Rechte und Pflichten des Schuldners eintritt, muß er bei einem vor Insolvenzeröffnung liegenden wichtigen Kündigungsgrund auch dartun und ggf. beweisen, daß die Kündigung nicht bereits durch eine frühere Kenntnis des Schuldners vom Kündigungssachverhalt verfristet ist (*KR-Weigand* KO, § 22 Rz. 27 unter Hinweis auf *LAG Stuttgart* 18. 12. 1980 – 11 Sa 86/80 –).

2. Ordentliche Kündigung bei Betriebsstillegung

37 Wird der Betrieb in der Insolvenz stillgelegt, so ist die Kündigung der in § 15 Abs. 1–3 KSchG genannten Personen frühestens zum Zeitpunkt der Stillegung zulässig, es sei denn, daß ihre Kündigung zu einem früheren Zeitpunkt durch zwingende betriebliche Erfordernisse bedingt ist (§ 15 Abs. 4 KSchG).

38 Obgleich die Vorschrift lediglich davon spricht, daß bei einem Vorliegen des Tatbestandes der »Betriebsstillegung« eine Kündigung möglich ist, ist nach h. M. hiermit die Zulässigkeit einer ordentlichen Kündigung gemeint (*BAG* 29. 03. 1977 AP Nr. 11 zu § 102 BetrVG 1972; *BAG* 20. 01. 1984 AP Nr. 16 zu § 15 KSchG 1969; *KR-Etzel* § 15 KSchG Rz. 73 m. w. N.). Damit der Sonderkündigungsschutz sich nicht in sein Gegenteil verkehrt, ist die ordentliche Kündigung nach § 113 im Falle der Betriebstillegung nur dann zulässig, wenn eine **Weiterbeschäftigung in einem anderen Betrieb** des Unternehmens des Schuldners **nicht möglich** ist (*BAG* 13. 08. 1992 EzA § 15 KSchG n. F. Nr. 39; *BAG* 20. 01. 1984 a. a. O.; *Kittner/Trittin* a. a. O., § 15 Rz. 66).

Der Insolvenzverwalter kann den durch § 15 KSchG geschützten Personenkreis frühe- 39
stens **zum Zeitpunkt der Betriebsstillegung kündigen**. Die Zustimmung nach § 103
BetrVG ist hierzu nicht notwendig, da das Zustimmungserfordernis nicht für die ordent-
liche Kündigung gilt. Der Insolvenzverwalter muß aber die **Anhörung nach § 102
BetrVG** durchführen wie bei allen anderen Arbeitnehmern auch (*KR-Weigand* KO, § 22
Rz. 25).

Erfolgt die Betriebsstillegung etappenweise, so müssen die Betriebsratsmitglieder und 40
die ihnen in § 15 KSchG gleichgestellten Personen bei der letzten Gruppe der zu
entlassenden Arbeitnehmer sein (*BAG* 26. 10. 1967 DB 1968, 134).

Eine absolut zuverlässige Prognose darüber, zu welchem Termin der Betrieb stillgelegt 41
werden wird, wird dem Insolvenzverwalter häufig nicht möglich sein. Der Stillegungstermin kann regelmäßig nur ungefähr bestimmt werden. Kündigungen im Hinblick auf
eine Betriebsstillegung, die einen planmäßigen Abbau der Belegschaft ermöglichen
sollen, können daher nur zu dem **voraussichtlichen Stillegungstermin** ausgesprochen
werden. Wollte man die Wirksamkeit der Kündigung von Betriebsratsmitgliedern davon
abhängig machen, daß dieser Termin auch eingehalten wird, zwänge man den Arbeitgeber unter Umständen zu einer überstürzten und damit wirtschaftlich unvernünftigen
Stillegung und hielte ihn davon ab, sich bietende Möglichkeiten zur Fortführung des
Betriebes – etwa durch eine Veräußerung – noch zu nutzen (*BAG* 23. 04. 1980 NJW
1980, 2543).

Kündigt somit der Insolvenzverwalter das Arbeitsverhältnis eines Betriebsratsmitglieds 42
zum voraussichtlichen Termin der Betriebsstillegung, so endet das Arbeitsverhältnis –
falls sich die Betriebsstillegung verzögert – mit dem nächstzulässigen Termin nach der
Betriebsstillegung (*BAG* a. a. O.). Da die Kündigungsfrist nach § 113 Abs. 1 Satz 2 auf
das Monatsende abstellt, endigt das Arbeitsverhältnis des Betriebsratsmitglieds dann mit
dem Monatsletzten, der auf die Betriebsstillegung folgt.

Für die Annahme der Betriebsstillegung ist unerheblich, wie lange noch einzelne 43
Arbeitnehmer mit **Restarbeiten** beschäftigt werden. Maßgeblich ist allein, wann die
Produktionsgemeinschaft aufgelöst worden und damit die Grundlage für das Amt des
Betriebsrats weggefallen ist (*BAGE* 8, 207 [212 f.]).

Hat das Betriebsratsmitglied nach dem Stillegungstermin im Zusammenhang mit der 44
Abwicklung noch Amtspflichten zu erfüllen, so ist es hierzu aufgrund seines **Restman-
dates** befugt (*BAG* 30. 10. 1979 EzA § 76 BetrVG 1972 Nr. 26). Einer Verlängerung des
Arbeitsverhältnisses bedarf es insoweit nicht.

3. Ordentliche Kündigung bei Stillegung einer Betriebsabteilung

Wird eine der in § 15 Abs. 1–3 KSchG genannten Personen in einer Betriebsabteilung 45
beschäftigt, die stillgelegt wird, so ist sie in eine andere Betriebsabteilung zu übernehmen. Ist dies aus betrieblichen Gründen nicht möglich, so findet auf ihre Kündigung die
Vorschrift des Abs. 4 über die Kündigung bei Stillegung des Betriebes sinngemäß
Anwendung (§ 15 Abs. 5 KSchG).

Unter **Betriebsabteilung** versteht man einen **räumlich und organisatorisch abge-** 46
grenzten Teil eines Betriebes oder Betriebsteils, der eine personelle Einheit erfordert,
über eigene technische Betriebsmittel verfügt und eigene Betriebszwecke verfolgt, die
Teil des arbeitstechnischen Zweckes des Gesamtbetriebes sind oder sich in einem bloßen
Hilfszweck für den arbeitstechnischen Zweck des Gesamtbetriebes erschöpfen können
(*BAG* 20. 01. 1984 EzA § 15 KSchG n. F. Nr. 33; vgl. auch die ausführliche Darstellung
bei *KR-Etzel* KSchG, § 15 Rz. 121 ff.).

§ 113

47 Demgegenüber ist ein **Betriebsteil** eine zwar abgrenzbare, von ihrer Organisation her aber nicht unabhängig von anderen funktionsfähige Einheit, die eine begrenzte, von denjenigen anderer Einheiten unterscheidbare Aufgabe wahrnimmt, welche in aller Regel dem arbeitstechnischen Zweck des Gesamtbetriebes dient (*BAG* 11. 10. 1989 AP Nr. 47 zu § 1 KSchG 1969 betriebsbedingte Kündigung unter Bezug auf Senatsurteil v. 09. 02. 1989 – 2 AZR 405/88 – unveröffentl., vgl. auch *Fitting* BetrVG, § 4 Rz. 5 m. w. N.; *Stege/Weinspach* BetrVG, § 4 Rz. 3).

48 Wenn eine den Anforderungen an eine Betriebsabteilung nicht genügende Arbeitseinheit stillgelegt wird, kommt eine ordentliche Kündigung einer nach § 15 KSchG geschützten Person von vornherein nicht in Betracht (*Fitting* a. a. O., § 103 Rz. 16).

49 Löst der Insolvenzverwalter die Arbeits- und Produktionsgemeinschaft zwischen Unternehmer und Belegschaft der Betriebsabteilung auf, so muß er vor der Kündigung eines dort beschäftigten, nach § 15 KSchG geschützten Arbeitnehmers die **Übernahme in eine andere Betriebsabteilung** prüfen. Übernahme in diesem Sinne heißt, daß der Insolvenzverwalter den Arbeitnehmer auf einem gleichwertigen Arbeitsplatz beschäftigen muß; das Angebot eines geringerwertigen Arbeitsplatzes mit geringerer Entlohnung genügt nicht (*BAG* 01. 02. 1957 AP Nr. 5 zu § 13 KSchG; *KR-Etzel* KSchG, § 15 Rz. 126).

50 Sind **gleichwertige Arbeitsplätze** in einer anderen Betriebsabteilung zwar vorhanden, aber **besetzt**, so ist **streitig**, ob diese Arbeitsplätze für den durch § 15 KSchG geschützten Funktionsträger freigekündigt werden müssen und ob und in welcher Gewichtung die sozialen Belange der Betroffenen zu berücksichtigen sind.

51 Teilweise wird vertreten, daß dem Betriebsratsmitglied und dem ihm nach § 15 KSchG Gleichgestellten der absolute Vorrang eingeräumt werden müsse (*Berkowsky* in Münch-Komm/ArbR, § 153 Rz. 74 für den Fall der Betriebsschließung; *Matthes* DB 1980, 1165 [1168 f.]; *ArbG Mainz* 04. 12. 1985, DB 1986, 754). Zum Teil werden die sozialen Belange des betreffenden Arbeitnehmers und die berechtigten betrieblichen Interessen an seiner Weiterbeschäftigung gegen die Interessen der Belegschaft an der Fortführung des Mandates und des durch § 15 KSchG geschützten Arbeitnehmers an seiner Weiterbeschäftigung gegeneinander abgewogen, um unbillige Ergebnisse zu vermeiden (vgl. *KR-Etzel* KSchG, § 15 Rz. 126 m. w. N.). Wenngleich auch diese Meinung weder im Wortlaut von § 1 Abs. 3 KSchG noch im Wortlaut von § 15 Abs. 5 KSchG eine Stütze findet, verdient sie gleichwohl den Vorzug, da nur so unerträgliche Ergebnisse – die ggf. auch in der Kündigung von Arbeitnehmern bestehen könnten, die ebenfalls Sonderkündigungsschutz genießen – vermieden werden können.

52 Da § 15 Abs. 5 KSchG die Weiterbeschäftigung des Arbeitnehmers möglichst sicherstellen will, ist der Insolvenzverwalter auch verpflichtet, dem Arbeitnehmer mangels eines gleichwertigen Arbeitsplatzes einen **geringerwertigen zumutbaren Arbeitsplatz** anzubieten. Lehnt der Arbeitnehmer ab, ist der Weg für die Kündigung frei.

53 Die Kündigung ist weiterhin in eng begrenzten **Ausnahmefällen** zulässig, wenn die Übernahme in eine andere Abteilung aus **zwingenden betrieblichen Gründen nicht möglich** ist. Nach dem Urteil des BAG vom 25. 11. 1981 (AP Nr. 1 zu § 15 KSchG 1969) ist der Arbeitgeber verpflichtet, materiell alle denkbaren Übernahmemöglichkeiten besonders eingehend zu prüfen und prozessual den Umfang der von ihm angestellten Überlegungen und ihr Ergebnis so substantiiert darzulegen, daß das Gericht zu der notwendigen Überzeugung gelangen kann, der Ausnahmetatbestand der Unmöglichkeit der Übernahme liege tatsächlich vor (*BAG* a. a. O., unter III 1 der Gründe).

54 Unabhängig von der arbeitsvertraglichen Situation gilt für das **Betriebsratsamt** in den Fällen des § 15 Abs. 4 und 5 KSchG: Bei vollzogener Betriebsstillegung verliert das Betriebsratsmitglied im allgemeinen sein Amt. Denn Basis für die Existenz und Tätig-

keit des Betriebsrats ist der Betrieb (*Fitting* a. a. O., § 21 Rz. 38). Dem Betriebsrat steht jedoch für die Abwicklung ein **Restmandat** zur Wahrnehmung seiner mit der Betriebsstillegung zusammenhängenden gesetzlichen Aufgaben, namentlich zur Herbeiführung eines Sozialplans, zu (*BAG* 30. 10. 1979 AP Nr. 9 zu § 112 BetrVG 1972; zu dem zeitlich befristeten Übergangsmandat nach § 32 UmwG, § 13 SpTrUG; § 6 b Abs. 9 VermG und §§ 15 und 20 DBGrG; vgl. die Übersicht bei *Fitting* a. a. O., § 21 Rz. 45 ff.).

Die Wahrnehmung der Aufgaben innerhalb des Restmandates führt **nicht** zu einer **Verlängerung des Arbeitsverhältnisses**. Dies wäre zum einen mit dem Wortlaut von § 15 Abs. 4 KSchG nicht in Einklang zu bringen, wonach auch das Arbeitsverhältnis eines Betriebsratsmitglieds unter Einhaltung der Kündigungsfrist wirksam zum Zeitpunkt der Betriebsstillegung beendet werden kann; zum anderen führte eine solche Verlängerung des Arbeitsverhältnisses zu einer nach § 78 BetrVG unzulässigen Bevorzugung. Das dem Betriebsrat zukommende Restmandat zwingt auch nicht aus anderen Gründen zu einer Verlängerung des Arbeitsverhältnisses. Insbesondere reicht es aus, die Zeit, die Betriebsratsmitglieder nach Beendigung des Arbeitsverhältnisses für Betriebsratsaufgaben aufwenden, ihnen in entsprechender Anwendung von § 37 Abs. 3 BetrVG als Arbeitszeit zu vergüten (*BAG* 14. 10. 1982 AP Nr. 1 zu § 1 KSchG 1969 Konzern B I 3 b der Gründe; *KR-Etzel* KSchG, § 15 Rz. 119). 55

II. Schwerbehindertenschutz

Der Sonderkündigungsschutz bei Schwerbehinderten nach den §§ 15 ff. SchwbG ist **insolvenzfest** (*Cramer* SchwbG, § 15 Rz. 9 m. w. N.; *Mentzel/Kuhn/Uhlenbruck* KO, § 22 Rz. 17; *Hess* KO, § 22 Rz. 622). 56

Die Zustimmungsbedürftigkeit gilt für alle Arten von Kündigungen, auch für die außerordentliche Kündigung in der Insolvenz. 57

Ob der Insolvenzverwalter **Kenntnis von der Schwerbehinderteneigenschaft** des Arbeitnehmers hat, ist unerheblich (*Cramer* a. a. O., § 15 Rz. 4). Kündigt der Insolvenzverwalter in Unkenntnis der Schwerbehinderteneigenschaft ohne vorherige Einschaltung der Hauptfürsorgestelle, dann ist der Arbeitnehmer gehalten, **binnen Monatsfrist** die bereits festgestellte oder zur Feststellung beantragte Schwerbehinderteneigenschaft geltend zu machen, wenn er sich den Sonderkündigungsschutz erhalten will. Der Arbeitnehmer darf die Regelfrist von einem Monat voll ausschöpfen (*BAG* 16. 01. 1985 AP Nr. 14 zu § 12 SchwbG). Läßt der Arbeitnehmer die Monatsfrist verstreichen, ist der Sonderkündigungsschutz nach den §§ 15 ff. SchwbG verwirkt (*LAG Baden-Württemberg* 31. 01. 1977 BehR 1978, 44). 58

Im Falle der **Betriebsstillegung in der Insolvenz** hat die Hauptfürsorgestelle der beabsichtigten Kündigung zuzustimmen, wenn zwischen dem Tage der Kündigung und dem Tage, bis zu dem Gehalt oder Lohn gezahlt wird, mindestens drei Monate liegen (§ 19 Abs. 1 Satz 1 SchwbG). Ist die **Insolvenzmasse nicht ausreichend**, um die Vergütung für drei Monate zu zahlen, so bleibt hiervon die Rechtswirksamkeit der Kündigung unberührt (*LAG Düsseldorf* 06. 09. 1989 ZIP 1990, 529). 59

Unter der gleichen Voraussetzung soll die Hauptfürsorgestelle die Zustimmung erteilen, wenn der Insolvenzverwalter sich bei Fortführung des Betriebes zur **dauerhaften und wesentlichen Einschränkung des Betriebes** entschließt und die Gesamtzahl der verbleibenden Schwerbehinderten zur Erfüllung der Pflichtzahl der nach § 5 SchwbG zu beschäftigenden Schwerbehinderten ausreicht; hierbei ist von der Belegschaftsstärke nach der Betriebseinschränkung auszugehen. 60

61 Die Ermessenseinschränkung gilt nicht, wenn eine Weiterbeschäftigung auf einem anderen Arbeitsplatz desselben Betriebes mit Einverständnis des Schwerbehinderten möglich und für den Arbeitgeber zumutbar ist. Ist dem Arbeitgeber die **Weiterbeschäftigung zumutbar** (vgl. hierzu im einzelnen *KR-Etzel* SchwbG, §§ 15–20 Rz. 92 ff.) und ist der Arbeitnehmer mit dem Arbeitsplatzwechsel einverstanden, hat die Hauptfürsorgestelle in aller Regel die Zustimmung zur Kündigung zu versagen.

62 Gemäß § 19 Abs. 2 SchwbG soll die Hauptfürsorgestelle die Zustimmung erteilen, wenn dem Schwerbehinderten ein anderer angemessener und zumutbarer Arbeitsplatz gesichert ist. Der **andere Arbeitsplatz** kann sich sowohl bei dem bisherigen Arbeitgeber als auch bei einem **fremden Arbeitgeber** befinden (BVerwG 12. 01. 1966 AP Nr. 6 zu § 18 SchwbG).

63 Gemäß Art. 97 i. V. m. Art. 110 EGInsO wird an **§ 19 SchwbG mit Inkrafttreten der Insolvenzordnung** folgender neuer **Abs. 3** angefügt:
»(3) Ist das Insolvenzverfahren über das Vermögen des Arbeitgebers eröffnet, soll die Hauptfürsorgestelle die Zustimmung erteilen, wenn
1. der Schwerbehinderte in einem Interessenausgleich namentlich als einer der zu entlassenden Arbeitnehmer bezeichnet ist (§ 125 InsO),
2. die Schwerbehindertenvertretung beim Zustandekommen des Interessenausgleichs gemäß § 25 Abs. 2 beteiligt worden ist,
3. der Anteil der nach dem Interessenausgleich zu entlassenden Schwerbehinderten an der Zahl der beschäftigten Schwerbehinderten nicht größer als der Anteil der zu entlassenden übrigen Arbeitnehmer an der Zahl der beschäftigten übrigen Arbeitnehmer ist und
4. die Gesamtzahl der Schwerbehinderten, die nach dem Interessenausgleich bei dem Arbeitgeber verbleiben sollen, zur Erfüllung der Verpflichtung nach § 5 ausreicht.«

III. Mutterschutz

64 Der Sonderkündigungsschutz für Schwangere und Mütter ist **insolvenzfest** (*BAG* 25. 10. 1968 AP Nr. 1 zu § 22 KO; *Hess/Kropshofer* KO, § 22 Rz. 571; *Grunsky* a. a. O., S. 38). Die Insolvenzordnung hat lediglich zu redaktionellen Änderungen des Mutterschutzgesetzes (Art. 92 EGInsO) geführt.

65 Der Kündigungsschutz wird maßgeblich bestimmt durch die Kündigungsverbote in § 9 MuSchG, § 18 BErzGG. Danach ist die Kündigung während der Schwangerschaft und bis zum Ablauf von vier Monaten nach der Entbindung unzulässig (§ 9 Abs. 1 Satz 1 MuSchG). Des weiteren darf der Arbeitgeber das Arbeitsverhältnis ab dem Zeitpunkt, von dem an Erziehungsurlaub verlangt worden ist, höchstens jedoch sechs Wochen vor Beginn des Erziehungsurlaubs und während des Erziehungsurlaubs nicht kündigen (§ 18 Abs. 1 BErzGG).

66 Nach beiden Vorschriften kann **in besonderen Fällen** ausnahmsweise **die Kündigung** für **zulässig** erklärt werden, § 9 Abs. 3 Satz 1 MuSchG bzw. § 18 Abs. 1 Satz 1 BErzGG. Die **Betriebsstillegung** kennzeichnet in aller Regel eine Lage, in dem das Interesse des Arbeitgebers an der Auflösung des Arbeitsverhältnisses während der in § 9 Abs. 1 Satz 1 MuSchG bestimmten Schutzfrist Vorrang vor dem Interesse der Arbeitnehmerin an der Erhaltung ihres Arbeitsplatzes gebührt (*BVerwG* 18. 08. 1977 AP Nr. 5 zu § 9 MuSchG 1968).

67 Ein »besonderer Fall« liegt allerdings nicht vor, wenn die nach dem Mutterschutzgesetz Kündigungsschutz genießende Arbeitnehmerin umgesetzt werden kann (*BVerwG*

a. a. O.; vgl. auch z. B. den Runderlaß des Ministers für Arbeit, Gesundheit und Soziales NRW vom 11. 02. 1981 [*MBL NW* 1981, 411], Ziffer 2.5.2 bzw. die *Allgemeinen Verwaltungsvorschriften* des Bundesministers für Arbeit und Sozialordnung zum Kündigungsschutz bei Erziehungsurlaub vom 02. 01. 1986 [*BAnz* 1986 Nr. 1 S. 4], § 2 Ziff. 1–4).

Entfällt insolvenzbedingt der Arbeitsplatz der nach dem Mutterschutzgesetz bzw. nach **68** dem Bundeserziehungsgeldgesetz geschützten Arbeitnehmerin, so hat die für den Arbeitsschutz zuständige oberste Landesbehörde bei Unmöglichkeit der Weiterbeschäftigung auf einem anderen Arbeitsplatz die Kündigung für zulässig zu erklären (vgl. auch *Hess* KO, § 22 Rz. 899 ff.).

Bestehen im konkreten Fall die Kündigungsverbote nach § 9 Abs. 1 MuSchG und § 18 **69** BErzGG nebeneinander, bedarf der Arbeitgeber bei Vorliegen von Mutterschaft und zusätzlich Erziehungsurlaub für eine Kündigung der Zulässigkeitserklärung der Arbeitsschutzbehörde nach beiden Vorschriften (*BAG* 31. 03. 1993 AP Nr. 20 zu § 9 MuSchG 1968).

Der Kündigungsschutz nach dem Mutterschutzgesetz gilt auch für **Auszubildende** **70** (*BVerwG* 26. 08. 1970 AP Nr. 32 zu § 9 MuSchG; *Meisel/Sowka* § 1 MuSchG Rz. 8). Für die im Erziehungsurlaub befindlichen Auszubildenden gilt dies nach § 8 Abs. 1 Allgemeinen Verwaltungsvorschriften des Bundesministers für Arbeit und Sozialordnung zum Kündigungsschutz bei Erziehungsurlaub entsprechend.

Nach behördlicher Zulässigerklärung der Kündigung kann der Insolvenzverwalter das **71** Arbeitsverhältnis ordentlich gemäß § 113 kündigen. Nach der Fassung des MuSchG vom 17. 01. 1997 muß der Insolvenzverwalter allerdings darauf achten, daß die Kündigung der Schwangeren gemäß § 9 Abs. 3 Satz 2 MuSchG schriftlich erfolgen und weiterhin der Kündigungsgrund angegeben werden muß. Eine gegen diese Formvorschriften verstoßende Kündigung ist nichtig.

IV. Sonderkündigungsschutz für Wehrdienstleistende

Gemäß § 2 Abs. 2 ArbplSchG darf der Arbeitgeber von der Zustellung des Einberu- **72** fungsbescheides bis zur Beendigung des Grundwehrdienstes sowie während einer Wehrübung das Arbeitsverhältnis nicht kündigen. Gleiches gilt für in **Heimarbeit** Beschäftigte (§ 7 Abs. 1 ArbplSchG) bzw. für **Handelsvertreter** (§ 8 Abs. 4 ArbplSchG).

Kann infolge der insolvenzbedingten Betriebsstillegung bzw. des insolvenzbedingten **73** ersatzlosen Wegfalls des Arbeitsplatzes ohne Weiterbeschäftigungsmöglichkeit das Arbeitsverhältnis nicht aufrechterhalten werden, so ist auch in diesen Fällen die ordentliche Kündigung gemäß § 113 zulässig (*Hess* KO, § 22 Rz. 693; *Jaeger/Henckel* KO, § 22 Rz. 34; *Zwanziger* a. a. O., S. 55).

V. Abgeordnetenschutz

Gemäß Art. 48 Abs. 2 Satz 2 GG ist die Kündigung aus Gründen der Ausübung des **74** Amtes eines Abgeordneten unzulässig. Ferner bestimmt § 2 Abs. 3 AbgG, daß eine Kündigung oder Entlassung wegen der Annahme oder Ausübung des Bundestagsmandates unzulässig ist. Der Kündigungsschutz beginnt mit der Aufstellung des Bewerbers durch das dafür zuständige Organ der Partei oder mit der Einreichung des Wahl-

§ 113   *Wirkungen der Eröffnung des Insolvenzverfahrens*

vorschlages. Er gilt ein Jahr nach Beendigung des Mandates fort. Entsprechende Regelungen finden sich in den landesrechtlichen Vorschriften (vgl. *KR-Weigand Parlksch*, Rz. 25 ff.).

75 Auch bezüglich der Arbeitsverhältnisse der Parlamentarier kann ausnahmsweise aus Gründen der **Betriebsstillegung** gekündigt werden (*KR-Weigand* a. a. O., Rz. 46). Auch in diesen Fällen gilt die Kündigungsfrist gemäß § 113.

VI. Kündigungsschutz der Auszubildenden

76 § 15 Abs. 2 Nr. 1 BBiG bestimmt, daß das Berufsausbildungsverhältnis vom Auszubildenden nach Ablauf der Probezeit nur aus wichtigem Grund gekündigt werden kann. Die Insolvenzeröffnung selbst ist aber kein wichtiger Grund in diesem Sinne (*BAG* 25. 10. 1968 EzA § 626 BGB Nr. 10). Der Insolvenzverwalter kann das Berufsausbildungsverhältnis im Falle der Betriebsstillegung in entsprechender Anwendung von § 15 Abs. 4, 5 KSchG ordentlich mit der insolvenzspezifischen Kündigungsfrist von drei Monaten zum Monatsende kündigen (zum Meinungsstreit hinsichtlich der einschlägigen Kündigungsfrist vgl. oben unter 1 b bb).
Hierbei hat der Insolvenzverwalter das Schriftformerfordernis nach § 15 Abs. 3 BBiG bezüglich der Kündigungsbegründung zu beachten.

D. Rechtsfolgen der Kündigung

I. Schadenersatz gemäß § 113 Abs. 1 Satz 3

77 Die Vorschrift ist dem bis zum 30. 09. 1996 gültigen § 22 Abs. 2 KO nachgebildet. Der Gesetzgeber der Insolvenzordnung hat lediglich redaktionelle Änderungen vorgenommen und im übrigen ausdrücklich klargestellt, daß es sich bei dem Schadenersatzanspruch im Sinne der bisher zu § 22 Abs. 2 KO h. M. um eine einfache Insolvenzforderung handelt. Auf die zu § 22 Abs. 2 KO ergangene Rechtsprechung und das einschlägige Schrifttum kann deshalb nach wie vor zurückgegriffen werden.

78 Kündigt der Insolvenzverwalter, so bestimmt § 113 Abs. 1 Satz 3, daß der Arbeitnehmer Ersatz des ihm wegen der vorzeitigen Beendigung durch die Aufhebung des Dienstverhältnisses entstehenden Schadens verlangen kann. Der gesetzliche Schadenersatzanspruch gilt somit nur für die vom **Insolvenzverwalter ausgesprochene Kündigung**; er ist **verschuldensunabhängig** und stellt einen Ausgleich für die insolvenzbedingte vorzeitige Beendigung des Arbeitsverhältnisses dar. Der Schadenersatzanspruch umfaßt die Zeitspanne zwischen der Kündigungsfrist nach § 113 Abs. 1 Satz 2 und der längeren vertraglichen bzw. tariflichen Kündigungsfrist. Ist die ordentliche Kündigung infolge Befristung des Arbeitsverhältnisses ausgeschlossen, setzt das Befristungsende die Grenze für den Schadenersatzanspruch.

79 In dem Fall, daß die **Kündigung** entweder einzelvertraglich oder tariflich **ausgeschlossen** ist, wird teilweise vertreten, daß die dann erst durch § 113 Abs. 1 Satz 1 ermöglichte Kündigung bei der Schadenberechnung mit berücksichtigt werden müsse; in diesem Falle könne nämlich nicht allein auf den Verfrühungsschaden abgestellt werden. Es müsse vielmehr berücksichtigt werden, daß die Kündigung überhaupt erst ermöglicht worden ist (so *Zwanziger* a. a. O., S. 59). Dieser Schaden, der durch die Ermöglichung

Kündigung eines Dienstverhältnisses § 113

der Kündigung entstehe, sei in entsprechender Anwendung von §§ 9, 10 KSchG zu berechnen. Dies seien die einschlägigen Vorschriften, die den Wert eines Arbeitsplatzes bestimmten (*Zwanziger* a. a. O.).
Dem kann in dieser Allgemeinheit nicht gefolgt werden. Jedenfalls dann, wenn der unkündbare Arbeitnehmer vom Insolvenzverwalter aus Anlaß der Betriebsstillegung gekündigt wird, ist der Schadenersatzanspruch zeitlich auf die längste gesetzliche bzw. tarifliche Kündigungsfrist beschränkt. Für den Fall der Betriebsstillegung hat das BAG nämlich entschieden, daß bei einem tariflichen Ausschluß des ordentlichen Kündigungsrechts die Betriebsstillegung geeignet ist, sofern keine Möglichkeit zur Weiterbeschäftigung in einem anderen Betrieb des Unternehmens besteht, eine außerordentliche Kündigung zu rechtfertigen (*BAG* 28. 03. 1985 EzA § 626 BGB n. F. Nr. 96). Hierbei muß der Arbeitgeber die gesetzliche oder tarifliche Kündigungsfrist einhalten, die gelten würde, wenn die ordentliche Kündigung nicht ausgeschlossen wäre (*BAG* 28. 03. 1985 a. a. O.; *Günther* RdA 1974, 153; *KR-Hillebrecht* BGB, § 626 Rz. 205 f.; a. A. *ArbG Freiburg* 22. 10. 1985 NZA 1986, 295). Ob die Betriebsstillegung in oder außerhalb der Insolvenz erfolgt, kann für die Kündigungsmöglichkeit ordentlich unkündbarer Arbeitnehmer keine Rolle spielen.

Für das **Vorstandsmitglied einer AG** ist der Schadenersatzanspruch auf maximal **zwei** 80 **Jahre** beschränkt (§ 87 Abs. 3 AktienG).

Der auszugleichende Schaden erstreckt sich auf die **gesamte** entgangene **Vergütung** 81 **einschließlich Provisionen, Naturalbezügen etc.** (*LAG Bremen* 13. 05. 1953 BB 1953, 472; *Wichmann* S. 196; *KR-Weigand* KO, § 22 Rz. 32).

Der Schaden kann in dem Verlust einer Pensionsberechtigung liegen, wenn der Arbeit- 82 nehmer infolge der verkürzten Kündigungsfrist vor Ablauf der Unverfallbarkeitsgrenze ausscheidet (*LAG Düsseldorf* 11. 05. 1979 ARSt 1979, 134; *Wichmann* a. a. O.).

Voraussetzungen und Umfang des Schadenersatzanspruches aus § 113 Abs. 1 Satz 3 83 können grundsätzlich rechtswirksam im voraus vertraglich geregelt werden (*Wichmann* a. a. O., S. 197 Fn. 47; *KR-Weigand* KO, § 22 Rz. 35). Die Dispositionsfreiheit findet jedoch immer dort ihre Grenze, wo die Vereinbarung zur unzulässigen Besserstellung gegenüber anderen Insolvenzgläubigern führt (vgl. *LAG Wiesbaden* 20. 03. 1980 ZIP 1980, 1074).

Die **Rechtsnatur** des Schadenersatzanspruches war zu der gesetzlichen Vorgängerege- 84 lung in § 22 Abs. 2 KO umstritten (vgl. *Eisenbeis* a. a. O., S. 802). Nunmehr ist der Schadenersatzanspruch ausdrücklich als **einfache Insolvenzforderung** bestimmt.

Im Falle der **Eigenkündigung** des Arbeitnehmers in der Insolvenz steht diesem **grund-** 85 **sätzlich kein Schadenersatzanspruch** zu. Etwas anderes soll ausnahmsweise dann gelten, wenn die Eigenkündigung durch eine vom Schuldner verschuldete Insolvenz bzw. aus von diesem verschuldeten Begleitumständen der Insolvenz veranlaßt ist. Zur Begründung wird ausgeführt: Wenn der Gesetzgeber schon einen Anspruch unabhängig vom Verschulden des Arbeitgebers gemäß § 113 Abs. 1 Satz 3 gewährt, so müsse dem Arbeitnehmer erst recht der Schaden ersetzt werden, den er durch ein schuldhaftes Verhalten des Arbeitgebers erleide (*KR-Weigand* KO, § 22 Rz. 33 unter Hinweis auf *Kuhn/Uhlenbruck* KO, § 22 KO Rz. 22).

Diese Auffassung begegnet nicht unerheblichen Bedenken; sie erscheint zudem wegen 86 der Regelung in § 628 Abs. 2 BGB nicht geboten. Wann eine Insolvenz »vom Schuldner verschuldet« ist, wird sich in vielen Fällen nicht hinreichend sicher klären lassen. Die Insolvenz selbst ist nach einhelliger Auffassung weder Kündigungsgrund noch Basis für einen Schadenersatzanspruch. Erreicht das Verschulden des Schuldners ein solches Maß, daß der Arbeitnehmer zur Kündigung aus wichtigem Grund berechtigt ist, so kann er nach § 628 Abs. 2 BGB vorgehen. Pflichtverletzungen des Schuldners unterhalb dieser Schwelle berechtigten nach dem Willen des Gesetzgebers nicht zum Schadenersatz.

87 Der Schadenersatzanspruch kann nach § 254 BGB eine **Minderung** erfahren, wenn der Arbeitnehmer sich nicht ernsthaft um eine ihm zumutbare Tätigkeit bemüht (vgl. *Jaeger/Henckel* KO, § 22 Rz. 40).

II. Schadenersatz gemäß § 628 Abs. 2 BGB

88 Die Rechtsnorm bestimmt, daß im Falle einer durch **vertragswidriges Verhalten** des anderen Teiles veranlaßten Kündigung dieser zum Ersatz des durch die Aufhebung des Dienstverhältnisses entstehenden Schadens verpflichtet ist. Aus dem Wortlaut folgt somit zunächst nur, daß lediglich eine fristlose Kündigung im Sinne des § 626 BGB gemeint ist. Das BAG hat den Anwendungsbereich der Norm jedoch auch auf all diejenigen Fälle erstreckt, in denen das Arbeitsverhältnis in anderer Weise als durch fristlose Kündigung beendet wurde, sofern nur der andere Vertragsteil durch ein vertragswidriges schuldhaftes Verhalten den Anlaß für die Beendigung gegeben hat (*BAG* 11. 02. 1981 EzA § 4 KSchG n. F. Nr. 20). Maßgeblich ist danach nicht die Form der Vertragsauflösung, sondern ihr Anlaß (vgl. *KR-Weigand* BGB, § 628 Rz. 20).

89 Das Auflösungsverschulden muß allerdings die Merkmale des wichtigen Grundes im Sinne des § 626 Abs. 1 BGB aufweisen (st. Rspr. des *BAG* vgl. Urteil vom 22. 06. 1989 EzA § 628 BGB Nr. 17).

90 Ebenso wie die außerordentliche Kündigung nach § 626 Abs. 1 BGB setzt der Schadenersatzanspruch nach § 628 Abs. 2 BGB voraus, daß die **Zwei-Wochen-Frist** des § 626 Abs. 2 BGB gewahrt ist (*BAG* 22. 06. 1989 a. a. O.; *Kittner/Trittin* BGB, § 628 Rz. 1; *KR-Weigand* BGB, § 628 Rz. 22).

91 Der Schadenersatzanspruch umfaßt grundsätzlich alle tatsächlichen Schäden und unterliegt keiner zeitlichen Begrenzung. Das BAG schränkt den Anspruch allerdings für den Zeitraum der Kündigungsfrist ein; danach soll der Kündigende gemäß § 628 Abs. 2 BGB so gestellt werden, als wäre das Arbeitsverhältnis ordnungsgemäß durch eine fristgerechte Kündigung beendet worden (*BAG* 09. 05. 1975 EzA § 628 BGB Nrn. 5, 10; vgl. auch *BAG* 03. 03. 1993 EzA § 89 a HGB Nr. 1).

92 Der Schadenersatzanspruch des Arbeitnehmers gemäß § 628 Abs. 2 BGB in der Insolvenz ist nach BAG eine einfache Insolvenzforderung; dies gilt sowohl für Ansprüche aus Zeiten vor der Insolvenz als auch nach der Insolvenzeröffnung (*BAG* 03. 08. 1980 EzA § 59 KO Nr. 10).

III. Nachvertragliches Wettbewerbsverbot

93 Ein vereinbartes nachvertragliches Wettbewerbsverbot bleibt von der Eröffnung des Insolvenzverfahrens grundsätzlich **unberührt** (*Grunsky* Wettbewerbsverbot für Arbeitnehmer 2. Aufl. 1987, 134; *Bauer/Diller* Wettbewerbsverbote 1995, 691). Unerheblich ist, ob die Insolvenz erst während der Karenzzeit oder schon während des Bestandes des Arbeitsverhältnisses eröffnet wird. Ein bereits ausgeschiedener Arbeitnehmer hat somit weiter Wettbewerb zu unterlassen, wofür ihm Karenzentschädigung zusteht. Voraussetzung für den Fortbestand des Wettbewerbsverbotes ist aber die **Fortführung des Unternehmens**.

Kündigung eines Dienstverhältnisses § 113

Bei Betriebsstillegung in der Insolvenz ist ein Wettbewerb nicht mehr möglich. Der 94
Arbeitnehmer ist dann aus der Pflicht entlassen, der Anspruch auf Karenzentschädigung
bleibt ihm deshalb nach § 324 BGB erhalten, weil die Betriebsstillegung und damit der
die Unmöglichkeit auslösende Umstand im Risikobereich des Arbeitgebers liegt (so
auch *Grunsky* a. a. O., S. 118).

1. Vor Insolvenzeröffnung ausgeschiedene Arbeitnehmer

Das Wettbewerbsverbot ist ein gegenseitiger Vertrag (*BAG* AP Nrn. 38, 42, 49 zu § 74 95
HGB). Es ist deshalb **§ 103 anwendbar**, d. h., der Insolvenzverwalter kann wählen, ob er
auf Einhaltung der Wettbewerbsabrede besteht oder die Erfüllung ablehnt (*Jaeger/
Henckel* KO, § 17 Rz. 215 ff.; *Hess* KO, § 17 Rz. 11).
Lehnt der Insolvenzverwalter die Erfüllung ab, steht dem Arbeitnehmer wegen der 96
entfallenden Karenzentschädigung ein Schadenersatzanspruch nach § 103 Abs. 2 Satz 1
(einfache Insolvenzforderung) zu.
Rückstände auf Karenzentschädigung aus der Zeit zwischen der Eröffnung des Insol- 97
venzverfahrens und der Ausübung des Wahlrechts sind nach zutreffender Auffassung
auch dann Masseschulden gemäß § 55 Abs. 1 Ziffer 2, wenn der Insolvenzverwalter die
Erfüllung ablehnt (*Bauer/Diller* a. a. O., Rz. 698; *Grunsky* a. a. O., S. 136; a. A.: *Kuhn/
Uhlenbruck* a. a. O., § 59 Rz. 15 n einfache Konkursforderung).
Wählt der Insolvenzverwalter Erfüllung, so macht dies den Anspruch auf Karenzentschä- 98
digung zur Masseschuld nach § 55 Abs. 1 Ziffer 2. In diesem Fall muß der Arbeitnehmer
das Wettbewerbsverbot weiter erfüllen. Ein § 103 vergleichbares Wahlrecht steht ihm in
der Insolvenz grundsätzlich nicht zu. Nach h. M. kann der Arbeitnehmer die Wettbewerbsabrede allerdings **außerordentlich kündigen**, wenn die **Masse** voraussichtlich
nicht ausreicht, um den Anspruch auf Karenzentschädigung zu erfüllen (vgl. *Bauer/
Diller* a. a. O., Rz. 696; *Jaeger/Henckel* KO, § 17 Rz. 222; *Kuhn/Uhlenbruck* a. a. O.,
§ 22 Rz. 26; *Grunsky* a. a. O., S. 136). Würde der Arbeitnehmer auch im Falle der
voraussichtlichen Massearmut an der Wettbewerbsabrede festgehalten werden, so
zwänge man ihn zu einer unsicheren Vorleistung, wozu in der Insolvenz auch kein
anderer Gläubiger verpflichtet ist (*Grunsky* a. a. O., S. 136).

2. Nach Insolvenzeröffnung ausscheidende Arbeitnehmer

Auch in dem Fall, daß der Arbeitnehmer erst nach Eröffnung des Verfahrens aus dem 99
Arbeitsverhältnis ausscheidet, ist § 103 grundsätzlich anwendbar. Auch wenn der Insolvenzverwalter das Arbeitsverhältnis erst kündigt, kann er hinsichtlich des Wettbewerbs-
verbots das Wahlrecht nach § 103 ausüben. In diesem Fall tritt das Wahlrecht ggf. neben
das Lösungsrecht aus § 75 Abs. 3 HGB. Selbst wenn der Insolvenzverwalter zuvor eine
Lösungsmöglichkeit nach § 75 Abs. 3 HGB hat verstreichen lassen, ist es ihm nach Treu
und Glauben nicht verwehrt, im Anschluß das Wahlrecht nach § 103 auszuüben (*Bauer/
Diller* a. a. O., Rz. 695 unter Hinweis auf die unterschiedlichen Wertungen beider
Rechte).
Für die Ausübung des Wahlrechts nach § 103 läuft **keine Frist**. 100
Wird das Wettbewerbsverbot allerdings erst **vom Insolvenzverwalter vereinbart**, steht 101
ihm **kein Wahlrecht** nach § 103 zu (*Grunsky* a. a. O., S. 137).

3. Rang des Karenzentschädigungsanspruchs

102 Gemäß § 55 Abs. 1 Ziffer 2, 2. Alt. sind Ansprüche aus gegenseitigen Verträgen, deren **Erfüllung nach der Eröffnung des Insolvenzverfahrens** erfolgen muß, **Masseschulden** und als solche vorab aus der Masse zu befriedigen. Hierunter fällt auch die Karenzentschädigung, soweit sie für Zeiträume nach der Eröffnung des Insolvenzverfahrens zu leisten ist (*Grunsky* a. a. O., S. 138).

103 Ansprüche auf rückständige Karenzentschädigungen, die nach dem früheren Recht (§ 59 Abs. 1 Nr. 3 KO) ebenfalls Masseschulden waren, sind nicht mehr qualifiziert. In der Gesetzesbegründung heißt es hierzu lapidar: »§ 59 Abs. 1 Nr. 3 KO, der rückständige Forderungen auf Arbeitsentgelt und ähnliche Ansprüche **systemwidrig** als Masseansprüche einordnet (vgl. § 13 Abs. 1 Nr. 3 GesO), enthält in der Sache ein Konkursvorrecht. Er wird ebenso wie die Vorrechte des § 61 KO **nicht in den Entwurf übernommen**« (vgl. die *Begründung* zum Regierungsentwurf zu § 64 BT-Drucks. 12/2443, S. 126).

104 Fällt der Arbeitnehmer in der Insolvenz mit seinem Entschädigungsanspruch aus, so kann er deswegen **kein Insolvenzgeld** verlangen. Die Karenzentschädigung ist kein »Arbeitsentgelt« im Sinne des SGB III, da sie nicht für eine Tätigkeit gezahlt wird (*Gagel* AFG, § 141 b Rz. 10).

105 Übt der Insolvenzverwalter das ihm zustehende Wahlrecht nicht aus, kann der Arbeitnehmer sich dadurch absichern, daß er den Verwalter gemäß § 103 Abs. 2 zur Ausübung seines Wahlrechts auffordert. Übt der Insolvenzverwalter das Wahlrecht nicht aus, kann er nicht auf Erfüllung bestehen. Das Wettbewerbsverbot wird für den Arbeitnehmer ohne weiteres unverbindlich (*Bauer/Diller* a. a. O., Rz. 699).

106 Löst sich der Arbeitnehmer vom Wettbewerbsverbot, kann er die entgangene Karenzentschädigung als einfache Insolvenzforderung (§ 38) geltend machen.

IV. Abfindungsanspruch gemäß §§ 9, 10 KSchG

107 Die Insolvenzeröffnung selbst ist auf den Bestand des Arbeitsverhältnisses ohne Einfluß. Sie gibt dem Arbeitnehmer kein Kündigungsrecht, erst recht resultiert aus der Eröffnung des Verfahrens kein Anspruch auf Abfindung nach den §§ 9, 10 KSchG.

V. Zeugnis

108 Mit Beendigung des Arbeitsverhältnisses hat der Arbeitnehmer trotz der Insolvenz Anspruch auf ein Zeugnis über seine Leistungen (§ 630 BGB). Ist der Arbeitnehmer bereits **vor Insolvenzeröffnung ausgeschieden**, richtet sich der Anspruch weiter gegen den **Schuldner** und kann auch gegen diesen eingeklagt werden (*BAG* AP Nr. 2 zu § 275 ZPO, wonach ein auf Zeugniserteilung gerichteter Rechtsstreit durch Eröffnung des Insolvenzverfahrens nicht nach § 240 ZPO unterbrochen wird).

109 Wird der **Betrieb nach Insolvenzeröffnung weitergeführt**, so kann der Arbeitnehmer auch für die Zeit vor Insolvenzeröffnung ein Zeugnis über Führung und Leistung **vom Insolvenzverwalter verlangen** (*BAG* 30. 01. 1991 AP Nr. 13 zu § 630 BGB). Der Insolvenzverwalter ist in diesen Fällen zur Zeugniserteilung verpflichtet, unabhängig davon, wie lange das Arbeitsverhältnis nach der Insolvenzeröffnung fortbestand. Kann der Insolvenzverwalter bei nur kurzem Fortbestand den Arbeitnehmer nicht persönlich

Kündigung eines Dienstverhältnisses **§ 113**

beurteilen, hat er entsprechende Auskünfte beim Schuldner einzuholen. Dieser ist hierzu nach § 97 verpflichtet (a. A. *Staudinger/Neumann* BGB, § 630 Rz. 5; *Kuhn/Uhlenbruck* KO, § 22 Rz. 27, wonach der Insolvenzverwalter nur dann zur Zeugniserteilung verpflichtet ist, wenn der Arbeitnehmer nach Insolvenzeröffnung noch längere Zeit unter ihm gearbeitet hat).

Nach einem Beschluß des *LAG Bremen* vom 16. 06. 1995 (DB 1995, 1770) ist der **110** Rechtsweg zu den Arbeitsgerichten gegeben, wenn ein Arbeitnehmer vom Insolvenzverwalter des Betriebes, bei dem er meint, beschäftigt zu sein, eine **Arbeitsbescheinigung** nach § 314 SGB III verlangt. Hierbei ist unerheblich, ob materiell-rechtlich tatsächlich ein solcher Anspruch besteht (zu den diesbezüglichen Bedenken des LAG siehe II 3 des Beschlusses).

E. Klageerhebungsfrist (§ 113 Abs. 2)

Absatz 2 dehnt die **dreiwöchige Klageerhebungsfrist** nach § 4 KSchG für den Fall der **111** Kündigung in der Insolvenz **auf alle anderen Gründe für die Unwirksamkeit einer Kündigung** aus. Die Vorschrift dient der zügigen Klärung von Streitigkeiten um die Wirksamkeit von Kündigungen. In der Insolvenz besteht ein besonderes Bedürfnis, Verzögerungen bei der Abwicklung der Arbeitsverhältnisse zu vermeiden.

Der Arbeitnehmer muß danach beispielsweise nach einer Kündigung durch den Insol- **112** venzverwalter die mangelnde Beteiligung des Betriebsrats (§§ 102, 103 BetrVG) oder einen Verstoß gegen das Verbot der Kündigung wegen eines Betriebsübergangs (§ 613 a Abs. 4 Satz 1 BGB) innerhalb der Drei-Wochen-Frist geltend machen. Die Frist beginnt grundsätzlich mit dem Zugang der Kündigung. Soweit allerdings die Kündigung der Zustimmung einer Behörde bedarf – z. B. der Hauptfürsorgestelle nach dem Schwerbehindertengesetz – läuft die Frist erst von der Bekanntgabe der Entscheidung der Behörde gegenüber dem Arbeitnehmer ab (§ 113 Abs. 2 Satz 2 i. V. m. § 4 Satz 4 KSchG).

Macht der Insolvenzverwalter von dem besonderen Beschlußverfahren zum Kündi- **113** gungsschutz nach § 126 Gebrauch und beantragt, festzustellen, daß die von ihm geplanten Entlassungen der im Antrag bezeichneten Arbeitnehmer durch dringende betriebliche Erfordernisse bedingt und sozial gerechtfertigt sind, so beginnt die Frist nicht vor der Zustellung der rechtskräftigen Entscheidung an die Arbeitnehmer. Für verspätete Klagen gilt § 5 KSchG entsprechend (§ 113 Abs. 2 Satz 2).

Die dreiwöchige Klageerhebungsfrist gilt auch dann, wenn das Arbeitsverhältnis des **114** klagenden Arbeitnehmers **nicht unter das Kündigungsschutzgesetz fällt**, sei es, weil die sechsmonatige Wartefrist nach § 1 KSchG nicht erfüllt ist, sei es, weil das insolvente Unternehmen unter die Kleinbetriebsklausel des § 23 KSchG fällt.

Absatz 2 bezweckt eine zügige Klärung von Bestandsstreitigkeiten in der Insolvenz. **115** Dieser Zweck würde nicht erreicht, wenn für die Belegschaft des insolventen Unternehmens unterschiedliches Recht gelten würde. Die Vorschrift statuiert somit eine insolvenzspezifische Klagefrist bezüglich aller Unwirksamkeitsgründe für alle Arbeitnehmer des insolventen Unternehmens (a. A.: *Zwanziger* a. a. O., der unter Hinweis auf den Wortlaut ["auch"] den Bezug zu den allgemeinen Voraussetzungen der Anwendbarkeit des Kündigungsschutzgesetzes herstellen will, allerdings verkennt, daß hierdurch ein Wertungswiderspruch geschaffen würde, da nicht einzusehen ist, daß Arbeitnehmern, die z. B. noch nicht den allgemeinen Kündigungsschutz genießen, in der Insolvenz hinsichtlich der Klagefrist eine stärkere Rechtsposition eingeräumt wird, als dies der Fall wäre, wenn sie bereits allgemeinen Kündigungsschutz genössen. Auch würde der mit der

§ 113

Regelung bezweckte Beschleunigungseffekt jedenfalls teilweise nicht erreicht werden können).

§ 113 Abs. 2 bestimmt allerdings nicht die Rechtsfolgen einer verspäteten Klage, mit der die Unwirksamkeit aus sonstigen Gründen (z. B. nach § 102 Abs. 1 Satz 3 BetrVG) geltend gemacht wird. Eine entsprechende Anwendung von § 7 KSchG, wonach die Kündigung als von Anfang an rechtswirksam gilt, wenn die Rechtsunwirksamkeit nicht rechtzeitig geltend gemacht wird, fehlt in § 113 Abs. 2. Hieraus wird teilweise gefolgert, daß die verspätete Klage gegen die vom Insolvenzverwalter ausgesprochene Kündigung nicht als unbegründet, sondern als unzulässig abzuweisen sei (vgl. *von Hoyningen-Huene* DB 1997, 41 ff. [45]; a. A. *Zwanziger* a. a. O., S. 71).

Anhang zu § 113
Vergütungsansprüche des Arbeitnehmers in der Insolvenz, Insolvenzgeld, Masseverbindlichkeiten und Insolvenzforderungen

Inhaltsübersicht: Rz.

- A. Gesetzliche Neuregelungen der Insolvenzordnung und des Sozialgesetzbuches III im Verhältnis zu den bisherigen Regelungen
- B. Arbeitsentgeltansprüche aus der Zeit vor Insolvenzeröffnung 1–202
  - I. Zum Begriff des Arbeitsentgelts 6– 23
    1. Lohn und Gehalt 8
    2. Zulagen 9
    3. Überstunden, Samstags-, Sonntags- und Feiertagsarbeit 10
    4. Auslösung 11
    5. Fahrgeld 12
    6. Tantieme 13
    7. Gratifikation, Urlaubsgeld, Weihnachtsgeld 14
    8. Beiträge des Arbeitgebers 15
    9. Abfindungen 16
    10. Schadenersatzansprüche 17
    11. Fehlerhafte Leiharbeitsverhältnisse 18– 20
    12. Nicht: Nebenforderungen 21
    13. Nicht: Betriebliche Altersversorgung 22
    14. Nicht: Urlaubsabgeltung 23
  - II. Anspruchsvoraussetzungen des Insolvenzgeldes 24–196
    1. Arbeitnehmereigenschaft 25– 39
    2. Erben als Anspruchsberechtigte 40– 44
    3. Vorfinanzierung aus Insolvenzgeld, dritte Person als Anspruchsberechtigte 45– 64
    4. Insolvenzereignis 65– 82
       a) Eröffnung des Insolvenzverfahrens 67– 70
       b) Abweisung mangels Insolvenzmasse 71– 72
       c) Beendigung der Betriebstätigkeit 73– 82
    5. Bestimmung des Insolvenzgeld-Zeitraums 83– 97
    6. Zeitliche Zuordnung der Arbeitsentgeltansprüche zum Insolvenzgeld-Zeitraum 98–142
       a) Laufendes Arbeitsentgelt 99–105
       b) Provisionen 106–110
       c) Urlaubsabgeltung 111–114
       d) Arbeitszeitkonten 115–119
       e) Gratifikationen, Jahressondervergütungen, Weihnachtsgeld 120–142
    7. Nichtberücksichtigung von Arbeitsentgeltansprüchen in besonderen Fällen 143–175
       a) Übertragung auf Dritte, § 188 SGB III 145–147
       b) Pfändung, § 188 Abs. 2 SGB III 148–150
       c) Wegfall durch Anfechtung, § 184 Abs. 1 Nr. 2 SGB III 151–156
       d) Erfüllung, Aufrechnung 157–160
       e) Tariflicher Verfall 161–165
       f) Anrechnung anderen Einkommens 166–169
       g) Rückwirkung durch Vergleich, Klagerücknahme 170–175
    8. Zum Verfahren der Insolvenzgeld-Gewährung, Antragstellung, Vorschuß, Mitwirkung des Insolvenzverwalters, Höhe des Insolvenzgeldes 176–196

Anhang zu § 113 *Wirkungen der Eröffnung des Insolvenzverfahrens*

      a) Antragsverfahren 177–186
      b) Mitwirkungspflichten des Insolvenzverwalters 187–191
      c) Wahlrecht des Arbeitnehmers 192–193
      d) Höhe des Insolvenzgeldes 194–196
  III. Prozeßrechtliche Behandlung – Insolvenzrechtliche Behandlung 197–202
C. Arbeitsentgeltansprüche aus der Zeit nach Eröffnung des Insolvenzverfahrens 203–221
  I. Nachinsolvenzliche Ansprüche auf Arbeitsentgelt als Masseverbindlichkeiten 206–217
  II. Geltendmachung der Entgeltansprüche aus der Zeit nach der Insolvenzeröffnung 218–220
     1.Außergerichtliche Geltendmachung 218–219
     2.Gerichtliche Geltendmachung 220
  III. Arbeitsentgeltbegriff 221
D. Betriebsübergang und Haftung des Betriebserwerbers 222–250
  I. Zur Anwendbarkeit des § 613a BGB in der Insolvenz 222–232
  II. Tatbestandliche Voraussetzungen des Betriebsübergangs 233–243
  III. Umfang der Haftung des Betriebserwerbers 244–250
E. Abfindungen 251–273
  I. Sozialplanabfindung 253–256
  II. Anspruch auf Nachteilsausgleich, § 113 Abs. 3 BetrVG.........................257–260
  III. Abfindung aus einem Auflösungsurteil, § 9 KSchG 261–267
  IV. Abfindung aus einem Prozeßvergleich im Kündigungsschutzprozeß 268–271
  V. Einzelvertraglich vereinbarte Abfindung 272–273

Literatur:

(siehe vor § 113, S. 694)

A. Gesetzliche Neuregelungen der Insolvenzordnung und des Sozialgesetzbuches III im Verhältnis zu den bisherigen Regelungen

Mit dem Inkrafttreten der Insolvenzordnung am 01. 01. 1999 wird das bisherige Konkursausfallgeld der §§ 141a bis 141n AFG zum Insolvenzgeld.
Die Rahmenbedingungen über die Gewährung des Insolvenzgeldes sind mit der Eingliederung der gesamten Arbeitsförderung in das **3. Buch des Sozialgesetzbuchs (SGB III)** durch das bereits in wesentlichen Teilen zum 1. Januar 1998 in Kraft getretene Gesetz zur Reform der Arbeitsförderung vom 24. März 1997 (Bundesgesetzblatt 1997, Teil I Nr. 20, Seite 594 bis 721) nunmehr ebenfalls im SGB III geregelt.
Die Einheitlichkeit der bisherigen Regelungen der §§ 141a bis 141n AFG ist durch die Systematik des SGB III teilweise aufgehoben worden. Die Bestimmungen über die Gewährung des Insolvenzgeldes sind im 6. Unterabschnitt des 8. Abschnitts »Entgelt Ersatzleistungen« des 4. Kapitels »Leistungen an Arbeitnehmer« des SGB III enthalten, während die Bestimmungen des Leistungsverfahrens in den Abschnitten des 8. Kapitels »Pflichten« des SGB III auch die Einzelheiten der Leistungsgewährung des Insolvenzgeldes regeln.
Das Beitragsverfahren zur Aufbringung der Mittel für das Insolvenzgeld ist im zweiten Unterabschnitt des 10. Kapitels »Finanzierung« in den §§ 358 bis 362 SGB III enthalten und entspricht ebenfalls im wesentlichen der bisherigen Regelung des Arbeitsförderungsgesetzes.

Vergütungsansprüche des Arbeitnehmers **Anhang zu § 113**

Für das Inkrafttreten der Neuregelung in bezug auf das Insolvenzgeld gilt Artikel 83 Abs. 5 des Gesetzes zur Reform der Arbeitsförderung vom 24. 03. 1997, wonach sämtliche Bestimmungen betreffend das Insolvenzgeld im SGB III am 01. Januar 1999 in Kraft treten.
Als Übergangsregelung für Leistungsfälle zum Zeitpunkt des Inkrafttretens gilt gemäß § 430 Abs. 5 SGB III, daß die bisherigen Vorschriften des Arbeitsförderungsgesetzes über das Konkursausfallgeld in der bis zum 31. Dezember 1998 geltenden Fassung weiterhin anzuwenden sind, wenn das Insolvenzereignis vor dem 01. Januar 1999 eingetreten ist.
Die Neuregelung im SGB III entspricht der bisherigen Regelung des Konkursausfallgeldes im Arbeitsförderungsgesetz wie folgt:

SGB III ab 01. 01. 1999	AFG bis 31. 12. 1998	Text SGB III
§ 183 Abs. 1 Nr. 1 Anspruch bei Eröffnung des Insolvenzverfahrens	§ 141 b Abs. 1 Satz 1	(1) Arbeitnehmer haben Anspruch auf Insolvenzgeld, wenn sie bei 1. Eröffnung des Insolvenzverfahrens über das Vermögen ihres Arbeitgebers,
§ 183 Abs. 1 Nr. 2 Anspruch bei Abweisung mangels Masse	§ 141 b Abs. 3 Nr. 1	2. Abweisung des Antrags auf Eröffnung des Insolvenzverfahrens mangels Masse oder
§ 183 Abs. 1 Nr. 3 Anspruch bei Beendigung der Betriebstätigkeit ohne Insolvenzverfahren	§ 141 b Abs. 3 Nr. 2	3. Vollständiger Beendigung der Betriebstätigkeit im Inland, wenn ein Antrag auf Eröffnung des Insolvenzverfahrens nicht gestellt worden ist und ein Insolvenzverfahren offensichtlich mangels Masse nicht in Betracht kommt, (3) (Insolvenzereignis) für die vorausgehenden 3 Monate des Arbeitsverhältnisses noch Ansprüche auf Arbeitsentgelt haben.
§ 183 Abs. 2 Anspruch bei Unkenntnis von Insolvenzereignis	§ 141 b Abs. 4	(2) Hat ein Arbeitnehmer in Unkenntnis eines Insolvenzereignisses weitergearbeitet oder die Arbeit aufgenommen, besteht der Anspruch auf die dem Tag der Kenntnisnahme vorausgehenden drei Monate des Arbeitsverhältnisses
§ 183 Abs. 3 Vererblichkeit des Anspruchs	§ 141 b Abs. 1 Satz 2	(3) Anspruch auf Insolvenzgeld hat auch der Erbe des Arbeitnehmers

Anhang zu § 113

Wirkungen der Eröffnung des Insolvenzverfahrens

SGB III ab 01. 01. 1999	AFG bis 31. 12. 1998	Text SGB III
§ 183 Abs. 4 Mitteilungspflicht des Arbeitgebers von Insolvenzereignis	§ 141 b Abs. 5	(4) Der Arbeitgeber ist verpflichtet, einen Beschluß des Insolvenzgerichts über die Abweisung des Antrags auf Insolvenzeröffnung mangels Masse dem Betriebsrat oder, wenn ein Betriebsrat nicht besteht, den Arbeitnehmern unverzüglich bekannzugeben.
§ 184 Abs. 1 Nr. 1 Anspruchsausschluß für Zeit nach Beendigung des Arbeitsverhältnisses	§ 141 b Abs. 1 Satz 3	(1) Der Arbeitnehmer hat keinen Anspruch auf Insolvenzgeld für Ansprüche auf Arbeitsentgelt, die 1. er wegen der Beendigung des Arbeitsverhältnisses oder für die Zeit nach der Beendigung des Arbeitsverhältnisses hat,
§ 184 Abs. 1 Nr. 2, 1. Alt. Anspruchsausschluß bei angefochtenen oder anfechtbaren Rechtshandlungen	§ 141 c Satz 1, Hs 1	2. er durch eine nach der Insolvenzordnung angefochtene Rechtshandlung
§ 184 Abs. 1 Nr. 2, 2. Alt.	§ 141 c Satz 2	oder eine Rechtshandlung erworben hat, die im Falle der Eröffnung des Insolvenzverfahrens anfechtbar wäre oder
§ 184 Abs. 1 Nr. 3 Anspruchsausschluß bei Leistungsverweigerungsrecht des Insolvenzverwalters	§ 141 c Satz 1, Hs 2	3. der Insolvenzverwalter wegen eines Rechts zur Leistungsverweigerung nicht erfüllt
§ 184 Abs. 2 Erstattungsverpflichtung bei Gewährung trotz Ausschluß	§ 141 c Satz 2	(2) Soweit Insolvenzgeld aufgrund eines für das Insolvenzgeld ausgeschlossenen Anspruchs auf Arbeitsentgelt erbracht worden ist, ist es zu erstatten
§ 185 Abs. 1 Höhe des Insolvenzgeldes	§ 141 d Abs. 1	(1) Insolvenzgeld wird in Höhe des Nettoarbeitsentgelts geleistet, das sich ergibt, wenn das Arbeitsentgelt um die gesetzlichen Abzüge vermindert wird
§ 185 Abs. 2 Nr. 1 Nettoberechnung in Fällen ohne Steuerabzug	§ 141 d Abs. 2 Satz 2	(2) Ist der Arbeitnehmer 1. im Inland einkommensteuerpflichtig, ohne daß Steuern durch Abzug vom Arbeitsentgelt erhoben werden oder

SGB III ab 01. 01. 1999	AFG bis 31. 12. 1998	Text SGB III
§ 185 Abs. 2 Nr. 2 Nettoberechnung ohne Einkommensteuerpflicht im Inland	§ 141 d Abs. 2 Satz 1	2. im Inland nicht einkommensteuerpflichtig und unterliegt das Insolvenzgeld nach den für ihn maßgeblichen Vorschriften nicht der Steuer, ist das Arbeitsentgelt um die Steuern zu vermindern, die bei Einkommensteuerpflicht im Inland durch Abzug vom Arbeitsentgelt erhoben würden
§ 186 Satz 1 Nr. 1, 2, 3 u. Satz 2 Vorschußleistung auf Insolvenzgeld (abweichende Neuregelung)	§ 141 f Abs. 1 Nr. 1 u. 2	Das Arbeitsamt kann einen Vorschuß auf das Insolvenzgeld erbringen, wenn 1. die Eröffnung des Insolvenzverfahrens über das Vermögen des Arbeitgebers beantragt ist, 2. das Arbeitsverhältnis beendet ist und 3. die Voraussetzungen für den Anspruch auf Insolvenzgeld mit hinreichender Wahrscheinlichkeit erfüllt werden. Das Arbeitsamt bestimmt die Höhe des Vorschusses nach pflichtgemäßem Ermessen.
§ 186 Satz 3 u. 4 Verrechnung des Vorschusses	§ 141 f Abs. 2	Der Vorschuß ist auf das Insolvenzgeld anzurechnen. Er ist zu erstatten, soweit ein Anspruch auf Insolvenzgeld nicht oder nur in geringer Höhe zuerkannt wird.
§ 187 Satz 1 Anspruchsübergang mit Antragstellung	§ 141 m Abs. 1	Ansprüche auf Arbeitsentgelt, die einen Anspruch auf Insolvenzgeld begründen, gehen mit dem Antrag auf Insolvenzgeld auf die Bundesanstalt über.
§ 187 Satz 2 Anfechtung von Entgeltansprüchen nach der Insolvenzordnung	§ 141 m Abs. 2	Die gegen den Arbeitnehmer begründete Anfechtung nach der Insolvenzordnung findet gegen die Bundesantalt statt.
§ 188 Abs. 1 Übertragung von Ansprüchen auf Dritte	§ 141 k Abs. 1 Satz 1	(1) Soweit der Arbeitnehmer vor seinem Antrag auf Insolvenzgeld Ansprüche auf Arbeitsentgelt einem Dritten übertragen hat, steht der Anspruch auf Insolvenzgeld diesem zu.

Anhang zu § 113 *Wirkungen der Eröffnung des Insolvenzverfahrens*

SGB III ab 01. 01. 1999	AFG bis 31. 12. 1998	Text SGB III
§ 188 Abs. 2 Pfändung oder Verpfändung von Ansprüchen	§ 141k Abs. 2	(2) Von einer vor dem Antrag auf Insolvenzgeld vorgenommenen Pfändung oder Verpfändung des Anspruchs auf Arbeitsentgelt wird auch der Anspruch aus Insolvenzgeld erfaßt.
§ 188 Abs. 3 Erlöschen von Pfandrechten	§ 141k Abs. 3	(3) Die an den Ansprüchen auf Arbeitsentgelt bestehenden Pfandrechte erlöschen, wenn die Ansprüche auf die Bundesanstalt übergegangen sind und sie Insolvenzgeld an den Berechtigten erbracht hat.
§ 188 Abs. 4 Einschränkung des Anspruchs des neuen Gläubigers oder Pfandgläubigers **(abweichende Neuregelung)**	§ 141k Abs. 2a	(4) Der neue Gläubiger oder Pfandgläubiger hat keinen Anspruch auf Insolvenzgeld für Ansprüche auf Arbeitsentgelt, die ihm vor dem Insolvenzereignis ohne Zustimmung des Arbeitsamtes zur Vorfinanzierung der Arbeitsentgelte übertragen oder verpfändet wurden. Das Arbeitsamt darf der Übertragung und Verpfändung nur zustimmen, wenn Tatsachen die Annahme rechtfertigen, daß durch die Vorfinanzierung der Arbeitsentgelte ein erheblicher Teil der Arbeitsplätze erhalten bleibt.
§ 189 Verfügungen über das Insolvenzgeld	§ 141l	Nachdem das Insolvenzgeld beantragt worden ist, kann der Anspruch auf Insolvenzgeld wie Arbeitseinkommen gepfändet, verpfändet oder übertragen werden. Eine Pfändung des Anspruchs vor diesem Zeitpunkt wird erst mit dem Antrag wirksam.
§ 208 Abs. 1 u. 2 Zahlung von Gesamtversicherungsbeiträgen	§ 141n Abs. 1 u. 2	(1) Den Gesamtsozialversicherungsbeitrag, der auf Arbeitsentgelte für die letzten dem Insolvenzereignis vorausgehenden drei Monate des Arbeitsverhältnisses entfällt und bei Eintritt des Insolvenzereignisses noch nicht gezahlt worden ist, zahlt das Arbeitsamt

Vergütungsansprüche des Arbeitnehmers **Anhang zu § 113**

SGB III ab 01. 01. 1999	AFG bis 31. 12. 1998	Text SGB III
		auf Antrag der zuständigen Einzugsstelle. Die Einzugstelle hat dem Arbeitsamt die Beiträge nachzuweisen und dafür zu sorgen, daß die Beschäftigungszeit und das beitragspflichtige Bruttoarbeitsentgelt einschließlich des Arbeitsentgelts, für das Beiträge nach Satz 1 gezahlt werden, dem zuständigen Rentenversicherungsträger mitgeteilt werden. §§ 184, 314, 223 Abs. 1 Satz 1 und § 327 Abs. 3 gelten entsprechend. (2) Die Ansprüche auf die in Abs. 1 Satz 1 genannten Beiträge bleiben gegenüber dem Arbeitgeber bestehen. Soweit Zahlungen geleistet werden, hat die Einzugsstelle dem Arbeitsamt die nach Abs. 1 Satz 1 gezahlten Beiträge zu erstatten.
§ 314 Abs. 1 u. 2 Bescheinigung über Höhe des Arbeitsentgelts	§ 141h Abs. 1	(1) Der Insolvenzverwalter hat auf Verlangen des Arbeitsamtes für jeden Arbeitnehmer, für den ein Anspruch auf Insolvenzgeld in Betracht kommt, die Höhe des Arbeitsentgelts für die letzten der Eröffnung des Insolvenzverfahrens vorausgehenden drei Monate des Arbeitsverhältnisses sowie die Höhe der gesetzlichen Abzüge und der zur Erfüllung der Ansprüche auf Arbeitsentgelt erbrachten Leistungen zu bescheinigen. Er hat auch zu bescheinigen, inwieweit die Ansprüche auf Arbeitsentgelt gepfändet, verpfändet oder abgetreten sind. Dabei hat er den von der Bundesanstalt vorgesehenen Vordruck zu benutzen. (2) In den Fällen, in denen ein Insolvenzverfahren nicht eröffnet wird oder nach § 207 der Insolvenzordnung eingestellt worden ist, sind die Pflichten des Insolvenzverwalters vom Arbeitgeber zu erfüllen.

Anhang zu § 113 *Wirkungen der Eröffnung des Insolvenzverfahrens*

SGB III ab 01. 01. 1999	AFG bis 31. 12. 1998	Text SGB III
§ 316 Abs. 1 Auskunftspflicht gegenüber dem Arbeitsamt	§ 141 g	(1) Der Arbeitgeber, der Insolvenzverwalter, die Arbeitnehmer sowie sonstige Personen, die Einblick in die Arbeitsentgeltunterlagen hatten, sind verpflichtet, dem Arbeitsamt auf Verlangen alle Auskünfte zu erteilen, die für die Durchführung der §§ 183–189, 208, 320 Abs. 2, 327 Abs. 3 erforderlich sind
§ 316 Abs. 2 Auskunftspflicht gegenüber dem Insolvenzverwalter	§ 141 h Abs. 2	(2) Der Arbeitgeber und die Arbeitnehmer sowie sonstige Personen, die Einblick in die Arbeitsentgeltunterlagen hatten, sind verpflichtet, dem Insolvenzverwalter auf Verlangen alle Auskünfte zu erteilen, die er für die Insolvenzgeldbescheinigung nach § 314 benötigt
§ 320 Abs. 2 Auszahlung des Insolvenzgeldes	§ 141 i	(2) Der Insolvenzverwalter hat auf Verlangen des Arbeitsamtes das Insolvenzgeld zu errechnen und auszuzahlen, wenn ihm dafür geeignete Arbeitnehmer des Betriebes zur Verfügung stehen und das Arbeitsamt die Mittel für die Auszahlung des Insolvenzgeldes bereitstellt. Für die Abrechnung hat er den von der Bundesanstalt vorgesehenen Vordruck zu benutzen. Kosten werden nicht erstattet.
§ 321 Nr. 1 u. Nr. 4 Schadenersatzverpflichtung gegenüber der Bundesanstalt	§ 141 m Abs. 1	Wer vorsätzlich oder fahrlässig (1) eine Arbeitsbescheinigung nach § 312, eine Nebeneinkommensbescheinigung nach § 313 oder eine Insolvenzgeldbescheinigung nach § 314 nicht, nicht richtig oder nicht vollständig ausfüllt, … 4. als Insolvenzverwalter die Verpflichtung zur Errechnung und Auszahlung des Insolvenzgeldes nach § 320 Abs. 2 Satz 1 nicht erfüllt, ist der Bundesanstalt zum Ersatz des daraus entstandenen Schadens verpflichtet.

SGB III ab 01. 01. 1999	AFG bis 31. 12. 1998	Text SGB III
§ 323 Abs. 1 Satz 1 Antragserfordernis	§ 141e Abs. 1 Satz 1	(1) Leistungen der Arbeitsförderung werden auf Antrag erbracht
§ 324 Abs. 3 Antragsfrist	§ 141e Abs. 1 Satz 2–4	(2) Insolvenzgeld ist abweichend von Abs. 1 Satz 1 innerhalb einer Ausschlußfrist von 2 Monaten nach dem Insolvenzereignis zu beantragen. Hat der Arbeitnehmer die Frist aus Gründen versäumt, die er nicht zu vertreten hat, so wird Insolvenzgeld geleistet, wenn der Antrag innerhalb von 2 Monaten nach Wegfall des Hinderungsgrundes gestellt wird. Der Arbeitnehmer hat die Versäumung der Frist zu vertreten, wenn er sich nicht mit der erforderlichen Sorgfalt um die Durchsetzung seiner Ansprüche bemüht hat
§ 328 Abs. 1 Nr. 3, § 329 Vorläufige Gewährung und Schätzung	§ 141e Abs. 3	(1) Über die Erbringung von Geldleistungen kann vorläufig entschieden werden, wenn 3. zur Feststellung der Voraussetzungen des Anspruchs eines Arbeitnehmers auf Geldleistungen voraussichtlich längere Zeit erforderlich ist, die Voraussetzungen für den Anspruch mit hinreichender Wahrscheinlichkeit vorliegen und der Arbeitnehmer die Umstände, die einer sofortigen abschließenden Entscheidung entgegenstehen, nicht zu vertreten hat. Umfang und Grund der Vorläufigkeit sind anzugeben. In den Fällen des Satzes 1 Nr. 3 ist auf Antrag vorläufig zu entscheiden. Das Arbeitsamt kann das zu berücksichtigende Einkommen nach Anhörung des Leistungsberechtigten schätzen, soweit Einkommen nur für kurze Zeit zu berücksichtigen ist.

Anhang zu § 113 *Wirkungen der Eröffnung des Insolvenzverfahrens*

Neuregelung über die Aufbringung der Mittel

Im 10. Kapitel »Finanzierung« des SGB III ist im 3. Abschnitt »Umlagen« nunmehr im 2. Unterabschnitt in den §§ 358–362 SGB III die **Umlage für das Insolvenzgeld** geregelt.
Nach § 359 Abs. 1 SGB III werden die Mittel für die Erstattung der Aufwendungen für das Insolvenzgeld durch die Unfallversicherungsträger durch eine Umlage bei ihren Mitgliedern aufgebracht.
Die Unfallversicherungsträger erstatten gemäß § 358 Abs. 1 SGB III der Bundesanstalt die Aufwendungen für das Insolvenzgeld, zu denen nach § 358 Abs. 2 SGB III gehören:
1. Das Insolvenzgeld einschließlich des vom Arbeitsamt entrichteten Gesamtsozialversicherungsbeitrags,
2. die Verwaltungskosten und die sonstigen Kosten, die mit der Erbringung des Insolvenzgeldes zusammenhängen.
Im einzelnen werden die Aufbringung der Mittel in § 359d SGB III, die Anteile der Mitglieder in § 360 SGB III und das Verfahren in § 361 SGB III geregelt.
Das Bundesministerium für Arbeit und Sozialordnung wird in § 362 SGB III ermächtigt, durch eine nach Anhörung der Bundesanstalt und der Verbände der Unfallversicherungsträger mit Zustimmung des Bundesrates zu verabschiedende Rechtsverordnung über die Pauschalierung der in § 358 Abs. 2 Nr. 2 SGB III in die erstattungspflichtigen Aufwendungen einbezogenen »sonstigen Kosten« zu entscheiden.

B. Arbeitsentgeltansprüche aus der Zeit vor Insolvenzeröffnung

1 Die Absicherung der Ansprüche des Arbeitnehmers auf Zahlung von Arbeitsentgelt, welches zum Zeitpunkt der Eröffnung des Insolvenzverfahrens von dem Arbeitgeber als Schuldner trotz Fälligkeit noch nicht gezahlt worden ist, richtet sich nach dem **Alter der Ansprüche**.
2 Nach den Regelungen des **Dritten Buches Sozialgesetzbuch über die Gewährung von Insolvenzgeld** gibt es nur eine zeitliche Differenzierung danach, ob der Arbeitnehmer zum Zeitpunkt der Eröffnung des Insolvenzverfahrens über das Vermögen seines Arbeitgebers noch Ansprüche auf Arbeitsentgelt für die letzten der Eröffnung des Insolvenzverfahrens vorausgehenden **drei Monate** hat. Nur die aus diesem Zeitraum stammenden Ansprüche auf Arbeitsentgelt können einen Anspruch auf Insolvenzgeld entstehen lassen. Ältere Ansprüche auf ständiges Arbeitsentgelt werden vom Insolvenzgeld nicht abgesichert, können jedoch unabhängig hiervon als Insolvenzforderungen geltend gemacht werden.
3 Ab Inkrafttreten der Insolvenzordnung mit dem 01. 01. 1999 gilt für die zum Zeitpunkt der Verfahrenseröffnung rückständigen Ansprüche der Arbeitnehmer auf Entgelt lediglich § 38 InsO. Danach sind Ansprüche auf rückständiges Arbeitsentgelt **einfache Insolvenzforderungen** ohne Vorrang.
4 Die bisherigen Regelungen der Insolvenzordnung über die Qualifizierung rückständigen Arbeitsentgelts als Masseschulden (§ 59 Abs. 1 Nr 3 KO) und über rückständiges Arbeitsentgelt als vorrangige Insolvenzforderung (§ 61 Abs. 1 Nr 1a KO) **werden ersatzlos gestrichen**.
5 In der Begründung zu der Vorlage des Deutschen Bundestages (BT-Drucks. 12/2443, S. 126) heißt es hierzu lediglich lapidar:

»§ 59 Abs. 1 Nr 3 KO, der rückständige Forderungen auf Arbeitsentgelt und ähnliche Ansprüche **systemwidrig** als Masseansprüche einordnet (vgl. auch § 13 Abs. 1 Nr 3 GesO), enthält in der Sache ein Insolvenzvorrecht. Er wird ebenso wie die Vorrechte des § 61 KO **nicht in den Entwurf übernommen.**«

I. Zum Begriff des Arbeitsentgelts

Der Begriff des Arbeitsentgelts ist in den Bestimmungen des Dritten Buches Sozialgesetzbuch über die Gewährung von Insolvenzgeld und in den Bestimmungen der Insolvenzordnung über Qualifizierung und Rang von Ansprüchen gegen den Schuldner **einheitlich**.

Danach zählen zum Arbeitsentgelt alle Leistungen des Arbeitgebers aus dem Arbeitsverhältnis, die als Gegenwert für die von dem Arbeitnehmer geleistete Arbeit sowohl in Form von Geldleistungen wie auch in Form von Naturalleistungen und geldwerten Vorteilen erbracht werden (*BSG* 09. 12. 1997, ZIP 1998, 481).

Dies entspricht in vollem Umfang den Vorgaben des Art. 2 Abs. 2 und des Art. 3 Abs. 1 der Richtlinie 80/987/EWG vom 20. 10. 1980 »zur Angleichung der Rechtsvorschriften der Mitgliedsstaaten über den Schutz der Arbeitnehmer bei Zahlungsunfähigkeit des Arbeitgebers« (AblEG Nr. L283, 20. 10. 1980, S. 23). Denn nach Art. 2 Abs. 2 der RL bleibt das einzelstaatliche Recht u. a. bezüglich der Begriffsbestimmung »Arbeitsentgelt« unberührt. Welches Arbeitsentgelt überhaupt mittels Insolvenzgeld geschützt werden soll, bestimmt sich deshalb nicht nach der Richtlinie, sondern allein nach innerstaatlichem Recht bzw. der dazu ergangenen höchstrichterlichen Rechtsprechung (*BSG* 09. 12. 1997, ZIP 1998, 481,482).

Hierzu gehören insbesondere:

1. Lohn und Gehalt

Lohn und Gehalt in allen arbeitsrechtlichen Erscheinungsformen. Hierzu gehören im Bereich der gewerblichen Arbeitnehmer Zeitlohn oder Akkordlohn, der sich aus einer Akkordlohnvereinbarung eines anwendbaren Tarifvertrages oder aus einer Betriebsvereinbarung ergeben kann.

Für die Angestellten gehört hierzu das vereinbarte oder in einem Tarifvertrag vorgesehene Monatsgehalt.

2. Zulagen

Zulagen, die von dem Arbeitgeber aufgrund einer einzelvertraglichen Vereinbarung, aufgrund einer kollektiven Gesamtzusage, aufgrund eines anwendbaren Tarifvertrages oder aufgrund einer Betriebsvereinbarung gezahlt werden.

Hierzu gehören allgemein übertarifliche Zulagen, Funktionszulagen für die Wahrnehmung bestimmter Aufgaben und Zulagen für bestimmte Situationen wie Schmutzzulagen, Wegezulagen oder Gefahrenzulagen.

Anhang zu § 113   *Wirkungen der Eröffnung des Insolvenzverfahrens*

3. Überstunden, Samstags-, Sonntags- und Feiertagsarbeit

10 **Überstundenvergütung** einschließlich der für die geleisteten Überstunden zu zahlenden Zuschläge sowie das Entgelt und die Zuschläge für **Samstags- und Sonntagsarbeit, Feiertagsarbeit und Nachtarbeit.**

4. Auslösung

11 Aufwandbezogene Vergütungen wie **Auslösungen**, die beispielsweise für den Arbeitsplatz auf externen Baustellen gezahlt werden (Bundesmontagetarifvertrag), Antrittsgelder für Samstagsarbeit in der Druckindustrie, Kleidergeld oder pauschales Verpflegungsgeld zum Ausgleich des Verpflegungsmehraufwandes bei auswärtiger Tätigkeit.

5. Fahrgeld

12 **Fahrgeld** für die Fahrten von der Wohnung zur Arbeitsstelle, Reisekosten einschließlich der pauschalen Zahlung für die Benutzung des eigenen Fahrzeugs des Arbeitnehmers zur Durchführung von Geschäftsfahrten (Kilometergeld) sowie Werkzeuggeld.

6. Tantieme

13 Umsatz- oder gewinnabhängige Vergütungen, wie **Tantiemen** oder Provisionen, Umsatzprämien oder Stückprämien.

7. Gratifikation, Urlaubsgeld, Weihnachtsgeld

14 Einmalzahlungen und Zahlungen aus Sonderanlässen wie **Urlaubsentgelt, Urlaubsgeld, Gratifikation, Weihnachtsgeld, Jubiläumszuwendungen**, die auf unterschiedlicher Rechtsgrundlage aus tariflichen Regelungen, Betriebsvereinbarungen, einzelvertraglichen Vereinbarungen, aus einer kollektiven Gesamtzusage, aus einer betrieblichen Übung oder aus dem Grundsatz der Gleichbehandlung gezahlt werden oder zu zahlen sind; bei diesen Leistungen des Arbeitgebers stellt sich in besonderer Weise die Frage der zeitlichen Zuordnung der Ansprüche zu den Zeiträumen, die vom Insolvenzgeld erfaßt werden.

8. Beiträge des Arbeitgebers

15 **Beiträge des Arbeitgebers** zu Direktversicherungen oder Unterstützungskassen in Erfüllung einer Zusage auf Leistungen der betrieblichen Altersversorgung sowie die Zuschüsse des Arbeitgebers zum Krankengeld, zum Mutterschaftsgeld und zum Krankenversicherungsbeitrag.

9. Abfindungen

16 **Abfindungen** ausnahmsweise und ggf. teilweise, soweit sie als Entschädigung für entgehendes Arbeitsentgelt gezahlt werden (vgl. dazu Rz. 251 ff.).

10. Schadenersatzansprüche

Weiterhin zum Arbeitsentgelt gehören Ansprüche gegenüber dem Arbeitgeber auf **Schadenersatz** wegen Versäumung der rechtzeitigen Beantragung von Kurzarbeitergeld, Wintergeld (§§ 212–213) oder Winterausfallgeld (§ 214), wenn dem Arbeitnehmer hierdurch die Ersatzleistung für Arbeitsentgelt entgangen ist. 17

11. Fehlerhafte Leiharbeitsverhältnisse

Bei **fehlerhaften Leiharbeitsverhältnissen** gehören im Verhältnis zum Entleiher auch die Ansprüche auf Arbeitsentgelt aus einem gem. Art. 1 § 10 Abs. 1 Satz 1 AÜG fingierten Arbeitsverhältnis zum Arbeitsentgelt i. S. d. § 183 Abs. 1 SGB III. 18
Nach Art. 1 § 10 Abs. 1 Satz 5 AÜG hat der Leiharbeitnehmer gegen den Entleiher »mindestens Anspruch auf das mit dem Verleiher vereinbarte Arbeitsentgelt«, wenn der Vertrag zwischen dem Verleiher und dem Leiharbeitnehmer unwirksam ist, weil der Verleiher nicht die nach Art. 1 § 1 AÜG erforderliche Erlaubnis hat. 19
Auch der in dem Rechtsverhältnis zum Verleiher bei Unwirksamkeit des Vertrages gem. Art. 1 § 10 Abs. 2 Satz 1 AÜG entstehende Anspruch auf Ersatz des Vertrauensschadens gehört nach der Rechtsprechung des *BSG* (Urteil v. 20. 03. 1984, ZIP 1984, 988) zum Arbeitsentgelt. 20

12. Nicht: Nebenforderungen

Nicht zum Arbeitsentgelt gehören **Nebenforderungen**, die nicht unmittelbar dem Austauschverhältnis von Arbeitsleistung und Entgelt zuzuordnen sind. Hierbei handelt es sich um Verzugszinsen, Ansprüche auf Ersatz der Kosten der Geltendmachung von Forderungen gegen den Arbeitgeber, Ansprüche auf Ersatz der Kosten der Beantragung des Insolvenzverfahrens oder der Kosten der gerichtlichen Geltendmachung rückständiger Vergütung. 21

13. Nicht: Betriebliche Altersversorgung

Nicht zum Arbeitsentgelt gehören auch laufende Leistungen aus einer Zusage auf **betriebliche Altersversorgung**. 22

14. Nicht: Urlaubsabgeltung

Geht das Arbeitsverhältnis durch Betriebsübergang oder Betriebsteilübergang nach § 613a BGB auf einen Rechtsnachfolger des alten Arbeitgebers über und besteht deshalb über den Zeitpunkt des Insolvenzereignisses hinaus fort, ist ein Anspruch auf Urlaubsabgeltung nicht insolvenzgeldfähig (*BSG* 30. 06. 1997, ZIP 1998, 483). 23
Nicht zum insolvenzgeldfähigen Arbeitsentgelt gehören gemäß § 184 Abs. 1 Nr. 1 HS 1 SGB III Ansprüche auf Arbeitsentgelt, die »wegen der Beendigung des Arbeitsverhältnisses« entstehen.
Hierzu gehören Ansprüche auf Urlaubsabgeltung für bis zur Beendigung des Arbeitsverhältnisses aus Anlaß des Insolvenzereignisses nicht gewährten Erholungsurlaubs.
In der Begründung des Gesetzentwurfs des Arbeitsförderungs-Reformgesetzes (BT-Drucks. 13/4941 v. 18. 06. 1996, S. 188) wird die von der bisherigen Rechtslage des AFG abweichende Formulierung in § 184 Abs. 1 Nr. 1 HS 1 SGB III wie folgt begründet:

»Die Vorschrift entspricht weitgehend §§ 141 b Abs. 1 Satz 3, 141 c Satz 1, schließt jedoch den Anspruch auf Insolvenzgeld für die Urlaubsabgeltung und die Entgeltfortzahlung im Krankheitsfall über die Beendigung des Arbeitsverhältnisses aus. Die Regelung beruht insoweit auf der Erwägung, daß Insolvenzgeld nur für Ansprüche auf Arbeitsentgelt bis zur Beendigung des Arbeitsverhältnisses gezahlt werden soll«.

II. Anspruchsvoraussetzungen des Insolvenzgeldes

24 Nach § 183 Abs. 1 Nr. 1 SGB III hat ein Arbeitnehmer Anspruch auf Insolvenzgeld, wenn er bei Eröffnung des Insolvenzverfahrens über das Vermögen seines Arbeitgebers für die letzten der Eröffnung des Insolvenzverfahrens vorausgehenden **drei Monate** des Arbeitsverhältnisses noch Ansprüche auf Arbeitsentgelt hat.

1. Arbeitnehmereigenschaft

25 Der Arbeitnehmerbegriff ist in den Bestimmungen über das Insolvenzgeld nicht separat geregelt. Es gilt daher der allgemeine Arbeitnehmerbegriff des SGB III. Für die Abgrenzung der Arbeitnehmer von Personen, die selbständig tätig sind, können die von der Rechtsprechung entwickelten Abgrenzungskriterien für die Beitragspflicht zur Bundesanstalt für Arbeit herangezogen werden (vgl. §§ 24–28 SGB III).

26 Danach ist als Arbeitnehmer anzusehen, wer auf Dauer angelegt in persönlicher Abhängigkeit zu einem Arbeitgeber eine Erwerbstätigkeit ausübt. Die **persönliche Abhängigkeit** kommt regelmäßig durch die Eingliederung in den fremden Betrieb des Arbeitgebers und dadurch zum Ausdruck, daß der Arbeitnehmer mangels ausdrücklicher Regelung oder Vereinbarung dem Weisungsrecht des Arbeitgebers für Zeit, Dauer, Ort und Art der Arbeitsausführung unterliegt.

27 Nach § 13 SGB III sind auch die Heimarbeiter als Arbeitnehmer anzusehen. Grundsätzlich anspruchsberechtigt für Insolvenzgeld sind auch Auszubildende (§ 14 SGB III), Praktikanten und Volontäre.

28 Gem. § 12 Abs. 2 SGB IV sind **Heimarbeiter** sonstige Personen, die in eigener Arbeitsstätte im Auftrag und für Rechnung von Gewerbetreibenden, gemeinnützigen Unternehmen oder öffentlich-rechtlichen Körperschaften erwerbsmäßig arbeiten, auch wenn sie Roh- oder Hilfsstoffe selbst beschaffen.

29 Da der Arbeitnehmerbegriff des SGB III jedoch auch Personen erfaßt, die von der Beitragspflicht zur Bundesanstalt für Arbeit befreit sind, können grundsätzlich auch **Studenten, Schüler, Rentner** oder aus sonstigen Gründen **beitragspflichtbefreite Arbeitnehmer** Anspruch auf Insolvenzgeld haben.

30 Dies gilt auch für **geringfügig Beschäftigte**.

31 Anspruchsberechtigt können auch **Handlungsgehilfen** i. S. d. § 59 HGB sein, wenn sie in abhängiger Beschäftigung Provisionsgeschäfte abschließen oder vermitteln.

32 Auch **Handelsvertreter** gem. § 84 Abs. 2 HGB können anspruchsberechtigt sein, wenn sie für einen Unternehmer ständig Geschäfte vermitteln oder in dessen Namen abschließen, ohne ein selbständiges Gewerbe zu betreiben (*BSG* 29. 07. 1982, ZIP 1982, 1230).

33 **Leiharbeitnehmer** sind anspruchsberechtigt zum Insolvenzgeld nicht nur in der Insolvenz des Verleihers, sondern im Falle des unwirksamen Leihverhältnisses über die Fiktion des Arbeitsverhältnisses zum Entleiher aus Art. 1 § 10 Abs. 1 Satz 1 AÜG auch in der Insolvenz des Entleihers, wenn sie im Hinblick auf die Unwirksamkeit des Leihverhältnisses gutgläubig waren (*BSG* 20. 03. 1984, ZIP 1984, 988).

Vergütungsansprüche des Arbeitnehmers **Anhang zu § 113**

Geschäftsführer als Organmitglieder einer Gesellschaft können trotzdem zu den anspruchsberechtigten Arbeitnehmern i. S. d. § 183 Abs. 1 SGB III gehören, wenn sie bei zutreffender Einzelfallbeurteilung der tatsächlichen Verhältnisse keinen maßgeblichen Einfluß auf die geschäftspolitischen Entscheidungen der Gesellschaft nehmen können, sondern anderen Geschäftsführern oder mitarbeitenden Gesellschaftern gegenüber weisungsabhängig dienend für die Gesellschaft tätig sind und hierfür lediglich ein übliches Arbeitsentgelt erhalten (*BSG* 23. 09. 1992, ZIP 1993, 103). 34

Nicht Arbeitnehmer i. S. v. § 183 Abs. 1 SGB III sind **Geschäftsführer** als Organmitglieder juristischer Personen, wenn sie die Gesellschaft faktisch beherrschen, insbesondere durch eine entsprechende Beteiligung am Stammkapital (*BSG* 07. 09. 1988, ZIP 1988, 1592). 35

Ebenfalls **nicht** zu den Arbeitnehmern mit Anspruchsberechtigung zum Insolvenzgeld gehören bei einer **Kommanditgesellschaft** die Geschäftsführer der Komplementär-GmbH einer GmbH & Co KG, wenn sie beherrschenden Einfluß auf die Komplementär-GmbH, sei es durch hälftige Beteiligung am Stammkapital, haben (*BSG* 20. 03. 1984, SozR 4100 § 168 Nr. 16). 36

Weiterhin **nicht** zu den anspruchsberechtigten Arbeitnehmern gehören grundsätzlich **Vorstandsmitglieder einer Aktiengesellschaft**, da sie nicht weisungsabhängig tätig sind, sondern unternehmerähnliche, unabhängige Stellungen im Unternehmen haben. 37

Nicht als anspruchsberechtigte Arbeitnehmer gelten Hausgewerbetreibende, die im Unterschied zu Heimarbeitern regelmäßig ohne eigene Mitarbeit oder auch mit eigener Mitarbeit zusätzliche Hilfskräfte beschäftigen. Diese Ausgrenzung der Hausgewerbetreibenden aus dem Kreis der anspruchsberechtigten Arbeitnehmer ist verfassungsrechtlich nicht zu beanstanden (*BSG* ZIP 1981, 134). 38

Nicht zu dem durch die Regelung des Insolvenzgeldes geschützten Personenkreis gehören Arbeitnehmer, die jedenfalls überwiegend im **Ausland** tätig sind (*BSG* ZIP 1982, 1230). Für diese Personengruppe soll es nach der Rechtsauffassung der Bundesanstalt für Arbeit darauf ankommen, ob »erhebliche Berührungspunkte zur deutschen Rechtsordnung bestehen, aus denen zu folgern ist, daß der Schwerpunkt der rechtlichen und tatsächlichen Merkmale des Arbeitsverhältnisses im Inland lag«, wobei die Vereinbarung der Anwendbarkeit des deutschen Arbeitsrechts, die Vergütung in deutscher Währung, die Gewährung von Heimaturlaub in Deutschland und die Vereinbarung eines deutschen Gerichtsstandes wesentliche Indizien sein können (vgl. Erläuterung zu Art. 102 EGInsO). 39

2. Erben als Anspruchsberechtigte

Nach § 183 Abs. 3 SGB III ist der Anspruch auf Insolvenzgeld nicht dadurch ausgeschlossen, daß der Arbeitnehmer vor der Eröffnung des Insolvenzverfahrens gestorben ist. Danach kann der Erbe wie ein Arbeitnehmer einen eigenen Anspruch auf Insolvenzgeld geltend machen. Voraussetzung ist, daß der Erbe Inhaber der zum Zeitpunkt der Eröffnung des Insolvenzverfahrens rückständigen Ansprüche auf Arbeitsentgelt des verstorbenen Arbeitnehmers geworden ist. Dies kann nach den erbrechtlichen Bestimmungen nur auf solche Ansprüche zutreffen, die schon zu Lebzeiten des verstorbenen Arbeitnehmers diesem zugestanden haben. Ansprüche des Erben, die nach den Regelungen eines Tarifvertrages, einer Betriebsvereinbarung oder eines Einzelarbeitsvertrages erst kausal durch den Tod des Arbeitnehmers entstanden sind, wie z. B. die Fortzahlung des Entgelts für einen definierten Zeitraum oder die Gewährung eines Zuschusses zu Beerdigungskosten, können demnach nicht der Absicherung durch Insolvenzgeld unterfallen. 40

41 Die Anspruchsberechtigung des Erben bezieht sich auf alle Formen des Arbeitsentgelts, soweit diese nicht durch den Tod des Arbeitnehmers untergegangen sind.

42 **Nicht** durch den Erben geltend gemacht werden kann demnach der Anspruch auf **Urlaubsabgeltung** im Rahmen des Insolvenzgeldes, da nach der Rechtsprechung des BAG der unerfüllte Urlaubsanspruch mit dem Tod des Arbeitnehmers erlischt und sämtliche evtl. Ansprüche auf Urlaubsabgeltung dieses rechtliche Schicksal teilen (*BAG* DB 1992, 2404).

43 Die Frage der Erbberechtigung richtet sich nach den allgemeinen erbrechtlichen Bestimmungen des BGB. Anspruchsberechtigt kann daher auch eine Erbengemeinschaft sein. Der Nachweis der Erbberechtigung wird regelmäßig durch Vorlage eines Erbscheins geführt.

44 Nach der Dienstanweisung der Bundesanstalt für Arbeit kann der Nachweis in Ausnahmefällen jedoch auch vereinfacht durch Glaubhaftmachung der Voraussetzungen unter Vorlage geeigneter Urkunden geführt werden.

3. Vorfinanzierung aus Insolvenzgeld, dritte Personen als Anspruchsberechtigte

45 Soweit Ansprüche auf Arbeitsentgelt vor der Stellung des Antrags auf Insolvenzgeld auf einen Dritten übertragen worden sind, steht diesem Dritten gem. § 188 Abs. 1 SGB III der Anspruch auf Insolvenzgeld zu.

46 Die Begründung der Anspruchsberechtigung eines Dritten auf Insolvenzgeld kann nur durch Übertragung des Anspruches auf Arbeitsentgelt erfolgen, da die Anspruchsberechtigung für Insolvenzgeld von der Anspruchsberechtigung für das ausgefallene Arbeitsentgelt abhängig ist. Eine solche Übertragung kann – abgesehen von einem gesonderten Forderungsübergang – nur durch Abtretung der Ansprüche nach §§ 398 ff. BGB erfolgen.

47 Eine solche **Abtretung** von bereits fällig gewordenen oder auch zukünftig fällig werdenden Ansprüchen auf Arbeitsentgelt ist jedoch gem. §§ 400, 134 BGB teilweise **unwirksam**, soweit ein Teil des abgetretenen Anspruchs auf Arbeitsentgelt nach den Bestimmungen über die Unpfändbarkeit von Arbeitseinkommen der Pfändung entzogen ist (*BSG* 08. 04. 1992, SozR 3 – 4100 § 141 k Nr. 1).

48 Der Arbeitnehmer kann jedoch seinen Anspruch auf Arbeitsentgelt im Wege des Forderungsverkaufs gem. § 437 BGB an den vorfinanzierenden Dritten verkaufen und zur Erfüllung dieses Forderungsverkaufs seine Forderung Zug um Zug gegen Zahlung des Arbeitsentgelts durch den Dritten an diesen **wirksam** gem. § 398 BGB abtreten (*BSG* 22. 03. 1995, EzA SGB III § 141 k Nr. 1). Rechtliche Bedenken aus §§ 400, 134 BGB gegen diese Art der Übertragung bestehen deshalb nicht, weil der Arbeitnehmer vor der Abtretung den vollen Gegenwert seines Anspruchs erhalten hat bzw. die Abtretung durch die Zahlung bedingt war.

49 Einer Ermöglichung der **Vorfinanzierung des Insolvenzgeldes** kommt regelmäßig entscheidende Bedeutung für die Möglichkeit der **vorläufigen Betriebsfortführung** durch den Insolvenzverwalter zu.

Der vorläufige Insolvenzverwalter mit Verfügungsbefugnis über das Vermögen des Schuldners hat gemäß § 22 Abs. 1 S. 2 Nr. 2 InsO die Pflicht, das Unternehmen des Schuldners vorläufig fortzuführen.

Diese gesetzliche Verpflichtung kann der vorläufige Insolvenzverwalter nur dann erfüllen, wenn er die Arbeitnehmer des Schuldners veranlassen kann, auch während der Dauer des Eröffnungsverfahrens ihre Arbeitsleistung für das Unternehmen weiterhin zu erbringen. Dies wiederum setzt voraus, daß eine zeitnahe Erfüllung der durch die

Vergütungsansprüche des Arbeitnehmers **Anhang zu § 113**

Fortsetzung der Arbeitsleistung entstehenden Ansprüche auf Lohn und Gehalt in Aussicht gestellt werden kann. Dies wird durch die in der Praxis weit verbreitete Inanspruchnahme des Instruments der **Vorfinanzierung von Insolvenzausfallgeld** gewährleistet. Erst durch diese Vorfinanzierung zum Zwecke der Schaffung weiterer Vermögenswerte durch Ausnutzung der Produktivität während des Eröffnungsverfahrens ist es regelmäßig in zahlreichen Verfahren überhaupt erst ermöglicht worden, eine geordnete Verfahrensabwicklung durchzuführen.

Die Insolvenzgeld-**Vorfinanzierung** ist in § 188 Abs. 4 SGB III **vollständig neu** 50 **geregelt** worden. Der Anspruch des Abtretungsempfängers auf Zahlung des Insolvenzgeldes ist nun davon abhängig, daß die vor dem Insolvenzereignis erfolgte Übertragung der Ansprüche auf Arbeitsentgelt mit einer ausdrücklichen **Zustimmung des Arbeitsamtes** erfolgt ist.

In der Begründung des Gesetzentwurfes zum Arbeitsförderungs-Reformgesetz, BT-Drucks. 13/4941 v. 18. 06. 1996 (S. 188), heißt es hierzu:

»Die Regelung des Arbeitsförderungsgesetzes, wonach für vor Eröffnung des Konkurs- 51 verfahrens zur Vorfinanzierung übertragene oder verpfändete Ansprüche auf Arbeitsentgelt einen Anspruch auf Konkursausfallgeld nur dann begründen, wenn im Zeitpunkt der Übertragung oder Verpfändung der neue Gläubiger oder Pfandgläubiger nicht zugleich Gläubiger des Arbeitgebers oder an dessen Unternehmen beteiligt ist (§ 141k Abs. 2a AFG), **hat sich in der Verwaltungspraxis als unzureichend erwiesen**. Um einerseits arbeitsplatzerhaltende Sanierung beteiligter Gläubigerbanken und Unternehmen durch eine Vorfinanzierung der Arbeitsentgelte zu ermöglichen, andererseits aber eine mißbräuchliche Inanspruchnahme der Konkursausfallversicherung zu verhindern, soll künftig ein Anspruch auf Insolvenzgeld aus einem vor dem Insolvenzereignis zur Vorfinanzierung übertragenen oder verpfändeten Anspruch auf Arbeitsentgelt nur noch dann bestehen, wenn das Arbeitsamt der Übertragung oder Verpfändung zugestimmt hat. **Die Zustimmung soll an eine positive Prognoseentscheidung des Arbeitsamtes über den erheblichen Erhalt von Arbeitsplätzen im Rahmen eines Sanierungsversuches geknüpft sein**«.

Nach der Formulierung in § 188 Abs. 4 Satz 1 SGB III und unter Berücksichtigung der in 52 der Begründung zum Gesetzentwurf wiedergegebenen gesetzgeberischen Absicht ist die vorherige Zustimmung für die Anspruchsberechtigung des Dritten zwingend und ist eine **nachträgliche Genehmigung nicht ausreichend**.

Nach § 188 Abs. 4 Satz 2 SGB III darf das Arbeitsamt der Übertragung oder Ver- 53 pfändung der Ansprüche auf Arbeitsentgelt zum Zwecke der Vorfinanzierung nur dann zustimmen, wenn **Tatsachen die Annahme rechtfertigen**, daß durch die Vorfinanzierung der Arbeitsentgelte ein **erheblicher Teil der Arbeitsplätze erhalten bleibt**.

In diesem Verfahren trifft das Arbeitsamt eine **eigene Ermessensentscheidung** über das Vorliegen dieser Voraussetzungen. Entsprechend der Begründung zur gesetzlichen Neuregelung muß die »**Prognose eines Sanierungsversuches**« getroffen werden.

Die Ermessensentscheidung des Arbeitsamtes über die Zustimmung zur Abtretung zum 54 Zwecke der Vorfinanzierung unterliegt im Streitfall, der regelmäßig nur bei Verweigerung der Zustimmung auftreten wird, der rechtlichen Überprüfung im vorgegebenen Verfahren des Widerspruchs und ggf. der Klageerhebung.

Der Erlaß einer **einstweiligen Verfügung** ist regelmäßig **nicht möglich**, da bei eingeschränkter Nachprüfung im summarischen Verfahren des vorläufigen Rechtsschutzes die Ermessensausübung durch das Gericht nicht an die Stelle der Ermessensausübung durch das Arbeitsamt ersetzt werden kann.

Anhang zu § 113 *Wirkungen der Eröffnung des Insolvenzverfahrens*

Wegen der regelmäßig besonderen Eilbedürftigkeit der Entscheidung über die Ermöglichung der Vorfinanzierung werden daher an die Tatsachen zur Ermöglichung einer positiven Prognose für einen Sanierungsversuch **keine überzogenen Anforderungen** gestellt werden können und wird es als ausreichend anzusehen sein, wenn ein plausibles Sanierungskonzept präsentiert wird, welches auch die Erhaltung eines erheblichen Teils der Arbeitsplätze beinhaltet.

Nach der Formulierung in § 188 Abs. 4 Satz 2 SGB III bleibt offen, ob die Annahme einer **dauerhaften oder vorübergehenden** Erhaltung von Arbeitsplätzen Voraussetzung für die Zustimmung des Arbeitsamtes ist. Aus der Formulierung in den Gesetzgebungsmaterialien, wonach es sich um einen »**Sanierungsversuch**« handeln muß, ergibt sich jedoch, daß die Annahme einer **dauerhaften Erhaltung** eines erheblichen Teiles der Arbeitsplätze **erforderlich ist**.

55 Die bisherigen Abgrenzungskriterien zwischen der zulässigen und der nicht-zulässigen Abtretung zum Zwecke der Vorfinanzierung (vgl. *BSG* 22. 03. 1995, EzA AFG § 141 Nr 1), wonach es um die Vermeidung von Mißbrauch zur Verschaffung von Sondervorteilen aus eigenem wirtschaftlichen Interesse bestimmter Gläubiger zu Lasten der übrigen Gläubiger ging, sind nach der Neuregelung des Gesetzes nicht mehr relevant und können allenfalls noch im Rahmen der Ermessensentscheidung des Arbeitsamtes zur prognostischen Beurteilung des Sanierungskonzepts neben anderen Beurteilungskriterien herangezogen werden.

56 Nachdem für die Insolvenzgeld-Vorfinanzierung die vorherige Zustimmung des Arbeitsamtes gem. § 188 Abs. 4 Satz 2 SGB III erforderlich ist, bestehen auch keine Bedenken mehr, im Verhältnis des anspruchsberechtigten Dritten zu der Bundesanstalt die Regelung des § 407 BGB über die befreiende Wirkung durch Zahlung an den Arbeitnehmer nicht anzuwenden (*SG Kassel* ZIP 1981, 1013; *KR-Weigand* KO, § 22 Rz. 91).

Durch die Einbringung des Arbeitsamtes bereits bei der Entscheidung über die Zulässigkeit der Vorfinanzierung durch Abtretung der rückständigen Ansprüche auf Arbeitsentgelt besteht nach Erteilung der Zustimmung kein schützenswertes Interesse auf seiten der Bundesanstalt an der Ermöglichung einer befreienden Wirkung durch Zahlung an den Arbeitnehmer unmittelbar.

57 **Neu geregelt** in der Insolvenzordnung ist die Konsequenz aus einer Inanspruchnahme der Vorfinanzierung. Nach der vor Inkrafttreten der Insolvenzordnung geltenden Regelung haben die bei einer Inanspruchnahme von Konkursausfallgeld im Rahmen einer Vorfinanzierung gemäß § 141 m Abs. 1 AFG auf die Bundesanstalt für Arbeit übergegangenen Lohnansprüche der Arbeitnehmer gemäß § 59 Abs. 2 Satz 1 KO ihre Qualifizierung als Masseverbindlichkeiten verloren und sich lediglich in bevorrechtigte Konkursforderungen umgewandelt. Auf diesem Wege konnte eine teilweise Entlastung der Masse erreicht werden.

Diese Regelung ist mit § 55 Abs. 2 InsO aufgegeben worden.

58 Nunmehr gilt **gemäß § 55 Abs. 2 InsO**, daß die durch einen vorläufigen Insolvenzverwalter mit Verfügungsbefugnis gemäß § 22 Abs. 1 InsO begründeten Verbindlichkeiten **als Masseverbindlichkeiten** ebenso gelten, wie die Verbindlichkeiten **aus einem Dauerschuldverhältnis** gemäß § 55 Abs. 2 Satz 2 InsO, wenn der vorläufige Insolvenzverwalter die Gegenleistung aus diesen Dauerschuldverhältnissen in Form der Arbeitsleistung der Arbeitnehmer in Anspruch genommen hat.

Durch die Aufgabe der bisherigen Rangverschlechterung der Ansprüche nach deren Übergang auf die Bundesanstalt für Arbeit ist der Effekt einer Entlastung der Masse damit im Ergebnis **entfallen**.

Vergütungsansprüche des Arbeitnehmers **Anhang zu § 113**

Wenn die durch eine Inanspruchnahme der Arbeitsleistung der Arbeitnehmer im Eröffnungszeitraum durch den vorläufigen Insolvenzverwalter mit Verfügungsbefugnis geschaffenen Masseverbindlichkeiten später nicht voll erfüllt werden können, tritt grundsätzlich die **persönliche Haftung** des Insolvenzverwalters gemäß § 61 InsO ein, obwohl der Insolvenzverwalter zur vorläufigen Fortführung des Unternehmens verpflichtet ist und eine Verletzung dieser Fortführungspflicht ebenfalls Schadenersatzansprüche begründen kann.

Die Neuregelung führt daher zu einer **Gefährdung der Vorfinanzierung**, wenn dem vorläufigen Insolvenzverwalter keine Möglichkeiten zur Auflösung dieser durch einen Wertungswiderspruch der gesetzlichen Regelungen (vgl. *Wiester* ZinsO 1998, 99, 100) verursachten Konfliktsituation zur Verfügung stehen).

Ob eine Auflösung dieser Konfliktsituation mit den **Lösungsmöglichkeiten** erreicht werden kann, die in der Literatur hierzu vertreten werden, erscheint indes fraglich. 59

Eine **einschränkende Auslegung des** § 61 InsO durch Differenzierung der Rechtsstellung des vorläufigen und des endgültigen Insolvenzverwalters erscheint ebenso wie eine Anerkennung des § **108 Abs. 2 InsO** als vorrangige Spezialvorschrift im Verhältnis zu § 55 Abs. 2 Satz 2 InsO mit dem Ziel der Qualifizierung der auf die Bundesanstalt übergegangenen Lohnansprüche der Arbeitnehmer als einfache Insolvenzforderung (vgl. *Wiester* ZinsO 1998, 99, 102, 103) mit dem eindeutigen Wortlaut des Gesetzes schwer vereinbar.

Die Lösungsmöglichkeit einer **Rangrücktrittsvereinbarung** mit der Bundesanstalt für Arbeit für die auf die Bundesanstalt übergegangenen Ansprüche auf Arbeitsentgelt (vgl. *Hauser/Havelka* ZIP 1998, 1261, 1263) bietet zwar eine saubere Auflösung der Konfliktsituation, ist jedoch von der Zustimmung der Bundesanstalt im Einzelfall und von der Bewältigung des für den Entscheidungsgang bei der Bundesanstalt notwendigen Zeitablauf abhängig. 60

Möglich und im Hinblick auf den eindeutigen Wortlaut der gesetzlichen Regelung unbedenklich erscheint die Lösungsmöglichkeit, bei der Bestellung des vorläufigen Insolvenzverwalters von der Verhängung eines allgemeinen **Veräußerungs- und Verfügungsverbotes abzusehen**. Dies wird insbesondere dann gefahrlos möglich sein, wenn der vorläufige Insolvenzverwalter zunächst auf eine intakte Geschäftsleitung zurückgreifen kann (vgl. *Hauser/Havelka* ZIP 1998, 1261, 1264). Das Unterlassen einer Übertragung der Verfügungsbefugnis über das Vermögen des Schuldners auf den vorläufigen Insolvenzverwalter führt dazu, daß mangels tatbestandlicher Voraussetzung des § 55 Abs. 2 Satz 1 InsO auch die auf die Bundesanstalt im Falle der Inanspruchnahme einer Vorfinanzierung des Insolvenzgeldes übergegangenen Ansprüche der Arbeitnehmer auf Arbeitsentgelt nicht zu Masseverbindlichkeiten werden. 61

Europarechtliche Vorgaben für die Bestimmung des Insolvenzgeld-Zeitraums ergeben sich aus der Richtlinie 80/987/EWG des Rates vom 20. 10. 1980 zur Angleichung der Rechtsvorschriften der Mitgliedsstaaten über den Schutz der Arbeitnehmer bei Zahlungsunfähigkeit des Arbeitgebers. 62

Der **Europäische Gerichtshof** hat mit zwei Urteilen aus dem Jahre 1997 entschieden, daß der »Eintritt der Zahlungsunfähigkeit des Arbeitgebers« im Sinne des Art. 83 Abs. 2 u. 4 Abs. 2 der Richtlinie der Zeitpunkt der **Stellung des Antrags** auf Erhöhung des Verfahrens zur gemeinschaftlichen Gläubigerbefriedigung ist, wobei die durch nationalstaatliche Regelung garantierte Leistung nicht vor der Entscheidung über die Eröffnung eines solchen Verfahrens oder – bei unzureichender Vermögensmasse – der Feststellung der endgültigen Schließung des Unternehmens gewährt werden kann (*EuGH* 10. 07. 1997 »MASO« ZIP 1997, 1658). Nach diesen Urteilen des EuGH entstehen Arbeitneh-

Anhang zu § 113 *Wirkungen der Eröffnung des Insolvenzverfahrens*

meransprüche aus der Richtlinie, wenn sowohl ein Antrag auf Eröffnung eines Verfahrens zur gemeinschaftlichen Gläubigerbefriedigung bei der zuständigen nationalen Behörde eingereicht worden ist als auch eine Entscheidung über die Eröffnung oder die Feststellung der Stillegung mangels Vermögensmasse ergangen ist (*EuGH* 10. 07. 1997 ZIP 1997, 1662 zu Nr. 45).

63 Auch eine solche Bestimmung des Insolvenzgeld-Zeitraums durch den Stichtag der Antragstellung würde zu einer **Vorverlagerung des Schutzzeitraums** für die Arbeitnehmer und zugleich zu einer **Beeinträchtigung der Fortführung des Unternehmens** durch den vorläufigen Insolvenzverwalter gemäß §§ 22 Abs. 1 Nr. 2, 157 InsO durch Inanspruchnahme der Vorfinanzierung des Insolvenzausfallgeldes führen.

Diese Möglichkeit der Vorfinanzierung entfällt jedoch, wenn es mit der Rechtsprechung des EuGH auf den Stichtag der Antragstellung ankommt und nur der vor diesem Stichtag liegende Zeitraum durch die staatliche Garantieeinrichtung abgesichert wird, da in diesem Falle die Zahlung des Arbeitsentgelts zur Ermöglichung der Weiterführung des Betriebes nur aus Mitteln der Masse erfolgen könnte (vgl. *Wimmer* ZIP 1997, 1635, 1637).

64 Durch die Regelung der Richtlinie 80/987/EWG des Rates vom 20. 10. 1980 zur Angleichung der Rechtsvorschriften der Mitgliedsstaaten über den Schutz der Arbeitnehmer bei Zahlungsunfähigkeit des Arbeitgebers wird jedoch die nationale Regelung in § 183 Abs. 1 SGB III nicht außer Kraft gesetzt mit der Folge, daß in Ermangelung einer Angleichung beider Regelungen ein **kumulatives Nebeneinander** beider Regelungen gilt mit der Folge, daß ein Arbeitnehmer nach § 183 Abs. 1 SGB III Insolvenzgeld für rückständiges Arbeitsentgelt aus dem Zeitpunkt vor der Eröffnung des Insolvenzverfahrens in Anspruch nehmen kann und sich für ihn ggf. zusätzlich die Frage eines Anspruches auf Schadenersatz wegen fehlerhafter Umsetzung der EG-Richtlinie durch die Bundesrepublik Deutschland für den Zeitraum von drei Monaten vor der Antragstellung stellt (vgl. *Krause* ZIP 1998, 56, 61).

Die Möglichkeit einer Vorfinanzierung des Insolvenzgeldes wird damit durch die Rechtsprechung des EuGH im Ergebnis nicht beeinträchtigt.

4. Insolvenzereignis

65 In der Neuregelung des § 183 Abs. 1 SGB III werden die bisherigen Tatbestände aus § 141 b Abs. 1 Satz 1 und § 141 b Abs. 3 Nrn. 1 u. 2 einheitlich zu einem **Insolvenzereignis** zusammengefaßt.

Danach ist Voraussetzung für die Gewährung von Insolvenzgeld entweder
– **die Eröffnung des Insolvenzverfahrens** oder
– **die Abweisung des Antrages** auf Eröffnung des Insolvenzverfahrens mangels Insolvenzmasse sowie schließlich
– **die vollständige Beendigung der Betriebstätigkeit** im Inland,
wenn ein Antrag auf Eröffnung des Insolvenzverfahrens nicht gestellt worden ist und ein Insolvenzverfahren **offensichtlich mangels Insolvenzmasse** nicht in Betracht kommt.

66 Nach § 183 Abs. 1 Nr. 1 SGB III ist die **Eröffnung des Insolvenzverfahrens** anspruchsbegründende Voraussetzung für die Gewährung von Insolvenzgeld. Zur Realisierung des von der gesonderten Regelung bezweckten Arbeitnehmerschutzes vor einem Ausfall der Ansprüche auf Arbeitsentgelt bei Insolvenz ihres Arbeitgebers wird der Anwendungsbereich der Gewährung von Insolvenzgeld in § 183 Abs. 1 Nrn. 2 u. 3 SGB III für solche Fälle, in denen es nicht zu einer Eröffnung des Insolvenzverfahrens kommt, auf den Fall einer **Abweisung** des Antrags auf Eröffnung des Insolvenzverfahrens **mangels Insol-**

Vergütungsansprüche des Arbeitnehmers **Anhang zu § 113**

venzmasse sowie auf die vollständige **Beendigung der Betriebstätigkeit** erweitert, wenn bei dieser Beendigung der Betriebstätigkeit ein Antrag auf Eröffnung des Insolvenzverfahrens nicht gestellt worden ist und ein Insolvenzverfahren **offensichtlich mangels Insolvenzmasse** nicht in Betracht kommt.

a) Eröffnung des Insolvenzverfahrens

Die **Eröffnung des Insolvenzverfahrens** erfolgt durch den förmlichen Eröffnungsbeschluß des Insolvenzgerichts gem. § 27 InsO. Dieser Eröffnungsbeschluß wird i.d.R. formularmäßig erlassen. 67

Nach § 30 Abs. 1 InsO hat die Geschäftsstelle des Insolvenzgerichts die Formel des Eröffnungsbeschlusses, den offenen Arrest, die Anmeldefrist und die Termine sofort öffentlich bekanntzumachen. Diese öffentliche Bekanntmachung erfolgt gem. § 30 Abs. 1 Satz 2 InsO im Bundesanzeiger und in den weiteren Veröffentlichungsmedien, in denen üblicherweise amtliche Bekanntmachungen des jeweiligen Gerichts veröffentlicht werden. Ebenfalls erfolgt eine Eintragung in das zuständige Handelsregister (§ 31 Abs. 1 InsO). Eine automatische Mitteilung an die Arbeitnehmer des Betriebes, etwa durch Bekanntmachung am Schwarzen Brett oder die im Betrieb angewendeten Mitteilungsformen sowie eine Mitteilung an den im Betrieb gewählten Betriebsrat ist in der Insolvenzordnung **nicht** vorgesehen. Lediglich die Gläubiger des Schuldners sind durch das Insolvenzgericht gem. § 30 Abs. 2 InsO durch besondere Zustellung des Eröffnungsbeschlusses zu informieren. Auch die gesonderten Regelungen über die Gewährung von Insolvenzgeld im Dritten Buch Sozialgesetzbuch enthalten lediglich Bestimmungen über Auskunfts- und Mitwirkungspflichten des Arbeitgebers, des Insolvenzverwalters und der Arbeitnehmer **gegenüber der Bundesanstalt** für Arbeit (§§ 316 Abs. 1, Abs. 2 SGB III), eine Informationspflicht **gegenüber den Arbeitnehmern** jedoch nur gem. § 183 Abs. 4 SGB III für den Fall der Ablehnung des Insolvenzantrages. 68

Eine **Mitteilungspflicht** des Arbeitgebers (Schuldners) und des Insolvenzverwalters **gegenüber den Arbeitnehmern** muß jedoch auch über § 183 Abs. 4 SGB III hinausgehend für den Fall der Eröffnung des Insolvenzverfahrens wegen dessen gravierender Auswirkungen auf Arbeitsverhältnisse und die Ansprüche auf Arbeitsentgelt aus dem Gesichtspunkt der **Fürsorgepflicht des Arbeitgebers angenommen werden**. Diese Fürsorgepflicht über betriebsinterne Veröffentlichung der Eröffnung des Insolvenzverfahrens ist Ausdruck eines allgemeinen Rechtsgrundsatzes, der beispielsweise in § 8 TarifVG, § 77 Abs. 2 Satz 3 BetrVG, § 18 Abs. 1 MSchG, § 21 Abs. 1 LSchlG, § 47 JugArbSchG und § 16 Abs. 1 ArbZeitG zum Ausdruck gekommen ist. Eine derartige Verpflichtung zur Mitteilung an den Arbeitnehmer ist sowohl für den Schuldner wie auch für den Insolvenzverwalter ohne weiteres zumutbar, da der Eröffnungsbeschluß beiden zugestellt wird. 69

Wenn der Schuldner und/oder der Insolvenzverwalter die sich aus der Fürsorgepflicht des Arbeitgebers hiernach ergebende Mitteilungsverpflichtung gegenüber dem Arbeitnehmer über die Eröffnung des Insolvenzverfahrens verletzen, begründet dies einen **Schadenersatzanspruch** des betroffenen Arbeitnehmers, wenn ihm hierdurch kausal bedingt Ansprüche auf Insolvenzgeld oder sonstige Leistungen tatsächlich entgehen. Die Schadenersatzhaftung des Arbeitgebers bei der Verletzung von Hinweis- und Mitteilungspflichten gegenüber dem Arbeitnehmer als Ausfluß der Fürsorgepflicht des Arbeitgebers ist in der Rechtsprechung des BAG anerkannt (*BAG* 10.03.1988, DB 1990, 2431, und *BAG* 03.07.1990, EzA § 611 BGB Aufhebungsvertrag Nr. 7). Da ein solcher Schadenersatzanspruch aus einem Verhalten des Insolvenzverwalters nach 70

Anhang zu § 113 *Wirkungen der Eröffnung des Insolvenzverfahrens*

Eröffnung des Insolvenzverfahrens resultiert, kann er nicht Gegenstand eines Anspruchs auf Insolvenzgeld sein, sondern ist gem. § 55 Abs. 1 Nr. 1 InsO Masseverbindlichkeit.

b) Abweisung mangels Insolvenzmasse

71 Für die nach § 183 Abs. 1 Nr. 2 SGB III der Eröffnung des Insolvenzverfahrens gleichstehende **Abweisung** des Antrages auf Eröffnung des Insolvenzverfahrens **mangels Insolvenzmasse** ist eine Mitteilungspflicht des Arbeitgebers gegenüber dem Betriebsrat oder den Arbeitnehmern in § 183 Abs. 4 SGB III ausdrücklich normiert. In diesen Fällen handelt es sich um das Verfahren gem. § 26 Abs. 1 InsO, in welchem ein ausdrücklicher Beschluß des Insolvenzgerichts ergeht, der dem Schuldner zugestellt wird. An die Ablehnung des Antrages auf Eröffnung des Insolvenzverfahrens mangels Insolvenzmasse schließt sich die Eintragung in das Schuldnerverzeichnis gem. § 26 Abs. 2 InsO an.

72 Zur Beantragung von Insolvenzgeld genügt nach der Dienstanweisung der Bundesanstalt für Arbeit zum Nachweis der Abweisung eines Insolvenzantrages mangels Insolvenzmasse auch eine schriftliche Auskunft des Insolvenzgerichts oder die Einsichtnahme in das Schuldnerverzeichnis nach § 26 Abs. 2 InsO.

c) Beendigung der Betriebstätigkeit

73 Schwieriger zu handhaben ist das Insolvenzereignis gem. § 183 Abs. 1 Nr. 2 SGB III, da für diesen Vorgang ein förmliches Verfahren weder in der Insolvenzordnung noch in anderen spezialgesetzlichen Regelungen existiert. Anknüpfungspunkt ist zunächst die **Beendigung der Betriebstätigkeit** des Arbeitgebers. Diese Beendigung der Betriebstätigkeit muß **vollständig** im Geltungsbereich des Dritten Buches Sozialgesetzbuch sein. Eine vollständige Beendigung der Betriebstätigkeit in diesem Sinne ist demnach **nicht** gegeben, wenn ein Arbeitgeber mit mehreren im Inland gelegenen Betrieben lediglich in einem dieser Betriebe die Betriebstätigkeit einstellt, einen oder mehrere andere Betriebe jedoch weiterführt.

74 Vollständig ist die Beendigung der Betriebstätigkeit erst dann, wenn jegliche der Verfolgung des arbeitstechnischen Zweckes des Betriebes dienende Arbeitstätigkeit mit der Absicht der Dauerhaftigkeit eingestellt ist. Auflösung der Betriebsgemeinschaft, Entfernung der produktiven Arbeitsmittel, Löschung im Handelsregister oder sonstige Voraussetzungen sind ergänzend nicht erforderlich. Ob eine solche auf Dauer angelegte Einstellung der Tätigkeit zur Realisierung des arbeitstechnischen Zwecks des Betriebes erfolgt ist, kann nur im Einzelfall beurteilt werden. Diese Beurteilung muß auf den Zeitpunkt der Beendigung der Tätigkeit bezogen sein. Eine spätere Änderung der unternehmerischen Entscheidung des Arbeitgebers, etwa über eine spätere Wiederaufnahme der gesamten Betriebstätigkeit oder von Teilen hiervon für einen längeren oder kürzeren Zeitraum, bleibt für die Beurteilung unerheblich, selbst wenn die Abgrenzung im konkreten Einzelfall insoweit schwierig sein kann.

75 Weitere Voraussetzung des Insolvenzereignisses gem. § 183 Abs. 1 Nr. 2 SGB III ist es, daß ein **Insolvenzantrag nicht** gestellt worden ist. Dem Unterbleiben eines Insolvenzantrages stehen dessen Rücknahme durch den Antragsteller und die Zurückweisung des Antrages durch das Amtsgericht wegen Unzulässigkeit ohne Sachentscheidung gleich.

76 **Auskunft** darüber, ob ein Antrag auf Eröffnung eines Insolvenzverfahrens gestellt ist, erteilt das zuständige Amtsgericht.

Vergütungsansprüche des Arbeitnehmers **Anhang zu § 113**

Die weitere Voraussetzung der **offensichtlichen Masseunzulänglichkeit** orientiert sich an § 26 I InsO, wonach es darauf ankommt, ob das Vermögen des Schuldners voraussichtlich nicht ausreichen wird, um die Kosten des Verfahrens zu decken. Da diese Beurteilung gem. § 22 Abs. 1 Nr. 3 InsO durch den vorläufigen Insolvenzverwalter erfolgt, kann im Rahmen der Feststellung der Voraussetzungen für die Gewährung von Insolvenzgeld zu Lasten der anspruchsberechtigten Arbeitnehmer eine definitive Klärung der Masseunzulänglichkeit nicht verlangt werden. Ausreichend für die Gewährung von Insolvenzgeld sind vielmehr die **äußeren Indizien** für eine Masseunzulänglichkeit. Solche Indizien werden sich regelmäßig in eigenen Erklärungen des Arbeitgebers finden lassen. Hat der Arbeitgeber etwa die Zahlung der fälligen Löhne mit dem ausdrücklichen Hinweis auf eine voraussichtlich dauerhafte Zahlungsunfähigkeit verweigert, kann regelmäßig auch von einer offensichtlichen Masseunzulänglichkeit ausgegangen werden. Von dem Arbeitnehmer kann nicht verlangt werden, im Rahmen des § 183 Abs. 1 Nr. 2 SGB III weitere Feststellungen vorzutragen, die regelmäßig seiner Wahrnehmungssphäre entzogen sind.

Problematisch kann die Feststellung des Insolvenzereignisses sein, wenn der Arbeitgeber eine **BGB-Gesellschaft** ist. Bei der BGB-Gesellschaft ist die Gesamthand Träger der Rechte und Pflichten, auch soweit die BGB-Gesellschaft Arbeitgeberfunktion hat. Für Pflichten und Schulden der BGB-Gesellschaft haften die einzelnen Gesellschafter unmittelbar und unbeschränkt. Wenn über das Vermögen eines BGB-Gesellschafters das Insolvenzverfahren eröffnet wird, wird nach der gesonderten Regelung des § 728 BGB die Gesellschaft aufgelöst. Dies gilt dann nicht, wenn im Gesellschaftsvertrag die Fortsetzung der Gesellschaft unter den übrigen Gesellschaftern für diesen Fall vereinbart ist. Das Insolvenzereignis als Anspruchsvoraussetzung für Insolvenzgeld sowohl in Form der Eröffnung des Insolvenzverfahrens wie auch in den Sonderformen der Nrn. 2 u. 3 des § 183 Abs. 1 SGB III liegt bei einer BGB-Gesellschaft jedoch nur dann vor, wenn eine Haftung bei keinem der verbleibenden Gesellschafter mehr realisiert werden kann und bei allen Gesellschaftern eines der Insolvenzereignisse eingetreten ist.

Problematisch und in diesem Zusammenhang weitgehend ungeklärt ist die Rechtslage bei einem **Gemeinschaftsbetrieb mehrerer juristisch selbständiger Rechtsträger**. In der Rechtsprechung des *BAG* (DB 1984, 1684) wird anerkannt, daß mehrere rechtlich selbständige Arbeitgeber (natürliche oder juristische Personen) mit jeweils mindestens einem eigenen Betrieb einen einheitlichen Gemeinschaftsbetrieb bilden können. Dies ist der Fall, wenn rechtlich selbständige Arbeitgeber sich zusammengeschlossen haben, um »... mit ihren Arbeitnehmern arbeitstechnische Zwecke innerhalb einer organisatorischen Einheit fortgesetzt zu verfolgen. Die Einheit der Organisation ist zu bejahen, wenn ein einheitlicher Leitungsapparat vorhanden ist, der die Gesamtheit der für die Erreichung der arbeitstechnischen Zwecke eingesetzten personellen, technischen und immateriellen Mittel lenkt. Dies setzt voraus, daß die beteiligten Unternehmen sich zur gemeinsamen Führung eines Betriebes rechtlich verbunden haben.«

Ein solcher einheitlicher Gemeinschaftsbetrieb kann auch dann vorliegen, wenn die rechtlich selbständigen Arbeitgeber unter einheitlicher Leitungsmacht verschiedene arbeitstechnische Zwecke fortgesetzt verfolgen (*BAG* NZA 1986, 600).

Die hierfür erforderliche rechtliche Vereinbarung eines einheitlichen Leitungsapparates kann nicht nur ausdrücklich erfolgen, sondern auch anzunehmen sein, »wenn sich eine solche Vereinbarung konkludent aus den näheren Umständen des Einzelfalles ergibt« (*BAG* DB 1989, 127). Wenn diese für die Anwendbarkeit des Kündigungsschutzgesetzes und für die Betriebsverfassung (*BAG* 24. 01. 1996, 7 ABR 10/95 EzA BetrVG 1972 § 1 Nr. 10) geltenden Grundsätze dazu führen würden, die rechtlich selbständigen Arbeitgeber auch im Hinblick auf die Haftung für Ansprüche auf Arbeitsentgelt aller Arbeitnehmer des Gemeinschaftsbetriebes als Gesellschafter einer BGB-Gesellschaft anzusehen, würde dies dazu führen, ein Insolvenzereignis i.S.d. § 183 Abs. 1 SGB III erst dann anzunehmen, wenn ein insolventer Arbeitgeber auch den oder die anderen Arbeitgeber des Gemeinschaftsbetriebes in die Insolvenz hineingezogen hätte und der Insolvenzfall bei allen Gesellschaftern der BGB-Gesellschaft eingetreten wäre. Im Rahmen des § 183 Abs. 1 SGB III findet eine Zuordnung der Haftung für Arbeitsentgelt jedoch nicht nach wirtschaftlicher Betrachtung oder Zurechnungskriterien statt, die an tatsächliche Gegebenheiten anknüpfen, sondern ausschließlich auf der Grundlage arbeitsrechtlich begründeter Rechtsverhältnisse (*BSG* ZIP 1983, 1224; *KR-Weigand* KO, § 22 Rz. 61). Auch das BAG hat es abgelehnt, den individual-arbeitsrechtlichen Gleichbehandlungsgrundsatz auf einen derartigen Gemeinschaftsbetrieb anzuwenden (*BAG* DB 1993, 843).

82 Bei einem **ausländischen** Arbeitgeber stellt die Bundesanstalt für Arbeit in ihrer Dienstanweisung formal darauf ab, daß Voraussetzung des Insolvenzereignisses nach § 183 Abs. 1 Nr. 3 SGB III die Möglichkeit des Insolvenzantrages nach der Insolvenzordnung sei. Für ausländische Arbeitgeber mit einer gewerblichen Niederlassung im Geltungsbereich der Insolvenzordnung ergibt sich diese Möglichkeit aus § 11 InsO. Für ausländische Arbeitgeber ohne gewerbliche Niederlassung im Inland und ohne inländischen Wohnsitz (§§ 13, 16 ZPO) hat das *BSG* (ZIP 1982, 718) entschieden:
»Bei vollständiger Beendigung der Betriebstätigkeit eines ausländischen Unternehmers in der Bundesrepublik Deutschland darf aus einem der Insolvenzeröffnung ähnlichen Vorgang im Ausland über das Vermögen dieses Arbeitgebers nicht formal gefolgert werden, die Voraussetzungen des § 141 b III AFG seien nicht erfüllt. Dem Vorgang muß vielmehr leistungsauslösende Bedeutung im Sinne von § 141 a AFG auch im Rahmen von § 141 b Abs. 3 Nr. 3 AFG zuerkannt werden.«

5. Bestimmung des Insolvenzgeld-Zeitraums

83 Anspruch auf Ausgleich des ausgefallenen Arbeitsentgelts besteht gem. § 183 Abs. 1 SGB III für die vorausgehenden drei Monate des Arbeitsverhältnisses.

84 Die Eröffnung des Insolvenzverfahrens erfolgt durch Beschluß des Insolvenzgerichts, in welchem gem. § 27 Abs. 2 InsO die Stunde der Eröffnung anzugeben ist. Ist die Stunde der Eröffnung im Beschluß nicht angegeben worden, so gilt gem. § 27 Abs. 3 InsO als Zeitpunkt der Eröffnung des Insolvenzverfahrens die Mittagsstunde des Tages, an welchem der Beschluß erlassen worden ist.

85 Aus der Formulierung des Gesetzes in § 183 Abs. 1 SGB III, wonach es auf die »vorausgehenden« drei Monate ankommen soll, ergibt sich, daß der Tag der Eröffnung des Insolvenzverfahrens nicht zum Insolvenzgeld-Zeitraum gehört. Dies hat das *BSG* in seinem Urteil vom 22. 03. 1995 (a. a. O.) unter Aufgabe der früheren Rechtsprechung ausdrücklich festgestellt und begründet:
»Eine gleichmäßige Behandlung aller Insolvenzgeld-Ereignisse entspricht nicht nur der gebotenen Klarheit der Rechtsanwendung; sie ist nach Überzeugung des Senats auch allein mit dem Gesetz vereinbar. Bereits § 141 b Abs. 1 AFG schränkt den Insolvenzgeld-Zeitraum auf »die letzten der Eröffnung des Insolvenzverfahrens vorausgehenden drei Monate des Arbeitsverhältnisses« ein. Für die Bestimmung jenes Zeitraumes wäre es zudem kaum praktikabel, in jedem Einzelfall stets das Insolvenzereignis nicht nur datumsmäßig, sondern darüber hinaus hinsichtlich der genauen Tageszeit zu bestimmen und, auch drei Monate zurückgehend, jeweils das Entgelt für den Bruchteil eines Arbeitstages zu ermitteln und als Insolvenzgeld auszuzahlen.

Dem entspricht die – über § 26 Abs. 1 X. Buch Sozialgesetzbuch – auch im Insolvenzgeld-Verfahren anzuwendende Vorschrift des § 187 Abs. 1 BGB, wonach eine Frist nur nach vollen Tagen gerechnet wird. Diese Bestimmung betrifft zwar unmittelbar nur den Fall, daß der Fristbeginn festgelegt ist und das Fristende ermittelt werden soll. Sie ist aber entsprechend anwendbar, wenn die Frist von einem Endzeitpunkt aus zurückzuberechnen ist. Das für die Bestimmung des Insolvenzgeld-Zeitraums maßgebende Ereignis ist die Eröffnung des Insolvenzverfahrens. **Nach dem eindeutigen Wortlaut des § 187 Abs. 1 BGB bleibt der Tag, an dem das Ereignis eintritt, außer Betracht.«**

Nach § 188 Abs. 2 BGB endet eine Frist, die nach Monaten bestimmt ist, mit dem Ablauf desjenigen Tages des letzten Monats dieser Frist, welcher durch seine Zahl dem Tage entspricht, in den das für die Bestimmung des Fristbeginns maßgebende Ereignis fällt. Für die nach § 183 Abs. 1 SGB III erforderliche Rückrechnung bedeutet dies: 86

Der Insolvenzgeld-Zeitraum beginnt drei Monate vor dem Insolvenzereignis mit dem Tage, dessen Monatsdatum dem Monatsdatum des Insolvenztages entspricht, z. B. Insolvenzeröffnung: 27. Februar, Anfang Insolvenzgeld-Zeitraum: 27. November, Ende Insolvenzgeld-Zeitraum: 26. Februar. 87

Ist das danach maßgebende Monatsdatum am Ende des Kalendermonats Februar nicht vorhanden, gilt jeweils der letzte Februartag, z. B. Insolvenzeröffnung: 31. Mai, Anfang Insolvenzgeld-Zeitraum: 28. Februar (in Schaltjahren: 29. Februar), Ende Insolvenzgeld-Zeitraum: 30. Mai. 88

Ist das Arbeitsverhältnis innerhalb der letzten drei Monate vor der Eröffnung des Konkursverfahrens **beendet** worden, so endet der Insolvenzgeld-Zeitraum mit dem Ende des Arbeitsverhältnisses. Hierbei kommt es auf die arbeitsrechtlich **wirksame** Beendigung des Vertragsverhältnisses an, nicht jedoch auf eine tatsächliche Einstellung der Arbeitsleistung oder auf eine Freistellung. Ist die rechtliche Beendigung des Vertragsverhältnisses **ungeklärt**, weil etwa noch ein Kündigungsschutzprozeß gegen eine ausgesprochene Kündigung durchgeführt wird, ist die abschließende Feststellung des Insolvenzgeld-Zeitraums von dem Ergebnis der rechtlichen Klärung abhängig. 89

Einen Sonderfall regelt § 183 Abs. 2 SGB III: Der Insolvenzgeld-Zeitraum verschiebt sich, wenn der Arbeitnehmer in Unkenntnis des Insolvenzereignisses eines Abweisungsbeschlusses mangels Insolvenzmasse **weitergearbeitet** oder die Arbeit aufgenommen hat, auf die letzten dem Tag der Kenntnisnahme vorausgehenden drei Monate des Arbeitsverhältnisses. Diese gesonderte Regelung trägt der Tatsache Rechnung, daß der Beschluß über die Abweisung eines Antrages auf Eröffnung des Insolvenzverfahrens mangels Insolvenzmasse nicht allgemein veröffentlicht wird. Ist der Abweisungsbeschluß dem Arbeitnehmer unbekannt geblieben und setzt er seine Arbeitsleistung trotz dieses Abweisungsbeschlusses wegen dieser Unkenntnis fort, soll für diesen Zeitraum ausgefallenes Arbeitsentgelt von der Insolvenzausfallversicherung gedeckt sein. 90

Nach dem Wortlaut der Regelung kommt es auf positive Kenntnis **des Arbeitnehmers von** dem Abweisungsbeschluß an und nicht etwa darauf, ob der Arbeitnehmer aufgrund äußerer Indizien für eine Zahlungsunfähigkeit bei Durchführung eigener Nachforschungen von dem Abweisungsbeschluß hätte Kenntnis erlangen können. 91

Der Zeitpunkt der Herstellung der positiven Kenntnis von dem Abweisungsbeschluß ist entscheidend für die Bestimmung des Insolvenzgeld-Zeitraums in diesen Fällen. Der Insolvenzgeld-Zeitraum **endet** im Falle des § 183 Abs. 2 SGB III mit Ablauf des **letzten Tages** der Arbeitsleistung, die **in Unkenntnis** des Abweisungsbeschlusses noch erbracht wird. Eine Fortsetzung der Arbeitsleistung nach Erlangung der positiven Kenntnis von dem Abweisungsbeschluß führt nicht zu einer Verschiebung des Insolvenzgeld-Zeitraums nach § 183 Abs. 2 SGB III. 92

93 Der Tag der Kenntnisnahme wird demnach nicht mehr zum Insolvenzgeld-Zeitraum gezählt.

94 Wegen der Publizitätswirkung des Eröffnungsbeschlusses soll es bei dieser Fallgestaltung jedoch darauf ankommen, ob die Unkenntnis des Arbeitnehmers von der Insolvenzeröffnung unverschuldet ist. Hiervon geht die Bundesanstalt für Arbeit in ihrer Dienstanweisung für den Fall aus, daß sich der Arbeitnehmer im Zeitpunkt der Insolvenzeröffnung im Urlaub befindet und erst nach seiner Urlaubsrückkehr vom Insolvenzereignis Kenntnis erlangt. Ferner wendet die Bundesanstalt für Arbeit § 183 Abs. 2 SGB III auch auf diejenigen Fälle an, in denen ohne tatsächliche Weiterarbeit ein Anspruch auf Lohnersatz aus Urlaubsentgelt, Entgeltfortzahlung im Krankheitsfalle und Anspruch auf Arbeitsentgelt ohne Arbeitsleistung aus anderen Gründen (Zeitguthaben, Freischichten etc.) besteht.

95 Zum Zeitpunkt des Inkrafttretens der Insolvenzordnung ungeklärt ist die Auswirkung **europarechtlicher Vorgaben für die Bestimmung des Insolvenzgeld-Zeitraums**. Die Richtlinie 80/987/EWG des Rates vom 20. Oktober 1980 zur Angleichung der Rechtsvorschriften der Mitgliedsstaaten über den Schutz der Arbeitnehmer bei Zahlungsunfähigkeit des Arbeitgebers setzt europarechtliche Vorgaben für die national-staatliche Garantieeinrichtung des Insolvenzgeldes.
Der **Europäische Gerichtshof** hat mit zwei Urteilen aus dem Jahre 1997 entschieden, daß der »Eintritt der Zahlungsunfähigkeit des Arbeitgebers« i. S. d. Artt. 3 Abs. 2 u. 4 Abs. 2 der Richtlinie 80/987 der **Zeitpunkt der Stellung des Antrags** auf Eröffnung des Verfahrens zur gemeinschaftlichen Gläubigerbefriedigung ist, wobei die garantierte Leistung nicht vor der Entscheidung über die Eröffnung eines solchen Verfahrens oder – bei unzureichender Vermögensmasse – der Feststellung der endgültigen Schließung des Unternehmens gewährt werden kann (*EuGH* 10. 07. 1997 »MASO«, ZIP 1997, 1658).
Nach diesen Urteilen des EuGH müssen zwei Ereignisse stattgefunden haben, damit die RL Anwendung finden kann:
Es muß ein Antrag auf Eröffnung eines Verfahrens zur gemeinschaftlichen Gläubigerbefriedigung bei der zuständigen nationalen Behörde eingereicht worden sein und es muß eine Entscheidung über die Eröffnung oder die Feststellung, daß das Unternehmen stillgelegt ist, wenn die Vermögensmasse nicht ausreicht, ergangen sein (*EuGH* 10. 07. 1997, ZIP 1997, 1662 zu Nr. 45).

96 Die Bestimmung des Insolvenzgeld-Zeitraums durch den **Stichtag der Antragstellung** würde zu einer Vorverlagerung des Schutzzeitraums für die Arbeitnehmer und zugleich zu einer Beeinträchtigung der gesetzlichen Regelung in §§ 22 Abs. 1 Nr. 2, 157 InsO führen, wonach der vorläufige Insolvenzverwalter verpflichtet ist, den Betrieb bis zum Berichtstermin fortzuführen. Für diese Fortführung des Betriebes ist der vorläufige Insolvenzverwalter regelmäßig auf die Möglichkeit einer Vorfinanzierung fälliger Lohnforderungen durch Insolvenzgeld angewiesen. Diese Möglichkeit der Vorfinanzierung im Zeitpunkt nach der Antragstellung entfällt jedoch, wenn es mit der Rechtsprechung des EuGH auf den Stichtag der Antragstellung ankommt und nur der vor diesem Stichtag liegende Zeitraum durch die staatliche Garantieeinrichtung abgesichert wird, da in diesem Falle die Zahlung des Arbeitsentgelts zur Ermöglichung der Weiterführung des Betriebes nur aus den Mitteln der Masse erfolgen könnte (vgl. *Wimmer* ZIP 1997, 1635, 1637).

97 Bis zu einer Angleichung der nationalen Regelung in § 183 SGB III an die zwingend anwendbaren Regelungen der Richtlinie 80/987/EWG des Rates vom 20. Oktober 1980 zur Angleichung der Rechtsvorschriften der Mitgliedsstaaten über den Schutz der Arbeitnehmer bei Zahlungsunfähigkeit des Arbeitgebers spricht alles für ein **ku-**

mulatives **Nebeneinander** beider Regelungen mit der Folge, daß ein betroffener Arbeitnehmer nach § 183 SGB III Insolvenzgeld für rückständiges Arbeitsentgelt aus dem Zeitraum in Anspruch nehmen kann, der der Eröffnung des Insolvenzverfahrens und den gleichgestellten Insolvenzereignissen vorausgeht und zusätzlich nach der Insolvenz-Richtlinie 80/987/EWG einen Anspruch auf **Schadenersatz** für die fehlerhafte Umsetzung der EG-Richtlinie durch die Bundesrepublik Deutschland für den Zeitraum von 3 Monaten vor der Antragstellung geltend machen kann (vgl. *Krause* ZIP 1998, 56, 61).

6. Zeitliche Zuordnung der Arbeitsentgeltansprüche zum Insolvenzgeld-Zeitraum

Die Notwendigkeit der Zuordnung rückständiger Ansprüche auf Arbeitsentgelt zum Insolvenzgeld-Zeitraum ergibt sich daraus, daß nach § 183 Abs. 1 SGB III zwar grundsätzlich alle Ansprüche aus dem Arbeitsverhältnis unabhängig von der Zeit, für die sie geschuldet werden, zum Arbeitsentgelt i. S. d. Insolvenzgeld-Regelung gehören, daß jedoch gem. § 183 Abs. 1 SGB III Insolvenzgeld nur für solche Ansprüche gezahlt wird, die er **für** die letzten der Eröffnung des Insolvenzverfahrens vorausgehenden drei Monate hat. Die Kriterien der zeitlichen Zuordnung rückständiger Ansprüche auf Arbeitsentgelt gehen grundsätzlich von der arbeitsrechtlichen Beurteilung der einzelnen Ansprüche aus. 98

a) Laufendes Arbeitsentgelt

Laufendes Arbeitsentgelt in Form von Lohn oder Gehalt als unmittelbar zeitgebundene Gegenleistung für die in einem bestimmten Zeitraum erbrachte Arbeitsleistung ist in **voller Höhe** insolvenzgeldfähig, wenn es im Insolvenzgeld-Zeitraum erarbeitet wurde. 99

Wenn der Insolvenzgeld-Zeitraum mit den Abrechnungszeiträumen des laufenden Arbeitsentgelts (Monatslohn, Wochenlohn, Tagelohn, Stundenlohn, Monatsgehalt) nicht unmittelbar erfaßt werden kann, entsteht die Notwendigkeit der Durchführung einer **Teillohnberechnung**. Beispiel: Beginn des Insolvenzgeld-Zeitraums am 27. November. Das Gehalt des Arbeitnehmers ist jedoch nach Monaten berechnet. Das anteilige Entgelt für die Zeit vom 27. November bis einschließlich 30. November muß durch Teillohnberechnung ermittelt werden. 100

Für die Durchführung einer solchen Teillohnberechnung können kollektiv-rechtliche Regelungen aus anwendbaren Tarifverträgen oder aus Betriebsvereinbarungen existieren, die dann auch für die zeitliche Zuordnung des Arbeitsentgelts zum Insolvenzgeld-Zeitraum Anwendung finden. Existieren kollektiv-rechtliche Regelungen hierfür nicht, erfolgt nach der Rechtsprechung des *BAG* eine mathematische Ermittlung des Teillohnanspruchs dadurch, daß der gesamte Entgeltanspruch für die Abrechnungsperiode (z. B. Monatsgehalt) zu den tatsächlich angefallenen Arbeitstagen des Monats in Relation gesetzt und hieraus der Entgeltanspruch pro Arbeitstag ermittelt wird. Beispiel: Für vier Arbeitstage vom 27. bis 30. November entsteht bei einem Grundgehalt von 4400,– DM und 22 Arbeitstagen im Monat November ein Teillohnanspruch von 4400,– DM : $22 \times 4 = 800$,– DM, der insolvenzgeldfähig ist. 101

Es können alle Bestandteile von Arbeitsentgelt, welches durch Arbeitsleistung im Insolvenzgeld-Zeitraum verdient ist, in voller Höhe insolvenzgeldfähig sein (zu den Einzelheiten des Begriffs des Arbeitsentgelts vgl. Rz. 6 ff.). 102

103 **Urlaubsentgelt** für Urlaubstage, die im Insolvenzgeld-Zeitraum tatsächlich genommen werden, ist ebenfalls in voller Höhe insolvenzgeldfähig. Für **zusätzliches Urlaubsgeld** kommt es für die Berücksichtigung im Rahmen der Höhe des Insolvenzgeldes darauf an, ob das Urlaubsgeld bezogen auf den einzelnen Urlaubstag des im Insolvenzgeld-Zeitraum tatsächlich genommenen Urlaubs berechnet und gewährt wird. Dies sind diejenigen Fälle, in denen das zusätzliche Urlaubsgeld aufgrund einer tariflichen Regelung, einer Betriebsvereinbarung oder aufgrund einzelvertraglicher Vereinbarung in Form eines pauschalen Betrages pro Urlaubstag oder eines Prozentsatzes des Arbeitsentgelts pro Tag gezahlt wird. Besteht der Anspruch auf ein zusätzliches Urlaubsgeld jedoch in Form einer Einmalzahlung, die für den gesamten Jahresurlaubsanspruch zugesagt ist, richtet sich die Insolvenzgeldfähigkeit nach den Grundsätzen der Behandlung von Einmalzahlungen (s. Rz. 14 ff.).

104 **Schadenersatzansprüche** des Arbeitnehmers gegen den Arbeitgeber gehören zum Insolvenzgeld-Zeitraum und sind in voller Höhe insolvenzgeldfähig, wenn es um den Ausgleich entgangenen Kurzarbeitergeldes, Wintergeldes oder Winterausfallgeldes geht, welches bei pflichtgemäßer Behandlung durch den Arbeitgeber im Insolvenzgeld-Zeitraum zu realisieren gewesen wäre.

105 Ansprüche aus **Annahmeverzug** gem. § 615 Abs. 1 BGB aus einer Freistellung des Arbeitnehmers vor dem Insolvenzereignis sind für die im Insolvenzgeld-Zeitraum liegende Freistellungszeit in voller Höhe.

b) Provisionen

106 Für Ansprüche auf **Provision, Erfolgsprämie, Gewinnbeteiligung (Tantieme)** u. ä. als Entgelt vereinbarte Leistungen des Arbeitgebers, die von dem Eintritt eines bestimmten Erfolges abhängig sind, kommt es für die Zuordnung zum Insolvenzgeld-Zeitraum und damit für die Frage der vollen oder nur anteiligen Insolvenzgeldfähigkeit in erster Linie auf die vertragliche oder in einer kollektiv-rechtlichen Regelung enthaltene Definition der tatbestandlichen Voraussetzungen für die Entstehung des unbedingten Anspruchs an.

107 Handelt es sich um eine Provisionsvereinbarung i. S. d. §§ 87 f. HGB, hat der Arbeitnehmer (Handlungsgehilfe) »Anspruch auf Provision für alle während des Vertragsverhältnisses abgeschlossenen Geschäfte, die auf seine Tätigkeit zurückzuführen sind oder mit Dritten abgeschlossen werden, die er als Kunden für Geschäfte der gleichen Art geworben hat« (§ 87 Abs. 1 Satz 1 HGB). Der Anspruch ist fällig, »sobald und soweit der Unternehmer das Geschäft ausgeführt hat« (§ 87 a Abs. 1 Satz 1 HGB). Für die zeitliche Zuordnung zum Insolvenzgeld-Zeitraum kommt es demnach darauf an, ob der nach einer solchen Regelung provisionsberechtigte Arbeitnehmer den Vertragsabschluß im Insolvenzgeld-Zeitraum getätigt hat. Die spätere Ausführung des Geschäfts durch den Unternehmer begründet lediglich die Fälligkeit der Provision und ist für die Zuordnung des Anspruches zum Insolvenzgeld-Zeitraum unerheblich. Provisionen aus im Insolvenzgeld-Zeitraum abgeschlossenen Geschäften sind daher in **voller Höhe** insolvenzgeldfähig. Es muß jedoch stets die im konkreten Falle geltende Regelung über den Provisionsanspruch geprüft und beurteilt werden. Sind nach der anwendbaren Regelung weitere Voraussetzungen durch den Arbeitnehmer zu erfüllen, kommt es für die Insolvenzgeldfähigkeit des Provisionsanspruches ebenfalls darauf an, ob diese weiteren Voraussetzungen im Insolvenzgeld-Zeitraum realisiert worden sind.

108 Die gleichen Grundsätze gelten für alle anderen Arten von Erfolgsprämien: Für die volle Insolvenzgeldfähigkeit kommt es darauf an, ob der Arbeitnehmer nach den definierten

Vergütungsansprüche des Arbeitnehmers **Anhang zu § 113**

tatbestandlichen Voraussetzungen für die Entstehung des Anspruchs alle von ihm zu erbringenden Handlungen oder Verhaltensweisen im Insolvenzgeld-Zeitraum erbracht oder abgeschlossen hat. Die Fälligkeit der Zahlung kann auch zu einem späteren Zeitpunkt, auch nach dem Insolvenzereignis eintreten.

Ist der Arbeitnehmer im Insolvenzgeld-Zeitraum **freigestellt** worden und wird der Arbeitnehmer durch diese Freistellung daran gehindert, die von ihm zu erbringenden Tätigkeiten zur Entstehung eines Provisionsanspruchs im Insolvenzgeld-Zeitraum zu erbringen, so gehört die Zahlung einer **Durchschnittsprovision** zu dem gem. § 615 Satz 1 BGB für den Insolvenzgeld-Zeitraum zu zahlenden Annahmeverzugslohn (vgl. *BSG* 10 RAr 4/83). 109

Bei **Umsatzbeteiligungen** und **Gewinnbeteiligungen (Tantiemen)** hängt die Zuordnung zum Insolvenzgeld-Zeitraum und damit die Entscheidung über die nur anteilige oder volle Berücksichtigung der Leistung entscheidend von dem Inhalt der einzelvertraglichen Zusage ab. Umsatzbeteiligungen und Gewinnbeteiligungen werden üblicherweise bezogen auf ein Kalenderjahr oder ein Geschäftsjahr vereinbart. Ist dies der Fall, richtet sich die Zuordnung nach den Grundsätzen für Einmalzahlungen (s. Rz. 14 ff.) und erfolgt regelmäßig nur eine anteilige Berücksichtigung, sofern sich nicht aus der einzelvertraglichen Regelung ausnahmsweise ein spezieller Bezug der Leistungszusage auf den Insolvenzgeld-Zeitraum ergibt. 110

c) **Urlaubsabgeltung**

Für Ansprüche auf **Urlaubsabgeltung** sowie für Ansprüche auf finanzielle Abgeltung von **Zeitguthaben auf Arbeitszeitkonten** aus Regelungen zur **Flexibilisierung der Arbeitszeit** gilt folgendes: Ein Anspruch auf **Urlaubsabgeltung** entsteht nach § 7 Abs. 4 des Bundesurlaubsgesetzes, wenn der Urlaub wegen Beendigung des Arbeitsverhältnisses ganz oder teilweise nicht mehr gewährt werden kann. Die Beendigung des Arbeitsverhältnisses ist damit Voraussetzung für das Entstehen des Anspruchs auf Urlaubsabgeltung. 111

Da der Abgeltungsanspruch von dem Bestehen des Urlaubsanspruchs abhängig ist, muß stets geprüft werden, ob der Urlaubsanspruch aus früheren Zeiträumen nach arbeitsrechtlichen Grundsätzen noch besteht. Sind der Urlaubsanspruch und die Frage einer evtl. **Übertragung** des Urlaubs aus dem Vorjahr nicht kollektiv-rechtlich in einem Tarifvertrag oder einer anwendbaren Betriebsvereinbarung geregelt, gelten insofern die Regelungen des Bundesurlaubsgesetzes. Danach findet eine Übertragung des Urlaubs nur dann statt, wenn dringende betriebliche oder in der Person des Arbeitnehmers liegende Gründe dies rechtfertigen. Im Fall der Übertragung muß der Urlaub in den ersten drei Monaten des folgenden Kalenderjahres gewährt und genommen werden (§ 7 Abs. 3 Satz 2 u. 3 BUrlG). Die Anerkennung des Abgeltungsanspruchs für die Gewährung des Insolvenzgeldes bedarf daher auch der Feststellung, daß die Übertragungsvoraussetzungen vorgelegen haben. Außerhalb der gesonderten Regelung kann die Übertragung des Urlaubsanspruchs auch durch **einzelvertragliche** Vereinbarung zwischen Arbeitgeber und Arbeitnehmer erfolgen. 112

Der Urlaubsanspruch des Arbeitnehmers ist durch tatsächliche Erfüllung auch dann erloschen, wenn der vorläufige Insolvenzverwalter nach Ausspruch einer Beendigungskündigung **Resturlaub** zur tatsächlichen Urlaubsnahme **zuweist**. Eine solche Zuweisung des Resturlaubs erfolgt nicht allein durch Freistellung, sondern durch die ausdrückliche Erklärung der Bestimmung des Urlaubsantritts zum Zwecke der Urlaubsgewährung, so daß der Arbeitnehmer sich auch nicht mehr verfügbar halten muß (*BAG* DB 113

Anhang zu § 113 *Wirkungen der Eröffnung des Insolvenzverfahrens*

1994, 1243). Eine solche einseitige Zuweisung des Resturlaubs durch den Arbeitgeber in der Kündigungsfrist des Arbeitsverhältnisses muß jedenfalls in einem Insolvenzereignis als zulässig anerkannt werden (offengelassen in *BAG* EzA § 7 BUrlG Nr. 87).

114 Die Erfüllungswirkung aus der Zuweisung des Resturlaubs in der Kündigungsfrist ist nicht davon abhängig, daß der vorläufige Insolvenzverwalter das Urlaubsentgelt tatsächlich zahlt oder hierüber eine entsprechende Erklärung abgibt. Ist er zur Zahlung des Urlaubsentgelts nicht in der Lage, ist dieses in voller Höhe insolvenzgeldfähig.
Nach § 184 Abs. 1 Nr. 1 HS 1 SGB III hat der Arbeitnehmer keinen Anspruch auf Insolvenzgeld für Ansprüche auf Arbeitsentgelt, die er **wegen der Beendigung des Arbeitsverhältnisses** hat, unabhängig davon, für welchen Zeitraum diese Ansprüche entstanden sind.
Der Anspruch auf Urlaubsabgeltung entsteht jedoch erst wegen der Beendigung des Arbeitsverhältnisses.
Es ist der Zweck der Formulierung in § 184 Abs. 1 Nr. 1 HS 1 SGB III, abweichend von der bisherigen Regelung über die Gewährung des Konkursausfallgeldes nach dem Arbeitsförderungsgesetz für das Insolvenzgeld Ansprüche auf Urlaubsabgeltung aus der Insolvenzgeldfähigkeit herauszunehmen:

»Zu § 184 Anspruchsausschluß: Die Vorschrift entspricht weitgehend §§ 141 b Abs. 1 Satz 3, 141 c Satz 1, schließt jedoch den Anspruch auf Insolvenzgeld für die Urlaubsabgeltung und die Entgeltfortzahlung im Krankheitsfall über die Beendigung des Arbeitsverhältnisses aus. Die Regelung beruht insoweit auf der Erwägung, das Insolvenzgeld nur für Ansprüche auf Arbeitsentgelt bis zur Beendigung des Arbeitsverhältnisses gezahlt werden soll«.
(Gesetzentwurf des Arbeitsförderungs-Reformgesetzes BT-Drucks. 13/4941 S. 188)

Urlaubsabgeltung ist damit grundsätzlich nicht insolvenzgeldfähig.

d) Arbeitszeitkonten

115 Für **Zeitguthaben auf Arbeitszeitkonten** aus einer Regelung zur Flexibilisierung der Arbeitszeit stellt sich in gleicher Weise die Frage der Zuordnung dieser Guthaben zum Insolvenzgeld-Zeitraum. Die betrieblichen Regelungen zur Flexibilisierung der Arbeitszeit sehen teilweise Kurzzeitkonten und **Langzeitkonten** vor, auf denen die Arbeitnehmer die Möglichkeit haben, auch über einen längeren Zeitraum – regelmäßig ein Jahr – Zeitguthaben aus Mehrarbeitsanlässen anzusammeln. Die Regulierung eines solchen Guthabens steht häufig zur Disposition der Arbeitnehmer, denen in bestimmten Grenzen ein Wahlrecht über finanzielle Abgeltung oder Abgeltung in Freizeit eingeräumt ist.

116 Der finanzielle Abgeltungsanspruch eines Guthabens aus einem Arbeitszeitkonto ist damit im Ergebnis wie die Urlaubsabgeltung ein Anspruch auf Arbeitsentgelt, der in einem unlösbaren Zusammenhang mit der Beschäftigung steht und der durch fortgeschriebene Saldierung der Mehrarbeitsanlässe und der Minderarbeitsanlässe täglich in aktueller Höhe neu bestimmt wird.

117 Sinn und Zweck der betrieblichen Regelungen zur Flexibilisierung der Arbeitszeit durch Einrichtung von Arbeitszeitkonten rechtfertigen es, den finanziellen Abgeltungsanspruch aus einem Arbeitszeitkonto **anders zu behandeln** als einen Anspruch auf Urlaubsabgeltung, da es sich bei dem Zeitguthaben auf dem Arbeitszeitkonto um bereits durch tatsächliche Arbeitsleistung verdientes Arbeitsentgelt handelt, welches lediglich im Hinblick auf eine künftige Verrechnungsmöglichkeit noch nicht zur Auszahlung gelangt ist.

Vergütungsansprüche des Arbeitnehmers **Anhang zu § 113**

Der Anspruch auf finanzielle Abgeltung entsteht daher nicht nur »wegen der Beendigung des Arbeitsverhältnisses« i. S. d. § 184 Abs. 1 Nr. 1 HS 1 SGB III. 118

Wegen des **Entgeltcharakters** des Anspruches auf finanzielle Abgeltung eines Arbeitszeitkontos kommt es für die insolvenzgeldrechtliche Zuordnung des Anspruchs auf den in der betrieblichen Regelung definierten **Abrechnungszeitraum** an, für den eine Saldierung und ggf. Ansammlung von Arbeitszeitguthaben erfolgt.

Beträgt dieser Abrechnungszeitraum beispielsweise 6 Monate, kann der Anspruch auf finanzielle Abgeltung für maximal 3 von 6 Monaten, also in Höhe bis zu **50 %** insolvenzgeldfähig sein.

Räumt die betriebliche Regelung über die Flexibilisierung der Arbeitszeit dem Arbeitnehmer ein **Wahlrecht** zur finanziellen Abgeltung seines Guthabens ein, wird die Geltendmachung des Wahlrechts durch das Insolvenzereignis nicht ausgeschlossen und kann der Arbeitnehmer durch Ausübung des Wahlrechts einen Anspruch auf finanzielle Abgeltung begründen. Dieser finanzielle Abgeltungsanspruch ist dann jedoch nur in Höhe desjenigen Teiles des Zeitguthabens auf dem Arbeitszeitkonto in voller Höhe insolvenzgeldfähig, der im Insolvenzgeld-Zeitraum tatsächlich entstanden ist. Kann dieser Anteil über das Zeiterfassungssystem des Betriebes nicht ermittelt werden, kommt ggf. eine Schätzung in Betracht. 119

e) Gratifikationen, Jahressondervergütungen, Weihnachtsgeld

Jährliche Einmalzahlungen, **Gratifikationen, Jahressondervergütungen und Weihnachtsgelder** können dem Insolvenzgeld-Zeitraum zugeordnet werden, wenn der Anspruch arbeitsrechtlich entstanden ist und auch für den Insolvenzgeld-Zeitraum beansprucht werden kann. 120

Für den Umfang der Zuordnung der Sondervergütung zum Insolvenzgeld-Zeitraum kommt es entscheidend auf den arbeitsrechtlichen Charakter der Leistung an, der wiederum aus dem Zweck der Leistung zu bestimmen ist. Hiernach ist zu differenzieren zwischen Sondervergütungen mit reinem Entgeltcharakter, Sondervergütungen mit reinem Belohnungscharakter und Sondervergütungen mit Mischcharakter. 121

Voraussetzung für die Berücksichtigung einer jährlichen Einmalzahlung ist in jedem Falle, daß hierauf ein **Anspruch** des Arbeitnehmers besteht. Damit bleiben Gratifikationen, die ohne rechtlich bindende Zusage als freiwillige einmalige Leistung des Arbeitgebers gezahlt worden sind, auch für die Ermittlung der Insolvenzgeldfähigkeit unberücksichtigt. 122

Kein Anspruch besteht, wenn auch durch die wiederholte Gewährung **keine betriebliche Übung** entstanden ist, weil der Arbeitgeber ausdrücklich für die Zahlung des jeweiligen Jahres einen **Freiwilligkeitsvorbehalt** in deutlicher Weise, etwa durch Aufdruck auf der Gehaltsabrechnung (»Die Zahlung des Weihnachtsgeldes erfolgt freiwillig und begründet keinen Rechtsanspruch«) zum Ausdruck gebracht hat (*BAG* 28. 02. 1996, EzA § 611 BGB – Gratifikation Prämie Nr. 139). 123

Bei einem ausdrücklichen Freiwilligkeitsvorbehalt entsteht ein Anspruch auf eine (Weihnachts-)Gratifikation für ein bestimmtes Jahr entweder mit einer vorbehaltlosen Zusage, auch im laufenden Jahr eine Weihnachtsgratifikation zahlen zu wollen, oder erst mit der tatsächlichen Zahlung der Gratifikation. Bis zu diesem Zeitpunkt entsteht auch kein im Laufe des Jahres anwachsender Anspruch auf eine ggf. anteilige Gratifikation. Der erklärte Freiwilligkeitsvorbehalt hindert vielmehr das Entstehen eines solchen Anspruchs und läßt dem Arbeitgeber die Freiheit, in jedem Jahr neu zu entscheiden, ob und ggf. unter welchen Voraussetzungen auch in diesem Jahr eine Weihnachtsgratifika- 124 tion gezahlt werden soll. Erst mit der Verlautbarung dieser Entscheidung gegenüber den Arbeitnehmern kann ein Anspruch auf eine Gratifikation entstehen (so ausdrücklich: *BAG* 06. 12. 1995, EzA § 611 BGB – Gratifikation Prämien Nr. 134).

125 Ein ausdrücklicher Freiwilligkeitsvorbehalt betrifft nicht nur zukünftige Leistungsfälle einer Gratifikation, sondern schließt auch für den **laufenden Bezugszeitraum** einen Anspruch aus (*BAG* 05. 06. 1986, EzA a. a. O. Nr. 141).

126 **Nicht** zu berücksichtigen ist eine einmalige Sonderzahlung auch dann, wenn wegen der konkreten Situation des Arbeitnehmers nach der Definition der Voraussetzungen für die Zahlung in der Rechtsgrundlage ein Anspruch nicht besteht. Dies betrifft insbesonders die Fälle des **Ruhens des Arbeitsverhältnisses**. Für Ausfallzeiten wegen Inanspruchnahme des Erziehungsurlaubs kann eine Reduzierung der Sonderzahlung vorgesehen werden (*BAG* 24. 11. 1993, EzA § 15 BErzGG Nr. 5).

127 Auch soweit es sich bei der Sonderzahlung um ein 13. Monatsgehalt handelt, entsteht ein anteiliger Anspruch für Zeiten der Inanspruchnahme des Erziehungsurlaubs nicht (*BAG* 19. 04. 1995, EzA § 611 BGB – Gratifikation Prämie Nr. 126).

128 Schließlich besteht ein zu berücksichtigender Anspruch auf eine einmalige Sonderzahlung auch dann nicht, wenn sich aus der Rechtsgrundlage ergibt, daß der rechtliche Bestand des Arbeitsverhältnisses zu einem bestimmten Stichtag Anspruchsvoraussetzung sein soll und dieser Stichtag im Arbeitsverhältnis nicht erreicht wird. Wird in einem Arbeitsvertrag allein die Zahlung eines »Weihnachtsgeldes« in bestimmter Höhe als Anspruch zugesagt, kann diese Zusage regelmäßig dahingehend verstanden werden, daß dieser Anspruch auf ein Weihnachtsgeld nur dann gegeben sein soll, wenn auch das Arbeitsverhältnis zu Weihnachten noch besteht mit der Folge, daß auch ein anteiliger Anspruch nicht gegeben ist (*BAG* DB 1994, 2142).

129 **Entgeltcharakter** hat die jährlich geleistete Sondervergütung, wenn sich aus der Definition der Anspruchsvoraussetzungen in der Rechtsgrundlage für die Leistung ergibt, daß diese Sondervergütung eine zusätzliche Bezahlung der im Bezugszeitraum tatsächlich geleisteten Arbeit sein soll. Dies ist insbesondere indiziert, wenn der Arbeitgeber die Höhe der Leistung an den Umfang der tatsächlichen Arbeitsleistung angeknüpft hat. Eine solche Anknüpfung besteht insbesondere dann, wenn in der Leistungszusage eine anteilige Zahlung der Sondervergütung für unterjährige Arbeitsleistung vorgesehen wird: **anteilige Zahlung** der für ein gesamtes Kalenderjahr oder Geschäftsjahr zugesagten Leistung bei Beginn oder Ende des Arbeitsverhältnisses im Laufe des Bemessungszeitraums (unterjähriger Eintritt und Austritt) sowie anteilige Reduzierung der Sondervergütung bei längeren Abwesenheitszeiten (Erziehungsurlaub, langfristige Erkrankung, Wehrdienst).

130 Auch der **Leistungs- oder Erfolgsbezug** der Sondervergütung spricht für den Entgeltcharakter, wenn der Arbeitnehmer durch sein Verhalten oder seine Leistung diesen Erfolg bestimmen oder herbeiführen kann (*BAG* 26. 10. 1994, EzA § 611 BGB – Gratifikation Prämie Nr. 115).

131 Der Entgeltcharakter kann sich auch aus der Berechnung der Sonderzahlung ergeben, wenn deren Höhe von tatsächlich erzieltem Verdienst abhängig gemacht wird (*BAG* DB 1994, 1623).

132 Entgeltcharakter besteht auch bei einer Zusage mit einer Stichtagsregelung (Bestand des Arbeitsverhältnisses zum Stichtag als Anspruchsvoraussetzung) dann, wenn es sich bei der Stichtagsregelung nur um eine Regelung der Fälligkeit einer (Weihnachts-)Gratifikation handelt, die als Bestandteil des Arbeitsentgelts im übrigen jedoch fest und ohne Freiwilligkeitsvorbehalt vereinbart ist. In einem solchen Fall besteht auch ein Anspruch auf eine anteilige Gratifikation, wenn das Arbeitsverhältnis im Laufe des Jahres endet

Vergütungsansprüche des Arbeitnehmers **Anhang zu § 113**

und zum Stichtag nicht mehr besteht (*BAG* 21. 12. 1994, EzA § 611 BGB – Gratifikation Prämie Nr. 119).

Konsequenz des reinen Entgeltcharakters einer Jahressondervergütung für die insol- 133 venzgeldrechtliche Beurteilung ist, daß dieser Anspruch nur im Umfang von **25 %** der für das volle Kalenderjahr zustehenden Leistung (also für drei von zwölf Monaten) bei der Berechnung des Insolvenzgeldes Berücksichtigung finden kann.

Liegt der Insolvenzgeld-Zeitraum nicht in voller Höhe in einem Bezugszeitraum (regel- 134 mäßig: Kalenderjahr oder Geschäftsjahr) der Jahressonderzahlung, erfolgt eine zeitanteilige Zuordnung. Das könnte z. B. wie folgt aussehen:

Anfang Insolvenzgeld-Zeitraum: 16. Dezember
Zahlung der letzten Sondervergütung: 30. November
Ende des Bezugszeitraums: 31. Dezember
Ende Insolvenzgeld-Zeitraum: 15. März
Insolvenzgeldfähigkeit der Sondervergütung des neuen Jahres
(für Zeitraum 01. 01. – 15. 03. = $2^1/_2$ Monate): 2,5/12 = 20,8%

Belohnungscharakter für Betriebstreue hat die jährlich geleistete Sondervergütung, 135 wenn sich aus der Definition der Anspruchsvoraussetzungen in der Rechtsgrundlage für die Leistung ergibt, daß diese Sondervergütung nicht an die tatsächlich erbrachte Arbeitsleistung, sondern an die Betriebstreue, den vergangenen und zukünftigen Bestand des Arbeitsverhältnisses anknüpft. Dies ist insbesondere indiziert, wenn die Höhe der Jahressondervergütung von der **Dauer der Betriebszugehörigkeit** abhängig ist und etwa nach der Anzahl der Jahre des Bestehens des Arbeitsverhältnisses gestaffelt ist (insbesondere: Jubiläumsprämie, Treueprämie).

Der Zweck einer Jahressondervergütung als Belohnung für Betriebstreue wird indiziert, 136 wenn in der Rechtsgrundlage für die Leistung nur die **volle Gewährung** der Jahressondervergütung oder der **vollständige Wegfall** der Jahressondervergütung bzw. deren **vollständige Rückforderung** vorgesehen sind und die jeweilige Regelung eine anteilige Zahlung nicht kennt. Handelt es sich bei der Sonderzahlung nicht um einen Teil der im Austauschverhältnis zur Arbeitsleistung stehenden Vergütung, darf der Arbeitgeber eine anteilige Kürzung der Sonderzahlung für Zeiten, in denen das Arbeitsverhältnis geruht hat, ohne ausdrückliche Vereinbarung nicht vornehmen (*BAG* 10. 05. 1995, EzA § 611 BGB – Gratifikation Prämie Nr. 125).

Der ungekündigte Bestand des Arbeitsverhältnisses zu einem definierten Stichtag als 137 Anspruchsvoraussetzung für die volle Jahressondervergütung, die volle Rückzahlungsverpflichtung bei Ausscheiden durch Eigenkündigung des Arbeitnehmers innerhalb eines definierten Bindungszeitraums nach erfolgter Zahlung sowie vollständiger Wegfall oder volle Rückzahlung bei Beendigung des Vertragsverhältnisses durch Vertragsbruch des Arbeitnehmers bestätigen regelmäßig den Belohnungscharakter für Betriebstreue.

Konsequenz des Belohnungscharakters für Betriebstreue ist die Insolvenzgeldfähig- 138 keit der Jahressondervergütung in **voller Höhe**, wenn die Anspruchsvoraussetzungen im Insolvenzgeld-Zeitraum erfüllt oder vollendet worden sind und der Anspruch entstanden ist (vgl. *LSG NRW* 01. 04. 1987, ZIP 1987, 926).

Liegt der Zeitpunkt der Erfüllung sämtlicher Anspruchsvoraussetzungen (z. B. Ablauf 139 des Kalenderjahres, für welches die Jahressonderzahlung zugesagt ist) **vor** Beginn des Insolvenzgeld-Zeitraums, ist die rückständige Leistung **nicht** insolvenzgeldfähig.

Mischcharakter hat die jährlich geleistete Sondervergütung, wenn sich aus der Defini- 140 tion der Anspruchsvoraussetzungen in der Rechtsgrundlage für die Leistung ergibt, daß diese Sondervergütung sowohl eine zusätzliche Bezahlung der im Bezugszeitraum tatsächlich geleisteten Arbeit als auch eine Belohnung für Betriebstreue sein soll. Da es für die Zuordnung rückständiger Ansprüche zum Insolvenzgeld-Zeitraum bei Jahressondervergütungen darauf ankommt, ob ein Entgeltbezug im Insolvenzgeld-Zeitraum feststellbar ist, ist für derartige Vergütungen mit Mischcharakter danach zu differenzieren, ob in der Rechtsgrundlage für die Gewährung für bestimmte Situationen (Ausscheiden im Bezugszeitraum, teilweiser Eintritt eines Erfolges) eine **anteilige Gewährung** vorgesehen ist oder ob die Regelung nur entweder die vollständige Gewährung oder das vollständige Unterbleiben der Leistung kennt.

141 Ist eine anteilige Gewährung vorgesehen, ist die Jahressondervergütung mit Mischcharakter wie eine solche mit Entgeltcharakter zu behandeln mit der Folge, daß der Anspruch in **voller Höhe** insolvenzgeldfähig ist, wenn die Anspruchsvoraussetzungen im Insolvenzgeld-Zeitraum erfüllt werden. Ist eine anteilige Gewährung nicht vorgesehen, erfolgt die Behandlung des Anspruches auf eine Jahressondervergütung mit Mischcharakter entsprechend den Grundsätzen für die Behandlung einer solchen Leistung mit Belohnungscharakter mit der Folge, daß der Anspruch mit **maximal 25 %** insolvenzgeldfähig ist.

142 **Ohne Definition der Anspruchsvoraussetzungen** gilt die Auslegungsregel, daß die zusätzliche Leistung des Arbeitgebers im Zweifel Entgeltcharakter hat und demnach nur in Höhe von **25%** der Leistung insolvenzgeldfähig ist.

7. Nichtberücksichtigung von Arbeitsentgeltansprüchen in besonderen Fällen

143 Der Anspruch auf Insolvenzgeld ist abhängig davon, daß der Arbeitnehmer »noch Ansprüche auf Arbeitsentgelt hat« (§ 183 Abs. 1 Nr. 1 SGB III).

144 **Diese Akzessorietät des Insolvenzgeld-Anspruchs von dem arbeitsrechtlichen Anspruch auf** Arbeitsentgelt hat zur Konsequenz, daß ein Insolvenzgeld-Anspruch nicht entsteht oder nachträglich entfällt, wenn der Anspruch auf Arbeitsentgelt nicht entstanden ist oder nachträglich entfällt. Dies ist neben den getrennt geregelten Sonderfällen der Übertragung des Anspruchs auf Arbeitsentgelt (§ 188 Abs. 1 SGB III), der Pfändung des Anspruchs auf Insolvenzgeld (§ 189 SGB III) und des Erlöschens von Arbeitsentgeltansprüchen infolge Anfechtung von Rechtshandlungen (§ 184 Abs. 1 Nr. 2 SGB III) immer dann der Fall, wenn nach allgemeinen arbeitsrechtlichen Grundsätzen ein Anspruch auf Arbeitsentgelt untergeht. Im Zusammenhang mit einer Situation der Insolvenz sind dies insbesondere die Fälle des Anspruchsuntergangs durch Erfüllung, Verfall durch Fristversäumnis (tarifliche Verfallfristen), Anrechnung (§ 615 Satz 2 BGB, § 11 KSchG) und Aufrechnung (z.B. mit Schadenersatzansprüchen gegen den Arbeitnehmer) sowie Wegfall von Ansprüchen durch rückwirkende Entscheidungen (Auflösung oder Klagerücknahme im Kündigungsschutzprozeß).

a) Übertragung auf Dritte, § 188 SGB III

145 **Nicht anspruchsberechtigt** für Insolvenzgeld ist der Arbeitnehmer, wenn und soweit seine Ansprüche auf Arbeitsentgelt vor Stellung des Antrages auf Insolvenzgeld auf einen Dritten durch Abtretung gem. §§ 398 ff. BGB wirksam übertragen worden sind (§ 188 Abs. 1 SGB III).

146 Hierzu gehören neben der Abtretung im Rahmen einer **Insolvenzgeld-Vorfinanzierung** (hierzu vgl. § 188 Abs. 4 SGB III und Rz. 45 ff.) auch die Fälle der Abtretung an persönliche Finanzierungsgläubiger des Arbeitnehmers, z.B. eine von ihm im Rahmen einer Bankfinanzierung für andere Verbindlichkeiten vorgenommene Abtretung von Lohn-

und Gehaltsansprüchen. Für die Wirksamkeit derartiger Abtretungen außerhalb von Insolvenzgeld-Vorfinanzierungen ist § 400 BGB anwendbar, wonach Forderungen grundsätzlich nicht wirksam abgetreten werden können, soweit sie der Pfändung nicht unterliegen (*BSG* BSGE 70, 265). Arbeitseinkommen, das in Geld zahlbar ist, kann gem. § 850 Abs. 1 ZPO nur nach Maßgabe der Pfändungsbeschränkungen und nur innerhalb der hiernach bestehenden Pfändungsfreigrenzen der Regelungen der § 850a bis § 850i ZPO gepfändet werden. Wird die **Pfändungsfreigrenze** bei der Abtretung nicht berücksichtigt, ist die Abtretung insoweit wegen Gesetzesverstoßes teilweise unwirksam gem. § 134 BGB mit der Folge, daß trotz der weitergehenden teilunwirksamen Abtretung des Anspruchs der Arbeitnehmer weiterhin Anspruchsinhaber und damit insolvenzgeldberechtigt ist. Soweit die Abtretung jedoch wirksam ist, steht auch der Anspruch auf Insolvenzgeld nicht dem Arbeitnehmer, sondern dem Abtretungsempfänger gem. § 398 BGB zu (§ 188 Abs. 1 SGB III). Die für die Wirksamkeit der Abtretung erforderliche Einhaltung des Bestimmtheitserfordernisses der Abtretungserklärung wie auch die Reichweite der Wirksamkeit der Abtretung im Hinblick auf Pfändungsfreigrenzen sind von der Bundesanstalt für Arbeit im Rahmen der Entscheidung über die Gewährung von Insolvenzgeld und dessen Höhe zu klären und zu berücksichtigen.

Die Beschränkung der Übertragbarkeit von Ansprüchen auf Arbeitsentgelt findet in Fällen des **gesonderten Forderungsübergangs** keine Anwendung (§ 115 Abs. 2 SGB X), wenn der Anspruch des Arbeitnehmers gegen den Arbeitgeber auf den Leistungsträger bis zur Höhe der erbrachten Sozialleistung übergeht, nachdem der Leistungsträger Sozialleistungen erbracht hat, weil der Arbeitgeber den Anspruch des Arbeitnehmers auf Arbeitsentgelt nicht erfüllt hat (§ 115 Abs. 1 SGB X). Relevant werden kann dies im Falle der Gewährung von **Krankengeld** an den Arbeitnehmer durch die Krankenkasse, wenn bei rechtlich zutreffender Beurteilung für diesen Zeitraum ein Anspruch auf Entgeltfortzahlung gegen den Arbeitgeber nach Maßgabe der §§ 3f. EFZG bestand. In Höhe des übergegangenen Anspruchs ist dann gem. § 188 Abs. 1 SGB III die Krankenkasse anspruchsberechtigt für Insolvenzgeld. 147

b) Pfändung, § 188 Abs. 2 SGB III

Für eine **Pfändung** von Ansprüchen auf Arbeitsentgelt gilt gem. § 188 Abs. 2 Satz 1 SGB III, daß hiervon auch der Anspruch auf Insolvenzgeld erfaßt wird, soweit die Pfändung rechtlich wirksam vor der Stellung des Antrages auf Insolvenzgeld erfolgt ist. 148

Bezieht sich die Pfändung in rechtlich wirksamer Weise nicht nur auf Arbeitsentgelt, sondern auch auf Ersatzleistungen für Arbeitsentgelt oder ist die Pfändung ausdrücklich bereits auf einen Anspruch auf Insolvenzgeld gerichtet gewesen, so gilt diese Pfändung gem. § 189 SGB III als mit der Maßgabe ausgesprochen, daß sie den Anspruch auf Insolvenzgeld ab dem Zeitpunkt der Antragstellung für Insolvenzgeld erfaßt. 149

Im übrigen kann der Anspruch auf Insolvenzgeld nach der Beantragung gem. § 189 SGB III wie der Anspruch auf Arbeitseinkommen gepfändet, verpfändet oder übertragen werden. Mit der Übertragung sowie mit der Pfändung und Überweisung des Anspruchs entfällt in dieser Höhe die Berechtigung des Arbeitnehmers zum Insolvenzgeld-Bezug. 150

c) Wegfall durch Anfechtung, § 184 Abs. 1 Nr. 2 SGB III

151 **Nicht anspruchsberechtigt** ist der Arbeitnehmer, wenn der Insolvenzverwalter in berechtigter Weise von einem **Anfechtungsrecht** nach §§ 129–147 InsO im Hinblick auf ein Rechtsgeschäft Gebrauch gemacht hat, durch welches Ansprüche auf Arbeitsentgelt begründet worden sind. Eine solche Anfechtung kommt für arbeitsrechtlich relevante Rechtshandlungen im vorinsolvenzlichen Zeitraum insbesondere in Betracht, wenn der Arbeitgeber als Schuldner nach der Zahlungseinstellung einen Arbeitnehmer eingestellt hat, um ihm Ansprüche aus dem Insolvenzgeld zukommen zu lassen. Ein solcher Anstellungsvertrag wäre gem. §§ 130, 132 InsO anfechtbar. Selbst unter Anwendung der Grundsätze über den Bestand eines faktischen Arbeitsverhältnisses und die ex-nunc-Wirkung einer Anfechtung für den rechtlichen Bestand des Arbeitsverhältnisses können hierdurch wegen der gesonderten Spezialregelung in § 184 Abs. 1 Nr. 2 SGB III Ansprüche auf Arbeitsentgelt jedenfalls einen Anspruch auf Insolvenzgeld nicht begründen.

152 Weitere Anwendungsfälle können die Zusage einer Lohnerhöhung oder Gehaltserhöhung sowie die Zusage einmaliger Sonderleistungen sein, wenn diese Zusage entweder erst nach der Zahlungseinstellung oder dem Antrag auf Eröffnung des Insolvenzverfahrens durch den Arbeitgeber als Schuldner erteilt wurde (§ 132 Abs. 1 Nr. 2 InsO) oder unabhängig hiervon in der Absicht der Gläubigerbenachteiligung (§ 133 InsO) erfolgt ist.

153 Anwendungsfälle sind ferner die zum Zwecke der Gläubigerbenachteiligung erfolgte Einstellung naher Verwandter (Ehegatten und dessen Verwandten, § 138 InsO) oder die Zusage von Lohn- oder Gehaltserhöhungen an derartige Personen vor der Eröffnung des Insolvenzverfahrens (§ 133 Abs. 2 InsO), soweit hierdurch Ansprüche auf Arbeitsentgelt begründet worden sind, die insolvenzgeldfähig sind.

154 Die Berechtigung zum Bezug von Insolvenzgeld in diesen Fällen entfällt nur dann, wenn der Insolvenzverwalter das nur ihm zustehende (§ 129 InsO) Anfechtungsrecht durch Abgabe der **Anfechtungserklärung** auch tatsächlich ausübt und dies innerhalb der Verjährungsfrist von 2 Jahren seit Eröffnung des Insolvenzverfahrens gem. § 146 Abs. 1 InsO tut. Die Entscheidung über die Durchführung einer solchen Anfechtung trifft allein der Insolvenzverwalter, der gem. § 58 InsO der Aufsicht des Insolvenzgerichts unterliegt.

155 Für die Insolvenztatbestände ohne Insolvenzeröffnung gem. § 183 Abs. 1 Nrn. 2 u. 3 SGB III genügt für die Verweigerung des Insolvenzgeldes im Hinblick auf dessen Begründung durch ein anfechtbares Rechtsgeschäft die hypothetische Anfechtungsmöglichkeit im hypothetischen Falle der Insolvenzeröffnung gem. § 184 Abs. 1 Nr. 2, 2. Alt. SGB III. Für diese schwer zu erfassenden Sachverhalte sieht auch die Dienstanweisung der Bundesanstalt für Arbeit vor, daß diese Möglichkeit nur zu prüfen sei, wenn dafür konkrete Anhaltspunkte vorliegen.

156 Die Anfechtung von arbeitsrechtlichen Vereinbarungen zur Begründung von Ansprüchen auf Arbeitsentgelt außerhalb des speziellen insolvenzrechtlichen Anfechtungsrechts, etwa wegen arglistiger Täuschung gem. § 123 BGB, kann wegen der ex-nunc-Wirkung einer solchen Anfechtung rückständige Ansprüche auf Arbeitsentgelt und damit Ansprüche auf Insolvenzgeld nicht beeinträchtigen.

d) Erfüllung, Aufrechnung

Nicht anspruchsberechtigt für Insolvenzgeld ist der Arbeitnehmer schließlich dann, wenn der Anspruch auf Arbeitsentgelt **durch Erfüllung erloschen** ist. 157
Dies ist der Fall, wenn der Insolvenzverwalter das insolvenzgeldfähige rückständige Arbeitsentgelt ganz oder teilweise zahlt (§ 362 Abs. 1 BGB). 158
Die Erfüllungswirkung kann auch durch Aufrechnung mit einer Gegenforderung des Arbeitgebers eintreten. Nach § 398 BGB gilt der Anspruch auf Arbeitsentgelt als in dem Zeitpunkt erloschen, zu welchem er mit der zur Aufrechnung geeigneten Gegenforderung erstmals zeitgleich existiert hat. Zur Aufrechnung geeignet sind beispielsweise **Rückforderungsansprüche aus Überzahlung**, wenn die Überzahlung einen Rückzahlungsanspruch aus ungerechtfertigter Bereicherung gem. § 812 Abs. 1 BGB begründet. Zur Aufrechnung geeignet sind ferner **Schadenersatzansprüche des Arbeitgebers** aus einer Haftung des Arbeitnehmers für von ihm während der Arbeitsleistung verursachte Schäden am Vermögen des Arbeitgebers unter Anwendung der Grundsätze der Haftungsbeschränkung des Arbeitnehmers bei betrieblicher Tätigkeit (*BAG* NZA 1994, 1083). 159
Die Wirkung der Aufrechnung ist gem. § 394 Satz 1 BGB insofern beschränkt, als die Aufrechnung nur den pfändungsfreien Teil der Ansprüche auf Arbeitsentgelt zur Berücksichtigung der Pfändungsfreigrenzen der §§ 850 a–i ZPO erfaßt. Die Wirkung der Aufrechnung tritt schließlich nur dann ein, wenn die Aufrechnung gem. § 388 Satz 1 BGB auch tatsächlich erklärt wird, wobei diese Erklärung sich auch aus den Umständen, etwa aus der Erteilung einer entsprechenden Abrechnung ergeben kann. 160

e) Tariflicher Verfall

Nicht anspruchsberechtigt für Insolvenzgeld ist der Arbeitnehmer auch dann, wenn der insolvenzgeldfähige Anspruch auf Arbeitsentgelt nach einer **tariflichen Verfallklausel** verfallen ist und nicht mehr geltend gemacht werden kann. 161
Die Anwendbarkeit einer tariflichen Verfallklausel kann sich dabei sowohl aus der originären Anwendung des Tarifvertrages gem. § 3 TVG, wie auch aus einer Allgemeinverbindlichkeit gem. § 5 TVG oder aus einer einzelvertraglichen Bezugnahmeklausel ergeben. 162
Welche Anforderungen an eine anspruchserhaltende Geltendmachung durch den Arbeitnehmer zu stellen sind, ob es sich um eine einstufige oder um eine zweistufige Verfallklausel handelt, muß der jeweils anwendbaren Regelung entnommen werden. Sieht eine zweistufige Ausschlußklausel die Notwendigkeit der Klageerhebung nach Ablehnung der Zahlung durch den Arbeitgeber oder nach Ablauf einer bestimmten Frist vor, beginnt die Frist für die Klageerhebung bereits mit dem Bestreiten des Anspruchs durch den Arbeitgeber (*BAG* 16. 03. 1995, AP Nr. 129 zu § 4 TVG – Ausschlußfristen). 163
Hat der Arbeitgeber allerdings den Anspruch des Arbeitnehmers auf Zahlung von Arbeitsentgelt durch Erteilung einer Abrechnung vorbehaltlos ausgewiesen, ist die zusätzliche Geltendmachung durch den Arbeitnehmer zur Vermeidung des tariflichen Verfalls nicht mehr erforderlich (*BAG* 21. 04. 1993, EzA § 4 TVG – Ausschlußfristen Nr. 103). Im umgekehrten Fall der Zahlung des Arbeitgebers »unter Vorbehalt« ist Erfüllungswirkung eingetreten und ein insolvenzgeldrechtlich relevanter Anspruch des Arbeitnehmers nicht mehr gegeben, wenn die spätere Rückforderung des Arbeitgebers durch eine tarifliche Verfallklausel ausgeschlossen ist, weil der »Vorbehalt« den tariflichen Verfall des Rückforderungsanspruchs nicht ausschließt (*BAG* 27. 03. 1996, EzA 164

§ 4 TVG – Ausschlußfristen Nr. 124). Außerdem genügt bei Ansprüchen auf wiederkehrende Leistung i. d. R. die einmalige Geltendmachung der fortlaufenden Zahlungen zur Vermeidung des tariflichen Verfalls (*BAG* DB 1995, 2534).

165 Ist ein tariflicher Verfall der Ansprüche eingetreten, können diese Ansprüche auf rückständiges Arbeitsentgelt einen Anspruch auf Insolvenzgeld nicht begründen. Dies gilt auch, wenn der Verfall erst nach dem Insolvenzereignis oder nach Antragstellung eintritt.

f) Anrechnung anderen Einkommens

166 **Nicht anspruchsberechtigt** ist der Arbeitnehmer für Insolvenzgeld schließlich auch dann, wenn der Anspruch auf Arbeitsentgelt durch **Anrechnung anderer Einkünfte** reduziert wird. Hat der Arbeitgeber den Arbeitnehmer im Insolvenzgeld-Zeitraum bereits freigestellt und ist der Arbeitgeber deshalb gem. § 615 BGB im Annahmeverzug, so muß er die vereinbarte Vergütung für die infolge des Verzugs nicht geleisteten Dienste nur mit der Maßgabe zahlen, daß eine Anrechnung dessen erfolgt, was der Arbeitnehmer infolge des Unterbleibens der Dienstleistung erspart oder durch anderweitige Verwertung seiner Dienste erworben oder zu erwerben böswillig unterlassen hat.

167 Die Anrechnung anderweitigen Zwischenverdienstes findet dann statt, wenn der Arbeitnehmer gerade durch die Freistellung in die Lage versetzt worden ist, durch anderweitige Tätigkeit den Zwischenverdienst zu erwerben. Dies bedeutet umgekehrt, daß eine solche Anrechnung nicht stattfindet, wenn der Arbeitnehmer (etwa bei Teilzeitbeschäftigung oder Nebentätigkeit in den Abendstunden) auch ohne die Freistellung in der Lage gewesen wäre, den anderweitigen Zwischenverdienst ohne zeitliche Überschneidung mit der Inanspruchnahme aus dem Arbeitsverhältnis zu erzielen.

168 Hat der Arbeitgeber das Arbeitsverhältnis gekündigt und wird über diese Kündigung ein **Kündigungsschutzprozeß** geführt, nach dessen Ergebnis das Arbeitsverhältnis fortbesteht, so muß sich der Arbeitnehmer nach § 11 KSchG ebenfalls für seinen Anspruch auf Annahmeverzug für die Zeit nach der Entlassung anrechnen lassen, was er durch anderweitige Arbeit verdient hat und was er hätte verdienen können, wenn er es nicht böswillig unterlassen hätte, eine ihm zumutbare Arbeit anzunehmen. Wird in diesem Prozeß jedoch ein Vergleich geschlossen, der auch eine Freistellung des Arbeitnehmers von der Arbeitspflicht beinhaltet, soll wegen der besonderen Situation des Vergleichs im Kündigungsschutzprozeß eine Anrechnung anderweitigen Einkommens abweichend von der gesetzlichen Regelung nur dann erfolgen, wenn hierüber eine ausdrückliche Vereinbarung im Vergleich getroffen ist (*LAG Hamm* 27. 02. 1991, LAGE § 615 BGB Nr. 26; *LAG Köln* NZA 1992, 123).

169 Im Umfang der Anrechnung entfallen die Ansprüche auf Arbeitsentgelt und damit entsprechend der Anspruch auf Insolvenzgeld.

g) Rückwirkung durch Vergleich, Klagerücknahme

170 **Nicht anspruchsberechtigt** für Insolvenzgeld ist der Arbeitnehmer auch dann, wenn sich ein Wegfall der Entgeltansprüche aus **rückwirkenden Entscheidungen** ergibt.

171 Dies ist der Fall, wenn über eine von dem Arbeitgeber ausgesprochene Kündigung ein Kündigungsschutzprozeß durchgeführt wird, als dessen Ergebnis ein **Vergleich** zustande kommt, in welchem die Parteien des Arbeitsvertrages entweder ausdrücklich oder im Rahmen einer **Erledigungsklausel** vereinbaren, daß rückständige Ansprüche auf Arbeitsentgelt mit dem übrigen Inhalt des Vergleichs (regelmäßig insbesondere einer

Vergütungsansprüche des Arbeitnehmers **Anhang zu § 113**

Abfindungszahlung) erledigt sein sollen. Dies gilt dann auch rückwirkend für die Insolvenzgeldfähigkeit dieser Ansprüche.

Rückwirkung kann auch eine Vereinbarung in einem solchen Vergleich haben, wonach 172 eine tatsächlich erfolgte Freistellung den Urlaubsanspruch erfüllt haben soll, was zur Folge hat, daß im Umfang des erfüllten Urlaubsanspruchs ein Anspruch auf Urlaubsabgeltung und damit dessen Berücksichtigung bei der Gewährung von Insolvenzgeld entfällt.

Rückwirkung auf den Umfang insolvenzgeldfähiger Ansprüche auf Arbeitsentgelt kann 173 schließlich auch die mitbestimmte Korrektur einer zunächst mitbestimmungswidrig vorgenommenen **Anrechnung von Tariferhöhungen** haben, die sich für einen Teil der Arbeitnehmer des Betriebes gegenüber der mitbestimmungswidrigen Anrechnung nachteilig auswirkt (*BAG* 19. 09. 1995, EzA § 76 BetrVG 1972 Nr. 67). Auch für die Berechnung des Insolvenzgeldes ist in einem solchen Fall von dem rückwirkend reduzierten Arbeitsentgelt auszugehen.

Hat der Arbeitgeber eine Kündigung des Arbeitsverhältnisses mit Wirkung zu einem 174 Zeitpunkt ausgesprochen, der vor oder im Insolvenzgeld-Zeitraum liegt, sind seine Arbeitsentgeltansprüche nicht vorhanden oder entfallen durch Verkürzung des Insolvenzgeld-Zeitraumes auch dann, wenn eine gegen die Kündigung erhobene Kündigungsschutzklage mit der Rechtsfolge des Wirksamwerdens der Kündigung gem. § 7 KSchG zurückgenommen wird. Ansprüche auf Insolvenzgeld können dann für Zeiten nach Auslaufen der Kündigungsfrist nicht geltend gemacht werden (ausdrücklich so: *BSG* NZA 1988, 180).

Dasselbe gilt, wenn in einem Vergleich die Beendigung der Arbeitsverhältnisse zum 175 vorgesehenen Kündigungstermin bestätigt wird.

8. Zum Verfahren der Insolvenzgeld-Gewährung, Antragstellung, Vorschuß, Mitwirkung des Insolvenzverwalters, Höhe des Insolvenzgeldes

Das im Dritten Buch Sozialgesetzbuch vorgesehene Verfahren der Gewährung von 176 Insolvenzausfallgeld ist insgesamt so ausgestaltet, daß es dem Arbeitnehmer eine kurzfristige Verfügbarkeit liquider Mittel ermöglichen soll. Zu diesem Zweck sind eine Vorschußgewährung sowie umfassende Mitwirkungspflichten der am Insolvenzverfahren beteiligten Informationsträger vorgesehen.

a) Antragsverfahren

Insolvenzgeld wird gem. § 323 Abs. 1 Satz 1 SGB III nur auf Antrag **gewährt. Der** 177 **Antrag** muß durch die anspruchsberechtigte Person gestellt werden. Dies ist im Regelfall der betroffene Arbeitnehmer, der noch Ansprüche auf Arbeitsentgelt hat. In Fällen der Übertragung des Anspruchs auf eine dritte Person, insbesondere bei Insolvenzgeld-Vorfinanzierung, ist der Dritte anspruchsberechtigt. Eine Antragstellung durch den Arbeitnehmer oder Mitwirkungshandlungen des Arbeitnehmers bei der Antragstellung sind in diesem Falle nicht vorgesehen.

Nicht vorgeschrieben ist die Form der Antragstellung, da eine den früheren Regelungen 178 der §§ 314 Abs. 1 u. 2 Satz 2 und 141 i Satz 2 SGB III entsprechende Verpflichtung zur Benutzung eines entsprechenden Vordrucks der Bundesanstalt für Arbeit für die Antragstellung selbst in § 141 e Abs. 1 SGB III nicht mehr enthalten ist. Es ergibt sich jedoch aus § 60 SGB I, daß der jeweilige Antragsteller den für den Antrag auf Gewährung von Insolvenzgeld vorgesehene Vordruck der Bundesanstalt für Arbeit verwenden soll.

Anhang zu § 113 *Wirkungen der Eröffnung des Insolvenzverfahrens*

179 Für den Antrag auf Gewährung von Insolvenzgeld gilt gem. § 324 Abs. 3 SGB III eine **Ausschlußfrist von zwei Monaten** nach Eröffnung des Insolvenzverfahrens. Eine Versäumung der Ausschlußfrist führt zum Verlust des Anspruchs auf Insolvenzgeld, wenn nicht eine Heilung nach § 324 Abs. 3 Satz 2 SGB III erfolgt.

180 Die **Antragsfrist beginnt** mit der Eröffnung des Insolvenzverfahrens. Für die Fristberechnung gelten die Bestimmungen der §§ 187 ff. BGB. Nach § 188 Abs. 2 BGB endet eine Frist, die nach Monaten bestimmt ist, mit dem Ablauf desjenigen Tages des letzten Monats dieser Frist, welcher durch seine Zahl dem Tag entspricht, in den das für die Bestimmung des Fristbeginns maßgebende Ereignis fällt. Da der Eröffnungsbeschluß gem. § 27 Abs. 2 u. 3 InsO die Stunde der Eröffnung anzugeben hat und bei Versäumung dieser Angabe gem. § 27 Abs. 3 InsO die Mittagsstunde des Tages des Beschlusses als Zeitpunkt der Insolvenzeröffnung gilt, ergibt sich für die Berechnung der Antragsfrist z. B.:

Insolvenzeröffnung: 27. Februar
Beginn der Antragsfrist: 28. Februar
Ende der Antragsfrist: 27. April

181 Ist in dem Monat des Fristablaufs ein Tag mit der Bezifferung des Tages, in den das die Frist auslösende Ereignis fällt, nicht vorhanden, so gilt der entsprechende Tag des Monatsendes.

Insolvenzeröffnung: 31. Dezember
Beginn der Antragsfrist: 01. Januar
Ende der Antragsfrist: 28. Februar

182 Wird das Insolvenzverfahren nicht eröffnet, sondern ergeht ein Ablehnungsbeschluß nach § 26 Abs. 1 InsO, weil eine den Kosten des Verfahrens entsprechende Insolvenzmasse nicht vorhanden ist, bestimmt sich der Zeitpunkt des Beginns der Antragsfrist nach dem Zeitpunkt dieses Ablehnungsbeschlusses. Wird ein Antrag auf Eröffnung des Insolvenzverfahrens nicht gestellt, die Betriebstätigkeit jedoch vollständig beendet und kommt ein Insolvenzverfahren offensichtlich mangels Insolvenzmasse nicht in Betracht (§ 183 Abs. 1 Nr. 2 SGB III), ist das für den Beginn der Frist gem. § 187 Abs. 1 BGB maßgebliche Ereignis die vollständige Beendigung der Betriebstätigkeit.

183 Liegt ein Fall der Weiterarbeit des Arbeitnehmers in Unkenntnis des Insolvenzereignisses gem. § 183 Abs. 2 SGB III vor, ist das für den Fristbeginn gem. § 187 Abs. 1 BGB maßgebliche Ereignis die Kenntnisnahme des Arbeitnehmers von dem Insolvenzereignis. Für die **unverschuldete Versäumung** der Ausschlußfrist zur Beantragung des Insolvenzgeldes gewährt § 324 Abs. 3 Satz 2 SGB III dem Arbeitnehmer eine Nachfrist von zwei Monaten, die mit dem »Wegfall des Hindernisses« beginnt. Nach § 324 Abs. 3 Satz 3 SGB III hat der Arbeitnehmer die Versäumung der Ausschlußfrist zu vertreten, wenn er sich nicht mit der erforderlichen Sorgfalt um die Durchsetzung seiner Ansprüche bemüht hat.

184 **Unverschuldet kann demnach eine Unkenntnis von dem Insolvenzereignis dann sein**, wenn der Arbeitnehmer urlaubsbedingt oder krankheitsbedingt abwesend war und aus diesem Grunde von dem Insolvenzereignis keine Kenntnis erhalten hat. Gleiches kann gelten, wenn der Arbeitgeber vor der Insolvenzeröffnung die Arbeitnehmer von der Arbeitsleistung freigestellt hat. Nach § 324 Abs. 3 Satz 3 SGB III hat der Arbeitnehmer jedoch die Pflicht, sich über die Situation zu informieren, deren Reichweite sich nach den Umständen des Einzelfalles bestimmt. Auch **fahrlässige Unkenntnis** oder Untätigkeit können dazu führen, daß die Nachfrist nicht zum Tragen kommt. **Versäumt** der Arbeitnehmer **auch die Nachfrist**, so ist der Anspruch auf Insolvenzgeld insgesamt verfallen. Eine weitere Nachfrist oder die Ermöglichung einer verspäteten Antragstellung aus

Vergütungsansprüche des Arbeitnehmers **Anhang zu § 113**

anderen Gründen (»Wiedereinsetzung in den vorherigen Stand«) sind im Gesetz nicht vorgesehen.

Die Nachfrist des § 324 Abs. 3 Satz 2 SGB III gilt **auch für den antragstellenden Dritten**, dem der Anspruch auf Arbeitsentgelt – etwa im Rahmen einer Insolvenzgeld-Vorfinanzierung – abgetreten worden ist. Dies ergibt sich aus §§ 188 Abs. 1 i. V. m. 323 Abs. 1 Satz 1 u. 324 Abs. 3 SGB III. Für die Nachfrist in § 324 Abs. 3 Satz 2 SGB III kann insofern nichts anderes gelten. 185

Die **Vorschußgewährung** war in dem ursprünglichen Gesetzentwurf zur Neuregelung der Arbeitsförderung im SGB III nicht mehr vorgesehen.

Die jetzige Regelung über die fakultative Gewährung eines Vorschusses nach Ermessen des Arbeitsamtes in § 186 SGB III ist als Ergebnis der Beratungen des Ausschusses für Arbeit und Sozialordnung mit dessen Bericht (auf BT-Drucks. 13/5963, 05. 11. 1996, S. 29) wieder eingeführt worden mit der Begründung:
»Die angestiegene Zahl von Insolvenzverfahren und die Schwierigkeit bei der Feststellung der Vermögenslage des Arbeitgebers führen vielfach zu Verzögerungen bei der Entscheidung über die Eröffnung des Insolvenzverfahrens. Die Ergänzung soll es ermöglichen, bei Vorliegen bestimmter Fallgestaltungen einen Vorschuß auf das Insolvenzgeld bereits vor der Eröffnung des Insolvenzverfahrens oder der Ablehnung der Eröffnung mangels Masse zu leisten«. 186

b) Mitwirkungspflichten des Insolvenzverwalters

Die **Mitwirkungspflicht des Insolvenzverwalters** bei der Gewährung von Insolvenzausfallgeld beinhaltet **Auskunftspflichten und Mitwirkungspflichten**. 187

Nach § 316 Abs. 1 SGB III ist auch der Insolvenzverwalter neben dem Arbeitgeber und sonstigen Personen, die Einblick in die Arbeitsunterlagen hatten, zur Erteilung aller für die Durchführung des Verfahrens zur Gewährung von Insolvenzgeld erforderlichen Auskünfte an das Arbeitsamt verpflichtet. Auf Verlangen des Arbeitsamtes ist der Insolvenzverwalter darüber hinaus gem. § 314 Abs. 1 u. 2 SGB III verpflichtet, für jeden Arbeitnehmer, für den ein Anspruch auf Insolvenzgeld in Betracht kommt, eine **Verdienstbescheinigung** über die Höhe des Arbeitsentgelts für die letzten der Eröffnung des Insolvenzverfahrens vorausgehenden drei Monate des Arbeitsverhältnisses sowie über die Höhe der gesonderten Abzüge zu bescheinigen. Er muß außerdem die bereits erfolgten Zahlungen und eventuell ihm bekannte Pfändungen, Verpfändungen oder Abtretungen bescheinigen. Für die Erteilung der Bescheinigung wird ihm gem. § 314 Abs. 1 u. 2 Satz 2 SGB III die Verwendung des von der Bundesanstalt für Arbeit hierfür vorgesehenen Vordrucks auferlegt. 188

In den Insolvenzfällen ohne Eröffnung des Insolvenzverfahrens gem. § 183 Abs. 1 Nr. 2 u. 3 SGB III sind diese Pflichten vom Arbeitgeber zu erfüllen (§ 316 Abs. 1 SGB III). 189

Zur Erleichterung für die anspruchsberechtigten Arbeitnehmer geht die Bundesanstalt für Arbeit grundsätzlich davon aus, daß der Insolvenzverwalter nur bestehende und nicht verjährte oder verfallene Ansprüche auf Arbeitsentgelt bescheinigt, so daß der Inhalt der Verdienstbescheinigung regelmäßig als **zutreffend unterstellt** wird. Für die Wirkung der Verdienstbescheinigung geht die Bundesanstalt für Arbeit weiter davon aus, daß der Insolvenzverwalter oder Arbeitgeber mit der Verdienstbescheinigung das Bestehen der darin aufgeführten Arbeitsentgeltansprüche anerkennt und es deshalb zur Wahrung eventueller tariflicher Verfallfristen einer zusätzlichen Geltendmachung durch den Arbeitnehmer nicht mehr bedarf (*BAG* 21. 04. 1993, EzA § 4 TVG – Ausschlußfristen Nr. 103). Gegenüber dem Erwerber eines Betriebes aus der Insolvenzmasse treten diese 190

Anhang zu § 113 *Wirkungen der Eröffnung des Insolvenzverfahrens*

Wirkungen einer erteilten Verdienstbescheinigung nur dann ein, **wenn sie vor Betriebsübergang** ausgestellt worden sind (*LAG Schleswig-Holstein* 19. 09. 1995, EzA § 141 h SGB III Nr. 3).

191 Die weitestgehende Verpflichtung trifft den Insolvenzverwalter aus § 320 Abs. 2 SGB III, wonach er auf Verlangen des Arbeitsamtes verpflichtet ist, unverzüglich das Insolvenzgeld in eigener Verantwortung zu errechnen und unter Verwendung der ihm dafür von dem Arbeitsamt zur Verfügung gestellten Mittel auszuzahlen. Eine Erstattung von Kosten für die Bearbeitung wird in § 320 Abs. 2 Satz 3 SGB III ausdrücklich ausgeschlossen.

c) Wahlrecht des Arbeitnehmers

192 Aus § 38 InsO ergibt sich, daß die insolvenzgeldfähigen Ansprüche auf Arbeitsentgelt aus den letzten drei Monaten vor dem Insolvenzereignis durch den Arbeitnehmer auch als Insolvenz-Gläubiger im Insolvenzverfahren geltend gemacht werden können. Da der Arbeitnehmer zur Beantragung von Insolvenzgeld nicht verpflichtet ist, hat er insofern ein **echtes Wahlrecht**, ob er Insolvenzgeld beantragen oder seine Ansprüche lediglich als Forderung im Insolvenzverfahren geltend machen will.

193 Die Beantragung von Insolvenzgeld führt anders als nach der früheren Regelung der Konkursordnung **nicht** mehr zu einer **Entlastung der Insolvenzmasse**, weil zwar weiterhin die den Anspruch auf Insolvenzgeld begründenden Ansprüche auf Arbeitsentgelt gem. § 187 Satz 1 SGB III bereits mit der Antragstellung auf die Bundesanstalt für Arbeit kraft Gesetzes übergehen, die früher in der Konkursordnung enthaltene Nachrangigkeit der Ansprüche der Bundesanstalt (vgl. § 57 Abs. 2 KO) jedoch in den §§ 38–55 der InsO nicht mehr vorgesehen ist. Vielmehr sind die Ansprüche der Bundesanstalt wie auch die Ansprüche des Arbeitnehmers in gleicher Weise einfache Insolvenzforderung. Hat der Arbeitnehmer seine Ansprüche auf rückständige Vergütung in einem **Prozeß** geltend gemacht, der zum Zeitpunkt des gesetzlichen Übergangs dieser Ansprüche auf die Bundesanstalt wegen Insolvenzgeld-Antragstellung noch läuft, gelten § 46 Abs. 2 ArbGG, § 325 Abs. 1 ZPO. Der Arbeitnehmer muß den Klageantrag auf Zahlung an die Bundesanstalt in Höhe des Übergangs **umstellen** und führt den Prozeß im übrigen in **Prozeßstandschaft** für die Bundesanstalt im eigenen Namen fort.

d) Höhe des Insolvenzgeldes

194 Die **Höhe des Insolvenzgeldes** entspricht gem. § 185 Abs. 1 SGB III dem ausgefallenen Nettoarbeitsentgelt.

195 Zur Ermittlung der »gesetzlichen Abzüge« gem. § 185 Abs. 1 Satz 1 SGB III sind die für den Lohnabrechnungszeitraum geltenden Lohnsteuertabellen für den Lohnsteuerabzug zugrunde zu legen. Dies gilt auch für einmalige Entgeltzahlungen (Jahressondervergütungen, Gratifikationen, 13. Gehalt). **Freibeträge**, die auf der Lohnsteuerkarte eingetragen sind, sind jedoch zugunsten des Arbeitnehmers auch bei der Bemessung der Höhe des Insolvenzgeldes zu berücksichtigen (*BSG* 10. 08. 1988, SozR 4100 § 141 d Nr. 3).

196 Ist der Arbeitnehmer im Inland nicht einkommensteuerpflichtig oder bei bestehender Einkommensteuerpflicht die Steuer nicht durch Abzug vom Arbeitslohn erhoben, ist gem. § 185 Abs. 2 SGB III trotzdem eine fiktive Berechnung der Lohnsteuerabzüge wie bei einer Inlandstätigkeit durchzuführen.

III. Prozeßrechtliche Behandlung – Insolvenzrechtliche Behandlung

Die Ansprüche können gegenüber dem Insolvenzverwalter geltend gemacht werden. Sie müssen gem. § 174 Abs. 1 InsO schriftlich **gegenüber** dem Insolvenzverwalter geltend gemacht werden, wenn **anwendbare tarifliche Ausschlußfristen** eingehalten werden müssen, da tarifliche Ausschlußfristen für Forderungen in Insolvenzverfahren zu beachten sind. 197

Erhebt der Arbeitnehmer wegen seiner rückständigen Ansprüche auf Arbeitsentgelt **Zahlungsklage** gegen den Schuldner vor der Eröffnung des Insolvenzverfahrens, wird der Prozeß vor dem Arbeitsgericht gemäß § 240 ZPO, § 46 Abs. 2 ArbGG **unterbrochen**. 198
Rückständige Ansprüche auf Arbeitsentgelt sind durch den Arbeitnehmer gemäß § 274 Abs. 1 InsO schriftlich beim Insolvenzverwalter anzumelden.
Der angemeldete Anspruch auf rückständiges Arbeitsentgelt wird in die Tabelle eingetragen. Wenn ein Widerspruch gegen die Feststellung weder durch den Insolvenzverwalter noch von einem anderen Insolvenzgläubiger erhoben wird, erhält die Eintragung des Anspruchs auf rückständiges Arbeitsentgelt gemäß § 178 Abs. 3 InsO die Wirkung eines rechtskräftigen Urteils gegenüber dem Insolvenzverwalter und allen Insolvenzgläubigern.
Ansprüche auf rückständiges Arbeitsentgelt aus der Zeit vor Eröffnung des Insolvenzverfahrens können nach der Insolvenzeröffnung nicht mit einer Zahlungsklage vor dem Arbeitsgericht geltend gemacht werden. Vielmehr beinhaltet § 87 InsO eine **abschließende Sonderregelung** mit dem Inhalt, daß auch der Arbeitnehmer als Insolvenzgläubiger seine Forderung nur nach den Vorschriften über das Insolvenzverfahren durch Anmeldung zur Tabelle geltend machen kann. 199
Eine Zahlungsklage vor dem Arbeitsgericht ist nur möglich, wenn es sich ausnahmsweise um einen Fall der Masseverbindlichkeit gemäß § 55 Abs. 2 InsO handelt.

Bestreitet der Insolvenzverwalter oder ein anderer Insolvenzgläubiger die Ansprüche des Arbeitnehmers auf rückständiges Arbeitsentgelt aus der Zeit vor der Eröffnung des Insolvenzverfahens ganz oder teilweise, erfolgt **gemäß § 178 Abs. 2 InsO** eine Eintragung in die Tabelle, inwieweit die Forderung ihrem Betrag und ihrem Rang nach festgestellt ist oder wer der Feststellung widersprochen hat. 200
Im Falle des Widerspruchs kann der Arbeitnehmer dann **Feststellungsklage gemäß § 179 Abs. 1 InsO** erheben mit dem Ziel, die Feststellung seiner Ansprüche gegen den Bestreitenden zu betreiben.

Wenn der Arbeitnehmer **vor der Eröffnung des Insolvenzverfahrens** eine Zahlungsklage wegen rückständigen Arbeitsentgelts gegen den Schuldner bereits erhoben hatte, kann der durch die Eröffnung des Insolvenzverfahrens gemäß §§ 240 ZPO, 46 Abs. 2 ArbGG unterbrochene Rechtsstreit nach einem Bestreiten der Ansprüche durch den Insolvenzverwalter oder einen anderen Insolvenzgläubiger **durch Aufnahme des Rechtsstreits gemäß § 180 Abs. 2 InsO** fortgeführt werden. In diesem Fall ist der Zahlungsantrag auf einen **Feststellungsantrag** umzustellen. Der Rechtsstreit ist weiterhin vor dem **Arbeitsgericht** zu führen, da es sich um die Aufnahme desselben Rechtsstreits handelt. 201

Ist eine Zahlungsklage wegen rückständigen Arbeitsentgelts aus der Zeit vor Eröffnung des Konkursverfahrens zum Zeitpunkt seiner Eröffnung **noch nicht anhängig** gewesen und hat der Insolvenzverwalter oder ein anderer Insolvenzgläubiger nach der Anmeldung der Forderung des Arbeitnehmers diese ganz oder teilweise zur Tabelle bestritten, kann die Feststellung der Forderung durch **Feststellungsklage gemäß § 180 Abs. 1 InsO** betrieben werden. 202

In diesem Falle ist gemäß § 180 Abs. 1 S. 3 InsO das Landgericht ausschließlich zuständig, zu dessen Bezirk das Insolvenzgericht gehört, da der Streitgegenstand als Streitigkeit aus einem Arbeitsverhältnis nicht zur Zuständigkeit der Amtsgerichte, sondern gemäß § 2 Abs. 1 Nr. 3 ArbGG zur ausschließlichen Zuständigkeit der Arbeitsgerichte gehört.

C. Arbeitsentgeltansprüche aus der Zeit nach Eröffnung des Insolvenzverfahrens

203 Durch die Eröffnung des Insolvenzverfahrens wird das Arbeitsverhältnis nicht beendet und werden auch die Konditionen des Arbeitsverhältnisses nicht geändert. Will der Insolvenzverwalter das Arbeitsverhältnis beenden oder die Konditionen des Arbeitsverhältnisses verändern, muß er hierüber entweder mit den Arbeitnehmern eine entsprechende Vereinbarung treffen oder von der Möglichkeit der Kündigung oder Änderungskündigung Gebrauch machen, wobei er sich der gerichtlichen Überprüfung seines Vorgehens mit einer Kündigungsschutz- oder Änderungsschutzklage stellen muß.

204 Auch die übrigen Insolvenzereignisse, durch welche ein Anspruch auf Gewährung von Insolvenzgeld nach § 183 Abs. 1 u. 2 SGB III ausgelöst werden kann, nämlich die Abweisung des Antrages auf Eröffnung des Insolvenzverfahrens mangels Insolvenzmasse und die vollständige Beendigung der Betriebstätigkeit ohne Antragstellung bei offensichtlicher Masseunzulänglichkeit, sind ebensowenig geeignet, zu einer automatischen Beendigung oder Inhaltsänderung des Arbeitsverhältnisses zu führen.

205 Mit dem Fortbestand des Arbeitsverhältnisses entstehen auch weiterhin neue Ansprüche des Arbeitnehmers auf Arbeitsentgelt und auf sämtliche vertragsgemäßen Leistungen des Arbeitgebers.

I. Nachinsolvenzliche Ansprüche auf Arbeitsentgelt als Masseverbindlichkeiten

206 Ansprüche aus zweiseitigen Verträgen, deren Erfüllung zur Insolvenzmasse für die Zeit nach Eröffnung des Verfahrens erfolgen muß, sind gem. § 55 Abs. 1 Nr. 2 InsO sonstige Masseverbindlichkeiten. Fortbestehende Arbeitsverhältnisse gehören zu diesen zweiseitigen Verträgen. Ansprüche des Arbeitnehmers auf Arbeitsentgelt oder alle sonstigen Gegenleistungen aus dem Arbeitsverhältnis sind damit **sonstige Masseverbindlichkeiten** gem. § 55 Abs. 1 Nr. 2 InsO. Diese sonstigen Masseverbindlichkeiten werden nach § 53 InsO aus der Insolvenzmasse **vorweg** berichtigt. Arbeitnehmer, die Ansprüche aus der Zeit nach der Eröffnung des Insolvenzverfahrens aus einem fortbestehenden Arbeitsverhältnis haben, gehören damit zu den Massegläubigern und sind nicht auf die für Insolvenzgläubiger geltenden Bestimmungen der §§ 174 ff. InsO verwiesen.

207 Die Ansprüche aus dem Arbeitsverhältnis aus der Zeit nach Eröffnung des Insolvenzverfahrens teilen sich die Rangstufe mit Ansprüchen, welche aus Geschäften oder Handlungen des Insolvenzverwalters entstehen (§ 55 Abs. 1 Nr. 1 InsO) sowie mit solchen Ansprüchen aus zweiseitigen Verträgen, deren Erfüllung zur Insolvenzmasse verlangt wird (§ 55 Abs. 1 Nr. 2, 1. Alt. InsO).

208 Hat der Insolvenzverwalter nach der Eröffnung des Insolvenzverfahrens einen **neuen Arbeitsvertrag** geschlossen, sind die Ansprüche des neu eingestellten Arbeitnehmers auf Arbeitsentgelt aus einem Geschäft des Insolvenzverwalters entstanden und damit sonstige Masseverbindlichkeiten gem. § 55 Abs. 1 Nr. 2 InsO.

Vergütungsansprüche des Arbeitnehmers **Anhang zu § 113**

Die **Höhe** des Anspruchs auf Arbeitsentgelt für die Zeit nach Insolvenzeröffnung ergibt 209
sich aus der jeweiligen Vereinbarung oder dem anwendbaren Tarifvertrag, der dem
Arbeitsverhältnis zugrunde liegt. Der Insolvenzverwalter schuldet daher 100% der
regulären Vergütung.

Erst dann, wenn sich herausstellt, daß die Insolvenzmasse zwar die Kosten des Insol- 210
venzverfahrens deckt, jedoch nicht ausreicht, um die fälligen sonstigen Masseverbindlichkeiten zu erfüllen, findet die Befriedigung der Massegläubiger nach Maßgabe der
Bestimmungen des § 209 InsO statt. Ist zu diesem Zeitpunkt der Feststellung der
Masseunzulänglichkeit bereits vollständiges Arbeitsentgelt für die Zeit nach Eröffnung
des Insolvenzverfahrens gezahlt worden, obwohl dies bei richtiger Beurteilung nicht in
voller Höhe hätte erfolgen dürfen, muß eine rückwirkende Korrektur der Abrechnung für
die Zeit ab Eröffnung des Insolvenzverfahrens durchgeführt werden. Die Rückabwicklung erfolgt allerdings nur nach den Grundsätzen der ungerechtfertigten Bereicherung
gem. §§ 812 ff. BGB mit der Folge, daß der Arbeitnehmer sich ggf. auf einen Wegfall der
Bereicherung berufen kann (vgl. hierzu grundlegend *BAG* 18. 01. 1995, EzA § 818 BGB
Nr. 8) und daß andererseits die Geltendmachung einer Rückforderung durch Abzug von
der laufenden Vergütung durch den Insolvenzverwalter nur unter Beachtung der Pfändungsfreigrenzen erfolgen kann.

Die Höhe des Anspruchs auf Arbeitsentgelt aus der Zeit nach der Insolvenzeröffnung 211
kann der Insolvenzverwalter nur wie jeder andere Arbeitgeber außerhalb des Insolvenzverfahrens beeinflussen:

Im Falle einer **Freistellung** kann sich eine Situation der Anrechnung anderweitigen 212
Einkommens gem. § 615 Satz 2 BGB ergeben. Die Anrechnung richtet sich nach den
allg. Grundsätzen, wonach es für die Entscheidung über die Anrechnung und deren
Umfang auf die zeitliche und inhaltliche Vereinbarkeit der arbeitsvertraglich geschuldeten Tätigkeit mit der Nebentätigkeit ankommt.

Ein besonderes **Recht** des Insolvenzverwalters zur einseitigen **Freistellung** in der Situation 213
des Insolvenzverfahrens besteht **nicht**. Für die Möglichkeit der Freistellung durch den
Insolvenzverwalter kommt es deshalb darauf an, ob eine solche Freistellung einzelvertraglich vereinbart ist, ob sie ggf. nach Ausspruch einer Kündigung möglich oder wegen eines
ausnahmsweise überwiegenden Interesses des Insolvenzverwalters an der Freistellung
zulässig ist. Ein solches überwiegendes Interesse des Insolvenzverwalters an der Nichtbeschäftigung kann sich in der Situation der Insolvenz ausnahmsweise dann ergeben, wenn
eine Gefährdung oder Behinderung der für die ordnungsgemäße Abwicklung des Insolvenzverfahrens erforderlichen Maßnahmen durch die tatsächliche Weiterbeschäftigung des
einzelnen oder einer Vielzahl von Arbeitnehmern konkret darstellbar ist.

Auch eine Urlaubsgewährung durch den Insolvenzverwalter kann die Höhe der Entgelt- 214
ansprüche des Arbeitnehmers beeinflussen, wenn eine anwendbare tarifliche oder
betriebliche Regelung eine spezielle Berechnung des Urlaubsentgelts vorsieht oder
zusätzliches Urlaubsgeld zu zahlen ist.

Ein spezielles **Recht** des Insolvenzverwalters zu einer einseitigen **Zuweisung des** 215
Urlaubs ohne Ausspruch einer Kündigung des Arbeitsverhältnisses für die Situation des
Insolvenzverfahrens besteht ebenfalls **nicht**. Die Entscheidung über die zeitliche Lage
des Erholungsurlaubs des Arbeitnehmers richtet sich daher nach den anwendbaren tariflichen oder betrieblichen Regelungen oder nach den Bestimmungen des Bundesurlaubsgesetzes, nach dessen § 7 Abs. 1 bei der zeitlichen Festlegung die Urlaubswünsche des
Arbeitnehmers zu berücksichtigen sind, soweit diesen Urlaubswünschen nicht Urlaubswünsche anderer sozial stärker schutzbedürftiger Arbeitnehmer oder dringende betriebliche Belange entgegenstehen.

216 Auch solche dringenden betrieblichen Belange können sich ausnahmsweise aus den Notwendigkeiten der Abwicklung des Insolvenzverfahrens ergeben.
217 Kommt es nach der Eröffnung des Insolvenzverfahrens zu einer Beendigung des Arbeitsverhältnisses durch vor oder nach Eröffnung ausgesprochene Kündigung, durch Aufhebungsvereinbarung oder durch Fristablauf und konnte der Urlaub wegen Beendigung des Arbeitsverhältnisses zuvor ganz oder teilweise nicht mehr gewährt werden, besteht ein Anspruch auf **Urlaubsabgeltung**, der in voller Höhe sonstige Masseverbindlichkeit gem. § 55 Abs. 1 Nr. 2 InsO ist.

II. Geltendmachung der Entgeltansprüche aus der Zeit nach der Insolvenzeröffnung

1. Außergerichtliche Geltendmachung

218 Da es sich bei den Ansprüchen aus der Zeit nach der Insolvenzeröffnung um sonstige Masseverbindlichkeiten gem. § 55 Abs. 1 Nr. 2 InsO handelt, sind diese gem. § 53 InsO aus der Insolvenzmasse vorweg zu berichtigen.
219 Die Geltendmachung in einem separaten Verfahren, etwa die Anmeldung zur Insolvenztabelle ist für diese Masseverbindlichkeiten **nicht** erforderlich. Allerdings gelten auch für diese sonstigen Masseverbindlichkeiten die allgemeinen **Verfallklauseln** aus Tarifverträgen oder ggf. auch aus Einzelarbeitsverträgen. Wenn der Insolvenzverwalter daher die Ansprüche auf Arbeitsentgelt nicht befriedigt, muß der Arbeitnehmer zur Erhaltung seiner Ansprüche die in vertraglichen oder tariflichen Bestimmungen vorgesehene Frist zur Geltendmachung einhalten. Insofern ergibt sich keine Änderung der Situation gegenüber dem normalen Arbeitsverhältnis außerhalb des Insolvenzverfahrens.
Zur Berichtigung der sonstigen Masseverbindlichkeiten ist der Insolvenzverwalter im übrigen verpflichtet, selbst die Initiative zur ordnungsgemäßen Abwicklung zu ergreifen.

2. Gerichtliche Geltendmachung

220 Bei Erhebung der Zahlungsklage nach Insolvenzeröffnung kann der Insolvenzverwalter gegenüber dem Klageanspruch eine drohende Masseunzulänglichkeit einwenden mit der Folge, daß ein Leistungsurteil nicht ergehen darf und der Anspruch lediglich im Rahmen eines Feststellungstenors zuerkannt werden darf (*BAG* 31. 01. 1979, EzA § 60 KO Nr. 1; vgl. hierzu ausführlich Rz. 393 ff.).

III. Arbeitsentgeltbegriff

221 Soweit **Ansprüche auf** Entgelt aus einem Arbeitsverhältnis **betroffen sind, entspricht der** in § 55 Abs. 1 Nr. 2 InsO verwendete Begriff der Verbindlichkeit aus einem gegenseitigen Vertrag inhaltlich dem **Begriff** des Arbeitsentgelts i. S. v. **§ 183 Abs. 1 SGB III** (vgl. Rz. 6 ff.).

D. Betriebsübergang und Haftung des Betriebserwerbers

I. Zur Anwendbarkeit des § 613a BGB in der Insolvenz

Wenn es im Zuge eines Insolvenzfalles mit oder ohne, vor oder nach Eröffnung eines 222
Insolvenzverfahrens zu der Veräußerung eines Betriebes oder Betriebsteiles an einen neuen Inhaber kommt, tritt dieser gem. § 613a Abs. 1 Satz 1 BGB in die Rechte und Pflichten aus den im Zeitpunkt des Übergangs bestehenden Arbeitsverhältnissen ein. Sind diese Rechte und Pflichten durch Rechtsnormen eines Tarifvertrages oder durch eine Betriebsvereinbarung geregelt, so werden sie Inhalt des Arbeitsverhältnisses zwischen dem neuen Inhaber und dem Arbeitnehmer und dürfen nicht vor Ablauf eines Jahres nach dem Zeitpunkt des Übergangs zum Nachteil des Arbeitnehmers geändert werden. **§ 613a BGB** ist daher auch bei einem Betriebsübergang in der Insolvenz **grundsätzlich anwendbar**.

Erfolgt die Veräußerung eines Betriebes oder Betriebsteiles jedoch **nach der Eröff-** 223
nung des Insolvenzverfahrens durch den Insolvenzverwalter, tritt die Rechtsfolge des Übergangs aller rückständigen Verbindlichkeiten aus den übergegangenen Arbeitsverhältnissen auf den neuen Inhaber gem. **§ 613a Abs. 1 BGB nur eingeschränkt** ein. Die maßgebende Überlegung für die eingeschränkte Anwendung des § 613a BGB im Falle der Veräußerung durch den Insolvenzverwalter ist die insolvenzrechtliche Erwägung, daß der Grundsatz der Gläubigerbefriedigung nach Maßgabe der Regeln des gerichtlichen Verfahrens der Insolvenzordnung durchbrochen wäre, wenn sich die Übernahme der Haftung für rückständige Ansprüche aus den Arbeitsverhältnissen bei der Ermittlung des Kaufpreises für den Betrieb oder Betriebsteil negativ auswirkt (*BAG* 20. 11. 1984, EzA § 613a BGB Nr. 41). Eine einschränkungslose Übernahme der Haftung für rückständige Verbindlichkeiten aus den Arbeitsverhältnissen aus der Zeit vor Insolvenzeröffnung würde zu einer mit den Grundsätzen des Insolvenzverfahrens nicht vereinbarenden ungleichen Lastenverteilung führen, da die übernommene Belegschaft einen neuen zahlungskräftigen Schuldner für die schon entstandenen Ansprüche erhielte und dieser Vorteil letztlich durch die übrigen Gläubiger des Insolvenzverfahrens insoweit zu finanzieren wäre, als die Übernahme dieser Verbindlichkeiten in der Bemessung des Kaufpreises mit dem Betriebserwerber regelmäßig berücksichtigt wird.

Aus diesen Gründen ist § 613a BGB bei der Veräußerung eines Betriebes in einem 224
Konkursverfahren **nicht anwendbar, soweit** die Vorschrift die Haftung des Betriebserwerbers **für bereits vor Insolvenzeröffnung entstandene Ansprüche** vorsieht. Insoweit haben die Verteilungsgrundsätze des Insolvenzverfahrens Vorrang (grundlegend *BAG* 17. 01. 1980, EzA § 613a BGB Nr. 24).

Aus diesem Grunde nehmen insbesondere sowohl unverfallbare Anwartschaften auf 225
Leistungen der betrieblichen Altersversorgung wie auch verfallbare Versorgungsanwartschaften mit dem bis zur Verfahrenseröffnung erdienten Wert an der Insolvenz des Schuldners teil und gehen nicht auf den Erwerber über (*BAG* 29. 10. 1985, EzA § 613a BGB Nr. 52).

Die eingeschränkte Anwendbarkeit der Bestimmungen des § 613a BGB bei Übernahme 226
eines Betriebes oder Betriebsteiles aus dem eröffneten Insolvenzverfahren führt erneut zu der **Notwendigkeit der zeitlichen Zuordnung** von vor der Eröffnung des Insolvenzverfahrens ganz oder teilweise entstandenen Ansprüchen.

Anders ist die Lage jedoch, wenn das Insolvenzverfahren erst nach der Übertragung des 227
Betriebes eröffnet wird: Wird ein insolvenzfreier Betrieb **vor Insolvenzeröffnung** durch

Anhang zu § 113 *Wirkungen der Eröffnung des Insolvenzverfahrens*

Verwertung im Rahmen der Insolvenz veräußert oder verpachtet, gelten die Bestimmungen des § 613 a BGB uneingeschränkt mit der Folge, daß der Erwerber auch für sämtliche bisher entstandenen Ansprüche ohne Einschränkung einstehen muß (*BAG* 15. 11. 1978, EzA § 613 a BGB Nr. 21).

228 Würde man in einem solchen Fall ohne Eröffnung des Insolvenzverfahrens die Veräußerung oder Verpachtung des Betriebes an einen anderen Inhaber von der Geltung des § 613 a BGB ausnehmen, würde dies zu dem absurden Ergebnis führen, daß ein insolvenzreifes Unternehmen nur vorübergehend eine Auffanggesellschaft gründen und die laufenden Geschäfte treuhänderisch betreiben lassen müßte, um sich von seiner Belegschaft und den rückständigen Verpflichtungen aus den Arbeitsverhältnissen lösen zu können. Liquidationen außerhalb des Insolvenzverfahrens können daher nicht zu einer Einschränkung der Haftung des § 613 a BGB führen (ausdrücklich so: *BAG* 20. 11. 1984, EzA § 613 a BGB Nr. 41).

229 **Für die Beurteilung der Frage, ob ein Betrieb im Rahmen eines Insolvenzverfahrens oder** außerhalb des Insolvenzverfahrens übergeht, kommt es auf den Zeitpunkt der Insolvenzeröffnung und auf den Zeitpunkt der Betriebsübernahme an. Für die Bestimmung des Zeitpunkts der Betriebsübernahme stellt sich damit die Frage nach den tatbestandlichen Voraussetzungen für die Anwendbarkeit des § 613 a BGB.

230 Die durch die Eröffnung des Insolvenzverfahrens eingetretene **Haftungsbeschränkung** des Betriebserwerbers durch eingeschränkte Anwendung des § 613 a BGB wird durch die **spätere Einstellung des Insolvenzverfahrens** mangels einer die Kosten des Verfahrens deckenden Insolvenzmasse (§ 207 Abs. 1 InsO) **nicht berührt** (*BAG* 11. 02. 1992, EzA § 613 a BGB Nr. 97).

231 Dies gilt jedoch nicht, wenn die Eröffnung des Insolvenzverfahrens von vornherein mangels Insolvenzmasse abgelehnt wird (*BAG* 11. 02. 1992, a. a. O.).

232 Diese Rechtsprechung erscheint bedenklich, weil sie am Insolvenzverfahren beteiligte Entscheidungsträger veranlassen kann, einen Beschluß über die Eröffnung des Insolvenzverfahrens nur deshalb herbeizuführen, um eine spätere Veräußerung des Betriebes nach der Einstellung des Insolvenzverfahrens an einen Erwerber ohne Belastung aus § 613 a BGB zu ermöglichen, obwohl bei zutreffender Entscheidung der Beschluß über die Eröffnung des Insolvenzverfahrens gar nicht hätte ergehen dürfen. Diese Rechtsprechung über die eingeschränkte Anwendbarkeit des § 613 a BGB wird daher um eine Möglichkeit der Korrektur von Mißbrauchsvarianten zu ergänzen sein.

II. Tatbestandliche Voraussetzungen des Betriebsübergangs

233 Für die Zuordnung des **Zeitpunkts** des Betriebsübergangs zu dem Zeitpunkt der Insolvenzeröffnung und für die daran anknüpfende Entscheidung über die uneingeschränkte oder eingeschränkte Anwendbarkeit des § 613 a BGB kommt es entscheidend auf die Feststellung an, **wann** ein Betriebsübergang erfolgt ist.

234 Hierbei ist nicht der Abschluß des Vertrages als Rechtsgeschäft i. S. d. § 613 a Abs. 1 BGB maßgebend, wenn der Erwerber die arbeitstechnischen Zwecke des Betriebes unter **Nutzung der Betriebsmittel** bereits zu einem Zeitpunkt vor dem Vertragsschluß und/oder vor der Eigentumsübertragung ausübt (*BAG* 12. 11. 1991, EzA § 613 a BGB Nr. 96).

235 Der Zeitpunkt des Beginns der »Eigensubstrat-Nutzung« ist in diesen Fällen der Zeitpunkt des Übergangs der Arbeitsverhältnisse (*BAG* 27. 04. 1995, EzA § 613 a BGB Nr. 126).

Wenn die Betriebsmittel in einzelnen Schritten dem Erwerber übertragen werden, kommt 236
es insofern auf eine Gesamtbeurteilung an (*BAG* 16. 02. 1993, EzA § 613 a BGB
Nr. 106).

Ein Sonderproblem ergibt sich, wenn der Erwerber den Betrieb oder Betriebsteil durch 237
Rechtsgeschäft vom Insolvenzverwalter übernimmt, um eine **örtliche Verlagerung** des
Betriebes durchzuführen und den Betrieb an einem anderen Ort fortzuführen, nicht
jedoch am bisherigen Standort. Verlagert der Erwerber den Betrieb an einen Ort, an dem
die Arbeitnehmer nach dem Inhalt ihrer bestehenden Arbeitsverhältnisse nicht zur
Arbeitsleistung verpflichtet sind, so tritt ein Übergang der Rechte und Pflichten aus den
zum Zeitpunkt des Übergangs bestehenden Arbeitsverhältnissen nach § 613 a BGB nur
für diejenigen Arbeitnehmer ein, »die bereit sind, die Arbeit am neuen Leistungsort zu
bringen« (*BAG* 20. 04. 1989, EzA § 1 KSchG – betriebsbedingte Kündigung Nr. 61).

Für die Beurteilung der Frage, ob und wann die wesentlichen Betriebsmittel übergegan- 238
gen sind, kann es auch auf das Know-how einzelner Arbeitnehmer ankommen, wenn
andere sächliche und/oder immaterielle Betriebsmittel auf den Erwerber übergegangen
sind und das Know-how des Betriebes überwiegend in der Person eines einzelnen
Arbeitnehmers verkörpert wird, der im allseitigen Einverständnis zu dem Erwerber
überwechselt (*BAG* 09. 02. 1994, EzA § 613 a BGB Nr. 115).

Auf das **Know how** und auf die **Übernahme von Arbeitnehmern** kann es für die 239
Beurteilung der Frage des Vorliegens eines Betriebs- (Teil) Übergangs in Branchen
ankommen, in denen es im wesentlichen auf die menschliche Arbeitskraft ankommt. In
solchen Branchen kann eine Gesamtheit von Arbeitnehmern, die durch eine gemeinsame
Tätigkeit dauerhaft verbunden sind, eine wirtschaftliche Einheit darstellen und es kann
eine solche Einheit ihre Identität über ihren Übergang hinaus bewahren, wenn der neue
Unternehmensinhaber nicht nur die betreffende Tätigkeit weiterführt, sondern auch
einen nach Zahl und Sachkunde wesentlichen Teil des Personals übernimmt, das sein
Vorgänger gezielt bei dieser Tätigkeit eingesetzt hatte. Denn in diesem Fall erwirbt der
neue Unternehmensinhaber eine organisierte Gesamtheit von Faktoren, die ihm die
Fortsetzung der Tätigkeiten oder bestimmter Tätigkeiten des übertragenden Unternehmens auf Dauer erlaubt (*EuGH* 11. 03. 1997, EzA § 613 a BGB Nr. 145, Ziff. 21). In
diesen Fällen kommt der Übernahme des Personals ein **gleichwertiger Rang** neben den
anderen möglichen Kriterien zur Annahme eines Betriebsübergangs zu (*BAG* 22. 05.
1997, EzA § 613 a BGB Nr. 149).

Für die Beurteilung der tatbestandlichen Voraussetzungen eines Betriebsübergangs gem. 240
§ 613 a BGB muß eine **Gesamtbeurteilung aller Faktoren im Einzelfall** erfolgen.
Dazu gehören namentlich die **Art** des betreffenden Unternehmens oder Betriebes, der
etwaige Übergang der **materiellen Betriebsmittel**, wie Gebäude und bewegliche Güter,
der Wert der **immateriellen Aktiva** im Zeitpunkt des Übergangs, die etwaige **Übernahme der Hauptbelegschaft** durch den neuen Inhaber, der etwaige Übergang der
Kundschaft sowie der **Grad der Ähnlichkeit** zwischen den vor und nach dem Übergang verrichteten Tätigkeiten und die **Dauer einer evtl. Unterbrechung** dieser
Tätigkeit. Diese Umstände sind jedoch nur Teilaspekte der vorzunehmenden Gesamtbewertung und dürfen deshalb nicht isoliert betrachtet werden (*EuGH* 11. 03. 1997, EzA
§ 613 a BGB Nr. 145 Ziff. 14). Die Richtlinie 77/187/EWG des Rates vom 14. 02. 1977
zur Angleichung der Rechtsvorschriften der Mitgliedsstaaten über die Wahrung von
Ansprüchen der Arbeitnehmer beim Übergang von Unternehmen, Betrieben oder Unter-
nehmens- oder Betriebsteilen ist durch die Richtlinie 98/50 vom 29. 06. 1998 dieser
Entwicklung der Rechtsprechung des EuGH angepaßt und modifiziert worden. Auch
nach der geänderten Richtlinie kommt es nunmehr auf den Übergang **einer ihre**

Identität bewahrenden wirtschaftlichen Einheit im Sinne einer orgnisierten Zusammenfassung von Ressourcen zur Verfolgung einer wirtschaftlichen Haupt- oder Nebentätigkeit an.
Die Richtlinie in der Fassung vom 29. 06. 1998 (ABl. Nr. L201 vom 17. 07. 1998, S. 88) sieht nunmehr in Art. 4 a Abs. 1 als Regelfall die Nichtanwendbarkeit für das Insolvenzverfahren mit dem Ziel der Auflösung des Vermögens vor und stellt diese Anwendbarkeit in die Regelungskompetenz der Mitgliedsstaaten.
Die Richtlinie vom 29. 06. 1998 untersagt den Mitgliedsstaaten die Ausklammerung befristeter Beschäftigungsverhältnisse und die Ausklammerung von Leiharbeitsverhältnissen aus dem Geltungsbereich der Richtlinie und erweitert die Informationspflichten des Veräußerers gegenüber den Arbeitnehmervertretungen, gegenüber dem Erwerber und gegenüber den betroffenen Arbeitnehmern selbst.
Die nationale Umsetzung der Richtlinie ist den Mitgliedsstaaten bis zum 17. 07. 2001 vorgegeben.

241 Eine **Funktionsnachfolge allein** ist kein Betriebsübergang, wenn etwa eine Reinigungsfirma den Auftrag zur Reinigung eines bestimmten Objekts an eine Wettbewerbsfirma verliert und es nicht zu einer Übernahme einer organisierten Gesamtheit von Arbeitnehmern kommt (*BAG* 13. 11. 1997, EzA § 613 a BGB Nr. 154).

242 Soweit es auf die **sächlichen Betriebsmittel** ankommen soll, sind einem Betrieb i. S. v. § 613 a BGB auch solche Gebäude, Maschinen, Werkzeuge oder Einrichtungsgegenstände als sächliche Betriebsmittel zuzurechnen, die nicht im Eigentum des Betriebsinhabers stehen, sondern die dieser aufgrund einer mit einem Dritten getroffenen **Nutzungsvereinbarung** zur Erfüllung seines Betriebszwecks einsetzen kann. Die Nutzungsvereinbarung kann als Pacht, Nießbrauch oder als untypischer Vertrag ausgestaltet sein (*BAG* 11. 12. 1997, EzA § 613 a BGB Nr. 159).

243 Der Arbeitnehmer kann einem **Übergang** seines Arbeitsverhältnisses gem. § 613 a BGB **widersprechen**, ohne für die Ausübung dieses Widerspruchsrechts im Einzelfall auf bestimmte Gründe angewiesen zu sein (*BAG* 22. 04. 1993, ZIP 1994, 391).
Macht der Arbeitnehmer von diesem Widerspruchsrecht Gebrauch, **bleibt** sein Arbeitsverhältnis beim **alten Arbeitgeber**.
Der Widerspruch des Arbeitnehmers gegen den Übergang seines Arbeitsverhältnisses gem. § 613 a Abs. 1 Satz 1 BGB ist im Regelfall bis zum **Zeitpunkt des Betriebsübergangs** zeitlich unbefristet zulässig (*BAG* 19. 03. 1998, ZIP 1998, 1080).
Wird der Arbeitnehmer nach Ausübung seines Widerspruchsrechts bei seinem alten Arbeitgeber tatsächlich nicht weiter beschäftigt und weiter bezahlt, kann die Ausübung des Widerspruchsrechts und das Unterlassen einer Tätigkeit bei dem neuen Betriebsinhaber als böswilliges Unterlassen eines zumutbaren Erwerbs i. S. v. § 615 BGB zum **Verlust der Vergütungsansprüche** führen (*BAG* 19. 03. 1998, ZIP 1998, 1080).
Geht das Arbeitsverhältnis durch Betriebsübergang oder Betriebsteilübergang nach § 613 a BGB auf einen Rechtsnachfolger des alten Arbeitgebers über und besteht deshalb über den Zeitpunkt des Insolvenzereignisses hinaus fort, ist ein Anspruch auf Urlaubsabgeltung nicht insolvenzgeldfähig (*BSG* 30. 06. 1997, ZIP 1998, 483).

III. Umfang der Haftung des Betriebserwerbers

244 Geht ein zum Vermögen des Schuldners gehörender Betrieb oder Betriebsteil nach Eröffnung des Insolvenzverfahrens durch Rechtsgeschäft auf einen anderen Inhaber über, so haftet der Betriebserwerber **uneingeschränkt** für alle Ansprüche aus den gem.

§ 613a Abs. 1 BGB übergegangenen Arbeitsverhältnisse, die **nach dem Zeitpunkt des Übergangs** entstehen.
Da die Haftungserleichterung durch Einschränkung des Anwendungsbereichs des 245 § 613a BGB mit der Geltung der Verteilungsgrundsätze des Insolvenzverfahrens nach dessen Eröffnung begründet wird (*BAG* 17. 01. 1980, EzA § 613a BGB Nr. 24), kann diese Haftungsprivilegierung des Betriebserwerbers nur für solche rückständigen Ansprüche aus Arbeitsverhältnissen zum Tragen kommen, die durch den Arbeitnehmer im Insolvenzverfahren geltend gemacht werden können. Hieraus ergibt sich insbesondere für **Sonderzahlungen und Gratifikationen** die Notwendigkeit der zeitlichen Zuordnung der Ansprüche, die sich an dem **Zweck** der Zahlung anhand der im Tarifvertrag oder Einzelvertrag normierten Voraussetzungen, der Ausschluß- und Kürzungstatbestände ergibt (*BAG* 24. 03. 1993, EzA § 611 BGB – Gratifikation Prämie Nr. 102).
Danach handelt es sich um einen Vergütungsbestandteil mit Entgeltcharakter, wenn eine 246 arbeitsleistungsbezogene Sonderzahlung als Vergütungsbestandteil in den jeweiligen Arbeitsmonaten verdient, jedoch aufgespart und erst dann am vereinbarten Fälligkeitstag ausbezahlt wird. Ansprüche auf derartige Sonderzahlungen mit Entgeltcharakter nehmen in dem Umfang des auf die Zeit vor Insolvenzeröffnung entfallenden Zeitanteilsfaktors am Insolvenzverfahren teil und gehen in diesem Umfang nicht auf den Betriebserwerber über. Der Betriebserwerber haftet nur für den nach Insolvenzeröffnung zeitanteilig entstandenen Anteil dieser Sonderzahlung.
Ergibt sich jedoch aus den definierten Voraussetzungen und Konditionen für die Son- 247 derzahlung, daß der Anspruch erst am Fälligkeitstage entstehen soll und liegt dieser Fälligkeitstag nach Insolvenzeröffnung, haftet auch der Betriebserwerber hierfür in **vollem Umfang** (*BAG* 11. 10. 1995, EzA § 611 BGB – Gratifikation Prämie Nr. 132).
Für die zeitanteilige Zuordnung gelten die Grundsätze für die zeitliche Zuordnung des 248 Arbeitsentgelts zum Insolvenzgeld-Zeitraum entsprechend.
Eine Einschränkung der Haftung des Betriebserwerbers kommt danach auch für solche 249 Masseverbindlichkeiten **nicht** in Betracht, die durch den Fortbestand des Arbeitsverhältnisses über den Zeitpunkt des Insolvenzverfahrens hinausgehend entstanden sind und daher unter § 55 Abs. 1 Nr. 2 InsO fallen. Denn die vom Insolvenzverwalter weiterbeschäftigten Arbeitnehmer oder solche, deren Ansprüche aus Geschäften und Handlungen des Insolvenzverwalters entstanden sind, werden als Massegläubiger nach § 53 InsO vorab vor anderen Gläubigern befriedigt und nicht im Rahmen des Verteilungsverfahrens nach §§ 174 ff. InsO. Wenn der Insolvenzverwalter die Masseverbindlichkeiten nach § 55 Abs. 1 Nr. 1 InsO in vollem Umfang decken kann, entsteht weder für die bevorrechtigten Massegläubiger noch für die Insolvenzgläubiger ein von der Zielsetzung der Insolvenzordnung her nicht zu billigender Nachteil. Wenn der Erwerber hinsichtlich der Masseverbindlichkeiten nach § 55 Abs. 1 Nr. 2 InsO in die Rechte und Pflichten aus den bestehenden Arbeitsverhältnissen eintritt, dann entlastet er dadurch den Insolvenzverwalter, verringert allerdings den Kaufpreis oder hat zumindest die Möglichkeit dazu. Dadurch entsteht den Insolvenzgläubigern aber kein Nachteil. Würde der Betriebsinhaber nicht haften, müßte der Insolvenzverwalter – bei deswegen zu erzielendem höherem Kaufpreis – die Masseverbindlichkeiten decken, haftet jedoch der Erwerber, verringert sich die zu verteilende Insolvenzmasse infolge Verringerung des Kaufpreises. Die gesamtwirtschaftliche Lage im Verhältnis zu den Insolvenzgläubigern bliebe gleich (so ausdrücklich *BAG* 04. 12. 1986, EzA § 613a BGB Nr. 56).

Anhang zu § 113 *Wirkungen der Eröffnung des Insolvenzverfahrens*

250 Daher gilt:

»Führt der Insolvenzverwalter den Betrieb fort und nimmt er eine angebotene Arbeitsleistung eines Arbeitnehmers nicht an, so haftet der Erwerber, der den Betrieb vom Insolvenzverwalter übernimmt, nach § 613a Abs. 1 BGB auch für die bis zum Betriebsübergang entstandenen Ansprüche des Arbeitnehmers nach § 615 BGB, § 59 Abs. 1 Nr. 2 KO.«
(*BAG* 04. 12. 1986, a. a. O.).

E. Abfindungen

251 Für die insolvenzrechtliche Behandlung eines Anspruchs des Arbeitnehmers auf Zahlung einer Abfindung anläßlich der Beendigung des Arbeitsverhältnisses ist eine Differenzierung nach der Rechtsgrundlage der Abfindung sowie nach dem Zeitpunkt der Entstehung des Anspruchs erforderlich.

252 Abfindungsansprüche können sich sowohl vor wie auch nach Eröffnung des Insolvenzverfahrens aus folgenden Rechtsgrundlagen ergeben:
– einzelvertragliche Vereinbarung
– Prozeßvergleich im Kündigungsschutzprozeß
– Auflösungsurteil gem. §§ 9, 10 KSchG im Kündigungsschutzprozeß
– Nachteilsausgleich gem. § 113 Abs. 3, Abs. 1 BetrVG
– Sozialplan gem. § 112 Abs. 4, Abs. 5 BetrVG

I. Sozialplanabfindung

253 Die insolvenzrechtliche Behandlung der Sozialplanabfindung ist nunmehr in den §§ 123 u. 124 InsO abschließend geregelt.
Die frühere Regelung des Gesetzes über den Sozialplan im Insolvenz- und Vergleichsverfahren gilt nicht mehr.
Die Formulierung in § 123 Abs. 2 Satz 1 InsO »Verbindlichkeiten aus einem solchen Sozialplan« erfaßt auch und in erster Linie Ansprüche auf Zahlung einer Abfindung.
Nach § 123 Abs. 2 Satz 2 InsO darf für die Berichtigung derartiger Sozialplanforderungen insgesamt nicht mehr als 1/3 der Insolvenzmasse verwendet werden, die ohne einen Sozialplan für die Verteilung an die Insolvenzgläubiger zur Verfügung stünde. Wenn der Gesamtbetrag aller Forderungen aus einem Sozialplan, also neben den Abfindungsansprüchen auch sonstige finanzielle Ansprüche der anspruchsberechtigten Arbeitnehmer aus dem Sozialplan diese Grenze von 1/3 der Insolvenzmasse übersteigt, werden die einzelnen Forderungen anteilig gekürzt.
Die Höhe des Abfindungsanspruchs ergibt sich aus dem jeweiligen Sozialplan. Der Sozialplan ist in seiner Gesamtdotierung gem. § 123 Abs. 1 InsO auf den Gesamtbetrag von bis zu 2 ½ Monatsverdiensten der von einer Entlassung betroffenen Arbeitnehmer begrenzt. Für die Berechnung der Monatsverdienste findet die Bestimmung des § 10 Abs. 3 des Kündigungsschutzgesetzes entsprechende Anwendung.
Abfindungsansprüche aus einem Sozialplan, der vor der Eröffnung des Insolvenzverfahrens, jedoch nicht früher als 3 Monate vor dem Eröffnungsantrag aufgestellt worden ist, unterliegen der Möglichkeit eines **Widerrufs** durch den Insolvenzverwalter oder alternativ auch durch den Betriebsrat gem. § 124 Abs. 1 InsO.
Eine **Rückforderung** von bereits erfolgten Zahlungen auf Abfindungen aus einem solchen Sozialplan findet im Falle des Widerrufs allerdings gem. § 124 Abs. 3 Satz 1 InsO **nicht** statt.

Vergütungsansprüche des Arbeitnehmers **Anhang zu § 113**

Wird der vor der Verfahrenseröffnung innerhalb des 3-Monats-Zeitraums vor dem Eröffnungsantrag aufgestellte Sozialplan widerrufen, können die betroffenen Arbeitnehmer in einem Sozialplan gem. § 123 InsO Ansprüche erhalten.

Für den **Zweck** von Sozialplanansprüchen hat das BAG, orientiert an der gesonderten 254
Regelung des § 112 Abs. 1 BetrVG, zutreffend erkannt: »Sozialplanansprüche sind ihrem Zweck nach keine Entschädigung für den Verlust des Arbeitsplatzes« (*BAG* 09. 11. 1994, EzA § 112 BetrVG 1972 Nr. 78).

Das BAG weist zutreffend darauf hin, daß nach der Vorgabe in § 112 Abs. 1 BetrVG 255
Sozialplanregelungen dem Ausgleich oder der Minderung wirtschaftlicher Nachteile zu dienen haben, die den Arbeitnehmern infolge der Betriebsänderung künftig entstehen. Diese Leistungen aus Sozialplänen haben damit eine **Ausgleichs- und Überbrückungsfunktion** und stellen keine Entschädigungen dar (*BAG* 09. 11. 1994, EzA § 112 BetrVG 1972 Nr. 78).

Ein Anspruch auf **Insolvenzgeld** wegen einer nicht gezahlten Sozialplanabfindung kann 256
auch dann **nicht entstehen**, wenn die Beendigung des Arbeitsverhältnisses im Insolvenzgeld-Zeitraum vor Insolvenzeröffnung erfolgt und der Anspruch zu diesem Zeitpunkt entstanden ist. Dies ergibt sich aus § 184 Abs. 1 Nr. 1 SGB III, wonach Ansprüche **wegen der Beendigung** des Arbeitsverhältnisses und Ansprüche für die Zeit nach der Beendigung des Arbeitsverhältnisses einen Anspruch auf Insolvenzgeld nicht begründen können. Da es sich bei dem in § 112 Abs. 1 BetrVG vorgegebenen Zweck der Sozialplanabfindung um einen Ausgleich **künftig entstehender** wirtschaftlicher Nachteile handelt, können Sozialplanabfindungen nicht als rückständige Ansprüche aus einem Arbeitsverhältnis angesehen werden.

II. Anspruch auf Nachteilsausgleich, § 113 Abs. 3 BetrVG

Ein Anspruch auf Zahlung einer Abfindung aus § 113 Abs. 3 i. V. m. Abs. 1 BetrVG 257
entsteht dann, wenn entweder vor Insolvenzeröffnung der Schuldner oder nach Insolvenzeröffnung der Insolvenzverwalter es unterlassen, den erforderlichen Versuch zur Herbeiführung eines Interessenausgleichs vor der Durchführung einer Betriebsänderung (regelmäßig Betriebsstillegung oder Betriebsteilstillegung) überhaupt oder bis zu der erforderlichen Durchführung der Sitzung einer Einigungsstelle zu betreiben (*BAG* 08. 11. 1988, EzA § 113 BetrVG 1972 Nr. 18).

Aus dem **Sanktionscharakter** des Anspruchs auf einen Nachteilsausgleich ergibt sich, 258
daß der Anspruch sich durch die Verhaltensweise entweder des Schuldners vor Insolvenzeröffnung oder des Insolvenzverwalters nach Insolvenzeröffnung im Umgang mit seinem Betriebsrat ergibt und der Anspruch zu dem Zeitpunkt entsteht, zu welchem der Unternehmer mit der Durchführung der Betriebsänderung beginnt, ohne zuvor das erforderliche Verfahren der Abstimmung zum Zwecke der Herbeiführung eines Interessenausgleichs mit dem Betriebsrat bis in eine Einigungsstellensitzung oder bis zum Ablauf der Fristen gem. §§ 113 Abs. 3 Satz 2 u. 3 BetrVG betrieben zu haben. Bei einer Betriebsstillegung oder Betriebsteilstillegung ist dieser Zeitpunkt regelmäßig mit dem Zeitpunkt des **Ausspruchs von Kündigungen** identisch, wenn ein Interessenausgleichsverfahren vor Ausspruch dieser Kündigungen noch nicht, nicht bis in eine Sitzung einer Einigungsstelle oder bis zum Ablauf der Fristen des §§ 113 Abs. 3 Satz 2 u. 3 BetrVG betrieben wurde.

Werden die Handlungen zur Durchführung einer Betriebsänderung durch den Insolvenz- 259
verwalter nach Insolvenzeröffnung begangen, sind sich daraus ergebende Ansprüche auf Nachteilsausgleich **Masseverbindlichkeiten** i. S. v. § 55 Abs. 1 Nr. 2 InsO, da es keinen

Unterschied macht, ob der Insolvenzverwalter selbst einen Sozialplan nach der Insolvenzeröffnung abschließt oder die Ansprüche auf Nachteilsausgleich verursacht (so auch *BAG* 25. 09. 1997, DB 1998 138, 139).
Werden die Handlungen zur Durchführung einer Betriebsänderung ohne Versuch eines Interessenausgleichs vor der Eröffnung des Insolvenzverfahrens durch den Schuldner begangen, bleiben spätere Ansprüche auf Nachteilsausgleich **einfache Insolvenzforderungen**.

260 **Insolvenzgeld** kann auch für einen Anspruch auf Nachteilsausgleich **nicht** verlangt werden, da der Nachteilsausgleich gem. § 113 Abs. 2 BetrVG wegen der Beendigung des Arbeitsverhältnisses entsteht und auf den Ausgleich der Nachteile gerichtet ist, die sich für den Arbeitnehmer **nach** dem Ende des Arbeitsverhältnisses ergeben. Der Insolvenzgeldfähigkeit steht damit ebenfalls § 184 Abs. 1 Nr. 1 SGB III entgegen.

III. Abfindung aus einem Auflösungsurteil, § 9 KSchG

261 Nach § 9 Abs. 1 KSchG kann das Gericht im Kündigungsschutzprozeß sowohl auf den Antrag des Arbeitnehmers wie auch auf den Antrag des Arbeitgebers unter bestimmten Voraussetzungen das Arbeitsverhältnis auflösen und den Arbeitgeber zur Zahlung einer angemessenen Abfindung verurteilen, wenn zuvor festgestellt ist, daß das Arbeitsverhältnis durch die Kündigung nicht aufgelöst ist.

262 Im Unterschied zur Sozialplanabfindung und auch zur Abfindung als Nachteilsausgleich ist in diesem Falle ein rechtswidriges Verhalten des Arbeitgebers durch Ausspruch einer **sozial ungerechtfertigten** Kündigung Voraussetzung des Auflösungsurteils.

263 Für den zeitlichen Anknüpfungspunkt zur Entscheidung über die insolvenzrechtliche Behandlung des Abfindungsanspruchs aus einem Auflösungsurteil ist schon fraglich, an welchen Zeitpunkt angeknüpft werden sollte: Entstehung der Auflösungsgründe, Stellung des Auflösungsantrags, Erlaß des Urteils oder Rechtskraft des Urteils.

264 Ist die sozial ungerechtfertigte Kündigung erst **nach** Insolvenzeröffnung durch den Insolvenzverwalter ausgesprochen worden, ist der Abfindungsanspruch aus einem Auflösungsurteil in einem über diese Kündigung geführten Kündigungsschutzprozeß stets sonstige **Masseverbindlichkeiten** nach § 55 Abs. 2 Nr. 1 InsO (*KR-Weigand* KO, § 22 Rz. 38).

265 Der **Erlaß** des Auflösungsurteils vor Eröffnung des Insolvenzverfahrens soll nach h. M. zur Folge haben, daß der Abfindungsanspruch aus dem Auflösungsurteil stets **nur einfache** Insolvenzforderung ist (*BAG* 13. 08. 1980, EzA § 59 KO Nr. 10). Diese Auffassung hat zur Folge, daß auch alle übrigen zeitlich früheren Anknüpfungspunkte stets nur zu einer einfachen Insolvenzforderung führen können.

266 Eine weitergehende Differenzierung für die Entscheidung über die insolvenzrechtliche Behandlung danach, auf wessen Antrag das Auflösungsurteil ergeht oder welche Partei die Auflösungsgründe verursacht hat, erscheint aus Gründen der Rechtssicherheit nicht vertretbar.

267 Auch der Abfindungsanspruch aus einem Auflösungsurteil ist **nicht insolvenzgeldfähig** (§ 184 Abs. 1 Nr. 1 SGB III), da die Auflösung des Arbeitsverhältnisses durch das Urteil des Gerichts den Abfindungsanspruch erst auslöst und daher diese Abfindung ein Anspruch wegen der Beendigung des Arbeitsverhältnisses ist es sich im übrigen auch wiederum Entschädigungen »als Ersatz für entgangene oder entgehende Einnahmen« (§ 24 Satz 1 Nr. 1 a EStG) handelt.

Vergütungsansprüche des Arbeitnehmers **Anhang zu § 113**

IV. Abfindung aus einem Prozeßvergleich im Kündigungsschutzprozeß

Endet der Kündigungsschutzprozeß gegen eine von dem Schuldner vor Insolvenzeröffnung oder von dem Insolvenzverwalter nach Insolvenzeröffnung ausgesprochene Kündigung des Arbeitsverhältnisses ohne gerichtliche Feststellung über die Wirksamkeit oder Unwirksamkeit der Kündigung mit einem üblichen Abfindungsvergleich, wonach der Kläger die Beendigung des Arbeitsverhältnisses gegen Zahlung einer Abfindung akzeptiert, ist die insolvenzrechtliche Behandlung dieses sich aus dem Vergleich ergebenden Abfindungsanspruchs eindeutig, wenn der Insolvenzverwalter selbst diesen Vergleich abschließt: Der Anspruch ist insgesamt und ohne Einschränkung aus einer Berechnung entsprechend §§ 123, 124 InsO in voller Höhe als sonstige Masseverbindlichkeit gem. § 55 Abs. 1 Nr. 2 InsO zu behandeln. 268

Dies gilt auch, wenn der Abfindungsvergleich im Prozeß vor Eröffnung des Insolvenzverfahrens vereinbart wurde, der Vergleich jedoch einen **Widerrufsvorbehalt** zugunsten des Arbeitgebers beinhaltet und die vereinbarte Widerrufsfrist erst nach Eröffnung des Insolvenzverfahrens abläuft. Da der Insolvenzverwalter in diesem Falle noch die Möglichkeit des Widerrufs hat, ist Anknüpfungspunkt für die Qualifizierung des Abfindungsanspruchs als Masseschuld die Entscheidung des Insolvenzverwalters über das Unterlassen des Widerrufs. Praktische Durchführungsschwierigkeiten in der Verwaltung können insoweit nicht berücksichtigt werden, zumal der Insolvenzverwalter nach § 148 Abs. 1 InsO mit der Verwaltung »sofort« zu beginnen hat. 269

Fraglich ist die insolvenzrechtliche Behandlung der Abfindung aus einem **vor** Insolvenzeröffnung **bestandskräftig** abgeschlossenen Abfindungsvergleich im Kündigungsschutzprozeß. Der entscheidende Unterschied zu der Abfindung aus einem Auflösungsurteil besteht darin, daß die Parteien des Kündigungsschutzprozesses die Feststellung der Unrechtmäßigkeit des Arbeitgeberverhaltens übereinstimmend vermieden haben. Die Abfindung ist damit letztlich die Gegenleistung des Arbeitgebers für seine **Befreiung vom Prozeßrisiko**. Eine Gleichbehandlung mit der Abfindung aus einem Auflösungsurteil ist daher **nicht** geboten. Der Verzicht des Arbeitnehmers auf die Durchsetzung seines Rechts in dem dafür vorgesehenen Verfahren beinhaltet damit zugleich den Verzicht auf eine nur bei Einhaltung des Verfahrens erreichbare Behandlung in der Insolvenz. 270

Der Anspruch auf Abfindung aus einem Vergleich im Kündigungsschutzprozeß bleibt damit **einfache** Insolvenzforderung. 271

V. Einzelvertraglich vereinbarte Abfindung

Einzelvertragliche Vereinbarungen über die Zahlung einer Abfindung kommen sowohl in Arbeits- und Dienstverträgen wie auch später bei einer Meinungsverschiedenheit über die Beendigung eines Arbeitsverhältnisses mit oder ohne Ausspruch einer Kündigung vor. 272

Für alle derartigen Ansprüche auf Zahlung einer Abfindung gilt: 273
– Nur wenn sie mit dem **Insolvenzverwalter nach** Eröffnung des Insolvenzverfahrens vereinbart ist, ist sie sonstige Masseverbindlichkeiten gem. § 55 Abs. 1 Nr. 2 InsO.
– Anderenfalls ist sie **einfache** Insolvenzforderung.
– Auf weitere Differenzierungen nach Zeitpunkten und/oder Anlaß des Entstehens in der Zeit vor Insolvenzeröffnung kommt es nicht an.

§ 114
Bezüge aus einem Dienstverhältnis

(1) Hat der Schuldner vor der Eröffnung des Insolvenzverfahrens eine Forderung für die spätere Zeit auf Bezüge aus einem Dienstverhältnis oder an deren Stelle tretende laufende Bezüge abgetreten oder verpfändet, so ist diese Verfügung nur wirksam, soweit sie sich auf die Bezüge für die Zeit vor Ablauf von drei Jahren nach dem Ende des zur Zeit der Eröffnung des Verfahrens laufenden Kalendermonats bezieht.

(2) ¹Gegen die Forderung auf die Bezüge für den in Absatz 1 bezeichneten Zeitraum kann der Verpflichtete eine Forderung aufrechnen, die ihm gegen den Schuldner zusteht. ²Die §§ 95 und 96 Nr. 2 bis 4 bleiben unberührt.

(3) ¹Ist vor der Eröffnung des Verfahrens im Wege der Zwangsvollstreckung über die Bezüge für die spätere Zeit verfügt worden, so ist diese Verfügung nur wirksam, soweit sie sich auf die Bezüge für den zur Zeit der Eröffnung des Verfahrens laufenden Kalendermonat bezieht. ²Ist die Eröffnung nach dem 15. Tag des Monats erfolgt, so ist die Verfügung auch für den folgenden Kalendermonat wirksam. ³§ 88 bleibt unberührt; § 89 Abs. 2 Satz 2 gilt entsprechend.

Inhaltsübersicht: Rz.

A. Normzweck	1
B. Wirksamkeit von Vorausverfügungen (Abs. 1)	2– 6
I. Verfügungen vor Verfahrenseröffnung	2– 3
II. Dienstverhältnis	4
III. Bezüge	5
IV. Drei-Jahres-Zeitraum	6
C. Aufrechnung (Abs. 2)	7– 9
I. Im Insolvenzverfahren	7
II. Nach Beendigung des Insolvenzverfahrens (§ 294 Abs. 3)	8
III. Geltung der §§ 95, 96 Nrn. 2–4	9
D. Verfügung im Wege der Zwangsvollstreckung (Abs. 3)	10
E. Rechtsbehelf	11

Literatur:

(siehe vor § 113, S. 694)

A. Normzweck

1 Ein Ziel der Insolvenzordnung ist die Restschuldbefreiung gemäß §§ 286 ff. Danach sollen natürliche Personen, wenn sie dessen »würdig« sind, unter bestimmten Voraussetzungen von ihren Schulden befreit werden, sofern die Verbindlichkeiten im Insolvenzverfahren ungedeckt geblieben sind. In diesem Rahmen ist eine siebenjährige »Wohlverhaltensperiode« vorgesehen, während der die laufenden pfändbaren Einkünfte des Schuldners an die Insolvenzgläubiger verteilt werden. Dieses System der Restschuldbefreiung setzt voraus, daß die laufenden Bezüge während einer längeren Zeit

Bezüge aus einem Dienstverhältnis § 114

nach Verfahrensbeendigung für die Verteilung an die Insolvenzgläubiger zur Verfügung stehen. Daher werden die regelmäßig vorliegenden Vorausabtretungen, Verpfändungen und Pfändungen der Bezüge in ihrer Wirksamkeit zwar nicht aufgehoben, aber zeitlich beschränkt (vgl. die *Begründung* zu § 132 des Regierungsentwurfs BT-Drucks. 12/2443, S. 150, der im Gesetzgebungsverfahren unverändert übernommen worden ist).
Für den gleichen Drei-Jahres-Zeitraum, für den eine Abtretung oder Verpfändung der Bezüge wirksam ist, ist nach Abs. 2 eine Aufrechnung gegen die Forderung auf Zahlung der Bezüge zulässig.
Absatz 3 schränkt die Wirksamkeit einer vor Verfahrenseröffnung erfolgten Zwangsvollstreckung in die Bezüge des Schuldners stark ein; die Pfändung hat nur für rund einen Monat nach der Verfahrenseröffnung Bestand. Damit soll der eher zufällige Vorsprung eines Gläubigers vor den übrigen wieder rückgängig gemacht werden.

B. Wirksamkeit von Vorausverfügungen (Abs. 1)

I. Verfügungen vor Verfahrenseröffnung

Absatz 1 setzt voraus, daß der Schuldner **vor Verfahrenseröffnung** über eine Forderung 2
für die spätere Zeit auf Bezüge aus einem Dienstverhältnis oder an deren Stelle tretende laufende Bezüge verfügt hat. Nach Verfahrenseröffnung sind solche Verfügungen unwirksam, und zwar auch für die Zeit nach Verfahrensbeendigung, wie ausdrücklich § 81 Abs. 2 Satz 1 i. V. m. Abs. 1 bestimmt. Ausgenommen ist lediglich das Abtretungsrecht des Schuldners an den Treuhänder im Rahmen der Restschuldbefreiung für die siebenjährige »Wohlverhaltensperiode« nach Aufhebung des Insolvenzverfahrens, § 81 Abs. 2 Satz 2 i. V. m. § 287 Abs. 2 Satz 1.
Hat der Schuldner am Tag der Eröffnung des Verfahrens verfügt, greift die widerlegbare 3
Vermutung des § 81 Abs. 3 ein, wonach nach der Eröffnung des Verfahrens verfügt wurde (zu dem Begriff der Verfügung und namentlich zu der Ersetzung des Begriffs »Rechtshandlung« in § 7 KO gegen den Begriff »Verfügungen« in 81 vgl. ausführlich *von Olshausen* ZIP 1998, 1093 ff.).

II. Dienstverhältnis

Der Begriff des Dienstverhältnisses ist gleichbedeutend mit demjenigen in § 113. Er ist 4
entsprechend der Terminologie der §§ 621, 622 BGB der Oberbegriff für das Arbeitsverhältnis und für das Vertragsverhältnis über die Leistung von Diensten anderer Art. Wegen der Einzelheiten wird auf die Erläuterungen zu § 113 1 b.) verwiesen.

III. Bezüge

Von dem Begriff der Bezüge aus einem Dienstverhältnis oder an deren Stelle tretende 5
laufende Bezüge werden nicht nur alle Arten von Arbeitseinkommen i. S. d. § 850 ZPO erfaßt, sondern insbesondere auch die Renten und die sonstigen laufenden Geldleistungen der Träger der Sozialversicherung und der Bundesanstalt für Arbeit im Falle des Ruhestands, der Erwerbsunfähigkeit oder der Arbeitslosigkeit. Das Arbeitsentgelt eines Strafgefangenen für im Strafvollzug geleistete Arbeit (§ 43 StVollzG) gehört ebenfalls

zu diesen Bezügen (vgl. die *Begründung* zu § 92 des Regierungsentwurfs BT-Drucks. 12/2443, S. 136). Unter den Begriff der »Bezüge« fallen damit die Vergütungen für Dienstleistungen aller Art, die die Erwerbstätigkeit des Schuldners vollständig oder zu einem wesentlichen Teil in Anspruch nehmen. Unerheblich ist, ob Entgelte aufgrund eines freien oder eines abhängigen Dienstvertrages gewährt werden. Es muß sich allerdings um wiederkehrend zahlbare Vergütungen für (selbständige oder unselbständige) Dienste handeln, die die Existenzgrundlage des Dienstpflichtigen bilden, weil sie seine Erwerbstätigkeit ganz oder zu einem wesentlichen Teil in Anspruch nehmen (*BAG* AP Nr. 2 zu § 850 ZPO = NJW 1962, 1221; *BGH* MDR 1978, 387 = NJW 1978, 756; *BGHZ* 96, 324 = JZ 1985, 498). Die Karenzentschädigung nach §§ 74 ff. HGB zählt ebenso zu den Bezügen wie der Ausgleichsanspruch eines Handelsvertreters gemäß §§ 87, 89 b, 90 a HGB (wegen der Einzelheiten vgl. *Zöller/Stöber* ZPO, 20. Aufl., § 850 Rz. 2 ff.).

IV. Drei-Jahres-Zeitraum

6 Um die vertraglichen Sicherheiten an den laufenden Bezügen nicht zu entwerten, sieht Abs. 1 vor, daß Abtretungen und Verpfändungen für eine Zeit von drei Jahren nach der Eröffnung des Insolvenzverfahrens wirksam sind; erst für die Folgezeit stehen die Bezüge des Schuldners für eine Verteilung an die Gesamtheit der Insolvenzgläubiger zur Verfügung. Hierbei hat der Gesetzgeber nicht verkannt, daß in dieser Regelung eine erhebliche Einschränkung der Rechtsstellung des gesicherten Gläubigers liegt. Andererseits ging er ausweislich der Materialien (vgl. die *Begründung* zu § 132 des Regierungsentwurfs BT-Drucks. 12/2443, S. 151) davon aus, daß der wirtschaftliche Wert seiner Sicherheit regelmäßig dadurch erhöht wird, daß der Schuldner durch die Aussicht auf die Restschuldbefreiung stärker motiviert ist, einer geregelten Arbeit nachzugehen, und durch die Wohlverhaltensobliegenheiten in der Zeit bis zur Restschuldbefreiung davon abgehalten wird, sein Arbeitsverhältnis oder einen Teil der erzielten Einkünfte zu verheimlichen.

War der Schuldner bereits vor dem 01. 01. 1997 zahlungsunfähig, so verkürzt sich die Dauer der Wirksamkeit von Verfügungen nach Abs. 1 von drei auf zwei Jahre, Art. 107 EGInsO.

C. Aufrechnung (Abs. 2)

I. Im Insolvenzverfahren

7 Für den gleichen Zeitraum, für den eine Abtretung oder Verpfändung der Bezüge wirksam ist, ist nach Abs. 2 eine Aufrechnung gegen die Forderung auf Zahlung der Bezüge zulässig. Die Aufrechnungsbefugnis wird somit in gleichem Umfang respektiert wie eine Vorausabtretung. So ist z. B. der Arbeitgeber, der seinem Arbeitnehmer vor der Eröffnung des Insolvenzverfahrens ein Darlehen gegeben hat, ebenso geschützt wie ein anderer Darlehensgeber, dem der Arbeitnehmer die Forderung auf seine künftigen Bezüge zur Sicherheit abgetreten hat. Auch mit sonstigen Forderungen, etwa mit Schadenersatzforderungen aus dem Arbeitsverhältnis, kann der Arbeitgeber aufrechnen; dies gilt allerdings nur, soweit die §§ 95 und 96 Nrn. 2 bis 4 nicht entgegenstehen. Bei einem Zusammentreffen von Pfändung oder Abtretung der Bezüge einerseits und

Bezüge aus einem Dienstverhältnis § 114

Aufrechnungsbefugnis des zur Zahlung der Bezüge Verpflichteten andererseits gelten die allgemeinen Vorschriften des Bürgerlichen Gesetzbuchs (§§ 392, 406). Soweit eine Aufrechnung nicht zulässig ist, kann nach allgemeinen Grundsätzen auch ein Zurückbehaltungsrecht nicht ausgeübt werden.

II. Nach Beendigung des Insolvenzverfahrens (294 Abs. 3)

§ 294 Abs. 3 bestimmt, daß der Verpflichtete gegen die Forderung auf die Bezüge, die 8
von der Abtretungserklärung an den Treuhänder erfaßt werden, mit einer Forderung gegen den Schuldner nur aufrechnen kann, soweit er bei einer Fortdauer des Insolvenzverfahrens nach § 114 Abs. 2 zur Aufrechnung berechtigt wäre; mit anderen Worten: Konnte der Verpflichtete nach Abs. 2 aufrechnen, steht ihm auch nach Beendigung des Insolvenzverfahrens in der anschließenden Wohlverhaltensperiode ein Aufrechnungsrecht zu. Erwirbt der Arbeitgeber neue Forderungen gegen den Schuldner, so ist die Aufrechnung bis zum Ende der Wohlverhaltensperiode ganz ausgeschlossen, § 114 Abs. 2 Satz 2 i. V. m. § 96 Ziffer 4. Eine Aufrechnung gegen den unpfändbaren Teil der Bezüge, den die Abtretung an den Treuhänder nicht erfaßt, wird durch die Regelung nicht ausgeschlossen; eine solche Aufrechnung kommt nach den in der Rechtsprechung entwickelten Grundsätzen zur Auslegung des § 394 BGB in Betracht, wenn der Schuldner seinem Arbeitgeber vorsätzlich Schaden zufügt (*BAG* 31. 03. 1960 NJW 1960, 1589 ff.; *BAG* 28. 08. 1964 NJW 1965, 70 ff.; jüngst *BAG* 18. 03. 1997 AP Nr. 30 zu § 394 BGB). Danach ist stets anhand der Umstände des Einzelfalles zu untersuchen, ob und inwieweit der den gesetzlichen Aufrechnungsgrenzen zu entnehmende Sozialschutz gegenüber den schützenswerten Interessen des Geschädigten zurücktreten muß. Hierbei sind die Interessen des Berechtigten auf der einen und das Ausgleichsinteresse des geschädigten Arbeitgebers auf der anderen Seite miteinander abzuwägen. Die individuellen Schutzinteressen des Schädigers müssen jedenfalls dann zurücktreten, wenn der vorsätzlich verursachte Schaden so hoch ist, daß er ihn unter normalen Umständen nicht ausgleichen kann, falls ihm der pfändungsfreie Teil seines Einkommens verbleibt. Wird in Versorgungsansprüche eingegriffen, so darf im Interesse der Allgemeinheit die Aufrechnung nicht dazu führen, daß der Anspruchsberechtigte auf Sozialhilfe angewiesen ist, so daß die Schadenersatzansprüche bei wirtschaftlicher Betrachtung teilweise aus Mitteln der öffentlichen Hand befriedigt werden. Dem Schädiger muß deshalb das Existenzminimum verbleiben, das in Anlehnung an § 850 d ZPO unter Berücksichtigung sonstiger Einkünfte zu ermitteln ist (*BAG* 18. 03. 1997 a. a. O.).

III. Geltung der §§ 95, 96 Nrn. 2 bis 4

Absatz 2 Satz 2 bestimmt, daß die §§ 95 und 96 Nrn. 2 bis 4 bei der Aufrechnung gemäß 9
Satz 1 zu beachten sind. Wegen der Einzelheiten darf auf die dortigen Erläuterungen verwiesen werden. Die Aufrechnung durch einen Insolvenzgläubiger ist danach nicht möglich, wenn die Gegenforderung erst nach der Verfahrenseröffnung begründet worden ist (Nr. 1) oder wenn der Gläubiger die Forderung erst nach der Verfahrenseröffnung erworben hat (Nr. 2), bzw. wenn die Aufrechnungslage vor der Verfahrenseröffnung in einer Weise herbeigeführt worden ist, die den Insolvenzverwalter gegenüber dem Gläubiger zur Insolvenzanfechtung berechtigt (Nr. 3). § 96 Nr. 4 betrifft den Fall, daß nach der Eröffnung des Insolvenzverfahrens eine Forderung gegen den Schuldner

persönlich begründet worden ist. Daß eine solche Forderung nicht gegen eine Forderung, die zur Insolvenzmasse gehört, aufgerechnet werden kann, entspricht der Trennung von Insolvenzmasse und freiem Vermögen des Schuldners.

D. Verfügung im Wege der Zwangsvollstreckung (Abs. 3)

10 Absatz 3 bestimmt, daß eine Verfügung über die Bezüge für die spätere Zeit, die im Wege der Zwangsvollstreckung vor Eröffnung des Verfahrens erfolgt ist, nur wirksam ist, soweit sie sich auf die Bezüge für den zur Zeit der Eröffnung des Verfahrens **laufenden Kalendermonat** bezieht. Ist die Eröffnung nach dem 15. Tag des Monats erfolgt, so ist die Verfügung auch für den folgenden Kalendermonat wirksam (Satz 2). Mit dieser starken Einschränkung der Wirksamkeit einer Pfändung der Bezüge soll der häufig zufällige Vorsprung eines Gläubigers vor den übrigen wieder gegenstandslos gemacht werden (vgl. die *Begründung* zu § 132 des Regierungsentwurfs BT-Drucks. 12/2443, S. 151). Satz 3 behält die noch weitergehende Wirkung der »Rückschlagsperre« vor: Gemäß § 88 wird ein Pfändungspfandrecht, das nicht früher als einen Monat vor dem Eröffnungsantrag erlangt worden ist, durch die Eröffnung des Verfahrens rückwirkend unwirksam. Unberührt bleiben allerdings gemäß Satz 3 2. HS die Vollstreckungsmaßnahmen von Unterhalts- und Deliktsgläubigern in den erweitert pfändbaren Teil der Bezüge. Soweit danach Vollstreckungsmaßnahmen dieser Gläubiger wirksam vorgenommen werden können, sind nach allgemeinen Grundsätzen auch Abtretungserklärungen zugunsten dieser Gläubiger wirksam (vgl. § 400 BGB).

E. Rechtsbehelf

11 Werden Einwendungen gegen die Zulässigkeit einer Zwangsvollstreckung in künftige Forderungen auf Bezüge aus einem Dienstverhältnis des Schuldners oder an deren Stelle tretende laufende Bezüge geltend gemacht, so ist wie nach allgemeinem Vollstreckungsrecht die Erinnerung statthaft. Über diese entscheidet nach § 89 Abs. 3 allerdings nicht das Vollstreckungsgericht, sondern aus Gründen der Sachnähe das Insolvenzgericht. Einstweilige Anordnungen können ebenfalls vom Insolvenzgericht erlassen werden (§ 89 Abs. 3 Satz 2).

§ 115
Erlöschen von Aufträgen → §§ 23, 27 KO

(1) Ein vom Schuldner erteilter Auftrag, der sich auf das zur Insolvenzmasse gehörende Vermögen bezieht, erlischt durch die Eröffnung des Insolvenzverfahrens.
(2) ¹Der Beauftragte hat, wenn mit dem Aufschub Gefahr verbunden ist, die Besorgung des übertragenen Geschäfts fortzusetzen, bis der Insolvenzverwalter anderweitig Fürsorge treffen kann. ²Der Auftrag gilt insoweit als fortbestehend. ³Mit seinen Ersatzansprüchen aus dieser Fortsetzung ist der Beauftragte Massegläubiger.
(3) ¹Solange der Beauftragte die Eröffnung des Verfahrens ohne Verschulden nicht kennt, gilt der Auftrag zu seinen Gunsten als fortbestehend. ²Mit den Ersatzansprüchen aus dieser Fortsetzung ist der Beauftragte Insolvenzgläubiger.

Erlöschen von Aufträgen **§ 115**

Inhaltsübersicht: Rz.

A. Allgemeines 1– 2
B. Voraussetzungen des Auftrags 3– 6
C. Rechtsfolgen 7–13
D. § 115 Abs. 2 und 3 InsO 14–19
E. Abdingbarkeit 20

A. Allgemeines

§ 115 entspricht § 23 KO, soweit dieser Auftragsverhältnisse geregelt hatte. Abweichend 1
von der KO trennt die InsO zwischen den in § 115 geregelten Aufträgen einerseits und
Geschäftsbesorgungsverträgen, für die § 116 gilt. Für Vollmachten enthält die InsO
ebenfalls eine gesonderte Regelung in § 117 InsO. Die materielle Rechtslage hat sich
nicht geändert.

§ 115 InsO befaßt sich mit den Auswirkungen, welche die Eröffnung des Insolvenzver- 2
fahrens auf Aufträge ausübt, die von dem Gemeinschuldner erteilt worden waren. Ziel
dieser Regelung ist es, die Verwaltung der Masse vom Zeitpunkt der Verfahrenseröffnung an allein in die Hände des Insolvenzverwalters zu legen. Aus diesem Grund erlischt
ein Auftrag mit der Eröffnung des Insolvenzverfahrens (Abs. 1). Nur so kann sichergestellt werden, daß der Insolvenzverwalter nicht durch einen Dritten, der von dem
Schuldner vor der Verfahrenseröffnung mit Geschäften betraut worden ist, in seiner
Tätigkeit behindert wird (RGZ 81, 336). Die aus § 671 BGB resultierende Widerrufsmöglichkeit des Auftrags ist bei der Insolvenz des Auftraggebers zur Wahrung der
Interessen nicht ausreichend. Bis zum Widerruf kann der Beauftragte weiter in die
ansonsten allein dem Verwalter vorbehaltene Verwaltung und Verwertung der Masse
eingreifen (*Kuhn/Uhlenbruck* KO, § 23 Rz. 1). Da es sich bei einem Auftrag i. S. v.
§§ 662 ff. BGB um einen unvollkommen zweiseitigen, d. h. einseitig verpflichtenden
Vertrag handelt, ist eine Anwendung des § 103 InsO nicht möglich.

B. Voraussetzungen des Auftrags

Die Norm erfaßt nur Aufträge. Der Begriff des Auftrags entspricht dabei dem des § 662 3
BGB. Hierunter wird in der Regel jede nichtmechanische (RGZ 99, 31) Tätigkeit in
fremden Interesse (RGZ 135, 94, 103) verstanden, unabhängig davon, ob sie rechtlicher
oder tatsächlicher, selbständiger oder unselbständiger, wirtschaftlicher oder nichtwirt-
schaftlicher Art ist (vgl. *Soergel/Mühl*, BGB, § 662 Rz. 10; *Palandt/Thomas* BGB, § 662
Rz. 5). Abzugrenzen ist der Auftrag insbesondere von rechtlich unverbindlichen Gefäl-
ligkeitsverhältnissen (*Staudinger/Wittmann*, BGB, Vorbem. zu §§ 672–676 Rz. 19).
Die Abgrenzung zwischen Auftrag und der in § 116 InsO geregelten Geschäftsbesor- 4
gung findet anhand der Entgeltlichkeit statt. Der Auftrag ist die unentgeltliche Tätigkeit
in fremden Interesse (*Staudinger/Wittmann* BGB, Vorbem. zu §§ 662–676 Rz. 1).
Hauptanwendungsfall des Auftrags sind unentgeltliche Treuhandverhältnisse (dazu
Staudinger/Wittmann Vorbem. zu §§ 662–672 Rz. 15).
Erforderlich ist ferner, daß der Schuldner der Auftraggeber ist. Im umgekehrten Fall 5
greift § 115 InsO nicht. In dieser Situation wird das Vertragsverhältnis zwischen dem
Auftraggeber und dem Beauftragten nicht unmittelbar von der Insolvenz betroffen. Die

bürgerlich-rechtliche Möglichkeit des Auftraggebers, den Auftrag jederzeit widerrufen zu können (§ 671 I BGB), reicht zu dessen Schutz aus (*Kuhn/Uhlenbruck* KO, § 23 Rz. 3). Auch der Verwalter kann gem. § 671 BGB jederzeit kündigen.

6 Die Vorschrift des § 115 InsO findet zudem nur Anwendung, wenn der Auftrag sich auf das zur Insolvenzmasse gehörende Vermögen bezieht (Abs. 1). Dementsprechend unterliegen Auftragsverhältnisse, die das insolvenzfreie Vermögen betreffen oder die rein persönlichen Verhältnisse des Schuldners, nicht der Regelung des § 115 InsO. Der erteilte Auftrag muß somit Verfügungen über die Insolvenzmasse betreffen oder andere tatsächliche Einwirkungen auf diese haben. Nicht ausreichend ist, daß aus dem Auftrag ein Auslagenanspruch gegen die Insolvenzmasse entstanden ist (*Jaeger/Henckel* KO, § 23 Rz. 37; *Kuhn/Uhlenbruck* KO, § 23 Rz. 4).

C. Rechtsfolgen

7 Mit der Eröffnung des Insolvenzverfahrens erlöschen unmittelbar alle Aufträge. Diese Wirkung tritt kraft Gesetzes ein und gilt nur für die Zukunft (*Kilger/Karsten Schmidt* KO, § 23, 5). Der Verwalter muß alles, was der Beauftragte bis zu diesem Zeitpunkt im Rahmen des Auftrags getan hat, für und gegen die Masse gelten lassen (*Kuhn/Uhlenbruck* KO, § 23 Rz. 5). Will der vorläufige Insolvenzverwalter die weitere Tätigkeit des Beauftragten beenden, muß er – soweit er Verwaltungs- und Verfügungsbefugnis besitzt – kündigen. Die Beendigung des Auftrages ist nicht relativ; auch gegenüber dem Schuldner besteht keine Rechtsbeziehung mehr.

8 Die Wirkung des § 115 InsO erstreckt sich nicht auf Aufträge, die der vorläufige Verwalter im Rahmen des § 22 InsO erteilt hat. Nach dem Wortlaut bezieht sich die Norm ausschließlich auf Aufträge, welche vom Schuldner erteilt wurden. Der Verwalter hat im Verlauf des weiteren Verfahrens nur die Möglichkeit, den Auftrag gem. § 671 BGB zu widerrufen.

9 Der Verwalter kann den Auftrag nicht aufrechterhalten, sondern muß ihn neu erteilen. Mit Beendigung des Verfahrens tritt der Auftrag nicht wieder in Kraft. Kommt es zur Aufhebung des Eröffnungsbeschluß im Wege des Beschwerdeverfahrens, leben die Aufträge wieder auf.

10 Die weiteren Rechtsfolgen, die sich aus der Auflösung des Auftrags ergeben, richten sich nach den allgemeinen Vorschriften der §§ 662 ff. BGB. Dementsprechend ist der Beauftragte verpflichtet, das durch die Geschäftsführung Erlangte herauszugeben (§ 667 BGB) und über die Ausführung des Auftrags Rechenschaft abzulegen (§ 666 BGB).

11 Stehen dem Beauftragten Aufwendungsersatzansprüche aus der Tätigkeit bis zur Verfahrenseröffnung gem. § 670 BGB zu, kann er diese nur als einfache Insolvenzforderung ersetzt verlangen (*Jaeger/Henckel* KO, § 23 Rz. 44). Dabei dürfen die Ersatzansprüche nicht mit allgemeinen Vergütungsansprüchen verwechselt werden, die im Rahmen des unentgeltlichen Auftrages nicht entstehen können. Aufwendungen sind freiwillige Vermögensopfer, die der Beauftragte auf sich nimmt (*Staudinger/Wittmann*, BGB, § 670 Rz. 5 ff.). Nur diese Ansprüche sind Gegenstand der InsO und können als Insolvenzforderung angemeldet werden. Diese in § 27 KO noch ausdrücklich festgelegte Rechtsfolge findet auch unter der InsO Anwendung. Nach den Vorstellungen des Gesetzgebers sollten die Regelungen der §§ 23, 27 KO inhaltlich unverändert übernommen werden (RegE BT-Drucks. 12/2443, S. 151). Gesetzessystematisch ergibt sich diese Rechtsfolge aus der Gegenüberstellung mit den Sondervorschriften der Absätze 2 und 3. Nur für den Fall der Notgeschäftsführung kann der Beauftragte seine Aufwendungen unmittelbar

Erlöschen von Aufträgen § 115

gegenüber der Masse geltend machen. Auch der gutgläubige Auftragnehmer muß sich mit der Insolvenzquote begnügen (Abs. 3).
Schadenersatzansprüche wegen der konkursbedingten Aufhebung des Auftrages stehen dem Beauftragten nicht zu (RGZ 82, 400, 407; Streitstand siehe *Jaeger/Henckel* KO, § 23 Rz. 45). 12
Der Beauftragte kann mit seinen Ansprüchen auf Aufwendungsersatzanspruch nicht gegenüber dem Herausgabeanspruch des Verwalters aufrechnen. Der Aufwendungsersatzanspruch entsteht vor Verfahrenseröffnung, während die Pflicht zur Herausgabe des Erlangten erst mit Eingang beim Beauftragten entsteht (BGHZ 107, 88, 90). 13

D. § 115 Abs. 2 und Abs. 3 InsO

Die Abs. 1 und 2 der Vorschrift erhalten gesetzliche Fiktionen. Während im bisherigen Konkursrecht ein Verweis auf die allgemeinen Vorschriften der §§ 672 Satz 2, 674 BGB stattfand, normiert die InsO die Rechtsfolgen der Notgeschäftsführung und der entschuldigten Fortführung des Auftrages gesondert. Die Rechtslage unter der KO bleibt bestehen. Dementsprechend gilt das Auftragsverhältnis als fortbestehend, wenn mit dem Aufschub Gefahr verbunden ist, bis der Insolvenzverwalter anderweitig Fürsorge treffen kann (Abs. 2). Dabei ist es weder erforderlich, daß mit der Ausführung schon bei der Eröffnung des Verfahrens begonnen war, noch daß der Beauftragte von der Verfahrenseröffnung erfahren hat oder daß die Masse durch die Ausführung des Auftrags einen Vorteil erlangt (*Kilger/Karsten Schmidt* KO, § 27, 1; *Kuhn/Uhlenbruck* KO, § 27 Rz. 1).
Die Fiktion des **Fortbestehens** des Auftragsverhältnisses besteht zudem solange, wie der Beauftragte die Eröffnung des Verfahrens ohne Verschulden nicht erkennt (Abs. 3). Den Beweis der Bösgläubigkeit hat der Insolvenzverwalter zu erbringen (*Kuhn/Uhlenbruck* KO, § 23 Rz. 9). 14
Handelt der Beauftragte trotz Erlöschens des Auftrags weiter, regelt sich das Rechtsverhältnis nach den Vorschriften der Geschäftsführung ohne Auftrag gem. §§ 677 ff. BGB (*Kuhn/Uhlenbruck* KO, § 23 Rz. 8; *Jaeger/Henckel* KO, § 23 Rz. 53 ff.). Kraft der besonderen gesetzlichen Einordnung der Vergütungsansprüche als Insolvenz- oder Masseforderung, sind die aus § 683 S. 1 BGB folgenden Ersatzansprüche nur unter den gesetzlich normierten Voraussetzungen der InsO Masseforderungen (a. A. *Kuhn/Uhlenbruck* KO, § 27 Rz. 8; *Staudinger/Wittmann* BGB, §§ 683, 684 Rz. 8). 15
Nur die Fortsetzung eines Auftrags, bei dem der Aufschub mit einer Gefahr verbunden ist, macht den Beauftragten zu einem Massegläubiger gem. § 115 Abs. 2, S. 3 InsO wegen der für die nach der Verfahrenseröffnung entstehenden Ersatzansprüche. Alle Ansprüche, die vor der Eröffnung des Insolvenzverfahrens entstanden sind, sind einfache Insolvenzforderungen (*Jaeger/Henckel* KO, § 27 Rz. 4; *Kilger/Karsten Schmidt* KO, § 27, 4). Der Beauftragte hat die Beweislast hinsichtlich des Vorliegens einer Masseforderung zu tragen. Im Prozeß muß sich der Beauftragte ausdrücklich auf die ihn begünstigende Norm berufen und hat die Voraussetzungen nach den allgemeinen Gesichtspunkten zu beweisen. 16
Setzt der Beauftragte einen Auftrag aufgrund seiner Unkenntnis über die Verfahrenseröffnung fort, sind die daraus resultierenden Ersatzansprüche einfache Insolvenzforderungen (§ 115 Abs. 3 Satz 2 InsO). Nach Auffassung in der Literatur soll der Ersatzanspruch des Beauftragten Masseschuld nach § 55 Abs. 1 Nr. 3 InsO sein, wenn der Masse aus der weiteren Durchführung des Auftrages Vorteile zufließen (*Jaeger/Henckel* KO, § 27 Rz. 5; *Kilger/Karsten Schmidt*, KO, § 27, Anm. 3). Hieran bestehen 17

erhebliche Zweifel, weil die Vorteile für die Masse und die (rechtsgrundlose) Leistung nicht in einem Gegenseitigkeitsverhältnis stehen. Mit der Bereicherung korrespondieren die Aufwendungen nicht; zudem ist der Wortlaut des Gesetzes eindeutig.

18 Da die Regelungen der Abs. 2 und 3 des § 115 InsO nur den Rang der Ersatzansprüche regeln, bleiben Sicherungs- und Vorzugsrechte, die möglicherweise daneben bestehen, davon unberührt. Bestehende Pfandrechte begründen Absonderungsansprüche (*Jaeger/Henckel* KO, § 27 Rz. 9; *Kuhn/Uhlenbruck* KO, § 27 Rz. 5).

19 Zurückbehaltungsrechte an den durch die Durchführung des Auftrages erlangten Gegenständen kann der Beauftragte nur geltend machen, wenn hierfür ein Absonderungsrecht besteht. Das einfache Zurückbehaltungsrecht aus § 273 BGB, sowie das vertragliche, sind im Insolvenzverfahren nicht zu berücksichtigen (*OLG Düsseldorf* ZIP 1982, 471, 472; *Gottwald/Gottwald* Insolvenzrechtshandbuch, § 44 Rz. 44). Der Beauftragte kann ein Zurückbehaltungsrecht danach nur geltend machen, wenn es sich um das kaufmännische Zurückbehaltungsrecht der §§ 369 ff. HGB handelt oder er unmittelbare Verwendungen auf die dem Insolvenzbeschlag unterliegende Sache machte. In diesem Fall bestehen gem. § 51 Nr. 2 und 3 InsO Aussonderungsansprüche.

E. Abdingbarkeit

20 Aufgrund der Ziel- und Zwecksetzung des § 115 InsO ist die Vorschrift unabdingbar (RGZ 145, 253, 256; *Jaeger/Henckel* KO, § 23 Rz. 4). Es ist eine zwingende Grundvoraussetzung des Verfahrens, daß Dritte von der Verwaltung der Masse ausgeschlossen sind. Es ist gerade Zweck des Insolvenzverfahrens, daß die bestehenden Verfügungs- und Verwaltungsrechte mit Verfahrenseröffnung auf den Verwalter übergehen (*Hess/Pape* InsO und EGInsO, Rz. 344). Dementsprechend kann auch der Verwalter über die Rechtsfolge des § 115 InsO nicht entscheiden. Er kann den Auftrag nicht aufrechterhalten, sondern muß ich ggf. neu erteilen.

§ 116
Erlöschen von Geschäftsbesorgungsverträgen → §§ 23, 27 KO

¹Hat sich jemand durch einen Dienst- oder Werkvertrag mit dem Schuldner verpflichtet, ein Geschäft für diesen zu besorgen, so gilt § 115 entsprechend. ²Dabei gelten die Vorschriften für die Ersatzansprüche aus der Fortsetzung der Geschäftsbesorgung auch für die Vergütungsansprüche.

Inhaltsübersicht: Rz.

A. Zweck 1
B. Voraussetzungen 2–23
C. Rechtsfolgen 24–28
D. Treuhandverhältnisse 29–32
E. Die bankmäßigen Geschäftsbesorgungsverhältnisse 33–68
   I. Erfaßte Verträge 34–48
   II. Zahlungsausgänge 49–57
   III. Zahlungseingänge 58–68
F. Abdingbarkeit 69

Erlöschen von Geschäftsbesorgungsverträgen **§ 116**

Literatur:

Arend Die insolvenzrechtliche Behandlung des Zahlungsanspruches in fremder Währung, ZIP 1988, 69 ff.; *Bork* Die Errichtung von Konten- und Depotsperren, NJW 1981, 905 ff.; *Brink* Rechtsprobleme des Factors in der Insolvenz seines Kunden, ZIP 1987, 817 ff.; *Fallscheer/Schegel* Das Lastschriftverfahren, 1977; *Hadding* Neuere Rechtsprechung zum bargeldlosen Zahlungsverkehr, JZ 1977, 281 ff.; *Hellner* Bank – Betrieb, 1962; *ders.*, Rechtsprobleme des Zahlungsverkehrs unter Berücksichtigung der höchstrichterlichen Rechtsprechung, ZHR 1981, 109 ff.; *Henckel* in: Festschrift für Coing zum 70. Geburtstag, Band II 1982; *Kirchherr/Stützle* Bankgeheimnis und Bankauskunft – Aktuelle Probleme aus der Rechtsprechung und Rechtspraxis, 2. Aufl., 1983; *Koeble* Die Rechtsnatur der Verträge mit Bauträgern, NJW 1974, 721 ff.; *Kollhosser* Die Verfügungsbefugnis bei sogenannten Sperrkonten, ZIP 1984, 389 ff.; *Kümpel* Das Stornorecht der Kreditinstitute unter Berücksichtigung der jüngsten BGH Rechtsprechung, WM 1979, 378 ff.; *Liesecke* Das Bankguthaben in Gesetzgebung und Rechtsprechung, WM 1975, 286 ff.; *Maier/ Reimer* Fremdwährungsverbindlichkeiten, NJW 1985, 2049 ff.; *Pickart* Die Rechtsprechung des Bundesgerichtshofes zum Bankvertrag, WM 1957, 1238 ff.; *Rehbein* Urteil des BGH v. 29. 09. 1986 – II ZR 283/85 mit Anmerkungen von *Rehbein*, JR 1987, 153 ff.; *Skrotzki* Lastschriftverfahren und Insolvenz, KTS 1974, 136 ff.; *Sperl* Agenturkonten, ZKW 1979, 892 ff.; *Steuer* Die Bank, 1978.

A. Zweck

§ 116 InsO hat dieselbe Zielrichtung wie § 115 InsO. Die Vorschrift soll sicherstellen, daß der Insolvenzverwalter nicht durch einen Dritten in seiner Tätigkeit behindert wird (RGZ 81, 332, 336). Zwar ist beim Vorliegen eines Geschäftsbesorgungsvertrages die Anwendung des § 103 InsO möglich, doch kann aufgrund dieser Vorschrift nicht die Möglichkeit ausgeschlossen werden, daß auch trotz der Eröffnung des Insolvenzverfahrens noch Eingriffe in den Aufgabenbereich des Insolvenzverwalters erfolgen (*Kilger/Karsten Schmidt* KO, § 23, 1). § 116 InsO ist seinem Zweck entsprechend ebenso wie § 115 InsO unabdingbar (RGZ 145, 253, 256; *Jaeger/Henckel* KO, § 23 Rz. 4). 1

B. Voraussetzungen

§ 116 InsO findet nur Anwendung auf Dienst- oder Werkverträge, die eine Geschäftsbesorgung i. S. v. § 675 BGB zum Gegenstand haben, sog. Geschäftsbesorgungsverträge. Diese sind abzugrenzen von den reinen Dienst- und Werkverträgen. Der Geschäftsbesorgungsvertrag zeichnet sich durch die Ausübung einer selbständigen Tätigkeit wirtschaftlicher Art in fremdem Interesse aus (*BGH* DB 1959, 168). Der Geschäftsbesorger führt fremde Geschäfte für fremde Rechnung im eigenen oder fremden Namen, immer unter der Wahrung seiner Selbständigkeit aus (*Kuhn/Uhlenbruck* KO, § 23 Rz. 2). 2

Beispiele für Geschäftsbesorgungsverträge: 3
– Dienstverträge mit Aufsichtsratsmitgliedern einer juristischen Person sollen nach bestrittener Auffassung Geschäftsbesorgungsverträge sein (RGZ 146, 145, 152; *Kuhn/Uhlenbruck* KO, § 22 Rz. 5; *Palandt/Thomas* BGB, § 675 Rz. 6) während nach zutreffender Meinung § 103 InsO anwendbar ist (*Jaeger/Henckel* KO, § 23 Rz. 14). 4
– Bankverträge, insbesondere der Girovertrag (RGZ 54, 329; *BGH* NJW 1979, 1164; *BGH* NJW 85, 2699 für den Girovertrag; *Hadding* JZ 1977, 281; *Palandt/Thomas* 5

§ 116
Wirkungen der Eröffnung des Insolvenzverfahrens

BGB, § 675 Rz. 7) und der Überweisungsauftrag (*Jaeger/Henckel* KO, § 23 Rz. 83 ff.), der selbst nur eine Weisung ist (BGHZ 10, 319, 322).

6 – Baubetreuungsverträge (*BGH* NJW 1978, 1054; *Koeble* NJW 1974, 721; vgl. m. w. N. *Palandt/Thomas* BGB, § 675 Rz. 20).

7 Auch eine Abrechnungsvereinbarung, aufgrund derer eine Clearingstelle Forderungen und Verbindlichkeiten mehrerer Beteiligter ohne Rücksicht auf Gegenseitigkeit verrechnet, endet mit Verfahrenseröffnung über das Vermögen einer der Beteiligten (*BGH* WM 1985, 617, 618).

8 Die Anstellungsverträge von Organen juristischer Personen sind keine Geschäftsbesorgungsverträge. Hieran hält der *BGH* entgegen heftiger Kritik der Lit. auch bei Allein-Gesellschaft-Geschäftsführern der GmbH fest, ausführlich § 108 Rz. 22

9 Auch der Factoringvertrag ist Geschäftsbesorgung (*Brink*, ZIP 1987, 817, 819; *Jaeger/Henckel* KO, § 17 Rz. 17; *Kuhn/Uhlenbruck* KO, § 23 Rz. 20 b). Beim Konkurs des Factor steht dem Verwalter das Wahlrecht des § 103 InsO zu.

10 § 116 InsO erfaßt auch Geschäftsbesorgungen, die auf Anschaffungen ausgerichtet sind. Hierzu gehört z. B.:
– die Einkaufskommission, die durch die Insolvenz des Kommittenten aufgehoben wird (*Jaeger/Henckel* KO, § 23 Rz. 738);

11 – Inkassoverträge (*RG* JW 1906, 109; *Kilger/Karsten Schmidt* KO, § 23, 1 b);

12 – Kommissionsverträge (RGZ 71, 76; 96, 295; BGHZ 8, 222, 225 f.);

13 – Maklerverträge (*OLG Karlsruhe* ZIP 1990, 1143, 1144; *Palandt/Thomas* BGB, § 675 Rz. 6);

14 – Verträge mit einem Notar, sofern dieser nicht als Amtsperson bei der Beurkundung von Rechtsgeschäften tätig wird (RGZ 85, 225; 95, 214);

15 – Handelsvertreterverträge (RGZ 63, 69; *Staub/Brüggemann* HGB § 89 Anm. 20, 21); vgl. aber § 108 Rz. 20 zu den Einfirmenvertretern;

16 – Vermögensverwaltungsverträge (*Kuhn/Uhlenbruck* KO, § 23 Rz. 2);

17 – Verträge mit einem Rechtsanwalt (RGZ 75, 98; 88, 226; *BGH* NJW-RR 1989, 183) oder Patentanwalt (RGZ 69, 26; mit besonderen Hinweisen *Palandt/Thomas* BGB, § 675 Rz. 6);

18 – Steuerberaterverträge (*Kilger/Karsten Schmidt* KO, § 23, 1 a; *Palandt/Thomas* BGB, § 675 Rz. 6);

19 – entgeltliche Treuhandverträge (*BGH* NJW 1962, 1201).

20 Geschäftsbesorgung ist auch ein vom Schuldner erteiltes Treuhandverhältnis, wonach dem Treuhänder Sachen übereignet oder Forderungen abgetreten sind, um aus den Erträgen der Sachen und Forderungen die Schuldenbereinigung des späteren Gemeinschuldners durchzuführen (*Hess* KO, § 23 Rz. 3). Dabei ist es unerheblich, ob das Treuhandverhältnis im Interesse eines Gläubigers, mehrerer Gläubiger oder einer Gläubigergesamtheit begründet ist. Ist ein Treuhandverhältnis im Wege eines gerichtlichen Vergleichsverfahren vereinbart (RGZ 145, 253, 256) oder außerhalb eines solchen Verfahrens begründet worden, gilt das gleiche.

21 Wie schon bei § 115 InsO muß auch im Fall des § 116 InsO der Gemeinschuldner der Auftraggeber sein (*Kuhn/Uhlenbruck* KO, § 23 Rz. 3). Bei Dienstverträgen mit Geschäftsbesorgungscharakter existiert keine Gesetzesnorm, die den Vertrag aufgrund der Insolvenz des Dienstverpflichteten zum Erlöschen bringt (*Jaeger/Henckel* KO, § 23 Rz. 63). Jedoch bleibt es dem Dienstherrn unbenommen, sich aufgrund der Insolvenz vorzeitig vom Vertrag zu lösen. Nimmt der Geschäftsherr sein Kündigungsrecht nicht wahr, bleibt das Vertragsverhältnis in Kraft, ohne daß der Insolvenzverwalter zwischen Erfüllung oder Nichterfüllung des Vertrages gem. § 103 InsO entscheiden kann, da der

Erlöschen von Geschäftsbesorgungsverträgen § 116

Verwalter nicht über die Arbeitskraft des Gemeinschuldners verfügt und in den meisten Fällen selbst nicht in der Lage ist, an dessen Stelle die Leistung zu bewirken (*Jaeger/ Henckel* KO, § 23, Rz. 63; *Staub/Brüggemann* HGB, § 89 Rz. 18).
Dies gilt auch für einen Werkvertrag, der eine Geschäftsbesorgung zum Gegenstand hat. 22 Der Besteller wird durch sein zu jeder Zeit bestehendes Kündigungsrecht gem. § 649 BGB geschützt. Macht er davon keinen Gebrauch, kann der Insolvenzverwalter nur dann eine Entscheidung i. S. v. § 103 InsO treffen, wenn die Herstellung des versprochenen Werkes eine ersetzbare Leistung bildet, die der Verwalter für Rechnung der Masse selbst oder durch einen anderen erfüllen lassen kann.
Wie auch beim Vorliegen eines Auftragsverhältnisses muß sich der Geschäftsbesor- 23 gungsvertrag auf das zur Insolvenzmasse zugehörige Vermögen beziehen. Folglich erlischt der Vertrag gem. § 116 InsO nur, wenn er Verfügungen oder andere tatsächliche Einwirkungen auf die Insolvenzmasse beinhaltet. In der Praxis hat dies für Prozeßmandate in Ehe- und Familiensachen Bedeutung. Für das Bestehen der Insolvenzbezogenheit ist es nicht ausreichend, daß aufgrund der Geschäftsbesorgung gegenüber der Insolvenzmasse z. B. ein Anspruch auf Auslagenersatz gegeben ist (*Jaeger/Henckel* KO, § 23 Rz. 37; *Kuhn/Uhlenbruck* KO, § 23 Rz. 4).

C. Rechtsfolgen

Mit der Verfahrenseröffnung erlischt der Geschäftsbesorgungsvertrag. Die Wirkung der 24 Vorschrift tritt unabhängig von einer Erklärung des Verwalters kraft Gesetzes ein (*Kuhn/Uhlenbruck* KO, § 23 Rz. 5). Sie gilt für die Zukunft. Eine Rückwirkung ist nicht möglich (*Jaeger/Henckel* KO, § 23 Rz. 34; *Kilger/Karsten Schmidt* KO, § 23, 5). Sofern es zu einem Beschwerdeverfahren kommt und der Eröffnungsbeschluß in dessen Rahmen aufgehoben wird, lebt der Geschäftsbesorgungsvertrag wieder auf (*Kilger/Karsten Schmidt* KO, § 23, 5).
Die Regelung des § 116 InsO beendet sowohl die sog. Abbuchungsaufträge, bei denen 25 laufend anfallende Schulden vom Konto des Gemeinschuldners abzubuchen sind (*Skrotzki* KTS 1974, 136, 137; *Fallscheer/Schlegel* Das Lastschriftverfahren, 1977, 36), wie auch die erteilten Einzugsermächtigungen. Bei letzteren besteht zudem die Besonderheit des Widerspruchsrechts (vgl. Abkommen über den Lastschriftverkehr, KTS 1974, 140 ff.). Durch die Eröffnung des Insolvenzverfahrens geht dieses auf den Verwalter über. Er hat nun die Möglichkeit, innerhalb von sechs Wochen nach der Belastung des Kontos des Schuldners die Buchung zu widerrufen und den Gläubiger auf diese Weise auf die Insolvenzquote zu verweisen (*Skrotzki* KTS 1974, 136, 137, 138).
Die Rechte und Pflichten, die sich für die Vertragsteile nach der Vertragsauflösung 26 ergeben, werden durch die Bestimmungen des BGB festgelegt (§§ 662 ff.). Folglich ist der Geschäftsbesorger verpflichtet, über das Vermögen des Auftraggebers Auskunft zu geben und über die Geschäftsbesorgung Rechenschaft abzulegen (§§ 666, 675 BGB, 384, 406 HGB), wobei er dabei Belege vorzulegen hat (RGZ 56, 118; *Jaeger/Henckel* KO, § 23 Rz. 43). Der Beauftragte muß alles herausgeben, was er im Rahmen der Geschäftsbesorgung erlangt hat.
Im Wege der einstweiligen Verfügung kann der Insolvenzverwalter von dem Steuerbe- 27 rater des Gemeinschuldners die Herausgabe aller Buchhaltungsausdrucke verlangen (§§ 675, 667 BGB). Besitzt der Steuerberater gegenüber dem Gemeinschuldner noch Vergütungsansprüche, kann er diese nicht mit einem daraus resultierenden Zurückbehaltungsrecht (§ 273 BGB) durchsetzen, da ein persönliches Recht im Rahmen eines

Insolvenzverfahrens nicht berücksichtigungsfähig ist (*OLG Hamm* ZIP 1987, 1330, 1331). Letztlich muß der Steuerberater auch die Gegenstände herausgeben, die von Dritten erhalten hat, wie z. B. den Steuerbescheid. Gleiches gilt für Arbeitsunterlagen, die er selbst erstellt hat (vgl. *Hess* KO, § 23 Rz. 6).

28 Eine ähnliche Situation besteht für den Rechtsanwalt. Sofern er ein Mandat besitzt, das sich auf die Insolvenzmasse bezieht, ist er zur Herausgabe der Handakten verpflichtet (*AG München* KTS 1969, 190). Ein Zurückbehaltungsrecht aufgrund einer noch offenen Gebührenforderung kann nicht geltend gemacht werden. Im Gegenteil muß er die unverbrauchten Prozeßkostenvorschüsse gem. §§ 669, 675 BGB herausgeben und gem. §§ 666, 675 BGB Auskunft und Rechenschaft über die bisherige Prozeßführung geben.

D. Treuhandverhältnisse

29 Die entgeltlichen Treuhandverträge sind Geschäftsbesorgung und erlöschen mit Verfahrenseröffnung. Das Treugut ist immer dann Massebestandteil, wenn der Treuhänder – wie bei der unechten Treuhand – nur verfügungsbefugt war, während der Schuldner Eigentümer blieb. Bei der echten Treuhand war das Treugut aus dem Vermögen des Schuldners in das des Treuhänders übertragen worden. Im Zeitpunkt der insolvenzbedingten Beendigung des Treuhandvertrages ist der Treuhänder regelmäßig verpflichtet, das Treugut an den Verwalter zu übertragen (*BGH* NJW 1962, 1200; *Henckel* FS für Coing 1982, S. 132 ff.).

30 § 116 InsO läßt nach diesen Grundsätzen auch ein Treuhandverhältnis erlöschen, das zum Zweck der Sanierung des Schuldners durch einen außergerichtlichen Vergleich begründet worden ist (*Kilger/Karsten Schmidt* KO, § 23, 6). Im Einzelfall ist zu unterscheiden, ob dem Treuhänder das Vermögen unter der auflösenden Bedingung des Scheiterns des Sanierungsversuchs überlassen worden war oder nicht (*Hess* KO, § 23 Rz. 10). Existiert eine derartige Bedingung, fällt das Vermögen automatisch an die Insolvenzmasse zurück (*BGH* NJW 1962, 1200). Ansonsten ist der Treuhänder verpflichtet, das Vermögen in einem besonderen Übertragungsakt an die Insolvenzmasse zurückzuübertragen (*Jaeger/Henckel* KO, § 23 Rz. 20 ff.).

31 Setzt der Geschäftsbesorger seine Tätigkeit gutgläubig fort, weil er von der Verfahrenseröffnung keine Kenntnis hatte, kann er demgegenüber entsprechend dem Grundsatz des § 115 III InsO seine Aufwendungsersatzansprüche nur als Insolvenzgläubiger geltend machen. Aufwendungsersatzansprüche aus einem Zeitraum vor der Verfahrenseröffnung können in jedem Fall nur als Insolvenzforderung gefordert werden. Dies gilt für sämtliche Ansprüche des Beauftragten: Auch Provisionsansprüche eines Handelsvertreters für einen vor Verfahrenseröffnung geschlossenen Vertrag sind Insolvenzforderungen, wenn der Verwalter diesen gem. § 103 InsO erfüllt (*OLG Naumburg* JW 1935, 1346).

32 § 27 KO hatte Vergütungsansprüche nicht erwähnt. § 116 Satz 2 InsO schließt diese Lücke und stellt den Grundsatz auf, daß für Vergütungsansprüche im Rahmen der Geschäftsbesorgung das zu § 115 gesagte gilt. Dementsprechend sind Vergütungsansprüche Masseverbindlichkeiten, wenn der Auftrag zur Vermeidung von Gefahren über die Verfahrenseröffnung hinaus fortgesetzt wurde. Diese Notbesorgungspflicht, die aus § 672 BGB übernommen wurde, gewährt dem Geschäftsbesorger eine Forderung unmittelbar gegenüber der Masse.

E. Die bankmäßigen Geschäftsbesorgungsverhältnisse

Die Banken werden gegenüber ihren Kunden in der Regel als Geschäftsbesorger tätig. 33
Die Beziehung zwischen Bank und Schuldner ist in nahezu jedem Verfahren von
Bedeutung. Auf die Auswirkungen der Insolvenz ist daher gesondert einzugehen.

I. Erfaßte Verträge

Das Vertragsverhältnis zwischen der Bank und ihrem Kunden wird in der Regel durch 34
die Eröffnung eines Girokontos begründet. Dadurch kommt ein allgemeiner Rahmenvertrag, der sog. Bankvertrag zustande (*Pikart* WM 1957, 1238). Dieser endet mit der
Eröffnung des Insolvenzverfahrens (BGHZ 11, 37, 40; *BGH* DB 1976, 1715; *Obermüller*
HdbInsR, Rz. 412; *Jaeger/Henckel* KO, § 8 Rz. 30).

Das Kontokorrent endet infolge der Insolvenz des Kunden. Dies läßt sich zwar nicht 35
direkt aus § 116 InsO ableiten, aber es ergibt sich aus der Unvereinbarkeit der gegenseitigen Verrechnung mit dem Insolvenzzweck (vgl. BGHZ 70, 86, 93; *BGH* WM 1979, 719;
m.w.N. *BGH* NJW 78, 538; *Canaris* Bankvertragsrecht, Rz. 495; *Obermüller* HdbInsR,
Rz. 215; *Kilger/Karsten Schmidt* KO, § 23, 1 b). Aufgrund der Beendigung des Vertragsverhältnisses muß ein außerordentlicher Saldenabschluß vorgenommen werden (*BGH*
WM 1972, 309; WM 1978, 137). Dabei können allerdings wegen § 91 InsO nur die
Forderungen verrechnet werden, die vor der Verfahrenseröffnung entstanden sind (*BGH*
WM 1979, 719; *Kuhn/Uhlenbruck* KO, § 23 Rz. 15). Sofern dabei ein Saldo zugunsten
des Kreditinstituts entsteht, ist die Forderung zur Insolvenztabelle anzumelden (BGHZ
74, 129, 133, 136; so auch *Heymann/Horn* HGB, § 355 Rz. 50. Etwas anderes gilt nur,
wenn Sicherheiten bestellt worden sind. Ergibt sich aber zugunsten des Gemeinschuldners ein Guthaben, muß dieses auf Verlangen des Verwalters an diesen ausgezahlt
werden (*Obermüller* HdbInsR, Rz. 216; *Heymann/Horn* HGB, § 355 Rz. 50; *Kilger/
Karsten Schmidt* KO, § 23, 1 b). In der Regel kann der Verwalter das Kontokorrentverhältnis des Gemeinschuldners nicht fortführen (*Obermüller* HdbInsR, Rz. 217). Eine
solche Handhabung verbietet sich schon im Interesse einer auf die Insolvenzmasse
beschränkte Buchführung. Die Fortführung des Gemeinschuldnerkontos ist wie der
Abschluß eines neuen Girovertrages zu werten (*BGH* WM 1991, 60; *Hellner* Bank-Betrieb, 1962, 92). Ist der Kontokorrentvertrag erloschen, besitzt die Bank kein Stornorecht mehr. Unter Umständen besteht aber noch ein girovertraglicher Berichtigungsanspruch (*Kümpel* WM 1979, 378). In einem solchen Fall kann die Bank z.B. einen zu
hohen Betrag, den sie an den Verwalter ausgezahlt hat, nach § 55 Abs. 1 Nr. 3 InsO als
Masseschuld zurückfordern (*OLG Celle* DB 1977, 2137; *OLG Köln* ZIP 1980, 972,
973).

Besitzt der Gemeinschuldner zur Zeit der Verfahrenseröffnung Fremdwährungskonten, 36
sind diese ebenfalls zu beenden. Die Bank kann die Fremdwährung nach dem sich aus
der amtlichen Börsennotiz ergebenden Briefkurs in DM umrechnen und die auf den
verschiedenen Konten der Kunden sich ergebenden Forderungen und Guthaben gegeneinander aufrechnen (*Obermüller* HdbInsR, Rz. 222). Debitorische Fremdwährungskonten verwandeln sich mit der Feststellung der Forderung zur Insolvenztabelle in eine
DM-Forderung, wobei für den Umrechnungskurs der Tag der Verfahrenseröffnung
maßgeblich ist (*BGH* WM 1989, 1186). Für die Verpflichtung eines Bürgen bleibt es
bei der Fremdwährung (*KG* WM 1988, 1385; *Arend* ZIP 1988, 69, 74 m.w.N.; a.A.
Maier/Reimer NJW 1985, 2049).

37 Anders als beim normalen Bankvertrag bleibt der Spareinlagenvertrag trotz der Eröffnung des Insolvenzverfahrens bestehen. Der Insolvenzverwalter kann daher nicht sofort die Auszahlung der Spareinlage verlangen, sondern muß sich an die gesetzliche (§ 22 Abs. 1, S. 1 KWG) oder die vertraglich vereinbarte Kündigungsfrist halten. Ein Wahlrecht gem. § 103 InsO steht dem Verwalter nicht zu, da der Vertrag bereits von beiden Seiten voll erfüllt wurde (*Obermüller* HdbInsR, Rz. 219; *Jaeger/Henckel* KO, § 17 Rz. 12).

38 Bei Gemeinschaftskonten ist zu unterscheiden zwischen einem sog. Oder-Konto (Gemeinschaftskonto mit Einzelverfügungsbefugnis) und einem sog. Und-Konto (Gemeinschaftskonto mit gemeinschaftlicher Verfügungsbefugnis). Beim Vorliegen eines Oder-Kontos bleibt das Kontokorrentverhältnis trotz der Insolvenz eines Mitinhabers bestehen. Eine sofortige Saldierung ist nicht notwendig. Existiert auf dem Konto ein debitorischer Saldo, können Eingänge dem Konto weiter gutgeschrieben werden und zur Rückführung des Saldos verwendet werden (*BGH* WM 1985, 1059). Liegt dagegen ein Guthaben vor, verliert allein der Gemeinschuldner seine Verfügungsbefugnis. An seine Stelle tritt dann der Insolvenzverwalter (*OLG Koblenz* WM 1990, 1532).

39 Gleiches gilt für die Und-Kontos. Auch hier wird das Kontokorrentverhältnis nicht durch die Insolvenz eines der Kontoinhaber berührt. Gutschriften auf dem Konto können noch nach der Verfahrenseröffnung erfolgen und zur Verringerung des debitorischen Saldos herangezogen werden. Im umgekehrten Fall, d.h. beim Vorliegen eines Guthabens, müssen der Insolvenzverwalter und die übrigen Kontoinhaber eine gemeinsame Entscheidung über dessen Verfügung treffen (*Obermüller* HdbInsR, Rz. 267). Besteht zwischen den Inhabern eines Und-Kontos eine Auseinandersetzungsvereinbarung bzgl. des Kontoguthabens, kann der Insolvenzverwalter Gelder, die mit seinem Einverständnis auf das Konto gelangt sind, nicht beanspruchen, wenn diese einem anderen Mitinhaber zustehen (*BGH* WM 1987, 318).

40 Bei einer BGB-Gesellschaft führt die Insolvenz eines Gesellschafters zur Auflösung der Gesellschaft (§ 728 BGB). Grundsätzlich gilt innerhalb einer solchen Gesellschaft gemeinschaftliche Vertretung. Im Falle der Insolvenz eines Gesellschafters übernimmt der Insolvenzverwalter dessen Befugnisse. Vom Zeitpunkt der Verfahrenseröffnung an kann nur noch der Verwalter zusammen mit den anderen Gesellschaftern als Gesamtvertretungsberechtigte über das Konto verfügen. Dies gilt selbst dann, wenn zuvor Einzelvertretung bestanden hat (*Obermüller* HdbInsR, Rz. 268).

41 Der Treuhandvertrag ist ein Geschäftsbesorgungsvertrag, der mit der Eröffnung des Insolvenzverfahrens gem. §§ 116, 115 InsO erlischt (RGZ 145, 253, 256; *BGH* NJW 1962, 1201; *BGH* WM 1975, 79; *OLG Köln* ZIP 1987, 867, 868). Bei der Insolvenz des Treuhänders besitzt der Treugeber ein Aussonderungsrecht (BGHZ 11, 37, 40; *BGH* WM 1964, 1038; *OLG Düsseldorf* BB 1988, 293, 294). Die Aussonderung erfolgt aber nicht automatisch, sondern muß ausdrücklich gegenüber dem Insolvenzverwalter geltend gemacht werden (*Obermüller* HdbInsR, Rz. 269). Im Falle der Insolvenz des Treugebers gehört das Treugut in die Insolvenzmasse (*Kuhn/Uhlenbruck* KO, § 23 Rz. 16). Das Ende des Treuhandvertrages mit dem Treuhänder verändert aber grundsätzlich nicht das Verhältnis zwischen der Bank und dem Treuhänder (*OLG Köln* WM 1987, 1279). Sofern ein Debetsaldo besteht, haftet der Treuhänder (*OLG Düsseldorf* WM 1989, 211). Wenn die Bank den Treuhandcharakter des Kontos kannte, kann in der Regel angenommen werden, daß die Aufrechnungsbefugnis der Bank konkludent abbedungen ist (*BGH* WM 1987, 922). Liegt dagegen ein sog. verdecktes Treuhandkonto vor, d. h. der Treuhandcharakter ist nicht offengelegt worden, so steht der Aufrechnung der Bank nichts im Wege.

Erlöschen von Geschäftsbesorgungsverträgen § 116

Vergleichbar mit Treuhandkonten und daher genauso zu behandeln sind Tankstellen- und 42
Agenturkonten, die häufig bei Reisebüros und Versicherungsagenten anzufinden sind. Obwohl in der Regel der Tankstellenpächter, der Versicherungsagent oder der Reisebüroinhaber die Kontoinhaber sind, werden bei der Eröffnung der Kontos die Verträge zwischen dem Kontoinhaber, der Bank und der Mineralölgesellschaft, dem Versicherungsunternehmen bzw. dem Reiseveranstalter derart gestaltet, daß die auf dem Konto eingehenden Gelder Treugut bilden (*Sperl* ZKW 1979, 892). Dementsprechend kann die Bank nicht den direkten Weisungen des Treugebers folgen. Dies gilt auch im Vergleichsverfahren. Die sog. Anderkonten bilden eine Unterart der Treuhandkonten (*BGH* WM 1989, 1779). Gem. Nr. 15 Satz 2 der Geschäftsbedingungen für Anderkonten können der Insolvenzverwalter und der Kontoinhaber bei dessen Insolvenz nur gemeinsam über das Konto verfügen. Dasselbe gilt auch im Vergleichsverfahren (*Obermüller* HdbInsR, Rz. 271).

Bei einem Sperrkonto handelt es sich um ein Konto, über das nur bei Erfüllung 43
bestimmter Voraussetzungen verfügt werden darf, z. B. bei Zustimmung eines Dritten (*Palandt/Putzo*, BGB, Einf. vor § 607 Rz. 17). Will der Insolvenzverwalter nun aus dem Konto, das zugunsten eines Dritten gesperrt ist (*Kollhosser* ZIP 1984, 389), einen Anspruch geltend machen, so kann er dies nur im gleichen Rahmen machen wie zuvor der Kontoinhaber (*Bork* NJW 1981, 905). Ob dem Sperrbegünstigten auch bei der Insolvenz des Kontoinhabers seine Rechte weiterzustehen, hängt von den Vereinbarungen zwischen diesen beiden ab. Ist der Sperrbegünstigte Inhaber eines dinglichen Rechts, wie z. B. eines Pfandrechts, so besitzt er ein Absonderungsrecht. Ebenso verhält es sich, wenn der Sperrvermerk ein Treuhandverhältnis darstellt (*OLG Düsseldorf* BB 1988, 293; *OLG Hamburg* ZIP 1990, 115, 116). Haben beide Parteien aber nur einen schuldrechtlichen Anspruch vereinbart, steht dem Sperrbegünstigten kein Absonderungsrecht zu (*BGH* WM 1984, 799; *Obermüller* HdbInsR, Rz. 277).

Aufgrund der Vorschrift des § 1670 BGB verliert der Elternteil, über dessen Vermögen 44
das Insolvenzverfahren eröffnet wurde, kraft Gesetzes die Vermögenssorge für den Minderjährigen. Maßgeblicher Zeitpunkt ist in der Regel der Eröffnungsbeschluß. Dann muß das Vormundschaftsgericht entscheiden, wie die Vermögensverwaltung des Minderjährigen fortgeführt wird (§§ 1679, 1680 BGB).

Der Schrankfachmietvertrag zwischen der Bank und dem Kunden erlischt nicht mit der 45
Eröffnung des Insolvenzverfahrens (*Hess* KO, § 23 Rz. 30). Der Mietvertrag fällt unter die Vorschrift des § 103 InsO, so daß der Insolvenzverwalter zwischen Erfüllung und Nichterfüllung wählen kann, wenn der Vertrag beiderseits noch nicht erfüllt wurde. Ansonsten sind die allgemeinen Regeln anzuwenden.

Wie der Schrankfachmietvertrag fällt auch der Verwahrungsvertrag als gegenseitiger 46
Vertrag in den Anwendungsbereich des § 103 InsO (zur Einordnung: *Obermüller* HdbInsR, Rz. 226; *Hess* KO, § 23 Rz. 33). Folglich besitzt der Insolvenzverwalter wieder das Wahlrecht, ob er den Vertrag fortsetzen will oder nicht. Die Banken oder Sparkassen können aber aufgrund ihrer AGBs auch den Vertrag kündigen (Nr. 17 AGB-Banken bzw. Nr. 13 AGB-Sparkassen; *OLG Düsseldorf* DB 1981, 1924).

Bei einem Depotvertrag handelt es sich um einen gemischttypischen Vertrag, der 47
Elemente der Verwahrung und der Verwaltung enthält. Die h. M. wendet daher beim Vorliegen eines derartigen Vertrages die sog. Trennlösung an, d. h. nur der Teil des Vertrages, der das geschäftsbesorgungsrechtliche Element enthält, erlischt durch die Vorschrift des § 116 InsO. Für den Rest des Vertrages gilt dagegen die Regelung des § 103 InsO (*Canaris* Bankvertragsrecht, Rz. 2203). Als Begründung dieser Argumentation wird zum Teil auch die Differenzierung zwischen der Streifbandverwaltung und der

§ 116 *Wirkungen der Eröffnung des Insolvenzverfahrens*

Sammelverwahrung herangezogen (*Jaeger/Henckel* KO, § 17 Rz. 22). Bei der Streifbandverwaltung erlöschen nur die Verwahrungspflichten gem. § 116 InsO, während die Verwaltungspflichten dem § 103 InsO unterfallen. Im Fall der Sammelverwahrung erlöschen dagegen alle Pflichten einheitlich, weil es sich insgesamt um einen Geschäftsbesorgungsvertrag handelt. Diese Differenzierung ist aber nicht mit den §§ 103, 116 InsO vereinbar. Daher hat *Obermüller* (HdbInsR, Rz. 228) richtigerweise darauf hingewiesen, daß der Depotvertrag ein einheitlicher Vertrag ist, der aus verschiedenen Elementen besteht. Aufgrunddessen kann dieser auch nur insgesamt erlöschen (*Kuhn/Uhlenbruck* KO, § 17 Rz. 2e). Im Notfall ist die Bank gem. §§ 116 i.V.m. 115 Abs. 2 Satz 1 InsO weiter zur Geschäftsbesorgung berechtigt und verpflichtet.

48 Ist über das Vermögen der Bank, d.h. über das des Geschäftsbesorgers, das Insolvenzverfahren eröffnet worden, ist nicht § 116 InsO, sondern § 103 InsO anwendbar. § 116 InsO verdrängt die allgemeine Regelung des § 103 nur für die Kunden des Geschäftsherrn (*Hess* KO, § 23 Rz. 36; *Jaeger/Henckel* KO, § 17 Rz. 15). Bei Insolvenz der Bank besitzt der Insolvenzverwalter somit das Wahlrecht gem. § 103 InsO.

II. Zahlungsausgänge

49 Wesentliches Kriterium für die Behandlung von Zahlungsausgängen, insbesondere bei Überweisungsaufträgen des Kunden, bei Einlösungen von Schecks und Lastschriften zu Lasten des Kunden, ist das Stadium der Insolvenz, in der sich der Kunde befindet (so auch *Obermüller* HdbInsR. Rz. 402). Bis zur Zahlungseinstellung oder bis zur Stellung des Insolvenzantrages ist die Bank berechtigt, unbeschränkt Überweisungsaufträge des Kunden auszuführen, Schecks und Lastschriften einzulösen und dessen Konto mit dem Gegenwert zu belasten (*Obermüller* HdbInsR, Rz. 403). Ein etwaiges Guthaben ermäßigt sich entsprechend. Führt die Bank einen Auftrag nach der Zahlungseinstellung oder nach der Stellung des Insolvenzantrages aus, ist sie weiterhin befugt eine Verrechnung des Gegenwertes mit einem etwaigen Guthaben vorzunehmen. Die Verrechnung ist allenfalls anfechtbar (dazu *BGH* WM 1983, 907 ff.). Nur in diesem Zusammenhang ist es von Bedeutung, ob die Bank von den Ereignissen Kenntnis hatte (Einzelheiten s. bei *Obermüller* HdbInsR, Rz. 404 ff., 602 ff., 771 ff.).

50 Wird während des Insolvenzantragsverfahrens ein allgemeines Veräußerungsverbot angeordnet, darf von Seiten der Bank kein Überweisungsauftrag mehr ausgeführt und Schecks und Lastschriften zu Lasten des Kunden nicht mehr eingelöst werden (*Obermüller* HdbInsR, Rz. 412), da es sich sonst um die Einziehung einer Forderung handelt (*LG Kiel* WM 1981, 887; *OLG Karlsruhe* NJW 1986, 63). Die Verfügung ist nach §§ 24 Abs. 1, 81 Abs. 1 Satz 1 InsO unwirksam.

51 Ist das Insolvenzverfahren eröffnet, enden damit automatisch die Geschäftsbesorgungsverträge. Dies schließt auch einen noch nicht ausgeführten Überweisungsauftrag mit ein (*Kuhn/Uhlenbruck* KO, § 23 Rz. 13a). Folglich darf die Bank nach der Verfahrenseröffnung keine Überweisungsaufträge des Kunden mehr ausführen. Ebenso ist die Bank nicht mehr berechtigt Schecks, die von dem Kunden ausgestellt worden, und Lastschriften, die auf ihn gezogen sind, einzulösen (*Obermüller* HdbInsR, Rz. 412). Hatte die Bank keine Kenntnis von der Verfahrenseröffnung, wird sie in Höhe dieser Zahlung aufgrund des § 82 InsO von einer späteren Guthabenforderung des Kunden befreit. Gleiches gilt, wenn die Bank wegen Fahrlässigkeit keine Kenntnis besaß (*Kuhn/Uhlenbruck* KO, § 8 Rz. 6). Besteht auf dem Konto des Kunden ein Debetsaldo, stellt der Aufwendungsersatzanspruch der Bank eine einfache Insolvenzforderung dar. Ansonsten

Erlöschen von Geschäftsbesorgungsverträgen **§ 116**

kann sie ihn auch unter die Deckung etwa noch freier Sicherheiten nehmen (näheres s. bei *Obermüller* HdbInsR, Rz. 416). In den Fällen, in denen die Bank von der Eröffnung des Insolvenzverfahrens wußte und trotzdem eine Zahlung geleistet hat, verbleibt ihr nur die Möglichkeit, gegenüber dem Zahlungsempfänger einen Bereicherungsanspruch geltend zu machen (*Canaris* Bankvertragsrecht, Rz. 503; *Obermüller* HdbInsR, Rz. 418; a. A. *Jaeger/Henckel* KO, § 8 Rz. 33).

Zu differenzieren ist jedoch in den Fällen, bei denen die Bank während der Bearbeitung **52** einer Überweisung, eines Schecks oder einer Lastschrift von der Verfahrenseröffnung oder einem Veräußerungsverbot Kenntnis erlangt. Bei allen drei Zahlungsarten ist die Bank grundsätzlich dann von einer Guthabenforderung des Kunden befreit, wenn sie im Zeitpunkt der Gutschrift der Überweisung oder des Scheck- bzw. Lastschriftgegenwertes auf dem Empfängerkonto weder von dem Veräußerungsverbot wußte noch Kenntnis von der Verfahrenseröffnung besaß (*BGH* WM 1988, 321).

Bei einer Überweisung kommt es darauf an, ob sie von der Bank schon ausgeführt **53** worden ist oder nicht. Selbst wenn die Bank schon über sie verfügt hat, hängt die Befreiung weiter davon ab, ob diese noch ohne Eingriff in den Zahlungsverkehr mit Dritten rückgängig gemacht werden kann (*LG Kiel* WM 1981, 887; *Liesecke* WM 1975, 286, 300; *Kuhn/Uhlenbruck* KO, § 8 Rz. 9 b; a. A. *Heile* Die Anweisung im Konkurs des Anweisenden, S. 126; *Jaeger/Henckel* KO, § 8 Rz. 29). In der Regel ist das von dem Zeitpunkt an, von dem die Überweisungsträger in einer Sammelstelle mit anderen Überweisungsträgern zusammengefaßt worden ist, nicht mehr möglich (*OLG Zweibrücken* WM 1984, 531). Dies gilt unabhängig davon, ob eine außerbetriebliche oder eine Hausüberweisung vorliegt (*LG Kiel* WM 1981, 887). Sofern die Bank erst im Anschluß daran Kenntnis erlangt, ist dies unerheblich.

Bei der Einlösung eines Schecks kommt er darauf an, ob die Einlieferung innerhalb oder **54** außerhalb des Abrechnungssystems der Zentralbanken erfolgt. Innerhalb des Abrechnungssystems ist der Zeitpunkt entscheidend, zu dem der Scheck von der Bank des Ausstellers spätestens hätte zurückgegeben werden können (*Obermüller* HdbInsR, Rz. 616). Wird der Scheck nicht fristgemäß zurückgeliefert, ist dies als Einlösung des Schecks zu werten (*BGH* WM 1972, 1379; WM 1987, 400). Außerhalb des Abrechnungssystems ist der Zeitpunkt maßgeblich, zu dem die kontoführende Niederlassung der bezogenen Bank ihren endgültigen Einlösungswillen zum Ausdruck bringt (*Steuer* Die Bank 1978, 497). Im herkömmlichen Buchungsverfahren erfolgt dies durch die sog. Vordisposition, d. h. durch die Disposition, die vor der Buchung des Schecks vorgenommen wird. Werden dagegen Datenverarbeitungsanlagen eingesetzt, kommt es auf die sog. Nachdisposition an. Hierbei ist nicht der elektronische Buchungsvorgang entscheidend, sondern die nachträgliche Bekundung eines Bindungswillens durch die kontoführende Stelle nach Prüfung der Ordnungsmäßigkeit der Belastung (*Obermüller* HdbInsR, Rz. 617).

Bei der Einlösung einer Lastschrift ist der maßgebliche Zeitpunkt die Buchung auf dem **55** Konto des Zahlungspflichtigen, welche vom Einlösungswillen der Zahlstelle getragen wird. Grundsätzlich ist dieser bei Disponierung der Zahlstelle gegeben, spätestens jedoch, wenn die Belastung des Kontos nicht am zweiten Tag nach der Belastungsbuchung storniert wird (Nr. 41 Abs. 2 AGB-Banken; *BGH* WM 1981, 450; WM 1988, 1328). Mit der Einlösung entfällt das Recht der Zahlstelle, die Lastschrift etwa wegen fehlender Deckung zurückzugeben.

Im Rahmen des Lastschriftverkehrs besteht die Möglichkeit, die Lastschriftbeträge im **56** Wege des Widerrufs zurückzufordern (Nr. 3 Abs. 1 des Lastschriftabkommens). Diese Widerspruchsmöglichkeit wird häufig mißbraucht, um das Insolvenzrisiko auf den

Gläubiger oder die erste Inkassostelle zu verlagern. Die erste Inkassostelle trifft in der Insolvenz des Zahlungsempfängers das Risiko, mit ihrer Forderung gegen den Zahlungsempfänger auf Erstattung der ihm schon ausgezahlten, infolge des Widerspruchs aber zurückgebuchten Lastschrift auf die Insolvenzquote verwiesen zu werden. Den Gläubiger trifft in der Insolvenz des Zahlungspflichtigen das Risiko, auf seine Forderung infolge des Widerspruchs des Zahlungsverpflichteten bzw. des Insolvenzverwalters nachträglich die Insolvenzquote zu erhalten (*Hess* KO, § 23 Rz. 51). Um dieses weitestgehend zu vermeiden, darf der Zahlungsverpflichtete nach einhelliger Ansicht von seinem Widerspruchsrecht nur Gebrauch machen, wenn ein anerkennenswerter Grund gegeben ist. Das Vorliegen eines solchen Grundes ist einzelfallabhängig. So reicht es z.B. aus, daß der Anspruch des Gläubigers entweder nicht besteht oder zwar an sich begründet ist, der Schuldner aber in dem Zeitpunkt, in dem der Kontoauszug mit der Belastungsanzeige zugeht, Leistungsverweigerungs-, Zurückbehaltungs- oder Aufrechnungsrechte geltend machen will (*BGH* WM 1979, 831; WM 1979, 689; *OLG Düsseldorf* WM 1976, 935; *OLG Hamm* WM 1984, 300; WM 1984, 830).

57 Sofern der Zahlungspflichtige sich allein auf seine wirtschaftlichen Schwierigkeiten oder auf die Eröffnung des Insolvenzverfahrens über sein Vermögen beruft, liegt kein anerkennenswerter Grund zum Widerspruch vor (*Obermüller* HdbInsR, Rz. 826). Bei Geltendmachung eines unberechtigten Widerspruchs macht sich der Insolvenzgläubiger gegenüber dem Gläubiger wegen vorsätzlicher sittenwidriger Schädigung gem. § 826 BGB schadensersatzpflichtig (*Hess* KO, § 23 Rz. 53). Die Schadensersatzforderung ist eine Masseforderung i.S.v. § 55 Abs. 1 Nr. 1 InsO. Eine Haftung der Zahlstelle ist meistens nicht möglich, da sie in der Regel den Widerspruch nur entgegennimmt und pflichtgemäß weiterleitet. Denn sie muß den Widerspruch sogar dann beachten, wenn sie weiß, daß hierfür kein anerkennenswerter Grund existiert (*BGH* WM 1979, 828; WM 1985, 905; *OLG Düsseldorf* NJW 1977, 1403; *OLG Köln* WM 1978, 1361). Anders ist jedoch der Fall zu beurteilen, wenn die Zahlstelle an dem unberechtigten Widerspruch teilnimmt. In einer solchen Situation kann ihr dann auch die vorsätzliche sittenwidrige Schädigung des Gläubigers angelastet werden. Von der Beteiligung der Zahlstelle ist auszugehen, wenn sie den Zahlungspflichtigen zur Einlegung des Widerspruchs auffordert (*OLG Düsseldorf* WM 1976, 935), ihn beim Heraussuchen und Zusammenstellen der Lastschriften, für die die Widerspruchsfrist noch nicht abgelaufen ist, unterstützt und bei der Abfassung des Widerspruchs Formulierungshilfe leistet (*LG Münster* WM 1985, 412).

III. Zahlungseingänge

58 Bei Zahlungseingängen muß im Falle der Insolvenz festgestellt werden, ob die Bank noch die Berechtigung besitzt, die Zahlungen entgegen zu nehmen. Wenn ja, ist zu prüfen, ob sie diese mit einem debitorischen Saldo verrechnen darf. Dabei ist zwischen verschiedenen Situationen zu differenzieren.

59 Im Rahmen des redlichen Geschäftslebens ist es mittlerweile einhellig anerkannt, daß eine Bank, sobald sie in Erfahrung bringt, daß die Empfängerbank einer Gutschrift nicht mehr in der Lage ist, den Erfolg der Überweisung, d.h. die Gutschrift auf dem Konto des Empfängers, zu gewährleisten, den Giroverkehr mit dieser nicht mehr fortführen darf (*OLG Hamburg* BB 1961, 1075; *BGH* WM 1978, 589). Entscheidend hierfür ist die Kenntnis der Überweisungsbank von der Zahlungseinstellung bzw. der Eröffnung des Insolvenzverfahrens über das Vermögen der Empfängerbank. Allerdings gibt es auch

Situationen, die eine Ausnahme hiervon zulassen. So kann die Überweisungsbank dann den Zahlungsaufträgen nachkommen, wenn Stützungsverhandlungen vorgenommen werden (*OLG Hamburg* BB 1961, 1075; *BGH* WM 1963, 829, 839). Das gleiche gilt zudem, wenn eine Sicherungseinrichtung eines Verbandes der Kreditinstitute (Einlagensicherungsfonds) die volle Befriedigung der Empfänger übernommen hat. In allen übrigen Fällen ist die Bank verpflichtet, den Auftraggeber zu unterrichten und bei diesem über die Aufrechterhaltung des Auftrags nachzufragen. Ferner kann sie den Auftrag auch gleich zurückgeben, wenn der Auftrag nicht durch Einschaltung einer anderen Bank abgewickelt werden kann (*BGH* WM 1986, 1409). Kommt die Bank dieser Verpflichtung nicht nach, muß sie dem Auftraggeber für den ihm daraus resultierenden Schaden haften. Gegenüber der Empfängerbank macht sich die Überweisungsbank nicht durch die Nachfrage bei ihrem Auftraggeber schadenersatzpflichtig, wenn dieser daraufhin den Zahlungsauftrag widerruft und die insolvente Bank diesen Betrag nicht mehr erhält, um ihre eigenen Forderungen zu begleichen (*LG Frankfurt* WM 1985, 224; *Hess* KO, § 23 Rz. 57).

Die Tatsache, daß für einen insolventen Kunden bei seiner Bank Überweisungsaufträge **60** eingehen, kann für diese Warnpflichten gegenüber dem Auftraggeber der Überweisung auslösen (*BGH* WM 1960, 1321; WM 1961, 511; WM 1978, 588; *OLG Frankfurt* WM 1983, 162; *Canaris* Bankvertragsrecht, Anm. 110; a. A. *Meyer/Cording*, Das Recht der Banküberweisung, 1951, 19 ff.; *Rehbein* JR 1987, 153, 155). Um zu einer vertretbaren Lösung zu kommen, ist eine Abwägung zwischen den Interessen der Bank an einer möglichst reibungslosen und schnellen Abwicklung des Zahlungsverkehrs (*BGH* WM 1983, 410), denen des Überweisungsbegünstigten an einer Aufrechterhaltung möglicher Sanierungschancen (*OLG Düsseldorf* WM 1981, 960; *OLG Schleswig* WM 1982, 25, 27) und denen des Überweisenden (*BGH* WM 1991, 85) vorzunehmen. Hieraus resultiert folgende Differenzierung:

– Wünscht der Überweisende im Zusammenhang mit dem Überweisungsauftrag von der Bank eine Auskunft über die wirtschaftlichen Verhältnisse des Empfängers, ist diese verpflichtet, die Überweisung anzuhalten und zurückzufragen, wenn sich die wirtschaftliche Lage des Empfängers seitdem negativ verändert hat (*Obermüller* HdbInsR, Rz. 453; *Hellner* ZHR 1981, 109 124; *OLG Zweibrücken* WM 1985, 86).

– Besitzt die Bank an dem beabsichtigten Geschäft des Kunden ein eigenes Interesse, d. h. sie wird nicht bloß als Zahlungsmittlerin tätig, und bringt das Geschäft besondere, der Bank bekannte Risiken für den Auftraggeber mit sich, so trifft die Bank eine Warnpflicht (*Kirchherr/Stützle* Bankgeheimnis und Bankauskunft- Aktuelle Probleme aus der Rechtsprechung und Rechtspraxis, S. 64).

– in allen anderen Situationen ist die Bank verpflichtet, die Überweisung ohne Nachfrage bei Auftraggeber auszuführen (*Pohl* Der Zahlungsverkehr der Bank mit dem Kunden während der Krise nach Vergleichseröffnung, S. 32, 33; *Obermüller* HdbInsR, Rz. 453 ff.).

In den Fällen, in denen der Girovertrag aufgrund der Verfahrenseröffnung erloschen ist, **61** hat die Bank weiter das Recht, eingehende Zahlungen ohne Nachfrage auszuführen (*Obermüller* HdbInsR, Rz. 454). Da die Eröffnung des Insolvenzverfahrens öffentlich bekannt gegeben wird, kann die Bank davon ausgehen, daß der Überweisende Kenntnis von der Insolvenz des Empfängers hat. Außerdem führen Zahlungen, die rechtsgrundlos nach der Eröffnung des Verfahrens dem Konto gutgeschrieben wurden, zu einer ungerechtfertigten Bereicherung der Masse und damit zu einem bevorrechtigten Befriedigungsrecht des Überweisenden (*Kuhn/Uhlenbruck* KO, § 59 Rz. 19). Die Überweisung erzeugt somit auf Seiten des Überweisenden regelmäßig keinen Schaden.

§ 116

62 Im Gegensatz zu den Überweisungsaufträgen obliegt der Bank bei der Annahme vom Schecks und Wechseln von einem insolventen Scheckeinreicher gegenüber dem Aussteller oder Akzeptanten nicht die gleiche Sorgfaltspflicht (*OLG Düsseldorf* WM 1975, 18). Sie muß auf dessen Interessen keine Rücksicht nehmen und diesen daher weder warnen, noch auf die Insolvenz des Scheckeinreichers hinweisen (*Obermüller* HdbInsR, Rz. 646). Dies gilt auch im Wechselinkasso (*Hess* KO, § 23 Rz. 62).

63 Das Lastschriftabkommen enthält nur Regelungen über die Rechte und Pflichten, die zwischen den beteiligten Kreditinstituten gelten sollen (*BGH* WM 1977, 1042; WM 1977, 1196; *OLG Düsseldorf* WM 1978, 769). Ein Warnpflicht, die der ersten Inkassostelle gegenüber dem Zahlungspflichtigen obliegt, gibt es nicht. Sie ist auch nicht notwendig, da das Risiko des Zahlungspflichtigen hinsichtlich einer Schädigung äußerst gering ist. Denn sofern der Zahlungsempfänger die Zahlung rechtsgrundlos erlangt hat, besitzt der Zahlungspflichtige gem. Nr. 3 des Lastschriftabkommens die Möglichkeit, die Lastschrift innerhalb von sechs Monaten zu widerrufen (*Obermüller* HdbInsR, Rz. 817). Dagegen kann der Zahlstelle im selben Umfang wie im Überweisungsverkehr eine Warnpflicht gegenüber dem Zahlungspflichtigen zukommen. Bei Identität zwischen Zahlstelle und erster Inkassostelle kann die Warnpflicht dadurch entfallen, daß die Teilnahme des Zahlungsempfänger am Lastschriftverfahren nicht mehr zugelassen wird (*Obermüller* HdbInsR, Rz. 818).

64 Aufgrund des Girovertrages ist die Bank verpflichtet, Überweisungen, die vor der Eröffnung des Insolvenzverfahrens über das Vermögen des Empfängers bei ihr eingehen, auf dessen Konto gutzuschreiben (*Obermüller* HdbInsR, Rz. 459). Die Befugnis der Bank, Überweisungseingänge gegebenenfalls mit einem debitorischen Saldo zu verrechnen, ist während der kritischen Zeit nur eingeschränkt zulässig, da die Aufrechnung oder auch die Verrechnung anfechtbar sein können (*LG Köln* KTS 1958, 94; *BGH* WM 1972, 309 ff.). So dürfen Überweisungseingänge, die innerhalb der Fristen des § 131 InsO bei der Bank eingehen, nicht mehr mit einem debitorischen Saldo verrechnet werden, wenn die Bank keinen fälligen Anspruch auf die Rückführung des Saldos besaß. Ein fälliger Anspruch der Bank, welcher eine Anfechtung der Verrechnung ausschließt, liegt bei Überziehungskrediten, Kontokorrentkrediten, gekündigten Krediten und Krediten vor, deren vereinbarte Laufzeit beendet ist. Handelt es sich dagegen um einen ungekündigten Kredit mit fester Laufzeit, besteht in Höhe der fällige Rate ein Anspruch.

65 Überweisungseingänge nach Zahlungseinstellung oder Eröffnungsantrag kann die Bank nicht zur Rückführung eines debitorischen Saldos verwenden, wenn ihr bei beim Eingang die Zahlungseinstellung oder die Antragstellung bekannt war, da die Verrechnung nach § 130 Abs. 1 Nr. 2 InsO anfechtbar ist (*Obermüller* HdbInsR, Rz. 472). Ebenso ist eine Rückführung dann nicht möglich, wenn ein allgemeines Veräußerungsverbot angeordnet war und der Bank dies oder die Zahlungseinstellung bzw. die Stellung des Eröffnungsantrages bekannt war (*LG Bremen* ZIP 1982, 201, 202 f; *OLG Koblenz* WM 1984, 546; *OLG Düsseldorf* WM 1986, 626; *BGH* WM 1987, 603; WM 1990, 248). Eingänge, die erst nach der Einstellung des Insolvenzverfahrens eingehen, können wieder zur Rückführung des debitorischen Saldos verwendet werden (*Obermüller* HdbInsR, Rz. 479 ff.).

66 Von der Anfechtbarkeit der Verrechnung von Überweisungseingängen vor der Eröffnung des Insolvenzverfahrens gibt es zwei Ausnahmen:
– Wenn der Überweisungsempfänger die Forderung, die der Überweisende begleichen wollte, der Bank zur Sicherheit abgetreten hatte, so hat die Bank durch die Verrechnung nur das erhalten hat, was ihr aufgrund der Sicherungszession ohnehin zugestanden hätte. Auch wenn sie beim Eingang der Überweisung Kenntnis von der

Zahlungseinstellung oder der Antragstellung besessen hat, ist eine Anfechtung in diesem Fall nicht möglich (*BGH* WM 1983, 858 unter Aufhebung der gegenteiligen Entscheidung des *OLG Hamm* ZIP 1982, 1343; *BGH* WM 1985, 364; *OLG Koblenz* ZIP 1984, 1378, 1380).

– Hat die Bank den Kunden wieder über den Betrag des Überweisungsauftrags verfügen lassen, ist eine Anfechtbarkeit der Verrechnung unzulässig, da eine Gläubigerbenachteiligung nicht stattgefunden hat.

Die im Rahmen des Überweisungsverkehrs dargestellten Grundsätze gelten auch für den Einzug von Schecks und Wechseln. Unterschiedlich ist nur der Zeitpunkt der Verrechnungsbefugnis. Wesentlich ist hier immer der Zeitpunkt der Einreichung des Schecks bzw. Wechsels, da die Bank mit der Annahme des Einzugsauftrags des Schecks oder Wechsels das Sicherungseigentum daran erlangt und somit ein Recht zur abgesonderten Befriedigung besitzt (*BGH* NJW 1970, 41; WM 1977, 50; WM 1977, 970; WM 1984, 1073; WM 1985, 1057). Allerdings ist die Verwendung des Gegenwertes eines Schecks bzw. Wechsels zur Rückführung eines debitorischen Saldos nicht möglich, wenn diese erst nach der Anordnung eines Veräußerungsverbots eingereicht werden. Dies gilt auch, wenn die Bank keine Kenntnis von dem Veräußerungsverbot hatte. Der Grund hierfür ist darin zu suchen, daß das Veräußerungsverbot gem. § 24 i. V. m. § 81 keinen gutgläubigen Erwerb zuläßt. Folglich kann die Bank kein Absonderungsrecht erwerben. **67**

Im Rahmen des Lastschriftverfahrens gelten die gleichen Grundsätze wie bei den Überweisungseingängen in Bezug auf die Rückführung eines debitorischen Saldos. Eine Abweichung besteht jedoch aufgrund der Widerrufsmöglichkeit des Lastschriftabkommens. Kommt es zum grundlosen Widerspruch des Zahlungspflichtigen, ist die erste Inkassostelle verpflichtet, diesen Widerruf zu beachten und den eingezogenen Betrag zurückzuvergüten. Allerdings kann sie gegenüber dem Zahlungspflichtigen einen Schadensersatzanspruch aus § 826 BGB geltend machen (vgl. *BGH* WM 1979, 698; WM 1979, 831; WM 1985, 82). **68**

F. Abdingbarkeit

Die Beendigung des Geschäftsbesorgungsvertrages mit Verfahrenseröffnung ist zwingend. Dritte sollen neben dem Verwalter keine Rechtsgeschäfte mit Wirkung für die Masse abschließen können. Vereinbarungen, wonach Verträge über die Konkurseröffnung hinaus fortbestehen sollen, sind deshalb unwirksam (schon RGZ 145, 253, 256; *Jaeger/Henckel* KO, § 23 Rz. 4). **69**

§ 117
Erlöschen von Vollmachten

(1) Eine vom Schuldner erteilte Vollmacht, die sich auf das zur Insolvenzmasse gehörende Vermögen bezieht, erlischt durch die Eröffnung des Insolvenzverfahrens.
(2) Soweit ein Auftrag oder ein Geschäftsbesorgungsvertrag nach § 115 Abs. 2 fortbesteht, gilt auch die Vollmacht als fortbestehend.
(3) Solange der Bevollmächtigte die Eröffnung des Verfahrens ohne Verschulden nicht kennt, haftet er nicht nach § 179 des Bürgerlichen Gesetzbuchs.

§ 117

Inhaltsübersicht: Rz.

A. Grundsatz 1
B. Voraussetzungen 2– 4
C. Rechtsfolgen 5–11
D. Abdingbarkeit 12

Literatur:

Flume Das Rechtsgeschäft, 3. Aufl. 1979; *Schmidt* Die Prokura in Liquidation und Konkurs der Handelsgesellschaften, BB 1989, 229 ff.

A. Grundsatz

1 Eine ausdrückliche Regelung für den Fortbestand der Vollmachten enthielt die KO nicht. Die Praxis hatte § 168 Satz 1 BGB i. V. m. § 23 KO herangezogen. § 117 InsO regelt nunmehr eindeutig, daß jede mögliche Art einer Vollmacht, die sich nur in irgendeiner Weise auf das zur Insolvenzmasse gehörende Vermögen bezieht, durch die Eröffnung des Insolvenzverfahrens erlischt. Hintergrund dieser Regelung ist die Tatsache, daß ansonsten durch das Fortbestehen einer Vollmacht die Verwaltungs- und Verfügungsbefugnis des Insolvenzverwalters auch nach der Verfahrenseröffnung beeinträchtigt werden kann (in wertender Betrachtung schon RGZ 81, 332, 336; *Jaeger/Henckel* KO, § 23 Rz. 3; *Kilger/Karsten Schmidt* KO, § 23 Anm. 1). Für die Mehrzahl der bestehenden Vollmachten hat § 117 InsO nur deklaratorische Bedeutung, da sich das Erlöschen der Vollmacht schon aus der allgemeinen Vorschrift des § 168 S. 1 BGB ergibt, nämlich durch die Beendigung des zugrundeliegenden Rechtsverhältnisses. Doch darf nicht verkannt werden, daß es auch noch anders erteilte Vollmachten gibt, die dann – ohne die Regelung des § 117 InsO – plötzlich im Rahmen des Insolvenzverfahrens eine wichtige Rolle spielen könnten. Insbesondere zu beachten sind dabei Vollmachten, die auf der Grundlage eines Dienstverhältnisses erteilt worden sind, da dieses über den Zeitpunkt der Verfahrenseröffnung hinaus fortbestehen können oder sog. isolierte Vollmachten, bei denen das zugrundeliegende Rechtsverhältnis unwirksam ist oder ganz fehlt.

B. Voraussetzungen

2 § 117 InsO bezieht sich auf sämtliche vom Schuldner erteilten Vollmachten soweit sie die Masse betreffen. Erfaßt werden insbesondere auch die handelsrechtlichen Vollmachten einschließlich der Prokura (vgl. zur Prokura *BGH* WM 1958, 430, 431; *Flume* Das Rechtsgeschäft, S. 855; *Schmidt* BB 1989, 229, 233). Nicht erfaßt werden Vollmachten, die zur Ausübung höchstpersönlicher Angelegenheiten berechtigen oder konkursfreie Gegenstände betreffen (*Kuhn/Uhlenbruck* KO, § 23 Rz. 7a). Ein Sonderfall ist die Vollmacht des besonderen Vertreters der Hauptversammlung in der AG gem. 147 Abs. 3 Satz 1 AktG. Diese erlischt mit Verfahrenseröffnung über das Vermögen der AktG nicht, sondern ruht solange, wie die Rechte nicht ausgeübt werden können (*BGH* ZIP 1981, 178, 179). Auch unwiderrufliche Vollmachten werden von § 117 InsO erfaßt. (*RG* LZ 1910, 216; *Jaeger/Henckel* KO, § 23 Rz. 48; *Kuhn/Uhlenbruck* KO, § 23 Rz. 7).

Erlöschen von Vollmachten **§ 117**

Für die Praxis sind die Prozeßvollmachten von erheblicher Bedeutung (vgl. die typische 3
Konstellation bei *BGH* NJW-RR 1989, 183). Nach dem eindeutigen Wortlaut des § 117
InsO erlischt auch die Prozeßvollmacht. Mit der Entscheidung des Gesetzgebers ist die
unter der KO vertretene gegenteilige Auffassung des *BFH* (DB 1978, 776) obsolet.
Prozeßvollmachten in Ehesachen werden von § 117 InsO nicht erfaßt, weil regelmäßig
der Bezug zur Masse fehlt.

Gesetzliche Vollmachten werden von § 117 InsO schon nach dem Wortlaut nicht erfaßt. 4
Die Beendigung der gesetzlichen Vertretungsmacht richtet sich nach den jeweiligen
Sonderrechten. So endet die gesetzliche Vertretungsmacht des Geschäftsführers einer
GmbH mit Eröffnung des Insolvenzverfahrens, weil der Geschäftsführer nicht Liquidator ist, § 66 GmbHG. Auch der Vorstand der AG ist im Fall der Insolvenz nicht
Abwickler, § 264 Abs. 1 AktG. Diese gesetzlichen Vertretungsmachten enden mit dem
Amt. Die Rechte werden gem. § 80 InsO vom Verwalter wahrgenommen.

C. Rechtsfolgen

Die Vollmacht erlischt mit Eröffnung des Verfahrens. Will der vorläufige Insolvenzver- 5
walter verhindern, daß der Bevollmächtigte seine Rechtsmacht weiterhin ausübt, muß er
die Vollmacht widerrufen; hierzu ist er berechtigt, da die Verwaltungs- und Verfügungsrechte auf ihn übergegangen sind, § 22 Abs. 1 Satz 1 InsO. Die Vollmacht erlischt ex
nunc. Bis dahin durchgeführte Rechtshandlungen des Bevollmächtigten im Namen des
Schuldners bleiben wirksam. Die Vollmacht erlischt endgültig. Wird das Verfahren
durch Aufhebung des Eröffnungsbeschlusses beendet, lebt sie wieder auf. Nicht jedoch
beim Abschluß des Verfahrens auch durch Einstellung gem. § 207 InsO.

Einen Gutglaubensschutz des Geschäftsgegners gewährt die InsO nicht. Rechtshandlun- 6
gen des Bevollmächtigten sind nach §§ 81, 82 InsO unwirksam. Handelt der Bevollmächtigte im eigenen Namen für Rechnung des Schuldners, ist der Dritte nach den
allgemeinen Regeln geschützt, wenn er gutgläubig ist (*Jaeger/Henckel* KO, § 23 Rz. 59).
Geschützt ist der Geschäftsgegner auch bei dem gesetzlich fingierten Fortbestand des
Auftrages oder Geschäftsbesorgungsvertrages gem. §§ 115 Abs. 2, 116 InsO. Dieser
Schutz gilt ausschließlich bei der Notgeschäftsführung. Auf die Kenntnis des Geschäftsgegners von der Insolvenz kommt es nicht an.

Die Vollmacht erlischt unabhängig vom Bestand des Schuldverhältnisses zwischen 7
Schuldner und Bevollmächtigten. Damit hat der Gesetzgeber die Streitfrage entschieden,
ob die Vollmacht auch erlischt, wenn das Grundverhältnis fortbesteht. Diese Auffassung
war insbesondere für die Prokura und Handlungsvollmacht vertreten worden, weil der
Dienstvertrag mit Eröffnung nicht beendet wird (*Kuhn/Uhlenbruck* KO, § 23 Rz. 7b).

Die Rechtsfolgen der unwirksamen Vollmacht ergeben sich aus den allgemeinen Grund- 8
sätzen. Die Masse wird durch die Handlungen des vollmachtslosen Vertreters nicht
verpflichtet oder berechtigt, § 164 BGB. §§ 168-176 BGB werden indes durch die InsO
verdrängt (*Jaeger/Henckel* KO, § 23 Rz. 55). Diese Bestimmungen widersprechen dem
Schutz der Masse.

Die Haftung des vollmachtslos Handelnden ist nach § 117 Abs. 3 InsO auf fahrlässiges 9
Handeln beschränkt. Bei unverschuldeter Nichtkenntnis von der Verfahrenseröffnung
haftet der vollmachtlose Vertreter nicht. Bei verschuldeter Nichtkenntnis muß der
Handelnde dem Geschäftsgegner Schadenersatz leisten. Zum Ersatz des Erfüllungsschadens ist der vollmachtslose Vertreter indes nicht verpflichtet. Die Haftung des Vertreters
richtet sich nach dem Anspruch gegenüber dem Vertretenen. Hätte der Gemeinschuldner

den Vertrag geschlossen, würde die Masse nicht haften, §§ 80, 81 InsO. Das Vertrauen des Vertragspartners auf Erfüllung wird im Interesse aller Gläubiger nicht geschützt. Der vollmachtslose Vertreter haftet nach alldem nur auf das negative Interesse. Bei der Frage des Schadenersatzes ist darüber hinaus der Grundsatz des § 179 Abs. 3 BGB zu berücksichtigen; ein Mitverschulden des Geschäftsgegners wirkt sich schadensmindernd aus. Dabei kommt es immer darauf an, ob sich für den Geschäftsgegner konkrete Anhaltspunkte ergaben, an der Vertretungsmacht zu zweifeln. Die Veröffentlichung der Konkurseröffnung allein begründet diese Anhaltspunkte regelmäßig nicht.

10 Mit der Vollmacht erlöschen auch die vom Bevollmächtigten erteilten Untervollmachten. Die Untervollmacht ist als abgeleitete Rechtsmacht vom Bestand der Hauptvollmacht abhängig (*Soergel/Leptien* BGB, § 167, Rz. 57–59; *Staudinger/Dilcher* BGB, § 167 Rz. 67). Nach der Rspr. haftet der Untervertreter bei fehlender Hauptvollmacht nicht, wenn er die Untervertretung offengelegt hatte (BGHZ 32, 250, 254; 68, 391, 396, vgl. insbesondere *Staudinger/Dilcher* BGB, § 167, Rz. 73). Zudem wird man den Haftungsausschluß des § 117 Abs. 3 InsO unmittelbar auf den Unterbevollmächtigten anwenden müssen.

11 Der Verwalter kann das vollmachtslose Handeln des Vertreters genehmigen, soweit das Vertretergeschäft sich auf die Masse bezieht (*Jaeger/Henckel* KO, § 23, Rz. 53). Handlungsvollmachten und Prokura darf der Verwalter im Fall der Betriebsfortführung neu erteilen (*Schmidt* BB 1989, 229, 232, 233, 234; *Hess* KO, § 23 Rz. 10; *Jaeger/Henckel* KO, § 23 Rz. 49; *Kilger/Karsten Schmidt* KO, § 6 Anm. 1). Die unter der KO vertretene Auffassung, derartige umfassende Handlungsvollmachten seien mit dem Amt des Verwalters nicht zu vereinbaren (*BGH* WM 1958, 430, 431) wird der Praxis im Fall der Betriebsfortführung nicht gerecht. Das ist bei großen Verfahren evident. Auch unter der InsO gilt der Grundsatz fort, daß sich der Verwalter bei konkursspezifischen Tätigkeiten nicht vertreten lassen darf (im einzelnen dazu *Jaeger/Henckel* KO, § 23 Rz. 49).

D. Abdingbarkeit

12 § 117 InsO ist zwingend. Eine Vereinbarung mit dem Schuldner oder dem Verwalter, die Vollmacht solle fortbestehen, ist unwirksam. Der Verwalter muß in jedem Fall Vollmachten neu erteilen, wenn er die Bevollmächtigten weiterhin handeln lassen will (*Schmidt* BB 1989, 229, 234).

§ 118
Auflösung von Gesellschaften → § 28 KO

[1]Wird eine Gesellschaft ohne Rechtspersönlichkeit oder eine Kommanditgesellschaft auf Aktien durch die Eröffnung des Insolvenzverfahrens über das Vermögen eines Gesellschafters aufgelöst, so ist der geschäftsführende Gesellschafter mit den Ansprüchen, die ihm aus der einstweiligen Fortführung eilbedürftiger Geschäfte zustehen, Massegläubiger. [2]Mit den Ansprüchen aus der Fortführung der Geschäfte während der Zeit, in der er die Eröffnung des Insolvenzverfahrens ohne sein Verschulden nicht kannte, ist er Insolvenzgläubiger; § 84 Abs. 1 bleibt unberührt.

Auflösung von Gesellschaften **§ 118**

Inhaltsübersicht: Rz.

A. Allgemeines 1
B. Anwendungsbereich 2–8

Literatur:

Paulick/Blaurock Handbuch der Stillen Gesellschaft, 1988.

A. Allgemeines

§ 118 InsO übernimmt die Regelung der KO. Die redaktionelle Änderung folgt aus der 1
Praxis zu § 28 KO. Die Regelung entspricht dem Grundgedanken beim Erlöschen der
Vollmachten und Geschäftsbesorgungsverträge. Die Fortführung von Geschäften zur
Vermeidung von Schäden führt zu Masseverbindlichkeiten, während die in Unkenntnis
der Verfahrenseröffnung erfolgte Geschäftsfortführung über die Verfahrenseröffnung
hinaus, Insolvenzforderungen des Geschäftsführers zur Folge hat.

B. Anwendungsbereich

Personengesellschaften werden nach den gesetzlichen Grundtatbeständen durch die 2
Eröffnung des Insolvenzverfahrens über das Vermögen eines Gesellschafters aufgelöst.
Das ergibt sich für die GbR aus § 728 BGB, für die Partnerschaft aus § 10 PartGG, für die
OHG, KG und KGaA aus §§ 131 Nr. 5, 161 Abs. 2 HGB und § 278 Abs. 2 AktG. Auch
die Stille Gesellschaft wird durch den Konkurs des Stillen aufgelöst (*Paulick/Blaurock*
Handbuch der stillen Gesellschaft, § 18 II). Der nicht rechtsfähige Verein ist vom
Bestand seiner Mitglieder unabhängig; die Insolvenz eines Mitglieds berührt seinen
Bestand nicht. Auch die Gemeinschaft der §§ 741 ff. BGB wird nicht erfaßt (*Hess* KO,
§ 28 Rz. 11). § 118 InsO beschränkt sich auch nach dem Wortlaut auf die Rechtsfolgen
bei der Auflösung von Personengesellschaften und der KGaA.
Voraussetzung ist die Auflösung der Gesellschaft. Diese tritt mit Erlaß des Eröffnungs- 3
beschlusses ein. Wird gegen den Eröffnungsbeschluß Beschwerde eingelegt, bleibt es bei
der Auflösung; die Beschwerde hat keine aufschiebende Wirkung. Die Aufhebung des
Eröffnungsbeschlusses beseitigt die Auflösung rückwirkend (*Staudinger/Keßler* BGB,
§ 728 Rz. 2).
In der Praxis sehen die Gesellschaftsverträge regelmäßig das Ausscheiden des insolven- 4
ten Gesellschafters vor. Diese Bestimmungen sind wirksam. Der Verwalter ist dann
darauf beschränkt, die vertraglichen Abfindungsansprüche geltend zu machen. Die
Fortsetzung der Gesellschaft mit dem Schuldner kann er nicht erzwingen (*Staudinger/
Keßler* BGB, § 728 Rz. 2). Vergütungsansprüche aus der Notgeschäftsführung eines
Mitgesellschafters können nicht entstehen.
Schon nach dem Gesetz sind die Gesellschafter verpflichtet, die Geschäfte zur Vermei- 5
dung von Schäden fortzuführen, §§ 728, 727 Abs. 2 BGB. So ist der verbleibende
Gesellschafter z.B. verpflichtet, Patentgebühren zu entrichten, um den Verfall des
Schutzrechtes zu vermeiden (*Staudinger/Keßler* BGB, § 728 Rz. 14). Diese Notge-
schäftsführung dient auch der Insolvenzmasse, da der Wert des in die Masse fallenden

Anteils erhalten wird. Im Rahmen der vorzunehmenden Liquidation sind zunächst die Drittverbindlichkeiten und sodann die Ansprüche der Gesellschafter zu befriedigen. Reicht das Gesellschaftsvermögen zur Befriedigung nicht mehr aus, bestehen Ansprüche der Gesellschafter untereinander (*Staudinger/Keßler* BGB, § 733 Rz. 3). Die Forderung des geschäftsführenden Gesellschafters in der Insolvenz des Gesellschafters ist keine Masseverbindlichkeit, weil der Gesellschaftsvertrag kein gegenseitiger Vertrag i. S. d. § 55 Abs. 1 Nr. 2 InsO ist (RGZ 81, 334). Die Auseinandersetzung findet nach allgemeinen Grundsätzen statt, § 84 Abs. 1 InsO. Insbesondere stehen den Mitgesellschaftern Absonderungsansprüche zu.

6 Der geschäftsführende Gesellschafter soll durch seine auch der Masse dienenden Tätigkeit keine Nachteile erleiden und kann seine Ersatz- und Vergütungsansprüche als Masseforderung geltend machen. Von der Privilegierung werden Aufwendungsersatzansprüche und vertragsgemäße Vergütungen erfaßt. § 118 InsO regelt sämtliche Ansprüche des geschäftsführenden Gesellschafters, die aus der Fortführung der Geschäfte nach der insolvenzbedingten Auflösung resultieren. Sonstige Ansprüche der Gesellschafter untereinander werden von § 118 InsO nicht erfaßt. Forderungen aus dem Zeitraum vor der Auflösung kann der Mitgesellschafter nur als Insolvenzforderung geltend machen.

7 Hat der geschäftsführende Gesellschafter von dem insolvenzbedingten Auflösungstatbestand unverschuldet keine Kenntnis, besteht die Befugnis zur Geschäftsführung fort, § 729 BGB. Die in diesem Zeitrum entstehenden Ansprüche gegen die Mitgesellschafter und damit auch gegen den Schuldner sind Insolvenzforderungen. Dem Gesellschafter verbleiben allenfalls die Absonderungsansprüche aus § 84 InsO.

8 Gemäß § 119 InsO stellt § 118 InsO zwingendes Recht dar. Die Norm knüpft an die Auflösung an. Gesellschaftsvertragliche Fortsetzungsklauseln, die ein Ausscheiden des insolventen Gesellschafters vorsehen, sind zulässig. Vertragliche Vereinbarungen, die eine Fortsetzung der Gesellschaft mit dem insolventen Gesellschafter bestimmen, sind unwirksam. Diese Fortführung würde die Realisierung der Vermögenswerte des Schuldners zugunsten der Gläubiger verhindern (*Jaeger/Henckel* KO, § 28 Rz. 1). Dementsprechend kann auch der Verwalter keine Vertragsänderung herbeiführen, um die Gesellschaft mit dem insolvenzbefangenen Anteil fortzuführen (*Staudinger/Keßler* BGB, § 728 Rz. 6). Der Verwalter kann aber der Fortführung der Gesellschaft ohne den Schuldner auch dann zustimmen, wenn dies im Gesellschaftsvertrag nicht vorgesehen war (*Hess* KO, § 28 Rz. 1). Er ist dann auf den Abfindungsanspruch beschränkt.

§ 119
Unwirksamkeit abweichender Vereinbarungen

Vereinbarungen, durch die im voraus die Anwendung der §§ 103 bis 118 ausgeschlossen oder beschränkt wird, sind unwirksam.

Inhaltsübersicht: Rz.
A. Gesetzesgeschichte 1
B. Einzelheiten 2–10

Unwirksamkeit abweichender Vereinbarungen § 119

Literatur:

Tintelnot Die gegenseitigen Verträge im neuen Insolvenzrecht, ZIP 1995, 616 ff.

A. Gesetzesgeschichte

§ 119 hat keine Entsprechung in der KO. Der *BGH* hatte in zwei grundsätzlichen **1** Entscheidungen vertragliche Kündigungsrechte für den Fall der Insolvenz anerkannt (BGHZ 96, 34 ff.; 124, 76 ff.). In der Literatur waren diese Entscheidungen kritisiert worden (*Jaeger/Henckel* KO, § 17 Rz. 214; *Gottwald/Huber* Insolvenzrechtshandbuch, § 36 Rz. 16). Die VglO setzte in § 53 der Vertragsfreiheit Grenzen. Der RegE hatte in § 137 Abs. 2 noch ausdrücklich vorgesehen, daß Lösungsklauseln für den Fall der Insolvenz unwirksam seien (RegE BT-Drucks. 12/2448 S. 30). Nach der Anhörung der Wirtschaftsverbände war diese Regelung in dem endgültigen Entwurf des Rechtsausschusses gestrichen worden, weil dadurch in der kritischen Phase Unternehmenssanierungen verhindert würden; auch im internationalen Geschäftsverkehr soll ein Bedürfnis nach insolvenzbedingten Lösungsmöglichkeiten bestehen (Ausschußbericht BT-Drucks. 12/7302, S. 70). Letztlich schreibt § 119 damit nur die Rechtsunsicherheit unter der KO fort (*Tintelnot* ZIP 1995, 616, 622).

B. Einzelheiten

Nach der Vorstellung des Gesetzgebers verhindert damit § 119 InsO vertragliche Verein- **2** barungen, die die Gestaltungsrechte des Verwalters beeinflussen. Den Parteien bleibt es unbenommen, die vertraglichen Vereinbarungen für den Fall der Insolvenz zu beenden.
Die Gesetzesgeschichte macht deutlich, daß es den Vertragsparteien möglich sein soll, **3** für den Fall der Insolvenz Kündigungsrechte oder die Auflösung des Vertrages vorzusehen. Diese nachträgliche Änderung des Gesetzesentwurfes kann indes nicht dazu führen, Lösungsklauseln schlechthin anzuerkennen. In jedem Einzelfall ist zu prüfen, ob der Fortbestand des Vertrages nach dem Gesetzeszweck notwendig für die Sanierung in der Insolvenz sein soll. Dabei ist immer zu fordern, daß der zwingende Fortbestand des Vertrages dem Gesetzeszweck nicht zuwiderläuft. Zu Recht geht der *BGH* davon aus, daß der Verwalter nur den (Vertrags-) Bestand der Masse im Zeitpunkt der Eröffnung hinnehmen muß. Es gab unter der KO keine Bestimmung, die insolvenzbedingte Kündigungsrechte generell untersagte (BGHZ 94, 36, 37). Diese Rechtslage will die InsO in der endgültigen Fassung des Rechtsausschusses nicht ändern.
Lösungsklauseln können auch in AGB wirksam vereinbart werden. Wenn der Gesetzge- **4** ber ein insolvenzbedingtes Lösungsrecht zuläßt, kann dies schwerlich gegen einen wesentlichen Grundgedanken des Gesetzes verstoßen (a. A. *Tintelnot* ZIP 1995, 616, 623).
Zwingende gesetzliche Anordnungen, die Lösungsmöglichkeiten untersagen, finden **5** sich in der InsO mehrfach. So schreibt § 108 InsO ausdrücklich die Fortgeltung von Miet- und Pachtverträgen vor. § 112 InsO untersagt insolvenzbedingte Kündigungen. Der Vermieter kann nach § 109 Abs. 2 InsO nur bei noch nicht erfolgter Besitzübergabe zurücktreten. Eine generelle Lösungsklausel würde gegen diese detaillierten Gestaltungsrechte verstoßen. Der Fortbestand der Mietverträge dient zudem der im Interesse

der Sanierung gewünschten Unternehmensfortführung. Dieses gesetzliche Interesse unterliegt nicht dem Gestaltungsspielraum der Vertragsparteien.

6 Diese Erwägung greift auch für Kaufverträge mit Eigentumsvorbehalt, deren Bestand durch § 107 InsO gesondert geregelt ist. Vertragliche Lösungsklauseln würden zum Entzug der Kaufgegenstände aus der Masse führen. Der Sanierungszweck würde vereitelt.

7 Entwickelt man diesen Grundgedanken fort, muß auch der Bestand von Dauerschuldverhältnissen, welche der Unternehmensfortführung dienen, vor abweichend vertraglichen Vereinbarungen Vorrang haben. Zu denken ist insbesondere an Energielieferungsverträge, die nach der gesetzlichen Vorstellung auch zu den mit dem Schuldner vereinbarten Bedingungen fortgeführt werden sollen. Dieses Regelungsziel ergibt sich aus § 105 InsO. Die Gesetzesmotive machen deutlich, daß diese Verträge zu dem ursprünglich mit dem Schuldner vereinbarten Bedingungen fortgelten sollen.

8 Unzulässig ist eine Beeinträchtigung der einzelnen Wahl- und Gestaltungsrechte des Verwalters. So kann das Recht zur Erfüllungsablehnung durch den Verwalter nicht eingeschränkt werden. Mittelbare Beeinträchtigungen der Verwalterwahlrechte sind ebenfalls nicht möglich. So können dem Schuldner für den Fall der Insolvenz keine höhere Vergütung oder insolvenzbedingte Zusatzaufwendungen auferlegt werden. Insgesamt können die Vertragsbedingungen für den Fall der Fortführung in der Insolvenz nicht verschlechtert werden. Das gilt selbst für Zahlungsbedingungen. So ist die Vereinbarung einer Vorkasse für die Fortführung des Vertrages in der Insolvenz nicht zulässig. Die erfaßten Verträge bestehen in der Insolvenz uneingeschränkt fort. Der Vertragspartner kann darüber nicht verfügen. Auch der Verwalter muß den Vertrag uneingeschränkt erfüllen.

9 Zu den Gestaltungsrechten des Verwalters zählt auch die Ausnutzung der gesetzlichen Fristen beim Eigentumsvorbehalt. Die Frist zur Erklärung über die Vertragserfüllung bis zum Berichtstermin kann nicht verkürzt werden.

10 Zwingend ist schließlich die Auflösung von Verträgen, welche die gesetzlichen Verwalterrechte beeinträchtigen. Die Fortgeltung von Aufträgen, Geschäftsbesorgungsverträgen und Vollmachten kann deshalb nicht über die Verfahrenseröffnung hinaus vereinbart werden. Selbst der Verwalter kann die Fortgeltung nicht vereinbaren, sondern muß die Verträge und Vollmachten neu begründen.

§ 120
Kündigung von Betriebsvereinbarungen

(1) ¹Sind in Betriebsvereinbarungen Leistungen vorgesehen, welche die Insolvenzmasse belasten, so sollen Insolvenzverwalter und Betriebsrat über eine einvernehmliche Herabsetzung der Leistungen beraten. ²Diese Betriebsvereinbarungen können auch dann mit einer Frist von drei Monaten gekündigt werden, wenn eine längere Frist vereinbart ist.
(2) Unberührt bleibt das Recht, eine Betriebsvereinbarung aus wichtigem Grund ohne Einhaltung einer Kündigungsfrist zu kündigen.

Kündigung von Betriebsvereinbarungen **§ 120**

Inhaltsübersicht: Rz.

A. Normzweck	1
B. Anwendungsbereich	2– 5
I. Freiwillige Betriebsvereinbarung	2
II. Betriebsvereinbarung in mitbestimmungspflichtigen Angelegenheiten/ Nachwirkung	3– 4
III. Regelungsabrede	5
C. Beratungsgebot	6– 7
D. Belastende Betriebsvereinbarung	8–10
E. Außerordentliches Kündigungsrecht (Abs. 2)	11–12
F. Wegfall der Geschäftsgrundlage	13–16

Literatur:

(siehe vor § 113, S. 694)

A. Normzweck

Die Neuregelung soll nach dem Willen des Gesetzgebers dem Umstand Rechnung tragen, daß Betriebsvereinbarungen das Unternehmen des Schuldners mit erheblichen Verbindlichkeiten belasten können. In der Insolvenz soll es möglich sein, das Unternehmen kurzfristig von solchen Verbindlichkeiten zu entlasten, und zwar unabhängig davon, ob der Betrieb stillgelegt, im Rahmen des bisherigen Unternehmens fortgeführt oder an einen Dritten veräußert werden soll. Der Eintritt der Insolvenz zeigt, daß die wirtschaftliche Grundlage für eine derartige Betriebsvereinbarung zumindest in Frage gestellt ist. Gerade im Falle einer geplanten Betriebsveräußerung kann es besonders wichtig sein, eine belastende Betriebsvereinbarung rechtzeitig zu ändern oder aufzuheben. Bestehende Betriebsvereinbarungen sind gemäß § 613 a Abs. 1 Satz 2 BGB auch für den Erwerber des Betriebes verbindlich; dies kann zu einem Hindernis für die Betriebsveräußerung werden. Der Wegfall entsprechender Belastungen kann damit auch zur Erhaltung von Arbeitsplätzen beitragen.

B. Anwendungsbereich

I. Freiwillige Betriebsvereinbarung

Der Gesetzgeber ging bei der Beratung der Vorschrift davon aus, daß es sich bei solchen belastenden Betriebsvereinbarungen regelmäßig um **freiwillige Betriebsvereinbarungen** handele, also um solche, bei denen keine zwingende Mitbestimmung besteht (*Bericht* des Rechtsausschusses zu § 138 BT-Drucks. 12/7302, S. 170). Vor allem wurde an Sozialeinrichtungen nach § 88 Ziffer 2 BetrVG gedacht (z. B. Unterhaltung einer Kantine, eines Betriebskindergartens oder von Ferienwohnungen). Im Schrifttum wird teilweise vertreten, daß nur solche Sonderleistungen des Schuldners, die über die »normale« Entlohnung hinausgehen, nach § 120 kündbar sein sollen (*Zwanziger* a. a. O., S. 73).

II. Betriebsvereinbarung in mitbestimmungspflichtigen Angelegenheiten/Nachwirkung

3 Die Beschränkung der Kündigungsmöglichkeiten nach § 120 auf ausschließlich freiwillige Betriebsvereinbarungen ist weder mit dem Wortlaut der Vorschrift noch mit ihrem Zweck vereinbar. Wenngleich sich auch aus den Materialien ergibt, daß in erster Linie freiwillige Betriebsvereinbarungen ungeachtet einer vereinbarten Kündigungsregelung mit der der gesetzlichen Kündigungsfrist nach § 77 Abs. 5 BetrVG entsprechenden Frist des Abs. 1 Satz 2 gekündigt werden dürfen, so ist es doch nicht ausgeschlossen, daß **auch Betriebsvereinbarungen in mitbestimmungspflichten Angelegenheiten** belastend sein können und damit in der Insolvenz einer erleichterten Kündigungsmöglichkeit zugänglich sein sollen (so schon *Warrikoff* a. a. O., S. 2339). In § 138 Abs. 1 Satz 3 des Regierungsentwurfs wurde ausdrücklich an der Weitergeltung erzwingbarer Betriebsvereinbarungen nach der Kündigung in der Insolvenz festgehalten. Der Rechtsausschuß hielt dies allerdings für irreführend, weil er davon ausging, daß im Regelfall die belastenden Betriebsvereinbarungen keine erzwingbaren sind. Soweit sie es doch sind, ergibt sich die Weitergeltung nach Auffassung des Rechtsausschusses auch ohne einen ausdrücklichen Verweis aus dem Gesetz (§ 77 Abs. 6 BetrVG). Somit folgt schon aus der Entstehungsgeschichte der Vorschrift, daß die Kündigungsbefugnis nach § 120 nicht ausschließlich auf freiwillige Betriebsvereinbarungen beschränkt ist.

4 Handelt es sich bei der belastenden Betriebsvereinbarung um eine freiwillige gemäß § 88 BetrVG, endet die Pflicht zur Leistungsgewährung nach Ablauf der dreimonatigen Kündigungsfrist. Hat die Betriebsvereinbarung demgegenüber mitbestimmungspflichtigen Inhalt, verbleibt es nach Ablauf der Kündigungsfrist bei der **Nachwirkung** gemäß § 77 Abs. 6 BetrVG. Der Insolvenzverwalter ist dann gehalten, über eine ablösende Betriebsvereinbarung zu verhandeln, ggf. die Einigungsstelle anzurufen.
Hat die Betriebsvereinbarung teilmitbestimmten Inhalt, so kommt ihr nach der Entscheidung des 1. Senats des *BAG* vom 26. 10. 1993 (AP Nr. 6 zu § 77 BetrVG 1972 Nachwirkung) Nachwirkung jedenfalls dann zu, wenn der Arbeitgeber den vollständigen Wegfall der Leistungen nicht will. Die Nachwirkung kann allerdings – auch konkludent – abbedungen werden (*BAG* 17. 01. 1995 AP Nr. 7 zu § 77 BetrVG 1972 Nachwirkung). Auch genügt danach nicht allein die Möglichkeit, die teilmitbestimmte Leistung später ggf. wieder aufzunehmen, um die Nachwirkung zu erzeugen.

III. Regelungsabrede

5 Nach dem Wortlaut der Vorschrift gilt § 120 ausschließlich für Betriebsvereinbarungen. Die gesetzlich nicht definierte Betriebsvereinbarung wird überwiegend zutreffend als **privatrechtlicher kollektiver Normenvertrag** verstanden, der gemäß § 77 Abs. 2 BetrVG von Arbeitgeber und Betriebsrat gemeinsam beschlossen und schriftlich niedergelegt wird. Die Betriebsvereinbarung ist von beiden Seiten zu unterzeichnen. Dies bedeutet, daß die Betriebsvereinbarung von den Parteien eigenhändig durch Namensunterschrift unterzeichnet werden muß (§ 125 Abs. 1 BGB) und beide Unterschriften in einer Urkunde enthalten sein müssen (*BAG* 14. 02. 1978 AP Nr. 60 zu Art. 9 GG – Arbeitskampf). Dies gilt nicht, soweit Betriebsvereinbarungen auf einem Spruch der Einigungsstelle beruhen (§ 77 Abs. 2 Satz 2, 2. HS BetrVG).
Neben dem Rechtsinstrument der Betriebsvereinbarung steht es den Betriebsparteien frei, sich formlos durch bloße Verabredung zu einigen. Für derartige **Regelungsabreden**

Kündigung von Betriebsvereinbarungen **§ 120**

gelten die allgemeinen Regelungen über die Kündigung von Betriebsvereinbarungen und deren Nachwirkung entsprechend, wenn nichts anderes vereinbart ist (*BAG* 10. 03. 1992, DB 1992, 1735; *BAG* 23. 06. 1992, DB 1992, 2643). Regelungsabreden können somit analog § 77 Abs. 5 BetrVG mit einer Frist von drei Monaten gekündigt werden, sie wirken analog § 77 Abs. 6 BetrVG nach, sofern Gegenstand der Regelungsabrede eine mitbestimmungspflichtige Angelegenheit ist.

Da § 120 bezweckt, das insolvente Unternehmen kurzfristig von Verbindlichkeiten aus Kollektivvereinbarungen zu entlasten, ist die Vorschrift ihrem Zweck entsprechend **auch auf Regelungsabreden anwendbar** (ebenso *Zwanziger* a. a. O., S. 75).

C. Beratungsgebot

Die **Soll-Vorschrift** konkretisiert für den Regelungsgegenstand der »belastenden Be- 6 triebsvereinbarung« ein **Beratungsgebot** mit dem Ziel, die Leistungen aus einer solchen Betriebsvereinbarung einvernehmlich herabzusetzen. Die Annahme einer Beratungspflicht wäre mit Wortlaut und Zweck der Vorschrift im übrigen nicht zu vereinbaren (vgl. auch *Grunsky/Moll* a. a. O., S. 70, die zu Recht darauf hinweisen, daß sich an die Soll-Vorschrift keine konkreten Rechtsfolgen knüpfen). Die Norm hat die Entlastung der Masse von solchen Verbindlichkeiten im Auge und will gerade keine zusätzliche Beratungspflicht konstituieren. Kommt der Insolvenzverwalter nach Prüfung zu dem Ergebnis, daß eine auch nur verminderte Weitergewährung der Leistungen aus der belastenden Betriebsvereinbarung ausscheidet, so soll er die Betriebsvereinbarung ungeachtet einer längeren Kündigungsregelung mit der der gesetzlichen Kündigungsfrist nach § 77 Abs. 5 BetrVG entsprechenden Frist des Abs. 1 Satz 2 kündigen dürfen.

Es ist nicht erforderlich, daß der Insolvenzverwalter in diesem Fall vor der Kündigungs- 7 erklärung mit dem Betriebsrat über eine einvernehmliche Herabsetzung der Leistungen berät. Allerdings hat der Insolvenzverwalter wie zuvor der Schuldner auch bei allen seinen Rechtshandlungen, die die Arbeitnehmer berühren, die Mitwirkungs- und Mitbestimmungsrechte des Betriebsrats zu beachten (vgl. *BAG* 06. 05. 1986 AP Nr. 8 zu § 128 HGB). Er unterliegt demzufolge auch der allgemeinen Einlassungs- und Erörterungspflicht gemäß § 74 Abs. 1 Satz 2 BetrVG, wenn der Betriebsrat mit ihm über die Regelungen der belastenden Betriebsvereinbarung verhandeln will. Diese Pflicht gilt nach der Rechtsprechung des BAG in allen streitigen Angelegenheiten, also auch in Angelegenheiten, die nicht dem Mitbestimmungsrecht des Betriebsrats unterliegen, sondern Gegenstand einer freiwilligen Betriebsvereinbarung gemäß § 88 BetrVG sind (*BAG* 13. 10. 1987 AP Nr. 24, I 3 b d. G. zu § 87 BetrVG 1972 – Arbeitszeit). Der Insolvenzverwalter ist somit nicht nur verpflichtet, seine Position darzulegen und zu begründen, sondern auch zu der Haltung des Betriebsrats Stellung zu nehmen (vgl. *Fitting* a. a. O., § 74 Rz. 9). Ein Zwang zum Kompromiß besteht nicht. Hält der Insolvenzverwalter seine Position auch nach Erörterung der Argumente des Betriebsrats für allein sachgerecht, ist ihm dies nicht verwehrt (weitergehend *Zwanziger* a. a. O., S. 73, der darauf hinweist, daß die Betriebspartei Verhandlungen erst gar nicht aufnehmen muß, wenn schon vor Verhandlungsbeginn aus ihrer Sicht unangebrachte Verzögerungen auftreten, wobei in diesem Fall sich dies durch konkrete Vorfälle belegen lassen muß, eine bloße unfundierte Einschätzung nicht ausreicht).

Eisenbeis

D. Belastende Betriebsvereinbarung

8 § 120 findet ausschließlich auf sog. **belastende Betriebsvereinbarungen** Anwendung. Die Formulierung ist ungenau. Ohne weiteres ist die Vorschrift auf alle Betriebsvereinbarungen anwendbar, die die Insolvenzmasse unmittelbar finanziell belasten, also Vergütungsregelungen (z. B. Weihnachtsgratifikationen, Sonderprämien, Essensgeldzuschuß und dergl.) beinhalten.

9 Bei einem weiten Verständnis des unbestimmten Begriffs der Belastung ließen sich hierunter aber auch Betriebsvereinbarungen subsumieren, die die Insolvenzmasse nur mittelbar belasten, weil sie den Insolvenzverwalter zu Leistungen verpflichten, die sich im Rahmen einer Sanierung als hinderlich erweisen (z. B. Betriebsvereinbarungen über Arbeitszeitregelungen). Die InsO enthält ebensowenig eine Legaldefinition der Belastung wie das BGB den Begriff der Last definiert. Zu den Lasten i. S. d. § 103 BGB gehören all solche Belastungen, die den Eigentümer oder Besitzer einer Sache oder den Gläubiger eines Rechts in dieser ihrer Eigenschaft zu einer Leistung verpflichten. Es erscheint jedoch fraglich, ob ein derart weites Begriffsverständnis der Intention des Gesetzgebers gerecht werden kann, da dies im Ergebnis darauf hinausliefe, daß dem Adjektiv »belastend« jegliche eigenständige Bedeutung abgesprochen würde. Durch den Bezug zur Insolvenzmasse liegt es näher, daß § 120 nur solche Betriebsvereinbarungen erfaßt, die das dem Schuldner zum Zeitpunkt der Verfahrenseröffnung gehörende Vermögen negativ beeinträchtigen. Hierfür spricht auch der Ausnahmecharakter der Rechtsnorm, der nur eine eingeschränkte Auslegung zuläßt (noch enger *Zwanziger* a. a. O., S. 73).

10 Enthält eine Betriebsvereinbarung neben Regelungen, die »belastend« i. S. d. § 120 sind, auch andere Regelungen, so muß im Sinne der Masseschonung auch eine **Teilkündigung** zulässig sein (*Zwanziger* a. a. O., der zu Recht darauf hinweist, daß es unerheblich sein muß, ob bestimmte Leistungen zufällig auf mehrere Betriebsvereinbarungen verteilt sind oder in einer Betriebsvereinbarung zusammengefaßt sind).

E. Außerordentliches Kündigungsrecht (§ 120 Abs. 2)

11 Absatz 2 stellt ergänzend klar, daß die in Rechtsprechung und Lehre entwickelten Grundsätze zur Kündigung einer Betriebsvereinbarung aus wichtigem Grund unberührt bleiben (vgl. BAGE 16, 59). Voraussetzung für die außerordentliche Kündigung der Betriebsvereinbarung ist, daß es einer Partei – regelmäßig dem Insolvenzverwalter – nicht zumutbar ist, an der Fortsetzung der Betriebsvereinbarung bis zum vereinbarten Ende oder bis zum Ablauf der ordentlichen Kündigungsfrist festzuhalten. Die Eröffnung des Insolvenzverfahrens stellt für sich genommen keinen wichtigen Grund zur Kündigung einer Betriebsvereinbarung dar. Auch der Umstand, daß das insolvente Unternehmen keine Geldmittel zur Verfügung hat, um die vereinbarten Leistungen aus der Betriebsvereinbarung zu erfüllen, stellt für sich betrachtet noch keinen Grund zur außerordentlichen Kündigung der Betriebsvereinbarung dar (für den Sozialplan vgl. *BAG* 10. 08. 1994 DB 1995, 480ff.). Der Insolvenzverwalter muß im einzelnen darlegen, daß dem Unternehmen ein Festhalten an der Betriebsvereinbarung bis zum Ablauf der ordentlichen Kündigungsfrist bzw. bis zum vereinbarten Ende der Laufzeit nicht zugemutet werden kann; hierbei darf er sich nicht auf schlagwortartige Darstellungen oder bloße Allgemeinplätze beschränken (*BAG* 28. 04. 1992 DB 1992, 2642f.).

Betriebsänderungen und Vermittlungsverfahren § 121

Da Abs. 2 das von der Rechtsprechung entwickelte außerordentliche Kündigungsrecht 12
für Betriebsvereinbarungen (aller Art) bestätigt, ist der Anwendungsbereich weiter als in
Abs. 1, der ausschließlich für sog. belastende Betriebsvereinbarungen gilt. Bei der
Abwägung, ob dem Insolvenzverwalter ein Festhalten an der Betriebsvereinbarung bis
zum Ablauf der Kündigungsfrist zugemutet werden kann, ist deshalb nicht in jedem Fall
auf die dreimonatige Kündigungsfrist nach Abs. 1 bzw. § 77 Abs. 5 BetrVG abzustellen,
sondern ggf. auf die vereinbarte längere Kündigungsfrist (so auch *Zwanziger* a.a.O.,
S. 75).

F. Wegfall der Geschäftsgrundlage

Für Betriebsvereinbarungen und insbesondere für Sozialpläne ist anerkannt, daß diese 13
eine **Geschäftsgrundlage** haben können, bei deren Wegfall die betroffene Regelung den
geänderten tatsächlichen Umständen anzupassen ist, wenn dem Vertragspartner im
Hinblick auf den Wegfall der Geschäftsgrundlage das Festhalten an der Vereinbarung
nicht mehr zuzumuten ist (*BAG* 10. 08. 1994 AP Nr. 86 zu § 112 BetrVG 1972). Die
Geschäftsgrundlage eines Sozialplans kann insbesondere dann weggefallen sein, wenn
beide Betriebspartner bei Abschluß des Sozialplans von **irrigen Vorstellungen** über die
Höhe der für den Sozialplan zur Verfügung stehenden **Finanzmittel** ausgegangen sind
(so *BAG* 17. 02. 1981 AP Nr. 11 unter II 2 b) d. G. zu § 112 BetrVG 1972).
Der Wegfall der Geschäftsgrundlage führt jedoch nicht zur Beendigung des Sozialplans, 14
sondern läßt diesen mit einem anzupassenden Inhalt fortbestehen. Derjenige Betriebspartner, der sich auf den Wegfall der Geschäftsgrundlage beruft, hat einen **Verhandlungsanspruch** über die **Anpassung** der im Sozialplan getroffenen Regelung. Die
Einigungsstelle entscheidet verbindlich.
Die anpassende Regelung kann schon entstandene Ansprüche der Arbeitnehmer auch zu 15
deren Ungunsten abändern. Darauf, daß die einmal entstandenen Ansprüche mit dem
ursprünglichen Inhalt fortbestehen, können die Arbeitnehmer ebensowenig vertrauen,
wie wenn sich der Sozialplan als von Anfang nichtig darstellt oder wegen Ermessensüberschreitung der Einigungsstelle nach § 76 Abs. 5 BetrVG angefochten und für
unwirksam erklärt wird (*BAG* 10. 08. 1994 AP Nr. 86 zu § 112 BetrVG 1972).
Ebenso denkbar ist, daß die Geschäftsgrundlage eines für die Betriebsstillegung verein- 16
barten Sozialplans entfällt, wenn der Insolvenzverwalter mit der Durchführung der
geplanten Betriebsstillegung durch Kündigung der Arbeitsverhältnisse begonnen hat,
der Betrieb aber alsbald nach Ausspruch der Kündigungen von einem Dritten übernommen wird, der sich bereit erklärt, alle Arbeitsverhältnisse zu den bisherigen Bedingungen
fortzuführen (vgl. *BAG* 28. 08. 1996 AP Nr. 104 zu § 112 BetrVG 1972). In einem
solchen Fall ist der Sozialplan, der allein für den Verlust der Arbeitsplätze Abfindungen
vorsah, den veränderten Umständen anzupassen. Bis zur erfolgten Anpassung ist ein
Rechtsstreit über eine Abfindung aus dem zunächst vereinbarten Sozialplan in entsprechender Anwendung von § 148 ZPO auszusetzen (*BAG* a.a.O.).

§ 121
Betriebsänderungen und Vermittlungsverfahren

**Im Insolvenzverfahren über das Vermögen des Unternehmers gilt § 112 Abs. 2
Satz 1 des Betriebsverfassungsgesetzes mit der Maßgabe, daß dem Verfahren vor**

der Einigungsstelle nur dann ein Vermittlungsversuch des Präsidenten des Landesarbeitsamts vorangeht, wenn der Insolvenzverwalter und der Betriebsrat gemeinsam um eine solche Vermittlung ersuchen.

Literatur:

(siehe vor § 113, S. 694)

Nach der Rechtsprechung des BAG war der Konkursverwalter bei einem Scheitern der Einigungsbemühungen mit dem Betriebsrat verpflichtet, das für den Versuch einer Einigung über den Interessenausgleich vorgesehene Verfahren (§ 112 Abs. 1–3 BetrVG) voll auszuschöpfen und von sich aus die Einigungsstelle anzurufen (*BAG* 18. 12. 1984 EzA zu § 113 BetrVG 1972 Nr. 12; 03. 04. 1990 EzA zu § 113 BetrVG Nr. 20).

§ 121 bestimmt im Sinne der beabsichtigten Beschleunigung des Verfahrens, daß im Insolvenzverfahren über das Vermögen des Unternehmers § 112 Abs. 2 Satz 1 BetrVG mit der Maßgabe gilt, daß dem Verfahren vor der Einigungsstelle nur dann ein **Vermittlungsversuch** des Präsidenten des Landesarbeitsamtes vorangeht, wenn der Insolvenzverwalter und der Betriebsrat **gemeinsam** um eine solche **Vermittlung ersuchen**. Die Einschaltung des Präsidenten des Landesarbeitsamtes als »Zwischenverfahren« vor einem Antrag nach § 98 ArbGG ist zwar auch außerhalb der Insolvenz fakultativ; ihr Unterbleiben hat keine Rechtsfolge nach § 113 BetrVG (*Fitting* a. a. O., § 112 Rz. 15 m. w. N.). Die den Präsidenten des Landesarbeitsamtes nicht anrufende Seite ist aber nach § 2 Abs. 1 BetrVG verpflichtet, sich an dem Vermittlungsversuch zu beteiligen (*Dietz/Richardi* BetrVG, § 112 Rz. 154). Demgegenüber kann der Insolvenzverwalter nach § 121 entscheiden, ob eine Vermittlung durch den Präsidenten des Landesarbeitsamtes sinnvoll ist oder nicht. Entscheidet er sich gegen die Vermittlung, kann er den Antrag auf Einsetzung einer Einigungsstelle nach § 98 ArbGG stellen und/oder die gerichtliche Zustimmung zur Durchführung der Betriebsänderung nach Maßgabe von § 122 betreiben.

Entscheidet er sich für das Bestellungsverfahen nach § 98 ArbGG, ist die in 1998 in Kraft getretene Novellierung dieser Vorschrift zu beachten (BT-Drucks. 13/10242 S. 11). Nach der alten Fassung des § 98 Abs. 1 Satz 1 ArbGG hatte über die Bestellung des Einigungsstellenvorsitzenden und über die Anzahl der Beisitzer der Vorsitzende der zuständigen Kammer des Arbeitsgerichts und im Falle der Beschwerde nach § 98 Abs. 2 Satz 3 ArbGG a. F. der Vorsitzende des LAG zu entscheiden. Die Neuregelung bezieht nunmehr die ehrenamtlichen Richter in das Bestellungsverfahren ein. Der Gesetzgeber hofft so, die Transparenz und Akzeptanz der Bestellungsentscheidung zu erhöhen. Zugleich wird das Ziel verfolgt, das Bestellungsverfahren zu beschleunigen. Inwieweit diese gesetzgeberische Vorstellung allerdings in die Realität umgesetzt werden kann, erscheint angesichts der personellen Erweiterung des Spruchkörpers zweifelhaft (zu den diesbezüglichen Bedenken aus der Praxis vgl. *Hümmerich* DB 1998, 1133). Die mit der Einschaltung der ehrenamtlichen Richter verbundene Verzögerung soll offensichtlich durch die in § 98 Abs. 1 Satz 3 und 5 ArbGG aufgenommenen Beschleunigungsgebote wieder ausgeglichen werden. Danach können die Einlassungs- und Ladungsfristen auf 48 Stunden abgekürzt werden. Der Beschluß des Gerichts soll den Beteiligten innerhalb von zwei Wochen nach Eingang des Antrags zugestellt werden.

Gerichtliche Zustimmung zur Durchführung einer Betriebsänderung § 122

Aus der Gesetzesbegründung (BT-Drucks. 13/10242 S. 11) ergibt sich weiter, daß der Gesetzgeber bei der Novellierung davon ausgegangen ist, daß die durch das Arbeitsrechtliche Beschäftigungsförderungsgesetz zum 01. 10. 1996 eingeführte Frist von einem Monat für die Durchführung des Interessenausgleichsverfahrens vor der Einigungsstelle eingehalten werden könnte. Die Praxis wird zeigen, daß diese Erwartung irreal ist (vgl. *Düwell* FA 1998, 244). Innerhalb der Monatsfrist wird es bei Meinungsverschiedenheiten über die Person des unparteiischen Vorsitzenden im Regelfall nicht möglich sein, das zwei Instanzen umfassende gerichtliche Bestellungsverfahren abzuschließen (*Düwell* a. a. O.). Aus Sicht der Praktiker ist die Gesetzesnovelle daher mißlungen (*Hümmerich* a. a. O. S. 1134).

Von praktischer Bedeutung und im Ergebnis auch begrüßenswert ist die gesetzgeberische Klarstellung in § 98 Abs. 1 Satz 4 ArbGG; danach darf ein Richter nur dann zum Vorsitzenden bestellt werden, wenn aufgrund der Geschäftsverteilung ausgeschlossen ist, daß er mit der Überprüfung, der Auslegung oder der Anwendung des Spruchs der Einigungsstelle befaßt wird.

§ 121 richtet sich ausschließlich an die Betriebsparteien. Sie läßt die Möglichkeit des Einigungsstellenvorsitzenden, den Präsidenten des Landesarbeitsamtes um Teilnahme an der Einigungsstelle zu ersuchen, unberührt (§ 112 Abs. 2 Satz 3 BetrVG).

§ 122
Gerichtliche Zustimmung zur Durchführung einer Betriebsänderung

(1) [1]**Ist eine Betriebsänderung geplant und kommt zwischen Insolvenzverwalter und Betriebsrat der Interessenausgleich nach § 112 des Betriebsverfassungsgesetzes nicht innerhalb von drei Wochen nach Verhandlungsbeginn oder schriftlicher Aufforderung zur Aufnahme von Verhandlungen zustande, obwohl der Verwalter den Betriebsrat rechtzeitig und umfassend unterrichtet hat, so kann der Verwalter die Zustimmung des Arbeitsgerichts dazu beantragen, daß die Betriebsänderung durchgeführt wird, ohne daß das Verfahren nach § 112 Abs. 2 des Betriebsverfassungsgesetzes vorangegangen ist.** [2]**§ 113 Abs. 3 des Betriebsverfassungsgesetzes ist insoweit nicht anzuwenden.** [3]**Unberührt bleibt das Recht des Verwalters, einen Interessenausgleich nach § 125 zustande zu bringen oder einen Feststellungsantrag nach § 126 zu stellen.**
(2) [1]**Das Gericht erteilt die Zustimmung, wenn die wirtschaftliche Lage des Unternehmens auch unter Berücksichtigung der sozialen Belange der Arbeitnehmer erfordert, daß die Betriebsänderung ohne vorheriges Verfahren nach § 112 Abs. 2 des Betriebsverfassungsgesetzes durchgeführt wird.** [2]**Die Vorschriften des Arbeitsgerichtsgesetzes über das Beschlußverfahren gelten entsprechend; Beteiligte sind der Insolvenzverwalter und der Betriebsrat. Der Antrag ist nach Maßgabe des § 61 a Abs. 3 bis 6 des Arbeitsgerichtsgesetzes vorrangig zu erledigen.**
(3) [1]**Gegen den Beschluß des Gerichts findet die Beschwerde an das Landesarbeitsgericht nicht statt.** [2]**Die Rechtsbeschwerde an das Bundesarbeitsgericht findet statt, wenn sie in dem Beschluß des Arbeitsgerichts zugelassen wird; § 72 Abs. 2 und 3 des Arbeitsgerichtsgesetzes gilt entsprechend.** [3]**Die Rechtsbeschwerde ist innerhalb eines Monats nach Zustellung der in vollständiger Form abgefaßten Entscheidung des Arbeitsgerichts beim Bundesarbeitsgericht einzulegen und zu begründen.**

§ 122   Wirkungen der Eröffnung des Insolvenzverfahrens

Inhaltsübersicht: Rz.

A. Allgemeines	1– 4
B. Antragsvoraussetzungen	5–15
I. Betriebsänderung	5– 7
II. Unterrichtung und Beratung	8–10
III. Drei-Wochen-Frist	11–13
IV. Wirtschaftliche Lage des Unternehmens	14–15
C. Wirkung der Entscheidung	16–21
I. Durchführungsrecht	16–18
II. Nachträglicher Interessenausgleich/Beschlußverfahren zum Kündigungsschutz	19–21
D. Verfahren	22–36
I. Einstweilige Verfügung des Insolvenzverwalters	27–28
II. Einstweilige Verfügung des Betriebsrats auf Unterlassung	29–32
III. Anrufung der Einigungsstelle	33–35
IV. Verhältnis zu § 126	36

Literatur:

(siehe vor § 113, S. 694)

A. Allgemeines

1 Mit der Eröffnung des Verfahrens übernimmt der Insolvenzverwalter die Rechte und Pflichten, die sich aus der Arbeitgeberstellung des Schuldners ergeben. Der Insolvenzverwalter hat deshalb bei allen seinen Rechtshandlungen, die den Arbeitnehmer berühren, die **Mitwirkungs- und Mitbestimmungsrechte des Betriebsrats zu beachten.** Diese entfallen auch nicht, wenn die Betriebsänderung des schuldnerischen Unternehmens die zwangsläufige Folge der Eröffnung des Insolvenzverfahrens ist. Das Wort »geplant« in § 111 BetrVG ist kein selbständiges Tatbestandsmerkmal, von dessen Vorhandensein die Beteiligungsrechte des Betriebsrats nach den §§ 111 ff. BetrVG abhängig würden. Der Begriff soll nur sicherstellen, daß der Betriebsrat bei einer geplanten Betriebsänderung in einem möglichst frühen Stadium der Planung zu beteiligen ist (*BAG* 17. 09. 1974 AP Nr. 1 zu § 113 BetrVG 1972; 06. 05. 1986 AP Nr. 8 zu § 128 HGB).

2 Wird in einem Betrieb ein Betriebsrat erst gewählt, nachdem sich der Insolvenzverwalter zur Stillegung des Betriebes entschlossen und mit der Stillegung begonnen hat, so kann der Betriebsrat auch dann nicht die Vereinbarung eines Sozialplans verlangen, wenn dem Insolvenzverwalter im Zeitpunkt seines Entschlusses bekannt war, daß im Betrieb ein Betriebsrat gewählt werden soll (vgl. *BAG* 28. 10. 1992 AP Nr. 63 zu § 112 BetrVG 1972 im Anschluß an den Beschluß v. 20. 04. 1982 AP Nr. 15 zu § 112 BetrVG 1972). Beteiligungsrechte des Betriebsrats und damit die Pflicht, den Betriebsrat zu beteiligen, entstehen nämlich erst in dem Moment, in dem sich derjenige Tatbestand verwirklicht, an den das Beteiligungsrecht anknüpft. Das ist bei Beteiligungsrechten nach den §§ 111 ff. BetrVG die geplante Betriebsänderung. Eine solche geplante Betriebsänderung liegt bereits dann vor, wenn der Arbeitgeber aufgrund abgeschlossener Prüfungen und Vorüberlegungen grundsätzlich zu einer Betriebsänderung entschlossen ist. Von diesem Zeitpunkt an hat er den Betriebsrat zu unterrichten und die so geplante Betriebsänderung mit ihm zu beraten (*BAG* 13. 12. 1978 AP Nr. 6 zu § 112 BetrVG 1972). Aus dem Betriebsverfassungsgesetz ergibt sich auch keine Verpflichtung des Arbeitgebers, mit einer an sich beteiligungspflichtigen Maßnahme so lange zu warten, bis im Betrieb ein funktionsfähiger Betriebsrat vorhanden ist, und zwar auch dann nicht, wenn mit der Wahl eines Betriebsrats zu rechnen und die Zeit bis zu dessen Konstituierung absehbar ist.

Auch nach einer Betriebsstillegung behält ein Betriebsrat, der zum maßgeblichen Zeitpunkt des Entschlusses über die Betriebsänderung bestanden hat, ein **Restmandat** zur Wahrnehmung seiner mit der Betriebsstillegung zusammenhängenden gesetzlichen Aufgaben, namentlich zur Herbeiführung eines Sozialplans (*BAG* 30. 10. 1979 AP Nr. 9 zu § 112 BetrVG 1972). 3

Die §§ **121 ff.** enthalten neuartige Regelungen, die eine **zügige Durchführung von Betriebsänderungen einschließlich des Personalabbaus** ermöglichen sollen und damit die in der Vergangenheit oft beklagte Disharmonie zwischen zu beachtendem betriebsverfassungsrechtlichen Regelwerk und insolvenzbedingt gebotener Eile bei dem Sanierungsversuch des Unternehmens entfallen lassen sollen. 4

B. Antragsvoraussetzungen

I. Betriebsänderung

§ 122 definiert nicht den Begriff der Betriebsänderung, sondern setzt ihn voraus. Es gilt die Legaldefinition in § 111 BetrVG. Danach gelten als Betriebsänderungen 5
(1) Einschränkung und Stillegung des ganzen Betriebs oder von wesentlichen Betriebsteilen,
(2) Verlegung des ganzen Betriebs oder von wesentlichen Betriebsteilen,
(3) Zusammenschluß mit anderen Betrieben oder die Spaltung von Betrieben,
(4) grundlegende Änderungen der Betriebsorganisation, des Betriebszwecks oder der Betriebsanlagen,
(5) Einführung grundlegend neuer Arbeitsmethoden und Fertigungsverfahren (§ 111 Satz 2 BetrVG; zu den Anforderungen im einzelnen vgl. *Hess/Schlochauer/Glaubitz* BetrVG, § 111 Rz. 35 ff.; *Stege/Weinspach* BetrVG, §§ 111–113 Rz. 27–68).

Zwanziger (a. a. O., S. 79) weist zu Recht darauf hin, daß die Anwendbarkeit von § 122 voraussetzt, daß die Betriebsänderung **vom Insolvenzverwalter durchgeführt** wird. Dies ergibt ein Umkehrschluß aus § 128 Abs. 1; danach wird die Anwendung der §§ 125 bis 127 nicht dadurch ausgeschlossen, daß die Betriebsänderung, die dem Interessenausgleich oder dem Feststellungsantrag zugrunde liegt, erst nach einer Betriebsveräußerung durchgeführt werden soll. Für das Verfahren nach § 122 gilt dies nicht. 6

§ 122 unterscheidet leider nicht zwischen Maßnahmen **nach Verfahrenseröffnung,** aber **vor** dem **Berichtstermin** (§ 158), und solchen Maßnahmen, die **nach** dem **Berichtstermin** (§ 157) durchgeführt werden. Es ist deshalb nicht ausgeschlossen, daß mangels gesetzlicher Abstimmung Arbeitsgerichte und Insolvenzgerichte über dieselbe Betriebsänderung widersprechende Entscheidungen treffen (so ausdrücklich *Berscheid* KS zur InsO, S. 1099). § 122 in der derzeitigen Fassung hebt offensichtlich auf Betriebsänderungen nach dem Berichtstermin ab; wegen der unterschiedlichen Prüfungsmaßstäbe müßten beide Fälle im Gesetz allerdings gesondert erwähnt werden (*Berscheid* a. a. O.). Der *Bund der Richterinnen und Richter der Arbeitsgerichtsbarkeit* hat deshalb in seinen Reformvorschlägen eine entsprechende Ergänzung zu § 122 angeregt und zu Recht 7

§ 122 *Wirkungen der Eröffnung des Insolvenzverfahrens*

darauf hingewiesen, daß es sicherlich unverständlich wäre, wenn das Insolvenzgericht nach erteilter Zustimmung des Gläubigerausschusses zur beabsichtigten Stillegung des Betriebes oder wesentlicher Betriebsteile den Antrag des Schuldners auf Untersagung der Maßnahme zurückgewiesen habe, weil »diese ohne eine erhebliche Verminderung der Insolvenzmasse bis zum Berichtstermin (gerade nicht) aufgeschoben werden kann« (§ 158 Abs. 2 Satz 2), »das Arbeitsgericht aber demgegenüber zum Ergebnis käme, daß die »wirtschaftliche Lage des Unternehmens unter Berücksichtigung der sozialen Belange der Arbeitnehmer (noch nicht) erfordere, daß die Betriebsänderung ohne vorheriges Verfahren nach § 112 Abs. 2 BetrVG durchgeführt werde« (§ 122 Abs. 2 Satz 1). Ein solches Ergebnis wäre mit dem Ziel der Insolvenzordnung, die Masse bestmöglich zu verwerten, kaum vereinbar.

II. Unterrichtung und Beratung

8   Der Insolvenzverwalter hat den Betriebsrat über geplante Betriebsänderungen **rechtzeitig** und **umfassend** zu **unterrichten**. Das Wort »geplant« in § 122 hat ebenso wie in § 111 BetrVG eine rein zeitliche Bedeutung für die Einschaltung des Betriebsrats. Der Zeitpunkt der Unterrichtung ist erreicht, wenn der Insolvenzverwalter sich zu einer Maßnahme entschlossen hat, auch wenn noch nicht die Genehmigung des Aufsichtsrates, des Beirates oder eines ähnlichen Gremiums vorliegt (*Fitting* a. a. O., § 111 Rz. 77). Die wirtschaftliche Zwangslage des Unternehmens, die unter Umständen eine sofortige Betriebsänderung erfordert, läßt die Notwendigkeit unberührt, den Betriebsrat vor der abschließenden Entscheidung über die Betriebsänderung einzuschalten (*BAG* 14. 09. 1976 AP Nr. 2 zu § 113 BetrVG 1972). Zwecks Vermeidung der Sanktion des Nachteilsausgleichsanspruchs ist der Insolvenzverwalter deshalb gehalten, den Betriebsrat über die geplante Betriebsänderung so bald als möglich zu unterrichten; auch eine nachträgliche Erklärung des Betriebsrats, er wolle keine rechtlichen Schritte wegen des unterbliebenen Versuchs eines Interessenausgleichs unternehmen, ändert nämlich nichts an dem Bestehen des Anspruchs der von der Betriebsänderung betroffenen Arbeitnehmer auf Nachteilsausgleich gemäß § 113 Abs. 3 BetrVG (*BAG* 14. 09. 1976 a. a. O.).

9   Der Insolvenzverwalter ist verpflichtet, mit dem Betriebsrat über die geplante Betriebsänderung zu beraten. Ziel der **Beratung** ist die Herbeiführung des Interessenausgleichs, also die Verabredung darüber, ob, wann und in welcher Form die geplante Betriebsänderung durchgeführt werden soll (*BAG* 27. 10. 1987 AP Nr. 41 zu § 112 BetrVG 1972; 17. 09. 1991 AP Nr. 59 zu § 112 BetrVG 1972).

10 Die Verpflichtung zur rechtzeitigen und umfassenden Unterrichtung des Betriebsrats sowie zur Beratung über die geplante Betriebsänderung ergibt sich bereits aus § 111 BetrVG. Die Wiederholung in § 122 will verdeutlichen, daß der Insolvenzverwalter den im Betriebsverfassungsgesetz vorgesehenen Verfahrensschritten auch tatsächlich Genüge tut. In seiner Beschlußempfehlung hat der Rechtsausschuß betont, daß die Formulierungen den Verwalter dazu anhalten sollen, den Betriebsrat in seiner Tätigkeit zu unterstützen und in ernsthafte Verhandlungen mit diesem einzutreten (*Bericht des Rechtsausschusses* BT-Drucks. 12/7302 Nr. 76). *Schrader* (NZA 1997, 72) und *Warrikoff* (BB 1994, 2338 [2340]) weisen zu Recht darauf hin, daß »der Insolvenzverwalter das Verfahren nach § 122 InsO nicht an dem Betriebsrat vorbei betreiben können soll«.

III. Drei-Wochen-Frist

Haben Insolvenzverwalter und Betriebsrat mit dem ernsten Willen zur Einigung verhandelt und kommt nicht innerhalb von **drei Wochen** nach Verhandlungsbeginn oder schriftlicher Aufforderung zur Aufnahme von Verhandlungen ein Interessenausgleich zustande, so kann der Verwalter die gerichtliche Zustimmung zur Durchführung der Betriebsänderung beantragen. 11

Für die Berechnung der Frist ist maßgeblich, welcher Zeitpunkt früher liegt (*Zwanziger* a.a.O., S. 79). In jedem Falle setzt der Fristbeginn voraus, daß der Insolvenzverwalter den Betriebsrat rechtzeitig und umfassend über die Betriebsänderung unterrichtet hat. »Rechtzeitig« ist die Unterrichtung dann, wenn noch eine Beratung über die Betriebsänderung und ein Interessenausgleich möglich sind (vgl. *Bauer/Göpfert* DB 1997, 1464 [1467]).

»Umfassend« ist die Unterrichtung, wenn der Insolvenzverwalter den Betriebsrat über den Inhalt der Betriebsänderung, die Gründe für die Betriebsänderung sowie die Folgen der Betriebsänderung für die Arbeitnehmer informiert hat (*Bauer/Göpfert* a.a.O., 1468).

Unterrichtung und Aufforderung zur Verhandlung können theoretisch gleichzeitig erfolgen; der Insolvenzverwalter muß allerdings beachten, daß die Aufforderung zur Verhandlung **schriftlich** ausgesprochen werden muß. Zweifelhaft ist, ob § 122 Abs. 1 Satz 1 insoweit ein gesetzliches Schriftformerfordernis i.S.d. § 126 BGB statuiert. Der Gesetzesbegründung läßt sich dies nicht entnehmen. Der intendierten Beschleunigung dürfte genügen, **dem Schriftformerfordernis** lediglich eine **Dokumentationsfunktion** und keine Wirksamkeitsvoraussetzung für den Fristbeginn beizumessen (vgl. *Bauer/Göpfert* a.a.O., 1465).

Teilweise wird zu der inhaltsgleichen Fristenproblematik des § 113 Abs. 3 Satz 2 und 3 BetrVG außerhalb der Insolvenz die Auffassung vertreten, daß nur eine offensichtlich nicht den gesetzlichen Anforderungen genügende Unterrichtung dem Fristbeginn entgegenstünde (*Meinel* DB 1997, 170 [172]). Dem kann weder für § 113 Abs. 3 Satz 2 und 3 BetrVG noch für die erheblich kürzere Frist in § 122 gefolgt werden. Der Zustimmungsantrag setzt nach dem klaren Wortlaut der Vorschrift gerade voraus, daß die Unterrichtung des Betriebsrats rechtzeitig und umfassend erfolgt ist. Dies auf eine bloße Evidenzprüfung zurückzuführen, wäre mit der gesetzgeberischen Intention, durch die Wiederholung der Unterrichtungspflicht den Verwalter dazu anzuhalten, den Betriebsrat in seiner Tätigkeit zu unterstützen und in ernsthafte Verhandlungen mit diesem einzutreten, nicht vereinbar.

Die Drei-Wochen-Frist beginnt alternativ entweder mit dem tatsächlichen Verhandlungsbeginn oder der schriftlichen Aufforderung zur Aufnahme von Verhandlungen. Der Zeitpunkt des tatsächlichen Verhandlungsbeginns wird im Regelfall äußert schwer zu bestimmen sein, zumal der Betriebsrat möglicherweise im Verfahren einwenden wird, er sei erst zu einem späteren Zeitpunkt vollständig unterrichtet worden, so daß die tatsächlichen Verhandlungen ebenfalls erst später hätten aufgenommen werden können. Der Insolvenzverwalter ist daher gut beraten, wenn er aus Gründen der Rechtssicherheit in jedem Falle den Betriebsrat schriftlich zur Aufnahme von Verhandlungen auffordert. 12

Die Fristberechnung erfolgt gemäß den §§ 187, 188 BGB.

Haben der Schuldner oder der vorläufige Insolvenzverwalter die Interessenausgleichsverhandlungen bereits eingeleitet, so kann der Insolvenzverwalter – bei unveränderter Betriebsänderung – auf diesen früheren Zeitpunkt hinsichtlich der Fristberechnung verweisen und in die Verhandlungen eintreten. 13

IV. Wirtschaftliche Lage des Unternehmens

14 Kommt innerhalb der Drei-Wochen-Frist ein Interessenausgleich nicht zustande, so kann der Insolvenzverwalter den Antrag auf gerichtliche Zustimmung zur Durchführung der Betriebsänderung stellen, ohne daß das Verfahren nach § 112 Abs. 2 BetrVG vorangegangen ist (§ 122 Abs. 1 Satz 2). Das Gericht erteilt die Zustimmung nach § 122 Abs. 2, wenn die **wirtschaftliche Lage des Unternehmens** auch unter Berücksichtigung der sozialen Belange der Arbeitnehmer erfordert, daß die Betriebsänderung ohne vorheriges Verfahren nach § 112 Abs. 2 des Betriebsverfassungsgesetzes durchgeführt wird. Ob die »wirtschaftliche Lage« des Unternehmens als selbständiges Tatbestandsmerkmal durch das Arbeitsgericht geprüft werden kann, erscheint äußerst fraglich und mit der durch die Vorschrift angestrebten Verfahrensbeschleunigung kaum vereinbar. Unbestritten geht es nicht darum, die Maßnahme auf ihre wirtschaftliche Sinnhaftigkeit zu überprüfen. Maßgeblich muß alleine sein, ob es die wirtschaftliche Lage des Unternehmens erfordert, die Betriebsänderung auch ohne das Verfahren nach § 112 Abs. 2 BetrVG durchzuführen, weil sie aus ökonomischen Gründen eilig umgesetzt werden muß. Das Arbeitsgericht stimmt auch nicht etwa der Betriebsänderung als solcher zu, sondern erteilt lediglich seine Zustimmung dazu, daß das Verfahren nach § 112 Abs. 2 BetrVG entbehrlich ist.

15 Die Vorschrift verfolgt offensichtlich einen Beschleunigungseffekt sowie die Befreiung der Masse von Verbindlichkeiten nach § 113 Abs. 3 BetrVG. Beides könnte aber kaum erreicht werden, wenn das Arbeitsgericht im Beschlußverfahren »die wirtschaftliche Lage des Unternehmens« als Tatbestandsmerkmal vollständig zu überprüfen hätte. Selbst unter Beachtung der dem Gericht obliegenden Pflicht zur vorrangigen Erledigung (§ 122 Abs. 2 letzter Satz) müßte sich das Gericht ggf. sachverständiger Unterstützung (mit der hieraus zwangsläufig resultierenden Verfahrensverzögerung) bedienen. Das Arbeitsgericht hat daher allenfalls eine **Prognoseentscheidung** darüber zu treffen, ob die von dem Insolvenzverwalter darzulegende wirtschaftliche Lage des Unternehmens auch unter Berücksichtigung der sozialen Belange der Arbeitnehmer es noch zuläßt, daß mit der Durchführung der Betriebsänderung bis zur Dauer von längsten drei Monaten zugewartet wird. Zeitliche Obergrenze ist nämlich auch bei einem Vorgehen des Insolvenzverwalters nach § 122 der durch das Arbeitsrechtliche Beschäftigungsförderungsgesetz reformierte § 113 Abs. 3 BetrVG. *Zwanziger* weist zu Recht darauf hin, daß § 122 Abs. 1 Satz 2 sich nicht auf die mit Wirkung ab dem 01. 10. 1996 eingefügten Sätze 2 und 3 in § 113 Abs. 3 BetrVG bezieht (a. a. O., S. 81).
Legt der Insolvenzverwalter dar, daß der Zeitablauf (nach Ablauf der dritten Woche bis maximal drei Monate nach Unterrichtung bzw. Verhandlungsaufforderung) die vorgesehene Betriebsänderung ernsthaft gefährden oder gar vereiteln kann, muß das Arbeitsgericht zustimmen, auch wenn es hierbei regelmäßig zu Kündigungen der von der Betriebsänderung betroffenen Arbeitnehmer kommen wird. Nicht erforderlich ist, daß es bei der Durchführung eines »normalen« Interessenausgleichsverfahrens zum »Konkurs im Konkurs« kommt (so *Bichlmeier/Oberhofer* AiB 1997, 161 [165]).

Gerichtliche Zustimmung zur Durchführung einer Betriebsänderung § 122

C. Wirkung der Entscheidung

I. Durchführungsrecht

Erteilt das Arbeitsgericht die Zustimmung nach Abs. 2, kann der Insolvenzverwalter die 16
Betriebsänderung **durchführen**, ohne daß Nachteilsausgleichsansprüche gegen die
Masse entstehen können. Er kann also insbesondere die zur Umsetzung der Betriebsänderung notwendigen Änderungs- oder Beendigungskündigungen aussprechen.
Da die zeitnahe Durchführung der Betriebsänderung angestrebt wird, wird der Insolvenzverwalter mit Blick auf die einzuhaltenden Kündigungsfristen ggf. gut beraten sein, wenn er schon vor der Entscheidung des Arbeitsgerichts das Anhörungsverfahren nach § 102 BetrVG einleitet, damit hierdurch bedingte weitere Verzögerungen vermieden werden.

Teilweise wird unter Hinweis auf den Regelungsgehalt von Abs. 2 Satz 1 problemati- 17
siert, daß der Insolvenzverwalter die Betriebsänderung erst nach **Rechtskraft** des
arbeitsgerichtlichen Beschlusses durchführen dürfe, § 85 Abs. 1 Satz 1 ArbGG (vgl.
Berscheid KS, S. 1101). Zur Begründung wird ausgeführt, daß der zustimmende Beschluß des Arbeitsgerichts vom Betriebsrat nicht mit der Beschwerde angegriffen werden könne, die formelle Rechtskraft aber erst nach Ablauf der Frist für die Einlegung der Nichtzulassungsbeschwerde eintrete. Diese Auffassung verkennt, daß eine zweite Tatsacheninstanz gerade nicht stattfindet (§ 122 Abs. 3 Satz 1). § 92 a ArbGG bezieht sich jedoch ausdrücklich auf die Nichtzulassungsentscheidung durch das LAG (so schon zutreffend (*Warrikoff* a.a.O., 2338 [2341]; ebenso *Schrader* NZA 1997, 70 ff. [73];
Rummel DB 1997, 774 f.).

Fraglich ist weiter, wie zu entscheiden ist, wenn der Verwalter den Betriebsrat über die 18
geplante Betriebsänderung rechtzeitig und umfassend unterrichtet, gleichzeitig und
vorsorglich jedoch den Antrag gemäß § 122 Abs. 1 Satz 1 beim Arbeitsgericht stellt. Ist zum Zeitpunkt der Entscheidung die Drei-Wochen-Frist noch nicht abgelaufen, ist der Antrag ohne weiteres abzuweisen. Ist allerdings die Drei-Wochen-Frist abgelaufen und kann der Insolvenzverwalter darüber hinaus zur Überzeugung des Gerichts darlegen, daß er ernsthaft die Verhandlungen mit dem Betriebsrat gesucht hat, ist dem Antrag bei Vorliegen der Voraussetzungen im übrigen stattzugeben. Eine Benachteiligung des Betriebsrats ist in diesen Fällen nämlich nicht festzustellen.

II. Nachträglicher Interessenausgleich/Beschlußverfahren zum Kündigungsschutz

Unberührt von dem Antrag auf gerichtliche Zustimmung zur Durchführung der Betriebs- 19
änderung bleibt das Recht des Verwalters, einen besonderen Interessenausgleich nach
§ 125 zustande zu bringen oder das präventive Kündigungsschutzverfahren nach § 126
zu betreiben, § 122 Abs. 1 Satz 3.

Die Bestimmung stellt zunächst klar, daß das Verfahren nach § 122 zu den Verfahren nach § 125 bzw. § 126 parallel geführt werden kann. Ebensowenig, wie § 122 dem Verwalter das Vorgehen nach §§ 125, 126 nimmt, wird dem Betriebsrat die Befugnis genommen, die Einigungsstelle zur Herbeiführung eines Interessenausgleichs anzurufen. In diesem Fall ist der Verwalter bis zum Ablauf der Drei-Monats-Frist des § 113 Abs. 3 BetrVG zur Weiterverhandlung verpflichtet. Nach Ablauf dieser Frist erledigt sich allerdings ein eingeleitetes Einigungsstellenverfahren ohne weiteres, da der Interessenausgleich nach der Legaldefinition in § 113 Abs. 3 BetrVG versucht ist; eine weitergehende Verhandlungspflicht mit dem Betriebsrat besteht nicht mehr.

20 Wird der Antrag des Verwalters nach § 122 zurückgewiesen und ist die maximal drei Monate laufende Frist des § 113 Abs. 3 BetrVG zum Zeitpunkt der Entscheidung über den Antrag nach § 126 noch nicht abgelaufen, unterliegt auch der Antrag im Beschlußverfahren zum Kündigungsschutz ohne weiteres der Zurückweisung; der Insolvenzverwalter darf nämlich in diesem Fall die Betriebsänderung (noch) nicht durchführen, folglich dürfen auch die Kündigungen noch nicht ausgesprochen werden.

21 Stimmt das Arbeitsgericht aus Gründen der Eilbedürftigkeit der Durchführung der Betriebsänderung ohne vorheriges Verfahren nach § 112 Abs. 2 BetrVG zu, stellt sich die Frage, welche Rechtsfolgen einem **nachträglich** zustande gekommenen **Interessenausgleich** zukommen sollen. Nach § 125 können die Vermutungswirkungen nur entstehen, wenn der besondere Interessenausgleich vor Durchführung der Betriebsänderung zustande gekommen ist. Dies folgt ohne weiteres aus dem Wortlaut, da § 125 Abs. 1 Satz 1 von der »geplanten Betriebsänderung« spricht. Eine analoge Anwendung der Norm auf den nachträglich zustande gekommenen Interessenausgleich scheidet angesichts des Ausnahmecharakters aus. *Berscheid* (KS zur InsO, S. 1100 f.) weist zwar zu Recht darauf hin, daß ein Weiterverhandeln zur Herbeiführung eines Interessenausgleichs nach Durchführung der Betriebsänderung nur dann Sinn ergibt, wenn diesem nachträglichen Interessenausgleich auch die Vermutungswirkungen des § 125 zugesprochen werden. Ansonsten handelte es sich nur um einen »untauglichen Versuch«, da das Weiterverhandeln nur Zeit und Geld koste und beides in der Insolvenz nicht bzw. nicht in ausreichendem Maße vorhanden sei. Gleichwohl führt kein Weg daran vorbei, daß de lege lata einem nachträglich zustande gekommenen Interessenausgleich nicht die Wirkungen des § 125 zuzubilligen sind. Folglich wird der Insolvenzverwalter nach erteilter Zustimmung zur Betriebsänderung sich den Kündigungsschutzverfahren »herkömmlicher Art« stellen oder aber das präventive Beschlußverfahren zum Kündigungsschutz nach § 126 betreiben.

D. Verfahren

22 Die Eilbedürftigkeit des Verfahrens hat den Gesetzgeber dazu bewogen, das Gerichtsverfahren grundsätzlich nur einzügig auszugestalten. Gegen den Beschluß des Arbeitsgerichts findet die Beschwerde an das LAG nicht statt (Abs. 3 Satz 1). Die Rechtsbeschwerde an das BAG ist nur im Falle der ausdrücklichen Zulassung durch das Arbeitsgericht statthaft (Abs. 3 Satz 2).
Auch wenn Abs. 2 Satz 2 noch generell die Vorschriften des ArbGG über das Beschlußverfahren für entsprechend anwendbar erklärt, so stellt Abs. 3 Satz 1 im Sinne einer spezielleren Verfahrensvorschrift klar, daß die Nichtzulassung der Rechtsbeschwerde nicht mittels Nichtzulassungsbeschwerde gemäß § 92 a ArbGG erstritten werden kann. § 92 a ArbGG setzt die Nichtzulassung der Rechtsbeschwerde durch das Beschwerdegericht voraus, das Beschwerdeverfahren beim LAG ist aber gerade für den Beschluß nach § 122 ausgeschlossen (Abs. 3 Satz 1).

23 Das Arbeitsgericht hat den Antrag auf Zustimmung zur Durchführung der Betriebsänderung nach Maßgabe des § 61 a Abs. 3 bis 6 des ArbGG vorrangig zu erledigen.
Damit das Verfahren vor dem Hintergrund der Novellierung des § 113 Abs. 3 BetrVG nicht obsolet wird, wird das Arbeitsgericht entsprechend der Sollvorschrift in § 61 a Abs. 2 ArbGG schnellstmöglich einen Anhörungstermin anzuberaumen haben, zu des-

sen Vorbereitung dem beteiligten Betriebsrat eine Schriftsatzfrist unter Belehrung über die Folgen der Fristversäumnis (§ 61 a Abs. 5 und 6 ArbGG) von – wohl nicht mehr als – zwei Wochen zu setzen ist.

Ob die Rechtsbeschwerde in dem arbeitsgerichtlichen Beschluß zuzulassen ist, entscheidet § 72 Abs. 2 ArbGG (Abs. 3 Satz 2, 2. HS). Danach ist zuzulassen, wenn die Rechtssache grundsätzliche Bedeutung hat oder aber der Beschluß des Arbeitsgerichts von einer Entscheidung eines divergenzfähigen Gerichts i. S. d. § 72 Abs. 2 Ziffer 2 ArbGG abweicht und der Beschluß auch auf dieser Abweichung beruht. 24

Das BAG ist an die Zulassung der Rechtsbeschwerde durch das Arbeitsgericht gebunden (Abs. 3 Satz 2, 2. HS i. V. m. § 72 Abs. 3 ArbGG).

Die Zulassung der Rechtsbeschwerde zum BAG dürfte in praxi die von § 122 vorausgesetzte eilige Durchführung der Betriebsänderung vereiteln, gleichviel, ob das Arbeitsgericht den Antrag des Insolvenzverwalters positiv oder abschlägig bescheidet. Stimmt das Arbeitsgericht der Durchführung zu, darf der Insolvenzverwalter ohne Risiko des Nachteilsausgleichsanspruchs gemäß § 113 BetrVG die Betriebsänderung erst durchführen, wenn der Beschluß formell rechtskräftig ist. Er muß also die Entscheidung des BAG zunächst abwarten; der Insolvenzverwalter sollte deshalb unter zeitlichen Aspekten prüfen, ob nicht erneute Bemühungen zur Herbeiführung eines Interessenausgleichs vielversprechender sind, weil sie – selbst im Falle eines Scheiterns – schneller zum angestrebten Ziel führen (so auch *Schrader* a.a.O., S. 73). Die Empfehlung gilt in gleichem Maße für den Fall der Zurückweisung des Antrags unter Zulassung der Rechtsbeschwerde. 25

Gemäß § 122 Abs. 3 Satz 3 ist die Rechtsbeschwerde in Abänderung der Fristen nach §§ 92 Abs. 2, 74 Abs. 1 ArbGG binnen Monatsfrist nach Zustellung der in vollständiger Form abgefaßten Entscheidung einzulegen und zu begründen. 26

I. Einstweilige Verfügung des Insolvenzverwalters

Hat der Insolvenzverwalter den Betriebsrat rechtzeitig und umfassend über die beabsichtigte Betriebsänderung unterrichtet und ist die Drei-Wochen-Frist abgelaufen, ohne daß ein Interessenausgleich erzielt werden konnte, so kann er gleichwohl nicht ohne weiteres die Betriebsänderung durchführen, d. h. nicht einfach die Kündigungen aussprechen. Der Insolvenzverwalter ist vielmehr auf die gerichtliche Zustimmungserteilung angewiesen. Damit er diese Zustimmung erforderlichenfalls auch kurzfristig erhalten kann, darf ihm der einstweilige Rechtsschutz nicht verwehrt sein. Der Insolvenzverwalter kann deshalb im Wege des **einstweiligen Verfügungsverfahrens** (Abs. 2 Satz 2, 1. HS i. V. m. § 85 Abs. 2 ArbGG) die Erteilung der gerichtlichen Zustimmung zu der Betriebsänderung beantragen (*ArbG Hannover* 04. 02. 1987 EWiR 1997, 369; *Berscheid* ZAP ERW 1997, 54 [56]; *Löwisch* NZA 1996, 1009 [1017]; *ders.* RdA 1997, 80 [86]). 27

Grunsky/Moll (a. a. O., Rz. 314) weisen allerdings zu Recht darauf hin, daß wegen der Vorwegnahme der Hauptsacheentscheidung die einstweilige Verfügung zum Zwecke der kurzfristigen Durchführung der Betriebsänderung nach den für eine Leistungs- oder Befriedigungsverfügung geltenden Grundsätzen nur ausnahmsweise zulässig sein wird.

Kann der Insolvenzverwalter nicht alle Arbeitnehmer weiterbeschäftigen und stellt er deshalb einen Teil der Belegschaft mit sofortiger Wirkung frei, so stellt dies eine gemäß § 87 Abs. 1 Ziffer 3 BetrVG mitbestimmungspflichtige Anordnung von Kurzarbeit dar (*ArbG Siegen* 03. 06. 1983 ZIP 1983, 1117 [1118]). Der Insolvenzverwalter muß 28 deshalb – um einer einstweiligen Verfügung des Betriebsrats auf Unterlassung dieser Maßnahme vorzubeugen – seinerseits im Wege einstweiligen Rechtsschutzes eine vorläufige Regelung beantragen (*Berscheid* ZAP ERW 1997, 62 [64]; *ders.* ZIP 1997, 474; *ArbG Hannover* 04. 02. 1997 EWiR 1997, 369).

II. Einstweilige Verfügung des Betriebsrats auf Unterlassung

29 Ob und ggf. bis zu welcher zeitlichen Grenze ein dem Betriebsrat im Wege des einstweiligen Rechtsschutzes zuzubilligender Unterlassungsanspruch gegen die Durchführung der Betriebsänderung anzuerkennen ist, ist hoch streitig.

Von dem Meinungsspektrum erfaßt sind hierbei ebenso die generelle Leugnung des Unterlassungsanspruches wie die Position, die Novellierung des § 113 Abs. 3 BetrVG i. V. m. § 122 verhalte sich zu dieser Problematik neutral, als auch schließlich die Auffassung, gerade die Gesetzesgeschichte zu § 122 gebiete es, den Unterlassungsanspruch zu bejahen.

30 Schon zum bisherigen Recht vor Inkrafttreten des ArbBeschFG am 01. 10. 1996 wurde unterschiedlich beurteilt, ob der Betriebsrat einen Anspruch auf Unterlassung der Durchführung von Betriebsänderungen bis zum Abschluß der Interessenausgleichsverhandlungen besitze. Das BAG hat dem Betriebsrat mit Beschluß vom 03. 05. 1994 bei Verletzung seiner Mitbestimmungsrechte aus § 87 BetrVG einen Anspruch auf Unterlassung der mitbestimmungswidrigen Maßnahme zugestanden und damit seine bisherige entgegenstehende Rechtsprechung aufgegeben (*BAG* 03. 05. 1994 EzA § 23 BetrVG 1972 Nr. 36). Im Bereich der wirtschaftlichen Mitbestimmung sind dem die Instanzgerichte nur teilweise gefolgt. Einerseits wird vertreten, daß es für eine Unterlassungsverfügung betreffend die Umsetzung eines eine Betriebsänderung beinhaltenden Betriebs- und Personalkonzeptes sowohl an einem Verfügungsanspruch wie auch an einem Verfügungsgrund fehle. Der Verfügungsanspruch fehle, weil die §§ 111 ff. BetrVG für den Betriebsrat keinen Anspruch auf Herbeiführung eines Interessenausgleichs begründeten. Der Verfügungsanspruch sei zu verneinen, weil die aus einer Unterlassung der Verhandlungen über einen Interessenausgleich resultierenden Ansprüche betroffener Arbeitnehmer gesetzlich gemäß § 113 BetrVG garantiert und die §§ 111 bis 113 BetrVG als abschließende gesetzliche Regelung des Mitbestimmungsrechtes betreffend einen Interessenausgleich anzusehen seien (*LAG Köln* 01. 09. 1995 13 Ta 223/95 – unveröffentl.). Andererseits wird vertreten, daß dem Betriebsrat bei einer geplanten Betriebsänderung i. S. d. § 111 BetrVG ein Anspruch auf Beratungen und Verhandlungen über einen Interessenausgleich zustehe, der durch einen Unterlassungsanspruch gegenüber solchen Maßnahmen (Kündigungen) gestützt wird, mit denen die Betriebsänderung durchgeführt werden solle und die den Verhandlungsanspruch des Betriebsrats, der nach Durchführung der Betriebsänderung nicht mehr gegeben ist, zunichte machten. Dieser Anspruch könne auch durch die einstweilige Verfügung gemäß § 940 ZPO gesichert werden (*LAG Berlin* 07. 09. 1995 LAGE § 111 BetrVG 1972 Nr. 13 = AP Nr. 36 zu § 111 BetrVG 1972 = AP Nr. 29 zu § 113 BetrVG 1972 = NZA 1996, 1284; offengelassen von *LAG Baden-Württemberg* 17. 05. 1996 AiB 1996, 492).

Die nach Inkrafttreten des ArbBeschFG ergangene instanzgerichtliche Rechtsprechung bleibt uneinheitlich (anspruchsverneinend: *ArbG Kiel* 13. 12. 1996 BB 1997, 635; *LAG Düsseldorf* 19. 11. 1996 DB 1997, 1068 = LAGE Nr. 14 zu § 111 BetrVG 1972 = NZA-RR 1997, 297; *LAG Düsseldorf* 16. 12. 1996 LAGE Nr. 41 zu § 112 BetrVG 1972; *LAG Hamm* 01. 04. 1997 NZW-RR 1997, 343; anspruchsbejahend: *ArbG Kaiserslautern*

19. 12. 1996 AiB 1997, 179 [180]; einschränkend für die Dauer der in § 113 Abs. 3 Satz 2 und 3 BetrVG geregelten Verhandlungsfristen: *LAG Hamburg* 26. 06. 1997 LAGE Nr. 6 zu § 113 BetrVG 1972 = NZA-RR 1997, 296; wohl auch: *LAG Hamm* 01. 07. 1997 LAGE Nr. 7 zu § 113 BetrVG 1972).

In der Literatur zum reformierten § 113 Abs. 3 BetrVG wird teilweise mit Blick auf die gesetzgeberische Intention, die Durchführung von Betriebsänderungen zu erleichtern, vertreten, daß der Gesetzgeber mit der Neuregelung jegliche Möglichkeiten ausräumen wollte, Betriebsänderungen durch Unterlassungsverfügungen zu blockieren. Insofern habe – obgleich gesetzessystematisch verfehlt – die Neuregelung nicht nur Folgen für den Nachteilsausgleichsanspruch, sondern auch und in erster Linie im Hinblick auf die Unzulässigkeit von einstweiligen Verfügungen (*Schiefer* NZA 1997, 915 [919]). Demgegenüber weist *Zwanziger* (BB 1998, 477 [481]) zu Recht darauf hin, daß das Interessenausgleichsverfahren durch das ArbBeschFG nicht abgeschafft, sondern lediglich verkürzt worden ist. Auch der Umstand, daß der Gesetzgeber die Sanktionen wegen mangelnder Beteiligung des Betriebsrats im Bereich des individualrechtlichen Nachteilsausgleichsanspruchs belassen hat, besagt für sich genommen nichts darüber, ob der mitbestimmungswidrigen Durchführung der Betriebsänderung kollektivrechtlich mit einer Untersagungsverfügung begegnet werden kann. Richtigerweise muß wohl davon ausgegangen werden, daß die Neuregelung des § 113 Abs. 3 BetrVG hierzu nichts Entscheidendes beizutragen vermag (ebenso *Löwisch* RdA 1997, 80 [84]; *Zwanziger* a. a. O.; a. A. *Bauer/Göpfert* DB 1997, 1464 [1470 f.]).

Allerdings könnte die Entstehungsgeschichte von § 122 den Unterlassungsanspruch in den Grenzen der Verhandlungsfristen des § 113 Abs. 3 Satz 2 und 3 BetrVG stützen. Die Vorschrift bestimmt nämlich, daß dann, wenn eine Betriebsänderung namentlich im Rahmen der Sanierung möglichst schnell durchzuführen ist, der Insolvenzverwalter nach dreiwöchigen ergebnislosen Verhandlungen mit dem Betriebsrat das Arbeitsgericht bemühen muß. Mit dem Erfordernis der arbeitsgerichtlichen Entscheidung sollen »Mißbräuche vermieden werden« (vgl. *Schmidt-Räntsch* InsO und EGInsO Rz. 5 zu § 122). Wenn aber der Gesetzgeber sogar in der Insolvenz den Beratungsanspruch des Betriebsrats sichern wollte, so sei es nur konsequent, wenn zur Sicherung dieses Anspruchs auch der Unterlassungsanspruch anerkannt würde (so *Zwanziger* a. a. O.). Wollte man dem folgen, so kann der Unterlassungsanspruch allerdings nach der gesetzlichen Neuregelung in § 113 Abs. 3 Satz 2 und 3 BetrVG nicht über die dort genannten Verhandlungsfristen hinaus geltend gemacht werden (*LAG Hamburg* a. a. O.).

Es erscheint jedoch fraglich, ob sich die Argumentation aus der Entstehungsgeschichte des § 122 als dogmatisch tragfähige Grundlage für den Unterlassungsanspruch erweisen kann.

Zunächst ist zu beachten, daß bei Mitbestimmungsverletzungen die Rechtsfolgen nur in Einzelfällen kodifiziert sind (z. B. §§ 102 Abs. 2 Satz 3, 113 Abs. 3 BetrVG). Hiervon macht § 122 keine Ausnahme. Diese Lücke hat die Rechtsprechung des BAG für die Mitbestimmung in sozialen Angelegenheiten nach § 87 BetrVG durch die »Theorie der Wirksamkeitsvoraussetzung« geschlossen (*BAG* AP Nrn. 2, 4 zu § 56 BetrVG; AP Nr. 2 zu § 87 BetrVG 1972 Kurzarbeit; AP Nrn. 51 und 52 zu § 87 BetrVG 1972 Lohngestaltung). Diese Theorie (hierzu krit. *Richardi* FS Wlotzke, 407 ff.) hat sich aber als nicht hinreichende Sicherung des Mitbestimmungsrechts erwiesen, weshalb der 1. Senat schließlich von seiner bisherigen Rechtsprechung abgewichen ist, § 23 Abs. 3 BetrVG als abschließende Spezialnorm des Unterlassungsanspruchs zu werten (*BAG* 03. 05. 1994 AP Nr. 23 zu § 23 BetrVG 1972 unter Aufgabe von *BAG* 22. 02. 1983 AP Nr. 2 zu § 23 BetrVG 1972). Zu dem Bestellungsverfahren gem. § 98 ArbGG vgl. die Erl. zu § 121.

Das BAG hat in seinem Beschluß vom 03. 05. 1994 aber sehr wohl darauf hingewiesen, daß nicht jede Verletzung von Rechten des Betriebsrats zugleich zu einem Unterlassungsanspruch führe (a. a. O., unter B. III. 1. d. G.). Es müsse vielmehr die konkrete gesetzliche Ausgestaltung des Mitbestimmungsrechts und die Art der Rechtsverletzung untersucht werden. Diesen zutreffenden Ansatz greift *Richardi* (a. a. O., S. 418) auf, leitet den negatorischen Beseitigungsanspruch ohne weitere – unnötige – gesetzliche Grundlage aus dem subjektiven Recht des Betriebsrats ab und trifft die Entscheidung über Pro oder Contra des Unterlassungsanspruchs danach, »ob der Betriebsrat nur an der Entscheidungsfindung des Arbeitgebers beteiligt wird oder ob darüber hinaus dessen Maßnahme selbst an die Zustimmung des Betriebsrats gebunden ist. Ein mitbestimmungswidriger Zustand, dessen Beseitigung der Betriebsrat verlangen kann, besteht nur im letzteren Fall, also nicht bei den Beteiligungsrechten, die als Mitwirkungsrecht gestaltet sind, sondern nur bei einem paritätischen Beteiligungsrecht, also dem Mitbestimmungsrecht im engeren Sinn« (a. a. O.).

Da dem Betriebsrat aber bei der Durchführung der Betriebsänderung nur ein – zeitlich begrenztes – Beratungsrecht zusteht, er also nur an der Entscheidungsfindung beteiligt wird, bleibt kein Raum für einen Unterlassungsanspruch, nicht in der Beratungsphase und erst recht nicht nach deren Abschluß (dies entspricht auch der bisherigen Rechtsprechung des BAG, wonach § 113 Abs. 1, Abs. 3 BetrVG zu entnehmen ist, daß der Unternehmer in der Durchführung von Betriebsänderungen frei sein soll, selbst wenn das Mitwirkungsverfahren noch nicht abgeschlossen ist, und daß diese Entscheidungsfreiheit nicht durch Unterlassungsansprüche unterlaufen werden darf; vgl. *BAG* AP Nr. 2 zu § 85 ArbGG 1979; ebenso *Löwisch* RdA 1997, 80 ff. [84]).

III. Anrufung der Einigungsstelle

33 Dem Insolvenzverwalter bleibt es unbenommen, parallel zu dem Antrag auf Erteilung der gerichtlichen Zustimmung zur Durchführung der Betriebsänderung weiter über den Ablauf der Drei-Wochen-Frist hinaus Verhandlungen zur Herbeiführung eines Interessenausgleichs mit dem Betriebsrat zu führen. Für den besonderen Interessenausgleich nach § 125 stellt das Abs. 1 Satz 3 ausdrücklich klar. Werden die Verhandlungen mit dem ernsthaften Bemühen zum Abschluß des Interessenausgleichs insgesamt zwei Monate erfolglos geführt, darf der Insolvenzverwalter die Betriebsänderung durchführen. Ruft der Betriebsrat – oder der Insolvenzverwalter, der an einer baldigen Anrufung der Einigungsstelle zwecks Vermeidung einer Verlängerung der Zwei-Monats-Frist erhebliches Interesse haben kann – vor Ablauf der Zwei-Monats-Frist die Einigungsstelle an, endet die Frist einen Monat nach Anrufung der Einigungsstelle, wenn dadurch die Frist nach § 113 Abs. 3 Satz 2 BetrVG überschritten wird. Nachteilsausgleichsansprüche drohen nach Ablauf dieser Verhandlungsfristen nicht mehr, da Abs. 1 Satz 2 sich nicht auf die Wirkungen der Sätze 2 und 3 in § 113 Abs. 3 BetrVG in der Fassung des ArbBeschFG bezieht (ebenso *Zwanziger* a. a. O., S. 81). Die Durchführung der Betriebsänderung in der Insolvenz darf nicht von strengeren Voraussetzungen abhängig gemacht werden als außerhalb derselben, da ansonsten der mit § 122 verfolgte Beschleunigungseffekt in sein Gegenteil verkehrt würde.

34 Da der Insolvenzverwalter mit Ablauf der Verhandlungsfristen seine sich aus § 112 Abs. 1 bis 3 BetrVG ergebende Pflicht zum Versuch eines Interessenausgleichs erfüllt hat, ist die Einigungsstelle nach Ablauf der Frist **offensichtlich unzuständig**. Daher ist eine gerichtliche Bestellung eines Einigungsstellenvorsitzenden und die Festlegung der Bei-

Umfang des Sozialplans § 123

sitzer der Einigungsstelle zum Zwecke der Verhandlung über einen Interessenausgleich nach Fristablauf nicht mehr möglich (*LAG Hamm* 01. 07. 1997 LAGE Nr. 7 zu § 113 BetrVG 1972). Zu dem Bestellungsverfahren gem. § 98 ArbGG vgl. die Erl. zu § 121.
Gelingt es dem Insolvenzverwalter, innerhalb der Verhandlungsfristen des § 113 Abs. 3 **35** Satz 2 und 3 BetrVG einen Interessenausgleich zu vereinbaren, kann er das Verfahren nach § 122 auf Erteilung der Zustimmung zur Durchführung der Betriebsänderung gemäß § 83 a ArbGG für erledigt erklären. Dies muß der Insolvenzverwalter auch tun, da ansonsten der Antrag aufgrund des Sachstandes am Schluß der mündlichen Verhandlung unabhängig davon abzuweisen wäre, ob er ursprünglich zulässig und begründet war (vgl. *Grunsky/Moll* a. a. O., Rz. 321).

IV. Verhältnis zu § 126

Neben den zuvor dargestellten Möglichkeiten kann der Insolvenzverwalter nach dreiwö- **36** chigen ergebnislosen Verhandlungen mit dem Betriebsrat das Beschlußverfahren zum Kündigungsschutz betreiben. § 126 bestimmt, daß dann, wenn der Betrieb keinen Betriebsrat hat oder aus anderen Gründen innerhalb von drei Wochen nach Verhandlungsbeginn oder schriftlicher Aufforderung zur Aufnahme von Verhandlungen ein Interessenausgleich nach § 125 Abs. 1 nicht zustande kommt, obwohl der Insolvenzverwalter den Betriebsrat rechtzeitig und umfassend unterrichtet hat, der Insolvenzverwalter beim Arbeitsgericht beantragen kann festzustellen, daß die Kündigung der Arbeitsverhältnisse bestimmter, im Antrag bezeichneter Arbeitnehmer durch dringende betriebliche Erfordernisse bedingt und sozial gerechtfertigt ist. Die soziale Auswahl der Arbeitnehmer kann nur im Hinblick auf die Dauer der Betriebszugehörigkeit, das Lebensalter und die Unterhaltspflichten nachgeprüft werden.
Dem Insolvenzverwalter wird somit nach Ablauf der dreiwöchigen Frist – im betriebsratslosen Betrieb kann er das Verfahren nach § 126 sofort betreiben – das Recht eingeräumt, das sog. präventive Kündigungsverfahren zu betreiben. Dieses Beschlußverfahren ist grundsätzlich einzügig ausgestaltet. Die Rechtsbeschwerde zum BAG darf nur bei grundsätzlicher Bedeutung der Rechtssache oder bei Abweichung von einer divergenzfähigen Entscheidung zugelassen werden. § 122 Abs. 2 Satz 3 und Abs. 3 gelten entsprechend.
Zu beachten ist jedoch, daß das Arbeitsgericht die Sozialauswahl voll nachprüft. Zu den Einzelheiten vgl. die Erläuterungen zu § 126.

§ 123
Umfang des Sozialplans

(1) In einem Sozialplan, der nach der Eröffnung des Insolvenzverfahrens aufgestellt wird, kann für den Ausgleich oder die Milderung der wirtschaftlichen Nachteile, die den Arbeitnehmern infolge der geplanten Betriebsänderung entstehen, ein Gesamtbetrag von bis zu zweieinhalb Monatsverdiensten (§ 10 Abs. 3 des Kündigungsschutzgesetzes) der von einer Entlassung betroffenen Arbeitnehmer vorgesehen werden.
(2) ¹Die Verbindlichkeiten aus einem solchen Sozialplan sind Masseverbindlichkeiten. ²Jedoch darf, wenn nicht ein Insolvenzplan zustande kommt, für die Berichtigung von Sozialplanforderungen nicht mehr als ein Drittel der Masse

verwendet werden, die ohne einen Sozialplan für die Verteilung an die Insolvenzgläubiger zur Verfügung stünde. ³Übersteigt der Gesamtbetrag aller Sozialplanforderungen diese Grenze, so sind die einzelnen Forderungen anteilig zu kürzen. (3) ¹Sooft hinreichende Barmittel in der Masse vorhanden sind, soll der Insolvenzverwalter mit Zustimmung des Insolvenzgerichts Abschlagszahlungen auf die Sozialplanforderungen leisten. ²Eine Zwangsvollstreckung in die Masse wegen einer Sozialplanforderung ist unzulässig.

Inhaltsübersicht: Rz.

A. Allgemeines	1– 8
B. Absolute Obergrenze (Abs. 1)	9–11
I. Maßgeblicher Zeitpunkt	9
II. Die von der Entlassung betroffenen Arbeitnehmer	10
III. Monatsverdienst	11
C. Rechtsfolgen bei Überschreitung der absoluten Obergrenze	12–13
D. Relative Obergrenze (Abs. 2)	14–18
E. Ermessensrichtlinien zur Volumenbestimmung	19
F. Abschlagszahlungen (Abs. 3)	20–21

Literatur:

(siehe vor § 113, S. 694)

A. Allgemeines

1 Die Vorschrift über das Volumen des Sozialplans im Insolvenzverfahren knüpft an das Modell an, das die Kommission für Insolvenzrecht für das »Liquidationsverfahren« entwickelt hat (Leitsätze 4.1.1 bis 4.1.11 des Ersten Berichts) und das in einer geänderten, an die Systematik des geltenden Rechts angepaßten Form bereits in das Gesetz über den Sozialplan im Konkurs- und Vergleichsverfahren aufgenommen worden ist (vgl. die *Begründung* zu § 141 des Regierungsentwurfs BT-Drucks. 12/2443, S. 154).

2 Wie nach dem Sozialplangesetz (SozPlG) sind eine **absolute Obergrenze** von **zweieinhalb Monatsverdiensten** aller von einer Entlassung betroffenen Arbeitnehmer und eine **relative Obergrenze** (nicht mehr als **ein Drittel der zur Verteilung stehenden Masse**) vorgesehen. Es werden also die Grenzen unverändert übernommen, die im Gesetz über den Sozialplan im Konkurs- und Vergleichsverfahren vorgesehen sind.

3 Die Vorschriften über die relative Grenze (Abs. 2 Satz 2, 3) decken auch den Fall ab, daß in einem Insolvenzverfahren zeitlich nacheinander mehrere Sozialpläne aufgestellt werden. In diesem Fall darf die Gesamtsumme aller Forderungen aus diesen Sozialplänen die relative Grenze nicht übersteigen (vgl. zum bisherigen Recht § 4 Satz 3 SozPlG).

4 Die relative Begrenzung des Sozialplanvolumens kommt aber nur zur Anwendung, wenn die Insolvenzmasse verteilt wird. Hieraus ergibt sich, daß bei einer abweichenden Regelung durch einen Insolvenzplan, insbesondere aber bei einem Absehen von der Verteilung im Falle eines Fortführungsplan, die relative Grenze nicht beachtet zu werden

Umfang des Sozialplans **§ 123**

braucht. Die neue Rechtslage findet insoweit ihre Entsprechung in den Bestimmungen nach dem Gesetz über den Sozialplan im Konkurs- und Vergleichsverfahren: Die Grenze des § 4 Satz 2 SozPlG wirkte sich bei einer Verteilung nach den Regeln des Konkursverfahrens aus, nicht aber im Vergleichsverfahren.

Wie nach dem Gesetz über den Sozialplan im Konkurs- und Vergleichsverfahren sind die Begrenzungen des Sozialplanvolumens als **Höchstgrenzen** ausgestaltet. Ob sie ausgeschöpft werden, bleibt den Parteien überlassen. Insbesondere wenn eine Sanierung in Aussicht steht, wird der Betriebsrat nicht selten bereit sein, das Volumen niedriger festzusetzen. 5

Die Sozialplanforderungen sind nicht wie bisher als bevorrechtigte Konkursforderungen eingeordnet, sondern als **Masseforderungen** (Abs. 2 Satz 1). Hierdurch wird die Rechtsstellung der Arbeitnehmer mit Sozialplanforderungen allerdings nur formell verbessert. Die Vorschrift über die relative Begrenzung des Sozialplanvolumens bewirkt nämlich, daß die Sozialplangläubiger grundsätzlich nur befriedigt werden, wenn die übrigen Masseverbindlichkeiten voll erfüllt werden können. Insofern stehen die Sozialplanforderungen trotz ihrer Höherstufung im Nachrang zu den herkömmlichen Masseverbindlichkeiten. Die Einordnung der Sozialplangläubiger als Massegläubiger hat aber immerhin den praktischen Vorteil, daß eine **Anmeldung** und **Feststellung** der Sozialplanforderungen **entfällt**. 6

Durch Abs. 3 wird darauf hingewirkt, daß die Arbeitnehmer möglichst frühzeitig, nämlich so oft hinreichende Barmittel in der Masse vorhanden sind, **Abschlagszahlungen** auf ihre Sozialplanforderungen erhalten. Das Gesetz sieht, wie nach der bisherigen Rechtsprechung auch erforderlich, vor, daß hierfür die Zustimmung des Insolvenzgerichts eingeholt wird. 7

Eine Zwangsvollstreckung der Sozialplangläubiger in die Masse ist unzulässig (Abs. 3 Satz 2). Dies ergab sich nach früherem Recht bereits aus der Einordnung der Sozialplanforderungen als Konkursforderungen. 8

B. Absolute Obergrenze (Abs. 1)

I. Maßgeblicher Zeitpunkt

Die §§ 123, 124 differenzieren wie schon nach früherem Recht zwischen Sozialplänen vor der Eröffnung des Insolvenzverfahrens und solchen, die erst danach aufgestellt werden. Das Verfahren wird durch den Beschluß des Insolvenzgerichts eröffnet (§ 27). Im **Eröffnungsbeschluß** ist dieser Zeitpunkt exakt zu bestimmen (§ 27 Abs. 2 Nr. 3). Danach ist zu beurteilen, ob ein Sozialplan vor oder nach Verfahrenseröffnung aufgestellt ist. Zur Prüfung, ob ein vor Insolvenz aufgestellter Sozialplan widerruflich ist oder nicht (§ 24 Abs. 1), kommt es allerdings nur auf den Tag des Eröffnungsantrags an, von dem aus die Drei-Monats-Frist berechnet wird (§§ 187, 188 BGB). 9

II. Die von der Entlassung betroffenen Arbeitnehmer

Absatz 1 bestimmt die absolute Obergrenze der Sozialplanansprüche in der Insolvenz unter Bezug auf den Monatsverdienst der von einer Entlassung betroffenen Arbeitnehmer. Danach kann in einem Sozialplan, der nach der Eröffnung des Insolvenzverfahrens aufgestellt wird, für den Ausgleich oder die Milderung der wirtschaftlichen Nachteile, 10 die den Arbeitnehmern infolge der geplanten Betriebsänderung entstehen, ein Gesamtbetrag von bis zu zweieinhalb Monatsverdiensten (§ 10 Abs. 3 KSchG) der von einer Entlassung betroffenen Arbeitnehmer vorgesehen werden. Die auf den Monatsverdienst abstellende Bezugsgröße für das Sozialplanvolumen verbietet selbstverständlich nicht die übliche Praxis, die Sozialplanleistungen nicht mit festen DM-Beträgen zu bestimmen, sondern sie anhand von Punktesystemen und Abfindungsformeln zu ermitteln (vgl. *Schwerdtner* KS zur InsO, S. 1127 ff. [1137], der zu Recht betont, daß solche Punktesysteme den Vorteil bieten, sowohl die Verteilungsmaßstäbe transparent zu machen als auch Anpassungen bei unvorhergesehenen Störungen in der Abwicklung zu erleichtern).

Zur Ermittlung des zulässigen Gesamtvolumens ist festzustellen, **welche Arbeitnehmer** von der Betriebsänderung betroffen sind. Betroffen im Sinne der Vorschrift sind nur diejenigen Arbeitnehmer, die infolge der geplanten Betriebsänderung entlassen werden. Sonstige Arbeitnehmer, die im übrigen anspruchsberechtigt aus dem Sozialplan sind, zählen nicht.

Ausgangspunkt ist der betriebsverfassungsrechtliche Arbeitnehmerbegriff. Arbeitnehmer im Sinne des Betriebsverfassungsgesetzes sind diejenigen, die zur Belegschaft gehören, also auch Teilzeitbeschäftigte und befristet angestellte Arbeitnehmer. Zu den Arbeitnehmern i. S. d. § 123 gehören somit **nicht** die **leitenden Angestellten** i. S. v. § 5 Abs. 3 BetrVG. Neben den von dem Insolvenzverwalter gekündigten Arbeitnehmern gehören hierzu auch diejenigen, die auf Veranlassung des Verwalters einen Aufhebungsvertrag geschlossen oder von sich aus gekündigt haben, um einer Kündigung des Insolvenzverwalters zuvorzukommen (vgl. auch *BAG* 02. 08. 1983 AP Nr. 12 zu § 111 BetrVG 1972). Als Entlassung i. S. d. § 123 gilt das aufgrund der Betriebsänderung veranlaßte Ausscheiden ungeachtet des formalen Beendigungstatbestandes. Das BAG definiert die arbeitgeberseitige bzw. verwalterseitige Veranlassung zur Beendigung des Arbeitsverhältnisses eng (vgl. *BAG* 24. 01. 1996 EzA § 112 BetrVG 1972 Nr. 83). Ein bloßer Hinweis des Arbeitgebers/Insolvenzverwalters auf notwendig werdende Betriebsänderungen und selbst der Rat, sich eine neue Stelle zu suchen, rechtfertigen danach nicht die Annahme, der Arbeitgeber/Insolvenzverwalter habe die Beendigung veranlaßt (*Schwerdtner* a. a. O., S. 1138). Von einer Veranlassung kann demnach nur gesprochen werden, wenn der Verwalter im Hinblick auf eine konkret geplante Betriebsänderung den Arbeitnehmer bestimmt, selbst zu kündigen oder sein Arbeitsverhältnis einvernehmlich aufzulösen, um eine sonst notwendig werdende Kündigung zu vermeiden (*BAG* a. a. O.).

III. Monatsverdienst

11 Die Berechnung des Sozialplanabfindungsvolumens stellt auf den **individuellen Monatsverdienst** i. S. d. § 10 Abs. 3 KSchG aller von einer Entlassung betroffenen Arbeitnehmer ab. Bemessungsgrundlage ist hierbei der Monat, in dem die Betriebsänderung durchgeführt wird; also der Zeitpunkt, zu dem die Mehrzahl der betroffenen Arbeitnehmer entlassen wird (vgl. zu dem alten Recht nach § 2 SozPlG: *Fitting* a. a. O., Rz. 13).

Gemäß § 10 Abs. 3 KSchG gilt als Monatsverdienst, was dem Arbeitnehmer bei der für ihn maßgebenden regelmäßigen Arbeitszeit in dem Monat, in dem das Arbeitsverhältnis endet, an Geld- und Sachbezügen zusteht. Das Gesetz stellt somit auf das Merkmal der **Regelmäßigkeit** ab, weshalb alle unregelmäßigen Schwankungen in der für den Arbeit-

Umfang des Sozialplans § 123

nehmer maßgeblichen Arbeitszeit auszuklammern sind. Dies gilt namentlich für Kurzarbeit wie auch für unregelmäßig anfallende Überstunden (vgl. zum ganzen: *KR-Spilger* KSchG, § 10 Rz. 27–34). Ob der Arbeitnehmer bis zum Ablauf der Kündigungsfrist arbeitet, vom Verwalter freigestellt wird oder aus krankheitsbedingten Gründen an der Arbeitsleistung gehindert ist, bleibt ohne Einfluß. Erfolgen im Bemessungszeitraum **Vergütungssteigerungen** (z. B. Tariflohnerhöhungen), ist von dem erhöhten Monatsverdienst auszugehen.
Zu den **Geldbezügen** zählen alle Grundvergütungen sowie die **Zuwendungen mit Entgeltcharakter** (z. B. 13. oder 14. Monatsgehalt, Tantiemen, Umsatzbeteiligung etc.). Diese Bezüge sind auf den Bemessungszeitraum anteilig umzulegen.
Dementgegen werden Zuwendungen mit **Gratifikationscharakter** (z. B. Weihnachtsgratifikation, Jubiläumsgelder) nicht berücksichtigt (str., die Gegenauffassung verkennt jedoch, daß mangels Entgeltcharakter diese Zuwendungen nicht auf die einzelnen Monate eines Jahres umgelegt werden können).
Unter den Begriff des Monatsverdienstes fallen die dem Arbeitnehmer zustehenden **Sachbezüge**. Ihr Wert ist mit dem Marktwert anzusetzen (vgl. *BAG* 22. 09. 1960 AP Nr. 27 zu § 616 BGB).

C. Rechtsfolgen bei Überschreitung der absoluten Obergrenze

Der im Gesetz genannte **Höchstbetrag** stellt eine **absolute Obergrenze** dar, die nicht überschritten werden darf. Streitig ist, ob ein Überschreiten der Höchstgrenze insgesamt zur Unwirksamkeit des Sozialplans führt oder nur eine Teilunwirksamkeit die Folge ist (**für die Rechtsunwirksamkeit insgesamt:** *Fitting* a. a. O., § 2 SozPlG Rz. 18 m. w. N.; **lediglich für Teilunwirksamkeit:** *Willemsen/Tiesler* S. 71). Soweit bei einer Überschreitung der Höchstgrenze Nichtigkeit angenommen wird, wird gleichwohl diskutiert, ob der Sozialplan teilweise aufrechterhalten werden kann. Richtigerweise wird dies jedoch nur bei solchen Sozialplänen möglich sein, die eindeutig die Verteilungsmaßstäbe erkennen lassen. Nur dann kommt eine **anteilige Kürzung** aller Ansprüche in Betracht, bis das zulässige Volumen erreicht ist (*Balz* a. a. O., S. 63; *Fitting* a. a. O., Rz. 20). 12

Ist ein Sozialplan wegen Überschreitens der Höchstgrenze nichtig, führt dies aber nicht zum endgültigen Wegfall von Arbeitnehmeransprüchen. Insolvenzverwalter und Betriebsrat müssen vielmehr einen neuen Plan aufstellen, bzw. im Falle der Nichteinigung muß ein erneutes Tätigwerden der Einigungsstelle initiiert werden (*Schwerdtner* a. a. O., S. 1141). 13

D. Relative Obergrenze (Abs. 2)

Absatz 2 Satz 1 bestimmt zunächst, daß die Sozialplanforderungen nicht mehr wie bislang lediglich bevorrechtigte Konkursforderungen sind, sondern als Masseforderungen eingeordnet sind. Hierdurch wird die Rechtsstellung der Arbeitnehmer mit Sozialplanforderungen formell verbessert. Die Verbesserung hat jedoch nur eingeschränkte Bedeutung, da die Vorschrift über die **relative Obergrenze** des Sozialplanvolumens bewirkt, daß die Sozialplangläubiger grundsätzlich nur dann befriedigt werden, wenn die übrigen Masseverbindlichkeiten voll erfüllt werden können. Die Berichtigung der Sozialplanansprüche ist danach wie folgt vorzunehmen: Zuerst sind gemäß § 53 die 14

Kosten des Insolvenzverfahrens und die sonstigen Masseverbindlichkeiten vorweg zu berichtigen. Von dem Betrag, der danach verbleibt, kann **bis zu einem Drittel** zur Berichtigung der Sozialplanansprüche verwandt werden. Der Rest bildet dann die Teilungsmasse, die den übrigen Insolvenzgläubigern zur Verfügung steht. *Caspers* (a. a. O., S. 192 Rz. 440) bemerkt zu Recht, daß das endgültige Sozialplanvolumen danach nicht mehr als die Hälfte der zur Verteilung an die Insolvenzgläubiger zur Verfügung stehenden Teilungsmasse betragen darf bzw. die endgültige Teilungsmasse mindestens doppelt so groß wie die Gesamtsumme aller als Masseverbindlichkeit zu berücksichtigenden Sozialplanansprüche sein muß.

15 Liegt **Masseunzulänglichkeit** vor, werden **keine Sozialplanansprüche** berichtigt. Reicht die Masse nicht zur vollständigen Vorwegberichtigung der Massekosten und sonstigen Masseverbindlichkeiten aus, verbleibt nichts, was an die Insolvenzgläubiger verteilt werden kann. Folglich gehen auch die Arbeitnehmer mit Sozialplanansprüchen leer aus.

16 Die Einordnung der Sozialplanansprüche als Masseverbindlichkeit führt aber zu dem **praktischen Vorteil**, daß eine **Anmeldung** und **Feststellung** der Sozialplanforderungen **entfällt**.

17 Die relative Begrenzung des Sozialplanvolumens ist dann gegenstandslos, wenn ein **Insolvenzplan** zustande kommt. Dies gilt auch unabhängig davon, ob ein Liquidationsplan, ein Übertragungsplan oder ein Sanierungsplan beschlossen und bestätigt wird. Der Gesetzgeber geht offensichtlich davon aus, daß die über den Insolvenzplan entscheidenden Gläubiger ihre Interessen mündig wahrnehmen können. Die absolute Obergrenze bleibt aber auch bei zustande gekommenem Insolvenzplan wirksam. Zu den Einzelheiten des Insolvenzplans vgl. die Erläuterungen zu den §§ 217–269.

18 Die Vorschriften über die relative Grenze (Abs. 2 Satz 2, 3) decken auch den Fall ab, daß in einem Insolvenzverfahren zeitlich nacheinander **mehrere Sozialpläne** aufgestellt werden. In diesem Fall darf die Gesamtsumme aller Forderungen aus diesen Sozialplänen die relative Grenze nicht übersteigen. Ist dies doch der Fall, sind die einzelnen Forderungen anteilig zu kürzen (vgl. die *Begründung* zu § 141 des Regierungsentwurfs BT-Drucks. 12/2443, S. 154).

E. Ermessensrichtlinien zur Volumenbestimmung

19 Das Gesetz legt mit der absoluten und relativen Obergrenze nur Höchstgrenzen für das Sozialplanvolumen fest. Diese Grenzen dürfen ausweislich der Materialien nicht dahin mißverstanden werden, daß in der Regel jeder von einer Entlassung betroffene Arbeitnehmer einen Betrag von zweieinhalb Monatsverdiensten als Sozialplanleistung erhalten soll. Vielmehr ist stets die Situation des einzelnen Arbeitnehmers zu berücksichtigen. Bei besonderen sozialen Härten sollen höhere, in anderen Fällen geringe Beträge oder auch – wenn ein entlassener Arbeitnehmer sofort einen entsprechenden neuen Arbeitsplan gefunden hat – gar keine Leistungen vorgesehen werden (*Begründung* zu § 141 des Regierungsentwurfs BT-Drucks. 12/2443, S. 154). In Übereinstimmung mit der Gesetzesbegründung ist danach festzuhalten, daß die **Richtlinien** nach § **112 Abs. 5 BetrVG** auch dann gelten, wenn in der Insolvenz ein Sozialplan von der Einigungsstelle beschlossen wird (vgl. *Schwerdtner* a. a. O., S. 1147). Danach sollen wirtschaftliche Nachteile infolge der Betriebsänderung so ausgeglichen oder gemindert werden, daß den Gegebenheiten des Einzelfalles in der Regel Rechnung getragen wird. Die entstehenden Nachteile sollen konkret ermittelt werden, wenn auch Pauschalierungen zulässig sind. Namentlich

beim Sanierungs- und Übertragungsplan ist bei der Bemessung des Gesamtbetrages der Sozialplanleistungen darauf zu achten, daß der Fortbestand des Unternehmens oder die nach Durchführung der Betriebsänderung verbleibenden Arbeitsplätze nicht gefährdet werden (§ 112 Abs. 5 Ziffer 3 BetrVG). Wird das schuldnerische Unternehmen zerschlagen, spielt die Ermessensrichtlinie in § 12 Abs. 5 BetrVG keine Rolle (vgl. eingehend *Caspers* a. a. O., S. 200–204 Rz. 462–471).

Hat der Betriebsrat im Vertrauen auf die beabsichtigte Sanierung des Unternehmens und damit zur Sicherung der verbleibenden Arbeitsverhältnisse einem die Grenzen des § 123 ggf. deutlich unterschreitenden Sozialplan zugestimmt, wird der vom Verwalter ausgearbeitete Insolvenzplan aber nicht angenommen, dürfte regelmäßig die Geschäftsgrundlage für den Sozialplan entfallen sein. Um diesbezügliche Streitigkeiten über die Rechtswirksamkeit des Sozialplans von vornherein zu vermeiden, schlägt *Caspers* (a. a. O., S. 204 Rz. 470) zu Recht vor, den Sozialplan von vornherein unter den Vorbehalt zu stellen, daß der Insolvenzplan auch tatsächlich zustande kommt, den Sozialplan also mit der aufschiebenden Bedingung zu versehen, daß der Insolvenzplan angenommen und bestätigt wird.

F. Abschlagszahlungen (Abs. 3)

Durch Abs. 3 wird darauf hingewirkt, daß die Arbeitnehmer möglichst frühzeitig, nämlich so oft hinreichende Barmittel in der Masse vorhanden sind, **Abschlagszahlungen** auf ihre Sozialplanforderungen erhalten. Das Gesetz sieht, wie nach der bisherigen Rechtsprechung zum alten Recht auch erforderlich, vor, daß hierfür die Zustimmung des Insolvenzgerichts eingeholt wird. **20**

Nach *Schwerdtner* (a. a. O., S. 1150) unterliege es angesichts der Regelung in Abs. 3 Satz 1 rechtlichen Bedenken, wenn die Fälligkeit eines Sozialplananspruchs – wie in der Praxis regelmäßig vereinbart – bis zum Zeitpunkt des rechtskräftigen Abschlusses des Kündigungsschutzprozesses hinausgeschoben wird. Nach der Rechtsprechung des BAG ist es aber zulässig, daß in einem Sozialplan festgehalten wird, daß bei Erhebung einer Kündigungsschutzklage die Abfindung nach § 9 KSchG auf die Sozialplanabfindung anzurechnen und daß die Fälligkeit der Abfindung auf den Zeitpunkt des rechtskräftigen Abschlusses des Kündigungsrechtsstreits hinausgeschoben ist (*BAG* EzA zu § 4 KSchG Ausgleichsquittung Nr. 1 = AP Nr. 33 zu § 112 BetrVG 1972). Weiter ist zu beachten, daß Abs. 3 Satz 1 lediglich eine **Sollvorschrift** ist. Dem wird zwar zu Recht entgegengehalten werden können, daß nach Zustimmungserteilung des Insolvenzgerichts der Verwalter zur Verweigerung der Abschlagszahlung plausibler Gründe bedarf; kann er solche Gründe nicht vorbringen, wird man ihn gerade wegen der Funktion der Sozialplanabfindung als Überbrückungshilfe als verpflichtet ansehen müssen, auch Abschlagszahlungen an die betroffenen Arbeitnehmer zu leisten. Hierbei wird er die doppelte Summe für die Insolvenzgläubiger reservieren müssen, solange der allgemeine Prüfungstermin noch nicht stattgefunden hat (§ 187 Abs. 1). Dies ändert jedoch alles nichts daran, daß bis zur rechtskräftigen Erledigung des Kündigungsschutzprozesses überhaupt noch nicht feststeht, ob der klagende Arbeitnehmer von der Entlassung betroffen ist. Bis dies geklärt ist, ist die Verweigerung von Abschlagszahlungen im Einklang mit der Rechtsprechung des BAG nicht zu beanstanden.

Eine Zwangsvollstreckung der Sozialplangläubiger in die Masse ist unzulässig (Abs. 3 Satz 2). **21**

§ 124
Sozialplan vor Verfahrenseröffnung

(1) Ein Sozialplan, der vor der Eröffnung des Insolvenzverfahrens, jedoch nicht früher als drei Monate vor dem Eröffnungsantrag aufgestellt worden ist, kann sowohl vom Insolvenzverwalter als auch vom Betriebsrat widerrufen werden.
(2) Wird der Sozialplan widerrufen, so können die Arbeitnehmer, denen Forderungen aus dem Sozialplan zustanden, bei der Aufstellung eines Sozialplans im Insolvenzverfahren berücksichtigt werden.
(3) ¹Leistungen, die ein Arbeitnehmer vor der Eröffnung des Verfahrens auf seine Forderung aus dem widerrufenen Sozialplan erhalten hat, können nicht wegen des Widerrufs zurückgefordert werden. ²Bei der Aufstellung eines neuen Sozialplans sind derartige Leistungen an einen von einer Entlassung betroffenen Arbeitnehmer bei der Berechnung des Gesamtbetrags der Sozialplanforderungen nach § 123 Abs. 1 bis zur Höhe von zweieinhalb Monatsverdiensten abzusetzen.

Inhaltsübersicht: Rz.

A. Allgemeines	1– 3
B. Widerruf »insolvenznaher« Sozialpläne (Abs. 1)	4–12
I. Widerrufsberechtigung	4– 6
II. Zeitliche Grenze des Widerrufs	7– 8
III. Rechtsfolgen des Widerrufs (Abs. 2, 3)	9–12
1. Berücksichtigung bei Aufstellung eines Insolvenzsozialplans	9–10
2. Kein Rückforderungsrecht (Abs. 3 Satz 1)	11
3. Anrechnung erbrachter Sozialplanleistungen (Abs. 3 Satz 2)	12
C. Anfechtung, Kündigung und Wegfall der Geschäftsgrundlage von Sozialplänen	13–28
I. Insolvenzrechtliche Anfechtung	13
II. Anfechtung wegen Ermessensfehler der Einigungsstelle (§ 76 Abs. 5 Satz 4 BetrVG)	14–18
III. Kündigung von Sozialplänen	19–25
IV. Wegfall der Geschäftsgrundlage von Sozialplänen	26–28

Literatur:

(siehe vor § 113, S. 694)

A. Allgemeines

1 Die Vorschrift gilt für »insolvenznahe Sozialpläne« und trägt wie nach dem früheren Recht auch (vgl. § 3 SozPlG) dem Umstand Rechnung, daß Sozialpläne, die **vor Verfahrenseröffnung**, jedoch **nicht früher als drei Monate** vor dem Eröffnungsantrag aufgestellt worden sind, typischerweise bereits Nachteile ausgleichen sollen, die mit dem Eintritt der Insolvenz in Zusammenhang stehen. Von diesem Grundgedanken war auch das Sozialplangesetz ausgegangen, indem es einerseits die Forderungen aus derartigen Sozialplänen mit dem gleichen Konkursvorrecht versehen hatte wie Forderungen aus im Verfahren aufgestellten Plänen (§ 4 Satz 1 SozPlG), andererseits diese Forderungen der Höhe nach begrenzte, um die Einhaltung des im Verfahren zulässigen Sozialplanvolumens zu gewährleisten (§ 3 SozPlG). Nach der Begründung des Regierungsentwurfs zu § 124 ist die Vorgängerregelung allerdings in der Praxis kaum zur Anwendung gekommen. § 124 wählt deshalb eine andere rechtstechnische Ausgestaltung: Ein in der kritischen Zeit vor der Verfahrenseröffnung zustande gekommener Sozialplan kann **widerrufen** werden (Abs. 1); in diesem Fall können die begünstigten Arbeitnehmer bei der Aufstellung des neuen Sozialplans berücksichtigt werden (Abs. 2). Die Konstruktion ermöglicht es, daß bei der Aufstellung des Sozialplans im Insolvenzverfahren die Leistungen an die bereits in einem früheren Sozialplan berücksichtigten Arbeitnehmer neu festgesetzt werden. Auch insoweit kann die schwierige wirtschaftliche Lage, in die das Unternehmen geraten ist, voll berücksichtigt werden; z. B. kann das Sozialplanvolumen unterhalb der zulässigen Höchstgrenzen festgelegt werden, um die Sanierungschancen zu verbessern. Weiter kann die Beteiligung der einzelnen Arbeitnehmer an dem jetzt geringeren Gesamtvolumen neu festgesetzt werden, z. B. können die Mittel auf besondere Notfälle konzentriert werden (vgl. die *Begründung* zu § 142 des Regierungsentwurfs BT-Drucks. 12/2443, S. 155).

In Abs. 3 wird im Interesse der Rechtssicherheit festgelegt, daß bereits ausgezahlte 2 Sozialplanleistungen nicht deshalb zurückgefordert werden können, weil der Sozialplan im Insolvenzverfahren widerrufen wird. Das Volumen des Sozialplans im Insolvenzverfahren ist dann unter Berücksichtigung dieser Leistungen niedriger festzusetzen (Satz 2). Eine Rückforderung aufgrund des Rechts der Insolvenzanfechtung wird durch die Vorschrift nicht ausgeschlossen.

Ist ein Sozialplan früher als drei Monate vor dem Antrag auf Eröffnung des Insolvenz- 3 verfahrens aufgestellt worden und sind Forderungen aus diesem Sozialplan im Zeitpunkt der Verfahrenseröffnung noch nicht berichtigt, so können diese Forderungen nur als Insolvenzforderungen geltend gemacht werden.

B. Widerruf »insolvenznaher« Sozialpläne (Abs. 1)

I. Widerrufsberechtigung

Zum Widerruf berechtigt sind **Insolvenzverwalter** und **Betriebsrat**. Die Berechtigung 4 des Verwalters folgt aus dem Umstand, daß er mit Eröffnung des Verfahrens in die Rechtsstellung des Schuldners einrückt, auf ihn die Verwaltungs- und Verfügungsbefugnis übergeht und er damit auch betriebsverfassungsrechtlicher »Gegenspieler« des Betriebsrats ist. Da auch der Betriebsrat bei Abschluß des »insolvenznahen« Sozialplans ggf. von falschen Erwartungen ausgegangen ist und der Sozialplan zum Zeitpunkt der Eröffnung unter Umständen zu einem wesentlichen Teil noch nicht erfüllt worden ist, muß auch dem Betriebsrat das Recht zum Widerruf zustehen.

Das Widerrufsrecht ist **voraussetzungslos**, es bedarf keines Widerrufsgrundes 5 (*Schwerdtner* a. a. O., S. 1151; *Caspers* a. a. O., S. 206 Rz. 475). Nach der *Begründung* zum Regierungsentwurf folgt das Recht allein aus dem Umstand, daß »insolvenznahe« Sozialpläne typischerweise Nachteile ausgleichen sollen, die mit der Insolvenz bereits im Zusammenhang stehen, und daß die durch solche Sozialpläne betroffenen Arbeitnehmer denjenigen Arbeitnehmern gleichgestellt werden sollen, die aus einem Insolvenzsozialplan anspruchsberechtigt sind.

Insolvenzverwalter wie Betriebsrat sind grundsätzlich nur berechtigt, aber **nicht ver-** 6 **pflichtet**, einen »insolvenznahen« Sozialplan zu widerrufen. Gleichwohl kann das

Unterlassen eines Widerrufs für beide eine Pflichtverletzung darstellen, freilich mit unterschiedlichen Konsequenzen: Die Pflicht des Verwalters besteht in der Verwaltung der Masse im Sinne einer optimalen Schuldenregulierung. Der Betriebsrat hat die kollektiven Rechte im Interesse der Belegschaft bestmöglich wahrzunehmen. Weist nun der »insolvenznahe« Sozialplan ein beträchtliches Volumen aus und ist er noch nicht vollends erfüllt, hat der Verwalter ihn zu widerrufen. Unterläßt er den Widerruf schuldhaft, macht er sich gegenüber den anderen Gläubigern schadensersatzpflichtig (§ 60).

Gleichfalls kann sich für den Betriebsrat im Hinblick auf die Einordnung von »Vor-Insolvenzsozialplanforderungen« als bloße Insolvenzforderungen bei noch nicht erfolgter Abwicklung des Sozialplans eine Pflicht zur Ausübung des Widerrufsrechts ergeben, um den betroffenen Arbeitnehmern bei ansonsten drohendem Forderungsausfall zumindest die Möglichkeit eines Insolvenzsozialplananspruchs als Masseforderung zu eröffnen (dazu, daß bei erfolgtem Widerruf die von dem Widerruf betroffenen Arbeitnehmer regelmäßig erneut bei Abschluß eines Insolvenzsozialplans berücksichtigt werden sollen, vgl. im folgenden unter III. 1.).

Unterläßt der Betriebsrat in einem solchen Fall den Widerruf, wird er hierfür regelmäßig nicht zur Verantwortung gezogen werden können. Der Betriebsrat besitzt keine eigene Rechtspersönlichkeit, er ist im allgemeinen Rechtsverkehr nicht rechtsfähig. Er haftet daher auch nicht für etwaige Amtspflichtverletzungen. Eine Schadenersatzpflicht kann sich nur für einzelne Mitglieder des Betriebsrats nach allgemeinen Regeln des Bürgerlichen Rechts ergeben, wobei aber stets die Kausalität des Verhaltens einzelner Betriebsratsmitglieder zu dem Verhalten des Betriebsrats als Organ und den sich hieraus ergebenden Konsequenzen problematisch ist (vgl. zum ganzen etwa *Fitting* a. a. O., § 1 Rz. 200 ff.).

II. Zeitliche Grenze des Widerrufs

7 Das Widerrufsrecht ist davon abhängig, daß der Sozialplan **nicht früher als drei Monate** vor dem Eröffnungsantrag aufgestellt worden ist. Ein Sozialplan ist aufgestellt, wenn Arbeitgeber und Betriebsrat sich über den Ausgleich oder die Milderung wirtschaftlicher Nachteile einer Betriebsänderung geeinigt haben, die Einigung schriftlich niedergelegt und von den Betriebspartnern unterzeichnet ist (§ 112 Abs. 1 Satz 2 BetrVG). Die Einigung ist ein Rechtsgeschäft, das Zustandekommen richtet sich nach den allgemeinen Grundsätzen der §§ 145 ff. BGB (*Fitting* a.a.O., § 3 SozPlG Rz. 4). Maßgebend ist danach der Zeitpunkt des formwirksamen Zugangs der Annahmeerklärung eines rechtswirksamen Angebots. Unterzeichnen die Betriebspartner den Sozialplan am Ende einer Verhandlung gemeinschaftlich, ist dieser Zeitpunkt maßgeblich. Erfolgt der Vertragsschluß durch Übersendung eines bereits von einer Seite unterzeichneten Sozialplanangebots, kommt es darauf an, wann die Rücksendung des ebenfalls unterzeichneten Exemplars dem antragenden Teil wieder zugeht. Kommt die Einigung vor der Einigungsstelle zustande, sollte dies im Protokoll vermerkt werden. Wird die Einigung durch die Einigungsstelle ersetzt, ist entscheidend, wann der Spruch beiden Seiten zugeleitet worden ist (*Schwerdtner* a.a.O., S. 1151).

Weiter kommt es für das Widerrufsrecht auf den Zeitpunkt des Eröffnungsantrags an. Antrag und Datum ergeben sich aus den Akten des Insolvenzgerichts. Gehen mehrere Anträge ein, ist wie schon zur früheren Rechtslage nach § 3 SozPlG der erste wirksame Antrag maßgeblich (*Fitting* a.a.O., § 3 SozPlG Rz. 5). Da es sich um eine Monatsfrist handelt, sind lediglich die Daten entscheidend (§§ 187, 188 BGB).

Ebensowenig wie die Ausübung des Widerrufsrechts eines Grundes bedarf, besteht eine 8
Frist, innerhalb derer der Widerruf dem anderen Betriebspartner gegenüber erklärt
werden muß; der Widerruf kann in jeder Lage des Verfahrens erfolgen, er sollte aber
schon aus Gründen der Regelungen in Abs. 2 und 3 vor Aufstellung eines Sozialplans in
der Insolvenz erklärt werden. Eine Rechtspflicht zum vorherigen Widerruf wird aber
angesichts des Wortlauts in Abs. 2 (»... *können die Arbeitnehmer ... berücksichtigt
werden*«) nicht angenommen werden können.

III. Rechtsfolgen des Widerrufs (Abs. 2, 3)

1. Berücksichtigung bei Aufstellung eines Insolvenzsozialplans

Absatz 2 bestimmt, daß Arbeitnehmer, denen Forderungen aus einem widerrufenen 9
Sozialplan zustanden, bei der Aufstellung eines Sozialplans im Insolvenzverfahren
berücksichtigt werden können. Sie müssen nicht berücksichtigt werden. Allerdings
weist *Schwerdtner* (a.a.O., S. 1152) zu Recht unter Hinweis auf die **Materialien** (vgl.
die *Begründung* zu § 142 des Regierungsentwurfs BT-Drucks. 12/2443, S. 155) darauf
hin, daß der Wortlaut mißverständlich ist. Das erklärte Ziel des Gesetzgebers ist es nämlich, die durch solche Sozialpläne begünstigten Arbeitnehmer denjenigen gleichzustellen, denen Forderungen aus einem im Verfahren aufgestellten Sozialplan zustehen.
Hieraus folgt, daß sie **grundsätzlich zu berücksichtigen** sind (im Ergebnis ebenso:
Caspers a.a.O., S. 208 Rz. 482). Wie die von einem Widerruf betroffenen Arbeitnehmer
in dem Insolvenzsozialplan berücksichtigt werden, können die Betriebspartner in den
Grenzen von **Recht** und **Billigkeit** bestimmen (vgl. *BAG* EzA § 112 BetrVG 1972
Nrn. 66, 71, 83 und 90). So kann wegen der wirtschaftlichen Krise das Sozialplanvolumen unterhalb der zulässigen Höchstgrenzen festgelegt werden, um die Sanierungschancen zu verbessern, die Beteiligung der einzelnen Arbeitnehmer an dem jetzt geringeren
Gesamtvolumen kann neu festgelegt werden, die Mittel können auf besondere Fälle
konzentriert werden (vgl. *Begründung* zu § 142 des Regierungsentwurfs BT-Drucks. 12/
2443 S. 155).

Da der Gesetzgeber solche Sozialpläne grundsätzlich widerruflich gestaltet hat, haben 10
begünstigte Arbeitnehmer keinen Vertrauensschutz auf erworbene, aber noch nicht
erfüllte Ansprüche aus einem innerhalb der Drei-Monats-Frist aufgestellten Sozialplan
(ebenso *Caspers* a.a.O., S. 209 Rz. 482).

2. Kein Rückforderungsrecht (Abs. 3 Satz 1)

Soweit Sozialplanleistungen aus dem widerrufenen Sozialplan bereits erbracht worden 11
sind, stellt Abs. 3 Satz 1 im Sinne des Vertrauensschutzes und der Rechtssicherheit klar,
daß die Arbeitnehmer die Leistungen behalten dürfen. Eine Rückforderung ist ausgeschlossen. Unberührt hiervon bleibt allerdings das Recht der Insolvenzanfechtung nach
den §§ 129–146 (vgl. *Begründung* zu § 142 des Regierungsentwurfs BT-Drucks. 12/
2443, S. 155).

3. Anrechnung erbrachter Sozialplanleistungen

Wird ein Insolvenzsozialplan aufgestellt, sind bereits erfolgte Zahlungen aus einem 12
widerrufenen Sozialplan bis zur absoluten Grenze des § 123 Abs. 1 (zweieinhalb Mo-

natsverdienste der von einer Entlassung betroffenen Arbeitnehmer) in Abzug zu bringen. Dies ist nur konsequent, wenn nach dem Willen des Gesetzgebers die von einem »insolvenznahen« Sozialplan begünstigten Arbeitnehmer mit denjenigen, die aus einem Insolvenzsozialplan anspruchsberechtigt sind, möglichst gleichbehandelt werden sollen. Inwieweit die Gleichbehandlung tatsächlich erfolgt, ist von der Masse abhängig.

C. Anfechtung, Kündigung und Wegfall der Geschäftsgrundlage von Sozialplänen

I. Insolvenzrechtliche Anfechtung

13 Rechtshandlungen, die vor der Eröffnung des Verfahrens vorgenommen sind, können als den Insolvenzgläubigern gegenüber unwirksam nach Maßgabe der §§ 129 ff. angefochten werden. Das Anfechtungsrecht wird vom Verwalter ausgeübt. Für die insolvenzrechtliche Anfechtung von Sozialplänen kommt insbesondere der Anfechtungsgrund der **Gläubigerbenachteiligung** (§§ 130–132) in Betracht.

II. Anfechtung wegen Ermessensfehler der Einigungsstelle (§ 76 Abs. 5 Satz 4 BetrVG)

14 Beschließt die Einigungsstelle mit Mehrheit einen Sozialplan, so hat sie hierbei unter angemessener Berücksichtigung der Belange des Betriebs und der betroffenen Arbeitnehmer nach billigem Ermessen zu entscheiden (§ 76 Abs. 5 Satz 3 BetrVG). Die Überschreitung der Grenzen des Ermessens kann durch den Verwalter oder den Betriebsrat nur binnen **einer Frist von zwei Wochen**, vom Tage der Zuleitung des Beschlusses an gerechnet, beim Arbeitsgericht geltend gemacht werden (§ 76 Abs. 5 Satz 4 BetrVG). Das Arbeitsgericht darf die Ermessensentscheidung aber nur daraufhin überprüfen, ob sie die Grenzen des ihr zustehenden Ermessens überschritten hat. Dem Arbeitsgericht steht **keine** allgemeine **Zweckmäßigkeitskontrolle** zu, sondern nur eine Rechtskontrolle (*Fitting* a. a. O., § 76 Rz. 76). Hält sich der Spruch der Einigungsstelle innerhalb des gesetzlichen Ermessensrahmens, ist dies vom Arbeitsgericht hinzunehmen. Insbesondere darf das Arbeitsgericht nicht sein eigenes Ermessen an die Stelle des Ermessens der Einigungsstelle setzen (*BAG* 22. 01. 1980 AP Nr. 7 zu § 111 BetrVG 1972).

15 Die bei der Aufstellung eines Sozialplans in der Insolvenz erforderliche Berücksichtigung der Interessen der anderen Insolvenzgläubiger muß nicht zwangsläufig dazu führen, daß der Sozialplan einen Teil der nach Berichtigung der Masseverbindlichkeiten verbleibenden Insolvenzmasse für die nachrangigen Insolvenzgläubiger übrig läßt. Vielmehr kann eine sachgerechte Interessenabwägung auch ergeben, daß angesichts der noch vorhandenen Masse den sozialen Belangen der betroffenen Arbeitnehmer der Vorrang gebührt (*BAG* 30. 10. 1979 AP Nr. 9 zu § 112 BetrVG 1972).

16 Die Einigungsstelle überschreitet nicht ihr Ermessen, wenn sie erst geraume Zeit nach der Durchführung der Betriebsstillegung einen Sozialplan beschließt und bei der Bemessung der Sozialplanleistungen gleichwohl auf die wirtschaftlichen Nachteile der entlassenen Arbeitnehmer abstellt, mit denen im Zeitpunkt der Betriebsstillegung typischerweise zu rechnen war. Die Einigungsstelle braucht nicht zu berücksichtigen, daß einzelne Arbeitnehmer diese Nachteile tatsächlich nicht erlitten haben (*BAG* 23. 04. 1985 AP Nr. 26 zu § 112 BetrVG 1972). Ein Sozialplan, der Arbeitnehmer, die aufgrund

von Aufhebungsverträgen oder Eigenkündigungen ausscheiden, gänzlich von Sozialplanabfindungen ausschließt, kann ermessensfehlerhaft sein. Der Inhalt eines Sozialplans muß nämlich immer dem Normzweck von § 112 Abs. 1 Satz 2 BetrVG entsprechen, die wirtschaftlichen Nachteile zu mildern, die den Arbeitnehmern infolge der geplanten Betriebsänderung entstehen. Diesem Zweck würde es aber widersprechen, wenn Arbeitnehmer ausschließlich unter Hinweis auf den formalen Beendigungsgrund einer Eigenkündigung oder eines Aufhebungsvertrages trotz arbeitgeberseitiger Veranlassung des Ausscheidens von der Sozialplanabfindung ausgenommen werden (*BAG* 28. 04. 1993 AP Nr. 67 zu § 112 BetrVG 1972).

Die Betriebspartner können allerdings ermessensfehlerfrei vereinbaren, daß Arbeitnehmer, die im Zusammenhang mit einer Betriebsstillegung vorzeitig durch Eigenkündigung ausscheiden, eine niedrigere Abfindung erhalten (*BAG* 11. 08. 1993 AP Nr. 71 zu § 112 BetrVG 1972). 17

Schließlich ist auch die Unterscheidung in einem Sozialplan zwischen Arbeitnehmern, die ihr Arbeitsverhältnis selbst kündigen, und solchen, die aufgrund eines von ihnen gewünschten Aufhebungsvertrages ausscheiden, in der Regel sachlich gerechtfertigt. Der Arbeitgeber kann so entscheiden, ob er den Arbeitnehmer für die ordnungsgemäße Durchführung der Betriebsänderung oder noch darüber hinaus benötigt oder ob ihm das freiwillige Ausscheiden des Arbeitnehmers nur eine ohnehin notwendig werdende Kündigung erspart (*BAG* 19. 07. 1995 AP Nr. 96 zu § 112 BetrVG 1972). 18

III. Kündigung von Sozialplänen

Gerät das Unternehmen in die Krise oder muß Insolvenzantrag gestellt werden, stellt sich schnell die wirtschaftlich unter Umständen entscheidende Frage, inwieweit Arbeitgeber bzw. Verwalter und Betriebsrat einvernehmlich einen bereits geschlossenen, im nachhinein aber nicht mehr finanzierbaren Sozialplan zur Rettung des Unternehmens und zumindest eines Teils der Arbeitsplätze rechtswirksam wieder abändern können, und, falls ein Einvernehmen über eine Neuregelung nicht gefunden werden kann, eine Kündigung eines Sozialplans wirksam ausgesprochen werden kann. 19

Sozialpläne haben nach dem Gesetz die Wirkung einer Betriebsvereinbarung. Die Aufhebung einer Betriebsvereinbarung kann durch eine neue Betriebsvereinbarung erfolgen, die dieselbe Angelegenheit wie die frühere Betriebsvereinbarung regelt, ohne daß in der neuen Betriebsvereinbarung die Aufhebung der älteren ausdrücklich erklärt wird (*BAG* 10. 08. 1994 AP Nr. 86 zu § 112 BetrVG 1972; *Matthes* Münchener Handbuch Arbeitsrecht, § 319 Rz. 36). Die Aufhebung bedarf nicht der Schriftform (*Matthes* a. a. O.). Wenn die Betriebspartner eine Angelegenheit durch Betriebsvereinbarung geregelt haben, so können sie diese Betriebsvereinbarung auch einvernehmlich wieder aufheben und dieselbe Angelegenheit durch eine neue Betriebsvereinbarung regeln. Die neue Betriebsvereinbarung tritt an die Stelle der früheren und löst diese ab. Im Verhältnis zweier aufeinanderfolgender Betriebsvereinbarungen gilt das Ablösungsprinzip. Dies gilt auch dann, wenn die neue Regelung für Arbeitnehmer ungünstiger ist als die frühere (vgl. *BAG* GS 16. 09. 1986 AP Nr. 17 zu § 77 BetrVG 1972). 20

Davon zu unterscheiden ist die Frage, ob die neue Betriebsvereinbarung in die Ansprüche der Arbeitnehmer, die schon auf der Grundlage der früheren Betriebsvereinbarung entstanden sind, eingreifen darf, indem sie diese schmälert oder ganz entfallen läßt. Das BAG verneint das. In Ansprüche, die bereits auf der Grundlage eines aufgehobenen Sozialplans entstanden sind, kann durch eine Neuregelung nicht zu Lasten der Arbeit- 21 nehmer eingegriffen werden (*BAG* 10. 08. 1994 AP Nr. 86 zu § 112 BetrVG 1972). Zur Begründung führt das BAG aus, daß die Betriebspartner die Erwartungen der Arbeitnehmer nicht dadurch enttäuschen können, daß sie durch einen neuen Sozialplan die für die bereits entstandenen wirtschaftlichen Nachteile vorgesehenen Sozialplanleistungen zu Lasten der Arbeitnehmer aufheben oder kürzen (*BAG* a. a. O., II. 3. a) der Gründe). Soll mittels eines neuen Sozialplans in bereits entstandene Ansprüche der Arbeitnehmer eingegriffen werden, bedarf es eines weiteren Rechtsgrundes (*BAG* a. a. O., II. 3. c) der Gründe).

22 Ob ein Sozialplan ordentlich oder außerordentlich **gekündigt** werden kann, ist umstritten (vgl. die Nachweise im Urteil des *BAG* 24. 03. 1981 AP Nr. 12 zu § 112 BetrVG).

23 Haben die Betriebspartner im Sozialplan eine Kündigungsmöglichkeit nicht vorgesehen und greift die Widerrufsmöglichkeit nach § 124 Abs. 1 nicht ein, so gilt nach BAG: Ein für eine bestimmte Betriebsänderung vereinbarter Sozialplan kann, soweit nichts Gegenteiliges vereinbart ist, **nicht ordentlich gekündigt** werden. **Anderes** kann für **Dauerregelungen** in einem Sozialplan gelten, wobei Dauerregelungen nur solche Bestimmungen sind, nach denen ein bestimmter wirtschaftlicher Nachteil durch auf bestimmte oder unbestimmte Zeit laufende Leistungen ausgeglichen oder gemildert werden soll (*BAG* 10. 08. 1994 a. a. O.). Ausdrücklich **offengelassen** hat das BAG, ob ein Sozialplan insgesamt oder hinsichtlich seiner Dauerregelungen **außerordentlich** gekündigt werden kann (*BAG* a. a. O.).

24 Ist die Kündigung zulässig, so kann sie in jedem Falle mit der insolvenzspezifischen Kündigungsfrist von drei Monaten gemäß § 120 Abs. 1 ausgesprochen werden. Den gekündigten Regelungen des Sozialplans kommt allerdings **Nachwirkung** zu, bis sie durch eine neue Regelung ersetzt werden. Die ersetzende Regelung kann Ansprüche der Arbeitnehmer, die vor dem Wirksamwerden der Kündigung entstanden sind, nicht zuungunsten der Arbeitnehmer abändern. Das gilt auch dann, wenn die Arbeitnehmer aufgrund bestimmter Umstände nicht mehr auf den unveränderten Fortbestand des Sozialplans vertrauen konnten (*BAG* a. a. O.).

25 Etwas anderes mag für einen **vorsorglichen Sozialplan** gelten. Ein solcher Sozialplan bezieht sich nicht auf eine konkrete Betriebsänderung, sondern auf alle möglichen Betriebsänderungen während seiner Geltungsdauer. Damit entfällt für ihn der Grund für die Annahme, daß ein Sozialplan ordentlich nicht kündbar ist, wenn die Betriebspartner die Möglichkeit einer ordentlichen Kündigung nicht vereinbart haben (*BAG* a. a. O.). Ein solcher Sozialplan kann auch in jedem Falle **widerrufen** werden. Durch den Widerruf **entfällt** die **Nachwirkung**.

IV. Wegfall der Geschäftsgrundlage von Sozialplänen

26 Für Betriebsvereinbarungen und insbesondere für Sozialpläne ist anerkannt, daß diese eine **Geschäftsgrundlage** haben können, bei deren Wegfall die getroffene Regelung den geänderten tatsächlichen Umständen anzupassen ist, wenn dem Vertragspartner im Hinblick auf den Wegfall der Geschäftsgrundlage das Festhalten an der Vereinbarung nicht mehr zuzumuten ist (*BAG* 17. 02. 1981 AP Nr. 11 zu § 112 BetrVG 1972; *BAG* GS 16. 09. 1986 AP Nr. 17 zu § 77 BetrVG 1972). Die Geschäftsgrundlage eines Sozialplans kann insbesondere dann weggefallen sein, wenn beide Betriebspartner bei Abschluß des Sozialplans von irrigen Vorstellungen über die Höhe der für den Sozialplan zur Verfügung stehenden Finanzmittel ausgegangen sind (so *BAG* 17. 02. 1981 AP Nr. 11 zu § 112 BetrVG 1972).

Der Wegfall der Geschäftsgrundlage führt jedoch nicht zur Beendigung des Sozialplans, 27 sondern läßt diesen mit einem anzupassenden Inhalt fortbestehen. Derjenige Betriebspartner, der sich auf den Wegfall der Geschäftsgrundlage beruft, hat einen **Verhandlungsanspruch** über die **Anpassung** der im Sozialplan getroffenen Regelung. Die Einigungsstelle entscheidet verbindlich.

Die anpassende Regelung kann schon entstandene Ansprüche der Arbeitnehmer auch zu 28 deren Ungunsten abändern. Darauf, daß die einmal entstandenen Ansprüche mit dem ursprünglichen Inhalt fortbestehen, können die Arbeitnehmer nicht vertrauen; ebenso kann der Sozialplan von Anfang an nichtig sein oder wegen Ermessensüberschreitung der Einigungsstelle nach § 76 Abs. 5 BetrVG angefochten und für unwirksam erklärt werden (*BAG* 10. 08. 1994 a. a. O.).

§ 125
Interessenausgleich und Kündigungsschutz

(1) ¹Ist eine Betriebsänderung (§ 111 des Betriebsverfassungsgesetzes) geplant und kommt zwischen Insolvenzverwalter und Betriebsrat ein Interessenausgleich zustande, in dem die Arbeitnehmer, denen gekündigt werden soll, namentlich bezeichnet sind, so ist § 1 des Kündigungsschutzgesetzes mit folgenden Maßgaben anzuwenden:
1. es wird vermutet, daß die Kündigung der Arbeitsverhältnisse der bezeichneten Arbeitnehmer durch dringende betriebliche Erfordernisse, die einer Weiterbeschäftigung in diesem Betrieb oder einer Weiterbeschäftigung zu unveränderten Arbeitsbedingungen entgegenstehen, bedingt ist;
2. die soziale Auswahl der Arbeitnehmer kann nur im Hinblick auf die Dauer der Betriebszugehörigkeit, das Lebensalter und die Unterhaltspflichten und auch insoweit nur auf grobe Fehlerhaftigkeit nachgeprüft werden; sie ist nicht als grob fehlerhaft anzusehen, wenn eine ausgewogene Personalstruktur erhalten oder geschaffen wird.

²Satz 1 gilt nicht, soweit sich die Sachlage nach Zustandekommen des Interessenausgleichs wesentlich geändert hat.

(2) Der Interessenausgleich nach Absatz 1 ersetzt die Stellungnahme des Betriebsrats nach § 17 Abs. 3 Satz 2 des Kündigungsschutzgesetzes.

Inhaltsübersicht: Rz.

A. Allgemeines	1
B. Voraussetzungen	2– 6
I. Geplante Betriebsänderung	2
II. Zustandekommen des besonderen Interessenausgleichs	3
III. Namentliche Bezeichnung der zu kündigenden Arbeitnehmer	4– 6
1. Notwendiger Inhalt	4– 5
2. Schriftform	6
C. Rechtsfolgen	7–22
I. Vermutung der Betriebsbedingtheit	7
II. Eingeschränkter Prüfungsmaßstab bei der Sozialauswahl	8–17
1. Sinn und Zweck	9
2. Grobe Fehlerhaftigkeit	10

3. Auswahlrelevanter Personenkreis	11–12
4. Erhaltung bzw. Schaffung einer ausgewogenen Personalstruktur	13
5. Berechtigtes betriebliches Interesse an der Weiterbeschäftigung	14
6. Beispiele	15–17
a) Unvollständige Auswahlkriterien	15
b) Unvollständige Personenauswahl	16
c) Berechtigung zum Bezug vorgezogenen Altersruhegeldes	17
III. Darlegungs- und Beweislast	18–19
IV. Verhältnis zu weiteren Beteiligungsrechten des Betriebsrats	20–22
1. Anhörung gemäß § 102 BetrVG	20
2. Zustimmung zur Versetzung gemäß § 99 BetrVG	21
3. Mitbestimmung nach § 87 BetrVG	22
D. Verhältnis zu § 126	23
E. Wesentliche Änderung der Sachlage (Abs. 1 Satz 2)	24–25
F. Ersatz der Stellungnahme § 17 Abs. 3 Satz 2 KSchG (Abs. 2)	26

Literatur:

(siehe vor § 113, S. 694)

A. Allgemeines

1 Der den allgemeinen Kündigungsschutz modifizierende § 125 stand Pate für den mit dem ArbBeschFG vom 26. 09. 1996 eingeführten § 1 Abs. 5 KSchG. Der in der Vorschrift geregelte besondere Interessenausgleich (vgl. *Warrikoff* BB 1994, 2341: Der Interessenausgleich »neuer eigener Art« unter Bezug auf den *Bericht* des Rechtsausschusses BT-Drucks. 12/7302, S. 170) führt im Ergebnis für diejenigen Arbeitnehmer, die in ihm namentlich bezeichnet sind, zu einer – beabsichtigten – erheblichen Rechtsverkürzung im Kündigungsschutzprozeß. Der Kündigungsgrund einer im Zusammenhang mit einer Betriebsänderung stehenden Kündigung (auch Änderungskündigung) wird vermutet, die soziale Auswahl kann nur auf grobe Fehlerhaftigkeit nachgeprüft werden; sie ist nicht als grob fehlerhaft anzusehen, wenn eine ausgewogene Personalstruktur erhalten oder aber erst durch die Betriebsänderung geschaffen werden soll.
Die Rechtsprechung des BAG zur Bindungswirkung von Auswahlrichtlinien in Interessenausgleichen (*BAG* 20. 10. 1983 AP Nr. 13 zu § 1 KSchG betriebsbedingte Kündigung) war im Gesetzgebungsverfahren Vorbild für § 125 (vgl. die *Begründung* zu § 128 des Regierungsentwurfs BT-Drucks. 12/2443, S. 149; krit. hierzu: *Kocher* BB 1998, 213 ff.: statt Kündigungsschutz: ein kollektives Kündigungsverfahren.)
Kommt der besondere Interessenausgleich mit namentlicher Bezeichnung der zu kündigenden Arbeitnehmer zustande, kann der Insolvenzverwalter kündigen und sich in einem eventuell nachfolgenden Kündigungsschutzprozeß auf die für ihn günstige Darlegungs- und Beweislastverteilung berufen. Scheitern die diesbezüglichen Verhandlungen der Betriebspartner nach drei Wochen oder ist der Betrieb betriebsratslos, kann der Verwalter das Beschlußverfahren zum Kündigungsschutz nach § 126 betreiben. Hier entfällt allerdings die Beweislastumkehr, der Verwalter muß die Betriebsbedingtheit der Kündigung vollumfänglich darlegen und beweisen wie er auch zur Sozialauswahl entsprechend der hierfür nach der Rechtsprechung des BAG abgestuften Darlegungs- und Beweislast vortragen muß (vgl. *BAG* EzA § 1 KSchG soziale Auswahl Nrn. 21, 29 und 33).

Interessenausgleich und Kündigungsschutz § 125

B. Voraussetzungen

I. Geplante Betriebsänderung

Die Vorschrift setzt die von dem Verwalter geplante Betriebsänderung i. S. d. § 111 **2**
BetrVG voraus und macht durch den Klammerhinweis deutlich, daß insoweit keine
Besonderheiten gelten. Ausreichend, aber auch erforderlich ist damit, daß in dem Betrieb
mehr als 20 wahlberechtigte Arbeitnehmer beschäftigt sind und eine der Fallgruppen des
§ 111 Satz 2 Ziffern 1 bis 5 BetrVG zur Umsetzung ansteht. Dies bedeutet im Umkehrschluß, daß dem Insolvenzverwalter in Betrieben unterhalb der relevanten Beschäftigungszahl die Möglichkeit verwehrt ist, einen »freiwilligen besonderen Interessenausgleich mit namentlicher Bezeichnung der zu kündigenden Arbeitnehmer« abzuschließen. Das ist auch sach- und interessengerecht, da im schuldnerischen Betrieb dieser
Größenordnung ein berechtigtes Bedürfnis zur Kündigungserleichterung nicht anzuerkennen ist. Die Gegenmeinung, die die Möglichkeit eines besonderen Interessenausgleichs auch unterhalb der für § 111 BetrVG erforderlichen Belegschaftsstärke (mehr als
20 wahlberechtigte Arbeitnehmer) für notwendig erachtet, kann für sich in Anspruch
nehmen, daß sich gerade bei kleineren Unternehmen in der Krise ein Personalüberhang
schnell existenzgefährdend auswirken kann und deshalb jedes Mittel der Kündigungserleichterung willkommen ist; sie ist gleichwohl mit dem eindeutigen Wortlaut der
Vorschrift, der im Klammersatz ausdrücklich auf § 111 BetrVG verweist, nicht in
Einklang zu bringen. Hinsichtlich der Anforderungen von § 111 BetrVG im einzelnen
darf auf die Erläuterungen zu § 122 verwiesen werden.

II. Zustandekommen des besonderen Interessenausgleichs

Der Interessenausgleich nach § 125 unterfällt den Anforderungen nach § 112 Abs. 1 **3**
Satz 1 BetrVG, setzt aber nicht zwingend voraus, daß der »normale« Interessenausgleich
im Sinne dieser Norm auch tatsächlich zustande kommt. Schon *Warrikoff* (BB 1994,
2338 [2341]) hat darauf verwiesen, daß der Betriebsrat ggf. den notwendigen Kündigungen mit namentlicher Bezeichnung zustimmen könnte, der von ihm für falsch gehaltenen
Betriebsänderung, die er allerdings nicht verhindern kann, widerspricht (hierzu krit.:
Grunsky FS Lüke 193 [»Psychologische Sperre für Hinrichtungsliste«]). Gleichviel, wie
die Chancen zum Abschluß des besonderen Interessenausgleichs gewertet werden, der
Verwalter hat zunächst den Betriebsrat über die geplante Betriebsänderung umfassend zu
unterrichten und mit ihm darüber zu beraten, ob, wann und wie die Betriebsänderung
durchgeführt werden soll (vgl. *BAG* AP Nrn. 41, 59 zu § 112 BetrVG 1972), da er
ansonsten die Unterschrift des Betriebsrats wohl nicht erhalten wird.
Im übrigen stellt zwar der Wortlaut von Abs. 1 Satz 1 nicht ausdrücklich klar, daß es sich
nur um solche Kündigungen handelt, die aufgrund einer Betriebsänderung erfolgen
sollen (vgl. im Gegensatz dazu § 1 Abs. 5 Satz 1 KSchG). Allerdings folgt sowohl aus
dem Sinnzusammenhang als auch aus der Entstehungsgeschichte der Vorschrift zwingend, daß nur solche Kündigungen gemeint sein können (*Caspers* a. a. O., S. 75 Rz. 169,
der zutreffend auf die Begründung zu § 128 des Regierungsentwurfs BT-Drucks. 12/
2443, S. 149, verweist und im übrigen ebenfalls zu Recht den unterschiedlichen Wortlaut
als mißverständlich und wenig der Rechtssicherheit dienend kritisiert).
Im Prozeß hat der Verwalter allerdings den Zusammenhang zwischen Betriebsänderung
und Kündigungen darzulegen (zu § 1 Abs. 5 KSchG: *ArbG Ludwigshafen* 11. 03. 1997
DB 1997, 1339).

III. Namentliche Bezeichnung der zu kündigenden Arbeitnehmer

1. Notwendiger Inhalt

4 Erforderlich ist zunächst, daß die zu kündigenden Arbeitnehmer namentlich **in** dem Interessenausgleich bezeichnet werden. Ob daneben auch eine namentliche Bezeichnung der zu kündigenden Arbeitnehmer in einem Sozialplan ebenfalls genügt, ist streitig. *Schiefer* (NZA 1997, 915 [917]) will dies nach Sinn und Zweck der Norm (bessere Berechenbarkeit der betriebsbedingten Kündigungen) an sich gelten lassen, sieht aber aufgrund des anderslautenden Wortlauts Risiken. Dagegen sprechen sich *Lakies* (RdA 1997, 145 [149]) und *Berscheid* (ZAP ERW 1997, 109 [110]) aus. Da der Gesetzeswortlaut eindeutig ist und zudem die Namensliste als Teil des »Wie« systematisch zum Inhalt des Interessenausgleichs gehört, gebührt der engeren Meinung der Vorzug. Dies bedeutet allerdings nicht, daß ein Interessenausgleich nach § 112 BetrVG und/oder ein solcher nach § 125 und ein Sozialplan nicht in einer einheitlichen Urkunde niedergelegt werden können. Ebenso ist es nicht erforderlich, den Interessenausgleich als solchen zu bezeichnen. Maßgebend ist insoweit nur, daß sich die Betriebspartner tatsächlich auf die Kündigung der infolge der Betriebsänderung zu entlassenden Arbeitnehmer verständigt haben. Eine solche Einigung kann auch in einer einheitlichen Urkunde, die ggf. nur als »Sozialplan« überschrieben ist, inhaltlich aber das Einvernehmen über das »Ob« und das »Wie« der geplanten Betriebsänderung darstellt, enthalten sein (für den Interessenausgleich nach § 112 BetrVG vgl. *BAG* 20. 04. 1994 AP Nr. 27 zu § 113 BetrVG 1972).

Ergibt die Auslegung der niedergeschriebenen Einigung der Betriebspartner aber, daß sie sich nur und ausschließlich über den Ausgleich oder die Milderung der wirtschaftlichen Nachteile der von der Betriebsänderung betroffenen Arbeitnehmer geeinigt haben, genügt dies nicht, die Voraussetzungen des § 125 als erfüllt anzusehen, selbst wenn in dem Sozialplan noch eine Namensliste enthalten ist oder auf eine solche verwiesen wird.

5 Die Bezeichnung der zu kündigenden Arbeitnehmer setzt **eindeutige Identifizierbarkeit** voraus. Die Nennung des Vornamens ist deshalb nur bei einer Mehrzahl gleicher Familiennamen erforderlich. Keinesfalls reicht es aus, daß z. B. nur die Personalnummern genannt werden (*Caspers* a. a. O., S. 75 Rz. 167; *Schiefer* a. a. O., S. 918; ebenso zu § 1 Abs. 5 KSchG: *Sowka/Meisel* KSchG, § 1 Rz. 561; *Zwanziger* a. a. O., S. 94). Die Angabe weiterer Sozialdaten ist nicht erforderlich.

Da die Vorschrift auch für Änderungskündigungen gilt, muß im Sinne der weitreichenden Rechtsfolgen und der damit verbundenen erheblichen Verantwortung der Betriebspartner zudem gefordert werden, daß sich neben der eindeutigen Identifizierbarkeit der betroffenen Arbeitnehmer auch die **Art der Betroffenheit** aus dem besonderen Interessenausgleich ergibt. Werden also sowohl Beendigungskündigungen als auch Änderungskündigungen beabsichtigt, muß dies bei den jeweiligen Namen kenntlich gemacht werden.

2. Schriftform

6 Nach § 112 Abs. 1 Satz 1 BetrVG ist der zwischen Unternehmer und Betriebsrat gefundene Interessenausgleich über die geplante Betriebsänderung schriftlich niederzulegen und von beiden Betriebspartnern zu unterschreiben. Die Wahrung der **Schriftform** ist nach der Rechtsprechung des BAG Wirksamkeitsvoraussetzung für einen Interessenausgleich (*BAG* 18. 12. 1984 und 09. 07. 1985 AP Nrn. 11, 13 zu § 113 BetrVG). Dem

folgt die absolut herrschende Meinung im Schrifttum (*Fitting* a. a. O., §§ 112, 112 a Rz. 12; *Fabricius* GK-BetrVG, §§ 112, 112 a Rz. 21; *Stege/Weinspach* BetrVG, §§ 111 bis 113 Rz. 101; mittlerweile ebenso unter Aufgabe der in der Vorauflage vertretenen Meinung: *Richardi* (7. Aufl.) BetrVG, § 112 Rz. 33 m. w. N.). Das Schriftformerfordernis gilt für § 125 gleichermaßen. Hieraus folgt für die Namensliste: Sie muß entweder in dem von den Betriebspartnern unterzeichneten Interessenausgleich selbst enthalten sein oder in dem Falle, daß sie als **Anlage** beigefügt wird, ihrerseits nochmals **gesondert unterzeichnet** sein. Eine bloße Bezugnahme auf eine lediglich als Anlage zum Interessenausgleich beigefügte Namensliste reicht nicht aus (*ArbG Ludwigshafen* 11. 03. 1997 BB 1997, 1901; *ArbG Hannover* 22. 08. 1997 BB 1997, 2167). Ausreichend für das Schriftformerfordernis ist demgegenüber, wenn der Interessenausgleich mit einer nicht unterschriebenen Namensliste der zu kündigenden Arbeitnehmer **mittels einer Heftmaschine fest verbunden** ist; in diesem Fall sind die betreffenden Arbeitnehmer nach der Entscheidung des *BAG* vom 07. 05. 1998 in einem Interessenausgleich namentlich bezeichnet. Die Unterschrift unter dem Interessenausgleich, der ausdrücklich auf die Namensliste Bezug nimmt, deckt auch die nicht unterschriebene, dem Interessenausgleich nachgeheftete Namensliste (*BAG* 07. 05. 1998 2 AZR 55/98 EzA Nr. 6 zu § 1 KSchG Interessenausgleich; vgl. auch das *Senatsurteil* ebenfalls vom 07. 05. 1998 2 AZR 536/97 EzA Nr. 5 zu § 1 KSchG Interessenausgleich).

C. Rechtsfolgen

I. Vermutung der Betriebsbedingtheit

Das Insolvenzverfahren ist grundsätzlich ohne Einfluß auf die Anwendbarkeit des Kündigungsschutzgesetzes. Hieraus folgt, daß der Verwalter im allgemeinen die Tatsachen zu beweisen hat, die die Kündigung bedingen, § 1 Abs. 2 Satz 4 KSchG. Hiervon bildet § 125 Abs. 1 Satz 1 Ziffer 1 eine Ausnahme; ist ein Interessenausgleich mit namentlicher Bezeichnung der zu kündigenden Arbeitnehmer zustande gekommen, so wird vermutet, daß die Kündigung der Arbeitsverhältnisse der bezeichneten Arbeitnehmer durch dringende betriebliche Erfordernisse, die einer Weiterbeschäftigung in diesem Betrieb oder einer Weiterbeschäftigung zu unveränderten Arbeitsbedingungen entgegenstehen, bedingt ist. 7

Die Vorschrift enthält eine **widerlegbare Vermutung** i. S. v. § 292 Satz 1 ZPO. Die Darlegungs- und Beweislast des Verwalters beschränkt sich auf die tatbestandlichen Voraussetzungen des § 125; d. h., er muß lediglich dartun, daß eine Betriebsänderung i. S. d. § 111 BetrVG durchgeführt wird, die streitbefangene Kündigung aufgrund dieser Betriebsänderung ausgesprochen ist und die Betriebspartner einen Interessenausgleich mit namentlicher Bezeichnung der zu kündigenden Arbeitnehmer abgeschlossen haben. Hat der Verwalter seiner Darlegungslast insoweit genügt, also die Vermutungsbasis substantiiert dargelegt, ist es am Arbeitnehmer, den Beweis mangelnder Sozialrechtfertigung als Hauptbeweis zu führen. Der Beweis ist erst geführt, wenn das Arbeitsgericht vom Vorliegen eines Sachverhaltes überzeugt ist, der ergibt, daß die Kündigung nicht sozial gerechtfertigt ist (*LAG Köln* 01. 08. 1997 DB 1997, 2181; *Eisenbeis* Kasseler Handbuch I, S. 870; *Bader* NZA 1996, 1125 [1133]; *Löwisch* NZA 1996, 1009 [1011]; *Caspers* a. a. O., S. 77 Rz. 171; *Grunsky/Moll* a. a. O., S. 86).

Demgegenüber meint allerdings *Zwanziger* (a. a. O., S. 96), es verbleibe nach wie vor bei der Darlegungslast des Verwalters, der »in allen Einzelheiten« die Betriebsbedingtheit

der Kündigung darlegen müsse. § 292 ZPO schließe es nicht aus, die Darlegungslast bei der nicht beweisbelasteten Partei zu belassen. Dieses Ergebnis sei auch allein unter verfassungsrechtlichen Aspekten geboten. Zwar schütze das Grundrecht nach Art. 12 GG nicht gegen den Verlust des Arbeitsplatzes, dem Staat obliege jedoch eine Schutzpflicht, mit der es nicht vereinbar sei, die Entscheidung, wer gekündigt werde, ohne weitere Überprüfung den Betriebspartnern zu überantworten. Die Auffassung verkennt das Wesen einer gesetzlichen Vermutung und steht weder mit Wortlaut noch Sinn und Zweck von § 125, wie er sich aus der Entstehungsgeschichte ableiten läßt, im Einklang. Folge der Vermutung ist gerade, daß die vermutete Tatsache nicht mehr behauptet zu werden braucht, weil sie durch das Gesetz vermutet wird (*Caspers* a.a.O., S. 77 Rz. 173). Die soziale Rechtfertigung der Kündigung soll auch nur noch in Ausnahmefällen in Frage gestellt werden können, wenn sich die Betriebspartner auf den besonderen Interessenausgleich verständigt haben (vgl. die *Begründung* zu § 128 des Regierungsentwurfs BT-Drucks. 12/2443, S. 149, die vom Rechtsausschuß in seiner Beschlußempfehlung unverändert belassen wurde, BT-Drucks. 12/7302, S. 171). Die hierdurch bedingte Verkürzung der Rechtsposition des Arbeitnehmers im Kündigungsschutzprozeß wird im Sinne einer Verfahrensbeschleunigung und Arbeitserleichterung der Gerichte bewußt in Kauf genommen, um die bezweckte Erleichterung der Sanierung eines insolventen Unternehmens eher erreichen zu können. Dabei geht der Gesetzgeber davon aus, daß der Betriebsrat seiner Verantwortung gegenüber den Arbeitnehmern generell gerecht wird und nur unvermeidbaren Entlassungen zustimmen wird.
Demgegenüber können Mißbrauchsfälle und Fälle kollusiven Zusammenwirkens zwischen Insolvenzverwalter und Betriebsrat entweder zur Sittenwidrigkeit der Kündigung führen oder aber Schadenersatzansprüche nach § 826 BGB begründen (vgl. hierzu *Caspers* a.a.O., S. 78 f. Rz. 175).

II. Eingeschränkter Prüfungsmaßstab bei der Sozialauswahl

8 Absatz 1 Satz 1 Ziffer 2 enthält im Gegensatz zu Ziffer 1 keine gesetzliche Vermutung bezüglich der nach § 1 Abs. 3 KSchG zu beachtenden Sozialauswahl, schränkt aber den Prüfungsmaßstab hinsichtlich der seit Inkrafttreten des ArbBeschFG aus 1996 allein zu prüfenden Kernindikatoren Dauer der Betriebszugehörigkeit, Lebensalter und Unterhaltspflichten auf **grobe Fehlerhaftigkeit** ein. Zusätzlich legt der letzte Halbsatz fest, daß die Sozialauswahl nicht als grob fehlerhaft anzusehen ist, wenn eine ausgewogene Personalstruktur erhalten oder erst geschaffen wird.

1. Sinn und Zweck

9 Mit der Beschränkung des Prüfungsmaßstabs auf lediglich grobe Fehlerhaftigkeit wird der Individualkündigungsschutz im Sinne der Sanierung des insolventen Unternehmens verkürzt. Um dem Schuldner oder auch dem Übernehmer eine funktions- und wettbewerbsfähige Belegschaft zur Verfügung stellen zu können, war weiterhin ein Korrektiv gegenüber den drei wesentlichen Sozialauswahlkriterien vorzusehen. Diesem Zweck dient der letzte Halbsatz in Abs. 1 Satz 1 Ziffer 2, der einen korrigierenden Eingriff trotz entgegenstehender Sozialauswahl dann zuläßt, wenn hierdurch nicht nur eine ausgewogene Personalstruktur erhalten, sondern erstmals geschaffen werden kann. Der Verwalter ist damit in die Lage versetzt, frühere Versäumnisse der Personalentwicklung im schuldnerischen Unternehmen zu heilen.

2. Grobe Fehlerhaftigkeit

Nach der Gesetzesbegründung ist die Sozialauswahl grob fehlerhaft, wenn die Gewichtung der drei Sozialindikatoren **jede Ausgewogenheit vermissen läßt**. *Bader* (a. a. O.) versteht die grobe Fehlerhaftigkeit als Belastung der letztlich getroffenen Sozialauswahl mit einem schweren und ins Auge springenden Fehler, dessen Nichtberücksichtigung angesichts der Funktion der Sozialauswahl nicht hingenommen werden kann. Bezüglich der Gewichtung der Kriterien müssen ganz naheliegende Gesichtspunkte nicht in die Überlegungen einbezogen worden sein, womit die gebotene Ausgewogenheit evident verfehlt worden ist. 10

Einen anderen Ansatz wählen *Berkowsky* (DB 1996, 778 [780]) und ihm folgend *Caspers* (a. a. O., S. 67 Rz. 147): Wenn das Gesetz für einen Sonderfall einen weiteren Beurteilungsmaßstab einführt und die Betriebspartner sich an diesen Maßstab halten, sind die Auswahlkriterien »ausreichend berücksichtigt« i. S. d. § 1 Abs. 3 Satz 1 KSchG, die soziale Auswahl damit fehlerfrei.

Der eher theoretische Unterschied in der Herangehensweise scheint für das Verständnis der Norm in der Praxis vernachlässigenswert. Ob die allein am Einzelfall mögliche Auslegung ergibt, daß die Betriebspartner angesichts eines weiteren Beurteilungsmaßstabes die Sozialauswahl noch nach vernünftigen Kriterien getroffen haben und damit eine ausreichende und fehlerfreie Sozialauswahl vorgenommen haben oder ob festgestellt wird, daß die Sozialauswahl auf der Basis der drei Kriterien zwar nicht frei von Fehlern ist, aber gleichwohl insgesamt noch als ausgewogen angesehen werden kann, nützt dem klagenden Arbeitnehmer nicht.

3. Auswahlrelevanter Personenkreis

Nach dem Wortlaut steht fest, daß der eingeschränkte Prüfungsmaßstab sich jedenfalls auf die Gewichtung der Sozialauswahlkriterien untereinander bezieht. Nach richtiger Auffassung wird aber hiervon auch die Festlegung des auswahlrelevanten Personenkreises erfaßt (*LAG Köln* 01. 08. 1997 DB 1997, 2181 f.; bestätigt durch BAG 07. 05. 1998, EzA Nr. 5 zu § 1 KSchG – Interessenausgleich; ebenso *Löwisch* RdA 1997, 80 f.). Zur Auswahl gehört begriffsnotwendig als »erster Akt« die Festlegung des Auswahlbereichs, also die Bestimmung, welche Arbeitnehmer miteinander vergleichbar, d. h. austauschbar sind. Die Bestimmung erfolgt arbeitsplatzbezogen. Nach ständiger Rechtsprechung des BAG ist ein Arbeitsplatz vergleichbar i. S. d. § 1 Abs. 3 KSchG, wenn der Verwalter den Arbeitnehmer dort aufgrund seines Weisungsrechts ohne Änderung des Arbeitsvertrages weiterbeschäftigen kann (*BAG* 15. 06. 1989 AP Nr. 18 zu § 1 KSchG soziale Auswahl = NZA 1990, 226 f.; 29. 03. 1990 NZA 1991, 181 f.; 15. 12. 1994 NZA 1995, 521 f.). 11

Die Durchführung von Betriebsänderungen gerade in der Insolvenz erfordert eine Sozialauswahl unter regelmäßig einer Vielzahl von Arbeitnehmern. Hierzu können sich die Betriebspartner nach der Rechtsprechung des BAG eines **Punkteschemas** bedienen, wobei ihnen bei der Festlegung der Punktwerte für die Auswahlkriterien Betriebszugehörigkeit, Alter und Unterhaltspflichten ein **Beurteilungsspielraum** zusteht (BAG 18. 01. 1990 EzA § 1 KSchG soziale Auswahl Nr. 28). Dieser ist – außerhalb von § 125 – noch gewahrt, wenn Alter und Betriebszugehörigkeit im wesentlichen gleich bewertet werden. Zur Vermeidung unbilliger Härten, die die Anwendung jeden Schemas mit sich bringt, muß im Anschluß an die Vorauswahl nach der Punktetabelle eine individuelle Abschlußprüfung der Auswahl stattfinden (*BAG* a. a. O.; bestätigt durch *Senatsurteil* 07. 12. 1995 AP Nr. 29 zu § 1 KSchG soziale Auswahl). Eine solche **individuelle**

Abschlußprüfung der Sozialauswahl **kann** im Anwendungsbereich von § 125 **unterbleiben**. Erscheint die Gewichtung der Sozialkriterien untereinander in der Punktetabelle nicht »völlig unausgewogen«, ist die Sozialauswahl ausreichend, jedenfalls nicht grob fehlerhaft.
Weiterhin können die Betriebspartner im Rahmen des so erweiterten Beurteilungsspielraums (*Caspers* a. a. O., S. 86 Rz. 193) den auswahlrelevanten Personenkreis dergestalt bestimmen, daß Arbeitnehmer, die sich erst auf einen bestimmten Arbeitsplatz einarbeiten müßten (vgl. insoweit BAG 05. 05. 1994 AP Nr. 23 zu § 1 KSchG soziale Auswahl) aus der Vergleichbarkeit ausscheiden. Wenn schon außerhalb der Insolvenz »alsbaldige Substituierbarkeit« (BAG a. a. O., unter II. 3. c) a. E.) gefordert wird, erscheint es nicht unvernünftig und damit keinesfalls grob fehlerhaft, wenn die Betriebspartner in der Insolvenzkrise zur Vergleichbarkeit verlangen, daß eine »unmittelbare Substituierbarkeit« vorhanden ist. Dies bedeutet zugleich, daß die bloß mittelbare Betroffenheit nicht mehr genügt, um in die Sozialauswahl einbezogen zu werden (vgl. aber für den »Normalfall« BAG AP Nrn. 24, 37 zu § 1 KSchG betriebsbedingte Kündigung). Die Sozialauswahl kann dann auch durch die namentliche Bezeichnung der zu kündigenden Arbeitnehmer im besonderen Interessenausgleich auf z. B. die Abteilung wirksam beschränkt werden.

12 Ist ein **Schwerbehinderter** im besonderen Interessenausgleich namentlich bezeichnet, gilt gemäß § 19 Abs. 3 SchwbG, der gemäß Art. 97 i. V. m. Art. 110 EGInsO eingefügt worden ist: Die Hauptfürsorgestelle soll die Zustimmung erteilen, wenn die Schwerbehindertenvertretung beim Zustandekommen des Interessenausgleichs gemäß § 25 Abs. 2 SchwbG beteiligt worden ist und der Anteil der nach dem Interessenausgleich zu entlassenden Schwerbehinderten an der Zahl der beschäftigten Schwerbehinderten nicht größer ist als der Anteil der zu entlassenden übrigen Arbeitnehmer an der Zahl der beschäftigten übrigen Arbeitnehmer sowie schließlich die Gesamtzahl der Schwerbehinderten, die nach dem Interessenausgleich bei dem Arbeitgeber verbleiben sollen, zur Erfüllung der Verpflichtung nach § 5 SchwbG ausreicht.

4. Erhaltung bzw. Schaffung einer ausgewogenen Personalstruktur

13 Gemäß Abs. 1 Satz 1, letzter HS ist die Sozialauswahl nicht grob fehlerhaft, wenn eine ausgewogene Personalstruktur erhalten bzw. (erstmals) geschaffen wird. Nach der Vorstellung des Gesetzgebers war die Einschränkung der Sozialauswahl bedeutsam, da sie gerade im Falle der Sanierung eines Unternehmens eine wichtige Rolle spielen kann. Sie wurde als notwendiges **Korrektiv** angesehen, das dem Schuldner oder auch dem Übernehmer ein funktions- und wettbewerbsfähiges Arbeitnehmerteam erhält (vgl. *Bericht* des Rechtsausschusses zu § 143a BT-Drucks. 12/7302, S. 171). Damit ist ein »wesentliches betriebliches Interesse in die Beschränkung der Überprüfbarkeit einbezogen« (*Löwisch* a. a. O., S. 81 und ihm folgend *Caspers* a. a. O., S. 90 Rz. 202).

5. Berechtigtes betriebliches Interesse an der Weiterbeschäftigung

14 In die Sozialauswahl sind Arbeitnehmer nicht einzubeziehen, deren Weiterbeschäftigung, insbesondere wegen ihrer Kenntnisse, Fähigkeiten und Leistungen oder zur Sicherung einer ausgewogenen Personalstruktur des Betriebes, im berechtigten betrieblichen Interesse liegt. Unterliegt – wie hier vertreten wird – die Bestimmung des sozialauswahlrelevanten Personenkreises nur dem eingeschränkten gerichtlichen Prü-

fungsmaßstab, ist gleichzeitig entschieden, daß die Regelung in § 1 Abs. 3 Satz 2 KSchG hiervon mit umfaßt wird. Das Recht, den Kreis der vergleichbaren Arbeitnehmer zu bestimmen, schließt die Befugnis, solche Arbeitnehmer herauszunehmen, deren Weiterbeschäftigung im berechtigten betrieblichen Interesse liegt, zwangsläufig mit ein. Bei der Tatbestandsalternative »Weiterbeschäftigung im Sinne einer Sicherung einer ausgewogenen Personalstruktur« ergibt sich dies ohne weiteres aus Abs. 1 Satz 1, letzter HS, 1. Alt. Deshalb kann auch nicht *Preis* (NJW 1996, 3369 [3372]) in der Annahme gefolgt werden, der Gesetzgeber habe in § 125 nur die sozialen Gesichtspunkte gemeint, nicht aber die möglicherweise der Sozialauswahl entgegenstehenden berechtigten betrieblichen Interessen (im Ergebnis ebenso wie hier *Löwisch* a.a.O., S. 81; *Caspers* a.a.O., S. 90 Rz. 202).

6. Beispiele

a) Unvollständige Auswahlkriterien

Berücksichtigen die Betriebspartner eines der drei Auswahlkriterien überhaupt nicht, kann die vom Gesetzgeber vorausgesetzte Ausgewogenheit erst gar nicht entstehen, so daß der Auswahlfehler als grob zu bewerten ist (ebenso *Caspers* a.a.O., S. 83 Rz. 185). **15**

b) Unvollständige Personenauswahl

Wird ein oder werden sogar mehrere Arbeitnehmer, die vergleichbar sind, in den auswahlrelevanten Personenkreis nicht aufgenommen, kann dies entweder auf einer fehlerhaften rechtlichen Einschätzung der Betriebspartner beruhen, oder Verwalter und Betriebsrat können den- oder diejenigen schlicht vergessen haben; letzteres kann gerade in Unternehmen einer bestimmten Größenordnung nicht als ausgeschlossen gelten. **16**
Für den Fall der rechtlich fehlerhaften Beurteilung nimmt *Caspers* (a.a.O., S. 85 Rz. 190) zu Recht an, daß gerade bei größerem Personalabbau und Massenentlassungen solche Fehler nicht unwahrscheinlich sind und deshalb die Festlegung des Kreises der vergleichbaren Arbeitnehmer lediglich am Maßstab der groben Fehlerhaftigkeit zu messen ist.
Nichts anderes kann aber – entgegen *Caspers* – für den Fall gelten, daß ein allgemein vergleichbarer Arbeitnehmer schlicht übersehen oder vergessen worden ist. Auch dies wird im Regelfall nur bei größerem Personalabbau und Massenentlassungen passieren. Führte ein solcher Fall bereits zu einer nicht ausreichenden Sozialauswahl im Sinne einer groben Fehlerhaftigkeit, würde dies der gesetzgeberischen Intention, die soziale Rechtsfertigung nur in Ausnahmefällen in Frage stellen zu lassen, zuwiderlaufen (vgl. die *Begründung* zu § 128 des Regierungsentwurfs BT-Drucks. 12/2443, S. 149).

c) Berechtigung zum Bezug vorgezogenen Altersruhegeldes

Nach *Caspers* (a.a.O., S. 83 Rz. 184) darf der Umstand, daß ein Arbeitnehmer gemäß § 41 Abs. 4 Satz 2 SGB VI berechtigt ist, vorgezogenes Altersruhegeld zu beantragen, bei der Sozialauswahl nicht zu seinem Nachteil berücksichtigt werden. Geschieht dies trotzdem, handele es sich um einen groben Auswahlfehler. Dem kann in dieser Allgemeinheit nicht gefolgt werden. Ist nämlich im schuldnerischen Unternehmen eine Überalterung in der Personalstruktur festzustellen, dürfen die Betriebspartner zur Schaf- **17** fung einer ausgewogenen Personalstruktur gegensteuern und höheres Lebensalter in der Punktetabelle entsprechend berücksichtigen.

III. Darlegungs- und Beweislast

18 Gemäß § 1 Abs. 3 Satz 3 KSchG obliegt dem Arbeitnehmer grundsätzlich die Darlegungs- und Beweislast hinsichtlich eines Sozialauswahlfehlers. Allerdings hat der Gesetzgeber den sich hieraus für den Arbeitnehmer ergebenden faktischen Schwierigkeiten mit dem Ersten Arbeitsrechtsbereinigungsgesetz durch Einfügen des letzten Halbsatzes in Abs. 3 Satz 1 Rechnung getragen und den Arbeitgeber zur Auskunft über die Gründe, die zu der getroffenen sozialen Auswahl geführt haben, verpflichtet. Hieraus folgt nach herrschender Meinung eine **abgestufte Verteilung der Darlegungslast** zwischen Arbeitgeber und Arbeitnehmer (*BAG* 21. 07. 1988 EzA § 1 KSchG Nr. 26 soziale Auswahl; *Herschel/Löwisch* KSchG, § 1 Rz. 254; *KR-Etzel* § 1 Rz. 600 m. w. N.): Fordert der Arbeitnehmer bei Unkenntnis der insoweit rechtserheblichen Tatsachen den Arbeitgeber zur Auskunft auf, geht die Darlegungslast auf den Arbeitgeber über. Genügt der Arbeitgeber dann seiner Darlegungslast nicht oder nicht vollständig, führt dies zu einer beschränkten Befreiung des Arbeitnehmers von seiner Darlegungslast (*BAG* 21. 12. 1983 EzA § 1 KschG Nr. 29 betriebsbedingte Kündigung), das pauschale Bestreiten der ordnungsgemäßen Sozialauswahl genügt, und der Kündigung wird die soziale Rechtfertigung versagt.

Kommt hingegen der Arbeitgeber seiner Darlegungslast bezüglich der getroffenen Sozialauswahl vollständig nach, hat der Arbeitnehmer wieder die volle Darlegungs- und mithin auch Beweislast.

19 Dieses System der **abgestuften Verteilung der Darlegungs- und Beweislast** hat durch § 125 Abs. 1 Ziffer 2 **keine Veränderung** erfahren. Im Gegensatz zu Ziffer 1 wird keine gesetzliche Vermutung aufgestellt, lediglich der gerichtliche Beurteilungsmaßstab wird auf die Prüfung grober Fehlerhaftigkeit beschränkt. Kommt der Verwalter nach entsprechendem Auskunftsverlangen seiner Darlegungslast hinsichtlich der Gründe, die ihn zur Sozialauswahl bewogen haben, nicht vollständig nach, kommt es nicht auf den eingeschränkten Prüfungsmaßstab an, die Kündigung ist sozialwidrig. Genügt hingegen der Insolvenzverwalter seiner Auskunftspflicht, ist es an dem Arbeitnehmer, darzulegen und zu beweisen, daß die getroffene Sozialauswahl »jegliche Ausgewogenheit vermissen läßt«, also grob fehlerhaft ist.

Der Verwalter kann sich im Prozeß allerdings nicht darauf beschränken, die von den Betriebspartnern unterzeichnete Namensliste vorzulegen. Er muß vielmehr im einzelnen vortragen (ggf. durch Vorlage des insoweit aussagekräftigen Interessenausgleichs), welche Arbeitnehmer er in die Sozialauswahl einbezogen hat und wie er die drei wesentlichen Kriterien zueinander gewichtet hat. Nur so macht er die getroffene Entscheidung prüfbar. Ob sie dann als fehlerfrei, ausreichend oder grob fehlerhaft beurteilt werden muß, entscheidet sich anhand des eingeschränkten Bewertungsmaßstabes.

Interessenausgleich und Kündigungsschutz § 125

IV. Verhältnis zu weiteren Beteiligungsrechten des Betriebsrats

1. Anhörung gemäß § 102 BetrVG

Nach § 102 BetrVG hat der Verwalter den Betriebsrat vor jeder Kündigung anzuhören. **20** Eine ohne Anhörung des Betriebsrats ausgesprochene Kündigung ist unwirksam. Hat der Betriebsrat gegen die ordentliche Kündigung Bedenken, so hat er dies unter Angabe der Gründe spätestens innerhalb einer Woche schriftlich mitzuteilen. Da der Betriebsrat in dem besonderen Interessenausgleich seine durch Unterschrift dokumentierte Zustimmung zu den Kündigungen der Arbeitsverhältnisse der namentlich bezeichneten Arbeitnehmer erteilt hat, wird teilweise vertreten, daß ein zusätzliches Anhörungsverfahren nach § 102 BetrVG »reine Förmelei« und deshalb entbehrlich sei (vgl. *Warrikoff* a. a. O., S. 2342; wohl auch *Schiefer* a. a. O., S. 918; *Schrader* a. a. O., S. 75).
Ob diese Auffassung insbesondere angesichts der Regelung in Abs. 2 haltbar ist, erscheint zweifelhaft; immerhin hat es der Gesetzgeber für erforderlich erachtet, dort ausdrücklich festzustellen, daß der besondere Interessenausgleich die Stellungnahme des Betriebsrats im Rahmen der Massenentlassung ersetzt. Hieraus erscheint jedenfalls dann, wenn man ein Redaktionsversehen ausschließt, der Umkehrschluß gerechtfertigt, daß alle sonstigen Beteiligungsrechte gewahrt werden müssen (im Ergebnis ebenso, aber mit der Begründung, zwischen Interessenausgleich und Kündigungen könne sich die Sachlage zugunsten der Arbeitnehmer verändern, *Zwanziger* a. a. O., S. 105; diese Auffassung verkennt, daß der spätere, in Satz 2 ausdrücklich geregelte und auf eine wesentliche Änderung der Sachlage beschränkte Wegfall des besonderen Interessenausgleichs keinen Rückschluß darauf zuläßt, welche Wirkungen ihm zuvor zukommen konnten).
Bis zu einer ggf. höchstrichterlichen Klärung kann der Praxis deshalb nur empfohlen werden, ausdrücklich im besonderen Interessenausgleich festzuhalten, daß damit auch dem Anhörungserfordernis nach § 102 BetrVG Genüge getan ist. Dies gilt um so mehr, als im Regelfall der Verwalter nach Abschluß des besonderen Interessenausgleichs zwecks Wahrung der Kündigungsfristen ggf. noch vor Ablauf der Wochenfrist des § 102 Abs. 2 Satz 1 BetrVG die Kündigungen aussprechen wird. Es ist nämlich ohne weiteres zulässig, mehreren Beteiligungsrechten gleichzeitig zu genügen; wird im Interessenausgleich individuell festgelegt, wer gekündigt werden soll, so kann das Anhörungsverfahren nach § 102 Abs. 2 BetrVG in die Verhandlung über den Interessenausgleich aufgenommen werden. Auf die Frage, wann der Verwalter die Verhandlungen mit dem Betriebsrat betreffend den Interessenausgleich und die anstehenden Kündigungen aufgenommen hat, kommt es dann nicht an, wenn die Kündigungen erst später als eine Woche nach dem Zustandekommen des Interessenausgleichs und damit nach Ablauf der Stellungnahmefrist des § 102 Abs. 2 BetrVG ausgesprochen werden.
Ergibt sich aus dem Wortlaut des Interessenausgleichs, daß der Verwalter die Auftrags- und Kostensituation mit dem Betriebsrat ausführlich erörtert hat, dann kommt es darauf, ob der Betriebsrat die insoweit vom Verwalter aufgestellten Behauptungen selbständig überprüft hat, ebensowenig an wie darauf, ob der Betriebsrat die Rechtslage falsch eingeschätzt oder die tatsächliche Situation verkannt hat. Solche Mängel liegen in der Sphäre des Betriebsrats und können sich grundsätzlich nicht zu Lasten des Verwalters auswirken. Etwas anderes kann allenfalls dann gelten, wenn der Verwalter dem Betriebsrat bewußt falsche Informationen hinsichtlich der Gründe für die geplante Betriebsänderung gibt (*ArbG Wesel* 28. 05. 1997 NZA-RR 1997, 341).

2. Zustimmung zur Versetzung gemäß § 99 BetrVG

21 Im Rahmen der Beratungen des Rechtsausschusses (*BT-Drucks.* 12/7302, S. 172) wurde die Formulierung in Satz 1 geändert, um die Änderungskündigung ebenfalls zu erfassen. Da die Änderungskündigung auch eine Umgruppierung und/oder Versetzung sein kann, stellt sich die Frage, ob nach Abschluß des besonderen Interessenausgleichs noch das Zustimmungsverfahren nach § 99 BetrVG betrieben werden muß. Im Ergebnis gilt das gleiche wie zuvor zu § 102 BetrVG. Will der Insolvenzverwalter sichergehen, ist ihm zu empfehlen, ausdrücklich in dem besonderen Interessenausgleich aufzunehmen, daß hinsichtlich der beabsichtigten Änderungskündigungen die Verfahren nach § 99 BetrVG ebenfalls durchgeführt sind und der Betriebsrat auch insoweit seine Zustimmung erteilt.

3. Mitbestimmung nach § 87 BetrVG

22 Wird bei Durchführung der Betriebsänderung gemäß dem besonderen Interessenausgleich zugleich ein Mitbestimmungsrecht des Betriebsrats nach § 87 BetrVG betroffen, weil z. B. Arbeitszeiten geändert oder Fragen der betrieblichen Lohngestaltung mitgeregelt werden, kann der Betriebsrat nicht nochmals sein Mitbestimmungsrecht reklamieren. Mit seiner Unterschrift im besonderen Interessenausgleich ist dem Mitbestimmungsrecht Genüge getan. *Zwanziger* (a. a. O., S. 107) weist zu Recht darauf hin, daß auch formlose Absprachen das Mitbestimmungsrecht wahren, so daß erst recht ein Interessenausgleich ausreicht.

D. Verhältnis zu § 126

23 Das Beschlußverfahren zum Kündigungsschutz setzt nach § 126 Abs. 1 Satz 1 voraus, daß innerhalb von drei Wochen nach Verhandlungsbeginn oder schriftlicher Aufforderung zur Aufnahme von Verhandlungen ein Interessenausgleich nach § 125 Abs. 1 nicht zustande gekommen ist. Die Vorschriften schließen sich insoweit unstreitig aus.
Umstritten ist aber, ob bei nur teilweisem Einvernehmen (der Betriebsrat erteilt nur in Einzelfällen seine Zustimmung im Sinne des § 125) der Verwalter bezüglich der strittigen Kündigungskandidaten das Verfahren nach § 126 führen kann. *Zwanziger* (a. a. O., S. 113) will aus einem Umkehrschluß aus § 122 Abs. 1 Satz 3 folgern, daß nach der Einleitung des gerichtlichen Verfahrens dieses und nicht der Interessenausgleich nach § 125 vorgehe. Dem kann nicht gefolgt werden. Zunächst besagt der Umstand, daß § 122 Abs. 1 Satz 3 dem Verwalter ausdrücklich die Möglichkeit beläßt, entweder weiterhin einen Interessenausgleich nach § 125 zu suchen oder aber das Beschlußverfahren zum Kündigungsschutz zu betreiben, nichts darüber, ob der Verwalter ohne eine inhaltsgleiche gesetzliche Anordnung in § 125 oder § 126 nicht gleiches tun darf. Aus den Materialien ergibt sich jedenfalls ein zwingendes »Entweder-Oder« nicht. Auch der Wortlaut in § 126 Abs. 1 Satz 1 sagt nicht etwa, daß der Verwalter »nur« noch nach dieser Vorschrift vorgehen kann. Es ist auch nicht geboten, ein paralleles Vorgehen zu unterbinden (so schon *Warrikoff* a. a. O., S. 2343). Ein zeitaufwendiges »Hin-und-Her«, vor dem *Zwanziger* (a. a. O., S. 113) im Sinne der Klarheit und Straffung der Verfahren warnt, entsteht hierdurch nicht. Im Gegenteil: Im Sinne der angestrebten Beschleunigung sollte der Verwalter die Betriebsänderung, soweit sie einvernehmlich i. S. d. § 125 getragen wird, durchführen, im übrigen parallel den Antrag nach § 126 stellen und

schließlich noch mit dem Betriebsrat gemäß § 125 weiterverhandeln, wenn dies aussichtsreich erscheint. Kommen die Verhandlungen doch noch zum erwünschten Abschluß, kann – und muß – der Antrag nach § 126 ohne weiteres zurückgenommen werden (vgl. auch *Lakies* a. a. O., S. 145 [152]).

E. Wesentliche Änderung der Sachlage

Die Wirkungen des Abs. 1 Satz 1 entfallen, soweit sich die Sachlage nach Zustandekommen des Interessenausgleichs wesentlich geändert hat, Abs. 1 Satz 2. In der Gesetz gewordenen Empfehlung des Rechtsausschusses wurde das Wort »wesentliche« eingefügt. Der Interessenausgleich soll nur dann die Wirkungen des Satzes 1 verlieren, wenn die Änderung der Sachlage gavierend ist. Als Beispiel wurde im Gesetzgebungsverfahren angeführt, daß ein Interessenausgleich im Hinblick auf eine Betriebsstillegung vereinbart wurde, dann aber doch noch ein Betriebserwerber gefunden werden konnte. *Bader* (NZA 1996, 1125 [1133]) nimmt eine **wesentliche Änderung** der Sachlage an, »wenn nicht ernsthaft zweifelhaft ist, daß beide Betriebspartner oder zumindest einer von ihnen den Interessenausgleich in Kenntnis der späteren Änderung nicht oder nicht mit diesem Inhalt abgeschlossen hätte«. Dies wird sicherlich auch dann der Fall sein, wenn wesentlich weniger Arbeitnehmer gekündigt werden, als ursprünglich angeommen (vgl. *Löwisch* NZA 1996, 1009 [1012]). 24

Hinsichtlich der Rechtsfolgen ist eine **zeitliche Zäsur** zu machen: Bei Kündigungen, die erst nach Eintritt der geänderten Sachlage ausgesprochen werden, greift Satz 2 ohne weiteres ein. Das bedeutet, daß diese Kündigungen ausschließlich am Maßstab von § 1 KSchG zu prüfen sind. Die Betriebsbedingtheit wird weder vermutet noch gilt bezüglich der Sozialauswahl ein beschränkter Beurteilungsmaßstab.

Bei Kündigungen, die zum Zeitpunkt der Änderung der Sachlage bereits zugegangen sind, verbleibt es bei den Wirkungen von Satz 1 (strittig, wie hier: *Löwisch* RdA 1997, 80 [82]; *Schiefer* NZA 1997, 915 [918]); *Caspers* a. a. O., S. 93 Rz. 209; a. A.: *Zwanziger* BB 1997, 626 [628], der Änderungen bis zum Schluß der mündlichen Verhandlung im Kündigungsschutzprozeß berücksichtigen will; *Schrader* NZA 1997, 70 [75], unter Hinweis auf die Gesetzesbegründung).

Die Gegenmeinung ist mit der ständigen Rechtsprechung des BAG nicht zu vereinbaren, wonach die Wirksamkeit einer Kündigung nur nach den objektiven Verhältnissen im Zeitpunkt des Kündigungszugangs beurteilt werden kann. Liegen zu diesem Zeitpunkt alle Wirksamkeitsvoraussetzungen einer Kündigung vor, so kann die Kündigung weder durch eine nachträgliche Veränderung der tatsächlichen Verhältnisse, also z. B. durch Wegfall eines bei ihrem Ausspruch vorliegenden Kündigungsgrundes, unwirksam werden noch ist der Arbeitgeber im Falle einer solchen Veränderung der tatsächlichen Verhältnisse nach Treu und Glauben daran gehindert, sich auf die Wirksamkeit der Kündigung zu berufen (vgl. z. B. *BAG* NZA 1989, 461; NZA 1997, 251 = AP Nr. 81 zu § 1 KSchG betriebsbedingte Kündigung). 25

In Fällen dieser Art kann jedoch ein **Wiedereinstellungsanspruch** begründet sein. So hat das BAG für den Fall, daß sich die für die Wirksamkeit der Kündigung maßgebenden Umstände noch während des Laufs der Kündigungsfrist verändern, unter bestimmten Voraussetzungen ein Wiedereinstellungsanspruch des Arbeitnehmers bejaht. Beruht eine betriebsbedingte Kündigung auf der Prognose des Arbeitgebers (Betriebstillegung), bei Ablauf der Kündigungsfrist könne er den Arbeitnehmer nicht mehr weiterbeschäftigen, und erweist sich diese Prognose noch während des Laufs der Kündigungsfrist als falsch (Betriebsübergang auf einen Erwerber), so ist der Arbeitgeber zur Wiedereinstellung verpflichtet, solange er mit Rücksicht auf die Wirksamkeit der Kündigung noch keine Dispositionen getroffen hat und ihm die unveränderte Fortsetzung des Arbeitsverhältnisses zumutbar ist. Der Wiedereinstellungsanspruch ist ein notwendiges Korrektiv dafür, daß die Rechtsprechung bei Prüfung des Kündigungsgrundes im Interesse der Rechtssicherheit allein auf den Zeitpunkt des Kündigungszugangs, nicht aber auf den Ablauf der Kündigungsfrist abstellt (*BAG* NZA 1997, 251 zu II. 4. b) d.G.). Im noch bestehenden Arbeitsverhältnis hat der Arbeitgeber seine Verpflichtungen so zu erfüllen, seine Rechte so auszuüben und die im Zusammenhang mit dem Arbeitsverhältnis stehenden Interessen des Arbeitnehmers so zu wahren, wie dies unter Berücksichtigung der Belange des Betriebes und der Interessen der anderen Arbeitnehmer des Betriebs nach Treu und Glauben billigerweise verlangt werden kann.

Allerdings kommt der Wiedereinstellungsanspruch bei solchermaßen veränderter Sachlage nur innerhalb der Kündigungsfrist in Betracht. Mit Urteil vom 06. 08. 1997 hat das *BAG* (NZA 1998, 254 f.) entschieden, daß der Arbeitnehmer keinen Wiedereinstellungsanspruch hat, wenn eine betriebsbedingte Kündigung sozial gerechtfertigt ist und eine anderweitige Beschäftigungsmöglichkeit erst nach Ablauf der Kündigungsfrist entsteht. Dies gilt auch, wenn zu diesem Zeitpunkt noch ein Kündigungsschutzverfahren andauert.

F. Ersatz der Stellungnahme nach § 17 Abs. 2 Satz 2 KSchG

26 Die Pflicht zur Anzeige nach § 17 KSchG bei Massenentlassungen gilt auch für den Insolvenzverwalter (so schon *BSG* 05. 12. 1978 DB 1979, 1283). Absatz 2 stellt klar, daß der Verwalter vor Abgabe der Anzeige den Betriebsrat nicht erneut um Stellungnahme zu den beabsichtigten Kündigungen ersuchen muß. Es genügt, wenn der Massenentlassungsanzeige der besondere Interessenausgleich als Anlage beigefügt wird.

§ 126
Beschlußverfahren zum Kündigungsschutz

**(1) ¹Hat der Betrieb keinen Betriebsrat oder kommt aus anderen Gründen innerhalb von drei Wochen nach Verhandlungsbeginn oder schriftlicher Aufforderung zur Aufnahme von Verhandlungen ein Interessenausgleich nach § 125 Abs. 1 nicht zustande, obwohl der Verwalter den Betriebsrat rechtzeitig und umfassend unterrichtet hat, so kann der Insolvenzverwalter beim Arbeitsgericht beantragen festzustellen, daß die Kündigung der Arbeitsverhältnisse bestimmter, im Antrag bezeichneter Arbeitnehmer durch dringende betriebliche Erfordernisse bedingt und sozial gerechtfertigt ist. ²Die soziale Auswahl der Arbeitnehmer kann nur im Hinblick auf die Dauer der Betriebszugehörigkeit, das Lebensalter und die Unterhaltspflichten nachgeprüft werden.
(2) ¹Die Vorschriften des Arbeitsgerichtsgesetzes über das Beschlußverfahren gelten entsprechend; Beteiligte sind der Insolvenzverwalter, der Betriebsrat und die bezeichneten Arbeitnehmer, soweit sie nicht mit der Beendigung der Arbeitsverhältnisse oder mit den geänderten Arbeitsbedingungen einverstanden sind. ²§ 122 Abs. 2 Satz 3, Abs. 3 gilt entsprechend.**

Beschlußverfahren zum Kündigungsschutz § 126

(3) ¹Für die Kosten, die den Beteiligten im Verfahren des ersten Rechtszuges entstehen, gilt § 12a Abs. 1 Satz 1 und 2 des Arbeitsgerichtsgesetzes entsprechend. ²Im Verfahren vor dem Bundesarbeitsgericht gelten die Vorschriften der Zivilprozeßordnung über die Erstattung der Kosten des Rechtsstreits entsprechend.

Inhaltsübersicht: Rz.

A. Allgemeines	1
B. Voraussetzungen	2– 4
I. Geplante und bereits ausgesprochene Kündigungen	2
II. Betriebsänderung gemäß § 111 BetrVG	3– 4
C. Verfahren	5–12
I. Beschlußverfahren mit der Konzeption des § 122	5– 6
II. Beteiligte	7
III. Antrag	8– 9
IV. Umfang der gerichtlichen Überprüfung	10
V. Einstweilige Verfügung	11
VI. Rechtsmittel	12
D. Kosten	13–14
E. Verhältnis zu weiteren Beteiligungsrechten des Betriebsrats	15–18
I. Betriebsratsanhörung gemäß § 102 BetrVG	15–16
II. Zustimmung gemäß § 99 BetrVG	17
III. Mitbestimmung nach § 87 BetrVG	18
F. Verhältnis zum Sonderkündigungsschutz	19–21
I. Zustimmungserfordernis gemäß § 15 SchwbG	19
II. Zulässigerklärung gemäß § 9 Abs. 3 Satz 1 MuSchG und § 18 Abs. 1 Satz 1 BErzGG	20
III. Sonderkündigungsschutz für Wehrdienstleistende und Abgeordnete	21

Literatur:

(siehe vor § 113, S. 694)

A. Allgemeines

Das sog. präventive Beschlußverfahren zum Kündigungsschutz bietet dem Insolvenzverwalter die Möglichkeit, in einem kollektiven Verfahren eine Entscheidung des Arbeitsgerichts über die soziale Rechtfertigung beabsichtigter oder bereits ausgesprochener Kündigungen (auch Änderungskündigungen) mit bindender Wirkung für die Parteien des Individualkündigungsschutzprozesses (§ 127) herbeizuführen. Die Regelung ergänzt § 125. Im betriebsratslosen Betrieb kann der Verwalter den Antrag sofort stellen. In Betrieben, in denen ein Betriebsrat gebildet ist, ist der Antrag erst zulässig, wenn innerhalb von drei Wochen nach Verhandlungsbeginn oder schriftlicher Aufforderung zur Aufnahme von Verhandlungen ein Interessenausgleich nach § 125 Abs. 1 nicht zustande gekommen ist, obwohl der Verwalter den Betriebsrat rechtzeitig und umfassend unterrichtet hat. 1

Das Arbeitsgericht prüft die Rechtswirksamkeit der Kündigungen gemäß § 1 Abs. 2 und Abs. 3 KSchG, d.h., ohne die Vermutungswirkung des § 125 Abs. 1 Ziffer 1 und ohne

den eingeschränkten Prüfungsmaßstab bei der Sozialauswahl nach § 125 Abs. 1 Ziffer 2.
Der Insolvenzverwalter kann die beabsichtigte Betriebsänderung auch dann zum Gegenstand eines Feststellungsantrages nach § 126 machen, wenn diese erst nach einer Betriebsveräußerung durchgeführt werden soll. In diesem Fall ist der Erwerber im Verfahren zu beteiligen (§ 128).
Der Antrag ist vorrangig zu erledigen, Abs. 2 Satz 2 i. V. m. § 122 Abs. 2 Satz 3. Die Entscheidung des Arbeitsgerichts ist im Regelfall sofort rechtskräftig. Die Rechtsbeschwerde zum BAG findet nur statt, wenn sie ausdrücklich zugelassen wird, Abs. 2 Satz 2 i. V. m. § 122 Abs. 3.
Die in dem Feststellungsverfahren anfallenden Kosten erster Instanz werden nicht erstattet, § 12a Abs. 1 Satz 1 und Satz 2 ArbGG gelten entsprechend. Zu beachten ist aber, daß die Regelung den materiellen Kostenfreistellungsanspruch des Betriebsrats gemäß § 40 BetrVG unberührt läßt. Im Rechtsbeschwerdeverfahren vor dem BAG gelten die Vorschriften der Zivilprozeßordnung über die Erstattung der Kosten des Rechtsstreits entsprechend.

B. Voraussetzungen

I. Geplante und bereits ausgesprochene Kündigungen

2   Der Insolvenzverwalter kann sich des speziellen Beschlußverfahrens zum Kündigungsschutz sowohl präventiv für beabsichtigte Kündigungen als auch für bereits ausgesprochene Kündigungen bedienen (allg. M.: *Giesen* Das neue Kündigungsschutzrecht in der Insolvenz ZIP 1998, 46 ff. [53]; *Schrader* a. a. O., S. 77; *Löwisch* a. a. O., S. 80 [85]; *Zwanziger* a. a. O., S. 112; *Caspers* a. a. O., S. 106 Rz. 246; a. A. wohl nur *Lakies* a. a. O., S. 145 [154f.]). Aus der Gesetzesbegründung (vgl. *Begründung* zu § 128 des Regierungsentwurfs BT-Drucks. 12/2443, S. 149 »geplante Entlassungen«) ergibt sich, daß der Gesetzgeber offensichtlich erstrangig den Fall vor Augen hatte, daß die erst geplanten Kündigungen auf ihre soziale Rechtfertigung hin durch das Arbeitsgericht geprüft werden sollen. Daß der Insolvenzverwalter aber auch zunächst die Kündigungen aussprechen darf, um anschließend zu prüfen, ob und wenn ja, wie viele Arbeitnehmer sich hiergegen mit der Kündigungsschutzklage zur Wehr setzen, ergibt sich zwingend aus § 127 Abs. 2. Die Regelung setzt den Kündigungsausspruch jedenfalls vor Rechtskraft des Verfahrens nach § 126 voraus. Die Einleitung des Verfahrens überhaupt kann aber schlechterdings nicht gefordert sein. Zum einen wollte der Gesetzgeber dem Verwalter lediglich eine weitere Möglichkeit an die Hand geben, in einem von dem Gericht mit Vorrang zu betreibenden Sammelverfahren die soziale Rechtfertigung von Kündigungen im Zusammenhang mit einer Betriebsänderung prüfen zu lassen. Zum anderen widerspräche es allgemeinen Grundsätzen der Verfahrensökonomie, wollte man den Verwalter zunächst dazu anhalten, das Verfahren nach § 126 hinsichtlich aller ausgesprochenen Kündigungen einzuleiten, bevor überhaupt klar ist, ob und wenn ja, welche Arbeitnehmer Kündigungsschutzklage erheben.

Beschlußverfahren zum Kündigungsschutz §126

II. Betriebsänderung gemäß § 111 BetrVG

Nach dem ausdrücklichen Wortlaut von Abs. 1 hat der Verwalter die Möglichkeit, das 3
Beschlußverfahren nicht nur dann zu betreiben, wenn er mit dem Betriebsrat in der
dreiwöchigen Frist nicht zum Abschluß eines Interessenausgleichs nach § 125 gekommen ist, sondern auch dann, wenn ein Betriebsrat im Betrieb überhaupt nicht gebildet ist.
Unklar bleibt bei der Formulierung allerdings, ob § 126 das Vorliegen einer **Betriebsänderung** i. S. d. § 111 BetrVG ebenso voraussetzt wie § 125. Wird dies bejaht, kann § 126
nur dann zur Anwendung kommen, wenn im Betrieb regelmäßig mehr als 20 wahlberechtigte Arbeitnehmer beschäftigt sind. In der Literatur wird dies kontrovers diskutiert.
Zwanziger (a. a. O., S. 112) weist darauf hin, daß dem Verfahren gegenüber den Möglichkeiten nach § 125 lediglich eine Auffangfunktion zukomme und die Vorschrift
voraussetze, daß ein Interessenausgleich grundsätzlich möglich wäre. Damit entfalle ein
Antrag nach § 126, wenn die Voraussetzungen des § 111 BetrVG nicht vorliegen.
Schrader (a. a. O., S. 77) geht demgegenüber davon aus, daß der Verwalter den Antrag
nach § 126 ohne Rücksicht auf die Anzahl der beschäftigten Arbeitnehmer stellen könne.
Kania (Küttner Personalhandbuch 4. Aufl., S. 1027) will die Zulässigkeit des Verfahrens
für Kleinbetriebe mit weniger als 20 Arbeitnehmern in einer wertenden Betrachtung
bejahen, da der Wortlaut des § 126 auch ausdrücklich den betriebsratslosen Betrieb
erfasse (so auch *Lakies* a. a. O., S. 151 und *Warrikoff* a. a. O., S. 2342).
Caspers (a. a. O., S. 103 Rz. 235 ff.) spricht sich trotz anderslautender historischer und
systematischer Argumente dafür aus, daß die Vorschrift analog angewendet werden
müsse, wenn die Voraussetzungen des § 111 BetrVG nicht vorliegen.
Im Ergebnis wird man die Anwendbarkeit auch in diesen Fällen zwecks Vermeidung von 4
Wertungswidersprüchen nicht leugnen können. Zwar kann nicht übersehen werden, daß
insbesondere dem systematischen Argument aus § 128 Abs. 1 Satz 1 erhebliches Gewicht beizumessen ist, wird dort doch ausdrücklich von der Betriebsänderung, die dem
Feststellungsantrag nach § 126 zugrunde liegt, gesprochen. Gleichwohl ist keine überzeugende Begründung dafür erkennbar, dem Verwalter eines betriebsratslosen Betriebes
mit insgesamt 15 Arbeitnehmern das Verfahren nach § 126 zu ermöglichen, gleichzeitig
aber dem Verwalter eines Betriebes mit gleicher Belegschaftsstärke, die einen Betriebsrat gewählt hat, diesen Weg zu versagen.

C. Verfahren

I. Beschlußverfahren mit der Konzeption des § 122

Das Arbeitsgericht entscheidet über den Feststellungsantrag des Verwalters im Be- 5
schlußverfahren, dessen Vorschriften ausdrücklich für entsprechend anwendbar erklärt
werden. Im übrigen ist das Verfahren ebenso konzipiert wird das Verfahren der gerichtlichen Zustimmung zur Durchführung einer Betriebsänderung. § 122 Abs. 2 Satz 3 und
Abs. 3 gilt entsprechend, Abs. 2 Satz 2. Dies bedeutet, daß das Gerichtsverfahren
grundsätzlich nur einzügig ausgestaltet ist, wobei das Arbeitsgericht den Feststellungsantrag nach Maßgabe des § 61 a Abs. 3 bis 6 vorrangig zu erledigen hat. Die Beschwerde
an das LAG findet nicht statt. Die Rechtsbeschwerde an das BAG ist nur im Falle der
ausdrücklichen Zulassung durch das Arbeitsgericht statthaft. Wegen der Einzelheiten
wird auf die Erläuterungen zu § 122 verwiesen.

§ 126 *Wirkungen der Eröffnung des Insolvenzverfahrens*

6 Örtlich ist das Arbeitsgericht ausschließlich zuständig, in dessen Bezirk der schuldnerische Betrieb liegt, § 82 Abs. 1 Satz 1 ArbGG.

II. Beteiligte

7 Beteiligte sind der Insolvenzverwalter, der Betriebsrat und die im Antrag bezeichneten Arbeitnehmer, soweit sie nicht mit der Beendigung des Arbeitsverhältnisses oder mit den geänderten Arbeitsbedingungen einverstanden sind, Abs. 2 Satz 1, 2. HS. Sofern die Betriebsänderung erst nach einer Betriebsveräußerung durchgeführt werden soll, ist auch der Erwerber zu beteiligen, § 128 Abs. 1 Satz 2.
Aus Abs. 2 Satz 1, 2. HS folgt im Umkehrschluß, daß diejenigen Arbeitnehmer, die sich bereits mit der ausgesprochenen Kündigung einverstanden erklärt haben, nicht am Verfahren zu beteiligen sind. Dies kann z. B. durch den bereits erfolgten Abschluß eines Aufhebungs- oder Abwicklungsvertrages geschehen oder aber durch einen ausdrücklichen Klageverzicht. Zu beachten ist jedoch, daß das vor Ausspruch einer Verwalterkündigung seitens des Arbeitnehmers erklärte Einverständnis mit der Kündigung den Arbeitnehmer nicht bindet, insbesondere hierin kein rechtswirksamer Verzicht auf den Schutz nach dem Kündigungsschutzgesetz gesehen werden kann. Wegen des zwingenden Charakters des allgemeinen Kündigungsschutzes ist es nur statthaft, daß der Arbeitnehmer nachträglich, d. h. nach Zugang der Kündigung, auf seine Ansprüche aus dem Kündigungsschutz wirksam verzichtet (allg. Meinung, vgl. nur *KR-Etzel* KSchG, § 1 Rz. 29 m. w. N.). Will der Verwalter sichergehen, so muß er die Kündigung aussprechen und sodann das Einverständnis des Arbeitnehmers einholen. Erklärt der Arbeitnehmer dann sein Einverständnis, ist er in dem Verfahren nicht zu beteiligen. Der Klageverzicht muß eindeutig erklärt sein. Die Formulierung, »Ich erkläre, daß mir auch aus Anlaß der Beendigung des Arbeitsverhältnisses keine Ansprüche mehr zustehen.«, ist nicht ausreichend (*BAG* 03. 05. 1979 EzA § 4 KSchG n. F. Nr. 15). Empfehlenswert ist deshalb eine Formulierung, daß der Arbeitnehmer die Rechtswirksamkeit der ihm erteilten Verwalterkündigung ausdrücklich anerkennt und deshalb auch auf die Erhebung einer Klage, die die Rechtswirksamkeit der Kündigung zur gerichtlichen Überprüfung stellt, verzichtet.
In allen anderen Fällen – d. h. in den Fällen, in denen die soziale Rechtfertigung der lediglich beabsichtigten, aber noch nicht ausgesprochenen Kündigung im Sammelverfahren nach § 126 festgestellt werden soll, und in den Fällen, in denen die Arbeitnehmer sich mit den ihnen bereits erteilten Kündigungen nicht einverstanden erklärt haben – sind die Arbeitnehmer zu beteiligen. Ohne formelle Verfahrensbeteiligung als Voraussetzung der subjektiven Rechtskraft kann die mit dem Feststellungsantrag beabsichtigte Bindungswirkung gemäß § 127 Abs. 1 nicht erzielt werden (vgl. die Erläuterungen zu § 127).

III. Antrag

8 Das Arbeitsgericht erforscht den Sachverhalt im Rahmen der gestellten **Anträge** von Amts wegen, Abs. 2 i. V. m. § 83 Abs. 1 ArbGG. Die an dem Verfahren Beteiligten haben an der Aufklärung des Sachverhalts mitzuwirken. Der Verwalter hat zu beantragen, daß die – beabsichtigten oder bereits ausgesprochenen – Kündigungen der Arbeitsverhältnisse der im Antrag namentlich zu bezeichnenden Arbeitnehmer durch dringende betriebliche Erfordernisse bedingt und sozial gerechtfertigt sind. *Grunsky* (a. a. O.,

Rz. 697 ff. sowie *ders.* FS Lüke, 191 [198 f.]) weist zu Recht darauf hin, daß sich in vielen Fällen zeigen wird, daß weniger Kündigungen als zunächst beabsichtigt, ausgesprochen werden müssen, etwa weil andere Arbeitnehmer eigengekündigt haben oder Aufhebungsverträge zwischenzeitlich geschlossen worden sind. Dann gerät der Verwalter genau in das Dilemma, das er mit dem Verfahren vermeiden wollte: Er muß nämlich eine Sozialauswahl unter denjenigen, die ursprünglich gekündigt werden sollten, treffen, um feststellen zu können, welche Arbeitnehmer auf den anderweitig freigewordenen Arbeitsplätzen weiterbeschäftigt werden können. Dem kann dadurch begegnet werden, daß unter den zu kündigenden Arbeitnehmern sogleich im Antrag eine **Reihenfolge** festgelegt wird. Weiterhin könnte der Verwalter **Hilfsanträge** formulieren und darin Arbeitnehmer bezeichnen, denen im Falle der – auch teilweisen – Abweisung des Hauptantrages gekündigt werden solle. Dies führt allerdings dazu, daß auch die in den Hilfsanträgen bezeichneten Arbeitnehmer von Anfang an an dem Verfahren zu beteiligen sind. Dies wiederum hat sicherlich keine Verfahrensvereinfachung bzw. -beschleunigung zur Folge, weshalb *Grunsky* (a. a. O., Rz. 400) die wohl nicht unberechtigte Befürchtung ausspricht, daß das Sammelverfahren seinen Reiz verlieren könnte und der Insolvenzverwalter Kündigungen »nach herkömmlicher Art« aussprechen wird.

In der Begründung des Antrags hat der Verwalter alle Tatsachen vorzutragen, aus denen er die Berechtigung seines Begehrens ableitet. Dies ergibt sich unmittelbar aus seiner Mitwirkungspflicht. Das Gericht ist durch den **eingeschränkten Untersuchungsgrundsatz** von sich aus nicht legitimiert, neuen Streitstoff in das Verfahren einzuführen (*BAGE* 12, 244 [250]; vgl. auch *BAG* AP Nr. 7 zu § 103 BetrVG; *Grunsky* ArbGG, 7. Aufl., § 83 Rz. 4; *Hauck* ArbGG, § 83 Rz. 3). Lediglich im Sinne einer Konkretisierung und Vervollständigung des Vorbringens kann das Gericht von Amts wegen weitere Ermittlungen anstellen, den Beteiligten Auflagen machen und Beteiligtenvernehmungen anordnen (vgl. auch *Germelmann/Matthes/Prütting* ArbGG, 2. Aufl., § 83 Rz. 89). Die Beschränkung der Untersuchungsmaxime erscheint im Rahmen des § 126 um so eher angezeigt, als hierdurch über einen Streitgegenstand entschieden wird, der eigentlich in das Urteilsverfahren gehört. Der Verwalter wird deshalb alle Tatsachen vorzutragen haben, die die Betriebsbedingtheit der Kündigung gemäß § 1 Abs. 2 KSchG bedingen und die zudem seiner – abgestuften – Darlegungslast im Rahmen der Sozialauswahl nach § 1 Abs. 3 KSchG genügen.

9

IV. Umfang der gerichtlichen Überprüfung

Nach dem Wortlaut von Abs. 1 Satz 1 (Satz 2 ist durch die Novellierung des Kündigungsschutzgesetzes zum 01. 10. 1996 obsolet geworden) hat das Arbeitsgericht ausschließlich die betriebsbedingten Kündigungen auf ihre **soziale Rechtfertigung** hin zu prüfen. Da die Vorschrift aber nicht nur auf beabsichtigte, sondern auch auf bereits ausgesprochene Kündigungen anwendbar ist, stellt sich die Frage, ob sonstige Unwirksamkeitsgründe (z. B. fehlerhafte Beteiligung des Betriebsrats nach § 102 BetrVG oder Nichtbeachtung von Sonderkündigungsschutztatbeständen) ebenfalls im Beschlußverfahren geprüft werden dürfen. Nach dem Normzweck, eine möglichst rasche Klärung der Kündigungsrechtsstreitigkeiten herbeizuführen, müßte diese Frage bejaht werden. In diesem Sinne spricht sich auch *Zwanziger* (a. a. O., S. 119) für eine umfassende Überprüfung der Rechtswirksamkeit bereits ausgesprochener Kündigungen aus. So sehr das aus praktischen Erwägungen nachvollziehbar ist, so wenig ist es mit dem Wortlaut vereinbar. Der Gesetzgeber hatte diese Problematik offensichtlich nicht bedacht; dafür spricht

10

auch, daß in dem Entwurf der Bundesregierung (*BT-Drucks.* 12/2443, S. 149) nur von »geplanten Entlassungen« die Rede ist. Nach der derzeitigen Gesetzesfassung hat sich das Arbeitsgericht in seinem Beschluß einer Bewertung sonstiger Unwirksamkeitsgründe zu enthalten. Diese Überprüfung bleibt dem nachfolgenden Individualkündigungsschutzprozeß vorbehalten, sofern sich der Arbeitnehmer hierauf rechtzeitig berufen hat, § 113 Abs. 2. Hat der Arbeitnehmer rechtzeitig innerhalb der dreiwöchigen Klageerhebungsfrist den sonstigen Unwirksamkeitsgrund geltend gemacht, wird der Verwalter im Falle der Offensichtlichkeit des Unwirksamkeitsgrundes im Regelfall die Kündigung nicht aufrechterhalten. Es bleibt ihm allerdings unbenommen, seinen Antrag dahin gehend zu modifizieren, daß er aus den vorgetragenen Gründen die erneute Kündigung dieses Arbeitnehmers beabsichtigt.

V. Einstweilige Verfügung

11 Fraglich ist, ob ein Antrag auf Erlaß einer einstweiligen Verfügung zulässig ist. Zwar gilt über den generellen Verweis auf die Vorschriften über das Beschlußverfahren auch § 85 Abs. 2 ArbGG. § 126 ist jedoch ein **Feststellungsverfahren**; an feststellenden Verfügungen besteht jedoch regelmäßig kein Rechtsschutzinteresse, weshalb ein entsprechender Antrag unzulässig ist (*Germelmann/Matthes/Prütting* a.a.O., Rz. 29 unter Hinweis auf *VGH Bayern* 19. 10. 1983, PersV 1985, 336; vgl. auch *Hauck* a.a.O., § 85 Rz. 9). *Lakies* (a.a.O., S. 153) begründet die Unzulässigkeit der einstweiligen Verfügung im Rahmen des § 126 auch damit, daß ein **Verfügungsgrund** nicht erkennbar sei, da der Insolvenzverwalter nicht daran gehindert sei, seinerseits Kündigungen auszusprechen. Das ist richtig; insbesondere kann dem nicht entgegengehalten werden, daß ohne eine gerichtliche Entscheidung im Eilverfahren bei gleichwohl ausgesprochenen Kündigungen Nachteilsausgleichsansprüche nach § 113 BetrVG drohen. Hierüber verhält sich eine Entscheidung nach § 126 nicht; das Arbeitsgericht stellt lediglich im Falle eines stattgebenden Beschlusses die soziale Rechtfertigung der Kündigungen fest.
In Eilfällen, in denen die Fristen des § 113 BetrVG nicht abgewartet werden können, kann der Verwalter nach § 122 vorgehen und die gerichtliche Zustimmung zur Durchführung der Betriebsänderung und damit zum Ausspruch der Kündigungen beantragen (inwieweit bei § 122 der Erlaß einer einstweiligen Verfügung zulässig ist, vgl. die Erläuterungen dort unter D. I.).

VI. Rechtsmittel

12 Gemäß Abs. 2 Satz 2 gilt das Rechtsmittelkonzept nach § 122 Abs. 3 entsprechend. »Entsprechend« nur deshalb, weil in dem Verfahren nicht nur Verwalter und Betriebsrat beteiligt sind, sondern auch die in dem Antrag bezeichneten Arbeitnehmer sowie ggf. der Betriebserwerber (§ 128 Abs. 1 Satz 2). Auch diesen muß das von dem Arbeitsgericht zugelassene Rechtsmittel eröffnet sein. Im übrigen ergeben sich keine Abweichungen zu § 122 Abs. 3 (vgl. § 122 Rz. 22–25).

Beschlußverfahren zum Kündigungsschutz § 126

D. Kosten

Im Verfahren vor dem Arbeitsgericht gilt § 12a Abs. 1 Satz 1 und 2 des Arbeitsgerichts- 13
gesetzes entsprechend. Das bedeutet, daß die obsiegende Partei keinen Anspruch auf
Entschädigung wegen Zeitversäumnis und auf Erstattung der Kosten für die Hinzuziehung eines Verfahrensbevollmächtigten hat. Der Verfahrensbevollmächtigte hat vor
Abschluß der Vereinbarung über die Vertretung auf den **Ausschluß der Kostenerstattung** hinzuweisen.
Der prozessuale Ausschluß der Kostenerstattung läßt allerdings den materiellen **Freistellungsanspruch** des Betriebsrats nach § 40 BetrVG unberührt (allg. Meinung:
Caspers a.a.O., S. 114 Rz. 265; *Zwanziger* a.a.O., S. 117; *Lakies* a.a.O., S. 154).
Danach hat der Arbeitgeber die Kosten einer Prozeßvertretung des Betriebsrats zu
tragen, wenn der Betriebsrat bei pflichtgemäßer und verständiger Abwägung der zu
berücksichtigenden Umstände die Zuziehung eines Rechtsanwalts für notwendig erachten durfte (*BAG* 26.11.1974 EzA § 20 BetrVG Nr. 7). Die Hinzuziehung eines
Rechtsanwalts als Verfahrensbevollmächtigen erfordert einen ordnungsgemäßen Beschluß des Betriebsrats, und zwar im allgemeinen für jede Instanz gesondert (*Fitting*
a.a.O., § 40 Rz. 24 m.w.N.).
Im Verfahren vor dem BAG gelten die Vorschriften der ZPO über die Kostenerstattung 14
entsprechend, Abs. 3 Satz 2. Für die Streitwertberechnung im Rechtsbeschwerdeverfahren gilt § 12 Abs. 7 Satz 1 ArbGG entsprechend. Danach ist für die Wertberechnung bei
Rechtsstreitigkeiten über das Bestehen, das Nichtbestehen oder die Kündigung eines
Arbeitsverhältnisses höchstens der Betrag des für die Dauer eines Vierteljahres zu
leistenden Arbeitsentgelts maßgebend; eine Abfindung wird nicht hinzugerechnet (vgl.
Begründung zu § 129 des Regierungsentwurfs BT-Drucks. 12/2443, S. 150; *Schrader*
a.a.O., S. 77; *Schmidt-Räntsch*, InsO mit Einführungsgesetz, erläuternde Darstellung
des neuen Rechts anhand der Materialien, § 126 Rz. 3).

E. Verhältnis zu weiteren Beteiligungsrechten des Betriebsrats

I. Betriebsratsanhörung gemäß § 102 BetrVG

Da das Beschlußverfahren zum Kündigungsschutz im Gegensatz zur Sachlage nach 15
§ 125 ohne Zustimmung des Betriebsrats geführt wird, besteht allseits Einvernehmen,
daß dem Anhörungserfordernis gemäß § 102 BetrVG vor Ausspruch der Kündigung
Genüge getan werden muß. Teilweise wird allerdings vertreten, daß der Verwalter den
Betriebsrat in entsprechender Anwendung von § 102 BetrVG vor Einreichung des
Antrags beteiligen sollte; er sollte dies zum einen tun, um einer formellen Pflicht zu
genügen, zum anderen, um dadurch die Auffassung des Betriebsrats kennenzulernen und
sich um eine einvernehmliche Lösung i.S.d. § 125 zu bemühen (*Warrikoff* a.a.O.,
S. 2343).
Dem ist nicht zu folgen. Selbstverständlich sollte und wird der Verwalter auch bei 16
entsprechender Erfolgsaussicht mit dem Betriebsrat zur Herbeiführung eines besonderen
Interessenausgleichs verhandeln und hierbei auch mitteilen, welche Arbeitnehmer er im
Rahmen der Betriebsänderung zu kündigen gedenkt. Dies hat aber nichts damit zu tun,
daß die Einreichung des Antrags bei Gericht nicht dem Ausspruch der Kündigung
gleichzusetzen ist, zumal im Laufe des Verfahrens der ursprüngliche Entschluß des
Verwalters zu bestimmten Kündigungen modifiziert (z.B. lediglich Änderungskündi-

§ 126   Wirkungen der Eröffnung des Insolvenzverfahrens

gungen) oder gar aufgegeben werden kann. Das Vorschalten einer zusätzlichen Anhörung analog § 102 BetrVG würde im übrigen nur Zeit kosten, die im Regelfall nicht vorhanden sein wird (im Ergebnis ebenso: *Zwanziger* a. a. O., S. 119; *Schrader* a. a. O., S. 76; *Caspers* a. a. O., S. 121 Rz. 278).

II. Zustimmung gemäß § 99 BetrVG

17 Wie sich aus Abs. 2 Satz 1, 2. HS ergibt, gilt das Beschlußverfahren auch für beabsichtigte oder bereits ausgesprochene Änderungskündigungen. Die geänderten Arbeitsbedingungen stellen regelmäßig zugleich Umgruppierungen und/oder Versetzungen dar, so daß der Betriebsrat nach § 99 BetrVG zu beteiligen ist. Der Betriebsrat hat im Gegensatz zur Sachlage nach § 125 den Änderungskündigungen auch nicht zugestimmt, so daß das Beschlußverfahren das Mitbestimmungsrecht nach § 99 BetrVG unberührt läßt.
Will der Verwalter das Verfahren für bereits ausgesprochene Änderungskündigungen betreiben, so muß er beachten, daß er gemäß der Theorie von der Wirksamkeitsvoraussetzung die Zustimmung des Betriebsrats zuvor erhalten hat oder sie arbeitsgerichtlich ersetzt ist. Versetzungen/Umgruppierungen ohne Beteiligung des Betriebsrats sind unwirksam (vgl. *BAG* 26. 01. 1988 AP Nr. 50 zu § 99 BetrVG; 10. 08. 1993 NZA 1994, 187; 03. 05. 1994 AP Nr. 2 zu § 99 BetrVG Eingruppierung).
In dem Falle, daß der Verwalter die soziale Rechtfertigung beabsichtigter Änderungskündigungen zur gerichtlichen Kontrolle im Beschlußverfahren stellt, kann er bei stattgebendem Beschluß diesen im Rahmen seines Antrags nach § 99 BetrVG dem Betriebsrat vorlegen. Da der Betriebsrat sowieso durch seine Verfahrensbeteiligung informiert ist, dürfte dies im Sinne einer ordnungsgemäßen Unterrichtung ausreichend sein.

III. Mitbestimmung nach § 87 BetrVG

18 Anders als nach Abschluß eines besonderen Interessenausgleichs nach § 125 (vgl. die dortigen Erläuterungen in Rz. 22) ist das Mitbestimmungsrecht nach § 87 BetrVG (bei z. B. Änderungen im Schichtbetrieb [Ziffer 2]/bei Fragen der betrieblichen Lohngestaltung [Ziffer 10] oder bei der Einführung von Kurzarbeit [Ziffer 3]) zu beachten. Kommt eine Einigung nicht zustande, entscheidet die Einigungsstelle, § 87 Abs. 2 BetrVG.

F. Verhältnis zum Sonderkündigungsschutz

I. Zustimmungserfordernis gemäß § 15 SchwbG

19 Die Kündigung eines Arbeitsverhältnisses eines Schwerbehinderten bedarf der vorherigen Zustimmung der Hauptfürsorgestelle. Der Sonderkündigungsschutz ist grundsätzlich insolvenzfest (vgl. § 113 Rz. 32–76). Anders als in dem Falle, daß der Schwerbehinderte namentlich als einer der zu entlassenden Arbeitnehmer im besonderen Interessenausgleich nach § 125 bezeichnet ist, ist das Ermessen der Hauptfürsorgestelle nicht eingeschränkt; § 19 Abs. 3 SchwbG greift nicht. Allerdings dürften in der Praxis sich widersprechende Entscheidungen des Arbeitsgerichts und der Hauptfürsorgestelle die seltene Ausnahme darstellen, da das Arbeitsgericht die Betriebsbedingtheit der

Klage des Arbeitnehmers § 127

beabsichtigten Kündigung einschließlich der eventuellen Möglichkeit zumutbarer Weiterbeschäftigung und der Sozialauswahl umfassend geprüft haben wird.

II. Zulässigerklärung gemäß § 9 Abs. 3 Satz 1 MuSchG und § 18 Abs. 1 Satz 1 BErzGG

Nach beiden Vorschriften kann ausnahmsweise die Kündigung für zulässig erklärt werden. Ein solcher Ausnahmefall liegt bei einer Betriebsstillegung vor. Aber auch dann, wenn insolvenzbedingt der Arbeitsplatz, der nach dem Mutterschutzgesetz bzw. nach dem Bundeserziehungsgeldgesetz geschützten Arbeitnehmerin definitiv wegfällt und eine anderweitige Weiterbeschäftigung unmöglich ist, hat die zuständige Behörde die Kündigung für zulässig zu erklären (vgl. auch § 113 Rz. 64–71). 20

III. Sonderkündigungsschutz für Wehrdienstleistende und Abgeordnete

Auch dieser Personenkreis ist trotz des Schutzes nach § 2 Abs. 2 Arbeitsplatzschutzgesetz bzw. Art. 48 Abs. 2 Satz 2 GG infolge der insolvenzbedingten Betriebsstillegung bzw. des insolvenzbedingten ersatzlosen Wegfalls des Arbeitsplatzes ohne anderweitige Weiterbeschäftigungsmöglichkeit kündbar und kann daher auch in den Antrag nach § 126 aufgenommen werden. 21

§ 127
Klage des Arbeitnehmers

(1) [1]Kündigt der Insolvenzverwalter einem Arbeitnehmer, der in dem Antrag nach § 126 Abs. 1 bezeichnet ist, und erhebt der Arbeitnehmer Klage auf Feststellung, daß das Arbeitsverhältnis durch die Kündigung nicht aufgelöst oder die Änderung der Arbeitsbedingungen sozial ungerechtfertigt ist, so ist die rechtskräftige Entscheidung im Verfahren nach § 126 für die Parteien bindend. [2]Dies gilt nicht, soweit sich die Sachlage nach dem Schluß der letzten mündlichen Verhandlung wesentlich geändert hat.
(2) Hat der Arbeitnehmer schon vor der Rechtskraft der Entscheidung im Verfahren nach § 126 Klage erhoben, so ist die Verhandlung über die Klage auf Antrag des Verwalters bis zu diesem Zeitpunkt auszusetzen.

Inhaltsübersicht: Rz.

A. Allgemeines 1–2
B. Voraussetzungen und Umfang der Bindungswirkung 3–6
   I. Beteiligung der Arbeitnehmer am Beschlußverfahren 3
   II. Bindungswirkung bezüglich § 1 KSchG 4
   III. Maßgeblicher Beurteilungszeitpunkt 5
   IV. Wesentliche Änderung der Sachlage 6
C. Aussetzung (Abs. 2) 7

Literatur:

(siehe vor § 113, S. 694)

A. Allgemeines

1 Die Vorschrift klärt das Verhältnis zwischen § 126 und dem nachfolgenden Kündigungsschutzprozeß im Sinne einer Bindungswirkung für das Individualverfahren. Gibt es keine wesentliche Änderung der Sachlage zu derjenigen, die Beurteilungsgrundlage für den Beschluß des Arbeitsgerichts nach § 126 war, bindet die Entscheidung die Parteien. Das bedeutet, daß im Individualprozeß feststeht, daß dringende betriebliche Gründe i. S. d. § 1 Abs. 2 KSchG vorliegen und die Sozialauswahl gemäß § 1 Abs. 3 KSchG beachtet ist. Sonstige Unwirksamkeitsgründe außerhalb von § 1 KSchG können im nachfolgenden Urteilsverfahren geltend gemacht werden (streitig, vgl. die Erläuterungen zu § 126, Rz. 10).

2 Hat der Arbeitnehmer schon vor der Rechtskraft der Entscheidung im Verfahren nach § 126 Klage erhoben, so ist die Verhandlung über die Klage auf Antrag des Verwalters bis zu diesem Zeitpunkt auszusetzen. Anders als bei § 148 ZPO steht dem Arbeitsgericht kein Ermessen hinsichtlich der Aussetzung zu.

B. Voraussetzungen und Umfang der Bindungswirkung

I. Beteiligung der Arbeitnehmer am Beschlußverfahren

3 Die Bindungswirkung setzt voraus, daß der im Urteilsverfahren klagende Arbeitnehmer im Beschlußverfahren formell beteiligt war (ausführlich hierzu *Grunsky* FS Lüke, S. 191 ff.). Ohne vorherige Beteiligung scheidet eine subjektive Rechtskraft aus.

II. Bindungswirkung bezüglich § 1 KSchG

4 Im Beschluß nach § 126 wird ausschließlich festgestellt, ob die ausgesprochenen oder vom Verwalter beabsichtigten betriebsbedingten Kündigungen sozial gerechtfertigt sind oder nicht. Demgegenüber ist im Kündigungsschutzprozeß Streitgegenstand, ob die Kündigung wirksam zu einer Änderung der Arbeitsbedingungen oder zu einer Beendigung des Arbeitsverhältnisses führt. Folglich beschränkt sich die Bindungswirkung ausschließlich auf das Ergebnis der Prüfung gemäß § 1 KSchG. Die Frage, ob etwa der Betriebsrat ordnungsgemäß nach § 102 BetrVG beteiligt worden ist oder der Verwalter seiner Anzeigepflicht nach § 17 KSchG nachgekommen ist oder ob Sonderkündigungsschutztatbestände eingreifen, bleibt der Prüfung im nachfolgenden Kündigungsschutzprozeß vorbehalten.
Die Bindungswirkung gilt sowohl für den dem Antrag des Verwalters stattgebenden Beschluß als auch für die zurückweisende Entscheidung. Absatz 1 Satz 1 ist neutral formuliert (*Giesen* a. a. O., S. 53; *Caspers* a. a. O., S. 116 Rz. 270; *Zwanziger* a. a. O., S. 121; a. A.: *Grunsky* FS Lüke, S. 195 unter Hinweis auf den Zweck des Verfahrens nach § 126 und wohl auch *Schrader* a. a. O., S. 77, der meint, der Beschluß nach § 126 könne die Rechtsposition des Verwalters nur verbessern).

Klage des Arbeitnehmers § 127

Wird der Antrag des Verwalters als unzulässig zurückgewiesen, entfaltet der Beschluß nach allgemeinen Grundsätzen keine Bindungswirkung. Wird der Antrag als unbegründet zurückgewiesen, weil das Kündigungsschutzgesetz erst gar nicht anwendbar ist (der im Antrag bezeichnete Arbeitnehmer hat z. B. nicht die sechsmonatige Wartefrist des § 1 KSchG erfüllt), entfällt ebenfalls eine Bindungswirkung, weil im Beschlußverfahren ja gerade nicht geprüft worden ist, ob dringende betriebliche Erfordernisse vorlagen und die Sozialauswahl beachtet wurde (vgl. *Giesen* a. a. O., S. 54).

III. Maßgeblicher Beurteilungszeitpunkt

Aus Abs. 2 ergibt sich zwingend, daß der Verwalter auch bereits ausgesprochene 5 Kündigungen zum Gegenstand seines Antrags nach § 126 machen kann. In diesen Fällen stellt sich die Frage, auf welchen Zeitpunkt bei der Prüfung der Rechtswirksamkeit abzustellen ist. Grundsätzlich ist im Beschlußverfahren die Sachlage zur Zeit der letzten mündlichen Anhörung – oder im schriftlichen Verfahren nach § 83 Abs. 4 Satz 2 ArbGG der diesem Zeitpunkt entsprechende Termin – maßgeblich (vgl. *Grunsky* ArbGG, 7. Aufl. § 80 Rz. 44). Andererseits ist für die Beurteilung der Sozialwidrigkeit der **Zugang der Kündigungserklärung** entscheidend (st. Rspr. *BAG* 24. 03. 1983 EzA § 1 KSchG betriebsbedingte Kündigung Nr. 21; 15. 08. 1984 EzA § 1 KSchG Krankheit Nr. 16; allg. Ansicht im Schrifttum, vgl. *KR-Etzel* § 1 KSchG Rz. 235 m. w. N.). Gleichwohl wird teilweise vertreten, daß auf den Zeitpunkt der letzten Anhörung (dies ist regelmäßig der Zeitpunkt der letzten Anhörung vor dem Arbeitsgericht, da in der Rechtsbeschwerdeinstanz nur um Rechtsfragen gestritten werden kann) abzustellen sei (so *Zwanziger* BB 1997, 626 [628]). Diese Auffassung verträgt sich weder mit der Rechtsnatur der Kündigung als empfangsbedürftiger Willenserklärung noch ist es hinnehmbar, daß für das Beschlußverfahren nach § 126 und den Individualkündigungsschutzprozeß unterschiedliche Zeitpunkte der Beurteilung angenommen werden. Im Sinne der Rechtssicherheit muß es deshalb bei der ausgesprochenen Kündigung sowohl im Beschlußverfahren als auch im Urteilsverfahren bei dem Zugangszeitpunkt der Kündigung als maßgeblichem Beurteilungsdatum verbleiben.

IV. Wesentliche Änderung der Sachlage

Hat sich die Sachlage nach dem Schluß der letzten mündlichen Verhandlung wesentlich 6 geändert, entfällt die Bindungswirkung des Beschlußverfahrens, Abs. 1 Satz 2. Dies ist z. B. dann der Fall, wenn die ursprünglich beabsichtigte Betriebsänderung nicht oder nur in entscheidend anderem Umfang durchgeführt wird oder der Verwalter für den schuldnerischen Betrieb doch noch einen Betriebserwerber gefunden hat. Aber ebenso wie bei der Parallelvorschrift in § 125 Abs. 1 Satz 2 muß hinsichtlich der Rechtsfolgen eine **Zäsur** gemacht werden. Bei Kündigungen, die erst nach Eintritt der geänderten Sachlage ausgesprochen werden, greift Abs. 1 Satz 2 ohne weiteres ein. Das heißt: Die Bindungswirkung entfällt. Bei Kündigungen, die zum Zeitpunkt der Änderung der Sachlage bereits zugegangen sind, verbleibt es bei der Präklusionswirkung des Beschlußverfahrens. In Betracht kommt dann ein Wiedereinstellungsanspruch (streitig, vgl. im einzelnen die Erläuterungen zu § 125 Abs. 1 Satz 2 Rz. 25).

C. Aussetzung (Abs. 2)

7 Ist die Kündigungsschutzklage bereits vor der Rechtskraft der Entscheidung im Verfahren nach § 126 erhoben worden, hat das Arbeitsgericht die Verhandlung über die Klage bis zu diesem Zeitpunkt auszusetzen. Im Gegensatz zu § 148 ZPO ist das Arbeitsgericht zur Aussetzung verpflichtet, wenn der Verwalter dies beantragt. Im Regelfall wird der Verwalter den Aussetzungsantrag stellen. Tut er es nicht, verbleibt dem Arbeitsgericht immer noch die Möglichkeit nach § 148 ZPO.
Gegen die Aussetzung des Verfahrens ist die einfache Beschwerde nach § 252 1. HS ZPO zulässig, im Falle der Ablehnung des Antrags greift die sofortige Beschwerde, § 252 2. HS ZPO. Nach der zwingenden Konzeption des Abs. 2 sind kaum Fälle denkbar, in denen die Beschwerde erfolgreich sein könnte.

§ 128
Betriebsveräußerung

(1) ¹Die Anwendung der §§ 125 bis 127 wird nicht dadurch ausgeschlossen, daß die Betriebsänderung, die dem Interessenausgleich oder dem Feststellungsantrag zugrundeliegt, erst nach einer Betriebsveräußerung durchgeführt werden soll. ²An dem Verfahren nach § 126 ist der Erwerber des Betriebs beteiligt.
(2) Im Falle eines Betriebsübergangs erstreckt sich die Vermutung nach § 125 Abs. 1 Satz 1 Nr. 1 oder die gerichtliche Feststellung nach § 126 Abs. 1 Satz 1 auch darauf, daß die Kündigung der Arbeitsverhältnisse nicht wegen des Betriebsübergangs erfolgt.

Inhaltsübersicht: Rz.

A. Allgemeines	1–4
B. Erstreckung der Rechtswirkung des § 125 Abs. 1	5–6
I. Im Anwendungsbereich des Kündigungsschutzgesetzes	5
II. Außerhalb der Geltung des Kündigungsschutzgesetzes	6
C. Wirkung des Beschlusses nach § 126	7
D. Darlegungs- und Beweislast	8–9

Literatur:

(siehe vor § 113, S. 694)

A. Allgemeines

1 Mit der Vorschrift hat der Gesetzgeber trotz entsprechender Forderungen nach Abschaffung von § 613 a BGB in der Insolvenz klargestellt, daß die Norm gilt. Gleichzeitig hat er die übertragende Sanierung erleichtert, indem die Anwendung der §§ 125 bis 127 nicht dadurch ausgeschlossen wird, daß die Betriebsänderung, die dem Interessenausgleich oder dem Feststellungsantrag zugrunde liegt, erst nach einer Betriebsveräußerung durchgeführt werden soll. Absatz 2 ordnet ausdrücklich an, daß im Falle eines Betriebsüber-

Betriebsveräußerung § 128

gangs sich die Vermutung nach § 125 Abs. 1 Satz 1 Nr. 1 oder die gerichtliche Feststellung nach § 126 Abs. 1 Satz 1 auch darauf erstreckt, daß die Kündigung der Arbeitsverhältnisse nicht wegen des Betriebsübergangs erfolgt.

Nach der Rechtsprechung erfolgt eine Kündigung wegen des Betriebsübergangs, wenn dieser der tragende Grund, nicht nur der äußere Anlaß für die Kündigung ist. § 613a Abs. 4 BGB hat gegenüber § 613a Abs. 1 BGB Komplementärfunktion. Die Norm soll als spezialgesetzliche Regelung des allgemeinen Umgehungsverbotes verhindern, daß der in § 613a Abs. 1 BGB angeordnete Bestandsschutz durch eine Kündigung unterlaufen wird. Das Kündigungsverbot ist dann nicht einschlägig, wenn es neben dem Betriebsübergang einen sachlichen Grund gibt, der »aus sich heraus« die Kündigung zu rechtfertigen vermag (*BAG* 26.05.1983 AP Nr. 34 zu § 613a BGB = BAG 43, 13 [21 f.]). 2

Unschädlich ist, daß ein Betriebsübergang ursächlich für die Kündigung ist. Der Verwalter kann auch, wenn er den Betrieb veräußern will, zuvor ein eigenes Sanierungskonzept verwirklichen (*BAG* a.a.O., unter B. IV., V. der Gründe – sog. **Veräußerungskündigung mit Erwerberkonzept**). 3

Bedeutsam für die Fälle der übertragenden Sanierung in der Insolvenz ist die Entscheidung des *BAG* vom 18.07.1996 (AP Nr. 147 zu § 613a BGB). Dort hat das BAG festgestellt, daß eine Kündigung wegen des Betriebsübergangs nicht vorliegt, wenn sie der Rationalisierung (Verkleinerung) des Betriebes zur Verbesserung der Verkaufschancen dient. Ein Rationalisierungsgrund liegt vor, wenn der Betrieb ohne die Rationalisierung stillgelegt werden müßte. Eine solche Rationalisierung ist auch während einer Betriebspause möglich. Der Betriebsinhaber muß nicht beabsichtigen, den Betrieb selbst fortzuführen (*BAG* a.a.O.).

(Zum Betriebsübergang und der Haftung des Betriebserwerbers in der Insolvenz vgl. im übrigen Vorbem. vor § 113 Rz. 55–84). 4

B. Erstreckung der Rechtswirkung des § 125 Abs. 1

I. Im Anwendungsbereich des Kündigungsschutzgesetzes

Bei namentlicher Bezeichnung der zu entlassenden Arbeitnehmer im Interessenausgleich nach § 125 greift die Vermutungswirkung des § 125 Abs. 1 Satz 1. Dies bedeutet, daß die soziale Rechtfertigung der Kündigungen dieser Personengruppe widerlegbar i.S.d. § 292 Satz 1 ZPO vermutet wird. Damit steht aber mit derselben Vermutungswirkung fest, daß die Kündigungen nicht wegen Betriebsübergangs gemäß § 613a Abs. 4 Satz 1 BGB unwirksam sind. Eine sozial gerechtfertigte Kündigung kann nie gegen das Kündigungsverbot des § 613a Abs. 4 Satz 1 BGB verstoßen. Damit steht gleichzeitig fest, daß der Vorschrift im Anwendungsbereich des Kündigungsschutzgesetzes lediglich **deklaratorische Bedeutung** zukommt (*Zwanziger* a.a.O., S. 125; *Caspers* a.a.O., S. 137 Rz. 312). 5

Für Kleinbetriebe i.S.d. § 23 Abs. 1 Satz 2 KSchG spielt die Vorschrift keine Rolle: § 125 setzt – nach der hier vertretenen Auffassung im Gegensatz zu § 126 – eine Betriebsänderung gemäß § 111 BetrVG und damit regelmäßig mehr als 20 wahlberechtigte Arbeitnehmer voraus. Ein »freiwilliger Interessenausgleich« mit namentlicher Bezeichnung der zu entlassenden Arbeitnehmer kann die Wirkung des § 125 nicht auslösen. Denkbar wäre allenfalls die Ausnahme, daß der schuldnerische Betrieb mehr als 20 teilzeitbeschäftigte Arbeitnehmer beschäftigt, so daß zwar § 111 BetrVG ein-

§ 128 *Wirkungen der Eröffnung des Insolvenzverfahrens*

greift, infolge des Umfangs des Arbeitszeitvolumens nach § 23 Abs. 1 Satz 2 KSchG die Gesamtzahl der Arbeitnehmer unter 10,25 bleibt.

II. Außerhalb der Geltung des Kündigungsschutzgesetzes

6 Ein Interessenausgleich gemäß § 125 kann aber auch solche Arbeitnehmer namentlich bezeichnen, die noch nicht sechs Monate im schuldnerischen Betrieb beschäftigt sind und damit noch nicht die Wartezeit des § 1 KSchG erfüllt haben. Für diese Arbeitnehmergruppe spielt zwar die Vermutungswirkung der sozialen Rechtfertigung nach dem Kündigungsschutzgesetz keine Rolle, über § 128 Abs. 2 wird jedoch auch für diesen Personenkreis vermutet, daß die Kündigungen nicht wegen des Betriebsübergangs erfolgt sind.

C. Wirkung des Beschlusses nach § 126

7 Hat das Arbeitsgericht in seinem Beschluß nach § 126 festgestellt, daß die Kündigungen sozial gerechtfertigt sind, steht ebenso wie bei § 125 zugleich fest, daß sie nicht wegen des Betriebsübergangs erfolgt sind. Die obigen Ausführungen zu II. gelten sinngemäß.

Außerhalb des Anwendungsbereichs des Kündigungsschutzgesetzes besitzt die Vorschrift einen **eigenständigen Regelungsgehalt**, da insoweit die gerichtliche Feststellung nach § 126 zur Folge hat, daß auch die Kündigungen nicht wegen Verstoßes gegen das Kündigungsverbot nach § 613 a Abs. 4 Satz 1 BGB rechtsunwirksam sind.

D. Darlegungs- und Beweislast

8 Die Erstreckung der Vermutungswirkung nach § 125 bzw. die Feststellung des gerichtlichen Beschlusses nach § 126 sind gerade im Zusammenhang mit einem Betriebs- oder Teilbetriebsübergang von eminent praktischer Bedeutung. Zwar hat nach der Rechtsprechung des BAG der Arbeitnehmer die Voraussetzungen des Kündigungsverbotes nach § 613 a Abs. 4 Satz 1 BGB darzulegen und zu beweisen, also ob der Betriebsübergang der Beweggrund, das Motiv für die Kündigung gewesen ist (*BAG* 43, 13 [21, 23] = AP Nr. 34 zu § 613 a BGB zu III. 1. und V. 1. d.G.). Hierbei kommen ihm aber erhebliche Beweiserleichterungen deshalb zugute, weil der Arbeitnehmer oft vor einer Situation steht, die für ihn in ihrer Entwicklung noch unübersehbar ist. So genügt der Arbeitnehmer nach der Rechtsprechung seiner Darlegungslast, wenn er Hilfstatsachen vortragen kann, die indiziell den Schluß auf die Haupttatsache des Betriebsübergangs zulassen. Solche Hilfstatsachen können sich aus einem funktionellen oder aber auch einem zeitlichen Zusammenhang zwischen Kündigung und behauptetem Betriebsübergang ergeben. Nicht erforderlich ist, daß tatsächlich auch ein Betriebsübergang erfolgt ist. Eine Kündigung wegen des Übergangs eines Betriebes i. S. d. § 613 a Abs. 4 BGB liegt auch dann vor, wenn der Arbeitgeber zum Zeitpunkt der Kündigung den Betriebsübergang bereits geplant, dieser bereits greifbare Formen angenommen hat und die Kündigung aus der Sicht des Arbeitgebers ausgesprochen wird, um den geplanten Betriebsübergang vorzubereiten und zu ermöglichen. Bei dieser Fallgestaltung wirkt sich ein späteres Scheitern des erwarteten und eingeleiteten Betriebsübergangs ebensowenig auf den

Grundsatz § 129

Kündigungsgrund aus wie eine unerwartete spätere Betriebsfortführung, die einer vom Arbeitgeber endgültig geplanten und schon eingeleiteten oder bereits durchgeführten Betriebsstillegung nach Ausspruch der Kündigung folgt (*BAG* 19. 05. 1988 AP Nr. 75 zu § 613 a BGB).
Hat der Verwalter aber mit dem Betriebsrat einen Interessenausgleich nach § 125 abgeschlossen, hilft dem Arbeitnehmer z. B. der zeitliche Zusammenhang zwischen Kündigung und Betriebsübergang nicht. Er hat seiner Darlegungslast erst dann genügt, wenn zur vollen Überzeugung des Gerichts feststeht, daß die Kündigung wegen des Betriebsübergangs erfolgt ist. Hierbei ist allerdings Voraussetzung, daß der Betriebs- oder Teilbetriebsübergang zumindest Gegenstand der Interessenausgleichsverhandlungen war, da ansonsten sich wohl die Sachlage nach Zustandekommen des Interessenausgleichs i. S. d. § 125 Abs. 1 Satz 2 wesentlich geändert haben dürfte.

Hat das Arbeitsgericht gemäß § 126 Abs. 1 Satz 1 festgestellt, daß die Kündigungen der Arbeitsverhältnisse sozial gerechtfertigt sind, so ist dies bindend (§ 127 Abs. 1 Satz 1). Der Arbeitnehmer kann dann wegen der ausdrücklichen Regelung in Abs. 2 nicht mehr geltend machen, daß die Kündigung seines Arbeitsverhältnisses wegen des Betriebsübergangs erfolgt sei. 9

Dritter Abschnitt
Insolvenzanfechtung

§ 129
Grundsatz → §§ 29, 36 KO

(1) Rechtshandlungen, die vor der Eröffnung des Insolvenzverfahrens vorgenommen worden sind und die Insolvenzgläubiger benachteiligen, kann der Insolvenzverwalter nach Maßgabe der §§ 130 bis 146 anfechten.
(2) Eine Unterlassung steht einer Rechtshandlung gleich.

Inhaltsübersicht: Rz.

A. Ziel der Insolvenzanfechtung	1
B. Von der Konkurs- zur Insolvenzanfechtung	2
C. Die Rechtsnatur der Anfechtung	3– 9
I. Dingliche Theorie	4
II. Haftungsrechtliche Theorien	5
III. Schuldrechtliche Theorie	6– 8
IV. Stellungnahme	9
D. Abgrenzung und Verhältnis der Insolvenzanfechtung zu rechtsähnlichen Tatbeständen	10–15
E. Überblick über die Insolvenzanfechtung	16–18
F. Rechtshandlung	19–33
I. Allgemeines	19
II. Rechtsgeschäfte	20–23
III. Prozeßhandlungen	24
IV. Geschäftsähnliche Handlungen und Realakte	25
V. Unterlassungen	26
VI. Handelnde Personen	27–33

§ 129

1. Allgemeines	27
2. Rechtsvorgänger des Gemeinschuldners	28
3. Vorläufiger Insolvenzverwalter	29–30
4. Rechtshandlungen eines Vertreters	31
5. Mittelbare Zuwendungen	32–33
G. Grund- und Erfüllungsgeschäft	34
H. Teilanfechtung	35
I. Gläubigerbenachteiligung	36–47
I. Allgemeines	36
II. Beeinträchtigung der Gesamtheit der Insolvenzgläubiger	37–39
III. Ursächlicher Zusammenhang	40
IV. Unmittelbare Benachteiligung	41–42
V. Mittelbare Benachteiligung	43
VI. Rechtshandlungen, die sich auf fremdes Vermögen beziehen	44–45
VII. Maßgebender Zeitpunkt	46
VIII. Beweislast für die Benachteiligung	47
J. Ausschluß der Anfechtung	48–52

Literatur:

Berges Die Anfechtung mittelbarer Zuwendungen im Konkurs, KTS 1961, 65 ff.; *Breutigam/Tanz* Einzelprobleme des neuen Insolvenzanfechtungsrechts ZIP 1998, 717 ff.; *Gerhardt* Gereimtes und Ungereimtes im Anfechtungsrecht der neuen Insolvenzordnung, in FS für Brandner, 1996; *Hanau* Probleme der Mitbestimmung des Betriebsrats über den Sozialplan ZfA 1974, 89 ff.; *Häsemeyer* Aktuelle Tendenzen in der Rechtsprechung zur Konkurs- und Einzelanfechtung ZIP 1994, 418 ff.; *Hellwig* Anfechtungsrecht und Anfechtungsanspruch nach der neuen Konkursordnung, ZZP 26 (1899), 474; *Henckel* Insolvenzanfechtung, in Kölner Schrift zur Insolvenzordnung 1997; *ders*. Die Gläubigeranfechtung – ein taugliches Mittel zur Beseitigung von Verkürzungen der Konkursmasse?, ZIP 1982, 391 ff.; *ders*. Anm. zu BGH, Urt. v. 30. 01. 1986 – IX ZR 79/85 (OLG Schleswig) –, JZ 1986, 694; *Kreft* Anm. zu BGH, Urt. v. 7. 5. 1991 – IX ZR 30/90 (OLG Celle) –, ZIP 1991, 742 ff.; *Malitz* Anm. zu OLG Köln, Urt. v. 7. 5. 1996 – 22 U 217/95 –, DZWiR 1997, 26; *Marotzke* Dingliche Wirkungen der Gläubiger- und Konkursanfechtung, KTS 1987, 1 ff.; *Paulus* Sinn und Formen der Gläubigeranfechtung, AcP 155 (1956), 277 ff.; *Rutkowsky* Rechtsnatur und Wirkungsweise der Gläubigeranfechtung, Diss. Bonn 1969; *Karsten Schmidt* Konkursanfechtung und Drittwiderspruchsklage – Zugleich eine Kritik zum BGH-Urteil vom 11. 1. 1990 –, JZ 1990, 619 ff.; *Serick* Verarbeitungsklausel im Wirkungskreis des Konkursverfahrens, ZIP 1982, 507 ff.; *Wacke* Die Nachteile des Grundbuchzwangs in der Liegenschaftsvollstreckung und bei der Gläubigeranfechtung, ZZP 1982, 377 ff; *Willemsen* Die Anfechtung vorkonkurslicher Sozialpläne ZIP 1982, 449–649.

A. Ziel der Insolvenzanfechtung

1 Die in den §§ 80 ff. InsO geregelten Tatbestände sollen eine Verkürzung der Aktivmasse oder die Vermehrung der Passivmasse nach Eröffnung des Insolvenzverfahrens verhindern. Vor diesem Zeitpunkt wird die Masse vor Verkürzungen zunächst nur bei Vollstreckungen im letzten Monat vor Verfahrenseröffnung (§ 88 InsO) oder durch die Anordnung von Sicherungsmaßnahmen (§ 21 InsO) geschützt. Werden in anderer Weise Vermögensgegenstände zum Nachteil der Gläubiger weggegeben, ist diese Masseschmälerung grundsätzlich wirksam. **Ziel der Insolvenzanfechtung** ist es, diese Vermögensverschiebungen rückgängig zu machen, wenn sie in zeitlicher Nähe zur Verfahrenseröffnung oder unter Bedingungen erfolgt sind, die eine Rückgewähr an die

Masse und ein Zurückstehen der Rechtssicherheit und des Verkehrsschutzes als gerechtfertigt erscheinen lassen. Damit wird dem Grundsatz der »par condicio creditorum«, d. h. der Gleichbehandlung aller Gläubiger in der Insolvenz eines gemeinsamen Schuldners, schon im Vorfeld der Insolvenzeröffnung Geltung verschafft. Demgemäß sind die Regeln der Insolvenzanfechtung weniger unter formal-rechtlichen als vielmehr unter wirtschaftlichen Regeln zu betrachten (BGHZ 72, 39 = WM 1978, 988). Masseverkürzende Rechtshandlungen nach Verfahrenseröffnung sind nach § 147 InsO der Anfechtung ebenfalls ausgesetzt, wenn sie den Gläubigern gegenüber zunächst wirksam sind. Das Anfechtungsrecht wird vom Insolvenzverwalter wahrgenommen. Es ist seine Pflicht, anfechtungsrelevante Sachverhalte aufzudecken, auch wenn dies mitunter neben der schwierigen rechtlichen Bewertung mit erheblichen Nachforschungen bei lange Zeit zurückliegenden Rechtshandlungen verbunden ist (*Haarmeyer/Wutzke/Förster* Hdb. InsO 5 Rz. 202). Das Insolvenzgericht hat die Erfüllung dieser Pflicht iR von § 58 InsO sicherzustellen.

B. Von der Konkurs- zur Insolvenzanfechtung

Die Anfechtungsregeln der KO konnten den anfechtungsrechtlichen Zweck der Masse- 2 anreicherung nur unzureichend erfüllen (Begr. RegE BT-Drucks. 12/2443, S. 156; *Kuhn/Uhlenbruck* KO, § 29 Rz. 1; *Henckel* ZIP 1982, 391 ff.). Das Anfechtungsrecht der InsO ist deshalb erheblich verschärft worden, um die Durchsetzung von Anfechtungsansprüchen zu erleichtern (Begr. RegE BT-Drucks. 12/2443, S. 82). So wurden die subjektiven Tatbestandsvoraussetzungen zum Teil beseitigt oder zumindest ihr Nachweis erleichtert. Die InsO schafft ein einheitliches Insolvenzverfahren, das die Funktionen von Konkurs und Vergleich in sich vereint. Das Anfechtungsrecht knüpft lediglich an die Verfahrenseröffnung an und ist damit nicht nur bei der Liquidation des Schuldnervermögens, sondern auch bei dessen Sanierung anwendbar. Dies gilt unabhängig davon, ob hierbei eine konkursmäßige Zwangsverwertung durchgeführt wird oder das Verfahren durch einen Plan beendet wird und ob ein Insolvenzverwalter bestellt wird oder dem Schuldner die Eigenverwaltung verbleibt (Begr. RegE BT-Drucks. 12/2443, S. 82, 156). Nach der Übergangsvorschrift in Art. 106 EGInsO sind auf die **vor dem 1. Januar 1999 vorgenommenen Rechtshandlungen** die Regelungen in §§ 129–147 InsO nur anzuwenden, wenn sie auch nach der KO in gleicher Weise der Anfechtung unterlegen hätten.

C. Die Rechtsnatur der Anfechtung

Die dogmatische Einordnung der Anfechtung ist umstritten (vgl. eingehend *Jaeger/* 3 *Henckel* KO, § 37 Rz. 2 ff.; *Rosenberg/Gaul/Schilken* Zwangsvollstreckungsrecht § 35 II; *Baur/Stürner* Insolvenzrecht, Rz. 18.6 ff., zur praktischen Bedeutung insbesondere Rz. 18.20).

I. Dingliche Theorie

Nach der dinglichen Theorie hat die Insolvenzanfechtung in Anlehnung zur Anfechtung 4 nach BGB die Unwirksamkeit der anfechtbaren Rechtshandlung zur Folge. Diese »dingliche« Wirkung trete entweder rückwirkend mit rechtsgestaltender Anfechtungserklärung (so *Hellwig* ZZP 26 (1899), 474) oder automatisch mit Verfahrenseröffnung ein (so *Marotzke* KTS 1987, 1 ff.: »haftungsrechtlich-dingliche« Theorie). Nach dieser Auffassung fällt etwa übertragenes Eigentum automatisch wieder ins Eigentum des Insolvenzschuldners zurück.

II. Haftungsrechtliche Theorien

5 Nach der im Vordringen begriffenen und in mehreren Spielarten vertretenen haftungsrechtlichen Theorie läßt die Anfechtung zwar verfügungsrechtlich die Güterzuordnung unberührt, gleichwohl muß sich der Anfechtungsgegner jedoch so behandeln lassen, als gehöre der von ihm erworbene Gegenstand haftungsrechtlich noch zum Schuldnervermögen (vgl. *Paulus* AcP 155, 277 [300 ff.]; *Gerhardt* Gläubigeranfechtung, 262 ff.; *Karsten Schmidt* JZ 1990, 619 ff; *Häsemeyer* Insolvenzrecht, 452 ff.; *Jaeger/Henckel* KO, § 37, Rz. 19 ff., 24). Als Folge wird der Rückgewähranspruch als ein veräußerungshinderndes Recht i. S. v. § 771 ZPO und als ein Aussonderungsrecht nach § 47 InsO begriffen (*Jaeger/Henckel* KO, § 37 Rz. 64 ff., 72 ff.; ablehnend jedoch *Häsemeyer* Insolvenzrecht, 453).

III. Schuldrechtliche Theorie

6 Die Rechtsprechung (RGZ 91, 367 [369]; 103, 113 [121]; BGHZ 100, 36 [42] = ZIP 1987, 601; ZIP 1990, 246) und weite Teile der Literatur (*Kilger/Karsten Schmidt* KO, § 29 Anm. 2 a; *Kuhn/Uhlenbruck* KO, § 29 Rz. 1 d; *Huber* in Gottwald, InsolvenzRHb, § 54 Rz. 3) charakterisieren die Anfechtung als ein gesetzliches Schuldverhältnis, kraft dessen ein schuldrechtlicher Anspruch auf Rückgewähr (§ 143 InsO) des anfechtbar weggebenden Vermögensgegenstandes entsteht. So ist etwa eine bewegliche Sache, die anfechtbar übereignet wurde, an die Masse nach §§ 929 ff. BGB zurückzuübereignen (vgl. eingehend § 143 Rz. 4 ff.). Die Insolvenzanfechtung erschöpft sich in einem Rückgewähranspruch, d. h. Anfechtungsrecht und Anfechtungsanspruch fallen zusammen (vgl. *BGH* NJW 1986, 2252 [2253]). Sie hat anders als die Anfechtung nach §§ 119, 142 BGB keine gestaltende Wirkung und begründet weder eine Drittwiderspruchsklage (§ 771 ZPO) in der gegen den Anfechtungsgegner betriebenen Zwangsvollstreckung (*BGH* ZIP 1990, 246), noch ein Aussonderungsrecht (§ 47 InsO) im Insolvenzverfahren über das Vermögen des Anfechtungsgegners. Sie muß auch nicht als solche gesondert geltend gemacht oder erklärt werden (*BGH* ZIP 1997, 737). Der Anspruch entsteht grundsätzlich erst mit Vollendung des Anfechtungstatbestandes, frühestens jedoch mit Eröffnung des Insolvenzverfahrens (*BGH* ZIP 1986, 720; ZIP 1995, 1204 [1206]; vgl. a. Begr. RegE Art. 1 EGInsO AnfG BT-Drucks. 12/3803 S. 55).

7 Der Anspruch auf Rückgewähr ist dabei, auch bei der Anfechtung nach § 133 InsO, **nicht deliktischer Natur** (*BGH* ZIP 1986, 787; anders zu § 31 KO RGZ 84, 253). Die angefochtene Rechtshandlung stellt sich nämlich nicht schlechthin als unerlaubte Handlung gegenüber denjenigen dar, deren Interessen die Anfechtung dient (*Kilger/Karsten Schmidt* KO, § 29 Anm. 5). Derselbe Sachverhalt kann jedoch über den Anfechtungstatbestand hinaus auch einen deliktischen Schadensersatzanspruch begründen (*BGH* NJW-RR 1986, 993; *BGH* NJW 1990, 991). Beide Ansprüche sind aber bzgl. ihrer Voraussetzungen und Wirkungen streng voneinander zu trennen.

Grundsatz **§ 129**

Weiterhin handelt es sich nicht um einen **Bereicherungsanspruch**, auch wenn § 143 **8**
Abs. 1 Satz 2 InsO hinsichtlich des anfechtungsrechtlichen Rückgewähranspruchs auf
die Rechtsfolgen der Haftung eines bösgläubigen Bereicherungsschuldners verweist
(BGHZ 15, 333 [337]; 41, 98 [103]; *Jauernig* Insolvenzrecht, § 80 II 4; anders *Gerhardt*
Gläubigeranfechtung, 162 ff.: Fall der Eingriffskondiktion).

IV. Stellungnahme

Die dingliche Theorie kann **nach Einführung der InsO** nicht mehr aufrechterhalten **9**
werden. Der Gesetzgeber tritt einer rechtsgestaltenden, dinglich wirkenden Anfechtung
entgegen, indem er auf die Formulierung »als den Gläubigern gegenüber unwirksam«
bewußt verzichtet. Im übrigen beschränkt sich die Begründung auf die Feststellung, es
habe sich zum Recht der Konkursanfechtung die Auffassung durchgesetzt, daß sie im
Regelfall einen obligatorischen Rückgewähranspruch begründe (§ 143 InsO). Einer
weitergehenden Stellungnahme zur dogmatischen Einordnung der Insolvenzanfechtung
hat sich der Gesetzgeber ausdrücklich enthalten (Begr. RegE BT-Drucks. 12/2443,
S. 157; vgl. auch *Gerhardt* in FS für Brandner, 607; *Eckardt* Gläubigerbenachteiligung,
374 ff). **Zu folgen ist der schuldrechtlichen Theorie.** Eine »haftungsrechtliche Unwirksamkeit« ist der deutschen Rechtsordnung fremd und findet auch in den Regeln der
InsO keine hinreichende Stütze (*Kuhn/Uhlenbruck* KO, § 29 Rz. 1c). Der Rückgewähranspruch dient nicht der faktischen Herstellung einer schon rechtlich bestehenden
Zugehörigkeit des Gegenstandes zum Haftungsvermögen des Schuldners. Vielmehr ist
der Gegenstand dem Haftungsvermögen wirksam entzogen und es bedarf der Insolvenzanfechtung, um diese Entziehung rückgängig zu machen (*Jauernig* Insolvenzrecht, § 50
II 1 b). Ob der BGH, der in seiner Entscheidung vom 18. 05. 1995 den Wertersatzanspruch bei Unmöglichkeit der Rückgewähr in Natur vor Konkurseröffnung mit der
»fortdauernden haftungsrechtlichen Unwirksamkeit des anfechtbaren Erwerbs« (ZIP
1995, 1204 [1205]) begründet, zukünftig von der schuldrechtlichen Theorie abrücken
wird, bleibt abzuwarten.

D. Abgrenzung und Verhältnis der Insolvenzanfechtung zu rechtsähnlichen Tatbeständen

Die **Gläubigeranfechtung außerhalb des Insolvenzverfahrens** nach dem AnfG ver- **10**
folgt das Ziel, den Kreis der Vollstreckungsobjekte für einen einzelnen anfechtenden
Gläubiger wegen eines bestimmten titulierten Anspruchs zu erweitern. Der Empfänger
des anfechtbar weggegebenen Gegenstandes hat die Zwangsvollstreckung in das Vermögensstück so zu dulden, als gehöre es noch dem Schuldner (*BGH* NJW 1995, 2848).
Demgegenüber wird der Gegenstand bei der Anfechtung nach den §§ 129 ff. InsO im
Interesse aller Gläubiger an die Masse zurückgewährt, um diese insgesamt gleichmäßig
zu befriedigen. Zum Einfluß der Verfahrenseröffnung auf einen rechtshängigen oder
bereits rechtskräftig entschiedenen Gläubigeranfechtungsprozeß vgl. § 143 Rz. 56 f.
Mit der **Anfechtung nach den §§ 119 ff., 142 BGB** hat die Insolvenzanfechtung nichts **11**
gemein. Beide Rechtsinstitute sind nach Zweck, Voraussetzungen und Wirkung grundverschieden (*RG* LZ 1907, 836). Daß ein Geschäft nach der InsO anfechtbar ist, schließt
jedoch nicht aus, daß es auch nach BGB anfechtbar ist. Der Insolvenzverwalter hat dann
ein Wahlrecht, ob er das Geschäft als wirksam hinnehmen und mit der insolvenzrecht-

lichen Anfechtung vorgehen oder die Wirksamkeit des Geschäfts durch eine Anfechtungserklärung nach § 143 BGB beseitigen möchte.

12 Das **Anfechtungsrecht als solches** hat nicht den Charakter eines deliktischen Anspruchs (*BGH* WM 1962, 1317). Weiterhin sind die Vorschriften des BGB über die **Nichtigkeit** (§§ 134, 138 BGB) und über die **unerlaubte Handlung** (§§ 823 ff. BGB) nicht bereits dann erfüllt, wenn ein Anfechtungstatbestand verwirklicht ist, sondern erst bei Hinzutreten weiterer, über die Gläubigerbenachteiligung hinausgehender Umstände (BGHZ 130, 314 [331] = ZIP 1995, 1364; ZIP 1993, 521 [522]; ZIP 1993, 602 [603]; ZIP 1994, 40 [43]). Im Verhältnis zu den Gläubigern gehen die Anfechtungsvorschriften den Nichtigkeitsbestimmungen der §§ 134, 138 BGB grundsätzlich vor (*BGH* ZIP 1996, 1475). Nichtigkeit ist deshalb nicht schon deswegen anzunehmen, weil der Schuldner durch das anfechtbare Geschäft unterhaltsberechtigte Angehörige benachteiligen wollte (*BGH* KTS 1969, 48). Ein besonders erschwerender Umstand ist vielmehr gegeben, wenn der Schuldner planmäßig mit einem eingeweihten Dritten zusammenwirkt, um sein wesentliches pfändbares Vermögen dem Gläubigerzugriff zu entziehen (*BGH* ZIP 1995, 630; ZIP 1995, 1364; ZIP 1996, 1178 [1179]), die Gläubigergefährdung also mit einer Täuschungsabsicht oder einem Schädigervorsatz einhergeht. Es kann dabei genügen, daß der Vertragspartner die Täuschung anderer Gläubiger darüber, daß der Schuldner kein freies Vermögen mehr hat, billigend in Kauf genommen hat. Dies ist dann der Fall, wenn er Umstände kennt, die den Schluß auf einen bevorstehenden Zusammenbruch des Schuldners trotz einer mit dem Kredit angestrebten Sanierung aufdrängen und sich über diese Erkenntnis zumindest grob fahrlässig hinwegsetzt (*BGH* ZIP 1998, 793 [796]; ZIP 1984, 37). Die §§ 129 ff. InsO sind keine Verbotsgesetze i. S. v. § 134 BGB (*Jaeger/Henckel* KO, § 29 Rz. 200).

13 Das **Aufrechnungsverbot nach § 96 Nr. 3 InsO** geht der gesonderten Anfechtung der Herbeiführung der Aufrechnungslage vor. Erklärt also ein Insolvenzgläubiger nach Verfahrenseröffnung die Aufrechnung bezüglich einer schon vor diesem Zeitpunkt bestehenden Aufrechnungslage, ist diese ohne weiteres unwirksam, wenn die Aufrechnungslage anfechtbar herbeigeführt worden ist. Die frühere Zweispurigkeit zwischen dem Aufrechnungsverbot nach § 55 Nr. 3 KO und der Anfechtbarkeit nach § 30 KO besteht damit nicht mehr (vgl. Begr. RegE BT-Drucks. 12/2443, S. 141; *Gerhardt* a. a. O., 612; ausführlich zur KO *Jaeger/Henckel* KO, § 30 Rz. 267 ff.).

14 Ein nicht früher als drei Monate vor dem Eröffnungsantrag aufgestellter **Sozialplan** kann nach § 124 Abs. 1 InsO widerrufen werden. Einer Anfechtung bedarf es deshalb nur noch für die vor diesem Zeitraum aufgestellten Sozialpläne (eingehend *Jaeger/Henckel* KO, § 29 Rz. 35). Dabei unterliegt auch ein durch Spruch der Einigungsstelle zustandegekommener Sozialplan der Anfechtung (*Jaeger/Henckel* KO, § 29 Rz. 39; *Kuhn/Uhlenbruck* KO, § 29 Rz. 6a; differenzierend *Hanau* ZfA 1974, 89 [114]; *Willemsen* ZIP 1982, 449 [451 f.]; ablehnend *Dietz/Richardi* BetrVG, § 112 Rz. 6). Anfechtungsgegner ist der einzelne Arbeitnehmer (*Jaeger/Henckel* KO, § 29 Rz. 41) oder möglicherweise auch der Betriebsrat (*LAG Hamm* ZIP 1982, 615). **Betriebsvereinbarungen** können nach § 120 InsO mit einer Frist von drei Monaten oder aus wichtigem Grund gekündigt werden. Daneben ist auch eine Anfechtung möglich (vgl. *Jaeger/Henckel* KO, § 29 Rz. 42; *LAG München* ZIP 1987, 589).

15 Die Anfechtung einer Vollstreckungshandlung kann mit einem **Rechtsbehelf des Schuldners gegen die Zwangsvollstreckung** konkurrieren (*Jaeger/Henckel* KO, § 35 Rz. 5). Hat etwa der geschäftsunfähige Gläubiger einen Antrag auf Pfändung gestellt, ist die Pfändung trotzdem wirksam und unterliegt der Anfechtung. Für die Anfechtungsklage wird dann jedoch das Rechtsschutzbedürfnis fehlen, da die gleichzeitig mögliche

Grundsatz § **129**

Vollstreckungserinnerung den einfacheren Rechtsbehelf darstellt (*Jaeger/Henckel* KO, § 29 Rz. 4). Ausgeschlossen ist die Anfechtung, wenn der Insolvenzgläubiger eine Sicherung im letzten Monat vor Verfahrenseröffnung durch Zwangsvollstreckung erlangt hat, da diese Sicherung nach § 88 InsO unwirksam ist (**Rückschlagsperre**).

E. Überblick über die Insolvenzanfechtung

Eine erfolgreiche Insolvenzanfechtung setzt allgemein voraus, daß eine vor oder eine in den Fällen des § 147 InsO nach Verfahrenseröffnung erfolgte Rechtshandlung zu einer Benachteiligung der Insolvenzgläubiger führt, zwischen Rechtshandlung und Benachteiligung ein Zurechnungszusammenhang besteht und der Vorgang einen der in den §§ 130–136 InsO genannten Tatbestände erfüllt. Liegen diese Erfordernisse vor, kann der Insolvenzverwalter das Anfechtungsrecht wahrnehmen, indem er innerhalb von zwei Jahren seit Verfahrenseröffnung (§ 146 Abs. 1 InsO) den Rückgewähranspruch nach § 143 InsO geltend macht. Ist die Verjährungsfrist abgelaufen, kann er die Anfechtbarkeit zumindest noch als Einrede geltend machen (§ 146 Abs. 2 InsO). Eine Anfechtung ist auch dann möglich, wenn für die Rechtshandlung ein vollstreckbarer Schuldtitel erlangt oder die Handlung durch Zwangsvollstreckung erwirkt worden ist (§ 141 InsO). Werden der Empfänger einer anfechtbaren Leistung bzw. dessen Rechtsnachfolger (§ 145 InsO) in Anspruch genommen, bestimmen sich ihre Gegenrechte nach Maßgabe des § 144 InsO.

16

Die vier Haupttatbestände der Konkursanfechtung werden auch nach der InsO im Grundsatz aufrechterhalten. Zu unterscheiden sind die in den §§ 130–132 InsO geregelte besondere Insolvenzanfechtung (bisher § 30 KO), die Vorsatzanfechtung nach § 133 InsO (bisher § 31 KO), die Schenkungsanfechtung gemäß § 134 InsO (bisher § 32 KO) und die Anfechtung der Sicherung oder Befriedigung kapitalersetzender Darlehen nach § 135 InsO (bisher § 32 a KO). Die bisher in § 237 HGB geregelte Anfechtung bei der Stillen Gesellschaft wurde aus rechtssystematischen Gründen in das Insolvenzrecht zurückgeführt. Von »besonderer« Insolvenzanfechtung spricht man, weil die in den §§ 130–132 InsO geregelten Anfechtungstatbestände nur im Insolvenzverfahren und nicht auch bei der Anfechtung nach dem AnfG geltend gemacht werden können. Soweit es bei den Anfechtungstatbeständen auf die Einhaltung einer Frist ankommt, bestimmt sich deren Berechnung nach § 139 InsO. Die anzufechtende Rechtshandlung ist dabei nach § 140 Abs. 1 InsO grundsätzlich in dem Zeitpunkt vorgenommen, in dem ihre rechtlichen Wirkungen eintreten. Besteht eine Rechtshandlung aus mehreren Teilakten ist der letzte zur Wirksamkeit erforderliche Teilakt maßgeblich. Bei Registergeschäften ist ausnahmsweise der Eintragungsantrag maßgeblich, wenn die übrigen Voraussetzungen für das Wirksamwerden erfüllt sind (§ 140 Abs. 2 InsO). Von der Anfechtung sind dabei grundsätzlich alle Rechtshandlungen betroffen, die sich in einem Zeitraum von bis zu **zehn Jahren** vor dem Antrag auf Eröffnung abgespielt haben (§ 133 Abs. 1 InsO, § 135 Nr. 1 InsO). Je näher der Vorgang vor dem Eröffnungsantrag liegt, desto mehr Anfechtungstatbestände können eingreifen. So können Rechtshandlungen von bis zu **vier Jahren** vor dem Antrag nach § 134 InsO, von bis zu **zwei Jahren** vor dem Antrag nach § 133 Abs. 2 InsO, von bis zu **einem Jahr** vor dem Antrag nach §§ 136, 135 Nr. 2 InsO, von bis zu **drei Monaten** vor dem Antrag nach § 130 Abs. 1 Nr. 1, § 131 Abs. 1 Nr. 2 und 3, § 132 Abs. 1 Nr. 1 InsO und von bis zu **einem Monat** vor dem Antrag nach § 131 Abs. 1 Nr. 1 InsO angefochten werden. **Nach dem Eröffnungsantrag** liegende Rechtshandlungen sind nach § 130 Abs. 1 Nr. 2, § 131 Abs. 1 Nr. 1, § 132 Abs. 1 Nr. 2, § 133 Abs. 1 und § 136 InsO anfechtbar.

17

18 Die Tatbestände stehen grundsätzlich selbständig nebeneinander, schließen sich gegenseitig nicht aus und können auch gleichzeitig erfüllt sein (BGHZ 58, 240 [240]; *BGH* ZIP 1993, 1653). Etwas anderes gilt jedoch bei der Gewährung einer kongruenten oder inkongruenten Deckung, diese ist neben §§ 130, 131 InsO nicht auch nach § 134 InsO anfechtbar (BGHZ 58, 240 [242 ff.]).

F. Rechtshandlung

I. Allgemeines

19 Rechtshandlungen sind alle Willensbetätigungen, an die das Gesetz rechtliche Wirkungen knüpft, ohne daß diese gewollt sein müssen (*BGH* WM 1975, 1182 [1184]). Es kann sich dabei um Willenserklärungen als Teil eines dinglichen oder obligatorischen Rechtsgeschäfts, um auf einen tatsächlichen Erfolg gerichtete Rechtshandlungen oder Unterlassungen auf materiell-rechtlichem Gebiet oder um Handlungen und Unterlassungen auf prozeßrechtlichem Gebiet handeln. Der Begriff ist weiter als die in den §§ 132, 133 Abs. 2, 134 InsO verwendeten des Rechtsgeschäfts, des Vertrages und der unentgeltlichen Leistung.

II. Rechtsgeschäfte

20 Zu den Rechtsgeschäften gehören etwa **schuldrechtliche Verträge**, wie Gebrauchsüberlassungs- und Darlehensverträge (*BGH* ZIP 1988, 725), Abfindungsvereinbarungen in Gesellschaftsverträgen (*Jaeger/Henckel* KO, § 29 Rz. 55), Unternehmensveräußerungen (*Jaeger/Henckel* KO, § 29 Rz. 57; *Kuhn/Uhlenbruck* KO, § 29 Rz. 26a, 29a auch zur übertragenden Sanierung; a. A. RGZ 70, 226; 134, 91 [98]; *BGH* WM 1964, 114: Anfechtung der Einzelübertragungen) oder die Vereinbarung zwischen Sicherungsgeber und Sicherungsnehmer über die Art und Weise der Verwertung des Sicherungsgutes (*BGH* WM 1997, 432). **Arbeitsverträge**, die der Schuldner als Arbeitnehmer abgeschlossen hat, sind grundsätzlich nicht anfechtbar, da die Arbeitskraft nicht zur Masse gehört (RGZ 70, 226 [230]; *BGH* WM 1964, 114). Etwas anderes gilt für Abreden aufgrund derer das pfändbare Arbeitseinkommen des Schuldners an dessen Vermögen vorbei an Dritte gelangt (vgl. § 850h Abs. 1 ZPO; *Kuhn/Uhlenbruck* KO, § 29 Rz. 26b). Die von dem Schuldner als Arbeitgeber abgeschlossenen Verträge sind demgegenüber wie andere Verträge anfechtbar. Hierunter fallen insbesondere Arbeitsverträge mit nahen Angehörigen, in denen ein überhöhter Lohn vereinbart wird (*Jaeger/Henckel* KO, § 29 Rz. 32).

21 **Rechtsgeschäftliche Verfügungen** sind etwa die Übereignung von Sachen, die Abtretung von Forderungen oder anderen Rechten, die Belastung von Sachen oder Rechten oder die Einziehung von Forderungen.

22 Rechtshandlungen sind hierbei etwa der Ausschluß aus einer BGB-Gesellschaft (BGHZ 86, 349 [354]; *BGH* ZIP 1983, 334 [335]); ein Einverständnis zwischen Insolvenzschuldner und Sicherungsnehmer über die Art der Verwertung des Sicherungsgutes (*BGH* ZIP 1997, 367); eine Betriebsaufspaltung (*Jaeger/Henckel* KO, § 29 Rz. 58); die Aufgabe einer Firma (*OLG Düsseldorf* ZIP 1989, 457) und die Firmenänderung (*Jaeger/ Henckel* KO, § 29 Rz. 105); die Leistung einer Einlage (RGZ 24, 14 [23 f.]; 74, 16 ff.; *Jaeger/Henckel* KO, § 29 Rz. 56); die Einlagenrückgewähr an den stillen Gesellschafter

Grundsatz **§ 129**

(§ 136 InsO); die Genehmigung einer zwischen dem Alt- und Neuschuldner vereinbarten Schuldübernahme (*OLG Nürnberg* KTS 1967, 170); die nachträgliche Zweckerklärung, mit der die Sicherungsabrede bzgl. einer Grundschuld ausgefüllt wird (*LG Potsdam* ZIP 1997, 1383); ein aufgestellter Sozialplan oder eine Betriebsvereinbarung (vgl. Rz. 14); güterrechtliche Vereinbarungen (BGHZ 57, 123 [124]; *Jaeger/Henckel* KO, § 29 Rz. 46 ff.); der Scheidungsantrag, der zu einer Gläubigerbenachteiligung durch Verkürzung der Rente als Folge des Versorgungsausgleichs führt (*Jaeger/Henckel* KO, § 29 Rz. 51 ff., auch zum Nachentrichten von Beiträgen und zur Vereinbarung von Ersatzleistungen bei Ausschluß nach § 1408 Abs. 2 BGB); Beschlüsse eines Gesellschaftsorgans (*OLG Hamburg* MDR 1951, 497); die Herbeiführung einer Aufrechnungslage (vgl. aber § 96 Nr. 3 InsO); die Sicherungsübertragung von Geschmacksmusterrechten (*BGH* ZIP 1998, 830).

Bei der **Einreichung eines Kundenschecks** oder -wechsels muß zwischen der Hereinnahme durch die Bank, mit der diese Sicherungseigentum am Scheck bzw. Wechsel erwirbt, und der Verrechnung unterschieden werden (*BGH* ZIP 1992, 778 [780]; *OLG Stuttgart* ZIP 1996, 1621 [1622]). Bei Einreichung einer **Lastschrift** durch den Insolvenzschuldner ist die anfechtbare Rechtshandlung neben einer möglicherweise erfolgten Abtretung der Kausalforderung, in der von der Bank vorgenommenen Verrechnung zu sehen (*Jaeger/Henckel* KO, § 30 Rz. 275). Die Gutschrift ist nicht als anfechtbare Rechtshandlung anzusehen (*BGH* ZIP 1992, 778 [780]; anders noch BGHZ 70, 177 [181 f.]). 23

III. Prozeßhandlungen

Rechtshandlungen sind auch Prozeßhandlungen, etwa Anerkenntnis (§ 307 ZPO), Geständnis (§ 288 ZPO), Nichtbestreiten von Tatsachen (§ 138 Abs. 3 ZPO), Prorogation (§ 38 ZPO), Zuständigkeitsbegründung durch rügeloses Verhandeln (§ 39 ZPO); Klageverzicht (§ 308 ZPO), Verzicht oder unterlassene Rüge von Verfahrensverletzungen (§ 295 ZPO), Klage- und Rechtsmittelrücknahme und Parteihandlungen in der Zwangsvollstreckung. Wird eine Vorpfändung (§ 845 ZPO) vorgenommen, ist die daraufhin erfolgte Hauptpfändung anzufechten, da die Vorpfändung dann nach § 845 Abs. 2 ZPO ihre Wirkung verliert. Die Anfechtung der Vorpfändung genügt demgegenüber, um die Wirkungen der Hauptpfändung zu beseitigen (*Jaeger/Henckel* KO, § 30 Rz. 244). Die Anschlußpfändung muß neben der Erstpfändung gesondert angefochten werden (*Jaeger/Henckel* KO, § 30 Rz. 247). 24

IV. Geschäftsähnliche Handlungen und Realakte

Rechtsgeschäftsähnliche Handlungen und Realakte, d. h. auf einen tatsächlichen Erfolg gerichtete Erklärungen bzw. Willensbetätigungen, deren Folgen kraft Gesetzes eintreten (vgl. *Palandt/Heinrichs* vor § 104 Rz. 6, 9), sind gleichfalls der Anfechtung ausgesetzt. Hierunter fallen etwa: die Anzeige einer Abtretung nach § 409 BGB; Verwendungen auf fremde Sachen oder auf den Anteil eines Miteigentümers (*BGH* ZIP 1980, 250); die Verarbeitung nach § 950 BGB, auch wenn sie im Zusammenhang mit einer Verarbeitungsklausel erfolgt (*Jaeger/Henckel* KO, § 29 Rz. 169; *Serick* ZIP 1982, 507 ff.). Wird das Schuldnervermögen durch einen Rechtsverlust nach den §§ 946–949 BGB gemindert, stellt dies keine Rechtshandlung dar (*Baur/Stürner* Insolvenzrecht, Rz. 18.24). Hier 25 ist der Verzicht auf den Ausgleichsanspruch nach § 951 BGB anfechtbar (*BGH* ZIP 1994, 40).

V. Unterlassungen

26 Die allgemeine Auffassung zur KO, daß sowohl materiell-rechliche als auch prozessuale Unterlassungen der Anfechtung ausgesetzt sind, ist jetzt in § 129 Abs. 2 InsO ausdrücklich normiert (vgl. zur KO *Jaeger/Henckel* KO, § 29 Rz. 5 ff.). Unterlassungen sind den Rechtshandlungen gleichzustellen, da sie die gleichen gläubigerbenachteiligenden Wirkungen haben können (Begr. RegE BT-Drucks. 12/2443, S. 157). Das Unterlassen muß jedoch bewußt und gewollt geschehen (*BGH* KTS 1960, 38). Fälle sind etwa die Nichterhebung bestehender Einreden und Einwendungen, insbesondere die Nichterhebung von Mängelrügen oder eines Wechselprotests; die nicht erfolgte Anfechtung wegen Irrtum, arglistiger Täuschung oder Drohung; die Nichtunterbrechung einer Verjährungs- oder Ersitzungsfrist; das Schweigen im Fall des § 362 HGB; die unterlassene Kündigung eines Girovertrages, die der Bank die Möglichkeit offenhält, an noch aufzubauendem Guthaben ein Pfandrecht zu erwerben (vgl. *BGH* ZIP 1996, 2080 [2081]); das Belassen einer Sicherung, nachdem der gesicherte Gesellschafterkredit kapitalersetzend geworden ist (*OLG Hamburg* ZIP 1987, 977); das Unterlassen des Einspruchs gegen ein Versäumnisurteil (*RG* JW 1914, 106); des Widerspruchs gegen einen Mahnbescheid (RGZ 169, 161 [163]) oder einen Arrestbefehl (RGZ 6, 367); mangels Gläubigerbenachteiligung ist die Unterlassung bzw. Ablehnung eines Erwerbs oder Vertragsabschlusses durch den Schuldner nicht anfechtbar (*Jaeger/Henckel* KO, § 29 Rz. 15, 18). Unterlassungen können insbesondere nach § 132 Abs. 2 InsO anfechtbar sein.

VI. Handelnde Personen

1. Allgemeines

27 Die Rechtshandlung kann grundsätzlich neben dem Schuldner auch von dem Anfechtungsgegner oder einem Dritten vorgenommen worden sein (*BGH* WM 1965, 14). Gläubigerhandlungen sind jedoch allgemein nur nach den §§ 130, 131 InsO anfechtbar. Eine Gläubigerhandlung ist nach § 133 InsO nur anfechtbar, wenn der Schuldner zumindest daran mitgewirkt hat (vgl. § 133 Rz. 5 f.). Anfechtbare Gläubigerhandlungen sind insbesondere Handlungen in der Zwangsvollstreckung. Handlungen des Vollstreckungsorgans, wie etwa die Eintragung des Grundbuchamtes, unterliegen nicht der Anfechtung (*Jaeger/Henckel* KO, § 29 Rz. 26; *Wacke* ZZP 82, 377 [405]).

2. Rechtsvorgänger des Gemeinschuldners

28 Rechtshandlungen eines Rechtsvorgängers des Schuldners können angefochten werden, wenn das gesamte Vermögen des Rechtsvorgängers übergegangen ist und dieser nicht mehr existiert (*Jaeger/Henckel* KO, § 29 Rz. 24). Das von dem Insolvenzverwalter durch die Anfechtung Erlangte ist dann aber als Sondermasse zu behandeln, die lediglich der Befriedigung der von dem Rechtsvorgänger begründeten Forderungen dient (BGHZ 71, 296 ff.). Ist etwa eine Personengesellschaft in einer Kapitalgesellschaft aufgegangen,

Grundsatz § 129

können in der späteren Insolvenz der Kapitalgesellschaft Rechtshandlungen der erloschenen Gesellschaft angefochten werden (*BGH* a. a. O.; *Kuhn/Uhlenbruck* KO, § 29 Rz. 6b). Im Nachlaßinsolvenzverfahren sind neben Rechtshandlungen des Erben (vgl. etwa § 322 InsO) auch solche des Erblassers anfechtbar. Anderenfalls kann nur der Insolvenzverwalter über das Vermögen des Rechtsvorgängers anfechten (*RG* LZ 1915, 300; *BGH* MDR 1956, 86). Auch die Tilgung der **persönlichen Schuld eines Komplementärs**, mit der dieser sich zur Leistung seiner Einlage außerstande setzt, kann in der Insolvenz der KG nicht angefochten werden (*OLG Schleswig* WM 1968, 137).

3. Vorläufiger Insolvenzverwalter

Rechtshandlungen eines vorläufigen Insolvenzverwalters (§ 22 InsO) können vom Insolvenzverwalter auch dann angefochten werden, wenn er selbst dieses Amt wahrgenommen hat (BGHZ 86, 190 [191] = ZIP 1983, 191; BGHZ 97, 87 [93] = ZIP 1986, 448 mit Anm. *Henckel* JZ 1986, 694; BGHZ 118, 374 = ZIP 1992, 1005; 1008; *OLG Köln* ZIP 1996, 1049; *OLG Hamm* KTS 1986, 643; *OLG Schleswig* ZIP 1985, 820; kritisch *Häsemeyer* ZIP 1994, 418). Die Anfechtung ist in solchen Fällen allenfalls zu versagen, wenn der spätere Insolvenzverwalter einen schutzwürdigen Vertrauenstatbestand beim Empfänger begründet hat und dieser infolgedessen nach Treu und Glauben damit rechnen durfte, an dem zugewendeten Gegenstand eine nicht mehr in Frage zu stellende Rechtsposition errungen zu haben (BGHZ 86, 190 [197]; *BGH* ZIP 1992, 1005 [1008]). Hierfür genügt es noch nicht, daß der Vermerk »unter Vorbehalt der Anfechtung« auf einem zu Protest gegangenen Scheck, nicht aber auf dem daraufhin neu ausgestellten Scheck vorhanden war (*OLG Köln* ZIP 1996, 1049). 29

Außer den Entscheidungen des BGH (ZIP 1992, 1005; 1992, 1008) handelte es sich dabei immer um Fälle, in denen der Gläubiger den vorläufigen Insolvenzverwalter (KO: Sequester) durch Androhung einer an sich berechtigten Leistungsverweigerung zu einer Sicherung oder Befriedigung veranlaßt hatte, weil dieser deren Leistung benötigte, um den Betrieb des Schuldners aufrechtzuerhalten. Der BGH beschränkte die Anfechtung indessen nicht auf solche Ausnahmefälle (ZIP 1992, 1005 [1007]; 1008 [1009]; a. A. *Jaeger/Henckel* KO, § 29 Rz. 30; *Henckel* JZ 1986, 694). Auch die Anfechtung von Rechtshandlungen, die zur vorläufigen Fortführung des Betriebes des Schuldners nicht erforderlich waren, ist grundsätzlich möglich. Die Gläubigerbenachteiligung entfällt dabei nicht durch eine etwaige Schadenersatzpflicht des vorläufigen Insolvenzverwalters nach § 60 InsO (*BGH* ZIP 1992, 1005 [1008]; 1008 [1009]; a. A. *Jaeger/Henckel* KO, § 29 Rz. 28). Daß die Rechtshandlung möglicherweise schon unwirksam ist, weil die Tätigkeit des vorläufigen Insolvenzverwalters durch die Sicherung und Erhaltung der Masse begrenzt wird (vgl. § 22 Abs. 1 Nr. 1 InsO; Begr. RegE BT-Drucks. 12/2443, S. 117; vgl. auch *BGH* ZIP 1995, 1204 [1206]; a. A. *Hess/Weis* AnfR, Rz. 253), kann dann offenbleiben (*BGH* ZIP 1992, 1005 [1007]). Eine schematische Differenzierung zwischen einem vorläufigen Insolvenzverwalter mit Verwaltungs- und Verfügungsbefugnis (§ 22 Abs. 1 InsO) und ohne diese Befugnisse (§ 22 Abs. 2 InsO) ist abzulehnen (so aber *Hess/Weis* AnfR, Rz. 247 ff.; *Malitz* DZWiR 1997, 26). Daß die von dem Insolvenzverwalter mit Verwaltungs- und Verfügungsbefugnis begründeten Verbindlichkeiten nach Verfahrenseröffnung gemäß § 55 Abs. 2 InsO als Masseverbindlichkeiten gelten, schließt nur die Gläubigerbenachteiligung einer hierauf erfolgten Deckung aus (vgl. *Jaeger/Henckel* KO, § 30 Rz. 136 ff.). 30

4. Rechtshandlungen eines Vertreters

31 Rechtshandlungen eines gewillkürten oder gesetzlichen Vertreters stehen nach § 164 BGB den eigenen Handlungen des Schuldners oder anderer handelnder Personen gleich. So muß sich die vertretene juristische Person die Rechtshandlungen von Organen, vertretungsberechtigten Gesellschaftern und Abwicklern zurechnen lassen. Handelt der Vertreter ohne Vertretungsmacht, bedarf es der Genehmigung nach § 177 BGB. Rechtshandlungen des Nachlaßpflegers sind solche der Erben (RGZ 106, 46; *Kuhn/Uhlenbruck* § 29 Rz. 17). Zugerechnet werden auch Handlungen eines Amtswalters, etwa eines Testamentsvollstreckers, Nachlaß- oder Insolvenzverwalters.

5. Mittelbare Zuwendungen

32 Mittelbare Zuwendungen, bei denen die Weggabe eines Vermögensgegenstandes zunächst an eine Mittelsperson und von dieser an einen Dritten erfolgt, können wie ein Direkterwerb des Dritten vom Schuldner angefochten werden, wenn sich beides wirtschaftlich betrachtet als einheitlicher Vorgang darstellt (*BGH* ZIP 1980, 346; ZIP 1992, 781; ZIP 1995, 297; *Berges* KTS 1961, 65 ff.). Die Gutgläubigkeit der Mittelsperson schadet dabei nicht, wenn nur der vom Schuldner erwartete und gewollte Erfolg eingetreten ist (*BGH* a.a.O.).
Anfechtungsgegner ist grundsätzlich der Empfänger der Leistung, ausnahmsweise auch die Mittelsperson (vgl. § 143 Rz. 42).

33 Mittelbare Zuwendungen sind etwa gegeben, wenn ein Mittelsmann einen vom Schuldner ausgestellten Wechsel akzeptiert und mit von diesem überlassenen Mitteln einlöst (RGZ 35, 26); wenn der Schuldner beim Kauf einer Sache mit dem Käufer vereinbart, daß dieser einen Teil des Kaufpreises an einem Gläubiger des Schuldners zahlen soll (RGZ 46, 101); wenn der Schuldner das Entgelt für die Abtretung einer Grundschuld einem Dritten überweisen läßt (*RG* WarnRspr. 1933 Nr. 157); wenn der Schuldner ein Grundstück kauft und die Auflassung an seine Ehefrau vereinbart (RGZ 43, 83); wenn auf Anweisung des Schuldners ein Drittschuldner seine Verbindlichkeit durch Leistung an einen Gläubiger des Schuldners erfüllt (RGZ 59, 195); wenn eine Erbengemeinschaft dem Gläubiger eines Miterben einen Vermögensgegenstand unter Anrechnung auf dessen Erbteil zugewendet hat (BGHZ 72, 39). Zur Deckung durch mittelbare Zuwendungen vgl. ausführlich § 130 Rz. 13 ff.

G. Grund- und Erfüllungsgeschäft

34 Grund- und Erfüllungsgeschäft sind hinsichtlich ihrer Anfechtbarkeit gesondert zu behandeln, da die Zuwendung eines Anspruchs durch das Grundgeschäft etwas anderes ist, als die Zuwendung eines Gegenstandes als Erfüllung des Grundgeschäfts (*Kilger/Karsten Schmidt* KO, § 29 Anm. 10). Ist das Grundgeschäft anfechtbar, folgt daraus jedoch grundsätzlich auch die Anfechtbarkeit des Erfüllungsgeschäfts (RGZ 116, 136; *Kuhn/Uhlenbruck* KO, § 29 Rz. 8). Möglich ist es aber auch, daß ausschließlich das Erfüllungsgeschäft anfechtbar ist (RGZ 20, 180; 27, 133). Nach *Henckel* sind Verfügungen, die der Schuldner zur Erfüllung eines anfechtbaren Kausalgeschäfts vorgenommen hat, nicht anfechtbar. Die Verfügungsobjekte seien nach erfolgter Anfechtung als ungerechtfertigte Bereicherungen zurückzugewähren (*Jaeger/Henckel* KO, § 29 Rz. 73; § 37 Rz. 92). Dem ist aber entgegenzuhalten, daß der Anfechtungsgegner dann nicht grundsätzlich (§ 143 Abs. 1 Satz 2 InsO) wie ein bösgläubiger Bereicherungsschuldner für Rückgewähr verschärft haftet, sondern nur, wenn die Voraussetzungen des § 819 BGB tatsächlich gegeben sind. Dies ist aber nicht gerechtfertigt, da die Erfüllung lediglich die Art der Gläubigerbenachteiligung von einer Vergrößerung der Passiv- in eine Verringerung der Aktivmasse umwandelt.

H. Teilanfechtung

Ein Rechtsgeschäft kann grundsätzlich nur insgesamt angefochten werden; die Anfechtung einzelner Bestimmungen eines Vertrages ist ausgeschlossen (*BGH* WM 1971, 908 [909]; ZIP 1994, 40 [45]; vgl. auch *OLG Hamm* ZIP 1982, 722 [724]; *Jaeger/Henckel* KO, § 29 Rz. 182 ff.). Das schließt aber nicht aus, daß die Anfechtung unter Umständen lediglich die Wirkung einer Teilanfechtung hat (BGHZ 30, 238 [241]). Hiervon ist insbesondere auszugehen, wenn die anfechtbare Rechtshandlung das Schuldnervermögen nur in begrenztem Maße geschmälert hat und das Rechtsgeschäft insoweit teilbar ist (*BGH* ZIP 1994, 40 [45]; BGHZ 77, 250 [255] = ZIP 1980, 618). Hier begrenzt das Ausmaß der Benachteiligung den Umfang der Anfechtungswirkung (*BGH* ZIP 1994, 40 [45]). Entscheidend ist, ob sich das Rechtsgeschäft in einzelne voneinander unabhängige Teile zerlegen läßt (*RG* 114, 206 [210]; WarnRspr. 34 Nr. 198: Gewährung einer Sicherheit für alte und neue Schulden; *BGH* NJW 1959,1539: Vorausabtretung von künftigen Forderungen in einem Abtretungsvertrag nimmt den einzelnen Forderungen nicht ihre Selbständigkeit, so daß sich die Frage der Anfechtbarkeit für jede Forderung gesondert stellt). War eine Beratertätigkeit teilweise unentgeltlich zu erbringen, steht die Vereinbarung eines Pauschalbetrages der Teilbarkeit nicht entgegen (*BGH* ZIP 1995, 297 [299]). Teilbar ist etwa ein allgemein ausgewogener Vertrag, der lediglich für den Fall der Insolvenz den späteren Schuldner unangemessen benachteiligt (*BGH* ZIP 1994, 40 [45]). Sind mehrere Rechtsgeschäfte in einer einheitlichen Urkunde beurkundet, so muß jedes Rechtsgeschäft für sich besonders angefochten werden (*Kuhn/Uhlenbruck* KO, § 29 Rz. 9). Enthält ein Kaufvertrag die Vereinbarung, daß die Kaufpreisforderung in ein Kontokorrent einzustellen ist, ist nicht die Verrechnungsvereinbarung isoliert, sondern nur der Kaufvertrag insgesamt anfechtbar (*OLG Köln* ZIP 1995, 138).

I. Gläubigerbenachteiligung

I. Allgemeines

Eine Anfechtung kommt nach § 129 InsO nur in Betracht, wenn die Insolvenzgläubiger in ihrer Gesamtheit durch die Rechtshandlung objektiv benachteiligt werden. Entscheidend ist, daß sich die Befriedigungsmöglichkeit der Insolvenzgläubiger ohne jene Rechtshandlung günstiger gestaltet hätte (BGHZ 86, 349; 90, 207; *BGH* ZIP 1987, 305; 1989, 785 [786]; *OLG Düsseldorf* ZIP 1985, 876). Eine Benachteiligung scheidet deshalb aus, wenn trotz dieser Rechtshandlung alle Gläubiger aus der Masse befriedigt werden können (*BGH* NJW 1988, 3143 [3148]). Die Benachteiligung kann dabei in der **Verminderung der Aktivmasse** (RGZ 10, 9; 36, 166; 81, 145), in einer **Vermehrung der Passivmasse** (*BGH* ZIP 1991, 1014 [1018]; ZIP 1990, 459 [460]), in einer **Erschwerung der Zugriffsmöglichkeit**, etwa durch die Besitzverschiebung beweglicher Sachen (*RG* JW 1911, 67; BGHZ 12, 238 [240 ff.]) und durch die Verzögerung der Befriedigung

(*BGH* WM 1964, 505 [506]) oder in der **Erschwerung oder Verzögerung der Verwertbarkeit** liegen (vgl. BGHZ 124, 76 [78 f.]; ZIP 1990, 1420 [1422]; *Kuhn/Uhlenbruck* KO, § 29 Rz. 25a). Ob eine Verkürzung vorliegt, ist nach wirtschaftlichen Gesichtspunkten zu entscheiden (*BGH* ZIP 1980, 250). Eine Benachteiligung kommt dabei nur hinsichtlich solcher Vermögensgegenstände in Betracht, die auch in die Insolvenzmasse gefallen wären (*BGH* ZIP 1980, 425). Zu unterscheiden ist weiter die unmittelbare von der mittelbaren Benachteiligung, da die Anfechtungstatbestände teilweise nur unmittelbare Benachteiligung genügen lassen (§§ 132 Abs. 1, 133 Abs. 2 InsO), während im übrigen eine mittelbare Benachteiligung genügt. Hat der Schuldner jedoch für seine Leistung unmittelbar eine gleichwertige Gegenleistung erhalten, liegt ein Bargeschäft vor, so daß eine danach eintretende Gläubigerbenachteiligung gemäß § 142 InsO nur noch nach § 133 InsO anfechtbar ist.

II. Beeinträchtigung der Gesamtheit der Insolvenzgläubiger

37 Die Feststellung hat vom Standpunkt der Gesamtheit der Insolvenzgläubiger aus zu erfolgen. Hierbei sind auch die Masseverbindlichkeiten nach § 55 Abs. 2 InsO zu berücksichtigen (vgl. auch BGHZ 79, 124 = ZIP 1981, 132). Dazu gehören auch die nachrangigen Insolvenzgläubiger nach § 39 InsO und die absonderungsberechtigten Gläubiger, sofern ihnen der Schuldner persönlich haftet (§ 52 InsO). Die Benachteiligung einzelner Gläubiger oder von Aus- und Absonderungsberechtigten genügt nicht (*BGH* LM § 3 AnfG Nr. 11; *BGH* ZIP 1981, 1230 [1231]; *Kuhn/Uhlenbruck* KO, § 29 Rz. 20).

38 Die Rechtshandlung muß auch das den Insolvenzgläubigern nach § 35 InsO **zur Befriedigung dienende Haftungsvermögen** betreffen (vgl. *BGH* WM 1964, 505 [506/7]). Eine Gläubigerbenachteiligung bei schuldnerfremden, unpfändbaren (§ 36 InsO) oder nicht werthaltigen Gegenständen scheidet deshalb aus. So bei der Einräumung einer Sicherheit durch einen Dritten (*Obermüller* Insolvenzrecht in der Bankpraxis Rz. 6.67); der Befriedigung von Altgläubigern aus dem vom Schuldner an einen Dritten unanfechtbar übertragenen Unternehmen (BGHZ 38, 44 ff.; *Jaeger/Henckel* KO, § 30 Rz. 151); a. A. *Berges* KTS 1961, 66 [67]; *Kuhn/Uhlenbruck* KO, § 30 Rz. 34 b); der Veräußerung eines Grundstücks, das über den Verkehrswert hinaus dinglich belastet ist (RGZ 39, 89 [92]; BGHZ 90, 207 [211] = ZIP 1984, 489; ZIP 1996, 1516 [1519]), einer über den Verkehrswert mit Pfandrechten belasteten Sache (RGZ 21, 99); der Erfüllung einer persönlichen Schuld, die auch als öffentliche Last auf einem dem Schuldner gehörigen Grundstück ruht, soweit der Gläubiger sich nach § 10 Abs. 1 Nr. 3 ZVG aus dem Grundstück hätte befriedigen können (*BGH* ZIP 1985, 816); die Abtretung oder der Verzicht auf eine für den Schuldner eingetragene, aber noch nicht valutierte Hypothek (RGZ 51, 43; 52, 339; 60, 266); der Rückgabe der Kaufsache an den Eigentumsvorbehaltskäufer (*RG* SeuffArch 64, 84). Die Benachteiligung entfällt jedoch nicht dadurch, daß der Schuldner der von dem Insolvenzschuldner abgetretenen Forderung dieselbe bestreitet (*OLG Brandenburg* ZIP 1998, 1367 [1368]). Obwohl ein Unternehmen als Ganzes nicht gepfändet werden kann, ist die Anfechtung der Unternehmensveräußerung zulässig, da sie sich letztlich als Summe der Anfechtungen der Einzelübertragungen darstellt (*Kuhn/Uhlenbruck* KO, § 29 Rz. 26a). Bei Übertragung der Praxis eines Rechtsanwaltes oder Arztes greift die Anfechtung nur in Bezug auf die Praxiseinrichtung, nicht auch in Bezug auf den Goodwill (*Jaeger/Henckel* KO, § 29 Rz. 106). Hat der Gemeinschuldner auf seinem Grundstück eine Hypothek bestellt, ohne Valuta erhalten

Grundsatz § 129

zu haben, liegt eine Gläubigerbenachteiligung vor, denn durch die dadurch entstandene Eigentümergrundschuld ist der Eingetragene noch immer zur Verfügung über die Hypothek formell legitimiert (RGZ 50, 123). Ein Nachteil kann auch in einer verschärften Haftung und einer damit verbundenen Änderung der Beweislast liegen (vgl. etwa Art. 9 WG und Art. 12 ScheckG).

Eine Benachteiligung entfällt deshalb, wenn der Insolvenzverwalter den Anfechtungs- 39 gegner in gleicher Höhe wie dem angefochtenen Betrag hätte vorweg befriedigen müssen (*BGH* ZIP 1991, 737; *OLG Dresden* ZIP 1997, 1428). So etwa bei Befriedigung eines Absonderungsberechtigten oder der Erfüllung eines Aussonderungsanspruchs (*BGH* ZIP 1991, 1014; ZIP 1995, 630). Hätte der Insolvenzverwalter nur eine niedrigere Quote auszuzahlen, ist die Anfechtung in vollem Umfang, nicht nur hinsichtlich des die Quote übersteigenden Betrages zulässig (*BGH* ZIP 1991, 737). Bei Rückzahlung eines Kredits kommt eine Gläubigerbeteiligung insoweit nicht in Betracht, als der Kredit durch Sicherheiten abgedeckt war, die ein Absonderungsrecht begründen (*BGH* ZIP 1998, 793 [800]; BGHZ 118, 151 [158] = ZIP 1992, 781; *OLG Düsseldorf* ZIP 1997, 913 [918]). Unschädlich ist dabei die durch Wertschwankungen des Sicherungsgegenstandes bedingte übliche Differenz zwischen Sicherheitenwert und Kredit (*Obermüller* Insolvenzrecht in der Bankpraxis Rz. 6). Keine Benachteiligung auch dann, wenn Ansprüche abgesichert werden, die als Forderungen gegen die Masse einzuordnen sind (*BGH* ZIP 1998, 830 [834]). Gleiches gilt, wenn ein Vertrag aufgrund einer bestimmten Vertragsklausel angefochten wird und der Anfechtungsgegner unabhängig von der Regelung einen Anspruch auf Herbeiführung derselben Rechtslage hatte (BGHZ 86, 349 [355] = ZIP 1983, 337). Im Lastschriftverfahren wird das Vermögen des Schuldners erst mit der Einstellung der Lastschrift in das Kontokorrent berührt, so daß die Gutschrift zugunsten des Gläubigers keine Benachteiligung begründet (*BGH* ZIP 1980, 425; kritisch *Kuhn/Uhlenbruck* KO, § 30 Rz. 48 b).

III. Ursächlicher Zusammenhang

Es muß ein kausaler Zusammenhang zwischen der Rechtshandlung und der Gläubiger- 40 benachteiligung bestehen (*Kilger/Karsten Schmidt* KO, § 29 Anm. 13; eingehend *Jaeger/Henckel* KO, § 29 Rz. 85 ff.). Als Ursachen für den Eintritt einer Gläubigerbenachteiligung sind grundsätzlich nur reale Gegebenheiten zu berücksichtigen. Daß bei Wegfall der Anfechtungshandlung hypothetisch ebenfalls die Benachteiligung eingetreten wäre, ist deshalb unerheblich (*BGH* ZIP 1993, 1653 [1655] m. w. N.). Gleiches gilt für die Vereitelung hypothetischer Begünstigungen der Insolvenzmasse bei Wegfall der Rechtshandlung (*OLG Hamm* ZIP 1988, 588). Wird jedoch eine Erfüllungshandlung angefochten, die zu einer Einschränkung des bei dem zugrundeliegenden Vertrag in Betracht kommenden Wegfalls der Geschäftsgrundlage führt, ist für das Vorliegen der unmittelbaren Gläubigerbenachteiligung von der Rechtslage auszugehen, die ohne die Erfüllungshandlung bestanden hätte (*BGH* ZIP 1995, 1021 [1028]).

IV. Unmittelbare Benachteiligung

Bei einer unmittelbaren Benachteiligung sind Vor- und Nachteile festzustellen, die mit 41 der Rechtshandlung selbst ohne Hinzutreten weiterer Umstände im Vermögen des Schuldners eingetreten sind (*Jaeger/Henckel* KO, § 29 Rz. 65). Dies setzt nur voraus, daß der Nachteil unmittelbar durch das Rechtsgeschäft verursacht ist, nicht aber, daß er sich schon zur Zeit des Rechtsgeschäfts verwirklicht hat. Bei Anfechtung einer Erfüllungshandlung stellt die Befreiung von einer rechtsgültigen, unanfechtbaren Verbindlichkeit regelmäßig einen vollwertigen wirtschaftlichen Ausgleich für die Tilgungsleistung dar (*BGH* ZIP 1995, 1021 [1023]). Unmittelbare Benachteiligungen sind etwa die Veräußerung unter Wert (*RG* LZ 1908, 787; *BGH* ZIP 1986, 452; 1986, 787; 1995, 134 [135], 1021 [1022]); der Kauf zu überhöhtem Preis (*BGH* ZIP 1980, 618; 1995, 1021 [1022]); die Gewährung eines Darlehens zu einem geringerem als dem marktüblichen Zinssatz, wobei auf die Anlagemöglichkeiten des Insolvenzverwalters abzustellen ist (*BGH* ZIP 1988, 725); die Aufnahme eines Hypothekendarlehens durch den Schuldner, um einzelne, besonders lästige Gläubiger zu befriedigen (OLGZ 35, 246); die Einbringung eines Grundstücks als Sacheinlage bei einer GmbH (*BGH* ZIP 1995, 134 [136]); die Sicherungsübereignung von Maschinen an einen ehemaligen Gesellschafter, der sein Gesellschaftsvermögen als Darlehen zugunsten des Übernehmers der Gesellschaft stehen läßt (*RG* JW 1919, 34); Rücktritt oder Kündigung von für die Masse vorteilhaften Geschäften; die Veräußerung von Sicherungsgut durch den Sicherungsgeber unter dem erzielbaren Erlös (*BGH* ZIP 1997, 364 [370]). Der Verkauf von Waren als Sonderangebot ist marktüblich, nicht jedoch zu Sonderpreisen wegen Geschäftsaufgabe (*Jaeger/Henckel* § 30 Rz. 104). Unmittelbar nachteilig ist ein Vertrag, in dem sich der Schuldner verpflichtet, das durch den Vertrag Erlangte zur Befriedigung eines einzelnen Gläubigers zu verwenden (*BGH* LM § 30 KO Nr. 2). Bei Zahlung vor Fälligkeit liegt die Benachteiligung nur in den entgangenen Nutzungsvorteilen (*BGH* ZIP 1995, 1021 [1023], vgl. a. BGH ZIP 1990, 459). Wird etwa ein Kredit vier Wochen zu früh zurückgewährt, können nur Zinsen, nicht aber die Rückgewähr der Hauptforderung verlangt werden kann (*BGH* ZIP 1997, 853 [854]).

42 Der Umstand alleine, daß anstelle der veräußerten Sache nicht mehr die Sache selbst, sondern die Kaufpreisforderung oder der gezahlte Kaufpreis tritt, stellt für sich noch keine Benachteiligung dar (RGZ 27, 99; 29, 79; *BGH* KTS 1955, 139; *Jaeger/Henckel* KO, § 29 Rz. 65). Beim Tausch, insbesondere dem Austausch von Sicherheiten, fehlt es an der unmittelbaren Benachteiligung bei Gleichwertigkeit der Tauschobjekte (*Jaeger/Henckel* KO, § 29 Rz. 66), wenn sich etwa beim verlängerten Eigentumsvorbehalt die Vorausabtretung auf die mit der Vorbehaltsware erlangte Forderung beschränkt (*BGH* KTS 1975, 296). Die Einräumung eines Wohnrechts an dem anfechtbar übertragenen Gegenstand zugunsten des Schuldners stellt keine Gegenleistung dar, wenn dieses nach § 36 InsO nicht in die Insolvenzmasse fällt (vgl. *BGH* ZIP 1995, 1364 [1365]). Die Verpflichtung des Anfechtungsgegners zugunsten eines Dritten ein Nießbrauchsrecht zu bestellen, stellt keine für Benachteiligung relevante Gegenleistung dar (*BGH* ZIP 1990, 1420 (1422)). Das Honorar für einen Sanierungsversuch stellt selbst dann keine unmittelbare Benachteiligung dar, wenn nach § 3 BRAGO eine höhere Vergütung vereinbart wird und sich der Sanierungsversuch später als erfolglos herausstellt (BGHZ 77, 250 ff. = ZIP 1980, 618; *OLG Hamm* NJW 1998, 1871). Im letzteren Fall liegt jedoch grundsätzlich eine mittelbare Benachteiligung vor, die nach § 130 InsO anfechtbar ist, sofern es sich nicht um ein Bargeschäft handelt (vgl. § 142 InsO Rz. 7; *Jaeger/Henckel* KO, 30 Rz. 116).

Grundsatz **§ 129**

V. Mittelbare Benachteiligung

Bei der mittelbaren Benachteiligung genügt es, daß zu der Rechtshandlung ein Umstand **43** hinzugetreten ist, der die Gläubigerbenachteiligung auslöst (*Kuhn/Uhlenbruck* KO, § 29 Rz. 24). Dies ist etwa anzunehmen, wenn zwar zur Zeit der Veräußerung eines Gegenstandes eine gleichwertige Gegenleistung in das Vermögen des Schuldners geflossen ist, dieser Gegenwert jedoch danach in Verlust geraten ist, weil z. B. der Schuldner einzelne Gläubiger befriedigt hat oder das Geld für sich verwendet oder beiseite geschafft hat. Gleiches gilt, wenn die Gegenleistung allenfalls noch in geringem Umfang für die Masse verwertbar ist (*BGH* ZIP 1995, 1021 [1028]). Möglich ist auch, daß der Schuldner eine gleichwertige Leistung erhalten soll, dieser Anspruch aber uneinbringlich ist (RGZ 10, 6 [8]; 27, 98; 29, 77; 51, 64 [65]). Eine mittelbare Benachteiligung kann auch darin liegen, daß der Wert des veräußerten Gegenstandes nachträglich gestiegen ist (*BGH* ZIP 1993, 271 [274]; *Kuhn/Uhlenbruck* KO, § 29 Rz. 24). Dabei sind auch solche Wertsteigerungen zu berücksichtigen, die auf einer Leistung des Anfechtungsgegners beruhen (*BGH* ZIP 1996, 1907 [1908]). Tilgt ein Gesellschafter eine Forderung gegen die Gesellschaft und ist dies als kapitalersetzendes Darlehen anzusehen, stellt die hierfür von der Gesellschaft gewährte Sicherheit eine mittelbare Benachteiligung dar. Bei § 135 InsO genügt es nämlich, wenn die gegen Gewährung einer Sicherheit gewährte Leistung des Gesellschafters für die Masse wirtschaftlich ungünstiger ist als die Zuführung eines entsprechenden Betrages an Eigenkapital (*BGH* ZIP 1996, 1830 [1831]).

VI. Rechtshandlungen, die sich auf fremdes Vermögen beziehen

Rechtshandlungen die sich auf fremdes Vermögen beziehen, unterliegen grundsätzlich **44** nicht der Anfechtung. So liegt keine Gläubigerbenachteiligung in der Herausgabe einer Sache, die hätte ausgesondert werden können (*BAG* 20, 11 [15]). Dies gilt insbesondere bei Treugut (RGZ 84, 217; 91, 16; 127, 345; 133, 87; BGHZ 11, 37; *BGH* WM 1959, 686f.). Der vor Verfahrenseröffnung erzielte Erlös, tritt an die Stelle des Treuguts (§§ 48 Satz 2, 55 Nr. 3 InsO). Verschenkt etwa der Schuldner den Erlös, tritt folglich damit keine Verringerung der Aktivmasse ein (so noch die Rechtslage nach der KO; vgl. *Kuhn/Uhlenbruck* KO, § 29 Rz. 27). Die Schenkung ist jedoch trotzdem nach § 134 InsO anfechtbar, da mit ihr der Treugeber einen Schadenersatzanspruch in Höhe des Erlöses als Insolvenzforderung erwirbt und hierdurch die Passivmasse zum Nachteil der übrigen Gläubiger vergrößert wird. Anders liegt es jedoch, wenn der Treugeber den Erlös von dem Schuldner erhält (anders zur KO: RGZ 94, 307). Auch die Abführung der von dem Verkaufskommissionär bereits eingezogenen Gegenleistung an den Kommittenten unterliegt insoweit der Anfechtung.

Veräußert der Schuldner eine unter Eigentumsvorbehalt erworbene Sache, ist dies **45** anfechtbar, wenn der Wert der Sache größer war, als der noch offene Kaufpreisrest (*Jaeger/Henckel* KO, § 29 Rz. 132). Hier hätte nämlich das Anwartschaftsrecht des Schuldners für die Masse einen Wert gehabt (RGZ 67, 20 [21]). Hat der Schuldner auf die Sache noch nichts gezahlt, liegt eine Benachteiligung auch dann nicht vor, wenn die Sache wertvoller ist als der zu zahlende Kaufpreis (*Kuhn/Uhlenbruck* KO, § 29 Rz. 27; a. A. *Jaeger/Henckel* KO, § 29 Rz. 132). Daß der Insolvenzverwalter hier das Wahlrecht nach §§ 103, 107 Abs. 2 InsO hätte ausüben können, muß als hypothetische Begünstigung außer Betracht bleiben (vgl. *OLG Hamm* ZIP 1988, 588). Der Pfändung einer vom Schuldner zur Sicherheit abgetretenen Forderung kann nicht mit der Anfechtung, sondern nur mit der Drittwiderspruchsklage entgegnet werden (*LG Berlin* KTS 1989, 205).

VII. Maßgebender Zeitpunkt

46 Maßgebender Zeitpunkt für die Beurteilung der **mittelbaren Gläubigerbenachteiligung** ist der Zeitpunkt der letzten mündlichen Verhandlung, auf die in der letzten Tatsacheninstanz das Urteil ergeht (RGZ 150, 42 [45]; *BGH* ZIP 1993, 271 [274]). Ist sie in diesem Zeitpunkt nicht vorhanden, etwa durch Beseitigung des nachteiligen Erfolges, kann die Anfechtung nicht mehr durchdringen (RGZ 14, 313; *OLG Hamburg* ZIP 1984, 1373 [1377]). Wertsteigerungen, etwa durch den Wegfall vorrangiger Sicherungsrechte Dritter, sind zu berücksichtigen, wenn sie bis dahin eingetreten sind (*BGH* ZIP 1993, 271 [274]; ZIP 1996, 1907 [1908]). Bei **unmittelbarer Gläubigerbenachteiligung** sind der Rechtshandlung nachfolgende Ereignisse unerheblich, so daß hier der Zeitpunkt entscheidend ist, in dem die Rechtshandlung i. S. v. § 140 InsO als vorgenommen gilt (vgl. *BGH* ZIP 1995, 134 [135]). Unerheblich ist es deshalb, wenn der Schuldner ein Grundstück nach dem Antrag auf Eintragung (§ 140 Abs. 2 InsO), aber vor der Eintragung des Eigentumswechsels wertausschöpfend dinglich belastet (*BGH* ZIP 1995, 134 [137]). Werden Kausal- und Erfüllungsgeschäft als Einheit angefochten (vgl. Rz. 34), kommt es hierfür grundsätzlich auf den Zeitpunkt der Vornahme der Erfüllungshandlung an (*BGH* ZIP 1995, 1021, [1023]; *Kuhn/Uhlenbruck* KO, § 29 Rz. 23; a. A. *Jaeger/Henckel* KO, § 29 Rz. 71). Sinkt der Wert der zuvor vom Anfechtungsgegner erbrachten Gegenleistung, ist dies nur insoweit erheblich, als der Schuldner für die nachträgliche Störung des Vertragsgleichgewichts eine Anpassung hätte verlangen können (*BGH* a. a. O.). Bei einer aufschiebend bedingten Verfügung wird nach § 140 Abs. 3 InsO die Vermögensänderung bereits mit der Vornahme, nicht erst mit Eintritt der Bedingung bewirkt (vgl. RGZ 67, 430).

VIII. Beweislast für die Benachteiligung

47 Der Beweis der Gläubigerbenachteiligung, und wo gefordert der Unmittelbarkeit, obliegt dem Insolvenzverwalter (BGHZ 58, 20 [22]; *BGH* ZIP 1995, 1021 [1024]). Kommt es auf die Werthaltigkeit des Gegenstandes an, genügt es, wenn er darlegt und notfalls beweist, daß eine der Masse günstige Verwertung nicht aussichtslos erscheint (vgl. *BGH* ZIP 1996, 1907). Der Anfechtungsgegner trägt die Beweislast dafür, daß trotz Eröffnung des Verfahrens die Masse zur Befriedigung aller Gläubiger ausgereicht hätte (*BGH* ZIP 1997, 853 [854]; *Jaeger/Henckel* KO, § 29 Rz. 181; abschwächend BGH ZIP 1993, 271 [273]: bei Verfahrenseröffnung wegen Zahlungsunfähigkeit nur Anscheinsbeweis für Benachteiligung). Hat der Anfechtungsgegner eine Vergütung für Leistungen erhalten, die grundsätzlich unentgeltlich erbracht werden sollten, trägt er die Beweislast dafür, daß er überobligationsmäßige Leistungen erbracht hat (*BGH* ZIP 1995, 297 [301]).

J. Ausschluß der Anfechtung

48 Ist die **Rechtshandlung unwirksam**, kommt eine Anfechtung i. d. R. nicht in Betracht, da sie dann keine rechtlichen Wirkungen auslöst, die mit Hilfe des Rückgewähranspruches nach § 143 InsO rückgängig gemacht werden müßten (*BGH* ZIP 1994, 40 [42]; *Jaeger/Henckel* KO, § 29 Rz. 199 ff.). Die Unwirksamkeit kann etwa aus dem Verstoß gegen ein gesetzliches Verbot (§ 134 BGB), aus der Sittenwidrigkeit (§ 138 BGB) oder aus der Geschäftsunfähigkeit (§§ 105, 106 ff. BGB) folgen. Die Anfechtung ist jedoch zulässig, wenn die Rechtshandlung darüber hinaus eine gläubigerbenachteiligende Wirkung tatsächlicher Art entfaltet, wie etwa eine Besitzveränderung (*Kilger/Karsten Schmidt* KO, § 29 Anm. 6). Allgemein können auch Geschäftsunfähige Realakte vornehmen, so daß diese stets angefochten werden können. Dasselbe gilt auch für Prozeßhandlungen, sofern diese, wie etwa der Antrag auf Pfändung, Rechtswirkungen auslösen (*Jaeger/Henckel* KO, § 29 Rz. 4).

Der Konkursverwalter kann im Prozeß jedoch **sowohl die Nichtigkeit als auch die** 49 **Anfechtbarkeit** einwenden (vgl. *Jaeger/Henckel* KO, § 29 Rz. 217). Steht fest, daß er mit der einen oder anderen Einwendung auf jeden Fall durchdringt, so kann der Richter bei Behandlung der Anfechtungseinrede die Wirksamkeit des besagten Rechtsgeschäfts unterstellen, wenn dies auf das Ergebnis des Klageanspruchs keinen Einfluß hat (*BGH* WM 1955, 1219 [1221]; ZIP 1992, 1005 [1007]; ZIP 1993, 521 [522]). Gleiches gilt, wenn der Insolvenzverwalter auf Rückgewähr klagt. Die Wirksamkeit des Geschäfts hat etwa dann Einfluß auf den Ausgang, wenn sich der Rückgewähranspruch nach den §§ 812 ff. BGB, insbesondere wegen §§ 814, 817, 818 Abs. 3 BGB, günstiger als derjenige nach § 143 InsO für den Anfechtungsgegner gestalten würde. Eine unterschiedliche Behandlung ist in diesem Fall jedoch nicht gerechtfertigt, so daß der Insolvenzverwalter sich auf hier die zumindest entsprechend anwendbaren Anfechtungsregeln stützen kann (vgl. *Jaeger/Henckel* KO, § 30 Rz. 204).

Dies gilt insbesondere bei **Scheingeschäften**, da hier unter Umständen die formale 50 Rechtslage, etwa durch Eintragung eines Scheinerwerbs im Grundbuch oder durch Besitzübergabe (*RG* JW 1911, 67), geändert wird und damit zu Erschwerungen oder Gefährdungen des Gläubigerzugriffs führen kann (*BGH* ZIP 1996, 1516 [1518]). Ist der Anfechtungsgegner ebenfalls insolvent, empfiehlt es sich jedoch, den Beweis für die Unwirksamkeit des Geschäfts zu erbringen, da dann ein Aussonderungsrecht nach § 47 InsO besteht.

Nicht anfechtbar sind ferner die **Ausschlagung einer Erbschaft** oder eines Vermächt- 51 nisses, der Verzicht auf gesetzliche Erb- oder Pflichtteilsrechte vor Eintritt der Voraussetzungen nach § 852 ZPO, das Unterlassen der Geltendmachung eines Pflichtteilsanspruchs i. S. v. § 852 ZPO (*BGH* ZIP 1997, 1302), die Rücknahme oder das Unterlassen des Verlangens nach vorzeitigem Erbausgleich vor der notariellen Beurkundung gemäß § 1934 d Abs. 4 BGB, die Annahme einer überschuldeten Erbschaft oder eines überbeschwerten Vermächtnisses oder die Ablehnung oder Nichtablehnung der fortgesetzten Gütergemeinschaft (vgl. § 83 Abs. 1 InsO; *Jaeger/Henckel* KO, § 29 Rz. 59).

Unanfechtbar sind weiterhin reine **Personenstandsänderungen**, wie Eheschließung, 52 Annahme an Kindes statt, Wohnsitzwechsel und die sich daraus ergebenden unselbständigen Folgen auch auf vermögensrechtlichem Gebiet, etwa Unterhaltspflichten (*Kilger/ Karsten Schmidt* KO, § 29 Anm. 14). Gleiches gilt für den Verzicht eines Elternteils auf das **Verwaltungs- und Nutznießungsrecht am Kindesvermögen** (*BGH* WM 1964, 505 [507]); die **unterlassene Verwertung der Arbeitskraft** auch durch Aufgabe einer beruflichen Tätigkeit (RGZ 70, 226 [230]; *BGH* WM 1964, 114 [116]); den Verzicht hinsichtlich des Verwaltungs- und Nutznießungsrechts nach § **14 HöfeO** (*BGH* WM 1964, 505); den **Verzicht auf ein Patent**, da derjenige, der die Erfindung daraufhin nutzt, seinen Vermögensvorteil nicht aus dem Vermögen des Schuldners erlangt (*OLG Düssel-*

dorf JZ 1952, 752; *LG Düsseldorf* GRUR 1953, 165), die **Dereliktion** nach § 959 BGB, da hierauf die Sache herrenlos wird und Aneignung nach § 958 BGB nicht mehr die Masse schmälert (*Jaeger/Henckel* KO, § 29 Rz. 16; Ausnahme: Kollusion); die Verfügung über eine **Wirtschaftskonzession** (*RG* LZ 1912, 661; *OLG Celle* DJZ 1908, 1352); der Aufgabe einer Transportgenehmigung für eine Spedition.

§ 130
Kongruente Deckung → §§ 30, 33 KO

(1) Anfechtbar ist eine Rechtshandlung, die einem Insolvenzgläubiger eine Sicherung oder Befriedigung gewährt oder ermöglicht hat,
1. wenn sie in den letzten drei Monaten vor dem Antrag auf Eröffnung des Insolvenzverfahrens vorgenommen worden ist, wenn zur Zeit der Handlung der Schuldner zahlungsunfähig war und wenn der Gläubiger zu dieser Zeit die Zahlungsunfähigkeit kannte oder
2. wenn sie nach dem Eröffnungsantrag vorgenommen worden ist und wenn der Gläubiger zur Zeit der Handlung die Zahlungsunfähigkeit oder den Eröffnungsantrag kannte.
(2) Der Kenntnis der Zahlungsunfähigkeit oder des Eröffnungsantrags steht die Kenntnis von Umständen gleich, die zwingend auf die Zahlungsunfähigkeit oder den Eröffnungsantrag schließen lassen.
(3) Gegenüber einer Person, die dem Schuldner zur Zeit der Handlung nahestand (§ 138), wird vermutet, daß sie die Zahlungsunfähigkeit oder den Eröffnungsantrag kannte.

Inhaltsübersicht:

	Rz.
A. Allgemeines	1– 5
B. Insolvenzgläubiger	6–10
C. Rechtshandlungen	11–12
D. Deckung durch mittelbare Zuwendungen	13–23
I. Anweisung	14–20
II. Lastschrift	21
III. Vertrag zugunsten Dritter	22
IV. Schuldübernahme	23
E. Kongruente Deckung	24–33
I. Aufrechnung	25–29
II. Sicherheiten	30–32
III. Andere kongruente Deckungen	33
F. Kenntnis des Anfechtungsgegners	34–56
I. Allgemeines	34–35
II. Kenntnis der Zahlungsunfähigkeit	36–46
III. Kenntnis des Eröffnungsantrages	47
IV. Zurechnung der Kenntnis	48–56
G. Beweislast	57

§ 130

Literatur:

Burger/Schellberg Die Auslösetatbestände im neuen Insolvenzrecht, BB 1995, 261; *Canaris* in FS Einhundert Jahre Konkursordnung, 1977; *ders.* Zur Anfechtbarkeit bei Abbuchungsaufträgen mittels Lastschrift im Konkurs des Schuldners, ZIP 1980, 516; *ders.* Die Auswirkungen von Verfügungsverboten vor Konkurs- und Vergleichseröffnung im Girovertragsrecht, ZIP 1986, 1225 ff.; *Ganter* Rechtsprechung des BGH zum Kreditsicherungsrecht – Teil II – WM 1998, 2081 ff.; *Gerhardt* Gereimtes und Ungereimtes im Anfechtungsrecht der neuen Insolvenzordnung, in FS für Brandner, 1996, 605 ff.; *Häsemeyer* Die Gleichbehandlung der Konkursgläubiger, KTS 1982, 507; *Henckel* Aufrechnung in der Insolvenz, FS für Lüke, 1997, 237 ff.; *Jäger* Die Zahlungsunfähigkeit im neuen Insolvenzrecht, BB 1997, 1575; *Paulus* Zum Verhältnis von Aufrechnung und Insolvenzanfechtung ZIP 1997, 569 ff.; *Scholz* Konkursrechtliche Anfechtbarkeit einer in Erfüllung eines inhaltlich unbestimmten Anspruchs gewährten Sicherung, NJW 1961, 2006 f.; *Tintelnot* Gläubigeranfechtung kraft Wissenszurechnung – insbesondere zu Lasten Minderjähriger, JZ 1987, 795; *Wittig* Financial Covenants im inländischen Kreditgeschäft, WM 1996, 1381 ff.

A. Allgemeines

Die Vorschrift regelt im Anschluß an § 30 Nr. 1 Fall 2 KO (vgl. auch § 10 Abs. 1 Nr. 4 GesO) die Anfechtbarkeit einer dem Gläubiger gebührenden (kongruenten) Sicherung oder Befriedigung (Deckung). Anfechtbar ist nach § 130 InsO eine kongruente Deckung, die einem Insolvenzgläubiger innerhalb eines Zeitraums von 3 Monaten vor (Nr. 1) oder nach (Nr. 2) dem Eröffnungsantrag gewährt wurde, wenn dieser zum Zeitpunkt der Vornahme der Rechtshandlung (§ 140 InsO) von der Zahlungsunfähigkeit oder dem Eröffnungsantrag wußte. Die Vorschrift erweitert gegenüber der KO die Gruppe der Gläubiger, die einer Anfechtung ausgesetzt werden können. Erfaßt werden mit dem Begriff »Insolvenzgläubiger« auch die nachrangigen Gläubiger (§ 39 InsO). Dabei handelt es sich insbesondere um solche Gläubiger, die nach § 63 KO bisher vom Verfahren und damit von der Deckungsanfechtung ausgeschlossen waren. Abweichend von § 30 KO stellt die Vorschrift nicht mehr auf die Zahlungseinstellung, sondern auf die Zahlungsunfähigkeit ab. Dabei wird gegenüber der KO der Nachweis der subjektiven Voraussetzungen insoweit erleichtert, als gegenüber nahestehenden Personen (§ 138 InsO) die Kenntnis der Zahlungsunfähigkeit oder des Eröffnungsantrages vermutet wird. Weiterhin sind jetzt nicht nur Rechtshandlungen anfechtbar, die eine Deckung unmittelbar herbeigeführt haben, sondern auch solche, die eine Deckung nur ermöglicht haben. Dabei ist vor allem an Prozeßhandlungen gedacht, etwa Anerkenntnis oder Vergleich, die selbst zwar keine Deckung gewähren, jedoch zu einer solchen führen können (Begr. RegE BT-Drucks. 12/2443, S. 157). **1**

Wie die §§ 131, 132 InsO gehört auch § 130 InsO zur **besonderen Insolvenzanfechtung**, die deshalb so genannt wird, weil ihre Tatbestände allein im Insolvenzverfahren, nicht aber bei der Anfechtung nach dem AnfG vorgesehen sind. Die besondere Insolvenzanfechtung beruht auf dem Gedanken, daß schon vor Eröffnung des Insolvenzverfahrens mit der Zahlungsunfähigkeit, dem Eröffnungsantrag oder innerhalb eines bestimmten Zeitraums vor Verfahrenseröffnung (§ 131 InsO) das Vermögen des Schuldners der Allgemeinheit der Gläubiger verfangen ist (vgl. BGHZ 58, 240 [243]; *Häsemeyer* KTS 1982, 507 [526 f.]). Ein Gläubiger, der eine vertraglich geschuldete Leistung erhalten hat, darf zwar grundsätzlich darauf vertrauen, daß er die ihm zustehende Leistung behalten darf. Im Interesse der Gleichbehandlung aller Gläubiger im Insolvenzverfahren verdient dieses Vertrauen jedoch dann keinen Schutz, wenn er wußte, daß die Krise eingetreten ist (vgl. Begr. RegE BT-Drucks. 12/2443, S. 158). **2**

§ 130   *Wirkungen der Eröffnung des Insolvenzverfahrens*

3 Die Vorschrift ist im Zusammenhang mit der Anfechtung inkongruenter Deckungen nach § 131 InsO zu sehen. Fraglich ist, ob aus einem Umkehrschluß zu § 131 InsO und aus der Überschrift der Vorschrift der Schluß gezogen werden kann, daß nur kongruente Deckungen erfaßt werden (so *Kuhn/Uhlenbruck* KO, § 30 Rz. 42). Hiergegen läßt sich anführen, daß vom Text eine solche Einschränkung nicht gedeckt wird und die Überlegung, daß eine inkongruente Deckung erst recht als kongruente anfechtbar sein muß. Bei einer **Deckungshandlung, die sowohl § 130 als auch § 131 InsO erfüllen würde**, muß deshalb nicht geprüft werden, ob eine kongruente oder inkongruente Deckung vorliegt (vgl. *Jaeger/Henckel* KO, § 30 Rz. 9).

4 Auch die Anfechtung kongruenter Deckungen setzt eine **Gläubigerbenachteiligung** (vgl. hierzu § 129 Rz. 36 ff.) voraus. Ausreichend ist eine mittelbare Gläubigerbenachteiligung. Eine Benachteiligung ist etwa dann nicht gegeben, wenn und soweit sich die Vorausabtretung auf das mit dem Vorbehaltseigentum Erlangte beschränkt (*BGH* KTS 1975, 296) oder sich der Gläubiger in dem Umfange aus Gegenständen der Masse befriedigt, wie ihm daran ein unanfechtbar erlangtes Absonderungsrecht zustand (*BGH* ZIP 1991, 1014 [1017]). Trotz mittelbarer Benachteiligung ist die Anfechtung jedoch ausgeschlossen, wenn für die Deckung unmittelbar eine gleichwertige Gegenleistung in das Vermögen des Schuldners gelangt ist (**Bargeschäft**, § 142 InsO).

5 Die Deckungsanfechtung von **Wechsel- und Scheckzahlungen** des Insolvenzschuldners ist **nach § 137 InsO ausgeschlossen**, wenn durch die Verweigerung der Zahlungsannahme der Wechsel- oder Scheckinhaber Regreßansprüche verloren hätte.

B. Insolvenzgläubiger

6 Bei der erfüllten oder gesicherten Forderung muß es sich um eine Insolvenzforderung handeln. Neben den Insolvenzgläubigern nach § 38 InsO sind – anders als nach KO – auch nachrangige Gläubiger der Anfechtung ausgesetzt, da diese nach § 39 InsO ebenfalls am Insolvenzverfahren teilnehmen (vgl. zur KO *Jaeger/Henckel* KO, § 30 Rz. 139). Anfechtbar sind auch Deckungshandlungen gegenüber Gläubigern unvollkommener oder verjährter Forderungen. Gewährt der Schuldner dem Gläubiger eines Dritten eine Sicherung oder Befriedigung kommt nur eine Deckungsanfechtung gegenüber dem Dritten, nicht aber gegenüber dessen Gläubiger in Betracht (*Jaeger/Henckel* KO, § 30 Rz. 103, 148). Tilgt der Schuldner eine Schuld, für die ein anderer eine Sicherheit bestellt hat, ist auch eine Anfechtung gegenüber dem Sicherungsgeber möglich, da dieser mit seinem durch die Tilgung ebenfalls erloschenen Befreiungsanspruch Insolvenzgläubiger gewesen wäre (vgl. *Jaeger/Henckel* KO, § 30 Rz. 124). Auch ein Insolvenzgläubiger, der **aufgrund des Anfechtungsanspruchs nach § 11 AnfG** Sicherung oder Befriedigung erlangt hat, ist der Anfechtung nach § 130 InsO ausgesetzt (§ 16 Abs. 2 AnfG).

7 Die Deckung von **Aussonderungsrechten oder Ersatzaussonderungsansprüchen** (§§ 47, 48 InsO) ist nicht nach §§ 130, 131 InsO anfechtbar. Der Rückgabe einer Sache an den Vermieter, Verleiher oder etwa Verpfänder (vgl. *OLG Hamburg* OLGZ 32, 374) derselben, unterliegt deshalb nicht der Deckungsanfechtung. Gleiches gilt wegen § 392 Abs. 2 HGB, wenn der Kommissionär Forderungen aus dem Ausführungsgeschäft an den Kommittenten abtritt. Hat der Schuldner als Nichtberechtigter wirksam nach den §§ 932 ff. BGB über die Sache verfügt und gelangt diese, etwa aufgrund Wandlung, an ihn zurück, stellt der **Rückerwerb des Eigentums** durch den ehemaligen Eigentümer, sei es ipso iure oder durch Rechtsgeschäft des Schuldners, eine anfechtbare Rechtshand-

§ 130

Kongruente Deckung

8 Die Deckung unanfechtbarer **Absonderungsrechte** ist mangels Gläubigerbenachteiligung ebenfalls nicht anfechtbar (a. A. *OLG Frankfurt* MDR 1968, 675). Unerheblich ist es dabei, ob die Deckung durch Zwangsmittel (RGZ 17, 26; RG JW 1912, 250; RGZ 126, 304) oder durch freiwillige Leistung des Schuldners (RG JW 1902, 273; RGZ 90, 69 [71 f.]) erfolgt. Ebenso ist es nicht entscheidend, ob die Zahlung auf das Absonderungsrecht oder die persönliche Schuld erfolgt (*Jaeger/Henckel* KO, § 30 Rz. 132). Anfechtbar ist die Deckung nur insoweit, als sie den Wert des Absonderungsrechts übersteigt. Unanfechtbar ist etwa beim Scheckinkasso die Verrechnung des Erlöses, wenn die Bank das beim Insolvenzverwalter nach § 55 Abs. 1 Nr. 2 InsO Masseverbindlichkeit gewesen wären. Wählt der Insolvenzverwalter hierfür das von ihm empfangene Baugeld verwendet (*KG* KGBl. 1912, 9; *Kuhn/Uhlenbruck* KO, § 30 Rz. 39). Weise erworben hat (*BGH* ZIP 1992, 778 [780]; *OLG Köln* ZIP 1995, 1684 [1685]). Die **Deckung einer von einem vorläufigen Insolvenzverwalter begründeten Verbindlichkeit** ist nicht anfechtbar, da diese nach Verfahrenseröffnung gemäß § 55 Abs. 2 InsO als **Masseverbindlichkeit** gegolten hätte. Gleiches gilt für eine Vorauszahlung des Schuldners, die sich auf die Zeit nach Verfahrenseröffnung bezog und eine Verbindlichkeit deckte, die nach § 55 Abs. 1 Nr. 2 InsO Masseverbindlichkeit gewesen wären (*Jaeger/Henckel* KO, § 30 Rz. 136). Die **Deckung für Baugläubiger** ist wegen § 1 des Gesetzes über die Sicherung von Bauforderungen vom 01.06.1909 (RGBl. 449) gleichfalls nicht anfechtbar, wenn der Schuldner hierfür das von ihm empfangene Baugeld verwendet (*KG* KGBl. 1912, 9; *Kuhn/Uhlenbruck* KO, § 30 Rz. 39).

9 **Schuldner erbrachte Teilleistung** ebenfalls nach §§ 130, 131 InsO anfechtbar, wenn der Anfechtungsgegner einen der Teilleistung des Schuldners entsprechenden Teil der Gegenleistung vor Verfahrenseröffnung an den Schuldner geleistet hat (vgl. § 105 Satz 1 InsO; *Jaeger/Henckel* KO, § 30 Rz. 136). Die **Deckung für Baugläubiger** ist wegen § 1 des Gesetzes über die Sicherung von Bauforderungen vom 01.06.1909 (RGBl. 449) gleichfalls nicht anfechtbar, wenn der Schuldner hierfür das von ihm empfangene Baugeld verwendet (*KG* KGBl. 1912, 9; *Kuhn/Uhlenbruck* KO, § 30 Rz. 39).

10 **Tilgt oder sichert der Schuldner eine fremde Verbindlichkeit**, so liegt regelmäßig keine Deckung einer Insolvenzforderung vor (*Jaeger/Henckel* KO, § 30 Rz. 125; a. A. *Kuhn/Uhlenbruck* KO, § 30 Rz. 40). Eine Deckungsanfechtung kommt nur in Betracht, wenn der Gläubiger einen auf Deckung gerichteten Anspruch, etwa aus Bürgschaft gegen den Schuldner hatte. Bestellt der Schuldner für die Hauptforderung einer von ihm übernommenen Bürgschaft eine Hypothek, ist die Befriedigung aus dem Grundstück gegenüber dem Gläubiger der Hauptforderung nach §§ 130, 131 InsO anfechtbar, da dieser sich mit der Verwertung auch Deckung für den Bürgschaftsanspruch verschafft hat (*Jaeger/Henckel* KO, § 30 Rz. 125; i. Erg. RGZ 152, 321). Hat die Masse einen realisierbaren Befreiungs- bzw. Rückgriffsanspruch, scheidet eine Anfechtung jedoch mangels Gläubigerbenachteiligung aus.

C. Rechtshandlungen

11 Für die Anfechtung nach den §§ 130, 131 InsO bedarf es keines Rechtsgeschäfts. Anfechtbar sind vielmehr alle Rechtshandlungen, die zu einer Deckung geführt oder diese ermöglicht haben, unabhängig davon, ob sie von dem Schuldner, dem Gläubiger oder einem Dritten vorgenommen worden sind (vgl. *BGH* WM 1965, 94; BAG ZIP 1998, 33 [36]). Unerheblich ist es insbesondere, ob die Rechtshandlung unter der Mitwirkung oder gar gegen dessen Willen vorgenommen wurde. Somit sind auch Deckungen, die durch einen Zwangszugriff erlangt wurden oder die Begründung einer Aufrechnungslage ohne Zutun des Schuldners grundsätzlich nach §§ 130, 131 InsO anfechtbar.

12 **Befriedigung** ist jede Erfüllung eines materiell-rechtlichen Anspruchs. Die Befriedigung kann auch durch Erfüllungssurrogate erfolgen, stellt jedoch im Regelfall eine inkongruente Deckung dar, sofern nicht bei Vertragsschluß mehrere Erfüllungsmöglichkeiten vereinbart wurden. **Sicherung** ist jede Einräumung einer Rechtsposition, welche den Leistungsanspruch unter Garantie fortbestehen läßt und damit seine Durchsetzung erleichtert (*Baur/Stürner* Insolvenzrecht, Rz. 19.35). Keine Sicherung ist die Vormerkung, da sie nur dem Schutz des Gläubigers vor nachteiligen Verfügungen des Schuldners dient (BGHZ 34, 254 [258]). Rechtshandlungen, die eine Sicherung begründen, sind nicht nur Sicherungsverträge, sondern etwa auch das Einbringen von Sachen des Mieters in Mieträume (§ 559 BGB), die Begründung des Besitzes, die ein kaufmännisches Zurückbehaltungsrecht entstehen läßt (§ 369 HGB) oder auch die Hinterlegung (§ 233 BGB).

D. Deckung durch mittelbare Zuwendungen

13 Unter die §§ 130, 131 InsO fallen insbesondere auch Deckungen, die mittels einer dritten Person bewirkt wurden. **Mittelbare Zuwendungen** erfolgen etwa aufgrund von Anweisungen, Zahlungsaufträgen, und Verträgen zugunsten Dritter. So etwa, wenn der Schuldner auf Veranlassung eines Gläubigers eine Forderung an dessen Gläubiger abtritt (*RG* JW 1900, 624; *Kuhn/Uhlenbruck* KO, § 30 Rz. 34).

I. Anweisung

14 Der Begriff der Anweisung ist hier nicht im engen Sinne der §§ 783 ff. BGB zu verstehen, sondern umfaßt auch die praktisch wichtigen Sonderformen der Anweisung, wie etwa Scheck und Wechsel. Aus Gründen der Übersichtlichkeit werden die Anfechtung auf Widerrufsrecht nach § 790 BGB oder die Forderung gegen den Angewiesenen nicht geltend zu machen (*Jaeger/Henckel* KO, § 30 Rz. 142). Nicht anfechtbar ist auch die **Annahme der Anweisung vor Begebung** (*Jaeger/Henckel* KO, § 30 Rz. 153). Zu einer Benachteiligung kommt es erst, wenn **die angenommene Anweisung angenommen** hat. Dann kann nämlich der Schuldner seine Forderung aus dem Deckungsverhältnis nicht mehr gegen den Angewiesenen geltend machen. Der Einlösung kommt nach vorheriger Annahme keine Bedeutung mehr als anfechtbare Rechtshandlung zu. Sie ist deshalb nicht anfechtbar, wenn die vorherige Annahme bzw.

Kongruente Deckung § 130

Begebung anfechtungsfrei erfolgt ist (*Heile* a.a.O., S. 82, *Jaeger/Henckel* KO, § 30 Rz. 157, 166; vgl. auch *BGH* WM 1974, 570). Anders ist es, wenn die **Einlösung ohne vorheriges Akzept** erfolgt. Die Benachteiligung liegt dann bei der Anweisung auf Schuld in der Schuldbefreiung nach § 787 Abs. 1 BGB.

Bei der Anweisung auf Schuld scheidet eine Deckungsanfechtung **gegenüber dem Angewiesenen** aus, da die Tilgung einer Forderung des Schuldners nicht deswegen anfechtbar sein kann, weil der Gegenwert der Forderung dem Schuldner in Gestalt der Erfüllung seiner Verbindlichkeit gegenüber dem Empfänger zugeführt wird (i. Erg. *Jaeger/Henckel* KO, § 30 Rz. 146). Erfolgt die Anweisung auf Kredit, kann die Deckung der Forderung des Angewiesenen durch den Schuldner anfechtbar sein. Dabei ist der Angewiesene auch dann der Deckungsanfechtung ausgesetzt, wenn er als Gefälligkeitsakzeptant vom Schuldner Vorschuß erhält (*Jaeger/Henckel* KO, § 30 Rz. 163; a. A. RGZ 35, 26 [27]). Der Aufwendungsersatzanspruch als solcher stellt keine Benachteiligung dar, da zugleich die Forderung des Anweisungsempfängers erlischt und somit nur eine Verbindlichkeitsauswechslung vorliegt (vgl. RGZ 48, 148 [151]). Demgegenüber ist eine Deckungsanfechtung **gegenüber dem Empfänger der Leistung** regelmäßig möglich, da auch im Fall mittelbarer Zuwendung das haftende Vermögen des Schuldners verkürzt wird (vgl. *Heile* a. a. O., S. 75 ff.; *Jaeger/Henckel* KO, § 30 Rz. 149). Wird die **Anweisung an einen anderen übertragen**, kommt eine Anfechtung ihm gegenüber in Betracht, wenn der Anweisungsempfänger anfechtbar erworben hat und eine Rechtsnachfolge nach § 145 InsO vorliegt. 16

Die Ausstellung eines Wechsel oder eines Schecks begründet die Haftung des Ausstellers nach Art. 9 WG bzw. Art. 12 ScheckG und stellt deshalb bereits vor Akzept des Bezogenen bzw. auch ohne Einlösungsverpflichtung der Bank eine Gläubigerbenachteiligung dar. Die Benachteiligung ist in der durch die zusätzliche Belastung liegenden Haftungsverschärfung und der dem Nehmer günstigeren Beweislastverteilung zu sehen (*Jaeger/Henckel* KO, § 30 Rz. 143). Ist der Wechsel **auch akzeptiert** oder der **Scheck garantiert**, liegt ein zusätzlicher Nachteil darin, daß der Schuldner seine im Deckungsverhältnis begründete Forderung nicht mehr durchsetzen kann. Der nachfolgenden Zahlung kommt dann keine anfechtungsrechtliche Bedeutung zu (*Jaeger/Henckel* KO, § 30 Rz. 157, 158, 166). Wird der **Wechsel indossiert**, kommt eine Anfechtung gegenüber dem Erwerber in Betracht, wenn der Remittent anfechtbar erworben hat und eine Rechtsnachfolge nach § 145 InsO vorliegt. 17

Die Erteilung des **Überweisungsauftrags** begründet als solche noch keine Gläubigerbenachteiligung, da sie regelmäßig bis zur Gutschrift widerrufen werden kann. Die Lastschrift der Bank auf dem Konto des Überweisenden zur Deckung des mit Hereinnahme des Auftrags entstehenden Vorschußanspruchs ist **gegenüber der Bank** regelmäßig nicht nach §§ 130, 131 InsO anfechtbar. So etwa bei Überweisung zu Lasten eines Kontos des Schuldners, das ein entsprechendes Guthaben ausweist, da hier die Bank nicht schlechter behandelt werden kann, als wenn sie das Guthaben an den Schuldner ausgezahlt hätte und dieser seinen Gläubiger bar befriedigt hätte (i. Erg. *Jaeger/Henckel* KO, § 30 Rz. 146). Bei der Banküberweisung aus debitorischem Konto kommt eine Anfechtung in Betracht, wenn der Schuldner der Bank anfechtbar Deckung verschafft. Dies ist jedenfalls dann nicht der Fall, wenn die Bank den Überweisungsauftrag nur deshalb ausführt, weil sie in unmittelbarem Zusammenhang Deckung für ihren Anspruch auf Vorschuß erhält (vgl. § 142 InsO; *RG* LZ 1914, 1043 Nr. 19; RGZ 45, 110 ff.). Eine Anfechtung gegenüber der Bank kommt weiterhin dann in Betracht, wenn sie letztlich den wirtschaftlichen Vorteil aus der Überweisung hat und dies auch bezweckt war. Dies ist etwa der Fall, wenn eine Konzerngesellschaft an eine andere 18

§ 130   *Wirkungen der Eröffnung des Insolvenzverfahrens*

Konzerngesellschaft leistet und damit deren Verbindlichkeiten bei der angewiesenen Bank vermindert (*BGH* ZIP 1998, 793 [801]). Regelmäßig möglich ist aber eine Anfechtung **gegenüber dem Empfänger** der Leistung. Erfolgt die Banküberweisung aus debitorischem Konto, tritt jedoch eine Benachteiligung erst ein, wenn die Bank für ihren Anspruch Deckung erhält. Die Forderung der Bank als solche ist nicht nachteilig für das Vermögen des Schuldners, wenn sie mit dem erloschenen Anspruch des Empfängers gleichwertig ist (RGZ 48, 148 [151]; *Kuhn/Uhlenbruck* KO, § 30 Rz. 34). Maßgeblich für die Anfechtung ist dabei der Zeitpunkt, in dem die Gutschrift auf dem Empfängerkonto vollzogen wird (*Jaeger/Henckel* KO, § 30 Rz. 152; vgl. auch BGHZ 103, 143 ff.).

19 Unabhängig davon ist eine **Anfechtung nach § 133 InsO** sowohl gegenüber dem Angewiesenen als auch gegenüber dem Empfänger der Leistung möglich, wenn diesem bekannt ist, daß der Schuldner mit der Anweisung das Ziel verfolgt, einzelne Gläubiger zu begünstigen oder in sonstiger Weise Geld beiseite zu schaffen (vgl. RGZ 43, 83 ff.; BGHZ 38, 44 [46]; ZIP 1980, 346; *Jaeger/Henckel* KO, § 30 Rz. 147).

20 In der **Insolvenz des Angewiesenen** scheidet eine Deckungsanfechtung der Zahlung oder der Begebung eines von diesem akzeptierten Wechsels gegenüber dem Empfänger aus (*RG* JW 1900, 16; zweifelhaft *OLG Düsseldorf* WM 1985, 1042). Eine Anfechtung ist jedoch gegenüber dem Anweisenden möglich. Dabei stellt die Annahme der Anweisung mit der die Forderung des Anweisungsempfängers entsteht, noch keine Benachteiligung dar, da hiermit auch der Anweisende seine Forderung im Deckungsverhältnis nicht mehr geltend machen kann. Anders ist es nur, wenn die abstrakte Forderung des Empfängers aus Gründen der Beweislastverteilung leichter durchsetzbar ist (*Jaeger/Henckel* KO, § 30 Rz. 170). Hat eine Bank einen Überweisungsauftrag trotz schon überzogenen Kontokorrentkredits ausgeführt, ist neben der Deckungsanfechtung auch eine Anfechtung der hierin liegenden Kreditvereinbarung nach § 132 InsO in Betracht zu ziehen.

II. Lastschrift

21 Der Lastschriftgläubiger erlangt erst mit der Lastschrifteinlösung Deckung für seine Forderung, da die Gutschrift der Gläubigerbank durch Einlösung aufschiebend bedingt ist (*Canaris* ZIP 1980, 516 [517]). Der mit der Einlösung entstehende Erstattungsanspruch der Schuldnerbank belastet das Vermögen des Schuldners, ohne daß es hierfür einer besonderen Buchung bedurfte (*Canaris* ZIP 1980, 516; a. A. *BGH* ZIP 1980, 425 [427]; *Gerhardt/Kreft* Aktuelle Probleme der Insolvenzanfechtung, 166). Die Einlösung ist damit gegenüber dem Lastschriftgläubiger als mittelbare Zuwendung anfechtbar (*Kuhn/Uhlenbruck* KO, § 30 Rz. 34a; *Jaeger/Henckel* KO, § 30 Rz. 148). Verrechnet die Schuldnerbank ihren Erstattungsanspruch Zug um Zug mit einem Guthaben des späteren Insolvenzschuldners, ist dies als Bargeschäft gemäß § 142 InsO der Deckungsanfechtung entzogen (*Obermüller* Insolvenzrecht in der Bankpraxis, Rz. 3.458). Wird der Kontosaldo mit der Einlösung debitorisch, ist die Verrechnung einer späteren Gutschrift mit dem Debet anfechtbar, wenn nicht die Einlösung in Anbetracht der zugesagten Kreditlinie von einer unmittelbar nachfolgenden Gutschrift abhängig war (vgl. Rz. 27).

III. Vertrag zugunsten Dritter

Leistet der aus einem mit dem Schuldner geschlossenen entgeltlichen Vertrag zugunsten Dritter Verpflichtete an den Dritten, ist diese Leistung letzterem gegenüber als mittelbare des Schuldners anfechtbar. Eine Benachteiligung tritt bei Gleichwertigkeit der Forderungen im Valuta- und Deckungsverhältnis jedoch erst ein, wenn der Schuldner seine Verbindlichkeit aus dem Deckungsverhältnis erfüllt (*Jaeger/Henckel* KO, § 30 Rz. 172). Vorher tritt lediglich ein neuer Gläubiger an die Stelle des befriedigten Dritten, ohne daß sich damit die Passivmasse erhöht. Ist das Valutaverhältnis unentgeltlich, ist eine Anfechtung nach § 134 InsO in Betracht zu ziehen. Gegenüber dem Versprechenden kommt eine Anfechtung der Deckung seiner Forderung aus dem Vertrag zugunsten Dritter in Betracht. Die durch ihn bewirkte Befreiung des Schuldners stellt dabei keine gleichwertige Gegenleistung zur Leistung des Schuldners dar, da die Forderung des Dritten schon durch die Krise entwertet ist (*Jaeger/Henckel* KO, § 30 Rz. 173; vgl. auch *RG* JW 1894, 546; RGZ 53, 234 ff.). Ist die von dem Versprechenden erbrachte Leistung nominal der Leistung des Schuldners an ihn gleichwertig, entfällt diese Benachteiligung jedoch, wenn der Insolvenzverwalter gegenüber dem Dritten mit Erfolg anfechten kann (vgl. *Jaeger/Henckel* KO, § 30 Rz. 173, 181).

22

IV. Schuldübernahme

Die Schuldübernahme ist als Sicherung der Forderung eines Gläubigers im i. S. d. §§ 130, 131 InsO anzusehen, so daß in der Insolvenz des Altschuldners auch eine Anfechtung gegenüber dem Gläubiger in Betracht kommt (RGZ 46, 101 ff.). Eine Benachteiligung tritt jedoch erst ein, wenn der Schuldner seine gegenüber der übernommenen Schuld gleichwertige Gegenleistung auf die Forderung des Übernehmers erbracht hat. Die Deckung ist regelmäßig auch dem Übernehmer gegenüber anfechtbar. Die Befreiung des Schuldners von der Verbindlichkeit gegenüber dem Gläubiger stellt keine gleichwertige Gegenleistung dar, da diese durch die Krise bereits entwertet ist (*Jaeger/Henckel* KO, § 30 Rz. 174, 177). Diese Benachteiligung entfällt jedoch im Verhältnis zum Übernehmenden, wenn der Insolvenzverwalter im Wege der Anfechtung gegen den Gläubiger die Forderung selbst oder die schon auf die Forderung erbrachte Leistung erlangen kann (*Jaeger/Henckel* KO, § 30 Rz. 181 f.). Die Leistung des Übernehmers an den Gläubiger begründet keine Anfechtung (*Jaeger/Henckel* KO, § 30 Rz. 178; a. A. *RG* LZ 1910, 474).

23

E. Kongruente Deckung

Wie sich aus einem Umkehrschluß zu § 131 InsO ergibt, soll § 130 InsO solche Befriedigungen und Sicherungen erfassen, auf die der Anfechtungsgegner einen im Zeitpunkt der Vornahme der Rechtshandlung bestehenden und unanfechtbaren Anspruch hatte. Im Prozeß kann es jedoch offenbleiben, ob die Deckung kongruent oder inkongruent ist, da inkongruente Deckungen auch unter den gegenüber § 131 InsO engeren Voraussetzungen des § 130 InsO anfechtbar sind (vgl. Rz. 3).

24

§ 130　　　　*Wirkungen der Eröffnung des Insolvenzverfahrens*

I. Aufrechnung

25　Einen besonders wichtigen Fall für die Anfechtung im Rahmen der §§ 130, 131 InsO stellt die Aufrechnung, etwa in Form des Eingangs von Gutschriften auf dem debitorischen Bankkonto des Schuldners dar. Der für die Anfechtung entscheidende Vorgang liegt dabei nicht in der Aufrechnungserklärung, sondern in der **Begründung der Aufrechnungslage** (*Gerhardt* in FS für Brandner, 1996, 605 [612]; anders noch *BGH* ZIP 1995, 926 [928]). Bei einer in anfechtbarer Weise herbeigeführten Aufrechnungslage bedarf es jedoch keiner besonderen Geltendmachung der Anfechtung nach §§ 143, 146 Abs. 1 InsO. Vielmehr ist die Aufrechnung, wenn das Herbeiführen der Aufrechnungslage einen Anfechtungstatbestand erfüllt, gemäß **§ 96 Nr. 3 InsO von vornherein unzulässig**. Ist die Aufrechnung schon vor Verfahrenseröffnung erklärt worden, wird sie mit dem Eröffnungsbeschluß rückwirkend automatisch unwirksam (*Bork* Insolvenzrecht, Rz. 265; *Jaeurnig* Insolvenzrecht, § 79 IV 2). Die zur KO bestehende Streitfrage, ob eine Aufrechnung trotz der Regelung in § 55 Nr. 3 KO nach § 30 KO angefochten werden kann (so BGHZ 58, 108 [113]; BGHZ 86, 190 [194]; dagegen *Canaris* ZIP 1986, 1225; ausführlich hierzu *Paulus* ZIP 1997, 569 [571]; *Henckel* FS für Lüke, 237 [242]), stellt sich damit nicht mehr. Nach der neuen Rechtslage wird gewissermaßen das Anfechtungsrecht dem Recht der Aufrechnung inkorporiert (*Paulus* ZIP 1997, 569 [576]). Entgegen des Wortlauts ist dabei § 96 Nr. 3 InsO auch für den Fall anzuwenden, daß ein Schuldner des Insolvenzschuldners erst durch die anfechtbare Rechtshandlung zum Insolvenzgläubiger wird (*Bork* Insolvenzrecht, Rz. 266; *Paulus* ZIP 1997, 569 [576]).

26　Eine **anfechtbare Aufrechnungslage ist etwa zu bejahen**, wenn ein Gläubiger in Kenntnis der Zahlungsunfähigkeit oder des Eröffnungsantrages Waren von dem späteren Insolvenzschuldner erwirbt (vgl. *BGH* WM 1971, 908); wenn ein Gläubiger sich einen Vorschuß zur Sicherung entstandener, aber noch nicht fälliger Forderungen geben läßt (*BGH* ZIP 1983, 191). Hat der aus einer Gesellschaft ausgeschlossene spätere Insolvenzschuldner eine Forderung gegen diese wegen Überlassung von Geräten und Personal, ist die mit einer Gegenforderung der Gesellschaft bestehende Aufrechnungslage nicht anfechtbar. Hier fehlt es nämlich an der Gläubigerbenachteiligung, da der Wert der Überlassung als unselbständiger Rechnungsposten in die Auseinandersetzungsrechnung eingegangen wäre (BGHZ 86, 349 [354ff.]; *Jaeger/Henckel* KO, § 30 Rz. 273).

27　Auch die **Verrechnung innerhalb eines Kontokorrents** kann wegen Anfechtbarkeit gemäß § 96 Nr. 3 InsO unzulässig sein. Unerheblich ist, ob die Gutschrift auf einer Einzahlung des Insolvenzschuldners, der Einziehung eines Akkreditivbetrages durch die Bank (*OLG Hamburg* WM 1997, 1773), der Einreichung eines Kundenschecks (*BGH* ZIP 1992, 778; *AG Wetzlar* WM 1986, 1532), der Überweisung eines Dritten oder der Zuwendung im Rahmen eines Lastschriftverfahrens (BGHZ 70, 177) beruht. Dabei hat die Buchung der Gutschrift nur deklaratorische Bedeutung (*BGH* WM 1979, 533). Mangels Benachteiligung scheidet jedoch eine Anfechtung aus, wenn die der Zuwendung des Dritten zugrundeliegende Forderung der Bank anfechtungsfrei abgetreten worden war (*BGH* WM 1997, 1774; *Obermüller* Insolvenzrecht in der Bankpraxis, Rz. 3.97; a. A. *OLG Hamm* ZIP 1982, 1343; *Jaeger/Henckel* KO, § 30 Rz. 272). Gleiches gilt beim Scheckinkasso, wenn die Bank das mit Einreichung des Schecks entstehende Sicherungseigentum unanfechtbar erworben hat (*BGH* ZIP 1992, 778 [780]). Eine anfechtbare Verrechnungslage ist wegen § 142 InsO auch dann zu verneinen, wenn der spätere Insolvenzschuldner über die gutgeschriebenen Beträge nachträglich wieder verfügt und dies unter Berücksichtigung des von der Bank eingeräumten Kreditrahmens nur unter

Kongruente Deckung § 130

Inanspruchnahme der Gutschrift geschehen konnte (BGHZ 70, 177 [184]; *Jaeger/ Henckel* KO, § 30 Rz. 277; *Obermüller* Insolvenzrecht in der Bankpraxis, Rz. 3.9).
Ob es sich bei der **Aufrechnungslage um eine kongruente (§ 130 InsO) oder inkon-** 28
gruente (§ 131 InsO) Deckung handelt, ist jeweils für den Einzelfall zu entscheiden.
Die durch Gutschrift bewirkte Verrechnung ist inkongruent, wenn an diesem Tage keine fällige Forderung aus dem Kontokorrentkredit bestand (*BGH* ZIP 1998, 477 [479]). Hat der Insolvenzschuldner sein Konto ohne ausdrückliche Vereinbarung, oder über den vereinbarten Betrag oder Termin hinaus überzogen, hat die Bank einen Anspruch auf Deckung (*AG Wetzlar* WM 1986, 1532; *Obermüller* Insolvenzrecht in der Bankpraxis, Rz. 3.517). Die Bezeichnung als »Überziehungskredit« steht der Kongruenz dabei nicht entgegen, wenn die Überziehung der vereinbarten Kreditlinie lediglich geduldet war (*BGH* ZIP 1998, 477 [479]). Dies kann selbst dann anzunehmen sein, wenn die Gutschrift auf einem anderem als dem debitorischen Konto erfolgt (*Canaris* in FS Einhundert Jahre KO, S. 74 [81]; *Kuhn/Uhlenbruck* KO, § 30 Rz. 42b; a.A. *Jaeger/ Henckel* KO, § 30 Rz. 274; *Paulus* ZIP 1997, 569 [577]; vgl. auch BGHZ 58, 108 ff.). Diese Annahme ist insbesondere dann geboten, wenn die Parteien vereinbart haben, daß beide Salden zur Feststellung der gegenseitigen Forderungen verrechnet werden (*OLG Düsseldorf* WM 1997, 913 [917]). Eine inkongruente Deckung liegt dann vor, wenn ein Annuitätendarlehen oder ein sonstiger Ratenkredit vor Fälligkeit der Raten zurückgeführt wird (*Obermüller* Insolvenzrecht in der Bankpraxis, Rz. 3.113, 3.518). Verkauft der Insolvenzschuldner seinem Gläubiger eine Sache, ist die damit geschaffene Aufrechnungslage gleichfalls inkongruent (*Jaeger/Henckel* KO, § 30 Rz. 274).
Unabhängig von § 96 Nr. 3 InsO sollte im Einzelfall auch untersucht werden, ob der 29
Vertrag, welcher der jeweiligen Forderung zugrunde liegt, **selbständig nach den §§ 132–134 InsO angefochten** werden kann. Die Gläubigerbenachteiligung, die durch die Begründung einer Aufrechnungslage gegeben ist, reicht dann jedoch nicht für die Anfechtung aus. Diese Gläubigerbenachteiligung wird nämlich schon durch die Unzulässigkeit der Aufrechnung beseitigt (*Jaeger/Henckel* KO, § 30 Rz. 279, 288). Die gilt auch dann, wenn die Parteien das Rechtsgeschäft vorrangig deswegen abgeschlossen haben, um eine Aufrechnungslage zu begründen (a.A. *Jaeger/Henckel* KO, § 30 Rz. 286). Eine Anfechtung des Geschäfts kommt jedoch dann in Betracht, wenn es als Vereinbarung einer Leistung als Erfüllungs Statt auszulegen ist.

II. Sicherheiten

Die Besicherung eines Anspruchs ist grundsätzlich in gleicher Weise anfechtbar, wie die 30
endgültige Befriedigung des Gläubigers. Es handelt sich dabei um eine kongruente Deckung, wenn der Gläubiger aus einer individuellen Vereinbarung oder aus Allgemeinen Geschäftsbedingungen einen hinreichend konkretisierten Anspruch auf die Bestellung dieser Sicherheit hat. Eine Verpflichtung, die sich allgemein auf die Bestellung von Grundschulden richtet, genügt dem nicht. Kongruenz ist hier nur anzunehmen, wenn in der Vereinbarung bestimmt ist, welches Grundstück belastet werden und welchen Rang die Grundschuld erhalten soll. Nicht hinreichend spezifiziert sind auch die Nachbesicherungsansprüche aus Nr. 13 Abs. 3 AGB Banken bzw. Kreditgenossenschaften und Nr. 22 Abs. 1 AGB Sparkassen, die sich auf die Bestellung bankmäßiger Sicherheiten richten (BGHZ 33, 393 [394]; *BGH* WM 1969, 968; *BGH* ZIP 1981, 144; a.A. *Scholz* NJW 1961, 2006). Gleiches gilt für Nachbesicherungsansprüche aus sog. Financial Covenants (*Obermüller* Insolvenzrecht in der Bankpraxis, Rz. 6.103; vgl. auch *Wittig*

WM 1996, 1381). Die im Rahmen einer Mantelzession durch Übersendung einer Zessionsliste vorgenommene Abtretung ist kongruent (*Obermüller* Insolvenzrecht in der Bankpraxis, Rz. 6.188). Wird bei einer Globalzession die Deckungsgrenze von 100 auf 120 % der realisierbaren Werte erhöht, tritt dadurch noch keine Inkongruenz ein (*OLG München* WM 1997, 312 [316]).

31 Erfolgt die Besicherung in unmittelbar zeitlichem Zusammenhang mit der Kreditvereinbarung und überschreitet ihr Wert die Höhe des Kredits nicht wesentlich, handelt es sich um ein der Anfechtung entzogenes **Bargeschäft** nach § 142 InsO (vgl. *BGH* ZIP 1998, 793 [798]).

32 Bringt der Sicherungsnehmer sein unanfechtbar erworbenes Sicherungsgut in einen **Sicherheitenpool** ein, scheidet eine Anfechtung mangels Benachteiligung aus, wenn sich dies lediglich als Wechsel in der Person des Sicherungsnehmers darstellt. Anfechtbar ist der Poolvertrag dann, wenn erst durch ihn das Sicherungsrecht durchsetzbar wird oder durch ihn eine zuvor nicht vollvalutierte Sicherheit mit ungesicherten Forderungen verknüpft wird (*Obermüller* Insolvenzrecht in der Bankpraxis, Rz. 6.135 ff.).

III. Andere kongruente Deckungen

33 Kongruent ist in der **Insolvenz der Bank** trotz Art. 39 Abs. 2 neben der Gutschrift durch Verrechnung, Überweisung oder Ausgleichung auch die Barauszahlung auf einen Verrechnungsscheck. Gleiches gilt umgekehrt kraft Verkehrssitte beim Barscheck auf den eine Gutschrift erfolgt (*Jaeger/Henckel* KO, § 34 Rz. 25).

F. Kenntnis des Anfechtungsgegners

I. Allgemeines

34 Weiterhin muß dem Anfechtungsgegner die Zahlungsunfähigkeit des Schuldners oder im Fall des § 130 Abs. 1 Nr. 2 InsO alternativ der Eröffnungsantrag zum Zeitpunkt der Rechtshandlung bekannt gewesen sein. Erforderlich ist positives Wissen bzw. die Kenntnis solcher Umstände, die zwingend auf die Zahlungsunfähigkeit oder den Eröffnungsantrag schließen lassen (Abs. 2 Satz 1). Grobfahrlässige Unkenntnis genügt nicht (Beschl. Empfehlung des Rechtsausschusses zu § 145 BT-Drucks. 12/7302, S. 173; vgl. auch RGZ 95, 152 [153]). Im Interesse der Rechtssicherheit ist die Regelung in Abs. 2 Satz 1 vielmehr der positiven Kenntnis stark angenähert. Damit wird ein neuer Haftungsmaßstab eingeführt, der zwischen positiver Kenntnis und grob fahrlässiger Unkenntnis anzusiedeln ist (*Obermüller/Hess* InsO, Rz. 658). Es ist die Kenntnis von Tatsachen zu fordern, an welche die Berufs- und Geschäftskreise des Anfechtungsgegners mit ihrer Verkehrserfahrung verständlicherweise die Erwartung knüpfen, daß der Schuldner seine fälligen Zahlungspflichten nicht wird erbringen können bzw. ein Eröffnungsantrag gestellt worden ist (vgl. auch *BGH* ZIP 1995, 929 [931 f.]; *Jaeger/Henckel* KO, § 30 Rz. 50). Daß der Anfechtungsgegner bei Kenntnis solcher Tatsachen den Schluß auf die Zahlungsunfähigkeit des Schuldners oder den Eröffnungsantrag – etwa aus rechtlicher Unkenntnis – nicht gezogen hat, ist unerheblich (anders noch *RG* WarnR 1912 Nr. 50; *RG* KuT 1935, 87; *BGH* WM 1964, 196 [198 f.]; *Kuhn/Uhlenbruck* KO, § 30 Rz. 28). Gleiches gilt für die Kenntnis des Anfechtungsgegners von der Anfechtbarkeit der Deckung (*RG* WarnR 1910 Nr. 395; *Kilger/Karsten Schmidt* KO, § 30 Anm. 9).

Kongruente Deckung § 130

Im Fall der Anfechtung nach § 130 Abs. 1 Nr. 1 InsO kann Gegenstand der Kenntnis nur **35** die **tatsächlich vorliegende Zahlungsunfähigkeit** sein. Zwingende Voraussetzung für die Anfechtung nach § 130 Abs. 1 Nr. 2 InsO ist der **tatsächlich gestellte Eröffnungsantrag**. Das Prozeßgericht hat damit festzustellen, daß der Schuldner im Zeitpunkt der Rechtshandlung zahlungsunfähig war bzw. der Eröffnungsantrag schon vorgelegen hat (vgl. auch §§ 157, 158 RegE, die hierfür ein gesondertes Feststellungsverfahren vor dem Insolvenzgericht vorsahen; hierzu *Gerhardt* FS für Brandner, 618). Wird der Eröffnungsgrund auf Überschuldung oder auf drohende Zahlungsunfähigkeit gestützt (§§ 18, 19 InsO), ist eine Anfechtung nach § 130 Abs. 1 Nr. 2 InsO bei Kenntnis des Anfechtungsgegners von dem Eröffnungsantrag auch dann möglich, wenn der Schuldner **noch nicht zahlungsunfähig** war (vgl. RGZ 36, 73 f.; *Jaeger/Henckel* KO, § 30 Rz. 47; a. A. *Obermüller/Hess* InsO, Rz. 263).

II. Kenntnis der Zahlungsunfähigkeit

Anders als § 30 KO stellt die Vorschrift nicht auf die **Zahlungseinstellung, sondern auf** **36** **die Zahlungsunfähigkeit** ab. Damit trägt die Regelung dem Umstand Rechnung, daß zwar die Zahlungseinstellung eine wichtige Erscheinungsform der Zahlungsunfähigkeit ist, es aber auch Fälle gibt, in denen Zahlungsunfähigkeit vorliegt, obwohl der Schuldner noch einzelne Gläubiger befriedigt (Begr. RegE BT-Drucks. 12/2443, S. 157). In diesen Fällen wird der Anfechtungsgegner jedoch nur dann die Kenntnis von einem Mißverhältnis der vorhandenen bzw. kurzfristig verfügbaren Zahlungsmitteln zu den notwendigen Auszahlungen besitzen, wenn er erhebliche Einblicke in die Vermögensverhältnisse des Schuldners hatte. In der Mehrzahl der Fälle kann weiterhin auf die Zahlungseinstellung des Schuldners abgestellt werden, da diese die Zahlungsunfähigkeit des Schuldner nach außen hin erkennbar macht (vgl. § 17 Abs. 2 Satz 2; *Jaeger/Henckel* KO, § 30 Rz. 2, 12, 18). Unerheblich ist es dabei, wenn der Schuldner die Einstellung seiner Zahlungen erklärt, er aber noch zahlen kann (vgl. *Kilger/Karsten Schmidt* KO, § 30 Anm. 5). Umgekehrt kommt es nicht darauf an, ob der Schuldner Kenntnis von seiner Zahlungsunfähigkeit hatte (*BGH* WM 1985, 396 f.). Eine Anfechtung entfällt jedoch, wenn der Schuldner zunächst zahlungsunfähig war, die Zahlungsunfähigkeit aber in dem § 140 InsO genannten Zeitpunkt etwa durch Bewilligung eines neuen Kredits beseitigt war (*BGH* WM 1975, 6).

Zahlungsunfähigkeit liegt nach der Legaldefinition in § 17 Abs. 2 Satz 1 InsO vor, **37** wenn der Schuldner nicht in der Lage ist, die fälligen Zahlungspflichten zu erfüllen. In Lehre und Rechtsprechung wurde Zahlungsunfähigkeit bisher als auf dem Mangel an Zahlungsmitteln beruhendes dauerndes Unvermögen des Schuldners verstanden, den wesentlichen Teil seiner ernsthaft eingeforderten fälligen Verbindlichkeiten zu erfüllen (vgl. *BGH* ZIP 1997, 367 [370]; ZIP 1986, 720; *Kuhn/Uhlenbruck* KO, § 30 Rz. 2). Die InsO stellt, indem die Merkmale der Wesentlichkeit und der Dauer nicht in die Legaldefinition aufgenommen worden sind, im Vergleich zur alten Rechtslage höhere Anforderungen an die Zahlungsfähigkeit des Schuldners (*Jauernig* Insolvenzrecht, § 83 II 1; *Burger/Schellberg* BB 1995, 264). Die Zahlungsunfähigkeit in §§ 130–132 InsO ist nicht gleichzusetzen mit der drohenden Zahlungsunfähigkeit (§ 18 InsO; vgl. auch *RG* LZ 1908, 386) oder der in § 19 InsO geregelten Überschuldung. Die Zahlungsunfähigkeit setzt auch keine Überschuldung voraus (*Kuhn/Uhlenbruck* KO, § 30 Rz. 9).

Die Zahlungsunfähigkeit ist von der **Zahlungsunwilligkeit** zu unterscheiden. Letztere **38** ist anzunehmen, wenn ein an sich zahlungsfähiger Schuldner, etwa weil er fällige

Forderungen nicht für begründet oder fällig erachtet, sich weigert, Zahlungen zu leisten (*Jaeger/Henckel* KO, § 30 Rz. 11, 13; *BGH* WM 1961, 1297).

39 Nach der InsO muß die Forderung nicht ernsthaft eingefordert werden (vgl. zur KO *Jaeger/Henckel* KO, § 30 Rz. 23 f.), sondern nur **fällig** sein, um eine Zahlungsunfähigkeit anzunehmen. Der Schuldner ist nicht zahlungsunfähig, wenn die Gläubiger ihre Forderungen stunden. Rein tatsächlich, d. h. stillschweigend gestundete Forderungen sind nicht in die Betrachtung einzubeziehen, da ohne rechtlichen Bindungswillen die Fälligkeit nicht hinausgeschoben wird (vgl. *Jäger* BB 1997, 1576; s. auch *BGH* ZIP 1997, 1926 [1927]; WM 1955, 1468 [1470]). Die ernstliche Einforderung ist jedoch weiterhin von Bedeutung, wird sich doch regelmäßig erst aus ihr für unternehmensexterne Personen der Eintritt der Fälligkeit der betrachteten Forderung ergeben (vgl. *Jäger* BB 1997, 1577). Nur fällige **Geldschulden** begründen die Zahlungsunfähigkeit des Schuldners (*RG* Gruchot 51, 1093; *Kuhn/Uhlenbruck* KO, § 30 Rz. 6). Unerheblich ist es, ob der Schuldner Sachleistungen wegen Geldmangels nicht erbringen kann. Eine Geldschuld kann dann jedoch mit dem Anspruch auf Ersatz des Verzugsschadens oder mit dem Schadensersatzanspruch wegen Nichterfüllung entstehen (*Jaeger/Henckel* KO, § 30 Rz. 25). Unerheblich ist es, ob sich der Schuldner seine Zahlungsmittel **auf unredliche Weise oder durch wirtschaftlich unsinnige Maßnahmen** verschafft hat (*BGH* WM 1959, 891; WM 1975, 6; *Jaeger/Henckel* KO, § 30 Rz. 21).

40 Anders als die Rechtslage nach der KO (s. *Jaeger/Henckel* KO, § 30 Rz. 29) müssen nach der InsO die Zahlungsschwierigkeiten des Schuldners nicht von Dauer sein, um eine Zahlungsunfähigkeit zu begründen. Eine **für die Anfechtung unerhebliche Zahlungsstockung** ist nur noch anzunehmen, wenn Zahlungsschwierigkeiten durch die kurzfristige Beschaffung liquider Mittel behebbar erscheinen (vgl. Begr. RegE BT-Drucks. 12/2443, S. 114). Dies ist zu bejahen, wenn es aufgrund positiver Zukunftsaussichten des schuldnerischen Unternehmens möglich erscheint, **innerhalb von einer oder höchstens zwei Wochen** etwa durch Bankkredite das finanzielle Gleichgewicht wiederherzustellen (vgl. *Burger/Schellberg* BB 1995, 262 f.; noch enger *Jäger* BB 1997, 1576 Fn. 9). Eine »positive Auftragslage« ist hierfür kein ausreichendes Indiz (*BGH* ZIP 1997, 1509 [1510]). Auch die lediglich theoretische Möglichkeit irgendwoher Kredit oder Eigenkapital zu erhalten, genügt nicht (*BGH* ZIP 1995, 929 [931]). Entscheidend ist, ob der Schuldner die objektive Möglichkeit und auch die Bereitschaft hatte, sich weiter zu verschulden (*BGH* ZIP 1997, 1926 [1928]). Zu einer Zahlungsstockung kann es etwa aufgrund nicht rechtzeitigen Eingangs fälliger Außenstände oder durch unerwartet eintretende Zahlungsverpflichtungen kommen.

41 Nach der InsO ist es für die Zahlungsunfähigkeit nicht mehr erforderlich, daß der Schuldner einen **wesentlichen Teil seiner Schulden** nicht bezahlen kann (vgl. zur KO *BGH* ZIP 1985, 363; *Jaeger/Henckel* KO, § 30 Rz. 26). Damit begründet auch die Nichtzahlung relativ geringfügiger Geldschulden die Zahlungsunfähigkeit des Schuldners. Nur ganz geringfügige Liquiditätslücken sollen außer Betracht bleiben (Begr. RegE BT-Drucks. 12/2443, S. 114). Dabei soll es sich nach *Jäger* (BB 1997, 1577) um Einzelbeträge handeln, die weniger als 0,01 % der Gesamtverbindlichkeiten ausmachen.

42 Die Zahlungsunfähigkeit muß nur dem Anfechtungsgegner zum Zeitpunkt der Rechtshandlung bekannt gewesen sein (*BGH* WM 1985, 396 [397]). Ist sie den Geschäftskreisen des Anfechtungsgegners bekannt gewesen, spricht das als Indiz für dessen Kenntnis. **Erste Anhaltspunkte für die Zahlungsunfähigkeit** sind allgemein die Einstellung des Geschäftsbetriebes, außergerichtliches Sanierungsbemühen des Schuldners, die Häufung von Klagen und Zwangsvollstreckungen oder auch die verstärkte Inanspruchnahme

Kongruente Deckung § 130

von Bürgen des Schuldners. Weiteres Indiz ist die Nichtzahlung bzw. verschleppende Zahlung von Lohn- und Lohnnebenkosten, von Umsatz- und Gewerbesteuer, von Krankenkassenbeiträgen oder von Versicherungsprämien (vgl. etwa *OLG Köln* WM 1997, 762 [766]). **Unerheblich** ist es, wenn der Schuldner noch einzelne Gläubiger befriedigt (*BGH* ZIP 1995, 929 [930]), »weiterwirtschaftet« (*BGH* ZIP 1997, 1926 [1928]), eine Zweigniederlassung noch Verbindlichkeiten erfüllt (RGZ 21, 21 [23]) oder die Zahlungsunfähigkeit gerade durch die Deckung zugunsten Anfechtungsgegner aufgeschoben wurde (*BGH* ZIP 1997, 1926 [1927]).

Der Anfechtungsgegner kann **etwa dann Kenntnis von der Zahlungsunfähigkeit** 43 **besitzen,** wenn er weiß, daß der Schuldner vor dem Drängen seiner Gläubiger geflohen ist (*BGH* ZIP 1996, 1015; *RG* WarnR 1923/24 Nr. 24); der Schuldner seine Geschäftsräume geschlossen hat (*RG* JW 1916, 1118); dieser sich um Stundung oder Erlaß bemüht (*Jaeger/Henckel* KO, § 30 Rz. 14); der Schuldner sein Einverständnis mit der außergerichtlichen Liquidation und der Auflösung seines Vermögens erklärt *hat (OLG Braunschweig* OLGRspr. 27, 257); der Schuldner durch einen Brand alle Mittel verloren hat (*RG* HRR 38, 655; *RG* WarnR 40 Nr. 112); der Schuldner die Gläubiger darauf hinwiesen hat, daß Maßnahmen in der Zwangsvollstreckung fruchtlos seien (*BGH* ZIP 1997, 513 [515]); ein Vollstreckungsversuch gegen den Schuldner gescheitert ist (*BGH* WM 1975, 6); der Schuldner auf Aufforderung des Gerichtsvollziehers nicht gezahlt hat (*RG* Gruchot 51, 1093); der Schuldner bewußt eine Zwangsvollstreckung geschehen läßt (*OLG Frankfurt/M* LZ 1908, 173; s. auch *RG* LZ 1908, 388); gehäuft Wechselproteste erfolgen (*Kuhn/Uhlenbruck* KO, § 30 Rz. 8); unter Eigentumsvorbehalt gelieferte Waren von den Lieferanten zurückgeholt werden und der Schuldner nur noch Neuschulden bedient (*OLG Stuttgart* ZIP 1997, 652); der Schuldner nur einzelne seiner auf Zahlung drängenden Gläubiger mit Sachleistungen befriedigt (*RG* LZ 1907, 918). Eine Bank hat die erforderliche Kenntnis, wenn sie ohne nachvollziehbaren Grund den Kontokorrentkredit des späteren Insolvenzschuldners reduziert (*OLG Brandenburg* ZIP 1996, 142) oder unter Androhung von Zwangsmitteln **die Rückzahlung eines Kredits** verlangt, weil sie den Schuldner nicht mehr für kreditfähig hält (*BGH* ZIP 1995, 929). Die Zahlungsunfähigkeit tritt dabei erst ein, wenn der Kreditgeber seinen Entschluß verlautbart und die Schulden ernsthaft eingefordert hat (*BGH* ZIP 1992, 778 [779]).

Nicht ausreichend ist es im Einzelfall, wenn der Anfechtungsgegner nur die Eröffnung 44 eines Insolvenzverfahren befürchtet (RGZ 95, 152; *OLG Karlsruhe* WM 1956, 1033); einen Zusammenbruch vermutet oder Zweifel an der Kreditwürdigkeit des Schuldners hat (*RG* JW 1896, 34 Nr. 22); Kenntnis von dem Vermögensverfall des Schuldners hat (*RG* LZ 1913, 147 Nr. 26); von einer drohenden Zahlungsunfähigkeit überzeugt ist (vgl. *RG* LZ 1910, 862 Nr. 6) oder weiß, daß der Schuldner einen finanziellen Engpaß hat (*AG Wetzlar* WM 1986, 1532); ihm bekannt ist, daß bei dem Schuldner einzelne Wechselproteste vorgekommen sind (*BGH* WM 1961, 1297; WM 1978, 133 [134]) oder er fällige Steuerschulden nicht gezahlt hat, wenn er gegen die Steuerbescheide erfolgversprechende Rechtsmittel eingelegt hat (*BGH* WM 1961, 1297); er weiß, daß der Schuldner Ware verschleudert (*Kuhn/Uhlenbruck* KO, § 30 Rz. 8); eine Bank keine Belastungsbuchungen auf dem Girokonto mehr zuläßt, um die Kontoüberziehung bis zum vereinbarten Kreditlimit zu vermindern (*BGH* ZIP 1998, 477 [479]); eine Bank Pfändungs- und Überweisungsverfügungen oder Scheckretouren erhält und der Schuldner über weitere Konten verfügt, von deren Stand sie keine Kenntnis hat (*OLG München* WM 1997, 312 [315]).

Entscheidend ist nur die Zahlungsunfähigkeit, die kausal für die Verfahrenseröffnung 45 **war.** Wird die Zahlungsunfähigkeit, etwa durch einen nachträglich bewilligten Kredit

Dauernheim

beseitigt (vgl. *BGH* WM 1975, 6), kann nur an die spätere erneute Zahlungsunfähigkeit angeknüpft werden (*RG* LZ 1910, 861; *RG* WarnR 1931 Nr. 151). Anders jedoch, wenn ein früheres Verfahren mangels Masse eingestellt worden ist (*OLG München* BayJMBl 1953, 119). Indiz für die Wiederherstellung der Zahlungsunfähigkeit ist die nachhaltige Wiederaufnahme von Zahlungen durch den Schuldner. Nicht ausreichend ist es, wenn der Anfechtungsgegner von vergeblichen Versuchen des Schuldners Kenntnis erlangt, die Zahlungen wieder aufzunehmen (RGZ 132, 281 [284]; *RG* JW 1916, 1118; *RG* HRR 1932 Nr. 151). Die Stundung hebt die Zahlungsunfähigkeit nur auf, wenn sie zu einer allgemeinen Wiederaufnahme der Zahlungen führt (*BGH* WM 1952, 868 [869] = DB 1952, 959). Dies ist bei einer Stundung im Rahmen eines von vornherein zum Scheitern verurteilten Sanierungsversuchs nicht der Fall (*BGH* WM 1965, 16). Gleiches gilt, wenn der Schuldner nur einen Teil der Verbindlichkeiten, wie etwa Steuern und Löhne zahlt (*RG* JW 1892, 238; *RG* LZ 1908, 388). Unerheblich ist es, wenn der Schuldner nur seine wirtschaftliche Lage zuversichtlicher beurteilt (*BGH* ZIP 1997, 513 [515]) oder der Anfechtungsgegner irrtümlich eine spätere Aufnahme der Zahlungen annimmt (*RG* JW 1916, 1118).

46 Ist ein im **Ausland eröffnetes Verfahren** anerkannt und nach Art. 102 Abs. 2 Satz 1 EGInsO ein Sonderinsolvenzverfahren über das Inlandsvermögens beantragt, bedarf es nach Art. 102 Abs. 2 Satz 2 EGInsO zur Eröffnung des inländischen (deutschen) Verfahrens **nicht des Nachweises der Zahlungsunfähigkeit**. Aus der Vorschrift läßt sich der weitere Schluß ziehen, daß im Anfechtungsprozeß vor dem inländischen Prozeßgericht die Zahlungsunfähigkeit in dem Zeitpunkt als unwiderleglich gegeben zu behandeln ist, in dem das ausländische Insolvenzverfahren eröffnet worden ist (Fall bei *BGH* ZIP 1991, 1014). Unerheblich ist es dann, ob die inländische Zweigniederlassung noch die bei ihr begründeten Schulden tilgt (vgl. RGZ 21, 23; *RG* WarnR 1915 Nr. 63). Davon zu unterscheiden ist die Frage, ob der Anfechtungsgegner von der Zahlungsunfähigkeit auch Kenntnis hatte. Genügend ist dabei wiederum die Kenntnis von der Verfahrenseröffnung im Ausland.

III. Kenntnis des Eröffnungsantrages

47 Für die Anfechtung nach § 130 Abs. 1 Nr. 2 InsO genügt auch die Kenntnis des Eröffnungsantrags (§ 13 InsO) oder der Umstände, die zwingend auf ihn schließen lassen (Abs. 2). Für die Anfechtung muß das Verfahren aufgrund dieses Antrags eröffnet worden sein (RGZ 88, 237 f.). Unerheblich ist es, ob das Verfahren erst nach längerer Zeit eröffnet worden ist oder der Antrag zunächst nicht die nach § 14 InsO erforderliche Glaubhaftmachung enthielt (*Jaeger/Henckel* KO, § 30 Rz. 47). Werden mehrere Anträge gestellt, genügt die Kenntnis eines dieser Anträge, ohne daß es darauf ankommt, ob das Verfahren auch aufgrund dieses Antrags eröffnet worden ist. Der Antrag hat jedoch keine anfechtungsrechtliche Bedeutung, wenn er nach § 13 Abs. 2 InsO zurückgenommen, als unzulässig zurückgewiesen oder als unbegründet abgewiesen worden ist (RGZ 88, 237; *OLG Düsseldorf* WM 1997, 913 [917]; vgl. auch *OLG Dresden* ZIP 1997, 1428). Das Prozeßgericht prüft nicht, ob das Verfahren zu Recht eröffnet worden ist. Unerheblich ist es auch, ob der Anfechtungsgegner den ihm bekannten Eröffnungsantrag für gerechtfertigt gehalten hat (*Jaeger/Henckel* KO, § 30 Rz. 47). Die Kenntnis der beabsichtigten Stellung ist nicht mit der Kenntnis des Antrages gleichzusetzen (*Kilger/Karsten Schmidt* KO, § 30 Anm. 9). Umstände, die zwingend den Schluß auf einen Eröffnungsantrag zulassen, sind insbesondere in Verfahrenshandlungen und deren Folgen, wie etwa der

Kongruente Deckung § 130

Anordnung von Sicherungsmaßnahmen nach § 21 InsO, insbesondere in der Bestellung eines vorläufigen Insolvenzverwalters zu sehen.

IV. Zurechnung der Kenntnis

Hat ein Stellvertreter des Anfechtungsgegners gehandelt, ist bei rechtsgeschäftlichem **48** Erwerb § 166 BGB direkt, ansonsten entsprechend anwendbar (*Jaeger/Henckel* KO, § 30 Rz. 51). Bei Vertretung ohne Vertretungsmacht ist § 166 BGB anzuwenden, wenn der Vertretene das Geschäft genehmigt. Maßgeblicher Zeitpunkt für die Kenntnis ist der in § 140 InsO genannte. Bei der Genehmigung ist dies trotz § 184 BGB derjenige ihrer Erteilung (*Jaeger/Henckel* KO, § 30 Rz. 73).

Eine Wissenszurechnung findet insbesondere bei sog. Wissensvertretern statt, die ohne **49** Bestehen einer Vertretungsmacht nach der Arbeitsorganisation des Geschäftsherrn dazu berufen sind, im Rechtsverkehr als dessen Repräsentant bestimmte Aufgaben in eigener Verantwortung wahrzunehmen und die dabei anfallenden Informationen zur Kenntnis zu nehmen und gegebenenfalls zu speichern oder weiterzuleiten hat (*Palandt/Heinrichs* BGB, § 166 Rz. 6). Nicht zuzurechnen ist allgemein das Wissen von Personen, die nicht den Anfechtungsgegner repräsentieren, sondern, wie etwa der Schuldner, im eigenen Interesse tätig werden. In einer arbeitsteiligen Unternehmensorganisation ist das Wissen der Vertreter und Wissensvertreter grundsätzlich **zusammenzurechnen**, wenn eine Pflicht zur Organisation des Informationsaustausches bestand (*BGH* NJW 1996, 1339 [1341]; *Palandt/Heinrichs* BGB, § 166 Rz. 8). Dies ist vor allem bei solchem Wissen der Fall, das typischerweise aktenmäßig festgehalten wird (*BGH* NJW 1996, 1205 [1206]).

Eine **juristische** Person muß sich das Wissen aller vertretungsberechtigten Organver- **50** walter zurechnen lassen, ohne daß es darauf ankommt, ob das jeweilige Organmitglied an der betreffenden Rechtshandlung mitgewirkt oder nichts davon gewußt hat (*BGH* ZIP 1984, 809 [812]; *Jaeger/Henckel* KO, § 30 Rz. 52). Auch das Ausscheiden oder der Tod des Organmitglieds stehen der Zurechnung nicht entgegen (BGHZ 109, 327 [332]). Bei **Personengesellschaften** genügt die Kenntnis eines Gesellschafters, auch wenn dieser am Geschäftsabschluß nicht mitgewirkt hat (*Kilger/Karsten Schmidt* KO, § 30 Anm. 9). Nicht zuzurechnen ist dagegen das Wissen eines ausgeschiedenen oder verstorbenen Gesellschafters einer Personengesellschaft (*BGH* NJW 1995, 2159 [2160]). Bei der **GmbH & Co. KG** können die Kenntnisse des Geschäftsführers oder der Wissensvertreter der Komplementär-GmbH zugerechnet werden (*BGH* NJW 1996, 1205). Dies gilt auch für das Wissen eines im Zeitpunkt der Vornahme der Rechtshandlung ausgeschiedenen Geschäftsführers (*BGH* NJW 1996, 1339 [1341]). Unerheblich ist die Kenntnis eines **nicht vertretungsberechtigten** Gesellschafters (*Kuhn/Uhlenbruck* KO, § 30 Rz. 30c; *RG* HRR 1938 Nr. 411 zur Genossenschaft). Dies gilt auch, wenn das Organmitglied nach § 181 BGB von der Vertretung ausgeschlossen ist (*RG* JW 1911, 778).

Die **Kenntnis des Vertretenen** ist nach § 166 Abs. 2 BGB neben dem Vertreterwissen **51** zu berücksichtigen, wenn der Vertreter nach bestimmten Weisungen gehandelt hat. Im Rahmen der Anfechtung nach den §§ 130–132 InsO genügt dabei für das »Handeln auf Weisung«, daß der Vertretene trotz Kenntnis von der Vermögenslage des Schuldners den Vertreter veranlaßt hat, mit dem Schuldner ein Geschäft abzuschließen. Unerheblich ist es, ob er auf den genauen Inhalt des Geschäfts Einfluß genommen hat (*Jaeger/Henckel* KO, § 30 Rz. 67). So genügt etwa die Kenntnis des Gläubigers, wenn sein Rechtsanwalt im Rahmen des erteilten Auftrags Vollstreckungshandlungen vornimmt (*RG* JW 1916,

§ 130 Wirkungen der Eröffnung des Insolvenzverfahrens

317 ff.; *OLG Hamm* OLGRspr. 30, 350). Maßgebender Zeitpunkt für die Kenntnis ist dabei nicht derjenige der Weisung, sondern der Zeitpunkt, in dem der Vertretene auf den Geschäftsabschluß noch Einfluß hätte nehmen können (*Jaeger/Henckel* KO, § 30 Rz. 68, 72).

52 Ein **Minderjähriger** muß sich nicht die Kenntnis des gesetzlichen Vertreters zurechnen lassen, wenn er durch ein nach § 107 BGB zustimmungsfreies Rechtsgeschäft etwas von diesem erwirbt (BGHZ 94, 232 [239] = ZIP 1985, 690 ff.; a. A. *Tintelnot* JZ 1987, 795 ff.; *Jaeger/Henckel* KO, § 30 Rz. 69). Anders ist zu entscheiden, wenn eine Einwilligung oder Genehmigung des gesetzlichen Vertreters erforderlich ist (*Tintelnot* JZ 1987, 795 [799 ff.]; a. A. RGZ 116, 134 [138 f.]). Wird auf Veranlassung eines hinreichend einsichtsfähigen Minderjährigen ein argloser Ergänzungspfleger bestellt, ist dem Minderjährigen seine Kenntnis in entsprechender Anwendung von § 166 Abs. 2 BGB anzurechnen (*Jaeger/Henckel* KO, § 30 Rz. 69). Wird der Pfleger auf Anregung der Eltern bestellt, ist dem Kind auch die Kenntnis seiner Eltern zuzurechnen (BGHZ 38, 65 ff.; *LG Braunschweig* JW 1934, 2799).

53 Erwirbt ein Insolvenzverwalter oder ein anderer **Amtswalter** ein Recht, kommt es ohne Anwendung von § 166 BGB auf seine Kenntnis an, da er nach der herrschenden Amtstheorie die Rechte des Schuldners in eigenem Namen wahrnimmt. Zuzurechnen ist ihm dabei die Kenntnis des Vermögensinhabers, die dieser im Rahmen der eigenen Vermögensverwaltung vor Beginn der Fremdverwaltung erlangt hat (*Jaeger/Henckel* KO, § 30 Rz. 58).

54 Die Kenntnis des **vollstreckenden** Gerichtsvollziehers ist nicht zuzurechnen, da er nicht Vertreter des Gläubigers ist (*Jaeger/Henckel* KO, § 30 Rz. 60). Nicht anders ist zu entscheiden, wenn der Gerichtsvollzieher eine freiwillige Leistung des Schuldners annimmt (*Kilger/Karsten Schmidt* KO, § 30 Anm. 10). Gleiches gilt für den Vollziehungsbeamten der durch ihre eigenen Organe vollstreckenden öffentlich-rechtlichen Körperschaft (*OLG München* ZIP 1992, 787 [788 f.]; a. A. *Jaeger/Henckel* KO, § 30 Rz. 60). Zuzurechnen ist jedoch die Kenntnis des zuständigen Vollstreckungssachbearbeiters der vollstreckenden Körperschaft. Ein vollstreckendes Finanzamt muß sich dabei auch die Kenntnis eines Sachbearbeiters eines anderen Finanzamtes zurechnen lassen, wenn es dieses um Durchführung der Vollstreckungsmaßnahme ersucht hat (*OLG München* ZIP 1992, 787 [789]).

55 **Zuzurechnen** ist etwa die Kenntnis eines Kassierers einer Großbank (*BGH* ZIP 1984, 809 [812]; vgl. auch *BGH* ZIP 1989, 1180); eines vom Anfechtungsgegner beauftragten Vertrauensmann im Unternehmen des Schuldners (BGHZ 41, 17 [20 ff.]); eines mit der Geschäftsvermittlung betrauten Handelsvertreters (RGZ 131, 343 [345]; *OLG Frankfurt* NJW 1976, 1355); die Kenntnis des Schuldners, wenn er vom Verbot des Selbstkontrahierens befreit ist und gleichzeitig als Vertreter des Begünstigten auftritt (*Jaeger/Henckel* KO, § 30 Rz. 64 f.; *Tintelnot* JZ 1987, 795 [801]); die Kenntnis eines Prozeßbevollmächtigten ist jedenfalls insoweit dem Vollmachtgeber zuzurechnen, als dieser sie im Rahmen des ihm erteilten Auftrags erlangt hat (*BGH* ZIP 1991, 39 [41]); die Kenntnis eines Prozeßbevollmächtigten analog § 166 BGB, wenn dieser beim Schuldner pfänden läßt (RGZ 7, 36 f.; *RG* LZ 1910, 161 Nr. 8); nur die Kenntnis des bearbeitenden Anwalts, wenn das Mandat einer Anwaltssozietät erteilt worden ist (*OLG Celle* ZIP 1981, 467); die Kenntnis eines Unterbevollmächtigten (*Jaeger/Henckel* KO, § 30 Rz. 59; vgl. auch *RG* LZ 1912, 236 f.).

56 **Nicht zuzurechnen** ist etwa die Kenntnis eines vom Schuldner bestellten Treuhänders (BGHZ 41, 17 [21 f.]); die Kenntnis des Schuldners, wenn er als Vermieter gemäß § 550 b BGB die überlassene Mietkaution zugunsten des Mieters auf ein Treuhandkonto einzahlt

Inkongruente Deckung § 131

(*LG München I* ZIP 1989, 254); die Kenntnis des Steuerberaters, daß ein Schuldner des Beratenen zahlungsunfähig ist (*Jaeger/Henckel* KO, § 30 Rz. 57); die Kenntnis eines Treuhänders mit dem der Schuldner einen Vertrag zugunsten des Anfechtungsgegners geschlossen hat (BGHZ 55, 307 [310 ff.]); die Kenntnis eines Boten, soweit dieser nicht auch Wissensvertreter des Gläubigers ist (*Jaeger/Henckel* KO, § 30 Rz. 62).

G. Beweislast

Die Beweislast hinsichtlich des Vorliegens der Voraussetzungen nach § 130 InsO hat 57 grundsätzlich der Insolvenzverwalter. Der Insolvenzverwalter muß insbesondere die Tatsachen vortragen, aus denen sich die Zahlungsunfähigkeit und die Kenntnis des Anfechtungsgegners von der Zahlungsunfähigkeit oder dem Eröffnungsantrag ergeben. Die Anforderungen dürfen dabei nicht überspannt werden. Insbesondere bedarf es keiner vollständigen Aufzählung der fälligen Verbindlichkeiten durch den Insolvenzverwalter (*RG* LZ 1913, 486 [488]). Für die richterliche Beweiswürdigung kommt es maßgeblich darauf an, ob die Berufs- und Geschäftskreise des Anfechtungsgegners aus den diesem bekannten Tatsachen mit ihrer Verkehrserfahrung verständlicherweise den Rückschluß auf die Zahlungsunfähigkeit des Schuldners oder den Eröffnungsantrag gezogen hätten. Unerheblich ist es, ob der Zeuge oder die vernommene Partei, die vorgetragenen Tatsachen als Zahlungsunfähigkeit werten (*RG* JW 1895, 226). Für das Bestreiten der Zahlungsunfähigkeit genügt es nicht, wenn der Anfechtungsgegner nur erklärt, daß es möglich sei, daß der Schuldner im betrachteten Zeitraum insolvent geworden sei und die Gläubiger über die Zahlungsunfähigkeit informiert habe (*BGH* ZIP 1997, 513 [514]). Gegenüber nahestehenden Personen (§ 130 InsO) wird nach § 130 Abs. 3 InsO vermutet, 58 daß sie von der Zahlungsunfähigkeit oder dem Eröffnungsantrag Kenntnis hatten. Der Insolvenzverwalter muß hier nur nachweisen, daß der Insolvenzschuldner zum Zeitpunkt der Rechtshandlung zahlungsunfähig war. Den nahestehenden Personen steht jedoch zu ihrer Entlastung der Beweis offen, daß sie weder die Zahlungsunfähigkeit noch den Eröffnungsantrag kannten.

§ 131
Inkongruente Deckung → § 30 KO

(1) Anfechtbar ist eine Rechtshandlung, die einem Insolvenzgläubiger eine Sicherung oder Befriedigung gewährt oder ermöglicht hat, die er nicht oder nicht in der Art oder nicht zu der Zeit zu beanspruchen hatte,
1. wenn die Handlung im letzten Monat vor dem Antrag auf Eröffnung des Insolvenzverfahrens oder nach diesem Antrag vorgenommen worden ist,
2. wenn die Handlung innerhalb des zweiten oder dritten Monats vor dem Eröffnungsantrag vorgenommen worden ist und der Schuldner zur Zeit der Handlung zahlungsunfähig war oder
3. wenn die Handlung innerhalb des zweiten oder dritten Monats vor dem Eröffnungsantrag vorgenommen worden ist und dem Gläubiger zur Zeit der Handlung bekannt war, daß sie die Insolvenzgläubiger benachteiligte.

(2) ¹Für die Anwendung des Absatzes 1 Nr. 3 steht der Kenntnis der Benachteiligung der Insolvenzgläubiger die Kenntnis von Umständen gleich, die zwingend auf die Benachteiligung schließen lassen. ²Gegenüber einer Person, die dem Schuldner

§ 131

zur Zeit der Handlung nahestand (§ 138), wird vermutet, daß sie die Benachteiligung der Insolvenzgläubiger kannte.

Inhaltsübersicht: Rz.

A. Einleitung	1– 2
B. Inkongruenz	3– 5
C. Befriedigung	6–14
I. Befriedigung, die nicht zu beanspruchen war	6– 9
II. Befriedigung, die nicht in der Art zu beanspruchen war	10–13
III. Befriedigung, die nicht zu der Zeit zu beanspruchen war	14
D. Sicherung	15–23
I. Sicherung, die nicht zu beanspruchen war	16–21
II. Sicherung, die nicht in der Art zu beanspruchen war	22
III. Sicherung, die nicht zu der Zeit zu beanspruchen war	23
E. Inkongruente Deckung und Zwangsvollstreckung	24–26
F. Zahlungsunfähigkeit	27
G. Kenntnis des Gläubigers von Benachteiligung	28
H. Beweislast	29

Literatur:

App Anfechtung der Zahlung oder Sicherung von Steuern, NJW 1985, 3001; *Canaris* Aktuelle insolvenzrechtliche Probleme des Zahlungsverkehrs und Effektenwesens, in Einhundert Jahre Konkursordnung, 1977, S. 73 ff.; *Henckel* Die Gläubigeranfechtung – ein taugliches Mittel zur Beseitigung von Verkürzungen der Konkursmasse? ZIP 1982, 391 ff.; *Hüper* Zwangsvollstreckung als inkongruente Deckung, Göttingen Diss. 1983; *Kirchberger* Die Wirkung der Anfechtung gemäß § 30 KO auf die der angefochtenen Pfändung nach § 845 ZPO vorgezogene Vorpfändung LZ 1908, 765 ff.; *Kraemer* Inkongruente Deckung und Krisenkenntnis, Rpfleger 1993, 425; *Paulus* Das Verhältnis von Aufrechnung und Insolvenzanfechtung, ZIP 1997, 569 ff.; *Scholz* Konkursrechtliche Anfechtbarkeit einer in Erfüllung eines inhaltlich unbestimmten Anspruchs gewährten Sicherung, NJW 1961, 2006; *Serick* Verarbeitungsklauseln im Wirkungskreis des Konkursverfahrens, ZIP 1982, 507; *Usslar*, Die Anfechtung der Verrechnung der Banken im Konkurs des Kunden, BB 1980, 988.

A. Einleitung

1 Die Vorschrift ist an § 30 Nr. 2 KO angelehnt. Sie gehört zur besonderen Insolvenzanfechtung. Wie in § 130 InsO ist der Tatbestand durch die Worte »oder ermöglicht hat« erweitert. Die Anfechtungsmöglichkeiten sind gegenüber § 130 InsO wesentlich verschärft, da ein Gläubiger, der eine ihm nicht zustehende Leistung erhält, weniger schutzbedürftig und der Erwerb besonders verdächtig erscheint. Hier werden atypische Vermögensumsetzungen vorgenommen, die das Versagen der privat autonomen Steuerung der Vermögens- und Haftungsverhältnisse offenkundig machen (*Häsemeyer* Insolvenzrecht, 21. Kap. 2 d).

2 Binnen eines Zeitraums von bis zu **einem** Monat vor dem Eröffnungsantrag wird auf das Vorliegen weiterer **objektiver** (insbesondere Zahlungsunfähigkeit, Überschuldung) und **subjektiver** Voraussetzungen **verzichtet** (Nr. 1). Kenntnis von der Krise sowie die Krise selbst werden insoweit unwiderleglich vermutet (Begr. RegE BT-Drucks. 12/2443,

Inkongruente Deckung **§ 131**

S. 158). Bei Handlungen binnen einer **3-Monatsfrist** vor Verfahrenseröffnung wird entweder – **objektiv** – die Zahlungs**un**fähigkeit des Gemeinschuldners (Nr. 2) oder – **subjektiv** – die **Kenntnis** des Gläubigers von der Benachteiligung oder der Umstände, die zwingend auf sie schließen lassen (Abs. 2 Satz 1), verlangt (Nr. 3). Bei § 131 Abs. 1 Nr. 3 InsO handelt es sich um einen auf inkongruente Deckung bezogenen Sonderfall der Anfechtung wegen vorsätzlicher Benachteiligung nach § 133 (Begr. RegE BT-Drucks. 12/2443, S. 159). Während es dabei in den Fällen der Nr. 1, 2 auf den Kenntnisstand des Anfechtungsgegners nicht ankommt, ist es für die **Nr. 3 irrelevant**, ob der Schuldner zum Zeitpunkt der Rechtshandlung zahlungs**un**fähig oder **überschuldet** war.

B. Inkongruenz

Eine Sicherung oder Befriedigung, die der Gläubiger in der Art oder zu der Zeit nicht zu **3** beanspruchen hat, ist anzunehmen, wenn die bewirkte Leistung von dem auf eine bestimmte Leistung hinreichend spezifizierten Inhalt des mit dem Schuldner vereinbarten Schuldverhältnisses im Leistungszeitpunkt abweicht. Die Beurteilung der Inkongruenz ist dabei objektiv vorzunehmen und unabhängig von den Vorstellungen der Parteien. Im Interesse der Insolvenzgläubiger ist eine enge Auslegung geboten (vgl. *BGH* LM § 30 KO Nr. 1). Erhält eine Bank eine Scheckgutschrift, die der Schuldner aus einem beiden Parteien bekannten Geschäft erhalten hat, ist eine vorherige Absprache nur dann hinreichend konkret, wenn sie bestimmt, daß die Leistung des Schuldners gerade aus diesem Geschäft stammen soll bzw. jeder Kundenscheck allein der Bank vorgelegt werden darf (*OLG Hamm* ZIP 1992, 1565 [1566]).

Die Inkongruenz wird durch eine **kongruenzbegründende Vereinbarung** zwischen **4** Schuldner und Gläubiger nicht beseitigt, wenn zum Zeitpunkt ihres Abschlusses die Voraussetzungen des § 131 vorlagen (*BGH*, ZIP 93, 1653 [1655]; vgl. *Jaeger/Henckel* KO, § 30 Rz. 200). Maßgebend ist dabei der in § 140 genannte Zeitpunkt.

Die Deckungshandlung muß einem Insolvenzgläubiger zugute kommen. Dies sind auch **5** Inhaber nachrangiger Forderungen (§ 39 InsO), da diese im Gegensatz zu § 63 KO jetzt am Insolvenzverfahren teilnehmen. Die Zahlung, die der Schuldner als Angewiesener geleistet hat oder die Begebung eines von diesem ausgestellten Schecks ist damit nicht gegenüber dem Empfänger nach § 131 InsO anfechtbar (*RG* JW 1900, 16 f.).

C. Befriedigung

I. Befriedigung, die nicht zu beanspruchen war

Damit werden Fälle erfaßt, in denen der Insolvenzgläubiger zwar eine Forderung hat, **6** trotzdem aber aus dieser, wenn der Schuldner seine Rechte ausübt, keine Befriedigung erlangen kann. Dies ist etwa gegeben bei Forderungen, denen eine dauernde Einrede (insbesondere Verjährung) entgegensteht, bei denen das Grundgeschäft nach den §§ 119 ff. BGB anfechtbar ist oder die aufschiebend bedingt sind. Ist die Leistung des Schuldners als Bestätigung i. S. v. § 144 BGB auszulegen, ist diese anfechtbar. Gleiches gilt für das Unterlassen der Anfechtung bei Ablauf der Anfechtungsfrist.

Hierunter fallen auch Leistungen auf unvollkommene Verbindlichkeiten (Spiel, Wette, **7** Differenzgeschäft) oder die heilende Erfüllung eines formungültigen Vertrages nach §§ 313 Satz 2, 766 Satz 2 BGB; § 15 Abs. 4 Satz 2 GmbHG (*Kilger/Karsten Schmidt*

KO, § 30 Anm. 19a, *Jaeger/Henckel* KO, § 30 Rz. 140, 204; *Kuhn/Uhlenbruck* KO, § 30 Rz. 46). Bei Ansprüchen aus »nichtigen« Geschäften scheidet eine Anfechtung schon grundsätzlich mangels Gläubigerbenachteiligung aus. Wird im Prozeß neben der Nichtigkeit auch die Anfechtbarkeit eingewendet, ist das Geschäft hinsichtlich der Anfechtung als wirksam zu behandeln (vgl. § 129 Rz. 49; a. A. *Kuhn/Uhlenbruck* KO, § 29 Rz. 46).

8 Die Rückführung des debitorischen Saldos eines Kontos durch Überweisungseingänge ist dann keine inkongruente Deckung, wenn die Bank jederzeit Rückführung des vereinbarten Saldos fordern konnte. Inkongruent ist deshalb die Rückführung beim Annuitätendarlehen und sonstigen Ratenkrediten, nicht aber bei Überziehung eines Girokontos (Nr. 14 Abs. 3 Banken bzw. Kreditgenossenschaften; Nr. 9 Abs. 4 AGB-Sparkassen), beim Kontokorrent, Wechseldiskont-, Akzept- oder Lombardkredit (*Obermüller* HdbInsR Rz. 467; vgl. BGHZ 70, 177 [183] = WM 78, 133; *AG Wetzlar* WM 1986, 1532; *Canaris* in FS Einhundert Jahre Konkursordnung, S. 81;*Usslar* BB 1980, 918).

9 Kongruent sind Stornobuchungen gemäß Nr. 8 AGB Banken i. d. F. vom 01. 01. 1993 zur Berichtigung von Buchungsfehlern (BGHZ 63, 87). Anders jedoch Umbuchungen auf unterschiedlichen Konten zu Saldierungszwecken (*BGH* KTS 72, 633; vgl. auch *Paulus* ZIP 1997, 569 [577]).

II. Befriedigung, die nicht in der Art zu beanspruchen war

10 Nicht in der Art hat der Gläubiger Befriedigung zu beanspruchen, wenn ihm anstelle der Leistung, die er zu fordern hat, etwas an Erfüllungs Statt oder erfüllungshalber gegeben wird (*BGH* LM § 3 AnfG Nr. 14; BGHZ 123, 320 [324f.]). Hält sich dabei die andersartige Leistung noch im Regelfall des nach dem Vertrag Erlaubten oder erscheint sie nach der Verkehrssitte nicht als erheblich, ist sie kongruent (*Jaeger/Henckel* KO, § 30 Rz. 209). Hierbei kommt es nur auf den Inhalt des Schuldverhältnisses an, nicht darauf, was der Gläubiger aufgrund der schlechten Vermögenslage des Schuldners erwarten konnte (*Jaeger/Henckel* KO, § 30 Rz. 207).

11 Inkongruenz ist anzunehmen, wenn **statt Barzahlung Waren hingegeben** (*BGH* WM 1971, 908 [909]) oder Forderungen abgetreten werden (*OLG Schleswig* ZIP 1982, 82; *OLG Zweibrücken* KTS 1984, 492; *OLG Brandenburg* ZIP 1998, 1367 [1368]). Gleiches gilt bei der Übernahme einer Schuld des Gläubigers (RGZ 46, 101), der Abgeltung der Ehegattenmitarbeit durch Übertragung von Teilen des Geschäftsvermögens (*BGH* JR 1963, 98), der Rückgabe der noch unbezahlten Ware zum Ausgleich der Kaufpreisforderung (RGZ 31, 134), der **Hingabe eines Kundenwechsels** (*RG* JW 1927, 1106) oder -schecks (RGZ 71, 89 [91]; *BGH* NJW 1962, 117; WM 1971, 908; ZIP 1993, 1653 [1654]; *OLG Stuttgart* ZIP 1996, 1621) und der Schuldübernahme durch einen Dritten, wenn der Schuldner hierfür eine Gegenleistung erbringen muß, deren Wert höher ist als die übernommene Schuld (RGZ 46, 101 ff.). Leistet der Schuldner auf den Rückgabeanspruch nach § 346 BGB, kann nur die Vereinbarung des Rücktrittsrechts oder dessen Ausübung durch den Schuldner nach § 132, 133 InsO angefochten werden (*RG* WarnRspr 1931 Nr. 92; *Kuhn/Uhlenbruck* KO, § 30 Rz. 47; differenzierend *Jaeger/Henckel* KO, § 30 Rz. 208).

12 Darf sich der Schuldner im Regelfall einer **Ersetzungsbefugnis**, etwa bei Verpflichtung der Bank, Lastschriften oder Kundenwechsel hereinzunehmen, gerade durch die andere Leistung befreien (facultas alternative), scheidet § 131 aus (BGHZ 70, 177 = WM 1978,

133; RGZ 71, 89 [90f.]). Gleiches gilt für die Wahlschuld i. S. v. § 262 BGB vor Konzentration, unabhängig davon, wem das **Wahlrecht** zusteht (RGZ 71, 89, 91; *Jaeger/Henckel* KO, § 30 Rz. 213).
Die verkehrsübliche Zahlungsweise durch **Scheck** (BGHZ 16, 279; *OLG Düsseldorf* WM 1985, 1042), **Überweisung** oder **Anweisung** (*RG* LZ 1910, 774) ist nicht inkongruent; genausowenig die Hinterlegung (§§ 372 ff. BGB). Nicht verkehrsüblich ist demgegenüber die Begebung eines Wechsels des Schuldners (*Jaeger-Henckel* KO, § 30 Rz. 211; unklar *Kuhn/Uhlenbruck* KO, § 30 Rz. 48; zweifelnd *Kilger/Karsten Schmidt* KO, § 30 Anm. 19 b). Die durch die Ausstellerhaftung nach Art 9 WG begründete, für die Masse ungünstige Beweislastverteilung kann deshalb im Wege der Anfechtung nach § 131 InsO beseitigt werden, wenn der Gläubiger keinen Anspruch auf den Wechselbegebung hatte. 13

III. Befriedigung, die nicht zu der Zeit zu beanspruchen war

Inkongruent ist die Befriedigung, wenn eine Forderung noch nicht fällig, betagt oder befristet i. S. v. § 163 BGB ist (vgl. *OLG Köln* KTS 1971, 51 [52] m. w. N.). § 271 Abs. 2 BGB steht dem nicht entgegen (*RG* JW 1898, 52). Tritt die Fälligkeit kraft Gesetzes oder aufgrund einer unanfechtbaren Vereinbarung noch vor Verfahrenseröffnung ein, kommt eine Anfechtung nur hinsichtlich des Zwischenzinses in Betracht (*BGH* ZIP 1995, 1021 [1023]). Tritt sie demgegenüber erst nach diesem Zeitpunkt ein, ist die Leistung im Ganzen anfechtbar (*Jaeger/Henckel* KO, § 30 Rz. 201, 217). Bei Zahlung vor Fälligkeit beim Eigentumsvorbehaltskauf kann jedoch die Benachteiligung fehlen (*Jaeger/Henckel* KO, § 30 Rz. 217). 14

D. Sicherung

Bei einer Sicherung handelt es sich um eine Rechtsposition, die den Leistungsanspruch unter Garantie fortbestehen läßt und etwas anderes ist als die Befriedigung (RGZ 10, 33 [36]; BGHZ 34, 254 [258]). Die Vormerkung nach § 883 BGB dient nur dem Schutz des Gläubigers vor nachteiligen Verfügungen des Schuldners und ist deshalb keine Sicherung i. S. v. § 131 InsO (*BGH* a. a. O.). 15

I. Sicherung, die nicht zu beanspruchen war

Inkongruenz ist anzunehmen, wenn der Gläubiger weder aus einer individuellen Vereinbarung noch aus Allgemeinen Geschäftsbedingungen, noch aufgrund Gesetzes einen hinreichend konkretisierten Anspruch auf die Bestellung dieser Sicherheit hatte. Die gesicherte Forderung gibt alleine noch keinen Anspruch auf Sicherung (*BGH* WM 1968, 683; *BGH* WM 1959, 470). Der Anspruch muß in anfechtungsfreier Weise entstanden sein (vgl. RGZ 114, 206 [209 f.]; BGHZ 59, 230 [235]). Auch durch einen Vertrag zugunsten Dritter kann ein anfechtungsfreier Sicherungsanspruch begründet werden (vgl. *RG* WarnRspr 1929 Nr. 164). Schadensersatzansprüche geben einen solchen nur, wenn gerade die Bestellung der Sicherheit als Naturalrestitution geschuldet ist (vgl. *BGH* LM Nr. 2a zu § 30 KO). Eine Anfechtung scheidet aus, wenn die Sicherung in demselben Vertrag eingeräumt worden ist, durch den die gesicherte Forderung entstanden ist (RGZ 16

114, 206 [209]; *BGH* WM 1965, 84; 1978, 133); denn hier liegt ein **Bargeschäft** (§ 142 InsO) vor.

17 Um eine Inkongruenz auszuschließen, muß der Anspruch auf die Sicherheit **hinreichend bestimmt** sein. Dies ist der Fall, wenn er Grundlage einer auf Übertragung des Sicherungsgutes gerichteten Klage sein kann (*BGH* ZIP 1993, 276 [279]; *BGH* KTS 1968, 235 [236]). Er muß jedoch nicht so weit individualisiert sein wie die dingliche Einigung selbst (*BGH* ZIP 1998, 248 [250]). Eine Vereinbarung, welche Umfang und Art der Sicherheit oder die Auswahl der Sicherungsgegenstände noch offenläßt, genügt nicht (BGHZ 33, 389 [393]). Kongruenz ist bei einer Bestellung von Grundschulden nur anzunehmen, wenn in der Vereinbarung bestimmt ist, welches Grundstück belastet wird und welchen Rang die Grundschuld erhalten soll. Nicht hinreichend spezifiziert sind die Nachbesicherungsansprüche aus Nr. 13 Abs. 3 AGB Banken bzw. Kreditgenossenschaften und Nr. 22 Abs. 1 AGB Sparkassen, die einen Anspruch auf bankmäßige Sicherheiten geben (BGHZ 33, 393 [394]; *BGH* WM 1969, 968; *BGH* ZIP 1981, 144; *Kuhn* WM 1962, 946 [950]; a. A. *Scholz* NJW 1961, 2006). Gleiches gilt für eine Sicherung, die aufgrund einer mit einer Negativklausel verbundenen, nicht konkretisierten Gleichstellungsverpflichtung bestellt wird, wenn die Sicherungsgewährung für den anderen Gläubiger in der kritischen Phase erfolgt (näher *Jaeger/Henckel* KO, § 30 Rz. 220).

18 Wird die **Sicherheit für mehrere Forderungen bestellt** und bestand nicht für alle ein gesonderter Sicherungsanspruch, so kommt i. d. R. nur eine Anfechtung im Ganzen in Betracht (RGZ 114, 210; JW 1935, 118). Eine Teilanfechtung ist nur dann möglich, wenn sich das Sicherungsgeschäft in selbständige Teile zerlegen läßt (*BGH* ZIP 1993, 276 [278]; *OLG Hamburg* ZIP 1984, 1373; *Serick* Bd. III § 35 IV 3 b; *ders.* ZIP 1982, 507, 510). Eine Anfechtung scheidet jedoch aus, wenn der Erlös für die Forderung mit dem Sicherungsanspruch verbraucht wird und diese auch in erster Linie gesichert werden sollte (RGZ 114, 210) oder die nicht sicherungsberechtigte Forderung nur geringfügig ist (*Serick* a. a. O.).

19 Die Sicherung, die im Regelfall eines **verlängerten Eigentumsvorbehaltes** mit Begründung der vorausabgetretenen Forderung entsteht, kann inkongruent sein, wenn die Sicherheit erweitert wird (*Kuhn/Uhlenbruck* KO, § 30 Rz. 52 f.). Gleiches gilt im Regelfall des § 950 BGB für den Wert des das Material übersteigenden Wertes des Produkts, wenn die Verarbeitungsklausel in der kritischen Phase vereinbart worden ist (vgl. *Jaeger/Henckel* KO, § 30 Rz. 222). Wird bei einer Globalzession die Deckungsgrenze von 100 auf 120 % der realisierbaren Werte erhöht, tritt dadurch noch keine Inkongruenz ein (*OLG München* WM 1997, 312 [316]). Inkongruent ist regelmäßig das durch Hereinnahme eines **Inkassoschecks** erlangte Sicherungseigentum der Bank am Scheck (*Kuhn/Uhlenbruck* KO, § 30 Rz. 48 c). Verwertet die Bank mit dem Einzug auch ihr Sicherungsrecht, wird dadurch die Inkongruenz der Sicherung nicht beseitigt (*BGH* ZIP 1992, 778 [780]; *Jaeger/Henckel* KO, § 30 Rz. 212).

20 Das **Auffüllen nicht vollvalutierter Sicherheiten** durch Abtretung ungesicherter Drittforderungen ist inkongruent (BGHZ 59, 230 = WM 72, 1187; *BGH* WM 1974, 1218; WM 1975, 947; a. A. *Jaeger/Henckel* KO, § 30 Rz. 227, der mit zutreffender Begründung § 30 Nr. 1 1. Alt. KO [= § 132 InsO] anwenden will). Gleiches gilt, wenn der Bürgschaftsschuldner eine Sicherheit für die verbürgte Hauptverbindlichkeit bestellt (RGZ 152, 323).

21 **Gesetzliche Ansprüche auf Sicherung** können sich aus den §§ 648, 648 a, 775 Abs. 2, 1039, 1051, 1067 Abs. 2, 2128 BGB ergeben. Anders jedoch bei § 222 Satz 2 AO, der eine Stundung im Regelfall eines Steuerschuldverhältnisses nur gegen Sicherheitsleistung zuläßt (vgl. *Kuhn/Uhlenbruck* KO, § 30 Rz. 53; a. A. *App* NJW 1985, 3001 f.). Bei

Inkongruente Deckung § 131

der als Folge der §§ 1667 Abs. 4, 1844 BGB, 54 FGG geleisteten Sicherheit kann regelmäßig Kongruenz angenommen werden (vgl. *Jaeger/Henckel* KO, § 30 Rz. 223). Die gesetzlichen Pfandrechte nach den §§ 559, 647 BGB, 397, 410, 421, 440 HGB sind auch ohne gesonderten Sicherungsanspruch regelmäßig kongruent. Anders jedoch, wenn sich die Einbringung von Sachen durch den Mieter nicht mehr im Rahmen des Üblichen hält oder durch den Mietzweck nicht geboten erscheint (vgl. *Kuhn/Uhlenbruck* KO, § 30 Rz. 53a). Das kaufmännische Zurückbehaltungsrecht (§ 369 HGB) fällt nicht unter § 131 InsO, wenn der Berechtigte einen anfechtungsfreien Anspruch auf Besitzübertragung hatte. Zweifelhaft ist es jedoch, ob es auch genügt, daß die Besitzerlangung in unverdächtiger Weise mit Willen des Schuldners erfolgt ist (so *Jaeger/Henckel* KO, § 30 Rz. 224).

II. Sicherung, die nicht in der Art zu beanspruchen war

Hierunter fallen insbesondere die Fälle, in denen der Sicherungsgegenstand ein anderer 22 als der vertraglich Geschuldete ist. Dies ist etwa der Fall, wenn der Schuldner Sachen zur Sicherheit, statt der zu beanspruchenden Hinterlegung von Geld oder Wertpapieren übereignet (*Jaeger/Henckel* KO, § 30 Rz. 229). Wird die Sicherung nur rechtlich anders ausgestaltet, scheidet eine Anfechtung i. d. R. mangels Gläubigerbenachteiligung aus. So z. B. wenn statt der versprochenen Hypothek eine Grundschuld oder statt eines Pfandrechts eine Sache zur Sicherung übereignet bzw. eine Forderung abgetreten wird (vgl. *RG* JW 1909; *Jaeger/Henckel* KO, § 30 Rz. 229).

III. Sicherung, die nicht zu der Zeit zu beanspruchen war

Jede Sicherung, die der Gläubiger zwar zu beanspruchen hatte, die diesem aber vorzeitig 23 gewährt worden ist, stellt gleichfalls eine inkongruente Deckung dar (vgl. im übrigen Rz. 14).

E. Inkongruente Deckung und Zwangsvollstreckung

Unter § 131 InsO fallen auch Vollstreckungsmaßnahmen, ohne daß es darauf ankommt, 24 daß der Schuldner in irgendeiner Weise daran mitgewirkt hat (vgl. *BGH* ZIP 1995, 293 [295]; ZIP 1996, 1015). Einer Anfechtung bedarf es jedoch nicht, wenn die **Rückschlagsperre in § 88 InsO** eingreift. Gleiches gilt für die Zwangsvollstreckung nach dem Erbfall (vgl. § 321 InsO). Der im Zusammenhang mit einer Zwangsvollstreckungsmaßnahme stehende Erwerb ist **stets inkongruent**, ohne daß es darauf ankommt, ob es sich um eine Sach- oder Geldpfändung handelt oder ob die Wegnahme der Sache oder des Geldes durch den Gerichtsvollzieher überhaupt zu einem Pfändungspfandrecht geführt hat (*BGH* ZIP 1997, 1929; *Jaeger/Henckel* KO, § 30 Rz. 234, 242; *Hüper* a.a.O. S. 91 ff.). Dies gilt auch dann, wenn der Gerichtsvollzieher nichts wegnehmen mußte, weil der Schuldner zur **Abwendung der Zwangsvollstreckung** geleistet hat (*BGH* a.a.O.; *LG Bonn* ZIP 1997, 82 [83]; a. A. *RG* JW 1891, 250 Nr. 13; *BGH* KTS 1969, 244; *BAG* ZIP 1998, 33 [35]; differenzierend *Jaeger/Henckel* KO, § 30 Rz. 248). Für die Anfechtung darf es nämlich nicht von Bedeutung sein, wie weit Vollstreckungszwang ausgeübt werden mußte, um zum Ziel zu gelangen. Die Deckung ist dabei deshalb als inkongruent anzusehen, weil sich der Gläubiger hier mit Hilfe von staatlichen Zwangsmitteln eine ungerechtfertigte Priorität vor anderen Gläubigern verschafft hat (*BGH* ZIP 1997, 1929 [1930]; *Jaeger/Henckel* KO, § 30 Rz. 235 ff.; *Henckel* ZIP 1982, 396; anders noch RGZ 10, 33 ff.; BGHZ 34, 254 [258]; *BGH* ZIP 1991, 39; *BGH* ZIP 1991, 1014; *BGH* ZIP 1984, 978).

25 Die **Inkongruenz einer Geldpfändung** wird nicht dadurch beseitigt, daß der Gerichtsvollzieher das in Besitz genommene Geld beim Vollstreckungsgläubiger abliefert (*BGH* ZIP 1997, 1929; a. A. *RG* JW 1882, 164 [165]; *OLG Celle* ZIP 1981, 467; *Kilger/Karsten Schmidt* KO, § 30 Anm. 20). Die durch **Arrest** erlangten Vorzugsrechte sind in gleicher Weise anfechtbar (RGZ 78, 334; *BGH* WM 1975, 6; *Jaeger/Henckel* KO, § 30 Rz. 243). Ist die in der Krise vorgenommene Hauptpfändung angefochten, verliert eine zuvor erfolgte **Vorpfändung** (§ 845 ff. ZPO) ihre Wirkung, ohne daß sie selbst anfechtbar oder angefochten sein muß (*Jaeger/Henckel* KO, § 30 Rz. 245; a. A. RGZ 83, 332 [334]; 151, 265 [266 f.]; *Kuhn/Uhlenbruck* KO, § 30 Rz. 42 h). Die Anfechtung der Vorpfändung alleine genügt nicht (*Kirchberger* LZ 1908, 765). Die erfolgreiche Anfechtung der Erstpfändung beseitigt nicht die **Anschlußpfändung** (*Jaeger/Henckel* KO, § 30 Rz. 247).

26 Kongruent ist aber die **Vollstreckung in Sachleistungsansprüchen** (BGHZ 34, 254 [257 ff.]; *Jaeger/Henckel* KO, § 30 Rz. 250; a. A. *Häsemeyer* Insolvenzrecht, S. 482). Gleiches gilt für die **Zwangsvormerkung** (§§ 883, 885 BGB; vgl. auch § 140 Abs. 2 Satz 2 InsO), es sei denn, sie ist auf Verschaffung eines Sicherungsrechtes gerichtet (BGHZ 34, 254 [256 f.]; *Kuhn/Uhlenbruck* KO, § 30 Rz. 52 d; a. A. *Jaeger/Henckel* KO, § 30 Rz. 251 ff.). Auch die aufgrund eines **Anfechtungsanspruchs nach dem AnfG** erlangte Deckung soll nach dem als verbindlich anzusehenden § 16 Abs. 2 AnfG kongruent sein (kritisch hierzu mit Recht *Jaeger/Henckel* KO, Rz. 259).

F. Zahlungsunfähigkeit

27 Nach § 17 Abs. 2 Satz 1 InsO ist der Schuldner zahlungsunfähig, wenn er nicht in der Lage ist, die fälligen Zahlungspflichten zu erfüllen. Nach Satz 2 der Vorschrift ist dies i. d. R. bei Zahlungseinstellung anzunehmen. (Vgl. hierzu näher § 130 Rz. 36 ff. und § 17 InsO.)

G. Kenntnis des Gläubigers von Benachteiligung

28 Der Insolvenzverwalter hat im Fall des Abs. 1 Nr. 3 zu beweisen, daß dem Anfechtungsgegner zur Zeit der Rechtshandlung (§ 140 InsO) bekannt war, daß diese die späteren Insolvenzgläubiger benachteiligt. D. h. der Anfechtungsgegner muß davon Kenntnis haben, daß sich die Befriedigungsmöglichkeit der späteren Insolvenzgläubiger ohne jene Rechtshandlung günstiger gestaltet hätte (vgl. § 129 Rz. 36 ff.). Diese Kenntnis ist vorhanden, wenn er aufgrund der sich für ihn darstellenden wirtschaftlichen Lage des Schuldners nicht davon ausgehen konnte, daß das Vermögen des Schuldners zur Befriedigung aller seiner Gläubiger jetzt oder in absehbarer Zeit ausreichen wird (vgl. auch *BGH* ZIP 1995, 293 [296]; ZIP 1996, 1015). Maßgeblich ist dabei, inwieweit der Anfechtungsgegner über das Aktivvermögen des Schuldners, dessen Verbindlichkeiten, die Realisierbarkeit von Außenständen oder etwa auch seine Auftragslage informiert war. Handelt es sich bei der Schuldnerin um eine im Zeitpunkt der Rechtshandlung an sich wirtschaftlich gesunde Konzerngesellschaft, kann die Kenntnis vorliegen, wenn der

Anfechtungsgegner von dem drohenden wirtschaftlichen Zusammenbruch des Konzerns und seiner Bedeutung für die Schuldnerin weiß (*BGH* ZIP 1998, 793 [800]). Nach Abs. 2 Satz 1 genügt auch die Kenntnis von Umständen, die zwingend auf die Benachteiligung schließen lassen. Ein solcher Umstand kann insbesondere in der Bedeutung der Rechtshandlung für das Haftungsvermögen des Schuldners liegen. Kenntnis ist etwa dann zu bejahen, wenn ein eingeräumtes Grundpfandrecht praktisch das gesamte Vermögen des Schuldners erfaßt (*Jauernig* Insolvenzrecht, § 81 IV 2 c). Der Gläubiger muß positiv Kenntnis von diesen Umständen besitzen, ohne daß es jedoch darauf ankommt, ob er den daraus notwendigen Schluß auf die Benachteiligung auch gezogen hat. Gegenüber nahestehenden Personen (§ 138 InsO) wird dem Insolvenzverwalter dieser Beweis nach Abs. 2 Satz 2 abgenommen. Hier obliegt es den in § 138 genannten Personen den Gegenbeweis zu erbringen. An den Entlastungsbeweis sind dabei strenge Anforderungen zu stellen (vgl. *BGH* LM § 30 KO Nr. 12; ZIP 1984, 572, 580; *Jaeger/Henckel* KO, § 30 Rz. 266). Zur Zurechnung der Kenntnis s. § 130 Rz. 48 ff.

H. Beweislast

Der Insolvenzverwalter hat die Tatsache und den Zeitpunkt des Eröffnungsantrags, der 29 Deckungshandlung und deren Inkongruenz (vgl. hierzu *RG* JW 1936, 2406; *BGH* WM 1969, 888 [890]), der zumindest mittelbaren Benachteiligung (§ 129), der Zahlungsunfähigkeit (Nr. 2) und der Kenntnis der Benachteiligung durch den Insolvenzgläubiger (Nr. 3) darzutun und zu beweisen. Gegenüber nahestehenden Personen (§ 138 InsO) wird im Fall der Anfechtung nach Abs. 1 Nr. 3 gemäß Abs. 2 Satz 2 vermutet, daß sie die Gläubigerbenachteiligung kannten. Bei der Inkongruenz genügt es dabei, wenn die Unrichtigkeit der Behauptung des Insolvenzgläubigers, auf die dieser seinen Deckungsanspruch stützt, widerlegt wird (vgl. *RG* LZ 1911, 856). Wird eine Zahlung angefochten und macht der Gläubiger geltend, daß er Sachen, die ihm unanfechtbar zur Sicherheit übereignet waren, nach Befriedigung freigegeben hat, liegt der Beweis beim Verwalter, daß er wegen Nichtigkeit der Sicherungsübereignung Insolvenzgläubiger war (*RG* WarnR 1930 Nr. 185).

§ 132
Unmittelbar nachteilige Rechtshandlung → §§ 30, 33 KO

(1) Anfechtbar ist ein Rechtsgeschäft des Schuldners, das die Insolvenzgläubiger unmittelbar benachteiligt,
1. wenn es in den letzten drei Monaten vor dem Antrag auf Eröffnung des Insolvenzverfahrens vorgenommen worden ist, wenn zur Zeit des Rechtsgeschäfts der Schuldner zahlungsunfähig war und wenn der andere Teil zu dieser Zeit die Zahlungsunfähigkeit kannte oder
2. wenn es nach dem Eröffnungsantrag vorgenommen worden ist und wenn der andere Teil zur Zeit des Rechtsgeschäfts die Zahlungsunfähigkeit kannte.

(2) Einem Rechtsgeschäft, das die Insolvenzgläubiger unmittelbar benachteiligt, steht eine andere Rechtshandlung des Schuldners gleich, durch die der Schuldner ein Recht verliert oder nicht mehr geltend machen kann oder durch die ein vermögensrechtlicher Anspruch gegen ihn erhalten oder durchsetzbar wird.

(3) § 130 Abs. 2 und 3 gilt entsprechend.

§ 132 Wirkungen der Eröffnung des Insolvenzverfahrens

Inhaltsübersicht: Rz.

A. Einleitung 1–4
B. Rechtsgeschäft des Schuldners 5
C. Unmittelbare Benachteiligung 6
D. Gleichgestellte Handlungen (Abs. 2) 7
E. Anfechtungszeitraum 8
F. Beweislast 9

A. Einleitung

1   Die Vorschrift ist an § 30 Nr. 1 Fall 1 KO und im Fall der Nr. 2 insbesondere an § 10 Abs. 1 Nr. 4 GesO angelehnt. Sie gehört zur besonderen Insolvenzanfechtung. Anfechtbar ist ein Rechtsgeschäft des späteren Insolvenzschuldners, das die Masse unmittelbar benachteiligt, wenn es in den letzten **drei Monaten** vor dem Eröffnungsantrag vorgenommen wurde und der **Anfechtungsgegner** von der **tatsächlich** vorliegenden Zahlungsunfähigkeit des Schuldners **Kenntnis** hatte (§ 132 Abs. 1 Nr. 1 InsO). Ist das Rechtsgeschäft erst **nach** dem **Antrag** vorgenommen worden, genügt zusätzlich die **Kenntnis des Antrags** (§ 132 Abs. 1 Nr. 2 InsO).

2   Es handelt sich um einen Auffangtatbestand. Rechtsgeschäfte, die einem Insolvenzgläubiger eine Sicherung oder Befriedigung gewähren, fallen nicht unter § 132 Abs. 1 InsO, sondern unter die §§ 130, 131 InsO (Begr. RegE BT-Drucks. 12/2443, S. 159). Wird jedoch einem Nichtinsolvenzgläubiger, etwa dem Gläubiger eines Dritten eine Sicherung oder Befriedigung gewährt, ist eine Anfechtung nach § 132 möglich (*Jaeger/Henckel* KO, § 30 Rz. 103). Dies gilt jedoch nicht mehr für nachrangige Forderungen i.S.v. § 39 InsO, da diese im Gegensatz zu § 63 KO am Verfahren teilnehmen (vgl. *Kuhn/Uhlenbruck* § 30 Rz. 19).

3   Ist das Verpflichtungsgeschäft mangels ungleichwertiger Leistungen nicht nach § 132 anfechtbar, kommt eine Anfechtung der Deckung nach §§ 130, 131 InsO in Betracht, wenn der Leistungsaustausch nicht in zeitlichem Zusammenhang geschieht (vgl. § 142 InsO). Im übrigen entspricht die Vorschrift § 130 InsO. Entweder muß das Rechtsgeschäft in den letzten drei Monaten vor dem Eröffnungsantrag, in Kenntnis des Anfechtungsgegners von der vorliegenden Zahlungsunfähigkeit des Schuldners, oder nach dem Eröffnungsantrag in Kenntnis des Anfechtungsgegners von diesem oder der Zahlungsunfähigkeit des Schuldners, vorgenommen worden sein.

4   In Abs. 2 werden Rechtshandlungen den unmittelbar benachteiligenden Rechtsgeschäften gleichgestellt, aufgrund derer der Schuldner ein Recht verliert, nicht mehr geltend machen kann oder durch die ein vermögensrechtlicher Anspruch gegen ihn erhalten oder durchsetzbar wird.

B. Rechtsgeschäft des Schuldners

5   Im Unterschied zu § 30 Nr. 1 Fall 1 KO heißt es jetzt nicht mehr »eingegangenes«, sondern »vorgenommenes« Rechtsgeschäft, so daß jetzt neben mehrseitigen Rechtsgeschäften, wie Kauf-, Darlehens-, Vergleichs-, Bürgschafts-, Erlaß- und Schenkungsverträgen, auch einseitige Rechtsgeschäfte, wie die Kündigung oder ein ohne Annahmeerklärung wirksamer Verzicht erfaßt werden. Andere Rechtshandlungen sind

Unmittelbar nachteilige Rechtshandlung § 132

nicht nach § 132 Abs. 1 InsO anfechtbar. Auf geschäftsähnliche Handlungen, wie Mahnungen und Abtretungsanzeigen (vgl. *Palandt/Heinrichs* Überblick vor § 104 BGB Rz. 6) findet die Vorschrift deshalb keine Anwendung. Auch Prozeßhandlungen (vgl. § 129 Rz. 24) und Unterlassungen (vgl. § 129 Rz. 26) sind nicht nach Abs. 1 anfechtbar. Die Erfüllung vertraglicher Verpflichtungen gegenüber Nichtinsolvenzgläubigern ist gleichfalls anfechtbar (*Kuhn/Uhlenbruck* KO, § 30 Rz. 19). Unter § 132 InsO kann etwa das Einverständnis zwischen Insolvenzschuldner und Sicherungsnehmer über die Art der Verwertung des Sicherungsgutes (*BGH* ZIP 1997, 367) oder die Vereinbarung einer sozialplanähnlichen Betriebsvereinbarung fallen (*LAG München* BB 1987, 194).

C. Unmittelbare Benachteiligung

Eine unmittelbare Benachteiligung ist gegeben, wenn die Benachteiligung schon und allein durch das Rechtsgeschäft und nicht erst durch spätere Ereignisse bewirkt wird (vgl. § 129 Rz. 41). Unerheblich ist es deshalb, wenn der Schuldner die gleichwertige Gegenleistung nach Erhalt sofort verbraucht (RGZ 136, 152 [158]). Hierunter fallen insbesondere der Verkauf unter Wert (*RG* LZ 1908, 787); der Kauf zu überhöhtem Preis; Schenkungen oder sonstige unentgeltliche Verfügungen; der Tausch einer wertvolleren Sache; die Leihe für längere Zeit, die Darlehensgewährung zu unzulänglichem Zins; die Aufnahme eines Darlehens zu ungünstigen Bedingungen; der Rücktritt oder die Kündigung von für die Masse vorteilhaften Geschäften (vgl. *RG* WarnRspr 1931 Nr. 92); Erlaß (§ 397 Abs. 1 BGB) und negative Schuldanerkenntnisverträge (§ 397 Abs. 2 BGB), Bürgschaften, Vergleiche, die Eingehung von Wechselschulden (*Kuhn/Uhlenbruck* § 30 Rz. 18); Besicherung und Befriedigung fremder Schulden ohne vollwertige Gegenleistung oder vollwertigen Rückgriffsanspruch; Abschluß eines außergerichtlichen (§ 779 BGB), aber wegen dessen Doppelnatur, auch des gerichtlichen Vergleichs (vgl. *Zöller/Stöber* ZPO, § 794 Rz. 3). Löst die später insolvente Bank einen einfachen Scheck ein, liegt keine unmittelbare Benachteiligung vor, da die Bank Deckung durch das Guthaben des Ausstellers erhält (*Jaeger/Henckel* KO, § 34 Rz. 24). 6

D. Gleichgestellte Handlungen (Abs. 2)

§ 132 Abs. 2 InsO stellt den unmittelbar benachteiligenden Rechtsgeschäften bestimmte Rechtshandlungen des Schuldners gleich. Damit wird das Vorliegen der unmittelbaren Benachteiligung in den in Abs. 2 genannten Fällen unterstellt (Begr. RegE BT-Drucks. 12/2443, S. 159), nicht aber wird grundsätzlich darauf verzichtet (so aber *Jauernig* Insolvenzrecht, § 80 IV 3 c). § 129 InsO rechtfertigt nämlich nur die Anfechtung von Rechtshandlungen, welche die Gläubiger benachteiligen, da nur in diesen Fällen die Anfechtung der Masse zugute kommt. Auch müssen die übrigen Voraussetzungen des § 132 Abs. 1 InsO vorliegen. Abs. 2 soll vor allem Regelungslücken bei der Anfechtung von Unterlassungen (vgl. § 129 Abs. 1 InsO) des Schuldners im Bereich der besonderen Insolvenzanfechtung schließen und ist auch auf diese zugeschnitten (Begr. RegE BT-Drucks. 12/2443, S. 159). 7

– Rechte verliert: Unterlassen des Wechselprotestes und anschließendem Verlust von Rechten, die diesen voraussetzen; Nichtbehinderung der Ersitzung und Eigentumsverlust nach § 937 Abs. 1 BGB.

§ 133 *Wirkungen der Eröffnung des Insolvenzverfahrens*

– Recht nicht mehr geltend machen kann: Nichteinlegung von Rechtsmitteln oder Rechtsbehelfen (z. B. Einspruch gegen Versäumnisurteil nach § 338 ZPO) und deshalb Verlust eines aussichtsreichen Aktivprozesses; Unterlassen der Verjährungsunterbrechung; Unterlassen der Mängelrüge mit der Folge des § 377 Abs. 2 HGB.
– Anspruch erhalten wird: Unterbleiben rechtzeitiger Irrtumsanfechtung nach BGB.
– Anspruch durchsetzbar wird (zu ergänzen: oder bleibt): Unterlassen der Verjährungseinrede im Passivprozeß.

E. Anfechtungszeitraum

8 Das Rechtsgeschäft muß innerhalb der letzten **3 Monate** vor Eröffnung des Insolvenzverfahrens oder nach dem Eröffnungsantrag vorgenommen worden sein. Als Zeitpunkt der Vornahme gilt dabei der in § 140 InsO genannte. Ist das Rechtsgeschäft früher, aber gegenüber einer nahestehenden Person (§ 138 InsO) vorgenommen worden, ist eine Anfechtung nach § 133 Abs. 2 InsO in Betracht zu ziehen.

F. Beweislast

9 Die Kenntnis hat der Verwalter zu beweisen. Sie muß spätestens zu dem in § 140 InsO genannten Zeitpunkt vorliegen. Nach § 132 Abs. 3 gilt die Beweiserleichterung nach § 130 Abs. 2 InsO auch hier, ebenso die Beweislastumkehr nach § 130 Abs. 3 InsO zu Lasten nahestehender Personen (§ 138 InsO). Vgl. hierzu § 130 Rz. 34, 58.

§ 133
Vorsätzliche Benachteiligung → **§§ 31, 41 KO**

(1)¹Anfechtbar ist eine Rechtshandlung, die der Schuldner in den letzten zehn Jahren vor dem Antrag auf Eröffnung des Insolvenzverfahrens oder nach diesem Antrag mit dem Vorsatz, seine Gläubiger zu benachteiligen, vorgenommen hat, wenn der andere Teil zur Zeit der Handlung den Vorsatz des Schuldners kannte. ²Diese Kenntnis wird vermutet, wenn der andere Teil wußte, daß die Zahlungsunfähigkeit des Schuldners drohte und daß die Handlung die Gläubiger benachteiligte.
(2)¹Anfechtbar ist ein vom Schuldner mit einer nahestehenden Person (§ 138) geschlossener entgeltlicher Vertrag, durch den die Insolvenzgläubiger unmittelbar benachteiligt werden. ²Die Anfechtung ist ausgeschlossen, wenn der Vertrag früher als zwei Jahre vor dem Eröffnungsantrag geschlossen worden ist oder wenn dem anderen Teil zur Zeit des Vertragsschlusses ein Vorsatz des Schuldners, die Gläubiger zu benachteiligen, nicht bekannt war.

Vorsätzliche Benachteiligung **§ 133**

Inhaltsübersicht: Rz.

A. Einleitung 1– 4
B. Der Regelfall (§ 133 Abs. 1) 5–20
   I. Rechtshandlung 5– 8
   II. Vorsatz, seine Gläubiger zu benachteiligen 9–20
      1. Inkongruente Deckung 12–13
      2. Kongruente Deckung 14
      3. Sonstige Fälle 15
      4. Ausschluß des Vorsatzes 16
   III. Kenntnis des Anfechtungsgegners 17–19
   IV. Beweislast 20
C. Entgeltliche Verträge mit nahestehenden Personen (Abs. 2) 21–25
   I. Vertrag 21
   II. Entgeltlichkeit 22–23
   III. Ausschluß der Anfechtung 24
   IV. Beweislast 25

Literatur:

Berges Anm. zu BGH, Urt. v. 25. 09. 1952 – IV ZR 13/52 –, BB 1952, 868; *Häsemeyer* Aktuelle Tendenzen in der Rechtsprechung zur Konkurs- und Einzelanfechtung, ZIP 1994, 418 ff.; *Plander* Die Gewährung kongruenter Deckung und ihre Anfechtung wegen absichtlicher Gläubigerbenachteiligung, BB 1972, 1480.

A. Einleitung

Die Vorschrift entspricht im wesentlichen der Absichtsanfechtung nach § 31 KO und **1** § 10 Abs. 1 Nr. 1, 2 GesO. Sie deckt sich mit § 3 AnfG, so daß die zu dieser Vorschrift ergehenden Entscheidungen auch hier zur Auslegung herangezogen werden können. Der bisherige Ausdruck »Absicht« wurde durch den Begriff »Vorsatz« ersetzt und kodifiziert damit die weite Auslegung, die der Begriff »Absicht« durch Rechtsprechung und Lehre erfahren hat. Der geltende Rechtszustand wird insoweit hierdurch nicht geändert. (Begr. RegE BT-Drucks. 12/2443, S. 160).

Anstelle des **Dreißigjahreszeitraums** (§ 41 Abs. 1 Satz 3 KO) ist jetzt eine Frist von **2** **zehn** Jahren vorgesehen, die **von dem Eröffnungsantrag** und nicht von der Ausübung des Anfechtungsrechtes (KO) zurückgerechnet wird. Im übrigen beschränkt sich die Vorschrift darauf, dem Insolvenzverwalter die schwierige Beweisführung gegenüber § 31 Nr. 1 KO zu erleichtern, indem sich die Beweislast bzgl. der Kenntnis des Anfechtungsgegners von dem Benachteiligungsvorsatz zu dessen Lasten umkehrt, wenn er wußte, daß die Zahlungsunfähigkeit des Schuldners drohte (§ 18 Abs. 2 InsO) und die Handlung die Gläubiger benachteiligt. Der Nachweis der beiden Umstände wird kaum leichter zu führen sein, so daß sich die Beweissituation nicht verbessern dürfte (*Jauernig* Insolvenzrecht, § 81 II 1).

Weiterhin verschärft ist die Anfechtung entgeltlicher Verträge gegenüber nahen Angehö- **3** rigen (§ 31 Nr. 2 KO). Die in § 10 Abs. 1 Nr. 2 GesO vorgenommene Erweiterung auf alle Rechtshandlungen des Schuldners, wurde in § 133 InsO jedoch nicht übernommen. Die Beweislast wird nicht nur für die Kenntnis des Benachteiligungsvorsatzes, sondern auch für den Zeitpunkt des Vertragsschlusses umgekehrt, um der Gefahr betrügerischer

Rückdatierungen zu begegnen. Der Kreis der beweisbelasteten Personen wird mit den nahestehenden Personen (§ 138 InsO) gegenüber den nahen Angehörigen der KO wesentlich erweitert (so schon § 10 Abs. 1 Nr. 2 GesO). Im übrigen wurde der **Anfechtungszeitraum** von einem auf **zwei Jahre** ausgedehnt. Abs. 2 regelt einen Sonderfall der Vorsatzanfechtung, so daß die dort genannten entgeltlichen Verträge mit nahestehenden Personen auch nach Abs. 1 angefochten werden können (vgl. *Jaeger/Henckel* KO, § 31 Rz. 24).

4 § 133 enthält keinen Deliktstatbestand (*Jaeger/Henckel* KO, § 31 Rz. 1) und seine Rechtsfolge ist nicht auf Schadensersatz gerichtet (*BGH* LM Nr. 1 zu § 30 KO = BB 1952, 868 mit Anm. *Berges*). Daß der Schuldner bei Vornahme des Geschäfts einen dem Anfechtungsgegner bekannten Gläubigerbenachteiligungsvorsatz hatte, begründet nur dann die Nichtigkeit nach § 138 BGB, wenn besondere Umstände hinzukommen (*BGH* ZIP 1987, 1062).

B. Der Regelfall (§ 133 Abs. 1)

I. Rechtshandlung

5 Die Vorschrift erfaßt nur Rechtshandlungen (s. hierzu § 129 Rz. 19 ff.), die der Schuldner selbst vorgenommen hat oder bei denen er zumindest mitgewirkt hat (*BGH* WM 1965, 14; BB 1978, 1139 [1140]), nicht dagegen Rechtshandlungen anderer.

6 Anfechtbar ist eine **Vollstreckungsmaßnahme** gegen den Schuldner, wenn die Vollstreckung in einverständlichem Zusammenwirken mit dem Gläubiger betrieben worden ist (*BGH* WM 1959, 891 [893]; LM § 3 AnfG Nr. 12, z. B. Benachrichtigung des Gläubigers von den beabsichtigten Vollstreckungen anderer Gläubiger, Entstehen lassen eines Vollstreckungstitels durch Anerkenntnis, Geständnis, Terminsäumnis) oder wenn es der Schuldner bewußt unterlassen hat, erfolgversprechende Rechtsbehelfe zur Abwendung oder Aufhebung der Zwangsvollstreckung zu ergreifen (RGZ 47, 223 [224 f.]; 69, 165; WarnRspr 1917 Nr. 70, z. B. Unterlassen des Widerspruchs gegen Mahnbescheid). Eine Pfändung ist auch anfechtbar, wenn der Pfändungstitel eine vollstreckbare Urkunde ist, in der sich der Schuldner der sofortigen Zwangsvollstreckung für eine nicht bestehende Forderung unterworfen hat (*RG* Gruchot 50, 1140).

7 Der Eigentumserwerb durch Zuschlag in der **Zwangsversteigerung** ist nicht anfechtbar, weil weder das Meistgebot noch der Zuschlag Rechtshandlungen des Schuldners sind (*BGH* ZIP 1986, 926; kritisch *Jaeger/Henckel* KO, § 31 Rz. 2, der darauf abstellt, ob der Schuldner den Gläubiger veranlaßt hat, die Zwangsversteigerung zu betreiben und hierin eine anfechtbare Rechtshandlung sieht). Rechtshandlungen des Schuldners sind weiterhin der Empfang einer Leistung mit der seine Forderung erlischt, die Anweisung an den Schuldner an einen Dritten zu leisten oder die durch einen Strohmann vermittelte Zuwendung (*BGH* ZIP 1980, 346 = WM 1980, 598). Auch der Verkauf eines Vermögensgegenstandes zu einem angemessenen Preis ist anfechtbar, wenn der Anfechtungsgegner weiß, daß der Schuldner den Erlös den Gläubigern entziehen will und eine mittelbare Benachteiligung auch eintritt (Bargeschäft, vgl. § 142). Rechtshandlungen eines Vertreters werden dem Schuldner zugerechnet (vgl. § 129 Rz. 31).

8 Weiterhin erfordert § 133 Abs. 1 eine **objektive Benachteiligung**, die anders als in Abs. 2 auch mittelbar begründet sein kann (s. § 129 Rz. 36). Der gegebene, aber nicht verwirklichte Benachteiligungsvorsatz genügt allein nicht. Die objektive Benachteiligung muß sich nicht mit der, in den Vorsatz des Schuldners aufgenommenen und von

Vorsätzliche Benachteiligung **§ 133**

dem Anfechtungsgegner erkannten, Benachteiligung decken (*Jaeger/Henckel* KO, § 31 Rz. 8).

II. Vorsatz, seine Gläubiger zu benachteiligen

Vorsatz, die Gläubiger zu benachteiligen, ist wie im Strafrecht zu verstehen. D. h. der **9** Schuldner muß, um die benachteiligenden Folgen wissen und sie wollen, ohne daß dies gegen einen bestimmten Gläubiger gerichtet zu sein braucht (RGZ 26, 13; *BGH* LM § 3 AnfG Nr. 11). Es reicht bedingter Benachteiligungsvorsatz, d. h. es genügt, wenn der Nachteil als mutmaßliche Folge des Handelns erkannt und gebilligt wurde (*BGH* ZIP 1997, 853 [855]; *BGH* ZIP 1997, 423; *BGH* ZIP 1994, 40; *BGH* LM 3 zu KO § 31; *BGH* KTS 1969, 246 f.). Hat er die Benachteiligung für möglich gehalten, aber ihren Nichteintritt erwartet oder gewünscht, ist kein Vorsatz gegeben (RGZ 33, 120, 124; *BGH* WM 1969, 374). Die Benachteiligung muß nicht (ausschließliches) Ziel der Handlung gewesen zu sein (BGHZ 131, 189 [195] = ZIP 1996, 83 [86]; ZIP 1998, 830 [835]; WM 1962, 1371), vielmehr genügt es, wenn Motiv und Anlaß völlig andere waren (*BGH* MDR 1962, 1371; BGHZ 12, 232 [238]; WM 1969, 374). Aus dem objektiven Vorliegen der Gläubigerbenachteiligung allein kann nicht auf den Vorsatz geschlossen werden (*BGH* ZIP 1998, 248 [251]; WM 1985, 295). Das bloße Wissen um die Benachteiligung reicht, außer bei der Inkongruenz nicht aus (*RGZ* 162, 292 [297]; DR 1940, 874), kann jedoch Indiz für den Vorsatz sein (*BGH* WM 1960, 546; *KG* ZIP 1983, 593; *Jaeger/Henckel* KO, § 31 Rz. 10). Gleiches gilt für das Bewußtsein der schon vorhandenen Zahlungsunfähigkeit oder Vermögensunzulänglichkeit (*Jaeger/Henckel* KO, § 31 Rz. 10).

Bei der Beurteilung des Vorsatzes kann es darauf ankommen, welche anderen Gläubiger **10** noch vorhanden, wie hoch deren Forderungen und wann diese fällig waren (*RG* Urt. v. 05. 12. 1919 VII 279/19). Der Vorsatz muß spätestens zu dem in § 140 genannten Zeitpunkt vorliegen. Hat der Schuldner in diesem Zeitpunkt noch keine Gläubiger, kommt es darauf an, ob sein Vorsatz auf die Benachteiligung zukünftiger Gläubiger gerichtet ist (*RG* ZZP 60, 426; *BGH* KTS 1964, 243; ZIP 1983, 1008). Der Vorsatz eines gewillkürten Vertreters wird entsprechend § 166 BGB zugerechnet (vgl. RGZ 58, 347; BGHZ 22, 128 [134 f.]). Ausreichend ist der Vorsatz des Alleingeschäftsführers des Anfechtungsgegners, wenn dieser aufgrund eines Betriebsführervertrages auch die Interessen des Schuldners wahrzunehmen hat (*BGH* ZIP 1995, 1021 [1028]).

Ob Benachteiligungsvorsatz im Einzelfall vorliegt, hat der Tatrichter aufgrund des **11** Gesamtergebnisses der Verhandlung und einer etwaigen Beweisaufnahme zu entscheiden (*BGH* ZIP 1997, 853 [855]). Dabei muß er auf die Sicht der Beteiligten im Zeitpunkt der Vornahme der Rechtshandlung abstellen und muß damals bestehende Unsicherheiten in Bewertungsfragen mit berücksichtigen (*BGH* ZIP 1998, 248 [250]). Die Sicht des Schuldners über seine wirtschaftliche Lage ist auch dann maßgeblich, wenn sie objektiv nicht zutrifft (*BGH* WM 1985, 295). Das Urteil muß erkennen lassen, daß der Begriff des Benachteiligungsvorsatzes zutreffend verwandt sowie die entscheidungserheblichen Umstände erschöpfend berücksichtigt und gewürdigt worden sind (*BGH* ZIP 1991, 807 [809]; ZIP 1993, 276 [278]; ZIP 1994, 40 [44]). Dies ist nicht der Fall, wenn sich das Gericht bei der Beurteilung des Vorsatzes nicht mit der Behauptung des Anfechtungsgegners auseinandersetzt, ein vor Abschluß des Kaufvertrags eingeschalteter Makler habe ein Grundstück abweichend vom gerichtlichen Sachverständigen beurteilt (ZIP 1996, 83 [86]).

1. Inkongruente Deckung

12 Die Gewährung einer inkongruenten Deckung ist ein starkes Beweisanzeichen dafür, daß der Schuldner Benachteiligungsvorsatz hatte (BGHZ 123, 320 [326]; *BGH* WM 1965, 85 [87]; *OLG Düsseldorf* KTS 1988, 555). Dies rechtfertigt sich aus der Überlegung, daß nach allgemeiner Lebenserfahrung Schuldner nicht bereit sind, anderes oder gar mehr zu leisten, als sie schulden. Hier müssen im allgemeinen auch für den Anfechtungsgegner erkennbare besondere Umstände vorliegen (*BGH* ZIP 1997, 513 [515]). Die Beweiserleichterung gilt dabei unabhängig davon, ob sich der Schuldner in einer Liquiditätskrise befand (*BGH* ZIP 1998, 830 [835]). Bei inkongruenten Deckungen ist zusätzlich eine Anfechtung nach § 131 InsO in Betracht zu ziehen. Dabei ist insbesondere § 131 Abs. 1 Nr. 3 InsO in Betracht zu ziehen, da die Vorschrift auf die bisherige Rechtsprechung zur Absichtsanfechtung inkongruenter Deckungen zurückzuführen ist (vgl. Begr. RegE BT-Drucks. 12/2443, S. 159). Unabhängig von Kongruenz und Inkongruenz liegen Vorsatz und Kenntnis des Anfechtungsgegners vor, wenn die Vertragschließenden zu dem Zweck zusammengewirkt haben, um bei Konkursreife Sicherungsgut dem Sicherungsnehmer zu verschaffen und damit den übrigen Gläubigern zu entziehen (*BGH* ZIP 1998, 830 [835]; ZIP 1996, 1977; ZIP 1993, 521).

13 Der Vorsatz kann jedoch auch hier ausgeschlossen sein, wenn die Umstände des Einzelfalls ergeben, daß die angefochtene Rechtshandlung von einem anderen, anfechtungsrechtlich unbedenklichen Willen geleitet war und das Bewußtsein der Benachteiligung anderer Gläubiger infolgedessen in den Hintergrund getreten ist (*BGH* ZIP 1993, 276 [279]; *OLG Hamm* NJW-RR 1987, 585). Ist etwa das Ausmaß der Inkongruenz nur gering (z. B. Zahlung 4 Wochen vor Fälligkeit) oder besteht sie nur in Teilen (z. B. Mitbesicherung von Altkrediten), so verliert sie als Beweisanzeichen an Bedeutung (*BGH* ZIP 1997, 853 [855]; ZIP 1993, 276 [279]; ZIP 1998, 248 [250]). Weiterhin kann der Vorsatz entfallen, wenn er den notwendigen laufenden Unterhalt für sich und seine Familie erlangen wollte (*RG* JW 1905, 442; vgl. aber auch *BGH* WM 1955, 407) oder er dem drängenden Verlangen eines Gläubigers auf Befriedigung seiner Forderung nachgegeben hat (RGZ 57, 163; JW 1906, 391; Gruchot 51, 398). Entgegen *BAG* WM 1967, 1177 genügt hierfür nicht die Erfüllung einer sozialen Anstandspflicht (*Weber* Anm. zu AP Nr. 1 zu § 29 KO; *Jaeger/Henckel* KO, § 31 Rz. 14). Die Inkongruenz verliert auch dann als Beweisanzeichen an Bedeutung, wenn die Deckungshandlung der **Unternehmenssanierung** diente und der Schuldner nicht mit deren Scheitern rechnen mußte (*BGH* ZIP 1993, 276 [279]; ZIP 1991, 807 [809]) oder der Fehlschlag etwa nur im Bereich des entfernt Möglichen lag (*RG* HRR 30, 168; 37, 834; WarnRspr. 29 Nr. 164; vgl. *BGH* NJW 1969, 1719; NJW 1971, 1702). Zu fordern ist hierfür ein in sich schlüssiges Konzept, das von den erkannten und erkennbaren tatsächlichen Gegebenheiten ausgeht, jedenfalls in den Anfängen schon in die Tat umgesetzt ist und infolgedessen auf seiten des Schuldners eine ernsthafte und begründete Aussicht auf Erfolg rechtfertigt (*BGH* ZIP 1993, 276 [279]; ZIP 1984, 572). Für die Frage der Erkennbarkeit der Ausgangslage als auch der Durchführbarkeit ist auf die eines unvoreingenommenen – nicht notwendigerweise unbeteiligten –, branchenkundigen Fachmanns abzustellen, dem die vorgeschriebenen und üblichen Buchhaltungsunterlagen zeitnah vorliegen (*BGH* ZIP 1998, 248 [251]). Schießt der Alleingesellschafter eigenes Vermögen trotz unzureichenden Sanierungsplanes zu, ist dies ein Indiz für seine fehlende Gläubigerbenachteiligungsabsicht (*BGH* ZIP 1998, 248 [252]).

Vorsätzliche Benachteiligung **§ 133**

2. Kongruente Deckung

Bei einer kongruenten Deckung sind strengere Anforderungen an die Feststellung des Vorsatzes zu stellen und eine Anfechtung kommt nur dann in Betracht, wenn es dem Schuldner weniger auf die Erfüllung seiner Vertragspflichten als auf Entziehung von Zugriffsobjekten zu Lasten der Gläubiger angekommen ist (RGZ 57, 161 [163]; 153, 352; BGHZ 12, 232 [238]; *BGH* ZIP 1998, 793 [798]; ZIP 1993, 521). Dies wird regelmäßig nur anzunehmen sein, wenn der Schuldner seine übrigen Gläubiger in unlauterer Weise benachteiligen wollte (so *Jaeger/Henckel* KO, § 31 Rz. 7c). Vorsatz ist hier bei einer Kollusion zwischen Schuldner und Gläubiger anzunehmen (*BGH* WM 1959, 891), z.B. wenn der Schuldner vereinbarungsgemäß die Befriedigung anderer Gläubiger durch unnötige Prozesse bis zur Fälligkeit der Gläubigerforderung hinausgeschoben hat (*Plander* BB 1972, 1480, 1485 f.). Gleiches gilt, wenn der Schuldner Gläubiger befriedigt oder sichert, von denen er sich Vorteile für die Zeit nach der Insolvenzeröffnung verspricht, etwa im Rahmen einer Auffanggesellschaft oder bei der Begründung einer neuen wirtschaftlichen Existenz verspricht (*Kuhn/Uhlenbruck* KO, § 31 Rz. 7c) oder die Hausbank ihn in Kenntnis der Krise zwingt, aufgrund ihrer AGB Sicherheiten zu stellen oder zu erweitern (*Kuhn/Uhlenbruck* KO, § 31 Rz. 8). Diese Regel kehrt sich um, wenn bereits längere Zeit vor der Krise der Anspruch auf Erbringung oder Erweiterung einer Sicherheit begründet worden ist (*BGH* ZIP 1993, 271), selbst wenn der Schuldner eine solche Sicherungsabrede nur irrig für wirksam hielt (ZIP 1991, 807 = WM 1991, 1273).

14

3. Sonstige Fälle

Ein deutliches Indiz für den Vorsatz des Schuldners ist auch gegeben, wenn sich die Rechtshandlung als **unentgeltliche Verfügung** eines illiquiden oder überschuldeten Schuldners darstellt und für diese Zuwendung eine sittliche Verpflichtung oder sonst ein anerkennenswertes Motiv nicht erkennbar ist (*OLG Düsseldorf* ZIP 1992, 1488 [1490]). Ebenso, wenn der Schuldner die Leistung aufgrund einer früheren Vereinbarung als unentgeltlich hätte beanspruchen können (*BGH* ZIP 1995, 297 [299]). Gleiches gilt für eine gläubigerbenachteiligende Vereinbarung, etwa die Bestellung einer Sicherheit, die **gezielt für den Insolvenzfall** abgeschlossen worden ist (BGHZ 124, 76 [82] = ZIP 1994, 40; *BGH* ZIP 1993, 521). Dies gilt bei der Einräumung eines unwiderruflichen Bezugsrechts an einer Lebensversicherung auch dann, wenn der Schuldner weniger eine Gläubigerbenachteiligung, als eine Sicherung der Altersversorgung im Sinn gehabt hat (*OLG Düsseldorf* ZIP 1996, 1476 [1477]). Bei einer sofort wirksamen und unbedingten **Sicherheitenbestellung** ist entscheidend, ob der Sicherungsgeber den Eintritt der Insolvenz während der Dauer des Sicherungsgeschäfts konkret für wahrscheinlich hielt. Allein der Umstand der Gewährung einer Sicherheit genügt auch dann nicht für den Vorsatz, wenn der Sicherungsnehmer ein mitbeherrschender Gesellschafter ist (*BGH* ZIP 1997, 1596 [1600]). Tritt der Schuldner alle Ansprüche an einen Treuhänder zur Unternehmenssanierung ab, ist Vorsatz gegeben, wenn das **Sanierungskonzept** eine ungleiche Befriedigung der Gläubiger anstrebt und diese nicht alle diesem Konzept zugestimmt haben (*OLG Hamm* ZIP 1996, 1140).

15

4. Ausschluß des Vorsatzes

16 Die Hoffnung, durch Steigerung des Geschäftsumsatzes zukünftig höhere Gewinne erzielen zu können (*BGH* WM 1960, 546) oder die Überzeugung, daß die Aktiven die Passiven übersteigen (*BGH* WM 1961, 387 [388]) schließen den Vorsatz nicht unbedingt aus. Unerheblich ist auch, ob der Schuldner auch andere Gläubiger befriedigt, sofern andere, noch nicht fälligen Verbindlichkeiten vorhanden sind (*BGH* ZIP 1995, 1021 [1029]). Der Vorsatz kann jedoch fehlen, wenn der Schuldner persönlich annahm, eine ihm erbrachte Leistung sei gleichwertig auszugleichen (*BGH* ZIP 1992, 109) oder ein veräußertes Grundstück sei über seinen Wert hinaus belastet (*OLG Nürnberg* KTS 1966, 250), wenn er Mietzinsforderungen abtritt, um aus dem Erlös die laufenden Lasten zu decken und dadurch dessen Zwangsversteigerung abzuwenden (*RG* LZ 1915, 629 Nr. 29), wenn er sein Grundstück veräußert, um die Pfändung künftiger Mietzinsen durch persönliche Gläubiger zu verhindern und sie damit dem Zugriff der Grundpfandgläubiger nach §§ 1123, 1124 BGB zu erhalten (RGZ 64, 339 [343]), wenn er Forderungen abtritt, um den Bezug von für die Fortsetzung seines Betriebes notwendigen Materials zu sichern (*OLG Frankfurt/M* LZ 1909, 89 Nr. 7) oder wenn er Sicherheiten gewährt, um einen wichtigen Vertragspartner von einer zumindest aus Sicht des Schuldners berechtigten Vertragsauflösung abzuhalten (*BGH* ZIP 1998, 830 [835f.]). Selbst objektiv aussichtslose Unternehmenssanierungen können die Annahme des Vorsatzes nicht rechtfertigen, solange der Schuldner subjektiv bestrebt ist, sein Unternehmen zu retten (*Jaeger/Henckel* KO, § 31 Rz. 12). Anfängliche Sanierungsabsichten der Treuhandanstalt schließen jedoch den Vorsatz nicht aus, wenn ein Unternehmen objektiv nicht sanierungsfähig war (*BGH* ZIP 1995, 1021 [1029]). Zu fordern ist vielmehr ein in sich schlüssiges und erfolgversprechendes Sanierungskonzept (*BGH* ZIP 1993, 276 [279]; ZIP 1984, 572).

III. Kenntnis des Anfechtungsgegners

17 Anfechtungsgegner ist jeder, der den nach § 143 zurückzugewährenden Wert erhalten hat, ohne daß es sich hierbei um einen Vertragspartner (vgl. *Jaeger/Henckel* KO, § 31 Rz. 19) oder einen Insolvenzgläubiger des Schuldners handeln muß. Er muß nur Kenntnis von dem Benachteiligungsvorsatz des Schuldners, nicht auch selbst Benachteiligungsvorsatz haben (*BGH* ZIP 1985, 1008). Hat nur der Anfechtungsgegner, nicht auch der Schuldner Benachteiligungsvorsatz, scheidet eine Anfechtung aus (*RG* LZ 14, 1895; *BGH* WM 1957, 902; *BGH* ZIP 1985, 1008). Der Vorsatz muß nur im allgemeinen, nicht aber die Art und Weise seiner Verwirklichung erkannt worden sein (*RG* JW 1902, 24). Es ist positive Kenntnis erforderlich, Kennenmüssen genügt nicht (*Kuhn/Uhlenbruck* KO, § 31 Rz. 14). Dabei reicht es aus, wenn diejenigen Tatsachen bekannt sind, die bei objektiver Betrachtung die Annahme des Vorsatzes rechtfertigen (*BGH* ZIP 1998, 248 [253]; WM 1961, 389). Neben den Fällen der Kollusion ist die Gewährung einer inkongruenten Deckung ein starkes Beweisanzeichen für die Kenntnis des Anfechtungsgegners von dem Benachteiligungsvorsatz (BGHZ 123, 320 [326] = ZIP 1993, 1653; *BGH* WM 1961, 387 [389]; ZIP 1985, 1008; ZIP 1998, 793 [800]). Dies gilt dabei unabhängig davon, ob sich der Schuldner im Zeitpunkt der Rechtshandlung in einer Liquiditätskrise befand (ZIP 1998, 830 [835]). Es kann jedoch entkräftet sein, wenn der Anfechtungsgegner annimmt, die Leistung beanspruchen zu dürfen (*BGH* WM 1990, 1588). Eine kongruente Deckung schließt Kenntnis nicht aus, wenn besondere Umstände

Vorsätzliche Benachteiligung § 133

hinzukommen (RGZ 51, 76 [79]). Die Kenntnis muß spätestens zu dem in § 140 InsO genannten Zeitpunkt vorliegen.

Die Kenntnis wird vermutet, wenn der Anfechtungsgegner vom Drohen der Zahlungsunfähigkeit und der Gläubigerbenachteiligung (hierzu § 131 Rz. 28) wußte (Abs. 1 Satz 2). Er wird um das Drohen der Zahlungsunfähigkeit wissen, wenn er die Tatsachen kennt, die den Schluß darauf zulassen, daß der Schuldner voraussichtlich die bestehenden Zahlungspflichten bei Fälligkeit nicht erfüllen kann (vgl. § 18 Abs. 2 InsO). 18

Die **Kenntnis eines Stellvertreters** ist entsprechend § 166 BGB zuzurechnen (vgl. § 130 Rz. 48 ff.). Im Rahmen von § 133 InsO kommt es dabei für die Anwendung von § 166 Abs. 2 BGB darauf an, ob der Vertretene Gegenstand und Inhalt des Geschäfts so festgelegt hat, daß es Gläubigerbenachteiligung bewirkt (*Jaeger/Henckel* KO, § 31 Rz. 20). Überträgt der Schuldner mit Benachteiligungsvorsatz dem seiner elterlichen Sorge unterliegenden Kind schenkungsweise einen Vermögensgegenstand, muß das Kind Kenntnis vom Vorsatz haben, wenn es selbst die seinerseits erforderlichen Willenserklärungen abgegeben hat (*BGH* ZIP 1985, 690). 19

IV. Beweislast

Der Insolvenzverwalter hat die Tatsachen, aus denen sich die Rechtshandlung des Schuldners oder sein Mitwirken bei der Vornahme durch einen anderen, dessen Benachteiligungsvorsatz, die Kenntnis hiervon beim Anfechtungsgegner und die objektive Gläubigerbenachteiligung zu beweisen. Der Beweis wird ihm in den Fällen der Verschleuderung, der inkongruenten Deckung und nach Abs. 2 Satz 2 erleichtert. 20

C. Entgeltliche Verträge mit nahestehenden Personen (Abs. 2)

I. Vertrag

Vertrag i.S.v. § 132 InsO ist jeder auf wechselseitiger Willensübereinstimmung beruhende Erwerbsvorgang, ohne daß es sich dabei um einen Vertrag i.S.d. BGB handeln muß (*Kilger/Karsten Schmidt* KO, § 31 Rz. 10a). Hierunter fallen etwa schuldrechtliche (*RG* Gruchot 31, 1120: Leibrentenvertrag; *RG* JW 1899, 540: Miet- und Pachtvertrag; RGZ 12, 66ff.: Schuldanerkenntnis; *RG* JW 1888, 383; 1889, 20: Teilungsvertrag; RGZ 26, 74; SeuffArch 45 Nr. 231: Hingabe eines Wechsels), dingliche (*BGH* ZIP 1982, 856: Grundstücksübertragung; RGZ 6, 85; 9, 103; 29, 299; JW 1897, 466; 1898, 664; 1912, 307; LZ 15, 637: Pfand- und Hypothekenbestellung; *RG* Gruchot: 54, 623: Sicherungsübereignungen), güterrechtliche (*OLG Zweibrücken* OLGZ 1965, 304) und Gesellschaftsverträge (*RG* LZ 15, 300), Geben und Nehmen einer Leistung als Erfüllung (RGZ 27, 134; 29, 300; 51, 76; 62, 45; WarnRspr 1915 Nr. 64; *BGH* ZIP 1990, 459), Hingabe an Erfüllungs Statt (*RG* JW 1897, 170; LZ 1913, 311), Zwangsvollstreckungsakte (nur) dann, wenn sie in kollusivem Einvernehmen mit dem Schuldner erfolgen (RGZ 47, 224, 225; JW 1898, 52; LZ 1909, 692; *OLG Naumburg* LZ 1913, 324 Nr. 7) oder die Gewährung einer vollstreckbaren Urkunde für eine Forderung (RGZ 9, 100 [103]). 21

II. Entgeltlichkeit

22 Entgeltlich ist der Vertrag, wenn der Erwerb des anderen Teils in seiner Endgültigkeit von einer ausgleichenden Zuwendung des anderen Teils rechtlich abhängig ist (*RG* DJ 40, 654). Es genügt dabei jeder wirtschaftliche Vorteil (*Kuhn/Uhlenbruck* KO, § 31 Rz. 18), z.B. Zahlungserleichterung, Teilerlaß, Stundung, Kreditgewährung, Rücknahme einer Kündigung. Bei reinen Erfüllungsgeschäften liegt diese in der Schuldbefreiung (RGZ 27, 134; 50, 137; 51, 76; 62, 45; WarnRspr 1915 Nr. 64; BGHZ 58, 240 [244f.]; *BGH* ZIP 1990, 459; 1995, 1021 [1024]; RGZ 67, 392: auch bei klagloser Schuld; a.A. *Jaeger/Henckel* KO, § 31 Rz. 26, der nur das Grundgeschäft betrachtet). Auch wenn keine Verpflichtung zur Bestellung einer Sicherheit besteht, kann diese entgeltlich sein (*RG* 29, 300; WarnRspr 33 Nr. 158; Beachte auch § 131). Beiträge zu Anschaffungen des Ehegatten sind entgeltlich, wenn diese, insbesondere bei Kfz oder Hausrat, vom Schuldner mitbenutzt werden sollen (*Jaeger/Henckel* KO, § 31 Rz. 26). Für die Entgeltlichkeit genügt es nicht, daß ein Kommanditist, der eine Verbindlichkeit der KG sichert, im gesamthänderischen Verbund der Gesellschafter von Verbindlichkeiten der KG betroffen ist (*LG Hamburg* ZIP 1992, 1251 [1252]). Die Unentgeltlichkeit des Vertrages und insbesondere der Umstand, daß die Entgeltlichkeit nicht festgestellt werden kann, steht der Anfechtung nach § 133 Abs. 2 nicht entgegen, da unentgeltliche Leistungen nach § 134 unter weiteren Voraussetzungen anfechtbar sind und damit erst recht nach § 133 Abs. 2 anfechtbar sein müssen.

23 Der Schuldner oder sein Stellvertreter muß mit der anderen Vertragspartei oder deren Stellvertreter in einem in § 138 genannten Verhältnis stehen (vgl. Kommentierung dort) und die Gläubiger müssen durch den Abschluß des Vertrages unmittelbar benachteiligt werden.

III. Ausschluß der Anfechtung

24 Die Anfechtung ist ausgeschlossen, wenn der Vertrag mehr als zwei Jahre **vor** dem Eröffnungsantrag (§ 13 InsO) geschlossen worden ist oder dem Anfechtungsgegner der Benachteiligungsvorsatz des Anfechtungsgegners nicht bekannt war (Satz 2). Für beide Ausschlußtatbestände ist der Anfechtungsgegner darlegungs- und beweispflichtig. Dies findet seine Rechtfertigung darin, daß gegenüber nahestehenden Personen vermutet werden kann, daß sie mit den Verhältnissen des Gemeinschuldners vertraut waren und entsprechendes Insiderwissen besitzen. Der Vertrag ist in dem in § 140 InsO genannten Zeitpunkt geschlossen. Zur Berechnung der Frist vgl. § 139 InsO.

IV. Beweislast

25 Der Insolvenzverwalter hat nur zu behaupten und zu beweisen, daß ein entgeltlicher Vertrag geschlossen worden ist, daß der Anfechtungsgegner zu dem in § 138 InsO genannten Personenkreis gehört, und daß eine unmittelbare Gläubigerbenachteiligung eingetreten ist. Für die in § 133 Abs. 2 Satz 2 InsO genannten Ausschlußgründe ist der Anfechtungsgegner beweispflichtig.

§ 134
Unentgeltliche Leistung → § 32 KO

(1) Anfechtbar ist eine unentgeltliche Leistung des Schuldners, es sei denn, sie ist früher als vier Jahre vor dem Antrag auf Eröffnung des Insolvenzverfahrens vorgenommen worden.
(2) Richtet sich die Leistung auf ein gebräuchliches Gelegenheitsgeschenk geringen Wertes, so ist sie nicht anfechtbar.

Inhaltsübersicht: Rz.

A. Allgemeines 1– 5
B. Unentgeltliche Leistung 6–17
C. Gratifikationen und Betriebliche Altersversorgung 18–19
D. Zuwendungen an Ehegatten oder Familienangehörige 20–22
E. Schenkung 23–25
F. Mittelbare Zuwendung 26
G. Verträge zugunsten Dritter 27–29
H. Gebräuchliches Gelegenheitsgeschenk (Abs. 2) 30–31
I. Zeitpunkt der Zuwendung und Beweislast 32–34

A. Allgemeines

Die Vorschrift behandelt die bisher in § 32 KO und § 10 Abs. 1 Nr. 3 GesO geregelte **1** Schenkungsanfechtung. Der Gebrauch der Worte »unentgeltliche Leistung« statt »unentgeltliche Verfügungen« (§ 32 Nr. 1 KO) soll in Übereinstimmung mit der Rechtsauffassung zur KO deutlich machen, daß der Tatbestand nicht nur rechtsgeschäftliche Verfügungen im engen materiell-rechtlichen Sinn erfaßt. Die übliche Bezeichnung »Schenkungsanfechtung« wird vermieden, weil der Begriff »unentgeltliche Leistung« weiter ist als derjenige der »Schenkung« i. S. d. § 516 BGB. Schenkungen i. S. d § 516 BGB sind aber immer unentgeltliche Leistungen i. S. d. § 134 InsO.
Die Schenkungsanfechtung bezweckt nicht die Durchsetzung des Prinzips der gleichen **2** Behandlung aller Gläubiger, sondern will aus Billigkeitsgründen dem Insolvenzverwalter die Möglichkeit geben, unentgeltliche Leistungen des Schuldners in den letzten vier Jahren vor Eröffnung des Insolvenzverfahrens zugunsten der Insolvenzgläubiger rückgängig zu machen.
Die geringere Bestandskraft unentgeltlichen Erwerbs (vgl. §§ 528, 816 Abs. 1 Satz 2, **3** 822, 988 BGB) rechtfertigt es, den Anfechtungszeitraum allgemein auf vier Jahre zu erweitern, wobei auch hier der Eröffnungsantrag den Ausgangspunkt für die Berechnung bilden soll. Darüber hinaus wird die Beweislast für den Zeitpunkt des Rechtserwerbs umgekehrt, um betrügerische Rückdatierungen rückgängig zu machen. Aufgrund der Ausdehnung des Anfechtungszeitraums auf vier Jahre ist eine unterschiedliche Regelung für den Ehegatten des Schuldners oder für alle nahestehenden Personen nicht mehr erforderlich (vgl. § 32 Nr. 2 KO, § 10 Abs. 1 Nr. 3 GesO).
Die in § 32 KO vorgesehene Ausnahme für gebräuchliche Gelegenheitsgeschenke ist **4** von der Rechtsprechung sehr weit ausgelegt worden. Um dem für die Zukunft vorzubeugen, wird diese Ausnahme in § 134 Abs. 2 InsO ausdrücklich auf Gegenstände »geringen Werts« beschränkt (Begr. RegE BT-Drucks. 12/2443, S. 160 [161]).

5 Der unentgeltlichen Leistung gleichgestellt ist gemäß § 322 InsO im Nachlaßinsolvenzverfahren die Erfüllung von Pflichtteilsansprüchen, Vermächtnissen, Auflagen und Erbersatzansprüchen nach § 1934b Abs. 2 BGB (*Kilger/Karsten Schmidt* KO, § 222 Anm. 1) durch den Erben.

B. Unentgeltliche Leistung

6 Zu den unentgeltlichen Leistungen gehören nicht nur Verfügungen, sondern auch verpflichtende Rechtsgeschäfte und Rechtshandlungen (vgl. zur KO insbesondere BGHZ 41, 298 f.), sowie jede Vermögensentäußerung, das Unterlassen eines Widerspruchs gegen einen Mahnbescheid und die Nichtunterbrechung einer Verjährungs-, Ersitzungs- oder Ausschlußfrist (*Kuhn/Uhlenbruck* KO, § 32 Rz. 2). Da sich an der Rechtsauffassung zur KO hinsichtlich der unentgeltlichen Verfügung nichts ändert, liegt eine unentgeltliche Leistung (wie auch eine unentgeltliche Verfügung) dann vor, wenn ein Vermögenswert des Verfügenden zugunsten einer anderen Person aufgegeben wird, ohne daß dem Verfügenden ein entsprechender Gegenwert zufließen soll (*Kilger/ Karsten Schmidt* KO, § 32 Anm. 2). Es kommt dabei weniger auf objektive Gleichwertigkeit an, als vielmehr darauf, ob die Beteiligten den Gegenwert als ausgleichend erachtet haben (*Jaeger/Henckel* KO, § 32 Rz. 12, *Kilger/Karsten Schmidt* KO, § 32 Anm. 2, BGHZ 71, 61). Den Parteien steht dabei ein Bewertungsspielraum zu (*BGH* ZIP 1993, 1170). Soweit dieser überschritten ist, unterliegt die Verfügung der Schenkungsanfechtung (*BGH* ZIP 1998, 830 [836]; ZIP 1992, 1089). Notverkäufe unter Wert sind keine unentgeltlichen Leistungen (*Kilger/Karsten Schmidt* KO, § 32 Anm. 2). Die unentgeltliche Leistung setzt weder eine vertragliche Einigung über die Unentgeltlichkeit noch eine Bereicherung des Zuwendungsempfängers voraus (RGZ 92, 228). So kann z.B. eine unentgeltliche Leistung in der Zuwendung an einen Dritten, der den ihm überlassenden Vermögenswert in bestimmter Weise verwenden soll, liegen (*Kilger/ Karsten Schmidt* KO, § 32 Anm. 2).

7 Eine Leistung ist dann **nicht unentgeltlich**, wenn der Schuldner zu der mit ihr erbrachten Leistung verpflichtet war, da er dann seine eigene Schuld tilgt (*Gerhardt/Kreft* Aktuelle Probleme der Insolvenzanfechtung, S. 110). Eine unentgeltliche Leistung liegt auch dann nicht vor, wenn der Schuldner eine gesetzliche Verpflichtung zur Leistung irrtümlich annimmt (BGHZ 71, 61 [69]), oder wenn der Schuldner eine fremde Schuld aufgrund einer von ihm übernommenen Verpflichtung tilgt (*BGH* WM 1964, 590). Dagegen können verpflichtende Rechtsgeschäfte nach § 134 InsO anfechtbar sein, wenn sie unentgeltlich erfolgen (BGHZ 41, 298 [299], krit. *Jaeger/Henckel* KO, § 32 Rz. 29; ausführlich *Kuhn/Uhlenbruck* KO, § 32 Rz. 5a). Keine Entgeltlichkeit begründet die irrtümliche Annahme des Leistungsempfängers, er habe dem Schuldner einen Gegenwert für die Leistung erbracht. Unerheblich sind auch einseitige Vorstellungen des Insolvenzschuldners über mögliche wirtschaftliche Vorteile der Zuwendung, deren Eintritt nicht rechtlich von der Zuwendung abhängig ist (*BGH* ZIP 1991, 35).

8 Unentgeltliche Leistungen i.S.d. § 134 InsO sind nicht nur Schenkungen, sondern auch solche Verfügungen, bei denen eine Einigung über Unentgeltlichkeit etwa deshalb nicht vorliegt, weil der Zuwendende oder gar beide Vertragspartner die Zuordnungsänderung beispielsweise aus moralischen, familiären oder sonstigen Gründen für geboten erachten (*OLG Hamm* ZIP 1992, 1755 [1757]; vgl. *BGH* ZIP 1991, 454).

9 Ein eigener wirtschaftlicher Vorteil sowie ein eigenes wirtschaftliches Interesse können dem Geschäft den Charakter eines entgeltlichen geben (*Kilger/Karsten Schmidt* KO,

§ 32 Anm. 2). Der Umstand allein, daß die Rechtshandlung zugunsten einer 100%igen Tochter des Schuldners vorgenommen wird, reicht dafür nicht (*LG Potsdam* ZIP 1997, 1383). Gleiches gilt bei der Ausschüttung von Scheingewinnen aus Börsentermingeschäften zur Abwendung noch nicht geltend gemachter Schadenersatzansprüche (*LG Wiesbaden* ZIP 1990, 597).

Eine **unentgeltliche Leistung** kann vorliegen im **Verzicht** auf begrenzte dingliche 10
Rechte, im Verzicht auf ein Pfandrecht, ein dingliches Recht sowie auf die Geltendmachung einer Forderung, im Verzicht auf Klagbarkeit (RGZ 67, 90), im Unterlassen einer Prozeßhandlung, in der Nichtunterbrechung der Verjährung oder im Unterlassen einer Protesterhebung. Dagegen ist der Verzicht auf den Pflichtteil in der Regel keine Gegenleistung, die die Verfügung des Schuldners zu einer entgeltlichen macht (*BGH* WM 1991, 1053). Anfechtbar nach § 134 InsO ist ein Verzicht auf eine Grundschuld, wenn die Forderung noch besteht (*OLG Hamburg* KTS 1987, 727). Die Freistellung des Grundstückseigentümers von der – nachträglich unentgeltlich gewährten – Haftung aus einer Grundschuld trotz fortbestehenden Sicherungsgrundsatzes kann vom Insolvenzverwalter nach § 134 InsO angefochten werden (*OLG Hamburg* ZIP 1989, 777).

Die **Sicherung fremder Schuld** ohne rechtliche Verpflichtung und ohne einen Gegen- 11
wert zu erlangen, ist eine unentgeltliche Leistung (*BGH* ZIP 1983, 32; *Jaeger/Henckel* KO, § 32 Rz. 18 m. w. N.). Die Sicherstellung ist jedoch dann entgeltlich, wenn dem Sicherungsgeber für seine Leistung die Kreditgewährung an einen Dritten versprochen wird, an der er ein wirtschaftliches Interesse hat und die ohne die Sicherstellung ausgeblieben wäre (*BGH* ZIP 1993, 1170 [1173]; ZIP 1992, 1089 [1091]). Ein eigenes wirtschaftliches Interesse ist bei Konzerngesellschaften regelmäßig zu bejahen (*BGH* ZIP 1998, 793 [802]; *OLG Stuttgart* WM 1997, 105 [108]). Bestellt ein Kommanditist für Verbindlichkeiten der KG eine Sicherungshypothek, stellt dies jedoch eine unentgeltliche Leistung dar (*LG Hamburg* ZIP 1992, 1251). Eine unentgeltliche Leistung liegt auch vor, wenn der Insolvenzschuldner den Erwerbern eines Wohn- und Geschäftsgrundstückes eine ihm gegen den Architekten zustehende Forderung überträgt, wenn hierzu für ihn weder eine Verpflichtung bestand noch ihm eine Gegenleistung zufloß, und wenn dadurch sein persönliches Vermögen gemindert wurde (*BGH* KTS 1982, 410 [414]). Ob die freiwillige Sicherung eigener Schuld entgeltliche Leistung ist, ist Tatfrage (vgl. *LG Köln* NJW 1958, 1296; *BGH* ZIP 1990, 1088; *Kilger/Karsten Schmidt* KO, § 32 Anm. 2 m. w. N.). Die Bestellung einer Sicherheit für eine eigene, durch eine entgeltliche Gegenleistung begründete Verbindlichkeit ist keine unentgeltliche Leistung (*BGH* ZIP 1990, 1088). Die Freistellung des Grundstückseigentümers von der Haftung aus einer Grundschuld trotz fortbestehenden Sicherungsgrundes kann vom Insolvenzverwalter als unentgeltliche Leistung angesehen werden (*OLG Hamburg* ZIP 1989, 777).

Eine unentgeltliche Leistung kann in der **Erfüllung oder Übernahme einer fremden** 12
Schuld liegen (*Kuhn/Uhlenbruck* KO, § 32 Rz. 5a). Diese liegt vor, wenn der spätere Insolvenzschuldner eine dieser beiden Handlungen vornimmt, ohne dem Schuldner, dem Gläubiger oder einem Dritten hierzu verpflichtet zu sein, und er weder die Forderung des Gläubigers noch einen Abtretungsanspruch hierauf noch sonst ein Entgelt erwirbt (*BGH* ZIP 1980, 21) oder, wenn er zwar die Forderung des Gläubigers erwirbt, diese aber wertlos ist (*BGH* 41, 298, 301; *Kuhn/Uhlenbruck* KO, § 32 Rz. 5 a m. w. N.). Tilgt ein vor der Insolvenz stehender Dritter die durch Bürgschaft gesicherte Schuld eines zahlungsunfähigen Schuldners mit der Abrede, die Bürgschaft solle entgegen § 774 Abs. 1 Satz 1 BGB nicht auf ihn übergehen, so liegt, da der Dritte keinen Gegenwert erhalten soll, eine unentgeltliche Leistung vor (*Jaeger/Henckel* KO, § 32 Rz. 16 ff.). Eine unentgeltliche Leistung ist nicht schon gegeben, wenn der Insolvenzschuldner mit seiner Leistung

zugleich auch eine persönliche Schuld getilgt hatte (*BGH* ZIP 1980, 21). Unentgeltliche Zuwendung ist jedoch anzunehmen, wenn der Schuldner einem Angehörigen aus dem Vermögen einer OHG Geldleistungen erbringen läßt und bei der OHG dafür zum Ausgleich sein Kapitalkonto mit entsprechenden Beträgen belastet wird (*BGH* ZIP 1982, 76). Unentgeltliche Leistungen sind auch die Zins- und Tilgungsleistungen auf Grundpfandrechte, die das Eigentum Dritter belasten (*BGH* WM 1980, 32 = ZIP 1980, 21).

13 Die **Bezahlung oder Anerkennung einer irrtümlich bestehenden Schuld** sowie die Sicherungsübereignung für eine vermeintlich bestehende Schuld ist eine entgeltliche Leistung (*RG* LZ 1914, 1912, *RG* Gruchot 59, 521). Die bewußte Bezahlung oder Sicherstellung einer Nichtschuld stellt eine unentgeltliche Leistung dar. Hat der Schuldner gewußt, daß er auf eine Nichtschuld bezahlt, kann eine unentgeltliche Leistung vorliegen, selbst wenn dieser eine Sicherheit bestellt hatte (*Jaeger/Henckel* KO, § 32 Rz. 7; *Kuhn/Uhlenbruck* KO, § 32 Rz. 7). Nach *BGH* NJW 1991, 560 ist eine Leistung, die der spätere Insolvenzschuldner in Kenntnis aller Umstände erbracht hat, eine unentgeltliche, wenn der Leistungsempfänger sie aufgrund eines vom Insolvenzschuldner hervorgerufenen Irrtums für entgeltlich hielt. Die Anerkennung einer unentgeltlich begründeten Schuld ist eine unentgeltliche Leistung (RGZ 62, 38, 45).

14 Die **Erfüllung** einer klaglosen Schuld, wie z. B. der verjährten Schuld, Spiel- oder Wettschuld, ist eine entgeltliche Leistung. Grund hierfür ist, daß der Wille der Parteien auf Erfüllung und nicht auf unentgeltliche Zuwendung gerichtet ist (*Jaeger/Henckel* KO, § 32 Rz. 7). Wird eine Schuld vor Fälligkeit erfüllt, liegt eventuell eine unentgeltliche Leistung hinsichtlich des Zwischenzinses vor (*Kilger/Karsten Schmidt* KO, § 32 Anm. 2).

15 Die **Erfüllung eines Schenkungsversprechens** ist eine unentgeltliche Leistung (*Kuhn/Uhlenbruck* KO, § 32 Rz. 4a). Leistungen i. S. v. § 134 InsO sind auch Zwangsverfügungen zum Zwecke der Durchsetzung eines Schenkungsversprechens oder die Aufrechnung des Anfechtungsgegners mit einer Forderung aus einem solchen Versprechen (vgl. aber auch § 96 InsO). Unentgeltliche Zuwendung ist auch die unentgeltliche Gebrauchsüberlassung, wenn die entgeltliche Überlassung des Gegenstandes üblich ist (*Kilger/ Karsten Schmidt* KO, § 32 Anm. 2). Unentgeltliche Zuwendungen eines späteren Insolvenzschuldners an seinen Ehegatten, die im Verhältnis der Ehegatten untereinander möglicherweise nicht als Schenkung anzusehen sind, können gleichwohl nach § 134 InsO angefochten werden, denn der Begriff »unentgeltlich« ist weiter als der in § 516 BGB (s. oben).

16 Scheidet ein **Bereicherungsanspruch** des Insolvenzschuldners wegen § 814 BGB aus, ist auch dem Insolvenzverwalter ein solcher Anspruch versagt (*BGH* NJW 1989, 580 = ZIP 1989, 107).

17 Zu einer unentgeltlichen Leistung gehört, daß der Zuwendende eine **Vermögensminderung** erleidet. Anfechtbar ist daher die Schenkung eines Lotterieloses, das Gewinn bringt. Zurückzugewähren ist dabei der volle Gewinn (*Kuhn/Uhlenbruck* KO, § 32 Rz. 3a). Auch Spenden an politische Parteien sind anfechtbar (*Kilger/Karsten Schmidt* KO, § 32 Anm. 4). Veräußert der Insolvenzschuldner eine Sache unter Wert, um so schnell wie möglich Barmittel zu erhalten, liegt keine unentgeltliche Leistung vor, da die Beteiligten den Preis nach Lage der Sache als gleichwertig ansehen (*Kilger/Karsten Schmidt* KO, § 32 Anm. 2). Die Abrede eines billigen Preises kann der Anfechtung nach § 134 InsO unterliegen, wenn der Hauptzweck des Geschäftes Freigiebigkeit war (RGZ 65, 224; *Kuhn/Uhlenbruck* KO, § 32 Rz. 6).

C. Gratifikationen und betriebliche Altersversorgung

Macht der Alleingesellschafter einem Angestellten der Gesellschaft aus Anlaß des bevorstehenden Weihnachtsfestes eine freiwillige Zuwendung, um ihn für überdurchschnittlichen Diensteifer zu belohnen, handelt es sich nicht um eine unentgeltliche Leistung (*BGH* WM 1997, 277; *LG Frankfurt* ZIP 1996, 88). Weihnachts- und sonstige Gratifikationen stellen freiwillige Vergütungen für erbrachte Dienstleistungen dar und sind deshalb in der Regel von der Anfechtung ausgeschlossen (vgl. auch *BAG* 1, 36; *RGZ* 125, 380 [383]; 159, 385 [388]). Entspricht die Zahlung nur einem Dankgefühl, und wurde diese auch in diesem Sinne verstanden und angenommen, so handelt es sich um eine unentgeltliche Leistung (*RGZ* 94, 324; 125, 383). Leistet der Schuldner eine freiwillige Weihnachtsgratifikation im Einverständnis mit dem von ihm beherrschten Arbeitgeber des Empfängers, kann dies auch als direkte Leistung des Schuldners an den Arbeitnehmer verstanden werden (*BGH* ZIP 1997, 247; a. A. *OLG Nürnberg* ZIP 1996, 794). Die Schenkungsanfechtung scheidet jedoch aus, wenn die Leistung nicht um ihrer selbst willen, sondern mit Rücksicht auf die bereits erbrachte oder noch zu erbringende Arbeitsleistung des Empfängers in dem vom Schuldner erbrachten Unternehmen erbracht wurde (*BGH* ZIP 1997, 247 [248]). Unerheblich ist, ob sich der Schuldner in seiner konkreten wirtschaftlichen Situation eine solche Freigebigkeit »leisten« konnte (*BGH* a. a. O.). **18**

Nicht anfechtbar ist das einem Arbeitnehmer zugesagte Ruhegeld. Es handelt sich hierbei um eine Leistung arbeitgeberischer Fürsorge und hat Entgeltcharakter (*RAG* JW 1934, 377; BAGE 17, 120 [124]; 22, 105 [110]). Das gleiche gilt, wenn die Zusage nach Beendigung eines Dienstverhältnisses (*RG* JW 1936, 3435) oder der Witwe des Arbeitnehmers erteilt wird (*RAG* JW 1934, 377). Zur nachträglichen Erhöhung des Dienstlohnes vgl. RGZ 94, 324. Überträgt ein Arbeitgeber seinem Arbeitnehmer, der noch in seinen Diensten steht, eine Lebensversicherung, die er zur Rückdeckung einer diesem erteilten Versorgungszusage mit sich als Bezugsberechtigten abgeschlossen hat, so tut er dies im allgemeinen nicht schenkungshalber, sondern aufgrund seiner arbeitgeberischen Fürsorgepflicht in Anerkennung seiner Dienste (*BAG* AP Nr. 102 zu § 242 BGB; *Kuhn/Uhlenbruck* KO, § 32 Rz. 9). Anfechtbar ist eine Ruhegeldzusage jedoch dann, wenn diese nur im Hinblick auf die drohende Insolvenz gegeben wird, um die Gläubiger zugunsten eines Geschäftsführers oder Gesellschafter/Geschäftsführers (oder Vorstandes) zu benachteiligen (*Kuhn/Uhlenbruck* KO, § 32 Rz. 5, vgl. auch *Jaeger/Henckel* KO, § 32 Rz. 14). **19**

D. Zuwendungen an Ehegatten oder Familienangehörige

Für die Auslegung des § 134 InsO bei Zuwendungen an Ehegatten kommt es z. B. nicht darauf an, ob die Zuwendungen Schenkungen i. S. v. § 516 BGB sind, oder ob ein Ehegatte für die Mitarbeit im Geschäft eine Vergütung erhält. Es geht nur um die Rechtsbeziehungen der Ehegatten zueinander (*Kuhn/Uhlenbruck* KO, § 32 Rz. 9a). Eheguterrechtliche Verträge und sonstige Zuwendungen an Ehegatten unterliegen wie andere Rechtsgeschäfte auch der Anfechtung nach §§ 129 ff. (BGHZ 57, 123; *Kilger/Karsten Schmidt* KO, § 32 Anm. 6; *Kuhn/Uhlenbruck* KO, § 32 Rz. 10). Die Anfechtung einer auf einem gesetzlichen Grund (§§ 1447, 1448, 1469, 1495 BGB) beruhenden Umwandlung des bisherigen Güterstandes ist ausgeschlossen (RGZ 57, 8). **20**

21 Unbenannte Zuwendungen unter **Ehegatten** sind grundsätzlich unentgeltliche Leistungen i. S. v. § 134 InsO, wenn sie ohne Gegenleistung erfolgen und nach dem Willen der Ehegatten nicht als Entgelt angesehen werden (*OLG Celle* NJW 1990, 720; *Jaeger/ Henckel* KO, § 32 Rz. 15). Entgeltlich ist eine Vergütung, wenn sie nachträglich für geleistete Mitarbeit im Beruf oder Geschäft gewährt wird (*Jaeger/Henckel* KO, § 32 Rz. 15). Hierzu zählt auch die Übertragung eines Miteigentumsanteils am Wohnhaus, wenn sie von dem Ehegatten als Entgelt für geleistete Tätigkeit im Beruf oder Geschäft verstanden wurde (*Jaeger/Henckel* KO, § 32 Rz. 15; *Kuhn/Uhlenbruck* § 32 Rz. 9a). Dagegen ist § 134 InsO anzuwenden, wenn die Leistung als Entgelt für die Haushaltsführung oder für die Betreuung der Kinder durch den nicht berufstätigen Ehegatten erfolgt (BGHZ 71, 61, 66; *OLG Hamburg* KTS 1985, 556). Hat ein Ehegatte von dem anderen Ehegatten einen Vermögensgegenstand anfechtbar durch unentgeltliche Leistung erworben, so können die Ehegatten nicht durch eine nachträgliche Vereinbarung die unentgeltliche Zuwendung in eine entgeltliche Leistung umwandeln (*BFH* NJW 1988, 3174).

22 Keine Schenkung und damit keine unentgeltliche Leistung i. S. v. § 134 InsO ist die von einem Elternteil einem Kind gewährte Ausstattung (vgl. 1624 BGB), wenn sie den Umständen nach das den Vermögensverhältnissen des Elternteils entsprechende Maß nicht übersteigt (*RG* JW 1916, 588; *Jaeger/Henckel* KO, § 32 Rz. 47; *Palandt/Diedrichsen* § 1624 BGB Rz. 3). Nur übermäßige Ausstattungen unterliegen der Anfechtung, es sei denn, es handelt sich um einen Ausgleich für langjährige Mitarbeit im elterlichen Betrieb (*BGH* FamRZ 1965, 430). Was von einem anderen als den Eltern ausstattungsweise gewährt wird, ist keine unentgeltliche Zuwendung, wenn nach dem Willen der Beteiligten oder wenigstens nach der Auffassung des Empfängers Eheschließung und Austattungsversprechen im Verhältnis von Leistung und Gegenleistung stehen (RGZ 62, 273; JW 1906, 462; 1908, 71; 1916, 588).

E. Schenkung

23 Die Schenkung nach § 516 BGB ist immer eine unentgeltliche Leistung und fällt daher stets unter § 134 InsO. Das gleiche gilt auch für die verdeckte oder verschleierte Schenkung (*Kilger/Karsten Schmidt* KO, § 32 Anm. 3a; *Kuhn/Uhlenbruck* KO, § 32 Rz. 11 m. w. N.). Eine **verschleierte Schenkung** liegt vor, wenn das Geschäft nur zum Schein als entgeltliches abgeschlossen wird. Das vorgespiegelte Geschäft ist nach § 117 Abs. 2 BGB nichtig, das vorgeschobene unentgeltliche Geschäft nach § 134 InsO anfechtbar. Die Schenkung unter Auflage ist hinsichtlich der Gesamtzuwendung in der Regel unentgeltlich (RGZ 105, 305, 308). Als Schenkung unter Auflage wird z. B. der Hofübergabevertrag angesehen, wenn sich der Übernehmer verpflichtet, den übergebenden Eltern einen ausreichenden Lebensunterhalt zu gewähren und die Geschwister abzufinden (*OLG Bamberg* NJW 1949, 788; *BGH* WM 1970, 391).

24 Geschäfte, bei denen die Leistung des einen Teils wesentlich geringer ist als die Leistung des anderen Teils, und dem Empfänger der wertvolleren Leistung der Mehrwert unentgeltlich zukommen soll (**sog. gemischte Schenkungen**), sind in einen entgeltlichen und einen unentgeltlichen Teil zu zerlegen, wenn die wirtschaftlichen Zwecke des Geschäfts und die berechtigten Interessen der Vertragspartner die Annahme eines zusammengesetzten Geschäfts rechtfertigen (*BGH* NJW 1953, 501; *BGH* NJW 1959, 1363; vgl. auch *Jaeger/Henckel* KO, § 32 Rz. 21). Für den unentgeltlichen Teil des Geschäftes gilt § 134 InsO. Für den entgeltlichen Teil gelten die §§ 130–133 InsO. Ist eine Zerlegung des

Unentgeltliche Leistung **§ 134**

Geschäftes nicht möglich, so muß das Geschäft einheitlich beurteilt werden. Eine Anfechtung nach § 134 InsO kommt dann in Betracht, wenn der Hauptzweck des Geschäftes auf Freizügigkeit gerichtet ist. Entgeltlichkeit liegt z.B. vor, wenn ein Grundstück unter Preis verkauft wird. Es handelt sich hierbei zwar um eine billige Überlassung, jedoch liegt eine entgeltliche Leistung vor (*Kilger/Karsten Schmidt* KO, § 32 Anm. 3a). Bei der gemischten Schenkung kann der Anfechtungsgegner durch Zahlung des – anfechtbaren – Differenzbetrages den Rückgewähranspruch des Insolvenzverwalters abwenden (*Jaeger/Henckel* KO, § 32 Rz. 21, *Baur/Stürner* Insolvenzrecht, Rz. 19.6.; *Kuhn/Uhlenbruck* KO, § 32 Rz. 11).
Verschenkt ein Schuldner seinen hälftigen Miteigentumsanteil an den anderen Miteigentümer, so umfaßt die Anfechtung die in der Regel auch unentgeltlich zugewendeten Anteile des Schuldners auf Rückgewähr nicht valutierender Grundschulden (*BGH* NJW 1985, 2031 = ZIP 1985, 372). 25

F. Mittelbare Zuwendung

Anfechtbar sind auch **mittelbare Zuwendungen**. Als mittelbare Zuwendung ist die Bezahlung von Rechnungen der Handwerker für Arbeiten am Grundstück der Ehefrau anfechtbar, auch wenn diese der Ehemann mit Mitteln einer Firma begleichen läßt, an der er persönlich beteiligt ist (*OLG Hamburg* KTS 1985, 556). Hat der Insolvenzschuldner vor Eröffnung des Insolvenzverfahrens Bestandteile seines Vermögens mit Hilfe einer Mittelsperson einem Dritten zugewendet, ohne zu dem Dritten in unmittelbare Rechtsbeziehung zu treten, so ist der mittelbare Empfänger der anfechtbaren Leistung zur Rückgewähr verpflichtet (*BGH* ZIP 1982, 76). Eine mittelbare Zuwendung liegt auch vor, wenn der Insolvenzschuldner eine ihm gehörige, der Zwangsvollstreckung unterliegende Sache unter der Abrede veräußert, daß die Gegenleistung nicht ihm, sondern einem Dritten erbracht werden soll, und er dem Dritten auf diese Weise etwas unentgeltlich zuwendet (*Kuhn/Uhlenbruck* KO, § 32 Rz. 14, 16). Auch die Anweisung des künftigen Insolvenzschuldners an den Verkäufer eines Grundstückes, es an seine Ehefrau aufzulassen, ist eine mittelbare Zuwendung und unterliegt der Anfechtung nach § 134 InsO (ausführlich hierzu *Kuhn/Uhlenbruck* KO, § 32 Rz. 14). 26

G. Verträge zugunsten Dritter

Auch Verträge zugunsten Dritter unterliegen der Anfechtung nach § 134 InsO. Anfechtbar sind unentgeltliche Zuwendungen in Form von Einzahlungen auf ein auf den Namen des Begünstigten errichtetes Sparbuch, wenn der Namensträger zu einem mit einer Bank festgelegten Zeitpunkt einen unmittelbaren Anspruch auf die Auszahlung haben soll (RGZ 106, 1). Das gleiche gilt für eine unentgeltliche Zuwendung eines Wertpapierdepots derart, daß der Zuwendende mit der Bank vereinbart, der Erwerb solle erst mit dem Tode eintreten (BGHZ 41, 95 [96]). Hierzu gehört auch die schenkungsweise Zuwendung eines Geldbetrages durch die Erteilung eines Auftrages an die Bank, den Betrag erst nach Eintritt des Todes dem Begünstigten zukommen zu lassen (*BGH* NJW 1975, 382, 383). Auch Leibrentenverträge zugungsten Dritter, sowie Unfallversicherungsverträge zugungsten Dritter (§§ 179 ff. VVG) unterliegen der Anfechtung (*Kuhn/Uhlenbruck* KO, § 32 Rz. 16). 27

§ 134

28   Bei **Lebensversicherungsverträgen** des Insolvenzschuldners kommt, da der Versicherungsvertrag als solcher entgeltlich ist, nur die Zuwendung an den bezugsberechtigten Dritten für eine Anfechtung nach § 134 InsO in Betracht. Ist bei Abschluß des Versicherungsvertrages der Dritte unwiderruflich bezugsberechtigt, so unterliegt der Lebensversicherungsvertrag nicht der Anfechtung nach §§ 129 ff. InsO. Der Anspruch auf die Versicherungssumme gehört von Anfang an zum Vermögen des unwiderruflich bezugsberechtigten Dritten (RGZ 51, 403; *Kuhn/Uhlenbruck* KO, § 32 Rz. 16 m. w. N.). Für eine Anfechtung kommen nur die in den letzten **vier Jahren** gezahlten Prämien in Betracht (*Kilger/Karsten Schmidt* KO, § 32 Anm. 9; *Kuhn/Uhlenbruck* KO, § 32 Rz. 16). Das gleiche gilt auch für Verträge mit widerruflichem Bezugsrecht, wenn der Dritte bereits bei Vertragsschluß als Bezugsberechtigter bestimmt wird (*BGH* ZIP 1991, 1505). Wird das unwiderrufliche Bezugsrecht dem Dritten erst nachträglich eingeräumt, kann der Insolvenzverwalter anfechten (RGZ 62, 46; *Prölls/Martin* VVG § 15 ALB Anm. 6 A. a. bb.). Das gilt auch dann, wenn das Bezugsrecht im Todesfall nachträglich auch auf den Erlebensfall erstreckt wird (RGZ 153, 220). Kritische Anmerkungen hierzu vgl. *Jaeger/Henckel* KO, § 32 Rz. 41 ff.

29   Bei einer Versicherung, welche der Insolvenzschuldner zunächst zu seinen Gunsten, zugunsten seines Nachlasses oder zugunsten seiner Erben geschlossen hatte, und die er innerhalb der letzten vier Jahre widerruflich oder unwiderruflich einem Dritten zugewendet hat, kann die Zuwendung nach § 134 InsO angefochten werden. Dabei sind die aus der Bezugsberechtigung dem Dritten zustehenden Rechte zurückzugewähren (*Kilger/Karsten Schmidt* KO, § 32 Anm. 9). Ist der Versicherungsfall eingetreten, richtet sich in diesem Fall der Rückgewähranspruch auf die Versicherungssumme (RGZ 53, 227; *Kilger/Karsten Schmidt* KO, § 32 Anm. 9 m. w. N.; vgl. auch *Kuhn/Uhlenbruck* KO, § 32 Rz. 18).

H. Gebräuchliches Gelegenheitsgeschenk (Abs. 2)

30   Nach § 134 Abs. 2 InsO sind Leistungen, die auf gebräuchliche Gelegenheitsgeschenke geringen Werts gerichtet sind, nicht anfechtbar. Unter gebräuchlichen Gelegenheitsgeschenken sind unentgeltliche Zuwendungen zu verstehen, die der Verkehrssitte gemäß aus gewissen Anlässen üblich sind, oder zu wohltätigen oder gemeinnützigen Zwecken gegeben werden. Zu den gewissen Anlässen zählen z. B. Weihnachten, Neujahr, Ostern, Geburts- und Namenstage, Verlobung, Hochzeit oder Taufe (*Kuhn/Uhlenbruck* KO, § 32 Rz. 20). Spenden an politische Parteien sind keine gebräuchlichen Gelegenheitsgeschenke (*Kilger/Karsten Schmidt* KO, § 32 Anm. 4). Zu den gebräuchlichen Gelegenheitsgeschenken gehören auch die sog. Anstandsschenkungen. Dies sind Schenkungen, die einer sittlichen Pflicht oder einer auf den Anstand zu nehmenden Rücksicht entsprechen (RGZ 125, 380). Zu den Anstandsschenkungen zählen nicht nur Geburtstags- sondern auch Jubiläums- oder Besuchergeschenke sowie Spenden zu öffentlichen Versammlungen.

31   Mit Beschränkung der Ausnahme in Abs. 2 auf Gelegenheitsgeschenke »geringen Werts« soll der bisherigen, sehr weiten Auslegung der Ausnahme in § 32 Nr. 1 KO durch die Rechtsprechung entgegengetreten werden (vgl. hierzu *Jaeger/Henckel* KO, § 32 Rz. 46 ff.). Ob ein Gelegenheitsgeschenk einen geringen Wert hat, ist an der allgemeinen Verkehrsauffassung bzgl. der Üblichkeit eines Geschenkes entsprechend der Bedeutung des Anlasses und der Beziehung des Schuldners zu dem Empfänger zu orientieren. Eine relative Beurteilung nach der Üblichkeit solcher Geschenke durch Personen in der

I. Zeitpunkt der Zuwendung und Beweislast

Die Anfechtung nach § 134 InsO ist nur zulässig, soweit die unentgeltliche Leistung innerhalb der letzten vier Jahre vor dem Antrag auf Eröffnung des Insolvenzverfahrens vorgenommen wurde. Maßgebend für die Frage, ob die Leistung entgeltlich oder unentgeltlich erfolgte, ist der Zeitpunkt, in der die rechtlichen Wirkungen eintreten (§ 140 Abs. 1 InsO). Dies liegt vor, wenn die Schenkung vollzogen bzw. das Schenkungsversprechen erfüllt wurde. Auf den Zeitpunkt des Schenkungsversprechens kommt es daher nicht an (vgl. zur KO *BGH* ZIP 1988, 585 [586]; *BGH* WM 1988, 307 [308]; *OLG Köln* ZIP 1988, 1203; *Jaeger/Henckel* KO, § 32 Rz. 50). 32

Entgegen der Auffassung von Hess/Weiss (*Hess/Weiss* InsO, § 134 Rz. 458) richtet sich bei der Zuwendung eines Grundstückes der Zeitpunkt nicht mehr auf die Eigentumsumschreibung (vgl. auch *BGH* WM 1988, 798). Hier ist § 140 Abs. 2 InsO anzuwenden. Maßgebend ist daher nicht die Eigentumseintragung. Das Rechtsgeschäft gilt nach § 140 Abs. 2 InsO als vorgenommen, wenn die übrigen Voraussetzungen für das Wirksamwerden des Rechtsgeschäftes erfüllt sind, die Willenserklärung des Schuldners für ihn bindend geworden ist und der andere Teil den **Antrag auf Eintragung der Rechtsänderung** gestellt hat (vgl. Kommentierung zu § 140 InsO). Soll eine Vormerkung (§ 883 BGB) bestellt werden, so ist die Stellung des Vormerkungsantrages maßgebend (vgl. zur alten Rechtslage *Kuhn/Uhlenbruck* KO, § 32 Rz. 19c). 33

Beweispflichtig für die unentgeltliche Leistung ist der Insolvenzverwalter (*Kuhn/Uhlenbruck* KO, § 32 Rz. 23). Die Beweislast hinsichtlich des Zeitpunktes für den Rechtserwerb wurde umgekehrt (»es sei denn«). Der Anfechtungsgegner muß beweisen, daß die unentgeltliche Zuwendung früher als vier Jahre vor dem Antrag auf Eröffnung des Insolvenzverfahrens vorgenommen wurde. 34

§ 135
Kapitalersetzende Darlehen → §§ 32a, 41 KO

Anfechtbar ist eine Rechtshandlung, die für die Forderung eines Gesellschafters auf Rückgewähr eines kapitalersetzenden Darlehens oder für eine gleichgestellte Forderung
1. **Sicherung gewährt hat, wenn die Handlung in den letzten zehn Jahren vor dem Antrag auf Eröffnung des Insolvenzverfahrens oder nach diesem Antrag vorgenommen worden ist;**
2. **Befriedigung gewährt hat, wenn die Handlung im letzten Jahr vor dem Eröffnungsantrag oder nach diesem Antrag vorgenommen worden ist.**

Inhaltsübersicht: Rz.

A. Einleitung 1– 4
B. Kapitalausstattung und Finanzierungsverantwortung 5– 8
C. Rangrücktritt 9–10

D. Begriffsbestimmungen		11– 16
I. Nominelle Unterkapitalisierung		11– 12
II. Materielle Unterkapitalisierung		13
III. Passivbilanz		14
IV. Unterbilanz		15
V. Überschuldung		16
E. Schutzfunktionen der Eigenkapitalersatzregeln		17
F. Begriff des kapitalersetzenden Darlehens		18– 19
G. Grundtatbestand des § 32a Abs. 1 Satz 1 GmbHG		20– 47
I. Darlehen		20– 22
II. Zeitpunkt der Darlehensgewährung		23– 25
III. Gesellschafter als Darlehensgeber		26– 27
IV. Qualifikationsmerkmale des Eigenkapitalersatzes		28– 30
V. Kreditunwürdigkeit		31– 40
VI. Indizienwirkung		41– 47
H. Subjektiver Tatbestand		48
I. Stehenlassen von Gesellschafterdarlehen		49– 52
J. Darlegungs- und Beweislast		53– 56
K. Umfang der Rückzahlungssperre		57– 59
L. Zeitraum der Sperrwirkung		60– 62
M. Rechtsfolgen im Insolvenzverfahren		63– 65
N. Geltendmachung kapitalersetzender Darlehen		66– 70
O. Auswirkungen des Insolvenzplanes auf eigenkapitalersetzende Darlehen und Entsperrung dieser		71– 72
P. Insolvenzanfechtung und Fristen gemäß § 135 InsO		73– 76
I. Besicherung		73– 74
II. Befriedungshandlungen		75
III. Anfechtungsfrist		76
Q. Durchführung der Anfechtung		77
R. Eigenkapitalersetzende Sicherheit gem. § 32a Abs. 2 GmbHG		78– 83
I. Allgemein		78
II. Tatbestandliche Voraussetzungen		79– 83
S. Doppelbesicherung eines Darlehens		84
T. Auffangtatbestand des § 32a Abs. 3 GmbHG		85– 94
I. Allgemein		85
II. Behandlung von Nichtgesellschaftern wie Gesellschafter		86
III. Andere eigenkapitalersetzende Rechtshandlungen		87– 88
VI. Anwendung des Abs. 3 bei kapitalersetzender Gebrauchsüberlassung		89– 94
U. Rechtsfolgen		95– 97
V. Anwendung der Eigenkapitalersatzregeln bei der GmbH & Co KG		98–102
W. Eigenkapitalersetzende Aktionärsdarlehen		103–104
X. Bilanzierungsfragen der eigenkapitalersetzenden Darlehen		105–111
I. Handelsrechtliche Rechnungslegung		105–109
II. Ausweisung im Überschulungsstatus		110–111
Y. Behandlung gesellschafterbesicherter Drittdarlehen		112–113
I. Handelsrechtliche Rechnungslegung		112
II. Überschuldungsstatus		113
Z. Anfechtung nach § 32b GmbHG		114–122
I. Durch einen Gesellschafter besichertes Darlehen		115
II. Insolvenzeröffnung		116
III. Darlehensrückzahlung vor der Insolvenzeröffnung		117
IV. Anfechtungsfrist		118–120
V. Umfang des Erstattungsanspruchs		121–122

Kapitalersetzende Darlehen **§ 135**

Literatur:

Beine Eigenkapitalersetzende Gesellschafterleistungen, Düsseldorf 1994; *Fleischer* Eigenkapitalersetzende Gesellschafterdarlehen und Überschuldungsstatus, ZIP 1996, 773; *Niesert* Die Passivierung eigenkapitalersetzender Gesellschafterdarlehen mit Rangrücktritt im Überschuldungsstatus nach der Insolvenzordnung, InVo 1998, 242–244; *Karollus* Zur geplanten Reform des Kapitalersatzrechts, ZIP 1996, 1893 ff.; *Schmidt, Karsten* Zwerganteile im GmbH-Kapitalersatzrecht, ZIP 1996, 1586 ff.; *Wolf* Überschuldung, NWB Fach 3, 134 ff. 1998.

A. Einleitung

Die Vorschrift des § 135 InsO entspricht wörtlich § 150 RegE. Da § 135 InsO anders als § 32 KO nicht ausdrücklich auf § 32 a Abs. 1, 3 GmbHG Bezug nimmt, sondern nur allgemein von der »Forderung eines Gesellschafters auf Rückgewähr eines kapitalersetzenden Darlehens« spricht, soll klargestellt werden, daß auch nunmehr die Fälle der §§ 129 a, 172 a HGB miterfaßt werden. Damit wird rechtstechnisch erreicht, daß kapitalersetzende Gesellschafterdarlehen bei einer offenen Handelsgesellschaft oder Kommanditgesellschaft ohne persönliche Haftung einer natürlichen Person, und die auch bisher im Rahmen der KO entwickelten Rechtsprechungsgrundsätze zu weiteren Fällen kapitalersetzender Darlehen, insbesondere bei der Aktiengesellschaft, erfaßt werden. Mit der Formulierung »gleichgestellte Forderung« wird auf den Fall des § 32 a Abs. 3 GmbHG abgezielt, also auf eine Forderung aus einer Rechtshandlung, die der Gewährung eines kapitalersetzenden Gesellschafterdarlehens wirtschaftlich entspricht (vgl. § 39 Abs. 1 Nr. 5 InsO). 1

Mit dieser Vorschrift wird zusätzlich auch eine Anpassung des § 32 a KO erreicht, indem der Anfechtungszeitraum einheitlich an den Antrag auf Eröffnung des Insolvenzverfahrens geknüpft wird. Soweit es um die Anfechtung von Sicherungen geht (§ 135 Nr. 1), wird in diesem Falle eine 10-Jahres-Frist anstelle der 30-Jahres-Frist des § 41 Abs. 1 Satz 3 KO in den Gesetzestatbestand übernommen. 2

Die Anfechtungsmöglichkeit nach dieser Vorschrift wird auch nicht dadurch beseitigt, daß eine Nachrangvereinbarung gemäß § 39 Abs. 2 InsO der anzufechtenden Forderung im Insolvenzverfahren vertraglich vereinbart ist (Begr. RegE BT-Drucks. 12/2443, S. 161). 3

In den Gesetzestext wurde die Formulierung **kapitalersetzend** als **neuer Rechtsbegriff** erstmals aufgenommen. Der bereits eingeführte Begriff »eigenkapitalersetzend« kann aber zur Verdeutlichung weiterhin im Rechtsverkehr beibehalten werden. 4

B. Kapitalausstattung und Finanzierungsverantwortung

Wie bereits hinlänglich bekannt ist, reicht in den überwiegenden Fällen bei einer GmbH das gesetzliche Mindeststammkapital von 50 000 DM (§ 5 Abs. 1 GmbHG) nicht aus, um unternehmerisch aktiv zu werden. Da sich eine GmbH nicht mit dem Mindestkapital finanzieren läßt, müssen die Gesellschafter den Finanzbedarf auf anderen Wegen sicherstellen. Zum einen werden über Gesellschafterdarlehen frisches Fremdkapital zugeführt, oder es wird eine Finanzierung durch in Darlehen umgewandelte Dividendenansprüche oder über gestundete Gehaltsansprüche der Gesellschaftergeschäftsführer erreicht. Zum anderen werden durch die Gesellschafter Sicherheiten gestellt, damit die GmbH Fremd- 5 mittel aufnehmen kann. Zur Durchführung von Unternehmensfinanzierungen bei Gesellschaften mit beschränkter Haftung enthält die Rechtsordnung lediglich Mindestanforderungen. Soweit die beteiligten Gesellschafter die zwingenden Regeln der Kapitalaufbringung und der Kapitalerhaltung sowie die normierten Konkursantragspflichten beachten, steht es ihnen grundsätzlich frei, in welcher Art und Weise sie Finanzierungsbeiträge leisten. Grundsätzlich gilt die Finanzierungsfreiheit (BGHZ 104, 33 [40 ff.]).

6 Von den Kapitalgesellschaftern darf das im Gesellschaftsrecht fehlende Verbot zur angemessenen Eigenkapitalausstattung aber nicht dahin falsch ausgelegt werden, ihre Finanzierungsfreiheit sei insgesamt grenzenlos. Da sie durch die Haftungsabschottung nach § 13 Abs. 2 GmbHG, § 1 Abs. 1 Satz 2 AktG privilegiert sind, verlieren sie dieses Privileg jedoch dann, wenn sie sich in gesetzlichen Wertungswiderspruch gegenüber dem Sinn und Zweck des sogenannten Garantiekapitals setzen und ihre Gesellschaft mit völlig unzureichendem Haftkapital wirtschaften lassen. In diesem Fall wird nämlich das Verlustrisiko auf die Gesellschaftsgläubiger verlagert. In Fällen der unzureichenden Eigenkapitalausstattung favorisiert die Rechtsprechung die Inanspruchnahme der GmbH-Gesellschafter aus § 826 BGB (*BGH* NJW 1979, 2104 ff., wohl anderer Ansicht *BGH* ZIP 1994, 207 [209], s. auch *Noack* RWS-Forum 9, S. 200). Die Rechtsprechung hat hierbei zur Zeit wenig Rechtsklarheit geschaffen. Praktisch bedeutsam ist aber nur die Tatsache, daß auf den Tatbestand der **eklatanten Unterkapitalisierung nicht zurückgegriffen** zu werden braucht, wenn Gesellschafterdarlehen oder Sicherheiten gewährt worden sind, die **eigenkapitalersetzenden Charakter** haben (*BGH* ZIP 1994, 1103 [1105 ff.]).

7 Der Bereich der eklatanten Unterkapitalisierung ist **strikt** von den Regeln zur Anwendbarkeit des Eigenkapitalersatzes **zu trennen**. Soweit keine Unterkapitalisierung vorliegt, ist die Finanzierungsfreiheit der Gesellschafter erst dann rechtlich eingeschränkt, wenn die Gesellschaft in eine Finanzierungskrise geraten ist, oder die Gefahr einer solchen Krise erkennbar bevorsteht. Dabei wird der Gesellschafter nicht in seiner Entscheidung eingeschränkt, die Gesellschaft zu finanzieren, sondern nur in seiner Entscheidungsfreiheit über die Art und Weise der Finanzierung. Der Gesellschafter ist generell berechtigt, der Gesellschaft frisches Kapital nicht zuzuführen. Sollte die Gesellschaft daher nicht mehr überlebensfähig sein, so muß sie nach den gesellschaftsrechtlichen Vorschriften liquidiert werden. Ein Gesellschafter ist nämlich nicht verpflichtet, über die von ihm hinaus übernommenen Kapitalanteile weitere, irgendwie geartete Leistungen, an die Gesellschaft erbringen zu müssen. Der BGH zieht diesen Rechtsschluß aus dem Argument der für den Gesellschafter von vornherein begrenzten Investition (Argument aus § 707 BGB; BGHZ 75, 334 [338]; *BGH* ZIP 1994, 1261 [1266]; ZIP 1994, 1441 [1445]).

8 Gegenüber diesem Verhalten der Gesellschafter sind die Gesellschaftsgläubiger lediglich über die Bestimmungen der Konkursantragspflichten des GmbH-Geschäftsführers geschützt (§ 63 GmbHG). Entscheidet sich der Gesellschafter aber in der Krise der Gesellschaft Kapital zuzuführen, so ist er nicht in seiner Entscheidung frei, ob er Eigen- oder Fremdkapital einbringt. In dieser Situation ist er gehalten, Kapital in der Form des haftenden Kapitals zuzuführen. Das Risiko des Fortbestandes eines solchen Unternehmens in der Krise ist dann für Gesellschaftsgläubiger nur noch akzeptabel, wenn das Risiko des Fortbestandes des Unternehmens vorrangig von den finanzierenden Gesellschaftern getragen wird (*BGH* ZIP 1980, 361 [363]; ZIP 1984, 572 [575]).

C. Rangrücktritt

Reichen die Gesellschafter ihre Finanzierungsmittel mit sogenannten Rangrücktrittsvereinbarungen aus, wird dadurch der Eigenkapitalersatzcharakter in der Krise nicht beseitigt (*BGH* ZIP 1982, 563 [565 ff.]). Ist das Darlehen bereits vor der Krise mit einer Rangrücktrittsvereinbarung ausgereicht worden, folgt die Kapitalbindung nach dem Zeitpunkt des Eintritts der Finanzierungskrise.

Die Eigenkapitalersatzregeln sollen daher die Gesellschafter an die Folgen einer von ihnen tatsächlich durchgeführten Finanzierungsentscheidung festhalten, und sie werden lediglich an dem Abzug des in der Krise gewährten oder belassenen Kapitals gehindert. Es wird ihnen aber nicht abverlangt, weiteres Kapital nachzuschießen (*BGH* ZIP 1994, 1441 [1445]; ZIP 1994, 1934 [1938]).

D. Begriffsbestimmungen

I. Nominelle Unterkapitalisierung

Unter dem Begriff der **Unterkapitalisierung** ist der Zustand der Gesellschaft zu verstehen, in der das risikotragende Haftkapital (gezeichnetes Kapital nach § 272 Abs. 1 HGB) zuzüglich Kapital- und Gewinnrücklage nach § 272 Abs. 2, 3 HGB in keinem Verhältnis mehr zum Eigenkapitalbedarf der Gesellschaft steht.

Unter **nomineller Unterkapitalisierung** wird der Fall verstanden, daß der Kapitalbedarf durch die Gesellschafter zwar gedeckt wurde, aber nicht, wie geboten durch Zuführung haftenden Risikokapitales, sondern nur durch die Zuführung von Kapital im formellen Status von Fremdkapital. An die nominelle Unterkapitalisierung knüpfen die Rechtsregeln des Eigenkapitalersatzes an.

II. Materielle Unterkapitalisierung

Im Falle der **materiellen Unterkapitalisierung** decken die Gesellschafter den Kapitalbedarf der Gesellschaft überhaupt nicht. Auch wird keinerlei Fremdkapital zugeführt. In diesem Falle reichen die Finanzmittel der Gesellschaft nicht aus, um den mittelfristigen und langfristigen Finanzbedarf des Unternehmens zu decken.

III. Passivbilanz

Eine **Passivbilanz** liegt vor, wenn in einer nach den §§ 242 ff., 266 ff. HGB aufgestellten Handelsbilanz die dort ausgewiesenen Passiva die Aktiva übersteigen. Haftungsrechtliche Normen müssen in diesem Fall nicht unbedingt eingreifen, da die Gesellschaft über Kapital- oder Gewinnrücklagen verfügen könnte, deren Auflösung den ausgewiesenen Verlust vollständig abdecken kann. Ergibt sich bei der Saldierung der ausgewiesenen Verluste und aufgelösten Rücklagen, daß die Hälfte des Stammkapitales (§ 49 Abs. 3 GmbHG) bzw. das Grundkapital einer AG (§ 92 Abs. 1 AktG) aufgezehrt ist, so ist die Gesellschaft verpflichtet, die Gesellschafter oder Aktionäre zu informieren.

IV. Unterbilanz

15 Ein Fall der **Unterbilanz** ist gegeben, wenn das Nettovermögen der Gesellschaft rechnerisch unter den Wert der Ziffer des Stammkapitals bzw. Grundkapitals sinkt. Das Nettovermögen einer Gesellschaft wird durch ihr gesamtes Aktivvermögen abzüglich der Summe sämtlicher Verbindlichkeiten unter Einschluß der Rückstellungen, aber ohne Rücklagen ermittelt. Eine **Unterbilanzrechnung** wird nach Ansatz- und Bewertungskriterien aufgestellt, die für eine Handelsbilanz gelten. Sinkt das Nettovermögen der Gesellschaft unter Null, ist gem. § 268 Abs. 3 HGB der Überschuß der Passiva über die Aktiva unter der Bezeichnung »**nicht durch Eigenkapital gedeckter Fehlbetrag**« in der Bilanz auf der Aktivseite auszuweisen. Eine sogenannte bilanzielle Überschuldung verpflichtet nicht unbedingt sofort zur Konkursantragstellungsverpflichtung. Dem Geschäftsführer ist in einem solchen Fall dringend anzuraten, Überprüfungen hinsichtlich einer möglichen Überschuldung vorzunehmen.

V. Überschuldung

16 Die Konkursantragspflicht eines Gesellschafters erwächst erst dann, wenn die Gesellschaft nicht mehr in der Lage ist, aus ihrem Vermögen ihre Schulden auszugleichen. Zur Ermittlung der **Überschuldung** ist eine zweistufige Überschuldungsprüfung durchzuführen (vgl. *Scholz/Karsten Schmidt* GmbHG, § 63 Rz. 7 ff.), die durch § 19 InsO modifiziert wurde (*Schmerbach* § 19 Rz. 6 ff.).

E. Schutzfunktionen der Eigenkapitalersatzregeln

17 Durch die Vorschrift des § 135 InsO wird in keinster Weise die Schutzfunktion der §§ 30, 31 GmbHG und der Novellen-Regeln der §§ 32 a, 32 b GmbHG außer Kraft gesetzt. Die zu den §§ 30, 31 GmbHG entwickelten Rechtsprechungsgrundsätze und die Novellen-Regeln behalten für eigenkapitalersetzende Gesellschafterleistungen aller Art ihr zweistufiges Schutzsystem bei. Daher verdrängen die **Rechtsprechungsregeln** mit ihren Rechtsfolgen aus **§ 30 Abs. 1 und § 31 Abs. 1 GmbHG** § 135 InsO und die **Novellen-Regelungen der §§ 32 a, 32 b** wie folgt:

> (1) Führt die Rückzahlung eines eigenkapitalersetzenden Gesellschafterdarlehens zu einer Unterbilanz oder verstärkt diese Rückzahlung eine bereits vorhandene Unterbilanz, so muß die **Rückzahlung** dieses Darlehens dem Gesellschafter **verwehrt** und es darf in keinster Weise getilgt werden. Demnach ist bis zur Stammkapitalziffer hinauf eine eigenkapitalersetzende Gesellschafterleistung gesperrt und darf vom Geschäftsführer in keinster Weise zurückgeführt werden (**Tilgungsverbot**). Erst oberhalb der Stammkapitalziffer sind diese Darlehen trotz ihrer eigenkapitalersetzenden Funktion nicht mehr tangiert und müssen vom Vertreter der Gesellschaft bedient werden (**Tilgungsgebot**), solange sie noch nicht insolvenzmäßig verstrickt sind.
> (2) Im Rahmen des Eigenkapitalersatzes bestehen demnach zwei Schutzbereiche:
> a) Die Regeln aus §§ 31, 30 GmbHG schützen den Bereich des Stammkapitals bis zum Nennkapital hinauf.
> b) Oberhalb des Nennkapitals schützen die insolvenzrechtlichen Regeln der §§ 32 a, 32 b GmbHG.

Kapitalersetzende Darlehen § 135

F. Begriff des kapitalersetzenden Darlehens

Ein kapitalersetzendes Gesellschafterdarlehen i.S.d. §§ 32a Abs. 1 GmbHG ist dann 18 gegeben, wenn der Gesellschafter einer Gesellschaft dieser ein Darlehen oder eine sonstige, einem Darlehen entsprechende Leistung gewährt hat, die im Zeitpunkt der Gewährung des Darlehens, eigenkapitalersetzende Funktionen hat. Mithin der Gesellschafter in einem Zeitpunkt Fremdkapital der Gesellschaft zuführt, in dem er als ordentlicher Kaufmann Eigenkapital zugeführt hätte (*Scholz/Karsten Schmidt* GmbHG, §§ 32a, 32b, Rz. 26).

Im Gegensatz hierzu kommen die Regeln der §§ 30, 31 GmbHG für die Umqualifizie- 19 rung von Gesellschafterkrediten in Eigenkapitalersatz dann zur Anwendung, wenn die GmbH nach marktüblichen Kriterien kreditunwürdig ist. In diesem Fall erhält sie vom Kapitalmarkt kein Fremdkapital zu marktüblichen Bedingungen und muß ohne die ihr zugeführten kapitalersetzenden Gesellschafterleistungen liquidiert werden (BGHZ 76, 326 [330]; 81, 311 [314]; 90, 381 [390]; 95,188 [194]).

G. Grundtatbestand des § 32a Abs. 1 Satz 1 GmbHG

I. Darlehen

Ein von Abs. 1 Satz 1 erfaßter Kredit bedarf eines durch einen Gesellschafter (s. Rz. 26) 20 hingegebenen **Darlehens** gemäß § 607 BGB, bei dem der Darlehensgeber ein Gesellschafter ist und als Darlehensnehmerin die GmbH fungiert.

Ein Darlehen nach § 607 BGB liegt dann vor, wenn die Gesellschaft Geld oder andere 21 vertretbare Sachen aufgrund eines schuldrechtlichen Darlehensvertrages empfangen hat (§ 607 Abs. 1 BGB), oder wenn zwischen den Parteien eines Vertrages vereinbart wird, daß einem Gesellschafter ein aus einem anderem Grunde geschuldeter Betrag nunmehr als Darlehen geschuldet sein soll (Abs. 2). Unerheblich ist es, ob das Darlehen verzinslich oder unverzinslich ist, und ob das Darlehen zur Sicherung des Gesellschaftszwecks oder anderer Ziele begeben wurde. § 607 BGB findet nicht nur bei sogenannten Gelddarlehen Anwendung, sondern auch bei den selteneren Sachdarlehen. Von sogenannten Sachdarlehen sind die anderen eigenkapitalersetzenden Leistungen, nämlich die der Gebrauchs- oder Nutzungsüberlassung, zu unterscheiden. Ein Sachdarlehen unterscheidet sich von einer Nutzungsüberlassung dadurch, daß die zur Verfügung gestellten Sachen endgültig in das Gesellschaftsvermögen übergehen. Der übergegangene Sachgegenstand ist mit einem schuldrechtlichen Rückgewähranspruch belastet.

Nicht als Darlehen werden die Zahlungen qualifiziert, die auf das haftende Kapital 22 erfolgen. Solche Zahlungen erfolgen direkt zur effektiven Vermehrung des haftenden Gesellschaftsvermögens, ohne daß eine Kapitalerhöhung durchgeführt wird. Ein Rückforderungsanspruch gemäß § 607 BGB ist daher nicht gegeben.

II. Zeitpunkt der Darlehensgewährung

§ 32a Abs. 1 Satz 1 verlangt ferner die **Gewährung (Valutierung)** des Darlehens. Der 23 Begriff der Gewährung beinhaltet die Auszahlung der Darlehensvaluta von dem kreditgebenden Gesellschafter an die Gesellschaft. Auch das Stehenlassen eines bereits kündbaren Darlehens unterfällt der Vorschrift des § 32a Abs. 1 Satz 1 GmbHG. Unter

Darlehensgewährung wird seit der Entscheidung des BGH vom 19. 09. 1996 auch die **Darlehenszusage** gesehen, sofern diese bereits eigenkapitalersetzenden Charakter hat (*BGH* ZIP 1996, 1829 [1830]). Im Hinblick auf den normierten Zweck des § 32 a GmbHG rechtfertigt es, die verbindliche Darlehenszusage eines Gesellschafters als eigenkapitalersetzend zu werten. Denn bereits durch die Ankündigung neuer Mittel ist es der Gesellschaft möglich, den Geschäftsbetrieb aufrecht zu erhalten, anstatt die sofortige Liquidation einzuleiten. Die eigenkapitalersetzende Situation tritt aber nur dann abschließend ein, wenn der darlehensversprechende Gesellschafter die Auszahlung des Darlehens vornimmt, auch wenn die Auszahlung nach Insolvenzeröffnung liegt.

24 **Scheidet** der darlehende Gesellschafter später aus der Gesellschaft aus, so verbleibt es bei der Qualifizierung des Darlehns als eigenkapitalersetzend (*BGH* ZIP 1994, 1261 [1263]). Wird ein Darlehen von einem ausgeschiedenen Gesellschafter in einem Zeitpunkt ausgereicht, in dem er nicht mehr mit dem Unternehmen wirtschaftlich verbunden ist, so entfällt die Annahme von Eigenkapitalersatz. War die rechtliche Grundlage für die Darlehensbegebung bereits vor seinem Ausscheiden begründet, so kann sich der Gesellschafter der Anwendung des § 32 a GmbHG nicht entziehen (*BGH* ZIP 1985, 1075 [1077]). Auch die Kreditierung eines Abfindungsanspruches wirkt in der Krise eigenkapitalersetzend (*Scholz/Karsten Schmidt* GmbHG, §§ 32 a, 32 b Rz. 32).

25 Erwirbt ein Darlehensgläubiger später einen Gesellschaftsanteil, so gelten für sein nunmehr verstricktes Darlehen die Regeln des § 32 a GmbHG nur dann, wenn die Darlehensgewährung in einem sachlichen Zusammenhang mit seinem Anteilserwerb steht (*BGH* ZIP 1981, 1200 [1203]).

III. Gesellschafter als Darlehensgeber

26 Darlehensgläubiger **muß** ein Gesellschafter sein. Gesellschafter ist nur der Inhaber eines Geschäftsanteils. Auch **Minimalanteile** eines Gesellschafters unterliegen den Regeln des eigenkapitalersetzenden Darlehens (BGHZ 105, 168 [175]). Abweichend hierzu wurde bereits vertreten, daß geringfügig beteiligte Gesellschafter mit sogenannten Zwergenanteilen mit einer aus der Vorschrift des § 50 Abs. 1, 2 GmbHG hergeleiteten Maximalbeteiligung von 10 % von den eigenkapitalersetzenden Regeln auszunehmen seien. Durch das **Kapitalaufnahmeerleichterungsgesetz** (KapAEG) wird der Forderung zur Freistellung eines Zwergenanteils durch die Anfügung eines Satzes 2 in § 32 a Abs. 3 GmbHG nachgekommen. **Der anzufügende Satz 2 lautet:»Die Regeln über den Eigenkapitalersatz gelten nicht für den nicht geschäftsführenden Gesellschafter, der mit zehn vom Hundert oder weniger am Stammkapital beteiligt ist.«** (vgl. Art. 2 KapAEG).

Der zur Stellungnahme aufgerufene Bundesrat wollte die **10 %-Schwelle** sogar auf eine **25 %-Schwelle** anheben. Die Bundesregierung ist diesem Ansinnen des Bundesrates nicht gefolgt (ZIP 1997, 707 [710]). Das in § 32 a Abs. 3 Satz 3 GmbHG n. F. nunmehr normierte Sanierungsprivileg wurde durch Art. 10 KontraG zusätzlich in das GmbHG eingeführt. Darlehen werden dann von den Eigenkapitalersatzregeln freigestellt, wenn der darlehensgebende Gesellschafter zum Zwecke der Überwindung der Krise die Geschäftsanteile erworben hat. Von den Eigenkapitalersatzregeln werden bereits gewährte und neu ausgereichte Darlehen ausgenommen. **§ 32 a Abs. 3 Satz 3 GmbHG lautet:»Erwirbt ein Darlehensgeber in der Krise der Gesellschaft Geschäftsanteile zum Zweck der Überwindung der Krise, führt dies für seine bestehenden oder neugewährten Kredite nicht zur Anwendung der Regeln über den Eigenkapitaler-**

Kapitalersetzende Darlehen § 135

satz.« Die Bundesregierung beabsichtigt weiterhin, eine Änderung des Unternehmensbeteiligungsgesellschaftsgesetzes durchzuführen und bestimmte Beteiligungsgesellschaften vom Kapitalersatz freizustellen. Diese Regelung hat ihren Niederschlag in § 24 UBGG gefunden (vgl. hierzu *Dauernheim* Das Anfechtungsrecht in der Insolvenz, S. 96).

Die Bundesregierung hat sich mit der Einführung der vom Kapitalersatz freizustellenden Beteiligungsverhältnisse dem Druck der Banken gebeugt. Die Rechtsprechung wird sich nun mit den Konsequenzen und den Verschleierungstaktiken der Gesellschafter auseinandersetzen müssen. Im praktischen Ergebnis läuft diese Freistellungsmöglichkeit darauf hinaus, daß an der Gesellschaft beteiligte Kreditunternehmen von der Anwendung des Eigenkapitalersatzes weitgehend verschont bleiben. Hier wird die Rechtsprechung, insbesondere zu § 138 InsO, gefordert sein, den Regelungskern des Eigenkapitalersatzrechtes zu wahren (zur Kritik vgl. RWS Forum 8, S. 298 ff.; *Karsten Schmidt* ZIP 1996, 1586 ff.; *Karollus* ZIP 1996, 1893 ff.). 27

IV. Qualifikationsmerkmale des Eigenkapitalersatzes

Nicht jedes gewährte Darlehen wird als eigenkapitalersetzend zu behandeln sein. Vielmehr müssen bestimmte Umstände hinzutreten. 28

Die vom Gesetzgeber verwandte Formulierung in § 32a Abs. 1 GmbHG – »ihr die Gesellschafter als ordentliche Kaufleute Eigenkapital zugeführt hätten« – ist wegen ihrer Unbestimmtheit bereits in der Anhörung vor dem Rechtsausschuß des Bundestages kritisiert worden (BT-Drucks. 8/3908, S. 74). Trotz dieser bekannten Kritik wurde eine Änderung nicht vorgenommen, um es der Literatur und Rechtsprechung zu ermöglichen, diese Konkretisierungen zu treffen. 29

Bei dem Tatbestand handelt es sich nicht um einen Verschuldenstatbestand, sondern um einen Tatbestand normativer Art. Im Rahmen des Eigenkapitalersatzes geht es um die **ordnungsgemäße Unternehmensfinanzierung** (vgl. hierzu Rz. 5 ff. oben) und Abgrenzung einer Finanzsituation und Festhalten an einer Finanzierungsentscheidung. 30

V. Kreditunwürdigkeit

Als Bewertungskriterium wurde durch die Rechtsprechung das Merkmal der **Kreditunwürdigkeit** der Gesellschaft geschaffen (BGHZ 76, 326 [330]; 81, 365 [367]; OLG Hamburg ZIP 1984, 584 [585]; BGHZ 105, 168 [185]). 31

Kreditunwürdig ist die Gesellschaft, wenn sie von dritter Seite keine Kreditmittel mehr zu marktüblichen Konditionen ohne Besicherung durch die Gesellschafter erhält und ohne Zuführung frischen Kapitals (Fremd- oder Gesellschafterkapital) liquidiert werden müßte (BGHZ 76, 326 [329]). Ob ein solcher Zustand erreicht ist, beurteilt sich grundsätzlich aus der Sicht eines wirtschaftlich vernünftig denkenden außenstehenden Kreditgebers zum Zeitpunkt der Kreditvergabe. Auf die Sicht eines beteiligten Kreditinstitutes kann es nicht ankommen (*BGH* ZIP 1992, 177 [178]). 32

Allgemein anerkannt liegen eigenkapitalersetzende Darlehen im **Stadium der Überschuldung** und damit bedingter Insolvenzreife gem. §§ 63 Abs. 1 GmbHG, 19 Abs. 2 InsO vor (BGHZ 31, 258 [272]; 75, 334 [337]; ZIP 1993, 1072 [1074]). Die Überschuldungsprüfung hat dann anhand des zu § 63 Abs. 1 GmbHG entwickelten zweistufigen Überschuldungsbegriffes zu erfolgen, wobei nunmehr eine Legaldefinition der Über- 33

§ 135　　*Wirkungen der Eröffnung des Insolvenzverfahrens*

schuldung in § 19 Abs. 2 InsO geschaffen wurde, die materiell-rechtlich keine Abweichungen enthält (vgl. *Schmerbach* § 19 Rz. 6). Die rechnerische Überschuldung unter Ansatz von Liquidationswerten und die Prognose einer nach überwiegender Wahrscheinlichkeit mittelfristigen negativen Überlebens- oder Fortbestehensmöglichkeit müssen gegeben sein.

34　Liegt lediglich eine Unterbilanz vor, kann eine Kreditfähigkeit noch gegeben sein (*Scholz/Karsten Schmidt* GmbHG, §§ 32 a, b Rz. 34). Ist die Gesellschaft ihres größten Teiles des Stammkapitales verlustig gegangen und fehlen im Gesellschaftsvermögen Mittel zur Besicherung der Kredite, so spricht dies gegen eine noch vorhandene Kreditwürdigkeit der Gesellschaft (*BGH* ZIP 1996, 275 [276 ff.]; 273 [274]).

35　Beim Vorliegen einer Zahlungsunfähigkeit der Gesellschaft im Zeitpunkt der Darlehensgewährung (BGHZ 67, 171 [175 ff.]; *Scholz/Karsten Schmidt* GmbHG, §§ 32 a, 32 b Rz. 36; *Baumbach/Hueck* GmbHG , § 32 a Rz. 46) und der **drohenden Zahlungsunfähigkeit** (§ 18 InsO) ist die Kreditwürdigkeit nicht mehr gegeben. Dieser Rückschluß bei der drohenden Zahlungsunfähigkeit ist gerechtfertigt, da die drohende Zahlungsunfähigkeit als neuer Insolvenzeröffnungsgrund hinzugetreten ist (§ 18 InsO).

36　Deutlich hervorgehoben werden muß, daß im Falle von Liquiditätsschwierigkeiten gewährte Darlehen oder Gesellschafterleistungen nicht unbedingt sofort zur Umqualifizierung in Eigenkapitalersatz führen müssen. Ein allein zur Überbrückung eines Liquiditätsengpasses gegebenes Darlehen verlangt nach kaufmännischen Gesichtspunkten noch nicht die Schaffung zusätzlichen Eigenkapitals, so daß ein in dieser Situation ausgereichtes Darlehen nicht notwendiges Eigenkapital substituieren muß (BGHZ 31, 258 [268 ff.]; 67, 171 [177 ff.]; *BGH* ZIP 1984, 572 [576 ff.]; *Scholz/Karsten Schmidt* GmbHG, §§ 32 a, 32 b Rz. 39).

37　Eigenkapitalersatz wird erst dann anzunehmen sein, wenn nicht alsbald neue Liquidität aufgrund der vorhandenen Vermögenswerte erlangt werden kann, die zur Ablösung der gewährten Kredite benötigt wird, und demnach mit einer kurzfristigen Kreditrückzahlung nicht gerechnet werden kann. Hieran läßt sich deutlich aufzeigen, daß es nicht auf die subjektive Komponente der Vorstellung der beteiligten Gesellschafter ankommen kann, die Kreditmittel nur kurzfristig zur Verfügung zu stellen, sondern einzig und allein die Finanzsituation der Gesellschaft ist maßgebend (*OLG Frankfurt* DB 1993, 1168 [1170 ff.]). Sanierungskredite sind aus diesem Grunde, auch im Falle der Kurzfristigkeit, immer eigenkapitalersetzend (*BGH* ZIP 1990, 95 [97]; BGHZ 31, 258 [271 ff.]; 67, 171 [174]; 75, 334 [336]).

38　Die Kreditwürdigkeit einer Gesellschaft ist dann gegeben, wenn sie in der Lage ist, die an sie auszureichenden Darlehensmittel mit eigenen Sicherheiten vollwertig abzusichern (*BGH* ZIP 1987, 1541 [1542]). Etwas anderes gilt nur, wenn der auszureichende Kredit nicht geeignet ist, den gesamten Kapitalbedarf abzudecken (*BGH* ZIP 1985, 158).

39　Ist die Gesellschaft nicht in der Lage, die auszureichenden Kreditmittel mit eigenen Sicherheiten zu besichern, sondern muß die Kreditbesicherung durch einen Gesellschafter vorgenommen werden, so können die vorstehenden Ausführungen nicht gelten. § 32 a Abs. 2 GmbHG qualifiziert solche Sicherheiten als kapitalersetzende Kredithilfen. Eine kapitalersetzende Kredithilfe liegt immer dann vor, wenn die Gesellschaft das ausgereichte Darlehen nicht bekommen hätte, wenn es nicht durch ihn besichert worden wäre. Als neutrale Sicherheiten sollen solche Sicherheiten von Gesellschaftern gelten, die auch bei der Vergabe von Krediten an eine GmbH in der Praxis als üblich zu bezeichnen sind. Solche routinemäßig angeforderten Sicherheiten besagen noch nichts über die Kreditwürdigkeit einer solchen Gesellschaft aus, da sie in der üblichen Bankpraxis ohne nähere Prüfung der Finanzsituation gefordert werden. Eine Überprüfung der Finanzsituation der

Kapitalersetzende Darlehen § 135

Gesellschaft zur Einschätzung von eigenkapitalersetzenden Leistungen ist daher unabdingbar (*BGH* ZIP 1987, 1969 [1970]; 1541 [1542]; 1990, 95 [96]). Etwas anderes gilt nur, wenn der auszureichende Kredit nicht geeignet ist, den gesamten Kapitalbedarf zu decken (*BGH* ZIP 1985, 158).

Praxisrelevant in diesem Zusammenhang ist, daß durch den Gesellschafter im Falle der 40 Inanspruchnahme durch den Konkursverwalter der Einwand erhoben werde, seine Kreditbesicherung habe neutralen Charakter gehabt. Nach den allgemeinen Beweislastregeln obliegt dann dem Gesellschafter der Beweis, eine Sicherheit habe nur neutralen Charakter und sei daher kein Indiz für Eigenkapitalersatz. Dabei wird aber häufig von dem Gesellschafter übersehen, daß möglicherweise bereits zu diesem Zeitpunkt Kreditinstitute die Vergabe von Darlehen an die Gesellschaft verweigert haben. Eine solche Verweigerung von Kreditinstituten zur Ausreichung weiterer Darlehensmittel initiiert die Kreditunwürdigkeit der Gesellschaft.

VI. Indizienwirkung

Sind weder die Tatbestände der Überschuldung, Unterkapitalisierung noch Zahlungsunfähigkeit der Gesellschaft gegeben, so bestehen erhebliche Schwierigkeiten zur Feststellung der Ersatzfunktion der Gesellschafterdarlehen. In diesem Falle sind alle Indizien für und gegen die Behandlung als eigenkapitalersetzendes Darlehen abzuwägen. 41

a) Indizien, die für einen eigenkapitalersetzenden Charakter sprechen: 42
– längerfristiger Kapitalbedarf
– gesellschaftsvertragliche Verpflichtung zur Zuführung von Darlehensmitteln oder stillen Einlagen zusätzlich zur Stammeinlage
– fehlende oder unzureichende Absicherung des Darlehens, besonders wenn der Darlehensgeber gleichzeitig in die Gesellschaft eintritt
– fehlende oder geringe Verzinsung des Gesellschafterdarlehens
– objektiv anfänglich unzureichende Eigenkapitalausstattung im Verhältnis zur bezweckten Unternehmensbetätigung
– hohe, über dem üblichen Niveau eines Bankkredits liegende Verzinsung für ein Darlehen von dritter Seite
– Kündigungsverzicht, wenn der Darlehensnehmer kreditunwürdig wird.

b) Als Gegenindizien können relevant werden: 43
– kurze Laufzeit des Darlehens, soweit dies nur Überbrückungsfunktion hat
– Beteiligung außenstehender Kreditgeber an der Darlehensgewährung
– vollwertige Besicherung durch die Gesellschaft
– Beteiligung des Gesellschafters an einem Konsortialdarlehen von außenstehenden Kreditgebern, ebenso Beteiligung an einem Sanierungsdarlehen Dritter
– gutachterliche Absicherung der Kreditvergabe.

Solche Indizien können nur Anhaltspunkte geben und müssen anhand eines jeden 44 Einzelfalles eigenständig geprüft werden.

Die Einteilung, ob ein Kredit eigenkapitalersetzenden Charakter hat, kann auch durch 45 den mit der Darlehensgewährung verbundenen Zweck erfolgen. Kredite zum Zwecke der Abwendung eines Konkurs- oder Vergleichsverfahrens sind generell kapitalersetzend (BHGZ 31, 258 [271 ff.]; BGHZ 67, 171 [174 ff.]; *Scholz/Karsten Schmidt* GmbHG, § 32 a, 32 b Rz. 36). Förderkredite, die in Form eines durchlaufenden Kredites ausgereicht werden, können keinen eigenkapitalersetzenden Charakter entfalten. Diese Kredite werden von einer Vergabestelle bewilligt und über das Kreditinstitut ausgereicht, welches möglicherweise eine Gesellschafterstellung bei der zu betrachtenden Schuldnerin hat. In diesem Falle wird ein Darlehen der Vergabestelle ausgereicht, das nicht den beteiligten Kreditinstituten zuzurechnen ist. Übernimmt das Kreditinstitut aber eigenständig das Risiko des Kreditausfalles gegenüber der Vergabestelle, so tritt das Kreditinstitut eigenständig als Darlehensgeberin auf. Ist es dann zugleich Gesellschafterin der kreditierten Gesellschaft, so kommen die Eigenkapitalersatzregeln zur Anwendung.

46 Finanzplankredite, Kredite die vor Eintritt der Kreditunwürdigkeit oder der Krise langfristig als Mittel der Selbstfinanzierung ausgereicht worden sind, unterfallen dem Eigenkapitalersatz (*Scholz/Karsten Schmidt* GmbHG, §§ 32a, 32b Rz. 38).

47 Zusammenfassend läßt sich daher festhalten, daß die in § 32a Abs. 1 Satz 1 GmbHG verankerte Generalklausel dahingehend aufgegliedert wird, daß 3 Typen von Gesellschafterdarlehen unterschieden werden:
1. der Sanierungskredit (gewährter oder stehengelassener)
2. die Darlehensgewährung oder das Stehenlassen bei Kreditunwürdigkeit
3. der Finanzplankredit.

H. Subjektiver Tatbestand

48 Besondere subjektive Tatbestandsmerkmale wie, daß der Gesellschafter das Aufbringen Haftungskapitales vermeiden wollte oder eine Täuschungsabsicht gegenüber den Gläubiger hegte, sind nicht zu überprüfen. Selbst die Kreditunwürdigkeit der Gesellschafter muß diesem nicht bekannt sein. Weitere subjektive Voraussetzungen hinsichtlich der Kenntnis der Krise müssen nicht gegeben sein (BGHZ 75, 334 [337 ff.]; 81, 311 [314 ff.]).

I. Stehenlassen von Gesellschafterdarlehen

49 Erhebliche Bedeutung hat nunmehr das sogenannte Stehenlassen von Gesellschafterdarlehen erlangt. Das Stehenlassen eines Kredites kann der zur Verfügungstellung eines Kredites gleich stehen. Der Bundesgerichtshof hat dies bereits relativ früh entschieden (BGHZ 75, 334 [336 ff.]). Umstritten ist bis jetzt noch heftig, unter welchen Voraussetzungen von einem Stehenlassen eines Kredites auszugehen ist (vgl. *Scholz/Karsten Schmidt* GmbHG, §§ 32a, 32b, Rz. 44). Unter dem Stehenlassen von Krediten können verschiedene Sachverhalte verstanden werden, die von echten Finanzierungsabreden bis zu schlichtem Unterlassen der Kündigung eines Darlehensverhältnisses gehen. Konsequenterweise müssen aber die jeweiligen Formen des Stehenlassens getrennt von einander gesehen werden. Mit Karsten Schmidt ist davon auszugehen, daß der Meinungsstreit rein theoretischer Natur ist (vgl. *Scholz/Karsten Schmidt* GmbHG, a.a.O.). Mittlerweile wurde durch die Rechtsprechung geklärt, daß der Gesellschafter im Falle des Stehenlassens eines Kredites zumindest die Möglichkeit haben muß, die Krise der Gesellschaft zu erkennen. Zu große Anforderungen an das Kennenmüssen sind aber nicht zu stellen. Der Gesellschafter muß sich selbständig darüber informieren, wie sich die wirtschaftliche Lage der Gesellschaft darstellt (*BGH* ZIP 1994, 1934; ZIP 1995, 23). Nach dieser Rechtsprechung kann der Gesellschafter die Bindungswirkung im Eigenkapital dadurch vermeiden, daß er die Gesellschaft bereits vor Eintritt der Krise liquidiert oder binnen einer angemessenen Überlegungsfrist Insolvenzantrag stellt.

Kapitalersetzende Darlehen § 135

Wird das Darlehen auf Grund einer Vereinbarung zwischen dem Gesellschafter und der   50
Gesellschaft stehengelassen, so bereitet die Anwendung des Eigenkapitalersatzes keine
großen Probleme. Auch die Stundung eines Rückzahlungsanspruches führt zu Eigenkapitalersatz (BGHZ 81, 252 [263 ff.]). War das Darlehen zur Rückzahlung fällig, wird es
prolongiert, so ist das Tatbestandsmerkmal des Stehenlassens erfüllt. Gleiches gilt für
die Rücknahme einer ausgesprochenen Kündigung (BGHZ 81, 311 [317 ff.]). Wird die
Prolongation vor Fälligkeit der Rückzahlung vorgenommen, so kommt es auf den
Zeitpunkt der Prolongationsabrede an, in dem die Kreditunwürdigkeit der Gesellschaft
eingetreten sein muß (vgl. BGHZ 127, 336 [345]).

Der *BGH* stellt sogar anheim, das Kreditverhältnis durch Liquidation zu beenden, wobei   51
er sogar die Einleitung des Konkursverfahrens als einzigen Ausweg zur Vermeidung des
Eigenkapitalersatzes sieht (*BGH* ZIP 1995, 280 [281]). Praxisrelevant ist auch die
Aussage des BGH geworden, daß ein Gesellschafter generell durch Ausschöpfung der
ihm zur Verfügung stehenden Informationsquellen im Stande ist, sich einen Überblick
über die Finanzierungssituation der Gesellschaft zu verschaffen. Der BGH impliziert
daher, daß der Gesellschafter grundsätzlich die Finanzsituation der Gesellschaft kennt
(*BGH* ZIP 1995, 1934 [1937]). Der Gesellschafter kann aber darlegen, daß er auf Grund
besonderer Umstände die Finanzsituation nicht kennen mußte (*BGH* a. a. O.).

Erkennt der Gesellschafter die Krisensituation, so ist ihm eine Überlegungsfrist zuzubil-   52
ligen, in der er entscheiden kann, ob er der kreditunwürdig gewordenen GmbH das
Darlehen belassen will oder die Rückforderung des Darlehens veranlaßt. Die Länge der
zuzubilligenden Frist muß an § 64 Abs. 1 Satz 1 GmbHG gemessen werden. Ein
Überschreiten dieser Frist muß zum Nachteil des Gesellschafters gereichen. Dem
Gesellschafter steht nach allgemeinen Grundsätzen das Recht zur außerordentlichen
Kündigung des Kredites zu (*BGH* ZIP 1987, 169 [171]).

J. Darlegungs- und Beweislast

Die Darlegungs- und Beweislast für die Anwendung des § 32a Abs. 1 Satz 1. trifft   53
denjenigen, der die Anwendung der Bestimmungen geltend macht. Dies gilt auch im
Feststellungsverfahren nach §§ 179–181 InsO.

Demgegenüber muß der Gesellschafter beweisen, daß die Voraussetzungen für die   54
Annahme eines eigenkapitalersetzenden Kredites weggefallen sind (*BGH* ZIP 1990, 98
[100]). Ist ein Gesellschafter inzwischen aus der Gesellschaft ausgeschieden, muß der
Insolvenzverwalter durch Vorlage der dem Gesellschafter nicht mehr zugänglichen
Bilanzen oder anderer Unterlagen (Vermögensaufstellungen etc.) die Nichtverbesserung
der Vermögenslage der Gesellschaft darlegen und beweisen, und zwar ab dem Zeitpunkt,
nachdem der Gesellschafter ausgeschieden ist (*BGH* a. a. O.).

Bei einem durch »Stehenlassen« nachträglich in Eigenkapitalersatz umqualifiziertem   55
Darlehen muß der Insolvenzverwalter die Finanzierungsvereinbarung beweisen (*Jaeger/
Henkel* § 32a GmbHG Rz. 47).

Der Gesellschafter muß nach der Entscheidung vom 02. 06. 1997 (*BGH* ZIP 1997, 1648   56
[1650]) substantiiert darlegen, welche Gegenstände als weitere verwertbare Sicherheiten
vorhanden sind. Auch obliegt ihm die Darlegungs- und Beweislast für eine positive
Fortführungsprognose (*BGH* a. a. O.).

K. Umfang der Rückzahlungssperre

57 Nach den Novellen-Regelungen wird ein Darlehen, welches eigenkapitalersetzenden Charakter hat, im gesamten Umfang von den normierten Rechtsfolgen betroffen. Eine Unterteilung des Darlehens in einen eigenkapitalersetzenden Anteil und in einen nicht gesperrten Anteil wird von der h. M. zu Recht abgelehnt (*Scholz/Karsten Schmidt* GmbHG, § 32 a, 32 b Rz. 49 m. w. N.).

58 Gegenüber den sogenannten Novellen- Regelungen knüpfen die Grundsätze der §§ 30, 31 GmbHG an die Beeinträchtigung des Stammkapitals an. Eigenkapitalersetzend gewährte Darlehen sind demnach bis zu dem Betrag verhaftet, der rechnerisch zum Ausgleich einer Unterbilanz oder einer über eine Unterbilanz hinausgehenden Überschuldung zur Abdeckung benötigt wird. Im Falle einer Überschuldung ist das eigenkapitalersetzende Darlehen soweit verhaftet, bis das Stammkapital unter Beseitigung der Überschuldung wieder aufgefüllt ist. Ist der Kreditbetrag höher als der, der zur Auffüllung des Stammkapitals und zur Beseitigung der Überschuldung benötigt wird, ist der überschießende Teil in einem solchen Falle von den Bindungswirkungen des § 30 GmbHG befreit. Der sich aus § 31 GmbHG ergebende Erstattungsanspruch erstreckt sich hierbei auch bis zu der Summe die benötigt wird, um die Überschuldung zu beseitigen und das Stammkapital wieder aufzufüllen (BGHZ 76, 326 [333]; ZIP 1984, 698 [700] ZIP 1985, 1198 [1201]).

59 Eigenkapitalersetzende Darlehen können grundsätzlich verzinst werden, wobei eventuell entstehende Zinsansprüche genau so lange verhaftet sind, wie dies für das gesamte Darlehen angeordnet wird (BGHZ 127, 17 [21]).

L. Zeitraum der Sperrwirkung

60 Ein eigenkapitalersetzendes Darlehen ist generell so lange von der Sperrwirkung betroffen, solange die Krise innerhalb der Gesellschaft andauert. Nicht verkannt werden darf, daß der BGH in seiner Entscheidung BGHZ 90, 370 [381] die unwiderlegbare Vermutung aufgestellt hat, daß eine Entsperrung eines Darlehen nicht innerhalb der Jahresfrist der §§ 32 b Absatz 1 GmbHG und 32 a KO in Betracht kommt, wenn nach Eröffnung des Insolvenzverfahrens innerhalb der vorgenannten Fristen eine Insolvenzanfechtung erklärt wird. Diese Rechtsprechung ist auf § 135 InsO genauso anwendbar.

61 Ein Freiwerden nach den Regelungsgrundsätzen der §§ 30, 31 GmbHG ist nur dann gegeben, soweit das Stammkapital durch Zuführung anderer Mittel wieder vollwertig aufgefüllt wird. Darüber hinaus muß weiteres Vermögen bei der Gesellschaft vorhanden sein (*BGH* ZIP 1981, 1332 [1333]; 1989, 93 [95]).

62 Erlangt in diesem Stadium die Gesellschaft ihre Kreditwürdigkeit nicht wieder, so verbleibt es bei der Sperrwirkung.

M. Rechtsfolgen im Insolvenzverfahren

63 Die Vorschriften der §§ 30, 31 GmbHG gelten neben den Novellen-Regelungen fort (BGHZ 90; 370 [376 ff.]). Die Vorschrift des § 135 InsO erhält daher nur deswegen Bedeutung, daß durch die Insolvenzanfechtung ein Aktivbestand wiederhergestellt werden soll, der über die Höhe des Stammkapitales hinausgeht.

Kapitalersetzende Darlehen § **135**

Sämtliche kapitalersetzende Darlehen unterliegen dem Ausschüttungsverbot des § 30 **64** GmbHG und zwar unabhängig von dem besonderen Anfechtungstatbestand des § 135 InsO. Das Darlehen einschließlich etwaiger Zinsen darf nicht an die Gesellschafter oder denen nahestehende Personen (§ 138 InsO) ausgezahlt werden. Der Ausschüttungssperre unterliegen jegliche Arten der Rückgewähr. Verboten sind nicht nur Zahlungen der Gesellschaft an die Gesellschafter als Kreditgeber, sondern sämtliche Erfüllungssurrogate, insbesondere Aufrechnung und Verrechnung (*BGH* NJW 1985, 2947). Der Rückforderungsanspruch gem. § 31 GmbHG ist nicht auf die Höhe des Stammkapitals beschränkt. Er besteht in derselben Höhe, in der der Kredit eigenkapitalersetzend wirkt.

Im Insolvenzverfahren können die Ansprüche gem. §§ 30, 31 GmbHG nur noch vom **65** Insolvenzverwalter geltend gemacht werden.

N. Geltendmachung kapitalersetzender Darlehen

Nach der ursprünglichen Regelung des § 32a Abs. 1 Satz 1 sowie den nach Absatz 3 **66** gleichgestellten Rechtsgeschäften waren eigenkapitalersetzende Darlehen im Rahmen eines Insolvenzverfahrens nicht zu berücksichtigen. Der Gesellschafter war wegen seiner Forderung weder Konkurs- oder Vergleichsgläubiger i.S.d. §§ 3 KO, 8 VglO.

Nach § 39 Abs. 1 Nr. 5 InsO sind Gesellschafter mit ihren eigenkapitalersetzenden **67** Darlehensforderungen Insolvenzgläubiger. Diese Darlehensforderungen werden im Insolvenzverfahren insoweit berücksichtigt, als nach Befriedigung sämtlicher vorhergehender Insolvenzgläubiger noch eine zu verteilende Insolvenzmasse verfügbar ist. Rechtsdogmatisch könnte man nunmehr den Schluß daraus ziehen, daß Gesellschafterdarlehen kein Eigenkapital sind und es auch in der Krise und Insolvenz nicht werden. Inwieweit diese dogmatische Einordnung mit der späteren Rechtsprechung einhergehen wird, muß sich erst zeigen. Aus der Regierungsbegründung zu § 39 Abs. 1 Nr. 5 InsO läßt sich nicht entnehmen, daß der Gesetzgeber keine Entscheidung in dem Streit über den Rechtscharakter der jeweiligen Gesellschafterleistung vornehmen wollte. Die Handlungsweise war in diesem Fall rein abwicklungstechnisch bedingt. Der Ansicht des Gesetzgebers ist zuzustimmen, daß es nicht sachgerecht ist, einen verbleibenden Überschuß an den Insolvenzschuldner herauszugeben, bevor nicht sämtliche andere Forderungen, auch die aus eigenkapitalersetzenden Darlehen oder gleichgestellten Forderungen – mit Rangrücktritt –, getilgt sind. Hinzuweisen ist in diesem Fall darauf, daß § 199 Abs. 2 InsO anordnet, daß im Rahmen der Schlußverteilung der Insolvenzverwalter einen etwa verbleibenden Überschuß an den Schuldner (der dem Schuldner bei der Abwicklung außerhalb des Insolvenzverfahrens zugestanden hätte) herauszugeben hat. Für die Berücksichtigung eigenkapitalersetzender Darlehen im Insolvenzverfahren bedeutet dies im Zusammenhang mit der vorbeschriebenen Norm, daß vor Herausgabe eines etwaigen Überschusses, eventuell aus dem Gesellschafterkreis oder diesem nahestehenden Personen (§ 138 InsO) kommende Darlehensgläubiger vorab zu befriedigen sind.

Eine Anmeldung der nachrangigen Insolvenzforderung aus eigenkapitalersetzenden **68** Gesellschafterleistungen ist nur dann möglich, wenn gemäß § 174 Abs. 3 InsO vom Insolvenzgericht dazu aufgefordert wurde. Die Qualifizierung als nachrangiger Insolvenzgläubiger für den Gesellschafter hängt davon ab, ob und inwieweit das Insolvenzgericht zur Anmeldung dieser Forderungen auffordert (vgl. *Schulz* § 174 Rz. 40ff.).

69 Dem Gesellschafter bleibt es auch weiterhin verwehrt, seinen gesperrten Rückzahlungsanspruch mit ihm seinerseits gegenüber der Gesellschaft bestehenden Forderungen aufzurechnen. Gleiches gilt, wenn die Aufrechnung bereits vor Insolvenzeröffnung stattgefunden hat, und diese Aufrechnung durch anfechtbare Rechtshandlungen erfolgt ist. Hierbei bedarf es dann nicht mehr der Insolvenzanfechtung, da gemäß § 96 Nr. 3 InsO die Aufrechnung unzulässig ist.

70 Wurden dem Gesellschafter Sicherheiten aus dem Vermögen der GmbH gewährt, so ist nach h. M. der Gesellschafter gehindert, die ihm gestellte Sicherheit zu verwerten. § 32 a Abs. 1 Satz 1 GmbHG steht dem entgegen (*BGH* ZIP 1996, 1829 [1831]; *Scholz/Karsten Schmidt* GmbHG, §§ 32 a, 32 b Rz. 65).

O. Auswirkungen des Insolvenzplanes auf eigenkapitalersetzende Darlehen und Entsperrung dieser

71 Der Insolvenzplan tritt nunmehr an die Stelle des Vergleichsverfahrens. Die ursprüngliche Rechtsvorschrift des § 32 a Abs. 1 Satz 2 GmbHG kommt daher nicht mehr zur Anwendung.

72 Eine bedeutsame Frage wird nunmehr dadurch aufgeworfen, inwieweit die gesetzliche Einstufung nach § 39 Abs. 1 Nr. 5 InsO den eigenkapitalersetzenden Charakter nach der BGH-Rechtsprechung entfallen läßt. Solche Situationen sind denkbar, wenn ein erfolgreiches Restrukturierungsverfahren aufgrund eines Insolvenzplanes durchgeführt wird. Der bisherige Vergleich oder Zwangsvergleich wird im gestaltenden Teil des Insolvenzplanes (§ 221 InsO) vereinigt. § 225 InsO regelt dann die Rechtsstellung nachrangiger Insolvenzgläubiger. Unter bestimmten Voraussetzungen (vgl. *Jaffé* § 225 Rz. 16) stehen auch den Gläubigern mit kapitalersetzenden Leistungen Zahlungen aus dem Insolvenzplan zu. Der BGH hat in seiner Entscheidung vom 06. 04. 1995 (ZIP 1995, 816 [818]) im Rahmen eines durchgeführten Vergleichsverfahren entschieden, daß der kapitalersetzende Charakter einer Darlehensforderung nicht durch den Vergleich wegfällt. Bis zur Höhe der Stammkapitalziffer kann die Gesellschafterforderung nicht geltend gemacht werden (*BGH* ZIP 1995, 816 [814]). Die BGH-Entscheidung ist nunmehr im Rahmen der InsO soweit heranzuziehen, daß bereits mit dieser Entscheidung der BGH deutlich gemacht hat, daß der eigenkapitalersetzende Charakter einer Forderung nicht später wegfallen kann. Die Abwicklungskriterien bei einem Insolvenzplan sind andere wie die früher bei einem Vergleichs- oder Zwangsvergleichsverfahren. Der Insolvenzplan gibt den Beteiligten die Möglichkeit, die Insolvenz auf Grundlage der Gläubigerautonomie flexibel und wirtschaftlich effektiv abzuwickeln. Mit diesem Gedanken ist es nicht vereinbar, daß nach Abwicklung durch einen Insolvenzplan noch nachträglich über eigenkapitalersetzende Darlehensleistungen gestritten werden müßte. Im Rahmen des Insolvenzplanes besteht daher in bezug auf eigenkapitalersetzende Darlehen oder sonstige Forderungen kein Grund, gläubigerschützende Regelungen aus dem Gesellschaftsrecht anzuwenden. Aus diesem Grunde sind alle im Rahmen eines Insolvenzplanes tangierten eigenkapitalersetzenden Gesellschafterleistungen entsperrt und können reguliert werden (Begr. zu § 268 RegE BT-Drucks. 12/2443, S. 201). Nach der Intension des Gesetzgebers soll diese Entsperrfunktion alleine im Rahmen des Insolvenzplanes gelten. Eine Verallgemeinerung solcher Entsperregeln muß verneint werden.

P. Insolvenzanfechtung und Fristen gemäß § 135 InsO

I. Besicherung

Nach § 135 Nr. 1 InsO können Vorgänge zur Besicherung kapitalersetzender Darlehen 73
nur für einen Zeitraum von 10 Jahren vor dem Eröffnungsantrag und für die Zeit nach
Antragstellung angefochten werden. Der ursprünglich geltende Zeitraum von 30 Jahren
(§ 41 Abs. 1 Satz 3 KO) ist durch eine 10-Jahresfrist abgelöst worden.

Unter anfechtbaren Besicherungen sind nicht nur die Sicherheiten zu verstehen, die die 74
Gesellschaft dem Gesellschafter für einen hingegebenen Kredit bestellt hat, sondern
darunter sind auch solche Ansprüche zu verstehen, die dem Gesellschafter zu Absicherung
seiner Ersatz- oder Rückgriffsansprüche aufgrund eines von ihm besicherten
Darlehens gegenüber einem Dritten gewährt worden sind. Hierdurch wird der Fall erfaßt,
daß der den Kredit eines Dritten besichernde Gesellschafter den Darlehensgeber befriedigt, und er mit der auf ihn übergehenden Kreditforderung (§ 774 Abs. 1 BGB) zugleich
die von der Gesellschaft einem außenstehenden Dritten eingeräumte Sicherung erwirbt
(*BGH* ZIP 1981, 974 [978]).

II. Befriedigungshandlungen

Befriedigungshandlungen, die ein Jahr vor dem Insolvenzeröffnungsantrag sowie nach 75
dem Insolvenzantrag ausgeführt wurden, unterliegen der Anfechtung gemäß § 135 Nr. 2
InsO. Durch diese Regelung soll dem ursprünglichen Gebaren von Gesellschaftern und
Geschäftsführern der GmbHs entgegengewirkt werden, die in Kenntnis des ursprünglich
geltenden § 41 Abs. 1 Satz 1 KO die Konkurseröffnung soweit hinaus geschoben haben,
daß die vorgenommene Rückzahlung außerhalb des Jahreszeitraumes lag und nicht mehr
der Konkursanfechtung unterworfen war.

III. Anfechtungsfrist

Eine Verbesserung ist mittlerweile auch dadurch eingetreten, daß gemäß § 146 InsO 76
nunmehr dem Insolvenzverwalter eine zweijährige Anfechtungsfrist für Handlungen
eingeräumt wird, die nicht unter die §§ 30, 31 GmbHG zu subsumieren sind. Die
Anfechtungsfrist ist nun als Verjährungsfrist ausgestaltet.

Q. Durchführung der Anfechtung

Für die Durchführung der Anfechtung gelten die allgemeinen Grundsätze. Die Aus- 77
übung des Anfechtungsrechtes wird durch Klage oder im Wege der Einrede ausgeübt.
Die Anfechtung begründet gemäß § 143 InsO einen Rückgewähranspruch. Der insolvenzrechtliche Rückgewähranspruch kann nicht abgetreten oder gepfändet werden
(*Jaeger/Henckel* KO, § 32a Rz. 83 m. w. N.). Probleme ergeben sich ferner dadurch, daß
der Erstattungsanspruch der Gesellschaft gemäß § 31 GmbHG pfändbar ist. Ein Massegläubiger (§ 53 InsO) könnte deshalb nur dem Insolvenzverwalter den Anfechtungsanspruch nach § 135 InsO dadurch entziehen, daß er den pfändbaren gesellschaftsrechtlichen Erstattungsanspruch nach § 31 pfändet und sich zur Einziehung überweisen läßt.

§ 135 *Wirkungen der Eröffnung des Insolvenzverfahrens*

Nach einer Entscheidung des OLG Jena sind Erstattungsansprüche im Rahmen des Eigenkapitalersatzes nach § 31 GmbHG gegen einen Gesellschafter der Gemeinschuldnerin Ansprüche aus einem Vertrag i. S. d. Art. 5 Abs. 1, Art. 53 Abs. 1 EuGVÜ. Wird durch den Insolvenzverwalter ein Eigenkapitalersatzanspruch gegen eine Gesellschafterin mit Sitz im Ausland geltend gemacht, so ist dafür nach Art. 5 Nr. 1 EuGVÜ **das Gericht am Sitz des Gemeinschuldners international und örtlich zuständig** (*OLG Jena* Urt. v. 05. 08. 1998 – 4 U 177/97 n. n. v.).

R. Eigenkapitalersetzende Sicherheit gem. § 32a Abs. 2 GmbHG

I. Allgemein

78 Hat ein Dritter der Gesellschaft ein Darlehen in der Krise gewährt, in der ein ordentlicher Kaufmann dieser Eigenkapital zugeführt hätte, und hat sich ein Gesellschafter für diesen Kredit verbürgt oder eine Sicherheit bestellt, so kann der Dritte nur für den Betrag verhältnismäßige Befriedigung verlangen, mit dem er bei der Inanspruchnahme des Bürgen oder der Sicherheit ausgefallen ist. Der Sicherheiten gestellende Gesellschafter haftet dem kreditierenden Gläubiger vorrangig (*BGH* ZIP 1992, 177; *Scholz/Karsten Schmidt* GmbHG, §§ 32a, 32b Rz. 125 ff.). Der außenstehende Kreditgeber wird von der Insolvenz nur insoweit betroffen, als er mit seinem Rückzahlungsanspruch nur in Höhe seines Ausfalles am Insolvenzverfahrens teilnimmt.

II. Tatbestandliche Voraussetzungen

79 a) Ein Außenstehender muß als Kreditgeber auftreten.
Als Dritter kommt jeder in Betracht, der nicht als Gesellschafter oder nahestehende Person i. S. d. § 138 InsO anzusehen ist und nicht unter die Rechtswirkung des § 32a Abs. 3 GmbHG fällt.

80 b) Der von ihm gewährte Kredit muß eigenkapitalersetzend sein.
Der Dritte muß der Gesellschaft ein Darlehen oder eine gleichgestellte Kapitalhilfe gewährt oder stehengelassen haben. Der Kredit muß von Anfang an eigenkapitalersetzenden Charakter gehabt oder durch das Stehenlassen erlangt haben. Die Beurteilung, ob der Kredit eigenkapitalersetzend ist, geht von der Prämisse aus, daß die Kreditunwürdigkeit der Gesellschaft vorliegen muß (vgl. Rz. 32). Das heißt, die Kreditunwürdigkeit ist nicht gegeben, wenn der Kredit auch ohne Besicherung durch die Gesellschaft gewährt würde.

81 c) Ein Gesellschafter sichert den Kredit mit ebenfalls eigenkapitalersetzender Wirkung ab.
Der Gesellschafter muß dem Dritten eine Sicherheit zur Absicherung des ausgereichten Darlehens bestellt haben. Die §§ 32a, 30, 31 GmbHG erfassen jede irgendwie in Betracht kommende Absicherung durch einen Gesellschafter. Neben der im Gesetz ausdrücklich erwähnten Bürgschaft zählen dazu
– Sicherungsübereignungen,
– Schuldbeitritt,
– Hypotheken- und Grundschuldbestellungen,
– Zessionen in allen Formen,
– Garantiezusagen

Kapitalersetzende Darlehen **§ 135**

– Patronatserklärungen
– wechselrechtliche Verpflichtungen
(vgl. zum Vorstehenden *Scholz/Karsten Schmidt* GmbHG, §§ 32a, 32b Rz. 130 ff.).
Unbedeutend ist, ob die Sicherheit von dem Gesellschafter als Ausfallsicherheit gestellt **82**
wurde (*BGH* ZIP 1987, 1541 [1542 ff.]). Wird der darlehensweise gewährte Betrag noch durch eine weitere, von einem nicht der Gesellschaft angehörenden Dritten zusätzlich besichert, so ändert dies grundsätzlich nichts an der Einordnung als eigenkapitalersetzende Sicherheit. Würde die Gesellschaft durch die weitere Besicherung kreditwürdig werden, käme § 32a Abs. 2 GmbHG nicht zur Anwendung.

d) Läßt der Gesellschafter eine Sicherheit stehen, die er anfangs bei noch bestehender **83**
Kreditwürdigkeit der Gesellschaft gestellt hat, und zieht er diese Sicherheit nicht bei eintretender Kreditunwürdigkeit ab, ist diese Sicherheitengestellung wie eine von Anfang an eigenkapitalersetzende zu betrachten (*BGH* ZIP 1992, 177 [179]). Zu beachten ist aber, daß nicht jede Kreditbesicherung als Krisenfinanzierung zu verstehen ist (Argument aus § 775 Abs. 1 Nr. 1 BGB; *BGH* ZIP 1986, 169 [171]).

S. Doppelbesicherung eines Darlehens

In diesem Falle werden die der Gesellschaft gewährten Kredite durch eine Sicherheit aus **84**
dem Gesellschaftsvermögen und eine durch den Gesellschafter gestellte Personal- oder Realsicherheit besichert. Dem Dritten steht es grundsätzlich frei, sich für die Verwertung einer Sicherheit zu entscheiden (*BGH* ZIP 1986, 30 [31]; 1992, 108). Der Dritte muß nicht bevorzugt die Verwertung der Gesellschaftersicherheit suchen. Mit der h. M. (*Baumbach/Hueck* GmbHG, § 32a Rz. 70 m. w. N.) findet § 32a Abs. GmbHG gegenüber einem außenstehenden Gläubiger keine Anwendung. Der Gesellschafter ist in diesen Fällen verpflichtet, die Gesellschaft von der Darlehensverbindlichkeit freizustellen (*BGH* ZIP 1992, 108 [109]). Verwertet der Gesellschaftsgläubiger vorrangig eine Sicherheit der Gesellschaft, so steht dieser gegenüber dem Gesellschafter ein Erstattungsanspruch zu. Verliert die Gesellschaft durch die Verwertung der Sicherheit Gesellschaftsvermögen, das zur Erhaltung des Stammkapitals benötigt wird, besitzt sie gegen den Gesellschafter einen Erstattungsanspruch gem. § 31 Abs. 1 GmbHG. Oberhalb des Stammkapitalbetrages entsteht ein Erstattungsanspruch nach § 32b GmbHG (zu den Voraussetzungen vgl. Rz. 17).

T. Auffangtatbestand des § 32a Abs. 3 GmbHG

I. Allgemein

Die Vorschrift des § 32a Abs. 3 GmbHG erweitert als sogenannte Generalklausel die **85**
Tatbestände des Abs. 1 und Abs. 2, indem sie auch andere Leistungen mit eigenkapitalersetzenden Funktionen erfaßt. Mit der Formulierung »gleichgestellte Forderung« in Satz 1 wird nunmehr deutlich zum Ausdruck gebracht, daß auch direkte Forderungen durch § 135 InsO erfaßt werden, die einer eigenkapitalersetzenden Darlehnsgewährung durch Gesellschafter wirtschaftlich gleichzustellen sind.

II. Behandlung von Nichtgesellschaftern wie Gesellschafter

86 Nach § 32a Abs. 3 GmbHG gelten die Abs. 1 und 2 dieser Vorschrift entsprechend für Rechtshandlungen eines Dritten, die der Darlehensgewährung eines unmittelbar an der Gesellschaft beteiligten Gesellschafters wirtschaftlich entsprechen. Zu diesem Personenkreis zählen:
– Treugeber (*Scholz/Karsten Schmidt* GmbHG, §§ 32a, 32b Rz. 123)
– Nießbrauch- und Pfandgläubiger (*BGH* ZIP 1992, 1300 [1301])
– atypisch stiller Gesellschafter (*BGH* ZIP 1989, 95 [96ff.])
– typischer stiller Gesellschafter (*Scholz/Karsten Schmidt* GmbHG, §§ 32a, 32b a.a.O.)
– Unterbeteiligter an einem GmbH-Anteil
– verbundene Unternehmen i.S.d. §§ 15ff. AktG (vgl. hierzu ausführlich *Gerkan/Hommelhoff* Rz. 4.8ff; *Jaeger/Henckel* KO, § 32a)
– Besitzgesellschaft bei Betriebsaufspaltung (*Scholz/Karsten Schmidt* GmbHG, §§ 32a, 32b Rz. 122)
– Handelnde für und auf Rechnung eines Gesellschafters zum Schaden der Gesellschaft
– nahe Angehörige i.S.d. § 138 Abs. 2 InsO (vgl. InsO § 138 Rz. 10ff.)

III. Andere eigenkapitalersetzende Rechtshandlungen

87 Sind Stundungs- und Fälligkeitsvereinbarungen zwischen dem Gesellschafter und der GmbH, soweit sie ein Darlehen nicht betreffen (ansonsten findet § 32a Abs. 1 GmbHG Anwendung). Voraussetzung ist aber, daß die Abrede zwischen der Gesellschaft und dem Gesellschafter wirtschaftlich einer Darlehensgewährung entspricht (*Scholz/Karsten Schmidt* GmbHG, §§ 32a, 32b Rz. 101). Bei Stundungen von jeweils neuen Forderungen aus Waren-, Material- und sonstigen Austauschverträgen gegenüber der Gesellschaft unter Einbeziehung von Verrechnungen auf den Saldo, gewährt der Gesellschafter damit der Gesellschaft eine Art Kontokorrentkredit. Nicht jede einzelne Forderung des Gesellschafters aus den Lieferungen hat eigenkapitalersetzenden Charakter, sondern nur in Höhe des durchschnittlich offenen Saldos (*BGH* ZIP 1995, 23 [24]). Diese Saldohöhe wird auch als »Quasi-Kreditlinie« bezeichnet.

88 Ferner fallen darunter der Erwerb von der Gesellschaft gestundeter Forderungen, Diskontierung von Wechseln, Factoring und stille Beteiligung (vgl. hierzu *Scholz/Karsten Schmidt* GmbHG, §§ 32a, 32b Rz. 101–105).

IV. Anwendung des Abs. 3 bei eigenkapitalersetzender Gebrauchsüberlassung

89 Der Bundesgerichtshof hat in seiner seit 1989 vorherrschenden Rechtsprechung ständig entschieden, daß auch eigenkapitalersetzende Nutzungs-/Gebrauchsüberlassungen durch § 32a Abs. 3 GmbHG erfaßt werden (BGHZ 109, 55; BGHZ 121, 31 [34]). Dieser Rechtsansicht ist nunmehr auch die herrschende Lehre gefolgt (*Baumbach/Hueck* GmbHG, § 32 Rz. 32ff. m.w.N.).

90 Die eigenkapitalersetzende Nutzungsüberlassung kann in den unterschiedlichsten Formen vorkommen. So findet man diese sehr häufig bei der Betriebsaufspaltung (Besitzgesellschaft vermietet/verpachtet Anlagevermögen an Betriebsgesellschaft). Sonstige Miet- oder Überlassungsverträge (Leasing) zwischen Gesellschaft und Gesellschafter werden in allen erdenklichen Erscheinungsformen erfaßt.

Kapitalersetzende Darlehen § 135

Wie allgemein bekannt ist, wurde die Betriebsaufspaltung durch die steuerberatenden 91
Berufe seit Mitte der 80er Jahre aus diversen Gründen empfohlen. Im Rahmen von
Insolvenzverfahren sind diese Modelle einer neueren Prüfung unterzogen, die den
steuerlichen Berater in eine eklatante Haftungsproblematik kommen lassen kann. Meistens mangels Dokumentation eines möglichen Hinweises auf die Haftungsrelevanz der
gestaltenden Beratung, werden haftungsrechtliche Normen gegenüber dem Berater in
der Insolvenz auch für sehr lange zurückliegende Beratungsfälle noch nicht verjährt
sein.

Der Tatbestand der eigenkapitalersetzenden Nutzungsüberlassung wird unter sinngemä- 92
ßer Anwendung der unter Rz. 79 ff. dargestellten Grundsätze zu ermitteln sein, wobei das
Kriterium der Kreditunwürdigkeit durch das Kriterium der »Überlassungswürdigkeit«
ersetzt wird (BGHZ 109, 55 [63 ff.]). Seit der Lagergrundstück I-Entscheidung (BGHZ
109, 55) muß die Gesellschaft außerstande sein, sich den für den Kauf des überlassenen
Gegenstandes erforderlichen Kredit auf dem Kapitalmarkt zu besorgen, und gleichzeitig
darf kein außenstehender Dritter an der Stelle der Gesellschaft dafür bereit gewesen sein,
der Gesellschaft den überlassenen Gegenstand zum Gebrauch zu überlassen (*BGH* ZIP
1993, 189 – Lagergrundstück II –). Neben der Konkursreife tritt daher noch kumulativ
das Merkmal der speziellen Kreditunwürdigkeit und Überlassungsunwürdigkeit hinzu.
Ist nur eines dieser Merkmale nicht erfüllt, entfällt die eigenkapitalersetzende Nutzungsüberlassung.

Die Überlassungsunwürdigkeit ist bei üblichen Wirtschaftsgütern, wie normale Grund- 93
stücke, Kraftfahrzeuge, Maschinen etc., gegeben, wenn die Gesellschaft nicht definitiv
in der Lage ist, das zu zahlende Überlassungsentgelt zu erbringen und Instandhaltungen
an den überlassenen Wirtschaftsgütern vorzunehmen. Bei individuellen Wirtschaftsgütern (z. B. spezielle Anlagen oder Aufbauten) muß dem Gesellschafter nicht nur der
Überlassungszins gesichert zustehen, sondern auch sämtliche Investitionskosten und ein
angemessener Gewinn (*OLG Karlsruhe* ZIP 1996 , 918 [921,922]).

Mit der Lagergrundstück III-Entscheidung (*BGH* ZIP 1994, 1261 [1263]) wurde durch 94
den BGH klargestellt, daß auch stehengelassene Gebrauchsüberlassungsverträge von
den Sperrwirkungen des Eigenkapitalersatzes erfaßt werden. Kennt der Gesellschafter
die Krise oder konnte er sie erkennen, muß er unverzüglich das Überlassungsverhältnis
beenden und den Gegenstand herausverlangen, damit die Eigenkapitalersatzregeln nicht
zur Anwendung kommen (*OLG Karlsruhe* ZIP 1994, 1183).

U. Rechtsfolgen

I. Überlassungsdauer

Der Gesellschafter ist verpflichtet, die Gegenstände solange der Gesellschaft zu überlas- 95
sen, wie es sich aus den vertraglichen Gegebenheiten ergibt. Die ursprüngliche Laufzeit
des Vertrages ist maßgebend (*BGH* ZIP 1994 1261 [1265]). Eventuell vereinbarte
Sonderkündigungsrechte sind unwirksam, wenn sie grundsätzlich Insolvenzgläubiger
benachteiligen können (*BGH* a. a. O.). Eine Kündigungsmöglichkeit wegen Insolvenzreife und Zahlungsrückständen kann nicht mehr erfolgen (§ 112 Nr. 1 und 2 InsO). So
bereits der BGH in ZIP 1994, 1261 [1265] zur alten Rechtslage (§ 554 BGB) und
Kündigungsmöglichkeit gem. § 19 KO. Liegt überhaupt keine Laufzeitvereinbarung
oder eine vertragliche Abrede vor, ist der überlassende Gesellschafter verpflichtet, den
Gegenstand bis zu dem Zeitpunkt zu überlassen, in dem die Gesellschaft bei hypothe-

tischer Würdigung in der Lage ist, sich den Gegenstand selbst am Markt zu besorgen. Dabei muß dem Gesellschafter aber die Möglichkeit eingeräumt werden, Kündigungsmöglichkeiten gem. § 565 Abs. 1 a BGB zur Anwendung bringen zu können, zumindest ab dem Zeitpunkt, in dem durch die Gesellschaft die Krise überwunden wurde.

II. Nutzungsentgelt

96 Der Gesellschafter ist nicht berechtigt, bei einer eigenkapitalersetzenden Nutzungsüberlassung Überlassungsentgelte zu fordern. Gem. § 30 GmbHG ist die Auszahlung solange gesperrt, wie eine Überschuldung oder Unterbilanz besteht, zu deren Ausgleich die Finanzmittel benötigt werden. Gezahltes Entgelt ist der Gesellschaft nach § 31 GmbHG zu erstatten. Außerhalb eines Insolvenzverfahrens kann auch der Gesellschafter oberhalb der Stammkapitalziffer Zahlung verlangen. Nach Verfahrenseröffnung entfällt dieser Anspruch gem. § 32a Abs. 1 GmbHG analog, und nur der Insolvenzverwalter kann die Zahlungen nach § 135 Nr. 2 InsO anfechten und Rückgewähr verlangen (*OLG Hamm* GmbHR 1992, 754 [756]).

III. Dingliche Zuordnung des überlassenen Gegenstandes

97 Nach den Lagergrundstück-Entscheidungen III und IV (*BGH* ZIP 1994, 1261 [1264 ff.]; ZIP 1441 [1443]) ist nunmehr geklärt, daß das Eigentum bei dem Gesellschafter verbleibt und nicht in den Haftungsverband fällt. Eine Verwertung des überlassenen Gegenstandes durch den Verwalter entfällt. Nur das Nutzungsrecht wird vom Haftungsverband umfaßt. Der Herausgabeanspruch des Gesellschafters gegen die Gesellschaft ist gem. §§ 30, 32a GmbHG ausgeschlossen (*OLG Karlsruhe* ZIP 1996, 918 [920]; lesenswert wegen seiner genauen Subsumtion der eigenkapitalersetzenden Gebrauchsüberlassung.).
Wurde der überlassene Gegenstand von dem Gesellschafter während des Ersatzzeitraumes der Gesellschaft entzogen, so ist der Insolvenzverwalter berechtigt, innerhalb der fünfjährigen Verjährungsfrist des § 31 Abs. 5 GmbHG diesen gem. § 31 Abs. 1 GmbHG zurückzuverlangen. Der Insolvenzverwalter kann daher den jeweiligen Gegenstand zugunsten der Masse verwerten, d. h. während der ihm zur Verfügung stehenden Überlassungsdauer diesen weiter zu vermieten/verpachten oder sonstwie durch Überlassungsverträge zu verwerten. In diesem Fall liegt das Verwertungsrisiko bei dem Verwalter (vgl. § 537 BGB).
Kann der Gesellschafter aus von ihm zu vertretenden Gründen den Gegenstand nach Abzug nicht mehr dem Verwalter herausgeben, so ist dieser verpflichtet der Insolvenzmasse den Restnutzungswert für die Restnutzungsdauer in Geld zu ersetzen (*BGH* ZIP 1994 1261 [1266]; 1444 [1445]).

V. Anwendung der Eigenkapitalersatzregeln bei der GmbH & Co KG

98 Entgegen dem früher geltenden § 32a KO nimmt § 135 InsO nicht ausdrücklich auf § 32a Abs. 1, 3 GmbHG Bezug. Durch die allgemeine Formulierung »Forderung eines Gesellschafters auf Rückgewähr eines kapitalersetzenden Darlehens« wurde klargestellt, daß auch kapitalersetzende Gesellschafterdarlehen bei einer offenen Handelsge-

Kapitalersetzende Darlehen § 135

sellschaft oder Kommanditgesellschaft ohne persönliche Haftung einer natürlichen Person (§§ 129a, 172a HGB und die sonstigen weiter anerkannten Fälle der Rechtsprechung) von § 135 InsO erfaßt werden.

Rückzahlungen von Darlehen aus dem Vermögen der KG können das Stammkapital der GmbH beeinträchtigen. Durch die Rückzahlung des Darlehens kann die Beteiligung der GmbH an der KG so entwertet werden, daß bei der GmbH eine Unterbilanz entsteht. Zum gleichen Ergebnis kommt man, wenn die KG überschuldet ist, da die Krisenlage dann unmittelbar wegen der Komplementärhaftung der GmbH (§§ 161 Abs. 2, 128 HGB) auf diese durchschlägt (*BGH* ZIP 1980, 361 [364]). Bei verbotswidrig erfolgter Rückzahlung steht der Erstattungsanspruch gem. § 31 Abs. 1 GmbHG der KG und nicht der GmbH zu (*BGH* ZIP 1980, 361 [362]). 99

Selbstverständlich erstrecken sich die vorgenannten Regeln auch auf die sogenannte Vor-GmbH & Co KG. 100

Durch die geänderte Formulierung ist nunmehr auch klargestellt, daß als Darlehensgeber die GmbH-Gesellschafter, die Kommanditisten und die Komplementäre in Frage kommen. 101

Hinsichtlich der jeweilig eintretenden Rechtsfolgen bestehen bei der GmbH & Co KG keine anderen Besonderheiten, wie sie bereits bei der GmbH erläutert worden sind. 102

W. Eigenkapitalersetzende Aktionärsdarlehen

Wie bereits unter Rz. 1 ausgeführt wurde, ist mit der Formulierung »Forderung eines Gesellschafters auf Rückgewähr eines kapitalersetzenden Darlehens« auch das gegebene Aktionärsdarlehen miterfaßt. Auch diese Darlehen unterliegen der Sperrwirkung des Eigenkapitalersatzes. Das Rückzahlungsverbot für ein eigenkapitalersetzendes Aktionärsdarlehen ergibt sich aus § 57 AktG. § 57 AktG wird dahingehend ausgelegt, daß ein Verstoß gegen § 57 AktG nach § 134 BGB grundsätzlich zur Nichtigkeit des schuldrechtlichen als auch dinglichen Rechtsgeschäftes führt. Der Aktionär haftet bei einer Auszahlung an ihn nach § 62 AktG auf Rückgewähr. 103

Über § 138 InsO werden auch aktionärsähnliche Personen erfaßt. Die Fallkonstellationen sind gleich, wie die, die bei der GmbH vorkommen. 104

X. Bilanzierungsfragen der eigenkapitalersetzenden Darlehen

I. Handelsrechtliche Rechnungslegung

Bis zum heutigen Tage ist die Behandlung von eigenkapitalersetzenden Gesellschafterleistungen in der handelsrechtlichen Rechnungslegung heftig umstritten. Der BGH hat mittlerweile dazu ausgeführt, die wechselnde, häufig nur schwer feststellbare Qualität eines Gesellschafterdarlehens als Eigenkapitalersatz spreche dagegen, die gesellschaftsrechtliche Umqualifizierung in quasi Haftkapital bilanziell vorwegzunehmen (*BGH* ZIP 1994, 295 [296]). Der Rechtsauffassung des Bundesgerichtshofes kann nicht gefolgt werden. Die handelsrechtliche Rechnungslegung ist Grundlage für die Selbstinformationen des Geschäftsführers. Den Geschäftsführern und Gesellschaftern muß es verboten sein, eigenkapitalersetzende Darlehen auf der Passivseite als reine Verbindlichkeiten ausweisen zu dürfen. Ansonsten können die Sperrwirkungen durch die Geschäftsführer, Gesellschafter und informationssuchende Dritte nicht offen erkannt werden. Die entsprechende Ausweispflicht wird u.a. aus dem Grundsatz des **true and fair view** (§ 264 105

Abs. 2 Satz 1 HGB) und dem Gebot einer hinreichenden Mindestgliederung nach § 247 Abs. 1 HGB hergeleitet (*Beine* a. a. O., S. 170). Da im Falle der Anwendung der §§ 30 ff. GmbHG besondere Handlungsweisen von den Geschäftsführern abverlangt werden, und Haftungspotentiale gem. § 43 Abs. 3 GmbHG gegenüber diesen drohen, sind aus diesen Gründen eigenkapitalersetzende Darlehen offen auf der Passivseite auszuweisen (*Beine* a. a. O., S. 172 ff; *Gerkan/Hommelhoff* Rz. 6.6).

106 Die weiter aufgeworfene Frage ist, ob solche eigenkapitalersetzende Darlehen bei kleinen und mittelgroßen Kapitalgesellschaften (§ 267 Abs. 1, 2 HGB) nur gegenüber den Gesellschaftern und anderen gesellschaftsinternen Stellen auszuweisen sind (Innenpublizitätspflicht) oder auch in gleicher Weise gegenüber den allgemeinen Adressaten der Rechnungslegung, den Gesellschaftsgläubigern und der Allgemeinheit (Außenpublizität). Nach der hier vertretenen Auffassung sind aufgrund der tatsächlich bestehenden Publizitätspflicht die Gesellschafter und Geschäftsführer bei vorhandenen eigenkapitalersetzenden Darlehen gezwungen, diese gegenüber der Allgemeinheit auszuweisen. Dies gilt auch für kleine Kapitalgesellschaften (§ 267 Abs. 1 HGB) bei Anwendung der Erleichterungsvorschrift des § 326 HGB. Im Rahmen der handelsrechtlichen Rechnungslegung müssen die Gesamtgläubiger in die Lage versetzt werden, eigenkapitalersetzende Darlehen erkennen zu können. Erst dadurch wird die Gläubigerschaft in die Lage versetzt werden, die sich aus den Novellen-Regeln und den Vorschriften der §§ 30, 31 GmbHG ergebenden Rechtsfolgen gegenüber den Gesellschaftern geltend machen zu können. Durch die vorherrschende Bilanztechnik gelingt es immer wieder Gesellschaftern, eigenkapitalersetzende Gesellschafterleistungen so auszuweisen, daß auch unter Zuhilfenahme des Lageberichtes die entsprechenden Informationen durch außenstehende interessierte Kreise nicht gewonnen werden können. Die Angaben im Lagebericht können auch als erste Indizien dafür dienen, daß die Gesellschaft möglicherweise kreditunwürdig geworden ist.

107 Daher sind nunmehr nach ganz herrschender Meinung eigenkapitalersetzende Gesellschafterleistungen nach § 264 Abs. 1 Satz 1 HGB als Verbindlichkeit gegenüber den Gesellschaftern nach § 266 Abs. 3 c HGB/ § 43 Abs. GmbHG in dem Jahresabschluß zu bilanzieren (*Baumbach/Hopt* § 266 Rz. 17; *BFH* NJW 1992, 2309).

108 Innerhalb der Bilanzposition »Verbindlichkeiten gegenüber Gesellschaftern« sind die eigenkapitalersetzenden Darlehen entsprechend zu kennzeichnen. Zusätzliche Angaben können/sollen im Anhang gemacht werden. Eine besondere Bilanzposition nach dem Eigenkapital (§ 266 Abs. 3 vor B HGB) scheidet aus (im Ergebnis auch *Beine* a. a. O., S. 191 ff.).

109 Werden eigenkapitalersetzende Gesellschafterdarlehen ohne Rücksicht auf ihre besonderen Rechtswirkungen als normale Verbindlichkeiten gegenüber den Gesellschaftern bilanziert und auch nicht im Anhang ausgewiesen, so ist der Jahresabschluß wegen Verstoßes gegen die §§ 244 Abs. 2 Satz 1, 247 Abs. 1 HGB unter analoger Anwendung des §§ 256 Abs. 1 Nr. 1 AktG nichtig (*Budde/Karig* § 264 HGB Rz. 59).

II. Ausweisung im Überschuldungsstatus

110 Ursprünglich bestand hinsichtlich der Frage einer Passivierungspflicht Streit (vgl. *Scholz/Karsten Schmidt* GmbHG, §§ 63 Rz. 27 ff.; *Fleischer* ZIP 1996, 773 [774]). Wurde ein Rangrücktritt für eigenkapitalersetzende Darlehen vereinbart, so blieben diese Darlehen nach h. M. im Rahmen des Anwendungsbereiches der KO außer Ansatz (*Fleischer* a. a. O., m. w. N.).

Kapitalersetzende Darlehen § 135

Mittlerweile wurde mit § 19 InsO ein modifizierter Überschuldungsbegriff eingeführt 111
(*Schmerbach* § 19 Rz. 6). Subordinierte Darlehen (§ 39 Abs. 2 InsO) wie Kredite mit Nachrangvereinbarung werden im Insolvenzverfahren nun zugelassen. Demzufolge müssen solche Darlehen passiviert werden, denn als nachrangige Insolvenzforderung werden sie aus der Insolvenzmasse, bei entsprechender Restmasse, befriedigt. Das früher vertretene Passivierungsverbot wurde mit der Begründung vertreten, nur jene Forderungen wären zu passivieren, die nach Eröffnung der Konkursverfahrens aus den Verwertungserlösen zu befriedigen sind (*Fleischer* ZIP 1996, 773 [777]). Dies ist nach der geänderten Rechtslage nicht mehr haltbar. **Diese Aussage wird auch dadurch gestützt, daß der Gesetzgeber bereits in der Begründung zu § 23 RegEInsO = 19 InsO ausdrücklich ausgeführt hat:** »Auf der Passivseite des Überschuldungsstatus sind auch die nachrangigen Verbindlichkeiten i. S. d. § 39 InsO, z. B. Zahlungspflichten aus kapitalersetzenden Darlehen, zu berücksichtigen.« (so auch *Wolf* Überschuldung, Fach 3 S. 134 m. w. N. in Fußnote 4; a. A. *Niesert* InVo 1998, 242 ff.).

Y. Behandlung gesellschafterbesicherter Drittdarlehen

I. Handelsrechtliche Rechnungslegung

Der Darlehensrückzahlungsanspruch des Dritten ist zu passivieren. Er kann seinen 112
Anspruch uneingeschränkt zur Tabelle anmelden. Der Freistellungsanspruch der Gesellschaft gegenüber ihrem Gesellschafter aus der Gestellung eigenkapitalersetzender Sicherheiten ist zu aktivieren, mit der Prüfungspflicht hinsichtlich der Werthaltigkeit.

II. Überschuldungsstatus

Gleichfalls ist der Rückzahlungsanspruch eines Dritten auf der Passivseite auszuweisen. 113
Spiegelverkehrt ist der gesellschaftsrechtliche Freistellungsanspruch aktivierungsfähig. Bei der Aktivierung ist der Geschäftsführer verpflichtet zu prüfen, inwieweit dieser aktivierte Anspruch werthaltig ist. Ansonsten kann er die Befriedungschancen der Insolvenzgläubiger durch verspätete Insolvenzantragstellung gefährden. In solch einem Falle sind Ersatzansprüche der Gläubiger gegen über dem Geschäftsführer gegeben. Eine Negierung der Aktivierungsfähigkeit des Rückzahlungsanspruches nach § 32 b GmbHG muß abgelehnt werden.

Z. Anfechtung nach § 32 b GmbHG

Mit der heute vorherrschenden Meinung ist davon auszugehen, daß diese Vorschrift ein 114
eigenständiger Insolvenzanfechtungstatbestand ist (*Scholz/Karsten Schmidt* GmbHG, §§ 32a, 32b Rz. 149). Die Insolvenzeröffnung ist für die Anwendung erforderlich. § 32 b GmbHG erstreckt sich nur auf solche Darlehen oder einem Darlehen wirtschaftlich gleichstehende Rechtshandlungen eines Dritten, der nicht zu dem in § 32 a Abs. 3 GmbHG angesprochenen Personenkreis gehört, dessen Forderung durch einen Gesellschafter oder einem ihm gleichgestellten Dritten besichert wurde (*Scholz/Karsten Schmidt* GmbHG, §§ 32 a, 32 b Rz. 149).

§ 135 *Wirkungen der Eröffnung des Insolvenzverfahrens*

I. Durch einen Gesellschafter besichertes Darlehen

115 Ist Voraussetzung für die Anwendbarkeit. Es muß sich um ein Darlehen gem. § 32a Abs. 2 GmbHG handeln. Eine Leistung nach § 32a Abs. 3 GmbHG ist einem Darlehen gleichzusetzen.

II. Insolvenzeröffnung

116 Sie ist weitere Voraussetzung. Eine Abweisung des Antrages nach § 26 InsO ist nicht ausreichend für die Anwendung (*Scholz/Karsten Schmidt* GmbHG, §§ 32a, 32b Rz. 151 zu § 107 KO).

III. Darlehensrückzahlung vor der Insolvenzeröffnung

117 Hierunter ist nicht nur jede Leistung gem. §§ 362 bis 364 BGB zu verstehen, sondern jede ihr wirtschaftlich entsprechende, die zu einer Befriedigung des Kreditgebers zu Lasten der GmbH führt (*Scholz/Karsten Schmidt* GmbHG, §§ 32a, 32b Rz. 152). Es muß sich aber um eine Rechtshandlung i. S. d. §§ 129ff. InsO handeln. Erfaßt werden Erfüllungssurrogate zu Lasten des Gesellschaftsvermögen wie Hinterlegung und Aufrechnung sowie Zwangsvollstreckungsmaßnahmen oder im Falle der Doppelbesicherung die Verwertung einer von der GmbH bestellten Sicherheit. Die Bestellung weiterer Sicherheiten oder der Austausch einer Sicherheit genügt nicht (*Scholz/Karsten Schmidt* GmbHG, §§ 32a, 32b Rz. 152).

IV. Anfechtungsfrist

118 Es können nur solche Rückzahlungen aus dem Gesellschaftsvermögen angefochten werden, die im **letzten** Jahr **vor dem Eröffnungsantrag** erfolgt sind (Änderung durch Art. 48 EGInsO).

119 Die **Jahresfrist** wird nunmehr von dem Eröffnungsantrag aus zurück gerechnet und nicht mehr von der Verfahrenseröffnung. Durch die neu eingefügte Verweisung auf § 146 InsO wird erreicht, daß der Rückforderungsanspruch nach § 32b GmbHG in der gleichen Weise verjährt wie der Anfechtungsanspruch nach der InsO. Die frühere Rechtslage war unstimmig. Hatte die Gesellschaft im letzten Jahr vor Eröffnung des Konkursverfahrens ein Darlehen zurückgezahlt, so mußte der Konkursverwalter den Anspruch gem. § 32a Satz 2 KO innerhalb eines Jahres (§ 41 Abs. 1 Satz 1 KO) klage- oder einredeweise geltend machen. Ein Anspruch nach § 32b GmbHG war nicht fristgebunden.

120 Der Erstattungsanspruch nach § 31 GmbHG, der erst **fünf** Jahre nach der Zahlung **verjährt**, kann bei einer Verjährungsproblematik helfen (*Scholz/Karsten Schmidt* GmbHG, §§ 32a, 32b Rz. 153).

V. Umfang des Erstattungsanspruchs

Erstattet werden muß der zurückgewährte Betrag einschließlich Zinsen, Kosten und 121
eventuell gezahlter Vertragsstrafen (*Scholz/Karsten Schmidt*, GmbHG, §§ 32a, 32b
Rz. 154) Bei einer Doppelbesicherung braucht der Gesellschafter die unverbrauchte
Sicherheit nicht an die Gesellschaft herauszugeben (*Scholz/Karsten Schmidt* GmbHG,
a. a. O.). Die Höchstgrenze des Rückerstattungsanspruchs ergibt sich aus § 32b Satz 2
GmbHG. Bei einer Bürgschaft oder einer gleichzustellenden Sicherheit beschränkt
sich der Anspruch auf den Betrag der Bürgschaft oder einer entsprechenden Zahlungsverpflichtung des Gesellschafters (*Scholz/Karsten Schmidt* GmbHG, §§ 32a, 32b
Rz. 155).

Der Gesellschafter kann sich von seiner Erstattungspflicht dadurch befreien, daß er der 122
Gesellschaft die durch die Rückzahlung freigewordenen Sicherheiten zur Verwertung
herausgibt, um mit dem Verwertungserlös die Gläubiger zu befriedigen (zur Substitutionsmöglichkeit im weiteren *Scholz/Karsten Schmidt* GmbHG, §§ 32a, 32b Rz. 156).

§ 136
Stille Gesellschaft

(1) ¹Anfechtbar ist eine Rechtshandlung, durch die einem stillen Gesellschafter die
Einlage ganz oder teilweise zurückgewährt oder sein Anteil an dem entstandenen
Verlust ganz oder teilweise erlassen wird, wenn die zugrunde liegende Vereinbarung im letzten Jahr vor dem Antrag auf Eröffnung des Insolvenzverfahrens über
das Vermögen des Inhabers des Handelsgeschäftes oder nach diesem Antrag
getroffen worden ist. ²Dies gilt auch dann, wenn im Zusammenhang mit der
Vereinbarung die stille Gesellschaft aufgelöst worden ist.
(2) Die Anfechtung ist ausgeschlossen, wenn ein Eröffnungsgrund erst nach der
Vereinbarung eingetreten ist.

Inhaltsübersicht: Rz.

A. Einleitung	1– 4
B. Stille Gesellschaft	5– 7
C. Besondere Vereinbarung innerhalb Jahresfrist	8– 9
D. Einlagenrückgewähr	10
E. Erlaß des Verlustanteils	11–12
F. Ausnahme von der Anfechtbarkeit	13
G. Beweislast	14

Literatur:

Koenigs Die stille Gesellschaft, 1961; *Paulick/Blaurock* Handbuch der stillen Gesellschaft, 1988;
Riegger/Weipert (Hrsg.) Münchener Handbuch des Gesellschaftsrechts (MünchHdb), Bd. 2 Kommanditgesellschaft, Stille Gesellschaft, 1991; *Schmidt, Karsten* Das Vollstreckungs- und Insolvenzrecht der stillen Gesellschaft, KTS 1977, 1 [65].

A. Einleitung

1 Die Vorschrift regelt in Anlehnung an § 237 HGB (früher: § 342 HGB) die Anfechtbarkeit einer Rechtshandlung, durch die einem stillen Gesellschafter die Einlage ganz oder teilweise zurückgewährt oder sein Anteil am Verlust ganz oder teilweise erlassen wird. Damit wird die Regelung in § 236 HGB, daß der Stille in der Insolvenz hinsichtlich seiner Einlagenrückgewähr auf die Quote verwiesen ist, und den vereinbarten Verlustanteil tragen muß, auch schon im Vorfeld der Insolvenz gewährleistet. Die Vorschrift hat nur objektive Voraussetzungen. Unerheblich ist es deswegen, wenn die Gesellschafter aus durchaus billigenswerten Motiven gehandelt haben (ROHGE 14, 92 [95]; *RGH* JW 1900, 621). Dies rechtfertigt sich nach einer Ansicht aus der engen gesellschaftlichen Beziehung zwischen tätigem Teilhaber und stillem Gesellschafter (*Koenigs* a.a.O., S. 345f.), nach anderer Auffassung durch die für die stille Beteiligung typischen Kontrollrechte, die dem stillen Gesellschafter einen Insidervorteil verschaffen (*Karsten Schmidt* KTS 1977, 68).

2 Ist erst nach der Vereinbarung der Eröffnungsgrund eingetreten, ist die Anfechtung nach Abs. 2 ausgeschlossen. Damit wird die bisherige Regelung in § 237 Abs. 2 HGB präzisiert und für die Praxis handhabbarer gemacht. Anders als § 237 HGB wird die Fristberechnung nicht an die Konkurseröffnung, sondern an den Eröffnungsantrag geknüpft.

3 Als Gläubigerschutzbestimmung kann die Bestimmung nicht abbedungen oder eingeschränkt (RGZ 27, 13 [19]), aber auch nicht durch Gesellschaftsvertrag erweitert werden (*Staub/Zutt* HGB, § 237 Rz. 2).

4 Zur analogen Anwendung auf andere Fälle, wie etwa die stille wirtschaftliche Beteiligung an einer Hauptgesellschafterstellung (Unterbeteiligung), die langfristige Fremdfinanzierung bei anderen Unternehmen oder bei der Liquidation masseloser Gesellschaften (vgl. näher *Schlegelberger/Karsten Schmidt* HGB, § 347 Rz. 31 ff.). Ist die stille Einlage nach § 32a Abs. 3 GmbHG, § 172a HGB wie ein kapitalersetzendes Darlehen zu behandeln, so kommt auch eine Anfechtung nach § 135 in Betracht (*Heymann/Horn* HGB, § 237 Rz. 17). Auch § 31 GmbHG ist dann anwendbar, was von Bedeutung vor allem in masselosen Liquidationen und bei Rückzahlungen vor Jahresfrist ist (*Schlegelberger/Karsten Schmidt* HGB, § 347 Rz. 29).

B. Stille Gesellschaft

5 Zunächst muß eine stille Gesellschaft (§§ 230–236 HGB) innerhalb der Jahresfrist rechtswirksam bestanden haben. Im Zeitpunkt der Verfahrenseröffnung kann sie jedoch bereits aufgelöst sein. § 136 scheidet aus, wenn der Gesellschaftsvertrag nichtig oder nach allgemeinen Vorschriften wirksam angefochten worden ist (*RG* JW 1895, 203 Nr. 20; Recht 1915 Nr. 629). Die Grundsätze der fehlerhaften Gesellschaft gelten jedoch auch hier (*Paulick/Blaurock* a.a.O., S. 335).

6 Die stille Gesellschaft ist nach §§ 230, 231 Abs. 2 HGB eine Gesellschaft, bei der sich jemand an dem Handelsgewerbe eines anderen mit einer in dessen Vermögen übergehenden Einlage gegen einen Anteil am Gewinn beteiligt. Die Verlustbeteiligung kann ausgeschlossen werden (§ 231 Abs. 2 HGB). Die Gesellschaft besteht nur aus zwei Mitgliedern, wobei der tätige Teilhaber Kaufmann sein muß. Es wird kein gemeinsames Gesellschaftsvermögen gebildet. Die Gesellschaft ist eine Unterform der BGB-Gesellschaft, jedoch keine Gesamthandsgemeinschaft, sondern eine reine Innengesellschaft,

Stille Gesellschaft § 136

die nicht nach außen hervortritt. Die stille Gesellschaft ist insbesondere von KG (§ 161 HGB) und von dem partiarischen Darlehen abzugrenzen (vgl. hierzu näher die Literatur zum Gesellschaftsrecht).

Über das Vermögen des Geschäftsinhabers muß das Insolvenzverfahren eröffnet worden sein. Ist tätiger Gesellschafter eine Personengesellschaft, genügt hierfür nicht die Insolvenz eines Gesellschafters (RGZ 30, 33 [35 f.]). 7

C. Besondere Vereinbarung innerhalb Jahresfrist

Die Rechtshandlung muß aufgrund einer besonderen Vereinbarung **im letzten Jahr** vor dem Eröffnungsantrag oder danach vorgenommen worden sein, die in der Auflösung der Gesellschaft bestehen kann, aber nicht muß (vgl. Abs. 1 Satz 2). Eine Rechtshandlung i. S. v. § 136 InsO liegt nicht vor, wenn der Stille auf die Einlagenrückgewähr oder den Erlaß des Verlustanteils einen gesetzlichen oder vertraglichen Anspruch hatte, oder die Rückgewähr nach berechtigter Ausübung eines gesetzlichen oder vertraglichen Kündigungsrechtes erfolgte. So, wenn sich dies aus dem ursprünglichen Gesellschaftsvertrag oder einer vor der Frist erfolgten Vertragsänderung ergab (RGZ 27, 13, 18; 84, 434 [437]: Einlagenrückgewähr; *RG* Gruchot 29, 994 [997]: (dingliche) Sicherung; *OLG Hamburg* HansGZ 1896 H 250 [251]: Gewinnentnahme) oder wenn ein fehlerhaftes Gesellschaftsverhältnis aus wichtigem Grund gekündigt wird (BGHZ 55, 5 [10] = NJW 1971, 375). Einverständliche Regelungen in Aufhebungsverträgen, Prozeßvergleichen etc. sind dann keine Vereinbarungen, wenn der Stille die Leistung ohnedies hätte verlangen können (*Schlegelberger/Karsten Schmidt* HGB, § 347 Rz. 4, 6). Dies gilt selbst dann, wenn der Gesellschaftsvertrag erst innerhalb der Frist geschlossen wurde (RGZ 84, 434 [438]). 8

Für die Berechnung der Frist gilt § 139 InsO. Anders als in den §§ 130–135 InsO ist bei § 136 InsO maßgebender Zeitpunkt hierfür nicht die masseschmälernde und anzufechtende Rechtshandlung, sondern die ihr zugrundeliegende Vereinbarung. Eine Rechtshandlung, die auf einer Vereinbarung beruht, die vor der Jahresfrist rechtsverbindlich wurde, ist deshalb nicht nach § 136 InsO anfechtbar. 9

D. Einlagenrückgewähr

Einlagenrückgewähr ist jede Übertragung von Vermögenswerten aus dem Vermögen des Tätigen an den Stillen, die der Rückführung der Einlagenvaluta dient (*Heymann/Horn* HGB, § 237 Rz. 6). Hierunter fällt nicht nur jede Rechtshandlung, die den Rückgewährsanspruch zum Erlöschen bringt, also Erfüllung oder jedes Erfüllungssurrogat, wie die Leistung an einen Dritten, die Leistung an Erfüllungs statt oder die Aufrechnung, sondern auch die Bestellung einer Sicherheit (RGZ 84, 434 [435, 437]). Dabei ist auch eine Schmälerung des den vertraglichen Verlustanteil übersteigenden Einlagenwertes anfechtbar (vgl. näher *Schlegelberger/Karsten Schmidt* HGB, § 347 Rz. 10; ders. KTS 1977, 71). Keine Rückgewähr ist der Erlaß der noch nicht erfüllten Einlageforderung. Anders aber, wenn der Stille mit seiner Einlageforderung rückständig ist und sein Einlagekonto einen Passivsaldo aufweist, weil sich dies dann als Erlaß seines Verlustanteils darstellt (*Staub/Zutt* HGB, § 237 Rz. 19). Auch die alleinige Umwandlung der Einlage in ein Darlehen ist keine Rückgewähr. Die Kreditrückzahlung unterliegt aber genauso der Anfechtung wie die Rückzahlung einer stillen Einlage (*Heymann/Horn* HGB, § 237 Rz. 7). Die Auszahlung des Gewinns stellt nur dann eine anfechtbare 10

Rückgewähr dar, wenn der Gewinn nach § 232 Abs. 2 Satz 2 HGB zur Deckung eines Verlustes hätte verwendet werden müssen, oder, soweit der Gewinn auf den innerhalb der Jahresfrist erhöhten Teil des Gewinnbezugsrechtes fällt, der nicht durch eine Einlagenerhöhung ausgeglichen wurde (*Heymann/Horn* HGB, § 237 Rz. 8).

E. Erlaß des Verlustanteils

11 Der Erlaß des Verlustanteils wird regelmäßig mit der zugrunde liegenden Vereinbarung zusammenfallen. Er ist anfechtbar, wenn der Stille zur Verlusttragung verpflichtet war, und soweit er sich auf im Zeitpunkt des Erlasses bereits entstandene Verluste bezieht. Eine Vereinbarung hinsichtlich des Ausschlusses der künftigen Verlustbeteiligung ist demgegenüber nicht anfechtbar (*Kühn* in Riegger/Weipert, MünchHdb, Rz. 28). Liegt eine unterjährige Vereinbarung vor, gilt dies jedoch nur vom nächsten Bilanzstichtag an, sofern nicht die Beteiligten eine Zwischenbilanz mit Gewinn- und Verlustrechnung aufstellen (*Schlegelberger/Karsten Schmidt* HGB, § 347 Rz. 16).

12 Die Rechtshandlung muß zu einer, wenn auch nur mittelbaren Gläubigerbenachteiligung geführt haben. Hieran fehlt es, wenn dem Stillen Gegenstände zurückgegeben werden, die er dem Unternehmen zum Gebrauch überlassen hatte und an denen er ein Aussonderungsrecht (§ 47) hat.

F. Ausnahme von der Anfechtbarkeit

13 Die Anfechtung ist nach Abs. 2 ausgeschlossen, wenn der Eröffnungsgrund erst nach der Vereinbarung eingetreten ist. Entscheidend ist der Zeitpunkt des objektiven Vorliegens der Eröffnungsgründe. Dies sind die Zahlungsunfähigkeit (§ 17 Abs. 1 InsO), das Drohen der Zahlungsunfähigkeit bei einem Schuldnerantrag (§ 18 Abs. 1 InsO) und zusätzlich bei juristischen Personen auch die Überschuldung (§ 19 Abs. 1 InsO). Zum Vorliegen eines Eröffnungsgrundes vgl. die Kommentierung dort.

G. Beweislast

14 Der Insolvenzverwalter muß für das Vorliegen einer stillen Gesellschaft, die Rückgewähr oder den Verlusterlaß und die Benachteiligung den Nachweis erbringen. Der Beweis, daß eine Vereinbarung vor der Jahresfrist geschlossen worden ist, obliegt dem Stillen, da bei Rechtsgrundlosigkeit ohnehin eine Masseforderung hinsichtlich des Erlangten begründet wäre (*Heymann/Horn* HGB, § 237 Rz. 14). Ihm obliegt auch der Beweis hinsichtlich der Voraussetzungen des Abs. 2.

§ 137
Wechsel- und Scheckzahlungen → § 34 KO

(1) Wechselzahlungen des Schuldners können nicht auf Grund des § 130 vom Empfänger zurückgefordert werden, wenn nach Wechselrecht der Empfänger bei einer Verweigerung der Annahme der Zahlung den Wechselanspruch gegen andere Wechselverpflichtete verloren hätte.

(2) ¹Die gezahlte Wechselsumme ist jedoch vom letzten Rückgriffsverpflichteten oder, wenn dieser den Wechsel für Rechnung eines Dritten begeben hatte, von dem Dritten zu erstatten, wenn der letzte Rückgriffsverpflichtete oder der Dritte zu der Zeit, als er den Wechsel begab oder begeben ließ, die Zahlungsunfähigkeit des Schuldners oder den Eröffnungsantrag kannte. ²§ 130 Abs. 2 und 3 gilt entsprechend.
(3) Die Absätze 1 und 2 gelten entsprechend für Scheckzahlungen des Schuldners.

Inhaltsübersicht:	Rz.
A. Einleitung	1–2
B. Zahlung auf den Wechsel	3–4
C. Ersatzrückgewähr (Abs. 2)	5–6
D. Zahlung auf den Scheck	7–8

Literatur:

Baumbach/Hefermehl Wechselgesetz und Scheckgesetz, 1995.

A. Einleitung

Die Vorschrift entspricht § 34 KO. Abs. 2 ist jedoch den Veränderungen angepaßt, die 1 § 30 Nr. 1 KO durch § 130 InsO hinsichtlich der subjektiven Voraussetzungen erfahren hat. Die Entgegennahme der Zahlung wird der Anfechtung nach § 130 InsO (Kongruente Deckung) entzogen. Da § 30 Nr. 1 KO neben der Anfechtung wegen kongruenter Deckung (2. Fall) auch die wegen unmittelbarer Benachteiligung umfaßte (1. Fall) und die Vorschrift nach der Begr. RegE zu § 152 dem § 34 entsprechen soll, ist der Anfechtungsausschluß auch auf Wechsel- und Scheckzahlungen zu erstrecken, die nach § 132 InsO anfechtbar sind.

§ 137 trägt der Zwangslage des Zahlungsempfängers Rechnung, der, wenn er die 2 angebotene Zahlung ablehnt, keinen Protest erheben darf und damit die Rückgriffsvoraussetzungen nach Art. 44 WG bzw. Art. 40 ScheckG nicht herbeiführen kann. Durch Ausschluß der Anfechtung wird der Empfänger jetzt gegenüber anderen Rückgriffsberechtigten (z. B. Mitschuldnern oder Bürgen) wirtschaftlich gleichgestellt, da bei diesen mit der Forderung nach § 144 Abs. 1 auch die Rückgriffsmöglichkeit wieder auflebt, was wegen Versäumnis der Protestfrist bei dem Wechsel nicht der Fall ist (vgl. *Jaeger/ Henckel* KO, § 34 Rz. 2). Auf die §§ 131, 133, 134 InsO ist die Vorschrift auch nicht entsprechend anwendbar (vgl. *BGH* WM 73, 1354). Weiterhin ist eine Ausdehnung auf andere indossable Wertpapiere (z. B. die in § 363 HGB Genannten) oder bei einer durch Bürgschaft gesicherten Forderung (*BGH* a. a. O.) ausgeschlossen (*Jaeger/Henckel* KO, § 34 Rz. 15).

B. Zahlung auf den Wechsel

Zahlung auf den Wechsel ist neben der baren Einlösung auch die Aufrechnung der 3 Wechselforderung mit einer Gegenforderung des Schuldners (RGZ 58, 105, 109), nicht aber die übernommene Wechselverpflichtung als solche oder deren Besicherung. Für Teilzahlungen (Art. 39 Abs. 2 WG) gilt dasselbe wie für Vollzahlungen (*Jaeger/Henckel* KO, § 34 Rz. 11). Der Schuldner muß als Wechselverpflichteter zahlen, d. h. als Akzeptant (Art. 28 WG), als Aussteller beim Eigenwechsel (Art. 78 WG) oder als Ehrenannehmer (Art. 58 WG). Bei Nichtakzeptierung des Wechsels nur, wenn mit der Wechselzahlung eine Verpflichtung aus einer Kausalbeziehung mit dem Wechselinhaber getilgt werden sollte (vgl. *Jaeger/Henckel* KO, § 34 Rz. 4). Zugerechnet wird die Zahlung durch einen Domiziliaten (Art. 27 WG).

4 § 137 greift dann nicht, wenn nach Protesterhebung, versäumter Protestfrist oder im Regreßweg gezahlt wird (*Jaeger/Henckel* KO, § 34 Rz. 8), wenn der Zahlende einziger Wechselschuldner war (RGZ 40, 40 [41]), wenn der Empfang der Zahlung infolge besonderer Vereinbarung, nicht aber von Gesetzes wegen geboten war (vgl. *RG* LZ 1914, 1374 Nr. 9), wenn ein Protesterlaß nach Art. 46 Abs. 1 WG durch den Aussteller (Art. 46 Abs. 3 Satz 1 HS 1 WG) oder alle Regreßpflichtigen (Art. 46 Abs. 3 Satz 1 HS 2 WG) vorliegt, oder die Empfangnahme nicht in anderer Weise zur Vermeidung des Verlustes wechselrechtlicher Rückgriffsansprüche erfolgen mußte (vgl. *Jaeger/Henckel* KO, § 34 Rz. 5 ff.).

C. Ersatzrückgewähr (Abs. 2)

5 Ersatzrückgewähr hat der letzte Rückgriffsverpflichtete oder ein Dritter für dessen Rechnung der Wechsel begeben wurde, zu gewähren, wenn die Zahlung wegen Abs. 1 nicht angefochten werden kann, und er die Zahlungsunfähigkeit oder den Eröffnungsantrag kannte. Die Vorschrift gibt einen eigenen Anspruch auf Erstattung der vom Schuldner gezahlten Wechselsumme nebst Zinsen, Kosten, Provisionen (*Kuhn/Uhlenbruck* KO, § 34 Rz. 2). Mit der Rückgewähr soll verhindert werden, daß sich der Regreßpflichtige durch Begebung des Wechsels und dem sich anschließenden Verkauf oder der Übertragung zur Erfüllung einer eigenen Schuld eine unanfechtbare Befriedigung für seine Forderung gegen den Schuldner verschafft, die durch die Schuldnerzahlung auf den Wechsel und der damit verbundenen Befreiung von seiner Regreßpflicht endgültig wird (*Kuhn/Uhlenbruck* KO, § 34 Rz. 2; *Jaeger/Henckel* KO, § 34 Rz. 16). Kann der Zahlungsempfang angefochten werden, besteht kein Rückgewähranspruch nach Abs. 2 (RGZ 40, 40, 41). Mit Erstattung lebt nach § 144 Abs. 1 die Forderung des Erstattungpflichtigen gegen den Schuldner wieder auf. Verpflichtet ist nur der **letzte Rückgriffsverpflichtete**, d.h. beim gezogenen Wechsel der Aussteller (Art. 9 Abs. 1 WG) und beim Eigenwechsel (Art. 75 ff. WG) oder beim gezogenen Wechsel nach Art. 3 Abs. 1, 2 WG der erste Indossant (Art. 15 Abs. 1 WG). Für **Rechnung eines Dritten begeben** (Art. 3 Abs. 3 WG) ist der Wechsel, wenn z. B. der Kommissionär einen Wechsel auf den Schuldner des Kommittenten zieht. Ist die Kommission nicht offenkundig, hat der in Anspruch genommene Kommissionär zu beweisen, daß die Begebung für Rechnung des Kommittenten erfolgte (*Jaeger/Henckel* KO, § 34 Rz. 19).

6 Der letzte Rückgriffsverpflichtete oder der Dritte müssen die Zahlungsunfähigkeit oder den Eröffnungsantrag im Zeitpunkt der Begebung kennen. Siehe hierzu, zur Beweiserleichterung nach § 130 Abs. 2 und zur Beweislastumkehr bei nahestehenden Personen § 130 Rz. 34 ff. Entsprechend § 166 BGB muß sich der Dritte die Kenntnis des Begebenden zurechnen lassen (*Jaeger/Henckel* KO, § 34 Rz. 21).

Nahestehende Personen § 138

D. Zahlung auf den Scheck

Für die Zahlung auf einen Scheck gelten nach § 137 Abs. 3 InsO die Abs. 1 und 2 und **7** damit auch die obige Kommentierung entsprechend. Da der Scheck nach Art. 3 ScheckG nur auf einen Bankier (Art. 54 ScheckG) gezogen werden darf und bei der Zahlung eines Rückgriffspflichtigen statt des Bezogenen sich die in Rz. 2 beschriebene Zwangslage nicht stellt, greift die Vorschrift nur bei Bankeninsolvenzen (*Kilger/Karsten Schmidt* KO, § 34 Anm. 3; *Jaeger/Henckel* KO, § 34 Rz. 23; a. A. *Kuhn/Uhlenbruck* KO, § 34 Rz. 3; *Canaris* Bankvertragsrecht, Rz. 819). Zu beachten ist weiterhin, daß für die Anfechtung nach § 130 InsO der Scheckinhaber Gläubiger der Bank sein muß. Dies ist jedoch nur der Fall, wenn die Voraussetzungen für eine Garantiehaftung vorliegen, wie etwa beim Scheckkartenscheck und beim bestätigten Scheck der Bundesbank nach § 23 BundesbankG. Beim normalen Scheck scheidet § 130 InsO schon wegen Art. 4 ScheckG aus (*Jaeger/Henckel* KO, § 34 Rz. 24).

Die Vorschrift schließt die Anfechtung nach § 130 InsO nicht nur aus, wenn die Bank die **8** Schecksumme bar auszahlt, sondern auch, wenn sie den Scheckbetrag dem Scheckinhaber gutschreibt. Beim Verrechnungscheck ergibt sich dies aus Art. 39 Abs. 2 ScheckG, beim Barscheck gilt dies kraft Verkehrssitte (*Jaeger/Henckel* KO, § 34 Rz. 25).

§ 138
Nahestehende Personen

(1) Ist der Schuldner eine natürliche Person, so sind nahestehende Personen:
1. der Ehegatte des Schuldners, auch wenn die Ehe erst nach der Rechtshandlung geschlossen oder im letzten Jahr vor der Handlung aufgelöst worden ist;
2. Verwandte des Schuldners oder des in Nummer 1 bezeichneten Ehegatten in auf- und absteigender Linie und voll- und halbbürtige Geschwister des Schuldners oder des in Nummer 1 bezeichneten Ehegatten sowie die Ehegatten dieser Personen;
3. Personen, die in häuslicher Gemeinschaft mit dem Schuldner leben oder im letzten Jahr vor der Handlung in häuslicher Gemeinschaft mit dem Schuldner gelebt haben.

(2) Ist der Schuldner eine juristische Person oder eine Gesellschaft ohne Rechtspersönlichkeit, so sind nahestehende Personen:
1. die Mitglieder des Vertretungs- oder Aufsichtsorgans und persönlich haftende Gesellschafter des Schuldners sowie Personen, die zu mehr als einem Viertel am Kapital des Schuldners beteiligt sind;
2. eine Person oder eine Gesellschaft, die auf Grund einer vergleichbaren gesellschaftsrechtlichen oder dienstvertraglichen Verbindung zum Schuldner die Möglichkeit haben, sich über dessen wirtschaftliche Verhältnisse zu unterrichten;
3. eine Person, die zu einer der in Nummer 1 oder 2 bezeichneten Personen in einer in Absatz 1 bezeichneten persönlichen Verbindung steht; dies gilt nicht, soweit die in Nummer 1 oder 2 bezeichneten Personen kraft Gesetzes in den Angelegenheiten des Schuldners zur Verschwiegenheit verpflichtet sind.

§ 138   Wirkungen der Eröffnung des Insolvenzverfahrens

Inhaltsübersicht: Rz.

A. Allgemeines	1– 3
B. Persönlich nahestehende Personen (Abs. 1)	4– 9
I. Ehegatte des Schuldners (Nr. 1)	5– 6
II. Verwandte des Schuldners und seines Ehegatten, sowie deren Ehegatten (Nr. 2)	7– 8
III. Häusliche Gemeinschaft (Nr. 3)	9
C. Gesellschaftsrechtlich nahestehende Personen	10–20
I. Mitglieder des Vertretungs- oder Aufsichtsorgans, persönlich haftende Gesellschafter sowie am Gesellschaftsvermögen mit mehr als einem Viertel Beteiligte	11–13
II. Vergleichbare gesellschaftsrechtliche oder dienstvertragliche Verbindung	14–16
III. Sonstige nahestehende Personen	17–20

Literatur:

App »Nahestehende Personen« im Sinne des neuen Insolvenzrechts und ihre Stellung im neuen Insolvenzrecht und Gläubigeranfechtungsrecht, FamRZ 1996, 1523 ff.; *Ehricke* Insolvenzrechtliche Anfechtung gegen Insider, KTS 1996, 209 ff.

A. Allgemeines

1 Zahlreiche Vorschriften der InsO und auch des AnfG verweisen auf die Vorschrift § 138 InsO, die den Begriff der »nahestehenden Person« näher definiert. Es kann sich dabei einmal um eine **Tatbestandsvoraussetzung** (§ 133 Abs. 2, § 145 Abs. 2 Nr. 2, § 162 Abs. 1 Nr. 1 InsO, § 3 Abs. 2 Satz 1; § 15 Abs. 2 Nr. 2 AnfG) oder um eine **Beweislastregel** zu Ungunsten der nahestehenden Person (§ 130 Abs. 3, § 131 Abs. 2 Satz 2, § 132 Abs. 3, 137 Abs. 2 Satz 2 InsO) handeln. Die verschärfte Anfechtbarkeit rechtfertigt sich dabei aus dem Umstand, daß diese Personen eine besondere Informationsmöglichkeit über die wirtschaftlichen Verhältnisse des Schuldners hatten und eher bereit sind, mit ihm zum Nachteil der Gläubiger zusammenzuarbeiten (vgl. Begr. RegE BT-Drucks. 12/2443, S. 161). Das besondere Verhältnis muß zu dem Zeitpunkt vorliegen, in dem die Rechtshandlung gemäß § 140 InsO als vorgenommen gilt. Handelt ein Vertreter, ist es unerheblich, ob die Person auch ihm i. S. d. § 138 InsO nahestand. Weiterhin können auch mehrere Personen dem Schuldner gleichzeitig in diesem Sinne nahestehen (*BGH* ZIP 1995, 1021 [1025]).

2 Eine analoge Erstreckung der Vorschrift auf einen weiteren Personenkreis, etwa Stiefgeschwister, enge Freunde oder Mitarbeiter im Unternehmen des Schuldners ist nicht möglich, da die Aufzählung in § 138 InsO insoweit als erschöpfend zu betrachten ist. Eine Ausnahme ist hiervon nur Rahmen des § 138 Abs. 2 Nr. 3 InsO zu machen (vgl. dort).

3 § 138 InsO diente bereits bei der Begriffsbestimmung der nahestehenden Person in § 10 Abs. 1 Nr. 2, und 3 GesO als Maßstab (Begr. RegE BT-Drucks. 12/2443, S. 162). Deshalb können die hierzu ergangenen Entscheidungen (*BGH* ZIP 1995, 1021; 1996, 83; 1997, 513) grundsätzlich auch bei der Auslegung von § 138 InsO berücksichtigt werden.

Nahestehende Personen § 138

B. Persönlich nahestehende Personen (Abs. 1)

Die Vorschrift des Abs. 1 umfaßt den schon in § 31 Nr. 2 KO angesprochenen Personenkreis. Darüber hinaus werden jetzt auch der frühere Ehegatte und in häuslicher Gemeinschaft mit dem Schuldner lebende Personen, also insbesondere der Partner einer nichtehelichen Lebensgemeinschaft erfaßt. Die erleichterte Anfechtung ist dabei auf ein Jahr nach Auflösung der Ehe bzw. der häuslichen Gemeinschaft begrenzt. 4

I. Ehegatte des Schuldners (Nr. 1)

Abs. 1 Nr. 1 befaßt sich mit Ehegatten des Schuldners. Ausreichend ist es dabei, wenn die Ehe erst **nach dem in § 140 InsO** genannten Zeitpunkt geschlossen worden ist. Die Heirat kann bis zum Schluß der letzten Tatsachenverhandlung des Anfechtungsprozesses erfolgen (*Jaeger/Henckel* KO, § 31 Rz. 28). Ist die Ehe bis dahin nicht geschlossen, kommt eine Anwendung von Abs. 1 Nr. 3 in Betracht. Unerheblich ist es, ob die zuvor bestehende Ehe im letztgenannten Zeitpunkt aufgelöst worden ist. 5

Weiterhin steht die Auflösung der Ehe **vor dem in § 140 InsO** genannten Zeitpunkt der Annahme einer nahestehenden Person nicht entgegen, wenn sie erst im letzten Jahr vor diesem Zeitpunkt erfolgt ist. Die Ehe kann etwa durch Tod, Scheidung oder Wiederverheiratung nach Todeserklärung (§ 38 EheG) aufgelöst werden. Bei Nichtigkeit und Aufhebbarkeit der Ehe liegt nach §§ 23, 29 EheG eine Ehe bis zur Rechtskraft der Entscheidung vor, welche die Ehe für nichtig erklärt oder aufhebt (*Kuhn/Uhlenbruck* KO, § 31 Rz. 21). Anders bei der Nichtehe, da hier eine Ehe überhaupt nicht vorliegt (vgl. *Palandt/Diederichsen* EheG, § 11 Rz. 11 ff.). Bei Scheidung ist die Rechtskraft des Urteils maßgeblich (§ 1564 BGB). Ein Getrenntleben der Eheleute nach § 1567 BGB reicht nicht aus. 6

II. Verwandte des Schuldners und seines Ehegatten, sowie deren Ehegatten (Nr. 2)

Nach Art. 51 EGBGB ist der Verwandtenbegriff in § 1589 BGB maßgebend. Erfaßt werden die Verwandten in auf- und absteigender Linie und die voll- und halbbürtigen Geschwister aus der Seitenlinie. Im ersten Fall stammt der Schuldner von der Person ab oder umgekehrt, im letzteren stammen beide von derselben dritten Person ab. Nahestehende Personen sind deshalb etwa Eltern, Großeltern, Kinder, Enkelkinder, Geschwister und Halbgeschwister des Schuldners. Unerheblich ist die Nichtehelichkeit (*Palandt/Diederichsen* BGB, § 1589 Rz. 3). Bei Adoption eines Minderjährigen ist dieser nach § 1754 BGB wie ein Abkömmling des Schuldners zu behandeln und die bisherigen Verwandschaftsverhältnisse erlöschen (§§ 1755 f. BGB). Bei Annahme eines Volljährigen wird ein Verhältnis nur zum Annehmenden, aber nicht zu dessen Verwandten begründet (§ 1770 BGB). Nicht hierher gehören Onkel, Tanten, Vettern, Kusinen, Nichten und Neffen. 7

Ausreichend ist es auch, wenn die Person das zuvor beschriebene Verwandtschaftsverhältnis zum in **Nr. 1 bezeichneten Ehegatten des Schuldners** hat. Nahestehende Personen sind danach etwa Schwiegereltern, Stiefkinder, Schwager und Schwägerin des Schuldners. Umgekehrt gehören zu Abs. 1 Nr. 2 auch die **Ehegatten dieser Verwandten**. Hierunter fallen z. B. Stiefvater, Stiefmutter, Schwiegersohn und Schwiegertochter 8 des Insolvenzschuldners oder seines Ehegatten. Für die Ehegatten der Verwandten gilt Nr. 1 nicht, so daß die Ehe zum Zeitpunkt der Rechtshandlung bestehen muß.

III. Häusliche Gemeinschaft (Nr. 3)

9   Zur Definition des Begriffs »häusliche Gemeinschaft« können die Grundsätze herangezogen werden, die beim Getrenntleben von Ehegatten nach § 1567 Abs. 1 BGB hierzu entwickelt worden sind (vgl. *App* FamRZ 1996, 1523 [1524]). Hierunter können nichteheliche (auch gleichgeschlechtliche) Lebensgemeinschaften, aber etwa auch das Verhältnis zwischen Pflegeeltern und Pflegekindern fallen (Begr. RegE BT-Drucks. 12/2443, S. 162). Die häusliche Gemeinschaft muß objektiv nach außen den Eindruck erwecken, daß es sich um das Zusammenleben von Ehegatten oder Eltern und Kind handelt (vgl. *Palandt/Diederichsen* BGB, § 1567 Rz. 5). Das Zusammenleben in einer Wohnung genügt dabei alleine noch nicht (vgl. § 1567 Abs. 1 Satz 2). Bloße Zweckwohngemeinschaften, wie etwa Studentenwohngemeinschaften gehören deshalb nicht hierher.

C. Gesellschaftsrechtlich nahestehende Personen

10 Schuldner muß hier eine juristische Person (z. B. GmbH, AG, vgl. § 11 Abs. 1 InsO) oder eine Gesellschaft ohne Rechtspersönlichkeit (etwa OHG, KG, vgl. § 11 Abs. 2 Nr. 1 InsO) sein.

I. Mitglieder des Vertretungs- oder Aufsichtsorgans, persönlich haftende Gesellschafter sowie am Gesellschaftsvermögen mit mehr als einem Viertel Beteiligte

11 Nahestehende Personen sind hier einmal die Mitglieder eines **Vertretungs- oder Aufsichtsorgans** des Schuldners. Unerheblich ist, ob das Aufsichtsorgan aufgrund Gesetzes oder freiwillig durch Gesellschaftsvertrag bzw. Satzung (etwa § 52 GmbHG und vergleichbare Bei- und Verwaltungsräte) eingerichtet ist (Begr. RegE BT-Drucks. 12/2443, S. 162). Zu den nahestehenden Personen gehören jetzt insbesondere der GmbH-Geschäftsführer und die Vorstände der AG, nicht aber der Kommanditist (§ 170 HGB).

12 **Persönlich haften** etwa die Gesellschafter der OHG, KG oder Gesellschaft bürgerlichen Rechts, wobei in diesen Fällen regelmäßig zugleich eine Vertretungsverhältnis vorliegen wird. Geschäfte von Gesellschaftern einer GmbH untereinander fallen nicht unter § 138 InsO (vgl. *BGH* KTS 1976, 127).

13 Weiterhin erfaßt die Vorschrift Personen, die zu mehr als **25 % am Kapital einer AG, KGaA oder GmbH** beteiligt sind. Die 25 %-Grenze orientiert sich dabei an der im AktG (§§ 179, 182, 222) und GmbHG (§ 53) vorgesehen Sperrminorität. Diese bietet dem Gesellschafter eine besondere Informationsmöglichkeit, die weiter reichen als die Rechte jedes Gesellschafters nach § 131 AktG bzw. 51a GmbHG (Begr. RegE BT-Drucks. 12/2443, S. 162). Die 25-%-Regel ist dabei als starr aufzufassen, schließt jedoch eine Anwendung von Abs. 2 Nr. 2 auf darunter liegende Kapitalbeteiligungen nicht aus. Bei der Kapitalberechnung sind auch eine **mittelbare Beteiligungen** zu berücksichti-

gen. Dies betrifft etwa den Fall, daß ein Aktionär und ein von ihm abhängiges Unternehmen gemeinsam an der Schuldner-Aktiengesellschaft beteiligt sind. Der Aktionär ist auch dann eine nahestehende Person, wenn er zwar weniger als ein Viertel des Grundkapitals hält, diese Quote jedoch bei Berücksichtigung des Anteilsbesitzes der von ihm abhängigen Gesellschaft überschritten wird.

II. Vergleichbare gesellschaftsrechtliche oder dienstvertragliche Verbindung

Das Merkmal der vergleichbaren **gesellschaftsrechtlichen Verbindung** erfaßt insbesondere die vom Schuldner abhängigen Unternehmen sowie die Unternehmen, von denen der Schuldner abhängig ist. Die bloße Abhängigkeit rechtfertigt nämlich die Annahme, daß dem anderen Unternehmen die wirtschaftliche Lage des Schuldnerunternehmens im wesentlichen bekannt ist. Das verbundene Unternehmen ist insbesondere in den § 15–19 AktG geregelt, die auch auf die GmbH Anwendung finden (*Baumbach/Hueck/Zöllner* GmbHG, Rz. 5). Darüber hinaus kommt der Vorschrift auch die Funktion einer **Auffangnorm** zu. Kapitalbeteiligungen, die nicht unter die Nr. 1 fallen, weil die Beteiligung 25% und weniger beträgt, können die Annahme des § 138 InsO rechtfertigen, wenn ihr Inhaber einen qualifizierten Informationsvorsprung hat, der dem eines Anteilsinhabers von mehr als einem Viertel vergleichbar ist (*Ehricke* KTS 1996, 209 [223ff.]; a. A. *BGH* ZIP 1996, 83 [85]; 1997, 513 [516]). Die Auffassung des *BGH* schafft Freiräume für die Umgehung der Regelung in Abs. 2 Nr. 1 und läuft damit dem mit der InsO beabsichtigten Ziel eines besseren Schutzes der Gläubigergesamtheit entgegen. **14**

Eine vergleichbare **dienstvertragliche** Verbindung aufgrund derer sich die Person über die wirtschaftlichen Verhältnisse informieren kann, ist etwa bei der Prokura oder bei einem Betriebsführungsvertrag anzunehmen, aufgrund dessen die Person das Geschäft der Schuldnerin führt (vgl. *BGH* ZIP 1995, 1021 [1025]). Nicht ausreichend ist regelmäßig die Stellung eines freiberuflichen Wirtschaftsprüfers, da die Beziehung zu einem selbständigen Freiberuflichen nicht intensiv genug ist, als daß sie dem Vertrag mit einem Organ der Gesellschaft gleichgestellt werden kann (*BGH* ZIP 1997, 513 [516]). Keine nahestehende Person ist auch ein Rechtsanwalt, der ein umfassendes Mandat zur rechtlichen, steuerlichen, wirtschaftlichen und unternehmerischen Beratung der Schuldnerin hatte (*BGH* ZIP 1998, 247 [248]). **15**

Allgemein ist eine **besondere Informationsmöglichkeit** zu bejahen, wenn die Person eine den Mitgliedern des Vertretungsorgans vergleichbare Stellung hat. So, wenn sie sich über den Stand der Betriebseinnahmen und -ausgaben sowie über Geschäftsvorfälle wesentlicher Bedeutung berichten lassen kann, Einblick in die Buchführung und Geschäftsunterlagen nehmen sowie Auskunft über den wirtschaftlichen Stand des geführten Betriebes verlangen kann (*BGH* ZIP 1995, 1021 [1025]). Dies setzt eine **Tätigkeit innerhalb des Schuldner-Unternehmens** voraus (*BGH* ZIP 1998, 247 [248]). Der Informationsvorsprung wird dabei nicht dadurch beseitigt, daß die Person manche Geschäfte ebenso wie der Geschäftsführer nur mit Zustimmung des Aufsichtsrates tätigen darf (*BGH* a. a. O.). **16**

III. Sonstige nahestehende Personen

17 Nach Abs. 2 Nr. 3 sind auch solche Personen nahestehend i. S. v. § 138 InsO, die zu den nach Abs. 2 Nr. 1, 3 in einer der in Abs. 2 genannten persönlichen Beziehung stehen. Dabei ist eine dem Schuldner wie der zu betrachtenden Person nahestehende Person Bindeglied zwischen ihnen. Die Vorschrift berücksichtigt damit in Anlehnung zu § 108 Abs. 2 Satz 2 VglO, daß ein Informationsvorsprung auch mittelbar über eine qualifiziert tätige natürliche Person erfolgen kann.

18 Diese Überlegung ist nicht nur gerechtfertigt, wenn es sich bei dem Empfänger einer etwaigen Information um eine natürliche Person handelt, sondern auch dann, wenn dies eine Gesellschaft ist. Eine direkte Anwendung von § 138 Abs. 2 Nr. 3 InsO scheidet aber aus, da zwischen natürlicher Person als Bindeglied und Gesellschaft keine persönliche Beziehung angenommen wird. Eine überschreitende Auslegung des Verwandtenbegriffs aus Abs. 1 nach Maßgabe der Auffassungen zur KO (vgl. *Jaeger/Henckel* KO, § 31 Rz. 33 ff.) kommt nicht in Betracht, da die Vorschrift in Abs. 2 für Beziehungen zu Gesellschaften eine ausdrückliche Regelung enthält (a. A. *BGH* ZIP 1995, 1021 [1025]). Vielmehr ist die Verweisung in Abs. 2 Nr. 3 dahin zu ergänzen, daß die Person zu einer der in Abs. 2 Nr. 1 oder 2 bezeichneten Personen selbst wieder in einem der in Abs. 2 Nr. 1 genannten Verhältnisse stehen kann. Dies trifft etwa auf eine GmbH zu, deren Geschäftsführer zugleich Betriebsführer bei der späteren Insolvenzschuldnerin ist (i. Erg. *BGH* a. a. O.). Gleiches gilt für zwei Gesellschaften, deren wesentliche Gesellschafter (vgl. BGHZ 58, 20 [24 f.]) oder Mitgesellschafter-Geschäftsführer (vgl. *OLG Hamm* ZIP 1990, 1355 [1356]) identisch sind. Ebenso, wenn der Komplementär einer KG und der Mehrheitsgesellschafter-Geschäftsführer einer GmbH Halbbrüder sind (*OLG Hamm* ZIP 1986, 1478). Schließlich kann auch das Bindeglied zwischen zwei Unternehmen selbst wieder ein Unternehmen sein. So etwa bei der Beziehung zweier Gesellschaften, die von demselben Unternehmen beherrscht werden (*Ehricke* KTS 1996, 209 [221]; a. A. Begr. RegE BT-Drucks. 12/2443, S. 163).

19 Sehr problematisch ist, ob der in BGHZ 96, 352 (= ZIP 1986, 170) entschiedene Fall sich in die Regelung des § 138 InsO einpassen läßt. Der BGH hat dort in der Insolvenz einer natürlichen Person eine GmbH als nahe Angehörige i. S. v. § 31 Nr. 2 KO angesehen, deren Mehrheitsgesellschafter ein Verwandter der natürlichen Person war. Abs. 2 scheidet hier aus, da er nur für Insolvenzschuldner gilt, die eine juristische Person oder Gesellschaft ohne Rechtspersönlichkeit sind. Abs. 1 enthält eine dem Abs. 2 Nr. 3 entsprechende Vorschrift nicht. Die entsprechende Anwendung von Abs. 2 ist abzulehnen, da hierdurch das nach der Art des Insolvenzschuldners ausdifferenzierte Verhältnis zwischen Abs. 1 und 2 aufgehoben werden würde. Hier kann nur ein Versäumnis des Gesetzgebers angenommen werden, das ausschließlich de lege ferenda gelöst werden kann.

20 Das **vorgenannte gilt dann nicht**, wenn das Bindeglied kraft Gesetzes in Angelegenheiten der juristischen Personen oder Gesellschaft zur Verschwiegenheit verpflichtet ist. Diesen Personen darf nämlich nicht unterstellt werden, daß sie jene Pflicht durch Weitergabe von Kenntnissen verletzt haben, die auf ihrer besonderen Informationsmöglichkeit beruhen und der Verschwiegenheit unterliegen. Eine Verschwiegenheitspflicht ergibt sich etwa aus §§ 93 Abs. 1 Satz 2, 116 AktG für den Vorstand und Aufsichtsrat der AG oder aus § 35 GmbHG (vgl. *Baumbach/Hueck/Zöllner* GmbHG, § 35 Rz. 21) für den Geschäftsführer der GmbH.

§ 139
Berechnung der Fristen vor dem Eröffnungsantrag

(1) ¹Die in den §§ 88, 130 bis 136 bestimmten Fristen beginnen mit dem Anfang des Tages, der durch seine Zahl dem Tag entspricht, an dem der Antrag auf Eröffnung des Insolvenzverfahrens beim Insolvenzgericht eingegangen ist. ²Fehlt ein solcher Tag, so beginnt die Frist mit dem Anfang des folgenden Tages.
(2) ¹Sind mehrere Eröffnungsanträge gestellt worden, so ist der erste zulässige und begründete Antrag maßgeblich, auch wenn das Verfahren auf Grund eines späteren Antrages eröffnet worden ist. ²Ein rechtskräftig abgewiesener Antrag wird nur berücksichtigt, wenn er mangels Masse abgewiesen worden ist.

Inhaltsübersicht: Rz.

A. Allgemeines 1
B. Fristbeginn 2–3
C. Mehrere Eröffnungsanträge 4–6

A. Allgemeines

Abs. 1 InsO enthält für die Berechnung des Anfechtungszeitraums Regeln, die sich an § 187 Abs. 1, § 188 Abs. 2, 3 BGB anlehnen. Sie gelten auch außerhalb des Kapitels über die Insolvenzanfechtung für den in § 88 InsO bestimmten Zeitraum. **1**

B. Fristbeginn

Ist der Tag, an dem der Antrag auf Eröffnung beim zuständigen Insolvenzgericht (vgl. §§ 2, 3 InsO) eingegangen ist. Der Fristbeginn ist in etwa der Naturalkomputation i. V. m. § 187 Abs. 2 BGB gleichzusetzen. Der »Anfang des Tages« bedeutet, daß die Frist ab 0.00 Uhr beginnt. Sie endet an dem zu berechnenden Tag um 24.00 Uhr. Was nach Mitternacht geschieht, geschieht rechtlich am nächsten Tag (*Palandt/Heinrichs* BGB, § 188 Rz. 4). **2**

Wird der Insolvenzantrag bei einem unzuständigen Gericht angebracht und wird kein Verweisungantrag durch den Antragsteller nach gerichtlichem Hinweis gestellt, so ist der Insolvenzantrag als unzulässig zurückzuweisen. Ein Fristlauf wird nicht ausgelöst. Wird Verweisungsantrag gestellt und verweist das Insolvenzgericht gem. § 281 Abs. 1 ZPO als das örtlich Zuständige, beginnt die Frist mit Eingang der Antragsschrift bei dem unzuständigen Gericht zu laufen. § 281 Abs. 2 Satz 4 ZPO ist nicht entsprechend anwendbar, denn für den Insolvenzantrag ist keine Rechtshängigkeit maßgebend. Vielmehr muß der Gläubigerschutzgedanke an erster Stelle stehen, um Vermögensverschiebungen zu Lasten der Insolvenzmasse wegen Fristablauf (§§ 130–135 InsO) zu verhindern. Hierzu ist auch der Gedanke des Absatzes 2 heranzuziehen. Das Prozeßgericht ist grundsätzlich an den rechtskräftigen Beschluß des Insolvenzgerichts über die Verfahrenseröffnung gebunden. Die Unzulässigkeit der Verfahrenseröffnung kann deshalb im Anfechtungsprozeß nur geltend gemacht werden, wenn ein Mangel vorliegt, der zur Nichtigkeit führt (*BGH* ZIP 1998, 477 [478]). Dies kommt nur in Betracht, wenn der **3**

Mangel dem Akt schon äußerlich den Charakter einer richterlichen Entscheidung nimmt (*BGH* ZIP 1997, 2126). Die Unzuständigkeit des eröffnenden Gerichtes genügt hierfür nicht (*BGH* ZIP 1998, 477 [478]).

C. Mehrere Eröffnungsanträge

4 Absatz 2 bestimmt für den Fall, daß mehrere Eröffnungsanträge nacheinander gestellt worden sind, daß der Anfechtungszeitraum nach dem ersten zulässigen und begründeten Antrag zu berechnen ist. Nicht erforderlich ist, daß das Insolvenzverfahren aufgrund dieses Antrages eröffnet worden ist. Es kommt allein darauf an, daß der Antrag zur Verfahrenseröffnung geführt hätte, wenn er nicht mangels Masse (vgl. § 26 Abs. 1 InsO) rechtskräftig abgewiesen oder das Verfahren nicht aufgrund eines späteren Antrags eröffnet worden wäre. Satz 2 hebt hervor, daß die Abweisung allein wegen nicht ausreichender Masse erfolgt sein muß. Aus anderen Gründen abgewiesene Anträge bleiben, auch wenn die Abweisung zu Unrecht erfolgt ist, unberücksichtigt.

5 Absatz 2 geht von zwei Fallgestaltungen aus:
– Das Insolvenzverfahren wird unverzüglich aufgrund eines späteren Antrags eröffnet, weil dieser Antrag im Gegensatz zu den früheren Anträgen ohne weitere Ermittlungen entscheidungsreif ist.
– Ein an sich zulässiger und begründeter Antrag ist allein wegen nicht ausreichender Masse (§ 26 Abs. 1 InsO) abgewiesen worden. Aufgrund eines späteren Antrags wird das Verfahren doch noch eröffnet, nachdem ein Kostenvorschuß eingezahlt worden ist.

6 Für die Verfahrenseröffnung kommt es in beiden Fällen nicht darauf an, ob die früher gestellten Anträge zulässig und begründet waren. Für die Anfechtbarkeit hat diese Feststellung dagegen erhebliche Bedeutung, denn wäre das Verfahren bereits aufgrund des ersten zulässigen und begründeten Antrags eröffnet worden, so wäre der für die Anfechtung maßgebende Zeitraum vom Zeitpunkt dieses Antrages zurückzurechnen. Die Anknüpfung an den ersten zulässigen und begründeten Antrag bietet den Vorteil, daß die Anfechtbarkeit zeitlich vorverlegt wird. Vor allem können damit auch Deckungshandlungen von der besonderen Insolvenzanfechtung erfaßt werden, die der Schuldner in den letzten drei Monaten vor einem zunächst mangels kostendeckender Masse abgewiesenen Antrag noch vorgenommen hat (Begr. RegE BT-Drucks. 12/2443, S. 163).

§ 140
Zeitpunkt der Vornahme einer Rechtshandlung

(1) Eine Rechtshandlung gilt als in dem Zeitpunkt vorgenommen, in dem ihre rechtlichen Wirkungen eintreten.
(2) Ist für das Wirksamwerden eines Rechtsgeschäftes eine Eintragung im Grundbuch, im Schiffsregister, im Schiffsbauregister oder im Register für Pfandrechte an Luftfahrzeugen erforderlich, so gilt das Rechtsgeschäft als vorgenommen, sobald die übrigen Voraussetzungen für das Wirksamwerden erfüllt sind, die Willenserklärung des Schuldners für ihn bindend geworden ist und der andere Teil den Antrag auf Eintragung der Rechtsänderung gestellt hat. ²Ist der Antrag auf Eintragung einer Vormerkung zur Sicherung des Anspruchs auf die Rechtsände-

Zeitpunkt der Vornahme einer Rechtshandlung **§ 140**

rung gestellt worden, so gilt Satz 1 mit der Maßgabe, daß dieser Antrag an die Stelle des Antrags auf Eintragung der Rechtsänderung tritt.
(3) Bei einer bedingten oder befristeten Rechtshandlung bleibt der Eintritt der Bedingung oder des Termins außer Betracht.

Inhaltsübersicht: Rz.

A.	Einleitung	1– 2
B.	Grundsatz (Abs. 1)	3–10
	I. Allgemeines	4– 5
	II. Forderungen	6– 7
	III. Mittelbare Zuwendung	8
	IV. Aufrechnung und Verrechnung	9
	V. Genehmigungsbedürftige Geschäfte	10
C.	Registergeschäfte (Abs. 2)	11–14
D.	Bedingung und Befristung (Abs. 3)	15

A. Einleitung

Eine Vorschrift, die regelte in welchem Zeitpunkt eine Rechtshandlung als »vorgenommen« gilt, enthielt die KO nicht. Die GesO enthielt in § 10 Abs. 3 eine Regelung, die Abs. 2 entspricht. Dabei kommt diesem Zeitpunkt eine besondere Bedeutung zu, ist er doch maßgeblich dafür, ob die Rechtshandlung nach Verfahrenseröffnung mit der Unwirksamkeitsfolge der §§ 81, 89, 91 InsO oder vor derselben mit der Anfechtungsmöglichkeit nach § 129 ff. (Ausnahmen: vgl. §§ 88, 147 InsO) erfolgte, ob sie noch innerhalb einer bestimmten Frist vorgenommen wurde, im Fall der §§ 130, 131 InsO eine Kongruenz oder Inkongruenz vorliegt und ob spätestens in diesem Zeitpunkt die subjektiven Voraussetzungen in der Person des Schuldners, des Anfechtungsgegners oder eines Dritten vorlagen. Nach Art. 106 EGInsO scheidet darüber hinaus eine Anfechtung nach der InsO aus, wenn die Rechtshandlung **vor dem 1. Januar 1999** vorgenommen worden ist und nicht in gleicher Weise nach den Regelungen der KO anfechtbar ist. 1

Gemeinsamer Grundgedanke der einzelnen Regelungen ist, daß der Zeitpunkt entscheidet, in dem durch die Rechtshandlung eine Rechtsposition begründet worden ist, die im Falle der Eröffnung des Verfahrens beachtet werden müßte (Begr. RegE BT-Drucks. 12/2443, S. 166). Bei mehreren Rechtshandlungen ist dabei diejenige maßgebend, die zu einer Minderung des Schuldnervermögens geführt hat (vgl. *Kuhn/Uhlenbruck* KO, § 29 Rz. 18 b). 2

B. Grundsatz (Abs. 1)

Abs. 1 stellt den Grundsatz auf, daß der Zeitpunkt maßgeblich ist, in dem die Rechtswirkungen einer Handlung eintreten (so schon die allg. Auffassung nach der KO, vgl. *Jaeger/Henckel* KO, § 30 Rz. 74). Besteht eine Rechtshandlung aus mehreren Teilakten, ist also der letzte zur Wirksamkeit erforderliche Teilakt maßgeblich. 3

I. Allgemeines

4 Bei schuldrechtlichen Rechtsgeschäften ist dies der Abschluß des Rechtsgeschäfts, bei Verfügungsgeschäften das letzte nach dem gesetzlichen Übertragungstatbestand zur Rechtsänderung erforderliche Tatbestandsmerkmal, insoweit nicht die Ausnahme nach Abs. 2 eingreift, und bei Erwerb im Wege der Zwangsvollstreckung die Vollendung der Pfändung. So z. B. bei der Übereignung beweglicher Sachen (§ 929 BGB) die der Einigung nachfolgende Übergabe bzw. das Übergabesurrogat oder die Annahmeerklärung, wenn sie der Übergabe nachfolgt, bei der Verpfändung einer Forderung z. B. die Anzeige an den Schuldner nach § 1280 BGB (*RGH* JW 1902, 185), bei der Sachpfändung die Inbesitznahme, Siegelanlegung oder sonstige Kenntlichmachung durch den Gerichtsvollzieher (§ 808 ZPO) oder bei der Forderungspfändung die Zustellung an den Drittschuldner (§ 829 Abs. 3 ZPO). Wird eine Vorpfändung (§ 845 ZPO) vorgenommen, ist nicht der Zeitpunkt der Zustellung der Pfändungsankündigung, sondern die Vornahme der Hauptpfändung durch Zustellung des Pfändungsbeschlusses maßgebend, da die Vorpfändung nicht insolvenzfest ist (*LG Bonn* ZIP 1997, 82 [84]; *Jaeger/Henckel* KO, § 30 Rz. 245; a. A. RGZ 151, 265; *Kuhn/Uhlenbruck* KO, § 30 Rz. 42 h). Mittelbare Zuwendungen sind mit der Weggabe des schuldnerischen Vermögens an die Mittelsperson vorgenommen (*Kuhn/Uhlenbruck* KO, § 29 Rz. 18 b). Vertragliche Abfindungsvereinbarungen in Gesellschaftsverträgen entfalten ihre rechtlichen Wirkungen erst mit Ausscheiden des Gesellschafters (*Jaeger/Henckel* KO, § 29 Rz. 55).

5 Das **Unterlassen** entfaltet frühestens in dem Zeitpunkt rechtliche Wirkung, in dem die Rechtsfolgen der Unterlassung nicht mehr durch eine Handlung abgewendet werden können (Begr. RegE BT-Drucks. 12/2443, S. 166). Subjektive Voraussetzungen müssen spätestens zu diesem Zeitpunkt vorgelegen haben. Es genügt aber, wenn die subjektiven Merkmale in irgendeinem Zeitpunkt innerhalb des Zeitraums, in dem positiv gehandelt werden konnte, feststellbar sind (*Jaeger/Henckel* KO, § 29 Rz. 5).

II. Forderungen

6 Bei der **Abtretung, Verpfändung oder Pfändung (§§ 829 ff. ZPO) einer künftigen Forderung** ist das Entstehen dieser Forderung maßgeblich (Begr. RegE BT-Drucks. 12/2443, S. 166; BGHZ 30, 239, [240]; 64, 312 [313]; 88, 205 [206]). So kommt es etwa bei der Pfändung künftiger Ansprüche aus einem Girovertrag auf den Zeitpunkt des Eingangs der gutgeschriebenen Geldbeträge bei der Bank an (*BGH* ZIP 1997, 737 [739]; ZIP 1987, 305; *LG Braunschweig* ZIP 1996, 35; zum vertraglichen Pfandrecht s. *BGH* ZIP 1996, 2080 [2081]). Dies gilt auch beim verlängerten Eigentumsvorbehalt (a. A. *Kuhn/Uhlenbruck* KO, § 30 Rz. 29a; *Jaeger/Henckel* KO, § 30 Rz. 92), die Anfechtung kann hier aber wegen fehlender Benachteiligung ausgeschlossen sein (vgl. § 129 Rz. 42). Bei Vorausabtretung der mit Verfahrenseröffnung entstehenden Schlußsaldoforderung eines Kontokorrents ist der Zeitpunkt der Begründung der kontokorrentgebundenen Einzelforderungen maßgeblich, da die Abtretung nur hinsichtlich dieser Posten, soweit sie im Schlußsaldo noch enthalten sind, und nicht hinsichtlich der Saldoforderung als solcher angefochten werden kann (*Canaris* Handelsrecht § 25 VI 2 c; *Jaeger/Henckel* KO, § 30 Rz. 92; a. A. *Kuhn/Uhlenbruck* KO, § 30 Rz. 42l: Zeitpunkt der Verfahrenseröffnung). Bei Abtretung eines durch den Eintritt eines künftigen Ereignisses bedingten oder durch eine Zeitbestimmung befristeten Anspruchs, kommt es auf den Eintritt der Bedingung bzw. des Anfangs- oder Endtermins an (a. A. *OLG Hamburg*

ZIP 1981, 1353: Abtretung des Rückübertragungsanspruchs von Sicherungsgut). So ist etwa bei der Abtretung einer Forderung auf künftigen Grundstücksmietzins, die Rechtshandlung jeweils mit Beginn des jeweiligen Nutzungszeitraums vorgenommen (*BGH* ZIP 1997, 513 [514]). Bei einer Mantelzession kommt es auf den Zeitpunkt des Zugangs der Zessionsliste an (*Obermüller* Insolvenzrecht in der Bankpraxis, Rz. 6.187). Bei der Abtretung von zukünftig zu gestaltenden Mustern, kommt es auf den Zeitpunkt der Werkschöpfung an, da bereits in diesem Zeitpunkt ein Anwartschaftsrecht entsteht, das sich durch Eintragung in das Musterregister zum absoluten Geschmacksmusterrecht entwickelt (*BGH* ZIP 1998, 830 [835]).

Entsteht die **gesicherte Forderung** erst nachträglich, so ist bei einer zuvor für den Gläubiger eingetragenen Hypothek der Zeitpunkt der Valutierung maßgebend (*OLG Köln* WM 79, 1342 ff.), da zuvor dem Schuldner nach §§ 1163 Abs. 1 Satz 1, 1177 BGB das Grundpfandrecht als Eigentümergrundschuld zustand. Anders ist bei der Bestellung einer Sicherungsgrundschuld und eines Pfandrechts nach §§ 1204, 1273 BGB, der Sicherungsübertragung/-abtretung oder der Entstehung eines Vermieterpfandrechtes (§ 559 BGB) für eine künftige Forderung zu entscheiden, da hier schon vor Valutierung dem Gläubiger das Sicherungsrecht zusteht (*BGH* ZIP 1998, 793; BGHZ 86, 340, 346 ff. = ZIP 1983, 334 zum Pfandrecht; a. A. *Jaeger/Henckel* KO, § 30 Rz. 78, 79). 7

III. Mittelbare Zuwendung

Wird ein **Wechsel** erst nach Begebung angenommen, bestimmt die Annahme den maßgeblichen Zeitpunkt für die Anfechtung der hierdurch eintretenden Sicherung und einer nachfolgenden Befriedigung durch den Akzeptanten (*Jaeger/Henckel* KO, § 30 Rz. 156). Ansonsten ist die Begebung maßgeblich. Wird die Annahme erst nach der Indossierung erklärt oder ein indossierter Wechsel eingelöst, ist bei der Deckungsanfechtung gegenüber dem Remittenten der Zeitpunkt der Begebung für die subjektiven Voraussetzungen maßgeblich. Dies rechtfertigt sich daraus, daß der Remittent nach Indossierung auf den weiteren Verlauf keinen Einfluß mehr hat (*Jaeger/Henckel* KO, § 30 Rz. 160; vgl. a. § 137 Abs. 2 InsO). Wird ein Wechsel erst nach Übertragung datiert, ist für die Anfechtung der Übertragung das auf den Wechsel geschriebene Datum maßgeblich (*OLG Celle* NJW 1959, 1144). Bei Ausstellung eines **Schecks** ist maßgebender Zeitpunkt die Einlösung und nicht die Scheckbegebung oder die Gutschrift. Anders bei Einlösungspflicht der bezogenen Bank wie beim Scheckkartenscheck und beim bestätigten Scheck der Deutschen Bundesbank: hier kommt es auf den Zeitpunkt der Begebung an, weil der Schecknehmer schon in diesem Zeitpunkt eine feste Rechtsposition besitzt (*Canaris* Bankvertragsrecht, Rz. 819). Maßgeblicher Zeitpunkt bei der **Banküberweisung** ist der, in dem der Anspruch auf die Gutschrift entsteht, nicht die Vollziehung der Gutschrift auf dem Empfängerkonto (*Jaeger/Henckel* KO, § 30 Rz. 152). Bei der **Akkreditivzahlung** ist die Eröffnung des Akkreditivs, nicht die Auszahlung maßgebend für die Anfechtung gegenüber dem Begünstigten (*Canaris* Bankvertragsrecht, Rz. 1077). Bei einem **Vertrag zugunsten Dritter** ist für die Anfechtung gegenüber dem Dritten der Zeitpunkt der Entstehung seines Rechts maßgebend (*BGH* WM 1984, 1194). Bei der **Schuldübernahme** ist die Schuldübernahme selbst und nicht die Leistung des Übernehmers maßgeblich (*Jaeger/Henckel* KO, § 30 Rz. 178). 8

IV. Aufrechnung und Verrechnung

9 Wie sich aus einem Umkehrschluß zu § 96 Nr. 3 InsO ergibt, ist für die Anfechtung bzw. die Unzulässigkeit aufgrund Anfechtbarkeit einer Aufrechnung und der ihr gleichzustellenden Verrechnung beim Kontokorrent, nicht der Zeitpunkt der Auf- oder Verrechnungswirkung, sondern der Zeitpunkt der Auf- oder Verrechnungslage maßgeblich (so schon *Jaeger/Henckel* KO, § 30 Rz. 275). Beim **Scheckinkasso** kommt es nicht auf den Zeitpunkt der Hereinnahme, sondern auf den Zeitpunkt an, in dem die Verrechnungslage entsteht. Die Scheckeinreichung ist jedoch insoweit von Bedeutung, als die Bank mit ihr unanfechtbar Sicherungseigentum am Scheck erworben haben kann, was eine Anfechtung der Verrechnung ausschließt (*BGH* ZIP 1992, 778 [780]; *OLG Köln* ZIP 1995, 1684 [1685]). Gleiches gilt bei Einreichung einer **Lastschrift**, wenn die Bank die der Lastschrift zugrundeliegende Forderung mit der Einreichung erwirbt (*Jaeger/Henckel* KO, § 30 Rz. 275).

V. Genehmigungsbedürftige Geschäfte

10 Bei einem Geschäft, das von der **Zustimmung eines Dritten** abhängig ist, ist maßgeblich der Zeitpunkt in dem das Rechtsgeschäft aufgrund der Genehmigung für den Anfechtungsgegner bindend geworden ist (*Jaeger/Henckel* KO, § 30 Rz. 82 ff.; vgl. Begr. RegE BT-Drucks. 12/2443, S. 166). Dies ist bei einer Genehmigung durch einen Privaten (z. B. §§ 108, 185 Abs. 2 1. Alt. BGB) der Zeitpunkt ihrer Erteilung, bei ihrer Ersetzung durch das Vormundschaftsgericht (§§ 1365 Abs. 2; 1369 Abs. 2, 1426 BGB) wegen § 1366 Abs. 2 Satz 1 BGB der in § 53 FGG genannte Zeitpunkt (a. A. *Jaeger/Henckel* KO, § 30 Rz. 88), im Fall der Genehmigung durch ein Vormundschaftsgericht (§§ 1821, 1822 BGB) wegen § 1829 Abs. 1 Satz 2 BGB der Zeitpunkt des Mitteilungszugangs und bei einem Vertrag, der einer devisenrechtlichen Genehmigung bedarf, der Zeitpunkt des Vertragsschlusses (*BGH* WM 1958, 1417).

C. Registergeschäfte (Abs. 2)

11 Ist bei mehraktigen Rechtsgeschäften nur noch die Eintragung in ein Grundbuch oder ein vergleichbares Register für das Wirksamwerden erforderlich, gilt ausnahmsweise der Antrag auf diese Eintragung als maßgebender Zeitpunkt (anders noch die h. M. zur KO: *BGH* ZIP 1995, 134 [136]; vgl. auch *BGH* KTS 1996, 151 [155]; *Kuhn/Uhlenbruck* KO, § 30 Rz. 29; *Jaeger/Henckel* KO, § 30 Rz. 94 ff. m. w. N.). Soll zur Sicherung des Anspruchs auf Rechtsänderung eine Vormerkung eingetragen werden, kommt es nach Satz 2 für die Bestimmung des Zeitpunkts nur auf die Stellung des darauf bezogenen Antrags und nicht auf die Eintragung der Vormerkung, die Stellung des Antrags auf die Rechtsänderung oder die Eintragung der Rechtsänderung an. Gleiches gilt auch für den Erwerb nach §§ 892, 893 BGB, soweit dieser der Anfechtung unterliegt. Bei Eintragungen im Zwangsweg, insbesondere bei einer Zwangs- oder Arresthypothek oder Zwangsvormerkung, scheidet Abs. 2 aus, da § 878 BGB hier nicht anwendbar ist (RGZ 68, 150; *Jaeger/Henckel* KO, § 30 Rz. 102). Maßgebend ist hier also der Zeitpunkt der Eintragung. Die **Beweislast** für die Voraussetzungen des Abs. 2 trägt der Anfechtungsgegner, da die Vorschrift ihm als Ausnahme von dem allgemeinen Grundsatz in Abs. 1 durch die zeitliche Vorverlagerung einen Vorteil gewährt (*BGH* ZIP 1998, 513 [514]).

Zeitpunkt der Vornahme einer Rechtshandlung **§ 140**

Mit der Vorschrift wird berücksichtigt, daß in diesen Fällen der Verfügungsempfänger 12
nach § 878 BGB, § 3 Gesetz über die Rechte an eingetragenen Schiffen und Schiffbauwerken und § 5 Abs. 3 Gesetz über Rechte an Luftfahrzeugen bereits eine, durch die Verfahrenseröffnung nicht beeinträchtigte Rechtsposition innehat (vgl. § 91 Abs. 2 InsO). Weiterhin läßt sich für diese Regelung anführen, daß mit der Antragstellung der Zeitpunkt des Rechtserwerbs dem Einfluß der Beteiligten entzogen ist und sich dahingehende Verzögerungen, insbesondere seine spätere Kenntnis (vgl. auch § 892 BGB), nicht zum Nachteil des Erwerbers auswirken dürfen. Diese Überlegung kann für die Vormerkung unter Heranziehen von § 106 InsO weiter vorverlagert werden. Konsequenterweise ist dann aber nicht nur der Rechtserwerb durch Eintragung, sondern schon das Herbeiführen der Wirkungen des § 878 BGB anfechtbar, so daß eine Anfechtung auch vor Eintragung in Betracht kommt (*Jaeger/Henckel* KO, § 30 Rz. 100).

Erforderlich ist, daß die Willenserklärung des Schuldners durch notarielle Beurkundung 13
nach § 873 Abs. 2 BGB bindend geworden ist, daß die übrigen Voraussetzungen für Rechtserwerb (z. B. eine behördliche Genehmigung) und der Antrag auf Eintragung nach § 13 GBO vorliegen. Bei einer Gesamtgrundschuld ist der Antrag auf Eintragung des letzten Grundstücks maßgebend (*Obermüller* Insolvenzrecht in der Bankpraxis, Rz. 6.181).

Der Antrag muß **von dem anderen Teil**, also dem Anfechtungsgegner, gestellt worden 14
sein. Eine **Antragstellung durch den Schuldner genügt nicht** (*BGH* ZIP 1997, 423 [424]; a. A. *Bork* Insolvenzrecht, Rz. 211; *Jauernig* Insolvenzrecht, § 80 V 1). Eine auch mit Verfahrenseröffnung gesicherte Rechtsposition ist in diesem Fall nämlich noch nicht gegeben, da der Schuldner bzw. der Insolvenzverwalter den Antrag noch rechtswirksam zurücknehmen kann, solange die Eintragung noch nicht erfolgt ist (*BGH* a. a. O.). §§ 91 Abs. 2 InsO, 878 BGB stehen dem nicht entgegen. Die Vorschriften behandeln nämlich einen durch die Eintragung erfolgten Rechtserwerb trotz eingetretener Verfügungsbeschränkung nur dann als wirksam, wenn im Zeitpunkt der Eintragung noch ein entsprechender Eintragungsantrag vorlag. Hat demnach der Schuldner den Antrag gestellt, ist der in § 140 Abs. 1 InsO genannte Zeitpunkt, also derjenige der Eintragung, maßgebend. Erfolgt die Eintragung gemäß §§ 91 Abs. 2 InsO, 878 BGB nach Verfahrenseröffnung, gilt § 147 InsO, der entsprechend auch auf die Fälle des § 878 BGB Anwendung findet.

D. Bedingung und Befristung (Abs. 3)

Abs. 3 stellt klar, daß es bei einer Bedingung oder Befristung nicht auf den Eintritt der 15
Bedingung oder des Termins ankommt, sondern auf den Abschluß der rechtsbegründenden Tatumstände. Dies korrespondiert mit den Regelungen in §§ 42, 191 InsO, nach denen die Geltendmachung einer Forderung grundsätzlich unabhängig von ihrer Bedingung oder Befristung ist. Gleiches gilt nach § 107 InsO für den Käufer einer Sache unter Eigentumsvorbehalt. Maßgeblich ist hier der Zeitpunkt der aufschiebend bedingten Übereignung, nicht derjenige der Kaufpreiszahlung. Daß bei einer bedingten Abtretung der Zeitpunkt des Bedingungseintritts maßgebend ist, wenn die Insolvenz des Zedenten, der Eröffnungsantrag oder die Verfahrenseröffnung als Bedingung bestimmt ist (so zur KO *Jaeger/Henckel* KO, § 30 Rz. 93; *Uhlenbruck* Anm. zu *BAG* AP Nr. 4 zu § 30 KO), kann nach der klaren Regelung in Abs. 3 nicht mehr angenommen werden. Die Regelung findet keine Anwendung auf den Fall, daß das mit der Rechtshandlung übertragene Recht erst nachträglich zur Entstehung gelangt. Wird etwa eine Forderung auf künftigen

Grundstücksmietzins zur Sicherheit abgetreten, ist eine Rechtshandlung jeweils mit Beginn des jeweiligen Nutzungszeitraums vorgenommen worden (*BGH* ZIP 1997, 513 [514]).

§ 141
Vollstreckbarer Titel → § 35 KO

Die Anfechtung wird nicht dadurch ausgeschlossen, daß für die Rechtshandlung ein vollstreckbarer Schuldtitel erlangt oder daß die Handhabung durch Zwangsvollstreckung erwirkt worden ist.

Inhaltsübersicht: Rz.
A. Einleitung 1
B. Vollstreckbare Schuldtitel 2–3
C. Vollstreckungshandlungen 4

A. Einleitung

1 Die Vorschrift entspricht § 35 KO. Im Anfechtungsprozeß kann sich der Anfechtungsgegner nicht darauf berufen, daß er für die angefochtene Rechtshandlung einen Titel zur Seite hat oder die Handlung in einem Vollstreckungsakt besteht. Damit werden diese Handlungen einer freiwilligen gleichgestellt und klargestellt, daß die staatliche Autorität anfechtungsrechtlich unerheblich ist (vgl. *Jaeger/Henckel* KO, § 35 Rz. 1).

B. Vollstreckbare Schuldtitel

2 Vollstreckbare Schuldtitel sind formell rechtskräftige oder für vorläufig vollstreckbar erklärte Urteile (§ 704 ZPO), die in § 794 Abs. 1 Nr. 1–5 ZPO genannten sonstigen Vollstreckungstitel, Arrestbefehle und einstweilige Verfügungen (§§ 928, 936 ZPO), der Zuschlagsbeschluß nach § 93 ZVG, der Auszug aus der Tabelle über die festgestellte Insolvenzforderung (§ 201 Abs. 2 InsO), vollziehbare Verwaltungsakte (§ 6 VwVG) oder die in § 168 VwGO genannten Vollstreckungstitel; weitere Beispiele bei *Zöller/Stöber* ZPO, § 794 Rz. 35.

3 Hat der Schuldner dem Anfechtungsgegner den Schuldtitel in kollusivem Zusammenwirken für eine erdichtete Forderung verschafft, bildet das betrügerische Übereinkommen in Verbindung mit seiner prozessualen Geltendmachung den Gegenstand der Anfechtung (*RG* JW 1906, 234; *Kuhn/Uhlenbruck* KO, § 35 Rz. 7). Daß die Prozeßhandlung anfechtbar ist, muß dabei nicht aus § 141 InsO abgeleitet werden (*RG* Gruchot 50, 1122 [1125]; *Jaeger/Henckel* KO, § 29 Rz. 20).

Bargeschäft § 142

C. Vollstreckungshandlungen

§ 141 HS 2 InsO erweitert nicht die Anfechtungstatbestände, vielmehr ergibt sich die **4** Anfechtbarkeit von Vollstreckungshandlungen nur aus den §§ 130–136 InsO. Als Zwangsvollstreckung ist auch die Vollziehung eines Arrestes oder einer einstweiligen Verfügung anzusehen. Der Erwerb der durch die Vollstreckung gesicherten oder befriedigten Forderung kann neben der Vollstreckungshandlung selbständig anfechtbar sein. Ist die Forderung unanfechtbar entstanden, ist der Erwerb des Titels selbst nur in Verbindung mit seiner Vollziehung anfechtbar (RGZ 126, 304, 307; *Kuhn/Uhlenbruck* KO, § 35 Rz. 5; *Kilger/Karsten Schmidt* KO, § 35 Anm. 2; *Jaeger* JW 1919, 720; a. A. *Jaeger/Henckel* KO, § 35 Rz. 2).

§ 142
Bargeschäft

Eine Leistung des Schuldners, für die unmittelbar eine gleichwertige Gegenleistung in sein Vermögen gelangt, ist nur anfechtbar, wenn die Voraussetzungen des § 133 Abs. 1 gegeben sind.

Inhaltsübersicht: Rz.
A. Einleitung 1
B. Gleichwertigkeit 2–4
C. Unmittelbarer Zusammenhang 5–7

Literatur:

Häsemeyer Vertragsabwicklung, Aufrechnung und Anfechtung im Konkurs, BGHZ 89, 189, JuS 1986, 851; *Kuhn* Die Rechtsprechung des BGH zum Insolvenzrecht, WM 1959, 98; *Marotzke/Kick* Anm. zu BGH, Urt. v. 30. 09. 1993 – IX ZR 227/92 –, JR 1995, 106 ff.; *Schmidt, Karsten* Das Insolvenzrisiko der Banken zwischen ökonomischer Vernunft und Rechtssicherheit, WM 1983, 490 ff.

A. Einleitung

Die Vorschrift greift den Grundsatz des alten Konkursrechts auf, daß Bargeschäfte nicht **1** der Anfechtung kongruenter und inkongruenter Deckung unterliegen (etwa *BGH* ZIP 1998, 793 [798]; ZIP 1997, 1551 [1553]; BGHZ 123, 320 [323 m. w. N.] = ZIP 1993, 1653; ZIP 1992, 778). Rechtsgeschäfte, die gemäß § 132 InsO unanfechtbar abgeschlossen werden dürfen, müssen auch erfüllbar bleiben (*BGH* a. a. O.). Hier liegt nämlich nicht eine Vermögensverschiebung zu Lasten des Schuldnervermögens, sondern nur eine bloße Vermögensumschichtung vor (*Karsten Schmidt* WM 1983, 493; *Baur/Stürner* Insolvenzrecht, Rz. 18.46). In diesem Fall rechtfertigt die später eintretende mittelbare Gläubigerbenachteiligung einen Vorrang der Interessen aller Gläubiger nur dann, wenn der Gläubiger wußte, daß der Schuldner mit Benachteiligungsvorsatz (§ 133 InsO) gehandelt hat. Mit der Regelung wird gewährleistet, daß der Schuldner in der Krise nicht praktisch vom Geschäftsverkehr ausgeschlossen ist und seine Geschäfte fortführen kann (Begr. RegE BT-Drucks. 12/2443, S. 167; *BGH* WM 1984, 1430). Niemand würde nämlich mit dem Schuldner noch Geschäfte abschließen, wenn jeder Güteraustausch in der Krise anfechtbar wäre (vgl. *Jaeger/Henckel* KO, § 30 Rz. 8). Voraussetzung ist allerdings, daß die Leistung des Schuldners, die sowohl in der Befriedigung als auch in der Sicherung einer Gläubigerforderung liegen kann, im Vergleich zu der von dem Gläubiger erbrachten Leistung als angemessen betrachtet werden kann. Weiterhin müssen beide Leistungen in unmittelbarem zeitlichen Zusammenhang miteinander erbracht worden sein. Dabei müssen Leistung und Gegenleistung durch Parteivereinbarung miteinander verknüpft sein (Begr. RegE BT-Drucks. 12/2443, S. 167). Enger noch die Definition der Bardeckung bei *Jaeger/Henckel* KO, § 30 Rz. 110, der die Gleichwertigkeit der Gegenleistung nicht in die Begriffsbestimmung als solche einbezieht, sondern in diesen Fällen § 30 Nr. 1 Alt. 1 KO (§ 132 InsO) ausschließlich für anwendbar erklärt und dort die Gleichwertigkeit berücksichtigt. Von Bedeutung ist die Regelung nur im Rahmen der Deckungsanfechtung nach §§ 130, 131 InsO. Für die Anfechtung nach § 132 InsO fehlt es aufgrund der gleichwertigen Gegenleistung regelmäßig schon an der zwingend erforderlichen unmittelbaren Benachteiligung (vgl. *Baur/Stürner* Insolvenzrecht, Rz. 18.47). Nicht eingeschränkt wird auch die Schenkungsanfechtung nach § 134 InsO, bei der es an einer ausgleichenden Gegenleistung des Schuldners fehlt. Ein Bargeschäft kann nur nach § 133 Abs. 1 InsO angefochten werden, wenn es eine vorsätzliche Gläubigerbenachteiligung darstellte und der Anfechtungsgegner um den Vorsatz des Schuldners wußte. Dies ist regelmäßig dann nicht anzunehmen, wenn die Leistung erbracht wurde, um das Unternehmen des Schuldners aufrechtzuerhalten (*BGH* ZIP 1997, 1551 [1553]).

B. Gleichwertigkeit

2 Leistung und Gegenleistung müssen gleichwertig sein. Eine Leistung, die nicht der Parteivereinbarung entspricht, stellt keine Bardeckung dar, da weder rechtlich noch wirtschaftlich ein Anlaß besteht, Umsatzgeschäfte des Schuldners in der Krise zu begünstigen, wenn sie anders als vereinbart abgewickelt werden (*BGH* ZIP 1993, 1653 [1655] mit Anm. *Marotzke/Kick* JR 1995, 106). Eine der Art nach inkongruente Deckung ist deswegen in aller Regel kein Bargeschäft (*BGH* a. a. O., S. 1656; a. A. *Marotzke/Kick* JR 1995, 106 [108]). Nach der zeitlich ersten Leistung eines Vertragsteils ist jede nachträgliche Änderung allein mit bezug auf die Art der Gegenleistung einem Bargeschäft schädlich (*BGH* a. a. O.; a. A. *Kilger/Karsten Schmidt* KO, § 30 Anm. 8). Die Gleichwertigkeit wird jedoch wie das Vorliegen einer Benachteiligung allein nach objektiven Maßstäben beurteilt (Begr. RegE BT-Drucks. 12/2443, S. 167). Entscheidend ist, welchen wirtschaftlichen Wert die Gegenleistung für den Schuldner in seiner konkreten Situation hat. Es kommt dabei auf den Wert, nicht auf die Art der Leistung des Gläubigers an, so daß auch die **Leistung von Bargeld** nicht schadet, obwohl dieses leichter dem Zugriff der Gläubiger entzogen werden kann (*BGH* LM § 30 KO Nr. 2; *BGH* WM 1964, 1166; *OLG Köln* MDR 1962, 997). Beim **echten Factoring** steht sowohl der Abzug der Factoring-Gebühr als auch der einem Sperrkonto zugeführte Sicherungseinbehalt der Annahme eines Bargeschäfts nicht entgegen (vgl. näher *OLG Bremen* ZIP 1980, 539 [543]; *Kuhn/Uhlenbruck* KO, § 30 Rz. 23 c). Gutschriften auf einen Kontokorrentkredit stellen ein Bargeschäft dar, soweit das Barkreditlimit nicht überschritten ist, da der Insolvenzschuldner sofort wieder über die gutgeschriebenen

Beträge verfügen kann (*BGH* WM 1978, 133 [135]). Beim **Vertrag zugunsten Dritter** ist die Leistung des Schuldners im Deckungsverhältnis mit der Leistung des Dritten im Valutaverhältnis zu vergleichen (*Jaeger/Henckel* KO, § 30 Rz. 172). Bei der Anfechtung gegenüber dem Versprechenden stellt die durch diesen bewirkte Befreiung einer Verbindlichkeit des Schuldners regelmäßig keine gleichwertige Gegenleistung zur Leistung des Schuldners im Deckungsverhältnis dar, da die erloschene Forderung durch die Krise entwertet ist (vgl. *RG* JW 1894, 546; RGZ 53, 234 ff.; *Jaeger/Henckel* KO, § 30 Rz. 173).

Die Vergütung oder Sicherheitenbestellung für einen **Sanierungsversuch und andere Geschäftsbesorgungen** ist gleichwertig, wenn das angemessene Honorar versprochen und gezahlt wird, und die gewünschte Arbeit nicht von vornherein erkennbar aussichtslos und wirtschaftlich unzweckmäßig erschien (RGZ 162, 292 [295]; BGHZ 28, 344 [347]; BGHZ 77, 250 ff. = ZIP 80, 618; *BGH* ZIP 1988, 324; *Kuhn* WM 1959, 98 [101 f.]). Die im Rahmen der Insolvenzberatung gezahlten (Anwalts-)Honorare sind deshalb regelmäßig gleichwertig. Auch ein gegenüber der gesetzlichen Gebühr höheres, nach § 3 BRAGO vereinbartes Honorar ist möglich, wenn es den Schwierigkeiten der Bearbeitung entspricht (BGHZ 77, 250, [253 ff.]; *OLG Hamm* ZIP 1998, 1871). Zur Feststellung der Angemessenheit der Vergütung muß kein Gutachten der Rechtsanwaltskammer eingeholt werden. Ist die Vergütung nicht angemessen, ist nur der unangemessene Teil der Vergütung zurückzugewähren (*BGH* a. a. O.). Unerheblich ist dabei, ob sich im Nachhinein die Nutzlosigkeit der entfalteten Tätigkeit herausstellt (*BGH* a. a. O.).

3

Die Gleichwertigkeit ist bei der **Besicherung eines Kredits** gegeben, wenn ihr Wert die Höhe des Kredits nicht wesentlich überschreitet (*Kuhn/Uhlenbruck* KO, § 30 Rz. 23 d). Denn hierbei muß die durch Wertschwankungen des Sicherungsgegenstandes bedingte übliche Differenz zwischen Sicherheitenwert und Kredit berücksichtigt werden (*Obermüller* HdbInsR, Rz. 1209). Dienen die Sicherheiten zum Teil auch der Deckung von Altkrediten, liegt insgesamt kein Bargeschäft vor, wenn es an einer Vereinbarung über das Rangverhältnis fehlt (*BGH* ZIP 1993, 271 [274]; a. A. offenbar *Obermüller* Insolvenzrecht in der Bankpraxis, Rz. 6.77, unter Berufung auf die hier nicht einschlägige Entscheidung *BGH* ZIP 1994, 40). Werden zuvor nicht vollvalutierte Sicherheiten mit einem Sanierungskredit aufgefüllt und bestehen daneben nicht gesicherte Altkredite, ist bei der Annahme ernsthafter Sanierungsbemühungen größte Skepsis geboten. Gleiches gilt für Zahlungen, die auf den Kredit erfolgen, da hier die Gefahr besteht, daß der neue Kredit lediglich dazu benutzt wird, durch »Umschuldung« den Altkredit zu tilgen (*Kuhn/Uhlenbruck* KO, § 30 Rz. 23d).

4

C. Unmittelbarer Zusammenhang

Die Leistungen müssen in unmittelbarem Zusammenhang, d. h. Zug um Zug oder in engem zeitlichen Zusammenhang ausgetauscht worden sein. Der unmittelbare Zusammenhang muß auch so von den Parteien vereinbart worden sein (vgl. zum Gegenfall RGZ 45, 110 ff.). Unschädlich ist es, wenn die Leistungen erst wesentlich später als das Kausalverhältnis, aber in unmittelbarem Zusammenhang erbracht werden sollten und erbracht worden sind (*Jaeger/Henckel* KO, § 30 Rz. 110), wenn das vor der Krise abgeschlossene Geschäft in der Krise Zug um Zug abgewickelt wird (BGHZ 28, 344 [347]; *OLG Düsseldorf* ZIP 1982, 860; a. A. *Häsemeyer* JuS 1986, 851 [855]), wenn der Anfechtungsgegner vor Eintritt der Krise vorleistet und der Schuldner in der Krise, aber in engem zeitlichen Zusammenhang zu der Vorleistung leistet (*BGH* NJW 1980, 1961;

5

BGH WM 1984, 1430; a. A. *Häsemeyer* a. a. O.). Die Zeitspanne zwischen Leistung und Gegenleistung darf dabei nicht so lang sein, daß sie unter Berücksichtigung der üblichen Zahlungsbräuche den Charakter eines Kreditgeschäfts annimmt. Die Leistung gilt dabei in dem § 140 InsO genannten Zeitpunkt als vorgenommen.

6 Es muß grundsätzlich auf die im jeweiligen Unternehmen übliche Dauer von innerbetrieblichen Zahlungsanweisungen Rücksicht genommen werden (*BGH* ZIP 1980, 518; *Obermüller* Insolvenzrecht in der Bankpraxis, Rz. 6.74). So steht die Zahlung durch Überweisung oder Scheck der Annahme eines Bargeschäfts nicht entgegen. Zulässig ist etwa ein Zeitraum von rd. einer Woche zwischen Lieferung, Rechnungsstellung und Scheckbegebung (*BGH* ZIP 1980, 518 [519]) oder drei Wochen zwischen einem Auftrag und einer Forderungsabtretung zur Vergütung des Auftrags (BGHZ 28, 344 [347]).

7 Wird ein Wechsel begeben, liegt ein Bargeschäft nur vor, wenn dieser innerhalb des für die Überweisung zulässigen Zeitraums fällig wird (*Jaeger/Henckel* KO, § 30 Rz. 111, 154). Unschädlich ist es, wenn der Schuldner nach Inanspruchnahme eines Darlehens die Eintragung einer Hypothek beantragt, diese aber erst wesentlich später vollzogen wird (§ 140 Abs. 2 InsO; vgl. a. *BGH* WM 1955, 404; WM 1977, 254 [255]; WM 1978, 133 [135]; *OLG Hamburg* ZIP 1984, 1373). Die Aufhebung der Wirkung des § 878 BGB schadet nicht, wenn in zumutbarer kurzer Frist nach Behebung ein neuer Antrag gestellt wird (*BGH* WM 1977, 254; *Jaeger/Henckel* KO, § 30 Rz. 112). Wurden bei Darlehensgewährung künftige Forderungen abgetreten, fehlt der zeitliche Zusammenhang, da der Zeitpunkt des Entstehens der Forderung für die Beurteilung maßgebend ist (*Jaeger/Henckel* KO, § 30 Rz. 110; a. A. *LG Kassel* MDR 1954, 494). Ein Bargeschäft ist anzunehmen, wenn eine Bank einen **Überweisungsauftrag** ausführt und dies unter Berücksichtigung des gewährten Kreditrahmens nur unter Inanspruchnahme einer **zuvor erfolgten Gutschrift** erfolgen konnte. Die Überweisung ist hier als durch die Gutschrift »bar« gedeckt anzusehen, so daß auch ein fehlender zeitlicher Zusammenhang zwischen Gutschrift und Überweisung nicht schadet (*Jaeger/Henckel* KO, § 30 Rz. 277; vgl. a. *Obermüller* Insolvenzrecht in der Bankpraxis, Rz. 3.9). Ein Bargeschäft liegt auch vor, wenn eine Bank den Auftrag zum Kauf von Wertpapieren ausführt und in unmittelbarem Zusammenhang den vollen Gegenwert und die Provision erhält. Wird jedoch der Gegenwert von einem Kundenkonto abgebucht, ist dies als Deckungsgeschäft anfechtbar, da der Kunde hier nicht anders behandelt werden kann, als hätte er den Betrag abgehoben und bar eingezahlt (*Jaeger/Henckel* KO, § 30 Rz. 115). Bei der Leistung an einen **Dienst-** oder **Geschäftsbesorgungs**verpflichteten kommt es grundsätzlich nicht auf den zeitlichen Abstand zwischen Zahlung und Auftrag, sondern auf den in der Regel nach § 614 BGB zu bestimmenden Zeitpunkt der Fälligkeit an (*Jaeger/Henckel* KO, § 30 Rz. 116). Das Honorar für einen Sanierungsversuch wird dann nicht im Sinne von § 142 InsO rechtzeitig erbracht, wenn die Leistung trotz Vereinbarung sofortiger Fälligkeit erst nach Erbringung der Leistung des Sanierungshelfers erbracht wird (vgl. hierzu auch Rz. 7). Tritt eine Konzerngesellschaft einem Sicherheitenpoolvertrag erst bei, nachdem der Kredit bereits an ein anderes Poolmitglied ausgereicht war, kann dies gleichwohl ein Bargeschäft darstellen, wenn das beitretende Unternehmen vom Kreditnehmer beherrscht wurde, der Poolvertrag den Beitritt voraussetzte und der Insolvenzschuldner damit schon bei Abschluß des Poolvertrages faktisch gebunden war (*BGH* ZIP 1998, 793 [801]).

§ 143
Rechtsfolgen → § 37 KO

(1) ¹Was durch die anfechtbare Handlung aus dem Vermögen des Schuldners veräußert, weggegeben oder aufgegeben ist, muß zur Insolvenzmasse zurückgewährt werden. ²Die Vorschriften über die Rechtsfolgen einer ungerechtfertigten Bereicherung, bei der dem Empfänger der Mangel des rechtlichen Grundes bekannt ist, gelten entsprechend.
(2) ¹Der Empfänger einer unentgeltlichen Leistung hat diese nur zurückzugewähren, soweit er durch sie bereichert ist. ²Dies gilt nicht, sobald er weiß oder den Umständen nach wissen muß, daß die unentgeltliche Leistung die Gläubiger benachteiligt.

Inhaltsübersicht: Rz.

A. Einleitung	1– 2
B. Umfang und Inhalt der Rückgewährpflicht	3–14
I. Grundsatz	3
II. Inhalt des Anspruchs	4–13
1. Begründung von Rechten	5
2. Übertragung von Rechten	6– 8
3. Aufhebung von Rechten	9–10
4. Gebrauchsüberlassung und Darlehen	11
5. Unterlassen	12
6. Prozeßhandlungen	13
III. Umfang der Rückgewährpflicht	14
C. Sekundäransprüche	15–24
I. Allgemeines	15
II. Unmöglichkeit oder Verschlechterung der Rückgewähr	16–19
III. Verschulden	20
IV. Umfang und Inhalt des Schadenersatzanspruchs	21–23
V. Nutzungen	24
D. Aufwendungen	25–27
E. Haftung bei unentgeltlicher Leistung (Abs. 2)	28–32
I. Allgemeines	28–29
II. Umfang der Rückgewähr	30–31
III. Haftung nach Kenntnis	32
F. Der Rückgewähranspruch als Schuldverhältnis	33–44
I. Allgemeines	33–37
II. Beteiligte	38–42
1. Anspruchsinhaber und die Ausübung des Anfechtungsrechts	38–40
2. Rückgewährschuldner	41–42
III. Auskunftpflicht	43
IV. Verteidigung des Anfechtungsgegners	44
G. Verfahrensrecht	45–57
I. Rechtsweg	45
II. Zuständigkeit	46–49
III. Klageantrag und Klageform	50
IV. Klageänderung	51
V. Nebenintervention	52
VI. Sicherung des Anspruchs	53

VII. Kosten 54
VIII. Beendigung des Insolvenzverfahrens 55
IX. Bedeutung eines zuvor nach dem AnfG erhobenen Anfechtungsrechts 56–57
F. Insolvenzanfechtung mit Auslandsberührung 58–59

Literatur:

Bork Ist der Konkursverwalter berechtigt, im Prozeß als Nebenintervenient die Konkursanfechtung geltend zu machen?, JR 1989, 494 ff.; *Eckardt* Vorausverfügung und Sequestration – Zugleich eine Besprechung des BGH-Urteils vom 20. 03. 1997 (ZIP 1997, 737), ZIP 1997, 957; *ders.* Zur Konkursanfechtung durch Mahnbescheid, KTS 1993, 361 ff.; *Gerhardt* Zum Recht des Konkursverwalters, im Prozeß als Nebenintervenient die Konkursanfechtung geltend zu machen, KTS 1984, 177 ff.; *ders.* Grundprobleme der Gläubigeranfechtung und Spezialfragen der Übertragung eines belasteten Miteigentumsanteils, ZIP 1984, 397 ff.; *Hanisch* Realisierung einer Forderung des deutschen Gemeinschuldners gegen einen Schuldner in der Schweiz zugunsten der deutschen Konkursmasse, IPRax 1983, 195 ff.; *Henckel* Insolvenzanfechtung, in Kölner Schrift zur Insolvenzordnung, 1997; *ders.* Der Streitgegenstand im konkursrechtlichen Anfechtungsprozeß, in FS für Schwab, 1990, S. 213 ff.; *ders.* Anm. zu BGH, Urt. v. 18. 05. 1995 – IX ZR 189/94 (OLG Düsseldorf) –, JZ 1996, 531 f.; *Kübler* Anm. zu BGH, Urt. v. 24. 10. 1979 – VIII ZR 298/78 –, ZIP 1980, 43 f.

A. Einleitung

1 Die Vorschrift regelt im Anschluß an § 37 KO die Rechtsfolgen der Anfechtung. Abs. 1 Satz 1 gibt einen schuldrechtlichen Anspruch auf Rückgewähr zur Insolvenzmasse. Abs. 1 Satz 2 stellt den Rückgewährschuldner dem bösgläubigen Bereicherungsschuldner nach § 819 BGB gleich. Damit sind die bisher gesetzlich nicht geregelten Fragen (vgl. *Jaeger/Henckel* KO, § 37 Rz. 85; 115; 122) insbesondere hinsichtlich des Wertersatzes, der Nutzungsherausgabe und des Ersatzes von Verwendungen auf eine in das BGB eingebundene gesetzliche Grundlage gestellt. Die zu § 819 BGB und den Vorschriften, auf die § 819 BGB verweist, vorliegende Rechtsprechung und Literatur kann deshalb herangezogen werden, wenn hierbei den mit der Insolvenzanfechtung und insbesondere den mit § 143 Abs. 1 Satz 1 verfolgten Zwecken Rechnung getragen wird. Rechtsprechung und Schrifttum, die insoweit zur KO bestehen, können herangezogen werden, soweit sie mit dieser, für die Insolvenzanfechtung neuartigen Regelungstechnik in Einklang zu bringen sind. Nicht dem bösgläubigen Bereicherungsschuldner gleichgestellt wird nach Abs. 2 Satz 1 der Empfänger einer unentgeltlichen Leistung, wenn er nicht um die Gläubigerbenachteiligung weiß oder wissen mußte (Abs. 2 Satz 2).

2 Zur Rechtsnatur des Anspruchs vgl. § 129 Rz. 3 ff., zu seiner Geltendmachung vgl. Rz. 50. Wie dort ausgeführt, begründet der Anspruch in der Insolvenz des Anfechtungsgegners kein Aussonderungsrecht (§ 47 InsO), sondern nur eine Insolvenzforderung, und stellt auch kein die Veräußerung hinderndes Recht i. S. v. § 771 ZPO dar (*BGH* ZIP 1990, 246).

B. Umfang und Inhalt der Rückgewährpflicht

I. Grundsatz

Für den Umfang des durch Anfechtung geltend gemachten Rückgewähranspruchs folgt 3
§ 143 Abs. 1 Satz 1 dem Grundsatz des § 37 Abs. 1 KO, daß der Anfechtungsgegner alles, aber auch **nur** das zurückzugewähren hat, was dem Vermögen des Schuldners durch die anfechtbare Rechtshandlung entzogen worden ist. Die Vorschrift bezieht sich nicht auf das, was in das Vermögen des Anfechtungsgegners gelangt ist (BGHZ 71, 61 [63]). Die Insolvenzmasse soll vielmehr in den Zustand versetzt werden, in dem sie sich befinden würde, wenn die anfechtbare Rechtshandlung unterblieben wäre (Begr. RegE BT-Drucks. 12/2443, S. 167; *Kuhn/Uhlenbruck* KO, § 37 Rz. 1). Die Rückgewähr darf den Insolvenzgläubigern keine unberechtigten Vorteile verschaffen (*BGH* ZIP 1994, 40 [45]; BGHZ 77, 250 [255]). Der zurückzugewährende Gegenstand ist somit so anzusehen, als hätte er schon bei Verfahrenseröffnung zur Masse gehört (BGHZ 15, 333 [337]). Werterhöhungen, welche der Gegenstand beim Anfechtungsgegner erfahren hat, kommen der Masse nicht zugute, wenn sie nicht auch beim Schuldner eingetreten wären (*BGH* ZIP 1992, 493 [494]).

II. Inhalt des Anspruchs

Der durch die anfechtbare Rechtshandlung erlangte Vermögensgegenstand ist grund- 4
sätzlich in natura zurückzugewähren. Ist dies nicht möglich, ist Wertersatz zu leisten. Eine vergleichsweise zwischen Anfechtungsgegner und Insolvenzverwalter getroffene, hiervon abweichende Regelung ist möglich (*Kilger/Karsten Schmidt* KO, § 37 Anm. 2). Möchte der Insolvenzverwalter den Gegenstand zwangsweise verwerten, kann er den Rückgewähranspruch auf Duldung der Zwangsvollstreckung in die Sache beschränken (RGZ 56, 143; 67, 22; *Kuhn/Uhlenbruck* KO, § 37 Rz. 6, 10). Er kann nicht einseitig nach seiner Wahl Wertersatz statt Rückgewähr in Natur verhalten (*BGH* ZIP 1995, 1204 [1205]).

1. Begründung von Rechten

Bei anfechtbarer **Schuldbegründung** hat der Anfechtungsgegner auf seine Rechte aus 5
dem Schuldverhältnis zu verzichten (kritisch *Jaeger/Henckel* KO, § 37 Rz. 27) oder der Insolvenzverwalter kann zumindest der Anmeldung widersprechen (§§ 174, 178 Abs. 1 Satz 1) und im Verfahren nach § 179 Abs. 1, 2 die Anfechtung als Einrede geltend machen (*Kilger/Karsten Schmidt* KO, § 37 Anm. 2; *LG Potsdam* ZIP 1997, 1383 [1384]: nachträgliche Zweckerklärung bei Sicherungsgrundschuld). Klagt der Insolvenzverwalter zunächst auf die Verzichtserklärung, kann er auch noch in der Berufungsinstanz seinen Klageantrag auf Erfüllung des Vertrages (§ 103) umstellen (*BGH* WM 1962, 603). Anfechtbare **Belastungen von Rechten** sind zu beseitigen. So etwa bei einem Pfandrecht an beweglichen Sachen durch Pfandrück- bzw. -aufgabe nach §§ 1253 ff. BGB oder durch Verzicht auf die Rechte aus einem Pfändungsbeschluß. Der Insolvenzverwalter kann auch die Herausgabe des Pfandgutes verlangen (*LG Mönchengladbach* bei Gohlke, EWiR 1992, 69). Der Insolvenzverwalter kann die Belastung nicht selbst geltend machen (*Jaeger/Henckel* KO, § 37 Rz. 56). Gibt es bei einem Grundpfandrecht nachfolgende Realgläubiger geschieht dies durch rangwahrenden Verzicht nach

§§ 1168, 1177 BGB (vgl. *AG München* KTS 1970, 238), ansonsten ist auf Aufhebung nach § 875 BGB zu klagen (*RG* JW 1909, 142; *LG Hamburg* ZIP 1992, 1251 [1252]). Wird die Zwangsvollstreckung des anfechtbar belasteten Grundstücks betrieben, so ist der Insolvenzverwalter zur Vollstreckungsgegenklage (§ 767 ZPO) mit dem Ziel berechtigt, daß der Anfechtungsgegner sein Recht gegenüber dem Insolvenzverwalter nicht geltend macht (RGZ 47, 222; 70, 112; BGHZ 22, 128 [134]; *BGH* KTS 1958, 184; vgl. a. *BGH* ZIP 1995, 1364 [1367]). Betreibt dieser selbst die Zwangsversteigerung oder verzichtet er auf die Vollstreckungsgegenklage, hat der Anfechtungsgegner den auf ihn entfallenden Versteigerungserlös der Masse zu überlassen (RGZ 30, 90; 52, 82 [85]; 52, 337; JW 1928, 1345). Wird das Grundpfandrecht nach § 52 ZVG übernommen, ist ein Wertersatzanspruch gegeben (*Kilger/Karsten Schmidt* KO, § 37 Anm. 2; a. A. *Jaeger/ Henckel* KO, § 37 Rz. 57: Versteigerungsbedingungen sind so auszugestalten, daß das Grundpfandrecht im Mindestbargebot enthalten ist). Der Übergang vom Löschungsanspruch zum Anspruch auf Überlassung des Versteigerungserlöses ist keine Klageänderung (RGZ 52, 83). Bei der **Vormerkung** ist auf Bewilligung zur Löschung zu klagen. Wird das Grundstück zwangsweise verwertet, kann der Antrag auch dahin gehen, von der Vormerkung keinen Gebrauch zu machen (*BGH* ZIP 1996, 1516 [1517]).

2. Übertragung von Rechten

6 Anfechtbar **übereignete Sachen** sind nach §§ 929 ff. BGB bzw. §§ 873, 925 BGB zurückzuübertragen. Der Gegenstand ist der Verwaltungs- und Verfügungsgewalt des Insolvenzverwalter zu unterstellen (RGZ 30, 90; *BGH* WM 1978, 671). Befindet er sich noch im Besitz des Schuldners, kann der Insolvenzverwalter ihn nach § 148 Abs. 1 herausverlangen und dem Herausgabeanspruch des Eigentümers die Anfechtbarkeit entgegenhalten (vgl. *BGH* ZIP 1980, 40 [41] mit Anm. *Kübler*). Bei anfechtbaren **Grundstücksübertragungen** geht der Anspruch auf Rückauflassung und Einwilligung in die Eintragung (*BGH* ZIP 1982, 857). Einzutragen ist der Schuldner, wobei von Amts wegen gleichzeitig der Vermerk nach § 32 einzutragen ist. Ein **Miteigentumsanteil** ist, wenn er auf einen anderen Miteigentümer übertragen wurde, wieder herzustellen, ansonsten zurückzuübertragen. Daneben ist aber auch unmittelbare Klage auf Duldung der Zwangsvollstreckung in den Anteil (§ 864 Abs. 2 ZPO) oder in das ganze Grundstück nach Maßgabe der §§ 180 ff. ZVG möglich, allerdings nur zwecks Befriedigung aus dem Teil des Versteigerungserlöses, der dem Schuldner ohne die anfechtbare Rechtshandlung zugestanden hätte (*BGH* ZIP 1982, 1362; BGHZ 90, 207 [213 f.] = ZIP 1984, 489; ZIP 1985, 372; *OLG Köln* MDR 1984, 939; ausführlich und z. T. kritisch *Gerhardt* ZIP 1984, 397; *Jaeger/Henckel* KO, § 37 Rz. 50). **Abgetretene Forderungen** sind nach § 398 BGB einschließlich der zum Beweis der Forderung dienenden Urkunden zurückzuübertragen (*OLG Brandenburg* ZIP 1998, 1367 [1369]). Vorher besteht keine Einziehungsbefugnis durch den Insolvenzverwalter (BGHZ 100, 36 [42]; a. A. *Jaeger/ Henckel* KO, § 37 Rz. 24, 41). Eine wegen der Abtretung ins Leere gehende Pfändung wird nicht mit der Anfechtung wirksam (*BGH* a. a. O.; *OLG Hamburg* KTS 1982, 305). Ist sie schon eingezogen oder durch Aufrechnung erloschen, ergibt sich ein Wertersatzanspruch in Höhe des Nominalbetrages (RGZ 58, 105 [107]). Wird ein abgetretener Sachleistungsanspruch beim Anfechtungsgegner erfüllt, geht der Rückgewähranspruch nach § 281 BGB oder, im Fall des § 143 Abs. 2 InsO, nach § 818 Abs. 1 BGB auf Übertragung des eingezogenen Gegenstandes (vgl. *Baur/Stürner* Insolvenzrecht, Rz. 20.6). Bei **anfechtbarer Geldüberlassung** zum Erwerb eines Grundstücks kommt nur eine Rückgewähr der Geldleistung in Frage (*BGH* KTS 1955, 140).

Rechtsfolgen § 143

Bei **Veräußerung eines gewerblichen Unternehmens** muß nicht auf Rückgewähr der 7
einzelnen (pfändbaren) Geschäftsbestandteile geklagt werden (so RGZ 70, 226 ff.; *BGH*
WM 1962, 1316; WM 1964, 114), sondern es kann das Unternehmen als solches
zurückverlangt werden (*Kuhn/Uhlenbruck* KO, § 37 Rz. 19; *Karsten Schmidt* BB 1988,
5 ff.). Die Rückgewähr ist jedoch als unmöglich anzusehen, wenn der Erwerber nicht nur
unwesentliche Veränderungen, insbesondere Sanierungsmaßnahmen vorgenommen hat
(*Jaeger/Henckel* KO, § 29 Rz. 57). Ist Wertersatz zu leisten, kann die Firma im Wege der
Anfechtung nicht zurückverlangt werden (*RG* Gruchot 38, 1184).
Bei einer **mittelbaren Zuwendung** hat der Anfechtungsgegner den erlangten Gegen- 8
stand an die Masse zu übertragen, wenn der Schuldner einen Anspruch auf Verschaffung
des Gegenstandes gegen die Mittelperson hatte (BGHZ 72, 39 [42 f.]; *Kilger/Karsten
Schmidt* KO, § 37 Anm. 2; a.A. *Jaeger/Henckel* KO, § 37 Rz. 54, 94). Ansonsten
schuldet er Wertersatz für die Zuwendung, die vom Schuldner an die Mittelperson
erfolgte, wenn nicht besondere Umstände eine andere Beurteilung erfordern (vgl. *OLG
Celle* KTS 1963, 50). Bei anfechtbarer **Schuldübernahme** hat der Gläubiger seine
Forderung gegen den Übernehmenden an die Masse abzutreten oder die von diesem
bereits erlangte Leistung herauszugeben (*Jaeger/Henckel* KO, § 30 Rz. 179; enger RGZ
46, 101 ff.).

3. Aufhebung von Rechten

Eine **erlassene Forderung** (§ 397 BGB) muß nicht neubegründet werden, der Insol- 9
venzverwalter kann unmittelbar auf Erfüllung klagen, soweit die erlassene Forderung
durchsetzbar wäre (*RG* Gruchot 41, 1103 [1107]; *OLG Nürnberg* KTS 1967, 170 [171]:
Genehmigung einer befreienden Schuldübernahme). In die Verjährungsfrist der Forderung wird der Zeitraum zwischen Erlaß und Verfahrenseröffnung nicht eingerechnet
(*Jaeger/Henckel* KO, § 37 Rz. 31). Auch bei anfechtbarer **Forderungstilgung** nach
§§ 362, 364 BGB kann unmittelbar auf Leistung geklagt werden (*BGH* WM 1959, 888;
OLG Hamm ZIP 1988, 253; *Kilger/Karsten Schmidt* KO, § 37 Anm. 2). Die Aufrechnungserklärung bezüglich einer anfechtbar geschaffenen **Aufrechnungslage** ist ohne
weiteres unwirksam (§ 96 Nr. 3 InsO), so daß hier ein Rückgewähranspruch ausscheidet.
Bei **Verzicht auf eine Hypothek** hat der Grundstückseigentümer die entstandene
Eigentümergrundschuld (§§ 1168, 1177 BGB) an die Masse zu übertragen. Eine unmittelbare Klage auf Duldung der Zwangsvollstreckung ist nicht möglich. Bei nachrangigen
Hypothekeninhabern ist die Rückübertragung nach Maßgabe der §§ 883, 1179, 1179 a
Abs. 1 Satz 3 BGB unwirksam (vgl. *Jaeger/Henckel* KO, § 37 Rz. 37). Bei **Aufhebung
der Hypothek** (§ 1183 BGB) besteht nur ein Anspruch auf Wiederherstellung im letzten
Rang (*Jaeger/Henckel* KO, § 37 Rz. 39). Ist die mit der Aufhebung eintretende Rangänderung zugunsten der nachrangigen Gläubiger diesen gegenüber anfechtbar, ist die
erlangte Buchposition durch Rangrücktritt zurückzugewähren (*LG Düsseldorf* KTS
1961, 45). Bei anfechtbarer **Aufgabe einer Firma** ist die Firmierung wiederherzustellen.
Im Registerverfahren prüft das Amtsgericht u.U. die Befugnis des Verwalters zur
Firmenänderung (*OLG Düsseldorf* ZIP 1989, 457 [458]). Verzichtet der Schuldner in
einer Vertragsklausel auf seine Rechte aus § 951 BGB, kann die Rückgewähr auch so zu
leisten sein, wie wenn der Vertrag ohne die Klausel abgeschlossen worden wäre (*BGH*
ZIP 1994, 40 [45]).
Bei **Hinterlegung** des zurückzugewährenden Geldes durch den Schuldner, den Anfech- 10
tungsgegner oder einen Drittschuldner nach § 372 Satz 2 BGB ist auf Einwilligung in die
Auszahlung des hinterlegten Betrages zu klagen (RGZ 91, 367 [371]; *BGH* ZIP 1984,

978; ZIP 1996, 1475; *BAG* ZIP 1998, 33 [36]; *LAG Düsseldorf* KTS 1988, 163; *Jaeger/Henckel* KO, § 37 Rz. 34 ff.). Wird ein **gläubigerbenachteiligendes Einverständnis** zwischen Insolvenzschuldner und Sicherungsnehmer über die **Art der Verwertung des Sicherungsgegenstandes** angefochten, muß sich der Sicherungsnehmer so behandeln lassen, als habe der Insolvenzschuldner der Verwertung nicht zugestimmt. Nach erfolgreicher Anfechtung kann dann der Insolvenzverwalter Schadenersatzansprüche wegen mangelhafter Berücksichtigung der Belange des Sicherungsgebers geltend machen (*BGH* ZIP 1997, 367 [370]). Der Anfechtungsgegner kann sich im Schadenersatzprozeß nicht darauf berufen, er habe auf die Zustimmung vertraut.

4. Gebrauchsüberlassung und Darlehen

11 Bei unentgeltlicher Gebrauchsüberlassung muß der Entleiher die Sache an den Insolvenzverwalter herausgeben und ein angemessenes Entgelt für die gesamte Dauer des Leihvertrages zahlen (*Jaeger/Henckel* KO, § 29 Rz. 43). Gleiches gilt bei anfechtbarer Vermietung einer beweglichen Sache. Bei der Grundstücks- und Raummiete muß die Interessenabwägung berücksichtigt werden, die den §§ 111 InsO, 57 a ZVG zugrunde liegt (*Jaeger/Henckel* KO, § 29 Rz. 44). Hier kann grundsätzlich nur ein angemessener Mietzins verlangt werden. Eine Rückgewähr kommt nur dann in Betracht, wenn die Benachteiligung gerade in der Vorenthaltung des Besitzes zu sehen ist (*Jaeger/Henckel* a. a. O.). Bei anfechtbarer Darlehensgewährung ist das Darlehen fristlos zurückzuzahlen und für die Vergangenheit der Wert zu ersetzen, den die Kapitalnutzungsmöglichkeit hatte, also der marktgerechte Zinssatz (*BGH* ZIP 1988, 725).

5. Unterlassen

12 Hat der Schuldner die Verjährung nicht rechtzeitig unterbrochen, kann der Insolvenzverwalter die verjährte Forderung einklagen und der Verjährungseinrede mit der Anfechtbarkeit entgegentreten. Gleiches gilt bei der Anfechtung nach §§ 119 ff. BGB gegenüber dem Einwand des Anfechtungsgegners, daß die bürgerlich-rechtliche Anfechtung verspätet sei und bei unterlassener Mängelrüge. Hat der Schuldner den rechtzeitigen Wechselprotest unterlassen (Art 44 WG), können der versäumte Protest nachgeholt und die Regreßpflichtigen in Anspruch genommen werden. Eigentum, das der Anfechtungsgegner aufgrund unterlassener Ersitzungsunterbrechung (§§ 937 ff. BGB) erworben hat, ist zurückzuübereignen.

6. Prozeßhandlungen

13 Werden Prozeßhandlungen angefochten, sind deren materiell-rechtliche, gläubigerbenachteiligende Wirkungen zu beseitigen (*Jaeger/Henckel* KO, § 37 Rz. 63). Die formelle Rechtskraft eines rechtskräftigen Urteils bleibt unberührt. Hat der Schuldner in anfechtbarer Weise etwa eine Berufungsfrist versäumt, kann der Insolvenzverwalter nicht verlangen, daß er sie nachträglich einlegen darf (*Jaeger/Henckel* KO, § 29 Rz. 19).

III. Umfang der Rückgewährpflicht

Belastungen, die durch den Anfechtungsgegner oder seine Gläubiger auf den Gegenstand erfolgt sind, müssen beseitigt werden (RGZ 57, 27 [28]; *BGH* ZIP 1986, 787 [791]). Ist die Beseitigung der Belastung unmöglich, schuldet der Anfechtungsgegner Schadenersatz. Dies ist etwa der Fall, wenn nach der Veräußerung der Gegenstand durch ein dingliches Wohnrecht belastet wird (*BGH* a. a. O.). Soweit die Belastung nicht in die Masse fällt, kommt daneben eine Anfechtung gegenüber dem Schuldner in Betracht (*BGH* a. a. O.; *Baur/Stürner* Insolvenzrecht, Rz. 20.6). Enthält das zurückzugewährende Stammrecht ein **Bezugsrecht**, erstreckt sich die Rückgewährpflicht auch auf das junge Mitgliedschaftsrecht (*BGH* WM 1976, 622 [624]). Kommt bei einem Vertrag ein **Wegfall der Geschäftsgrundlage** in Betracht, ist auch eine etwaige Einschränkung der Einwendung aus § 242 BGB, die sich aus der teilweisen Abwicklung des Vertrages ergibt (vgl. *Palandt/Heinrichs* BGB, § 242 Rz. 133), bei der Anfechtung einer Erfüllungswirkung zurückzugewähren (*BGH* ZIP 1995, 1021 [1028]). Der in der gewährten Leistung enthaltene **Mehrwertsteueranteil** ist auch dann zurückzuerstatten, wenn das Finanzamt dem Schuldner die Vorsteuer erstattet hat (*BGH* ZIP 1995, 297). 14

C. Sekundäransprüche

I. Allgemeines

Kann der Gegenstand aufgrund Verschlechterung, Untergangs, aus einem sonstigen Grund oder von vornherein nur unzureichend in natura zurückgewährt werden, haftet der Anfechtungsgegner nach Abs. 1 Satz 2 i. V. m. §§ 819, 818 Abs. 4, 292 Abs. 1, 989 BGB auf Schadensersatz. Auf Entreicherung kann sich der Anfechtungsgegner nicht berufen, da der Anspruch aus § 143 Abs. 1 kein Bereicherungsanspruch ist und somit § 818 Abs. 1–3 BGB schon dem Grunde nach nicht anwendbar sind (anders in der Begründung: *Jauernig* Insolvenzrecht, § 80 IV 1). Hat der Anfechtungsgegner ein Surrogat, insbesondere einen durch Weiterveräußerung erzielten **Verkaufserlös** erlangt, ist dieser nach §§ 818 Abs. 4, 281 BGB herauszugeben (BGHZ 75, 203 [205 ff.]; a. A. die h. M. zur KO: RGZ 27, 24; 56, 194; 70, 233; differenzierend *Jaeger/Henckel* KO, § 37 Rz. 89, 99, 124; *Kuhn/Uhlenbruck* KO, § 37 Rz. 22). 15

II. Unmöglichkeit oder Verschlechterung der Rückgewähr

Die Rückgewähr kann schon von **vornherein unmöglich** sein, wie etwa bei der unentgeltlichen Gebrauchsüberlassung oder bei der Anfechtung des Unterlassens prozessualer Abwehrrechte, die zu einer Geldzahlung führten. Gleiches gilt, wenn ein Miterbenanteil anfechtbar an den anderen Miterben übertragen wird, da die Rückübertragung dem nunmehrigen Alleinerben rechtlich unmöglich ist (*OLG Düsseldorf* NJW 1977, 1828). Anders jedoch, wenn der Nachlaß nur aus einem Grundstück besteht (*BGH* ZIP 1992, 558). Keine Unmöglichkeit in diesem Sinne liegt vor, wenn ein Miteigentumsanteil an den nunmehrigen Alleineigentümer anfechtbar übertragen wird (*Jaeger/Henckel* KO, § 37 Rz. 94; vgl. *BGH* ZIP 1985, 372 ff.). 16

Unmöglichkeit durch **späteren Untergang** ist gegeben, wenn der Gegenstand in seiner Sachsubstanz vernichtet ist oder sonst als Rechtsobjekt untergeht, etwa nach 17

§ 143 *Wirkungen der Eröffnung des Insolvenzverfahrens*

§§ 946–950 oder etwa bei Tilgung der anfechtbar übertragenen Forderung (vgl. *Staudinger/Gursky* BGB, § 989 Rz. 9).

18 Der Rückgewährschuldner ist aus einem **anderen Grund** zur Rückgewähr außerstande, wenn sich der Gegenstand aktuell nicht in seinem Vermögen befindet. Dies gilt auch dann, wenn es als möglich erscheint, daß er sich den Gegenstand von einem Dritten, an den er ihn etwa veräußert hat, wiederbeschafft (*Jaeger/Henckel* KO, § 37 Rz. 95; a. A. *Kuhn/Uhlenbruck* KO, § 37 Rz. 18; vgl. auch *Medicus* in MünchKomm/BGB, § 989 Rz. 6). Die Wiederbeschaffung kann dann jedoch die primär geschuldete Naturalrestitution sein (*Staudinger/Gursky* BGB, § 989 Rz. 10).

19 **Verschlechterung** ist jede körperliche Beschädigung, jede Herabsetzung der Funktionstauglichkeit oder sonstige, auch rechtliche Beeinträchtigung des Gegenstandes (vgl. *Staudinger/Gursky* BGB, § 989 Rz. 6 ff.). Eine Verschlechterung kann insbesondere auch in der Belastung mit dem Recht eines Dritten liegen, zu dessen Beseitigung der Rückgewährschuldner nicht in der Lage ist.

III. Verschulden

20 Der Empfänger haftet nach § 989 BGB nur für schuldhafte, nicht auch für die zufällige Unmöglichkeit der Herausgabe oder Verschlechterung des Gegenstandes. Das Verschulden eines Erfüllungsgehilfen ist nach § 278 BGB zuzurechnen. Verschulden ist etwa bei der freiwilligen Veräußerung des Gegenstandes zu bejahen (*Staudinger/Gursky* BGB, § 989 Rz. 17). Ist eine **Geldschuld** zurückzugewähren, kommt es auf ein Verschulden nicht an, da der Anfechtungsgegner gemäß §§ 818 Abs. 4, 279 BGB für seine finanzielle Leistungsfähigkeit immer einzustehen hat (BGHZ 83, 293; kritisch *Staudinger/Lorenz* BGB, § 818 Rz. 50 m. w. N.). Ansonsten haftet der Anfechtungsgegner für einen **zufälligen Untergang** nur, wenn er sich im Verzug mit der Rückgewähr befindet (§ 287 Satz 2 BGB). Da § 819 den Eintritt der Rechtshängigkeit und damit die Entbehrlichkeit der Mahnung fingiert, ist hierfür nur noch das Verzugsverschulden des Rückgewährschuldners gemäß § 285 BGB erforderlich, für das diesem im Prozeß jedoch der Gegenbeweis obliegt (vgl. *Staudinger/Lorenz* BGB, § 819 Rz. 16; a. A. *Bork* Insolvenzrecht, Rz. 226). Verschulden i. S. v. § 285 BGB liegt hier vor, sobald der Anfechtungsgegner um seine Rückgewährpflicht weiß, was spätestens dann der Fall ist, wenn er vom Insolvenzverwalter oder nach § 11 AnfG in Anspruch genommen wird (vgl. *OLG Düsseldorf* ZIP 1992, 1488 [1491]). Ein dahingehender entschuldbarer Rechtsirrtum schließt jedoch die Verzugsfolgen aus (*RG* JW 1925, 465 f.). § 254 BGB ist bei einem **Mitverschulden des Insolvenzverwalters** anwendbar (*BGH* WM 1968, 407). Ein mitwirkendes Verschulden des Schuldners bleibt demgegenüber unberücksichtigt (*Jaeger/Henckel* KO, § 37 Rz. 109).

IV. Umfang und Inhalt des Schadenersatzanspruchs

21 Umfang und Inhalt bestimmen sich grundsätzlich nach den §§ 249 bis 254 BGB. Es ist derjenige Wert zu ersetzen, den der vom Schuldner weggegebene Gegenstand zur Zeit der letzten mündlichen Verhandlung gehabt haben würde, wenn er im Vermögen des Gemeinschuldners verblieben wäre (*Grunsky* in MünchKomm/BGB, vor § 249 Rz. 128; zur KO: RGZ 106, 163 [167]; *BGH* ZIP 1980, 250; *Jaeger/Henckel* KO, § 37 Rz. 112; a. A. BGHZ 101, 286 zur Unmöglichkeit vor Verfahrenseröffnung; *Huber* in Gottwald,

Insolvenzrechts-Handbuch, § 54 Rz. 8 ff.). Der Verkehrswert ist auch dann maßgeblich, wenn der Schuldner die an den Anfechtungsgegner sicherungsübereigneten Waren zu einem Schleuderpreis verkauft hat und auch verkaufen durfte (*Kuhn/Uhlenbruck* KO, § 37 Rz. 16). **Wertminderungen** sind nicht zu ersetzen, wenn sie im Vermögen des Schuldners eingetreten wären. Gleiches gilt für Werterhöhungen, wenn sie auf Aufwendungen des Anfechtungsgegners beruhen. Zu ersetzen ist auch ein **Gewinn**, den der Insolvenzverwalter durch Verwertung des Gegenstandes hätte erzielen können (vgl. *BGH* NJW-RR 1993, 626 [628]). Die Naturalrestitution kann auch in der **Wiederbeschaffung des Gegenstandes** aus dem Vermögen eines Dritten oder, bei Gattungssachen, auf **Stellung gleichwertiger Stücke** gehen (RGZ 93, 284; a. A. zur KO RGZ 138, 84 [87]). Daran wird der Insolvenzverwalter insbesondere dann ein Interesse haben, wenn die Sache zur Fortführung eines Betriebes im Rahmen einer Unternehmenssanierung (§ 1 Satz 1 InsO) erforderlich ist. Behauptet der Rückgewährschuldner, er habe den Gegenstand veräußert, kann der Insolvenzverwalter sofort auf Wertersatz klagen bzw. die Klage entsprechend umstellen. Weiterhin kann er jedoch auch den Antrag auf die Primärleistung weiterverfolgen, um sich in der Vollstreckung selbst zu vergewissern, ob sich der Gegenstand noch im Vermögen des Rückgewährschuldners befindet (vgl. *RG* Bolze 17 Nr. 205, S. 107; *Jaeger/Henckel* KO, § 37 Rz. 96). Bei Erfolglosigkeit der Vollstreckung kann er dann Schadenersatz nach § 283 BGB verlangen (s. auch § 255 ZPO). Der Schadensersatzanspruch entfällt nicht dadurch, daß ein Rechtsnachfolger nach § 145 in Anspruch genommen werden kann (*BGH* WM 1969, 1346). Ist eine **anfechtbar begründete Forderung abgetreten** und gegenüber dem Zessionar nach § 145 nicht anfechtbar, hat der Zedent bei Tilgung der Forderung vor Insolvenzeröffnung den gezahlten Betrag, ansonsten die auf die Forderung fallende Insolvenzquote zu erstatten (*Jaeger/Henckel* KO, § 37 Rz. 90).

Ein **Ausgleich von Vorteilen**, die der Schuldner über die Gegenleistung hinaus in adäquat ursächlichem Zusammenhang mit der Rechtshandlung erlangt hat, findet nicht statt (RGZ 100, 87 [90]; *BGH* WM 1962, 1316 [1317]; WM 1969, 1346; *Jaeger/Henckel* KO, § 37 Rz. 135). Der in der gewährten Leistung enthaltene Mehrwertsteueranteil ist etwa auch dann zurückzuerstatten, wenn das Finanzamt dem Schuldner die Vorsteuer erstattet hat (*BGH* ZIP 1995, 297 [300]). 22

Besteht bei einer **mittelbaren Zuwendung** ein Anspruch auf die vom Anfechtungsgegner erlangte Sache (vgl. Rz. 8), ist entsprechend deren Wert zu ersetzen. Ansonsten ist der Wert der Zuwendung vom Schuldner an die Mittelsperson zu ersetzen (a. A. *Jaeger/Henckel* KO, § 37 Rz. 89). So ist, wenn eine Erbengemeinschaft dem Gläubiger eines Miterben einen Vermögensgegenstand unter Anrechnung auf dessen Erbteil zugewendet hat, Wertersatz für den verkürzten Reinanteil zu leisten (BGHZ 72, 39 = *BGH* WM 1978, 988). Wird bei einem **Wechselgeschäft** dem Anfechtungsgegner anfechtbar die Ausstellerposition zugewandt, hat dieser die dem Schuldner durch den Wechselregreß entzogenen Vermögenswerte zu ersetzen (*OLG Hamm* ZIP 1990, 1355). Bei **anfechtbarer Scheckgutschrift** auf ein Debetsaldo kann der Gegenwert des Schecks insoweit herausverlangt werden, als dieser zur Abdeckung des negativen Kontosaldo verwandt wurde (*OLG Hamm* ZIP 1992, 1565). 23

V. Nutzungen

Gezogene **Nutzungen** (§ 100 BGB) hat der Anfechtungsgegner herauszugeben; für schuldhaft nicht gezogene Nutzungen hat er Schadenersatz leisten (§ 143 Abs. 1 Satz 2 24

§ 143 Wirkungen der Eröffnung des Insolvenzverfahrens

i. V. m. §§ 819, 818 Abs. 4, 292, 987 BGB). Herauszugeben bzw. zu ersetzen sind nur solche Nutzungen, die der Schuldner auch hätte ziehen können, die somit nicht ausschließlich auf einer persönlichen Leistung des Rückgewährschuldners beruhen (*BGH* NJW 1978, 1578; zur KO schon RGZ 24, 141 [145]; 80 1 [8]; *Jaeger/Henckel* KO, § 37 Rz. 115). Sind die gezogenen Nutzungen nicht einmal mehr dem Wert nach beim Rückgewährschuldner vorhanden, hat er nach Maßgabe des § 989 BGB Schadenersatz zu leisten (*Medicus* in MünchKomm/BGB, § 987 Rz. 18; *Jaeger/Henckel* KO, § 37 Rz. 116). Auch für schuldhaft nicht gezogene Nutzungen (§ 987 Abs. 2 BGB) ist nur dann Ersatz zu leisten, wenn der Schuldner sie hätte ziehen können (anders *Palandt/Bassenge* BGB, § 987 Rz. 4). Insoweit ist eine einschränkende Auslegung geboten, da die Masse ansonsten mehr erhalten würde, als ihr vom Zweck der Anfechtung her zusteht (vgl. *Henckel* in Kölner Schrift zur InsO, Rz. 72; *Jaeger/Henckel* KO, § 37 Rz. 117). Für einen **Vorenthaltungsschaden**, also einen Schaden der über die entgangenen Nutzungen hinaus dadurch entsteht, daß der Gegenstand bis zu seiner Rückgabe oder seinem Untergang nicht im Schuldnervermögen vorhanden war, haftet der Anfechtungsgegner nur aus Verzug gemäß § 286 Abs. 1 BGB (*BGH* NJW-RR 1993, 626 [628]; so schon zur KO: *BGH* WM 1968, 407). Geht der Rückgewähranspruch auf eine Geldsumme, sind vom Zeitpunkt seiner Entstehung **Zinsen** i. H. v. 4 % zu entrichten (§§ 818 Abs. 4, 291, 288 Abs. 1 BGB). Eine höhere Verzinsung nach §§ 352, 353 HGB scheidet aus, selbst wenn der Anfechtung ein Handelsgeschäft zugrunde liegt (vgl. RGZ 96, 53 [57]). Höhere Zinsen können mit Eintritt des Verzuges als Verzugsschaden nach § 286 Abs. 1 BGB verlangt werden.

D. Aufwendungen

25 Für **notwendige Verwendungen und Lasten** kann nach Abs. 1 Satz 2 i. V. m. §§ 994 Abs. 2, 995, 683, 684 Satz 2, 670 BGB Ersatz verlangt werden, wenn sie dem Interesse und dem wirklichen oder mutmaßlichen Willen des Insolvenzverwalters entsprachen oder dieser sie genehmigt. Zu ersetzen sind etwa Kosten, die der Anfechtungsgegner zur Bewirkung der Erfüllung des anfechtbar erworbenen Anspruchs aufgewendet, da diese notwendigerweise auch bei der Masse angefallen wären (*BGH* ZIP 1992, 493). Im übrigen kann der Rückgewährschuldner seine Aufwendungen nur als Bereicherungsanspruch nach §§ 684, 812 ff. BGB geltend machen (RGZ 117, 112 [114, 116]; *BGH* JZ 1991, 986 [990]; a. A. *Staudinger/Gursky* BGB, § 994 Rz. 19).

26 Bei **nützlichen Verwendungen** (§ 996 BGB) besteht lediglich ein Wegnahmerecht nach § 997 BGB (a. A. *Medicus* in MünchKomm/BGB, § 996 Rz. 9 ff.; *Jaeger/Henckel* KO, § 37 Rz. Rz. 123: auch Bereicherungsanspruch). Für den Verwendungsersatzanspruch gelten die §§ 1000–1003 BGB entsprechend (*Palandt/Heinrichs* BGB, § 292 Rz. 6). Der Anspruch auf Ersatz der Verwendungen ist bereits im Anfechtungsprozeß als Masseverbindlichkeit nach § 55 Abs. 1 Nr. 3 zu berücksichtigen und begründet ein Zurückbehaltungsrecht (*BGH* ZIP 1996, 83 [88]; ZIP 1991, 807 [810]). Ist der Aufwendungsersatzanspruch sehr groß, etwa durch einen Hausbau, sollte der Insolvenzverwalter die Anfechtungsklage auf Duldung der Zwangsvollstreckung in das Grundstück richten (*Jaeger/Henckel* KO, § 37 Rz. 123). Hier besteht nämlich kein Zurückbehaltungsrecht des Rückgewährschuldners (*RG* HRR 1929 Nr. 655). Die Masse erhält dann den Betrag des Erlöses, der dem Wert des unbebauten Grundstücks entspricht (*BGH* ZIP 1984, 753).

Rechtsfolgen **§ 143**

Aufwendungen im Zusammenhang mit dem anfechtbaren Erwerb, etwa Grund- 27
buchgebühren, begründen weder eine Insolvenz- noch eine Masseforderung (*OLG
München* SeuffArch. 60 Nr. 226; *Kilger/Karsten Schmidt* KO, § 37 Anm. 10).

E. Haftung bei unentgeltlicher Leistung (Abs. 2)

I. Allgemeines

Der Empfänger einer unentgeltlichen Leistung kann sich nach Abs. 2 in Anschluß an die 28
Regelung in § 37 Abs. 2 KO entsprechend § 818 Abs. 3 BGB voll auf die Entreicherung
berufen. Daraus ist zu folgern, daß der Empfänger hier wie ein gutgläubiger Bereicherungsschuldner haftet, somit § 818 BGB vollumfänglich Anwendung findet. Diese
Haftungserleichterung kommt auch dem Rechtsnachfolger nach § 145 Abs. 2 Nr. 3 InsO
und dem Erben nach § 322 InsO im Nachlaßinsolvenzverfahren zugute.

Die Erleichterung greift nur, wenn eine Anfechtung nach § 134 vorliegt. Die Rechts- 29
handlung kann gleichzeitig nach § 131 Abs. 1, 2 InsO anfechtbar sein, da es dort nicht
auf die Kenntnis des Anfechtungsgegners ankommt. Demgegenüber greift die Erleichterung wegen Abs. 2 Satz 2 nicht, wenn einer der anderen Anfechtungstatbestände
zugleich verwirklicht wurde.

II. Umfang der Rückgewähr

Ist der Empfänger zur Herausgabe des Gegenstandes außerstande oder war dies wegen 30
der Beschaffenheit des Erlangten von vornherein nicht möglich, so hat er nach § 818
Abs. 2 BGB dessen Wert zu ersetzen, soweit er in seinem Vermögen noch vorhanden ist.
Eine Haftung für die schuldhafte Unmöglichkeit der Rückgewähr oder Verschlechterung
des empfangenen Gegenstandes und schuldhaft nicht gezogene Nutzungen besteht nicht.
Maßgeblich für die Wertermittlung ist der Zeitpunkt, in dem der Wertersatzanspruch
entsteht (*Lieb* in MünchKomm/BGB, § 818 Rz. 44 m. w. N.; a. A. RGZ 101, 389 [391]).
Die gezogenen Nutzungen sind nach § 818 Abs. 1 BGB herauszugeben, wenn der
Schuldner sie auch hätte ziehen können (*Palandt/Thomas* BGB, § 818 Rz. 9). Unter die
nach § 818 Abs. 1 HS 2 BGB herauszugebenden Surrogate fallen solche nicht, die durch
Rechtsgeschäft erlangt wurden, also insbesondere nicht ein erzielter Verkaufserlös
(BGHZ 24, 106 [110]).

Die **Bereicherung** ist nach wirtschaftlichen Gesichtspunkten zu beurteilen. Dabei sind 31
auch durch den Gegenstand erlangte Vorteile, etwa ersparte Aufwendungen (*RG* LZ
1910, 558 f.; BGHZ 83, 278 [283]) und eingetretene Nachteile zu berücksichtigen
(*Palandt/Thomas* BGB, § 818 Rz. 28 ff.). So sind alle **Verwendungen auf den Gegenstand** und Kosten des Erwerbs in Abzug zu bringen (vgl. näher *Palandt/Thomas* BGB,
§ 818 Rz. 40 ff.). Eine Entreicherung ist z. B. gegeben, wenn der Empfänger eine
abgetretene Forderung verjähren ließ oder er mit den zugewandten Mitteln gutgläubig
Verbindlichkeiten des Schuldners erfüllt hat (RGZ 92, 227 [229]; *BGH* WM 1969, 1346;
Jaeger/Henckel KO, § 37 Rz. 132). Die Bereicherung liegt noch vor, wenn eine Partei
Spenden für Wahlkampfzwecke ausgegeben, und damit eigene Aufwendungen erspart
oder eine Wahlkampfkostenerstattung erhalten hat (*LG Lüneburg* 20. 04. 1978, 4 S
683/77; *LG Lübeck* 27. 05. 1977, 4a O 89/77; zit. nach *Kilger/Karsten Schmidt* KO, § 37
Anm. 13 b). Unabhängig von Abs. 2 Satz 2 haftet der Empfänger nach § 818 Abs. 4 BGB

jedenfalls vom Eintritt der Rechtshängigkeit (§ 261 ZPO) wie ein Rückgewährschuldner nach Abs. 1 Satz 2 (*BGH* WM 1956, 703 [706]).

III. Haftung nach Kenntnis

32 Im Anschluß an die h.M. zur KO (vgl. *Jaeger/Henckel* KO, § 37 Rz. 129) bestimmt Abs. 2 Satz 2, daß der Empfänger ab dem Zeitpunkt unbeschränkt nach Abs. 1 haftet, in dem er weiß oder nach den Umständen wissen muß, daß die unentgeltliche Leistung zu einer Gläubigerbenachteiligung führt (vgl. hierzu § 131 Rz. 28). Ist die Bereicherung vollständig weggefallen, bevor der Empfänger Kenntnis erlangt hat, ist seine Verpflichtung entfallen. Hierfür hat der Insolvenzverwalter Beweis, nicht der Empfänger den »Negativbeweis« zu erbringen (Begr. RegE § 162; unzutreffend *Hess* AnfR, Rz. 761; anders die h.M. zur KO, vgl. RGZ 92, 227 [229]; *BGH* WM 1955, 407 [412]). Der Empfänger hat den Wegfall oder die Minderung der Bereicherung zu beweisen (*BGH* NJW 95, 2627 [2628]).

F. Der Rückgewähranspruch als Schuldverhältnis

I. Allgemeines

33 Der Anspruch aus § 143 Abs. 1 Satz 1 InsO ist ein Schuldverhältnis i. S. d. bürgerlichen Rechts, so daß dessen Vorschriften Anwendung finden, soweit die InsO keine andere Regelung trifft. Jede anfechtbare Rechtshandlung begründet dabei ein Schuldverhältnis (vgl. *BGH* WM 1969, 1346 f.). So hat der Anfechtungsgegner etwa einen Verzögerungsschaden zu ersetzen (*BGH* WM 68, 407 [409]). Der Anspruch ist wegen § 399 BGB **nicht abtretbar** (RGZ 30, 71 ff.; BGHZ 83, 102 [105]; a.A. *Jaeger/Henckel* KO, § 37 Rz. 83, wenn Anspruch auf Wertersatz gerichtet oder Abtretung treuhänderisch erfolgt; zu letzterem auch *Hanisch* IPRax 1983, 195 [198]; *Kuhn/Uhlenbruck* KO, § 36 Rz. 10, § 37 Rz. 33).

34 Der Verwalter kann über den Anspruch **umfassend verfügen**. Er kann ihn etwa erlassen, sich mit dem Rückgewährschuldner vergleichen, mit diesem einen Vertrag über dessen zumindest deklaratorische Anerkennung des Anspruchs schließen. Im Rahmen des Konkurszwecks ist er befugt, die inhaltliche Ausgestaltung des Anspruchs, etwa Wertersatz statt Rückgewähr in Natur, vertraglich zu regeln (*BGH* ZIP 1995, 1204 [1205]. Der Insolvenzverwalter kann von einer Verfolgung des Anspruchs absehen und nach § 103 InsO Erfüllung des anfechtbaren Vertrages verlangen (*BGH* KTS 1962, 166).

35 Der **Anspruch entsteht** grundsätzlich erst mit Vollendung des Anfechtungstatbestandes, frühestens jedoch mit Eröffnung des Insolvenzverfahrens (*BGH* ZIP 1986, 720; ZIP 1995, 1204 [1206]; a.A. *Jaeger/Henckel* KO, § 37 Rz. 83; *Henckel* JZ 1996, 531 [532]). Dies gilt auch dann, wenn der Insolvenzverwalter einen von einem Insolvenzgläubiger nach dem AnfG erhobenen Anfechtungsanspruch gemäß § 16 Abs. 1 AnfG weiter verfolgt (*BGH* ZIP 1995, 1204 [1206]; *Jaeger/Henckel* a.a.O.). Der Anspruch **verjährt** nach § 146 Abs. 1 InsO in zwei Jahren seit Verfahrenseröffnung (vgl. dort).

36 Das **Anspruch erlischt** durch Verzicht des Insolvenzverwalters (*RG* Gruchot 48, 415), durch Vollzug der Rückgewähr und mit Beendigung des Insolvenzverfahrens. Der vorläufige Insolvenzverwalter kann nicht wirksam auf den Anspruch verzichten (*LG Bremen* ZIP 1991, 1224). Ein stillschweigender Verzicht kann nicht angenommen

Rechtsfolgen § 143

werden, wenn der Insolvenzverwalter keine Kenntnis von der anfechtbaren Handlung hat (*OLG Hamburg* ZIP 1988, 927).
Wird die **Rückgewähr vollzogen**, indem der Insolvenzverwalter die Gegenstände 37 entgegennimmt, werden die Gegenstände Masseteile, also Eigentum des Schuldners mit der Bestimmung den Zielen des Verfahrens (§ 1 InsO) zu dienen (RGZ 52, 333; *Kilger/Karsten Schmidt* KO, § 36 Anm. 2).

II. Beteiligte

1. Anspruchsinhaber und die Ausübung des Anfechtungsrechts

Die Ausübung des Anfechtungsrechts erfolgt durch Geltendmachung des Rückgewähr- 38 anspruchs (*Jaeger/Henckel* KO, § 36 Rz. 2). Anspruchsinhaber ist der Schuldner als Masseträger, aber zur Geltendmachung ist nur der Insolvenzverwalter als Partei kraft Amtes befugt (*Kilger/Karsten Schmidt* KO, § 37 Anm. 1b; *Jaeger/Henckel* KO, § 37 Rz. 80; a. A. *Kuhn/Uhlenbruck* KO, § 37 Rz. 7). Liegt ein Fall der **Eigenverwaltung** vor, kann nach § 280 InsO nur der Sachwalter anfechten. Im **Vereinfachten Insolvenzverfahren** ist nicht der Treuhänder, sondern nach § 313 Abs. 2 Satz 1 InsO jeder Insolvenzgläubiger zur Anfechtung berechtigt (zur Problematik dieser Regelung vgl. *Jauernig* Insolvenzrecht, § 80 II 5).
Ausschließlich der Anfechtungsberechtigte kann Klage, Einrede oder Gegeneinrede 39 erheben (*BGH* ZIP 1990, 25). Die Rückgewähr kann nur an ihn und nur mit seiner Zustimmung an einen Dritten erfolgen (*Jaeger/Henckel* KO, § 36 Rz. 2). Das Anfechtungsrecht kann auch weder vor Verfahrenseröffnung vom Sequester noch nach Verfahrensbeendigung von den einzelnen Gläubigern ausgeübt werden (*BGH* ZIP 1995, 1204 [1206] m. w. N.). Gleiches gilt für eine Anfechtung durch den Schuldner (BGHZ 83, 102 = ZIP 1982, 467). Ein Insolvenzgläubiger kann seinen Widerspruch nach § 178 InsO nicht auf die Anfechtung gründen (*Kilger/Karsten Schmidt* KO, § 36 Anm. 1). Lehnt der Insolvenzverwalter die Ausübung ab, können die Insolvenzgläubiger nur nach § 58 InsO das Insolvenzgericht anrufen (RGZ 30, 74). Der Schuldner und die Insolvenzgläubiger können im Anfechtungsprozeß als Zeugen gehört werden (RGZ 29, 29).). Die Gläubiger können auch nicht den Neuerwerb des Schuldners nach dem AnfG anfechten, da auch dieser nach § 35 InsO zur Insolvenzmasse gezählt wird (vgl. Begr. RegE EGInsO § 18 AnfG).
Absonderungsberechtigte können jedoch nach AnfG Rechtshandlungen anfechten, 40 soweit diese ihr Absonderungsrecht beeinträchtigen oder in der Entstehung hinderten (RGZ 117, 160; *BGH* ZIP 1990, 25; *Jaeger/Henckel* KO, § 36 Rz. 11 f.). Das im Anfechtungsprozeß des Insolvenzverwalters ergangene Urteil wirkt weder für noch gegen den Absonderungsberechtigten (RGZ 16, 32; *Kuhn/Uhlenbruck* KO, § 36 Rz. 4).

2. Rückgewährschuldner

Leistungsverpflichtet ist derjenige, zu dessen Gunsten der Rechtserfolg der anfechtba- 41 ren Rechtshandlung eingetreten ist (*Jaeger/Henckel* KO, § 37 Rz. 82). So ist bei der Anfechtung eines Sozialplanes der einzelne Arbeitnehmer oder auch der Betriebsrat zur Rückgewähr verpflichtet (*Jaeger/Henckel* KO, § 29 Rz. 41). Der Anspruch kann sich nach § 145 gegen **Rechtsnachfolger** des Erstempfängers richten. Der Insolvenzverwalter hat dabei ein Wahlrecht, wen er von beiden in Anspruch nehmen möchte und darf diese Rechte nebeneinander und nacheinander geltend machen (RGZ 27, 23; Gruchot 27, 1140; 36, 464; *Kuhn/Uhlenbruck* KO, § 37 Rz. 18).

42 Bei einer **mittelbaren Zuwendung** ist der mittelbare Empfänger zur Leistung verpflichtet (RGZ 133, 291 [292]; *RG* LZ 1909, 557; *BGH* WM 1978, 988), der Mittelsmann nur, wenn auch er einen Vorteil erlangt (RGZ 117, 86). Bei geteiltem Erwerb mehrerer Personen haftet jeder für seine Beteiligung und nicht als Gesamtschuldner aufs Ganze (RGZ 24, 141 [144]). Anders nach § 431 BGB bei Rückgewähr einer unteilbaren Leistung.

III. Auskunftspflicht

43 Der Anfechtungsgegner hat dem Insolvenzverwalter nach § 143 InsO i. V. m. § 242 BGB Auskunft über die Umstände zu erteilen, die für die Art und den Umfang des Rückgewähranspruchs von Bedeutung sind, wenn ihm gegenüber der Anspruch dem Grunde nach feststeht (BGHZ 74, 379 ff. = WM 1979, 921; *BGH* WM 1978, 373; vgl. auch *Palandt/Heinrichs* BGB, § 261 Rz. 9 ff.). Es besteht jedoch keine allgemeine Auskunftspflicht über eventuellen anfechtbaren Vermögenserwerb, selbst wenn einzelne anfechtbare Vermögensverschiebungen bereits festgestellt sind (*BGH* ZIP 1987, 244). Der bloße Verdacht, daß ein Dritter möglicherweise zur Rückgewähr verpflichtet ist, genügt allein nicht (*Jaeger/Henckel* KO, § 37 Rz. 136). Verweigert der Schuldner die Auskunftserteilung nach §§ 97, 98 InsO besteht allein aus diesem Grund auch dann keine Auskunftspflicht des Anfechtungsgegners, wenn feststeht, daß der Schuldner ihm in anfechtbarer Weise Vermögensgegenstände übertragen hat (*BGH* a. a. O.). Der Verwalter kann jedoch das Insolvenzgericht anregen, nach § 5 Abs. 1 Zeugen zu vernehmen (kritisch *Kuhn/Uhlenbruck* KO, § 37 Rz. 26).

IV. Verteidigung des Anfechtungsgegners

44 Der Anfechtungsgegner kann nicht einwenden, daß der Insolvenzverwalter bei Unterlassen der anfechtbaren Leistung aufgrund einer dahingehenden Vertragsgestaltung eine höhere Leistung hätte erbringen müssen (*BGH* ZIP 1986, 448). Der Anspruch nach § 143 Abs. 1 InsO wird weiterhin nicht dadurch ausgeschlossen, daß der Rückgewährschuldner den Gegenstand an die Gläubiger des Schuldners verpfändet, ohne dazu verpflichtet zu sein (*BGH* WM 1969, 1346). Unerheblich ist es auch, wenn der Gläubiger gesetzlich verpflichtet ist, seine Ansprüche durchzusetzen. So etwa, wenn die Krankenkasse Sozialversicherungsbeiträge einzieht (*OLG Hamm* ZIP 1996, 469; vgl. auch *OLG Dresden* ZIP 1997, 1036; 1997, 1428). Das Verbot der Einlagenrückgewähr nach § 57 Abs. 1 AktG oder §§ 30, 31 GmbHG steht einer Anfechtung der Leistung der Einlage nicht entgegen (RGZ 24, 14 [23 f.]; 74, 16 ff.; *Jaeger/Henckel* KO, § 29 Rz. 56). Die **Aufrechnung** der Rückgewährschuld mit einer Insolvenzforderung ist unzulässig (*BGH* ZIP 1986, 720; a. A. *Jaeger/Henckel* KO, § 37 Rz. 153). Zulässig ist aber die Aufrechnung mit einem Masseschuldanspruch (*Kuhn/Uhlenbruck* KO, § 37 Rz. 24; a. A. *OLG Nürnberg* OLGZ 1977, 253). Die Aufrechnung ist nach § 393 BGB ausgeschlossen, wenn im Zusammenhang mit der anfechtbaren Handlung § 826 BGB verwirklicht wurde (*BGH* BB 1954, 172). Ein **Zurückbehaltungsrecht** gemäß § 273 BGB besteht hinsichtlich des Anspruchs nach § 144 Abs. 2 InsO (*BGH* ZIP 1986, 787). Gleiches gilt für

Rechtsfolgen § 143

Ansprüche des Rückgewährschuldners auf Ersatz seiner Aufwendungen. Ist eine Wechselzahlung trotz § 137 InsO zur Masse zurückzugewähren, braucht der Anfechtungsgegner nur gegen Rückgabe des quittierten Wechsels und einer eventuellen Protesturkunde zu zahlen (*Jaeger/Henckel* KO, § 34 Rz. 14).

G. Verfahrensrecht

I. Rechtsweg

Bei der Klage auf Rückgewähr oder Wertersatz handelt es sich um eine bürgerlich-rechtliche Streitigkeit (§ 13 GVG), so daß der ordentliche Rechtsweg gegeben ist (*Jaeger/Henckel* KO, § 37 Rz. 138). Dies gilt auch, wenn die öffentliche Hand eine anfechtbare Sicherung oder Befriedigung wegen öffentlich-rechtlicher Forderungen, etwa für Steueransprüche (*OLG Braunschweig* MDR 1950, 356), erlangt hat. Bei anfechtbaren Handlungen im Zusammenhang mit einem Arbeitsverhältnis ist der Rechtsweg zu den Arbeitsgerichten ebenso nicht gegeben (*LAG Schleswig-Holstein* ZIP 1995, 1756; *KG* ZIP 1996, 1097; *LG Bonn* ZIP 1998, 1726; *Kuhn/Uhlenbruck* KO, § 29 Rz. 56; a. A. *LG Frankfurt a. M.* NZA 1994, 96). 45

II. Zuständigkeit

Die **sachliche Zuständigkeit** gemäß §§ 23 Nr. 1, 71 GVG bestimmt sich nach dem durch den Klageantrag bestimmten Wert des Streitgegenstandes. Den Wert eines Gegenstandes in Natur setzt das Gericht gemäß § 3 ZPO nach freiem Ermessen fest. Maßgebend ist gemäß § 4 Abs. 1 HS 1 ZPO der Zeitpunkt der Klageerhebung. Nebenforderungen, insbesondere Zinsen bleiben nach § 4 ZPO bei der Wertberechnung unberücksichtigt. Mehrere Rückgewähransprüche können nach Maßgabe von § 5 ZPO zusammengerechnet werden. Wurde ein schon belastetes Grundstück anfechtbar übertragen, ist der Wert des Grundstücks abzüglich der unangefochtenen Belastungen maßgebend (RGZ 34, 404 ff.; *RG* GruchBeitr. 45, 367; 151, 319 [320]; LZ 1933, 1210). Wird eine Pfändung, ein rechtsgeschäftlich bestelltes Pfandrecht oder eine Sicherungsübertragung angefochten, kommt es auf den Wert des Pfandes abzüglich der darauf ruhenden Belastungen und begrenzt durch den Betrag der gesicherten Forderung an (RGZ 151, 319 [320]; i. Erg. *Jaeger/Henckel* KO, § 37 Rz. 140).). Dabei ist § 3 ZPO, nicht § 6 ZPO zugrunde zu legen (*RG* a. a. O.; *Stein/Jonas/Roth* ZPO, § 6 Rz. 22; a. A. *Lappe* in MünchKomm/ZPO, § 6 Rz. 14; *Jaeger/Henckel* KO, § 37 Rz. 140). Bei Rückabtretung einer Forderung ist der Streitwert unter Berücksichtigung ihrer Einbringlichkeit, nicht nach deren Nominalwert zu bestimmen (*OLG München* ZZP 51, 274; a. A. *Stein/Jonas/Roth* ZPO, § 6 Rz. 21). 46

Örtlich zuständig ist das Gericht des allgemeinen Gerichtsstands des Rückgewährschuldners (§§ 12 ff. ZPO). Daneben können die besonderen Gerichtsstände der §§ 20, 23 ZPO in Betracht kommen (vgl. a. *RG* Gruchot 38, 488). So ist der Gerichtsstand der Mitgliedschaft (§ 22 ZPO) begründet, wenn der Insolvenzverwalter die Anfechtung gegen einen Gesellschafter auf § 135 InsO stützt (*OLG Karlsruhe* ZIP 1998, 1005). § 24 ZPO ist anwendbar, wenn auf Verzicht einer dinglichen Belastung geklagt wird (*Kilger/Karsten Schmidt* KO, § 29 Anm. 22; *Jaeger/Henckel* KO, § 37 Rz. 141; a. A. *KG* JW 1926, 1595; *Kuhn/Uhlenbruck* KO, § 29 Rz. 53). Der Gerichtsstand des Erfüllungsortes 47

§ 143 Wirkungen der Eröffnung des Insolvenzverfahrens

(§ 29 ZPO) scheidet aus (*BGH* NJW 1956, 1921; vgl. auch RGZ 30, 402 [404f.]). Gleiches gilt für § 32 ZPO, da der Rückgewähranspruch auch im Fall des § 133 kein Deliktsanspruch ist (*Kuhn/Uhlenbruck* KO, § 37 Rz. 51; a. A. für die Absichtsanfechtung RGZ 21, 425 (VZS); 48, 401; 50, 410; 84, 253). Die Anfechtungsklage gegen eine Vollstreckungsmaßnahme ist keine Drittwiderspruchsklage, so daß der Gerichtsstand des § 771 ZPO, d. h. die Zuständigkeit des Gerichts, in dessen Bezirk die Zwangsvollstreckung erfolgt, ausscheidet (*BGH* ZIP 1990, 246 [247] m. w. N. auch zu Gegenmeinung). Das EuGVÜ ist auf die Anfechtungsklage nicht anzuwenden (*BGH* a. a. O.). Gerichtsstandvereinbarungen des Schuldners binden den Insolvenzverwalter nicht (*Jaeger/Henckel* KO, § 37 Rz. 141).

48 Ist die Rechtshandlung im Zusammenhang mit einem Handelsgeschäft oder familienrechtlichen Beziehungen vorgenommen worden, sind die **Kammer für Handelssachen** (§ 95 GVG) und das **Familiengericht** (§ 23 b GVG) nicht zuständig (RGZ 96, 53 [57]; *Jaeger/Henckel* KO, § 37 Rz. 142 f.).

49 Eine vom Schuldner vor Verfahrenseröffnung getroffene **Schiedsgerichtsabrede** begründet im Anfechtungsprozeß nicht die Einrede des Schiedsvertrages nach § 1027 a ZPO (*BGH* WM 1956, 1407; BGHZ 24, 15 [18]; *LG Paderborn* ZIP 1980, 967).

III. Klageantrag und Klageform

50 Die Insolvenzanfechtung ist keine Gestaltungserklärung, sondern kann nur durch Geltendmachung des Rückgewähranspruches nach § 143 InsO im Wege der **Klage, Widerklage, Einrede** (RGZ 95, 225) oder **Replik** (RGZ 19, 202; 27, 98) wahrgenommen werden (*BGH* ZIP 1997, 737 [739f.]). Geht der Anspruch auf Geld, kann die Geltendmachung auch durch Zustellung eines Mahnbescheids (§§ 688 ff. ZPO; vgl. auch *Eckardt* KTS 1993, 361 ff.), durch Anmeldung im Insolvenzverfahren des Rückgewährschuldners (§ 174 InsO), durch Aufrechnungserklärung (RGZ 79, 26) erfolgen. Statthaft ist die **Leistungsklage**, wobei der Antrag dem jeweiligen Inhalt des Rückgewähranspruchs anzupassen ist. Kann der zurückzugewährende Gegenstand nicht genau bezeichnet werden (§ 253 Abs. 2 Nr. 2 ZPO) ist eine Stufenklage nach § 254 ZPO in Betracht zu ziehen (vgl. *OLG Stuttgart* ZIP 1986, 386). Eine **Feststellungsklage** nach § 256 ZPO ist möglich, wenn ein Interesse an alsbaldiger Feststellung besteht (vgl. RGZ 133, 46 [49]). Dies ist insbesondere dann zu verneinen, wenn der Insolvenzverwalter eine sein Begehren vollständig erfüllende Leistungsklage erheben kann (*BGH* WM 1961, 601). Zu bejahen ist es etwa, wenn der (erste) Anfechtungsgegner den anfechtbar erworbenen Gegenstand weiterveräußert hat und die Bezifferung des Wertersatzanspruchs derzeit überflüssig ist, weil eine Rückgewähr vom Rechtsnachfolger in Betracht kommt (*BGH* ZIP 1996, 184; vgl. a. *OLG Düsseldorf* ZIP 1996, 185 [187]). Eine negative Feststellungsklage durch den Anfechtungsgegner ist unter den Voraussetzungen des § 256 ZPO ebenfalls möglich (RGZ 77, 69; *BGH* ZIP 1991, 113). Die Anfechtungsklage gegen eine Vollstreckungsmaßnahme in das Vermögen des Schuldners ist keine **Drittwiderspruchsklage** nach § 771 ZPO (*BGH* ZIP 1990, 246 [247] m. w. N.; ZIP 1997, 737 [739]; kritisch *Karsten Schmidt* JZ 1990, 619 ff.). Wird das in anfechtbarer Weise erlangte Recht aufgrund eines vor Verfahrenseröffnung erwirkten Vollstreckungstitels geltend gemacht, kann **Vollstreckungsgegenklage** erhoben werden (BGHZ 22, 128 [134]). In der **Klageschrift** muß weder die Anfechtung »erklärt« werden, noch muß der Kläger sich auf die Insolvenzanfechtung als Rechtsgrundlage berufen oder sonst den rechtlichen Gesichtspunkt bezeichnen, unter dem sein Sachvor-

Rechtsfolgen § 143

trag den Klageantrag stützt (*BGH* ZIP 1997, 737 [740]; ausführlich *Eckardt* ZIP 1997, 957 [965 ff.]; vgl. auch *Henckel* in FS für Schwab, S. 213 ff.). Unschädlich ist es, wenn die anfechtbare Rechtshandlung unzutreffend bezeichnet ist, sofern Klageantrag und Klagebegründung die richtigerweise anzufechtende Rechtshandlung ergeben (*BGH* ZIP 1994, 40 [45]; BGHZ 117, 374 [380 f.] = ZIP 1992, 629; vgl. a. BGH ZIP 1993, 271 [275]). Ficht etwa der Kläger eine »Überweisung« an, liegt darin zugleich die Anfechtung eines der erfolgreichen Anfechtung entgegenstehenden Absonderungsrechts (*BGH* ZIP 1998, 793 [800]). Entsprechend dem Wortlaut des § 143 InsO, ist der Klageantrag grundsätzlich auf Rückgewähr zur Insolvenzmasse zu richten. Verlangt der Insolvenzverwalter Leistung an sich selbst, schadet dies jedoch nicht, wenn er den Anspruch erkennbar in seiner Eigenschaft als Insolvenzverwalter erhebt (*BGH* DB 1961, 469).

IV. Klageänderung

Eine Klageänderung ist nach Maßgabe von § 263 ZPO zulässig. Eine zulässige Klageänderung liegt vor, wenn von der Anfechtung aus einem der Tatbestände der §§ 130–132 InsO in einen anderen dieser Tatbestände gewechselt wird und das tatsächliche Vorbringen beide deckte (RGZ 79, 390; WarnRspr 1911 Nr. 49). Der Übergang von einem Tatbestand der besonderen Insolvenzanfechtung zu den §§ 133–136 InsO und umgekehrt ist unzulässig (*Kuhn/Uhlenbruck* KO, § 29 Rz. 49). Um dem Einwand der unzulässigen Klageänderung zu entgehen, empfiehlt es sich, alle relevanten Tatsachen vorzutragen und sich ansonsten einer eingrenzenden rechtlichen Wertung zu enthalten. Denn nach Ablauf der Frist in § 146 InsO ist eine Abänderung der Klage nur noch im Rahmen von § 264 ZPO möglich (*BGH* ZIP 1985, 427; BGHZ 117, 374, 381 = ZIP 1992, 629; *OLG München* ZIP 1997, 1118 [1120]). Hat der Verwalter zunächst auf Rückgewähr in natura geklagt, kann er nach § 264 Nr. 3 ZPO den Klageantrag auf Wertersatz umstellen, wenn die Herausgabe des Gegenstandes nach Rechtshängigkeit unmöglich wird oder er erst nach diesem Zeitpunkt von diesem Umstand Kenntnis erlangt (*Jaeger/Henckel* KO, § 37 Rz. 146). Ansonsten kann er nach § 283 BGB (vgl. auch § 255 ZPO) vorgehen. Verfolgt der Insolvenzverwalter mehrere Ansprüche auf Rückgewähr, kann, nach rechtskräftiger Entscheidung über einen der Ansprüche, dieser bei Unmöglichkeit der Rückgewähr in natura im weiteren Verfahren über die Restansprüche noch als Wertersatzanspruch geltend gemacht werden (*BGH* WM 1969, 1346 f.). Eine Klageänderung ist gegeben, wenn der Insolvenzverwalter sich zunächst auf die Nichtigkeit der Rechtshandlung und erst später auf deren Anfechtbarkeit beruft (*Huber* in Gottwald, Insolvenzrechts-Handbuch, § 53 Rz. 24). Unterschiedliche Streitgegenstände liegen auch dann vor, wenn einmal auf Verzicht von Rechten, die aufgrund eines Sicherheiten-Poolvertrages erworben wurden, und andererseits auf Rückgewähr der vor dem Abschluß des Poolvertrages sicherungsübereigneten Sachen geklagt wird (*BGH* ZIP 1993, 276 [277]).

V. Nebenintervention

Die Insolvenzgläubiger, nicht die Mitglieder des Gläubigerausschusses als solche, können dem Anfechtungsprozeß als **Nebenintervenienten** beitreten (RGZ 36, 367 [369]; *RG* JW 1891, 273). Bestreitet der Insolvenzverwalter eine angemeldete Forderung aus einem anderen Grund, können die Nebenintervenienten nicht für diesen das Anfech-

§ 143 Wirkungen der Eröffnung des Insolvenzverfahrens

tungsrecht ausüben (*Jaeger/Henckel* KO, § 36 Rz. 8). Ist ein **Absonderungsberechtigter** Nebenintervenient liegt hierin kein Verzicht auf sein Absonderungsrecht (RGZ 100, 87, 89). Bei der Nebenintervention des Absonderungsberechtigten handelt es sich nicht um eine streitgenössische i. S. v. §§ 69, 61 ZPO (*RG* JW 1889, 203). Der **Insolvenzverwalter** kann die Anfechtung nicht als Nebenintervenient geltend machen (BGHZ 106, 127 = ZIP 1989, 183; *Bork* JR 1989, 494; a. A. *Gerhardt/Kreft* Insolvenzanfechtung, S. 34; *Gerhardt* KTS 1984, 177).

VI. Sicherung des Anspruchs

53 Der auf Herausgabe einer Sache gerichtete Rückgewähranspruch kann durch einstweilige Verfügung, der auf Rückgewähr einer Geldforderung und Wertersatz in Geld gerichtete Anspruch durch dinglichen Arrest gesichert werden (RGZ 67, 40; Gruchot 30, 745; 50, 434; LZ 1909, 745; *OLG Frankfurt a. M.* ZIP 1995, 1536 [1537]; BB 1975, 1279; *OLG Colmar* LZ 1912, 172). Geht der Anspruch auf Rückübertragung oder Löschung eines im Grundbuch eingetragenen Rechts, kommt Sicherung durch **Vormerkung** nach §§ 883, 885 BGB, § 935 ZPO in Betracht (*Kuhn/Uhlenbruck* KO, § 37 Rz. 30). Die Eintragung eines Widerspruchs nach §§ 892, 894 BGB scheidet aus (RGZ 67, 41; 71, 178).

VII. Kosten

54 Für die **Kosten des Anfechtungsstreites** gelten die allgemeinen Regeln der §§ 91 ff. ZPO. Hat der Insolvenzverwalter den Anfechtungsgegner vor Klageerhebung nicht zur Rückgewähr aufgefordert und erkennt dieser im Prozeß sofort an, trägt nach § 93 ZPO die Masse die Verfahrenskosten (*OLG Bamberg* KTS 1972, 196). Anders nur, wenn Rückgewähranspruch in natura auf § 133 InsO gestützt wird, da hier die Gefahr besteht, daß der anfechtbar erworbene Gegenstand beiseite geschafft wird (*OLG Düsseldorf* ZIP 1984, 1381; *Jaeger/Henckel* KO, § 37 Rz. 151). Erklären beide Parteien den Rechtsstreit für erledigt, weil der Anfechtungsgegenstand nachträglich weggefallen ist, hat der Anfechtungsgegner nach § 91 a ZPO die Kosten zu tragen, wenn der Rechtsstreit für ihn aussichtslos war (*BGH* WM 1971, 1443). Sprechen dabei wesentliche Anhaltspunkte für die Anfechtbarkeit und erfüllt der Anfechtungsgegner im Verlauf des Prozesses, kann auf eine weitere Sachaufklärung verzichtet werden (*OLG Köln* ZIP 1993, 1804). Der Insolvenzverwalter kann **Prozeßkostenbeihilfe** nach §§ 114, 116 Satz 1 Nr. 1 ZPO beantragen, wenn er die Prozeßkosten für das beabsichtigte Verfahren aus der Masse nicht aufbringen kann. Den nach § 116 Satz 1 Nr. 1 ZPO wirtschaftlich beteiligten Gläubigern, die öffentliche Aufgaben wahrnehmen, ist dabei die Aufbringung eines Vorschusses nicht zuzumuten (*OLG Frankfurt* a. M. ZIP 1995, 1536). Gleiches gilt für frühere Arbeitnehmer des Insolvenzschuldners auch dann, wenn der Prozeß im Wesentlichen nur die Aussichten dieser Arbeitnehmer auf eine zugesprochene Abfindung verbessert (*OLG München* ZIP 1997, 1118 f.). Die Entscheidung im Prozeßkostenhilfeverfahren darf nicht von der Beantwortung einer schwierigen, bislang in der höchstrichterlichen Rechtsprechung nicht geklärten Rechtsfrage abhängig gemacht werden (*BGH* ZIP 1997, 1757). Die **Kosten der Rückgewähr** trägt der Anfechtungsgegner (*Kilger/Karsten Schmidt* KO, § 37 Anm. 15).

Rechtsfolgen § 143

VIII. Beendigung des Insolvenzverfahrens

Ein anhängiger Anfechtungsprozeß wird durch die Verfahrensbeendigung in der Hauptsache erledigt. Es erfolgt dann nur noch eine Entscheidung hinsichtlich der Kosten (RGZ 58, 418). Weder die Gläubiger noch der Schuldner kommen als Rechtsnachfolger i. S. v. § 239 ZPO in Betracht, so daß eine Klage wegen Wegfalls des Anfechtungsrechts abzuweisen ist (BGHZ 83, 102 [104 ff.]). Die einzelnen Gläubiger können fortan jedoch ihre individuellen Rechte nach dem AnfG wieder geltend machen, soweit nicht dem Anspruch entgegenstehende Einreden gegen den Insolvenzverwalter erlangt sind (§ 18 Abs. 1 AnfG). Auch der Insolvenzverwalter kann nicht ermächtigt werden, den Anfechtungsstreit fortzusetzen (RGZ 135, 350). Er kann den Prozeß aber fortführen, wenn der Ertrag des Prozesses der **Nachtragsverteilung** vorbehalten ist (BGHZ 83, 102 [103]). Gleiches gilt nach § 259 Abs. 3 InsO beim **Insolvenzplan**, wenn dies im gestaltenden Teil des Plans vorgesehen ist. 55

IX. Bedeutung eines zuvor nach dem AnfG erhobenen Anfechtungsrechts

Durch die Verfahrenseröffnung wird ein noch **anhängiger Anfechtungsprozeß** unterbrochen (§ 17 Abs. 1 Satz 1 AnfG) und kann vom Insolvenzverwalter nach § 16 Abs. 1 Satz 1 AnfG aufgenommen werden. Erfolgt die Aufnahme, ist der Klageantrag entsprechend umzustellen. Eine Klageerweiterung (§ 17 Abs. 2 AnfG) hat in der Frist des § 146 InsO zu erfolgen. Im Fall der Anspruchshäufung kann der Rechtsstreit nur hinsichtlich des Anfechtungsrechts aufgenommen werden (RGZ 143, 267). Obsiegt der Verwalter, sind nach § 16 Abs. 1 Satz 2 dem Gläubiger aus dem Erstrittenen die Prozeßkosten vorweg zu erstatten. Lehnt der Verwalter die Aufnahme ab, kann jede Partei den Prozeß gemäß § 17 Abs. 3 Satz 1 AnfG hinsichtlich der Kosten aufnehmen. Das Recht des Verwalters, nach den §§ 129 ff. InsO den Anfechtungsanspruch geltend zu machen, wird dadurch nicht ausgeschlossen (§ 17 Abs. 3 Satz 2 AnfG). 56

Hat der Insolvenzgläubiger bereits ein **rechtskräftiges Urteil** erwirkt, aber noch nicht vollstreckt, kann der Verwalter das Anfechtungsrecht weiterverfolgen, indem er nach § 727 ZPO die vollstreckbare Ausfertigung zugunsten der Masse erwirkt (RGZ 30, 67 [70]; *Jaeger/Henckel* KO, § 36 Rz. 19). Ein den Anfechtungsanspruch absprechendes Urteil entfaltet keine Rechtskraft zu Lasten der Masse (*Kuhn/Uhlenbruck* KO, § 36 Rz. 6). Soweit der Insolvenzgläubiger vor Verfahrenseröffnung bereits Sicherung oder Befriedigung erlangt hat, kann ihm gegenüber eine Anfechtung nach § 130 InsO erfolgen (§ 16 Abs. 2 AnfG). 57

F. Insolvenzanfechtung mit Auslandsberührung

Im ausländischen Insolvenzverfahren kann eine Rechtshandlung, für deren Wirkungen inländisches Recht maßgeblich ist, vom ausländischen Insolvenzverwalter nur angefochten werden, wenn sie auch nach inländischem Recht anfechtbar ist oder aus einem sonstigen Grund keinen Bestand hat (Art. 102 Abs. 2 EGInsO). Die Voraussetzungen und insbesondere die Rechtsfolgen der Anfechtung bestimmen sich dabei in erster Linie nach dem Recht des Staates der Verfahrenseröffnung, während das Wirkungsstatut nur ergänzend herangezogen wird (Beschl.-Empf. des Rechtsausschusses BT-Drucks. 12/7303, S. 118; vgl. *BGH* ZIP 1997, 150 [152 f.]). Damit wird dem Vertrauen des Anfech- 58 tungsgegners in den Bestand seines Erwerbes nach inländischem Recht Rechnung getragen (*BGH* a. a. O.). Verfügt der Schuldner in anfechtbarer Weise über Teile seines Auslandsvermögens und findet nur hinsichtlich der Verfügung kraft internationalen Sachenrechts inländisches Recht Anwendung, kann das Wirkungsstatut jedoch vernachlässigt werden, da hier ein entsprechender Vertrauenstatbestand nicht ersichtlich ist (vgl. *OLG Köln* ZIP 1994, 1459).

59 International zuständig sind die Gerichte des allgemeinen Gerichtsstands des Anfechtungsgegners. Das Übereinkommen der europäischen Gemeinschaft über die gerichtliche Zuständigkeit und Vollstreckung gerichtlicher Entscheidungen ist nicht anzuwenden (*BGH* ZIP 1990, 246). Dem deutschen Recht kann keine ausschließliche Zuständigkeit der Gerichte des Staates der Verfahrenseröffnung entnommen werden (*BGH* ZIP 1997, 150).

§ 144
Ansprüche des Anfechtungsgegners → §§ 38, 39 KO

(1) Gewährt der Empfänger einer anfechtbaren Leistung das Erlangte zurück, so lebt seine Forderung wieder auf.
(2) ¹Eine Gegenleistung ist aus der Insolvenzmasse zu erstatten, soweit sie in dieser noch unterscheidbar vorhanden ist oder soweit die Masse um ihren Wert bereichert ist. ²Darüber hinaus kann der Empfänger der anfechtbaren Leistung die Forderung auf Rückgewähr der Gegenleistung nur als Insolvenzgläubiger geltend machen.

Inhaltsübersicht: Rz.

A. Einleitung 1
B. Wiederaufleben der Forderung (Abs. 1) 2– 3
C. Gegenleistung (Abs. 2) 4–10
   I. Allgemeines 4
   II. Gegenleistung 5
   III. Anspruch auf Ersatz von Nutzungen 6– 8
   IV. Anspruch auf Gegenleistung als Schuldverhältnis 9–10

Literatur:

Häsemeyer Vertragsabwicklung, Aufrechnung und Anfechtung im Konkurs, JuS 1986, 851.

A. Einleitung

1 Die Vorschrift befaßt sich mit den bisher in §§ 38, 39 KO und ebenso in § 12 AnfG geregelten Rechten des Anfechtungsgegners, wenn er die in anfechtbarer Weise erlangte Leistung nach § 143 InsO zurückgewährt. Abs. 1 und Abs. 2 schließen sich gegenseitig aus. Abs. 2 findet nur Anwendung auf gegenseitige Verpflichtungsgeschäfte durch deren Inhalt die Gläubiger schon unmittelbar benachteiligt werden, also auf die §§ 132, 133 (*RG* LZ 1910, 862 Nr. 6; eingehend *Jaeger/Henckel* KO, § 38 Rz. 2 ff. m. w. N.; a. A.

Ansprüche des Anfechtungsgegners **§ 144**

Häsemeyer JuS 1986, 851 [855]). Abs. 1 greift demgegenüber, wenn nicht ein obligatorisches Rechtsgeschäft angefochten wird, sondern eine Leistung des Schuldners, mag sie auch zur Erfüllung eines schuldrechtlichen Vertrages erfolgen (*Jaeger/Henckel* KO, § 38 Rz. 2).

B. Wiederaufleben der Forderung (Abs. 1)

Entsprechend § 39 KO lebt nach Abs. 1 die Forderung aus einem unanfechtbaren 2 Verpflichtungsgeschäft mit Wirkung ex tunc und so, wie sie im Zeitpunkt ihrer Erfüllung bestand, wieder auf, wenn das in anfechtbarer Weise zur Erfüllung Empfangene an die Masse tatsächlich zurückgewährt wird. War schon die Entstehung der Forderung anfechtbar, findet Abs. 1 keine Anwendung. Hier kann der Anfechtungsgegner seine Gegenleistung nur nach Maßgabe von Abs. 2 zurückfordern.

Aufleben der Forderung: Die Einordnung der Forderung im Insolvenzverfahren als 3 nichtnachrangige und nachrangige Insolvenzforderung (§§ 38, 39) und als Masseverbindlichkeit nach § 55 Abs. 2 wird so vorgenommen, als hätte die Forderung bei Verfahrenseröffnung bestanden (*Jaeger/Henckel* KO, § 39 Rz. 8). Verjährte und unvollkommene Verbindlichkeiten (Spiel, Wette) leben (nur) als solche wieder auf. Bei nur teilweiser Rückgewähr lebt die Forderung nur verhältnismäßig wieder auf (*Jaeger/ Henckel* KO, § 39 Rz. 5). Die Forderung muß sich nicht gegen den Schuldner richten. Leistet der Schuldner in anfechtbarer Weise als **Mitschuldner oder als Bürge,** ohne Rückgriff nehmen zu können, lebt auch die Forderung gegen die anderen Mitschuldner und den Hauptschuldner wieder auf (*Jaeger/Henckel* KO, § 39 Rz. 6). Die mit der Forderung verbundenen, aber nicht anfechtbaren **Neben- und Sicherungsrechte** (Hypotheken, Pfandrechte, Bürgschaften, Vertragsstrafen) treten in gleicher Weise wieder in Kraft (Begr. RegE BT-Drucks. 12/2443, S. 168; RGZ 3, 208; 20, 157 [161 f.]; *BGH* KTS 1974, 96). Hieraus kann ein Absonderungsrecht nach §§ 49 ff. InsO folgen. Gleiches gilt auch für nichtakzessorische Sicherheiten des Schuldners, wie Grundschuld oder Sicherungsübereignung (*Jaeger/Henckel* KO, § 39 Rz. 13). Urkunden, Wechsel oder Hypothekenbriefe sind hierzu zurückzugeben bzw. wiederherzustellen, gelöschte Hypotheken im Wege der Grundbuchberichtigung wieder einzutragen. Soweit dies nicht möglich ist, z. B. weil der belastete Gegenstand veräußert wurde, besteht ein Masseanspruch nach § 55 Abs. 1 Nr. 3 (*Kilger/Karsten Schmidt* KO, § 39 Anm. 1). Ist ein Dritter Geber einer akzessorischen Sicherheit, hat dieser, wenn ein Wiederaufleben der Sicherung nicht möglich ist, Wertersatz zu leisten. Nichtakzessorische Sicherheiten, die ein Dritter gewährt hat, leben demgegenüber nicht auf, da der Dritte nicht Partei des Anfechtungsstreits ist (*Obermüller/Hess* InsO, Rz. 668). Die zwischen anfechtbarer Leistung und Rückgewähr abgelaufene Zeit bleibt analog §§ 203 Abs. 2, 205 BGB für die **Verjährung** unberücksichtigt (*Jaeger/Henckel* KO, § 39 Rz. 8). Eine im Zeitpunkt der anfechtbaren Erfüllung der Forderung bestehende **Aufrechnungslage** lebt wieder auf, wenn § 96 InsO nicht entgegensteht. Die Forderung kann nicht gegen den Anspruch aus § 143 InsO aufgerechnet werden, da sie erst im Zeitpunkt der Erfüllung des Rückgewähranspruches entsteht. Damit kann auch der Insolvenzverwalter nicht aufrechnen (a. A. *Jaeger/Henckel* KO, § 39 Rz. 15).

C. Gegenleistung (Abs. 2)

I. Allgemeines

4 Abs. 2 gibt in Anlehnung an § 38 KO dem Anfechtungsgegner einen Anspruch auf Rückgewähr der von ihm erbrachten Gegenleistung, soweit sie in der Masse zur Zeit der Rückgewähr nach § 143 noch unterscheidbar vorhanden ist. Ist zumindest der Wert der Gegenleistung in diesem Zeitpunkt noch in der Masse vorhanden, kann dieser gleichfalls als Masseforderung (§ 55 Abs. 1 Nr. 3 InsO) geltend gemacht werden. Soweit dies nicht der Fall ist, ist der Wertersatzanspruch nur Insolvenzforderung (Abs. 2 Satz 2). Der Anspruch ist seiner Rechtsnatur nach ein solcher aus ungerechtfertigter Bereicherung, die der Masse ansonsten durch die Anfechtung entstünde (*Kuhn/Uhlenbruck* KO, § 38 Rz. 1; *Baur/Stürner* Insolvenzrecht, Rz. 20.12). Er entsteht erst mit Vollzug der Rückgewähr (*BGH* ZIP 1986, 787; a. A. *Jaeger/Henckel* KO, § 38 Rz. 6), da erst in diesem Zeitpunkt die Masse um die Gegenleistung des Anfechtungsgegners ungerechtfertigt bereichert ist (RGZ 16, 23 ff.; *Jaeger/Lent* KO, § 38 Rz. 2, 3).

II. Gegenleistung

5 Gegenleistung ist alles, was der Anfechtungsgegner aufgrund des anfechtbaren Verpflichtungsgeschäfts vor oder nach Verfahrenseröffnung geleistet hat (*Jaeger/Henckel* KO, § 38 Rz. 7). Ist bei einer gemischten Schenkung das Geschenk nach § 143 InsO zurückzugewähren (§ 134 Rz. 24), liegt die Gegenleistung in dem Teilentgelt. Die Darlehenshingabe ist keine Gegenleistung, wenn nur die Sicherstellung des Darlehens angefochten wird (*Kuhn/Uhlenbruck* KO, § 38 Rz. 1). Gewährt der Schuldner einem Dritten zur Ablösung von dessen Hypothekengläubigern ein Darlehen, ist die dafür vom Schuldner bestellte Hypothek keine Gegenleistung der befriedigten Hypothekengläubiger, denen gegenüber dieses Geschäft angefochten wird (*Jaeger/Henckel* KO, § 38 Rz. 2; a. A. *RG* LZ 1909, 557 [559]). Wird bei einer Schuldübernahme die Leistung des Schuldners an den Übernehmenden diesem gegenüber angefochten, hat die Masse die Forderung, die zuvor der Gläubiger gegen den Übernehmenden innehatte, an diesen abzutreten oder, wenn dies nicht möglich ist, hierfür Wertersatz zu leisten (*Jaeger/Henckel* KO, § 30 Rz. 180). Die Gegenleistung ist auch dann noch in der Masse vorhanden, wenn sie von Rechts wegen vom Schuldner oder einem Dritten herausverlangt werden kann (*Jaeger/Henckel* KO, § 38 Rz. 7).

III. Anspruch auf Ersatz und Nutzungen

6 Ist die Herausgabe in natura nicht möglich, ist entsprechend § 818 Abs. 2 BGB der Wert zu ersetzen, soweit die Masse darum bereichert wurde. Entscheidend für den Umfang der Erstattungspflicht ist der Zeitpunkt der tatsächlichen Rückgewähr nach § 143 InsO (*Jaeger/Lent* KO, § 38 Rz. 3). Von da an kommt eine Haftung der Masse entsprechend §§ 818 Abs. 4, 819 BGB in Betracht. Entscheidend ist die Bösgläubigkeit und das Verschulden des Insolvenzverwalters (*Jaeger/Henckel* KO, § 38 Rz. 8), soweit nicht ohnehin eine Zufallshaftung in Betracht kommt (§ 287 Satz 2 BGB). Ein Untergang der Sache vor dem Zeitpunkt der Rückgewähr geht nicht zu Lasten der Masse, sondern begründet, soweit der Anfechtungsgegner mit seiner Insolvenzforderung ausfällt, nur einen Anspruch gegen den Schuldner (§ 201 InsO) und möglicherweise eine Haftung des Insolvenzverwalters nach § 60 InsO (vgl. auch BGHZ 35, 356; a. A. *Jaeger/Henckel* KO, § 38 Rz. 9).

Entsprechend § 818 Abs. 1 BGB erstreckt sich die Verpflichtung zur Herausgabe auch 7 auf die gezogenen Nutzungen und die dort genannten Surrogate (*BGH* ZIP 1986, 787 [791]; *Jaeger/Henckel* KO, § 38 Rz. 7), soweit die Masse darum bereichert ist. Nicht eingeschlossen sind rechtsgeschäftliche Surrogate (*BGH* NJW 1980, 178).

Soweit die Masse nicht einmal mehr um den Wert der Gegenleistung bereichert ist, kann 8 der Anfechtungsgegner den Wert der Gegenleistung nur als Insolvenzforderung anmelden, was vorsorglich während des Anfechtungsprozesses geschehen kann (*Kilger/Karsten Schmidt* KO, § 38 Anm. 4).

IV. Anspruch auf Gegenleistung als Schuldverhältnis

Da der Rückgewähranspruch nach § 143 InsO und der Anspruch nach § 144 Abs. 2 9 Satz 1 InsO in wirtschaftlichem Zusammenhang stehen, steht dem Anfechtungsgegner ein **Zurückbehaltungsrecht** nach § 273 BGB zu (*BGH* ZIP 1986, 787). Dies gilt nicht für die Forderung nach § 144 Abs. 2 Satz 2 InsO (*Kuhn/Uhlenbruck* KO, § 38 Rz. 5). Soweit sich die beiden Ansprüche **verrechenbar** gegenüberstehen, ist ohne Aufrechnung auf die Differenz zu erkennen (*Kuhn/Uhlenbruck* KO, § 38 Rz. 5).

Anspruchsinhaber: Der Erstattungsanspruch steht demjenigen, der die Gegenleistung 10 erbracht hat oder dessen Gesamtrechtsnachfolger (§ 145 Abs. 1 InsO) zu. Ein Sonderrechtsnachfolger (§ 145 Abs. 2 InsO) kann sich demgegenüber wegen einer von ihm an den Vormann bewirkten Gegenleistung nur an diesen halten (*RG* JW 1897, 346). Er kann jedoch den Erstattungsanspruch seines Vormanns pfänden, sich abtreten oder zur Einziehung überweisen lassen (*Kuhn/Uhlenbruck* KO, § 38 Rz. 6).

§ 145
Anfechtung gegen Rechtsnachfolger → § 40 KO

(1) Die Anfechtbarkeit kann gegen den Erben oder einen anderen Gesamtrechtsnachfolger des Anfechtungsgegners geltend gemacht werden.

(2) Gegen einen sonstigen Rechtsnachfolger kann die Anfechtbarkeit geltend gemacht werden:
1. wenn dem Rechtsnachfolger zur Zeit seines Erwerbs die Umstände bekannt waren, welche die Anfechtbarkeit des Erwerbs seines Rechtsvorgängers begründen;
2. wenn der Rechtsnachfolger zur Zeit seines Erwerbes zu den Personen gehörte, die dem Schuldner nahestehen (§ 138), es sei denn, daß ihm zu dieser Zeit die Umstände unbekannt waren, welche die Anfechtbarkeit des Erwerbs seines Rechtsvorgängers begründen;
3. wenn dem Rechtsnachfolger das Erlangte unentgeltlich zugewendet worden ist.

§ 145 Wirkungen der Eröffnung des Insolvenzverfahrens

Inhaltsübersicht: Rz.

- A. Allgemeines 1– 2
- B. Gesamtrechtsnachfolge 3–18
  - I. Erbfolge 3
  - II. Andere Gesamtrechtsnachfolger 4– 5
  - III. Sonderrechtsnachfolger 6–18
    - 1. Abs. 2 Nr. 1 14–15
    - 2. Abs. 2 Nr. 2 16
    - 3. Abs. 2 Nr. 3 17–18
- C. Voraussetzung der Anfechtung 19–20
- D. Verhältnis zwischen Rechtsnachfolger und Rechtsvorgänger .. 21–22
- E. Prozessuales 23–26

A. Allgemeines

1 Die Vorschrift knüpft an § 40 KO an. Abs. 1 dehnt die Anfechtbarkeit auf Gesamtrechtsnachfolger und Abs. 2 auf bestimmte Sonderrechtsnachfolger aus.

2 Abs. 1 bestätigt die herrschende Rechtsauffassung, daß sich die Anfechtbarkeit auch auf andere Gesamtrechtsnachfolger als den Erben erstreckt. Für die Annahme einer Gesamtrechtsnachfolge im Sinne dieser Vorschrift kommt es darauf an, daß der Rechtsnachfolger kraft Gesetzes in die Verbindlichkeiten des Rechtsvorgängers eingetreten ist; dabei ist es gleichgültig, ob die Haftung des Rechtsvorgängers neben der des Rechtsnachfolgers fortdauert. Der Gesamtrechtsnachfolger haftet gleich seinem Rechtsvorgänger auf Rückgewähr auch dann, wenn ihm zur Zeit des Eintritts der Nachfolge die Anfechtbarkeit des Erwerbs seines Vorgängers nicht bekannt war. Der Sonderrechtsnachfolger (Abs. 2) ist dagegen zur Rückgewähr verpflichtet, wenn er bei seinem Erwerb die Anfechtbarkeit des Erwerbs des Rechtsvorgängers kannte oder wenn er unentgeltlich erworben hat.

B. Gesamtrechtsnachfolge

I. Erbfolge

3 Abs. 1 InsO enthält eine sich bereits aus § 1967 BGB ergebende Regel. Der Erbe haftet für alle Nachlaßverbindlichkeiten. Hierzu gehört auch die Pflicht zur Rückgewähr anfechtbar erworbener Gegenstände. Die Pflicht zur Rückgewähr besteht auch dann, wenn das Insolvenzverfahren nach dem Erbfall eröffnet wird. Für den Umfang der Erbenhaftung und die Beitreibung der vererbten Rückgewährverbindlichkeit gelten die §§ 1975 ff. BGB (Nachlaßverwaltung), §§ 2058 ff. BGB (Haftung mehrerer Erben) und die §§ 778 ff. ZPO. Der Nacherbe haftet erst mit Eintritt der Nacherbfolge (§ 2139 BGB). Der unbeschränkt haftende Vorerbe haftet nach § 2145 Abs. 1 Satz 1 BGB weiter, soweit der nur beschränkt haftende Nacherbe nicht haftet (*Jaeger/Henckel* KO, § 40 Rz. 14; *Kilger/Karsten Schmidt* KO, § 40 Anm. 1). Stirbt der Rechtsnachfolger, so haften seine Erben. Beerbt der Schuldner den Anfechtungsgegner, so erlischt der Rückgewähranspruch, sofern der Erbfall vor der Insolvenz des Erben eingetreten war. Im Falle der Gütersonderung nach §§ 1975 ff. BGB lebt er wieder auf (*Kilger/Karsten Schmidt* KO, § 40 Anm. 1). Bei Anfall der Erbschaft nach Insolvenzeröffnung greift § 145 InsO ein;

Anfechtung gegen Rechtsnachfolger § 145

der Rückgewähranspruch besteht weiter (*Kuhn/Uhlenbruck* KO, § 40 Rz. 2; *Kilger/ Karsten Schmidt* KO, § 40 Anm. 1).

II. Andere Gesamtrechtsnachfolger

Zu den Fällen der anderen Gesamtrechtsnachfolger gehören solche, die kraft Gesetzes als Träger der Rechte und Verbindlichkeiten an die Stelle des Rechtsvorgängers treten. Abs. 1 gilt daher beim Anfall des Vermögens eines aufgelösten Vereins an den Fiskus (§§ 45, 46 BGB), beim Erbschaftskauf (§§ 2385, 2382 BGB), bei der Fortführung eines Handelsgeschäfts unter der bisherigen Firma (§ 25 HGB), bei der Gütergemeinschaft (§§ 1415 ff. BGB) und der fortgesetzten Gütergemeinschaft (§§ 1483 ff. BGB), sowie bei der Verschmelzung, Spaltung und Vermögensübertragung von Gesellschaften (vgl. hierzu das UmwG vom 28. 10. 1994). Die vertragliche Vermögensübernahme nach § 419 BGB ist im Zuge der Insolvenzrechtsreform ersatzlos gestrichen worden. 4

Wird z. B. eine AG mit einer anderen AG verschmolzen (§§ 2 ff. UmwG), so geht die aufgenommene AG mit der Eintragung der Verschmelzung in das Handelsregister ihres Sitzes unter (§ 20 UmwG). Es besteht keine Rechtspersönlichkeit mehr, die der Insolvenz zugänglich wäre. § 145 Abs. 1 InsO findet auf die sog. formwechselnde Umwandlung (§§ 190 ff. UmwG) keine Anwendung. Hier besteht die Gesellschaft in neuer Rechtsform fort, so daß das Problem des § 145 InsO nicht entsteht (*Kilger/Karsten Schmidt* KO, § 40 Anm. 2; *Kuhn/Uhlenbruck* KO, § 40 Rz. 3a). Gesamtrechtsnachfolge tritt auch ein, wenn bei einer Personengesellschaft alle Anteile in einer Hand zusammenfallen oder nach Ausscheiden aller Mitgesellschafter nur ein Gesellschafter übrigbleibt. Die Gesellschaft erlischt und ihr Vermögen fällt dem letztverbliebenen Gesellschafter an (*Kilger/Karsten Schmidt* KO, § 40 Anm. 2). 5

III. Sonderrechtsnachfolger

Abs. 2 betrifft die Sonderrechtsnachfolge. Der Sonderrechtsnachfolger ist selbst Rückgewährschuldner, wenn ihm zur Zeit seines Erwerbs die Umstände bekannt waren, welche die Anfechtbarkeit des Erwerbs seines Rechtsvorgängers begründen (Nr. 1 und Nr. 2), oder wenn ihm das Erlangte unentgeltlich zugewendet worden ist (Nr. 3). Die Haftung des Rechtsnachfolgers tritt nicht an die Stelle, sondern neben die des Rechtsvorgängers. Rechtsnachfolge und mittelbare Zuwendung schließen sich aus. Der Dritte ist Ersterwerber (*RG* WarnRspr 1908 Nr. 346). Hier finden nur die §§ 130–134 InsO Anwendung. Nicht anwendbar ist § 145 Abs. 2 InsO auf Anweisungsleistungen. Hat der Insolvenzschuldner seinen Schuldner angewiesen, die geschuldete Leistung einem Dritten zu erbringen, ist der Dritte nicht Rechtsnachfolger des Angewiesenen. Er ist vielmehr Ersterwerber, weil der Insolvenzschuldner mittelbar an ihn geleistet hat (*Jaeger/Henckel* KO, § 40 Rz. 27). 6

Rechtsnachfolge ist jeder abgeleitete Erwerb eines Rechts durch Rechtsübertragung (Übereignung, Abtretung). Sie liegt vor bei Vollübergang (Übergang in derselben Gestalt und mit gleichem Inhalt) sowie bei Schaffung eines neuen Rechts auf Grund des anfechtbar Erworbenen, wie z. B. Begründung einer Hypothek, einer Dienstbarkeit, eines Pfandrechts am anfechtbar erworbenen Gegenstand (RGZ 9, 84; 15; 371; *Kilger/ Karsten Schmidt* KO, § 40 Anm. 3). Rechtsnachfolger ist auch der Besitzer, dem die Sache auf Grund eines obligatorischen Vertrages (Miete oder Verwaltung) übertragen worden ist (*Jaeger/Henckel* KO, § 40 Rz. 29). 7

Dauernheim

8 Originärer Rechtserwerb wie z. B. Fund, Ersetzung (§§ 937, 945 BGB), Aneignung, Verbindung, Vermischung, Verarbeitung (§§ 946, 947 Abs. 2, 948, 949, 950 BGB), Enteignung oder durch Zuschlag im Rahmen eines Zwangsversteigerungsverfahrens ist nicht nach § 145 InsO anfechtbar (*Jaeger/Henckel* KO § 40 Rz. 39; *Kuhn/Uhlenbruck* KO, § 40 Rz. 7).

9 Rechtsnachfolger ist auch der Bürge, der den Gläubiger befriedigt und auf den gem. §§ 774, 412, 401 BGB mit der Hauptforderung ein dafür anfechtbar erworbenes Pfandrecht übergeht (*Kuhn/Uhlenbruck* KO, § 40 Rz. 6). Hat der Gläubiger einer durch Bürgschaft gesicherten Forderung vom Hauptschuldner vor dessen Insolvenz auf nicht anfechtbare Weise Befriedigung erlangt, so kann der Insolvenzverwalter nicht im Wege der Anfechtung den Bürgen als Rechtsnachfolger des Gläubigers in Anspruch nehmen (*BGH* NJW 19974, 57). Rechtsnachfolger ist auch der Gläubiger, der an dem von seinem Schuldner anfechtbar erworbenen Gegenstand ein Pfändungspfandrecht erlangt hat (RGZ 39, 83), der Wechselindossatar in bezug auf den Indossanten (*RG* SeuffArch 45 Nr. 154; *Jaeger/Henckel* KO, § 40 Rz. 27) und der Vermächtnisnehmer eines vom Erblasser anfechtbar erworbenen Gegenstandes (*Kilger/Karsten Schmidt* KO, § 40 Anm. 3; *Jaeger/Henckel* KO, § 40 Rz. 32). Hat der Insolvenzschuldner den Nießbrauch an einem Hausgrundstück bestellt und dann einem Dritten mit Zustimmung des Nießbrauchers Mietforderungen des Hauses abgetreten, so ist der Dritte Rechtsnachfolger des Nießbrauchers (RGZ 88, 216).

10 Sonderrechtsnachfolge ist gegeben beim Erwerb vom Nichtberechtigten gem. §§ 892, 932 ff. BGB (*RG* JW 1914, 304; *Jaeger/Henckel* KO § 40 Rz. 30).

11 Der Rechtsfolge des § 145 Abs. 2 InsO ist auch derjenige ausgesetzt, dem der Ersterwerber ein Pfandrecht, eine Hypothek, Grundschuld oder Rentenschuld oder eine Dienstbarkeit an dem von ihm anfechtbar erworbenen Gegenstand bestellt hat (RGZ 25, 410 [412]; *Jaeger/Henckel* KO, § 40 Rz. 28 m.w.N.). Auch der Gläubiger des Ersterwerbers, der ein Pfändungspfandrecht an dem von diesem anfechtbar erworbenen Gegenstand oder ein Recht auf Befriedigung aus dem anfechtbar erworbenen Grundstück (§ 10 Abs. 1 ZVG) erlangt hat, ist Rechtsnachfolger (RGZ 39, 79 [83]). Rechtsnachfolger i. S. d. § 145 Abs. 2 InsO ist dagegen nicht der Gläubiger, der sich im Wege der Anfechtung außerhalb der Insolvenz Deckung verschafft hat. Ihm gegenüber findet § 16 Abs. 2 AnfG 1999 Anwendung (*Jaeger/Henckel* KO, § 40 Rz. 28). Auch wer zur Erfüllung einer Schuld an einen Ersterwerber zahlt, ist nicht dessen Rechtsnachfolger (RGZ 39, 79 [84 ff.]).

12 Der Schuldner einer anfechtbar abgetretenen Forderung ist nicht Rechtsnachfolger des Zessionars. Ebenso liegt es, wenn der anfechtbar erworbene Gegenstand veräußert und der Erlös einem Dritten ausgehändigt wird (*RG* SeuffArch 45 Nr. 154). Anders liegt es, wenn der Dritte anfechtbar übereignete Geldstücke weiter übereignet erhält (*Kuhn/Uhlenbruck* KO, § 40 Rz. 7).

13 Beteiligt sich der künftige Insolvenzschuldner an der Gründung einer Kapitalgesellschaft, so ist die juristische Person hinsichtlich der Pflichteinzahlungen Ersterwerberin, mögen diese auch an die Gründungsgesellschaft geleistet worden sein (BGHZ 15, 67; *Kuhn/Uhlenbruck* KO, § 40 Rz. 7). Das gleiche gilt für die Erbringung einer Stammeinlage durch den Mitgründer einer GmbH (RGZ 74, 18; *Kilger/Karsten Schmidt* KO, § 40 Anm. 3).

1. Abs. 2 Nr. 1

14 Abs. 2 Nr. 1 entspricht § 40 Abs. 2 Nr. 1 KO und beläßt es bei der subjektiven Voraussetzung, daß der Rechtsnachfolger die zur Anfechtbarkeit des Vorerwerbs führenden

Anfechtung gegen Rechtsnachfolger § 145

Umstände gekannt hat. Grob fahrlässige Kenntnis reicht nicht aus. Dem Rechtsnachfolger müssen die Umstände positiv bekannt gewesen sein. Die zutreffenden rechtlichen Schlüsse muß der Sonderrechtsnachfolger nicht gezogen haben, insbesondere ist keine Kenntnis der Anfechtbarkeit als solche notwendig. Die Kenntnis muß zu dem Zeitpunkt vorliegen, in dem der die Sonderrechtsnachfolge auflösende Tatbestand erfüllt ist (*Kilger/Karsten Schmidt* KO, § 40 Anm. 6; *Kuhn/Uhlenbruck* KO, § 40 Rz. 17). Soweit bei einem für den Rechtsvorgänger in Frage kommenden Anfechtungstatbestand eine Rechtsvermutung für das Vorliegen einer Anfechtungsvoraussetzung besteht, gilt diese Vermutung auch im Rahmen des § 145 Abs. 2 InsO (*BGH* MDR 1969, 389 [390]).
Die Beweislast für das Vorliegen der Anfechtungsvoraussetzungen trägt der Insolvenzverwalter (*BGH* LM § 10 KO Nr. 6). 15

2. Abs. 2 Nr. 2

Abs. 2 Nr. 2 InsO unterscheidet sich von Abs. 2 Nr. 1 nur dadurch, daß die Kenntnis der 16 die Anfechtbarkeit des Erwerbs seitens des Rechtsvorgängers begründenden Tatsachen vermutet wird, wenn der Rechtsnachfolger zur Zeit des Erwerbs zu den Personen gehörte, die dem Schuldner nach § 138 InsO nahestehen. Die gesetzliche Vermutung hat eine Umkehr der Beweislast zur Folge, d. h. der Anfechtungsgegner (der Rechtsnachfolger) muß beweisen, daß er keine Kenntnis hatte.

3. Abs. 2 Nr. 3

Abs. 2 Nr. 3 übernimmt geltendes Recht. Diese Norm beruht auf Billigkeitsgesichts- 17 punkten. Unerheblich ist, aus welchem Grunde der Erwerb des Rechtsvorgängers anfechtbar ist, oder ob der Rechtsnachfolger die Anfechtbarkeit des Ersterwerbs und die Umstände, welche die haftungsrechtliche Unwirksamkeit gegenüber Zwischenerwerbern aufrechterhalten haben, zur Zeit seines Erwerbs kannte. Vorausgesetzt ist nur, daß der Ersterwerb irgendeinen der Anfechtungstatbestände der §§ 130–135 InsO erfüllt und bei allen Zwischenerwerbern die Voraussetzungen einer Rechtsnachfolge i. S. d. § 145 InsO vorlagen.(*Jaeger/Henckel* KO, § 40 Rz. 54). Gebräuchliche Gelegenheitsgeschenke sowie Pflicht- und Anstandsschenkungen gelten, wie im Rahmen des § 134 InsO, auch im Bereich des § 145 Abs. 2 Nr. 3 nicht.
Der gutgläubige Empfänger einer unentgeltlichen Zuwendung haftet im Falle der 18 Sonderrechtsnachfolge nur im Umfang der noch vorhandenen Bereicherung (§ 143 Abs. 2 InsO).

C. Voraussetzung für Anfechtung

Voraussetzung einer Anfechtbarkeit nach § 145 Abs. 2 InsO ist, daß der Erwerb des 19 Ersterwerbers und der Erwerb eines jeden Zwischenerwerbers anfechtbar ist (*BGH* NJW 74, 57). Es kann dabei die Anfechtbarkeit jeweils auf einem anderen Rechtsgrunde beruhen und verschiedenen Inhalt haben (RGZ 103, 117). Ist die Anfechtung gegen einen der Zwischenerwerber unbegründet, so ist sie es auch gegen sämtliche weiteren Rechtsnachfolger, mögen sie auch die Anfechtbarkeit des Ersterwerbers oder eines früheren Nachfolgeerwerbers gekannt haben (*Kuhn/Uhlenbruck* KO, § 40 Rz. 11).
Die Anfechtung muß innerhalb der Verjährungsfrist (§ 146 InsO) geltend gemacht 20 werden. Wird sie später als zwei Jahre nach Eröffnung des Insolvenzverfahrens geltend

gemacht, unterliegt sie der Einrede der Verjährung. Macht der Anfechtungsgegner die Einrede nicht geltend, so kann die Anfechtung auch noch nach Ablauf von 2 Jahren geltend gemacht werden.

D. Verhältnis zwischen Rechtsnachfolger und Rechtsvorgänger

21 Hat der Sonderrechtsnachfolger den erworbenen Gegenstand nach § 145 InsO herauszugeben, kann dieser Erstattung seiner Gegenleistung nur von seinem Rechtsvorgänger verlangen. § 144 InsO findet entsprechend Anwendung (*Kuhn/Uhlenbruck* KO, § 40 Rz. 23, *Kilger/Karsten Schmidt* KO, § 40 Anm. 9; a. A. *Jaeger/Henckel* KO, § 40 Rz. 63, wonach der Vorgänger nach § 280 BGB zum Schadensersatz verpflichtet ist.).

22 In den Fällen des Abs. 2 Nr. 1 und Nr. 2 haftet der Rechtsnachfolger nach Maßgabe des § 144 Abs. 1 InsO insoweit, als sein Erwerb reicht. Rechtsnachfolger und Rechtsvorgänger haften gesamtschuldnerisch nach § 421 BGB, soweit sich die Rückgewährverbindlichkeiten des Ersterwerbers und des Rechtsnachfolgers decken (*Kuhn/Uhlenbruck* KO, § 40 Rz. 21).

E. Prozessuales

23 Ersterwerber und Einzelrechtsnachfolger sind einfache Streitgenossen. Für jeden Beklagten ist der Gerichtsstand unabhängig von dem der anderen zu ermitteln.

24 Der Übergang von einem der Tatbestände der §§ 130–135 InsO zu einem des § 145 Abs. 2 InsO ist Änderung des Klagegrundes, weil die Erfordernisse des § 145 InsO wesentlich verschieden von denen der §§ 130–135 InsO sind. § 264 ZPO findet daher keine Anwendung (*Kilger/Karsten Schmidt* KO, § 40 Anm. 10; *Kuhn/Uhlenbruck* KO, § 40 Rz. 24). Hat der Insolvenzverwalter den Rechtsnachfolger auf Rückgewähr verklagt und ist diese während des Prozesses unmöglich geworden, liegt wegen § 264 Nr. 3 ZPO keine Klageänderung vor, wenn der Insolvenzverwalter statt dessen Wertersatz verlangt (*Jaeger/Henckel* KO, § 40 Rz. 66).

25 Die Rechtskraft einer Entscheidung im Anfechtungsprozeß zwischen einem Insolvenzverwalter und einem Ersterwerber ist für den Sonderrechtsnachfolger des § 145 Abs. 2 InsO nicht bindend (*Kilger/Karsten Schmidt* KO, § 40 Anm. 9). Dies folgt daraus, daß die beklagte Partei in beiden Anfechtungsprozessen nicht die gleiche ist (*Kuhn/Uhlenbruck* KO, § 40 Rz. 14).

26 Veräußert der rückgewährpflichtige Anfechtungsgegener den erworbenen Gegenstand nach Rechtshängigkeit, so findet § 265 ZPO keine Anwendung (*Kuhn/Uhlenbruck* KO, § 40 Rz. 15; *Jaeger/Henckel* KO, § 40 Rz. 67). Der Grund dafür ist, daß Gegenstand des Anfechtungsprozesses ein schuldrechtlicher Verschaffungsanspruch ist und bei einem bloß schuldrechtlichen Anspruch gegen den Eigentümer der herausverlangte Gegenstand keine »im Streit befangene Sache« i. S. d. § 265 ZPO ist (RGZ 27, 239; *OLG Köln* ZIP 1991, 1369; *Kuhn/Uhlenbruck* KO, § 40 Rz. 15). Aus diesem Grund wirkt das gegen den Ersterwerber ergehende Urteil nicht nach § 325 ZPO gegen den Rechtsnachfolger und kann gegen ihn auch nicht nach § 727 ZPO vollstreckt werden (*Kilger/Karsten Schmidt* KO, § 40 Anm. 9).

§ 146
Verjährung des Anfechtungsanspruchs → § 41 KO

(1) Der Anfechtungsanspruch verjährt in zwei Jahren seit der Eröffnung des Insolvenzverfahrens.
(2) Auch wenn der Anfechtungsanspruch verjährt ist, kann der Insolvenzverwalter die Erfüllung einer Leistungspflicht verweigern, die auf einer anfechtbaren Leistung beruht.

Inhaltsübersicht: Rz.

A. Allgemeines 1– 5
B. Absatz 1 6–13
   I. Wahrung der Anfechtungsfrist 6– 9
   II. Fristwahrung durch Klage oder gleichgestellte Rechtshandlung 10–13
C. Leistungsverweigerungsrecht (Abs. 2) 14–21

Literatur:

Gerhardt Anm. zu BGH, Urt. v. 12. 11. 1992 – IX ZR 237/91 –, EWiR § 29 KO 1/93, 61.

A. Allgemeines

Durch die Vorschrift des § 146 InsO wird die Vorschrift des § 41 Abs. 1 KO grundlegend umgestaltet. Die Ausschlußfrist des § 41 Abs. 1 Satz 1 KO für die Ausübung des Anfechtungsrechts wird durch eine **Verjährungsfrist** ersetzt. Durch die Heraufsetzung der Frist auf **zwei Jahre** wird die Ausübungsfrist im Vergleich zum Konkursrecht um ein Jahr verlängert. Die Gesamtvollstreckungsordnung enthielt im Vorgriff auf die Reform bereits eine Frist von 2 Jahren (§ 10 Abs. 2 GesO). Die Frist des § 41 Abs. 1 Satz 3 KO ist in die Anfechtungstatbestände der §§ 133 Abs. 1 Satz 1, 135 Nr. 1 InsO übernommen worden. 1

Aus der Umgestaltung zu einer Verjährungsfrist ergibt sich der Vorteil, daß die Vorschriften des BGB über Hemmung und Unterbrechung der Verjährung nunmehr unmittelbar anwendbar sind, und zwar über die Vorschriften hinaus, die kraft gesetzlicher Regelung (so § 41 Abs. 1 Satz 2 KO für §§ 203 Abs. 2, 207 BGB) oder nach herrschender Auffassung auf die heutige Ausschlußfrist des § 41 Abs. 1 Satz 1 KO entsprechend anzuwenden sind. Letzteres gilt für die Anwendung des Rechtsgedankens der §§ 206, 207 BGB auf einen Verwalterwechsel, für § 209 Abs. 2 BGB und wohl § 212 Abs. 2 BGB. 2

Aufgrund der Verjährungsfrist wird vor allem auch § 208 BGB in den Bereich der unmittelbar anwendbaren Vorschriften einbezogen. Dies hat zur Folge, daß eine Anerkennung des Anfechtungsanspruchs den Lauf der Verjährungsfrist unterbricht. Schließlich bildet eine Verjährungsfrist die Möglichkeit, dem Anfechtungsgegner in besonderen Fällen mit Rücksicht auf Treu und Glauben (§ 242 BGB) zu versagen, sich auf den Ablauf der Frist zu berufen. 3

Aus der Rechtsnatur der Verjährung folgt auch, daß die Einrede der Verjährung von dem Anfechtungsgegner im Prozeß geltend gemacht werden muß. Wird die Einrede nicht 4 erhoben, so kann der Insolvenzverwalter auch nach Ablauf von 2 Jahren die Anfechtung geltend machen. Die Insolvenzanfechtungsfrist wird durch einen nicht richterlich unterschriebenen oder verkündeten Beschluß über die Verfahrenseröffnung auch dann nicht in Gang gesetzt, wenn der Beschluß zugestellt und öffentlich bekanntgemacht worden ist (*BGH* ZIP 1997, 2126).

5 Abs. 2 ist an § 41 Abs. 2 KO angelehnt, erweitert jedoch in vorsichtiger Weise das Leistungsverweigerungsrecht des Insolvenzverwalters. Im Vergleich zum geltenden Recht soll die gewählte Formulierung verdeutlichen, daß auch ein mittelbarer Zusammenhang zwischen anfechtbarer Handlung und Leistungspflicht genügt, daß jede Art von Leistungspflicht genügt (z. B. sachenrechtliche Leistungspflicht) und daß die Leistungspflicht nicht schon vor der Verfahrenseröffnung gegenüber dem Schuldner bestanden haben muß.

B. Absatz 1

I. Wahrung der Anfechtungsfrist

6 Die **Anfechtungsfrist** kann nur durch **Klage, Widerklage, Einrede und Mahnbescheid** gewahrt werden. Darüber hinaus stehen einer Klage die in § 209 Abs. 2 BGB genannten Maßnahmen gleich. Bei einem Mahnbescheid muß der Insolvenzverwalter, wenn er von einem Widerspruch erfährt, unverzüglich nach § 696 Abs. 1 ZPO die Durchführung des streitigen Verfahrens beantragen und dafür sorgen, daß der Abgabe kein von ihm zu vertretendes Hindernis entgegensteht (*BGH* NJW 1991, 1057 [1058]; *BGH* KTS 1993, 443; *Kuhn/Uhlenbruck* KO, § 41 Rz. 9). Ob dieses Urteil auch für die Insolvenzordnung Gültigkeit besitzt, ist sehr fraglich. Durch die Verjährungsfrist sollen die Normen des BGB unmittelbar anwendbar sein. Hierzu zählt auch § 209 Abs. 2 Nr. 1 BGB. Wird innerhalb der Frist ein Mahnbescheid zugestellt, so bleibt die Verjährung auch dann unterbrochen, wenn die Sache nach erfolgtem Widerspruch nicht unverzüglich dem Gericht abgegeben wird (*Thomas/Putzo* § 696 ZPO Rz. 13; *LG Köln* NJW-RR 1991, 59). Die Frist wird auch durch eine Feststellungsklage gewahrt (*BGH* ZIP 1996, 184; *OLG Düsseldorf* ZIP 1996, 185; *BGH* KTS 1961, 107). Die rechtzeitige Geltendmachung gegenüber dem Ersterwerber genügt, um auch die Frist gegenüber dem Rechtsnachfolger zu wahren (RGZ 103, 113 [121 f.]; *OLG Düsseldorf* ZIP 1996, 185 [187]).

7 Eine Anfechtungsklage ist auch dann rechtzeitig erhoben, wenn innerhalb der Frist des § 146 InsO unter Bezugnahme des Klägers auf einen inhaltlich den Anforderungen des § 253 Abs. 2 ZPO entsprechenden Klageentwurf mündlich verhandelt wird und der Beklagte nicht rügt, daß eine ordnungsgemäße Klageschrift fehle (*BGH* ZIP 1996, 552).

8 Die Verjährungsfrist wird auch durch rechtzeitigen Eingang der Klage beim sachlich unzuständigen Gericht gewahrt, wenn die Klage demnächst i. S. v. § 270 ZPO zugestellt (*BGH* ZIP 1993, 271; *Gerhardt* EWiR § 29 KO 1/93, 61) und die Unzuständigkeit nach § 38 ZPO geheilt wird, oder gem. § 281 ZPO der Rechtsstreit an das zuständige Gericht verwiesen wird (*Kilger/Karsten Schmidt* KO, § 41 Anm. 5). Die Verjährungsfrist wird auch gewahrt, wenn die Anfechtungsklage bei einem örtlich unzuständigen Gericht erhoben und der Rechtsstreit nach Fristablauf von diesem an das örtlich zuständige Gericht verwiesen wird (*BGH* NJW 1953, 1139; *Kilger/Karsten Schmidt* KO, § 41 Anm. 5), oder wenn verhandelt wird, ohne die Unzuständigkeit geltend zu machen (§ 39 ZPO). Zur Wahrung der Frist reicht es auch aus, wenn wegen des Anspruchs ein

Verjährung des Anfechtungsanspruchs § 146

Güteantrag bei einer Gütestelle der in § 794 Abs. 1 Nr. 1 ZPO bezeichneten Art gestellt wird (*Jaeger/Henckel* KO, § 41 Rz. 30). Der Fristablauf ist aber nicht zu berücksichtigen, wenn sich der Anfechtungsgegner schuldrechtlich zur Rückübereignung des anfechtbar erlangten Gegenstandes verpflichtet (*Kuhn/Uhlenbruck* KO, § 41 Rz. 4).
Die Frist ist auch dann nach § 212 Abs. 2 BGB gewahrt, wenn die fristgerecht einge- 9
reichte Klage wegen sachlicher oder örtlicher Unzuständigkeit zur Prozeßabweisung führt oder zurückgenommen wird, aber binnen sechs Monaten von Neuem Klage erhoben worden ist (*Kuhn/Uhlenbruck* KO, § 41 Rz. 8; *Kilger/Karsten Schmidt* KO, § 41 Anm. 5). Im Falle eines Verwalterwechsels endet die Verjährungsfrist nicht vor Ablauf von sechs Monaten seit Ernennung des Insolvenzverwalters (§§ 206, 207 BGB).

II. Fristwahrung durch Klage oder gleichgestellte Rechtshandlung

Die Klage muß geeignet sein, zu einer sachlichen Entscheidung zu führen. Sie muß vor 10
allem allen gesetzlichen Prozeßvoraussetzungen entsprechen (RGZ 132, 286; *Kuhn/ Uhlenbruck* KO, § 41 Rz. 10). Die Wahrung der Frist erfordert aber nicht bereits eine schlüssige Klage (*BGH* WM 1969, 888). Fehlende Prozeßvoraussetzungen, die der Heilung zugänglich sind, verhindern nicht die Wahrung der Frist (*Kuhn/Uhlenbruck* KO, § 41 Rz. 10). Die Klage muß die Tatsachen enthalten, aus welchen die Anfechtung hergeleitet wird. Die Anfechtung als solche muß aber nicht gesondert geltend gemacht oder erklärt werden (*BGH* ZIP 1997, 737). Die Angabe der gesetzlichen Bestimmungen, auf die die Anfechtung gestützt werden soll, ist nicht Voraussetzung für eine wirksame Anfechtung (*BGH* ZIP 1993, 1653).
Eine **Drittwiderspruchsklage** nach §§ 771, 772 ZPO kann einer Anfechtungsklage 11
nach §§ 129 ff. InsO **nicht** gleichgesetzt werden. Sie kann aber mit einer Feststellungsklage gleichgesetzt werden (*BGH* KTS 1961, 107), deren Erhebung, bei Vorliegen aller Zulässigkeitsvoraussetzungen, die Frist wahrt. Es reicht aber nicht aus, daß der Insolvenzverwalter seine Klage nicht auf Insolvenzanfechtung stützt und dementsprechend einen schuldrechtlichen Rückgewähranspruch geltend macht, sondern nach § 772 ZPO begehrt, eine Veräußerung für unzulässig zu erklären, weil sie gegen ein allgemeines Veräußerungsverbot verstoßen habe. Der Klagegrund darf nämlich nicht willkürlich gewechselt werden (*BGH* WM 1960, 546; 1969, 888; *Kuhn/Uhlenbruck* KO, § 41 Rz. 10a). Eine spätere Änderung des klagebegründenden Vorbringens ist keine Klageänderung, wenn die Klage erkennen läßt, welche Rechtshandlung vorgenommen wurde und das neue Vorbringen die bisherigen tatsächlich nur berichtigt oder ergänzt (*BGH* ZIP 1985, 427; *BGH* NJW 1992, 1626). Andernfalls liegt eine neue Anfechtung wie beim Wechsel des Anfechtungsgegenstandes vor, welche nur fristgerecht erfolgen kann (*Kilger/Karsten Schmidt* KO, § 41 Anm. 4).
Die Klageschrift muß auch erkennen lassen, welche Partei verklagt worden ist. Die 12
Bezeichnung der beklagten Partei ist aber nicht ausschlaggebend. Nach dem *BGH* kommt es vielmehr darauf an, welcher der von der klagenden Partei in der Klageschrift gewählten Parteibezeichnung bei objektiver Würdigung des Erklärungsinhaltes beizulegen ist. Bei unrichtiger äußerer Parteibezeichnung ist grundsätzlich die Person als Partei anzusprechen, die erkennbar von der Parteibezeichnung betroffen werden soll (*BGH* ZIP 1983, 858; *BGH* NJW-RR 1995, 764; *Kuhn/Uhlenbruck* KO, § 41 Rz. 10b).
Bei **Teilklagen** wird die Verjährungsfrist nur hinsichtlich des eingeklagten Teilan- 13
spruchs gewahrt (*Kuhn/Uhlenbruck* KO, § 41 Rz. 10c mit Beispielen; *Palandt/Heinrichs* BGB, § 209 Rz. 14).

C. Leistungsverweigerungsrecht (Abs. 2)

14 Der Insolvenzverwalter kann die Erfüllung einer Leistungspflicht, die auf einer anfechtbaren Handlung beruht, verweigern, wenn der Anfechtungsanspruch verjährt ist. Dem Insolvenzverwalter steht somit (wie auch in der Konkursordnung) ein Leistungsverweigerungsrecht zu. Die **Einrede der Anfechtung** steht dem Insolvenzverwalter gegen jeden zu, durch den der Anfechtungsgegner auf Grund der anfechtbaren Handlung etwas erlangt hat (RGZ 62, 197 [200]). Das Leistungsverweigerungsrecht gilt nicht nur gegenüber persönlichen Leistungspflichten der Masse, sondern auch gegenüber einer sachenrechtlichen Leistungspflicht und gegenüber Ansprüchen, welche aus einem dinglichen Recht erwachsen sind (*Kilger/Karsten Schmidt* KO, § 41 Anm. 8). Weiter ist nicht erforderlich, daß die Leistungspflicht schon in der Person des Insolvenzschuldners begründet ist. Es genügt, wenn sie erst infolge der Eröffnung des Insolvenzverfahrens auf Grund einer Maßnahme des Insolvenzverwalters entstanden ist (RGZ 84, 227). Der Insolvenzverwalter kann die Erfüllung von Aus- und Absonderungsansprüchen auch nach Ablauf der Verjährungsfrist verweigern (*OLG Düsseldorf* ZIP 1996, 1476 [1478]; *OLG Karlsruhe* ZIP 1980, 260). Das gleiche gilt hinsichtlich der auf Grund anfechtbarer Sicherungszession oder Sicherungsübereignung durch den Insolvenzverwalter erzielten Beträge (BGHZ 30, 238; *Kuhn/Uhlenbruck* KO, § 41 Rz. 12; *Kilger/Karsten Schmidt* KO, § 41 Anm. 8).

15 Der Insolvenzverwalter kann nach § 146 Abs. 1 InsO die Freigabe von Anwartschaften des Arbeitnehmers aus einem unwiderruflichen Bezugsrecht an einer Lebensversicherung, das in anfechtbarer Weise eingeräumt worden ist, auch dann verweigern, wenn er die Anfechtung nicht innerhalb der Verjährungsfrist geltend gemacht hat (*OLG Düsseldorf* ZIP 1996, 1476). Seinem Sinn und Zweck nach ist Abs. 2 weit auszulegen, jedenfalls dann, wenn der Insolvenzverwalter sich gegen ein Aussonderungsbegehren des Anfechtungsgegners verteidigt *(OLG Düsseldorf* a. a. O.).

16 Dem Insolvenzverwalter ist es nicht verwehrt, auf Feststellung des Nichtbestehens eines Absonderungsrechtes zu klagen, wie z. B. auf Feststellung der Unwirksamkeit eines Pfändungspfandrechts, wenn der Gerichtsvollzieher die gepfändete Sache bei dem Insolvenzschuldner belassen hatte (*BGH* ZIP 19982, 464; *Kilger/Karsten Schmidt* KO, § 41 Anm. 8). Auf die Parteistellung kommt es daher nicht an, sondern lediglich darauf, ob der Insolvenzverwalter angriffsweise oder verteidigungsweise vorgeht (*BGH* NJW 1984, 874).

17 Abs. 2 ist anwendbar, wenn die Erfüllung einer anfechtbar begründeten Schuld begehrt wird (RGZ 56, 315). Er greift nicht ein, wenn der Anspruch des Anfechtungsgegners eine andere Rechtsgrundlage als die anfechtbare Handlung hat (BGHZ 30, 254). Hat der Insolvenzschuldner eine Forderung wirksam abgetreten, steht dem Insolvenzverwalter bei Klage des Zessionars auf Einwilligung des Insolvenzverwalters in die Auszahlung durch den Schuldner die Einrede nicht zu (*OLG Düsseldorf* ZIP 1990, 1013). Hatte der spätere Insolvenzschuldner in anfechtbarer Weise eine Grundschuld bestellt, und versäumt es der Insolvenzverwalter, dies innerhalb der Verjährungsfrist geltend zu machen, so kann er den Verzicht auf die Grundschuld oder die Einwilligung in ihre Löschung nicht mit der Begründung verlangen, der Geltendmachung der Grundschuld stehe eine dauernde Einrede entgegen (*OLG Hamm* MDR 1977, 668; *Kuhn/Uhlenbruck* KO, § 41 Rz. 12 c).

18 Als Leistungsverweigerung i. S. v. § 146 Abs. 2 InsO ist auch der anfechtungsweise im Verteilungstermin einer Zwangsversteigerung vom Insolvenzverwalter erhobene Widerspruch gegen eine Hypothek und die anschließende Widerspruchsklage aufzufassen (*Jaeger/Henckel* KO, § 41 Rz. 55; *Kuhn/Uhlenbruck* KO, § 41 Rz. 12 c).

Ist ein streitiger Wert hinterlegt worden, so steht dem Insolvenzverwalter gegenüber der **19**
Klage auf Einwilligung in die Auszahlung die Einrede nach § 146 Abs. 2 InsO zu
(*Kilger/Karsten Schmidt* KO, § 41 Anm. 7). Umstritten war, ob der Insolvenzverwalter
auch noch nach Ablauf der Anfechtungsfrist Klage auf Einwilligung in die Auszahlung
des Hinterlegungsbetrages an die Masse erheben konnte (*Kuhn/Uhlenbruck* KO, § 41
Rz. 12d; *Kilger/Karsten Schmidt* KO, § 41 Anm. 7; *Jaeger/Henckel* KO, § 41 Rz. 59)
Der Streit kann nach der Umgestaltung dahinstehen. Eine Klage auf Einwilligung ist
immer zulässig. Die Frage ist nur, ob der Anfechtungsgegner sich auf Verjährung beruft
oder nicht.

Der Insolvenzverwalter ist nicht berechtigt, in einem Prozeß, der gegen einen Dritten **20**
gerichtet ist, als Nebenintervenient (§§ 66 ff. ZPO) verteidigungsweise die Einrede des
§ 146 Abs. 2 InsO geltend zu machen, denn der Nebenintervenient ist nur berechtigt,
solche Verteidigungsmittel vorzubringen, die der von ihm unterstützten Partei zustehen
(BGHZ 106, 127; *OLG Hamm* ZIP 1986, 725).

Nach der Gesetzesbegründung soll auch ein mittelbarer Zusammenhang zwischen **21**
anfechtbarer Handlung und Leistungspflicht genügen. (Begr. RegE BT-Drucks. 12/
2443, S. 169) Dieser Zusammenhang ist zu bejahen, wenn der Insolvenzverwalter
eine vom Insolvenzschuldner anfechtbar abgetretene Forderung mit Wirkung gegen
den Zessionar einzieht und deshalb aus § 816 Abs. 2 BGB belangt wird (*BGH* KTS
1971, 31).

§ 147
Rechtshandlungen nach Verfahrenseröffnung → § 42 KO

(1) Eine Rechtshandlung, die nach Eröffnung des Insolvenzverfahrens vorgenommen worden ist und die nach den §§ 892, 893 des Bürgerlichen Gesetzbuches, §§ 16, 17 des Gesetzes über Rechte an eingetragenen Schiffen und Schiffsbauwerken und §§ 16, 17 des Gesetzes über Rechte an Luftfahrzeugen wirksam ist, kann nach den Vorschriften angefochten werden, die für die Anfechtung einer vor der Verfahrenseröffnung vorgenommenen Rechtshandlung gelten.
(2) Die Verjährungsfrist nach § 146 Abs. 1 beginnt mit dem Zeitpunkt, in dem die rechtlichen Wirkungen der Handlung eintreten.

Die Vorschrift entspricht in Abs. 1 der Regelung in § 42 Satz 1 KO und paßt in Abs. 2 die **1**
Regelung des § 42 Satz 2 KO der Vorschrift des § 146 InsO an. Die Vorschrift erweitert
den Anwendungsbereich der §§ 130–134 InsO auf solche Geschäfte, die, obwohl nach
Verfahrenseröffnung vorgenommen, nach § 81 Abs. 1 Satz 2 bzw. § 91 Abs. 2 InsO
i. V. m. §§ 892, 893 BGB, §§ 16, 17 SchiffsRG und §§ 16, 17 LuftfzRG den Insolvenzgläubigern gegenüber wirksam sind.

Die Vorschrift ist auf den Erwerb nach **§ 878 BGB**, § 3 Abs. 3 SchiffsRG oder § 5 Abs. 5 **2**
LuftfzRG entsprechend anwendbar, wenn der Schuldner den Antrag auf Eintragung
gestellt hat (a. A. *Bork* Insolvenzrecht, Rz. 211; *Jauernig* Insolvenzrecht, § 80 V 1; vgl. a.
zur KO: RGZ 81, 426 [427]; eingehend *Jaeger/Henckel* KO, § 42 Rz. 11 ff.). Maßgebender Zeitpunkt für die Anfechtung ist hier nämlich nicht nach § 140 Abs. 2 InsO die
bindende Einigung und die Stellung des Eintragungsantrages, sondern gemäß § 140
Abs. 1 InsO die danach erfolgte Eintragung. Liegt diese nach Verfahrenseröffnung,
käme, folgte man dem Wortlaut des § 147 InsO, eine Anfechtung überhaupt nicht in

Betracht. Dieses Ergebnis kann jedoch nicht gewollt sein. Daß sich die Begr. RegE (BT-Drucks. 12/2443, S. 169) gegen die Einbeziehung von § 878 BGB ausspricht, ist damit zu erklären, daß sie aus dem Referentenentwurf unverändert übernommen wurde, dieser jedoch den vorliegenden Fall noch bei § 140 Abs. 2 InsO einbezog (vgl. *Jauernig* a. a. O.).

3 Als Anfechtungsgründe kommen die §§ 130–134, 145 InsO in Betracht. Die dort genannten Fristen fallen für die Anfechtbarkeit nach § 147 InsO weg.

4 Abs. 2: Die Verjährungsfrist nach § 146 InsO kann, da die anfechtbare Rechtshandlung erst nach der Verfahrenseröffnung vorgenommen worden ist, nicht mit Eröffnung des Insolvenzverfahrens zu laufen beginnen. Vielmehr beginnt die Frist in Anlehnung an § 140 Abs. 1 InsO in dem Zeitpunkt, in dem ihre rechtlichen Wirkungen eintreten.

Vierter Teil
Verwaltung und Verwertung der Insolvenzmasse

Erster Abschnitt
Sicherung der Insolvenzmasse

§ 148
Übernahme der Insolvenzmasse → **§ 117 KO**

(1) Nach der Eröffnung des Insolvenzverfahrens hat der Insolvenzverwalter das gesamte zur Insolvenzmasse gehörende Vermögen sofort in Besitz und Verwaltung zu nehmen.
(2) ¹Der Verwalter kann auf Grund einer vollstreckbaren Ausfertigung des Eröffnungsbeschlusses die Herausgabe der Sachen, die sich im Gewahrsam des Schuldners befinden, im Wege der Zwangsvollstreckung durchsetzen. ²§ 766 der Zivilprozeßordnung gilt mit der Maßgabe, daß an die Stelle des Vollstreckungsgerichts das Insolvenzgericht tritt.

Inhaltsübersicht: Rz.

A. Allgemeines 1
B. Inbesitznahme (Abs. 1) 2–10
C. Zwangsmaßnahmen 11–17
D. Rechtsmittel 18

Literatur:

Burkhardt Die Räumungsfrist bei der Zwangsvollstreckung aus Zuschlags- und Konkurseröffnungsbeschlüssen, NJW 1968, 687f.; *Mohrbutter/Mohrbutter* Handbuch der Konkurs- und Vergleichsverwaltung, 1990; *Schäfer* Der Konkursverwalter im Strafverfahren, WiStra 1985, 209ff.; *Schmidt-Futterer* Die Räumungsfrist bei der Zwangsvollstreckung aus Zuschlags- und Konkurseröffnungsbeschlüssen, NJW 1968, 143ff.

A. Allgemeines

§ 148 der die Inbesitznahme der Insolvenzmasse regelt, entspricht § 117 der Konkurs- **1** ordnung. Die Verwertung wird in der InsO – abweichend von der KO – in §§ 159ff. gesondert geregelt. Die Vorschrift sichert die Übernahme der Insolvenzmasse durch den Insolvenzverwalter und regelt die Rechte und Pflichten des Insolvenzverwalters sowie des Gemeinschuldners. So hat der Verwalter das Recht auf Inbesitznahme der zur Masse gehörenden Sachen, während der Gemeinschuldner verpflichtet ist, den Verwalter in die Lage zu versetzen, das Vermögen tatsächlich verwalten zu können. Dazu gehört unter anderem, daß er dem Verwalter die notwendigen Vollmachten oder Ermächtigungserklärungen erteilt.

B. Inbesitznahme (Abs. 1)

2 Die Insolvenzmasse i. S. v. § 148 InsO ergibt sich aus der Aktivmasse der Insolvenz (§§ 35, 37 InsO). Es handelt sich dabei um die »Ist-Masse«, die von der tatsächlichen Teilungsmasse zu unterscheiden ist. Hierzu zählen alle körperlichen Gegenstände, Forderungen einschließlich der Rückgewähransprüche nach § 143 InsO (*Kilger/Karsten Schmidt* KO, § 117, 1), Rechte sowie alle sich im Ausland befindlichen Vermögensgegenstände (*Kuhn/Uhlenbruck* KO, § 117 Rz. 1), soweit sie nach dem dortigen Recht der Zwangsvollstreckung unterliegen. Auch die Geschäftsbücher des Unternehmens sind Massebestandteil.

3 Mit der Eröffnung des Verfahrens gehen nur die Verwaltungs- und Verfügungsrechte über, § 80 InsO. Der Insolvenzverwalter muß deshalb zur Insolvenzmasse gehörenden Gegenstände in Besitz nehmen. Ein Verzicht auf die Besitzergreifung ist nur dann zulässig, wenn die Gegenstände für die Masse wertlos sind oder wegen ihrer Belastung mit Absonderungsrechten keinen Überschuß für die Masse versprechen (RGZ 52, 51; 60, 109; 79, 29; 94, 55). Im letztgenannten Fall ist der Verwalter nicht verpflichtet bei Herausgabeverweigerung durch den Gemeinschuldner oder Dritte, Klage zu erheben. Es reicht aus, daß er den Absonderungsberechtigten hiervon unterrichtet (*OLG Hamburg* ZIP 1996, 386).

4 Der Verwalter muß auch die Vermögensgegenstände in Besitz nehmen, die eventuell nicht Massebestandteil sind (*Kuhn/Uhlenbruck* KO, § 117 Rz. 3; *Jaeger/Lent* KO, § 117 Rz. 5). Solange Aus- oder Absonderungsrechte nicht abschließend geprüft sind, greift zugunsten der Masse die Eigentumsvermutung des § 1006 BGB. Bei ungeprüfter Freigabe macht sich der Verwalter schadenersatzpflichtig. Aus- oder absonderungsberechtigte Dritte können sich deshalb gegen die Inbesitznahme nicht wehren; unzulässig ist dagegen natürlich die Verwertung.

5 Die Inbesitznahme muß sofort nach Verfahrenseröffnung erfolgen. Die schuldhaft verzögerte Besitzergreifung kann zum Schadenersatzansprüchen des Verwalters führen.

6 Durch die Besitzergreifung wird der Insolvenzverwalter nach h. M. unmittelbarer Fremdbesitzer (*Kilger/Karsten Schmidt* KO, § 117 Anm. 3). Bei unkörperlichen Gegenständen wie Forderungen und Rechte gehören die hierüber ausgestellten Urkunden (z. B. Sparbücher, Wechsel, Grundschuld- und Hypothekenbriefe) zur Insolvenzmasse, so daß diese daher vom Verwalter in Besitz genommen werden müssen. Die Inbesitznahme von Immobilien erfolgt durch Räumung und Besitzeinweisung des Verwalters.

7 Regelmäßig ist die Inbesitznahme mit nicht unerheblichen Kosten verbunden. Der Verwalter wird immer zu prüfen haben, ob er die Gegenstände beim Gemeinschuldner oder bei Dritten bis zur Verwertung beläßt. Wenn der Verwalter so verfährt, muß er sicherstellen, daß die unmittelbaren Besitzer seinen Anweisungen zum Verbleib und der Verwertung der Vermögensgegenstände Folge leisten. In der Praxis werden regelmäßig Besitzmittlungsverhältnisse vereinbart. Solange der Verwalter von der Herausgabebereitschaft des Gemeinschuldners oder des Dritten ausgehen kann, muß der unmittelbare Besitz nicht begründet werden (*OLG Hamburg* ZIP 1996, 386, 387).

8 Dem Verwalter steht aufgrund seines Besitzrechtes gegenüber dem Schuldner, aber auch gegenüber jedem Dritten, der im Besitz eines zur Masse zugehörigen Gegenstandes ist, ein Herausgabeanspruch zu. Eine Ausnahme gilt nur für die Gegenstände, die der Gemeinschuldner unter Verstoß gegen ein Gesetz oder die guten Sitten erlangt hat. In einem solchen Fall besitzt der Verwalter kein Rückforderungsrecht (*BGH* WM 1989, 191).

Übernahme der Insolvenzmasse § 148

Nach dem Universalitätsprinzip des § 35 InsO ist der Insolvenzverwalter verpflichtet, **9** nicht nur das Inlandvermögen, sondern auch das Auslandsvermögen in seinen Besitz zu nehmen. Um seine Pflichten erfüllen zu können, kann der Verwalter nach h. M. vom Schuldner Auskunft und Mitwirkung verlangen. Hierunter fällt vor allem die Erteilung einer Vollmacht, die den Insolvenzverwalter ermächtigt, über die im Ausland befindlichen Vermögensgegenstände zu verfügen (*OLG Köln* WM 1986, 682; a. A. *OLG Koblenz* KTS 1980, 68). Gegen diese Ansicht sprechen auch keine verfassungsrechtlichen Bedenken (*BVerfG* ZIP 1986, 1336).

Der Schuldner ist verpflichtet, dem Verwalter Auskunft über den Verbleib sämtlicher **10** Vermögensgegenstände zu erteilen. Um Auskunft über den derzeitigen Vermögensstand des Gemeinschuldners zu erhalten, ist es dem Insolvenzverwalter jedoch untersagt, von dessen früheren Arbeitnehmern Auskünfte über von diesen dem Gemeinschuldner erteilte Kredite und deren anschließende Abwicklung zu fordern (*BAG* WM 1991, 378). Hierfür bietet auch die InsO keine Rechtsgrundlage. So muß der Gemeinschuldner auf Verlangen des Insolvenzverwalters gem. § 97 InsO Auskunft über alle für das Insolvenzverfahren wichtigen Verhältnisse geben. Kommt er diesem nicht nach, kann der Verwalter sein Auskunftsverlangen im Wege des § 98 InsO erzwingen. Aus diesem Grunde ist ein Auskunftsanspruch nach § 148 InsO i. V.m. § 242 BGB nur möglich, wenn der Verwalter in entschuldbarer Weise über Bestehen und Umfang eines Rechts im Ungewissen ist. Dies kann jedoch nur dann der Fall sein, wenn ihm der Weg der §§ 97, 98 InsO nicht zumutbar ist. Zu der Frage, inwieweit der Insolvenzverwalter zeugnisverweigerungsberechtigte Berufsgeheimnisträger wirksam von der Verschwiegenheitspflicht entbinden kann, vgl. *Schäfer* WiStra 1985, 209.

C. Zwangsmaßnahmen

Sofern der Insolvenzverwalter seinen Herausgabeanspruch geltend macht, der Schuldner **11** sich aber weigert, diesem nachzukommen, kann der Verwalter gem. § 148 Abs. 2 InsO die Herausgabe mit Hilfe einer vollstreckbaren Ausfertigung des Eröffnungsbeschlusses durchsetzen. Dabei handelt es sich um einen Vollstreckungstitel i. S. v. § 794 Abs. 1 Nr. 3 ZPO. Im Eröffnungsbeschluß müssen die einzelnen Vollstreckungsgegenstände nicht näher bezeichnet werden (*LG Düsseldorf* KTS 1957, 143; *Eickmann* Konkurs- und Vergleichsrecht, S. 45, Fußn. 68). In entsprechender Anwendung der §§ 883, 885 ZPO kann der Verwalter auch mit der Unterstützung des Gerichtsvollziehers die Herausgabe erzwingen (*Kilger/Karsten Schmidt* KO, § 117, 2 a).

Der Insolvenzverwalter bzw. der von ihm beauftragte Gerichtsvollzieher können jeder- **12** zeit auch die Privat- und Geschäftsräume des Gemeinschuldners betreten, um Gegenstände der Insolvenzmasse in Besitz zu nehmen. Art. 13 GG stellt diesbezüglich kein Hinderungsgrund dar. Ein besonderer Durchsuchungsbeschluß ist nicht notwendig. Der richterliche Beschluß über die Eröffnung des Insolvenzverfahrens beinhaltet den Insolvenzbeschlag des gesamten dem Gemeinschuldner gehörenden Vermögens (*Kilger/Karsten Schmidt* KO, § 117, 2 a). Darunter fällt auch das, was dieser in seiner Privatwohnung hat (*Kuhn/Uhlenbruck* KO, § 117 Rz. 6a). Aus § 148 InsO obliegt dem Insolvenzverwalter die Pflicht, alle diese Gegenstände an sich zu nehmen. Der Eröffnungsbeschluß reicht zum Betreten der Wohnung auch dann aus, wenn der Gemeinschuldner in einer Wohngemeinschaft, in Ehegemeinschaft oder in eheähnlicher Gemeinschaft lebt (*Kuhn/Uhlenbruck* KO, § 117 Rz. 6b). Im Rahmen der Vollstreckung gilt die Vermutung des § 1362 BGB.

Wegener

§ 148   *Verwaltung und Verwertung der Insolvenzmasse*

13   Der Eröffnungsbeschluß kann vom Insolvenzverwalter auch als Vollstreckungstitel zur Räumung der Wohnung des Gemeinschuldners eingesetzt werden (*Mohrbutter/Mohrbutter* Hdb. d. Konkurs und Vergleichsverwaltung, Rz. 45; *LG Düsseldorf* KTS 1963, 58). Dies gilt allerdings nur, wenn entweder die Wohn- und Geschäftsräume in die Insolvenzmasse fallen oder die Mietwohnung des Schuldners für die Masse verwertet werden soll (*Kuhn/Uhlenbruck* KO, § 117 Rz. 7). Vollstreckungsschutz kann dem Gemeinschuldner nur gem. § 765a ZPO gewährt werden. Eine Anwendung der Vorschrift des § 721 ZPO kommt auch analog nicht in Betracht (*Burkhardt* NJW 1968, 687; *Eickmann* RWS-Skripten 88, 26 f.; a. A. *Schmidt-Futterer* NJW 1968, 143; *Kilger/ Karsten Schmidt* KO, § 117, 3; *Mohrbutter/Mohrbutter* Hdb. d. Konkurs- und Vergleichsverwaltung, Rz. 45).

14   Nach h. M. kann mit dem Eröffnungsbeschluß als Räumungstitel auch gegenüber dem Ehegatten des Gemeinschuldners die Räumungsvollstreckung betrieben werden, wenn nur der Gemeinschuldner Mieter der Wohnung ist (*OLG Hamm* NJW 1956, 1681; *OLG Köln* NJW 1958, 598; *OLG Frankfurt* MDR 1969, 852; *Kuhn/Uhlenbruck* KO, § 117 Rz. 7 a). Sofern die Ehefrau ebenfalls Vertragspartner des Vermieters ist, bedarf der Insolvenzverwalter ihr gegenüber eines eigenständigen Räumungstitels.

15   Sofern sich ein Teil des Schuldnervermögens im Ausland befindet, muß sich der Insolvenzverwalter gegebenenfalls im Inland einen Titel erstreiten, der ihn dann nach dem ausländischen Recht zur Vollstreckung berechtigt (*BGH* NJW 1977, 900).

16   Hat ein Dritter einen zur Insolvenzmasse gehörigen Gegenstand in seinem Besitz und will diesen nicht freiwillig herausgeben, so muß der Verwalter seinen Herausgabeanspruch gerichtlich geltend machen (*OLG Düsseldorf* NJW 1965, 2409), da der Eröffnungsbeschluß gegenüber einem Dritten keinen zur Wegnahme im Zwangsvollstreckungswege geeigneten Titel darstellt (*Kuhn/Uhlenbruck* KO, § 117 Rz. 8). Folglich kann der Leasinggeber nach Kündigung des Leasingvertrages einen Herausgabeanspruch gegen den Insolvenzverwalter des Leasingsnehmers selbst dann geltend machen, wenn der Insolvenzverwalter an dem Leasingobjekt keinen Besitz hat (*OLG Frankfurt* ZIP 1991, 1505).

17   Ein Steuerberater, bei dem sich Geschäftsunterlagen des Schuldners befinden, kann an diesen kein Zurückbehaltungsrecht gegenüber dem Verwalter geltend machen (*Kuhn/ Uhlenbruck* KO, § 117 Rz. 8 m. w. N.; vgl. *OLG Stuttgart* ZIP 1982, 80; *OLG Düsseldorf* NJW 1977, 1201; ZIP 1982, 471; *LG Düsseldorf* ZIP 1982, 303, 306). Das gleiche gilt für Geschäftsunterlagen bei einem Buchhalter. Gem. §§ 675, 667 BGB hat der Insolvenzverwalter gegenüber dem Steuerberater im übrigen Anspruch auf Herausgabe der zum Zweck der Buchhaltung erstellten Computerlisten, da letztlich alle Sachen und Rechte aus der Geschäftsführung erlangt sind, die der Beauftragte infolge der Geschäftsführung erhalten hat. Hierzu zählen daher auch die Unterlagen, die er im Rahmen seiner Geschäftsbesorgungspflichten selbst oder durch Angestellte bzw. Dritte hat anfertigen lassen. Dabei ist es unerheblich, daß der Geschäftsführer zunächst Eigentum an diesen erlangt hat, da die Herausgabepflicht des § 667 BGB in solchen Situationen die Pflicht zur Eigentumsübertragung mit umschließt (vgl. *OLG Stuttgart* ZIP 1982, 80). Der Steuerberater muß gegebenenfalls aufgrund einer einstweiligen Verfügung die Unterlagen herausgeben (*OLG Düsseldorf* ZIP 1982, 471).

Wertgegenstände § 149

D. Rechtsmittel

Hat der Schuldner Einwendungen gegenüber der Art und Weise der Zwangsvollstrek- 18
kung oder gegenüber dem vom Gerichtsvollzieher zu beobachtenden Verfahren, so tritt
gem. § 148 Abs. 2, S. 2 InsO im Rahmen des § 766 ZPO das Insolvenzgericht an die
Stelle des Vollstreckungsgerichts. Gegen die Entscheidung des Insolvenzgerichtes ist
kein Rechtsmittel möglich, § 6 Abs. 1 InsO (RegE BT-Drucks. 12/2453, S. 170). Ein
Streit über die Massezugehörigkeit von Vermögensgegenständen wird nicht vom Insolvenzgericht entschieden. Hier ist das allgemeine Prozeßgericht zuständig (*BGH* NJW
1962, 1392; *Kilger/Karsten Schmidt* KO, § 117 Anm. 2 a).

§ 149
Wertgegenstände → §§ 129, 132, 137 KO

(1) ¹Der Gläubigerausschuß kann bestimmen, bei welcher Stelle und zu welchen
Bedingungen Geld, Wertpapiere und Kostbarkeiten hinterlegt oder angelegt werden sollen. ²Ist kein Gläubigerausschuß bestellt oder hat der Gläubigerausschuß
noch keinen Beschluß gefaßt, so kann das Insolvenzgericht entsprechendes anordnen.
(2) ¹Ist ein Gläubigerausschuß bestellt, so ist der Insolvenzverwalter nur dann
berechtigt, Geld, Wertpapiere oder Kostbarkeiten von der Stelle, bei der hinterlegt
oder angelegt worden ist, in Empfang zu nehmen, wenn ein Mitglied des Gläubigerausschusses die Quittung mitunterzeichnet. ²Anweisungen des Verwalters auf diese
Stelle sind nur gültig, wenn ein Mitglied des Gläubigerausschusses sie mitunterzeichnet hat.
(3) Die Gläubigerversammlung kann abweichende Regelungen beschließen.

Inhaltsübersicht: Rz.

A. Allgemeines 1
B. Wahl der Hinterlegungsstelle 2– 8
C. Mitzeichnung 9–10
D. Abdingbarkeit 11

Literatur:

Mohrbutter/Mohrbutter Handbuch der Konkurs- und Vergleichsverwaltung, 1990.

A. Allgemeines

§ 149 InsO legt die Grundsätze zur Auswahl der Hinterlegungsstelle (Absatz 1) und zur 1
Hinterlegung von Geld und Wertgegenständen (Absatz 2) fest. Die für die Hinterlegung
von Geld und Wertsachen zuständige Stelle sollte nach dem Vorschlag des RegE
zwingend durch den Gläubigerausschuß vorgegeben werden. Die jetzige Fassung des
Rechtsausschusses bestimmt dagegen, daß die Festlegung der Hinterlegungsstelle

grundsätzlich dem Insolvenzverwalter obliegt. Gläubigerausschuß und – wenn dieser nicht bestellt ist – Insolvenzgericht können allerdings dieses Bestimmungsrecht an sich ziehen. Die Hinterlegung obliegt grundsätzlich dem Verwalter oder – wenn dieser bestellt ist – dem Gläubigerausschuß. Wie bereits unter der KO vorgesehen, kann die Gläubigerversammlung auch diese Kompetenzen modifizieren.

B. Wahl der Hinterlegungsstelle

2 Die Hinterlegung muß nicht bei einer öffentlichen Hinterlegungsstelle erfolgen. Es ist ausreichend, daß diese Stelle ausreichend Sicherheit dafür bietet, daß die Hinterlegungsgegenstände nicht verloren gehen. Die Erlangung der Eigenschaft als Hinterlegungsstelle erfolgt kraft Gesetzes, indem eine bestimmte Bank, Sparkasse oder sonstige Stelle vom Verwalter, Insolvenzgericht oder dem Gläubigerausschuß dazu bestimmt wird. Sofern bei dieser Stelle ein Konto auf den Namen der Insolvenzmasse eröffnet worden ist, muß sie in diesem Fall nicht einmal über ihre Bestimmungen unterrichtet werden.

3 Die Auswahl der Hinterlegungsstelle obliegt grundsätzlich dem Verwalter. Das ergibt sich zwar nicht aus dem Wortlaut. Die Möglichkeit der Bestimmung durch den Gläubigerausschuß oder das Insolvenzgericht macht indes deutlich, daß die Auswahl der Hinterlegungsstelle und die Aufbewahrung von Geld und Wertsachen in den Verantwortungsbereich des Insolvenzverwalters fällt (Rechtsausschuß BT-Drucks. 12/7302, S. 174). Die Auswahl der Hinterlegungsstelle kann der Verwalter nach freiem Ermessen treffen. Er wird sich in der Praxis davon leiten lassen, daß Institute als Hinterlegungsstelle ausscheiden, mit denen eine Auseinandersetzung im Rahmen des Verfahrens zu erwarten ist.

4 Ist ein Gläubigerausschuß bestellt, hat dieser das Recht, die Hinterlegungsstelle zu bestimmen. In der Praxis wird dieses Bestimmungsrecht regelmäßig vom vorläufigen Gläubigerausschuß, der vom Insolvenzgericht gem. § 68 Abs. 1 S. 2 InsO bestellt werden kann, ausgeübt werden. Im Zeitpunkt der Gläubigerversammlung, die den endgültigen Gläubigerausschuß bestellt, sind die Entscheidungen zu der Hinterlegungsstelle bereits getroffen. Regelmäßig wird der Insolvenzverwalter sogar vor der Bestellung des vorläufigen Gläubigerausschusses die Hinterlegungsstelle bestimmen, um die eingehenden Gelder zu hinterlegen. Die Einsetzung eines Gläubigerausschusses erfolgt regelmäßig nur bei großen Konkursen. In diesen Fällen sind kurzfristige Entscheidungen zur Hinterlegung erforderlich.

5 Für den Fall, daß ein Gläubigerausschuß nicht bestellt ist oder dieser keine Entscheidung trifft, kann das Insolvenzgericht die Bestimmung der Hinterlegungsstelle vornehmen. Auch das Insolvenzgericht wird diese Entscheidungskompetenz – wenigstens entgegen den Willen des Verwalter – nur in Ausnahmefällen an sich ziehen. Allenfalls wenn sich abzeichnet, daß einzelne Gläubiger gegen eine mögliche Bestimmung des Verwalter stimmen werden, hat das Insolvenzgericht bereits jetzt die Möglichkeit, entsprechende Anordnungen zu treffen.

6 Wird die Hinterlegungsstelle von dem Gläubigerausschuß, dem Insolvenzgericht oder später der Gläubigerversammlung bestimmt, darf der Verwalter keine weiteren Hinterlegungsstellen auswählen und andere Konten bei weiteren Kreditinstituten unterhalten (*LG Freiburg* ZIP 1983, 1093).

7 Nach herrschender Meinung ist die Hinterlegungsstelle verpflichtet, eigene Erkundungen vorzunehmen, wenn Geld oder andere Wertgegenstände für eine Insolvenzmasse angelegt werden (*Kilger/Karsten Schmidt* KO, § 137 Anm. 1; *Obermüller* Handbuch

Wertgegenstände **§ 149**

zum Insolvenzrecht, Rz. 261). In der Regel muß sie dann davon ausgehen, daß sie als Hinterlegungsstelle bestimmt worden ist (*Kuhn/Uhlenbruck* KO, § 137 Rz. 2). Sie muß sich vergewissern, ob der Verwalter allein zeichnungsberechtigt ist (RGZ 143, 263, 267). Voraussetzung ist allerdings, daß die Hinterlegungsstelle tatsächlich Kenntnis von ihrer Bestimmung erhält (*Kuhn/Uhlenbruck* KO, § 137 Rz. 2). Wird die Vorschrift des § 149 Abs. 2 nicht beachtet und die Insolvenzmasse zweckwidrig verwandt, muß die Hinterlegungsstelle dafür haften (*Kuhn/Uhlenbruck* KO, § 137 Rz. 3). Eine Befreiung von der Haftung ist nur dann möglich, wenn der Gläubigerausschuß die Verfügung des Insolvenzverwalters genehmigt. Das gilt auch für die Fälle, bei denen die Masse tatsächlich zweckentsprechend verwendet wurde (*BGH* NJW 1962, 869). Von Bedeutung ist die Haftung der Hinterlegungsstelle immer dann, wenn der Verwalter pflichtwidrige Verfügungen vornimmt, ohne daß ein Mitglied des Gläubigerausschusses mitunterzeichnet hat. Die Hinterlegungsstelle muß sich hier vergewissern, daß der Verwalter allein zeichnungsberechtigt ist. Kommt eine Haftung der Hinterlegungsstelle und des Mitglieds eines Gläubigerausschusses in Frage, liegt ein Gesamtschuldverhältnis mit der daraus folgenden Ausgleichspflicht vor (RGZ 149, 182, 186).

Unter dem Begriff der Wertpapiere fallen alle Papiere, die Vermögensrechte des Gemeinschuldners zum Gegenstand haben. Dazu zählen Sparkassenbücher, Versicherungsscheine, Hypotheken- und Grundschuldbriefe wie auch Urkunden (*Jaeger/Weber* KO, § 129 Rz. 11; *Mohrbutter/Mohrbutter* Hdb. d. Konkurs- und Vergleichsverwaltung, Rz. 282). Kostbarkeiten sind Gegenstände, die einen besonderen Wert haben. Dieser wird maßgeblich durch die Verkehrsanschauung bestimmt. Beispiele sind Münz- und Briefmarkensammlungen oder ein wertvoller Kunstgegenstand (*Kuhn/Uhlenbruck* KO, § 129 Rz. 6b). 8

C. Mitzeichnung

Bei der Bestellung eines Gläubigerausschusses darf der Insolvenzverwalter Vermögensgegenstände nur in Empfang nehmen, wenn ein Mitglied die Quittung mitunterzeichnet. Der gesamte Bankverkehr bedarf nach Absatz 2 Satz 2 ebenfalls der Mitunterzeichnung eines Mitgliedes des Gläubigerausschusses. Diese Regelung wurde uneingeschränkt aus der KO übernommen. Sie ist wenig praktikabel. Die als Ausnahme ebenfalls übernommene Möglichkeit, daß die Gläubigerversammlung abweichende Regelung trifft, (Absatz 3) ist in der Praxis üblich. 9

Auch die Bankverbindung mit der Hinterlegungsstelle unterliegt dem Bankgeheimnis. Diese Geheimhaltungspflicht besteht für die Hinterlegungsstelle auch gegenüber dem Insolvenzgericht. Um Verfügungen des Verwalters nachvollziehen zu können, kann aber das Insolvenzgericht dem Verwalter aufgeben, das Geldinstitut von seiner Geheimhaltungspflicht zu befreien (*Hess* KO, § 137 Rz. 10; *Kuhn/Uhlenbruck* KO, § 137 Rz. 2e); auch ist der Verwalter jederzeit zur Auskunft verpflichtet. 10

D. Abdingbarkeit

§ 149 Abs. 2 ist zwingendes Gesetzesrecht. Die Möglichkeit und Verpflichtung von Mitgliedern des Gläubigerausschusses Quittungen und Anweisungen mitzuzeichnen, kann nicht abweichend vereinbart werden. Es besteht nur die Möglichkeit, daß die Gläubigerversammlung abweichende Regelungen beschließt. Dies wird allerdings re- 11 gelmäßig der Fall sein (Zur Wirksamkeit des Beschlusses der Gläubigerversammlung über die Befreiung des Insolvenzverwalters von der Gegenzeichnungspflicht eines Gläubigerausschußmitgliedes trotz präziser Ankündigung in der Tagesordnung *LG Freiburg* WM 1984, 780).

§ 150
Siegelung → §§ 122, 124 KO

¹**Der Insolvenzverwalter kann zur Sicherung der Sachen, die zur Insolvenzmasse gehören, durch den Gerichtsvollzieher oder eine andere dazu gesetzlich ermächtigte Person Siegel anbringen lassen.** ²**Das Protokoll über eine Siegelung oder Entsiegelung hat der Verwalter auf der Geschäftsstelle zur Einsicht der Beteiligten niederzulegen.**

Inhaltsübersicht: Rz.

A. Grundgedanke 1
B. Siegelung 2–4

A. Grundgedanke

1 Durch die Bestimmung des § 148 InsO wird der Insolvenzverwalter verpflichtet, das gesamte zur Insolvenzmasse gehörende Vermögen in Besitz und Verwaltung zu nehmen. Zur Sicherung dieser Inbesitznahme hat der Insolvenzverwalter die Möglichkeit der Siegelung gem. § 150 InsO. Die Siegelung umfaßt auch die Sicherstellung von Geschäftspapieren und des Rechnungswesens. Der Gebrauch der Siegelung steht grundsätzlich im Ermessen des Verwalters. Das Insolvenzgericht muß nur dann eingreifen, wenn die Nichtdurchführung der Siegelung zu einer Pflichtwidrigkeit führen würde (*Kuhn/Uhlenbruck* KO, § 122 Rz. 1). In diesem Fall wäre eine gerichtliche Anordnung zulässig. Kommt es zur Siegelung auf Veranlassung des Insolvenzverwalters, besitzt das Gericht nicht das Recht, die Siegelung auf ihre Zweckmäßigkeit hin zu überprüfen.

B. Siegelung

2 Die Siegelung stellt lediglich eine Sicherungsmaßnahme zur äußeren Kenntlichmachung der Massezugehörigkeit dar (*Kilger/Karsten Schmidt* KO, § 122, 1). Folglich ist sie noch kein Vollstreckungsakt (*BGH* NJW 1962, 1392; *LG Berlin* KTS 1963, 58). Sofern daher Einwendungen gegen die Maßnahmen des Gerichtsvollziehers erhoben werden, müssen sie beim Insolvenzgericht und nicht beim Vollstreckungsgericht vorgetragen werden (*LG Berlin* KZW 1963, 55; *Kuhn/Uhlenbruck* KO, § 122 Rz. 1). Die Siegelung selbst erfolgt durch einen Gerichtsvollzieher oder durch eine andere dazu gesetzlich ermächtigte Person. Dies kann z. B. ein Notar oder die Geschäftsstellen der Amtsgerichte sein. Die einzelnen Ermächtigungen finden sich in landesrechtlichen Vorschriften.

3 Die Siegelung kann auch durch den vorläufigen Insolvenzverwalter vorgenommen werden. Einer besonderen Ermächtigung durch das Insolvenzgericht bedarf es nicht (*Kuhn/Uhlenbruck* KO, § 122 Rz. 4).

Das Siegel, das zur Sicherung der Insolvenzmasse angebracht wird, steht unter straf- 4
rechtlichem Schutz. Sollte jemand dieses Siegel beschädigen, ablösen oder unkenntlich
machen, wird er nach § 136 Abs. 2 StGB bestraft. Eine Entsiegelung der Gegenstände
muß auf Anordnung der Person erfolgen, die auch die Siegelung veranlaßt hatte, also in
der Regel von Seiten des Insolvenzverwalters. Sowohl über die Siegelung wie auch über
die Entsiegelung ist ein Protokoll zu erstellen. Diese sind vom Insolvenzverwalter auf
der Geschäftsstelle zur Einsicht der Beteiligten niederzulegen.

§ 151
Verzeichnis der Massegegenstände → § 123 KO

(1) ¹Der Insolvenzverwalter hat ein Verzeichnis der einzelnen Gegenstände der Insolvenzmasse aufzustellen. ²Der Schuldner ist hinzuzuziehen, wenn dies ohne eine nachteilige Verzögerung möglich ist.
(2) ¹Bei jedem Gegenstand ist dessen Wert anzugeben. ²Hängt der Wert davon ab, ob das Unternehmen fortgeführt oder stillgelegt wird, sind beide Werte anzugeben. ³Besonders schwierige Bewertungen können einem Sachverständigen übertragen werden.
(3) ¹Auf Antrag des Verwalters kann das Insolvenzgericht gestatten, daß die Aufstellung des Verzeichnisses unterbleibt; der Antrag ist zu begründen. ²Ist ein Gläubigerausschuß bestellt, so kann der Verwalter den Antrag nur mit Zustimmung des Gläubigerausschusses stellen.

Inhaltsübersicht: Rz.

A. Grundgedanke 1
B. Aufzeichnung der Masse (Abs. 1) 2–12
C. Bewertung der Masse (Abs. 2) 13–20
D. Unterlassen der Aufzeichnung (Abs. 3) 21–24

Literatur:

Klasmeyer/Kübler Buchführungs-, Bilanzierungs- und Steuererklärungspflichten des Konkursverwalters sowie Sanktionen im Falle ihrer Verletzung, BB 1978, 369 ff.; *Kunz/Mundt* Rechnungslegungspflichten in der Insolvenz, DStR 1997, 620 ff.

A. Grundgedanke

Die Vorschrift dient der Feststellung der Insolvenzmasse, mithin der Masseaktiven. Sie 1
bildet zusammen mit den nachfolgenden §§ 152, 153, 155 InsO die Grundlage für ein
dreiteiliges Rechenwerk und ist Basis für die ergänzende und insolvenzspezifische
Rechnungslegung, mit dem Zweck, die Abwicklungstätigkeit des Insolvenzverwalters
richtig darstellen und ordnungsgemäß prüfen zu können. Neben dieser insolvenzspezifischen Rechnungslegung muß der Verwalter die handels- und steuerrechtlichen Rechnungslegungspflichten beachten (kritisch dazu *Kunz/Mundt* DStR 1997, 620, 623).

B. Aufzeichnung der Masse (Abs. 1)

2 Die Aufzeichnung der Massegegenstände zu Verfahrensbeginn obliegt dem Insolvenzverwalter und ist für ihn Amtspflicht (*OLG Celle* KTS 1973, 200). Diese Vorschrift lehnt sich an altes Recht an und entspricht damit weitgehend dem Vermögensverzeichnis nach § 123 KO.

3 Die Aufzeichnung der Massegegenstände dient folgenden Zwecken: Die Insolvenzmasse wird festgestellt, wodurch der Insolvenzverwalter einen genauen Überblick über die der Insolvenz unterliegenden Gegenstände erhält. Der Insolvenzverwalter erfüllt damit seine interne Rechnungslegungspflicht gegenüber dem Konkursgericht, den Gläubigern und dem Gemeinschuldner (vgl. *Kuhn/Uhlenbruck* KO, § 123 Rz. 1).

4 Erforderlich ist eine Aufzeichnung der einzelnen insolvenzbefangenen Gegenstände, soweit sie dem Insolvenzverwalter bekannt sind. Entscheidend für den Insolvenzverwalter ist hierbei zum einen das Vollständigkeitsgebot und zum anderen das Einzelerfassungsgebot der Insolvenzmasse.

5 Nach dem Vollständigkeitsgebot sind alle Vermögensgegenstände des Gemeinschuldners aufzunehmen, die zu den Masseaktiva gehören. Dazu gehören nicht nur gegenständliche Vermögenswerte wie z. B. das Warenlager oder die Büroausstattung, sondern auch immaterielle Vermögensgegenstände sowie Rechte und Ansprüche des Gemeinschuldners.

6 Ein Hilfsmittel zur Ermittlung der Vermögensgegenstände kann der handelsrechtliche Jahresabschluß sein, den alle Kaufleute gem. § 242 HGB in Form einer Bilanz und Gewinn- und Verlustrechnung aufstellen müssen sowie das Ergebnis der letzten Inventur (z. B. durch Vorlage sog. Zähllisten), die jeder Kaufmann gem. § 240 HGB durchführen muß. Die bilanzierten Aktivposten und das aufgenommene Warenlager in den Zähllisten können dem Insolvenzverwalter eine Orientierungshilfe über die tatsächlich vorhandenen Vermögensgegenstände geben. Da Kapitalgesellschaften gem. § 268 Abs. 2 HGB verpflichtet sind die Entwicklung der einzelnen Posten des Anlagevermögens in Form eines Anlagenspiegels im Jahresabschluß darzustellen, bietet sich hier für den Insolvenzverwalter ein zusätzliches Instrument zur Feststellung der Masseaktiven. Dem Insolvenzverwalter wird es dadurch ermöglicht, aktivierte immaterielle Vermögensgegenstände wie z. B. einen derivativen Geschäfts- oder Firmenwert oder lizensierte Software als Bestandteil der Insolvenzmasse aufzunehmen und ggf. bei Veräußerung des gesamten Unternehmens in den Verkaufspreis einfließen zu lassen. Sofern konkrete Aussichten bestehen, das gesamte Unternehmen zu veräußern, kann auch ein originärer Geschäfts- oder Firmenwert angesetzt werden (zur Ermittlung dieses Wertes s. Rz. 23). Bei Fortführung der Betriebstätigkeit ist es zudem denkbar, für Dritte verwertbare Kostenvorteile anzusetzen. Solche Kostenvorteile können z. B. in einem günstigen langfristigen Mietvertrag für bevorzugte Standorte bestehen, die das insolvente Unternehmen konzeptgemäß (z. B. wegen Arbeitsplatzabbau) aufgeben will. Allerdings ist hier im Einzelfall sorgfältig zu prüfen, ob eine Verwertung rechtlich und tatsächlich möglich ist. Ebenso müssen Forderungen aus Lieferungen und Leistungen und andere Forderungen z. B. gegenüber dem Finanzamt aus Vorsteuerguthaben als Masseaktiva aufgezeichnet werden.

7 Hinzu kommen Ansprüche des Gemeinschuldners z. B. aus Schadensersatz oder aus schwebenden Geschäften, die mangels Konkretisierung im handelsrechtlichen Jahresabschluß nicht erwähnt werden, aber insolvenzbefangen sind und somit im Verzeichnis der Massegegenstände aufgeführt werden müssen. Ebenso sind Ansprüche aufzunehmen, die sich erst aus den Vorschriften der Insolvenzanfechtung ergeben.

Verzeichnis der Massegegenstände **§ 151**

Bestehen Absonderungsrechte an einzelnen Vermögensgegenständen, so sind diese **8** entsprechend anzugeben. Dagegen sind auszusondernde Gegenstände, daß heißt also unzweifelhaft fremdes, beschlagnahmtes und bereits freigegebenes Gut, nicht im Verzeichnis aufzuführen (vgl. *Eickmann/Mohn* Hdb. für das Konkursgericht, Rz. 354).

Nach dem Einzelerfassungsgebot muß der Insolvenzverwalter alle insolvenzbefangenen **9** Vermögensgegenstände einzeln auffführen.

Bei Gegenständen des Anlagevermögens wie z. B. Grundstücke und die Büroausstattung **10** aber auch bei Forderungen ist die Einzelerfassung unproblematisch. Jedoch kann im wörtlichen Sinne dem Einzelerfassungsgebot dann nicht mehr gefolgt werden, wenn aus pragmatischen und tatsächlichen Gründen eine einzelne Aufzählung der Gegenstände nicht möglich ist.

Nach altem Recht ist es bereits anerkannt, daß bei Aufnahme gleichartiger Gegenstände **11** die Angabe von Art und Menge ausreicht. Der Insolvenzverwalter wird im Rahmen dieser Erleichterung handeln können, wenn z. B. das Verbrauchsmaterial eines Warenlagers (Nägel, Schrauben etc.) aufgenommen werden muß. In diesem Fall ist unter bestimmten Voraussetzungen eine analoge Anwendung der handelsrechtlichen Vorschriften (§§ 240 IV und 241 I HGB) über Erleichterungen und Vereinfachungen bei der Inventur zulässig. Allerdings sind diese Vereinfachungen dann nicht anwendbar, wenn es sich bei den Gegenständen um besonders wertvolle Bestände handelt und die Bestände einem unkontrollierbarem Schwund unterliegen (z. B. Nahrungsmittel). Die Anwendbarkeit der genannten Vereinfachungen darf sich lediglich auf das Warenlager beziehen und liegt im pflichtgemäßen Ermessen des Insolvenzverwalters. Dem Insolvenzverwalter obliegt dann allerdings eine Hinweispflicht im Verzeichnis, daß er die Vereinfachungen bzw. die Erleichterungen angewendet hat.

Dem Insolvenzverwalter obliegt die Pflicht, den Schuldner hinzuzuziehen, sofern die **12** Aufzeichnung der Massegegenstände dadurch zeitlich nicht beeinträchtigt wird (Satz 2). Vor dem Hintergrund der zeitlichen Restriktion steht es demnach nicht in freiem Ermessen des Insolvenzverwalters, den Schuldner zur Mitarbeit aufzufordern. Insbesondere muß der Insolvenzverwalter den Schuldner auffordern, ihm die notwendigen Unterlagen und Informationen zu übermitteln, um eine ordnungsgemäße Aufzeichnung der Massegegenstände vornehmen zu können. Ist es dem Schuldner durch Abwesenheit, Krankheit oder aus einem sonstigen Grund nicht möglich, dem zur Aufzeichnung festgesetzten Termin beizuwohnen, steht es im pflichtgemäßen Ermessen des Insolvenzverwalters, den Aufzeichnungstermin zu verlegen. Dem Schuldner hingegen steht es nicht zu, die Terminverlegung zu beantragen.

C. Bewertungs der Masse (Abs. 2)

Die Vermögensgegenstände sind unter Liquidationsgesichtspunkten zu ihren Veräuße- **13** rungswerten anzusetzen. Der Veräußerungswert bzw. der Verkaufswert ist somit absatzmarktabhängig. Die der Verwertungsprognose zugrunde liegende Verwertungsstrategie bestimmt einerseits die Liquidationsintensität und andererseits die Liquidationsgeschwindigkeit. Das bedeutet, daß der Grad der Zerschlagung des Unternehmens sowie der Zeitraum, in dem die Verwertung der Vermögensgegenstände oder Unternehmensteile erfolgen soll, maßgeblich die Höhe der Veräußerungserlöse prägen. Denn es ist zu berücksichtigen, daß die für die Verwertung zur Verfügung stehende Zeit immer eine entscheidende Restriktion darstellt, weil durch die Insolvenz des Unternehmens eine Zwangssituation auf dem Markt entstanden ist.

14 Bei der Ermittlung der Veräußerungswerte ist auf Grundlage der Verwertungsprognose von der jeweils wahrscheinlichsten Verwertungsmöglichkeit auszugehen. So sind z. B. bei Forderungen, die rechtlich zweifelhaft oder schwer einbringlich sind, Wertberichtigungen vorzunehmen.

15 Besteht die Möglichkeit einer Fortführung der Betriebstätigkeit trotz Insolvenz, so muß zusätzlich zum Veräußerungswert ein Fortführungswert für die Vermögensgegenstände angegeben werden (Satz 2).

16 Bei einer Bewertung unter Fortführungsgesichtspunkten sind die Vermögensgegenstände grundsätzlich mit dem Betrag anzusetzen, der ihnen als Bestandteil des Gesamtkaufpreises des Unternehmens bei konzeptgemäßer Fortführung beizumessen wäre. Ermittelt wird ein Wert auf dem Beschaffungsmarkt, der sich als sogenannter Rekonstruktionswert definieren läßt.

17 Grundlage zur Wertfindung sind die handelsrechtlich bilanzierten Aktiva. Die stillen Reserven und Lasten der Vermögensgegenstände werden in diesem Fall aufgedeckt. Außerdem werden handelsrechtlich nicht bilanzierungsfähige oder einem Bilanzierungsverbot unterworfene selbständig verwertbare Vermögensgegenstände einer Bewertung unterzogen. Das bedeutet, daß für Dritte verwertbare, von der Rechtsordnung geschützte Rechtspositionen bewertet werden können, wie z. B. Know-how und Markenrechte (s. Rz. 6). Falls dem Unternehmen darüber hinaus noch ein Firmenwert zuzumessen ist, gilt für dessen Bewertung ein strenger Maßstab, da es sich nicht um einen selbständig verwertbaren Vermögensgegenstand handelt. Nur wenn eine konkrete Veräußerungsmöglichkeit für das Unternehmen als Ganzes besteht ist der sog. originäre Firmenwert auf der Grundlage objektivierter Maßstäbe bestimmbar und bewertbar sowie unter Gläubigerschutzgesichtspunkten zu rechtfertigen.

18 Der Insolvenzverwalter hat nicht das Recht, bei der Bewertung nach seinem Ermessen entweder die Fortführung der Betriebstätigkeit oder die Stillegung zugrunde zu legen und dadurch die Entscheidung der Gläubiger über den Fortgang des Verfahrens vorwegzunehmen.

19 Eine Bewertung findet auch hinsichtlich der Vermögensgegenstände statt, die zur Insolvenzmasse gehören, aber von dem Verwalter nicht in Besitz genommen wurden. In der Regel hat der Insolvenzverwalter hier zumindest die Möglichkeit, die Herausgabe der Sache zur Verwertung zu verlangen. Sofern dies ausgeschlossen ist, z. B. weil die Sache im Besitz eines absonderungsberechtigten Gläubigers ist, kann der Verwalter gem. §§ 809, 811 BGB verlangen, daß ihm die Besichtigung der Sache gestattet wird. Die nach altem Recht gem. § 120 KO getroffene Regelung einer Vorlegungspflicht ist somit in dieser Vorschrift enthalten.

20 Ist der Insolvenzverwalter, aufgrund einer schwierigen Bewertungssituation, nicht in der Lage, den Wert eines Vermögensgegenstandes genau zu bestimmen, kann er einen Sachverständigen hinzuziehen (S. 3). Diese Situation wird immer dann auftreten, wenn kein Markt für den entsprechenden Vermögensgegenstand existiert und sich somit auch kein Marktpreis herleiten läßt. Das Heranziehen eines Sachverständigen ist in der Regel bei der Bewertung von Immobilien und Grundstücken sinnvoll (Insbesondere vor dem Hintergrund der Altlastenproblematik von Industriegebäuden und -grundstücken). Der Verwalter wird oftmals nicht in der Lage sein, eine realistische Bewertung nach Marktpreisen unter Berücksichtigung wertbeeinflussender Faktoren vorzunehmen.

D. Unterlassen der Aufzeichnung (Abs. 3)

Das Verzeichnis der insolvenzbefangenen Vermögensgegenstände ist grundsätzlich eine Pflichthandlung des Insolvenzverwalters. Eine Befreiung von dieser Pflicht ist nur möglich, wenn der Verwalter beim Insolvenzgericht einen entsprechenden Antrag gestellt hat (Satz 1, 1. HS). Allerdings muß der Antrag begründet sein, damit das Gericht seine Befreiung aussprechen kann (Satz 1, 2. HS). Der Zweck dieser Regelung besteht darin, daß der Verfahrensablauf sowohl gegenüber dem Insolvenzgericht als auch gegenüber den Gläubigern transparent gestaltet wird. Dadurch soll die Mißbrauchsgefahr bei der Inanspruchnahme dieser Ausnahmeregelung weitestgehend ausgeschlossen werden. Sofern ein Gläubigerausschuß bestellt worden ist, kann der Verwalter seinen Antrag auf Befreiung von der Aufstellung des Verzeichnisses über die Massegegenstände nur stellen, wenn der Gläubigerausschuß ihm die Zustimmung dazu gegeben hat (Satz 3). 21

Der Verzicht auf die Aufzeichnung ist nur in Ausnahmefällen möglich. Das Gericht wird den Antrag nur dann gestatten können, wenn auch ohne Befolgung dieser Vorschriften der Zweck der Aufzeichnung, eine vollständige und zuverlässige Übersicht über die vorhandene Masse und deren Wert zu gewinnen, sich erreichen läßt. Das kann dann der Fall sein, wenn erst kurz vorher eine zuverlässige Inventur stattgefunden hat oder wenn ein baldiger Verkauf des gesamten Unternehmens erfolgen soll (vgl. *Eickmann/Mohn* Hdb. für das Konkursgericht, Rz. 355). Auch wenn das Insolvenzgericht die Überzeugung gewinnt, daß die vorgefundene Buchführung des Schuldners zutreffende Bewertungen enthält und vollständig ist, kommt eine Befreiung von der zusätzlichen Aufzeichnung durch den Verwalter in Frage (*Kuhn/Uhlenbruck* KO, § 123 Rz. 5). 22

Lehnt das Gericht den Antrag ab, kann der Verwalter gegen diese Entscheidung die befristete Erinnerung gem. § 11 RpflG einlegen (vgl. *Eickmann/Mohn* Hdb. für das Konkursgericht, Rz. 356). 23

Nimmt der Verwalter seine Aufzeichnungspflicht schuldhaft nicht wahr, so kann das Insolvenzgericht nach vorheriger Androhung ein Zwangsgeld gem. § 58 II InsO verhängen. In schwerwiegenden Fällen kann das Gericht sogar den Insolvenzverwalter entlassen (§ 59; vgl. *Klasmeyer/Kübler* BB 1978, 369, 373; *Kuhn/Uhlenbruck* KO, § 123 Rz. 6). 24

§ 152
Gläubigerverzeichnis

(1) Der Insolvenzverwalter hat ein Verzeichnis aller Gläubiger des Schuldners aufzustellen, die ihm aus den Büchern und Geschäftspapieren des Schuldners, durch sonstige Angaben des Schuldners, durch die Anmeldung ihrer Forderungen oder auf andere Weise bekannt geworden sind.
(2) ¹In dem Verzeichnis sind die absonderungsberechtigten Gläubiger und die einzelnen Rangklassen der nachrangigen Insolvenzgläubiger gesondert aufzuführen. ²Bei jedem Gläubiger sind die Anschrift sowie der Grund und der Betrag seiner Forderung anzugeben. ³Bei den absonderungsberechtigten Gläubigern sind zusätzlich der Gegenstand, an dem das Absonderungsrecht besteht, und die Höhe des mutmaßlichen Ausfalls zu bezeichnen; § 151 Abs. 2 Satz 2 gilt entsprechend.
(3) ¹Weiter ist anzugeben, welche Möglichkeiten der Aufrechnung bestehen. ²Die Höhe der Masseverbindlichkeiten im Falle einer zügigen Verwertung des Vermögens des Schuldners ist zu schätzen.

§ 152 *Verwaltung und Verwertung der Insolvenzmasse*

Inhaltsübersicht: Rz.

A. Grundgedanke 1
B. Aufzeichnung der Gläubiger (Abs. 1) 2– 7
C. Gläubigerkategorien (Abs. 2) 8–13
D. Aufrechnung und Höhe der Masseverbindlichkeiten (Abs. 3) 14–15

Literatur:

Kunz/Mundt Rechnungslegungspflichten in der Insolvenz DStR 1997, 620 ff.; *Pink* Rechnungslegungspflichten in der Insolvenz der Kapitalgesellschaften, ZIP 1997, 177 ff.

A. Grundgedanke

1   Nach dieser Vorschrift müssen alle Schulden des Gemeinschuldners, wegen deren aus der Insolvenzmasse Befriedigung gesucht werden kann, einzeln und in übersichtlicher Anordnung aufgeführt werden. Zusammen mit den Vorschriften der §§ 151, 153 InsO bildet diese Norm die Grundlage der internen (insolvenzrechtlichen) Rechnungslegungspflicht des Insolvenzverwalters gegenüber dem Insolvenzgericht, den Gläubigern und dem Gemeinschuldner. Die Vorschrift will erreichen, daß die Belastungen und Verbindlichkeiten der Insolvenzmasse so vollständig und übersichtlich wie möglich aufgezeigt werden. Eine Gegenüberstellung des Gläubigerverzeichnisses und des Verzeichnisses der Massegegenstände soll einen Anhaltspunkt geben, inwieweit das vorhandene Vermögen zur Befriedigung der Gläubiger ausreicht.

B. Aufzeichnung der Gläubiger (Abs. 1)

2   Das Gläubigerverzeichnis nach der Insolvenzordnung enthält im Gegensatz zum Inventar nach altem Recht (§ 124 KO) nur die Passivseite (*Pink* ZIP 1997, 177, 178) und ist damit das Pendant zum Verzeichnis der Massegegenstände nach § 151 InsO.

3   Um die genannten Ziele zu erreichen, hat der Insolvenzverwalter die entsprechenden Schulden unter Berücksichtigung des Vollständigkeitsgebots zu ermitteln und aufzuführen. Das Vollständigkeitsgebot ist hier, anders als in der Vorschrift des § 151 InsO, konkreter formuliert, indem die Vorschrift bereits auf die verschiedenen Möglichkeiten zur Ermittlung der Schulden hinweist. Das Gläubigerverzeichnis hat demnach alle Gläubiger des Gemeinschuldners zu enthalten, die dem Insolvenzverwalter auf irgendeine Art und Weise bekannt geworden sind.

4   Der handelsrechtliche Jahresabschluß, in diesem Fall die Passivseite der Bilanz, bildet die Grundlage für die Ermittlung der Schulden. Dort sind bereits sowohl die bestehenden Verbindlichkeiten als auch die zukünftigen Verbindlichkeiten, die dem Grunde oder der Höhe nach noch ungewiß sind, letztere durch Rückstellungen, erfaßt. Zudem besteht für alle Kaufleute gem. § 251 HGB die Pflicht, Haftungsverhältnisse, z. B. Verbindlichkeiten aus der Begebung und Übertragung von Wechsel- und Scheckbürgschaften, unter der Bilanz zu vermerken. Der Insolvenzverwalter kann zudem der laufenden Buchhaltung des Gemeinschuldners eine Gläubigeraufstellung in Form einer offenen Postenliste der Kreditoren entnehmen.

Gläubigerverzeichnis **§ 152**

Häufig wird, mangels vorhandener Buchhaltung, kein aktuelles Kreditorenverzeichnis vorliegen. In diesem Fall dienen die vorliegenden Geschäftspapiere, insbesondere die Eingangsrechnungen als Basis zur Ermittlung der Gläubiger. Bei der Ermittlung der Schulden, die buchhalterisch nicht erfaßt sind, z. B. bestehende Kündigungsschutzklagen und anhängige Gerichtsverfahren, wird der Insolvenzverwalter auf die Angaben des Gemeinschuldners nicht verzichten können. 5

Die Forderungsanmeldungen der Gläubiger sind ebenso ein wichtiges Instrument zur Feststellung der Schulden. Der Hinweis in der Vorschrift, daß der Insolvenzverwalter auch die Gläubiger im Verzeichnis aufnehmen muß, von denen er auf andere Weise als die bereits genannten Möglichkeiten, Kenntnis erlangt hat, setzt entsprechend eine Verifizierung der erhaltenen Angaben voraus. Der Verwalter muß das Gläubigerverzeichnis bis zur Einreichung beim Insolvenzgericht wenigstens eine Woche vor dem Berichtstermin (§ 154 InsO) ständig aktualisieren. 6

Das nach dieser Norm aufzustellende Verzeichnis darf jedoch nicht mit der Tabelle nach § 175 InsO verwechselt werden, in die der Insolvenzverwalter die angemeldeten Forderungen der Insolvenzgläubiger einträgt. Das Gläubigerverzeichnis dient der Vorbereitung der Gläubigerversammlung. 7

C. Gläubigerkategorien (Abs. 2)

Wegen der unterschiedlichen Stellung der verschiedenen Gläubigerkategorien im Verfahren wird vorgeschrieben, daß im Gläubigerverzeichnis die absonderungsberechtigten Gläubiger und die verschiedenen Rangklassen der nachrangigen Insolvenzgläubiger gesondert von den übrigen Insolvenzgläubigern aufzuführen sind (Satz 1; vgl. §§ 39, 327 InsO). 8

Die aussonderungsberechtigten Gläubiger hingegen müssen, analog zum Verzeichnis der Massegegenstände nach § 151 InsO, bei der Aufstellung des Gläubigerverzeichnisses nicht berücksichtigt werden. Vermögensgegenstände der aussonderungsberechtigten Gläubiger sind nicht Bestandteil der Masse. 9

Die Forderungen, die der Insolvenzverwalter in sein Verzeichnis aufnimmt, müssen genau bestimmt sein. Daher muß die Anschrift des Gläubigers, der Grund der Forderung sowie deren genauer Forderungsbetrag im Verzeichnis aufgeführt werden (Satz 2). Diese Vorschrift korrespondiert mit dem § 174 InsO, wonach die Forderungsanmeldungen unter Angabe der Forderungssumme und des Forderungsgrundes vom Gläubiger beim Insolvenzverwalter einzureichen sind. Dem Insolvenzverwalter wird dadurch die Möglichkeit gegeben, die angemeldeten Forderungen der Insolvenzgläubiger mit dem Gläubigerverzeichnis zu vergleichen. Das Gläubigerverzeichnis kann somit vom Insolvenzverwalter als Hilfsmittel zur Prüfung der angemeldeten Forderungen gem. § 176 InsO herangezogen werden. 10

Handelt es sich um einen absonderungsberechtigten Gläubiger, muß der Gegenstand, an dem das Absonderungsrecht besteht und die Höhe des vermeintlichen Ausfalls ebenfalls verzeichnet werden (Satz 3, 1. HS). 11

Analog zum Vermögensverzeichnis nach § 151 Abs. 2 Satz 2 InsO muß auch hier eine Bewertung der Schulden unter Fortführungs- bzw. Liquidationsgesichtspunkten vorgenommen werden, sofern sich dadurch ein unterschiedlicher Wertansatz ergibt (Satz 3, 2. HS). Die Schulden sind unabhängig von einer Stillegung oder Fortführung der Betriebstätigkeit, grundsätzlich mit ihrem Rückzahlungsbetrag anzusetzen. Grundlage zur Wertfindung sind die handelsrechtlich bilanzierten Passiva. 12

13 Bei einer Fortführung müssen die Bilanzpositionen, in Abhängigkeit vom Beschaffungsmarkt, neu bewertet werden. Unterbliebene Passivierungen müssen nachgeholt werden, z. B. durch die Bildung von Gewährleistungsrückstellungen und Altlastenrückstellungen. Zugleich müssen Abwertungen bei zu hoch bewerteten Passiva, z. B. bei Fremdwährungsverbindlichkeiten, vorgenommen werden.

D. Aufrechnung und Höhe der Masseverbindlichkeiten (Abs. 3)

14 Die Regelung in Abs. 3 verlangt zudem vom Insolvenzverwalter die Angabe von Aufrechnungsmöglichkeiten der Insolvenzgläubiger mit Gegenansprüchen des Gemeinschuldners (Satz 1). Dadurch wird die Aussagekraft des Gläubigerverzeichnisses vervollständigt. Denn eine bestehende Aufrechnungslage kann ebenso wie ein Absonderungsrecht zur vollen Befriedigung des Gläubigers führen (vgl. RegE BT-Drucks. 12/2443, S. 171); sie hat zudem Einfluß auf die freie Masse.

15 Ferner muß der Insolvenzverwalter für die Fallkonstellation der Stillegung und Verwertung die Masseverbindlichkeiten schätzen. Nach den Gesetzesmotiven betrifft diese Regelung die Verbindlichkeiten, welche bei Verfahrenseröffnung noch nicht feststehen (RegE BT-Drucks. 12/2443, S. 171). Es handelt sich damit ausschließlich um Masseverbindlichkeiten nach § 55 Abs. 1 Nr. 1 InsO. Die weiteren in §§ 54 und 55 Abs. 1 Ziffer 2, 3 und Abs. 2 InsO bezeichneten Masseschulden stehen bei Verfahrenseröffnung bereits fest und sind konkret zu beziffern. Der Verwalter darf demnach im wesentlichen nur die Kosten der Verwertung schätzen. Die Verfahrensbeteiligten erhalten mit der ungefähren Angabe der Verwertungskosten und der konkreten Bezifferung der weiteren Masseverbindlichkeiten sämtliche Informationen für die Entscheidung Stillegung/Fortführung. Das ist deshalb sinnvoll, weil die kurzfristige Verwertung erhebliche Einbußen für die Masse mit sich bringt.

§ 153
Vermögensübersicht → §§ 124, 125 KO

(1) ¹Der Insolvenzverwalter hat auf den Zeitpunkt der Eröffnung des Insolvenzverfahrens eine geordnete Übersicht aufzustellen, in der die Gegenstände der Insolvenzmasse und die Verbindlichkeiten des Schuldners aufgeführt und einander gegenübergestellt werden. ²Für die Bewertung der Gegenstände gilt § 151 Abs. 2 entsprechend, für die Gliederung der Verbindlichkeiten § 152 Abs. 2 Satz 1.
(2) ¹Nach der Aufstellung der Vermögensübersicht kann das Insolvenzgericht auf Antrag des Verwalters oder eines Gläubigers dem Schuldner aufgeben, die Vollständigkeit der Vermögensübersicht eidesstattlich zu versichern. ²Die §§ 98, 101 Abs. 1 Satz 1, 2 gelten entsprechend.

Inhaltsübersicht: Rz.

A. Grundgedanke 1– 2
B. Aufzeichnung der Vermögensgegenstände und der Schulden (Abs. 1) 3– 7
C. Eidesstattliche Versicherung (Abs. 2) 8–18

Vermögensübersicht § 153

Literatur:

Kunz/Mundt Rechnungslegungspflichten in der Insolvenz, DStR 1997, 664 ff.; *Pink* Rechnungslegungspflichten in der Insolvenz der Kapitalgesellschaften, ZIP 1997, 177 ff.; *Siegelmann* Der Offenbarungseid des Gemeinschuldners (§ 125 Konkursordnung), KTS 1963, 158 ff.; *ders.* Der Offenbarungseid des Gemeinschuldners (§ 125 Konkursordnung), DB 1966, 412 ff.

A. Grundgedanke

Das Verzeichnis der Vermögensgegenstände (§ 151 InsO) stellt zusammen mit dem 1
Gläubigerverzeichnis (§ 152 InsO) die Grundlage für die Vermögensübersicht dar. Wegen der besonderen Bedeutung der Vermögensübersicht für das Verfahren stellt die InsO mit der eidesstattlichen Versicherung zur Vollständigkeit durch den Schuldner ein besonderes Zwangsmittel zur Verfügung.

Die Vermögensübersicht des § 153 InsO ist nicht identisch mit der Eröffnungsbilanz des 2
§ 124 KO. Die Erstellung der Vermögensübersicht ist Bestandteil der insolvenzrechtlichen Rechnungslegungspflicht; die Eröffnungsbilanz hat der Verwalter nach der handelsrechtlichen Rechnungslegung gem. § 155 InsO zu erstellen (zur Unterscheidung *Kunz/Mundt* DStR 1997, 664, 665; *Pink* ZIP 1997, 177, 178).

B. Aufzeichnung der Vermögensgegenstände und der Schulden (Abs. 1)

Dem Insolvenzverwalter obliegt die Pflicht, eine geordnete Übersicht in Form einer 3
Gegenüberstellung über die Gegenstände der Insolvenzmasse und die Verbindlichkeiten des Schuldners auf den Zeitpunkt der Eröffnung des Insolvenzverfahrens aufzustellen. Die Vermögensübersicht ist somit, ähnlich einer handelsrechtlichen Bilanz, eine summarische Gegenüberstellung der Vermögensgegenstände und der Verbindlichkeiten

Die Vermögensübersicht ist Bestandteil der internen insolvenzspezifischen Rechnungs- 4
legungspflicht des Insolvenzverwalters. Hier soll dokumentiert werden, was der Verwaltungs- und Verfügungsbefugnis des Insolvenzverwalters unterliegt. Sie dient der gerichtlichen Kontrolle der Tätigkeit des Insolvenzverwalters nach § 58 InsO und der Überwachung durch den Gläubigerausschuß nach § 69 InsO. Den Adressaten der internen Rechnungslegung soll dadurch die Prüfung der ordnungsgemäßen Verfahrensabwicklung ermöglicht werden. Zugleich ermöglicht das Vermögensverzeichnis aber auch eine Selbstkontrolle des Insolvenzverwalters in der weiteren Verfahrensabwicklung und vermittelt Informationen über den Massebestand zur Vorbereitung der Entscheidung über die Einstellung des Verfahrens mangels Masse oder die Fortführung der Betriebstätigkeit. Das Vermögensverzeichnis kann in seiner rechnerischen Abgleichung auch Anhaltspunkte über die voraussichtlich zu erwartende Quote der Gläubiger geben.

Der Inhalt der Vermögensübersicht bestimmt sich allein nach rechtlichen Gesichtspunk- 5
ten. Entsprechend zum Verzeichnis der Massegegenstände nach § 151 InsO sollen sämtliche Gegenstände, die zur Insolvenzmasse gehören, auf der sog. Aktivseite aufgeführt werden. Auf der sog. Passivseite sollen alle Verbindlichkeiten des Gemeinschuldners, entsprechend dem Gläubigerverzeichnis nach § 152 InsO, angegeben werden. Das bedeutet, daß das Vermögensverzeichnis auf Grundlage der Vorschriften nach §§ 151, 152 InsO zu erstellen ist. Demzufolge darf, sofern ein Aussonderungsrecht besteht,

weder der auszusondernde Gegenstand noch der aussonderungsberechtigte Gläubiger genannt werden. Hingegen werden Gegenstände an denen Absonderungsrechte bestehen auf der Aktivseite und die korrespondierenden Gläubigerforderungen auf der Passivseite ausgewiesen. Ebenso wird mit Aufrechnungsmöglichkeiten verfahren, die einerseits aktivisch und andererseits in gleicher Höhe passivisch dargestellt werden müssen (*Hess* KO, § 124 Rz. 5). Daraus folgt aber auch, daß die Vermögensübersicht im Verfahrensablauf ergänzt werden muß, wenn weitere Aktiva festgestellt werden oder Schulden aufgrund der Forderungsanmeldungen fixiert sind (*Kilger/Karsten Schmidt* KO, § 124, 2).

6 Der Verweis in Satz 2 1. HS auf die Bewertungsvorschrift des § 151 Abs. 2 InsO stellt klar, daß ein Ansatz der Positionen zu Buchwerten nicht zulässig ist und mithin der handelsrechtliche Jahresabschluß keine Bewertungsgrundlage für die Vermögensgegenstände und Schulden sein kann. Vielmehr sind nebeneinander die Fortführungs- und die Einzelveräußerungswerte für die entsprechenden Positionen anzugeben. Grundlage für die im Vermögensverzeichnis erfaßten Gegenstände und Schulden sind demnach die in § 151 Abs. 2 InsO aufgestellten Bewertungsgrundsätze (vgl. § 151 Rz. 13 ff.).

7 Satz 2 2. HS verweist auf die Gliederungsvorschriften für die Verbindlichkeiten nach § 152 Abs. 2 Satz 1. Danach müssen auch im Vermögensverzeichnis auf der Passivseite, analog zum Gläubigerverzeichnis, die Gläubiger entsprechend der verschiedenen Gläubigerkategorien aufgegliedert werden (vgl. § 152 Rz. 8 ff.).

C. Eidesstattliche Versicherung (Abs. 2)

8 Die hier geregelte eidesstattliche Versicherung soll als Hilfsmittel der Zwangsvollstreckung die Vollständigkeit der Vermögensübersicht sicherstellen. Die e. V. des § 153 Abs. 2 InsO ist ein Sonderfall des § 807 ZPO. Im Gegensatz zu dieser Norm umfaßt die eidesstattliche Versicherung des § 153 InsO nur das zur Insolvenzmasse gehörige Vermögen (*Hess* KO, § 125 Rz. 2; *Kuhn/Uhlenbruck* KO, § 125 Rz. 4), während sich § 807 ZPO auf das gesamte Aktivvermögen des Schuldners bezieht (BGHSt 3, 310).

9 Voraussetzung der eidesstattlichen Versicherung sind zum einen die Aufstellung der Vermögensübersicht (§ 153 Abs. 1), zum anderen ein zulässiger Antrag (§ 153 Abs. 2). Berechtigt, einen Antrag auf Abgabe einer eidesstattlichen Versicherung zu stellen, sind der Insolvenzverwalter und die Insolvenzgläubiger. Aussonderungsberechtigte besitzen daher kein Antragsrecht im Gegensatz zu den Absonderungsberechtigten die antragsberechtigt sind, sofern sie auch Insolvenzgläubiger sind (*Kuhn/Uhlenbruck* KO, § 125 Rz. 2). Dies ist jedoch nur möglich, wenn sie gleichzeitig persönliche Gläubiger sind, § 52 InsO.

10 Die Gläubiger haben nicht die Möglichkeit, eine eidesstattliche Versicherung nach den allgemeinen Vorschriften der §§ 899 ff. ZPO zu erwirken, da es sich hierbei um eine nach § 89 Abs. 1 InsO unzulässige Maßnahme der Einzelvollstreckung handelt (*Jaeger/Henckel* KO, § 14 Rz. 7). Selbst ein bereits vorliegender Haftbefehl zur Vorführung darf mit Verfahrenseröffnung nicht mehr vollstreckt werden.

11 Sofern ein Gläubiger den Antrag auf Abgabe der eidesstattlichen Versicherung stellt, muß er zuvor seine Forderung angemeldet haben. Nicht notwendig ist, daß sie schon festgestellt ist (*Jaeger/Weber* KO, § 125 Rz. 2). Bestreitet der Schuldner, daß er zur Abgabe der eidesstattlichen Versicherung verpflichtet ist, indem er Widerspruch gem. § 900 Abs. 5 ZPO erhebt, ist der Gläubiger zum Nachweis seiner Forderung gezwungen (*Kilger/Karsten Schmidt* KO, § 125 Rz. 1; *Kuhn/Uhlenbruck* KO, § 125 Rz. 2).

Vermögensübersicht §153

Das Insolvenzgericht ordnet lediglich die Abgabe an, ist für die Abnahme indes nicht zuständig. 12

Auf den zulässigen Antrag wird der Gemeinschuldner vom Vollstreckungsgericht von Amts wegen geladen. Der Antragsteller wird benachrichtigt. Der Termin ist nicht öffentlich. Der Schuldner ist insbesondere über die strafrechtlichen Folgen zu belehren; die Erklärungen sind zu protokollieren, vgl. § 900 ZPO. 13

Die Verpflichtung zur Abgabe der eidesstattlichen Versicherung obliegt dem Gemeinschuldner. Sofern dieser nicht prozeßfähig ist, gibt sie sein gesetzlicher Vertreter ab. Bei juristischen Personen ist der Vorstand zur Abgabe verpflichtet, bei der OHG oder der KG die persönlich haftenden Gesellschafter, bei der GmbH & Co. KG die Geschäftsführer der GmbH. Bei der Nachlaßinsolvenz die sind Erben verpflichtet. Zu beachten ist, daß bei der Eidesleistung durch einen Geschäftsführer der Umfang seiner Versicherung durch seinen Kenntnisstand beschränkt wird. So darf nicht gefordert werden, daß ein Geschäftsführer, der allein den Produktionsbereich wahrgenommen hat, eine Versicherung über die Richtigkeit der Bilanz abgibt. Hinsichtlich einer Versicherung über die Richtigkeit und Vollständigkeit des Inventars bestehen jedoch keine Bedenken (*Uhlenbruck* Die GmbH & Co. KG in Krise, Konkurs und Vergleich, S. 591). 14

Der Inhalt der eidesstattlichen Versicherung bezieht sich nur auf das zur Insolvenzmasse gehörende Aktivvermögen (*BGH* NJW 53, 151; *LG Frankenthal* KTS 1986, 160). Wertlose Gegenstände (*BGH* NJW 1953, 151), geschäftliche Einzelvorfälle (*OLG Stuttgart* ZIP 1981, 254; *BGH* KTS 1989, 651) und die Passivmasse müssen nicht angegeben werden. Dagegen müssen Anfechtungslagen, die dem Aktivvermögen zuzurechnen sind, in die eidesstattliche Versicherung miteinbezogen werden (BGHSt 3, 310; *Kilger/Karsten Schmidt* KO, § 125, 1). Zudem müssen auch die vermögenswerten Anwartschaften mit aufgeführt werden (*Hess*, KO, § 125 Rz. 3). Dementsprechend sind Aussonderungsrechte anzugeben, sofern Anwartschaftsrechte entstanden sind, die zur Insolvenzmasse gehören (*Kuhn/Uhlenbruck* KO, § 125 Rz. 4). Angaben über konkursfreie Gegenstände werden von der Sanktion des § 153 II InsO ebenfalls nicht erfaßt (BGHZ 3, 310). 15

Bei der Formulierung der eidesstattlichen Versicherung sind jeweils die besonderen Umstände des Einzelfalles zu berücksichtigen. So könnte die Formulierung folgendermaßen lauten: »Ich bin nach bestem Wissen nicht imstande, noch weiteres zur Insolvenzmasse gehöriges Vermögen anzugeben« (*Kuhn/Uhlenbruck* KO, § 125 Rz. 4). Etwas ausführlicher formuliert: »Der Inhalt des vom Insolvenzverwalters angefertigten Inventars ist mir bekannt. Zur Zeit der Insolvenzeröffnung befanden sich weiter keine Sachen, Rechte oder Forderungen in meinem Vermögen. Ich kann nach gewissenhafter Prüfung und nach bestem Wissen bezeugen, daß das vom Insolvenzverwalter aufgezeichnete Aktivvermögen zur Insolvenzmasse gehört« (*Siegelmann* KTS 1963, 158; DB 1966, 412). 16

Sollte die vom Insolvenzverwalter aufgestellte Vermögensübersicht nicht vollständig sein, so ist der Schuldner verpflichtet, die Übersicht zu ergänzen. Er hat nicht die Möglichkeit, die Abgabe der eidesstattlichen Versicherung in Hinblick auf die Unvollständigkeit der Übersicht zu verweigern (*LG Frankfurt* KTS 1955, 191). Besitzt der Gemeinschuldner in Bezug auf die Zugehörigkeit einzelner Gegenstände zur Insolvenzmasse Zweifel, so ist er nicht berechtigt, diesbezüglich seine Eidespflicht zu bestreiten. Im Gegenteil ist er verpflichtet, seine Bedenken durch Vermerke kundzutun. 17

Ein Rechtsmittel gegen die Beschlüsse des Insolvenzgerichts besitzt keiner der Beteiligten, da gem. § 6 InsO die Beteiligten nur dann ein Rechtsmittel einlegen können, wenn die Insolvenzordnung die sofortige Beschwerde ausdrücklich vorsieht. Ein Rückgriff auf 18 die Vorschriften der ZPO ist nicht möglich (vgl. auch § 4 InsO). Dem Antragsteller und dem Gemeinschuldner steht die Rechtspflegererinnerung nach § 11 RechtspflegerG zur Verfügung. Gegen Entscheidungen des Vollstreckungsgerichtes ist die sofortige Beschwerde des § 793 ZPO möglich.

§ 154
Niederlegung in der Geschäftsstelle → § 124 KO

Das Verzeichnis der Massegegenstände, das Gläubigerverzeichnis und die Vermögensübersicht sind spätestens eine Woche vor dem Berichtstermin in der Geschäftsstelle zur Einsicht der Beteiligten niederzulegen.

1 Damit alle am Verfahren Beteiligten die Möglichkeit besitzen, sich vor dem Berichtstermin nach § 156 InsO über die Vermögensverhältnisse zu informieren, müssen das Verzeichnis der Massegegenstände, das Gläubigerverzeichnis sowie die Vermögensübersicht rechtzeitig vor diesem Termin in der Geschäftsstelle des Gerichts niedergelegt werden. Das Siegelungsprotokoll ist nach § 150 InsO zu hinterlegen.

2 Beteiligte und damit auch zur Einsichtnahme Befugte sind der Gemeinschuldner, jeder Insolvenzgläubiger, die Massegläubiger sowie die Mitglieder des Gläubigerausschusses gem. § 69 InsO, auch wenn letztere nicht Insolvenzgläubiger sind (vgl. § 67 Abs. 3 InsO). Als Beteiligter im Sinne dieser Vorschrift soll auch der Erwerber, der die Insolvenzmasse im Ganzen erwirbt, gelten (*Jaeger/Weber* KO, § 124 Rz. 4). Dem ist nicht zuzustimmen. Gerade beim Unternehmenserwerb droht die Gefahr, daß Informationen mißbräuchlich verwendet werden. Gegenüber den Erwerbern ist die Informationserteilung durch Gewährung von Einsicht in Geschäftspapiere Sache des Verwalters.

3 Kein Recht zur Einsichtnahme besitzen die Aussonderungsberechtigten, da sie keine Insolvenzgläubiger und damit nicht am Insolvenzverfahren beteiligt sind (vgl. § 47 InsO). Die absonderungsberechtigten Gläubiger können gem. dieser Vorschrift Einsicht nehmen, soweit sie für den Ausfall ihres Absonderungsrechts Insolvenzgläubiger sind (vgl. § 52 S. 2 InsO).

4 Die Offenlegungspflicht des Insolvenzverwalters bezieht sich lediglich auf die genannten Verzeichnisse der §§ 151, 152 und 153 InsO. Alle anderen Unterlagen, wie z.B. die Geschäftsbücher des Gemeinschuldners oder Unterlagen im Rahmen der externen Rechnungslegungspflicht des Insolvenzverwalters werden von der Vorschrift nicht erfaßt (*Kilger/Karsten Schmidt* KO, § 124, 7; *LG Berlin* KTS 1957, 190).

5 Den Beteiligten ist es gestattet, sich auf ihre Kosten Abschriften der genannten Verzeichnisse erteilen zu lassen (§ 4 InsO, § 299 Abs. 1 ZPO).

6 Das Insolvenzgericht kann allerdings im Einzelfall entscheiden, daß Abschriften über das Gläubigerverzeichnisses nicht erteilt werden. Dies wird dann der Fall sein, wenn die Gefahr eines Mißbrauchs besteht, z.B. wenn Konkurrenten des Schuldners Einsicht begehren (weitere Beispiele: *Kuhn/Uhlenbruck* KO, § 124 Rz. 4).

7 Verweigert das Insolvenzgericht die Einsichtnahme, bleibt dem Antragsteller nur die Möglichkeit der Rechtspflegererinnerung gem. § 11 RechtspflegerG. Da die InsO für diesen Sachverhalt keine Rechtsmittel vorsieht, ist eine Beschwerde nicht möglich, § 6 InsO.

§ 155
Handels- und steuerrechtliche Rechnungslegung

(1) ¹Handels- und steuerrechtliche Pflichten des Schuldners zur Buchführung und zur Rechnungslegung bleiben unberührt. ²In bezug auf die Insolvenzmasse hat der Insolvenzverwalter diese Pflichten zu erfüllen.
(2) ¹Mit der Eröffnung des Insolvenzverfahrens beginnt ein neues Geschäftsjahr. ²Jedoch wird die Zeit bis zum Berichtstermin in gesetzliche Fristen für die Aufstellung oder die Offenlegung eines Jahresabschlusses nicht eingerechnet.
(3) ¹Für die Bestellung des Abschlußprüfers im Insolvenzverfahren gilt § 318 des Handelsgesetzbuchs mit der Maßgabe, daß die Bestellung ausschließlich durch das Registergericht auf Antrag des Verwalters erfolgt. ²Ist für das Geschäftsjahr vor der Eröffnung des Verfahrens bereits ein Abschlußprüfer bestellt, so wird die Wirksamkeit dieser Bestellung durch die Eröffnung nicht berührt.

Inhaltsübersicht:

	Rz.
A. Handelsrechtliche und steuerrechtliche Buchführungsverpflichtung	1–116
I. Allgemeines	1–14
II. Handelsrechtliche Buchführungsverpflichtung	15–19
III. Steuerrechtliche Buchführungsverpflichtung	20–23
IV. Erstellung, Prüfung und Offenlegung des handelsrechtlichen Jahresabschlusses	24–34
1. Bilanz	24–29
2. Inventar	30
3. Grundsätze ordnungsgemäßer Buchführung (GoB)	31–34
V. Insolvenzbedingte Modifikationen im Rahmen der GoB	35–42
1. Stichtagsprinzip (§ 242 Abs. 1 und 2 HGB)	36
2. Vollständigkeitsprinzip (§ 246 Abs. 1 HGB)	37
3. Bilanzidentität (§ 252 Abs. 1 Nr. 1 HGB)	38
4. Bewertungsstetigkeit (§ 252 Abs. 1 Nr. 6 HGB)	39
5. Going-Concern-Prinzip (§ 252 Abs. 1 Nr. 2 HGB)	40–41
6. Prinzip der Einzelbewertung (§ 252 Abs. 1 Nr. 3 HGB)	42
VI. Formalaufbau von Bilanzen sowie GuV-Rechnung	43–45
VII. Vervollständigung von Buchführung und Bilanz	46
VIII. Aufstellung der Insolvenzbilanz	47–50
IX. Ansatzvorschriften	51–63
1. Anlagevermögen	53
2. Aktivierungsverbote	54
3. Sonderposten	55
4. Rückstellungen	56–61
5. Rechnungsabgrenzungsposten	62
6. Haftungsverhältnisse	63
X. Bewertungsvorschriften	64–69
1. Anlagevermögen	65
2. Umlaufvermögen	66–67
3. Rückstellungen	68
4. Verbindlichkeiten	69
XI. Gliederungsvorschriften	70–73
XII. Schlußbilanz der werbenden Gesellschaft	74–75
XIII. Abwicklungs-Eröffnungsbilanz	76–84
1. Ausstehende Einlagen	77

	2. Eigene Anteile	78
	3. Abwicklungskapital	79–84
XIV.	Abwicklungs- Jahresabschlüsse	85–87
XV.	Gewinn- und Verlustrechnung	88–91
XVI.	Anhang, Erläuterungsbericht	92–99
XVII.	Lagebericht	100–101
XVIII.	Prüfung von Jahresabschlüssen	102–104
XIX.	Offenlegung von Jahresabschlüssen	105
XX.	Die Erstellung eines Überschuldungsstatus nach § 19 Abs. 2 InsO	106–116
	1. Firmenwert	110
	2. Forderungen gegen Anteilseigner	111
	3. Sonstige immaterielle Vermögensgegenstände	112
	4. Anlage- und Umlaufvermögen	113
	5. Verbindlichkeiten	114
	6. Rückstellungen	115–116
B. Steuern in der Insolvenz		117–526
I.	Grundsätzliche Auswirkungen des Verfahrens nach der Insolvenzordnung	117–259
	1. Allgemeines	117
	2. Die Stellung des Steuergläubigers nach dem Verfahren der InsO	118–131
	a) Der Steuergläubiger nach der InsO	118–119
	b) Der Massegläubiger nach der InsO	120
	c) Insolvenzfreies Vermögen	121
	d) Der Steuergläubiger als Aussonderungsberechtigter nach der InsO	122–123
	e) Der Steuergläubiger als Absonderungsberechtigter nach der InsO	124–125
	f) Aufrechnung durch den Steuergläubiger	126–128
	g) Zuständigkeiten der Dienststellen der Finanzämter im Insolvenzverfahren	129–130
	h) Sicherungsmaßnahmen vor Eröffnung des Insolvenzverfahrens	131
	3. Die Eröffnung des Insolvenzverfahrens nach der InsO begründeten Steuerforderungen und Erstattungsansprüche	132–171
	a) Forderungen im Verfahren nach der InsO	132–163
	aa) Einkommensteuer- und Körperschaftsteuervorauszahlungen	140
	bb) Einkommen- und Körperschaftsteuerjahresschuld	141
	cc) Lohnsteuerforderungen	142–143
	dd) Gewerbesteuer	144
	ee) Umsatzsteuer	145–155
	ff) Grunderwerbsteuer	156
	gg) Kraftfahrzeugsteuer	157–158
	hh) Investitionszulage	159
	ii) Erstattungsanspruch	160–162
	jj) Haftungsansprüche	163
	b) Nicht fällige Forderungen	164–171
	4. Anmeldung von Steuerforderungen	172–173
	5. Der Prüfungstermin	174–177
	6. Die Wirkungen des Insolvenzverfahrens auf das Besteuerungsverfahren	178–225
	a) Steuerermittlungs- und Steueraufsichtsverfahren	178
	b) Steuerfestsetzungsverfahren und Steuerfeststellungsverfahren	179–190
	c) Außergerichtliches Rechtsbehelfsverfahren, Aussetzung der Vollziehung	191–197
	d) Vollstreckungsverfahren	198–200
	e) Erlaß und Bekanntgabe von Steuerverwaltungsakten	201–209
	f) Widerspruch wegen Steuerforderungen	210–225
	7. Die Vorrechte im Verfahren nach der InsO	226–229
	8. Die während des Insolvenzverfahrens entstehenden Steuerforderungen	230–258

	a) Einkommensteuer	232–233
	b) Körperschaftsteuer	234–236
	c) Lohnsteuer	237
	d) Umsatzsteuer	238
	e) Gewerbesteuer	239–242
	f) Grunderwerbsteuer	243
	g) Grundsteuer	244
	h) Kraftfahrzeugsteuer	245
	i) Investitionszulage	246
	j) Vollstreckung des Finanzamtes wegen Masseforderungen	247–250
	k) Masseunzulänglichkeit	251–258
9.	Steuerforderungen nach Abschluß des Insolvenzverfahrens	259
II.	Behandlung der Einzelsteuern im Verfahren nach der InsO	260–447
1.	Einkommensteuer	260–301
	a) Ermittlung des zu versteuernden Einkommens	261–273
	b) Begriff des Einkommens in der Insolvenz	274–282
	c) Einkommensteuer-Vorauszahlungen	283–287
	d) Versteuerung der stillen Reserven	288–290
	e) Zusammenveranlagung mit dem Ehegatten des Schuldners	291–294
	f) Einkommensteuer bei abgesonderter Befriedigung	295–300
	g) Insolvenzverfahren und Organschaftsverhältnis, Betriebsaufspaltung	301
2.	Körperschaftsteuer	302–314
3.	Lohnsteuer	315–336
	a) Insolvenzverfahren des Arbeitnehmers	316–319
	b) Insolvenzverfahren des Arbeitgebers	320–329
	c) Besteuerung von Arbeitslosengeld und Insolvenzgeld	330–336
4.	Gewerbesteuer	337–344
5.	Umsatzsteuer	345–425
	a) Allgemeines	345–346
	b) Begründetheit einer Umsatzsteuerforderung i. S. d. § 38 InsO	347–348
	c) Einfluß der Eröffnung des Insolvenzverfahrens auf den laufenden Voranmeldungszeitraum	349–355
	d) Die zwei umsatzsteuerlichen Tätigkeitsbereiche in der Insolvenz	356–357
	e) Schuldner und Insolvenzverwalter sind Unternehmer	358–362
	f) Vorsteuer im Insolvenzverfahren	363–410
	aa) Vorsteuerberichtigungsanspruch gemäß § 17 Abs. 2 UStG bei unbezahlten Rechnungen	367–373
	bb) Vorsteuerberichtigungsanspruch im Fall der Aussonderung (§ 47 InsO) wegen Warenlieferung unter Eigentumsvorbehalt	374–377
	cc) Vorsteuerberichtigungsanspruch gemäß § 15a UStG bei Änderung der Verhältnisse	378–387
	dd) Halbfertige Arbeiten, nicht vollständig erfüllte Verträge	388–398
	ee) Halbfertige Arbeiten bei Werkverträgen über Bauleistungen	399–410
	g) Verwertung von Sicherungsgut, Absonderungsrecht	411–424
	aa) Verwertung des Sicherungsgutes durch den Insolvenzverwalter	416
	bb) Verwertung des Sicherungsguts durch den Sicherungsnehmer (Gläubiger)	417–424
	h) Vorsteuerabzug aus Rechnungen über eigene Leistungen eines Insolvenzverwalters	425
6.	Grunderwerbsteuer	426–429
7.	Kraftfahrzeugsteuer	430
8.	Investitionszulage	431
9.	Grundsteuer	432
10.	Nebenforderungen, Säumniszuschläge, Verspätungszuschläge, Zinsen	433–434

11.	Rechte und Pflichten des Insolvenzverwalters im Besteuerungsverfahren	435–446
	a) Steuererklärungspflicht von Insolvenzverwaltern	435–436
	b) Berichtigung von Steuererklärungen	437
	c) Umsatzsteuerliche Stellung des Insolvenzverwalters	438
	d) Vergütung des Insolvenzverwalters	439
	e) Haftung des Insolvenzverwalters	440–446
	aa) Haftung nach Steuerrecht	441–443
	bb) Haftung nach Insolvenzrecht	444–446
12.	Steuerfreie Sanierungsgewinne	447
III.	Vorläufige Insolvenzverwaltung	448
IV.	Besonderheiten und Einzelfragen	449–526
1.	Steuergeheimnis	449
2.	Auswirkungen der Schweigepflicht der mit Steuerangelegenheiten des Schuldners befaßten Personen	450
3.	Besteuerung des Veräußerungs- und Betriebsaufgabegewinnes	451–454
4.	Insolvenzrechtliche Probleme der Personengesellschaften	455
5.	Verlustausgleich und Verlustabzug	456
6.	Tilgung von Betriebsschulden durch Angehörige	457–477
	a) Voraussetzung der Haftung nach § 69 AO	458
	b) Haftungszeitraum	459
	c) Umfang der Haftung	460
	d) Quotenermittlung	461–463
	e) Haftung für Lohnsteuer	464–477
7.	Zinsabschlag in der Insolvenz	478–485
8.	Auflösungsverluste wesentlich beteiligter Gesellschafter gemäß § 17 Abs. 4 EStG	486–526
	a) Persönlicher Geltungsbereich	486
	b) Voraussetzungen des § 17 Abs. 1–4 EStG	487–488
	c) Auflösungsverluste bei Darlehn gemäß § 17 EStG	489–499
	aa) Risikobehaftetes Darlehn	490
	bb) Zunächst krisenfreie, später risikobehaftete Darlehn	491–497
	cc) Fremdwährungsdarlehn als nachträgliche Anschaffungskosten auf eine Beteiligung gemäß § 17 EStG	498–499
	d) Auflösungsverluste bei Bürgschaften gemäß § 17 EStG	500–508
	aa) Risikobehaftete Bürgschaft	501–502
	bb) Zunächst krisenfreie, später risikobehaftete Bürgschaften	503–504
	cc) Rückgriffs- und Ausgleichsansprüche	505
	dd) Drittaufwand	506
	ee) Zeitpunkt der Bürgschaftsübernahme	507
	ff) Zeitpunkt der Berücksichtigung von Auflösungsverlusten	508
	e) Nachträgliche Werbungskosten bei der Einkunftsart Kapitalvermögen	509–510
	f) Nachträgliche Werbungskosten bei den Einkünften aus nichtselbständiger Arbeit (§ 19 EStG)	511–515
	g) Haftungsschulden nach § 69 AO	516–523
	h) Stammeinlagen bei nicht wesentlich beteiligten Gesellschafter-Geschäftsführern	524
	i) Aufwendungen nach Eröffnung des Insolvenzverfahrens (Auflösung gemäß § 60 Abs. 1 Nr. 4 GmbHG)	525–526

Literatur:

App Zu den Gründen der Beibehaltung des Konkursvorrechtes des Fiskus, BB 1984, 668; *ders.* Probleme bei Konkursanträgen auf Grund von Steueransprüchen, ZIP 1992, 460; *Boochs* Die

Handels- und steuerrechtliche Rechnungslegung **§ 155**

Umsatzsteuer im Konkursverfahren, UVR 1995, 2; *Bringewat/Waza* Insolvenzen und Steuern, 1997; *Burger/Schellberg* Der Insolvenzplan im neuen Insolvenzrecht, DB 1994, 1833; *ders.* Die Auslösetatbestände im neuen Insolvenzrecht, BB 1995, 261; *Fichtelmann* Steuern im Konkurs und Vergleich, NWB Fach 2, 6231; *Fröschle/Kropp/Deubert* »Schlußbilanz der werbenden Gesellschaft« kein Pflichtbestandteil der Rechnungslegung von Kapitalgesellschaften in Liquidation, DB 1994, 998 ff.; *Geist* Insolvenzen und Steuern, 1980; *Hess* Kommentar zur Konkursordnung, 1995; *Klein/Orlopp* Abgabenordnung 1989; *Krämer* Konkursanträge der Finanzverwaltung, Stbg 1994, 323; *Landfermann* Der Ablauf eines künftigen Insolvenzverfahrens, BB 1995, 32; *Maus* Auswirkungen des Zinsabschlaggesetzes auf die Insolvenzverfahren, ZIP 1993, 734; *ders.* Steuerrechtliche Probleme im Insolvenzverfahren, 1995; *Onusseit* Die Umsatzsteuer – ein Dauerthema in der Insolvenz, KTS 1994, 3; *Onusseit/Kunz* Steuern in der Insolvenz Köln 1994; *Probst* Vorrecht, Vorsteuerberechtigung und Voranmeldungszeitraum im Konkurs, UR 1998, 39 ff.; *Schmidt/Räntsch* Das neue Verbraucherinsolvenzverfahren, MDR 1994, 321; *Scholz* Verbraucherinsolvenz und Restschuldbefreiung nach der Insolvenzordnung, FLF 1995, 88; *Schöne/Ley* Die Auswirkungen des Zinsabschlaggesetzes im Konkurs von Personenhandelsgesellschaften, DB 1993, 1405; *Uhlenbruck* Die neue Insolvenzordnung (I), GmbHR 1995, 81; *ders.* Rechtsfolgen der Beendigung des Konkursverfahrens, ZIP 1993, 241; *Weiss* Zur Durchsetzung von Einkommensteueransprüchen im Konkurs, FR 1990, 539 ff.; *ders.* Anm. zu BFH Urt. v. 16. 07. 1987 – VR 80/82 –, UR 1987, 291 ff.; *Welzel* Das Zinsabschlaggesetz als Problem im Konkursfall, DStZ 1993, 197.

A. Handelsrechtliche und steuerrechtliche Buchführungsverpflichtung

I. Allgemeines

Die neue Insolvenzordnung enthält mit § 155 InsO eine einzige Norm zur handelsrechtlichen Rechnungslegung in der Insolvenz. Neben diesen in § 155 InsO normierten insolvenzrechtlichen gibt es handelsrechtliche Rechnungslegungspflichten. **1**

Durch § 155 Abs. 1 InsO wird klargestellt, daß die Bestimmungen über die insolvenzrechtliche Rechnungslegung die Buchführungs- und Rechnungslegungspflichten des Handels- und Steuerrechts unberührt lassen und daß auch diese Pflichten, soweit es um die Insolvenzmasse geht, vom Insolvenzverwalter zu erfüllen sind. **2**

Daneben bestehen in § 151 Abs. 1 InsO, dem Gebot an den Insolvenzverwalter ein Verzeichnis (Inventar) der einzelnen Gegenstände der Insolvenzmasse aufzustellen, § 153 InsO, der Verpflichtung zur Erstellung einer Vermögensübersicht sowie § 197 der Verpflichtung zur Erstellung einer Schlußrechnung weitere insolvenzrechtliche Rechnungslegungsnormen. **3**

Grundsätzlich hat der Insolvenzverwalter also Handelsbücher zu führen (§ 239 HGB) und für den Schluß eines jeden Geschäftsjahres eine Bilanz und eine Gewinn- und Verlustrechnung aufzustellen (§ 242 HGB), wenn das Insolvenzverfahren ein vollkaufmännisches Unternehmen i. S. des § 4 Abs. 1 HGB betrifft. **4**

Mit dem Finanzamt kann jedoch im Einzelfall gemäß §§ 148, 162 Abs. 2 AO eine Befreiung von der Buchführungs- und Bilanzierungspflichten vereinbart werden. Von der Fortführung der Buchführung und Jahresabschlüsse kann auch abgesehen werden, wenn der Geschäftsbetrieb des insolventen Unternehmens eingestellt worden ist, Auswirkungen auf die Konkursforderungen ausgeschlossen sind und auch sonst von der handelsrechtlichen Rechnungslegung während des Insolvenzverfahrens keinerlei Erkenntnisse zu erwarten sind. Ein Absehen von der handelsrechtlichen Rechnungslegung kommt nicht in Betracht, wenn sich die Abwicklung über Jahre hinzieht und die Masse durch die Masseverbindlichkeiten nicht erschöpft ist. (vgl. *Onusseit/Kunz*, Steuern in der Insolvenz, Rz. 266). **5**

§ 155 *Verwaltung und Verwertung der Insolvenzmasse*

6 Bis zum Inkrafttreten des Handelsrechtsreformgesetzes zum 01. 07. 1998 galt, daß im Insolvenzverfahren ein ursprünglich vollkaufmännisches Unternehmen je nach dem Stand der Abwicklung zu einem minderkaufmännischen Geschäftsbetrieb im Sinne des § 4 Abs. 1 HGB werden konnte, das nicht mehr den handelsrechtlichen Buchführungs- und Bilanzierungsvorschriften unterlag. Ab dem 01. 07. 1998 ist die Rechtsfigur des Minderkaufmannes entfallen. Damit sind alle Gewerbetreibenden ohne Rücksicht auf die Branche vom Kaufmannsbegriff erfaßt. Insoweit werden die bisherigen Begriffe des Mußkaufmannes (§ 1 HGB) und des Sollkaufmannes (§ 2 HGB) zu einem einheitlichen Kaufmannsbegriff (neuer Mußkaufmann) zusammengefaßt. Kleingewerbetreibende, deren Unternehmen nach Art und Umfang einen in kaufmännischer Weise eingerichteten Geschäftsbetrieb nicht erfordert, sind damit keine Kaufleute mehr. Sie haben jedoch die Möglichkeit, die Kaufmannseigenschaft durch Eintragung in das Handelsregister zu erwerben (§ 3 HGB, zusätzlicher Kannkaufmann). Sie werden jedoch erst mit der Eintragung zu Kaufleuten, die Eintragung ist somit rechtsbegründend.

7 Der Insolvenzverwalter hat zu prüfen, ob nach den Gegebenheiten des Einzelfalles in der Handelsbilanz das vorhandene Vermögen mit Fortführungs- oder mit Liquidationswerten anzusetzen ist. Wird der Geschäftsbetrieb sofort eingestellt, ist nach Eröffnung des Insolvenzverfahrens nur noch der Ansatz von Liquidationswerten gerechtfertigt. Führt der Insolvenzverwalter dagegen das insolvente Unternehmen auf Grund eines Beschlusses der Gläubigerversammlung fort, so sind die Fortführungswerte anzusetzen.

8 Mit der Eröffnung des Insolvenzverfahrens beginnt gemäß § 155 Abs. 2 InsO ein neues Geschäftsjahr. Insoweit hat der Insolvenzverwalter auf den Zeitpunkt der Verfahrenseröffnung gemäß § 242 Abs. 1 Satz 1 HGB sowie in entsprechender Anwendung der §§ 154 HGB, § 270 Abs. 1 AktG und § 71 Abs. 1 GmbHG eine Eröffnungsbilanz aufzustellen.

9 Zweifelhaft ist, ob außerdem eine Schlußbilanz des werbenden Unternehmens aufzustellen ist. Hierfür spricht der Wortlaut des § 155 Abs. 2 Satz 1 InsO, wonach mit Liquidationsbeginn eine neues Geschäftsjahr beginnt. Dagegen wird eingewendet, daß die Gesellschafter durch Beschluß das bisherige Geschäftsjahr beibehalten können (§ 211 Abs. 1 2. HS AktG) und insoweit das Rumpfwirtschaftsjahr in den ersten, der Insolvenzeröffnung folgenden Jahresabschluß der insolventen Gesellschaft einbezogen werden kann (so *Förschle/Kropp/Deubert* DB 1994, 998 ff. und *Onusseit/Kunz* Steuern in der Insolvenz, Rz. 205–207).

10 Um den Insolvenzverwalter in der Eingangsphase des Insolvenzverfahrens nicht allzu stark zu belasten, sieht § 155 Abs. 2 Satz 2 vor, daß die gesetzlichen Fristen für die Aufstellung und Offenlegung von Jahresabschlüssen (insbesondere § 264 Abs. 1 Satz 2, § 325 Abs. 1 Satz 1, § 336 Abs. 1 Satz 2 HGB, § 5 Abs. 1 Satz 1, § 9 Abs. 1 Satz 1 Publizitätsgesetz und die §§ 140, 141 AO), die für die Eröffnungsbilanz entsprechend gelten (§ 242 Abs. 1 Satz 2 HGB), um die Zeit bis zum Prüfungstermin verlängert werden. In dieser Zeit hat die insolvenzrechtliche Rechnungslegung, d. h. die Aufstellung der Vermögensübersicht auf der Grundlage des Verzeichnisses der Massegegenstände und des Gläubigerverzeichnisses, Vorrang vor der handels- und steuerrechtlichen Rechnungslegung.

11 Auch im Insolvenzverfahren umfaßt das Geschäftsjahr einen Zeitraum von höchstens 12 Monaten. Dauert das Insolvenzverfahren länger, so beginnt ein neues Insolvenzgeschäftsjahr. Nach § 4a Abs. 1 Satz 1 Nr. 2 Satz 2 EStG ist die Umstellung des Wirtschaftsjahres steuerlich nur wirksam, wenn sie im Einvernehmen mit dem Finanzamt vorgenommen wird. Im Falle der Eröffnung des Insolvenzverfahrens ist es in der Regel ermessensgerecht, wenn das Finanzamt die Zustimmung erteilt.

Handels- und steuerrechtliche Rechnungslegung § 155

Führt der Schuldner nach einer Einstellung des Verfahrens oder nach dessen Aufhebung 12
auf Grund der Bestätigung eines Insolvenzplanes sein Unternehmen fort, so beginnt
damit ebenfalls ein neues Geschäftsjahr. Dies entspricht der Regelung des Abs. 2 Satz 1
bei der Eröffnung des Insolvenzverfahrens und ist im Gesetz jedoch nicht besonders
erwähnt.

§ 155 Abs. 3 betrifft Kapitalgesellschaften, die nach § 316 Abs. 1 Satz 1 HGB den 13
Jahresabschluß durch einen Abschlußprüfer prüfen lassen müssen und von dieser Pflicht
auch nicht durch das Registergericht befreit worden sind. Danach gilt die gemäß § 318
Abs. 1 Satz 1 HGB bestehende Befugnis der Gesellschafter sich den Abschlußprüfer zu
wählen, nicht im Insolvenzverfahren. Die Bestellung im Insolvenzverfahren hat ausschließlich durch das zuständige Registergericht auf Antrag des Insolvenzverwalters zu
erfolgen. Ist jedoch im Zeitpunkt der Eröffnung des Insolvenzverfahrens bereits ein
Abschlußprüfer gewählt und ihm der Prüfungsauftrag erteilt worden, so bleibt dieser
Abschlußprüfer gemäß Abs. 3 Satz 2 berechtigt, den Jahresabschluß des mit der Eröffnung des Insolvenzverfahrens endenden in der Regel verkürzten Geschäftsjahres zu
prüfen.

Im einzelnen hat der Insolvenzverwalter folgende Buchführungs- und Rechnungspflich- 14
ten zu beachten:

II. Handelsrechtliche Buchführungsverpflichtung

Der Insolvenzverwalter ist handelsrechtlich verpflichtet, unter Beachtung der Grund- 15
sätze ordnungsgemäßer Buchführung Bücher zu führen und Jahresabschlüsse zu
erstellen. Dieses ergibt sich aus §§ 238 ff. HGB, wonach jeder Kaufmann verpflichtet ist,
Bücher zu führen und aus diesen seine Handelsgeschäfte und die Lage seines Vermögens
nach den Grundsätzen ordnungsgemäßer Buchführung ersichtlich zu machen und zum
Schluß eines jeden Geschäftsjahres einen das Verhältnis seines Vermögens und seiner
Schulden darstellenden Abschluß aufzustellen.

Die handelsrechtliche Bilanzierungspflicht von Kapitalgesellschaften wird für den In- 16
solvenzzeitraum in § 270 AktG und § 71 Abs. 1–3 GmbHG modifiziert. Für Personenhandelsgesellschaften wird in §§ 154, 161 HGB die handelsrechtliche Bilanzierungspflicht nach §§ 238 ff. HGB im Hinblick auf den Bilanzierungszeitpunkt ergänzt. Der
Insolvenzverwalter ist deshalb verpflichtet, während des Zeitraumes der Insolvenz die
bisherigen Handelsbilanzen fortzuführen.

Die Buchführungs- und Bilanzierungspflicht ergibt sich aus den Vorschriften des HGB, 17
da mit der Eröffnung des Insolvenzverfahrens die Kaufmannseigenschaft des Schuldners
nicht entfällt. Dies gilt nicht nur für den Fall der Betriebsfortführung, sondern auch für
den Fall der Schließung des Geschäftsbetriebes. Die Abwicklung des Unternehmens
bleibt weiterhin Gewerbebetrieb, da die Absicht der bestmöglichen Verwertung des
vorhandenen Vermögens eine Gewinnerzielungsabsicht darstellt. Die Geltung der handelsrechtlichen Vorschriften für den Schuldner hat zur Folge, daß sich die Buchführungs- und Bilanzierungspflicht des Insolvenzverwalters während der Verfahrensabwicklung ändern kann. Erreicht der Geschäftsbetrieb des Schuldners einen Umfang, der
seine Kaufmannseigenschaft entfallen läßt, so entfällt auch die Buchführungs- und
Rechnungslegungspflicht.

Mit der Erlangung der Kaufmannseigenschaft sind auch die Vorschriften über das 18
Führen von Handelsbüchern (§§ 238–263 HGB) zwingend zu beachten.

Boochs

Nach Handelsrecht ist ein Gewerbetreibender nach § 238 i. V. m. § 1 Abs. 2 HGB in der neuen ab 01. 07. 1998 geltenden Fassung buchführungspflichtig, wenn ein in kaufmännischer Weise eingerichteter Geschäftsbetrieb erforderlich ist. Anhaltspunkte hierfür sind hoher Umsatz, hohe Mitarbeiterzahl, vielseitiges Angebot und vielseitige Geschäftskontakte. Im Gegensatz zum Steuerrecht ist die Buchführungspflicht im HGB nicht starr definiert, sondern es kommt immer auf die Umstände des jeweiligen Einzelfalles an. Insoweit kann auch der Insolvenzverwalter handelsrechtlich verpflichtet sein, unter Beachtung der Grundsätze ordnungsgemäßer Buchführung Bücher zu führen und Jahresabschlüsse zu erstellen. Hinsichtlich der Kapitalgesellschaften bleibt der Insolvenzverwalter bis zum Abschluß der Liquidation voll buchführungs- und bilanzierungspflichtig. Im Falle der Betriebsfortführung reicht die Fortführung einer Buchhaltung aus, der Insolvenzverwalter muß jedoch auf Verlangen des Gerichts das auf die Betriebsfortführung entfallende Ergebnis nachvollziehbar darstellen.

19 Die handelsrechtliche Pflicht zur Buchführung und Bilanzierung ist unabhängig vom Massebestand und besteht sowohl für die Zeit vor Eröffnung des Insolvenzverfahrens als auch für die Zeit danach. Sie hat nur dort ihre Grenzen, wo Mängel hinsichtlich der Buchführungs- und Jahresabschlüsse vorliegen, die der Insolvenzverwalter weder kennen noch beheben kann. Liegt eine grob fehlerhafte Buchführung vor, und ist es mit zumutbaren Mitteln nicht mehr möglich, eine richtige Bilanz nebst Gewinn- und Verlustrechnung für den jeweiligen Veranlagungszeitraum aufzustellen, so hat der Insolvenzverwalter ab Eröffnung des Insolvenzverfahrens eine ordnungsgemäße Buchführung einzurichten und aufrechtzuerhalten. Kommt der Insolvenzverwalter seinen insolvenz- und handelsrechtlichen Pflichten schuldhaft nicht nach, so haftet er bei Verschulden für einen entstehenden Schaden der Beteiligten nach § 60 InsO. Das Insolvenzgericht kann in Ausübung seiner nach § 58 Abs. 1 InsO bestehenden Aufsichtspflicht ein Zwangsgeld gemäß § 58 Abs. 2 InsO festsetzen.

III. Steuerrechtliche Buchführungsverpflichtung

20 Die steuerrechtliche Buchführungsverpflichtung des Insolvenzverwalters hinsichtlich des Schuldnervermögens ergibt sich aus § 140 AO i. V. m. § 238 HGB oder aus § 141 AO.

21 § 140 AO macht die zahlreichen außersteuerlichen Buchführungs- und Aufzeichnungspflichten für das Steuerrecht nutzbar (abgeleitete Buchführungspflichten). Die wichtigsten außersteuerlichen Buchführungsvorschriften finden sich im Bilanzrichtlinien-Gesetz, das alle wesentlichen Rechnungslegungsvorschriften aus dem Aktiengesetz, dem GmbH-Gesetz, dem Genossenschafts-Gesetz und dem Handelsgesetzbuch im 3. Buch des Handelsgesetzbuches zusammenfaßt. Seit Inkrafttreten des Bilanzrichtlinien-Gesetzes sind nur die besonderen Rechnungslegungsvorschriften für Personenhandelsgesellschaften und Einzelkaufleute, die nach ihrer Größe unter das Publizitätsgesetz fallen, weiterhin außerhalb des HGB geregelt.

22 §§ 142 AO gilt gegenüber § 140 AO nur subsidiär. § 141 AO normiert originäre steuerrechtliche Buchführungs- und Aufzeichnungspflichten. Die Buchführungspflicht nach § 141 AO knüpft an das Vorliegen bestimmter Merkmale (Umsätze, Betriebsvermögen, Gewinn) an. Unberührt von den Buchführungspflichten nach §§ 140, 141 AO bleiben Aufzeichnungspflichten aus anderen Gesetzen (z. B. § 22 UStG).

23 Es ist zu beachten, daß die Rechnungslegungspflicht des Insolvenzverwalters (§ 66 InsO) sowie die Aufzeichnungspflichten (§§ 151, 154 InsO) nicht die Buchführungs-

Handels- und steuerrechtliche Rechnungslegung § 155

pflicht nach Handels- und Steuerrecht ersetzt. Mängel der Buchführung, die der Insolvenzverwalter verschuldet hat, muß sich der Schuldner zurechnen lassen.

IV. Erstellung, Prüfung und Offenlegung des handelsrechtlichen Jahresabschlusses

1. Bilanz

Die handelsrechtliche Rechnungslegung für Gesellschaften, die sich in Abwicklung 24 befinden, ist für die AG, KG a. A. und die GmbH in § 270 AktG, 71 Abs. 1–3 GmbHG geregelt. Danach sind eine Abwicklungs-Eröffnungsbilanz in entsprechender Anwendung der Vorschriften über den Jahresabschluß, laufende Abwicklungs-Jahresabschlüsse sowie eine Schlußrechnung zu erstellen.

Für Einzelkaufleute gelten für die laufenden handelsrechtlichen Jahresabschlüsse die 25 §§ 238 ff. HGB.

Für Personenhandelsgesellschaften sehen §§ 154, 161 HGB die Erstellung einer Ab- 26 wicklungs-Eröffnungsbilanz und einer Abwicklungs-Schlußbilanz vor. Weitere Einzelheiten sind – abweichend zu den Kapitalgesellschaften – nicht gesetzlich geregelt.

Die Abwicklungs-Rechnungslegung ersetzt die handelsrechtliche Rechnungslegung, so 27 daß neben den Abwicklungsbilanzen nicht noch herkömmliche Bilanzen aufzustellen sind. Für Personenhandelsgesellschaften gilt entsprechendes. Für sie erfordert die nach §§ 154, 161 HGB geforderte Abwicklungs-Rechnungslegung die Erstellung einer Abwicklungs-, Eröffnungs- und einer Schlußbilanz. Auf diese Bilanzen sind wie bei Kapitalgesellschaften die handelsrechtlichen Vorschriften über den Jahresabschluß entsprechend anzuwenden. Aus §§ 3 154, 161 HGB kann nach der Änderung des HGB in 1985 nicht die Notwendigkeit zur Erstellung einer Vermögensbilanz abgeleitet werden.

Die Abwicklungs-Rechnungslegung für Kapitalgesellschaften i. S. d. §§ 71 Abs. 1–3 28 GmbHG, 270 AktG gilt auch für das Insolvenzverfahren. Dies bedeutet, daß die für Abwicklungen vorgesehenen laufenden Bilanzen sowie die für Personenhandelsgesellschaften und Kapitalgesellschaften zusätzlich aufzustellenden Abwicklungs-Eröffnungsbilanzen den Handelsbilanzen entsprechen und auch im Insolvenzverfahren zu erstellen sind, soweit nicht die bereits dargestellten Einschränkungen Platz greifen.

Somit sind folgende Bilanzen zu unterscheiden und nach den jeweiligen Stichtagen 29 aufzustellen:

	Einzelkaufmann	Personenhandels-gesellschaften	Kapitalgesellschaften
Schlußbilanz des werbenden Unternehmens		Bilanz, Gewinn- und Verlustrechnung	Bilanz, Gewinn- und Verlustrechnung, Anhang, Lagebericht §§ 242, 264 HGB

Boochs 1051

	Einzelkaufmann	Personenhandels-gesellschaften	Kapitalgesellschaften
Abwicklungs-, Eröffnungsbilanz	Bilanz §§ 154, 161, 242 HGB	Bilanz, Erläuterungsbericht § 270 Abs. 1 AktG, § 71 Abs. 1 GmbHG i. V. m. §§ 242, 244 HGB	
Laufende Abwicklungs-abschlüsse	Bilanz, Gewinn- und Verlustrechnung § 242 HGB	Bilanz, Gewinn- und Verlustrechnung § 242 HGB	Bilanz, Gewinn- und Verlustrechnung, Anhang Lagebericht § 270 Abs. 1 AktG § 71 Abs. 1 GmbHG i. V. m. §§ 242, 264 HGB
Schlußrechnung		Bilanz, Gewinn- und Verlustrechnung §§ 154, 161 HGB	Bilanz, Gewinn- und Verlustrechnung § 273 AktG
Abwicklungs-Schlußbericht	Bilanz, Gewinn- und Verlustrechnung § 242 HGB	Bilanz, Gewinn- und Verlustrechnung § 242 HGB	Bilanz, Gewinn- und Verlustrechnung, Anhang, Lagebericht, § 270 Abs. 1 AktG; § 71 Abs. 1 GmbHG i. V. m. §§ 242, 264 HGB

2. Inventar

30 Die vorstehenden Bilanzen werden aus der Inventur, den Bestandsverzeichnissen hinsichtlich der Grundstücke, Forderungen, Schulden, der liquiden Mittel und der sonstigen Vermögensgegenstände, zu deren Aufstellung der Kaufmann zu Beginn des Handelsgewerbes und fortlaufend jährlich verpflichtet ist (§ 240 HGB) abgeleitet. Zu den Grundsätzen, wie die Bestandsverzeichnisse (Inventare) durch die Aufnahme der Aktiven und Passiven (Inventur) zu erstellen sind, gehören:

3. Grundsätze ordnungsgemäßer Buchführung (GoB)

31 Bei der Aufstellung des handelsrechtlichen Jahresabschlusses sind außer den Bewertungs- und Gliederungsvorschriften die Grundsätze ordnungsmäßiger Buchführung (GoB) zu beachten (§ 243 Abs. 1 HGB).

32 Die GoB sind für alle Kaufleute wie folgt normiert:
– Stichtagsprinzip (§ 242 Abs. 1 und 2 HGB)
– persönliche Zuordnung seines Vermögens und seiner Schulden (§ 242 Abs. 1 HGB)

- Klarheit und Übersichtlichkeit (§§ 243 Abs. 2, 247 Abs. 1 HGB)
- Vollständigkeit (§ 246 Abs. 1 HGB)
- Verrechnungsverbot (§ 246 Abs. 1 HGB)
- Kontinuität
- Bilanzidentität (§ 252 Abs. 1 Nr. 1 HGB)
- Bewertungsstetigkeit (§ 252 Abs. 1 Nr. 6 HGB)
- Going-Concern-Prinzip (§ 252 Abs. 1 Nr. 2 HGB)
- Prinzip der Einzelbewertung (§ 252 Abs. 1 Nr. 3 HGB)
- Grundsatz der Vorsicht
- Imparitätsprinzip (§ 252 Abs. 1 Nr. 4 1. HS. HGB)
- Niederstwertprinzip (§ 253 Abs. 1–3 HGB)
- Realisationsprinzip (§ 252 Abs. 1 Nr. 4 2. HS. HGB)
- periodengerechte Zuordnung von Aufwendungen und Erträgen (§ 252 Abs. 1 Nr. 5 HGB)

Für Kapitalgesellschaften werden diese Grundsätze zum Teil noch ergänzt durch: 33
- Klarheit und Übersichtlichkeit: Gliederungsvorschriften für den Jahresabschluß (§§ 265, 266, 275, 277 HGB)
- Grundsatz der Vorschrift: spezielle Bewertungsregeln (§§ 279–282 HGB)

Die GoB konkretisieren die im HGB normierten Einzelvorschriften, wenn für einen 34 Sachverhalt, der bei der Aufstellung von Jahresabschlüssen zu berücksichtigen ist, keine anwendbare gesetzliche Einzelvorschrift vorhanden ist. Diese Funktion ist von nicht unerheblicher Bedeutung, da die überwiegende Zahl der gesetzlichen Einzelvorschriften konkretisierungsbedürftig sind und eine Vielzahl von Sachverhalten nicht explizit im HGB geregelt wird, z. B.:

Ansatzvorschriften:
- Definition von Vermögensgegenständen, Schulden und Rechnungsabgrenzungsposten, soweit im Gesetz nicht festgelegt (§§ 246 Abs. 1, 250 HGB)
- Konkretisierung der einzelnen Rückstellungsarten und Haftungsverhältnisse (§§ 249, 251 HGB)

Bewertungsvorschriften:
- Bewertung von Rückstellungen (§ 253 Abs. 1 HGB)
- Festlegung sämtlicher Aufwandsarten, die Bestandteile der Anschaffungs- und Herstellungskosten sind (§ 255 Abs. 1–3 HGB)
- Schätzung von Nutzungsdauer und Wahl der Abschreibungsmethoden beim abnutzbaren Anlagevermögen und Geschäfts- oder Firmenwert (§§ 253 Abs. 2, 255 Abs. 4 HGB)
- Berechnung des niedrigeren, am Abschlußstichtag beizulegenden Wertes von Abschreibungen aufgrund von Wertschwankungen in der nächsten Zukunft (§ 253 Abs. 2 und 3 HGB)
- Anwendung von Bewertungsvereinfachungen (§ 256 HGB)

Ausweisvorschriften:
- Gebot der Klarheit (§ 243 Abs. 2 HGB)
- Aufstellungsfrist (§ 243 Abs. 3 HGB)
- gesonderter Ausweis einzelner Posten und deren hinreichende Untergliederung (§ 247 Abs. 2 HGB)
- Zuordnung von Vermögensgegenständen zum Anlage- und Umlaufvermögen (§ 247 Abs. 2 HGB)
- Erläuterungen von Bilanz und Gewinn- und Verlustrechnung im Anhang (§ 284 HGB)
- Angaben im Lagebericht (§ 289 HGB)

V. Insolvenzbedingte Modifikationen im Rahmen der GoB

35 Für die Rechnungslegung im Insolvenzverfahren ergeben sich gegenüber der Bilanzierung bei werbenden Unternehmen verschiedene Modifikationen bei der Anwendung der GoB.

1. Stichtagsprinzip (§ 242 Abs. 1 und 2 HGB)

36 Für Abwicklungsbilanzen bilden § 71 Abs. 1 GmbHG; § 270 Abs. 1 AktG, §§ 154, 161 HGB eine Sonderregelung zu § 242 Abs. 1 HGB. Für den Stichtag vor Beginn der Abwicklung ist eine Schlußbilanz der werbenden Gesellschaft zu erstellen, wobei sich in der Regel ein Rumpfgeschäftsjahr ergibt. Für den Beginn der Abwicklung sind eine Abwicklungs-Eröffnungsbilanz sowie Abwicklungs-Jahresabschlüsse zu erstellen.

2. Vollständigkeitsprinzip (§ 246 Abs. 1 HGB)

37 Die Beachtung des Prinzipes der Vollständigkeit ist bei Jahresabschlüssen von besonderer Bedeutung, da der Insolvenzverwalter aufgrund des Zustandes des Rechnungswesens häufig keinen Überblick über das gesamte Betriebsvermögen erhält. Darüber hinaus besteht während der Abwicklung von insolventen Unternehmen die Gefahr, daß die zu führenden Bücher nicht in der erforderlichen Weise fortgeschrieben werden.

3. Bilanzidentität (§ 252 Abs. 1 Nr. 1 HGB)

38 Für die Erstellung der Abwicklungs- Eröffnungsbilanz bei Kapitalgesellschaften wird die Auffassung vertreten, der Grundsatz der Bilanzidentität gelte nur für das zu bewertende Mengengerüst, die Wertansätze könnten hingegen von denjenigen der Schlußbilanz der werbenden Gesellschaft abweichen (z.B. infolge Zuschreibungen beim Anlagevermögen, Höherbewertungen der Vorräte durch Einbeziehung der Fremdkapitalzinsen in die Herstellungskosten etc.). Dieser Auffassung kann nicht gefolgt werden, da sie zur Folge hat, daß handelsrechtlich Erfolgsbestandteile nicht ausgewiesen werden. Die Beachtung der Bilanzidentität ist daher auch bei einer Abwicklungseröffnungsbilanz erforderlich. Eventuelle Neubewertungen sollten unmittelbar nach Erstellung der Abwicklungs-Eröffnungsbilanz erfolgen, sofern sie nicht bereits in der Schlußbilanz der werbenden Gesellschaft vorzunehmen sind.

4. Bewertungsstetigkeit (§ 252 Abs. 1 Nr. 6 HGB)

39 Für den Fall der Erstellung von Abwicklungsbilanzen ist der Grundsatz der Bewertungsstetigkeit nicht zwingend. Die unterschiedlichen Gegebenheiten einer Abwicklung machen es regelmäßig erforderlich, die auf den vorhergehenden Jahresabschluß angewandten Bewertungsmethoden zu ändern.

5. Going-Concern-Prinzip (§ 252 Abs. 1 Nr. 2 HGB)

40 Die gesetzliche Unterstellung des Going Concern gilt nur, soweit eine Unternehmensfortführung beabsichtigt ist. In der Praxis hat dies überall dort Auswirkungen, wo sich die Going-Concern-Prämisse in gesetzlichen Bewertungsregelungen konkretisiert hat:

Handels- und steuerrechtliche Rechnungslegung **§ 155**

- Die Bewertung der Vermögensgegenstände erfolgt nicht mehr auf der Basis der historischen Anschaffungs- oder Herstellungskosten, sondern nur auf der Basis von Verkehrs- oder Liquidationswerten; Bewertungsobergrenze bilden weiterhin die Anschaffungs- oder Herstellungskosten.
- Der Verbleib langlebiger Vermögensgegenstände im Unternehmen wird nicht mehr bis zum Ende der voraussichtlichen Nutzungsdauer unterstellt; die Anschaffungs- und Herstellungskosten können auf die verbleibende Restnutzungsdauer periodisiert werden.
- Aufwendungen für die Ingangsetzung des Geschäftsbetriebs und dessen Erweiterung dürfen, soweit sie nicht als Vermögensgegenstand bilanzierungsfähig sind, nicht als Bilanzierungshilfe aktiviert werden.
- Bei der Bilanzierung des Umlaufvermögens nach dem Niederstwertprinzip (§ 252 Abs. 3 HGB) ist nicht von der planmäßigen Verwertung der Vermögensgegenstände im Rahmen der normalen Unternehmenstätigkeit, sondern von der Zerschlagung des Unternehmens auszugehen.
- Die mit der Liquidation verbundenen spezifischen Verbindlichkeiten und Rückstellungen (z. B. aufgrund eines Sozialplanes) sind zu bilanzieren.

Das Going-Concern-Prinzip gilt im Insolvenzverfahren insoweit, als beabsichtigt ist, **41** den Betrieb ganz oder teilweise fortzuführen oder zu veräußern, da nur dann die Fortsetzung der Unternehmenstätigkeit anzunehmen ist.

6. Prinzip der Einzelbewertung (§ 252 Abs. 1 Nr. 3 HGB)

Im Insolvenzverfahren können einzelne Gruppen von Vermögensgegenständen als Bewertungseinheit angesehen werden, sofern sie nur als Einheit verkauft werden können. **42** Sie bilden im Hinblick auf das geänderte Unternehmensziel – Liquidation der Gesellschaft – eine Einheit, ohne daß eine streng am Gegenständlichen ausgerichtete Bildung von Bewertungseinheiten erforderlich wäre.

VI. Formalaufbau von Bilanzen sowie GuV-Rechnung

Bei der formalen Gestaltung von Jahresabschlüssen hat der Insolvenzverwalter unter- **43** schiedlichen Spielraum. Auch in der Insolvenz muß der Verwalter anstelle des Schuldners die Vorschriften über die Handelsbücher (§§ 238–263 HGB) beachten.
Für Einzelunternehmen und Personenhandelsgesellschaften braucht der Verwalter außer **44** den allgemeinen Ansatzvorschriften gemäß §§ 246–251 HGB keine bestimmte Gliederung für die Bilanz sowie für die Gewinn- und Verlustrechnung einzuhalten. Es ist ihm daher ohne weiteres möglich, Bestände sowie Aufwendungen und Erträge in einer für die Verfahrensabwicklung gewünschten Form darzustellen.
Anderes gilt für die Kapitalgesellschaften. Für die Aufstellung des Jahresabschlusses **45** muß der Verwalter die Gliederungsvorschriften für Bilanzen (§ 266 HGB) sowie für Gewinn- und Verlustrechnungen (§ 275 HGB) berücksichtigen. Es ist zumindest fraglich, ob diese Vorschriften für sich in der Insolvenz befindliche Unternehmen abweichende Gliederungen zulassen. Angebracht und möglich erscheint es aber, insolvenzrechtliche Anpassungen bestimmter Positionen vorzunehmen. So ist z. B. die Unterteilung der Vermögenspositionen in Masse und Sicherungsgut sowie der Verbindlichkeiten in gesicherte und ungesicherte Schulden möglich. Damit ist nicht gesagt, daß auch die zu veröffentlichende Bilanz diese Unterteilungen ausweisen muß.

VII. Vervollständigung von Buchführung und Bilanz

46 In der Praxis sind die vom Verwalter vorgefundenen Handelsbuchführungen vielfach unvollständig und insoweit nicht geeignet, aus ihnen Bilanzen zu entwickeln. In diesen Fällen muß der Insolvenzverwalter versuchen, die fehlenden Buchungen nachzuholen, um zu einer Bilanz zu gelangen. Ist dieses nicht möglich, so muß er unter weitergehender Verwendung der vorhandenen Buchungsunterlagen eine Handelsbilanz außerhalb der Buchführung aufstellen. Da die Handelsbilanz Ausgangspunkt der eigentlichen Insolvenzbilanz ist, kann auf die Aufstellung nicht verzichtet werden.

VIII. Aufstellung der Insolvenzbilanz

47 Der Insolvenzverwalter ist verpflichtet auf den Zeitpunkt der Eröffnung des Insolvenzverfahrens die Insolvenzbilanz aufzustellen. Gemäß § 151 InsO sind zunächst alle zur Masse gehörenden Gegenstände nach Menge und Wert aufzuzeichnen unter Ansatz der objektiven gewöhnlichen Verkehrswerte, d. h. des Versilberungs- oder Zeitwertes. Aus dieser Aufzeichnung hat der Verwalter ein Inventar anzufertigen (§ 153 InsO). Dabei handelt es sich um eine nach kaufmännischen Grundsätzen geordnete Zusammenstellung von Vermögens- und Schuldteilen. In der Regel werden die in dem Inventar ausgewiesenen Werte in die Bilanz übernommen. Dabei ist durch den Ausweis sämtlicher Unter- und Überbewertungen ein Zusammenhang zwischen den objektiven Werten des Inventars und der handelsrechtlichen Buchführung herzustellen. Für die Aufstellung der Insolvenzbilanz gelten nicht die Grundsätze des Bilanzenzusammenhanges über den Zeitpunkt der Aufstellung und der Bewertung. § 151 InsO bestimmt darüber hinaus für die Insolvenzeröffnungsbilanz im Falle einer möglichen Unternehmensfortführung, daß neben dem Einzelveräußerungswert auch der Fortführungswert anzugeben ist.

48 Zweck der Eröffnungsbilanz ist es, den Zustand des Unternehmens im Zeitpunkt der Eröffnung des Verfahrens auszudrücken, ohne die Werte der handelsrechtlichen Buchführung einfach zu übernehmen. Die Eröffnungsbilanz gibt als insolvenzspezifische Zusammenstellung den tatsächlichen Zeitwert aller Vermögens- und Schuldteile im Zeitpunkt der Eröffnung des Insolvenzverfahrens wieder. Insoweit stellt sie eine Zustandsbeschreibung im Sinne eines Insolvenzstatus dar. Diese verfolgt den Zweck, verschiedene am Verfahren Interessierte zu informieren, insbesondere das Insolvenzgericht, den Insolvenzverwalter sowie die anspruchsberechtigten Gläubiger.

49 Der Überschuldungsstatus gemäß § 19 Abs. 2 InsO dient dem Insolvenzgericht als Grundlage für dessen Prüfung, ob die Masse ausreicht, um das Insolvenzverfahren zu eröffnen. Anhand des Überschuldungsstatus prüft der Verwalter ob er die die Insolvenzverwaltung übernimmt bzw. fortsetzen soll, indem er entweder die Verwertung und Verteilung der Masse vornimmt oder den Betrieb fortführt.

50 Im Hinblick auf die Verwertung und Verteilung der Masse muß der Status die Höhe der Quote angeben. Für die anspruchsberechtigten Gläubiger ist der Status ein wichtiges Hilfsmittel für die Prüfung, ob sie mit ihren Forderungen am Verfahren teilnehmen sollen, ob sie die Kosten einer Klage auf Feststellung der Insolvenzforderung übernehmen sollen. Der Insolvenzschuldner kann aus dem Status erkennen, inwieweit er nach Abschluß des Insolvenzverfahrens durch die von der Masse nicht gedeckten Gläubigeransprüche belastet wird.

Handels- und steuerrechtliche Rechnungslegung § 155

IX. Ansatzvorschriften

Bei der Erstellung von Handelsbilanzen gelten auch in der Abwicklungsphase die Ansatzvorschriften der §§ 246–251 HGB. Die insoweit für Kapitalgesellschaften in § 71 Abs. 1–3 GmbHG, § 270 AktG geforderte entsprechende Anwendung dieser Vorschriften führt nicht dazu, daß einzelne Ansatzvorschriften nicht zur Anwendung gelangen. Bei Anwendung der Ansatzvorschriften ergeben sich in der Insolvenzphase verschiedene Modifikationen. 51

Da die Insolvenzeröffnung wie auch die Eröffnung des Liquidationsverfahrens nicht automatisch zur Einstellung des Unternehmens führt, ist vom Prinzip der Unternehmensfortführung des § 252 Abs. 1 Nr. 2 HGB (Going-Concern-Prinzip) auszugehen. Eine Einstellung des Unternehmens durch den Steuerpflichtigen ist nur in Ausnahmefällen anzunehmen, wenn der Steuerpflichtige sich zur Einstellung entschließt, die in dem Betrieb bisher entfaltete Tätigkeit endgültig einstellt, alle wesentlichen Betriebsgrundlagen betriebsfremden Zwecken zuführt und dadurch der Betrieb als selbständiger Organismus des Wirtschaftslebens zu bestehen aufgehört hat. 52

1. Anlagevermögen

Anlagevermögen sind nach Maßgabe des § 247 Abs. 2 HGB die Vermögensgegenstände, die dauernd dem Geschäftsbetrieb dienen, so daß bei einer Geschäftsfortführung das in der Schlußbilanz der werbenden Gesellschaft ausgewiesene Anlagevermögen weiterhin als solches anzusehen ist. Wird das Geschäft indessen nicht fortgeführt, müssen Vermögensgegenstände des Anlagevermögens in das Umlaufvermögen umgegliedert werden, soweit die Veräußerung innerhalb eines übersehbaren Zeitraums beabsichtigt ist. Dies ergibt sich zum einen aus der Definition in § 247 HGB, zum anderen wird dies für Kapitalgesellschaften ausdrücklich in § 71 Abs. 2 Satz 3 GmbHG, § 270 Abs. 2 Satz 3 AktG noch einmal klargestellt. Da die übersehbare Zeit nicht gesetzlich definiert ist, bedarf sie der Auslegung. Als übersehbar i. S. dieser Bestimmung wird in der Regel ein Zeitraum von 2 Jahren nach dem Stichtag des Abwicklungsbeginnes angenommen. 53

2. Aktivierungsverbote

Für die Erstellung der Handelsbilanzen gilt das Aktivierungsverbot von immateriellen Vermögensgegenständen, die nicht entgeltlich erworben wurden. (§ 248 Abs. 2 HGB) Dies bedeutet eine Änderung gegenüber der bisherigen Rechtslage. Bisher wurde davon ausgegangen, daß auch originäre immaterielle Anlagewerte, im Extremfall auch ein Firmenwert, in der Abwicklungsbilanz angesetzt werden können. 54

3. Sonderposten

Sonderposten mit Rücklageanteil sind gem. § 247 Abs. 3 HGB gesondert auszuweisen, solange sie nach den zugrunde liegenden steuerrechtlichen Vorschriften fortgeführt werden. 55

4. Rückstellungen

56 Die Rückstellungsbildung erfolgt nach § 249 HGB. Es gilt das Passivierungsverbot nach § 249 Abs. 3 HGB, wonach in der Handelsbilanz andere Rückstellungen als die in § 249 Abs. 1 und 2 HGB bezeichneten nicht gebildet werden dürfen. Hiervon werden die Rückstellungen für zukünftige Abwicklungsposten betroffen. In der Handelsbilanz dürfen daher Rückstellungen für Steuerverpflichtungen oder für sonstige Aufwendungen nur passiviert werden, wenn sie nach § 249 Abs. 1 HGB passivierungspflichtig oder mit Wahlrecht passivierungsfähig sind. Voraussetzung ist daher immer, daß die rechtlichen Verpflichtungen entweder vorher entstanden oder zumindest wirtschaftlich verursacht sind.

57 Auch diese Regelung widerspricht der überwiegenden bisherigen Bilanzierungspraxis in Insolvenzverfahren. Bei künftiger Entstehung von Verbindlichkeiten, z. B. bei Schadensersatzansprüchen wegen (künftiger) Erfüllungsablehnung nach § 103 InsO kann demnach erst in späteren Wirtschaftsjahren eine Passivierung erfolgen.

58 In Zukunft anfallende Masseverbindlichkeiten, mit denen bei Eröffnung des Insolvenzverfahrens gerechnet wird, sind nicht rückstellungsfähig. Die erwarteten Abfindungszahlungen an die ausscheidenden Arbeitnehmer aus einem Sozialplan, aus einem Interessenausgleich oder einem Nachteilausgleich i. S. d. §§ 111–113 BetrVG sind schon vor Aufstellung entsprechender Pläne zu passivieren, da bei Insolvenzverfahren ernsthaft mit sozialplanpflichtigen Betriebsänderungen zu rechnen ist. Solche Rückstellungen sind spätestens dann zu bilden, wenn entsprechende Beschlüsse vorliegen und die Unterrichtung des Betriebsrats bevorsteht. Soweit die Höhe dieser Ansprüche noch nicht feststeht, müssen sie unter Berücksichtigung des Vorsichtsprinzips geschätzt werden.

59 Für Pensionsverpflichtungen (laufende Pensionen und Anwartschaften) gilt weiterhin das Passivierungswahlrecht und die Passivierungspflicht nach § 249 HGB unter Berücksichtigung von Art. 28 EGHGB. Das bedeutet, daß für Altzusagen das bisherige Passivierungswahlrecht fortgilt und für Neuzusagen von der uneingeschränkten Passivierungspflicht auszugehen ist.

60 Soweit eine Pensionszusage unverfallbar und damit insolvenzgesichert ist, besteht eine Passivierungspflicht hinsichtlich der beanspruchbaren Ausgleichszahlung. Eine Kürzung oder Einstellung der Arbeitnehmeransprüche kommt in diesem Fall nicht in Betracht, da den Arbeitnehmern gegenüber den übrigen Gläubigern nach ständiger Rechtsprechung des BAG kein Sonderopfer abverlangt werden kann.

61 Bei der Passivierung von Steuerrückstellungen oder Steuerverbindlichkeiten ist zu prüfen, ob in Vorjahren zu günstige Ergebnisse ausgewiesen wurden. Durch Änderungen der Vorjahresbilanzen können möglicherweise die Steuerverbindlichkeiten reduziert werden.

5. Rechnungsabgrenzungsposten

62 Unverändert sind auch in Insolvenzverfahren Rechnungsabgrenzungsposten in die Handelsbilanzen einzustellen und fortzuführen. Eine Neubildung wird während der Abwicklung seltener in Frage kommen, auch wenn sie insoweit weiterhin möglich ist.

6. Haftungsverhältnisse

63 Auch die Haftungsverhältnisse sind in Handelsbilanzen, die in Insolvenzverfahren erstellt werden, zu vermerken (§ 251 HGB).

X. Bewertungsvorschriften

Wie schon ausgeführt, gelten die als GoB normierten allgemeinen Bewertungsvorschriften auch in Insolvenzverfahren. **64**

1. Anlagevermögen

Das Anlagevermögen ist, soweit es in der Handelsbilanz in Insolvenzverfahren fortzuführen ist, weiterhin gemäß § 253 Abs. 2 HGB mit den Anschaffungs- oder Herstellungskosten zu bewerten, vermindert um planmäßige bzw. um außerplanmäßige Abschreibungen. Das für Kapitalgesellschaften geltende Wertaufholungsgebot hat insoweit besondere Bedeutung, als die Wertaufholungsausnahme nach § 280 Abs. 2 HGB in Insolvenzverfahren selten eingreift. Sie kommt solange nicht in Frage, wie der Abwicklungszeitraum als zusammengefaßter Besteuerungszeitraum von Beginn bis zum Ende der Abwicklung gilt (§ 11 Abs. 1 Satz 2 KStG). Für diesen Besteuerungszeitraum gilt auch nicht die umgekehrte Maßgeblichkeit nach § 6 Abs. 3 EStG mit der Folge, daß in den Handelsbilanzen auch Zuschreibungen steuerunschädlich vorgenommen werden können. Bei Ansatz der planmäßigen Abschreibungen ist davon auszugehen, daß die Wertansätze nach § 253 Abs. 2 Satz 3 HGB auf die voraussichtlichen Abwicklungsjahre zu verteilen sind, in denen der Vermögensgegenstand voraussichtlich noch in der Abwicklung genutzt werden kann. Der danach verbleibende Restwert darf nicht höher liegen als der voraussichtliche Veräußerungserlös für die Gegenstände. **65**

2. Umlaufvermögen

Die Bewertungsmaßstäbe des Umlaufvermögens sind Anschaffungs- oder Herstellungskosten oder der niedrigere Zeitwert nach § 253 Abs. 3 Satz 1 und 2 HGB. Da der Zweck der Abwicklung die Versilberung des Vermögens ist, muß die Bewertung auf den Absatzmarkt abgestellt sein. Maßgebend ist daher der mögliche Verkaufserlös abzüglich noch anfallender Kosten, soweit die Anschaffungs- oder Herstellungskosten die Obergrenze bilden. **66**

Soweit bei der werbenden Gesellschaft als Anlagevermögen ausgewiesene Gegenstände aufgrund der Ansatzvorschriften ins Umlaufvermögen umzugliedern sind, besteht keine Bindung an die bisherigen Buchwerte im Anlagevermögen. Es hat vielmehr eine Neubewertung unter Berücksichtigung der für das Umlaufvermögen geltenden Bewertungsmaßstäbe zu erfolgen. **67**

3. Rückstellungen

Bei der Bewertung der Rückstellungen ergeben sich keine Unterschiede. Sie sind nach § 253 Abs. 1 Satz 2 HGB mit dem Rang anzusetzen, der nach vernünftiger kaufmännischer Beurteilung notwendig ist. **68**

4. Verbindlichkeiten

Verbindlichkeiten sind in den Handelsbilanzen von Insolvenzunternehmen nach § 253 Abs. 1 Satz 2 HGB mit ihrem Rückstellungsbetrag, Rentenverpflichtungen, für die eine Gegenleistung nicht mehr zu erwarten ist, mit dem Barwert anzusetzen. **69**

§ 155   *Verwaltung und Verwertung der Insolvenzmasse*

XI. Gliederungsvorschriften

70 Für Kapitalgesellschaften gelten die detaillierten Gliederungsvorschriften der §§ 265 ff. HGB. Der Umfang der Einzelangaben bei der Gliederung hängt für die einzelnen Kapitalgesellschaften von ihrer Größe ab. Nach § 267 HGB sind 3 Größenkategorien zu unterscheiden:
– Kleine Kapitalgesellschaften:
  Bilanzsumme: kleiner als DM 3,9 Mio.
  Umsatz: kleiner/gleich DM 8,0 Mio.
  Arbeitnehmer: (Jahresdurchschnitt)
           kleiner/gleich 50
  Kleine Kapitalgesellschaften sind solche, die mindestens 2 der vorgenannten Merkmale nicht überschreiten.
– Mittelgroße Kapitalgesellschaften:
  Bilanzsumme: größer als DM 3,9 Mio.
           kleiner/gleich DM 15,5 Mio.
  Umsatz: größer als DM 8,0 Mio.
           kleiner/gleich DM 32,0 Mio.
  Arbeitnehmer: (Jahresdurchschnitt)
           mehr als 50
           weniger/gleich 250
  Mittelgroße Körperschaften sind solche, die mindestens 2 der für kleine Kapitalgesellschaften bezeichneten Merkmale überschreiten und jeweils mindestens 2 oder 3 zuvor genannte Merkmale nicht überschreiten.
– Große Kapitalgesellschaften:
  Bilanzsumme: größer als DM 15,5 Mio.
  Umsatz: größer als DM 32,2 Mio.
  Arbeitnehmer: (Jahresdurchschnitt)
           mehr als 250
  Große Kapitalgesellschaften sind solche, die mindestens 2 der vorgenannten Merkmale überschreiten.
Die Gliederungsvorschriften für große und mittelgroße Kapitalgesellschaften gelten nur, wenn sie von der Kapitalgesellschaft an den Abschlußstichtagen von 2 aufeinanderfolgenden Geschäftsjahren über- bzw. unterschritten wurden.

71 Die nach § 71 Abs. 1–3 GmbHG, § 270 AktG gebotene entsprechende Anwendung dieser Vorschriften gestattet nicht, auf die Angabe der Vorjahresziffern zu verzichten. Auch die Darstellung des Anlagespiegels ist fortzuführen, wobei insbesondere die Anlageabgänge von besonderer Bedeutung sind.

72 Alle anderen Kaufleute sind an keine bestimmte Gliederung gebunden. Es gilt vielmehr § 247 HGB, wonach in der Bilanz das Anlage- und Umlaufvermögen, das Eigenkapital und die Schulden sowie die Rechnungsabgrenzungsposten auszuweisen und hinreichend aufzugliedern sind.

73 Anhaltspunkte für eine hinreichende Aufgliederung der Bilanz lassen sich aus den Gliederungsvorschriften für kleine Kapitalgesellschaften entnehmen. Aus Vereinfachungsgründen empfiehlt es sich, zumindest diese Gliederungsvorschriften auch außerhalb von Kapitalgesellschaften anzuwenden.

XII. Schlußbilanz der werbenden Gesellschaft

Die Erstellung einer Schlußbilanz für das werbende Unternehmen ist bei Einzelkaufleuten und Personenhandelsgesellschaften nicht vorgeschrieben; es besteht jedoch handelsrechtlich für Personenhandels- und Kapitalgesellschaften die Pflicht zur Erstellung einer Abwicklungs-Eröffnungsbilanz, die nach dem Grundsatz der Bilanzidentität mit der Schlußbilanz der werbenden Gesellschaft oder Unternehmens identisch ist und daher automatisch auch zu einer Schlußbilanz der werbenden Gesellschaft auf den Stichtag vor Beginn der Abwicklung führt Wird der Konkurs während des laufenden Geschäftsjahres eröffnet, wird demnach für das sich ergebende Rumpfwirtschaftsjahr eine Schlußbilanz erstellt. 74

Bei der Erstellung der Schlußbilanz der werbenden Gesellschaft ist bereits darauf zu achten, daß mit Ausnahme für den Fall der Betriebsfortführung, im Regelfall das Going-Concern-Prinzip nicht mehr gilt. Es sind dann Neubewertungen erforderlich, die das Ergebnis des Geschäftsjahres bzw. Rumpfgeschäftsjahres betreffen, das mit Konkurseröffnung endet. 75

XIII. Abwicklungs-Eröffnungsbilanz

Die Erstellung einer Abwicklungs-Eröffnungsbilanz ist für Einzelkaufleute nicht vorgeschrieben. Für Personenhandelsgesellschaften ergibt sich die Pflicht zur Erstellung einer Abwicklungs-Eröffnungsbilanz nach den handelsrechtlichen Rechnungslegungsvorschriften aus §§ 154, 161 HGB. Bei Kapitalgesellschaften ergibt sich die handelsrechtliche Verpflichtung zur Erstellung einer Abwicklungs-Eröffnungsbilanz nach handelsrechtlichen Grundsätzen aus § 71 Abs. 1–3 GmbHG, § 270 AktG. Sie stellt eine Fortsetzung der Schlußbilanz der werbenden Gesellschaft dar, die den Normen der Gewinnermittlungsbilanz einer werbenden Gesellschaft zu entsprechen hat. Im Insolvenzverfahren muß – soweit eine handelsrechtliche Buchführung geboten ist – für Kapitalgesellschaften eine Abwicklungs-Eröffnungsbilanz nach § 71 Abs. 1–3 GmbHG, § 270 AktG erstellt werden, und zwar neben der als Vermögensbilanz fungierenden Konkurs-Eröffnungsbilanz gemäß § 124 KO. Bei Kapitalgesellschaften sind die folgenden Modifikationen angebracht: 76

1. Ausstehende Einlagen

Ausstehende Einlagen auf das gezeichnete Kapital sind in der Abwicklungs-Eröffnungsbilanz auf der Aktivseite vor dem Anlagevermögen gesondert auszuweisen, wobei die bereits eingeforderten Einlagen zu vermerken sind (§ 272 Abs. 1 Satz 2 HGB). Von der Saldierungsmöglichkeit nach § 272 Abs. 1 Satz 3 für die nicht eingeforderten Einlagen mit dem gezeichneten Kapital kann Gebrauch gemacht werden, wenn damit zu rechnen ist, daß diese Einlagen bis zum Ende der Abwicklung nicht mehr eingefordert werden. Insoweit ist allerdings ein Vermerk »nicht eingeforderte Einlagen« notwendig. 77

2. Eigene Anteile

Eigene Anteile stellen in der Abwicklungs-Eröffnungsbilanz nur noch einen Korrekturposten zum Abwicklungskapital dar und sind nicht mehr selbständig bilanzierungsfähig. Sie werden im Abwicklungskapital saldiert, ggf. mit einem Ausweis in der Vorspalte. 78

3. Abwicklungskapital

79 Positives Kapital wird in Bilanzen insolventer Unternehmen in der Regel nicht ausgewiesen. Sollte dies ausnahmsweise dennoch erforderlich sein, erfordert die nach § 270 AktG, § 71 Abs. 1–3 GmbHG vorgeschriebene entsprechende Anwendung der Vorschriften über den Jahresabschluß eine abweichende Form und Bezeichnung des Kapitalausweises. Statt der Bezeichnung »Eigenkapital« kann die Bezeichnung »Abwicklungskapital« gewählt werden. Hierunter sind das gezeichnete Kapital, die Kapitalrücklage, die Gewinnrücklage und die übrigen Posten, soweit vorhanden, zusammenzufassen. Gleichzeitig sind eigene Anteile und nicht mehr einzufordernde Einlagen zu kürzen.

80 Statt der Bezeichnung »Abwicklungskapital« kann auch die Bezeichnung »Abwicklungsvermögen« oder »Reinvermögen« gewählt werden. Die Zusammenfassung empfiehlt sich, da bei der Rechnungslegung von insolventen Unternehmen lediglich die Ermittlung des Abwicklungsvermögens im Vordergrund steht.

81 Übersteigen die Schulden das Aktivvermögen ist auf der Aktivseite ein nicht gedeckter Fehlbetrag entsprechend § 268 Abs. 3 HGB auszuweisen. Für Personenhandelsgesellschaften bestehen keine vergleichbaren Vorschriften. Kennzeichnend ist insoweit, daß variable Konten geführt werden, d.h. daß das Kapital von Jahr zu Jahr schwankt. Daneben werden häufig auch in Anlehnung an die Bilanzierung von Kapitalgesellschaften feste Kapitalkonten geführt. Maßgebend ist insoweit der Gesellschaftsvertrag. Es empfiehlt sich, auch in der handelsrechtlichen Abwicklungs-Eröffnungsbilanz von Personenhandelsgesellschaften das Abwicklungskapital getrennt nach festen und variablen Kapitalkonten auszuweisen.

82 Sind feste Kapitalteile vereinbart, ist es notwendig, den Charakter der sonstigen Gesellschafterkonten zu bestimmen. Negative variable Kapitalkonten führen bei einer OHG zu der Besonderheit, daß der Gesellschafter verpflichtet ist, den negativen Kapitalanteil gegenüber seinen Mitgesellschaftern auszugleichen.

83 Für Kommanditisten ist ein negatives Kapitalkonto im Hinblick auf eine Nachschußpflicht ohne bilanzielle Bedeutung, soweit der Kommanditist seine Hafteinlage in die Gesellschaft geleistet hat. Der negative Kapitalanteil stellt dann keine Verbindlichkeit des Kommanditisten dar, sondern lediglich einen Erinnerungsposten in der Bilanz. Wurde indessen die Hafteinlage nicht geleistet oder durch Entnahmen wieder reduziert, sind insoweit Forderungen gegenüber dem Kommanditisten auszuweisen.

84 Das negative Kapitalkonto hat jedoch sowohl für den Kommanditisten als auch für den Komplementär zu demjenigen Zeitpunkt eine materielle Bedeutung, zu dem feststeht, daß ein Ausgleich des negativen Kapitalkontos mit künftigen Gewinnanteilen des Kommanditisten nicht mehr in Frage kommt. Zu diesem Zeitpunkt fällt das negative Kapitalkonto weg mit der Folge, daß der Kommanditist einen laufenden Gewinn in Höhe des Kapitalkontos erzielt und der Komplementär in entsprechender Höhe einen Verlust.

XIV. Abwicklungs-Jahresabschlüsse

85 Für Einzelkaufleute und Personenhandelsgesellschaften ergibt sich die handelsrechtliche Verpflichtung zur Erstellung laufender Abwicklungs-Jahresabschlüsse aus §§ 238 ff. HGB. Für Kapitalgesellschaften ergibt sich diese Verpflichtung aus § 270 AktG, § 71 Abs. 1–3 GmbHG. Mit dieser Rechnungslegung soll über den Fortgang der Abwicklung während des abgelaufenen Abwicklungs-Geschäftsjahres und über den

Handels- und steuerrechtliche Rechnungslegung § 155

Stand des Vermögens und der Schulden im Rahmen der geltenden Bewertungsbestimmungen informiert werden.
Die handelsrechtlich gebotenen laufenden Abwicklungs-Jahresabschlüsse sind aufgrund der entsprechenden Anwendung der §§ 238 ff. HGB für Einzelunternehmen und Personenhandelsgesellschaften und – zusätzlich der §§ 264 ff. HGB – für Kapitalgesellschaften keine reine Vermögensbilanzen. **86**
Das Geschäftsjahr, auf dessen Ende die laufenden Abwicklungs-Jahresabschlüsse zu erstellen sind, richtet sich nach § 240 Abs. 2 Satz 2 HGB, d. h. es darf 12 Monate nicht überschreiten. Insoweit kann das bisherige Geschäftsjahr beibehalten werden mit der Folge, daß nach der Abwicklungs-Eröffnungsbilanz ein weiteres Rumpfgeschäftsjahr eingelegt wird, das am Ende des ursprünglichen Geschäftsjahres endet. Statt dessen kann jedoch auch mit dem Tag der Abwicklungs-Eröffnungsbilanz ein neues Geschäftsjahr beginnen, so daß ein Jahr später der erste laufende Abwicklungs-Jahresabschluß zu erstellen ist. **87**

XV. Gewinn- und Verlustrechnung

Für die handelsrechtlich in Betracht kommenden Bilanzen, die ein Rumpfgeschäftsjahr oder Geschäftsjahr beenden, gelten die Vorschriften der §§ 242 ff., 265, 275–277 HGB entsprechend. Das bedeutet, daß lediglich für die Abwicklungs-Eröffnungsbilanz eine Gewinn- und Verlustrechnung nicht zu erstellen ist. Für die Schlußbilanz des werbenden Unternehmens ist hingegen ebenso wie für die laufenden Abwicklungsbilanzen und die Schlußrechnung eine Gewinn- und Verlustrechnung zu erstellen. Für Einzelkaufleute und Personenhandelsgesellschaften ist nach § 242 Abs. 2 HGB eine Gegenüberstellung der Aufwendungen und Erträge des Geschäftsjahres aufzustellen. Eine ordnungsgemäße Rechenschaftslegung erfordert insoweit eine ausreichende Gliederung der Gewinn- und Verlustrechnung. **88**
Besondere Fragen wirft hierbei der Ausweis von Aufwendungen und Erträgen aus Rechtsbeziehungen zwischen der Gesellschaft und dem Gesellschafter auf. Werden diese nicht bei der Ermittlung des Jahresergebnisses im Bereich der einzelnen Ertrags- oder Kostenarten gezeigt, sollte ein entsprechender Vermerk bei den betreffenden Ertrags- und Kostenarten angebracht werden. Dies gilt z. B. für Arbeitsverhältnisse, die der Insolvenzverwalter mit dem Schuldner begründet oder für ähnliche Beziehungen mit den Gesellschaftern. Die für Kapitalgesellschaften vorgesehenen Gliederungsvorschriften der §§ 265, 275–277 HGB sind auf werbende Unternehmen abgestellt. Sie variieren je nachdem, welches Größenkriterium die Kapitalgesellschaft aufweist. **89**
Im Bereich der Abwicklung ist es im Regelfall erforderlich, den Besonderheiten der Abwicklung durch eine erweiterte Gliederung Rechnung zu tragen, z. B. durch Hervorhebung der Kosten der Abwicklung (Löhne und Gehälter, Sachaufwendungen, Aufwendungen zur Auflösung bestehender Verträge, Verluste aus dem Abgang von Gegenständen des Anlagevermögens). Die Erträge sind in Verwertungserlöse, z. B. aus Grundstücken und sonstige Erträge, z. B. aus Auflösung von Rückstellungen, Zuschreibungen, die Aufwendungen in Verwertungsverluste, z. B. bei der Veräußerung von Maschinen, übrige sonstige Aufwendungen, Kosten der Liquidation, Gutachterkosten und Prüfungskosten zu untergliedern. **90**
Soweit der bisherige Betrieb fortgeführt wurde, sollten in der Gewinn- und Verlustrechnung das unmittelbare Abwicklungsergebnis sowie das Ergebnis aus der Betriebsfortführung getrennt ausgewiesen werden. **91**

§ 155 *Verwaltung und Verwertung der Insolvenzmasse*

XVI. Anhang, Erläuterungsbericht

92 Die Erstellung eines Anhanges oder eines Erläuterungsberichts ist für die handelsrechtlich gebotenen Abwicklungsbilanzen bei Einzelunternehmen oder Personenhandelsgesellschaften nicht erforderlich. Für die Schlußbilanz der werbenden Kapitalgesellschaft ist wie für jeden Jahresabschluß die Erstellung eines Anhanges erforderlich, da es sich insoweit um den Jahresabschluß eines Rumpfwirtschaftsjahres handelt. Besonderheiten gelten insoweit nicht; es sind je nach Größenkriterien der Kapitalgesellschaft unterschiedliche Angaben zu machen. Für die Abwicklungs-Eröffnungsbilanz einer Kapitalgesellschaft ist die Erstellung eines Anhanges nicht erforderlich. Die Abwickler haben vielmehr nach § 270 Abs. 1 AktG bzw. § 71 Abs. 1 GmbHG einen die Abwicklungs-Eröffnungsbilanz erläuternden Bericht aufzustellen. Für die AG/KG a. A. bestand diese Verpflichtung bereits vor Inkrafttreten des Bilanzrichtliniengesetzes. Für die GmbH wurde die Verpflichtung zur Erstellung eines solchen Erläuterungsberichtes in das HGB mit dem Bilanzrichtlinien-Gesetz neu aufgenommen. In dem Erläuterungsbericht sind die Bilanzierungs- und Bewertungsgrundsätze darzustellen, die bei der Erstellung der Abwicklungs-Eröffnungsbilanz angewandt wurden. Soweit Neubewertungen, z. B. infolge des Wegfalls des Going-Concern-Prinzips, bis zu den Anschaffungskosten vorgenommen wurden, sind zusätzliche Angaben zu machen, inwieweit mögliche Veräußerungserlöse über diesen Anschaffungskosten liegen. Außerdem sind Ausführungen zu den Abwicklungskonten erforderlich, die in der Abwicklungs-Eröffnungsbilanz noch nicht bilanziert werden können, da sie wirtschaftlich noch nicht verursacht wurden.

93 In der Praxis empfiehlt es sich, den Anhang für die Schlußbilanz der werbenden Kapitalgesellschaft und den Erläuterungsbericht für die Abwicklungs-Eröffnungsbilanz zusammenzufassen, sofern nicht im Einzelfall unternehmenspolitische Gründe eine getrennte Berichterstattung sinnvoll erscheinen lassen. Außerdem ist auch eine Zusammenfassung des Erläuterungsberichts mit der Abwicklungs-Eröffnungsbilanz sowie des Lageberichts mit der Schlußbilanz der werbenden Gesellschaft möglich.

94 Für die laufenden Abwicklungs-Jahresabschlüsse ist bei Kapitalgesellschaften in entsprechender Anwendung der §§ 284–288 HGB ein Anhang zu erstellen. Er hat die nach §§ 284–288 HGB sowie die nach den ergänzenden Einzelvorschriften erforderlichen Angaben zu enthalten, soweit sie nicht durch die Zwecksetzung der Abwicklung gegenstandslos geworden sind. Auch insoweit ist zu berücksichtigen, daß die Berichterstattung je nach dem Größenkriterium der Kapitalgesellschaft unterschiedlich ist.

95 Die Besonderheiten des Anhanges einer in Abwicklung befindlichen Kapitalgesellschaft ergeben sich aus den besonderen Bewertungsfragen während der Abwicklung. Bei der allgemeinen Erläuterung der Bilanzierungs-und Bewertungsmethoden gewinnen folgende Angaben und Erläuterungen eine besondere Bedeutung:
– Angaben zur Bewertung der bisher als Anlagevermögen ausgewiesenen Vermögensgegenstände, die in den laufenden Abwicklungsbilanzen in das Umlaufvermögen umgegliedert wurden;
– Angaben, inwieweit eine evtl. Betriebs- oder Teilbetriebsfortführung praktiziert und das Going-Concern-Prinzip (§ 252 Abs. 1 Nr. 2 HGB) angewandt wurde;
– Angaben darüber, ob und inwieweit von den Grundsätzen der Bewertungsstetigkeit abgewichen wurde, dies gilt z. B. für den Fall der Änderung der Abschreibungsdauer etc.;
– Angaben und Erläuterungen, wenn Beträge einzelner Abschlußposten nicht mit den Angaben des Vorjahres vergleichbar sind (§ 265 Abs. 2 Satz 2 HGB);

– zusätzliche Angaben, soweit der Jahresabschluß wegen der besonderen Umstände der Insolvenz ein den tatsächlichen Verhältnissen entsprechendes Bild der Vermögens-, Finanz- und Ertragslage nicht vermittelt (§ 264 Abs. 2 HGB). Insoweit empfiehlt es sich, handelsbilanziell noch nicht realisierbare stille Reserven aufzuzeigen und handelsbilanziell noch nicht zu passivierende Verbindlichkeiten zu erläutern.

Im Anhang sind die einzelnen Posten der Bilanz zu erläutern. Hierbei gewinnen bei Insolvenzverfahren besondere Bedeutung: **96**
– Erläuterungen von Beträgen mit einem größeren Umfang, die für Verbindlichkeiten ausgewiesen werden, die erst nach dem Abschlußstichtag rechtlich entstehen (§ 268 Abs. 5 HGB);
– Erläuterung und Angabe der Bilanzierungshilfe für aktivische latente Steuern sowie der Rückstellung für passivische latente Steuern;
– Angabe und Erläuterung von Rückstellungen, die in der Bilanz unter dem Posten: »Sonstige Rückstellungen« nicht gesondert ausgewiesen werden (§ 285 Nr. 12 HGB);
– Angaben des Betrages der gesicherten Verbindlichkeiten unter Angabe von Art und Form der Sicherheiten, und zwar als Gesamtbetrag der entsprechenden Verbindlichkeiten und für jeden Posten der Verbindlichkeiten nach dem vorgeschriebenen Gliederungsschema (§ 285 Nr. 1b, 2 HGB);

Bei der Erläuterung der Einzelposten der Gewinn- und Verlustrechnung gewinnt im Insolvenzverfahren eine besondere Bedeutung: **97**
– die Angabe des Betrages der außerplanmäßigen Abschreibungen nach § 253 Abs. 2 Satz 3, Abs. 3 Satz 3 HGB (vgl. § 277 Abs. 3 HGB);
– die Erläuterungen der außerordentlichen Aufwendungen und Erträge hinsichtlich ihres Betrages und ihrer Art;
– die Angabe, in welchem Umfang die Ertragsteuern auf das außerordentliche und ordentliche Ergebnis entfallen (§ 285 Nr. 6 HGB).

Ebenso wie für die laufenden Jahre des Abwicklungszeitraumes Jahresabschlüsse – und damit bei Kapitalgesellschaften jeweils ein Anhang – zu erstellen sind, muß auch für die Schlußbilanz ein Anhang erstellt werden, der über die Werte der Schlußbilanz sowie die Vorgänge im letzten Wirtschaftsjahr bzw. Rumpfwirtschaftsjahr berichtet. **98**

Soweit neben der Schlußbilanz eine Schlußrechnung erstellt wird (vgl. § 273 Abs. 1 AktG) ist für die Schlußrechnung weder ein Erläuterungsbericht wie bei der Abwicklungs-Eröffnungsbilanz noch ein Anhang erforderlich. **99**

XVII. Lagebericht

Für Einzelkaufleute und Personenhandelsgesellschaften ist die Erstellung eines Lageberichts nicht vorgesehen. Bei Kapitalgesellschaften ist hingegen sowohl für die Schlußbilanz der werbenden Gesellschaft als auch für die laufenden Abwicklungsbilanzen in entsprechender Anwendung von § 289 HGB die Erstellung eines Lageberichts geboten. Lediglich bei Erstellung der Abwicklungs-Eröffnungsbilanz bedarf es keines Lageberichts, sondern nur des in § 70 AktG, § 71 Abs. 1–3 GmbHG genannten Erläuterungsberichts. Das Erfordernis eines Lageberichts bei Kapitalgesellschaften ergibt sich auch für die Abwicklungs-Schlußbilanz, da es sich insoweit um den Abschluß für das letzte Wirtschaftsjahr bzw. Rumpfwirtschaftsjahr handelt. Soweit neben der Abwicklungs-Schlußbilanz auch eine Schlußrechnung erstellt wird (§ 273 Abs. 1 AktG) ist für die Schlußrechnung ein Lagebericht nicht vorgeschrieben. Die in § 289 Abs. 1 HGB gefor- **100** derte Darstellung des Geschäftsverlaufs und der Lage der Kapitalgesellschaft muß sich im wesentlichen auf die Berichterstattung über den Fortbestand der Abwicklung erstrecken. Dabei sind auch Aussagen über die noch zu erzielenden Veräußerungserlöse bei den jeweils noch zu versilbernden Gegenständen erforderlich. Soweit § 289 Abs. 2 HGB verlangt, daß auf Vorgänge von besonderer Bedeutung einzugehen ist, die nach dem Schluß des Geschäftsjahrs eingetreten sind, muß sich die Berichterstattung darauf erstrecken, welche Vorgänge den weiteren Verlauf der Abwicklung positiv oder negativ beeinflussen. Die Berichterstattung über die voraussichtliche Entwicklung der Gesellschaft (§ 289 Abs. 2 Nr. 2 HGB) erstreckt sich auf die voraussichtliche weitere Abwicklung und ihre Beendigung.

101 Soweit nach § 289 Abs. 2 Nr. 3 HGB weitere Angaben zu dem Bereich Forschung und Entwicklung gefordert werden, erübrigt sich in Insolvenzverfahren eine besondere Berichterstattung, wenn Forschungs- und Entwicklungsmaßnahmen nicht mehr vorgenommen werden.

XVIII. Prüfung von Jahresabschlüssen

102 Die in Betracht kommenden Abschlüsse von Einzelunternehmen und Personenhandelsgesellschaften unterliegen grundsätzlich nicht der Prüfungspflicht. Demgegenüber unterliegen bei mittelgroßen und großen Kapitalgesellschaften sowohl der letzte Jahresabschluß der werbenden Gesellschaft als auch die Abwicklungs-Eröffnungsbilanz und die laufenden Abwicklungs-Jahresabschlüsse der Prüfung gemäß §§ 316–324 HGB. Dies gilt auch für den letzten Jahresabschluß im Abwicklungszeitraum, nicht jedoch für die Schlußrechnung, die nach § 273 Abs. 1 AktG zu erstellen ist. Bei der Prüfung der Abwicklungs-Eröffnungsbilanz erstreckt sich die Prüfungspflicht auch auf den Erläuterungsbericht. Soweit das Insolvenzgericht verpflichtet ist, die Schlußrechnung noch auf ihre rechnerische und inhaltliche Richtigkeit hin zu prüfen, handelt es sich nicht um eine Spezialvorschrift zu den handelsrechtlichen Prüfungsvorschriften (§ 71 Abs. 1–3 GmbHG, § 270 AktG verweisen für Abwicklungsbilanzen und damit auch für die Rechnungslegung in Insolvenzverfahren auf §§ 316–324 HGB, die neben der Prüfung der Rechnungslegung eine Prüfung der handelsrechtlichen Abschlüsse erfordern).

103 Der in Betracht kommende Abschlußprüfer wird nach § 318 Abs. 1 HGB durch die Gesellschafter gewählt. Ihre Rechtsposition bleibt durch die Insolvenz insoweit unberührt, da die Wahl des Abschlußprüfers nicht dem Insolvenzzweck entgegensteht. Soweit bei Gesellschaften mit beschränkter Haftung der Gesellschaftervertrag vorsieht, daß der Abschlußprüfer durch den Geschäftsführer zu wählen ist, geht dieses Recht in der Insolvenz auf den Insolvenzverwalter über. Er kann sich jedoch nicht selbst beauftragen, selbst wenn er die berufsmäßigen Voraussetzungen (Wirtschaftsprüfer, Buchprüfer) erfüllt. Der Abschlußprüfer soll jeweils vor Ablauf des Geschäftsjahres gewählt werden, auf das sich seine Prüfungstätigkeit erstreckt (§ 318 Abs. 1 Satz 3 HGB).

104 Die Auftragserteilung an den Abschlußprüfer erfolgt in entsprechender Anwendung von § 318 Abs. 1 Satz 4 HGB durch den Insolvenzverwalter. Der Auftrag muß unverzüglich nach der Wahl des Abschlußprüfers erteilt werden. Der Kreis der möglichen Abschlußprüfer ergibt sich aus § 319 HGB. Danach können Wirtschaftsprüfer und Wirtschaftsprüfungsgesellschaften jederzeit Abschlußprüfer sein. Abschlußprüfer von Jahresabschlüssen und Lageberichten mittelgroßer Gesellschaften mit beschränkter Haftung können statt dessen auch vereidigte Buchprüfer und Buchprüfungsgesellschaften sein. Zu den Ausschlußgründen für die Tätigkeit als Abschlußprüfer vgl. § 319 Abs. 2 HGB. Das

zuständige Gericht kann nach § 270 AktG bzw. § 71 Abs. 2 GmbHG von der Abschlußprüfung befreien, wenn die Verhältnisse der Gesellschaft so überschaubar sind, daß eine Prüfung im Interesse der Gläubiger und Aktionäre nicht geboten erscheint. Diese Befreiungsmöglichkeit betrifft sowohl die Prüfung der Abwicklungs-Eröffnungsbilanz und des erläuternden Berichts als auch die Prüfung der laufenden Abwicklungs-Jahresabschlüsse und der Schlußbilanz für das letzte Wirtschaftsjahr bzw. Rumpfwirtschaftsjahr. Das Gericht hat dabei im einzelnen zu entscheiden, wann die Verhältnisse der Gesellschaft überschaubar sind. Bei großen Kapitalgesellschaften wird die Vermögens- und Kapitalstruktur entscheidend sein. Die Befreiungsmöglichkeit gilt allerdings nicht für den letzten Jahresabschluß der werbenden Gesellschaft.

XIX. Offenlegung von Jahresabschlüssen

Die in Betracht kommenden Abschlüsse von Einzelunternehmen und Personenhandelsgesellschaften sind grundsätzlich nicht offenlegungspflichtig. Für die Offenlegung der Abwicklungs-Eröffnungsbilanz und der laufenden Abwicklungs-Jahresabschlüsse einschließlich der Schlußbilanzen von Kapitalgesellschaften gelten die Regelungen der §§ 325–329 HGB. **105**

XX. Die Erstellung eines Überschuldungsstatus nach § 19 Abs. 2 InsO

Bei juristischen Personen, d. h. Aktiengesellschaften, Gesellschaften mit beschränkter Haftung, Kommanditgesellschaften auf Aktien, Genossenschaften und Personenhandelsgesellschaften, bei denen der persönlich haftende Gesellschafter keine natürliche Person ist, ist die Überschuldung ein Eröffnungsgrund für das Insolvenzverfahrens (§ 19 Abs. 1 InsO). **106**

Zur Ermittlung der Überschuldung ist ein Überschuldungsstatus, d. h. eine Gegenüberstellung des aktiven Vermögens mit den bestehenden Verbindlichkeiten in Form einer Vermögensbilanz auf den Stichtag der Überschuldungszumessung vorzunehmen. Als Ausgangspunkt für eine derartige Vermögensbilanz kann die Handelsbilanz genommen werden Dabei ist jedoch zu beachten, daß die Ansätze der Handelsbilanz nicht immer dem insolvenzrechtlichen Normzweck entsprechen, vor allem soweit sie in den Wirtschaftsgütern vorhandene stille Reserven nicht ausweisen. Bei der Erstellung eines Überschuldungsstatus stellt sich vor allem die Frage nach welcher Methode die einzelnen Vermögensgegenstände zu bewerten sind. Gemäß § 19 Abs. 2 InsO ist bei der Bewertung des Vermögens die Fortführung des Unternehmens zugrundezulegen, wenn diese nach den Umständen überwiegend wahrscheinlich ist. **107**

Für die Bewertung kommen verschiedene Arten der Veräußerung in Frage, so z. B. die Einzelveräußerung anläßlich der Zerschlagung des Unternehmens oder die Gesamtveräußerung durch Veräußerung der Aktiva im ganzen, z. B. an eine Auffanggesellschaft. Denkbar ist auf den einzelnen Gegenstand abzustellen und zu prüfen, inwieweit er sich für eine Gesamtveräußerung an einen Erwerber eignet. Außerdem spielt bei der Bewertung die Art und Dauer der Abwicklung und die davon abhängigen Abwicklungskosten wie z. B. Ausbaukosten, Verkaufsspesen, nicht durch Erträge finanzierbare Personal- und Verwaltungskosten eine Rolle. Diese sind durch Bildung entsprechender Rückstellungen zu berücksichtigen. Von der Bewertung unter dem Aspekt einer mutmaßlichen Gesamtveräußerung ist die Bewertung bei Fortführungsprognose zu unterscheiden. Diese ist **108** gemäß § 19 Abs. 2 Satz 2 InsO nur zulässig, wenn dies nach den Umständen überwiegend wahrscheinlich ist. Die Fortführungsprognose muß auf einem Finanzplan beruhen, der für einen übersehbaren Zeitraum einen Einnahmeüberschuß ergeben muß, aus dem auch die bestehenden Verbindlichkeiten abgedeckt werden können. Dabei kommt es auf eine positive Ertragsentwicklung an, wonach die Fortführung nach einer mittelfristigen Prognose ohne zusätzliche externe Finanzierung möglich erscheint.

109 Bei der Erstellung des Überschuldungsstatus kann die Handelsbilanz als Ausgangspunkt genommen werden. Unberücksichtigt bleiben Vermögensgegenstände, die nur als wirtschaftliches Eigentum aktiviert worden sind sowie Vermögensgegenstände, die der Aussonderung gemäß § 47 InsO unterliegen, da diese nicht verwertet werden können. Der Überschuldungsstatus kann bei der Fortführungsprognose nach den Vorschriften über den Jahresabschluß gegliedert werden.

Hinsichtlich einzelner Bilanzposten gilt folgendes:

1. Firmenwert

110 Die Aktivierung eines im Unternehmen selbst erwachsenen Firmenwertes wird im Regelfall mit § 19 Abs. 2 InsO nicht vereinbar sein. Ausnahmsweise ist der Ansatz eines Firmenwertes im Überschuldungsstatus zulässig, wenn der Firmenwert durch einen Kaufpreis für das ganze Unternehmen konkretisiert werden kann (vgl. *Müller* in Kölner Schrift zur Insolvenzordnung, Rz. 25) Nicht ansetzbar sind im Jahresabschluß aktivierte Kosten für Ingangsetzung oder Erweiterung des Geschäftsbetriebes.

2. Forderungen gegen Anteilseigner

111 Forderungen gegen Anteilseigner wie z. B. ausstehende Einlagen oder vertragliche Verlustdeckung oder Garantieansprüche, z. B. aus Gewinn- und Verlustübernahmeverträgen, gesetzliche Ansprüche konzernrechtlicher Art, wegen Rückgängigmachung verdeckter oder verbotener Gewinnausschüttungen (§§ 30, 31 GmbHG, §§ 57, 58, 62 AktG) oder wegen Erstattung aus zur Unzeit getilgter kapitalersetzender Darlehn (§ 32b Satz 1 GmbHG) sind auf der Aktivseite vor dem Anlagevermögen gesondert auszuweisen. Bei einer Kommanditgesellschaft auf Aktien kann nach Eröffnung des Insolvenzverfahrens nur der Insolvenzverwalter die persönliche Haftung des Komplementärs für die Verbindlichkeiten der Gesellschaft geltend machen und entsprechende Ansprüche zur Insolvenzmasse ziehen.

3. Sonstige immaterielle Vermögensgegenstände

112 Sie sind insoweit im Überschuldungsstatus anzusetzen, als sie einzeln veräußert werden können, vor allem erworbene gewerbliche Schutzrechte wie Patente, Marken etc. Sind sie einzeln nicht veräußerbar, so sind sie im Überschuldungsstatus nur bei einer positiven Fortführungsprognose anzusetzen, z. B. bei einem derivativen Firmenwert (*Müller* a. a. O., Rz. 28).

4. Anlage- und Umlaufvermögen

113 Der Ansatz von Anlage- und Umlaufvermögen im Überschuldungsstatus bestimmt sich danach, ob es sich um eine Zerschlagungsprognose oder um eine Fortführungsprognose handelt. Bei der Zerschlagungsprognose sind Wirtschaftsgüter des Anlage- und Umlauf-

Handels- und steuerrechtliche Rechnungslegung § 155

vermögens grundsätzlich mit dem Veräußerungswert, bei der Fortführungsprognose mit ihrem Zeitwert, d. h. dem Wiederbeschaffungswert, in der Regel dem in der Handelsbilanz enthaltenen Buchwert anzusetzen.

5. Verbindlichkeiten

Verbindlichkeiten sind unabhängig davon, ob sie fällig sind, in der Regel mit ihrem Nennwert zu passivieren. Dabei können langfristig unverzinsliche Verbindlichkeiten nach Abzinsung mit ihrem Barwert, Rentenverpflichtungen mit ihrem Kapitalwert angesetzt werden. Zu passivieren sind auch Bürgschafts- und ähnliche Haftungsverhältnisse, wobei beim Ansatz zu berücksichtigen ist, ob eine Inanspruchnahme droht. 114

6. Rückstellungen

Beim Ansatz von Rückstellungen im Überschuldungsstatus sind die besonderen Risiken im konkreten Fall zu berücksichtigen. Dies gilt insbesondere bei möglichen Schadensersatzverpflichtungen. Dabei kann wegen der unterschiedlichen von Handelsbilanz und Überschuldungsstatus verfolgten Zwecke in der Regel nicht der Bewertungsansatz der Handelsbilanz, für den gemäß 252 Abs. 1 Nr. 4 HGB der Grundsatz der Vorsicht gilt, übernommen werden. Im Überschuldungsstatus sind bei einer Liquidationsprognose gegebenenfalls Rückstellungen wegen drohender Schadensersatzansprüche wegen Nichterfüllung oder Rückstellungen wegen drohender Verluste zu bilden. Rückstellungen wegen Abwicklungskosten, d. h. Gerichtskosten, Verwalterkosten etc. sind bei der Liquidationsprognose dann zu bilden, wenn stille Reserven bereits aufgedeckt worden sind und insoweit nicht damit zu rechnen ist, daß die Abwicklungskosten aus bei der Abwicklung erzielbaren Erträgen gedeckt werden können (*Müller* a. a. O., Rz. 110). Zu den rückstellungsfähigen Abwicklungskosten gehören bei der Liquidationsprognose auch die Ansprüche der Arbeitnehmer aufgrund eines Interessensausgleichs oder Sozialplanes. Pensionsverpflichtungen sind bei der Liquidationsprognose mit dem Barwert zu passivieren, es sei denn, es beständen konkrete Aussichten auf eine Gesamtveräußerung des Unternehmens oder von Unternehmensbereichen und in diesem Zusammenhang die Aussicht auf Übernahme der Sozialasten gemäß § 613a BGB. 115

Kapitalersetzende Darlehn sind im Überschuldungsstatus einer GmbH zu passivieren. Art. 48 des Einführungsgesetzes zur InsO enthält insoweit eine Änderung der §§ 32a, 32b GmbHG, wonach kapitalersetzende Darlehen im Insolvenzverfahren nachrangig sind. Mit Rangrücktritt versehene Forderungen sind im Überschuldungsstatus dann nicht zu passivieren, wenn sie vereinbarungsgemäß nur aus künftigen Gewinnen oder einem Liquidationsüberschuß zu tilgen sind. Eine derartige Regelung stellt praktisch einen Forderungsverzicht dar, der bilanziell zu einer Erhöhung des Eigenkapitals bzw. zu einer relativen Erhöhung der Schuldendeckungsquote führt. Stille Beteiligungen sind in der Regel zu passivieren, soweit sie nicht durch eine Verlustbeteiligung vermindert oder aufgezehrt sind. 116

B. Steuern in der Insolvenz

I. Grundsätzliche Auswirkungen des Verfahrens nach der Insolvenzordnung

1. Allgemeines

117 Das Insolvenzrecht gilt auch für Steuerforderungen. Grundsätzlich können auch die Steuerforderungen nach Eröffnung des Insolvenzverfahrens nur nach den Regeln der Insolvenzordnung durchgesetzt werden, da das Insolvenzrecht dem Steuerrecht regelmäßig vorgeht. Nur ausnahmsweise sind die Bestimmungen des Steuerrechtes gegenüber denen des Insolvenzrechts vorrangig. Die Insolvenzordnung beinhaltet, von wenigen Ausnahmen abgesehen, keine Regelung von steuerrechtlichen Problemen. Änderungen des Steuerrechtes im Hinblick auf die Insolvenzordnung fehlen bislang.

2. Die Stellung des Steuergläubigers nach dem Verfahren der InsO

a) Der Steuergläubiger nach der InsO

118 Steuerforderungen, die zum Zeitpunkt der Eröffnung des Insolvenzverfahrens begründet sind, sind als Insolvenzforderungen nach § 174 Abs. 1 InsO beim Insolvenzverwalter anzumelden. Als Steuergläubiger ist das Finanzamt auch Insolvenzgläubiger. Nach § 38 InsO dient die Insolvenzmasse zur Befriedigung der persönlichen Gläubiger, die einen zur Zeit der Eröffnung des Insolvenzverfahrens begründeten Vermögensanspruch gegen den Schuldner haben. Durch die Insolvenzordnung sind die allgemeinen Konkursvorrechte des Fiskus beseitigt worden. In § 39 InsO sind die nachrangigen Insolvenzgläubiger geregelt. Danach werden nachrangig Insolvenzgläubiger wegen folgender Forderungen befriedigt: Laufende Zinsen, Kosten der Verfahrensteilnahme, Geldstrafen, Geldbußen, Ordnungsgelder und Zwangsgelder, Forderungen auf eine unentgeltliche Leistung des Schuldners sowie Forderungen auf Rückgewähr kapitalersetzender Leistungen.

119 Kein Insolvenzgläubiger ist, wer aufgrund eines dinglichen oder persönlichen Rechtes geltend machen kann, daß ein Gegenstand nicht zur Insolvenzmasse gehört. Sein Anspruch auf Aussonderung des Gegenstandes bestimmt sich nach den Gesetzen, die außerhalb des Insolvenzverfahrens gelten (§ 47 InsO). Gläubiger, die abgesonderte Befriedigung an einem Gegenstand der Insolvenzmasse beanspruchen können, sind nach Maßgabe der §§ 166 ff. InsO zur abgesonderten Befriedigung aus dem Gegenstand berechtigt. Der Insolvenzverwalter hat, wenn er im Besitz des Sicherungsgutes ist, ein eigenes Verwertungsrecht (§ 166 Abs. 1 InsO). Er muß allerdings dem Absonderungsberechtigten auf dessen Verlangen Auskunft über den Zustand der Sache erteilen. Verwertet der Insolvenzverwalter, so steht dem absonderungsberechtigten Gläubiger ein Eintrittsrecht nach § 168 InsO zu. Nach der Verwertung einer beweglichen Sache oder einer Forderung durch den Insolvenzverwalter sind aus dem Verwertungserlös die Kosten der Feststellung und der Verwertung des Gegenstandes vorweg aus der Insolvenzmasse zu entnehmen (§ 170 InsO).

b) Der Massegläubiger nach der InsO

120 Masseverbindlichkeiten nach der InsO sind die Kosten des Insolvenzverfahrens und die sonstigen Masseverbindlichkeiten (§ 53 InsO). Kosten des Insolvenzverfahrens sind die Gerichtskosten für das Verfahren sowie die Vergütung und die Auslagen des vorläufigen

Handels- und steuerrechtliche Rechnungslegung § 155

Insolvenzverwalters, des Insolvenzverwalters und der Mitglieder des Gläubigerausschusses (§ 54 InsO). Zu den sonstigen Masseverbindlichkeiten gehören im wesentlichen Verbindlichkeiten, die durch Handlungen des Insolvenzverwalters entstanden sind sowie die Verbindlichkeiten, die aus gegenseitigen Verträgen herrühren, soweit die Erfüllung zur Insolvenzmasse verlangt wurde sowie der Anspruch aus ungerechtfertigter Bereicherung der Insolvenzmasse (§ 55 InsO). Zu den sonstigen Masseverbindlichkeiten i. S. d. § 55 InsO gehören die Steuern, insbesondere die Umsatzsteuer, die durch Handlungen des Konkursverwalters entstanden ist. Aus dem Erlös aus der Veräußerung von Gegenständen, die nicht mit Sicherheiten belastet sind, hat der Insolvenzverwalter die Kosten des Verfahrens abzudecken und die sonstigen Masseverbindlichkeiten zu erfüllen. Der Rest des Erlöses ist bei gleicher Quote an die übrigen Insolvenzgläubiger zu verteilen.

c) Insolvenzfreies Vermögen

Nach der Insolvenzordnung gibt es insolvenzfreies Vermögen (§ 30 InsO). Jeder Neuerwerb des Schuldners während des Insolvenzverfahrens fließt in die Insolvenzmasse, z. B. Einkünfte aus einer beruflichen Tätigkeit nach Verfahrenseröffnung sowie Erbschaften und Schenkungen. 121

d) Der Steuergläubiger als Aussonderungsberechtigter nach der InsO

Nach § 47 InsO ist kein Insolvenzgläubiger, wer aufgrund eines dinglichen oder persönlichen Rechts geltend machen kann, daß ein Gegenstand nicht zur Insolvenzmasse gehört. Sein Anspruch auf Aussonderung des Gegenstandes bestimmt sich nach den Gesetzen, die außerhalb des Insolvenzverfahrens gelten. 122

Ist ein Gegenstand, dessen Aussonderung hätte verlangt werden können, vom Insolvenzverwalter unberechtigt veräußert worden, so kann der Aussonderungsberechtigte nach § 48 InsO die Abtretung des Rechts auf die Gegenleistung verlangen, soweit diese noch aussteht. Soweit sie in der Masse unterscheidbar vorhanden ist, kann er die Gegenleistung von der Insolvenzmasse verlangen. 123

e) Der Steuergläubiger als Absonderungsberechtigter nach der InsO

Im Insolvenzverfahren steht bezüglich des Sicherungsgutes das Verwertungsrecht grundsätzlich dem Insolvenzverwalter zu. In Fällen der Zwangsversteigerung eines zur Insolvenzmasse gehörigen Grundstücks ist in Höhe des Grundpfandrechtes ein Erlösanteil an die Masse abzuführen. 124

Die Rechte der Inhaber besitzloser Mobiliarsicherheiten werden beschränkt. Der Insolvenzverwalter kann bestimmen, zu welchem Zeitpunkt das Sicherungsgut als wichtigste Form der besitzlosen Mobiliarsicherheit verwertet wird (§§ 50, 51 InsO). Dem Sicherungsgläubiger steht hinsichtlich des Verwertungsrechts kein Initiativrecht zu. Die Auskehrung des Verwertungserlöses wird erst fällig, wenn der Erwerber des Sicherungsgutes seine Zahlungspflicht erfüllt. Für die Feststellung und Verwertung des Sicherungsgutes erhält der Insolvenzverwalter von den Absonderungsgläubigern einen Kostenbeitrag (§ 171 InsO). Soweit die Insolvenzmasse mit Umsatzsteuer belastet wird, hat diese ebenfalls der Absonderungsgläubiger nach § 171 Abs. 2 S. 3 InsO zu tragen. 125

§ 155 *Verwaltung und Verwertung der Insolvenzmasse*

f) Aufrechnung durch den Steuergläubiger

126 Grundsätzlich bestimmt § 94 InsO, daß eine Aufrechnungslage erhalten bleibt. Die Aufrechnung kann aber erst dann erfolgen, wenn die Aufrechnungslage eingetreten ist. Sind zur Zeit der Eröffnung des Insolvenzverfahrens die aufzurechnenden Forderungen oder eine von ihnen noch aufschiebend bedingt oder nicht fällig oder die Forderung noch nicht auf gleichartige Leistungen gerichtet, kann die Aufrechnung erst dann erfolgen, wenn die Voraussetzungen eingetreten sind (§ 95 Abs. 1 InsO).

127 Die Aufrechnung ist gemäß § 96 InsO unzulässig, wenn:
- ein Insolvenzgläubiger erst nach Eröffnung des Verfahrens etwas zur Masse schuldig geworden ist;
- ein Insolvenzgläubiger seine Forderung erst nach der Verfahrenseröffnung von einem anderen Gläubiger erworben hat;
- ein Insolvenzgläubiger die Möglichkeit zur Aufrechnung durch eine anfechtbare Handlung erlangt hat;
- ein Gläubiger, dessen Forderung aus dem freien Vermögen des Schuldners zu erfüllen ist, etwas zur Insolvenzmasse schuldet.

Die Zulässigkeit der Aufrechnung hängt entscheidend davon ab, ob die Erstattungs- und Vergütungsansprüche mit denen aufgerechnet werden sollen, vor oder nach der Eröffnung des Insolvenzverfahrens begründet waren. Der Zeitpunkt der insolvenzrechtlichen Entstehung eines steuerlichen Vergütungs- und Erstattungsanspuchs ist nach den gleichen Grundsätzen zu beurteilen, die für die insolvenzrechtliche Zurechnung von Steuerforderungen anzuwenden sind (vgl. *BFH* BStBl. II 1994, 83 für die konkursrechtliche Aufrechnung). Für das insolvenzrechtliche Begründetsein von Erstattungs- und Vergütungsansprüchen ist damit nicht die Vollrechtsentstehung im steuerrechtlichen Sinne, sondern der Zeitpunkt, in dem nach insolvenzrechtlichen Grundsätzen der Rechtsgrund für den Anspruch gelegt worden ist, entscheidend. Der Rechtsgrund eines Steuererstattungsanspruches wird auch dann nach Eröffnung des Insolvenzverfahrens gelegt, wenn das Finanzamt die negative Steuerschuld im Rahmen einer erst während des Insolvenzverfahrens eingeleiteten Entscheidungsfindung aufgrund einer falschen Sachverhaltsannahme zu Unrecht festsetzt (*FG Baden-Württemberg* EFG 1996, 682 für einen Steuererstattungsanspruch nach Konkurseröffnung).

Danach ergeben sich für das Finanzamt z.B. folgende Möglichkeiten für eine Aufrechnung:
- Aufrechnung von Steuerforderungen gegenüber einem Umsatzsteuer-Erstattungsanspruch, der sich aus der Rückgängigmachung der Versteuerung von Leistungen vor Eröffnung des Insolvenzverfahrens wegen Uneinbringlichkeit der Entgelte ergibt (§ 17 Abs. 2 Nr. 1 UStG), auch wenn dieser Anspruch erst nach Eröffnung des Insolvenzverfahrens entsteht (*BFH* BFH/NV 1987, 707);
- Aufrechnung von Steuerforderungen gegenüber Vorsteuererstattungsanspüchen (*FG München* EFG 1986, 632);
- Aufrechnung von Steuerforderungen gegenüber überbezahlter Einkommen- und Körperschaftsteuervorauszahlungen (*BFH* BStBl. II 1979, 639; BFH/NV 1991, 792). Bei diesen handelt es sich um zur Masse gehörende aufschiebend bedingte Ansprüche, auch wenn die aufschiebende Bedingung erst nach Eröffnung des Insolvenzverfahrens eintritt.
- Aufrechnung von Steuerforderungen mit Kraftfahrzeugsteuer-Erstattungsansprüchen, falls der Entrichtungszeitraum für die Kraftfahrzeugsteuer bereits vor Eröffnung des Insolvenzverfahrens begonnen hat. In diesem Fall ist der Erstattungsanspruch eine

nach Eröffnung des Insolvenzverfahrens sonstige Masseverbindlichkeit, die nicht mit einer Insolvenzforderung aufgerechnet werden kann.
Durch die Eröffnung des Insolvenzverfahrens verliert der Steuergläubiger sein Recht zur Aufrechnung nicht. Das Finanzamt wird daher vor der Anmeldung einer Steuerforderung in Zusammenarbeit mit der Finanzkasse prüfen, inwieweit Aufrechnungsmöglichkeiten bestehen. Die Aufrechnungserklärung ist kein mit dem Einspruch anfechtbarer Verwaltungsakt, sondern die rechtsgeschäftliche Ausübung eines Gestaltungsrechts (zur Aufrechnung im Konkurs: *BFH* BStBl. II 1987, 536). Soweit das Finanzamt zur Aufrechnung befugt ist, braucht es seine Steuerforderung im Insolvenzverfahren nicht geltend zu machen. Hat es die Steuerforderung gleichwohl angemeldet, so muß es nach wirksamer Aufrechnung die Ermäßigung der Anmeldung erklären. **128**

g) Zuständigkeiten der Dienststellen der Finanzämter im Insolvenzverfahren

Grundsätzlich ist es Aufgabe der Vollstreckungsstelle eines Finanzamtes darauf zu achten, daß ihr die Eröffnung eines Insolvenzverfahrens sofort bekannt wird. Zu diesem Zweck hat sie sich über die öffentlichen Bekanntmachungen i. S. d. § 9 InsO im Bundesanzeiger, Justizblatt oder in der örtlichen Presse zu informieren. Außerdem sind die Mitteilungen der Amtsgerichte über die Eröffnung von Insolvenzverfahren unverzüglich auszuwerten. Im Insolvenzverfahren haben in diesem Fall alle weiteren Vollstreckungsmaßnahmen gegen den Insolvenzschuldner zu unterbleiben. Vom Finanzamt nach Eröffnung des Insolvenzverfahrens vorgenommene Pfändungen sind aufzuheben. Die Beauftragung des Vollziehungsbeamten zur Vollstreckung in das bewegliche Vermögen hat zu unterbleiben. Noch nicht erledigte Vollstreckungsersuchen i. S. d. § 250 AO werden vom Finanzamt zurückgefordert. Weiterhin möglich bleiben dagegen Vollstreckungsmaßnahmen wegen Masseforderungen und Maßnahmen wegen abgesonderter Befriedigung. Nach Kenntnisnahme von der Insolvenzeröffnung hat die Vollstreckungsstelle unverzüglich alle anderen betroffenen Stellen im Finanzamt mittels entsprechender Vordrucke zu benachrichtigen und darauf hinzuwirken, daß ausstehende Steuerfestsetzungen vorrangig bearbeitet werden. Soweit erforderlich, sind andere Finanzämter wegen eventuell bestehender Steuerrückstände wie z. B. Erbschaftsteuer, Grunderwerbsteuer oder Kraftfahrzeugsteuer anzuschreiben. Können Steuerfestsetzungen mangels Entscheidungsreife nicht sofort verfügt werden, so sind die Forderungen von den Festsetzungsstellen zu schätzen. **129**

Unter Mitarbeit der anderen Stellen des Finanzamtes stellt die Vollstreckungsstelle sämtliche Steuerforderungen zusammen, die zur Insolvenztabelle anzumelden sind und führt die entsprechenden Anmeldungen zur Tabelle durch. Anzumelden sind im Insolvenzverfahren alle Forderungen, die Insolvenzforderungen sind. Eine Steuerforderung ist Insolvenzforderung, wenn sie vor Eröffnung des Insolvenzverfahrens begründet ist. Anzumelden sind nicht nur die zur Zeit der Insolvenzeröffnung vollstreckbaren Rückstände, sondern auch die gestundeten, ausgesetzten, niedergeschlagenen und noch nicht fälligen Steuerforderungen ohne Rücksicht auf Mahnungen und Schonfristen. Steuerforderungen, die nach der Eröffnung des Insolvenzverfahrens begründet worden sind, sind dagegen Masseforderungen. Sie sind nicht zur Insolvenztabelle anzumelden. **130**

h) Sicherungsmaßnahmen vor Eröffnung des Insolvenzverfahrens

Das Insolvenzgericht hat gemäß § 21 InsO alle Maßnahmen zu treffen, die erforderlich erscheinen, um in der Zeit zwischen der Antragstellung und der Eröffnung des Insol- **131** venzverfahrens eine den Gläubigern nachteilige Veränderung in der Vermögenslage des Schuldners zu verhüten. Dies gilt insbesondere in den Fällen, in denen die Feststellung des Eröffnungsgrundes und der Kostendeckung Feststellungen erfordern, die eine gewisse Zeit in Anspruch nehmen. § 25 Abs. 1 InsO lehnt sich eng an § 106 Abs. 1 Satz 2 KO und § 12 Satz 1 VerglO an. Ziel von § 21 InsO ist es, nachteilige Veränderungen in der Vermögenslage des Schuldners zu verhindern, wobei ein Unternehmen des Schuldners in der Regel vorläufig fortgeführt werden sollte. Dabei soll die nach der Verfahrenseröffnung zu treffende Entscheidung, ob das Unternehmen erhalten werden kann oder liquidiert werden muß, im Eröffnungsverfahren möglichst noch nicht vorweggenommen werden.

3. Die vor Eröffnung des Insolvenzverfahrens nach der InsO begründeten Steuerforderungen und Erstattungsansprüche

a) Forderungen im Verfahren nach der InsO

132 Die Insolvenzmasse dient gemäß § 38 InsO zur Befriedigung der persönlichen Gläubiger, die einen zur Zeit des Insolvenzverfahrens begründeten Vermögensanspruch gegen den Schuldner haben (Insolvenzgläubiger). § 38 enthält die Begriffsbestimmung der Insolvenzgläubiger und entspricht inhaltlich § 3 Abs. 1 KO. Insolvenzforderungen des Finanzamtes sind danach solche Forderungen, die im Zeitpunkt der Eröffnung des Insolvenzverfahrens begründet waren. In entsprechender Anwendung der Grundsätze des § 3 KO zum Begründetsein einer Forderung im Zeitpunkt der Konkurseröffnung ist eine Steuerforderung i. S. des § 38 InsO begründet, wenn der Rechtsgrund ihrer Entstehung im Augenblick der Eröffnung des Insolvenzverfahrens bereits gelegt war, d. h. der schuldrechtliche Tatbestand, der die Grundlage des Steueranspruchs bildet, zu diesem Zeitpunkt bereits vollständig abgeschlossen war.

133 Das Begründetsein der Steuerforderung bedeutet nicht, daß sie zu diesem Zeitpunkt bereits durchsetzbar in Form einer fälligen Forderung bestanden haben muß. Ausreichend ist, wenn der den Steueranspruch sachlich- rechtlich begründende Tatbestand bei Verfahrenseröffnung gegeben war.

134 Das Begründetsein einer Steuerforderung ist von ihrer Entstehung und ihrer Fälligkeit zu unterscheiden.

135 So kann eine Steuerforderung i. S. des § 38 InsO begründet sein, bevor sie im steuerrechtlichen Sinne (§ 38 AO) entstanden ist. Dies gilt insbesondere für Steuerforderungen, die wie die Einkommensteuer (§ 36 Abs. 1 EStG), die Umsatzsteuer (§ 13 Abs. 1 UStG), die Gewerbesteuer (§ 18 GewStG), die Grundsteuer (§ 9 Abs. 2 GrStG), sowie die Erbschaftsteuer (§ 9 Abs. 1 ErbStG) an den Ablauf eines bestimmten Zeitraumes, z. B. des Veranlagungs- oder des Voranmeldungszeitraumes gebunden sind.

136 Das Begründetsein einer Steuerforderung ist von der Fälligkeit zu unterscheiden. Fällig werden (§ 220 AO) kann eine Steuerforderung erst, nachdem sie entstanden ist. Insofern reicht es nicht aus, daß sie bereits im Sinne des § 38 InsO begründet ist. Vor Inkrafttreten der InsO war die Fälligkeit einer Steuerforderung für den Rang entscheidend, welche die Steuerforderung als Konkursforderung einnahm (§ 61 Abs. 1 Nr. 2 und 3 KO). Die seit Eröffnung des Insolvenzverfahrens laufenden Zinsen, Geldstrafen und -bußen sowie das Zwangsgeld i. S. d. § 329 AO können gemäß § 39 InsO als nachrangige Insolvenzforderungen geltend gemacht werden. § 39 InsO weicht insoweit vom bisher geltenden Recht der Konkursordnung ab. Bisher konnten die Zins- und Kostenforderungen, die den Konkurs- oder Vergleichsgläubigern während des Konkursverfahrens entstanden waren,

Handels- und steuerrechtliche Rechnungslegung § 155

die Geldstrafen und die Forderungen aus einer Freigebigkeit des Schuldners im Verfahren nicht geltend gemacht werden (§ 63 KO, § 29 VerglO). In der Praxis wird § 39 in den meisten Fällen bei der Verteilung eines im Insolvenzverfahren liquidierten Vermögens ohne praktische Bedeutung sein. Ein Unterschied zu der bisherigen Regelung, des völligen Ausschlusses von der Verfahrensteilnahme ergibt sich nur in den seltenen Fällen, in denen das Insolvenzverfahren zur vollständigen Befriedigung aller übrigen Gläubiger führt und dann noch ein Überschuß verbleibt. In diesen Fällen erscheint es sachgerecht, den verbliebenen Überschuß nicht an den Schuldner herauszugeben, bevor nicht die im Verfahren aufgelaufenen Zins- und Kostenforderungen der Insolvenzgläubiger oder die Geldstrafen getilgt sind. Außerdem wird es durch die Einbeziehung der Gläubiger mit diesen Forderungen in das Insolvenzverfahren möglich, die Rechtsstellung dieser Gläubiger im Falle eines Planes sachgerechter zu bestimmen als es im bisherigen Recht des Vergleichs und des Zwangsvergleichs im Konkurs der Fall war.

Zu den Insolvenzforderungen gehören auch Säumnis- und Verspätungszuschläge. Bei **137** den Verspätungszuschlägen i. S. d. § 152 AO handelt es sich um ein Druckmittel eigener Art, das den Zweck verfolgt, den Steuerpflichtigen zu einer rechtzeitigen Abgabe der Steuererklärung anzuhalten und den Zinsvorteil, der dem Steuerpflichtigen durch die verspätete Abgabe der Steuererklärung entstanden ist, auszugleichen. Der Verspätungszuschlag stellt insoweit kein Zwangsgeld dar und gehört somit nicht zu den nachrangigen Insolvenzforderungen.

Das gleiche gilt für den Säumniszuschlag, der ebenfalls ein Druckmittel eigener Art und **138** kein Zwangsgeld ist.

Das Erfordernis des Begründetseins der Steuerforderung nach § 38 InsO gilt für alle **139** Steuerforderungen. Bei den einzelnen Steueransprüchen gelten dabei folgende Besonderheiten:

aa) Einkommensteuer- und Körperschaftsteuervorauszahlungen

Die Einkommensteuer- bzw. Körperschaftsteuervorauszahlungen entstehen mit Beginn **140** des jeweiligen Kalendervierteljahres, in dem die Vorauszahlungen zu entrichten sind (§ 37 Abs. 1 EStG, 48 Buchst. b KStG). Die vor der Eröffnung des Insolvenzverfahrens begründete Steuerschuld ist dabei auflösend bedingt durch die Jahressteuerschuld. Sie werden gemäß § 42 InsO, solange die Bedingung nicht eingetreten ist wie unbedingte Forderungen berücksichtigt. In der Praxis ist es unzweckmäßig, bereits Einkommensteuer- oder Körperschaftsteuervorauszahlungen als Insolvenzforderung anzumelden, soweit sich ein dagegen richtender Widerspruch im Wege der Jahresveranlagung erledigen kann.

bb) Einkommen- und Körperschaftsteuerjahresschuld

Die Eröffnung des Insolvenzverfahrens führt zu einer Einkommensbesteuerung der **141** Insolvenzmasse. Dabei sind alle während der Dauer des Insolvenzverfahrens erzielten Einkünfte für den jeweiligen Veranlagungszeitraum zusammenzufassen. Mit Ablauf des jeweiligen Veranlagungszeitraumes entsteht eine Einkommensteuer als Jahressteuer. Die einheitlich ermittelte Einkommensteuer- oder Körperschaftsteuerjahresschuld ist eine Insolvenzforderung, soweit sie auf den Zeitraum vor der Eröffnung des Insolvenzverfahrens entfällt und eine sonstige Masseverbindlichkeit i. S. d. § 55 InsO für die Steuer, die auf die durch den Insolvenzverwalter nach Eröffnung des Insolvenzverfahrens erzielten Gewinne entfällt. Die Jahressteuerschuld ist entsprechend aufzuteilen.

Boochs 1075

Die Einkommensteuer auf einen Veräußerungsgewinn gehört nach einem Vorbescheid des *BFH* (für den Konkurs: ZIP 1984, 853) nur insoweit zu den Massekosten, als sie auf dem endgültig zur Insolvenzmasse gelangten Betrag lastet (a. A. *Jaeger/Henckel* KO, § 3 Rz. 74; *Kilger/Karsten Schmidt* KO, § 3 Rz. 4 h, wonach es sich um eine Konkursförderung handeln soll).

Stellt sich bei der Jahresveranlagung heraus, daß die Einkommensteuer bzw. Körperschaftsteuerjahresschuld geringer ist, als die entrichteten Vorauszahlungen und Abzugsbeträge, so fällt der danach vom Finanzamt zu erstattende Betrag in die Insolvenzmasse (*BFH* BFHE 128, 146 für den Konkurs).

cc) Lohnsteuerforderungen

142 Lohnsteuerforderungen in der Insolvenz des Arbeitgebers sind mit dem Zeitpunkt begründet, in dem der Lohn dem Arbeitnehmer zufließt (§ 38 Abs. 2 Satz 2 EStG). Der Zufluß des Lohnes ist dann anzunehmen, wenn der Arbeitnehmer die wirtschaftliche Verfügungsmacht darüber erhält. Zu den Lohnzahlungen gehören auch vorläufige Zahlungen, Vorschüsse auf erst später fällige oder später abzurechnende Arbeitslöhne sowie Abschlagszahlungen. Da der Lohnzufluß und nicht die Entstehung der Lohnforderung für das Begründetsein i. S. d. § 38 InsO entscheidend ist, stellen Lohnsteuerbeträge, die auf im Zeitpunkt der Eröffnung des Insolvenzverfahrens rückständige aber nach Eröffnung des Insolvenzverfahrens ausgezahlte Löhne entfallen, keine Insolvenzforderungen sondern sonstige Masseverbindlichkeiten i. S. d. § 55 Abs. 1 Nr. 2 InsO dar (a. A. für den Konkurs, *BFH* BB 1975, 1047; *Jaeger/Henckel* KO, § 3 Rz. 81, 82; *Kilger/Karsten Schmidt* KO, § 3 Rz. 4k; *Hess* KO, § 3 Rz. 32).

143 Besonderheiten gelten hinsichtlich des Insolvenzgeldes, das der Arbeitnehmer auch im Insolvenzverfahren bei Zahlungsunfähigkeit des Arbeitgebers (§ 183 SGB III) auf entsprechenden Antrag (§ 187 SGB III) vom zuständigen Arbeitsamt in Höhe des vollen Nettoverdienstes für die letzten drei Monate des Arbeitsverhältnisses einschließlich der Pflichtbeiträge zur Sozialversicherung und zur Bundesanstalt für Arbeit erhält. Mit Stellung des Antrages auf Insolvenzgeld geht gemäß § 187 SGB III der Anspruch auf das Nettoarbeitsentgelt auf die Bundesanstalt für Arbeit über. Steuerlich unterliegen die Auszahlungen der Insolvenzgelder durch das Arbeitsamt an die Arbeitnehmer als übrige Leistungen nach dem SGB III gemäß § 3 Nr. 2 EStG weder der Einkommen- noch der Lohnsteuer. Spätere Erstattungen des Insolvenzgeldes durch den Insolvenzverwalter an das Arbeitsamt berühren nicht mehr das Arbeitsverhältnis. Da es sich insoweit nicht um Auszahlungen von Arbeitslohn handelt, sind sie steuerfrei (vgl. insoweit für den Konkurs, *Hess* KO, Anh. II § 141d Rz. 4, 7 ff.; *Jaeger/Henckel* KO, § 3 Rz. 83).

dd) Gewerbesteuer

144 Bei der Gewerbesteuer wird für das Jahr der Eröffnung des Insolvenzverfahrens ein einheitlicher Meßbetrag ermittelt. Die auf dieser Grundlage erhobene Gewerbesteuer ist aufzuteilen in eine Insolvenzforderung und in eine sonstige Masseverbindlichkeit i. S. d. § 55 InsO für den Zeitraum nach Eröffnung des Insolvenzverfahrens.

ee) Umsatzsteuer

145 Umsatzsteuerforderungen sind im Zeitpunkt der Eröffnung des Insolvenzverfahrens i. S. d. § 38 InsO begründet, soweit die Umsätze vor Eröffnung des Insolvenzverfahrens

vereinnahmt oder vereinbart worden sind. Nicht entscheidend ist der Zeitpunkt des Entstehens der Umsatzsteuerforderung. Die Umsatzsteuer entsteht gemäß § 13 Abs. 1 UStG mit Ablauf des Voranmeldungszeitraumes, in dem, soweit die Besteuerung nach vereinbarten Entgelten erfolgt, die Lieferung und sonstigen Leistungen (auch Teilleistungen) ausgeführt worden sind. Erfolgt die Besteuerung nach vereinnahmten Entgelten, so entsteht die Umsatzsteuer mit Ablauf des Voranmeldungszeitraumes, in dem die Entgelte vereinnahmt worden sind, beim Eigenverbrauch mit Ablauf des Voranmeldungszeitraumes, in dem der Unternehmer Gegenstände für die in § 1 Abs. 1 Nr. 1a und b UStG bezeichneten Zwecke entnommen, für Zwecke außerhalb des Unternehmens verwendet oder Aufwendungen gemacht hat, die nach § 4 Abs. 5 Nr. 1–7 EStG bei der Gewinnermittlung ausscheiden.

Umsatzsteuerforderungen sind vielfach jedoch schon i. S. d. § 38 InsO begründet, bevor **146** die Steuerschuld voll entstanden ist. Dies ist dann der Fall, wenn sie Umsätze betreffen, bei denen bei der Ist-Besteuerung bis zur Eröffnung des Insolvenzverfahrens die Entgelte vereinnahmt oder bei der Soll-Besteuerung die Lieferungen oder sonstigen Leistungen ausgeführt worden sind oder die Entnahmen, Verwendungen und die Aufwendungen getätigt worden sind.

Durch die Eröffnung des Insolvenzverfahrens wird der laufende Veranlagungszeitraum **147** nicht unterbrochen (für den Konkurs: *BFH* UR 1987, 291 [293] m. Anm. *Weiss*; a. A. *Weiss* a. a. O., S. 294; *Probst* UR 1988, 39 [41]; vgl. *Fischer* BB 1989, 1 [2] m. w. N.). Soweit der umsatzsteuerauslösende Tatbestand vor Eröffnung des Insolvenzverfahrens verwirklicht worden ist, ist zwar umsatzsteuerrechtlich im Zeitpunkt der Eröffnung des Insolvenzverfahrens noch keine Umsatzsteuerforderung entstanden. Dennoch ist die Umsatzsteuerforderung nach § 38 InsO begründet und insoweit als Insolvenzforderung geltend zu machen, unabhängig davon ob die Umsätze nach vereinbarten oder nach vereinnahmten Entgelten zu versteuern sind.

Wenn die Eröffnung des Insolvenzverfahrens in einen laufenden Voranmeldungszeit- **148** raum fällt, empfiehlt es sich für den Insolvenzverwalter aus Gründen der Zweckmäßigkeit und Vereinfachung zwei Umsatzsteuervoranmeldungen abzugeben, eine für den Zeitraum vom Beginn des Voranmeldungszeitraumes bis zur Eröffnung des Insolvenzverfahrens und die andere für den sich daran anschließenden Zeitraum vom Tag der Eröffnung des Insolvenzverfahrens bis zum Ende des Voranmeldungszeitraumes. Auf die Abgabe von zwei Voranmeldungen in diesem Fall hat das Finanzamt jedoch keinen Anspruch.

Hinsichtlich des Abzuges von Vorsteuerbeträgen nach § 15 Abs. 1 UStG hat der Unter- **149** nehmer ein Wahlrecht, zu welchem Zeitpunkt er die in den Veranlagungszeitraum fallenden Vorsteuerbeträge abzieht, verrechnet oder deren Erstattung verlangt (§ 16 Abs. 2 Satz 1 UStG). Grundsätzlich kann der Unternehmer die Vorsteuerbeträge so verrechnen, wie sie bei ihm in seinem Unternehmen anfallen. Er muß die Vorsteuern insbesondere nicht ausschließlich mit den Steuern verrechnen, die auf die sachlich dazu gehörenden Umsätze entfallen.

Werden die Vorsteuern mit Umsatzsteuern aus Umsätzen vor Eröffnung des Insolvenz- **150** verfahrens verrechnet, so mindert sich dadurch die die zur Tabelle (§ 175 InsO) anzumeldende Umsatzsteuer. Übersteigen die in den Voranmeldungszeitraum der Eröffnung des Insolvenzverfahrens fallenden Vorsteuerabzugsbeträge die Umsatzsteuer, die auf vom Insolvenzschuldner vor Insolvenzeröffnung getätigte Umsätze entfällt, so handelt es sich bei dem dabei entstehenden Guthaben um einen Anspruch der Insolvenzmasse, den der Insolvenzverwalter zugunsten der Insolvenzmasse geltend zu machen hat (im Konkurs, vgl. *FG Münster* UR 1987, 178 [180]). Macht der Insolvenzverwalter die abziehbaren Vorsteuerbeträge dagegen erst im Rahmen der Jahresveranlagung geltend, so stellt die Umsatzsteuer, die auf bis zur Eröffnung des Insolvenzverfahrens getätigte Umsätze entfällt, in voller Höhe eine Insolvenzforderung dar. Dies gilt unabhängig von dem später noch möglichen oder zulässigen Vorsteuerabzug. Im Einzelfall kann es sich für den Insolvenzverwalter empfehlen, das Finanzamt zu veranlassen, den Veranlagungszeitraum abzukürzen. Hierdurch kann erreicht werden, daß die in den einzelnen Veranlagungszeiträumen noch nicht verrechneten Vorsteuerguthaben für die Masse frei werden.

151 Ändert sich die Bemessungsgrundlage für die Umsatzsteuer, so führt dies beim Leistungsempfänger gemäß § 17 UStG zu einer Berichtigung des Vorsteuerbetrages. Im Fall der Eröffnung des Insolvenzverfahrens ändert sich die Bemessungsgrundlage, insbesondere bei Uneinbringlichkeit des Entgeltes. Die Uneinbringlichkeit des Entgeltes führt gemäß § 17 Abs. 1 UStG zu einer Berichtigung der Umsatzsteuer beim Leistenden sowie der Vorsteuer beim Schuldner als Leistungsempfänger. Die Berichtigungen sind gemäß § 17 Abs. 1 Satz 2 UStG für den Voranmeldungs- oder Veranlagungszeitraum vorzunehmen, in dem die Änderung des Entgeltes eingetreten oder die Forderung uneinbringlich geworden ist.

152 Bei Eröffnung des Insolvenzverfahrens können die Gläubiger grundsätzlich mit einem (Teil-)Ausfall ihrer Forderungen gegen den Insolvenzschuldner rechnen. Die Ausfallhöhe stellt sich in der Regel erst im Verlauf oder nach Abschluß des Insolvenzverfahrens heraus. Soweit die Gläubiger mit einer Befriedigung ihrer Forderungen nicht mehr rechnen können, sind sie berechtigt, die Entgelte und die darauf bereits entrichtete Umsatzsteuer zu mindern.

153 In gleicher Höhe wie bei der Minderung des Entgeltes ist der Insolvenzverwalter verpflichtet, den vom Insolvenzschuldner noch vorgenommenen Vorsteuerabzug zu berichtigen. Unterläßt der Insolvenzverwalter dies, so wird das Finanzamt in der Regel nach Vornahme einer Umsatzsteuersonderprüfung die Voranmeldung für den Zeitraum der Eröffnung des Insolvenzverfahrens berichtigen und gemäß § 18 Abs. 3 Satz 3 UStG die zutreffende Vorauszahlung vornehmen.

154 In der Praxis läßt sich die genaue Höhe des Forderungsausfalles innerhalb der Anmeldefrist nicht feststellen. Insoweit ist das Finanzamt vielfach gezwungen, die Höhe des Forderungsausfalles anhand der bis zur Eröffnung des Insolvenzverfahrens unbezahlten Rechnungen zu schätzen und den sich danach ergebenden Umsatzsteueranspruch mit dem Hinweis zur Insolvenztabelle anzumelden, daß die endgültige Höhe der Umsatzsteuerforderung von dem endgültigen Ausfall der Forderung der übrigen Gläubiger abhänge.

155 Der Berichtigungsanspruch besteht gemäß § 17 Abs. 1 Satz 2 UStG und § 18 Abs. 2 UStG für den Veranlagungszeitraum bzw. Voranmeldungszeitraum, in dem sich die Bemessungsgrundlage geändert hat. Dies ist spätestens der Zeitpunkt, in dem über den Antrag auf Eröffnung des Insolvenzverfahrens entschieden worden ist – in diesem Zeitpunkt – der vor Eröffnung des Insolvenzverfahrens liegt, ist der Berichtigungsanspruch i. S. d. § 38 InsO begründet und damit als Insolvenzforderung geltend zu machen.

ff) Grunderwerbsteuer

156 Die Grunderwerbsteuer ist insolvenzrechtlich i. S. d. § 38 InsO begründet, soweit grunderwerbsteuerlich relevante Erwerbsvorgänge vor Eröffnung des Insolvenzverfahrens verwirklicht worden sind.

Handels- und steuerrechtliche Rechnungslegung § 155

gg) Kraftfahrzeugsteuer

Die Kraftfahrzeugsteuer ist insolvenzrechtlich i. S. d. § 38 InsO begründet mit dem **157** Beginn des Haltens eines Kraftfahrzeuges oder eines Anhängers zum Verkehr auf öffentlichen Straßen (§ 1 KraftStG). Die Kraftfahrzeugsteuerforderung ist gemäß §§ 4, 13 KraftStG grundsätzlich auf den Zeitraum eines Jahres begrenzt. Liegen gemäß § 13 Abs. 2 KraftStG die Voraussetzungen für ein Entrichten der Kraftfahrzeugsteuer für ein halbes Jahr, ein Vierteljahr oder für einen Monat vor, so wird die Steuerforderung nur für diesen verkürzten Zeitraum begründet.

Die Steuerpflicht endet bei der endgültigen Außerbetriebsetzung des Kraftfahrzeuges **158** oder bei einer Betriebsuntersagung durch die Verwaltungsbehörde (§§ 5–7 KraftStG). Setzt der Insolvenzschuldner nachdem seine Steuerpflicht zu einem bestimmten Zeitpunkt nach Eröffnung des Insolvenzverfahrens beendet war, das Halten des Fahrzeuges fort, so entsteht ab diesem Zeitpunkt eine neue Kraftfahrzeugsteuerforderung des Finanzamtes.

hh) Investitionszulage

Die Investitionszulage wird in der Regel unter der Voraussetzung gewährt, daß die **159** begünstigten Wirtschaftsgüter in bestimmter Weise verwendet werden und einen bestimmten Zeitraum, zumeist 3 Jahre nach ihrer Herstellung und Anschaffung, in einem Unternehmen oder einer Betriebsstätte verbleiben. Das Finanzamt kann die Investitionszulage zurückfordern, wenn diese Voraussetzungen vom Zulageempfänger nicht erfüllt werden. Eine Rückzahlung der Investitionszulage gilt auch für Wirtschaftsgüter, die im Rahmen eines Insolvenzverfahrens innerhalb des schädlichen Zeitraumes veräußert worden sind. Die Investitionszulage wird damit gleichsam unter dem Vorbehalt gewährt, daß sie bei Nichterfüllen der begünstigten Verwendung der Wirtschaftsgüter und/oder bei Nichteinhaltung des Begünstigungszeitraumes zurückzuzahlen ist. Damit ist der Rechtsgrund für das Entstehen des Rückzahlungsanspruches bereits vor Eröffnung des Insolvenzverfahrens vollständig gelegt worden. Der Anspruch auf Rückzahlung zu Unrecht gewährter Investitionszulagen ist insoweit insolvenzrechtlich i. S. d. § 38 InsO schon vor Eröffnung des Insolvenzverfahrens begründet. Wird über das Vermögen des Rückforderungsschuldners einer Investitionszulage das Insolvenzverfahren eröffnet, kann die Finanzbehörde ihren Rückforderungsbescheid nicht durch Feststellung gemäß § 251 Abs. 3 AO, sondern nur durch Aufnahme des Rechtsstreites verfolgen (*FG Münster* EFG 1997, 565 für den Konkurs).

ii) Erstattungsanspruch

Ein Erstattungsanspruch bezieht sich gemäß § 37 Abs. 2 AO auf eine Steuer, eine **160** Steuervergütung, einen Haftungsbetrag oder eine steuerliche Nebenleistung, die ohne rechtlichen Grund gezahlt oder zurückgezahlt worden ist und vom Zahlungsempfänger zu erstatten ist. Durch einen derartigen Erstattungsanspruch werden ohne rechtlichen Grund bewirkte unmittelbare Vermögensverschiebungen wieder ausgeglichen.

Ein Erstattungsanspruch des Finanzamtes ist insolvenzrechtlich gemäß § 38 InsO be- **161** gründet mit der Rückzahlung der Beträge ohne rechtlichen Grund. Ist die Zahlung vor der Eröffnung des Insolvenzverfahrens geleistet worden, so ist der Erstattungsanspruch selbst dann als Insolvenzforderung zur Tabelle anzumelden, wenn der Anspruch vor diesem Zeitpunkt noch nicht festgesetzt war, oder wenn der ursprüngliche Steuerbe-

Boochs 1079

§ 155

scheid weder geändert noch aufgehoben worden ist (für den Konkurs, vgl. *BFH* BStBl. II 1968, 496 = BB 1972, 1258).

162 Der dem Insolvenzschuldner zustehende Steuererstattungsanspruch aus zuviel gezahlter Lohn-, Einkommen-, Umsatz-, Gewerbesteuer und sonstigen Steuerarten ist pfändbar und gehört zur Insolvenzmasse (für den Konkurs: *Hess* KO, § 1 Rz. 77; zur dogmatischen Einordnung siehe *Jaeger/Henckel* KO, § 1 Rz. 135; *Kuhn/Uhlenbruck* KO, § 1 Rz. 73 b; *Kilger/Karsten Schmidt* KO, § 1 Rz. 2 B, d). Dies gilt auch für nach Eröffnung des Insolvenzverfahrens entstandene Ansprüche auf Erstattung von Kraftfahrzeugsteuer, wenn der Rechtsgrund für die Erstattung auf Steuer-(voraus-)zahlungen zurückzuführen ist, die der Insolvenzschuldner vor der Eröffnung des Insolvenzverfahrens geleistet hat (für den Konkurs: *BFH* ZIP 1993, 934 = HFR 1993, 496).

jj) Haftungsansprüche

163 Haftungsansprüche sind gemäß § 38 InsO begründet, wenn der ihnen zugrunde liegende Anspruch aus dem Steuerschuldverhältnis gemäß § 37 AO begründet ist. Voraussetzung für die Geltendmachung und das Begründetsein des Haftungsanspruches ist das Vorliegen eines wirksamen Haftungsbescheides gemäß § 191 AO. Liegt im Zeitpunkt der Eröffnung des Insolvenzverfahrens noch kein Haftungsbescheid vor, so kann ein möglicher Haftungsanspruch dennoch dem Grunde und der Höhe nach durch Anmeldung zur Insolvenztabelle geltend gemacht werden.

b) Nicht fällige Forderungen

164 Nicht fällige Forderungen gelten gemäß § 41 Abs. 1 InsO als fällig und sind deshalb als fällige Forderungen zur Tabelle anzumelden. Sind sie unverzinslich, so sind sie mit dem gesetzlichen Zinssatz abzuzinsen (§ 41 Abs. 2 InsO). Sie vermindern sich dadurch auf den Betrag, der bei Hinzurechnung der gesetzlichen Zinsen für die Zeit von der Eröffnung des Insolvenzverfahrens bis zur Fälligkeit dem vollen Betrag der Forderung entspricht.

165 Als fällig zur Insolvenztabelle anzumelden sind auch Steuerforderungen, deren Vollziehung gemäß § 361 AO ausgesetzt ist. Da bei einer ausgesetzten Steuerforderung gemäß § 237 AO Aussetzungszinsen zu zahlen sind, entfällt bei einer Anmeldung der Forderung zur Insolvenztabelle die Abzinsung. Das gleiche gilt für gestundete oder nicht fällige hinterzogene Steuern, soweit diese als fällig zur Insolvenztabelle anzumelden sind. Auch in diesen Fällen ergibt sich die Verzinsung unmittelbar aus der AO, § 234 AO für Stundungszinsen und § 235 AO für Hinterziehungszinsen.

166 In der Regel sind Steuerforderungen unverzinslich. Eine Ausnahme gilt für Abschlußzahlungen i.S.d. § 233a AO, die Grunderwerbsteuer, § 3 Abs. 2 GrEStG (alt), § 19 Abs. 9 BerlinFG, § 5 Abs. 7 InvZulG, wo eine Verzinsung ausdrücklich gesetzlich vorgesehen ist. Säumniszuschläge sind ein Druckmittel eigener Art und insoweit nicht als Verzinsung anzusehen. Die Möglichkeit der Errichtung von Säumniszuschlägen macht die Steuerforderung nicht zu einer verzinslichen Forderung.

167 Soweit die Steuerforderung unverzinslich ist, ist sie mit dem gesetzlichen Zinsfuß von 4 % (§ 246 BGB) abzuzinsen.

168 Ist eine Steuer im Zeitpunkt der Eröffnung des Insolvenzverfahrens zwar entstanden, aber noch nicht festgesetzt worden, so entfällt wegen der Eröffnung des Insolvenzverfahrens die Steuerfestsetzung und damit auch die Fälligkeit der Steuerforderung. In diesem Fall ist gemäß § 69 KO der Abzinsungsbetrag der unverzinslichen Steuerforde-

rung unter Zugrundelegung eines Zinssatzes von 4% zu schätzen. Grundlage hierfür ist der Zeitraum, in dem die Steuerforderung nach dem gewöhnlichen Lauf der Dinge und dem Fortgang der Veranlagungsarbeiten in dem zuständigen Finanzamt festgesetzt worden wäre.

Befristete Forderungen sind Forderungen, die bereits im Sinne des § 38 InsO begründet, aber steuerrechtlich noch nicht entstanden sind, weil die Steuerschuld erst nach Ablauf eines hierfür maßgebenden Besteuerungszeitraumes entsteht. Dies gilt insbesondere für die Einkommensteuer gemäß § 26 Abs. 1 EStG, die Körperschaftsteuer nach § 48 Buchst. c KStG und die Gewerbesteuer nach § 18 GewStG. Bei diesen Steuerarten ist der Teil der bei der Eröffnung des Insolvenzverfahrens begründeten, aber nach Eröffnung des Insolvenzverfahrens entstandenen Steuerforderung befristet, da das Entstehen von einem zukünftigen gewissen Ereignis, dem Ablauf des jeweiligen Besteuerungszeitraumes, abhängig ist. **169**

Befristete Steuerforderungen sind analog § 163 BGB wie aufschiebend bedingte Steuerforderungen zu behandeln. Da sie gemäß § 38 InsO als im Zeitpunkt der Eröffnung des Insolvenzverfahrens begründet gelten, sind sie als Insolvenzforderungen geltend zu machen. **170**

Die Unterscheidung zwischen betagten und befristeten Forderungen hatte im Konkurs für das Konkursvorrecht Bedeutung. Im Insolvenzrecht ist die Unterscheidung wegen Wegfalls der Vorrechte ohne Bedeutung. **171**

4. Anmeldung von Steuerforderungen

Die im Zeitpunkt der Eröffnung des Insolvenzverfahrens begründeten Steuerforderungen (§ 38 InsO) hat die Vollstreckungsstelle des Finanzamtes unter Angabe von Grund, Betrag und des beanspruchten Vorrechtes beim Insolvenzverwalter anzumelden (§ 174 InsO). Dieser trägt die Forderungen in die Insolvenztabelle ein (§ 175 InsO). Die Forderungen nachrangiger Gläubiger sind nur anzumelden, soweit das Insolvenzgericht besonders zur Anmeldung dieser Forderungen auffordert (§ 174 Abs. 3 InsO). Bei der Anmeldung solcher Forderungen ist auf den Nachrang hinzuweisen und die dem Gläubiger zustehende Rangstelle zu bezeichnen. Im Prüfungstermin werden auch die Steuerforderungen geprüft, die nach Ablauf der Anmeldefrist angemeldet werden. Falls der Insolvenzverwalter oder ein Insolvenzgläubiger der Prüfung widerspricht oder sofern die Steuerforderung erst nach dem Prüfungstermin angemeldet wird, erfolgt die Prüfung in einem gesonderten Prüfungstermin (§ 177 InsO). **172**

Die Steuerforderungen gelten als festgestellt, wenn weder Insolvenzgläubiger noch Insolvenzverwalter der Feststellung widersprochen haben (§ 178 InsO). **173**

5. Der Prüfungstermin

Insolvenzverfahren werden nach § 176 Abs. 1 InsO die angemeldeten Steuerforderungen ihrem Betrag und ihrem Rang nach geprüft. Die Forderungen, die vom Insolvenzverwalter, vom Schuldner oder von einem Insolvenzgläubiger bestritten werden, sind einzeln zu erörtern. **174**

§ 178 InsO gilt eine Forderung als festgestellt, wenn gegen sie weder vom Insolvenzverwalter noch von einem Insolvenzgläubiger im Prüfungstermin Widerspruch erhoben wird. Das gleiche gilt, wenn ein zunächst erhobener Widerspruch beseitigt ist. **175**

Das Insolvenzgericht trägt nach § 206 Abs. 1 Satz 1 InsO bei jeder angemeldeten Forderung in die Tabelle ein, inwieweit die Forderung ihrem Betrag und ihrem Rang nach festgestellt ist oder wer der Feststellung widersprochen hat. **176**

§ 155 *Verwaltung und Verwertung der Insolvenzmasse*

177 Ist eine Steuerforderung vom Insolvenzverwalter oder von einem Insolvenzgläubiger bestritten worden, so bleibt es gemäß § 179 Abs. 1 InsO dem Finanzamt als Gläubiger überlassen durch Erlaß eines Feststellungsbescheides, die Feststellung gegen den Bestreitenden zu betreiben.
Liegt für eine bestrittene Steuerforderung bereits ein bestandskräftiger Steuerbescheid vor, so obliegt es dem Bestreitenden den Widerspruch weiter zu verfolgen.

6. Die Wirkungen des Insolvenzverfahrens auf das Besteuerungsverfahren

a) Steuerermittlungs- und Steueraufsichtsverfahren

178 Durch die Eröffnung des Insolvenzverfahrens werden gemäß § 240 ZPO Streitverfahren unterbrochen. Nicht betroffen durch die Eröffnung des Insolvenzverfahrens sind Steuerermittlungs- und Steueraufsichtsverfahren, da es sich nicht um Streitverfahren handelt. Insoweit kann das Finanzamt ohne Rücksicht auf die Eröffnung des Insolvenzverfahrens Steuerermittlungs- und Steueraufsichtsverfahren einleiten, sowie bereits laufende Verfahren fortsetzen oder abschließen. Dabei treffen die steuerlichen Mitwirkungspflichten ab der Eröffnung des Insolvenzverfahrens grundsätzlich den Insolvenzverwalter.

b) Steuerfestsetzungsverfahren und Steuerfeststellungsverfahren

179 Die AO enthält keine Vorschriften über den Einfluß der Eröffnung des Insolvenzverfahrens auf die Geltendmachung vorher entstandener Steuerschulden des Insolvenzschuldners. Dem Steuergläubiger kommt hiernach gegenüber anderen Insolvenzgläubigern keine Sonderstellung im Insolvenzverfahren zu. Nach § 38 InsO ist das Finanzamt als Steuergläubiger einer der Insolvenzgläubiger, zu deren gemeinschaftlicher Befriedigung die Insolvenzmasse bestimmt ist.

180 Ein zur Zeit der Eröffnung des Insolvenzverfahrens laufendes Steuerfestsetzungsverfahren (§§ 155 ff., 148 AO) wird unterbrochen, soweit es die insolvenzmäßige Befriedigung zum Ziel hat (für den Konkurs: *RFH* RFHE 18, 143; *RFH* RFHE 21, 12). Es kann erst wieder fortgesetzt werden, wenn das Insolvenzverfahren wegen Unzulänglichkeit der Masse (§ 207 InsO) oder wegen Wegfalls des Eröffnungsgrundes auf Antrag des Schuldners mit Zustimmung aller Insolvenzgläubiger (§ 212 InsO) eingestellt wird.

181 Aus insolvenzrechtlichen Gründen dürfen alle Steuerverfahren, die auf individuelle Befriedigung des Steuergläubigers gerichtet sind, nicht fortgesetzt werden. Das bedeutet, daß nach Eröffnung des Insolvenzverfahrens gegen den Insolvenzverwalter ein Steuerbescheid wegen einer vor Eröffnung des Insolvenzverfahrens begründeten Steuerforderung nicht erlassen werden darf, auch nicht, soweit der Bescheid nur die Steuerforderung nach Grund und Betrag festsetzt, ohne gleichzeitig deren Zahlung zur Insolvenzmasse zu verlangen. (für den Konkurs: *BFH* BStBl. III 1965, 492). Somit sind die vor Eröffnung des Insolvenzverfahrens begründeten Steuerforderungen ausschließlich zur Insolvenztabelle anzumelden. Das betrifft auch nicht fällige bzw. noch nicht festgesetzte oder nicht angemeldete Steuern.

182 Auch gegen den Insolvenzschuldner darf während des anhängigen Insolvenzverfahrens kein Steuerbescheid wegen Steuerforderungen erlassen werden, die vor Eröffnung des Insolvenzverfahrens begründet sind.

183 In der Praxis erläßt das Finanzamt keinen Steuerbescheid, sondern gibt lediglich dem Insolvenzverwalter eine Ausfertigung des Steuerbescheides unter Weglassung der Rechtsbehelfsbelehrung informatorisch zur Kenntnis und meldet die sich nach diesem

informatorischen Bescheid ergebenden Steuerschulden des Insolvenzschuldners zur Tabelle an. Diese informatorischen Bescheide stellen keine Steuerbescheide dar, sondern sind lediglich Berechnungen der angemeldeten Steuerschulden. Diese brauchen auch nicht unter Vorbehalt der Nachprüfung gemäß § 164 Abs. 1 AO oder vorläufig gemäß § 165 AO zu ergehen.

Ergeht nach Eröffnung des Insolvenzverfahrens trotzdem ein Steuerbescheid, so ist dieser als nichtig anzusehen (für den Konkurs: *RFH* RStBl. 1926, 337; *BFH* BStBl. III 1965, 491; *BFH* BStBl. III 1970, 665; *BFH* DB 1978, 823; *Geist* a. a. O., Rz. 9; *Hess* KO, Anh. V Rz. 27; *Tipke/Kruse* AO, § 251 Rz. 16; *Frotscher* a. a. O., S. 301, Fußn. 22; a. A. *FG Hamburg* EFG 1982, 395; *BSG* NJW 1990, 2708). Gegen diesen nichtigen Bescheid kann ein Rechtsbehelf eingelegt werden, um den von diesem ausgehenden Rechtsschein zu beseitigen. **184**

Gegen den Ehegatten des Schuldners kann auch während des anhängigen Insolvenzverfahrens ein Einkommensteuerbescheid erlassen werden, wenn die Zusammenveranlagung gewählt wurde. **185**

Hierbei ist darauf zu achten, daß der Steuerbescheid an den Ehegatten als Gesamtschuldner adressiert ist und nicht an die Eheleute. Macht der Ehegatte von der Möglichkeit Gebrauch eine Aufteilung der Gesamtschuld gemäß §§ 268–280 AO zu beantragen, so ist die Steuerschuld aufzuteilen in die Steuerschuld des Ehegatten (Steuerbescheid) und die Steuerschuld des Insolvenzschuldners (Anmeldung zur Tabelle).

Was bislang nur für Steuerbescheide im Steuerfestsetzungsverfahren galt, gilt nunmehr nach der geänderten BFH-Rechtsprechung (*BFH* vom 02. 07. 1997, IR 11/97, BStBl. II 1998, 428) auch für Gewerbesteuermeßbescheide, Zerlegungsbescheide und Bescheide über gesonderte Gewinnfeststellungen. **186**

Danach sind Gewerbesteuermeßbescheide (§ 184 AO) und Zerlegungsbescheide (§ 188 AO) nach Eröffnung eines Insolvenzverfahrens nicht mehr zu erlassen. Den betroffen Städten oder Gemeinden sind die Besteuerungsgrundlagen durch Berechnungen mitzuteilen, damit diese ihre Gewerbesteuerforderungen zur Konkurstabelle anmelden können. Werden die Gewerbesteuerforderungen im Prüfungstermin bestritten, so hat das Finanzamt die Forderungen gemäß § 146 Abs. 4 und 5 KO, § 251 Abs. 3 AO durch Feststellungsbescheid zu verfolgen. **187**

Das gleiche gilt für Bescheide über gesonderte Gewinnfeststellungen nach § 180 Abs. 1 Nr. 2 b AO. Diese sind nach Eröffnung eines Insolvenzverfahrens nicht mehr zu erlassen, sondern dem Wohnsitzfinanzamt des Schuldners ist die Höhe des Gewinnes durch eine Berechnung formlos mitzuteilen, damit dieses die Einkommensteuerforderung zur Tabelle anmelden kann. **188**

Die Durchführung der einheitlichen Gewinnfeststellung (§§ 179 ff. AO) gehört nach der ständigen Rechtsprechung des BFH zu den konkursfreien Angelegenheiten einer Gesellschaft. Daran hat sich durch das BFH-Urteil vom 02. 07. 1997 (a. a. O.) nichts geändert. Die Folgen der Gewinnfeststellung berühren nicht den nach Insolvenzrecht abzuwickelnden Vermögensbereich der Personengesellschaft, sondern betreffen vielmehr die Gesellschafter persönlich (*BFH* BStBl. II 1993, 265 m. w. N.; *BFH* BStBl. II 1995, 194; *BFH* BFH/NV 1995, 663). Der Erlaß derartiger Feststellungsbescheide bleibt daher auch nach Eröffnung eines Insolvenzverfahrens über das Vermögen der Personengesellschaft unverändert zulässig. Das gleiche gilt m. E. auch für die gesonderte Feststellung des vortragsfähigen Gewerbeverlustes nach § 10a GewStG, die gesonderte Feststellung des verbleibenden Verlustabzuges nach § 10d EStG, die gesonderte Feststellung nach § 47 KStG (anders in Ausschüttungsfällen), die gesonderte Feststellung nach der Anteilsbewertung, die gesonderte Feststellung von Einheitswerten nach Maßgabe des Bewer- **189** tungsgesetzes und Grundsteuermeßbescheide, soweit der Erlaß dieser Bescheide keine Auswirkung auf das Vermögen des Schuldners und dienen auch nicht dem ausschließlichen Zweck der Anmeldung einer Steuer zur Tabelle.

190 Weil der Feststellungsbescheid keine Steuerfestsetzung enthält, ist er kein Steuerbescheid nach § 155 AO (*BFH* BStBl. II 1988, 126). Er kann nach seiner Bestandskraft auch nur nach den §§ 129 ff. AO geändert werden. Die Feststellung eines höheren Betrages als gegenüber dem Inhalt der Anmeldung ist ausgeschlossen. Gegebenenfalls muß eine neue Anmeldung erfolgen und ein neuer Feststellungsbescheid erlassen werden. Da dem Feststellungsbescheid die Vollziehbarkeit fehlt, ist ein Aussetzungsantrag nach § 361 AO oder § 69 FGO oder ein Antrag auf einstweilige Anordnung mangels Rechtsschutzbedürfnisses unzulässig. Als Rechtsbehelf ist gemäß § 347 Abs. 1 Nr. 2 AO der Einspruch mit anschließender Anfechtungsklage gegeben.

c) Außergerichtliches Rechtsbehelfsverfahren, Aussetzung der Vollziehung

191 Zur Zeit der Eröffnung des Insolvenzverfahrens laufende Rechtsbehelfsverfahren sowie Fristen werden durch die Eröffnung des Insolvenzverfahrens nach § 155 FGO i. V. m. § 240 ZPO unterbrochen (für den Konkurs: *RFH* RFHE 19, 355; *FG Münster* EFG 1975, 228; *FG Rheinland Pfalz* EFG 1978, 471; *Frotscher* a. a. O., S. 297; *Geist* a. a. O., Rz. 9 f.; *Hess* KO, Anh. V Rz. 37). Das bedeutet, daß Rechtsbehelfe und Rechtsmittel nach Eröffnung des Insolvenzverfahrens weder eingelegt noch weiterverfolgt werden dürfen. Eine Weiterverfolgung ist erst im Rahmen des Feststellungsstreites möglich, wenn die angemeldete Forderung im Prüfungstermin bestritten wird (§ 179 InsO).
Im einzelnen gilt folgendes:

192 Ist der Bescheid, auf dem die zur Tabelle angemeldete Steuerforderung (mittelbar oder unmittelbar) beruht, noch vor Eröffnung des Insolvenzverfahrens bekanntgegeben und durch den Schuldner angefochten worden, so führt die Eröffnung des Insolvenzverfahrens zur Unterbrechung des Einspruchsverfahrens.
Ist der betreffende Bescheid vor Eröffnung des Insolvenzverfahrens bekanntgegeben worden und wird das Insolvenzverfahren während des Laufs der Einspruchsfrist eröffnet, so führt die Eröffnung des Insolvenzverfahrens zur Unterbrechung der Einspruchsfrist. Legt sodann der Insolvenzverwalter gegen den Bescheid Einspruch ein, so ist das Einspruchsverfahren ebenfalls entsprechend §§ 240, 249 ZPO analog unterbrochen.

193 In beiden Fällen ist der Fortgang des Einspruchsverfahrens von dem Ergebnis des Prüfungsverfahrens abhängig. Wird die angemeldete Steuerforderung im Prüfungstermin durch den Insolvenzverwalter bestritten, so ist dem Insolvenzverwalter die Aufnahme des Einspruchsverfahrens zu erklären und ihm Gelegenheit zur Begründung des Einspruchs zu geben. Das Bestreiten der Steuerforderung im Prüfungstermin durch den Insolvenzverwalter ist für sich allein noch nicht als Aufnahme des Einspruchsverfahrens anzusehen, sondern ermöglicht lediglich die Möglichkeit zur Aufnahme des Verfahrens. Das Einspruchsverfahren kann erst dann fortgeführt werden, wenn es entweder durch den Insolvenzverwalter oder durch das Finanzamt aufgenommen worden ist. Die Einspruchsentscheidung oder der Abhilfebescheid ist an den Insolvenzverwalter zu richten.

194 Die Unterbrechung der Rechtsbehelfs- und Rechtsmittelverfahren gilt sowohl gegenüber dem Insolvenzverwalter, den Insolvenzgläubigern als auch gegenüber dem Schuldner.

195 Das Finanzamt kann den unterbrochenen Rechtsstreit auch dann wieder aufnehmen, wenn es darauf verzichtet, mit dem streitbefangenen Steueranspruch an dem Insolvenzverfahren (weiter) teilzunehmen (für den Konkurs: *BGH* WM 1978, 1319). Aus dem so erstrittenen Titel kann das Finanzamt erst nach Beendigung des Insolvenzverfahrens vollstrecken.

Handels- und steuerrechtliche Rechnungslegung § 155

Aktivrechtsstreite des Schuldners, die einen Erstattungsanspruch zum Gegenstand haben, kann der Insolvenzverwalter jederzeit nach § 85 Abs. 1 InsO wieder aufnehmen, sofern der Anspruch während des Insolvenzverfahrens nicht durch Aufrechnung erloschen ist. Nimmt der Insolvenzverwalter das Verfahren nicht auf, so kann das Finanzamt gemäß § 85 Abs. 2 InsO i. V. m. § 239 Abs. 2–4 ZPO die Aufnahme des Verfahrens verlangen. Lehnt der Insolvenzverwalter die Aufnahme des Rechtsstreites ab, so gilt der Anspruch als freigegeben und scheidet damit aus der Insolvenzmasse aus (für den Konkurs: *Hess* KO, Anh. V Rz. 68; *Geist* a. a. O., Rz. 12). In diesem Fall kann der Schuldner selbst den Rechtsstreit aufnehmen und Zahlung an sich verlangen.

Wie die Rechtsbehelfs- und Rechtsmittelverfahren werden auch gerichtliche Verfahren unterbrochen (§§ 155 FGO, 240 ZPO). Eine Unterbrechung des gerichtlichen Verfahrens hat selbst dann zu erfolgen, wenn das Insolvenzverfahren nach Verkündung, aber vor Zustellung des Urteils eröffnet worden ist (für den Konkurs: *BFH* BStBl. II 1970, 665). Eine Unterbrechung nach §§ 240 ZPO i. V. m. 155 FGO erfolgt aber dann nicht, wenn die Eröffnung des Insolvenzverfahrens zum Wegfall des Rechtsschutzinteresses und damit zur Unzulässigkeit der Klage geführt hat (für den Konkurs: *FG Baden-Württemberg* EFG 1994, 711). **196**

Da das Finanzamt seine Ansprüche nur noch innerhalb des Insolvenzverfahrens verfolgen kann, ist eine Aussetzung der Vollziehung eines vor der Eröffnung des Insolvenzverfahrens ergangenen Steuerbescheides während des Insolvenzverfahrens nicht möglich (§§ 361 AO, 69 FGO). **197**

Hiermit fehlt einem Antrag an das Finanzamt oder das Gericht, die Vollziehung eines vor der Eröffnung des Insolvenzverfahrens erlassenen Steuerbescheides auszusetzen, das Rechtsschutzbedürfnis.

Das gleiche gilt entsprechend für Rechtsbehelfe und Rechtsmittel gegen die Ablehnung der Aussetzung der Vollziehung (für den Konkurs: *BFH* BStBl. II 1975, 208 = DB 1975, 2307).

d) Vollstreckungsverfahren

Dem Finanzamt ist es wie allen anderen Gläubigern verboten, Vollstreckungsmaßnahmen wegen Insolvenzforderungen in die Insolvenzmasse oder in das sonstige Vermögen des Schuldners durchzuführen (§ 89 Abs. 1 InsO). Ein Verwaltungszwangsverfahren (§§ 328 ff. AO) gegen den Schuldner ist sofort einzustellen. **198**

Wird der Vollstreckungsstelle des Finanzamtes bekannt, daß ein Insolvenzverfahren eröffnet ist, so haben alle weiteren Vollstreckungsmaßnahmen gegen den Schuldner wegen § 89 InsO zu unterbleiben. Pfändungen nach Eröffnung des Insolvenzverfahrens sind aufzuheben und die Beauftragung des Vollziehungsbeamten zur Vollstreckung in das bewegliche Vermögen hat zu unterbleiben. **199**

Maßnahmen im Verwaltungszwangsverfahren, die in den letzten 3 Monaten vor dem Antrag auf Eröffnung des Insolvenzverfahrens vorgenommen worden sind, können nach § 132 Abs. 1 Nr. 1 InsO angefochten werden, wenn der Beamte, der die Vollstreckungsmaßnahmen angeordnet hatte, Kenntnis von der Zahlungsunfähigkeit des Schuldners hatte. **200**

e) Erlaß und Bekanntgabe von Steuerverwaltungsakten

Das Finanzamt darf nach Eröffnung des Insolvenzverfahrens keinen Steuerbescheid mehr wegen einer vor Eröffnung des Insolvenzverfahrens begründeten Steuerforderung erlassen, auch nicht soweit der Bescheid die Steuerforderung nur nach Grund und Betrag **201** festsetzt, ohne gleichzeitig deren Zahlung aus der Insolvenzmasse zu verlangen. Das gilt nach der geänderten BFH-Rspr. (*BFH* BStBl. II 1998, 429) auch für Gewinnfeststellungs- und Gewerbesteuermeßbescheide. Vor Eröffnung des Insolvenzverfahrens begründete Steuerforderungen, nicht fällige, noch nicht festgesetzte oder nicht angemeldete Steuern sind ausschließlich dem Insolvenzverwalter zur Anmeldung zur Insolvenztabelle zu melden.

202 Gegen den Ehegatten des Schuldners kann auch während eines anhängigen Insolvenzverfahrens ein Einkommensteuerbescheid erlassen werden, soweit die Zusammenveranlagung gewählt wurde.

203 Nach Eröffnung des Insolvenzverfahrens können Steuerverwaltungsakte, welche die Insolvenzmasse betreffen, nicht mehr durch Bekanntgabe an den Schuldner wirksam werden.

204 Gehört ein Steuererstattungsanspruch zur Insolvenzmasse, so gelten die Grundsätze für Steuerforderungen entsprechend. Auch insoweit dürfen über die Zeit vor Eröffnung des Insolvenzverfahrens keine Leistungsbescheide ergehen, insbesondere keine Steuerbescheide, selbst wenn sie infolge der Erstattung für den Schuldner günstig wären.

205 Anstelle eines Steuerbescheides kann ein Abrechnungsbescheid nach § 218 Abs. 2 AO erlassen werden, in dem dem Steueranspruch und den vom Schuldner geleisteten Zahlungen der Erstattungsanspruch gegenübergestellt wird. Diesen Abrechnungsbescheid kann der Insolvenzverwalter anfechten.

206 Im Rahmen seiner Verwaltungs- und Verfügungstätigkeit hat der Insolvenzverwalter die steuerlichen Pflichten des Schuldners zu erfüllen (§ 34 Abs. 3 AO).

207 Mit der Eröffnung des Insolvenzverfahrens enden die dem Schuldner erteilten Vollmachten, auch Zustellungsvollmachten. Statt dessen ist der Insolvenzverwalter Adressat für:
 – Steuerbescheide wegen Steueransprüchen, die nach Eröffnung des Insolvenzverfahrens entstanden und sonstige Masseverbindlichkeiten i. S. d. § 55 InsO sind,
 – Steuermeßbescheide (§ 184 AO),
 – Zerlegungsbescheide (§ 188 AO) und
 – Prüfungsanordnungen.

208 In der Adressierung an den Insolvenzverwalter ist klarzustellen, daß sich der Verwaltungsakt an den Insolvenzverwalter in dieser Eigenschaft für einen bestimmten Schuldner richtet.
Ein Steuerbescheid, der sich an den Schuldner »zu Händen Herrn.« ohne Bezeichnung als Insolvenzverwalter richtet, ist dem Insolvenzverwalter daher nicht wirksam bekanntgegeben worden (für den Konkurs: *BFH* BStBl. II 1994, 600 = BB 1994, 2335).

209 Die Bekanntgabe von Feststellungsbescheiden bei einer Personengesellschaft kann nach Eröffnung des Insolvenzverfahrens weiterhin an die Personengesellschaft (§ 183 AO), d. h. an deren Geschäftsführer oder Liquidator, nicht an den Insolvenzverwalter erfolgen (für den Konkurs: *BFH* BStBl. III 1967, 790; *BFH* BStBl. II 1979, 440; *BFH* BStBl. II 1979, 790 = BB 1979, 1756).
Da die Insolvenzmasse nicht betroffen ist, hat der Insolvenzverwalter insoweit auch kein Anfechtungs- oder Klagerecht. Dies gilt nicht, wenn auch über das Vermögen eines Gesellschafters das Insolvenzverfahren eröffnet worden ist. In diesem Fall muß der für den betroffenen Gesellschafter bestimmte Bescheid dessen Insolvenzverwalter bekanntgegeben werden.

f) Widerspruch wegen Steuerforderungen

210 Wird im Prüfungstermin weder vom Insolvenzverwalter noch von einem Insolvenzgläubiger ausdrücklich Widerspruch gegen die angemeldete Forderung erhoben oder wird

ein erhobener Widerspruch beseitigt, so gilt sie gemäß § 178 Abs. 1 InsO als festgestellt. Die Feststellung wird gemäß § 178 Abs. 2 InsO in die Tabelle eingetragen.

211 Wird dagegen im Prüfungstermin vom Insolvenzverwalter oder von einem Insolvenzgläubiger Widerspruch erhoben oder vorläufig bestritten, so hat das Finanzamt die Feststellung seiner Forderung zu betreiben (§ 179 Abs. 1 InsO i. V. m. § 251 Abs. 3 AO). Zu diesem Zweck beantragt die Vollstreckungsstelle des Finanzamtes zunächst die Erteilung eines beglaubigten Auszuges aus der Insolvenztabelle (§ 179 Abs. 3 InsO).

212 Das vorläufige Bestreiten steht dem allgemeinen Bestreiten gleich, soweit nicht ein unabweisbares Bedürfnis besteht, dem Bestreitenden die Prüfung der angemeldeten Forderung über den Prüfungstermin hinaus offenzuhalten (für den Konkurs: *OLG Hamm* KTS 1974, 178). Bei vorläufigem Bestreiten wird der Bestreitende von der Vollstreckungsstelle des Finanzamtes aufgefordert, die vorläufig bestrittene Forderung anzuerkennen oder endgültig zu bestreiten. Nach ergebnislosem Fristablauf unterstellt das Finanzamt, daß die angemeldete Forderung endgültig bestritten ist.

213 Nach Eingang des beglaubigten Tabellenauszuges mit den bestrittenen Forderungen wird von der Festsetzungsstelle des Finanzamtes ggf. das Feststellungsverfahren i. S. d. §§ 251 Abs. 3 AO, 179 InsO betrieben. Zulässigkeitsvorraussetzungen für das Feststellungsverfahren nach § 251 AO ist die Anmeldung und Prüfung der Forderung. Eine Feststellung ist deshalb nur hinsichtlich solcher Forderungen möglich, gegen die im Prüfungstermin Widerspruch erhoben wurde (für den Konkurs: für den Fall einer nachgemeldeten Forderung, *FG Niedersachsen* UR 1981, 31). Im Rahmen des Feststellungsverfahren prüft die Festsetzungsstelle des Finanzamtes zunächst, ob über die bestrittene Forderung ein titulierter Steuerbescheid vorliegt oder nicht. Hinsichtlich der angemeldeten Steuerforderung bedeutet dies, daß es für die Fortsetzung des Verfahrens darauf ankommt, ob ein Steuerbescheid mit Leistungsgebot im Zeitpunkt der Eröffnung des Insolvenzverfahrens ergangen ist (titulierte Forderung) oder nicht (nicht titulierte Forderung).

214 Ist vor Eröffnung des Insolvenzverfahrens noch kein Steuerbescheid über die Insolvenzforderung erlassen worden, hat die Festsetzungsstelle das Bestehen der Steuerforderung und ihre Fälligkeit mittels Feststellungsbescheides gemäß § 251 Abs. 3 AO festzustellen. Auch der Erlaß eines Grundlagen- oder Steuermeßbescheides, z. B. Gewerbesteuermeßbescheide mit Auswirkungen auf die Masse ist während eines Insolvenzverfahrens nur unter den Voraussetzungen des § 179 InsO zulässig. Diese können jedoch nur dann vorliegen, wenn der betreffende Erstbescheid bereits vor Eröffnung des Insolvenzverfahrens erlassen worden ist.
Weil der Feststellungsbescheid keine Steuerfestsetzung enthält, ist er kein Steuerbescheid nach § 155 AO (*BFH* BStBl. II 1988, 126) Er kann nach seiner Bestandskraft auch nur nach den §§ 129 ff. AO geändert werden. Die Feststellung eines höheren Betrages als gegenüber dem Inhalt der Anmeldung ist ausgeschlossen. Gegebenenfalls muß eine neue Anmeldung erfolgen und ein neuer Feststellungsbescheid erlassen werden. Da dem Feststellungsbescheid die Vollziehbarkeit fehlt, ist ein Aussetzungsantrag nach § 361 AO oder § 69 FGO oder ein Antrag auf einstweilige Anordnung mangels Rechtsschutzbedürfnisses unzulässig. Als Rechtsbehelf ist gemäß § 347 Abs. 1 Nr. 2 AO der Einspruch mit anschließender Anfechtungsklage gegeben. Adressat des Feststellungsbescheides ist der Widersprechende. Der Bescheid kann mit dem Einspruch nach § 346 Abs. 1 Nr. 11 AO und anschließender Klage vor dem Finanzgericht angegriffen werden. Mit Bestands- oder Rechtskraft der Entscheidung über den Feststellungsbescheid steht nach InsO endgültig fest, ob die Steuerforderung besteht oder nicht.

215 Der Regelungsinhalt des Fesstellungsbescheides nach § 251 Abs. 3 AO geht dahin, daß dem Steuergläubiger eine bestimmte Steuerforderung als Insolvenzforderung zusteht (für den Konkurs: *BFH* BStBl. II 1988, 199). Der Feststellungsbescheid darf sich seinem Inhalt nach weder in Form noch in der Begründung von einem Feststellungsurteil der ordentlichen Gerichte (§ 180 InsO) unterscheiden (für den Konkurs: *RFH* RFHE 27, 40).

216 Eine vorläufige Feststellung der zur Tabelle angemeldeten Forderung in analoger Anwendung des § 165 AO ist durch Feststellungsbescheid unzulässig (für den Konkurs: *BFH* DB 1978, 1963).

217 Der Bescheid wird durch § 181 InsO, § 251 Abs. 3 AO auf den Entstehungsgrund und die Höhe begrenzt (für den Konkurs: *BFH* UR 1988, 53). In dem Bescheid darf folglich weder ein anderer Entstehungsgrund, noch eine andere Höhe und Fälligkeit für die angemeldete Forderung angegeben werden. Die festgestellte Forderung muß vielmehr identisch mit der angemeldeten sein (für den Konkurs: *BFH* BStBl. II 1984, 545). Ein abweichender Bescheid wäre im Rechtsbehelfsverfahren aufzuheben.

218 Der Tenor des Bescheides enthält die Feststellung, ob und mit welchem Betrag der Steueranspruch besteht. In der Begründung ist die Höhe der angemeldeten Forderung unter Angabe der Rechtsgrundlagen zu berechnen. Dabei ist, sofern der Widersprechende sein Bestreiten begründet, dessen Vorbringen zu würdigen.

219 Ist der Bescheid, auf dem die zur Tabelle angemeldete Steuerforderung (mittelbar oder unmittelbar) beruht, noch vor Eröffnung des Insolvenzverfahrens bekanntgegeben und durch den Schuldner angefochten worden, so führt die Eröffnung des Insolvenzverfahrens zur Unterbrechung des Einspruchsverfahrens.

220 Ist der betreffende Bescheid vor Eröffnung des Insolvenzverfahrens bekanntgegeben worden und wird das Insolvenzverfahren während des Laufs der Einspruchsfrist eröffnet, so führt die Eröffnung des Insolvenzverfahrens zur Unterbrechung der Einspruchsfrist. Legt sodann der Insolvenzverwalter gegen den Bescheid Einspruch ein, so ist das Einspruchsverfahren ebenfalls entsprechend §§ 240, 249 ZPO analog unterbrochen.
In beiden Fällen ist der Fortgang des Einspruchsverfahrens von dem Ergebnis des Prüfungsverfahren abhängig. Wird die angemeldete Steuerforderung im Prüfungstermin durch den Insolvenzverwalter bestritten, so ist dem Insolvenzverwalter die Aufnahme des Einspruchsverfahrens zu erklären und ihm Gelegenheit zur Begründung des Einspruchs zu geben. Das Bestreiten der Steuerforderung im Prüfungstermin durch den Insolvenzverwalter ist für sich allein noch nicht als Aufnahme des Einspruchsverfahrens anzusehen, sondern ermöglicht lediglich die Möglichkeit zur Aufnahme des Verfahrens. Das Einspruchsverfahren kann erst dann fortgeführt werden, wenn es entweder durch den Insolvenzverwalter oder durch das Finanzamt aufgenommen worden ist. Die Einspruchsentscheidung oder der Abhilfebescheid ist an den Insolvenzverwalter zu richten.

221 Bestreitet der Insolvenzverwalter, daß das Finanzamt zur Aufnahme des Einspruchsverfahrens befugt ist, bleibt dem Finanzamt die Möglichkeit, die bestrittene Forderung gemäß § 251 Abs. 3 AO festzustellen.

222 Auch wenn bereits vor Eröffnung des Insolvenzverfahrens eine bestandskräftige Steuerfestsetzung vorlag, kann im Fall des Bestreitens gemäß § 179 InsO ein neuer Feststellungsbescheid ergehen, da dessen Bestandskraft nicht gegen den bestreitenden Insolvenzverwalter oder -gläubiger wirkt. Entgegen der für den Konkurs in der überwiegenden Literatur vertretenen Auffassung (*Geist* a. a. O., Rz. 92 ff.; *Tipke/Kruse* AO, § 251 Rz. 18 m. w. N.; *Kilger/Karsten Schmidt* KO, § 146 Rz. 3; *Kuhn/Uhlenbruck* KO, § 146 Rz. 30) ist der vor der Eröffnung des Insolvenzverfahrens erlassene bestandskräftige Steuerbescheid einem Titel i. S. d. § 146 Abs. 6 KO nicht gleichzustellen (*Hess* KO, Anh. V, Rz. 57). Tituliert i. S. d. § 179 Abs. 2 InsO sind Forderungen, über die ein

vollstreckbarer Schuldtitel oder ein Endurteil vorliegt, vorläufig vollstreckbares Urteil (§§ 708–710 ZPO), Vorbehaltsurteil (§§ 302, 599 ZPO), Versäumnisurteil, gerichtliche Vergleiche (§ 794 Nr. 1 ZPO), notarielle Urkunden (§ 794 Nr. 5 ZPO), Kostenfestsetzungsbeschlüsse (§ 794 Nr. 2 ZPO), Steuerbescheide sind zwar vollstreckbar, jedoch keine Vollstreckungstitel i. S. d. ZPO (§ 251 Abs. 1 AO; für den Konkurs: *BGH BGHZ* 3, 140 m. w. N.; *BFH* BStBl. III 1964, 22), so daß eine direkte Anwendung von § 179 Abs. 2 InsO ausscheidet. Wesensmerkmal eines Titels i. S. d. ZPO ist, daß in einem neutralen gerichtsförmigen Verfahren oder durch Unterwerfung des Schuldners selbst das Bestehen der Forderung festgestellt wird und der Gläubiger nur unter den strengen Voraussetzungen der ZPO in den Besitz der Vollstreckungsklausel gelangen kann (für den Konkurs: *Hess* KO, Anh. V Rz. 57). Hingegen entscheidet im Steuerfestsetzungsverfahren der Steuergläubiger über die Höhe der Forderung selbst und schafft sich ebenfalls ohne neutrale Überprüfung und unter schwächeren formellen Voraussetzungen den Vollstreckungstitel.

Weiteres Merkmal des nach der ZPO vollstreckbaren Titels (mit Ausnahme des für vorläufig vollstreckbar erklärten Titels) ist die Rechtskraftwirkung, d. h. der Titel ist nur noch über die besonders strengen Voraussetzungen der Vollstreckungsgegenklage (§ 767 ZPO), der Restitutions- und der Nichtigkeitsklage aufhebbar. Dagegen ist die Bestandswirkung eines Steuerbescheides wesentlich schwächer. Auch bei formeller und materieller Bestandskraft können die Bescheide nach Maßgabe der §§ 129, 172 ff. AO im Verwaltungsverfahren abgeändert werden. Für eine analoge Anwendung des § 179 Abs. 2 InsO fehlen die Analogievoraussetzungen (*Hess* KO, Anh. V, Rz. 58). Nach der herrschenden Literaturmeinung kann der Widersprechende, soweit der Steuerbescheid bei Eröffnung des Insolvenzverfahrens bereits unanfechtbar war, das Verfahren nicht mehr aufnehmen, weil es abgeschlossen ist. Er hat insoweit nur die Möglichkeit, Wiedereinsetzungsgründe nach § 110 AO oder § 56 FGO geltend zu machen, einen Abrechnungsbescheid nach § 218 Abs. 2 AO zu beantragen oder einen Antrag auf Änderung des bestandskräftigen Bescheids nach §§ 129, 172 ff. AO zu stellen.

223 Hält man das Ergehen eines Feststellungsbescheides für notwendig, ist gegen den Feststellungsbescheid der Einspruch nach § 348 Abs. 1 Nr. 11 AO und anschließend die finanzgerichtliche Klage (§§ 40 ff., 115 ff. FGO) zulässig.

224 Ein der angemeldeten Forderung Widersprechender kann einen Abrechnungsbescheid i. S. d. § 218 Abs. 2 AO beantragen, wenn er seinen Widerspruch damit begründet, daß der Steueranspruch ganz oder teilweise erloschen sei.

225 Ein Widerspruch des Schuldners gegen die Steuerforderung hindert die Feststellung der angemeldeten Forderung nicht. Er hat nur die Wirkung, daß das Finanzamt nach Aufhebung des Insolvenzverfahrens (§ 200 InsO) nicht aus dem Tabelleneintrag vollstrecken kann (§ 251 Abs. 2 Satz 2 AO, § 178 Abs. 3 InsO). War die Steuerschuld vor Eröffnung des Insolvenzverfahrens noch nicht festgesetzt und ein Steuerbescheid noch nicht bekannt gegeben, darf das Finanzamt dem Schuldner nach Abschluß des Insolvenzverfahrens erstmalige Steuerbescheide mit Leistungsgebot als Vollstreckungsgrundlage erteilen. Die Festsetzungsfrist läuft nicht vor Ablauf von drei Monaten nach Abschluß des Insolvenzverfahrens ab (§ 171 Abs. 13 AO). Eine Vollstreckung aus diesem Bescheid ist jedoch ausgeschlossen.

War der Steuerbescheid schon bestandskräftig, kann das Finanzamt nach Abschluß des Insolvenzverfahrens aus ihm gegen den Schuldner vollstrecken. Der Schuldner hat lediglich noch die Möglichkeit Wiedereinsetzungsgründe nach § 110 AO oder § 56 FGO geltend zu machen oder einen Antrag auf Änderung des bestandskräftigen Bescheids nach §§ 129, 172 ff. AO zu stellen.

7. Die Vorrechte im Verfahren nach der InsO

226 Die Insolvenzrechtsreform hat alle allgemeinen Vorrechte, insbesondere die des § 61 Abs. 1 Nr. 2 KO für Steuern beseitigt.
Bestehen bleiben lediglich Vorrechte an Sondermassen wie z.B. das Vorrecht der Versicherten am Deckungsstock einer Lebensversicherung, weil solche Rechte den Absonderungsrechten näher stehen als den allgemeinen Konkursvorrechten.

227 Durch den Wegfall des Vorrechtes für Steuern verlieren auch folgende Fragen an Bedeutung:
– die Frage, ob Lohnsteuerrückstände der Rangklasse des § 61 Abs. 1 Nr. 1 KO oder des § 61 Abs. 1 Nr. 2 KO angehören, oder ob sie gar Masseschulden im Sinne von § 59 Abs. 1 Nr. 1 KO sind;
– die Frage, ob Säumniszuschläge und Verspätungszuschläge zu den öffentlichen Abgaben im Sinne von § 61 Abs. 1 Nr. 2 KO gehören;
– die Frage, wie sich Stundung, Aussetzung der Vollziehung, Vollstreckungsaufschub, Zahlungsaufschub und dergleichen auf die Jahresfrist von § 61 Abs. 1 Nr. 2 KO auswirken;
– die Frage, ob der Steuergläubiger ohne weiteres von der Geltendmachung des Vorrechtes absehen kann oder ob die Voraussetzungen des § 227 AO vorliegen müssen.

228 Die Aufhebung von Konkurs- und Vergleichsordnung und der damit verbundene Wegfall der Konkursvorrechte machte eine Änderung des Wortlautes von § 251 AO notwendig. Der sachliche Inhalt von § 251 AO bleibt jedoch unverändert, so daß die verfahrensrechtliche Stellung der Finanzbehörde in einem Insolvenzverfahren der in einem Konkursverfahren gleicht.

229 Aufgrund des Wegfalls des Konkursvorrechtes für Steuerforderungen wird sich die praktische Handhabung von Stundung und Vollstreckungsaufschub ändern. Die Praxis von Stundung und Vollstreckungsaufschub wird strenger werden, da die Finanzbehörde nicht mehr davon ausgehen kann, daß sie bei einer Insolvenz infolge ihres gesetzlichen Vorrechtes doch noch in voller Höhe befriedigt wird.

8. Die während des Insolvenzverfahrens entstehenden Steuerforderungen

230 Durch Handlungen des Insolvenzverwalters sowie unter Umständen auch des Schuldners, die im Zusammenhang mit der Verwaltung, Verwertung und Verteilung der Insolvenzmasse stehen, können Steuerforderungen entstehen.

231 Gemäß § 55 Abs. 1 Nr. 1 InsO sind Masseverbindlichkeiten die Verbindlichkeiten, die durch Handlungen des Insolvenzverwalters oder in anderer Weise durch die Verwaltung, Verwertung und Verteilung der Insolvenzmasse begründet werden, ohne zu den Kosten des Insolvenzverfahrens zu gehören.

a) Einkommensteuer

232 Einkommensteuerpflichtig sind alle Einkünfte, die der Insolvenzverwalter aus den Mitteln und Gegenständen der Insolvenzmasse erzielt. Schuldner der Einkommensteuer bleibt auch nach der Eröffnung des Insolvenzverfahrens der Schuldner. Die Eröffnung des Insolvenzverfahrens hat grundsätzlich weder eine Betriebsaufgabe noch eine Betriebsveräußerung i.S.d. § 16 EStG zur Folge (für den Konkurs: *Niedersächsisches FG* EFG 1993, 159).

Eine Betriebsaufgabe ist nur dann anzunehmen, wenn der Betrieb nach Eröffnung des 233
Insolvenzverfahrens tatsächlich eingestellt wird, und damit die selbständige und nachhaltige Beteiligung des Schuldners am allgemeinen wirtschaftlichen Verkehr endet. Die bei der Auflösung des Betriebes erzielten Gewinne sind einkommensteuerpflichtig und unterliegen unter den Voraussetzungen des § 16 EStG dem ermäßigten Steuersatz nach § 34 EStG.
Nicht begünstigt sind Veräußerungsgewinne, die sich aus der allmählichen Verwertung der einzelnen Gegenstände des Betriebsvermögens im Rahmen des Insolvenzverfahrens ergeben. Diese Gewinne gehören nach § 15 EStG zu den laufenden Einkünften aus Gewerbebetrieb. Die dabei verwirklichte Einkommensteuer gehört zu den sonstigen Masseverbindlichkeiten nach § 55 Abs. 1 Nr. 1 InsO, soweit der Erlös der Insolvenzmasse zugeflossen ist (für den Konkurs: *BFH* ZIP 1984, 853; *Weiss* FR 1990, 539, 544; *Hess* KO, Anh. V Rz. 125, 456 ff.).
Diese Einschränkung folgt aus den Besonderheiten des Insolvenzverfahrens, da ansonsten die Vorwegbelastung der Masse z. T. größer wäre als der ihr zufließende Gewinn (*Hess* KO, Anh. V Rz. 125). Dabei ist unerheblich, ob die durch die Veräußerung aufgedeckten stillen Reserven aus der gewerblichen Tätigkeit des Schuldners vor der Eröffnung des Insolvenzverfahrens oder aus der Tätigkeit des Insolvenzverwalters herrühren (für den Konkurs: *BFH* NJW 1964, 613; *BFH* NJW 1985, 511; *Hess* KO, Anh. V Rz. 127, 462; a. A. *Jaeger/Henckel* KO, § 3 Rz. 74; *Kuhn/Uhlenbruck* KO, § 56 Rz. 9 a; *Kilger/Karsten Schmidt* KO, § 3 Rz. 4 k).

b) Körperschaftsteuer

Die Eröffnung des Insolvenzverfahrens hat nur die Auflösung der Kapitalgesellschaft 234
zur Folge (§ 262 AktG, § 60 GmbHG). Für die Besteuerung der Liquidation einer aufgelösten Körperschaft gilt mit § 11 KStG eine Sondervorschrift. Diese ist auch auf Körperschaften anzuwenden, die durch die Eröffnung eines Insolvenzverfahrens aufgelöst worden sind (§ 11 Abs. 7 KStG).
Die materiell-rechtliche Bedeutung des § 11 Abs. 7 KStG liegt vor allem in der Anord- 235
nung eines einheitlichen Gewinnermittlungs- und Veranlagungszeitraumes, der mit der Eröffnung des Insolvenzverfahrens beginnt und mit seinem Ende oder mit dem Abschluß der anschließenden Abwicklung abläuft.
Der Gewinn entspricht dem Unterschiedsbetrag zwischen den Buchwerten des Vermö- 236
gens zu Beginn der Auflösung und dem Abschluß der Abwicklung, sowie den dafür erzielten Erlösen abzüglich der abziehbaren Aufwendungen.

c) Lohnsteuer

Beschäftigt der Insolvenzverwalter nach der Eröffnung des Insolvenzverfahrens Arbeit- 237
nehmer weiter oder stellt er neue ein, so hat er bei den an diese gezahlten Löhnen oder Gehältern Lohnsteuer einzubehalten und an das Finanzamt abzuführen. Die Lohnsteuer stellt sonstige Masseverbindlichkeiten i. S. d. § 55 Abs. 1 Nr. 1 InsO dar.

d) Umsatzsteuer

Die umsatzsteuerliche Unternehmereigenschaft (§ 2 UStG) endet nicht mit der Eröff- 238
nung des Insolvenzverfahrens. Insoweit unterliegt die Veräußerung von Gegenständen des Betriebsvermögens im Verlauf des Insolvenzverfahrens weiter der Umsatzsteuer.

§ 155 *Verwaltung und Verwertung der Insolvenzmasse*

Die Umsatzsteuerforderung ist in dem Voranmeldungszeitraum anzumelden, in den die jeweilige Veräußerung fällt. Soweit die Umsatzsteuer vor der Eröffnung des Insolvenzverfahrens begründet war, handelt es sich um Insolvenzforderungen, nach der Eröffnung des Insolvenzverfahrens begründete Umsatzsteuern sind sonstige Masseverbindlichkeiten i. S. d. § 55 Abs. 1 Nr. 1 InsO. Das gleiche gilt für die Umsatzsteuer, die auf Lieferungen und sonstige Leistungen bzw. den Eigenverbrauch entfällt, wenn der Insolvenzverwalter den Betrieb des Schuldners zunächst weiterführt.

e) Gewerbesteuer

239 Das gewerbliche Unternehmen besteht in der Regel über die Eröffnung des Insolvenzverfahrens hinaus weiter. Als Unternehmer ist der Schuldner weiterhin gewerbesteuerpflichtig (§ 4 Abs. 2 GewStDV). Die Gewerbesteuerpflicht endet erst mit der Einstellung des Unternehmens, d. h. mit der tatsächlichen Aufgabe jeglicher werbenden Tätigkeit (für den Konkurs: vgl. *Hess* KO, Anh. V Rz. 135; *Kuhn/Uhlenbruck* KO, § 6 Rz. 48). Nur soweit die Eröffnung des Insolvenzverfahrens und die Betriebseinstellung zusammenfallen, erlischt die Gewerbesteuerpflicht mit der Eröffnung des Insolvenzverfahrens. Der Gewerbebetrieb einer Personengesellschaft wird i. d. R. nicht schon mit der Eröffnung des Insolvenzverfahrens über das Gesellschaftsvermögen aufgegeben (für den Konkurs: *BFH* BStBl. II 1993, 594).

240 Bei Kapitalgesellschaften und den anderen Unternehmen i. S. d. § 2 Abs. 2 GewStG ist die Abwicklungstätigkeit nach Eröffnung des Insolvenzverfahrens als gewerblich anzusehen. Die Gewerbesteuerpflicht endet erst dann, wenn das gesamte Betriebsvermögen verteilt ist.

241 Für den Abwicklungszeitraum wird der Gewerbeertrag gemäß § 16 Abs. 2 GewStDV ermittelt. Dabei ist der Ertrag des Abwicklungszeitraumes, d. h. der Ertrag, der in dem Zeitraum vom Beginn der Abwicklung bis zu deren Beendigung erzielt wird, auf die einzelnen Jahre des Abwicklungszeitraumes zu verteilen, nach dem Verhältnis, in dem die Zahl der Kalendermonate, für die in dem jeweiligen Jahr die Steuerpflicht bestanden hat, zu der Gesamtzahl der Kalendermonate des Zeitraumes steht, in dem die Gewerbesteuerpflicht während des Insolvenzverfahrens bestanden hat.

242 Wird der Betrieb einer Kapitalgesellschaft zunächst weitergeführt, so beginnt der Abwicklungszeitraum nach § 16 Abs. 2 GewStDV mit dem Jahr, auf dessen Anfang oder in dessen Ablauf der Beginn der Abwicklung des Insolvenzverfahrens fällt. In der Regel fällt im Abwicklungszeitraum nur dann Gewerbesteuer an, wenn erhebliche Veräußerungsgewinne erzielt worden sind.

f) Grunderwerbsteuer

243 Grunderwerbsteuern können sonstige Masseverbindlichkeiten i. S. d. § 55 Abs. 1 Nr. 1 InsO sein, wenn der Insolvenzverwalter im Rahmen des Insolvenzverfahrens Grundstücke veräußert oder erwirbt. Bei der Veräußerung von Grundstücken übernimmt jedoch in der Regel der Erwerber die Grunderwerbsteuer. Lehnt der Insolvenzverwalter nach § 17 GrEStG die Erfüllung eines Grundstückskaufvertrages ab, so entsteht nach § 17 Abs. 1 GrEStG zugunsten der Insolvenzmasse ein Erstattungsanspruch, der vom Insolvenzverwalter gegenüber dem Finanzamt geltend zu machen ist.

Handels- und steuerrechtliche Rechnungslegung § 155

g) Grundsteuer

Grundsteuern sind sonstige Masseverbindlichkeiten i. S. d. § 55 InsO, wenn land- oder 244
forstwirtschaftliche Betriebe i. S. d. §§ 33–67, 31 BewG, Betriebsgrundstücke nach § 99
BewG oder Grundstücke (§§ 68 ff. BewG) zur Insolvenzmasse gehören und die Steuerforderung nach Eröffnung des Insolvenzverfahrens entstanden ist (für den Konkurs:
RFH RFHE 25, 328, 332; *RG* RGZ 116, 111; *Hess* KO, Anh. V Rz. 219).
Die Grundsteuer entsteht jeweils mit Beginn des Kalenderjahres, für das die Steuer
erhoben wird. Sie ist nach § 28 GrStG durch Vorauszahlungen jeweils anteilig zu
tilgen.

h) Kraftfahrzeugsteuer

Für die Entstehung der Kraftfahrzeugsteuer ist entscheidend, ob der Schuldner zu Beginn 245
des Entrichtungszeitraumes Halter des Fahrzeuges ist. Dabei gilt die unwiderlegbare
Rechtsvermutung, daß das Fahrzeug bis zu seiner Außerbetriebsetzung oder bis zum
Eingang der Änderungsanzeige bei der Zulassungsbehörde von demjenigen gehalten
wird, für den es zugelassen ist (§§ 1, 5 KraftStG). Veräußert der Insolvenzverwalter im
Rahmen der Verwertung der Insolvenzmasse ein Kraftfahrzeug, so bleibt der Schuldner
so lange kraftfahrzeugsteuerpflichtig, bis der Insolvenzverwalter den Übergang des
Eigentums der Zulassungsbehörde angezeigt hat. Die Kraftfahrzeugsteuer ist sonstige
Masseverbindlichkeit i. S. d. § 55 InsO, soweit sie für einen Zeitraum zu entrichten ist,
der nach der Eröffnung des Insolvenzverfahrens neu zu laufen beginnt.

i) Investitionszulage

Der Anspruch auf Rückerstattung von Investitionszulagen ist, soweit er im Zeitpunkt der 246
Eröffnung des Insolvenzverfahrens bereits begründet war, keine sonstige Masseverbindlichkeit i. S. d. § 55 InsO. Dies gilt selbst dann, wenn er durch die Veräußerung von
Wirtschaftsgütern durch den Insolvenzverwalter entstanden ist (für den Konkurs: *BFH*
BStBl. II 1978, 204).

j) Vollstreckung des Finanzamtes wegen Masseforderungen

Zu den sonstigen Masseverbindlichkeiten gehörende Steuerforderungen i. S. d. § 55 247
InsO werden durch dem Insolvenzverwalter bekanntzugebende Steuerbescheide festgesetzt, soweit dieser die Steuern nicht selbst zu errechnen und anzumelden hat (z. B. Lohn-
und Umsatzsteuer).
Werden die Masseverbindlichkeiten nicht entrichtet, so fordert die Vollstreckungsstelle 248
des Finanzamtes den Insolvenzverwalter zur unverzüglichen Zahlung auf und teilt ihm
zugleich mit, daß er sich durch die Nichtanmeldung und Nichtentrichtung der Fälligkeitssteuern haftbar nach § 69 AO, schadensersatzpflichtig nach § 60 Abs. 1 InsO und
gegebenenfalls verantwortlich nach §§ 370, 378 und 380 AO machen kann. Beachtet der
Insolvenzverwalter die Hinweise des Finanzamtes nicht, so wird es durch die Festsetzungsstelle unverzüglich die Haftungsfrage prüfen zu lassen.
Die Vollstreckung wegen steuerrechtlicher Masseansprüche erfolgt außerhalb des Insol- 249
venzverfahrens. Als Gegenstand der Vollstreckung eignet sich für das Finanzamt
insbesondere das vom Insolvenzverwalter bei einem Geldinstitut geführte Anderkonto,
weil es der Sammlung der Insolvenzmasse dient. Das Finanzamt kann eine Forderungs-

pfändung nach § 309 AO anbringen. Darüber hinaus kann es eine Sicherungshypothek auf ein zur Insolvenzmasse gehörendes Grundstück eintragen lassen, wobei es dem Grundbuchamt in einem Begleitschreiben zum Eintragungsantrag mitteilt, daß die dem Eintragungsantrag zugrunde liegenden Abgabenrückstände als sonstige Masseverbindlichkeiten i. S. d. § 55 InsO geltend gemacht werden. Der im Grundbuch eingetragene Insolvenzvermerk hindert insoweit nicht.

250 Unstatthaft ist die Vollstreckung in das persönliche Vermögen des Insolvenzverwalters, es sei denn, er ist durch Haftungsbescheid in Anspruch genommen worden.

k) Masseunzulänglichkeit

251 Reicht die Masse für die Berichtigung aller Masseverbindlichkeiten nicht aus, so muß gemäß § 208 InsO der Insolvenzverwalter unter Umständen alsbald nach Eröffnung des Insolvenzverfahrens die Masseunzulänglichkeit feststellen lassen. In diesem Fall haben die nach Eintritt der Masseunzulänglichkeit begründeten Neumasseverbindlichkeiten Vorrang vor den Altmasseverbindlichkeiten.
Die Feststellung der Masseunzulänglichkeit ist dem Insolvenzgericht übertragen worden, um eine Überprüfung der Einschätzung des Insolvenzverwalters zu ermöglichen.

252 Das Finanzamt wird nicht jede vom Insolvenzverwalter angezeigte Masseunzulänglichkeit ungeprüft hinnehmen, weil Masseunzulänglichkeit in der Praxis verhältnismäßig schnell eingewandt wird, um Massegläubiger von Vollstreckungsmaßnahmen abzuhalten. Zur Prüfung der Frage der Masseunzulänglichkeit kann das Finanzamt den Insolvenzverwalter zur Mitwirkung verpflichten (§§ 249 Abs. 2, 93 Abs. 1, 34 Abs. 3 AO).

253 Das Finanzamt kann für die Prüfung beim Insolvenzgericht folgende Prüfungsunterlagen anfordern:
– Insolvenzbericht des Insolvenzverwalters
– eine vom Insolvenzverwalter erstellte Bilanz
– das Inventarverzeichnis
– gegebenenfalls gefertigte Wertgutachten.

254 Bei der Überprüfung ist zu beachten, daß bei bereits vollständig verwerteter Masse die Teilungsmasse nur aus dem Guthaben auf dem Anderkonto und dem geleisteten Gerichtskostenvorschuß besteht. Ist die Masse noch nicht oder nicht vollständig verwertet, sind die Vermögenswerte mit dem gegebenenfalls geschätzten Zeitwert anzusetzen.

255 Wird die Masseunzulänglichkeit unrechtmäßigerweise erklärt, kann dies die Haftungsinanspruchnahme des Insolvenzverwalters rechtfertigen.

256 Die Masseunzulänglichkeit kann nach folgender Berechnung geprüft werden:

Teilungsmasse

Gegenstand	Wertansatz	Abzugsbeträge	zur Masse
Grundstücke	Verkehrswert hiervon 7/10	Grundpfandrecht + Nebenleistungen nach ZVG	… DM … DM
Sonstiges Anlagevermögen	Zerschlagungswert	Aussonderungsrechte Absonderungsrechte	… DM

Handels- und steuerrechtliche Rechnungslegung § 155

Gegenstand	Wertansatz	Abzugsbeträge	zur Masse
Warenlager	Zerschlagungswert	Aussonderungsrechte Absonderungsrechte	... DM
Halbfertige Erzeugnisse	bisher erbrachte Teilleistungen ./. Wertberichtigungen	Aussonderungsrechte, Absonderungsrechte	... DM
Forderungen	Nennwert ./. Wertberichtigung	Aussonderungsrechte, Absonderungsrechte (Abtretung) Aufrechnungsbeträge	... DM
Vorschuß an Gerichtskasse	Nennbetrag		... DM
Anderkonto	Nennbetrag		... DM
Summe	Nennbetrag		... DM

Hiervon sind als Schuldenmasse abzusetzen:
sonstige Masseverbindlichkeiten, § 55 InsO:
– Arbeitslöhne/Gehälter einschl. Arbeitnehmersozialbeiträge und Lohnsteuer;
– die auf das Arbeitsamt gemäß § 177 Arbeitsförderungsgesetz übergeleiteten Beträge;
– Gebühren für beauftragte Rechtsanwälte und Steuerberater, evtl. Erstattungsansprüche der Gegenpartei, soweit der Insolvenzverwalter im Rechtsstreit unterliegt oder sofern Prozeßkostenrückstellungen wegen dieser Gebühren, Kosten und Auslagen erforderlich sind;
– Gläubigeransprüche aus neu abgeschlossenen Verträgen;
– Miet- und Pachtzinsen (hierzu gehören jedoch nicht Kosten, die im Zusammenhang mit der Abwicklung eines gekündigten Miet- oder Pachtvertrages entstehen);
– Gebühren der Versorgungsunternehmen (insbesondere Elektrizitätswerk);
– Umsatzsteuer aus neu abgeschlossenen Verträgen;
– Umsatzsteuer aus der Vertragserfüllung alter Verträge;
– evtl. Schadensersatzansprüche aus Handlungen des Insolvenzverwalters;
– Arbeitgeberanteile zur Sozialversicherung für die Zeit nach Insolvenzeröffnung;
– Umsatzsteuer aus der Verwertung der Insolvenzmasse;
– Einkommensteuer aus der Verwaltung, Verwertung und Verteilung der Masse, die z. B. infolge der Gewinnerzielung bei Veräußerung von Massegegenständen bzw. bei der Betriebsfortführung durch den Insolvenzverwalter entstanden sind;
– sonstige Steuern, insbesondere KFZ-, Gesellschafts-, Gewerbesteuer (§§ 4, 16 GewStDV);
– Verbindlichkeiten, die von einem vorläufigen Insolvenzverwalter begründet worden sind, auf den die Verfügungsbefugnis über das Vermögen des Schuldners übergegangen ist;
Kosten des Insolvenzverfahrens, § 54 InsO:
– Gerichtskosten für das Insolvenzverfahren;

§ 155 *Verwaltung und Verwertung der Insolvenzmasse*

– Vergütungen und die Auslagen des vorläufigen Insolvenzverwalters und der Mitglieder des Gläubigerausschusses.

Zusammenfassung:
Teilungsmasse
./. sonstige Masseverbindlichkeiten
./. Kosten des Insolvenzverfahrens
positiver oder negativer Restbetrag

257 Ergibt sich aufgrund dieser Zusammenstellung, daß die Teilungsmasse zur Deckung der sonstigen Masseverbindlichkeiten und der Kosten des Insolvenzverfahrens nicht ausreicht (negativer Restbetrag) ist die Masse unzulänglich.

258 Folgt aus der Berechnung, daß das Finanzamt quotenmäßig Befriedigung verlangen kann, ist der Insolvenzverwalter zur Zahlung der Quote aufzufordern.

9. Steuerforderungen nach Abschluß des Insolvenzverfahrens

259 Die Insolvenzordnung kennt in § 286 InsO eine Restschuldbefreiung. Danach wird der Schuldner, soweit er eine natürliche Person ist, auf einen entsprechenden Antrag hin (§ 287 InsO), nach Maßgabe der §§ 286–303 InsO von den im Insolvenzverfahren nicht erfüllten Verbindlichkeiten gegenüber den Insolvenzgläubigern befreit. Insoweit kann das Finanzamt nach Aufhebung des Insolvenzverfahrens seine Steuerforderungen nicht mehr unbeschränkt gegen den Schuldner geltend machen.

Die Finanzämter können im Rahmen der außergerichtlichen Schuldenbereinigung oder bei einem Schuldenbereinigungsplan auf Steuerforderungen im Rahmen der Billigkeitsvorschriften §§ 163, 227 AO verzichten.

Dabei haben sie sich bei der Auslegung des Begriffes »persönliche Unbilligkeit« auch an der Zielsetzung der Insolvenzordnung zu orientieren. Die Rechtsprechung zu den §§ 163, 227 AO ist insoweit nicht uneingeschränkt anwendbar. Für die Beurteilung von Erlaßanträgen im außergerichtlichen Schuldenbereinigungsverfahren müssen daher von der Finanzverwaltung sich an der Zielsetzung der Insolvenzordnung orientierende Kriterien festgelegt werden.

II. Behandlung der Einzelsteuern im Verfahren nach der InsO

1. Einkommensteuer

260 Um die Einkommensteuer zu ermitteln, gelten die allgemeinen Regeln, d.h. für die Bestimmung der Einkommensteuer müssen alle relevanten Besteuerungsgrundlagen herangezogen werden.

Dabei ist es gleichgültig, ob die Einkünfte, die dem Schuldner zuzurechnen sind, vor oder nach der Eröffnung des Insolvenzverfahrens erzielt worden sind, ob sich Verlustvorträge gemäß § 10d EStG auswirken, ob die Einkünfte insolvenzbehaftet sind oder nicht. Ermittlungs-, Bemessungs- und Veranlagungszeitraum bleibt das Wirtschafts- bzw. Kalenderjahr. Eine Aufteilung auf Zeiträume vor und nach Eröffnung des Insolvenzverfahrens findet nicht statt.

Im einzelnen gilt:

Handels- und steuerrechtliche Rechnungslegung § 155

a) Ermittlung des zu versteuernden Einkommens

Die Einkommensteuer bemißt sich gemäß § 2 Abs. 5 EStG nach dem zu versteuernden 261
Einkommen des Steuerpflichtigen während des Kalenderjahres.
Einkommensteuerpflichtig sind nur die sieben im EStG genau umrissenen Einkunftsarten.
Dies sind:
– Einkünfte aus Land- und Forstwirtschaft
– Einkünfte aus Gewerbebetrieb
– Einkünfte aus selbständiger Arbeit
– Einkünfte aus nichtselbständiger Arbeit
– Einkünfte aus Kapitalvermögen
– Einkünfte aus Vermietung und Verpachtung
– sonstige Einkünfte im Sinne des § 22 EStG.
Die ersten vier Einkunftsarten werden Haupteinkunftsarten genannt, die folgenden drei 262
sind die Nebeneinkunftsarten. Unterschiedlich ist im Rahmen der Einkunftsarten die
Einkunftsermittlung.
Für die ersten drei Einkunftsarten wird ein Gewinn ermittelt, in dem die Betriebseinnahmen (Erlöse) den Betriebsausgaben (Aufwendungen) gegenübergestellt werden. Maßgeblich für die Gewinnermittlung sind §§ 4 und 5 EStG. Für die restlichen vier Einkunftsarten erfolgt eine Überschußermittlung, indem die Einnahmen um die Werbungskosten gemäß § 9 EStG gekürzt werden.
Die Ergebnisse der einzelnen Einkunftsarten werden zu der Summe der Einkünfte 263
zusammengerechnet. Von dieser Summe werden bestimmte Freibeträge und Pauschbeträge oder Pauschalen zur Berücksichtigung der persönlichen Leistungsfähigkeit
abgezogen. Daraus ergibt sich das zu versteuernde Einkommen nach folgendem
Schema:
Summe der Einkünfte aus den sieben Einkunftsarten
+ nachzuversteuernder Betrag nach § 10a EStG
– Verlustabzugsbetrag nach § 2 Abs. 1 Satz 1 AIG (Auslandsinvestitionsgesetz)
+ Hinzurechnungsbetrag nach § 2 Abs. 1 AIG
= Summe der Einkünfte
– Altersentlastungsbetrag nach § 24a EStG
– ausländische Steuern vom Einkommen nach § 34c EStG
= Gesamtbetrag der Einkünfte
– Sonderausgaben nach §§ 10, 10b und 10c EStG
– Freibetrag für freie Berufe nach § 18 Abs. 4 EStG
– außergewöhnliche Belastungen nach den §§ 33 bis 33b EStG
– Verlustabzug nach § 10d EStG, 2 Abs. 1 AIG
= Einkommen
– Altersfreibetrag nach § 32 Abs. 8 EStG
– Haushaltsfreibetrag nach § 32 Abs. 7 EStG
– Kinderfreibetrag nach § 32 Abs. 6 EStG
= zu versteuerndes Einkommen
Aus dem zu versteuernden Einkommen ergibt sich der Steuerbetrag gemäß der Tarifformel nach § 32a EStG bzw. nach der von der Finanzverwaltung veröffentlichten 264
Grundtabelle für ledige und nach der Splittingtabelle für verheiratete Steuerpflichtige.
Hieraus wird die festzusetzende Einkommensteuer nach folgendem Schema ermittelt:
tarifliche Einkommensteuer

§ 155   *Verwaltung und Verwertung der Insolvenzmasse*

- anzurechnende ausländische Steuer
- Steuerermäßigung für freie Erfinder
- Steuern nach § 34c Abs. 5 EStG
- Steuerermäßigung nach dem 4. Vermögensbildungsgesetz
- Steuerermäßigung bei Inanspruchnahme erhöhter Absetzungen
- Steuerermäßigung bei Ausgaben zur Förderung staatspolitischer Zwecke (§ 34e EStG)
- Steuerermäßigung bei Belastung mit Erbschaftsteuern (§ 35 ErbStG)
+ Nachsteuern nach den §§ 30, 31 EStDV
= festzusetzende Einkommensteuer

265 Steuerbefreit sind die in § 3 EStG aufgeführten Einnahmen, die vor allem für Arbeitnehmer von Bedeutung sind.

266 Neben diesen steuerbefreiten Einnahmen gibt es solche Einnahmen, die nicht in eine der sieben Einkunftsarten eingeordnet werden können und deshalb nicht steuerbar sind. Es handelt sich dabei um Schenkungen, Erbschaften, Vermächtnisse, Spiel- und Wettgewinne und Liebhabereien.

267 Die Einkommensteuer gehört zu den Veranlagungssteuern. Die Veranlagung wird nach Ablauf des Veranlagungszeitraumes vom Finanzamt durchgeführt. Da die Einkommensteuer eine Jahressteuer ist, umfaßt der Veranlagungszeitraum ein Kalenderjahr.

268 Zur Abgabe einer Einkommensteuererklärung ist grundsätzlich jeder Steuerpflichtige verpflichtet.

269 Die Einkommensteuer wird nach § 25 EStG nach Ablauf des Veranlagungszeitraumes nach dem Einkommen veranlagt, das der Steuerpflichtige in diesem Zeitraum bezogen hat. Hat die Steuerpflicht nicht während des vollen Veranlagungszeitraumes bestanden, so wird das während der Dauer der Steuerpflicht bezogene Einkommen zugrunde gelegt.

270 Der Steuerpflichtige hat für den abgelaufenen Veranlagungszeitraum eine Einkommensteuererklärung abzugeben. Die Erklärung ist nach amtlich vorgeschriebenen Vordruck abzugeben. Sie muß vom Steuerpflichtigen und in den Fällen der gemeinsamen Erklärung der Ehegatten von beiden Ehegatten eigenhändig unterschrieben sein.

271 Grundsätzlich wird jeder Steuerpflichtige einzeln veranlagt. Ehegatten können sich zusammen veranlagen lassen oder aber die getrennte Veranlagung wählen. Bei der Zusammenveranlagung werden die Einkünfte, die die Ehegatten erzielt haben, zusammengerechnet und den Ehegatten gemeinsam zugerechnet. Die Zusammenveranlagung führt zu einer Zusammenrechnung, aber nicht zu einer einheitlichen Ermittlung der Einkünfte der Ehegatten. Sind beide Ehepartner berufstätig, so sind deren Einkünfte gesondert, also getrennt voneinander zu ermitteln.

272 Bei der getrennten Veranlagung von Ehegatten werden die Einkünfte der Ehegatten nicht zusammen veranlagt. Vielmehr sind jedem Ehegatten die von ihm bezogenen Einkünfte zuzurechnen. Durch die getrennte Veranlagung wird jeder Ehegatte selbst Steuerschuldner für die nach seinem zu versteuerndem Einkommen festgesetzte Einkommensteuer. Insoweit tritt keine gesamtschuldnerische Haftung der Ehegatten für die festgesetzten Steuern ein. Beim Ermitteln des zu versteuernden Einkommens werden Sonderausgaben und außergewöhnliche Belastungen, soweit sie die Summe der bei der Veranlagung jedes Ehegatten in Betracht kommenden Pauschbeträge oder Pauschalen übersteigen, bis zur Höhe der bei der gemeinsamen Veranlagung der Ehegatten in Betracht kommenden Höchstbeträge je zur Hälfte bei der Veranlagung der Ehegatten abgezogen, wenn nicht die Ehegatten gemeinsam eine andere Aufteilung beantragen. Sonderausgaben i. S. d. § 10 Abs. 1 Nr. 1 EStG können nur bei der Veranlagung des Ehegatten abgezogen werden, der sie geleistet hat.

Handels- und steuerrechtliche Rechnungslegung § 155

Die Einkommensteuer entsteht grundsätzlich erst mit Ablauf des Veranlagungszeitraumes. 273

b) Begriff des Einkommens in der Insolvenz

Ermittlungszeitraum für die Einkommensteuer ist nach § 2 Abs. 7 Satz 2 EStG das Kalenderjahr. 274
Die Einkommensteuer wird aufgrund des im Kalenderjahr bezogenen Einkommens berechnet und vom Finanzamt durch Veranlagung für das Kalenderjahr festgesetzt. Die Eröffnung des Insolvenzverfahrens hat zur Folge, daß das Gesamtvermögen des Schuldners in insolvenzrechtlicher Sicht in die Insolvenzmasse fällt.
Einkommensteuerrechtlich ist die Eröffnung des Insolvenzverfahrens für die Ermittlung des steuerpflichtigen Einkommens ohne Bedeutung. Dies folgt aus den unterschiedlichen Funktionen vom insolvenzrechtlichen und einkommensteuerrechtlichen Vermögensbegriff.
Der einkommensteuerrechtliche Vermögensbegriff dient allein der Ermittlung des einkommensteuerpflichtigen Gewinnes durch einen Vermögensvergleich. Gewinn ist nach § 4 Abs. 1 EStG der Unterschiedsbetrag zwischen dem Betriebsvermögen am Schluß des Wirtschaftsjahres und des Betriebsvermögens am Schluß des vorangegangenen Wirtschaftsjahres, vermehrt um den Wert der Entnahmen und vermindert um den Wert der Einlagen. 275
Dieser Gewinnermittlungszeitraum wird durch die Eröffnung des Insolvenzverfahrens nicht unterbrochen. Demgegenüber stellt der insolvenzrechtliche Vermögensbegriff allein auf einen bestimmten Zeitpunkt, den der Eröffnung des Insolvenzverfahrens ab. 276
Das steuerpflichtige Einkommen ist deshalb unabhängig von der Eröffnung des Insolvenzverfahrens zu ermitteln und der Steuerberechnung zugrunde zu legen. Insoweit ist im Insolvenzfall Ermittlungs-, Bemessungs- und Veranlagungszeitraum weiterhin das Kalenderjahr (für den Konkurs: *RFH* RStBl. 1938, 669). 277
Die einheitlich ermittelte Einkommensteuerjahresschuld für das Jahr der Eröffnung des Insolvenzverfahrens ist in: 278
a) eine Insolvenzforderung für den auf die Zeit vor der Verfahrenseröffnung entfallenden Teil der Einkommensteuerschuld einschließlich der auf die vor Eröffnung des Insolvenzverfahrens erzielten Veräußerungsgewinne entfallenden Steuern und
b) eine sonstige Masseverbindlichkeit i. S. d. § 55 InsO bzgl. der zu erhebenden Steuern vom Insolvenzverwalter auf die erzielten Gewinne aufzuteilen.
Grundsätzlich sind alle im Jahr der Eröffnung des Insolvenzverfahrens erzielten Einkünfte dem Schuldner zuzurechnen. Dies gilt auch für die nach Eröffnung des Insolvenzverfahrens aus der Insolvenzmasse erzielten Einkünfte. Nach dem Prinzip der einheitlichen Jahresbesteuerung sind dabei die im Kalenderjahr erzielten Gewinne mit den Verlusten auszugleichen. Zum einheitlichen Jahreseinkommen im Jahr der Eröffnung des Insolvenzverfahrens sind die vom Schuldner bis zur Eröffnung des Insolvenzverfahrens sowie die vom Insolvenzverwalter nach Eröffnung des Insolvenzverfahrens bei der Verwertung der Insolvenzmasse erzielten Gewinne zusammenzufassen und der Einkommensteuer zu unterwerfen. 279
Bei der Aufteilung der einheitlichen Steuerschuld sind Besteuerungsabschnitte zu bilden und diesen wie bei der Umsatzsteuer einzelne Geschäftsvorfälle zuzuordnen. Im Anschluß daran müssen für die einzelnen Abschnitte Teilveranlagungen durchgeführt werden, bei denen auch die Sonderausgaben und außergewöhnliche Belastungen nach Anlaß zugerechnet und die Pauschbeträge zeitanteilig berücksichtigt werden. Eine 280

Boochs 1099

§ 155   *Verwaltung und Verwertung der Insolvenzmasse*

Aufteilung der Pausch- und Freibeträge ist nach Ansicht des BFH jedoch nicht erforderlich, weil Aufteilungsmaßstab für die Steuerschuld allein das Verhältnis der einzelnen Teileinkünfte zueinander sein soll (*BFH* BFH/NV 1994, 479).

281 Neben der Aufteilung der im Jahr der Eröffnung des Insolvenzverfahrens erzielten Einkünfte unter entsprechender Anwendung der §§ 268 ff. AO findet man eine Aufteilung nach der Jahressteuerschuld (für den Konkurs: *Rosenau* KTS 1972, 130 ff.).

282 Der anteilige Einkommensteuerbetrag errechnet sich nach der folgenden Formel:

$$\frac{\text{Teileinkünfte} \times \text{Einkommensteuerjahresbeitrag}}{\text{Gesamtbetrag der Einkünfte}}.$$

Der Nachteil dieser Aufteilungsmethode ist, daß sie die Steuerprogression unberücksichtigt läßt.

Erzielt der Insolvenzverwalter aus der Verwertung der Insolvenzmasse einen hohen Gewinn und bleibt die Progression bei der Aufteilung unberücksichtigt, so ergeben sich Nachteile für das Finanzamt daraus, daß die als sonstige Masseverbindlichkeiten geltend zu machenden Steuern zu niedrig sind. Ein weiterer Nachteil dieser Aufteilungsmethode besteht darin, daß Sonderausgaben, außergewöhnliche Belastungen nicht danach geordnet werden, ob sie dem vor der Eröffnung des Insolvenzverfahrens vorhandenen Vermögen oder aus der Insolvenzmasse gezahlt worden sind.

c) Einkommensteuer-Vorauszahlungen

283 Einkommensteuer-Vorauszahlungen sind jeweils am 10. 3., 10. 6., 10. 9. und 10. 12. zu entrichten (§ 37 Abs. 1 EStG). Die Vorauszahlungsschuld entsteht mit Beginn des Vierteljahres, in dem die Vorauszahlungen zu entrichten sind, also am 1. 1., 1. 4., 1. 7. und 1. 10. Die Art der Durchsetzung der Einkommensteuer-Vorauszahlungen richtet sich nach dem Zeitpunkt ihrer Entstehung.

284 Als Insolvenzforderungen sind die Einkommensteuer-Vorauszahlungen anzumelden, die im Zeitpunkt der Eröffnung des Insolvenzverfahrens bereits entstanden sind (für den Konkurs: *BFH* BStBl. II 1984, 602). Die danach entstehenden Vorauszahlungen gehören zu den sonstigen Masseverbindlichkeiten i. S. d. § 55 Abs. 1 Nr. 1 InsO. Sind die Vorauszahlungen im Zeitpunkt der Eröffnung des Insolvenzverfahrens noch nicht fällig, so gelten sie gemäß § 41 Abs. 1 InsO als fällig.

285 Die auf den Zeitraum vor Eröffnung des Insolvenzverfahrens entfallende Vorauszahlungsschuld wird in der Insolvenz wie eine durch die Jahressteuerschuld auflösend bedingte Forderung angesehen, die gemäß § 42 InsO wie eine unbedingte Forderung berücksichtigt wird.

Ist die Jahressteuerschuld geringer als die entrichteten Vorauszahlungen und Abzugsbeträge, fällt der übersteigende Betrag in die Insolvenzmasse.

286 Die Eröffnung des Insolvenzverfahrens läßt die Vorschriften über den Verlustrück- und vortrag gemäß § 10 d EStG grundsätzlich unberührt. Im einzelnen bedeutet dies, daß ein Verlust, der aus der Insolvenzmasse entstanden ist, zunächst die vom Insolvenzverwalter erzielten Einkünfte und dann die vor Eröffnung des Insolvenzverfahrens erzielten Einkünfte mindert.

287 Die Anrechnung von Einkommensteuervorauszahlungen richtet sich danach, wann und in welchem Umfang sie begründet wurden. Sie sind insolvenzrechtlich nach den allgemeinen Grundsätzen von Begründung und Fälligkeit zu behandeln, selbst wenn sie nicht entrichtet worden sind. Insoweit darf eine Vorauszahlung nur mit dem Teil der Einkommensteuerschuld verrechnet werden, der zur selben Vermögensmasse gehört. Erzielt also

Handels- und steuerrechtliche Rechnungslegung § 155

der Insolvenzverwalter für den Schuldner Gewinne aus der Verwertung insolvenzbefangener Wirtschaftsgüter und fließt der Erlös der Masse zu, so sind nicht nur die dadurch entstehenden Einkommensteuerschulden, sondern auch die darauf entfallenden Vorauszahlungen sonstige Masseverbindlichkeiten und müssen deshalb miteinander verrechnet werden (*BFH* BStBl. II 1995, 257 für den Konkurs).

Im Insolvenzverfahren fließen die vom Schuldner nach Eröffnung des Insolvenzverfahrens erzielten Einkünfte in die Insolvenzmasse. Es gibt insoweit kein insolvenzfreies Vermögen.

d) Versteuerung der stillen Reserven

Veräußert der Insolvenzverwalter im Rahmen der Verwertung der Insolvenzmasse **288** Wirtschaftsgüter, so werden dadurch vielfach stille Reserven realisiert. Da diese Aufdeckung der stillen Reserven durch eine Handlung des Insolvenzverwalters nach der Eröffnung des Insolvenzverfahrens erfolgt, spricht dies zunächst dafür, daß die aufgrund der Aufdeckung der stillen Reserven entstehende Steuerschuld den sonstigen Masseverbindlichkeiten zuzurechnen ist. Andererseits waren die aufgedeckten stillen Reserven bei Eröffnung des Insolvenzverfahrens bereits vorhanden und der Steueranspruch damit bereits begründet.

Die Frage der Zuordnung der Steuern bei der Aufdeckung von stillen Reserven hat der **289** *BFH* (BStBl. III 1964, 70; BStBl. II 1978, 356; BStBl. II 1984, 602; ZIP 1994, 1286) für den Konkurs dahingehend entschieden, daß er die auf der Auflösung der stillen Reserven beruhende Steuer den Massekosten zurechnet (für den Konkurs ebenso: *Hübschmann/Hepp/Spitaler* AO, § 251 Anm. 153; *Geist* a.a.O., Anm. 115; *Tipke/Kruse* AO, § 251 Rz. 23; *Hess* KO, Anh. V Rz. 127.). Nach Ansicht des BFH kommt es nicht auf die Wertsteigerungen durch vorkonkursliche Handlungen des Gemeinschuldners, sondern auf die Handlung des Konkursverwalters an, der den Gewinn durch die Veräußerungshandlung tatsächlich realisiert hat.

Der BFH hält es nach dem Gewinnrealisierungsprinzip insoweit für entscheidend, in welchem Zeitpunkt der Gewinn nach steuerbilanzlichen Grundsätzen realisiert worden ist. Da dieser Zeitpunkt nach Eröffnung des Konkursverfahrens liegt, sind die Steuern in der Insolvenz sonstige Masseverbindlichkeiten i.S.d. §§ 55 InsO.

Soweit man entgegen der BFH-Rechtsprechung zur Versteuerung der stillen Reserven in **290** der Insolvenz die auf stillen Reserven beruhenden Steuerforderungen den Insolvenzforderungen zurechnet, gelten sie gemäß § 38 InsO als im Zeitpunkt der Eröffnung des Insolvenzverfahrens begründet, obwohl sie steuerlich erst mit der Veräußerung der Wirtschaftsgüter durch den Insolvenzverwalter entstehen.

Diese Insolvenzforderung wird das Finanzamt in der Regel nur mit einem geschätzten Betrag anmelden können. Dabei ergeben sich im Einzelfall Schwierigkeiten hinsichtlich der Feststellung, ob nach Insolvenzeröffnung überhaupt stille Reserven realisiert werden.

e) Zusammenveranlagung mit dem Ehegatten des Schuldners

Will der Schuldner mit seinem Ehegatten zusammenveranlagt werden, steht das Wahl- **291** recht gemäß § 26 Abs. 2 EStG als vermögensmäßiges Recht dem Insolvenzverwalter zu (für den Konkurs: *BFH* BStBl. III 1965, 86). Das Finanzamt darf einen Leistungsbescheid wegen des Teils der gemeinschaftlichen Steuerschuld, der auf den Ehegatten entfällt, erlassen. Wenn der angemeldete Anspruch von einem Beteiligten am Insolvenz-

Boochs

§ 155 *Verwaltung und Verwertung der Insolvenzmasse*

verfahren bestritten wird, ist der jeweilige Anspruch nach § 251 Abs. 3 AO durch schriftlichen Verwaltungsakt festzustellen.

292 Bei der Zusammenveranlagung sind die Einkünfte der Ehegatten gemäß § 26b EStG zusammenzurechnen und ein durch einen Ehegatten erlittener Verlust trotz Eröffnung des Insolvenzverfahrens auszugleichen. Bei der Zusammenveranlagung sind die Einkünfte der Ehegatten gemäß § 26b EStG zusammenzurechnen und ein durch einen Ehegatten erlittener Verlust trotz Eröffnung des Insolvenzverfahrens auszugleichen. Bei der Zusammenveranlagung ist auch ein Verlustabzug gemäß § 10d EStG möglich. Insoweit kommt bei der Zusammenveranlagung ein Verlustvortrag des einen Ehegatten auch dem anderen zugute. Da die zusammenveranlagten Ehegatten gemäß § 44 Abs. 1 AO als Gesamtschuldner haften, kann der Steuergläubiger eine Steuerforderung gegen die Insolvenzmasse oder gegen den anderen Ehegatten, über dessen Vermögen kein Insolvenzverfahren eröffnet worden ist, geltend machen. Diese nachteiligen Folgen kann der andere Ehegatte dadurch vermeiden, daß er bei einer Inanspruchnahme durch das Finanzamt die Aufteilung der Steuerschuld in entsprechender Anwendung des § 268 AO beantragt.

293 Bei der Wahl der getrennten Veranlagung werden jedem Ehegatten die von ihm erzielten Einkünfte zugerechnet. Dies hat zur Folge, daß Verlustausgleich zwischen den Einkünften der Ehegatten und Verlustabzug nach § 10d EStG entfallen. Nach § 62d Abs. 1 EStDV kann nur derjenige Ehegatte den Verlust geltend machen, der ihn erlitten hat. Der Insolvenzverwalter kann insoweit nur einen im Vorjahr durch den Schuldner selbst erlittenen vortragsfähigen Verlust von den Einkünften der Masse abziehen.

294 Die Aufteilung von Sonderausgaben und außergewöhnlichen Belastungen bei der getrennten Veranlagung nach § 26a Abs. 2 und 3 EStG bedarf hinsichtlich des Schuldners der Zustimmung durch den Insolvenzverwalter. Kommt es zu keiner Einigung werden die Sonderausgaben und außergewöhnliche Belastung bei jedem der Ehegatten je zur Hälfte berücksichtigt.

f) Einkommensteuer bei abgesonderter Befriedigung

295 Der absonderungsberechtigte Gläubiger hat das Recht, sich aus dem mit einem Absonderungsrecht belasteten Gegenstand zu befriedigen. Dieser gehört zur Insolvenzmasse. Grundsätzlich kann gemäß § 166 InsO der Insolvenzverwalter bewegliche Sachen und Forderungen, an denen ein Absonderungsrecht besteht, verwerten, sofern er die Sache in seinem Besitz hat oder der Schuldner zur Sicherung seines Anspruches die Forderung abgetreten hatte.
Andernfalls bleibt es bei der Verwertungsbefugnis des Gläubigers (§ 173 InsO). Dies gilt vor allem für das Sicherungseigentum.

296 Die Verwertung obliegt anders als im Konkursverfahren nicht mehr dem Absonderungsberechtigten, sondern allein dem Insolvenzverwalter. Ohne seine Zustimmung tritt für die absonderungsberechtigten Gläubiger ein Verwertungsstopp ein. Absonderungsberechtigt sind hingegen die Eigentümer von unter Eigentumsvorbehalt gelieferten Sachen.

297 Soweit bei der Verwertung des Gegenstandes durch die Realisierung von stillen Reserven steuerpflichtige Gewinne anfallen, wendet der BFH im Konkurs seine Rechtsprechung zur Auflösung von stillen Reserven durch Verwertungshandlungen des Konkursverwalters an (*BFH* BStBl. II 1978, 356; BStBl. II 1984, 602). Danach gehört die bei der Verwertung eines mit einem Absonderungsrecht belasteten Gegenstandes entstehende Einkommensteuer zu den sonstigen Masseverbindlichkeiten i.S.d. § 55 InsO, soweit die stillen Reserven nach Eröffnung des Insolvenzverfahrens aufgedeckt werden und der Erlös zur Insolvenzmasse fließt.

Handels- und steuerrechtliche Rechnungslegung § 155

Die Einschränkung der BFH-Rechtsprechung im Konkurs, daß die bei der Verwertung 298
entstehenden Einkommensteuern nur insoweit Massekosten sind, als der Verwertungserlös in die Konkursmasse fließt, ergibt sich aus den Erfordernissen des Konkursverfahrens und gilt insoweit auch für das Insolvenzverfahren. Müßte die den Veräußerungsgewinn belastende Einkommensteuer ungeachtet der Verwendung des Erlöses zugunsten absonderungsberechtigter Gläubiger als sonstige Masseverbindlichkeiten befriedigt werden, so könnte sich ergeben, daß die Vorwegbelastung der Insolvenzmasse größer ist als der Zuwachs aus dem Veräußerungsgeschäft.
Dafür spricht auch, daß bei einer Verwertung durch die Absonderungsberechtigten, z. B. bei Sicherungseigentum die Einkommensteuerschuld nicht zu den Massekosten gehört (für den Konkurs: *BFH* BStBl. II 1978, 356). Auch aus der Eigenart der Abgabe folgt, daß die Einkommensteuer nur insoweit zu einer Masseverbindlichkeit werden kann, als das Objekt der Besteuerung – der Veräußerungserlös – zur Insolvenzmasse gelangt. Nur soweit Mehrerlöse von dem Absonderungsberechtigten an die Masse abgeführt werden, sind diese mit der auf sie entfallenden Einkommensteuer als der Masse zugehörig anzusehen. Dabei ist es unerheblich, ob der Mehrerlös auf eine Betätigung des Absonderungsberechtigten oder des Insolvenzverwalters zurückgeht.
Betreibt im Insolvenzverfahren ein Absonderungsberechtigter die vor Eröffnung des 299
Insolvenzverfahrens eingeleitete Zwangsversteigerung eines Grundstückes des Schuldners, so gehört die durch die Veräußerung entstehende Einkommensteuer, die durch die Aufdeckung stiller Reserven entstanden ist, nicht zu den sonstigen Masseverbindlichkeiten i. S. d. § 55 InsO (für den Konkurs: *BFH* BStBl. II 1978, 356), selbst dann nicht, wenn ein Teil des Erlöses der Insolvenzmasse zugeflossen ist). Sie ist vielmehr eine Insolvenzforderung.
Die vom *BFH* (BStBl. II 1978, 356; BStBl. II 1984, 602) entwickelten Grundsätze über 300
die Aufteilung der Steuerschuld infolge einer Veräußerung von Sicherungsgut gelten auch insoweit, als die Inhaber von besitzlosen Mobiliarsicherheiten künftig in das Insolvenzverfahren einbezogen werden. Entscheidend ist danach der Zeitpunkt der formellen Gewinnrealisierung. Insoweit ist insbesondere nicht zwischen Veräußerungsvorgängen im Rahmen der Fortführung des Schuldnerunternehmens und Veräußerungen im Rahmen der eigentlichen Liquidation zu unterscheiden. Auch im Sanierungsverfahren wird es immer wieder nötig sein, durch Liquidation betrieblicher Überkapazitäten die Voraussetzungen für eine Sanierung erst zu schaffen.

g) Insolvenzverfahren und Organschaftsverhältnis, Betriebsaufspaltung

Durch die Eröffnung des Insolvenzverfahrens ändert sich nichts hinsichtlich der Voraus- 301
setzungen und Folgen eines einkommen- oder körperschaftsteuerlichen Organschaftsverhältnisses. Die Eröffnung des Insolvenzverfahrens infolge Zahlungsunfähigkeit und Überschuldung der Organgesellschaft führt zum Wegfall der Eingliederungsvoraussetzungen bei der Organschaft. In diesem Fall ist der Organträger stets Schuldner des Vorsteuerberichtigungsanspruches (*BFH* BFH/NV 1996, 275).
Die Eröffnung des Insolvenzverfahrens über das Vermögen einer Betriebsgesellschaft führt regelmäßig zur Beendigung der persönlichen Verflechtung mit dem Besitzunternehmen und damit zur Beendigung einer Betriebsaufspaltung. Sie führt zur Betriebsaufgabe der Besitzgesellschaft und damit zur Auflösung der stillen Reserven (*BFH* BStBl. II 1997, 460).

2. Körperschaftsteuer

302 Gemäß § 49 Abs. 1 KStG gelten für die Besteuerung vom Kapitalgesellschaften die für die Einkommensteuer geltenden Vorschriften zum größten Teil sinngemäß.
Eine Körperschaft wird durch die Eröffnung des Insolvenzverfahrens aufgelöst (§ 262 Abs. 1 Nr. 3 AktG; § 60 Abs. 1 Nr. 4 GmbHG; § 101 GenG). Steuerrechtlich enden damit aber nicht jegliche Pflichten, denn selbst eine im Handelsregister bereits gelöschte juristische Person wird solange als fortbestehend angesehen, als sie noch steuerrechtliche Pflichten zu erfüllen hat. Die Körperschaftsteuerpflicht endet mit der Eröffnung des Insolvenzverfahrens nicht. Die Körperschaft ist nach insolvenzrechtlichen Grundsätzen abzuwickeln.

303 Grundsätzlich gelten für die Besteuerung von Körperschaften die Vorschriften des EStG hinsichtlich der Einkommensermittlung, Veranlagung und Steuerentrichtung (§ 8 KStG). Insoweit ist auch in der Insolvenz einer Körperschaft zwischen Vorauszahlungen und Abschlußzahlung, begründeten, entstandenen, fälligen, betagten und aufschiebend bedingten Steuerforderungen zu unterscheiden.

304 Bei der Besteuerung von Körperschaften wird wie bei der Einkommensteuer ein einjähriger Besteuerungszeitraum zugrunde gelegt. Dies gilt insbesondere, wenn der Insolvenzverwalter den Gewerbebetrieb fortführt.

305 Für die Besteuerung der Liquidation einer aufgelösten Körperschaft gilt mit § 11 KStG eine Sondervorschrift. Diese ist auch auf Körperschaften anzuwenden, die durch die Eröffnung eines Insolvenzverfahrens aufgelöst worden sind (§ 11 Abs. 7 KStG).

306 Durch § 11 KStG ist ein längerer, in der Regel dreijähriger Bemessungszeitraum zugelassen, innerhalb dem ein einheitliches Einkommen ermittelt wird. Dieser Zeitraum endet spätestens mit der Beendigung der Liquidation.

307 Der veranlagungsletzte Veranlagungszeitraum beginnt gemäß § 11 Abs. 4 KStG mit dem Schluß des vorhergehenden Veranlagungszeitraumes auf den der Beginn der Liquidation durch Eröffnung des Insolvenzverfahrens folgt.

308 Da handelsrechtlich auf den Tag der Auflösung, d. h. der Eröffnung des Insolvenzverfahrens abzustellen ist, entsteht zwischen dem Ende des letzten Wirtschaftsjahres und der Eröffnung des Verfahrens ein Rumpfwirtschaftsjahr, dessen Ergebnis nicht in die Liquidationsbesteuerung einzubeziehen ist (für Konkurs *BFH* BStBl. II 1974, 692).

309 Nach Abschn. 46 KStR hat die Körperschaft ein Wahlrecht, ein Rumpfwirtschaftsjahr zu bilden.
Beispiel:
Eröffnung des Insolvenzverfahrens 01. 08. 1999 (Wirtschaftsjahr = Kalenderjahr). Die Körperschaft kann das Rumpfwirtschaftsjahr 01. 01. 1999 – 31. 07. 1999 bilden. Der Besteuerungszeitraum nach § 11 KStG beginnt am 01. 08. 1999.

310 In den Fällen des Insolvenzverfahrens unterbleibt eine Abwicklung (§§ 264 Abs. 1 AktG, 66 Abs. 1 GenG). Durch § 11 Abs. 7 KStG sind jedoch die Konkurs- und Insolvenzfälle den Fällen der Abwicklung gleichgestellt.

311 Der Gewinn entspricht dem Unterschiedsbetrag zwischen den Buchwerten des Vermögens zu Beginn und bei Beendigung der Auflösung und den dabei erzielten Erlösen abzüglich der abziehbaren Aufwendungen.

312 Durch § 11 Abs. 7 KStG wird die Anwendung des § 16 EStG in den Insolvenzfällen der in der Vorschrift bezeichneten Körperschaften ausgeschlossen. Ansonsten liegt die materiellrechtliche Bedeutung des § 11 Abs. 7 KStG in der Anordnung eines einheitlichen Gewinnermittlungs- und Veranlagungszeitraumes. Dieser beginnt mit der Eröff-

Handels- und steuerrechtliche Rechnungslegung **§ 155**

nung des Insolvenzverfahrens und läuft mit seinem Ende oder mit dem Abschluß der anschließenden Abwicklung ab.
Soweit im Rahmen der Abwicklung des Insolvenzverfahrens das vorhandene Vermögen regelmäßig aufgebraucht wird, bleibt für eine Abwicklung nach Beendigung des Insolvenzverfahrens kein Raum. § 11 Abs. 7 KStG setzt das Flüssigmachen des Vermögens und seine Verteilung an die Gläubiger der Abwicklung gleich. 313
Erfolgt nach Abschluß des Insolvenzverfahrens eine Abwicklung, endet der Besteuerungszeitraum mit dem Abschluß der Abwicklung. 314

3. Lohnsteuer

Da die Lohnsteuer nach § 38 EStG nur eine besondere Erhebungsform der Einkommensteuer ist, gelten die Ausführungen zur Einkommensteuer entsprechend. Die Lohnsteuer ist für den Arbeitnehmer vom Arbeitgeber einzubehalten und an das Finanzamt abzuführen. Bei der Lohnsteuer im Insolvenzverfahren ist zu unterscheiden, ob sich der Arbeitnehmer oder der Arbeitgeber im Insolvenzverfahren befindet. 315

a) Insolvenzverfahren des Arbeitnehmers

Hat der Arbeitgeber gegen seine Verpflichtung, die Lohnsteuer einzubehalten und abzuführen verstoßen, so kann das Finanzamt nach § 38 Abs. 4 EStG den Arbeitnehmer in Anspruch nehmen. Grundsätzlich entsteht die Lohnsteuerschuld in dem Zeitpunkt, in dem der Arbeitslohn dem Arbeitnehmer zufließt. Für die Behandlung der Lohnsteuer als Insolvenzforderung ist jedoch nicht der Zeitpunkt des Entstehens der Lohnsteuerschuld, sondern der Zeitpunkt des Begründetseins der Lohnsteuerforderung gemäß § 38 InsO entscheidend. 316
Begründet i.S.d. § 38 InsO ist die Lohnsteuer mit der Arbeitsleistung, für die dem Arbeitnehmer der Lohn versprochen worden ist. Auf den Zufluß des Lohnes kommt es insoweit nicht an. War im Zeitpunkt der Erbringung der Arbeitsleistung durch den Arbeitnehmer das Insolvenzverfahren noch nicht eröffnet, so stellt die Lohnsteuerforderung eine Insolvenzforderung dar. 317
War das Insolvenzverfahren bei Erbringung der Arbeitsleistung bereits eröffnet, so stellt die Lohnsteuerforderung eine sonstige Masseverbindlichkeit i.S.d. § 55 InsO dar. Dabei hat der Arbeitnehmer nach § 39a EStG die Möglichkeit sich bestimmte Freibeträge auf seiner Lohnsteuerkarte eintragen zu lassen.
Leistet der Schuldner als Arbeitnehmer nach Eröffnung des Insolvenzverfahrens weiterhin Dienste im Rahmen der Verwaltung und Verwertung der Insolvenzmasse, so ist der Schuldner nicht als Arbeitnehmer der Masse anzusehen, weil er selbst Träger der Einkünfte der Masse ist. Deshalb hat der Insolvenzverwalter von den an den Schuldner vorzunehmenden Zahlungen auch keine Lohnsteuer einzubehalten. Bei der Zahlung handelt es sich nicht um eine Lohnzahlung, sondern um eine steuerlich unerhebliche Einkommensverwendung durch den Schuldner. 318
Das gleiche gilt, wenn ein Gesellschafter weiterhin in der Insolvenz einer Personengesellschaft tätig wird. Zahlungen sind als nicht lohnsteuerpflichtige Vorwegvergütungen i.S.d. § 15 Abs. 1 Nr. 2 EStG anzusehen. 319

b) Insolvenzverfahren des Arbeitgebers

Der Insolvenzverwalter hat das Recht und die Pflicht zur Verwaltung des Masse (§ 34 Abs. 3 AO). 320

Boochs 1105

§ 155 *Verwaltung und Verwertung der Insolvenzmasse*

321 Damit hat er auch die Verpflichtung, bei Auszahlung von Löhnen Lohnsteuer einzubehalten und an das Finanzamt abzuführen. Dies gilt auch für Lohnzahlungszeiträume, die vor der Eröffnung des Insolvenzverfahrens liegen. Insoweit ist er verpflichtet, auch für die vor Insolvenzeröffnung ausgezahlten Löhne Lohnsteueranmeldungen abzugeben, soweit der Schuldner dies unterlassen hat (für den Konkurs: *BFH* BStBl. III 1951, 212). Im Falle der Unterlassung haftet er persönlich für die Lohnsteuerforderungen des Finanzamtes gemäß §§ 34, 69 AO.

322 Hinsichtlich der Einbehaltung und Abführung der Lohnsteuer gilt grundsätzlich folgendes:
Das Finanzamt hat einen Anspruch auf Zahlung der Lohnsteuer in Form einer Vorauszahlung auf die Einkommensteuer gegen den Arbeitnehmer. Gegen den Arbeitgeber hat das Finanzamt dagegen keinen unmittelbar auf Zahlung gerichteten Anspruch, sondern einen Anspruch auf eine Dienstleistung, die Abführung der Lohnsteuer an das Finanzamt für den Arbeitnehmer.

323 Insoweit stellt die Abführung der Lohnsteuer durch den Arbeitgeber die Zahlung des Arbeitnehmers auf seine Einkommensteuerschuld dar. Diese erfolgt für Rechnung des Arbeitnehmers.

324 Dieser Anspruch auf eine Dienstleistung, d.h. die Abführung der Lohnsteuer für den Arbeitnehmer wandelt sich erst dann in einen unmittelbaren Zahlungsanspruch um, wenn der Arbeitgeber die Lohnsteuer nicht einbehält und an das Finanzamt abführt.

325 Der Zahlungsanspruch des Finanzamtes gegen den Arbeitgeber gemäß § 42d EStG ist ein Haftungsanspruch, der neben den primären Zahlungsanspruch des Finanzamtes gegen den Arbeitgeber tritt.

326 Hinsichtlich der Haftung in der Insolvenz des Arbeitgebers lassen sich folgende Fallgestaltungen unterscheiden:
a) Vor Eröffnung des Insolvenzverfahrens hat der Schuldner als Arbeitgeber den Nettolohn ausgezahlt, ohne die Lohnsteuer an das Finanzamt abzuführen.
Der Arbeitgeber hat damit den Haftungstatbestand des § 42d EStG vor Eröffnung des Insolvenzverfahrens erfüllt. Da das haftungsbegründende Verhalten des Arbeitgebers vor Eröffnung des Insolvenzverfahrens angefallen ist, ist der Lohnsteuerhaftungsanspruch eine Insolvenzforderung.
Ist der Haftungsanspruch vor Eröffnung des Insolvenzverfahrens entstanden, aber noch nicht durch Haftungsbescheid festgesetzt worden, so gilt die Haftungsforderung gemäß § 41 Abs. 1 InsO als fällig und ist mit dem abgezinsten Betrag zur Tabelle anzumelden. Da ein Haftungsbescheid nach Eröffnung des Insolvenzverfahrens nicht mehr gegen den Schuldner ergehen kann, ist der Abzinsungsbetrag zu schätzen, wobei zu berücksichtigen ist, zu welchem Zeitpunkt die Haftungsschuld ohne Eröffnung des Insolvenzverfahrens bei einem normalen Lauf des Verfahrens fällig gewesen wäre.

327 b) Zahlt der Insolvenzverwalter erst nach der Eröffnung des Insolvenzverfahrens rückständige Löhne aus, so entsteht der Lohnsteueranspruch erst mit dem Lohnzufluß. Im Zeitpunkt der Eröffnung des Insolvenzverfahrens bestand seitens des Finanzamtes noch keine Lohnsteuerforderung, sondern nur der Dienstleistungsanspruch gegen den Insolvenzverwalter auf Einbehaltung und Abführung der Lohnsteuer. Der Arbeitnehmer hat gegen den Arbeitgeber als Schuldner eine Forderung auf Auszahlung des Bruttoarbeitslohnes, d.h. des Nettoarbeitslohnes an ihn und der darauf entfallenden Lohnsteuer an das Finanzamt.
Reicht die Insolvenzmasse nicht aus, hat der Insolvenzverwalter einen Teil des Bruttoarbeitslohnes aus der Masse zu zahlen.

Handels- und steuerrechtliche Rechnungslegung § 155

Erst wenn der Insolvenzverwalter bei der Entrichtung des Bruttoarbeitslohnes die Lohnsteuer nicht einbehält und an das Finanzamt abführt, entsteht zugunsten des Finanzamtes gegen die Masse ein Lohnsteuerhaftungsanspruch.

c) Setzt der Insolvenzverwalter ein Arbeitsverhältnis nach Eröffnung des Insolvenzverfahrens fort oder begründet er zu Lasten der Masse ein neues Arbeitsverhältnis, so hat der Arbeitnehmer einen Anspruch auf Auszahlung des Bruttoarbeitsentgeltes, das zu den sonstigen Masseverbindlichkeiten i. S. des § 55 Abs. 1 Nr. 2 InsO gehört. Erst wenn der Insolvenzverwalter die Lohnsteuer pflichtwidrig nicht einbehält und an das Finanzamt abführt, entsteht ein Lohnsteuerhaftungsanspruch gegen die Masse. Dabei handelt es sich ebenfalls um eine sonstige Masseverbindlichkeit i. S. d. § 55 Abs. 1 Nr. 2 InsO. 328

d) Liegen die Voraussetzungen für eine pauschale Erhebung der Lohnsteuer nach § 40 Abs. 3, § 40a Abs. 4, § 40b Abs. 3 EStG vor, kann sich der Insolvenzverwalter für eine Pauschalierung entscheiden. 329

Dies gilt unabhängig davon, ob der Arbeitslohn vor oder nach der Eröffnung des Insolvenzverfahrens gezahlt worden ist. Wählt der Insolvenzverwalter die Pauschalregelung wird durch diese Entscheidung die pauschale Lohnsteuer begründet.

Beruht die pauschale Lohnsteuer auf einer Tätigkeit des Arbeitnehmers, die er unter Fortsetzung des Arbeitsverhältnisses nach Eröffnung des Insolvenzverfahrens erbracht hat, handelt es sich um eine sonstige Masseverbindlichkeit i. S. d. § 55 Abs. 1 Nr. 1 InsO, d. h. um Ausgaben für die Verwaltung und Verwertung der Masse.

c) Besteuerung von Arbeitslosengeld und Insolvenzgeld

Für das Insolvenzgeld gelten die gleichen Grundsätze wie für das Konkursausfallgeld. Danach ist das Insolvenzgeld (§ 183 SGB III) steuerfrei (Abschn. 4 Abs. 2 LStR in Hinblick auf das Konkursausfallgeld). Erhält der Arbeitnehmer im Insolvenzverfahren seines Arbeitgebers Arbeitslosengeld oder Insolvenzgeld so gehen die Nettolohnansprüche gemäß § 115 Abs. 1 SGB, §§ 185, 187 SGB III auf die Bundesanstalt für Arbeit über. Bezahlt der Insolvenzverwalter die nach § 187 SGB III auf die Bundesanstalt übergegangene Lohnforderung, so hat er die Lohn- und Kirchensteuer einzubehalten und abzuführen (so die Ansicht der *Finanzverwaltung für das Konkursausfallgeld* Abschn. 4 Abs. 2 LStR 1990). Die Finanzverwaltung hat damit der grundlegenden Entscheidung des *BAG* KTS 1985, 713) Rechnung getragen, wonach die Rechtsnatur der Lohnsteueransprüche des Arbeitnehmers durch ihren Übergang auf die Bundesanstalt für Arbeit unverändert bleibt. Danach hatte der Konkursverwalter grundsätzlich etwaige Zahlungen an die Bundesanstalt für Arbeit dem Lohnsteuerabzug zu unterwerfen und auch die Lohnsteuer an das Finanzamt abzuführen. 330

Wenn auf die Lohnforderung nur eine Quote entfällt, ist die Lohnsteuer nur aus dieser Quelle zu berechnen. Maßgebend für die Berechnung der Lohnsteuer ist der vom Insolvenzverwalter tatsächlich zu befriedigende Arbeitslohnanspruch. Dabei ist zu beachten, daß die Lohnsteuer erst dann entsteht, wenn der Arbeitslohn vom Insolvenzverwalter gezahlt wird (§ 38 Abs. 2 Satz 2 EStG).

Solange ein Anspruch nicht erfüllt ist, entsteht weder eine Lohnsteuerschuld noch die Verpflichtung des Insolvenzverwalters Lohnsteuer abzuführen.

Die vom Insolvenzverwalter an die Bundesanstalt für Arbeit zu zahlenden Beträge stellen lohnsteuerrechtlich Bruttobeträge dar. Der Insolvenzverwalter hat von diesen Beträgen die Lohnsteuer nach den Besteuerungsmerkmalen des Arbeitnehmers im Zeitpunkt der Zahlung an die Bundesanstalt für Arbeit einzubehalten und hierüber eine Lohnsteuerbescheinigung zu erteilen. 331

§ 155 *Verwaltung und Verwertung der Insolvenzmasse*

332 Nach § 187 SGB III gehen die Ansprüche auf Arbeitsentgelt, die den Anspruch auf Insolvenzgeld begründen, in dem Zeitpunkt auf die Bundesanstalt für Arbeit über, in dem der Arbeitnehmer den Antrag auf Insolvenzgeld stellt. Der Anspruch auf Arbeitsentgelt, der den Anspruch auf Insolvenzgeld begründet, ist der Bruttoarbeitslohn; denn gemäß § 185 SGB III ist das Insolvenzgeld so hoch wie der Nettoarbeitslohn, d. h. der Bruttoarbeitslohn vermindert sich um die gesetzlichen Abzüge wie Lohnsteuer, Kirchensteuer und die Pflichtbeiträge zur Sozialversicherung.

333 Hat der Arbeitnehmer nur eine Lohnforderung in Höhe des Nettolohnes geltend gemacht und wird diese Lohnforderung befriedigt, so unterliegt auch nur dieser Betrag dem Steuerabzug. Dem Arbeitnehmer kann nur der nach Abzug der Steuerabzugsbeträge verbleibende Betrag ausgezahlt werden.

Entsprechend ist bei der Befriedigung von Ansprüchen des Arbeitsamtes wegen Zahlung von Insolvenzgeld zu verfahren. Auch hier ist dem Arbeitsamt nur der nach Abzug der Steuerabzugsbeträge verbleibende Betrag auszuzahlen. Das gilt auch dann, wenn das Arbeitsamt nicht die Bruttolohnforderung, sondern nur den als Insolvenzgeld gezahlten Nettoarbeitslohn geltend macht.

334 Der Steuerabzug ist im Zeitpunkt der Auszahlung (Zufluß) vorzunehmen. Der Arbeitnehmer hat dem Insolvenzverwalter dazu eine Lohnsteuerkarte für das Jahr der Auszahlung vorzulegen. Die Steuer ist nach der auf der Lohnsteuerkarte eingetragenen Steuerklasse zu berechnen. Steht der Arbeitnehmer bereits in einem anderen Arbeitsverhältnis, hat er eine zweite oder weitere Lohnsteuerkarte mit der Steuerklasse VI vorzulegen. Legt der Arbeitnehmer keine Lohnsteuerkarte vor, sind die Steuerabzugsbeträge ebenfalls nach der Lohnsteuerkarte VI zu berechnen (§ 39c Abs. 1 EStG).

335 Erfolgt die Befriedigung der Lohnforderung für Zeiträume, die ausschließlich das Jahr der Zahlung betreffen, so handelt es sich um laufenden Arbeitslohn (Abschn. 115 Abs. 1 Nr. 6 LStR). Für die Versteuerung ist die befriedigte Lohnforderung jeweils dem Lohnzahlungszeitraum (in der Regel der Monat) zuzurechnen, für die sie geleistet wird und entsprechend zu versteuern (Abschn. 118 Abs. 4 LStR).

336 Betrifft die befriedigte Lohnforderung dagegen Lohnzahlungszeiträume, die in einem anderen als dem Jahr der Zahlung enden, handelt es sich um sonstige Bezüge (Abschn. 115 Abs. 2 Nr. 8 LStR).
Die Versteuerung ist dann nach § 39b Abs. 3 EStG i. V. m. Abschn. 119 Abs. 6 LStR vorzunehmen.

4. Gewerbesteuer

337 Bei Einzelgewerbetreibenden und Personengesellschaften endet die Gewerbesteuerpflicht erst mit der Aufgabe der werbenden Tätigkeit. Diese liegt solange nicht vor, als der Insolvenzverwalter den Gewerbebetrieb fortführt, indem er die vorhandenen Warenvorräte verkauft.

Keine werbende Tätigkeit ist jedoch die Veräußerung des vorhandenen Anlagevermögens. Veräußert der Insolvenzverwalter nur Anlagevermögen, so endet bereits mit der Eröffnung des Insolvenzverfahrens die Gewerbesteuerpflicht.

Bei Kapitalgesellschaften sowie den anderen in § 2 Abs. 2 GewStG genannten Unternehmen endet die Gewerbesteuerpflicht erst mit der Einstellung jeglicher Tätigkeit nach Verteilung des gesamten Vermögens.

Die Gewerbesteuerpflicht ist insoweit allein an die Rechtsform des Unternehmens geknüpft. Sie erlischt jedoch, wenn das zurückbehaltene Vermögen allein dazu dienen soll, die Gewerbesteuerschuld zu begleichen.

Handels- und steuerrechtliche Rechnungslegung § 155

Durch die Eröffnung des Insolvenzverfahrens wird der Veranlagungszeitraum nicht unterbrochen, so daß insoweit eine gemeinsame Veranlagung für die Zeit vor und nach der Insolvenzeröffnung zu erfolgen hat.
Der Gewerbeertrag ist nach den allgemeinen Regeln zu ermitteln.
Der in dem Zeitraum vom Beginn bis zum Ende der Abwicklung erzielte Gewerbeertrag ist gemäß § 16 Abs. 2 GewStDV auf die Jahre des Abwicklungszeitraumes zu verteilen. Dies gilt nicht nur für die in § 2 Abs. 2 Nr. 2 GewStG genannten Unternehmen, sondern auch für Einzelunternehmen und Personengesellschaften, bei denen die Verteilung ebenfalls nur auf den Zeitraum der Abwicklung zu erfolgen hat. Der in dem Zeitraum vom Tag der Eröffnung des Insolvenzverfahrens bis zur Beendigung des Insolvenzverfahrens erzielte Gewerbeertrag ist auf die einzelnen Jahre des Insolvenzverfahrens nach dem Verhältnis zu verteilen, in dem die Zahl der Kalendermonate, in denen im einzelnen Jahr die Steuerpflicht bestanden hat, zu der Gesamtzahl der Kalendermonate steht.

Wird im Laufe eines Kalenderjahres das Insolvenzverfahren eröffnet, ist der einheitliche 338
Gewerbesteuermeßbetrag für das ganze Jahr zu ermitteln. Die Gewerbesteuerschuld entsteht nach Ablauf des Erhebungszeitraumes (§ 18 GewStG), also nach Eröffnung des Insolvenzverfahrens.
Im Zeitpunkt der Eröffnung des Insolvenzverfahrens ist die Gewerbesteuerschuld noch nicht entstanden, aber bereits i. S. d. § 38 InsO begründet. Insoweit handelt es sich um eine befristete Forderung, die als aufschiebend bedingte Forderung nur zur Sicherung berechtigt.

Betrifft die Gewerbesteuerabschlußzahlung einen Veranlagungszeitraum vor der Eröff- 339
nung des Insolvenzverfahrens, so gilt die Gewerbesteuerforderung als nicht fällige Forderung gemäß § 41 Abs. 1 InsO als fällig.

Entfällt die Gewerbesteuer auf Erhebungszeiträume nach Eröffnung des Insolvenzver- 340
fahrens, so gehört sie zu den sonstigen Masseverbindlichkeiten i. S. d. § 55 Abs. 1 InsO.

Nach § 10a GewStG kann ein Verlust vorgetragen werden, soweit dieser dem gleichen 341
Steuerpflichtigen in dem gleichen Gewerbebetrieb entstanden ist. Ausgeschlossen ist mangels Identität der Gewerbebetriebe die Übertragung eines Verlustvortrages aus dem Gewerbebetrieb auf einen vom Schuldner im Lauf eines Insolvenzverfahrens neu eröffneten Gewerbebetrieb.

Nach der geänderten Rechtsprechung des BFH (BStBl. II 1998, 428) dürfen Steuerbe- 342
scheide, in denen ausschließlich Besteuerungsgrundlagen ermittelt und festgestellt werden, die ihrerseits die Höhe von Steuerforderungen beeinflussen, die zur Konkurstabelle anzumelden sind, nicht mehr erlassen werden. Dies gilt auch für den Erlaß von Gewerbesteuermeßbescheiden.

Die Gewerbesteuervorauszahlungen entstehen mit Beginn des Kalendervierteljahres, für 343
das sie zu leisten sind (§ 21 GewStG). Sie werden jeweils zum 15.02., 15.05., 15.08. und 15.11. fällig. Die Vorauszahlungsbeträge für das jeweilige Kalendervierteljahr sind damit Insolvenzforderungen, wenn das Insolvenzverfahren am ersten Tag des jeweiligen Kalendervierteljahres oder nach diesem Tag eröffnet wird. Gewerbesteuervorauszahlungen, die danach noch nicht fällig, aber bereits entstanden sind, gelten gemäß § 41 Abs. 1 InsO als fällig.

Vorauszahlungen, die erst nach der Eröffnung des Insolvenzverfahrens entstehen, sind in 344
aller Regel nach § 19 Abs. 3 GewStG herabzusetzen.

§ 155

5. Umsatzsteuer
a) Allgemeines

345 In der Insolvenz ergeben sich vor allem bei der Verwaltung, der Verwertung und der Verteilung der Masse eine Reihe von umsatzsteuerrechtlichen Fragen.
Dabei gilt grundsätzlich folgendes:
Die Geltendmachung von Umsatzsteuerforderungen durch das Finanzamt beurteilt sich nach Eröffnung des Insolvenzverfahrens ausschließlich nach Insolvenzrecht.

346 Dabei ist zu unterscheiden:
Waren die Umsatzsteueransprüche im Zeitpunkt der Eröffnung des Insolvenzverfahrens bereits begründet i. S. des § 38 InsO, sind sie als Insolvenzforderungen zur Masse anzumelden.
Bei den später begründeten Forderungen handelt es sich um sonstige Masseverbindlichkeiten i. S. des § 55 InsO, die aus der Masse zu berichtigen sind und vom Finanzamt durch an den Insolvenzverwalter gerichtete Steuerbescheide geltend gemacht werden.

b) Begründetheit einer Umsatzsteuerforderung i. S. d. § 38 InsO

347 Begründet i. S. d. § 38 InsO ist eine Steuerforderung, wenn der Rechtsgrund bei Eröffnung des Insolvenzverfahrens bereits gelegt war, d. h. der schuldrechtliche Tatbestand, der die Grundlage des Steueranspruches bildet, zu diesem Zeitpunkt bereits vollständig abgeschlossen war.
Umsatzsteuerforderungen sind im Zeitpunkt der Eröffnung des Insolvenzverfahrens begründet, soweit die Umsätze vor Eröffnung des Insolvenzverfahrens vereinnahmt oder vereinbart worden sind.
Unerheblich ist der Zeitpunkt des Entstehens der Umsatzsteuerforderung. Die Umsatzsteuer entsteht grundsätzlich gemäß § 13 Abs. 1 UStG mit Ablauf des Voranmeldungszeitraumes, in dem, soweit die Besteuerung nach vereinbarten Entgelten erfolgt, die Lieferung oder sonstige Leistung ausgeführt worden ist.
Erfolgt die Besteuerung ausnahmsweise nach vereinnahmten Entgelten, so entsteht die Umsatzsteuer mit Ablauf des Voranmeldungszeitraumes, in dem die Entgelte vereinnahmt worden sind, beim Eigenverbrauch mit Ablauf des Voranmeldungszeitraumes, in dem der Unternehmer Gegenstände für die in § 1 Abs. 1 Nr. 1 a und b UStG bezeichneten Zwecke entnommen, für Zwecke außerhalb des Unternehmens verwendet oder Aufwendungen gemacht hat, die nach § 4 Abs. 5 Nr. 1–7 EStG bei der Gewinnermittlung ausscheiden.

348 Umsatzsteuerforderungen sind vielfach schon i. S. des § 38 InsO begründet, bevor die Umsatzsteuerschuld voll entstanden ist.
Dies ist insbesondere dann der Fall, wenn sie Umsätze betreffen, bei denen bei der Ist-Besteuerung bis zur Eröffnung des Insolvenzverfahrens die Entgelte vereinnahmt oder bei der Soll-Besteuerung die Lieferungen oder sonstigen Leistungen ausgeführt worden sind oder die Entnahmen, Verwendungen und die Aufwendungen getätigt worden sind.

c) Einfluß der Eröffnung des Insolvenzverfahrens auf den laufenden Voranmeldungszeitraum

349 Der laufende Voranmeldungszeitraum wird durch die Eröffnung des Insolvenzverfahrens grundsätzlich nicht unterbrochen (für den Konkurs: *BFH* BStBl. II 1987, 691).

Handels- und steuerrechtliche Rechnungslegung **§ 155**

Ist vor der Eröffnung des Insolvenzverfahrens ein Tatbestand verwirklicht worden, der Umsatzsteuer auslöst, so ist zwar im Zeitpunkt der Eröffnung des Insolvenzverfahrens noch keine Umsatzsteuerforderung entstanden. Diese entsteht gemäß § 13 Abs. 1 UStG erst mit Ablauf des Voranmeldungszeitraumes. Dennoch ist die Umsatzsteuerforderung insolvenzrechtlich gemäß § 38 InsO begründet und ist als Insolvenzforderung geltend zu machen. Dies gilt unabhängig davon, ob die Umsätze nach vereinbarten oder nach vereinnahmten Entgelten zu versteuern sind.

Fällt die Eröffnung des Insolvenzverfahrens in einen laufenden Voranmeldungszeitraum, so empfiehlt es sich für den Insolvenzverwalter aus Gründen der Zweckmäßigkeit und Vereinfachung zwei Umsatzsteuervoranmeldungen abzugeben, eine für den Zeitraum vom Beginn des Voranmeldungszeitraumes bis zur Eröffnung des Insolvenzverfahrens und die andere für den sich daran anschließenden Zeitraum vom Tag der Eröffnung des Insolvenzverfahrens bis zum Ende des Voranmeldungszeitraumes. 350

Hinsichtlich des Abzuges von Vorsteuerbeträgen nach § 15 Abs. 1 UStG hat der Unternehmer ein Wahlrecht, zu welchem Zeitpunkt er die in den Veranlagungszeitraum fallenden Vorsteuerbeträge abzieht, verrechnet oder deren Erstattung verlangt (§ 16 Abs. 2 Satz 1 UStG). Das bedeutet, der Unternehmer kann die Vorsteuerbeträge so verrechnen wie sie bei ihm in seinem Unternehmen anfallen. Er muß die Vorsteuern insbesondere nicht ausschließlich mit der Umsatzsteuer verrechnen, die auf die sachlich dazu gehörenden Umsätze entfällt. 351

Für den Insolvenzverwalter ist es günstiger, die Vorsteuer mit der Umsatzsteuer zu verrechnen, die auf die nach Eröffnung des Insolvenzverfahrens von ihm getätigten Umsätze entfällt. 352

Werden die Vorsteuern mit Umsatzsteuern aus Umsätzen vor Eröffnung des Insolvenzverfahrens verrechnet, so mindert sich dadurch die zur Tabelle anzumeldende Umsatzsteuer. 353

Übersteigen die in den Voranmeldungszeitraum der Eröffnung des Insolvenzverfahrens fallenden Vorsteuerabzugsbeträge, die auf vom Schuldner vor Eröffnung des Insolvenzverfahrens getätigte Umsätze entfallen, die abzuführende Umsatzsteuer, so handelt es sich bei dem dabei entstehenden Guthaben um einen Masseanspruch, den der Insolvenzverwalter zugunsten der Masse geltend zu machen hat.

Macht der Insolvenzverwalter die abziehbaren Vorsteuerbeträge dagegen erst im Rahmen der Jahresveranlagung geltend, so stellt die Umsatzsteuer, die auf die bis zur Eröffnung des Insolvenzverfahrens getätigten Umsätze entfällt, in voller Höhe eine Insolvenzforderung dar. Dies gilt unabhängig von dem später noch möglichen oder zulässigen Vorsteuerabzug. 354

Im Einzelfall kann es sich für den Insolvenzverwalter empfehlen, das Finanzamt zu veranlassen, den Voranmeldungszeitraum abzukürzen. Hierdurch kann erreicht werden, daß die in den einzelnen Voranmeldungszeiträumen noch nicht verrechneten Vorsteuerguthaben für die Masse frei werden. 355

d) Die zwei umsatzsteuerlichen Tätigkeitsbereiche in der Insolvenz

Während des Insolvenzverfahrens können zwei Tätigkeitsbereiche unterschieden werden: 356
– die Tätigkeit des Schuldners vor Eröffnung des Insolvenzverfahrens und
– die Tätigkeit des Insolvenzverwalters.

Für die Umsatzsteuer sind beide Tätigkeitsbereiche gesondert zu betrachten. 357

Die Umsatzsteuern aus der vorkonkurslichen Tätigkeit und der Tätigkeit des Insolvenzverwalters werden nach der Insolvenzordnung geltend gemacht.
Bei der Berechnung der Umsatzsteuer ist zu beachten, daß beide Tätigkeitsbereiche ein Unternehmen bilden.

e) Schuldner und Insolvenzverwalter sind Unternehmer

358 Die Eröffnung des Insolvenzverfahrens hat auf die Unternehmereigenschaft des Schuldners keinen Einfluß. Der Schuldner verliert mit der Eröffnung des Insolvenzverfahrens lediglich die Befugnis, sein zur Masse gehörendes Vermögen zu verwalten und darüber zu verfügen. Dem umsatzsteuerlichen Bereich des Schuldners sind deshalb auch die Umsätze zuzurechnen, die nach der Eröffnung des Insolvenzverfahrens durch den Insolvenzverwalter bewirkt werden.

359 Unternehmer i. S. d. § 2 UStG ist auch der Insolvenzverwalter, soweit er berufsmäßig Insolvenzverwaltungen durchführt. Mit der Eröffnung des Insolvenzverfahrens wird das Verwaltungs- und Verfügungsrecht über das zur Masse gehörende Vermögen durch den Insolvenzverwalter ausgeübt. Dieser hat das zur Masse gehörende Vermögen zu verwerten.

Die Wirkungen seines Handelns treffen dabei unmittelbar den Schuldner als den Rechtsträger des die Masse bildenden Vermögens.

Die Umsätze, die der Insolvenzverwalter im Rahmen der Verwaltung und Verwertung der Masse ausführt, unterliegen der Umsatzsteuer. Dabei handelt es sich um sonstige Masseverbindlichkeiten i. S. des § 55 Abs. 1 Nr. 1 InsO.

360 Der Insolvenzverwalter hat gemäß § 54 Nr. 2 InsO für seine Geschäftsführung Anspruch auf eine Vergütung. Insoweit erbringt er eine entgeltliche Leistung.

Der Insolvenzverwalter ist berechtigt über die von ihm für das Unternehmen des Schuldners erbrachten Leistungen Rechnungen mit gesondertem Steuerausweis auszustellen. Die Berechtigung des Insolvenzverwalters ergibt sich aus § 14 Abs. 1 UStG (für den Konkurs: *BFH* BStBl. II 1986, 579).

Der Insolvenzverwalter erbringt danach mit seiner Geschäftsführung eine sonstige Leistung zugunsten der Masse und damit für das Unternehmen des Schuldners.

Hat der Insolvenzverwalter für seine Geschäftsführung eine Rechnung mit gesondert ausgewiesener Umsatzsteuer erteilt, so kann der Schuldner die in der Vergütung enthaltene Umsatzsteuer als Vorsteuer abziehen.

361 Hat der Insolvenzverwalter keine Rechnung mit gesondert ausgewiesener Umsatzsteuer ausgestellt, so entfällt der Vorsteuerabzug beim Schuldner, da die Rechnungsausstellung nach § 15 Abs. 1 Nr. 1 UStG Voraussetzung für den Vorsteuerabzug ist. Dem Insolvenzverwalter ist es gestattet, der Masse neben dem festgesetzten Vorschuß gemäß § 7 VergütVO die gesamte Umsatzsteuer in Rechnung zu stellen.

362 Würde der Ausgleichsbetrag erst bei der endgültigen Festsetzung der Vergütung berücksichtigt werden, so müßte der Insolvenzverwalter aus seinen Vorschüssen an das Finanzamt Umsatzsteuer abführen und würde damit die Umsatzsteuer zum Teil vorfinanzieren. Außerdem würde der Verwalter, der einen Vorschuß erhält gegenüber demjenigen benachteiligt werden, der Vergütung bezieht, ohne zuvor die Möglichkeit der Gewährung eines Vorschusses genutzt zu haben. Letzterer erhält nämlich den vollen Mehrwertsteuerausgleich, wohingegen der Verwalter, dem ein Vorschuß gewährt wurde, nur den Ausgleich für die Restvergütung erhält.

f) Vorsteuer im Insolvenzverfahren

Der Schuldner bleibt nach Eröffnung des Insolvenzverfahrens zum Vorsteuerabzug 363
berechtigt und kann die ihm von anderen Unternehmen in Rechnung gestellte Umsatzsteuer als Vorsteuer von seiner Umsatzsteuerschuld abziehen.

Bei der Vorsteuer ist zu unterscheiden, ob es sich um Vorsteuer auf Leistungen handelt, 364
die vor oder nach Eröffnung des Insolvenzverfahrens an den Schuldner erbracht worden sind.

Handelt es sich um Vorsteuern auf Leistungen, die vor Eröffnung des Insolvenzverfahrens an den Schuldner erbracht worden sind, so mindern diese die als Insolvenzforderung anzumeldende Umsatzsteuer.

Handelt es sich dagegen um Vorsteuern auf Leistungen, die nach Eröffnung des Insol- 365
venzverfahrens an die Masse erbracht worden sind, so mindert die Vorsteuer zunächst die als sonstige Masseverbindlichkeit i. S. des § 55 Abs. 1 Nr. 1 InsO anzusetzende Umsatzsteuer, soweit ein Restbetrag verbleibt, mindert dieser die zur Tabelle angemeldete Umsatzsteuer des gleichen Veranlagungszeitraumes.

Die auf die Tätigkeitsvergütung des Insolvenzverwalters entfallende Umsatzsteuer 366
mindert die als sonstige Masseverbindlichkeit anzusetzende Umsatzsteuer.

aa) Vorsteuerberichtigungsanspruch gemäß § 17 Abs. 2 UStG bei unbezahlten Rechnungen

Eine Berichtigung der Vorsteuer ist gemäß § 17 Abs. 2 UStG vor allem in folgenden 367
Fällen vorzunehmen:
- wenn das vereinbarte Entgelt für eine steuerpflichtige Lieferung oder sonstige Leistung uneinbringlich geworden ist,
- wenn für die vereinbarte Lieferung oder Leistung ein Entgelt entrichtet, die Lieferung oder sonstige Leistung jedoch nicht ausgeführt worden ist,
- wenn eine steuerpflichtige Lieferung oder sonstige Leistung rückgängig gemacht worden ist,
- wenn er den Nachweis für einen innergemeinschaftlichen Erwerb führt.

Der in der Praxis häufigste Fall einer Berichtigung des Vorsteuerabzuges in der Insol- 368
venz ist die Berichtigung wegen unbezahlter Rechnungen. Die Rechnungen bleiben für den Gläubiger unbezahlt, weil seine Forderung mit der Insolvenz uneinbringlich geworden ist.

Uneinbringlichkeit ist immer dann anzunehmen, wenn der Gläubiger tatsächlich oder rechtlich nicht imstande ist, seine Forderung durchzusetzen (für den Konkurs *BFH* BStBl. II 1983, 389 hinsichtlich der Zusage eines Gläubigers (pactum de non petendo), er werde seine Forderung nur noch im Umfang eines festgelegten Nachbesserungsfalles geltend machen).

Hatte in diesem Fall der Schuldner aus nicht bezahlten Rechnungen den Vorsteuerabzug vorgenommen, so entsteht für das Finanzamt gegen den Schuldner ein Anspruch auf Rückgängigmachung des Vorsteuerabzuges nach § 17 UStG. Dieser Anspruch ist vom Finanzamt als unselbständiger Teil der Umsatzsteuerschuld für den mit der Eröffnung des Insolvenzverfahrens endenden Voranmeldungszeitraum zur Tabelle anzumelden.

Geht nach Eröffnung des Insolvenzverfahrens noch eine Zahlung ein, so steht der Masse 369
der Vorsteuerabzug zu. In diesem Fall ist der Vorsteuerabzug nach § 17 Abs. 2 UStG mit Ablauf des Voranmeldungszeitraumes, in dem die Zahlung erfolgt, erneut zu berichtigen.

370 Tritt umgekehrt bezüglich von Leistungen, die der Schuldner noch vor Eröffnung des Insolvenzverfahrens erbracht hat, durch Verjährung oder Zahlungsunfähigkeit des Leistungsempfängers Uneinbringlichkeit ein, so kann der Insolvenzverwalter den Steuerbetrag gemäß § 17 Abs. 1 Nr. 1 und Abs. 2 UStG berichtigen (für den Konkurs: *BFH* BFH/NV 1989, 33).

371 Da Aufzeichnungen nach § 22 UStG in Insolvenzfällen oft fehlen, ist die Höhe der Vorsteuer aus unbezahlten Rechnungen oft nur schwer zu ermitteln. Daher empfiehlt es sich in der Praxis, diese Beträge aus Anmeldungen der Gläubiger zur Tabelle zu entnehmen. Ob die angemeldeten Forderungen mit Umsatzsteuer abgerechnet worden sind, läßt sich in der Regel aus der Art des Unternehmens schließen, das der Gläubiger führt. Dabei muß in Kauf genommen werden, daß die Vorsteuer-Rückforderungsbeträge zunächst vorläufig zur Konkurstabelle angemeldet und später, wenn genauere Daten zur Verfügung stehen, berichtigt werden. In der Praxis werden regelmäßig die in den letzten neun Monaten vor Eröffnung des Insolvenzverfahrens geltend gemachten Vorsteuern im Schätzungsweg angemeldet.

372 Wird über das Vermögen einer Organgesellschaft das Insolvenzverfahren eröffnet und ergibt sich dadurch als Insolvenzforderung ein Vorsteuerrückforderungsanspruch i.S. des § 17 Abs. 2 Nr. 1 UStG, ist Schuldner dieses Rückforderungsanspruches der Organträger, und zwar ungeachtet des Umstandes, daß mit Eröffnung des Insolvenzverfahrens die organisatorische Eingliederung i.S. des § 2 Abs. 2 Nr. 2 UStG weggefallen ist (für den Konkurs: *FG Münster* EFG 1992, 228; *FG Düsseldorf* EFG 1993, 747).

373 Bei einer Organschaft ist zwar der Organträger Steuerschuldner und Vorsteuerabzugsberechtigter. Soweit aber die Organgesellschaft und nicht der Organträger zivilrechtlicher Schuldner des Entgelts ist, beurteilt sich die Frage der Uneinbringlichkeit nach den Verhältnissen bei der Organgesellschaft.
Insoweit lösen Zahlungsunfähigkeit und spätestens die Eröffnung des Insolvenzverfahrens der Organgesellschaft die Rechtsfolgen des § 17 Abs. 2 KO beim bis zum Augenblick des Zahlungsunfähigkeitseintritts bzw. der Eröffnung des Insolvenzverfahrens fungierenden Organträger aus.

bb) Vorsteuerberichtigungsanspruch im Fall der Aussonderung (§ 47 InsO) wegen Warenlieferung unter Eigentumsvorbehalt

374 Waren, die unter Eigentumsvorbehalt geliefert worden sind, kann der Vorbehaltsverkäufer in der Insolvenz des Vorbehaltskäufers aussondern. Der Vorbehaltsverkäufer ist insoweit kein Insolvenzgläubiger. Sein Anspruch bestimmt sich gemäß § 47 InsO nach den Gesetzen, die außerhalb des Insolvenzverfahrens gelten. Macht der Vorbehaltsverkäufer von seinem Aussonderungsrecht Gebrauch, so macht er damit die umsatzsteuerbare Lieferung rückgängig, die in der ursprünglichen Lieferung der Ware unter Eigentumsvorbehalt liegt. Dies bedeutet für den Vorbehaltskäufer, daß er durch die Ausübung des Eigentumsvorbehaltes und die Rückgabe der Ware im nachhinein den Vorsteuerabzug verliert und seine Umsatzsteuer gemäß § 17 Abs. 2 Nr. 3 UStG zu berichtigen hat (für den Konkurs: *BFH* UR 1982, 75).

375 Ob eine nichtsteuerbare Rückgängigmachung eines Liefervorgangs oder eine entgeltliche Rücklieferung durch den Lieferungsempfänger vorliegt, bestimmt sich nach der Position des Lieferungsempfängers und nicht nach derjenigen des ursprünglichen Lieferers.

376 Die Berichtigung ist in dem Voranmeldungszeitraum vorzunehmen, in dem der Vorbehaltsverkäufer die Sache zurückgenommen hat. Damit ist der Berichtigungsanspruch zwar erst nach Eröffnung des Insolvenzverfahrens entstanden. Begründet i.S. des § 38

Handels- und steuerrechtliche Rechnungslegung § 155

InsO war der Vorsteuerberichtigungsanspruch jedoch bereits vor Eröffnung des Insolvenzverfahrens, da er seine materiell-rechtliche Grundlage in der Eigentumsübertragung unter Vorbehalt, einem vor der Eröffnung des Insolvenzverfahrens abgeschlossenen und versteuerten Rechtsgeschäft hatte.

Gibt der Insolvenzverwalter die Sache nach Geltendmachung des Aussonderungsanspruches an den Vorbehaltsverkäufer zurück, so liegt darin keine umsatzsteuerbare Lieferung, sondern eine tatsächliche Handlung, die nicht zur Umsatzsteuer als eine sonstige Masseverbindlichkeit i.S. des § 55 Abs. 1 Nr. 1 InsO führen kann. 377

cc) Vorsteuerberichtigungsanspruch gemäß § 15a UStG bei Änderung der Verhältnisse

Verwertungshandlungen des Insolvenzverwalters können eine Vorsteuerberichtigung nach § 15a UStG auslösen (für den Konkurs: *BFH* BStBl. II 1987, 527). 378

Gemäß § 15a Abs. 1 UStG ist eine Berichtigung des Abzugs der auf die Anschaffungs- oder Herstellungskosten eines Wirtschaftsgutes entfallenden Vorsteuerbeträge immer dann vorzunehmen, wenn sich die Verhältnisse, die im Kalenderjahr der erstmaligen Verwendung maßgebend waren, ändern. 379

Erst wenn diese Änderung eintritt, ist der Tatbestand der Vorsteuerberichtigung erfüllt. Im Zeitpunkt des Wechsels der Verwendungsart ist der nach den Verhältnissen des Kalenderjahres der erstmaligen Verwendung des Leistungsbezuges materiell-rechtlich abschließend gewählte Vorsteuerabzug zu berücksichtigen.

Der Vorsteuererstattungsanspruch ist trotz der Handlung des Insolvenzverwalters nach der Eröffnung des Insolvenzverfahrens bereits vor Eröffnung des Insolvenzverfahrens i.S.d. § 38 InsO begründet und insoweit Insolvenzforderung. 380

Dies gilt auch für Verwertungshandlungen, die nicht auf Initiative des Insolvenzverwalters, sondern durch absonderungsberechtigte Gläubiger i.S.d. §§ 49, 50 InsO ausgelöst wurden (für den Konkurs: *BFH* UR 1991, 298). 381

Für die Prüfung, ob in den Folgejahren eine Berichtigung des Vorsteuerabzuges vorzunehmen ist, besteht regelmäßig keine Bindung an die rechtliche Beurteilung des Umsatzes im Erstjahr. Ist die Steuerfestsetzung im Erstjahr jedoch unanfechtbar, d.h. nicht mehr änderbar gemäß § 164 Abs. 2; § 165 Abs. 2, § 173 Abs. 1 AO, so bewirkt die Bestandskraft in Verbindung mit der Unabänderbarkeit daß die der Steuerfestsetzung für das Erstjahr zugrunde liegende Beurteilung des Vorsteuerabzuges für die Anwendbarkeit des § 15a Abs. 1 UStG selbst dann maßgebend ist, wenn sie unzutreffend war (für den Konkurs: *BFH* BB 1994, 1919). 382

Ein Berichtigungsanspruch gemäß § 15a UStG setzt eine Änderung der Verhältnisse voraus. 383

Eine Änderung der Verhältnisse ist z.B. dann zu bejahen, wenn der Insolvenzverwalter innerhalb des Berichtigungszeitraumes von zehn Jahren ein bisher steuerpflichtig verkauftes und vermietetes Grundstück nach § 4 Nr. 9a UStG steuerfrei veräußert.

Eine Änderung der Verhältnisse i.S. des § 15a UStG tritt aber noch nicht damit ein, daß der Unternehmer bereits vor Eröffnung des Insolvenzverfahrens den Betrieb einstellt und das Betriebsgrundstück verläßt (für den Konkurs: *FG Köln* UR 1992, 309). 384

Stellt ein Unternehmer bereits vor Eröffnung des Insolvenzverfahrens seinen Betrieb ein und verläßt er das Betriebsgrundstück, so ist damit nicht bereits eine Änderung der Verhältnisse des § 15a Abs. 1 UStG eingetreten. Erst wenn der Insolvenzverwalter das Betriebsgrundstück nach § 4 Nr. 9 UStG steuerfrei veräußert, wird der Berichtigungsanspruch verwirklicht. 385

Boochs 1115

386 Den Berichtigungsanspruch hat der Insolvenzverwalter gemäß § 55 Abs. 1 Nr. 1 InsO als sonstige Masseverbindlichkeit vorweg zu erfüllen (für den Konkurs: *BFH* BStBl. II 1987, 527; ZIP 1991, 238).

387 Ergibt sich aus einer Berichtigung nach § 15a UStG ein Steueranspruch zugunsten der Masse, kann das Finanzamt hiergegen nicht aufrechnen.

dd) Halbfertige Arbeiten, nicht vollständig erfüllte Verträge

388 Ist ein gegenseitiger Vertrag im Zeitpunkt der Eröffnung des Insolvenzverfahrens von den Vertragspartnern noch nicht oder nicht vollständig erfüllt, so kann der eine Vertragspartner nach Eröffnung des Insolvenzverfahrens seinen Erfüllungsanspruch gegen den Schuldner nicht mehr durchsetzen.

Der Vertrag wird nach Eröffnung des Insolvenzverfahrens zu einem nicht erfüllbaren Vertrag, der ursprüngliche Erfüllungsanspruch wird zur Insolvenzforderung.

389 Der Insolvenzverwalter hat ein Wahlrecht gemäß § 103 InsO, den Vertrag zu erfüllen oder die Erfüllung des Vertrages abzulehnen.

390 Lehnt der Insolvenzverwalter die Erfüllung des Vertrages entweder aus eigenem Antrieb nach § 103 Abs. 1 InsO oder auf Anfrage des Vertragspartners nach § 103 Abs. 2 Satz 2 InsO ab, so verbleibt das bis dahin Geleistete beim Empfänger, ohne daß er zur Rückabwicklung kommt.

Dies bedeutet, daß sich in der Insolvenz des Unternehmers die vertragliche Erfüllungsverpflichtung kraft Gesetzes auf die bis dahin erbrachte Leistung beschränkt.

391 Die Ablehnung, den Vertrag zu erfüllen, ist eine auf Unterlassen gerichtete Willensbetätigung, die jedoch keine umsatzsteuerrechtlich relevante Handlung darstellt. Die Bedeutung der Erklärung des Insolvenzverwalters erschöpft sich vielmehr in der Ablehnung und im Ausschluß jeglicher Erfüllungsansprüche sowie in der Klarstellung, daß er die Vertragspflichten und Vertragsrechte zu keinem Zeitpunkt als Gegenstand des Insolvenzverfahrens an sich gezogen hat.

In umsatzsteuerrechtlicher Sicht bedeutet dies, daß der Insolvenzverwalter mit seiner Erklärung nach § 103 InsO nicht nur den Gegenstand der Werklieferung neu bestimmt, sondern daß er zugleich für den Schuldner die Erklärung abgeben will, am tatsächlich erbrachten Teil der Werklieferung sei bereits mit der Insolvenzeröffnung Verfügungsmacht verschafft worden. Diese zeitliche Fixierung der Werklieferung auf den Zeitpunkt der Eröffnung des Insolvenzverfahrens ist eine logische Folge des Gesichtspunkts, daß der Schuldner den Liefervorgang tatsächlich bewirkt und der Insolvenzverwalter einen Eintritt in den Leistungsaustausch ausdrücklich abgelehnt hat.

392 Damit sind die auf die Leistungen entfallenden Umsatzsteuern wegen der gegebenen Besteuerungsart nach vereinbarten Entgelten mit Ablauf des nach Eröffnung des Insolvenzverfahrens endenden Voranmeldungszeitraums entstanden (§ 13 Abs. 1 Nr. 1a UStG). Der bei der Ablehnung der Vertragserfüllung durch den Insolvenzverwalter gemäß § 17 UStG entstehende Steueranspruch des Finanzamtes ist eine Insolvenzforderung.

393 Wählt der Insolvenzverwalter gemäß § 103 InsO die Erfüllung des Vertrages, so wandelt sich das ursprüngliche Rechtsverhältnis in ein Rechtsverhältnis um, das nach Eröffnung des Insolvenzverfahrens begründet ist.

Der Umsatzsteuer unterliegt die vollständige Leistung, nicht die einzelnen Teilleistungen vor und nach der Eröffnung des Insolvenzverfahrens.

394 Die Umsatzsteuer ist keine Insolvenzforderung, sondern eine sonstige Masseverbindlichkeit i.S.d. § 55 Abs. 1 Nr. 2 InsO, da sie erst nach Erbringung der vollständigen

Handels- und steuerrechtliche Rechnungslegung § 155

Leistung und damit erst nach Eröffnung des Insolvenzverfahrens begründet ist (für den Konkurs: *BFH* BStBl. II 1978, 483; *FG Münster* EFG 1994, 502 sowie Auffassung der *Finanzverwaltung*, BMF-Schreiben vom 17. 10. 1979, BStBl. I 1979, 624 Nr. 2).

Übt der Insolvenzverwalter sein Wahlrecht nicht aus und unterläßt es der Besteller als 395 Gläubiger von ihm eine Erklärung gemäß § 103 Abs. 2 Satz 2 InsO zu fordern, so kann der Besteller die vertragsmäßige Werklieferung während der Insolvenz weder aus der Masse noch von dem ausgeschlossenen Schuldner verlangen (für den Konkurs: *BFH* a. a. O.; BMF-Schreiben a. a. O.).

Danach bleibt es umsatzsteuerrechtlich bei einem Schwebezustand. Die umsatzsteuer- 396 liche Erfassung der vom Schuldner bewirkten Werklieferung ist erst nach Abschluß des Insolvenzverfahrens möglich, sofern und soweit der Besteller Vorauszahlungen geleistet hatte und eine Besteuerung nach vereinnahmten Entgelten stattfindet. Es ist von vornherein nicht abzusehen, ob die auf noch nicht vollendete Leistungen entfallende Umsatzsteuer im Laufe des Insolvenzverfahrens anfallen wird.

Lehnt der Insolvenzverwalter die Erfüllung des Werkvertrages ab und schließt mit dem 397 bisherigen Besteller einen neuen Vertrag zur Fertigstellung ab, so ist nur der auf die Fertigstellung des Werkteils entfallende Anteil an Umsatzsteuer als sonstige Masseverbindlichkeit i. S. d. § 55 Abs. 1 Nr. 2 InsO zu behandeln (für den Konkurs: *Hess* KO, AnH. V Rz. 174; *Kuhn/Uhlenbruck* KO, Vorbem. 36 b; Rechtsprechung zu dieser Frage liegt, soweit ersichtlich, nicht vor).

Die Finanzverwaltung sieht in dieser Gestaltung einen Rechtsmißbrauch i. S. des § 42 398 AO. Sie vertritt dazu die Auffassung, daß es dem Insolvenzverwalter verwehrt sei, vermeidbare Massekosten bzw. Masseschulden zu begründen und damit die Finanzbehörden vor anderen Gläubigern zu begünstigen (für den Konkurs: *OFD Düsseldorf* DB 1984, 960, für Waren, die für die Weiterführung des Unternehmens benötigt werden).

ee) Halbfertige Arbeiten bei Werkverträgen über Bauleistungen

In der Praxis tritt die umsatzsteuerliche Behandlung von halbfertigen Arbeiten in der 399 Insolvenz insbesondere bei Werkverträgen über Bauleistungen auf.

Dabei ist zu unterscheiden zwischen der Behandlung von halbfertigen Arbeiten in der Insolvenz des Bauunternehmers und des Bauherrn.

Wird über das Vermögen eines Bauunternehmers das Insolvenzverfahren eröffnet und lehnt der Insolvenzverwalter die Erfüllung der Bauverträge ab, so wird das Vertragsverhältnis mit Eröffnung des Insolvenzverfahrens umgestaltet, so daß aus dem Erfüllungsanspruch ein Schadenersatzanspruch wegen Nichterfüllung entsteht.

Es entsteht ein Abrechnungsverhältnis, bei dem der Besteller sich das halbfertige auf seinem Grund und Boden vor der Eröffnung des Insolvenzverfahrens erstellte Bauwerk anrechnen lassen muß, soweit es für ihn einen Wert besitzt.

Das halbfertige Werk wird zum neuen Gegenstand der Werklieferung. Der Wert des halbfertigen Werks ist umsatzsteuerpflichtiges Entgelt i. S. des § 10 Abs. 1 UStG. Dieses tritt im Zeitpunkt der Eröffnung des Insolvenzverfahrens an die Stelle des ursprünglich vereinbarten Entgelts.

Entscheidet sich der Insolvenzverwalter in der Insolvenz des Bauunternehmers dagegen 400 für die Erfüllung des Bauvertrages und verlangt er vom Bauherrn die Gegenleistung, so erbringt der Insolvenzverwalter eine Werklieferung i. S. des § 3 Abs. 4 UStG in dem Zeitpunkt, in dem er das vollständige Werk dem Bauherrn überläßt. Dabei ist es unerheblich, daß die Bauleistung teilweise schon vor Beginn des Insolvenzverfahrens erbracht worden ist und als Teil des fremden Grundstücks gemäß §§ 946 BGB nicht zur Insolvenzmasse gehört (80 InsO). Umsatzsteuerrechtlich ist die Bauleistung als ein einheitliches Ganzes anzusehen, das erst nach der Eröffnung des Insolvenzverfahrens der Umsatzsteuer unterliegt. Die Umsatzsteuer stellt eine sonstige Masseverbindlichkeit i. S. des § 55 Abs. 1 Nr. 2 InsO dar.

401 Wird eine für die Erstellung eines Bauwerks gebildete Arbeitsgemeinschaft mehrerer Unternehmer mit Eröffnung des Insolvenzverfahrens eines ihrer Mitglieder aufgelöst, so geht das unfertige Bauwerk, d. h. die von der Arbeitsgemeinschaft bis zu diesem Zeitpunkt erbrachte Bauleistung in die Verfügungsmacht des Bauherrn über und unterliegt in diesem Zeitpunkt bei der Arbeitsgemeinschaft der Umsatzsteuer.

402 Wird über das Vermögen des Bauherrn (Bestellers) das Insolvenzverfahren eröffnet, so liegt hinsichtlich des bei der Insolvenzeröffnung vorhandenen Bauwerks eine umsatzsteuerpflichtige Leistung des Bauunternehmers vor.

403 Lehnt der Insolvenzverwalter die Erfüllung des Bauvertrages ab, so wird mit Eröffnung des Insolvenzverfahrens das bis zur Insolvenzeröffnung halbfertige Werk umsatzsteuerrechtlich zum neuen Gegenstand der Werklieferung.
Umsatzsteuerliches Entgelt ist dabei der Vergütungsanspruch, gegebenenfalls gemindert durch geleistete Anzahlungen.
Wählt der Insolvenzverwalter des Bauherrn (Bestellers) dagegen Fertigstellung des Bauwerkes, so erfolgt durch den Bauunternehmer eine umsatzsteuerbare Lieferung.
Die von dem Insolvenzverwalter in diesem Fall zu entrichtende Umsatzsteuer gehört zu den sonstigen Masseverbindlichkeiten i. S. des § 55 Abs. 1 Nr. 2 InsO.

404 Bei Werklieferungen bleibt das Eigentum an den vom Unternehmer zu beschaffenden Werkstoffen i. d. R. beim Unternehmer. Eine Ausnahme gilt nur gemäß §§ 946, 947 BGB für Grundstücke, bei denen die Werkstoffe in das Eigentum des Grundstückseigentümers fallen.

405 Lehnt der Insolvenzverwalter in der Insolvenz des Werklieferungsunternehmers die Erfüllung des Werklieferungsvertrages ab, so bleibt das unfertige Werk im Vermögen des Unternehmers und fällt insoweit in die Masse.

406 Umsatzsteuerliche Folgen treten erst bei der Verwertung des Werks durch den Insolvenzverwalter ein. Die bei der Verwertungshandlung entstehende Umsatzsteuer gehört gemäß § 55 Abs. 1 Nr. 2 InsO zu den sonstigen Masseverbindlichkeiten.

407 Wählt der Insolvenzverwalter des Werklieferungsunternehmers dagegen gemäß § 103 InsO die Erfüllung des Werklieferungsvertrages, so erbringt der Insolvenzverwalter eine Werklieferung i. S. des § 3 Abs. 4 UStG in dem Zeitpunkt, in dem er das vollständige Werk dem Besteller überläßt.
Die darauf entfallende Umsatzsteuer gehört zu den sonstigen Masseverbindlichkeiten nach § 55 Abs. 1 Nr. 2 InsO.

408 In der Insolvenz des Bestellers bleibt es bei einer Ablehnung der Vertragserfüllung durch den Insolvenzverwalter bei einer Werklieferung des unfertigen Werkes seitens des Unternehmers.
Dabei entsteht ein Abrechnungsverhältnis, bei dem sich der Besteller das halbfertige Werk, soweit es für ihn einen Wert besitzt, anrechnen lassen muß. Die Werkstoffe bleiben in der Regel beim Unternehmer. Wählt der Insolvenzverwalter des Bestellers dagegen Vertragserfüllung, so liegt in der Ablieferung des Werks durch den Unternehmer eine umsatzsteuerbare Lieferung.

409 Lehnt der Insolvenzverwalter des Empfängers von Vorbehaltsware zunächst die Erfüllung des Liefervertrages gemäß § 103 InsO ab, um dann anschließend mit dem Vorbehaltslieferanten einen neuen Vertrag über den Erwerb der bis dahin unverändert

in seinem Besitz befindlichen Vorbehaltsware zu schließen, so kann er erneut einen Vorsteuerabzug geltend machen.
Das Finanzamt kann in diesem Fall den Vorsteuerberichtigungsanspruch aus der Rück- 410
gängigmachung des ersten Vertrages nur als einfache Insolvenzforderung anmelden (für den Konkurs: *FG München* EFG 1985, 204).
Die Finanzverwaltung (*OFD Hamburg* UR 1990, 402) sieht dagegen in dem neuen Liefervertrag lediglich eine Bestätigung des ursprünglichen Vertrages bzw. einen Mißbrauch rechtlicher Gestaltungsmöglichkeiten und erkennt insoweit einen Vorsteuerabzugsanspruch für die Masse nicht an. Der *BFH* (BStBl. II 1994, 600 für den Konkurs) hat sich mit dieser Fragestellung zwar auseinandergesetzt, aber keine abschließende Entscheidung getroffen.

g) Verwertung von Sicherungsgut, Absonderungsrecht

Ein Recht zur abgesonderten Befriedigung gewähren Rechte an unbeweglichen Sachen 411
(§ 49 InsO), Pfandrechte (§ 50 InsO) sowie sonstige Rechte, die wie Pfandrechte wirken, insbesondere Sicherungsübereignung und Sicherungsabtretung (§ 51 Nr. 1 InsO). Der einfache Eigentumsvorbehalt berechtigt hingegen zur Aussonderung.
Die abgesonderte Befriedigung von beweglichen Sachen erfolgt nach § 166 InsO. 412
Gemäß § 166 Abs. 1 InsO darf der Insolvenzverwalter eine bewegliche Sache, an der ein Absonderungsrecht besteht, freihändig verwerten, wenn er die Sache in seinem Besitz hat.
Der Gläubiger kann einer derartigen Verwertung nicht widersprechen, sondern nur seine 413
Rechte auf den Erlös geltend machen (§ 170 Abs. 1 Satz 2 InsO).
Gemäß § 170 Abs. 2 InsO kann der Insolvenzverwalter einen Gegenstand, zu dessen 414
Verwertung er nach § 166 InsO berechtigt ist, dem Gläubiger zur Verwertung überlassen. In diesem Fall hat der Gläubiger aus dem von ihm erzielten Veräußerungserlös einen Betrag in Höhe der Kosten der Feststellung sowie des Umsatzsteuerbetrages (§ 171 Abs. 2 Satz 3 InsO) vorweg an die Masse abzuführen.
Umsatzsteuerlich gilt je nach Art der Verwertung folgendes: 415

aa) Verwertung des Sicherungsgutes durch den Insolvenzverwalter

Der Insolvenzverwalter kann gemäß § 166 InsO das Sicherungsgut selbst verwerten. In 416
diesem Fall ist die Verwertungshandlung umsatzsteuerrechtlich eine unmittelbar an den Abnehmer erbrachte Leistung (§ 1 Abs. 1 Nr. 1 UStG).
Der Insolvenzverwalter hat in diesem Fall aus dem Verwertungserlös die Kosten der Feststellung und der Verwertung des Gegenstandes vorweg für die Insolvenzmasse zu entnehmen (§ 170 Abs. 1 Satz 1 InsO). Dies gilt gemäß § 171 Abs. 2 InsO auch bezüglich der an das Finanzamt abzuführenden Umsatzsteuer. Aus dem verbleibenden Betrag ist unverzüglich der absonderungsberechtigte Gläubiger zu befriedigen.

bb) Verwertung des Sicherungsguts durch den Sicherungsnehmer (Gläubiger)

Anstatt das Sicherungsgut selbst zu verwerten, kann der Insolvenzverwalter gemäß § 170 417
Abs. 2 InsO das Sicherungsgut auch dem Sicherungsnehmer, Gläubiger zur abgesonderten Befriedigung überlassen.
In diesem Fall liegen nach der als gefestigt geltenden Rechtsprechung des BFH (BFH/ NV 1994, 274; BStBl. II 1994, 879; BStBl. II 1995, 564; BFH/NV 1998, 628 jeweils für

den Konkurs), der sich die Finanzverwaltung angeschlossen hat (Abschn. 2 Abs. 3 UStR) nach der sogenannten Theorie vom Doppelumsatz, zwei Umsätze vor, nämlich eine Lieferung zwischen Insolvenzverwalter/Insolvenzmasse und dem Sicherungsnehmer sowie eine Lieferung zwischen dem Sicherungsnehmer und dem Dritterwerber. Die Verwertung hat für den Sicherungsnehmer folgende Auswirkungen: Er hat dem Erwerber eine Rechnung zuzüglich Umsatzsteuer zu erteilen. Den Erstumsatz hat er nach der Verwertung im Wege der Gutschrift (§ 14 Abs. 5 UStG) unter Ausweis der auf die Bemessungsgrundlage entfallenden Umsatzsteuer gegenüber dem Insolvenzverwalter abzurechnen. Entgelt für den Erstumsatz ist nach § 10 Abs. 1 Satz 2 UStG die Höhe der Tilgung der Insolvenzforderung durch den erzielten Verwertungserlös, jedoch abzüglich der Umsatzsteuer. Darüber hat der Sicherungsnehmer dem Insolvenzverwalter eine Gutschrift zuzüglich Umsatzsteuer zu erteilen.

418 Die bei dem Doppelumsatz nach Eröffnung des Insolvenzverfahrens jeweils entstehende Umsatzsteuer gehört zu den sonstigen Masseverbindlichkeiten i. S. d. § 55 Abs. 1 Nr. 1 InsO. Ein Doppelumsatz findet dagegen nicht statt, wenn das Sicherungsgut vor seiner Verwertung zum Zwecke der Auswechslung des Sicherungsgebers durch diesen an einen Dritten geliefert wird (*BFH* BStBl. II 1995, 564).

419 Eine Vereinbarung, nach der der Sicherungsgeber dem Sicherungsnehmer das Sicherungsgut zur Verwertung freigibt und auf sein Auslöserecht verzichtet, stellt noch keine Lieferung des Sicherungsgutes an den Sicherungsnehmer dar (*BFH* BStBl. II 1994, 878).

420 Die bei der Verwertung des Sicherungsgegenstandes durch den Sicherungsnehmer entstehende Umsatzsteuer ist von diesem gemäß § 170 Abs. 2 InsO an die Masse abzuführen. Der Wortlaut des § 170 Abs. 2 InsO ist als Ausgleich für den Fall anzusehen, daß aufgrund der derzeitigen Rechtsprechung des BFH die Umsatzsteuer weiterhin aus der Masse zu begleichen ist.

421 Vermögensgegenstände, die nach Ansicht des Insolvenzverwalters unverwertbar sind oder bei denen ein Erlös aus der Verwertung nicht zu erwarten ist, kann der Insolvenzverwalter dem Schuldner zur Verwertung freigeben. Hierdurch vermeidet der Insolvenzverwalter, der verpflichtet ist, Masseminderungen zu verhindern, eine durch die Verwertung entstehende Umsatzsteuerforderung, welche die Masse belastet. Durch die Freigabeerklärung wird die Massezugehörigkeit des Gegenstandes aufgegeben und dieser aus der Beschlagnahme gelöst.

422 Im Gegensatz zu der Verwertung von Sachen durch den Sicherungsnehmer findet bei der Einziehung einer sicherungshalber abgetretenen Forderung kein doppelter Umsatz statt, denn die Lieferung oder sonstige Leistung, aus der die Forderung entstanden ist, hatte der Sicherungsgeber bereits vor Eröffnung des Insolvenzverfahrens bewirkt. Der Sicherungsnehmer zieht die Forderung lediglich ein (vgl. Abschn. 2 Abs. 5 UStR). Der eingezogene Betrag steht, soweit keine abweichende Vereinbarung getroffen wurde, in vollem Umfang dem Sicherungsnehmer zu, da die Umsatzsteuer zivilrechtlicher Bestandteil der Forderung ist.

423 Bei der Immobiliarverwertung im Rahmen einer Insolvenz steht dem Inhaber des Grundpfandrechts ein Absonderungsrecht nach § 49 InsO zu. In den Verband der Hypothekenhaftung nach § 1120 BGB fallen neben dem Grundstück selbst die im Eigentum des Grundstückseigentümers bleibenden Erzeugnisse sowie wesentliche und nicht wesentliche Bestandteile des Grundstücks (§§ 93, 94, 99 BGB) und das Zubehör nach § 97 BGB.

424 Gemäß § 165 InsO kann der Insolvenzverwalter beim zuständigen Gericht die Zwangsversteigerung eines zur Insolvenzmasse gehörenden Grundstücks betreiben, auch wenn an dem Grundstück ein Absonderungsrecht besteht. Mit der Zwangsversteigerung des

Handels- und steuerrechtliche Rechnungslegung § 155

Grundstücks wird durch den Eigentümer des Grundstücks eine steuerbare Grundstückslieferung ausgeführt. Das Grundstück scheidet mit Erteilung des Zuschlags nach § 90 ZVG im Wege der entgeltlichen Lieferung i. S. d. § 1 Abs. 1 Nr. 1 UStG aus der Masse aus. Durch den Zuschlag wird der Ersteher Eigentümer des Grundstücks und der Zubehörstücke. Die umsatzsteuerliche Grundstückslieferung vollzieht sich zwischen dem Grundstückseigentümer und dem Ersteher. Die Lieferung ist grundsätzlich nach § 4 Nr. 9a UStG steuerfrei. Steuerpflichtig ist dagegen immer die Lieferung von Zubehörstücken des Grundstücks. Jedoch kann der Insolvenzverwalter nach § 9 Abs. 1 UStG zur Steuerpflicht optieren. Dies bietet sich z. B. dann an, wenn er durch eine Option einen betragsmäßig höheren Vorsteuerberichtigungsanspruch nach § 15a UStG wegen Änderung der Verhältnisse verhindern kann. Die dabei entstehende Umsatzsteuer gehört zu den sonstigen Masseverbindlichkeiten i. S. d. § 55 Abs. 1 Nr. 1 InsO. Das gleiche gilt, wenn das Grundstück gemäß § 49 InsO auf Antrag eines in der Insolvenz absonderungsberechtigten Gläubigers erfolgt. Insoweit liegt nur eine Lieferung zwischen dem Ersteher und dem Schuldner vor. Auch in diesem Fall führt eine Option des absonderungsberechtigten Gläubigers zur Umsatzsteuer, die gemäß § 55 Abs. 1 Nr. 1 InsO sonstige Masseverbindlichkeiten sind.

h) **Vorsteuerabzug aus Rechnungen über eigene Leistungen eines Insolvenzverwalters**

Der Insolvenzverwalter wird bei der Verwaltung als selbständiger Unternehmer tätig und ist insoweit umsatzsteuerpflichtig. Der Insolvenzverwalter erbringt mit seiner Geschäftsführung eine sonstige Leistung zugunsten der Masse und damit für das Unternehmen des Schuldners. 425

Insoweit kann der Schuldner die für die Vergütung des Insolvenzverwalters in Rechnung gestellte Umsatzsteuer als Vorsteuer abziehen (für den Konkurs: *BFH* BStBl. II 1986, 578).

6. Grunderwerbsteuer

Die Grunderwerbsteuer ist als Insolvenzforderung i. S. d. § 38 InsO begründet, wenn ein der Grunderwerbsteuer unterliegender Erwerbsvorgang vor der Eröffnung des Insolvenzverfahrens verwirklicht worden ist. Das gleiche gilt, wenn der Insolvenzverwalter nach § 103 InsO sich für die Erfüllung eines vom Schuldner im letzten Jahr vor der Eröffnung des Insolvenzverfahrens abgeschlossenen Grundstückskaufvertrages entscheidet. In diesem Fall ist die Grunderwerbsteuer bereits vor der Eröffnung des Insolvenzverfahrens begründet (für den Konkurs: *BFH* BStBl. II 1978, 204). 426

Lehnt der Insolvenzverwalter die Erfüllung des vor Verfahrenseröffnung abgeschlossenen Kaufvertrages nach § 103 InsO ab, so ist der dadurch entstehende Grunderwerbsteuererstattungsanspruch vor Eröffnung des Insolvenzverfahrens begründet, jedoch noch nicht entstanden. Hat der spätere Schuldner die Grunderwerbsteuer aus seinem Vermögen vor Eröffnung des Insolvenzverfahrens gezahlt, ist die Grunderwerbsteuer an die Masse zu erstatten (für den Konkurs: *BFH* BStBl. II 1979, 639).

Entsteht die Grunderwerbsteuer gemäß § 14 GrEStG erst nach Eröffnung des Insolvenzverfahrens, weil sie vom Eintritt einer Bedingung abhängt oder eine Genehmigung erteilt werden muß, so ist sie dennoch schon mit Abschluß des Erwerbsgeschäfts begründet, weil ihre Entstehung nicht mehr von einer persönlichen Handlung des Schuldners abhängt. 427

Boochs 1121

§ 155　*Verwaltung und Verwertung der Insolvenzmasse*

428　Hat der Schuldner ein Grundstück veräußert und wird der schon vor Eröffnung des Insolvenzverfahrens abgewickelte Kaufvertrag vom Insolvenzverwalter angefochten, so muß die Grunderwerbsteuer gemäß § 143 InsO zur Insolvenzmasse zurückgewährt werden. Leistet der Erwerber daraufhin ein zusätzliches Entgelt, um die relative gegenüber den Konkursgläubigern bestehende Unwirksamkeit des Erwerbsvorganges zu beseitigen, ist die überschießende Gegenleistung nach § 9 Abs. 2 Nr. 1 GrEStG grunderwerbsteuerpflichtig. Die auf dem Nachforderungsbetrag lastende Grunderwerbsteuer ist eine sonstige Masseverbindlichkeit i. S. d. § 55 Abs. 1 Nr. 1 InsO und durch Steuerbescheid gegenüber dem Insolvenzverwalter geltend zu machen (*BFH* BStBl. II 1994, 817).

429　Zu beachten ist, daß im Fall der Verwertung eines Grundstücks durch den Insolvenzverwalter zugunsten eines absonderungsberechtigten Grundpfandgläubigers das Zubehör gemäß §§ 1120, 1192 BGB mithaftet, steuerrechtlich fällt jedoch bezüglich des Grundstücks in der Regel Grunderwerbsteuer an, während die Veräußerung des Zubehörs Umsatzsteuer auslöst.
Eine andere Beurteilung ergibt sich jedoch, wenn der Insolvenzverwalter gemäß § 9 UStG auch hinsichtlich der Grundstücksverwertung zur Umsatzsteuer optiert.
Bei Verschmelzungen und übertragenden Umwandlungen sieht das Insolvenzrecht eine Befreiung von der Grunderwerbsteuer vor, soweit die wirtschaftliche Identität der Eigentümer im wesentlichen gewahrt bleibt.

7. Kraftfahrzeugsteuer

430　Die Kraftfahrzeugsteuer entsteht nach § 6 KfzStG mit Beginn des Entrichtungszeitraumes und wird dann gemäß § 14 Abs. 1 KfzStG auch fällig. Gehört ein Kfz zur Masse, bleibt der Schuldner für die Zeit nach Eröffnung des Insolvenzverfahrens Halter. Die unbefristete Kraftfahrzeugsteuerpflicht wird durch die Eröffnung des Insolvenzverfahrens nicht unterbrochen. Die vor Eröffnung des Insolvenzverfahrens fällig gewordene Kraftfahrzeugsteuer ist Insolvenzforderung und zur Tabelle anzumelden. Dies gilt vor allem für die zu Beginn des Eröffnungsjahres entstehende KfzSt. Die im Jahr nach der Eröffnung entstehende KfzSt gehört zu den sonstigen Masseverbindlichkeiten nach § 55 Abs. 1 Nr. 1 InsO und ist vom Insolvenzverwalter aus der Masse zu entrichten. Für Erstattungsansprüche wegen der vom Schuldner für den Entrichtungszeitraum vorausgezahlten Steuern ist nach insolvenzrechtlichen Grundsätzen der Rechtsgrund bereits vor Eröffnung des Insolvenzverfahrens gelegt worden, denn die Vorausentrichtung steht unter der aufschiebenden Bedingung, daß die Steuerpflicht während des gesamten Entrichtungszeitraumes dem Grunde und der Höhe nach fortdauert. Der Steuerpflichtige erlangt schon mit der Zahlung einen Erstattungsanspruch in Höhe der die geschuldete Steuer übersteigenden Summe der Vorauszahlungen.

8. Investitionszulage

431　Die Berechtigung zur Inanspruchnahme der Investitionszulage bleibt bei der Eröffnung des Insolvenzverfahrens bestehen.
Die Gewährung einer Investitionszulage setzt in der Regel voraus, daß das begünstigte Wirtschaftsgut mindestens 3 Jahre im Betriebsvermögen verbleibt (vgl. § 19 Abs. 2 BerlFG; § 1 Abs. 3 Nr. 1, 2; 4 Abs. 2 Nr. 1, 2 InvZulG).
Wird im Rahmen des Insolvenzverfahrens das begünstigte Wirtschaftsgut durch den Insolvenzverwalter vor Ablauf der 3-Jahresfrist veräußert, so fordert das Finanzamt die gezahlte Investitionszulage zurück.

Handels- und steuerrechtliche Rechnungslegung **§ 155**

Der Rückforderungsanspruch des Finanzamtes ist Insolvenzforderung nach § 38 InsO, weil die begünstigte Investition vom Schuldner vor der Eröffnung des Insolvenzverfahrens vorgenommen worden ist und der Rückforderungsanspruch gemäß § 38 InsO begründet war. Unerheblich ist, daß er erst aufgrund einer Verwertungshandlung des Insolvenzverwalters entstanden ist. Da der Anspruch auf die Investitionszulage rückwirkend erlischt (§ 5 Abs. 6 InvZulG; § 19 BerlFG), entsteht der Rückforderungsanspruch rückwirkend im Zeitpunkt der Eröffnung des Insolvenzverfahrens. Der Rückforderungsanspruch ist in voller Höhe ohne Abzinsung zur Tabelle anzumelden (für den Konkurs: *BFH* BStBl. II 1978, 204).

9. Grundsteuer

Gehören zur Masse land- oder forstwirtschaftliche Grundstücke (§§ 33 ff. BewG), Betriebsgrundstücke (§ 99 BewG) oder Grundstücke i. S. d. 68 BewG, so sind die Grundsteuern für die Zeit nach Eröffnung des Insolvenzverfahrens sonstige Masseverbindlichkeiten i. S. d. § 55 Abs. 1 Nr. 1 InsO und die vor Eröffnung des Insolvenzverfahrens angefallenen Steuern Insolvenzforderungen.
Nach §§ 38 AO, 9 Abs. 2, 27 Abs. 1 GrStG entsteht die Grundsteuer zum Jahresbeginn für das ganze Jahr und wird auch dann fällig, so daß die Grundsteuer für das Jahr der Eröffnung des Insolvenzverfahrens als Insolvenzforderung zur Tabelle anzumelden ist. Unerheblich ist, daß das Finanzamt erst zu einem späteren Zeitpunkt einen geänderten Steuerbescheid erläßt.
Grundsteueransprüche für die der Eröffnung des Insolvenzverfahrens folgenden Jahre hinsichtlich eines zur Masse gehörenden Grundstücks, die nach Eröffnung des Insolvenzverfahrens begründet worden sind, sind sonstige Masseverbindlichkeiten i. S. d. § 55 Abs. 1 Nr. 2 InsO. Sie sind durch Steuerbescheid gegen den Insolvenzverwalter festzusetzen.

432

10. Nebenforderungen, Säumniszuschläge, Verspätungszuschläge, Zinsen

Säumniszuschläge sind Druckmittel eigener Art, das den Steuerpflichtigen zur rechtzeitigen Zahlung anhalten soll. Sie dienen der Abgeltung der durch die nicht fristgerechte Zahlung entstehenden Verwaltungsaufwendungen. Säumniszuschläge sind mit der Steuerforderung anzumelden.
Nicht anzumelden sind Säumniszuschläge, die nach Überschuldung und Zahlungsunfähigkeit angefallen sind. Das den Finanzbehörden bei der Frage des Erlasses von Säumniszuschlägen gemäß § 227 AO eingeräumte Ermessen kann im Falle der Zahlungsunfähigkeit und Überschuldung des Steuerschuldners nur in der Weise ermessensfehlerfrei ausgeübt werden, daß die Säumniszuschläge erlassen werden. Dabei sind die Begriffe Zahlungsunfähigkeit und Überschuldung im insolvenzrechtlichen Sinne zu verstehen.
Der Umstand, daß ein Insolvenzverwalter fällige Umsatzsteuer aus der Verwertung von Sicherungsgut mangels Liquidität der Masse erst nach Veräußerung eines Betriebsgrundstückes entrichtet, gebietet für sich allein nicht den Erlaß sämtlicher hierdurch verwirkter Säumniszuschläge. Die Funktion der Säumniszuschläge als Gegenleistung für die verspätete Zahlung fälliger Steuern und als Aufwendungsersatz für ihre Verwaltung bleibt in der Insolvenz grundsätzlich unberührt (*BFH* vom 18. 04. 1996, VR 55/95 n. v. für den Konkurs).

433

Nach der Abschaffung der Konkursvorrechte für Steuerforderungen spielt die Rangfrage bei den Säumniszuschlägen keine Rolle mehr.

434 Zur Tabelle anzumelden sind weiterhin Verspätungszuschläge sowie die bis zur Eröffnung des Insolvenzverfahrens entstandenen Zinsen (§§ 233 ff. AO) und die Kosten der bisherigen Vollstreckungsmaßnahmen (§§ 337 ff. AO). Zinsen sowie die Kosten, die den einzelnen Insolvenzgläubigern durch ihre Teilnahme am Verfahren erwachsen, gehören gemäß § 39 Abs. 1 Nr. 1 und 2 InsO zu den nachrangigen Insolvenzforderungen, ebenso wie Geldstrafen, Geldbußen, Ordnungsgelder und Zwangsgelder sowie solche Nebenfolgen einer Straftat oder Ordnungswidrigkeit, die zu einer Geldzahlung verpflichten (§ 39 Abs. 1 Nr. 3 InsO).

11. Rechte und Pflichten des Insolvenzverwalters im Besteuerungsverfahren

a) Steuererklärungspflicht von Insolvenzverwaltern

435 Der Insolvenzverwalter hat als Verwalter des schuldnerischen Vermögens dieselben steuerlichen Rechte und Pflichten wie der Schuldner. Dies ergibt sich insbesondere aus § 34 Abs. 3 AO, wonach der Insolvenzverwalter diejenigen Pflichten zu erfüllen hat, die ohne Eröffnung des Insolvenzverfahrens dem steuerpflichtigen Schuldner obliegen.
Die steuerlichen Pflichten ergeben sich im einzelnen aus der AO, §§ 90, 93 ff., 117 ff., 140 f., 149 ff. AO sowie aus dem UStG, § 22 UStG. Dabei handelt es sich um Steuererklärungspflichten, Buchführungs- und Aufzeichnungspflichten sowie Auskunftsanzeige- und Nachweispflichten.
Die insolvenzrechtlichen Buchführungs- und Aufzeichnungspflichten, insbesondere § 153 InsO, wonach der Insolvenzverwalter eine Vermögensübersicht zu erstellen hat und § 66 InsO, die Verpflichtung zur Schlußrechnungslegung treten dabei neben die steuerlichen Buchführungs- und Bilanzierungspflichten.
Insbesondere bleiben gemäß § 155 InsO die handelsrechtlichen Buchführungspflichten bestehen.
Insoweit ergibt sich die steuerliche Buchführungspflicht bereits aus § 140 AO. Unabhängig davon besteht in der Insolvenz die Buchführungspflicht nach § 141 AO.
Der Insolvenzverwalter hat für die Festsetzung der vor oder infolge der Verfahrenseröffnung entstandenen Steuern alle notwendigen Steuererklärungen abzugeben.
Die Verpflichtung des Insolvenzverwalters zur Abgabe von Steuererklärungen hängt nicht davon ab, ob die erforderlichen Steuerberatungskosten durch die Masse gedeckt sind; gegebenenfalls muß der Insolvenzverwalter die Steuererklärung selbst anfertigen.
Folglich ist der Insolvenzverwalter auch verpflichtet, vom Schuldner bereits abgegebene Steuererklärungen zu berichtigen und diejenigen Erklärungen abzugeben, die er bei Eröffnung des Insolvenzverfahrens unerledigt vorfindet.
Ferner ist er mit der Übernahme des Amtes nicht nur den Steuerbehörden, sondern auch dem Schuldner gegenüber verpflichtet für die ordnungsgemäße Erfüllung der steuerlichen Buchführungs- und Steuererklärungspflichten zu sorgen. Dies gilt grundsätzlich auch, soweit solche Buchführungsverpflichtungen wegen Steuertatbeständen vor der Eröffnung des Insolvenzverfahrens in Frage stehen, die der Schuldner, weil der Insolvenzverwalter die Geschäftsbücher in Besitz zu nehmen hat, mit der Eröffnung des Verfahrens nicht mehr erfüllen kann.

436 Fraglich ist, ob der Insolvenzverwalter zur Abgabe von Erklärungen für die einheitliche und gesonderte Gewinnfeststellung verpflichtet ist (bejahend für den Konkursverwalter:

BGH WM 1983, 30, verneinend: *BFH* ZIP 1994, 1969). Die Folgen der einheitlichen Gewinnfeststellung berühren nicht den nach Insolvenzrecht abzuwickelnden Vermögensbereich der Personengesellschaft, sondern betreffen die Gesellschafter persönlich (*BFH* BB 1979, 1756). Aus diesen Gründen ist der Insolvenzverwalter nicht verpflichtet die einheitliche und gesonderte Gewinnfeststellung abzugeben. Denn seine steuerlichen Pflichten bestehen nur, soweit seine Verwaltung reicht (§ 34 Abs. 3 AO).

Abgabepflichtig sind statt des Insolvenzverwalters die Liquidatoren der Personengesellschaft (*BFH* ZIP 1994, 1969).

b) Berichtigung von Steuererklärungen

Erkennt ein Insolvenzverwalter während des Verfahrens, daß der Schuldner für die Zeit vor Eröffnung des Insolvenzverfahrens eine unrichtige oder unvollständige Steuererklärung abgegeben hat, so ist er verpflichtet, die unrichtige oder unvollständige Steuererklärung zu berichtigen. Dies ergibt sich daraus, daß der Insolvenzverwalter bei der Verwaltung der Masse die Stellung einnimmt, die der Schuldner vor Eröffnung des Insolvenzverfahrens hatte. Da der Schuldner keinen Zugang zu den Unterlagen mehr hat, kann er seiner steuerrechtlichen Berichtigungspflicht nicht mehr nachkommen. Diese geht mit der Eröffnung des Insolvenzverfahrens auf den Insolvenzverwalter über. **437**

c) Umsatzsteuerliche Stellung des Insolvenzverwalters

Der Schuldner bleibt auch nach Eröffnung des Insolvenzverfahrens Unternehmer, wenn er vor der Eröffnung des Verfahrens Unternehmer war. Die Unternehmereigenschaft geht insoweit nicht auf die Masse selbst oder auf den Insolvenzverwalter über. **438**

Andererseits hat der Insolvenzverwalter, da er über die Masse verwaltungs- und verfügungsberechtigt ist, die umsatzsteuerlichen Pflichten, insbesondere die Erklärungs- und Aufzeichnungspflichten, auch für den Zeitraum vor Eröffnung des Insolvenzverfahrens zu erfüllen.

Insoweit ist er zur Erteilung einer Rechnung mit gesondertem Vorsteuerausweis nach § 14 Abs. 1 UStG berechtigt und verpflichtet.

d) Vergütung des Insolvenzverwalters

Der Insolvenzverwalter hat seine Vergütung (§ 63 InsO) gegenüber der Masse unter gesonderter Inrechnungstellung der auf die Vergütung entfallenden und von ihm geschuldeten Umsatzsteuer abzurechnen. Die Art der Abrechnung ist Voraussetzung dafür, daß der Verwalter für die Masse in Höhe der in Rechnung gestellten Umsatzsteuer einen Vorsteuerabzugsanspruch gegenüber dem Finanzamt geltend machen kann. **439**

Der Insolvenzverwalter ist berechtigt, über die von ihm für das Unternehmen des Schuldners erbrachte Leistung eine Rechnung mit gesondertem Steuerausweis zu erteilen. Der Schuldner kann die in der Vergütung des Insolvenzverwalters enthaltene Umsatzsteuer als Vorsteuer abziehen, wenn der Insolvenzverwalter eine Rechnung mit gesondert ausgewiesener Steuer erteilt hat.

§ 181 BGB ist dann nicht anwendbar, wenn sich ein Interessenskonflikt beim Selbstkontrahieren bei bestehender Personenidentität nicht ergeben kann.

e) Haftung des Insolvenzverwalters

440 Die Haftung des Insolvenzverwalters richtet sich nach steuerrechtlichen und insolvenzrechtlichen Regelungen. Haftet der Insolvenzverwalter nach steuerrechtlichen Vorschriften, scheidet seine insolvenzrechtliche Haftung nicht aus, weil der Haftungstatbestand des § 60 InsO und die Haftungstatbestände des Steuerrechtes gleichberechtigt nebeneinander stehen.

aa) Haftung nach Steuerrecht

441 Der Insolvenzverwalter ist Vermögensverwalter i. S. d. § 34 Abs. 3 AO. Als solcher ist er verpflichtet, die steuerlichen Verpflichtungen des Schuldners wie ein gesetzlicher Vertreter zu erfüllen, insbesondere dafür zu sorgen, daß die Abgaben aus von ihm verwalteten Mitteln entrichtet werden.
Verletzt der Insolvenzverwalter seine Pflichten, haftet er nach § 69 AO bei vorsätzlichem oder grob fahrlässigem Verhalten und kann mittels Haftungsbescheides nach § 191 Abs. 1 AO in Anspruch genommen werden.
Schadensersatzansprüche aus der verspäteten Vorlage der Schlußrechnung und des sich daraus ergebenden Zinsschadens können vor dem Zivilgericht geltend gemacht werden.

442 Typische Fälle der steuerlichen Haftung nach § 69 AO sind:
– Der Insolvenzverwalter beschäftigt Arbeitnehmer nach Eröffnung des Insolvenzverfahrens weiter und führt Lohnsteuer nicht ab, meldet diese nicht an oder behält sie nicht ein. In diesen Fällen ist die Haftung des Insolvenzverwalters der eines Arbeitgebers nach § 42 d EStG gleichgestellt.
– Entstandene Einkommen-, Körperschaft- oder Umsatzsteuer aus der Fortführung des Betriebes wird nicht entrichtet.
– Umsatzsteuer aus der Verwertung der Masse wird nicht entrichtet. Dabei ist zu beachten, daß der Insolvenzverwalter nur gehalten ist, die Gläubiger gleichmäßig zu befriedigen. Reicht die vorhandene Masse zur Befriedigung aller Gläubiger nicht aus, muß eine quotenmäßige Befriedigung, die einzelne Gläubiger weder bevorzugen noch benachteiligen darf, durchgeführt werden.

443 Das Finanzamt kann zur Ermittlung der Haftungsbemessungsgrundlage ggf. die Insolvenzakten des Gerichtes einsehen sowie Inventar, Bilanz und Schlußrechnung des Insolvenzverwalters prüfen.

bb) Haftung nach Insolvenzrecht

444 Der Insolvenzverwalter haftet den Gläubigern nach § 60 InsO in allen Fällen, in denen er die ihm kraft Insolvenzrecht zugewiesenen Obliegenheiten schuldhaft verletzt. Haftungsmaßstab ist die einfache Fahrlässigkeit.

445 Zu den Obliegenheitsverletzungen gehören z. B.:
– fehlerhafte Prozeßführung
– unzutreffende Anerkennung von Aus- und Absonderungsrechten (§§ 47, 49 InsO)
– Unterlassen von Anfechtungen §§ 129 ff. InsO
– Nichtbeachtung von Fristen
– Verschleuderung von Massegegenständen
– zu Unrecht erklärte Masseunzulänglichkeit.

Handels- und steuerrechtliche Rechnungslegung **§ 155**

Der Anspruch nach § 60 InsO ist im Zivilrechtsweg geltend zu machen. Die Höhe der **446**
Schadensersatzverbindlichkeit bemißt sich nach §§ 249 ff. BGB.
Die Haftung des Insolvenzverwalters endet nach § 66 InsO mit der Schlußrechnungslegung, wenn keine Einwendungen gegen die Schlußrechnung erhoben werden.
Die Klage des Finanzamtes gegen einen Insolvenzverwalter auf Schadensersatz gemäß § 60 InsO wegen Nichtabführung von Lohn- und Umsatzsteuer ist mangels Rechtsschutzbedürfnis unzulässig, weil auch zivilrechtlich begründete Forderungen durch Haftungsbescheid nach § 191 AO geltend zu machen sind. § 60 InsO wird durch die spezielleren Haftungsnormen der § 69 i.V.m. § 191 AO verdrängt.
Der Insolvenzverwalter ist dem Schuldner gegenüber nach § 60 InsO verpflichtet, einen ihm zugegangenen Steuerbescheid auf seine Richtigkeit zu überprüfen und Einspruch einzulegen, falls der Steuerbescheid auf falschen Voraussetzungen beruht. Ein Insolvenzverwalter, der Steuererstattungsansprüche der zu liquidierenden Schuldner-GmbH nicht geltend macht, handelt aber dann nicht pflichtwidrig, wenn das Finanzamt festgestellte und titulierte Forderungen hat, mit denen es aufrechnen kann. Eine andere Beurteilung ist allerdings bei einer natürlichen oder einer werbenden juristischen Person geboten, weil eine Steuererstattung die Steuerschuld vermindert.
Erleidet der Schuldner infolge Verletzung dieser Pflicht einen Schaden, so trifft ihn daran ein mitwirkendes Verschulden, wenn er im Prüfungszeitraum der Anmeldung der Steuerforderung nicht widersprochen hat. Beruht der Steuerbescheid auf einer falschen Schätzung der Besteuerungsgrundlagen, so kann in der verspäteten Abgabe der Steuererklärung durch den Schuldner ein weiteres mitwirkendes Verschulden vorliegen.

12. Steuerfreie Sanierungsgewinne

Die Steuerfreiheit von Sanierungsgewinnen gemäß § 3 Nr. 66 EStG wurde aufgehoben. **447**
§ 3 Nr. 66 EStG ist letztmals anzuwenden auf Sanierungsgewinne, die in dem Wirtschaftsjahr entstanden sind, das vor dem 01.01.1998 endete (§ 52 Abs. 2h EStG i.d.F. des Gesetzes zur Finanzierung eines zusätzlichen Bundeszuschusses zur gesetzlichen Rentenversicherung).
Sanierungsbemühungen wurden dagegen neu bei der Verlustnutzung durch Mantelkauf im Rahmen der §§ 8 Abs. 4, 54 Abs. 6 KStG berücksichtigt. Grundsätzlich gilt, daß ein Verlustabzug nach § 10d EStG wegen fehlender wirtschaftlicher Identität dann nicht vorgenommen werden kann, wenn mehr als 50% der Anteile übertragen werden, und die Kapitalgesellschaft ihren Geschäftsbetrieb mit überwiegend neuem Betriebsvermögen fortführt oder nach der Einstellung wieder aufnimmt. Die Zuführung neuen Betriebsvermögens ist jedoch dann unschädlich, wenn dadurch der den Verlust verursachende Geschäftsbetrieb saniert wird. Dies ist anzunehmen, wenn die Kapitalgesellschaft ihren Geschäftsbetrieb in einen nach dem Gesamtbild der wirtschaftlichen Verhältnisse vergleichbaren Umfang in den folgenden fünf Jahren fortführt. Diese Regelung gilt ab 1997. Ist der Verlust der wirtschaftlichen Identität erstmals im Jahre 1997 vor dem 06.08. eingetreten, gilt § 8 Abs. 4 KStG erstmals für den Veranlagungszeitraum 1998.

III. Vorläufige Insolvenzverwaltung

Der bisherige Sequester wird in der InsO durch den neugeschaffenen vorläufigen **448**
Insolvenzverwalter ersetzt, dessen Befugnisse in § 22 InsO geregelt sind. Sofern ein

§ 155 *Verwaltung und Verwertung der Insolvenzmasse*

vorläufiger Insolvenzverwalter bestellt und dem Schuldner ein allgemeines Verfügungsverbot auferlegt wird, geht die Verwaltungs- und Verfügungsbefugnis des Schuldners auf den vorläufigen Insolvenzverwalter über. In diesem Fall ist der vorläufige Insolvenzverwalter als Vermögensverwalter i. S. d. § 34 Abs. 3 AO anzusehen.

Hat das Gericht ihm über die Überwachung hinausgehende Pflichten zugeteilt, ohne ein allgemeines Verfügungsgebot gegenüber dem Schuldner zu erlassen, so kann § 35 AO einschlägig sein.

Die von dem vorläufigen Insolvenzverwalter stammenden Verbindlichkeiten gelten nach Eröffnung des Insolvenzverfahrens gemäß § 55 Abs. 2 InsO als sonstige Masseverbindlichkeiten. Nach der Begründung des Regierungsentwurfes soll dies auch für die darauf entfallenden Umsatzsteuerforderungen gelten (vgl. *Kübler/Prütting* Das neue Insolvenzrecht, Bd. I: InsO, § 55 InsO sowie *Onusseit* KTS, 1994, 3 [23]). Dabei vertritt *Onusseit* die Auffassung, daß die Frage, ob der vorläufige Insolvenzverwalter zur Abführung der Umsatzsteuer verpflichtet ist, durch die Qualifizierung als sonstige Masseverbindlichkeit nicht geklärt sei, da zu diesem Zeitpunkt die Eröffnung des Insolvenzverfahrens noch nicht feststehe.

Für die Verpflichtung zur Abführung der Umsatzsteuer spricht, daß der vorläufige Insolvenzverwalter gemäß §§ 21 Abs. 2 Nr. 1, 61 InsO genau wie der endgültige Verwalter persönlich für Masseverbindlichkeiten haftet, die durch seine Rechtshandlungen begründet wurden und mangels ausreichender Insolvenzmasse nicht vollständig befriedigt werden können.

IV. Besonderheiten und Einzelfragen

1. Steuergeheimnis

449 Nach § 30 Abs. 2 Nr. 1a AO verletzt ein Amtsträger das Steuergeheimnis, wenn er Verhältnisse eines anderen, die ihm in einem Verwaltungsverfahren oder einem gerichtlichen Verfahren in Steuersachen bekannt geworden sind, unbefugt offenbart. Wenn das Finanzamt bei Anträgen auf Eröffnung des Insolvenzverfahrens die Insolvenzforderung und den Insolvenzgrund glaubhaft macht, so wird hierdurch das Steuergeheimnis eingeschränkt.

Die Beeinträchtigung des Steuergeheimnisses wird jedoch allgemein als notwendige Folge der gesetzlichen Regelungen der Insolvenz und des Besteuerungsverfahrens angesehen und als für die Durchführung des Besteuerungsverfahrens in der Insolvenz für zwingend erforderlich gehalten (für das Konkursverfahren BMF vom 17. 03. 1981 – IV A 7 – S 0130–14/31 – AO Kartei NRW, § 30 Karte 4).

2. Auswirkungen der Schweigepflicht der mit Steuerangelegenheiten des Schuldners befaßten Personen

450 Die Eröffnung des Insolvenzverfahrens hat auch auf die Verschwiegenheitspflichten der Steuerberater, Wirtschaftsprüfer und Rechtsanwälte des Schuldners Auswirkungen. Sie können in Prozessen, die der Insolvenzverwalter kraft seines Amtes führt, von der Schweigepflicht entbunden werden.

Der Insolvenzverwalter hat ein Recht auf Einsichtnahme bzw. Herausgabe der den Schuldner betreffenden Akten gegenüber dessen Rechtsanwalt bzw. Steuerberater. Dies folgt aus §§ 667 BGB i. V. m. § 50 BRAO. Der Insolvenzverwalter kann im Wege der

Handels- und steuerrechtliche Rechnungslegung § 155

einstweiligen Verfügung vom Steuerberater die Herausgabe der DATEV-Buchhaltungsausdrucke verlangen, ohne daß dem Steuerberater hierbei ein Zurückbehaltungsrecht zusteht.

3. Besteuerung des Veräußerungs- und Betriebsaufgabegewinnes

Bei der Verwertung der Insolvenzmasse werden häufig stille Reserven, die in zur Masse gehörenden Gegenständen enthalten sind, aufgedeckt und dadurch ein Veräußerungsgewinn erzielt. Unter einem derartigen Veräußerungsgewinn versteht man den Gewinn, der im Rahmen der Verwertung der Masse bei der Veräußerung einzelner Wirtschaftsgüter oder eines ganzen Betriebes erzielt wird. 451

Bei der Veräußerung einzelner zur Masse gehörender Wirtschaftsgüter ist Veräußerungsgewinn der Betrag, um den der erzielte Erlös den (möglicherweise durch die regelmäßige AfA oder durch Sonderabschreibungen geminderten) Buchwert übersteigt.

Die Veräußerung eines Betriebes im Rahmen des Insolvenzverfahrens stellt den letzten Akt der betrieblichen Tätigkeit dar. Wird hierbei vom Insolvenzverwalter ein Preis erzielt, der über dem Buchwert des Betriebsvermögens liegt, so wird der hierin liegende Gewinn als Betriebsveräußerungsgewinn versteuert. Dieser Veräußerungsgewinn ist in mehrfacher Hinsicht steuerlich begünstigt. Die Vergünstigungen bestehen u. a. in der Gewährung eines Freibetrages (§ 16 Abs. 4 EStG) und in der Anwendung eines ermäßigten Steuersatzes (§ 34 EStG). In gleicher Weise wie der Betriebsveräußerungsgewinn wird auch der Gewinn begünstigt, der bei der Veräußerung von Teilbetrieben und Mitunternehmeranteilen entsteht. 452

Im Betriebsveräußerungsgewinn werden alle im Laufe der Zeit im Betrieb angesammelten stillen Reserven erfaßt. Zur Ermittlung des Veräußerungsgewinnes wird der um die Veräußerungskosten verminderte Buchwert des Betriebsvermögens dem Veräußerungserlös gegenübergestellt. Der sich hierbei ergebende Unterschiedsbetrag ist der Veräußerungsgewinn.

Als Veräußerung des ganzen Gewerbebetriebes oder eines Teilbetriebes gilt auch die Betriebsaufgabe (§ 16 Abs. 3 Satz 1 EStG).

Unter Betriebsaufgabe versteht man die Auflösung des Betriebs mit der Folge, daß der Betrieb als selbständiger Organismus des Wirtschaftslebens zu bestehen aufhört. Im Rahmen einer Betriebsaufgabe werden die bisher zum Betrieb gehörenden Wirtschaftsgüter veräußert. Die bei der Betriebsaufgabe aufgedeckten stillen Reserven werden als Betriebsaufgabegewinnn erfaßt.

Da die uneingeschränkte steuerliche Erfassung aller bei einer Betriebsaufgabe aufgedeckten stillen Reserven für den Steuerpflichtigen eine Härte bedeuten würde, bestehen für Betriebsaufgabegewinne ebenso wie für Betriebsveräußerungsgewinne steuerliche Vergünstigungen in Form eines Freibetrages nach § 16 Abs. 4 EStG und eines ermäßigten Steuersatzes nach § 34 EStG.

Eine Betriebsaufgabe setzt voraus, daß der Steuerpflichtige oder der Insolvenzverwalter:
– aufgrund eines Entschlusses, den Betrieb aufzugeben, die bisherige gewerbliche Tätigkeit endgültig einstellt und
– alle wesentlichen Betriebsgrundlagen in einem einheitlichen Vorgang entweder klar und eindeutig, äußerlich erkennbar ins Privatvermögen überführt bzw. anderen betriebsfremden Zwecken zuführt oder
– insgesamt einzeln an verschiedene Erwerber veräußert und dadurch der Betrieb als selbständiger Organismus des Wirtschaftslebens zu bestehen aufhört.

§ 155 *Verwaltung und Verwertung der Insolvenzmasse*

453 Wichtig ist, daß die Betriebsaufgabe in einem Zuge und nicht allmählich durchgeführt wird. Dabei können die Wirtschaftsgüter dann in mehreren Schritten veräußert werden, weil die schrittweise Veräußerung noch als einheitlicher Vorgang angesehen werden kann (*BFH* BStBl. II 1977, 66). Ein wirtschaftlicher einheitlicher Vorgang ist dann noch gegeben, wenn zwischen Beginn und Ende der Betriebsaufspaltung nur ein kurzer Zeitraum liegt. Dabei entscheidet der Einzelfall, insbesondere die Art der zu veräußernden Wirtschaftsgüter.

Von einem kurzen Zeitraum geht die Finanzverwaltung in der Regel dann aus, wenn die Veräußerung bzw. die Abwicklung des Insolvenzverfahrens innerhalb eines halben Jahres erfolgt. Eine Ausnahme von der halbjährlichen Frist gilt allerdings, wenn eine Abwicklung aus wirtschaftlich vernünftigen Gründen in diesem Zeitraum nicht möglich ist, weil z. B. schwer verkäufliche Grundstücke zum Anlagevermögen gehören.

Der BFH hat in einem Fall einen Zeitraum von 6 Monaten (*BFH* BStBl. II 1970, 719) als unschädlich angesehen und in einem anderen Fall 14 Monate noch als kurzen Zeitraum beurteilt (*BFH* BStBl. III 1967, 70).

Schädlich ist dagegen eine allmähliche Abwicklung, die sich über mehrere Jahre hinzieht (*BFH* BStBl. II 1977, 66; *FG Niedersachsen* EFG 1993, 159).

Da die Betriebsaufgabe ein tatsächlicher Vorgang ist, bedarf es keiner zusätzlichen Aufgabeerklärung gegenüber dem Finanzamt (*BFH* BStBl. II 1983, 412; *BFH* BStBl. II 1985, 456).

Auch die Abwicklung eines Insolvenzverfahrens stellt nur dann eine begünstigte Betriebsaufgabe dar, wenn die wesentlichen Betriebsgrundlagen innerhalb kurzer Zeit und damit in einem einheitlichen Vorgang veräußert werden. Soweit diese Voraussetzungen erfüllt sind, jedoch noch weitere Wirtschaftsgüter, z. B. des gewillkürten Betriebsvermögens noch nicht veräußert sind, müssen diese mit dem gemeinen Wert entnommen werden.

454 Bei der Insolvenz einer Kommanditgesellschaft führt der Wegfall des negativen Kapitalkontos zu einem tarifbegünstigten Aufgabegewinn. Voraussetzung ist, daß im Zeitpunkt der Aufstellung der Bilanz ein Antrag auf Eröffnung des Insolvenzverfahrens abgelehnt worden ist oder ein Antrag auf Eröffnung des Insolvenzverfahrens bereits gestellt worden oder das Insolvenzverfahren eröffnet worden ist.

Während in Fällen, in denen der Antrag auf Eröffnung des Insolvenzverfahrens abgelehnt worden ist, ein Ausgleich des negativen Kapitalkontos mit künftigen Gewinnanteilen eindeutig nicht mehr in Betracht kommt, gilt dies ohne weiteres nicht in den Fällen, in denen ein Antrag auf Eröffnung des Insolvenzverfahrens gestellt bzw. das Insolvenzverfahren bereits eröffnet worden ist. Eine sofortige Besteuerung des negativen Kapitalkontos als laufender Gewinn kommt in derartigen Fällen dann nicht in Betracht, wenn die Kommanditgesellschaft trotz der Eröffnung des Insolvenzverfahrens noch erhebliches Vermögen, z. B. unbewegliches Anlagevermögen mit nennenswerten stillen Reserven oder einen Geschäftswert hat, wenn also zu erwarten ist, daß im Rahmen der Durchführung des Insolvenzverfahrens noch Gewinne anfallen.

Die auf der Auflösung der stillen Reserven im Rahmen des Aufgabegewinnes beruhende Steuer ist den sonstigen Masseverbindlichkeiten i. S. d. § 55 InsO zuzurechnen (für den Konkurs: *BFH* BStBl. III 1964, 70; BStBl. II 1984, 602).

4. Insolvenzrechtliche Probleme der Personengesellschaften

455 Ein Insolvenzverfahren kann über das Vermögen einer OHG und KG und anders als im Konkurs auch über das Vermögen einer GbR eröffnet werden, nicht jedoch über das

Vermögen einer stillen Gesellschaft, bei der es nur ein Insolvenzverfahren über das Vermögen des stillen Gesellschafters gibt.
Bei den Personengesellschaften ist zwischen dem Vermögen der Gesellschaft, dem Gesamthandsvermögen und den Forderungen auf rückständige Einlagen sowie dem Vermögen der Gesellschafter einschließlich des steuerlichen Sonderbetriebsvermögens zu unterscheiden.
Die Eröffnung des Insolvenzverfahrens über das Gesamthandsvermögen einer Personengesellschaft kann auch ein Insolvenzverfahren über das Vermögen der Gesellschafter nach sich ziehen. Dabei handelt es sich jeweils um selbständige und unabhängige Insolvenzverfahren.
Einkommensteuerrechtlich werden die Einkünfte den Gesellschaftern zugerechnet, da die Personengesellschaft für die Einkommensteuer kein Steuersubjekt ist. Die unterschiedliche Behandlung der Personengesellschaft im Steuer- und im Insolvenzrecht führt im Einzelfall zu unbefriedigenden Ergebnissen.
Die Einkommensteuer auf Gewinne der Personengesellschaft, die nach der Eröffnung des Insolvenzverfahrens über das Vermögen der Gesellschaft entstehen, sind im Insolvenzverfahren über das Vermögen der Gesellschafter als sonstige Masseverbindlichkeiten i.S.d. § 55 InsO anzusehen, da die Einkommensteuerforderung nach Eröffnung des Gesellschafterinsolvenzverfahrens begründet worden ist und sie im Verwaltungs- und Verfügungsbereich des Insolvenzverwalters im Gesellschafterinsolvenzverfahrens angefallen ist. Die Steuerschuld ist vorweg aus der Masse der Gesellschaft zu tilgen. Dem Insolvenzverwalter über das Vermögen der Personengesellschaft steht kein Anspruch gegen das Finanzamt auf Erstattung der Kapitalertragsteuer zu, die von den Zinserträgen der zur Masse gehörenden Bankeinlagen einbehalten und abgeführt wurde (*BFH* BFH/NV 1996, 112). Dieser Anspruch steht nur den Personengesellschaften zu.

5. Verlustausgleich und Verlustabzug

Grundsätzlich ändert sich durch die Eröffnung des Insolvenzverfahrens nichts an der Anwendbarkeit des § 10d EStG. Die Möglichkeit des Verlustausgleiches bleibt dem Schuldner also auch noch nach der Eröffnung des Insolvenzverfahrens erhalten, weil die Einkommensteuerveranlagung einheitlich ohne Rücksicht auf die Eröffnung des Insolvenzverfahrens durchgeführt wird (für das Konkursverfahren: *BFH* BStBl. II 1969, 726).
Soweit das Insolvenzverfahren nicht zu einer vollen Befriedigung der Gläubiger führt, können diese ihre ausgefallenen Forderungen nach Abschluß des Insolvenzverfahrens unbeschränkt gegen den Schuldner weiterverfolgen. Der am Schluß des Veranlagungszeitraumes verbleibende Verlustabzug ist gemäß § 10d Abs. 3 Satz 1 EStG gesondert festzustellen, unabhängig von dem Verbot des Erlasses von Steuerbescheiden über Insolvenzforderungen. Soweit die Insolvenzmasse von dem Verlustabzug betroffen ist, ist die Feststellung gegenüber dem Insolvenzverwalter vorzunehmen.
Für die Zulässigkeit eines Verlustausgleiches oder -abzugs ist allein auf die rechtliche Überschuldung abzustellen. Daher ist bis zum Wegfall der Schulden, z.B. durch Erlaß ein Verlustabzug steuerlich anzuerkennen.
Mit dem Wegfall der Schulden, z.B. durch einen (teilweisen) Erlaß seitens des Gläubigers entsteht in Höhe des Wegfalles der Forderung beim Schuldner ein gewerblicher Gewinn. Dies gilt selbst dann, wenn die zur Tilgung verwendeten Geldmittel dem Schuldner von dritter Seite zur Verfügung gestellt worden sind. Unerheblich ist auch, ob

456

§ 155 *Verwaltung und Verwertung der Insolvenzmasse*

die früher angefallenen Verluste sich steuerlich ausgewirkt haben (für das Konkursverfahren: *BFH* BStBl. II 1972, 946).

6. Tilgung von Betriebsschulden durch Angehörige

457 Der Geschäftsführer einer GmbH haftet nach § 69 i. V. m. § 34 AO, wenn er schuldhaft Körperschaft- oder Umsatzsteuerschulden nicht oder zu spät tilgt und dadurch die Steueransprüche verkürzt. Reichen die verfügbaren Mittel nicht zur Tilgung aller Schulden aus, so hat der Geschäftsführer die Steuerschulden im selben Verhältnis zu tilgen wie die übrigen Schulden.

Die Verletzung dieser Pflichten ist regelmäßig schuldhaft. Denn die ordnungsgemäße Beachtung der gesetzlichen Vorschriften muß von jedem kaufmännischen Leiter eines Gewerbebetriebes verlangt werden.

Da die Haftung nach § 69 AO einen durch eine schuldhafte Pflichtverletzung verursachten Steuerausfall voraussetzt, kann der Haftungsschuldner nach dem Grundsatz der anteiligen Haftung nur für diejenigen Steuerbeträge in Anspruch genommen werden, für die bei pflichtgemäßen Verhalten seinerseits ein Ausfall nicht eingetreten wäre.

Die geänderte Rechtsprechung des BGH zur Geschäftsführerhaftung gemäß § 823 Abs. 2 BGB i. V. m. § 64 GmbHG gegenüber Neugläubigern wirkt sich nicht auf die Haftung gemäß §§ 34, 69 AO aus.

a) Voraussetzung der Haftung nach § 69 AO

458 Die in den §§ 34 und 35 AO bezeichneten Personen haften, soweit Ansprüche aus dem Steuerschuldverhältnis (§ 37 AO) infolge vorsätzlicher oder grob fahrlässiger Verletzung der ihnen auferlegten Pflichten nicht oder nicht rechtzeitig festgesetzt oder erfüllt oder soweit infolgedessen Steuervergütungen oder Steuererstattungen ohne rechtlichen Grund gezahlt wurden.

Unter den in §§ 34 und 35 AO bezeichneten Personenkreis fallen neben dem GmbH Geschäftsführer auch der Insolvenzverwalter oder der Liquidator, nicht aber jemand, der im Auftrag des Insolvenzverwalters nur Personalangelegenheiten bearbeitet.

Eine Inhaftungsnahme des Geschäftsführers einer in Insolvenz gefallenen GmbH für USt Rückstände der Gesellschaft ist dann ermessensfehlerhaft, wenn das Finanzamt ohne nähere Erläuterung davon abgesehen hat, diese Steuerrückstände zur Tabelle anzumelden.

Im Rahmen der Prüfung stellt das Finanzamt fest, ob der betreffende Haftungsschuldner eine schuldhafte Pflichtverletzung begangen hat. Zu den Pflichten gehören insbesondere: Entrichtung von Steuern und steuerlichen Nebenleistungen aus den verwalteten Mitteln. Der Haftungsschuldner muß dafür Sorge tragen, daß die Körperschaft- und Umsatzsteuer aus diesen Mitteln bezahlt wird. Hierzu gehören auch verfügbare Kreditmittel.

Für die Würdigung des Verhaltens eines Vertreters über einen Zeitraum ist jeweils der Zeitpunkt maßgebend, in dem der Vertreter die Nichtsteuergläubiger befriedigt, und zwar sowohl hinsichtlich der Höhe der Steuerschulden als auch der Höhe der übrigen Schulden. Dabei können je nach der Lage des Falles einzelne Tage zu einem Zeitraum zusammengefaßt werden.

Befindet sich z. B. eine GmbH in Liquidationsschwierigkeiten, handelt der Haftungsschuldner schuldhaft, wenn er die Körperschaft- oder die Umsatzsteuer nicht anteilig, d. h. etwa in dem gleichen Verhältnis wie die anderen Zahlungsverpflichtungen der Gesellschaft (z. B. gegenüber Lieferanten) entrichtet (s. *BFH* a. a. O.).

Handels- und steuerrechtliche Rechnungslegung § 155

Nach der Rechtsprechung des BGH haftet ein Insolvenzverwalter, der einem anderen unberechtigterweise eine Rechnung mit offen ausgewiesener Umsatzsteuer erteilt, aus § 34 Abs. 3 i. V. m. Abs. 1 AO, wenn er weiß, daß die Masse nicht zur Deckung der Umsatzsteuerschuld ausreicht.

b) Haftungszeitraum

Der Haftungszeitraum beginnt mit der Fälligkeit der ältesten Steuerschuld und endet mit dem Tag der letzten Zahlung, die der Haftungsschuldner beeinflussen konnte. **459**

c) Umfang der Haftung

Der Umfang der Haftung nach § 69 AO ist dem Grunde nach auf folgende Ansprüche aus dem Steuerschuldverhältnis beschränkt (§ 37 Abs. 1 AO): **460**
– die Steuer-, Vergütungs- und Haftungsansprüche,
– der Anspruch auf steuerliche Nebenleistungen, zu denen auch Säumnis- und Verspätungszuschläge gehören (§ 37 Abs. 3 AO),
– die in den Einzelsteuergesetzen geregelten Steuererstattungsansprüche.

d) Quotenermittlung

Zur Berechnung der Umsatzsteuer- bzw. der Körperschaftsteuerquote ist zunächst das Verhältnis der gesamten Zahlungsverpflichtungen der GmbH zu den Umsatzsteuer- bzw. Körperschaftsteuerschulden im Haftungszeitraum zu ermitteln. Dieser Vomhundertsatz (Quote) ist auf die im Haftungszeitraum von der GmbH insgesamt erbrachten Zahlungen anzuwenden. Von der sich daraus ergebenden Zwischensumme sind die im Haftungszeitraum von der GmbH bezahlten Umsatz- oder Körperschaftsteuern abzusetzen. Der verbleibende Restbetrag ist die Haftungsmasse. **461**

Zur Ermittlung der Haftungsmasse und zur Berechnung der Gesamtverbindlichkeiten werden in der Regel folgende Unterlagen eingesehen: **462**
– Summen- und Saldenlisten zum Stichtag, Antrag auf Eröffnung des Insolvenzverfahrens oder Eröffnung des Insolvenzverfahrens,
– Bankkonten (Darlehen, Giro) und Schecklisten; diese sind wichtig für die Ermittlung der Verbindlichkeiten und entscheidend für die Sachverhaltsermittlung der noch durchgeführten Zahlungen von Verbindlichkeiten gegenüber Gläubigern,
– Lohnkonten, auch die ausstehenden Löhne gehören zu den Verbindlichkeiten,
– Gerichtskosten und Unterlagen des Insolvenzverwalters (die z. B. Erkenntnisse bringen können über das Verschulden des Geschäftsführers).

Zur Feststellung der Haftungsmasse kann das Finanzamt vom Haftungsschuldner die notwendigen Auskünfte über die anteilige Gläubigerbefriedigung im Haftungszeitraum verlangen. Der Haftungsschuldner ist jedoch nicht verpflichtet, die Gläubiger zu benennen sowie Angaben über den jeweiligen Schuldgrund und den Zahlungszeitpunkt der einzelnen Verbindlichkeiten zu machen. **463**

e) Haftung für Lohnsteuer

Der Geschäftsführer einer GmbH haftet für einbehaltene und nicht abgeführte Lohnsteuer, Lohnkirchensteuer und Säumniszuschläge wegen grob fahrlässiger Pflichtverletzung, wenn er trotz Kenntnis von der schlechten finanziellen Lage der GmbH und dem **464**

Boochs 1133

ausgeschöpften Kreditrahmen die ungekürzten Löhne und die Lohnsteuer zur Überweisung anwies und es über einen Zeitraum von mehreren Monaten hinnimmt, daß die Bank nur die Löhne, nicht aber die Steuerabzugsbeträge überweist und die (nicht ausgeführten) Überweisungsaufträge an die GmbH zurückgibt. Er muß auch bei finanzieller Abhängigkeit der GmbH und seiner eigenen Person von der Bank trotz entgegenstehender Interessen und Weisungen der Bank dafür sorgen, daß die, wenn auch nur im Kreditwege zur Verfügung stehenden Mittel, gegebenenfalls unter Einschaltung des zuständigen Finanzamtes, gleichmäßig zur Erfüllung der Verbindlichkeiten verwendet werden.

465 Der Grundsatz der anteiligen Haftung für die Umsatzsteuer (*BFH* BStBl. II 1986, 657) greift nicht ein, wenn der Geschäftsführer einer GmbH seiner Verpflichtung nachgekommen ist, die Eröffnung des Insolvenzverfahrens über das Vermögen einer GmbH zu beantragen, weil die GmbH zahlungsunfähig oder überschuldet ist (*BFH* WM 1994, 1428).

Die Haftung für Lohnsteuer und Kirchensteuer nach § 69 AO greift sowohl bei Nichterfüllung als auch bei nicht rechtzeitiger Erfüllung der Ansprüche aus dem Steuerschuldverhältnis ein.

466 Die Pflichtverletzung braucht weder gewünscht noch beabsichtigt gewesen zu sein. Sind bei einer GmbH zwei Geschäftsführer als gesetzliche Vertreter vorhanden, so treffen grundsätzlich jeden von ihnen alle steuerlichen Pflichten der GmbH (vgl. *BFH* NJW 1962, 1640; *BFH* NJW 1982, 2038).

467 Die Nichtabführung der Lohnsteuer stellt regelmäßig eine schuldhafte Pflichtverletzung der den Arbeitgeber vertretenden Person dar. Der Arbeitgeber hat sich die Informationen zu beschaffen, die es ihm ermöglichen, die gesetzlichen Vorschriften zu beachten (*BFH* DB 1953, 502; *BFH* BFH/NV 1986, 583).

468 Hat der Geschäftsführer einer GmbH einbehaltene Lohnsteuer nicht an das Finanzamt abgeführt, da er zum Fälligkeitszeitpunkt wegen Eröffnung des Insolvenzverfahrens über das Vermögen der GmbH nicht mehr über deren Mittel verfügen durfte, so ist ernstlich zweifelhaft, ob dieses Verhalten den Haftungstatbestand des § 69 AO erfüllt. Selbst die begründete Vermutung, daß der Geschäftsführer auch ohne die Eröffnung des Insolvenzverfahrens die Steuer nicht abgeführt hätte, kann die Haftung nicht begründen.

469 Ein bei Inanspruchnahme des Geschäftsführers einer GmbH wegen vorsätzlicher Nichtabführung einbehaltener Lohnsteuer zu beachtendes Mitverschulden des Finanzamtes kann nicht darin gesehen werden, daß das Finanzamt die rückständigen Abzugsbeträge früher hätte einziehen können (Anschluß an *BFH* DB 1978, 2456) bzw. daß es die kurz vor Eröffnung des Insolvenzverfahrens abgetretenen Forderungen der GmbH, ohne hieraus Befriedigung zu suchen, an die Insolvenzmasse freigegeben hat (*BFH* ZIP 1985, 958).

470 Der alleinige Geschäftsführer einer GmbH haftet für die bei der GmbH eingetretenen Steuerverkürzungen wegen vorsätzlicher Pflichtverletzungen, wenn er trotz Kenntnis der finanziellen Schwierigkeiten der GmbH und im Vertrauen darauf, daß das Finanzamt stillhalten und er die Steuerrückstände aufgrund der Finanzierungszusage der Muttergesellschaft der GmbH später werde ausgleichen können, einbehaltene Lohnsteuerabzugsbeträge zu den jeweiligen Fälligkeitszeitpunkten bewußt nicht an das Finanzamt abgeführt hat.

471 Wird über das Vermögen der Schwesterfirma, bei der die Lohnsteuerbuchhaltung geführt wird, das Insolvenzverfahren eröffnet, so muß der Geschäftsführer rechtzeitig dafür sorgen, daß ihm die Lohnunterlagen übermittelt werden. Ist dies nicht möglich, muß er bei Leistung von Abschlagszahlungen von diesen Abzüge in etwa dem Verhältnis zur

Handels- und steuerrechtliche Rechnungslegung § 155

Lohnsumme einbehalten, wie dies den Lohnabrechnungen für die Vormonate entsprach (*BFH* BFH/NV 1987, 74).

Der Geschäftsführer einer notleidenden KG haftet auch dann für nichtabgeführte Lohn- 472 steuern und Kirchensteuern, wenn er über 19 Monate hinweg die Löhne ungekürzt aus Kreditmitteln gezahlt hat, die nach der getroffenen Vereinbarung oder der Weisung des Kreditgebers nur für Nettolohnzahlungen verwendet werden sollten, und im Falle der Lohnkürzung die Gefahr der Arbeitsniederlegung durch die Arbeitnehmer bestand. Die vorsätzliche Verwirklichung des Haftungstatbestandes wird nicht ausgeschlossen durch die Bemühungen des Geschäftsführers, eine Stundung zu erreichen oder eine anteilige Lohnkürzung gegenüber den Arbeitnehmern durchzusetzen sowie durch Hingabe von Schecks an das Finanzamt, mit deren Einlösung er nicht rechnen konnte (*BFH* BFH/NV 1986, 378). Der Geschäftsführer einer GmbH, die persönlich haftende Gesellschafterin einer GmbH & Co KG ist, haftet für die Nichtabführung einbehaltener und abzuführender Lohnsteuer (nebst Kirchenlohnsteuer und Solidaritätszuschlag) der GmbH & Co KG.

Zum Umfang der Haftung nach § 69 AO für die Lohnsteuer, wenn dem Geschäftsführer 473 der Gesellschaft außer den in voller Höhe ausgezahlten Nettolöhnen keine sonstigen Zahlungsmittel zur Verfügung standen, führt der *BFH* (DB 1988, 2238) aus, daß seine Rechtsprechung bei der Haftung des Geschäftsführers für rückständige Umsatzsteuer davon ausgehe, daß dieser nur insoweit in Anspruch genommen werden könne, als er aus den ihm zur Verfügung stehenden Mitteln die Steuerschulden hätte tilgen können. Reichten die Zahlungsmittel der Gesellschaft zur Tilgung sämtlicher Verbindlichkeiten nicht aus, so hafte der Geschäftsführer nur in dem Umfang, wie er das Finanzamt gegenüber den anderen Gläubigern benachteiligt habe.

Die danach für die Umsatzsteuer verbleibende Haftungsmasse sei unter Berücksichti- 474 gung der Mittelverwendung während des gesamten Haftungszeitraums überschlägig zu berechnen (*BFH* NJW 1882, 2688; BB 1987, 2008).

Die vorstehenden, für die Umsatzsteuerhaftung entwickelten Rechtsgrundsätze können 475 für die nach derselben Rechtsnorm zu beantwortende Frage nach dem Umfang der Haftung für die Lohnsteuer, wenn die dem Geschäftsführer zur Verfügung stehenden Zahlungsmittel zur Befriedigung der Arbeitnehmer wegen der Löhne sowie des Finanzamtes wegen der Lohnsteuer nicht ausreichen, berücksichtigt werden.

Falls die zur Verfügung stehenden Mittel nicht zur Zahlung der vollen Löhne einschließ- 476 lich des Steueranteiles ausreichen, darf der Geschäftsführer die Löhne deshalb nur gekürzt als Vorschuß oder Teilbetrag auszahlen, und er muß aus den übriggebliebenen Mitteln die entsprechende Lohnsteuer an das Finanzamt abführen. Kommt der Geschäftsführer seiner Verpflichtung zur gleichrangigen Befriedigung der Arbeitnehmer hinsichtlich der Löhne und des Finanzamtes hinsichtlich der darauf entfallenden Lohnsteuer – notfalls unter anteiliger Kürzung beider Verbindlichkeiten – nicht nach, handelt er zumindest grob fahrlässig und erfüllt den Haftungstatbestand des § 69 Satz 1 AO. Da die Haftung nach § 69 AO einen durch schuldhafte Pflichtverletzung verursachten Steuerausfall voraussetzt, kann der Haftungsschuldner nur hinsichtlich derjenigen Steuerbeträge in Anspruch genommen werden, für die bei pflichtgemäßen Verhalten seinerseits ein Ausfall nicht eingetreten wäre.

Die Haftung nach § 69 AO erstreckt sich nicht auf Säumniszuschläge, die ab dem 477 Zeitpunkt der Überschuldung und Zahlungsunfähigkeit des Hauptschuldners verwirkt sind (*BFH* DB 1988, 2238).

7. Zinsabschlag in der Insolvenz

478 Die 30%ige Zinsabschlagsteuer hat Vorauszahlungscharakter und wird auf die Einkommen- und Körperschaftsteuer angerechnet. Bei Vorliegen einer Nichtveranlagungsbescheinigung oder eines Freistellungsauftrages entfällt der Zinsabschlag.

479 Für die Vornahme des Zinsabschlages ist zwischen den Kapitalerträgen aus verbrieften Kapitalforderungen, d. h. aus Anleihen und Forderungen, die in einem öffentlichen Schuldbuch oder in einem ausländischen Register unter Angabe von Sammelurkunden oder Teilschuldverschreibungen eingetragen sind und den Kapitalerträgen aus einfachen Darlehnsgeschäften zu unterscheiden. Der Zinsabschlag ist gemäß § 43 Abs. 1 EStG auch bei Gläubigern vorzunehmen, über deren Vermögen das Insolvenzverfahren eröffnet worden ist und bei denen wegen hoher Verlustvorträge die Kapitalertragsteuer und die anrechenbare Körperschaftsteuer auf Dauer höher wären als die gesamte festzusetzende Einkommensteuer (sog. Überzahler). Eine solche Überzahlung beruht nicht aufgrund der Art seiner Geschäfte i. S. d. § 44 a Abs. 5 EStG, bei diesen Gläubigern kann auch nicht aus sachlichen Billigkeitsgründen gemäß § 163 AO vom Zinsabschlag abgesehen werden (*BFH* BStBl. II 1996, 199 und 308 für den Konkurs).

480 Zu bisher ungeklärten Rechtsfragen führt das Zinsabschlaggesetz unter anderem im Zuge der Besteuerung der Zinseinkünfte von Personenhandelsgesellschaften, über deren Vermögen das Insolvenzverfahren eröffnet worden ist.

481 Zinseinnahmen, die der Insolvenzverwalter durch die Anlage der Erlöse aus der Versilberung des Gesellschaftsvermögens erzielt, werden durch den Zinsabschlag geschmälert und stehen insoweit nicht zur Verteilung an die Gläubiger zur Verfügung.

482 Überbezahlte Beträge sind mit befreiender Wirkung vom Finanzamt an die Gesellschafter zu zahlen. Hierdurch werden gerade im Insolvenzfall die Gläubiger der Personengesellschaft benachteiligt. Dabei gibt es keine Möglichkeit den Zinsabschlag zu vermeiden. Der Insolvenzverwalter hat insbesondere keine Befugnis zur Abgabe von Freistellungsaufträgen mit Wirkung für die Gesellschafter der Personengesellschafter, da die Zinserträge auf Guthaben von Geschäftskonten der Personengesellschaft für die Gesellschafter keine Einnahmen aus § 20 Abs. 1 EStG, sondern Einnahmen aus Gewerbebetrieb gemäß § 15 Abs. 2 EStG darstellen und die Verwendung des Freistellungssatzes für die gewerblich erzielten Zinserträge ausscheidet. Der Zinsabschlag kann auch nicht dadurch vermieden werden, daß für die Personengesellschaft oder die Gesellschafter eine NV-Bescheinigung beantragt wird (*BFH* vom 09. 11. 1994 – R 5/94).

483 Mit den durch das Zinsabschlaggesetz eingeführten steuerrechtlichen Möglichkeiten ist die Besteuerung eines erheblichen Teiles der Zinserträge der in der Insolvenz befindlichen Personenhandelsgesellschaften nicht zu vermeiden, es sei denn, man wählt als derzeit noch legale Ausweichmöglichkeit die Vermeidung des Zinsabschlags durch Anlage der Insolvenzerlöse bei ausländischen Tochtergesellschaften deutscher Kreditinstitute. Ob sich diese Möglichkeit im Einzelfall realisieren läßt, liegt nicht in der Entscheidungskompetenz des Insolvenzverwalters. Die Verpflichtung des Insolvenzverwalters zur bestmöglichen Verwertung der Insolvenzmasse beinhaltet nicht die freie Entscheidung über die Hinterlegung der erzielten Erlöse. Hierbei ist der Insolvenzverwalter an eine entsprechende Beschlußfassung der Gläubigerversammlung über das Ob und Wie der Hinterlegung sowie bis zur Fassung des Beschlusses an die Anordnung durch das Gericht gebunden.

484 Ist der Zinsabschlag auf die zustehenden Zinserträge nicht zur Anrechnung auf die Steuerschuld des Gesellschafters gelangt, so steht der Personenhandelsgesellschaft ein Bereicherungsanspruch gemäß § 812 BGB gegenüber den Finanzbehörden zu. Eine

Handels- und steuerrechtliche Rechnungslegung § 155

Erstattung des überbezahlten Betrages an den Gesellschafter hat für das Finanzamt keine befreiende Wirkung. Soweit der Zinsabschlag hingegen zur teilweisen Tilgung der Einkommensteuerschuld des Gesellschafters führt, steht der Personengesellschaft ein Kondiktionsanspruch wegen Bereicherung in sonstiger Weise gegen den Gesellschafter zu.

Die Zinsabschlagsteuer, die von den Kapitalerträgen einer KG, über deren Vermögen das 485 Insolvenzverfahren eröffnet worden ist, zu erheben ist, gehört zu den sonstigen Masseverbindlichkeiten i. S. d. § 55 Abs. 1 Nr. 1 InsO.

8. Auflösungsverluste wesentlich beteiligter Gesellschafter gemäß § 17 Abs. 4 EStG

a) Persönlicher Geltungsbereich

§ 17 EStG erfaßt alle Anteile von unbeschränkt und beschränkt steuerpflichtigen Perso- 486 nen bei wesentlicher Beteiligung an Kapitalgesellschaften, wenn die Kapitalgesellschaft, deren Anteile veräußert werden, ihre Geschäftsleitung oder ihren Sitz im Inland hat. Ferner erfaßt § 17 EStG auch die Veräußerung von wesentlichen Beteiligungen an einer ausländischen Kapitalgesellschaft.
Bei unbeschränkt Körperschaftsteuerpflichtigen kommt § 17 EStG i. V. m. §§ 1 Abs. 2, 8 Abs. 1 KStG nur ausnahmsweise in Betracht, weil Körperschaften kein Privatvermögen haben.

b) Voraussetzungen des § 17 Abs. 1–4 EStG

Der Steuertatbestand besteht aus einer Veräußerung, der gemäß § 17 Abs. 4 EStG eine 487 Auflösung durch Konkurs (Eröffnung des Insolvenzverfahrens) oder aufgrund eines Auflösungsbeschlusses gemäß § 60 GmbHG gleichgestellt ist.
Gegenstand der Veräußerung müssen zum Privatvermögen gehörige Anteile an einer Kapitalgesellschaft sein (bei der GmbH Anteile am Stammkapital gemäß § 5 GmbHG, bei der AG Anteile am Grundkapital gemäß §§ 6, 7 AktG, § 272 HGB).
Es genügt für die Anwendung des § 17 EStG, daß der Veräußerer innerhalb der letzten fünf Jahre wesentlich, das heißt zu mehr als 25 % unmittelbar oder mittelbar an der Gesellschaft beteiligt war.
Dabei reicht es aus, daß die wesentliche Beteiligung in irgendeinem Zeitpunkt kurzfristig nur während eines Tages innerhalb der letzten fünf Jahre bestand, eine sogenannte juristische Sekunde ist ausreichend (*BFH* BStBl. II 1993, 331).
Der Begriff der wesentlichen Beteiligung ist umstritten. Gemäß § 17 Abs. 1 Satz 2 EStG sind Anteile an einer Kapitalgesellschaft Aktien, GmbH Anteile und ähnliche Beteiligungen.
Streitig ist in diesem Zusammenhang vor allem, ob kapitalersetzende Maßnahmen des Gesellschafters zur Begründung oder zur Erhöhung einer ähnlichen Beteiligung i. S. d. § 17 Abs. 1 Satz 2 EStG führen können.
Der *BFH* hat in mehreren Urteilen (vom 05. 02. 1992 – I R 79/89 n. v.; vom 10. 12. 1975 – 488 I R 135/74 – BStBl. II 1976, 226) wiederholt verneint, daß kapitalersetzende Maßnahmen des Gesellschafters bei der Gesellschaft zu einer Erhöhung des Eigenkapitals führen.
In seinem Urteil vom 19. 05. 1992 (*BFH* VIII R 16/88 – BStBl. II 1992, 902) hat der BFH entschieden, daß kapitalersetzende Maßnahmen den Anteil an einer GmbH nicht erhö-

hen und auch keine ähnliche Beteiligung i. S. d. § 17 Abs. 1 EStG begründen oder erhöhen.

In seiner Begründung führt der BFH aus, daß nach dem Zweck des § 17 EStG den Anteilen an einer GmbH nur solche Beteiligungen ähnlich sein können, die in wesentlichen Merkmalen mit den Geschäftsanteilen an der GmbH übereinstimmen. Dazu gehört insbesondere, daß sie wie diese auch eine Beteiligung an den Gesellschaftsrechten zum Inhalt haben. Die mit den Geschäftsanteilen verbundenen Rechte und Pflichten der GmbH Gesellschafter sind nicht nur wesentliches Merkmal der Geschäftsanteile, in ihnen ist auch die Möglichkeit zu einer begrenzten Einflußnahme des Gesellschafters angelegt, die in Verbindung mit der Höhe der Stammeinlage die Vergleichbarkeit mit dem Mitunternehmer einer Personengesellschaft begründet.

Die Frage der steuerlichen Behandlung von kapitalersetzenden Maßnahmen im Rahmen von Auflösungsverlusten gemäß § 17 Abs. 4 EStG stellt sich vor allem bei Darlehn und Bürgschaften.

c) Auflösungsverluste bei Darlehn gemäß § 17 EStG

489 Zu unterscheiden ist, ob das Darlehn im Zeitpunkt seiner Aufnahme risikobehaftet ist oder nicht.

aa) Risikobehaftetes Darlehn

490 Nach der BFH-Rechtsprechung (*BFH* BStBl. II 1984, 29; *BFH* BStBl. II 1985, 320; *BFH* BStBl. II 1992, 234) und der überwiegenden Auffassung in der Literatur (vgl. *Schmidt* EStG § 17 Anm. 24e m. w. N.) besteht Übereinstimmung, daß nachträgliche Anschaffungskosten auf die Beteiligung entstehen können, wenn ein wesentlich beteiligter Gesellschafter seiner GmbH ein risikobehaftetes Darlehn gewährt, um die Gesellschaft zu stützen. Allerdings muß im Zeitpunkt der Hingabe des Darlehns noch Einkunftserzielungsabsicht bestanden haben. Der BFH unterscheidet im Ergebnis zwischen einem risikofreien und risikobehafteten Darlehn. Gewährt danach der Gesellschafter einer GmbH seiner Gesellschaft ein Darlehn aus Gründen, die im Gesellschaftsverhältnis liegen, dann entstehen dem Gesellschafter nachträgliche Anschaffungskosten der Beteiligung, wenn das Darlehn zu einem Zeitpunkt gewährt wurde, in dem die GmbH von dritter Seite keinen Kredit mehr zu marktüblichen Bedingungen hätte erhalten können.

bb) Zunächst krisenfreie, später risikobehaftete Darlehn

491 Fraglich ist die Behandlung von Darlehn unter dem Gesichtspunkt nachträglicher Anschaffungskosten auf die Beteiligung, wenn ein zunächst risikofreies Darlehn in ein risikobehaftetes Darlehn umschlägt. Hierzu hat der *BFH* mit Urteil vom 07. 07. 1992 (VIII R 58/88 – BStBl. II 1993, 333) entschieden, daß ein Gesellschafter, der einer GmbH ein Darlehn gewährt, an der er zu mehr als einem Viertel beteiligt ist, den Verlust der Darlehensforderung im Rahmen der Liquidation der Gesellschaft unter bestimmten Voraussetzungen als nachträgliche Anschaffungskosten der Beteiligung gemäß § 17 Abs. 2 EStG berücksichtigen darf, wenn das Darlehn kapitalersetzenden Charakter hatte.

492 Ein Darlehn kann nach Auffassung des BFH kapitalersetzenden Charakter dadurch erlangen, daß der Gesellschafter das Darlehn nicht abzieht, obwohl absehbar ist, daß seine Rückzahlung aufgrund der finanziellen Situation der Gesellschaft gefährdet ist. In welcher Höhe ein späterer Wertverlust der Darlehnsforderung zu nachträglichen Anschaffungskosten führe, hänge davon ab, welchen Wert das Darlehn gehabt habe, als es kapitalersetzend geworden sei. Dabei sei im allgemeinen vom Nennwert auszugehen, wenn der Gesellschafter über die Entwicklung des Unternehmens unterrichtet sei und von vornherein keine Anzeichen dafür sprächen, daß er beabsichtige, das Darlehn abzuziehen.

Die Finanzverwaltung wendet dieses BFH-Urteil nicht an (Nichtanwendungserlaß vom 14. 04. 1994, BStBl. I 1994, 257).

Nach Auffassung der Finanzverwaltung können die nachträglichen Anschaffungskosten auf eine Beteiligung i. S. d. § 17 EStG im allgemeinen nicht mit dem Nennwert angesetzt werden. **493**

Die durch die Krise der Gesellschaft bewirkte Gefährdung des Darlehns mindert nach Ansicht der Finanzverwaltung dessen Wert bereits in dem Zeitpunkt, in dem der Gesellschafter von der Krise Kenntnis erlangt. Ein fremder Dritter mit dem Informationsstand des Gesellschafters würde die Forderung, wenn überhaupt nur mit einem erheblichen Abschlag vom Nennwert kaufen. Auch führt die Ungewißheit, ob und mit welcher Verzögerung der Gesellschafter das Darlehn tatsächlich abziehen kann, zu einer Wertminderung. **494**

Voraussetzung für die Annahme eines kapitalersetzenden Darlehns ist aber, daß der Gesellschafter das Kapital in der Gesellschaft beläßt, obwohl er auf die Gesellschaftskrise reagieren, d. h. seinen noch nicht fälligen Kredit kündigen kann. Soweit das Darlehn gemäß der vom BFH angesprochenen Vorschrift des § 596 Abs. 2 BGB mit einer Frist von (regelmäßig) drei Monaten gekündigt werden kann, droht bis zur Fälligkeit ein weiterer Wertverfall durch das Fortwirken der Krise. Die vom BFH angeführte Möglichkeit der Kündigung aus wichtigem Grund nach § 242 BGB ist erst bei einer wesentlichen Verschlechterung der Vermögenslage – und damit der Bonität der Forderung – möglich. **495**

Im übrigen kann auch mit einer außerordentlichen Kündigung eine sofortige Rückzahlung des Darlehns noch nicht erreicht werden. Bis zur tatsächlichen Rückzahlung ist eine fortschreitende Verschlechterung der Bonität der Forderung aufgrund der häufig in einer Kettenreaktion erfolgenden Kündigung anderer Gläubiger nicht zu vermeiden. **496**

Nach Ansicht der Finanzverwaltung ist in den durch das Urteil des *BFH* vom 07. 07. 1992 erfaßten Fällen der Ansatz nachträglicher Anschaffungskosten auf eine Beteiligung i. S. d. § 17 EStG nicht gerechtfertigt. Statt dessen sei zu prüfen, welcher Wert dem Darlehn in dem Zeitpunkt, in dem es kapitalersetzend wurde, konkret zukommt. Dabei kann der Wert im Einzelfall auch 0 DM betragen. Bei der Wertfeststellung trägt nach den allgemeinen Grundsätzen der Steuerpflichtige, der nachträgliche Anschaffungskosten auf eine Beteiligung i. S. d. § 17 EStG zu seinen Gunsten geltend macht, die Feststellungslast. **497**

cc) Fremdwährungsdarlehn als nachträgliche Anschaffungskosten auf eine Beteiligung gemäß § 17 EStG

Für die Beurteilung der Frage, ob es sich bei einem Gesellschafterdarlehn, das möglicherweise kapitalersetzend gewährt wird, um nachträgliche Anschaffungskosten auf eine Beteiligung handelt, ist bei einem Fremdwährungsdarlehn auf das jeweilige ausländische Handelsrecht abzustellen. **498**

499 Nachträgliche Anschaffungskosten auf eine Beteiligung können nur insoweit vorliegen, als das ausländische Handelsrecht eine Umdeutung von Fremdkapital in kapitalersetzende Darlehn kennt (vgl. *BFH* BStBl. II 1990, 875). Problematisch sind derartige Fallgestaltungen insbesondere bei US Beteiligungen, weil in den USA in den jeweiligen Bundesstaaten unterschiedliche handelsrechtliche und formelle Regelungen zu der Frage gelten, ob Gesellschafterdarlehn Eigenkapital darstellen oder als Fremdkapital behandelt werden. Gegebenenfalls muß im Wege eines Auskunftsersuchens diese Frage geklärt werden.

d) Auflösungsverluste bei Bürgschaften gemäß § 17 EStG

500 Auch bei Auflösungsverlusten bei Bürgschaften ist entscheidend, ob die Bürgschaft von Anfang an risikobehaftet ist, oder ob es sich um eine zunächst krisenfreie, später risikobehaftete Bürgschaft handelt.

aa) Risikobehaftete Bürgschaft

501 Nachträgliche Anschaffungskosten sind anzunehmen, wenn ein Gesellschafter eine Bürgschaft für Verpflichtungen der Kapitalgesellschaft übernommen hat und daraus in Anspruch genommen wird, ohne eine gleichwertige Rückgriffsforderung gegen die Gesellschaft zu erwerben. Die Inanspruchnahme des Bürgen führt nach Auffassung des BFH dann zu nachträglichen Anschaffungskosten, wenn im Zeitpunkt der Übernahme der Bürgschaft die Inanspruchnahme und die Uneinbringlichkeit der Rückgriffsforderung so wahrscheinlich sind, daß ein Nichtgesellschafter bei Anwendung der Sorgfalt eines ordentlichen Kaufmannes die Bürgschaft nicht übernommen hätte.

502 Damit sind die Fälle angesprochen, in denen der Gesellschafter die Bürgschaftsverpflichtung erst nach Eintritt der Krise der Gesellschaft eingeht. Dies ist zweifellos durch das Gesellschaftsverhältnis veranlaßt mit der Folge, daß die Inanspruchnahme aus der Bürgschaft einer gesellschaftsrechtlichen Einlage gleichzustellen ist und folglich zu nachträglichen Anschaffungskosten der Beteiligung führt (vgl. R 140 Abs. 4 Satz 3 f. EStR 1993).

bb) Zunächst krisenfreie, später risikobehaftete Bürgschaften

503 Hat sich der Gesellschafter zu einem Zeitpunkt verbürgt, in dem das Eingehen der Bürgschaftsverpflichtung nicht rsikobehaftet war, so ist fraglich, ob und in welchem Umfang nachträgliche Anschaffungskosten entstehen, wenn der Gesellschafter trotz Eintretens der Krise an der Bürgschaftsverpflichtung festhält.

504 Hierzu werden folgende Auffassungen vertreten:
– Entscheidend ist, daß der Bürge in der Regel erst dann in Anspruch genommen wird, wenn die Gesellschaft sich in der Krise befindet. Hat sich der Gesellschafter in dem Zeitpunkt, in dem die Gesellschaft in die Krise geraten ist, entschlossen, die Bürgschaftsverpflichtung aufrechtzuerhalten, so ist die spätere Inanspruchnahme und das dadurch geleistete Vermögensopfer in vollem Umfang als durch das Gesellschaftsverhältnis veranlaßt anzusehen.
– Eine andere Auffassung stellt darauf ab, daß eine Bürgschaft nach angemessener Zeit oder bei Eintritt wichtiger Gründe gekündigt werden kann. Die Kündigung hat zur Folge, daß der Bürge nur in dem Umfang in Anspruch genommen werden kann, soweit die Gesellschaft als Hauptschuldnerin verbürgte Verpflichtungen zur Zeit der Wirksamkeit der Kündigung gehabt hat. Dies führt zu Konsequenzen, daß jeder fremde

Bürge ohnehin für diejenigen Verbindlichkeiten einzustehen hat, die bis zur Beendigung des Bürgschaftsverhältnisses aufgrund der Kündigung angefallen sind. Insoweit ist die Inanspruchnahme des Gesellschafters aus der Bürgschaft nicht durch das Gesellschaftsverhältnis veranlaßt und kann insoweit auch nicht zu nachträglichen Anschaffungskosten führen. Lediglich das Einstehenmüssen für Verbindlichkeiten, die nach einer Kündigung, die ein fremder Dritter aussprechen würde, noch zusätzlich anfallen, kann zu nachträglichen Anschaffungskosten der wesentlichen Beteiligung führen.
– Diese Auffassung wird inzwischen auch von der Finanzverwaltung vom Grundsatz her übernommen. Danach ist bei der Bürgschaft wie bei einem Darlehn ein Hineinwachsen in ein durch das Gesellschaftsverhältnis veranlaßtes Engagement denkbar. In bezug auf die Bewertung der nachträglichen Anschaffungskosten greift die Verwaltungsauffassung auf das BMF-Schreiben vom 14. 04. 1994 (BStBl. I 1994, 257) zurück, wonach grundsätzlich nur die nach einer gedachten Beendigung des Bürgschaftsverhältnisses sich erhöhende Inanspruchnahme als nachträgliche Anschaffungskosten in Betracht kommt.

cc) Rückgriffs- und Ausgleichsansprüche

Nachträgliche Anschaffungskosten der Beteiligung kommen allerdings nur insoweit in Betracht, als der Gesellschafter keine gleichwertigen Rückgriffs- oder Ausgleichsansprüche erwirbt. Eine Rückgriffsforderung entsteht dem als Bürgen in Anspruch genommenen Gesellschafter stets gegenüber der Gesellschaft, für die er sich verbürgt hat (§ 774 Abs. 1 BGB). Im Fall der Mitbürgschaft anderer für dieselbe Verbindlichkeit (§ 769 BGB) entstehen ihm ferner Ausgleichsansprüche gegen den oder die Mitbürgen. Soweit nichts anderes bestimmt ist, sind die Bürgen einander zu gleichen Anteilen verpflichtet (§ 774 Abs. 2 i. V. m. § 426 BGB). Soweit die Rückgriffsforderung gegen die Gesellschaft und die Ausgleichsansprüche gegen Mitbürgen nicht uneinbringlich sind, schließen sie bei dem als Bürgen in Anspruch genommenen Gesellschafter die Entstehung zusätzlicher Anschaffungskosten auf die Beteiligung aus. 505

dd) Drittaufwand

Sogenannter Drittaufwand (*BFH* BStBl. II 1991, 82) kann nach der Auffassung der Finanzverwaltung nicht zu nachträglichen Anschaffungskosten führen. Wird beispielsweise die nicht beteiligte Ehefrau des Gesellschafters aus einer Bürgschaft in Anspruch genommen, die sie für Verbindlichkeiten der Kapitalgesellschaft eingegangen ist, so erhöhen sich dadurch nicht die Anschaffungskosten der Beteiligung des Gesellschafterehegatten (*BFH* BStBl. II 1991, 82). 506

ee) Zeitpunkt der Bürgschaftsübernahme

Nachträgliche Anschaffungskosten kommen nur in den Fällen in Betracht, in denen die Bürgschaft vor der Veräußerung der Anteile, vor dem Auflösungsbeschluß bzw. vor Eröffnung des Insolvenzverfahrens übernommen wurde (*BFH* BFH/NV 1986, 731). Wird ein (früherer) Gesellschafter erst nach Veräußerung der wesentlichen Beteiligung oder nach Auflösung der Kapitalgesellschaft aus Bürgschaftsverpflichtungen in Anspruch genommen, so führt dies zu (nachträglichen) Anschaffungskosten (§ 175 Abs. 1 Nr. 2 AO; vgl. *BFH* BStBl. II 1985, 428, 430; *BFH* BStBl. II 1994, 162). Diese wirken auf den Zeitpunkt der Veräußerung oder Auflösung zurück. 507

ff) Zeitpunkt der Berücksichtigung von Auflösungsverlusten

508   Ein Auflösungsverlust ist in dem Zeitpunkt zu berücksichtigen, zu dem die tatsächliche Liquidation der Kapitalgesellschaft abgeschlossen ist bzw. in dem das Liquidationsergebnis endgültig feststeht (*BFH* BStBl. II 1985, 428, 430; *BFH* BStBl. II 1994, 162). Zu diesem Zeitpunkt steht aber in der Regel noch nicht endgültig fest, ob und gegebenenfalls in welcher Höhe der Steuerpflichtige aus übernommenen Bürgschaften in Anspruch genommen wird und welche Ausgleichsansprüche er durchsetzen kann.

e) Nachträgliche Werbungskosten bei der Einkunftsart Kapitalvermögen

509   Zinsen aus Krediten, die zur Refinanzierung von offenen oder verdeckten Einlagen, Stammkapital, Grundkapital oder verdecktem Nennkapital aufgenommen worden sind, können Werbungskosten bei den Einkünften aus Kapitalvermögen sein, soweit eine Einkunftserzielungsabsicht gegebenenfalls unter Berücksichtigung einer Wertsteigerung der Beteiligung in diesen Fällen zu bejahen ist (*BFH* BStBl. II 1986, 596; *BFH* BStBl. II 1984, 29).

510   Schuldzinsen können nachträgliche Werbungskosten bei der Ermittlung der Einkünfte aus Kapitalvermögen sein, soweit es sich um rückständige Zinsen handelt, die auf die Zeit bis zur Veräußerung der wesentlichen Beteiligung bzw. bis zur Eröffnung des Insolvenzverfahrens über das Vermögen einer Gesellschaft entfallen. Schuldzinsen, die auf eine Zeit nach Eröffnung des Insolvenzverfahrens entfallen, sind dagegen keine nachträglichen Werbungskosten bei der Einkunftsart Kapitalvermögen (*BFH* BStBl. II 1984, 29; *BFH* BFH/NV 1988, 554; *BFH* BFH/NV 1993, 468 und 714). Insoweit gelten die gleichen Überlegungen wie für den Abzug von Schuldzinsen als nachträgliche Werbungskosten bei den Einkünften aus Vermietung und Verpachtung nach § 21 EStG. Danach sind Zinsen, die erst nach Aufgabe der Einkunftsquelle entstanden sind, nicht abzugsfähig.

f) Nachträgliche Werbungskosten bei den Einkünften aus nichtselbständiger Arbeit (§ 19 EStG)

511   Bei Gesellschaftern, die zugleich Arbeitnehmer waren, hat der *BFH* (BStBl. III 1962, 63) bisher Zahlungen aus der Inanspruchnahme einer Bürgschaft nicht als Werbungskosten aus nichtselbständiger Arbeit anerkannt.

512   Teilweise wird jedoch in der neuen finanzgerichtlichen Rechtsprechung die Auffassung vertreten, daß die Inanspruchnahme des Gesellschafter-Geschäftsführers einer GmbH aus einer von ihm zugunsten der GmbH übernommenen Bürgschaft zu nachträglichen Werbungskosten aus nichtselbständiger Arbeit führen kann, wenn es dem Gesellschafter-Geschäftsführer bei Übernahme der Bürgschaft auf den Erhalt seiner Stellung als Geschäftsführer und der damit verbundenen Einnahmen ankam, wenn ferner die Einkünfte aus nichtselbständiger Arbeit für den Gesellschafter-Geschäftsführer die wesentliche Existenzgrundlage darstellten, die GmbH offensichtlich nur der Haftungsbeschränkung und nicht der Kapitalanlage wegen gegründet war und nennenswerte Erträge aus der Kapitalbeteiligung fehlen. Dies ist z.B. der Fall, wenn vor der Eröffnung des Insolvenzverfahrens eine Bürgschaft für Gesellschaftsverbindlichkeiten eingegangen worden ist, jedoch erst nach Eröffnung des Insolvenzverfahrens und Beendigung des Arbeitsverhältnisses eine Inanspruchnahme aus der Bürgschaft erfolgte. Nach Auffassung der Finanzverwaltung ist bei nicht eindeutiger und klarer Trennung der rechtlichen

Handels- und steuerrechtliche Rechnungslegung § 155

Zuordnungsebenen zwischen Gesellschaft und Geschäftsführer Gesellschaftern im Zweifel die Gesellschafterebene angesprochen.

Wenn der Bürge nur Arbeitnehmer ist, aber nicht zugleich Gesellschafter, kann bei Bürgschaften der Abzug von Werbungskosten bei Einkünften aus nichtselbständiger Arbeit in Betracht kommen (*BFH* BStBl. II 1980, 395). **513**

Gewährt der Gesellschafter-Geschäftsführer einer GmbH, an der er wesentlich beteiligt ist, ein risikobehaftetes Darlehn oder einen verlorenen Zuschuß, so ist die Rechtsbeziehung regelmäßig durch das Gesellschaftsverhältnis veranlaßt. **514**

Nur wenn besondere Umstände vorliegen, können Werbungskosten bei den Einkünften des Gesellschafter-Geschäftsführers aus nichtselbständiger Arbeit angenommen werden (*BFH* BStBl. II 1994, 242; *BFH* BStBl. II 1993, 111 bei nicht wesentlich beteiligten Gesellschafter-Geschäftsführern). **515**

g) Haftungsschulden nach § 69 AO

Wird ein GmbH-Geschäftsführer, z. B. für nicht gezahlte Lohnsteuer nach § 69 AO in Haftung genommen, so sind die aufgrund dessen erfolgten Zahlungen nicht durch das Gesellschaftsverhältnis, sondern durch das Arbeitsverhältnis veranlaßt (*BFH* BStBl. III 1961, 20). Da von einer Haftungsinanspruchnahme nach § 69 AO nur die in den §§ 34, 35 AO genannten Personen betroffen sind, beruht die Haftung des Geschäftsführers nicht auf seiner Stellung als Gesellschafter, sondern ausschließlich auf seiner Stellung als Geschäftsführer bzw. als gesetzlicher Vertreter der GmbH. **516**

Voraussetzung für den Werbungskostenabzug der Zahlungen eines Geschäftsführers aufgrund einer Haftungsinanspruchnahme nach § 69 AO ist, daß die Pflichtverletzung während seiner Tätigkeit als angestellter Geschäftsführer verursacht wurde und ein objektiver Zusammenhang zwischen der Pflichtverletzung und der beruflichen Tätigkeit besteht. **517**

Unerheblich ist, daß die Werbungskosten nachträglich nach Beendigung des Dienstverhältnisses geltend gemacht werden.

Der Zeitpunkt der Verursachung bestimmt sich danach, wann der Haftungstatbestand verwirklicht wurde. Der Zeitpunkt des Werbungskostenabzugs richtet sich nach § 11 EStG. **518**

Ein Werbungskostenabzug entfällt nach § 12 Nr. 1 Satz 2 EStG, wenn die die Haftung auslösende Pflichtverletzung nicht in objektivem Zusammenhang mit der beruflichen Tätigkeit steht. Insoweit liegt die objektive Beweislast beim Steuerpflichtigen, der den Werbungskostenabzug beantragt (*BFH* BStBl. II 1990, 17, 19). **519**

Kein objektiver Zusammenhang mit der beruflichen Tätigkeit liegt z. B. vor, wenn der Geschäftsführer sich zu Unrecht durch Untreue oder Unterschlagung bereichert hat, er den Arbeitgeber bewußt schädigen wollte (*BFH* BFH/NV 1988, 353), oder er Familienangehörigen pflichtwidrig auf Kosten seines Arbeitgebers Vorteile verschafft hat. **520**

Eine private Verursachung ist auch dann gegeben, wenn der Geschäftsführer vorrangig vor Steuerschulden andere Verbindlichkeiten der GmbH mit deren Mittel begleicht und Gläubiger dieser anderen Verbindlichkeiten eine Gesellschaft gewesen ist, an der der Steuerpflichtige oder ein Familienangehöriger ebenfalls (wesentlich) beteiligt ist. **521**

Ergeht ein Haftungsbescheid nach § 69 AO auch hinsichtlich der für den Arbeitslohn des Geschäftsführers einzubehaltenden und abzuführenden Lohnsteuer sowie für eigene Sozialversicherungsbeiträge des Geschäftsführers, so kann im Einzelfall § 12 Nr. 3 EStG einem Werbungskostenabzug entgegenstehen. **522**

§ 156 *Verwaltung und Verwertung der Insolvenzmasse*

523 Haftungsschulden gemäß § 71 AO (Haftung wegen Steuerhinterziehung) sind weder als nachträgliche Anschaffungskosten auf eine Beteiligung gemäß § 17 EStG noch als nachträgliche Werbungskosten gemäß § 20 EStG anzusehen, weil weder ein objektiver noch ein subjektiver Zusammenhang mit der Beteiligung besteht. Die Inanspruchnahme beruht allein auf öffentlich rechtlichen in Verbindung mit strafrechtlichen Vorschriften.

h) Stammeinlagen bei nicht wesentlich beteiligten Gesellschafter-Geschäftsführern

524 Der Verlust einer nicht wesentlichen Beteiligung an einer GmbH infolge der Eröffnung eines Insolvenzverfahrens stellt weder Werbungskosten des Gesellschafter-Geschäftsführers aus nichtselbständiger Arbeit noch solche aus Kapitalvermögen dar. Dies gilt auch dann, wenn die Beteiligung an der GmbH Voraussetzung für die Bestellung als Geschäftsführer gewesen ist.

i) Aufwendungen nach Eröffnung des Insolvenzverfahrens (Auflösung gemäß § 60 Abs. 1 Nr. 4 GmbHG)

525 Die vom wesentlich beteiligten Gesellschafter für die GmbH übernommenen Zahlungsverpflichtungen und Bürgschaften sind bei der Ermittlung des Auflösungsverlustes nicht zu berücksichtigen, wenn der Gesellschafter diese Verpflichtung erst nach Auflösung der GmbH eingegangen ist. Sie sind nicht zur Werterhöhung des Gesellschafteranteils gemacht worden und beinhalten somit keine (nachträglichen) Anschaffungskosten des GmbH-Anteils (*FG Düsseldorf* EFG 1989, 459).

526 Nachträgliche Anschaffungskosten kommen allerdings nur in den Fällen in Betracht, in denen die Bürgschaft vor der Veräußerung der Anteile, vor dem Auflösungsbeschluß bzw. vor Eröffnung des Insolvenzverfahrens über das Vermögen der Gesellschaft eingegangen wurden. Der Zeitpunkt der Inanspruchnahme aus der Bürgschaft ist hingegen für die Beurteilung als nachträgliche Anschaffungskosten ohne Bedeutung.

Zweiter Abschnitt
Entscheidung über die Verwertung

§ 156
Berichtstermin → § 131 KO

(1) ¹Im Berichtstermin hat der Insolvenzverwalter über die wirtschaftliche Lage des Schuldners und ihre Ursachen zu berichten. ²Er hat darzulegen, ob Aussichten bestehen, das Unternehmen des Schuldners im ganzen oder in Teilen zu erhalten, welche Möglichkeiten für einen Insolvenzplan bestehen und welche Auswirkungen jeweils für die Befriedigung der Gläubiger eintreten würden.

(2) ¹Dem Schuldner, dem Gläubigerausschuß, dem Betriebsrat und dem Sprecherausschuß der leitenden Angestellten ist im Berichtstermin Gelegenheit zu geben, zu dem Bericht des Verwalters Stellung zu nehmen. ²Ist der Schuldner Handels- oder Gewerbetreibender oder Landwirt, so kann auch der zuständigen amtlichen Berufsvertretung der Industrie, des Handels, des Handwerks oder der Landwirtschaft im Termin Gelegenheit zur Äußerung gegeben werden.

Berichtstermin **§ 156**

Inhaltsübersicht: Rz.

A. Allgemeines 1
B. Berichtspflicht 2– 8
C. Anhörungsrechte 9–13

Literatur:

Landfermann Der Ablauf eines künftigen Insolvenzverfahrens, BB 1995, 1649 ff.

A. Allgemeines

Den Berichtstermin definiert die InsO als Gläubigerversammlung, in der auf der Grundlage des Verwalterberichtes über den weiteren Verlauf des Verfahrens entschieden wird, § 29 Abs. 1 Nr. 1 InsO. Aufgrund des Berichts des Insolvenzverwalters sollen die verschiedenen Möglichkeiten für den Fortgang des Verfahren umfassend erörtert werden. Ziel des Berichtes ist es, daß die Gläubigerversammlung anschließend entscheiden kann, welchen Verlauf das weitere Verfahren nimmt. Der Berichtstermin entspricht der ersten Gläubigerversammlung des § 131 KO, wobei der Verwalter jetzt ausdrücklich verpflichtet ist, Entscheidungsgrundlagen zu dem möglichen Erhalt des Schuldnerunternehmens zu erstellen. Keinen Berichtstermin gibt es bei den Verbraucherinsolvenzen und sonstigen Kleinverfahren gem. §§ 304 ff. Für diese gelten Sonderregelungen. **1**

B. Berichtspflicht

Nach der Regelung des Abs. 1 soll der Bericht des Insolvenzverwalters drei verschiedene Aspekte umfassen: **2**

Als erstes hat der Verwalter die wirtschaftliche Lage des Schuldners und ihre Ursachen zu analysieren. Diese Darstellung soll die Gläubigerversammlung über die Ursachen der Insolvenz und die aktuelle wirtschaftliche Situation informieren. Insbesondere hat der Verwalter den Insolvenzgrund und den Zeitpunkt seiner Entstehung zu erläutern. Die Darstellung der aktuellen Vermögens- und Ertragslage dient dazu, die Möglichkeit der Sanierung darzulegen und in der Gläubigerversammlung zu erörtern. **3**

Desweiteren hat der Verwalter darzulegen, ob die Möglichkeit der Erhaltung des Unternehmens besteht, insbesondere ob das Unternehmen im ganzen oder nur in Teilen erhalten werden kann. Sofern er eine Erhaltung des Unternehmens in Betracht zieht, muß er zur Art und Weise der Durchführung konkrete Erläuterungen geben. So hat er in diesem Zusammenhang darzulegen, ob nach seinen Vorstellungen der Erhalt durch eine Sanierung des bisherigen Unternehmensträgers oder durch eine Gesamtveräußerung an einen Dritten, eine sog. übertragende Sanierung, erfolgen kann (RegE BT-Drucks. 12/2443, S. 173). **4**

Als drittes und letztes hat der Verwalter zu der Frage Stellung zu nehmen, ob es sich in dem vorliegenden Fall möglicherweise empfiehlt, anstelle der Abwicklung nach den gesetzlichen Vorschriften die Aufstellung und Durchführung eines Insolvenzplanes (§ 217 InsO) vorzunehmen. Ein solcher kann unter anderem der Fortführung des Unternehmens des Schuldners oder der Liquidation dieses Unternehmens dienen, vgl. dazu §§ 217 ff. InsO. **5**

6 Während der gesamten Darstellung der unterschiedlichen Fortführungsmöglichkeiten des Verfahrens hat der Verwalter stets darauf zu achten, nicht das Hauptziel des Verfahrens, d. h. die bestmögliche Befriedigung der Gläubiger, aus den Augen zu verlieren. Daher muß er sich jeweils auch dazu äußern, welche Auswirkungen die Maßnahme auf die Befriedigung der Gläubiger haben würde. So ist es z. B. für die Sicherungsgläubiger sehr wichtig, Informationen zum Werteverfall des Sicherungsguts im Fall der Unternehmensfortführung zu erhalten. Für Kreditgläubiger ist es aufgrund des Zinsstops wichtig zu wissen, unter welchen Voraussetzungen eine Fortführung des Unternehmens beabsichtigt ist, da deren wirtschaftlicher Verlust erheblich werden kann (*Kuhn/Uhlenbruck* KO, § 131 Rz. 1 a).

7 In der Regel ist der Bericht mündlich zu erstatten. Dies gilt auch, wenn er zuvor schriftlich niedergelegt wurde (*Bley/Mohrbutter* VglO, § 40 Rz. 8). Darüber hinaus ist der Bericht schriftlich zu den Akten des Gerichts zu geben (*Hess* KO, § 131 Rz. 2).

8 Da der Insolvenzverwalter im Rahmen eines gesetzlich geregelten Verfahrens tätig wird und er der Aufsicht des Insolvenzgerichts untersteht (§ 58 InsO), ist er zur Berichterstattung nur der Gläubigerversammlung und nicht jedem einzelnen Gläubiger verpflichtet (BGHZ 62, 1, 3). Nur so ist es möglich, eine ordnungsgemäße Verfahrensabwicklung zu gewährleisten. Sollte ein Gläubiger bei der Gläubigerversammlung nicht anwesend sein, hat sein Interesse an einer laufenden Unterrichtung zurückzutreten (*BGH* KTS 1974, 106). Ein Anspruch, später Einzelauskünfte verlangen zu können, kann auf diese Art und Weise nicht entstehen (*Jaeger/Weber* KO, § 131 Rz. 1; *Kilger/Karsten Schmidt* KO, § 131, 2)

C. Anhörungsrechte

9 Damit die Gläubigerversammlung vor ihrer Entscheidung (§ 157 InsO) auch wirklich umfassend informiert wird, sieht Abs. 2 eine Anhörung des Schuldners, des Gläubigerausschusses, des Betriebsrates und des Sprecherausschusses der leitenden Angestellten zum Bericht des Insolvenzverwalters vor.

10 Eine besondere Ladung dieser Beteiligungsberechtigten ist in der InsO nicht vorgesehen. Neben der öffentlichen Bekanntmachung des Eröffnungsbeschlusses gem. § 30 Abs. 1 InsO sind gesonderte Zustellungen nur an die Gläubiger, die Drittschuldner, des Schuldners und den Schuldner in § 30 Abs. 2 InsO vorgesehen. Auch der Verwalter ist nicht ausdrücklich verpflichtet, die beteiligungsberechtigten Organe zu informieren. Das besondere Anhörungsrecht würde indes leerlaufen, wenn die Beteiligungsberechtigten von der Verfahrenseröffnung nicht informiert würden. Aus Abs. 2 wird man deshalb die Pflicht des Insolvenzgerichtes herleiten müssen, die dort genannten Anhörungsberechtigten von der Verfahrenseröffnung zu informieren und auf ihre Beteiligungsrechte hinzuweisen. Die entsprechenden Stellen wird das Gericht über den Verwalter ermitteln.

11 Trifft die Gläubigerversammlung eine Entscheidung, ohne zuvor eine Anhörung einer dieser Einrichtungen durchzuführen, so gibt diese Tatsache jedoch niemandem das Recht, Beschwerde gegen die Entscheidung einzulegen. Es besteht lediglich die Möglichkeit einer Rüge im Rahmen des Dienstaufsichtsweges (vgl. Ausführungen bei *Bley/Mohrbutter* VglO, § 14 Rz. 4).

12 Desweiteren kann das Insolvenzgericht, falls der Schuldner Handels- oder Gewerbetreibender oder Landwirt ist, die zuständige amtliche Berufsvertretung, d. h. die Industrie- und Handelskammer, die Handwerkskammer oder die Landwirtschaftskammer anhören.

Entscheidung über den Fortgang des Verfahrens § 157

Die Anhörung ist der Gläubigerversammlung freigestellt. Amtlich bedeutet nur: auf staatliche Anordnung (*Böhle-Stamschräder/Kilger* VglO, § 14, 1). Welchen Rechtscharakter die Berufsvertretung besitzt, ist in diesem Zusammenhang völlig unerheblich (*Bley/Mohrbutter* VglO, § 14 Rz. 1). Handelstreibende sind alle Kaufleute, auch die Minderkaufleute (§ 4 HGB), und die Handelsgesellschaften; Gewerbetreibende sind die Handwerker; bei den Landwirten handelt es sich um die Inhaber von land- und forstwirtschaftlichen Betrieben. Sinn und Zweck der Beiziehung der Berufsvertretung ist, daß sich die Gläubigerversammlung die besondere Sachkunde zu Nutze machen kann. Außerdem kann dadurch eine möglichst einheitliche Sachbehandlung der wirtschaftlichen Fragen gewährleistet werden. Durch die Anhörung kann eine fachliche, sachkundige Prüfung der Durchführbarkeit und Angemessenheit der vom Verwalter vorgeschlagenen Maßnahmen stattfinden.

Die Anhörung der Berufsvertretungen ist in das Ermessen des Insolvenzgerichtes 13 gestellt. Das geltende Recht hatte die Anhörung dieser Berufsvertretungen für das Vergleichsverfahren noch vorgeschrieben (§ 14 VglO). Das Ermessen der Anhörung wird sich zu einer Anhörungspflicht reduzieren, wenn es auf die besondere Sachkunde der Berufsvertretung insbesondere im Zusammenhang mit der Entscheidung über die Fortführung des Unternehmens ankommt. Das Insolvenzgericht sollte deshalb in jedem Einzelfall prüfen, ob es einen Antrag auf Anhörung der Berufsvertretung zurückweist.

§ 157
Entscheidung über den Fortgang des Verfahrens → § 132 KO

¹Die Gläubigerversammlung beschließt im Berichtstermin, ob das Unternehmen des Schuldners stillgelegt oder vorläufig fortgeführt werden soll. ²Sie kann den Verwalter beauftragen, einen Insolvenzplan auszuarbeiten, und ihm das Ziel des Plans vorgeben. ³Sie kann ihre Entscheidungen in späteren Terminen ändern.

Literatur:

Haberhauer/Meeh Handlungsspielraum des Insolvenzverwalters im eröffneten Insolvenzverfahren, DStR 1995, 2005 ff.; *Landfermann* Der Ablauf eines künftigen Insolvenzverfahrens, BB 1995, 1649 ff.; *Pape* Zur Bestellung und Bedeutung der Gläubigerversammlung im Konkurs, ZIP 1990, 1251 ff.; *ders.* Die ausgefallene Gläubigerversammlung, Rpfleger 1993, 430 ff.

Nachdem der Verwalter den Bericht gem. § 156 InsO erstattet hat, entscheidet die 1 Gläubigerversammlung über den weiteren Fortgang des Verfahrens. Diese Befugnis der Gläubigerversammlung ist, wie bereits unter der KO, Ausfluß der Gläubigerautonomie. Die Gesamtheit der Gläubiger entscheidet als oberstes Organ die grundsätzliche Richtung des weiteren Verfahrens. Sie entscheidet nicht nur über die Stillegung oder vorläufige Fortführung des Schuldner-Unternehmens. Die Gläubigerversammlung kann dem Verwalter auch aufgeben, einen Insolvenzplan auszuarbeiten; dieser Auftrag kann als Liquidations-, Übertragungs- oder Sanierungsplan vorgegeben werden. Der Berichtstermin ist damit die richtungsweisende Verfahrensstation des Insolvenzverfahrens. Die Kompetenz der Gläubigerversammlung wird durch Satz 3 der Vorschrift deutlich, der die Möglichkeit der Abänderung in späteren Terminen vorsieht.

2 § 157 InsO sieht für das Votum der Gläubigerversammlung die Alternativen Stillegung, vorläufige Fortführung oder den Auftrag zur Erstellung eines Insolvenzplanes vor. Die Gläubigerversammlung kann ihr Votum in Form einer grundsätzlichen Entscheidung treffen oder dem Verwalter detailliert Vorgaben auferlegen. So kann für die Fortführung eine Frist vorgegeben werden; auch der Umfang der Fortführung unterliegt der Entscheidungskompetenz der Versammlung. Die Betriebsfortführung ohne Insolvenzplan kann nur als vorläufige vorgegeben werden. Kommt es nicht zu einem Insolvenzplan, bleibt es wie unter der KO bei dem Ziel der Einstellung. Es bleibt auch unter der InsO bei dem Grundsatz, daß auch eine länger andauernde Fortführung außerhalb des Insolvenzplanes zulässig ist.

3 Die schwierige Entscheidung über Fortführung oder Einstellung des Betriebes erfordert eine detaillierte Information. Grundlage der Entscheidung ist der Bericht des Verwalters gem. § 156 InsO, der deshalb eine sorgfältige Analyse des Betriebes enthalten muß. Die Gläubigerversammlung wird sich regelmäßig an die Vorgaben halten und innerhalb dieses Spielraums entscheiden. Da der Bericht für die Mehrheit der Gläubiger eine verläßliche Informationsquelle ist, unterliegt der Verwalter bei der Berichterstattung erhöhten Pflichten (*BGH* ZIP 1980, 151). Das gilt insbesondere bei der Erörterung der Betriebsfortführung. Diese ist nur möglich, wenn die Kosten aus der Masse bestritten oder durch Kreditaufnahme mit der Möglichkeit der Rückführung beschafft werden können. Beschließt die Gläubigerversammlung die Fortführung aufgrund eines fehlerhaften oder unvollständigen Verwalterberichtes, haftet er gem. § 60 InsO, wenn die Masse durch die Fortführung ohne Äquivalent aufgezehrt wird (*Kuhn/Uhlenbruck* KO § 132 Rz. 20).

4 Für die Beschlußfähigkeit der Gläubigerversammlung enthält die InsO keine besonderen Vorschriften. Die Gläubigerversammlung ist beschlußfähig, wenn wenigstens ein – stimmberechtigter (*LG Frankenthal* ZIP 1993, 378) – Gläubiger anwesend ist. Auf die Höhe der diesem Gläubiger zustehenden Forderung kommt es nicht an. Absonderungsberechtigte Gläubiger sind unter den besonderen Voraussetzungen des § 77 II InsO stimmberechtigt. Erscheint im Berichtstermin kein Gläubiger – in kleineren Verfahren häufig (*Hess* KO § 132 Rz. 4; *Kuhn/Uhlenbruck* KO § 132 Rz. 1 b) – ist die Gläubigerversammlung beschlußunfähig. Diese Nichtwahrnehmung der Gläubigerrechte kann nicht als eine Kompetenzübertragung auf das Konkursgericht gesehen werden. Die Insolvenzgerichte vertagen bei diesen Fallkonstellationen den Berichtstermin, um ein endgültiges Votum der Gläubiger zu erhalten. Dem Verwalter bleibt nur die Möglichkeit der sofortigen Verwertung kraft § 159 InsO, weil entgegenstehende Beschlüsse nicht vorliegen. Für Maßnahmen nach § 160 InsO ist die Zustimmung der Gläubigerversammlung unverzichtbar.

5 Nach dem Gesetzeswortlaut ist die Gläubigerversammlung bei der Entscheidungsfindung nicht an die Vorgaben des Verwalters gebunden. Es ist grundsätzlich Sache der Gläubiger, darüber zu entscheiden, ob die Masse kurzfristig realisiert oder durch Betriebsfortführung eine Masseerhöhung erreicht werden soll (*Pape* ZIP 1990, 1251, 1256). Weicht die Gläubigerversammlung von den Vorgaben des Verwalters ab, kann er nur einen Aufhebungsbeschluß des Insolvenzgerichtes herbeiführen. Dafür ist Voraussetzung, daß der Beschluß der Gläubigerversammlung gegen das gemeinsame Interesse aller Gläubiger verstößt, vgl. § 87 InsO (zu dem gemeinsamen Interesse *Landfermann* BB 1995, 1643, 1653).

6 Die Gläubigerversammlung hat die Möglichkeit, die ihr zugewiesenen Rechte auf den Gläubigerausschuß – wenn ein solcher bestellt ist – zu delegieren (*Hess* KO § 132 Rz. 3). Zu Einzelfragen kann die Kompetenz auch auf den Verwalter übertragen werden. Es ist zulässig, dem Verwalter die bestmögliche Verwertung einzelner Vermögensgegenstände – auf welchem Wege auch immer – zu übertragen. Die generelle Übertragung der Entscheidungskompetenz auf den Verwalter begegnet erheblichen rechtlichen Bedenken. Diese Übertragung würde der gesetzlichen Aufgabenverteilung und den vorgesehenen Kontrollmechanismen widersprechen (*Jaeger/Lent* KO 7. Aufl., § 132 Rz. 3).

Die Delegation einzelner Zustimmungsrechte auf das Insolvenzgericht ist ebenfalls 7 zulässig (*LG Frankenthal* ZIP 1993, 378, Zu immer wiederkehrenden Sachverhalten; *Kuhn/Uhlenbruck* KO § 132 Rz. 1b; *Pape* Rpfleger 1993, 430). Auch hier gilt der Grundsatz, daß die Gläubigerversammlung die ihr zugewiesenen Kompetenzen nicht generell aus der Hand geben darf (*Hess* KO § 132 Rz. 4; *OLG Celle* EWiR 1993, 101 (*Pape*)). Vor der Einstellung des Verfahrens wegen Masseunzulänglichkeit ist die Gläubigerversammlung zu hören, § 207 Abs. 2 InsO. Diese Anhörung ist unverzichtbar, da die Gläubiger die Möglichkeit haben, die Einstellung des Verfahrens durch Kostenvorschuß abzuwehren.

Kann sich die Gläubigerversammlung auf eine der im § 158 InsO niedergelegten 8 Varianten nicht einigen oder überläßt sie die weitere Masserealisierung der Entscheidungskompetenz des Verwalters, hat dieser nach § 159 InsO die Masse sofort zu verwerten. Dem Verwalter bleibt nicht die Möglichkeit, das Unternehmen fortzuführen und Möglichkeiten der Sanierung, in welcher Form auch immer, umzusetzen. Ohne ein Votum der Gläubigerversammlung ist der Verwalter qua legem zur unverzüglichen Verwertung verpflichtet.

§ 158 → §§ 129, 130, 133, 135 KO
Maßnahmen vor der Entscheidung

(1) Will der Insolvenzverwalter vor dem Berichtstermin das Unternehmen des Schuldners stillegen, so hat er die Zustimmung des Gläubigerausschusses einzuholen, wenn ein solcher bestellt ist.

(2) ¹Vor der Beschlußfassung des Gläubigerausschusses oder, wenn ein solcher nicht bestellt ist, vor der Stillegung des Unternehmens hat der Verwalter den Schuldner zu unterrichten. ²Das Insolvenzgericht untersagt auf Antrag des Schuldners und nach Anhörung des Verwalters die Stillegung, wenn diese ohne eine erhebliche Verminderung der Insolvenzmasse bis zum Berichtstermin aufgeschoben werden kann.

Literatur:

Gravenbrucher Kreis Stellungnahme zum Diskussionsentwurf eines Insolvenzrechtreformgesetz, ZIP 1989, 468; *Haberhauer/Meeh* Aufgaben des vorläufigen Insolvenzverwalters zwischen Antrag und Eröffnung des Insolvenzverfahrens, DStR 1995, 1442 ff.; *dies.* Handlungsspielraum des Insolvenzverwalters im eröffneten Insolvenzverfahren, DStR 1995, 1492 ff.; *Henckel* Deregulierung im Insolvenzverfahren und Aufgaben des vorläufigen Insolvenzverwalters zwischen Antrag und Eröffnung des Insolvenzverfahrens, KTS 1989, 477 ff.; *Landfermann* Ablauf eines künftigen Insolvenzplanes, BB 1995, 1649 ff.

§ 158

1 Die InsO schreibt abweichend von der KO vor, das Schuldner-Unternehmen bis zur Entscheidung der Gläubigerversammlung über die Stillegung fortzuführen. Dem Verwalter ist es grundsätzlich untersagt, schon vor dem Berichtstermin Fakten zu schaffen, die das weitere Verfahren maßgeblich beeinflussen (*Henckel* KTS 1989, 477, 479). Wegen des nicht unerheblichen Zeitraumes des Antragsverfahrens und des maximalen Zeitraumes von drei Monaten zwischen Verfahrenseröffnung und Berichtstermin (§ 29 InsO) hat der Verwalter schon vor dem Berichtstermin die Möglichkeit, die Einstellung des Unternehmens zu betreiben, wenn der Masse die Kosten der Fortführung nicht zuzumuten sind. Gläubigerausschuß und Schuldner hat der Verwalter zu informieren. Beider Organe haben eigenständige Beteiligungsrechte. Die InsO schränkt mit dieser Regelung den Handlungsspielraum des Verwalters erheblich ein (kritisch dazu der *Gravenbrucher Kreis* ZIP 1989, 468, 473).

2 Nach dem Wortlaut ist die Zustimmung des Gläubigerausschusses und die Information des Schuldners vor Stillegung des Schuldner-Unternehmens erforderlich. Stillegung ist die Aufgabe des Betriebszweckes unter Auflösung der Betriebsorganisation (*BAG* AP-Nr. 39 zu § 613a BGB). Aus dem Wortlaut ergibt sich nicht, ob auch die Stillegung von Betriebsteilen anzeigepflichtig ist. Das BetrVG, das Beteiligungsrechte des Betriebsrates bei den beabsichtigten Stillegungen nominiert, erstreckt diese Rechte auch auf die Stillegung wesentlicher Betriebsteile (§ 111 BetrVG Nr. 1). Diese Ergänzung ist sinnvoll, da anderenfalls Beteiligungsrechte umgangen werden können. Der Grundsatz gilt auch für das Insolvenzverfahren zum Schutz der Gläubiger. Der Verwalter kann durch die Einstellung wesentlicher Betriebsteile Fakten schaffen, deren Auswirkungen einer Stillegung gleichkommen. Diese Vorentscheidung will die InsO verhindern. Die Beteiligungsrechte sind wegen der Beschränkung auf grundsätzlichen Entscheidungen auf die Stillegung wesentlicher Betriebsteile (dazu *BGH* NZA 1985, 557 ff.; ausführlich GK zum BetrVG *Fabricius* 4. Aufl. § 111 Rz. 166 ff.) zu beschränken.

3 Für die Erteilung der Zustimmung ist kein besonderes Verfahren vorgesehen. Auch Fristen hat der Verwalter nicht zu beachten. Die Zustimmung erfolgt durch Beschluß, der den Anforderungen des § 72 InsO genügen muß. Das Beteiligungsrecht des Gläubigerausschusses ist unverzichtbar. Eine Stillegung des Unternehmens vor dem Berichtstermin wäre nicht zu korrigieren, da ein stillgelegtes Unternehmen nicht mehr fortgeführt werden kann.

4 Der Verwalter hat zudem den Schuldner von der beabsichtigten Stillegung zu informieren. Die Benachrichtigung ist an keine Form gebunden. Fristen sind nicht zu beachten. Der Schuldner hat die Möglichkeit, die beabsichtigte Stillegung durch das Insolvenzgericht untersagen zu lassen, wenn diese ohne Masseschmälerung aufgeschoben werden kann. Damit ist – wenn auch in der Praxis schwer vorstellbar – die Möglichkeit des Insolvenzgerichtes eröffnet, die Stillegung gegen die Zustimmung des Gläubigerausschusses zu untersagen. Dieses Gestaltungsrecht des Insolvenzgerichtes ist wenig sachgerecht. Wenn der Gläubigerausschuß davon überzeugt ist, daß die vom Verwalter beabsichtigte Stillegung sachgerecht ist, sollte es bei der Zustimmung dieses Beteiligungsorganes verbleiben. Der Schuldner kann die schwierige Situation, in der er geraten ist, objektiv nicht besser beurteilen, als Verwalter und Gläubigerausschuß (*Haberhauer/ Meeh* DStR 1995, 2005 f.). Hinzu kommt, daß der Verwalter die Verantwortung für die Masseschmälerung durch die Fortführung trägt (*Gravenbrucher Kreis* ZIP 1989, 468, 473). Die Möglichkeit des Insolvenzgerichtes, sich gegen das Votum des Gläubigerausschusses zu wenden, ist mit der Aufgabenverteilung im Insolvenzverfahren nicht nachvollziehbar. Der Wortlaut des Gesetzes ist einer einschränkenden Auslegung indes

nicht zugänglich. Das Antragsrecht des Schuldners ist nicht auf Verfahren beschränkt, bei denen kein Gläubigerausschuß bestellt wurde.

Das Antragsverfahren richtet sich nach allgemeinen Grundsätzen. Der Verwalter ist zu hören. Das Insolvenzgericht unterliegt der Amtsermittlungspflicht (§ 5 InsO); das Gericht kann einen Sachverständigen beauftragen. Die Stillegungsentscheidung des Verwalters hat das Insolvenzgericht nicht zu überprüfen. Für die Entscheidung kommt es allein darauf an, ob die Fortsetzung bis zum Berichtstermin ohne erhebliche Minderung der Masse möglich ist. 5

Die Untersagung der Stillegung setzt voraus, daß die Masse nicht »erheblich« vermindert wird. Welche Masseschmälerung erheblich sein soll, ergibt sich aus den Gesetzesmaterialien nicht. Die Praxis wird nicht umhinkommen, bestimmte Anteile an der Masse als erheblich zu erarbeiten. Damit ist das Problem noch nicht gelöst. Die Festlegung eines bestimmten Prozentsatzes setzt die Bewertung der einzelnen Vermögenswerte voraus. Soll das Gericht Fortführungs- oder Liquidationswerte ansetzen? Da die Alternative Fortführung/Stillegung zur Diskussion steht, wird man Liquidationswerte anzusetzen haben (*Haberhauer/Meeh* DStR 1995, 1442 f.). 6

Sachgerechter erscheint das Beteiligungsrecht des Schuldners im Falle der beabsichtigten Stillegung durch den Verwalter, wenn ein Gläubigerausschuß nicht besteht (Abs. 2, Satz 1 zweite Alternative). Die Stillegung des Unternehmens entscheidet über den weiteren Gang des Verfahrens. Auch wenn die Gläubigerversammlung im Berichtstermin die Fortführung beschließen sollte, sind Fakten geschaffen, die nicht mehr beseitigt werden können. Ein stillgelegtes Unternehmen kann – zumal in der Insolvenz – nicht mehr wiederbelebt werden. Dem Schuldner, der an der Fortführung und Sanierung ein erhebliches Interesse hat, steht mit dem Antrag an das Insolvenzgericht auf Untersagung der Stillegung ein Gestaltungsrecht zur Seite, das mit dem Gesetzeszweck Fortführung korrespondiert. Das Insolvenzgericht übt kein Ermessen aus, sondern muß dem unbestimmten Rechtsbegriff »erhebliche Verminderung der Insolvenzmasse« ausfüllen. Es ist an dem Verwalter, die Stillegung mit diesem auszufüllenden Tatbestandsmerkmal sorgfältig zu begründen. 7

Ein besonderes Rechtsmittel sieht die InsO weder gegen die Versagung der Stillegung gegenüber dem Verwalter noch die Zurückweisung des Schuldnerantrages vor. Die Beschwerde ist unzulässig, § 6 InsO. Den Beteiligten bleibt die Erinnerung gem. § 11 RechtspflegerG. Verletzt der Verwalter die Beteiligungsrechte des Gläubigerausschusses oder des Schuldners, bleibt nur die Abberufung. Andere Sanktionsmittel stehen nicht zur Verfügung. Im übrigen setzt sich der Verwalter mit der Verletzung von Beteiligungsrechten möglichen Schadensersatzansprüchen aus. 8

§ 159
Verwertung der Insolvenzmasse → **§ 117 KO**

Nach dem Berichtstermin hat der Insolvenzverwalter unverzüglich das zur Insolvenzmasse gehörende Vermögen zu verwerten, soweit die Beschlüsse der Gläubigerversammlung nicht entgegenstehen.

Literatur:

Frotscher Zur umsatzsteuerlichen Stellung des Konkursverwalters, ZIP 1983, 1307 ff.; *Henckel* Die Betriebsveräußerung im Konkurs, ZIP 1980, 2 ff.; *Hess* Die Beteiligungsrechte des Betriebsrats bei konkursbedingten Entscheidungen des Konkursverwalters, ZIP 1985 334 ff.; *Kappmeier* Wettbewerbsrechtliche Probleme des Konkurswarenverkaufs ZIP 1992, 679; *Landfermann* Der Ablauf eines künftigen Insolvenzverfahrens BB 1995, 1649 ff.; *Mohrbutter/Mohrbutter* Handbuch der Konkurs- und Vergleichsverwaltung, 6. Aufl. 1990; *Schick* Der Konkurs des Freiberuflers – berufsrechtliche, konkursrechtliche und steuerrechtliche Aspekte, NJW 1990, 2359 ff.; *Tappmeier* Wettbewerbsrechtliche Probleme des Konkurswarenverkaufs, ZIP 1992, 679 ff.; *Weber* Die Berechtigung des Zwangsverwalters zur Veräußerung von Zubehör im Konkurs des Eigentümers, JZ 1989, 228 ff.

1 Die KO hatte dem Verwalter nur pauschal aufgegeben, die Konkursmasse zu verwerten, § 117 Abs. 1. Unter der KO war ausschließlich die Liquidation das Gesetzesziel. Die InsO muß wegen der unterschiedlichen Möglichkeiten der Abwicklung eines Verfahrens differenzierte Lösungen vorsehen. Dementsprechend darf mit der Verwertung erst nach dem Berichtstermin begonnen werden, soweit die Gläubigerversammlung keine abweichende Vorgabe beschließt. Dann aber ist der Verwalter zur sofortigen Verwertung verpflichtet. Dieser »unverzüglichen Ausführung zum Verwertungsauftrag« hatte die KO nicht vorgesehen.

2 Die unverzügliche Verwertung i. S. d. § 159 InsO ist von der Liquidation im Rahmen des Insolvenzplanes zu unterscheiden. Der Insolvenzplan der §§ 217 ff. InsO kann ein Liquidationsplan sein, der die Verwertung der Masse detailliert regelt. Im Rahmen des Insolvenzplanes wird die Auflösungsintensität und – geschwindigkeit gestaltet (im einzelnen *Landfermann* BB 1995, 1649, 1654 ff.). Von dieser Verwertung im Rahmen des Insolvenzplanes ist die Verwertung des § 159 InsO zu unterscheiden. Unter der KO hatte der *BGH* in mehreren Entscheidungen deutlich gemacht, daß zur Verwertung auch die Betriebsfortführung mit dem Ziel des ertragsreicheren Verkaufs zählen kann (*BGH* ZIP 1987, 115, 117 ff.). Zu Recht hatte der *BGH* betont, daß die (moderne) KO nicht nur eine Zerschlagung vorschreibe sondern auch daran ausgerichtet sei, wirtschaftliche Werte zu erhalten, um sie dann insgesamt zu übertragen. Diese Erhaltung des Schuldner-Unternehmens mit dem Zweck der Sanierung bedarf nach der InsO des gesonderten Insolvenzplanverfahrens, für das gesonderte Regeln aufgestellt wurden. Soweit die Gläubigerversammlung im Berichtstermin eine dieser Maßnahmen nicht beschließt und den Verwalter nicht beauftragt, einen Liquididations-, Übertragungs- und Sanierungsplan zu erstellen, ist er kraft Gesetzes verpflichtet, die sofortige Verwertung als Liquidation einzuleiten. Diese kann nach der InsO auch in der Übertragung des Unternehmens insgesamt bestehen. Wollte man dem Verwalter außerhalb des Insolvenzplanes die Möglichkeit gewähren, das Schuldnerunternehmen fortzuführen, würde man die detaillierten Planvorschriften umgehen. Verwertung heißt Umsetzen der Vermögensgegenstände in Geld (*Hess* KO § 117 Rz. 15). Vor der Verwertung hat der Verwalter zunächst zu prüfen, ob die Verwertungsgegenstände Bestandteil der Insolvenzmasse und frei von Rechten Dritter sind. Erst dann ist er bei der Gestaltung der Verwertung frei. Er kann den Einzelverkauf der Vermögensgegenstände wählen oder die öffentliche Versteigerung. Sind Vermögensgegenstände mit Rechten Dritter belastet, muß der Verwalter diese beachten. Dabei ist zwischen Aus- und Absonderungsansprüchen zu unterscheiden. Fällt der Vermögensgegenstand, der sich im Besitz des Verwalters befindet, nicht in die Masse, ist der Dritte aussonderungsberechtigt, § 47 InsO. Ein Verwertungsrecht des Verwalters an diesen Gegenständen besteht nicht. Sind die Vermögensgegenstände mit Absonderungsrechten belastet, ergeben sich die Verwertungsrechte des Verwalters aus den §§ 165 ff. Im Regelfall sieht die InsO nunmehr für Gegenstände, die sich im Besitz des Verwalters befinden, weitgehende Verwertungsrechte vor. Immobilien können frei-

Verwertung der Insolvenzmasse § 159

händig verkauft oder im Weg der Versteigerung verwertet werden. Bewegliche Sachen und Forderungen, die mit Absonderungsrechten belastet sind, darf der Verwalter nach §§ 166 ff. InsO auch freihändig veräußern bzw. verwerten. Beachten muß der Verwalter bei seinen Verwertungsmaßnahmen auch die Beteiligungsrechte der Insolvenzorgane gem. §§ 160 bis 163 InsO. Schließlich muß er bei dem Verkauf des Schuldner-Unternehmens auch die Beteiligungsrechte der Arbeitnehmervertretungen gem. dem Betriebsverfassungsgesetz beachten. Schließlich muß der Verwalter bei der Verwertung auch die allgemeinen Ordnungsvorschriften und insbesondere das geltende Wettbewerbsrecht einhalten.

Die Verwertung der Masse erfolgt in der Regel durch die Veräußerung der Massegegenstände. Die Art und Weise dieser Veräußerung kann verschieden erfolgen. Zum einen kann der Verwalter die Gegenstände freihändig veräußern, zum anderen kann er aber auch auf die gesetzliche Form der Veräußerung, d. h. die Zwangsversteigerung (§ 165 InsO) zurückgreifen. Sofern es um die Veräußerung von beweglichen Gegenständen geht, an denen ein Absonderungsrecht besteht, kommt die spezielle Vorschrift des § 166 InsO zum Tragen. Dementsprechend darf der Insolvenzverwalter die Sache auch freihändig veräußern, wenn er diese in seinem Besitz hat. Handelt es sich dagegen um Gegenstände, an denen der Gemeinschuldner lediglich Miteigentum und somit der andere Miteigentümer ein Aussonderungsrecht daran hat, ist eine Verwertung nur zulässig, wenn der andere dieser zugestimmt hat (*BGH* WM 1958, 900). 3

Um Waren möglichst schnell verkaufen zu können, kommt es häufig zu sog. Insolvenzausverkäufen. Greift der Insolvenzverwalter zu diesem Mittel, muß er sich an die Vorschriften des Gesetzes über den unlauteren Wettbewerb halten (*Mohrbutter/Mohrbutter* Hdb. d. Insolvenzverwaltung, VIII. 13). Insbesondere darf er nicht gegen die Regelungen der §§ 7, 8 UWG verstoßen. Allerdings ist zu beachten, daß ein als solcher angekündigter Insolvenzwarenverkauf nicht schon deshalb eine nach § 7 Abs. 1 UWG unzulässige Sonderveranstaltung und Räumungsverkauf wegen Aufgabe des gesamten Geschäftsbetriebes ist, weil dabei auf die gewährten Preisvorteile hingewiesen wird. Die Ankündigung eines Räumungsverkaufs liegt erst vor, wenn der gewährte Preisvorteil übermäßig herausgestellt oder das Publikum sonst übersteigert angelockt wird (*OLG Stuttgart* ZIP 1992, 712). Von einer unzulässigen Sonderveranstaltung kann jedoch dann gesprochen werden, wenn die Waren eines Großhandelsunternehmens direkt den Endverbrauchern angeboten werden und der Verkauf nicht am Sitz des Unternehmens, sondern in Räumlichkeiten einer anderen Stadt stattfindet (*Tappmeier* ZIP 1992, 679, 681). 4

Bei einer Werbung für Waren aus einer Insolvenzmasse ist § 6 UWG zu beachten. Mit dem Insolvenzwarenverkauf darf nur geworben werden, wenn die Waren tatsächlich aus einer konkreten Insolvenzmasse heraus verkauft werden. Aussonderungsbelastete Gegenstände zählen nicht zur Insolvenzmasse. Für diese Waren darf, auch im Auftrag des Aussonderungsberechtigten, nicht mit Insolvenzverkauf geworben werden (*Baumbach/Hefermehl* Wettbewerbsrecht, § 6 Rz. 5). 5

Bei der Veräußerung der Massegegenstände ist der Insolvenzverwalter auch berechtigt, Warenbestände unter Preis zu verkaufen. Von diesem Recht kann er selbst dann Gebrauch machen, wenn dem Gemeinschuldner diese Verwertung vertraglich unter Vertragsstrafe verboten war (RGZ 35, 31). Das gleiche gilt auch in Bezug auf rein persönliche Verwertungsschranken und Preisbindungen (z. B. durch Preisabsprachen) des Schuldners. An diese ist der Insolvenzverwalter niemals gebunden (*Kilger/Karsten Schmidt* KO, § 117, 4; *Jaeger/Weber* KO, § 117 Rz. 17; *Hess* KO, § 117 Rz. 16). 6

Der Insolvenzverwalter kann die Insolvenzmasse auch durch einen Auktionator versteigern lassen. In diesem Zusammenhang ist es unbedenklich, daß der Auktionator häufig 7

§ 159 *Verwaltung und Verwertung der Insolvenzmasse*

einen Teil des Versteigerungserlöses als Vergütung erhält. Dagegen sind die Fälle der Verwertung äußerst bedenklich, bei denen der Insolvenzverwalter die Verwertung über eine sog. Verwertungs-GmbH betreiben läßt, an der er selbst oder sein Ehegatte beteiligt ist. Ebenso verhält es sich bei Grundstücksveräußerungen, die über das Maklerbüro des Ehegatten abgewickelt werden (*Kuhn/Uhlenbruck* KO, § 117 Rz. 11).

8 Ist der Insolvenzverwalter im Besitz von Kommissionsware, so muß er diese in der Regel zurückschaffen, da diese nicht zur Insolvenzmasse gehören (*Tetzner* § 6 UWG, Anm. 6). Ausnahmsweise könnte er aber zur Verwertung der Kommissionsware ermächtigt sein, wenn die Kosten der Rückschaffung höher wären als der zu erwartende Verkaufserlös. Allerdings ist die Zustimmung des Lieferanten gem. §§ 348 ff. HGB dazu erforderlich (vgl. *Kuhn/Uhlenbruck* KO, § 117, Rz. 11; a. A. *Mohrbutter/Mohrbutter* Hdb. d. Konkurs- und Vergleichsverwaltung, Rz. 646).

9 Veräußert der Insolvenzverwalter die Praxis eines Freiberuflers, also die eines Arztes, Rechtsanwalts, Architekten, Steuerberaters oder Wirtschaftsprüfers, so ist zu beachten, daß der Verwalter kein Verwertungsrecht an den Unterlagen des Freiberuflers erlangt, die dem Berufsgeheimnis unterliegen. Da aber der Freiberufler selbst nicht mehr die wirtschaftliche Verfügungsbefugnis über diese Unterlagen besitzt, kann die wirtschaftliche Nutzung und die Verwertung derartiger Unterlagen nur mit der Zustimmung des Insolvenzverwalters vom Freiberufler durchgeführt werden. Wenn der Freiberufler seine Tätigkeit daher fortsetzen will, muß ihm der Insolvenzverwalter die Nutzung der Patienten- oder Mandantenkartei gestatten. In diesem Zusammenhang ist es zulässig, daß die Einsichtnahme in die Kartei nur gegen Entgelt gestattet wird (*Schick* NJW 1990, 2359, 2361).

10 Gerade bei gut am Markt eingeführten Unternehmen stellt die Firma auch in der Insolvenz noch ein Vermögenswert dar. Die isolierte Verwertung der Firma berührt indes dann die Interessen des Gemeinschulders, wenn es sich um eine Personenfirma handelt, die aus dem Familiennamen gebildet ist. Über die Firma eines Einzelkaufmanns, die aus dem Familiennamen des Schuldners gebildet ist, kann der Verwalter daher nur mit Zustimmung des Gemeinschuldners verfügen (*OLG Düsseldorf* ZIP 1982, 720 ff.). Ist der Schuldner eine Kapitalgesellschaft, bedarf der Verwalter dagegen auch dann nicht der Zustimmung des Gesellschafters, wenn sein Familienname Bestandteil der Firma ist (*BGH* ZIP 1983, 193; *OLG Frankfurt* ZIP 1988, 590). Gleiches gilt für die GmbH & Co. KG (*BGH* ZIP 1990, 388, 390).

11 Die Geschäftsbücher des Gemeinschuldners sind nach § 36 II 1 InsO Massebestandteil. Unter Geschäftsbüchern sind ausschließlich die Unterlagen der Rechnungslegung zu verstehen; Kundendaten, Produktinformationen und andere wirtschaftliche Unterlagen zählen nicht dazu (*Kilger/Karsten Schmidt*, KO § 117, Anmerkung 6 a). Die KO hat in § 117 II angeordnet, die Geschäftsbücher nur mit dem Unternehmen und nur zur Fortführung des Geschäfts zu veräußern. Die InsO hat dieses Verbot nicht übernommen. Der Gesetzgeber der InsO hält das Verbot der getrennten Verwertung für unverhältnismäßig, weil auch Geschäftsbücher einen Vermögenswert darstellen können. Diese Gestattung kommt der Praxis entgegen. Gerade Konkurrenten des insolventen Unternehmens sind in der Praxis an den Geschäftsbüchern häufig interessiert, um Kalkulationen und innere Organisation des Schuldners auszuwerten. Der Verwalter muß bei der Verwertung indes berücksichtigen, daß er die Geschäftsbücher auch aus dem Zeitraum vor der Insolvenz noch benötigt. Auch die Aufbewahrungsvorschriften in § 157 III HGB und § 74 I GmbHG sind zu beachten. Die Schließung der Geschäftsbücher durch das Insolvenzgericht ist – abweichend vom § 122 II InsO – nicht mehr vorgeschrieben.

Gerade gewerbliche Schutzrechte stellen in der Insolvenz einen selbständigen Vermögenswert dar, der zu erheblichen Veräußerungserlösen führen kann. Die Veräußerung ist ebenfalls zulässig. Bei Warenzeichen ist die Zustimmung des Gemeinschuldners erforderlich, wenn sein Name Bestandteil des Warenzeichens ist (BGHZ 32, 103, 113; *BGH* ZIP 1990, 388). **12**

Immobilien kann der Verwalter freihändig veräußern oder die Zwangsversteigerung nach § 172 ff. ZVG betreiben. Bei der freihändigen Veräußerung hat der Verwalter die Zustimmung des Gläubigerausschusses oder der Gläubigerversammlung nach § 160 Abs. II Satz 1 InsO einzuholen. Bei dem freihändigen Verkauf von Immobilien ist die Beteiligung der Insolvenzorgane zwingend. Ist ein Gläubigerausschuß nicht bestellt, muß die Gläubigerversammlung zustimmen. **13**

Nach heute überwiegender Ansicht führt die Betriebsstillegung nicht zur Enthaftung des Zubehörs (BGHZ 56, 298; 60, 267). Somit ist bei der Verwertung von Grundstückszubehör immer darauf zu achten, daß dieses den Grundpfandrechten haftet (§ 1120 BGB), falls das haftende Zubehör nicht in den Grenzen einer ordnungsgemäßen Wirtschaft veräußert wird (*Hess* KO, § 117 Rz. 17).Nicht mehr im Rahmen einer ordnungsgemäßen Wirtschaft ist die Verwertung von Zubehörstücken anzusehen, die der Befriedigung der Gläubiger dient. In diesen Fällen gilt nur dann etwas anderes, wenn das Unternehmen zeitweise fortgeführt wird und aufgrund notwendiger betrieblicher Umstellungen das Zubehör veräußert wird (vgl. *Jaeger/Henckel* KO, § 4 Rz. 9). Kommt es vor der Beschlagnahme des Grundstücks zur Veräußerung des Zubehörs, wird dieses zwar von der Haftung frei, der dadurch erzielte Erlös ist aber dem Grundpfandrechtsgläubiger auszuhändigen (RGZ 69, 85, 91; BGHZ 60, 267; *Henckel* RWS-Skript Nr. 25, S. 27 ff., Köln 1979; *Mohrbutter/Mohrbutter* Hdb. d. Konkurs- und Vergleichsverwaltung, Rz. 680; a. A. *OLG Karlsruhe* KTS 1972, 107, 110). Gegen Veräußerungen des Zubehörs und Entfernung vom Grundstück durch den Insolvenzverwalter sind jedoch dann keine Einwendungen zu erheben, wenn dieses z. B. durch Neuanschaffungen ersetzt wird oder es entbehrlich ist (§§ 1120 ff. BGB; vgl. *Kuhn/Uhlenbruck* KO, § 117 Rz. 11 a). Folglich kommt die Herausgabe des Verkaufserlös nur in Betracht, wenn der Insolvenzverwalter die Regeln über eine ordnungsgemäße Wirtschaft verletzt. Erfolgt die Entfernung des Zubehörs vom Grundstück schuldhaft, so wird dadurch das bestehende Grundpfandrecht verletzt. Da es sich dabei um ein sonstiges Recht i. S. v. § 823 Abs. 2 BGB handelt, entsteht ein Schadensersatzanspruch, der gem. § 55 Abs. 1 Nr. 1 InsO eine Masseverbindlichkeit ist. Darüber hinaus kann der Insolvenzverwalter auch persönlich gem. § 60 InsO haften. Wenn neben dem Insolvenzverfahren über ein zur Insolvenzmasse gehöriges Grundstück die Zwangsverwaltung angeordnet ist, hat der Zwangsverwalter die Möglichkeit, die Zubehörstücke zu veräußern, wenn es aus Gründen der wirtschaftlichen Erhaltung des Grundstücks oder wegen der Erlöserzielung erforderlich ist (*Weber* JZ 1989, 228, 230). Hat der Zwangsverwalter auch die »entbehrlichen« Zubehörstücke veräußert, ist bei der Bestimmung der Entbehrlichkeit auch das Verwertungsinteresse des Insolvenzverwalters mit zu berücksichtigen. Ist dieser daran interessiert, das Unternehmen insgesamt zu verwerten, so ist dem Zwangsverwalter die Verwertung einzelner Zubehörstücke nicht gestattet (*Hess* KO, § 117 Rz. 17). **14**

Der Verwalter ist auch außerhalb des Insolvenzplans nach wie vor berechtigt, das Unternehmen des Schuldners insgesamt zu veräußern. Zu beachten hat der Verwalter die Zustimmungsrechte der Insolvenzorgane gem. § 160 Abs. 2 Satz 1, so daß die Veräußerung zügig zu erfolgen hat. Anderenfalls muß der Verwalter für die vorläufige Fortführung des Unternehmens die Zustimmung der Gläubigerversammlung einholen. Bei der Veräußerung des Unternehmens im ganzen hat der Verwalter neben der grund- **15**

§ 160 *Verwaltung und Verwertung der Insolvenzmasse*

sätzlichen Zustimmung zu dieser Maßnahme durch die Gläubigerversammlung gem. § 160 Abs. 2 Nr. 1 InsO weitere konkrete Zustimmungsvorbehalte zu beachten. So muß er nach § 162 InsO für eine Veräußerung des Unternehmens im ganzen an die dort genannten Personen eine weitere Zustimmung einholen. Gleiches gilt gem. § 163 InsO für Übertragungen, wenn Gläubiger oder der Schuldner vorzuziehende Alternativen geltend machen.

16 Außerhalb der InsO hat der Verwalter insbesondere bei Umstrukturierungen vor dem Verkauf die Beteiligungsrechte der Arbeitnehmer-Vertretung aus § 111 Betriebsverfassungsgesetz zu beachten (Überblick über die vom Verwalter zu berücksichtigenden Beteiligungsrechte der Arbeitnehmervertretung bei *Hess* ZIP 1985, 334 ff.).

17 Eine weitere Art der Verwertung der Massegegenstände kann auf dem Wege der erkauften Freigabe erfolgen. Sofern der Gemeinschuldner noch über insolvenzfreies Vermögen verfügt, kann er selbst massezugehörige Gegenstände erwerben. Da er selbst schon der Eigentümer der Sachen und Rechte ist, kann in den Vertrag nur noch eine Freigabeerklärung aufgenommen werden (*Kuhn/Uhlenbruck* KO, § 117 Rz. 11 c). In diesem Zusammenhang sind die Gutglaubensvorschriften nicht anwendbar. Der Gemeinschuldner kann sich daher nicht auf seinen guten Glauben berufen, daß der Gegenstand zur Insolvenzmasse gehöre (*Jaeger/Weber* KO, § 117 Rz. 18).

18 Die Verwertungserlöse nach Verfahrenseröffnung sind umsatzsteuerpflichtig. Die Steuerforderung aus den zur Masse geflossenen Erlösen gehört zu den Massekosten (*Kuhn/Uhlenbruck* KO, § 117 Rz. 11 e; im einzelnen *Frotscher* ZIP 1983, 1307). Hatte der vorläufige Insolvenzverwalter bereits verwertet, ist die Umsatzsteuerforderung einfache Insolvenzforderung. Ob einer Verwertungshandlung dem vorläufigen Insolvenzverwalter oder Insolvenzverwalter zuzuordnen sind, richtet sich danach, ob der Steueranspruch im Zeitpunkt der Verfahrenseröffnung begründet worden ist. Für die Umsatzsteuer ist die Ausführung der Lieferung entscheidend. Wurde die Lieferung oder Leistung noch vor Verfahrenseröffnung ausgeführt, ist die Umsatzsteuer einfache Insolvenzforderung (vgl. zur Abgrenzung *BFH* ZIP 1989, 384, 385; *BFH* ZIP 1987, 119, 120).

**§ 160
Besonders bedeutsame Rechtshandlungen   → §§ 133, 134 KO**

(1) ¹**Der Insolvenzverwalter hat die Zustimmung des Gläubigerausschusses einzuholen, wenn er Rechtshandlungen vornehmen will, die für das Insolvenzverfahren von besonderer Bedeutung sind.** ²**Ist ein Gläubigerausschuß nicht bestellt, so ist die Zustimmung der Gläubigerversammlung einzuholen.**
(2) Die Zustimmung nach Absatz 1 ist insbesondere erforderlich,
1. **wenn das Unternehmen oder ein Betrieb, das Warenlager im ganzen, ein unbeweglicher Gegenstand aus freier Hand, die Beteiligung des Schuldners an einem anderen Unternehmen, die der Herstellung einer dauernden Verbindung zu diesem Unternehmen dienen soll, oder das Recht auf den Bezug wiederkehrender Einkünfte veräußert werden soll;**
2. **wenn ein Darlehen aufgenommen werden soll, das die Insolvenzmasse erheblich belasten würde;**
3. **wenn ein Rechtsstreit mit erheblichem Streitwert anhängig gemacht oder aufgenommen, die Aufnahme eines solchen Rechtsstreits abgelehnt oder zur Beilegung oder zur Vermeidung eines solchen Rechtsstreits ein Vergleich oder ein Schiedsvertrag geschlossen werden soll.**

Besonders bedeutsame Rechtshandlungen § 160

Literatur:

Haberhauer/Meeh Handlungsspielraum des Insolvenzverwalters im eröffneten Insolvenzverfahren DStR 1995, 2005 ff.; *Heinze* Die betriebsverfassungsrechtlichen Aufgaben des Konkursverwalters, NJW 1980, 145 ff.; *Landfermann* Der Ablauf eines künftigen Insolvenzverfahrens BB 1995, 1649 ff.

Die KO hatte in den §§ 133, 134 differenzierte Regelungen danach aufgestellt, ob ein 1
Gläubigerausschuß bestellt worden war oder ausschließlich die Gläubigerversammlung zustimmen mußte. Die InsO sieht einheitliche zustimmungspflichtige Geschäfte vor. Die aufgezählten Rechtshandlungen sind von so grundsätzlicher Bedeutung, daß in jedem Fall die Zustimmung der Gläubiger erforderlich ist (RegE BT-Drucks. 12/2443, S. 174). Absatz 1 enthält eine Generalklausel und fordert die Zustimmung für alle bedeutende Rechtshandlungen. Die seit langem nicht mehr praxisgerechte Wertgrenze von DM 300,00 des § 133 Nr. 3 KO wurde nicht übernommen.

§ 160 InsO gibt dem Verwalter auf, zu bestimmten, für das Verfahren besonders 2
bedeutsame Rechtshandlungen die Zustimmung des Gläubigerausschusses oder der Gläubigerversammlung einzuholen. Absatz 2 nennt konkrete Sachverhalte. Die Aufzählung der Beispiele ist nicht abschließend. Auf diese Weise wird der Anwendungsbereich der Norm flexibel gestaltet (RegE BT-Drucks. 12/2443, S. 174). Die Zustimmung soll nicht nur in den konkret genannten Fällen erfolgen sondern auf eine Vielzahl von vergleichbaren Fällen anwendbar sein. Es ist somit immer konkret am Einzelfall zu entscheiden, ob eine Zustimmung eingeholt werden muß. Für den Verwalter bedeutet diese »Flexibilität« eine erhebliche Unsicherheit. Wegen der drohenden Sanktionen bei Handeln ohne Zustimmung kann deshalb nur empfohlen werden, eine Zustimmung vorsorglich für alle in Frage kommende Rechtshandlungen einzuholen.

Die Zustimmungspflicht ergibt sich allein aus der Wichtigkeit und Tragweite des 3
Geschäftes. Zu der Grundsatzentscheidung Einstellung des Unternehmens sieht § 158 InsO gesondert die Zustimmung vor. Hätte der Gesetzgeber die Generalklausel des Absatzes 1 ernst genommen, wäre § 158 InsO entbehrlich. Von besonderer Bedeutung wird die beabsichtigten Rechtshandlung immer dann sein, wenn sie Einfluß auf den Bestand der Masse haben oder nicht unerhebliche Risiken der Inanspruchnahme nach sich ziehen könnte. Die Übernahme von Bürgschaften zu Lasten der Masse wird deshalb regelmäßig zustimmungspflichtig sein, wenn die Bürgschaftssumme nicht völlig unbedeutend ist. Gleiches gilt sicherlich für unternehmensbezogene Grundsatzentscheidungen bei der Betriebsfortführung. Als Kriterium wird hier die Betriebsänderung im Sinne des § 111 BetrVG heranzuziehen sein. Ein Sozialplan ist nach Abs. 2, Nr. 3 als Vergleich (*Kilger/Karsten Schmidt* KO, §§ 133, 134 Anm. 3 d) zustimmungspflichtig. Wegen der haftungsrechtlichen Folgen für den Verwalter ist Abs. 1 immer restriktiv auszulegen. Der Gesetzgeber bringt das durch die Notwendigkeit der »besonderen« Bedeutung für die Masse zum Ausdruck.

Nach § 160 Abs. 2 Nr. 1 ist die freihändige Veräußerung unbeweglicher Gegenstände 4
zustimmungsbedürftig. Erfaßt wird nur die nicht öffentliche Veräußerung, so daß die Zwangsversteigerung gem. § 165 InsO und die freiwillige öffentliche Versteigerung keiner Zustimmung bedürfen (*Kilger/Karsten Schmidt* KO, § 133, 134 Rz. 4; *Jaeger/Weber* KO, § 133, 134 Rz. 13). Der Grund hierfür liegt darin, daß bei einer freihändigen Veräußerung möglicherweise kein Wettbewerb unter mehreren Interessenten stattfindet. Darüber hinaus sieht das Zwangsversteigerungsverfahren die gesonderte gutachtliche

§ 160 *Verwaltung und Verwertung der Insolvenzmasse*

Wertermittlung vor, die vom Verwalter nicht zwingend durchgeführt werden muß, wenn er das Grundstück freihändig veräußert.

5 Abs. 2 Nr. 1 schreibt desweiteren die Zustimmungspflicht bei der Veräußerung des Unternehmens oder eines Betriebes, des Warenlagers im ganzen sowie der Veräußerung eines Rechts auf den Bezug von wiederkehrenden Einkünften vor. Der Veräußerung eines Betriebes oder eines Unternehmens steht die Veräußerung eines Unternehmens- oder Betriebsteils gleich (RegE BT-Drucks. 12/2443, S. 224). Alle genannten Rechtshandlungen sind Maßnahmen, die außerhalb der gewöhnlichen Verwaltung liegen. Durch ihre Wahrnehmung wird der Bestand der Masse grundlegend beeinflußt oder die Masse wird besonderen Risiken ausgesetzt.

6 Die Regelung des Abs. 2 Nr. 1 verlangt zudem eine Zustimmung bei der Veräußerung der Beteiligung des Schuldners an einem anderen Unternehmen. Der Wortlaut der InsO lehnt sich an den Beteiligungsbegriff des § 271 HGB an. Diese Anlehnung wurde vom Gesetzgeber bewußt gewählt (RegE BT-Drucks. 12/2443, S. 274). Eine Beteiligung in diesem Sinne liegt gem. § 271 Abs. I Satz 3 HGB bei einem Anteil von mehr als 20 % vor.

7 Abs. 2 Nr. 2 verlangt die Zustimmung des Gläubigerausschusses bei einer Darlehensaufnahme, welche die Insolvenzmasse erheblich belasten würde. Die KO hatte eine Darlehensaufnahme in § 134 in jedem Fall von der Zustimmung der Gläubigerversammlung abhängig gemacht. Nunmehr ist eine erhebliche Belastung der Masse mit Darlehensverbindlichkeiten erforderlich. Wann eine Verbindlichkeit erheblich ist, wird die Praxis erarbeiten müssen. Darlehensverbindlichkeiten, die 10 % des Massevermögens ausmachen, können sicherlich nicht erheblich sein. Die Verwalter sollten die Judikatur abwarten und zunächst Darlehen immer genehmigen lassen.

8 Auch die Einleitung von Rechtsstreitigkeiten mit erheblichen Streitwerten ist zustimmungspflichtig. Allerdings gilt dies nur für Prozesse, die der Verwalter anhängig macht. Die Einlassung auf Klagen, die gegen die Insolvenzmasse erhoben werden, und die klagweise Inanspruchnahme des Gläubigerausschusses durch den Insolvenzverwalter bedürfen keiner Zustimmung (*Kuhn/Uhlenbruck* KO, §§ 133, 134 Rz. 3 a). Zu den Klagen zählen auch Anfechtungsprozesse sowie Widerklagen. Beschlußverfahren der §§ 122, 126 InsO sind dagegen nicht zustimmungsbedürftig. Hierbei fehlt es schon an dem erheblichen Streitwert. Zudem sind diese Verfahren Ausführungshandlungen im Rahmen der bereits genehmigten Betriebsänderungen. Die Entscheidung zur Einleitung dieser Verfahren muß der Verwalter im eigenen Ermessen treffen können. Die Aufnahme bereits durch den Schuldner begonnener Prozesse waren in der KO nicht zustimmungsbedürftig (*Jaeger/Weber* KO, §§ 133 f. Rz. 10). Nach Absatz 2, Nr. 3 ist diese Aufnahme ebenfalls zustimmungspflichtig, wenn der Streitwert erheblich ist. Nach der Formulierung werden wirtschaftlich weniger bedeutende Rechtshandlungen nicht erfaßt, unabhängig davon, ob eine bestimmte Wertgrenze angegeben wird. Auch hier wird die Praxis die Erheblichkeit entwickeln müssen.

9 Die Aufnahme von Aktiv- und Passivprozessen (§§ 85, 86 InsO) kann der Verwalter bei erheblichen Streitwerten ebenfalls nicht ohne Zustimmung der Gläubiger ablehnen. Denn mit der Ablehnung der Aufnahme kann eine Masseschmälerung verbunden sein (*Jaeger/Weber* KO, §§ 133 f. Rz. 10). Die Aufnahme von Passivprozessen betrifft nach § 86 InsO ausschließlich Rechte, welche die Masse unmittelbar betreffen (Aussonderungs-, Absonderungsrechte und Masseverbindlichkeiten).

10 Der Abschluß eines gerichtlichen oder außergerichtlichen Vergleichs wird von § 160 ebenfalls erfaßt. Die Zustimmung ist nicht nur bei prozessvermeidenden oder prozessbeendenden Vergleichen erforderlich sondern auch bei einem Zwangsvergleich in der

Besonders bedeutsame Rechtshandlungen § 160

Insolvenz eines Dritten (*Kilger/Karsten Schmidt* KO, §§ 133, 134 Anm. 3 d). Erfaßt wird von dieser Regelung auch der Abschluß eines Sozialplanes, der als Betriebsvereinbarung einen Vergleich darstellt (*BAG* WM 1985, 546; *Heinze* NJW 1980, 145, 151).

Auch der Abschluß eines Schiedsvertrages im Sinne der §§ 1025 ZPO ist zustimmungs- 11 bedürftig. Dieser Vertrag muß nach dem Wortlaut ebenfalls einen erheblichen Streitwert zum Gegenstand haben.

Unter dem Begriff der Zustimmung ist die Einwilligung, d. h. die vorherige Zustim- 12 mung, zu verstehen (*Hess* KO, §§ 133 f. Rz. 3; *Jaeger/Weber* KO, §§ 133 f. Rz. 3). Handelt der Insolvenzverwalter ohne die notwendige Zustimmung des Gläubigerausschusses, so ist das eigenmächtig abgeschlossene Rechtsgeschäft trotzdem wirksam (*OLG Koblenz* KTS 1962, 123). Die Notwendigkeit der Zustimmung in diesem Fall führt zu keiner Rechtswirkung gegenüber Dritten (*Kilger/Karsten Schmidt* KO, §§ 133, 134 Anm. 1). Allerdings besteht die Möglichkeit, daß sich der Insolvenzverwalter durch sein Vorgehen schadenersatzpflichtig macht. Des weiteren kann das Insolvenzgericht Zwangsgelder gem. § 58 Abs. 2 InsO anordnen. Unter Umständen kann ein solches Verhalten sogar zur Entlassung des Verwalters führen (vgl. *LG Mainz* Rpfleger 1986, 490).

Erteilt der Gläubigerausschuß erst nachträglich seine Zustimmung zu dem Rechtsge- 13 schäft, entfällt dadurch die Eigenmächtigkeit des Verwalterhandelns. Grundsätzlich besteht in diesen Fällen dann keine Schadensersatzpflicht mehr für den Verwalter. Da aber generell eine erteilte Zustimmung den Verwalter nicht schlechthin von seiner eigenen Verantwortung befreit, ist eine Haftung nicht ausgeschlossen (*BGH* ZIP 185, S. 423; *OLG Bamberg* NJW 1953, 109 f.; *Kuhn/Uhlenbruck* KO, §§ 133 f. Rz. 1). Widerruft der Gläubigerausschuß seine Zustimmung, hat dies keine Konsequenzen für die Wirksamkeit des Rechtsgeschäfts.

In der Praxis nimmt die Zustimmung der Gläubigerversammlung regelmäßig erheblich 14 Zeit in Anspruch. Ist aufgrund besonderer Umstände eine kurzfristige Entscheidung notwendig, kann der Insolvenzverwalter das Rechtsgeschäft unter der aufschiebenden Bedingung der nachfolgenden Genehmigung durch das zuständige Gläubigerorgan abschließen (*Hess* KO, §§ 133 f. Rz. 7).

Gläubigerversammlung und Gläubigerausschuß können die Zustimmung auch allge- 15 mein erteilen (*Jaeger/Weber* KO, §§ 133 f. Rz 4). Hier ist jedoch zu beachten, daß sich durch eine solche allgemeine Zustimmung im Einzelfall eine Haftung der Ausschußmitglieder gem. § 71 InsO ergeben kann. Aus diesem Grund sollte die Erteilung einer Generalzustimmung nur erfolgen, wenn die Persönlichkeit des Verwalters die Pflicht – und Zweckmäßigkeit seines Handelns verbürgt (*Kuhn/Uhlenbruck* KO, §§ 133 f. Rz 1 b). Sollte trotz erkennbarer pflichtwidriger Rechtsgeschäfte des Insolvenzverwalters der Gläubigerausschuß seine Zustimmung dazu geben, haftet dieser neben dem Verwalter.

Die Zustimmung des Gläubigerausschusses entledigt den Verwalter nicht uneinge- 16 schränkt von seiner Verantwortlichkeit. Eine persönliche Verantwortung ist auch dann aufgrund besonderer Umstände möglich. So kann der Verwalter haften, wenn er schuldhaft gegenüber dem Gläubigerausschuß die Sach- und Rechtslage unrichtig oder unvollständig darstellte. Auch können sonstige Handlungen oder Unterlassungen des Verwalters Sanktionen nach sich ziehen, wenn sie dem Gläubigerausschuß eine andere, einem oder mehreren Beteiligten vorteilhafte Entscheidungen unmöglich macht (s. dazu *BGH* WM 1985, 423).

Sofern kein Gläubigerausschuß bestellt worden ist und auch keiner der Gläubiger im 17 Berichtstermin anwesend war, kann die Zustimmung des § 160 nicht wirksam durch das

§ 161

Insolvenzgericht erfolgen (*Kuhn/Uhlenbruck* KO, §§ 133 f. Rz. 4). Dem Insolvenzgericht bleibt in diesen Fällen nur die Möglichkeit, die Gläubigerversammlung zu vertagen und einen der Gläubiger dazu zu bewegen, im Berichtstermin anwesend zu sein.

§ 161
Vorläufige Untersagung der Rechtshandlung → § 135 KO

¹In den Fällen des § 160 hat der Insolvenzverwalter vor der Beschlußfassung des Gläubigerausschusses oder der Gläubigerversammlung den Schuldner zu unterrichten, wenn dies ohne nachteilige Verzögerung möglich ist. ²Sofern nicht die Gläubigerversammlung ihre Zustimmung erteilt hat, kann das Insolvenzgericht auf Antrag des Schuldners oder einer in § 75 Abs. 1 Nr. 3 bezeichneten Mehrzahl von Gläubigern und nach Anhörung des Verwalters die Vornahme der Rechtshandlung vorläufig untersagen und eine Gläubigerversammlung einberufen, die über die Vornahme beschließt.

1 Die Vorschrift entspricht § 135 KO. Sinn und Zweck ist es, dem Gemeinschuldner die Gelegenheit zu verschaffen, bei Rechtshandlungen, die für die Insolvenzmasse von besonderer Bedeutung sind, seine Auffassung darzulegen und ggf. die Entscheidung der Gläubigerversammlung herbeizuführen. Mittelbar dient das Gebot damit auch dem Schutz der Gläubiger (*Jaeger/Weber* KO § 135 Rz. 1). Das besondere Verfahren ist bei allen bedeutenden Rechtshandlungen des § 160 InsO möglich.

2 Der Verwalter ist verpflichtet, den Schuldner von geplanten Maßnahmen des § 160 InsO zu informieren. Die Mitteilung bedarf keiner besonderen Form und Frist. Erforderlich ist lediglich, daß die Information vor der Beschlußfassung der zuständigen Organe erfolgt. Ist der Schuldner eine juristische Person oder ein sonstiger Verband, sind die vertretungsberechtigten Organe zu informieren. Die Mitteilung darf unterbleiben, wenn sie zu einer Verzögerung des Verfahrens führt. Der Verwalter muß also vor der Gläubigerversammlung dem ihm bisher nicht bekannten neuen Aufenthaltsort des Schuldners nicht ermitteln. Dieser Zusatz dient ausschließlich dazu, den Verwalter zu entlasten, wenn der Schuldner für ihn nicht erreichbar ist.

3 Verletzt der Verwalter die ihm obliegende Informationspflicht, sind die von ihm vorgenommenen Rechtshandlungen wirksam, § 164 InsO. Im Außenverhältnis entfalten die Zustimmungserfordernisse und Informationspflichten keine Wirkung.

4 Eine Verletzung der dem Verwalter obliegenden Pflichten aus § 161 InsO kann ihn gegenüber dem Gläubigern und dem Schuldner (*Jaeger/Weber* KO § 135 Rz. 1) zum Schadenersatz verpflichten, wenn sich herausstellt, daß die Masse wegen der fehlenden Informationen durch den Schuldner verkürzt oder nicht angemessen verwertet wurde.

5 Auf Antrag des Schuldners oder der Gläubigerminderheit nach § 75 Abs. 1 Nr. 3 InsO kann das Insolvenzgericht die Rechtshandlung vorläufig untersagen und eine Entscheidung der Gläubigerversammlung herbeiführen. Die Untersagung ist auch möglich, wenn der Gläubigerausschuß bereits zugestimmt hat. Liegt ein Votum der Gläubigerversammlung vor, ist eine einstweilige Untersagung unzulässig. Dann kann nur noch eine (endgültige) Aufhebung des Beschlusses der Gläubigerversammlung nach § 78 InsO auf Antrag der dort genannten Gläubiger erfolgen. Dem Verwalter ist in jedem Fall Gelegenheit zur Stellungnahme zu geben.

Betriebsveräußerung an besonders Interessierte § 162

Die vorläufige Untersagung darf nur bis zum Votum der Gläubigerversammlung angeordnet werden. Diese Entscheidung der Gläubigerversammlung ist endgültig. 6
Gegen die einstweilige Untersagung durch das Insolvenzgericht ist ausschließlich die Rechtspflegererinnerung möglich, vgl. § 6 InsO. 7

§ 162
Betriebsveräußerung an besonders Interessierte

(1) Die Veräußerung des Unternehmens oder eines Betriebs ist nur mit Zustimmung der Gläubigerversammlung zulässig, wenn der Erwerber oder eine Person, die an seinem Kapital zu mindestens einem Fünftel beteiligt ist,
1. zu den Personen gehört, die dem Schuldner nahestehen (§ 138),
2. ein absonderungsberechtigter Gläubiger oder ein nicht nachrangiger Insolvenzgläubiger ist, dessen Absonderungsrechte und Forderungen nach der Schätzung des Insolvenzgerichts zusammen ein Fünftel der Summe erreichen, die sich aus dem Wert aller Absonderungsrechte und den Forderungsbeträgen aller nicht nachrangigen Insolvenzgläubiger ergibt.
(2) Eine Person ist auch insoweit im Sinne des Absatzes 1 am Erwerber beteiligt, als ein von der Person abhängiges Unternehmen oder ein Dritter für Rechnung der Person oder des abhängigen Unternehmens am Erwerber beteiligt ist.

§ 162 InsO hat in der KO keine Entsprechung. Die Überschrift verwirrt. Die Norm schafft eine zusätzliche Kontrolle, bei der Unternehmungsveräußerung an Insider (besonders interessiert ist wohl jeder »Interessent«). § 162 InsO ist ein weiterer Ausfluß des Grundsatzes der Mitbestimmung der Gläubigergesamtheit bei bedeutenden Rechtshandlungen. 1

Die Zustimmung der Gläubigerversammlung ist erforderlich, wenn der Interessent wegen seiner Nähe zum Schuldner oder zu Schuldnerunternehmen über bessere Erkenntnisse verfügt. In diesem Fall ist nach Auffassung des Gesetzgebers die Vermutung gerechtfertigt, daß der vereinbarte Kaufpreis nicht dem Marktpreis entspricht (RegE BT-Drucks. 12/2443, S. 175). Die Zustimmung des Gläubigerausschusses reicht nicht aus. Ob die Motive des Gesetzgebers den Tatsachen entsprechend, wird sich in der Praxis zeigen. Regelmäßig wird allerdings die Gläubigerversammlung die Angemessenheit des Kaufpreises nicht besser beurteilen können als der Verwalter. 2

Der Gesetzgeber nimmt ein zustimmungspflichtiges Insidergeschäft an, wenn der Verkauf 3
– an nahestehende Personen i. S. d. § 138 InsO,
– an Gesellschaften, die den Personen des § 138 InsO zu 20% gehören,
– an nicht nachrangige Gläubiger mit einem Anteil von 20% an angemeldeten Forderungen oder festgestellten Absonderungsberechtigten (vgl. auch § 75 Abs. 1 Nr. 3 InsO)
erfolgen soll. Umgehungen werden durch Absatz 2 erfaßt, wenn der Interessent Treuhänder ist oder abhängige Unternehmen als Interessenten auftreten läßt.

Nach dem Wortlaut des Gesetzes muß der Verwalter sich den Verkauf des Schuldner-Unternehmens nur dem Grundsatz nach genehmigen lassen. Aus den Motiven folgt gleichwohl, daß auch der Kaufpreis genehmigt werden muß. Der Gesetzgeber will einen zu geringen Kaufpreis aufgrund Insiderkenntnissen verhindern (BT-Drucks. 12/2443, S. 175). Die Entscheidung setzt die Kenntnis des Kaufpreises voraus. 4

5 Die notwendige Einberufung der Gläubigerversammlung erfolgt durch das Insolvenzgericht in der Frist des § 75 Abs. 2 InsO. Die Einberufung erfolgt zwingend, wenn der Antrag vom Verwalter oder eines der in § 75 InsO genannten Organe beantragt wird.

§ 163
Betriebsveräußerung unter Wert

(1) Auf Antrag des Schuldners oder einer in § 75 Abs. 1 Nr. 3 bezeichneten Mehrzahl von Gläubigern und nach Anhörung des Insolvenzverwalters kann das Insolvenzgericht anordnen, daß die geplante Veräußerung des Unternehmens oder eines Betriebs nur mit Zustimmung der Gläubigerversammlung zulässig ist, wenn der Antragsteller glaubhaft macht, daß eine Veräußerung an einen anderen Erwerber für die Insolvenzmasse günstiger wäre.
(2) Sind dem Antragsteller durch den Antrag Kosten entstanden, so ist er berechtigt, die Erstattung dieser Kosten aus der Insolvenzmasse zu verlangen, sobald die Anordnung des Gerichts ergangen ist.

1 Während die §§ 158 bis 162 die Beteiligung der dort genannten Organe zwingend vorsehen, legt § 163 InsO bei möglicherweise ungünstigen Unternehmens- oder Betriebsveräußerungen ein Antragsrecht der Gläubigerminderheit oder des Schuldners auf Beteiligung der Gläubigerversammlung fest. Dieser Antrag hat nur Erfolg, wenn der Antragsteller eine Alternative glaubhaft macht, die Vorteile für die Masse mit sich bringt. Die Vorschrift bringt in der konkreten Ausgestaltung die Gefahr einer erheblichen Verzögerung des Verfahrens mit sich. Die Praxis zeigt, daß der Schuldner oder die Organe des Schuldners häufig mit potentiellen Erwerbern aufwarten, um die Geschicke des Unternehmens weiter zu bestimmen. Mit dem unbestimmten Rechtsbegriff der günstigeren Veräußerung kann der Schuldner eine vorteilhaftere Veräußerungsmöglichkeit unschwer darlegen. Es bleibt dem Verwalter nur die Möglichkeit, die vom Antragsteller dargelegte Alternative umfassend zu bewerten. Dieser zusätzliche Aufwand und der damit verbundene Zeitverlust kann der gebotenen zügigen Veräußerung im Sinne der erforderlichen Kontinuität des Unternehmens schaden. Wenn erst die Einberufung der Gläubigerversammlung angeordnet wird, ist eine kurzfristige Entscheidung nicht zu erwarten. Es ist zu befürchten, daß der Gesetzgeber die Beteiligungintensität der Gläubiger überschätzte und mit § 163 dem Schuldner die Möglichkeit an die Hand gab, eine zügige Verwertung des Unternehmens zu verhindern. Die Praxis unter der KO zeigt, daß bei kleineren und mittleren Verfahren die ersten Gläubigerversammlungen (entsprechend dem Berichtstermin der InsO) von den Gläubigern überhaupt nicht wahrgenommen werden, so daß Beschlußunfähigkeit vorliegt. Es ist nicht zu erwarten, daß das Interesse der Gläubiger an einer weiteren Versammlung auf besonderen Antrag wachsen wird.

2 Antragsberechtigt sind der Schuldner und ein Zusammenschluß von wenigstens fünf absonderungsberechtigten oder nicht nachrangigen Gläubigern, deren Rechte oder Forderungen 20 % der Gesamtrechte oder -forderungen ergeben. Im Zweifel entscheidet das Insolvenzgericht, ob die Quote erreicht ist (§ 75 Abs. 1 Nr. 3 InsO).

3 Der Antrag hat Erfolg, wenn der Antragsteller eine »für die Masse günstigere Veräußerung« darlegt. Worin die günstigere Veräußerungsmöglichkeit bestehen muß, sagt das Gesetz nicht. Die wesentlichen Faktoren bestehen natürlich in der Gestaltung des

Kaufpreises. Dabei kommt es nicht nur auf die Höhe sondern auch auf die Zahlungsbedingungen und die Absicherung des Kaufpreises (RegE. BT-Drucks. 12/2443 S. 175) an. Mit diesen Faktoren ist indes nur ein geringer Ausschnitt aus dem Fragenkreis erfaßt, welche Elemente eine Unternehmens-/ Betriebsveräußerung als günstiger erscheinen lassen. Auch die Übernahme von potentiellen Masseverbindlichkeiten, insbesondere im Zusammenhang mit Arbeitsverhältnissen durch den Erwerber hat erheblichen Einfluß auf die Insolvenzmasse. Im Zusammenhang mit der Gestaltung des Kaufpreises muß auch die Konzeption des Erwerbers beurteilt werden. Ist abzusehen, daß die Konzeption keinen Erfolg verspricht, ist ein geringerer Kaufpreis, der indes sofort gezahlt wird, sicherlich günstiger für die Masse als eine langfristig angelegte ratierliche Ratenzahlung. Schon diese Aspekte zeigen, daß das Insolvenzgericht mit der Beurteilung der günstigeren Veräußerung erhebliche Probleme haben wird. Die Praxis wird reagieren. Um etwaige Haftungsrisiken zu vermeiden, wird das Insolvenzgericht eine Entscheidung der Gläubigerversammlung herbeiführen. Daraus folgt die oben bereits angedeutete zwingende Verzögerung des Verkaufes durch den Verwalter.

Der Antragsteller kann sich des Nachweises der günstigen Verkaufsgelegenheit gem. 4 §§ 4 InsO, 294 ZPO aller Beweismittel einschließlich der eidesstattlichen Versicherung bedienen. Eine besondere Form des Antrages ist nicht erforderlich.

Gelingt die Glaubhaftmachung, entscheidet das Insolvenzgericht nicht in der Sache 5 sondern ordnet die Zustimmung der Gläubigerversammlung an und beruft diese ein. Es ist dann an dem Verwalter oder dem Antragsteller, die Gläubigerversammlung zu überzeugen welche Möglichkeit tatsächlich günstiger ist. Der Verwalter kann darüber hinaus nach Anordnung durch das Insolvenzgericht die vom Antragsteller glaubhaft gemachte Veräußerung umsetzen. Das Votum der Gläubigerversammlung zu dieser vom Antragsteller angebotenen Veräußerung ist nicht mehr erforderlich.

Gegen die Entscheidung des Insolvenzgerichtes ist lediglich die Rechtspflegererinne- 6 rung möglich, § 6 InsO. Bei ablehnender Entscheidung kann der Antragsteller darüber hinaus nach § 161 InsO vorgehen, wenn die dortigen Voraussetzungen gegeben sind.

§ 164
Wirksamkeit der Handlung → § 136 KO

Durch einen Verstoß gegen die §§ 160 bis 163 wird die Wirksamkeit der Handlung des Insolvenzverwalters nicht berührt.

Literatur:

Lent Die Grenzen der Vertretungsmacht des Konkursverwalters, KTS 1956, 161 ff.; *ders.* Vergleiche des Konkursverwalters über Aussonderungs- oder Absonderungsberechtigte, KTS 1957, 27 ff.

§ 164 InsO entspricht § 136 KO. Die Vorschrift dient dem Schutz des Rechtsverkehrs. 1 Sie stellt sicher, daß die im Innenverhältnis vorgesehenen Zustimmungsverhältnisse bei den in § 160 bis 163 genannten Rechtshandlungen keine Auswirkungen haben. Die Wirksamkeit der vom Verwalter pflichtwidrig vorgenommenen Rechtshandlungen betrifft sämtliche der in § 160 bis 163 genannten Konstellationen.

2 Selbst wenn der Geschäftsgegner Kenntnis von dem Mangel der Genehmigung hatte, bleibt die mit ihm getroffene Vereinbarung wirksam. Eine Unterscheidung zwischen Gut- und Bösgläubigkeit sieht das Gesetz nicht vor (*KG* OLGZ 35, 259). Das Grundbuchamt hat sogar untersagende Verfügungen zu ignorieren und muß die Eintragung mit allen Rechtsfolgen vornehmen (*Jaeger/Weber* KO, § 136 Rz 3). Auch der Verwalter hat nicht die Möglichkeit, sich im nachhinein gegenüber Dritten auf die fehlende Zustimmung der zuständigen Organe zu berufen (*OLG Koblenz* KTS 1962, 123).

3 Die Praxis hilft sich regelmäßig mit der Hinzufügung von Bedingungen, dem Vorbehalt der Genehmigung der zuständigen Organe oder behält sich Rücktrittsrechte für den Fall vor, daß die Genehmigung nicht erteilt wird. Gerade das fehlende Interesse der Gläubiger macht ein solches Verfahren erforderlich, um die Verwertung rechtzeitig und vorteilhaft für die Masse vornehmen zu können. Anderenfalls wäre der Verwalter in vielen Fällen handlungsunfähig.

4 Rechtshandlungen des Insolvenzverwalters sind auch im Rahmen des § 164 unwirksam, wenn sie offensichtlich dem Zweck des Insolvenzverfahrens zuwider laufen. Das ist insbesondere dann der Fall, wenn die fragliche Rechtshandlung mit dem Insolvenzzweck der gleichmäßigen Befriedigung der Insolvenzgläubiger aus der Verwertung der vorhandenen Masse nicht zu vereinbaren wäre. Unwirksam ist
– eine Schenkung des Verwalters, da hierin keine Verwertung der Masse zugunsten der Gläubiger zu sehen ist (RGZ 29, 8082),
– die gesetzwidrige Bevorzugung eines Gläubigers (RGZ 23, 54, 62),
– die ungerechtfertigte Anerkennung von Vorrechten, Aussonderungs- und Absonderungsrechten, welche zur Benachteiligung der Gläubigergemeinschaft führt (*BGH* WM 1955, 312).

5 Strittig ist die Frage, wann Vergleiche unwirksam sind. Nach Auffassung der Literatur soll die Unwirksamkeit nicht nur an den objektiven Kriterien des Fehlens der Zustimmung zu messen sein. Die Literatur fordert einen subjektiven Mißbrauch der Befugnisse durch den Insolvenzverwalter (*Lent* KTS 1956, 161 ff.). Nach dieser Auffassung ist erst von der Nichtigkeit eines Vergleiches auszugehen, wenn der Insolvenzverwalter bösgläubig ist und mit seinem Geschäftspartner zusammen zum Schaden der Masse handelt (*Lent* KTS 1957, 27, 29; *Hess* KO, § 136 Rz. 8).

6 Da die Wirksamkeit der Rechtshandlungen nur das Außenverhältnis betrifft, kann das Insolvenzgericht gegenüber dem Verwalter Maßnahmen nach §§ 58, 59 InsO ergreifen. Die Gläubiger sind auf den Schadenersatzanspruch des § 60 beschränkt.

Dritter Abschnitt
Gegenstände mit Absonderungsrechten

§ 165
Verwertung unbeweglicher Gegenstände → § 126 KO

Der Insolvenzverwalter kann beim zuständigen Gericht die Zwangsversteigerung oder die Zwangsverwaltung eines unbeweglichen Gegenstands der Insolvenzmasse betreiben, auch wenn an dem Gegenstand ein Absonderungsrecht besteht.

Verwertung unbeweglicher Gegenstände **§ 165**

Literatur:

Beckemann Verfassungsrechtliche Prozeßführungsbefugnis nach eröffnetem Konkursverfahren – BVerfGE 51, 405; *Eickmann* Das allgemeine Veräußerungsverbot nach § 106 KO und sein Einfluß auf das Grundbuch, Vollstreckungs- und Zwangsversteigerungsverfahren, KTS 1974, 202 ff.; *ders.* Probleme des Zusammentreffens von Konkurs und Zwangsverwaltung, ZIP 1986, 1517 ff.; *Gottwald* Die Rechtsstellung dinglich gesicherter Gläubiger in: Insolvenzrecht im Umbruch, 1991, 197 ff.; *Mohrbutter* Konkurs- und Zwangsversteigerung, KTS 1958, 81 ff.; *ders.* Zur Auslegung des § 30 c Absatz 2 ZVG, KTS 1961, 103 ff.; *Skrotzki* Interessenkollision beim Konkursverwalter, KTS 1955, 111 ff.; *Wolff* Grundpfandgläubiger und Konkursverwalter in der Zwangsversteigerung, ZIP 1980, 417 ff.

Die Verwertung absonderungsbelasteter Gegenstände ist eines der Kernstücke der 1 Insolvenzrechtsreform. Abreichend von der KO sieht die InsO ein Eigenverwertungsrecht des Verwalters vor. Festgelegt ist nunmehr auch ein – zeitlich begrenztes – Nutzungsrecht des Verwalters. Die Verwertung beweglicher Gegenstände ist in der InsO festgelegt. Die Sonderrechte des Verwalters im Rahmen der Immobilienversteigerung finden sich im ZVG. § 165 entspricht § 126 KO. Die Norm ermächtigt den Verwalter, unbewegliche Gegenstände, die zur Insolvenzmasse gehören, im Wege der Zwangsvollstreckung zu verwerten. Der Verwalter erhält neben der freihändigen Veräußerung und freiwilligen Versteigerung die Verwertungsmöglichkeiten der Zwangsversteigerung und Zwangsverwaltung hinzu. Zwangsversteigerung und Zwangsverwaltung kann der Verwalter auch betreiben, wenn einer der Gläubiger ein Absonderungsrecht an dem Gegenstand besitzt. Beide stehen in einem solchen Fall gleichberechtigt nebeneinander. Gravierende Änderungen ergeben sich aus der Ergänzung des ZVG durch Art. 20 EGInsO. Für den Fall der Betriebsfortführung und der Erstellung eines Insolvenzplanes erhält der Verwalter zusätzliche Möglichkeiten zur Einstellung der Zwangsvollstreckung und Zwangsverwaltung.

Die Verwalterversteigerung war in der Praxis der KO selten. Der wesentliche Nachteil 2 dieser Verwertung ist zum einen das geringste Gebot. Dieses muß bei der Verwalterversteigerung die Verfahrenskosten, die Ansprüche aus § 10 Nr. 1 bis 3 ZVG und alle am Grundstück bestehenden Rechte decken (dazu ausführlich *Jaeger/Weber* KO, § 126 Rz 10; *Kuhn/Uhlenbruck* KO, § 126 Rz. 1). Wegen dieser Folgen für das geringste Gebot kommt es regelmäßig zur Doppelausbietung eines Realgläubigers, die in der Praxis immer wieder zu Schwierigkeiten führt (*Eickmann* RWS-Skript Nr. 88, S. 33). Für den Verwalter kann dieser Art der Verwertung auch Vorteile mit sich bringen. Wegen des gesetzlichen Verfahrens der Wertermittlung vermeidet er einen möglichen Vorwurf der ungünstigen Verwertung. Vorkaufs- und Gewährleistungsrechte erlöschen mit dem Zuschlag gem. §§ 56 ZVG, 512, 1098 BGB. Darüber hinaus gilt die Versteigerungsanordnung nicht als Beschlagnahme, § 173 ZVG. Der Verwalter kann gleichzeitig die freihändige Verwertung betreiben.

Der Antrag des Insolvenzverwalters auf Anordnung der Zwangsversteigerung setzt 3 die Massezugehörigkeit des Grundstückes und die Vorlage seiner Bestallungsurkunde (§ 56 Abs. 2) voraus. Der Verwalter kann auch die Zwangsverwaltung beantragen. Nach Freigabe eines Grundstücks aus der Insolvenzmasse an den Gemeinschuldner durch einseitige empfangsbedürftige Willenserklärung (*OLG Nürnberg* MDR 1957, 683) verliert der Insolvenzverwalter sein Antragsrecht. Versucht er dennoch das Zwangsversteigerungsverfahren zu betreiben, so hat der Gemeinschuldner die Möglichkeit, gem. §§ 766, 771 ZPO dagegen vorzugehen. Der Anordnungsbeschluß über

§ 165
Verwaltung und Verwertung der Insolvenzmasse

die Zwangsversteigerung ist gem. § 8 ZVG zuzustellen. Adressat der Zustellung ist allein der Insolvenzverwalter, da der Gemeinschuldner aufgrund der Vorschrift des § 80 Abs. 1 nicht mehr Beteiligter i. S. d. § 9 ZVG ist (*Mohrbutter* KTS 1958, 81 f.). Zuständig für die Anordnung des Zwangsversteigerungsverfahrens ist das Vollgestreckungsgericht. Dies ist gem. §§ 1 ff. ZVG das Amtsgericht, in dessen Bezirk das Grundstück liegt.

4 Gem. § 173 S. 1 ZVG gilt der Beschluß, der auf Antrag des Insolvenzverwalters das Zwangsversteigerungsverfahren anordnet, nicht als Beschlagnahme (*Eickmann* Zwangsversteigerungs- und Zwangsverwaltungsrecht, S. 326). Dies beruht darauf, daß bereits der Eröffnungsbeschluß über das Insolvenzverfahren die Wirkung einer Beschlagnahme zugunsten der Gläubiger enthält (*Kuhn/Uhlenbruck* KO, § 126 Rz. 2). Da der Anordnungsbeschluß keine Beschlagnahme ist, besteht für den Insolvenzverwalter kein Veräußerungsverbot (§§ 23, 24 ZVG; §§ 1121, 1122 BGB). Dementsprechend kann er bis zum Versteigerungstermin sowohl über das Grundstück wie auch über dessen Zubehör frei verfügen (*Mohrbutter* KTS 1958, 81 f.; *Baur/Stürner* Zwangsvollstreckung-, Konkurs- und Vergleichsrecht, 1990, Rz. 10.31). Etwas anderes gilt jedoch wegen der Berechnung wiederkehrender Leistungen (§ 13 ZVG) und für die Gegenstände, auf welche sich die Versteigerung erstreckt (§ 55 ZVG). Gem. § 173 S. 2 ZVG wirkt der Anordnungsbeschluß über die Zwangsversteigerung in diesen Fällen wie eine Beschlagnahme.

5 Dies gilt jedoch nur für den Anordnungsbeschluß, der aufgrund eines Antrages des Insolvenzverwalters ergangen ist. Beantragt ein Gläubiger das Zwangsversteigerungsverfahren, so hat der daraufergehende Anordnungsbeschluß gegenüber dem Verwalter die Wirkung eines Veräußerungsverbots. Der Verwalter hat in dieser Situation bzgl. des Grundstückes nur noch das Recht, dieses innerhalb ordnungsgemäßer Wirtschaft zu verwalten und zu benutzen (§§ 23, 24 ZVG). Das gleiche gilt auch dann, wenn der Insolvenzverwalter die Zwangsversteigerung zwar beantragt hatte, später allerdings ein Absonderungsberechtigter oder ein Massegläubiger dem Verfahren beitritt (§ 27 ZVG). Aufgrund des Beitritts findet eine Beschlagnahme des Grundstücks zugunsten dieser Gläubiger statt (*Kuhn/Uhlenbruck* KO, § 126 Rz. 2), so daß für den Verwalter ein Veräußerungsverbot besteht (*W. Gerhardt* RWS-Skript Nr. 35, S. 68).

6 War die Zwangsversteigerung bereits angeordnet, wird mit der Eröffnung des Insolvenzverfahrens das laufende Zwangsversteigerungsverfahren nicht unterbrochen. Die Regelung des § 240 ZPO findet keine Anwendung (*Hess* KO, § 126 Rz. 3; *Jonas/Pohle* ZwangsvollstreckungsnotR, § 30c ZVG, Anm. 5). Eine Umschreibung des Titels ist nicht notwendig (*Mohrbutter* KTS 1958, 81). Unabdingbare Voraussetzung ist jedoch, daß die Beschlagnahme schon wirksam geworden ist vgl. § 80 Abs. 2 Satz 2 InsO. Dies setzt voraus, daß bereits vor der Eröffnung des Insolvenzverfahrens der Beschluß über die Anordnung der Zwangsversteigerung dem Schuldner zugestellt oder daß im Grundbuch der Versteigerungsvermerk eingetragen wurde. Ansonsten ist die Eintragung des Zwangsversteigerungsvermerks nicht mehr möglich, wenn die Zwangsversteigerung aufgrund eines persönlichen Schuldtitels betrieben wird, weil es sich um unzulässige Zwangsvollstreckungsmaßnahmen handelt. Der Grund hierfür liegt darin, daß die Eröffnung des Insolvenzverfahrens einem an den Schuldner erlassenen allgemeinen Veräußerungsverbot gleichsteht (*Dassler/Schiffhauer/Gerhard* ZVG, 1991, § 20 Rz. 2; *Eickmann* KTS 1974, 202; *Jaeger/Henckel* KO, § 14 Rz. 21 ff.). Anders wenn ein absonderungsberechtigter Gläubiger das Zwangsversteigerungsverfahren betreibt. In diesem Fall kann auch nach der Eröffnung des Insolvenzverfahrens das Verfahren beantragt werden.

Verwertung unbeweglicher Gegenstände **§ 165**

Nach der Eröffnung des Insolvenzverfahrens können persönliche Gläubiger keinen **7** Antrag auf Zwangsvollstreckung stellen (§ 89). Anders verhält es sich dagegen mit den Absonderungsberechtigten. Diesen steht gem. § 49 InsO weiterhin das Antragsrecht für die Zwangsverwaltung und Zwangsversteigerung zu. Antragsberechtigt sind zudem auch Massegläubiger i. S. v. §§ 54, 55, sofern diese einen dinglichen Titel gegen den Insolvenzverwalter erwirkt haben (RGZ 61, 259, 261; *Mohrbutter/Drischler* Bd. 2, Rz. 176, S. 983). Der Insolvenzverwalter hat nicht nur die Möglichkeit, selbst einen Antrag auf Zwangsvollstreckung zu stellen, sondern kann auch dem von einem Absonderungsberechtigten eingeleiteten Verfahren beitreten (*Hess* KO, § 126 Rz. 9). Sofern es zu der Konstellation kommt, daß das Zwangsversteigerungsverfahren des Insolvenzverwalters mit dem allgemeinen Vollstreckungsverfahren eines Insolvenzgläubigers zusammentrifft, geht letzteres vor (*Kuhn/Uhlenbruck* KO, § 126 Rz. 2 a). Ist bei der Eröffnung des Insolvenzverfahrens ein Zwangsversteigerungsverfahren bereits anhängig und wird dieses gegen den Insolvenzverwalter fortgesetzt, besitzt dieser die Möglichkeit, unter den besonderen Voraussetzungen des § 30d ZVG die einstweilige Einstellung des Zwangsversteigerungsverfahrens zu beantragen. Dieses Recht steht ihm auch zu, wenn ein Zwangsversteigerungsverfahren auf Antrag eines absonderungsberechtigten Gläubigers bzw. eines Massegläubigers neu eingeleitet wird.

Mit §§ 30d–30f n. F. ZVG hat der Gesetzgeber detaillierte Voraussetzungen geschaf- **8** fen, um die Beschlagnahme bis zum Berichtstermin zu unterbinden (§ 30d I Nr. 1 ZVG). Bis zu diesem Zeitpunkt muß das Vollstreckungsgericht auf Antrag des Verwalters das Verfahren einstweilen einstellen, wenn nicht die Einstellung für den Gläubiger aus wirtschaftlichen Gründen unzumutbar ist. Nach dem Berichtstermin ist einzustellen, wenn das Grundstück für das weitere Verfahren benötigt wird (Nr. 2). Auch hier hat der Gläubiger die Möglichkeit, die wirtschaftliche Unzumutbarkeit jederzeit geltend zu machen. Schließlich muß die Einstellung erfolgen, wenn die Immobilie für die Realisierung des Insolvenzplans erforderlich ist oder die Versteigerung eine angemessene Verwertung der Masse erschweren würde.

Auch der vorläufige Verwalter kann die einstweilige Einstellung bewirken, wenn da- **9** durch nachhaltige Veränderungen in der Vermögenslage des Schuldners verhindert würden (§ 30d Abs. 4 ZVG).

Der Gläubiger ist dadurch geschützt, daß er die ihm zustehenden Zinsen aus der Masse **10** fordern kann. Auch der durch die Nutzung entstehende Wertverlust ist ihm zu erstatten (§ 30e ZVG).

Das Recht des Insolvenzverwalters auf Einstellung des Verfahrens gem. § 30c ZVG **11** kommt jedoch nicht zur Anwendung, wenn der Verwalter das Zwangsversteigerungsverfahren selbst beantragt hatte. In diesen Fällen kann er nur gem. § 30 ZVG die einstweilige Einstellung des Verfahrens als betreibender Gläubiger bewilligen (*Mohrbutter* KTS 1961, 103 m. w. N.; *Gerhardt* RWS-Skript 35, S. 70). Der Insolvenzverwalter besitzt zudem die Befugnis, in einem Zwangsversteigerungsverfahren eines dem Schuldner gehörigen Grundstücks einen Antrag auf Einstellung des Verfahrens gem. § 765 a ZPO zu stellen (*OLG Braunschweig* NJW 1968, 164; *OLG Hamm* KTS 1977, 50). Der Schuldner selbst ist nicht berechtigt, Vollstreckungsschutzanträge zu erheben (BVerfGE 51, 405; *Berkemann* JuS 1980, 871). Bei der Beurteilung der sittenwidrigen Härte i. S. v. § 765 a ZPO ist nicht auf die Belange des Schuldners, sondern auf die des Insolvenzverwalters in seiner amtlichen Funktion abzustellen (*OLG Braunschweig* NJW 1968, 164; *OLG Hamm* KTS 1977, 50). In diesem Zusammenhang wird das Vorliegen einer sittenwidrigen Härte nur dann bejaht, wenn die Anwendung des Gesetzes zu einem ganz untragbaren Ergebnis führen würde (*BGH* MDR 1965, 899; *LG Köln* KTS 1968, 59 ff.).

mit Anm. *Mohrbutter*). Ein solches ist z. B. gegeben, wenn durch das Zwangsversteigerungsverfahren die Verschleuderung des Grundbesitzes droht. Indiz hierfür ist ein krasses Mißverhältnis zwischen dem festgestelltem Wert und dem Mindestgebot. Dies allein reicht aber noch nicht aus. Ferner müssen konkrete Anhaltspunkte gegeben sein, die die Annahme rechtfertigen, daß in einem späteren Termin ein wesentlich höheres Gebot erreicht werden kann (*LG Köln* KTS 1967, 59, 60).

12 § 765a ZPO ist kein Ersatz für verpaßte oder nicht ausgeschöpfte Einstellungsmöglichkeiten nach dem ZVG, da jede Vorschrift auf einer anderen Grundlage basiert. So ist im Rahmen der Interessenabwägung bei § 30d ZVG auf das Interesse des Schuldners, bei § 30c ZVG auf die Interessen der Insolvenzgläubiger und bei § 765a ZPO die Interessen des Gläubigers, der die Zwangsversteigerung betreibt, abzustellen.

13 Kommt es gem. § 165 InsO und den §§ 172ff. ZVG zu einer Zwangsversteigerung, so hat bei der Bekanntmachung des Versteigerungstermins entgegen der Vorschrift des § 37 Nr. 3 ZVG der Hinweis zu ergehen, daß die Versteigerung auf Antrag des Insolvenzverwalters erfolgt. Während des Versteigerungstermines hat der Insolvenzverwalter das Recht, sowohl für sich persönlich als auch in seiner Eigenschaft als Insolvenzverwalter mitzubieten (*Skrotzki* KTS 1955, 111). Die Regelung des § 456 BGB greift in diesem Fall nicht (*Kuhn/Uhlenbruck* KO, § 126 Rz. 3). Auch bei freihändiger Veräußerung durch einen Dritten besteht nach Maßgabe des § 457 BGB kein Ausschluß des Insolvenzverwalters vom Erwerb (*Kilger/Karsten Schmidt* KO, § 126 Rz. 4). Ebenso wie der Insolvenzverwalter besitzt auch der Schuldner das Recht zum Mitbieten (*Hess* KO, § 126 Rz. 30).

14 Bietet der Schuldner bzw. der Insolvenzverwalter in einem Zwangsversteigerungsverfahren mit, so wird der Insolvenzverwalter bzw. der betreibende Gläubiger die erhöhte Sicherheit des § 68 Abs. 3 ZVG verlangen müssen (*Zeller/Stöber* ZVG 13. Aufl. § 8 Anm. 42).

15 Betreibt der Insolvenzverwalter das Zwangsversteigerungsverfahren, so umfaßt das geringste Gebot (§ 44 ZVG) neben den Kosten i. S. d. § 109 ZVG sämtliche vor der Eröffnung des Insolvenzverfahrens entstandenen dinglichen Rechte (§ 15), da der Insolvenzverwalter als betreibender Gläubiger der Rangklasse des § 10 Nr. 5 ZVG angesehen wird (*Hess* KO, § 126 Rz. 32). Ein Gläubiger kann verlangen, daß bei der Feststellung des geringsten Gebots nur die Rechte berücksichtigt werden, die seinem Anspruch vorgehen, sofern er ein von dem Insolvenzverwalter anerkanntes Recht auf Befriedigung aus dem Grundstück hat (§ 14 ZVG). Zu beachten ist, daß dem Insolvenzverwalter nicht das Recht gem. § 74a ZVG auf Versagung des Zuschlags zusteht, wenn die 7/10 Wertgrenze nicht erreicht wird. Der Grund hierfür liegt darin, daß weder der Vollstreckungsschuldner noch die betreibenden Gläubiger, deren Stellung der Insolvenzverwalter wahrnimmt, ein solches Antragsrecht besitzen (*LG Göttingen* NJW 1956, 428). Das Antragsrecht gem. § 74a ZVG steht dem Insolvenzverwalter jedoch zu, wenn eine Eigentümergrundschuld des Gemeinschuldners innerhalb der 7/10 Wertgrenze liegt und vom Ausfall bedroht ist (*Jaeger/Weber* KO, § 126 Rz. 14a; *Mohrbutter/Drischler* Rz. 24, Anm. 7).

16 Gegen den Teilungsplan hat der Insolvenzverwalter das Recht zum Widerspruch (§ 115 ZVG). Die Beträge, die im Rahmen des Verteilungsverfahrens nicht für die Befriedigung der absonderungsberechtigten Gläubiger aufgewendet werden müssen, stehen dem Insolvenzverwalter zur Verfügung.

17 Wenn ein Erbbaurecht zur Insolvenzmasse gehört, steht die Zwangsversteigerungsanordnung (§ 165 InsO, §§ 172ff. ZVG) einem Belastungs- bzw. Veräußerungsverbot gem. §§ 5, 8 ErbbauVO nicht entgegen (*BGH* MDR 1960, 833). Die Zustimmung der

Verwertung beweglicher Gegenstände § 166

Grundstückseigentümerin kann vom Insolvenzverwalter für eine beabsichtigte Zwangsversteigerung bei Gericht beantragt werden (*Jaeger/Weber* § 126 Rz. 17). Verweigert diese die Zustimmung willkürlich, kann sie durch amtsgerichtlichen Beschluß ersetzt werden (§ 7 Abs. 3 ErbbauVO; BGHZ 100, 107; *OLG Düsseldorf* KTS 1958, 43).
Bei Eröffnung des Insolvenzverfahrens über den Nachlaß gelten die besonderen Bestimmungen des § 178 ZVG. Die Rechte der Antragsteller gehen auf den Verwalter über. Dieser kann den Antrag folglich zurücknehmen (*Jaeger/Weber* KO § 126 Rz. 15). **18**

Probleme treten immer dann auf, wenn der Verwalter den Betrieb liquidieren und verwerten will, während der Zwangsverwalter zur Erzielung von Einkünften zugunsten der Gläubiger fortführen will (*Eickmann*, ZIP 1986, 1517 ff.). Der Gesetzgeber der InsO hat dem Insolvenzverwalter nunmehr mit § 153 b ZVG die Möglichkeit geschaffen, die Kollision durch einstweilige Einstellung der Zwangsverwaltung aufzulösen. Voraussetzung ist eine wirtschaftlich sinnvolle Nutzung der Immobilie durch die Masse. Will der Insolvenzverwalter nur verwerten, muß er selbst die Zwangsversteigerung beantragen. Zu den verschiedenen verfahrensrechtlichen Gestaltungsmöglichkeiten zur Bildung von Sondermassen vgl. ausführlich *Gerhardt* Grundpfandrechte im Insolvenzverfahren, S. 65 ff., s. auch *Kuhn/Uhlenbruck* KO § 126 Rz. 8 e zu den verfahrensrechtlichen Möglichkeiten beim Zusammentreffen von Insolvenz- und Zwangsverwaltung. Zu beachten ist, daß die Vorschrift des § 613 a BGB auch im Rahmen einer Betriebsübertragung anläßlich einer Zwangsverwaltung Anwendung findet (*BAG* WM 1980, 561). **19**

§ 166
Verwertung beweglicher Gegenstände → § 127 KO

(1) Der Insolvenzverwalter darf eine bewegliche Sache, an der ein Absonderungsrecht besteht, freihändig verwerten, wenn er die Sache in seinem Besitz hat.
(2) Der Verwalter darf eine Forderung, die der Schuldner zur Sicherung eines Anspruchs abgetreten hat, einziehen oder in anderer Weise verwerten.

Literatur:

Landfermann, Der Ablauf eines künftigen Insolvenzverfahrens BB 1995, 1649.

Die Regelung des § 166 verändert grundlegend die bisherige Rechtslage zur der Verwertung von beweglichen Gegenständen, an denen Absonderungsrechte bestehen. Hatte nach der Konkursordnung der Verwalter nur in Ausnahmefällen das Recht, diese Gegenstände zu verwerten (vgl. § 127 KO), so begründet die Vorschrift des § 166 nun für den Insolvenzverwalter an allen mit Absonderungsrechten belasteten beweglichen Sachen, die sich in seinem Besitz befinden, ein generelles Recht zur freihändigen Verwertung. Der Verwalter ist jetzt nicht mehr darauf angewiesen, die Verwertung im Wege der Zwangsvollstreckung oder des Pfandverkaufes zu betreiben. Die Norm ist die Konsequenz der seit Jahren bestehenden Reformdiskussion über die Ausübung von Absonderungsrechten. Es war schon lange erwogen worden, die Ausübung dieser Rechte zumindest insoweit einzuschränken, als sie den Zwecken des Insolvenzverfahrens zuwiderlaufen. Insbesondere die Rechtslage beim Sicherungseigentum ist bisher unbefriedigend gewesen. Aufgrund des § 127 Abs. 2 KO konnten die Gläubiger die zur **1**

§ 166   *Verwaltung und Verwertung der Insolvenzmasse*

Sicherung übereigneten Sachen ohne weiteres aus dem Unternehmensverbund herauslösen. Dadurch verlor das insolvente Unternehmen nicht selten die für die Betriebsfortführung notwendigen Betriebsmittel. Jegliche Chancen für eine Sanierung des Schuldners auf der Grundlage eines Zwangsvergleichs oder für eine Gesamtveräußerung wurden so erheblich beeinträchtigt oder sogar ganz vereitelt. Ebenso war die Situation bei Sachen, an denen auf Grund der Vereinbarung eines verlängerten oder erweiterten Eigentumsvorbehalts ein Absonderungsrecht bestand. Das in § 166 InsO niedergelegte Verwertungsrecht ist damit eines der Kernstücke der Reform (*Gottwald* Die Rechtsstellung dinglich gesicherter Gläubiger in: Insolvenzrecht im Umbruch, 1991, 157 ff.).

2   § 166 Abs. 1 sorgt dafür, daß den Gläubigern der Zugriff auf die wirtschaftliche Einheit des schuldnerischen Unternehmens verwehrt wird. Der Insolvenzverwalter darf auch die beweglichen Sachen, an denen Absonderungsrechte bestehen, freihändig verwerten, wenn er die Sachen in seinem Besitz hat. Mit diesem Verwertungsrecht wird die Möglichkeit für eine zeitweilige oder dauernde Fortführung des Unternehmens des Schuldners erhalten. Gleichsam als Nebeneffekt erwächst dem Insolvenzverwalter zudem die Möglichkeit, zusammengehörige, aber für unterschiedliche Gläubiger belastete Gegenstände als Einheit zu verwerten. Durch die gemeinsame Verwertung dieser Gegenstände kann der Verkaufserlös gesteigert werden.

3   Das Verwertungsrecht steht dem Verwalter für Sachen zu, an denen Absonderungsrechte bestehen. Die einzelnen Rechte ergeben sich aus §§ 50, 51 InsO. § 51 Nr. 1 InsO legt nunmehr den von der Rechtsprechung unter der KO entwickelten Grundsatz fest, Sicherungseigentum begründe (nur) ein Absonderungsrecht. Sicherungsübereignete Gegenstände kann der Verwalter nunmehr in Abweichung zum alten Recht verwerten. Für die Praxis ist das Verwertungsrecht an Sachen, die mit einem Vermieterpfandrecht belastet sind, von erheblicher Bedeutung. Nicht erfaßt von § 166 wird Eigentumsvorbehaltsware. Wie auch unter der KO berechtigt der einfache Eigentumsvorbehalt zur Aussonderung, ein Verwertungsrecht des Verwalters besteht nicht (RegE BT-Drucks. 12/2443, S. 179). An Leasinggegenständen entsteht das Verwertungsrecht ebenfalls nicht. Aufgrund des Eigentum des Leasinggebers entstehen Aussonderungsansprüche. Der Verwalter kann die Nutzung fortsetzen (§ 112 InsO), so daß die Fortführung des Schuldner-Unternehmens gesichert ist. Der Verwalter kann beim Eigentumsvorbehalt nach § 107 InsO vorgehen, wenn er den Gegenstand benötigt. Auch Pfändungspfandrechte begründen ein Absonderungsrecht, das vom Verwertungsrecht des Verwalters erfaßt wird. Der verlängerte Eigentumsvorbehalt begründet ebenfalls ein Absonderungsrecht (*Kilger/Karsten Schmidt* KO, § 43 Anm. 39; *Gottwald* InsRHdB § 45 Rz. 20), weil diese Konstruktion wirtschaftlich dem Sicherungseigentum nahe steht. Pfändungen im Wege der Zwangsvollstreckung sind auf Verlangen des Verwalters aufzuheben. Der Gerichtsvollzieher muß ggf. die Entfernung der Pfandsiegel vornehmen und damit die Vollstreckung beenden.

4   Das Verwertungsrecht des Verwalters besteht für bewegliche Sachen, die er in seinem Besitz hat. Gegenstände, auf die er nicht unmittelbar Zugriff ausüben kann, sind für die Fortführung oder Übertragung offensichtlich nicht von Bedeutung. Der Gesetzgeber will diese Sachen beim Absonderungsberechtigten belassen (RegE BT-Drucks. 12/2443, S. 179). Damit werden die Vertragspfandrechte der § 1204 BGB nicht vom Verwertungsrecht erfaßt (*Obermüller/Pape* Rz. 752). Besitz bedeutet in erster Linie die Erlangung der tatsächlichen Gewalt über die Sache, § 854 BGB. Auch der mittelbare Besitz ist für die Masse geschützt (vgl. zur korrespondierenden Situation § 107 Rz. 19). Nach dem Grundgedanken des Gesetzes soll der wirtschaftliche Vorteil der Unternehmenseinheit erhalten bleiben. Sachen, die der vorläufige Verwalter während des Eröffnungsverfah-

rens in Besitz genommen hat, darf der Verwalter ebenfalls verwerten (*Obermüller/Pape* Rz. 772).

Das Verwertungsrecht entsteht mit der Eröffnung des Verfahrens. Der vorläufige Verwalter darf nicht verwerten. Er wird, gestützt auf das Veräußerungsverbot den Besitz an der Sache nicht aufgeben oder dem Schuldner durch das Insolvenzgericht gem. § 21 Abs. 2 Zi. 2 InsO untersagen lassen, absonderungsberechtigte Sachen herauszugeben. Die Gläubiger sind bei übermäßiger Dauer des Eröffnungsverfahrens dadurch geschützt, daß die Zinszahlungspflicht vorverlegt werden kann, § 163 S. 2 InsO. Zwangsvollstreckungsmaßnahmen können nach § 21 Abs. 1 Zi. 3 InsO untersagt oder einstweilig eingestellt werden. 5

Nach § 166 Abs. 2 erhält der Verwalter die Möglichkeit, Forderungen, welche der Schuldner zur Sicherung von Verbindlichkeiten abgetreten hatte, zu verwerten. Das Verwertungsrecht beschränkt sich ausschließlich auf Sicherungszessionen. Die normale Forderungsabtretung führt dazu, daß der Zessionar aussonderungsberechtigt ist (*BGH* WM 1971, 71; *BGH* ZIP 1986, 720, 722). Dabei ist es unerheblich, ob die Abtretung dem Drittschuldner offengelegt wurde (anders noch der RegE, Begründung zu § 191 Abs. 2, BT-Drucks. 12/2443, S. 179). Die Unterscheidung zwischen offengelegter und nicht aufgedeckter Forderungsabtretung würde zu unverhältnismäßigen praktischen Schwierigkeiten führen (kritisch *Obermüller/Pape* Rz. 773). Die jetzt vom Gesetzgeber vorgenommene materielle Regelung entspricht der Praxis unter der Konkursordnung. Da der Verwalter über die Unterlagen des Schuldners verfügt, ist es sinnvoll, diesen zur Einziehung und Verwertung der Forderung zu ermächtigen. Ohne Unterstützung und Mithilfe des Verwalters hatte der gesicherte Gläubiger in der Vergangenheit meist keine Chance, die zur Sicherheit abgetretenen Forderungen erfolgreich durchzusetzen. Schon unter der KO war es deshalb regelmäßige Praxis, daß dem Verwalter von dem durch eine Sicherungsabtretung gesicherten Gläubiger vertraglich die Einziehung der Forderung übertragen wird. 6

Der Verwalter ist nach § 166 Abs. 2 InsO berechtigt, die Forderung einzuziehen oder auf anderem Wege zu verwerten. Die Forderung kann also nach Belieben des Verwalters an einen Factor verkauft oder wiederum gegen beliebiges Entgelt abgetreten werden. Maßnahmen der Zwangsverwertung gem. § 829 ZPO muß der Verwalter nicht durchsetzen, da ihm nach der InsO ein freihändiges Verwertungsrecht zusteht. 7

Das Recht zur Einziehung entsteht mit der Eröffnung des Verfahrens; der Zessionar darf die Einziehung nicht fortsetzen. Der vorläufige Verwalter darf Forderungen nicht einziehen, er kann den Zessionar nicht an der Einziehung hindern (*Obermüller/Pape* Rz. 836). Die Forderung muß vom Zessionar nicht zurückübertragen werden. Zahlungseingänge nach Verfahrenseröffnung müssen vom Zessionar nicht ausgekehrt werden (*Obermüller/Pape* Rz. 838). § 166 InsO begründet ein Verwertungsrecht des Verwalters, die Zession wird dadurch nicht berührt. Es ist vielmehr an dem Verwalter, den Drittschuldnern unter Berufung auf das Verwertungsrecht mitzuteilen, daß Erfüllung nur noch mit Leistung an ihn eintreten kann. In der Praxis wird dieses Procedere zu einer erheblichen Verunsicherung der Drittschuldner, Zahlungsstockungen und Einwendungen bei der Forderungsrealisierung führen. Wenn der Zessionar bereits mit der Einziehung begonnen hatte, sollte der Verwalter das Ergebnis unter Abschluß einer Vereinbarung zur Auskehrung des Erlöses an die Masse abwarten. Die Erlösverteilung des § 170 InsO kann berücksichtigt werden. § 170 Abs. 2 InsO sieht diese Möglichkeit ausdrücklich vor (so auch *Obermüller/Pape* Rz. 773). 8

Das Verwertungsrecht des Verwalters hat zur Folge, daß der absonderungsberechtigte Gläubiger nur Rechte an dem Erlös geltend machen kann. Während die KO der Masse 9 grundsätzlich keine Kostenerstattung zugestanden hat und dementsprechend der Verwalter zur vollständigen Auszahlung des Erlöses verpflichtet war, sehen die §§ 170, 171 InsO jetzt vor, daß der Masse die Kosten für die Feststellung und Verwertung zu erstatten sind.

10 Der Verwalter muß von seinem Verwertungsrecht keinen Gebrauch machen. Das ergibt sich bereits aus dem Wortlaut des § 170 Abs. 2 InsO. Er kann dem Zessionar den Forderungseinzug auch dann überlassen, wenn die Zession noch nicht offengelegt war.

11 Die freihändige Verwertung des Verwalters ist keine Maßnahme der Zwangsvollstreckung. Die Vollstreckungsgegenklage nach § 771 ZPO ist nicht zulässig. Aussonderungsberechtigte Gläubiger sind auf den normalen Rechtsweg (Herausgabe) angewiesen; die Verwertung des Verwalters kann nur durch eine Maßnahme des einstweiligen Rechtsschutzes untersagt werden. Gleiches gilt für absonderungsberechtigte Gläubiger, die geltend machen wollen, daß der Verwalter nicht zur Verwertung berechtigt ist und sie gem. § 173 InsO ein Eigenverwertungsrecht haben.

§ 167
Unterrichtung des Gläubigers

(1) [1]Ist der Insolvenzverwalter nach § 166 Abs. 1 zur Verwertung einer beweglichen Sache berechtigt, so hat er dem absonderungsberechtigten Gläubiger auf dessen Verlangen Auskunft über den Zustand der Sache zu erteilen. [2]Anstelle der Auskunft kann er dem Gläubiger gestatten, die Sache zu besichtigen.
(2) [1]Ist der Verwalter nach § 166 Abs. 2 zur Einziehung einer Forderung berechtigt, so hat er dem absonderungsberechtigten Gläubiger auf dessen Verlangen Auskunft über die Forderung zu erteilen. [2]Anstelle der Auskunft kann er dem Gläubiger gestatten, Einsicht in die Bücher und Geschäftspapiere des Schuldners zu nehmen.

Literatur:

Haberhauer/Meeh Handlungsspielraum des Insolvenzverwalters im eröffneten Insolvenzverfahren DStR 1995, 2005 ff.

1 § 167 findet in der KO keine Entsprechung. Die ausdrückliche Festlegung der Informations- und Einsichtsrechte wurde eingefügt, um absonderungsberechtigte Gläubiger bei der in ihre Rechte eingreifenden Verwertung durch den Verwalter nicht schutzlos zu stellen. Die Auskunftsrechte der Gläubiger dienen diesen insbesondere zur Wahrnehmung der in §§ 168, 169 niedergelegten Eintrittsrechte und Zahlungsansprüche. Erst wenn der Gläubiger den Zustand der Sache kennt oder den Bestand und die Realisierungsmöglichkeit der Forderung beurteilen kann, ist er in der Lage, seine Rechte optimal auszuüben.

2 Die Norm begründet die Gläubigerrechte nur, wenn Verwertungsrechte des Verwalters bestehen. Befindet sich die mit dem Absonderungsrecht belastete Sache nicht mehr in der Masse oder ist die abgetretene Forderung erloschen, kann der Verwalter auf § 167 InsO gestützte Auskunfts- und Einsichtsrechte verweigern. § 167 soll den Gläubigern

Mitteilung der Veräußerungsabsicht § 168

kein allgemeines Informations- oder Einsichtsrecht verschaffen. Allgemeine Informationen über das Verfahren und die Massegegenstände ergeben sich aus den pflichtgemäßen Aufzeichnungen des Verwalters gem. § 151 InsO, die im Berichtstermin zu erläutern sind.
Die Auskunft ist über den Zustand der Sache und die Forderung zu erteilen. Eine weitere 3
Konkretisierung der Informationspflichten hat der Gesetzgeber bewußt nicht vorgenommen (RegE BT-Drucks. 12/2443, S. 179). Etwaige Gutachten zum Wert der Sache hat der Verwalter herauszugeben. Ebenso ist er verpflichtet, Einwendungen des Schuldners gegenüber zedierten Forderungen mitzuteilen.
§ 167 InsO ist zwingend. Der Verwalter kann sich der Pflicht nicht mit dem Hinweis auf 4
die Berichtspflichten innerhalb der Gläubigerversammlung entziehen. Während die Informationspflicht dem Grunde nach zwingend ist, kann der Verwalter entscheiden, ob er die Auskünfte erteilt oder den Gläubiger auf die Besichtigung der Sache oder die Einsichtnahme in die Geschäftsunterlagen verweist. Dadurch wird vermieden, daß die Verwaltung der nicht über Gebühr mit der Vorbereitung und Erteilung von Auskünften belastet wird (RegE BT-Drucks. 12/2443, S. 149).
Der Verwalter kann für die zu erteilenden Auskünfte keine Aufwendungsersatzansprü- 5
che geltend machen. Dieser Grundsatz war unter der KO von der Praxis entwickelt worden (*BGH* ZIP 1983, 839). In der Literatur wurde lediglich für Ausnahmefälle ein Aufwendungsersatzanspruch erörtert (*Jaeger/Henckel* KO, § 3 Rz. 25). Dieser Grundsatz muß jetzt umso mehr gelten, als die Masse Feststellungskosten und Verwertungserlöse erhält (§§ 170, 171 InsO).

§ 168
Mitteilung der Veräußerungsabsicht

(1) ¹**Bevor der Insolvenzverwalter einen Gegenstand, zu dessen Verwertung er nach § 166 berechtigt ist, an einen Dritten veräußert, hat er dem absonderungsberechtigten Gläubiger mitzuteilen, auf welche Weise der Gegenstand veräußert werden soll.** ²**Er hat dem Gläubiger Gelegenheit zu geben, binnen einer Woche auf eine andere, für den Gläubiger günstigere Möglichkeit der Verwertung des Gegenstands hinzuweisen.**
(2) Erfolgt ein solcher Hinweis innerhalb der Wochenfrist oder rechtzeitig vor der Veräußerung, so hat der Verwalter die vom Gläubiger genannte Verwertungsmöglichkeit wahrzunehmen oder den Gläubiger so zu stellen, wie wenn er sie wahrgenommen hätte.
(3) ¹**Die andere Verwertungsmöglichkeit kann auch darin bestehen, daß der Gläubiger den Gegenstand selbst übernimmt.** ¹**Günstiger ist eine Verwertungsmöglichkeit auch dann, wenn Kosten eingespart werden.**

§ 168 InsO verpflichtet den Insolvenzverwalter, den absonderungsberechtigten Gläubi- 1
ger über den beabsichtigten Verkauf des Gegenstandes zu informieren. Aufgrund dieser Unterrichtung besitzt der Gläubiger die Möglichkeit, selbst Einfluß auf die geplante Verwertung des Gegenstandes zu nehmen, indem er den Verwalter auf günstigere Verwertungsalternativen hinweist. Erfolgt von Seiten des Gläubigers ein derartiger Hinweis, muß der Insolvenzverwalter grundsätzlich diesem folgen, da er ansonsten den Gläubiger so zu stellen hat, als wenn er die von diesem genannte Verwertungsmög-

§ 168

lichkeit wahrgenommen hätte, selbst wenn der zur Masse fließende Erlös tatsächlich geringer ist.

2 Da die Übertragung des Verwertungsrechts auf den Verwalter nicht dazu führen soll, daß günstigere Verwertungsmöglichkeiten des absonderungsberechtigten Gläubigers ungenutzt bleiben und der Gläubiger dadurch einen Schaden erleidet, hat der Gesetzgeber in Abs. 1, Satz 2 vorgesehen, daß der Insolvenzverwalter dem Gläubiger Gelegenheit dazugeben muß, ihm innerhalb einer Woche eine günstigere Verwertungsmöglichkeit für den Gegenstand aufzuzeigen. Die kurze Frist von einer Woche ist die Konsequenz aus dem Leitgedanken des Insolvenzrechts, das Insolvenzverfahren möglichst zügig abzuwickeln. Außerdem wird dem Insolvenzverwalter durch diese Regelung die Verwertung von Gegenständen mit Absonderungsrechten erleichtert.

3 Der Verwalter hat den Gläubiger über die konkreten Bedingungen des geplanten Verkaufes zu unterrichten. Mitzuteilen sind der Preis, die Zahlungskonditionen und die mit dem Verkauf verbundenen Kosten der Masse. Nur unter diesen Voraussetzungen kann der Gläubiger Alternativen vergleichen.

4 § 168 beschränkt sich nicht auf die Veräußerung von Sachen sondern erstreckt die Informationspflicht auch auf den Verkauf von Gegenständen. Der Verwalter hat dementsprechend den Gläubiger über den Verkauf von Forderungen an Factor- oder ein Inkassounternehmen zu informieren (*Obermüller/Hess* Rz. 765). Sind die Forderungen vom Verwalter eingezogen, besteht keine Mitteilungspflicht, weil die Einziehung der Forderungen keine Veräußerung ist. Dem Gläubiger steht allerdings das Informationsrecht aus § 167 Abs. 2 InsO zu.

5 Unter Einräumung einer Wochenfrist muß der Gläubiger Gelegenheit erhalten, eine günstigere Verwertung darzulegen. Bei der Frist des Absatzes 2 handelt es sich nicht um eine Ausschlußfrist. Jede Mitteilung, die vor der Veräußerung eingeht, hat der Verwalter zur berücksichtigen, wenn sie rechtzeitig vor der Veräußerung erfolgt. Hat sich der Verwalter nach Ablauf der Wochenfrist bereits einseitig gegenüber einem Interessenten gebunden, muß die Alternative des Gläubigers nicht mehr berücksichtigt werden, weil es an der Rechtzeitigkeit fehlt.

6 Günstiger ist die Verwertung in erster Linie bei Erzielung eines höheren Preises. Die Kriterien der vorzuziehenden Alternativen müssen sich auf die Interessen des Gläubigers beschränken, ausschließlich dessen Vorteile sind nach Absatz 1 Satz 2 zu berücksichtigen. Entlastet der Interessent des Verwalters im Zusammenhang mit dem Kaufvertrag die Masse von weiteren Verbindlichkeiten – eine häufige Alternative bei der Übernahme von Dienstverträgen – muß sich der Gläubiger diese Vorteile nicht anrechnen lassen. Die Einsparung von unmittelbaren Kosten bei der Verwertung ist dagegen per legem (Abs. 3 Satz 2) ein Kriterium, das bei dem Vergleich der Alternativen zu berücksichtigen ist.

7 Auch die Übernahme des Gegenstandes durch den Gläubiger kann als vorzuziehende Alternative angeboten werden. Den mit dem Verwalter vereinbarten Kaufpreis kann der Gläubiger mit seinem Anspruch auf Auskehrung des Verwertungserlöses gem. § 170 Abs. 1 InsO verrechnen. Eine Verrechnung mit der Forderung gegenüber dem Schuldner ist gem. § 96 Nr. 2 InsO unzulässig. Für den in die Verrechnung einzustellenden Betrag ist ausschließlich die Vereinbarung mit dem Verwalter ausschlaggebend. Minder- oder Mehrerlöse bei der Eigenverwertung des Gläubigers betreffen ausschließlich ihn (*Obermüller/Hess* Rz. 775).

8 Der Verwalter muß die günstige Verwertungsmöglichkeit des Gläubigers wahrnehmen oder ihn so stellen, als ob die Verwertung zu diesen Bedingungen erfolgt wäre. Die zweite Alternative wird der Verwalter immer dann wählen, wenn der mit dem Absonderungsrecht des Gläubigers belastete Gegenstand Bestandteil eines Gesamtverkaufes ist

und wenn dieser Gesamtverkauf Vorteile gegenüber dem Einzelverkauf für die Masse mit sich bringt. Damit sich der Verwalter nicht Schadenersatzansprüchen gegenüber der Gesamtheit der Gläubiger aussetzt, muß der Vorteil aus dem Gesamtverkauf die Differenz zugunsten des Gläubigers übertreffen.

Der Gläubiger ist für die günstigere Verwertungsalternative beweispflichtig (RegE BT-Drucks. 12/2443, S. 179). Diese Beweislastverteilung verhindert, daß sich der Verwalter auf ungewisse Alternativen des Gläubigers einlassen muß. Die günstigere Verwertungsmöglichkeit muß substantiiert dargelegt werden. **9**

§ 169 trifft keine Regelung dazu, wie oft das »Ausbietungsverfahren« mit dem Gläubiger wiederholt werden kann. Es ist wahrscheinlich, daß der Interessent des Verwalters sein Angebot erhöht. Auch dann muß der Gläubiger wiederum die Möglichkeit haben, seine Konditionen zu verbessern. Die hieraus folgende Zeitverzögerung kann der Verwalter nur vermeiden, wenn er mit dem Gläubiger Vereinbarungen trifft, um die Wochenfrist zu verkürzen. **10**

§ 169
Schutz des Gläubigers vor einer Verzögerung der Verwertung

¹Solange ein Gegenstand, zu dessen Verwertung der Insolvenzverwalter nach § 166 berechtigt ist, nicht verwertet wird, sind dem Gläubiger vom Berichtstermin an laufend die geschuldeten Zinsen aus der Insolvenzmasse zu zahlen. ²Ist der Gläubiger schon vor der Eröffnung des Insolvenzverfahrens auf Grund einer Anordnung nach § 21 an der Verwertung des Gegenstands gehindert worden, so sind die geschuldeten Zinsen spätestens von dem Zeitpunkt an zu zahlen, der drei Monate nach dieser Anordnung liegt. ³Die Sätze 1 und 2 gelten nicht, soweit nach der Höhe der Forderung sowie dem Wert und der sonstigen Belastung des Gegenstands nicht mit einer Befriedigung des Gläubigers aus dem Verwertungserlös zu rechnen ist.

Literatur:

Kreft Die Wende in der Rechtsprechung zu § 17 KO, ZIP 1997, 865 ff.; *Landfermann* Der Ablauf eines künftigen Insolvenzverfahrens BB 1995, 1649.

Mit der in § 169 InsO festgesetzten Zinszahlungspflicht soll der Verwalter zusätzlich zu der in § 159 InsO angeordneten zügigen Verwaltung dazu angehalten werden, mit Drittrechten belastete Gegenstände alsbald zu verwerten. Die Norm entschädigt den absonderungsberechtigten Gläubiger darüber hinaus bei der Nutzung des mit seinen Rechten belasteten Gegenstandes durch die Masse. Vom Berichtstermin an stehen ihm die mit dem Schuldner vereinbarten Zinsen als Masseforderung zu. Der Verwalter wird dadurch angehalten, die Verwertung zügig voranzutreiben. Eine Verzögerung der Verwertung über den Berichtstermin hinaus führt zur einer weiteren Belastung der Masse. Für den Fall der Unternehmensfortführung unter Inanspruchnahme des mit den Absonderungsrechten belasteten Gegenstandes muß der Verwalter neben dem auszugleichenden Wertverlust (§ 172 InsO) die mit dem Schuldner vereinbarten Zinsen einkalkulieren. **1**

§ 169 Verwaltung und Verwertung der Insolvenzmasse

2 Die Pflicht zur Zinszahlung besteht nur bei der Nichtverwertung der in § 166 InsO genannten beweglichen Sachen und Forderungen. Bei der Inanspruchnahme von Immobilien muß der Gläubiger, wenn er sich mit dem Verwalter nicht einigt, Zwangsversteigerung/-verwaltung beantragen. Seine Rechte auf Zinszahlung und Nutzungsentschädigung ergeben sich dann aus § 30e ZVG.

3 Die Pflicht zur Zinszahlung entsteht per legem, wenn der mit dem Absonderungsrecht behaftete Gegenstand bis zum Berichtstermin nicht verwertet wird. Ist bereits vor der Eröffnung des Insolvenzverfahrens durch das Insolvenzgericht eine Maßnahme gem. § 21 angeordnet worden, so daß der absonderungsberechtigte Gläubiger vom Tag der Anordnung an in der Verwertung des Sicherungsgutes gehindert war, wäre eine Zinszahlung vom Berichtstermins an (Satz 1) nicht ausreichend, um den Schaden, den der Gläubiger erlitten hat, auszugleichen. Um dieser besonderen Situation gerecht zu werden, erkennt § 169 Satz 2 dem Gläubiger den Zinsanspruch schon zu einem früheren Zeitpunkt zu. Demnach erhält der Gläubiger die geschuldeten Zinsen spätestens von dem Tag an, der drei Monate nach dieser Anordnung liegt. Einer besonderen Anordnung des Insolvenzgerichtes bedarf es nicht. Die Zahlungspflichten bestehen unabhängig von dem Anlaß der Nichtverwertung. Wenn der Verwalter einen Verkauf in absehbarer Zeit nicht für realistisch erachtet, muß er den Gegenstand ggf. aus der Masse freigeben. Der Zeitraum zwischen Insolvenzantrag, Verfahrenseröffnung und Berichtstermin gibt dem Verwalter ausreichend Zeit, die Verwertung sowie die verschiedenen Konstellationen zu prüfen und eine Entscheidung zu treffen.

4 § 169 InsO verpflichtet den Verwalter, die »geschuldeten« Zinsen aus der Masse zu entrichten. In erster Linie sind damit aus der Masse die mit dem Gläubiger vertraglich vereinbarten Zinsbelastungen, die regelmäßig für die Gewährung von Krediten zu entrichten sind, gemeint. Die Beschränkung auf Verzugzinsen (so offensichtlich *Landfermann* BB 1995, 1649, 1653) ergibt sich aus dem Wortlaut des Gesetzes nicht. Tilgungsleistungen muß der Verwalter nicht erbringen. Der Schutz des § 169 InsO ist nicht auf Kreditgläubiger beschränkt. Zu den geschuldeten Zinsen zählen auch die aus Verzug (*Obermüller/Hess* Rz. 778). Voraussetzung für die Erstattung aus der Masse ist dann der bereits bei Verfahrenseröffnung bestehende Verzug. Mit der Verfahrenseröffnung erlöschen die gegenseitigen Erfüllungsansprüche gem. § 103 InsO (ausführlich *Kreft* ZIP 1997, 865 ff.), so daß gegenüber dem Verwalter kein Verzug mehr begründet werden kann. Zu den geschuldeten Zinsen aus § 169 InsO zählen auch die vertraglich vereinbarten Miet- oder Pachtzinsen des Vermieters/Pächters. Stützt dieser sein Absonderungsrecht auf das geltend gemachte Vermieterpfandrecht im Rahmen des § 50 II InsO, muß der Verwalter die Zinsen bei nicht vollständiger Verwertung entrichten.

5 Die Pflicht zur Zinszahlung ist ausgeschlossen, wenn eine Erlösbeteiligung des Gläubigers nicht zu erwarten ist. Für den Fall der möglichen Teilbefriedigung sieht das Gesetz keine Regelung vor. Die sachgerechte Lösung ergibt sich aus der Gesetzesbegründung zu § 30e ZVG. Dort ist für den Fall der vorläufigen Einstellung der Zwangsversteigerung auf Antrag des Verwalters ebenfalls vorgesehen, Zinsen an den Gläubiger zu leisten. Wenn aufgrund des Wertes des Grundstückes und der weiteren Belastungen nur mit einer Teilbefriedigung des Gläubigers zu rechnen ist, muß die Zinszahlung entsprechend reduziert werden. Erst wenn eine Erlösbeteiligung vollständig ausgeschlossen werden kann, entfällt die Pflicht zur Zinszahlung.

6 Der Zinsanspruch des Gläubigers gem. Satz 1 und Satz 2 besteht auch dann, wenn diesem gleichzeitig gem. § 172 Abs. 1 ein Ausgleich für den Wertverlust durch die Nutzung des Sicherungsgutes zusteht. Die Leistungen, die hier vom Insolvenzverwalter an den Gläubiger erbracht werden müssen, beruhen auf unterschiedlichen Grundlagen.

Berechnung des Kostenbeitrags **§ 171**

§ 169 ersetzt den Verzögerungsschaden, während § 172 den Nutzungsausgleich erstattet. Beide Ansprüche unabhängig voneinander und können selbständig nebeneinander bestehen.

§ 170
Verteilung des Erlöses

(1) ¹Nach der Verwertung einer beweglichen Sache oder einer Forderung durch den Insolvenzverwalter sind aus dem Verwertungserlös die Kosten der Feststellung und der Verwertung des Gegenstands vorweg für die Insolvenzmasse zu entnehmen. ²Aus dem verbleibenden Betrag ist unverzüglich der absonderungsberechtigte Gläubiger zu befriedigen.
(2) Überläßt der Insolvenzverwalter einen Gegenstand, zu dessen Verwertung er nach § 166 berechtigt ist, dem Gläubiger zur Verwertung, so hat dieser aus dem von ihm erzielten Verwertungserlös einen Betrag in Höhe der Kosten der Feststellung sowie des Umsatzsteuerbetrages (§ 171 Abs. 2 Satz 3) vorweg an die Masse abzuführen.

§ 171
Berechnung des Kostenbeitrags

(1) ¹Die Kosten der Feststellung umfassen die Kosten der tatsächlichen Feststellung des Gegenstands und der Feststellung der Rechte an diesem. ²Sie sind pauschal mit vier vom Hundert des Verwertungserlöses anzusetzen.
(2) ¹Als Kosten der Verwertung sind pauschal fünf vom Hundert des Verwertungserlöses anzusetzen. ²Lagen die tatsächlich entstandenen, für die Verwertung erforderlichen Kosten erheblich niedriger oder erheblich höher, so sind diese Kosten anzusetzen. ³Führt die Verwertung zu einer Belastung der Masse mit Umsatzsteuer, so ist der Umsatzsteuerbetrag zusätzlich zu der Pauschale nach Satz 1 oder den tatsächlich entstandenen Kosten nach Satz 2 anzusetzen.

Literatur:

Haberhauer/Meeh Handlungsspielraum des Insolvenzverwalters im eröffneten Insolvenzverfahren DStR 1995, 2005 ff.

§§ 170, 171 stellen gegenüber der KO eine Neuerung dar. Anders als bisher soll der 1 auszukehrende Erlös aus der Verwertung von beweglichen Gegenständen, die mit Absonderungsrechten belastet sind und dem Verwertungsrecht des Verwalters unterliegen, vor der Befriedigung des absonderungsberechtigten Gläubigers um einen Kostenbeitrag gekürzt werden. Hintergrund der Neuregelung ist die unbefriedigende Rechtslage unter der KO. Gerade Absonderungsrechte verursachen erhebliche Kosten, denen entsprechende Vorteile für die Masse nicht gegenüberstanden. Die Ermittlung, Feststellung und Befriedigung der Absonderungsrechte verursacht in jedem Verfahren einen erheblichen Zeit- und Kostenaufwand. Der Verwalter muß, gerade um Ansprüche der absonderungsberechtigten Gläubiger ihm gegenüber zu vermeiden, den Wert der absonderungsberechtigten Gegenstände häufig sachverständig ermitteln lassen. Die weitere Verwertung bedarf dann immer wieder der Abstimmung mit dem Gläubiger. Neben den Kosten der Wertermittlung wird die Masse durch diesen besonderen Aufwand zusätzlich belastet. Die Praxis hatte anerkannt, daß dem Verwalter für die Bearbeitung von Aus- und Absonderungsrechten ein Zusatz zu der Durchschnittsvergütung zu gewähren ist. Das gilt unabhängig davon, ob die Teilungsmasse selbst erhöht wird. Bei Eigenverwertung sind keine pauschalen Kosten an die Masse abzuführen; der Verwalter kann nur die tatsächlich entstandenen geltend machen (§ 171 Abs. 2 Satz 2 I InsO).

2 Die jetzige Neuregelung beseitigt nicht das Zusatzhonorar des Verwalters sondern schafft einen Ausgleich für die zusätzlichen Aufwendungen unter Festlegung der Feststellungskosten und des Erlösanteils in § 171 InsO. Diese Lösung sieht der Gesetzgeber als sachgerecht an, um die ungesicherten Gläubiger nicht zum Vorteil der gesicherten Gläubiger zu benachteiligen. Gleichzeitig hat der Gesetzgeber mit der Quotenbeschränkung in § 171 den Erlösanteil zugunsten der Masse beschränkt, um die für die Unternehmensfinanzierung wichtigen Mobiliarsicherheiten nicht zu entwerten (so die umfangreiche Begründung des RegE BT-Drucks. 12/2443, S. 181 f.). Dementsprechend ist es die Absicht des Gesetzgebers, dem Gläubiger nur die tatsächlich entstandenen Kosten aufzuerlegen. Zusätzliche Auseinandersetzungen zwischen dem Verwalter und dem Gläubiger sowie ein weiterer Aufwand durch Ermittlung konkreter Kosten sollen vermieden werden. § 171 InsO legt Pauschalbeträge für die Feststellungs- und Verwertungskosten fest, die der Gesetzgeber an der Praxis der KO orientierte (RegE BT-Drucks. 12/2443, S. 181). Nur bei den Verwertungskosten besteht die Möglichkeit, diese bei erheblicher Abweichung von den gesetzlichen Pauschalen konkret nachzuweisen. In der Literatur wird durch die Belastung der Kreditgläubiger mit den Feststellungs- und Verwertungskosten eine Beeinträchtigung der Kreditvergabe befürchtet (*Haberhauer/Meeh* DStR 95, 2005, 2008, die von einer Mehrbelastung von 24% bzw. 16% des Resterlöses ausgehen). Dabei wird übersehen, daß die festgelegten Erlösanteile der Praxis entnommen sind.

3 Die Kostenbeteiligung der Gläubiger greift bei allen Gegenständen, die der Insolvenzverwalter gem. § 166 InsO verwerten darf. Das sind alle beweglichen Sachen, an den ein Absonderungsrecht besteht und die sich im Besitz des Verwalters befinden sowie alle Forderungen, die vom Schuldner zur Sicherung einer Gläubigerforderung abgetreten wurden. Die Wertermittlung aussonderungsberechtigter Gegenstände führt nicht zur Kostenerstattung dieser Gläubiger. Nach der Vorstellung des Gesetzgebers verursacht die Feststellung und Sicherung dieser Gegenstände in der Praxis keine Kosten, die gesondert zu erstatten wären (RegE BT-Drucks. 12/2443, S. 180). Ob diese Auffassung des Gesetzgebers der Praxis entspricht, mag dahinstehen. Der Wortlaut des Gesetzes ist deutlich. Gegenstände an denen Aussonderungsrechte bestehen, zu denen auch die unter einfachem Eigentumsvorbehalt gelieferten zählen, führen zu keinem Erlösanteil der Masse. Die Praxis wird daher nach wie vor damit behelfen müssen, mit den aussonderungsberechtigten Gläubigern entsprechende Vereinbarungen zu treffen, wenn eine Verwertung durch den Verwalter erfolgt.

4 Die der Masse zustehenden Kosten für die Verwertung bestimmt § 171 Abs. 1 Satz 2 InsO mit pauschal 5% für den Regelfall. Diese Kostenpauschale soll die Aufwendungen für die Verwertung decken. Damit sind sämtliche Aufwendungen erfaßt, die der Verwertung des betreffenden Vermögensgegenstandes zugeordnet werden können, wie Transport-, Werbungs- und Fremdkosten, die der Verwalter regelmäßig für die von ihm beauftragte Verwertungsgesellschaft zu tragen hat. Nicht zu den Verwertungskosten

Berechnung des Kostenbeitrags § 171

zählen Gutachterkosten für die Wertermittlung. Hierbei handelt es sich um Feststellungskosten i. S. d. § 170 Abs. 1 InsO. Auch die Kosten für die notwendige Erhaltung des Gegenstandes zählen nicht zu den Verwertungskosten. Diese Aufwendungen soll nach wie vor die Masse tragen (*Obermüller/Hess* InsO Rz. 789). Verwertungsanteil und Feststellungskosten sind vom Bruttoerlös zu berechnen. Während die Literatur zunächst vom Nettoerlös ausging, weil die Umsatzsteuer nicht als Teil des Erlöses anzunehmen ist (*Gottwald* Insolvenzrecht im Umbruch, 1991, 197, 206) stellte der RegE klar, daß beide Pauschalen vom Bruttoerlös zu berechnen sind (BT-Drucks. 12/2443, S. 182). Der endgültige Entwurf des Rechtsausschusses ändert daran nichts (BT-Drucks. 12/7302, S. 177).

Der Verwalter kann von seinem Verwertungsrecht Gebrauch machen. Dadurch kann er 5 die Verwertung selbst gestalten und den Erlösanteil zugunsten der Masse sogleich zurückbehalten. Für die Freigabe zugunsten des Gläubigers sieht der Gesetzgeber in § 170 Abs. 2 eine Erstattungspflicht des Gläubigers aus dem Erlös für die Feststellung der Sicherheiten vor: Verwertungskosten entstehen zugunsten der Masse nicht. Sie können bei der Freigabe zugunsten des Gläubigers von dem Verwalter nicht gefordert werden (RegE BT-Drucks. 12/2443, S. 181). Beim Selbsteintritt des Gläubigers nach § 168 Abs. 3 InsO entstehen dagegen Verwertungskosten zugunsten der Masse. Dieser Eintritt ist von der schlichten Freigabe zugunsten des Gläubigers zu unterscheiden (RegE BT-Drucks. 12/2443, S. 181).

Die Feststellungskosten sind nach der gesetzlichen Definition (§ 171 I) die Kosten der 6 tatsächlichen Feststellung des Gegenstandes und der Feststellung der Rechte an diesem. Es handelt sich hier um die Aufwendungen, die dadurch entstehen, daß der Verwalter die in Frage kommenden Gegenstände inventarisieren und den Wert (§ 151 Abs. 2 InsO) ermitteln muß. Der Regierungsentwurf hatte sich zur Bemessung der Pauschale an der Vergütungspraxis der Gerichte orientiert, die zu der üblichen Vergütung wegen der Feststellung der Absonderungsrechte in der überwiegenden Mehrzahl einen Zuschlag von 5 % gewährten. Sodann war 1 % für die Beteiligung der berechtigten Gläubiger an dem Verfahrenskosten berücksichtigt worden, so daß zunächst eine Pauschale von 6 % festgelegt war (RegE BT-Drucks. 12/2443, S. 181). Der Rechtsausschuß hielt dann einen Erlösanteil von 4 % für angemessen (Rechtsausschuß BT-Drucks. 12/7302, S. 177). Diese Quote ist im Unterschied zu den Erlösanteilen zwingend. Zugrundezulegen für die Berechnung ist der Bruttoerlös (RegE BT-Drucks. 12/2443, S. 181).

Der Gesetzeswortlaut verpflichtet die Gläubiger bei der Eigenverwertung, die Feststel- 7 lungspauschale »vorweg« abzuführen. Gesetzeswortlaut und Begründung lassen keinen Schluß zu, daß die Pauschale vor Herausgabe des Gegenstandes an den Gläubiger zur Eigenverwertung zu entrichten ist. Dagegen kann der Gläubiger die Abführung der Pauschale nicht verzögern, bis über weitere Forderungen entschieden ist. Auch können Zurückbehaltungsrechte wegen weiterer Forderungen des Gläubigers nicht ausgeübt werden. Eine Verrechnung mit Konkursforderungen ist ohnehin ausgeschlossen, § 96 Nr. 1 InsO. Nach dem Wortlaut ist die Pauschale fällig, wenn der Erlös erzielt ist. Der Gläubiger muß ihn also realisiert haben. Diese Lösung erscheint unbillig, weil das wirtschaftliche Risiko, welches der Gläubiger mit der Eigenverwertung übernommen hat, auf die Masse abgewälzt wird, während der Verwalter auf den Gang der Verwertung keinen Einfluß mehr hat. Sach- und interessengerechter erscheint es, die Masse nicht mit dem Risiko der Verwertung zu belasten und die Fälligkeit auf den Zeitpunkt der Verwertung, also des Kaufvertrages festzulegen.

Die Pauschale von 5 % ist eine gesetzliche Vermutung, die Verwalter oder Gläubiger 8 widerlegen können. Die Vermutungswiderlegung kommt allerdings nur bei erheblicher

Wegener 1179

Abweichung des konkret bezahlten Betrages von den durch die Pauschale errechneten Kosten in Betracht. Erheblichkeit ist anzunehmen, wenn die Abweichung der tatsächlich entstandenen und erforderlichen Verwertungskosten die gesetzliche Pauschale von 5% um die Hälfte unterschreitet oder um das doppelte oder mehr übersteigt (RegE BT-Drucks. 12/2443, S. 181).

9 § 171 Abs. 2 Satz 3 erfaßt die Kostenverteilung hinsichtlich des Umsatzsteuerbetrages, der bei der Verwertung des Sicherungsgutes anfallen kann. Demnach ist die Umsatzsteuer vom absonderungsberechtigten Gläubiger zusätzlich zu der Pauschale (Satz 1) oder zu den tatsächlich entstandenen Kosten (Satz 2) zu entrichten. Die Umsatzsteuerbelastung wird so durch Satz 3 zu den Verwertungskosten gezählt. Die Neuregelung ist die Konsequenz einer dem Gesetzgeber bereits vom Bundesgerichtshof unterbreiteten Anregung, die derzeitige Lage bei der Verwertung des Sicherungsgutes (weil unbillig und rechtspolitisch zweifelhaft) durch Gesetzesänderung neu zu gestalten (BGHZ 77, 139, 150).

10 Bei der Veräußerung zur Sicherheit übereigneter Sachen liegt in der Regel ein steuerbarer Umsatz im Sinne des Umsatzsteuerrechts vor. Dementsprechend kann der Fiskus auch im Insolvenzverfahren nach einer derartigen Veräußerung eine Umsatzsteuerforderung geltend machen. In diesem Zusammenhang ist es unerheblich, ob die Verwertung von dem Insolvenzverwalter oder von dem absonderungsberechtigten Gläubiger selbst vorgenommen wird. Gibt der Verwalter das Sicherungsgut zur Verwertung an den Sicherungsnehmer frei, liegen nach der Doppelbesteuerungstheorie zwei steuerbare Umsätze vor (*BFH* ZIP 1993, 1247f.). Ein Umsatz entsteht zwischen dem Verwalter und dem Gläubiger, ein weiterer zwischen dem Gläubiger und dem Dritten. Nach der Rechtsprechung des Bundesfinanzhofs ist die Umsatzsteuerforderung des Fiskus, die dieser aufgrund der Verwertung des Sicherungsgutes im Insolvenzverfahren geltend machen kann, aber keine Masseforderung nach § 55 I Nr. 1 InsO (*BFH* ZIP 1987, 1134; ZIP 1993, 1247f.; *OLG Köln*, WM 1993, 1525). Folglich führt die Umsatzsteuerforderung zu einer doppelten Belastung der Insolvenzmasse (*Kilger/Karsten Schmidt* KO, § 58 Anm. 3f). Diese unbefriedigende Rechtslage führte immer häufiger dazu, daß der Verwalter das Sicherungsgut zugunsten des Schuldners aus der Masse freigab. Die sog. echte Freigabe an den Schuldner führt nicht zu einer Umsatzsteuerbelastung der Masse. Diese echte Freigabe liegt vor, wenn der gesamte wirtschaftliche Wert aus der Masse gegeben wird (*BFH* ZIP 1993, 1247f.; ausführlich *Kuhn/Uhlenbruck* KO, § 127 Rz. 16a).

11 Um diese Unbilligkeiten aus dem Weg zu räumen, wird der Verwalter nach Absatz 3 Satz 3 nach Veräußerung des Sicherungsgutes nur zur Auszahlung des Nettoerlöses verpflichtet. Voraussetzung ist, daß die Masse durch die Verwertung mit der Umsatzsteuer belastet wird. Das ist immer dann der Fall, wenn der Verwalter nach Verfahrenseröffnung verwertet. Nimmt bereits der vorläufige Verwalter die Verwertung vor, ist die Umsatzsteuer für den Fall der Verfahrenseröffnung gem. § 55 Abs. 2 InsO Masseschuld. Der Gesetzgeber hat damit auf die Rspr. unter der KO reagiert, wonach die Umsatzsteuer in der Sequestration auch dann (nur) Konkursforderung wird, wenn der Sequester und spätere Konkursverwalter verwertet (*Kilger/Karsten Schmidt* KO, § 58 Anm. 3f. Abs. 3).

§ 172
Sonstige Verwendung beweglicher Sachen

(1) ¹Der Insolvenzverwalter darf eine bewegliche Sache, zu deren Verwertung er berechtigt ist, für die Insolvenzmasse benutzen, wenn er den dadurch entstandenen Wertverlust von der Eröffnung des Insolvenzverfahrens an durch laufende Zahlungen an den Gläubiger ausgleicht. ²Die Verpflichtung zu Ausgleichszahlungen besteht nur, soweit der durch die Nutzung entstehende Wertverlust die Sicherung des absonderungsberechtigten Gläubigers beeinträchtigt.
(2) ¹Der Verwalter darf eine solche Sache verbinden, vermischen und verarbeiten, soweit dadurch die Sicherung des absonderungsberechtigten Gläubigers nicht beeinträchtigt wird. ²Setzt sich das Recht des Gläubigers an einer anderen Sache fort, so hat der Gläubiger die neue Sicherheit insoweit freizugeben, als sie den Wert der bisherigen Sicherheit übersteigt.

Literatur:

Haberhauer/Meeh Handlungsspielraum des Insolvenzverwalters im eröffneten Insolvenzverfahren DStR 1995, 2005 ff.; *Serick* Klauseln im Wirkungskreis des Konkursverfahrens ZIP 1982, 507 ff.

§ 172 ist vom Gesetzgeber neu eingefügt. Die Vorschrift ist wichtiger Bestandteil der Regelungen, die das Ziel der Insolvenzordnung, dem Verwalter die Fortführung und Sanierung des Schuldner-Unternehmens zu ermöglichen, sicherstellen wollen. Die Norm verschafft dem Verwalter die Möglichkeit, bewegliche Sachen zu nutzen und weiterzuverarbeiten, die mit Absonderungsrechten belastet sind. Gleichzeitig wird der absonderungsberechtigte Gläubiger für den Rechtsverlust durch die Verpflichtung des Verwalters zur Erstattung des durch die Nutzung entstehenden Wertverlustes entschädigt. Neben der Erstattung des Wertverlustes erhält der Gläubiger unter den Voraussetzungen des § 165 InsO die geschuldeten Zinsen. **1**

Das Nutzungsrecht des Verwalters bezieht sich ausschließlich auf die beweglichen Sachen des § 166 InsO. Sachen aussonderungsberechtigter Gläubiger zählen nicht dazu. Die Sache muß sich in Besitz des Verwalters befinden. Gegenstände, die der Schuldner vertraglich verpfändet hatte, zählen deshalb ebenfalls nicht dazu (s. hierzu insgesamt die Kommentierung zu § 166). **2**

Das Nutzungsrecht des Verwalters besteht für die Insolvenzmasse. Ziel des Gesetzgebers war es ausschließlich, die Fortführung des Schuldner-Unternehmens sicherzustellen (RegE BT-Drucks. 12/2443, S. 182). Der Verwalter darf also das Nutzungsrecht nicht dazu verwenden, die Sache Dritten wiederum zur Nutzung gegen Entgelt zu überlassen, um Miet- oder Pachtzinsen für die Masse zu erzielen. Diese Belastung der absonderungsberechtigten Sache ist durch das Gesetz nur dann gedeckt, wenn die Vermietung Gegenstand des Schuldner-Unternehmens ist und dementsprechend die Weitervermietung Vertragszweck ist. **3**

Das Nutzungsrecht setzt weiterhin voraus, daß der Verwalter den Gläubigern den durch die Nutzung entstehenden Wertverlust ausgleicht. Für die Berechnung des Wertverlustes ergibt sich aus dem Gesetz kein Anhaltspunkt. Geschuldet werden »laufende« Zahlungen, die sinnvollerweise an der Abnutzung der Sache analog der AFA-Sätze berechnet werden. Die Intervalle der regelmäßigen Zahlungen schreibt das Gesetz nicht vor. Diese **4**

§ 172 *Verwaltung und Verwertung der Insolvenzmasse*

Festlegung bleibt den Vertragsparteien überlassen. Jährliche Zahlungen wird der Verwalter nicht vermeiden. Zugrundezulegen ist immer die konkrete Abnutzung, die durch die Nutzung entsteht. Die Intensität der Nutzung ist zu berücksichtigen.

5 Geschuldet wird die Erstattung des Wertverlustes von der Verfahrenseröffnung an. Die Inanspruchnahme durch den vorläufigen Verwalter im Rahmen des Antragsverfahrens verschafft dem Gläubiger keinen Erstattungsanspruch. Die Erstattungspflicht endet, wenn der Verwalter den Gegenstand verwertet. Dann erhält der Gläubiger gem. §§ 170, 171 InsO den Verwertungserlös abzüglich des Masseanteiles. Darüber hinaus sind bis zur Verwertung die Zinsen der Hauptschuld gem. § 169 InsO zu entrichten. Die Pflicht zur Erstattung des Wertverlustes endet auch mit der Wertlosigkeit der Sache. Ersatzanschaffungen des Verwalters führen nicht zur Fortführung der Ausgleichszahlung. Das Recht des Gläubigers erstreckt sich ausschließlich auf den Wert der mit dem Absonderungsrecht belasteten Sache. Dem Gläubiger bleibt nur noch die Eigenverwertung bzw. der Anteil am Verwertungserlös. Wenn der Verwalter die Sache nicht benutzt, ist er zur umgehenden Verwertung verpflichtet, § 159 InsO. Anderenfalls dauert die Pflicht zur Zinszahlung nach § 169 InsO fort.

6 Ausgeschlossen ist die Ausgleichspflicht, wenn der Wertverlust die Haupt- und Nebenforderung des Gläubigers nicht beeinträchtigt (Abs. 1 Satz 2). Übersteigt der Wert der Sache die zu sichernde Forderung um ein mehrfaches, muß der Ausgleich erst geleistet werden, wenn der durch die Nutzung sinkende Wert die Forderung unterschreitet. Die Praxis wird mit dieser Regelung erhebliche Probleme haben.

7 Stellt der Verwalter die ihm obliegenden Ausgleichszahlungen ein, endet das Nutzungsrecht (RegE BT-Drucks. 12/2443, S. 182). Der Verwalter ist dann ebenfalls über § 159 InsO zur sofortigen Verwertung und darüber hinaus bis zum Abschluß der Verwertung gem. § 169 InsO verpflichtet, die Zinszahlungen zu leisten. Die rückständigen Ausgleichszahlungen sind Masseschulden gem. § 59 I 1 InsO.

8 Abs. 2 gestattet dem Verwalter auch die Verarbeitung der Sache. Gerade bei der Fortführung des Schuldner-Unternehmens wird er darauf angewiesen sein, die mit Absonderungsrechten belasteten Sachen zu verarbeiten und zu verkaufen. Die in den allgemeinen Geschäftsbedingungen der Lieferanten enthaltenen Verarbeitsklauseln werden von den Lieferanten regelmäßig bereits mit dem Antrag auf Eröffnung des Verfahrens widerrufen. Diese Widerruflichkeit ist unstreitig (*Serick* ZIP 1982, 507, 512). Beim einfachen Eigentumsvorbehalt hat der Verwalter, sofern er die Sache weiter nutzen will, nur nach § 107 InsO die Möglichkeit, den Kaufvertrag zu erfüllen und dementsprechend den Kaufpreis zu entrichten, da dem Verkäufer ein Aussonderungsrecht zusteht.

9 Weiterhin kann der Verwalter nach § 172 Abs. 2 die Sachen unter den dort genannten Voraussetzungen weiterverarbeiten. Gerade bei der Fortführung des Schuldner-Unternehmens wird der Verwalter darauf angewiesen sein, die mit Absonderungsrechten belasteten Sachen zu verarbeiten und zu verkaufen. Die Verwertung ist dem Verwalter nur gestattet, wenn das Absonderungsrecht nicht beeinträchtigt wird. Aus diesem Verbot der Beeinträchtigung folgt die notwendige Unterscheidung zwischen Vermischung/Vermengung mit anderen Sachen oder Verarbeitung zu völlig neuen Produkten.

10 Aus §§ 946, 949 BGB folgt, daß Absonderungsrechte bei der Verbindung der Sache mit einem Grundstück erlöschen. Gleiches gilt, wenn die Sache mit einer als Hauptsache anzusehenden weiteren Sache verbunden wird (§ 947 Abs. 2, 949 BGB). In diesen Fällen ist die Verbindung der mit dem Absonderungsrecht belasteten Sache unzulässig. Der Regierungsentwurf hatte zu dieser Konstellation noch vorgesehen, daß der Verwalter dem Gläubiger eine Ersatzsicherheit anbietet (RegE BT-Drucks. 12/2443, S. 182). Der Rechtsausschuß hat diese Möglichkeit gestrichen, weil er eine Komplizierung des

Verfahrens befürchtete (Rechtsausschuß BT-Drucks. 12/7302, S. 178). Der Verwalter kann das Absonderungsrecht dann nur noch beenden, wenn er im Wege der Vereinbarung eine Ersatzsicherheit stellt oder die Sache vollständig »auslöst«. Die hieraus folgenden Liquiditätsbeeinträchtigungen sind dann nicht zu vermeiden.

Bei der Verarbeitung von Sachen, die mit Absonderungsrechten belastet sind, ist zu prüfen, ob der Wert der Verarbeitung erheblich geringer ist, als der Wert des Stoffes. Nur dann bleibt das Absonderungsrecht gem. § 950 BGB bestehen. Der Wert der Verarbeitung ist die Differenz zwischen dem Wert des Grundstoffes und der neuen Sache (BGHZ 18, 226; 56, 88, 90; zu einzelnen Beispielen s. *Soergel/Mühl* BGB, § 950 Rz. 23). Nur dann ist die Verarbeitung zulässig. Anderenfalls, das ist der Regelfall, ist die Verarbeitung ohne Zustimmung des absonderungsberechtigten Gläubigers nicht zulässig. Der Verwalter ist – wie bei der Nutzung – darauf angewiesen, mit dem Gläubiger eine einvernehmliche Lösung zu finden, die regelmäßig zu Liquiditätsabschlüssen führen wird. **11**

Setzt sich das Absonderungsrecht gem. § 949 BGB an einer neuen anteilig fort, hat der Gläubiger die neue Sache entsprechend der neuen Anteil freizugeben. **12**

§ 172 enthält zudem keine ausdrückliche Regelung hinsichtlich des Verbrauchs durch den Insolvenzverwalter. Grundsätzlich ist der Verbrauch eines Gegenstandes nicht in der Erlaubnis zur Nutzung des Gegenstandes mitenthalten. Daher war für diese Fälle im Regierungsentwurf auch das Stellen einer Ersatzsicherheit vorgesehen (§ 197 Abs. 2 RegE). Diese Regelung wurde nicht in die endgültige Fassung des § 172 übernommen. Auch hier gilt, daß der Verwalter letztlich durch Zahlung der gesicherten Forderung die Verfügungsbefugnis über den Gegenstand erlangen kann. Eine ausdrückliche Regelung für diese Fälle hielt der Gesetzgeber nicht für erforderlich. **13**

Aus den genannten allgemeinen Vorschriften des BGB (§§ 946–950) ergibt sich aber auch, daß aufgrund der Verbindung, Vermischung und Verarbeitung des Sicherungsguts dem Gläubiger unter Umständen ein zusätzlicher Wert erwachsen kann. Als Beispiel hierzu sei der Fall genannt, daß die mit einem Absonderungsrecht belastete Sache mit einer anderen Sache verbunden wird, und die belastete Sache letztlich als Hauptsache anzusehen ist (vgl. §§ 947, 949 Satz 3 BGB). Ist eine derartige Konstellation gegeben, kommt Abs. 2, Satz 3 zur Anwendung. Danach wird der absonderungsberechtigte Gläubiger verpflichtet, die neue Sache anteilig soweit freizugeben, wie sie der Wert der alten Sache übersteigt. **14**

§ 173
Verwertung durch den Gläubiger → § 127 KO

(1) Soweit der Insolvenzverwalter nicht zur Verwertung einer beweglichen Sache oder einer Forderung berechtigt ist, an denen ein Absonderungsrecht besteht, bleibt das Recht des Gläubigers zur Verwertung unberührt.

(2) ¹Auf Antrag des Verwalters und nach Anhörung des Gläubigers kann das Insolvenzgericht eine Frist bestimmen, innerhalb welcher der Gläubiger den Gegenstand zu verwerten hat. ²Nach Ablauf der Frist ist der Verwalter zur Verwertung berechtigt.

Das in § 166 InsO niedergelegte Verwertungsrecht des Verwalters für Gegenstände, die mit Absonderungsrechten belastet sind, ist eine Ausnahmeregelung zu Lasten der **1**

Gläubiger im Interesse des Erhalts der wirtschaftlichen Einheit der Insolvenzmasse, um die Fortführung des Schuldnerunternehmens zu sichern. Diese Ausnahmeregelung ist auf Gegenstände beschränkt, die sich im Besitz des Schuldners befinden (§ 166 Rz. 4). Für die weiteren Gegenstände gilt der in § 173 InsO bestätigte allgemeine Grundsatz, daß der absonderungsberechtigte Gläubiger berechtigt ist, sich aus dem Gegenstand ohne gerichtliches Verfahren zu befriedigen. Bei diesen Gegenständen hat der Verwalter nur noch die Möglichkeit der Fristsetzung und Eigenverwertung nach Ablauf der Frist gem. Abs. 2 InsO.

2 Ein eigenes Verwertungsrecht des Gläubigers besteht im wesentlichen an den Sachen, die vertraglich verpfändet wurden. So ist der Pfandgläubiger zum Pfandverkauf berechtigt, §§ 1221, 1228 BGB. § 371 HGB sieht für den Inhaber des kaufmännisches Zurückbehaltungsrechtes ein Befriedigungsrecht vor. Das Pfandrecht an Inhaberpapieren führt ebenfalls zu dem Recht des Gläubigers auf freihändigen Verkauf. Bei all diesen Absonderungsrechten befinden sich die verpfändeten Sachen nicht im Besitz des Verwalters. Diesem steht auch kein Nutzungsrecht zu.

3 Forderungen darf der Verwalter nach § 166 Abs. 2 InsO nur einziehen oder verwerten, wenn es sich um solche handelt, die zur Sicherung von Verbindlichkeiten abgetreten wurden. Andere Zessionen führen dazu, daß die Forderungen nicht Massebestandteil sind. Die Zessionare sind absonderungsberechtigt (*BGH* WM 1971, 71). Rechte des Verwalters an diesen Forderungen bestehen nicht. Ein Eigenverwertungsrecht des Gläubigers besteht auch bei gepfändeten Forderungen. Voraussetzung des Absonderungsrechtes ist die Zustellung des Pfändungsbeschlusses des Gläubigers. Eines Überweisungsbeschlusses bedarf es nicht (*Jaeger/Henckel* KO § 14 Rz. 23).

4 Wie bereits unter der KO hat der Verwalter auch die Möglichkeit, die Verwertung durch den Gläubiger zu beschleunigen und das Verwertungsrecht an sich zu ziehen. Voraussetzung ist ein Antrag an das Insolvenzgericht, dem Gläubiger aufzugeben, den mit dem Absonderungsrecht belasteten Gegenstand innerhalb einer vorzugebenden Frist zu verwerten. Die Frist bestimmt das Insolvenzgericht. Vorher ist der Gläubiger zu hören. Der dem Gläubiger die Eigenverwertung innerhalb einer bestimmten Frist aufgebende Beschluß ist lediglich mit der Rechtspflegererinnerung anfechtbar. Nach Ablauf der Frist verliert der Gläubiger nicht das Recht zur Eigenverwertung. Er kann aber der Verwertung durch den Verwalter nicht mehr widersprechen. Solange der Verwalter dem Gläubiger die Verwertung durch Eigenverwertung nicht aus der Hand genommen hat, kann er weiterhin eigene Verwertungsmaßnahmen durchführen. Diese Eigenverwertung kann der Verwalter nur dadurch verhindern, daß er verwertet; die Ankündigung, er wolle nunmehr selbst verwerten, hindert den Gläubiger an der Eigenverwertung nicht (*Kuhn/ Uhlenbruck* KO, § 127 Rz. 19).

Fünfter Teil
Befriedigung der Insolvenzgläubiger. Einstellung des Verfahrens

Erster Abschnitt
Feststellung der Forderungen

§ 174
Anmeldung der Forderungen → § 139 KO

(1) ¹Die Insolvenzgläubiger haben ihre Forderungen schriftlich beim Insolvenzverwalter anzumelden. ²Der Anmeldung sollen die Urkunden, aus denen sich die Forderung ergibt, in Abdruck beigefügt werden.
(2) Bei der Anmeldung sind der Grund und der Betrag der Forderung anzugeben.
(3) ¹Die Forderungen nachrangiger Gläubiger sind nur anzumelden, soweit das Insolvenzgericht besonders zur Anmeldung dieser Forderungen auffordert. ²Bei der Anmeldung solcher Forderungen ist auf den Nachrang hinzuweisen und die dem Gläubiger zustehende Rangstelle zu bezeichnen.

Inhaltsübersicht: Rz.

A. Allgemeines 1– 5
B. Anzumeldende Forderungen 6–10
C. Inhalt und Form der Anmeldung 11–25
D. Fehlerhafte Anmeldungen 26–39
    I. Allgemeines 26
    II. Anmeldefähige Forderungen 27–31
    III. Nicht anmeldefähige Forderungen 32–35
    IV. Zurückweisung von Anmeldungen 36–39
E. Nachrangige Insolvenzgläubiger 40–45
F. Wirkung der Anmeldung 46–47

Literatur:

Uhlenbruck Zurückweisung von Anmeldungen zur Konkurstabelle, Rpfleger 1991, 445.

A. Allgemeines

Für die Insolvenzgläubiger (s. Kommentierung zu § 38) besteht nur eine Möglichkeit, **1** sich am Insolvenzverfahren zu beteiligen: sie haben ihre Forderung schriftlich beim Insolvenzverwalter anzumelden. Die Anmeldung ihrer Forderung ist Voraussetzung dafür, daß sie – vorausgesetzt ihr Stimmrecht wird nach § 77 festgestellt – in der Gläubigerversammlung stimmberechtigt sind.

2 Mit der Vorschrift, daß Insolvenzforderungen unmittelbar beim Insolvenzverwalter anzumelden sind, folgt das Gesetz der Beschlußempfehlung des Rechtsausschusses und übernimmt damit die in § 5 Nr. 3 GesO getroffene und bewährte Regelung (BT-Drucks. 12/2443, S. 159).

3 Die unmittelbare Anmeldung beim Insolvenzverwalter wird einerseits die Insolvenzgerichte entlasten, andererseits aber bei den Insolvenzverwaltern zu einer Mehrbelastung führen. Jedoch bietet das von der InsO vorgeschriebene Verfahren die Möglichkeit, angemeldete Forderungen vorab durch den Insolvenzverwalter zu prüfen, so daß er in geeigneten Fällen mit den Anmeldenden etwa bestehende Mängel und Unstimmigkeiten abklären und beseitigen kann (s. u. Rz. 26–33).

4 Forderungen können erst ab dem Zeitpunkt der Verfahrenseröffnung angemeldet werden. Eine Forderungsanmeldung, die der Gläubiger – etwa in Erwartung einer Verfahrenseröffnung – vorzeitig anmeldet, ist unwirksam (*LSG Baden-Württemberg* KTS 1985, 566).

5 Dies gilt auch dann, wenn im Eröffnungsverfahren ein vorläufiger Insolvenzverwalter (§ 21 Abs. 2 Nr. 2) bestellt worden ist. Die Tätigkeit des vorläufigen Insolvenzverwalters beschränkt sich auf die in §§ 22 genannten Tätigkeiten, zu einer weitergehenden Tätigkeit ist er weder befugt noch verpflichtet. Zwar wird er im Hinblick auf eine möglicherweise zu erwartende Verfahrenseröffnung auch schon den Schuldenstand des Schuldners feststellen und ermitteln dürfen und zu diesem Zweck auch mit – späteren – Insolvenzgläubigern Kontakt aufnehmen, jedoch können, insbesondere aus Gründen der Rechtssicherheit und Rechtsklarheit, vor Verfahrenseröffnung abgegebene Forderungsanmeldungen keine insolvenzrechtlichen Wirkungen haben (wegen der Unterbrechung der Verjährung s. Rz. 47).

B. Anzumeldende Forderungen

6 Nur die Insolvenzgläubiger im Sinne der §§ 38, 39 haben ihre Forderungen anzumelden, die nachrangigen Insolvenzgläubiger nur nach vorheriger Aufforderung durch das Insolvenzgericht (Absatz 3, s. Rz. 38–43). Nur für sie haftet die Insolvenzmasse in der Weise, daß sie aus der Insolvenzmasse eine quotenmäßige Befriedigung erhalten.

7 Gleichgültig ist, aus welchem Rechtsverhältnis die Forderung stammt. Ob den Forderungen ein zivilrechtliches, steuerrechtliches oder sonstiges Rechtsverhältnis zugrunde liegt, ist ohne Bedeutung. Für den Gläubiger, der im Zeitpunkt der Eröffnung des Insolvenzverfahrens einen begründeten Vermögensanspruch gegen den Schuldner hat, ist die Anmeldung seiner Forderung Voraussetzung dafür, daß er am Verfahren beteiligt wird und – genügend realisierte Masse vorausgesetzt – quotenmäßig befriedigt wird.

8 Die von der Insolvenzordnung für die Insolvenzgläubiger vorgesehene Beteiligung am Verfahren schließt alle anderen Möglichkeiten der Insolvenzgläubiger aus, ihre Forderung geltend zu machen. Insolvenzgläubiger können ihre Forderungen nur nach den Vorschriften über das Insolvenzverfahren verfolgen, § 87. Die Insolvenzgläubiger haben nicht die Möglichkeit, auf ihre Teilnahme am Verfahren zu verzichten, gegen den Schuldner persönlich Klage zu erheben und nach Abschluß des Verfahrens die Vollstreckung zu betreiben (BT-Drucks. 12/2443, S. 137).

9 Insolvenzgläubigern, die nach der Eröffnung des Insolvenzverfahrens einen zur Zeit der Verfahrenseröffnung begründeten zivilrechtlichen Anspruch geltend machen wollen, ist durch die besonderen Vorschriften der Insolvenzordnung über die Verfolgung ihrer Forderungen der Weg zu den sonst zuständigen Zivilgerichten versperrt. Zahlungsklagen

Anmeldung der Forderungen **§ 174**

von Insolvenzgläubigern gegen den Verwalter sind daher als unzulässig abzuweisen, da für derartige Ansprüche die besonderen Vorschriften der Insolvenzordnung mit Anmeldung, Prüfung und Feststellung der Forderungen gelten.

Ähnliches gilt, wenn Ansprüche geltend gemacht werden, die ihren Ursprung nicht in einem zivilrechtlichen, sondern in einem steuerrechtlichen oder verwaltungsrechtlichen Rechtsverhältnis haben (*LSG Hamburg* NJW 1964, 838 – für Beitragsrückstände zur Sozialversicherung). So können deshalb vor Verfahrenseröffnung begründete Steuerforderungen nur dadurch geltend gemacht werden, daß die Steuerverwaltung ihre Ansprüche zu Tabelle anmeldet. Erst dann, wenn die Forderung bestritten wird, kann das Feststellungsverfahren vor den Gerichten betrieben werden, die für das zugrunde liegende Rechtsverhältnis zuständig sind (im Fall einer Steuerforderung also das Finanzgericht). 10

C. Inhalt und Form der Anmeldung

Daß die Forderungen schriftlich anzumelden sind, schreibt das Gesetz ausdrücklich vor. Diese Bestimmung entspricht dem Bedürfnis an Rechtssicherheit. Nur durch die schriftliche Anmeldung kann der Verwalter die angemeldeten Forderungen ausreichend prüfen und seine Entscheidung im Prüfungstermin vorbereiten. 11

Der Verwalter sollte es daher auch konsequent ablehnen, Anmeldungen fernmündlich entgegenzunehmen. Gegen die Entgegennahme einer durch Telefax übermittelten Anmeldung bestehen jedoch keine Bedenken, zumal auch in gerichtlichen Verfahren anerkannt ist, daß Schriftsätze per Telefax übermittelt werden können. 12

Anzumelden sind der Grund und der Betrag der Forderungen. Beide Angaben sind erforderlich, damit der Insolvenzverwalter die Forderung ausreichend prüfen und sich über sie im Prüfungstermin erklären kann. 13

Die Angabe des Grundes ist erforderlich, damit geprüft werden kann, ob nach dem Sachvortrag des Gläubigers aufgrund des von ihm vorgetragenen Tatbestandes eine Forderung überhaupt besteht. Der Gläubiger hat – wenigstens konkludent – den Tatbestand anzugeben, aus dem er seine Forderung herleitet. Eine rechtliche Würdigung der Tatumstände ist nicht erforderlich (*RG* RGZ 83, 13 – für ein Kontokorrentverhältnis). Ergibt die Prüfung des Sachvortrages, daß dem Gläubiger die behauptete Forderung zusteht, reicht dies für eine ordnungsgemäße Anmeldung aus, mag auch der Gläubiger den Tatbestand in unzutreffender Weise rechtlich gewürdigt haben. 14

Unzulässig hingegen ist es, die angemeldete Forderung in der Weise gegen eine andere auszutauschen, daß statt der Forderung, die aus dem bei der ersten Anmeldung vorgetragenen Sachverhalt resultiert, eine – wenn auch gleich hohe – andere Forderung geltend gemacht wird, der jedoch ein anderer Sachverhalt zugrunde liegt. Wesentlich beim Feststellungsverfahren nach § 179 – das der Gläubiger betreiben muß, um einen Widerspruch zu beseitigen – ist, daß geprüft wird, ob dem Gläubiger genau die Forderung zusteht, deren Bestand er mit dem in der Anmeldung vorgetragenen Sachverhalt behauptet. 15

Gegenstand eines Feststellungsverfahrens kann nur die Forderung sein, die der Gläubiger mit dem ihr zugrunde liegenden Sachverhalt angemeldet hat und die so in die Tabelle aufgenommen worden ist (*BFH* ZIP 1987, 583). Will der Gläubiger seine Forderung nach Anmeldung und Prüfung auf einen anderen Sachverhalt stützen, muß er, wenn er im Feststellungsverfahren nicht unterliegen will, seine ursprüngliche Forderung zurücknehmen, die Forderung unter Angabe des neuen Sachverhaltes anmelden und so 16

Schulz

allen Beteiligten (das sind der Schuldner, der Insolvenzverwalter und die übrigen Insolvenzgläubiger) wegen dieser neuen Forderung ein neues Prüfungsverfahren eröffnen.

17 Ob im Einzelfall die bestrittene Forderung identisch ist mit der Forderung, für die der Gläubiger das Verfahren zur Beseitigung eines Widerspruches betreibt, ist vom Prozeßgericht (vgl. §§ 180, 185) zu prüfen. Wird festgestellt, daß die angemeldete Forderung nicht identisch ist mit der Forderung, die im Feststellungsverfahren verfolgt wird, ist die Klage auf Feststellung der Forderung zurückzuweisen, denn Gegenstand eines Feststellungsverfahrens kann die Forderung nur so sein, wie sie angemeldet, geprüft und bestritten worden ist (*BFH* KTS 1984, 696 – betreffend Steuerforderungen).

18 Der Betrag der Forderung ist in Deutsche Mark anzugeben. Forderungen in ausländischer Währung oder in einer Rechnungseinheit sind vom Gläubiger in Deutsche Mark umzurechnen; Forderungen, die nicht auf Geld gerichtet sind oder deren Geldbetrag unbestimmt ist, sind vom Insolvenzgläubiger mit dem Wert geltend zu machen, der für die Zeit der Eröffnung des Insolvenzverfahrens geschätzt werden kann (s. Kommentierung zu § 45).

19 Der Anmeldung sollen die Urkunden, aus denen sich die Forderung ergibt, in Abdruck beigefügt werden. Diese Bestimmung ist eine Sollvorschrift. Anmeldungen, die ohne diese Urkunden beim Verwalter eingehen, sind aber deshalb nicht unwirksam.

20 Urkunden im Sinne dieser Vorschrift können alle Urkunden und Dokumente sein, die den Anspruch des Gläubigers belegen, insbesondere also Rechnungen, Aufträge, Quittungen, Verträge, Geschäftskorrespondenz usw.

21 Das Beifügen der Urkunden soll es einerseits dem Insolvenzverwalter ermöglichen, zu entscheiden, ob er die Forderung anerkennt oder bestreitet, andererseits dient es auch zur Information der übrigen Beteiligten, insbesondere der anderen Insolvenzgläubiger. Da neben dem Insolvenzverwalter auch die Insolvenzgläubiger der Feststellung widersprechen können (§ 178 Abs. 1), ihnen aber außer der Anmeldung zunächst keine weiteren Informationen über die von anderen Gläubigern angemeldete Forderungen zur Verfügung stehen, sollte (vom Insolvenzverwalter) darauf geachtet werden, daß den Anmeldungen die Beweisurkunden beigefügt werden oder nachgereicht werden.

22 Meldet ein Insolvenzgläubiger seine Forderung an, ohne die Beweisurkunden vorzulegen und kann der Insolvenzverwalter nur aufgrund der Anmeldung die Forderung nicht prüfen und feststellen, daß die Forderung eine begründete Insolvenzforderung ist und widerspricht er deshalb der Feststellung, trägt im vom Gläubiger betriebenen Feststellungsverfahren der Gläubiger das Kostenrisiko, wenn nämlich die Urkunden erst im Streitverfahren vorgelegt werden, der Verwalter erst dann die Forderung ausreichend prüfen kann und seinen im Prüfungsverfahren erhobenen Widerspruch zurücknimmt (s. *OLG Hamburg* KTS 75, 44).

23 Gleiches gilt, wenn der Verwalter ein zwischen dem Gläubiger und Schuldner bei Verfahrenseröffnung anhängiges Streitverfahren aufnimmt (s. § 180 Abs. 2). Der Gläubiger kann den Verwalter hier nicht etwa auf die Prozeßakten verweisen. Die zur Prüfung erforderlichen Urkunden hat der Gläubiger dem Verwalter zur Verfügung zu stellen (*OLG Celle* ZIP 1985, 823).

24 Dem läßt sich auch nicht entgegenhalten, daß sich der Verwalter anhand der beim Schuldner vorgefundenen Geschäftsunterlagen hätte unterrichten können. Zwar wird dies häufig ohne große Schwierigkeiten möglich sein, in den Fällen jedoch, in denen der Verwalter eine mangelhafte Organisation der Buchhaltung vorfindet, ist er darauf angewiesen, daß ihm vom Gläubiger die Dokumente zur Verfügung gestellt werden, die eine ausreichende Forderungsprüfung ermöglicht.

Eine Verpflichtung des Verwalters, zur Forderungsprüfung Einsicht in die Prozeßakten 25
zu nehmen (in den Fällen, in denen bereits bei Verfahrenseröffnung ein Rechtsstreit über
die Forderung anhängig war), würde insbesondere dann zu einer für den Verwalter
unzumutbaren Mehrbelastung führen, in denen zahlreiche Verfahren anhängig sind.

D. Fehlerhafte Anmeldungen

I. Allgemeines

Unter einer fehlerhaften Anmeldung im Sinne dieser Ausführungen sind die Anmeldun- 26
gen zu verstehen, die nicht oder nicht sofort zu einem Eintrag in die nach § 175 zu
erstellende Tabelle führen und zwar unabhängig davon, aus welchem Grund ein Eintrag
nicht erfolgen kann. Eine in diesem Sinne fehlerhafte Anmeldung erfordert es, daß der
Verwalter reagiert. Ziel seiner Maßnahmen (s. u. Rz. 29, 31, 35) sollte es sein, Unklarheiten und Mängel im Einvernehmen mit den Anmeldenden so rechtzeitig zu beseitigen,
daß dem Gericht eine zumindest vorgeprüfte Tabelle eingereicht wird.

II. Anmeldefähige Forderungen

Bei Forderungen von Insolvenzgläubigern kann sich die Vorabprüfung durch den 27
Verwalter darauf beschränken, ob der Gläubiger, der Betrag und der Rechtsgrund
ausreichend angegeben sind. Die Angabe des Betrages und des Grundes ist bereits durch
das Gesetz (Abs. 2) vorgeschrieben. Bei Angabe des Gläubigers ist darauf zu achten, daß
der Rechtsinhaber der behaupteten Forderung genau bezeichnet wird. Die Angabe, die
Forderung stehe einer BGB-Gesellschaft zu würde z. B. nicht ausreichen, denn da die
BGB-Gesellschaft keine eigene Rechtspersönlichkeit besitzt, müssen hier die Gesellschafter als Rechtsträger benannt und auch so in die Tabelle aufgenommen werden.
Da nach Verfahrensaufhebung die Insolvenzgläubiger ihre im Verfahren nicht befriedig- 28
ten Forderungen aufgrund der Eintragung in der Tabelle geltend machen können (§ 201)
und ihnen zu diesem Zweck ein vollstreckbarer Tabellenauszug zu erteilen ist, die
Eintragung in die Tabelle darüber hinaus wie bei einem vollstreckbaren Urteil die
Zwangsvollstreckung ermöglicht, müssen auch – wie im zivilgerichtlichen Verfahren –
die Parteien, hier also besonders die Gläubiger in der Tabelle so bezeichnet sein, daß an
der Rechtsträgerschaft kein Zweifel besteht.
Läßt sich aus der Anmeldung nicht erkennen, wer der Rechtsinhaber der Forderung ist, 29
muß dieser Mangel vor Prüfung und Feststellung behoben werden. Ein nicht behobener
Mangel dieser Art führt dazu, daß eine Prüfung nicht erfolgen kann. Das Insolvenzge-
richt müßte eine Prüfung ablehnen, denn es darf nicht daran mitwirken, daß eine
Forderung tituliert wird, bei der nicht klar erkennbar ist, wer der Rechtsinhaber ist. Im
Vorfeld des gerichtlichen Prüfungsverfahrens obliegt es daher dem Verwalter, bei
Forderungen, die im übrigen zur Tabelle angemeldet werden können, jedoch die Rechts-
inhaberschaft nicht klar erkennen lassen, in geeigneter Weise auf eine Klärung hinzuwir-
ken.
Eine pauschale Anmeldung, in der mehrere Gläubiger ihre Einzelforderung anmelden, 30
ist dann zulässig, wenn aus der Anmeldung ersichtlich ist, welcher Gläubiger welche
Forderung geltend machen will. Es handelt sich dabei dann um die Anmeldung einzelner
Forderungen, die nur äußerlich in einer Anmeldung zusammengefaßt sind.

31 Unzulässig dagegen ist es jedoch, wenn die einzelnen Forderungen addiert werden und nur der Gesamtbetrag mit einer Aufstellung der daran beteiligten Gläubiger angemeldet werden. Eine derartige pauschal angemeldete Forderung ist nicht prüfungsfähig und ihr muß, falls der Mangel nicht behoben wird, vom Verwalter widersprochen werden. Gegenstand der Forderungsprüfung ist stets, ob dem einzelnen Gläubiger die von ihm behauptete Forderung zusteht (*BAG* ZIP 86, 518 = BB 1986, 463 = DB 1986, 650 = MDR 1986, 434 = NJW 1986, 1896 – betreffend Forderungen aus einem Sozialplan).

III. Nichtanmeldefähige Forderungen

32 Nichtanmeldefähige Forderungen im Sinne dieser Ausführungen sind die Forderungen, die zwar als Insolvenzforderungen angemeldet werden (mit dem Ziel der Prüfung Feststellung nach den §§ 174 ff. und der quotenmäßigen Befriedigung), die aber aufgrund ihrer insolvenzrechtlichen Einordnung nicht zu den Forderungen gehören, die zur Zeit der Eröffnung des Insolvenzverfahrens begründet waren und für die ein anderes Verfahren zu ihrer Erfüllung vorgeschrieben ist. Dies sind die Ansprüche auf Aussonderung (§ 47) und Absonderung (§§ 49–51) und die Ansprüche der Massegläubiger (§§ 53–55).

33 Nicht fällige Forderungen (§ 41), auflösend bedingte Forderungen (§ 42) und Forderungen, für die neben dem Schuldner weitere Personen haften (§ 43) sind Insolvenzforderungen. Die Gläubiger solcher Forderungen können derartige Forderungen anmelden (s. Erläuterungen zu den §§ 41, 42, 42).

34 Aufschiebend bedingte Forderungen werden zunächst wie unbedingte Forderungen behandelt und können daher ohne Einschränkungen angemeldet werden. Daß Forderungen aufschiebend bedingt sind, wirkt sich erst bei einer Abschlags- oder Schlußverteilung aus, § 191).

35 Werden nicht anmeldefähige Forderungen fälschlicherweise zur Eintragung in die Tabelle angemeldet, ist der Anmeldende vom Insolvenzverwalter darauf hinzuweisen, daß seine Anmeldung nicht der richtige Weg der Rechtsverfolgung ist. Trägt er die Forderung in die Tabelle ein und erhebt er gegen sie Widerspruch, kann dem Anmeldenden dadurch ein Schaden entstehen, daß er nicht oder nicht rechtzeitig seine Forderung in der richtigen Art und Weise geltend gemacht hat. Unter Umständen haftet der Verwalter (§ 60), denn er ist verpflichtet, fehlerhafte Anmeldungen zu prüfen und – falls erforderlich – die Beteiligten auf die Mängel hinzuweisen (*BAG* ZIP 1987, 1199).

IV. Zurückweisung von Anmeldungen

36 Zur Zurückweisung von Anmeldungen ist der Verwalter nicht befugt. Er ist kein Gerichtsorgan und hat daher keine Möglichkeit, vorab zu entscheiden, ob eine angemeldete Forderung in die Tabelle aufzunehmen ist (über die Befugnisse des Gerichts nach alten Recht s. *Uhlenbruck* Rpfleger 1991, 445). Er hat Forderungen im Prüfungstermin zu widersprechen, wenn er sie – aus welchem Grund auch immer – für nicht begründet hält.

37 Eine Ausnahme gilt für die Fälle, in denen noch nicht einmal eine ordnungsgemäße Aufnahme in die Tabelle möglich ist. Dies ist beispielsweise dann der Fall, wenn der Gläubiger eines Anspruches auf eine Sachleistung es unterläßt, seine Forderung in Geld umzurechnen (§ 45).

Anmeldung der Forderungen **§ 174**

Da in die Tabelle ausnahmslos nur Geldbeträge eingetragen werden können, muß der **38** Verwalter in solchen Fällen die Eintragung ablehnen und den Anmeldenden unterrichten. Dieser mag dann das Insolvenzgericht anrufen und um gerichtliche Entscheidung nachsuchen.

Dagegen ist bei einer unzureichenden Angabe, wer der wahre Inhaber einer Forderung ist **39** (es wird beispielsweise für eine BGB-Gesellschaft angemeldet), die Forderung notfalls mit den unzureichenden Angaben in die Tabelle einzutragen, falls nicht vor Niederlegung der Tabelle vom Verwalter eine Klärung herbeigefügt werden kann. Derartigen Mängeln kann das Gericht im Prüfungsverfahren begegnen, indem es die Prüfung einer solchen Forderung nicht zuläßt (es würde ein gerichtlicher Vollstreckungstitel geschaffen, dem der notwendige Inhalt, nämlich Benennung des Gläubigers fehlt).

E. Nachrangige Insolvenzgläubiger

Die nachrangigen Insolvenzgläubiger (s. Kommentierung zu § 39) sind Insolvenzgläu- **40** biger wie die übrigen nicht nachrangigen Insolvenzgläubiger auch. Ihre Mitwirkung am Verfahren ist jedoch eingeschränkt (s. §§ 75 Abs. 1 Nr. 3, 77 Abs. 1 Satz 2).

Für das Anmeldeverfahren sieht die InsO vor, daß im Eröffnungsbeschluß die Gläubiger **41** aufzufordern sind, ihre Forderungen beim Insolvenzverwalter anzumelden (§ 28 Abs. 1 Satz 1). Dabei ist § 174 zu beachten, der in seinem Absatz 3 bestimmt, daß die Forderungen nachrangiger Gläubiger nur anzumelden sind, soweit das Insolvenzgericht dazu auffordert und daß bei einer solchen Anmeldung erstens auf den Nachrang hinzuweisen ist und zweitens die dem Gläubiger zustehende Rangstelle zu bezeichnen ist.

Wie zu verfahren ist, wenn nachrangige Gläubiger ohne vorherige Aufforderung durch **42** das Gericht ihre Forderungen anmelden, läßt sich aus dem Gesetz nicht entnehmen. Auch die Gesetzesmaterialien (BT-Drucks. 12/2443, S. 184) geben dafür keinen Anhaltspunkt. Wie jedoch den Materialien (BT-Drucks., a.a.O.) zu entnehmen ist, dient die Vorschrift des Absatzes 3 der Verfahrensvereinfachung. Die nachrangigen Insolvenzgläubiger können nur in Ausnahmefällen mit einer Befriedigung rechnen, nämlich nur dann, wenn alle nicht nachrangigen Insolvenzgläubiger voll befriedigt werden können oder wenn ein Insolvenzplan vorgelegt wird, der – insbesondere im Zusammenhang mit einer Sanierung des Schulderns – auch Zahlungen an die nachrangigen Gläubiger vorsieht. Eine Beteiligung der nachrangigen Gläubiger ist deshalb nur in wenigen Fällen erforderlich.

Ein Verbot an die nachrangigen Gläubiger, ihre Forderungen anzumelden, bedeutet **43** Absatz 3 jedoch nicht. Auch ohne Aufforderung des Gerichts vorgenommene Anmeldungen nachrangiger Gläubiger sind deshalb zu berücksichtigen, in die Tabelle einzutragen und auch zu prüfen.

Unabhängig davon, ob das Gericht die nachrangigen Gläubiger zur Anmeldung aufge- **44** fordert hat oder nicht, hat jedoch der Gläubiger bei der Anmeldung solcher Forderungen stets auf den Nachrang hinzuweisen und die ihm zustehende Rangstelle (s. Rangfolge des § 39) zu bezeichnen.

Eine Anmeldung ohne diese Angaben ist als Anmeldung einer nicht nachrangigen **45** Forderung anzusehen mit der Folge, daß der Rang im Prüfungstermin bestritten wird (BT-Drucks. 12/2443, S. 184, zu § 201 a.E.). Ist die Forderung im übrigen begründet, kann sie auch ohne vorherige Aufforderung zur Anmeldung festgestellt werden.

F. Wirkung der Anmeldung

46 Insolvenzrechtlich ist die Forderungsanmeldung der erste und wesentliche Schritt für den Insolvenzgläubiger, sich am Verfahren zu beteiligen. Ohne Anmeldung seiner Forderung nimmt er am Verfahren nicht teil.

47 Die Anmeldung beim Insolvenzverwalter unterbricht die Verjährung, § 209 Abs. 2 Nr. 2 BGB.

§ 175
Tabelle → § 140 KO

¹Der Insolvenzverwalter hat jede angemeldete Forderung mit den in § 174 Abs. 2 und 3 genannten Angaben in eine Tabelle einzutragen. ²Die Tabelle ist mit den Anmeldungen sowie den beigefügten Urkunden innerhalb des ersten Drittels des Zeitraums, der zwischen dem Ablauf der Anmeldefrist und dem Prüfungstermin liegt, in der Geschäftsstelle des Insolvenzgerichts zur Einsicht der Beteiligten niederzulegen.

Inhaltsübersicht: Rz.

A. Allgemeines und Inhalt der Tabelle 1–5
B. Niederlegung der Tabelle 6–8

A. Allgemeines und Inhalt der Tabelle

1 Die Tabelle ist Grundlage für das gerichtliche Prüfungsverfahren; nur die Forderungen, die in die Tabelle eingetragen worden sind, können geprüft werden.

2 Das Erstellen der Tabelle ist Aufgabe des Insolvenzverwalters. Aufgrund der bei ihm eingegangenen Anmeldungen hat er bei den nicht nachrangigen Gläubigern den Grund und den Betrag der Forderungen einzutragen. Bei den nachrangigen Forderungen ist zusätzlich einzutragen, daß es sich um eine nachrangige Forderungen handelt und welchen Rang (s. § 39) die Forderung hat.

3 Die Insolvenzordnung läßt durch § 5 Abs. 3 ausdrücklich zu, daß Tabellen und Verzeichnisse maschinell hergestellt und bearbeitet werden können. Deshalb kann der Verwalter auch die Tabelle der Insolvenzforderungen maschinell und mit Unterstützung einer EDV-Anlage erstellen. Es ist auch zulässig, daß der Insolvenzverwalter die Tabelle in maschinenlesbarer Form dem Gericht einreicht (z. B. auf Diskette). Voraussetzung dafür ist jedoch, daß die Gerichte mit der erforderlichen Hardware ausgestattet sind und daß zwischen Gericht und Insolvenzverwalter eine Abstimmung bei der verwendeten Software stattgefunden hat.

4 Für das weitere gerichtliche Verfahren (Niederlegung der Tabelle, Durchführung des Prüfungstermins und Beurkundung des Prüfungsergebnisses, Erteilung von vollstreckbaren Tabellenauszügen) muß jedoch stets ein Ausdruck der Tabelle erstellt werden. Die Tabelle kann zwar maschinell hergestellt und bearbeitet werden, eine Tabelle aber, die nur auf einem elektronischen Datenträger (Diskette) vorhanden ist, stellt keine Tabelle im Sinne der Vorschriften der Insolvenzordnung dar.

Verlauf des Prüfungstermins § 176

Der Tabelle beizufügen hat der Verwalter die Anmeldungen der Gläubiger und die den 5
Anmeldungen beigefügten Urkunden (s. § 174 Abs. 1 Satz 2).

B. Niederlegung der Tabelle

Die Tabelle – bei Übermittlung der Tabelle durch einen elektronischen Datenträger: der 6
Ausdruck der Tabelle – ist mit den Anmeldungen und den der Anmeldungen beigefügten
Urkunden in der Geschäftsstelle des Insolvenzgerichts niederzulegen.
Niederlegen bedeutet, daß die Tabelle mit den ihr beigefügten Unterlagen getrennt von 7
der Gerichtsakte aufbewahrt wird. Damit wird sichergestellt, daß auch dann, wenn die
Gerichtsakte beispielsweise an eine anderer Abteilung des Gerichts abgegeben ist, den
Beteiligten die Einsichtnahme in die Tabelle möglich ist.
Damit den Beteiligten ausreichend Zeit bleibt, Einsicht in die Tabelle zu nehmen, 8
schreibt § 175 Satz 2 vor, daß die Tabelle innerhalb des ersten Drittels des Zeitraumes
zwischen dem Ablauf der Anmeldefrist und dem Prüfungstermin niederzulegen ist. Der
Zeitraum zwischen dem Ablauf der Anmeldefrist und dem Prüfungstermin soll mindestens eine Woche und höchstens zwei Monate betragen (s. § 29 Abs. 1 Nr. 2). Nach den
Anordnungen, die im Eröffnungsbeschluß zur Anmeldefrist und zum Prüfungstermin
getroffen worden sind, richtet sich damit der Zeitpunkt, bis zu dem die Tabelle niederzulegen ist.

§ 176
Verlauf des Prüfungstermins → §§ 141, 143 KO

¹Im Prüfungstermin werden die angemeldeten Forderungen ihrem Betrag und ihrem Rang nach geprüft. ²Die Forderungen, die vom Insolvenzverwalter, vom Schuldner oder von einem Insolvenzgläubiger bestritten werden, sind einzeln zu erörtern.

Inhaltsübersicht:
Rz.

A. Der Prüfungstermin	1– 9
B. Das Bestreiten	10–13
C. Wirkungen des Bestreitens	14–20
I. Das Bestreiten des Insolvenzverwalters und des Insolvenzgläubigers	14–17
II. Das Bestreiten des Schuldners	18–20
D. Vorläufiges Bestreiten oder Vertagung?	21–30

Literatur:

Bratvogel In welchen Fällen muß der Konkursverwalter die Termine vor dem Konkursgericht persönlich wahrnehmen, in welchen Fällen kann er sich durch einen Bevollmächtigten vertreten lassen, und wann muß ein anderer Konkursverwalter bestellt werden?, KTS 1977, 229; *Eickmann* Zweifelsfragen aus dem Konkursverfahren, Rpfleger 1970, 318; *ders.* Höchstpersönliches Verwalterhandeln oder Delegationsbefugnis?, KTS 1987, 197 [204]; *Godau-Schüttke* Die Zulässigkeit vorläufigen Bestreitens des Konkursverwalters im Prüfungstermin, ZIP 1985, 1042.

§ 176 *Befriedigung der Gläubiger/Verfahrenseinstellung*

A. Der Prüfungstermin

1 Der Prüfungstermin ist im Eröffnungsbeschluß anzuberaumen, § 29 Abs. 1 Nr. 2 und kann – insbesondere wenn erkennbar ist, daß die Anzahl der anmeldenden Gläubiger nicht groß ist – mit dem Berichtstermin (§ 29 Abs. I Nr. 2) verbunden werden, § 29 Abs. 2.

2 Der Termin hat den Zweck, die angemeldeten Forderungen anhand der vom Insolvenzverwalter vorgelegten Tabelle und den von den Gläubigern beigefügten Urkunden (§§ 174 Abs. 1 Satz 2, 175 Satz 2) zu prüfen.

3 Dabei bedeutet prüfen hier nicht, daß von den Teilnehmer des Prüfungstermins (Gericht, Insolvenzverwalter und -gläubiger und Schuldner) die angemeldeten Forderungen daraufhin geprüft werden, ob die Forderungen berechtigt sind. Diese Prüfung ist vom Insolvenzverwalter, vom Schuldner und von den Insolvenzgläubigern vorher durchzuführen. Der Insolvenzverwalter nimmt diese Prüfung vor, sobald die Anmeldung bei ihm eingegangen ist, dem Schuldner und den Insolvenzgläubigern stehen zur eingehenden Prüfung die beim Gericht niedergelegte Tabelle und die ihr beigefügten Urkunden zur Verfügung.

4 Die Prüfung von Forderungen im Prüfungstermin bedeutet: Das Insolvenzgericht stellt im Prüfungstermin fest, ob und wer Widerspruch dagegen erhebt, daß eine Forderung festgestellt wird. Die Tätigkeit des Gerichts im Prüfungstermin beschränkt sich daher nur auf eine beurkundende Tätigkeit (s. die Kommentierung zu § 178).

5 Satz 2 der Vorschrift vereinfacht das Prüfungsverfahren. Da nur die Forderungen einzeln zu erörtern sind, die vom Insolvenzverwalter, vom Schuldner oder von einem der Insolvenzgläubiger bestritten werden, kann das Gericht bei den übrigen (nicht bestrittenen) Forderungen ihre Feststellung beurkunden, ohne sämtliche Forderungen vor der Versammlung verlesen zu müssen.

6 Es ist Sache der zum Widerspruch Berechtigten, dem Gericht die Forderungen zu benennen, bei denen sie Widerspruch erheben wollen.

7 Der Prüfungstermin ist nicht öffentlich. Zur Teilnahme berechtigt sind der Insolvenzverwalter, der Schuldner, die Mitglieder des Gläubigerausschusses und die Insolvenzgläubiger. Bei den Insolvenzgläubigern ist es jedoch unerheblich, ob es sich um nicht nachrangige oder um nachrangige Insolvenzgläubiger handelt. Auch die nachrangigen Insolvenzgläubiger können unter Umständen Befriedigung erlangen. Ihnen muß deshalb auch die Möglichkeit gegeben werden, Widerspruch zu erheben. Dies gilt auch dann, wenn die nachrangigen Insolvenzgläubiger noch nicht aufgefordert worden sind, ihre Forderungen anzumelden (§ 174 Abs. 3), da im Verlauf eines Verfahrens diese Aufforderung nachgeholt werden kann, wenn sich dafür ein Bedürfnis herausstellt.

8 Die Forderungen werden auch geprüft, wenn die Gläubiger der zu prüfenden Forderungen nicht anwesend sind (BT-Drucks. 12/7302, S. 178). Ihre Anwesenheit ist daher nicht erforderlich.

9 Der Insolvenzverwalter hat stets am Prüfungstermin teilzunehmen. Dabei ist es jedoch nicht erforderlich, daß er persönlich teilnimmt (a. A. *Haarmeyer/Wutzke/Förster* InsO/ EGInsO, Rz. 7/41 und *Mohrbutter/Mohrbutter*, Hdb. der Insolvenzverwaltung Rz. IX.14, die die Wahrnehmung des Prüfungstermins für eine vom Insolvenzverwalter persönlich wahrzunehmende Aufgabe halten; die Gegenmeinung überzeugt, auch im Hinblick auf die Möglichkeit, nachträglich angemeldete Forderungen schriftlich zu prüfen, nicht.) Es reicht aus, wenn er einen Vertreter beauftragt, den Prüfungstermin wahrzunehmen und wenn er diesen Vertreter ausreichend informiert (s. *Bratvogel* KTS 1977, 229; s. auch *Eickmann* KTS 1987, 197) und ihm entsprechende Weisungen erteilt, ob und welche Forderungen vom Insolvenzverwalter bestritten werden sollen. Die

Verlauf des Prüfungstermins **§ 176**

Verantwortung bleibt jedoch stets beim Insolvenzverwalter, ein irrtümliches Bestreiten – mit der Konsequenz, daß der Gläubiger das Feststellungsverfahren betreibt – und ein irrtümliches Nichtbestreiten – mit der Konsequenz, daß der Verwalter möglicherweise Schadenersatz leisten muß – hat der Verwalter zu vertreten. Daher sollte der Verwalter regelmäßig den Prüfungstermin selbst wahrnehmen und nur in Ausnahmefällen (Krankheit oder Verhinderung durch andere Dienstgeschäfte) einen Vertreter beauftragen. Insbesondere dann, wenn die Erörterung einzelner Forderungen notwendig wird, dürfte auf die persönliche Mitwirkung des Verwalters kaum verzichtet werden können.

B. Das Bestreiten

Zum Bestreiten einer Forderung sind der Insolvenzverwalter, der Schuldner und jeder Insolvenzgläubiger berechtigt. Da nur die Forderungen einzeln zu erörtern sind, die bestritten werden (sollen), obliegt es dem Bestreitenden dem Insolvenzgericht im Prüfungstermin seine Absicht, eine Forderung bestreiten zu wollen, mitzuteilen. 10

Das Gericht hat daher die anwesenden Gläubiger aufzufordern, sich zu melden, falls Forderungen bestritten werden sollen. Zweckmäßigerweise wird die Aufforderung mit dem Hinweis verbunden, daß die Forderungen, die von keinem Widerspruchsberechtigten bestritten werden, festgestellt sind (§ 178 Abs. 1 Satz 1). 11

Eine Begründung des Widerspruches ist nicht erforderlich. Ob ein Widerspruch begründet ist oder nicht, ist nicht im Insolvenzverfahren zu prüfen. Streitige Forderungen sind im Feststellungsverfahren zu verfolgen (s. §§ 179–185). Ein Widerspruch des Schuldners ist ebenfalls außerhalb des Insolvenzverfahrens zu beseitigen (§ 184). 12

Der Widerspruch kann nur im Prüfungstermin erhoben werden. Ein schriftlich erhobener Widerspruch ist nicht zulässig (anders bei der Prüfung nachträglich angemeldeter Forderungen im schriftlichen Verfahren), er ist nicht zu berücksichtigen und hindert nicht die Feststellung der Forderungen. Der Gläubiger braucht jedoch nicht persönlich anwesend sein; eine Bevollmächtigung ist zulässig, das Gericht hat sich jedoch zu überzeugen, daß der Vertreter bevollmächtigt ist. 13

C. Wirkungen des Bestreitens

I. Das Bestreiten des Insolvenzverwalters und des Insolvenzgläubigers

Bestreitet der Insolvenzverwalter oder ein Insolvenzgläubiger eine Forderung, kann die Forderung nicht festgestellt werden (§ 178). Sie wird daher, falls nicht der Widerspruch rechtzeitig beseitigt wird, bei einer Verteilung der Masse nicht berücksichtigt (§ 189). 14

Ihr Bestreiten hindert also bis zur Beseitigung des Widerspruches die insolvenzmäßige Befriedigung. 15

Nach Abschluß des Verfahrens kann darüber hinaus der Gläubiger, dessen Forderung bestritten worden ist, und bei der ein Widerspruch nicht durch ein Feststellungsverfahren beseitigt worden ist, keine Rechte aufgrund des Tabelleneintrages geltend machen (§ 201 Abs. 2). 16

Das Bestreiten kann darin bestehen, daß geltend gemacht wird, die Forderung bestehe überhaupt nicht oder nicht in dieser Höhe oder daß – bei nachrangigen Insolvenzgläubigern – die Forderung einen anderen als den angemeldeten Rang habe (s. Rangfolge des § 39). 17

II. Das Bestreiten des Schuldners

18 Erhebt der Schuldner Widerspruch, hat dies auf die Feststellung der Forderung keinen Einfluß (s. § 178 Abs. 1 Satz 1). Die Forderung wird trotz des Widerspruches festgestellt und nimmt am insolvenzrechtlichen Verteilungsverfahren (§§ 187 ff.) teil.

19 Wirkungen zeigt der Widerspruch des Schuldners nach der Verfahrensaufhebung. Wird sein Widerspruch nicht beseitigt, kann der Gläubiger seine restliche Forderung nicht gegen den Schuldner geltend machen. Die Forderung ist zwar festgestellt und Zahlungen aus der Insolvenzmasse sind auf sie erfolgt, eine Vollstreckung aus der Tabelle ist dem Gläubiger jedoch nicht möglich (§ 201 Abs. 2).

20 Will der Gläubiger den Widerspruch des Schuldners beseitigen, muß er Klage gegen den Schuldner erheben oder einen bereits anhängigen Rechtsstreit aufnehmen (s. § 184).

D. Vorläufiges Bestreiten oder Vertagung?

21 Im Prüfungstermin sollen alle (bis dahin) angemeldeten Forderungen geprüft werden. Die Verfahrensbeteiligten sollen nach dem Termin wissen, welche Verbindlichkeiten der Schuldner hat und ob und in welcher Höhe sie mit der Befriedigung ihrer Forderungen rechnen können. Es besteht daher für die Insolvenzgläubiger ein großes Interesse zu wissen, wer Insolvenzforderungen an den Schuldner hat, wie hoch die Forderungen sind und wie hoch demnach die zu erwartende Quote sein wird.

22 Dem Insolvenzverwalter wird es aber nicht immer möglich sein, seine eigene Prüfung bis zum Prüfungstermin abzuschließen, um entscheiden zu können, ob er eine Forderung bestreitet oder Widerspruch erhebt. Insbesondere bei großen Verfahren mit vielen Insolvenzgläubigern wird die Zeit bis zum Prüfungstermin zu kurz sein, um alle Forderungen ausreichend prüfen zu können. Auch das Verhalten von Insolvenzgläubigern kann dazu führen, daß eine Prüfung durch den Verwalter nicht bis zum Termin abgeschlossen ist. Insbesondere dann, wenn der Gläubiger es unterläßt, seiner Forderungsanmeldung die (Beweis-)Urkunden beizufügen (§ 174 Abs. 1 Satz 2 ist eine Sollvorschrift, deren Mißachtung die Anmeldung nicht unwirksam macht), die für eine ausreichende Prüfung durch den Insolvenzverwalter notwendig sind, wird der Verwalter durch Rücksprache mit dem anmeldenden Gläubiger und mit dem Schuldner klären müssen, ob die angemeldete Forderung berechtigt ist oder nicht. Diese Prüfung kann bis über den Prüfungstermin andauern.

23 Der Insolvenzverwalter darf andererseits auch nicht Forderungen anerkennen, deren Berechtigung er nicht zuvor ausreichend geprüft hat. Dies könnte zu Schadenersatzansprüchen führen, denn der Verwalter ist im Interesse aller Insolvenzgläubiger verpflichtet, nicht begründeten Forderungen zu widersprechen.

24 Zur Lösung dieses Konfliktes stehen zwei Möglichkeiten zur Verfügung.

25 **a)** Der Insolvenzverwalter widerspricht der Forderung, erklärt aber, daß er die Forderung noch prüfen wird und daß er, sollte er die Forderung für berechtigt halten, seinen Widerspruch zurücknehmen werde (sog. »vorläufiges Bestreiten«).

26 Von dieser Möglichkeit kann insbesondere dann Gebrauch gemacht werden, wenn sich der Verwalter vorab oder im Prüfungstermin mit dem Gläubiger über dieses Verfahren verständigt hat. Eine Verständigung mit dem Gläubiger soll verhindern, daß der Gläubiger voreilig Feststellungsklage erhebt und, wenn die Klage Erfolg hat, daß der Insolvenzverwalter für die Masse das Kostenrisiko eingeht (s. *OLG Düsseldorf* ZIP 1982, 201).

Hat sich der Verwalter mit dem Gläubiger darüber verständigt, daß der Verwalter die **27**
Forderung zunächst bestreitet, um sie nach dem Prüfungstermin eingehender zu prüfen
mit der Absicht, den Widerspruch zurückzunehmen, wenn sich die Forderung als
begründet erweist, wird der Gläubiger die Kosten einer absprachewidrig erhobenen
Feststellungsklage auch dann tragen müssen, wenn er mit seiner Klage Erfolg hat (*OLG
Düsseldorf* ZIP 1982, 201).

b) Eine andere Möglichkeit besteht darin, den Prüfungstermin zur Prüfung einer oder **28**
mehrerer Forderungen zu vertagen. Konnte der Insolvenzgläubiger aus nachvollziehbaren, dem Gericht darzulegenden Gründen, einzelne oder mehrere (unter Umständen alle) angemeldete Forderungen nicht prüfen, kann auf seine Anregung hin das Gericht beschließen, die Prüfung dieser Forderungen zu einem späteren Termin nachzuholen (so auch *Godau-Schüttke* a. a. O.).

Von dieser Möglichkeit wird besonders dann Gebrauch gemacht werden können, wenn **29**
der Insolvenzverwalter beim Schuldner eine mangelhafte Buchführung vorfindet und er
zunächst diese rekonstruieren muß, um sich bei der Forderungsprüfung nicht nur auf die
Gläubigerangaben verlassen zu müssen oder wenn in großen Verfahren mit zahlreichen
Gläubigern die Zeit bis zum Prüfungstermin für eine Prüfung durch den Verwalter nicht
ausreichend ist.

Der Termin (zur Fortsetzung der Prüfung) ist durch Beschluß zu vertagen (§ 4 i. V. m. **30**
§ 227 Abs. 2 ZPO), der Vertagungsbeschluß ist im Termin zu verkünden und kurz zu
begründen (227 Abs. 2 Satz 2 ZPO). Die öffentliche Bekanntmachung ist nicht erforderlich, § 74 Abs. 2 Satz 2 (*AG Rastatt* ZIP 1980, 754).

§ 177
Nachträgliche Anmeldungen → § 142 KO

(1) ¹Im Prüfungstermin sind auch die Forderungen zu prüfen, die nach dem Ablauf der Anmeldefrist angemeldet worden sind. ²Widerspricht jedoch der Insolvenzverwalter oder ein Insolvenzgläubiger dieser Prüfung oder wird eine Forderung erst nach dem Prüfungstermin angemeldet, so hat das Insolvenzgericht auf Kosten des Säumigen entweder einen besonderen Prüfungstermin zu bestimmen oder die Prüfung im schriftlichen Verfahren anzuordnen. ³Für nachträgliche Änderungen der Anmeldung gelten die Sätze 1 und 2 entsprechend.
(2) Hat das Gericht nachrangige Gläubiger nach § 174 Abs. 3 zur Anmeldung ihrer Forderungen aufgefordert und läuft die für diese Anmeldung gesetzte Frist später als eine Woche vor dem Prüfungstermin ab, so ist auf Kosten der Insolvenzmasse entweder ein besonderer Prüfungstermin zu bestimmen oder die Prüfung im schriftlichen Verfahren anzuordnen.
(3) ¹Der besondere Prüfungstermin ist öffentlich bekanntzumachen. ²Zu dem Termin sind die Insolvenzgläubiger, die eine Forderung angemeldet haben, der Verwalter und der Schuldner besonders zu laden.

Inhaltsübersicht: Rz.

A. Nachträgliche Anmeldungen 1– 3
B. Prüfung im Prüfungstermin 4– 7
C. Der besondere Prüfungstermin 8–12

D. Die Prüfung im schriftlichen Verfahren 13–22
E. Die Prüfung nachrangiger Forderungen (Abs. 2) 23–26
F. Kosten 27–30

A. Nachträgliche Anmeldungen

1 Die im Eröffnungsbeschluß zu bestimmende Frist, binnen der die Gläubiger ihre Forderungen anzumelden haben, ist keine Ausschlußfrist. Gläubiger können daher auch nach Ablauf der Anmeldefrist Forderungen anmelden.

2 § 177 sieht für die Prüfung von nachträglich angemeldeten Forderungen drei Möglichkeiten vor: a) die Prüfung im Prüfungstermin, b) die Prüfung in einem besonderen Prüfungstermin oder c) die Prüfung im schriftlichen Verfahren.

3 Anzuwenden ist die Vorschrift bei Forderungen, die entweder nach Ablauf der Anmeldefrist beim Insolvenzverwalter eingehen oder die erst nach dem Prüfungstermin angemeldet werden.

B. Prüfung im Prüfungstermin

4 Die Prüfung von Forderungen, die nach Ablauf der Anmeldefrist aber noch vor dem Prüfungstermin angemeldet worden sind, ist dann zulässig, wenn weder der Insolvenzverwalter noch ein Insolvenzgläubiger der Prüfung widerspricht. Ein Widerspruch des Schuldner steht der Prüfung nicht entgegen.

5 Dem Insolvenzverwalter und den Insolvenzgläubigern gibt das Gesetz deshalb ein Widerspruchsrecht gegen die Prüfung, weil sowohl der Insolvenzverwalter als auch die Insolvenzgläubiger bei einer sofortigen Prüfung nachträglich angemeldeter Forderungen auf die Möglichkeit verzichten, eine ausreichende Prüfung der Forderungen vorzunehmen. Der Insolvenzverwalter hat die verspätet angemeldeten Forderungen wegen der Frist des § 175 (Niederlegung beim Insolvenzgericht) vielfach noch nicht in die Tabelle aufnehmen können, so daß sich die Gläubiger keine Informationen über die Forderungen verschaffen konnten. Beide, Verwalter und Gläubiger, können daher einer Prüfung widersprechen, so daß das Insolvenzgericht entweder einen besonderen Prüfungstermin anberaumen oder das schriftliche Verfahren wählen muß.

6 Auch die nachträglich angemeldeten Forderungen hat der Insolvenzverwalter in eine Tabelle einzutragen. Dabei ist es nicht erforderlich, daß die bereits erstellte und bei Gericht niedergelegte Tabelle ergänzt wird. Die Tabelle der angemeldeten Forderungen muß nicht »aus einem Stück« bestehen. Da nur in seltenen Fällen auch die nachrangigen Gläubiger ihre Forderungen anmelden werden, im übrigen es keine Rangfolge unter den nicht nachrangigen Gläubiger gibt, ist es rechtlich zulässig und praktikabel, wenn der Verwalter für das Erfassen der nachträglich angemeldeten Forderungen eine zweite Tabelle erstellt und diese im Prüfungstermin dem Gericht vorlegt. Beide Tabellen(-teile) sind als Einheit zu sehen und sind »die Tabelle« im Sinne der Insolvenzordnung.

7 Eine andere Möglichkeit – insbesondere dann, wenn die Tabelle maschinell hergestellt wird (s. § 5 Abs. 3) – ist, daß die dem Gericht bereits vorliegende Tabelle vom Verwalter um die nachträglich angemeldeten Forderungen ergänzt wird (§ 5 Abs. 3 läßt ausdrücklich auch das Bearbeiten von Tabellen und Verzeichnissen zu). Dann liegt im Prüfungstermin die Tabelle einschließlich der nachträglich angemeldeten Forderung vor. Hier ist dann aber darauf zu achten, daß sich aus der Tabelle erkennen läßt, ob die jeweils

Nachträgliche Anmeldungen § 177

zu prüfende Forderung rechtzeitig angemeldet war (dann kann kein Widerspruch gegen die Prüfung eingelegt werden) oder ob es sich um eine Forderung handelt, die nach Ablauf der Anmeldefrist angemeldet worden ist (hier können Verwalter und Insolvenzgläubiger einer sofortigen Prüfung widersprechen).

C. Der besondere Prüfungstermin

Wird der Prüfung nachträglich angemeldeter Forderungen im Prüfungstermin widersprochen oder wird eine Forderung erst nach dem Prüfungstermin angemeldet, ist – falls nicht die Prüfung im schriftlichen Verfahren angeordnet wird – ein besonderer Prüfungstermin zu bestimmen. 8

Der besondere Prüfungstermin ist durch Veröffentlichung in dem für amtliche Bekanntmachungen des Gerichts bestimmten Blatt öffentlich bekanntzumachen (§ 9 Abs. 2). Die Ladungsfrist beträgt drei Tage (§ 4 i. V. m. § 217 ZPO), sie beginnt ab dem Tag der Bekanntmachung. Die Bekanntmachung gilt als bewirkt, wenn seit dem Tag der Veröffentlichung zwei weitere Tage verstrichen sind (§ 9 Abs. 1 Satz 3). 9

Neben der genannten Veröffentlichung kann das Gericht weitere Veröffentlichungen (z. B. in den örtlichen Zeitungen) anordnen, wenn dies für erforderlich gehalten wird (§ 9 Abs. 2). 10

Zusätzlich zur öffentlichen Bekanntmachung sind stets der Insolvenzverwalter, der Schuldner und die Insolvenzgläubiger besonders zu laden, die eine Forderung (nachträglich) angemeldet haben, § 177 Abs. 3 Satz 2). Die Zustellungen erfolgen von Amts wegen durch Aufgabe zu Post (§ 8 Abs. 1). Das Gericht kann den Insolvenzverwalter beauftragen, die Zustellungen durchzuführen (§ 8 Abs. 3). 11

Der Ablauf des besonderen Prüfungstermins unterscheidet sich nicht von dem des allgemeinen Prüfungstermins. 12

D. Die Prüfung im schriftlichen Verfahren

Mit der Möglichkeit, nachträglich angemeldete Forderungen im schriftlichen Verfahren zu prüfen, bringt das Gesetz eine wesentliche Verfahrensvereinfachung und -beschleunigung. Beim schriftlichen Prüfungsverfahren entfällt die Anberaumung eines besonderen Prüfungstermins. Gericht und Insolvenzverwalter werden weniger mit der Wahrnehmung von Terminen belastet. Das schriftliche Verfahren kann sich insgesamt gerichtsentlastend auswirken (BT-Drucks. 12/7302, S. 179). Das Gericht sollte daher nach Möglichkeit das schriftliche Verfahren wählen (a. A. *Haarmeyer/Wutzke/Förster* InsO/EGInsO, Rz. 7/69, die das schriftliche Verfahren als zu schwerfällig erachten; es bleibt abzuwarten ob und in welchem Umfang die Praxis von der schriftlichen Prüfung Gebrauch macht). 13

Weder enthält der Gesetzestext Vorschriften über das schriftliche Verfahren, noch läßt sich aus den Gesetzesmaterialien entnehmen, wie Forderungen im schriftlichen Verfahren zu prüfen sind. Die nachfolgenden Ausführungen orientieren sich an der Notwendigkeit, das Verfahren einfach zu gestalten ohne dabei in die Rechte der Verfahrensbeteiligten einzugreifen. 14

Das schriftliche Verfahren soll nur zur Entlastung der Gerichte und des Verwalters dienen. Eine Beschränkung des Rechtes der Insolvenzgläubiger, des Schuldners und des Verwalters, Widerspruch gegen eine angemeldete Forderung zu erheben, darf auch im schriftlichen Verfahren nicht erfolgen. 15

§ 177 *Befriedigung der Gläubiger/Verfahrenseinstellung*

16 Insolvenzgläubiger, Schuldner und Verwalter können im schriftlichen Prüfungsverfahren ihre Rechte nur dann wahrnehmen, wenn folgende Voraussetzungen erfüllt sind: sie müssen wissen,
1. daß Forderungen im schriftlichen Verfahren geprüft werden sollen
2. welche Forderungen geprüft werden sollen und
3. an welchem Tag das Gericht das Ergebnis der Prüfung in die Tabelle einträgt und bis wann sie daher ihren Widerspruch erklären können.

17 Das Insolvenzgericht sollte daher durch öffentliche Bekanntmachung mitteilen, daß das Gericht die Forderungen, die nach Ablauf der Anmeldefrist angemeldet worden sind, im schriftlichen Verfahren prüft und daß die um die nachträglich angemeldeten Forderungen ergänzte Tabelle (oder ein weiterer Tabellenteil) nebst den Urkunden auf der Geschäftsstelle zur Einsicht durch die Beteiligten niedergelegt ist. Außerdem ist der Tag anzugeben, an dem das Gericht das Ergebnis in die Tabelle einträgt, bis zu dem also Widerspruch erhoben werden kann.

18 Den Insolvenzgläubigern, die eine Forderung nachträglich angemeldet haben, dem Insolvenzverwalter und dem Schuldner sind – entsprechend Absatz 3 Satz 2 – die Mitteilung über die Prüfung im schriftlichen Verfahren besonders zuzustellen, wobei die Zustellungen an den Schuldner und an die Insolvenzgläubiger dem Insolvenzverwalter übertragen werden können (§ 8 Abs. 3).

19 Im Unterschied zum Prüfungstermin kann im schriftlichen Prüfungsverfahren der Widerspruch schriftlich erhoben werden.

20 An dem vom Gericht bestimmten Prüfungstag (s. Rz. 16) stellt das Gericht fest, ob und gegen welche Forderungen Widerspruch erhoben worden ist und trägt das Ergebnis der Prüfung in die Tabelle ein (s. § 178 Abs. 2).

21 Eine Mitteilung des Prüfungsergebnisses an die Gläubiger ist auch hier nur dann erforderlich, wenn Forderungen bestritten worden sind, § 179 Abs. 3.

22 Der Insolvenzverwalter sollte jedoch stets und unverzüglich – obwohl dies im Gesetz nicht vorgesehen ist – vom Ergebnis der Prüfungen unterrichtet werden. Es empfiehlt sich, ihm eine Abschrift der Tabelle mit den Prüfvermerken zu übersenden.

E. Die Prüfung nachrangiger Forderungen (Abs. 2)

23 Nachrangige Forderungen (Forderungen nachrangiger Insolvenzgläubiger, § 39) sind nur dann anzumelden, wenn das Gericht ausdrücklich dazu auffordert (§ 174 Abs. 3).

24 Zu dem im Eröffnungsbeschluß bestimmten Prüfungstermin (§ 29 Abs. 1 Nr. 2) werden daher in der Regel keine Anmeldungen nachrangiger Forderungen vorliegen. Die Aufforderung zu ihrer Anmeldung wird erst – aufgrund einer besonderen Mitteilung des Verwalters oder aufgrund seines Berichtes im Berichtstermin (§ 29 Abs. 1 Nr. 1) – zu einem Zeitpunkt erfolgen können, im dem der allgemeine Prüfungstermin bereits bestimmt ist.

25 Damit auch bei der Prüfung nachrangiger Forderungen die Rechte der Verfahrensbeteiligten gewahrt bleiben, bestimmt § 177 Abs. 2, daß für den Fall, daß das Gericht zur Anmeldung nachrangiger Forderungen auffordert und die dafür gesetzte Anmeldefrist später als eine Woche vor dem gemäß § 29 Abs. 2 Nr. 2 bestimmten allgemeinen Prüfungstermin abläuft, daß dann entweder ein besonderer Prüfungstermin zu bestimmen oder die Prüfung im schriftlichen Verfahren anzuordnen ist.

26 Für das Prüfungsverfahren selbst gelten die Vorschriften für die Prüfung der nicht nachrangigen Forderungen.

F. Kosten

Die Gerichtskosten für den besonderen Prüfungstermin und für die Prüfung im schriftlichen Verfahren trägt der säumige Gläubiger. 27

Für die Prüfung von Forderungen im besonderen Prüfungstermin oder im schriftlichen Verfahren entsteht eine Festgebühr von 20 DM, Nr. 1430 des Kostenverzeichnisses (Anlage 1 zu § 11 GKG). 28

Kostenschuldner ist der säumige Gläubiger, Abs. 1 Satz 2. Die Prüfung mehrerer Forderungen eines Gläubiger löst die Gebühr nur einmal aus. 29

Neben der Prüfungsgebühr sind die Auslagen für die öffentliche Bekanntmachung des besonderen Prüfungstermin zu erheben (Nr. 9004 des Kostenverzeichnisses). Werden Forderungen mehrere Gläubiger geprüft, sind die Auslagen auf die Gläubiger gleichmäßig zu verteilen. Entsprechendes gilt für die Auslagen der öffentlichen Ankündigung (s. o. Rz. 17), wenn das Gericht die Forderungen im schriftlichen Verfahren prüft. 30

§ 178
Voraussetzungen und Wirkungen der Feststellung → §§ 144, 145 KO

(1) ¹Eine Forderung gilt als festgestellt, soweit gegen sie im Prüfungstermin oder im schriftlichen Verfahren (§ 177) ein Widerspruch weder vom Insolvenzverwalter noch von einem Insolvenzgläubiger erhoben wird oder soweit ein erhobener Widerspruch beseitigt ist. ²Ein Widerspruch des Schuldners steht der Feststellung der Forderung nicht entgegen.

(2) ¹Das Insolvenzgericht trägt für jede angemeldete Forderung in die Tabelle ein, inwieweit die Forderung ihrem Betrag und ihrem Rang nach festgestellt ist oder wer der Feststellung widersprochen hat. ²Auch ein Widerspruch des Schuldners ist einzutragen. ³Auf Wechseln und sonstigen Schuldurkunden ist vom Urkundsbeamten der Geschäftsstelle die Feststellung zu vermerken.

(3) Die Eintragung in die Tabelle wirkt für die festgestellten Forderungen ihrem Betrag und ihrem Rang nach wie ein rechtskräftiges Urteil gegenüber dem Insolvenzverwalter und allen Insolvenzgläubigern.

Inhaltsübersicht: Rz.

A. Allgemeines	1– 3
B. Widerspruch eines Beteiligten	4– 6
C. Eintragungen in die Tabelle	7–14
D. Vermerke auf Wechseln und Schuldurkunden	15–17
E. Wirkungen der Eintragungen	18–21
F. Verbleib der Tabelle nach Prüfung	22
G. Nachträgliche Änderungen	23–24

A. Allgemeines

Forderungen können bei der Verteilung der Insolvenzmasse nur dann berücksichtigt werden, wenn sie festgestellt worden sind. Nur die Gläubiger, deren Forderungen im 1

§ 178 *Befriedigung der Gläubiger/Verfahrenseinstellung*

Prüfungstermin oder im schriftlichen Verfahren (§ 177) geprüft worden sind und gegen die weder der Insolvenzverwalter noch ein Insolvenzgläubiger Widerspruch erhoben hat, werden im Insolvenzverfahren durch Zahlung der Quote befriedigt.

2 Bestrittene Forderungen, bei denen der Widerspruch nicht beseitigt worden ist, nehmen an der Schlußverteilung nicht teil. Bei einer Abschlagsverteilung (§ 187 Abs. 2) können bestrittene Forderungen nur in der Weise berücksichtigt werden, daß die auf sie entfallenden Anteile zurückbehalten werden (§ 189 Abs. 2).

3 Eine Forderung gilt dann als festgestellt, wenn gegen sie weder der Insolvenzverwalter noch ein Insolvenzgläubiger Widerspruch erhoben hat. Ein Widerspruch verhindert, wenn er nicht im Feststellungsverfahren beseitigt wird, daß Zahlungen auf die nicht festgestellten Forderungen geleistet werden können.

B. Widerspruch eines Beteiligten

4 Zum Widerspruch berechtigt ist neben dem Insolvenzverwalter und jedem Insolvenzgläubiger auch der Schuldner (§ 176 Satz 2). Ein Widerspruch des Schuldners verhindert jedoch nicht, daß die Forderung festgestellt wird und damit am Verteilungsverfahren teilnimmt.

5 Der Widerspruch des Schuldners verhindert nur, daß der Gläubiger nach der Verfahrensaufhebung aus der Eintragung in die Tabelle die Zwangsvollstreckung betreiben kann (§ 201 Abs. 2). Will der Gläubiger wegen einer vom Schuldner bestrittenen Forderung die Zwangsvollstreckung aus dem Tabelleneintrag betreiben, muß er vorher im ordentlichen Verfahren die Feststellung betreiben (§ 184).

6 Der Widerspruch kann sich gegen die gesamte Forderung, gegen einen Teil der Forderung oder (bei nachrangigen Insolvenzgläubigern) gegen den Rang der Forderung richten.

C. Eintragungen in die Tabelle

7 Das Ergebnis des Prüfungstermins oder des schriftlichen Verfahrens sind vom Insolvenzgericht in die Tabelle einzutragen. Dabei ist bei jeder angemeldeten Forderung entweder einzutragen, daß die Forderung festgestellt ist (daß also niemand Widerspruch gegen sie erhoben hat) oder wer gegen welche Forderung Widerspruch erhoben hat (a. A. *Haarmeyer/Wutzke/Förster* Hdb. zur InsO, Rz. 7/56, die es für ausreichend halten, wenn die Feststellung der Prüfungsergebnisse nur im Terminprotokoll enthalten sind; der Ansicht kann wegen des klaren Gesetzeswortlautes »... trägt für jede angemeldete Forderung...« nicht gefolgt werden).

8 Aus der Eintragung des Prüfungsvermerkes muß außerdem zu entnehmen sein, ob die Forderung insgesamt oder nur zu einem Teil bestritten worden ist und – bei Forderungen nachrangiger Insolvenzgläubiger – ob auch der Rang bestritten worden ist.

9 Für die Prüfung der Forderungen absonderungsberechtigter Gläubiger (s. §§ 49–52, 190) hat das Gesetz keine besonderen Vorschriften vorgesehen. Derartige Forderungen sind daher wie die übrigen Forderungen zu behandeln. Die Tatsache, daß es sich um Forderungen absonderungsberechtigter Gläubiger handelt, wird erst bei der Verteilung relevant und dort berücksichtigt (s. §§ 190, 192).

10 Gleichwohl ist in der Tabelle zu vermerken, wenn es sich um die Forderung eines absonderungsberechtigten Gläubigers handelt. Dieser Vermerk gehört zwar nicht zum

Inhalt des eigentlichen Prüfungsvermerkes, ist aber erforderlich, damit die Tatsache, daß es sich um einen absonderungsberechtigten Gläubiger handelt, bei der Verteilung nicht übersehen wird.

Entsprechendes gilt bei der Prüfung aufschiebend bedingter Forderungen (§ 191). **11**

Die Eintragungen der Prüfungsergebnisse in die Tabelle sind vom Richter/Rechtspfleger **12** zu unterschreiben (s. auch hier die a. A. von *Haarmeyer/Wutzke/Förster* oben Rz. 7).

Ein fehlerhafter Tabelleneintrag, der das Ergebnis der Prüfung nicht richtig wiedergibt, **13** ist durch das Insolvenzgericht zu berichtigen. Die Wirkungen der insolvenzrechtlichen Forderungsfeststellung kommen nur den tatsächlich festgestellten Forderungen zu, nicht aber den Forderungen, bei den irrtümlich ihre Feststellung eingetragen ist. Wird der Nachweis, daß der Tabelleneintrag das Ergebnis der Prüfung nicht richtigt wiedergibt, geführt, ist daher durch Beschluß die Tabelle zu berichtigen (*LG Aachen* Rpfleger 1965, 79). Im Interesse der Rechtssicherheit sind jedoch an den Nachweis der Unrichtigkeit strenge Maßstäbe anzulegen (*OLG Schleswig* KTS 1976, 304).

Der Beschluß, der die Berichtigung anordnet oder ablehnt, ist formlos mitzuteilen; er ist **14** nicht anfechtbar, auch dann nicht, wenn die Berichtigung angeordnet wird. § 319 Abs. 3 ZPO gilt hier wegen § 6 nicht.

D. Vermerke auf Wechseln und Schuldurkunden

Der Urkundsbeamte hat auf den von Gläubigern eingereichten Schuldurkunden und **15** Wechseln zu vermerken, wenn die Forderung festgestellt worden ist. Zur Vorlage dieser Urkunden ist der Gläubiger jedoch nicht verpflichtet.

Schuldurkunden im Sinne von § 178 Abs. 2 Satz 3 sind sowohl bloße Beweisurkunden **16** (z. B. Schuldscheine) als auch Wertpapiere, die selbst Forderungsträger sind (z. B. Schecks).

Der Vermerk hat lediglich den Zweck, den Tabelleninhalt zu verlautbaren, eine rechts- **17** begründende Wirkung kommt ihm nicht zu. Er stellt jedoch einen Schutz dar, wenn z. B. der Gläubiger die Forderung abtritt, da der Zessionar dann erkennen kann, daß es sich um eine Insolvenzforderung handelt, für die nur eine Quote bezahlt wird.

E. Wirkungen der Eintragungen

Die Eintragung in die Tabelle ist für den Insolvenzverwalter und alle Insolvenzgläubiger **18** bindend. Wie ein rechtskräftiges Urteil stellt sie für und gegen Verwalter und Gläubiger den Betrag und den Rang (für nachrangige Insolvenzgläubiger) fest.

Dadurch, daß das Gesetz dem Tabelleneintrag die Qualität eines rechtskräftigen Urteils **19** beilegt, wird für das Verteilungsverfahren (§§ 187 ff.) ein Streit zwischen den Insolvenzgläubigern untereinander und zwischen Insolvenzgläubigern und Insolvenzverwalter verhindert. Für Verwalter und Gläubiger steht mit dem Tabelleneintrag fest, mit welchem Betrag und mit welchem Rang die Forderung bei einer Verteilung zu berücksichtigen ist.

Eine Rücknahme der Anmeldung (z. B. die Rücknahme durch einen absonderungsbe- **20** rechtigten Gläubiger nach dessen Befriedigung aus einem der Absonderung unterliegenden Gegenstand) ist möglich. Die Rücknahme ist durch das Insolvenzgericht in der Tabelle zu vermerken. Er hat die Wirkungen eines Verzicht auf die Teilnahme an der Verteilung und – falls auf die gesamte Forderung verzichtet worden ist – auf die Teilnahme am weiteren Insolvenzverfahren.

21 Wegen der Wirkungen des feststellenden Tabelleneintrages für den Schuldner siehe § 201.

F. Verbleib der Tabelle nach Prüfung

22 Die Tabelle, die mit ihr eingereichten Anmeldungen und die den Anmeldungen von den Gläubigern beigefügten Dokumente verbleiben nach der Prüfung beim Insolvenzgericht und werden Bestandteil der Gerichtsakte.

G. Nachträgliche Änderungen

23 Änderungen der Tabelle werden dann erforderlich, wenn z. B. der Gläubiger seine Forderung ermäßigt oder der Insolvenzverwalter sein Bestreiten zurücknimmt.
24 Derartige Änderungen, die nicht mit der Berichtigung gem. § 183 zu verwechseln sind, hat das Inolvenzgericht in die Tabelle einzutragen und zu unterschreiben. Dem beteiligten Insolvenzgläubiger, dem Insolvenzverwalter und – falls erforderlich – auch dem Schuldner sind die Änderungen mitzuteilen.

§ 179
Streitige Forderungen → § 146 KO

(1) Ist eine Forderung vom Insolvenzverwalter oder von einem Insolvenzgläubiger bestritten worden, so bleibt es dem Gläubiger überlassen, die Feststellung gegen den Bestreitenden zu betreiben.
(2) Liegt für eine solche Forderung ein vollstreckbarer Schuldtitel oder ein Endurteil vor, so obliegt es dem Bestreitenden, den Widerspruch zu verfolgen.
(3) [1]Das Insolvenzgericht erteilt dem Gläubiger, dessen Forderung bestritten worden ist, einen beglaubigten Auszug aus der Tabelle. [2]Im Falle des Absatzes 2 erhält auch der Bestreitende einen solchen Auszug. [3]Die Gläubiger, deren Forderungen festgestellt worden sind, werden nicht benachrichtigt; hierauf sollen die Gläubiger vor dem Prüfungstermin hingewiesen werden.

Inhaltsübersicht: Rz.

A. Allgemeines	1– 4
B. Voraussetzungen für das Feststellungsverfahrens	5– 8
C. Parteien des Feststellungsverfahrens	9–11
D. Titulierte Forderungen (Absatz 2)	12–14
E. Tabellenauszug und Benachrichtigungen	15–16

A. Allgemeines

1 Im Insolvenzverfahren kann nicht entschieden werden, ob angemeldete und bestrittene Insolvenzforderungen berechtigt sind oder nicht. Bestrittene Forderungen sind daher **außerhalb** des Insolvenzverfahrens weiter zu verfolgen.

Streitige Forderungen § 179

Das in den §§ 179 bis 186 beschriebene Verfahren gilt für alle Insolvenzgläubiger im 2
Sinne der §§ 38 und 39, deren Forderungen entweder im Prüfungstermin oder im schriftlichen Verfahren vom Insolvenzverwalter, einem Insolvenzgläubiger oder dem Schuldner (§ 184) bestritten worden sind.

Auf aus- und absonderungsberechtigte Gläubiger und Massegläubiger finden die Vor- 3
schriften keine Anwendung. Aussonderungsberechtigte Gläubiger werden außerhalb des Insolvenzverfahrens befriedigt (§ 47 Satz 2); absonderungsberechtigte Gläubiger, denen ein Recht auf Befriedigung an unbeweglichem Vermögen zusteht, haben ihre Rechte nach den Vorschriften des Gesetzes über die Zwangsversteigerung und Zwangsverwaltung geltend zu machen; die übrigen absonderungsberechtigten Gläubiger können – falls nicht dem Insolvenzverwalter gemäß § 166 das Recht zur Verwertung zusteht – ihre Verwertungsrechte an den beweglichen Sachen und Forderungen unabhängig vom Insolvenzverfahren geltend machen, § 173.

Das Feststellungsverfahren dient dazu, das Rechtsverhältnis zwischem dem Gläubiger 4
und dem bestreitenden Gläubiger oder zwischen dem Gläubiger und dem bestreitenden Insolvenzverwalter hinsichtlich der streitigen Forderung zu klären. Das Verfahren ist ein Feststellungsverfahren gemäß § 256 ZPO.

B. Voraussetzungen für das Feststellungsverfahren

Nur für die Forderungen, die angemeldet, geprüft und vom Insolvenzverwalter oder von 5
einem Insolvenzgläubiger bestritten worden sind, findet das **Feststellungsverfahren** der §§ 179 bis 183 statt (für Forderungen, die vom Schuldner bestritten worden sind, s. § 184).

Forderungen, die nicht zuvor angemeldet und geprüft worden sind, können nicht 6
Gegenstand eines Feststellungsverfahrens sein. Wenn es sich bei der streitigen Forderung um eine Insolvenzforderung handelt, muß der Gläubiger seine Forderung zur Prüfung anmelden, auch wenn ein Rechtsstreit darüber bereits anhängig ist.

Während des Insolvenzverfahrens können Insolvenzgläubiger ihre Forderungen aus- 7
schließlich nach den Vorschriften über das Insolvenzverfahren geltend machen (§ 87). Nur wenn eine Forderung im Prüfungsverfahren streitig bleibt, kann ihre Feststellung durch Klage oder Aufnahme des Rechtsstreites betrieben werden (BT-Drucks. 12/2443, S. 136; *OLG Nürnberg* ZIP 1982, 476).

Auch Forderungen, die vom Konkursverwalter »vorläufig« bestritten worden sind, sind 8
bestritten im Sinne dieser Vorschrift. Ob ein vorläufiges Bestreiten dem Gläubiger jedoch Anlaß zur Klageerhebung gibt, muß von Fall zu Fall entschieden werden (*OLG München* KTS 1987, 327, zum »vorläufigen« Bestreiten s. § 176 Rz. 21–30).

C. Parteien des Feststellungsverfahrens

Beklagter des Feststellungsverfahrens ist jeder, der die Forderung bestritten hat. Dies 9
können nur der Insolvenzverwalter oder ein (oder mehrere) Insolvenzgläubiger sein, da nur ihr Bestreiten die Feststellung der Forderung hindert (§ 178 Abs. 1 Satz 1). Zur Klage gegen einen Widerspruch des Schuldners siehe § 184.

Haben mehrere Beteiligte (Verwalter und Gläubiger oder mehrere Gläubiger) eine 10
Forderung bestritten, muß der Gläubiger zur Beseitigung der Widersprüche alle Bestreitenden verklagen.

Schulz

§ 180   *Befriedigung der Gläubiger/Verfahrenseinstellung*

11 Kläger ist der Gläubiger, der seine Forderung als Insolvenzforderung festgestellt haben will.

D. Titulierte Forderungen (Absatz 2)

12 Anders ist es, wenn für die bestrittene Forderung bereits ein vollstreckbarer Schuldtitel oder ein Endurteil vorliegt (Absatz 2).
13 In diesem Fall liegt die Initiative zur Feststellung nicht beim Gläubiger sondern beim Bestreitenden; er hat seinen Widerspruch zu verfolgen.
14 Da die streitige Forderung bereits tituliert ist, wird der Bestreitende seinen Widerspruch nur dann mit Erfolg verfolgen können, wenn es ihm gelingt, den Titel zu beseitigen. Dabei stehen ihm alle die Möglichkeiten zur Verfügung, die auch der Schuldner hätte (Berufung, Revision, Restitutions- und Nichtigkeitsklage). Für den Insolvenzverwalter oder einen Insolvenzgläubiger hat ein Widerspruch gegen eine titulierte Forderung nur dann einen Sinn, wenn der Titel mit einem Rechtsmittel oder durch Wiederaufnahme des Verfahrens (durch Nichtigkeits- oder Restitutionsklage) beseitigt werden kann.

E. Tabellenauszug und Benachrichtigungen

15 Dem Gläubiger, dessen nicht titulierte Forderung bestritten ist, erteilt das Insolvenzgericht von Amts wegen einen beglaubigten Auszug aus der Tabelle. Die Gläubiger festgestellter Forderungen werden nicht benachrichtigt (Absatz 3 Satz 3); sie sind vor dem Prüfungstermin (zweckmäßigerweise bereits im Eröffnungsbeschluß) darauf hinzuweisen, daß sie keine Benachrichtigung erhalten, wenn ihre Forderungen festgestellt werden.
16 Wird eine bereits titulierte Forderung bestritten, erhält der Bestreitende den Tabellenauszug, da nur er (und nicht der Gläubiger) Feststellungsklage erheben kann.

§ 180
Zuständigkeit für die Feststellung → § 146 KO

(1) ¹Auf die Feststellung ist im ordentlichen Verfahren Klage zu erheben. ²Für die Klage ist das Amtsgericht ausschließlich zuständig, bei dem das Insolvenzverfahren anhängig ist oder anhängig war. ³Gehört der Streitgegenstand nicht zur Zuständigkeit der Amtsgerichte, so ist das Landgericht ausschließlich zuständig, zu dessen Bezirk das Insolvenzgericht gehört.
(2) War zur Zeit der Eröffnung des Insolvenzverfahrens ein Rechtsstreit über die Forderung anhängig, so ist die Feststellung durch Aufnahme des Rechtsstreits zu betreiben.

1 Das Prüfungsverfahren der Insolvenzordnung dient nur dazu festzustellen, ob und wer angemeldete Forderungen bestreitet. Die Eintragungen der Prüfungsergebnisse haben lediglich beurkundende Funktion. Eine darüber hinausgehende Prüfung, ob die angemeldet Forderung (oder ihr Rang) berechtigt sind, findet im Insolvenzverfahren nicht statt.

Umfang der Feststellung § 181

Diese Prüfung erfolgt im ordentlichen Verfahren auf die vom Gläubiger der bestrittenen 2
Forderung zu erhebende Klage. Die Klage ist eine Feststellungsklage, die Feststellung
im Urkundenprozeß (Wechselprozeß) ist nicht zulässig (*OLG München* KTS 1985,
348).
Ausschließlich zuständig für die Klage ist das Amtsgericht, bei dem das Insolvenzver- 3
fahren anhängig ist oder war.
Gehört die Klage wegen der Höhe des Streitgegenstandes (s. § 182) nicht zur sachlichen 4
Zuständigkeit des Amtsgerichts, ist das Landgericht zuständig, zu dessen Bezirk das
Insolvenzgericht gehört (Absatz 1 Satz 3).
Die Zuständigkeiten sind ausschließliche, eine Parteivereinbarung darüber ist daher 5
nicht zulässig.
Zum Nachweis seiner Klageberechtigung hat der Gläubiger den beglaubigten Auszug 6
aus der Tabelle einzureichen, siehe § 179 Abs. 3. Er weist damit auch nach, daß sein
Klageantrag mit der von ihm angemeldeten Forderung, der Prüfung und dem Prüfungsergebnis übereinstimmt.
War zur Zeit der Eröffnung des Insolvenzverfahrens die Klage über die bestrittene 7
Forderung bereits anhängig, ist der Rechtsstreit aufzunehmen (Absatz 2). Die Aufnahme
des Rechtsstreites kann nur durch den Insolvenzgläubiger erfolgen. Die Aufnahme eines
Passivprozesses durch den Insolvenzverwalter ist nur zulässig, wenn es sich um die
Aussonderung eines Gegenstandes aus der Insolvenzmasse, die abgesonderte Befriedigung oder um eine Masseverbindlichkeit handelt (§ 86).
Das bereits anhängige Verfahren wird fortgesetzt, jedoch wird aus der Zahlungs- eine 8
Feststellungsklage. Es handelt sich um einen Fall der notwendigen Änderung des
Klageantrages, die auch noch in der Rechtsmittelinstanz möglich ist. Statt Zahlung ist
nun auf Feststellung der Forderungen zur Tabelle zu klagen.
Die Zuständigkeitbestimmungen des Absatzes 1 gelten nicht für die Aufnahme eines bei 9
Eröffnung des Insolvenzverfahrens anhängigen Rechtsstreites. Hier wird das Verfahren
vor dem Gericht fortgeführt, bei dem es anhängig ist.

§ 181
Umfang der Feststellung → § 146 KO

Die Feststellung kann nach Grund, Betrag und Rang der Forderung nur in der Weise begehrt werden, wie die Forderung in der Anmeldung oder im Prüfungstermin bezeichnet worden ist.

Die Vorschrift schließt aus, daß Forderungen zum Gegenstand eines Feststellungsver- 1
fahrens werden, die mit einem anderen Grund, in anderer Höhe oder mit einem anderen
Rang (bei den nachrangigen Insolvenzgläubigern) angemeldet worden sind.
Ein Gläubiger, der in seiner Anmeldung angibt, eine Forderung aus Lieferung und 2
Leistung zu haben, kann im Feststellungsverfahren nicht erfolgreich vortragen, die
Forderung stamme aus einem dem Schuldner gewährten Darlehen. Das **Auswechseln**
des Forderungsgrundes ist – auch wenn die Höhe der Forderung gleich bleibt – **unzulässig**. Will der Gläubiger seinen Irrtum korrigieren, muß er die ursprünglich angemeldete
Forderung zurücknehmen und die neue Forderung mit dem richtigen Forderungsgrund
anmelden und dem Prüfungsverfahren unterwerfen.

3 Entsprechendes gilt für den Betrag der Forderung. Ein höherer Betrag als in der Anmeldung angegeben und als im Prüfungsverfahren geprüft, kann im Feststellungsverfahren nicht begehrt werden. Zulässig ist es dagegen, wenn der Gläubiger nur einen Teil seiner Forderung festgestellt haben will. Eine Beschränkung der Feststellungsklage auf einen Teil der Forderung ist zulässig; der Gläubiger ist nicht verpflichtet, für die gesamte Forderung das Feststellungsverfahren zu betreiben.

4 Der **Rang einer Forderung** hat nur Bedeutung für die nachrangigen Insolvenzgläubiger (§ 39), da sämtliche nicht nachrangigen Insolvenzgläubiger den gleichen Rang haben. Bei der Anmeldung einer nachrangigen Insolvenzforderung hat der Gläubiger die Rangstelle des § 39 zu bezeichnen, § 174 Abs. 3 Satz 2. Im Feststellungsverfahren über den Rang einer nachrangigen Forderung kann vom Gläubiger nur die Feststellung des Ranges begehrt werden, den er in seiner Anmeldung angegeben hat.

§ 182
Streitwert → § 148 KO

Der Wert des Streitgegenstands einer Klage auf Feststellung einer Forderung, deren Bestand vom Insolvenzverwalter oder von einem Insolvenzgläubiger bestritten worden ist, bestimmt sich nach dem Betrag, der bei der Verteilung der Insolvenzmasse für die Forderung zu erwarten ist.

1 Streitwert der Feststellungsklage ist der Betrag, den der Gläubiger am Schluß des Insolvenzverfahrens aus der Masse zu erwarten hat. Die Höhe der angemeldeten Forderung ist ohne Bedeutung. Wenn nur wenig Masse realisiert wird, ist auch der Streitgegenstand im Feststellungsverfahren über eine hohe angemeldete Forderung niedrig oder sogar – bei der Einstellung des Verfahrens mangels Masse (§ 207) oder wegen Massunzulänglichkeit (§ 211) – mit 0 DM anzunehmen. Ist mit einer Quote nicht zu rechnen, entstehen sowohl bei den Gerichts- als auch bei den Rechtsanwaltskosten die Mindestgebühren (*OLG Köln* KTS 1974, 48; *OLG Hamm* ZIP 1984, 1258).

2 Das Gesetz berücksichtigt mit der Streitwertbestimmung, daß das Interesse des Gläubigers auf Feststellung seiner bestrittenen Forderung nicht höher ist als der Betrag, den er im günstigsten Fall aus der Insolvenzmasse erhalten kann. Die Vorschrift dient daher auch dazu, die Kosten des Feststellungsverfahrens so niedrig wie möglich zu halten und damit das Kostenrisiko für beide Parteien zu beschränken.

3 Die Vorschrift gilt auch in den Fällen, in denen ein unterbrochener Rechtsstreit aufgenommen wird. Die Gerichts- und Rechtsanwaltskosten, die ab Aufnahme des Rechtsstreites entstehen, sind nach der Höhe der zu erwartenden Quote zu berechnen. Die Kosten, die vor Aufnahme des Rechtsstreites entstanden sind, bleiben jedoch in voller Höhe bestehen. Mit Aufnahme des Rechtsstreites tritt somit nicht nur eine Änderung des Streitgegenstandes (aus einer Zahlungsklage wird eine Feststellungsklage) ein, es ändert sich ab Aufnahme des Rechtsstreites regelmäßig auch der Streitwert (*OLG Frankfurt* NJW 1967, 210).

4 Der Wert des Streitgegenstandes ist der Betrag, mit dem der Gläubiger bei der Verteilung der Insolvenzmasse rechnen kann. Die Höhe dieses Betrages ist bei Durchführung des Feststellungsverfahrens häufig noch nicht bekannt; sie steht erst am Ende des Insolvenzverfahrens fest, wenn die Insolvenzmasse verwertet, die Höhe aller Insolvenzforderungen und die Insolvenzquote bekannt ist. Im Feststellungsverfahren sind daher das

(Zivil-)Gericht und die Parteien auf eine Schätzung durch den Insolvenzverwalter angewiesen. Der Verwalter hat daher – soweit möglich – die Höhe der voraussichtlichen Quote zu schätzen und dem Gericht und den Parteien mitzuteilen.

Soweit die Höhe der zu erwartenden Quote Einfluß auf die sachliche Zuständigkeit hat (Amts- oder Landgericht), kommt es darauf an, wie hoch der Insolvenzverwalter die Quote bei Klageerhebung veranschlagt. Aus Gründen der Prozeßökonomie dürfte eine spätere Änderung der Quote (z. B. Minderung der Quote aufgrund neu hinzukommender Gläubiger oder Erhöhung wegen Mehrung der Insolvenzmasse) keinen Einfluß auf die einmal begründete sachliche Zuständigkeit haben. 5

Die Vorschrift ist entsprechend anzuwenden, wenn nicht der Bestand der (gesamten) Forderung, sondern nur ein Teil oder nur der Rang bestritten wird. In einem solchen Fall ist der Unterschied zwischen den Beträgen maßgeblich, die der Gläubiger bei einem Obsiegen oder bei einem Unterliegen gegenüber dem Bestreitenden erhalten würde (BT-Drucks. 12/2443, S. 185). 6

Die Vorschrift gilt unmittelbar nur für Feststellungsklagen, die von den ordentlichen Gerichten zu entscheiden sind. Für die Feststellungsklagen und -verfahren, die vor anderen Gerichten zu betreiben oder von der zuständigen Verwaltungsbehörde (z. B. von den Finanzämtern) vorzunehmen sind, siehe § 185. 7

§ 183
Wirkung der Entscheidung → §§ 146, 147 KO

(1) Eine rechtskräftige Enscheidung, durch die eine Forderung festgestellt oder ein Widerspruch für begründet erklärt wird, wirkt gegenüber dem Insolvenzverwalter und allen Insolvenzgläubigern.

(2) Der obsiegenden Partei obliegt es, beim Insolvenzgericht die Berichtigung der Tabelle zu beantragen.

(3) Haben nur einzelne Gläubiger, nicht der Verwalter, den Rechtsstreit geführt, so können diese Gläubiger die Erstattung ihrer Kosten aus der Insolvenzmasse insoweit verlangen, als der Masse durch die Entscheidung ein Vorteil erwachsen ist.

Inhaltsübersicht: Rz.

A. Wirkungen des Feststellungsurteils	1–3
B. Berichtigung der Tabelle	4–5
C. Kostenerstattung	6–8

A. Wirkungen des Feststellungsurteils

Das rechtskräftige Urteil, durch das eine Forderung, die vom Insolvenzverwalter oder von einem Insolvenzgläubiger im Prüfungstermin oder im schriftlichen Verfahren bestritten worden ist (§§ 178, 179), beseitigt den Widerspruch des oder der Bestreitenden, wenn es die Forderung feststellt. Die Forderung gilt als anerkannt und wird bei Verteilungen berücksichtigt (zur Berücksichtigung von bestrittenen Forderungen, über die noch nicht im Feststellungsverfahren entschieden ist, s. § 189). Für den Schuldner, 1 der die Forderung nicht auch selbst bestritten hat, hat die Feststellung der Forderung zur Folge, daß aus der Eintragung in die Tabelle (nach deren Berichtigung, s. Abs. 3) die Zwangsvollstreckung gegen ihn betrieben werden kann.

2 Wird der Widerspruch des Insolvenzverwalters oder eines Insolvenzgläubigers rechtskräftig für begründet erklärt, scheidet der unterlegene Gläubiger mit dieser Forderung aus dem Insolvenzverfahren aus. Seine Forderung wird bei Verteilungen nicht berücksichtigt, er ist – mit dieser Forderung – von dem weiteren Verfahren ausgeschlossen, insbesondere kann er an den Gläubigerversammlungen nicht mehr teilnehmen und keine Vollstreckung gegen den Schuldner aus dem Tabelleneintrag betreiben (s. § 201 Abs. 2).

3 Die Entscheidung des Prozeßgerichts im Widerspruchsverfahren wirkt gegenüber dem Insolvenzverwalter und allen anderen Insolvenzgläubigern, auch wenn weder der Verwalter noch der Insolvenzgläubiger am Feststellungsverfahren beteiligt waren.

B. Berichtigung der Tabelle

4 Die obsiegende Partei hat beim Insolvenzgericht die Berichtigung der Tabelle zu bewirken. Eine Berichtigung ist erforderlich, da die Tabelleneintragung Grundlage des Verteilungsverzeichnisses und damit der Zahlungen des Verwalters an die Insolvenzgläubiger sind.

5 Wird der Widerspruch für begründet erklärt, erübrigt sich eine Tabellenberichtigung. Sie ist nur dann angezeigt, wenn die Forderung entgegen des erhobenen Widerspruches festgestellt wird. Die Feststellung kann die gesamte Forderung oder einen Teil davon betreffen. Im **Berichtigungsvermerk** ist deshalb genau anzugeben, ob die gesamte Forderung oder nur ein Teil festgestellt worden ist. Außerdem ist das Feststellungsurteil nach Gericht, Datum der Entscheidung und Aktenzeichen zu vermerken.

C. Kostenerstattung

6 Durch den begründeten Widerspruch eines Insolvenzgläubigers scheidet ein anderer Insolvenzgläubiger aus dem Verfahren aus, seine Forderung wird bei der Verteilung nicht oder nicht in voller Höhe berücksichtigt. Die Masse hat dadurch einen Vorteil, denn für die Verteilung stehen nach dem Ausscheiden eines Insolvenzgläubigers mehr Barmittel für die Verteilung zur Verfügung. Der widersprechende Gläubiger hat nicht nur für sich einen Vorteil erwirkt (seine Quote erhöht sich), sondern sein Widerspruch hat dazu geführt, daß sich auch die Quoten der anderen Insolvenzgläubiger erhöhen. Absatz 3 gibt ihm deshalb das Recht, von der Masse die Erstattung seiner Kosten zu verlangen.

7 Hat der widersprechende Insolvenzgläubiger nur teilweise obsiegt, beschränkt sich sein Erstattungsanspruch auf die Kosten, die entstanden wären, wenn er den Widerspruch nur für den Teil der Forderung erhoben hätte, der im Feststellungsverfahren für unbegründet erklärt worden ist.

8 Keine Kostenerstattung erhält der Gläubiger, der neben dem Insolvenzverwalter gegen die Forderung eines anderen Insolvenzgläubigers den Rechtsstreit (auf Beklagtenseite) geführt hat. Die Masse hat in einem solchen Fall durch den Widerspruch des Gläubigers keinen zusätzlichen Vorteil.

§ 184
Klage gegen einen Widerspruch des Schuldners → § 144 KO

¹Hat der Schuldner im Prüfungstermin oder im schriftlichen Verfahren (§ 177) eine Forderung bestritten, so kann der Gläubiger Klage auf Feststellung der Forderung gegen den Schuldner erheben. ²War zur Zeit der Eröffnung des Insolvenzverfahrens ein Rechtsstreit über die Forderung anhängig, so kann der Gläubiger diesen Rechtsstreit gegen den Schuldner aufnehmen.

Inhaltsübersicht: Rz.
A. Widerspruch des Schuldners 1–3
B. Klage gegen den Schuldner 4–6
C. Berichtigung der Tabelle 7–8

A. Widerspruch des Schuldners

Der Schuldner kann gegen die zur Tabelle angemeldete Forderung Widerspruch erheben, jedoch verhindert sein Widerspruch nicht, daß die Forderung festgestellt wird, wenn weder der Insolvenzverwalter noch ein Insolvenzgläubiger der Feststellung widerspricht (§ 178 Abs. 1 Satz 2). **1**

Mit seinem Widerspruch kann der Schulnder daher nicht verhindern, daß die Forderung des Gläubigers bei den Verteilungen berücksichtigt wird. **2**

Erhebt nur der Schuldner Widerspruch, verhindert er damit nur, daß der Gläubiger nach Aufhebung oder Einstellung des Verfahrens aus dem Tabelleneintrag die Zwangsvollstreckung gegen ihn betreiben kann (§§ 201, 215 Abs. 2 Satz 2). **3**

B. Klage gegen den Schuldner

Der Gläubiger, gegen dessen Forderung (nur) der Schuldner Widerspruch erhoben hat und der beabsichtigt, nach Abschluß des Verfahrens im Wege der Einzelzwangsvollstreckung in das Vermögen des Schuldners zu vollstrecken, muß den Widerspruch durch Feststellungsklage gegen den Schuldner beseitigen. **4**

War zur Zeit der Eröffnung des Insolvenzverfahrens bereits ein Rechtsstreit (Zahlungsklage) gegen den Schuldner anhängig (der Rechtsstreit wird mit Eröffnung des Insolvenzverfahrens gemäß § 240 ZPO unterbrochen), so kann ihn der Gläubiger aufnehmen und unter **Änderung des Klageantrages** (aus einer Zahlungsklage wird eine Feststellungsklage) bereits während des Insolvenzverfahrens den Prozeß gegen den Schuldner fortführen. **5**

Die Klage ist gegen den Schuldner persönlich zu richten; ein durch die Eröffnung des Insolvenzverfahrens unterbrochener Rechtsstreit (§ 240 ZPO) ist durch die Aufnahme des Rechtsstreites mit dem Schuldner auf der Beklagtenseite aufzunehmen. Die Aufnahme eines durch die Eröffnung des Insolvenzverfahrens unterbrochenen Passivprozesses durch den Insolvenzverwalter oder durch den Gläubiger mit dem Insolvenzverwalter auf Beklagtenseite ist nur zulässig, wenn die Aussonderung eines Gegenstandes aus der Insolvenzmasse (§§ 47, 48), die abgesonderte Befriedigung (§§ 49–50) oder Massever- **6**

§ 185 *Befriedigung der Gläubiger/Verfahrenseinstellung*

bindlichkeiten (§ 55) betroffen sind (§ 86) oder wenn es sich um die Beseitigung eines vom Insolvenzverwalter erhobenen Widerspruches handelt, § 179 Abs. 1.

C. Berichtigung der Tabelle

7 In entsprechender Anwendung von § 183 Abs. 2 ist die Tabelle – soweit dies erforderlich ist – auf Antrag der obsiegenden Partei zu berichtigen.

8 Gewinnt der Schuldner den Prozeß, erübrigt sich die Berichtigung. Die Forderung bleibt im Verhältnis zwischen Schuldner und Gläubiger bestritten mit der Folge, daß nach Aufhebung des Verfahrens der Gläubiger die Zwangsvollstreckung gegen den Schuldner nicht betreiben kann (§ 201 Abs. 2). Verliert der Schuldner, ist in der Tabelle zu vermerken, daß sein Widerspruch beseitigt worden ist. Dabei sind das erkennende Gericht mit Datum und Aktenzeichen der Entscheidung anzugeben. Aus der Tabelle ist damit ersichtlich, daß dem Gläubiger nach Abschluß des Verfahrens eine Ausfertigung des Tabelleneintrages zum Zwecke der Zwangsvollstreckung erteilt werden kann (§ 201 Abs. 2).

**§ 185
Besondere Zuständigkeiten** → § 146 KO

[1] **Ist für die Feststellung einer Forderung der Rechtsweg zum ordentlichen Gericht nicht gegeben, so ist die Feststellung bei dem zuständigen anderen Gericht zu betreiben oder von der zuständigen Verwaltungsbehörde vorzunehmen.** [2] **§ 180 Abs. 2 und die §§ 181, 183 und 184 gelten entsprechend.** [3] **Ist die Feststellung bei einem anderen Gericht zu betreiben, so gilt auch § 182 entsprechend.**

1 Für Feststellungsklagen über zivilrechtliche Ansprüche sind die ordentlichen Gerichte sachlich zuständig. Für Forderungen anderer Art (Steuerforderungen, Ansprüche aus einem Dienst- oder Arbeitsverhältnis, Ansprüche auf Zahlung von Sozialabgaben, usw.), sind die Finanz-, Arbeits- Sozial- und Verwaltungsgerichte sachlich zuständig.

2 Je nach Einordnung der bestrittenen Forderungen sind daher die Feststellungsverfahren vor diesen Gerichten zu führen. Sehen die Verfahrensvorschriften ein **Vorverfahren** vor, bevor die Gerichte angerufen werden (so z. B. für Steuerforderungen das Einspruchsverfahren nach §§ 347 ff. AO), muß der Widersprechende auch im Feststellungsverfahren nach der InsO zunächst gegen den Verwaltungsakt (z. B. den Steuerbescheid) die Entscheidung der Verwaltungsbehörde erwirken.

3 Für die Aufnahme eines bereits bei Verfahrenseröffnung anhängigen Rechtsstreites (Verwaltungsverfahrens) gilt § 180 Abs. 2 entsprechend. Er kann vom Widersprechenden aufgenommen werden.

4 Die Vorschriften über den Umfang der Feststellung (§ 181), die Wirkung der Entscheidung einschließlich der Tabellenberichtigung (§ 183) und das Verfahren für den Fall, daß der Schuldner selbst Widerspruch eingelegt hat (§ 184), gelten ebenfalls entsprechend.

5 Die Vorschriften über die Bestimmung des **Streitwertes** (§ 182) sind nur dann entsprechend anzuwenden, wenn es sich um ein gerichtliches Verfahren handelt. Für ein Verfahren vor einer Verwaltungsbehörde gelten die in den besonderen Verfahrensvorschriften getroffenen Bestimmungen über die Verfahrenskosten und insbesondere auch

Wiedereinsetzung in den vorigen Stand § 186

über den zugrunde zu legenden Streitwert. Die InsO greift in das Verfahren vor den Verwaltungsbehörden hinsichtlich des Streitwertes nicht ein (BT-Drucks. 12/2443, S. 185).

§ 186
Wiedereinsetzung in den vorigen Stand → § 165 KO

(1) ¹Hat der Schuldner den Prüfungstermin versäumt, so hat ihm das Insolvenzgericht auf Antrag die Wiedereinsetzung in den vorigen Stand zu gewähren. ²§ 51 Abs. 2, § 85 Abs. 2, §§ 233 bis 236 der Zivilprozeßordnung gelten entsprechend.
(2) ¹Die den Antrag auf Wiedereinsetzung betreffenden Schriftsätze sind dem Gläubiger zuzustellen, dessen Forderung nachträglich bestritten werden soll. ²Das Bestreiten in diesen Schriftsätzen steht, wenn die Wiedereinsetzung erteilt wird, dem Bestreiten im Prüfungstermin gleich.

Inhaltsübersicht: Rz.

A. Prüfungstermin ohne den Schuldner	1– 3
B. Wiedereinsetzung	4– 7
C. Verfahren	8–13

A. Prüfungstermin ohne den Schuldner

Der Schuldner ist nicht verpflichtet, am Prüfungstermin teilzunehmen. Etwas anderes gilt, wenn der Schuldner dem Insolvenzgericht oder einer Gläubigerversammlung Auskunft geben muß. Hier kann der Schuldner zur Auskunftserteilung oder zum Erscheinen in der Gläubigerversammlung durch zwangsweise Vorführung oder durch die Anordnung der Haft gezwungen werden (§§ 97, 98). 1

Andererseits kann der Schuldner durch seine Abwesenheit bei der Forderungsprüfung nicht verhindern, daß Forderungen festgestellt werden, wenn weder der Insolvenzverwalter noch ein Insolvenzgläubiger widerspricht. Ein Widerspruch des Schuldners stünde der Feststellung ohnehin nicht entgegen (§ 178 Abs. 1 Satz 2). 2

Nimmt der Schuldner am Prüfungstermin nicht teil oder versäumt er ihn, hat dies für ihn die Folge, daß nach Abschluß des Verfahrens die Gläubiger aus den Tabelleneintragungen gegen ihn vollstrecken können (§ 201 Abs. 2 Satz 1). 3

B. Wiedereinsetzung

Dem Schuldner, der **ohne sein Verschulden** den Prüfungstermin versäumt hat, gewährt die Vorschrift das Recht, Wiedereinsetzung in vorigen Stand zu erhalten damit Forderungen nachträglich und schriftlich bestritten werden können. Die Säumnis muß **unverschuldet** sein (§ 233 ZPO). 4

Ist der Schuldner durch einen gesetzlichen Vertreter (§ 51 Abs. 2 ZPO) oder durch einen Prozeßbevollmächtigten (§ 85 Abs. 2 ZPO) vertreten, wird ihm Wiedereinsetzung gewährt, wenn der Vertreter ohne Verschulden gehindert war, den Prüfungstermin 5

Schulz

wahrzunehmen. Die Säumnis des Vertreters wird dem Schuldner jedoch zugerechnet, so daß keine Wiedereinsetzung zu gewähren ist, wenn der Vertreter den Prüfungstermin schuldhaft versäumt hat.

6 Ein Verschulden liegt dann vor, wenn der Schuldner beispielsweise wegen mangelnder Terminsvorbereitung nicht zum Prüfungstermin erscheint. Er ist – ebenso wie der Insolvenzverwalter – verpflichtet, sich ausreichend auf die Forderungsprüfung vorzubereiten.

7 Auch andere Verpflichtungen des Schuldners (der gesetzlichen Vertreter des Schuldners) können nur in Ausnahmefällen eine Wiedereinsetzung begründen. Der Schuldner bzw. seine gesetzlichen Vertreter sind verpflichtet, den Ablauf des Insolvenzverfahrens nach Kräften zu fördern. Wiedereinsetzungsgesuchen darf daher nur nach sorgfältiger Prüfung ihrer Voraussetzungen stattgegeben werden. Die Insolvenzgläubiger dürfen nicht durch großzügiges Wiedereinsetzen in den vorigen Stand im ungewissen darüber gelassen werden, ob ihre Forderungen vom Schuldner anerkannt oder bestritten werden und ob sie nach Abschluß des Verfahrens die Zwangsvollstreckung betreiben können.

C. Verfahren

8 Das Gesuch um Wiedereinsetzung in den vorigen Stand ist vom Schuldner schriftlich beim Insolvenzgericht einzureichen. Es hat zu enthalten: a) das Wiedereinsetzungsgesuch, b) die Gründe, warum der Schuldner gehindert war, den Prüfungstermin wahrzunehmen, c) welche Forderungen bestritten werden und d) in welcher Höhe die Forderung bestritten wird.

9 Die Wiedereinsetzungsfrist beträgt zwei Wochen, § 234 Abs. 2. Sie beginnt mit dem Tag, an dem das Hindernis behoben ist. Wiedereinsetzungsgesuche, die nach dieser Frist bei Gericht eingehen, sind verspätet und als **unzulässig** zurückzuweisen.

10 Das Gesuch um Wiedereinsetzung einschließlich der Begründung und der Erklärung, welche Forderung bestritten wird, ist dem Gläubiger zuzustellen (Aufgabe zur Post gemäß § 8 genügt), dessen Forderung nachträglich bestritten werden soll. Zweckmäßigerweise setzt das Insolvenzgericht dabei dem Gläubiger eine Frist zu Stellungnahme und wartet vor einer Entscheidung dessen Erklärung ab.

11 In strittigen Fällen dürfte es auch zweckmäßig sein, den Insolvenzverwalter zu hören. Er vermag möglicherweise dazu Stellung zu nehmen, ob die Säumnis des Schuldner tatsächlich unverschuldet ist oder ob sie auf nicht entschuldbare Nachlässigkeit des Schuldners (die kein Wiedereinsetzungsgrund sind) zurückzuführen ist.

12 Gibt das Gericht dem Wiedereinsetzungsantrag (durch Beschluß) statt, gilt die Forderung als im Prüfungstermin vom Schuldner bestritten, Abs. 2 Satz 2. Der Gläubiger kann den Widerspruch dann nur noch durch Klage (§ 184) beseitigen. Wird die Wiedereinsetzung abgelehnt, verbleibt es dabei, daß die Forderung als vom Schuldner nicht bestritten behandelt wird. Der Gläubiger kann nach Abschluß des Verfahrens aus dem Tabelleneintrag die Zwangsvollstreckung betreiben (§ 201).

13 Der Beschluß ist dem Schuldner und dem beteiligten Gläubiger bekanntzumachen. Da ein Rechtsmittel nicht gegeben ist (s. § 6), erübrigt sich die Zustellung. Zweckmäßigerweise wird auch dem Insolvenzverwalter eine Abschrift der Entscheidung übersandt.

Zweiter Abschnitt
Verteilung

§ 187
Befriedigung der Insolvenzgläubiger → §§ 149, 150, 167 KO

(1) Mit der Befriedigung der Insolvenzgläubiger kann erst nach dem allgemeinen Prüfungstermin begonnen werden.
(2) ¹Verteilungen an die Insolvenzgläubiger können stattfinden, sooft hinreichende Barmittel in der Insolvenzmasse vorhanden sind. ²Nachrangige Insolvenzgläubiger sollen bei Abschlagsverteilungen nicht berücksichtigt werden.
(3) ¹Die Verteilungen werden vom Insolvenzverwalter vorgenommen. ²Vor jeder Verteilung hat er die Zustimmung des Gläubigerausschusses einzuholen, wenn ein solcher bestellt ist.

Die Verteilung der Insolvenzmasse regeln die §§ 187–205. Die Vorschriften finden nur auf die Zahlungen an die Insolvenzgläubiger (§ 38) Anwendung. Die Massegläubiger (§§ 54, 55), die aus- und absonderungsberechtigten Gläubiger (§§ 47–52) und die Gläubiger aus einem Sozialplan (§ 123 Abs. 2 mit der darin genannten Beschränkung) nehmen an der in diesem Abschnitt genannten Verteilung nicht teil. Sie sind **vorweg** (§ 53 für die Massegläubiger) bzw. **außerhalb** des Insolvenzverfahrens (§ 47 Satz 2 für die aussonderungsberechtigten Gläubiger, §§ 49, 50 für die absonderungsberichtigten Gläubiger) zu befriedigen. 1

Voraussetzung für die Berücksichtigung eines Insolvenzgläubigers ist, daß seine Forderung angemeldet, geprüft und festgestellt worden ist (zur Berücksichtigung bestrittener Forderungen, Forderungen absonderungsberechtigter Gläubiger und aufschiebend bedingter Forderungen s. §§ 189–191). Mit der Befriedigung der Insolvenzgäubiger durch Zahlung einer Quote kann daher, wie Absatz 1 klarstellt, erst nach dem allgemeinen Prüfungstermin begonnen werden. 2

Damit die Gläubiger nicht bis zum Schluß des Verfahrens auf ihre Befriedigung warten müssen, können Verteilungen stattfinden, sooft hinreichende Barmittel in der Insolvenzmasse vorhanden sind. Absatz 2 Satz 1 ist eine **Kann-Vorschrift**. Sie räumt dem Insolvenzverwalter einen großzügig anzusetzenden **Ermessensspielraum** ein (BT-Drucks. 12/2443, S. 186). Ob und in welchem Umfang der Verwalter Abschlagszahlungen vornehmen will, hängt von mehreren Faktoren (s. u. Rz. 6–10) ab, deren Bewertung dem Verwalter obliegt. 3

Der Insolvenzverwalter steht zwar unter der Aufsicht des Insolvenzgerichtes (§ 58) und das Gericht kann, wenn er seine Pflichten nicht erfüllt, Zwangsgelder gegen ihn festsetzen; die Entscheidung darüber, ob und in welcher Höhe Verteilungen an die Insolvenzgläubiger vorzunehmen sind, muß aber dem Insolvenzverwalter vorbehalten bleiben. Anregungen und Anträgen von Insolvenzgläubigern an das Insolvenzgericht, den Insolvenzverwalter zur Vornahme von Abschlagszahlungen anzuhalten, sind daher mit Zurückhaltung zu begegnen. 4

Maßnahmen des Gerichtes gegen den Insolvenzverwalter sind **ausnahmsweise** nur dann angezeigt, wenn die Weigerung des Verwalters, Verteilungen vorzunehmen, unter Berücksichtigung aller Umstände nicht nachvollziehbar ist. 5

6 Die Faktoren, die der Insolvenzverwalter bei der Entscheidung über die Vornahme (oder das Unterlassen) von Abschlagsverteilungen zu berücksichtigen hat, sind: die zur Verteilung vorhandene Masse, die Summe der insgesamt zu befriedigenden Insolvenzforderungen, die Höhe der einzelnen Insolvenzforderungen, die voraussichtliche Dauer des Insolvenzverfahrens bis zur Schlußverteilung und der Aufwand des Insolvenzverwalters.

7 Die Entscheidung des Verwalters ist aufgrund seiner – nur beschränkt überprüfbaren – Wertung sämtlicher Einzelfaktoren zu treffen.

8 Steht ausreichend Masse für die Verteilung zur Verfügung, kann der Verwalter aber absehen, daß das Verfahren in Kürze beendet und die Schlußverteilung vorgenommen werden kann, wird er keine Abschlagsverteilung mehr vornehmen. Sein Aufwand [das Anfertigen des Verteilungsverzeichnisses (§ 188), das Einholen der Zustimmung des Gläubigerausschusses (§ 187 Abs. 3) und die Überweisung des Geldes] wäre im Verhältnis zu den Vorteilen für die Gläubiger nicht zu rechtfertigen.

9 Gleiches gilt dann, wenn an die einzelnen Insolvenzgläubiger Zahlungen in nur geringer Höhe geleistet werden können. In solchen Fällen ist es den Insolvenzgläubigern zuzumuten, bis zur Schlußverteilung oder so lange zu warten, bis durch die weitere Verwertung der Insolvenzmasse so viel Teilungsmasse vorhanden ist, daß sich der Aufwand für eine Abschlagsverteilung lohnt.

10 Trotz ausreichender Barmittel kann der Insolvenzverwalter von einer Verteilung **absehen**, wenn die Barmittel benötigt werden, um den Betrieb des Schuldners einstweilen fortzusetzen oder wenn Sicherungsgläubiger vorab befriedigt werden sollen, damit die an sie zu zahlenden Zinsleistungen (vgl. § 169) entfallen (BT-Drucks. 12/2443, S. 186).

11 Nachrangige Insolvenzgläubiger (§ 39) können Befriedigung nur erlangen, wenn die übrigen Insolvenzgläubiger voll befriedigt worden sind. Absatz 2 Satz 2 bestimmt daher, daß sie bei Abschlagsverteilungen nicht berücksichtigt werden sollen.

12 Ist ein Gläubigerausschuß bestellt, hat der Verwalter dessen Zustimmung zur Vornahme einer Abschlagsverteilung einzuholen. Dem Insolvenzgericht braucht die Zustimmung nicht nachgewiesen zu werden, es reicht aus, wenn der Verwalter dem Gericht mitteilt, daß ihm die Zustimmung erteilt worden ist. Eine Abschlagsverteilung ohne Zustimmung des Gläubigerausschusses ist wirksam, kann aber Anlaß für das Insolvenzgericht sein, den Verwalter für die Zukunft zur Einhaltung der Vorschrift anzuhalten.

13 Zur Festsetzung des Bruchteils (Höhe der Quote) s. § 195.

§ 188
Verteilungsverzeichnis → § 151 KO

[1] **Vor einer Verteilung hat der Insolvenzverwalter ein Verzeichnis der Forderungen aufzustellen, die bei der Verteilung zu berücksichtigen sind.** [2] **Das Verzeichnis ist auf der Geschäftsstelle zur Einsicht der Beteiligten niederzulegen.** [3] **Der Verwalter hat die Summe der Forderungen und den für die Verteilung verfügbaren Betrag aus der Insolvenzmasse öffentlich bekanntzumachen.**

Verteilungsverzeichnis **§ 188**

Inhaltsübersicht: Rz.

A. Verteilungsverzeichnis 1–2
B. Bekanntmachung.. 3–4
C. Haftung des Insolvenzverwalters 5–6

A. Verteilungsverzeichnis

Bevor der Insolvenzverwalter eine Verteilung vornimmt, also Zahlung an die Insolvenzgläubiger leistet, hat er die Forderungen, die bei der Verteilung zu berücksichtigen sind, in ein Verzeichnis aufzunehmen. Inhalt des Verzeichnisses sind die Namen der zu befriedigenden Insolvenzgläubiger und die Höhe der von ihnen angemeldeten, geprüften und festgestellten Forderungen (zu den bestrittenen Forderungen, der Berücksichtigung absonderungsberechtigter Gläubiger und der aufschiebend bedingten Forderungen s. §§ 189–191). 1

Die Aufnahme einer Forderung in das Verteilungsverzeichnis setzt voraus, daß eine angemeldete Forderung geprüft worden ist. Nachträglich angemeldete Forderungen müssen daher vor einer Verteilung in einem besonderen Prüfungstermin oder im schriftlichen Verfahren geprüft werden (§ 177). Zwar sieht § 192 vor, daß Gläubiger, die bei einer Abschlagsverteilung nicht berücksichtigt worden sind, bei einer folgenden Verteilung vorab einen Betrag erhalten, der sie mit den übrigen Gläubigern gleichstellt. Dies gilt jedoch nur für bereits geprüfte und zunächst bestrittene Forderungen und für die geprüften Forderungen absonderungsberechtigter Gläubiger. Forderungen, die zwar angemeldet aber noch nicht geprüft worden sind, können an einer Abschlagsverteilung nicht teilnehmen, müssen daher vor einer Verteilung noch geprüft werden. Eine Berücksichtigung auch ungeprüfter Forderungen würde den Gläubigern die Möglichkeit nehmen, Widerspruch gegen die Feststellung zu erheben. 2

B. Bekanntmachung

Das Verzeichnis ist vom Insolvenzverwalter auf der Geschäftsstelle des Insolvenzgerichts niederzulegen. Alle Beteiligen können es einsehen, Gläubiger haben die Möglichkeit, Einwendungen gegen das Verzeichnis zu erheben (s. § 194). 3

Der Verwalter hat in dem für die amtlichen Bekanntmachungen des Gerichts bestimmten Blatt (§ 9) die Summe der Forderungen, auf die Zahlungen erfolgen sollen, und den Betrag zu veröffentlichen, der für die Verteilung zur Verfügung steht. 4

C. Haftung des Insolvenzverwalters

Für die Richtigkeit des Verteilungsverzeichnisses haftet der Insolvenzverwalter. Er ist verpflichtet, das Verzeichnis mit den übrigen Insolvenzunterlagen zu vergleichen und auf Richtigkeit und Vollständigkeit hin zu überprüfen. So hat er Zahlungen eines Gesamtschuldners außerhalb des Insolvenzverfahrens zu berücksichtigen und – ggf. durch Vollstreckungsgegenklage (*OLG Karlsruhe* ZIP 1981, 1231) – geltend zu machen, wenn seine Zahlung zusammen mit der Zahlung des Gesamtschuldners die Forderung des Gläubigers übersteigen würde. 5

6 Ein fehlerhaftes Verteilungsverzeichnis kann zu **Schadensersatzansprüchen** gegen den Verwalter führen. Ein irrtümlich nicht berücksichtigter Gläubiger, der keine Zahlung erhalten hat, kann sich an den Verwalter halten, wenn aus der Masse (Schlußverteilung ist durchgeführt) keine Zahlungen mehr zu erwarten sind. Ihm ist jedoch ein Mitverschulden gemäß § 254 BGB zuzurechnen, wenn er es unterlassen hat, das Verteilungsverzeichnis selbst zu prüfen und dessen Mängel durch Einwendungen (s. § 194) geltend zu machen (*OLG Hamm* ZIP 1983, 341).

§ 189
Berücksichtigung bestrittener Forderungen → §§ 152, 168 KO

(1) Ein Insolvenzgläubiger, dessen Forderung nicht festgestellt ist und für dessen Forderung ein vollstreckbarer Titel oder ein Endurteil nicht vorliegt, hat spätestens innerhalb einer Ausschlußfrist von zwei Wochen nach der öffentlichen Bekanntmachung dem Insolvenzverwalter nachzuweisen, daß und für welchen Betrag die Feststellungsklage erhoben oder das Verfahren in dem früher anhängigen Rechtsstreit aufgenommen ist.
(2) Wird der Nachweis rechtzeitig geführt, so wird der auf die Forderung entfallende Anteil bei der Verteilung zurückbehalten, solange der Rechtsstreit anhängig ist.
(3) Wird der Nachweis nicht rechtzeitig geführt, so wird die Forderung bei der Verteilung nicht berücksichtigt.

Inhaltsübersicht: Rz.

A. Allgemeines	1– 4
B. Betroffene Forderungen	5– 7
C. Nachweis der Klageerhebung	8–10
D. Nachweis wird rechtzeitig geführt	11–12
E. Nachweis wird nicht rechtzeitig geführt	13–14

A. Allgemeines

1 Insolvenzgläubiger sollen Zahlungen durch den Insolvenzverwalter nur dann erhalten, wenn sichergestellt ist, daß ihre Forderungen berechtigt sind. Im Insolvenzverfahren wird dies dadurch festgestellt, daß die Forderungen zur Tabelle angemeldet (§ 174) und im Prüfungstermin oder im schriftlichen Verfahren geprüft und – wenn weder der Insolvenzverwalter noch ein Insolvenzgläubiger Widerspruch einlegt – festgestellt werden (§ 178).

2 Wird gegen eine Forderung Widerspruch erhoben, muß der Gläubiger außerhalb des Insolvenzverfahrens die Feststellung der Forderung betreiben (§ 179 Abs. 1). Sollte für die Forderung bereits ein vollstreckbarer Schuldtitel oder ein Endurteil vorliegen, obliegt es dem Bestreitenden, seinen Widerspruch zu verfolgen (§ 179 Abs. 2).

3 Bei einer Abschlags- oder Schlußverteilung kann es daher vorkommen, daß Forderungen zu berücksichtigen sind, bei denen noch nicht sicher ist, ob ein Widerspruch Erfolg haben wird oder nicht. Es steht mithin noch nicht fest, ob letztlich Zahlungen auf die bestrittenen Forderungen zu leisten sind.

Berücksichtigung bestrittener Forderungen § 189

Die Vorschrift berücksichtigt auf der einen Seite die Interessen der Gläubigergemein- 4
schaft, alsbald aus der Insolvenzmasse befriedigt zu werden, indem eine Verteilung auch
dann möglich ist, wenn über bestrittene Forderungen noch nicht entschieden ist. Auf der
anderen Seite wird sichergestellt, daß auch die Gläubiger bestrittener Forderungen aus
der Masse Befriedigung erhalten, sobald die Widersprüche gegen die Forderungen
beseitigt worden sind: die auf die bestrittenen Forderungen entfallenden Anteile sind
vom Insolvenzverwalter zurückzubehalten.

B. Betroffene Forderungen

Betroffen von der Regelung sind die Insolvenzforderungen, die im Prüfungsverfahren 5
(im Prüfungstermin oder im schriftlichen Verfahren) nicht festgestellt worden sind. Dies
sind die Forderungen, gegen die der Insolvenzverwalter oder ein anderer Insolvenzgläubiger Widerspruch erhoben hat (§ 178 Abs. 1).
Auf eine Forderung, der nur vom Schuldner widersprochen worden ist, ist die Vorschrift 6
nicht anzuwenden. Der Widerspruch des Schuldners verhindert nicht ihre Feststellung.
Die Forderung wird ohne Einschränkungen bei der Verteilung der Masse berücksichtigt.
Der Widerspruch des Schuldners verhindert lediglich, daß der Gläubiger nach Abschluß
des Verfahrens die Zwangsvollstreckung gegen den Schuldner betreiben kann (§ 201
Abs. 1).
Die Vorschrift ist auch nicht anzuwenden, wenn für die bestrittene Forderung ein 7
vollstreckbarer Titel oder ein Endurteil vorliegt. Legt der Insolvenzverwalter oder ein
Insolvenzgläubiger gegen eine titulierte Forderung Widerspruch ein, obliegt es ihnen,
ihren Widerspruch zu verfolgen und den anmeldenden Gläubiger auf die Festellung zu
verklagen, daß der Widerspruch begründet ist. Ein für den bestreitenden Verwalter oder
Insolvenzgläubiger obsiegendes Urteil (der Widerspruch wird für begründet erklärt) hat
zur Folge, daß der Gläubiger, dessen Forderung bestritten worden ist, aus der Gemeinschaft der Insolvenzgläubiger ausscheidet. Die Tabelle, die auf Antrag des Bestreitenden
zu berichtigen (§ 183 Abs. 2) ist, führt die Forderung des unterlegenen Gläubigers nicht
mehr auf, daher ist sie auch im Verteilungsverzeichnis nicht mehr zu berücksichtigen.
Die durch einen vollstreckbaren Titel oder ein Endurteil titulierten Forderungen, die
zwar bestritten worden sind, bei denen der Bestreitende jedoch (noch) keine Entscheidung des Prozeßgerichts über den Widerspruch herbeigeführt hat und bei denen daher
auch keine Tabellenberichtigung erfolgt ist, sind bei den Verteilungen ohne Einschränkungen zu berücksichtigen, § 189 ist auf sie nicht anzuwenden.

C. Nachweis der Klageerhebung

Der Insolvenzgläubiger, gegen dessen Forderung vom Insolvenzverwalter oder von 8
einem Insolvenzgläubiger Widerspruch eingelegt worden ist und der keinen vollstreckbaren Titel und kein Endurteil über die Forderung besitzt, nimmt an der Verteilung
(durch Zurückbehalten seines Anteils) teil, wenn er dem Insolvenzverwalter rechtzeitig
nachweist, daß er den Widerspruch gegen die von ihm angemeldete Forderung durch
Feststellungsklage oder durch Aufnahme eines vor Eröffnung des Insolvenzverfahrens
anhängigen Rechtsstreites beseitigen will.
Wie der Nachweis zu führen ist, bestimmt das Gesetz nicht. Die Feststellungsklage wird 9
erhoben durch Zustellung der Klage an den Gegner (§ 253 Abs. 1 ZPO), die Aufnahme

§ 190   *Befriedigung der Gläubiger/Verfahrenseinstellung*

eines durch die Eröffnung des Insolvenzverfahrens unterbrochenen Rechtsstreites durch die Zustellung des beim Prozeßgericht einzureichenden Schriftsatzes an den Gegner (§ 250 ZPO). Befindet sich das Prozeßgericht am Ort des Insolvenzgerichts (stets bei einer Feststellungsklage, s. § 180 Abs. 1), dürfte eine Mitteilung an den Insolvenzverwalter, bei welchem Gericht das Verfahren anhängig ist, ausreichend sein.

10 Der Nachweis ist innerhalb von zwei Wochen, nachdem der Insolvenzverwalter die Summe der Forderungen und den für die Verteilung verfügbaren Betrag öffentlich bekanntgemacht hat (§ 188 Satz 3), zu führen. Dabei ist zu beachten, daß die Veröffentlichung erst dann als bewirkt gilt, wenn nach dem Tag der Veröffentlichung zwei weitere Tage verstrichen sind (§ 9 Abs. 1 Satz 3).

D. Nachweis wird rechtzeitig geführt

11 Der rechtzeitig geführte Nachweis führt dazu, daß der auf die bestrittene Forderung entfallende Anteil so lange vom Insolvenzverwalter zurückbehalten wird, bis der Rechtsstreit über den Widerspruch entschieden ist. Der zurückbehaltene Betrag wird nach näherer Anordnung durch das Insolvenzgericht für Rechnung der Insolvenzmasse hinterlegt.

12 Hat der Insolvenzverwalter bei Erstellung des Verteilungsverzeichnisses (§ 188) eine bestrittene Forderung nicht berücksichtigt und wird ihm die Klageergebnis (die Aufnahme des Rechtsstreites) rechtzeitig nachgewiesen, hat er binnen drei Tagen nach Ablauf der zweiwöchigen Frist das Verteilungsverzeichnis zu ändern und die bestrittene Forderung aufzunehmen (s. § 193).

E. Nachweis wird nicht rechtzeitig geführt

13 Der Gläubiger, der dem Insolvenzverwalter nicht oder nicht rechtzeitig nachweist, daß er Klage erhoben oder den Rechsstreit aufgenommen hat, nimmt mit der bestrittenen Forderung am Verteilungsverfahren nicht teil. Die Forderung wird nicht – auch nicht durch Zurückbehalten des auf sie entfallenden Anteils – berücksichtigt. Der Anteil, der auf sie entfallen würde, wird für die Verteilung an die übrigen Gläubiger frei.

14 Hat der Insolvenzverwalter eine bestrittene Forderung in das Verteilungsverzeichnis aufgenommen, wird ihm aber nicht rechtzeitig nachgewiesen, daß Klage erhoben oder der Rechtsstreit aufgenommen worden ist, hat er – ebenfalls binnen einer Frist von drei Tagen nach Ablauf der Ausschlußfrist – das Verteilungsverzeichnis zu ändern und die Forderung aus dem Verteilungsverzeichnis zu streichen (§ 193). Zur nachträglichen Berücksichtigung bestrittener Forderungen s. § 192.

§ 190 → §§ 153, 156, 168 KO
Berücksichtigung absonderungsberechtigter Gläubiger

(1) ¹Ein Gläubiger, der zur abgesonderten Befriedigung berechtigt ist, hat spätestens innerhalb der in § 189 Abs. 1 vorgesehenen Ausschlußfrist dem Insolvenzverwalter nachzuweisen, daß und für welchen Betrag er auf abgesonderte Befriedigung verzichtet hat oder bei ihr ausgefallen ist. ²Wird der Nachweis nicht rechtzeitig geführt, so wird die Forderung bei der Verteilung nicht berücksichtigt.

(2) ¹Zur Berücksichtigung bei einer Abschlagsverteilung genügt es, wenn der Gläubiger spätestens innerhalb der Ausschlußfrist dem Verwalter nachweist, daß die Verwertung des Gegenstands betrieben wird, an dem das Absonderungsrecht besteht, und den Betrag des mutmaßlichen Ausfalls glaubhaft macht. ²In diesem Fall wird der auf die Forderung entfallende Anteil bei der Verteilung zurückbehalten. ³Sind die Voraussetzungen des Absatzes 1 bei der Schlußverteilung nicht erfüllt, so wird der zurückbehaltene Anteil für die Schlußverteilung frei.

(3) ¹Ist nur der Verwalter zur Verwertung des Gegenstands berechtigt, an dem das Absonderungsrecht besteht, so sind die Absätze 1 und 2 nicht anzuwenden. ²Bei einer Abschlagsverteilung hat der Verwalter, wenn er den Gegenstand noch nicht verwertet hat, den Ausfall des Gläubigers zu schätzen und den auf die Forderung entfallenden Anteil zurückzubehalten.

Inhaltsübersicht: Rz.

A. Allgemeines 1– 5
   I. Gläubiger, die nur zur Absonderung berechtigt sind 1– 2
   II. Gläubiger, denen der Schuldner auch persönlich haftet 3– 5
B. Nachweis des Verzichts oder des Ausfalls 6– 9
C. Berücksichtigung bei einer Abschlagsverteilung 10–12
D. Berücksichtigung beim Verwertungsrecht des Insolvenzverwalters (Abs. 3) 13–14

A. Allgemeines

I. Gläubiger, die nur zur Absonderung berechtigt sind

Gläubiger, denen **nur** das Recht auf Befriedigung aus Gegenständen zusteht, die der Zwangsvollstreckung in das unbewegliche Vermögen unterliegen (Grundpfandgläubiger), sind keine Insolvenzgläubiger. Sie haben – im Unterschied zum Insolvenzgläubiger – gegen den Insolvenzschuldner keinen Zahlungsanspruch sondern lediglich einen Anspruch auf Duldung der Zwangsvollstreckung in das verpfändete Vermögen. Ihre Ansprüche haben sie außerhalb des Insolvenzverfahrens nach den Vorschriften des Gesetzes über die Zwangsversteigerung und Zwangsverwaltung geltend zu machen (§ 49).

Auch die Gläubiger, die ein rechtsgeschäftliches Pfandrecht (§§ 1204, 1205 BGB), ein durch Pfändung entstandenes Pfandrecht (§§ 803, 804 ZPO) oder ein gesetzliches Pfandrecht (z.B. das Vermieterpfandrecht gem. § 559 BGB, das Pfandrecht gem. § 4 PachtkredG, das Pfandrecht des Gastwirtes an eingebrachten Sachen gem. § 704 ZPO) erworben haben, sind – soweit ihnen der Schuldner nicht auch persönlich haftet – keine Insolvenzgläubiger. Ihre Ansprüche werden in der Weise realisiert, daß der mit dem Pfandrecht belastete Gegenstand entweder durch den Insolvenzverwalter oder durch den Gläubiger selbst verwertet wird (§§ 166 Abs. 1, 173 Abs. 1).

II. Gläubiger, denen der Schuldner auch persönlich haftet

3 Absonderungsberechtigte Gläubiger (s. o. Rz. 1, 2), denen der Schuldner auch persönlich haftet, sind jedoch Insolvenzgläubiger und werden mit ihrer gesamten Forderung im Insolvenzverfahren berücksichtigt (§ 52 Satz 1). Sie haben daher ihre Forderungen – auch soweit sie gesichert sind – anzumelden, und ihre Forderungen sind wie die übrigen, nicht gesicherten Forderung zu prüfen (BT-Drucks. 12/2443, S. 126).

4 Der Erlös aus der Verwertung des Sicherungsgutes und die Zahlungen des Insolvenzverwalters (Insolvenzquote) darf aber nicht den Gesamtbetrag der Forderung übersteigen. Die absonderungsberechtigten Gläubiger dürfen nur in der Höhe Zahlungen aus der Insolvenzmasse erhalten, soweit sie entweder auf die abgesonderte Befriedigung verzichten (ihr Pfandrecht aufgeben) oder soweit sie bei ihr ausgefallen sind (der Erlös reicht nicht, um die Forderung zu befriedigen).

5 Bei der Anmeldung einer persönlichen Forderung eines absonderungsberechtigten Gläubigers und bei Prüfung und Feststellung der Forderung steht regelmäßig noch nicht fest, ob und in welcher Höhe der Gläubiger einen Ausfall hinnehmen muß oder ob er auf die abgesonderte Befriedigung verzichten wird. Die Vorschrift schafft – entsprechend § 189 für bestrittene Forderungen – ein Verfahren, bei dem einerseits die Gläubigergemeinschaft frühzeitig aus der vorhandenen Masse Zahlungen erhalten kann, ohne daß die Rechte der absonderungsberechtigten Gläubiger auf Befriedigung aus der Masse eingeschränkt würden.

B. Nachweis des Verzichts oder des Ausfalls

6 Der zur abgesonderten Befriedigung berechtigte Insolvenzgläubiger, der das Sicherungsgut gemäß §§ 173 Abs. 1, 166 Abs. 1 selbst verwerten darf (für den Fall, daß der Insolvenzverwalter zur Verwertung berechtigt ist, s. Rz. 13, 14), hat binnen einer Frist von zwei Wochen nach der öffentlichen Bekanntmachung der Teilungsmasse (§ 188 Satz 2) dem Insolvenzverwalter nachzuweisen, daß und für welchen Betrag er auf abgesonderte Befriedigung verzichtet hat oder bei ihr ausgefallen ist. Wird der Nachweis nicht geführt, wird die Forderung nicht berücksichtigt. Dies gilt auch dann, wenn die (persönliche) Forderung im Prüfungsverfahren geprüft und festgestellt worden ist.

7 Hat der Verwalter die Forderung im Verteilungsverzeichnis berücksichtigt und wird ihm der Ausfall oder der Verzicht nicht rechtzeitig nachgewiesen, muß er das Verzeichnis binnen drei Tagen nach Ablauf der Ausschlußfrist berichtigen, § 193.

8 Wird der Verzicht oder der Ausfall dem Insolvenzverwalter rechtzeitig nachgewiesen, wird die Forderung mit dem Betrag bei der Verteilung berücksichtigt, mit dem der Gläubiger bei der abgesonderten Befriedigung ausgefallen ist oder wenn und soweit er auf die abgesonderte Befriedigung verzichtet hat.

9 Auch hier hat der Verwalter das Verteilungsverzeichnis zu berichtigen, falls er die Forderung des absonderungsberechtigten Gläubigers nicht in das Verzeichnis aufgenommen hat.

C. Berücksichtigung bei einer Abschlagsverteilung

10 Bei einer Abschlagsverteilung ist der Ausfall des absonderungsberechtigten Gläubigers häufig noch nicht bekannt. Der Anspruch des Gläubigers wird dadurch gesichert, daß der

Berücksichtigung aufschiebend bedingter Forderungen § 191

auf die Forderung entfallende Anteil vom Insolvenzverwalter zurückbehalten wird (Abs. 2 Satz 2).
Der Gläubiger hat aber nachzuweisen, daß er die Verwertung des Pfandgegenstandes 11 betreibt (für den Fall, daß der Verwalter zur Verwertung berechtigt ist, s. Rz. 13, 14) und er hat den mutmaßlichen Ausfall glaubhaft zu machen.
Der Anteil wird so lange zurückbehalten, bis der endgültige Ausfall des Gläubigers 12 feststeht. Kann der Gläubiger bis zur Schlußverteilung (§ 196) nicht nachweisen, daß und mit welchem Betrag er ausgefallen ist, wird er bei der Schlußverteilung nicht berücksichtigt; die bei den Abschlagsverteilungen eingehaltenen Beträge werden für die Schlußverteilung frei (Abs. 2 Satz 3) und stehen zur Verteilung an die übrigen Insolvenzgläubiger zur Verfügung.

D. Berücksichtigung beim Verwertungsrecht des Insolvenzverwalters (Abs. 3)

Der Insolvenzverwalter ist zur Verwertung beweglicher und mit Absonderungsrechten 13 belasteter Gegenstände berechtigt, wenn er die Sache in seinem Besitz hat (§ 166 Abs. 1). Soweit ihm dieses Recht zusteht, ist das Recht des Gläubigers, die Verwertung zu betreiben, ausgeschlossen (§ 173 Abs. 1).
Die Berücksichtigung bei Abschlagsverteilungen in solchen Fällen ist für den Gläubiger 14 einfacher als in den Fällen, in denen der Gläubiger die Verwertung selbst betreibt. Der Insolvenzverwalter hat dafür zu sorgen, daß der Gegenstand vor der Schlußverteilung verwertet wird und der Ausfall des Gläubigers rechtzeitig feststeht (BT-Drucks. 12/2443, S. 186). Bei Abschlagsverteilungen ist der mutmaßliche Ausfall des Gläubigers von ihm zu schätzen und der auf die Forderung entfallende Anteil zurückzubehalten (BT-Drucks., a. a. O.). Die Absätze 1 und 2 gelten daher hier nicht.

§ 191 → §§ 154, 156, 168 KO
Berücksichtigung aufschiebend bedingter Forderungen

(1) ¹Eine aufschiebend bedingte Forderung wird bei einer Abschlagsverteilung mit ihrem vollen Betrag berücksichtigt. ²Der auf die Forderung entfallende Anteil wird bei der Verteilung zurückbehalten.
(2) ¹Bei der Schlußverteilung wird eine aufschiebend bedingte Forderung nicht berücksichtigt, wenn die Möglichkeit des Eintritts der Bedingung so fernliegt, daß die Forderung zur Zeit der Verteilung keinen Vermögenswert hat. ²In diesem Fall wird ein gemäß Absatz 1 Satz 2 zurückbehaltener Anteil für die Schlußverteilung frei.

Aufschiebend bedingte Forderungen werden – wenn die Bedingung noch nicht eingetre- 1 ten ist – bei Abschlagsverteilungen wie unbedingte Forderungen berücksichtigt. Der auf sie entfallende Anteil wird jedoch nicht ausgezahlt, sondern vom Insolvenzverwalter zurückbehalten. Tritt die Bedingung vor Abschluß des Verfahrens ein, werden die Beträge frei und können ausgezahlt werden.
Bei der Schlußverteilung (§ 196) werden aufschiebend bedingte Forderungen ebenfalls 2 durch Einbehalt des auf sie entfallenden Anteils berücksichtigt. Ist die Bedingung noch nicht eingetreten, sind die einbehaltenen Beträge zu hinterlegen, § 198.

§ 192

3 Etwas anderes gilt, wenn die Möglichkeit, daß die Bedingung eintritt, so gering ist, daß der Anspruch des Gläubigers zum Zeitpunkt der Schlußverteilung keinen Vermögenswert hat. So kann z.B. eine wertlose Anwartschaft die zügige Abwicklung des Insolvenzverfahrens nicht hindern und insbesondere nicht dazu führen, daß zurückbehaltene Beträge dauernd zu hinterlegen sind.

4 Für auflösend bedingte Forderungen (§ 42) gilt die Vorschrift nicht. Derartige Forderungen werden – solange die auflösende Bedingung nicht eingetreten ist – im Insolvenzverfahren wie unbedingte behandelt. Ist die auflösende Bedingung bei Vornahme einer Abschlags- oder der Schlußverteilung noch nicht eingetreten, werden auf diese Forderungen Zahlungen geleistet.

§ 192
Nachträgliche Berücksichtigung → § 155 KO

Gläubiger, die bei einer Abschlagsverteilung nicht berücksichtigt worden sind und die Voraussetzungen der §§ 189, 190 nachträglich erfüllen, erhalten bei der folgenden Verteilung aus der restlichen Insolvenzmasse vorab einen Betrag, der sie mit den übrigen Gläubigern gleichstellt.

1 Die Vorschrift ermöglicht es, daß die Gläubiger bestrittener Forderungen (§ 189) und absonderungsberechtigte Gläubiger (§ 190) bei einer weiteren Abschlagsverteilung oder bei der Schlußverteilung nachträglich berücksichtigt werden, obwohl sie bei einer früheren Verteilung deshalb nicht berücksichtigt worden sind, weil sie dem Insolvenzverwalter nicht oder nicht rechtzeitig die Klageerhebung oder die Aufnahme des Rechtsstreites (§ 189) oder ihren Ausfall oder Verzicht (§ 190) nachgewiesen haben.

2 Erfüllen diese Gläubiger die Voraussetzungen zu ihrer Berücksichtigung nachträglich und werden weitere Abschlagsverteilungen oder die Schlußverteilung vorgenommen, sollen den Gläubigern durch die verspäteten Nachweise keine Nachteile erwachsen.

3 Um dies zu erreichen, erhalten sie aus der noch vorhandenen Insolvenzmasse vorab die Beträge, die sie mit den übrigen Gläubigern gleichstellen. Die bei der vorhergehenden Verteilung unterbliebene Ausschüttung an diese Gläubiger wird also nachgeholt, bevor eine weitere Verteilung an diese und die übrigen Gläubiger stattfindet.

§ 193
Änderung des Verteilungsverzeichnisses → § 157 KO

Der Insolvenzverwalter hat die Änderungen des Verzeichnisses, die auf Grund der §§ 189 bis 192 erforderlich werden, binnen drei Tagen nach Ablauf der in § 189 Abs. 1 vorgesehenen Ausschlußfrist vorzunehmen.

1 Änderungen des vom Insolvenzverwalter eingereichten und niedergelegten Verteilungsverzeichnisses treten ein, wenn a) ein Gläubiger nachweist, daß das Feststellungsverfahren über eine bestrittene und nicht in das Verzeichnis aufgenommene Forderung betrieben oder der Rechtsstreit aufgenommen worden ist (§ 189), b) die bestrittene Forderungen in das Verzeichnis aufgenommen worden ist, der Gläubiger es jedoch

Einwendungen gegen das Verteilungsverzeichnis § 194

unterlassen hat, dem Verwalter rechtzeitig nachzuweisen, daß er das Feststellungsverfahren betreibt oder den Rechtsstreit aufgenommen hat (§ 189 Abs. 3), c) ein absonderungsberechtigter Gläubiger rechtzeitig nachweist, daß er mit einer nicht in das Verzeichnis aufgenommenen (persönlichen) Forderung ausgefallen oder daß er auf abgesonderte Befriedigng verzichtet hat (§ 190), d) ein absonderungsberechtigter Gläubiger nicht rechtzeitig nachweist, daß er mit einer in das Verzeichnis aufgenommenen (persönlichen) Forderung ausgefallen oder daß er auf abgesonderte Befriedigung verzichtet hat (§ 190 Abs. 1 Satz 2) und e) bei einer in das Verzeichnis aufgenommenen aufschiebend bedingten Forderungen (§ 191) feststeht, daß die aufschiebende Bedingung nicht oder nicht mehr eintreten kann oder wenn die Möglichkeit, daß die Bedingung eintritt, so gering ist, daß die Forderung keinen Vermögenswert mehr hat (s. § 191 Rz. 3).

Die vom Insolvenzverwalter vorzunehmenden Änderungen sind binnen einer Frist von 2 drei Tagen nach dem Ablauf der Ausschlußfrist von zwei Wochen (§ 189 Abs. 1) vorzunehmen. Die kurze Frist ist erforderlich, damit die Gläubiger auch gegen die Änderungen Einwendungen (§ 194) erheben können. Nach Ablauf der 3-Tage-Frist ist eine Berichtigung des Verzeichnisses nur noch wegen eines offensichtlichen Irrtums möglich. Bei Säumnis des Verwalters kann der Gläubiger Einwendungen gegen das Verzeichnis erheben und so die Änderung durchsetzen (§ 194).

Die Änderungen sind vom Insolvenzverwalter vorzunehmen. Da sich das Verteilungs- 3 verzeichnis bei Gericht befindet (es ist auf der Geschäftsstelle niedergelegt, s. § 188 Satz 2), kann in der Praxis so verfahren werden, daß der Verwalter zunächst das bei seinen Akten befindliche Verzeichnis ändert und die Änderung unverzüglich dem Gericht mitteilt, damit auch das niedergelegte Verzeichnis geändert werden kann.

§ 194
Einwendungen gegen das Verteilungsverzeichnis → § 158 KO

(1) Bei einer Abschlagsverteilung sind Einwendungen eines Gläubigers gegen das Verzeichnis bis zum Ablauf einer Woche nach dem Ende der in § 189 Abs. 1 vorgesehenen Ausschlußfrist bei dem Insolvenzgericht zu erheben.
(2) [1]Eine Entscheidung des Gerichts, durch die Einwendungen zurückgewiesen werden, ist dem Gläubiger und dem Insolvenzverwalter zuzustellen. [2]Dem Gläubiger steht gegen den Beschluß die sofortige Beschwerde zu.
(3) [1]Eine Entscheidung des Gerichts, durch die eine Berichtigung des Verzeichnisses angeordnet wird, ist dem Gläubiger und dem Verwalter zuzustellen und in der Geschäftsstelle zur Einsicht der Beteiligten niederzulegen. [2]Dem Verwalter und den Insolvenzgläubigern steht gegen den Beschluß die sofortige Beschwerde zu. [3]Die Beschwerdefrist beginnt mit dem Tag, an dem die Entscheidung niedergelegt worden ist.

Inhaltsübersicht: Rz.

A. Allgemeines 1– 2
B. Einwendungsberechtigte 3– 5
C. Frist 6
D. Zurückweisung von Einwendungen (Abs. 2) 7– 8
E. Stattgeben von Einwendungen (Abs. 3) 9–10

A. Allgemeines

1 Die Vorschrift gilt nur für Abschlagsverteilungen, für die Schlußverteilung gelten gemäß § 197 Abs. 3 nur die Absätze 2 und 3 entsprechend.
2 Das Verteilungsverzeichnis ist Grundlage für die vom Verwalter vorzunehmenden Ausschüttungen an die Insolvenzgläubiger. Bevor die Masse verteilt wird, soll sichergestellt werden, daß das Verzeichnis den Kreis der zu berücksichtigenden Insolvenzgläubiger und die Höhe ihrer Ansprüche richtig und vollständig wiedergibt.
Die Einwendung ist kein Rechtsbehelf (Erinnerung oder Beschwerde), da das Verteilungsverzeichnis keine Entscheidung des Gerichts ist.

B. Einwendungsberechtigte

3 Die Vorschrift verwendet sowohl die Begriffe »Gläubiger« als auch »Insolvenzgläubiger«. Zur Erhebung von Einwendungen berechtigt ist ein »Gläubiger«, während bei einer vom Gericht angeordneten Berichtigung (Abs. 3 Satz 1) neben dem Insolvenzverwalter die »Insolvenzgläubiger« beschwerdeberechtigt sind (Abs. 3 Satz 2).
4 Daraus ergibt sich, daß auch der Gläubiger Einwendungen erheben kann, der nach dem Inhalt des Verzeichnisses kein Insolvenzgläubiger (mehr) ist. Beispiel: Ein absonderungsberechtigter Gläubiger ist nach Ansicht des Insolvenzverwalters durch die abgesonderte Befriedigung voll befriedigt worden und der Gläubiger konnte nicht oder nicht ausreichend nachweisen, daß er bei der abgesonderten Befriedigung ausgefallen ist (s. § 190 Abs. 1). Der Verwalter hat daher die (persönliche) Forderung nicht in das Verteilungsverzeichnis aufgenommen, da der Gläubiger – wenn der Verwalter recht hat – kein Insolvenzgläubiger mehr ist und aus dem Verfahren ausgeschieden ist. Absatz 1 der Vorschrift stellt durch die Verwendung des Begriffes »Gläubiger« für solche Fälle klar, daß jeder Verfahrenbeteiligte, der behauptet, (noch) Insolvenzgläubiger zu sein und der deshalb mit seiner Forderung in das Verzeichnis aufzunehmen sei, Einwendungen gegen das Verteilungsverzeichnis erheben kann.
5 Einwendungsberechtigt sind außerdem jeder Insolvenzgläubiger, nicht jedoch die Massegläubiger, die Gläubiger von Aussonderungsansprüchen und die absonderungsberechtigten Gläubiger mit ihren dinglichen Ansprüchen.

C. Frist

6 Einwendungen sind innerhalb einer Frist von einer Woche nach dem Ende der in § 189 Abs. 1 vorgesehenen zweiwöchigen Ausschlußfrist zu erheben.

D. Zurückweisung von Einwendungen (Abs. 2)

7 Nicht begründete Einwendungen sind vom Insolvenzgericht durch zu begründenden Beschluß zurückzuweisen. Es entscheidet der Rechtspfleger oder – in vorbehaltenen Verfahren (§ 18 Abs. 2 RpflG) – der Richter. Der Beschluß ist dem Gläubiger, der die Einwendung erhoben hat und dem Insolvenzverwalter zuzustellen (Zustellung durch Aufgabe zur Post ist ausreichend, § 8 Abs. 1). Eine Zustellung an die Insolvenzgläubiger erfolgt nicht, sie sind durch die Zurückweisung nicht beschwert.

Festsetzung des Bruchteils § 195

Gegen den Beschluß steht dem Gläubiger die sofortige Beschwerde (bei einer Ent- 8
scheidung durch den Rechtspfleger die befristete Erinnerung, § 11 RpflG) zu. Die Frist
beträgt zwei Wochen (§ 4 i.V.m. § 577 Abs. 2 Satz 1 ZPO) und beginnt mit der
Zustellung des Beschlusses (durch Aufgabe zu Post gemäß § 4 i.V.m. §§ 213, 175
Abs. 1 Satz 3).

E. Stattgeben von Einwendungen (Abs. 3)

Begründeten Einwendungen gibt das Insolvenzgericht dadurch statt, daß es durch zu 9
begründenden Beschluß die Berichtigung des Verzeichnisses anordnet. Der Beschluß ist
dem Insolvenzverwalter und dem Gläubiger, der die Einwendung erhoben hat, zuzustellen (§ 8 Abs. 1). Die Zustellung an die übrigen Beteiligten wird ersetzt durch
Niederlegung des Beschlusses auf der Geschäftsstelle.
Gegen den Beschluß, der die Berichtigung des Verzeichnisses anordnet, steht dem 10
Verwalter und den Insolvenzgläubigern (sie sind dadurch beschwert, daß ein weiterer
Gläubiger an der Verteilung teilnimmt und ihre Quote mindert) die sofortige Beschwerde
zu. Die Frist beträgt zwei Wochen (s.o. Rz. 8); sie beginnt hier mit der Niederlegung des
Beschlusses auf der Geschäftsstelle (Abs. 3 Satz 3).

§ 195
Festsetzung des Bruchteils → § 159 KO

(1) ¹**Für eine Abschlagsverteilung bestimmt der Gläubigerausschuß auf Vorschlag des Insolvenzverwalters den zu zahlenden Bruchteil.** ²**Ist kein Gläubigerausschuß bestellt, so bestimmt der Verwalter den Bruchteil.**
(2) Der Verwalter hat den Bruchteil den berücksichtigten Gläubigern mitzuteilen.

Die Festsetzung des Bruchteils, zu dem die Gläubiger befriedigt werden, obliegt dem 1
Gläubigerausschuß. Der Verwalter hat ihm dazu einen Vorschlag zu unterbreiten und
dabei zu berücksichtigen, daß in geeigneten Fällen nicht der gesamte zur Verteilung
verfügbare Betrag auch verteilt wird, sondern daß für die einstweilige Fortführung des
Betriebes oder die Ablösung von Sicherungsrechten (s. § 187 Rz. 10) ausreichende
Mittel zurückgehalten werden.
In Verfahren ohne Gläubigerausschuß bestimmt der Verwalter den Bruchteil nach 2
eigenem Ermessen; seine Entscheidung ist vom Gericht **nur bedingt nachprüfbar**
(s. § 187 Rz. 4–7).
Der Bruchteil ist den Gläubigern, die durch die Abschlagsverteilung Zahlungen erhalten, 3
mitzuteilen. Eine besondere Form ist nicht vorgeschrieben. Es reicht aus, wenn der
Insolvenzverwalter auf dem Überweisungsträger den Bruchteil angibt.

§ 196
Schlußverteilung → § 161 KO

(1) Die Schlußverteilung erfolgt, sobald die Verwertung der Insolvenzmasse beendet ist.
(2) Die Schlußverteilung darf nur mit Zustimmung des Insolvenzgerichts vorgenommen werden.

Inhaltsübersicht: Rz.
A. Die Schlußverteilung	1– 2
B. Voraussetzung zur Schlußverteilung	3
C. Vorbehalt einer Nachtragsverteilung	4– 7
D. Prüfung und Zustimmung des Gerichts	8
E. Inhalt der Schlußrechnung	9–13

A. Die Schlußverteilung

1 Die Schlußverteilung ist die Ausschüttung der Teilungsmasse an die Insolvenzgläubiger. In kleineren Verfahren mit geringer Masse kann die Schlußverteilung auch die erste Verteilung sein, wenn vorher keine Abschlagszahlungen erfolgt sind.

2 Die Vorschriften über die Aufstellung und Niederlegung des Verteilungsverzeichnisses (§ 188), die Berücksichtigung bestrittener Forderungen (§ 189), von absonderungsberechtigen Gläubigern (§ 190 Abs. 1 und 3 Satz 1) und von aufschiebend bedingten Forderungen (§ 191 Abs. 2) sind auch für die Schlußverteilung anzuwenden bzw. gelten nur für sie (so § 191 Abs. 2).

B. Voraussetzung zur Schlußverteilung

3 Die Schlußverteilung erfolgt erst dann, wenn die Insolvenzmasse vollständig verwertet worden ist, insbesondere auch erst dann, wenn der Verwalter die Verwertung der mit einem Absonderungsrecht belasteten Gegenstände abgeschlossen hat.

C. Vorbehalt einer Nachtragsverteilung

4 Eine Ausnahme von der vollständigen Verwertung der Insolvenzmasse wird dann zulässig sein, wenn die Verwertung einzelner Vermögengegenstände noch längere Zeit in Anspruch nimmt, das Verfahren aber im übrigen abschlußreif ist.

5 So ist es denkbar, daß der Schuldner Werklohnforderungen hat, seine Schuldner jedoch derzeit noch nicht zur vollständigen Zahlung verpflichtet sind, weil bestehende Zurückbehaltungsrechte dazu führen, daß Gewährleistungsfristen noch nicht abgelaufen sind. Diese Fristen können unter Umständen mehrere Jahre betragen. Den Insolvenzgläubigern gegenüber ist es nicht zu vertreten, wenn sie mit der Befriedigung ihrer Forderungen und dem Abschluß des Verfahrens (wegen ihrer Rechte nach Verfahrensaufhebung, s. § 201) warten müssen, bis die Gewährleistungsfristen abgelaufen sind und die Werklohnforderungen zur Masse fließen.

Schlußverteilung **§ 196**

Hier dürfte es in entsprechender Anwendung von § 203 zulässig sein, das Verfahren trotz **6** der noch ausstehenden Zahlungen abzuschließen und für die zukünftig eingehenden Gelder die Nachtragsverteilung entsprechend der §§ 203–205 durchzuführen.

Die Beschlagnahme der noch nicht realisierten Vermögensgegenstände bleibt trotz Auf- **7** hebung des Verfahrens bestehen. § 215 Abs. 2 Satz 1, der dem Schuldner das Verfügungsrecht über die Insolvenzmasse nach Einstellung des Verfahrens zurückgibt, gilt bei der Aufhebung des Verfahrens nicht (s. § 203 Abs. 1 Nr. 3 für den Fall, daß nach Verfahrensaufhebung noch Gegenstände der Masse ermittelt werden). Eingehende Gelder werden bis zur Auszahlung vom Insvolvenzverwalter (dessen Amt mit der Aufhebung des Verfahrens endet) verwahrt (*LG Köln* ZIP 82, 337).

D. Prüfung und Zustimmung des Gerichts

Die Schlußverteilung darf nur mit Zustimmung des Gerichts vorgenommen werden. Sie **8** ist vom Gericht zu erteilen, wenn die Schlußrechnung und das Schlußverzeichnis durch das Gericht geprüft worden sind. Die Schlußrechnung wird zwar in der abschließenden Gläubigerversammlung erörtert und die Gläubiger haben Gelegenheit, Einwendungen gegen das Schlußverzeichnis zu erheben (§ 197 Abs. 1 Satz 2 Nr. 1 und 2), dies entbindet das Gericht jedoch nicht von der Pflicht, vorab Schlußrechnung und -verzeichnis zu prüfen und etwa bestehende Mängel vorab mit dem Insolvenzverwalter zu klären. Das Ergebnis der Prüfung sollte in einem Vermerk festgehalten werden.

E. Inhalt der Schlußrechnung

§ 66 InsO beschränkt sich darauf, den Insolvenzverwalter zu verpflichten, bei der **9** Beendigung des Amtes Rechnung zu legen. Vorschriften über die Art und Weise der Rechnungslegung und über Inhalt und Umfang der Schlußrechnung sind nicht vorhanden.

Die Schlußrechnung dient dazu, die Gläubigerversammlung umfassend über die ge- **10** samte Tätigkeit des Insolvenzverwalters zu unterrichten. Die Gläubiger sollen prüfen können, ob das Verfahren vom Insolvenzverwalter ordnungsgemäß geführt und abgewickelt worden ist.

Dies ist regelmäßig nur dann möglich, wenn die Schlußrechnung folgenden Inhalt hat, **11** wobei der Umfang der einzelnen Positionen von Fall zu Fall unterschiedlich sein kann oder einzelne Punkte auch wegfallen können:
– die vom Insolvenzverwalter bei Eröffnung des Verfahrens vorgefundene Masse
– das Ergebnis der Verwertung
– Angaben über die nicht verwertete (nicht verwertbare) Masse
– Art und Umfang der Aus- und Absonderungsrechte unter Angabe, ob und welche Beträge nach Befriedigung der Absonderungsrechte zur Masse geflossen sind
– Bericht über die vom Insolvenzverwalter abgewickelten schwebenden Rechtsgeschäfte
– Bericht über das Ergebnis der vom Verwalter durchgeführten Insolvenzanfechtungen
– Liste der Gegenstände, die aus der Masse freigegeben worden sind
– Angabe des Gesamtbetrages, der an die Massegläubiger (getrennt nach Neu- und Altmassegläubiger) ausgezahlt worden ist

§ 197 *Befriedigung der Gläubiger/Verfahrenseinstellung*

– Angabe des Gesamtbetrages, der an die Insolvenzgläubiger (ggf. auch an die nachrangigen Insolvenzgläubiger) ausgezahlt ist (wird)
– Angabe des Wertes der bis zur Beendigung des Verfahrens realisierten Insolvenzmasse (wegen der Berechnung der Gerichtskosten und der Festsetzung der Vergütung).
Zur Rechnungslegung im übrigen siehe die Kommentierung zu § 66.

12 Die Schlußrechnung des Insolvenzverwalters ist ein reiner **Tätigkeits-, kein Rechenschaftsbericht**. Angaben darüber, ob einzelne Maßnahmen richtig und wirtschaftlich sinnvoll waren, braucht die Schlußrechnung nicht zu enthalten. Den Gläubigern bleibt es unbenommen, den Insolvenzverwalter zu verklagen (s. § 60), wenn sie sich durch seine Handlungen geschädigt fühlen.

13 Gleichwohl sollte der Verwalter bei einzelnen Verwaltungs-und Verwertungshandlungen dann eine Begründung für seine Entscheidungen angeben, wenn dies erforderlich erscheint, um der Gläubigerversammlung (und dem Gericht) darzulegen, warum er gerade so und nicht anders gehandelt hat. Möglichen Nachfragen des Gerichts und Einwendungen in der Gläubigerversammlung kann so vorgebeugt werden.

§ 197
Schlußtermin → § 162 KO

(1) ¹Bei der Zustimmung zur Schlußverteilung bestimmt das Insolvenzgericht den Termin für eine abschließende Gläubigerversammlung. ²Dieser Termin dient
1. zur Erörterung der Schlußrechnung des Insolvenzverwalters,
2. zur Erhebung von Einwendungen gegen das Schlußverzeichnis und
3. zur Entscheidung der Gläubiger über die nicht verwertbaren Gegenstände der Insolvenzmasse.
(2) Zwischen der öffentlichen Bekanntmachung des Termins und dem Termin soll eine Frist von mindestens drei Wochen und höchstens einem Monat liegen.
(3) Für die Entscheidung des Gerichts über Einwendungen eines Gläubigers gilt § 194 Abs. 2 und 3 entsprechend.

Inhaltsübersicht: Rz.

A. Der Schlußtermin 1– 3
B. Die Tagesordnungspunkte 4–18
   I. Allgemeines 4– 5
   II. Erörterung der Schlußrechnung 6– 8
   III. Einwendungen gegen das Schlußverzeichnis 9–15
   IV. Entscheidung über nicht verwertbare Gegenstände 16–17
   V. Vorbehaltene Nachtragsverteilung 18
C. Fristen 19–21

A. Der Schlußtermin

1 Die abschließende Gläubigerversammlung (Schlußtermin) ist vom Gericht einzuberufen, nachdem die Schlußrechnung und das Schlußverzeichnis vom Gericht geprüft worden ist. Die Zustimmung zur Schlußverteilung erfolgt zusammen mit der Anberaumung des Schlußtermins (in einem Beschluß).

Schlußtermin § 197

Neben Zeit, Ort und Tagesordnung (s. Rz. 4, 5) der Gläubigerversammlung ist auch die 2
Zustimmung des Gerichts zur Schlußverteilung öffentlich bekanntzumachen. Für die
öffentliche Bekanntmachung genügt die Veröffentlichung in dem für amtliche Bekanntmachungen des Gerichts bestimmten Blatt (§ 9), weitere Veröffentlichungen (z. B. in den
am Ort erscheinenden Tageszeitungen) können vom Gericht angeordnet werden (§ 9
Abs. 2).

Die Insolvenzgläubiger, die absonderungsberechtigten Gläubiger und der Schuldner 3
(§§ 74 Abs. 1 Satz 2, 190, 197 Abs. 3, 194 Abs. 2 und 3) brauchen nicht besonders geladen zu werden, die öffentliche Bekanntmachung reicht aus (§ 74 Abs. 2 Satz 1). Der
Insolvenzverwalter hat jedoch die Möglichkeit (und er sollte davon Gebrauch machen),
die Gläubiger – z. B. durch ein Rundschreiben – vom Schlußtermin zu unterrichten, um
sicherzustellen, daß der Schlußtermin nicht ohne deren Teilnahme stattfindet. Insbesondere sollte der Verwalter dann um die Teilnahme von Gläubigern bemüht sein, wenn die
Gläubigerversammlung über nicht verwertbare Gegenstände der Insolvenzmasse zu
entscheiden hat (s. Absatz 1 Satz 2 Nr. 3).

B. Die Tagesordnungspunkte

I. Allgemeines

Die Tagesordnungspunkte des Schlußtermins sind gesetzlich festgelegt. Der Schlußtermin dient zur Erörterung der Schlußrechnung des Insolvenzverwalters, um Einwendungen gegen das Schlußverzeichnis zu erheben und zur Entscheidung der Gläubiger über
die nicht verwertbaren Gegenstände der Insolvenzmasse. 4

Konnten einige Vermögensgegenstände noch nicht oder noch nicht vollständig verwertet 5
werden und soll der zukünftige Erlös einer Nachtragsverteilung vorbehalten bleiben
(s. § 196 Rz. 4–7), empfiehlt es sich, einen **weiteren Tagesordnungspunkt** (»Unterrichtung der Gläubiger über eine vorbehaltene Nachtragsverteilung«) in die Terminsbestimmung aufzunehmen.

II. Erörterung der Schlußrechnung

Die vom Insolvenzverwalter vorgelegte schriftliche Schlußrechnung wird in vielen Fällen ausreichen, um die Gläubiger umfassend über den Ablauf des Insolvenzverfahrens
und die vom Verwalter vorgenommenen Maßnahmen zu unterrichten. Im Schlußtermin
haben die Gläubiger zusätzlich Gelegenheit, sich vom Insolvenzverwalter einzelne
Punkte der Schlußrechnung (Zusammensetzung und Verwertung der Masse, Höhe der
Masseansprüche, die vollzogenen Ausschüttungen an die Insolvenzgläubiger, erwartetes
und eingetretenes Gesamtergebnis des Insolvenzverfahrens) erläutern zu lassen. 6

Sachdienliche Fragen der Gläubiger hat das Gericht zuzulassen. Die Erörterung der 7
Schlußrechnung dient aber nicht dazu, Maßnahmen des Insolvenzverwalters daraufhin
zu überprüfen, ob sie richtig und zweckmäßig waren oder ob den Gläubigern durch eine
(behauptete) Pflichtverletzung des Verwalters ein Schaden entstanden ist. Das Insolvenzgericht ist auch nicht befugt, darüber zu entscheiden. Behauptet ein Gläubiger, ihm
sei durch pflichtwidriges Verhalten des Insolvenzverwalters ein Schaden entstanden,
muß er dies außerhalb des Insolvenzverfahrens durch eine Schadensersatzklage geltend
machen (s. § 196 Rz. 12).

8 Bei der Erörterung der Schlußrechnung braucht der Insolvenzverwalter nur sein **tatsächliches Handeln** darzulegen. Zu einer ausführlichen Begründung oder einer Rechtfertigung ist er nicht verpflichtet. Gleichwohl kann er zu einem streitigen Punkt ausführlicher Stellung nehmen, wenn ihm dies angezeigt erscheint, um mögliche Differenzen mit den Gläubigern zu klären und so einer Schadenersatzklage vorzubeugen.

III. Einwendungen gegen das Schlußverzeichnis

9 Das Schlußverzeichnis ist ein Verteilungsverzeichnis i. S. v. § 188. Bevor eine Verteilung aufgrund des Schlußverzeichnisses stattfinden kann, ist es auf der Geschäftsstelle niederzulegen; der Verwalter hat die Summe der Forderungen und den für die Schlußverteilung verfügbaren Betrag öffentlich bekanntzumachen (§ 188 Satz 2 und 3).

10 Die Gläubiger bestrittener Forderungen, die absonderungsberechtigten Gläubiger und die Gläubiger aufschiebend bedingter Forderungen werden bei der Schlußverteilung nur berücksichtigt, wenn die Voraussetzungen der §§ 189, 191 und 192 erfüllt sind (s. Kommentierung zu diesen Vorschriften).

11 Abweichend von dem Verfahren bei Abschlagsverteilungen kann der Gläubiger seine Einwendung im Schlußtermin erheben. Sie ist zu protokollieren, wenn sie mündlich erhoben wird.

12 Die Entscheidung über die Einwendung ist im Schlußtermin zu treffen; sie ist in das Protokoll aufzunehmen und zu verkünden. Eine Zustellung (wie in § 194 Abs. 2 Satz 1 vorgeschrieben) ist entbehrlich, § 4 i. V. m. § 329 Abs. 1 ZPO. Dem Gläubiger ist jedoch eine Protokollabschrift zur Verfügung zu stellen, damit er seine Beschwerde gegen die Entscheidung des Insolvenzgerichts vorbereiten kann.

13 Die Entscheidung (das die Entscheidung enthaltene Protokoll), die eine Berichtigung des Schlußverzeichnisses anordnet, ist zusätzlich auf der Geschäftsstelle niederzulegen (§ 194 Abs. 3 Satz 1). Dies dient der Information der Gläubiger, die an dem Schlußtermin nicht teilgenommen haben und die durch eine Änderung des Verteilungsverzeichnisses beschwert sind (durch die Berücksichtigung eines weiteren Gläubigers mindert sich ihre Quote).

14 Beträge, die wegen einer noch nicht erledigten Einwendung nicht ausgezahlt werden können, sind vom Insolvenzverwalter zurückzubehalten und zu hinterlegen (§ 198). Unterliegt der Gläubiger, werden die hinterlegten Beträge für die Verteilung an die übrigen Gläubiger frei, es findet eine Nachtragsverteilung statt (§ 203 Abs. 1 Nr. 1).

15 Soll mit einer Einwendung erreicht werden, daß ein bisher im Schlußverzeichnis nicht aufgeführter Gläubiger berücksichtigt wird, ist der auf den Gläubiger im Falle seines Obsiegens entfallende Betrag der Teilungsmasse zu entnehmen und zurückzubehalten. Die an die übrigen Gläubiger auszuzahlenden Beträge mindern sich entsprechend. Obsiegt der Gläubiger, wird der hinterlegte Betrag an ihn ausgezahlt. Wird seine Einwendung rechtskräftig zurückgewiesen, wird der hinterlegte Betrag zur weiteren Verteilung an die anderen Gläubiger frei. Es findet dann auch hier eine Nachtragsverteilung statt.

IV. Entscheidung über nicht verwertbare Gegenstände

16 Die Entscheidung, was mit nicht verwertbaren Gegenständen geschehen soll, hat die Gläubigerversammlung zu treffen. Dies dient einerseits der Entlastung des Verwalters, der nicht in eigener Verantwortung entscheiden muß, ob ein Gegenstand tatsächlich unverwertbar ist und damit an den Schuldner zurückzugeben ist. Die Gläubigerversammlung hat andererseits die Möglichkeit, den nicht verwertbaren Gegenstand (eine nicht verwertbare Forderung) einem Gläubiger gegen Zahlung eines (von der Gläubigerversammlung zu bestimmenden) angemessenen Preises zu überlassen (abzutreten) und damit die Teilungsmasse zu mehren.

Kommt ein Verkauf an einen Gläubiger nicht zustande, ist der Gegenstand (die Forderung) freizugeben. Der Schuldner kann darüber dann wieder frei verfügen. Nach Aufhebung des Verfahrens ist die Einzelzwangsvollstreckung in diesen Gegenstand (diese Forderung) zulässig. 17

V. Vorbehaltene Nachtragsverteilung

Konnte der Insolvenzverwalter einzelne Gegenstände (dazu zählen auch Forderungen) der Insolvenzmasse noch nicht oder noch nicht vollständig verwerten (s. § 196 Rz. 4–7), sollte die Gläubigerversammlung bei diesem zusätzlich aufzunehmenden Tagesordnungspunkt entsprechend unterrichtet werden. Es empfiehlt sich, daß der Verwalter in solchen Fällen den geschätzten Erlös in die Schlußrechnung aufnimmt und angibt, welche zusätzlichen Zahlungen die Gläubiger nach Abschluß der Verwertung zu erwarten haben. 18

C. Fristen

Zwischen der öffentlichen Bekanntmachung und dem Schlußtermin soll eine Frist von mindestens drei Wochen liegen. Die Mindestfrist ist erforderlich, damit zum Schlußtermin die Einwendungsfristen der §§ 189, 190 und 193 abgelaufen sind und im Schlußtermin festgestellt werden kann, ob Einwendungen der Gläubiger rechtzeitig erhoben worden sind. Die Mindestfrist von drei Wochen ist daher stets einzuhalten. 19

Die Frist beginnt mit der öffentlichen Bekanntmachung des Schlußtermins, also gemäß § 9 Abs. 1 Satz 3 nach Ablauf von zwei Tagen nach dem Tag der Veröffentlichung. 20

Die Frist zwischen Bekanntmachung und Termin soll höchstens einen Monat betragen. Diese Frist wird regelmäßig nicht einzuhalten sein. Der Tag, an dem der Schlußtermin veröffentlicht wird, ist dem Gericht bei der Terminsbestimmung nicht bekannt. Wegen der einzuhaltenden Mindestfrist ist es auch nicht ratsam, zu kurzfristig zu terminieren. Es ist daher zu empfehlen (die Vorschrift ist ohnehin eine Soll-Vorschrift), den Termin so zu bestimmen, daß die Mindesfrist von drei Wochen auf jeden Fall eingehalten wird und die Höchstfrist von einem Monat nur insoweit zu berücksichtigen, daß sie nicht über Gebühr überschritten wird. 21

§ 198
Hinterlegung zurückbehaltener Beträge → § 169 KO

Beträge, die bei der Schlußverteilung zurückzubehalten sind, hat der Insolvenzverwalter mit Zustimmung des Insolvenzgerichts für Rechnung der Beteiligten bei einer geeigneten Stelle zu hinterlegen.

§ 199 *Befriedigung der Gläubiger/Verfahrenseinstellung*

1 Der Insolvenzverwalter hat in folgenden Fällen Beträge für eine spätere Verteilung zurückzuhalten: a) für Gläubiger bestrittener Forderungen, wenn der Nachweis, daß Klage erhoben oder der Rechtsstreit aufgenommen worden ist, rechtzeitig geführt wird (§ 189 Abs. 2), b) für absonderungsberechtigte Gläubiger, wenn rechtzeitig nachgewiesen wird, daß auf die abgesonderte Befriedigung verzichtet worden ist oder daß der Gläubiger bei der abgesonderten Befriedigung ausgefallen ist (§ 190) und c) bei den Anteilen, die deshalb zurückbehalten werden, weil über Einwendungen gegen das Verteilungsverzeichnis (Schlußverzeichnis) noch nicht entschieden ist.

2 Die zurückzubehaltenden Beträge sind vom Insolvenzverwalter mit Zustimmung des Insolvenzgerichts bei einer geeigneten Stelle zu hinterlegen. Als geeignete Stellen kommen das Amtsgericht als amtliche Hinterlegungsstelle (§ 372 BGB, § 1 HinterlO), Banken und Sparkassen und andere geeignete Stellen in Betracht.

3 Zweckmäßig dürfte die Hinterlegung bei einer Bank oder Sparkasse sein. Der Verwalter richtet ein besonderes Konto (bei mehreren Gläubigern für jeden eines) ein und behält so die Verfügungsgewalt für die hinterlegten Beträge, kann daher, sobald die Voraussetzungen für die Auszahlung vorliegen und ohne Einschaltung der amtlichen Hinterlegungsstelle (Amtsgericht) das Geld an den Empfangsberechtigten auszahlen.

4 **Keine Anwendung** findet die Vorschrift, wenn der Gläubiger unbekannten Aufenthaltes ist oder wenn – etwa durch Erbfolge – die Person des Empfangsberechtigten nicht oder nicht sicher bekannt ist (BT-Drucks. 12/2443, S. 187 für den Fall, daß der Aufenthalt des Gläubigers unbekannt ist). In solchen Fällen sind die zur Auszahlung stehenden Beträge gemäß § 372 BGB unter Verzicht auf die Rücknahme (wegen der Befriedigungswirkung des § 378 BGB) bei der amtlichen Hinterlegungsstelle (Amtsgericht) zu hinterlegen.

§ 199
Überschuß bei der Schlußverteilung

[1]**Können bei der Schlußverteilung die Forderungen aller Insolvenzgläubiger in voller Höhe berichtigt werden, so hat der Insolvenzverwalter einen verbleibenden Überschuß dem Schuldner herauszugeben.** [2]**Ist der Schuldner keine natürliche Person, so hat der Verwalter jeder am Schuldner beteiligten Person den Teil des Überschusses herauszugeben, der ihr bei einer Abwicklung außerhalb des Insolvenzverfahrens zustünde.**

1 Der Schuldner bleibt auch nach Eröffnung des Insolvenzverfahrens Eigentümer der Insolvenzmasse. Nicht sein Eigentum wird durch die Verfahrenseröffnung berührt, sondern lediglich seine Befugnis, die Insolvenzmasse zu verwalten und über sie zu verfügen. Diese Rechte gehen auf den Insolvenzverwalter über (§ 80 Abs. 1).

2 Für den seltenen Fall, daß die Forderungen aller Insolvenzgläubiger befriedigt werden können, ist daher vorgesehen, daß der dem Schuldner gehörende Überschuß an ihn auszuhändigen ist.

3 Voraussetzung ist die Befriedigung aller Insolvenzgläubiger, auch der nachrangigen. Daß auch alle Massegläubiger befriedigt sein müssen ergibt sich bereits daraus, daß Zahlungen an die Insolvenzgläubiger erst dann erfolgen, wenn die Masseansprüche befriedigt worden sind.

4 Ist der Schuldner keine natürliche Person, hat der Verwalter den Überschuß an die Personen herauszugeben, die an dem Schuldner beteiligt sind (Satz 2). Bei einer GmbH

Aufhebung des Insolvenzverfahrens § 200

mit mehreren Gesellschaftern erhalten somit die Gesellschafter den Überschuß. Die Vorschrift verhindert, daß nach dem Insolvenzverfahren noch eine gesellschaftsrechtliche Liquidation durchgeführt werden muß (BT-Drucks. 12/2442, S. 187).
Der Überschuß ist so zu verteilen, wie es die gesetzlichen oder vertraglichen Bestimmungen über die Aufteilung des Vermögens im Fall der Liquidation vorsehen (BT-Drucks., a. a. O.). Der Verwalter ist aber weder berechtigt noch verpflichtet, einen Streit zwischen den Beteiligten (Gesellschaftern) über die richtige Verteilung zu entscheiden. Kann er mit ihnen keine einvernehmliche Regelung darüber treffen, ist der Überschuß für alle Beteiligten und unter Verzicht der Rücknahme (durch den Verwalter) beim Amtsgericht als amtliche Hinterlegungsstelle zu hinterlegen (§§ 372, 378 BGB). Der Insolvenzverwalter wird durch die Hinterlegung befreit, die Beteiligten müssen den Streit um die Verteilung des Überschusses untereinander austragen. 5

§ 200
Aufhebung des Insolvenzverfahrens → § 163 KO

(1) Sobald die Schlußverteilung vollzogen ist, beschließt des Insolvenzgericht die Aufhebung des Insolvenzverfahrens.
(2) ¹Der Beschluß und der Grund der Aufhebung sind öffentlich bekanntzumachen. ²Die Bekanntmachung ist, unbeschadet des § 9, auszugsweise im Bundesanzeiger zu veröffentlichen. ³Die §§ 31 bis 33 gelten entsprechend.

Inhaltsübersicht: Rz.

A. Aufhebung des Verfahrens	1–2
B. Öffentliche Bekanntmachung	3–4
C. Benachrichtigungen	5
D. Rechtsmittel	6
E. Kostenberechnung	7

A. Aufhebung des Verfahrens

Das Insolvenzverfahren ist durch Beschluß aufzuheben, sobald die Schlußverteilung vollzogen ist. Dies ist dann der Fall, wenn der Insolvenzverwalter die Insolvenzquote an die Gläubiger ausgezahlt, die zurückzubehaltenden Beträge (§ 198) und die Beträge, die er wegen eines Annahmeverzuges oder weil ihm der wahre Berechtigte unbekannt ist, hinterlegt hat (§ 198 bzw. § 372 BGB). 1
Der Insolvenzverwalter zeigt dem Gericht an, daß er die Schlußverteilung vollzogen hat. Zweckmäßigerweise überreicht er dabei zur Kontrolle durch das Gericht die Durchschriften der Überweisungsbelege und die dazugehörigen Kontoauszüge. 2

B. Öffentliche Bekanntmachung

Der Beschluß ist in dem für amtliche Bekanntmachungen des Gerichts bestimmten Blatt (§ 9) zu veröffentlichen. Zusätzlich ist die – auszugsweise – Veröffentlichung im 3

Schulz 1235

§ 201 *Befriedigung der Gläubiger/Verfahrenseinstellung*

Bundesanzeiger zu veranlassen. Weitere Veröffentlichungen (z. B. in den am Ort erscheinenden Tageszeitungen) sind in das Ermessen des Gerichts gestellt, § 9 Abs. 2.

4 Bei der Veröffentlichung ist anzugeben, aus welchem Grund das Verfahren aufgehoben worden ist (z. B.: »... wird aufgehoben, nachdem der Schlußtermin stattgefunden hat und die Schlußverteilung vollzogen ist.«).

C. Benachrichtigungen

5 Das Handels-, Genossenschafts- oder Vereinsregister, das Grundbuchamt und das Register für Schiffe und Luftfahrzeuge sind – soweit der Schuldner dort eingetragen ist – durch Übersendung einer Ausfertigung des Aufhebungsbeschlusses zu benachrichtigen.

D. Rechtsmittel

6 Gegen die Aufhebung des Verfahrens nach Abhaltung des Schlußtermins und Verteilung der Insolvenzmasse ist ein Rechtsmittel nicht gegeben, § 6 Abs. 1 (die Rechtsmittel im Fall der Einstellung des Verfahrens s. § 216).

E. Kostenberechnung

7 Nachdem die Rechnungen für die öffentlichen Bekanntmachungen vorliegen, können die Gerichtskosten für das Insolvenzverfahren abschließend berechnet werden. Es wird sich dabei regelmäßig ein geringer Überschuß ergeben, weil die Höhe der Bekanntmachungskosten vorab nicht genau bekannt ist. Der Überschuß kann, wenn eine Verteilung an die Gläubiger wirtschaftlich nicht vertretbar ist, dem Insolvenzverwalter als (geringe) zusätzliche Vergütung überlassen werden. Im Fall des § 199 sind die zuviel gezahlten Gerichtskosten dem Schuldner zu erstatten.

§ 201
Rechte der Insolvenzgläubiger nach Verfahrensaufhebung → § 164 KO

(1) Die Insolvenzgläubiger können nach der Aufhebung des Insolvenzverfahrens ihre restlichen Forderungen gegen den Schuldner unbeschränkt geltend machen.
(2) [1]Die Insolvenzgläubiger, deren Forderungen festgestellt und nicht vom Schuldner im Prüfungstermin bestritten worden sind, können aus der Eintragung in die Tabelle wie aus einem vollstreckbaren Urteil die Zwangsvollstreckung gegen den Schuldner betreiben. [2]Einer nicht bestrittenen Forderung steht eine Forderung gleich, bei der ein erhobener Widerspruch beseitigt ist.
(3) Die Vorschriften über die Restschuldbefreiung bleiben unberührt.

Rechte der Insolvenzgläubiger nach Verfahrensaufhebung **§ 201**

Inhaltsübersicht: Rz.

A. Allgemeines 1– 2
B. Voraussetzungen 3– 5
C. Erteilung des Tabellenauszuges 6– 8
D. Restschuldbefreiung 9–12

A. Allgemeines

Die Insolvenzgläubiger werden im Insolvenzverfahren regelmäßig nur wegen eines Teils 1
ihrer Forderung befriedigt; sie erhalten nur die Insolvenzquote. Der Schuldner wird –
ausgenommen im Fall der Restschuldbefreiung – von den Schulden nicht befreit. Er
bleibt verpflichtet, auch die im Insolvenzverfahren nicht berichtigten Ansprüche seiner
Gläubiger zu erfüllen.
Die Vorschrift gibt den Gläubigern das Recht, nach Aufhebung des Verfahrens ihre 2
Forderungen gegen den Schuldner unbeschränkt, d. h. in ihrer vollen Höhe abzüglich der
gezahlten Quote, geltend zu machen.

B. Voraussetzungen

Die Vorschrift gilt nur für (nachrangige und nicht nachrangige) Insolvenzgläubiger. Für 3
Massegläubiger gilt sie nicht; deren Forderungen (Masseverbindlichkeiten) werden vorab
aus der Insolvenzmasse befriedigt und werden auch nicht zur Tabelle angemeldet.
Die Forderung muß angemeldet, geprüft und festgestellt sein. Hat der Insolvenzverwal- 4
ter oder ein Insolvenzgläubiger der Forderung widersprochen, ist die Forderung nicht
festgestellt (§ 178). Ist der Widerspruch auch nicht im Feststellungsverfahren beseitigt
worden, kann der Gläubiger aus der Eintragung in die Tabelle nicht vollstrecken. Eine
bestrittene Forderung, bei der der Widerspruch beseitigt worden ist, steht einer nicht
bestrittenen Forderung gleich; aus dem Tabelleneintrag (der nach § 183 Abs. 2 aufgrund
der Entscheidung des Prozeßgerichts zu berichtigen ist) kann der Gläubiger gegen den
Schuldner die Zwangsvollstreckung betreiben.
Der Schuldner kann mit seinem Widerspruch gegen eine Forderung ihre Feststellung 5
(und damit die insolvenzrechtliche Berücksichtigung) nicht verhindern (§ 178 Abs. 1
Satz 2). Er kann aber durch seinen Widerspruch verhindern, daß die Insolvenzgläubiger
nach Aufhebung des Verfahrens die Zwangsvollstreckung gegen ihn betreiben (Abs. 2
Satz 1). Ein nicht beseitigter Widerspruch des Schuldners führt dazu, daß der Insolvenzgläubiger mit der Eintragung in die Tabelle keinen Vollstreckungstitel erhält. Er erhält
zwar die Insolvenzquote, kann aber aus dem Tabelleneintrag nicht gegen den Schuldner
vorgehen.

C. Erteilung des Tabellenauszuges

Zur Zwangsvollstreckung ist dem Gläubiger ein Auszug aus der Tabelle zu erteilen und 6
mit der Vollstreckungsklausel zu versehen. Die Klausel wird gemäß § 4 i. V.m. § 724
ZPO vom Urkundsbeamten des Insolvenzgerichts erteilt; ihre Erteilung ist auf der
Urschrift der Tabelle zu vermerken (entsprechend § 734 ZPO).

Schulz 1237

7 Der vollstreckbare Tabellenauszug darf erst nach Aufhebung des Verfahrens erteilt werden. Erst dann steht fest, ob und in welcher Höhe der Gläubiger noch einen Anspruch gegen den Schuldner hat. Durch Zahlungen eines neben dem Schuldner haftenden Gesamtschuldners (§ 43) oder durch die Verwertung von Absonderungsrechten kann sich die Höhe der festgestellten Forderung ändern. Eine zwischen Forderungsprüfung und Verfahrensaufhebung eingetretene Minderung der Schuldnerhaftung ist durch Änderung oder Berichtigung des Tabelleneintrages zu berücksichtigen. Die Erteilung des vollstreckbaren Tabellenauszug vor Aufhebung des Verfahrens würde dem Gläubiger unter Umständen einen Vollstreckungstitel in die Hand geben, der eine Forderung ausweist, die der Schuldner nicht (mehr) schuldet (*OLG Braunschweig* Rpfleger 1978, 220; *OLG Braunschweig* KTS 1978, 256).

8 Das Insolvenzgericht ist – neben der Erteilung der ersten vollstreckbaren Ausfertigung – auch zuständig für die Erteilung der vollstreckbaren Ausfertigung für und gegen Rechtsnachfolger des Gläubigers bzw. des Schuldners (§ 727 ZPO) und für die Erteilung weiterer Ausfertigungen (§ 733 ZPO). Zuständig für die Klauselerteilung ist der Urkundsbeamte der Geschäftsstelle (§ 724 Abs. 2 ZPO) oder – in den Fällen der §§ 727, 733 ZPO – der Rechtspfleger (§ 20 Nr. 12 RPflG).

D. Restschuldbefreiung

9 Eine natürliche Person als Schuldner kann von den im Insolvenzverfahren nicht erfüllten Verbindlichkeiten befreit werden, wenn dem Schuldner Restschuldbefreiung gewährt wird (s. §§ 286–303). Das Insolvenzverfahren wird erst dann aufgehoben, wenn die Feststellung des Insolvenzgerichts, der Schuldner werde Restschuldbefreiung erlangen, wenn er seinen Obliegenheiten (§ 295) nachkommt und (künftig) keine Voraussetzungen für die Versagung (§§ 297, 298) vorliegen, rechtskräftig geworden ist (§ 289 Abs. 2 Satz 2).

10 Die Erteilung des vollstreckbaren Tabellenauszuges vor Aufhebung des Insolvenzverfahrens ist nicht zulässig (s.o. Rz. 7), die Zwangsvollstreckung deshalb (und wegen § 89) nicht möglich. Im Restschuldbefreiungsverfahren ist die Zwangsvollstreckung für einzelne Insolvenzgläubiger während der Laufzeit der Abtretungserklärungen (siehe dazu § 287 Abs. 2) nicht zulässig (§ 294 Abs. 1).

11 Gleichwohl ist dem Gläubiger auf Antrag ein vollstreckbarer Tabellenauszug zu erteilen. Zum einen tritt die Restschuldbefreiung erst durch die Entscheidung des Insolvenzgerichts nach Ende der Laufzeit der Abtretungserklärungen ein (§ 300), zum anderen kann die Restschuldbefreiung unter den Voraussetzungen des § 303 widerrufen werden. In diesen Fällen bleiben die im Insolvenzverfahren nicht erfüllten Verbindlichkeiten bestehen und die Gläubiger sollen in einem solchen Fall die Möglichkeit haben, sofort im Wege der Einzelzwangsvollstreckung gegen den Schuldner vorgehen zu können.

12 Einwendungen gegen die in der Tabelle eingetragenen Forderung (z.B.: Mitschuldner hat nach Aufhebung des Insolvenzverfahrens gezahlt), sind vom Schuldner selbst durch Vollstreckungsabwehrklage (§ 767 ZPO) geltend zu machen.

§ 202
Zuständigkeit bei der Vollstreckung → § 164 KO

(1) Im Falle des § 201 ist das Amtsgericht, bei dem das Insolvenzverfahren anhängig ist oder anhängig war, ausschließlich zuständig für Klagen:
1. auf Erteilung der Vollstreckungsklausel;
2. durch die nach der Erteilung der Vollstreckungsklausel bestritten wird, daß die Voraussetzungen für die Erteilung eingetreten waren;
3. durch die Einwendungen geltend gemacht werden, die den Anspruch selbst betreffen.

(2) Gehört der Streitgegenstand nicht zur Zuständigkeit der Amtsgerichte, so ist das Landgericht ausschließlich zuständig, zu dessen Bezirk das Insolvenzgericht gehört.

Inhaltsübersicht: Rz.

A. Allgemeines	1–2
B. Die Klagearten im einzelnen	3–6
I. Klage auf Erteilung der Vollstreckungsklausel	3
II. Klage gegen die Erteilung der Vollstreckungsklausel	4
III. Vollstreckungsabwehrklage	5–6
C. Tätigkeiten des Insolvenzgerichts	7

A. Allgemeines

1 Bei den in der Vorschrift genannten Klagen handelt es sich um die Klagen a) auf Erteilung der Vollstreckungsklausel (§ 731 ZPO), b) gegen die Erteilung der Vollstreckungsklausel (§ 768 ZPO) und c) um die Vollstreckungsabwehrklage (§ 767 ZPO). Im Zivilverfahren ist für diese Klagen das Prozeßgericht des ersten Rechtszuges zuständig. Für ein Klauselverfahren im Anschluß an ein Insolvenzverfahren ist das Amtsgericht ausschließlich zuständig, bei dem das Insolvenzverfahren anhängig ist oder war.

2 Wird der Streitwert für die Zuständigkeit des Amtsgerichtes von (derzeit) 10 000 DM überschritten (§ 23 Nr. 1 GVG), ist das Landgericht ausschließlich zuständig, zu dessen Bezirk das Insolvenzgericht gehört (Abs. 2).

B. Die Klagearten im einzelnen

I. Klage auf Erteilung der Vollstreckungsklausel

3 Ein Insolvenzgläubiger, der gegen den Rechtsnachfolger eines Insolvenzschuldners oder gegen Vermögens- und Firmenübernehmer vollstrecken will (die Vollstreckung gegen den Nacherben und gegen den Testamentvollstrecker – § 728 ZPO – und die Vollstreckung bei bedingten Leistungen – § 726 Abs. 1 ZPO – haben im Insolvenzverfahren keine Bedeutung), hat die Rechtsnachfolge – falls sie nicht offenkundig ist – durch öffentliche oder öffentlich beglaubigte Urkunden nachzuweisen (§§ 727, 729 ZPO). Gelingt ihm dies nicht, kann er beim Amtsgericht (Landgericht) auf die Erteilung der Vollstreckungsklausel klagen (§ 731 ZPO).

II. Klage gegen die Erteilung der Vollstreckungsklausel

4 Der Schuldner kann seine Einwendungen gegen die Zulässigkeit der Vollstreckungklausel durch Erinnerung gemäß § 732 ZPO geltend machen. Da das Erinnerungsverfahren lediglich ein summarisches Verfahren ist (es findet in der Regel keine mündliche Verhandlung statt, § 732 Abs. 1 Satz 2 ZPO), kann er statt dessen auf Feststellung klagen, daß die Erteilung der Klausel unzulässig sei (§ 768 ZPO). Dem Schuldner bleibt es überlassen, welchen Weg (Erinnerung oder Klage) er beschreiten will.

III. Vollstreckungsabwehrklage

5 Mit der Vollstreckungsabwehrklage können Einwendungen gegen den durch den Tabelleneintrag titulierten Anspruch selbst geltend gemacht werden (§ 767 ZPO). Der Insolvenzschuldner kann aber mit der Vollstreckungsgegenklage nicht erreichen, daß die im Insolvenzverfahren ordnungsgemäß angemeldeten, geprüften und festgestellten Forderungen nochmals gerichtlich geprüft werden.

6 Einwendungen gegen den Anspruch können nur dann erfolgreich erhoben werden, wenn die Gründe, auf der sie beruhen, nach der insolvenzrechtlichen Feststellung der Forderung entstanden sind (vergleiche § 767 Abs. 2 ZPO). Dies ist z. B. dann der Fall, wenn ein Mitschuldner nach Aufhebung des Verfahrens zahlt oder wenn der Gläubiger auf seine Forderung verzichtet.

C. Tätigkeiten des Insolvenzgerichts

7 Obsiegt der Gläubiger mit seiner Klage auf Erteilung der Vollstreckungsklausel, ist die vollstreckbare Ausfertigung des Tabelleneintrages entsprechend dem Urteilstenor vom Insolvenzgericht zu erteilen. Obsiegt der Schuldner mit seiner Feststellungsklage, daß die Erteilung der Vollstreckungsklausel unzulässig war, sollte das Insolvenzgericht die dem Gläubiger erteilte vollstreckbare Ausfertigung des Tabelleneintrages zurückfordern (unabhängig davon, daß der Schuldner die Herausgabe vom Gläubiger verlangen kann). Wird festgestellt, daß der Anspruch selbst nicht (oder nicht mehr in voller Höhe) besteht, sollte dies in der Tabelle vermerkt werden, um zu vermeiden, daß weitere Ausfertigungen erteilt werden.

§ 203
Anordnung der Nachtragsverteilung → § 166 KO

(1) Auf Antrag des Insolvenzverwalters oder eines Insolvenzgläubigers oder von Amts wegen ordnet das Insolvenzgericht eine Nachtragsverteilung an, wenn nach dem Schlußtermin
1. zurückbehaltene Beträge für die Verteilung frei werden,
2. Beträge, die aus der Insolvenzmasse gezahlt sind, zurückfließen oder
3. Gegenstände der Masse ermittelt werden.
(2) Die Aufhebung des Verfahrens steht der Anordnung einer Nachtragsverteilung nicht entgegen.

Anordnung der Nachtragsverteilung **§ 203**

(3) ¹Das Gericht kann von der Anordnung absehen und den zur Verfügung stehenden Betrag oder den ermittelten Gegenstand dem Schuldner überlassen, wenn dies mit Rücksicht auf die Geringfügigkeit des Betrags oder den geringen Wert des Gegenstands und die Kosten einer Nachtragsverteilung angemessen erscheint. ²Es kann die Anordnung davon abhängig machen, daß ein Geldbetrag vorgeschossen wird, der die Kosten der Nachtragsverteilung deckt.

Inhaltsübersicht: Rz.

A. Allgemeines 1–4
B. Anordnung der Nachtragsverteilung 5–7
C. Absehen von der Nachtragsverteilung 8–9

A. Allgemeines

Eine Nachtragsverteilung findet statt, wenn nach dem Schlußtermin noch weitere Gelder zur Masse fließen, die an die Insolvenzgläubiger zu verteilen sind. Dies sind zunächst (Abs. 1 Nr. 1) die bei der Abschlags- oder Schlußverteilung für die bestrittenen Forderungen (§ 189) oder für absonderungsberechtigte Gläubiger (§ 190) zurückbehaltenen Beträge, wenn die Bedingungen, unter denen der Insolvenzverwalter Zahlungen aus der Masse an diese Gläubiger zu leisten hat, nachträglich eintreten. **1**

Auch für Beträge, die aus der Masse gezahlt worden sind und die nach Abschluß des Insolvenzverfahrens zurückfließen, kann die nachträgliche Verteilung angeordnet werden. Dieser Fall kann eintreten, wenn eine auflösend bedingte Forderung (§ 42) berücksichtigt wurde und nachträglich die auflösende Bedingung eintritt oder wenn auf eine bestrittene, aber titulierte Forderung gezahlt worden ist und die Widerspruchsklage des Bestreitenden Erfolg gehabt hat (s. §§ 179 Abs. 2, 189 Abs. 1). **2**

Gleiches gilt, wenn erst nach Verfahrensbeendigung weitere, dem Insolvenzverwalter bisher nicht bekannte Gegenstände der Masse ermittelt werden. Gegenstände der Masse – unabhängig davon, ob der Verwalter Kenntnis von ihnen hat oder nicht – gehören durch die Eröffnung des Insolvenzverfahrens zur Insolvenzmasse und unterliegen auch nach der Aufhebung (Einstellung) des Verfahrens der Verwaltungs- und Verfügungsbefugnis des Verwalters. Gegenstände, die der Schuldner nach Aufhebung des Verfahrens erworben hat, unterliegen nicht der Nachtragsverteilung, denn zur Insolvenzmasse gehört nur das Vermögen, das dem Schuldner zur Zeit der Eröffnung des Insolvenzverfahrens gehört und das er während des Verfahrens erlangt hat (§ 35). **3**

Einer erneuten Beschlagnahme bedarf es nicht; dem Insolvenzverwalter ist erforderlichenfalls eine neue Urkunde über seine Bestellung (§ 56 Abs. 2 Satz 1) auszustellen. **4**

B. Anordnung der Nachtragsverteilung

Die Anordnung erfolgt auf Antrag des Insolvenzverwalters, eines Insolvenzgläubigers oder von Amts wegen. Eine Anordnung von Amts wegen dürfte nur in dem Fall möglich sein, daß zurückgehaltene Beträge für die Verteilung freiwerden (Abs. 1 Nr. 1), da hier das Gericht aus den Berichten, der Schlußrechnung und dem Schlußverzeichnis erkennen kann, daß demnächst weitere Beträge für die Verteilung zur Verfügung stehen werden. **5**

6 Wenn Beträge zur Masse zurückfließen (Abs. 1 Nr. 2) oder wenn Gegenstände der Masse nachträglich ermittelt werden (Abs. 1 Nr. 3), ist das Gericht auf die Mitteilungen und Anzeigen des Insolvenzverwalters (an ihn werden die zurückfließenden Beträge vermutlich gezahlt) oder eines Insolvenzgläubigers (er hat ein eigenes Interesse daran, daß die Masse vollständig erfaßt und verwertet wird) angewiesen.

7 Mitteilungen und Anzeigen von Dritten (auch wenn sie nicht antragsberechtigt sind) sollte das Gericht in geeigneten Fällen nachgehen und prüfen, ob eine Nachtragsverteilung von Amts wegen anzuordnen ist.

C. Absehen von der Nachtragsverteilung

8 Die Nachtragsverteilung ist regelmäßig mit weiteren Kosten (Verwertungskosten, Kosten für die Überweisung der auszuzahlenden Beträge) verbunden. Sind die zur Masse fließenden Beträge so gering oder hat der nachträglich ermittelte Gegenstand einen so geringen Wert, daß die Kosten der Verwertung und Verteilung in keinem vertretbaren Verhältnis zu den Beträgen stehen, die den Insolvenzgläubigern ausgezahlt werden können, kann das Gericht von einer Nachtragsverteilung absehen. Die Beträge sind statt dessen an den Schuldner auszuhändigen; ein ermittelter Gegenstand ist dem Schuldner zu überlassen.

9 Die Anordnung der Nachtragsverteilung kann das Gericht davon abhängig machen, daß vom Antragsteller ein Geldbetrag vorgeschossen wird, der die **Kosten der Nachtragsverteilung** deckt. Ein Kostenvorschuß wird insbesondere dann zu verlangen sein, wenn die Verwertung des nachträglich ermittelten Gegenstandes mit weiteren Kosten (z. B. Versteigerungskosten, Kosten eines Sachverständigen zur Feststellung des Wertes, Demontage- und Transportkosten usw.) verbunden ist.

§ 204
Rechtsmittel

(1) ¹**Der Beschluß, durch den der Antrag auf Nachtragsverteilung abgelehnt wird, ist dem Antragsteller zuzustellen.** ²**Gegen den Beschluß steht dem Antragsteller die sofortige Beschwerde zu.**
(2) ¹**Der Beschluß, durch den eine Nachtragsverteilung angeordnet wird, ist dem Insolvenzverwalter, dem Schuldner und, wenn ein Gläubiger die Verteilung beantragt hat, diesem Gläubiger zuzustellen.** ²**Gegen den Beschluß steht dem Schuldner die sofortige Beschwerde zu.**

1 Den Antrag auf Nachtragsverteilung können der Insolvenzverwalter und jeder Insolvenzgläubiger stellen (§ 203). Der zurückweisende Beschluß ist dem Antragsteller zuzustellen (Zustellung durch Aufgabe zur Post genügt, s. § 8 Abs. 1 Satz 2). Der Antragsteller kann sofortige Beschwerde gegen die Ablehnung einlegen. Die Beschwerdefrist beträgt zwei Wochen (§ 4 i.V.m. § 577 Abs. 2 ZPO) und beginnt mit der Zustellung des Beschlusses (§ 6 Abs. 2 Satz 1). Erfolgt die Zustellung durch Aufgabe zur Post, wird die Zustellung als bewirkt angesehen, wenn der Beschluß der Post übergeben wird (§§ 213, 175 Abs. 1 Satz 3).

Vollzug der Nachtragsverteilung § 205

Der Beschluß, der die Nachtragsverteilung anordnet, ist dem Schuldner, dem Insolvenz- 2
verwalter und, wenn der Antrag von einem Gläubiger gestellt worden ist, diesem
Gläubiger zuzustellen. Eine Zustellung an die anderen Gläubiger oder eine öffentliche
Bekanntmachung der Nachtragsverteilung ist nicht erforderlich. Die Gläubiger werden
darüber beim Vollzug der Nachtragsverteilung durch die vom Insolvenzverwalter zu
veranlassende Bekanntmachung der Teilungsmasse unterrichtet (s. § 205).
Der Schuldner kann gegen die Anordung der Nachtragsverteilung sofortige Beschwerde 3
einlegen (s. o. Rz. 1).

§ 205
Vollzug der Nachtragsverteilung → § 166 KO

¹Nach der Anordnung der Nachtragsverteilung hat der Insolvenzverwalter den zur
Verfügung stehenden Betrag oder den Erlös aus der Verwertung des ermittelten
Gegenstands auf Grund des Schlußverzeichnisses zu verteilen. ²Er hat dem Insolvenzgericht Rechnung zu legen.

Die Nachtragsverteilung kann in den Fällen, in denen zurückbehaltene Beträge für die 1
Verteilung frei werden (§ 203 Abs. 1 Nr. 1) oder wenn Beträge zur Masse zurückfließen
(§ 203 Abs. 1 Nr. 2), unmittelbar nach Anordnung der Nachtragsverteilung vollzogen
werden. Sind Gegenstände der Masse ermittelt worden, müssen diese zuvor vom
Insolvenzverwalter verwertet werden (wegen der dabei anfallenden Kosten s. § 203
Rz. 9).
Grundlage der Verteilung ist das **Schlußverzeichnis**. Gläubiger, die nicht (oder nicht 2
mehr) im Schlußverzeichnis aufgeführt sind, erhalten keine Zahlungen. Ist das Schlußverzeichnis berichtigt worden (s. §§ 197 Abs. 3, 194 Abs. 3), ist das berichtigte
Verzeichnis der Verteilung zugrunde zu legen.
Der Verwalter hat – wie bei einer Abschlags- oder Schlußverteilung – die Summe der 3
Forderungen und den für die Verteilung verfügbaren Betrag öffentlich bekanntzumachen
(§ 188 Satz 3). Ein neues Forderungsverzeichnis ist dagegen nicht erforderlich, da
Grundlage der Nachtragsverteilung das bereits vorhandene Schlußverzeichnis ist.
Bisher nicht erhobene Einwendungen gegen das Schlußverzeichnis (§§ 189, 190) kön- 4
nen bei der Nachtragsverteilung nicht mehr erhoben werden. Sollte dem Insolvenzverwalter jedoch bekannt sein, daß ein Gläubiger außerhalb des Insolvenzverfahrens
befriedigt worden ist (Mitschuldner hat gezahlt), muß er dies bei der Verteilung berücksichtigen und die Quote unter Umständen kürzen oder in voller Höhe wegfallen
lassen.
Bei der Auszahlung der Quote sollte der Verwalter die **Gläubiger in einfacher Form** 5
(z. B. durch einen Vermerk auf dem Überweisungsträger) über die nachträglich verteilte
Masse und die Berechnung der Quote **informieren**.
Nach Vollzug der Nachtragsverteilung hat der Verwalter dem Insolvenzgericht **Rech-** 6
nung zu **legen**. Inhalt der Rechnung sollte sein: a) die Höhe der freigewordenen und
zurückgeflossenen Beträge oder der Bruttoerlös aus der Verwertung von Massegegenständen, b) die Kosten der Verwertung, c) der Nettoerlös und d) die Berechnung der
ausgezahlten Quote.

§ 206
Ausschluß von Massegläubigern → § 172 KO

Massegläubiger, deren Ansprüche dem Insolvenzverwalter
1. bei einer Abschlagsverteilung erst nach der Festsetzung des Bruchteils,
2. bei der Schlußverteilung erst nach der Beendigung des Schlußtermins oder
3. bei einer Nachtragsverteilung erst nach der öffentlichen Bekanntmachung bekanntgeworden sind, können Befriedigung nur aus den Mitteln verlangen, die nach der Verteilung in der Insolvenzmasse verbleiben.

1 Masseansprüche sind vom Insolvenzverwalter vorweg zu berichten (§ 53). An Insolvenzgläubiger dürfen erst dann Zahlungen geleistet werden, wenn die Massegläubiger befriedigt worden sind. Zahlt der Insolvenzverwalter die Masse an die Insolvenzgläubiger aus und kann er deshalb Massegläubiger nicht befriedigen, ist er letztgenannten gegenüber zum Schadensersatz verpflichtet (für die vom Insolvenzverwalter begründeten Masseverbindlichkeiten gilt die Vorschrift nicht, s. § 61).

2 Die Vorschrift schützt den Verwalter vor Schadensersatzansprüchen, wenn er Zahlungen an die Insolvenzgläubiger vornimmt und ihm erst danach Ansprüche von Massegläubigern bekannt werden. Keine Anwendung findet die Vorschrift, wenn die Masseansprüche vom Insolvenzverwalter selbst begründet worden sind. Können solche Ansprüche nicht erfüllt werden, gilt für die Haftung des Insolvenzverwalters § 61.

3 Voraussetzung für den Ausschluß von Massegläubigern ist, daß die Ansprüche dem Insolvenzverwalter nicht bekannt sind. Dabei ist es nicht erforderlich, daß deren Höhe bekannt ist. Hat ein Massegläubiger Ansprüche beim Insolvenzverwalter geltend gemacht und ist lediglich die Forderungshöhe streitig, muß der Verwalter notfalls den für die Erfüllung der Masseverbindlichkeiten erforderlichen Teil der Masse zurückhalten und die an die Insolvenzgläubiger auszuzahlenden Beträge kürzen.

4 Der Insolvenzverwalter wird geschützt, wenn ihm die Masseansprüche erst bekannt geworden sind, nachdem bei einer Abschlagsverteilung (§ 195) von ihm oder dem Gläubigerausschuß der zu zahlende Bruchteil festgesetzt worden ist, bei der Schlußverteilung der Schlußtermin beendet worden ist oder bei einer Nachtragsverteilung die Summe der Forderungen und der für die Verteilung verfügbare Betrag (§ 188 Satz 3) bekanntgemacht worden sind.

5 In den genannten Fällen müssen die nachträglich bekannt gewordenen Massegläubiger die Zahlungen an die Insolvenzgläubiger hinnehmen und können Befriedigung nur noch aus den Mitteln verlangen, die nach Vollzug der Abschlags- Schluß- oder Nachtragsverteilung verbleiben.

Dritter Abschnitt
Einstellung des Verfahrens

§ 207
Einstellung mangels Masse → § 204 KO

(1) ¹Stellt sich nach der Eröffnung des Insolvenzverfahrens heraus, daß die Insolvenzmasse nicht ausreicht, um die Kosten des Verfahrens zu decken, so stellt das

Einstellung mangels Masse **§ 207**

Insolvenzgericht das Verfahren ein. ²Die Einstellung unterbleibt, wenn ein ausreichender Geldbetrag vorgeschossen wird; § 26 Abs. 3 gilt entsprechend.
(2) Vor der Einstellung sind die Gläubigerversammlung, der Insolvenzverwalter und die Massegläubiger zu hören.
(3) ¹Soweit Barmittel in der Masse vorhanden sind, hat der Verwalter vor der Einstellung die Kosten des Verfahrens, von diesen zuerst die Auslagen, nach dem Verhältnis ihrer Beträge zu berichtigen. ²Zur Verwertung von Massegegenständen ist er nicht mehr verpflichtet.

Inhaltsübersicht: Rz.

A. Die massearmen Verfahren	1– 2
B. Masselosigkeit	3– 4
C. Mitteilung des Verwalters	5– 6
D. Die Anhörung der Beteiligten (Gläubigerversammlung)	7– 9
E. Pflichten des Verwalters vor Einstellung	10–12

A. Die massearmen Verfahren

Die §§ 207–211, 215 und 216 behandeln die Abwicklung der Verfahren, die mangels **1** Masse (§ 207) oder wegen Masseunzulänglichkeit (§ 208) einzustellen sind.
Das Verfahren ist mangels Masse nach dieser Vorschrift einzustellen, wenn noch nicht **2** einmal die Verfahrenskosten gedeckt sind. Sind zwar die Verfahrenskosten gedeckt, reicht die Masse aber nicht aus, um darüber hinaus auch die fälligen sonstigen Masseverbindlichkeiten (§ 55) zu erfüllen, ist das Verfahren nach den §§ 208 ff. wegen Masseunzulänglichkeit einzustellen. Zwar weist das Insolvenzgericht den Antrag auf Eröffnung des Insolvenzverfahrens bereits im Eröffnungsverfahren ab, wenn das Vermögen nicht ausreicht, um die Kosten des Verfahrens zu decken und wenn kein ausreichender Geldbetrag zur Deckung der Verfahrenskosten vorgeschossen wird (§ 26), doch wird im Eröffnungsverfahren nicht immer vorauszusehen sein, ob Masselosigkeit oder Massunzulänglichkeit vorliegt. Die Paragraphen dieses dritten Abschnittes enthalten die Vorschriften, nach denen masselose und massunzulängliche Verfahren abzuwickeln sind.

B. Masselosigkeit

Masselosigkeit liegt vor, wenn die Insolvenzmasse nicht ausreicht, um die Verfahrens- **3** kosten zu decken. Verfahrenskosten sind nur die in § 54 definierten »Kosten des Verfahrens«, also die Gerichtkosten für das Insolvenzverfahren, die Vergütungen und die Auslagen des vorläufigen Insolvenzverwalters, des Insolvenzverwalters und der Mitglieder des Gläubigerausschusses.
Nicht zu den Kosten gehören die sonstigen Masseverbindlichkeiten (§ 55); können diese **4** nicht befriedigt werden, liegt ein Fall der Masseunzulänglichkeit vor, der nach § 208 zu behandeln ist.

C. Mitteilung des Verwalters

5 Das Insolvenzgericht kann aus eigener Kenntnis nicht feststellen, ob die Verfahrenskosten gedeckt sind. Nur der Insolvenzverwalter kann entscheiden, ob die vorhandenen Barmittel und die durch die Verwertung der Masse noch zu erwirtschaftenden Gelder ausreichen werden, um die Kosten zahlen zu können.

6 Der Insolvenzverwalter ist daher gehalten, alsbald nach Verfahrenseröffnung zu prüfen, ob die Verfahrenskosten – ggf. nach Verwertung der Masse – gedeckt sind und dem Gericht mitzuteilen, falls keine Kostendeckung erreicht werden kann. Anderenfalls läuft er Gefahr, Leistungen zu erbringen, für die er keine Vergütung erhält. An der Mitteilung hat er somit ein eigenes Interesse.

D. Die Anhörung der Beteiligten (Gläubigerversammlung)

7 Zur Anhörung der Beteiligten ist eine Gläubigerversammlung anzuberaumen, in der die Gläubigerversammlung (die Insolvenzgläubiger und die absonderungsberechtigten Gläubiger, s. § 74), der Insolvenzverwalter und die Massegläubiger zu hören sind.

8 Die Anhörung auch der Massegläubiger ist vorgeschrieben, weil sie ein Interesse haben können, die drohende Einstellung durch die Zahlung eines Kostenvorschusses (§§ 207 Abs. 1 Satz 2, 26 Abs. 3) zu verhindern (BT-Drucks. 12/2443, S. 218).

9 Mit der Einstellung des Verfahrens endet des Amt des Insolvenzverwalters, er hat daher der Gläubigerversammlung Rechnung zu legen, § 66. Die Gläubigerversammlung zur Anhörung über die beabsichtigte Einstellung kann mit dem Termin zur Abnahme der Schlußrechnung verbunden werden.

E. Pflichten des Verwalters vor Einstellung

10 Die Pflicht des Verwalters beschränkt sich darauf, mit den vorhandenen Barmitteln die Verfahrenskosten zu bezahlen. Von den Gerichtskosten und den Vergütungen des Insolvenzverwalters und der Mitglieder des Gläubigerausschusses sind zunächst die Auslagen zu begleichen und sodann – im Verhältnis ihrer Beträge – die übrigen Kosten.

11 Vorhandene Masse braucht der Verwalter nicht mehr zu verwerten. Da seine Vergütung nicht gesichert ist, kann ihm nicht zugemutet werden, die Verwertung der Masse fortzusetzen (BT-Drucks. 12/2443, S. 218).

12 Nach Einstellung des Verfahrens erhält der Schuldner die Verfügungsbefugnis über die Masse zurück (§ 215 Abs. 2 Satz 1). Die Gläubiger können dann ihre Befriedigung im Rahmen der Einzelzwangsvollstreckung nach der ZPO suchen.

§ 208
Anzeige der Masseunzulänglichkeit → § 205 KO

(1) ¹Sind die Kosten des Insolvenzverfahrens gedeckt, reicht die Insolvenzmasse jedoch nicht aus, um die fälligen sonstigen Masseverbindlichkeiten zu erfüllen, so hat der Insolvenzverwalter dem Insolvenzgericht anzuzeigen, daß Masseunzulänglichkeit vorliegt. ²Gleiches gilt, wenn die Masse voraussichtlich nicht ausreichen wird, um die bestehenden sonstigen Masserverbindlichkeiten im Zeitpunkt der Fälligkeit zu erfüllen.

Anzeige der Masseunzulänglichkeit § 208

(2) ¹Das Gericht hat die Anzeige der Masseunzulänglichkeit öffentlich bekanntzumachen. ²Den Massegläubigern ist sie besonders zuzustellen.
(3) Die Pflicht des Verwalters zur Verwaltung und zur Verwertung der Masse besteht auch nach der Anzeige der Masseunzulänglichkeit fort.

Inhaltsübersicht: Rz.

A. Masseunzulänglichkeit 1– 3
B. Anzeige des Verwalters 4– 5
C. Bekanntmachung der Anzeige 6– 7
D. Verwertung und Verwaltung nach Anzeige der Masseunzulänglichkeit 8–11

A. Masseunzulänglichkeit

Masseunzulänglichkeit liegt vor, wenn zwar die Kosten des Verfahrens (§ 54) gedeckt 1
sind, die Masse jedoch nicht ausreicht, um auch die übrigen Masseverbindlichkeiten
(§ 55) vollständig zu erfüllen. Bei der Prüfung, ob Masseunzulänglichkeit vorliegt, sind
nicht nur die fälligen Masseverbindlichkeiten zu berücksichtigen, der Verwalter ist auch
gehalten zu prüfen, ob die bereits bestehenden aber noch nicht fälligen Masseverbindlichkeiten im Zeitpunkt der Fälligkeit befriedigt werden können (Abs. 1 Satz 2).
Ein nach Eröffnung des Insolvenzverfahrens aufgestellter Sozialplan (§ 123) hat für die 2
Feststellung der Masseunzulänglichkeit keine Bedeutung. Zwar sind die Verbindlichkeiten aus einem Sozialplan Masseverbindlichkeiten (§ 123 Abs. 2 Satz 1), doch darf zur
Befriedigung der Sozialplangläubiger nur ein Drittel der Masse verwendet werden, die
ohne einen Sozialplan für die Insolvenzgläubiger zur Verfügung stünde. Ansprüche aus
einem Sozialplan werden daher nur befriedigt, wenn Zahlungen an die Insolvenzgläubiger erfolgen. Da bei einer Einstellung wegen Masseunzulänglichkeit die Insolvenzgläubiger keine Zahlungen erhalten, gehen hier auch die Sozialplangläubiger leer aus.
Wegen der Reihenfolge, in der die Massegläubiger zu berücksichtigen sind, s. § 209. 3

B. Anzeige des Verwalters

Der Verwalter hat die eingetretene oder die drohende Masseunzulänglichkeit dem 4
Insolvenzgericht anzuzeigen. Eine besondere Verpflichtung dazu ist im Gesetz nicht
vorgesehen. Der Verwalter wird aus Haftungsgründen (s. § 61) interessiert sein, die
Anzeige rechtzeitig und ohne schuldhafte Verzögerung dem Gericht einzureichen.
Eine Prüfung der Anzeige durch das Gericht findet nicht statt. Ein ursprünglich vom 5
Gesetzgeber vorgesehenes Verfahren, mit dem die Masseunzulänglichkeit gerichtlich
festgestellt werden sollte, ist aufgrund der Beschlußempfehlung des Rechtsausschusses
nicht Gesetz geworden (BT-Drucks. 12/7302, S. 179, 180). Für die Feststellung der
Masseunzulänglichkeit trägt deshalb allein der Verwalter die Verantwortung, insbesondere auch dafür, daß er – soweit es ihm aufgrund seiner Ermittlungen und Erkenntnisse
möglich ist – die Masseunzulänglichkeit richtig und rechtzeitig feststellt (s. § 61 Satz 2).
Die Anzeige des Verwalters ist nicht anfechtbar. Auch die Einstellung des Verfahrens
nach Anzeige der Masseunzulänglichkeit und nach Befriedigung der Massegläubiger
(§ 209) ist – bei einer Entscheidung durch den Richter – nicht anfechtbar, da der

Schulz

§ 209 *Befriedigung der Gläubiger/Verfahrenseinstellung*

Einstellungsgrund des § 211 nicht in § 216 aufgeführt ist. Hat der Rechtspfleger das Verfahren eingestellt, ist die befristete Erinnerung möglich.

C. Bekanntmachung der Anzeige

6   Die Tätigkeit des Gerichts ist zunächst darauf beschränkt, die Anzeige des Verwalters bekanntzumachen. Sie ist in dem für amtliche Bekanntmachungen bestimmten Blatt zu veröffentlichen, § 9. Zusätzlich kann das Gericht weitere Veröffentlichungen (z. B. in den am Ort erscheinenden Tageszeitungen) anordnen.

7   Den Massegläubigern ist die Anzeige besonders zuzustellen. Die Zustellungen können durch Aufgabe zur Post erfolgen oder auch dem Verwalter übertragen werden, § 8. Die Zustellung der Anzeige an die Massegläubiger ist erforderlich, weil mit Anzeige der Masseunzulänglichkeit den Massegläubigern i. S. v. § 209 Abs. 1 Nr. 3 (»Altmassegläubiger«) die Vollstreckung verboten ist (s. § 210).

D. Verwertung und Verwaltung nach Anzeige der Masseunzulänglichkeit

8   Die Vergütung des Verwalters ist im Fall der Masseunzulänglichkeit gesichert. Das Gesetz verpflichtet ihn deshalb auch dazu, die Verwertung und Verwaltung der Masse so lange fortzusetzen, bis die Masse vollständig verwertet und an die Massegläubiger verteilt ist.

9   Er darf dazu auch neue Verbindlichkeiten (»Neumasseschulden«) eingehen, da die nach Anzeige der Masseunzulänglichkeit begründeten Masseverbindlichkeiten den übrigen Masseverbindlichkeiten (»Altmasseverbindlichkeiten«) vorgehen (s. § 209 Abs. 1 Nr. 2).

10 Keine Verpflichtung zur weiteren Verwaltung und Verwertung besteht aber dann, wenn dadurch Masseverbindlichkeiten begründet werden, die auch im Rang des § 209 Abs. 1 Nr. 2 nicht oder nicht voll befriedigt werden können. Begründet der Verwalter solche Masseverbindlichkeiten und reicht die Masse einschließlich des durch die Verwertung erzielten Erlöses zu ihrer Begleichung nicht aus, macht sich der Verwalter diesen Gläubigern gegenüber schadenersatzpflichtig.

11 Massegegenstände, die deswegen nicht verwertet werden können, muß der Verwalter notfalls freigeben. Die Gläubiger können nach Einstellung des Verfahrens im Wege der Einzelzwangsvollstreckung in diese Gegenstände vollstrecken.

**§ 209
Befriedigung der Massegläubiger**   → **§ 60 KO**

(1) Der Insolvenzverwalter hat die Masseverbindlichkeiten nach folgender Rangordnung zu berichtigen, bei gleichem Rang nach dem Verhältnis ihrer Beträge:
1. die Kosten des Insolvenzverfahrens;
2. die Masseverbindlichkeiten, die nach der Anzeige der Masseunzulänglichkeit begründet worden sind, ohne zu den Kosten des Verfahrens zu gehören;
3. die übrigen Masseverbindlichkeiten, unter diesen zuletzt der nach den §§ 100, 101 Abs. 1 Satz 3 bewilligte Unterhalt.

Befriedigung der Massegläubiger § 209

(2) Als Masseverbindlichkeiten im Sinne des Absatzes 1 Nr. 2 gelten auch die Verbindlichkeiten
1. aus einem gegenseitigen Vertrag, dessen Erfüllung der Verwalter gewählt hat, nachdem er die Masseunzulänglichkeit angezeigt hatte;
2. aus einem Dauerschuldverhältnis für die Zeit nach dem ersten Termin, zu dem der Verwalter nach Anzeige der Masseunzulänglichkeit kündigen konnte;
3. aus einem Dauerschuldverhältnis, soweit der Verwalter nach der Anzeige der Masseunzulänglichkeit für die Insolvenzmasse die Gegenleistung in Anspruch genommen hat.

Inhaltsübersicht: Rz.
A. Allgemeines 1– 7
B. Kosten des Insolvenzverfahrens 8
C. Masseverbindlichkeiten, die nach Anzeige der Masseunzulänglichkeit entstanden sind
  (»Neumasseverbindlichkeiten«) 9–29
  I. Allgemeines 9–12
  II. Handeln des Insolvenzverwalters (Abs. 1 Nr. 2) 13–15
  III. Verträge, deren Erfüllung vom Verwalter gewählt worden ist (Abs. 2 Nr. 1) 16–20
  IV. Dauerschuldverhältnisse, die nicht rechtzeitig gekündigt worden sind (Abs. 2 Nr. 2) 21–25
  V. Inanspruchnahme der Gegenleistung (Abs. 2) 26–29
D. Die letztrangigen Masseverbindlichkeiten, Abs. 1 Nr. 3
  (»Altmasseverbindlichkeiten«) 30–31

A. Allgemeines

Die Vorschrift regelt die Befriedigung der Massegläubiger in massearmen Verfahren. **1** Reicht die Masse nicht aus, um alle Masseverbindlichkeiten zu erfüllen, werden die Massegläubiger entsprechend der hier genannten Reihenfolge befriedigt.
Die Gläubiger erhalten nur dann Zahlungen, wenn die ihnen vorgehenden Gläubiger voll **2** befriedigt worden sind. Reicht die Masse nicht (mehr) aus, um Gläubiger mit gleichem Rang zu befriedigen, werden sie nach dem Verhältnis ihrer Beträge befriedigt.
An erster Stelle stehen die Kosten des Insolvenzverfahrens. Dies sind gemäß § 54 nur die **3** Gerichtskosten für das Insolvenzverfahren, die Vergütungen des vorläufigen Insolvenzverwalters, des Insolvenzverwalters und der Mitglieder des Gläubigerausschusses. Die Kosten des Insolvenzverfahrens werden stets voll befriedigt, denn sollten die Verfahrenskosten nicht gedeckt sein, wäre das Verfahren mangels Masse einzustellen (§ 207); eine Verteilung der Masse nach § 209 findet daher nur statt, wenn die Kosten in voller Höhe gedeckt sind und lediglich die sonstigen Masseverbindlichkeiten nicht erfüllt werden können.
Nach den Verfahrenskosten sind die Masseverbindlichkeiten zu berichtigen, die der **4** Verwalter nach Anzeige der Masseunzulänglichkeit (§ 208) eingegangen ist, die »Neumasseverbindlichkeiten« (BT-Drucks. 12/2443, S. 220).
Bei der Befriedigung von Masseansprüchen aus gegenseitigen Verträgen ist zu unter- **5** scheiden, ob sie zu den »Neumasseverbindlichkeiten« oder den »Altmasseverbindlichkeiten« gehören. Absatz 2 stellt klar, unter welchen Voraussetzungen die Verbindlichkeiten als »Neumasseverbindlichkeiten« einzuordnen und bevorzugt – also vor den »Altmasseverbindlichkeiten« zu befriedigen sind (s. Rz. 16–20).

§ 209 *Befriedigung der Gläubiger/Verfahrenseinstellung*

6 Letztrangige Massegläubiger sind die Gläubiger der übrigen Masseverbindlichkeiten. Ein von der Gläubigerversammlung dem Schuldner oder dem vertretungsberechtigten persönlich haftenden Gesellschafter des Schuldners gewährter Unterhalt geht anderen Ansprüchen dieses Ranges nach, ist daher nur dann zu befriedigen, wenn die anderen »Altmassegläubiger« voll befriedigt worden sind.

7 Ansprüche aus einem nach Eröffnung des Insolvenzverfahrens aufgestellten **Sozialplan** werden im Fall der Masseunzulänglichkeit nicht berücksichtigt, haben daher auch bei der Verteilung nach § 209 keine Bedeutung. Die Sozialplanansprüche sind zwar kraft Gesetzes Masseverbindlichkeiten (§ 123 Abs. 2 Satz 1), für ihre Berichtigung darf jedoch nicht mehr als ein Drittel der Masse verwendet werden, die ohne einen Sozialplan für die Verteilung an die Insolvenzgläubiger zur Verfügung stünde (§ 123 Abs. 2 Satz 2). Insolvenzgläubiger erhalten bei Masseunzulänglichkeit keine Zahlungen, so daß auch für die Sozialplangläubiger keine Masse zur Verteilung zur Verfügung steht (BT-Drucks. 12/2443, S 220).

B. Kosten des Insolvenzverfahrens

8 Bei den an erster Rangstelle zu berichtigenden Verfahrenskosten handelt es sich nur um die in § 54 aufgeführten Kosten des Insolvenzverfahrens (s. Kommentierung zu § 54). Die Kosten werden im Fall der Masseunzulänglichkeit stets in voller Höhe gedeckt sein, da sonst – also wenn die Masse noch nicht einmal ausreicht, um die Verfahrenskosten zu zahlen – das Verfahren mangels Masse eingestellt wird.

C. Masseverbindlichkeiten, die nach Anzeige der Masseunzulänglichkeit entstanden sind (»Neumasseverbindlichkeiten«)

I. Allgemeines

9 Die Rangfolge des § 209 i in der die Masseverbindlichkeiten zu befriedigen sind, grenzt die »Neumasseverbindlichkeiten« eindeutig von den »Altmasseverbindlichkeiten« ab. »Neumasseverbindlichkeiten« sind die Verbindlichkeiten, die der Insolvenzverwalter nach Feststellung und Anzeige der Masseunzulänglichkeit (§ 208) begründet hat. Sie gehen den übrigen Masseverbindlichkeiten – den »Altmasseverbindlichkeiten« – im Rang vor und sind deshalb zuerst zu berichten.

10 Der Verwalter ist auch bei Eintritt der Masseunzulänglichkeit verpflichtet, die Masse zu verwalten und verwerten (§ 208 Abs. 3). Dazu muß er unter Umständen neue Masseverbindlichkeiten begründen (Angestellte des Schuldners weiterbeschäftigen, Pacht- und Energielieferungsverträge fortsetzen oder neu begründen u. ä.).

11 Die Arbeit des Verwalters in massearmen Verfahren wird durch die bevorzugte Befriedigung der »Neumassegläubiger« erleichtert, da sich die Prüfung der finanziellen Möglichkeiten der Masse darauf beschränken kann, ob er die »Neumassegläubiger« mit den vorhandenen oder den noch zu erwirtschaftenden Mitteln befriedigen kann. Er kann die für die Verwaltung und Verwertung der Masse notwendigen Verträge eingehen oder fortsetzen, ohne daß die dadurch begündeten Ansprüche mit den bereits bestehenden »Altmasseverbindlichkeiten« konkurrieren und deshalb möglicherweise nicht voll befriedigt werden können.

Ob Masseverbindlichkeiten als bevorzugte »Neumasseverbindlichkeiten« oder als nachrangige »Altmasseverbindlichkeiten« einzuordnen sind, richtet sich danach, ob sie vor oder nach Anzeige der Masseunzulänglichkeit begründet worden sind. Das Gesetz stellt darauf ab, zu welchem Zeitpunkt der Insolvenzverwalter die Masseunzulänglichkeit dem Gericht angezeigt hat, die Anzeige also bei Gericht eingegangen ist. Auf die öffentliche Bekanntmachung der Anzeige oder ihre Zustellung an die Massegläubiger (s. § 208 Abs. 2) kommt es nicht an. 12

II. Handeln des Insolvenzverwalters (Abs. 1 Nr. 2)

Der Insolvenzverwalter ist auch nach Eintritt und Anzeige der Masseunzulänglichkeit verpflichtet, die Masse zu verwalten und zu verwerten (§ 208 Abs. 3). Dazu kann es notwendig werden, daß der Verwalter neue Verbindlichkeiten begründet. Diese Verbindlichkeiten sind vorrangig vor den bereits bestehenden Masseverbindlichkeiten, insbesondere vor den Masseverbindlichkeiten, die vor Eintritt und Anzeige der Masseunzulänglichkeit entstanden sind, zu berichtigen. 13

Die vorhandenen Barmittel der Masse und die noch zu erwirtschaftenden Mittel müssen aber ausreichen, um die »Neumassegläubiger« in voller Höhe zu befriedigen. Da der Verwalter die Masseunzulänglichkeit festgestellt und angezeigt hat, kann er sich einem »Neumassegläubiger« gegenüber nicht darauf berufen, bei Eingehung der Verbindlichkeit nicht gewußt zu haben, daß er dessen Forderung nicht oder nicht in voller Höhe wird erfüllen können (anders im Fall der Unkenntnis der Masseunzulänglichkeit, s. § 61). 14

Bevor daher der Verwalter eine »Neumasseverbindlichkeit« eingeht, wird er, um mögliche Schadenersatzansprüchen zu entgehen, eine sorgfältige **finanzielle Analyse** darüber anstellen müssen, ob er die Ansprüche der »Neumassegläubiger« aus den vorhandenen oder noch zu erwirtschaftenden Barmitteln wird bezahlen können. 15

III. Verträge, deren Erfüllung vom Verwalter gewählt worden ist (Abs. 2 Nr. 1)

Gegenseitige Verträge aus der Zeit vor Eröffnung des Insolvenzverfahrens, die von beiden Seiten noch nicht vollständig erfüllt worden sind, kann der Verwalter an Stelle des Schuldners erfüllen und seinerseits die Erfüllung vom anderen Teil verlangen (§ 103). 16

Verlangt der Verwalter die Erfüllung vor Eintritt und Anzeige der Masseunzulänglichkeit, nimmt der andere Teil mit seiner Forderung als »Altmassegläubiger« am Verfahren teil (§ 55 Abs. 1 Nr. 2). 17

Lehnt der Verwalter die Erfüllung ab, gehört ein etwa bestehender Schadenersatzanspruch des Vertragsparters wegen Nichterfüllung zu den Insolvenzforderungen, § 103 Abs. 2 Satz 1. 18

Verlangt der Verwalter die Erfüllung nach Anzeige der Masseunzulänglichkeit, gehört der dem Vertragspartner zustehende Anspruch zu den vorrangig zu befriedigenden Masseansprüchen (Abs. 2 Nr. 1). Bevor daher der Verwalter die Erfüllung eines gegenseitigen Vertrages verlangt, wird er auch hier prüfen müssen, ob er die dem Vertragspartner gebührende Gegenleistung aus der Masse erbringen kann. 19

Lehnt der Verwalter dagegen die Erfüllung nach Anzeige der Masseunzulänglichkeit ab, so ist ein etwa bestehender Schadenersatzanspruch des Vertragspartners eine »Altmasseverbindlichkeit« und wird nur nachrangig berichtigt (BT-Drucks. 12/2443, S. 220); 20

dies ergibt sich auch daraus, daß nach der Rücksprache des BGH bereits mit Eröffnung des Verfahrens die gegenseitigen Vertragsverhältnisse umgestaltet werden.

IV. Dauerschuldverhältnisse, die nicht rechtzeitig gekündigt worden sind (Abs. 2 Nr. 2)

21   Dauerschuldverhältnisse sind Vertragsverhältnisse, bei denen die geschuldeten Leistungen in einem dauernden Verhalten oder in wiederkehrenden, sich über einen längeren Zeitraum erstreckenden Einzelleistungen bestehen (*Palandt* Einl. v. § 241, Rz. 17, Stichwort »Dauerschuldverhältnis«).
22   Verträge dieser Art sind z. B. Pacht- und Mietverträge über die vom Schuldner angemieteten Geschäftsräume, Versicherungsverträge, Arbeits- und Dienstverträge mit den Arbeitnehmern (s. § 113), Energielieferungsverträge.
23   Verträge über Dauerschuldverhältnisse kann der Insolvenzverwalter mit den vertraglich vereinbarten oder gesetzlich bestimmten Kündigungsfristen kündigen. Die Ansprüche des Vertragspartners des Schuldners sind, soweit sie vor Eröffnung des Insolvenzverfahrens entstanden sind, Insolvenzforderungen. Die nach Eröffnung entstandenen Ansprüche sind Masseverbindlichkeiten im Sinne von § 55 Absatz 1 Nr. 2 und werden im Fall der Masseunzulänglichkeit als »Altmasseverbindlichkeiten« im Rang des § 209 Abs. 3 (also nach den »Neumasseverbindlichkeiten«) berichtigt.
24   Einen besseren Rang haben die Ansprüche, die entstanden sind, nachdem der Verwalter die Masseunzulänglichkeit angezeigt hat und er es gleichwohl unterlassen hat, danach den Vertrag zum ersten zulässigen Termin zu kündigen. Die Fortsetzung eines Dauerschuldverhältnisses durch den Insolvenzverwalter nach Anzeige der Masseunzulänglichkeit führt also dazu, daß die Ansprüche, die nach dem ersten möglichen Kündigungstermin entstanden sind, vorrangig, nämlich als »Neumasseverbindlichkeiten« zu befriedigen sind.
25   Für den Insolvenzverwalter bedeutet dies, daß er sich alsbald einen Überblick über die bestehenden Dauerschuldverhältnisse und die daraus resultierenden Verbindlichkeiten verschafft und prüft, ob er diese Verträge kündigen muß. Unterläßt er die gebotene Auflösung der Verträge und können die den Vertragspartnern (als »Neumasseverbindlichkeiten«) zustehenden Ansprüche nicht erfüllt werden, macht er sich unter Umständen schadenersatzpflichtig.

V. Inanspruchnahme der Gegenleistung (Abs. 2)

26   Ansprüche aus einem Dauerschuldverhältnis, die deshalb nach Anzeige der Masseunzulänglichkeit entstehen, weil eine vorzeitige Kündigung nicht möglich ist, gehören zu den Masseverbindlichkeiten i. S. v. § 55 Absatz 1 Nr. 2, es sind »Altmassverbindlichkeiten«, die an letzter Rangstelle des § 209 stehen.
27   Anders sind die Ansprüche dann einzuordnen, wenn der Insolvenzverwalter die Gegenleistung für die Masse nach Anzeige der Masseunzulänglichkeit entgegengenommen hat. Die Masse hat dadurch nach Eintritt der Masseunzulänglichkeit durch eine Handlung des Verwalters einen Vorteil erlangt und muß dafür den Gläubiger bevorzugt befriedigen. Gläubiger, die mit dem Insolvenzverwalter in massearmen Verfahren Verträge abschließen, werden durch die Rangfolge des § 209 geschützt, auf der anderen Seite hat der Verwalter bei der Verwaltung und Verwertung mehr Entscheidungsspiel-

raum, da die Ansprüche der »Neumassegläubiger« nicht mit denen der »Altmassegläubiger« konkurrieren.

Nimmt also der Verwalter die Leistungen eines Arbeitnehmers in Anspruch (z. B. durch Mitwirkung bei der Abwicklung des Insolvenzverfahrens oder zur Fortführung des Betriebes usw.), stellt ihn also nicht frei, hat der Arbeitnehmer Anspruch auf volle Vergütung seiner Arbeitsleistung. Seine Forderungen sind »Neumasseverbindlichkeiten«, während die Ansprüche der freigestellten Arbeitnehmer (der Verwalter nimmt die Gegenleistung nicht entgegen) »Altmasseverbindlichkeiten« sind (BT-Drucks. 12/2443, S. 220). Gleiches gilt, wenn der Verwalter die Gegenleistungen aus einem Dauerschuldverhältnis entgegennimmt, z. B. weiter Energie bezieht oder die vom Schuldner angemieteten oder angepachteten Geschäfts-, Büro- oder Betriebsräume nutzt. **28**

Bei teilbaren Leistungen (§ 105) ist zu unterscheiden, ob der Gläubiger vor oder nach Eröffnung des Verfahrens seine Leistung erbracht hat. Hat er vor Verfahrenseröffnung geleistet, so ist er mit dem der Teilleistung entsprechenden Betrag Insolvenzgläubiger. Erfolgte die Teilleistung nach Verfahrenseröffnung und liegen die Voraussetzungen des § 209 für diese Teilleistung vor, ist er Massegläubiger. **29**

D. Die letztrangigen Masseverbindlichkeiten, Abs. 1 Nr. 3 (»Altmasseverbindlichkeiten«)

Zu den letztrangigen Masseverbindlichkeiten des Absatzes 1 Nr. 3 gehören alle Masseverbindlichkeiten (§ 55), die vor Anzeige der Masseunzulänglichkeit begründet worden oder entstanden sind. Ansprüche der vom Verwalter freigestellten Arbeitnehmer nach der Kündigung sind in diesen letzten Rang der Massegläubiger einzuordnen. **30**

Können die Masseansprüche nicht in voller Höhe berichtigt werden (bei den letztrangigen Ansprüchen dürfte dies die Regel sein), werden die Gläubiger im Verhältnis ihrer Ansprüche befriedigt. Ausgenommen davon sind jedoch die Unterhaltsansprüche des Schuldner und des vertretungsberechtigten persönlich haftenden Gesellschafters des Schuldners (Kommanditist) nach §§ 100, 101 Abs. 1 Satz 3. Diese gehen den übrigen »Altmasseschulden« im Rang nach und sind nur dann zu berichtigen, wenn die übrigen »Altmasseschulden« voll befriedigt worden sind. **31**

§ 210
Vollstreckungsverbot

Sobald der Insolvenzverwalter die Masseunzulänglichkeit angezeigt hat, ist die Vollstreckung wegen einer Masseverbindlichkeit im Sinne des § 209 Abs. 1 Nr. 3 unzulässig.

Inhaltsübersicht:

	Rz.
A. Sinn der Vorschrift	1–3
B. Beginn des Vollstreckungsverbotes	4
C. Die vom Vollstreckungsverbot betroffenen Gläubiger	5
D. Wirkung des Vollstreckungsverbotes	6

A. Sinn der Vorschrift

1 Die Massegläubiger können – anders als die Insolvenzgläubiger – ihre Ansprüche gegen die Masse durch Klage gegen den Insolvenzverwalter geltend machen und im Wege der Einzelzwangsvollstreckung durchsetzen. Die Bestimmung, nach der Forderungen nur nach den Vorschriften über das Insolvenzverfahren verfolgt werden können (§ 87), gilt für sie nicht. Es ist ihnen daher nicht verwehrt, einen Vollstreckungstitel zu erwirken und in die Masse zu vollstrecken.

2 Im Fall der Masseunzulänglichkeit würde dies bedeuten, daß die Masse durch Einzelzwangsvollstreckungsmaßnahmen der Massegläubiger entleert und eine Verteilung durch den Insolvenzverwalter in der gesetzlichen Rangfolge des § 209 unmöglich würde.

3 Dies zu verhindern ist der Sinn der Vorschrift. Sobald der Insolvenzverwalter die Masseunzulänglichkeit angezeigt hat, ist die Vollstreckung wegen einer Masseverbindlichkeit im Sinne des § 209 Abs. 1 Nr. 3 unzulässig.

B. Beginn des Vollstreckungsverbotes

4 Das Verbot beginnt mit dem Eingang der Anzeige des Insolvenzverwalters bei Gericht, daß Masseunzulänglichkeit vorliegt. Ohne Bedeutung ist es, wann die Masseunzulänglichkeit tatsächlich eingetreten und vom Verwalter festgestellt worden ist. Um eine Vollstreckung in die Masse zu vermeiden, ist der Verwalter daher gehalten, seine Anzeige an das Gericht unverzüglich abzugeben.

C. Die vom Vollstreckungsverbot betroffenen Gläubiger

5 Vom Verbot sind nur die in § 209 Abs. 1 Nr. 3 genannten »Altmassegläubiger« betroffen. Die Gläubiger, die ihren Anspruch aufgrund von Handlungen des Insolvenzverwalters (Vertrag mit dem Verwalter, Verlangen des Verwalters, Verträge zu erfüllen; aus einem Dauerschuldverhältnis bei unterlassener Kündigung; aus einem Dauerschuldverhältnis bei Inanspruchnahme der Gegenleistung) erworben haben, sind nicht gehindert, die Zwangsvollstreckung zu betreiben (s. § 90 für das zeitweilige Vollstreckungsverbot bei nicht massearmen Verfahren).

D. Wirkung des Vollstreckungsverbotes

6 Von Massegläubigern trotz des Vollstreckungsverbotes erwirkte Vollstreckungsmaßnahmen verstoßen gegen das **gesetzliche Vollstreckungsverbot** des § 210 (BT-Drucks. 12/7302, S. 180). Die vom Vollstreckungsorgan (z. B. Vollstreckungsgericht, Gerichtsvollzieher) durchgeführten Vollstreckungen sind jedoch nicht nichtig, sondern lediglich mit den in der ZPO vorgesehenen Rechtsbehelfen **anfechtbar**. Zur Anfechtung ist nur der Insolvenzverwalter – der damit die Interessen aller Massegläubiger wahrnimmt – befugt.

§ 211
Einstellung nach Anzeige der Masseunzulänglichkeit

(1) Sobald der Insolvenzverwalter die Insolvenzmasse nach Maßgabe des § 209 verteilt hat, stellt das Insolvenzgericht das Insolvenzverfahren ein.
(2) Der Verwalter hat für seine Tätigkeit nach der Anzeige der Masseunzulänglichkeit gesondert Rechnung zu legen.
(3) [1] Werden nach der Einstellung des Verfahrens Gegenstände der Insolvenzmasse ermittelt, so ordnet das Gericht auf Antrag des Verwalters oder eines Massegläubigers oder von Amts wegen eine Nachtragsverteilung an. [2] § 203 Abs. 3 und die §§ 204 und 205 gelten entsprechend.

Inhaltsübersicht: Rz.
A. Allgemeines 1–2
B. Getrennte Rechnungslegung 3
C. Nachtragsverteilung 4–5

A. Allgemeines

Die Einstellung des Verfahrens erfolgt, sobald der Verwalter die Masse verwertet, gemäß der Rangfolge des § 209 verteilt und dies dem Gericht mitgeteilt hat. 1

Das Amt des Verwalters endet mit der Einstellung des Verfahrens, er hat deshalb einer Gläubigerversammlung Rechnung zu legen (§ 66), die zur Erörterung der Schlußrechnung anzuberaumen ist. 2

B. Getrennte Rechnungslegung

In seiner Schlußrechnung hat der Insolvenzverwalter über seine Tätigkeiten vor und nach Anzeige der Masseunzulänglichkeit getrennt Rechnung zu legen. Die Unterscheidung zwischen der Zeit vor und nach Anzeige der Masseunzulänglichkeit ist notwendig, weil die Anzeige Kriterium dafür ist, ob Masseverbindlichkeiten vorrangig (als »Neumasseverbindlichkeiten«) oder nachrangig (als »Altmasseverbindlichkeiten«) zu berücksichtigen sind. Nur die getrennte Rechnungslegung läßt erkennen, ob der Verwalter die Einordnung der Masseverbindlichkeiten entsprechend der Rangfolge des § 209 vorgenommen hat. 3

C. Nachtragsverteilung

Nach dem alten Konkursrecht war eine Nachtragsverteilung nach Einstellung des Verfahrens mangels Masse nicht möglich. Absatz 3 läßt jetzt auch in einem solchen Fall die Nachtragsverteilung zu, wenn nach Einstellung des Verfahrens Gegenstände der Insolvenzmasse ermittelt werden. 4

Die Anordnung erfolgt auf Antrag des Insolvenzverwalters, eines Massegläubigers oder von Amts wegen. Zum Verfahren siehe §§ 203 Abs. 3, 204 und 205, die hier entsprechend anzuwenden sind. 5

§ 212
Einstellung wegen Wegfalls des Eröffnungsgrunds

¹Das Insolvenzverfahren ist auf Antrag des Schuldners einzustellen, wenn gewährleistet ist, daß nach der Einstellung beim Schuldner weder Zahlungsunfähigkeit noch drohende Zahlungsunfähigkeit noch, soweit die Überschuldung Grund für die Eröffnung des Insolverzverfahrens ist, Überschuldung vorliegt. ²Der Antrag ist nur zulässig, wenn das Fehlen der Eröffnungsgründe glaubhaft gemacht wird.

1 Die Vorschrift ermöglicht eine vorzeitige Beendigung des Verfahrens, wenn sich herausstellt, daß ein Eröffnungsgrund nicht oder nicht mehr gegeben ist.
2 Der Eröffnungsgrund kann von Anfang an nicht gegeben sein, wenn die Umstände, die die Zahlungsunfähigkeit (§ 17), die drohende Zahlungsunfähigkeit (§ 18) oder – bei juristischen Personen – die Überschuldung (§ 19) belegen sollten, vom Schuldner oder vom Insolvenzgericht unzutreffend gewürdigt worden sind.
3 Der Grund der Insolvenz kann auch nach Eröffnung des Verfahrens weggefallen sein, so zum Beispiel, wenn der Schuldner Vermögen erworben hat, das es ihm ermöglicht, nunmehr seinen Zahlungsverpflichtungen nachzukommen oder wenn einer Kapitalgesellschaft Vermögen zugeflossen ist, das die Überschuldung beseitigt.
4 Wegen des schwerwiegenden Eingriffs, die eine Eröffnung des Insolvenzverfahrens für die Freiheit des Schuldners zur Verfügung über sein Vermögen mit sich bringt (so BT-Drucks. 12/2443, S. 221), soll die Vorschrift ermöglichen, das Verfahren vorzeitig zu beenden, wenn feststeht, daß eine Insolvenz nicht oder nicht mehr gegeben ist.
5 Die Einstellung erfolgt nur auf Antrag des Schuldners und ist nur zulässig, wenn der Schuldner glaubhaft macht, daß ein Eröffnungsgrund (§§ 17–19) nicht oder nicht mehr vorliegt.
6 Zur Glaubhaftmachung kann sich der Schuldner aller geeigneten Beweismittel bedienen, so insbesondere auch auf die Stellungnahme des Insolvenzverwalters, der im Einstellungsverfahren ohnehin zu hören ist (§ 214 Abs. 2 Satz 1).
7 Anträge des Schuldners ohne ausreichende Glaubhaftmachung des Einstellungsgrundes sind unzulässig und als unzulässig zurückzuweisen (Rechtsbehelf des Schuldners: Beschwerde gem. § 216). Das weitere Verfahren (§ 214) wird daher erst dann eingeleitet, wenn der Einstellungsgrund glaubhaft gemacht ist.

§ 213
Einstellung mit Zustimmung der Gläubiger → § 202 KO

(1) ¹Das Insolvenzverfahren ist auf Antrag des Schuldners einzustellen, wenn er nach Ablauf der Anmeldefrist die Zustimmung aller Insolvenzgläubiger beibringt, die Forderungen angemeldet haben. ²Bei Gläubigern, deren Forderungen vom Schuldner oder vom Insolvenzverwalter bestritten werden, und bei absonderungsberechtigten Gläubigern entscheidet das Insolvenzgericht nach freiem Ermessen, inwieweit es einer Zustimmung dieser Gläubiger oder einer Sicherheitsleistung gegenüber ihnen bedarf.
(2) Das Verfahren kann auf Antrag des Schuldners vor dem Ablauf der Anmeldefrist eingestellt werden, wenn außer den Gläubigern, deren Zustimmung der Schuldner beibringt, andere Gläubiger nicht bekannt sind.

Einstellung mit Zustimmung der Gläubiger § 213

Inhaltsübersicht: Rz.

A. Allgemeines 1– 4
B. Einstellung nach Ablauf der Anmeldefrist (Abs. 1) 5
C. Die beizubringenden Zustimmungen 6–11
    I. Insolvenzgläubiger 6
    II. Bestrittene Forderungen und absonderungsberechtigte Gläubiger ... 7–10
    III. Massegläubiger 11
D. Einstellung vor Ablauf der Anmeldefrist (Abs. 2) 12–13

A. Allgemeines

Das Ziel des Insolvenzverfahrens ist die gemeinschaftliche Befriedigung der Gläubiger, **1** es dient den Interessen der Gläubiger an einer sachgerechten Verwertung des Schuldnervermögens und an der gesetzlich geregelten Verteilung des Erlöses, § 1 Satz 1.

Daher sind den Gläubigern im Insolvenzverfahren zahlreiche Mitwirkungsrechte einge- **2** räumt [s. z.B.: die Wahl eines neuen Insolvenzverwalters (§ 57), die Einsetzung eines Gläubigerausschusses (§ 67), die Teilnahme an den Gläubigerversammlungen (§ 74), der Auftrag an den Verwalter, einen Insolvenzplan vorzulegen (§ 218 Abs. 2), die Entscheidung über die Annahme oder Ablehnung eines Insolvenzplanes, §§ 237, 77].

Folgerichtig läßt es das Gesetz zu, daß das Insolvenzverfahren eingestellt wird, wenn die **3** Insolvenzgläubiger einem Antrag des Schuldners auf Einstellung zustimmen und damit auf die Durchführung des Insolvenzverfahrens verzichten.

Die Einstellung erfolgt nur auf Antrag des Schuldners. Die zur Einstellung erforder- **4** lichen Zustimmungserklärungen sind mit dem Antrag einzureichen.

B. Einstellung nach Ablauf der Anmeldefrist (Abs. 1)

Erst nach Ablauf der Anmeldefrist (§ 28 Abs. 1) ist bekannt, wer als Insolvenzgläubiger **5** am Verfahren beteiligt ist. Erst dann kann das Gericht prüfen, ob der Schuldner alle zur Einstellung erforderlichen Zustimmungserklärungen beigebracht hat. Die Einstellung ist daher nur dann zulässig, wenn der Schuldner zuvor die Anmeldefrist abgewartet hat (zur Einstellung vor Ablauf der Anmeldefrist s. u. Rz. 12 f.).

C. Die beizubringenden Zustimmungen

I. Insolvenzgläubiger

Mit dem Antrag hat der Schuldner die Zustimmungen aller Insolvenzgläubiger beizu- **6** bringen, deren Forderungen nicht bestritten sind. Nachrangige Insolvenzgläubiger (§ 39) werden mangels gerichtlicher Aufforderung (s. § 174 Abs. 3) regelmäßig keine Forderungen angemeldet haben. Eine besondere Aufforderung im Rahmen des Einstellungsverfahren nach § 213 ist nicht erforderlich. Haben jedoch nachrangige Insolvenzgläubiger ihre Forderungen angemeldet, ohne dazu aufgefordert worden zu sein, ist auch ihre Zustimmung erforderlich (§ 174 Abs. 3 bedeutet nicht, daß nachrangige Forderungen nicht auch ohne Aufforderung angemeldet werden können, s. § 174 Rz. 40–45).

II. Bestrittene Forderungen und absonderungsberechtigte Gläubiger

7 Auf die Zustimmungen der Gläubiger, deren Forderungen vom Insolvenzverwalter oder (und) Schuldner bestritten worden sind, kann dann nicht verzichtet werden, wenn das Gericht die Zustimmungen für erforderlich hält. Darüber ist durch Beschluß zu entscheiden (Abs. 1 Satz 2), der selbständig nicht anfechtbar ist. Eine Überprüfung der Entscheidung ist jedoch im Beschwerdeverfahren über die Einstellung (oder die Ablehnung der Einstellung) nach § 216 möglich.

8 Gleiches gilt für die Prüfung, ob die Zustimmungen absonderungsberechtigter Gläubiger erforderlich sind. Die Zustimmung eines Insolvenzgläubigers, der zugleich zur abgesonderten Befriedigung berechtigt ist, kann entbehrlich sein, wenn der Gläubiger aus dem Absonderungsrecht voll befriedigt werden kann.

9 Ist der Gläubiger nur mit seinem Absonderungsrecht am Verfahren beteiligt, der Schuldner also nicht auch der persönliche Schuldner, wird seine Zustimmung erforderlich sein, wenn sonst seine Forderung nicht voll gedeckt ist (BT-Drucks. 12/2443, S. 221).

10 Entscheidend ist, ob der absonderungsberechtigte Gläubiger ein berechtigtes Interesse daran hat, daß das Verfahren zumindest einstweilen fortgeführt wird. Dies kann auch dann der Fall sein, wenn eine vom Verwalter begonnene Verwertung der Sicherungsrechte zu Ende geführt werden soll oder wenn eine Gesamtverwertung der mit den Absonderungsrechten belasteten Gegenstände für die gesicherten Gläubiger vorteilhaft wäre (so BT-Drucks., a. a. O.).

III. Massegläubiger

11 Massegläubiger sind am Einstellungsverfahren nach § 213 nicht beteiligt. Ihre Rechte sind dadurch gesichert, daß der Insolvenzverwalter die unstreitigen Masseansprüche zu berichtigen und für die streitigen Sicherheit zu leisten hat, § 214 Abs. 3.

D. Einstellung vor Ablauf der Anmeldefrist (Abs. 2)

12 Das Verfahren kann auch vor Ablauf der Anmeldefrist eingestellt werden. Im Gegensatz zur Einstellung nach Ablauf der Anmeldefrist (»... ist auf Antrag des Schuldners einzustellen, ...«) ist die Entscheidung des Gerichts, das Verfahren vorher einzustellen, eine Ermessensentscheidung (»... kann auf Antrag des Schuldners ...«).

13 Bei einer Einstellung vor Ablauf der Anmeldefrist besteht die Gefahr, daß nicht alle Insolvenzgläubiger beteiligt werden. Von der Möglichkeit, das Verfahrens vor Ablauf der Anmeldefrist einzustellen, sollte daher nur in Kleinstverfahren Gebrauch gemacht werden, wenn der Kreis der Insolvenzgläubiger klein ist und der Insolvenzverwalter bei seiner (in § 214 Abs. 2 vorgeschriebenen) Anhörung dem Gericht vortragen kann, daß nach seinen Kenntnissen und Ermittlungen nicht damit zu rechnen ist, daß sich weitere, bisher nicht bekannte Insolvenzgläubiger melden.

§ 214
Verfahren bei der Einstellung → §§ 191, 203, 205 KO

(1) ¹Der Antrag auf Einstellung des Insolvenzverfahrens nach § 212 oder § 213 ist öffentlich bekanntzumachen. ²Er ist in der Geschäftsstelle zur Einsicht der Beteiligten niederzulegen; im Falle des § 213 sind die zustimmenden Erklärungen der Gläubiger beizufügen. ³Die Insolvenzgläubiger können binnen einer Woche nach der öffentlichen Bekanntmachung schriftlich oder zu Protokoll der Geschäftsstelle Widerspruch gegen den Antrag erheben.
(2) ¹Das Insolvenzgericht beschließt über die Einstellung nach Anhörung des Antragstellers, des Insolvenzverwalters und des Gläubigerausschusses, wenn ein solcher bestellt ist. ²Im Falle eines Widerspruchs ist auch der widersprechende Gläubiger zu hören.
(3) Vor der Einstellung hat der Verwalter die unstreitigen Masseansprüche zu berichtigen und für die streitigen Sicherheit zu leisten.

Inhaltsübersicht: Rz.

A. Allgemeines 1–2
B. Öffentliche Bekanntmachung und Niederlegung des Antrages 3–5
C. Einstellung des Verfahrens 6–9

A. Allgemeines

Das in der Vorschrift beschriebene Verfahren gilt für die Einstellung wegen Wegfalls des Eröffnungsgrundes (§ 212) und mit Zustimmung der Gläubiger (§ 213). 1
Es ist **zweistufig**: zunächst ist der Antrag auf Einstellung öffentlich bekanntzumachen und auf der Geschäftsstelle niederzulegen, dann sind der Antragsteller, der Insolvenzverwalter, ein widersprechender Gläubiger und – falls ein solcher bestellt ist – der Gläubigerausschuß zu hören. Die Anhörung erfolgt zweckmäßigerweise in einer dazu anberaumten Gläubigerversammlung. In ihr können zugleich die Forderungen geprüft und die Schlußrechnung des Verwalters engegengenommen werden. 2

B. Öffentliche Bekanntmachung und Niederlegung des Antrages

Der Antrag des Schuldner ist in dem dafür bestimmten Blatt (§ 9) öffentlich bekanntzumachen; dabei ist anzugeben, ob die Einstellung wegen Wegfalls des Eröffnungsgrundes oder mit Zustimmung der Gläubiger beantragt worden ist. Außerdem ist er auf der Geschäftsstelle zur Einsicht der Beteiligten niederzulegen, worauf in der öffentlichen Bekanntmachung hingewiesen werden sollte. 3
Soll die Einstellung mit Zustimmung der Gläubiger erfolgen, sind auch die Zustimmungserklärungen niederzulegen (Abs. 1 Satz 2). Auch darauf sollte in der öffentlichen Bekanntmachung hingewiesen werden. 4
Binnen einer Woche nach der öffentlichen Bekanntmachung (sie gilt nach Ablauf von zwei Tagen nach dem Tag der Veröffentichung als bewirkt, § 9 Abs. 1 Satz 3) können die Insolvenzgläubiger schriftlich oder zu Protokoll der Geschäftsstelle Widerspruch gegen 5

§ 215 *Befriedigung der Gläubiger/Verfahrenseinstellung*

den Antrag (d.h. gegen die Einstellung) erheben. Auch darauf sollte in der Bekanntmachung hingewiesen werden.

C. Einstellung des Verfahrens

6 In der zur Anhörung der Beteiligten anberaumten Gläubigerversammlung (die zweckmäßigerweise auch zur Prüfung nachträglich angemeldeter Forderungen und zur Abnahme der Schlußrechnung anberaumt wird) sind der Antragsteller, der Insolvenzverwalter, der Gläubigerausschuß – falls ein solcher bestellt worden ist – und die Insolvenzgläubiger, die Widerspruch eingelegt haben, anzuhören. Hat ein Insolvenzgläubiger Widerspruch erhoben, ist auch er zu hören.

7 Der Insolvenzverwalter, der Gläubigerausschuß und die widersprechenden Insolvenzgläubiger können mit ihrem Widerspruch geltend machen, daß die für die Einstellung notwendigen Voraussetzungen fehlen, so insbesondere, daß nach Einstellung des Verfahrens die vom Schuldner behauptete wiederhergestellte Zahlungsfähigkeit oder der Wegfall der Überschuldung nicht vorliegen.

8 Der Insolvenzverwalter hat im Rahmen seiner Schlußrechnung anzugeben, daß er die unstreitigen Masseansprüche berichtigt und für die streitigen Sicherheit geleistet hat (Abs. 3).

9 Sind die gesetzlichen Voraussetzungen für eine Verfahrenseinstellung gegeben und bleiben auch etwa erhobene Widersprüche erfolglos, ist das Verfahren durch zu verkündenden Beschluß einzustellen. Im anderen Fall ist die Einstellung abzulehnen (zum Rechtsmittel siehe § 216).

§ 215
Bekanntmachung und Wirkung der Einstellung → **§§ 205, 206 KO**

(1) ¹Der Beschluß, durch den das Insolvenzverfahren nach § 207, 211, 212 oder 213 eingestellt wird, und der Grund der Einstellung sind öffentlich bekanntzumachen. ²Der Schuldner, der Insolvenzverwalter und die Mitglieder des Gläubigerausschusses sind vorab über den Zeitpunkt des Wirksamwerdens der Einstellung (§ 9 Abs. 1 Satz 3) zu unterrichten. ³§ 200 Abs. 2 Satz 2 und 3 gilt entsprechend.

(2) ¹Mit der Einstellung des Insolvenzverfahrens erhält der Schuldner das Recht zurück, über die Insolvenzmasse frei zu verfügen. ²Die §§ 201, 202 gelten entsprechend.

Inhaltsübersicht: Rz.

A. Öffentliche Bekanntmachung 1
B. Vorabinformation über das Wirksamwerden der Einstellung 2
C. Mitteilungspflichten 3
D. Wirkungen der Einstellung 4–5

Bekanntmachung und Wirkung der Einstellung § 215

A. Öffentliche Bekanntmachung

Der Beschluß über die Einstellung des Verfahrens mangels Masse (§ 207), nach Anzeige 1
der Masseunzulänglichkeit (§ 211), wegen Wegfalls des Eröffnungsgrundes (§ 212) oder
mit Zustimmung der Gläubiger (§ 213) ist durch Veröffentlichung in dem für amtliche
Bekanntmachungen bestimmten Blatt (§ 9) öffentlich bekanntzumachen. Dabei ist der
Grund der Einstellung anzugeben. Zusätzlich ist die Einstellung im Bundesanzeiger zu
veröffentlichen, Abs. 1 Satz 3 i. V. m. § 200 Abs. 2 Satz 2. Ob außerdem weitere Veröffentlichungen (z. B. in den am Ort erscheinenden Tageszeitungen) angezeigt sind, ist in
das Ermessen des Gerichts gestellt, § 9 Abs. 2).

B. Vorabinformation über das Wirksamwerden der Einstellung

Die Einstellung wird wirksam mit Bekanntgabe an alle Beteiligten. Die öffentliche 2
Bekanntmachung des Einstellungsbeschlusses ersetzt die Zustellungen an sie, § 9
Abs. 3. Die Bekanntgabe gilt als bewirkt, wenn nach dem Tag der Veröffentlichung zwei
weitere Tage verstrichen sind (§ 9 Abs. 1 Satz 3). Damit der Schuldner, der Insolvenzverwalter und die Mitglieder des Gläubigerausschusses wissen, ab wann der Schuldner
wieder über sein Vermögen verfügen kann und wann die Ämter des Insolvenzverwalters
und der Mitglieder des Gläubigerausschusses enden, ist ihnen vorab mitzuteilen, wann
der Einstellungsbeschluß wirksam geworden ist (Abs. 1 Satz 2).

C. Mitteilungspflichten

Dem Handels-, Genossenschafts- und Vereinsregister, dem Grundbuchamt und dem 3
Register für Schiffe und Luftfahrzeute ist die Einstellung des Verfahrens durch Übersendung des Einstellungsbeschlusses mitzuteilen (Abs. 1 Satz 3 i. V. m. §§ 200 Abs. 2
Satz 3, 31 bis 33).

D. Wirkungen der Einstellung

Mit der Einstellung des Verfahrens erhält der Schuldner das Recht zurück, über die 4
Insolvenzmasse zu verfügen (Abs. 2). Das Verwaltungs- und Verfügungsrecht des
Insolvenzverwalters (§ 80) erlischt, sein Amt und das der Mitglieder des Gläubigerausschusses enden.
Die Gläubiger festgestellter Insolvenzforderungen können ihre Ansprüche – soweit sie 5
noch nicht befriedigt worden sind – aus dem Tabelleneintrag unbeschränkt gegen den
Schuldner geltend machen. Für die Klagen auf oder gegen die Erteilung der Vollstreckungsklausel und über Einwendungen, die den Anspruch selbst betreffen, ist auch bei der
Einstellung des Insolvenzverfahrens das Amts- oder Landgericht örtlich zuständig, bei
dem das Insolvenzverfahren anhängig war oder in dessen Bezirk das Insolvenzgericht
liegt, Abs. 2 Satz 2 i. V. m. §§ 201, 202.

§ 216
Rechtsmittel

(1) Wird das Insolvenzverfahren nach den §§ 207, 212 oder 213 eingestellt, so steht jedem Insolvenzgläubiger und, wenn die Einstellung nach § 207 erfolgt, dem Schuldner die sofortige Beschwerde zu.
(2) Wird ein Antrag nach § 212 oder § 213 abgelehnt, so steht dem Schuldner die sofortige Beschwerde zu.

1 Bei der vorzeitigen Beendigung des Verfahrens durch eine Einstellung des Verfahrens mangels Masse (§ 207), wegen Wegfalls des Eröffnungsgrundes (§ 212) oder mit Zustimmung der Gläubiger haben die Insolvenzgläubiger die Möglichkeit, sofortige Beschwerde (§ 6) dagegen einzulegen. Wegen der Bedeutung, die eine Verfahrenseinstellung für sie hat (der Schuldner erhält sein Verfügungsrecht über die Masse zurück, Rechte müssen ab Einstellung im Wege der Einzelzwangsvollstreckung geltend gemacht werden), soll im Beschwerdeverfahren geprüft werden können, ob die gesetzlichen Voraussetzungen für die Einstellung vorliegen.
2 **Massegläubiger** sind nicht beschwerdeberechtigt. Ihre Rechte sind dadurch geschützt, daß der Verwalter vor Einstellung die unstreitigen Masseansprüche berichtigen und für die streitigen Sicherheit leisten muß (§ 214 Abs. 3).
3 Keine Beschwerde ist vorgesehen bei der Einstellung des Verfahrens im Fall der Masseunzulänglichkeit (§§ 208–211). Die Einstellung erfolgt hier erst dann, wenn die Masse gemäß der Rangfolge des § 209 vollständig verteilt ist, die Gläubiger daher kein Interesse mehr daran haben können, das Verfahren fortzusetzen.
4 Der Schuldner selbst ist beschwerdeberechtigt, wenn das Verfahren mangels Masse eingestellt wird (§ 207) oder wenn sein Antrag, das Verfahren wegen Wegfalls des Eröffnungsgrundes oder mit Zustimmung der Gläubiger (§ 213) einzustellen, zurückgewiesen wird.

Sechster Teil
Insolvenzplan

Erster Abschnitt
Aufstellung des Plans

§ 217
Grundsatz → § 173 KO

Die Befriedigung der absonderungsberechtigten Gläubiger und der Insolvenzgläubiger, die Verwertung der Insolvenzmasse und deren Verteilung an die Beteiligten sowie die Haftung des Schuldners nach der Beendigung des Insolvenzverfahrens können in einem Insolvenzplan abweichend von den Vorschriften dieses Gesetzes geregelt werden.

Inhaltsübersicht: Rz.

A. Gesetzesaufbau	1– 9
B. Zielsetzung und Bedeutung	10– 73
I. Einleitung	10– 27
II. Betrachtungsweise	28– 73
1. Zeitlich	28– 30
2. Inhaltlich	31– 73
C. Rechtsnatur des Insolvenzplans	74–101
I. Rechtslage nach bisherigem Recht	74– 85
II. Rechtslage nach der InsO	86–101
D. »abweichend von den Vorschriften dieses Gesetzes«	102–153
I. Grundsatz	102–117
II. Aussonderungsberechtigte Gläubiger	118–122
III. Beteiligte Gläubiger	123–130
1. Absonderungsberechtigte Gläubiger	123–124
2. Nicht nachrangige Insolvenzgläubiger	125–127
3. Nachrangige Insolvenzgläubiger gemäß § 39 InsO	128–130
IV. Schuldner	131–139
V. Verwertung und Verteilung	140–153
1. Grundsatz	140–141
2. Überblick über die Plantypen	142–153
a) Liquidationsplan	142–145
b) Übertragungsplan	146–147
c) Fortführungsplan	148–153

Literatur:

Balz Sanierung von Unternehmen und Unternehmensträgern, 1986; *ders.* ZIP 1988, 1440; *ders.* Die Wirkung des Insolvenzplans, in Leipold, Insolvenzrecht im Umbruch, 1991; *Bundesministerium der Justiz* (Hrsg.), Referentenentwurf Gesetz zur Reform des Insolvenzrechts, 1989, B 139, B 151;

§ 217 Insolvenzplan

Burger/Schellberg Der Insolvenzplan im neuen Insolvenzrecht, DB 1994, 1833 ff.; *Drukarczyk* DBW 1992, 161 ff.; *ders.* in Gerke, Planwirtschaft am Ende – Marktwirtschaft in der Krise?, 1994, 131 ff.; *Eidenmüller* Der Insolvenzplan als Vertrag, in Schenk/Schmidtchen/Streit, Jahrbuch für neue politische Ökonomie, Band 15, 1996, 163 ff.; *Fries* Betriebswirtschaftslehre des Industriebetriebes, 1991, 112 ff.; *Groß* Grundsatzfragen der Unternehmenssanierung, DStR 1991, 1572 ff.; *Grub* Rechte und Pflichten des Schuldners in der InsO, in Kölner Schrift zur InsO, 1997; *ders.* Handlungsspielräume des Insolvenzverwalters, in Kübler, Neuordnung des Insolvenzrechts; *Hax* Die ökonomischen Aspekte der neuen Insolvenzordnung, in Kübler, Neuordnung des Insolvenzrechts, 1989; *Hess/Weiss* Gesellschaftliche Regelungen im Insolvenzplan, InVo 1996, 169; *Jaeger* Lehrbuch des deutschen Konkursrechts, 1932, 216; *Knorr* Der Zahlungsplan im Vergleichsverfahren, KTS 1955, 81; *Landfermann* Der Ablauf eines künftigen Insolvenzverfahrens, BB 1995, 1649 ff.; *Maus* in Gottwald, Insolvenzrechts-Handbuch, 1990; *ders.* Der Insolvenzplan in Kölner Schrift zur Insolvenzordnung, 1997; *Meyer-Cording* Konkursverzögerung durch erfolglose Sanierungsversuche, NJW 1981, 1242 ff.; *Mönning* in Prütting, Insolvenzrecht 1996; *Prütting* Der Insolvenzplan im japanischen und deutschen Recht, FS für Henckel, 1995, 669; *Stürner* Aufstellung und Bestätigung des Insolvenzplans, in Leipold, Insolvenzrecht im Umbruch, 1991; *Uhlenbruck* Zum Stand der Insolvenzrechts-Reform, Deutsche Richterzeitung 1982, 161; *ders.*, Die neue Insolvenzordnung (II) Auswirkungen auf das Recht der GmbH und GmbH & Co. KG, GmbHR 1995, 195 ff.

A. Gesetzesaufbau

1 Das Insolvenzplanverfahren ist im sechsten Teil der Insolvenzordnung (InsO) geregelt und wird in drei Abschnitte untergliedert.

2 Der erste Abschnitt enthält die Vorschriften zu den Voraussetzungen, unter denen ein Insolvenzplan aufgestellt werden kann, zur Aufgliederung und zum Inhalt des Plans sowie zum Recht des Insolvenzgerichts, einen mangelhaften oder offenbar aussichtslosen Plan zurückzuweisen.

3 Der erste Abschnitt, der zahlreiche ausfüllungsbedürftige Tatbestände enthält, eröffnet für den Planersteller insbesondere im Rahmen des § 220 InsO, d.h. der sich mit dem darstellenden Teil des Plans befassenden Vorschrift, einen weiten Raum für planerische Kreativität.

4 Im zweiten Abschnitt finden sich Regelungen über die Erörterung des Plans sowie die Planabstimmung, die Stimmrechte der Gläubiger, die zur Annahme des Plans erforderlichen Mehrheiten, das Obstruktionsverbot und die Zustimmung nachrangiger Gläubiger und des Schuldners zum Plan bzw. deren Zustimmungsfiktion.

5 Ebenfalls im zweiten Abschnitt sind neben der Vorschrift über den bedingten Plan die gerichtliche Bestätigung sowie der Minderheitenschutz als verfahrensrechtlicher Mindeststandard geregelt.

6 Am Ende des zweiten Abschnitts ist die Bekanntgabe der Entscheidung sowie die sofortige Beschwerde, mit welcher das Entscheidungsergebnis bezüglich des Plans und damit inzident auch das Planverfahren angefochten werden kann, geregelt.

7 Der dritte Abschnitt enthält Vorschriften über die Wirkungen eines bestätigten Plans und die Aufhebung des Insolvenzverfahrens nach der Planbestätigung.

8 Ferner finden sich in diesem Abschnitt Regelungen für den Fall der nicht vereinbarungsgemäßen Erfüllung des Plans bzw. des Unmöglichwerdens der Planerfüllung, des weiteren Regelungen über die Vollstreckung aus dem Plan, die Aufhebung des Insolvenzverfahrens sowie deren Auswirkungen.

9 Ein wesentlicher Teil des dritten Abschnitts beschäftigt sich mit der Überwachung der Planerfüllung und versucht dabei, zwischen dem Interesse des Schuldners, möglichst

ohne Beschränkung wieder am Wirtschaftsleben teilnehmen zu können und dem berechtigten Interesse der Gläubiger an einer Sicherung der Planerfüllung einen Ausgleich zu schaffen.

B. Zielsetzung und Bedeutung

I. Einleitung

Das Insolvenzverfahren dient gemäß § 1 Satz 1 InsO der gemeinschaftlichen Befriedigung der Insolvenzgläubiger (vgl. *BGH* ZIP 1989, 926 = BGHZ 108, 123, 127). 10

Das an das amerikanische Reorganisationsrecht angelehnte Insolvenzplanverfahren ist das Kernstück des neuen Insolvenzrechts und eine Alternative zur Vermögensverwertung und -verteilung nach dem Gesetz (vgl. *Stürner* in Leipold, Insolvenzrecht im Umbruch, S. 41; *Maus* in Kölner Schrift zur Insolvenzordnung, S. 707 Rz. 1; *Bork* Einführung in das neue Insolvenzrecht, S. 145 ff. Rz. 310; *ders.* in Leipold, Insolvenzrecht im Umbruch; *Prütting* FS für Henkel, S. 669; *Burger/Schellberg* DB 1994, 1833 ff.). 11

Der Insolvenzplan ist ein Sanierungsinstrument, das vielfältige Gestaltungsmöglichkeiten zuläßt. Er verfolgt das Ziel, wirtschaftlich bessere Verwertungsergebnisse als im Falle der gesetzlichen Zerschlagung zu erlangen. 12

Der Insolvenzplan ermöglicht in Zukunft nicht nur die Schuldenbereinigung eines insolventen Unternehmens, sondern auch die umfassende betriebswirtschaftliche und kapitalmäßige Neuordnung eines notleidenden Unternehmens (*Uhlenbruck* Deutsche Richterzeitung 1982, 161). 13

Das Planverfahren stellt den Beteiligten nach der Intention des Gesetzgebers einen Rechtsrahmen für die einvernehmliche Bewältigung der Insolvenz im Wege von Verhandlungen und privatautonomen Austauschprozessen zur Verfügung (BT-Drucks. 12/2443, S. 90). 14

Das Ergebnis des Planverfahrens ist gesetzlich nicht vorgegeben, sondern entspringt einem Zielfindungsprozeß, den der Planinitiator – Schuldner oder Verwalter – auf der Grundlage der Zukunftsoptionen eines insolventen Unternehmens unter Einsatz betriebswirtschaftlicher Mittel durchlaufen muß. 15

Der Insolvenzplan stellt kein modernisiertes Vergleichs- oder Zwangsvergleichsverfahren nach überkommenem Rechtsverständnis dar, sondern ist ein Instrument, das auch umfassende Maßnahmen zur Sanierung eines in wirtschaftliche Schwierigkeiten geratenen Unternehmens zuläßt. 16

Der Plan besteht nach dem Gesetz aus zwei wesentlichen Bestandteilen, dem darstellenden Teil, in dem die geplanten wirtschaftlichen Maßnahmen beschrieben werden, und dem gestaltenden Teil, der die Eingriffe in die Rechte der Gläubiger enthält (*Landfermann* BB 1995, 1649 ff. [1654]). 17

Mittels des Plans kann in Abweichung zum bisherigen Recht auch in die Rechte der gesicherten Gläubiger eingegriffen werden. Diese müssen dann gemäß § 223 InsO eine eigene Gruppe bilden. 18

Dieser Eingriff ist jedoch nicht beliebig möglich, sondern wird durch den Minderheitenschutz (§ 251 InsO) der einzelnen Gläubiger dahingehend begrenzt, daß diese nicht schlechter gestellt werden dürfen als im Falle der gesetzlichen Zerschlagung. 19

Dies hat zur Konsequenz, daß Eingriffe in die Rechte gesicherter Gläubiger weitgehend nur mit deren Zustimmung erfolgen können und damit letztlich von der Qualität der Sicherung bedingt werden. 20

§ 217 Insolvenzplan

21 De facto werden nur diejenigen gesicherten Gläubiger einem Eingriff in ihre Rechte zustimmen, die sich durch ein Planverfahren einen höheren Verwertungserlös für ihre Sicherheit erwarten als im Falle der Abwicklung nach den gesetzlichen Vorschriften oder die auf die Erhaltung der gewachsenen Geschäftsbeziehungen Wert legen.

22 Im Gegensatz zum bisherigen Recht kann der Vorschlag zur Bereinigung der Insolvenz nicht nur vom Schuldner, sondern auch vom Verwalter ausgehen. Der Schuldner ist bereits mit Stellung des Antrages auf Eröffnung des Insolvenzverfahrens zur Vorlage eines Insolvenzplans berechtigt.

23 Die »moralisierende« Würdigkeitsprüfung, von der im überkommenen Vergleichsrecht die Zulässigkeit des Vergleichsverfahrens abhing, hat im modernen Wirtschaftsleben keinen Platz mehr und ist gerade im Hinblick auf eine mögliche Sanierung von erhaltungsfähigen Unternehmen nicht mehr von Relevanz.

24 Auch die bisher in § 175 KO geregelten, an die Person des Gemeinschuldners geknüpften Unzulässigkeitsgründe des Zwangsvergleichs wurden nicht übernommen.

25 Im Zusammenhang mit § 175 KO ist zu beachten, daß die Rechtfertigung der Unzulässigkeitsgründe weniger auf dem Gesichtspunkt, daß der Schuldner aufgrund seines Verhaltens der Gunst eines Zwangsvergleichs unwert sei, beruhte, sondern auf der Erwägung, daß der Verdacht der Verschleierung der Vermögenslage und der Gefahr der Übervorteilung der Gläubiger vorlag (vgl. *Jaeger/Weber* KO, § 175 Rz. 2).

26 Im Gegensatz zu § 7 Abs. 2 VglO, der für die Auszahlungsvergleichsquote Zahlungsfristen von einem Jahr bei einer Quote von 35 % und von 1 1/2 Jahren für eine Quote von 40 % vorsah, sind im Insolvenzplanverfahren weder Mindestgrößen noch Zahlungsfristen mehr vorgesehen.

27 Wann, wieviel und wie bezahlt wird, steht damit allein im Belieben der Beteiligten (*Grub* in Kölner Schrift zur InsO, S. 537, Rz. 76).

II. Betrachtungsweise

1. Zeitlich

28 Vom Vergleichsverfahren unterscheidet sich der Plan auch durch die zeitliche Betrachtungsweise.

29 Das Vergleichsverfahren beurteilte einen Sachverhalt aus der ex-post-Sicht und hatte mit der Möglichkeit des Schuldenverzichts allenfalls Lösungen für monokausale Krisen im finanzwirtschaftlichen Bereich anzubieten, nicht aber Lösungsansätze zur Behebung von leistungswirtschaftlichen Defiziten eines Unternehmens.

30 Der Insolvenzplan hingegen blickt – basierend auf der Kenntnis der Vergangenheit – nach vorne, orientiert sich an der Zukunft und stellt eine Prognose künftiger Entwicklungen dar.

2. Inhaltlich

31 Das Insolvenzplanverfahren bietet den Beteiligten, deren gemeinsames Band die unfreiwillige Verlustgemeinschaft im Rahmen der Insolvenz darstellt, eine Option zur Mitgestaltung der Art und Weise der Verwertung und Verteilung der Masse, um damit selbstbestimmt bessere Verwertungserlöse als bei einer Verwertung kraft gesetzlicher Regelung zu erzielen.

Grundsatz § 217

Das Planverfahren steht unter der tragenden Prämisse der Deregulierung der Insolvenz- 32
abwicklung und bietet damit nicht nur für Sanierungen, sondern in Form von
Liquidationsplänen auch für eine von der gesetzlichen Norm der Liquidation abweichenden Form der Zerschlagung eines insolventen Unternehmens eine Grundlage (*Maus* in
Kölner Schrift zur Insolvenzordnung, S. 707).

Die Offenheit des Planverfahrens für Zielfindungsprozesse stellt einen erheblichen 33
Fortschritt dar; das Planverfahren verzichtet ganz bewußt auf ein Übermaß an Schutzvorschriften und vertraut auf das Urteilsvermögen der Beteiligten, nach eigenem
Ermessen im Einzelfall zu entscheiden, mit welchem Ergebnis zur einvernehmlichen
Bewältigung der Insolvenz sie einverstanden sind.

Trotz des Bewußtseins, daß Deregulierung auch Mißbrauch bedingen kann, hat sich der 34
Gesetzgeber für die Gewährung eines erheblichen Freiraums für kreative Lösungen der
Beteiligten entschieden und das Planverfahren deshalb für vielfältige materielle Gestaltungsmöglichkeiten geöffnet.

Die Umsetzung dieser Gestaltungsmöglichkeiten darf jedoch nicht improvisiert erfol- 35
gen, sondern muß – ausgerichtet an der betriebswirtschaftlichen Realität des insolventen
Unternehmens – auf der Grundlage einer Planung geschehen.

Unter Planung ist im betriebswirtschaftlichen Sinne »der Entwurf einer Ordnung zu 36
verstehen, nach der sich ein betriebliches Geschehen in der Zukunft vollziehen soll. Sie
umfaßt die systematisch-methodische Entscheidungsvorbereitung, d. h. eine umfassende
Informationsgewinnung, die Analyse und Prognose interner und externer Daten und das
Erkennen und Beurteilen verschiedener Handlungsmöglichkeiten sowie (auf dieser
Basis) das Treffen von Entscheidungen für die – gemessen an den gesetzten Zielen –
optimalen Alternativen, die in Gesamt- und Teilplänen zahlenmäßig niedergelegt werden« (*Fries* Betriebswirtschaftslehre des Indurstriebetriebes, S. 113).

Das Insolvenzplanverfahren schafft die Möglichkeit, betriebswirtschaftliche Instrumen- 37
tarien zur Verwirklichung der bestmöglichen Gläubigerbefriedigung nutzbar zu machen.

Hierbei können – je nach Zielsetzung des Plans – die güterwirtschaftliche Planungsebene 38
(Absatz-, Produktions- und Bereitstellungsplanung), die erfolgswirtschaftliche Planungsebene (Leistungs- und Kostenplan; Ertrags- und Aufwandsplan) sowie die finanzwirtschaftliche Planungsebene (Einnahme- und Ausgabeplan; Kreditplan; Kapitalfluß;
Planbilanzen, Plangewinn und -verlustrechnung etc.) unter Berücksichtigung sämtlicher Interdependenzen in die konkrete Planung einbezogen werden, um damit wirkliche Sanierungen zu erreichen (vgl. *Fries* a. a. O., S. 113).

Trotz der Möglichkeit der Nutzung aller wissenschaftlichen Ansätze zur Limitierung 39
planerischer Risiken muß stets bedacht werden, daß die Entscheidung, ob eine Sanierung
und Abweichung von einer Zerschlagung sinnvoll ist, sich am konkreten Markt, in
welchem das insolvente Unternehmen tätig ist, orientieren muß.

Vergleichsrechnungen und Bewertungsgutachten sind hilfreich; geht es jedoch um die 40
Frage einer Unternehmensfortführung, ist es entscheidend, welchen Betrag ein Investor
bereit ist, für ein Unternehmen einzusetzen. Will niemand das unternehmerische Risiko
tragen, gibt es nur einen theoretischen, aber keinen tatsächlichen Fortführungswert, so
daß ein Fortführungsplan ausscheidet (vgl. auch: *Hax* in Kübler, Neuordnung des Insolvenzrechts, S. 24).

Die Sanierung eines Unternehmens ist vorrangig eine Investitionsentscheidung, die 41
sich für potentielle Investoren nach der effektiven Verzinsung des eingesetzten Kapitals bemißt (vgl. *Balz* Sanierung von Unternehmen und Unternehmensträgern,
S. 19).

Jaffé

42 Inhaltlich sind dem Planverfahren kaum Grenzen gesteckt, wobei jedoch alle Gestaltungsmöglichkeiten – dies das darf bei aller Hinwendung zur Kreativität nicht vergessen werden – vom jeweiligen Planverfasser sorgsam in den vorgegebenen gesetzlichen Verfahrensrahmen einzubetten sind.

43 Das Insolvenzgericht kann die von den Beteiligten gefundene Lösung nur bestätigen und letztlich Rechtswirklichkeit werden lassen, wenn die rechtsstaatlichen Prinzipien der Verfahrens- und der Verfassungsordnung gewahrt worden sind. Das Verfahrensrecht stellt den Ordnungsrahmen für die privatautonomen Bemühungen der Beteiligten dar.

44 Die von Gesetzes wegen gleichberechtigte Wertigkeit von Zerschlagungs-, Übertragungs- und Sanierungsplänen ist eine Grundentscheidung pro libertate der Beteiligten, welche Zielfindungsprozesse erheblich erleichtern wird.

45 Im Hinblick auf das Ziel der Deregulierung ist es verständlich, daß innerhalb eines Planverfahrens kein Platz mehr für starre Verfahrensschranken etwa in Form einer Mindestquote ähnlich zu § 7 Abs. 1 Satz 2 VglO sein kann. Die Gläubiger selbst bestimmen im Abstimmungstermin, welche Quote sie für akzeptabel halten.

46 Wenngleich Sanierungspläne gesetzlich nicht präferiert sind, liegt dem Planverfahren doch der Gedanke zugrunde, daß die Erhaltung wirtschaftlicher Werte und die damit verbundene Sicherung von Arbeitsplätzen sowie die Vermeidung von Unternehmenszerschlagungen durch Beseitigung der Schwachstellen und Wiederherstellung der Ertragsfähigkeit ein wesentliches Anliegen eines jeden modernen Insolvenzrechts sein muß (*Uhlenbruck* Deutsche Richterzeitung 1982, 161).

47 Ein Insolvenzplan in Form eines Fortführungsplans, der die Sanierung des Unternehmensträgers selbst zum Inhalt hat, ermöglicht es, den Gläubigern die Going-Concern-Werte eines Schuldnervermögens – und zwar entsprechend dem haftungsrechtlichen Rang ihrer Finanzbeiträge – zuzuweisen und dabei die gewachsene Unternehmensstruktur zu erhalten.

48 Trotz aller Deregulierungsabsicht darf jedoch nicht verkannt werden, daß auch das Planverfahren von klaren ordnungspolitischen Zielsetzungen des Gesetzgebers bestimmt ist (BT-Drucks. 12/2443, S. 75 ff.).

49 In der Abwicklungspraxis waren bis dato oftmals auch wirtschaftspolitische Gesichtspunkte prägend. Gerade bei Großinsolvenzen hatte der Erhalt von Arbeitsplätzen einer so große Bedeutung, daß oftmals nicht auf der Grundlage objektivierter Entscheidungsgrundlagen entschieden worden ist (so zu Recht: *Mönning* in Prütting, Insolvenzrecht S. 60).

50 Dem öffentlichen Druck wurde oft zu Lasten betriebswirtschaftlicher Pragmatik nachgegeben; hinzu kommt, daß die Öffentlichkeit den Erfolg eines Insolvenzverfahrens an der Frage des (oftmals kurzfristigen) Erhalts von Arbeitsplätzen mißt (*Mönning* a. a. O., S. 66).

51 Unabhängig davon ist die Verbesserung der Rechtspositionen eines Schuldners allenfalls im Rahmen eines Rechtsreflexes, z. B. durch eine im Verhältnis zur gesetzlichen Abwicklung verbesserte Restschuldbefreiungsmöglichkeit, Plangegenstand.

52 Es ist möglich, aber nicht zwingend geboten, dem Schuldner eine schonende Behandlung zuteil werden zu lassen, ihn für redliches Bemühen zu belohnen und Anreize für kooperatives Verhalten zu schaffen (*Hax* a. a. O., S. 29).

53 Das Insolvenzrecht dient auch in Zukunft nicht dazu, sterbende oder existenzunfähige Unternehmen künstlich am Leben zu erhalten, um dadurch marktwirtschaftliche Regulationsmechanismen außer Kraft zu setzen, wenngleich dies – u. a. auch aus wirtschaftspolitischen Gründen – im Einzelfall durchaus der Fall sein kann.

Grundsatz § 217

Die Entscheidung, ob ein Unternehmen zerschlagen oder erhalten werden soll, sollte sich 54
vorrangig daran orientieren, ob sein Fortführungswert größer ist als sein Zerschlagungswert. Ist dies nicht der Fall, ist zu liquidieren (*Hax* a.a.O., S. 24; *Balz* ZIP 1988, 1440; *Drukarczyk* Unternehmen und Insolvenz, S. 312).

Ein »fresh start« für den jeweiligen Schuldner, welcher im amerikanischen Chapter- 55
11-Verfahren die dominierende Leitvorstellung ist, wird gesetzlich ermöglicht, jedoch nicht – wie im amerikanischen Insolvenzrecht – unter Hintanstellung der berechtigten Interessen der Gläubiger an einer bestmöglichen Insolvenzdividende.

Wenngleich der Insolvenzplan ein Instrument ist, um tief und nachhaltig in die finanz- 56
wirtschaftliche und/oder leistungswirtschaftliche Struktur eines Unternehmens einzugreifen und dadurch bessere Verwertungsergebnisse als im Falle der Insolvenzabwicklung gemäß den gesetzlichen Vorschriften zu erzielen, so darf dies nicht der bloßen Sanierungseuphorie wegen geschehen. Sanierungseuphorie führt dazu, daß die Schwierigkeiten weitgehend ausgeblendet werden. Dies galt in der Vergangenheit insbesondere bei übertragenden Sanierungen, bei denen der Schuldner oftmals wie ein »Phönix aus der Asche« emporstieg, um kurz darauf erneut insolvent zu werden.

Zur Sanierung gehört weitaus mehr, als sich neues Kapital zu verschaffen. Erforderlich 57
ist eine ehrliche Analyse der eigenen Fehler und die Möglichkeit ihrer Beseitigung sowie eine neue Unternehmenskonzeption, die die Rentabilität nachhaltig wiederherstellt (*Meyer-Cording* NJW 1981, 1242 ff. [1244]).

Wenn unternehmerische Dispositionen zu Kapitalverlusten führen, welche letztlich in 58
ein Insolvenzverfahren münden, ist nicht das Insolvenzverfahren Ursache dieser Verluste, sondern es realisieren sich die unternehmerischen Risiken einer freien Marktwirtschaft (vgl. *Hax* a.a.O., S. 22).

Die Insolvenz ist eine notwendige Bereinigung des Marktes. Ohne den durch sie 59
bedingten Marktaustritt kann keine Marktwirtschaft funktionieren. Für Sanierungseuphorie ist auch unter Geltung der InsO kein Platz.

Das bekannte Zitat von Jaeger, daß der Konkurs der größte Wertevernichter (*Jaeger* 60
Lehrbuch des Konkursrechts, S. 216) sei, darf insbesondere nicht insofern fehlinterpretiert werden, als schlichtweg Ursache und Wirkung der Insolvenz verwechselt werden. Die allokativen Effekte des Insolvenzverfahren führen dazu, daß die im unproduktiven Unternehmen gebundenen Faktoren einer effizienteren Nutzung zugeführt werden, was letztlich der Wettbewerbsfähigkeit der gesamten Volkswirtschaft zugute kommt.

Jede zukunftsorientierte Entscheidung impliziert gleichsam das Problem der Unsicher- 61
heit und der Ungewißheit (vgl. *Fries* a.a.O., S. 112).

Die gesetzlichen Rahmenbedingungen für Sanierungen sind durch die InsO nunmehr 62
geschaffen worden, so daß durch den Plan im Einzelfall durchaus auch echte Sanierungen mit dem Ziel der Gesundung und dem Fortbestand des schuldnerischen Unternehmens unter gleichzeitig bestmöglicher Befriedigung der Gläubiger bewerkstelligt werden können.

Fest steht aber auch, daß die Regelungen des Insolvenzplans und dessen Perspektiven 63
ungeahnte Phantasien der Schuldner freisetzen werden, um das Unternehmen für den bisherigen Unternehmensträger zu erhalten (so zu Recht: *Grub* in Kübler, Neuordnung des Insolvenzrechs, S. 89).

Daß man den Beteiligten die Möglichkeit der Sanierung im Rahmen einer Fortführungs- 64
lösung einräumt, hat trotz des mit ihr verbundenen erheblichen gesetzlichen Regelungsaufwands seinen Grund vor allem darin, daß nur diese Alternative das »ökonomische Überleben« des Schuldners garantiert und diesem deshalb einen Anreiz gibt, ein Insolvenzverfahren als Problemlösungshilfe zu nutzen und frühzeitig auszulösen (vgl.

§ 217 *Insolvenzplan*

Drukarczyk DBW 1992, 178; *ders.* in Gerke, Planwirtschaft am Ende – Marktwirtschaft in der Krise?, S. 131 ff.).

65 Unter »ökonomischem Überleben« ist zu verstehen, daß u. a. leistungswirtschaftliche Beziehungen wie Lieferverträge, Dauerschuldverhältnisse etc. eines Unternehmens weitestgehend erhalten bleiben.

66 Ob die Schuldner diese Möglichkeit eigenverantwortlich nutzen werden, um bereits bei drohender Zahlungsunfähigkeit einen Eigenantrag auf Eröffnung eines Insolvenzverfahrens zu stellen, muß abgewartet werden, wobei gewisse Skepsis sicherlich berechtigt sein wird.

67 Um ein Insolvenzverfahren als wirkliche Chance zu begreifen, wird ein Bewußtseinswandel bei den Beteiligten erforderlich sein, was in Anbetracht der Tatsache der Unkalkulierbarkeit seines Ausganges jedoch nicht leicht fallen wird.

68 Die Erleichterung von Sanierungen geht jedoch einher mit einer Erleichterung von Manipulationen und stellt damit eine erhebliche Gefahr für das Planverfahren insgesamt dar.

69 Im Rahmen des Planverfahrens sind im Unterschied zum bisherigen Recht der VglO, KO und GesO verringerte Mehrheitserfordernisse zur Annahme eines Insolvenzplans verankert, welche, einhergehend mit einer sehr weit gefaßten Gruppenbildungsmöglichkeit, Befürchtungen manipulativer Mehrheitsbeschaffung durch entsprechende Gruppeneinteilungen aufkommen lassen. Grund hierfür ist, daß das Postulat der Gleichbehandlung nach der InsO, von § 245 Abs. 2 Nr. 3 abgesehen, nur noch gruppenbezogen gilt und der Gruppenbildung deshalb entscheidende Bedeutung zukommen wird.

70 Da den Insolvenzgerichten durch § 231 InsO erhebliche Kontrollpflichten überantwortet worden sind, wird – wie später dargestellt wird – die erhoffte Deregulierung und Stärkung der Gläubigerautonomie in erheblichem Maße davon abhängen, ob die Insolvenzgerichte einer mißbräuchlichen Gruppenbildung, die zur Zersplitterung der Gläubigergruppen führen könnte, durch eine Mißbrauchskontrolle innerhalb des § 231 Abs. 1 Nr. 1 InsO energisch entgegentreten werden.

71 Amerikanische Verhältnisse, die eine Zersplitterung der Gruppen im Einzelfall dulden, werden dem Planverfahren zu keiner breiten Akzeptanz verhelfen.

72 In diesem Zusammenhang wird sich herausstellen, ob die fast wörtliche Übertragung des § 1122 Bankcrupty Code (BC) auf die Schlüsselnorm des § 222 InsO, d. h. die Norm, die sich mit der Gruppenbildung beschäftigt, richtig war.

73 Voraussehbar ist, daß die Anwendung des § 222 InsO und die richterlichen Möglichkeiten, einer abusiven und im Einzelfall ausschließlich zur Mehrheitsbeschaffung dienenden Gruppenbildung entgegenzutreten, erhebliche Schwierigkeiten für die Rechtspraxis mit sich bringen wird. Allerdings ist zu berücksichtigen, daß die Ersetzung der Zustimmung einer Gläubigergruppe gem. § 245 an enge Voraussetzungen geknüpft ist und insbesondere mit § 245 Abs. 2 Nr. 3 ein wirksames Korrektiv zur Verfügung steht.

C. Rechtsnatur des Insolvenzplans

I. Rechtslage nach bisherigem Recht

74 Der Zwangsvergleich gemäß §§ 173 ff. KO war in seiner Rechtsnatur umstritten.

75 Nach der h. M. handelte es sich im bisherigen Recht um einen vom Gericht bestätigten Vertrag des Gemeinschuldners mit seinen nicht bevorrechtigten Konkursgläubigern über

Grundsatz § 217

eine bestimmte, an die Stelle der Konkursverteilungen tretende Befriedigung dieser Gläubiger. Wie ein Prozeßvergleich im Zivilprozeßrecht zeichnete sich der Zwangsvergleich durch eine Doppelnatur aus (*Kilger/Karsten Schmidt* KO, § 173 Rz. 1; *Jaeger/Weber* KO, § 173 Rz. 1).

Weiterhin sah man in ihm einen Vergleich i. S. d. § 779 BGB (dazu *KG* KuT 33, 30; vgl. auch *Kilger/Karsten Schmidt* KO, § 173 Rz. 1). 76

Die Urteilstheorie, die alleine auf den gerichtlichen Bestätigungsbeschluß abstellte und im Zwangsvergleich eine rechtsgestaltende, urteilsgleiche Entscheidung sah, die den Zwang zur Liquidation des Schuldnervermögens beseitigte und in das Recht des Gemeinschuldners, seine Gläubiger nach Maßgabe des angenommenen Vergleichsvorschlages zu befriedigen, umwandelte, konnte sich nicht durchsetzen (*Kuhn/Uhlenbruck* KO, § 173 Rz. 1 a). 77

Der Vertragscharakter des Zwangsvergleichs wurde in Rspr. und Lehre anerkannt, obwohl die Vertragstheorie keine Lösung für das Mehrheitsprinzip hatte (*RG* RGZ 77, 404; 127, 337). Nach h. M. betrachtete man den Zwangsvergleich als eine Kombination aus privatrechtlichem Rechtsgeschäft und richterlichem Bestätigungsbeschluß, wobei zwischen den einzelnen Willenserklärungen, dem Beschluß als Ganzem und seiner Bestätigung durch das Gericht differenziert werden mußte. 78

Da die Vertragstheorie trotz ihrer Präferierung in der Rspr. und Lehre vielfach keine dogmatisch überzeugende Lösung anbieten konnte, entwickelten sich weitere Lösungsansätze. Zu nennen sind z. B. die vermittelnden Theorien, die den Zwangsvergleichs als Akt richterlicher Vertragshilfe betrachteten sowie die Beurteilung des Zwangsvergleichs als Rechtsgebilde eigener Art, die sich jedoch nicht durchsetzen konnten (vgl. die ausführliche Darstellung in *Kuhn/Uhlenbruck* KO, § 173 Rz. 1 a–1 e). 79

Aufgrund der Doppelnatur des Zwangsvergleichs konnten die schuldrechtlichen Vertragsregeln nicht vollumfänglich Anwendung finden. 80

Unstreitig anwendbar waren jedoch die §§ 116 Satz 1 BGB (*RG* RGZ 77, 405) sowie 133, 157, 270 Abs. 1, 271, 284 ff. BGB (*RG* RGZ 92, 190; vgl. auch: *Kilger/Karsten Schmidt* KO, § 173 Rz. 1) 81

Aufgrund der Notwendigkeit der richterlichen Bestätigung des Zwangsvergleichs schied die Anfechtung desselben wegen Irrtums nach § 119 ff. BGB aus; allenfalls kam eine Täuschungsanfechtung nach § 196 KO in Betracht. Obwohl die Vorschrift des § 196 KO hierbei von Anfechtung wegen Betruges sprach, waren dadurch auch Fälle der »arglistigen Täuschung« i. S. d. § 123 BGB umfaßt (*RAG* KuT 30, 167). Die Vorschrift des § 123 Abs. 2 BGB hingegen war nicht anwendbar (vgl. *Kilger/Karsten Schmidt* KO, § 196 Rz. 1) 82

Weiterhin fanden für den Zwangsvergleich über §§ 173, 72 KO die Regeln der ZPO Anwendung, soweit die KO keine abschließende Regelung beinhaltete. Hierdurch wurde die Anwendbarkeit der Vorschriften über die Prozeßhandlungen, z. B. §§ 51 ff., 79 ff. ZPO ermöglicht. Weiterhin ersetzte die Beurkundung des Vergleichs jede weitere Formvorschrift (*RG* RGZ 64, 84; 143, 102), genauso wie ein vor dem Vollstreckungsgerichts abgeschlossenen Vergleich (*RG* RGZ Bd. 165, 162). 83

Für die Dogmatik der Vertragslösung sprach weiterhin, daß die richterliche Mitwirkung weder der Form noch der Sache nach ein Urteil über einen prozessualen Anspruch oder eine Rechtsbehauptung darstellte, sondern es sich lediglich um die Bestätigung eines vom Gemeinschuldner vorgeschlagenen und von den Gläubigern angenommenen Vergleiches handelte (*Jaeger/Weber* KO, § 173 Rz. 10). 84

Der Vergleich nach der VglO stellte eine privatautonome Übereinkunft des Vergleichsschuldners mit seinen Gläubigern dar, die jedoch neben der Annahme durch die 85

Jaffé 1271

Vergleichsgläubiger der Bestätigung durch das Vergleichsgericht bedurfte. Die Bestätigung war wie im Zwangsvergleich als Akt staatlicher Fürsorge zu sehen (vgl. *Bley/ Mohrbutter* VglO, § 78 Rz. 1).

II. Rechtslage nach der InsO

86 Der Reformgesetzgeber hat in der Gesetzesbegründung das neue Institut des Plans als die »... privatautonome, den gesetzlichen Vorschriften entsprechende Übereinkunft der mitspracheberechtigten Beteiligten über die Verwertung des haftenden Schuldnervermögens ...« charakterisiert (vgl. BT-Drucks. 12/2443, S. 91).

87 Dies spricht dafür, daß auch in Zukunft eine vertragsähnliche Beurteilung des Institutes des Insolvenzplans vorherrschend sein wird.

88 Diese Auffassung wird auch durch das Ziel der InsO bestätigt, mittels Deregulierung und Flexibilisierung des Insolvenzverfahrens privatautonome Lösungsansätze zu fördern.

89 Aufgrund der im Insolvenzplanverfahren zu treffenden Mehrheitsentscheidungen und deren richterlicher Bestätigung wird jedoch ähnlicher Diskussionsbedarf entstehen, wie dies im Rahmen des Zwangsvergleichs der Fall war.

90 Ferner ist zu beachten, daß durch das der amerikanischen »cram-down-rule« entlehnte Obstruktionsverbot gemäß § 245 InsO ein gänzlich neues Instrument geschaffen wurde, welches erhebliche hoheitliche Einflußnahmen mit sich bringen und damit eine Diskussion um die Rechtsnatur des Plans entfachen wird.

91 In diesem Zusammenhang ist zu bedenken, daß insbesondere Sanierungslösungen bei einer Fortführung des schuldnerischen Unternehmens auf weitaus größere Bereitschaft zur Übereinkunft aufbauen müssen als dies z. B. bei dem auf Schuldenverzicht orientierten Vergleich nach der VglO der Fall war.

92 Unabhängig von den vertragsrechtlichen Komponenten darf jedoch nicht übersehen werden, daß es sich keinesfalls um eine ausschließlich privatrechtliche vertragliche Vereinbarung zwischen den Beteiligten handeln kann.

93 Die richterliche Mitwirkung stellt keine bloße Beurkundung eines zwischen Vertragsparteien geschlossenen Vertrages dar, sondern ist – wie aus § 248 InsO ersichtlich ist – eine Entscheidung, die den Eintritt der Wirksamkeit des Insolvenzplans bedingt und insofern rechtsgestaltende Kraft über den Plan selbst hat (vgl. zum bisherigen Recht: *Jaeger/ Weber* KO, § 173 Rz. 10; *Bley/Mohrbutter* VglO, § 78 Rz. 1 f.).

94 Dennoch bestimmt nicht der Richterspruch den Planinhalt, sondern einzig der mehrheitlich gefundene Wille der in Gruppen eingeteilten Gläubiger eines insolventen Schuldners.

95 Aus diesem Grunde ist auch die Bestätigung selbst weder der inneren Rechtskraft noch der Vollstreckbarkeit zugänglich (*Jaeger/Weber* KO, § 173 Rz. 10; *Bley/Mohrbutter* VglO, § 78 Rz. 2).

96 Die richterliche Mitwirkung ist in Übereinstimmung mit dem bisherigen Recht als Akt staatlicher Fürsorge anzusehen, dem jedoch – bedingt durch die gemäß § 244 InsO herabgesetzten Mehrheitserfordernisse, der Gruppenbildung gemäß § 222 InsO und dem Obstruktionsverbot gemäß § 245 InsO – noch größere Bedeutung als im bisherigen Recht zukommt.

97 Die staatliche Fürsorge dient dem Schutz der Beteiligten, insbesondere der Minderheiten sowie der Verhütung von Mißbrauch und Übervorteilung (*Jaeger/Weber* KO, § 173 Rz. 10).

Grundsatz **§ 217**

Im Rahmen der dogmatischen Beleuchtung der Rechtsnatur des Insolvenzplans darf **98** weiterhin nicht übersehen werden, daß eine nach ausschließlich privatrechtlich-vertraglichen Gesichtspunkten orientierte Begründung der Rechtsnatur des Insolvenzplans keine Lösung für die nach § 257 InsO gesetzlich eröffnete Vollstreckung aus dem Insolvenzplan zuläßt.

Diese dogmatischen Fragen sollen hier nicht weiter vertieft werden, da die Insolvenzpra- **99** xis vordringlichere Aufgaben zu bewältigen haben wird.

Mit *Eidenmüller* ist festzuhalten, daß die Diskussion über die Rechtsnatur insbesondere **100** den Gegensatz zwischen privatautonomer und staatlicher Insolvenzabwicklung hervorheben und die Vorteile einer privatautonomen Insolvenzabwicklung deutlich machen soll (*Eidenmüller* in Schenk/Schmidtchen/Streit Jahrbuch für neue politische Ökonomie S. 165).

Insgesamt dürfte feststehen, daß der Gesetzgeber – trotz Minderheitenschutz und Ob- **101** struktionsverbot – sich deutlicher als im bisherigen Recht der KO der Vertragslösung zugewandt hat, ohne dabei jedoch die Doppelnatur des Insolvenzplans in Frage zu stellen.

D. »abweichend von den Vorschriften dieses Gesetzes«

I. Grundsatz

Mittels Insolvenzplan können die Beteiligten gemäß §§ 217 ff. InsO eine Insolvenzbe- **102** wältigung »abweichend von den Vorschriften dieses Gesetzes« vereinbaren und realisieren.

Art und Regelungsinhalt des jeweiligen Plans werden durch den Plantypus bestimmt, **103** wobei zwischen Liquidations-, Übertragungs- und Fortführungsplänen zu unterscheiden ist.

Um Insolvenzpläne überhaupt realisieren zu können, wurden gesetzliche Rahmenbedin- **104** gungen, insbesondere zur Verhinderung der sofortigen Zerschlagung eines schuldnerischen Unternehmens durch die dinglich berechtigten Gläubiger (z. B. § 166 InsO, § 30 d ZVG) einhergehend mit der Pflicht des Verwalters zur Fortführung eines schuldnerischen Unternehmens bis zum Berichtstermin geschaffen.

Dieser Rechtsrahmen muß durch den Planersteller mit Leben erfüllt werden; die gesetz- **105** liche Einbeziehung absonderungsberechtigter Gläubiger und nachrangiger Insolvenzgläubiger wird hierbei eine Gesamtlösung erleichtern.

Die Entscheidung für oder gegen eine Verwertung des Schuldnervermögens auf der **106** Grundlage eines Plans wird in dem spätestens 3 Monate nach Eröffnung des Verfahrens abzuhaltenden Berichtstermin gefällt. In diesem Termin hat der Insolvenzverwalter über die wirtschaftliche Lage des Schuldners und ihre Ursachen zu berichten.

Er hat gemäß § 156 Abs. 1 InsO darzulegen, ob Aussichten bestehen, das Unternehmen **107** im Ganzen oder in Teilen zu erhalten, welche Möglichkeiten für einen Insolvenzplan gegeben sind und welche Auswirkungen für die Befriedigung der Gläubiger jeweils eintreten würden.

Dies hat auf der Grundlage von Vergleichsrechnungen zu erfolgen, damit sich die **108** Gläubiger für oder gegen die Zerschlagung entscheiden können.

In der Praxis müssen die Planabsichten des Verwalters im Berichtstermin bereits derart **109** konkretisiert sein, daß die Gläubigerversammlung einen konkreten Planauftrag erteilen kann. Sind die Sanierungschancen für ein insolventes Unternehmen jedoch äußerst

positiv, kann der Verwalter mit der Planvorbereitung oder Planausarbeitung nicht bis zum Berichtstermin warten, da ansonsten wertvolle Zeit verloren geht.
110 Insolvenzabwicklung mit Hilfe eines Plans bedingt, daß die Verfahrensbeteiligten sowohl über die gegenwärtige Lage des Schuldners als auch über die geplanten Maßnahmen und deren Auswirkungen ausreichend informiert werden müssen.
111 Der Information der Gläubiger kommt entscheidende Bedeutung zu. Nur derjenige Gläubiger, der erkennen kann, was ein bestimmter Plan im einzelnen bewirkt, kann auch einschätzen, ob er dadurch besser oder schlechter gestellt wird als bei der Insolvenzabwicklung nach den gesetzlichen Regeln.
112 Dies gilt um so mehr, als es durchaus konkurrierende Pläne geben kann, die um die Gläubigermehrheit werben werden (vgl. *Eidenmüller* a. a. O., S. 176 f.).
113 Dies ist der Fall, wenn der Schuldner und der Verwalter abweichende Pläne vorlegen.
114 Auf der Grundlage des Berichts des Verwalters beschließt die Gläubigerversammmlung, ob das Unternehmen des Schuldners stillgelegt oder vorläufig fortgeführt wird.
115 Entschließt sich die Gläubigerversammlung, den Verwalter mit der Ausarbeitung eines Insolvenzplans zu beauftragen, kann sie ihm das Ziel des Plans gemäß § 157 Satz 1 und 2 InsO vorgeben (vgl. *Eidenmüller* a. a. O., S. 167).
116 Hinsichtlich der Gläubigerautonomie ist zu beachten, daß die Beschlüsse der Gläubigerversammlung im Berichtstermin, etwa im Hinblick auf die Fortführung oder Stillegung des Unternehmens oder hinsichtlich der Planziele Fakten schaffen, die einen schuldnerischen Plan bereits vor dessen Abstimmung zunichte machen können.
117 Aus diesem Grunde ist – gerade für einen Schuldner, der einen Eigenantrag mit dem Ziel der Fortführung seines Unternehmens stellt – der Ausgang des Insolvenzverfahrens nicht kalkulierbar, da die Gläubiger letztlich die inhaltliche Entscheidungshoheit innerhalb des Planverfahrens haben.

II. Aussonderungsberechtigte Gläubiger

118 Aussonderungsberechtigte Gläubiger gemäß § 47 InsO sind keine Beteiligte i. S.d § 217 InsO. Der Anspruch auf Aussonderung bestimmt sich nach den Gesetzen, die außerhalb des Insolvenzverfahrens gelten (47 Satz 2 InsO).
119 Das Insolvenzplanverfahren dient nur denjenigen Gläubigern, die einen zur Zeit der Eröffnung des Insolvenzverfahrens begründeten und aus dem Vermögen des Schuldners zu erfüllenden Anspruch innehaben (§ 38).
120 Diese Gläubiger sollen mittels eines Insolvenzverfahrens – unabhängig, ob nach den gesetzlichen Regeln oder aufgrund Plan – die Möglichkeit erhalten, zumindest einen Teil ihrer Forderung zu erlösen. Die Eigenschaft, Insolvenzgläubiger zu sein, definiert sich materiell-rechtlich und nicht verfahrensrechtlich (*Jaeger/Weber* KO, § 3 Rz. 6, 7).
121 Da die Rechtsstellung aussonderungsberechtigter Gläubiger weder durch die Insolvenzabwicklung nach Gesetz noch durch mehrheitliche Willensbildung mittels eines Insolvenzplanes einseitig geändert wird, besteht auch keine Notwendigkeit zur Einbeziehung in das Verfahren.
122 Aussonderungsberechtigten Gläubigern insoweit gleichstehend sind Anspruchsinhaber, die einen mittels Vormerkung gesicherten Anspruch auf Übereignung einer unbeweglichen Sache haben (BT-Drucks. 12/2443, S. 195).

Grundsatz § 217

III. Beteiligte Gläubiger

1. Absonderungsberechtigte Gläubiger

Absonderungsberechtigte Gläubiger können – in Abweichung zum überkommenen 123
Recht – in das Insolvenzplanverfahren zumindest grundsätzlich miteinbezogen werden;
im Einzelfall können hierdurch erhebliche Gestaltungsmöglichkeiten eröffnet werden.
Die Rechte der absonderungsberechtigten Gläubiger hinsichtlich des Planverfahrens 124
sind in § 223 InsO geregelt, wobei die Abweichungen von der gesetzlichen Regel im
gestaltenden Teil des Plans zu erläutern sind.

2. Nicht nachrangige Insolvenzgläubiger

Die ungesicherten Insolvenzgläubiger, die in Konkurs- oder Gesamtvollstreckungsver- 125
fahren nur selten mit Quoten von mehr als 3 – 5% rechnen konnten, werden nunmehr
formulierungsfreundlicher als nicht nachrangige Insolvenzgläubiger bezeichnet.
Diese Gläubigergruppe, die durch die Abschaffung der Konkursvorrechte eine gänzlich 126
andere Zusammensetzung als vor der Insolvenzrechtsreform erfahren wird, wird Hauptadressatin der in den Insolvenzplänen vorgeschlagenen Eingriffe in Rechtspositionen
sein, da sie nach den gesetzlichen Abwicklungsregeln gemäß §§ 38, 187 ff. InsO Anspruch auf eine Quote haben.
Die Rechte der nicht nachrangigen Insolvenzgläubiger hinsichtlich des Planverfahrens 127
sind in § 224 InsO geregelt, wobei die Abweichungen von der gesetzlichen Regel im
gestaltenden Teil des Plans zu erläutern sind.

3. Nachrangige Insolvenzgläubiger gemäß § 39 InsO

Der Gesetzgeber hat bestimmte Forderungen, die bisher (z. B. nach §§ 63, 32 a GmbHG) 128
im Konkurs nicht geltend gemacht werden konnten, in das Verfahren einbezogen, diese
Forderungen aber gemäß § 39 InsO mit einem Nachrang versehen.
Hierdurch wird bewirkt, daß nachrangige Insolvenzforderungen den allgemeinen Be- 129
schränkungen des Insolvenzverfahrens unterliegen, wegen dieser Forderungen somit
weder geklagt noch vollstreckt werden kann.
Nachrangige Insolvenzforderungen gelten im Insolvenzplanverfahren als erlassen, wenn 130
im Insolvenzplan nicht anderes bestimmt ist (§ 225 InsO).

IV. Schuldner

Der Schuldner, seine persönlich haftenden Gesellschafter und die an ihm beteiligten 131
Personen sind in Abweichung von § 253 RegE keine Beteiligten i. S. d. § 221 InsO, so
daß deren Rechtsstellung auch nicht durch Vereinbarungen im gestaltenden Teil des
Plans geändert werden kann (*Maus* in Kölner Schrift zur Insolvenzordnung, S. 718
Rz. 37; *Hess/Weiss* InVo 1996, 169).
Der Beteiligtenbegriff ist augenscheinlich enger gefaßt als im bisherigen Recht der KO. 132
In der Konkursordnung orientierte sich der Begriff »Beteiligte« an den sich aus der KO 133
ergebenden Aufgaben und Pflichten (*BGH* NJW 1985, 1159; *BGH* ZIP 1987, 115 [117]).
Beteiligte waren alle, denen gegenüber der Verwalter sich aus der KO ergebenden
Pflichten zu erfüllen hatte (*BGH* KTS 62, 106; *BGH* NJW 1973, 1043).

§ 217

134 Aus diesem Grunde waren aussonderungsberechtigte Gläubiger (*BGH* MDR 58, 687), absonderungsberechtigte Gläubiger (*RG* RGZ 144, 181; *BGH* BGHZ 105, 230 [234]) sowie der Schuldner »Beteiligte« (*Kilger/Karsten Schmidt* KO, § 82 Rz. 2a). Gleiches galt für Massegläubiger (*BGH* ZIP 1987, 115).

135 Aufgrund des Beteiligtenbegriffs der InsO kann im gestaltenden Teil des Plans nur die Haftung des Schuldners nach Beendigung des Insolvenzverfahrens abweichend von den Vorschriften des Gesetzes geregelt werden (*Maus* in Kölner Schrift zur Insolvenzordnung, S. 718 f. Rz. 37). So können etwa die Voraussetzungen für eine Restschuldbefreiung günstiger als in den §§ 286 ff. geregelt werden.

136 Dem Schuldner können in einem Plan Verbindlichkeiten erlassen werden; Leistungen des Schuldners können abweichend von der gesetzlichen Regelung festgesetzt werden (BT-Drucks. 12/2443, S. 195).

137 Regelmäßig tritt eine Restschuldbefreiung ein, wenn der Schuldner seinen im Plan festgelegten Verpflichtungen gegenüber den Gläubigern nachgekommen ist (§ 227).

138 Bereits aus diesem Grunde werden Schuldner versuchen von ihrem Planinitiativrecht extensiv Gebrauch machen, um Haftungserlasse zu erreichen oder zumindest die Wohlverhaltensperiode abzukürzen zu können, so daß sich die Befürchtungen der Verwalter im Rahmen der Insolvenzrechtsreform bestätigen werden (*Grub* a.a.O., S. 89), wenn nicht die Gerichte von ihren Kontrollmöglichkeiten weiter effektiv Gebrauch machen.

139 Aus diesem Grunde werden sich die Insolvenzgerichte vielfach noch im Eröffnungsverfahren mit Sanierungsoptionen auseinandersetzen müssen, da oftmals Eigenanträge von Schuldnerplänen begleitet sein werden.

V. Verwertung und Verteilung

1. Grundsatz

140 Die Gläubiger haben mittels Plan nunmehr die Möglichkeit der unmittelbaren Einflußnahme auf die Art und Weise der Verwertung und Verteilung der Masse; der Plan stellt hierbei ein universelles Instrument der Masseverwertung dar, ohne gesetzlich auf eine Verwertungszielsetzung fixiert zu sein.

141 Der Verwertungserlös darf – anders als bei der gesetzlichen Zerschlagung – verteilt werden, wobei dabei vielfältige Gestaltungsmöglichkeiten denkbar sind. Da die Verwertung und Verteilung in weitem Maße von den Plantypen abhängen wird, sollen dies kurz skizziert werden.

2. Überblick über die Plantypen

a) Liquidationsplan

142 Ein Insolvenzplan, der nicht die Erhaltung und damit die Sanierung des Unternehmensträgers beabsichtigt, ist ebenfalls ein vollwertiger Plan i.S.d. §§ 217 ff. InsO.

143 Der Insolvenzplan als Liquidationsplan ist auf die Verwertung der Insolvenzmasse und auf ihre Verteilung an die Beteiligten, ggf. auch an einen Treuhänder gerichtet, wobei in Abweichung von der gesetzlichen Regelung die Gläubiger im Plan über Art und Weise der Verwertung entscheiden (vgl. *Burger/Schellberg* DB 1994, 1883).

144 Ein Liquidationsplan darf nicht mit der gesetzlichen Zerschlagungsautomatik des überkommenen Konkursverfahrens gleichgesetzt werden, da die Gläubiger mittels Plan die

Vorlage des Insolvenzplans § 218

Zerschlagungsgeschwindigkeit ebenso bestimmen können wie die Verteilung des Verwertungserlöses.
Ob ein Liquidationsplan im Einzelfall den erheblichen Zeit- und Kostenaufwand, den ein Planverfahren gemäß §§ 217 ff. InsO nach sich zieht, rechtfertigen kann, hängt vom jeweiligen Einzelfall ab, erscheint jedoch eher zweifelhaft. 145

b) Übertragungsplan

Von einer übertragenden Sanierung spricht man, wenn ein Unternehmen dadurch saniert wird, daß es von allen Verbindlichkeiten entlastet und auf einen neuen Unternehmensträger, z.B. auf eine Auffanggesellschaft, überführt wird. Dieser Begriff, der inzwischen Allgemeingut geworden ist, wurde Anfang der 80er Jahre von *Karsten Schmidt* geprägt (vgl. Referentenentwurf Gesetz zur Reform des Insolvenzrechts, 1989, B 139, B 151). 146
Übertragungspläne sind neben der Veräußerung eines Betriebes oder Teilbetriebes auch in vielfältigen Formen der Vermietung oder Verpachtung von Betrieben oder Teilbetrieben denkbar und realisierbar. 147

c) Fortführungsplan

Fortführungspläne erfolgen auf der Grundlage eines Sanierungskonzeptes, welches im darstellenden Teil des Planes gemäß § 220 InsO ausführlich und plausibel dargestellt werden muß. 148
Grundvoraussetzung jeder Sanierung ist jedoch die Prüfung der Sanierungsfähigkeit. 149
Birgt die Prüfung der Verfahrenskostendeckung wegen der Regelung in den §§ 54, 209 InsO weniger Probleme, stellt die Sanierungsprüfung, die in kurzer Zeit zu erfolgen hat, höchste Anforderungen an den Sachverständigen, um zu der Entscheidung zu gelangen, ob eine Sanierung des notleidenden Unternehmensträgers für die Gläubiger günstiger ist als die Liquidation (*Uhlenbruck* GmbH-Rundschau 1995, 195 ff.). 150
Ein Unternehmen gilt als sanierungsfähig, wenn es nach Durchführung von Sanierungsmaßnahmen mit hinreichender Wahrscheinlichkeit aus eigener Kraft am Markt nachhaltig Einnahmeüberschüsse erwirtschaften kann (vgl. *Maus* in Gottwald, a.a.O., § 3; *Uhlenbruck* Die GmbH & Co. KG in Krise, Konkurs und Vergleich, S. 96 ff.; *Groß* DStR 1991, 1572 ff.). 151
Nur wenn die Sanierungsfähigkeit zu bejahen ist, ist im Rahmen eines auf Fortführung des Unternehmens gerichteten Sanierungsplans ein Konzept auszuarbeiten, welches insbesondere bei Insolvenzen von Großunternehmen, je nach Krisenursache, äußerst differenzierte Lösungen vorsehen kann. 152
Hierbei sind schwierige Rahmenbedingungen gegeben, da in den weitaus meisten Insolvenzen eine verspätete oder unzulängliche Aufstellung von Jahresabschlüssen anzutreffen ist und ein funktionierendes Rechnungswesen nicht oder nicht mehr vorhanden ist (vgl. *Knorr* KTS 1955, 81). 153

§ 218
Vorlage des Insolvenzplans

(1) ¹**Zur Vorlage eines Insolvenzplans an das Insolvenzgericht sind der Insolvenzverwalter und der Schuldner berechtigt.** ²**Die Vorlage durch den Schuldner kann mit dem Antrag auf Eröffnung des Insolvenzverfahrens verbunden werden.** ³**Ein**

§ 218 Insolvenzplan

Plan, der erst nach dem Schlußtermin beim Gericht eingeht, wird nicht berücksichtigt.

(2) Hat die Gläubigerversammlung den Verwalter beauftragt, einen Insolvenzplan auszuarbeiten, so hat der Verwalter den Plan binnen angemessener Frist dem Gericht vorzulegen.

(3) Bei der Aufstellung des Plans durch den Verwalter wirken der Gläubigerausschuß, wenn ein solcher bestellt ist, der Betriebsrat, der Sprecherausschuß der leitenden Angestellten und der Schuldner beratend mit.

Inhaltsübersicht:

		Rz.
A. Allgemeines		1– 20
B. Planvorlage durch den Schuldner		21– 42
I. Initiativrecht		21– 28
II. Planvorlagezeitpunkt		29– 31
III. Bedeutung		32– 34
IV. Mitwirkungspflichten		35– 36
V. Kostenersatz		37– 42
C. Planvorlage durch den Insolvenzverwalter		43–100
I. Derivatives Planinitiativrecht		43– 53
II. Originäres Planinitiativrecht		54– 95
1. Originäres Planinitiativrecht bis zum Berichtstermin		55– 64
2. Übereinstimmung von originären und derivativem Plan		65– 69
3. Kollision von originären und derivativem Plan		70– 95
a) Problemstellung		70– 71
b) Lösungsansatz		72– 83
c) Mißbrauch		84– 91
aa) Problemstellung		84– 89
bb) Lösungsansatz		90– 91
d) Ergebnis		92– 95
III. Beratende Mitwirkung		96–100
D. Fristen		101–104

Literatur:

Balz Sanierung von Unternehmen oder von Unternehmensträgern, 1986; *ders.* Aufgaben und Struktur des künftigen einheitlichen Insolvenzverfahrens, ZIP 1988, 273; *Buchbinder* Fundamentals of Bankrupty; *Bundesministerium der Justiz* (Hrsg.) Referentenentwurf Gesetz zur Reform des Insolvenzrechts, 1989; *Drukarczyk* DBW 1992, 174; *Eidenmüller* Der Insolvenzplan als Vertrag, in Schenk/Schmidtchen/Streit, Jahrbuch für neue politische Ökonomie, Band 15, 1996; *Funke* Der Insolvenzplan des Entwurfs der Insolvenzordnung im Lichte der Erfahrungen mit dem amerikanischen Reorganisations- und Schuldenregulierungsrecht, in FS für Helmrich, 1994, 636; *Hax* Die ökonomischen Aspekte der neuen Insolvenzordnung, in Kübler, Neuordnung des Insolvenzrechts, 1989; *Jackson* The Logic and Limits of Bankrupty Law, 1986, 3; *Smid* Rechtsmittel gegen Eingriffe in Teilnahmerechte Verfahrensbeteiligter durch das Insolvenzgericht, KTS 1993, 21; *Uhlenbruck* Die neue Insolvenzordnung (II) Auswirkungen auf das Recht der GmbH und GmbH & Co. KG, GmbHR 1995, 195 ff.; *Uhlenbruck/Brandenburg/Grub/Scharf/Wellensieck* Die Insolvenzrechtsreform, BB 1992, 1734 ff.

Vorlage des Insolvenzplans **§ 218**

A. Allgemeines

Die Frage, wem das Recht zur Planvorlage zustehen sollte, war bis zur endgültigen 1
Verabschiedung der InsO heftig umstritten.
Das nunmehr auf Insolvenzverwalter und Schuldner beschränkte Planinitiativrecht war 2
im RegE weiter gefaßt, da man davon ausging, daß konkurrierende Pläne einen Wettbewerb um die beste Art der Masseverwertung auslösen und damit das Insolvenzverfahren zu einem »Entdeckungsverfahren« machen sollten (BT-Drucks. 12/2443, S. 92).
Man hoffte, durch konkurrierende Insolvenzpläne bessere wirtschaftliche Ergebnisse 3
und somit mehr Effektivität erzielen zu können.
Gleichsam einer natürlichen Auslese sollte sich derjenige Plan durchsetzen, der die 4
besten Verwertungsoptionen bieten würde.
Aus diesem Grunde sollten wirtschaftlich relevante Minderheiten sogar dann berechtigt 5
sein, einen gesonderten Plan vorzulegen, wenn die Mehrheit in der Gläubigerversammlung den Verwalter bereits mit der Ausarbeitung eines Planes beauftragt oder selbige einen Plan abgelehnt hatte.
Verfahrensverschleppung wollte der RegE dadurch begegnen, daß nicht jeder einzelne 6
Beteiligte, sondern nur starke Minderheiten der Gläubiger zur Vorlage berechtigt sein sollten (BT-Drucks. 12/2443, S. 49 ff.).
Weiterhin sah man in der Notwendigkeit einer mehrheitlichen Gläubigerzustimmung im 7
Abstimmungstermin sowie in der gerichtlichen Zurückweisung offensichtlich aussichtsloser Pläne ausreichende Regulative, um ungewollte Planspiele kontrollieren zu können.
Wurde in der Literatur ein weit gefaßtes Planinitiativrecht überwiegend befürwortet (vgl. 8
Drukarczyk DBW 1992, 174; *Hax* in Kübler, Neuordnung des Insolvenzrechts, S. 30 f.), so waren die Insolvenzpraktiker strikt dagegen, da diese ein weites Planinitiativrecht als Einladung zu praxisfremder Insolvenzplanspielerei betrachteten.
Das ursprünglich in dieser weiteren Fassung geplante Planinitiativrecht ist dem US- 9
amerikanischen Bankrupty Code (nachfolgend BC) entlehnt.
Gemäß § 1121 (a), (b) BC hat der Schuldner für einen Zeitraum von 120 Tagen ab 10
Antragstellung ein ausschließliches Planvorlagerecht, um frei von Gläubigereinflüssen oder Konkurrenzplänen die Reorganisation seines Unternehmens vorbereiten zu können.
Gelingt es dem Schuldner innerhalb eines weiteren Zeitraums von 60 Tagen nach 11
Einreichung seines Plans, die Zustimmung seiner Gläubiger gemäß § 1121 (c) (3) BC zum Planvorschlag zu erlangen, hat sich die Frage der Planinitiativrechte Dritter erledigt.
Gemäß § 1121 (d) BC kann, wird ein entsprechender Antrag innerhalb der 180-Tage- 12
Frist gestellt, diese Frist durch richterliche Anordnung erneut verlängert werden.
In der amerikanischen Insolvenzpraxis wird von dieser Möglichkeit extensiv Gebrauch 13
gemacht, um Schuldnern Zeit zu geben, in Verhandlungen mit ihren Gläubigern Mehrheiten für eine Sanierung des Unternehmens zu finden, so daß oft mehr als ein Jahr vergeht, bis den Gläubigern die abschließenden Vorschläge des Schuldners vorgelegt werden.
Erst wenn das exklusive Planvorlagerecht des Schuldners abgelaufen ist, haben in den USA die »parties in interest« – dann aber alle – gemäß § 1121 (c) BC das Recht zur Planvorlage.
Ohne in Details eingehen zu wollen, sei angemerkt, daß die amerikanische Reorganisa- 14
tionspraxis auf einem grundsätzlich anders gelagerten Rechtsverständnis der Insolvenz

§ 218 *Insolvenzplan*

beruht, da der Schuldnerschutzgedanke das prägende Motiv des amerikanischen Insolvenzrechts darstellt.

15 Weiterhin sind im amerikanischen Recht Unternehmen – bedingt durch exorbitant hohe Schadensersatzsummen im Falle von Produkthaftungs- oder Patentverletzungsprozessen – höheren Insolvenzrisiken ausgesetzt. Beispielhaft sei der Texaco-Konkurs im Jahre 1988 erwähnt, in welchem ein Urteil die Insolvenz des Texaco Erdölkonzerns bewirkte, so daß dieser vor dem Southern District of New York das Chapter 11 Reorganisationsverfahren durchlaufen mußte (*Buchbinder* Fundamentals of Bankrupty, § 24.1, S. 435).

16 Das Reorganisationsverfahren nach Chapter 11 BC bietet für Unternehmen die Möglichkeit durchzuatmen, um sich ohne Druck der Gläubiger reorganisieren zu können (*Jackson* The Logic and Limits of Bankrupty Law, S. 3)

17 Da der Schuldner im Regelfall als »debtor in possession«, d.h. in Eigenverwaltung, weitgehend wie vor der Insolvenz, am Wirtschaftsleben teilnimmt, ist in einem amerikanischen Insolvenzfall Zeitdruck kein ausschlaggebender Faktor.

18 Anders verhält es sich jedoch im deutschen Recht, da gemäß § 55 Abs. 2 InsO bereits sämtliche Verbindlichkeiten, die von einem vorläufigen Insolvenzverwalter mit Verwaltungs- und Verfügungsbefugnis begründet worden sind, nach Verfahrenseröffnung als Masseverbindlichkeiten gelten und deshalb sowohl enorme Haftungsrisiken für die Insolvenzverwalter als auch Belastungen für die Masse auslösen.

19 Die Gläubigerinteressen finden im deutschen Insolvenzrecht in weitaus größerem Umfang Berücksichtigung als im amerikanischen Recht.

20 Wenngleich die Begrenzung des Planinitiativrechts in der Literatur teilweise weiterhin bedauert wird (vgl. *Eidenmüller* in Schenk/Schmidtchen/Streit, Jahrbuch für neue politische Ökonomie, S. 174), ist dies aus der Sicht der Insolvenzpraxis zu begrüßen, da sie der Straffung der Entscheidungsfindung dient und der Erfolg des Planverfahrens nicht zuletzt von der zeitlichen Dauer der Entscheidungsfindung abhängen wird.

B. Planvorlage durch den Schuldner

I. Initiativrecht

21 Das Recht des Schuldners, einen Lösungsvorschlag zur Bewältigung der Insolvenz vorzulegen, ist nicht neu. Auch nach überkommenem Recht stand es dem Schuldner frei, mit seinen Gläubigern eine Lösung im Wege eines Vergleichs nach der VglO oder eines Zwangsvergleichs gemäß KO bzw. GesO zu suchen.

22 Der Grund für den in der Praxis unzureichenden Erfolg eines außergerichtlichen Sanierungsvergleichs ist in dessen fehlender Mehrheitsbindung zu sehen.

23 Ein außergerichtlicher Sanierungsvergleich ist ein Vertrag i.S.d. BGB und bindet ausschließlich die daran Beteiligten (*BGH* BGHZ 116, 319 = NJW 1992, 967 = ZIP 1992, 191).

24 Da eine Bindungswirkung eben nur für diejenigen Gläubiger eintritt, die ihn geschlossen haben, waren fast immer Akkordstörer anzutreffen, die ihre Ansprüche gegen den Schuldner auch dann isoliert durchsetzen wollten, wenn eine ganz überwiegende Mehrheit der Gläubiger einem außergerichtlichen Vergleich die Zustimmung erteilt hätte und der außergerichtliche Vergleich für alle Parteien sinnvoll gewesen wäre.

25 Widersprechende Gläubiger handelten insoweit nicht rechtsmißbräuchlich und konnten eine außergerichtliche Lösung zu Fall bringen (vgl. *Kilger/Karsten Schmidt* KO, § 173 Rz. 5).

Vorlage des Insolvenzplans § 218

Waren die einer Insolvenz oftmals vorausgehenden Bemühungen um eine außergerichtliche vergleichsweise Einigung erst gescheitert, wurde kaum mehr ein Vergleich oder Zwangsvergleich realisiert. 26

Das Vergleichsverfahren nach der VglO war dabei zur Bedeutungslosigkeit herabgesunken, da seit 1983 in weniger als 1% der Insolvenzen ein gerichtlicher Vergleich bestätigt worden war. Lediglich 8 % der eröffneten Konkursverfahren endeten Ende der 80er Jahre mit einem bestätigten Zwangsvergleich (Referentenentwurf Gesetz zur Reform des Insolvenzrechts, Bundesministerium der Justiz (Hrsg.), 1989, A1). 27

Das Initiativrecht des Schuldners muß nicht zwingend Einfluß auf die Entscheidungen der Gläubigerversammlung haben. Die Gläubigerversammlung kann einen schuldnerischen Plan jederzeit zu Fall bringen, wenn sie auf der Grundlage des Berichtes des Verwalters beschließt, das Unternehmen zu zerschlagen. 28

II. Planvorlagezeitpunkt

Nach § 218 Abs. 1 Satz 2 InsO ist es dem Schuldner gestattet, mit dem Antrag auf Eröffnung des Insolvenzverfahrens seinen Insolvenzplan vorzulegen. 29

Gleiches würde – falls der Schuldner rechtzeitig vom Antrag Kenntnis erlangt bzw. mit einen Fremdantrag bereits gerechnet hat – im Falle eines Fremdantrags gelten. 30

Nimmt der Schuldner sein Planinitiativrecht derart in Anspruch, daß er im Berichtstermin den Gläubigern seinen Plan unangekündigt präsentiert, wird das Insolvenzgericht u. U. die Vertagung des Berichtstermins durch Beschluß anordnen müssen, um dem Verwalter und den Gläubigern Gelegenheit einzuräumen, sich vor der Entscheidung über den Fortgang des Verfahrens mit dem schuldnerischen Insolvenzplan auseinanderzusetzen. 31

III. Bedeutung

Wenngleich der Insolvenzverwalter im Regelfall bereits mit Prüfung der Sanierungsaussichten gemäß § 22 Abs. 1 Nr. 3 InsO konkrete Vorstellungen entwickeln wird, ob – und wenn ja, wie – ein Insolvenzplan in Betracht kommt, hat der Schuldner durch sein vorgezogenes Planinitiativrecht einen nicht zu unterschätzenden Einfluß auf die spätere Verfahrensabwicklung (so zu Recht: *Uhlenbruck* GmbHR 1995, 209). Dies ist vom Gesetzgeber auch so gewollt. 32

Das Planinitiativrecht des Schuldners beinhaltet, zumindest dem Grunde nach, eine große Sanierungschance für notleidende Unternehmen, da der Schuldner einen Eigeninsolvenzantrag schon bei drohender Zahlungsunfähigkeit stellen kann, um den Schutz des Insolvenzrechts zu erlangen (*Maus* in Kölner Schrift zur InsO, S. 714, Rz. 23–25). 33

Ob die Schuldner von dieser Möglichkeit, bei drohender Zahlungsunfähigkeit Insolvenzantrag zu stellen, Gebrauch machen werden bzw. ob die Zahl der Sanierungen steigen wird, wird sich zeigen; allzu großer Optimismus ist allerdings nicht angezeigt, da die Furcht der Schuldner vor dem Insolvenzgericht und dem Insolvenzverfahren auch in Zukunft groß sein wird. Hinzu kommt, daß die Haushaltsgesetze die Rückforderung von gewährten Subventionen an insolvenzrechtlich relevante Vorgänge knüpfen, was die Bereitschaft zu frühzeitigen Eigenanträgen nicht fördert. 34

IV. Mitwirkungspflichten

35 Der Schuldner kann den Plan, im Gegensatz zum Verwalter, ohne Mitwirkung anderer Beteiligter oder des Verwalter aufstellen (*Hess/Obermüller* Die Rechtsstellung der Verfahrensbeteiligten nach der InsO, S. 58, Rz. 307).

36 In der Praxis wird ein Schuldnerplan allerdings nur Erfolg haben, wenn er versucht, die in Abs. 3 genannten Gremien bzw. den Verwalter einzubinden, da er auf die Mitwirkung des Verwalters, des Betriebsrats und des Gläubigerausschusses – soweit bestellt – angewiesen sein wird (*Hess/Obermüller* a.a.O.).

V. Kostenersatz

37 Der Schuldner hat keinen gesetzlichen Anspruch auf Kostenersatz hinsichtlich ihm etwaig entstandener Planerstellungskosten.

38 Ein Anspruch unter dem Gesichtspunkt der Geschäftsführung ohne Auftrag gemäß § 677 BGB ist nicht gegeben, da die Planerstellung nicht die Besorgung eines Geschäfts »für einen anderen« darstellt.

39 Die Vergütungs- und Entschädigungsregelungen für die Mitglieder des Gläubigerausschusses, des Betriebsrats und des Sprecherausschusses bemessen sich nach § 73 InsO, §§ 37, 40 BetrVG und § 14 des Sprecherausschußgesetzes.

40 Im Insolvenzplan kann allerdings geregelt werden, daß dem Schuldner die Kosten der Planerstellung in Gänze oder in einer bestimmten Höhe ersetzt werden, was aber nur dann Bedeutung hat, wenn der Plan angenommen und rechtskräftig wird. Wie beim bisherigen Vergleichsverfahren müssen Inhalts- und Bestandswirkungen unterschieden werden.

41 Der Reformgesetzgeber wollte hinsichtlich der Kosten keine amerikanischen Verhältnisse aufkommen lassen, da die hohen Verfahrenskosten neben der Verfahrensverzögerung eines der zentralen Probleme des amerikanischen Reorganisationsrechts darstellen.

42 Exkursmäßig angefügt sei, daß das Verfahren nach Chapter 11 BC auch deshalb sehr kostenaufwendig ist, da der Ausschuß der ungesicherten Gläubiger und die vom Gericht gegebenenfalls bestellten Gläubigerausschüsse das Recht haben, auf Kosten der Masse jeweils einen oder mehrere Anwälte zu beschäftigen (vgl. *Funke* FS für Helmrich, 1994, 636).

C. Planvorlage durch den Insolvenzverwalter

I. Derivatives Planinitiativrecht

43 Unter dem derivativen Planinitiativrecht ist zu verstehen, daß der Verwalter gemäß § 157 InsO, d.h. im Auftrag der Gläubigerversammlung, welche ihm auch die Ziele des Plans vorgeben kann, einen Plan erstellt oder erstellen läßt.

44 Die Gläubigerversammlung ist in ihrer Wahl des Planerstellers nicht frei.

45 Hat sie von ihrem Recht, den Verwalter im Berichtstermin abzuwählen, nicht Gebrauch gemacht, ist sie gehalten, die Ausarbeitung des Insolvenzplans diesem zu übertragen.

46 Dieser wiederum ist verpflichtet, dieser Andienung gemäß § 218 Abs. 2 InsO innerhalb angemessener Frist nachzukommen, wobei das Gericht gegen Verzögerungen notfalls

Vorlage des Insolvenzplans § 218

mit Aufsichtsmaßnahmen gegen den Verwalter einzuschreiten hat (vgl. §§ 58 Abs. 2, 3, § 59 InsO).

Die Gläubigerversammlung entscheidet im Berichtstermin, ob das Insolvenzverfahren 47 auf der Grundlage der gesetzlichen Zwangsverwertung des Schuldnervermögens oder auf der Grundlage eines Plans abgewickelt werden soll.

Aus diesem Grunde sieht § 156 InsO im Fall der Unternehmensinsolvenz vor, daß der 48 Insolvenzverwalter den Gläubigern spätestens 3 Monate nach der Eröffnung des Insolvenzverfahrens im Berichtstermin die wirtschaftliche Lage des insolventen Unternehmens, die Gründe für die Insolvenz und die Möglichkeiten für deren Überwindung zu erläutern hat.

Der Insolvenzverwalter erhält im Rahmen der derivativen Planerstellung »offiziell« den 49 Auftrag zur Ausarbeitung eines Insolvenzplans erst im Berichtstermin von der Gläubigerversammlung (*Maus* in Kölner Schrift zur InsO, S. 715, Rz. 27)

Die Gläubigerversammlung entscheidet über das weitere Schicksal des Unternehmens; 50 sie kann die sofortige Liquidation beschließen, kann aber auch eine Gesamtveräußerung oder die Sanierung des bisherigen Unternehmensträgers auf der Grundlage eines Insolvenzplans vorbereiten lassen.

Die Gläubigerversammlung kann der Planinitiative des Schuldners jederzeit den Boden 51 entziehen, wenn sie auf der Grundlage des Berichtes des Verwalters beschließt, das Unternehmen stillzulegen und die gesetzliche Zerschlagungsautomatik in Gang zu setzen.

In diesem Falle erledigt sich auch das Planinitiativrecht des Verwalters, da dieser dann 52 zur Verwertung der Insolvenzmasse gemäß § 159 InsO verpflichtet ist.

Auch in dieser Rechtsmacht der Gläubigerversammlung unterscheidet sich die InsO 53 maßgeblich vom Reorganisationsverfahren des Chapter 11 BC, in welchem die Gläubiger lange Zeit keinerlei Möglichkeit haben, weichenstellend auf das Verfahren einzuwirken, geschweige denn, einem schuldnerischen Plan vereiteln können.

II. Originäres Planinitiativrecht

Das originäre (eigene) Planinitiativrecht des Verwalters gemäß § 218 Abs. 1 InsO kann 54 u. U. mit den Vorstellungen der Gläubigerversammlung bezüglich der Planerstellung kollidieren, so daß Art und Umfang des originären Planinitiativrechts des Verwalters zu bestimmen sind.

1. Originäres Planinitiativrecht bis zum Berichtstermin

Dem Verwalter steht ein originäres Planinitiativrecht bis zum Berichtstermin zu; d. h. er 55 muß nicht abwarten, bis er von der Gläubigerversammlung offiziell hierzu beauftragt wird. In vielen Fällen wird er, will er seinen Verpflichtungen gerecht werden, gar nicht zuwarten können.

Würde der Verwalter erst im Anschluß an den Berichtstermin mit der Planvorbereitung 56 und Planerstellung beginnen können, wäre bereits wichtige Zeit verstrichen.

Es ist davon auszugehen ist, daß in diesem Fall, d. h. bis im Rahmen des Erörterungs- und 57 Abstimmungstermins die Entscheidung über den Plan getroffen werden kann, nochmals mehrere Wochen vergehen würden.

Jaffé

§ 218   *Insolvenzplan*

58 Alleine die Planausarbeitung wird je nach Verfahren einen gemäß § 218 Abs. 2 InsO nicht zu beanstandenden Zeitraum von 4–12 Wochen in Anspruch nehmen; eine Entscheidung wird daher – falls kein Rechtsmittel nach § 253 InsO eingelegt wird – regelmäßig erst sechs Monaten nach Eröffnung des Verfahrens fallen können.

59 Dieser lange Zeitrahmen wurde im Zusammenhang mit dem Abweichen von vorgegebenen Verwertungs- und Verteilungsvorschriften seitens der Verwalter aufgrund der dadurch begründeten Zeitverzögerung heftig kritisiert (vgl. *Gravenbrucher Kreis* ZIP 1992, 658).

60 Es wurde vorgetragen, daß unterschiedliche Verteilungsregelungen schnelle und eindeutige Entscheidungen verhindern und gerade eine Sanierung rasches Handeln und eindeutig definierte Entscheidungskompetenz verlange (*Gravenbrucher Kreis* a.a.O.; vgl. dazu auch: *Grub* in Kölner Schrift zur InsO, S. 535, Rz. 71).

61 Um wertvolle Zeit zu sparen, kommt dem originären Planinitiativrecht des Verwalters daher weichenstellende Bedeutung zu.

62 Müßte der Verwalter stets auf eine Auftragserteilung seitens der Gläubigerversammlung warten, wäre die Sanierungschance für das insolvente Unternehmen in vielen Fällen längst vergeben.

63 Überdies begründet die Tätigkeit des Verwalters als amtliches Organ des Verfahrens ein gesetzliches Schuldverhältnis zu allen Verfahrensbeteiligten (*BGH* vom 17. 01. 1985 – IX ZR 59/84 = NJW 1985, 1161, 1169), welches erhebliche Haftungsrisiken für diesen birgt.

64 Der Verwalter muß daher, wenn er die Sanierungsaussichten gemäß § 22 Abs. 1 Nr. 3 InsO positiv beurteilt, zumindest mit der vorbereitenden Ausarbeitung eines Insolvenzplans vor dem Berichtstermin beginnen, um damit seiner Aufgabe als Organ des Insolvenzverfahrens gerecht zu werden.

2. Übereinstimmung von originärem und derivativem Plan

65 Im Berichtstermin wird der Verwalter die Gläubigerversammlung über seine Planabsichten informieren.

66 Hierbei wird ein verantwortungsbewußter Verwalter bei der Aufstellung seines Plans einen gerechten Ausgleich der vielseitigen Interessen im Rahmen von Vorverhandlungen mit den Gläubigergruppen anstreben, um die Realisierung des Planes bestmöglichst vorzubereiten (*Balz* ZIP 1988, 273 [286]; *Uhlenbruck/Brandenburg/Grub/Scharf/Wellensieck* BB 1992, 1734 ff.).

67 Entscheidet sich die Gläubigerversammlung für die Unterstützung des Verwalterplans, kann sie von ihrem in § 157 Satz 2 InsO normierten Auftragsrecht Gebrauch machen und den Verwalter nunmehr auch »offiziell« mit der Ausarbeitung des Plans beauftragen.

68 Stimmen die Ziele der Gläubigerversammlung – wie dies bei entsprechender Koordination im Vorfeld des Berichtstermins möglich ist – mit den Verwalterplanzielen überein, sollte der Verwalter aus haftungsrechtlichen Gesichtspunkten darauf achten, daß diese Ziele auch in entsprechend protokollierten Beschlüssen im Rahmen der Gläubigerversammlung festgehalten werden.

69 Hierdurch werden die Haftungsrisiken für den Verwalter minimiert, wenn er den Planzielen der Gläubigerversammlung entsprechend handelt.

Vorlage des Insolvenzplans § 218

3. Kollision von originärem und derivativem Planinitiativrecht

a) Problemstellung

Stimmt die Gläubigerversammlung den Planzielen des Verwalters im Berichtstermin 70
nicht zu, weil sie z. B. eine andere Planart oder andere Planziele präferiert, stellt sich die
Frage, ob der Verwalter seinen eigenen (originären) Plan auch dann weiterverfolgen darf,
wenn ihn die Gläubigerversammlung zur Ausarbeitung eines nach den Zielen der
Gläubiger erstellten Plans beauftragt hat oder ob in diesem Falle sein Initiativrecht
erlischt.
Diese für das Verfahren wesentliche Fragestellung ist gesetzlich nicht geregelt. 71

b) Lösungsansatz

In der Literatur wird die Ansicht vertreten, daß der Wortlaut des § 218 Abs. 3 InsO, 72
welcher von der Aufstellung »des Plans« durch den Verwalter spricht, ein Anhaltspunkt
dafür sei, daß der Insolvenzverwalter immer nur berechtigt sein könne, einen einzigen
Plan vorzulegen (*Eidenmüller* in Jahrbuch für neue politische Ökonomie, S. 174 f.).
Weiterhin wird vorgetragen, daß es mit dem Prinzip der Gläubigerautonomie nur schwer 73
zu vereinbaren wäre, wenn der Verwalter als Interessenwahrer der Gläubiger diesen mit
seinem eigenen Plan unmittelbar Konkurrenz machen könnte (*Eidenmüller* a. a. O.).
Dieser Auffassung zufolge dürfte es im Rahmen eines Insolvenzplanverfahrens maximal 74
zwei vorgelegte Insolvenzpläne geben, nämlich einen des Schuldners und einen des
Verwalters.
Wenn die Gläubigerversammlung den Verwalter mit der Ausarbeitung eines Planes 75
beauftragt, würde somit die Befugnis des Verwalters zur Planvorlage »aus eigenem
Recht«, erlöschen (*Eidenmüller* a. a. O.).
Dieser Literaturmeinung ist nicht nur aufgrund der Auslegung des Wortlautes der gesetz- 76
lichen Regelung, sondern auch aufgrund einer Gesamtwürdigung des Verhältnisses
zwischen Gläubigerversammlung und Insolvenzverwalter als Organe eines Insolvenzverfahrens zuzustimmen.
Die Gläubigerversammlung ist der Ort, an dem die Gläubigerautonomie ausgeübt wird 77
(*Smid* KTS 1993, 21), da in der Gläubigerversammlung die Weichenstellung für das
Insolvenzverfahren erfolgt.
Die Dominanz der die Gläubiger repräsentierenden Gläubigerversammlung im Insol- 78
venzverfahren ist an vielen Stellen offenkundig.
Beispielhaft sei erwähnt, daß gemäß § 57 InsO die Gläubigerversammlung in der ersten 79
Versammlung einen neuen Verwalter wählen kann, gemäß § 59 Abs. 1 InsO der Verwalter auf Antrag aus wichtigem Grund aus seinem Amt entlassen werden kann, gemäß § 66
Abs. 1 InsO der Verwalter gegenüber der Gläubigerversammlung Rechenschaft abzulegen hat, gemäß § 68 InsO die Gläubigerversammlung maßgeblich auf den Gläubigerausschuß Einfluß nehmen kann, gemäß § 79 InsO der Verwalter die Gläubigerversammlung
zu unterrichten hat und gemäß § 157 InsO der Gläubigerversammlung die Entscheidung
über den Fortgang des Verfahrens im Berichtstermin obliegt.
Der Verwalter kann deshalb mit der Gläubigerversammlung hinsichtlich der Planerstel- 80
lung nicht konkurrieren, da er die Interessen der Gläubiger in ihrer Gesamtheit zu
vertreten hat.
Weiterhin bedarf der Verwalter für kostenauslösende Maßnahmen, die aus der Masse 81
getragen werden müssen, einer verfahrensrechtlichen Legitimation; handelt der Verwal-

ter gegen den Willen der Gläubiger, ist diese nicht gegeben, so daß das Weiterverfolgen eines eigenen Plans auch aus haftungsrechtlichen Gesichtspunkten zu unterlassen ist.

82 Der Verwalter kann daher, wenn er von der Gläubigerversammlung einen von seinem Plan abweichenden Auftrag zur Erstellung eines Insolvenzplans erhalten hat, einen eigenen Plan kumulativ nicht weiterverfolgen; vielmehr erlischt sein originäres Planvorlagerecht aufgrund des Auftrages.

83 Der Verwalter muß in diesem Falle bereits aus eigenem Interesse dafür Sorge tragen, daß die ihm vorgegebenen Planziele auch exakt definiert und bestimmt werden sowie im gerichtlichen Protokoll festgehalten werden. Andernfalls könnte im Falle des Scheiterns des Auftragsplanes nicht ausgeschlossen werden, daß dem Verwalter später der Vorwurf gemacht wird, sich nicht entsprechend engagiert um die Realisierung des oktroyierten Plans bemüht zu haben.

c) Mißbrauch

aa) Problemstellung

84 Eine Kollision von originärem und derivativem Planinitiativrecht mit der Konsequenz des Erlöschens des originären Planinitiativrechts des Verwalters könnte im Einzelfall einen Mißbrauch verfahrensrechtlicher Instrumente bedingen.

85 In der bisherigen Praxis der Gläubigerversammlungen nach der KO und GesO wurden die Abstimmungen fast ausschließlich durch die regelmäßig vertretenen institutionellen Gläubiger, wie Finanzämter, Arbeitsämter, Sozialversicherungsbehörden sowie Hausbanken eines Schuldners beherrscht.

86 Dies wird sich auch unter Geltung der InsO nicht sofort ändern, da davon auszugehen ist, daß das Interesse der Gläubigermehrheit oft erst geweckt werden kann, wenn ein oder mehrere Pläne zur Diskussion gestellt werden.

87 Das Erlöschen des originären Planinitiativrechts des Verwalters könnte zur Folge haben, daß ein institutioneller Gläubiger dem Verwalter infolge Ausbleiben einer entsprechenden Zahl weiterer Gläubiger in der Gläubigerversammlung einen ausschließlich seine Interessen verfolgenden Plan oktroyieren könnte.

88 Diese Möglichkeit stünde in einem offensichtlichen Widerspruch zu dem Willen des Reformgesetzgebers, wonach es nicht einmal qualifizierten Minderheiten, geschweige denn möglicherweise einzelnen Gläubigern zugestanden wird, einen Plan und dessen Ziele vorzuschreiben.

89 Das Ergebnis, daß einzelne Gläubiger aufgrund des Planzielbestimmungsrechts des § 157 Satz 2 InsO letztlich einen eigenen Plan initiieren könnten, sollte durch die Streichung des im RegE vorgesehenen Minderheiteninitiativrechts ausdrücklich verhindert werden.

bb) Lösungsansatz

90 Verfolgen dominierende Gläubiger durch den Plan rein egoistische Absichten, die den Interessen der Gläubigergesamtheit widerstreiten, hat der Verwalter nach § 78 Abs. 1 InsO vorzugehen, um die Aufhebung des bindenden Beschlusses der Gläubigerversammlung durch das Insolvenzgericht zu beantragen.

91 Zur Verhinderung der Benachteiligung einzelner Gläubiger wird das Insolvenzgericht den gemäß § 157 Satz 2 InsO getroffenen Beschluß aufheben.

d) Ergebnis

Auch aufgrund der Möglichkeit, einen dem gemeinsamen Interesse widersprechenden Beschluß gemäß § 78 Abs. 1 InsO aufheben zu lassen, ist ein kumulatives originäres und derivatives Planinitiativrecht zur Wahrung der Gesamtinteressen der Gläubiger nicht erforderlich. 92

Eine Gläubigerversammlung, die davon absieht, die Vorstellungen des Verwalters bei der Aufstellung des Plans entsprechend einzubeziehen, dürfte sich jedoch keinen Gefallen tun, da gerade der Verwalter zur Vorbereitung der Planrealisierung einen gerechten und bestmöglichen Ausgleich der vielseitigen Interessen treffen kann (vgl. *Uhlenbruck/Brandenburg/Grub/Scharf/Wellensieck* BB 1992, 1734 ff.). 93

Wenn die Gläubigerversammlung es beschließt, wird es im Planabstimmungsverfahren höchstens zwei konkurrierende Pläne geben. 94

Der Gläubigerversammlung steht es aber im Berichtstermin jederzeit frei, dem Verwalter die Ausarbeitung eines eigenen Plans – zusätzlich zu dem diesem vorgegebenen Auftragsplan – zu gestatten, wenn sie sich dadurch eine Verbesserung ihrer Entscheidungsgrundlage für oder gegen einzelne Planziele erhofft. In einem derartigen Fall können im Abstimmungstermin somit auch drei Pläne um die Zustimmung der Gläubiger konkurrieren. 95

III. Beratende Mitwirkung

Der Verwalter hat bei der Aufstellung eines Plans nach § 218 Abs. 3 InsO den Rat des Gläubigerausschusses, des Schuldners und gegebenenfalls des Betriebsrats und des Sprecherausschusses der leitenden Angestellten einzuholen; ist der Schuldner keine natürliche Person, so können benannte Sprecher der an ihm beteiligten Personen hinzukommen. 96

Dies gilt sowohl bei originären wie derivativen Plänen des Verwalters. 97

Beratende Mitwirkung bedeutet mehr als bloße Information des Verwalters über den von ihm erstellten Plan. Beratung bedeutet, daß dem Schuldner und den sonstigen in § 218 Abs. 3 aufgezählten Personen und Gruppen ein Mitspracherecht bei der Aufstellung des Plans zusteht (*Hess/Obermüller* Die Rechtsstellung der Verfahrensbeteiligten nach der InsO, S. 58, Rz. 308). 98

Im Falle eines Plans, der die Fortführung des schuldnerischen Unternehmens ermöglichen soll, wird ein intensiver Informationsfluß zwischen Verwalter und dem in § 218 Abs. 3 InsO aufgezählten Kreis unumgänglich sein, so daß dieser faktisch die Stellung eines »Beirats« als eigenes Gremium neben dem Gläubigerausschuß bilden wird. 99

Die im Rahmen des Planerstellungsverfahrens seitens dieses »Beirates« erklärten »dissenting opinions« werden nicht in den Plan aufgenommen, da die Möglichkeiten der Stellungnahme gesetzlich abschließend geregelt sind. Ansonsten wäre das Planinititivrecht des Verwalters unnötig eingeschränkt. Des weiteren können etwaige Interessengegensätze der »Beiratsmitglieder« ausführlich im Erörterungstermin diskutiert werden. Zu beachten ist, daß durch die Tätigkeit in diesem »Beirat« keine besonderen Vergütungs- oder Entschädigungsansprüche auslöst werden. Für die Mitglieder des Gläubigerausschusses, des Betriebsrats und des Sprecherausschusses verbleibt es bei den gesetzlichen Vergütungs- und Entschädigungsregelungen gemäß § 73 InsO, §§ 37, 40 BetrVG und § 14 des Sprecherausschußgesetzes. 100

D. Fristen

101 Eine gesetzliche Anordnung von Fristen für die Vorlage des Plans wäre unzweckmäßig.
102 Die Dauer der Planerstellung hängt von den Umständen des Einzelfalls ab, die das Gericht bei der Bestimmung der Frist zu berücksichtigen hat.
103 Im Regelfall wird eine Frist von 4–8 Wochen angemessen sein (vgl. *Maus* in Kölner Schrift zur InsO, S. 715, Rz. 27).
104 Verzögert sich die Planerstellung ohne Verschulden des Planvorlegenden, kann die Frist im Einzelfall verlängert werden.

§ 219
Gliederung des Plans

¹Der Insolvenzplan besteht aus dem darstellenden Teil und dem gestaltenden Teil.
²Ihm sind die in den §§ 229 und 230 genannten Anlagen beizufügen.

Inhaltsübersicht: Rz.

A. Zweck der Vorschrift	1– 3
B. Überblick über den darstellenden Teil	4–20
C. Überblick über den gestaltenden Teil	21–23

Literatur:

Bundesministerium der Justiz (Hrsg.), Erster Bericht der Kommission für Insolvenzrecht, 1985, 168; *IDW* Anforderungen an Sanierungskonzepte, FAR 1/1991, S. 3, 6; *Maus* in Gottwald, Insolvenzrechts-Handbuch, 1990; *ders.* Der Insolvenzplan, in Kölner Schrift zur InsO, 1997.

A. Zweck der Vorschrift

1 Gemäß § 219 InsO besteht der Insolvenzplan aus einem darstellenden Teil und einem gestaltenden Teil. Beide Teile werden gesondert in § 220 InsO (darstellender Teil) und § 221 InsO (gestaltender Teil) geregelt.
2 Die in § 219 InsO vorgeschriebene Aufgliederung des Plans ist zwingend, wobei beide Teile notwendige Bestandteile eines Insolvenzplans sind und sich wechselseitig bedingen (BT-Drucks. 12/2443, S. 197).
3 Die gesetzlich verbindlich vorgeschriebene Aufteilung des Plans dient dabei nicht nur der Übersichtlichkeit, sondern trägt auch der unterschiedlichen rechtlichen Tragweite des Planinhalts Rechnung (Erster Bericht der Kommission für Insolvenzrecht, *Bundesministerium der Justiz* (Hrsg.), 1985, S. 168).

Gliederung des Plans § 219

B. Überblick über den darstellenden Teil des Plans

Gemäß § 220 InsO sind im Rahmen des darstellenden Teils des Plans diejenigen Maßnahmen zu beschreiben, die nach der Eröffnung des Verfahrens bereits getroffen worden sind oder noch getroffen werden sollen, um damit die Grundlage für die beabsichtigte Gestaltung der Rechte der Beteiligten vorzubereiten. 4

Mittels des darstellenden Teils des Plans sollen die Gläubiger und das Insolvenzgericht sowohl über personelle Maßnahmen als auch über organisatorische Maßnahmen informiert werden. 5

Der Inhalt des darstellenden Teils eines Insolvenzplans ist bestimmt vom jeweiligen Plantypus und daher – je nach Plantyp und Unternehmen – sehr verschieden auszugestalten. 6

Stets ist zunächst die Zielsetzung des Plans anzugeben, d. h. ob ein Liquidations-, Übertragungs- oder Fortführungsplan zur Diskussion steht. Ferner ist anzugeben, wie bzw. in welchem Umfang die Gläubiger im Rahmen des Planverfahrens Befriedigung erfahren sollen. 7

Im Falle eines Fortführungsplans sind im darstellenden Teil des Plans die beabsichtigten Maßnahmen zur finanziellen Sanierung sowie zur Wiederherstellung einer dauerhaften Ertragsfähigkeit des Unternehmens zu beschreiben (Erster Bericht der Kommission für Insolvenzrecht, *Bundesministerium der Justiz* (Hrsg.), 1985, S. 168), wobei ein Fortführungsplan nur bei einer realistischen Aussicht auf dauerhafte Sanierung sinnvoll ist. 8

Der darstellende Teil unterrichtet und informiert die Beteiligten außerdem über das schuldnerische Unternehmen sowie die Krisenursachen, die letztlich in der Insolvenz des Unternehmens mündeten; hierbei sind die Krisenursachen umfassend aufzuzeigen. 9

Im Rahmen der Krisenursachenanalyse kann sich der Planersteller nicht darauf beschränken, allgemeine Angaben über Krisenursachen, z. B. Managementfehler, unzureichendes Eigenkapital etc. zu geben, sondern muß die Zusammenhänge und Ursache-Wirkungs-Ketten herausarbeiten, um damit eine systematische Lagebeurteilung eines Unternehmens zu ermöglichen (vgl. *IDW* Anforderungen an Sanierungskonzepte, FAR 1/1991, S. 3, 6). 10

Kernstück des darstellenden Teil des Plans ist die Prüfung der Sanierungsfähigkeit des notleidenden Unternehmens. 11

Ein Unternehmen ist sanierungsfähig, wenn es nach der Durchführung von Sanierungsmaßnahmen nachhaltig einen Überschuß der Einnahmen über die Ausgaben erzielen kann. 12

Ist die Sanierungsfähigkeit nicht gegeben, ist zu prüfen, ob lebensfähige Betriebsteile im Wege der übertragenden Sanierung erhalten werden können. 13

Ist auch dies nicht der Fall, ist ein Unternehmen liquidationsbedürftig (vgl. *Maus* Der Insolvenzplan, in Kölner Schrift zur InsO, S. 716, Rz. 30; *Maus* in Gottwald, Insolvenzrechts-Handbuch, § 3 Rz. 23). 14

Weiterhin wird im darstellenden Teil die Konzeption erläutert, wie die Planziele erreicht werden sollen. Besondere Aufmerksamkeit ist hierbei auf die Sanierungsstrategie zu legen, die wiederum letztlich von den Sanierungszielen abhängig ist. 15

Der Planersteller hat mittels einer Vergleichsrechnung die prognostischen wirtschaftlichen Ergebnisse der Zerschlagung gemäß den gesetzlichen Vorschriften den prognostischen Planergebnissen gegenüberzustellen, damit den Beteiligten die Möglichkeit eröffnet wird, die wirtschaftlichen Risiken und Chancen des beabsichtigten Insolvenzplanverfahrens einschätzen zu können. 16

17 Die geplanten Eingriffe in die finanz- und leistungswirtschaftliche Struktur des Unternehmens sind plausibel darzulegen und – soweit ein Fortführungsplan zur Abstimmung gestellt werden soll – gemäß §§ 229, 230 InsO auch mittels entsprechender Plananlagen nachvollziehbar zu belegen.
18 Sollen die Gläubiger aus den zukünftigen Erträgen eines sanierten Unternehmens befriedigt werden, muß den Gläubigern vor der Abstimmung über den Plan mittels einer Vermögensübersicht, durch Planbilanzen, Plangewinn- und -verlustrechnungen sowie mittels Plan-Liquiditätsrechnungen dargelegt werden, daß die den Gläubigern im Plan ausgelobten Zahlungen überhaupt erbracht werden können.
19 Hierzu sind betriebswirtschaftlich nachvollziehbare Planzahlen erforderlich. Die Aussichten der Gläubiger, aus den Erträgen des fortgeführten Unternehmens befriedigt zu werden, sollen durch Planrechnungen abgesichert werden (vgl. *Maus* in Kölner Schrift zur InsO, S. 721, Rz. 51).
20 Nachvollziehbare Planzahlen müssen auch aus dem Grunde Bestandteil eines Fortführungsplans sein, da das Insolvenzgericht gemäß § 231 Abs. 1 Nr. 2 InsO offensichtlich aussichtslose Schuldnerpläne von Amts wegen zurückzuweisen hat.

C. Überblick über den gestaltenden Teil des Plans

21 Im gestaltenden Teil des Plans wird gemäß § 221 InsO beschrieben, wie die Rechtsstellung der Beteiligten durch den Plan geändert werden soll und welche Wirkungen nach der gerichtlichen Planbestätigung für und gegen die Beteiligten eintreten sollen.
22 Im gestaltenden Teil des Plans sind vielfältige Regelungen möglich, welche jedoch bei absonderungsberechtigten Gläubigern i. S. d. § 223 InsO – im Gegensatz zu nicht nachrangigen Insolvenzgläubigern (§ 224 InsO) und nachrangigen Insolvenzgläubigern (§ 225 InsO) – im Regelfall nicht durch Mehrheitsentscheidung durchgesetzt werden können. Hinsichtlich weitergehender Details wird auf die Ausführungen zu den §§ 223 – 225 InsO verwiesen.
23 Der Gesetzgeber hat im Rahmen des § 221 InsO davon abgesehen, inhaltliche Gestaltungsmöglichkeiten der Rechtsstellung der Beteiligten beispielhaft aufzuzählen, da diese zu vielfältig sind. Hinsichtlich weitergehender Details wird auf die Ausführungen zu § 221 InsO verwiesen.

§ 220
Darstellender Teil

(1) Im darstellenden Teil des Insolvenzplans wird beschrieben, welche Maßnahmen nach der Eröffnung des Insolvenzverfahrens getroffen worden sind oder noch getroffen werden sollen, um die Grundlagen für die geplante Gestaltung der Rechte der Beteiligten zu schaffen.
(2) Der darstellende Teil soll alle sonstigen Angaben zu den Grundlagen und den Auswirkungen des Plans enthalten, die für die Entscheidung der Gläubiger über die Zustimmung zum Plan und für dessen gerichtliche Bestätigung erheblich sind.

Darstellender Teil § 220

Inhaltsübersicht: Rz.

A. Allgemeines	1– 14
B. Inhaltliche Anforderungen	15–153
I. Allgemeines	15– 18
II. Liquidationsplan	19– 23
III. Übertragungspläne	24– 56
1. Begriffsbestimmung	24– 35
2. Reformdiskussion	36– 56
IV. Fortführungsplan	57–153
1. Allgemeines	57– 80
2. Inhalte eines Sanierungskonzeptes	81–153
a) Grundsatz	81
b) Maßnahmen und Rechtshandlungen des Verwalters seit Eröffnung	82– 85
c) Unternehmensbeschreibung	86–124
aa) Unternehmenshistorie, Entwicklung und rechtliche Verhältnisse	93–109
α) Gründungsvorgang und Gründungsmotivation	93– 95
β) Darstellung der prägenden Unternehmerpersönlichkeit	96–100
γ) Entwicklung der Gesellschafterstruktur und der Unternehmensleitung vor und in der Krise	101–102
δ) Darstellung der wesentlichen Änderungen des Gesellschaftsvertrages/der Satzung vor und in der Krise	103–105
ε) Entwicklung von Produkten und Dienstleistungen des insolventen Unternehmens in bezug auf seinen konkreten Markt	106–109
bb) Finanzwirtschaftliche Verhältnisse	110
cc) Mitarbeiterstatus und arbeitsrechtlicher Hintergrund	111
dd) Leistungswirtschaftliche Verhältnisse	112–116
ee) Zusätzlich erforderliche Maßnahmen/Handlungen	117–124
α) Erforderliche Genehmigung einer Behörde	117–121
β) Sonstiges	121–124
d) Unternehmensanalyse – Analyse der Insolvenzursachen	125–139
aa) Vorbemerkung	125–130
bb) Ziel der Analyse	131–132
cc) Krisenarten	133–139
e) Planung	140–153
C. Unternehmensperspektive	154–156
D. Sanierungsmaßnahmen	157–169
I. Allgemeines	157–160
II. Finanzwirtschaftliche Maßnahmen	161–165
III. Leistungswirtschaftliche Maßnahmen	166–169
E. Exkurs: Haftung des Verwalters bei Scheitern des Plans	170–185

Literatur:

Bieg Unternehmenszerschlagung oder Fortführung, Skript Dt. Anwalts Akademie 1997, 1 f.; *Braun* EDV-gestützte Planrechnungen nach der neuen InsO; *Burger/Schellberg* Der Insolvenzplan im neuen Insolvenzrecht, DB 1994, 1833; *Cowans* Bankrupty Law and Practice, 1987, 339; *Eisele* Sanierungsbilanz in Chmielewicz/Schweizer, Handwörterbuch des Rechnungswesens, 1993, 1762; *Engelhardt* ZIP 1986, 1287 ff.; *Flessner* Sanierung und Reorganisation – Insolvenzverfahren für Großunternehmen in rechtsvergleichender und rechtspolitischer Untersuchung, 1981, 2; *Frey/ McConnico/Frey* An Introduction to Bankrupty Law, 1990, 493; *Groß* Grundsatzfragen der Unternehmenssanierung, DStR 1991, 1572 ff.; *ders.* Sanierung durch Fortführungsgesellschaften, S. 255 ff.; *IDW* Anforderungen an Sanierungskonzepte, FAR 1/1991; *IDW* Stellungnahme des

Fachausschusses Recht des IDW, IDW-FAR 1/93; *Kunz* Rechnungslegungspflichten in der Insolvenz, DStR 1997, 621; *Lambsdorf* Wirtschaftspolitische Aspekte einer Insolvenzrechtsreform, ZIP 1987, 809 ff.; *Limmer* Unternehmensumstrukturierungen vor und in der Insolvenz nach neuem Umwandlungsrecht, in Kölner Schrift zur InsO, 1997, 932; *Mohr* Bankrottdelikte und übertragende Sanierung, 1993, 109; *Post* DB 1984, 280 ff.; *Priester* Mantelverwendung und Mantelgrundlage bei einer GmbH, DB 1983, 2291 ff.; *Schilling* in Großkommentar AktG; *Schmidt, Karsten* Organverantwortlichkeit und Sanierung im Insolvenzrecht der Unternehmen, ZIP 1980, 337; *ders.* Gutachten zum 54. DJT 1982, S.D 83; *Smid* Haftung des Insolvenzverwalters im künftigen deutschen Insolvenzrecht, in Kölner Schrift zur InsO, 1997, S. 338; *Uhlenbruck* Die neue Insolvenzordnung – Auswirkungen auf das Recht der GmbH und GmbH & Co. KG, GmbHR 1995, 81 ff., 195 ff.; *Warrikoff* Die Möglichkeiten zum Unternehmenserhalt nach dem neuen Insolvenzrecht, KTS 1996, 500; Skript BWL der Dt. Anwalts-Akademie, 1996.

A. Allgemeines

1 Die gesetzlichen Anforderungen an die Inhalte des darstellenden Teils des Plans gemäß § 220 InsO sind minimalistisch, indem sie sich auf die Beschreibung von Maßnahmen beschränken.

2 Der Gesetzgeber folgte nicht den Vorschlägen des RegE, in welchem versucht wurde, die bei der Sanierung eines Unternehmens – gerade im organisatorischen und personellen Bereich – häufig anfallenden Maßnahmen exemplarisch aufzuzählen.

3 Die Regelung des § 220 InsO läßt ganz bewußt Raum für kreative Lösungsvorschläge des Planverfassers. (vgl. *Kunz* DStR 1997, 621).

4 Die Tatsache, daß alle für die Gläubiger entscheidungserheblichen Angaben zu Grundlagen und Auswirkungen des Plans, für den Planersteller nur fakultativ sind, darf keinesfalls dahingehend verstanden werden, daß diese nicht erforderlich wären. Das Gegenteil ist der Fall.

5 Der Gesetzgeber unterstellt zu Recht, daß ein Planersteller den Beteiligten, welche er für seinen Plan gewinnen will, auch entsprechende Informationen zukommen lassen wird.

6 Der Informationsgehalt innerhalb des darstellenden Teils des Plans hat entscheidende Bedeutung. Hierbei bestehen Ähnlichkeiten zum amerikanischen Insolvenzrecht.

7 Der amerikanische Gesetzgeber verlangt, daß alle für die Reorganisation wichtigen Umstände in einem »disclosure statement« gemäß § 1125 BC offengelegt werden müssen; in der amerikanischen Insolvenzpraxis erreichen Reorganisationspläne deshalb oft den Umfang eines Telefonbuches.

8 Das »disclosure statement« ermöglicht es den Gläubigern, sich selbst ein Bild über den Plan zu machen. Der Plan wird den Gläubigern übersandt, wenn das Gericht den ausreichenden Informationsgehalt des »disclosure statement« bejaht hat.

9 Was im Einzelfall ausreichend ist, obliegt der richterlichen Einzelfallentscheidung, da mit dem unbestimmten Rechtsbegriff der »adequate information« ein weiter Rahmen zugestanden wird (*Frey/McConnico/Frey* a.a.O., S. 493; *Cowans* a.a.O., S. 339).

10 Die Regelung des § 220 InsO stellt das deutsche »disclosure statement« dar.

11 Im Hinblick auf den Informationsgehalt des Plans muß ein Planersteller beachten, daß dieses Institut neu ist und sich seine Akzeptanz in der Praxis erst verdienen muß.

12 Ferner kommen die Beteiligten unterschiedlich häufig mit dem Institut in Berührung. Wird das Insolvenzplanverfahren für institutionelle Gläubiger, wie Banken, Versicherungen, Sozialversicherungsträger oder Finanzämter bald Routine sein, gilt dies nicht für die Mehrzahl der Gläubiger.

Darstellender Teil § 220

Die meisten Gläubiger werden aufgrund der verlustreichen Erfahrungen der letzten Jahre ohne Euphorie an das neue Institut herantreten, da ihre Befürchtung, durch eine Teilnahme am Planverfahren weiteres Geld und vor allem Zeit zu verschwenden, erst zerstreut werden muß. 13

Der Planersteller muß den vom Gesetzgeber fakultativ ausgestalteten Erklärungsteil des Plans derart mit Leben erfüllen, daß die Gläubiger bereit sind, sich mit dem jeweiligen Plan auseinanderzusetzen. Nur dann wird sich ein Insolvenzverfahren von der Zerschlagungsautomatik der gesetzlichen Insolvenzabwicklung lösen können. 14

B. Inhaltliche Anforderungen

I. Allgemeines

Ein Insolvenzplan muß sich dem konkreten Insolvenzsachverhalt anpassen, wobei das konkrete Ziel des Plans den Aufbau des Plans bestimmt (vgl. hierzu: Stellungnahme des Fachausschusses Recht des IDW, IDW-FAR 1/93; *Braun* EDV-gestützte Planrechnungen nach der neuen InsO; Skript BWL der Dt. Anwalts-Akademie, 1996; *Kunz* DStR 1997, 620 ff.). 15

Die inhaltlichen Anforderungen differieren je nachdem, ob ein Liquidations-, Übertragungs- oder ein Fortführungsplan erstellt wird. 16

Ein Liquidationsplan hat gänzlich andere Anforderungen an Inhalte und Informationsgehalt als ein Fortführungsplan. Der Gesetzgeber hat dies durch die ergänzenden und nur für Fortführungspläne geltenden Regelungen der §§ 229, 239 InsO zum Ausdruck gebracht. 17

Klargestellt werden muß, daß es für keinen Plan einen verbindlichen Musteraufbau geben kann. Unternehmensinsolvenzen sind zu unterschiedlich, als daß – wie auch immer geartete – starre Schemen praktikabel wären. 18

II. Liquidationsplan

Ein Insolvenzplan in Form eines Liquidationsplanes ist – obwohl es nicht um die Erhaltung und damit die Sanierung des Unternehmensträgers geht – ein vollwertiger Plan i. S. d. §§ 217 ff. InsO. 19

Der Insolvenzplan als Liquidationsplan ist auf die Verwertung der Insolvenzmasse und auf ihre Verteilung an die Beteiligten, ggf. auch auf einen Treuhänder gerichtet, wobei in Abweichung von der gesetzlichen Regelung die Gläubiger im Plan über Art und Weise der Verwertung entscheiden (vgl. *Burger/Schellberg* DB 1994, 1883). 20

Ein Liquidationsplan darf keinesfalls mit der gesetzlichen Zerschlagungsautomatik des überkommenen Konkursverfahrens gleichgesetzt werden. Die Gläubiger können mittels Liquidationsplan die Zerschlagungsgeschwindigkeit regulieren und Einfluß auf die Verteilung der Verwertungserlöse nehmen, wodurch von der gesetzlichen Zwangsabwicklung erheblich abweichende Ergebnisse erzielt werden können. 21

Ob sich der Aufwand für einen Liquidationsplan lohnt, kann nicht pauschal entschieden werden. In Fällen, in denen die sofortige vollständige Einstellung eines Unternehmens erfolgen soll, werden sich die komplizierten Verabredungen und Entscheidungsmechanismen, die im Rahmen des Abstimmungsverfahrens erforderlich sind, kaum lohnen. In einem derartigen Fall sollte es bei den gesetzlichen Regeln verbleiben (so zu Recht: *Warrikoff* KTS 1996, 500). 22

Jaffé

23 In der Praxis ist der Hauptanwendungsfall eines Liquidationsplans vor allem darin zu sehen, daß dieser mittelfristig die Einstellung und Liquidation des schuldnerischen Unternehmens anordnen kann, die Übergangszeit aber zur Abarbeitung noch vorhandener Aufträge genutzt werden kann, wodurch weitere freie Masse geschaffen werden kann (vgl. *Warrikoff* a.a.O).

III. Übertragungspläne

1. Begriffsbestimmung

24 Übertragungspläne in Form der übertragenden Sanierung haben die insolvenzrechtliche Praxis der letzten Jahren maßgeblich bestimmt und zu heftigen und langjährigen Diskussionen in der Literatur geführt.

25 Der Begriff der übertragenden Sanierung, der zwischenzeitlich Allgemeingut geworden ist, geht auf *Karsten Schmidt* zurück, der diesen Anfang der 80er Jahre geprägt hat (vgl. *Karsten Schmidt* ZIP 1980, 328 [337]; *ders.* Gutachten zum 54. DJT 1982, S.D 83).

26 Der Referentenentwurf zur InsO definierte die übertragende Sanierung wie folgt:

27 »Übertragende Sanierung ist die Übertragung eines Unternehmens, Betriebs oder Betriebsteils von dem Insolvenzträger auf einen anderen, bereits bestehenden oder neu zu gründenden Rechtsträger« (s. A 78 f., aa., RefE).

28 Von einer übertragenden Sanierung spricht man, wenn ein Unternehmen oder ein Betriebskern, von allen Verbindlichkeiten entlastet auf einen neuen Unternehmensträger, z.B. auf eine Auffanggesellschaft, übertragen wird.

29 In der Praxis bedeutet dies, daß die unrentablen Geschäftsbereiche, d.h. das zur Fortführung nicht notwendige Betriebsvermögen des insolventen Unternehmens als »Ballast« zurückbleibt und soweit wie möglich im Rahmen der Liquidation zu verwerten ist (*Gottwald* Insolvenzrechts-Handbuch, § 5, S. 91, Rz. 68).

30 Im Rahmen der übertragenden Sanierung wird im Regelfall nicht der »Betrieb« des Krisenunternehmens im Ganzen, sondern nur das ertragsfähige Erfolgspotential des Unternehmens übernommen.

31 Der Betrieb des Krisenunternehmens wird gleichsam auf sein überlebensfähiges Format »zurechtgestutzt« (*Gottwald* a.a.O).

32 Ziel der Betriebsübernahmegesellschaft und ihrer Gesellschafter ist es, den Betrieb eines Krisenunternehmens zu retten, indem sie ihn aus dem Unternehmen herauslösen, erwerben, erforderlichenfalls leistungswirtschaftlich sanieren und fortführen. Hierfür ist keine gesellschaftliche Beteiligung am Krisenunternehmen erforderlich (*Groß* Sanierung durch Fortführungsgesellschaften?, S. 399, Rz. 1).

33 Zu beachten ist, daß Rechtsidentität mit dem insolventen Unternehmensträger keinesfalls vorliegt. Dieser bleibt vielmehr seinem Schicksal überlassen. Die Übernahme des Betriebs geschieht in der Praxis durch einen Kaufvertrag und dessen Erfüllung durch Übereignung und Abtretung von Rechten (*Groß* a.a.O.).

34 Gehen beim Kauf eines notleidenden Unternehmens durch eine Sanierungsgesellschaft sowohl die dem Unternehmen gewidmeten Vermögensgegenstände als auch die Verbindlichkeiten auf die Käufer über, so wollen die Initiatoren einer Betriebsübernahmegesellschaft eine Trennung der Aktiva von der Passiva erreichen (*Groß* a.a.O.).

35 Das Ziel, die Aktiva dauerhaft und endgültig von der Passiva zu trennen, läßt sich jedoch nur verwirklichen, wenn der Betriebserwerb so gestaltet und durchgeführt wird, daß keine Haftungen für Altverbindlichkeiten entstehen, so daß sich der Erwerb aus der Insolvenzmasse anbietet (*Groß* a.a.O., S. 400, Rz. 2).

Darstellender Teil § 220

2. Reformdiskussion

Die Stellung der übertragenden Sanierung im Rahmen der neuen Insolvenzordnung war in der Reformdiskussion lange umstritten. 36

Obwohl es sich bei diesem Instrument unstreitig um eine erfolgreiche, sowohl rechts- als auch sozialpolitisch geprägte Sanierungstechnik handelt, so hatte es dennoch im Rahmen der Reformgesetzgebung lange Zeit einen schweren Stand und wurde als Sanierungsinstrument zweiter Klasse behandelt. 37

Der Grund hierfür waren vereinzelte Erfahrungen der Praxis, wonach eine übertragende Sanierung oftmals auf den Gemeinschuldner oder dessen nahestehenden Personen erfolgte und damit Mißbrauchsmöglichkeiten Tür und Tor geöffnet wurde. 38

Der Vorwurf eines Insidergeschäfts ist bei genauerer Betrachtung jedoch oft unrichtig. 39

Zu bedenken ist, daß vielfach nur die bisherigen Eigentümer/Gesellschafter, also Insider des Unternehmens wissen, welche rentablen Potentiale in dem Krisenunternehmen stecken und deshalb überhaupt bereit sind, sich erneut zu engagieren. 40

Der Vorwurf wird deshalb eher selten zutreffen, daß der alte Unternehmer den Zusammenbruch des Krisenunternehmens absichtlich herbeigeführt oder wenigstens billigend in Kauf genommen hat, um mit der Übernahmegesellschaft wie Phönix aus der Asche zu entstehen (*Gottwald* Insolvenzrechts-Handbuch, § 5, S. 91, Rz. 91). 41

Es ist der Stellungnahme der Insolvenzverwalter durchaus beizupflichten, die in der Diskussionen zum Gesetzesentwurf vortrugen, daß die übertragende Sanierung oftmals die einzige Möglichkeit sei, um die Arbeitsplätze eines insolventen Unternehmens erhalten zu können. 42

Ferner ist die betriebliche Struktur eines insolventen Unternehmens zum Zeitpunkt der Eröffnung eines Insolvenzverfahrens oft so im Zerfallen begriffen, daß eine Sanierung des Unternehmensträgers nicht mehr in Betracht kommt und nur eine übertragende Sanierung verbleibt, wenn das Erfolgspotential eines Unternehmens, d.h. der betriebliche Nukleus, nicht dem völligen Verfall preisgegeben werden soll. 43

Es ist aus Sicht der Insolvenzpraxis ausdrücklich zu begrüßen, daß der Reformgesetzgeber die übertragende Sanierung letztlich doch als vollwertiges Sanierungsinstrument neben der Fortführung oder der Liquidation gesetzlich legitimiert hat. 44

Übertragungspläne sind in der Praxis nicht nur in Form der Veräußerung eines Betriebes oder Teilbetriebes, sondern in vielfältigen Mischformen und Varianten möglich; beispielhaft sei die Vermietung oder Verpachtung von Betrieben/Teilbetrieben oder die Aufspaltung von Unternehmen in einzelne Unternehmensteile mit nachfolgender Veräußerung erwähnt. 45

Ob eine übertragende Sanierung das richtige Instrument ist, hängt von verschiedenen Faktoren ab. 46

Vielfach hat die Geschäftsleitung eines Unternehmens versagt und dessen Niedergang derart zu verantworten, daß es sinnlos ist, die bisherige Geschäftsleitung beizubehalten. 47

Ein Neuanfang ohne Fortführung des bisherigen Unternehmens ist oft der einfachere und auch bessere Weg; dies gilt insbesondere wenn das schuldnerische Unternehmen in guten Zeiten zu großzügige Gehälter, Gratifikationen, etc. gezahlt hat und die Mitarbeiter deshalb nicht zur Hinnahme von Einbußen in verdiente Besitzstände gewillt sind. 48

Oftmals hat ein insolventes Unternehmen bei Kunden und Lieferanten bereits einen derart schlechten Ruf, daß eine Fortführungsplan ausscheidet und nur ein neues Unternehmen verlorengegangenes Vertrauen erwerben kann. Der Kapitalbedarf einer Betriebsübernahmegesellschaft wird wesentlich durch den Kaufpreis und die hierfür ver- 49

§ 220 *Insolvenzplan*

einbarten Zahlungsmodalitäten bestimmt. Hinzu kommt das für die Finanzierung des Sanierungskonzepts zusätzlich erforderliche Kapital. Das für die Sanierungsgesellschaft charakteristische Risiko, für unbekannte Verpflichtungen des Krisenunternehmens in Anspruch genommen werden zu können, entfällt (*Groß* a.a.O., S. 400, Rz. 4).

50 Da die Übernahme der Betriebsanlagen im Falle der Neugründung einer Betriebsübernahmegesellschaft üblicherweise erst dann stattfindet, wenn der neue Rechtsträger in das Handelsregister eingetragen ist und bis dahin wertvolle Zeit verstreicht, wird in der Sanierungspraxis um dem Zerfall der leistungswirtschaftlichen Struktur entgegenzutreten, vielfach auf »GmbH-Mäntel« zurückgegriffen.

51 Von einer Mantelverwendung spricht man, wenn eine wirtschaftliche Neugründung eines Unternehmens im rechtlichen Rahmen einer bestehenden, noch oder wieder unternehmenslosen GmbH erfolgt (*Priester* DB 1983, 2291 ff.).

52 Der Vorteil der Mantelverwendung liegt darin, daß ohne zeitliche Verzögerung ein im Falle der Wahl der Rechtsform einer GmbH haftungsbeschränkter Rechtsträger für die Betriebsübernahme vorhanden ist, ohne daß die Eintragung in das Handelsregister abgewartet werden muß. Hierdurch können Haftungsgefahren einer Betriebsfortführung ohne Eintragung in das Handelsregister vermieden werden (*Groß* a.a.O., S. 410, Rz. 26).

53 Um zu zügigen Entscheidungen zu gelangen, werden in der Sanierungspraxis »Vorrats-GmbHs« verwandt, die eine Geschäftstätigkeit noch nicht aufgenommen haben und deren Vermögen nur um die Gründungskosten und allenfalls geringfügige Steuern geschmälert ist (*Priester* a.a.O.).

54 Zur Nutzung der »Vorrats-GmbH« ist eine Satzungsänderung in notarieller Form erforderlich, da insbesondere der Gegenstand des Unternehmens, die Firma, der Sitz und die Geschäftsführung angepaßt werden müssen (*Groß* a.a.O., S. 410, Rz. 27).

55 Der Übergang des Betriebes auf die Betriebsübernahmegesellschaft erfolgt nicht im Wege der Gesamtrechtsnachfolge (Universalsukzession), sondern jeder Vermögensgegenstand muß einzeln im Wege der Singularsukzession übertragen werden (*Mohr* Bankrottdelikte und übertragende Sanierung, S. 109; *Post* DB 1984, 280 ff.).

56 Die Notwendigkeit der Singularsukzession ist das Hauptproblem des Übertragungsplans, da ein insolventes Unternehmen selten über freie Vermögensgegenstände verfügt, da meist alle Aktiva mit oftmals kollidierenden Gläubigerrechten belastet sind.

IV. Fortführungsplan

1. Allgemeines

57 Ein Fortführungsplan beinhaltet die Sanierung des Unternehmensträgers und nicht die Übertragung eines Betriebsteils oder des ganzen Betriebes auf einen neuen.

58 Sanierung im weitesten Sinne wird definiert als die Zusammenfassung aller organisatorischen, finanziellen und rechtlichen Maßnahmen, die ein Unternehmen aus einer ungünstigen wirtschaftlichen Situation herausführen sollen, um seine Weiterexistenz zu sichern, also z.B.: Umstellung von Einkauf, Produktion und Absatz; Abstoßung von Unternehmensteilen; Neuordnung der Unternehmensleitung, Herabsetzung und Neugewinn von Eigenkapital und Fremdkapital; Umwandlung von kurzfristigem in langfristiges Fremdkapital, von Fremdkapital in Eigenkapital; Verschmelzung mit anderen Unternehmen (vgl. *Flessner* Sanierung und Reorganisation – Insolvenzverfahren für Großunternehmen in rechtsvergleichender und rechtspolitischer Untersuchung, S. 2; *Limmer* in Kölner Schrift zur InsO, S. 932, Rz. 8).

Der Begriff der Sanierung umfaßt die Gesamtheit aller Maßnahmen, die ein in seiner 59
Existenz bedrohtes Unternehmen durch Herstellung der Zahlungs- und Ertragsfähigkeit
vor dem Zusammenbruch bewahren soll, oder nach dem Zusammenbruch wieder
aufrichten soll (*Eisele* in Chmielewicz/Schweizer, Handwörterbuch des Rechnungswesens, S. 1762)

Während die finanzielle Sanierung auf solche Maßnahmen abstellt, die eine Neugestaltung 60
der Finanzlage eines existenzbedrohten Unternehmens zum Ziel haben, umfaßt die
leistungswirtschaftliche Sanierung alle Änderungs- und Rationalisierungsmaßnahmen
innerhalb der betrieblichen Sphäre eines Unternehmens (*Eisele* a. a. O.).

Finanzwirtschaftliche Sanierungsmaßnahmen sind dadurch gekennzeichnet, daß die 61
Sanierung des Krisenunternehmens im finanzwirtschaftlichen Bereich meist durch
zusätzliche Kapitalzuführung bewirkt wird (*Groß* a. a. O., S. 255 ff.).

Diese Mittelzuführung ist für ein schuldnerisches Unternehmen in der Krise im Regelfall 62
sehr problembehaftet. Eigen- bzw. Fremdkapitalgeber stellen dem Unternehmen nur
dann Kapital zur Verfügung, wenn sie dafür Sicherheit und eine entsprechende Rentabilität
zu erwarten haben.

Ob Altgesellschafter einem wirtschaftlich in Schwierigkeit befindlichen Unternehmen 63
weitere Gelder zuführen wollen, hängt entscheidend davon ab, ob für die Schulden des
Unternehmens persönlich gehaftet wird.

Institutionelle Kapitalgeber sind zur Ausreichung weiteren Kapital bereit, wenn ihnen 64
entsprechende Sicherheiten zur Verfügung gestellt werden. Da dies in der Regel nicht
möglich ist, erfolgt die Zuführung neuen Kapitals in der Regel durch neue Gesellschafter,
da die Altgesellschafter meist nicht mehr in der Lage sind, Geldmittel auszubringen.

Für die Sanierung des Krisenunternehmens selbst ist die Gründung einer neuen Gesellschaft 65
nicht erforderlich. Es besteht Rechtsidentität zwischen dem Krisenunternehmen
und der Sanierungsgesellschaft selbst (*Groß* a. a. O., S. 255, Rz. 1).

Kein notwendiges Merkmal der Sanierungsgesellschaft ist, daß die bisherigen Inhaber 66
und/oder Gesellschafter auch Gesellschafter der mittels Fortführungsplan sanierten
Gesellschaft sind.

Für den Schuldner wird der Fortführungsplan im Rahmen seines Planinitiativrechts von 67
vorrangigem Interesse sein, da es ihm hierdurch möglich sein kann, einen Teil seines
Kapitals sowie gegebenenfalls auch seine leitende Position im Unternehmen zu bewahren.

Ob sich ein Fortführungsplan zum Erhalt der betrieblichen Kontinuität anbietet, hängt 68
von dem jeweiligen Einzelfall ab.

Erhebliche Vorteile eines Fortführungsplans sind z. B. die Verhinderung der Zerschlagung 69
wirtschaftlicher Werte; ferner kann die Unterbrechung leistungswirtschaftlicher
Prozesse noch am ehesten vermieden oder beschränkt werden, da die Dauerschuldverhältnisse
mit Lieferanten, Kunden und Mitarbeitern weiterbestehen.

Fortführungspläne können nur auf der Grundlage eines detaillierten Sanierungskonzeptes 70
realisiert werden, wobei dies voraussetzt, daß das Unternehmen sanierungsfähig und
sanierungswürdig ist (*Post* DB 1984, 280 ff.).

Die Sanierungsprüfung, die innerhalb eines sehr kurzen Zeitraumes zu erfolgen hat, stellt 71
höchste Anforderungen an den Sachverständigen und birgt erhebliche Prognoserisiken
und Fehlerquellen in sich.

Die InsO will Unternehmenssanierungen erleichtern, was sich auch in anderen gesetzlichen 72
Rahmenbedingungen, wie beispielsweise der Streichung der Haftung des Vermögensübernehmers
gemäß § 419 BGB und der Einführung der vereinfachten Kapital-

§ 220 *Insolvenzplan*

herabsetzung bei der GmbH durch die §§ 58a ff. GmbHG widerspiegelt (vgl. *Uhlenbruck* GmbHR 1995, 81 [84ff.]). Ob die gesetzlichen Rahmenbedingungen allerdings ausreichend sind, wird sich zeigen.

73 In der Praxis stellt die Prüfung der Verfahrenskostendeckung nach §§ 54, 209 InsO für den jeweiligen Sachverständigen eine lösbare Aufgabe dar; die Frage, ob eine Sanierung des notleidenden Unternehmens für die Gläubiger günstiger als die Liquidation ist, ist im Gegensatz dazu nur sehr schwer zu entscheiden (*Uhlenbruck* GmbHR 1995, 195ff.).

74 Ein Kernstück des darstellenden Teils ist die Darlegung der Sanierungsfähigkeit des insolventen Unternehmens.

75 Nach h. M. gilt ein Unternehmen dann als sanierungsfähig, wenn es nach Durchführung von Sanierungsmaßnahmen mit hinreichender Wahrscheinlichkeit aus eigener Kraft am Markt nachhaltig Einnahmeüberschüsse erwirtschaften kann (vgl. *Maus* in Gottwald, Insolvenzrechts-Handbuch, § 3; *Uhlenbruck* Die GmbH & Co. KG in Krise, Konkurs und Vergleich, S. 86ff.; *Groß* DStR 1991, 1572ff.).

76 Nur wenn die Sanierungsfähigkeit des insolventen Unternehmens zu bejahen ist, kann im Rahmen eines auf die Fortführung des Unternehmens gerichteten Sanierungsplans ein Konzept ausgearbeitet werden, welches insbesondere bei Insolvenzen von größeren Unternehmen – je nach Krisenursachen – äußerst differenzierte Lösungen vorsehen muß.

77 Die finanzwirtschaftliche Sanierung erfolgt vielfach durch eine Kapitalerhöhung, der meist eine Kapitalherabsetzung zwecks Ausgleich der Verluste vorausgeht. Das durch die Kapitalerhöhung zugeführte Kapital haftet vollumfänglich für die Verbindlichkeiten des Krisenunternehmens.

78 Im Einzelfall kann ein Fortführungsplan auch vorsehen, daß das sanierte Unternehmen mit einem anderen Unternehmen verschmolzen werden soll, wodurch sich die Unternehmen im Wege der Gesamtrechtsnachfolge unter Ausschluß der Abwicklung vereinigen (*Groß* Sanierung durch Fortführungsgesellschaften, S. 335, Rz. 184; *Schilling* in Großkommentar AktG, § 339 Rz. 2).

79 Die Mitgliedschaft der Altgesellschafter setzt sich in der Regel in der übernehmenden bzw. neugebildeten Gesellschaft fort. Die übertragende Gesellschaft erlischt; »nur das in ihr verkörperte und zusammengehaltene Vermögen geht auf eine andere Gesellschaft im Wege der Gesamtrechtsnachfolge über« (*Schilling* a. a. O., Rz. 3).

80 Wirtschaftlich hat die Verschmelzung den Zweck, »Unternehmensorganisationen ineinander aufgehen zu lassen« (*Groß* a. a. O., S. 336, Rz. 186).

2. Inhalte eines Sanierungskonzeptes

(vgl. IDW FAR 1/1991)

a) Grundsatz

81 Wie dargelegt, ist jeder Fortführungsplan individuell auf den jeweiligen Insolvenzsachverhalt abzustimmen, so daß die nachfolgenden Ausführungen nur Denkansätze darstellen.

b) Maßnahmen und Rechtshandlungen des Verwalters seit Eröffnung

82 Gemäß § 220 Abs. 1 InsO muß im darstellenden Teil des Insolvenzplans beschrieben werden, welche Maßnahmen nach der Eröffnung des Insolvenzverfahrens getroffen

Darstellender Teil § 220

worden sind oder noch getroffen werden sollen, um die Grundlagen für die geplante Gestaltung der Rechte der Beteiligten zu schaffen.
Durch diese Anordnung ist sichergestellt, daß für die Beteiligten – soll der Plan nicht an 83 der Hürde des § 231 InsO scheitern – ein Mindestinformationsstandard gewährleistet ist.
Da Sanierungen oftmals nur möglich sind, wenn Rahmenbedingungen, z.B. arbeits- 84 rechtlicher Natur geschaffen werden, ist es erforderlich, die Beteiligten hierüber in Kenntnis zu setzen. Selbiges gilt beispielsweise für noch abzuschließende Sozialpläne oder Teilbetriebsstillegungen.
Geplante oder bereits durchgeführte Änderungen der Rechtsform, des Gesellschaftsver- 85 trags oder der Satzung sowie der Beteiligungsverhältnisse sind von besonderem Interesse für die Beteiligten. Da die Sanierung eines insolventen Unternehmens häufig nur erfolgversprechend ist, wenn die Rechtsform, die gesellschaftsrechtliche Struktur oder die Beteiligungsverhältnisse des Unternehmens geändert werden – insbesondere, wenn es gelingt, neue Kapitalgeber für den Unternehmensträger zu gewinnen – ist die Angabe derartiger Änderungen ein Kernstück des darstellenden Teils des Plans.

c) Unternehmensbeschreibung

Ein Insolvenzplan, insbesondere ein Fortführungsplan, muß den Beteiligten das insol- 86 vente Unternehmen vorstellen und nahebringen.
Es ist sinnvoll, diese Unternehmensbeschreibung – nach kurzer Beschreibung welche 87 Maßnahmen nach der Eröffnung des Insolvenzverfahrens getroffen worden sind oder noch getroffen werden sollen – gleichsam vor die Klammer zu ziehen.
In diesem Zusammenhang ist zu bedenken, daß die einzelnen Gläubiger über gänzlich 88 unterschiedliche Wissensstände hinsichtlich des insolventen Unternehmens verfügen.
Haben die Hausbanken und die Finanzämter meist Einblick in die finanzwirtschaftlichen 89 Daten des Unternehmens und kennen dessen Zusammenhänge und wirtschaftlichen Verflechtungen, haben Warenlieferanten vielfach weder hierüber noch von den Hintergründen der Insolvenz Kenntnis.
Oftmals werden Gläubiger von der Insolvenz eines Unternehmens auch völlig über- 90 rascht; dies gilt nicht nur in Fällen, in denen monokausale Krisenursachen, wie z.B. der Ausfall einer hohen Forderung, ein Unternehmen unvermittelt in den Untergang führte, sondern auch in den Fällen, in denen sich herausstellt, daß jahrelang geschickt verborgene Bilanzmanipulationen stattgefunden haben.
Ziel der Unternehmensbeschreibung muß es sein, daß die Gläubiger sich ein Bild über 91 die unternehmensbezogenen Zusammenhänge machen können, ohne dabei bereits mit den Analysen des Planerstellers konfrontiert zu werden.
Für die Beschreibung des Unternehmens können nachfolgende Informationen von 92 Interesse sein.

aa) Unternehmenshistorie, Entwicklung und rechtliche Verhältnisse

α) Gründungsvorgang und Gründungsmotivation

Der Gründungsvorgang und die Gründungsmotivation ist gerade bei insolventen Klein- 93 unternehmen, die bereits in den ersten Geschäftsjahren insolvent geworden sind, von erheblichem Interesse.

§ 220

94 Existenzgründungen sind – wie die gutachterlichen Insolvenzpraxis zeigt – gerade in den neuen Bundesländern oft auf die Tatsache zurückzuführen, daß die »Gründer« auf dem Arbeitsmarkt keine Perspektive haben und deshalb versuchten – oft ausgestattet mit keinem oder geringsten Eigenkapital – sich eine eigene Existenz aufzubauen.

95 Ist eine derartige Notgründung offenkundig, können Rückschlüsse für die Fortführungsmöglichkeiten getroffen werden.

β) **Darstellung der prägenden Unternehmerpersönlichkeit**

96 Handelt es sich um ein Unternehmen, das – wie im Mittelstand oft der Fall – von nur einer Unternehmerpersönlichkeit geprägt und geformt ist, ist ein kurzer Überblick über die persönliche und berufliche Entwicklung dieser Person von Interesse, falls ein Fortführungsplan auf die Einbindung dieser Person aufgebaut und die Befriedigung der Gläubiger somit maßgeblich von dem zukünftigen Verhalten dieser Person abhängig sein wird.

Ist im Rahmen eines Übertragungs- oder eines Liquidationsplans strafrechtlich relevantes Verhalten des Schuldners bzw. seiner organschaftlichen Vertreter für die Gläubiger regelmäßig unerheblich, da der Plan nur zur Erzielung von besseren Verwertungserlösen dient, so ist dies bei einem Fortführungsplan anders. Im Hinblick auf eine etwaige Fortführung des Unternehmens ist Wissen um etwaige Straftaten, insbesondere Bankrottdelikte i. S. d. §§ 283–283c StGB für die Frage der Zuverlässigkeit des Schuldners in bezug auf die möglichen Erfüllung des Plans von erheblicher Wichtigkeit.

97 Dies darf nicht dahingehend mißverstanden werden, daß es im Rahmen der Darstellung etwaiger Straftaten um eine neue Art von »Würdigkeitsprüfung« i. S. d. bisherigen Vergleichsrecht gehen würde.

98 Diese ist ein für allemal obsolet, da das neue Planverfahren keine Rechtswohltat für den Schuldner ist – wenngleich es ihm erhebliche rechtsreflexartige Vorteile bringen kann –, sondern ein Weg, den Gläubigern einen über die gesetzliche Zwangsverwertung hinausgehenden Mehrerlös zuweisen zu können.

99 Letztlich ist es den Beteiligten überlassen, ob sie dem Plan trotz einschlägiger strafrechtlicher Vergangenheit des Schuldners zustimmen wollen.

100 Ein Verwalter, der es unterläßt, die Beteiligten auf Straftaten i. S. d. §§ 283–283c StGB des Schuldners/vertretungsberechtigten Organs hinzuweisen, kann sich schadensersatzpflichtig machen, wenn sich dessen Verhalten nach Bestätigung des Plans wiederholt und die Gläubiger dadurch Schaden erleiden.

γ) **Entwicklung der Gesellschafterstruktur und der Unternehmensleitung vor und in der Krise**

101 In der Praxis ist es bei Gesellschaften mit beschränkter Haftung manchmal zu beobachten, daß sich die Gesellschafter – gerade wenn es sich um geschäftsführende Gesellschafter handelt – in der Krise von ihrem Gesellschafterkapital trennen und dieses in notarieller Form an eine vermögenslose Person abtreten, die oft noch zusätzlich zum Geschäftsführer bestellt wird. Diese Person ist nicht selten ohne Wohnsitz oder befindet sich im Ausland.

102 Läßt sich in der Gesellschafterstruktur ein derartiges Vorgehen erkennen, erübrigt sich in der Regel der Gedanke an eine Unternehmensfortführung.

Darstellender Teil § 220

δ) **Darstellung der wesentlichen Änderungen des Gesellschaftsvertrages/der Satzung vor und in der Krise**

Diese Darstellungen ermöglichen es den Beteiligten, sich über Handlungen/Maßnahmen der Geschäftsleitung/Gesellschafter vor und in der Krise zu informieren, um hierdurch wertvolle Rückschlüsse für das Planverfahren zu gewinnen. 103

Vielfach wird sich herausstellen, daß ein Schuldner, der nunmehr einen Insolvenzplan mit der Absicht der bestmöglichen Befriedigung seiner Gläubiger aus zukünftigen Erträgen vorlegt, in der Krise versucht hat, die lautlose Bestattung seines Unternehmens durch Sitzverlegungen und/oder sonstige Einflußnahmen auf die satzungsmäßige Struktur vorzubereiten. 104

Gerade wenn ein Fortführungsplan auf den Schuldner aufbaut, sind Handlungen/Maßnahmen der Geschäftsleitung/Gesellschafter vor und in der Krise von großem Interesse, um Versprechungen eines schuldnerischen Plans an dessen Verhalten in der nahen Vergangenheit messen zu können. 105

ε) **Entwicklung von Produkten und Dienstleistungen des insolventen Unternehmens in bezug auf seinen konkreten Markt**

Die Darstellung von Produkten und Dienstleistungen des insolventen Unternehmens unter Bezugnahme auf seinen konkreten Markt hat eine hohe Aussagekraft für die Zukunftsträchtigkeit des insolventen Unternehmens. 106

Oftmals sind die Produkte vormals durchaus erfolgreicher Unternehmen schlichtweg überholt oder überaltert, weil man es versäumt hat, rechtzeitig Nachfolgeprodukte auf den Markt zu bringen. Ist dies der Fall, wären hohe Investitionen im leistungswirtschaftlichen Bereich eines Unternehmens erforderlich, die nur im Einzelfall gerechtfertigt sein werden. 107

Für die Beteiligten ist es wenn eine Fortführungslösung ansteht weiterhin von größter Wichtigkeit, zu erfahren, ob die Produkte/Dienstleistungen eines insolventen Unternehmens überhaupt noch einen Markt finden können. 108

Im Falle von Strukturkrisen ganzer Industriebereiche, wie beispielsweise vor nicht allzu langer Zeit bei den Werften, sind die besten Sanierungskonzepte wertlos, wenn die gesamtwirtschaftliche Situation deren Umsetzung nicht zuläßt. 109

bb) **Finanzwirtschaftliche Verhältnisse**

Im Rahmen der finanzwirtschaftlichen Verhältnisse sind im Einzelfall eine Vielzahl von Informationen von Interesse, u. a.: 110
– Umsatzentwicklung
– Ertragsentwicklung
– Höhe der Außenstände
– Wertberichtigungsquote
– Debitorenumschlagdauer
– Materialeinsatz – Personalkosten
– Rückstellungen (Altlasten, Patentverletzungsprozesse etc.)
– Abschreibungen
– Investitionsvolumen der letzten Jahre vor der Insolvenz
– Immaterielle Vermögenswerte
– Außerordentliche Erträge in den Jahren vor der Insolvenz (»Strohfeuer«, z. B. durch sale und lease-back des wesentlichen Anlagevermögens in der Krise etc.)

- Zahlungen an Gesellschafter vor und in der Krise
- Eventuelle Kreditsicherheiten
- Nicht betriebsnotwendiges Vermögen
- Darlehensaufnahmen
- Finanzplan
- Investitionsplanung
- Zusätzliche Kapitalaufbringungsmöglichkeiten

cc) **Mitarbeiterstatus und arbeitsrechtlicher Hintergrund**

111 Der Mitarbeiterstatus und der arbeitsrechtliche Hintergrund ist im Falle einer Unternehmensfortführung von großem Interesse; dies gilt insbesondere für:
- Mitarbeiterentwicklung der Arbeiter und Angestellten in Zahlen
- Entwicklung der Bruttolohn- und Bruttogehaltssumme
- Gegenüberstellung der Mitarbeiterzahl in der Produktion im Vergleich zur Mitarbeiterzahl in der Verwaltung
- Umsatz pro Mitarbeiter
- Fluktuationsrate, Betriebszugehörigkeit zur Darstellung des im Personal gebundenen Know-how
- Fehlzeiten der Arbeitnehmer p. a., Überstunden etc.
- Altersstruktur der Mitarbeiter
- Ausbildungs- und Fortbildungsstand der Mitarbeiter
- Erfolgte oder geplante Stillegung einzelner Betriebe oder Betriebsteile
- Erfolgte oder noch bevorstehende Entlassung von Teilen der Belegschaft
- Entstehende Sozialplanforderungen

dd) **Leistungswirtschaftliche Verhältnisse**

112 Leistungswirtschaftliche Defizite eines Unternehmens lassen sich wesentlich schwerer, als akute finanzwirtschaftliche Krisen beheben, da Kapitalzuführung alleine in diesem Fällen nicht ausreichend ist.

113 Unternehmen werden selten völlig überraschend insolvent. Oft handelt es sich um einen mehrere Jahre andauernden Prozeß, der letztendlich in der Insolvenz mündet.

114 Obwohl im Vorfeld einer Insolvenz meist sämtliches nicht betriebsnotwendige Vermögen liquidiert wird, werden trotzdem selten ausreichende Mittel vorhanden sein, um in den leistungswirtschaftlichen Bereich genügend zu investieren.

115 Zeigt die Unternehmensanalyse, daß die leistungswirtschaftlichen Sanierungsmaßnahmen unrentabel sein werden, hat ein Fortführungsplan zu unterbleiben.

116 Im Rahmen der leistungswirtschaftlichen Verhältnisse sind im Einzelfall eine Vielzahl von Informationen von Interesse; nachfolgend seien einige hiervon beispielhaft aufgezählt:
- Produkte und Leistungsqualität
- Notwendige Produkterneuerungen/Innovationen
- Fertigungstiefe der Produktion
- Investitionsbedarf in Produkte
- Marktanteil und Marktverhältnisse
- Wettbewerbsverhältnisse
- Lebenszyklus der Produkte
- Zahl, Größe und Art der Standorte

Darstellender Teil § 220

- Infrastruktur
- Absatzmarkt
- Beschaffungsmarkt
- Regionale Förderung
- Technische Ausstattung der Produktion
- Kapazitätsauslastung
- Auftragsbestand
- Marketing
- Vertriebskonzept
- Ausgestaltung des Controlling
- Ausgestaltung des Rechnungswesens
- Vorhandendensein von Patente und Lizenzen
- Erschließbarkeit neuer Märkte

ee) Zusätzlich erforderliche Maßnahmen/Handlungen

α) Erforderliche Genehmigung einer Behörde

Den Gläubigern fehlt eine klare Grundlage für ihre Entscheidung über den Plan, wenn dieser Maßnahmen vorsieht, die nur mit Genehmigung einer Behörde oder mit Zustimmung eines Dritten wirksam werden können, diese Genehmigung oder Zustimmung im Zeitpunkt der Abstimmung der Gläubiger aber noch nicht vorliegt. 117

Dabei wird es sich meist um Maßnahmen handeln, die im darstellenden Teil des Plans angekündigt werden. Beispielsweise kann der Zusammenschluß des schuldnerischen Unternehmens mit einem anderen Unternehmen einer kartellrechtlichen Genehmigung bedürfen, oder die Veräußerung von Grundstücken einer Genehmigung nach dem Grundstücksverkehrsgesetz. 118

Auch Maßnahmen aus dem gestaltenden Teil können betroffen sein: Die vorgesehene Abfindung einer Gruppe von Gläubigern durch Anteilsrechte an einem anderen Unternehmen kann die Zustimmung der bisherigen Anteilseigner dieses Unternehmens erfordern. 119

Nicht in allen Fällen wird es erreichbar sein, daß die erforderliche Genehmigung oder Zustimmung schon erteilt ist, bevor die Gläubiger über die Annahme des Plans entscheiden. 120

Um weitmöglichst Klarheit für die Gläubiger zu schaffen, ist im Plan anzugeben, ob eine noch nicht vorliegende Genehmigung oder Erklärung verbindlich zugesagt ist oder aus welchen Gründen mit dieser gerechnet werden kann. Dies ist auch im Hinblick auf den bedingten Plan gemäß § 249 InsO von Bedeutung. 121

β) Sonstiges

Eine Vielzahl von weiteren Informationen können für die Gläubiger ebenfalls von Interesse sein, insbesondere die Höhe der Darlehen, die der Verwalter während des Verfahrens aufnehmen muß und die gemäß § 55 InsO aus der Masse zurückgezahlt werden müssen. Ferner die Höhe der Darlehen, die nach § 264 InsO privilegiert sein sollen sowie der Umfang der durch den Plan bedingten Masseverbindlichkeiten. 122

Wichtig ist für die Gläubiger vor der Abstimmung über den Plan auch besondere Interessenlagen einzelner Gläubiger zu erfahren, die sich aus einer Doppelrolle bestimmter Beteiligter als Gläubiger und als Gesellschafter/Aktionär der Schuldnerin ergeben können. 123

124 Wenn im Insolvenzverfahren über das Vermögen einer GmbH/AG einige Gläubiger zugleich Gesellschafter/Aktionäre der Schuldnerin sind, werden sie an einer Sanierung des Unternehmens stärker interessiert sein als die anderen Gläubiger, weil sie als Aktionäre Vorteile von der Sanierung haben. Die übrigen Gläubiger sollten daher über derartige Beteiligungen unterrichtet sein.

d) Unternehmensanalyse – Analyse der Insolvenzursachen

aa) Vorbemerkung

125 Die Analyse des Istzustandes des Unternehmens ist für alle Arten von Insolvenzplänen von grundlegender Bedeutung.
126 Nur basierend auf dem Wissen um die Ursachen der Insolvenz kann eine Planstrategie entwickelt werden. Die Analyse hat hierbei schonungslos die Schwachstellen des Unternehmens aufzuzeigen.
127 Nochmals sei darauf hingewiesen, daß das Insolvenzplanverfahren keinesfalls zur Beeinflussung des natürlichen Ausleseprozesses der Marktwirtschaft dient. Die Sanierung eines Unternehmens ist kein Instrument der Investitionslenkung im Sinne arbeitsmarktstruktur- oder industriepolitischer Ziele.
128 Das Insolvenzrecht darf deshalb nicht einer Strukturkonservierung Vorschub leisten, sondern muß marktkonform ausgestaltet sein (*Engelhardt* ZIP 1986, 1287 ff.).
129 Nur solche Fortführungspläne dürfen Zustimmung finden, die die finanz- und/oder leistungswirtschaftlichen Voraussetzungen für die nachhaltige Gesundung des Unternehmens plausibel darlegen können.
130 Die Analyse krisenhafter Unternehmensentwicklungen, die aufgrund exogener und/oder endogener Krisenfaktoren letztlich in der Insolvenz des Unternehmens mündeten, muß die Entscheidung vorbereiten, ob ein Insolvenzplan den wirtschaftlichen Interessen der Beteiligten dienlicher ist als die gesetzliche Abwicklung.

bb) Ziel der Analyse

131 Ziel der Analyse ist es, die Ursachen/Wirkungszusammenhänge im insolventen Unternehmen zu erkennen, zu beschreiben und damit eine Basis für die Prüfung der Sanierungsfähigkeit, die Suche nach dem Handlungsziel und der Stellung eines Sanierungskonzeptes zu schaffen (vgl. *Hess/Fechner* Sanierungshandbuch, S. 54, Rz. 23–26).
132 Hierbei muß bewußt sein, daß jede Sanierungsentscheidung Einfluß auf den Wettbewerb haben kann, wobei in der Praxis schon oft – meist öffentlichkeitswirksame – Rettungen von Unternehmen den Untergang einer Vielzahl von kleineren Unternehmen bewirkt haben, die mit dem künstlich sanierten Unternehmen im Wettbewerb standen (*Lambsdorf* ZIP 1987, 899 ff.)

cc) Krisenarten

133 Hinsichtlich der Krisenarten lassen sich, je nachdem, ob die Ursachen maßgeblich im leistungswirtschaftlichen oder finanzwirtschaftlichen Unternehmensbereich liegen, Erfolgs- und Liquiditätskrisen unterscheiden, wobei diese sich in einer Ursachen-Wirkungskette meist gegenseitig bedingen und potenzieren.

Darstellender Teil § 220

Von einer Erfolgskrise spricht man, wenn ein Unternehmen nachhaltig Verluste erwirtschaftet, also eine negative Rentabilität aufweist, wodurch das Eigenkapital verbraucht wird. 134

In der Insolvenz ist das Eigenkapital, welches als Puffer für Verluste des Unternehmens dient, aufgezehrt und im Regelfall die Überschuldung des Unternehmens eingetreten. Eine Sanierung kann nur erfolgen, wenn es gelingt, langfristige Erfolgspotentiale wieder herzustellen. 135

Im Gegensatz dazu kann eine Liquiditätskrise auch dann entstehen, wenn der leistungswirtschaftliche Bereich des Unternehmens nicht zu beanstanden ist. 136

Eine Liquiditätskrise liegt dann vor, wenn das Unternehmen zur Begleichung fälliger Zahlungsverpflichtungen aus dem vorhandenen Bestand bzw. aus den zufließenden Zahlungsmitteln nicht in der Lage ist; die Gründe hierfür können vielfältig sein. 137

Hauptgründe hierfür sind oft fehlerhafte Finanzplanungen, insbesondere die Unfähigkeit eigene Außenstände rechtzeitig einzutreiben (vgl. *Bieg* Skript Dt. Anwalts Akademie 1997, S. 1 f.). 138

Die Erfolgskrise stellt zwar keine notwendige, langfristig jedoch eine hinreichende Bedingung für das Entstehen einer Liquiditätskrise dar, d.h. eine Erfolgskrise führt häufig zu einer Liquiditätskrise. Umgekehrt kann eine Liquiditätskrise ein gewinnbringendes Wirtschaften einschränken und darauf zu einer Erfolgskrise führen (vgl. *Bieg* a.a.O.). 139

e) Planung

Um ein Unternehmen zu sanieren, ist die Beseitigung der festgestellten Insolvenzursachen erforderlich. Hierzu sind im Regelfall Eingriffe in das finanz- und leistungswirtschaftliche Konzept eines Unternehmens notwendig. 140

Voraussetzung hierfür wiederum ist eine Unternehmensplanung. Planung bedeutet, im Gegensatz zur Improvisation, die aktive und zukunftsgerichtete Gestaltung des betrieblichen Geschehens. Sie hat die Aufgabe, die zukünftige Entwicklung eines Unternehmens in Form von Vorschauplänen aufzuzeigen. 141

Von Interesse ist insbesondere, wie sich das Ergebnis der unternehmerischen Tätigkeit entwickeln soll. 142

Erreicht das geplante nicht das angestrebte Ergebnis, so sind Maßnahmen zu planen, die das geplante Ergebnis steigern, bis das erfolgte Zielergebnis realisiert wird (*Bieg* a.a.O., S. 28). 143

Je nachdem, ob Zahlungsunfähigkeit und/oder Überschuldung behoben werden müssen, sind unterschiedliche Maßnahmen erforderlich. 144

Liegt Zahlungsunfähigkeit eines schuldnerischen Unternehmens vor, ist durch Einsatz finanzwirtschaftlicher Maßnahmen der Finanzbereich des Unternehmens zu sanieren. 145

Ob bzw. wie dies planmäßig gelingt, muß auf der Grundlage eines Finanzplans, der bei einem Fortführungsplan gemäß § 229 InsO als zwingend vorgeschriebene Anlage beizufügen ist, entschieden werden. 146

Bei zahlungsunfähigen Unternehmen müssen Maßnahmen zur kurzfristigen Wiederherstellung der Liquidität und vor allem deren mittel- und langfristiger Aufrechterhaltung vorgesehen werden. Aus diesem Grunde sind mittels eines Finanzplanes die zukünftigen Ein- und Auszahlungen zu planen. 147

Das finanzielle Ergebnis wird durch die Gegenüberstellung von Erträgen und Aufwendungen bzw. Vermögen und Kapital im Rahmen der handelsrechtlichen Rechnungslegung (externes Rechnungswesen, Finanzbuchhaltung) errechnet. 148

149 Bei überschuldeten Unternehmungen sind Maßnahmen zur Behebung einer in einer Überschuldungsbilanz festgestellte Überschuldung zu planen.
150 Ein Ansatzpunkt zur Beurteilung der Maßnahmen ist die Aufstellung von Planbilanzen bzw. Plangewinn- und -verlustrechnungen. Hierzu sind das künftige Vermögen und Kapital sowie die zukünftigen Erträge und Aufwendungen prognostisch zu erfassen.
151 Im Rahmen der Planung ist auch in zeitlicher Hinsicht zu differenzieren. Es sind unterschiedliche Planperioden aufzustellen. Ein kurzfristiger Plan umfaßt einen Zeitraum von in der Regel bis zu einem Jahr, meist aber einem Monat oder einem Quartal. Ein mittelfristiger Plan betrachtet einen Zeitraum von 1–5 Jahren.
152 Der kurzfristige Plan baut auf den Daten und Rahmenvorgaben der mittel- und langfristigen Planung auf.
153 Gerade in der ersten Phase nach der Insolvenz ist es erforderlich, daß der Plan regelmäßig fortgeschrieben und aktualisiert wird, damit die Plandaten mit den Sollzahlen verglichen werden können, um auftretenden Problemen frühzeitig entgegentreten zu können.

C. Unternehmensperspektive

154 Eine Unternehmenssanierung auf der Grundlage eines Fortführungsplans hat nur Sinn, wenn das Unternehmen Wettbewerbsfähigkeit und damit mittel- und langfristig die Möglichkeit erlangt, nachhaltige Einnahmeüberschüsse zu erwirtschaften (*IDW* FAR 1/1991, S. 6 f.).
155 Aus diesem Grunde muß ein Planersteller eine realistische und durch die Anlagen gemäß §§ 229, 230 InsO gestützte und rechnerisch verprobte unternehmerische Zielvorstellung darlegen, aus welcher sich ergibt, daß die zukünftigen Strukturen eines sanierten Unternehmens, insbesondere wenn die Gläubiger aus den zukünftigen Erträgen befriedigt werden sollen, deren Vertrauen rechtfertigen kann (vgl. *IDW* FAR 1/1991, a. a. O.).
156 Wie diese Zielvorstellung zu gestalten ist, hängt von dem jeweiligen Unternehmen und dessen Erfolgspotentialen ab. Ohne realistische Zukunftsperspektive macht eine Fortführungslösung keinerlei Sinn, sondern führt nur zu weiteren Wertverlusten.

D. Sanierungsmaßnahmen

I. Allgemeines

157 Die Perspektive des insolventen Unternehmens hängt davon ab, daß die Krisenanalyse in ein Sanierungskonzept mündet, welches konkrete Veränderungen und/oder Verbesserungen darlegt.
158 Sanierungsmaßnahmen erfordern vielfach Eingriffe in die Rechte der Beteiligten, so daß insoweit auch der Anwendungsbereich des § 221 InsO eröffnet ist.
159 Je nachdem, welche Krisenursachen vorliegen, sind finanz- und/oder leistungswirtschaftliche Maßnahmen erforderlich.
160 Im Rahmen der Sanierungsmaßnahmen sind im Einzelfall eine Vielzahl von Handlungen/Maßnahmen denkbar; nachfolgend seien einige hiervon beispielhaft aufgezählt (vgl. *IDW* FAR 1/1991, a. a. O., S. 14 f.):

Darstellender Teil § 220

II. Finanzwirtschaftliche Maßnahmen

der Gesellschafter 161
– durch Zuführung neuen Eigenkapitals
– Gesellschafterdarlehen
– Stellung neuer Sicherheiten etc.
der Geschäftsleitung 162
– durch Gehaltsverzichte
der Lieferantengläubiger 163
– Forderungsverzichte
– Stundung von Forderungen
– Zinserlaß
– Umwandlung von Krediten in Beteiligungen
– Verzicht auf Aussonderungsrechte
– Verzicht auf Absonderungsrechte
der Gläubigerbanken 164
– Bürgschaften
– Vergabe neuer Kredite
– Umschuldung
– Forderungserlaß
– Freigabe von Sicherheiten
– Übernahme von Beteiligungen
– Vergabe von Risikokapital
– Verzicht auf Kreditkündigungen
– Verzichte auf Zinsen
der öffentlich-rechtlichen Gläubiger 165
– Stundung von Forderungen
– Erlaß von Forderungen
– Subventionen
– Bürgschaften
– Lohnzuschüsse

III. Leistungswirtschaftliche Maßnahmen

Personalbereich 166
– Kurzarbeit
– Einstellungsstop
– Abschluß von Aufhebungsverträgen
– Outsourcing
– Kündigungen
– Sozialpläne
– Massenentlassungen
– vorzeitige Pensionierungen
Produktion 167
– Konzentration auf rentable Geschäftsbereiche
– Aufgabe unrentabler Standorte
– Verbesserung der Arbeitsabläufe
– Automatisierung

Jaffé

§ 220 Insolvenzplan

- Verbesserung der EDV
- Reduzierung der Materialkosten
- Abbau der Lagerhaltung

168 Vertrieb
- Bündelung der Werbung und des Marketing
- Überprüfung von Preisen, Skonti, Rabatti etc.
- Überprüfung der Absatzstruktur
- Mitarbeiterschulung
- Neuakquise
- Imagewerbung

169 Geschäftsleitung
- Erfolgsabhängigere Vergütungen
- Änderung des Führungsstils
- Auswechselung der Führungsebene
- Zuziehung weiterer externer Krisenberater

E. Exkurs: Haftung des Verwalters bei Scheitern des Plans

170 Insolvenzpläne beurteilen eine Situation ex ante und sind Prognoseentscheidungen, die zwangsläufig Unwägbarkeiten ausgesetzt sind. In diesem Zusammenhang ist die Frage einer etwaigen Haftung des Verwalters im Falle des Scheiterns des Plans von Interesse, insbesondere wenn dieser den Plan ausgearbeitet und vorgelegt hat.

171 Ein Scheitern von Fortführungsplänen könnte nur vermieden werden, wenn auf diesen Plantyp vollständig verzichtet würde. Denn jede Planung beinhaltet zwangsläufig die Gefahr des Scheiterns.

172 Unternehmensplanungen sind zukunftsorientiert und unter den schwierigen Rahmenbedingungen einer Insolvenz nicht mit absoluter Zuverlässigkeit möglich.

173 Das Fehlschlagen des Plans für sich alleine betrachtet, kann einen Schuldvorwurf gegen den Verwalter keinesfalls begründen, da es sich um die Verwirklichung eines dem unternehmerischen Handeln immanenten Risikos handelt (so zu Recht: *Warrikoff* KTS 1996, 502).

174 Hierbei ist auch zu bedenken, daß der Gesetzgeber bewußt die Erleichterung der Unternehmensfortführung als zentrales Anliegen der Reform gesehen hat.

175 Es ist selbstverständlich, daß die Reform, die die Betriebsfortführung aus der Grauzone der vormaligen konkursrechtlichen Praxis hinausführt und zum gesetzlich typisierten Regelfall macht, neue Probleme aufwirft (*Smid* in Kölner Schrift zur InsO, S. 338, Rz. 3 f.).

176 Die Umsetzung der gesetzlichen Zielvorstellung kann nicht zu Lasten der Verwalter erfolgen.

177 Haftungsrechtliche Fragen der Betriebsfortführung müssen im Lichte der den Verwaltern seitens des Gesetzgebers überbürdeten Pflichten beurteilt werden.

178 Da der Verwalter gemäß § 60 Abs. 1 Satz 1 InsO allen Beteiligten zum Schadensersatz verpflichtet ist, wenn er schuldhaft seine ihm nach der InsO obliegenden insolvenzspezifischen Pflichten verletzt, sollte der Verwalter zur Reduzierung des Haftungsrisikos darauf achten, die Beteiligten im darstellenden Teil des Plans über die Risiken des Plans so vollständig wie nur möglich zu informieren.

179 Die Beteiligten müssen in Kenntnis der Risiken im Abstimmungstermin ihre Entscheidung treffen.

Gestaltender Teil **§ 221**

Wesentlich ist deshalb eine offene Informationspolitik des Planverfassers über die Risiken des Plans bzw. eine sorgfältige Ermittlung der Plangrundlagen. 180
Ein Verwalter, der lediglich auf der Grundlage von Hoffnungen versucht, Fortführungspläne zu realisieren, tut damit niemandem einen Gefallen, sondern läuft Gefahr, sich schadensersatzpflichtig zu machen. Für Sanierungseuphorie ist kein Platz. 181
Diese Offenheit wird dazu führen, daß die Gläubiger oftmals in Anbetracht aufgezeigter Risiken von einem Fortführungsplan Abstand nehmen werden, um statt dessen sich für die Liquidation des Unternehmens und die sich aus ihr ergebende Insolvenzdividende zu entscheiden. 182
In diesem Zusammenhang ist nochmals darauf hinzuweisen, daß die Verwalter vor schwierige Aufgaben gestellt werden. Haben Berater im Rahmen außergerichtlicher Sanierungsversuche im Regelfall Wochen, oftmals auch Monate, Zeit, um nach sorgsamen Recherchen ein Sanierungskonzept vorzuschlagen, steht der Verwalter unter erheblichem Zeitdruck. 183
Der Verwalter muß unter eingeschränkter zeitlicher Vorgabe ein möglichst fehlerfreies Konzept für ein Unternehmen einer Branche vorlegen, die ihm oft fremd ist, wobei er sich hierbei auf Arbeitnehmer des Unternehmens stützen muß, deren Qualifikation er zu testen meist kaum Gelegenheit hatte (vgl. *Warrikoff* a. a. O.). Hinzu kommt, daß verläßliche Zahlen der Finanzbuchhaltung und des betrieblichen Rechnungswesens oftmals nicht vorhanden sind. 184
Im Falle von Schadensersatzprozessen ist zu erwarten, daß die Rechtsprechung diese Problemstellungen der Verwalterschaft entsprechend berücksichtigen wird. 185

§ 221
Gestaltender Teil → § 174 KO

Im gestaltenden Teil des Insolvenzplans wird festgelegt, wie die Rechtsstellung der Beteiligten durch den Plan geändert werden soll.

Inhaltsübersicht:

	Rz.
A. Zweck der Regelung	1– 6
B. Beteiligte	7–17
C. Gestaltungsmöglichkeiten	18–31

Literatur:

Bundesministerium der Justiz (Hrsg.), Erster Bericht der Kommission für Insolvenzrecht, 1995, S. 157; *Grub* Handlungsspielräume des Insolvenzverwalters, in Kübler, Neuordnung des Insolvenzrechts; *Hess/Weiss* Gesellschaftsrechtliche Regelungen im Insolvenzplan, InVo 1996, 169; *Maus* in Gottwald, Kölner Schrift zur Insolvenzordnung, 1997, S. 718.

A. Zweck der Regelung

Wurde im darstellenden Teil des Plans das Konzept des Plans ausführlich erläutert, wird im gestaltenden Teil des Plans dargelegt, wie die zur Umsetzung des Plans notwendigen Rechtsänderungen verwirklicht werden sollen. 1

2 Im Vordergrund stehen dabei die Eingriffe, die die Gläubiger im Rahmen der Planrealisierung in ihre Forderungen, Sicherheiten oder sonstige Rechte hinnehmen sollen.
3 Gesetzliche Detailregelungen für diesbezügliche Eingriffe in Rechtsstellungen von Gläubigern sind in den §§ 223, 224, 225 InsO normiert; im Hinblick auf den Schuldner ist § 227 InsO zu beachten.
4 Einem Planersteller sind erhebliche Freiräume eingeräumt worden, die nur durch zwingende verfahrensrechtliche Postulate, wie beispielsweise dem Minderheitenschutz, begrenzt werden.
5 Vielfältige Gestaltungsmöglichkeiten sind denkbar; so können u. a. Unternehmen gegen den Willen der Gesellschafter oder eines Einzelkaufmanns vollständig reorganisiert werden, sofern die Voraussetzungen des § 247 erfüllt sind (Erster Bericht der Kommission für Insolvenzrecht, *Bundesministerium der Justiz* (Hrsg.), S. 157); gesellschaftsrechtliche Eingriffe sind im Gegensatz zur amerikanischen Rechtsordnung jedoch nur sehr eingeschränkt möglich.
6 Das amerikanische Insolvenzrecht, welches von den Grundsätzen des Billigkeitsrechts (equity) beeinflußt ist, eröffnet nahezu sämtliche Gestaltungsmöglichkeiten, auch in gesellschaftsrechtlicher Hinsicht.

B. Beteiligte

7 Die »Beteiligten« i. S. d. § 221 InsO, in deren Rechtsstellung durch den Plan eingegriffen werden soll, sind:
 1. die absonderungsberechtigten Gläubiger (§ 223 InsO),
 2. die nicht nachrangigen Insolvenzgläubiger (§ 224 InsO) sowie
 3. die nachrangigen Insolvenzgläubiger (§ 225 InsO).
8 Nicht beteiligt i. S. d. § 221 InsO sind die aussonderungsberechtigten Gläubiger, da diese ihre Rechte wie bisher außerhalb des Verfahrens geltend machen können.
9 Ebenfalls Nichtbeteiligter ist der Schuldner. Der Schuldner, seine persönlich haftenden Gesellschafter und die an ihm beteiligten Personen sind in Abweichung von § 253 RegE keine Beteiligte i. S. d. § 221 InsO, so daß deren Rechtsstellung auch nicht durch Vereinbarungen im gestaltenden Teil des Plans geändert werden kann (*Maus* in Kölner Schrift zur Insolvenzordnung, S. 718, Rz. 37; *Hess/Weiss* InVo 1996, 169).
10 Der Beteiligtenbegriff ist somit augenscheinlich enger als im bisherigen Recht der KO gefaßt.
11 In der Konkursordnung orientierte sich der Begriff »Beteiligte« an den sich aus der KO ergebenden Aufgaben und Pflichten (*BGH* NJW 1985, 1159; *BGH* ZIP 1987, 115, 117).
12 Beteiligt waren alle, denen gegenüber der Verwalter sich aus der KO ergebende Pflichten zu erfüllen hatte, auch wenn diese nicht am Verfahren teilnahmen (*BGH* KTS 1962, 106; *BGH* NJW 1973, 1043).
13 Aus diesem Grunde waren aussonderungsberechtigte Gläubiger (*BGH* MDR 1958, 687), absonderungsberechtigte Gläubiger (*RG* RGZ 144, 181; *BGH* BGHZ 105, 230, 234) sowie der Schuldner »Beteiligte« (*Kilger/Karsten Schmidt* KO, § 82, Rz. 2a). Gleiches galt für Massegläubiger (*BGH* ZIP 1987, 115).
14 Die Beteiligten können im gestaltenden Teil des Plans deshalb nur die Haftung des Schuldners nach Beendigung des Insolvenzverfahrens abweichend von den Vorschriften des Gesetzes regeln (*Maus* in Kölner Schrift zur Insolvenzordnung, S. 718 f., Rz. 37). Dies betrifft insbesondere eine Verkürzung oder einen Erlaß der gesetzlich vorgesehenen siebenjährigen »Wohlverhaltensperiode« i. S. d. § 287 InsO.

Gestaltender Teil § 221

Dem Schuldner können in einem Plan Verbindlichkeiten erlassen werden; Leistungen 15
des Schuldners können abweichend von der gesetzlichen Regelung festgesetzt werden
(BT-Drucks. 12/2443, S. 195).
Bereits aus diesem Grunde werden Schuldner von ihrem Planinitiativrecht extensiv 16
Gebrauch machen, um Haftungserlasse erreichen oder zumindest die Wohlverhaltensperiode abkürzen zu können, so daß sich die Befürchtungen der Verwalter im Rahmen
der Insolvenzrechtsreform bestätigen werden (*Grub* in Kübler, Neuordnung des Insolvenzrechts, S. 89).
Insolvenzgerichte werden sich vielfach noch im Eröffnungsverfahren mit Sanierungs- 17
optionen auseinandersetzen müssen, da oftmals Eigenanträge von Schuldnerplänen begleitet sein werden.

C. Gestaltungsmöglichkeiten

Der Gesetzgeber hat im Rahmen des § 221 InsO keine inhaltlichen Gestaltungsmög- 18
lichkeiten der Rechtsstellung der Beteiligten und damit der Sanierungsmaßnahmen
aufgezählt, da diese zu vielfältig sind.
Lediglich beispielhaft seien erwähnt: 19
– Absonderungsberechtigte Gläubiger können auf Zinsen verzichten (vgl. § 169
  InsO).
– Absonderungsberechtigte Gläubiger können sich verpflichten, höhere als die gesetzlichen Verwertungskosten zu bezahlen.
– Absonderungsberechtigte Gläubiger können auf dingliche Rechte gegen Besserungsschein oder auf den Ausgleich eines Wertverlustes bei Absonderungsrechten verzichten (*Hess/Obermüller* Die Rechtsstellung der Verfahrensbeteiligten nach der InsO,
  S. 60, Rz. 318).
– Dingliche Sicherheiten können ausgetauscht werden; im Rahmen der Gewährung
  qualitativ höherwertiger Sicherheiten können Forderungen erlassen werden.
– Forderungen können gestundet werden.
– Forderungen können ganz oder teilweise, mit oder ohne Besserungsschein erlassen
  werden; Besserungsklauseln sind in Übereinstimmung mit dem bisherigem Recht
  weiterhin zulässig (vgl. *Böhle-Stamschräder/Kilger* VglO, § 85 Rz. 8).
– Dritte Personen können für die Erfüllung des Plans einstehen und sich aus freien
  Stücken in den Plan miteinbeziehen lassen, so z.B. durch Stellung eines Planbürgen
  (zur Stellung des vormaligen Vergleichsbürgen: *RG* RGZ 143, 102), durch Eintragung
  einer Grundschuld oder Auflassungsvormerkung zugunsten der Insolvenzplangläubiger (vgl. hierzu: *Kilger/Karsten Schmidt* KO, § 174 Rz. 3).
– Die Ausschüttung der Quote kann abweichend von der gesetzlichen Regelung vereinbart werden. Gläubiger können auf eine Insolvenzdividende ganz oder teilweise
  verzichten.
– Gläubigern kann als Gegenleistung für Verzichte eine Gesellschafterstellung angeboten werden. Diese kann den Gläubigern – wie aus § 230 Abs. 2 InsO ersichtlich ist – im
  Gegensatz zur amerikanischen Rechtsordnung nicht anstatt einer Insolvenzdividende
  aufgezwungen werden.
– Gesellschafterdarlehen können vereinbart werden.
Zu beachten ist, daß Arbeitsverhältnisse nicht im Rahmen des Insolvenzplans gestaltet
werden können.

20 Nachfolgendes Beispiel soll einen kurzen Überblick über Regelungsinhalte im gestaltenden Teil des Insolvenzplans vermitteln (angelehnt an *Maus* a. a. O., S. 720 f.; Rz. 49):

21 1. Absonderungsberechtigte Gläubiger gemäß § 223 InsO verzichten für einen Zeitraum von 12 Monaten auf die ihnen gemäß § 169 InsO zustehenden Zinsen; weiterhin verzichten absonderungsberechtigte Gläubiger über den gesetzlichen Kostenbeitrag gemäß § 171 InsO hinaus auf 20% der Verwertungserlöse ihrer Absonderungsrechte

22 2. Nicht nachrangige Insolvenzgläubiger gemäß § 224 InsO erlassen dem Schuldner 60% ihrer Forderungen und stunden den nicht erlassenen Teil der Forderungen zinslos für 2 Jahre.

23 3. Die Gruppe der Arbeitnehmer als Insolvenzgläubiger verzichtet auf die nicht durch das Insolvenzgeld gedeckten Bezüge aus dem Arbeitsverhältnis bis zu einem Betrag von 1000 DM zu 100%, bei über 1000 DM hinausgehenden Beträgen zu 50%.

24 4. Nachrangige Forderungen sind erlassen.

25 5. Die Erfüllung des Insolvenzplans soll durch den Insolvenzverwalter gemäß §§ 260, 261 InsO überwacht werden.

26 Die Überwachung wird für 3 Jahre angeordnet. Die Überwachung ist aufzuheben, wenn der Schuldner die Erfüllung der an die Gläubiger auszuzahlenden Beträge durch eine unwiderrufliche selbstschuldnerische Bürgschaft einer Großbank sicherstellen kann.

27 Der Schuldner hat dem überwachenden Verwalter im ersten Jahr der Überwachung monatlich alle Unterlagen der Finanzbuchhaltung sowie eine Übersicht über die Auftragslage jedem 15. des Monats zu übermitteln. Im zweiten und dritten Jahr der Überwachung hat selbiges alle 3 Monate zu erfolgen.

28 Der Schuldner verpflichtet sich, den überwachenden Verwalter unaufgefordert über alle Änderungen/Abweichungen der Planerfüllung unverzüglich unaufgefordert zu informieren.

29 6. Es wird ein Kreditrahmen der Fortführungsgesellschaft während der Überwachungsphase von insgesamt höchstens 2,0 Mio. DM festgelegt.

30 7. Investitionen der Fortführungsgesellschaft, die Verpflichtungen über einen Einzelbetrag von 20 000 DM begründen oder begründen können, sind nur wirksam, wenn der Insolvenzverwalter gemäß § 263 InsO zugestimmt hat.

31 8. Die Kosten der Überwachung tragen die Fortführungsgesellschaft und die Gläubiger je zu 50%.

§ 222
Bildung von Gruppen

(1) ¹Bei der Festlegung der Rechte der Beteiligten im Insolvenzplan sind Gruppen zu bilden, soweit Gläubiger mit unterschiedlicher Rechtsstellung betroffen sind. ²Es ist zu unterscheiden zwischen
1. den absonderungsberechtigten Gläubigern, wenn durch den Plan in deren Rechte eingegriffen wird;
2. den nicht nachrangigen Insolvenzgläubigern;
3. den einzelnen Rangklassen der nachrangigen Insolvenzgläubiger, soweit deren Forderungen nicht nach § 225 als erlassen gelten sollen.

(2) ¹Aus den Gläubigern mit gleicher Rechtsstellung können Gruppen gebildet werden, in denen Gläubiger mit gleichartigen wirtschaftlichen Interessen zusam-

Bildung von Gruppen § 222

mengefaßt werden. ²Die Gruppen müssen sachgerecht voneinander abgegrenzt werden. ³Die Kriterien für die Abgrenzung sind im Plan anzugeben.
(3) ¹Die Arbeitnehmer sollen eine besondere Gruppe bilden, wenn sie als Insolvenzgläubiger mit nicht unerheblichen Forderungen beteiligt sind. ²Für Kleingläubiger können besondere Gruppen gebildet werden.

Inhaltsübersicht: Rz.

A. Vorbemerkung	1– 5
B. Bisheriges Recht	6–11
C. Absatz 1	12–16
I. Grundsatz	12
II. Pflichtgruppen	13–16
D. Absatz 2	17–64
I. Allgemeines	17–43
II. Abgrenzungskriterien	44–64
1. Allgemeines	44–47
2. Differenzierungskriterien	48–64
C. Absatz 3	65–71

Literatur:

Eidenmüller Der Insolvenzplan als Vertrag, in Schenk/Schmidtchen/Streit, Jahrbuch für Neue politische Ökonomie, Band 15, 1996; *Grub* Handlungsspielräume des Insolvenzverwalters, in Kübler, Neuordnung des Insolvenzrechts, 1989; *Henckel* Deregulierung im Insolvenzverfahren?, KTS 1989, 477 ff.; *Maus* Der Insolvenzplan, in Kölner Schrift zur InsO, 1997, S. 719; *Rümker* Die kreditwirtschaftlichen Aspekte der neuen Insolvenzordnung, in Kübler, Neuordnung des Insolvenzrechts, 1989, 146; *Smid* Kontrolle der sachgerechten Abgrenzung von Gläubigergruppen im Insolvenzplanverfahren, InVo 1997, 169; *Stürner* Aufstellung und Betätigung des Insolvenzplans, in Leipold, Insolvenzrecht im Umbruch, 1991, 45; *Weber* Die Bank 1989, 158 [164].

A. Vorbemerkung

Mit dem Insolvenzplan steht den Beteiligten ein gesetzlicher Rahmen zur Insolvenzbewältigung zur Verfügung, der es nach der Vorstellung des Gesetzgebers ermöglichen soll, deren unterschiedliche wirtschaftliche Interessen und Rechtsstellungen differenziert zu behandeln.   **1**

Hierdurch soll nach der von Optimismus getragenen gesetzlichen Zielsetzung die bestmögliche Partizipation der Beteiligten am Planerfolg gewährleistet werden.   **2**

Obwohl nicht auf den ersten Blick erkenntlich, stellt die Vorschrift über die Gruppenbildung eine Schlüsselvorschrift des gesamten Insolvenzplanverfahrens dar.   **3**

Die Gruppenbildung wird das zentrale Instrument des Planverfassers zur Mehrheitsbeschaffung sein, welches nach § 231 Abs. 1 Nr. 1 InsO richterlicher Kontrolle unterliegt.   **4**

Die Gruppenbildung wird nicht in allen Planverfahren erforderlich sein wird; vielfach werden auch Pläne zur Abstimmung gestellt werden, die auf die Gruppenbildung weitgehend oder ganz verzichten, da der Plansteller davon absieht, in die Rechtsstellung der absonderungsberechtigten Gläubiger einzugreifen und die Rechte nachrangiger   **5**

Insolvenzgläubiger entsprechend den Anforderungen des § 225 InsO behandelt werden.

B. Bisheriges Recht

6 In der Vergleichsordnung war nur die Teilnahmemöglichkeit von Gläubigern mit gleicher Rechtsstellung vorgesehen.
7 Vergleichsgläubiger i. S. d. VglO waren nur diejenigen Gläubiger, die in einem Konkursverfahren die Stellung nicht bevorrechtigter Konkursgläubiger innehatten.
8 In der Konkurs- und Gesamtvollstreckungsordnung war keine Möglichkeit vorgesehen, absonderungsberechtigte und/oder nachrangige Gläubiger in einen Zwangsvergleich einzubeziehen.
9 Hierbei wurde ohne zwingenden sachlichen Grund zwischen VglO und KO bzw. GesO hinsichtlich der Forderungen differenziert, die heute den nachrangigen Forderungen gemäß § 39 InsO zuzuordnen sind.
10 Waren z. B. im Vergleichsverfahren Forderungen aus kapitalersetzenden Darlehen oder aus Schenkungsversprechen teilnahmeberechtigt und damit auch an der Erlösverteilung beteiligt, waren dieselben Forderungen in einem Konkurs- oder Gesamtvollstreckungsverfahren bereits von der Verfahrensteilnahme ausgeschlossen.
11 Trotz der Tatsache, daß in § 8 Abs. 2 Satz 1 VglO, § 181 Satz 2 KO ein gewisser Ansatz einer Differenzierungsmöglichkeit dahingehend verankert war, daß unter gewissen Umständen Gruppen verschiedenartig begünstigter Gläubiger gebildet werden konnten, ermöglichten diese Normen keine weitergehende Differenzierung im Hinblick auf unterschiedliche wirtschaftliche Interessen von Gläubigern innerhalb einer gleichen Gruppe.

C. Absatz 1

I. Grundsatz

12 Die Regelung des § 222 Abs. 1 InsO stellt im Zusammenspiel mit § 231 Abs. 1 InsO klar, daß die den Beteiligten durch das Insolvenzplanverfahren eingeräumte Privatautonomie insoweit beschränkt ist, als es weder Planersteller noch Gläubigern gestattet wäre, Ungleiches gleich zu behandeln.

II. Pflichtgruppen

13 Ungleich gemäß § 222 Abs. 1 InsO sind diejenigen Beteiligten, die nach überkommenem Recht unterschiedliche Verfahrensränge eingenommen hätten.
14 Absonderungsberechtigte Gläubiger (§ 223 InsO), nicht nachrangige Gläubiger (§ 224 InsO) sowie nachrangige Gläubiger (§ 225 InsO) dürfen somit von Gesetzes wegen nicht in gemeinsame Gruppen aufgenommen werden, sondern bilden – soweit sie überhaupt am Plan beteiligt sind – obligatorisch jeweils eigene Gruppen.
15 Ein Abweichen hiervon ist – auch auf einvernehmlichen Wunsch der Beteiligten – nicht möglich, da die Regelung des § 222 Abs. 1 InsO nicht dispositiv ist.

Bildung von Gruppen § 222

Ein Verstoß gegen § 222 Abs. 1 InsO verpflichtet das Insolvenzgericht, einen solchen 16
Plan gemäß § 231 Abs. 1 Nr. 1 InsO, d. h. ohne Beschränkung auf die Evidenzkontrolle,
von Amts wegen zurückzuweisen, wenn nicht innerhalb einer vom Gericht gesetzten
Frist die Gruppenbildung i. S. d. der gesetzlichen Vorgaben des § 222 Abs. 1 InsO
nachgebessert wird.

D. Absatz 2

I. Allgemeines

Die Regelung des § 222 Abs. 2 InsO bestimmt, daß Gläubiger mit gleicher Rechtsstel- 17
lung nicht zwangsläufig gleich behandelt werden müssen, sondern weitergehende
Gruppenbildungen aus der Reihe dieser Gläubiger zugelassen sind, wenn innerhalb
dieser Gläubiger Unterscheidungskriterien in Form von gleichartigen wirtschaftlichen
Interessen gegeben sind.
Die mögliche Vielgestaltigkeit der Gruppenbildungen gemäß § 222 Abs. 2 InsO bei nur 18
drei obligatorischen Gruppen (absonderungsberechtigte Gläubiger, nicht nachrangige
Gläubiger, nachrangige Gläubiger) gemäß § 222 Abs. 1 InsO sowie einer »Sollgruppe«
der Arbeitnehmer gemäß § 222 Abs. 3 Satz 1 InsO wurde in der Literatur als Einladung
zur Manipulation gesehen (vgl. *Stürner* in Leipold, S. 45; *Henckel* KTS 1989, 471
[491]).
Aus diesem Grunde wurde vorgeschlagen, zur Vorbeugung von Manipulationen weiter- 19
gehende Pflichtgruppen einzuführen (*Henckel* KTS 1989, 490 ff.). Diesem Vorschlag ist
der Gesetzgeber jedoch nicht gefolgt.
Nach dem Gesetzeswortlaut wird dem Insolvenzgericht mit Ausnahme des Regulativs 20
der sachgerechten Abgrenzung der Gruppen keine weitere Eingriffsbefugnis in die
Gruppenbildung zugestanden.
Der Begriff der »sachgerechten Abgrenzung« ist in erheblichem Maße auslegungsbe- 21
dürftig; der Gesetzgeber war sich hierbei der Gefahr, daß die Gruppenbildung bei
Gläubigern mit gleicher Rechtsstellung zur Beschaffung der nach § 244 InsO erforder-
lichen Abstimmungsmehrheiten einlädt, bewußt.
Um Manipulationsgefahren zu verringern, wurde deshalb in § 222 Abs. 2 Satz 2 und 22
Satz 3 InsO bestimmt, daß eine Gruppenbildung aus Gläubigern mit gleicher Rechtsstellung nur gestattet ist, wenn diese Gruppen hinsichtlich ihrer wirtschaftlichen Interessen
sachgerecht voneinander abgegrenzt werden und die Kriterien für die Abgrenzung im
Plan selbst angegeben sind.
Wie nachfolgend ausgeführt ist, dürfte dies jedoch nicht ausreichend sein, um Manipu- 23
lationen Einhalt zu gebieten. Die Insolvenzgerichte werden mit dem Kriterium der
»sachgerechten Abgrenzung« erhebliche Schwierigkeiten haben, da vielfach plausibel
wirkende Argumente für eine vermeintlich sachgerechte Abgrenzung innerhalb einer
Gruppe vorgetragen werden können, letztendlich jedoch nur der Mehrheitsbeschaffung
dienen sollen.
Ohne ein richterliches Korrektiv wäre eine Zersplitterung der Gläubigerinteressen in 24
eine weitgehend unbegrenzte Zahl von Gruppen ermöglicht und damit einhergehend die
Gefahr, daß eine zu starke Aufgliederung der einzelnen Gläubigergruppen die einheitliche Willensbildung erschweren und die Verfahrensdauer erheblich verzögern kann
(*Rümker* in Kübler, S. 146; ebenso: *Weber* Die Bank 1989, 158 [164]).

Jaffé 1315

25 Grund hierfür ist, daß sich Unterscheidungsmerkmale, die als Anlaß zur Abgrenzung dienen können, fast beliebig bilden und auch ausstreiten lassen.
26 Es ist abzusehen, daß die Gruppenbildung von Gläubigern mit gleicher Rechtsstellung, die nicht gesondert mit Rechtsmitteln angegriffen werden kann, inzident, d.h. bei Rechtsmitteln gegen den Plan gemäß § 253 InsO, erhebliche Bedeutung erlangen wird.
27 Die Ausfüllung der Kriterien der sachgerechten Abgrenzung den Instanzgerichten im Rechtsmittelverfahren zu übertragen, ist ein unbefriedigendes Ergebnis.
28 Hinzu kommt, daß die Aufsplitterung der Gläubiger in Gläubigergruppen vom Plansteller selbst vorgenommen wird; die Gläubigergruppen sind für die Abstimmungsergebnisse von ausschlaggebender Bedeutung, da je nach Gruppeneinteilung gänzlich unterschiedliche Ergebnisse erzielt werden können.
29 Dies bedeutet, daß der Plansteller durch entsprechende Gruppenbildungen die Planannahme oder Planablehnung selbst weitgehend bedingen und dabei in die Gläubigerautonomie der Beteiligten erheblich eingreifen kann. Der Planinitiative kommt enormes Gewicht für das Abstimmungsergebnis zu (*Smid* InVo 1997, 170).
30 Im Rahmen der Gruppenbildung sind den Beteiligten (nur) innerhalb jeder Gruppe gemäß § 226 Abs. 1 InsO gleiche Rechte anzubieten, da gemäß § 243 InsO jede Gruppe gesondert über den Plan abstimmt.
31 Ein wesentliches Korrektiv wird sich allerdings im Rahmen der Entscheidungen zum Obstruktionsverbot ergeben.
32 Nach § 245 Abs. 2 Nr. 3 ist eine angemessene Beteiligung der ablehnenden Gläubiger nicht gegeben, wenn Gläubiger gleicher Rechtsstellung besser gestellt werden, also etwa eine höhere Quote erhalten.
33 Wenngleich je nach Plantyp und Planzielen äußerst differenzierte Gruppenbildungen zu verzeichnen sein werden, wird dies aufgrund der Regelung des § 245 Abs. 2 Nr. 3 nicht dazu führen, daß Verfahrensrechte einzelner Gläubigergruppen beliebig entwertet werden könnten.
34 Die Grundidee des Planverfahrens, daß nur derjenige Plan, der die Rechtsstellung der Beteiligten im Rahmen der Planaufstellung optimal berücksichtigt und damit den Beteiligten im Plan bessere Verwertungsoptionen als im Wege der gesetzlichen Zwangsverwertung bietet, die Zustimmung der Gläubiger bzw. die Bestätigung durch das Gericht finden kann, wird aufgrund der richterlichen Kontrolle gemäß § 231 Abs. 1 Nr. 1 InsO bzw. der Regelung des § 245 Abs. 2 Nr. 3 durch geschickte Gruppenbildungen seitens des Planerstellers nicht obsolet.
35 Aus diesem Grunde wird auch das von *Smid* beschriebene Szenario (*Smid* InVo 1997, 170 f.) in der geschilderten Form nicht eintreten.
36 Die Praktikerstimmen, die im Rahmen der Reformdiskussionen eindringlich davor gewarnt haben, daß ein Schuldner mittels der Gruppenbildung die nach § 244 InsO zur Annahme des Plans erforderlichen Mehrheiten manipulativ anstreben könnte (vgl. *Grub* in Kübler, S. 79 ff.), sind weitgehend verstummt.
37 Zu beachten ist jedoch, daß die Erfahrungen der amerikanischen Insolvenzpraxis, in welcher Planverfasser oftmals feinsinnigste Differenzierungen suchen, um mittels strategischer Gruppenbildungen entsprechende Abstimmungsquoren aufzubauen, aufgrund des unterschiedlichen Rechtsverständnisses des amerikanischen Insolvenzrechts nur wenig hilfreich sind.
38 Wenngleich die Regelung des § 222 InsO ein Abbild des § 1122 US Bankrupty Code ist, da auch die amerikanische Regelung eine obligatorische Einteilung sämtlicher Konkursforderungen innerhalb des Plans in Klassen normiert, ist deren Judikatur zur Rechtsan-

Bildung von Gruppen § 222

wendung nicht übertragbar, da die insolvenzrechtlichen Rechtssysteme zu unterschiedlich geartet sind.

Die amerikanische Rechtspraxis ist in der Frage der Rechtmäßigkeit der Gruppenbildung sehr stark von Einzelfalljudikatur geprägt, wobei auf eine völlige Zersplitterung der Gläubigergruppen seitens der Gerichte sehr unterschiedlich reagiert wird. 39

Im übrigen wird im amerikanischen Recht die Frage der Gruppenbildung und der Klassifizierung von Ansprüchen entscheidend von dem vorrangigen Interesse, eine Sanierung des Schuldners zu unterstützen, geprägt. 40

Im Gegensatz zum deutschen Insolvenzrecht ist nicht die bestmögliche Gläubigerbefriedigung das vorrangige Motiv, sondern vor allem die Möglichkeit, dem Schuldner unter dem Schutz des Insolvenzrechts einen neuen Start zu ermöglichen. 41

Aufgrund dieser anderen Ziel- und Schwerpunktsetzung des amerikanischen Insolvenzrechts ist eine Übertragung der amerikanischen Klassifizierung und deren richterrechtlicher Würdigung samt Einzelfallkasuistik nicht möglich. 42

Der Maßstab der Gruppenbildung im Rahmen der Insolvenzordnung muß im Lichte der gesamten deutschen Rechtsordnung, vor allem unter verständiger Würdigung der Zielsetzung des Insolvenzverfahrens verstanden werden. 43

II. Abgrenzungskriterien

1. Allgemeines

Abgrenzungskriterien bei Gruppenbildungen sind, wie die amerikanische Rechtspraxis zeigt, in sehr differenzierte Weise denkbar, so daß eine enumerative Aufzählung ausscheidet. 44

Ob diese Kriterien im Einzelfall eine sachgerechte Abgrenzung ermöglichen, muß jeweils gesondert geprüft werden. 45

In der Literatur wird in diesem Zusammenhang darauf aufmerksam gemacht, daß sich die Finanzverwaltungen, die Bundesanstalt für Arbeit sowie die sonstigen bei der Verteilung der Masse bisher nach § 61 Abs. 1 KO mit Vorrechten versehenen Institutionen mit nach wirtschaftlichen Gesichtspunkten ausgerichteten Entscheidungen Schwierigkeiten haben werden und deshalb im Einzelfall eher eine unflexible Haltung zu erwarten ist (so: *Maus* in Kölner Schrift zur Insolvenzordnung, S. 719, 729, Rz. 44). 46

Aus diesem Grunde wird empfohlen, die Gruppenbildungen gerade im Hinblick auf diese Gläubiger so zu gestalten, daß die gegebenenfalls fehlende Zustimmung durch Beschluß des Insolvenzgerichts auf der Grundlage des Obstruktionsverbotes nach § 245 InsO ersetzt werden könnte (*Maus* in Kölner Schrift zur Insolvenzordnung, S. 719, 729, Rz. 44). 47

2. Differenzierungskriterien

Denkbare und plausible Differenzierungskriterien im Rahmen der Gruppenbildung können sich aus der Art der Forderung, den Sicherheiten, der persönlichen Beziehung zum Schuldner, aus der Stellung des Gläubigers etc. ergeben. 48

Beispielhaft seien erwähnt: 49
– die Doppelrolle eines Beteiligten als Eigentümer und Gläubiger
– das Vorhandensein von Sicherheiten an Nichtmassevermögen oder Vermögen eines Dritten

§ 222

- der Rechtsgrund der Forderung (Vertrag oder Delikt)
- die Fälligkeit einer Forderung
- die Höhe der Forderung
- das Interesse eines Lieferantengläubiger an der Fortsetzung der Geschäftsbeziehung mit dem Schuldner oder der Übernahmegesellschaft
- Gläubiger von Immobiliarsicherheiten
- Gläubiger von Mobiliarsicherheiten
- der unterschiedliche Ausfall von Absonderungsrechten
- die Qualität der Sicherungsrechte
- sonstiger Sondernutzen des Plans, z. B. Synergieeffekte etc.
- die Finanzverwaltung
- die Sozialversicherungsträger
- die Bundesanstalt für Arbeit
- die Gesellschafter/Aktionäre
- die Genossen einer Genossenschaft
...

50   Im Rahmen der Differenzierung z. B. nach dem Rechtsgrund der Forderung dürfte es im Einzelfall – entsprechende Begründung vorausgesetzt – durchaus noch sachgerecht sein, bei Verträgen hinsichtlich aller gesetzlichen Vertragstypen zu differenzieren und u. U. bei gemischten Verträgen Gruppen nach der jeweiligen Hauptleistungspflicht zusammenzufassen.

51   Der Mehrheitsbeschaffung wäre somit durch eine geschickte Gruppenbildungen Tür und Tor geöffnet, wenn nicht der Gesetzgeber in § 245 das Korrektiv der angemessenen Beteiligung verankert hätte, welches unterbindet, daß »Gläubiger, die ohne einen Plan gleichartig mit den Gläubigern der Gruppe zu befriedigen wären, besser gestellt werden als diese Gläubiger«.

52   Die Befürchtungen der Insolvenzverwalter, daß sich im Planverfahren die wirtschaftlich Stärkeren auf Kosten der mittleren und kleinen Gläubiger durchsetzen werden (vgl. *Grub* in Kübler, S. 92), dürften sich somit erheblich relativiert haben, insbesondere, da die drei Voraussetzungen des § 245 Abs. 1 Nr. 2 i. V. m. Abs. 2 abschließend und nicht beispielhaft zu verstehen sind.

53   Die vorstehende beispielhafte Aufzählung, die im Einzelfall – ohne Gefahr, offenkundig gegen das Kriterium der Sachgerechtheit zu verstoßen – noch weiter differenziert werden könnte, ändert nichts daran, daß sich das Problem der Angemessenheit auch bei einer Atomisierung der Gruppenbildung nicht aushebeln lassen wird.

54   Aus diesem Grunde ist der von *Smid* vorgeschlagene Lösungsansatz, eine korrigierende Auslegung des § 222 InsO dahingehend vorzunehmen, daß die (voraussichtliche) wirtschaftliche Werthaltigkeit einer Forderung oder einer Sicherheit kein sachliches Kriterium für deren Zuordnung zu einer bestimmten Gläubigergruppe sein soll und das Gericht einem möglichen Mißbrauch der Gruppenbildung gemäß § 231 Abs. 1 Nr. 1 InsO entgegenzutreten habe (*Smid* InVo 1997, 176), neben dem Regulativ des § 245 Abs. 2 Nr. 3 von untergeordneter Bedeutung.

55   Die Regelung des § 231 Abs. 1 Nr. 1 InsO soll nach *Smid* so zu interpretieren sein, daß zur Prüfung, ob der Planersteller die »Vorschriften über ... Inhalt des Plans« beachtet hat, auch diejenigen die einen etwaigen Mißbrauch der Gruppenbildung ermöglichen, umfaßt werden (*Smid* InVo 1997, 176)

56   Falls das Insolvenzgericht im Rahmen seiner Entscheidung nach § 231 Abs. 1 Nr. 1 InsO nicht berechtigt wäre, einer zu Zwecken der Mehrheitsbeschaffung mißbräuchlichen Gruppenbildung im Planverfahren entgegenzutreten, wäre die zentrale Aussage des

Bildung von Gruppen § 222

Reformgesetzes, nämlich die Deregulierung des Planverfahrens zu ermöglichen und die Gläubigerrechte zu stärken, entwertet.

Die Regelung des § 222 Abs. 2 InsO muß ergänzend dahingehend ausgelegt werden, daß 57 sich das Kriterium der sachgerechten Abgrenzung nicht nur an feinsinnigen Differenzierungen hinsichtlich des Grundes und des Inhalts der Forderungen oder eines Rechts beweisen muß, sondern vielmehr auch unter dem Gesichtspunkt der Wahrung der Verfahrensrechte der Gläubiger zu würdigen ist.

Der Ansatz von *Smid*, daß »das Gericht bei Beurteilung der Gruppenbildung das En- 58 semble von Gläubigergruppen insgesamt daraufhin wertend betrachten müsse, ob die Art der Einteilung in Gruppen geeignet ist, bestimmten Gläubigern die Geltendmachung ihrer verfahrensmäßig zugestandenen Rechte zu erschweren«, kann die Gläubigerrechte jedoch durchaus wahren (*Smid* InVo 1997, 177).

Ist das Insolvenzgericht überzeugt, daß die Gruppenbildung des Plans darauf ausgelegt 59 ist, Mehrheitsverschiebungen zu Lasten bestimmter Gläubiger den Weg zu öffnen, muß das Gericht nach § 231 Abs. 1 Nr. 1 InsO den Plan zurückweisen.

Könnte ein Planersteller durch die Gruppenbildung die Teilnahmerechte von Gläubigern 60 im Rahmen des Insolvenzplanverfahrens bis zur Bedeutungslosigkeit entwerten, würde das Insolvenzplanverfahren von Anfang an unglaubwürdig.

Ferner würden hierdurch auch verfassungsrechtliche Positionen der Gläubiger gemäß 61 Art. 14 GG verletzt, da die Gläubiger hierdurch sogar ihre Insolvenzdividende einbüßen könnten. Hieran könnte der Minderheitenschutz als verfahrensrechtlicher Minimalschutz gemäß § 251 InsO nichts ändern.

Das Gericht hat vor der Ersetzung der Zustimmung einer Gläubigergruppe darauf zu 62 achten, daß die Gläubiger gleicher Rechtsstellung nicht besser behandelt werden, als die Gläubiger der ablehnenden Gruppe (§ 245 Abs. 2 Nr. 3).

Wird diese Voraussetzung eingehalten, so ist ein Mißbrauch des Planinitiativrechts durch 63 gezielte Gruppenbildung so gut wie ausgeschlossen.

Damit wird sichergestellt, daß die Gläubiger, die im Rahmen des Insolvenzverfahrens in 64 eine ungewollte Verlustgemeinschaft gezwungen werden, nicht zum Spielball der Interessen des Planerstellers werden.

C. Absatz 3

Durch die Regelung des § 222 Abs. 3 Satz 1 wird auf die besondere Situation der 65 Arbeitnehmer Rücksicht genommen.

Die Arbeitnehmer befinden sich in einer besonderen Interessenlage, der im Rahmen des 66 Planverfahrens durch eine eigene Abstimmungsgruppe Rechnung getragen wird.

Wenn die Arbeitnehmer nicht unerhebliche Insolvenzforderungen innehaben, ist im Plan 67 regelmäßig eine gesonderte Gruppe für Arbeitnehmer zu bilden (BT-Drucks. 12/2443, S. 200).

Die Gruppe der Arbeitnehmer kann nach wirtschaftlichen Interessen weiter unterteilt 68 werden, z. B. danach, ob einigen Arbeitnehmern Anteilsrechte oder Sicherheiten eingeräumt werden sollen.

In § 222 Abs. 3 Satz 2 InsO wird klargestellt, daß auch eine besondere Behandlung der 69 Gläubiger mit Forderungen geringer Höhe zulässig ist.

Ohne die Regelung des Abs. 3 Satz 2 wäre zweifelhaft, ob alleine die geringe Höhe der 70 Forderung eine besondere Gruppenbildung gestatten würde (BT-Drucks. 12/2443, S. 200).

71 Vielfach wird die volle Befriedigung aller Gläubiger mit Forderungen bis zu einer bestimmten Höhe zweckmäßig sein, um die Realisierung des Plans zu erleichtern, damit diese Kleingläubiger überhaupt nicht in das Planverfahren eingebunden werden müssen (BT-Drucks. 12/2443, S. 200). Um diese Auffassung des RegE mit § 245 Abs. 2 Nr. 3 zu harmonisieren, müßte § 222 Abs. 3 als lex specialis zu der Vorschrift über die angemessene Beteiligung angesehen werden.

§ 223
Rechte der Absonderungsberechtigten

(1) Ist im Insolvenzplan nichts anderes bestimmt, so wird das Recht der absonderungsberechtigten Gläubiger zur Befriedigung aus den Gegenständen, an denen Absonderungsrechte bestehen, vom Plan nicht berührt.

(2) Soweit im Plan eine abweichende Regelung getroffen wird, ist im gestaltenden Teil für die absonderungsberechtigten Gläubiger anzugeben, um welchen Bruchteil die Rechte gekürzt, für welchen Zeitraum sie gestundet oder welchen sonstigen Regelungen sie unterworfen werden sollen.

Inhaltsübersicht:
Rz.
A. Absatz 1 1–14
B. Absatz 2 15–18

Literatur:

Burger/Schellberg DB 1994, 1833 ff.; *Mönning* Betriebfortführung oder Liquidation-Entscheidungskriterien, in Prütting, Insolvenzrecht 1996, 1997, S. 64; *Stürner* in Leipold, Insolvenzrecht im Umbruch, 1991, 45.

A. Absatz 1

1 Nach überkommenem Recht waren absonderungsberechtigte Gläubiger gemäß § 27 VglO, § 173 KO und § 16 Abs. 2 GesO – hinsichtlich ihrer dinglichen Rechtsposition – nicht an einem Vergleichs- oder Zwangsvergleichsverfahren beteiligt (*Kuhn/Uhlenbruck* KO, § 173 Rz. 8).

2 Die fehlende Einbeziehung der absonderungsberechtigten Gläubiger war eine der Ursachen dafür, daß Vergleichs- oder Zwangsvergleichsverfahren zur Bedeutungslosigkeit herabsanken.

3 Da absonderungsberechtigte Gläubiger gemäß § 127 Abs. 2 KO auf ihr Sicherungsgut zugreifen und dadurch Sanierungsabsichten zunichte machen konnten, war vielfach die Vergleichs- oder Zwangsvergleichsgrundlage entzogen, bevor über eine einvernehmliche Insolvenzbewältigung entschieden werden konnte.

4 Auch die Regelung des § 12 Abs. 1 GesO, die die Rechtsstellung des Gesamtvollstreckungsverwalters im Vergleich zur KO aufgrund dessen Befugnis zur Ablösung der Absonderungsrechte verstärkte, reichte nicht aus, um einem Auseinanderreißen des

Rechte der Absonderungsberechtigten § 223

Anlage- und/oder Umlaufvermögens eines insolventen Unternehmens im Vorfeld einer Sanierungsentscheidung zu verhindern (vgl. *Mönning* in Prütting, Insolvenzrecht 1996, 64).

Die Regelung des § 223 Abs. 1 InsO ermöglicht nunmehr die Einbeziehung absonde- 5
rungsberechtigter Gläubiger in das Planverfahren.

Häufig werden Eingriffe in die Rechte der Absonderungsberechtigten nur möglich sein, 6
indem ihnen sonstige Zugeständnisse gemacht werden, etwa Ersatzsicherheiten gestellt werden (vgl. § 266 Abs. 3 RegE). Die Möglichkeiten hierzu werden der Insolvenzmasse wohl nur in Ausnahmefällen zur Verfügung stehen. § 223 Abs. 1 InsO bestimmt deshalb, daß die Rechte der Absonderungsberechtigten ohne entsprechende Regelungen im gestaltenden Teil des Plans nicht berührt werden.

Ferner verdeutlicht die Gesamtbetrachtung der §§ 49, 50, 251, 223 InsO die weiterhin 7
geringe Bedeutung der Einbeziehung absonderungsberechtigter Gläubiger in das Insolvenzverfahren.

Grund hierfür ist, daß das Gericht gemäß § 251 InsO die Bestätigung des Plans zu 8
versagen hat, wenn ein Gläubiger ohne dessen Zustimmung schlechter als bei einer gesetzlichen Zwangsverwertung gestellt wird. Aufgrund dieses Minderheitenschutzes bietet die Regelung des § 223 InsO in nur sehr begrenztem Rahmen die Möglichkeit, in die Rechte der absonderungsberechtigten Gläubiger durch Mehrheitsentscheidung einzugreifen.

Da die absonderungsberechtigten Gläubiger gemäß §§ 49, 50 InsO grundsätzlich volle 9
Befriedigung zu erfahren haben, besteht der Anwendungsbereich des § 223 InsO vor allem darin, diejenigen absonderungsberechtigten Gläubiger in den Plan einzubinden, deren wirtschaftliche Position durch den Plan verbessert werden kann, weil bei einer Verwertung nach den gesetzlichen Vorschriften nicht mit voller Befriedigung zu rechnen wäre.

In der Praxis werden im Regelfall nur diejenigen absonderungsberechtigten Gläubiger 10
zu Zugeständnissen im Plan bereit sein, deren Sicherheitenwert bei einer Fortführung des insolventen Unternehmens höher ist, als bei einer Einzelverwertung (*Burger/Schellberg* DB 1994, 1833 ff.).

In der Literatur wurde deshalb hinsichtlich des § 266 RegEInsO, der weitgehend mit der 11
heutigen Regelung des § 223 InsO übereinstimmt, ausgeführt, daß es den Gläubigern von Mobiliarsicherheiten sehr schlecht gehen müsse, damit sie im Planverfahren den Maßnahmen, die dem sanierten Unternehmen »wirklich Luft verschaffen«, zustimmen.

Steht auf der Grundlage einer Vergleichsrechnung fest, daß die Absonderungsberechtig- 12
ten durch den Plan schlechter gestellt werden als bei gesetzlicher Verwertung, so können diese Gläubiger nicht durch Mehrheitsentscheidung in das Planverfahren einbezogen werden, wenn sie dem nicht zustimmen (BT-Drucks. 1272443, S. 200).

Aus diesem Grunde regelt § 222 Abs. 1 Nr. 1 InsO, daß diejenigen absonderungsberech- 13
tigten Gläubiger, in deren Rechte durch den Plan nicht eingegriffen wird, trotz der Tatsache, daß diese Gläubiger ansonsten zu den drei obligatorischen Gruppen gemäß § 222 Abs. 1 InsO zählen, von der Gruppenbildung ausgeschlossen sind (vgl. *Stürner* in Leipold, S. 45).

Es besteht kein Grund, absonderungsberechtigte Gläubiger über den Plan abstimmen zu 14
lassen, wenn sie losgelöst vom Planverfahren ihre Sicherheit voll realisiert erhalten (*Burger/Schellberg* DB 1994, 1833 ff.). Insoweit fehlt es an der »Beschwer«.

B. Absatz 2

15 § 223 Abs. 2 InsO normiert, daß im gestaltenden Teil des Plans anzugeben ist, auf welche Weise in die Rechte absonderungsberechtigter Gläubiger eingegriffen wird.

16 Im gestaltenden Teil ist für die absonderungsberechtigten Gläubiger anzugeben, um welchen Bruchteil die Rechte gekürzt, für welchen Zeitraum sie gestundet oder welchen sonstigen Regelungen sie unterworfen werden sollen, damit alle am Plan Beteiligten hierüber informiert werden.

17 Da die Neubestimmung der Rechte der absonderungsberechtigten Gläubiger u. U. im Zusammenhang mit der Änderung der sachenrechtlichen Verhältnisse steht, ist im gestaltenden Teil des Plans insoweit auch die Vorschrift des § 228 InsO zu beachten.

18 Art und Umfang der abweichenden Regelungen sind zwischen dem Planverfasser und den absonderungsberechtigten Gläubigern auszuhandeln und entziehen sich aufgrund der möglichen Vielfalt einer Aufzählung.

§ 224
Rechte der Insolvenzgläubiger

Für die nicht nachrangigen Gläubiger ist im gestaltenden Teil des Insolvenzplans anzugeben, um welchen Bruchteil die Forderungen gekürzt, für welchen Zeitraum sie gestundet, wie sie gesichert oder welchen sonstigen Regelungen sie unterworfen werden sollen.

Inhaltsübersicht: Rz.

A. Begriffsbestimmung 1– 5
B. Regelungsinhalte 6–17

Literatur:

Kilger Der Konkurs des Konkurses, KTS 1975, 142; *Mönning* Betriebfortführung oder Liquidation – Entscheidungskriterien, in Prütting, Insolvenzrecht 1996, 1997, 52.

A. Begriffsbestimmung

1 Nicht nachrangige Gläubiger sind alle nach überkommenem Konkurs- und Gesamtvollstreckungsrecht nicht bevorrechtigten Gläubiger i. S. d. § 61 Abs. 1 Nr. 6 KO, § 17 Abs. 3 Nr. 4 GesO sowie – aufgrund der Abschaffung der Insolvenzvorrechte – auch die nach bisherigem Recht bevorrechtigten Gläubiger.

2 Durch die Abschaffung der Insolvenzvorrechte hat die Gruppe der nicht nachrangigen Insolvenzgläubiger im Vergleich zu den ehemals nicht bevorrechtigten Gläubigern eine erhebliche Ausweitung erfahren, wodurch die in § 1 InsO verankerte Zielsetzung der gemeinschaftlichen und gleichmäßigen Gläubigerbefriedigung gefördert wird.

3 In der Vergangenheit war dieses sowohl in der KO und GesO verankerte Postulat durch die umfangreichen Vorrechtskataloge des § 61 KO und § 17 Abs. 3 Nr. 1–3 GesO weitgehend entwertet.

Rechte der Insolvenzgläubiger **§ 224**

Die teilweise dogmatisch mehr als fraglichen Vorrechte waren eine der Hauptursachen für die zunehmende Funktionslosigkeit des überkommenen Konkurs- und Gesamtvollstreckungsverfahrens (vgl. *Kilger* KTS 1975, 142). 4

Gleichwohl werden die nicht nachrangigen Gläubiger – wie die nicht bevorrechtigten Gläubiger nach überkommenem Recht – diejenigen Gläubiger sein, denen die größten Einbußen an Rechten zugemutet und aufgebürdet werden wird. 5

B. Regelungsinhalte

Die konkreten Eingriffe in Rechte der nicht nachrangigen Gläubiger bzw. die Gestaltung deren Ansprüche wird die maßgebliche Aufgabe des Plans sein, um die jeweiligen nach dem Typus des Plans ausgerichteten Planabsichten zu realisieren (BT-Drucks. 12/2443, S. 201). 6

Damit die Beteiligten schon im Vorfeld der Abstimmung über den Plan dessen Vor- und Nachteile im Verhältnis zu einer Abwicklung entsprechend den gesetzlichen Vorschriften gegenüberstellen und vergleichen können, sind entsprechende Regelungen daher im gestaltenden Teil des Plans aufzunehmen. 7

Die Angaben im gestaltenden Teil, um welchen Bruchteil die Forderung gekürzt, für welchen Zeitraum sie gestundet, wie sie gesichert oder welchen sonstigen Regelungen sie unterworfen werden sollen, sind aus Sicht der Beteiligten zu deren Unterrichtung über die ihnen zugemuteten Rechtsänderungen unverzichtbar. 8

Ohne entsprechende Angaben wäre dem Gericht im übrigen die Prüfung, ob ein Plan gemäß § 231 Abs. 1 Nr. 1 InsO von Amts wegen zurückzuweisen ist, weil z.B. ein Verstoß gegen die Gleichbehandlungspflicht i.S.d. § 226 InsO vorliegt, nicht möglich. 9

§ 224 InsO regelt nicht die Art und Weise oder den Umfang des Eingriffes in die Rechte der nicht nachrangigen Insolvenzgläubiger, sondern normiert nur, daß die Eingriffe im gestaltenden Teil des Plans anzugeben sind. 10

Art und Umfang der Eingriffe selbst hängen vom jeweiligen Plan und den darin verkörperten Planintentionen und letztlich von der mehrheitlichen Zustimmung der beteiligten Gläubiger im Abstimmungstermin ab, sind jedoch durch den Minderheitenschutz gemäß § 251 Abs. 1 Nr. 2 InsO begrenzt. 11

Da die Verwertungserlöse im Falle der gesetzlichen Zwangsverwertung trotz weggefallener Vorrechte im Regelfall auch weiterhin bescheiden ausfallen werden, wird der Minderheitenschutz nur sehr beschränkte Wirkung im Hinblick auf Eingriffe in die Forderungen der nicht nachrangigen Insolvenzgläubiger entfalten. 12

Gesetzliche Mindestinhalte für den Plan hinsichtlich einer bestimmten Quote, wie dies in § 7 Abs. 1 VglO der Fall war, sind in der InsO nicht enthalten, so daß privatautonomen Lösungsansätzen und damit der angestrebten Deregulierung des Verfahrens ein weites Feld eröffnet ist. 13

Der Gesetzgeber verzichtete – aufbauend auf den Erfahrungen mit der starren Vergleichsquote des § 7 Abs. 1 VglO – bewußt auf jegliche Mindestquoten, um den Gläubigern im Rahmen des Abstimmungstermins die Entscheidung über die Höhe ihres Verlustes selbst zu überlassen. 14

Die Grenze der Selbstbestimmung wäre überschritten, wenn durch eine Gläubigermehrheitsentscheidung zu Lasten nicht zustimmender Gläubiger entschieden werden könnte, daß diese weniger als im Falle der Verwertung entsprechend den gesetzlichen Vorschriften erlangen sollen. 15

16 Ein Fortführungsplan wird an die Gläubiger andere Anforderungen, als ein Übertragungsplan oder ein Liquidationsplan stellen, so daß Art und Umfang der Eingriffe durch den Plantyp und dessen Planintention bestimmt werden.

17 Um einen etwaigen Verstoß gegen den Minderheitenschutz ausschließen zu können, ist der Planersteller bei jeder Fortführungskonzeption gehalten, mittels Vergleichsrechnungen darzulegen, daß die Fortführung kein schlechteres wirtschaftliches Ergebnis als die Zerschlagung gemäß den gesetzlichen Vorschriften verspricht (vgl. *Mönning* in: Prütting, Insolvenzrecht 1996, S. 52).

§ 225
Rechte der nachrangigen Insolvenzgläubiger

(1) Die Forderungen nachrangiger Insolvenzgläubiger gelten, wenn im Insolvenzplan nichts anderes bestimmt ist, als erlassen.

(2) Soweit im Plan eine abweichende Regelung getroffen wird, sind im gestaltenden Teil für jede Gruppe der nachrangigen Gläubiger die in § 224 vorgeschriebenen Angaben zu machen.

(3) Die Haftung des Schuldners nach der Beendigung des Insolvenzverfahrens für Geldstrafen und die diesen in § 39 Abs. 1 Nr. 3 gleichgestellten Verbindlichkeiten kann durch einen Plan weder ausgeschlossen noch eingeschränkt werden.

Inhaltsübersicht: Rz.

A. Begriffsbestimmung 1– 2
B. Zweck der Vorschrift 3– 5
C. Regelung im bisherigen Recht 6–14
D. Absatz 1 15–18
E. Absatz 2 19–21
F. Absatz 3 22–24

Literatur:

Hess KO, 1995; *Loritz* in Leipold, Insolvenzrecht im Umbruch, 1991.

A. Begriffsbestimmung

1 Im Gegensatz zum überkommenen Recht bildet die InsO mit den nachrangigen Insolvenzgläubigern i. S. d. § 39 InsO eine weitere Gruppe.

2 Hierbei handelt es sich um:
– die seit der Verfahrenseröffnung laufenden Zinsen,
– die Teilnahmekosten am Verfahren,
– Geldstrafen, Geldbußen, Zwangs- und Ordnungsgelder,
– Forderungen aus kapitalersetzenden Darlehen,
– Forderungen mit vertraglich vereinbartem Nachrang
(vgl. *Hess/Obermüller* Die Rechtsstellung des Verfahrensbeteiligten nach der InsO, S. 240, Rz. 1266).

Rechte der nachrangigen Insolvenzgläubiger § 225

B. Zweck der Vorschrift

Die Regelung des § 225 InsO ermöglicht eine an der wirtschaftlichen Werthaltigkeit der 3
nachrangigen Forderungen angemessene Einbeziehung dieser Gläubigergruppe(n) in
das Planverfahren, um damit eine flexible und am Einzelfall ausgerichtete Verfahrensabwicklung zu erreichen.

Durch die Möglichkeit, auch die Rechte der nachrangigen Gläubiger mittels Plan zu 4
regeln, können sachgerechte Lösungen zwischen den Beteiligten erreicht werden, um
damit auch dem Rechtsfrieden zu dienen.

Durch die Einbeziehung dieser Gläubigergruppe wird einerseits sichergestellt, daß das 5
Verbot der Einzelzwangsvollstreckung auch für nachrangige Gläubiger Geltung hat,
andererseits scheidet die Möglichkeit aus, daß ein etwaiger Überschuß aufgrund eines
sehr erfolgreichen Planverfahrens zur Auskehrung an den Schuldner gelangt, bevor die
Befriedigung auch der nachrangigen Gläubiger erfolgt ist (vgl. *Loritz* in Leipold,
Insolvenzrecht im Umbruch, S. 94).

C. Regelung im bisherigen Recht

Forderungen, die heute nachrangige Insolvenzforderungen sind, nahmen im bisherigen 6
Recht wegen §§ 29 VglO, 63 KO am Verfahren nicht teil bzw. wurden ohne sachgerechten Differenzierungsgrund unterschiedlich behandelt (vgl. § 29 VglO, § 32a Abs. 1
Satz 1 GmbHG, §§ 63, 173 KO).

Im bisherigen Vergleichsverfahren wurden die Wirkungen eines Vergleichs in unter- 7
schiedlicher Weise auf nachrangige Forderungen i.S.d. heutigen § 39 InsO erstreckt, da
Forderungen aus Schenkungsversprechen und aus kapitalersetzendem Darlehen in
gleicher Weise gekürzt oder gestundet wurden, wie dies für die sonstigen in das Vergleichsverfahren einbezogenen Forderungen vorgesehen war (§ 83 Abs. 1 VglO, § 32a
Abs. 1 Satz 2 GmbHG).

Die Zins- und Kostenforderungen der Vergleichsgläubiger galten – im Gegensatz zur KO 8
und GesO – im Zweifel als erlassen (§ 83 Abs. 2 VglO). Lediglich Geldstrafen und
gleichgestellte Sanktionen wurden auch vom gerichtlichen Vergleich generell nicht
betroffen.

Kam es nach bisherigem Recht zu einem Vergleich, waren die nachrangigen Gläubiger 9
den Vergleichsgläubigern im Rahmen des § 83 Abs. 1 VglO gleichgestellt, während im
Zwangsvergleich Inhaber nachrangiger Forderungen nur auf die geringe Hoffnung auf
einen etwaigen Neuerwerb des Schuldners bzw. auf einen – meist nur theoretischen –
Verfahrensüberschuß nach Verteilung der Masse an die Verfahrensgläubiger verwiesen
waren (BT-Drucks. 12/2442, S. 201).

Die Inhaber nachrangiger Forderungen wurden im Rahmen eines Zwangsvergleichs 10
willkürlich schlechter gestellt als Inhaber derselben Forderungen innerhalb eines Vergleichsverfahrens.

Hiervon stellte nach bisherigem Recht ausschließlich die Regelung des § 226 KO für den 11
Nachlaßkonkurs eine Ausnahme dar, wonach jede Nachlaßverbindlichkeit innerhalb
eines Nachlaßkonkurses geltend gemacht werden konnte.

Nach § 226 Abs. 2 Nr. 1–3 KO konnten allerdings die dort genannten und den in § 63 12
Nr. 1, 3 und 4 KO entsprechenden Verbindlichkeiten erst nach den übrigen Verbindlichkeiten und dann in der Rangfolge ihrer Aufzählung im Gesetz, bei gleicher
Rangfolge nach dem Verhältnis ihrer Beiträge geltend gemacht werden (*Loritz* in
Leipold a.a.O., S. 91 f.).

13 Durch die Teilnahmeberechtigung minderberechtigter Forderungen i.S.d. § 226 KO wurde diese Gläubigergruppe in das Verfahren einbezogen, ohne dabei aber die Rechte der vorgehenden Gläubiger zu tangieren (vgl. *Kuhn/Uhlenbruck KO*, § 226 Rz. 5; *Hess* KO, § 226 Rz. 2).

14 Da der Neuerwerb nach der InsO in die Masse fällt, war die Einbeziehung nachrangiger Gläubiger bereits aus diesem Grunde geboten.

D. Absatz 1

15 § 225 Abs. 1 InsO verallgemeinert die Regelung, die § 83 Abs. 2 VglO für Zins- und Kostenforderungen der Vergleichsgläubiger enthält, indem die Forderungen der nachrangigen Gläubiger als erlassen gelten, wenn im Plan nichts anderes vorgesehen ist (BT-Drucks. 12/2443, S. 201).

16 Im Gegensatz zur Regelung der VglO gilt der Erlaß im Zweifel auch für Forderungen aus Schenkungsversprechen und aus kapitalersetzenden Darlehen.

17 Eine Zuweisung von Ansprüchen in Insolvenzplänen werden nachrangige Gläubiger in den wenigsten Fällen erfahren, da bereits die Forderungen der nicht nachrangigen Insolvenzgläubiger nicht vollständig befriedigt und die nachrangigen Insolvenzgläubiger deshalb vollends ausfallen werden.

18 Aus diesem Grunde wird die Zustimmung der nachrangigen Insolvenzgläubiger zum Plan unter den Voraussetzungen des § 246 Nr. 1–3 InsO in den meisten Fällen fingiert werden, um den Verfahrensfortgang nicht an die Zustimmung der Inhaber wirtschaftlich wertloser Forderungen zu knüpfen.

E. Absatz 2

19 Ist im Plan die volle Befriedigung der nicht nachrangigen Insolvenzgläubiger vorgesehen und auch dann noch ein Überschuß zu erwarten, sind in den Plan gemäß § 225 Abs. 2 InsO für jede Gruppe der nachrangigen Gläubiger, die in § 224 InsO vorgeschriebenen Angaben aufzunehmen.

20 Selbiges gilt entsprechend, soweit der Plan Sonderzuwendungen an den Schuldner beinhaltet.

21 Sollen dem Schuldner durch den Plan wirtschaftliche Werte zugewendet werden, ihm z.B. die Fortführung des Unternehmens zu günstigeren Bedingungen gestattet werden, als dies einem Dritten für die Übernahme des Unternehmens eingeräumt werden würden, so ist es angemessen, auch für nachrangige Gläubiger planmäßige Leistungen auszuweisen, bevor der Schuldner in den Genuß dieser Rechtswohltat gelangen kann (BT-Drucks. 12/2443, S. 201).

F. Absatz 3

22 Die Regelung in § 225 Abs. 3 InsO übernimmt für Geldstrafen und für nach § 39 Abs. 1 Nr. 3 InsO gleichgestellte Verbindlichkeiten die bereits in § 29 Nr. 3 VglO, § 63 Nr. 3 KO verankerten Rechtsgedanken. Diese Verbindlichkeiten stehen weder zur Disposition noch zur Entscheidung der Gläubigermehrheit (vgl. *Böhle/Stamschräder/Kilger* VglO, § 29 Rz. 3).

Weiterhin verankerte der Gesetzgeber hinsichtlich dieser Forderungen von der Insolvenz 23
losgelöste Sanktionsmechanismen, um diesen Forderungen im Falle der insolvenzbedingten Uneinbringlichkeit entsprechenden Nachdruck zu verleihen. So tritt gemäß § 43 StGB an die Stelle einer uneinbringlichen Geldstrafe die Ersatzfreiheitsstrafe, wobei einem Tagessatz ein Tag Freiheitsstrafe entspricht.

Ähnliche gesetzliche Möglichkeiten sind gemäß § 95 Abs. 2, § 96 Abs. 2 OWiG über das 24
Absehen von einer Vollstreckung und über Zahlungserleichterungen bei Geldbußen bzw. nach § 888 Abs. 1 Satz 1 ZPO über die Ersetzung eines Zwangsgelds durch Zwangshaft vorgesehen (BT-Drucks. 12/2443, S. 201).

§ 226
Gleichbehandlung der Beteiligten → § 181 KO

(1) Innerhalb jeder Gruppe sind allen Beteiligten gleiche Rechte anzubieten.
(2) ¹Eine unterschiedliche Behandlung der Beteiligten einer Gruppe ist nur mit Zustimmung aller betroffenen Beteiligten zulässig. ²In diesem Fall ist dem Insolvenzplan die zustimmende Erklärung eines jeden betroffenen Beteiligten beizufügen.
(3) Jedes Abkommen des Insolvenzverwalters, des Schuldners oder anderer Personen mit einzelnen Beteiligten, durch das diesen für ihr Verhalten bei Abstimmungen oder sonst im Zusammenhang mit dem Insolvenzverfahren ein nicht im Plan vorgesehener Vorteil gewährt wird, ist nichtig.

Inhaltsübersicht: Rz.

A. Absatz 1 1–10
B. Absatz 2 11–17
   I. Zweck der Regelung 11–13
   II. Form 14–15
   III. »Betroffen« 16–17
C. Absatz 3 18–31
   I. Zweck der Regelung 18–19
   II. Unzulässige Abkommen 20–26
      1. Abkommen 20–21
      2. Vorteil 22–23
      3. Verfahrensbezogenheit 24–26
   III. Rechtsfolgen 27–31

A. Absatz 1

Der Gleichbehandlungsgrundsatz ist ein tragendes Prinzip eines Insolvenzverfahrens 1
und ein Erfordernis der Billigkeit und Gerechtigkeit.

Nur wenn die Interessen der Beteiligten gleichermaßen gewahrt werden, hat die im 2
Abstimmungstermin angestrebte Bindung der Gläubiger eine innere Berechtigung (*Kuhn/Uhlenbruck* KO, § 181 Rz. 1).

Im überkommenen Recht war dieser Grundsatz in § 8 Abs. 1 VglO, § 181 Abs. 1 KO 3
sowie in § 16 Abs. 3 Satz 2 GesO verankert, was aber nichts an der Tatsache änderte, daß dieser Grundsatz aufgrund der Regelungen der §§ 61 KO, 17 GesO entwertet war.

4 Im überkommenen Recht bestand – aufgrund der großen Zahl von dogmatisch vielfach nicht vertretbaren Vorrechten – für nicht bevorrechtigte Gläubiger die Gleichbehandlung vor allem darin, bei der Schlußverteilung nichts bzw. allenfalls eine marginale Quote von 3 – 5 % zugewiesen zu erhalten.

5 Durch die mehr als überfällige Abschaffung der Insolvenzvorrechte hat der Reformgesetzgeber der Gleichbehandlungspflicht eine neue, vor allem auch wirtschaftliche Bedeutung gegeben. Dies gilt um so mehr, als der Reformgesetzgeber mit der Gruppenbildung gemäß § 222 InsO die Frage der Gleichbehandlung innerhalb einer Gruppe als wesentlichen Verfahrensbestandteil postuliert hat.

6 Das Gebot der Gleichbehandlung des § 226 ist gruppenbezogen und somit von der Gruppenbildung abhängig. Die Gleichbehandlungspflicht ist nur verletzt, wenn nicht jedem Beteiligten einer Gruppe gleiches Recht zuteil wird.

7 Dies bedeutet gleichzeitig, daß die Gleichbehandlung zwischen einzelnen Gruppen nicht Regelungsinhalt des § 226 Abs. 1 InsO ist.

8 Nach der gesetzlichen Regelung des § 226 InsO soll nur Gleiches auch gleich behandelt werden, wobei die Frage, was gleich bzw. ungleich ist, in großem Maße letztlich von den Vorstellungen des Planerstellers abhängt.

9 Da gemäß § 222 InsO neben Gruppen für Gläubiger mit unterschiedlicher Rechtsstellung auch Gruppen für Gläubiger mit gleicher Rechtsstellung möglich sind, wird die Frage der Gleichbehandlung i. S. d. § 226 InsO vorrangig von der Gruppenbildung selbst bestimmt.

10 Aus diesem Grunde darf die Regelung des § 226 Abs. 1 InsO keinesfalls als Regulativ für eine unsachgerechte Gruppenbildung verstanden werden, da die Norm ausschließlich die Rechte innerhalb einer Gruppe beurteilt, nicht jedoch die Gruppenbildung selbst.

B. Absatz 2

I. Zweck der Regelung

11 Die Regelung des § 226 Abs. 2 InsO ermöglicht Abweichungen von § 226 Abs. 1 InsO, falls die Betroffenen zustimmen.

12 Der Gleichbehandlungsgrundsatz als gesetzlicher Schutz des einzelnen Gruppenteilnehmers ist mit Zustimmung der betroffenen Beteiligten disponibel.

13 Es steht jedem einzelnen Beteiligten einer Gruppe als Ausfluß seiner Privatautonomie frei, einer unterschiedlichen Behandlung im Einzelfall seine Zustimmung zu erteilen und damit auf den staatlich gewährten Schutz zu verzichten.

II. Form

14 Eine Abweichung vom Gleichbehandlungsgrundsatz ohne Zustimmung der betroffenen Beteiligten wäre ein von Amts wegen zu beachtender Verfahrensmangel i. S. d. § 231 Abs. 1 Nr. 1 InsO; weiterhin darf ein Plan in diesem Falle gemäß § 250 InsO nicht bestätigt werden.

15 Aus diesem Grunde ist es erforderlich, daß die Zustimmungserklärungen derjenigen Beteiligten, die eine von § 226 Abs. 1 InsO abweichende Behandlung akzeptieren, dem Plan als Anlagen beigefügt werden müssen.

III. »Betroffen«

Als »betroffen« i. S. d. § 226 Abs. 2 InsO ist der Gruppenangehörige zu werten, der 16
innerhalb einer Gruppe bei den wirtschaftlichen Zuweisungen schlechter gestellt
wurde.
Werden einzelne Beteiligte innerhalb einer Gruppe durch den Plan ausschließlich besser 17
gestellt, ist nur die Zustimmung der Benachteiligten der Gruppe erforderlich (BT-
Drucks. 12/2443, S. 202).

C. Absatz 3

I. Zweck der Regelung

Die Regelung des § 226 Abs. 3 InsO will verhindern, daß Beteiligte ohne Wissen der 18
anderen Beteiligten bevorzugt und dadurch bewogen werden, wegen des Sondervorteils
eine Entscheidung hinsichtlich des Plans zu treffen, die sie ohne den Sondervorteil
anders oder nicht treffen würden (vgl. *Kuhn/Uhlenbruck* KO, § 181 Rz. 5).
Die Glaubwürdigkeit des Insolvenzplanverfahrens wäre in Frage gestellt, wenn die 19
Gewährung von Sondervorteilen aufgrund von Abkommen sanktionslos bleiben würden.

II. Unzulässige Abkommen

1. Abkommen

Abkommen i. S. d. § 226 Abs. 3 InsO sind nicht nur Verträge im rechtstechnischen Sinne, 20
sondern auch einseitige Rechtsakte, wie z. B. eine Ermächtigung (*Kuhn/Uhlenbruck* KO,
§ 181 Rz. 5).
Unzulässige Abkommen i. S. d. § 226 Abs. 3 InsO sind keinesfalls diejenigen Sonderver- 21
einbarungen, die gemäß § 226 Abs. 2 InsO offen und mit Zustimmung der Betroffenen
erfolgt sind.

2. Vorteil

Unzulässige Abkommen i. S. d. § 226 Abs. 3 InsO sind solche Abreden, die einem 22
Begünstigten mehr zusprechen, als ihm ohne Abkommen zustehen würde. Ob die
Bevorzugung erheblich ist, ist dabei ohne Belang (*RG* HRR 1937, Nr. 334).
Dies bedeutet, daß ein Abkommen, nach welchem ein Plangläubiger unter Umgehung 23
des § 226 Abs. 2 InsO eine Benachteiligung hinnimmt, im Rahmen des Abs. 3 unbeachtlich ist. Wird somit beispielsweise außerhalb des Planverfahrens eine Absprache
dahingehend getroffen, daß ein Gläubiger eine längere Stundung als im Plan vereinbart
akzeptiert, ist dies für den Fortgang des Verfahrens unbeachtlich.

3. Verfahrensbezogenheit

Weiterhin findet die Regelung des § 226 Abs. 3 InsO nur auf solche Abreden Anwen- 24
dung, die im Zusammenhang mit dem Insolvenzverfahren im allgemeinen oder dem
Abstimmungsverhalten im speziellen stehen.

25 Dies ist der Fall, wenn die Beteiligten die Abrede mit der Maßgabe treffen, daß diese neben den im Plan festgelegten Regelungen Geltung haben soll.
26 Im Zweifelsfall ist eine enge Auslegung vorzunehmen, da die gruppeninterne Gleichbehandlungspflicht eine tragende Säule des Insolvenzplanverfahrens darstellt und Umgehungen – wenn das Insolvenzplanverfahren Erfolg haben soll – unterbunden werden müssen.

III. Rechtsfolgen

27 Abkommen, die gegen § 226 Abs. 3 InsO verstoßen, sind nichtig und je nach dem Inhalt der jeweiligen Abkommen im Einzelfall auch nach § 283 c StGB strafbar (vgl. *Kuhn/ Uhlenbruck* KO, § 181 Rz. 1).
28 Die Regelung des § 226 Abs. 3 InsO stellt in Übereinstimmung mit dem bisherigen Recht ein Verbotsgesetz i. S. d. § 134 BGB dar (*RG* Bd. 72, 48).
29 Die Nichtigkeit kann nicht nur von den Zurückgesetzten, sondern von jedermann geltend gemacht werden (vgl. *Jaeger/Weber* KO, § 181, Rz. 6)
30 Die Nichtigkeit eines vor Planbestätigung unaufgedeckt gebliebenen Sonderabkommens wird auch nicht durch eine etwaige nachträgliche Zustimmung der Zurückgesetzten geheilt (*Jaeger/Weber* KO, § 181, Rz. 6).
31 Ein Abkommen – welcher Art auch immer –, welches nach Eintritt der Rechtskraft des Planbestätigungsbeschlusses getroffen wird, wird in Übereinstimmung mit dem bisherigen § 181 KO von der Regelung des § 226 Abs. 3 InsO nicht mehr berührt, da hierdurch weder das Verhalten bei Abstimmungen noch sonst im Zusammenhang mit dem Insolvenzplanverfahren betroffen werden kann (vgl. *Jaeger/Weber* KO, § 181, Rz. 4).

§ 227
Haftung des Schuldners → §§ 211, 236 b KO

(1) Ist im Insolvenzplan nichts anderes bestimmt, so wird der Schuldner mit der im gestaltenden Teil vorgesehenen Befriedigung der Insolvenzgläubiger von seinen restlichen Verbindlichkeiten gegenüber diesen Gläubigern befreit.
(2) Ist der Schuldner eine Gesellschaft ohne Rechtspersönlichkeit oder eine Kommanditgesellschaft auf Aktien, so gilt Absatz 1 entsprechend für die persönliche Haftung der Gesellschafter.

Inhaltsübersicht: Rz.

A. Absatz 1	1–16
I. Allgemeines	1– 7
II. Schuldnerschutz	8–13
III. Motivation des Schuldners	14–16
B. Absatz 2	17–18

Haftung des Schuldners § 227

Literatur:

Leland L. Bull Der Bankruptcy Reform Act, ZIP 1980, 844 [845].

A. Absatz 1

I. Allgemeines

Die Vorschrift des § 227 Abs. 1 InsO normiert, daß der Schuldner – soweit im Plan nichts anderes bestimmt ist – mit Eintritt der im gestaltenden Teil des Plans vorgesehenen Befriedigung der Insolvenzgläubiger von seinen restlichen Verbindlichkeiten befreit wird. 1

Dies bedeutet, daß ein Schuldner zwar nicht zwangsläufig, wohl aber beim Fehlen entsprechender anderslautender Bestimmungen im Plan in den Genuß einer Restschuldbefreiung kommen kann. 2

Sieht ein Insolvenzplan beispielhaft vor, daß Forderungen der Insolvenzgläubiger innerhalb eines festgelegten Zeitraums zu 40 % ihres Nominalwertes zu erfüllen sind, gelten die verbleibenden 60 % der Forderungen als erlassen, wenn die im gestaltenden Teil des Plans vorgesehene Befriedigung der Insolvenzgläubiger in Höhe von 40 % erfolgt ist und der Insolvenzplan keine die Restschuldbefreiung des Schuldners abweichende Regelung enthält. 3

Rechtsvergleichend betrachtet knüpft die Regelung an das amerikanische Insolvenzrecht an, in welchem der Schuldenerlaß (discharge) und der damit verbundene »fresh start« des Schuldners allerdings weitaus prägendere Strukturelemente als im deutschen Insolvenzrecht sind. Zum einen der Gedanke der Gläubigergleichbehandlung (creditor equality), zum anderen aber vor allem der Gedanke der Befreiung des ehrlichen Schuldners von seinen Schulden durch den Schuldenerlaß (discharge) am Ende des Verfahrens. 4

Diese Möglichkeit des »discharge« ist der Grund, warum in den USA gleichsam sämtliche Konkursanträge Schuldner- und damit freiwillige (voluntary) Eigenanträge sind (*Leland L. Bull* ZIP 1980, 844 [845]). 5

Im Gegensatz zum amerikanischen Recht, in dem der »discharge« nur in Ausnahmefällen versagt wird, bestimmt § 227 Abs. 1 InsO lediglich, daß die dem Schuldner – trotz Plan – verbleibenden Verbindlichkeiten im Zweifel als erlassen gelten, wenn keine gesonderte Regelung im Plan aufgenommen ist und der Schuldner die im Plan vorgesehenen Schulden beglichen hat. 6

Ein Schuldenerlaß und damit die Möglichkeit eines »fresh start« ist weder nach dem Verständnis des Reformgesetzgebers noch dem deutschem Rechtsverständnis zwingend. 7

II. Schuldnerschutz

Die Regelung des § 227 InsO darf nicht dahingehend mißinterpretiert werden, daß das Insolvenzplanverfahren ein Verfahren wäre, in welchem der Schuldner schlechter als im Falle der Abwicklung nach den gesetzlichen Vorschriften gestellt werden dürfte. 8

Wie sich aus der Regelung des § 247 Abs. 1 InsO ergibt, hat der Schuldner einen Rechtsanspruch, durch einen Plan nicht schlechter gestellt zu werden, als er im Falle der Abwicklung nach den gesetzlichen Vorschriften stünde. 9

10 Ein Insolvenzplan, der dem Schuldner eine weitergehende Haftung auferlegt, als sie ihn ohne einen Plan treffen würde, muß von diesem nicht hingenommen werden.

11 Widerspricht der Schuldner dem Plan, so kann seine Zustimmung nicht nach § 247 Abs. 2 ersetzt werden.

12 Ein dem Schuldner eine über die gesetzliche Abwicklung hinausgehende Haftung aufbürdender Plan, darf seitens des Gerichts nicht bestätigt werden; die Verletzung der Vorschrift über die Zustimmung des Schuldners stellt einen wesentlichen Verstoß gegen Verfahrensvorschriften gemäß § 250 Abs. 1 InsO dar.

13 Gegen seinen Willen darf ein Schuldner, der ohne Plan gemäß §§ 286–303 InsO Anspruch auf Restschuldbefreiung hätte, nicht in geringerem Maße von seinen restlichen Verbindlichkeiten befreit werden als ohne Plan.

III. Motivation des Schuldners

14 Die Möglichkeit der Schuldenbefreiung ist im Hinblick auf die Mitwirkung des Schuldners bei der Realisierung des Insolvenzplans von erheblicher Bedeutung.

15 Haftet ein Schuldner persönlich, muß diesem bewußt sein, daß sein »Vermögen« unabhängig vom Vorliegen eines Insolvenzplans zur Gläubigerbefriedigung verwandt wird. Jedoch ist es für seine Motivation von erheblicher Bedeutung, daß er nach Durchlaufen des Insolvenzverfahrens von seinen Verbindlichkeiten befreit ist.

16 Motivation und Interesse des Schuldners am Verfahren sind zwar bei Zerschlagungs- und/oder Übertragungslösungen nicht zwingend von Bedeutung, für die Realisierung eines Fortführungsplans jedoch, welcher vorsieht, daß der Schuldner den Betrieb weiterführen soll und die Gläubiger aus den Erträgen des fortgeführten Betriebes befriedigt werden sollen, unverzichtbar.

B. Absatz 2

17 Die Regelung des § 227 Abs. 2 erstreckt die Regelungsinhalte des Abs. 1 auch auf die persönlich haftenden Gesellschafter des Schuldners und korrespondiert insoweit mit § 109 Abs. 1 Nr. 3 VglO und § 211 Abs. 2 KO.

18 Sieht der Plan nichts anderes vor, wirkt ein Erlaß von Forderungen gegenüber dem Schuldner auch im Verhältnis zu dessen persönlich haftenden Gesellschaftern.

§ 228
Änderung sachenrechtlicher Verhältnisse

¹**Sollen Rechte an Gegenständen begründet, geändert, übertragen oder aufgehoben werden, so können die erforderlichen Willenserklärungen der Beteiligten in den gestaltenden Teil des Insolvenzplans aufgenommen werden.** ²**Sind im Grundbuch eingetragene Rechte an einem Grundstück oder an eingetragenen Rechten betroffen, so sind diese Rechte unter Beachtung des § 28 der Grundbuchordnung genau zu bezeichnen.** ³**Für Rechte, die im Schiffsregister, im Schiffsbauregister oder im Register für Pfandrechte an Luftfahrzeugen eingetragen sind, gilt Satz 2 entsprechend.**

Änderung sachenrechtlicher Verhältnisse **§ 228**

Inhaltsübersicht: Rz.

A. Zweck der Regelung 1– 4
B. Grundsatz 5–25

A. Zweck der Regelung

Die Regelung des § 228 InsO ermöglicht es, die im gestaltenden Teil des Plans vorge- 1
schriebene Änderung der Rechtsstellung der Beteiligten auch rechtlich – insbesondere
sachenrechtlich – umzusetzen.

Ohne diese Regelung müßten – falls die Beteiligten nicht gewillt wären, die im 2
gestaltenden Teil des Plans aufgeführten Änderungen der Rechtsstellungen auch zu
realisieren – zur Durchsetzung von Rechtspositionen oder zur Erreichung eventueller
Zustimmungserklärungen gemäß § 894 ZPO vielfach erst zeitaufwendige Prozesse
geführt werden.

Aufgrund des damit einhergehenden Zeitverlustes würde für die meisten Pläne – zumin- 3
dest soweit es sich um Fortführungs- oder Übertragungspläne handelt – die Geschäftsgrundlage entfallen, da die Zeit zur Sanierung eines schuldnerischen Unternehmens bis
dahin meist verstrichen sein dürfte.

Der Gesetzgeber war sich dieses Problems bewußt und hat mit der Regelung des § 228 4
InsO die Möglichkeit geschaffen, die notwendigen Voraussetzungen zur Realisierung
des Plans bereits im Planverfahren selbst zu bewerkstelligen.

B. Grundsatz

Grundsätzlich ist es möglich, daß derjenige, der einen Insolvenzplan ausarbeitet, sich 5
damit begnügt, im Plan lediglich die schuldrechtlichen Verhältnisse zwischen den
Beteiligten zu regeln, wie etwa die Stundung von Forderungen (BT-Drucks. 12/2443,
S. 202)

Das gilt in gleichem Maße auch in dem Fall, daß durch den Plan die Rechte abson- 6
derungsberechtigter Gläubiger geregelt werden sollen; auch in diesem Falle ist es möglich, nur schuldrechtliche Wirkungen des Planes aufzunehmen (BT-Drucks. 12/2443,
a. a. O.).

Im Plan kann beispielsweise geregelt werden, daß die absonderungsberechtigten Gläu- 7
biger sich zur Freigabe von Sicherheiten verpflichten, sobald bestimmte Teilbeträge auf
der Grundlage des Insolvenzplanes bezahlt worden sind.

Vielfach werden jedoch schuldrechtliche Verpflichtungen alleine nicht ausreichend sein, 8
um eine erfolgreiche Implementierung des Plans zu ermöglichen.

Aus diesem Grunde sind die Beteiligten daran interessiert, nicht nur die schuldrecht- 9
lichen Bedingungen zu regeln, sondern die Änderung der sachenrechtlichen Verhältnisse
ebenfalls unmittelbar zum Gegenstand des Insolvenzplanverfahrens zu machen.

Diese Möglichkeit wird durch den Reformgesetzgeber im Rahmen des § 228 InsO 10
eröffnet.

Die Beteiligten können erforderliche Willenserklärungen, wie beispielsweise einen 11
Verzicht auf ein Pfandrecht gemäß § 1255 BGB oder die Einigung über die Übereignung
einer beweglichen Sache gemäß § 929 BGB in den gestaltenden Teil des Plans aufnehmen.

12 Die rechtskräftige Bestätigung des Plans durch das Insolvenzgericht bewirkt, daß diese Erklärungen als formgültig abgegeben gelten; dies gilt auch gegenüber denjenigen Beteiligten, die dem Plan nicht zugestimmt haben.
13 Sollte der Eintritt der Rechtsänderung von zusätzlichen tatsächlichen Voraussetzungen, wie der Übergabe einer beweglichen Sache an den Erwerber, abhängen, könnten diese durch den Plan nicht ersetzt werden.
14 Die zur Bewirkung der dinglichen Rechtsfolge notwendigen Handlungen sind gesondert herbeizuführen (BT-Drucks. 12/2443, S. 202).
15 Der Gesetzgeber hat darüber hinaus weitere Vorkehrungen getroffen, um einen Gleichlauf zwischen Insolvenzplan und allgemeinem Zivilrecht zu schaffen. So ist in Art. 33 Nr. 26 EGInsO die Änderung des § 925 Abs. 1 Satz 3 BGB, die nunmehr die Erklärung der Auflassung auch innerhalb eines Insolvenzplans ermöglicht, geregelt.
16 Die Regelung dinglicher Rechtsverhältnisse im Plan wird regelmäßig im Zusammenhang mit der Neubestimmung der Rechte der absonderungsberechtigten Gläubiger gemäß § 223 InsO stehen, da – sollte in deren Rechte eingegriffen werden – gemäß § 228 InsO auch Art und Umfang dieses Eingriffs geregelt werden müssen.
17 Der Anwendungsbereich des § 228 InsO ist auch dann eröffnet, wenn Insolvenzgläubigern im Rahmen eines Insolvenzplanverfahrens in Abweichung zu ihrer bisherigen Rechtsstellung dingliche Rechtspositionen eingeräumt werden.
18 Dies ist der Fall, wenn beispielsweise Forderungen im Plan gekürzt und für die gekürzten Forderungen nunmehr Sicherheiten bestellt werden sollen.
19 Im Rahmen von Rechtsgeschäften, die die Übertragung von Grundstücken zum Inhalt haben, ist es möglich, daß im Plan die Einigung und die Eintragungsbewilligung gemäß § 19 GBO aufgenommen und diese durch die rechtskräftige Bestätigung des Plans ersetzt werden.
20 Die Bestätigung des Insolvenzplans hat wie der gerichtliche Vergleich Beurkundungsfunktion. Durch die Wirkung der Bestätigung wird die Regelung des § 925 BGB ersetzt.
21 Diese Beurkundungsfunktion stellt ein weiteres Argument für die nicht ausschließlich vertragsrechtlich orientierte Rechtsnatur des Insolvenzplans dar und spricht für dessen Doppelnatur.
22 Die Rechtsänderung tritt aber erst mit Vollzug der Eintragung in das Grundbuch ein; diese muß entsprechend beantragt (§ 13 GBO) werden, wobei hierzu im Plan die betroffenen Grundstücksrechte grundbuchrechtlich so genau zu bezeichnen (§ 28 GBO) sind, daß die Eintragung der Rechtsänderung im Grundbuch überhaupt möglich ist.
23 Wird diese Maßgabe nicht beachtet, besteht für das Insolvenzgericht ein gesetzlicher Zurückweisungsgrund gemäß § 231 Abs. 1 Nr. 1 InsO.
24 Dieses Formerfordernis gilt entsprechend für eine Vormerkung, die einen Anspruch auf Eintragung oder Aufhebung eines solchen Rechts sichert (BT-Drucks. 12/2443, S. 202).
25 In Satz 3 ist die entsprechende Anwendbarkeit des Satz 2 auf weitere Register mit öffentlichem Glauben geregelt.

§ 229
Vermögensübersicht. Ergebnis- und Finanzplan

[1]Sollen die Gläubiger aus den Erträgen des vom Schuldner oder von einem Dritten fortgeführten Unternehmens befriedigt werden, so ist dem Insolvenzplan eine

Vermögensübersicht. Ergebnis- und Finanzplan **§ 229**

Vermögensübersicht beizufügen, in der die Vermögensgegenstände und die Verbindlichkeiten, die sich bei einem Wirksamwerden des Plans gegenüberstünden, mit ihren Werten aufgeführt werden. ²Ergänzend ist darzustellen, welche Aufwendungen und Erträge für den Zeitraum, während dessen die Gläubiger befriedigt werden sollen, zu erwarten sind und durch welche Abfolge von Einnahmen und Ausgaben die Zahlungsfähigkeit des Unternehmens während dieses Zeitraums gewährleistet werden soll.

Inhaltsübersicht: Rz.

A. Anwendungsbereich	1– 2
B. Zweck der Regelung	3–12
C. Inhaltliche Erfordernisse	13–26
I. Vermögensübersicht	13–19
1. Allgemeines	13–15
2. Aufbau	16–19
a) Aktiva	16–17
b) Passiva	18–19
II. Ergebnisplan	20–21
III. Finanzplan	22–23
IV. Vergleichsrechnung	24–26

Literatur:

IDW Anforderungen an Sanierungskonzepte FAR 1/1991; *König* Gesonderte oder harmonisierte Rechnungslegung des Konkursverwalters im Unternehmenskonkurs, ZIP 1988, 1003; *Veit* WiSt 1982, 370 f.

A. Anwendungsbereich

Die Regelung des § 229 InsO, in welcher als Anlage zum Plan die Vermögensübersicht **1** sowie ein Ergebnis- und Finanzplan gefordert werden, findet nicht auf Liquidations- oder Übertragungspläne Anwendung, da die Gläubiger im Rahmen dieser Planarten unmittelbar befriedigt werden. Im Rahmen eines Liquidationsplans wird die Masse verwertet und der Erlös gemäß Plan verteilt; im Rahmen eines Übertragungsplans haftet der Erwerber des Betriebes für die vertraglich geschuldete Gegenleistung und nicht das insolvente Unternehmen selbst.

Nur wenn die Gläubiger im Rahmen eines Fortführungsplans aus den Erträgen des vom **2** Schuldner oder von einem Dritten fortgeführten Unternehmens befriedigt werden sollen, ist der Anwendungsbereich der Norm eröffnet.

B. Zweck der Regelung

Ein Plan, der die Sanierung und Fortführung eines Unternehmens zum Ziel hat, kann sich **3** nicht durch seine guten Absichten, sondern nur durch nachvollziehbare betriebswirtschaftliche Daten legitimieren.

§ 229 *Insolvenzplan*

4 Der Planersteller kann es somit nicht bei den im darstellenden Teil des Plans erfolgten Beschreibungen bewenden lassen, sondern hat die Finanzierbarkeit der geplanten Sanierungsmaßnahmen nachzuweisen.

5 § 229 InsO fordert diejenigen Zahlenwerke, die bei jeder wesentlichen unternehmensbezogenen Investitionsentscheidung zur Kalkulation der Verzinsung des eingesetzten Kapital notwendig sind. Durch das Erfordernis von Vermögensübersichten sowie Ergebnis- und Finanzplänen wird sichergestellt, daß die Risiken und Erfolgsaussichten bzw. Kosten und Nutzen eines Plans zumindest prognostisch dargestellt werden und die Beteiligten die Möglichkeit einer Plausibilitätskontrolle erhalten.

6 Die in § 229 InsO geforderten Anlagen enthalten die zahlenmäßige Darstellung des geplanten Sanierungsablaufes und stellen somit eine Planerprobungsrechnung dar (vgl. *IDW* FAR 1/1991, S. 6 f.).

7 Anhand eines Abgleichs mit den finanz- und leistungswirtschaftlichen Daten des Unternehmens vor der Insolvenz läßt sich erkennen, ob die Planziele realistisch oder geschönt sind.

8 Werden beispielsweise in einem Produktionsbetrieb, der einen hohen Fixkostenbetrag aufweist und mit niedrigen Deckungsbeiträgen operiert, erhebliche Umsatzzuwächse in den Umsatzplänen prognostiziert, stellt sich die Frage, wie diese Zuwächse erreicht werden sollen, insbesondere, da ein saniertes Unternehmen in der Regel erhebliche Zeit benötigt, um das Vertrauen seiner Kunden zurückzugewinnen.

9 Gibt ein Planersteller im darstellenden Teil hierfür keine plausible Erklärung, ist ein kritisches Hinterfragen des Plans indiziert.

10 Die finanzwirtschaftlichen Daten des Unternehmens vor der Insolvenz sind – auch wenn diese oft unvollständig sind – ein wichtiger Vergleichsparameter zu den Angaben im Plan, da dieser auf den vor der Insolvenz geschaffenen Fakten aufbauen muß.

11 Je umfangreicher hiervon abgewichen wird, beispielsweise durch willkürliche Veränderung von Bilanzansätzen, um so mehr Skepsis ist für die Gläubiger geboten. Dies um so mehr, da die Entscheidung der Gläubiger auf ihre Insolvenzdividende zugunsten der Möglichkeit der vollständigen oder teilweisen Partizipation an zukünftigen Erträgen des schuldnerischen Unternehmens zu verzichten, das Risiko dahingehend in sich birgt, noch weniger als im Falle der sofortigen Zerschlagung eines Unternehmens auf der Grundlage der gesetzlichen Regeln zu erhalten.

12 Den Gläubigern ist eine Entscheidung über die Fortführung eines insolventen Unternehmens unter Eingehung eigener wirtschaftlicher Risiken nur zumutbar, wenn die im darstellenden Teil das Plans erläuterten finanz- und leistungswirtschaftlichen Sanierungskonzepte auch durch entsprechende Zahlenwerke nachvollziehbar sind.

C. Inhaltliche Erfordernisse

I. Vermögensübersicht

1. Allgemeines

13 § 153 InsO verpflichtet den Verwalter zur Aufstellung einer geordneten Vermögensübersicht, in der Aktiva und Passiva einander gegenübergestellt werden.

14 Die Vermögensübersicht stellt die Insolvenzeröffnungsbilanz dar, die jedoch nicht – wie die Handelsbilanz – auf die Gewinnermittlung abzielt, sondern Informationen über die zu erwartende Quote sowie über die Fremdrechte der Gläubiger (z. B. Aus-

Vermögensübersicht. Ergebnis- und Finanzplan § 229

und Absonderungsrechte) enthält (vgl. *König* ZIP 1988, 1003; *Veit* WiSt 1982, 370f.).
Die Vermögensübersicht stellt eine Prognoserechnung dar (*Veit* a. a. O.), die nicht nur die statische Planung des bisherigen Vergleichsverfahrens, sondern eine Zukunftsplanung ermöglicht. 15

2. Aufbau (Grobstruktur)

a) Aktiva

Anlagevermögen: 16
– Bebaute und unbebaute Liegenschaften
– Maschinen und maschinelle Anlagen
– Betriebs- und Geschäftsausstattung
– Immaterielle Vermögenswerte
– Beteiligungen
Umlaufvermögen: 17
– Roh-, Hilfs- und Betriebsstoffe
– Halbfertige Erzeugnisse
– Fertigerzeugnisse
– Forderungen aus Lieferungen und Leistungen
– Sonstige Forderungen, z. B. ausstehende Stammeinlagen

b) Passiva

– Grundstücksbelastungen (z. B. Grundschulden etc.) 18
– Verbindlichkeiten aus Lieferungen und Leistungen
– Sonstige Verbindlichkeiten
– Rückstände an Steuern, Löhnen
– Absonderungsrechte
– Nachrangige Forderungen i. S. d. § 39 InsO

Hinsichtlich weiterer Details im Hinblick auf die Anforderungen an die Vermögensübersicht wird auf die Ausführungen zu § 153 InsO verwiesen. 19

II. Ergebnisplan

Der Ergebnisplan hat die Aufgabe, die Gläubiger über die im vorgesehenen Befriedigungszeitraum zu erwartenden Aufwendungen und Erträge zu informieren. 20
Die Ergebnisplanung setzt sich – neben betriebswirtschaftlichen Teilplanungen (Absatz-, Investitions-, Personalkostenplanung etc.) – vor allem aus 21
1. Planbilanzen
2. Planerfolgsrechnung (Plangewinn und -verlust)
3. Plan-Liquiditätsrechnung
zusammen.

III. Finanzplan

22 Der Finanzplan bezweckt, die Gläubiger über die im vorgesehenen Befriedigungszeitraum zu erwartenden Abfolgen von Einnahmen und Ausgaben, vor allem zur Gewährleistung der Liquidität des Unternehmens zu informieren.
23 Finanzpläne sind erforderlich, um abschätzen zu können, ob das sanierte Unternehmen tatsächlich über die zur Leistung der im Insolvenzplan versprochenen Zahlungen notwendigen liquiden Mittel verfügen wird.

IV. Vergleichsrechnung

24 Die Vermögensübersicht, die Ergebnis- sowie die Finanzplanung müssen – zumindest überschlagsmäßig – bereits zum Berichtstermin vorliegen, da die Gläubiger auf die Sanierung eines Unternehmens gerichtete Beschlüsse nur fassen können, wenn sie über aussagekräftige Zahlen, die einen zumindest groben Vergleich des Fortführungswertes des Unternehmens mit dessen Liquidationswert zulassen, verfügen.
25 Auch hierzu sind Plan-Erfolgsrechnungen und Finanzpläne unerläßlich.
26 Nur in seltenen Ausnahmefällen werden die Gläubiger einem Plan, der sie nicht besser als die Abwicklung nach den gesetzlichen Regeln stellt, zustimmen.

§ 230
Weitere Anlagen

(1) [1]**Ist im Insolvenzplan vorgesehen, daß der Schuldner sein Unternehmen fortführt, und ist der Schuldner eine natürliche Person, so ist dem Plan die Erklärung des Schuldners beizufügen, daß er zur Fortführung des Unternehmens auf der Grundlage des Plans bereit ist.** [2]**Ist der Schuldner eine Gesellschaft ohne Rechtspersönlichkeit oder eine Kommanditgesellschaft auf Aktien, so ist dem Plan eine entsprechende Erklärung der persönlich haftenden Gesellschafter beizufügen.** [3]**Die Erklärung des Schuldners nach Satz 1 ist nicht erforderlich, wenn dieser selbst den Plan vorlegt.**
(2) Sollen Gläubiger Anteils- oder Mitgliedschaftsrechte oder Beteiligungen an einer juristischen Person, einem nicht rechtsfähigen Verein oder einer Gesellschaft ohne Rechtspersönlichkeit übernehmen, so ist dem Plan die zustimmende Erklärung eines jeden dieser Gläubiger beizufügen.
(3) Hat ein Dritter für den Fall der Bestätigung des Plans Verpflichtungen gegenüber den Gläubigern übernommen, so ist dem Plan die Erklärung des Dritten beizufügen.

Inhaltsübersicht: Rz.

A. Anwendungsbereich	1– 2
B. Zweck der Regelung	3– 5
C. Absatz 1	6–16
I. Satz 1	6–12
II. Satz 2	13

Weitere Anlagen **§ 230**

   III. Satz 3 14–16
D. Absatz 2 17–21
E. Absatz 3 22–30

A. Anwendungsbereich

Genauso wie die Regelung des § 229 InsO findet die Regelung des § 230 InsO nur **1** Anwendung, wenn ein Insolvenzplan die Fortführung eines insolventen Unternehmens vorsieht.

Ist dies – wie im Falle eines Liquidations- oder Übertragungsplans – nicht der Fall, ist der **2** Anwendungsbereich der Norm nicht eröffnet.

B. Zweck der Regelung

Weder dem persönlich haftenden Schuldner noch einem Gläubiger kann nach der **3** Sanierung unternehmerisches Risiko durch Mehrheitsentscheidung aufgezwungen werden.

Genausowenig können die Gläubiger zu Lasten Dritter Entscheidungen dahingehend **4** treffen, daß Dritten aus dem bestätigten Plan – ohne deren Einverständnis – Verpflichtungen gegenüber den Gläubigern auferlegt werden.

Der Zweck der Regelung besteht darin, planerhebliche Tatsachen, auf welche die **5** mehrheitliche Entscheidung der Gläubiger im Abstimmungstermin keinen Einfluß hat, im Vorfeld der Abstimmung geklärt zu wissen.

C. Absatz 1

I. Satz 1

Soll der Schuldner das Unternehmen auf der Grundlage eines Fortführungsplans fortfüh- **6** ren und ist er eine natürliche Person, die persönlich für den Unternehmenserfolg haften muß, ist dem Plan als Anlage eine Erklärung beizufügen, daß dieser dazu überhaupt bereit ist.

Da weder Gläubiger noch Insolvenzgericht den Schuldner zur Fortführung eines Unter- **7** nehmens auf eigenes wirtschaftliches Risiko zwingen können, hat ein auf die Person des Schuldners aufgebauter Fortführungsplan keinen Sinn, wenn dieser zur Eingehung der Fortführungsrisiken nicht gewillt ist.

Bevor in dieser Frage keine Klarheit und Rechtssicherheit besteht, ist eine Entscheidung **8** der Gläubiger über die Fortführung eines Unternehmens nicht sinnvoll, da die Geschäftsgrundlage für einen Fortführungsplan – falls der Schuldner zur Fortführung nicht bereit ist – fehlen würde.

Die Regelung des § 230 Abs. 1 InsO, welche die wesentliche Frage der Unternehmens- **9** fortführung unter Übernahme der persönlichen Haftung allein der Entscheidung des Schuldners überläßt, dient daher letztlich auch dessen Schutz.

Durch die Notwendigkeit einer entsprechenden schuldnerischen Erklärung wird ferner **10** Beweiszwecken genüge getan.

11 Ist der Schuldner zur Abgabe einer diesbezüglichen Erklärung nicht gewillt, wird ein Fortführungsplan scheitern, falls keine andere zur Übernahme des entsprechenden Risikos bereite Person gefunden werden kann.
12 In diesem Fall muß der Verwalter seine Planziele gegebenenfalls auf einen Übertragungs- oder Liquidationsplan umstellen.

II. Satz 2

13 § 230 Abs. 1 Satz 2 InsO überträgt die Regelung des § 230 Abs. 1 Satz 1 InsO auf Gesellschaften ohne Rechtspersönlichkeit und die Kommanditgesellschaft auf Aktien, indem in diesen Fällen eine entsprechende Erklärung der persönlich haftenden Gesellschafter beizufügen ist.

III. Satz 3

14 Hat der Schuldner selbst einen auf Fortführung abzielenden Insolvenzplan eingereicht, ist eine Erklärung i. S. d. § 230 Abs. 1 Satz 1 InsO nicht erforderlich, da der Schuldner durch die Vorlage eines Fortführungsplans seine Bereitschaft zur Fortführung des Unternehmens nach der Sanierung dokumentiert hat.
15 Diese Ausnahme gilt jedoch nicht für den persönlich haftenden Gesellschafter gemäß § 230 Abs. 1 Satz 2 InsO (BT-Drucks. 12/2443, S. 203). Dieser muß selbst wenn der Plan von ihm vorgelegt worden ist, eine entsprechende Fortführungserklärung als Anlage beifügen (BT-Drucks. 12/2443, a. a. O.).
16 Wegen der Möglichkeit eines bedingten Plans gemäß § 249 InsO ist es jedoch nicht erforderlich, daß beispielsweise die Gesellschafter einer Gesellschaft, die durch die Eröffnung eines Insolvenzverfahrens aufgelöst worden ist, aber nach dem Inhalt des Plans fortgeführt werden soll, bereits vor der Zustimmung der Gläubiger zum Plan einen Beschluß über die Fortsetzung der Gesellschaft fassen (BT-Drucks. 12/2443, a. a.O).

D. Absatz 2

17 § 230 Abs. 2 InsO ist eine Ausprägung des Verbotes von Verträgen zu Lasten Dritter sowie der verfassungsmäßig garantierten negativen Koalitionsfreiheit gemäß Art 9 Abs. 3 GG und steht nicht zur Disposition der Gläubigermehrheit. Dies gilt unabhängig von einem etwaigen wirtschaftlichen Vorteil für den betroffenen Gläubiger.
18 Keinem Gläubiger können gegen seinen Willen Anteils- oder Mitgliedsrechte oder eine Beteiligung anstelle einer Insolvenzdividende aufgedrängt werden (BT-Drucks. 12/2443, S. 203).
19 Durch privatautonome Vereinbarungen können jedoch mit dem Einverständnis der Betroffenen derartige Regelungen jederzeit im Plan aufgenommen werden. Hierbei wird es sich oftmals um die Umwandlung von – meist gesicherten – Forderungen in Anteilsrechte handeln.
20 Die Umwandlung von Forderungen in Anteilsrechte ist eine Maßnahme, die auch für die anderen beteiligten Gläubiger von Interesse ist, so daß auch aus diesem Grunde die zustimmenden Erklärungen dem Plan als Anlage hinzuzufügen sind. Ferner ist dies auch aus Gründen der Rechtssicherheit sowie zu Beweiszwecken erforderlich.

In der Praxis übernehmen gerade bei Großinsolvenzen oftmals Banken oder Beteili- 21
gungsgesellschaften Anteile oder Beteiligungen an Unternehmen, um dadurch Sanierungen zu ermöglichen. Viele Beteiligungsengagements sind somit aus der Not geboren.

E. Absatz 3

§ 230 Abs. 3 InsO normiert das Erfordernis einer schriftlichen Verpflichtungserklärung 22
eines Dritten, der für den Fall der Bestätigung des Plans Verpflichtungen gegenüber den Gläubigern übernommen hat.
Die Gründe dritter Personen, Verpflichtungen hinsichtlich eines Insolvenzplans zu 23
übernehmen, können – wie die Erfahrung der bisherigen Vergleichspraxis zeigt – vielfältig sein.
Vielfach handelt es sich um Verwandte oder Freunde, die dem Schuldner helfen wollen. 24
Sofern der Schuldner keine natürliche Person ist, tritt oftmals die Muttergesellschaft – wenn sie nicht bereits aus konzernrechtlichen Gründen zur Haftungsübernahme verpflichtet war – in Erscheinung, um Verpflichtungen gegenüber den Gläubigern zu übernehmen.
Abs. 3 findet auch Anwendung, wenn ein Dritter, der das Unternehmen fortführen will, 25
die Gläubiger befriedigen soll.
In allen Fällen dient die Erklärung des Dritten dazu, den Gläubigern Informationen über 26
die Absichten des Dritten zukommen zu lassen, um bis zur Abstimmung über den Plan dessen Bonität überprüfen zu können.
Die Schriftform der Erklärung ist weiterhin erforderlich, um, falls der Dritte seiner 27
Verpflichtung nicht ordnungsgemäß nachkommt, ohne Beweisprobleme entsprechende Schritte einzuleiten.
Ferner dient die Schriftform auch dem Schutz des Dritten, der hierdurch nochmals die 28
Tragweite seiner Entscheidung überdenken kann.
Einem Dritten steht es frei, etwa im Erörterungstermin weitergehende Verpflichtungen 29
als die als Anlage schriftlich fixierten gegenüber dem Gläubiger einzugehen. Dies ergibt sich aus § 257 Abs. 2 InsO (BT-Drucks. 12/2443, S. 203).
Falls die Verpflichtungserklärung des Dritten bereits vor Einreichung des Planes vorliegt 30
und der Plan hierauf Bezug nimmt, ist es nicht notwendig, daß der Dritte die Verpflichtungserklärung nochmals ausstellt; vielmehr reicht es aus, wenn die bereits vorliegende Verpflichtungserklärung dem Plan als Anlage beigefügt wird. Die Wirksamkeit der Erklärung ist jedoch vorab zu überprüfen. Bei geringsten Zweifeln ist eine erneute schriftliche Erklärung zu fordern.

§ 231
Zurückweisung des Plans → § 176 KO

(1) Das Insolvenzgericht weist den Insolvenzplan von Amts wegen zurück,
1. **wenn die Vorschriften über das Recht zur Vorlage und den Inhalt des Plans nicht beachtet sind und der Vorlegende den Mangel nicht beheben kann oder innerhalb einer angemessenen, vom Gericht gesetzten Frist nicht behebt,**
2. **wenn ein vom Schuldner vorgelegter Plan offensichtlich keine Aussicht auf Annahme durch die Gläubiger oder auf Bestätigung durch das Gericht hat oder**

3. wenn die Ansprüche, die den Beteiligten nach dem gestaltenden Teil eines vom Schuldner vorgelegten Plans zustehen, offensichtlich nicht erfüllt werden können.

(2) Hatte der Schuldner in dem Insolvenzverfahren bereits einen Plan vorgelegt, der von den Gläubigern abgelehnt, vom Gericht nicht bestätigt oder vom Schuldner nach der öffentlichen Bekanntmachung des Erörterungstermins zurückgezogen worden ist, so hat das Gericht einen neuen Plan des Schuldners zurückzuweisen, wenn der Insolvenzverwalter mit Zustimmung des Gläubigerausschusses, wenn ein solcher bestellt ist, die Zurückweisung beantragt.

(3) Gegen den Beschluß, durch den der Plan zurückgewiesen wird, steht dem Vorlegenden die sofortige Beschwerde zu.

Inhaltsübersicht:

Rz.

A. Zweck der Regelung	1– 3
B. Absatz 1	4–36
I. Abs. 1 Nr. 1	4–21
1. Kontrollumfang	4–17
2. Nachfrist	18–21
II. Abs. 1 Nr. 2 und Nr. 3 InsO	22–36
1. Anwendungsbereich	22
2. Kriterium der Offensichtlichkeit	23–26
3. Abs. 1 Nr. 2 InsO	27–32
4. Abs. 1 Nr. 3 InsO	33–36
C. Absatz 2	37–43
D. Absatz 3	44–45

Literatur:

Burger/Schellberg Der Insolvenzplan im neuen Insolvenzrecht, DB 1994, 1833; *Eidenmüller* Der Insolvenzplan als Vertrag, in Schenk/Schmidtchen/Streit, Jahrbuch für neue politische Ökonomie, Band 15, 1996, 187; *Heidland* Die Rechtsstellung und Aufgaben des Gläubigerausschusses als Organ der Gläubigerselbstverwaltung in der InsO, in Kölner Schrift zur InsO, 1997, 549 ff.; *Smid* Kontrolle der sachgerechten Abgrenzung von Gläubigergruppen im Insolvenzplanverfahren, InVo 1997, 169.

A. Zweck der Regelung

1 § 231 InsO bestimmt, daß ein Plan einem Abstimmungsverfahren gemäß § 235 InsO nur dann zugeführt werden kann, wenn er die Hürde der gerichtlichen Vorprüfung passiert hat.

2 § 231 InsO stellt einen Filter zur Vermeidung der Verfahrensverschleppung durch gesetzwidrige Pläne dar und ist somit gleichzeitig eine Grenze der gesetzlich beabsichtigten Deregulierung des Verfahrens.

3 Jedes Insolvenzverfahren stellt ein regelgeleitetes Verfahren dar, in welchem das Insolvenzgericht sicherzustellen hat, daß die vorgegebenen Verfahrensregeln auch beachtet werden. Dies gilt uneingeschränkt auch für das von privater Initiative getragene Insolvenzplanverfahren (*Eidenmüller* in Schenk/Schmidtchen/Streit, S. 187).

B. Absatz 1

I. Abs. 1 Nr. 1

1. Kontrollumfang

Im Gegensatz zu § 231 Abs. 1 Nr. 2 und Nr. 3 InsO ist die Zurückweisungspflicht des Gerichts im Rahmen des Abs. 1 Nr. 1 – mangels Kriterium der Offensichtlichkeit – nicht auf eine Evidenzkontrolle beschränkt. 4

Das Gericht hat eine Detailprüfung vorzunehmen und darf sich hierbei nicht auf offenkundige Fehler beschränken. 5

Sind Vorschriften über das Recht zur Planvorlage nicht beachtet worden, ist der Plan von Amts wegen zurückzuweisen. Da Pläne gemäß § 218 InsO nur vom Schuldner oder vom Verwalter vorgelegt werden dürfen, ist beispielsweise ein gläubigerseits vorgelegter Plan zurückzuweisen. 6

Eine Zurückweisung eines Plans aus inhaltlichen Gründen hat zu erfolgen, wenn die Normen über die Gliederung des Plans in einen darstellenden und einen gestaltenden Teil nicht eingehalten worden sind, die in § 222 InsO vorgeschriebene Gruppenbildung mißachtet worden ist, die nach §§ 229, 230 InsO geforderten Anlagen fehlen oder Eingriffe in die Rechte der Beteiligten nach §§ 223–225 InsO nicht gesetzeskonform gestaltet sind.

Dem Planvorlegenden steht ein Nachbesserungsrecht zu, soweit der Mangel behoben werden kann. Dies ist beispielsweise nicht der Fall, wenn der Plan aufgrund fehlenden Planinitiativrechts zurückgewiesen werden muß. 7

Ist die Entscheidung des Insolvenzgerichts im Hinblick auf das Recht zur Planvorlage und weiterer zwingender Planinhalte – wie z. B. §§ 219, 220, 221 InsO – noch problemlos möglich, so stellt sich eine Detailprüfung hinsichtlich anderer Vorschriften über den Inhalt des Plans, insbesondere im Hinblick auf die Gruppenbildung – soweit es die Gruppenbildung von Gläubigern mit gleicher Rechtsstellung betrifft – als äußerst schwierig dar. 8

Aufgrund der Tatsache, daß zu den innerhalb des § 231 Abs. 1 Nr. 1 InsO zu beachtenden Vorschriften auch diejenigen über den Planinhalt gehören, muß das Gericht einen Plan zurückweisen, wenn eine sachgerechte Gruppenbildung nicht gegeben ist. Dies ist stets zu bejahen, wenn mehrere Gruppen in einer Gruppe zusammengefaßt werden, die nur scheinbar gleichartige wirtschaftliche Interessen verbindet (vgl. *Burger/Schellberg* DB 1994, 1833 [1835]). Die Beurteilung dieser Frage, d. h. ob nur scheinbar gleichartige wirtschaftliche Interessen vorliegen, fällt im Einzelfall nicht leicht, da vielfältige Differenzierungsgesichtspunkte denkbar sind. 9

Obgleich die Kriterien für eine sachgerechte Abgrenzung der Gruppen im Plan angegeben werden müssen, wird das Gericht vor eine schwierige Aufgabe gestellt, die Abgrenzungskriterien und damit die Gruppenbildung letztlich mitzuverantworten. 10

Das Gericht muß berechtigt sein, einer abusiven, lediglich der Mehrheitsbeschaffung des Planerstellers dienenden Gruppenbildung im Rahmen des § 231 Abs. 1 Nr. 1 InsO entgegenzutreten. 11

Aus diesem Grund ist die Regelung des § 231 Abs. 1 Nr. 1 InsO so zu interpretieren, daß von der Prüfung, ob der Planersteller die »Vorschriften über .... Inhalt des Plans« beachtet hat, auch diejenige, die einen etwaigen Mißbrauch der Gruppenbildung ermöglicht, umfaßt werden (*Smid* InVo 1997, 176). 12

§ 231   *Insolvenzplan*

13 Wäre das Insolvenzgericht im Rahmen seiner Entscheidung gemäß § 231 Abs. 1 Nr. 1 InsO nicht berechtigt, einer mißbräuchlichen Gruppenbildung, die lediglich der Mehrheitsbeschaffung dient, im Planverfahren entgegenzutreten, würde das Planverfahren, welches die Gläubigerrechte stärken soll, weitgehend entwertet werden.

14 Deshalb muß die Norm des § 222 Abs. 2 InsO dahingehend ergänzend ausgelegt werden, daß das Kriterium der sachgerechten Abgrenzung sich nicht nur an feinsinnigen Differenzierungen hinsichtlich Grund und Inhalt der Forderungen oder eines Rechts beweisen muß; vielmehr ist die Frage der sachgerechten Abgrenzung unter dem Postulat der Wahrung der Verfahrensrechte der Gläubiger in ihrer Verbundenheit zu würdigen, so daß das Insolvenzgericht einem Mißbrauch der Gruppenbildung entgegenzutreten hat.

15 Der Ansatz von *Smid*, daß »das Gericht bei Beurteilung der Gruppenbildung das Ensemble von Gläubigergruppen insgesamt daraufhin wertend betrachten müsse, ob die Art der Einteilung in Gruppen geeignet ist, bestimmten Gläubigern die Geltendmachung ihrer verfahrensmäßig zugestandenen Rechte zu erschweren«, ist hierbei ein zur Wahrung der Gläubigerrechte gangbarer Weg (*Smid* InVo 1997, 177).

16 Zeigt sich für das Gericht, daß die Gruppenbildung des Plans darauf ausgelegt ist, einer Mehrheitsverschiebung zu Lasten bestimmter Gläubiger den Weg zu bahnen, hat das Gericht mittels § 231 Abs. 1 Nr. 1 InsO einzuschreiten.

17 Eine Zurückweisung eines Verwalterplans durch das Gericht ist beispielsweise denkbar, wenn dieser den Schuldner in der Frage der Haftung schlechter als die gesetzlichen Vorschriften stellt und der Schuldner deshalb zu Recht seine Zustimmung zum Plan verweigert (BT-Drucks. 12/2443, S. 204).

2. Nachfrist

18 Die Planzurückweisung ist ein gravierender Eingriff in die Rechte des Planerstellers. Dies gilt insbesondere für den Schuldner, da diesem eine erneute Planvorlage gemäß Abs. § 231 Abs. 2 InsO verweigert werden kann.

19 Bei behebbaren Mängeln muß das Gericht dem Vorlegenden – vor Planzurückweisung – daher die Möglichkeit zur Nachbesserung und damit zur Mängelbeseitigung geben.

20 Hierzu ist eine angemessene Frist zu setzen, die je nach Insolvenzfall ca. 2 bis 4 Wochen betragen sollte.

21 Im Einzelfall, d.h. wenn es die Interessen der Gläubigermehrheit erfordern, kann auch eine wesentlich kürzere Fristsetzung indiziert sein. Grund hierfür ist, daß die Vorlage eines beanstandungswürdigen Insolvenzplans keinesfalls das Verfahren verschleppen oder unnötig verzögern darf.

II. Abs. 1 Nr. 2 und Nr. 3 InsO

1. Anwendungsbereich

22 Die Regelungen des § 231 Abs. 1 Nr. 2 und Nr. 3 InsO finden nur Anwendung auf schuldnerseits vorgelegte Pläne.

2. Kriterium der Offensichtlichkeit

23 Im Rahmen des § 231 Abs. 1 Nr. 2 InsO kann das Gericht einen vorgelegten schuldnerischen Plan, der nicht nach § 231 Abs. 1 Nr. 1 InsO zu beanstanden war, nur zurückwei-

Zurückweisung des Plans **§ 231**

sen, wenn dieser offensichtlich keine Aussicht auf Annahme durch die Gläubiger im Abstimmungstermin oder auf Bestätigung durch das Gericht hat. Sinn der Regelung ist es, unnötige Verfahrensverzögerungen zu vermeiden.

Im Rahmen des § 231 Abs. 1 Nr. 3 InsO kann das Gericht einen vorgelegten schuldnerischen Plan, der nicht nach § 231 Abs. 1 Nr. 1 InsO zu beanstanden war, nur zurückweisen, wenn die den Beteiligten ausgelobten Ansprüche offensichtlich nicht erfüllt werden können. 24

Das Gericht hat jedoch gemäß § 231 Abs. 1 Nr. 2 oder Nr. 3 InsO keine Möglichkeit, eine etwaige negative Entscheidung der Gläubiger im Abstimmungstermin vorwegzunehmen. 25

Durch die gesetzliche Beschränkung auf die Evidenzkontrolle ist es dem Gericht nur gestattet, seine Rechtsmacht in offensichtlichen und damit gravierenden Fällen einzusetzen, um damit die Abstimmungshoheit der Gläubigerversammlung bestmöglichst zu wahren. 26

3. Abs. 1 Nr. 2 InsO

Ein Plan hat in der Regel keine Aussicht auf Annahme, wenn er mit dem eindeutig artikulierten Willen der Gläubigerversammlung nicht übereinstimmt. 27

Hat z. B. die Gläubigerversammlung im Berichtstermin die Stillegung eines Unternehmens samt Liquidation der Masse beschlossen, hat ein Fortführungsplan spätestens dann keinen Erfolg mehr, wenn die Betriebsgrundlagen – mangels Aussetzung der Verwertung nach § 233 InsO – nicht mehr vorhanden sind. 28

Der Anwendungsbereich des § 231 Abs. 1 Nr. 2 InsO ist vor allem dann eröffnet, wenn dem Plan zum Vorlagezeitpunkt bei Gericht bereits die tatsächliche Grundlage entzogen wurde. Beispielhaft sei der Verlust einer für den Betrieb unentbehrlichen Lizenz oder eines Patents erwähnt. 29

Das Auseinanderbrechen der Unternehmensstruktur eines Schuldners rechtfertigt die Zurückweisung gemäß § 231 Abs. 1 Nr. 2 InsO, wenn der Plan selbst unverzichtbar auf diese Struktur aufgebaut ist. Dies ist beispielhaft der Fall, wenn ein Fortführungsplan auf der Nutzung einer Lizenz basiert, jedoch bereits feststeht, daß der Lizenzgeber den Lizenzvertrag beendet hat und zur Neuerteilung einer Lizenz nicht gewillt ist. 30

Ein vom Verwalter im Auftrag der Gläubigerversammlung vorgelegter Plan kann wegen evidenter Aussichtslosigkeit nicht zurückgewiesen werden, da § 231 Abs. 1 Nr. 2 und Nr. 3 InsO nur von schuldnerischen Plänen spricht. 31

In Zweifelsfällen, d.h. wenn die Frage der mangelnden Erfolgsaussicht eines Plans seitens des Insolvenzgerichts nicht eindeutig beurteilt werden kann, hat das Gericht die Entscheidung über den Plan im Abstimmungstermin den Gläubigern zu überlassen, um Eingriffe in die planimmanente Gläubigerautonomie auszuschließen. Dies folgt aus dem Kriterium der Offensichtlichkeit. 32

4. Abs. 1 Nr. 3 InsO

§ 231 Abs. 1 Nr. 3 InsO findet vor allem dann Anwendung, wenn sich im Plan Wunschvorstellung und Wirklichkeit so voneinander entfernt haben, daß ein Befassen hiermit den Gläubigern im Interesse des Verfahrensfortgangs nicht zugemutet werden kann. 33

Das Phänomen, daß Schuldner ihre Situation nicht realistisch einschätzen oder Negativentwicklungen verdrängen, ist in der Abwicklungspraxis alltäglich; Gerichte werden sich daher auch mit Schuldnerplänen befassen müssen, die an der wirtschaftlichen 34

Jaffé 1345

§ 231 *Insolvenzplan*

Realität des schuldnerischen Unternehmens schlichtweg vorbeigehen. Aus diesem Grunde sind bei Fortführungsplänen die gemäß §§ 229, 230 InsO geforderten Anlagen von größter Wichtigkeit, damit die vom Schuldner geplanten Maßnahmen auch überprüft werden können.

35 Verspricht der Schuldner z. B. im Plan Leistungen, welche offenkundig nicht erfüllt werden können, weil ausweislich der Vermögensstruktur des Schuldners die wirtschaftlichen Voraussetzungen hierfür nicht gegeben sind, so ist der Plan vom Gericht zurückzuweisen (BT-Drucks. 12/2443, S. 204).

36 Um dem Gericht im Rahmen des § 231 Abs. 1 InsO eine sichere Entscheidungsgrundlage zu geben, ist es noch wichtiger als im bisherigen Recht, daß sich die zur Verfahrenseröffnung führenden gutachterlichen Äußerungen des vorläufigen Insolvenzverwalters durch Exaktheit und Genauigkeit auszeichnen.

C. Absatz 2

37 Aus § 231 Abs. 2 InsO ergibt sich, daß der Schuldner nicht gehindert ist, auch einen zweiten Plan vorzulegen, wenn der erste Plan von den Gläubigern abgelehnt, vom Gericht nicht bestätigt oder vom Schuldner nach der öffentlichen Bekanntmachung des Erörterungstermins zurückgezogen worden ist (*Hess/Obermüller* Die Rechtsstellung der Verfahrensbeteiligten nach der InsO, S. 61, Rz. 323).

38 Das Planinitiativrecht des Schuldners gemäß § 218 InsO ist nicht auf einen einmaligen Versuch begrenzt, so daß der Schuldner durch die Vorlage ständig neuer Pläne das Verfahren verschleppen könnte; durch § 231 Abs. 2 InsO wird ihm insoweit eine Grenze gesetzt.

39 Durch § 231 Abs. 2 InsO werden wiederholte Planinitiativen des Schuldners zwar nicht unterbunden, jedoch können weitere Pläne des Schuldners ohne inhaltliche Prüfung zurückgewiesen werden, wenn der Insolvenzverwalter die Zurückweisung beantragt.

40 Diesem Antrag des Insolvenzverwalters muß ein Gläubigerausschuß – wenn ein solcher bestellt ist – zustimmen. Weder der Antrag des Verwalters noch die Zustimmung des Gläubigerausschusses bedarf hierbei einer Begründung, da der Grund im Eilcharakter des Verfahrens selbst liegt.

41 Die nach Abs. 2 erforderliche Zustimmung des Gläubigerausschusses ist keine Zustimmung zu einer Rechtshandlung, mit welcher gegenüber dritten Personen Außenwirkung erzielt werden soll, wie dies z. B. bei der Stillegung des Unternehmens oder dem Abschluß von Rechtsgeschäften gemäß den Vorgaben des § 160 Abs. 2 InsO der Fall ist, sondern es handelt sich einzig um eine verfahrensinterne Maßnahme in bezug auf das Gericht (*Heidland* in Kölner Schrift zur InsO, S. 570, Rz. 57).

42 § 231 Abs. 2 InsO dient einerseits der Verhinderung einer möglichen Verfahrensverschleppung durch den Schuldner, andererseits verdeutlicht die Norm dem Schuldner, daß er im Regelfall nur eine einzige Chance haben wird, um auf der Grundlage eines eigenen Plans mit seinen Gläubigern eine einvernehmliche Insolvenzbewältigung zu erreichen (BT-Drucks. 12/2443, S. 204).

43 Diese Regelung, die inhaltlich mit § 176 KO korrespondiert, soll damit den Schuldner in gewisser Weise auch disziplinieren.

Stellungnahmen zum Plan § 232

D. Absatz 3

Die Entscheidung, einen vorgelegten Plan von Amts wegen zurückzuweisen, ist ein 44
elementarer Eingriff in die verfahrensrechtliche Rechtsstellung des Planvorlegenden.
Aus diesem Grunde steht dem Vorlegenden die sofortige Beschwerde gegen den Zurück- 45
weisungsbeschluß gemäß §§ 6, 231 Abs. 3 InsO zu (*Hess/Obermüller* S. 61, Rz. 325).

§ 232
Stellungnahmen zum Plan → **§ 177 KO**

(1) Wird der Insolvenzplan nicht zurückgewiesen, so leitet das Insolvenzgericht ihn zur Stellungnahme zu:
1. dem Gläubigerausschuß, wenn ein solcher bestellt ist, dem Betriebsrat und dem Sprecherausschuß der leitenden Angestellten;
2. dem Schuldner, wenn der Insolvenzverwalter den Plan vorgelegt hat;
3. dem Verwalter, wenn der Schuldner den Plan vorgelegt hat.

(2) Das Gericht kann auch der für den Schuldner zuständigen amtlichen Berufsvertretung der Industrie, des Handels, des Handwerks oder der Landwirtschaft oder anderen sachkundigen Stellen Gelegenheit zur Äußerung geben.

(3) Das Gericht bestimmt eine Frist für die Abgabe der Stellungnahmen.

Inhaltsübersicht: Rz.

A. Zweck der Regelung und Regelung im überkommenen Recht 1– 9
B. Abs. 1 Nr. 1 10–30
C. Abs. 1 Nr. 2 und Nr. 3 31–35
D. Absatz 2 36–43
E. Absatz 3 44–53

Literatur:

Hess KO, 1995.

A. Zweck der Regelung und Regelung im überkommenen Recht

Stellungnahmen zum Plan können zweckmäßig und hilfreich sein, weil durch diese neue 1
Gesichtspunkte hinsichtlich des Plans geltend gemacht werden können und als wichtige
Informationsquelle – gerade auch für die zur Abstimmung berufenen Gläubiger – anzusehen sind.
Dem § 232 InsO vergleichbare Regelungen enthielten § 177 KO sowie § 14 VglO. 2
Gemäß § 177 KO mußte das Konkursgericht einen Vergleichsvorschlag dem Gläubige- 3
rausschuß zur gutachterlichen Äußerung über die Annehmbarkeit zuleiten, sofern eine
solche Äußerung nicht schon mit dem Vorschlag oder nachträglich ohne Ersuchen des
Gerichts eingereicht worden war (*Kilger/Karsten Schmidt* KO, § 177 Rz. 1).
Der Gläubigerausschuß hatte sich zu erklären; für den weiteren Fortgang des Verfahrens 4
war es jedoch unerheblich, wenn der Ausschuß den Vorschlag als unannehmbar ansah.

5   Als Folge einer Mißbilligung des Vorschlages war in § 177 Abs. 2 KO lediglich bestimmt, daß ein Widerspruch des Gemeinschuldners gegen die Verwertung der Masse zu berücksichtigen war (*Kilger/Karsten Schmidt* KO, § 177 Rz. 1).
6   In der Vergleichsordnung war gemäß § 14 VglO die Anhörung der Berufsvertretung obligatorisch. Vor der Entscheidung über den Eröffnungsantrag hatte das Gericht die zuständige amtliche Berufsvertretung der Industrie, des Handels, des Handwerks oder der Landwirtschaft zu hören.
7   Die Anhörung war zwingend vorgeschrieben, da dem Gesetzgeber der VglO daran gelegen war, die besondere Sachkunde der Berufsvertretungen für das Verfahren nutzbar zu machen und zugleich eine möglichst einheitliche Sachbehandlung hinsichtlich der wirtschaftlichen Fragen zu gewährleisten (*Bley/Mohrbutter* VglO, § 14 Rz. 3).
8   Nach der VglO war die Anhörung auch dann zwingend, wenn der Schuldner vor Stellung des Vergleichsantrages in einem außergerichtlichen Vergleich seine amtliche Berufsvertretung um eine vermittelnde Tätigkeit zur Herbeiführung einer frei vereinbarten Sanierung gebeten hatte (*Bley/Mohrbutter* VglO, a. a. O.).
9   Somit mußte auch beim Vorliegen einer gutachterlichen Stellungnahme der Berufsvertretung aus Anlaß eines außergerichtlichen Sanierungsversuches das Gericht gemäß § 14 VglO verfahren (*Bley/Mohrbutter* VglO, a. a. O.).

B. Abs. 1 Nr. 1

10 Die Einholung der Stellungnahmen gemäß § 232 Abs. 1 Nr. 1 InsO ist zwingend.
11 Das Gericht hat dem Gläubigerausschuß, wenn ein solcher bestellt ist, dem Betriebsrat und dem Sprecherausschuß der leitenden Angestellten Gelegenheit zur Stellungnahme zum Plan zu geben.
12 Ein Verstoß gegen § 232 Abs. 1 InsO oder dessen Nichtbeachtung stellt einen wesentlichen Verfahrensverstoß dar. Sollte der Mangel nicht geheilt werden können, hat das Gericht die Bestätigung des Plans gemäß § 250 Nr. 1 InsO von Amts wegen zu versagen.
13 Eine unterlassene Aufforderung zur Stellungnahme kann jedoch nachgeholt werden, wobei in diesem Falle die Niederlegung des Plans gemäß § 234 InsO nochmals zu erfolgen hat, damit sich die Beteiligten über den Inhalt des Plans samt eingegangener Stellungnahmen unterrichten können.
14 Ein Nichteingang oder ein nicht fristgemäßer Eingang von Stellungnahmen gemäß Abs. 3. hat, wie der Wortlaut des § 243 InsO »eingegangene Stellungnahmen« verdeutlicht, keinen weiteren Einfluß auf den ordnungsgemäßen Fortgang des Verfahrensablaufes.
15 Das Insolvenzgericht kann unbeschadet fehlender oder verspäteter Stellungnahmen den Erörterungs- und Abstimmungstermin über den Plan ansetzen, um damit eine Entscheidung der Beteiligten über den Insolvenzplan herbeizuführen.
16 Das Verfahren wird durch die fehlenden Stellungnahmen nicht gehemmt und nicht beeinflußt (vgl. *Hess* KO, § 177 Rz. 5). Dies entspricht dem bisherigen Recht des § 177 KO, der ebenfalls den Fortgang des Verfahrens anordnet.
17 Auch nach der KO lag ein Verstoß nur vor, wenn der Gläubigerausschuß keine Gelegenheit zur Stellungnahme hatte, nicht aber, wenn dieser die Möglichkeit zur Stellungnahme nicht wahrnahm oder die entsprechende Frist verstreichen ließ (*Kilger/Karsten Schmidt* KO, § 177 Rz. 1).

Stellungnahmen zum Plan § 232

Im Zusammenhang mit § 232 Abs. 1 InsO ist bedeutsam, daß die Einholung der Stellungnahmen einen anderen Hintergrund als im bisherigen Recht hat. 18

Im Rahmen des § 14 VglO war der Zweck der Anhörung die Unterstützung des Gerichts bei der Prüfung der wirtschaftlichen Seite des Eröffnungsantrages, namentlich hinsichtlich der wirtschaftlichen Würdigkeit des Schuldners sowie der Angemessenheit und Durchführbarkeit des vorgeschlagenen Vergleichs (*Bley/Mohrbutter* VglO, § 14 Rz. 5) 19

Im Rahmen des Planverfahrens geht es jedoch nicht um eine »Würdigkeit« des Schuldners, sondern ausschließlich um wirtschaftliche Zweckmäßigkeitserwägungen, die den Gläubigern bessere Verwertungsoptionen als in der gesetzliche Zwangsliquidation eröffnen sollen. 20

Die Stellungnahmen sind zur Beurteilung der wirtschaftlichen Grundlagen eines Plans hilfreich; das Fehlen von Stellungnahmen oder das Vorliegen von ablehnenden Stellungnahmen hat jedoch keinen Einfluß auf den weiteren Fortgang des Verfahrens, so daß die Entscheidung ausschließlich im Rahmen des Abstimmungstermins herbeigeführt wird. 21

Falls die Stellungnahmen der gemäß Abs. 1 von Amts wegen zu beteiligenden Kreise bereits bei Vorlage des Plans mit vorgelegt werden, kann die Einholung einer erneuten Stellungnahme überflüssig sein, wenn seitens des Gerichts kein Zweifel an deren Richtigkeit besteht. 22

Voraussetzung hierfür ist jedoch, daß die Stellungnahme auf der Grundlage des tatsächlich eingereichten und gemäß § 234 InsO niedergelegten Plans beruht. Im Zweifel hat das Gericht die Stellungnahmen erneut einzuholen. 23

Für den Planvorlegenden, insbesondere, wenn es sich um den Schuldner handelt, stellt sich die Frage, ob es sinnvoll ist, diese Stellungnahmen zum Insolvenzplan bereits im Vorfeld der Planeinreichung einzuholen. 24

In die Überlegung miteinzubeziehen ist, daß die Realisierung eines Insolvenzplans i.d.R. in einem Wettlauf gegen die Zeit entschieden wird, so daß eine Verfahrensbeschleunigung die Chancen auf eine erfolgreiche Planrealisierung steigen läßt. 25

Andererseits ist zu bedenken, daß eventuell negative Stellungnahmen ein Indiz für eine offensichtlich fehlende Aussicht des Plans auf Annahme sein könnten; dadurch könnte das Gericht veranlaßt werden, den Insolvenzplan gemäß § 231 Abs. 1 Nr. 2 InsO von Amts wegen zurückzuweisen. 26

Da jedoch davon auszugehen ist, daß das Gericht die Zurückweisung eines Plans gemäß § 231 Abs. 1 Nr. 2 InsO sehr restriktiv handhaben wird, dürften diese Gefahren für den planerstellenden Schuldner gering sein. 27

Ob der Planvorlegende die Stellungnahmen, insbesondere unter Berücksichtigung der zeitlichen Gegebenheiten, im Vorfeld einholen will, muß dieser im Einzelfall entscheiden. 28

Ist seitens des Planerstellers mit der Unterstützung durch die in § 232 Abs. 1 InsO angesprochenen Beteiligten zu rechnen, sind die im Vorfeld eingeholten Stellungnahmen sinnvoll, da es auf diese Weise noch möglich ist, deren Anregungen und Modifikationen im Vorfeld der Planniederlegung einzuarbeiten. 29

Gerade bei einem schuldnerischen Plan ist es von größter Bedeutung, die nach Nr. 1 angesprochenen Kreise frühzeitig für die Planziele zu gewinnen, um einen etwaigen Widerstand der Gläubiger abzubauen, bevor es zur Abstimmung über den Plan kommt. 30

C. Abs. 1 Nr. 2 und Nr. 3

31 Das Gericht hat dem Schuldner, wenn der Verwalter den Plan vorgelegt hat und umgekehrt dem Verwalter, wenn der Schuldner den Plan vorgelegt hat, den Plan zur Stellungnahme zuzuleiten.
32 Die wechselseitige Stellungnahmemöglichkeit ist eine Konsequenz des Planinitiativrechts gemäß § 218 InsO, welches sowohl dem Schuldner als auch dem Verwalter eröffnet ist.
33 Im Regelfall werden Schuldner und Verwalter über die Planziele des jeweils anderen bereits im Vorfeld der Stellungnahme in Kenntnis sein.
34 Die wechselweise Beteiligung des anderen Planinitiativberechtigten ist auch aus Sicht des Gerichts sinnvoll, da auf diese Weise festgestellt werden kann, ob sich die Planabsichten des jeweiligen Planvorlageberechtigten bereits verdichtet haben; so kann geklärt werden, ob mit der Einreichung konkurrierender Pläne zu rechnen ist bzw. welche Stellung der andere Planinitiativberechtigte gegenüber dem Plan bezieht.
35 Auch im Hinblick auf das Recht des Schuldners, gemäß § 247 InsO, kann er seine Zustimmung zum Plan verweigern. Falls er durch den Plan schlechter als im Fall der gesetzlichen Zerschlagung gestellt würde, ist es für das Gericht nützlich, frühzeitig die Auffassung des Schuldners zu kennen, um sich darauf einstellen zu können, ob die Zustimmungsfiktion des § 247 InsO von Bedeutung wird.

D. Absatz 2

36 Im Gegensatz zu § 14 VglO ist gemäß § 231 Abs. 2 InsO die Anhörung der zuständigen amtlichen Berufsvertretung der Industrie, des Handels, des Handwerks oder der Landwirtschaft für das Gericht nicht mehr verpflichtend.
37 Der Verzicht auf die obligatorische Einholung von Stellungnahmen gemäß § 231 Abs. 2 InsO dient der Verfahrensbeschleunigung.
38 Gemäß § 231 Abs. 2 steht es dem jedoch Gericht frei, diesen oder anderen sachkundigen Stellen Gelegenheit zur Äußerung zu geben.
39 Da im Rahmen des Insolvenzplanverfahrens eine weitaus größere Zahl von Gläubigern als im bisherigen Vergleichs- oder Zwangsvergleichsverfahren eingebunden ist, ist eine bessere Sachaufklärung als bisher zu erwarten, so daß der Gesetzgeber die Äußerung der Gremien gemäß Abs. 2 in das Ermessen des Gerichts stellen konnte.
40 In der Praxis sollte das Insolvenzgericht von einer Anhörung nach Abs. 2 absehen, wenn ihm aufgrund der Erfahrungen mit den jeweiligen Berufsvertretungen bereits bekannt ist, daß Stellungnahmen erhebliche Zeit auf sich warten lassen werden.
41 De facto sind nur sehr wenige amtliche Berufsvertretungen der Industrie, des Handels, des Handwerks oder der Landwirtschaft organisatorisch zur Erteilung von kurzfristigen Stellungnahmen in der Lage.
42 Hinzu kommt, daß gemessen an den bisherigen Vergleichsverfahren weitaus mehr Planverfahren stattfinden werden. Bearbeitungsstaus und damit verbundene Verfahrensverschleppungen werden unausweichlich sein, falls das Gericht die Stellungnahmen einzuholen gedenkt.
43 Aus vorbesagten Gründen dürfte eine Beteiligung der nach § 232 Abs. 2 InsO angesprochenen Kreise nur in seltenen Ausnahmefällen zu empfehlen sein.

E. Absatz 3

Durch die Regelung in § 231 Abs. 3 InsO, wonach das Gericht eine Frist zur Abgabe der Stellungnahmen bestimmt, soll Verfahrensverzögerungen entgegengetreten werden. 44

Im Gegensatz zu der bisherigen Regelung des § 14 VglO ist die Dauer der Frist nicht gesetzlich vorgeschrieben, sondern in das Ermessen des Gerichts gestellt; auf die Erfordernisse des jeweiligen Einzelfalls kann daher durch die Setzung einer angemessenen Frist reagiert werden. 45

In der bisherigen Praxis war es nicht möglich, die seinerzeit in § 14 VglO verankerte Wochenfrist einzuhalten. 46

Von den Berufsvertretungen wurde stets darauf hingewiesen, daß die Frist des § 14 VglO in der Praxis eine Möglichkeit zur angemessenen Reaktion und Stellungnahme nicht ermöglichte (*Böhle-Stamschräder/Kilger* VglO, § 14 Rz. 3). 47

Die angesprochenen Berufsvertretungen waren in der zur Verfügung stehenden Zeit regelmäßig nicht in der Lage, die für die Abgabe der Stellungnahmen notwendigen eigenen Ermittlungen mit der erforderlichen Gründlichkeit durchzuführen und damit zu einem brauchbaren Gutachten zu gelangen (vgl. *Böhle-Stamschräder/Kilger* VglO, § 14 Rz. 3). 48

Wenngleich auch nach der VglO die Wochenfrist keine Ausschlußfrist bedeutete und letztlich keine Präklusion im Verfahren bewirkte, wurden die Verfahrensrechte der Beteiligten durch die kurze gesetzliche Frist unnötig beschränkt. 49

Basierend auf diesen Erfahrungen wurde deshalb entschieden, von gesetzlichen Vorgaben abzusehen und das Gericht im Einzelfall entscheiden zu lassen. 50

Die Erfahrungen im Zusammenhang mit § 14 VglO zeigen, daß die Abgabe einer begründeten gutachterlichen Stellungnahme der entsprechenden Berufsvertretungen eine Zeit von mindestens 3 bis 4 Wochen benötigen wird (vgl. *Bley/Mohrbutter* VglO, § 14 Rz. 8). 51

Im Rahmen des Abs. 3 sollte das Gericht daher i. d. R. eine Frist von 2 bis 4 Wochen gewähren. 52

Bei der Bemessung der Frist sollte bedacht werden, daß die Zustellung und damit der Lauf der Frist nicht mit Eingang des Aufforderungsschreibens beim Adressaten beginnt, sondern gemäß § 8 InsO, § 175 ZPO bereits mit Aufgabe des Schreibens zur Post. 53

§ 233
Aussetzung von Verwertung und Verteilung

¹Soweit die Durchführung eines vorgelegten Insolvenzplans durch die Fortsetzung der Verwertung und Verteilung der Insolvenzmasse gefährdet würde, ordnet das Insolvenzgericht auf Antrag des Schuldners oder des Insolvenzverwalters die Aussetzung der Verwertung und Verteilung an. ²Das Gericht sieht von der Aussetzung ab oder hebt sie auf, soweit mit ihr die Gefahr erheblicher Nachteile für die Masse verbunden ist oder soweit der Verwalter mit Zustimmung des Gläubigerausschusses oder der Gläubigerversammlung die Fortsetzung der Verwertung und Verteilung beantragt.

§ 233 *Insolvenzplan*

Inhaltsübersicht: Rz.

A. Zweck der Regelung 1–10
B. Regelung nach bisherigem Recht 11–16
C. Voraussetzungen (Satz 1) 17–22
    I.   Antrag 17
    II.   Planvorlage 18
    III. Keine Zurückweisung nach § 231 InsO 19
    IV. Gefährdung der Plandurchführung 20
    V.   Anwendung auf Verwalterpläne 21–22
D. Absehen oder Aufhebung der Aussetzung (Satz 2) 23–32
E. Anhang: Die Verwertung unbeweglicher Gegenstände im Hinblick auf ein Insolvenzplanverfahren 33–54
    I.   Vorbemerkung 33–41
    II.   §§ 30 d, 30 e ZVG 42–54
        1. Gesetzestext 42
        2. Übersicht 43–54

Literatur:

Henckel Deregulierung im Insolvenzverfahren, KTS 1989, 477 ff.; *Landfermann* in Gerhardt/Diederichsen/Rimmelsbacher/Costede (Hrsg.) FS für Wolfgang Henkel zum 70. Geburtstag am 21. 04. 1995, 1995, S. 529 ff.; *Obermüller* Auswirkungen der Insolvenzrechtsreform auf Kreditgeschäft und Kreditsicherheiten, WM 1994, 1869 ff.; *ders.* ZBB 1992, 211.

A. Zweck der Regelung

1 Die Aussetzung der Verwertung und Verteilung der Insolvenzmasse durch richterliche Einzelfallanordnung dient der Sicherung der verfahrensrechtlichen Rechtsstellung sowohl des Schuldners als auch der Beteiligten, die in den Entscheidungsprozeß über die Annahme eines vorgelegten Plans durch ihr Teilnahmerecht am Erörterungs- und Abstimmungstermin eingebunden sind.

2 Das Planinitiativrecht des Schuldners als Recht, seinen Gläubigern einen Vorschlag zur einvernehmlichen Bewältigung der Insolvenz vorzulegen, stellt für diesen ein wesentliches Verfahrensrecht dar, welches mit dem bisherigen Recht, einen Vergleich oder Zwangsvergleich zu initiieren, korrespondiert.

3 Dieses Recht des Schuldners würde ausgehöhlt, wenn es dem Insolvenzverwalter stets und ohne Einschränkung möglich wäre, die Verwertung und Verteilung der Insolvenzmasse fortzusetzen, ohne dabei miteinzubeziehen, daß seitens des Schuldners ein Insolvenzplan vorgelegt worden ist (BT-Drucks. 12/2443, S. 204 f.).

4 In der Regel baut ein Plan auf den masseverhafteten Gegenständen und/oder Rechten auf, welche der Inbesitznahme und Verwaltung des Insolvenzverwalters gemäß § 148 Abs. 1 InsO bzw. dessen Verwertungspflicht gemäß § 159 InsO unterliegen.

5 Die Regelung des § 233 InsO dient, wie auch andere vom Gesetzgeber verankerte Normen, z. B. § 158 InsO, § 30 d ZVG, der Zielsetzung, der gläubigerautonomen Insolvenzbewältigung und der Deregulierung des Verfahrens mittels Plan Raum zu geben.

6 Die Regelungen der §§ 233, 158 InsO und § 30 d ZVG sollen den Gläubigern Verfahrensoptionen offenhalten, damit deren Entscheidung über Verfahrensgang und Verfahrensziele nicht vorgegriffen wird (vgl. *Henckel* KTS 1989, 479).

Aussetzung von Verwertung und Verteilung **§ 233**

Ziel ist der Erhalt von Fortführungschancen eines insolventen Unternehmens bis zur 7
möglichen Entscheidung der Beteiligten über den Plan, wobei sich der Anwendungsbereich der Norm vor allem auf die Aussetzung der Verwertung konzentrieren wird.
Die Aussetzung der Verteilung wird in der Praxis kaum eine Rolle spielen, da diese die 8
logische Konsequenz der Verwertung der Masse darstellt und i. d. R. in einem Verfahrensstadium stattfindet, in welchem ein etwaiges Planverfahren nur noch eine theoretische Rolle spielen wird.
Zwar besteht ein Planvorlagerecht bis zum Zeitpunkt der Schlußverteilung, was jedoch 9
nur in Ausnahmefällen von Relevanz sein wird.
Ist die Masse verteilungsreif, setzt dies meist zwingend eine vorhergegangene Zerschla- 10
gung voraus. Hat die Zerschlagung bereits stattgefunden, wird für eine Aussetzung der Verteilung – mangels Regelungsbedarf mittels Plan – kaum mehr ein Bedarf bestehen.

B. Regelung nach bisherigem Recht

Das bisherige Recht regelte die ähnlich gelagerte Problematik, inwieweit ein Zwangs- 11
vergleichsvorschlag des Schuldners im Konkurs zur Aussetzung der Verwertung führt, komplizierter.
Bevor über einen Zwangsvergleichsvorschlag befunden worden ist, durfte der Konkurs- 12
verwalter gemäß § 133 Nr. 1 KO Gegenstände der Konkursmasse grundsätzlich nur mit Zustimmung des Gläubigerausschusses veräußern.
Vor der Beschlußfassung des Gläubigerausschusses hatte der Verwalter den Schuldner 13
zu unterrichten, woraufhin dieser beim Konkursgericht beantragen konnte, die Veräußerung bis zur Entscheidung einer Gläubigerversammlung gemäß § 135 KO vorläufig zu untersagen.
Weiterhin konnte das Gericht gemäß § 160 KO auf Antrag des Schuldners die Ausset- 14
zung einer Abschlagsverteilung anordnen, wenn ein Zwangsvergleichsvorschlag vorgelegt worden ist.
Hatte der Gläubigerausschuß den Vergleichsvorschlag jedoch als nicht annehmbar 15
erklärt, war ein etwaiger Widerspruch des Schuldners gegen die Verwertung gemäß § 177 Abs. 2 KO bedeutungslos und nicht zu berücksichtigen.
Die Vorteile der neuen Regelung liegen darin, daß diese einfacher, schneller und vor 16
allem praxisnäher als das bisherige Recht ist.

C. Voraussetzungen (Satz 1)

I. Antrag

Die Aussetzung der Verwertung und Verteilung erfolgt nicht von Amts wegen, sondern 17
nur auf Antrag des Schuldners oder des Insolvenzverwalters.

II. Planvorlage

Weiterhin muß bereits ein Plan bei Gericht vorgelegt worden sein. Bloße Planabsichten, 18
die noch nicht im einem Planentwurf niedergelegt sind, sind unbeachtlich.

III. Keine Zurückweisung nach § 231 InsO

19 Ein Plan gilt nur dann als vorgelegt i. S. d. § 233 InsO, wenn er nicht von Amts wegen durch das Gericht zurückgewiesen worden ist.

IV. Gefährdung der Plandurchführung

20 Eine Gefährdung der Plandurchführung ist gegeben, wenn die Verwertung und Verteilung auf Gegenstände und/oder Rechte abzielt, die für den Erfolg des Planverfahrens wesentlich sind. Dies wird meist zu bejahen sein.

V. Anwendung auf Verwalterpläne

21 Kein Anlaß für eine besondere Aussetzungsanordnung besteht im Regelfall, wenn der Insolvenzplan vom Verwalter ausgearbeitet wurde.
22 Gemäß § 159 InsO ist die Pflicht des Verwalters zur zügigen Verwertung der Insolvenzmasse den Beschlüssen der Gläubigerversammlung untergeordnet; als Konsequenz dieser gesetzlich verankerten Regelung ist der Verwalter – will er sich nicht schadensersatzpflichtig machen – daher auch ohne eine Anordnung des Gerichts gehalten, die Durchführbarkeit des Plans nicht durch Verwertungs- oder Verteilungshandlungen zu gefährden.

D. Absehen oder Aufhebung der Aussetzung (Satz 2)

23 Die Aussetzung der Verwertung und Verteilung durch richterliche Anordnung birgt die Gefahr einer erheblichen Verzögerung des Insolvenzverfahrens zum Nachteil der Beteiligten in sich, da bis zur Entscheidung über den Plan erhebliche Zeit vergehen kann.
24 Da ein schuldnerischer Plan die formale Hürde des § 231 InsO vielfach nehmen wird, könnte, falls ein schuldnerischer Antrag stets die Aussetzung der Verwertung und Verteilung zur Folge hätte, ein Verfahren bis zum Erörterungs- und Abstimmungstermin weitgehend blockiert werden.
25 Der Schuldner hätte es mittelbar gleichsam in der Hand, den Verfahrensablauf maßgeblich zu stören und – möglicherweise nur zeitlich begrenzt eröffnete – Handlungsoptionen des Verwalters zunichte zu machen. Hierdurch könnten vielfach gerade übertragende Sanierungen, die zumindest den lebensfähigen Kern des schuldnerischen Unternehmens retten könnten, verhindert werden.
26 Um einen möglichen Mißbrauch des Antragsrechts auszuschließen, ist in § 233 Satz 2 InsO normiert, daß das Gericht unter zwei alternativen Voraussetzungen verpflichtet ist, von der Anordnung der Aussetzung der Verwertung oder Verteilung abzusehen oder eine solche Anordnung aufzuheben.
27 Die erste Alternative stellt die Gefahr erheblicher Nachteile für die Masse dar. Hierbei handelt es sich um einen unbestimmten Rechtsbegriff, der sich nicht pauschal definieren läßt, sondern vom jeweiligen Verfahren abhängig ist.
28 Grundsätzlich wird ein erheblicher Nachteil für die Masse dann zu bejahen sein, wenn durch die Aussetzung der Verwertung die Masse geschmälert würde, weil z. B. Übertragungsoptionen zerstört oder sonstige zu einer erheblichen Masseverringerung führenden Konsequenzen ausgelöst werden können.

Aussetzung von Verwertung und Verteilung **§ 233**

Hierzu ist eine richterliche Einzelfallbeurteilung erforderlich, die sich im wesentlichen 29
auf die Berichte und Stellungnahmen des Verwalters stützen wird. Es handelt sich somit um eine Prognoseentscheidung, die erhebliche Unwägbarkeiten enthält.

Diese richterliche Einzelfallabwägung ist überflüssig, wenn aufgrund der zweiten Alter- 30
native durch den Verwalter mit Zustimmung des Gläubigerausschusses oder der unter den Voraussetzungen des § 75 InsO kurzfristig einzuberufenden Gläubigerversammlung die Fortsetzung der Verwertung und Verteilung beantragt wird.

Unter diesen Voraussetzungen soll die Verwertung und Verteilung ungestört weiterge- 31
führt werden. Sind der Verwalter und die Organe der Gläubiger übereinstimmend der Auffassung, daß die Verwertung und die Verteilung nicht länger aufgeschoben werden soll, besteht für das Gericht kein Grund, dieser Auffassung nicht zu folgen; die Regelung des § 233 Satz 2 InsO korrespondiert inhaltlich mit § 231 Abs. 1 Nr. 2 InsO.

Stimmen Verwalter und Gläubiger übereinstimmend für die Weiterführung der Verwer- 32
tung und Verteilung, ist dokumentiert, daß der Plan des Schuldners aussichtslos ist und die nach § 233 Satz 1 InsO angeordneten Beschränkungen daher zu unterlassen oder aufzuheben sind; in diesem Falle hat der Verwalter seiner nach § 159 InsO bestehenden Verpflichtung der Masseverwertung nachzukommen.

E. Anhang: Die Verwertung unbeweglicher Gegenstände im Hinblick auf ein Insolvenzplanverfahren

I. Vorbemerkung

Die Verwertung und Verwertbarkeit von unbeweglichen Gegenständen eines schuldne- 33
rischen Unternehmens ist von wesentlicher Bedeutung für den Ausgang des Insolvenzplanverfahrens, da ein Plan ohne Einbeziehung der unbeweglichen Gegenstände oftmals nicht realisiert werden könnte.

Wäre es möglich, unbewegliche Gegenstände ohne jegliche Rücksichtnahme auf ein 34
beabsichtigtes Planverfahren im Rahmen eines Zwangsversteigerungsverfahrens der Verwertung zuzuführen, würde dem Planverfahren oft die Grundlage entzogen werden.

Da die Verwertung von einem Absonderungsrecht unterliegenden Gegenständen nicht 35
mehr alleine dem Gläubiger obliegt, ist es sinnvoll, daß die Verwertung von Liegenschaften und die Vereinnahmung des Erlöses bis zur Höhe seiner Forderung für einen dinglich berechtigen Gläubiger ohne Rücksichtnahme auf die Interessen der übrigen Gläubiger nicht mehr möglich sein soll.

Wenngleich auch nach früherem Recht die Zwangsversteigerung mit Rücksicht auf die 36
Bedürfnisse des Insolvenzverfahrens eingestellt werden konnte, bieten die neuen Regelungen erhebliche Möglichkeiten zur Stärkung des Insolvenzplanverfahrens (vgl. *Landfermann* in Gerhardt/Diederichsen/Rimmelsbacher/Costede, FS für Wolfgang Henkel, S. 529).

Um die Zuständigkeit des Insolvenzgerichts auch auf die einstweilige Einstellung der 37
Zwangsversteigerung zu erstrecken, war noch im RegE vorgesehen, die Einstellung der Zwangsversteigerung, die bisher in § 30c ZVG und § 775 Nr. 2 ZPO geregelt war, innerhalb der InsO zu verankern.

In den §§ 187–190, 277 Abs. 2 RegEInsO war vorgesehen, daß die Verantwortlichkeit 38
für die einstweilige Einstellung des Zwangsversteigerungsverfahrens aufgrund eines Insolvenzverfahrens in Abweichung zum bisherigen Recht der Zuständigkeit des Insolvenzgerichts zugeordnet werden sollte.

§ 233   *Insolvenzplan*

39 Dieser Vorschlag des RegE wurde nicht umgesetzt. Der Gesetzgeber entschied sich in Übereinstimmung mit dem bisherigen Recht dafür, es bei den Grundgedanken des § 30 c ZVG zu belassen und die Frage der einstweiligen Einstellung innerhalb des Gesetzes über die Zwangsversteigerung und Zwangsverwaltung zu regeln.

40 Um eine Anpassung an die InsO vorzunehmen, wurden die neuen §§ 30c bis 30f ZVG eingeführt, welche über Verweisungen auf die §§ 162 und 171a ZVG auch für die Zwangsversteigerung von Schiffen und Luftfahrzeugen maßgeblich sind.

41 Die für das Insolvenzplanverfahren maßgebliche Vorschrift findet sich in § 30d ZVG. Diese lautet wie folgt:

II. §§ 30d, 30e ZVG

1. Gesetzestext

§ 30 d

42 (1) Ist über das Vermögen des Schuldners ein Insolvenzverfahren eröffnet, so ist auf Antrag des Insolvenzverwalters die Zwangsversteigerung einstweilen einzustellen, wenn:
1. im Insolvenzverfahren der Berichtstermin nach § 29 Abs. 1 Nr. 1 der Insolvenzordnung noch bevorsteht,
2. das Grundstück nach dem Ergebnis des Berichtstermins nach § 29 Abs. 1 Nr. 1 der Insolvenzordnung im Insolvenzverfahren für eine Fortführung des Unternehmens oder für die Vorbereitung der Veräußerung eines Betriebs oder einer anderen Gesamtheit von Gegenständen benötigt wird,
3. durch die Versteigerung die Durchführung eines vorgelegten Insolvenzplans gefährdet würde oder
4. in sonstiger Weise durch die Versteigerung die angemessene Verwertung der Insolvenzmasse wesentlich erschwert würde.

Der Antrag ist abzulehnen, wenn die einstweilige Einstellung dem Gläubiger unter Berücksichtigung seiner wirtschaftlichen Verhältnisse nicht zuzumuten ist.
(2) Hat der Schuldner einen Insolvenzplan vorgelegt und ist dieser nicht nach § 231 der Insolvenzordnung zurückgewiesen worden, so ist die Zwangsversteigerung auf Antrag des Schuldners unter den Voraussetzungen des Absatzes 1 Satz 1 Nr. 3, Satz 2 einstweilen einzustellen.
(3) § 30b Abs. 2 bis 4 gilt entsprechend mit der Maßgabe, daß an die Stelle des Schuldners der Insolvenzverwalter tritt, wenn dieser den Antrag gestellt hat, und daß die Zwangsversteigerung eingestellt wird, wenn die Voraussetzungen für die Einstellung glaubhaft gemacht sind.
(4) Ist vor der Eröffnung des Insolvenzverfahrens ein vorläufiger Verwalter bestellt, so ist auf dessen Antrag die Zwangsversteigerung einstweilen einzustellen, wenn glaubhaft gemacht wird, daß die einstweilige Einstellung zur Verhütung nachteiliger Veränderungen in der Vermögenslage des Schuldners erforderlich ist.

§ 30 e

(1) Die einstweilige Einstellung ist mit der Auflage anzuordnen, daß dem betreibenden Gläubiger für die Zeit nach dem Berichtstermin nach § 29 Abs. 1 Nr. 1 der Insolvenzordnung laufend die geschuldeten Zinsen binnen zwei Wochen nach Eintritt der Fälligkeit aus der Insolvenzmasse gezahlt werden. Ist das Versteigerungsverfahren schon vor der Eröffnung des Insolvenzverfahrens nach § 30d Abs. 4 einstweilen eingestellt worden, so ist die Zahlung von Zinsen spätestens von dem Zeitpunkt an anzuordnen, der drei Monate nach der ersten einstweiligen Einstellung liegt.
(2) Wird das Grundstück für die Insolvenzmasse genutzt, so ordnet das Gericht auf Antrag des betreibenden Gläubigers weiter die Auflage an, daß der entstehende Wertverlust von der

Aussetzung von Verwertung und Verteilung **§ 233**

Einstellung des Versteigerungsverfahrens an durch laufende Zahlungen aus der Insolvenzmasse an den Gläubiger auszugleichen ist.
(3) Die Absätze 1 und 2 gelten nicht, soweit nach der Höhe der Forderung sowie dem Wert und der sonstigen Belastung des Grundstücks nicht mit einer Befriedigung des Gläubigers aus dem Versteigerungserlös zu rechnen ist.

2. Übersicht

Der neue § 30d ZVG übernimmt unter Anpassung an die Systematik des Gesetzes über 43 die Zwangsversteigerung und die Zwangsverwaltung in den Absätzen 1 und 2 die wesentlichen Regelungen des § 187 RegEInsO (vgl. BegrRegE, Anm. zu Art. 20 EG InsO, in *Balz/Landfermann* Die neuen Insolvenzgesetze, S. 509).

In Absatz 3 wird für die Rechtsmittel auf § 30b Abs. 3 verwiesen, der die weitere 44 Beschwerde ausschließt.

Der ebenfalls in Bezug genommene § 30b Abs. 2 Satz 3 ZVG wird dahin modifiziert, 45 daß die Einstellung erfolgt, wenn ihre Voraussetzungen glaubhaft gemacht werden (vgl. BegrRegE, Anm. zu Art. 20 EG InsO, in *Balz/Landfermann*, a.a.O., S. 509).

Durch die Regelung des § 30d wird es in Zukunft möglich sein, auf die Verfahrensziele 46 des Insolvenzverfahrens durch eine einstweilige Einstellung der Zwangsversteigerung Rücksicht zu nehmen.

In der Praxis wird es dabei kaum Probleme bereiten, darzulegen, daß die Zwangsverstei- 47 gerung eines Betriebsgrundstücks die Durchführung eines vorgelegten Insolvenzplans gefährdet.

Nur wenn ein Insolvenzplan selbst zum Ausdruck bringt, daß ein in der Versteigerung 48 befangenes Grundstück im Planverfahren nicht benötigt wird, besteht kein Anlaß für eine einstweilige Einstellung des Zwangsversteigerungsverfahrens.

Auch der Schuldner kann nach § 30d Abs. 2 ZVG – falls er einen Insolvenzplan 49 vorgelegt hat und dieser nicht von Amts wegen durch das Insolvenzgericht nach § 231 InsO zurückgewiesen worden ist – die einstweilige Einstellung beantragen.

Im Zusammenhang mit einem Antrag auf einstweilige Einstellung ist zu beachten, daß 50 der den betroffenen Gläubigern nach § 30e ZVG zugestandene Nachteilsausgleich keine Bedeutung erlangt, wenn der Gläubiger Inhaber einer sogenannten »Schornsteinhypothek« ist, d.h. der gesicherte Gläubiger aus der Sicherheit wegen seines Nachrangs ohnehin nicht befriedigt worden wäre (*Obermüller* ZBB 1992, 211).

Ist das Grundpfandrecht vom Wert des Grundstücks nur teilweise gedeckt, sind Zinsen 51 nur auf diesen Teil zu entrichten (*Obermüller* ZBB 1992, a.a.O.).

Bezüglich der Zwangsverwaltung gelten die Ausführungen zur Zwangsversteigerung 52 entsprechend.

Inhaltlich entsprechen die neuen §§ 153b und 153c ZVG im wesentlichen dem § 190 53 RegEInsO, wobei auf das Rechtsmittel der sofortigen Beschwerde gegen die einstweilige Einstellung, wie noch in § 190 Abs. 3 Satz 2 RegEInsO vorgesehen, zur Entlastung der Gerichte und mit Rücksicht auf den Schutz der Gläubiger durch laufende Zahlungen aus der Insolvenzmasse gemäß § 153b Abs. 2 ZVG verzichtet wurde (vgl. BegrRegE, Anm. zu Art. 20 EG InsO, in *Balz/Landfermann*, a.a.O., S. 510).

Alles in allem ist das Verwertungsrecht in bezug auf Immobiliarvermögen zugunsten des 54 Insolvenzverfahrens erheblich eingeschränkt worden, was den jeweiligen Planaussichten förderlich sein wird (*Obermüller* WM 1994, 1869ff.).

§ 234
Niederlegung des Plans → § 178 KO

Der Insolvenzplan ist mit seinen Anlagen und den eingegangenen Stellungnahmen in der Geschäftsstelle zur Einsicht der Beteiligten niederzulegen.

Inhaltsübersicht: Rz.

A. Zweck der Regelung 1– 3
B. Weitergehende Information 4– 5
C. Zeitpunkt der Niederlegung 6
D. Umfang des Einsichtsrechts 7–14

Literatur:

Cowans Bankrupty Law and Practice, 1987, 339; *Frey/McConnico/Frey* An Introduction to Bankrupty Law, 1990, 493; *Seiffert/Hömig* Grundgesetz, 1991.

A. Zweck der Regelung

1   § 234 InsO ermöglicht es den Verfahrensbeteiligten in Übereinstimmung mit dem früheren Recht, sich vor dem Erörterungs- und Abstimmungstermin über den vollständigen Plan samt Anlagen und eingegangenen Stellungnahmen zu informieren (*Haarmeyer/Wutzke/Förster* Hdb. zur InsO, S. 688, Rz. 3).

2   Der Urkundsbeamte fertigt über die Niederlegung einen Niederlegungsvermerk (*Kuhn/Uhlenbruck* KO, § 151 Rz. 59).

3   Im Anschluß daran steht der Plan den Beteiligten zur Einsichtnahme zur Verfügung, damit sie gegebenenfalls Einwendungen für den Erörterungstermin vorbereiten können (vgl. *RG* RGZ 154, 291, [298]).

B. Weitergehende Information

4   Da nach § 235 Abs. 3 Satz 2 InsO den Insolvenzgläubigern, die Forderungen angemeldet haben, den absonderungsberechtigten Gläubigern, dem Insolvenzverwalter, wenn der Schuldner den Plan erstellt hat bzw. dem Schuldner, wenn der Insolvenzverwalter den Plan erstellt hat, dem Betriebsrat sowie dem Sprecherausschuß der leitenden Angestellten mit der Ladung zum Erörterungs- und Abstimmungstermin ein Abdruck des Plans oder eine Zusammenfassung dessen wesentlichen Inhalts zu übersenden ist, haben die Beteiligten zusätzlich zur Niederlegung des Plans die Möglichkeit, sich über den Plan zu informieren.

5   Die Regelung ähnelt dem im amerikanischen Insolvenzrecht gemäß § 1125 BC zwingend erforderlichen »disclosure statement«, welches den Gläubigern die Möglichkeit gibt, sich umfassend über den Plan zu informieren, indem sie den Reorganisationsplan oder zumindest eine Zusammenfassung des Plans übersandt erhalten (*Frey/McConnico/Frey* a.a.O., S. 493; *Cowans* a.a.O., S. 339).

Erörterungs- und Abstimmungstermin § 235

C. Zeitpunkt der Niederlegung

Der Insolvenzplan ist spätestens bei Anberaumung des Erörterungs- und Abstimmungstermins niederzulegen, da gemäß § 235 Abs. 2 InsO im Rahmen der öffentlichen Bekanntmachung auf die Einsichtnahme hinzuweisen ist. **6**

D. Umfang des Einsichtsrechts

Die Einsicht in den niedergelegten Plan samt Anlagen ist allen Verfahrensbeteiligten, insbesondere den Gläubigern, den Gesellschaftern des Schuldners und den Arbeitnehmern, gestattet. **7**

Zwischen der Niederlegung und dem gerichtlichen Erörterungstermin muß eine angemessene Zeit zur Einsichtnahme zur Verfügung stehen. **8**

Im Gegensatz zu dem Leitsatz 2.2.1.1. des Ersten Berichts der Kommission für Insolvenzrecht ist in der InsO nicht mehr geregelt, daß Teile des Plans unter gewissen Voraussetzungen von der Einsicht auszunehmen sind. **9**

Die Regelung des § 120 Abs. 2 VglO, die in der KO und GesO analog angewandt wurde, um im Einzelfall Einsichtsrechte zu verweigern, ist im Rahmen des Planverfahrens in vergleichbarer Weise nicht mehr normiert; dies bedeutet jedoch nicht, daß sämtliche Informationen an alle Beteiligten des Planverfahrens preiszugeben und Geschäftsgeheimnisse zu offenbaren sind. **10**

Wäre dies der Fall und bestünde durch die Teilnahme am Planverfahren die Möglichkeit zur Ausforschung geheimen Know-hows oder sonstiger immaterieller Schutzrechte, könnten Planziele und damit eine bestmögliche Befriedigung der Gläubiger gefährdet werden, da wertvolles geistiges Eigentum eines schuldnerischen Unternehmens durch die Preisgabe vielfach wertlos würde. **11**

Konkurrenten des betroffenen insolventen Unternehmens könnten auf diese Weise durch die Teilnahme an einem Planverfahren verfahrensfremde Vorteile erlangen. Dies war vom Gesetzgeber sicherlich nicht gewollt. **12**

Das Recht zur partiellen Einsichtsverweigerung ist daher – auch unter Würdigung der Rechtsprechung des Bundesverfassungsgerichts zur Frage der informationellen Selbstbestimmung – als ein allgemeiner Rechtsgedanke zu sehen, der keine ausdrückliche gesetzliche Regelung benötigt, um weiterhin angewandt zu werden (vgl. BVerfGE 65, 41 ff.; *Seiffert/Hömig* Grundgesetz, S. 39, Rz. 13). **13**

Die Regelung des § 299 ZPO, die über § 4 InsO auch im Rahmen des Insolvenzplanverfahrens Anwendung findet, ermöglicht die Beschneidung von Einsichtsrechten im Bedarfsfalle. **14**

Zweiter Abschnitt
Annahme und Bestätigung des Plans

§ 235
Erörterungs- und Abstimmungstermin → § 179 KO

(1) ¹Das Insolvenzgericht bestimmt einen Termin, in dem der Insolvenzplan und das Stimmrecht der Gläubiger erörtert werden und anschließend über den Plan

§ 235

abgestimmt wird (Erörterungs- und Abstimmungstermin). ²Der Termin soll nicht über einen Monat hinaus angesetzt werden.
(2) ¹Der Erörterungs- und Abstimmungstermin ist öffentlich bekanntzumachen. ²Dabei ist darauf hinzuweisen, daß der Plan und die eingegangenen Stellungnahmen in der Geschäftsstelle eingesehen werden können.
(3) ¹Die Insolvenzgläubiger, die Forderungen angemeldet haben, die absonderungsberechtigten Gläubiger, der Insolvenzverwalter, der Schuldner, der Betriebsrat und der Sprecherausschuß der leitenden Angestellten sind besonders zu laden. ²Mit der Ladung ist ein Abdruck des Plans oder eine Zusammenfassung seines wesentlichen Inhalts, die der Vorlegende auf Aufforderung einzureichen hat, zu übersenden.

Inhaltsübersicht:

	Rz.
A. Absatz 1 Satz 1	1–39
I. Allgemeines	1– 4
II. Regelung nach bisherigem Recht	5–11
III. Reformvorstellungen und gesetzliche Regelung	12–17
IV. Erörterungstermin	18–37
1. Zweck	18–28
2. Inhalt	29–30
3. Ablauf	31–37
a) Allgemeines	31–32
b) Gang und Inhalt	33–36
c) Verlesung des Plans	37
V. Abstimmungstermin	38–39
B. Absatz 1 Satz 2	40–43
C. Absatz 2	44–48
D. Absatz 3	49–67
I. Ladung der Beteiligten	49–52
II. Weitergehende Information	53–67

Literatur:

Bundesministerium der Justiz (Hrsg.), Erster Bericht der Kommission für Insolvenzrecht, 1985, S. 182; *Uhlenbruck* Die Konkurs- und Vergleichsvollmacht nach der Vereinfachungsnovelle, MDR 1978, 8 ff.

A. Absatz 1 Satz 1

I. Allgemeines

1 Im Rahmen des Entscheidungsverfahrens über die Annahme oder Ablehnung des Plans bzw. eines von mehreren zur Abstimmung gestellten Plänen ist zwischen dem Erörterungs- und dem Abstimmungstermin zu unterscheiden (*Bundesministerium der Justiz* (Hrsg.), a. a. O., S. 182). De facto handelt es sich jeweils um besondere Gläubigerversammlungen.

Erörterungs- und Abstimmungstermin § 235

Hieran ändert auch die Tatsache nichts, daß beide Termine zur Straffung des Entscheidungsverfahrens in Abweichung zum RegE im Regelfall innerhalb eines einheitlichen Termines abgehalten werden. 2

Inhaltlich stellt der Erörterungs- und Abstimmungstermin die Phase des Planverfahrens dar, in welcher die Entscheidung der Beteiligten über den oder die zur Abstimmung gestellten Pläne herbeigeführt wird und sich damit – vorbehaltlich der richterlichen Bestätigung als Akt staatlicher Fürsorge – die Weiche für den weiteren Fortgang des Verfahrens stellt. 3

In diesem Verfahrensabschnitt zeigt sich, ob die Planvorstellungen des/der Planersteller(s) die mehrheitliche Akzeptanz der entscheidungsberechtigten Gläubiger finden kann. 4

II. Regelung nach bisherigem Recht

Gemäß § 66 VglO wurde im überkommenen Vergleichsverfahren im Vergleichstermin, welcher der Verhandlung und Abstimmung über den Vergleichsvorschlag diente, eine Entscheidung durch die stimmberechtigten Gläubiger herbeigeführt. 5

Vergleichstermin war der vom Vergleichsgericht zur mündlichen Verhandlung und Abstimmung über den Plan anberaumte und geleitete Termin (*Bley/Mohrbutter* VglO, § 66 Rz. 1). 6

Nach der VglO hatte der Vergleichstermin auch dann stattzufinden, wenn das Gericht aufgrund eingegangener schriftlicher Stellungnahmen zum Vergleichsvorschlag bereits überzeugt war, daß die nach § 74 VglO erforderlichen Mehrheiten zur Annahme des Vergleichs nicht erzielt werden konnten (*Bley/Mohrbutter VglO*, § 66 Rz. 2). Im Vergleichstermin war der Vergleichsvorschlag wörtlich zu verlesen (*Böhle-Stamschräder/Kilger* VglO, § 66 Rz. 1). 7

In der Konkurs- und auch in der Gesamtvollstreckungsordnung war gemäß §§ 179, 182 KO bzw. § 16 Abs. 4 GesO über den Zwangsvergleich ebenfalls innerhalb eines einzigen Termins zu verhandeln und abzustimmen (vgl. *Kuhn/Uhlenbruck* KO, § 179 Rz. 1; *Haarmeyer/Wutzke/Förster* GesO, § 16 Rz. 8). 8

Der Zwangsvergleich konnte nur innerhalb des Vergleichstermins zustande kommen (*RG* RGZ 122, 365). 9

Spätere Erklärungen waren nur dann von Bedeutung, wenn sie im Termin ausdrücklich als Bedingung des Vergleichs geäußert worden waren (*Kilger/Karsten Schmidt* KO, § 179 Rz. 1). 10

Das wirksame Zustandekommen eines Zwangsvergleichs erforderte die Anwesenheit einer zur Vergleichsannahme erforderlichen Zahl von Konkursgläubigern oder deren Vertreter (*Kilger/Karsten Schmidt* KO, § 179 Rz. 1). 11

III. Reformvorstellungen und gesetzliche Regelung

Nach den Vorstellungen des RegE sollten der Erörterungs- und Abstimmungstermin in Abweichung vom bisherigen Recht in zwei gesonderte Termine aufgeteilt werden (BT-Drucks. 12/2443, S. 205). 12

Grund für die beabsichtigte Aufteilung der Termine war die Vorstellung, den Beteiligten im Zeitraum zwischen Erörterung und Abstimmung die Möglichkeit zu weiteren Überlegungen und Beratungen zu eröffnen (BT-Drucks. 12/2443, S. 206). 13

§ 235 *Insolvenzplan*

14 Um einen unnötigen Zeitverlust zu vermeiden, sah § 286 RegEInsO vor, daß auf einen gesonderten Abstimmungstermin verzichtet werden sollte und Erörterungs- und Abstimmungstermin zu verbinden seien, falls die Überschaubarkeit der schuldnerischen Vermögensverhältnisse, die Zahl der Gläubiger oder die geringe Höhe der Verbindlichkeiten eine Zusammenlegung der Termine als vertretbar erscheinen läßt.

15 Die Verbindung der Termine wurde dabei gerade bei Kleininsolvenzen als wünschenswert angesehen, um das Verfahren nicht unnötig zu verzögern (BT-Drucks. 12/2443, S. 207).

16 Die Verbindung des Erörterungs- und Abstimmungstermins gemäß § 235 Abs. 1 InsO – in Abweichung von § 286 RegEInsO – ist aus Sicht der dringend erforderlichen größtmöglichen Beschleunigung des Insolvenzplanverfahrens zu begrüßen.

17 Obwohl die Insolvenzgerichte von der in § 286 RegEInsO vorgesehenen Verbindungsmöglichkeit der Termine zur Verfahrensbeschleunigung sicherlich großzügig Gebrauch gemacht hätten, ist es doch sinnvoller, daß gemäß dem Beschluß des Rechtsausschusses in Umkehrung des Regel-Ausnahmeverhältnisses Erörterungs- und Abstimmungstermin gesetzlich in einem Termin zusammengefaßt sind und nur in Ausnahmefällen ein gesonderter Abstimmungstermin gemäß § 241 InsO abzuhalten ist.

IV. Erörterungstermin

1. Zweck

18 Im Erörterungstermin sollen die Grundlagen für die endgültige Entscheidung der Beteiligten geschaffen werden (BT-Drucks. 12/2443, S. 205–207).

19 Die Beteiligten haben die Möglichkeit, Erläuterungen, Auskünfte und weitergehende Informationen zu erlangen, um sich für oder gegen eine vom Gesetz abweichende Insolvenzbewältigung mittels Plan entscheiden zu können (*Bundesministerium der Justiz* (Hrsg.), a.a.O., S. 177).

20 Im Erörterungstermin werden die inhaltlichen Regelungen und die Auswirkungen des Plans erläutert und darüber verhandelt; weiterhin können Änderungs- und/oder Ergänzungsvorschläge diskutiert werden, um Einwände zu zerstreuen und erforderliche Mehrheiten für den Plan oder einen der vorgestellten Pläne zu erreichen.

21 Die Mehrheitsfähigkeit des vorgestellten Plans oder eines der vorgestellten Pläne ist ein zentrales Ziel des Erörterungstermins, wobei Änderungen dazu führen können, daß ein geänderter Plan – gemäß § 240 InsO möglicherweise noch im selben Termin – zur Abstimmung gebracht wird (*Bundesministerium der Justiz* (Hrsg.), a.a.O., S. 177).

22 Der Erörterungstermin bereitet die im Regelfall unmittelbar nachfolgende Abstimmung über den oder die Pläne vor.

23 In der Praxis wird das Geschick des Planerstellers, insbesondere des Verwalters, darin liegen, seinen Plan möglichst zügig aus der Erörterungsphase in die Abstimmungsphase überzuleiten.

24 Es besteht ansonsten die Gefahr, daß ein Plan im Erörterungstermin »zerredet« wird, wenn es der Planverfasser im Vorfeld des Termins nicht verstanden hat, die wesentlichen Planinhalte mit den Beteiligten derart zu erörtern, daß zügig abgestimmt werden kann. Der Erörterungstermin kann – ohne stringente Planung – unverhofft eine unkalkulierbare Eigendynamik entfalten, so daß an sich aussichtsreiche Pläne scheitern können. Dies war auch eines der Grundübel des Vergleichstermins nach überkommenem Recht.

Erörterungs- und Abstimmungstermin § 235

Im Erörterungstermin können unterschiedlichste Diskussionen entfacht werden, die das Abstimmungsverfahren beeinflussen; insbesondere kann die vom Planersteller vorgenommene Gruppenbildung kritisch werden, so daß die vom Planersteller eingeteilten Gruppen für das Abstimmungsverfahren nicht mehr durchgesetzt werden können. 25

In diesem Falle wird das Insolvenzgericht die Situation nur durch eine Vertagung des Erörterungstermins deeskalieren können. Was seitens des Insolvenzgerichts erhebliches Einfühlungsvermögen erfordert. 26

Für den Planersteller wird es in weitaus größerem Maße als in der bisherigen Praxis der Terminvorbereitung erforderlich sein, die Beteiligten für seine Zielsetzungen durch Einzelgespräche im Vorfeld des Erörterungstermins zu gewinnen. 27

Eine Wahrnehmung des Erörterungstermins durch den Planersteller ohne entsprechende Vorbereitung ist nicht erfolgversprechend, insbesondere da die Regelung des § 240 InsO kein Instrument für wesentliche Planmodifikationen darstellt, um dadurch im Erörterungstermin Vorbereitungsmängel zu kompensieren. 28

2. Inhalt

Im Erörterungstermin werden der Plan und das Stimmrecht der Gläubiger erörtert. 29

Existieren mehrere Pläne, wird die Erörterung eine erhebliche Zeit beanspruchen, da die Pläne nicht nur vorgestellt und diskutiert, sondern auch inhaltlich verglichen werden müssen. 30

3. Ablauf

a) Allgemeines

Der Erörterungstermin findet entsprechend den allgemeinen Verfahrensregeln der Gläubigerversammlung und in Form einer vorbehaltlosen Aussprache statt (*Haarmeyer/Wutzke/Förster* Hdb. zur InsO, S. 670, Rz. 10). 31

Alle Gläubiger, die Forderungen angemeldet haben, können bei der Aussprache über den Plan teilnehmen, ohne dabei an ihr Stimmrecht nach §§ 237, 238 InsO gebunden zu sein (*Haarmeyer/Wutzke/Förster* a.a.O.). 32

b) Gang und Inhalt

Nach dem Aufruf der Sache gemäß § 220 Abs. 1 ZPO hat das Gericht zunächst die anwesenden Beteiligten und die Anwesenheitsbefugnisse erschienener Nichtbeteiligter festzustellen. 33

Die Vertretungsmacht etwaiger gesetzlicher oder gewillkürter Vertreter ist zu prüfen. Vollmachtsurkunden sind zu den gerichtlichen Akten zu nehmen. 34

Bei anwaltlicher Vertretung gilt dies aufgrund der Regelung des § 88 Abs. 2 ZPO jedoch nur, wenn der Mangel der Vollmacht gerügt worden ist (*Uhlenbruck* MDR 1978, 8 f.; *Bley/Mohrbutter* VglO, § 66 Rz. 4). 35

In diesem Zusammenhang ist anzufügen, daß diese Regelung in der Praxis vielfach wesentlich strenger gehandhabt wird, so daß die Vorlage einer verfahrensbezogenen Vollmacht stets zu empfehlen ist. 36

c) Verlesung des Plans

37 Der oder die Planvorschläge sind den Beteiligten zu verlesen (vgl. *Bley/Mohrbutter* VglO, § 66 Rz. 4).

V. Abstimmungstermin

38 Im Abstimmungstermin wird durch die stimmberechtigten Beteiligten über den Plan bzw. die Pläne abgestimmt.

39 Läßt sich im Vorfeld der Terminanberaumung bereits erkennen, daß der Plan nicht in einem Termin erörtert und verabschiedet werden kann, weil Art und Umfang des Plans dies nicht zulassen, ist es sinnvoll, wenn das Gericht von Anfang an zwei getrennte Termine nach §§ 235, 241 InsO anberaumt, um damit auch die Möglichkeit der schriftlichen Abstimmung zu eröffnen (*Haarmeyer/Wutzke/Förster* Hdb. zur InsO, S. 671, Rz. 12).

B. Absatz 1 Satz 2

40 Der Erörterungs- und Abstimmungstermin soll gemäß § 235 Abs. 1 Satz 2 InsO nicht über einen Monat über den Zeitraum hinaus anberaumt werden, zu dem die öffentliche Bekanntmachung gemäß § 235 Abs. 2 Satz 1 InsO als bewirkt gilt.

41 Die Monatsfrist ist in Übereinstimmung mit dem bisherigen Recht des § 179 KO nur eine Ordnungsvorschrift mit dem Zweck, eine Verzögerung des Verfahrens möglichst zu vermeiden, aber andererseits den Gläubigern ausreichend Zeit zur Unterrichtung und Entscheidungsfindung über die Planinhalte zu geben (vgl. *Kuhn/Uhlenbruck* KO, § 179 Rz. 2).

42 Die Verletzung der Monatsfrist stellt wie im bisherigen Recht keinen wesentlichen Verfahrensmangel i. S. d. § 250 InsO dar (vgl. *Kuhn/Uhlenbruck* KO, § 179 Rz. 2 m. w. N.; *Kilger/Karsten Schmidt* KO, § 179 Rz. 2 m. w. N.). Auch im bisherigen Recht der VglO löste ein Verstoß gegen die Monatsfrist gemäß § 20 Abs. 2 VglO keine Rechtsfolgen aus (vgl. *Bley/Mohrbutter* VglO, § 20 Rz. 6).

43 In diesem Zusammenhang ist auch zu bedenken, daß die Räumlichkeiten der Justizverwaltung bei Großverfahren zur Abhaltung des Erörterungs- und Abstimmungstermins oftmals keine ausreichende Kapazität bieten und deshalb im Einzelfall eine Anmietung entsprechender Räume notwendig wird. Die Verfügbarkeit derartiger Räume orientiert sich nicht an den Zeitvorgaben der Verfahrensvorschriften.

C. Absatz 2

44 Die öffentliche Bekanntmachung informiert die Beteiligten über die Terminbestimmung und eröffnet damit die Teilnahmemöglichkeit sowie die Äußerung zum Plan im Erörterungstermin (*Bundesministerium der Justiz* (Hrsg.), a. a. O., S. 178). Einzelheiten sind in § 9 InsO geregelt, auf welchen insoweit verwiesen wird.

45 Mit der Bekanntmachung nach § 235 Abs. 2 InsO wird der Rechtsverkehr über die gemäß § 234 InsO erfolgte Niederlegung des Plans in Kenntnis gesetzt.

Erörterungs- und Abstimmungstermin § 235

Die Regelung des § 235 Abs. 2 InsO korrespondiert mit der bisherigen Regelung in § 179 Abs. 2 KO. Der Erörterungs- und Abstimmungstermin ist genauso wie der bisherige Zwangsvergleich öffentlich bekanntzumachen, wobei gesondert darauf hinzuweisen ist, daß der Plan samt Anlagen und Stellungnahmen in der Geschäftsstelle eingesehen werden kann (vgl. *Uhlenbruck/Delhaes* Konkurs und Vergleichsverfahren, S. 516, Rz. 974). 46

Die öffentliche Bekanntmachung ist zwingend. Ein Verstoß stellt einen wesentlichen Verfahrensmangel dar. 47

Der fehlende Hinweis auf die nach § 234 InsO erfolgte Niederlegung des Plans stellt jedoch für sich alleine betrachtet keinen wesentlichen Verfahrensmangel dar (*Kuhn/ Uhlenbruck* KO, § 179 Rz. 4), da die zur Planeinsicht Befugten bei dem Insolvenzgericht nachfragen können. 48

D. Absatz 3

I. Ladung der Beteiligten

Nach der KO waren alle nicht bevorrechtigten Konkursgläubiger, der Konkursverwalter, der Gemeinschuldner, die Mitglieder des Gläubigerausschusses sowie die Vergleichsbürgen zu laden (*Kuhn/Uhlenbruck* KO, § 179 Rz. 3). 49

In § 235 Abs. 3 InsO ist der Kreis der zu Ladenden erheblich ausgeweitet worden (BT-Drucks. 12/2443, S. 205 f.). 50

Da im Plan die Rechte aller Insolvenzgläubiger und zusätzlich die Rechte der absonderungsberechtigten Gläubiger geregelt werden können, ist es nunmehr auch erforderlich, alle diese Gläubiger zum Erörterungs- und Abstimmungstermin zu laden (BT-Drucks. 12/2443, S. 205 f.). 51

Die Anhörung des Betriebsrats und des Sprecherausschusses der leitenden Angestellten – soweit vorhanden – wurde vom Gesetzgeber als zweckmäßig angesehen, so daß auch diese Gremien geladen werden müssen, um deren Standpunkt im Erörterungstermin zu hören (BT-Drucks. 12/2443, S. 205 f.). 52

II. Weitergehende Information

§ 235 Abs. 3 Satz 2 InsO normiert eine weitergehende Informationspflicht dahingehend, daß die Übersendung einer Zusammenfassung des wesentlichen Inhalts des Plans oder die Übersendung eines Planabdrucks zu erfolgen hat. § 235 Abs. 3 Satz 2 InsO stimmt hierbei mit § 252 Abs. 2 InsO überein, der die gleiche Informationspflicht nach Bestätigung des Plans normiert. 53

Diese sehr weitgehende Informationspflicht ist in der Literatur bereits auf harsche Kritik gestoßen, da sie insbesondere für die Verwalter einen überzogenen Verwaltungs- und Arbeitsaufwand auslösen soll. 54

Außer der Kritik, daß § 235 Abs. 3 Satz 2 InsO neben die bereits sehr weitreichenden Ladungspflicht treten soll, wird weiter vorgetragen, daß die Übersendung wesentlicher Zusammenfassungen stets Fehlerquellen beinhaltet und deshalb die Übersendung des gesamten Plans die Regel sein wird, wodurch erhebliche Kosten ausgelöst werden. Weiter wird erwartet, daß die Insolvenzgerichte die für § 235 Abs. 3 InsO erforderliche Logistik nicht erbringen können und daher großzügig von der in § 8 Abs. 3 InsO 55

Jaffé 1365

eingeräumten Möglichkeit, die Verwalter mit Zustellungen zu beauftragen, Gebrauch machen werden (*Haarmeyer/Wutzke/Förster* Hdb. zur InsO, S. 669, Rz. 6).

56 Alles in allem wird die Regelung des § 235 Abs. 3 InsO als Verschwendung von Zeit und Massemitteln angesehen (*Haarmeyer/Wutzke/Förster* a. a. O.).

57 Wenngleich die Planübersendungspflicht sowohl erheblichen Zeit- als auch Kostenaufwand auslösen wird, erscheint die Kritik nicht vollends berechtigt.

58 Die Regelung des § 235 Abs. 3 InsO ist Voraussetzung für ein effektives Planverfahren, da nur gut informierte Gläubiger bereit sein werden, dem Plan zuzustimmen.

59 Auch wenn auf die Verwalter im Hinblick auf § 8 Abs. 3 InsO vermehrte Arbeit zukommen wird, scheint diese – nach den Erfahrungen mit § 6 Abs. 3 GesO – durchaus zu bewältigen zu sein und wird – aufgrund des nur mit entsprechender Spezialisierung wirtschaftlich sinnvollen logistischen Aufwands – eine weitere Professionalisierung der Verwalter fördern.

60 Denkbar wäre es gewesen den Beteiligten lediglich ein Einsichtsrecht in den niedergelegten Plan an der Geschäftsstelle zu geben; dies hätte jedoch nicht mit dem Reformziel – die Beteiligten in den Entscheidungsprozeß einzubinden – korrespondiert.

61 Um die Teilnahme in den Gläubigerversammlungen – von deren Möglichkeit seitens der Gläubiger bislang nur selten Gebrauch gemacht wurde – auszuweiten, sind Anstrengungen zur Herabsenkung der Teilnahmehürden und damit zur Stärkung der Rechte der Beteiligten notwendig.

62 Zu bedenken ist hierbei auch, daß das Planverfahren für die Gläubiger – mit Ausnahme der institutionellen Gläubiger (Banken, Sozialversicherungsträger, Finanzämter etc.) – aufgrund der Neuartigkeit des Instituts noch lange Zeit fremd und ungewohnt sein wird.

63 Nicht nachrangige Gläubiger werden aufgrund ihrer in den vergangenen Jahren gemachten Erfahrungen kaum mit Euphorie an das neue Institut herantreten, so daß deren Bereitschaft zur Mitwirkung am Verfahren gerade durch umfangreiche Informationen gesteigert wird.

64 Im übrigen steht es den Gläubigern – wenn sie von dem aufwendigen Planversand absehen wollen – frei, im Berichtstermin einen entsprechenden Beschluß herbeizuführen.

65 Rechtsvergleichend sei erwähnt, daß auch im amerikanischen Reorganisationsrecht die wichtigen Umstände in einem »disclosure statement« gemäß § 1125 BC offengelegt werden müssen und der Planversand nicht weniger aufwendig ist.

66 In den USA gibt das »disclosure statement« den Gläubigern die Möglichkeit, sich selbst ein Bild über den Plan zu machen. Das »disclosure statement« gibt einen umfassenden Einblick in das geplante Reorganisationsverfahren und geht inhaltlich über die Regelungen der InsO noch weit hinaus.

67 Im Hinblick auf die Informationsmöglichkeiten ist auch zu bedenken, daß die aufgrund der Zuständigkeitskonzentration bei den Amtsgerichten am Sitz des Landgerichts u. U. notwendig werdenden Wegstrecken für die Gläubiger einen erheblichen Aufwand bedeuten können, wenn sie Informationen bezüglich des Plans nur am Sitz des Insolvenzgerichts erlangen würden.

§ 236
Verbindung mit dem Prüfungstermin → § 180 KO

¹Der Erörterungs- und Abstimmungstermin darf nicht vor dem Prüfungstermin stattfinden. ²Beide Termine können jedoch verbunden werden.

Inhaltsübersicht: Rz.

A. Satz 1 1–13
B. Satz 2 14–26

A. Satz 1

In der InsO kann ein Insolvenzplan genauso wie ein Zwangsvergleich nach bisherigem Recht nur innerhalb gesetzlich vorgeschriebener zeitlicher Grenzen wirksam zustande kommen. **1**

Nach der KO konnte ein Zwangsvergleich frühestens nach dem allgemeinen Prüfungstermin abgeschlossen werden. Ausgeschlossen war ein Zwangsvergleich, wenn die Vornahme der Schlußverteilung bereits genehmigt worden war. Entsprechendes galt auch in der Gesamtvollstreckungsordnung gemäß § 16 Abs. 2 GesO. **2**

Der Grund, warum der Erörterungs- und Abstimmungstermin gemäß § 236 InsO nicht vor dem Prüfungstermin stattfinden darf, liegt darin, daß auch bei einer einvernehmlichen Insolvenzbewältigung zwischen den Beteiligten vorab Klarheit über den Umfang und die Inhaberschaft angemeldeter Forderungen bestehen muß; hierzu müssen die Forderungen durch den Insolvenzverwalter geprüft werden. **3**

Weiterhin muß das Stimmrecht der Gläubiger feststehen, bevor in die Entscheidungsphase über das Insolvenzplanverfahren eingetreten werden kann (vgl. *Kuhn/Uhlenbruck* KO, § 173 Rz. 1). **4**

Aus diesem Grunde hat die Vorlage eines Insolvenzplans auch keinen Einfluß auf die Prüfung oder Feststellung der Insolvenzforderung im allgemeinen; insbesondere macht sie weder die Prüfung noch die Feststellung der Forderungen entbehrlich (BT-Drucks. 12/2443, S. 206) **5**

Die Ergebnisse des Prüfungstermins sind insbesondere bei komplexen Insolvenzsachverhalten eine wesentliche Grundlage, um wirtschaftlichen Schwierigkeiten eines schuldnerischen Unternehmens und das Ausmaß seiner Verbindlichkeiten überhaupt überblicken und beurteilen zu können (BT-Drucks. 12/2443, S. 206); insbesondere, da der Insolvenzverwalter meist nur unzureichende und unvollständige Buchhaltungsunterlagen vorfindet. **6**

Im Vorfeld der Forderungsanmeldung und deren Prüfung können vielfach nur grobe Schätzbeträge angegeben werden, um die Höhe der Verbindlichkeiten zumindest ansatzweise beurteilen zu können. **7**

Hinzu kommt, daß die Angaben des Schuldners in der eigenen Finanzbuchhaltung meist erheblich geschönt sind, so daß die angemeldeten und nach Prüfung durch den Verwalter auch festgestellten Forderungen die Kreditoren der Buchhaltung oft erheblich übersteigen. **8**

Oft ist gegen den Schuldner eine Vielzahl von Passivprozessen anhängig, zu denen in den Buchhaltungsunterlagen selten Angaben zu finden sind, wodurch die Frage der Überschuldung hinausgeschoben bzw. deren Nachweis erschwert werden soll. **9**

10 Hinzu kommt, daß die Kenntnis der Gesamtverbindlichkeiten, vor allem aber auch der Sicherungsrechte der Gläubiger, für den Erfolg eines Insolvenzplans unerläßlich ist, insbesondere, wenn es sich um einen Fortführungsplan handelt, der die Sanierung des Unternehmens selbst zum Inhalt haben soll.

11 Ohne eine zumindest ungefähre Vorstellung von den Verbindlichkeiten bzw. der Sicherheitenlage kann kein sinnvolles finanz- und/oder leistungswirtschaftliches Sanierungskonzept zur Gestaltung der Rechte der Beteiligten gemäß den Anforderungen der §§ 1, 217 InsO erstellt werden.

12 Die Ergebnisse des Prüfungstermins bilden somit eine wichtige Grundlage für die Beurteilung der Frage, ob die im Plan vorgesehene Gestaltung der Rechte der Beteiligten im Einzelfall auch sachgerecht ist und dem Verfahren unter dem Gesichtspunkt der bestmöglichen Gläubigerbefriedigung angemessen ist.

13 Aus dem soeben Ausgeführten ergibt sich zwingend, daß eine zeitliche Vorverlagerung des Erörterungs- und Abstimmungstermins vor dem Prüfungstermin nicht möglich ist.

B. Satz 2

14 Sollte der allgemeine Forderungsprüfungstermin noch nicht stattgefunden haben, ist es möglich, diesen gemäß § 236 Satz 2 mit dem Erörterungs- und Abstimmungstermin zu verbinden

15 Im Gegensatz zu § 180 KO ist kein Antrag auf Verbindung der Termine mehr erforderlich.

16 Insbesondere bei Kleininsolvenzen kann das Insolvenzgericht somit zur Verfahrensbeschleunigung die Verbindung der Termine anordnen.

17 Eine frühzeitige Erklärung des Planerstellers zur Frage der Terminverbindung bzw. eine Abstimmung mit dem Insolvenzgericht ist in der Praxis daher sinnvoll.

18 Um die mit Satz 2 eröffnete Möglichkeit nutzen zu können, ist eine rechtzeitige Niederlegung des Insolvenzplans oder der Insolvenzpläne vor dem Prüfungstermin erforderlich.

19 Zur weiteren Verfahrensbeschleunigung kann im Einzelfall sogar eine Verbindung beider Termine mit dem Berichtstermin gemäß § 29 Abs. 2 InsO stattfinden (BT-Drucks. 12/2443, S. 206)

20 Dies bedeutet, daß nach dem Bericht des Insolvenzverwalters die Prüfung der Forderungen stattfinden und im Anschluß daran das Verfahren mittels Erörterungs- und Abstimmungstermin bereits wieder beendet werden kann.

21 In der Praxis wird der Anwendungsbereich für diese Mehrfachterminverbindung vor allem in den Fällen bestehen, in denen der Schuldner schon bei der Stellung des Antrags auf Eröffnung des Insolvenzverfahrens einen Insolvenzplan vorgelegt hat (BT-Drucks. 12/2443, S. 206).

22 Obwohl die Möglichkeit der Terminverbindung aus dem Blickwinkel der Verfahrensbeschleunigung durchaus zu begrüßen ist, wird diese jedoch meist sehr einfach gelagerten Insolvenzsachverhalten vorbehalten sein.

23 Mittlere und größere Insolvenzen werden eine derartige Konzentration der wesentlichen Verfahrensabschnitte kaum zulassen; lediglich bei Übertragungsplänen könnte dies im Einzelfall denkbar sein.

24 Gerade im Bereich der Übertragungspläne, in welchem Handlungsoptionen des Verwalters oftmals nur für sehr begrenzte Zeitdauer bestehen, ist es möglich, daß – bei entsprechender Vorbereitung und Abstimmung mit den Gläubigern – im Anschluß an

den Verwalterbericht bereits die abschließende Erörterung und Entscheidung über den Plan getroffen wird.
In der Praxis wird die Verbindung – wie bisher – meist derart ablaufen, daß, nachdem der allgemeine Prüfungstermin mit Eröffnung des Verfahrens seitens des Gerichts bestimmt worden ist, nachträglich der Erörterungs- und Abstimmungstermin auf den selben Tag und die selbe Stunde terminiert wird (vgl. *Kuhn/Uhlenbruck* KO, § 181 Rz. 2). 25

Im Beschluß über die Terminverbindung muß eindeutig klargestellt sein, daß der anberaumte Termin neben der Forderungsprüfung auch der Erörterung und Abstimmung über den Plan dient (vgl. das Beispiel einer Terminbestimmung bei *Uhlenbruck/Delhaes* Konkurs und Vergleichsverfahren, Rz. 977). 26

§ 237
Stimmrecht der Insolvenzgläubiger → § 96 KO

(1) ¹Für das Stimmrecht der Insolvenzgläubiger bei der Abstimmung über den Insolvenzplan gilt § 77 Abs. 1 Satz 1, Abs. 2 und 3 Nr. 1 entsprechend. ²Absonderungsberechtigte Gläubiger sind nur insoweit zur Abstimmung als Insolvenzgläubiger berechtigt, als ihnen der Schuldner auch persönlich haftet und sie auf die abgesonderte Befriedigung verzichten oder bei ihr ausfallen; solange der Ausfall nicht feststeht, sind sie mit dem mutmaßlichen Ausfall zu berücksichtigen.
(2) Gläubiger, deren Forderungen durch den Plan nicht beeinträchtigt werden, haben kein Stimmrecht.

Inhaltsübersicht: Rz.

A. Allgemeines	1– 5
B. Stimmrecht der Insolvenzgläubiger	6–42
I. Begriffsbestimmung	6– 7
II. Stimmrecht der nicht nachrangigen Insolvenzgläubiger	8–12
III. Stimmrecht der nachrangigen Insolvenzgläubiger	13–16
IV. Stimmrecht der absonderungsberechtigten Gläubiger	17–42
1. Geteiltes Stimmrecht	17–24
2. Mutmaßlicher Ausfall	25–42
a) Allgemeines	25–36
b) Mutmaßlicher Ausfall bei Unternehmensfortführung	37–42
C. Absatz 2	43–50
I. Allgemeines	43–46
II. Nichtbeeinträchtigung	47–50

Literatur:

Bundesministerium der Justiz (Hrsg.), Erster Bericht der Kommission für Insolvenzrecht, 1985, S. 180; *Hess* KO, 1995; *Künne* Der Herstatt-Vergleich, KTS 1975, 178 ff.; *Wimmer* Der Rechtspfleger im neuen Insolvenzverfahren, InVo 1997, 316 ff.

A. Allgemeines

1 Die Entscheidung, ob ein Plan an die Stelle der gesetzlich geregelten Insolvenzabwicklung tritt, kann vom jeweiligen Planverfasser lediglich initiiert und vorbereitet werden.
2 Die letztendliche Entscheidung über die Planannahme obliegt im Abstimmungstermin (§§ 235, 241 InsO) bzw. im Falle der schriftlichen Abstimmung (§ 242 InsO) jedoch einzig und alleine den beteiligten Gläubigern.
3 Zur Planannahme ist es erforderlich, daß die nach §§ 235 ff. InsO gesetzlich festgelegte Mehrheit von Gläubigern zustimmt oder deren fehlende Zustimmung gemäß § 245 InsO ersetzt wird.
4 Die Regelung des § 237 InsO steht in engem inhaltlichen Zusammenhang mit den Regelungen der §§ 238, 246 InsO; diesen Vorschriften ist gemeinsam, daß sie die Beteiligung bestimmter – nach dem bisherigen Verständnis der VglO, KO und GesO rangmäßig unterschiedlicher – Gläubiger hinsichtlich der Abstimmung über den Plan regeln.
5 Die Stimmrechtsvorschriften im Planverfahren wären leichter verständlich, wenn der Gesetzgeber die §§ 237, 238 InsO zusammengefaßt hätte. Die Regelung des § 238 InsO enthält wenig neue Informationen, so daß sie innerhalb des § 237 InsO mitgeregelt hätten werden können.

B. Stimmrecht der Insolvenzgläubiger

I. Begriffsbestimmung

6 Die Insolvenzgläubiger werden unterschieden nach den nicht nachrangigen Insolvenzgläubigern den nachrangigen Insolvenzgläubigern, die – mit Ausnahme des § 226 KO – nach bisherigem Recht gemäß dem § 63 KO sowie § 29 VglO nicht teilnahmeberechtigt waren.
7 Die Gruppe der nicht nachrangigen Gläubiger wurde im Vergleich zum überkommenen Recht erheblich erweitert, da ein wesentliches Ergebnis der Insolvenzrechtsreform darin bestand, die diversen Vorrechte nach bisherigem Recht abzuschaffen.

II. Stimmrecht der nicht nachrangigen Insolvenzgläubiger

8 Gemäß § 237 Abs. 1 Satz 1 InsO wird bezüglich des Stimmrechts der Insolvenzgläubiger bei der Abstimmung über den Plan auf die Grundsätze für das Stimmrecht in der Gläubigerversammlung verwiesen.
9 Dies bedeutet, daß angemeldete Forderungen, die weder vom Insolvenzverwalter noch von anderen stimmberechtigten Gläubigern in der Gläubigerversammlung bestritten worden sind, in ihrer Höhe auch ein uneingeschränktes Stimmrecht im Abstimmungstermin über den Plan gewähren. Ein Bestreiten durch den Schuldner ist für die Frage des Stimmrechts ohne Bedeutung.
10 Die Regelung gilt entsprechend auch für aufschiebend bedingte Forderungen (BT-Drucks. 12/2443, S. 206).
11 Gläubiger, deren Forderungen bestritten worden sind, dürfen, auch wenn ihrerseits die Voraussetzungen zur Teilnahme am Abstimmungsverfahren vorliegen, nicht mit abstim-

men, sofern nicht ihr Stimmrecht gemäß § 47 festgestellt wurde (*Bundesministerium der Justiz* (Hrsg.), a.a.O., S. 180).

Durch den Verweis in § 237 Abs. 1 Satz 1 InsO auf § 77 Abs. 1 Satz 1, Abs. 2 und 3 Nr. 1 InsO wird ein Gleichlauf der Stimmrechte in der Gläubigerversammlung und im Abstimmungstermin über den Plan herbeigeführt. Auf die Ausführungen zu § 77 InsO wird insoweit verwiesen. **12**

III. Stimmrecht der nachrangigen Insolvenzgläubiger

Im Regelfall kommt eine Abstimmung nachrangiger Insolvenz- gläubiger nicht in Betracht. **13**

Grund hierfür ist, daß die Vorschrift des § 246 InsO in den meisten Fällen die Zustimmung nachrangiger Insolvenzgläubiger gesetzlich fingiert und damit eine Spezialregelung hinsichtlich der »Abstimmung« dieser Gläubigergruppe darstellt. **14**

Die Frage des Stimmrechts nachrangiger Insolvenzgläubiger stellt sich nur, wenn diese auf der Grundlage des Plans überhaupt eine quotale Befriedigung zu erwarten haben. Üblicherweise werden allerdings bereits die nicht nachrangigen Gläubiger erhebliche Vermögenseinbußen hinzunehmen haben, so daß eine quotale Befriedigung und damit eine Abstimmung nachrangiger Insolvenzgläubiger nicht in Betracht kommen wird. **15**

Nur falls auch die Gruppe der nachrangigen Insolvenzgläubiger in die Abstimmung miteinzubeziehen ist, gilt für die Feststellung deren Stimmrechts das bezüglich der Gruppe der nicht nachrangigen Insolvenzgläubiger Erwähnte entsprechend (BT-Drucks. 12/2443, S. 206). **16**

IV. Stimmrecht der absonderungsberechtigten Gläubiger

1. Geteiltes Stimmrecht

§ 237 Abs. 1 Satz 2 InsO regelt im Zusammenspiel mit § 238 InsO, daß absonderungsberechtigten Gläubigern ein geteiltes Stimmrecht im Abstimmungstermin über den Plan zusteht. **17**

Das in § 237 Abs. 1 Satz 2 InsO normierte Stimmrecht betrifft den Stimmrechtsteil, der sich darauf bezieht, daß der Schuldner dem absonderungsberechtigten Gläubiger auch persönlich haftet und der Gläubiger mit seinem Absonderungsrecht ausfällt oder – was selten der Fall sein wird – auf seine abgesonderte Befriedigung verzichtet hat. **18**

Zweck der Vorschrift ist die Regelung des Stimmrechts in einer in der Praxis oftmals anzutreffenden Konstellation, daß der Schuldner dem Absonderungsberechtigten gegenüber zum einen persönlich haftet und zum anderen auch ein Absonderungsrecht gegeben ist, welches aber zur vollen Befriedigung des Gläubigers nicht ausreicht. **19**

Absonderungsberechtigte Gläubiger stehen der Gruppe der ungesicherten nicht nachrangigen Insolvenzgläubiger hinsichtlich ihres mutmaßlichen Ausfalls wirtschaftlich gleich; sie sollen daher – entsprechend der wirtschaftlichen Höhe ihres jeweiligen Ausfalls – auch mit abstimmen. **20**

Da ein Verzicht der absonderungsberechtigten Gläubiger hinsichtlich ihres Absonderungsrechts nur in seltenen Fällen in Betracht kommen wird, der Wert des Absonderungsrechts aber die Forderungshöhe oftmals nicht erreichen wird, wird in der Praxis die Wahrnehmung eines geteilten Stimmrechts und damit eine doppelte Abstimmung dieser Gläubiger – jedoch nur in Höhe der Gesamtforderung – meist die Regel darstellen. **21**

22 Absonderungsberechtigte Gläubiger, die ihre Forderung in vollem Umfang zur Tabelle anmelden können und nicht auf ihr Absonderungsrecht verzichten, haben in Höhe des mutmaßlichen Ausfalls ein Stimmrecht.
23 Falls der absonderungsberechtigte Gläubiger wegen seiner persönlichen Forderungen voll gesichert ist, scheidet eine Abstimmung in der Gruppe der nicht nachrangigen Insolvenzgläubiger aus (BGHZ 31, 174).
24 Verzichten die absonderungsberechtigten Gläubiger auf ihr Absonderungsrecht, steht ihnen ein volles in der Höhe der angemeldeten Insolvenzforderung orientiertes Stimmrecht zu, es sei denn, es wird ein Widerspruch erhoben (*Hess* KO, § 96 Rz. 2).

2. Mutmaßlicher Ausfall

a) Allgemeines

25 Der Reformgesetzgeber hat in der InsO diverse Vorkehrungen getroffen, um zu verhindern, daß das insolvente Unternehmen zerschlagen wird, bevor Sanierungswürdigkeit und -fähigkeit überhaupt geprüft werden konnten.
26 Dies wird zur Folge haben, daß zum Zeitpunkt des Abstimmungstermins die Höhe des Ausfalls nur in den seltensten Fällen abschließend feststehen kann.
27 Dies bedeutet wiederum, daß die Festlegung des Stimmrechts des absonderungsberechtigten Gläubigers in der Gruppe der Insolvenzgläubiger nach dem mutmaßlichen Ausfall zu bestimmen ist, der sich nach dem vom Gläubiger angegebenen Ausfallbetrag bemißt, falls weder der Insolvenzverwalter noch andere stimmberechtigte Gläubiger diesbezüglich widersprechen (*Kilger/Karsten Schmidt* KO, § 96 Rz. 1).
28 Ohne die Höhe des Ausfalls nachweisen zu müssen, kann der absonderungsberechtige Gläubiger in Höhe des mutmaßlichen Ausfalls in der Gruppe der nicht nachrangigen Insolvenzgläubiger mitabstimmen.
29 Das Stimmrecht für streitige Forderungen wird in erster Linie durch die Einigung zwischen dem Verwalter und den in der Gläubigerversammlung erschienenen stimmberechtigten Gläubigern festgelegt.
30 Widerspricht der Verwalter und/oder ein stimmberechtigter Gläubiger bezüglich der Höhe des angemeldeten Ausfalls und kommt eine Einigung nicht zustande, wird durch den Verweis auf § 77 Abs. 2 InsO wie nach den bisherigen Regelungen des § 96 Abs. 1 KO sowie der §§ 27 Abs. 1, 71 Abs. 3 VglO verfahren.
31 Nach § 96 Abs. 1 KO, §§ 27 Abs. 1, 71 Abs. 3 VglO mußte das Insolvenzgericht, wenn eine Einigung zwischen den Parteien über das Stimmrecht nicht herbeigeführt werden konnte, über das Stimmrecht entscheiden und den mutmaßlichen Ausfall festsetzen.
32 Obgleich die Verpflichtung zur Festsetzung des mutmaßlichen Ausfalls in der InsO nicht explizit geregelt ist, ergibt sich dies durch den Verweis auf § 77 Abs. 2 InsO (BT-Drucks. 12/2443, S. 206). Im übrigen kannte bereits das überkommene Recht gemäß § 96 Abs. 1 KO, §§ 27 Abs. 1, 71 Abs. 3 VglO, wo dieselbe Situation gelöst werden mußte, eine entsprechende Regelung.
33 In diesem Zusammenhang ist zu beachten, daß sich die Wirkung einer solchen Gerichtsentscheidung ausschließlich auf das Stimmrecht beschränkt und die materielle Berechtigung des Gläubigers im Einzelfall davon unberührt bleibt (BT-Drucks. 12/2443, S. 133).
34 Aufschiebend bedingte Forderungen sind in vollem Umfang stimmberechtigt, außer die Möglichkeit des Eintritts der Bedingung ist im Einzelfall so unwahrscheinlich, daß der Forderung kein gegenwärtiger Vermögenswert zukommt (*Kuhn/Uhlenbruck* KO, § 96 Rz 2).

Stimmrecht der Insolvenzgläubiger § 237

Die Entscheidung des Gerichts hinsichtlich der Stimmrechtsfestsetzung wirkt jeweils 35
nur relativ gegenüber demjenigen, gegen den sie ergeht (vgl. *Jaeger/Weber* KO, § 96
Rz. 1; *Kilger/Karsten Schmidt* KO, § 96 Rz. 1).
Die Entscheidung kann noch im Erörterungstermin verkündet werden, wobei sich die 36
Wirkungen auf das Stimmrecht beschränken und nicht mit Rechtsmitteln anfechtbar sind
(*Bundesministerium der Justiz* (Hrsg.), a.a.O., S. 181).

b) Mutmaßlicher Ausfall bei Unternehmensfortführung

Die Festsetzung des mutmaßlichen Ausfalls eines Absonderungsrechtes ist bereits im 37
Falle einer Unternehmenszerschlagung sehr schwierig, im Falle einer Unternehmensfortführung jedoch noch wesentlich komplexer.
Die Höhe des mutmaßlichen Ausfalls wird durch den Plan selbst bestimmt werden. Je 38
nachdem, ob der Plan als Liquidations-, Übertragungs- oder Fortführungsplan realisiert
werden soll, kann die Höhe des Ausfalls unterschiedlich sein.
Da der Plan lediglich eine in die Zukunft gerichtete Prognose darstellt, wird die 39
Bestimmung des mutmaßlichen Ausfalls nur auf der Grundlage dieser Prognose aufbauen können und somit mit Unwägbarkeiten behaftet sein.
Der Planersteller sollte sich deshalb mit den betroffenen absonderungsberechtigten 40
Gläubigern ins Benehmen setzen, um eine Verständigung außerhalb des Erörterungstermins zu finden. Ohne eine entsprechende Vorbereitung kann die Höhe des mutmaßlichen
Ausfalls im Erörterungstermin unnötige Diskussionen auslösen und die Abstimmung
dadurch erschweren bzw. eventuell sogar unmöglich machen.
Bei entsprechender Vorbereitung und Abstimmung im Vorfeld des Erörterungstermins 41
müßte es weitgehend möglich sein, zu vermeiden, daß das Insolvenzgericht die Bestimmung des mutmaßlichen Ausfalls vornehmen muß.
Im Interesse der Verfahrensbeschleunigung ist in Übereinstimmung mit dem bisher 42
geltenden Recht die Entscheidung des Rechtspflegers über die Gewährung des Stimmrechts nicht mit der Erinnerung anfechtbar (§ 11 Abs. 5 Satz 2 RpflG). Sollte sich die
Stimmrechtsfestsetzung jedoch auf das Ergebnis einer Abstimmung auswirken, so kann
der Richter das Stimmrecht neu festsetzen und die Wiederholung der Abstimmung
anordnen (§ 18 Abs. 3 Satz 2 RpflG; vgl. hierzu *Wimmer* InVo 1997, 316 [318]).

C. Absatz 2

I. Allgemeines

§ 237 Abs. 2 InsO entspricht dem bisherigen § 72 Abs. 1 VglO. Insolvenzgläubiger, 43
deren Kapitalforderungen nach dem Plan nicht beeinträchtigt werden, bleiben bei der
Abstimmung außer Betracht. Ihre Stimmen zählen weder für noch gegen den Plan oder
die Pläne und haben deshalb auch keinen Einfluß auf die Mehrheitsbildung (vgl.
Bley/Mohrbutter VglO, § 72 Rz. 1).
Durch die Versagung eines Stimmrechts wird die Entscheidungsfindung über den Plan 44
erleichtert und der Abstimmungstermin vereinfacht, was gerade bei Großinsolvenzen
von Bedeutung ist.
Im Vergleichsverfahren über das Vermögen des Bankhauses I.D. Herstatt KGaA wurden 45
aufgrund der mit § 237 Abs. 2 InsO fast identischen Regelung des § 72 Abs. 1 VglO ca.
30 000 von insgesamt 39 000 Guthabengläubigern aufgrund bankrechtlicher Sicherungs-

systeme voll befriedigt und mußten deshalb an der Abstimmung nicht beteiligt werden (vgl. *Bley/Mohrbutter* VglO, § 72 Rz. 1; *Künne* KTS 1975, 178 ff.).

46 Nur diejenigen Gläubiger, die durch den Plan im Rahmen der Verlustgemeinschaft Vermögenseinbußen hinnehmen müssen, sind zur Abstimmung über den Plan aufgerufen.

II. Nichtbeeinträchtigung

47 Die Frage der Nichtbeeinträchtigung darf nicht extensiv ausgelegt werden.

48 Unstreitig haben ungesicherte Kleingläubiger kein Stimmrecht im Abstimmungstermin, sofern ein Insolvenzplan vorsieht, daß deren Kapitalforderungen in Gänze erfüllt werden sollen. Es fehlt somit die Beschwer dieser Gläubiger.

49 Keine Anwendung findet die Regelung des § 237 Abs. 2 InsO allerdings auf Gläubiger, die zwar in voller Höhe ihrer Forderung wirtschaftliche Befriedigung erfahren sollen, jedoch erst bestimmte Zeit nach Bestätigung des Plans. Derartige Gläubiger sind ebenfalls wirtschaftlich betroffen und deshalb stimmberechtigt (*Böhle-Stamschräder/ Kilger* VglO, § 72 Rz 2)

50 In Fällen einer Forderungskürzung liegt stets eine Beeinträchtigung vor. Dies gilt auch im Falle einer im Plan angeordneten Stundung einer Forderung (vgl. *Bley/Mohrbutter* VglO, § 72 Rz. 13 f.).

§ 238
Stimmrecht der absonderungsberechtigten Gläubiger

(1) ¹Soweit im Insolvenzplan auch die Rechtsstellung absonderungsberechtigter Gläubiger geregelt wird, sind im Termin die Rechte dieser Gläubiger einzeln zu erörtern. ²Ein Stimmrecht gewähren die Absonderungsrechte, die weder vom Insolvenzverwalter noch von einem absonderungsberechtigten Gläubiger noch von einem Insolvenzgläubiger bestritten werden. ³Für das Stimmrecht bei streitigen, aufschiebend bedingten oder nicht fälligen Rechten gelten die §§ 41, 77 Abs. 2, 3 Nr. 1 entsprechend.
(2) § 237 Abs. 2 gilt entsprechend.

Inhaltsübersicht: Rz.

A. Vorbemerkung 1– 2
B. Absatz 1 Satz 1 3–12
    I. Grundsatz 3
    II. Zweck der Regelung 4– 9
    III. Umfang der Erörterung 10–12
C. Absatz 1 Satz 2 und 3 13
D. Absatz 2 14–17

A. Vorbemerkung

Die Regelung des § 238 InsO enthält gegenüber § 237 InsO lediglich in Abs. 1 Satz 1 **1**
durch die Aussage, daß die Rechtsstellung absonderungsberechtigter Gläubiger einzeln
zu erörtern ist, neuen Informationsgehalt. Ansonsten stimmt die Norm inhaltlich mit
§ 237 Abs. 1 Satz 1 überein.

Die Regelung über das Stimmrecht der absonderungsberechtigten Gläubiger wäre **2**
leichter verständlich, wenn sie innerhalb einer Norm geregelt worden wäre; insbesondere
gilt dies für das Verständnis des geteilten Stimmrechts der absonderungsberechtigten
Gläubiger im Abstimmungstermin.

B. Absatz 1 Satz 1

I. Grundsatz

Die Aussage des § 238 Abs. 1 Satz 1 InsO besteht darin, daß – falls die Rechtsstellung **3**
absonderungsberechtigter Gläubiger durch den Plan berührt wird – die gesetzliche
Verpflichtung besteht, die Rechte dieser Gläubiger einzeln zu erörtern. Wie bzw. in
welchem Umfang dies zu erfolgen hat, ist nicht geregelt.

II. Zweck der Regelung

Für die Einzelerörterung der Absonderungsrechte gibt es mehrere Gründe. **4**
Für alle Gläubiger ist es bedeutsam, vor der Abstimmung über den Plan Kenntnis darüber **5**
zu erhalten, welche Absonderungsrechte vorliegen bzw. wie deren Art und Umfang im
Einzelfall zu qualifizieren ist.
Ferner ist von Interesse, welche Zugeständnisse seitens der absonderungsberechtigten **6**
Gläubiger möglicherweise gemacht werden, um den Plan, z. B. durch die teilweise
Freigabe von Sicherheiten, zu unterstützen.
Ein weiterer wichtiger Zweck der Einzelerörterung besteht in der Möglichkeit einer **7**
abschließenden Klärung etwaiger Sicherheitenkollisionen vor Abstimmung über den
Plan, da in vielen Fällen Absonderungsrechte von mehreren Gläubigern an den selben
Gegenständen geltend gemacht werden.
Kann eine derartige Sicherheitenkollision – gerade im Hinblick auf die jeweils prioren **8**
Rechte – im Erörterungstermin nicht abschließend geklärt werden, hätte dies zur
Konsequenz, daß der Abstimmungstermin nicht im Anschluß an den Erörterungstermin
stattfinden könnte, sondern einem gesonderten Abstimmungstermin vorbehalten bleiben
müßte, um bis dahin die dingliche Sicherheitenlage der Beteiligten abzuklären.
Hinsichtlich der Erörterungspflicht ist zu beachten, daß u. U. auch ein Teilbestreiten des **9**
Stimmrechts eintreten kann. Beispielsweise kann die Wirksamkeit der Sicherungsübereignung nur einzelner Waren eines Warenlagers und damit ein Teil des Stimmrechts
angezweifelt werden. Auch aus diesem Grunde ist die Erörterung von Wichtigkeit, um
sich gegebenenfalls auf ein Teilstimmrecht einigen zu können.

III. Umfang der Erörterung

10 Der Umfang der Einzelerörterung ist abhängig vom jeweiligen Sicherungsrecht.
11 Im Regelfall wird jedoch der Rechtsgrund des Sicherungsrechts, insbesondere die Frage des wirksamen Bestehens des Absonderungsrechts, erörtert werden müssen (vgl. *Bley/Mohrbutter* VglO, § 70/71 Rz. 6–10).
12 Weiterhin muß erörtert werden, in welchem Umfang den absonderungsberechtigten Gläubigern bereits Stimmrechte nach § 237 InsO zukommen, um auf diese Weise sicherzustellen, daß das geteilte Stimmrecht nicht zu einer Vermehrung der Stimmrechte insgesamt führen kann.

C. Absatz 1 Satz 2 und 3

13 Hinsichtlich dieser Regelungen wird auf die Ausführungen zu § 237 verwiesen.

D. Absatz 2

14 Durch den Verweis auf die Regelungen des § 237 Abs. 2 InsO wird klargestellt, daß – sollte ein Stimmrecht der absonderungsberechtigten Gläubiger hinsichtlich des Plans nicht bestehen – selbstverständlich auch keine Erörterungspflicht hinsichtlich der Rechtsstellung dieser Gläubiger gegeben ist.
15 Wird die Rechtsstellung der absonderungsberechtigten Gläubiger durch einen Insolvenzplan nicht berührt – wofür aufgrund § 223 Abs. 1 InsO eine gesetzliche Vermutung spricht – so besteht für diese Gläubiger kein Stimmrecht und damit auch kein Grund zur Erörterung.
16 Aus diesem Grund ist im Vorfeld der Erörterung abschließend zu klären, ob und wie die Rechtsstellungen absonderungsberechtigter Gläubiger durch den Plan berührt werden. Auch hierzu ist eine vorherige Abstimmung mit den absonderungsberechtigten Gläubigern sinnvoll.

§ 239
Stimmliste

Der Urkundsbeamte der Geschäftsstelle hält in einem Verzeichnis fest, welche Stimmrechte den Gläubigern nach dem Ergebnis der Erörterung im Termin zustehen.

1 Die Regelung des § 239 InsO entspricht dem § 71 Abs. 4 VglO des bisherigen Rechts.
2 Der Urkundsbeamte der Geschäftsstelle hat nach der Erörterung einer jeden Forderung in einem Verzeichnis zu vermerken, ob, von wem und in welchem Umfang die Rechte von Gläubigern bestritten worden sind.
3 Der Vermerk, von wem das Bestreiten ausgeht, ist erforderlich, da nur der Bestreitende selbst seinen Widerspruch zurücknehmen kann (*Bley/Mohrbutter* VglO, § 70/71 Rz. 14).

Ohne ein Feststehen der Stimmrechte der Gläubiger kann eine Abstimmung über den 4
Plan nicht erfolgen; die Ergebnisse der Erörterung müssen auch aus Beweis- und
Dokumentationszwecken festgehalten werden.

Exkursmäßig sei erwähnt, daß die funktionelle Zuständigkeit des Urkundsbeamten 5
erweitert worden ist, da dieser nunmehr für die Eintragung der Verfügungsbeschränkungen des Ermittlungsverfahrens (§§ 21 Abs. 2 Nr. 2, 23 Abs. 3 InsO) genauso verantwortlich ist, wie für die Eintragung der gemäß §§ 263, 267 Abs. 3 InsO und § 277 Abs. 3 InsO erforderlichen Vermerke (*Kübler/Prütting* Das neue Insolvenzrecht, Bd. II, Anm. zu Art. 24 EGInsO).

§ 240
Änderung des Plans

¹**Der Vorlegende ist berechtigt, einzelne Regelungen des Insolvenzplans auf Grund der Erörterung im Termin inhaltlich zu ändern.** ²**Über den geänderten Plan kann noch in demselben Termin abgestimmt werden.**

Inhaltsübersicht: Rz.

A. Satz 1	1–22
I. Zweck der Regelung	1– 4
II. Zuständigkeit	5– 6
III. Abweichung zum Regierungsentwurf	7–14
IV. Grenze der »Nachbesserung«	15–22
B. Satz 2	23–28

A. Satz 1

I. Zweck der Regelung

Die Änderungsmöglichkeit des Plans auf Grund dessen Erörterung soll den Planersteller 1
in die Lage versetzen, auf Widerstände oder Einwände der Gläubiger noch im Termin
flexibel reagieren zu können, so daß ein Scheitern des Plans abgewendet werden
kann.

Der Planentwurf mit seiner Niederlegung gemäß § 234 InsO kann daher noch nicht als 2
abschließend betrachtet werden.

In der Praxis ist es durchaus denkbar, daß ein Plan mit geringen Änderungen mehrheits- 3
fähig gemacht werden kann, während er ohne diese Änderungen scheitern würde.

Hierbei ist zu bedenken, daß in einem Abstimmungstermin auch aus gruppenpsycho- 4
logischen Gründen ein Nachgeben in einer eher unwichtigen Frage nötig sein kann, um
wesentliche Kernaussagen erst umsetzen zu können.

II. Zuständigkeit

5 Das Recht zur Planänderung steht ausschließlich dem Planvorlegenden zu. Es ist Ausfluß seines Planinitiativrechts. Andere Personen, einschließlich des anderen zur Planvorlage Berechtigten, dürfen keinerlei Änderungen am Plan vornehmen. Könnten andere Personen als die planvorlageberechtigten Personen eine Planänderung bestimmen, würde dies eine Umgehung des enumerativen Planinitiativrechtes bedingen.

6 Der Planvorlegende ist auch dann zur Planänderung berechtigt, wenn die Gläubiger im Erörterungstermin mehrheitlich dagegen sind. Die Gläubiger haben keinen Anspruch darauf, daß der Plan in der Gestalt, wie er niedergelegt wurde, auch zur Abstimmung gelangt.

III. Abweichung zum Regierungsentwurf

7 Die Regelung des § 240 InsO ist im Vergleich zur Regelung des Regierungsentwurfes vereinfacht und stringenter gefaßt worden.

8 Der RegE normierte als Voraussetzung für die Ausübung des Planänderungsrechts dessen vorherige Ankündigung im Erörterungstermin.

9 Nur im Falle der rechtzeitigen Ankündigung sollte das Insolvenzgericht verpflichtet sein, eine angemessene Frist für die Änderung des Plans zu setzen.

10 Hierauf wurde zugunsten der Möglichkeit einer unmittelbaren Reaktion seitens des Planvorlegenden im Erörterungstermin und der gemäß Satz 2 eröffneten Möglichkeit der Abstimmung über den geänderten Plan noch in demselben Termin verzichtet.

11 Weiterhin wurde § 284 Abs. 2 RegE ersatzlos gestrichen; hiernach sollte das Gericht einen Plan von Amts wegen zurückweisen, wenn aufgrund der Ergebnisse des Erörterungstermins feststand, daß der Plan offensichtlich keine Aussicht auf Annahme durch die Gläubiger oder auf Bestätigung durch das Gericht haben würde bzw. die Ansprüche, die den Gläubigern nach dem gestaltenden Teil des Plans zustehen sollten, offensichtlich nicht erfüllt werden können.

12 Für die Regelung besteht – in Übereinstimmung mit der Auffassung des Rechtsausschusses – kein Bedarf, da zur Wahrung der Kontroll- und Verfahrensrechte seitens des Gerichts die Möglichkeit reicht, den Plan unmittelbar nach seiner Vorlage gemäß § 231 InsO zurückzuweisen (BT-Drucks. 12/7302, S. 183).

13 Das Eröffnen der Möglichkeit einer nochmaligen rechtsmittelfähigen Gerichtsentscheidung ist daher – auch im Hinblick auf den Grundsatz der Verfahrensbeschleunigung – überflüssig und würde lediglich weitere Rechtsstreitigkeiten nach sich ziehen.

14 Haben sich die Gläubiger im Erörterungstermin eindeutig gegen den Plan artikuliert, obliegt es diesen – soweit der Planvorlegende den Plan nicht zurückgezogen hat – im Abstimmungstermin den Plan abzulehnen. Für eine Entscheidung des Insolvenzgerichts besteht kein Bedarf.

IV. Grenze der »Nachbesserung«

15 Die Änderung des Plans im Erörterungstermin stellt im Regelfall eine Art »Nachbesserung« dar.

16 Sie dient als ultima ratio, um ein Scheitern des Plans zu verhindern; hierzu wird es häufig erforderlich sein, an bestimmte Gläubiger weitergehende Zugeständnisse zu machen, um eine Zustimmung im Abstimmungstermin zu erreichen.

Das Planänderungsrecht gemäß § 240 InsO darf jedoch nicht als Ersatz für eine Auseinandersetzung des Planerstellers mit den Gläubigern mißverstanden werden; diese bleibt im Vorfeld der Planniederlegung notwendig, um die Planakzeptanz noch vor dem Erörterungstermin zu verbessern. 17

Hierbei ist zu beachten, daß der Erfolg eines zur Abstimmung gestellten Plans in großem Maße auch davon abhängen wird, Diskussions- und Streitbedarf im Erörterungstermin zu vermeiden. Setzen zu einzelnen Regelungsinhalten erst umfangreiche Diskussionen ein, wird vielfach eine Eigendynamik ausgelöst, deren Auswirkungen auf den Plan nicht kalkulierbar sind. 18

Aus diesem Grund sollte die Nachbesserung nach § 240 InsO nur dazu dienen, in begrenzter Weise auf Geschehnisse im Erörterungstermin reagieren zu können. Sie stellt aber keinesfalls ein Instrument dar, um massiven Widerständen der Gläubiger im Erörterungstermin mit hektischen Planänderungen zu begegnen. 19

Für den Schuldner hat die Regelung des § 240 InsO – soweit er den Plan vorgelegt hat – eine darüber hinausgehende erhebliche Bedeutung. 20

Mißlingt einem planvorlegenden Schuldner die Durchsetzung seines Plan in einem Anlauf, hat dies de facto den Verlust der Möglichkeit, eine einvernehmliche Insolvenzbewältigung auf der Grundlage seiner eigenen Vorstellungen realisieren zu können, zur Folge. 21

Der Grund hierfür ist, daß dem Schuldner aufgrund der Regelung des § 231 Abs. 2 InsO nur in Ausnahmefällen zugestanden wird, einen zweiten Versuch zur Vorlage eines Plans zu unternehmen, um einer etwaigen Verfahrensverschleppung entgegenzutreten (vgl. die Ausführungen zu § 231 Abs. 2 InsO unter Rz. 42). 22

B. Satz 2

Hat der Planvorlegende auf der Grundlage der Erörterungsergebnisse den Plan geändert, ist es gemäß Satz 2 grundsätzlich möglich, in demselben Termin über den geänderten Plan abzustimmen. 23

Dies gilt jedoch nicht uneingeschränkt. 24

Von der Planänderung dürfen nur einzelne Regelungen des Plans betroffen sein, keinesfalls dürfen Kernaussagen verändert werden. Sollten durch die Planänderung wesentliche Elemente des Plans berührt werden, scheidet eine Abstimmung im selben Termin über den geänderten Plan aus. 25

Was Kernregelungen sind, kann nicht pauschal beurteilt werden, sondern hängt vom jeweiligen einzelnen Insolvenzsachverhalt ab. Eine Veränderung der Abstimmungsgruppen wird beispielsweise mit Sicherheit als wesentlich anzusehen sein. Selbiges gilt für alle Änderungen, welche gesicherte Rechtspositionen einzelner Gläubiger oder die durch den Plan einzelnen Gläubigern zugewiesenen Rechte und Ansprüche berühren. 26

In Zweifelsfällen hat das Insolvenzgericht einen gesonderten Abstimmungstermin entsprechend den Vorgaben des § 241 InsO zu bestimmen, da auch diejenigen Beteiligten, die nicht zum Erörterungstermin erschienen sind, die Möglichkeit erhalten müssen, über den Inhalt der Änderung unterrichtet zu werden. 27

Auf einen gesonderten Abstimmungstermin nach § 241 InsO kann verzichtet werden, wenn sich die Rechtsstellung der Beteiligten durch die Änderung verbessert hat bzw. wenn alle Gläubiger, die aufgrund der Planänderung nachteilig und wesentlich betroffen werden, im Erörterungstermin auch anwesend waren. 28

§ 241
Gesonderter Abstimmungstermin

(1) ¹Das Insolvenzgericht kann einen gesonderten Termin zur Abstimmung über den Insolvenzplan bestimmen. ²In diesem Fall soll der Zeitraum zwischen dem Erörterungstermin und dem Abstimmungstermin nicht mehr als einen Monat betragen.

(2) ¹Zum Abstimmungstermin sind die stimmberechtigten Gläubiger und der Schuldner zu laden. ²Im Falle einer Änderung des Plans ist auf die Änderung besonders hinzuweisen.

Inhaltsübersicht: Rz.

A. Absatz 1 Satz 1	1– 7
B. Absatz 1 Satz 2	8–24
I. Monatsfrist	8–10
II. Zweiter Abstimmungstermin	11–24
C. Absatz 2	25–28
I. Absatz 2 Satz 1	25
II. Absatz 2 Satz 2	26–28

Literatur:

Bundesministerium der Justiz (Hrsg.), Erster Bericht der Kommission für Insolvenzrecht, 1985, S. 182.

A. Absatz 1 Satz 1

1 Die Regelung des § 241 Abs. 1 Satz 1 bestimmt, daß das Gericht in Abweichung zu § 235 InsO einen gesonderten Termin zur Abstimmung über den Insolvenzplan bestimmen kann.

2 Der Zweck der Vorschrift besteht darin, dem Gericht die Möglichkeit zur Trennung des Erörterungs- und Abstimmungstermins zu geben, wenn dies dem Verfahren im Einzelfall dienlich ist bzw. im Erörterungstermin deutlich wird, daß eine Abstimmung nicht möglich ist. Die Gründe hierfür sind vielfältig.

3 Oftmals sind Insolvenzsachverhalte – gerade bei Großinsolvenzen – so komplex, daß den Beteiligten vor der Planabstimmung Gelegenheit zu weiteren Überlegungen und Beratungen gegeben werden muß.

4 Dem Gesetzgeber war bewußt, daß es nicht immer möglich sein wird, einen Plan in einem gemäß § 235 InsO unmittelbar nacheinander stattfindenden Erörterungs- und Abstimmungstermin einer Entscheidung zuzuführen und wollte deshalb mit der Regelung des § 241 Abs. 1 Satz 1 InsO die Möglichkeit zur Trennung dieser Termine eröffnen.

5 Läßt sich im Vorfeld der Abstimmung bereits erkennen, daß der Plan nicht in einem Termin erörtert und verabschiedet werden kann, weil Art und Umfang des Plans dies nicht zulassen, ist es sinnvoll, wenn das Gericht von Anfang an zwei getrennte Termine nach §§ 235, 241 anberaumt, um die Möglichkeit der schriftlichen Abstimmung zu

Gesonderter Abstimmungstermin **§ 241**

eröffnen (*Haarmeyer/Wutzke/Förster* Hdb. zur InsO, S. 671, Rz. 12). Dies ist beispielsweise in Erwägung zu ziehen, wenn ein Großteil der Gläubiger seinen Geschäftssitz in großer räumlicher Distanz zum Schuldner und damit zum zuständigen Insolvenzgericht hat.
Nicht in allen Fällen wird für das Gericht bzw. die Beteiligten bereits im Vorfeld die Notwendigkeit einer Trennung der Termine erkennbar sein. 6
Dies ist vor allem dann der Fall, wenn der Planvorlegende durch Planänderung gemäß § 240 InsO den Plan in seinem Wesen ändert. In diesem Fall kommt eine sofortige Abstimmung über den geänderten Plan nicht mehr in Betracht, da auch die im Erörterungstermin nicht anwesenden Gläubiger die Möglichkeit erhalten müssen, von den Änderungen Kenntnis zu erlangen. Insoweit wird auf die Ausführungen zu § 240 InsO verwiesen. 7

B. Absatz 1 Satz 2

I. Monatsfrist

Die Regelung des Abs. 1 Satz 2, wonach im Falle der Anberaumung eines gesonderten Abstimmungstermins der Zeitraum zwischen dem Erörterungstermin und dem gesonderten Abstimmungstermin nicht mehr als einen Monat betragen soll, dient der Vermeidung von Verfahrensverschleppungen. Ferner soll vermieden werden, daß die Ergebnisse und Diskussionsbeiträge des Erörterungstermins in Vergessenheit geraten. 8
Die Monatsfrist des § 241 Abs. 1 Satz 2 InsO stellt – wie die Regelung des § 235 Abs. 1 Satz 2 InsO – lediglich eine Ordnungsvorschrift dar, was vom Gesetzgeber durch die »Soll«-Vorschrift zum Ausdruck gebracht wurde. 9
Eine Verletzung der Monatsfrist stellt somit keinen wesentlichen Verfahrensmangel i. S. d. § 250 InsO dar und ist für den weiteren Verfahrensfortgang, auch im Rahmen eines etwaigen Rechtsmittelverfahrens, unerheblich. 10

II. Zweiter Abstimmungstermin

Im Gegensatz zu dem ersatzlos gestrichenen § 292 RegEInsO sieht die InsO keinen zweiten Abstimmungstermins in Anlehnung an § 77 Abs. 1 VglO und § 182 Abs. 2 KO vor, so daß – falls der Plan im Abstimmungstermin gescheitert ist – kein Antrag auf Wiederholung der Abstimmung mehr gestellt werden kann. Grund für die Streichung des § 292 RegEInsO war, daß man eine Verfahrensverzögerung befürchtete. 11
Dies wäre insbesondere dann der Fall gewesen, wenn es ermöglicht worden wäre, die Frage der fehlenden Zustimmung einer Gläubigergruppe nach § 245 InsO zunächst offen zu lassen, um eine neue Abstimmung in einem zweiten Termin zu versuchen (BT-Drucks. 12/2443, S. 210). 12
Durch den Verzicht auf einen zweiten Abstimmungstermin ist eine erhebliche Abweichung zum bisherigen Recht eingetreten. Gemäß § 182 Abs. 2 KO konnte der Gemeinschuldner bis zum Schluß des Abstimmungstermins eine einmalige Wiederholung der Abstimmung in einem neuen Termin verlangen, wenn im Termin die erforderlichen Kopf- bzw. Summenmehrheiten für den Zwangsvergleich nicht erreicht werden konnten. 13

§ 241 *Insolvenzplan*

14 Voraussetzung hierfür war lediglich, daß der Schuldner vor Schluß des Vergleichstermins einen diesbezüglichen Antrag gestellt hatte. Das Konkursgericht mußte dem Antrag stattgeben und hatte hierbei keinen Ermessensspielraum. Ein solcher Termin war noch im ersten Abstimmungstermin zu bestimmen und zu verkünden.
15 Der neue Termin war rechtlich völlig selbständig. Es galten nur die in diesem Termin abgegebenen Erklärungen. Für das Stimmrecht und die Gläubigerzahl waren nur die Verhältnisse zur Zeit des neuen Abstimmungstermins maßgebend (*Kilger/Karsten Schmidt* KO, § 183 Rz. 2).
16 Im Vergleich zur Regelung der KO war die Regelung des § 77 VglO noch differenzierter ausgestaltet.
17 Gemäß § 77 Abs. 1 VglO war der Vergleichstermin auf Antrag des Schuldners zu vertagen, wenn der Vergleichsschuldner nur einen Teilerfolg bei der Abstimmung über den Vergleichsvorschlag dahingehend erreicht hatte, daß entweder die Kopfmehrheit oder die Summenmehrheit für seinen Vergleichsvorschlag votiert hatte.
18 In diesem Falle wurde dem Schuldner das Recht auf Vertagung des Termins eingeräumt, um ihm die Möglichkeit zu eröffnen, seinem Vergleichsvorschlag noch zum Erfolg zu verhelfen (*Bley/Mohrbutter* VglO, § 77 Rz. 4).
19 Des weiteren konnte gemäß § 77 Abs. 2 VglO im Vergleichstermin mit 2/3-Mehrheit der anwesenden und vertretenen Vergleichsgläubiger ein Antrag auf Vertagung des Termins gestellt werden, wenn zu erwarten war, daß der neue Termin zu einem Vergleich führen wird (*Bley/Mohrbutter* VglO, § 77 Rz. 14).
20 Unter Würdigung der bisherigen Praxis hat sich der Gesetzgeber zu Recht dafür entschieden, daß es weder dem Schuldner noch den Gläubigern zugestanden werden kann, die Entscheidung über den Plan durch entsprechende Antragsrechte hinauszuzögern.
21 In diesem Zusammenhang ist auffällig, daß der Gesetzgeber, der im Rahmen der InsO der Realisierung des Verfahrensbeschleuigungsgrundsatzes nur begrenzt umgesetzt hat, derart streng ist, daß ein zweiter Abstimmungstermin nicht zugelassen wurde.
22 Im Gesamtbild der Regelungen des Insolvenzplanverfahrens erscheint dies nicht »stimmig«, ist aber dennoch aus Sicht der Praxis zu begrüßen, da das Insolvenzplanverfahren auch ohne einen zweiten Abstimmungstermin bereits äußerst zeitaufwendig ist.
23 Im Gegensatz zum bisherigen Recht, in welchem lediglich eine dritte Abstimmung unzulässig war, wenn keine erforderlichen Mehrheiten erreicht worden waren, wird die Entscheidung über den Plan nunmehr in einem einzigen Termin herbeigeführt.
24 Dem Planvorlegenden ist es im Falle der Ablehnung des Plans unbenommen, einen neuen Plan vorzulegen, der ggf. auch inhaltlich weitgehend mit dem abgelehnten Plan übereinstimmen kann. Ob diesem Plan Erfolg beschieden sein wird, ist eine andere Frage. Schuldnerische Mehrfachinitiativen werden allerdings durch die Regelung des § 231 Abs. 2 InsO begrenzt.

C. Absatz 2

I. Absatz 2 Satz 1

25 Zum gesonderten Abstimmungstermin sind gemäß § 242 Abs. 2 Satz 1 InsO die stimmberechtigten Gläubiger und der Schuldner zu laden. Lediglich diejenigen Gläubiger, deren Rechte durch den Plan nicht berührt werden, müssen nicht geladen werden.

II. Absatz 2 Satz 2

Hat der Planvorlegende von seinem nach § 240 InsO eingeräumten exklusiven Planänderungsrecht Gebrauch gemacht, schreibt Abs. 2 Satz 2 vor, daß die Gläubiger auf die Änderung des Plans besonders hinzuweisen sind, da die Gläubiger über die Änderungen informiert werden müssen. **26**

Der hierzu erforderliche Hinweis kann regelmäßig mit der Ladung zum Abstimmungstermin und der Übersendung des Stimmzettels gemäß § 242 InsO verbunden werden. **27**

Sämtliche Änderungen, die aufgrund des Erörterungstermins vorgenommen worden sind, müssen den Beteiligten zwingend vor der Abstimmung bekanntgegeben werden (*Bundesministerium der Justiz* (Hrsg.), a.a.O., S. 182). Je nachdem, ob es sich um eine Vielzahl oder nur wenige Änderungen handelt, wird der gesamte Plan oder nur der geänderte Teil erneut zugesandt. **28**

§ 242
Schriftliche Abstimmung

(1) Ist ein gesonderter Abstimmungstermin bestimmt, so kann das Stimmrecht schriftlich ausgeübt werden.

(2) ¹Das Insolvenzgericht übersendet den stimmberechtigten Gläubigern nach dem Erörterungstermin den Stimmzettel und teilt ihnen dabei ihr Stimmrecht mit. ²Die schriftliche Stimmabgabe wird nur berücksichtigt, wenn sie dem Gericht spätestens am Tag vor dem Abstimmungstermin zugegangen ist; darauf ist bei der Übersendung des Stimmzettels hinzuweisen.

Inhaltsübersicht:

	Rz.
A. Absatz 1	1– 9
I. Anwendungsbereich	1– 4
II. Regelung im bisherigen Recht	5– 9
B. Absatz 2	10–23
I. Absatz 2 Satz 1	10–11
II. Absatz 2 Satz 2	12–23
1. Zeitrahmen	12–16
2. Verspätete schriftliche Stimmabgabe	17–23

A. Absatz 1

I. Anwendungsbereich

Die Regelung des § 242 Abs. 1 InsO, die an § 73 VglO angelehnt ist, normiert, daß das Stimmrecht – falls ein gesonderter Abstimmungstermin bestimmt worden ist – schriftlich ausgeübt werden kann. In Übereinstimmung mit dem bisherigen § 73 VglO dient § 242 InsO der Verfahrenserleichterung. **1**

Eine schriftliche Abstimmung ist nicht in jedem Planverfahren zulässig, sondern nur, wenn dem Abstimmungstermin ein gesonderter Erörterungstermin vorausgegangen ist, in dem die Stimmrechte der Gläubiger festgesetzt worden sind. **2**

§ 242 *Insolvenzplan*

3 Nur in diesem Fall ist es möglich, den stimmberechtigten Gläubigern aufgrund der vom Urkundsbeamten geführten Stimmliste einen entsprechenden Stimmzettel zu übersenden, der eine eindeutige Stimmabgabe für oder gegen den Plan ermöglicht (BT-Drucks. 12/2443, S. 208).

4 Stehen die Stimmrechte der Beteiligten aufgrund der Ergebnisse des Erörterungstermins fest und wurden diese vom Urkundsbeamten der Geschäftsstelle gemäß § 239 InsO im Verzeichnis festgehalten, würde sich das Abstimmungsverfahren für die Beteiligten – wenn keine schriftliche Stimmabgabe gestattet wäre – unnötig erschweren und meist auch verteuern.

II. Regelung im bisherigen Recht

5 Die Regelung des § 242 InsO weicht von der bisherigen Regelung der KO und GesO insoweit ab, als nach diesen Gesetzen Abstimmungen über den Zwangsvergleich ausschließlich im Zwangsvergleichstermin erfolgen durften.

6 Sowohl in der KO als auch in der GesO waren nicht präsente oder nicht wirksam vertretene Gläubiger für das Mehrheitsverhältnis und das Abstimmungsergebnis ohne Bedeutung. Nicht erschienene Gläubiger waren nicht mitzuzählen (vgl. *Kuhn/Uhlenbruck* KO, § 182 Rz. 3b).

7 Im Gegensatz zur Abstimmung über den Zwangsvergleichsvorschlag gestattete § 73 VglO auch die schriftliche Zustimmung zum Vergleichsvorschlag, so daß ein Vergleich allein durch schriftliche Zustimmungen zustande kommen konnte, sofern die Mehrheiten des § 74 VglO erreicht worden waren (*Bley/Mohrbutter* VglO, § 73 Rz. 1).

8 In der VglO war somit – in Übereinstimmung mit dem jetzigen Recht der InsO und in Abweichung zur KO und der GesO – die persönliche Anwesenheit der Gläubiger im Abstimmungstermin nicht erforderlich.

9 Voraussetzung für eine wirksame schriftliche Zustimmung war, daß diese dem Gericht bis zum Schluß der Abstimmung über den Vergleichsvorschlag zugegangen sein mußte (*Böhle-Stamschräder/Kilger* VglO, § 73 Rz. 2).

B. Absatz 2

I. Absatz 2 Satz 1

10 Gemäß § 242 Abs. 2 Satz 1 InsO hat das Insolvenzgericht den stimmberechtigten Gläubigern nach dem Erörterungstermin einen Stimmzettel zu übersenden und das Ergebnis des Erörterungstermins hinsichtlich des Stimmrechts mitzuteilen. Hierbei ist es zweckmäßig die Stimmzettel für die schriftliche Abstimmung zusammen mit der Ladung zum Abstimmungstermin über den Plan oder die Pläne zu übersenden.

11 Die Stimmzettel sind dabei derart zu gestalten, daß die Beteiligten sich nur mit ja oder nein für oder gegen den oder die Pläne entscheiden können.

Schriftliche Abstimmung § 242

II. Absatz 2 Satz 2

1. Zeitrahmen

Die schriftliche Stimmabgabe wird – wie in der VglO – nur innerhalb eines zeitlichen Rahmens berücksichtigt; in Abweichung zur bisherigen Regelung des § 73 Abs. 1 Satz 2 2. HS VglO ist der Zeitpunkt der letztmöglichen wirksamen Stimmabgabe jedoch vorverlegt worden. 12

War eine Zustimmungserklärung nach der VglO noch wirksam erteilt, wenn diese während des bereits laufenden Abstimmungstermins bei Gericht einging (*Bley/Mohrbutter* VglO, § 73 Rz. 11), so muß die Stimmabgabe dem Insolvenzgericht nunmehr spätestens am Tag vor dem Abstimmungstermin zugehen. 13

Die Vorverlegung des letztmöglichen Abgabezeitpunkts der schriftlichen Stimmabgabe ist aus Praktikabilitätsgründen erfolgt, da im Vergleichsverfahren oftmals praktische Schwierigkeiten entstanden, wenn der Abstimmungstermin außerhalb des Gerichtsgebäudes stattfand oder wenn die Geschäftsstelle während des laufenden Abstimmungsverfahrens nicht mehr besetzt war (*Böhle-Stamschräder/Kilger* VglO, § 73 Rz. 2). 14

Zur Vermeidung dieser Probleme wurde der Zeitpunkt der letztmöglichen Stimmabgabe vom Reformgesetzgeber auf den Tag vor dem Abstimmungstermin vorverlagert; nach diesem Zeitpunkt eingegangene schriftliche Erklärungen sind von der Abstimmung ausgeschlossen. Um die Teilnahmefähigkeit einer Abstimmungserklärung nachprüfen zu können, muß von der Geschäftsstelle Tag, Stunde und Minute des Eingangs eines Stimmzettels genau vermerkt werden (BT-Drucks. 12/2443, S. 208). 15 16

2. Verspätete schriftliche Stimmabgabe

Hat ein abstimmungsberechtigter Gläubiger, der nach § 241 Abs. 2 InsO rechtzeitig geladen war, die fristgerechte Einreichung seines Stimmzettels versäumt, ist er von der schriftlichen Stimmabgabe ausgeschlossen. 17

Es steht dem Gläubiger jedoch frei, persönlich am Abstimmungstermin teilzunehmen oder sich diesbezüglich wirksam vertreten zu lassen. Durch das persönliche Erscheinen zum Abstimmungstermin werden weiterhin sämtliche Fehler im Hinblick auf die schriftliche Stimmabgabe, z. B. fehlende Übersendung eines Stimmzettel, fehlende Ladung zum Abstimmungstermin, fehlende Hinweise auf dem Stimmzettel gemäß § 242 Abs. 2 Satz 2 2. HS InsO geheilt. 18

Hat ein abstimmungsberechtigter Gläubiger eine Abstimmungserklärung abgegeben und reicht noch vor Ablauf der Einreichungsfrist eine geänderte Abstimmungserklärung bei Gericht ein, ist er durch die ältere Erklärung nicht mehr gebunden. Voraussetzung ist jedoch, daß der Gläubiger zum Ausdruck bringt, daß die neue Abstimmungserklärung die alte ersetzen soll. 19

Die Bindungswirkung einer Abstimmungserklärung tritt erst mit Schluß des Abstimmungstermins ein. Bis zu diesem Zeitpunkt kann eine Abstimmungserklärung – ohne Angabe von Gründen – schriftlich oder mündlich im Abstimmungstermin widerrufen werden. (vgl. *Böhle-Stamschräder/Kilger* VglO, § 73 Rz. 2) 20

Der Umfang der schriftlichen Stimmabgabe eines abstimmungsberechtigten Gläubigers bezieht sich auf den ursprünglich im Abdruck oder in der Zusammenfassung seiner wesentlichen Inhalte gemäß § 235 Abs. 3 Satz 2 InsO übersandten Insolvenzplans. 21

Weiterhin bezieht sich die Stimmabgabe auf etwaige Planänderungen, falls auf diese – gemäß § 241 Abs. 2 Satz 2 InsO – entsprechend hingewiesen worden ist. 22

Jaffé

23 Gemäß Abs. 2 Satz 2 2. HS ist bei der Übersendung des Stimmzettels auf die Ausschlußfrist der schriftlichen Stimmabgabe hinzuweisen.

§ 243
Abstimmung in Gruppen

Jede Gruppe der stimmberechtigten Gläubiger stimmt gesondert über den Insolvenzplan ab.

Inhaltsübersicht: Rz.

A. Zweck der Regelung 1–10
B. Ablauf der Abstimmung 11–14

Literatur:

Kilger Der Konkurs des Konkurses, KTS 1975, 142.

A. Zweck der Regelung

1 Die Tatsache, daß der Plan der mehrheitlichen Zustimmung der betroffenen Gläubiger bedarf, korrespondiert sowohl mit dem bisherigen Recht des gerichtlichen Vergleichs gemäß § 74 VglO als auch des Zwangsvergleichs gemäß § 182 KO.

2 Im bisherigen Recht der KO und der GesO gab es – mangels unterschiedlicher Gruppen von Gläubigern – keine Notwendigkeit für eine dem § 243 InsO vergleichbare Regelung.

3 Sämtliche nichtbevorrechtigten Gläubiger, die an der Abstimmung über den Zwangsvergleich teilnahmen, waren von Gesetzes wegen gleich zu behandeln.

4 Diese Gleichbehandlungspflicht, die aus der Zielsetzung der gemeinschaftlichen und gleichmäßigen Befriedigung der Konkurs- und Gesamtvollstreckungsgläubiger resultierte, war im bisherigen Recht durch die Vorrangkataloge der §§ 61 KO, 17 Abs. 3 Nr. 1–3 GesO weitgehend entwertet (so zu Recht: *Kilger* KTS 1975, 142).

5 Eine Befriedigung der nicht bevorrechtigten Gläubiger schied in den meisten Verfahren aufgrund der Vorrechte meist ganz aus oder erbrachte für diese Gläubiger allenfalls eine marginale Quote von 3–5%, die nicht einmal den Aufwand der Verfahrensteilnahme rechtfertigen konnte.

6 Im Gegensatz zur KO und GesO war in der VglO eine Abstimmung nach Gruppen in der Weise vorgesehen, daß bei unterschiedlicher Behandlung der Vergleichsgläubiger im Vergleichsvorschlag die »zurückgesetzten« Gläubiger gemäß § 8 Abs. 2 Satz 1 VglO gesondert über den Plan abstimmen mußten.

7 In der Vergleichspraxis erfolgte diese Abstimmung der ungleich behandelten Gläubiger aus Gründen der Zweckmäßigkeit gesondert vor der Abstimmung über den Vergleichsvorschlag.

8 Im Falle des Nichterreichens der nach § 8 Abs. 2 VglO geforderten Mehrheiten war der Vergleichsvorschlag bereits im Ganzen abgelehnt, so daß sich eine Abstimmung über den Plan erübrigte (*Böhle-Stamschräder/Kilger* VglO, § 74 Rz. 5).

Die Regelung des § 243 InsO stellt eine Konsequenz der nach § 222 Abs. 1 InsO obligatorischen bzw. nach § 222 Abs. 2 InsO fakultativen Gruppenbildung dar, da diese ohne eine in gleichem Maße differenzierte Abstimmung über den Plan keinen Sinn ergäbe. **9**

Die Regelung des § 243 InsO beruht – anders als § 8 Abs. 2 Satz 1 VglO – nicht auf der Zurücksetzung einzelner Gläubiger, sondern auf der Differenzierung von Gläubigern mit unterschiedlicher und/oder gleicher Rechtsstellung innerhalb des Insolvenzplanverfahrens. **10**

B. Ablauf der Abstimmung

Regelungen über den Ablauf der Abstimmung wurden vom Gesetzgeber nicht getroffen; insbesondere wurde keine Reihenfolge der Abstimmung der Gruppen oder die Reihenfolge einer Abstimmung über mehrere Pläne vorgegeben, obwohl die Abstimmungsreihenfolge, wenn mehrere Pläne zur Abstimmung gestellt werden, erheblichen Einfluß auf das Stimmverhalten und damit das Planergebnis haben kann. **11**

In § 235 Abs. 1 Satz 1 InsO ist lediglich normiert, daß das Insolvenzgericht den Termin für die Erörterung und Abstimmung über den Plan bestimmt. **12**

Dies deutet darauf hin, daß die Bestimmung der Reihenfolge zur Abstimmung über den Plan beim Insolvenzgericht liegt und das Insolvenzgericht in seiner sitzungsleitenden Funktion die Aufgabe hat, die Reihenfolge der Abstimmung über die Pläne und die jeweiligen Gruppen festzulegen. **13**

Hierdurch wird dem Insolvenzgericht ein erheblicher Einfluß auf das Abstimmungsverhalten der Gläubiger und das verfahrensrechtliche Schicksal der einzelnen Planentwürfe eingeräumt. **14**

§ 244
Erforderliche Mehrheiten → § 182 KO

(1) Zur Annahme des Insolvenzplans durch die Gläubiger ist erforderlich, daß in jeder Gruppe
1. die Mehrheit der abstimmenden Gläubiger dem Plan zustimmt und
2. die Summe der Ansprüche der zustimmenden Gläubiger mehr als die Hälfte der Summe der Ansprüche der abstimmenden Gläubiger beträgt.

(2) ¹Gläubiger, denen ein Recht gemeinschaftlich zusteht oder deren Rechte bis zum Eintritt des Eröffnungsgrunds ein einheitliches Recht gebildet haben, werden bei der Abstimmung als ein Gläubiger gerechnet. ²Entsprechendes gilt, wenn an einem Recht ein Pfandrecht oder ein Nießbrauch besteht.

Inhaltsübersicht: Rz.

A. Ablauf der Abstimmung 1– 5
B. Absatz 1 6–26
    I. Grundsatz 6– 8
    II. Rechtslage nach bisherigem Recht 9–17
        1. Zwangsvergleich nach KO 9–13

	2. Zwangsvergleich nach GesO	14–15
	3. Vergleich nach VglO	16–17
III.	Erforderliche Mehrheiten nach § 244 Abs. 1 InsO	18–26
	1. »Jede Gruppe«	18
	2. Berechnung der Mehrheiten	19–26
C. Absatz 2 Satz 1		27–38
I.	Grundsatz	27–32
II.	Fallgruppen	33–38
	1. Teilgläubigerschaft	33–34
	2. Gesamtgläubigerschaft	35–36
	3. Gesamthandsgläubiger	37–38
D. Absatz 2 Satz 2		39–42
I.	Grundsatz	39
II.	Zum Pfandrecht	40–41
III.	Zum Nießbrauch	42
E. Annahme mehrerer Pläne		43–53

Literatur:

Eidenmüller Der Insolvenzplan als Vertrag, in Schenk/Schmidtchen/Streit, Aus Jahrbuch der politischen Ökonomie, Band 15, 1996, S. 163 ff.; *Henckel* Deregulierung im Insolvenzverfahren?, KTS 1989, 477 ff.; *Uhlenbruck* Die Konkurs- und Vergleichsvollmacht nach der Vereinfachungsnovelle, MDR 1978, 8; *Vogels/Nölte* Vergleichsordnung, 1952.

A. Ablauf der Abstimmung

1 Das Abstimmungsverfahren über den Plan ist nicht öffentlich und findet wie im bisherigen Recht unter der Leitung des Insolvenzgerichts statt (*Kuhn/Uhlenbruck* KO, § 182 Rz. 1).

2 Ein Protokollführer hat in entsprechender Anwendung der §§ 156, 160 ZPO über den Gang der Verhandlung und Abstimmung ein Protokoll mit Stimmliste zu führen.

3 Nach Eröffnung des Termins wird die Anwesenheit der Beteiligten festgestellt, Vollmachten etwaiger Vertreter geprüft und als Anlage zum Protokoll genommen. Mängel der Anwaltsvollmachten werden nach §§ 4 InsO, 88 Abs. 2 ZPO nicht von Amts wegen berücksichtigt (*Uhlenbruck* MDR 1978, 8). In der Praxis wird auf die ordnungsgemäße Anwaltsvollmacht oftmals weitaus penibler geachtet, als es der Gesetzgeber fordert. Aus diesem Grunde ist Anwälten dringend empfohlen, nicht ohne entsprechende Vollmacht zum Termin zu erscheinen.

4 Es folgt wie im bisherigen Zwangsvergleich die Verhandlung über den Plan, den der Planvorlegende mündlich vorträgt (vgl. *Kuhn/Uhlenbruck* KO, § 182 Rz. 1 a).

5 Erfolg ist einem Insolvenzplan nur beschieden, wenn der Planersteller im Abstimmungstermin die nach § 244 Abs. 1 InsO erforderlichen Mehrheiten für den Plan gewinnen kann oder die Zustimmung ablehnender Gläubigergruppen ersetzt wird.

B. Absatz 1

I. Grundsatz

In § 244 Abs. 1 InsO ist in Übereinstimmung mit dem bisherigen Recht das Erfordernis 6
doppelter Mehrheiten verankert. Entsprechend §§ 74 Abs. 1 VglO, 182 Abs. 1 KO, 16
Abs. 4 Satz 3 GesO gilt die Zustimmung zu einem Insolvenzplan nur dann als erteilt,
wenn die Mehrheit nach der Zahl der Gläubiger (Kopfmehrheit) und die Mehrheit nach
der Höhe der Ansprüche (Summenmehrheit) erreicht worden ist (BT-Drucks. 12/2443,
S. 208).

Durch das Erfordernis der Kopfmehrheit wird verhindert, daß wenige Großgläubiger 7
eine Vielzahl von Kleingläubigern überstimmen können (*Eickmann* Konkurs- und
Vergleichsrecht, S. 113). Die Kopfmehrheit wird erreicht, wenn die Mehrzahl der in dem
Termin anwesenden, stimmberechtigten Gläubiger ausdrücklich zugestimmt hat.

Durch das Erfordernis der Summenmehrheit wird verhindert, daß Kleingläubiger – 8
losgelöst von deren in der Höhe der Forderungen verkörperten wirtschaftlichen Interesse – Großgläubiger, wie z. B. Hausbanken oder Finanzämter, beliebig überstimmen
könnten.

II. Rechtslage nach bisherigem Recht

1. Zwangsvergleich nach KO

Bei einer Abstimmung über den Zwangsvergleich gemäß § 182 KO waren ebenfalls zwei 9
Mehrheiten erforderlich, nämlich eine einfache Kopfmehrheit sowie eine qualifizierte
Summenmehrheit.

Wurde nur eine dieser Mehrheiten nicht erreicht, so galt der Zwangsvergleichsvorschlag 10
als abgelehnt (*Kuhn/Uhlenbruck* KO, § 182 Rz. 2)

Für die Kopfmehrheit genügte nach der KO eine einfache Stimmehrheit. Nicht präsente 11
Gläubiger wurden hierbei nicht mitgezählt, so daß nur anwesenden und vertretenen
Gläubiger auf das Abstimmungsverhältnis Einfluß hatten.

Die qualifizierte Summenmehrheit nach § 182 Abs. 1 Nr. 2 KO war erreicht, wenn die 12
Gesamtsumme der Forderungen der zustimmenden Gläubiger drei Viertel der Gesamtsumme aller stimmberechtigter Gläubiger betrug.

Die qualifizierte Summenmehrheit wurde in der Konkurspraxis jedoch kaum erzielt, da 13
nicht – wie bei der Berechnung der Kopfmehrheit gemäß § 182 Abs. 1 Nr. 1 KO – nur auf
Forderungen der anwesenden Gläubiger, sondern auf die Forderungen sämtlicher stimmberechtigten Gläubiger abgestellt wurde.

2. Zwangsvergleich nach GesO

In der Gesamtvollstreckungsordnung war nach § 16 Abs. 4 Satz 2 GesO für die An- 14
nahme des Vergleichsvorschlags die einfache Stimmenmehrheit der anwesenden
Gläubiger und eine Dreiviertelmehrheit der Forderungsbeträge dieser Gläubiger erforderlich (*Haarmeyer/Wutzke/Förster* GesO, § 16 Rz. 19).

Die Regelung der GesO hatte geringere Mehrheitserfordernisse als in der KO und der 15
VglO, da zur Beurteilung der erforderlichen Summenmehrheit nur auf die im Vergleichstermin anwesenden Gläubiger abgestellt worden ist, wobei in der GesO – wie in der KO –

nur mündlich abgegebene Stimmen der im Termin anwesenden Gläubiger gezählt wurden (*Haarmeyer/Wutzke/Förster* a. a. O.; *Hess/Binz/Wienberg* GesO, § 16 Rz. 53).

3. Vergleich nach VglO

16 Nach § 74 Abs. 1 VglO war für das Zustandekommen eines Vegleichs neben der einfachen Kopfmehrheit der an der Abstimmung teilnehmenden Gläubiger gemäß § 74 Abs. 1 Nr. 1 VglO kumulativ die Dreiviertelmehrheit der Forderungssummen bezogen auf alle stimmberechtigten Gläubiger erforderlich.

17 Die Regelung des § 74 Abs. 1 VglO war in der Praxis ein Hindernis für das Zustandekommen eines Vergleichs und wurde – wie nachfolgend dargestellt wird – zu Recht nicht in die InsO übernommen.

III. Erforderliche Mehrheiten nach § 244 Abs. 1 InsO

1. »Jede Gruppe«

18 Ein Insolvenzplan ist nur angenommen, wenn alle Gruppen, nicht nur die Mehrheit der Gruppen, zustimmen und in jeder Gruppe die Kopf- und Summenmehrheit der abstimmenden Gläubiger erreicht worden ist

2. Berechnung der Mehrheiten

19 Wie bereits dargelegt, enthält § 244 Abs. 1 InsO hinsichtlich der Mehrheitsberechnung erhebliche Abweichungen zum bisherigen Recht. Die Summenmehrheit wird nur nach den Forderungen der abstimmenden Gläubiger berechnet; ferner genügt nunmehr die einfache Kopf- und Summenmehrheit.

20 Da die hohen Mehrheitserfordernisse nach bisherigem Recht gemäß §§ 74 Abs. 1 VglO, 182 Abs. 1 KO, 16 Abs. 4 Satz 3 GesO, welche der Liquidation auf der Grundlage der gesetzlichen Vorgaben Vorschub leisteten, weggefallen sind, wird nunmehr die Planannahme und damit die Möglichkeit einer Sanierung erheblich erleichtert. Auch stimmrechtlich wird das Planverfahren somit auf eine Stufe mit der gesetzlichen Abwicklung gestellt.

21 Die reduzierten Mehrheitserfordernisse blieben in der Literatur allerdings nicht ohne Kritik. Es wurde vorgetragen, daß bedingt durch die Gruppenbildung zusammen mit dem Obstruktionsverbot die Gefahr bestünde, daß einzelne Gläubiger die Willensbildung und damit den Plan bestimmen könnten (vgl. *Henckel* KTS 1989, 477, 491 f.).

22 Weiterhin wurde vorgebracht, daß die Berechnung der Summenmehrheiten allein nach den abstimmenden Gläubigern zu einer Benachteiligung der nicht an der Abstimmung teilnehmenden Gläubiger führen würde.

23 Die fehlende Teilnahme am Abstimmungsverfahren werde vielfach darauf beruhen, daß sich die nichtteilnehmenden Gläubiger auch im Rahmen des Planverfahrens keine akzeptable Quote erwarten.

24 Es ist deshalb durchaus möglich, daß Gläubiger auch in Zukunft aus Resignation einem Abstimmungsverfahren fernbleiben, so daß insbesondere institutionelle Gläubiger einen noch wesentlich höheren Einfluß auf den Ausgang des Verfahrens haben werden (*Henckel* a. a. O.).

Durch eine regelmäßige Teilnahme der institutionellen Gläubiger, wie Banken, Versi- 25
cherungen, Finanzämter und Sozialversicherungsbehörden, besteht die Gefahr, daß der
Ausgang eines Planverfahrens durch eine geschickte Gruppenbildung von wenigen
Großgläubigern bestimmt sein kann.
Wenngleich durch die Verringerung des Mehrheitserfordernisses zwangsläufig auch 26
Mehrheitsbeschaffungen erleichtert werden, ist dennoch die sich in der Mehrheitsfrage
widerspiegelnde Gleichberechtigung von Insolvenzplan und gesetzlicher Zwangsverwertung ausdrücklich zu begrüßen, da hierdurch eine Präjudiz zugunsten der Zerschlagung vermieden wurde.

C. Absatz 2 Satz 1

I. Grundsatz

Die Regelung des § 244 Abs. 2 InsO stimmt weitgehend wörtlich mit dem bisherigen 27
§ 72 Abs. 2 VglO überein und regelt den Fall der Abstimmung von Forderungsgemeinschaften.
Die Regelung des Abs. 2 ist erforderlich, da sich die Kopfmehrheit gemäß § 244 Abs. 1 28
Nr. 1 InsO nach der Zahl der stimmberechtigten Gläubiger bemißt.
Ebenso wie ein Gläubiger, der mehrere Forderungen innehat – von Treuhandverhältnis- 29
sen abgesehen – in diesem Fall nur eine Stimme hat und deshalb mit dem Gesamtbetrag
seiner Forderung nur einheitlich stimmen kann (*Bley/Mohrbutter* VglO, § 72 Rz. 15), gilt
dies auch für Forderungen, die mehreren Personen »gemeinschaftlich zustehen«.
Die typischen Fälle, in denen Gläubigern ein Recht gemeinschaftlich zusteht oder deren 30
Rechte bis zum Eintritt des Eröffnungsgrundes ein einheitliches Recht darstellen, sind
die Teilgläubigerschaft, die Gesamtgläubigerschaft sowie Fälle der Gesamthandsgläubigerschaft.
Sämtliche Gläubiger können somit nur einheitlich stimmen, also entweder für oder 31
gegen den Plan; dies gilt auch für Forderungsgemeinschaften. Auf diese Weise wird an
dem Grundsatz, daß es je Forderung nur eine Stimme gibt, festgehalten.
Wird entgegen § 244 Abs. 2 InsO einer Forderungsgemeinschaft eine Mehrzahl von 32
Kopfstimmen zugebilligt, hat dies – wie im bisherigen Recht – die Versagung der
Planbestätigung zur Folge (vgl. *Bley/Mohrbutter* VglO, § 72 Rz. 16)

II. Fallgruppen

1. Teilgläubigerschaft

Haben mehrere Gläubiger eine teilbare Leistung gemäß § 420 BGB zu fordern, ist jeder 33
von ihnen nur zu einem gleichen Anteil berechtigt.
Es bestehen von vornherein geteilte Forderungen, wobei jeder der Gläubiger für sich eine 34
Kopfstimme beanspruchen kann; insofern erklärt sich die Sonderregelung des § 244
Abs. 2 Satz 1 2. Alt. InsO, die den Gläubigern, deren Forderungen bis zum Eintritt des
Insolvenzgrundes eine einzige Forderung gebildet hatten, nur eine Stimme gewährt (vgl.
Bley/Mohrbutter VglO, § 72 Rz. 17). Die Vorschrift will somit der mißbräuchlichen
Vermehrung der Kopfstimmen durch Forderungsteilungen in der Krise vorbeugen
(*Bley/Mohrbutter* VglO, § 72 Rz. 19).

2. Gesamtgläubigerschaft

35 Sind mehrere Gläubiger berechtigt, eine Leistung in der Weise zu fordern, daß jeder von ihnen die ganze Leistung fordern kann, der Schuldner gemäß § 428 BGB die Leistung aber nur einmal zu erbringen verpflichtet ist, so haben sie nur eine Stimme und müssen sich über die Ausübung des Stimmrechts einigen (*Böhle-Stammschräder/Kilger* VglO, § 72 Rz. 2).

36 Das gleiche gilt bezüglich Forderungen, die, ohne eine Gesamtgläubigerschaft zu begründen, gemäß § 432 BGB eine unteilbare Leistung zum Inhalt haben.

3. Gesamthandsgläubiger

37 Sind mehrere Gläubiger berechtigt, eine Leistung in der Weise zu fordern, daß der einzelne diese nicht an sich selbst, sondern nur an die Mehrheit der Gläubiger zur gesamten Hand verlangen kann, so haben sie ebenfalls nur eine Stimme.

38 Hierzu zählen Gesamthandsgläubiger aufgrund Gesellschaftsrecht gemäß §§ 705, 718 BGB, §§ 105, 124, 161 Abs. 2 HGB; aufgrund Vereinsrechts gemäß § 54 BGB; aufgrund der gemeinschaftlichen Verwaltung des Gesamtguts gemäß § 1416 BGB, falls keine Zustimmungsersetzung nach § 1452 Abs. 1 BGB stattgefunden hat sowie aufgrund einer bestehenden Erbengemeinschaft gemäß §§ 2032 ff. BGB.

D. Absatz 2 Satz 2

I. Grundsatz

39 Regelung des § 244 Abs. 2 Satz 1 ist entsprechend anzuwenden, wenn an einem Recht ein Pfandrecht oder Nießbrauch besteht. Durch § 244 Abs. 2 Satz 2 InsO wird klargestellt, daß im Rahmen einer Abstimmung über den Plan der Forderungsinhaber und der Pfandrechtsgläubiger oder der Nießbraucher für die belastete Forderung nur gemeinschaftlich abstimmen können.

II. Zum Pfandrecht

40 Vor Eintritt der Pfandreife gemäß § 1228 Abs. 2 BGB kann der Schuldner gemäß § 1281 BGB nur an Pfandgläubiger und Gläubiger gemeinsam leisten.

41 Bei Verpfändung gilt dies gemäß § 835 Abs. 2 ZPO auch noch nach Eintritt der Pfandreife, wenn die Forderung gemäß §§ 1281, 1282 Abs. 2 BGB, 836 Abs. 1 ZPO zur Einziehung überwiesen worden ist, nicht aber, wenn die Forderung an Zahlungs Statt überwiesen worden ist (vgl. *Jaeger/Weber* KO, § 82 Rz. 4; *Vogels/Nölte* VglO, § 72, Rz. II, 1 c; *Bley/Mohrbutter* VglO, § 72 Rz. 18).

III. Zum Nießbrauch

42 Der Nießbraucher einer Forderung ist gemäß § 1074 BGB zur Einziehung der Forderung, nicht aber zu anderen Verfügungen berechtigt.

E. Annahme mehrerer Pläne

Aufgrund der Vorlagemöglichkeit mehrerer Pläne ist es – bedingt durch die Gruppenbildung und das Obstruktionsverbot – denkbar, daß zwei bzw. gegebenenfalls sogar drei Pläne die mehrheitliche Zustimmung der Gläubiger im Abstimmungstermin finden und angenommen werden. **43**

In der Literatur wurde hierzu teilweise die Auffassung vertreten, daß das Insolvenzgericht – falls mehrere Pläne angenommen worden sind – den Plan, den es für den als wirtschaftlich günstigsten hält, bestätigen könne (*Henkel* KTS 1989, 477, 482). **44**

Diese Auffassung ist jedoch de lege lata kaum vertretbar; in den §§ 248 ff. InsO sind abschließende Tatbestände, bei deren Vorliegen das Gericht einen gläubigerseits angenommenen Plan nicht bestätigen darf, formuliert. Ist keiner der gesetzlichen Versagungsgründe einschlägig, muß ein angenommener Plan bestätigt werden (so zu Recht: *Eidenmüller* in Schenk/Schmidtchen/Streit, S. 177). **45**

Für eine Berechtigung des Insolvenzgerichtes sich bei mehreren angenommenen Plänen für einen Plan zu entscheiden, sind somit in den §§ 248 ff. InsO keine Anhaltspunkte zu finden. **46**

Die Vorstellung, daß zwei oder unter Umständen sogar drei Pläne durch das Gericht bestätigt werden und damit Wirkungen für und gegen alle Beteiligten entfalten sollen, führt allerdings zu absurden Ergebnissen (*Eidenmüller*, a. a. O.). **47**

Der Gesetzgeber hat eine Regelung dieses Falls versäumt. **48**

Tritt der Fall in der Praxis ein, daß mehrere Pläne zur Abstimmung gestellt werden können und kann im Termin keine eindeutige Entscheidung für einen Plan getroffen werden, kann das Insolvenzgericht die Entscheidung, welchem Plan der Vorzug zu geben ist, ohne Beiziehung von Sachverständigen dann selbst treffen, wenn – wie zu erwarten ist – einer der Pläne die größte Zustimmung der Beteiligten gefunden hat. Ferner kann die Abstimmung im Falle einer Patt-Situation auch wiederholt werden. **49**

Wenn eine – eher theoretisch vorstellbare – völlige und unlösbare Patt-Situation hinsichtlich der vorgelegten Pläne eingetreten ist, welche sich auch durch eine erneute Abstimmung nicht lösen läßt, hat das Gericht in einem solchen Falle die Untersuchung der angenommenen Pläne durch Sachverständige dahingehend zu veranlassen, welcher Plan den Interessen der Beteiligten wirtschaftlich am besten dient. **50**

Hierbei sollte – soweit keine Interessenskollision ersichtlich ist – vom Gericht vorrangig auf den Verwalter zurückgegriffen werden, da dieser das Verfahren kennt und zügig eine entsprechende Stellungnahme abgeben kann. Wenn ein Verwalterplan und ein Schuldnerplan konkurrieren, wird die Einschaltung eines externen Sachverständigen regelmäßig der Fall sein müssen. **51**

Bedingt durch die hierdurch eintretende erhebliche Zeitverzögerung wird dies jedoch oftmals dazu führen, daß sämtliche angenommenen Pläne scheitern, weil bis zum Vorliegen der Sachverständigengutachten die Geschäftsgrundlagen der Pläne vielfach entfallen sein werden und deshalb oftmals nur mehr die Zerschlagung nach den gesetzlichen Vorschriften verbleiben wird. **52**

Hierüber müssen sich die Gläubiger, wenn sie sich im Abstimmungstermin nicht auf einen Plan einigen können, bewußt sein. **53**

§ 245
Obstruktionsverbot

(1) Auch wenn die erforderlichen Mehrheiten nicht erreicht worden sind, gilt die Zustimmung einer Abstimmungsgruppe als erteilt, wenn
1. die Gläubiger dieser Gruppe durch den Insolvenzplan nicht schlechter gestellt werden, als sie ohne einen Plan stünden,
2. die Gläubiger dieser Gruppe angemessen an dem wirtschaftlichen Wert beteiligt werden, der auf der Grundlage des Plans den Beteiligten zufließen soll, und
3. die Mehrheit der abstimmenden Gruppen dem Plan mit den erforderlichen Mehrheiten zugestimmt hat.

(2) Eine angemessene Beteiligung der Gläubiger einer Gruppe im Sinne des Absatzes 1 Nr. 2 liegt vor, wenn nach dem Plan
1. kein anderer Gläubiger wirtschaftliche Werte erhält, die den vollen Betrag seines Anspruchs übersteigen,
2. weder ein Gläubiger, der ohne einen Plan mit Nachrang gegenüber den Gläubigern der Gruppe zu befriedigen wäre, noch der Schuldner oder eine an ihm beteiligte Person einen wirtschaftlichen Wert erhält und
3. kein Gläubiger, der ohne einen Plan gleichrangig mit den Gläubigern der Gruppe zu befriedigen wäre, besser gestellt wird als diese Gläubiger.

Inhaltsübersicht: Rz.

A. Allgemeines		1–33
	I. Anwendungsbereich	1– 5
	II. Zweck der Regelung	6–14
	III. Rechtsvergleichung	15–21
	IV. Beurteilungsmaßstab	22–33
	1. Allgemeines	22–26
	2. Rechtlich-systematische Anknüpfung	27–33
B. Voraussetzungen		34–72
	I. Allgemeines	34
	II. Abs. 1 Nr. 1	35–47
	III. Abs. 1 Nr. 2 i. V. m. Abs. 2	48–71
	1. Allgemeines	48–50
	2. Kriterien	51–71
	a) Abs. 2 Nr. 1	52–53
	b) Abs. 2 Nr. 2	54–60
	c) Abs. 2 Nr. 3	61–71
	IV. Abs. 1 Nr. 3	72
C. Lösungsansatz		73–90
D. Gesetzliche Änderungen		91–93

Literatur:

Balz Logik und Grenzen des Insolvenzrechts, ZIP 1988, 1438 ff.; *Burger/Schellberg* Der Insolvenzplan im neuen Insolvenzrecht, DB 1994, 1835; *Eidenmüller* Der Insolvenzplan als Vertrag, in Schenk/Schmidtchen/Streit, Jahrbuch für Neue Politische Ökonomie, Band 15, 1996, S. 163 ff.; *Frey/McConnico/Frey* An Introduction to Bankrupty Law, 1990, S. 7–13; *Henckel* Deregulierung im Insolvenzverfahren?, KTS 1989, 477 ff.; *Heni* WPg 1990, 93; *Maus* Der Insolvenzplan, in Kölner Schrift zur Insolvenzordnung, 1997, S. 728; *Smid* Gerichtliche Bestätigung des Insolvenzplans trotz Versagung seiner Annahme durch Abstimmungsgruppen von Gläubigern, in Smid/Fehl, Recht und Pluralismus, FS für Hans-Martin Pawlowski zum 65. Geburtstag, 1997; *ders.* Gleichbehandlung der Gläubiger und Wiederherstellung eines funktionsfähigen Insolvenzrechts als Aufgaben der Insolvenzrechtsreform, BB 1992, 501 ff; *Veit* Die Verknüpfung der Bilanz für das Rumpfgeschäftsjahr und der Konkurseröffnungsbilanz durch eine Überleitungsrechnung, KTS 1983, 57.

A. Allgemeines

I. Anwendungsbereich

Das an die amerikanische »cram-down-rule« des § 1129 (b) BC angelehnte Obstruktionsverbot des § 245 InsO hat keine Bedeutung für das Zustandekommen eines Insolvenzplans, wenn die nach § 244 InsO erforderlichen Mehrheiten in der gruppenbezogenen Abstimmung erreicht worden sind.   **1**

Der Anwendungsbereich des § 245 InsO ist nur eröffnet und das Vorliegen seiner Tatbestandsvoraussetzungen damit nur zu prüfen, wenn die nach § 244 Abs. 1 InsO geforderten Mehrheiten nicht erreicht worden sind, weil eine oder mehrere Gruppen einem vorgelegten Plan die Zustimmung verweigert haben.   **2**

Das Obstruktionsverbot kann ferner nur Anwendung finden, wenn andere Gruppen von Gläubigern dem Plan zugestimmt haben, da nur dann eine Mehrheit von Gläubigergruppen gegeben ist. Lehnt eine Gruppe den Plan ab, so müssen mindestens zwei andere Gruppen dem Plan zustimmen.   **3**

Es kann sich dabei etwa um Pflichtgruppen i. S. d. § 222 Abs. 1 InsO und um eine der fakultativen Gruppen i. S. d. § 222 Abs. 2 InsO handeln.   **4**

Die alleinige Zustimmung der nachrangigen Gläubiger nach § 246 InsO reicht – soweit deren Zustimmung gesetzlich fingiert wird – nicht aus, um die Anwendung des Obstruktionsverbotes zu ermöglichen, da das Gesetz in § 244 Abs. 1 InsO davon spricht, daß »mit den erforderlichen Mehrheiten zugestimmt« werden muß.   **5**

II. Zweck der Regelung

Ein Insolvenzplanverfahren ist, insbesondere wenn es auf die Sanierung und anschließende Fortführung eines Unternehmens abzielt, kosten- und zeitaufwendig. Es lohnt den Aufwand nur, wenn durch entsprechende gesetzliche Regelungen sichergestellt ist, daß es nicht an kleinlichen Partikularinteressen einzelner Gläubiger oder Gläubigergruppen scheitert (*Smid* in Smid/Fehl, Recht und Pluralismus, S. 391).   **6**

Die Erfahrungen der außergerichtlichen Sanierungspraxis verdeutlichen, daß bei fast jedem Sanierungsbemühen Akkordstörer, d. h. Gläubiger, die einer Sanierung oftmals auch zu Lasten der eigenen Interessen entgegenstehen, anzutreffen sind (*BGH* BGHZ 116, 319 = NJW 1992, 967 = ZIP 1992, 191).   **7**

Hätte die Verweigerung der Zustimmung einer Gruppe zum Plan zwingend dessen Scheitern zur Folge, wäre dem Institut des Plans als Instrument der gläubigerautonomen Insolvenzbewältigung kaum Erfolg beschieden.   **8**

In diesem Zusammenhang ist zu bedenken, daß in der Verweigerung der Zustimmung zum Plan durch eine zur Abstimmung berufenen Gruppe von Gläubigern ein Mißbrauch   **9** der verfahrensrechtlichen Stellung liegen kann. Es würde sich im Falle der Sanktionslosigkeit eines Mißbrauchs des Verfahrensrechts auch in Zukunft zu wenig an der Zerschlagungsautomatik des bisherigen Konkurs- und Gesamtvollstreckungsrechts ändern.

10 Anhand der Tatbestandsmerkmale der Norm muß im jeweiligen Einzelfall untersucht und geprüft werden, ob eine Verweigerung der Zustimmung zum Plan unbeachtlich ist. Hierzu hat der Gesetzgeber hinsichtlich des § 245 Abs. 1 Nr. 2 InsO in § 245 Abs. 2 InsO Auslegungshilfen gegeben.

11 Keinesfalls darf lediglich die Verweigerung der Zustimmung als solche bereits zur verfahrensrechtlichen Unbeachtlichkeit ausreichen, da diese ein originäres Recht der betroffenen Gläubiger darstellt, welches nur im Falle des Vorliegens der Tatbestandsmerkmale des Obstruktionsverbotes übergangen werden kann.

12 Der Gesetzgeber war sich dabei der Bedeutung eines von Amts wegen zu beachtenden Minderheitenschutzes – wie auch in den §§ 251, 247 InsO ersichtlich – bewußt.

13 Das Obstruktionsverbot verdeutlicht eindrucksvoll, daß die Rechtsordnung Verteilungskämpfe zwischen einzelnen Gläubigergruppen nur bis zur Grenze der Angemessenheit toleriert (*Eidenmüller* in Schenk/Schmidtchen/Streit, S. 183 f.) und stellt somit gleichzeitig eine verfahrensrechtliche Grenze der Privatautonomie und Deregulierung des Insolvenzplanverfahrens dar, damit das Verfahren nicht an Singularinteressen scheitert (vgl. *Balz* ZIP 1988, 1438 ff.; *Smid* BB 1992, 507 ff.).

14 Insgesamt steckt das Wechselspiel von Mehrheitsentscheidung, Minderheitenschutz und Obstruktionsverbot den verfahrensrechtlichen Rahmen ab, innerhalb dessen sich die konzeptionelle und auch gestaltende Kreativität eines Planverfassers entfalten kann und – soll das Institut Erfolg haben – auch entfalten muß. Die Regelungen des Minderheitenschutzes definieren das Minimum dessen, was allen Beteiligten zugestanden werden muß (*Eidenmüller* a. a. O., S. 184).

III. Rechtsvergleichung

15 Das Obstruktionsverbot lehnt sich offenkundig eng an die Regelung des § 1129 (b) BC, der amerikanischen »cram-down-rule« an, welche ein prägender Bestandteil des amerikanischen Reorganisationsverfahrens nach Chapter 11 BC ist.

16 Das Chapter 11 Reorganisationsverfahren zielt im Unterschied zu Chapter 9 im Regelfall nicht auf die Liquidation eines Unternehmens, sondern auf dessen Fortbestand ab.

17 Die Gläubiger sollen aus den zukünftigen Erträgen des reorganisierten Unternehmens befriedigt werden, wobei dieses Interesse jedoch hinter dem Ziel, dem Schuldner einen wirtschaftlichen Neuanfang zu ermöglichen, – im Gegensatz zum deutschen Recht – zurücktritt (vgl. *Frey/McConnico/Frey* An Introduction to Bankrupty Law, S. 7–13).

18 Die »cram-down-rule« ermöglicht es dem Gericht, einen Reorganisationsplan auch dann zu bestätigen, wenn eine oder mehrere Gruppen dem Plan widersprochen haben, falls diese Gläubiger »fair and equitable, with respect to each class of claims or interests that is impaired under, and has not accepted, the plan« beteiligt worden sind (*Frey/McConnico/Frey* a. a. O., S. 511).

19 Die amerikanische Regelung bedingt aufgrund der unbestimmten Rechtsbegriffe »fair and equitable« eine kasuistische Judikatur, die zur Auslegung des § 245 InsO nicht herangezogen werden kann.

20 Ferner ist aufgrund der Dominanz des Schuldnerschutzgedankens innerhalb des Chapter-11-Verfahrens eine Übertragbarkeit auf deutsche Rechtsverhältnisse nicht möglich.

Informatorisch sei erwähnt, daß im amerikanischen Recht für die Anwendung der »cram-down-rule« ein Schuldnerantrag erforderlich ist, während das Insolvenzgericht gemäß § 245 InsO von Amts wegen tätig wird.

IV. Beurteilungsmaßstab

1. Allgemeines

Die Regelung des § 245 InsO bürdet dem Insolvenzgericht im Rahmen der Bestätigung des Plans (§ 248 InsO) die Prüfung auf, ob die Verweigerung der Zustimmung zum Plan durch eine Gläubigergruppe als Obstruktion unbeachtlich zu bleiben hat (*Smid* in Smid/Fehl, Recht und Pluralismus, S. 389).

§ 245 InsO stellt eine Fiktion der Zustimmung dar, die vom Insolvenzgericht amtlich festgestellt wird. Zur Beurteilung der Frage, ob eine Gruppe obstruiert, d.h. ihre Zustimmung zum Plan rechtsmißbräuchlich verweigert, wird dabei ausschließlich auf wirtschaftliche Gesichtspunkte abgestellt.

Die Entscheidung hierüber ist für das Insolvenzgericht – bedingt durch die auslegungsbedürftigen Tatbestandsvoraussetzungen (»angemessen, wirtschaftlicher Wert, besser gestellt, nicht schlechter gestellt«) – eine nicht einfach zu lösende Aufgabe.

Hinzu kommt, daß die Frage der »angemessenen Beteiligung« Vergleiche zwischen Fortführungs- und Zerschlagungslösungen erfordert, die ex ante auf der Grundlage von Prognosen erfolgen müssen. Diese Prognose wird – wie sich die Insolvenzpraktiker unisono einig sind – niemand verläßlich treffen können.

Die Frage des Vorliegens einer mißbilligenswerten Obstruktion wird sich – zumindest ad hoc im Abstimmungstermin – vielfach nicht treffen lassen und somit erhebliche Verfahrensverzögerungen auslösen, so daß seitens des Planerstellers entsprechende – unter 4. dargestellte – Vorkehrungen getroffen werden müssen.

2. Rechtlich-systematische Anknüpfung

Smid (*Smid* in Smid/Fehl, Recht und Pluralismus, S. 395) führt aus, daß es in der deutschen Rechtsordnung für das Obstruktionsverbot an rechtlich-systematischen Anknüpfungspunkten fehlt.

Läßt sich die Begrenzung einer prozessualen Rechtsausübung aufgrund eines sittenwidrig erschlichenen Titels auf § 826 BGB stützen bzw. können in anderen Fällen die Grundsätze der Restitutions- und Nichtigkeitsklage herangezogen werden, um einen vermeintlichen Rechtsmißbrauch zu begrenzen, ist im Hinblick auf die Regelung des § 245 InsO keine rechtlich-systematische Anknüpfung gegeben (vgl. *Smid* a.a.O.).

Dem ist nicht uneingeschränkt zuzustimmen, da das Obstruktionsverbot durchaus Ähnlichkeiten zur zivilrechtlichen Generalklausel des § 242 BGB aufweist.

Die Grundsätze von Treu und Glauben bilden eine allen Rechten, Rechtslagen und Rechtsnormen immanente Inhaltsbegrenzung (»Innentheorie«, *BGH* BGHZ 30, 145; *BAG* BB 1995, 204; vgl. auch *Palandt/Heinrichs* § 242 Rz. 38).

Das Obstruktionsverbot unterbindet die Ausnutzung einer formellen Rechtslage, weil sich diese wirtschaftlich betrachtet als mißbräuchlich und unzulässig darstellt (*BGH* BGHZ 12, 157).

Wird ein Gläubiger durch den Plan nicht schlechter als im Falle der gesetzlichen Zerschlagung gestellt, fehlt es diesem Gläubiger an einem schutzwürdigen Eigeninteresse, um den Plan zu verhindern.

33 Wenngleich eine dogmatische Begründung des Obstruktionsverbotes möglich ist, erscheint die Übertragung der »cram-down-rule« in die deutsche Rechtsordnung dennoch als ein Akt von schlichter Verfahrenspragmatik, der sich um eine rechtlich-systematische Anknüpfung nicht sonderlich bemühte.

B. Voraussetzungen

I. Allgemeines

34 § 245 InsO enthält eine Reihe von Negativ- und Positivkriterien zur Beurteilung einer den vorgelegten Insolvenzplan ablehnenden Entscheidung durch eine oder mehrere Gläubigergruppen (*Smid* a. a. O., S. 394), um die Entscheidungsfindung des Insolvenzgerichts zu erleichtern.

II. Abs. 1 Nr. 1

35 Die Regelung des § 245 Abs. 1 Nr. 1 InsO bestimmt, daß die Zustimmung einer Gläubigergruppe als erteilt unterstellt wird, wenn diese Gläubigergruppe durch den Insolvenzplan nicht schlechter gestellt wird, als im Falle der Zerschlagung nach den gesetzlichen Regelungen.
36 Die Normierung des § 245 Abs. 1 Nr. 1 stimmt im Wortlaut mit den Regelungen in den §§ 247 Abs. 2 Nr. 1 InsO und 251 Abs. 1 Nr. 2 InsO überein und verdeutlicht die Ausrichtung des Gesetzgebers auf die Beurteilung dieser Sachverhalte aufgrund wirtschaftlicher Erwägungen.
37 Zur Beurteilung dieser Frage ist eine Vergleichsrechnung erforderlich, die der Gesetzgeber für den Richter erleichtern wollte, indem er gemäß § 151 Abs. 2 Satz 1 InsO die Angabe der Zerschlagungswerte und der Fortführungswerte für jeden einzelnen Gegenstand fordert.
38 Dieses Erfordernis ist – trotz der sinngebenden Absicht des Gesetzgebers – ein erhebliches und betriebswirtschaftlich schwer lösbares Problem.
39 Grund hierfür ist, daß es – obwohl der Gesetzgeber dies in § 151 Abs. 2 Satz 1 InsO unterstellt – keine Fortführungswerte von einzelnen Gegenständen gibt, welche den Zerschlagungswerten gegenübergestellt werden könnten.
40 Unstreitig ist der Fortführungswert eines Unternehmens oftmals höher als dessen Zerschlagungswert. Der Fortführungswert eines Unternehmens besteht aus den Synergieeffekten eines Unternehmens, die sich vielfach in immateriellen Vermögenswerten, wie dem Unternehmensgoodwill, der Kundenstruktur, gewerblichen Erfahrungen, Mitarbeiterkompetenz, betrieblichem Know-how etc. widerspiegeln. Fortführungswerte beziehen sich auf das Unternehmen als gesamtes und eben nicht auf die Einzelbewertung von Gegenständen.
41 Der Fortführungswert ist der Mehrwert des Unternehmens im Falle der Fortführung und keinesfalls der Mehrwert einzelner Gegenstände. Fortführungswerte für einzelne Gegenstände gibt es nicht (so auch: *Heni* WPg 1990, 93, 96; *Veit* KTS 1983, 57 [63 ff.]).
42 Nicht umsonst ist in der Finanzwissenschaft die Teilwertbestimmung im Rahmen des § 6 EStG sehr diffizil ausgestaltet und wird durch unterschiedlichste Teilvermutungen konkretisiert.

Die gesetzliche Regelung des § 6 Abs. 1 Nr. 1 Satz 3 EStG, die normiert, daß als Teilwert ein Betrag anzusetzen ist, den ein Erwerber des ganzen, fortzuführenden Betriebes im Rahmen des Gesamtkaufpreises für das einzelne Wirtschaftsgut ansetzen würde, verdeutlicht, daß eine schlichte gegenstandsbezogene Gegenüberstellung von Zerschlagungs- und Fortführungswerten nicht möglich sein kann. **43**

Letztlich unterfällt der Teilwert subjektiven Bewertungskriterien und basiert auf Schätzungen (BStBl. II 1979, 721, 722; BStBl. II 1984, 33, 34). **44**

Der Fortführungswert wird im Einzelfall zwischen dem Zerschlagungswert als Untergrenze und dem Wiederbeschaffungswert als Obergrenze liegen. (so ohne Begründung *Haarmeyer/Wutzke/Förster* Hdb. zur InsO, § 5 Rz. 93). Dies kann so sein, muß aber nicht. **45**

Losgelöst von der nicht möglichen gegenstandsbezogenen Gegenüberstellung von Fortführungswerten zu Zerschlagungswerten kommt hinzu, daß die Prüfung der vorgelegten Planbilanzen, Plangewinn und -verlustrechnungen sowie Finanzpläne hohe Anforderungen an die betriebswirtschaftliche Kompetenz der Richter und Rechtspfleger stellt (*Uhlenbruck* Das neue Insolvenzrecht, S. 117ff.). **46**

Zudem sind weder der Barwert der im Insolvenzplan versprochenen zukünftigen Zahlungen noch der Erlös bei gesetzlichen Verwertungen gesicherte Größen, sondern prognostische Schätzungen. **47**

III. Abs. 1 Nr. 2 i. V. m. Abs. 2

1. Allgemeines

Eine Gläubigergruppe, die angemessen an dem durch den Plan geschaffenen wirtschaftlichen Wert beteiligt wird, soll durch ihr obstruktives Verhalten einen Plan nicht zu Fall bringen können. **48**

Die Regelung des Abs. 1 Nr. 2 wird durch eine eigene Auslegungsvorschrift in Abs. 2 ergänzt, um den unbestimmten Rechtsbegriff der »angemessenen Beteiligung« auszufüllen. **49**

Gemäß Abs. 2 ist die Beteiligung der Gläubiger einer Gruppe dann angemessen i. S. d. Abs. 1 Nr. 2, wenn die Voraussetzungen des § 245 Abs. 2 Nr. 1 bis Nr. 3 InsO kumulativ erfüllt sind (vgl. *Smid* in Smid/Fehl, Recht und Pluralismus, S. 418). Damit wird abschließend aufgeführt, welche Voraussetzungen erfüllt sein müssen. Dem Insolvenzgericht ist es nicht möglich, zusätzliche Kriterien einzuführen, da der Regelungskatalog abschließend ist. **50**

2. Kriterien

Was angemessen ist, wird in § 245 Abs. 2 InsO näher definiert: **51**

a) Abs. 2 Nr. 1

Kein anderer Gläubiger wird über den Nominalwert seiner Forderung befriedigt; kein Gläubiger soll durch die Teilnahme am Insolvenzplanverfahren verdienen, indem er mehr erhält als es seinem ihm zustehenden materiell-rechtlichen Anspruch entspricht. **52**

Könnten sich Gläubiger durch die Teilnahme am Insolvenzplanverfahren bereichern, so wäre dies ein grober Verstoß gegen die Verfahrenszwecke. § 1 InsO kann nur so **53** verstanden werden, daß die Gläubiger maximal 100 % ihrer Forderung erhalten, keinesfalls aber mehr.

b) Abs. 2 Nr. 2

54 Kein nachrangiger Gläubiger, der Schuldner oder an ihm beteiligte Personen darf einen wirtschaftlichen Wert erhalten, bevor die nicht nachrangigen Gläubiger nicht voll befriedigt wurden.

55 Zwar ist es theoretisch denkbar, daß auch den nachrangigen Insolvenzgläubigern im Plan wirtschaftliche Werte zugewiesen werden, doch dürfen die Rechte der nicht nachrangigen Gläubiger hierdurch nicht beeinträchtigt werden (*Maus* in Kölner Schrift zur InsO, S. 728, Rz. 70).

56 Der Grund für die Regelung ergibt sich aus § 225 InsO, nach dem mangels abweichender Bestimmungen im Insolvenzplan die Forderungen nachrangiger Gläubiger als erlassen gelten.

57 Es besteht kein Anlaß, diesen Gläubigern einen wirtschaftlichen Wert zukommen zu lassen, obwohl bereits die nicht nachrangigen Insolvenzgläubiger keine volle Befriedigung erhalten (BT-Drucks. 12/1243, S. 1 und *Maus* a. a. O., S. 728, Rz. 70).

58 Das Obstruktionsverbot wirkt zu Lasten einer bestimmten Gläubigergruppe nur dann, wenn nachrangige Gläubiger im Insolvenzverfahren einen Totalausfall erleiden.

59 Die Weiterführung des Unternehmens durch den Schuldner bedeutet dabei nicht zwangsläufig die Zuwendung eines wirtschaftlichen Wertes, vielmehr muß dies im Einzelfall festgestellt werden. Es kommt darauf an, ob die Leistungen, die der Schuldner nach dem Inhalt des Insolvenzplans zu erbringen hat, den noch vorhandenen Wert des Unternehmens aufwiegen kann.

60 Ist – wie in der Praxis häufig – kein Markt für das insolvente Unternehmen vorhanden, kann im Zweifel nicht angenommen werden, daß der Schuldner durch den Plan »einen wirtschaftlichen Wert« erhält (BT-Drucks. 12/2443, S. 209).

c) Abs. 2 Nr. 3

61 Eine Gruppe kann auch dadurch unangemessen benachteiligt werden, daß andere Gläubiger besser gestellt werden, obwohl sie ohne Plan gleichrangig mit den Gläubigern der Gruppe zu befriedigen gewesen wären.

62 Wenngleich nicht einfach zu erkennen, kommt dieser Vorschrift im Gesamtgefüge des Insolvenzplanverfahrens eine zentrale Bedeutung zu.

63 Wird sie konsequent angewandt dürften sich die Befürchtungen hinsichtlich einer mißbräuchlichen Gruppenbildung (vgl. § 222 Rz. 17 ff.) weitgehend relativieren.

64 Gleichgültig, welche Gruppenbildung innerhalb der nicht nachrangigen Gläubiger vorgenommen wird (z. B. Kleingläubiger, Lieferantenkreditgläubiger, unterschiedliche Gruppen der Finanz- gläubiger, Lieferantenkreditgläubiger) müssen diese unterschiedlichen Gruppen stets gleich behandelt werden, soll das Obstruktionsverbot greifen.

65 Etwas anderes gilt auch nicht für die ausdrücklich in § 222 Abs. 3 InsO erwähnten fakultativen Gläubigergruppen der Arbeitnehmer und Kleingläubiger.

66 Die Taktik, etwa durch eine besonders günstige Quote für die Kleingläubiger die Zustimmung einer Gruppe »billig zu kaufen«, dürfte nicht aufgehen, wenn eine andere Gruppe nicht nachrangiger Gläubiger, der eine schlechtere Quote zugewiesen wird, dem Plan widerspricht.

Eine Ersetzung der Zustimmung dieser Gruppe würde an § 245 Abs. 1 Nr. 2 i. V. m. 67
Abs. 3 Nr. 3 scheitern.
Statt einer mißbräuchlichen Ausnutzung des Obstruktionsverbotes, wie in der Literatur 68
häufig befürchtet, ist eher zu erwarten, daß die restriktive Bestimmung in Abs. 2 Nr. 3
die Gestaltungsmöglichkeiten des Planverfahrens stark einschränkt und die Ersetzung
der Zustimmung eher die Ausnahme bleiben wird.
Anzufügen ist, daß ein gravierender Unterschied des Schutzbereiches des Obstruktions- 69
verbotes im Vergleich zum Minderheitenschutz einzelner Gläubiger gemäß § 251 InsO
zu erkennen ist.
Gegen den Willen einer ganzen Gläubigergruppe darf ein Plan nur bestätigt werden, 70
wenn die betreffende Gruppe angemessen an dem durch den Plan geschaffenen Wert
beteiligt ist; gegen den Willen einzelner Gläubiger darf er bereits dann bestätigt werden,
wenn er diese mindestens genauso gut stellt wie ohne Plan.
Dies setzt jedoch voraus, daß der Wert der Sicherheit bei einer Einzelveräußerung und 71
bei einer Fortführung des Unternehmens gleich hoch ist. Dies kann, muß aber nicht der
Fall sein. (vgl. *Burger/Schellberg* DB 1994, 1835).

IV. Abs. 1 Nr. 3

Die Anwendung des Obstruktionsverbotes setzt weiter voraus, daß die Mehrheit der 72
abstimmenden Gruppen dem Plan mit den erforderlichen Mehrheiten zugestimmt hat.

C. Lösungsansatz

Die Gefahr, daß ein wirtschaftlich nicht entsprechend ausgebildeter Insolvenzrichter die 73
ihm vom Gesetz aufgebürdete Entscheidung nicht ohne Einschaltung weiterer Sachverständiger treffen kann, läßt sich nach Literaturmeinung durch entsprechende Vorkehrungen im Plan – zumindest soweit es möglicherweise langwierige Auseinandersetzungen im Vorfeld der Planbestätigung betrifft – durch salvatorische Klauseln verhindern (so: *Eidenmüller* a. a. O., S. 183–190).
Salvatorische Klauseln machen nach dieser Auffassung für das Gericht die im Rahmen 74
der §§ 245, 247, 251 InsO geforderten Vergleichsrechnungen nicht obsolet, sollen aber
etwaigen Streit außerhalb des Planverfahrens verlagern, ohne daß das Insolvenzgericht
Gefahr laufen würde, sich Amtshaftungsansprüchen auszusetzen.
Eine derartige Klausel, die im Rahmen des §§ 245 InsO den dort normierten Minderhei- 75
tenschutz sicherstellen können, könnte beispielhaft wie folgt lauten:
»Für den Fall, daß ein Gläubiger durch den Plan schlechter gestellt wird als er ohne Plan 76
stünde, sind an die Betreffenden zusätzliche Zahlungen in einer Höhe zu leisten, die zu
einer Gleichstellung führt«.
Die Gleichstellungsklausel dürfte dabei nicht an eine bestimmten Höhe gebunden sein, 77
da der Plan gefährdet wäre, wenn sich die mit einer absoluten Höhe festgelegten
Zusatzleistungen als zu niedrig erweisen würden, um eine Gleichstellung zu bewirken
(*Eidenmüller* a. a. O., S. 183–190).
Salvatorische Klauseln sollen dem Gericht nach dieser Meinung die Planbestätigung 78
auch dann ermöglichen, wenn einzelne Gläubiger mit der Begründung widersprochen
haben, der Plan stelle sie schlechter als eine Insolvenzabwicklung auf der Grundlage der
gesetzlichen Vorschriften.

79 Ist die auf der Grundlage der salvatorischen Klausel vorgesehene anderweitige Finanzierung gesichert, würde eine sofortige Beschwerde des betreffenden Gläubigers gegen die Bestätigung des Plans erfolglos sein, weil die Klausel den Plan heilen soll.
80 Fühlt sich ein Gläubiger benachteiligt, stünde es ihm frei, im ordentlichen Rechtsweg gegen den Schuldner auf die im Plan vorgesehene Zusatzleistung mittels Leistungsklage zu klagen. Sollten diese Leistungen durch Kürzungen von Ansprüchen anderer Gläubiger erbracht werden, dürfte im Hinblick auf die betroffenen Gläubiger ein Fall der notwendigen Streitgenossenschaft aufgrund Unteilbarkeit des Streitgegenstandes gemäß § 62 Abs. 1, 1. Alt. ZPO vorliegen.
81 Wenngleich die Vorstellung, sich mittels entsprechender salvatorischer Klauseln aller Minderheitenschutzprobleme des Verfahrens entledigen zu können, für die Insolvenzpraxis sehr erfreulich wäre, besteht doch erheblicher Grund zu Skepsis, ob dies im Streitfall haltbar sein kann.
82 Der Minderheitenschutz ist eine grundlegende Verfahrensvorschrift, die durch das Insolvenzgericht von Amts wegen zu beachten ist.
83 Salvatorische Klauseln können keinesfalls schaden, jedoch muß sich ein Planersteller bewußt sein, daß diese kein »Allheilmittel« darstellen können.
84 Könnte sich das Insolvenzgericht jeglicher Prüfung aufgrund salvatorischer Klauseln entheben, wäre der Minderheitenschutz nicht mehr vorhanden. Hinzu kommt, daß davon auszugehen ist, daß ohne insolvenzgerichtliche Kontrolle die jeweils betroffenen Minderheiten mit einer quantité négligeable abgespeist würden, weil ein Planersteller darauf bauen wird, daß sich die betroffenen Minderheiten nicht zur Wehr setzen würden bzw. dies für die Planbestätigung unerheblich wäre.
85 Die Prüfung des Insolvenzgerichts, ob Minderheitenschutzrechte verletzt sind, wird durch salvatorische Klauseln keinesfalls obsolet, da diese von Amts wegen zu erfolgen hat.
86 Im Zweifelsfällen muß das Gericht – auch wenn es der Insolvenzpraxis verständlicherweise mißfällt und vielfach zum Scheitern von Plänen führen wird – Sachverständige beiziehen, deren Kosten der Masse zur Last fallen werden.
87 Losgelöst von der von der Rechtsprechung zu klärenden Wirkung salvatorischer Klauseln im Hinblick auf den Minderheitenschutz ist ein planerstellender Verwalter dennoch gehalten, eventuellen Widersprüchen durch entsprechende Gestaltungen vorzubeugen.
88 Dies kann beispielsweise durch Rückstellungen im Plan erfolgen, um Verletzungen der Minderheitenschutzrechte einzelner Gläubiger korrigieren zu können, ohne den Plan zu gefährden.
89 Die Voraussetzungen, unter denen Zuwendungen aus dieser Rückstellung an die zurückgesetzten Gläubiger ausbezahlt werden dürfen, sind dabei genau zu regeln.
90 Ferner ist eine zeitliche Ausschlußfrist im Plan zu verankern, damit baldigst Rechtssicherheit eintreten kann. Ein Zeitraum über 3 Monate hinaus sollte nicht zugestanden werden.

D. Gesetzliche Änderungen

91 Es ist abzusehen, daß der Gesetzgeber insoweit »nachbessern« wird, daß in § 245 Abs. 1 Nr. 1 InsO vor dem Wort »nicht« das Wort »voraussichtlich« eingefügt wird.
92 Zweck der bereits vorliegenden Vorschläge ist die gesetzliche Hervorhebung, daß es sich bei der Frage der etwaigen Schlechterstellung um eine Prognoseentscheidung handelt, die Fehler nicht in Gänze ausschließen kann.

Zustimmung nachrangiger Insolvenzgläubiger § 246

Durch diese Ergänzung wäre das Insolvenzgericht im Rahmen seiner Amtsermittlungspflicht (§ 5 Abs. 1 InsO) grundsätzlich freier und nicht gehalten, für zahlreiche Prognoseentscheidungen einen Sachverständigen heranzuziehen. 93

§ 246
Zustimmung nachrangiger Insolvenzgläubiger

¹Für die Annahme des Insolvenzplans durch die nachrangigen Insolvenzgläubiger gelten ergänzend folgende Bestimmungen:
1. ²Die Zustimmung der Gruppen mit dem Rang des § 39 Abs. 1 Nr. 1 oder 2 gilt als erteilt, wenn die entsprechenden Zins- oder Kostenforderungen im Plan erlassen werden oder nach § 225 Abs. 1 als erlassen gelten und wenn schon die Hauptforderungen der Insolvenzgläubiger nach dem Plan nicht voll berichtigt werden.
2. ³Die Zustimmung der Gruppen mit einem Rang hinter § 39 Abs. 1 Nr. 3 gilt als erteilt, wenn kein Insolvenzgläubiger durch den Plan besser gestellt wird als die Gläubiger dieser Gruppen.
3. ⁴Beteiligt sich kein Gläubiger einer Gruppe an der Abstimmung, so gilt die Zustimmung der Gruppe als erteilt.

Inhaltsübersicht: Rz.

A. Zweck der Vorschrift	1–12
B. Voraussetzungen	13–34
I. Allgemeines	13–18
II. Nr. 1	19–24
III. Nr. 2	25–29
IV. Nr. 3	31–33
V. § 39 Abs. 3 Nr. 3 InsO	34

A. Zweck der Vorschrift

Die Regelung des § 246 InsO beinhaltet ergänzende Bestimmungen hinsichtlich der Annahme des Insolvenzplans durch nachrangige Insolvenzgläubiger. 1

Zweck der Vorschrift ist es, zwischen der gesetzlich angeordneten Einbeziehung nachrangiger Forderungen i. S. d. § 39 InsO in das Insolvenzverfahren und dem Faktum, daß es sich hierbei i. d. R. um wirtschaftlich wertlose Forderungen handelt, einen Ausgleich zu schaffen. 2

Unter Zugrundelegung einer wirtschaftlichen Betrachtungsweise sieht § 246 InsO unter bestimmten Voraussetzungen die Zustimmung nachrangiger Insolvenzgläubiger zu einem Plan vor, so daß deren Abstimmung im Abstimmungstermin – trotz der formalen Verfahrensteilnahmeberechtigung – überflüssig ist. 3

Das Abstimmungsverfahren über den oder die Pläne soll von der Mitwirkung derjenigen Gläubiger entlastet werden, die aufgrund der Nachrangigkeit ihrer Forderungen keine Aussicht auf wirtschaftliche Befriedigung im Verfahren haben. 4

§ 246 *Insolvenzplan*

5   In diesem Zusammenhang sei darauf hingewiesen, daß es sich bei nachrangigen Insolvenzgläubigern – auch wenn deren Zustimmung zum Plan aufgrund § 246 InsO fingiert sein wird – um Insolvenzgläubiger handelt. Der Begriff eines Insolvenzgläubigers bestimmt sich ausschließlich nach materiellem Recht und wird durch die verfahrensrechtliche Frage, wann, ob und wenn ja, wie, diese Gläubiger innerhalb des Verfahrens mit einer quotalen Befriedigung rechnen dürfen, nicht berührt.

6   Die nach § 246 InsO fingierte Zustimmung zum Plan stellt einen Eingriff in die Verfahrensrechte dieser Gläubiger dar; dieser ist jedoch aufgrund der i. d. R. vorliegenden wirtschaftlichen Wertlosigkeit der Forderung unter dem Gesichtspunkt der Verfahrenserleichterung gerechtfertigt, falls die Voraussetzungen des § 246 Nr. 1–3 InsO gegeben sind.

7   Die Einbeziehung nachrangiger Insolvenzgläubiger bezweckt in Einzelfällen, in denen nachrangige Forderungen wirtschaftliche Bedeutung haben, die Möglichkeit einer sachgerechte Gesamtlösung im Plan (BT-Drucks. 12/2443, S. 209).

8   Liegen mehrere Insolvenzpläne zur Abstimmung vor, muß hinsichtlich der Zustimmung nachrangiger Gläubiger je nach Plan differenziert werden.

9   Ist bei keinem der Pläne für nachrangige Insolvenzgläubiger eine quotale Befriedigung ihrer Forderung zu erwarten, gilt die Zustimmung zu jedem der Pläne als fingiert; über die Annahme des Plans haben daher dann ausschließlich die anderen gemäß § 222 InsO gebildeten Gruppen zu entscheiden.

10 Sieht einer der drei potentiell möglichen Insolvenzpläne eine quotale Befriedigung der nachrangigen Gläubiger vor, kann deren Zustimmung zu diesem konkreten Plan nicht gemäß § 246 InsO gesetzlich fingiert werden.

11 Die nachrangigen Insolvenzgläubiger sind in diesem Falle wie die anderen Gläubigergruppen zu behandeln und zur Erörterung und Abstimmung über den Plan berechtigt.

12 Dies bedeutet jedoch nicht, daß hinsichtlich des anderen Plans oder der anderen Pläne, über die ebenfalls im Abstimmungstermin abgestimmt wird, die Regelung des § 246 InsO außer Kraft gesetzt wäre. Bei diesen die Rechtsstellung der nachrangigen Gläubiger wirtschaftlich nicht berührenden Plänen verbleibt es bei dem fehlenden Erörterungs- und Abstimmungsrecht der nachrangigen Insolvenzgläubiger.

B. Voraussetzungen

I. Allgemeines

13 Die in § 39 Abs. 1 InsO aufgezählten Forderungen werden in der Rangfolge von Nr. 1 bis Nr. 5 berücksichtigt, falls entsprechende Mittel zur Verfügung stehen.

14 Ohne eine gesonderte Vereinbarung nach § 39 Abs. 2 InsO kann die Rangfolge nicht durch richterliche Entscheidung geändert werden, insbesondere können keine »Zwischenrangklassen« geschaffen werden (BVerfGE 65, 182, 192).

15 Im Nachlaßinsolvenzverfahren gemäß § 327 InsO können zu den in § 39 Abs. 1 InsO genannten, weitere nachrangige Verbindlichkeiten aufgenommen werden.

16 Weiterhin steht es den Gläubigern frei, einen Nachrang gemäß § 39 Abs. 2 InsO privatautonom zu vereinbaren, um damit eine Forderung als nachrangig einzustufen. Einer derartigen Nachrangvereinbarung kommt jedoch nur privatrechtliche Wirkung zu; erst durch deren Einführung in das Verfahren, z.B. in der Gläubigerversammlung, erlangt diese verfahrensrechtliche Bedeutung. Hier kommt die – bereits dargestellte – Doppelnatur des Planverfahrens zum Tragen.

Zustimmung nachrangiger Insolvenzgläubiger **§ 246**

In der Insolvenzpraxis wird eine Abstimmung von Gläubigergruppen mit Rechten aus 17
§ 39 InsO kaum in Betracht kommen; auch das neue Insolvenzplanverfahren wird nichts daran ändern, daß ein Insolvenzverfahren eine Verlustgemeinschaft der beteiligten Gläubiger ist, in welchem bereits die nicht nachrangigen Gläubiger erhebliche Forderungseinbußen hinnehmen müssen.
Der Erhalt eines Verteilungserlöses für nachrangige Insolvenzgläubiger wird seltenen 18
Ausnahmefällen vorbehalten bleiben, so daß deren Zustimmung in den meisten Fällen zu fingieren sein wird.

II. Nr. 1

Nachrangige Insolvenzforderungen gemäß § 39 Abs. 1 Nr. 1 InsO sind in Anlehnung an 19
das bisherige Recht des § 226 Abs. 2 Nr. 1 KO die seit Eröffnung des Verfahrens laufenden Zinsen, unabhängig davon, ob es sich um vertraglich geschuldete oder gesetzliche Zinsansprüche handelt.
Nachrangige Insolvenzforderungen gemäß § 39 Abs. 1 Nr. 2 InsO sind die den Insol- 20
venzgläubigern durch ihre Verfahrensteilnahme entstandenen Kosten.
Gemäß § 246 Nr. 1 InsO gilt die Zustimmung der Gruppen mit dem Rang des § 39 Nr. 1 21
und Nr. 2 InsO unter nachfolgenden Bedingungen als erteilt:
– Durch die entsprechende Anordnung im Plan werden diese Ansprüche erlassen oder
– gelten gemäß § 225 Abs. 1 InsO – mangels Regelung im Plan – als erlassen.
Kumulativ ist erforderlich, daß aufgrund der Regelungen im Plan feststeht, daß 22
– bereits die (nicht nachrangigen) Hauptforderungen der Insolvenzgläubiger nicht voll berichtigt werden können.
Es ergäbe keinen Sinn, Gläubigern von Zins- und Kostenforderungen Einfluß auf die 23
Annahme oder Ablehnung von Insolvenzplänen zukommen zu lassen, wenn bereits die nicht nachrangigen Forderungen nicht vollständig befriedigt werden können.
Eine Einbeziehung dieser Gläubiger in das Abstimmungsverfahren wäre eine unnötige 24
Erschwernis; selbiges gilt, wenn diese Forderungen aufgrund Anordnung im Plan oder aufgrund Gesetz als erlassen gelten.

III. Nr. 2

Gemäß § 246 Nr. 2 InsO gilt die Zustimmung der Gruppen mit einem Rang hinter § 39 25
Abs. 1 Nr. 3 dann als erteilt, wenn kein Insolvenzgläubiger durch den Plan besser gestellt wird als die Gläubiger dieser Gruppen.
Hierbei handelt es sich gemäß § 39 Abs. 1 Nr. 4 InsO um Ansprüche auf eine unentgelt- 26
liche Leistung des Schuldners sowie gemäß § 39 Abs. 1 Nr. 5 InsO um Forderungen auf Rückgewähr des kapitalersetzenden Darlehens eines Gesellschafters oder gleichgestellter Forderungen.
Zu beachten ist, daß eine durch den Schuldner zu erbringende Leistung nur dann als 27
unentgeltlich i. S. d. § 39 Abs. 1 Nr. 4 InsO eingestuft werden kann, wenn dies für einen objektiven Betrachter erkennbar ist und ein diesbezüglicher subjektiver Wille des Schuldners gegeben ist (*RG* LZ 1908, 606). Zur weiteren Auslegung des Begriffes der Unentgeltlichkeit wird auf die Ausführungen zu § 134 InsO verwiesen.
Mittels § 39 Abs. 1 Nr. 5 InsO werden nur Forderungen von Gesellschaftern geregelt, 28
nicht jedoch kapitalersetzende Leistungen dritter Personen. Da § 32a Abs. 2 GmbHG

durch Art. 48 EGInsO nicht modifiziert wird, haben deren Forderungen – losgelöst von einer gesellschaftsrechtlich veranlaßten Qualifizierung als Kapitalersatz – den Rang nicht nachrangiger Forderungen

29 Die Regelung des § 246 Nr. 2 InsO baut dogmatisch auf den gleichen Gedanken wie das Obstruktionsverbot des § 245 InsO auf, reicht inhaltlich jedoch noch weiter.

30 Die Zustimmung der von § 246 Nr. 2 InsO betroffenen Gläubiger gilt nicht nur beim Vorliegen der allgemeinen Voraussetzungen des § 245 InsO als erteilt, sondern bereits dann, wenn sie den höherrangigen Insolvenzgläubigern gleichgestellt werden. D.h. bei einer quotalen Befriedigung der nichtnachrangigen Insolvenzgläubiger die gleiche Quoten erhalten wie diese.

IV. Nr. 3

31 Die Regelung des Nr. 3 ist mißverständlich formuliert. Der Wortlaut der Vorschrift ist dahingehend zu lesen, daß unter »... einer Gruppe ...«, »... einer Gruppe der nachrangigen Gläubiger ...« zu verstehen ist. Die Regelung dient ausschließlich der Vereinfachung des Abstimmungsverfahrens selbst.

32 Es wird erwartet, daß eine Gläubigergruppe, die im Regelfall bei einer Verwertung ohne Plan wirtschaftlich leer ausgeht, an der Abstimmung über den Plan teilnimmt, wenn sie mit dem Plan nicht einverstanden ist.

33 Der Reformgesetzgeber fingiert die Zustimmung der betroffenen Gruppen von Gläubigern, wenn diese von der ihnen eingeräumten Möglichkeit zur Teilnahme am Abstimmungsverfahren keinen Gebrauch machen (BT-Drucks. 12/2443, S. 209).

V. § 39 Abs. 3 Nr. 3 InsO

34 Die Abstimmung nachrangiger Insolvenzgläubiger gemäß § 39 Abs. 3 Nr. 3 InsO muß nicht fingiert werden, da Geldstrafen und diesem gleichgestellte Verbindlichkeiten gemäß § 225 Abs. 3 InsO durch einen Plan nicht beeinträchtigt werden können, so daß auch bereits aus diesen Gründen eine Abstimmung nicht in Betracht kommt (BT-Drucks. 12/2443, S. 209).

§ 247
Zustimmung des Schuldners

(1) Die Zustimmung des Schuldners zum Plan gilt als erteilt, wenn der Schuldner dem Plan nicht spätestens im Abstimmungstermin schriftlich oder zu Protokoll der Geschäftsstelle widerspricht.

(2) Ein Widerspruch ist im Rahmen des Absatzes 1 unbeachtlich, wenn
1. **der Schuldner durch den Plan nicht schlechter gestellt wird, als er ohne einen Plan stünde, und**
2. **kein Gläubiger einen wirtschaftlichen Wert erhält, der den vollen Betrag seines Anspruchs übersteigt.**

Zustimmung des Schuldners **§ 247**

Inhaltsübersicht: Rz.

A. Zweck der Vorschrift	1– 5
B. Absatz 1	6–12
C. Absatz 2	13–25
I. Allgemeines	13
II. Voraussetzungen	14–25
D. Prävention im Plan	26–52
I. Vergleichsrechnungen	26
II. Salvatorische Klausel	27–47
III. Einigung	48–49
IV. Gesetzliche Änderung	50–52

Literatur:

Bundesministerium der Justiz (Hrsg.), Referentenentwurf Gesetz zur Reform des Insolvenzrechts, 1989, S. 293 f.; *Eidenmüller* Der Insolvenzplan als Vertrag, in Schenk/Schmidtchen/Streit, Jahrbuch für Neue Politische Ökonomie, Band 15, 1996, S. 183–190.

A. Zweck der Vorschrift

Eine zu § 247 InsO vergleichbare Regelung gab es weder im bisherigen Vergleichs- noch Zwangsvergleichsverfahren, da hierfür kein Bedarf bestand. 1

Grund für den fehlenden Bedarf war, daß das ausschließliche Initiativrecht zur Erreichung einer Insolvenzbewältigung dem Schuldner zustand und die Frage nach der schuldnerischen Zustimmung oder eines etwaigen Widerspruchs sich – mangels möglicher Beschwer – daher nicht stellte. 2

Aufgrund der unter § 217 InsO dargestellten neuen gesetzlichen Zielsetzungen des Insolvenzplanverfahrens und des Planinitiativrechts des Verwalters ist das Zustandekommen eines Insolvenzplans nunmehr auch möglich, wenn der Schuldner damit nicht einverstanden ist. 3

Durch einen vom Verwalter erstellten Plan wird jedoch meist in die Rechtsstellung des Schuldners eingegriffen; insbesondere kann dessen Haftung nach Beendigung des Insolvenzverfahrens geregelt werden. Aus diesem Grunde ist eine Beteiligung des Schuldners – innerhalb verfahrensrechtlicher Schranken – geboten (BT-Drucks. 12/2443, S. 210). 4

Der Schuldner soll gemäß § 247 InsO das Wirksamwerden eines Plans verhindern können, wenn dieser seine Rechte unangemessen beeinträchtigt. 5

B. Absatz 1

Aus Gründen der Rechtssicherheit und Rechtsklarheit ist in § 247 Abs. 1 InsO normiert, daß die Zustimmung des Schuldners zum Plan gesetzlich fingiert wird, falls dieser nicht spätestens im Abstimmungstermin schriftlich oder zu Protokoll der Geschäftsstelle widerspricht. 6

Die Zustimmung des Schuldners zum Plan muß somit nicht durch aktive Mitwirkung erteilt werden. 7

§ 247 *Insolvenzplan*

8 Die Notwendigkeit eines unmittelbaren Widerspruchs noch im Termin soll Verfahrensverzögerungen vermeiden; ein verspäteter Widerspruch des Schuldners ist unbeachtlich.
9 Dem Widerspruch kommt kein Devolutiveffekt zu und er ist auch kein Rechtsbehelf. Er läßt sich als Verfahrenserklärung in Form einer schuldnerischen Gegenvorstellung begreifen.
10 Bei einer offensichtlichen Unbegründetheit des Widerspruchs kann das Gericht diesen zurückweisen und die Entscheidung über den Plan durch Beschluß noch im Abstimmungstermin bekanntgeben. Hierdurch soll eine Verfahrensverzögerung durch den Widerspruch vermieden werden.
11 Kann seitens des Insolvenzgerichts über den Widerspruch des Schuldners jedoch nicht abschließend ohne detaillierte Sachprüfung entschieden werden, kommt eine Entscheidung über den Plan im Abstimmungstermin nicht mehr in Betracht.
12 Das Gericht hat in diesem Falle einen alsbald zu bestimmenden Termin zur Verkündung der Entscheidung anzusetzen.

C. Absatz 2

I. Allgemeines

13 Die Regelung des § 247 Abs. 2 InsO regelt die Fälle, in denen ein Widerspruch des Schuldners unbeachtlich ist, weil er durch den Plan nicht seinen Rechten verletzt wird. Er überträgt die dogmatische und inhaltliche Konzeption des in § 245 InsO geregelten Obstruktionsverbotes auf den Widerspruch des Schuldners, indem sich die Prüfungsparameter für die etwaige Beachtlichkeit oder Unbeachtlichkeit eines schuldnerischen Widerspruchs ausschließlich an wirtschaftlichen Maßstäben orientieren.

II. Voraussetzungen

14 Nach Abs. 2 ist die Unbeachtlichkeit des Widerspruchs zu bejahen, wenn
15 a) der Schuldner durch die Regelungen des Insolvenzplans im Vergleich zur Abwicklung nach den gesetzlichen Vorschriften keine Schlechterstellung erfährt.
16 Hinsichtlich der Frage, ob der Schuldner durch den Plan nicht schlechter gestellt wird, als er ohne einen Plan stünde, ist bei einem Verwalterplan die Vorlage von Vergleichsrechnungen zwingend erforderlich, damit das Gericht bei einem etwaigen schuldnerischen Widerspruch über Entscheidungsgrundlagen verfügt.
17 Diese Vergleichsrechnungen müssen die für den Schuldner eintretenden wirtschaftlichen Folgen einer Abwicklung aufgrund gesetzlicher Vorschriften bzw. aufgrund Insolvenzplan gegenüberstellen und aus der Sicht des Schuldners bewerten.
18 In diesem Zusammenhang ist weiterhin zu beachten, daß dem Schuldner durch den Plan keine weitergehende Nachhaftung als durch die gesetzlichen Vorschriften aufgebürdet werden darf.
19 Einem Schuldner, der gemäß den gesetzlichen Abwicklungsvorschriften Anspruch auf Restschuldbefreiung hat, darf diese in einem Insolvenzplan nicht verweigert werden, wenn der Plan nicht aufgrund des schuldnerischen Widerspruchs scheitern soll.
20 Kumulativ zu a) muß – um eine Unbeachtlichkeit des schuldnerischen Widerspruchs bejahen zu können – gemäß § 247 Abs. 2 Nr. 2 InsO hinzukommen, daß

Zustimmung des Schuldners § 247

b) kein Gläubiger aufgrund des Plans einen wirtschaftlichen Wert zugewiesen bekommt, 21
der seinen zivilrechtlich begründeten Anspruch übersteigt.
Der Schuldner muß es somit nicht hinnehmen, daß einem Gläubiger durch die Zuwei- 22
sung eines Wertes, der seinen rechtlichen Anspruch übersteigt, Gewinne durch die
Teilnahme am Planverfahren zugewiesen werden.
Bei der Beurteilung der Frage, ob einem Gläubiger ein Wert zugewiesen wird, den die- 23
ser zivilrechtlich nicht auf diese Weise zu beanspruchen hätte und der den vollen Betrag
des geforderten Betrages übersteigt, wird ausschließlich auf eine wirtschaftliche Betrachtungsweise abgestellt (vgl. *Bundesministerium der Justiz* (Hrsg.), a.a.O.,
S. 293 f.).
Ist der Widerspruch des Schuldners nicht nach Abs. 2 unbeachtlich, hat das Insolvenz- 24
gericht die Planbestätigung zu versagen, wenn eine Nachbesserung des Plans durch
Änderung der beanstandeten Regelungen nicht möglich ist.
Durch die Regelung des § 247 InsO wird dem Schuldner ermöglicht, das Wirksamwer- 25
den des Plans auch in dem Fall zu verhindern, daß sich die beteiligten Gläubiger
mehrheitlich oder auch übereinstimmend für die Planannahme ausgesprochen haben.
Der verfahrensrechtliche Schutz des Schuldners steht nicht zur Disposition einzelner
Gläubiger oder der Gläubigermehrheit.

D. Prävention im Plan

I. Vergleichsrechnungen

Ohne entsprechende Vergleichsrechnungen kann das Insolvenzgericht die Beacht- 26
lichkeit eines schuldnerischen Widerspruchs nicht beurteilen. Vergleichsrechnungen
müssen die Möglichkeit eines Widerspruchs gemäß § 247 InsO durch entsprechende
gegenüberstellende Regelungen antizipieren.

II. Salvatorische Klausel

Die Gefahr, daß ein Schuldner die Planbestätigung aufgrund eines Widerspruchs nach 27
§ 247 InsO verzögert ist nicht unerheblich.
Grund hierfür ist, daß die Entscheidung, einen Widerspruch des Schuldners durch 28
Beschluß zurückzuweisen, für das Insolvenzgericht im Einzelfall – insbesondere, wenn
eine angebliche Schlechterstellung des Schuldners mittels entsprechender vom Schuldner vorgelegter Gutachten etc. plausibel vorgetragen wird – schwierig ist.
Eine vom Verwalter erstellte Vergleichsrechnung wird nur in seltenen Fällen allen 29
Widerspruchsmöglichkeiten des Schuldners ex ante gerecht werden können. Hinzu
kommt, daß Vergleichsrechnungen nur begrenzte Aussagekraft haben können, da sie auf
Prognosen beruhen.
Die Entscheidung über einen Plan könnte daher durch die vom Insolvenzgericht ange- 30
ordnete Einholung von unabhängigen Sachverständigengutachten über Monate verzögert bzw. in der Zwischenzeit gänzlich obsolet werden.
Um dem vorzubeugen, sollten nach Literaturmeinung in die Insolvenzpläne des Verwal- 31
ters salvatorische Klauseln dahingehend verankert werden, daß der Schuldner – sollte er
durch den Plan schlechter als im Falle der gesetzlichen Zwangsverwertung gestellt
werden – Anspruch auf den Ausgleich dieses Differenzbetrages hat.

32 In der Literatur wird vorgetragen, daß sich die Gefahr, daß wirtschaftlich nicht entsprechend ausgebildete Rechtspfleger die vom Gesetz aufgebürdete Entscheidung nicht treffen können und es damit zu den befürchteten Sachverständigenschlachten kommen wird, durch entsprechende Vorkehrungen im Plan – zumindest soweit es möglicherweise langwierige Auseinandersetzungen im Vorfeld der Planbestätigung betrifft – wirksam durch entsprechende salvatorische Klauseln verhindern lasse (vgl. *Eidenmüller* in Schenk/Schmidtchen/Streit, S. 183–190).

33 Salvatorische Klauseln sollen nach dieser Auffassung für das Gericht im Rahmen des § 247 InsO ansonsten notwendige aufwendige Vergleichsrechnungen überflüssig machen und etwaigen Streit außerhalb des Planverfahrens verlagern, ohne dabei die Gefahr von Amtshaftungsansprüchen gegen das Gericht auszulösen (*Eidenmüller* a. a. O.).

34 Eine derartige salvatorische Klausel könne beispielhaft wie folgt lauten:

35 »Für den Fall, daß der Schuldner durch den Plan schlechter gestellt wird als er ohne Plan stünde, verpflichten sich die Beteiligten durch zusätzliche Zahlungen/Maßnahmen/Verzichte einen Ausgleich derart zu schaffen, daß der Schuldner wirtschaftlich der Abwicklung gemäß den gesetzlichen Vorschriften gleichgestellt wird«.

36 Die Gleichstellungsklausel dürfte hierbei nicht an einer bestimmten Höhe gebunden sein, da der Plan gefährdet würde, wenn sich die mit einer absoluten Höhe festgelegten Zusatz- oder Ausgleichsleistungen als zu niedrig erweisen würden, um eine Gleichstellung zu bewirken (so: *Eidenmüller* a. a. O.).

37 Salvatorische Klauseln haben nach vorbezeichneter Auffassung zur Konsequenz, daß die Insolvenzgerichte einen Plan ohne komplizierte Vergleichsrechnungen auch dann bestätigen könnten, wenn der Schuldner mit der Begründung widerspricht, der Plan stelle ihn schlechter als eine Insolvenzabwicklung auf der Grundlage der gesetzlichen Vorschriften.

38 Sei die auf der Grundlage der salvatorischen Klausel vorgesehene anderweitige Finanzierung gesichert, soll eine sofortige Beschwerde des Schuldners gegen die Planbestätigung erfolglos bleiben, weil die Klausel den Plan heilen soll.

39 Die Frage, ob der Schuldner durch den Plan im Vergleich zur gesetzlichen Zwangsverwertung tatsächlich schlechter gestellt wird und – falls dies zu bejahen ist – in welchem Umfang dies der Fall ist, könnte dann ohne Einfluß auf den Fortgang des Planverfahrens geklärt und im Einzelfall einer gerichtlichen Entscheidung zugeführt werden.

40 Wenngleich die Vorstellung sich mittels entsprechender salvatorischer Klauseln eines schuldnerischen Widerspruchs entledigen zu können, für die Insolvenzpraxis sehr erfreulich wäre, besteht doch erheblicher Grund zur Skepsis, ob dies im Streitfall ausreichend sein kann.

41 Der Minderheitenschutz – gerade auch im Hinblick auf den Schuldner – ist eine absolut grundlegende Verfahrensvorschrift, die sicherzustellen hat, daß der dissentierende Schuldner nicht zum bloßen Objekt des Verfahrens herabgewürdigt wird.

42 Salvatorische Klauseln werden unstreitig zum Repertoire jedes Planerstellers gehören, da sie keinesfalls schaden können. Ein Planersteller muß sich aber bewußt sein, daß salvatorische Klauseln kein »Allheilmittel« für mißlungene oder unausgewogene Insolvenzpläne darstellen können.

43 Könnte sich das Insolvenzgericht jeglicher Prüfung mittels salvatorischer Klauseln entheben, gäbe es schlichtweg keinen Minderheitenschutz mehr.

44 Außerdem ist, davon auszugehen, daß ohne insolvenzgerichtliche Kontrolle die jeweils betroffenen Minderheiten mit einer quantité négligeable abgespeist würden, weil ein Planersteller darauf bauen wird, daß sich die betroffenen Minderheiten nicht zur Wehr setzen würden bzw. zumindest die Planbestätigung nicht beeinträchtigen könnten.

Die Prüfung des Insolvenzgerichts, ob Minderheitenschutzrechte verletzt sind, wird 45
durch salvatorische Klauseln keinesfalls obsolet, da diese von Amts wegen zu erfolgen
hat.
Im Zweifelsfällen muß das Gericht – auch wenn es der Insolvenzpraxis verständ- 46
licherweise mißfällt und vielfach zum Scheitern von Plänen führen wird – Sachverständige beiziehen, deren Kosten der Masse zur Last fallen werden.
Losgelöst von der von der Rechtsprechung noch zu klärenden Wirkung salvatorischer 47
Klauseln im Bezug auf den Minderheitenschutz sollte ein planerstellender Verwalter
dennoch einem eventuellen Widerspruch eines Schuldners im Plan durch entsprechende
Gestaltungen vorzubeugen versuchen.

III. Einigung

Ferner sollte ein planerstellender Verwalter im Interesse der Rechtssicherheit versuchen, 48
eine Erklärung des Schuldners, wonach dieser auf sein Widerspruchsrecht gemäß § 247
InsO verzichtet, zu erlangen.
Die Auswirkungen des gesetzlich verankerten Minderheitenschutzes werden kalkulier- 49
bar, wenn der Plansteller diesen Vorsichtsmaßnahmen bei der Planentwicklung
Rechnung trägt.

IV. Gesetzliche Änderungen

Auf Vorschlag der Länder soll bei § 247 Abs. 2 Nr. 1 InsO insofern nachgebessert 50
werden, als vor dem Wort »nicht« das Wort »voraussichtlich« eingefügt wird (vgl.
BT-Drucks. 783/97, S. 2).
Damit soll gesetzlich klarer hervorgehoben werden, daß es sich bei der Frage der 51
etwaigen Schlechterstellung um eine Prognoseentscheidung handelt, die Fehler nicht in
Gänze ausschließen kann.
Durch diese Ergänzung wäre das Insolvenzgericht im Rahmen seiner Amtsermittlungs- 52
pflicht (§ 5 Abs. 1 InsO) grundsätzlich freier und insbesondere nicht gehalten, für die
Prognoseentscheidung Sachverständige hinzuzuziehen.

§ 248
Gerichtliche Bestätigung → § 184 KO

(1) Nach der Annahme des Insolvenzplans durch die Gläubiger (§§ 244 bis 246) und der Zustimmung des Schuldners bedarf der Plan der Bestätigung durch das Insolvenzgericht.
(2) Das Gericht soll vor der Entscheidung über die Bestätigung den Insolvenzverwalter, den Gläubigerausschuß, wenn ein solcher bestellt ist, und den Schuldner hören.

§ 248

Inhaltsübersicht: Rz.

A. Absatz 1 1–13
   I. Zweck der Vorschrift 1– 4
   II. Prüfungsgegenstand 5–12
   III. Prüfungsumfang 13
B. Absatz 2 14–25

Literatur:

Bötticher ZZP 86, 383; *Hess* KO, 5. Aufl., 1995.

A. Absatz 1

I. Zweck der Vorschrift

1 Mit der Annahme des Insolvenzplans durch die Gläubiger und der Zustimmung des Schuldners ist das Insolvenzplanverfahren noch nicht beendet.

2 Als weiteres Wirksamkeitserfordernis bedarf der Plan der Bestätigung des Insolvenzgerichts.

3 Dies gilt auch dann, wenn alle Gläubiger dem Plan zugestimmt haben, da das Gesetz insoweit keine Ausnahme vorsieht.

4 Das Erfordernis der gerichtlichen Bestätigung dient nicht nur dem Schutz der Minderheit, die durch die Mehrheitsentscheidung gebunden wird, sondern dem Schutz aller beteiligten Gläubiger und – wie § 247 InsO zeigt – auch dem Schutz des Schuldners, da es eine Maßnahme der staatlichen Fürsorge darstellt (vgl. *Jaeger/Weber* KO, § 184 Rz. 1; *Kuhn/Uhlenbruck* KO, § 184 Rz. 1).

II. Prüfungsgegenstand

5 Das Insolvenzgericht muß im Vorfeld der Bestätigung prüfen, ob die gesetzlichen Vorschriften eingehalten worden sind und sämtliche Einwände bzw. Anträge und Beanstandungen der Beteiligten, z. B. im Hinblick auf die Minderheitenrechte gemäß § 251 InsO und § 247 InsO beschieden worden sind. Dies galt in gleichem Maße im bisherigen Recht (*Jaeger/Weber* KO, § 184 Rz. 4; *Eickmann* in Gottwald, InsolvenzRHdb, § 66 Rz. 70).

6 Können Mängel, die der Bestätigung entgegenstehen, behoben werden, muß das Insolvenzgericht die Bestätigung aussetzen, um den Beteiligten die Möglichkeit zur Nachbesserung zu geben. Sind die Mängel unbehebbar, muß das Gericht die Bestätigung versagen.

7 War der Insolvenzplan als bedingter Plan gemäß § 249 InsO angenommen worden, muß das Gericht vor Bestätigung des Plans überprüfen, ob die Bedingung eingetreten ist (vgl. *Kuhn/Uhlenbruck* KO, § 184 Rz. 2).

8 Fehlende Vollmachten oder eine fehlende vormundschaftliche Genehmigung können bis zur Bestätigung des Plans nachgebracht werden (*Kuhn/Uhlenbruck* KO, § 184 Rz. 2).

9 Die Bestätigung kann nicht mit Auflagen versehen werden; weiterhin ist das Gericht nicht berechtigt, den Insolvenzplan zu verändern oder zu ergänzen; genausowenig ist es

Gerichtliche Bestätigung **§ 248**

zulässig, Teile des Insolvenzplans von der Bestätigung auszunehmen (vgl. *Jaeger/Weber* KO, § 184 Rz. 1; *Bötticher* ZZP 86, 383; *Kuhn/Uhlenbruck* KO, § 184 Rz. 2).
Im Rahmen der Bestätigung hat das Insolvenzgericht keine materiell-rechtliche Prüfung 10 im Hinblick auf die Zweckmäßigkeit des Plans vorzunehmen, da diese Entscheidung alleine den beteiligten Gläubigern zusteht.
Wenn alle für das Planverfahren maßgeblichen formellen und materiellen Vorschriften 11 beachtet worden sind, muß in Übereinstimmung mit dem bisherigen Recht die Bestätigung erteilt werden (vgl. *Kilger/Karsten Schmidt* KO, § 184 Rz. 1). Das Gericht hat hinsichtlich der Entscheidung, ob die Bestätigung erteilt oder versagt wird, keine Möglichkeit zur Ausübung eines Ermessens.
Die gerichtliche Nachprüfung ist ferner deshalb von großer Bedeutung, da die Bestätigung 12 des Plans in Übereinstimmung mit dem bisherigen Recht alle formellen Verfahrensfehler heilt (vgl. *Jaeger/Weber* KO, § 189 Rz. 5).

III. Prüfungsumfang

Vor Bestätigung des Insolvenzplans hat das Insolvenzgericht kumulativ zu prüfen bzw. 13 zu entscheiden, ob u. a.
– der Plan tatsächlich die Zustimmung aller Gläubigergruppen erhalten hat und ob zu Lasten einer nicht zustimmenden Gläubigergruppe die Voraussetzungen des Obstruktionsverbotes einschlägig sind;
– die Zustimmung des Schuldners vorliegt bzw. dessen fehlende Zustimmung nach § 247 InsO ersetzt werden kann;
– Widersprüche einzelner Gläubiger beschieden werden müssen, die gemäß § 251 InsO die Versagung der Bestätigung des Plans beantragt haben;
– keine unlautere Herbeiführung der Annahme gemäß § 250 Nr. 2 InsO vorliegt;
– die Bedingungen des nach § 249 bedingten Plans wirklich eingetreten sind.

B. Absatz 2

Gemäß § 248 Abs. 2 InsO soll das Gericht vor der Entscheidung über die Planbestätigung 14 den Insolvenzverwalter, den Gläubigerausschuß – soweit bestellt – und den Schuldner hören.
Die Regelung des § 248 Abs. 2 InsO ist an die bisherigen §§ 78 Abs. 2 VglO, 182 Abs. 2 15 KO angelehnt, schreibt jedoch im Gegensatz zu diesen Regelungen keine obligatorische, sondern lediglich eine fakultative Anhörung vor.
Im Rahmen des § 248 Abs. 2 InsO ist es nicht erforderlich, daß eine gesonderte Ladung 16 zur Anhörung ergeht (vgl. *Kilger/Karsten Schmidt* KO, § 148 Rz. 2; *Hess* KO, § 186 Rz. 9).
Grund für die Ausgestaltung des § 248 Abs. 2 InsO als Sollvorschrift ist, daß die 17 Anhörung der in Abs. 2 angesprochenen Beteiligten im Regelfall bereits gemäß § 232 InsO erfolgt sein wird.
Darüber hinaus haben diese Beteiligten im Rahmen des Erörterungstermins Gelegenheit, 18 sich zum Plan zu erklären, damit ihr Votum am Abstimmungstermin berücksichtigt werden kann.
Das Gericht könnte de lege lata somit ohne Konsequenz für das Planverfahren von einer 19 Anhörung absehen.

20 Ob die »Soll-Vorschrift« des § 248 Abs. 2 InsO in Anbetracht der hohen verfassungsrechtlichen Anforderungen des Art 103 Abs. 1 GG jedoch haltbar sein kann, scheint zweifelhaft.

21 Insofern bestehen gewisse Parallelen zu der »Soll-Vorschrift« des § 2360 Abs. 1 BGB, wo diese Regelung trotz entgegenstehenden gesetzlichen Wortlautes (»soll«) zwingend als »Ist-Vorschrift« zu interpretieren ist.

22 Da es aus Sicht des Insolvenzgerichts weiterhin sinnvoll ist, sich nochmals vor Bestätigung des Plan zu vergewissern, ob Versagungsgründe vorliegen, sollte Gelegenheit zur Äußerung gegeben werden.

23 Dafür spricht auch, daß ein bestätigter Plan weder angefochten, noch durch nachträgliches – gegebenenfalls einstimmiges – Votum der Gläubiger geändert werden kann.

24 Die Bestätigung erfolgt durch Beschluß.

25 Dieser kann noch im Abstimmungstermin verkündet werden. Hierbei ist die Entscheidung des Gerichts mit Kurzfassung der Gründe zu protokollieren (vgl. *Jaeger/Weber* KO, § 179 Rz. 7; *Kuhn/Uhlenbruck* KO, § 184 Rz. 5).

§ 249
Bedingter Plan

¹Ist im Insolvenzplan vorgesehen, daß vor der Bestätigung bestimmte Leistungen erbracht oder andere Maßnahmen verwirklicht werden sollen, so darf der Plan nur bestätigt werden, wenn diese Voraussetzungen erfüllt sind. ²Die Bestätigung ist von Amts wegen zu versagen, wenn die Voraussetzungen auch nach Ablauf einer angemessenen, vom Insolvenzgericht gesetzten Frist nicht erfüllt sind.

Inhaltsübersicht: Rz.

A. Satz 1 1–12
B. Satz 2 13–16

A. Satz 1

1 Die Regelung des § 249 InsO ist ein verfahrensrechtliches Instrument, um die Bestätigung des Plans und die dadurch ausgelösten vielfältigen Rechtsfolgen von dem Eintritt von Bedingungen abhängig zu machen. Ferner wird ein Scheitern des Plans aus dem Grund, daß keiner der Beteiligten zur Erbringung einer im Plan geforderten Vorleistung bereit ist, verhindert.

2 In vielen Fällen wird eine Notwendigkeit dafür bestehen, das Wirksamwerden von Rechtsänderungen, die im gestaltenden Teil des Plans vorgesehen sind, daran zu knüpfen, daß bestimmte Leistungen erbracht oder andere Maßnahmen verwirklicht werden (BT-Drucks. 12/2443, S. 211).

3 Oftmals sind zur Umsetzung eines Insolvenzplans gesellschaftsrechtliche Beschlußfassungen oder sonstige, eine Verknüpfung von Gesellschafts- und Insolvenzrecht erfordernden Maßnahmen notwendig, die durch die Regelung des § 249 InsO erst ermöglicht werden.

Bedingter Plan **§ 249**

Beispielhaft hierfür seien die Durchführung einer Kapitalherabsetzung mit anschließender Kapitalerhöhung, der Verzicht auf ein dingliches Recht Zug um Zug gegen Bestellung eines anderen dinglichen Rechts, Satzungsänderungen, etc. erwähnt. 4

Mittels des bedingten Plans wird die Möglichkeit geschaffen, daß für die Planrealisierung wesentliche gesellschaftsrechtliche Beschlüsse erst gefaßt werden müssen, wenn die grundsätzliche Planannahme der Gläubiger feststeht. In gleichem Maße ist gesichert, daß der Plan nicht wirksam wird, wenn – aus welchen Gründen auch immer – die vorgesehenen gesellschaftsrechtlichen Beschlüsse, die Gegenstand der Bedingung im Plan waren, nicht gefaßt werden (BT-Drucks. 12/2443, S. 211). 5

Der bedingte Plan hat aus Sicht der Gläubiger, möglicher Investoren und des Schuldners im Einzelfall gleichermaßen erhebliche Vorteile und wird die Bereitschaft zur Annahme von Insolvenzplänen fördern. 6

Gerade im Falle einer geplanten Sanierungslösung, welche die Fortführung des insolventen Unternehmens zum erklärten Ziel hat, ist – neben Verhandlungsgeschick – vor allem neues Kapital erforderlich. Die Investitionsbereitschaft Dritter wird durch einen bedingten Plan erhöht, da vor der Planbestätigung zwingend wesentliche Entscheidungen herbeigeführt sein müssen. 7

Auch aus Sicht des Schuldners hat die Regelung des § 249 InsO erhebliche Bedeutung. 8

In den meisten Fällen werden Insolvenzpläne tiefe Einschnitte in die gesellschaftsrechtliche Unternehmensstruktur vorsehen, die Mitwirkungshandlungen des Schuldners erforderlich machen werden. 9

Für den Schuldner wäre es kaum zumutbar, allen Erfordernissen zur Umsetzung des Insolvenzplans nachzukommen, wenn nicht gewährleistet werden könnte, daß der Plan im Falle einer pflichtgemäßen Erfüllung dieser Bedingungen auch realisiert wird. 10

Die gesetzliche Lösung, nach welcher über die Annahme eines Plans im Abstimmungstermin bereits entschieden ist, die Wirkungen jedoch nur eintreten können, wenn die vereinbarten Bedingungen eingetreten sind, ist ein praktikabler Weg, um die Realisierung von Insolvenzplänen zu erleichtern. 11

Dem bedingten Plan wird in der Insolvenzplanpraxis erhebliche Bedeutung zukommen, da dieser vielfach erst die Möglichkeit, die zur Planrealisierung notwendigen Verfahrensabläufe in einen zeitlichen Einklang zu bringen, schafft. 12

B. Satz 2

Gemäß § 249 Satz 2 InsO hat das Insolvenzgericht die Bestätigung des Plans von Amts wegen zu versagen, wenn nicht innerhalb einer vom Gericht gesetzten Frist die Voraussetzungen für die Bestätigung des Plans erfüllt worden sind. 13

Die Dauer der Frist hängt vom jeweiligen Einzelfall ab; keinesfalls darf hierdurch aber das Verfahren erheblich verzögert werden. 14

Fristen über eine Dauer von vier Wochen werden nur selten zugestanden werden können, da eine längere Ungewißheit über den Ausgang des Planverfahrens nicht hinnehmbar sein wird. 15

Der Planersteller sollte bereits im Plan die Fristen, bis zu welchen die Bedingungen i. S. d. § 249 InsO eingetreten sein müssen, verbindlich vorgeben. Weiterhin sollte er – soweit wie möglich – versuchen, vorbereitende Maßnahmen zum Bedingungseintritt z. B. durch die Vorbereitung entsprechender Urkunden oder Verträge noch vor der Abstimmung über den Plan einzuleiten, um den Eintritt der Bedingungen zu beschleunigen. 16

§ 250
Verstoß gegen Verfahrensvorschriften → §§ 186, 188 KO

Die Bestätigung ist von Amts wegen zu versagen,
1. wenn die Vorschriften über den Inhalt und die verfahrensmäßige Behandlung des Insolvenzplans sowie über die Annahme durch die Gläubiger und die Zustimmung des Schuldners in einem wesentlichen Punkt nicht beachtet worden sind und der Mangel nicht behoben werden kann oder
2. wenn die Annahme des Plans unlauter, insbesondere durch Begünstigung eines Gläubigers, herbeigeführt worden ist.

Inhaltsübersicht: Rz.

A. Allgemeines	1– 7
B. Regelungen im bisherigen Recht	8–13
C. Versagungsgründe	14–24
I. Nr. 1	14–15
II. Nr. 2	16–24

Literatur:

Hess KO, 5. Aufl., 1995.

A. Allgemeines

1 Die Regelung des § 250 InsO normiert, daß beim Vorliegen wesentlicher – nicht behebbarer – Verfahrensfehler oder im Falle, daß die Annahme des Plans unlauter herbeigeführt worden ist, die Bestätigung des Plans von Amts wegen zu versagen ist (BT-Drucks. 12/2443, S. 211).

2 § 250 InsO stellt zwingendes Recht und damit gleichzeitig eine Grenze der Deregulierung des Verfahrens dar. Wesentliche Verfahrensvorschriften können aus Gründen der Gleichbehandlung und letztlich auch der Glaubwürdigkeit des Verfahrens nicht zur Disposition stehen.

3 Aus diesem Grund ist ein Verstoß nach § 250 InsO auch dann erheblich, wenn sämtliche Beteiligten auf Sanktionen von etwaigen Verstößen verzichtet hatten.

4 Umgekehrt bedeutet dies, daß das Insolvenzgericht – wenn keine Versagungsgründe gemäß § 250 InsO vorliegen und auch keine Minderheiten- oder Schuldnerschutzvorschriften nach §§ 251, 247 InsO verletzt sind – den von den Gläubigern angenommenen Plan bestätigen muß.

5 Die Regelung des § 250 InsO verbietet es dem Insolvenzgericht eigene Ermessensentscheidungen anstelle der Gläubigerentscheidung zu setzen.

6 Bei unwesentlichen Verfahrensverstößen ist der Plan zu bestätigen; die Versagung der Planbestätigung entgegen der Willensbildung der Gläubigermehrheit im Abstimmungstermin würde einen gravierenden Eingriff in die vom Gesetzgeber gewollte privatautonome Insolvenzbewältigung darstellen und ist deshalb als ultimo ratio zu sehen.

7 Aus diesem Grund muß das Gericht im Vorfeld der endgültigen Versagung der Planbestätigung die Möglichkeit einer Korrektur von etwaigen Verfahrensverstößen eröffnen.

Verstoß gegen Verfahrensvorschriften **§ 250**

B. Regelungen im bisherigen Recht

Auch im bisherigen Recht existierten zwingende Normen, deren Verletzung die Verwerfung eines Zwangsvergleiches von Amts wegen nach sich zog, falls diese Verfahrensmängel nicht behoben werden konnten (*Kuhn/Uhlenbruck* KO, § 186 Rz. 1). In der KO wurde hierbei zwischen der Verwerfung von Amts wegen (§ 186 KO) und der auf Antrag (§ 188 KO) unterschieden. **8**

Im Rahmen des § 188 Abs. 1 Nr. 1 KO war jeder stimmberechtigte Gläubiger antragsberechtigt, sowie derjenige, der seine nichtbevorrechtigte Konkursforderung gemäß § 294 ZPO glaubhaft gemacht hatte (*Kilger/Karsten Schmidt* KO, § 188 Rz. 1). **9**

In der GesO war die Formulierung des § 16 Abs. 5 Satz 3 GesO, welche anordnete, daß »der Vergleich versagt werden konnte, wenn er auf unlautere Weise zustande gekommen ist« dem Wortlaut nach als Ermessensentscheidung ausgestaltet. Nach h. M. in Lit. und Rspr. handelte es sich jedoch um eine gebundene Entscheidung (*Smid/Zeuner* GesO, § 16 Rz. 38). **10**

Auch nach § 79 Nr. 1 VglO war die Bestätigung eines Vergleichs zu versagen, wenn die den Inhalt und den Abschluß des Vergleichs regelnden Vorschriften oder die Vorschriften über das nach der Eröffnung einzuhaltende Verfahren in einem wesentlichen Punkt nicht beachtet worden sind und das Fehlende nicht ergänzt werden konnte. **11**

Weiterhin mußte eine Vergleichsbestätigung gemäß § 79 Nr. 3 VglO versagt werden, wenn der Vergleich unlauter, insbesondere durch Begünstigung eines Gläubigers zustande kam. **12**

In der VglO waren alle Versagungsgründe zwingender Natur und deshalb von Amts wegen zu berücksichtigen. Darüber hinaus waren der Vergleichsverwalter und die Mitglieder des Gläubigerbeirats verpflichtet, Tatsachen, die eine Versagung der Bestätigung des Vergleichs zu rechtfertigen vermochten, dem Vergleichsgericht anzuzeigen (*Bley/Mohrbutter* VglO, § 79 Rz. 2). **13**

C. Versagungsgründe

I. Nr. 1

Gemäß § 250 Nr. 1 InsO ist die Bestätigung zu versagen, wenn die Vorschriften über den Inhalt und die verfahrensmäßige Behandlung des Insolvenzplans sowie über die Annahme durch die Gläubiger und die Zustimmung des Schuldners in einem wesentlichen Punkt nicht eingehalten worden sind. **14**

Wesentlich ist ein Punkt i. d. S. dann, wenn er Auswirkungen auf das Zustandekommen des Plans hatte. **15**

II. Nr. 2

Ferner ist die Bestätigung des Plan zu versagen, wenn gemäß § 250 Nr. 2 InsO die Annahme des Plans unlauter, insbesondere durch Begünstigung eines Gläubigers, herbeigeführt worden ist. **16**

Unlauter ist ein Verhalten, welches gegen Treu und Glauben verstößt (*Hess* KO, § 188 Rz. 3). **17**

18 Beispiele hierfür sind die Begünstigung eines Gläubigers, die Forderungsteilung zur Erzielung einer Kopfmehrheit gemäß § 244 Abs. 1 Nr. 1 InsO oder der Ankauf einer Forderung zu einem der Planquote übersteigenden Betrag.
19 Des weiteren ist die Verfälschung der Abstimmung über den Plan durch einen zunächst unentdeckten Stimmenkauf (*Kilger/Karsten Schmidt* KO, § 188 Rz. 2a), das Anerkennen einer fiktiven Forderung, die Gläubigerbegünstigung im Sinne der strafrechtlichen Vorschriften der §§ 283 ff. StGB, Manipulationen des Abstimmungsergebnisses durch sittenwidrige Einflußnahme, z. B. durch Täuschung, Drohung oder Zwang einzelner zur Abstimmung Beteiligter, hervorzuheben (vgl. *Kuhn/Uhlenbruck* KO, § 188 Rz. 3).
20 Zu beachten ist, daß nicht zwingend der Schuldner selbst oder dessen Vertreter unlauter handeln muß. Ebenfalls nicht zwingend ist es, daß die Unlauterkeit eine Begünstigung einzelner Gläubiger bedingen muß.
21 Das objektive Vorliegen von unlauterem Verhalten alleine ist jedoch nicht ausreichend, um die Versagung der Bestätigung des Plans von Amts wegen zu rechtfertigen; zusätzlich muß ein ursächlicher Zusammenhang zwischen dem unlauteren Verhalten und dem Abstimmungsergebnis über den Plan bestehen.
22 Ursächlichkeit ist in jedem Fall Voraussetzung für die Versagung der Bestätigung des Plans; insoweit stimmt die Regelung mit der bisherigen Rechtslage zu § 79 Nr. 3 VglO überein (vgl. *Bley/Mohrbutter* VglO, § 79 Rz. 3).
23 Für das Abstimmungsergebnis ist eine Ursächlichkeit und damit eine Planrelevanz nicht gegeben, wenn z. B. gekaufte Stimmen für das Planergebnis ohne Bedeutung sind. Würde in einem derartigen Falle der Plan nicht bestätigt, wäre dies für die anderen Beteiligten nicht zumutbar.
24 Fehlt eine diesbezügliche Kausalität, kann die Bestätigung des Plans durch das Gericht nicht versagt werden (vgl. *Böhle-Stamschräder/Kilger* VglO, § 73 Rz. 4).

§ 251
Minderheitenschutz → § 188 KO

(1) Auf Antrag eines Gläubigers ist die Bestätigung des Insolvenzplans zu versagen, wenn der Gläubiger
1. dem Plan spätestens im Abstimmungstermin schriftlich oder zu Protokoll der Geschäftsstelle widersprochen hat und
2. durch den Plan schlechter gestellt wird, als er ohne einen Plan stünde.

(2) Der Antrag ist nur zulässig, wenn der Gläubiger glaubhaft macht, daß er durch den Plan schlechter gestellt wird.

Inhaltsübersicht: Rz.

A. Allgemeines 1– 7
B. Absatz 1 8–20
    I. Allgemeines 8–10
    II. Antrag 11–12
    III. Nr. 1 13–14
    IV. Nr. 2 15–20
C. Absatz 2 21–24
D. Salvatorische Klausel 25–30

Minderheitenschutz **§ 251**

Literatur:

Hess/Kropshofer KO, 4. Aufl., 1993; *Stürner* Aufstellung und Bestätigung des Insolvenzplans, in Leipold, Insolvenzrecht im Umbruch, S. 46.

A. Allgemeines

Gläubigerautonome Entscheidungsprozesse innerhalb eines Insolvenzverfahrens werden jeweils durch Mehrheitsentscheidungen getroffen, da einstimmige Entscheidungen – wie die Erfahrung im Zusammenhang mit außergerichtlichen Sanierungsversuchen zeigt – in Anbetracht der unterschiedlichen Interessen der Beteiligten in den wenigsten Fällen zu erzielen sind. 1

Gerade das Manko der fehlenden Bindungswirkung außergerichtlicher Sanierungsvergleiche gegenüber meist in jedem Verfahren anzutreffenden Akkordstörern ist die Ursache dafür, daß außergerichtliche Vergleiche selten von Erfolg gekrönt sind (vgl. dazu: BGHE 116, 319 = NJW 1992, 967 = ZIP 1992, 191) 2

Beansprucht ein Insolvenzplan – im Gegensatz zu außergerichtlichen Vergleichen – jedoch auch Bindungswirkung für unbeteiligte oder widersprechende Gläubiger, muß innerhalb des Verfahrens ein effizienter Minderheitenschutz verankert sein. 3

Aus diesem Grunde hat eine gemäß § 244 InsO getroffene Mehrheitsentscheidung als Legitimation für die Annahme des Plans – auch im Falle der Zustimmung des Schuldners – nicht ipso iure die Bestätigung des Plans durch das Insolvenzgericht zur Folge (vgl. *Haarmeyer/Wutzke/Förster* Hdb. zur InsO, S. 677, Rz. 26). 4

Im Rahmen des § 251 InsO überwacht das Gericht die Rechtsstaatlichkeit des Verfahrens aus Sicht der Minderheit und bildet damit eine Grenze der privatautonomen Willensbildung und Deregulation des Planverfahrens. 5

Auch wenn die Gruppen mit der erforderlichen Kopf- und Summenmehrheit dem Plan gemäß § 244 InsO zugestimmt haben, ist es nicht gewährleistet, daß individuelle Gläubigerrechte nicht verletzt werden. 6

Die Entscheidung der zustimmenden Mehrheit kann auf Erwägungen beruhen, die nur und ausschließlich für die Mehrheit, nicht jedoch für die in der Abstimmung unterlegene Minderheit gelten, z.B. ist es im Falle eines Fortführungsplans, der die Sanierung des Unternehmensträgers selbst zum Inhalt hat, denkbar, daß sich die Mehrheit der Gläubiger aus der Aufrechterhaltung der Geschäftsbeziehung Vorteile oder Synergieeffekte verspricht, die für die Minderheit nicht eröffnet sind (BT-Drucks. 12/2443, S. 211 f.). 7

B. Absatz 1

I. Allgemeines

In Abweichung zum bisherigen Recht des Vergleichs und Zwangsvergleichs werden durch die Regelung des § 251 Abs. 1 InsO die Tatbestandsvoraussetzungen für das Vorliegen eines Verstoßes gegen das Minderheitenschutzgebot genauer formuliert und offen am wirtschaftlichen Interesse ausgerichtet. 8

Im überkommenen Recht des § 188 Abs. 1 Nr. 2 KO wurde auf die Verletzung der Gemeininteressen als Leitziel des Verfahrens abgestellt. Im Rahmen der Regelung des § 79 Abs. 4 VglO, die erheblich schuldnerorientierter ausgestaltet war, war dies nur abgeschwächt der Fall. 9

10 Eine Verletzung dieses Leitzieles im bisherigen Recht wurde angenommen, wenn ein Gläubiger durch die gesetzliche Abwicklung mehr als im Falle der einvernehmlichen Insolvenzbewältigung auf Initiative des Schuldners erhalten hätte (vgl. *Bley/Mohrbutter* VglO, § 79 Rz. 11).

II. Antrag

11 Der Minderheitenschutz wird gemäß § 251 Abs. 1 InsO nur auf Antrag gewährt. Antragsberechtigt ist jeder Gläubiger, der berechtigt war, über den Plan abzustimmen.

12 Auch Gläubiger, die im Rahmen der Abstimmung über den Plan für diesen gestimmt haben, können einen diesbezüglichen Antrag stellen, ohne dabei einen Grund für den Sinneswandel angeben zu müssen (vgl. *Hess/Kropshofer* KO, § 188 Rz. 2; *Eickmann* in Gottwald, InsolvenzRHdb, § 66 Rz. 76). Insoweit hat sich zum bisherigen Recht nichts geändert.

III. Nr. 1

13 Wie auch im Rahmen des Schuldnerschutzes gemäß § 247 InsO muß ein etwaiger Widerspruch gegen die Planbestätigung durch den Antragsteller aus Gründen der Rechtsklarheit und der Verfahrensbeschleunigung spätestens im Abstimmungstermin schriftlich oder zu Protokoll der Geschäftsstelle erfolgen. Später erfolgende Widersprüche sind für den Fortgang des Planverfahrens unbeachtlich.

14 Ein Generalwiderspruch vor Kenntnis oder Kenntnisnahmemöglichkeit eines Plans ist ebenfalls unbeachtlich. Die Formulierung in Abs. 1 Nr. 1 »dem Plan« und Abs. 1 Nr. 2 »den Plan« läßt die Auslegung zu, daß sich der Gäubiger von einem konkret existenten Planentwurf beschwert fühlen muß. Stellt ein Gläubiger einen Antrag gemäß § 251 InsO ohne von einem konkreten Plan betroffen sein zu können, fehlt das Rechtsschutzbedürfnis.

IV. Nr. 2

15 Wesentliches Kriterium für die Beachtlichkeit eines Widerspruches ist, daß der Gläubiger durch den Plan schlechter gestellt wird, als er ohne den Plan stünde.

16 Eine Schlechterstellung ist zu bejahen, wenn dem widersprechenden Gläubiger im Plan verglichen mit der gesetzlichen Abwicklung wirtschaftlich weniger zugewiesen wird.

17 Maßstab für den Begriff der Schlechterstellung ist dabei der objektivierbare wirtschaftliche Nutzen. Widersprüche werden als Obstruktion gewertet, wenn dem Widerspruchsführer im Plan eine wirtschaftliche Gleichbehandlung mit dem Fall der gesetzlichen Abwicklung garantiert ist.

18 Die ausschließlich an der wirtschaftlichen Betrachtungsweise ausgerichtete Beurteilung, die sich am wirtschaftlichen Sofortergebnis als alleinige Begründung des Minderheitenschutzes orientiert, wurde im Rahmen der Reformdiskussionen kritisiert, da es – losgelöst von der Wirtschaftlichkeitsfrage – durchaus nachvollziehbare Gründe eines Widerspruchs geben kann, die vom Gesetz nicht akzeptiert werden. Beispielsweise seien Konkurrenzgesichtspunkte erwähnt (vgl. *Stürner* in Leipold, Insolvenzrecht im Umbruch, S. 46).

Minderheitenschutz § 251

In diesem Zusammenhang ist zu beachten, daß der Minderheitenschutz gemäß § 251 **19**
InsO geringer als der Schutz der Mehrheit einer Gruppe von Gläubigern aufgrund des
Obstruktionsverbotes ist.
Im Gegensatz zu § 245 InsO muß keine angemessene Beteiligung an den durch den Plan **20**
realisierten Werten erfolgen, sondern es muß nur garantiert werden, daß keiner der
widersprechenden Gläubiger durch den Plan schlechter gestellt wird, als im Falle der
gesetzlichen Abwicklung (BT-Drucks. 12/2443, S. 211 f.).

C. Absatz 2

Gemäß § 251 Abs. 2 InsO müssen die Antragsvoraussetzungen glaubhaft gemacht **21**
werden. Ist dies gemäß § 294 ZPO der Fall, so erfolgt die Zulassung des Antrags in
Übereinstimmung mit dem bisherigen Recht ohne einen förmlichen Beschluß (vgl.
Jaeger/Weber KO, § 188 Rz. 2).
Ist der Antrag – mangels Glaubhaftmachung – als unzulässig zurückgewiesen worden, **22**
muß das Insolvenzgericht den Antragsteller auf die Notwendigkeit der Glaubhaftmachung hinweisen und die Möglichkeit der Nachholung geben (vgl. *Hess/Kropshofer* KO,
§ 188 Rz. 9; *Kuhn/Uhlenbrock* KO, § 189 Rz. 5).
Das Insolvenzgericht kann in die Prüfung der sachlichen Berechtigung des Antrags erst **22**
nach abschließender Klärung der Zulässigkeitsfrage eintreten.
Wird der Antrag zurückgewiesen, erfolgt dies regelmäßig im Rahmen des Bestätigungs- **23**
beschlusses über den Plan; hiergegen kann der Gläubiger Rechtsmittel gemäß § 253
InsO einlegen (vgl. *Kuhn/Uhlenbrock* KO, § 189 Rz. 5).
Eine Nachholung der Glaubhaftmachung im Beschwerdeverfahren ist in Übereinstim- **24**
mung mit dem bisherigen Recht möglich (*Kilger/Karsten Schmidt* KO, § 188 Rz. 1).

D. Salvatorische Klausel

Die Frage, ob der Widerspruch eines oder mehrerer Gläubiger im Rahmen des § 251 **25**
InsO beachtlich ist, kann durch das Gericht hinsichtlich § 251 Abs. 1 Nr. 2 InsO nur auf
der Grundlage von Vergleichsrechnungen überprüft werden.
Da Fortführungspläne zukunftsorientiert sind und deshalb Prognoseelemente enthalten, **26**
könnte es Gläubigern gelingen, eine vermeintliche Benachteiligung so plausibel vorzutragen, daß das Gericht eine Prüfung der Frage der vermeintlichen Schlechterstellung
durch einen Sachverständigen veranlassen müßte, um hierüber abschließend Klarheit zu
erhalten.
Eine verwalterseits erstellte Vergleichsrechnung wird nicht in allen Fällen sämtlichen **27**
Widerspruchsmöglichkeiten der Gläubiger ex ante gerecht werden können, so daß die
Sorge besteht, daß die Entscheidung über einen Plan möglicherweise über Monate
verzögert werden könnte.
Aus diesem Grunde muß der Planersteller nach Auffassung in der Literatur – wie im Falle **28**
der §§ 245, 247 InsO – mittels salvatorischer Klauseln Vorsorge dafür treffen, daß das
Gericht einen Plan auch im Falle eines Gläubigerwiderspruchs bestätigen kann.
Hinsichtlich der nur begrenzten Wirkungen der salvatorischen Klausel, welche das **29**
Gericht nicht von der von Amts wegen zu erfolgenden Prüfung des Minderheitenschutzes entbinden kann, wird – ebenso wie hinsichtlich der Ausgestaltung einer derartigen
Klausel – auf die entsprechenden Ausführungen zu §§ 245, 247 InsO (§ 245 Rz. 73 ff.,
§ 247 Rz. 27 ff.) verwiesen.

Jaffé

30 Im Rahmen einer Bundesrats-Initiative (BR-Drucks. 783/97, S. 2) wird vorgeschlagen, in § 251 Abs. 1 Nr. 2 InsO vor dem Wort »schlechter« das Wort »voraussichtlich« einzufügen, damit sich das Insolvenzgericht auf eine summarische Prüfung beschränken kann.

§ 252
Bekanntgabe der Entscheidung

(1) Der Beschluß, durch den der Insolvenzplan bestätigt oder seine Bestätigung versagt wird, ist im Abstimmungstermin oder in einem alsbald zu bestimmenden besonderen Termin zu verkünden.
(2) Wird der Plan bestätigt, so ist den Insolvenzgläubigern, die Forderungen angemeldet haben, und den absonderungsberechtigten Gläubigern unter Hinweis auf die Bestätigung ein Abdruck des Plans oder eine Zusammenfassung seines wesentlichen Inhalts zu übersenden.

Inhaltsübersicht: Rz.

A. Absatz 1	1–16
I. Allgemeines	1– 7
II. Besonderer Verkündungstermin	8–16
B. Absatz 2	17–19

A. Absatz 1

I. Allgemeines

1 Die Verkündung des Bestätigungs- oder Versagungsbeschlusses erfolgt im Abstimmungstermin oder in einem alsbald zu bestimmenden besonderen Termin.

2 Die Regelung des § 252 Abs. 1 InsO stimmt mit der bisherigen Regelung der §§ 184 Abs. 2, 185 KO, § 78 Abs. 3 VglO überein.

3 Der Beschluß, durch den der Insolvenzplan bestätigt oder seine Bestätigung versagt wird, muß bekanntgegeben werden.

4 Der Zweck der Regelung besteht darin, einen genau feststellbaren und einheitlichen Zeitpunkt für den Beginn der Rechtsmittelfrist gemäß § 253 InsO zu haben (vgl. *Jaeger/Weber* KO, § 185 Rz. 1).

5 In der VglO war der Beschluß über die Bestätigung des Vergleichs bzw. über die Versagung der Bestätigung nach pflichtgemäßem Ermessen des Vergleichsgerichts entweder in dem Vergleichstermin oder in einem alsbald zu bestimmenden besonderen Termin gemäß § 78 Abs. 3 VglO zu verkünden.

6 In § 184 Abs. 2 KO war eine weitgehend inhaltsgleiche Regelung dahingehend verankert, daß das Konkursgericht einen neuen Termin zur Verhandlung über die Bestätigung und zur Verkündigung der Entscheidung anberaumen konnte. Dieser neue Termin war noch im Zwangsvergleichstermin zu verkünden (*Jaeger/Weber* KO, § 184 Rz. 7).

7 Liegen keine Gründe für eine Versagung gemäß §§ 247, 250, 251 InsO vor, wird die Entscheidung des Insolvenzgerichts im Regelfall noch im Abstimmungstermin erfolgen können.

Bekanntgabe der Entscheidung § 252

II. Besonderer Verkündungstermin

Ist es dem Gericht im Rahmen des Abstimmungstermins nicht möglich, über etwaige Gläubigeranträge gemäß § 251 Abs. 1 InsO oder über einen Widerspruch des Schuldners gemäß § 247 Abs. 1 InsO zu entscheiden, ist ein besonderer Verkündungstermin zu bestimmen, bis zu welchem das Gericht zur Überprüfung etwaiger Minderheitenschutzanträge der Beteiligten Gelegenheit hat. 8

Im Hinblick auf die Heilungswirkung der Planbestätigung von formellen Rechtsfehlern besteht – wenn eine abschließende Prüfung nicht möglich ist – im Zweifelsfall sogar eine Verpflichtung des Gerichts, die Entscheidung auf einen besonderen Verkündungstermin zu vertagen. 9

Ein besonderer Verkündungstermin ist vor allem dann geboten, wenn bis dahin mit einer Behebung von etwaigen Bestätigungshindernissen, wie z.B. einer Erteilung der vormundschaftlichen Genehmigung zur Stimmabgabe, des Eingangs einer in Aussicht gestellten Bürgschaft etc., gerechnet werden kann. 10

Ebenfalls ist das Festsetzen eines besonderen Verkündungstermins notwendig, wenn das Gericht die Ermittlungen hinsichtlich des Vorliegens etwaiger Verfahrensverstöße gemäß § 250 InsO noch nicht abgeschlossen hat (vgl. *Bley/Mohrbutter* VglO, § 78 Rz. 7). 11

Zur Vermeidung einer Zeitverzögerung sowie einer Plangefährdung sollte der Verkündungstermin möglichst zeitnah angesetzt werden; letztlich entscheidend wird jedoch der Umfang der gerichtlichen Nachprüfungen sein. 12

Sollte die Entscheidung über den Plan nicht im Abstimmungstermin verkündet werden können, sind zu dem gesonderten Verkündungstermin die gleichen Personen wie zum vorhergehenden Erörterungs- und Abstimmungstermin zu laden. 13

Es handelt sich hierbei um die stimmberechtigten Gläubiger, den Schuldner und die in § 235 Abs. 3 InsO angesprochenen Kreise (*Haarmeyer/Wutzke/Förster* Hdb. zur InsO, S. 681, Rz. 35). 14

Die Verkündung ist wie im bisherigen Recht im Sitzungsprotokoll festzustellen und als Verfahrensförmlichkeit gemäß § 164 ZPO nur durch das Protokoll beweisbar. 15

Der Beweis, daß es sich bei dem verkündeten Plan um einen anderen als im Terminprotokoll bezeichneten Plan handelt, wird durch die Bestimmung nicht ausgeschlossen (vgl. *Jaeger/Weber* KO, § 185 Rz. 1). Dies bedeutet, daß der Inhalt des Insolvenzplans nicht unter die Beweisregel des § 164 ZPO fällt. 16

B. Absatz 2

Die Bestätigung des Plans löst vielfältige Rechtsfolgen aus, auf welche die Beteiligten sich einstellen müssen. 17

Aus diesem Grunde sollen gemäß § 252 Abs. 2 InsO die Insolvenzgläubiger, welche Forderungen angemeldet haben sowie die absonderungsberechtigten Gläubiger unter Hinweis auf die Bestätigung, einen Abdruck des Plans oder eine Zusammenfassung seines wesentlichen Inhaltes übersandt erhalten. 18

Mit der Bekanntgabe der Entscheidung beginnt wie im bisherigen Recht die Rechtsmittelfrist gemäß §§ 253, 6 Abs. 2 InsO, § 577 ZPO zu laufen (vgl. *Jaeger/Weber* KO, § 185, Rz. 1). 19

§ 253
Rechtsmittel → § 189 KO

Gegen den Beschluß, durch den der Insolvenzplan bestätigt oder die Bestätigung versagt wird, steht den Gläubigern und dem Schuldner die sofortige Beschwerde zu.

Inhaltsübersicht: Rz.

A. Beschwerdeberechtigung	1– 4
B. Beschwerdefrist	5– 6
C. Weitere Beschwerde	7– 9
D. Rechtskraftwirkung	10

Literatur:

Holzer Die Entscheidungsträger im Insolvenzverfahren. Zusammenarbeit zwischen Richter, Rechtspfleger und Insolvenzverwalter, 1996.

A. Beschwerdeberechtigung

1 Gegen die Bestätigung des Plans oder gegebenenfalls die Versagung der Planbestätigung steht das Beschwerderecht – in Übereinstimmung mit dem bisherigen Recht gemäß § 189 KO – sowohl dem Schuldner als auch den Gläubigern zu. Der Verwalter hat kein Beschwerderecht gemäß § 253 InsO.

2 Das Beschwerderecht ist nicht auf die stimmberechtigten Gläubiger beschränkt; auch die Gläubiger streitiger Forderungen, denen vom Gericht im Rahmen der Abstimmung über den Plan kein Stimmrecht zugestanden wurde, können gegen die Entscheidung des Gerichts über den Plan Rechtsmittel nach § 253 InsO einlegen (BT-Drucks. 12/2443, S. 212).

3 Grund hierfür ist, daß diesen Gläubigern, die im bisherigen Verfahrenslauf gegen die ausschließlich verfahrensleitende Verfügung des Stimmrechtsausschlusses nicht mit Rechtsmitteln vorgehen konnten, nunmehr die Möglichkeit gegeben werden soll, diese inzident mit der Planentscheidung in der Rechtsmittelinstanz überprüfen zu lassen.

4 Der Stimmrechtsausschluß, der zwischenzeitlich prozessual überholt ist, wird somit im Rahmen der Überprüfung der Entscheidung des Insolvenzgerichts einer mittelbaren Kontrolle unterzogen und kann einen angenommenen Plan wegen Verstoßes gegen § 250 InsO zum Scheitern bringen.

B. Beschwerdefrist

5 Die Beschwerdefrist beträgt gemäß § 6 Abs. 2 InsO, § 577 ZPO zwei Wochen und beginnt mit der Verkündung der Entscheidung über den Plan zu laufen. Die Beschwerdefrist ist eine Notfrist.

6 Hat der Rechtspfleger entschieden, ist anstelle der sofortigen Beschwerde die sofortige Erinnerung nach § 11 Abs. 1 Satz 2, 1. Alt. RpflG statthaft (*Bassenge/Herbst* Rechts-

pflegergesetz, § 11 Rz. 13; *Holzer* Die Entscheidungsträger im Insolvenzverfahren, Rz. 159).

C. Weitere Beschwerde

Die weitere Beschwerde ist nur noch in Form der sogenannten Zulassungsbeschwerde gemäß § 7 InsO möglich. 7
Zulassendes Gericht ist das zuständige OLG. 8
Durch die restriktiven und kumulativen Voraussetzungen der Zulassungsbeschwerde, d. h. der Notwendigkeit des Vorliegens einer Rechtsverletzung und dem Erfordernis, daß die Beschwerde der Nachprüfung der Entscheidung zur Sicherung einer einheitlichen Rechtsprechung dienen muß, werden die Rechtsmittel de facto reduziert und das Verfahren gestrafft, da weitgehend alle Entscheidungen innerhalb einer Instanz abschließend getroffen werden. 9

D. Rechtskraftwirkung

Mit der Rechtskraft des Bestätigungsbeschlusses werden alle Verfahrensmängel geheilt (RGZ 129, 390, 392; *Kilger/Karsten Schmidt* KO, § 189 Rz. 1). Hinsichtlich der Details wird auf die Ausführungen zur den §§ 6, 7 InsO verwiesen. 10

Dritter Abschnitt
Wirkungen des bestätigten Plans. Überwachung der Planerfüllung

§ 254
Allgemeine Wirkungen des Plans → § 193 KO

(1) ¹Mit der Rechtskraft der Bestätigung des Insolvenzplans treten die im gestaltenden Teil festgelegten Wirkungen für und gegen alle Beteiligten ein. ²Soweit Rechte an Gegenständen begründet, geändert, übertragen oder aufgehoben oder Geschäftsanteile einer Gesellschaft mit beschränkter Haftung abgetreten werden sollen, gelten die in den Plan aufgenommenen Willenserklärungen der Beteiligten als in der vorgeschriebenen Form abgegeben; entsprechendes gilt für die in den Plan aufgenommenen Verpflichtungserklärungen, die einer Begründung, Änderung, Übertragung oder Aufhebung von Rechten an Gegenständen oder einer Abtretung von Geschäftsanteilen zugrunde liegen. ³Die Sätze 1 und 2 gelten auch für Insolvenzgläubiger, die ihre Forderungen nicht angemeldet haben, und auch für Beteiligte, die dem Plan widersprochen haben.
(2) ¹Die Rechte der Insolvenzgläubiger gegen Mitschuldner und Bürgen des Schuldners sowie die Rechte dieser Gläubiger an Gegenständen, die nicht zur Insolvenzmasse gehören, oder aus einer Vormerkung, die sich auf solche Gegenstände bezieht, werden durch den Plan nicht berührt. ²Der Schuldner wird jedoch durch den Plan gegenüber dem Mitschuldner, dem Bürgen oder anderen Rückgriffsberechtigten in gleicher Weise befreit wie gegenüber dem Gläubiger.

§ 254

(3) Ist ein Gläubiger weitergehend befriedigt worden, als er nach dem Plan zu beanspruchen hat, so begründet dies keine Pflicht zur Rückgewähr des Erlangten.

Inhaltsübersicht: Rz.

A. Absatz 1	1–17
I. Abs. 1 Satz 1	1–12
II. Abs. 1 Satz 2	13–16
III. Abs. 1 Satz 3	17
B. Absatz 2	18–21
C. Absatz 3	22–25

Literatur:

Bork Die Wirkungen des Insolvenzplanes nach §§ 290–305 RefE, in Leipold, Insolvenzrecht im Umbruch, S. 52; *Salomon* ZZP 56, 369.

A. Absatz 1

I. Abs. 1 Satz 1

1 Mit Rechtskraft des bestätigenden Beschlusses des Plans treten gemäß § 254 Abs. 1 Satz 1 die im gestaltenden Teil festgelegten Wirkungen für und gegen alle Beteiligten ein und zwar gemäß § 254 Abs. 1 Satz 3 InsO unabhängig und losgelöst davon, ob diese als Insolvenzgläubiger ihre Forderungen angemeldet oder ob sie als Beteiligte dem Plan widersprochen haben.

2 Die Wirkungen des bestätigten Plans sind die Konsequenz der im gestaltenden Teil des Plans privatautonom angeordneten Eingriffe in die finanz- und/oder leistungswirtschaftliche Struktur des insolventen Unternehmens

3 Die materiell-rechtlichen Inhaltswirkungen auf die Beteiligten des Insolvenzplanverfahrens, insbesondere die Stundung von Forderungen, den Erlaß oder Teilerlaß von Forderungen, die Beschränkung der Haftung auf eine bestimmte Liquidationsmasse, der Wegfall von Nebenansprüchen etc. treten nunmehr ein (vgl. *Bley/Mohrbutter* VglO, § 82 Rz. 2).

4 Die Regelung des § 254 Abs. 1 Satz 1 ähnelt der bisherigen Regelung des § 193 Satz 1 KO, der ebenso wie die jetzige Norm Ausfluß des Mehrheitsprinzips war (vgl. *Kilger/Karsten Schmidt* KO, § 193 Rz. 1). Gleiches gilt auch bezüglich § 82 VglO bzw. § 16 Abs. 5 Satz 2 GesO.

5 Auch soweit ein Gläubiger einer unbestimmten oder betagten Forderung sein Stimmrecht nicht hat geltend machen können, wird er von der Wirkung des Insolvenzplans betroffen (vgl. RGZ 87, 85).

6 Die Erstreckung der Wirkung auch auf Dritte ist die Konsequenz des Mehrheitsprinzips gemäß § 244 InsO und verhindert – wie die Vollstreckungsmöglichkeit aus dem Plan gemäß § 257 InsO – die ausschließlich vertragsrechtlich orientierte dogmatische Einordnung der Rechtsnatur des Insolvenzplans.

Allgemeine Wirkungen des Plans § 254

Die materiell-rechtlichen Wirkungen des Insolvenzplans lassen den Rechtsgrund und 7
den Charakter der betroffenen Forderungen unberührt; insbesondere tritt keine Novation
ein.
Die Ansprüche bleiben, was sie sind: Darlehens-, Kaufpreis-, Werklohnforderungen usw. 8
(vgl. *Jaeger/Weber* KO, § 193 Rz. 2; RGZ 92, 187 und 119, 396; *Salomon* ZZP 56,
369).
Genausowenig enthält der Insolvenzplan eine Schuldvervielfältigung (Kumulation), ein 9
Schuldanerkenntnis oder einen Verzicht auf Einwendungsrechte seitens des Schuldners
(vgl. *Jaeger/Weber* KO, § 193 Rz. 2).
In der Praxis bedeutet dies, daß mit Ablauf der zweiwöchigen Beschwerdefrist gemäß 10
§§ 253, 6 Abs. 2 InsO, § 577 ZPO oder rechtskräftiger Entscheidung über die sofortige
Beschwerde die konkreten Rechtsfolgen eintreten.
Es sind keine weiteren Vollzugsakte oder Zustimmungen erforderlich, damit z.B. 11
Stundungen wirksam werden, Zahlungsfristen anlaufen oder Forderungen als ganz oder
teilweise erlassen gelten.
Erwähnt sei, daß die Masseforderungen durch die Wirkungen des Insolvenzplans nicht 12
berührt werden. Die Abgrenzung zwischen Insolvenz- und Masseforderung, die in der
Vergangenheit zu erheblichen Schwierigkeiten geführt hat, da ausschließlich auf die
Handlungen des Verwalters abgestellt wurde (*OLG Nürnberg* MDR 1973, 678), erfolgt
nach nunmehr st. Rspr. danach, wann die Forderung i. S. d. § 38 InsO begründet worden
ist. Eine Insolvenzforderung und keine Masseforderung ist gegeben, wenn die Grundlagen des Rechtsverhältnisses, aus dem der Anspruch resultiert, vor Verfahrenseröffnung
bestehen (*BGH* NJW 1979, 310ff.; *LG München I* KTS 1992, 469).

II. Abs. 1 Satz 2

Die Regelung des § 254 Abs. 1 Satz 2 stellt eine Einschränkung von Satz 1 insoweit dar, 13
als dingliche Rechtsänderungen an Gegenständen oder Geschäftsanteilen in Abweichung zu Vorgesagtem nicht unmittelbar mit der Rechtskraft des bestätigten Plans
eintreten können.
Wenngleich mit rechtskräftiger Bestätigung des Plans alle zum Eintritt der dinglichen 14
Rechtsänderung erforderlichen Willenserklärungen als abgegeben gelten, hat dies noch
nicht die dingliche Rechtsänderung selbst zur Folge.
Als Formerleichternis ersetzt ein rechtskräftiger Plan – wie in einem gerichtlichen 15
Vergleich – jedoch alle für das zugrundeliegende Rechtsgeschäft erforderlichen Formvorschriften.
Dingliche Vollzugsakte können durch den rechtskräftigen Plan nicht ersetzt werden, da 16
konstitutive Vollzugsakte wie Grundbucheintragung oder Besitzübertragung einer beweglichen Sache für die Wirksamkeit der jeweiligen Verfügung erforderlich bleiben
(*Bork* in Leipold, Insolvenzrecht im Umbruch, S. 52).

III. Abs. 1 Satz 3

Die Regelung des Abs. 1 Satz 3, welche Ausfluß des Mehrheitsprinzips gemäß § 244 17
InsO ist, stellt nochmals ausdrücklich klar, daß Abs. 1 Satz 1 und 2 auch gegenüber
desinteressierten und/oder dissentierenden Beteiligten gilt und insoweit Bindungswirkung entfaltet.

Jaffé

B. Absatz 2

18 In Übereinstimmung mit dem bisherigen Recht in § 82 Abs. 2 Satz 1 VglO und § 193 Satz 2 KO ist in § 254 Abs. 2 Satz 1 normiert, daß persönliche Ansprüche von Gläubigern gegen Drittsicherungsgeber, z. B. aufgrund von Bürgschaften, Pfandrechten oder dinglichen Sicherungsrechten durch den bestätigten Plan nicht berührt werden (BT-Drucks. 12/2443, S. 212 f.).

19 Grund hierfür ist, daß durch einen etwaigen Forderungserlaß im Rahmen eines Planes eine Verbindlichkeit des Schuldners nicht untergeht, sondern als natürliche – erfüllbare, aber nicht erzwingbare – Verbindlichkeit fortbesteht und damit die Grundlage für den Fortbestand auch von akzessorischen Sicherungsrechten darstellt (vgl. *Böhle-Stamschräder/Kilger* VglO, § 82 Rz. 3).

20 An dieser Beurteilung als unvollkommener Verbindlichkeit, die seit dem Jahre 1909 die st. Rspr. (RGZ 42, 118; 71, 364; 78, 77; 153, 342) darstellt, hat sich durch das neue Institut des Insolvenzplans insoweit keine Änderung ergeben (ausführlich: *Jaeger/Weber* KO, § 193 Rz. 5).

21 Ebenfalls wie in der bisherigen Regelung der §§ 193 Satz 2 KO, 82 Absatz 2 VglO ist in Satz 2 geregelt, daß der Schuldner von Regreßansprüchen in gleicher Weise wie gegenüber dem Gläubiger freigestellt wird, so daß er Regreßansprüche nur noch in der Höhe bedienen muß, in der der Gläubiger seine Quote nicht in Anspruch genommen hat (*Bork* a. a. O., S. 53 f.; *Bley/Mohrbutter* VglO, § 82 Rz. 22a; BGHZ 55, 117 [119]).

C. Absatz 3

22 § 254 Abs. 3 InsO schließt Konditionsansprüche für den Fall aus, daß ein Gläubiger weitergehend befriedigt worden ist, als er nach dem Plan zu beanspruchen hat.

23 Ist beispielsweise an einen Kleingläubiger vorab mehr ausgezahlt worden, als es ihm nach dem Plan zusteht, so braucht er den über seine Quote hinausgehenden Teil nicht zurückzuzahlen.

24 Auch dies entspricht in der Sache dem überkommenen Recht, wenngleich die gesetzliche Regelung neuartig ist.

25 Auf die Frage, ob der Rechtsgrund zum Behalt der Überzahlung aus einer in ursprünglicher Höhe weiter bestehenden Naturalobligation oder aus § 814 BGB herzuleiten ist, kommt es aufgrund der ausdrücklichen gesetzlichen Regelung nicht mehr an.

§ 255
Wiederauflebensklausel

(1) ¹Sind auf Grund des gestaltenden Teils des Insolvenzplans Forderungen von Insolvenzgläubigern gestundet oder teilweise erlassen worden, so wird die Stundung oder der Erlaß für den Gläubiger hinfällig, gegenüber dem der Schuldner mit der Erfüllung des Plans erheblich in Rückstand gerät. ²Ein erheblicher Rückstand ist erst anzunehmen, wenn der Schuldner eine fällige Verbindlichkeit nicht bezahlt hat, obwohl der Gläubiger ihn schriftlich gemahnt und dabei eine mindestens zweiwöchige Nachfrist gesetzt hat.
(2) Wird vor vollständiger Erfüllung des Plans über das Vermögen des Schuldners ein neues Insolvenzverfahren eröffnet, so ist die Stundung oder der Erlaß für alle Insolvenzgläubiger hinfällig.

Wiederauflebensklausel § 255

(3) ¹Im Plan kann etwas anderes vorgesehen werden. ²Jedoch kann von Absatz 1 nicht zum Nachteil des Schuldners abgewichen werden.

Inhaltsübersicht: Rz.

A. Absatz 1	1–42
I. Allgemeines	1–11
II. Voraussetzungen	12–33
1. Allgemeines	12–21
2. Erheblicher Rückstand	22–33
III. Rechtsfolgen	34–42
B. Absatz 2	43–52
C. Absatz 3	53–57
D. Sonstiges	58

Literatur:

Bork Die Wirkungen des Insolvenzplanes nach §§ 290–305 RefE, in Leipold, Insolvenzrecht im Umbruch, S. 54; *Bundesministerium der Justiz* (Hrsg.), Diskussionsentwurf: Gesetz zur Reform des Insolvenzrechts, 1988/89; *Pohle* MDR 1964, 501.

A. Absatz 1

I. Allgemeines

Den Gläubigern ist es nicht zuzumuten, ihr Entgegenkommen gegenüber dem Schuldner auf Dauer auch dann aufrecht zu erhalten, wenn der Schuldner seinen im Plan übernommenen Verpflichtungen nicht nachkommt. 1

Geschäftsgrundlage einer privatautonomen Regelung der Insolvenz ist es, daß der Schuldner sich an die im Plan getroffenen Vereinbarungen hält. Dies gilt unabhängig davon, ob der Schuldner oder der Verwalter den Plan vorgelegt hat. 2

Kommt der Schuldner mit der ihm obliegenden Erfüllung des Planes gegenüber Gläubigern wesentlich in Rückstand, so wird nach vorheriger Mahnung und Nachfristsetzung von mindestens 2 Wochen der gerichtlich bestätigte Plan insoweit hinfällig, als das konkrete Entgegenkommen des betroffenen Gläubigers in Gestalt von Forderungsstundungen oder Forderungserlassen betroffen ist. 3

Die in § 255 InsO getroffene Regelung ist nicht neu. Eine ähnliche Vorschrift, an welchem sich die jetzige Regelung eng anlehnt, war § 9 VglO. 4

Der Grund dafür, daß Forderungen überhaupt wiederaufleben können, ist darin zu sehen, daß diese durch den Plan nicht untergegangen sind, sondern als unvollkommene Verbindlichkeiten fortbestanden haben. Insoweit wird auf die Ausführungen zu § 254 InsO verwiesen. 5

Die Wiederauflebensklausel ist ein weiteres Argument dafür, daß es sich beim Insolvenzplan – trotz Deregulierung und privatautonomer Insolvenzbewältigung – wie beim bisherigen Zwangsvergleich nach der KO, um ein Institut mit Doppelnatur handelt, welches wesentliche Elemente des Prozeßvergleichs enthält. 6

§ 255 *Insolvenzplan*

7 Die Regelung des § 255 Abs. 1 InsO verdeutlicht zudem, daß die Gläubiger zwar in Abstimmungen Mehrheitsentscheidungen treffen können, diese jedoch nicht dazu führen, daß die individuellen Beziehungen zwischen Gläubiger und Schuldner dadurch obsolet würden.

8 Nur hinsichtlich dem Gläubiger, gegenüber dem der Schuldner konkret erheblich in Rückstand gerät, tritt – mit Ausnahme des Abs. 2 – die Wirkung der Wiederauflebensklausel ein.

9 Das Wiederaufleben von gestundeten oder erlassenen Forderungen stellt einen erheblichen Eingriff in die schuldnerseits durch den Plan gewonnenen Rechte dar.

10 Aus diesem Grunde sind diese Rechtsfolgen für den Schuldner keinesfalls in das Belieben der Gläubiger gestellt, sondern kumulativ an formelle und materielle Voraussetzungen geknüpft.

11 Die Regelung des § 255 Abs. 1 InsO ist grundsätzlich dispositives Recht, wobei hiervon – wie Abs. 3 explizit zum Ausdruck bringt – nicht zu Lasten des Schuldners abgewichen werden darf.

II. Voraussetzungen

1. Allgemeines

12 Voraussetzung des Wiederauflebens einer erlassenen oder gestundeten Forderung ist, daß der Schuldner gegenüber dem Gläubiger, der ihm durch einen Erlaß oder eine Stundung entgegengekommen ist, mit im Plan übernommenen Pflichten erheblich in Rückstand geraten ist.

13 Hierbei kann es sich um Zahlungspflichten, aber auch um sonstige Haupt- und Nebenpflichten des Schuldners handeln, soweit diese der Sicherung oder Erfüllung des Insolvenzplans zu dienen bestimmt sind (vgl. *Bley/Mohrbutter* VglO, § 9 Rz. 11).

14 Aus Gründen der Rechtssicherheit sind im Plan die Haupt- und Nebenpflichten des Schuldners zu konkretisieren, da diese vorrangig durch den Plan bestimmt werden.

15 Im Gegensatz zur Vergleichsordnung verwendet der Reformgesetzgeber nicht den Begriff des zivilrechtlichen »Verzuges«, sondern den auslegungsbedürftigen Begriff des »erheblichen Rückstandes«.

16 Im Rahmen der Auslegung des bisherigen § 9 VglO war umstritten, ob der Begriff des Verzuges in Übereinstimmung mit der zivilrechtlichen Regelung oder als eigener Verzugsbegriff i. S. d. Insolvenzrechts zu definieren war (*OLG München* OLGZ 66, 1; *Böhle-Stamschräder/Kilger* VglO, § 9 Rz. 1).

17 Der Terminus des »erheblichen Rückstandes« wurde eingeführt, um eine höhere Hürde zu schaffen, bevor die für den Schuldner gravierende Rechtsfolge des Wiederauflebens erlassener oder gestundeter Forderungen eintritt (*Bundesministerium der Justiz (Hrsg.)*, Diskussionsentwurf zur Reform des Insolvenzrechts, B 265).

18 Ein Rückstand kann nur dann vorliegen, wenn es sich um einen fälligen und einredefreien Anspruch eines Gläubigers gegenüber dem Schuldner handelt.

19 Da in § 255 Abs. 1 InsO nur von »fälligen Verbindlichkeiten« die Rede ist, kann sich der Schuldner nicht dadurch exkulpieren, daß der Zahlungsrückstand nicht verschuldet wäre.

20 Insoweit besteht zumindest Kongruenz mit der zivilrechtlichen Regelung des Verzuges und der Regelung des § 9 VglO; gemäß § 279 BGB muß der Schuldner für einen Mangel an Geldmitteln immer einstehen (*Böhle-Stamschräder/Kilger* VglO, § 9 Rz. 1).

Was im Einzelfall ein »erheblicher Rückstand« ist, definiert das Gesetz nicht, sondern 21
verknüpft gemäß § 255 Abs. 1 Satz 2 die Frage der »Erheblichkeit« mit einer Abmahnung seitens des betroffenen Gläubigers.

2. Erheblicher Rückstand

Ist der Begriff des Rückstandes durch den Vergleich von Ist- und Sollzustand bezüglich 22
der Zahlung einer fälligen Verbindlichkeit noch einfach zu bestimmen, so wird die Bestimmung der Erheblichkeit im Einzelfall große Auslegungsschwierigkeiten bereiten, falls der Plan hierzu nicht eindeutige Regelung erhält.

Aufgrund der weitgehend freien inhaltlichen Gestaltungsmöglichkeit des Planes ist es 23
erforderlich, daß sich der Plan detailliert zur Frage der »Erheblichkeit« erklärt, wobei nach der Intention des Gesetzgebers hierbei jedoch höhere Anforderungen als an den zivilrechtlichen Verzugsbegriff im Hinblick auf das Verschulden zu stellen sein sollen.

Für die Praxis wesentlich ist es, daß die objektiven Parameter, unter welchen das 24
Vorliegen eines erheblichen Rückstandes bejaht werden soll, im Streitfall von einem kundigen Dritten jederzeit nachprüfbar gestaltet sein müssen.

Die Mahnung muß sich auf eine bestimmte Verbindlichkeit beziehen, die bereits fällig 25
ist.

Die Mahnung hat unter Beachtung der Schriftform gemäß § 126 BGB und unter 26
gleichzeitiger ausdrücklicher Setzung einer Nachfrist zu erfolgen.

Der Lauf der Nachfrist kann frühestens mit der Fälligkeit der Verbindlichkeit beginnen. 27
Die Fälligkeit selbst wird im Regelfall durch den Plan bestimmt.

Die Mahnung samt Nachfristsetzung soll dem Schuldner nochmals Gelegenheit geben, 28
sein Verhalten auf die Planvorgaben einzustellen, um die gravierenden Rechtsfolgen der Wiederauflebensklausel zu vermeiden.

Die Nachfrist beträgt in Abweichung zu § 9 Abs. 1 2. HS VglO nicht mehr nur eine 29
Woche, sondern hat – sofern im Plan nicht eine längere Frist vereinbart worden ist – nunmehr mindestens zwei Wochen zu betragen.

Eine kürzere Frist als die gesetzliche Mindestfrist entspricht weder den Erfordernissen 30
des § 255 Abs. 1, Satz 2, Abs. 3 InsO noch löst sie den Lauf der gesetzlichen Frist aus; eine längere Frist als die zweiwöchige Mindestfrist kann jederzeit im Plan verankert werden (vgl. *Bley/Mohrbutter* VglO, § 9 Rz. 9c).

Zu beachten ist, daß eine Mahnung unter Setzung einer Frist weder durch einen 31
Mahnbescheid noch eine Klage ersetzt werden kann, da beide die vom Gesetz vorgesehene Nachfristsetzung nicht enthalten (vgl. *Bley/Mohrbutter* VglO, § 9 Rz. 9c).

Für die Fristwahrung kommt es im allgemeinen nicht auf den Eingang des Geldes beim 32
Gläubiger, sondern auf den Zeitpunkt der Absendung durch den Schuldner an (*BGH* WM 1958, 1053; Übersendung eines Schecks genügt jedoch regelmäßig nicht, *BGH* KTS 1963, 179 = LM 4 zu VglO § 9 = MDR 1963, 923 mit Anm. von *Pohle* MDR 1964, 501).

Da im Unterschied zu § 9 VglO vom Rechtsbegriff des Verzuges zu der Voraussetzung 33
eines erheblichen Rückstandes übergegangen worden ist, sollte der Planverfasser, die Voraussetzungen der Wiederauflebensklausel im Plan exakt definieren, um unnötigen Streit oder Unklarheiten auszuschließen.

III. Rechtsfolgen

34 Liegt ein »erheblicher Rückstand« im Verhältnis zwischen einem oder mehreren Gläubigern und dem Schuldner vor, so leben kraft Gesetzes die erlassenen oder gestundeten Forderungen dieses bzw. dieser Gläubiger gegenüber dem Schuldner wieder auf, wenn die Mahnung und die mindestens zweiwöchige Nachfristsetzung fruchtlos verlaufen sind.

35 Durch die gläubigerseits notwendigen Mitwirkungshandlungen in Form von Mahnung und Nachfristsetzung wird klargestellt, daß es einzig und alleine dem bzw. den betroffenen Gläubigern obliegt, die Rechtsfolgen des Wiederauflebens eintreten zu lassen.

36 Unterläßt ein Gläubiger die Mitwirkungshandlung, findet die Wiederauflebensklausel keine Anwendung.

37 Von den Rechtsfolgen hinsichtlich individuell durch das planwidrige Verhalten des Schuldners berührter Gläubiger werden die übrigen Gläubiger nicht betroffen. Für diese gilt weiterhin der Inhalt des Planes samt Stundungen oder Erlassen.

38 Zu beachten ist, daß die Erfüllung der Ansprüche gegenüber absonderungsberechtigten Gläubigern – von deren Ausfallforderungen abgesehen – von § 255 InsO nicht erfaßt ist, so daß ein Wiederaufleben von dinglichen Rechten nicht erfolgt, da dies zu praktischen Schwierigkeiten geführt hätte (BT-Drucks. 12/2443, S. 213).

39 In der Regel besteht auch kein Bedürfnis für ein Wiederaufleben gegenüber absonderungsberechtigten Gläubigern, da diese üblicherweise – unabhängig vom Plan – entsprechend gesichert sind. Die Regelung der Absonderungsrechte im Plan werden im allgemeinen bestimmen, daß diese Gläubiger auf einen Teil ihrer Sicherheiten verzichten, daß sie ihre Sicherheiten zeitweise nicht ausüben dürfen oder daß ihre Sicherheiten gegen andere ausgetauscht werden. Aus diesem Grunde sind diese Gläubiger in der Lage, die ihnen nach dem Plan zustehenden Rechte durch Zugriff auf die Sicherheiten zu realisieren (BT-Drucks. 12/2443, S. 213 f.).

40 Das Wiederaufleben von Forderungen erstreckt sich auf Sicherheiten nur dann, wenn dies ausdrücklich vereinbart worden ist. Hierauf ist im Bedarfsfall bei der Plangestaltung durch entsprechende Formulierungen Rücksicht zu nehmen (vgl. *Böhle-Stamschräder/ Kilger* VglO, § 9 Rz. 2, 18).

41 Der Anwendungsbereich des § 255 InsO beschränkt sich auf Forderungen gegenüber dem Schuldner.

42 Etwaiges planwidriges Verhalten Dritter, z. B. von Planbürgen oder einer Übernahmegesellschaft in Form von Zahlungsrückständen berühren den Erlaß oder die Stundung gegenüber dem Schuldner nicht und haben keinen Einfluß auf das Wiederaufleben einer Forderung (so auch: *Bork* in Leipold, Insolvenzrecht im Umbruch, S. 54).

B. Absatz 2

43 In Abweichung zur Regelung in Abs. 1 regelt Abs. 2, daß kraft Gesetzes alle im Plan erklärten Stundungen und/oder Forderungserlasse hinfällig werden, wenn ein neues Insolvenzverfahren über das Vermögen des Schuldners vor vollständiger Erfüllung des Plans eröffnet wird.

44 Die Vorschrift greift im Gegensatz zu Abs. 1 auch dann ein, wenn der Schuldner die Verpflichtungen aus dem Plan bisher termingemäß erfüllt hat.

45 Die Regelung korrespondiert mit § 9 Abs. 2 VglO, der jedoch aufgrund der Zweispurigkeit von Konkurs- und Vergleichsverfahren nach bisherigem Recht differenzierte dogmatische Hintergründe hatte.

Mit Eröffnung eines neuen Insolvenzverfahrens ist die beabsichtigte Planerfüllung 46 endgültig gescheitert, so daß sich weitere formelle Voraussetzungen wie Mahnung oder Nachfristsetzung erübrigen.
Das Wiederaufleben sämtlicher Forderungen löst gravierende Rechtsfolgen für den 47 Schuldner aus, da er sich den Ansprüchen sämtlicher und nicht nur – wie in Abs. 1 – singulärer Insolvenzgläubiger gegenüber sieht. Dies ist jedoch gerechtfertigt, da im Falle der Eröffnung eines neuen Insolvenzverfahrens über das Vermögen des Schuldners jegliche Geschäftsgrundlage für eine Stundung oder einen Erlaß entfallen ist.
Weiterhin hat die Eröffnung eines neuen Insolvenzverfahrens die insolvenzrechtlichen 48 Verfügungsverbote zur Folge, so daß ein Schuldner ohnehin keine Möglichkeiten mehr hätte, vermögensrechtlichen Forderungen seiner Gläubiger nachzukommen.
Mit Hilfe des Abs. 2 sollen Altgläubiger in einer Folgeinsolvenz nicht schlechter stehen, 49 als neue Insolvenzgläubiger, die dem Schuldner innerhalb eines Planverfahrens nicht entgegengekommen sind.
Auch im Falle einer Folgeinsolvenz bleibt der Plan mit Ausnahme der Rechtsfolgen des 50 § 255 Abs. 2 InsO unberührt.
Die privatautonom im Plan festgelegten Regelungen behalten demnach weitestgehende 51 Bestandskraft, auch wenn es zu einem zweiten Insolvenzverfahren kommt.
Dafür spricht, daß die InsO die Vorschriften des überkommenen Rechts hinsichtlich der 52 Nichtigkeit des (Zwangs-) Vergleichs wegen Bankrotts oder die Anfechtbarkeit wegen arglistiger Täuschung (§§ 196ff. KO; §§ 88, 89 VglO) nicht übernommen hat. Den Gläubigern bleibt in diesen Fällen nur der Antrag auf ein neues Insolvenzverfahren; selbiges gilt, wenn die Geschäftsgrundlage des Plans entfällt, weil die Planziele nicht mehr erfüllt werden können.

C. Absatz 3

Durch den Plan kann weder in formeller Hinsicht noch bezüglich materiell-rechtlicher 53 Inhalte, die der Wiederauferlebensklausel zugrunde liegen, zum Nachteil des Schuldners abgewichen werden (*Bork* a. a. O., S. 54).
Aus diesem Grunde kann der Plan z. B. nicht festsetzen, daß eine Stundung und ein Erlaß 54 auch ohne Nachfristsetzung hinfällig werden soll (*Bork* a. a. O.).
In der bisherigen Regelung des § 9 Abs. 1 2. HS VglO trat Verzug nicht nur dann ein, 55 wenn dem Schuldner aufgrund schriftlicher Mahnung eine mindestens einwöchige Nachfrist gesetzt worden war, sondern auch dann, wenn die Fälligkeit der Vergleichsforderung im Vergleich kalendermäßig bestimmt war (*Bley/Mohrbutter* VglO, § 9 Rz. 9b).
Aufgrund des Terminus »erheblicher Rückstand« anstatt Verzug im Sinne der zivilrecht- 56 lichen Regelung ist nicht davon auszugehen, daß die kalendermäßige Bestimmung die Mahnung entsprechend Abs. 1 ersetzen kann, da in diesem Falle ein Verstoß gegen das Schlechterstellungsverbot des Schuldners gemäß Abs. 3 zu bejahen sein dürfte.
Da der Gesetzgeber sich bewußt von dem Begriff des Verzuges gelöst hat, kommt es auf 57 die kalendermäßige Bestimmung der Leistung nicht mehr an.

D. Sonstiges

58 Für die Beantwortung der Frage, ob zu der fälligen Verbindlichkeit noch Verzugszinsen, höhere vertragliche Zinsen und der Ersatz eines weiteren Verzögerungsschadens gemäß §§ 286 Abs. 1, 288, 352 Abs. 1 HGB hinzutreten, ist, sofern der Plan diesbezüglich keine Regelungen enthält, weiterhin ausschließlich der bürgerlich-rechtliche Begriff des Verzuges maßgebend (*BGH* KTS 1956, 94 f. = NJW 1956, 1200).

§ 256
Streitige Forderungen. Ausfallforderungen

(1) ¹Ist eine Forderung im Prüfungstermin bestritten worden oder steht die Höhe der Ausfallforderung eines absonderungsberechtigten Gläubigers noch nicht fest, so ist ein Rückstand mit der Erfüllung des Insolvenzplans im Sinne des § 255 Abs. 1 nicht anzunehmen, wenn der Schuldner die Forderung bis zur endgültigen Feststellung ihrer Höhe in dem Ausmaß berücksichtigt, das der Entscheidung des Insolvenzgerichts über das Stimmrecht des Gläubigers bei der Abstimmung über den Plan entspricht. ²Ist keine Entscheidung über das Stimmrecht getroffen worden, so hat das Gericht auf Antrag des Schuldners oder des Gläubigers nachträglich festzustellen, in welchem Ausmaß der Schuldner vorläufig die Forderung zu berücksichtigen hat.
(2) ¹Ergibt die endgültige Feststellung, daß der Schuldner zuwenig gezahlt hat, so hat er das Fehlende nachzuzahlen. ²Ein erheblicher Rückstand mit der Erfüllung des Plans ist erst anzunehmen, wenn der Schuldner das Fehlende nicht nachzahlt, obwohl der Gläubiger ihn schriftlich gemahnt und ihm dabei eine mindestens zweiwöchige Nachfrist gesetzt hat.
(3) Ergibt die endgültige Feststellung, daß der Schuldner zuviel gezahlt hat, so kann er den Mehrbetrag nur insoweit zurückfordern, als dieser auch den nicht fälligen Teil der Forderung übersteigt, die dem Gläubiger nach dem Insolvenzplan zusteht.

Inhaltsübersicht: Rz.

A. Allgemeines	1– 2
B. Absatz 1	3–12
I. Grundsatz	3– 5
II. Entscheidung des Gerichts	6–12
C. Absatz 2	13–19
I. Endgültige Feststellung	13–14
II. Rechtsfolge	15–19
D. Absatz 3	20–26
I. Ungerechtfertigte Zahlung	20–24
II. Rückgewähranspruch	25–26

Streitige Forderungen. Ausfallforderungen § 256

A. Allgemeines

Die Regelung des § 256 InsO, die sich eng an die Inhalte des § 97 VglO anlehnt, **1**
behandelt die Problematik der in § 255 InsO geregelten Wiederauflebensklausel bezogen auf die Sonderfälle der bestrittenen Forderungen und Ausfallforderungen.
Ohne die gesonderte Regelung des § 256 InsO wäre die Plansicherheit gefährdet, wenn **2**
durch rechtskräftige Feststellung einer Forderung ipso iure auch die Voraussetzungen des § 255 InsO feststehen und damit die Rechtsfolgen der Wiederauferlebensklausel eintreten würden (vgl. *Böhle-Stamschräder/Kilger* VglO, § 97 Rz. 1).

B. Absatz 1

I. Grundsatz

§ 256 Abs. 1 Satz 1 InsO normiert, daß der Schuldner im Hinblick auf § 255 InsO keine **3**
Sanktionen zu erwarten hat, wenn er bezüglich streitiger Forderungen und Ausfallforderungen anteilig denjenigen Betrag bezahlt, der der Entscheidung des Insolvenzgerichts über das Stimmrecht des Gläubigers im Abstimmungstermin entspricht.
Die Regelung des § 256 Abs. 1 InsO verhindert, daß sich ein Gläubiger auf die Wieder- **4**
auflebensklausel berufen kann, wenn der Schuldner entsprechend der Stimmrechtsfeststellung anteilig geleistet hat.
Dies gilt auch dann, wenn sich später herausstellt, daß die Stimmrechtsfestsetzung hinter **5**
der endgültigen Feststellung zurückgeblieben ist (vgl. *Bley/Mohrbutter* VglO, § 97 Rz. 15).

II. Entscheidung des Gerichts

Gemäß § 77 Abs. 2 Satz 2 InsO entscheidet das Insolvenzgericht, wenn sich der Verwal- **6**
ter und die in der Gläubigerversammlung erschienenen Gläubiger über das Stimmrecht nicht geeinigt haben.
Die Entscheidung des Gerichts kann gemäß § 256 Abs. 1 Satz 2 InsO sowohl der **7**
Gläubiger als auch der Schuldner beantragen, um damit das Ausmaß der vorläufigen Zahlungspflicht des Schuldners vom Insolvenzgericht feststellen zu lassen.
Die Entscheidung des Insolvenzgerichts, die als Grundlage für die Zahlungspflicht im **8**
Hinblick auf die streitige Forderung bzw. die Ausfallforderung dient, hat aber keinen Einfluß auf die endgültige Zahlungspflicht des Schuldners, welche sich nach Abs. 2 und Abs. 3 richtet.
Der materiell-rechtliche Anspruch des Gläubigers wird durch die Entscheidung des **9**
Insolvenzgerichts nicht berührt, was sich durch die Regelungen des § 256 Abs. 2 und Abs. 3 InsO verdeutlicht.
Ist eine Stimmrechtsentscheidung des Insolvenzgerichts ergangen, steht es im freien **10**
Belieben des Schuldners, ob er diese beachten will (vgl. *Bley/Mohrbutter* VglO, § 97 Rz. 14).
Der Schuldner trägt im Falle der Nichtbeachtung des Beschlusses aber das Risiko, wenn **11**
infolge der Nichtbeachtung die gravierenden Rechtsfolgen des § 255 InsO eintreten sollten (vgl. *Bley/Mohrbutter* a.a.O.).
Die Entscheidung des Insolvenzgerichts ergeht durch unanfechtbaren Beschluß. **12**

C. Absatz 2

I. Endgültige Feststellung

13 § 256 Abs. 2 InsO regelt die Rechtsfolgen für den Fall, daß die Zahlungspflicht des Schuldners endgültig festgestellt ist und er zu wenig gezahlt hat.

14 Ist die streitige Forderung nachträglich anerkannt oder in einer Feststellungsklage rechtskräftig beschieden worden, besteht für Sonderregelungen kein Bedarf mehr, da zwischen Schuldner und Gläubiger die endgültigen Zahlungsverpflichtungen nunmehr abschließend feststehen und der Plan vollumfänglich zur Anwendung gelangen kann. Selbiges gilt, wenn die Höhe einer Ausfallforderung abschließend feststeht.

II. Rechtsfolge

15 Hat der Schuldner zu wenig gezahlt, ist er verpflichtet, den fehlenden Betrag nunmehr zu leisten. Die Forderung des Gläubigers wird infolgedessen so behandelt, als wäre sie nie streitig oder für den Ausfall festgesetzt gewesen.

16 Ein Schuldner, der dieser Nachzahlungsfrist nicht nachkommt, läuft Gefahr, die Sanktionen der Wiederauflebensklausel gemäß § 255 InsO auszulösen, wenn er trotz Gewährung der zweiwöchigen Schonfrist nach vorheriger schriftlicher Mahnung und Nachfristsetzung nicht leistet.

17 Die Regelung des § 256 Abs. 2 Satz 2 InsO stellt in formeller Hinsicht einen Gleichlauf mit der Regelung des § 255 Abs. 1 Satz 2 InsO dahingehend her, daß der Schuldner erst dann in Rückstand gerät, wenn er den fehlenden Betrag trotz schriftlicher Mahnung und zweiwöchiger Nachfrist nicht ausgleicht.

18 Hinsichtlich der Frage der Erheblichkeit wird auf die Ausführungen unter § 255 Rz. 22–33 verwiesen.

19 Im Unterschied zu der vergleichbaren Regelung des § 97 Abs. 3 Satz 2 VglO, der in Abweichung zu § 9 Abs. 1 VglO keine Schriftform für die Mahnung vorschrieb, ist aus Gründen der Rechtssicherheit und des Gleichlaufes mit § 255 Abs. 1 Satz 2 InsO in § 256 Abs. 2 Satz 2 die Schriftlichkeit der Mahnung ausdrücklich vorgeschrieben.

D. Absatz 3

I. Ungerechtfertigte Zahlung

20 Die Regelung des § 256 Abs. 3 InsO korrespondiert mit § 97 Abs. 4 VglO und regelt den Fall, daß sich bei der endgültigen Feststellung der Forderung ergibt, daß der Schuldner zuviel, d. h. mehr als dem Gläubiger aktuell nach dem Plan zusteht, gezahlt hat.

21 Eine Verpflichtung zur Rückgewähr des zuviel Empfangenen kommt für den Gläubiger nicht grundsätzlich, sondern nur dann in Betracht, wenn er mehr erlangt hat, als ihm unter Einschluß auch noch nicht fälliger Forderungen insgesamt zustehen würde.

22 Nur in diesem Falle hat der Gläubiger eine Rückzahlung zu erbringen, da er nur insoweit bereichert ist.

23 Erhaltene Zahlungen, die mit noch nicht fälligen Forderungen verrechnet werden können, kann der Gläubiger behalten; dies ist auch billig, da der Gläubiger nicht mehr erhält, als ihm letztlich zusteht (vgl. *Böhle-Stamschräder/Kilger* VglO, § 97 Rz. 7).

Um etwaigem Streit zwischen den Parteien im Bezug auf § 256 Abs. 3 InsO vorzubeu- 24
gen, sollte ein Schuldner nur vorbehaltlich der endgültigen Feststellung der Gläubigerforderung erfüllen.

II. Rückgewähranspruch

Ein etwaiger Rückgewähranspruch des Schuldners aus § 256 Abs. 3 InsO hat – wie auch 25
nach dem bisherigen § 97 Abs. 4 VglO – gemäß § 812 Abs. 1 BGB nach den Grundsätzen der Leistungskondiktion zu erfolgen. Der Rechtsgrund des Rückgewähranspruches
ergibt sich aus § 256 Abs. 3 InsO, während sich die Rechtsfolgen nach den §§ 812 ff.
BGB richten.
Hierdurch ist auch der Anwendungsbereich des § 820 Abs. 1 Satz 1 BGB eröffnet; die 26
nach § 820 Abs. 1 Satz 1 BGB tatbestandlich geforderte Ungewißheit stellt hierbei die
Folge der nur vorläufigen Entscheidung des Insolvenzgerichts nach Abs. 1 dar (vgl.
Bley/Mohrbutter VglO, § 98 Rz. 3).

§ 257
Vollstreckung aus dem Plan → § 194 KO

(1) ¹Aus dem rechtskräftig bestätigten Insolvenzplan in Verbindung mit der Eintragung in die Tabelle können die Insolvenzgläubiger, deren Forderungen festgestellt und nicht vom Schuldner im Prüfungstermin bestritten worden sind, wie aus
einem vollstreckbaren Urteil die Zwangsvollstreckung gegen den Schuldner betreiben. ²Einer nicht bestrittenen Forderung steht eine Forderung gleich, bei der ein
erhobener Widerspruch beseitigt ist. ³§ 202 gilt entsprechend.
(2) Gleiches gilt für die Zwangsvollstreckung gegen einen Dritten, der durch eine
dem Insolvenzgericht eingereichte schriftliche Erklärung für die Erfüllung des
Plans neben dem Schuldner ohne Vorbehalt der Einrede der Vorausklage Verpflichtungen übernommen hat.
(3) Macht ein Gläubiger die Rechte geltend, die ihm im Falle eines erheblichen
Rückstands des Schuldners mit der Erfüllung des Plans zustehen, so hat er zur
Erteilung der Vollstreckungsklausel für diese Rechte und zur Durchführung der
Vollstreckung die Mahnung und den Ablauf der Nachfrist glaubhaft zu machen,
jedoch keinen weiteren Beweis für den Rückstand des Schuldners zu führen.

Inhaltsübersicht: Rz.

A. Absatz 1	1–25
I. Grundsatz	1– 7
1. Titulierung	8–12
2. Vollstreckungsklausel	13–22
II. Vollstreckungsverfahren	23–25
B. Absatz 2	26–34
C. Absatz 3	35–40

§ 257

Literatur:

Hess KO, 5. Aufl., 1995; *Müller* Die Vollstreckbarkeit und Verjährung der zur Konkurstabelle angemeldeten Steuerforderungen nach Aufhebung des Konkursverfahrens, DStR 1967, 29.

A. Absatz 1

I. Grundsatz

1 Nach § 257 Abs. 1 Satz 1 InsO kann in Übereinstimmung mit der bisherigen Regelung des § 194 KO, §§ 85, 86 VglO aus dem rechtskräftig bestätigten Plan in Verbindung mit der Eintragung in die Tabelle die Zwangsvollstreckung betrieben werden.

2 Die Überschrift des § 257 InsO »Vollstreckung aus dem Plan« ist mißverständlich, da nicht der Plan den Vollstreckungstitel bildet, sondern der Tabelleneintrag der insolvenzmäßig festgestellten Forderungen (vgl. *Hess* KO, § 194 Rz. 3).

3 Durch den Plan wird lediglich bestimmt, in welcher Höhe und zu welcher Zeit die zur Tabelle festgestellte Forderung zu begleichen ist.

4 Im Hinblick auf die Vollstreckung aus der Tabelle ist in Übereinstimmung mit der seit der Grundsatzentscheidung des Reichsgerichts in Band 112 davon auszugehen, daß ein rechtskräftiger Tabellentitel einen früheren rechtskräftigen Titel vollständig »verbraucht« und insoweit »aufzehrt« (RGZ 112, 297 [300]).

5 Da der materiell-rechtliche Anspruch nunmehr im neuen Titel verkörpert ist, handelt es sich nicht nur um den Wegfall der Vollstreckungsmöglichkeit aus dem Titel, sondern um den Wegfall des ersten Titels selbst.

6 Dies gilt nicht nur für vor den Zivilgerichten erwirkten Titeln, sondern auch für Leistungsbescheide und/oder sonstige Verwaltungsakte von Sozialversicherungs-, Finanz- und sonstigen Behörden, welche sich ihre Titel gegen die jeweiligen Schuldner selbst schaffen können (*Müller* DStR 1967, 30).

7 Die Vollstreckung aus dem Titel ist des weiteren – wie bereits unter § 217 InsO dargestellt – ein dogmatisches Argument dafür, daß es sich beim Institut des Insolvenzplans nicht um einen ausschließlich nach Vertragsrecht zu beurteilenden Vertrag zwischen den Beteiligten handeln kann, sondern vielmehr – in Übereinstimmung mit der h. M. zur KO – auch unter Geltung der InsO ein Institut mit Doppelnatur und erheblichen prozeßrechtlichen Elementen gegeben ist.
Eine Vollstreckung aus dem Tabelleneintrag der insolvenzmäßig festgestellten Forderung in dem Umfang wie durch den Plan bestimmt, wäre, würde dieser ausschließlich auf Vertragsrecht beruhen, nicht möglich.

1. Titulierung

8 Da das Vergleichsverfahren nach der VglO kein förmliches Prüfungsverfahren i. S. d. KO kannte, war das Bestreiten der Gläubiger für die Vollstreckbarkeit einer Forderung unerheblich, so daß die Insolvenzordnung insoweit dem Vorbild der Konkursordnung folgt (BT-Drucks. 12/2443, S. 214).

9 Eine Forderung gilt als festgestellt, wenn im Prüfungstermin weder der Insolvenzverwalter noch ein Gläubiger gegen die Forderung einen Widerspruch erhoben hat.

10 Wird ein Widerspruch erhoben, so steht es dem Gläubiger, der die Forderung beansprucht, frei, den Widerspruch durch Klage vor dem ordentlichen Gericht auszuräumen. Auch hier korrespondiert die neue gesetzliche Regelung mit § 162 Abs. 2 KO.

Vollstreckung aus dem Plan § 257

Für die Vollstreckungswirkung ist es ohne Bedeutung, ob die Feststellung als Beurkundung des Prüfungsergebnisses bereits im Prüfungstermin (§ 176 InsO) erfolgt oder erst später nach Beseitigung eines Widerspruchs oder Überwindung eines Widerspruchs durch Urteil (vgl. *Bley/Mohrbutter* VglO, § 85 Rz. 1). 11

Zu beachten ist, daß die Rechte der absonderungsberechtigten Gläubiger nicht durch die Planbestätigung betroffen sind. Diese Rechte werden im Verfahren nicht förmlich geprüft, sondern nur im Hinblick auf das Stimmrecht erörtert, so daß sich eine Titulierung dieser Rechte im Rahmen der Planbestätigung verbietet (BT-Drucks. 12/2443, S. 214). 12

2. Vollstreckungsklausel

Durch den Plan wird derjenige Betrag der Forderungen bestimmt, für welchen die Zwangsvollstreckung aufgrund des titulierten Anspruches letztendlich noch stattfinden kann; d. h., der Tabellenauszug, mit dem die Gläubiger wie aus einem rechtskräftigen Endurteil gegen den Schuldner vorgehen könnten (§ 201 Abs. 2 Satz 1 InsO), wird mittels der Vollstreckungsklausel nur in Höhe der planmäßig vereinbarten Forderung für vollstreckbar erklärt. 13

Aufgrund der materiell-rechtlichen Wirkung des Plans kommt der Vollstreckungsklausel, die in den Fällen der §§ 726 Abs. 1, 727–729, 733, 745 Abs. 2, 749 ZPO vom Rechtspfleger erteilt wird, entscheidende Bedeutung zu. 14

In der Vollstreckungsklausel muß niedergelegt sein, wann und in welcher Höhe die im Prüfungstermin festgestellte Forderung durch den Gläubiger vollstreckt werden kann, da sich die Planwirkungen, die im gestaltenden Teil des Plans verankert sind, insoweit in der Vollstreckungsklausel widerspiegeln. 15

De facto bedeutet dies, daß eine Zwangsvollstreckung bei einer im Plan gewährten Stundung bis zum Ablauf der Stundungsfrist nicht möglich ist. Ist eine Forderung teilweise erlassen worden, reduziert sich der noch vollstreckbare Teil auf den Betrag, der gemäß Plan nicht erlassen worden ist. 16

Zum Zwecke der Vollstreckung erhält der Gläubiger eine beglaubigte Abschrift des Tabellenblattes, die mit einer Vollstreckungsklausel zu versehen ist. Das Original der Tabelle verbleibt bei den Gerichtsakten. Ohne die Vollstreckungsklausel ist eine Zwangsvollstreckung aus dem Plan nicht möglich. 17

Das Klauselerteilungsverfahren ist rechtssystematisch weder dem Insolvenzverfahren noch dem Erkenntnisverfahren zuzuordnen, sondern stellt ein Verfahren eigener Art mit gesondert geregelten Zuständigkeiten und Rechtsbehelfen dar. 18

Der Inhalt der Vollstreckungsklausel ist für die mit der Vollstreckung betrauten Organe solange rechtsverbindlich, bis sie durch gerichtliche Entscheidung aufgehoben wird (*OLG Hamm* FamRZ 1981, 199 f.). 19

Die Vollstreckungsklausel kann nach den §§ 727–730 ZPO sowohl für als auch gegen etwaige Rechtsnachfolger des Schuldners erteilt werden. 20

Rechtsnachfolger i. d. S. kann nur der Nachfolger des jeweiligen Schuldners, nicht jedoch ein gesellschaftsrechtlich am Schuldner beteiligter Dritter sein. 21

Aus diesem Grunde ist es auch nicht möglich, einen durch den Plan modifizierten Tabellenauszug gegen eine insolvente OHG oder KG auf den persönlich haftenden Gesellschafter umzuschreiben. Es handelt sich bei der OHG bzw. KG und dem persönlich haftenden Gesellschafter – unabhängig davon, daß dieser für die Verbindlichkeiten des Unternehmens letztlich einzustehen hat – um rechtlich getrennte Vermögensmassen, die auch vollstreckungsrechtlich insoweit differenziert behandelt werden müssen. 22

II. Vollstreckungsverfahren

23 Die Durchführung der Zwangsvollstreckung folgt sowohl bezüglich der Vollstreckungsvoraussetzungen als auch den etwaigen Rechts- behelfen gegenüber Vollstreckungsmaßnahmen den allgemeinen Regeln (vgl. *Hess* KO, § 194 Rz. 8).

24 Beabsichtigt der Schuldner, Einwendungen gegen den in der Tabelle festgestellten Anspruch zu erheben, ist die Vollstreckungsabwehrklage nach § 767 Abs. 1 ZPO statthaft.

25 Konnte aus dem bestätigten Plan in Verbindung mit demTabellenauszug nach Maßgabe des § 257 InsO in Höhe der im Plan festgesetzten Quote vollstreckt werden, so ermöglicht der im Tabellenauszug verkörperte Titel beim Wiederaufleben der alten Forderung die Vollstreckung wegen der ganzen ursprünglichen Forderung. Dies ist in Abs. 3 geregelt.

B. Absatz 2

26 Hat ein Dritter durch eine dem Insolvenzgericht eingereichte schriftliche Erklärung, z. B. im Wege einer Bürgschaft, einer Schuldübernahme oder auch durch einen Garantievertrag für die Erfüllung des Plans neben dem Schuldner Verpflichtungen übernommen, kann die Zwangsvollstreckung auch gegen den Dritten betrieben werden.

27 Voraussetzung hierfür ist eine schriftliche Erklärung des Dritten, die gemäß § 230 Abs. 3 InsO zwingende Anlage des Plans sein muß; durch das Formerfordernis der Schriftlichkeit und die Notwendigkeit der Anlage zum Plan werden sowohl die Gläubiger informiert, als auch der Dritte nochmals auf die Tragweite seines Tuns hingewiesen.

28 Weitere Voraussetzung ist, daß der Dritte seine Verpflichtung ohne Vorbehalt der Einrede der Vorausklage übernommen hat.

29 Liegen die kumulativen Voraussetzung des Abs. 2 nicht vor, kann der Dritte dennoch wirksam Verpflichtungen zur Erfüllung des Plans übernommen haben, jedoch fehlt es an den Voraussetzungen für die Vollstreckbarkeit (vgl. *Bley/Mohrbutter* VglO, § 85 Rz. 21).

30 Soweit die Vollstreckung gegen den Dritten unmittelbar möglich ist, ist für eine denselben Streitgegenstand betreffende Klage gegen den Dritten kein Rechtsschutzbedürfnis gegeben (*Böhle-Stamschräder/Kilger* VglO, § 85 Rz. 6).

31 Die Haftung des Dritten ergibt sich aus dem Plan bzw. aus der schriftlichen Erklärung des Dritten selbst.

32 Der Dritte hat insoweit einzustehen, als er Verpflichtungen in bezug auf den Plan übernommen hat. Hat er diese nur für einen Teil des Plans übernommen oder seine Einstandspflicht der Höhe nach oder zeitlich beschränkt, kommt eine Vollstreckung nur insoweit in Betracht.

33 Wird gegen den Dritten aufgrund des § 257 Abs. 2 InsO vollstreckt, gehen die Forderungen gegen den Schuldner insoweit gemäß § 426 Abs. 2 BGB bzw. § 774 Abs. 1 BGB kraft cessio legis auf den Dritten über (vgl. *Bley/Mohrbutter* VglO, § 85 Rz. 23).

34 Haben mehrere für die Erfüllung des Plans eine Verpflichtung übernommen, so sind sie im Verhältnis ihrer Verpflichtungsanteile, soweit nichts anderes bestimmt worden ist, gemäß §§ 426 Abs. 1 Satz 1, 774 Abs. 2 BGB zu gleichen Teilen verpflichtet.

C. Absatz 3

Die Regelung des § 257 Abs. 3 InsO stellt die Umsetzung der materiell-rechtlichen 35
Folgen des Wiederauflebens von Forderungen gemäß § 255 InsO auf die Vollstreckungsebene dar.

Die im gestaltenden Teil des Plans gläubigerseits gemachten Zugeständnisse sollen nach 36
der Intention des Reformgesetzgebers, die insoweit mit § 85 Abs. 3 VglO übereinstimmt, nicht zu Vollstreckungserschwernissen für die Gläubiger führen, wenn sich der Schuldner nicht plankonform verhält und die Forderungen deshalb vollends wiederaufleben.

Aus diesem Grunde ist in Abs. 3 geregelt, daß diejenigen Gläubiger, zu deren Gunsten 37
die Voraussetzungen der §§ 255, 256 Abs. 2 InsO vorliegen, zum einen in voller Höhe der festgestellten Forderung vollstrecken können und zum anderen die demgemäß erweiterte Vollstreckungsklausel unter erleichterten Voraussetzungen erlangen können.

Der betroffene Gläubiger, zu dessen Gunsten das Wiederaufleben eingetreten ist, erhält 38
die erweiterte Vollstreckungsklausel bereits dann, wenn er Mahnung und Ablauf der Nachfrist glaubhaft gemacht hat.

Dies geschieht entsprechend den Voraussetzungen des § 294 ZPO, z.B. durch die 39
Vorlage von Briefdurchschriften in Verbindung mit Einschreibezetteln und einer Versicherung an Eides statt (*Böhle-Stamschräder/Kilger* VglO, § 85 Rz. 5).

Gegen die Erteilung oder Versagung der erweiterten Vollstreckungsklausel sind die 40
Rechtsbehelfe der ZPO statthaft (*Böhle-Stamschräder/Kilger* a. a. O.).

§ 258
Aufhebung des Insolvenzverfahrens → §§ 190, 191 KO

(1) Sobald die Bestätigung des Insolvenzplans rechtskräftig ist, beschließt das Insolvenzgericht die Aufhebung des Insolvenzverfahrens.
(2) Vor der Aufhebung hat der Verwalter die unstreitigen Masseansprüche zu berichtigen und für die streitigen Sicherheit zu leisten.
(3) ¹Der Beschluß und der Grund der Aufhebung sind öffentlich bekanntzumachen. ²Der Schuldner, der Insolvenzverwalter und die Mitglieder des Gläubigerausschusses sind vorab über den Zeitpunkt des Wirksamwerdens der Aufhebung (§ 9 Abs. 1 Satz 3) zu unterrichten. ³§ 200 Abs. 2 Satz 2 und 3 gilt entsprechend.

Inhaltsübersicht: Rz.

A. Allgemeines 1– 8
B. Aufhebungsbeschluß 9–15
C. Tätigkeiten des Verwalters vor Aufhebung 16–20
D. Bekanntmachung 21–24
E. Haftung des Verwalters 25–29

§ 258

Literatur:

Bork Die Wirkungen des Insolvenzplanes nach §§ 290–305 RefE, in Leipold, Insolvenzrecht im Umbruch, S. 57; *Hess* KO, 5. Aufl., 1995.

A. Allgemeines

1 Ebenso wie im bisherigen Recht muß auch das Insolvenzverfahren, in welchem das Planverfahren nur einen Ausschnitt darstellt, durch Gerichtsbeschluß wieder aufgehoben werden. Mit der Aufhebung wird das Insolvenzplanverfahren formell beendet. Hierbei handelt es sich um einen aus Gründen der Rechtssicherheit und Rechtsklarheit zwingend erforderlichen Hoheitsakt.

2 Die Vorschrift über die Aufhebung des Verfahrens nach Bestätigung des Plans, über die Erfüllung und Sicherstellung der Masseansprüche sowie über die öffentliche Bekanntmachung der Aufhebung und deren Eintragung in die Register entspricht den im bisherigen Recht in den §§ 190, 191 KO für den Zwangsvergleich getroffenen Regelungen. Im selben Kontext stehen die in den §§ 90, 98 VglO, § 19 Abs. 1 Nr. 2, Abs. 2 bis 4 GesO getroffenen Anordnungen (BT-Drucks. 12/2443, S. 214).

3 Die Bestätigung des Insolvenzplans hat – wie im bisherigen Recht – nicht unmittelbar die Beendigung des Verfahrens zur Folge. Diese tritt erst ein, wenn das Gericht gemäß § 258 InsO das Verfahren durch Beschluß aufgehoben hat.

4 Aufgrund der gemäß § 259 InsO eintretenden Rechtsfolgen der Aufhebung, insbesondere des Zurückerhalts des Verfügungsrechts des Schuldners, muß der Rechtsverkehr die Gelegenheit haben, sich auf die neue Situation einzustellen (BT-Drucks. 12/2443, S. 214).

5 In der VglO war die Frage der Aufhebbarkeit des Vergleichsverfahrens komplizierter als in der InsO geregelt. Grund hierfür war, daß das Vergleichsverfahren im Gegensatz zum Konkurs- oder Gesamtvollstreckungsverfahren keinen Insolvenzbeschlag kannte und deshalb differenziertere Regelungen benötigte, um die verfahrensbeendigende Wirkung eintreten zu lassen.

6 Trotz Bestätigung des Vergleichs durfte ein Vergleichsverfahren nach der VglO nur aufgehoben werden, wenn entweder ein Antrag der Gläubigermehrheit gemäß § 90 Abs. 1 Nr. 1 VglO vorlag, die Vergleichsforderungen gemäß § 90 Abs. 1 Nr. 2 VglO geringfügig waren oder gemäß § 91 Abs. 1 VglO eine vereinbarte Überwachung im Vergleich verabredet worden war.

7 Lag keine dieser Voraussetzungen vor, kam eine Aufhebung des Vergleichsverfahrens nicht in Betracht, da es gemäß § 96 VglO im sogenannten Nachverfahren fortzusetzen war.

8 Eine Aufhebung kam in diesem Fall nur nach bescheinigter oder glaubhaft gemachter Erfüllung des Vergleichs gemäß § 96 Abs. 4 VglO in Betracht (*Bley/Mohrbutter* VglO, § 90 Rz. 2).

B. Aufhebungsbeschluß

9 Sobald die Bestätigung des Insolvenzplans rechtskräftig ist, besteht keine weitere Notwendigkeit, das Insolvenzverfahren weiterzubetreiben.

Die Abwicklung des Plans – samt einer etwaigen Überwachung der Planerfüllung gemäß 10
§ 260 InsO – erfolgt außerhalb des gesetzlich geregelten Insolvenzverfahrens.
Daraus folgt zugleich, daß bei einem Scheitern des Plans das alte Insolvenzverfahren 11
nicht wiederaufgenommen oder fortgesetzt werden kann, sondern ein neues Insolvenzverfahren zu beantragen ist (*Bork* in Leipold, Insolvenzrecht im Umbruch, S. 57).
Durch den Plan tritt somit die materiell-rechtliche Beendigung des Insolvenzverfahrens 12
ein, die jedoch erst dann Wirksamkeit erlangt, wenn das Gericht durch einen besonderen Beschluß die Aufhebung des Insolvenzverfahrens verfügt hat. Die Aufhebung stellt die hoheitliche Umsetzung der materiell-rechtlichen Beendigung in formeller Hinsicht dar.
Gründe hierfür sind, daß auch im Falle der rechtskräftigen Planbestätigung noch eine 13
Reihe von Verwaltungsgeschäften sowohl des Gerichtes als auch des Verwalters zu tätigen sind bzw. der Rechtsverkehr zweifelsfrei feststellen können muß, wann die Verfahrenswirkungen letztlich enden (vgl. *Kuhn/Uhlenbruck* KO, § 190 Rz. 1).
Das Gericht muß mit der Aufhebung zuwarten, bis alle noch anstehenden Aufgaben 14
erfüllt sind.
Hierbei hat das Gericht darauf hinzuwirken, daß diese Aufgaben zügig erledigt werden, 15
damit der Schuldner sein Verfügungsrecht gemäß § 259 Abs. 1 Satz 2 InsO zeitnah zurückerlangen kann.

C. Tätigkeiten des Verwalters vor Aufhebung

Der Verwalter muß vor der Aufhebung des Verfahrens Schlußrechnung legen sowie 16
gemäß § 258 Abs. 2 InsO – wie bisher gemäß § 191 Abs. 1 KO – die unstreitigen Masseansprüche berichtigen und für die streitigen Masseansprüche Sicherheit leisten.
Die unstreitigen Masseansprüche sind aus dem Barbestand zu berichtigen. 17
Hinsichtlich der Sicherheitsleistung finden die Vorschriften der §§ 232 ff. BGB entspre- 18
chende Anwendung (*Kuhn/Uhlenbruck* KO, § 191 Rz. 1a).
Als Form der Sicherheitsleistung ist die Hinterlegung zweckmäßig, es sei denn, wegen 19
kurz bevorstehender Fälligkeit der vorübergehend sicherzustellenden Forderung reicht eine kurzfristige Zurückbehaltung bei der Verteilung aus (vgl. *Hess* KO, § 192 Rz. 12).
Forderungen von Gläubigern, die wegen ihrer Ansprüche auf Deckung oder Sicherstel- 20
lung verzichtet haben, sind im Rahmen des Absatz 2 nicht zu berücksichtigen (*Kilger/Karsten Schmidt* KO, § 191 Rz. 2).

D. Bekanntmachung

Im Gleichlauf mit der Regelung des § 190 Abs. 2 KO ist der Beschluß und der Grund der 21
Aufhebung gemäß § 258 Abs. 3 Satz 1 InsO öffentlich bekanntzumachen. Dies ersetzt nach § 9 Abs. 3 InsO die Zustellung des Aufhebungsbeschlusses.
Im Gegensatz zum RegE reicht die auszugsweise Veröffentlichung in dem für die amt- 22
liche Bekanntmachung des Gerichts bestimmten Blatt. Die Veröffentlichung im Bundesanzeiger ist nicht erforderlich.
Kann das Gericht bei Aufhebung des Verfahrens den exakten Tag der Veröffentlichung 23
ex ante nicht bestimmen, genügt der Hinweis, daß die Veröffentlichung der Aufhebung veranlaßt ist und die Aufhebung mit dem Ablauf des zweiten Tages nach der Veröffent-

lichung wirksam wird (vgl. § 9 Abs. 1 Satz 3 InsO). Dies genügt, da gegen den Aufhebungsbeschluß kein Rechtsmittel zulässig ist.

24 In § 258 Abs. 3 Satz 2 ist ergänzend geregelt, daß der Schuldner, der Insolvenzverwalter und die Mitglieder des Gläubigerausschusses vorab über den Zeitpunkt des Wirksamwerdens der Aufhebung zu unterrichten sind (BT-Drucks. 12/2443, S. 214).

E. Haftung des Verwalters

25 Der Verwalter ist gehalten, die Vorgaben des § 258 Abs. 2 InsO sorgsam einzuhalten, da er ansonsten Gefahr läuft, in Höhe der dem Gläubiger widerfahrenden Benachteiligung selbst in die Haftung zu geraten.

26 Ein Verwalter, der es versäumt, einen anerkannten Masseanspruch vor Aufhebung des Verfahrens zu berichtigen oder der die Sicherstellung eines strittigen, später sich aber als begründet herausstellenden Masseanspruchs unterläßt, setzt sich erheblichen Schadensersatzansprüchen aus, wenn dem benachteiligten Gläubiger ein konkreter Schaden erwächst (*Hess* KO, § 191 Rz. 9).

27 Da der Verwalter durch das Gericht über die bevorstehende Aufhebung gemäß § 258 Abs. 3 informiert wird, wird sich zumindest fahrlässiges Handeln des Verwalters schwer negieren lassen.

28 Das Gericht darf es im übrigen nicht dulden, wenn der Verwalter seiner Pflicht aus § 258 Abs. 2 InsO nicht nachkommt und muß gegebenenfalls gegen diese Pflichtwidrigkeiten gemäß § 58 Abs. 1 InsO mit Aufsichtsmaßnahmen einschreiten.

29 Bei schuldhafter Verletzung dieser Amtspflicht haftet der Staat gemäß Art 34 GG i. V. m. § 839 BGB, wobei dieser wiederum u. U. beim jeweiligen Richter Rückgriff nehmen kann (*Kuhn/Uhlenbruck* KO, § 192 Rz. 3).

§ 259
Wirkungen der Aufhebung → § 192 KO

(1) ¹Mit der Aufhebung des Insolvenzverfahrens erlöschen die Ämter des Insolvenzverwalters und der Mitglieder des Gläubigerausschusses. ²Der Schuldner erhält das Recht zurück, über die Insolvenzmasse frei zu verfügen.
(2) Die Vorschriften über die Überwachung der Planerfüllung bleiben unberührt.
(3) ¹Einen anhängigen Rechtsstreit, der die Insolvenzanfechtung zum Gegenstand hat, kann der Verwalter auch nach der Aufhebung des Verfahrens fortführen, wenn dies im gestaltenden Teil des Plans vorgesehen ist. ²In diesem Fall wird der Rechtsstreit für Rechnung des Schuldners geführt, wenn im Plan keine abweichende Regelung getroffen wird.

Inhaltsübersicht: Rz.

A. Absatz 1 und Absatz 2	1–17
I. Grundsatz	1
II. Wirkung ohne Überwachung	2–16
1. Allgemeines	2–5

2. Absatz 1 Satz 1	6– 8
3. Absatz 1 Satz 2	9–16
III. Wirkungen mit Überwachung	17
B. Absatz 3	18–28

A. Absatz 1 und Absatz 2

I. Grundsatz

Wie § 259 Abs. 2 InsO insoweit klarstellt, sind die in § 259 Abs. 1 InsO geregelten **1** Wirkungen der Aufhebung des Verfahrens durch die Vorschriften über die Planüberwachung überlagert, sofern der gestaltender Teil des Plans die Überwachung der Planerfüllung vorschreibt.

II. Wirkungen ohne Überwachung

1. Allgemeines

Wird das Insolvenzverfahren ohne Anordnung der Überwachung gemäß §§ 260 ff. InsO **2** aufgehoben, ist es mit Ausnahme der Sonderregel des § 259 Abs. 3 InsO sowohl für die Organe des Verfahrens als auch für den Schuldner beendet.

In diesem Falle gibt es im Gegensatz zum überkommenen Recht des Vergleichs gemäß **3** § 96 VglO kein Nachverfahren mehr.

Der Reformgesetzgeber hat, wenn auf die Anordnung der Überwachung durch privatau- **4** tonome Entscheidung seitens der Beteiligten verzichtet wird, keine Veranlassung gesehen, regelnd einzugreifen.

Im Gegensatz dazu kam es im Vergleich nach der VglO nur unter den Voraussetzungen **5** der §§ 90 Abs. 1 Nr. 1 und 2 sowie 91 Abs. 1 VglO zu einer Aufhebung des Verfahrens, wobei der Regelfall das gerichtliche »Nachverfahren« nach § 96 VglO war (*Bley/ Mohrbutter* VglO, § 98 Rz. 2).

2. Absatz 1 Satz 1

§ 259 Abs. 1 Satz 1 InsO regelt in Übereinstimmung mit § 98 Abs. 1 VglO das Erlöschen **6** der Ämter des Insolvenzverwalters und der Mitglieder des Gläubigerausschusses, wenn mangels angeordneter Überwachung der Anwendungsbereich des § 261 Abs. 1 InsO nicht eröffnet ist.

Da der Schuldner gemäß § 259 Abs. 1 Satz 2 InsO die Verfügungsbefugnis über die **7** Masse zurückerhält, besteht für die insolvenzrechtlichen Organe des Verfahrens kein Bedarf mehr.

Das Erlöschen der Ämter läßt die entstandenen vermögensrechtlichen Ansprüche des **8** Verwalters und der Mitglieder des Gläubigerausschusses indes unberührt.

3. Absatz 1 Satz 2

Der Schuldner nimmt nach Aufhebung des Verfahrens auch die Ansprüche der früheren **9** Insolvenzmasse wahr. Verfügungsverbote, die im Zusammenhang mit der Insolvenz angeordnet worden waren, treten mit der Aufhebung des Verfahrens außer Kraft. Der Insolvenzbeschlag ist beendet.

10 Der Schuldner ist wieder berechtigt, alle Ansprüche geltend zu machen, die bis zum Zeitpunkt der Aufhebung durch den Verwalter geltend zu machen waren.
11 Dies gilt auch für Schadensersatzansprüche gegenüber dem Verwalter, Mitgliedern des Gläubigerausschusses oder gegenüber Dritten, die – aus welchen Gründen auch immer – die Masse geschädigt haben.
12 Einhergehend mit dem Übergang des Verfügungsrechts hat der Schuldner Anspruch darauf, die Masse ausgehändigt zu bekommen. Diesen Anspruch kann er mit gerichtlicher Hilfe durchsetzen (*Kuhn/Uhlenbruck* KO, § 192 Rz. 1f.).
13 Die Rückerlangung der Verfügungsmacht erfolgt ex nunc und gilt nur für die Zukunft.
14 Handlungen des Verwalters vor der Aufhebung des Verfahrens bleiben – vorbehaltlich etwaiger Schadensersatzansprüche gegen den Verwalter – nach Rückerlangung der Verfügungsmacht unberührt und behalten demnach ihre volle Wirksamkeit.
15 Handlungen des Schuldners in der Zeit des Fehlens seiner Verfügungsmacht können von diesem selbst geheilt werden (*Kilger/Karsten Schmidt* KO, § 192 Rz. 3). Im Gegensatz dazu ist der Verwalter nicht mehr in der Lage, etwaige verbotswidrige Verfügungen des Schuldners zu genehmigen.
16 Die Prozeßführungsbefugnis des Insolvenzverwalters erlischt mit der Aufhebung des Verfahrens (*Kuhn/Uhlenbruck* KO, § 163 Rz. 7), wobei anhängige Prozesse analog § 239 ZPO unterbrochen werden (RGZ 155, 350; MDR 1964, 330). Hinsichtlich anhängiger Anfechtungsprozesse ist jedoch die Sonderregelung in § 259 Abs. 3 InsO zu beachten.

III. Wirkungen mit Überwachung

17 § 259 Abs. 2 InsO stellt insoweit klar, daß die Regelungen des § 259 Abs. 1 InsO im Falle der im gestaltenden Teil des Insolvenzplans angeordneten Überwachung der Planerfüllung von den leges speciales der §§ 260ff. InsO überlagert bzw. modifiziert sind. Dies bedeutet, daß die Regelungen der §§ 260ff. InsO vorgehen. Hinsichtlich der konkreten Wirkungen wird auf die diesbezüglichen Ausführungen verwiesen.

B. Absatz 3

18 Im überkommenen Recht hatte die Aufhebung eines Konkursverfahrens die für die Beklagten eines Anfechtungsprozesses erfreuliche prozessuale Folge der Erledigung der Hauptsache zur Konsequenz, da der Anfechtungsanspruch mit Aufhebung des Konkursverfahrens zum Erlöschen gebracht wurde (*Kilger/Karsten Schmidt* KO, § 192 Rz. 2).
19 Diese Rechtslage bedingte, daß Anfechtungsgegner um eine Verzögerung oder Verschleppung von Anfechtungsprozessen bemüht waren, um so dem Rückgewähranspruch des § 37 Abs. 1 KO zu entgehen.
20 Aus Sicht der Konkursmasse war es im überkommenen Recht unbefriedigend, daß die vergleichsweise Einigung der Beteiligten im Rahmen eines Zwangsvergleichs mit dem Verlust des Anfechtungsrechtes verknüpft war.
21 Diesen offensichtlichen, aber in der Dogmatik des Rückgewähranspruches gemäß § 37 Abs. 1 KO begründeten, Nachteil wollte der Reformgesetzgeber in der Insolvenzordnung vermeiden.
22 Aus diesem Grunde regelt § 259 Abs. 3 InsO, daß im gestaltenden Teil des Plans eine Befugnis des Verwalters vorgesehen werden kann, Anfechtungsprozesse auch nach Aufhebung des Verfahrens weiterzuführen.

Eine Fortführung durch den Verwalter ist erforderlich, da das Anfechtungsrecht ausschließlich diesem zusteht und deshalb nach Aufhebung des Verfahrens nicht auf den Schuldner übergehen kann. 23

Werden Regelungen im gestaltenden Teil des Plans hinsichtlich der Anfechtungsprozesse vereinbart, tritt insoweit keine Erledigung der Hauptsache eines Anfechtungsprozesses ein. 24

Anfechtungsprozesse werden in diesem Falle durch den Verwalter auf Rechnung und Risiko des Schuldners weitergeführt. Hierzu ist anzufügen, daß im Plan das Prozeßrisiko abweichend geregelt werden kann. 25

Für sonstige Prozesse, die keine Anfechtungsrechtstreite betreffen können im Plan keine Sonderregelung getroffen werden. 26

Hierzu besteht auch keine Notwendigkeit, da die Frage der Erledigung der Hauptsache bei Anfechtungsprozessen alleine die Rechtsnatur des konkursrechtlichen Anfechtungsrechts begründet war. Aus diesem Grunde ist § 259 Abs. 3 InsO weder unmittelbar noch analog auf andere anhängige Prozesse anzuwenden, da es insoweit bei dem Übergang der Aktivlegitimation auf den Schuldner verbleibt. 27

So wirtschaftlich begrüßenswert die Anordnung des § 259 Abs. 3 InsO auch ist, so fällt doch auf, daß sie mit keinen der bekannten Anfechtungstheorien im Einklang steht und vor allem auf Verfahrenspragmatik beruht. 28

§ 260
Überwachung der Planerfüllung

(1) Im gestaltenden Teil des Insolvenzplans kann vorgesehen werden, daß die Erfüllung des Plans überwacht wird.
(2) Im Falle des Absatzes 1 wird nach der Aufhebung des Insolvenzverfahrens überwacht, ob die Ansprüche erfüllt werden, die den Gläubigern nach dem gestaltenden Teil gegen den Schuldner zustehen.
(3) Wenn dies im gestaltenden Teil vorgesehen ist, erstreckt sich die Überwachung auf die Erfüllung der Ansprüche, die den Gläubigern nach dem gestaltenden Teil gegen eine juristische Person oder Gesellschaft ohne Rechtspersönlichkeit zustehen, die nach der Eröffnung des Insolvenzverfahrens gegründet worden ist, um das Unternehmen oder einen Betrieb des Schuldners zu übernehmen und weiterzuführen (Übernahmegesellschaft).

Inhaltsübersicht: Rz.

A. Absatz 1 und Absatz 2 1–20
B. Absatz 3 21–30

Literatur:

Bork Die Wirkungen des Insolvenzplanes nach §§ 290–305 RefE, in Leipold, Insolvenzrecht im Umbruch, S. 60; *Bundesministerium der Justiz* (Hrsg.), Erster Bericht der Kommission für Insolvenzrecht, 1985.

A. Absatz 1 und Absatz 2

1 Das Recht, die Erfüllung einer vergleichsweise gefundenen Insolvenzbewältigung zu überwachen, ist dem deutschen Recht nicht gänzlich unbekannt.

2 Wenngleich das überkommene Rechts des Zwangsvergleichs im Konkurs und des Vergleichs im Gesamtvollstreckungsverfahren keine Vorschriften über die Überwachung der Erfüllung des Vergleichs enthielt und damit keine insolvenzrechtliche Aufsicht nach Aufhebung des Verfahrens stattfand, so war dieses Institut ähnlich, – wenngleich kompliziert und unzureichend – in den §§ 90 ff. VglO geregelt.

3 Im bisherigen Vergleichsverfahren war die Fortsetzung des Verfahrens nach Maßgabe des § 96 VglO die gesetzliche Regel, während die Aufhebung des Verfahrens nach §§ 90, 91 VglO zugleich mit der Vergleichsbestätigung die Ausnahme darstellte (*Bley/Mohrbutter* VglO, § 96 Rz. 1).

4 Gemäß § 90 Abs. 1 Nr. 2 VglO waren Vergleichsverfahren mit einer höheren Forderungssumme als 20 000 DM grundsätzlich zu überwachen, wobei die VglO die Möglichkeit vorsah, daß die Gläubiger ihre Autonomie dahingehend ausüben konnten, gemäß § 90 Abs. 1 Nr. 1 VglO mehrheitlich die Aufhebung des Verfahrens ohne die Anordnung einer Überwachung zu beantragen.

5 Die im gestaltenden Teil des Plans in der InsO angeordnete Überwachung eröffnet den Gläubigern in begrenztem Umfang die Möglichkeit, die Planerfüllung zu kontrollieren und durch die Regelungen der §§ 264, 265 InsO Einfluß zu nehmen.

6 Die Überwachung i. S. d. § 260 ff. InsO unterscheidet sich inhaltlich erheblich sowohl von der gemäß § 91 Abs. 2 VglO vereinbarten Überwachung, als auch vom gerichtlichen Nachverfahren gemäß § 96 VglO.

7 In der Reformgesetzgebung war lange Zeit umstritten, ob die Überwachung fakultativ oder obligatorisch ausgestaltet werden sollte bzw. innerhalb oder außerhalb des Insolvenzverfahrens durchgeführt werden sollte (*Bundesministerium der Justiz* (Hrsg.), a. a. O., S. 205).

8 Man war sich des Spannungsfeldes der Schutzbedürftigkeit der Gläubiger, die im Plan im Regelfall erhebliche Verzichte hinnehmen müssen, einerseits und der Zielsetzung, den mittels Plan sanierten Unternehmen die Möglichkeit zu geben, möglichst ohne Sonderstatus und ohne Kennzeichnung der früheren Insolvenz am Wirtschaftsleben teilzunehmen, anderseits bewußt (*Bundesministerium der Justiz* (Hrsg.), a. a. O.).

9 Keinesfalls wollte man mittels eines – wie auch immer gearteten – Nachverfahrens amerikanischen Verhältnissen dahingehend Vorschub leisten, daß ein Unternehmen durch ein Planverfahren langfristig derartige Wettbewerbsvorteile erlangen kann, daß es zu Wettbewerbsverzerrungen zu Lasten der Konkurrenten kommen kann.

10 Weiterhin war man sich des Problems bewußt, daß innerhalb eines Nachverfahrens auch den vor und während dieses Verfahrensabschnitts entstandenen Forderungen Rechnung getragen werden muß, da Kreditmöglichkeiten eines Unternehmens, welches nach der Insolvenz im Wirtschaftsleben wieder Fuß fassen muß, in erheblichem Maße von der Behandlung der Kredite in einer möglichen Folgeinsolvenz bestimmt sind.

11 Der Reformgesetzgeber entschied sich innerhalb des skizzierten Spannungsfeldes letztlich für eine weitgehende Freiheit des Schuldners unter gleichzeitiger erheblicher Beschneidung der Rechte der Gläubiger in der Überwachungsphase.

12 Weiterhin wird die Überwachung außerhalb des Insolvenzverfahrens durchgeführt und ist damit ausdrücklich nicht mehr Teil des Insolvenzverfahrens.

Die Überwachung erstreckt sich inhaltlich ausschließlich darauf, ob die den Gläubigern nach dem Plan zustehenden Ansprüche erfüllt werden, nicht aber auf die sonstige Geschäftsführungstätigkeit des Schuldners. 13

Sonstige Maßnahmen, etwa eine im darstellenden Teil des Plans vorgesehene organisatorische Umstrukturierung des Unternehmens, unterliegen ausdrücklich nicht der Überwachung. 14

Ist die Überwachung gemäß § 260 Abs. 1 InsO vorgesehen, so setzt sie unmittelbar nach der Aufhebung des Insolvenzverfahrens ein. 15

Auf den Zeitpunkt der Aufhebung selbst hat die Anordnung der Überwachung keinen Einfluß (*Haarmeyer/Wutzke/Förster* Hdb. zur InsO, S. 686, Rz. 48). 16

In diesem Zusammenhang sei angefügt, daß die jetzige gesetzliche Regelung nicht den Vorstellungen der Insolvenzrechtskommission entspricht, die die Überwachung wesentlich gläubigerorientierter vorgeschlagen hat und deshalb auch die im Plan vorgesehenen organisatorischen Maßnahmen von der Überwachung erfaßt wissen wollte (*Bundesministerium der Justiz* (Hrsg.), a.a.O., S. 207). 17

Aufgrund der Tatsache, daß den Gläubigern aus dem bestätigten Plan keine subjektiven Rechte auf die Durchführung der planmäßig beschlossenen organisatorischen Maßnahmen zustehen sollten, ist der Anwendungsbereich der Überwachung auf die Erfüllung von Ansprüchen beschränkt (*Bork* in Leipold, Insolvenzrecht im Umbruch, S. 60). 18

Aus denselben Gründen entschied der Reformgesetzgeber in Abweichung von den Vorschlägen der Insolvenzrechtskommission, daß die Überwachung nicht der Regelfall sein sollte, sondern dem Postulat der privatautonomen Entscheidungsfindung auch im Bezug auf die Überwachung der Erfüllung des Plans der Vorzug zu geben sei. 19

Mit der beschränkten Überwachungswirkung wollte der Gesetzgeber letztlich verhindern, daß die dem Schuldner mit Aufhebung des Verfahrens zurückgegebenen Verfügungsrechte durch die Überwachung wieder weitgehend entwertet werden. 20

B. Absatz 3

Wird das Unternehmen von einem Dritten fortgeführt, so ist die Überwachung nur unter den Voraussetzungen des Abs. 3 möglich. 21

Diese Voraussetzungen sind erfüllt, wenn es sich um eine juristische Person oder um eine Gesellschaft ohne Rechtspersönlichkeit handelt, die nach der Eröffnung des Verfahrens speziell gegründet worden ist, um das Unternehmen oder Teile des Unternehmens fortzuführen (BT-Drucks. 12/2443, S. 214f.). 22

Die Überwachung stellt, obwohl im Vergleich zu den Vorstellungen der Kommission deutlich abgeschwächt, einen massiven Eingriff dar, da trotz der Verfügungsmacht des Schuldners oder der Übernahmegesellschaft wichtige Rechtsgeschäfte gemäß § 263 InsO zustimmungspflichtig sind bzw. durch den Kreditrahmen gemäß § 264 InsO weitere Einschränkungen hinzutreten. 23

Der Reformgesetzgeber erstreckt die Überwachung gemäß Abs. 3 auf Dritte, da diese im Vorfeld ihrer Entscheidung, das Unternehmen oder Teile des Unternehmens fortzuführen, die auf sie durch die Überwachung zukommenden Konsequenzen kannten und in Kenntnis dieses Wissens ihre Entscheidung getroffen haben. 24

Dies ist bei echten Übernahmegesellschaften, d.h. bei denjenigen die nach Eröffnung der Insolvenzverfahrens gegründet worden sind, stets zu bejahen. 25

Bei Vorrats-GmbHs ist dies nicht der Fall, da diese vor Eröffnung des Verfahrens bereits im Handelsregister eingetragen sind. Ohne Vereinbarung im Plan ist grundsätzlich bei 26 diesen juristischen Personen die Überwachung nicht möglich, so daß gerade im Falle der übertragenden Sanierung entsprechende Regelungen im Plan privatautonom verankert werden müssen.

27 Gesellschaftern einer schon vor dem Verfahren bestehenden Gesellschaft und den Gläubigern einer solchen Gesellschaft wäre eine Überwachung nicht zuzumuten (BT-Drucks. 12/2443, S. 214f.).

28 Wird das schuldnerische Unternehmen daher nicht von einer zu diesem Zwecke neu gegründeten Übernahmegesellschaft fortgeführt, sondern von einer bereits vor Eröffnung des Verfahrens bestehenden Gesellschaft, so unterliegt diese Gesellschaft nicht der Überwachung.

29 Die Übernahmegesellschaft kann sich jederzeit, auch wenn sie nicht dem Anwendungsbereich des § 260 Abs. 3 unterfällt, der Überwachung im Übernahmevertrag freiwillig unterwerfen (BT-Drucks. 12/2443, S. 214f.).

30 Aus Gründen der Rechtssicherheit des Rechtsverkehrs ist die Erstreckung der Überwachung auf eine Übernahmegesellschaft gem. 267 Abs. 2 Nr. 1 InsO öffentlich bekanntzumachen.

§ 261
Aufgaben und Befugnisse des Insolvenzverwalters

(1) ¹Die Überwachung ist Aufgabe des Insolvenzverwalters. ²Die Ämter des Verwalters und der Mitglieder des Gläubigerausschusses und die Aufsicht des Insolvenzgerichts bestehen insoweit fort. ³§ 22 Abs. 3 gilt entsprechend.

(2) ¹Während der Zeit der Überwachung hat der Verwalter dem Gläubigerausschuß, wenn ein solcher bestellt ist, und dem Gericht jährlich über den jeweiligen Stand und die weiteren Aussichten der Erfüllung des Insolvenzplans zu berichten. ²Unberührt bleibt das Recht des Gläubigerausschusses und des Gerichts, jederzeit einzelne Auskünfte oder einen Zwischenbericht zu verlangen.

Inhaltsübersicht:

	Rz.
A. Absatz 1 Satz 1 und 2	1–17
B. Absatz 1 Satz 3	18–28
C. Absatz 2	29–37

Literatur:

Bundesministerium der Justiz (Hrsg.), Erster Bericht der Kommission für Insolvenzrecht, 1985, S. 205–208; *Wellensiek* Maxhütte: Bericht des Konkursverwalters, ZIP 1987, 1418ff.

A. Absatz 1 Satz 1 und 2

1 Die Überwachung auf der Grundlage der gesetzlichen Regelungen der §§ 260ff. InsO ist alleinige Aufgabe des Insolvenzverwalters.

2 Dies bedeutet jedoch nicht, daß die Überwachung obligatorisch wäre oder die Person des Überwachenden stets der Insolvenzverwalter sein müßte.

Aufgaben und Befugnisse des Insolvenzverwalters **§ 261**

Der Gesetzgeber hat sowohl davon abgesehen, die Überwachung als solche, als auch die 3
Person des Überwachenden verbindlich vorzuschreiben. Beides ist in das Benehmen der
über den Plan abstimmenden Gläubiger gestellt.

Aus diesem Grunde kann der Plan vorsehen, daß die Überwachung nicht dem bisherigen 4
Insolvenzverwalter, sondern einer anderen Person übertragen wird.

Machen die Gläubiger von diesem Recht, eine andere Person als den Verwalter zu 5
beauftragen, Gebrauch, steht der für die Überwachung wichtige Regelungsrahmen der
§§ 260 ff. InsO nicht zur Verfügung, da er nur Anwendung findet, wenn der Insolvenzverwalter mit der Überwachung betraut wird.

Hinsichtlich des Rechts der Gläubiger, eine vom Verwalter unterschiedliche Person als 6
Sachwalter zu bestimmen, besteht eine Ähnlichkeit mit der bisher in den §§ 90, 91 VglO
geregelten Rechtslage, nach der ebenfalls diese Möglichkeit vorgesehen war. Auch diese
Vorschriften hatten keine abschließende gesetzliche Regelung getroffen.

Wie bereits in der VglO dient die möglichst freie Gestaltung der Überwachung dazu, sich 7
den Gegebenheiten des Einzelfalls anzupassen, um damit letztlich auch die Zustimmung
der Gläubigermehrheit zum Plan zu erleichtern (vgl. *Bley/Mohrbutter* VglO, § 91 Rz. 8).

Der Planverfasser hat zu beachten, – wobei dies vor allem für einen schuldnerischen Plan 8
von Relevanz sein wird – daß dieses Wahlrecht für die Gläubiger zur Folge hat, daß ihnen
die Möglichkeit der §§ 263, 264 InsO nicht eröffnet sind.

Aus diesem Grunde normiert § 261 Abs. 1 Satz 1, daß die Überwachung grundsätzlich 9
dem bisherigen Insolvenzverwalter obliegt und nur in diesem Fall die Ämter des
Verwalters und der Mitglieder des Gläubigerausschusses sowie die Aufsicht des Gerichts
fortbestehen.

Die Gläubiger, die vor der Entscheidung stehen, eine Sachwalter anstelle des Insolvenz- 10
verwalters mit der Aufgabe der Überwachung zu betrauen, haben zu bedenken, daß diese
Freiheit mit erheblichen Konsequenzen für die Effizienz der Überwachung verbunden
ist.

Ein solcher Planüberwacher ist ausschließlich auf der Grundlage privatautonomer 11
Willensentscheidungen der Gläubiger tätig und kann sich im Gegensatz zum Insolvenzverwalter nicht auf eine verfahrensrechtliche Autorisierung oder Legitimation stützen.
Wie sich auch aus der Verpflichtung zur Kostentragung gemäß § 269 InsO ergibt, handelt
es sich somit nicht um eine Überwachung i. S. d. §§ 260 ff. InsO.

Die Bestellung einer anderen Person anstatt des mit dem Verfahren vertrauten Verwalters 12
dürfte nur in Ausnahmefällen sinnvoll und empfehlenswert sein.

Der Verwalter hat Verfahrens- und Insiderkenntnisse, die korrespondierend mit den 13
Befugnissen, aber auch Pflichten der §§ 261 ff. InsO nur in besonders gelagerten Fällen
durch einen anderen Planüberwacher kompensiert werden können.

Dies gilt insbesondere für den Vorbehalt zustimmungsbedürftiger Handlungen in § 263 14
und die Kreditrahmenbestätigung nach § 264 InsO, die beide für eine effektive Überwachung notwendig sind.

Es ist zu befürchten, daß eine etwaige größere Branchennähe eines Sachwalters im 15
Einzelfall durch einen Verlust an Eingriffs- und Kontrollmöglichkeiten nicht ausgeglichen werden können (vgl. *Haarmeyer/Wutzke/Förster* Hdb. zur InsO, S. 686, Rz. 49).

Auch der Gesetzgeber ging davon aus, daß es zweckmäßig ist, den Verwalter, der den 16
Plan erstellt hat oder – im Falle eines schuldnerischen Plans – zumindest in die
Planerstellung involviert war, mit der Überwachung zu beauftragen (BT-Drucks. 12/
2443, S. 214 f.).

Als abschreckender Fall der näheren Insolvenzgeschichte hinsichtlich der Konsequenzen 17
der Bestellung eines Sachwalters sei der Maxhütte-Konkurs erwähnt, in welchem die

§ 261

vermeintliche Branchenkenntnis, die zur Einsetzung des ersten Verwalters führte, klägliche Ergebnisse zeigte (vgl. *Wellensiek* ZIP 1987, 1418 ff.).

B. Absatz 1 Satz 3

18 Durch die Verweisung auf § 22 Abs. 3 InsO werden dem Verwalter in der Überwachungsphase die Rechte eines vorläufigen Insolvenzverwalters eingeräumt.

19 Somit steht dem Verwalter – trotz förmlicher Aufhebung des Verfahrens – das Recht zu, die Geschäftsräume des Schuldners zu betreten, Nachforschungen anzustellen, Einsicht in Bücher und Geschäftspapiere zu nehmen und Auskünfte zu verlangen. Insoweit korrespondiert diese Regelung mit den §§ 91 Abs. 2, 40 Abs. 1 VglO.

20 Hierbei ist anzumerken, daß die Insolvenzrechtskommission die Befugnisse des Verwalters in der Überwachungsphase weitaus einschneidender geregelt wissen wollte, als dies letztlich im Gesetz verankert worden ist (*Bundesministerium der Justiz* (Hrsg.), a. a. O., S. 205–208). Zudem sollte die Überwachung der Regelfall sein.

21 Die InsO beschränkt die Zwangsmittel des Verwalters auf die Erzwingung von Auskünften, da der Verwalter – in Abweichung zu den §§ 94, 92 Abs. 1, 57 VglO – die Erfüllung des Plans selbst nicht erzwingen kann.

22 Grund hierfür ist, daß der überwachende Verwalter mit der Aufhebung des Insolvenzverfahrens nicht anstelle des wieder voll verfügungsbefugten und somit alleinverantwortlichen Schuldners handlungsbefugt ist.

23 Das Tätigwerden des Verwalters konzentriert und beschränkt sich somit mit Ausnahme der §§ 263, 264 InsO auf informelle Einflußnahmen bzw. auf Bericht- oder Anzeigepflichten.

24 Diese lediglich eingeschränkten Befugnisse des Verwalters in der Überwachungsphase sind aus Sicht der Verwalterpraxis nicht zufriedenstellend.

25 Weder die Berichts- noch die Anzeigepflichten gemäß § 262 InsO sind jedoch ausreichend, um Fehlentwicklungen wirksam entgegenzutreten. Gleiches gilt für die Möglichkeit der Gläubiger im Falle des Scheitern des Plans, ein neues Insolvenzverfahren zu initiieren oder gemäß den §§ 255, 256, 257 InsO vorzugehen.

26 Es ist zu befürchten, daß vielfach Schuldner nach Planbestätigung und Aufhebung des Verfahrens wie vor der Insolvenz fortfahren werden und der Verwalter tatenlos zusehen muß.

27 Bereits aus diesem Grunde müssen die Gläubiger im Einzelfall sorgsam prüfen, ob sie dem Plan zustimmen wollen und vor allem, was mit ihren Rechtspositionen geschieht, wenn der Schuldner den Plan nicht erfüllt.

28 Aufgrund des aus Sicht der Gläubiger nur unzureichenden gesetzlichen Sicherungskonzeptes in der Überwachungsphase muß der Verwalter als Planverfasser – auch unter haftungsrechtlichen Gesichtspunkten – streng darauf achten, daß im Plan entweder weitergehende Sicherungen für die Gläubiger aufgenommen werden oder die Gläubiger über die Begrenztheit der gesetzlichen Regelung der §§ 260 ff. InsO im Plan in Kenntnis gesetzt werden.

C. Absatz 2

29 Die Berichtspflicht des Verwalters gibt dem Gericht, dem Gläubigerausschuß sowie den sonstigen Beteiligten das Recht sich in regelmäßigen Abständen über den aktuellen

Anzeigepflicht des Insolvenzverwalters **§ 262**

Sachstand sowie die Aussichten der Planerfüllung informieren zu können. Gläubiger können die Sachstandsberichte bei Gericht einsehen.

Kommt der Schuldner seinen Verpflichtungen aus dem Plan nach, beschränkt sich das Tätigwerden des Verwalters auf eine beobachtende Kontrolle, über deren Ergebnis er mindestens einmal jährlich dem Gläubigerausschuß – soweit dieser besteht –, und dem Gericht berichten muß. **30**

Gemäß § 261 Abs. 2 Satz 1 hat der Verwalter auf Verlangen des Gerichts oder des Gläubigerausschusses weitere Auskünfte oder Zwischenberichte zu erteilen. **31**

Die Frage der weitergehenden Auskunfts- und Berichtspflichten sollte verbindlich im Plan geregelt werden, um dadurch zu einer Entlastung der Verwalter und zur Begrenzung von Kosten, die nach § 269 InsO der Schuldner bzw. im Falle des § 260 Abs. 3 InsO die Übernahmegesellschaft zu tragen hat, beizutragen. **32**

Anhand der Verwalterberichte können die Gläubiger prüfen, ob die Voraussetzungen für ein Wiederaufleben einer Forderung oder ein Hinfälligwerden einer Stundung gegeben sind oder ob aufgrund Nichterfüllung von Ansprüchen Anlaß gegeben ist, die Zwangsvollstreckung aus dem Plan zu veranlassen. **33**

Als ultimo ratio haben die Gläubiger die Möglichkeit, ein neues Insolvenzverfahren zu beantragen. **34**

Der Verwalter selbst hat kein Initiativrecht zur Beantragung der Eröffnung eines neuen Insolvenzverfahrens, selbst wenn ein neuer Insolvenzgrund seitens des Schuldners vorliegen sollte. **35**

Selbst wenn der Schuldner die im Plan übernommenen Verpflichtungen ganz oder teilweise nicht erfüllt und damit die Rechtsfolgen der Wiederauflebensklausel gemäß § 255 InsO auslöst, ändert dies nichts daran, daß die Überwachung bis zur Aufhebung fortdauert. **36**

Falls ein neues Insolvenzverfahren eingeleitet wird, endet die Überwachung, wenn die Verwaltungs- und Verfügungsmacht einem neuen Verwalter übertragen wird. **37**

§ 262
Anzeigepflicht des Insolvenzverwalters

[1] Stellt der Insolvenzverwalter fest, daß Ansprüche, deren Erfüllung überwacht wird, nicht erfüllt werden oder nicht erfüllt werden können, so hat er dies unverzüglich dem Gläubigerausschuß und dem Insolvenzgericht anzuzeigen. [2] Ist ein Gläubigerausschuß nicht bestellt, so hat der Verwalter an dessen Stelle alle Gläubiger zu unterrichten, denen nach dem gestaltenden Teil des Insolvenzplans Ansprüche gegen den Schuldner oder die Übernahmegesellschaft zustehen.

Inhaltsübersicht: Rz.

A. Abgrenzung 1– 3
B. Zweck der Vorschrift 4– 9
C. Voraussetzungen 10–11
D. Kontrollumfang 12–19
E. Haftungsfragen 20–24

§ 262

A. Abgrenzung

1 Im Rahmen seiner Überwachungstätigkeit muß der Verwalter gemäß § 261 InsO berichten, wenn die Erfüllung des Plans wie vereinbart vonstatten geht.
2 Anzeigepflichten gemäß § 262 InsO hat der Verwalter dann, wenn er erkennt, daß die Planerfüllung gefährdet oder ausgeschlossen ist.
3 Daß der Verwalter nach dieser Vorschrift auch das Gericht zu unterrichten hat, ist eine Konkretisierung seiner allgemeinen Pflichten zur Information des Gerichts über den Stand der Erfüllung des Plans gemäß § 261 Abs. 2 InsO (BT-Drucks. 12/2443, S. 214 f.).

B. Zweck der Vorschrift

4 Die Anzeigepflicht des Verwalters verstärkt den Gläubigerschutz, indem sie eine zügige Einleitung von Sanktionen seitens der Gläubiger gegen den Schuldner vorbereitet.
5 Eine Gefährdung oder ein Unmöglichwerden der Planerfüllung ist so wesentlich, daß die Gläubiger hierüber schnellstmöglich informiert werden müssen. Die jährliche Berichtspflicht gemäß § 261 Abs. 1 InsO ist nicht genug.
6 Aus diesem Grunde hat der Gesetzgeber vorgesehen, daß der Verwalter – sollten die Voraussetzungen des § 262 InsO eintreten – unverzüglich, d. h. ohne schuldhaftes Zögern, dem Gläubigerausschuß und dem Insolvenzgericht diese Tatsachen mitzuteilen hat.
7 Wenn – wie häufig – kein Gläubigerausschuß bestellt ist, ist der Verwalter des weiteren verpflichtet, alle Gläubiger, die nach dem gestaltenden Teil des Plans Ansprüche gegen den Schuldner oder die Übernahmegesellschaft haben, unverzüglich über die relevanten Tatsachen in Kenntnis zu setzen.
8 Hierdurch werden die Gläubiger in die Lage versetzt, über das weitere Vorgehen zu befinden.
9 Liegen die Voraussetzungen für ein neues Insolvenzverfahren vor, steht es den Gläubigern frei, ein solches zu beantragen. Machen die Gläubiger trotz Anzeige des Verwalters von ihrem Antragsrecht keinen Gebrauch, so bleibt die Anzeige des Verwalters für den Schuldner folgenlos.

C. Voraussetzungen

10 Die Anzeigepflicht in der Überwachungsphase setzt voraus, daß sich der Verwalter in regelmäßigen Abständen persönlich vor Ort einen eigenen Eindruck über die Erfüllung der im Plan festgelegten Pflichten durch Einsicht in Belege, Bankauszüge oder sonstige Geschäftsunterlagen des schuldnerischen Unternehmens verschafft.
11 Nur wenn der Verwalter auch eigene Kontrollen vornimmt, ist er in der Lage, zeitnah etwaige Verzögerungen und/oder Gefährdungen der Planerfüllung zu erkennen, um damit den Gläubigern die Möglichkeit zu geben, entsprechend den Sanktionsmechanismen der §§ 255–257 InsO zu reagieren.

D. Kontrollumfang

12 Die Überwachung steht und fällt mit der Qualität der Kontrolle und Fähigkeit, auf Negativentwicklungen zeitnah reagieren zu können.

Anzeigepflicht des Insolvenzverwalters **§ 262**

Aus diesem Grunde muß beispielsweise im Plan geregelt werden, wie die Buchhaltung 13
des vormaligen Schuldners in der Überwachungsphase konzipiert sein muß. Ohne ein
transparentes und zeitnahes Erfassen aller finanz- und kostenrelevanten Daten ist eine
Überwachung nicht effizient.

Es ist in der Überwachungsphase erforderlich, die im darstellenden Teil des Plans 14
beschriebenen Planziele in monatlichen Abständen mit den Ist-Zahlen zu vergleichen;
hierdurch können Abweichungen festgestellt werden, damit im Bedarfsfall frühzeitig
Korrekturmaßnahmen der Geschäftsleitung des sanierten Unternehmens eingeleitet
werden können.

Als Minimalmaßnahmen müssen vom überwachenden Verwalter die monatlichen Um- 15
satzsteuererklärungen samt betriebswirtschaftlichen Auswertungen gesichtet und ausgewertet werden. Da bei Unternehmen, die nach vereinbarten Entgelten versteuern aus der
Buchhaltung nur begrenzte Informationen erlangt werden können, werden meist weitere
Kontrollmaßnahmen erforderlich sein.

Hierbei ist – gerade nach der Insolvenz – auf die Erhaltung der Liquidität zu achten. 16
Trotz Kreditrahmen gemäß § 264 InsO muß das Vertrauen der Kunden und Lieferanten 17
erst wieder zurückgewonnen werden, so daß der Liquidität besondere Aufmerksamkeit
gewidmet werden muß.

Als mögliche Kontrollmaßnahmen seinen beispielhaft erwähnt: 18
– eine intensive Liquiditätskontrolle durch Überprüfung der Zahlungseingänge und
  stetige Kontrolle der Bankkonten in bezug auf freie Kreditlinien, eine Kostenstellenerfassung,
– eine Vorlagepflicht des ehemaligen Schuldners von neu begründeten Dauerschuldverhältnisse (Mietverträge, Arbeitsverträge etc.), soweit von diesen erhebliche Belastungen für das Unternehmen verbunden sind, die für die Planrealisierung Einfluß haben
  können,
– eine monatliche Debitorenliste,
– eine monatliche Kreditorenliste sowie
– ein monatlicher Auftragsbestand.

E. Haftungsfragen

Die dem Verwalter durch die Anzeigepflicht in der Überwachungsphase aufgebürdeten 19
Pflichten bergen erhebliche Haftungsrisiken in sich.

Es ist nicht auszuschließen, daß Gläubiger im Fall des Scheiterns des Plans versuchen 20
werden, dem Verwalter den Vorwurf zu machen, er hätte Abweichungen von der
Planerfüllung früher erkennen können, wenn er öfter vor Ort gewesen wäre, um sich von
der Planerfüllung selbst zu überzeugen.

Um Haftungsrisiken zu vermeiden, sollten im Plan entsprechende detaillierte Regelun- 21
gen bezüglich der Ausgestaltung der Überwachung aufgenommen werden.

Um die nach § 262 InsO relevanten Informationen auch zeitnah zu erhalten, sind die 22
Verwalter gehalten, entsprechende Kontrollmechanismen z. B. dahingehend aufzubauen,
daß der Schuldner verpflichtet wird, die unter C. und D. dargestellten Unterlagen
regelmäßig vorzulegen.

Losgelöst davon ist der Verwalter auch aus haftungsrechtlichen Gesichtspunkten gehal- 23
ten, sich regelmäßig selbst vor Ort oder durch Entsendung eines entsprechenden fachlich
qualifizierten Personals unmittelbare Eindrücke über die Lage zu verschaffen.

§ 263
Zustimmungsbedürftige Geschäfte

¹Im gestaltenden Teil des Insolvenzplans kann vorgesehen werden, daß bestimmte Rechtsgeschäfte des Schuldners oder der Übernahmegesellschaft während der Zeit der Überwachung nur wirksam sind, wenn der Insolvenzverwalter ihnen zustimmt. ²§ 81 Abs. 1 und § 82 gelten entsprechend.

Inhaltsübersicht: Rz.

A. Allgemeines 1–14
B. Rechtsfolgen 15–26

Literatur:

Bork Die Wirkungen des Insolvenzplanes nach §§ 290–305 RefE, in Leipold, Insolvenzrecht im Umbruch, S. 61.

A. Allgemeines

1 Grundsätzlich erhält der Schuldner aufgrund der gesetzlichen Regelungen nach rechtskräftiger Bestätigung des Plans (§ 248 InsO) und anschließender Aufhebung des Verfahrens die volle Verfügungsmacht (§§ 258, 259 InsO) über sein Vermögen zurück.

2 Aus diesem Grunde wäre es dem Schuldner grundsätzlich möglich, dem Plan nach Aufhebung des Insolvenzverfahrens durch risikoreiche Rechtsgeschäfte die wirtschaftliche Grundlage zu entziehen.

3 Dieses Problem war dem Gesetzgeber bewußt, ohne jedoch von der Grundentscheidung, dem Schuldner die Verfügungsmacht zurückzugeben, Abstand genommen zu haben.

4 Die Regelung des § 263 InsO sieht deshalb vor, daß bestimmte Rechtsgeschäfte des Schuldners oder der Übernahmegesellschaft während der Zeit der Überwachung nur dann wirksam sind, wenn der Insolvenzverwalter ihnen zustimmt (BT-Drucks. 12/2443, S. 216).

5 Durch die Zustimmungsbedürftigkeit der Vornahme eines bestimmten Rechtsgeschäftes mittels entsprechender Regelungen im gestaltenden Teil des Plans wird die Effektivität der Überwachung gesteigert.

6 Die Regelung des § 263 InsO versucht in gewisser Weise, einen Kompromiß zwischen den Rechten der Gläubiger und des Schuldners zu finden; insoweit drängt sich eine Parallele zu den Sicherungsmaßnahmen gemäß § 21 InsO auf.

7 Im Rahmen der zustimmungspflichtigen Geschäfte kann es sich aufgrund der Intention des Gesetzgebers keinesfalls um Tagesgeschäfte handeln, sondern es müssen für das jeweilige Unternehmen wirtschaftlich besonders bedeutsame und/oder risikoreiche Rechtsgeschäfte betroffen sein. Bargeschäfte des täglichen Geschäftsverkehr sind sicherlich nicht umfaßt.

8 Welche Rechtsgeschäfte im Einzelfall besonders bedeutsam und/oder risikoreich für das Unternehmen sind, kann keiner starren Regelung unterworfen werden, da dies letztlich entscheidend von dem Unternehmen selbst abhängt.

Zistimmungsbedürftige Geschäfte **§ 263**

Aus diesem Grunde muß der Frage der Zustimmungsbedürftigkeit eines Rechtsgeschäfts 9
durch entsprechende eindeutige Regelungen im gestaltenden Teil des Plans Rechnung
getragen werden.
Die dem Zustimmungsvorbehalt des § 263 unterliegenden Rechtsgeschäfte müssen im 10
Plan konkret benannt und beschrieben werden.
Keinesfalls ist es gestattet, durch eine pauschale Unterwerfung sämtlicher Rechtsge- 11
schäfte die Rechtswirkungen der Aufhebung des Verfahrens und der Rückgabe der
Verfügungsmacht an den Schuldner auszuheben, da dies mit dem Charakter der Über-
wachung nicht vereinbar wäre (so zu Recht: *Haarmeyer/Wutzke/Förster* Hdb. zur InsO,
S. 688, Rz. 53).
Die individuelle Grenze muß auf den jeweiligen Insolvenzsachverhalt abgestimmt 12
werden. Hierüber muß sich der Plan auch aus Gründen der Rechtssicherheit erklären.
Die Regelung des § 263 Satz 1 InsO ist – in Abweichung zu § 259 Abs. 1 InsO – eine 13
wesentliche, aber sinnvolle Einschränkung der Verfügungsbefugnis des Schuldners.
Hierdurch haben die Gläubiger die Möglichkeit, Grundlagengeschäfte an die Zustim- 14
mung des Verwalters zu binden, um damit die Gefährdung der Planerfüllung durch
unüberlegte und/oder zu risikoreiche Rechtsgeschäfte des Schuldners zu verhindern.

B. Rechtsfolgen

Durch die Verweisung auf §§ 81 Abs. 1, 82 InsO wird klargestellt, daß Verfügungen des 15
Schuldners, die dem im gestaltenden Teil des Plans normierten Zustimmungsvorbehalt
des Verwalters unterliegen, nicht relativ, sondern absolut unwirksam sind.
Dritte müssen die fehlende Zustimmung des Verwalters gegen sich gelten lassen (vgl. 16
Bork in Leipold, Insolvenzrecht im Umbruch, S. 61).
Das gilt in gleichem Maße für die Eingehung von Verpflichtungen, die ebenfalls den 17
Zustimmungsvorbehalt unterliegen können.
Gegen das Zustimmungsgebot verstoßende Handlungen des Schuldners werden so 18
behandelt, als wären sie während des laufenden Insolvenzverfahrens vorgenommen
worden.
Insoweit besteht der Insolvenzbeschlag gemäß § 263 Satz 2 i.V.m. § 81 Abs. 1 und § 82 19
InsO fort und hat die Wirkungslosigkeit der Maßnahme des Schuldners gegenüber
jedermann zur Folge.
Dem Verwalter steht es frei, Verfügungen des Schuldners auch nachträglich gemäß § 185 20
BGB analog zu genehmigen.
Im Rahmen des § 81 Abs. 1 Satz 2 InsO wird auf die Vorschrift über den gutgläubigen 21
Erwerb gemäß § 892 BGB verwiesen.
Die Beschränkung des Schuldners oder der Übernahmegesellschaft hinsichtlich des 22
Zustimmungsvorbehaltes ist nur wirksam, wenn im Rahmen der öffentlichen Bekannt-
machung der Überwachung auch der Kreis der zustimmungspflichtigen Rechtsgeschäfte
konkret und vollständig angegeben wird.
Aufgrund des Verweises auf die Regelungen der §§ 31, 33 InsO ist sichergestellt, daß die 23
Beschränkungen in die jeweiligen Handels-, Genossenschafts- und Vereinsregister
sowie in das Grundbuch eingetragen werden. Hiermit gilt – wie auch ansonsten in der
InsO – die öffentliche Bekanntmachung gemäß § 9 Abs. 3 InsO als Nachweis der
Zustellung an alle Beteiligten.
Die Bekanntmachung ist nicht nur aus Gründen der Verhinderung des gutgläubigen 24
Erwerbs von Bedeutung, sondern dient dem Rechtsverkehr allgemein, indem er sich über

Jaffé

die Beschränkung der Verfügungsbefugnis des Schuldners im Einzelfall unterrichten kann.

25 Potentielle Geschäftspartner haben so die Möglichkeit, selbst zu bestimmen, ob sie mit dem überwachten Unternehmen kontrahieren wollen bzw. können durch entsprechende Absprachen mit dem verfügungsberechtigten Verwalter die Voraussetzung schaffen, daß die Rechtsgeschäfte Wirksamkeit erlangen.

26 Hinsichtlich der Löschung des Insolvenzvermerks in den Registern sowie dem Grundbuch nach Aufhebung der Überwachung bzw. der Zuständigkeit zur Beantragung dieser Löschungen wird auf die Ausführungen zu § 268 InsO verwiesen.

§ 264
Kreditrahmen

(1) ¹Im gestaltenden Teil des Insolvenzplans kann vorgesehen werden, daß die Insolvenzgläubiger nachrangig sind gegenüber Gläubigern mit Forderungen aus Darlehen und sonstigen Krediten, die der Schuldner oder die Übernahmegesellschaft während der Zeit der Überwachung aufnimmt oder die ein Massegläubiger in die Zeit der Überwachung hinein stehen läßt. ²In diesem Fall ist zugleich ein Gesamtbetrag für derartige Kredite festzulegen (Kreditrahmen). ³Dieser darf den Wert der Vermögensgegenstände nicht übersteigen, die in der Vermögensübersicht des Plans (§ 229 Satz 1) aufgeführt sind.

(2) Der Nachrang der Insolvenzgläubiger gemäß Absatz 1 besteht nur gegenüber Gläubigern, mit denen vereinbart wird, daß und in welcher Höhe der von ihnen gewährte Kredit nach Hauptforderung, Zinsen und Kosten innerhalb des Kreditrahmens liegt und gegenüber denen der Insolvenzverwalter diese Vereinbarung schriftlich bestätigt.

(3) § 39 Abs. 1 Nr. 5 bleibt unberührt.

Inhaltsübersicht: Rz.

A. Zweck der Regelung	1–10
B. Voraussetzungen	11–50
I. Vergleich zum bisherigen Recht	11–23
II. Absatz 1 Satz 1	24–25
III. Absatz 1 Satz 2	26–27
IV. Absatz 1 Satz 3	28–29
V. Absatz 2	30–47
VI. Absatz 3	48–50
C. Ausblick	51–56

Literatur:

Bork Die Wirkungen des Insolvenzplanes nach §§ 290–305 RefE, in Leipold, Insolvenzrecht im Umbruch, S. 63 f.; *Braun* Der Kreditrahmen gemäß § 264 InsO als Finanzierungsinstrument des Sanierungsplans, in Kölner Schrift zur Insolvenzordnung, 1997, 873; *Bundesministerium der Justiz* (Hrsg.), Erster Bericht der Kommission für Insolvenzrecht, 1995, 214; *Künne* Zweifelsfragen aus dem Vergleichsrecht, KTS 1971, 235; *Uhlenbruck* Gesellschaftsrechtliche Aspekte des neuen Insolvenzrechts, in Kölner Schrift zur InsO, 1997, 894.

A. Zweck der Regelung

Mit rechtskräftiger Bestätigung des Plans und Aufhebung des Insolvenzverfahrens ist **1**
die Umsetzung der Planziele i.d.R. noch lange nicht erreicht.
Auch ein mittels Plan saniertes Unternehmen muß seine Ertragsfähigkeit im Wirtschafts- **2**
leben und das durch die Insolvenz verlorengegangene Vertrauen seiner Kunden und
Lieferanten wiedergewinnen.
Die Aufhebung des Planverfahrens stellt eine sehr kritische Phase für die Entwicklung **3**
des Unternehmens dar, da die Gläubiger, die im Planverfahren erhebliche Verluste
hinzunehmen hatten, mit Sicherheit werden vermeiden wollen, in einem etwaigen
Folgeinsolvenzverfahren erneut Einbußen zu erleiden. Aus diesem Grunde werden die
bisherigen, aber auch neue Kreditoren nur äußerst zögerlich zu neuen Krediten bereit
sein (vgl. *Bundesministerium der Justiz* (Hrsg.), Erster Bericht der Kommission für
Insolvenzrecht, S. 214).
Hinzu kommt, daß Unternehmen, welche sich kurz zuvor in einem Insolvenzverfahren **4**
befunden haben, in aller Regel über kein zur Besicherung von Krediten geeignetes
Vermögen verfügen.
In fast jedem Verfahren liegen – zumindest wenn Banken eine Gläubigerstellung **5**
innehaben – Globalzessionen vor; weiterhin ist das bewegliche Anlagevermögen meist
sicherungsübereignet, mit Absonderungsrechten belastet oder unterfällt einem Vermieterpfandrecht.
Betriebliche Grundstücke des schuldnerischen Unternehmens sind nicht selten über die **6**
Wertgrenze hinaus mit Grundpfandrechten belastet. (vgl. *Braun* in Kölner Schrift zur
InsO, S. 861, Rz. 5).
Unabhängig und losgelöst von den Krisenursachen und dem Sanierungskonzept, wel- **7**
chem die Beteiligten im Abstimmungstermin zugestimmt haben, ist es im Regelfall –
insbesondere, wenn zur Fortführung des Unternehmens Eingriffe in die finanz- und
leistungswirtschaftliche Struktur erfolgen – dringend erforderlich, dem Unternehmen
Finanzierungserleichterungen zu verschaffen.
Die Regelung des § 264 InsO, die in untrennbarem Zusammenhang mit den §§ 265, 266 **8**
InsO steht, ist ein Instrument, um einem Unternehmen nach einem abgeschlossenen
Insolvenzverfahren die Kreditaufnahme zu erleichtern.
Diese Normen eröffnen einen Weg, zwar dem Interesse der Kreditgeber nach entspre- **9**
chender Kreditsicherheit entgegenzukommen, ohne jedoch wettbewerbsverzerrende
Eingriffe in das Marktgeschehen zu gestatten.
Ohne die Möglichkeit einer Privilegierung von im Nachverfahren aufgenommenen **10**
Krediten würden gerade Fortführungspläne vielfach daran scheitern, daß es Unternehmen nicht gelingen würde, die für die Gewährung von Krediten notwendigen Kreditsicherheiten aufzubringen.

B. Voraussetzungen

I. Vergleich zum bisherigen Recht

Die Regelungsinhalte der §§ 264–266 InsO sind nicht in Gänze neu. **11**
Zwar kannte weder die Konkursordnung noch die Gesamtvollstreckungsordnung eine **12**
vergleichbare Regelung; jedoch war in der Vergleichsordnung in § 106 VglO normiert,
daß Ansprüche aus Darlehen, die der Schuldner während des Vergleichsverfahrens mit

Zustimmung des Vergleichsverwalters aufgenommen hatte, in einem etwaigen Anschlußkonkursverfahren zu den Massekosten und nicht zu den einfachen Konkursforderungen zählten.

13 Obwohl § 106 VglO ebenfalls die Beschaffung neuen Kapitals für das krisengeschwächte Unternehmen erleichtern sollte, hat sich der Reformgesetzgeber dafür entschieden, die Kreditgeber nicht zu Massegläubigern hochzustufen.

14 § 264 Abs. 1 Satz 1 InsO sieht die Möglichkeit vor, im Plan Rangrücktritte für Forderungen der Insolvenzgläubiger gegenüber Forderungen aus Krediten zu vereinbaren, die während der Zeit der Überwachung unter Einhaltung der Voraussetzungen der Norm aufgenommen oder »stehen gelassen« werden.

15 Die gesetzliche Regelung des § 264 InsO stellt damit ein Minus gegenüber der Masseschuldqualifikation der Darlehensaufnahme im bisherigen Vergleichsverfahren dar.

16 Allerdings wurden im Rahmen des § 106 VglO lediglich Ansprüche aus Darlehen, d. h. ausschließlich Ansprüche gemäß § 607 Abs. 1 BGB, nicht jedoch sonstige Formen der Kreditgewährung, begünstigt.

17 Ein Lieferant, der dem Vergleichsschuldner Ware mit der Maßgabe übergab, daß dieser den durch den Verkauf zu erzielenden Erlös als Darlehen behalte, war beispielsweise mit seinen Ansprüchen nicht als privilegiert i. S. d. § 106 VglO anzusehen (vgl. *Böhle-Stamschräder/Kilger* VglO, § 106 Rz. 1; *Bley/Mohrbutter* VglO, § 106 Rz. 3).

18 Im Gegensatz zu dieser Regelung ist der Anwendungsbereich des § 264 InsO sehr weit gefaßt, da in seinen Schutzbereich Kredite jeder Art einbezogen werden können; es muß nicht differenziert werden muß, ob der Kredit neu aufgenommen oder stehengelassen wird.

19 Kredite in diesem Rechtsverständnis sind deshalb nicht nur Darlehen, sondern auch Lieferantenkredite oder eine Stundung von Kaufpreisforderungen (*Haarmeyer/Wutzke/Förster* Hdb. zur InsO, S. 689, Rz. 55).

20 Zwar wurden auch in der Vergleichsordnung ähnliche Lösungen erzielt, wenngleich unter Anwendung von Umgehungsmaßnahmen. Auch ein Warenlieferant konnte z. B. die Privilegierung des § 106 VglO erhalten, wenn er dem Vergleichsschuldner mit Zustimmung des Vergleichsverwalters durch Überweisung auf dessen Hausbank einen Kredit zur Verfügung stellte, der nach dessen Verbuchung zur Zahlung der Warenrechnung des Darlehensgebers wieder verwandt werden konnte (vgl. *Künne* KTS 1971, 255 ff.).

21 Das gleiche Privileg trat ein, wenn sich ein Vergleichsverwalter gegenüber dem Lieferanten bereit erklärte, bei der Ausführung von Aufträgen im Rahmen seiner Überwachungspflichten gemäß § 39 ff. VglO für die volle Bezahlung des Lieferanten eintreten zu wollen.

22 Diese rechtlichen Konstruktionen sind im Rahmen des § 264 nicht erforderlich.

23 § 264 InsO erweitert einerseits die bisherige Regelung des § 106 VglO durch die Miteinbeziehung anderer Zuwendungen als Darlehen i. S. d. § 607 BGB erheblich, stellt aber andererseits eine evidente Beschränkung dar, da er dieser Privilegierung durch die Normierung eines im gestaltenden Teil des Plans festzusetzenden Kreditrahmens eine zahlenmäßige Grenze setzt.

II. Absatz 1 Satz 1

24 Gemäß § 264 Abs. 1 Satz 1 InsO kann im gestaltenden Teil des Plans vorgesehen werden, daß die Insolvenzgläubiger nachrangig sind gegenüber Gläubigern mit Forde-

rungen aus Darlehen und sonstigen Krediten, die in der Zeit der Überwachung aufgenommen oder stehen gelassen werden.
Diese Privilegierung ist durch die Anordnung des Nachranges für Neugläubiger gemäß 25
§ 265 InsO so gestaltet, daß die Hemmschwelle für Gläubiger zur Kreditvergabe an ein vor kurzem noch insolventes Unternehmen – soweit sie in den Kreditrahmen einbezogen sind – deutlich herabgesetzt wird.

III. Absatz 1 Satz 2

Gemäß § 264 Abs. 1 Satz 2 InsO ist im gestaltenden Teil des Plans der Höchstbetrag der 26
Kredite, der im Rahmen der Privilegierung möglich ist, verbindlich festzusetzen.
Dieser Kreditrahmen muß gemäß § 267 Abs. 2 Nr. 3 InsO öffentlich bekanntgegeben 27
werden.

IV. Absatz 1 Satz 3

Kumulativ ist weiterhin erforderlich, daß der Kreditrahmen den Wert der Vermögensge- 28
genstände nicht übersteigt, die in der Vermögensübersicht des Plans gemäß § 229 Satz 1 InsO aufgeführt sind.
Dies bedeutet, daß das Aktivvermögen des vormals insolventen Unternehmens letztlich 29
die Höchstgrenze des Kreditrahmens darstellt.

V. Absatz 2

Als Formerfordernis ist vorgeschrieben, daß die Privilegierung dem Kreditgeber nur 30
zuteil wird, wenn er mit dem Schuldner oder der Übernahmegesellschaft genaue Vereinbarungen gemäß § 264 Abs. 2 InsO getroffen hat und diese durch den Verwalter schriftlich bestätigt worden sind (vgl. *Haarmeyer/Wutzke/Förster* Hdb. zur InsO, S. 689, Rz. 55).
Diese Voraussetzungen der Privilegierung dienen dem Schutz aller Beteiligten und 31
sollen eine übermäßige Kreditaufnahme verhindern.
Vor allem sind die Interessen der Neugläubiger zu berücksichtigen, die im Vorfeld der 32
Annahme des Plans keine Möglichkeit hatten, gestaltend auf diesen einzuwirken, jedoch gemäß § 265 InsO nunmehr als nachrangig behandelt werden (BT-Drucks. 12/2443, S. 216). Hinsichtlich der Details wird auf die Ausführungen zu § 265 InsO verwiesen.
Aufgrund der Formstrenge im Interesse des Rechtsverkehrs und der Rechtssicherheit 33
muß Schuldner oder die Übernahmegesellschaft genaue Vereinbarungen hinsichtlich der Höhe der Kreditrückzahlungsforderung nach Kapital, Zinsen und Kosten treffen.
Das Erfordernis, daß der Verwalter nach entsprechender vorheriger Prüfung, ob der 34
Kredit im Rahmen des Kreditrahmens liegt, diese Vereinbarung schriftlich zu bestätigen hat, korrespondiert mit den bisherigen Regelungen des § 106 VglO.
Liegt keine Zustimmung des Verwalters vor, scheidet eine Privilegierung des Darlehens- 35
gebers selbst dann aus, wenn die Tatbestandsvoraussetzungen des § 264 InsO ansonsten vorliegen würden.
Allerdings ist es nicht zwingend erforderlich, daß der Verwalter vor dem Darlehensver- 36
sprechen oder vor Auszahlung der Darlehensvaluta seine Zustimmung erteilt hat. Es

§ 264 — Insolvenzplan

genügt, wie im bisherigen Recht, auch eine nachträgliche Billigung der Darlehensaufnahme, um diese zu Gunsten der Gläubiger zu bewirken (vgl. *Böhle-Stamschräder/ Kilger* VglO, § 106 Rz. 1).

37 Für die Zustimmung ist der Verwalter zuständig; dessen Zustimmung kann weder durch einen Beschluß des Gläubigerausschusses noch durch eine Anordnung des Insolvenzgerichts ersetzt werden.

38 Verweigert der Verwalter seine Zustimmung zu Unrecht und handelt damit dem Sinn und Zweck des Verfahrens zuwider, ist das Gericht im Rahmen seiner Aufsichtspflicht verpflichtet, hiergegen einzuschreiten.

39 Der Verwalter hat in der Überwachungsphase stetig prüfen, ob der Kreditrahmen tatsächlich zur Aufnahme von etwaigen Neukrediten reicht. Dies ist bereits aus haftungsrechtlichen Gründen von größter Wichtigkeit.

40 Weiterhin hat er, um Streitigkeiten vorzubeugen, dafür Sorge zu tragen, daß die Kreditvereinbarungen einen eindeutigen Inhalt sowohl bezüglich des Kreditrahmens als auch bezüglich der Kreditbedingungen haben.

41 Aus Sicht der Gläubiger ist bedauerlich, daß dem Verwalter im Rahmen seiner Tätigkeit innerhalb des § 264 InsO eine Beurteilung der Zweckmäßigkeit des unternehmerischen Handelns der Geschäftsleitung des vormals insolventen Unternehmens nicht zusteht. Der Verwalter hat insbesondere nicht das Recht, eine Kreditaufnahme wegen Unzweckmäßigkeit zu beanstanden.

42 Nur wenn eine Kreditaufnahme die Erfüllung des Plans gefährden oder unmöglich machen würde, hat er gemäß § 262 InsO dem Gläubigerausschuß und dem Insolvenzgericht unverzüglich Anzeige zu erstatten.

43 Die Tätigkeit des Verwalters beschränkt sich somit im Hinblick auf die Kreditaufnahme im Regelfall auf die Kontrolle der Erfüllung der formellen Voraussetzungen für die Kreditaufnahme.

44 Aufgrund der gesetzlichen Anordnungen sind die Gläubiger lediglich in quantitativer Hinsicht, d.h. im Hinblick auf den Kreditumfang vor erneuten unternehmerischen Fehlentscheidungen des Schuldners geschützt.

45 Dies steht im Gegensatz zum bisherigen Recht des § 106 VglO, nach welchem der Verwalter das Recht hatte, eine erteilte Zustimmung aus wirtschaftlichen Gründen zu widerrufen, falls sich herausstellte, daß keine Notwendigkeit für das Darlehen bestand.

46 Nach der nunmehrigen gesetzlichen Regelung kann der Verwalter die Zustimmung zur Auszahlung der Darlehensvaluta lediglich widerrufen, falls sich herausstellt, daß der Kreditrahmen bereits ausgeschöpft ist.

47 Im Hinblick auf etwaige Verzugszinsen gewährter Kredite sollte beachtet werden, daß eine Einbeziehung von Verzugszinsen den Kreditrahmen schnell und unkalkuliert ausfüllen kann. Aus diesem Grunde sollte im Plan eine entsprechende Vorsorge getroffen werden, daß Verzugszinsen aus dem Kreditrahmen und damit der Privilegierung ausgeschlossen sind (*Bork* in Leipold, Insolvenzrecht im Umbruch, S. 63 f.).

VI. Absatz 3

48 Die InsO hat sämtliche Ansprüche auf Rückgewähr kapital- ersetzender Gesellschafterdarlehen als nachrangige Forderungen gemäß § 39 Abs. 1 Nr. 5 InsO in das Insolvenzverfahren einbezogen (*Uhlenbruck* in Kölner Schrift zur InsO, S. 894, Rz. 27).

Nachrang von Neugläubigen **§ 265**

In § 264 Abs. 3 InsO wird normiert, daß nachrangige Forderungen gemäß § 39 Abs. 1 **49**
Nr. 5 InsO auf Rückgewähr des kapitalersetzenden Darlehens eines Gesellschafters oder gleichgestellte Forderungen nicht in den Kreditrahmen aufgenommen werden können (BT-Drucks. 12/2443, S. 216).
Durch die Regelung des Abs. 3 wollte der Gesetzgeber vermeiden, daß das mit dem **50** Kreditrahmen zur Verfügung gestellte Finanzierungsinstrument dazu benutzt werden könnte, nachrangigen Krediten Privilegierung zukommen zu lassen, ohne für eine ordnungsgemäße Kapitalausstattung des sanierten Unternehmens zu sorgen (BT-Drucks. 12/2443, S. 216).

C. Ausblick

Es ist davon auszugehen, daß die Vorschriften über den Kreditrahmen nur in begrenzter **51** Weise Fortführungsfinanzierungen ermöglichen werden, da sie nicht ermöglichen in Rechte der absonderungsberechtigten Gläubiger einzugreifen.
Die klare Trennung zwischen Absonderungsberechtigten einerseits und Insolvenzgläu- **52** bigern andererseits verbietet es, den Begriff des Insolvenzgläubigers in § 264 auf dessen potentielle Position als Absonderungsberechtigten zu erstrecken, da ansonsten auch Absonderungsberechtigte ohne persönliche Forderung gegenüber dem Schuldner in den Kreditrahmenbereich einbezogen werden könnten (*Braun* in Kölner Schrift zur InsO, S. 873, Rz. 40).
Aufgrund der Tatsache, daß der Kreditrahmen die Absonderungsrechte nicht berührt, **53** besteht die Gefahr, daß die Gläubiger nicht ausreichend motiviert werden, neues Geld zur Verfügung zu stellen (*Braun* a. a. O., S. 873, Rz. 43).
Aus diesem Grunde wird man es in der Praxis nicht dabei belassen können, in einem Plan **54** lediglich den Kreditrahmen abzustecken; vielmehr wird der Planverfasser erhebliche Kreativität und Überzeugungskraft aufbringen müssen, um seitens der absonderungsberechtigten Gläubiger im Rahmen der durch § 223 InsO vorgegebenen beschränkten Möglichkeiten Zugeständnisse zu erreichen.
Soll in die Rechte der absonderungsberechtigten Gläubiger eingegriffen werden, muß **55** zwingend eine eigene Abstimmungsgruppe gebildet werden, um in Absonderungsrechte eingreifen zu können. Voraussetzung hierfür ist die Einwilligung der betroffenen absonderungsberechtigten Gläubiger oder die Ersetzung der Einwilligung gemäß § 245 InsO.
Zusammenfassend ist festzuhalten, daß die Regelung des § 264 InsO für das gesetzge- **56** berische Ziel, die Finanzierung eines Insolvenzplans zu sichern, nur bedingt geeignet ist, wenn es dem Planverfasser nicht durch entsprechende gestalterische Maßnahmen und Begründungen im Plan gelingt, absonderungsberechtigte Gläubiger zu überzeugen und einzubinden, um damit weitergehende Handlungsspielräume für die Sicherung von Neukrediten zu eröffnen (vgl. *Braun*, a. a. O., S. 873 f., Rz. 40–46).

§ 265
Nachrang von Neugläubigern

[1] **Gegenüber den Gläubigern mit Forderungen aus Krediten, die nach Maßgabe des § 264 aufgenommen oder stehen gelassen werden, sind nachrangig auch die Gläubiger mit sonstigen vertraglichen Ansprüchen, die während der Zeit der Überwa-**

chung begründet werden. ²Als solche Ansprüche gelten auch die Ansprüche aus einem vor der Überwachung vertraglich begründeten Dauerschuldverhältnis für die Zeit nach dem ersten Termin, zu dem der Gläubiger nach Beginn der Überwachung kündigen konnte.

Inhaltsübersicht: Rz.

A. Zweck der Regelung 1– 2
B. Satz 1 3–13
C. Satz 2 14–20

A. Zweck der Regelung

1 Da der Gesetzgeber – abgesehen von §§ 263, 264 InsO – wollte, daß der Schuldner bzw. die Übernahmegesellschaft nach der Aufhebung des Insolvenzverfahrens uneingeschränkt wirksame Verpflichtungen eingehen kann, mußte er ein Regulativ schaffen, um Kreditgeber zur finanziellen Mitwirkung zu motivieren.

2 Die Regelung des § 265 InsO, welche einen Nachrang von Neugläubigern gegenüber Gläubigern mit Forderungen aus Krediten, die nach Maßgabe des § 264 InsO aufgenommen oder stehengelassen werden, normiert, dient der Sicherung der nach § 264 InsO privilegierten Kreditgeber.

B. Satz 1

3 § 265 Satz 1 InsO schützt den Kreditgeber, dessen Kredit nach Maßgabe des § 264 InsO aufgenommen worden ist, auch im Verhältnis zu den Gläubigern vertraglicher Forderungen, die während der Zeit der Überwachung neu begründet werden (BT-Drucks. 12/2443, S. 216 f.).

4 Wäre es dem Schuldner bzw. der Übernahmegesellschaft beliebig gestattet, weitere, mit nach § 264 InsO privilegierten Krediten auf gleicher Stufe stehende Ansprüche zu schaffen, wäre der Schutzzweck des Kreditrahmens gefährdet und damit auch die Vereinfachung der Kreditbeschaffung.

5 Ohne entsprechende Regelungen hätte es der Schuldner oder die Übernahmegesellschaft in der Hand, durch die Aufnahme neuer, nicht in den Kreditrahmen fallender Kredite, gleichrangige Forderungen zu begründen (BT-Drucks. 12/2443, S. 216 f.).

6 Es ist zu erwarten, daß der gesetzliche Nachrang der Gläubiger erheblichen Einfluß auf die Kreditaufnahmemöglichkeit des ehemals schuldnerischen Unternehmens haben wird. Kreditgeber werden nur in sehr begrenztem Maße Kredite ohne Sicherheiten oder Einbeziehung in den Kreditrahmen gewähren.

7 Mit § 265 InsO wurde ein Weg gefunden, um übermäßige Kreditaufnahmen oder die Eingehung sonstiger vertraglicher Verpflichtungen durch den Schuldner bzw. die Übernahmegesellschaft im Hinblick auf den zu realisierenden Insolvenzplan zu regulieren.

8 Der Nachrang ist den Neugläubigern zumutbar, da diese aufgrund der öffentlichen Bekanntmachung der Überwachung sowie des Kreditrahmens im Vorfeld einer Kontrahierung informiert sind. Ihnen ist bekannt, daß ihre Vertragsbeziehung, falls sie nicht

Nachrang von Neugläubigen § 265

dem Kreditrahmen des § 264 InsO unterstellt ist, in einer Folgeinsolvenz risikobehaftet ist.
Aufgrund dieser Information steht es den Neugläubigern frei, von Rechtsgeschäften 9
Abstand zu nehmen oder durch Verhandlungen mit dem Verwalter die Aufnahme in den Kreditrahmen zu erreichen, falls dieser noch nicht ausgeschöpft sein sollte.
Im Zusammenhang mit § 265 Satz 1 InsO ist zu beachten, daß sich der Nachrang 10
ausdrücklich und ausschließlich auf vertraglich begründete Ansprüche bezieht.
Gesetzliche Ansprüche, wie z. B. Ansprüche aus unerlaubter Handlung des Schuldners 11
werden vom Nachrang nicht erfaßt. Derartige Ansprüche sind gleichrangig mit privilegierten Krediten i. S. d. § 264 InsO; selbiges gilt für gesetzliche Schuldverhältnisse, die während der Zeit der Überwachung begründet werden, z. B. aus einem Eigentümer-Besitzer-Verhältnis (BT-Drucks. 12/2443, S. 217).
Vertragsähnliche Ansprüche, beispielsweise aus pVV oder c. i. c., sind nachrangig, wenn 12
sie die Nebenansprüche eines bereits hinsichtlich der Hauptleistungen nachrangigen Anspruches darstellen.
Durch die Nichteinbeziehung gesetzlicher Ansprüche kann im Einzelfall eine erhebliche 13
Relativierung des Privilegs eintreten, was vom Gesetzgeber jedoch bewußt in Kauf genommen worden ist.

C. Satz 2

Gemäß § 265 Satz 2 InsO werden nachrangigen Neugläubigern i. S. d. Satzes 1 solche 14
Gläubiger gleichgestellt, deren Forderungen aus Dauerschuldverhältnissen zwar vor Anordnung der Überwachung begründet worden sind, die aber von einer Möglichkeit der Kündigung des ihrer Forderung zugrundeliegenden Rechtsgeschäfts keinen Gebrauch gemacht haben.
Macht der Altgläubiger nicht bei der ersten Kündigungsmöglichkeit von seinem Kündi- 15
gungsrecht Gebrauch, so ist sein Anspruch ab der erstmalig möglichen Kündigung gegenüber den privilegierten Krediten i. S. d. § 264 Abs. 1 InsO nachrangig (BT-Drucks. 12/2443, S. 217).
Zweck der gesetzlichen Regelung ist es, diejenigen Gläubiger mit nachrangigen Gläubi- 16
gern gleichzustellen, die in Kenntnis der Überwachung und der Anordnung von Beschränkungen für das vormals schuldnerische Unternehmen die Möglichkeit einer Kündigung nicht ergriffen haben.
Dies gilt im gleichem Maße für ordentliche wie außerordentliche Kündigungen, da der 17
Gesetzgeber nur auf die Kündigungsmöglichkeit abstellt und nicht auf einen etwaigen Kündigungsgrund.
Ab der ersten Kündigungsmöglichkeit ist die Interessenlage zwischen Neugläubigern 18
und Altgläubigern wirtschaftlich identisch, so daß sie auch wirtschaftlich gleich behandelt werden können.
Beide Gläubiger treffen ihre Entscheidungen in Kenntnis der Problemlage des Schuld- 19
ners bzw. der Übernahmegesellschaft.
Aus diesem Grund besteht keine Notwendigkeit vorbezeichnete Altgläubiger nicht mit 20
Neugläubigern, die erst im Nachgang der Aufhebung des Insolvenzverfahrens mit dem Schuldner kontrahieren, gleichzustellen.

§ 266
Berücksichtigung des Nachrangs

(1) Der Nachrang der Insolvenzgläubiger und der in § 265 bezeichneten Gläubiger wird nur in einem Insolvenzverfahren berücksichtigt, das vor der Aufhebung der Überwachung eröffnet wird.

(2) In diesem neuen Insolvenzverfahren gehen diese Gläubiger den übrigen nachrangigen Gläubigern im Range vor.

Inhaltsübersicht: Rz.

A. Absatz 1 1–6
B. Absatz 2 7–8

Literatur:

Bork Die Wirkungen des Insolvenzplanes nach §§ 290–305 RefE, in Leipold, Insolvenzrecht im Umbruch, S. 63, Rz. 1.

A. Absatz 1

1 Der Status der privilegierten Gläubiger gegenüber sonstigen Gläubigern, die nicht in den Kreditrahmen des § 264 InsO einbezogen sind, sowie gegenüber Neugläubigern gemäß § 265 InsO ist ein Zustand, der zur Überwindung der Anlaufschwierigkeiten eines mittels Plan sanierten Unternehmens befristet vertretbar ist, keinesfalls aber ein Dauerzustand sein darf.

2 Dies fordert bereits die Chancengleichheit des Wettbewerbs, in die das Insolvenzrecht nicht dauerhaft eingreifen darf (BT-Drucks. 12/2443, S. 217).

3 Entwicklungen wie in der amerikanischen Rechtsordnung, in welcher der umfassende Schutz des Chapter 11 BC vielfach zu marktfremden Einflußnahmen mißbraucht wird, sind nicht gewünscht.

4 Daher können nur Kredite begünstigt werden, die während der Zeit der Überwachung aufgenommen oder in diese Zeit stehengelassen werden.

5 Die rangmäßige Begünstigung der durch die privilegierten Kredite gesicherten Ansprüche kommt nur zum Tragen, wenn gemäß Abs. 1 während der Überwachung ein neues Insolvenzverfahren eröffnet wird. (BT-Drucks. 12/2443, S. 217).

6 Eine Antragstellung auf Eröffnung eines neuen Insolvenzverfahrens ist genausowenig ausreichend wie die Anordnung von Sicherungsmaßnahmen gemäß § 21 InsO, wenn es letztlich nicht zur Eröffnung eines neuen Insolvenzverfahrens kommt.

B. Absatz 2

7 § 266 Abs. 2 InsO bestimmt das Verhältnis der Gläubiger, die nach §§ 264, 265 InsO nachrangig sind, zu den übrigen nachrangigen Gläubigern (BT-Drucks. 12/2443, S. 217).

Bekanntmachung der Überwachung § 267

§ 266 Abs. 2 InsO will klarstellen, daß die Gläubiger, die hinter die Kreditrahmengläu- 8
biger zurücktreten müssen, in einer zweiten Insolvenz den nachrangigen Gläubigern
i. S. v. § 39 InsO weiterhin vorgehen, die Rangfolge insoweit unverändert bleibt (*Bork* in
Leipold, Insolvenzrecht im Umbruch, S. 63, Rz. 1).

§ 267
Bekanntmachung der Überwachung

(1) Wird die Erfüllung des Insolvenzplans überwacht, so ist dies zusammen mit
dem Beschluß über die Aufhebung des Insolvenzverfahrens öffentlich bekanntzumachen.
(2) Ebenso ist bekanntzumachen:
1. im Falle des § 260 Abs. 3 die Erstreckung der Überwachung auf die Übernahmegesellschaft;
2. im Falle des § 263, welche Rechtsgeschäfte an die Zustimmung des Insolvenzverwalters gebunden werden;
3. im Falle des § 264, in welcher Höhe ein Kreditrahmen vorgesehen ist.
(3) ¹§ 31 gilt entsprechend. ²Soweit im Falle des § 263 das Recht zur Verfügung
über ein Grundstück, ein eingetragenes Schiff oder Luftfahrzeug, ein Recht an
einem solchen Gegenstand oder ein Recht an einem solchen Recht beschränkt wird,
gelten die §§ 32 und 33 entsprechend.

Inhaltsübersicht: Rz.

A. Absatz 1 .... 1– 2
B. Absatz 2 .... 3– 6
C. Absatz 3 7–22
   I. § 267 Abs. 3 i. V. m. § 31 InsO 7– 8
  II. § 267 Abs. 3 i. V. m. § 32 InsO 9–18
     1. Allgemeines 9–12
     2. Wirkung der Eintragung 13–18
 III. § 267 Abs. 3 i. V. m. § 33 InsO 19–22

Literatur:

Holzer/Kramer Grundbuchrecht, 1994; *Landfermann* Zur Gestaltung und Formulierung der Insolvenzordnung, in Gerhardt/Diederichsen/Rimmelspacher/Costede, FS für Wolfram Henckel zum 70. Geburtstag am 21. April 1995, S. 515.

A. Absatz 1

Wird die Planerfüllung überwacht, so ist das zusammen mit dem Beschluß über die 1
Aufhebung des Insolvenzverfahrens öffentlich bekanntzumachen und den Registergerichten zum Zwecke der Information des Rechtsverkehrs mitzuteilen.
Der Rechtsverkehr muß sich darauf einstellen können, daß der Schuldner einerseits sein 2
Verfügungsrecht zurückerlangt hat, andererseits aber für einen erheblichen Zeitraum

§ 267 *Insolvenzplan*

unter Bedingungen tätig ist, die für Neugläubiger – gerade wegen der §§ 265, 266 InsO – erhebliche Konsequenzen mit sich bringen.

B. Absatz 2

3 § 267 Abs. 2 erstreckt die Bekanntmachungspflicht auch auf diejenigen Planbestandteile, die für potentielle Neugläubiger, die am Zustandekommen des Plans zwar nicht beteiligt waren, dessen Wirkungen sich aber auch auf sie erstrecken, von Wichtigkeit sind.

4 Ohne die Möglichkeit der Neugläubiger, sich über die besondere Situation des vormals insolventen Unternehmens als potentiellen Vertragspartner informieren zu können, wäre es diesen nicht zumutbar, in den Wirkungskreis des Plans miteinbezogen zu werden.

5 Ist der Rechtsverkehr jedoch in Kenntnis über die besondere Situation eines möglichen Vertragspartners gesetzt, kann er sein Verhalten darauf ausrichten.

6 Durch die Bekanntmachung erhält ein möglicher Neugläubiger des weiteren die Möglichkeit, mit dem überwachenden Verwalter in Verhandlungen einzutreten, um eventuelle Neuforderungen in den Kreditrahmen einzubeziehen.

C. Absatz 3

I. § 267 Abs. 3 i. V. m. 31 InsO

7 § 267 Abs. 3 InsO erweitert die Bekanntmachungspflicht der Überwachung dahingehend, daß auch eine Eintragung in die jeweiligen Register, bei welchen der Rechtsverkehr sich gewöhnlich informiert, vorgeschrieben ist.

8 § 267 Abs. 3 i. V. m. § 31 InsO schreibt deshalb die Mitteilung dieser Entscheidung an das Registergericht vor.

II. § 267 Abs. 3 i. V. m. § 32 InsO

1. Allgemeines

9 Gemäß § 267 Abs. 3 InsO i. V. m. § 32 Abs. 1 Nr. 1 InsO ist der Überwachungsvermerk bei allen im Eigentum des Schuldners stehenden Grundstücken oder grundstücksgleichen Rechten (z. B. Erbbaurecht, § 1 ErbbauRVO, selbständiges Gebäudeeigentum in den neuen Bundesländern etc.) einzutragen.

10 Der Wert des Grundstücks bzw. des grundstücksgleichen Rechts ist hierbei bedeutungslos.

11 Ist der Schuldner Miteigentümer, ist der Überwachungsvermerk am Miteigentumsanteil entsprechend einzutragen.

12 Eine Eintragung ist jedoch nur erforderlich, wenn eine Benachteiligung der Insolvenzgläubiger zu besorgen ist. Aus diesem Grunde kann beispielsweise eine Eintragung bei Briefpfandrechten gemäß §§ 1116 Abs. 1, 1192 Abs. 1 BGB unterbleiben, wenn sich der Brief im Besitz des Insolvenzverwalters befindet (*Kuhn/Uhlenbruck* KO, § 113 Rz. 3).

Bekanntmachung der Überwachung § 267

2. Wirkung der Eintragung

Der im Grundbuch eingetragene Überwachungsvermerk macht die Beschränkung kenntlich und verhindert somit einen bis dahin noch möglichen etwaigen gutgläubigen Erwerb gemäß §§ 892 f. BGB. 13

Verfügungen des Schuldners sind, genauso wie nach der Eröffnung des Insolvenzverfahrens, unwirksam (§ 81 Abs. 1 Satz 1 InsO); zur Verhinderung eines gutgläubigen Erwerbs ist Eintragung des Überwachungsvermerks unverzichtbar (vgl. *LG Köln* Beschluß vom 22. 02. 1965, 11 T/65 = KTS 1965, 177 f.). 14

Das Grundbuchamt darf aufgrund des grundbuchrechtlichen Legalitätsprinzips nach Eintragung des Überwachungsvermerks nur noch solche Eintragungen vornehmen, die dem Überwachungsvermerk nicht entgegenstehen (vgl. *Holzer/Kramer* Grundbuchrecht, 6. Teil, Rz. 68). 15

Die Eintragung des Überwachungsvermerks erfolgt auf Ersuchen des Insolvenzgerichts oder des Insolvenzverwalters, wobei sich Gericht und Verwalter abzustimmen haben, wer das Eintragungsersuchen letztlich tätigt (vgl. *Holzer/Kramer*, a. a. O., Rz. 534). 16

Das Ersuchen des Verwalters ist dabei ein Antragsverfahren gemäß §§ 13 ff. GBO und darf nicht mit dem behördlichen Ersuchen verwechselt werden. 17

Die Löschung des Überwachungsvermerks erfolgt, wenn das Gericht gemäß § 268 InsO die Überwachung aufhebt. 18

III. § 267 Abs. 3 i. V. m. § 33 InsO

Genauso wie das Grundbuch gemäß § 892 BGB genießt auch das Schiffsregister, das Schiffsbauregister und das Register für Pfandrechte an Luftfahrzeugen öffentlichen Glauben. 19

Um einen etwaigen gutgläubigen Erwerb zu verhindern, ist der Überwachungsvermerk auch in diesen Registern unverzüglich einzutragen (Schiffsregisterordnung vom 19. 12. 1940, RGBl. I, 1591, i. d. F. der Bek. vom 26. 05. 1994, BGBl. I, 1133, zuletzt geändert durch Gesetz vom 06. 06. 1995, BGBl. I, 778; Verordnung zur Durchführung der Schiffsregisterordnung vom 24. 11. 1980, BGBl. I, 2169 i. d. F. der Bek. vom 30. 11. 1994, BGBl. I, 3631, bereinigt BGBl. I 1995, 249; Gesetz über Rechte an Luftfahrzeugen vom 26. 02. 1959, BGBl. I, 57, zuletzt geändert durch Gesetz vom 03. 12. 1976, BGBl. I, 3281; Gesetz über Rechte an eingetragenen Schiffen und Schiffsbauwerken vom 15. 11. 1940, RGBl. I, 1499, zuletzt geändert durch Gesetz vom 04. 07. 1980, BGBl. I, 833). 20

Anzufügen ist, daß die Vorschriften des LuftfzRG für die Eintragung für Pfandrechte an Luftfahrzeugen weitgehend den Vorschriften des Schiffahrtsregistergesetzes entsprechen. 21

Die Wirkungen des Insolvenzverfahrens auf Rechte an Luftfahrzeugen ist nach neuem Recht insolvenzrechtlich verankert, so daß für den bisherigen § 98 Abs. 3 LuftfzRG kein Bedarf mehr bestand und dieser aufgehoben wurde (*Landfermann* in Gerhardt/Diederichsen/Rimmelspacher/Costede, S. 515 [518, Rz. 19]). 22

§ 268
Aufhebung der Überwachung

(1) Das Insolvenzgericht beschließt die Aufhebung der Überwachung,
1. wenn die Ansprüche, deren Erfüllung überwacht wird, erfüllt sind oder die Erfüllung dieser Ansprüche gewährleistet ist oder
2. wenn seit der Aufhebung des Insolvenzverfahrens drei Jahre verstrichen sind und kein Antrag auf Eröffnung eines neuen Insolvenzverfahrens vorliegt.

(2) ¹Der Beschluß ist öffentlich bekanntzumachen. ²§ 267 Abs. 3 gilt entsprechend.

Inhaltsübersicht: Rz.

A. Zweck der Vorschrift	1– 2
B. Aufhebungsgrund	3–16
I. Abs. 1 Nr. 1	3– 5
II. Abs. 1 Nr. 2	6–16
1. Regelfall	6–15
2. Ausnahme	16
C. Aufhebungsbeschluß	17
D. Wirkung	18–19
E. Öffentliche Bekanntmachung	20–26
F. Löschung des Überwachungsvermerks	27–30

A. Zweck der Vorschrift

1 Die Überwachung hat weitreichende Wirkungen auf den Schuldner bzw. auf dessen Rechtsbeziehungen zu Dritten.

2 Aus Gründen der Rechtsklarheit ist deshalb über die Aufhebung der Überwachung durch förmlichen Beschluß seitens des Insolvenzgerichts zu entscheiden und dies öffentlich bekanntzugeben (BT-Drucks. 12/2443, S. 217).

B. Aufhebungsgrund

I. Abs. 1 Nr. 1

3 Mit der Planerfüllung haben die Gläubiger wirtschaftlich das Ergebnis erreicht, mit welchem sie im Plan ihr Einverständnis erklärt haben. Für eine weitergehende Überwachung besteht kein Bedarf.

4 Gesetzlich gleichgestellt ist der Fall, daß die Erfüllung des Plans auf andere Weise, z.B. durch Hinterlegung des vereinbarten Geldbetrages oder werthaltige Bürgschaften gesichert ist.

5 Im Interesse der Rechtssicherheit sollte im Plan geregelt werden, welche Sicherheiten die Erfüllung der Planansprüche anderweitig gewährleisten und somit der Erfüllung gleichzusetzen sind.

II. Abs. 1 Nr. 2

1. Regelfall

Die Überwachung samt ihrer Besonderheiten kann weder aus Sicht des Schuldners noch 6
des Rechtsverkehrs ein Dauerzustand sein.
Aus diesem Grund hat der Gesetzgeber eine Höchstüberwachungzeit normiert, die nur 7
dann verlängert wird, wenn zwischenzeitlich ein neues Insolvenzverfahren anhängig
geworden ist.
Gemäß § 268 Abs. 1 Nr. 2 InsO ist die Überwachung von Amts wegen zu beenden, wenn 8
seit der Aufhebung des Insolvenzverfahrens aufgrund des bestätigten Plans drei Jahren
verstrichen sind.
Die Aufhebung gemäß § 268 Abs. 1 Nr. 2 InsO hätte auch dann zu erfolgen, wenn der 9
Plan noch nicht erfüllt wäre.
Der 3-Jahreszeitraum kann im Interesse der Rechtssicherheit nicht verlängert werden; 10
insoweit ist das Gesetz zwingend.
Eine Verkürzung der Überwachungsdauer ist jederzeit durch entsprechende Regelung 11
im Plan möglich.
Mit Aufhebung der Überwachung hat der Verwalter die nicht mehr benötigten Ge- 12
schäftsunterlagen – soweit nicht bereits nach der Aufhebung des Verfahrens erfolgt – an
den Schuldner herauszugeben (*OLG Stuttgart* ZIP 1984, 1385). Der vormalige Schuldner ist zur Annahme verpflichtet (*LG Hannover* Beschluß vom 05. 07. 1972, 23 T 2/72 =
KTS 1973, 191).
Handelt es sich bei dem überwachten vormaligen Schuldner um eine GmbH, eine 13
Handelsgesellschaft oder eine AG, ergibt sich die Verpflichtung zur Annahme und
Verwahrung der Unterlagen aus den §§ 157 Abs. 2 Satz 1 HGB, 74 Abs. 2 Satz 1
GmbHG, 273 Abs. 2 AktG. Zu beachten ist, daß nur gegenüber einer AG oder KGaA
gemäß §§ 407, 273 Abs. 3 AktG die Annahme der Unterlagen mittels Zwangsgeld
erzwungen werden kann.
Gegenüber anderen vormaligen Schuldnern bestehen keine zivilrechtlichen Regelungen. 14
In der Insolvenzpraxis hat es sich jedoch als äußerst wirkungsvoll erwiesen, sich an das
zuständige Finanzamt zu wenden, da die Nichtannahme der Unterlagen einen Verstoß
gegen die steuerrechtlichen Aufbewahrungspflichten gemäß § 147 AO darstellt, der vom
Finanzamt gemäß § 328 AO mit Zwangsmitteln sanktioniert werden kann.
Durch die gesetzliche Höchstdauer der Überwachung wissen die Gläubiger um den 15
spätesten Zeitpunkt des Ablaufes der Überwachungsfrist samt dessen Konsequenz auf
den Nachrang der Forderungen gemäß § 266 InsO und können sich darauf einstellen.

2. Ausnahme

Ist ein neuer Insolvenzantrag gestellt, dauert die Überwachung bis zur rechtskräftigen 16
Entscheidung über den Eröffnungsantrag fort.

C. Aufhebungsbeschluß

Die Überwachung wird durch förmlichen, gemäß § 6 InsO nicht anfechtbaren, Aufhe- 17
bungsbeschluß beendet.

D. Wirkungen

18 Materiell-rechtlich entfallen mit der Aufhebung der Überwachung alle dem Schuldner trotz Wiedererlangung der Verfügungsmacht noch auferlegten Beschränkungen mit ex-nunc-Wirkung.
19 Der Insolvenzbeschlag, der gemäß §§ 263, 81 Abs. 1 und § 82 InsO aufgrund der Anordnung im Plan noch bestand, entfällt. Die Befugnisse des Verwalters in der Überwachungsphase enden.

E. Öffentliche Bekanntmachung

20 Der Beschluß bezüglich der Aufhebung der Überwachung ist in gleicher Weise öffentlich bekanntzumachen wie die Überwachung selbst. Sie erfolgt in dem vorgesehenen Amtsblatt des Insolvenzgerichtes und/oder in einer Tageszeitung.
21 Zweckmäßig ist es, in die Bekanntmachung andere im Zusammenhang mit der Aufhebung der Überwachung stehende Entscheidungen miteinzubeziehen, etwa die Vergütung des Verwalters und der Mitglieder des Gläubigerausschusses (vgl. *Uhlenbruck/Delhaes* Konkurs und Vergleichsverfahren, Rz. 945).
22 Nach einer in der Literatur vertretenen Ansicht hat das Insolvenzgericht im Vorfeld der Aufhebung der Überwachung von Amts wegen zu prüfen und festzustellen, daß kein Grund vorliegt, ein neues Insolvenzverfahren einzuleiten, wozu sowohl der Schuldner als auch der Verwalter gehört werden können (*Haarmeyer/Wutzke/Förster* Hdb. zur InsO, S. 690, Rz. 60).
23 Dieser Ansicht wird hier nicht gefolgt.
24 Das Insolvenzgericht kann und wird im Einzelfall zwar den Schuldner und den Verwalter hören, um sich die für die Aufhebung der Überwachung erforderlichen Informationen zu beschaffen.
25 Eigene Ermittlungen hinsichtlich der Eröffnung eines neuen Insolvenzverfahrens hat das Gericht nur insoweit anzustellen, als es abklären muß, ob ein Antrag vorliegt.
26 Verfahrensrechtliche Fragen hinsichtlich eines Insolvenzgrundes müssen aufgrund des Antragsgrundsatzes im Insolvenzverfahren vom Gericht erst geprüft werden, wenn ein Antrag auf Eröffnung des Gesamtvollstreckungsverfahrens gestellt worden ist, nicht aber früher.

F. Löschung des Überwachungsvermerks

27 Gleichzeitig mit der Aufhebung der Überwachung ist gemäß § 268 Abs. 2 i. V. m. 267 Abs. 3 InsO die Löschung der Eintragungen in den Registern nach 31 ff. InsO zu verfügen und zu veranlassen.
28 Die Löschungen sind als Folge des nunmehr vollständig entfallenen Insolvenzbeschlages im Grundbuch, Schiffsregister, Schiffsbauregister und im Register für Pfandrechte an Luftfahrzeugen zu vollziehen.
29 Die Vermerke können sowohl vom Gericht als auch vom Verwalter zur Löschung gebracht werden (§§ 13, 38 GBO).
30 Auch der Schuldner selbst ist mit Aufhebung der Überwachung antrags- und bewilligungsbefugt.

§ 269
Kosten der Überwachung

¹Die Kosten der Überwachung trägt der Schuldner. ²Im Falle des § 260 Abs. 3 trägt die Übernahmegesellschaft die durch ihre Überwachung entstehenden Kosten.

Inhaltsübersicht: Rz.
A. Grundsatz 1– 2
B. Kostenarten 3– 6
C. Zeitpunkt des Kostenersatzes 7– 9
D. Sonstiges 10–11

A. Grundsatz

Entscheiden sich die Gläubiger im Rahmen des Plans für die Anordnung der Überwachung, so entstehen hierdurch zwangsläufig Kosten. **1**

Der Gesetzgeber hat diese Kosten dem Schuldner bzw. im Falle des § 260 Abs. 3 InsO der Übernahmegesellschaft aufgebürdet, wobei es den Beteiligten aufgrund des dispositiven Charakters der Norm jedoch freisteht, im Rahmen des Plans eine abweichende Kostentragungspflicht zu vereinbaren. **2**

B. Kostenarten

Die Kostentragungspflicht erstreckt sich auf die während der Überwachungsphase entstandenen Verfahrenskosten für Vergütungen des Insolvenzverwalters und der Mitglieder des Gläubigerausschusses. **3**

Ferner erstreckt sich die Kostentragungspflicht auf die gesetzlich vorgeschriebenen Veröffentlichungen sowie weitere Auslagen, z.B. für Reisekosten, Porti, Telefon, Telefax etc., die ebenfalls vom Schuldner, der Übernahmegesellschaft bzw. der im Plan bestimmten natürlichen oder juristischen Person getragen werden müssen. **4**

Kosten eines Sachwalters können nicht unter die Regelung des § 269 InsO subsumiert werden, da der Sachwalter nicht auf der Grundlage der gesetzlichen Regelungen der §§ 260 ff. InsO tätig wird, sondern auf der Grundlage eines privatrechtlichen Auftrages oder eines Geschäftsbesorgungsvertrages gemäß § 675 BGB. **5**

Die Übernahme dessen Kosten und Auslagen bestimmen sich einzig nach den Vereinbarungen im Plan. **6**

C. Zeitpunkt des Kostenersatzes

Nach Aufhebung der Überwachung besteht keine Möglichkeit mehr, etwaige Kostenersatzansprüche unter Einsatz insolvenzrechtlicher Mittel durchzusetzen. **7**

Aus diesem Grunde sollte die Aufhebung der Überwachung erst nach vollständiger Begleichung der Kosten durch den Schuldner oder die Übernahmegesellschaft erfolgen. **8**

9 In der Literatur wird zu Recht vertreten, daß regelmäßige Zwischenabrechnungen des Verwalters zulässig sein müssen, um die Kostendeckung und die Deckung der Vergütungsansprüche sicherzustellen (*Haarmeyer/Wutzke/Förster* Hdb. zur InsO, S. 691, Rz. 93).

D. Sonstiges

10 Nach Aufhebung der Überwachung obliegt dem Verwalter bzw. dem bestellten Sachverwalter die Aktenaufbewahrungspflicht (*Haarmeyer/Wutzke/Förster*, a. a. O., Rz. 64).
11 Die nicht mehr benötigten Geschäftsunterlagen hat der Verwalter, soweit dies nicht bereits nach der Aufhebung des Verfahrens erfolgt ist, an den Schuldner herauszugeben (*OLG Stuttgart* ZIP 1984, 1385). Auf die Ausführungen zu § 268 Abs. 2 Nr. 2a InsO wird insoweit verwiesen.

Siebter Teil
Eigenverwaltung

Vorbemerkungen vor §§ 270 ff.

Inhaltsübersicht: Rz.

A. Entstehungsgeschichte 1
B. Sinn und Zweck der Eigenverwaltung 2– 6
C. Struktur des Siebten Teils 7
D. Kritik der Eigenverwaltung 8–18
E. Der Sachwalter 19–41

A. Entstehungsgeschichte

Schon der Diskussionsentwurf eines Gesetzes zur Reform des Insolvenzrechtes (Stand 1 15. 08. 1988) des Bundesministers der Justiz sah im Achten Teil unter »Besondere Arten des Insolvenzverfahrens« die Eigenverwaltung vor. Neben der »Eigenverwaltung unter Aufsicht eines Sachwalters« (Erster Abschnitt §§ 320–335 EGInsO) stand die »Eigenverwaltung ohne Sachwalter bei Kleinverfahren« (Zweiter Abschnitt §§ 336–345 EGInsO). Der Erste Abschnitt wurde nach einigen redaktionellen Änderungen im Siebten Teil unter dem Titel »Eigenverwaltung« Gesetz. Der Zweite Abschnitt wurde dagegen mit Rücksicht auf die »Restschuldbefreiung« des Achten Teiles (§§ 286–303 InsO) und der »Verbraucherinsolvenzverfahren und sonstige Kleinverfahren« des Neunten Teiles (§§ 304–314 InsO) fallen gelassen.

B. Sinn und Zweck der Eigenverwaltung

Die Eigenverwaltung ist ein neues Rechtsinstitut. Sie ist die konsequente Folge der 2 Struktur der InsO mit dem Anspruch auf einheitliche Kodifikation des gesamten Konkurs-, Vergleichs- und Gesamtvollstreckungsrechtes sowie dem Ziel, den Gläubigern für die Umsetzung des Insolvenzzweckes ein möglichst umfangreiches Instrumentarium zur Verfügung zu stellen.

1. Mit InsO und EGInsO will der Gesetzgeber das gesamte geltende Konkurs-, Ver- 3 gleichs- und Gesamtvollstreckungsrecht durch ein einheitliches Insolvenzverfahren ersetzen, das die Funktion von Konkurs und Vergleich in sich vereinigt und zugleich die innerdeutsche Rechtseinheit in diesem Bereich herstellt (*Schmidt-Räntsch* InsO, Vorb. Rz. 1, 56). Dabei kommt es dem Gesetzgeber zugleich darauf an, die von ihm als gravierend angesehenen Mängel des bisher geltenden Konkurs- und Vergleichsrechtes abzustellen (BT-Drucks. 12/2443 zu A. Diskussionsentwurf, Allgemeine Begründung A 1–A 9; *Schmidt-Räntsch* InsO, Vorb. Rz. 5 ff. mit einer »Mängelliste«). Bei der Umsetzung dieser Ziele soll der Gläubigerautonomie der Vorrang gebühren. Nicht nur der Ausgang des Insolvenzverfahrens sondern auch sein Gang soll von den Beteiligten nach Maßgabe des Wertes ihrer in das Verfahren einbezogenen Rechte bestimmt werden. Weil ihre Vermögenswerte auf dem Spiel stehen, sollen sie die Folgen von Fehlern tragen. Das Insolvenzgericht soll deswegen im wesentlichen nur Hüter der Rechtsmäßigkeit des Verfahrens sein (*Schmidt-Räntsch* InsO, Vorb. Rz. 25, 26). Bei einer Überbetonung des Grundsatzes der Gläubigerautonomie in der Eigenverwaltung besteht allerdings die Gefahr einer Funktionsunfähigkeit der Eigenverwaltung (Rz. 16, 27 ff.).

4 Das Ziel, mit InsO und EGInsO ein einheitliches Insolvenzverfahren zu schaffen, bedeutet, die Zwecke von Konkurs und Vergleich zu vereinigen: Die Konkursmasse als Haftungsobjekt für die Gläubiger und ihre gemeinschaftliche Befriedigung zu verwenden (§ 3 KO); den Konkurs durch den Abschluß eines Vergleiches zwischen Vergleichsschuldner und Vergleichsgläubiger abzuwenden (§ 1 VerglO). Beide Zwecke vereinigt nunmehr das Regel-Insolvenzverfahren (§§ 1, 217 InsO). Dabei ersetzt der Insolvenzplan (§§ 217 ff. InsO) nicht nur das bisherige gerichtliche Vergleichsverfahren, sondern bietet durch die Einbeziehung auch der absonderungsberechtigten und nachrangigen Gläubiger (§§ 223, 225 InsO) weitergehende Möglichkeiten als das bisherigem Recht. Die Eigenverwaltung erfaßt also nicht den Vergleichszweck nach altem Recht, er ist in den Regelungen des Insolvenzplanes enthalten. In der Eigenverwaltung kann sowohl die Sanierung als auch die Liquidation des schuldnerischen Unternehmens angestrebt werden.

5 2. Konkursordnung und Vergleichsordnung boten zur Erledigung ihrer Aufgaben unterschiedliche Verantwortungsmodelle auf. KO: Verlust der Verwaltungs- und Verfügungsbefugnis durch den Schuldner mit deren Übergang auf den Konkursverwalter (§ 6 KO) bzw. im Konkursantragsverfahren auf gesonderte Anordnung des Gerichtes auf den Sequester (i. E. *Kuhn/Uhlenbruck* KO, § 106 Rz. 6 ff.). VerglO: Aufrechterhaltung der Verwaltungs- und Verfügungsbefugnis des Schuldners, allerdings unter Prüfung seiner wirtschaftlichen Lage sowie Überwachung seiner Geschäftsführung und seiner Ausgaben für seine Lebensführung und die seiner Familie durch den Vergleichsverwalter (§ 39 VerglO). Mit der Eigenverwaltung bezweckt der Gesetzgeber, für alle Aufgaben des Insolvenzverfahrens das Verantwortungsmodell der Vergleichsordnung als Instrument zur Verfügung zu stellen. Der Gläubigerautonomie soll die Entscheidung überantwortet werden, ob dem Schuldner selbst die Abwicklung oder Fortführung seines Betriebes und ggf. eine Sanierung überlassen werden oder verbleiben kann (§§ 270–272 InsO). Allerdings soll der Schuldner hierbei nicht ohne jede Kontrolle – wie außerhalb des Insolvenzverfahrens – agieren dürfen. Der Besonderheit des Insolvenzverfahrens wird vielmehr dadurch Rechnung getragen, daß der Schuldner – entsprechend dem bisherigen Verantwortungsmodell der Vergleichsordnung – unter die Aufsicht und Überwachung eines Verwalters, des Sachwalters, gestellt wird. Dementsprechend gehört die Überprüfung der wirtschaftlichen Lage des Schuldners und seiner Geschäftsführung sowie die Überwachung seiner Ausgaben für die Lebensführung zu seinen Kernpflichten (§ 274 Abs. 2 InsO).

6 Der Gesetzgeber erhofft sich durch die Übernahme des Verantwortungsmodelles der Vergleichsordnung, die Kenntnisse und Erfahrungen der bisherigen Geschäftsleitung für das Insolvenzverfahren nutzen zu können: Vermeidung von Einarbeitungszeit für jeden Fremdverwalter; Aufwands- und Kostenvermeidung; Anreiz für den Schuldner zu einer möglichst frühzeitigen Beantragung der Eröffnung des Insolvenzverfahrens, weil er damit rechnen könne, nach der Verfahrenseröffnung nicht völlig aus der Geschäftsführung verdrängt zu werden (BT-Drucks. 12/2443 Vorwort zu § 331). Die Eigenverwaltung soll in Anlehnung an das Modell der Vergleichsordnung die Möglichkeit schaffen, das Insolvenzverfahren im wesentlichen durch den Schuldner unter Aufsicht durchzuführen. Die Vorschriften des materiellen Insolvenzrechts sollen bei dieser Verfahrensgestaltung im Grundsatz unverändert gelten. So sollen etwa das Wahlrecht bei gegenseitigen Verträgen und die Insolvenzanfechtung unter den gleichen Voraussetzun-

Vor §§ 270 ff.

gen möglich sein wie im Regelverfahren, allerdings bei einer Kompetenzverteilung zwischen Schuldner und Sachwalter (RgE BT-Drucks. 12/2443 Vorwort zu § 331). Die Verknüpfung der Insolvenzregeln mit dem Verantwortungsmodell der Vergleichsordnung in diesem neuen Rechtsinstitut erscheint nicht immer gelungen, wirft teilweise schwierige Rechtsanwendungsfragen auf und läßt vereinzelt die praktische Anwendungsfähigkeit fraglich erscheinen. Zu einem Hauptproblem, der Antrags-, Eingriffs- und Anordnungsbeschränkung, s. Rz. 28 ff.

C. Struktur der Siebten Teils

Dem Zweck der Eigenverwaltung folgend, gliedert sich der Siebte Teil in zwei Vorschriftengruppen. Die §§ 270–273 InsO befassen sich mit den Anordnungs- und Aufhebungsvoraussetzungen. Die §§ 274–285 InsO tragen dem Umstand Rechnung, daß die im Insolvenzregelverfahren allein dem Insolvenzverwalter zustehenden Rechte und Pflichten aufgrund der Überantwortung des Verwaltungs- und Verfügungsrechtes auf den Schuldner (§ 274 Abs. 1 Satz 1 InsO) unter der Kontrolle eines Sachwalters (§ 274 Abs. 2 InsO) eine Aufteilung der Rechte und Pflichten auf Schuldner und Sachwalter erfordern. Das Gesetz versucht, das Spannungsverhältnis zwischen Schuldner und Sachwalter im wesentlichen aufzulösen und eine Zusammenarbeit zu erreichen, indem dem Schuldner die eher unternehmensgeschäftstypischen Rechte und Pflichten zugeordnet werden (§§ 275 Abs. 1 Satz 1, 279 InsO), dem Sachwalter dagegen die insolvenztypischen, wie z. B. die Geltendmachung des Anspruches auf Ersatz des Gesamtschadens oder von Haftungsansprüchen gegen die Gesellschafter (§ 280 InsO i. V. m. §§ 92, 93 InsO), Insolvenzanfechtungen (§ 280 InsO i. V. m. §§ 129–147 InsO). Die Frage der Brauchbarkeit der Regelungen der Eigenverwaltung und damit der Erfolg dieses Rechtsinstituts wird davon abhängen, ob die Aufteilung gelungen ist und sie den praktischen Bedürfnissen entspricht. Hier sind Bedenken angebracht (Rz. 20 ff.).

7

D. Kritik an der Eigenverwaltung

Die Konkursverwalter übten an dem Institut der Eigenverwaltung zum Teil heftige Kritik. Sie muß in ihren praktischen Ansätzen ernst genommen werden.

8

1. Der Gravenbrucher Kreis wandte sich gegen die Anordnungskompetenz des Insolvenzgerichtes vor der ersten Gläubigerversammlung, die dem Grundsatz der Gläubigerautonomie widerspreche (ZIP 89, 468, 471). Doch ist diese Anordnungskompetenz zum Schutz der Gläubigerinteressen gerade geboten. Ohne sie könnten die Gläubiger geschädigt werden, das Rechtsinstitut der Eigenverwaltung wäre zwecklos. In der ersten Gläubigerversammlung wird die Entscheidung des Gerichtes ohnehin überprüft (§§ 271, 272 InsO).

9

Nach den Vorstellungen des Gesetzgebers dient die Eigenverwaltung vornehmlich der Fortführung des Geschäftsbetriebes (BT-Drucks. 12/2443 vor § 331 z zu § 343). Ein Unternehmen ist wirtschaftlich nur fortzuführen, wenn der Geschäftsbetrieb mit größtmöglicher Kontinuität nahtlos und reibungslos ausgeübt werden kann. Schon der Absatz wird ins Stocken geraten, wenn nicht vollständig wegbrechen, wenn die Kunden den Eindruck haben müssen, daß die Lieferverläßlichkeit gefährdet ist. An eine sanierende Übertragung des Schuldnerunternehmens ist von vornherein kaum zu denken, wenn die unternehmerische Kontinuität durch die Verfahrenseröffnung (§ 27 InsO) beeinträchtigt ist. Die Anordnung der Eigenverwaltung bereits mit der Verfahrenseröffnung ist deswegen

10

eines der wichtigsten Hilfsmittel zur Vorbereitung der sanierenden Übertragung und dient damit bereits insoweit dem wohlverstandenen Interesse der Gläubiger. Die Anordnungskompetenz ist Gläubigerschutzmaßnahme, in gleicher Weise am Gläubigerwohl orientiert wie die Eilanordnungskompetenz des Insolvenzgerichtes nach § 277 Abs. 2 InsO. Ferner nutzt die Anordnung als Vorbereitungshandlung der Entscheidung der Gläubigerversammlung über die Beibehaltung der Eigenverwaltung oder ihrer Aufhebung (§§ 271, 272 InsO). Die Gläubiger sind bei ihrer Entscheidung in der Lage, auf die Erfahrungen des bisherigen Verfahrensverlaufs – insbesondere das Schuldnerverhalten – zurückzugreifen. Der Sachwalter hat hierüber zu berichten (§ 281 Abs. 2 InsO). Demgegenüber sind die Gefahren mißbräuchlicher gläubigerschädigender Handlungen durch den Schuldner in der fraglichen Zeit von regelmäßig höchstens 6 Wochen, längstens 3 Monaten (§§ 27, 29 Abs. 1 Nr. 1 InsO) gering, weil er unter Aufsicht des Sachwalters steht (§ 274 InsO).

11 2. Die Eigenverwaltung läßt sich auch nicht mit dem Argument fehlenden Gläubigerschutzes in Frage stellen, weil im Gegensatz zur VerglO die Anordnung der Eigenverwaltung nicht von Würdigkeitsvoraussetzungen abhängig gemacht werde (vgl. *Grub* WM 1994, 880, 881). Denn die Eigenverwaltung dient nicht Sanierungsbemühungen unter angestrebten Forderungsverzichten der Gläubiger, sondern sie ist ein Instrument für alle Wege zur gemeinschaftlichen Befriedigung aller Gläubiger eines Schuldners (§ 1 Satz 1 InsO), vorzugsweise durch die Fortführung des Geschäftsbetriebes (BT-Drucks. 12/2443 Vor § 331, zu § 343). Dafür bestanden schon nach der Konkursordnung keine Würdigkeitsvoraussetzungen. Der Eigenverwaltung läßt sich auch nicht entgegnen, sie übertrage die Verwaltungs- und Verfügungsbefugnis auf einen Schuldner, der aufgrund des Konkurses seine Selbstverwaltungs- und Selbstverfügungsunfähigkeit erwiesen habe (vgl. *Grub* ZIP 1993, 393, 397f.). Denn die Insolvenz kann vielfältige Ursachen haben. Auf sie muß der Schuldner keinen maßgeblichen Einfluß gehabt haben, wie z.B. bei einem plötzlichen Absatzeinbruch aufgrund allgemeiner Marktschwäche oder einem plötzlichen Nachfrageeinbruch bei einem abhängigen Zulieferer durch den Hauptkunden, die Kostenlage konnte der plötzlichen Veränderung nicht schnell genug angepaßt werden; der plötzlichen Fälligstellung von Betriebsmittel- oder Warenkrediten; unerwartet hoher Forderungsausfall bei Großschuldnern.

12 Nicht geteilt werden kann auch das Argument, die abschreckende Wirkung des Entzuges der Verwaltungs- und Verfügungsbefugnis entfalle ebenso wie der Reiz zu außergerichtlichen Sanierungsversuchen etwa durch Privatkredite oder Kapitalerhöhung; für den Schuldner sei der Sachwalter ehrenvoller als der Insolvenzverwalter (vgl. *Grub* WM 1994, 880, 881). Denn der Schuldner kann nach der Anlage des Gesetzes selbst bei einem Eigenantrag nicht gewiß sein, ob er in den erhofften Genuß der Eigenverwaltung kommt. Er kann nicht sicher sein, ob das Insolvenzgericht in seinen Prüfungen nicht zu dem Ergebnis kommt, daß die Anordnung der Eigenverwaltung zu einer Verzögerung des Verfahrens oder zu sonstigen Nachteilen für die Gläubiger führen wird (§ 270 Abs. 2 Nr. 3 InsO) und ob sich ein Sachwalter zur Amtsübernahme findet (§ 274). Das Schuldnerkalkül bleibt solange Spekulation, wie der Antrag nicht durch ein vorheriges Zusammenwirken zwischen einem zukünftigen Sachwalter und dem Insolvenzrichter vorbereitet ist und selbst in diesem Fall muß der Schuldner nach der Eigenverwaltungsanordnung mit ihrer – auch kurzfristig möglichen – Beendigung rechnen (§ 272 InsO). Im übrigen soll der Schuldner nach Sinn und Zweck der Eigenverwaltung gerade nicht durch das Insolvenzverfahren abgeschreckt werden. Mit der Eigenverwaltung soll er gerade zu einer Art »Insolvenzpartnerschaft« gewonnen werden, indem der Reiz der Eigenverwaltung durch Beibehaltung seiner Geschäftsführung seinen möglichst frühzeitigen Antrag auslösen soll (BT-Drucks. 12/2443 vor § 331).

Vor §§ 270 ff.

Die Anordnung der Eigenverwaltung kann insbesondere bei Gesellschaften sinnvoll 13
sein, deren Management in der Krise ausgetauscht wurde und nunmehr das Vertrauen der
Hauptgläubiger und Schuldner, der Arbeitnehmer und insbesondere der Kapitalgeber
genießt. Falls etwa bei einem Kreditinstitut auf Initiative des Bundesaufsichtsamtes für
das Kreditwesen die Geschäftsführung gewechselt hat, macht es wenig Sinn, der neuen
Geschäftsführung sogleich wieder die Verwaltungs- und Verfügungsbefugnis zu entziehen.

3. Es bleibt gegen die Eigenverwaltung allerdings das Argument der Gläubigergefähr- 14
dung durch den insolvenzrechtlichen Mißbrauch möglicher Sanierungsmittel, den
automatischen Zahlungsstopp für Altgläubiger (§ 25 Abs. 2 InsO, §§ 87 ff., 38 ff. InsO),
die erleichterten Kündigungsmöglichkeiten von Arbeitnehmern (§§ 113 ff. InsO) und
die Möglichkeit der Inanspruchnahme von Insolvenzgeld nach dem SGB III (*Grub* WM
1994, 880, 881).

Der Schuldner unter Eigenverwaltung handelt indes nicht ohne Kontrolle. Er steht unter 15
der Aufsicht des Sachwalters (§§ 270 Abs. 1 Satz 1, 274 Abs. 2 InsO), der die Kassenführung übernehmen kann (§ 275 Abs. 2 InsO) und kann daneben u. U. von einem
Gläubigerausschuß kontrolliert werden (§ 276 InsO). Ferner muß das Mißbrauchsargument mit dem Zweck der InsO harmonisiert werden. Die Insolvenzordnung will ein
sanierungorientiertes Insolvenzrecht sein, mit dem ein funktionsfähiger rechtlicher
Rahmen für alle Sanierungsmöglichkeiten zur Verfügung gestellt werden soll (*Schmidt-Räntsch* InsO, Vorb. Rz. 8 ff., 18, 56). Daher ist die Eigenverwaltung nicht verfehlt, weil
der Gesetzgeber den Gläubigern mit diesem Instrument die Fach- und Sachkunde des
Schuldners nutzbar machen will.

Die verfahrensimmanenten Kontrollmechanismen mindern zwar die Gläubigergefähr- 16
dung durch eine Eigenverwaltung, ausschließen können sie sie freilich nicht. Problematisch wird dieses Instrument, wenn es zweckentfremdet und mißbräuchlich für gläubigerschädigende Selbstsanierungen durch Auffanglösungen eingesetzt werden soll, die
die Insolvenzordnung aufgrund der Erfahrungen unter der Konkursordnung gerade
verhindern will (*Schmidt-Räntsch* InsO, Vorb. Rz. 13). Insoweit wird der mahnende
Zeigefinger der Kritik durch praktische Erfahrungen gestützt. Die Struktur der Eigenverwaltung entspricht weitgehend der tatsächlichen Verantwortungsverteilung, wie sie
unter dem Dach von Vergleichs- und Konkursordnung für mißbilligte Selbstsanierungen
gelegentlich zu beobachten war: Ein von Großgläubigern angeregter Vergleichsantrag
führte zur Einsetzung eines vorläufigen Vergleichsverwalters, der sich – in Abstimmung
mit den Großgläubigern – auf die Moderatorenrolle unter Fortsetzung der Geschäfte
durch den Schuldner zurückzog. Konkursausfallgeld wurde bis zur Eröffnung des
Anschlußkonkursverfahrens – sie war von Anfang an absehbar – geschöpft, die Konkursausfallgeldzeit zur Gründung der Auffanggesellschaft genutzt. Nach Eröffnung des
Anschlußkonkursverfahrens wurde das Unternehmen vom Konkursverwalter auf die
Auffanggesellschaft übertragen. Das Unternehmen wurde weitestgehend entschuldet. Es
verblieben lediglich die Erwerbsverbindlichkeiten gegenüber den Großgläubigern, die
regelmäßig als absonderungsberechtigte Gläubiger die Unternehmensübertragung wirtschaftlich und rechtlich beherrschten. In der Vergleichsphase wie in der Teilfortführungsphase nach Konkurseröffnung bis zur »sanierenden Übertragung« blieb die
tatsächliche Ausübung des Verwaltungs- und Verfügungsrechtes also in den Händen des
Schuldners, der vorläufige Vergleichsverwalter war bloßer »Sachwalter«, er blieb es als
Konkursverwalter, weil er sich auf eine bloße Prüfungs- und Überwachungsfunktion
zurückzog (vgl. § 274 Abs. 2 InsO). So gesehen entspricht die Struktur der Eigenverwaltung den schon nach Altrecht gelegentlich gepflegten Selbstsanierungsinstrumenten.

17 Daraus folgt, was dem Grunde nach allerdings für jedes Rechtsinstitut gilt: Der rechtsmißbräuchliche Einsatz der Eigenverwaltung ist weniger ein Problem der vom Gesetzgeber zur Verfügung gestellten Einzelregelungen, das Problem liegt vielmehr im Gebrauch dieser Regelungen und der Kontrolle des Gebrauches durch die Verantwortungsbeteiligten im Einzelfall: Insolvenzrichter, Sachwalter, Gläubigerausschuß, Gläubigerversammlung. Das Problem des rechtsmißbräuchlichen Einsatzes der Eigenverwaltung liegt auf rechtlicher Ebene in einer überzogenen Verlagerung von Kontroll- und Eingriffskompetenzen vom Insolvenzrichter auf die Organe der Gläubigerautonomie, Gläubigerversammlung und Gläubigerausschuß. Das praktisch entscheidende Instrument zur Mißbrauchsvorbeugung besteht dagegen in der Erstbestellung des Sachwalters durch das Insolvenzgericht (§ 270 Abs. 1, 3 InsO; vgl. *Grub* ZIP 1993, 393, 398), in der Möglichkeit zum Widerstand des Insolvenzrichters gegen einen von der ersten Gläubigerversammlung gewählten anderen Sachwalter (§ 274 InsO Abs. 1 i. V. m. § 57 InsO), in der Kontrolle der Zusammenarbeit zwischen Schuldner, Sachwalter und Gläubigerausschuß, alles in allem ein vornehmlich praktisches Problem. Es stellt sich in der Eigenverwaltung bei der Sachwalterbestellung und der Besetzung des Gläubigerausschusses nicht anders als im Insolvenzregelverfahren.

18 Der Sachwalter ist im System der Eigenverwaltung der geborene Kontrolleur (§ 274 Abs. 2 InsO), er ist die zentrale Figur. Die Funktionsfähigkeit der Eigenverwaltung hängt deswegen in erster Linie von seinen Rechten und Pflichten sowie von seinen persönlichen und fachlichen Fähigkeiten und seiner Lauterkeit ab.

E. Der Sachwalter

19 1. Der Sachwalter der InsO ist eine Neuschöpfung und unterscheidet sich von dem Sachwalter der Vergleichsordnung grundlegend. Der Begriff des Sachwalters fand sich bislang in den §§ 91–95 VerglO. Das Gesetz beschrieb den Geschäftsbereich des Sachwalters zwar als Amt (§§ 92 Abs. 2, 3 VerglO). Dennoch hatte er – im Gegensatz zum Vergleichsverwalter (*Böhle/Stamschräder/Kilger* VerglO, § 92 Anm. 1, § 20 Anm. 3) – keine amtsähnliche Stellung. Der Sachwalter leitete seine Stellung nicht vom Gericht ab, sondern vom Schuldner. Auf der Grundlage des bestätigten Vergleiches (§ 78 VerglO) wurde der Sachwalter in Ausführung des Vergleiches vom Vergleichsschuldner ausdrücklich oder stillschweigend beauftragt; das somit privatrechtlich begründete Geschäftsbesorgungsverhältnis zum Vergleichsschuldner war zugleich ein Vertrag zugunsten Dritter (BGHZ 71, 312). Der Sachwalter wurde zum »doppelseitigen Treuhänder« (*Bley/Mohrbutter* VerglO, § 92 Rz. 2).

20 Die InsO verwendet dagegen den Begriff des Sachwalters nicht, um eine Aufgabenparallele zum Sachwalter der VerglO zu ziehen, sondern um die Aufsichtsperson in der Eigenverwaltung gegenüber dem Insolvenzverwalter des Regelverfahrens terminologisch abzugrenzen (BT-Drucks. 12/2443 vor § 331). Der Sachwalter der InsO hat deswegen eine insolvenzverwalterähnliche Stellung inne (vgl. § 274 Abs. 1 InsO; *Grub* ZIP 1993, 393, 397: »Verwalter zweiter Klasse zum halben Honorar«) und ist Inhaber eines öffentlichen Amtes aufgrund gerichtlicher Bestellung (§ 270 Abs. 3 Satz 1). Verdeutlicht wird die Gleichstellung zum Insolvenzverwalter durch die Einbeziehung der Haftungsregeln für den Insolvenzverwalter (§ 274 Abs. 1 InsO i. V. m. §§ 60, 62 InsO) und grundsätzlich auch dessen Vergütungsansprüchen (§ 274 InsO i. V. m. §§ 63–65 InsO).

Vor §§ 270 ff.

2. Ob und wie die Eigenverwaltung in der Praxis als Instrument zur gemeinschaftlichen 21
Befriedigung der Gläubiger eines Schuldners (§ 1 InsO) genutzt werden kann, wird sich
im wesentlichen danach entscheiden, ob die Aufteilung der sonst allein auf den Insolvenzverwalter entfallenden Rechte und Pflichten auf Schuldner und Sachwalter zur
Umsetzung der Zwecke des Insolvenzverfahrens handhabbar ist; ob Insolvenzrichter
(§ 270 Abs. 1 InsO) und/oder die Gläubigerversammlung (§§ 271, 272 InsO) das Vertrauen haben dürfen, daß das vom Gesetzgeber angeordnete und vorausgesetzte
Zusammenspiel zwischen Schuldner und Sachwalter rechtlich und tatsächlich funktionieren kann.

a) Die Aufteilung der Befugnisse zwischen Schuldner und Sachwalter (rechtliche 22
Funktionsfähigkeit) hat der Gesetzgeber zunächst nach geschäftstypischen Rechten
und Pflichten einerseits sowie insolvenztypischen andererseits vorgenommen. Die geschäftstypischen Rechte und Pflichten hat er dem Schuldner übertragen. Dazu gehören
das Verwaltungs- und Verwertungsrecht (§ 270 Abs. 1 Satz 1 InsO), die Vorschriften
über die Erfüllung der Rechtsgeschäfte und die Mitwirkung des Betriebsrates (§ 279
Satz 1 InsO), das Recht zur Verwertung von Gegenständen, an denen Absonderungsrechte bestehen (§ 282 Abs. 1 Satz 1 InsO). Die insolvenztypischen Rechte und
Pflichten gebühren dagegen dem Sachwalter. Dazu gehören die Geltendmachung von
Gesamtschäden, die Ansprüche auf persönliche Gesellschafterhaftung (§ 280 InsO
i. V. m. §§ 92, 93 InsO), die Insolvenzanfechtung (§ 280 InsO i. V. m. §§ 129 ff. InsO)
und die Anzeige der Masseunzulänglichkeit (§ 285 InsO).

Das Schuldnerhandeln soll allerdings im weiteren durch ein abgestuftes Überwachungs- 23
system kontrolliert und beeinflußt werden, in dem der Sachwalter bestimmten Handlungen des Schuldners zustimmen muß, zustimmen soll oder ein Handeln oder Unterlassen
verlangen kann.

Der Sachwalter **muß** zustimmen, wenn das Insolvenzgericht dies für bestimmte Rechts- 24
geschäfte des Schuldners angeordnet hat (§ 277 Abs. 1 Satz 1, Abs. 2 InsO). Bei bestimmten gegenseitigen Verträgen kann er Rechte nur mit Zustimmung des Sachwalters
ausüben (§ 279 Satz 2 InsO): die Kündigung von Betriebsvereinbarungen (§ 120 InsO),
die Einholung der gerichtlichen Zustimmung zur Durchführung einer Betriebsänderung
(§ 122 InsO), die Einleitung des Beschlußverfahrens zum Kündigungsschutz (§ 126
InsO).

Der Sachwalter **soll** zustimmen, wenn die beabsichtigte Eingehung der Verbindlichkeit 25
nicht zum gewöhnlichen Geschäftsbetrieb gehört (§ 275 Abs. 1 Satz 1 InsO), bei der
Erfüllung der Rechtsgeschäfte und der Mitwirkung des Betriebsrates (§ 279 Satz 1
InsO), bei der Verwertung von mit Absonderungsrechten behaftetem Sicherungsgut
(§ 282 Satz 2 InsO).

Der Sachwalter **kann** die Kassenführung verlangen (§ 275 Abs. 2 InsO), der Eingehung 26
von Verbindlichkeiten widersprechen, auch wenn sie zum gewöhnlichen Geschäftsbetrieb gehören (§ 275 Abs. 1 Satz 2 InsO).

Schließlich **hat** der Sachwalter das Recht und die Pflicht, (laufend) die wirtschaftliche 27
Lage des Schuldners zu prüfen, seine Geschäftsführung und die Ausgaben für seine
Lebensführung zu überwachen (§ 274 Abs. 2 InsO).

b) **Eigene Stellungnahme.** Der Gesetzgeber hat sich um eine am Zweck der InsO 28
orientierte sachgerechte Verteilung der Rechte und Pflichten auf Schuldner und Sachwalter bemüht. Das gewählte System »kontrollierter Handlungsfreiheit« des Schuldners
erscheint grundsätzlich funktionsfähig, um insolvenzzweckmäßige Handlungen des
Schuldners zu fördern, dagegen insolvenzzweckwidrigen Handlungen entgegenzuwirken. Sehr fraglich ist jedoch, ob das Regelungssystem zur Aufteilung der Befugnisse

zwischen Schuldner und Sachwalter des Siebten Teiles ausreicht, um die rechtliche Funktionsfähigkeit der Eigenverwaltung in einem Umfang herzustellen, der die Regelungen der Eigenverwaltung und damit dieses neue Rechtsinstitut praktisch handhabbar macht. Das im Regelungssystem der §§ 270–285 InsO vorgesehene Rechtsfolgensystem, die Kompetenzbeschreibung von Sachwalter und Insolvenzgericht, erscheint lückenhaft, wenn ein Fehlverhalten des Schuldners droht oder festgestellt ist. Der praktische Wert der Eigenverwaltung wird dadurch herabgesetzt.

29 Zu den Kernpflichten des Sachwalters gehört die (laufende) Prüfung der wirtschaftlichen Lage des Schuldners und seiner Geschäftsführung. Stellt er Umstände fest, die erwarten lassen, daß die Fortsetzung der Eigenverwaltung zu Nachteilen für die Gläubiger führen wird, so hat er dies unverzüglich Gläubigerausschuß und Insolvenzgericht anzuzeigen, für ersteren ersatzweise den Insolvenzgläubigern mit Forderungsanmeldungen und den absonderungsberechtigten Gläubigern (§ 274 Abs. 2 Satz 1, Abs. 3 InsO).

30 Im Falle eines vom Sachwalter festgestellten Fehlverhaltens des Schuldners sieht die InsO zwei Reaktionsmodelle vor:
– Als Regelfall die Aufhebung der Eigenverwaltung durch das Insolvenzgericht nach Antrag der Gläubigerversammlung, ggf. eines absonderungsberechtigten Gläubigers oder eines Insolvenzgläubigers (§ 272 Abs. 1 Ziff. 1, 2 InsO). Hierzu dient die Unterrichtungspflicht des Sachwalters (BT-Drucks. 12/2443 zu § 335).
– Die Anordnung der Wirksamkeit bestimmter Rechtsgeschäfte des Schuldners nur bei Zustimmung des Sachwalters durch das Insolvenzgericht auf Antrag der Gläubigerversammlung. In Eilfällen kann die Beschränkung auch auf Antrag eines einzelnen Gläubigers angeordnet werden (§ 277 InsO).

31 Das bedeutet: – der Sachwalter hat kein Antragsrecht (**Antragsbeschränkung**); – deswegen kann das Insolvenzgericht nicht auf Antrag des Sachwalters eingreifen, noch weniger von Amts wegen (**Eingriffsbeschränkung**); die grundsätzliche Möglichkeit zur Entlassung des Sachwalters (§ 274 Abs. 1 i. V. m. § 59 Abs. 1 Satz 1 InsO) knüpft an ein Fehlverhalten des Sachwalters an und erweitert die Eingriffsbefugnis bei pflichtwidrigem Schuldnerverhalten nicht; – das Insolvenzgericht kann nur die Aufhebung der Zwangsverwaltung anordnen oder einzelne Rechtsgeschäfte dem Zustimmungsvorbehalt unterwerfen (**Anordnungsbeschränkung**).

32 Dieses beschränkte Instrumentarium birgt für die Insolvenzpraxis Gefahren. Nach dem Willen des Gesetzgebers soll die Eigenverwaltung unter Aufsicht regelmäßig nur in Fortführungsfällen in Betracht kommen (BT-Drucks. 12/2443 vor § 331z zu § 343). Damit wird aus der Eigenverwaltung als Regelfall die (weitere) unternehmerische Tätigkeit des Schuldners unter Aufsicht des Sachwalters. Der Sachwalter haftet den Gläubigern für die Erfüllung seiner Aufsichts- und Unterrichtungspflicht (§ 274 Abs. 1 InsO).

33 aa) Die Führung eines laufenden Geschäftsbetriebes ist oft Tagesgeschäft, es besteht ständiger Handlungs- und Entscheidungsbedarf. Der Einkauf von Rohstoffen für die Versorgung des Unternehmens kann in der einen Minute vorteilhaft sein, in der anderen nicht mehr. Gleiches gilt für die Eingehung von Lieferverpflichtungen, die Absatzsteuerung kann gewinnbringend sein oder verlustbringend. Die sich aus den Fortführungsumständen ergebenden zeitgebundenen Entscheidungen dürfen nicht unentschieden bleiben, weil Schuldner und Verwalter in Verwaltungs- und Verwertungsfragen uneinig sind. Im Streitfall muß die Entscheidung nach den Notwendigkeiten des Geschäftsbetriebes ebenso schnell fallen, als sei die Eigenverwaltung nicht angeordnet worden, wenn nicht eine Gläubigerschädigung in Kauf genommen werden soll. In Fortführungsfällen jedenfalls wird der Weg über die Unterrichtung von Gläubigerausschuß/forderungsan-

meldende Insolvenzgläubiger und absonderungsberechtigte Gläubiger sowie Insolvenzgericht regelmäßig zu zeitintensiv und schwerfällig sein. Der Unterrichtung müßte ein Antrag folgen, dem Antrag die Anordnung des Insolvenzrichters (§§ 273, 277 Abs. 3 InsO). Bis dahin kann die Schädigung schon eingetreten sein.

bb) Die Notwendigkeit zur laufenden Eingehung zum Teil erheblicher Verpflichtungen 34 vergrößert das Ausfallrisiko der Gläubiger, das Haftungsrisiko des Sachwalters und das Verlustrisiko der Insolvenzgläubiger in dem Umfang, in dem die Verpflichtungen längerfristig eingegangen werden. Im Maschinenbau liegen allein die Bauzeiten bis zur Auslieferung bei größeren Maschinen nicht unter einem Jahr, in der Bauwirtschaft die abnahmefähige Herstellung des Werkes von der Auftragsannahme gerechnet selten unter einem halben Jahr etc. Hinzu kommen die Garantie- und Gewährleistungsverpflichtungen. Die Herstellung der Wettbewerbsfähigkeit des Unternehmens zur Vorbereitung einer sanierenden Übertragung erfordert oft eine Restrukturierung des Unternehmens mindestens in Teilbereichen, von Personalveränderungen abgesehen oft technische Ergänzungen zur Verbesserung der Absatzmöglichkeiten oder zur Produktivitätssteigerung. Damit verbundene Investitionen können erhebliche Umfänge annehmen und die Eingehung längerfristiger Verpflichtungen erfordern. Sie können die Fortführung wegen der mit ihnen verbundenen Liquiditätsbindung mit Risiken belasten, andererseits aber das allein gebotene Restrukturierungsmittel für eine sanierende Übertragung sein, weil etwa die Produktivität maßgeblich verbessert wird, und damit dem Gläubigerwohl dienen. Die sich aus zeitintensiven und unflexiblen Einwirkungsmöglichkeiten des Sachwalters auf das Schuldnerhandeln ergebenden Gefahren dürften auf der Hand liegen.

cc) In Fortführungsfällen jedenfalls entspricht die Einzelanordnungsbefugnis des In- 35 solvenzgerichtes zum Zustimmungsvorbehalt bestimmter Rechtsgeschäfte (§ 277 Abs. 1, 2 InsO) nicht den Handlungsmöglichkeiten des Schuldners mit Verwaltungs- und Verfügungsbefugnis. Der Schuldner handelt nicht nur aktiv, er kann einen Zustand auch dulden oder absehbare Veränderungen durch Unterlassen eintreten lassen. In den beiden letztgenannten Fällen läuft die bloße Möglichkeit zur Anordnung der Zustimmungsbedürftigkeit leer. Es bleibt nur die Aufhebung der Eigenverwaltung (§ 272 InsO). Die Aufhebung der Eigenverwaltung kann aber das unangemessene Mittel sein, weil die Anordnungsvoraussetzungen des § 270 Abs. 2 InsO ungeachtet einzelnen Schuldnerfehlverhaltens noch vorliegen können, insbesondere sich das Schuldnerunternehmen im ganzen positiv entwickelt. Konsequenz: die Gläubiger hätten nur zu wählen, ob sie einzelschädigende Handlungen des Schuldners bei Fortsetzung der Eigenverwaltung dulden oder die Eigenverwaltung abbrechen und sich ihrer Vorteile begeben wollen.

dd) Dabei kann darüber hinaus der Entscheidungsspielraum nach Maßgabe des vom 36 Schuldner ausgeübten Erfüllungsverlangens für teilerfüllte gegenseitige Verträge (§§ 279 Satz 1, 103 InsO) eingeengt sein. Die Erfüllungswahl führt dazu, daß das Schuldverhältnis mit dem bisherigen Inhalt neu begründet wird (grundlegend BGHZ 106, 236, 241 ff. = BGH ZIP 89, 168, 171; zum aktuellen Stand der Rspr. *Kreft* ZIP 1997, 865 ff.). Nach der Aufhebung der Eigenverwaltung müßte der Insolvenzverwalter, regelmäßig der bisherige Sachwalter (§ 272 Abs. 3 InsO), sämtliche Verpflichtungen des Schuldners aus der Phase der Eigenverwaltung als eigene erfüllen, auch wenn er als Sachwalter selbst an der Erfüllungswahl nicht einmal beteiligt gewesen sein muß, ja sogar widersprochen haben kann (BT-Drucks. 12/2443 zu § 340). Der Reiz der Verantwortungsübernahme durch den Sachwalter als Insolvenzverwalter bei voller Haftungsgefahr (§ 274 Abs. 1 InsO) wird gering sein.

Vor §§ 270 ff. *Eigenverwaltung*

37 **ee)** Hier deutet sich an, daß der Gesetzgeber offenbar den Strukturunterschied zwischen Vergleichsordnung und Eigenverwaltung nicht konsequent durchgeführt hat: Die Aufsichts- und Unterrichtungspflicht des Sachwalters wurde derjenigen des Vergleichsverwalters in §§ 39, 40 VerglO entnommen (BT-Drucks. 12/2443 zu § 335). Die Rechte des Vergleichsverwalters waren mittelbar durchsetzbar, durch die Ablehnung der Eröffnung des Verfahrens gem. § 17 Nr. 7 und 9 VerglO, bei Verweigerungshaltung des Schuldners gegenüber dem vorläufigen Vergleichsverwalter durch Einstellung des Verfahrens nach § 100 Abs. 1 Nr. 4 bzw. 3 VerglO, wobei in beiden Fällen das Gericht zugleich über die Eröffnung des Anschlußkonkursverfahrens zu beschließen hatte (§§ 19, 101 VerglO; zum ganzen eingehend *Bley-Mohrbutter* VerglO, § 38 Rz. 1). Dieser mittelbare Druck auf den Schuldner der InsO entfällt, weil das Insolvenzverfahren mit der Eigenverwaltung eröffnet ist. Daneben wurden die Konkursgläubiger bei sachwidriger Ausübung des Verwaltungs- und Verfügungsrechtes durch den Vergleichsschuldner durch § 17 KO aufgrund des Erlöschens der zuvor begründeten Verbindlichkeiten (BGH Z 106, 236, 241 ff. = *BGH* ZIP 89, 168, 171) geschützt. Dieser Schutz entfällt bei der Aufhebung der Eigenverwaltung, soweit der Schuldner bereits die Erfüllung erklärt hat, weil der Übergang in das Insolvenzregelverfahren (§ 272 InsO) nicht die Wirkungen der Eröffnung des Insolvenzverfahrens hat (BT-Drucks. 12/2443 zu § 333).

38 **ff)** Antrags-, Eingriffs- und Anordnungsbeschränkung entsprechen deshalb weder der Pflichtenbindung des Sachwalters, noch dem Zweck des Insolvenzverfahrens. Die bestmögliche gemeinschaftliche Befriedigung der Gläubiger (§ 1 InsO) über die Fortführung des Schuldnerunternehmens erfordert fortführungsorientierte Antrags-, Eingriffs- und Anordnungsbefugnisse, die Durchsetzbarkeit der ganzen Breite gegenständlicher und zeitlicher Befugnisse, die der Insolvenzverwalter hätte, wenn die Eigenverwaltung nicht angeordnet worden wäre. Geboten ist ein Antrags-, Eingriffs- und Anordnungsrecht für jedwede einzelfallbezogene angemessene und verhältnismäßige vom Gläubigerwohl bestimmte Maßnahme, sei es ein Handeln, Dulden oder Unterlassen, wenn dies erforderlich ist, um Nachteile für die Gläubiger zu vermeiden (vgl. § 277 Abs. 2 InsO). Beispiele: Entlassung eines von mehreren GmbH-Geschäftsführern, Hausverbot, Klageerhebung, Entlassung oder Einstellung von Mitarbeitern, Teilnahme an Ausschreibungen, Vertragskündigung.

39 Vom Gesetzgeber wurden die Auswirkungen der Antrags-, Eingriffs- und Anordnungsbeschränkung auf den Zweck der Eigenverwaltung als vorzugsweise fortführungsbestimmtes Insolvenzinstrument im Rahmen der eigenverwaltungsimmanenten Regularien nicht gesehen, die Instrumente blieben unabgestimmt, obwohl schon die Vergleichsordnung das passende Instrument enthielt. § 24 VerglO ordnete an, daß eine im Vergleichsantragsverfahren angeordnete Verfügungsbeschränkung nach der Eröffnung des Vergleichsverfahrens fortwirkt. § 58 VerglO ermöglichte dem Gericht jederzeit von Amts wegen oder auf Antrag des Vergleichsverwalters, eines Mitgliedes des Gläubigerbeirates oder eines Vergleichsgläubigers dem Schuldner Verfügungsbeschränkungen aufzuerlegen (Abs. 1). Nach dessen Abs. 2 hatte das Gericht überdies bei der Eröffnung des Verfahrens zu prüfen, ob dem Schuldner solche Beschränkungen aufzuerlegen waren.

Die Regelungslücke wird sich durch die Anwendung der allgemeinen Verweisungsvorschrift für das Insolvenzregelverfahren schließen lassen. § 270 Abs. 1 Satz 2 InsO bestimmt die Anwendbarkeit der für das Verfahren geltenden allgemeinen Vorschriften, soweit im Siebten Teil nichts anderes bestimmt ist. Die Vorschrift bedeutet, daß außerhalb des Bereichs der Verwaltungs- und Verfügungsbefugnisse für das Insolvenzverfahren, bei dem die Eigenverwaltung unter Aufsicht eines Sachwalters angeordnet ist, die gleichen Bestimmungen gelten, wie für ein Insolvenzverfahren mit Insolvenzverwalter (BT-Drucks. 12/2443 zu § 331). Auch das Eröffnungsverfahren ist Insolvenzverfahren (vgl. § 11 InsO: Zulässigkeit des Insolvenzverfahrens), für das ein (vorläufiger) Insolvenzverwalter bestellt werden kann (§ 22 InsO), so daß das Insolvenzgericht entsprechend § 21 InsO alle erforderlichen Maßnahmen wird treffen können, um eine am Gläubigerwohl orientierte Funktionsfähigkeit der Eigenverwaltung sicherzustellen. Die Regelungsbereiche von Eigenverwaltung und Eröffnungsverfahren ähneln sich auch materiell: Verwaltungs- und verfügungsbefugter Schuldner, Schutz vor gläubigerschädigender Ausübung seiner Befugnisse, mit Sachwalter bzw. (vorläufigem) Insolvenzverwalter jeweils ein Insolvenzorgan als Überwachungsinstitution.

Es darf nicht verkannt werden, daß die Eigenverwaltung aus der Besonderheit der **40** Insolvenzsituation heraus das einzig gebotene Sanierungsintrument sein kann, so etwa in der Rz. 13 angeführten Fallkonstellation, für die das im Siebten Teil vorgesehene Instrumentarium ausreichen kann. Die Anwendungsfähigkeit der Eigenverwaltung erstreckt sich nicht auf alle Insolvenzfälle (Rz. 4). Deswegen muß auch ein für alle Insolvenzfälle geeignetes Instrumentarium zur Verfügung stehen. Wird die Geschäftsführung in der Krise ausgetauscht, genießt sie das Vertrauen der Fortführungsbeteiligten und besteht keine Mißbrauchsgefahr, mag die Anordnung von Verfügungsbeschränkungen ebenso wenig notwendig sein wie deren Anordnungsmöglichkeit. Bei anderen Eigenverwaltungsanträgen bzw. -verfahren können sie dagegen durch das Gläubigerschutzinteresse gefordert sein. Dann sind die Träger des Eigenverwaltungsverfahrens froh, wenn die Anordnungsmöglichkeit besteht.

c) Während eine Geschäftsfortführung in der Insolvenz (§ 157 InsO; zum Konkurs vgl. **41** *BGH* KTS 1961, 94 = MDR 1961, 493 = WM 1961, 511) aufgrund des Überganges der Verwaltungs- und Verfügungsbefugnis auf den Insolvenzverwalter (§§ 22 Abs. 1, 80 Abs. 1 InsO) bis zur Aufhebung oder Einstellung des Insolvenzverfahrens (§ 200 InsO; § 207 Abs. 1 InsO) notwendig dazu führt, daß der Gemeinschuldner ausgeschaltet bleibt, handelt es sich bei der Eigenverwaltung darum, die Geschäftsfortführung oder Verwertung unter besseren betrieblichen Voraussetzungen durchführen zu können, indem zwar die Verwertungs- und Verfügungsbefugnis beim Schuldner verbleibt (§ 270 Abs. 1 InsO), er dabei aber durch das abgestufte Mitwirkungsrecht des Sachwalters und seine Überwachung kontrolliert wird (vgl. *Uhlenbruck* KTS 1972, 220 zum Vergleichsverfahren). Die Mitwirkungs- und Überwachungsrolle des Sachwalters bei voller persönlicher Haftungsgefahr für fremdes Handeln (§ 274 Abs. 1 InsO) und bei ständiger Gefahr, aufgrund des Abbruches der Eigenverwaltung als Insolvenzverwalter aus der vorgefundenen Lage des Unternehmens das beste machen zu müssen, stellt an den Sachwalter Anforderungen, die über die Erfordernisse eines Insolvenzverwalters hinausgehen. Die tatsächliche Funktionsfähigkeit der Eigenverwaltung wird deswegen davon abhängen, ob Insolvenzgericht und Gläubigern eine geeignete und bereite Personen zur Amtsübernahme zur Verfügung steht. Der Sachwalter muß mehr als der Insolvenzverwalter in der Lage sein, wirtschaftliche Zusammenhänge richtig zu beurteilen und wirtschaftliche Möglichkeiten richtig einzuschätzen (vgl. *Bley/Mohrbutter* VerglO, § 38 Rz. 11). Er überwacht und leitet fremdes verantwortliches Handeln bei eigener persönlicher Verantwortung. Das Amt stellt hohe Anforderungen an Verantwortungsbewußtsein und Integrität, Fach- und Sachkompetenz. Gefordert werden von ihm ausgeprägte Führungsqualitäten, die Fähigkeit, das Schuldnerhandeln mit den Gläubigerinteressen zu koordinieren, gegebenenfalls im Zusammenwirken mit dem Insolvenzgericht (s. o. 2. b) rasch einzugreifen. Den sich daraus ergebenden besonderen Schwierigkeiten der Amtsführung im Einzelfall wird bei der Vergütungsbemessung Rechnung getragen werden können. Die Annahme des Gesetzgebers, die Vergütung des Sachwalters solle niedriger zu bemessen sein als die Vergütung des Insolvenzverwalters, verweist zur Begründung auf den eingeschränkten Tätigkeitsbereich des Sachwalters (BT-Drucks. 12/2443 zu § 335), so daß die niedrigere Bemessung nur gerechtfertigt erscheint, wenn und soweit im Einzelfall der Tätigkeitsbereich eingeschränkt ist und nicht besondere Erschwernisse hinzutreten. Zu den Vergütungsregeln § 274 Rz. 26 ff.

§ 270
Voraussetzungen

(1) [1]Der Schuldner ist berechtigt, unter der Aufsicht eines Sachwalters die Insolvenzmasse zu verwalten und über sie zu verfügen, wenn das Insolvenzgericht in dem Beschluß über die Eröffnung des Insolvenzverfahrens die Eigenverwaltung anordnet. [2]Für das Verfahren gelten die allgemeinen Vorschriften, soweit in diesem Teil nichts anderes bestimmt ist.
(2) Die Anordnung setzt voraus,
1. daß sie vom Schuldner beantragt worden ist,
2. wenn der Eröffnungsantrag von einem Gläubiger gestellt worden ist, daß der Gläubiger dem Antrag des Schuldners zugestimmt hat und
3. daß nach den Umständen zu erwarten ist, daß die Anordnung nicht zu einer Verzögerung des Verfahrens oder zu sonstigen Nachteilen für die Gläubiger führen wird.
(3) [1]Im Falle des Absatzes 1 wird anstelle des Insolvenzverwalters ein Sachwalter bestellt. [2]Die Forderungen der Insolvenzgläubiger sind beim Sachwalter anzumelden. [3]Die §§ 32 und 33 sind nicht anzuwenden.

Inhaltsübersicht: Rz.

A. Allgemeines	1– 5
I. Bedeutung und Zweck der Vorschrift	1– 3
II. Allgemeine Wirkung der Vorschrift	4– 5
B. Grundsätze (Abs. 1)	6–18
I. Verwaltungs- und Verfügungsrecht des Schuldners (Satz 1)	6–15a
II. Anwendbarkeit der allgemeinen Vorschriften (Satz 2)	16–18
C. Anordnungsvoraussetzungen (Abs. 2)	19–40
I. Schuldnerantrag (Nr. 1)	20–31
II. Gläubigerzustimmung (Nr. 2)	32–34
III. Keine Gläubigerbenachteiligung (Nr. 3)	35–40
D. Sachwalter (Abs. 3)	41–48
I. Bestellung	41–43
II. Forderungsanmeldung	44–45
III. Grundbuch- und Registerfreiheit	46–48

Literatur:

Berges Die Vergleichsordnung in der Erprobung und Bewährung, KTS 1955, 2 ff.

Voraussetzungen § 270

A. Allgemeines

I. Bedeutung und Zweck der Vorschrift

Die Bedeutung der Vorschrift liegt in der Möglichkeit für Gläubiger und Insolvenzge- 1
richt, die unveränderte Selbstverwaltung des Schuldners zuzulassen, ihr Zweck in der
Regelung der Anordnungsvoraussetzungen.

Der Regelfall des Insolvenzverfahrens ist der Übergang des Verwaltungs- und Ver- 2
fügungsrechtes vom Schuldner auf den Insolvenzverwalter mit der Verfahrenseröffnung (§ 80 Abs. 1 InsO) bzw. den vorläufigen Insolvenzverwalter, wenn dem
Schuldner ein allgemeines Veräußerungsverbot auferlegt ist (§ 22 Abs. 1 InsO). Demgegenüber zeigt die (unveränderte) Berechtigung des Schuldners zur Ausübung des
Verwaltungs- und Verfügungsrechtes über sein Vermögen in dem Beschluß über die
Eröffnung des Insolvenzverfahrens durch das Insolvenzgericht (Abs. 1 Satz 1), daß es
sich bei der Eigenverwaltung um eine besondere Verfahrensart des Insolvenzverfahrens
handelt.

Der Grund für diese Struktur nach dem Regel-Ausnahme-Prinzip liegt in der Überle- 3
gung, daß eine Person, die den Eintritt der Insolvenz vermeiden kann, meist nicht dazu
geeignet sein wird, die Insolvenzmasse optimal zu verwerten und bei der Durchführung
des Insolvenzverfahrens die Interessen der Gläubiger über die eigenen Interessen zu
stellen. Deswegen erscheint es zweckmäßig, für den Regelfall des Insolvenzverfahrens
anzuordnen, daß das Verwaltungs- und Verfügungsrecht von einem unabhängigen
Insolvenzverwalter ausgeübt wird (BT-Drucks. 12/2443 vor § 331). Demgegenüber wird
durch § 270 InsO die Möglichkeit geschaffen, ungeachtet der Eröffnung des Insolvenzverfahrens im Interesse der Gläubiger (vor § 270 Rz. 3 ff.) ausnahmsweise unter besonderen Voraussetzungen das Verwaltungs- und Verfügungsrecht des Schuldners beizubehalten, den Schuldner gleichsam sich selbst verwalten zu lassen.

II. Allgemeine Wirkung der Vorschrift

Die Selbstverwaltung des Schuldners wird nicht grenzenlos zugelassen. Der Gesetzge- 4
ber hatte das Interesse der Gläubiger an gemeinschaftlicher Befriedigung durch
Verwertung des Schuldnervermögens und Erlösverteilung (§ 1 InsO) unter Zuhilfenahme eigenverantwortlichen Schuldnerhandelns gegen die sich daraus ergebende
Gefahr der Gläubigerschädigung durch eigennütziges oder unfähiges Schuldnerhandeln
nach Anordnung der Eigenverwaltung abzuwägen. Die Abwägung hat dazu geführt, daß
diese besondere Verfahrensart der InsO mit der Ausübung der Verwertungs- und
Verfügungsbefugnis nur möglich ist, wenn der Schuldner mit der Anordnung der
Eigenverwaltung unter die Aufsicht eines gleichzeitig zu bestellenden Sachwalters
gestellt wird (Abs. 1 Satz 1, Abs. 3 Satz 1). Eine insolvenzrichterliche Anordnung der
Eigenverwaltung ohne gleichzeitige Bestellung eines Sachwalters ist damit ebenso
unzulässig, wie die Bestellung eines Sachwalters ohne gleichzeitige Anordnung der
Eigenverwaltung. Derartige Anordnungsbeschlüsse sind wegen schwerer und offenkundiger Fehlerhaftigkeit nichtig, weil dem Anordnungsbeschluß als Vollstreckungstitel
(§ 794 Abs. 1 Nr. 3 ZPO; vgl. BGHZ 12, 389 m. w. N. u. *Kuhn/Uhlenbruck* KO, § 117
Rz. 6 zur vollstreckungsrechtlichen Wirkung des Konkurseröffnungsbeschlusses) wegen schwerer und offenkundiger Fehlerhaftigkeit die Titeleigenschaft fehlt (vgl. BGHZ
121, 101 ff.). Aufgrund der sich daraus ergebenden Haftungsgefahr für den Insolvenz-

Foltis 1487

richter (das Spruchrichterprivileg des § 839 Abs. 2 BGB gilt nicht im Vollstreckungsverfahren, insbesondere nicht im Konkursverfahren, *BGH* NJW 1959, 1085) empfiehlt sich bei der Beschlußabfassung besondere Sorgfalt.

5 Aus dem Strukturunterschied der Eigenverwaltung als besonderem Insolvenzverfahren zur VerglO (vor § 270 Rz. 5) ergeben sich gegenüber der VerglO Unterschiede in den Wirkungen des Eröffnungsbeschlusses: Dem Vergleichsschuldner blieb durch die Eröffnung des Vergleichsverfahrens zwar die allgemeine Befugnis, sein Vermögen zu verwalten und hierüber zu verfügen, erhalten. Die Eröffnung bewirkte andererseits aber auch keine allgemeine Stundung der Schuldnerverbindlichkeiten. In der Hauptsache wurden die Geschäfts- und Lebensführung des Schuldners überwacht. Verfügungsbeschränkungen bestanden nur nach besonderer Anweisung (§§ 24, 58 VerglO). Auch wenn der Vergleichsverwalter die Kassenführung an sich ziehen konnte (§ 57 Abs. 2 VerglO), blieb der Schuldner grundsätzlich in der Eingehung der Verbindlichkeiten frei. Er sollte lediglich Verbindlichkeiten, die nicht zum gewöhnlichen Geschäftsbetrieb gehörten, nur mit Zustimmung des Vergleichsverwalters eingehen (§ 57 Abs. 1 VerglO). Rechtsstreitigkeiten wurden durch die Eröffnung des Vergleichsverfahrens nicht unterbrochen. Der Schuldner konnte persönlich auch nach der Eröffnung des Vergleichsverfahrens klagen oder verklagt werden (vgl. aber die Ausnahmeregelung des § 49 VerglO zur Kostenlast). Vergleichsgläubiger und Gläubiger bestimmter Ansprüche nach § 29 VerglO unterlagen lediglich einer Vollstreckungssperre (§ 47 VerglO). Demgegenüber bewirkt die Anordnung der Eigenverwaltung grundsätzlich alle Folgen des eröffneten Insolvenzregelverfahrens (§§ 80 ff. InsO). Die Gläubiger werden durch die Eröffnung in einer Gläubigergemeinschaft ohne Vorrechte (näher *Schmidt-Räntsch* InsO, Teil 1 Rz. 30) zusammengefaßt und nehmen am Verwertungserfolg bei Abschluß des Verfahrens teil (§§ 1, 195 f. InsO i. V. m. § 270 Abs. 1 Satz 2 InsO). Die InsO behandelt in der Eigenverwaltung das Verwaltungs- und Verfügungsrecht des Schuldners als Verwertungsmittel (vor § 270 Rz. 6) und nicht wie die VerglO als Selbstsanierungsinstrument. Deshalb bleibt der Gemeinschuldner von der Auseinandersetzung mit Forderungen verschont, die vor der Verfahrenseröffnung begründet wurden (§ 87 InsO); kann er mit Prozessen, die bei Verfahrenseröffnung anhängig waren, nur nach Maßgabe der §§ 85 f. InsO belastet werden. Diese Wirkung der Eigenverwaltung hat zu Kritik geführt (vor § 270 Rz. 13).

B. Grundsätze (Abs. 1)

I. Verwaltungs- und Verfügungsrecht des Schuldners (Satz 1)

6 a) Das Gesetz nimmt mit der Schuldnereigenschaft auf die Insolvenzfähigkeit Bezug: Wer nicht insolvenzfähig ist, ist auch nicht eigenverwaltungsfähig. Schuldner ist damit die von einem Insolvenzeröffnungsantrag (§§ 13, 14 InsO) betroffene natürliche oder juristische Person (§ 11 Abs. 1 Satz 1 InsO), die OHG, KG, GbR, Partenreederei, EWIV; der Nachlaß, das Gesamtgut einer fortgesetzten Gütergemeinschaft oder das Gesamtgut einer Gütergemeinschaft, das von den Ehegatten gemeinschaftlich verwaltet wird, nach Maßgabe der §§ 315 bis 334 InsO (§ 11 Abs. 2 InsO). Nur der Schuldner ist zur Verwaltung und Verfügung über die Insolvenzmasse berechtigt. Die Anordnung der Eigenverwaltung über das Vermögen des Schuldners durch einen Dritten unter Aufsicht eines Sachwalters ist als Verstoß gegen den Zweck der Eigenverwaltung (vor § 270 Rz. 5) unzulässig.

Voraussetzungen § 270

Besteht die Eigenverwaltungsfähigkeit nicht, wird der Mangel nicht durch die Eröff- 7
nung des Verfahrens geheilt. Dies gilt auch, wenn der das Verfahren eröffnende Richter ausweislich der Akten die Eigenverwaltungsfähigkeit ausdrücklich geprüft hat. Es besteht nur ein fehlerhafter Staatsakt, so daß gegen die Bestellung des Sachwalters und Handlungen des Schuldners wegen fehlender Eigenverwaltungsfähigkeit keine Unwirksamkeitseinwände geführt werden können (vgl. RGZ 129, 390 für Konkurs; *BGH* MDR 1959, 743 für Zwangsverwaltung). Das Insolvenzverfahren ist wirksam eröffnet, Sachwalter und Schuldner handelten wirksam. Allerdings bewirkt der Eröffnungsbeschluß auch nicht eine Feststellungswirkung in der Weise, daß die Eigenverwaltungsfähigkeit besteht. Der Prozeßrichter kann feststellen, daß die Eigenverwaltungsfähigkeit unzutreffend angenommen wurde, ferner, daß darin eine zum Schadensersatz verpflichtende Verletzung der Amtspflicht liegt (vgl. *Jaeger/Weber* KO, § 74 Anm. 4 b).

b) Die Verwaltungs- und Verfügungsberechtigung des Schuldners in der Eigenverwal- 8
tung bezieht sich auf ein bestimmtes Vermögen, die Insolvenzmasse. Sie ist das gesamte Vermögen, das dem Schuldner zur Zeit der Eröffnung des Verfahrens gehört und das er während des Verfahrens erlangt (§ 35 InsO). Der Schuldner ist eigenverwaltungsfähig nur mit seinem gesamten Vermögen, so daß eine Ausgrenzung bestimmter Vermögensteile aus einem dem Schuldner rechtlich zugeordneten Vermögensbestand unzulässig ist. Bei einem Einzelkaufmann etwa wäre eine auf sein Handelsvermögen im Gegensatz zum Privatvermögen beschränkte Eigenverwaltung unzulässig (vgl. *Bley/Mohrbutter* VerglO, § 2 Rz. 10).

c) Der Schuldner verliert im Insolvenzeröffnungsverfahren (§§ 11 ff. InsO) die Verwal- 9
tungs- und Verfügungsbefugnis, wenn ein vorläufiger Insolvenzverwalter bestellt und dem Schuldner ein allgemeines Veräußerungsverbot auferlegt ist (§ 22 Abs. 1 InsO). In diesem Fall führt der Anordnungsbeschluß nach § 270 InsO zur Wiederherstellung der Verwaltungs- und Verfügungsbefugnis des Schuldners. Anderenfalls bleibt dem Schuldner durch den Anordnungsbeschluß nach § 270 InsO die Befugnis, sein Vermögen zu verwalten und hierüber zu verfügen, grundsätzlich in vollem Umfang erhalten. Die Verweisung in Satz 2 auf die Geltung der allgemeinen Vorschriften verdeutlicht den Befugnisumfang. Der Schuldner kann grundsätzlich in demselben Umfang verwalten und verfügen, wie der Insolvenzverwalter hierzu befugt wäre (§ 80 Abs. 1 InsO). § 282 InsO unterstreicht die weite Rechtsmacht: Dem Schuldner steht sogar das Recht des Insolvenzverwalters zur Verwertung von Gegenständen zu, an denen Absonderungsrechte bestehen.

Häufig wird der Verfahrenseröffnung mit Anordnung der Eigenverwaltung das Eröff- 10
nungsverfahren mit der Anordnung von Sicherungsmaßnahmen vorausgehen (§§ 11 ff, 21 InsO). Entgegen der Regelung des § 24 VerglO erlöschen sie mit der Verfahrenseröffnung (§ 270 Abs. 1 Satz 2 i. V. m. § 80 Abs. 2 Satz 1 InsO), und zwar nach Sinn und Zweck des § 80 Abs. 2 Satz 1 InsO über ein angeordnetes Veräußerungsverbot nach § 21 Abs. 2 Nr. 2 InsO hinaus für alle angeordneten Sicherungsmaßnahmen.

Allerdings unterliegt die Ausübung des Verwaltungs- und Verfügungsrechtes der Auf- 11
sicht des Sachwalters in einem abgestuften Kontroll- und Mitwirkungssystem. Die Rechte und Pflichten des Sachwalters regeln die §§ 274 bis 285 InsO unter Abgrenzung von den Schuldnerrechten und -pflichten. Je nach der vom Gesetzgeber bewerteten Bedeutung in Frage kommenden Schuldnerhandelns kann der Schuldner teils allein handeln; teils muß dagegen der Sachwalter zustimmen, soll er zustimmen oder kann er vom Schuldner ein Handeln oder Unterlassen verlangen (näher vor § 270 Rz. 22 ff.). Für die Aufteilung der Rechte und Pflichten auf Schuldner und Sachwalter, die Abgrenzung

§ 270 *Eigenverwaltung*

ihrer Handlungsbereiche und Mitwirkungspflichten ist maßgebend: Die laufenden Geschäfte werden vom Schuldner geführt; der Sachwalter kontrolliert und unterstützt diese Geschäftsführung; er nimmt dabei aber andererseits die besonderen Aufgaben wahr, die dem Insolvenzverwalter in erster Linie im Interesse der Gläubiger übertragen sind, insbesondere die Anfechtung von gläubigerbenachteiligenden Rechtshandlungen. Nach diesen Grundsätzen ist die Aufteilung der Befugnisse zwischen Schuldner und Sachwalter auch in Fällen vorzunehmen, die im Gesetz nicht ausdrücklich geregelt sind (BT-Drucks. 12/2443 zu § 331).

12 § 275 InsO enthält Beschränkungen des Verwaltungs- und Verfügungsrechtes des Schuldners im einzelnen.

13 d) Das Verwaltungs- und Verfügungsrecht des Schuldners besteht nur, wenn das Insolvenzgericht in dem Beschluß über die Eröffnung des Insolvenzverfahrens die Eigenverwaltung anordnet. Der Anordnungsbeschluß ist Grundlage und Voraussetzung der Eigenverwaltung. Aufgrund der Verweisung auf die allgemeinen Vorschriften für das Verfahren (Abs. 1 Satz 2) entspricht er in Form und Wirksamkeit dem Eröffnungsbeschluß für das allgemeine Insolvenzverfahren nach § 27 InsO mit dem Inhalt der §§ 27 ff. InsO. Wirksamkeitsvoraussetzung ist ferner die gleichzeitige Anordnung der Eröffnung des Insolvenzverfahrens mit der Anordnung der Eigenverwaltung und der Bestellung des Sachwalters (Rz. 4).

Die allgemeine Vorschrift des § 27 Abs. 1 Satz 2 InsO trägt durch den ausdrücklichen Regelungsvorbehalt für § 270 InsO dieser Besonderheit der Eigenverwaltung Rechnung.

14 Mit dem Anordnungsbeschluß wird die Eigenverwaltung nur vorläufig angeordnet. Die endgültige Entscheidung über die Beibehaltung ist der ersten Gläubigerversammlung vorbehalten (vgl. die Regelungen der §§ 271, 272 Abs. 1 Nr. 1 InsO; BT-Drucks. 12/2443 zu § 331).

15 Der Anordnungsbeschluß ist ebenso beschwerdefähig wie die Ablehnung der Anordnung (§ 34 InsO i. V. m. § 270 Abs. 1 Satz 2 InsO). Zwar sehen die Vorschriften der Eigenverwaltung insoweit nicht ausdrücklich das Recht zur Einlegung der sofortigen Beschwerde vor (§ 6 Abs. 1 InsO). Notwendiger Bestandteil der Anordnung der Eigenverwaltung ist jedoch die Eröffnung des Insolvenzverfahrens, so daß die Rechtsmittelmöglichkeiten des Insolvenzregelverfahrens bei Eröffnung oder Ablehnung der Eröffnung zur Verfügung stehen müssen.

15a e) Der Anordnungsbeschluß gewährt dem Schuldner die Rechtsstellung, die ein Insolvenzverwalter hätte, wenn es statt der Anordnung der Eigenverwaltung bei der Durchführung des Insolvenzregelverfahrens geblieben wäre. Der Umfang der Befugnisse eines Insolvenzverwalters ist allerdings nach Maßgabe der §§ 274 ff. InsO beschränkt (§ 270 Abs. 1 Satz 2 InsO i. V. m. § 80 Abs. 1 InsO). Im Umfang des dem Schuldner gewährten Verwaltungs- und Verfügungsrechtes wird er damit Partei kraft Amtes für die Rechtsstellung des Konkursverwalters (st. Rspr. seit RGZ 29, 29; zuletzt BGHZ 49, 16; eingehend zum Theorienstreit Kommentierung zu § 80), als solches Handlungssubjekt der Insolvenzmasse und kann als solche klagen und verklagt werden. Im Rechtsverkehr, insbesondere in Prozessen, tritt daher der Schuldner in seiner Eigenschaft als Eigenverwalter auf. Die Rechtsstellung des Schuldners als (passiv- und aktiv-legitimierte) Partei kraft Amtes verdeutlicht etwa der Festellungsprozeß nach Widerspruch des Schuldners (§ 283 Abs. 1 Satz 1 InsO). Insofern ist er passivlegitimiert (§§ 283 Abs. 1 Satz 1 InsO i. V. m. §§ 270 Abs. 1 Satz 2, 179 bis 182 InsO; näher § 283 Rz. 2 f.).

Voraussetzungen § 270

II. Anwendbarkeit der allgemeinen Vorschriften (Satz 2)

Satz 2 verweist für das Verfahren auf die allgemeinen Vorschriften, soweit in den 16
Eigenverwaltungsregeln nichts anderes bestimmt ist. Damit soll angeordnet werden,
daß für den Bereich außerhalb der Verwaltungs- und Verfügungsbefugnis des Schuldners in der Eigenverwaltung die gleichen Bestimmungen gelten, wie für ein Insolvenzverfahren mit Insolvenzverwalter (BT-Drucks. 12/2443 zu § 331). Die allgemeinen Vorschriften der Insolvenzordnung, also alle Bestimmungen für das Insolvenzverfahren mit Insolvenzverwalter, gelten damit für das Insolvenzverfahren mit Eigenverwaltung, soweit die besonderen Regelungen der Eigenverwaltung nicht entgegenstehen. Bei der Anwendung der einzelnen Vorschriften der Eigenverwaltung ist in Zweifelsfällen zu prüfen, ob und inwieweit den Regelungen der §§ 270 ff. InsO, soweit sie nicht das Verwaltungs- und Verfügungsrecht des Schuldners betreffen, nach dem Willen des Gesetzgebers gegenüber den Vorschriften des Insolvenzregelverfahrens eine abschließende Bedeutung zukommt. Nur insoweit ist der Rückgriff auf entsprechende Regelungen des Insolvenzregelverfahrens ausgeschlossen. Die Reichweite einzelner Regelungen in der Eigenverwaltung ist gegebenenfalls durch Auslegung zu ermitteln. Sinn und Zweck der Eigenverwaltung (vor § 270 Rz. 2 ff.) kommen dabei besondere Bedeutung zu.

Dieses Verständnis der Verweisungsvorschrift des Abs. 1 Satz 2 hat zur Folge, daß das 17
Antragsrecht des Sachwalters und das Eingriffs- und Anordnungsrecht des Insolvenzgerichtes weiter gehen als die Regelungen des § 277 InsO auf den ersten Blick vermuten lassen. Sinn und Zweck der Eigenverwaltung gebieten, die Funktionsfähigkeit der Eigenverwaltung durch die Anwendbarkeit des § 21 InsO zu gewährleisten, indem das Insolvenzgericht auf Antrag des Sachwalters, der Gläubigerversammlung oder eines absonderungsberechtigten Gläubigers oder eines Insolvenzgläubigers (vgl. § 277 InsO) Maßnahmen anordnet, um eine nachteilige Veränderung in der Vermögenlage des Gemeinschuldners zu verhüten (wegen der Einzelheiten s. die Darstellung vor § 270 Rz. 27 ff., 38). In der Regel wird es sich dabei um Verfügungsbeschränkungen handeln, etwa um die im Gläubigerinteresse liegende Verwertungsfähigkeit des Gemeinschuldnervermögens zu erhalten oder zu verbessern, um Maßnahmen von Insolvenzstörern (Verwertungstörern) zu begegnen oder die Vermögensmasse für den Fall der voraussichtlichen Aufhebung der Eigenverwaltung gem. § 272 InsO bis zum Übergang auf den Insolvenzverwalter zu sichern (vgl. *Berges* KTS 55, 4 ff.; *Bley/Mohrbutter* VerglO, § 58 Rz. 2; *Böhle-Stamschräder/Kilger* KO, Anm. 2). Gerade im letztgenannten Fall werden sichernde Anordnungen des Insolvenzgerichtes jedenfalls auf Antrag des Sachwalters die Regel sein, um massenverkürzenden Handlungen des Schuldners in Ansehung des für ihn absehbaren Verlustes seiner Verwaltungs- und Verfügungsbefugnis »in letzter Minute« zu verhindern. Die Interessenlage der Insolvenz- und Massegläubiger entspricht hier derjenigen der Gläubiger im Eröffnungsverfahren nach § 21 InsO. Hier wie dort geht es um die Bestandssicherung, ggf. bis zur Entscheidung über den Verlust der Verwaltungs- und Verfügungsmacht des Schuldners.

Derartige Anordnungen sind in der Regel entspr. § 277 Abs. 3 öffentlich bekanntzuma- 18
chen.

§ 270 *Eigenverwaltung*

C. Anordnungsvoraussetzungen (Abs. 2)

19 Die Anordnung der Eigenverwaltung im Eröffnungsbeschluß ist in allen Fällen nur aufgrund eines Antrages des Schuldners möglich (Nr. 1) und darf nicht verfahrensverzögernd oder gläubigerbenachteiligend wirken (Nr. 3). Liegt der Schuldnerantrag neben dem Eröffnungsantrag eines Gläubigers vor, muß der Gläubiger zustimmen (Nr. 2).

I. Schuldnerantrag (Nr. 1)

20 a) Für das Antragserfordernis gelten die allgemeinen Antragsregeln der §§ 13 f. InsO. Der Antrag ist formelle Verfahrensvoraussetzung (vgl. *Delhaes*, Der Insolvenzantrag). Er muß im Zeitpunkt des Anordnungsbeschlusses vorliegen. Die Anordnung der Eigenverwaltung von Amts wegen ist ausgeschlossen (vgl. *Kuhn/Uhlenbruck* KO, § 103 Rz. 1).

21 b) Die Anordnung der Eigenverwaltung setzt einen doppelten Antrag voraus. Neben dem Antrag auf Anordnung der Eigenverwaltung muß der Antrag auf Eröffnung des Insolvenzverfahrens vorliegen (Abs. 1 Satz 2 i. V. m. § 13 Abs. 1 InsO). Allerdings wird im Antrag auf Anordnung der Eigenverwaltung im Wege der Auslegung in der Regel zugleich der Antrag auf Eröffnung des Insolvenzverfahrens zu sehen sein. Denn die Eigenverwaltung soll dem Schuldner gerade den Anreiz bieten, rechtzeitig den Antrag auf Eröffnung des Insolvenzverfahrens zu stellen (BT-Drucks. 12/2442 vor § 331). Stellt er den Antrag, ist davon auszugehen, daß er hiervon Gebrauch machen will und auch den Willen zur Insolvenzverfahrenseröffnung im allgemeinen hat. Es empfiehlt sich jedoch, eine klarstellende Erklärung des Antragstellers einzuholen. Umgekehrt läßt sich aus dem Antrag des Schuldners auf Eröffnung des Insolvenzverfahrens jedoch nicht auf die Mitbeantragung der Anordnung der Eigenverwaltung schließen. Sonst hätte es der gesetzlichen Formulierung der weiteren Antragsvoraussetzung in Nr. 1 nicht bedurft. Sie entspricht der Forderung nach einer klaren Rechtslage (BT-Drucks. 12/2443 zu § 331).

22 Die Anordnung der Eigenverwaltung auf Antrag eines Gläubigers ist im Gesetz nicht vorgesehen. Soweit deswegen ein Gläubiger den Antrag stellt, ist er als bloße Anregung an den Schuldner zu sehen, seinerseits den Antrag zu stellen (Abs. 2 Nr. 2). Das Insolvenzgericht sollte Antragsteller und Schuldner hierüber aufklären.

23 c) Der Antrag auf Anordnung der Eigenverwaltung ist Prozeßhandlung und kann bis zur Rechtskraft des Beschlusses, mit dem die Eigenverwaltung angeordnet wird, zurückgenommen werden (vgl. zur Rücknahme des Konkursantrages *OLG Köln* ZIP 1993, 936; *OLG Hamm* KTS 1976, 146; eingehend *Kuhn/Uhlenbruck* KO, § 103 Rz. 3 ff.). Die Rücknahme des Antrages auf Anordnung der Eigenverwaltung durch den Schuldner beinhaltet grundsätzlich zugleich die Rücknahme des Antrages auf Eröffnung des Insolvenzverfahrens. Denn mit Rücksicht auf Sinn und Zweck der Eigenverwaltung und der Anordnungsberechtigung des Insolvenzgerichtes gem. Abs. 1 Satz 1 kann die Anordnung der Eigenverwaltung nur einheitlich mit der Anordnung der Eröffnung des Insolvenzverfahrens erfolgen (Rz. 4). Der Antragsteller kann sich überfordert fühlen. Diese Folge entspricht auch der Anreizvorstellung des Gesetzgebers: Hat die Eigenverwaltung für ihn keinen Reiz, so hat ihn offensichtlich auch nicht die Verfahrenseröffnung. Im Regelfall wird deswegen davon auszugehen sein, daß der Schuldner mit dem Antrag auf Rücknahme der Anordnung der Eigenverwaltung schlechthin von der Eröffnung des Insolvenzverfahrens Abstand nehmen will. Es empfiehlt sich, eine klarstel-

Voraussetzungen § 270

lende Erklärung des Schuldners einzuholen. Die Erklärung auf Rücknahme des Antrages auf Eröffnung des Insolvenzverfahrens enthält die Rücknahmeerklärung zur Anordnung der Eigenverwaltung in gleicher Weise.

Die Frage, welchen Erklärungsinhalt die Rücknahmeerklärung hat, kann für die Kostenlast erheblich sein (Rz. 28 f.). 24

d) Soweit die Antragsrücknahme auf die bloße Anordnung der Eigenverwaltung beschränkt ist, ist sie bis zum Erlaß des Eröffnungsbeschlusses unschädlich. Denn der Antrag hat sich nicht ausgewirkt. Der Eröffnungsantrag ist nach den Vorschriften des Insolvenzregelverfahrens zu behandeln. Nach Eingang der Antragsrücknahme kann deswegen kein wirksamer Eröffnungsbeschluß mit Anordnung der Eigenverwaltung mehr erfolgen. 25

Gleiches gilt für den Beschluß, durch den der Eröffnungsantrag mangels Masse abgewiesen wird, soweit in der Antragsrücknahme auch die Rücknahme des Eröffnungsantrages liegt. Denn den Beschlüssen wurde vor ihrem Erlaß die Entscheidungsgrundlage entzogen. Sie sind unwirksam. Die Unwirksamkeit ist vom Insolvenzgericht festzustellen, wenn der Antragsteller hieran ein schutzwürdiges Interesse hat (*LG München I* KTS 1973, 74 für den Konkurs). Es nicht erforderlich, die die Insolvenzverfahrenseröffnung ablehnende Entscheidung ausdrücklich aufzuheben (*OLG Hamm* KTS 1976, 146 für den Konkurs). 26

e) Die Antragsrücknahme ist nur bis zur Rechtskraft des Eröffnungsbeschlusses zulässig. Geht die Antragsrücknahme nach Erlaß des Eröffnungsbeschlusses mit Anordnung der Eigenverwaltung ein, kann mit Rücksicht auf das Erfordernis einer klaren Rechtslage (BT-Drucks. 12/2443 zu § 331) und die Berührung der Belange Dritter nicht mehr zwischen der Rücknahme nur des Antrages auf Anordnung der Eigenverwaltung und des Antrages auf Anordnung der Eröffnung des Insolvenzverfahrens unterschieden werden. In einer Rücknahmeerklärung liegt deswegen stets der Rücknahmeantrag für das Eröffnungsverfahren schlechthin. Die Ungewißheit, ob durch die bloße Rücknahme des Antrages auf Anordnung der Eigenverwaltung auch die Verfahrenseröffnung vermieden werden soll, ist mit der Struktur der Eigenverwaltung, der Verantwortungs- und Mitwirkungsverteilung auf Schuldner und Sachwalter, unvereinbar. Insbesondere der Sachwalter muß von Anbeginn an wissen, woran er ist. Der Eröffnungsbeschluß bestimmt den Sachwalter (Abs. 1 Satz 1) als solchen, also in seiner Rolle als verantwortlicher Aufsichtsperson, nicht nur als »Hilfs-Insolvenzverwalter«. Im Risiko des Antragstellers liegt es dabei, daß er damit möglicherweise seiner Insolvenzantragspflicht nicht mehr genügt. Das formalisierte Antragsverfahren nimmt auf die Pflicht zur Antragstellung keine Rücksicht. 27

f) Nimmt der Schuldner mit seinem Antrag auf Anordnung der Eigenverwaltung den Antrag auf Eröffnung des Insolvenzverfahrens zurück, oder erklärt er ihn für erledigt, gelten die allgemeinen Kostenregeln (s. im einzelnen die Kommentierung zu § 13 InsO). Soweit – vor Erlaß des Eröffnungsbeschlusses (Rz. 25 f.) – lediglich der Antrag auf Anordnung der Eigenverwaltung zurückgenommen wird oder für erledigt erklärt wird, ist dies kostenmäßig ohne Folge, so daß hierüber wegen fehlenden Rechtsschutzbedürfnisses kein Kostenbeschluß ergehen kann. Denn die Rücknahme – bzw. Erledigterklärung hat auf den Verlauf des Eröffnungsverfahrens (§ 11 ff. InsO) und die Eröffnungsentscheidung (§ 27 InsO) keinen Einfluß. 28

Nach Erlaß des Eröffnungsbeschlusses haben Antragsrücknahme bzw. Erledigterklärung die Kostenfolge der Rücknahme bzw. der Erledigterklärung des Eröffnungsantrages. 29

30 g) Der Antrag wird vom Schuldner regelmäßig bereits mit seinem Eigenantrag auf Eröffnung des Insolvenzverfahrens gestellt werden (§ 13 Abs. 1 InsO). Denn Motiv für dieses neue Rechtsinstitut ist, dem Schuldner einen Anreiz für einen rechtzeitigen Antrag auf Eröffnung des Insolvenzverfahrens zu bieten. Er soll damit rechnen können, auch nach der Verfahrenseröffnung nicht völlig aus der Geschäftsführung verdrängt zu werden. (BT-Drucks. 12/2443 vor § 331 n näher vor § 270 Rz. 5). In der Regel wird sich der Schuldner gesetzmotivationsgerecht verhalten.

31 Der Antrag kann auch dem Eigenantrag nachfolgen, weil Nr. 1 nur voraussetzt, daß überhaupt ein Eigenantrag des Schuldners vorliegt. Das Gesetz verlangt als Anordnungsvoraussetzung insoweit nur die verbindliche Erklärung des Schuldners, nach Eröffnung des Insolvenzverfahrens zur Fortsetzung der Verwaltungs- und Verfügungsbefugnis unter Aufsicht (Abs. 1 Satz 1) bereit zu sein.

II. Gläubigerzustimmung (Nr. 2)

32 a) Nr. 2 behandelt den Fall, daß neben dem Antrag eines Gläubigers auf Eröffnung des Insolvenzverfahrens ein Antrag des Schuldners auf Anordnung der Eigenverwaltung vorliegt. Das Gesetz macht die Anordnung der Eigenverwaltung in diesem Fall von der Zustimmung des Gläubigers abhängig. Damit soll verhindert werden, daß der Schuldner den Insolvenzantrag des Gläubigers unterläuft, indem der Schuldner durch den Antrag versucht, sein bisheriges Verwaltungs- und Verfügungsrecht beizubehalten.

33 b) Vom Wortlaut der Nr. 2 nicht ohne weiteres erfaßt wird der Fall, daß neben mehreren Eröffnungsanträgen von Gläubigern ein Schuldnerantrag auf Anordnung der Eigenverwaltung vorliegt. Der Schutzzweck der Nr. 2 verlangt bei gehäuften Insolvenzanträgen, daß jeder beantragende Gläubiger dem Eigenverwaltungsantrag des Schuldners zustimmen muß, also die Anordnung unterbleiben muß, wenn sich nur ein beantragender Gläubiger verweigert. Diese Folge ergibt sich weiter aus der Besonderheit der Eigenverwaltung gegenüber dem Insolvenzregelverfahren (Rz. 5 vor § 270 Rz. 5). Besteht ein betreibender Gläubiger auf dem Insolvenzregelverfahren mit dem Verwaltungs- und Verfügungsrecht des Insolvenzverwalters, spricht dies für die Gefahr einer Verfahrensverzögerung oder Gläubigerbenachteiligung durch den Schuldner (Nr. 3), wenn er die Eigenverwaltung angeordnet wissen möchte. Ferner folgt die Unzulässigkeit auf Anordnung der Eigenverwaltung aus dem Vorläufigkeitscharakter der Anordnung (§ 272 Abs. 1 InsO). Wendet sich schon ein beantragender Gläubiger gegen die Anordnung der Eigenverwaltung, kann das Insolvenzgericht nicht davon ausgehen, daß ein Anordnungsbeschluß in der ersten Gläubigerversammlung bestätigt werden wird. Schließlich führt der die InsO beherrschende Grundsatz der Gläubigerautonomie dazu, daß dem Insolvenzgericht im wesentlichen nur die Rolle des Hüters der Rechtmäßigkeit des Verfahrens zugewiesen ist (*Schmidt-Räntsch* InsO, Vorb. Rz. 25, 26). Infolgedessen kann dem Insolvenzgericht nicht zugemutet werden, bei einer Auseinandersetzung zwischen Gläubiger und Schuldner oder unter Gläubigern streitig eine Anordnung mit Vorläufigkeitscharakter zu treffen. Die Gläubiger haben in diesen Fällen bei Nichtanordnung der Eigenverwaltung ausreichend Gelegenheit, untereinander und mit dem Schuldner bis zur ersten Gläubigerversammlung ein Einvernehmen zu erzielen. Die Anordnung ist auch dann noch zulässig (§ 271 Satz 1 InsO). Diese Möglichkeit relativiert die Gefahr, daß sich ein beantragender Gläubiger mit Verweigerungshaltung seine Lästigkeitsposition abkaufen läßt.

Voraussetzungen § 270

c) Die Zustimmung ist Anordnungsvoraussetzung und ebenso wie der Eröffnungsantrag 34
Prozeßhandlung. Deswegen gelten für die Widerrufsmöglichkeit und ihre Folgen, insbesondere die Kostenfolgen, dieselben Grundsätze wie zur Antragsrücknahme des Schuldners (Rz. 28 f.). Die Zustimmung ist wie ihr Widerruf gegenüber dem Insolvenzgericht zu erklären, schriftlich oder zu Protokoll der Geschäftsstelle (§§ 270 Abs. 1 Satz 2, 4 InsO i. V. m. § 496 ZPO).

III. Keine Gläubigerbenachteiligung (Nr. 3)

Nr. 3 formuliert als materielle Anordnungsvoraussetzungen: die Anordnung darf nicht 35
zu einer Verfahrensverzögerung führen, sie darf ferner nicht zu sonstigen Nachteilen für die Gläubiger führen.
a) Die Feststellung dieser Voraussetzungen liegt im freien pflichtgemäßen Ermessen 36
des Insolvenzgerichts. Das Gericht muß aber sorgfältig prüfen, da mit seiner Entscheidung weittragende Folgen für Schuldner und Gläubiger verbunden sein können (vgl. *Kuhn/Uhlenbruck* KO, § 106 Rz. 1 zu einstweiligen Anordnungen in der Sequestration). In der Regel kann davon ausgegangen werden, daß ein Schuldner, der selbst das Insolvenzverfahren beantragt oder den der antragstellende Gläubiger für vertrauenswürdig hält, dazu geeignet ist, bis zur Entscheidung der ersten Gläubigerversammlung die Eigenverwaltung zu führen (BT-Drucks. 12/2443 zu § 331). Diese Erwägung des Gesetzgebers entspricht seiner Vorstellung, dem Schuldner durch die Chance auf Beibehaltung seiner Verwaltungs- und Verfügungsbefugnis einen Anreiz für seinen rechtzeitigen Insolvenzeröffnungsantrag zu bieten (BT-Drucks. 12/2443 vor § 331). Deswegen werden dem Insolvenzgericht vom Gesetzgeber besondere Nachforschungen nicht auferlegt (BT-Drucks. 12/2443 zu § 331). Andererseits darf es aber nicht die Augen schließen, wenn Anhaltspunkte für eine Gläubigergefährdung bestehen. Für das Insolvenzgericht empfiehlt es sich, ggf. den Gutachtenauftrag auf Feststellungen zum Hintergrund eines Antrages auf Anordnung der Eigenverwaltung zu erweitern.
b) Das Gesetz behandelt den Fall der Verfahrensverzögerung als Fall der Gläubigerbe- 37
nachteiligung (»... oder zu sonstigen Nachteilen ... führen wird«). Sie fordert vom Insolvenzrichter eine Prognose für das zukünftige Schuldnerverhalten. Sie ist unter Würdigung aller Gesichtspunkte anzustellen. Der Fall drohender Verfahrensverzögerung wird allerdings selten vorliegen. Denn die Anordnung der Eigenverwaltung hat ohnehin nur Vorläufigkeitscharakter, weil die endgültige Entscheidung über die Anordnung der Eigenverwaltung in der ersten Gläubigerversammlung fällt (§§ 271, 272 InsO; BT-Drucks. 12/2443 vor und zu § 331).
c) Die Beurteilung der Gefahr gläubigerbenachteiligenden Schuldnerhandelns ist 38
gleichfalls Prognoseentscheidung. In ihr sind die gerichtsbekannten persönlichen und wirtschaftlichen Verhältnisse des Schuldners bzw. seiner handelnden Organe und sein früheres rechtsgeschäftliches Verhalten gegen die Gefahren des durch den Sachwalter beaufsichtigten Schuldnerhandelns in der Eigenverwaltung abzuwägen. In die Abwägung kann die Vorläufigkeit der Anordnung einfließen, weil sich die Verantwortlichkeit der Gerichtsentscheidung auf die Übergangszeit bis zur ersten Gläubigerversammlung beschränkt.
Gewichtige Indizien für eine drohende Gläubigergefährdung können darin bestehen, daß 39
der Schuldner bereits früher Konkurs- bzw. Insolvenzantragsverfahren über sich oder eine Anstellungskörperschaft hat ergehen lassen müssen; wegen der Begehung von Vermögens- oder Bankrottdelikten vorbestraft ist; Anhaltspunkte dafür bestehen, daß er

ein erhebliches Interesse daran hat, Teile der Insolvenzmasse auf die Seite zu bringen. Die Versagungsgründe nach § 290 InsO sind hierfür Indiz.

40 In der Regel wird von einer Gefahr gläubigerbenachteiligender Handlungen des eigenverwaltenden Schuldners auszugehen sein, wenn greifbare Anhaltspunkte dafür bestehen, daß ein Sachwalter insolvenztypische Ansprüche gegen den Schuldner bzw. seine personenidentischen handelnden Organe oder gegen deren nahestehende Personen (vgl. zur vergleichbaren Problematik bei dem eigenkapitalersetzenden Gesellschafterdarlehen *Lutter/Hommelhoff* GmbH-Gesetz, §§ 32 a/b Rz. 61 ff.) geltend machen müßte. Betroffen sind die Fälle, in denen der Sachwalter allein handeln muß: die Geltendmachung von Gesamtschäden, die persönliche Gesellschafterhaftung (§ 280 InsO i. V. m. §§ 92, 93 InsO), die Insolvenzanfechtung (§ 280 InsO i. V. m. §§ 129 ff. InsO). In diesen Fällen besteht der Verdacht, daß gläubigerschädigende Handlungen des Schuldners oder naher Angehöriger vorliegen und aus diesem Grund weitere gläubigerschädigende Handlungen zu befürchten sind. Ferner ist dem Insolvenzgericht nicht zuzumuten, ungeachtet eines offenkundigen unüberbrückbaren Gegensatzes zwischen Sachwalter und Schuldner ein Regelwerk in Gang zu setzen, das zum Wohl der Gläubiger auf der Kooperation beider aufgebaut ist. Dem Sachwalter schließlich kann nicht zugemutet werden, mit einem Schuldner bzw. verantwortlich Handelnden des Schuldners (z. B. Geschäftsführer einer GmbH, Vorstand einer AG) zwangsweise zusammenzuarbeiten, wenn er ihn vermögensrechtlich in Anspruch nehmen muß. Die Konfrontation zwischen Sachwalter und Schuldner kann sich im besonderen in Fortführungsfällen wegen langfristiger Bindungen der Beteiligten (vor § 270 Rz. 31 ff.) sehr schädlich für die Verwertungsmöglichkeiten auswirken. Derartige greifbare Anhaltspunkte werden sich für das Insolvenzgericht in der Regel aus dem nach § 5 Abs. 1 Satz 2 InsO eingeholten Gutachten ergeben.

D. Sachwalter (Abs. 3)

I. Bestellung

41 Wird die Eigenverwaltung angeordnet, so ist kein Insolvenzverwalter, sondern ein Sachwalter zu bestellen. Für die Bestellung gelten die allgemeinen Grundsätze der Bestellung eines Insolvenzverwalters (Abs. 3 Satz 1 i. V. m. Abs. 1 Satz 2). Die Anordnung der Eigenverwaltung ohne gleichzeitige Sachwalterbestellung ist nichtig (Rz. 4).

42 Die Rechte und Pflichten des Sachwalters werden grds. in den §§ 274 bis 285 InsO geregelt und gegenüber der Rechtsstellung des Schuldners abgegrenzt (näher vor § 270 Rz. 20 ff.). Für diese Abgrenzung sind dabei die Grundsätze maßgebend, daß die laufenden Geschäfte vom Schuldner geführt werden und daß der Sachwalter einerseits diese Geschäftsführung kontrolliert und unterstützt, andererseits die besonderen Aufgaben wahrnimmt, die dem Insolvenzverwalter in erster Linie im Interesse der Gläubiger übertragen sind. Dies ist insbesondere die Anfechtung von gläubigerbenachteiligenden Rechtshandlungen. Nach diesen Grundsätzen ist die Aufteilung der Befugnisse zwischen Schuldner und Sachwalter auch in den Fällen vorzunehmen, die im Gesetz nicht ausdrücklich geregelt sind (BT-Drucks. 12/2443 zu § 331).

43 Die Situation im Insolvenzeröffnungsverfahren nach § 270 InsO entspricht derjenigen des § 56 InsO für das Insolvenzregelverfahren. Für die Auswahl des Sachwalters gelten deswegen die Regeln der Auswahl eines Insolvenzverwalters entsprechend (§ 270 Abs. 1 Satz 2 InsO). Der Insolvenzrichter hat eine für den jeweiligen Einzelfall geeig-

Voraussetzungen **§ 270**

nete, insbesondere geschäftskundige und von den Gläubigern und dem Schuldner unabhängige natürliche Person auszuwählen und zu bestellen. Der Sachwalter erhält hierüber eine Urkunde.

II. Forderungsanmeldung

Die Forderungen der Insolvenzgläubiger sind beim Sachwalter anzumelden (Satz 2). Die **44** Regelung ist Ausdruck der Abgrenzung der Sachwalterpflichten von den Schuldnerpflichten (vor § 270 Rz. 21 ff.). Die Entgegennahme der Forderungsanmeldungen ist eine besondere Aufgabe des Insolvenzverwalters im Interesse der Gläubiger. Nach Sinn und Zweck der Regelung folgt aus Satz 2 die Zuständigkeit des Sachwalters für das Feststellungsverfahren (§§ 174–186 InsO) insgesamt. Der Sachwalter hat also nicht etwa nur die Anmeldungen der Gläubiger entgegenzunehmen, zu sammeln und danach zur weiteren Prüfung an den Schuldner abzugeben. Er nimmt vielmehr im gesamten Feststellungsverfahren die Rolle des Insolvenzverwalters ein. Diese über den bloßen Wortlaut der Vorschrift hinausgehende Aufgabe des Sachwalters wird durch Sinn und Zweck der Aufgabenverteilung nach § 283 InsO gestützt. Im Feststellungsverfahren (§ 283 Abs. 1 InsO) erfährt die Eigenverwaltung lediglich die Erweiterung durch die Möglichkeit des Schuldnerwiderspruches, während im Verteilungsverfahren der Schuldner die Verteilungsverzeichnisse aufstellt, die Verteilungen vornimmt, der Sachwalter aber die Verzeichnisse überprüft (§ 283 Abs. 2 InsO; vgl. BT-Drucks. 12/2443 zu § 344).
Damit obliegen Tabellenführung und Forderungsprüfung dem Sachwalter (Abs. 1 Satz 2 **45** i. V. m. §§ 174 ff. InsO).
Bei der Prüfung der Forderungen können außer den Insolvenzgläubigern auch der Schuldner und der Sachwalter angemeldete Forderungen bestreiten (§ 283 Abs. 1 Satz 1 InsO). Im Gegensatz zum allgemeinen Insolvenzverfahren (§ 178 Abs. 1 Satz 2 InsO) hindert in der Eigenverwaltung der alleinige Schuldnerwiderspruch die Forderungsfeststellung (§ 283 Abs. 1 Satz 2 InsO).

III. Grundbuch und Registerfreiheit

Das Gesetz hält bei Anordnung der Eigenverwaltung die Eintragung der Verfahrens- **46** eröffnung im Grundbuch (§ 32 InsO) oder im Schiffsregister, Schiffbauregister, im Register für Pfandrechte an Luftfahrzeugen für entbehrlich (Abs. 3 Satz 3). Diese Eintragung hat aber zu erfolgen, falls das Insolvenzgericht eine entsprechende Verfügungsbeschränkung anordnet (§ 277 Abs. 3 Satz 2 InsO). Eine derartige Verfügungsbeschränkung setzt allerdings einen Antrag der Gläubigerversammlung voraus (§ 277 Abs. 1 Satz 1 InsO). Frühester Anordnungszeitpunkt ist damit in der Regel die erste Gläubigerversammlung (§§ 271, 272 InsO), deren Zusammentreffen bis zu 3 Monate nach dem Eröffnungsbeschluß liegen kann (§ 270 Abs. 1 Satz 3 InsO i. V. m. § 29 Abs. 1 Nr. 1 InsO). Die Regelungen der Eigenverwaltung lassen dem Schuldner bis dahin nicht nur die Verwaltungs- und Verfügungsbefugnis über Grundstücke, Schiffe und Luftfahrzeuge. Er kann nicht einmal in seiner Verfügung beschränkt werden.
Mit dieser Regelung ist abermals die Einpassung der Selbstverwaltungsstruktur der **47** VerglO in die Insolvenzordnung nicht gelungen (eingehend vor § 270 Rz. 6, 27 ff.). § 58 Abs. 1 VerglO sah vor, daß das Gericht jederzeit von Amts wegen oder auf Antrag des

Vergleichsverwalters, eines Mitgliedes des Gläubigerbeirats oder eines Vergleichsgläubigers dem Schuldner Verfügungsbeschränkungen auferlegen kann. Die Vorschrift – wie auch die weiteren der §§ 58 ff. VerglO – war erforderlich, weil anders als bei der Eröffnung des Konkursverfahrens über das Vermögen des Schuldners die Eröffnung des Vergleichsverfahrens die Verwaltungs- und Verfügungsmacht des Schuldners nicht berührte (*Böhle-Stamschräder/Kilger* KO, § 58 Anm. 1). Dies ist die Verantwortungssituation der Eigenverwaltung in gleicher Weise. Der Schuldner ist mit der Anordnung verwaltungs- und verfügungsbefugt. Es ist nicht nur nicht einsehbar, sondern geradezu insolvenzzweckwidrig, den Schuldner nicht entsprechend den Gläubigerschutzbestimmungen der VerglO wegen einzelner besonders wertvoller Verfügungsgegenstände in seiner Verwaltungs- und Verfügungsbefugnis beschränken zu können. Auch die InsO ist in erster Linie Gläubigerschutzrecht (vgl. § 1 InsO). Der Gläubigerautonomie soll deshalb auch die Entscheidung über den Fortbestand der Eigenverwaltung überlassen bleiben.

48 Gesetz und Gesetzesbegründung bleiben die Antwort schuldig. Es liegt offenbar ein Redaktionsversehen vor. Wahrscheinlich ist, daß aufgrund der grundsätzlichen Abkehr der InsO von der Amtsermittlung und amtswegigen Entscheidung hin zur Privatautonomie (vor § 270 Rz. 3) § 58 VerglO mit diesem Grundgedanken für nicht im Einklang stehend angesehen wurde. Wenn aber die Eigenverwaltung ein funktionables Instrument für die Gläubigerbefriedigung sein soll (vor § 270 Rz. 5 f.), wird dieser Zweck nur erreicht werden können, wenn aufgrund des Gläubigerschutzinteresses bereits mit Eröffnung des Insolvenzverfahrens unter Anordnung der Eigenverwaltung eine am konkreten Einzelfall orientierte Entscheidung zu Verfügungsbeschränkungen im Sinne der Regelung des § 58 VerglO getroffen werden kann. An der Gefahr gläubigerschädigender Schuldnerverfügungen ändert sich auch nichts dadurch, daß der Schuldner die Zustimmung des Gläubigerausschusses einholen soll (§ 276 InsO mit § 160 Abs. 2 Nr. 1 InsO). Die Verfügung ist ausdrücklich auch ohne Zustimmung wirksam (§ 276 Satz 2 i. V. m. § 164 InsO; zu den entsprechenden Regelungen der Konkursordnung *Kuhn/ Uhlenbruck* KO, § 134 Rz. 1). Die Konkursmasse kann also etwa ein Grundstück verlieren, aber dafür nur einen wertlosen Schadensersatzanspruch (vgl. *Kuhn/Uhlenbruck* a. a. O.) gegen den Schuldner erhalten. Ob der Zweck der Eigenverwaltung allerdings derartige Verfügungen de lege lata zuläßt, ist offen. Dem Insolvenzrichter ist deswegen in Zweifelsfällen zu raten, von der Anordnung der Eigenverwaltung unter dem Gesichtspunkt der Gefahr gläubigerbenachteiligender Handlungen durch den Schuldner (Abs. 2 Nr. 3) bis zur ersten Gläubigerversammlung abzusehen. Werden derartige Verfügungen im Sinne der Regelung des § 58 VerglO über § 270 Abs. 1 Satz 2 InsO i. V. m. 21 InsO zugelassen (vor § 270 Rz. 38), ist dem Antragsprinzip genüge getan, wenn ein entsprechender Antrag des Gutachters/Sequesters im Eröffnungsverfahren vorliegt, weil er in der Regel der spätere Sachwalter sein wird.

§ 271
Nachträgliche Anordnung

[1]Hatte das Insolvenzgericht den Antrag des Schuldners auf Eigenverwaltung abgelehnt, beantragt die erste Gläubigerversammlung jedoch die Eigenverwaltung, so ordnet das Gericht diese an. [2]Zum Sachwalter kann der bisherige Insolvenzverwalter bestellt werden.

Nachträgliche Anordnung **§ 271**

Inhaltsübersicht: Rz.

A. Bedeutung und Zweck der Vorschrift 1– 3
   I. Grundsatz 1– 2
   II. Ausnahme: Beschlußaufhebung durch das Insolvenzgericht 3
B. Die Regelungen im einzelnen 4–12
   I. Gescheiterter Eigenverwaltungsantrag 4– 6
   II. Anordnung des Insolvenzgerichtes 7– 8
   III. Erste Gläubigerversammlung 9
   IV. Sachwalterbestellung 10–12

A. Bedeutung und Zweck der Vorschrift

I. Grundsatz

Die Regelungen der §§ 271, 272 InsO finden ihre Parallele in § 57 InsO für die Bestellung des Insolvenzverwalters und in § 68 InsO für diejenige des Gläubigerausschusses. **1**

Die §§ 271, 272 InsO sind Ausdruck der durch die InsO angestrebten Deregulierung des Insolvenzrechtes mit einer Betonung des Grundsatzes der Gläubigerautonomie: Die Normen des Insolvenzrechtes sollen der privatautonomen Abwicklung der Insolvenz so wenig Schranken wie möglich setzen. Nicht nur der Ausgang des Insolvenzverfahrens soll von den Beteiligten bestimmt werden, sondern auch der Gang des Verfahrens, nach Maßgabe des Wertes ihrer in das Verfahren einbezogenen Rechte (*Schmidt-Räntsch* InsO, Einführung Rz. 21, 25). Für die Durchführung der Eigenverwaltung hat der Gesetzgeber daraus gefolgert, daß der Wille der ersten Gläubigerversammlung grds. über der Anordnungskompetenz des Insolvenzgerichtes steht: Wurde der (vor der Eröffnung des Insolvenzverfahrens gestellte) Eigenverwaltungsantrag des Schuldners abgelehnt, kann sich die erste Gläubigerversammlung darüber hinwegsetzen, ihrerseits den Eigenverwaltungsantrag stellen und so die Eigenverwaltung nach Maßgabe des § 271 InsO zur Durchführung bringen. Wurde dagegen dem Eigenverwaltungsantrag des Schuldners stattgegeben, kann die erste Gläubigerversammlung die Durchführung nach Maßgabe des § 272 InsO zu Fall bringen. Die erste Gläubigerversammlung bestätigt also die stets vorläufige Entscheidung des Insolvenzgerichtes oder sie hebt sie auf. **2**

II. Ausnahme: Beschlußaufhebung durch das Insolvenzgericht

Die Grundsätze von Deregulierung und Gläubigerautonomie erfahren jedoch eine Durchbrechung, wenn der Beschluß der Gläubigerversammlung den gemeinsamen Gläubigerinteressen zuwider läuft. Sieht sich eine Minderheit in der Gläubigerversammlung durch die von der Mehrheit getroffene Entscheidung in ihren Interessen gefährdet, so steht das allgemeine Verfahren des § 78 InsO über § 270 Abs. 1 Satz 2 InsO zur Verfügung. Danach können Beschlüsse der Gläubigerversammlung, die einen Teil der Gläubiger unangemessen benachteiligen, vom Gericht aufgehoben werden (BT-Drucks. 12/2443 zu § 332). **3**

B. Die Regelungen im einzelnen

I. Gescheiterter Eigenverwaltungsantrag

4 Die Antragskompetenz der Gläubigerversammlung setzt einen gescheiterten Eigenverwaltungsantrag des Schuldners voraus. Nach der Struktur der vorläufigen Anordnungskompetenz des Gerichtes gem. § 270 InsO muß der Antrag des Schuldners vom Insolvenzgericht abgelehnt worden sein, weil das Gericht durch die Eigenverwaltung eine Verfahrensverzögerung oder eine Gläubigerschädigung erwartete (§ 270 Abs. 2 Nr. 3 InsO). Der Ablehnungsbeschluß des Gerichtes ist nicht beschwerde- und rechtskraftfähig, weil die sofortige Beschwerde nicht vorgesehen ist (§ 270 Abs. 1 Satz 2 InsO i. V. m. § 6 Abs. 1 InsO). Deswegen genügt für § 271 die bloße Ablehnung des Eigenverwaltungsantrages.

5 Der Wortlaut des § 271 Satz 1 InsO verführt zu dem Schluß, daß der ersten Gläubigerversammlung die Antragskompetenz fehlen soll, wenn der Eigenverwaltungsantrag vom Schuldner im Insolvenzantragsverfahren nicht gestellt wurde. Denn eine ablehnende Entscheidung des Insolvenzgerichtes kann nur vorliegen, wenn die Entscheidung durch einen Schuldnerantrag veranlaßt wurde. Stellt sich etwa nach der Eröffnung des Insolvenzverfahrens die besondere Sachkunde des Schuldners bzw. eines Geschäftsführers/ Vorstandes der Schuldnerin für optimalere Verwertungshandlungen als die des Insolvenzverwalters heraus, läßt der Gesetzeswortlaut dennoch die Antragskompetenz der ersten Gläubigerversammlung nicht zu. Zweifel am Sinn dieser Regelung kommen auf, weil die Eigenverwaltung zumindest auch bezweckt, die Kenntnisse und Erfahrungen der bisherigen Geschäftsleitung zu nutzen, die Einarbeitungszeit des Fremdverwalters zu vermeiden und ein Verfahren mit geringerem Aufwand und Kosten zur Verfügung zu stellen (BT-Drucks. 12/2443 vor § 331). Dieser Zwecksetzung kann nur entsprochen werden, wenn der ersten Gläubigerversammlung die Antragskompetenz für alle Fälle gewährt wird, in denen noch keine Eigenverwaltung besteht, gleich aus welchem Grund. Andererseits bezweckt die Eigenverwaltung auch, dem Schuldner durch die Möglichkeit der Eigenverwaltung einen erheblichen Anreiz zu bieten, rechtzeitig den Antrag auf Eröffnung des Insolvenzverfahrens zu stellen, weil er damit rechnen kann, auch nach der Verfahrenseröffnung nicht völlig aus der Geschäftsführung verdrängt zu werden (BT-Drucks. 12/2443 vor § 331). Dieser Zweck entfällt, wenn das Insolvenzverfahren bereits eröffnet ist. Dem Schuldner ist die beabsichtigte Rechtswohltat verwehrt. Mit § 271 Satz 1 InsO hat sich demnach der Gesetzgeber offenbar für den Vorrang des Schuldneranreizes vor den Verwertungsinteressen der Gläubiger entschieden. Die Entscheidung des Gesetzgebers kann nicht befriedigen. Sie widerspricht der Zielsetzung der Insolvenzordnung, weil den Gläubigern in der ersten Gläubigerversammlung die Möglichkeit entzogen wird, durch die Vorteile der Eigenverwaltung zu einer besseren gemeinschaftlichen Befriedigung als über ein Insolvenzverfahren zu kommen, indem das Vermögen des Schuldners von ihm selbst verwertet und der Erlös verteilt oder in einem Insolvenzplan eine abweichende Regelung insbesondere zum Erhalt des Unternehmens getroffen wird (§ 1 Satz 1 InsO). Angesichts des klaren Wortlauts des § 271 Satz 1 InsO wird die Einräumung einer umfassenden Antragskompetenz für die erste Gläubigerversammlung indes nur nach einer Gesetzesänderung möglich sein.

6 Der Wortlaut der Vorschrift verleitet zu der Annahme, daß es für die Antragskompetenz der ersten Gläubigerversammlung ausreicht, wenn sich nur der Schuldner einmal vor der Eröffnung des Insolvenzverfahrens zu seiner Bereitschaft, unter Aufsicht eines Sachwalters das Verwaltungs- und Verfügungsrecht nach Eröffnung des Insolvenzverfahrens

Nachträgliche Anordnung § 271

auszuüben, durch seinen Eigenverwaltungsantrag bekannt hat, es also auf seine fortgesetzte Bereitschaft hierzu nach der Verfahrenseröffnung nicht ankommt. Aus dem Sinn und Zweck der Eigenverwaltung ist dagegen zu schließen, daß die erklärte Bereitschaft des Schuldners hierzu in der ersten Gläubigerversammlung vor Anordnung der Eigenverwaltung vorliegen muß. Diese weitere Voraussetzung der Anordnung nach § 271 InsO folgt zunächst daraus, daß die Anordnung der Eigenverwaltung durch den Insolvenzrichter mit der Eröffnung des Insolvenzverfahrens (§ 270 Abs. 1 Satz 1 InsO) in allen Fällen nicht ohne Antrag des Schuldners möglich ist (§ 270 Abs. 2 InsO). Die unbedingte Respektierung des Schuldnerwillens folgt ferner aus den Aufhebungsgrundsätzen nach § 272 InsO. Danach hat das Insolvenzgericht die Anordnung außerhalb einer Gläubigerversammlung aufzuheben, wenn der Schuldner dies beantragt (§ 272 Abs. 1 Nr. 3 InsO). Hierzu nimmt der Gesetzgeber an, daß die Eigenverwaltung unter Aufsicht eines Sachwalters nur Erfolg haben könne, wenn der Schuldner bereit sei, die ihm zufallenden Aufgaben mit vollem Einsatz zu erfüllen (BT-Drucks. 12/2443 zu § 233). Deswegen kann es keinen Sinn machen, die Eigenverwaltung nach § 271 InsO ohne die erklärte Bereitschaft des Schuldners, dies auch so zu wollen, anzuordnen.

II. Anordnung des Insolvenzgerichtes

Die Anordnung der Eigenverwaltung durch das Insolvenzgericht auf Antrag der ersten Gläubigerversammlung erfolgt durch Beschluß (vgl. § 273 InsO). Im Gegensatz zum Aufhebungsbeschluß nach § 272 Abs. 1, Abs. 2 Satz 3 InsO ist er nicht rechtsmittelfähig, weil die sofortige Beschwerde nicht vorgesehen ist (§ 6 Abs. I InsO). Er ist öffentlich bekanntzumachen (§ 273 InsO). 7

Der Antrag der Gläubigerversammlung hat bereits die Benennung einer bestimmten natürlichen Person (§§ 270 Abs. 1 Satz 2, 56 Satz 1 InsO) zu enthalten, die das Insolvenzgericht zum Sachwalter bestellen soll (§§ 270 Abs. 1 Satz 2, 57 Satz 1 InsO). Das Insolvenzgericht hat kein Auswahlrecht, kann aber die Bestellung bei Nichteignung versagen (§§ 270 Abs. 1 Satz 2, 57 Satz 2 InsO). Enthält der Antrag der Gläubigerversammlung nicht zugleich die Benennung des zu bestellenden Sachwalters, ist er unzulässig. Denn das Antragsrecht der Gläubigerversammlung folgt dem Grundsatz der Gläubigerautonomie im Insolvenzverfahren. Das Insolvenzgericht ist nicht befugt, diesen Grundsatz zu durchbrechen. Die Gläubigerversammlung kann den bisherigen Sachverwalter benennen (Satz 2). Das Insolvenzgericht wird darauf hinweisen. 8

III. Erste Gläubigerversammlung

Die Antragskompetenz steht nur der ersten Gläubigerversammlung zu. Damit wäre selbst ein einstimmiger Antrag auf Anordnung der Eigenverwaltung in einer außerordentlichen Gläubigerversammlung unzulässig. Der Vorbereitung der ersten Gläubigerversammlung kommt wegen der weitreichenden Folgen der Eigenverwaltung für die Gläubigerinteressen, insbesondere auch der in ihr liegenden Gefahren (vor § 270 Rz. 15, 31 ff.), gerade für die Gläubiger besondere Bedeutung zu. Den Gläubigern ist die Teilnahme dringend anzuraten. Ob allerdings die bisher in der Praxis zu beobachtende Zurückhaltung der Gläubiger einer wünschenswerten regen Teilnahme weichen wird, bleibt abzuwarten. 9

IV. Sachwalterbestellung

10 Zum Sachwalter kann der bisherige Insolvenzverwalter bestellt werden. Der Gesetzgeber respektiert mit der Regelung die Sachnähe des bisherigen Insolvenzverwalters wie im umgekehrten Fall der Eigenverwaltungsaufhebung diejenige des bisherigen Sachwalters (§ 272 Abs. 3 InsO).

11 Die Regelung beschränkt sich auf die Klarstellung zur Personenauswahl: Der bisherige Insolvenzverwalter ist grds. nicht etwa unter dem Gesichtspunkt der Interessenkollision vom Sachwalteramt ausgeschlossen. Aus der Struktur der Eigenverwaltung insgesamt mit der grundsätzlichen Gefahr gläubigergefährdenden Handelns des Schuldners in der Eigenverwaltung folgt, daß wie bei der vorläufigen Anordnung der Eigenverwaltung nach § 270 Abs. 2 InsO die Anordnung der Eigenverwaltung ohne gleichzeitige Bestellung eines Sachwalters unzulässig ist (§ 270 Rz. 4).

12 Die Überwachungsfunktion des Sachwalters für die Wahrung der Gläubigerinteressen (§ 274 InsO) macht die Auswahl und Berufung des Sachwalters zu einer der Kernfragen der Eigenverwaltung. § 271 InsO entspricht der Situation der ersten Gläubigerversammlung des allgemeinen Insolvenzverfahrens, so daß über § 270 Abs. 1 Satz 2 InsO § 57 InsO anzuwenden ist. Damit steht den Gläubigern die Wahl zu. Das Insolvenzgericht kann die Bestellung des Gewählten nur versagen, wenn er für die Annahme des Amtes nicht geeignet ist. Die Versagung erfolgt durch Beschluß und ist für jeden Gläubiger beschwerdefähig, die Bestellung dagegen nicht (Argumentation aus § 57 InsO). Ein Gläubiger kann sich deswegen nur nach Maßgabe des § 78 InsO gegen die Bestellung zu Wehr setzen, indem das Insolvenzgericht davon überzeugt wird, daß die Bestellung den gemeinsamen Interessen der Insolvenzgläubiger widerspricht. Gegen die Ablehnung des Antrages auf Aufhebung des Beschlusses der ersten Gläubigerversammlung kann sofortige Beschwerde eingelegt werden (§ 78 Abs. 2 Satz 3 InsO).

§ 272
Aufhebung der Anordnung

(1) Das Insolvenzgericht hebt die Anordnung der Eigenverwaltung auf,
1. wenn dies von der Gläubigerversammlung beantragt wird;
2. wenn dies von einem absonderungsberechtigten Gläubiger oder von einem Insolvenzgläubiger beantragt wird und die Voraussetzung des § 270 Abs. 2 Nr. 3 weggefallen ist;
3. wenn dies vom Schuldner beantragt wird.

(2) ¹Der Antrag eines Gläubigers ist nur zulässig, wenn der Wegfall der Voraussetzung glaubhaft gemacht wird. ²Vor der Entscheidung über den Antrag ist der Schuldner zu hören. ³Gegen die Entscheidung steht dem Gläubiger und dem Schuldner die sofortige Beschwerde zu.

(3) Zum Insolvenzverwalter kann der bisherige Sachwalter bestellt werden.

Inhaltsübersicht: Rz.

A. Bedeutung und Zweck der Vorschrift	1– 2
B. Die Regelungen im einzelnen	3–18
I. Aufhebungsvoraussetzungen (Abs. 1)	3

Aufhebung der Anordnung § 272

	1. Anordnung der Eigenverwaltung	3
	2. Aufhebung durch Insolvenzgericht	4
	3. Antrag der Gläubigerversammlung (Nr. 1)	5–6
	4. Antrag durch absonderungsberechtigten Gläubiger oder durch Insolvenzgläubiger und drohende Gläubigerschädigung (Nr. 2)	7–12
	5. Schuldnerantrag (Nr. 3)	13–15
II.	Anordnung der Aufhebung (Abs. 2 Satz 3)	16–17
III.	Aufhebungsfolge	18

A. Bedeutung und Zweck der Vorschrift

§ 272 InsO respektiert den Grundsatz der Gläubigerautonomie im Insolvenzrecht. Die **1** Anordnung der Eigenverwaltung auf Antrag des Schuldners durch das Insolvenzgericht vor Eröffnung des Insolvenzverfahrens ist vorläufig bis zur ersten Gläubigerversammlung. Ihrer Entscheidung ist vorbehalten, ob die Anordnung rückgängig gemacht wird oder nicht. Wurde der Eigenverwaltungsantrag abgelehnt, kann es in der ersten Gläubigerversammlung nach Maßgabe des § 271 InsO zur Anordnung der Eigenverwaltung kommen.

Während allerdings § 271 InsO die Entscheidungskompetenz auf die erste Gläubigerver- **2** sammlung beschränkt, erweitert § 272 InsO die Entscheidungskompetenz auf jede Gläubigerversammlung. Nicht nur die erste Gläubigerversammlung kann also die Eigenverwaltung beenden, sondern auch jede spätere Gläubigerversammlung. Der Grund liegt im erheblichen Risiko der Eigenverwaltung für die Gläubiger trotz Aufsicht des Sachwalters. Gläubigerschädigende Handlungen des Schuldners können etwa nicht mit der Insolvenzanfechtung rückgängig gemacht werden, auch nicht nach einer Aufhebung der Eigenverwaltung. Daher soll es möglich sein, die Eigenverwaltung kurzfristig zu beenden, wenn eine Gefährdung der Gläubigerinteressen sichtbar wird (BT-Drucks. 12/2443 zu § 333). Die Antragskompetenz steht deswegen nicht nur jeder Gläubigerversammlung zu (Abs. 1 Nr. 1), sondern auch jedem absonderungsberechtigten Gläubiger und jedem Insolvenzgläubiger unter den Voraussetzungen des Abs. 1 Nr. 2.

B. Die Regelungen im einzelnen

I. Aufhebungsvoraussetzungen (Abs. 1)

1. Anordnung der Eigenverwaltung

Es muß eine Anordnung der Eigenverwaltung durch das Insolvenzgericht auf Antrag des **3** Schuldners vor Eröffnung des Insolvenzverfahrens vorliegen, also ein Anordnungsbeschluß (§ 270 Abs. 1 Satz 1 InsO). Die Wirksamkeit des Anordnungsbeschlusses (§ 270 Rz. 4) ist vom Wortlaut des Gesetzes nicht gefordert, ist aber als immanente Voraussetzung anzusehen. Wurde etwa die Eigenverwaltung ohne gleichzeitige Sachwalterbestellung angeordnet (§ 270 Rz. 4), erfolgte die Anordnung ohne Anordnungsbeschluß (§ 270 Rz. 13) oder lag dem Anordnungsbeschluß kein Eigenverwaltungsantrag zugrunde (§ 270 Rz. 20ff.), ist die Anordnung nichtig, ihre Aufhebung entbehrlich. Dennoch ist die Aufhebung durch gesonderten Beschluß zulässig und im Hinblick auf die Rechtssicherheit empfehlenswert.

2. Aufhebung durch Insolvenzgericht

4 Die Aufhebung der Anordnung der Eigenverwaltung erfolgt durch förmlichen Beschluß des Insolvenzgerichtes. Gegen die Entscheidung steht dem Gläubiger und dem Schuldner die sofortige Beschwerde zu (Abs. 2 Satz 3), sie ist damit rechtsmittelfähig (§ 6 Abs. 1 InsO).

3. Antrag der Gläubigerversammlung (Nr. 1)

5 Die Gläubigerversammlung kann die Aufhebung der Anordnung der Eigenverwaltung beantragen (Nr. 1). Die Vorschrift gewährt jeder Gläubigerversammlung die Antragskompetenz (BT-Drucks. 12/2443 zu § 333; s. o. Rz. 2).
Für den Antrag der Gläubigerversammlung und das Antragsverfahren gelten über § 270 Abs. 1 Satz 2 InsO die Vorschriften über den Antrag der Gläubigerversammlung auf Entlassung des Insolvenzverwalters entsprechend (§ 59 Abs. 1 Satz 2 InsO, §§ 76 ff. InsO).

6 Damit besteht die Gefahr der faktischen Beherrschung der Eigenverwaltung durch einen oder wenige Großgläubiger oder eine geschickt agierende Kleingläubigergruppe. Es besteht die Gefahr, daß die Eigenverwaltung ein Instrument für einseitige Verwertungsinteressen weniger Großgläubiger wird. Ist die Eigenverwaltung einmal angeordnet, kann sie von jeder – auch außerordentlichen (§ 75 InsO) – Gläubigerversammlung wieder zu Fall gebracht werden. Der Beschluß über den Antrag auf Aufhebung der Eigenverwaltung bedarf der Mehrheit in der Summe der Forderungsbeträge der zustimmenden Gläubiger aller abstimmenden Gläubiger (§ 76 Abs. 2 InsO). Großgläubiger werden in der Regel mit ihren Forderungsbeträgen die Mehrheit in der Gläubigerversammlung kontrollieren. Ohne sie ist deswegen faktisch die Durchführung der Eigenverwaltung kaum möglich. Sie sind regelmäßig jederzeit durch Einberufung einer außerordentlichen Gläubigerversammlung in der Lage, die Eigenverwaltung zu beenden. Die sich daraus ergebenden Risiken für Schuldner und insbesondere Sachwalter gerade im Hinblick auf Fortführungsfälle sind unabsehbar (vgl. § 270 Rz. 31 ff.). Großgläubigern wird regelmäßig die Masse der Absonderungsrechte (Grundpfandrechte, Sicherungsübereignungen, Sicherungszessionen) gehören, so daß zur gläubigerschädigenden Selbstsanierung über die Eigenverwaltung – die die InsO gerade verhindern will – (*Schmidt-Räntsch* InsO, Rz. 13) – nur ein kleiner Schritt nötig ist. Der Kenntnis- und Kenntnisnahmemöglichkeit des Insolvenzrichters über derartige Sachverhalte sind Grenzen gesetzt. Im Eröffnungsverfahren bleibt ihm letztlich nur die Einschätzung über die Lauterkeit des von ihm auszuwählenden und (vorläufig) einzusetzenden Sachwalters (vor § 270 Rz. 16 f.), in der Gläubigerversammlung bleiben Hinweise und Interventionen einer kritischen Restgläubigerschaft (§§ 270 Abs. 1 Satz 2, 78 Abs. 1 InsO). Andererseits besteht die Gefahr, daß eine geschickt agierende Kleingläubigergruppe aus eigennützigen Motiven eine die Gläubigerinteressen insgesamt fördernde Eigenverwaltung zu Fall bringt. Sie braucht nur eine außerordentliche Gläubigerversammlung zustande zu bringen, in der sie durch Abwesenheit der Gläubigermehrheiten (Stimmrechtsmehrheiten) die Abstimmungsmehrheit nach § 76 Abs. 2 InsO hat. Beide Gefahren werden sich nur bannen lassen, wenn die Gläubigergesamtheit weitaus mehr von der ihr eingeräumten Gläubigerautonomie Gebrauch macht als dies bislang zu beobachten war, sie die Gläubigerrechte als Gläubigerpflichten versteht und handhabt.

4. Antrag durch absonderungsberechtigten Gläubiger oder durch Insolvenzgläubiger und drohende Gläubigerschädigung (Nr. 2)

Die Antragskompetenz auf Aufhebung der Anordnung der Eigenverwaltung steht einem **7** absonderungsberechtigten Gläubiger und einem Insolvenzgläubiger zu, wenn er glaubhaft macht, daß die Fortsetzung der Eigenverwaltung zu einer Verzögerung des Verfahrens oder zu sonstigen Nachteilen für die Gläubiger führen wird. (Nr. 2 i. V. m. Abs. 2 Satz 1, § 270 Abs. 2 Nr. InsO). Nr. 2 dient dem Schutz vor gläubigerschädigenden Handlungen des Schuldners. Die Eigenverwaltung kann kurzfristig beendet werden, wenn eine Gläubigergefährdung sichtbar wird (BT-Drucks. 12/2443 zu § 333).

a) Absonderungsberechtigte Gläubiger: §§ 49–51 InsO. Insolvenzgläubiger: § 38 **8** InsO.

b) Aus der systematischen Stellung zur Nr. 1 folgt, daß sich Nr. 2 auf ein Aufhebungs- **9** verfahren außerhalb einer Gläubigerversammlung bezieht. Während einer Gläubigerversammlung ist Nr. 2 daher unanwendbar. Der Antrag ist beim Insolvenzgericht schriftlich oder zu Protokoll der Geschäftsstelle anzubringen. Aus der Gesetzessystematik, die der Gläubigerversammlung die Entscheidungspriorität gewährt, folgt ferner, daß das Insolvenzgericht von der durch einen Antrag nach Nr. 2 ausgelösten Aufhebungskompetenz zurückhaltend Gebrauch machen sollte. Die Aufhebung der Anordnung durch das Insolvenzgericht wird nach Nr. 2 nur in Betracht kommen, soweit sich aus dem glaubhaft gemachten Gläubigerantrag (Abs. 2 Satz 1) ergibt, daß nicht der Beschluß einer ggf. kurzfristig einzuberufenden Gläubigerversammlung nach Nr. 1 abgewartet werden kann. Damit beschränkt sich der Anwendungsbereich der Nr. 2 auf die Fälle unaufschiebbarer Erforderlichkeit, um Nachteile für die Gläubiger zu vermeiden (vgl. § 277 Abs. 2 Satz 1 InsO).

c) Der Antrag ist bei dem Insolvenzgericht anzubringen. Es entscheidet nach Anhörung **10** des Schuldners durch rechtsmittelfähigen Beschluß (Abs. 2 Satz 2, 3).

Die Aufhebungsvoraussetzungen sind glaubhaft zu machen. Der antragende Gläubiger **11** kann sich aller Beweismittel bedienen, auch zur Versicherung an Eides Statt zugelassen werden (§ 4 InsO i. V. m. § 294 ZPO). Glaubhaftmachung wird verlangt, um mißbräuchliche Anträge abzuwehren (BT-Drucks. 12/2443 zu § 333).

Mit Rücksicht auf die weitreichende Bedeutung des Aufhebungsbeschlusses wird das Insolvenzgericht die Glaubhaftmachung der Aufhebungsvoraussetzungen sehr sorgfältig prüfen und ggf. von Amts wegen ermitteln oder ermitteln lassen (§ 5 Abs. 1 InsO). Kommt es auf diesem Weg – also außerhalb einer Gläubigerversammlung – zur Aufhebung der Eigenverwaltung, ist eine erneute Anordnung der Eigenverwaltung regelmäßig ausgeschlossen. Denn die Abänderung der insolvenzrichterlichen Entscheidung zugunsten einer Anordnung der Eigenverwaltung ist nur in der ersten Gläubigerversammlung möglich (§ 271 InsO).

d) Nr. 2 erfordert eine Prognoseentscheidung des Gerichtes über eine vom Schuldner **12** veranlaßte drohende Verfahrensverzögerung oder gläubigerbenachteiligende Handlungen. Gegenstand der Glaubhaftmachung ist damit die vergleichbare Entscheidungslage des Insolvenzrichters im Anordnungsverfahren vor der Eröffnung des Insolvenzverfahrens nach § 270 Abs. 2 Nr. 3 InsO. Die Entscheidung steht im freien pflichtgemäßen Ermessen des Insolvenzrichters, der die gerichtsbekannten und glaubhaft gemachten persönlichen und wirtschaftlichen Verhältnisse des Schuldners bzw. seiner handelnden Organe sowie sein früheres Verhalten gegen die Gefahren des durch den Sachwalter beaufsichtigten Schuldnerhandelns abwägen muß (§ 270 Rz. 35 ff.).

5. Schuldnerantrag (Nr. 3)

13 Grundlage der Eigenverwaltung ist die Annahme des Gesetzgebers, daß sie nur Erfolg haben kann und deswegen sinnvoll ist, wenn der Schuldner bereit ist, das Verwaltungs- und Verfügungsrecht unter Aufsicht eines Sachwalters auszuüben (§ 271 Rz. 5 f.) und er hierzu mit vollem Einsatz bereit ist (BT-Drucks. 12/2443 zu 333). Deswegen schafft das Gesetz die Möglichkeit, die Anordnung der Eigenverwaltung auf bloßen Schuldnerantrag durch das Insolvenzgericht außerhalb einer Gläubigerversammlung aufheben zu lassen (Nr. 3). Das Gesetz respektiert hier in besonderer Weise die Verwaltungs- und Verfügungsbereitschaft des Schuldners: Auch wenn der Schuldner zunächst die Eigenverwaltung unter Aufsicht des Sachwalters beantragt hat, kann seine Bereitschaft im weiteren Verlauf des Insolvenzverfahrens entfallen, etwa weil er mit den Weisungen des Gläubigerausschusses oder mit den ihm auf Antrag der Gläubigerversammlung auferlegten Einschränkungen (§§ 276, 277 InsO) nicht einverstanden ist (BT-Drucks. 12/2443 zu § 333). Daraus folgt, daß das Insolvenzgericht für die Ausübung der Aufhebung der Anordnung auf Eigenverwaltung keinen Entscheidungsspielraum hat: Liegt der Schuldnerantrag vor, ist die Anordnung aufzuheben.

14 Allerdings knüpft Nr. 3 an die Willensentschließung des Schuldners an, nicht an diejenige seines Organes. Problematisch kann deswegen die Handhabung der Nr. 3 werden, wenn nur einer von mehreren Geschäftsführern oder Vorständen den Antrag stellt, einer oder mehrere andere dagegen nicht; wenn zwar alle vertretungsberechtigten Geschäftsführer oder Vorstände den Antrag stellen, aber eine kompetente Ersatzperson zur Übernahme der Organstellung bereit steht. In derartigen Zweifelsfällen ist dem Insolvenzgericht eine Entscheidung außerhalb einer Gläubigerversammlung angesichts ihrer weitreichenden Bedeutung nicht zuzumuten, so daß sie der Gläubigerversammlung vorzubehalten sein wird. Sie kann vom Insolvenzgericht auch kurzfristig einberufen werden (§ 74 Abs. 1 InsO).

15 Für die Praxis bietet Nr. 3 erhebliche Gefahren. Die Eigenverwaltung wird regelmäßig in Fortführungsfällen in Betracht kommen (BT-Drucks. 12/2443 vor § 331). Die Fortführung eines Geschäftsbetriebes kann mit langfristig einzugehenden Verpflichtungen verbunden sein, etwa Investitionsentscheidungen, Auftragsbearbeitungszeiten etc. Ist dabei die Fortführungskompetenz auf die Person des Schuldners oder einzelne für den Schuldner handelnde Personen beschränkt, kann die Fortführungsentscheidung in eine personelle Abhängigkeit geraten. In dieser Abhängigkeit stehen dann alle, die auf die langfristige Fortführung vertraut haben, z. B. fortführungsfinanzierende Banken, Lieferanten wegen Lieferantenkredites. Die Abhängigkeit wird in der Praxis deswegen nur zu mildern sein, wenn der Sachwalter von vornherein seine Überwachungsfunktion so ausübt, daß er bei aufkommendem Unwillen des Schuldners in der Lage ist, die Fortführungsaufgabe als Insolvenzverwalter nahtlos zu übernehmen. Die Abhängigkeit der Eigenverwaltung vom Schuldnerwillen stellt deswegen überdurchschnittliche Anforderungen an den Sachwalter, der sich in einer »latenten Auffangposition« sehen muß.

II. Anordnung der Aufhebung (Abs. 2 Satz 3)

16 Die Anordnung der Aufhebung erfolgt durch rechtsmittelfähigen Beschluß (Abs. 2 Satz 3 i. V. m. § 6 Abs. 1 InsO). Er ist den Beteiligten zuzustellen (§ 6 Abs. 2 InsO).

Die Anordnung der Eigenverwaltung bleibt bis zur Rechtskraft des Beschlusses wirksam. Mit Rücksicht auf die Dauer einer Rechtsmittelentscheidung kann sich zum Schutz vor gläubigerschädigenden Handlungen des Schuldners das Bedürfnis ergeben, die Handlungsfreiheit des Schuldners in dieser Zeit zu beschränken. Diese Möglichkeit bietet das Gesetz mit Einzelanordnungen des Insolvenzgerichtes nach § 277 InsO, die nicht rechtsmittelfähig sind. 17

III. Aufhebungsfolge

Die Aufhebung der Eigenverwaltung unter Aufsicht des Sachwalters hat zur Folge, daß ein Insolvenzverwalter eingesetzt wird und die Verwaltung der Insolvenzmasse übernimmt. Die Bestellung erfolgt nach den allgemeinen Regeln zunächst durch das Gericht (§ 56 InsO). In der Regel wird es vorteilhaft sein, zum Insolvenzverwalter den bisherigen Sachwalter zu bestellen. Denn er hat bereits (mindestens) einen Einblick in die Vermögensverhältnisse des Schuldners gewonnen (BT-Drucks. 12/2443 zu § 333). Abs. 3 sieht deswegen diese Möglichkeit der Personenauswahl für den Sachwalter ausdrücklich vor. 18

§ 273
Öffentliche Bekanntmachung

Der Beschluß des Insolvenzgerichts, durch den nach der Eröffnung des Insolvenzverfahrens die Eigenverwaltung angeordnet oder die Anordnung aufgehoben wird, ist öffentlich bekanntzumachen.

Die Eigenverwaltung mit der Verwaltungs- und Verfügungsberechtigung des Schuldners ist eine besondere Art des Insolvenzverfahrens (§ 270 Rz. 2f). Sie fordert für den Geschäftsverkehr Klarheit über die Verfügungs- und Verwaltungsbefugnisse. Deswegen ordnet § 273 InsO die öffentliche Bekanntmachung der Anordnung der Eigenverwaltung unter Aufsicht eines Sachwalters ebenso an, wie die Aufhebung der Anordnung (BT-Drucks. 12/2443 zu § 334). Wenn die Anordnung schon bei der Eröffnung des Verfahrens ergeht, wird sie als Teil des Eröffnungsbeschlusses öffentlich bekannt gemacht. Art und Weise der öffentlichen Bekanntmachung nebst ihrer Wirkung regelt § 9 InsO. 1

§ 274
Rechtsstellung des Sachwalters

(1) Für die Bestellung des Sachwalters, für die Aufsicht des Insolvenzgerichts sowie für die Haftung und die Vergütung des Sachwalters gelten § 54 Nr. 2 und die §§ 56 bis 60, 62 bis 65 entsprechend.
(2) ¹Der Sachwalter hat die wirtschaftliche Lage des Schuldners zu prüfen und die Geschäftsführung sowie die Ausgaben für die Lebensführung zu überwachen. ²§ 22 Abs. 3 gilt entsprechend.
(3) ¹Stellt der Sachwalter Umstände fest, die erwarten lassen, daß die Fortsetzung der Eigenverwaltung zu Nachteilen für die Gläubiger führen wird, so hat er dies

§ 274 *Eigenverwaltung*

unverzüglich dem Gläubigerausschuß und dem Insolvenzgericht anzuzeigen. ²Ist ein Gläubigerausschuß nicht bestellt, so hat der Sachwalter an dessen Stelle die Insolvenzgläubiger, die Forderungen angemeldet haben, und die absonderungsberechtigten Gläubiger zu unterrichten.

Inhaltsübersicht: Rz.

A. Bedeutung und Zweck der Vorschrift	1– 3
B. Bestellung, Aufsicht, Haftung, Vergütung (Abs. 1)	4–42
I. Bestellung	5– 7
1. Persönliche Eignung	6
2. Neubestellung durch erste Gläubigerversammlung	7
II. Aufsicht	8–11
1. Aufsichtsinhalt	9–10
2. Entlassungsrecht	11
III. Haftung	12–25
1. Allgemeiner Haftungsmaßstab, Beteiligte	13–17
2. Allgemeiner Sorgfaltsmaßstab	18
3. Sorgfaltsmaßstab bei Einschaltung von Erfüllungsgehilfen	19–21
4. Sorgfaltsmaßstab bei drohender Masseunzulänglichkeit	22–24
5. Verjährung	25
IV. Vergütung	26–42
1. Regelsatzprinzip (§ 63 InsO)	27–28
2. Regelvergütung (§ 12 Abs. 1 InsVV)	29
3. Regelsatzabweichungen (§ 12 Abs. 1, 2 InsVV, § 3 InsVV)	30–42
a) Geschmälerte oder ungeschmälerte Regelsatzabweichungen	31–34
b) Einzelfallbezogene Beurteilung	35
c) Vergütungsberechnung, Regelsatzabweichungen	36–37
d) Berechnungsbeispiel	38
e) Geschäftsunkostenabgeltung (§ 4 InsVV)	39
f) Besondere Sachkunde (§ 5 InsVV)	40
g) Pauschalsatz (§ 12 Abs. 3 InsVV)	41
h) Vorschußberechtigung (§ 9 InsVV)	42
C. Grundpflichten (Abs. 2)	43–52
I. Zweck der Vorschrift	43–45
II. Prüfung der wirtschaftlichen Lage des Schuldners	46–50
III. Überwachung der Geschäftsführung des Schuldners und seiner privaten Ausgaben für die Lebensführung	51–52
D. Unterrichtungspflichten (Abs. 3)	53–59
I. Unterrichtungspflichtige Tatsachen, Kombinationen und Schlußfolgerungen	53–55
II. Erfüllung	56–58
III. Haftung	59

Literatur:

Berges Die Vergleichsordnung in der Erprobung und Bewährung, KTS 1955, 2 ff.

A. Bedeutung und Zweck der Vorschrift

§ 274 InsO ist neben § 270 InsO, der die formalen und materiellen Anordnungsvoraus- 1
setzungen für die Eigenverwaltung regelt, wichtigste Vorschrift der Eigenverwaltung.
Die Eigenverwaltung ist besondere Verfahrensart des Insolvenzverfahrens (s. § 270
Rz. 5 u. vor § 270 Rz. 5). Sie unterscheidet sich vom Insolvenzregelverfahren durch die
Aufteilung der Insolvenzverwalterbefugnisse (§ 80 InsO) auf Schuldner und Sachwalter
(§ 270 Abs. 1 Satz 1, Abs. 3 Satz 1 InsO; eingehend vor § 270 Rz. 21 ff.), so daß der
Sachwalter im Verhältnis zum Insolvenzverwalter einen eingeschränkten Tätigkeitsbereich ausübt (BT-Drucks. 12/2443 zu § 335). Die Ausgestaltung der Sachwalterrechte
und -pflichten beinhaltet zugleich die Abgrenzung seiner Rechte und Pflichten zu
denjenigen des Schuldners. Damit hängt die Funktionsfähigkeit der Eigenverwaltung
entscheidend von der Ausgestaltung seiner Rechte und Pflichten ab (s. vor § 270
Rz. 20 ff.).

Für den Sachwalter regelt § 274 InsO die Bestellung, die Aufsicht, die Haftung und die 2
Vergütung (Abs. 1) sowie die Grundpflichten (Abs. 2) und die Unterrichtungspflichten
(Abs. 3). § 274 InsO enthält darüber hinaus die Grundlagen zu den Verteilungsregeln für
die Verantwortlichkeiten von Insolvenzgericht, Gläubigerausschuß und Gläubigerversammlung (§ 275–285 InsO).

Der Sachwalter hat mit dem Sachwalter der VerglO nur den Namen gemeinsam, in seiner 3
Rechts- und Pflichtenstellung unterscheidet er sich grundlegend. Er hat eine insolvenzverwalterähnliche Stellung inne und ist Inhaber eines öffentlichen Amtes aufgrund
gerichtlicher Bestellung (§ 270 Abs. 3 Satz 1; näher § 270 Rz. 41 ff.).

B. Bestellung, Aufsicht, Haftung, Vergütung (Abs. 1)

Abs. 1 ist Ausdruck der insolvenzverwalterähnlichen Stellung des Sachwalters, indem 4
Bestellung, Aufsicht, Haftung und Vergütung des Sachwalters grundsätzlich den Regelungen des Insolvenzregelverfahrens unterworfen wird. Abs. 1 hat klarstellende Bedeutung, weil die Regelungen des Insolvenzregelverfahrens bereits über § 270 Abs. 1
Satz 2 InsO gelten. Die Besonderheiten der Eigenverwaltung machen jedoch eine
genaue Betrachtung der entsprechend anzuwendenden Regelungen erforderlich. Die
Regelungen für den Insolvenzverwalter passen nicht immer ohne weiteres auf den
Sachwalter, weil sich die Eigenverwaltung vom Insolvenzregelverfahren strukturell
unterscheidet.

I. Bestellung

Die Bestellung des Sachwalters folgt den Regelungen der Bestellung des Insolvenzver- 5
walters in den §§ 56, 57 InsO.

1. Persönliche Eignung

Zum Sachwalter ist vom Insolvenzrichter eine für den jeweiligen Einzelfall geeignete, 6
insbesondere geschäftskundige und von den Gläubigern und dem Schuldner unabhängige natürliche Person (auszuwählen und) zu bestellen (§ 56 InsO). Bei der gebotenen
Beurteilung zur Einzelfalleignung wird der Insolvenzrichter die besonderen Schwierig-

keiten des Sachwalteramtes berücksichtigen, die mit der Pflicht zur (laufenden) Überwachung des Schuldners (Abs. 2) und der latenten Möglichkeit eines raschen Wechsels in das Amt eines Insolvenzverwalters (§ 272 Abs. 3 InsO) verbunden sind. Die Eigenverwaltung ist vornehmlich auf Fortführungsfälle angelegt (BT-Drucks. 12/2443 vor § 331). Fortführungsfälle werden regelmäßig mit der Eingehung längerfristiger und teils erheblicher Verpflichtungen durch den Schuldner verbunden sein (vor § 270 Rz. 31 ff.), die zu einer erheblichen Gläubigerschädigung führen können, insbesondere bei ihrem Scheitern durch eintretende Masseunzulänglichkeit. Daraus folgt das maßgebende Beurteilungskriterium: Einzelfallbezogene persönliche und fachliche Fähigkeiten wie ein Insolvenzverwalter in gleicher (Fortführungs)situation, aufgrund der Überwachungs- und Mitwirkungsfunktion ferner ausgeprägte Führungsqualitäten. Schließlich persönliche Integrität: Die Gefahr rechtsmißbräuchlichen Einsatzes der Eigenverwaltung (vor § 270 Rz. 14 ff.) schwindet mit der persönlichen Integrität des Sachwalters.

2. Neubestellung durch erste Gläubigerversammlung

7   Die Sachwalterbestellung durch das Insolvenzgericht ist vorläufig. Die Gläubiger können in der ersten Gläubigerversammlung, die auf die Bestellung des Sachwalters durch das Insolvenzgericht folgt, an seiner Stelle eine andere Person wählen. Das Gericht kann die Bestellung des Gewählten nur versagen, wenn er für die Übernahme des Amtes nicht geeignet ist. Gegen die Versagung steht jedem Insolvenzgläubiger die sofortige Beschwerde zu (§ 57 InsO). Wie bei der Entscheidung über die Aufhebung der Anordnung der Eigenverwaltung besteht die Gefahr der faktischen Beherrschung der Eigenverwaltung durch einen oder wenige Großgläubiger oder eine geschickt agierende Kleingläubigergruppe, indem in der ersten Gläubigerversammlung die Sachwalterneubestellung über die Forderungsbetragsmehrheit gesteuert wird. Sie wird nur über eine aktive Wahrnehmung der Gläubigerrechte durch alle Insolvenzgläubiger zu bannen sein (§ 272 Rz. 6).

II. Aufsicht

8   Die Aufsicht des Sachwalters folgt grundsätzlich den Regelungen der Insolvenzverwalteraufsicht.

1. Aufsichtsinhalt

9   Der Sachwalter steht unter der Aufsicht des Insolvenzgerichtes. Es kann jederzeit einzelne Auskünfte oder einen Bericht über den Sachstand und die Geschäftsführung von ihm verlangen, ihn ferner durch Zwangsgeld zur Erfüllung dieser Pflichten anhalten (§ 58 Abs. 1, 2 InsO).
10 Für den Inhalt der Auskunfts- und Berichtspflicht des Sachwalters besteht allerdings eine Besonderheit soweit sie die Geschäftsführung betrifft. Im Gegensatz zum Insolvenzverwalter übt der Sachwalter das Verwaltungs- und Verfügungsrecht gerade nicht aus (§ 270 Abs. 1 Satz 1 InsO). Er überwacht insoweit lediglich die wirtschaftliche Lage des Schuldners und prüft seine Geschäftsführung und seine Ausgaben für die Lebensführung (Abs. 2). Der Sachwalter kann nicht zu weitergehenden Auskünften und Berichten verpflichtet sein, als ihm zur Wahrung seiner Aufgaben in der Eigenverwaltung gesetzlich auferlegt sind, so daß sich die Auskunfts- und Berichtspflicht des Sachwalters über

Rechtsstellung des Sachwalters § 274

seine Geschäftsführung i. S. d. § 58 Abs. 1 InsO lediglich auf seinen Pflichtenumfang der Eigenverwaltung bezieht. Das sind neben seinen Grundpflichten gem. Abs. 2 und den Unterrichtungspflichten nach Abs. 3 die weiteren insolvenztypischen Pflichten nach § 277 Abs. 1 Satz 1, Abs. 2; § 279 Satz 2; § 275 Abs. 1 Satz 1; § 279 Satz 1; § 282 Satz 2; § 275 Abs. 2; § 275 Abs. 1 Satz 2; § 274 Abs. 2; § 284; § 285 InsO. Darauf beschränkt sich die Aufsicht des Insolvenzgerichtes.

2. Entlassungsrecht

Das Insolvenzgericht kann den Sachwalter aus wichtigem Grund aus dem Amt entlassen **11** (§ 59 Abs. 1 Satz 1 InsO). Sinn und Zweck der Eigenverwaltung lassen allerdings das Verwaltungs- und Verfügungsrecht des Schuldners ohne Aufsicht nicht zu (§ 270 Abs. 1 Satz 1, Abs. 3 Satz 1, § 274 Abs. 2 InsO; § 270 Rz. 4), so daß die Entlassung nur bei gleichzeitiger Neubestellung eines Sachwalters zulässig ist. Soweit die Entlassung von Amts wegen oder auf Antrag des Sachwalters oder des Gläubigerausschusses erfolgt (§ 59 Abs. 1 Satz 2 InsO), wird sie außerhalb einer Gläubigerversammlung vorgenommen. Deswegen greift die Antragskompetenz der Gläubigerversammlung (vgl. § 272 Rz. 5f.) nicht. Das Insolvenzgericht ist deswegen in der Situation der Erstbestellung (§ 56 InsO), es trifft Auswahl und Bestellung nach pflichtgemäßem Ermessen.

III. Haftung

Die Haftung des Sachwalters richtet sich grundsätzlich nach den Regeln der Insolvenz- **12** verwalterhaftung (§§ 60–62 InsO).

1. Allgemeiner Haftungsmaßstab, Beteiligte

Der Sachwalter ist allen Beteiligten zum Schadensersatz verpflichtet, wenn er schuldhaft **13** die Pflichten verletzt, die ihm in der Eigenverwaltung obliegen. Er hat für die Sorgfalt eines ordentlichen und gewissenhaften Sachwalters einzustehen (§ 60 Abs. 1). Für die Haftungsmerkmale (pflichtwidrige Schädigung, Kausalität, Verschulden, Haftung für Dritte, mitwirkendes Verschulden des Geschädigten) vgl. die Kommentierung zu § 60 InsO.

Für die Bestimmung der Beteiligtenstellung im Verhältnis zum Sachwalter wird immer **14** zu beachten sein, daß der Sachwalter das Verwaltungs- und Verfügungsrecht zwar nicht ausübt, zu seinen Grundpflichten aber die Überwachung der Ausübung des Verwaltungs- und Verfügungsrechtes durch den Schuldner gehört (Abs. 2). Im Fehlverhalten des Schuldners bei der Ausübung des Verwaltungs- und Verfügungsrechtes kann deswegen zugleich ein Fehlverhalten des Sachwalters durch unzureichende Überwachung liegen. Beteiligte nach §§ 274 Abs. 1, 60 InsO sind daher alle Personen, die Beteiligte wären, wenn es sich um die Handlung eines Insolvenzverwalters in einem Insolvenzregelverfahren handeln würde. Ihnen gegenüber hat der Sachwalter die Pflichten zu erfüllen (vgl. *BGH* LM § 82 KO Nr. 3; *BGH* WM 1976, 1336f.).

Das sind: Insolvenzgläubiger; Schuldner; Aus- und Absonderungsberechtigte; Masse- **15** gläubiger; die als Hinterlegungsstelle bestimmte Bank; der Nacherbe im Falle des § 83 Abs. 2 InsO; der Justizfiskus; die Mitglieder des Gläubigerausschusses; die Genossen in der Genossenschaftsinsolvenz, soweit ihre Haftung betroffen ist; diejenigen, denen der Sachwalter vertraglich verpflichtet ist oder zu denen er in Vertragsverhandlungen tritt;

nichtbevorrechtigte Insolvenzgläubiger; Vorstandsmitglieder einer in Insolvenz geratenen juristischen Person, soweit sie dem Sachwalter gegenüber als Vertreter des Schuldners auftreten; die Bundesanstalt für Arbeit; dagegen nicht: Kommanditisten, Bürgen. Einheitliche und klare Kriterien für die Bestimmung der Beteiligtenstellung fehlen bis heute (vgl. *Kilger/Karsten Schmidt* KO, § 82a Anm. 2a).

16 Gegenstand des Pflichtwidrigkeitsvorwurfes gegenüber dem Sachwalter kann die schuldhafte und schadensstiftende Verletzung aller Pflichten sein, die in der Eigenverwaltung dem Sachwalter obliegen, also neben seinen Grundpflichten (Abs. 2) und seinen weiteren Unterrichtungspflichten (Abs. 3) die weiteren insolvenztypischen Pflichten nach § 277 Abs. 1 Satz 1, Abs. 2; § 279 Satz 2; § 275 Abs. 1 Satz 1; § 279 Satz 1; § 282 Satz 2; § 275 Abs. 2; § 275 Abs. 1 Satz 2; § 274 Abs. 2; § 284; § 285 InsO.

17 Folgt man der hier vertretenen Auffassung, nach der das Insolvenzgericht entsprechend § 21 InsO alle erforderlichen Maßnahmen treffen kann, um eine am Gläubigerwohl orientierte Funktionsfähigkeit der Eigenverwaltung sicherzustellen (vor § 270 Rz. 38), kann sich das Überwachungsverschulden des Sachwalters darauf beziehen, nicht durch rechtzeitige und vollständige Informationen des Insolvenzgerichtes die erforderlichen Maßnahmen des Insolvenzgerichtes veranlaßt zu haben.

2. Allgemeiner Sorgfaltsmaßstab

18 Sorgfaltsmaßstab ist die Sorgfalt eines ordentlichen und gewissenhaften Sachwalters (§ 60 Abs. 1 Satz 2 InsO). Das Gesetz will damit verdeutlichen, daß die Sorgfaltsanforderungen des Handels- und Gesellschaftsrechtes (§ 347 Abs. 1 HGB; § 93 Abs. 1 Satz 1 AktG; § 34 Abs. 1 Satz 1 GenG; § 43 Abs. 1 GmbHG) nicht unverändert auf den Sachwalter übertragen werden können. Vielmehr sind die Besonderheiten zu beachten, die sich aus den Aufgaben des Sachwalters und aus den Umständen ergeben, unter denen er seine Tätigkeit ausübt. Bei der Fortführung eines insolventen Unternehmens steht der Sachwalter regelmäßig vor besonderen Schwierigkeiten. Außer den Problemen, die sich unmittelbar aus der Insolvenz des Unternehmens ergeben, ist z. B. zu berücksichtigen, daß der Sachwalter eine Einarbeitungszeit benötigt, wenn er ein fremdes Unternehmen in einem ihm möglicherweise nicht vertrauten Geschäftszweig zu überwachen übernimmt, und daß er häufig keine ordnungsgemäße Buchführung vorfindet. Er übt sein Amt also in aller Regel unter erheblich ungünstigeren Bedingungen aus als der Geschäftsleiter eines wirtschaftlich gesunden Unternehmens. Soweit im Verfahren keine Unternehmensfortführung stattfindet, sondern die Verwertung der einzelnen Gegenstände des Schuldnervermögens betrieben wird, kommt ohnehin nur ein besonderer, speziell auf die Sachwaltertätigkeit bezogener Sorgfaltsmaßstab in Betracht (vgl. BT-Drucks. 12/2443 zu § 71 für den Insolvenzverwalter). Mit dieser Maßgabe treffen den Sachwalter Vorsatz und jeder Grad von Fahrlässigkeit (vgl. *Kuhn/Uhlenbruck* KO, § 82 Rz. 11).

3. Sorgfaltsmaßstab bei Einschaltung von Erfüllungsgehilfen

19 Das Verschulden von Personen, deren sich der Sachwalter zur Erfüllung der spezifischen, ihm als Sachwalter obliegenden Pflichten bedient, hat er wie eigenes Verschulden zu vertreten (vgl. BT-Drucks. 12/2443 zu § 71 InsO).

20 Allerdings wird der Sorgfaltsmaßstab gelockert, falls der Sachwalter zur Erfüllung der ihm obliegenden Pflichten Angestellte des Schuldners im Rahmen ihrer bisherigen Tätigkeit einsetzen muß. Sind diese Angestellten nicht offensichtlich ungeeignet, hat der Verwalter ein Verschulden dieser Personen nicht gem. § 278 BGB zu vertreten, sondern ist nur für deren Überwachung und für Entscheidungen von besonderer Bedeutung

verantwortlich (§ 60 Abs. 2 InsO). Hauptfall wird die Einschaltung eines Buchhalters des Schuldners in die übernommene Kassenführung sein (§ 275 Abs. 2 InsO). Die Haftungslockerung kann auch im übrigen dazu führen, daß der Sachwalter eher Angestellte des Schuldners in seine Pflichtenerfüllung einbinden wird als eigene Angestellte.

Die Lockerung des Sorgfaltsmaßstabes gilt nicht für den Bereich der Grundpflichten des Sachwalters nach § 274 Abs. 2 InsO, weil schon § 60 Abs. 2 InsO nicht für die Überwachungspflichten gilt. Die Regelung ist Ausdruck des im Grundsatz geforderten speziell auf die Verwaltertätigkeit bezogenen Sorgfaltsmaßstabes. Der Sachwalter ist wie der Verwalter insbesondere im Falle einer Unternehmensinsolvenz auf die Mitarbeit der Angestellten des Schuldners angewiesen. Er kann seine vielfältigen Pflichten nicht alle persönlich erledigen. Denn ihm sind bei der Übernahme seines Amtes in der Regel die tatsächlichen, rechtlichen und wirtschaftlichen Verhältnisse des Schuldners nicht bekannt. Bespielsweise muß er bei der Erfüllung seiner Buchführungs- und Rechnungslegungspflichten auf die mit der Buchhaltung des Schuldners beschäftigten Personen zurückgreifen können. Insoweit kann ihm nur die Pflicht zur allgemeinen Überwachung dieser Angestellten auferlegt werden (vgl. BT-Drucks. 12/2443 zu § 71). Trifft ihn dagegen schon die Überwachungspflicht uneingeschränkt im Rahmen der Sorgfaltslockerungen, muß dies erst recht gelten, wenn das Gesetz die Überwachungspflicht zur Hauptpflicht macht. Es wäre widersinnig, gerade die Überwachungspflichten des Sachwalters zu privilegieren. **21**

4. Sorgfaltsmaßstab bei drohender Masseunzulänglichkeit

Dagegen bekräftigt die Verweisung auf § 60 Abs. 2 InsO, die sich dem Grunde nach schon aus der Struktur der Eigenverwaltung mit der Verwaltungs- und Verfügungsbefugnis des Schuldners ergebende Regel, daß dem Sachwalter eine schuldhafte Handlung des Schuldners und seiner Erfüllungsgehilfen in der Ausübung seines Verwaltungs- und Verfügungsrechtes grds. nur angelastet werden kann, wenn dem Sachwalter ein Überwachungsverschulden vorzuwerfen ist. Es fragt sich allerdings, ob die Nichterfüllung von Verbindlichkeiten bei eingetretener Masseunzulänglichkeit Gegenstand der Haftung des Sachwalters sein kann oder ob der Gesetzgeber diesen denkbaren Haftungsfall ausgenommen hat. Denn § 61 InsO, der für den Insolvenzverwalter die Haftung auch hierfür bestimmt und ihm den Entlastungsbeweis aufbürdet, ist in der Verweisungsregel des Abs. 1 ausgenommen. Damit wäre allerdings der wesentlichste Bereich der Sachwalterpflichten, die Prüfung der wirtschaftlichen Lage des Schuldners und seiner Geschäftsführung (Abs. 2), von der Haftung ausgenommen. Denn die Eigenverwaltung ist schwerpunktmäßig auf Fortführungsfälle angelegt (BT-Drucks. 12/2443 vor § 331), also auf die Eingehung von Verbindlichkeiten des Schuldners für den laufenden Geschäftsbetrieb. Von daher wäre die Annahme einer vollständigen Haftungsfreistellung des Sachwalters bei der Eingehung von Verbindlichkeiten durch den Schuldner sinn- und zweckwidrig. **22**

Andererseits können Beteiligte im Sachwalterhaftungsrecht nicht besser gestellt werden als im Insolvenzverwalterhaftungsrecht. Die Eigenverwaltung hat nicht den Zweck, Beteiligten einen erleichterten Haftungszugriff auf den Sachwalter als eine Art Garanten für sorgfältiges Schuldnerhandeln zu eröffnen oder die grundsätzlichen Risiken der Eigenverwaltung hinsichtlich pflichtwidrigem Schuldnerhandeln dem Sachwalter zu überbürden. Der Gesetzgeber hat die Eigenverwaltung eingeführt in der klaren Erkenntnis, daß sie trotz der Aufsicht des Sachwalters ein erhebliches Risiko für die Gläubiger **23**

§ 274

bedeutet (BT-Drucks. 12/2443 zu § 333). Grundsätzlich müssen deswegen die Beteiligten in der Eigenverwaltung mit der Gefahr, daß sich das Risiko realisiert, leben. Die Haftung des Sachwalters ist deswegen dadurch begrenzt, daß er – die schadensstiftende Schuldnerhandlung als Insolvenzverwalterhandlung gedacht – als Insolvenzverwalter haften würde. Dabei gilt die Beweislastumkehr des § 61 InsO für ihn nicht, weil sie gesetzlich ausgenommen ist.

24 Daraus ergeben sich für die Haftungsinanspruchnahme des Sachwalters folgende Prüfungsschritte:
1. Könnte ein Insolvenzverwalter in der Lage des Schuldners nach den Haftungsregeln der §§ 60, 62 InsO in Anspruch genommen werden?
2. Falls ja: Konnte der Sachwalter bei Anwendung der Sorgfalt eines ordentlichen und gewissenhaften Sachwalters die Haftungslage nach Ziff. 1 voraussehen und vermeiden?

Schon im Konkursrecht war streitig, inwieweit der Verwalter im Falle einer von ihm begründeten Masseverbindlichkeit persönlich dafür einstehen muß, daß eine zur Erfüllung dieser Schuld ausreichende Masse vorhanden ist (zuletzt *BGHZ* 100, 346 ff.; eingehend *Kuhn/Uhlenbruck* KO, § 82 Rz. 7 ff.). Der Gesetzgeber läßt nunmehr entscheidend sein, ob der Verwalter bei der Begründung der Schuld erkennen konnte, daß die Masse zur Erfüllung »voraussichtlich« nicht ausreichen würde (§ 61 Satz 2 InsO; BT-Drucks. 12/2443 zu § 72). Dabei ist das Wort »voraussichtlich« so auszulegen, daß der Eintritt der Masseunzulänglichkeit wahrscheinlicher sein muß als der Nichteintritt. Ist diese Voraussetzung gegeben, so trifft den Vertragspartner ein erhöhtes Risiko, das über die allgemeinen Gefahren eines Vertragsabschlusses – auch des Vertragsabschlusses mit einem Insolvenzverwalter – weit hinausgeht und das den Verwalter daher schon nach allgemeinen schuldrechtlichen Grundsätzen zu einer Warnung des Vertragspartners verpflichtet (BT-Drucks. 12/2443 zu § 72). Für den Sachwalter ergibt sich daraus die Haftungsfrage, ob er bei der Begründung der Schuld durch den Schuldner erkennen konnte, daß die Masse zur Erfüllung der Verbindlichkeit voraussichtlich nicht ausreichen wird, die Nichterfüllung durch den Schuldner wahrscheinlicher ist als die Erfüllung und er nichts gegen die Begründung unternommen hat, etwa die Beteiligten auf die Nichterfüllungsgefahr gem. § 274 Abs. 3 InsO hingewiesen hat.

5. Verjährung

25 Ein Schadensersatzanspruch aus einer Pflichtverletzung des Sachwalters verjährt in drei Jahren seit Kenntniserlangung, spätestens in drei Jahren von der Aufhebung oder der Rechtskraft der Einstellung des Insolvenzverfahrens an (§ 62 InsO).

IV. Vergütung

26 Die Vergütung folgt grundsätzlich den Regelungen der Insolvenzverwaltervergütung in den §§ 63–65 InsO. § 13 InsVV sieht Sonderregelungen für die Sachwaltervergütung vor.

> § 12 Vergütung des Sachwalters
>
> (1) Der Sachwalter erhält in der Regel 60 v.H. der für den Insolvenzverwalter bestimmten Vergütung.

(2) Eine den Regelsatz übersteigende Vergütung ist auch festzusetzen, wenn das Insolvenzgericht gemäß § 338 Abs. 1 der Insolvenzordnung angeordnet hat, daß bestimmte Rechtsgeschäfte des Schuldners nur mit Zustimmung des Sachwalters wirksam sind.
(3) § 8 Abs. 3 gilt mit der Maßgabe, daß an die Stelle des Betrags von 500 Deutsche Mark der Betrag von 250 Deutsche Mark tritt.

1. Regelsatzprinzip (§ 63 InsO)

Der Sachwalter hat Anspruch auf Vergütung für seine Geschäftsführung und auf Erstattung angemessener Auslagen. Ausgangspunkt der Berechnung ist der sog. Regelsatz. Er ist nach dem Wert der Insolvenzmasse zur Zeit der Beendigung des Insolvenzverfahrens zu berechnen. Umfang und Schwierigkeit der Geschäftsführung des Sachwalters wird durch Regelsatzabweichungen Rechnung getragen (§ 63 InsO i.V.m. § 12 Abs. 1, 2 InsVV). Geschäftsführung im Sinne des Sachwaltervergütungsrechtes meint die Wahrnehmung der dem Sachwalter durch die Vorschriften der Eigenverwaltung übertragenen Aufgaben, nicht die Geschäftsführung des Schuldners. 27

Problematisch kann für den Sachwalter die Regelsatzregelung in Fortführungsfällen werden, weil nur der Einnahmeüberschuß berücksichtigt werden soll (§ 1 Abs. 2 Ziff. 4 b InsVV). *Eickmann* (VergVO, § 2 Rz. 21) weist zu Recht darauf hin, daß sich in dieser Regelung, die schon im alten Vergütungsrecht enthalten war, ein sonst regelmäßig vermiedenes, erfolgsorientiertes Moment findet. Der Verwalter, der Überschüsse erwirtschaftet, erhöht seine Vergütung einmal durch den Erhöhungsbetrag (§ 3 Abs. 1 lit. b InsVV), zum anderen durch die Erhöhung des allgemeinen Berechnungswertes nach § 1 InsVV. In diesen Genuß kann der Sachwalter nur kommen, wenn **der Schuldner** Überschüsse erwirtschaftet. Denn nur ihm steht die Fortführungsgeschäftstätigkeit aufgrund seines alleinigen Verwaltungs- und Verfügungsrechts zu. Der Sachwalter hat damit selbst bei größten Anstrengungen zur Erledigung seiner Aufgaben nur begrenzten Einfluß auf seine Vergütung. Seine Vergütung ist von dem Erfolg der von ihm nur überwachten Geschäftsführung des Schuldners abhängig. 28

2. Regelvergütung (§ 12 Abs. 1 InsVV)

Nach den Vorstellungen des Gesetzgebers soll die Vergütung des Sachwalters aufgrund seines eingeschränkten Tätigkeitsbereiches niedriger zu bemessen sein, als die Vergütung des Insolvenzverwalters (BT-Drucks. 12/2443 zu § 335). § 12 Abs. 1 InsVV hat daraus die Konsequenz gezogen und bestimmt, daß der Sachwalter in der Regel 60 v. H. der für den Insolvenzverwalter bestimmten Vergütung erhält. Zur Begründung verweist der Entwurf auf die entsprechende bisher für den Vergleichsverwalter getroffene Regelung, nach der in der Regel die Hälfte der für den Konkursverwalter vorgesehenen Vergütung festzusetzen war (§ 9 VergVO). Wenn allerdings das Gericht gem. § 277 InsO besondere Mitwirkungspflichten des Sachwalters angeordnet hat, sollen sie mit einem besonderen Zuschlag zum Regelsatz zu vergüten sein (Begr. zu § 13 EInsVV). Daraus folgt, daß auch die Sachwaltervergütung ungeachtet des geminderten Regelvergütungssatzes nach § 12 Abs. 1 InsVV für Besonderheiten der Sachwaltertätigkeit offen ist. Diese Öffnung entspricht dem über § 274 Abs. 1 InsO anzuwendenden Grundsatz des Insolvenzverwaltervergütungsrechtes, daß dem Umfang und der Schwierigkeit in der Geschäftsführung des Verwalters (Sachwalters) durch Abweichungen vom Regelsatz Rechnung getragen wird (§ 63 Satz 3 InsO). 29

§ 274 *Eigenverwaltung*

3. Regelsatzabweichungen (§ 12 Abs. 1, 2 InsVV, § 3 InsVV)

30 Vom Text des § 12 InsVV bleibt die Frage, unter welchen Voraussetzungen ausnahmsweise nicht die Sachwalter-Regelvergütung festzusetzen ist, sondern – außerhalb der Pflichterhöhung im Falle des Abs. 2 – eine die Sachwalter-Regelvergütung übersteigende oder unterschreitende Vergütung (vgl. § 10 VergVO). Zu- oder Abschläge sind bei der Bemessung der Sachwalter-Regelvergütung nach § 12 Abs. 1 InsVV (»... in Regel ...«) ebenso denkbar, wie nach § 12 Abs. 2 InsVV (»... insbesondere festzusetzen ...«). Die InsVV nimmt zwar in ihrer Begründung auf die Regelungen der Vergleichsverwaltervergütung Bezug, greift aber die in der Vergleichsverwaltervergütung enthaltenen Regelbeispiele für Erhöhungen und Verminderungen (§ 10 VergVO) ebensowenig auf, wie die Regelungen über den Abgeltungsbereich (§ 11 VergVO), das Festsetzungsverfahren und die Vorschußbewilligung (§ 12 VergVO). Daraus kann nur gefolgert werden, daß insoweit in vollem Umfang die Vergütungsregelungen für den Insolvenzverwalter anzuwenden sind. Dabei ist die Reichweite des § 12 InsVV in seinen Absätzen 1 und 2 durch Auslegung zu ermitteln. Sie ergibt eine Unterscheidung nach verfahrensbezogenen (Abs. 1) und sachwalterbezogenen (Abs. 2) Umständen.

a) Geschmälerte oder ungeschmälerte Regelsatzabweichungen

31 Ausgangsfrage ist, ob das Regelvergütungsprinzip von 60 v. H. der Insolvenzverwaltervergütung des § 13 Abs. 1 InsVV auf alle in Frage kommenden Erhöhungs- und Minderungstatbestände in Betracht kommt oder nur auf einige, so daß zwischen den jeweiligen Tatbeständen unterschieden werden muß. Das Problem verdeutlichen § 12 Abs. 1 InsVV und § 12 Abs. 2 InsVV: Für den Fall gerichtlich angeordneter besonderer Mitwirkungspflichten des Sachwalters nach § 277 InsO ist eine den Regelsatz übersteigende Vergütung »insbesondere« festzusetzen. Die Vorschrift ordnet weder eine bloß anteilige Erhöhung des Erhöhungssatzes an, noch bezieht sie sich auf die Sechzigprozentregel des Abs. 1. Im Falle des Abs. 2 soll also dem Sachwalter der Erhöhungstatbestand offenbar in voller Höhe zugutekommen. Demnach geht der Gesetz- und Verordnungsgeber von einer grundsätzlich unterschiedlichen Behandlung der in Frage kommenden Zuschlags- und Abschlagstatbestände aus. Nach Abs. 1 wirken sie sich zu 60 v. H. aus, nach Abs. 2 zu 1/1.

32 Der Gesetz- und Verordnungsgeber gibt mit der unterschiedlichen Behandlung regelsatzabweichender Umstände in § 12 Abs. 1 und 2 InsVV ferner ein allgemeines Unterscheidungsmerkmal für die in Frage kommenden Tatbestände vor. Er öffnet zugleich Abs. 2 einem breiteren Anwendungsbereich, als es auf den ersten Blick scheint.

33 Nach Abs. 2 **ist** eine den Regelsatz übersteigende Vergütung festzusetzen, wenn das Insolvenzgericht eine Anordnung nach § 277 InsO getroffen hat. Gesondert vergütet werden damit gerichtlich angeordnete besondere Mitwirkungspflichten. (Begr. zu § 13 EInsVV). Erhöhungsgrund für Abs. 2 ist also die besondere Sachwalterleistung als umfang- und schwierigkeitserhöhende Tätigkeit gem. § 63 Satz 3 InsO. Der Regelung hätte es nicht bedurft, wenn die besondere Sachwalterleistung bereits vom Regelungsumfang des Abs. 1 erfaßt wäre, die sich auf den allgemeinen Verfahrensablauf bezieht. Besondere Sachwalterleistungen sind aber in weitergehenden Fällen als des § 277 InsO denkbar. Daraus folgt der Grundsatz, daß im Rahmen des § 12 Abs. 2 InsVV eine Vergütungserhöhung stets in Betracht kommt, wenn der Umfang der dem Sachwalter

Rechtsstellung des Sachwalters § 274

übertragenen Pflichten den Regelfall der Sachwalterpflichten übersteigt oder die Leistungen des Sachwalters in der Erbringung seiner Pflichten das gesetzlich verlangte Maß deutlich übersteigt; eine Verminderung, wenn er einen geringeren Pflichtenumfang zu erbringen hat oder seine Leistungen das gesetzlich verlangte Maß deutlich unterschreitet. Festzustellen sind die Faktoren in seiner Person. Der Anordnung des Gesetzgebers in § 63 Satz 3 InsO folgend, durch Regelsatzabweichungen dem Umfang und der Schwierigkeit der Geschäftsführung des Sachwalters Rechnung zu tragen, folgt aus § 12 Abs. 2 InsVV die Festsetzung ungeschmälerter Regelsatzabweichungen, soweit es sich um **sachwalterbezogene** Zu- oder Abschlagstatbestände handelt. Handelt es sich dagegen um **verfahrensbezogene** Tatbestände, bleibt es bei der Anwendung der Schmälerungsregel des Abs. 1. Denn insoweit profitiert der Sachwalter von der grundsätzlichen Erleichterung seiner »Verwaltertätigkeit« in der Eigenverwaltung dadurch, daß der Schuldner das Verwaltungs- und Verfügungsrecht ausübt, er gegenüber dem Insolvenzregelverfahren einen eingeschränkten Tätigkeitsbereich (BT-Drucks. 12/2443 zu § 335) ausübt. Zu den sich daraus ergebenden Anwendungsregeln und Einzelfällen s. Rz. 37.

Im Ergebnis kann deswegen für die Feststellung der konkreten Sachwaltervergütung **34** eine doppelte Zuschlags- und Abschlagsbetrachtung erforderlich sein. Verfahrensbezogene Tatbestände wirken sich nur zu 60 v. H. aus, sachwalterbezogene Tatbestände dagegen in voller Höhe.

b) **Einzelfallbezogene Beurteilung**

Durch das Wort »insbesondere« in § 3 InsVV sowohl bei der Ausführung der Regelbei- **35** spiele für vergütungserhöhende, als auch für die vergütungsmindernden Faktoren soll gewährleistet werden, daß auch nicht geregelte Faktoren, die Einfluß auf den Umfang und die Schwierigkeit der Geschäftsführung des Sachwalters haben, die Höhe der Vergütung beeinflussen können (Begr. zu § 3 EInsVV). Diese Vergütungsfestsetzung ist daher stets einzelfallbezogene Festsetzung, das Ergebnis einer Gesamtbetrachtung der Sachwaltertätigkeit, in die konkrete Erschwernisse seiner Geschäftstätigkeit ebenso einzustellen sind wie konkrete Erleichterungen.

c) **Vergütungsberechnung, Regelsatzabweichungen**

Die Vergütungsberechnung unter Berücksichtigung von Regelsatzabweichungen voll- **36** zieht sich damit in mehreren Stufen (vgl. die Darstellung bei *Eickmann* VergVO, § 10 Rz. 17 f.).

1. Stufe: Ermittlung der Berechnungsgrundlage (§ 1 InsVV). Maßgebend ist der Wert **37** der verwalteten Masse, auf die sich die Schlußrechnung des Schuldners bezieht (§ 281 Abs. 3 Satz 2 InsO).

2. Stufe: Berechnung des Regelsatzes für einen fiktiven Insolvenzverwalter (§ 2 InsVV). Da § 12 Abs. 1 InsVV für den Sachwalter 60 v. H. der für den Insolvenzverwalter bestimmten Vergütung festlegt, muß erst die fiktive Insolvenzverwaltervergütung bestimmt werden.

3. Stufe: Fiktive Feststellung von Zu- oder Abschlägen für verfahrensbezogene Tatbestände (§ 12 Abs. 1 InsVV). Soweit diese Tatbestände durch die Anlage des Verfahrens der Eigenverwaltung bestimmt sind, etwa der Schuldnerbetrieb durch den Schuldner unter der Aufsicht des Sachwalters fortgeführt wird (§ 3 Abs. 1 lit. b) InsVV), handelt es sich um verfahrensbezogene Tatbestände. Der Sachwalter nimmt an den notwendigen

§ 274 *Eigenverwaltung*

allgemeinen Verfahrensumständen teil und profitiert insoweit von seinem eingeschränkten Tätigkeitsbereich (vgl. BT-Drucks. 12/2443 zu § 335), sei es durch die Bearbeitung einer großen Zahl von Aus- oder Absonderungsrechten (§ 3 Abs. 1 lit. a InsVV), die Tätigkeit eines vorläufigen Insolvenzverwalters (§ 3 Abs. 2 lit. a InsVV) etc. Zu- und Abschläge können nebeneinander erforderlich sein, so daß eine Saldierung vorzunehmen ist (vgl. *Eickmann* a. a. O.).
4. Stufe: Addition des in der 2. Stufe ermittelten Regelsatzes mit dem Saldo aus den Zu- und Abschlägen der 3. Stufe. Die Hälfte der Summe ergibt die für den Sachwalter bestimmte Vergütung nach § 12 Abs. 1 InsVV.
5. Stufe: Feststellung von Zu- oder Abschlägen für sachwalterbezogene Tatbestände. Wichtigster Fall ist die notwendige Mitwirkung des Sachwalters aufgrund gerichtlicher Anordnung nach § 277 InsO (§ 12 Abs. 2 InsVV) als gesetzlich geregelte Zuschlagstatbestand. Zu- oder Abschläge können darüber hinaus in Betracht kommen, wenn der Sachwalter erheblich mehr oder weniger leistet als von einem durchschnittlich pflichtbewußten und bemühten Sachwalter gesetzlich verlangt wird (§ 63 Satz 3 InsO). Insofern bietet § 3 InsVV mit seinen Regelbeispielen einen Anhalt für denkbare Fälle,
– **wenn** die Mitwirkung des Sachwalters bei der Bearbeitung der Aus- und Absonderungsrechte durch den Schuldner über das bloße Einvernehmen (§ 282 InsO) deutlich hinausgeht, weil er mit seinem Sach- und Fachwissen und mit einem erheblichen Teil seiner Tätigkeit für die ordnungsgemäße Bearbeitung der Aus- und Absonderungsrechte gesorgt hat, ohne daß ein entsprechender Mehrbetrag nach § 1 Abs. 2 Nr. 1 angefallen ist (vgl. § 3 Abs. 1 lit. a InsVV);
– **wenn** der Schuldner das Unternehmen fortgeführt oder Häuser verwaltet hat und die Überwachung durch den Sachwalter einen erheblichen Teil seiner Tätigkeit ausgemacht hat, sofern die Masse nicht entsprechend größer geworden ist (vgl. § 3 Abs. 1 lit. b InsVV);
– **wenn** die Masse groß war und der Sachwalter-Regelsatz nach § 12 Abs. 1 InsVV wegen der Degression der Regelsätze keine angemessene Gegenleistung dafür darstellt, daß der Sachwalter durch seine Überwachungs- und Prüfungstätigkeit mit erheblichem Arbeitsaufwand bewirken konnte, daß die Masse vermehrt oder zusätzliche Masse festgestellt wurde (vgl. § 3 Abs. 1 lit. c InsVV);
– **wenn** arbeitsrechtliche Fragen zum Beispiel in bezug auf das Insolvenzausfallgeld, den Kündigungsschutz oder einen Sozialplan den Sachwalter erheblich in Anspruch genommen haben und seine Tätigkeit erheblich über das von § 279 InsO geforderte Maß hinausgeht (vgl. § 3 Abs. 1 lit. d InsVV);
– **wenn** der Sachwalter einen Insolvenzplan ausgearbeitet hat (§ 284 Abs. 1 Satz 1 InsO) oder zwar der Schuldner den Insolvenzplan ausgearbeitet hat, der Sachwalter dabei aber in erheblichem Umfang beratend mitgewirkt hat (§ 284 Abs. 1 Satz 2 InsO; vgl. § 3 Abs. 1 lit. e InsVV).
Eine den Sachwalter-Regelsatz unterschreitende Vergütung kann namentlich in Betracht kommen, wenn das Insolvenzverfahren vorzeitig beendet wird oder das Amt des Sachwalters vorzeitig endet (vgl. § 3 Abs. 2 lit. c InsVV).
Eine vorzeitige Beendigung »des Insolvenzverfahrens« ist nicht anzunehmen, wenn die Eigenverwaltung in ein Insolvenzregelverfahren übergeht (§ 272 InsO). Denn die Eigenverwaltung ist nur eine besondere insolvenzrechtliche Verfahrensart (vor § 270 Rz. 5), so daß es bei der Durchführung des Insolvenzverfahrens verbleibt. Der Besonderheit des Wechsels der Insolvenzverfahrensart kann bei der Festsetzung der Vergütung des Insolvenzverwalters entsprochen werden. Das Amt des Sachwalters endet allerdings vorzei-

Rechtsstellung des Sachwalters § 274

tig, wenn er vom Insolvenzgericht aus wichtigem Grund entlassen wird (§§ 274 Abs. 1, 59 InsO) oder verstorben ist.

6. Stufe: Gesamtaddition = Sachwaltervergütung

d) Berechnungsbeispiel

Berechnungsbeispiel mit Quotenvorschlägen: Insolvenzmasse einschl. Fortführungs- 38
überschuß 500 000 DM. Investitionsentscheidungen und Ersatzbeschaffungen größer als 10 000 DM bedurften der Zustimmung des Sachwalters (§ 277 InsO). Der Sachwalter zog die Kassenführung an sich (§ 275 Abs. 2 InsO). Fortführungsdauer 1 Jahr. Verfahrensdauer 3 Jahre. Bis 200 Gläubiger. Mittleres Unternehmen.

1. Stufe:	Ermittlung der Berechnungsgrundlage (§ 1 InsVV)		500 000,00 DM
2. Stufe:	Berechnung des Regelsatzes für einen fiktiven Insolvenzverwalter (§ 2 InsVV)		58 000,00 DM
3. Stufe:	(vgl. die Multiplikatoren bei *Eickmann* a. a. O., § 10 Rz. 9)		
	a) verfahrensbezogene Zuschläge		
	– Verfahrensdauer 20 % =		11 600,00 DM
	– Gläubigerzahl 15 % =		8 700,00 DM
	– Prüfung v. Aus- u. Absonderungsrechten ohne besondere Rechtsprobleme 25 % =		14 500,00 DM
	b) verfahrensbezogene Abschläge		keine
4. Stufe:	Addition		92 800,00 DM
	davon 60 v. H. = Sachwalter-Regelvergütung (§ 12 Abs. 1 InsVV)		55 680,00 DM
5. Stufe:	a) sachwalterbezogene Zuschläge		
	– Mitwirkung bei Rechtsgeschäften in großer Zahl in Folge Verfügungsbeschränkungen in mittlerem Unternehmen		
	+ 50 % =		29 000,00 DM

Foltis 1519

§ 274 *Eigenverwaltung*

– Kassenführung (§ 275 Abs. 2 InsO)

+ 50 % =	29 000,00 DM
b) sachwalterbezogene Abschläge	keine
6. Stufe: Gesamtaddition = Sachwaltervergütung	= 113 680,00 DM

e) Geschäftsunkostenabgeltung (§ 4 InsVV)

39 Mit der Vergütung sind die allgemeinen Geschäftsunkosten abgegolten (§§ 12 Abs. 1, 4 InsVV).

f) Besondere Sachkunde (§ 5 InsVV)

40 Ein Einsatz besonderer Sachkunde mit besonderer Vergütungsberechtigung nach der BRAGO (§§ 12 Abs. 1, 5 Abs. 1 InsVV) wird nur in Betracht kommen, wenn der Sachwalter gegen den Willen des Schuldners etwa eine Prozeßführung für die Masse durch sich selbst gem. § 277 InsO durch Einzelverfügung des Insolvenzgerichtes durchsetzen kann. Denn der Sachwalter hat nicht das Verwaltungs- und Verfügungsrecht (§ 270 Abs. 1 Satz 1 InsO). Soweit er allerdings im Auftrag des Schuldners für die Masse tätig wird, handelt er wie ein beauftragter Dritter und kann für seine Tätigkeit nach den Regeln der BRAGO Gebühren und Auslagen abrechnen.

g) Pauschalsatz (§ 12 Abs. 3 InsVV)

41 § 8 Abs. 3 InsVV gilt mit der Maßgabe, daß nur ein monatlicher Pauschalsatz von 250 DM für jeden angefangenen Monat der Tätigkeitsdauer verlangt werden kann (§ 12 Abs. 3 InsVV).

h) Vorschußberechtigung (§ 9 InsVV)

42 Der Sachwalter ist vorschußberechtigt (§§ 12 Abs. 1, 9 InsVV).

C. Grundpflichten (Abs. 2)

I. Zweck der Vorschrift

43 Abs. 2 bestimmt den Kern des Aufgabenkreises des Sachwalters. Die Begründung (BT-Drucks. 12/2443 zu § 335) fordert für den Sachwalter im Hinblick auf die Geschäftsführung des Schuldners nur Aufsichtsfunktionen. Insoweit sollen die §§ 39, 40 VerglO inhaltlich übernommen werden. Die Begründung stellt den Aufgabenkreis verkürzt dar. Die §§ 39, 40 VerglO sind mit den Grundpflichten des Sachwalters in § 274 Abs. 2 InsO nur teilidentisch, weil sich die Vorschriften im Regelungsziel unterscheiden. Die »inhaltliche Übernahme« der §§ 39, 40 VerglO muß sich am Zweck der Eigenverwaltung orientieren. Dies führt teilweise zu einer abweichenden Betrachtungsweise der §§ 39, 40 VerglO.

Rechtsstellung des Sachwalters § 274

Die Aufsichtsfunktionen teilen sich nach dem Wortlaut des Gesetzes in Prüfungs- und 44
Überwachungsaufgaben. Wie § 39 VerglO beschreibt die Vorschrift als Kernbestimmung des Aufgabenkreises des Sachwalters seine Pflichten nicht erschöpfend und abschließend. Denn der Sachwalter hat weitere Funktionen auszuüben als nur die Prüfung der wirtschaftlichen Lage des Schuldners, die Überwachung seiner Geschäftsführung und die Überwachung seines privaten Aufwandes. Der Sachwalter hat vielmehr durch seine Aufsichtsfunktionen weitergehend dafür zu sorgen, daß der Schuldner gehindert wird, sein Vermögen zum Nachteil der Insolvenzgläubiger zu schmälern (vgl. *Berges*, KTS 1955, 5 f.; *Bley/Mohrbutter* VerglO, § 39 Rz. 1). Daraus ergibt sich für den Sachwalter die Pflicht, Gläubigerausschuß und Insolvenzgericht, an Stelle des ersteren forderungsanmeldende Insolvenzgläubiger und absonderungsberechtigte Gläubiger, zu informieren (Abs. 3). Abs. 3 knüpft deswegen im Eingang (»Stellt ... Umstände fest...«) weitergehend die Informationspflichten des Sachwalters an die Feststellung von Umständen zur drohenden Gläubigerschädigung.

Für die entsprechenden Pflichten der VerglO wurde angenommen, der Verwalter habe 45
als Helfer des Vergleichsgerichtes durch seine Aufsichtsfunktionen dafür zu sorgen, daß nur vergleichswürdigen Schuldnern der Weg des Vergleichsverfahrens offen stehe und offen bleibe und daß nur der Vermögenslage des Schuldners angemessene und erfüllbare Vergleiche bestätigt werden (*BGH* BB 1963, 996 = WM 1963, 916). Für die Eigenverwaltung bestehen derartige Pflichten des Sachwalters nicht. Die Eigenverwaltung ist nicht Vergleichsverfahren (s. vor § 270 Rz. 2 ff.). Deswegen kann keine vergleichsorientierte Pflichtenbindung des Sachwalters bestehen. Die Eigenverwaltung ist Insolvenzverfahren, wenn auch ein besonderer Fall, und deswegen auf gemeinschaftliche Befriedigung der Gläubiger des Schuldners angelegt. Die Übernahme des Verantwortungsmodells der Vergleichsordnung soll lediglich die Kenntnisse und Erfahrungen der bisherigen Geschäftsleitung für das Insolvenzverfahren nutzen und damit die Verwertung der Insolvenzmasse – insbesondere durch Fortführung des Schuldnerbetriebes – mit größtmöglicher wirtschaftlicher Effektivität sicherstellen (s. vor § 270 Rz. 2 ff.). Deswegen können die Regelungen der §§ 39, 40 VerglO nur zur Pflichtenbestimmung des Sachwalters herangezogen werden, soweit sie mit Ziel und Zweck der Eigenverwaltung übereinstimmen, soweit sie die Übernahme des Verantwortungsmodelles der Vergleichsordnung betreffen, nicht soweit sie vergleichsorientiert sind.

II. Prüfung der wirtschaftlichen Lage des Schuldners

Sie bezieht sich zunächst auf die Gegenstände, die Gegenstand des Berichtes des 46
Schuldners sind, weil der Sachwalter hierzu Stellung zu nehmen hat (§§ 281 Abs. 2 Satz 2 InsO), ferner auf die verzeichneten Massegegenstände, das Gläubigerverzeichnis und die Vermögensübersicht (§ 281 Abs. 1 InsO). Dazu gehört die Nachprüfung der Angaben des Schuldners ebenso wie die Wertansätze im Hinblick auf die Fortführung des Unternehmens (vgl. *Bley/Mohrbutter* § 39 Rz. 2). Damit bezieht sich die Prüfung der wirtschaftlichen Lage des Schuldners nicht nur auf die Prüfung des gegenwärtigen Vermögensstandes, sondern auch auf die Beurteilung der wirtschaftlichen Möglichkeiten, persönlichen Fähigkeiten und Aussichten auf ordnungsgemäße, d. h. gläubigerunschädliche Erfüllung des Verwaltungs- und Verfügungsrechtes (vgl. *Bley/Mohrbutter* VerglO, § 39 Rz. 2).

Für die Insolvenzgläubiger sind alle Umstände bedeutsam, die zu einem Antrag auf 47
Aufhebung der Eigenverwaltung führen können (§ 272 InsO). Deswegen umfaßt die

Foltis

Prüfungspflicht alle Umstände, die erwarten lassen können, daß die Eigenverwaltung zu einer Verzögerung des Verfahrens oder zu sonstigen Nachteilen für die Gläubiger führen wird (§§ 272 Abs. 1 Nr. 2, 270 Abs. 2 Nr. 3 InsO). Der Sachwalter hat daher die Ursachen des Zusammenbruchs aufzuklären und auf die Schuldnerbeteiligung zu untersuchen. Insbesondere hat er zu prüfen, ob anfechtbare Rechtshandlungen des Schuldners vorliegen. Neben dem alleinigen Recht und der alleinigen Pflicht des Sachwalters zur Insolvenzanfechtung (§ 280 InsO) sind Anfechtungstatbestände wichtiges Indiz für eine gläubigerschädigende Einstellung des Schuldners (vgl. *Bley/Mohrbutter* VerglO, § 39 Rz. 39) und damit für seine Eigenverwaltungsunwürdigkeit (§ 270 Rz. 35 ff.).

48 Die Prüfung der Bücher ist darauf abzustellen, ob sie einen hinreichenden Überblick über die Vermögenslage des Schuldners ermöglichen. Ergeben sich dabei besondere Schwierigkeiten und hält der Sachwalter die Zuziehung eines Sachverständigen für erforderlich, hat er im Hinblick auf die Aufsichtspflicht des Insolvenzgerichtes (Abs. 1) die vorherige Zustimmung des Gerichtes einzuholen (vgl. *BGHZ* 23, 69; *Bley/Mohrbutter* VerglO, § 39 Rz. 3).

49 Der Sachwalter ist in Fortführungsfällen verpflichtet, eine Fortführungsbeurteilung zu geben (vgl. *Bley/Mohrbutter* VerglO, § 39 Rz. 3). Dazu gehören in der Regel Aussagen zu Planrechnung und Liquiditätsplanung des Schuldners, zu einer erforderlichen Umstrukturierung des Schuldnerunternehmens, den sich daraus ergebenden Kosten, zur erwarteten Wettbewerbsfähigkeit, zu den Chancen einer sanierenden Übertragung, kurzum betriebswirtschaftliche Beurteilungen, einschließlich aussagekräftiger Beurteilungen zur Personal- und Sachkonzeption innerhalb der Fortführungskonzeption.

50 Hinsichtlich dieser Prüfungsgegenstände hat der Sachwalter in jedem Stadium des Verfahrens zu prüfen, ob Anlaß zu Informationen nach Abs. 3 bestehen, um gläubigerschädigenden Handlungen oder Entwicklungen vorzubeugen. Ändern sich etwa die marktwirtschaftlichen Rahmenbedingungen so grundlegend und ohne jedes Verschulden des Schuldners, daß die Betriebsfortführung gefährdet erscheint, hat er nach Abs. 3 zu informieren.

III. Überwachung der Geschäftsführung des Schuldners und seiner privaten Ausgaben für die Lebensführung

51 Die Überwachungsrechte und -pflichten sind an das Amt des Sachwalters gebunden, beginnen also mit seiner Bestellung und enden mit seiner Abberufung. Der Sachwalter hat zu verhüten, daß der Schuldner die Eigenverwaltung dazu benutzt, um zum Schaden der Insolvenzgläubiger Vermögenswerte zu beseitigen oder entgegen den Grundsätzen einer ordnungsgemäßen Wirtschaftsführung handelt (vgl. *OLG Celle* KTS 1971, 216). Damit der Sachwalter diesen Pflichten nachkommen kann, ist er berechtigt, die Geschäftsräume des Schuldners zu betreten und dort Nachforschungen anzustellen. Der Schuldner hat ihm Einsicht in die Bücher und Geschäftspapiere zu gestatten und ihm alle erforderlichen Auskünfte zu erteilen. Der Sachwalter kann diese Rechte zwangsweise durchsetzen (Abs. 2 Satz 2 i. V. m. § 22 InsO).

52 Im Gegensatz zur VerglO (vgl. *Bley/Mohrbutter* VerglO, § 39 Rz. 4) gewährt § 278 Abs. 1 InsO dem Schuldner der Eigenverwaltung ausdrücklich das Recht, für sich und die Familienangehörigen nach § 100 Abs. 2 Satz 2 InsO aus der Insolvenzmasse die Mittel zu entnehmen, die unter Berücksichtigung der bisherigen Lebensverhältnisse des

Schuldners eine bescheidene Lebensführung gestatten. Insofern steht dem Schuldner ein Entnahmerecht zu (BT-Drucks. 12/2443 zu § 339), so daß der Sachwalter weder ein Bestimmungsrecht hat noch die Entnahme verhindern kann. Er hat nur die Anzeigemöglichkeit nach Abs. 3. Als Überwachungsmittel steht dem Sachwalter hierzu das Kassenführungsrecht zur Verfügung (§ 275 Abs. 2 InsO).

D. Unterrichtungspflichten (Abs. 3)

I. Unterrichtungspflichtige Tatsachen, Kombinationen und Schlußfolgerungen

Abs. 3 verpflichtet den Sachwalter zur Unterrichtung des Gerichtes und der Gläubiger, 53
wenn er erkennt, daß bei einer Fortsetzung der Eigenverwaltung Nachteile für die Gläubiger drohen. Die Gläubiger werden auf diese Weise in die Lage versetzt, die Aufhebung der Anordnung der Eigenverwaltung zu beantragen (§ 272 InsO). Eine Abs. 3 ähnliche Unterrichtungspflicht, allerdings nur gegenüber dem Gericht, enthielt § 40 Abs. 2 VerglO (BT-Drucks. 12/2443 zu § 335).
Die Begründung verweist durch das Wort »ähnliche« darauf, daß die Regelung des § 40 54
Abs. 2 VerglO zwar einen Anhalt zur konkreten Bestimmung der unterrichtungspflichtigen Tatsachen bietet, die konkrete Bestimmung jedoch aus der Zwecksetzung der Eigenverwaltung und seiner einzelnen Regelungen zu erfolgen hat. Da die Gläubiger durch die Unterrichtungspflichten in die Lage versetzt werden sollen, durch die Geltendmachung ihrer Rechte drohenden Schädigungen des eigenverwaltenden Schuldners entgegenzuwirken, ist der Sachwalter verpflichtet, jedenfalls alle ihm bekannt gewordenen Tatsachen mitzuteilen, die auf die Beibehaltung des Verwaltungs- und Verfügungsrechtes des Schuldners Einfluß haben können. Tatsachen sind dabei nicht nur die Gegenstände seiner unmittelbaren Wahrnehmung, sondern auch die durch Umstände nahegelegten Kombinationen und Schlußfolgerung (vgl. *Bley/Mohrbutter* VerglO, § 40 Rz. 6). Die Begründung verweist als Entscheidungsziel der unterrichteten Gläubiger verkürzt nur auf die Möglichkeit zur Aufhebung der Eigenverwaltung nach § 272 InsO. Die Handlungsmöglichkeiten der Gläubiger gehen jedoch weiter. So kann es über eine außerordentliche Gläubigerversammlung (§ 270 Abs. 1 Satz 2, § 75 InsO) zu nachträglichen Anordnungen nach § 277 Abs. 1 InsO kommen, indem bestimmte Rechtsgeschäfte des Schuldners dem Zustimmungsvorbehalt des Sachwalters unterstellt werden. Derartige Anordnungen können bei Unaufschiebbarkeit sogar außerhalb einer Gläubigerversammlung auf Antrag eines absonderungsberechtigten Gläubigers oder eines Insolvenzgläubigers ergehen (§ 277 Abs. 2 InsO). Deswegen hat der Sachwalter nicht nur alle Tatsachen, naheliegenden Kombinationen und Schlußfolgerungen mitzuteilen, die auf die Beibehaltung des Verwaltungs- und Verfügungsrechtes des Schuldners Einfluß haben können, sondern weitergehend auch solche, die zu einer Ausgestaltung dessen Verwaltungs- und Verfügungsrechtes durch einschränkende Maßnahmen nach § 277 InsO führen können.
Nach der hier vertretenen Auffassung (s. vor § 270 Rz. 38) geht die Anordnungskompe- 55
tenz des Insolvenzgerichtes und die Antragskompetenz des Sachwalters über die ausdrücklich in der Eigenverwaltung geregelten Möglichkeiten hinaus. Das Insolvenzgericht kann gem. § 270 Abs. 1 Satz 2, 21 InsO alle erforderlichen Maßnahmen treffen, um die Funktionsfähigkeit einer am Gläubigerwohl orientierten Eigenverwaltung sicherzustellen. Diesem Regelungsbereich müssen die Unterrichtungspflichten des Sachwalters entsprechen. Die Unterrichtungspflichten des Sachwalters nach Abs. 3 werden

damit insgesamt ausgelöst, wenn ihm Tatsachen bekannt werden, die auf die Beibehaltung oder Ausgestaltung des Verwaltungs- und Verfügungsrechtes des Schuldners Einfluß haben können, einschließlich gerichtlich erforderlicher Anordnungen zur Sicherstellung einer funktionsfähigen Eigenverwaltung.

II. Erfüllung

56 Die Unterrichtungspflichten sind unaufgefordert und unverzüglich, d. h. ohne schuldhaftes Verzögern zu erfüllen (*Bley/Mohrbutter* VerglO, § 40 Rz. 6).

57 Anzeigeempfänger sind Gläubigerausschuß und Insolvenzgericht, falls ersterer nicht bestellt ist an seiner Stelle die forderungsanmeldenden Insolvenzgläubiger und die absonderungsberechtigten Gläubiger. Das Gesetz schreibt eine Anzeigeform nicht vor. In der Regel wird die Anzeige schon aus Beweisgründen schriftlich erfolgen, in Eilfällen genügt eine mündliche (telefonische) Anzeige. Es empfiehlt sich, die schriftliche Anzeige nachzuholen.

58 Die Anzeigen an Gläubigerausschuß und Insolvenzgericht werden keine praktischen Schwierigkeiten aufweisen, weil es sich um einen überschaubaren und dem Sachwalter bekannten Personenkreis handelt. Anders verhält es sich mit den Anzeigen gegenüber den forderungsanmeldenden Insolvenzgläubigern und den absonderungsberechtigten Gläubigern. Namentlich in Großverfahren kann die Zahl unüberschaubar sein. Dem Sachwalter kann der aktuelle Personenkreis auch nicht ohne weiteres bekannt sein, weil dem Schuldner das Recht zur Verwertung des Sicherungsgutes zusteht (§ 283 Abs. 1 InsO). Wenn der Sachwalter überdies einem Haftungsvorwurf eines Beteiligten wegen Nichtunterrichtung entgehen will, muß er sicherstellen, daß der Personenkreis vollständig und nachweisbar informiert wird, in der Regel also durch Einschreiben mit Rückschein. Der dadurch unter Umständen ausgelöste gewaltige Zeit- und Kostenaufwand liegt auf der Hand. Allein die Dauer der Unterrichtungen in Großverfahren kann einen Zeitaufwand erfordern, aufgrund dessen die drohende Schädigung der Gläubiger durch den Schuldner bei vollständiger Unterrichtungen in eine eingetretene Schädigung umgeschlagen ist. Der Sinn der gesetzlich angeordneten Unterrichtungspflichten kann deswegen aus rein praktischen Gründen in sein Gegenteil verkehrt werden. Mit Rücksicht darauf, ist es als ausreichend anzusehen, wenn der Sachwalter die Anzeige an das Insolvenzgericht, die in jedem Fall erfolgen muß, entsprechend § 277 Abs. 3 InsO öffentlich bekannt macht bzw. durch das Insolvenzgericht öffentlich bekannt machen läßt (§ 273 InsO).

III. Haftung

59 Die Unterrichtungspflichten dienen unmittelbar dem Schutz der Gläubiger. Deswegen kann die Verletzung der Unterrichtungspflichten die Haftung nach §§ 274 Abs. 1, 60 ff. InsO auslösen (vgl. *Böhle-Stamschräder/Kilger* VerglO, § 40 Anm. 6).

§ 275
Mitwirkung des Sachwalters

(1) ¹Verbindlichkeiten, die nicht zum gewöhnlichen Geschäftsbetrieb gehören, soll der Schuldner nur mit Zustimmung des Sachwalters eingehen. ²Auch Verbindlichkeiten, die zum gewöhnlichen Geschäftsbetrieb gehören, soll er nicht eingehen, wenn der Sachwalter widerspricht.
(2) Der Sachwalter kann vom Schuldner verlangen, daß alle eingehenden Gelder nur vom Sachwalter entgegengenommen und Zahlungen nur vom Sachwalter geleistet werden.

Inhaltsübersicht: Rz.

A. Sinn und Zweck der Vorschrift	1– 5
B. Eingehen von Verbindlichkeiten im nicht gewöhnlichen und gewöhnlichen Geschäftsbetrieb (Abs. 1)	6–15
I. Eingehen von Verbindlichkeiten	6
II. Zugehörigkeit zum Geschäftsbetrieb, nicht gewöhnlich – gewöhnlich	7– 8
III. Zustimmungserfordernis (Satz 1)	9–11
IV. Widerspruchsmöglichkeit des Sachwalters (Satz 2)	12–14
V. Wirksamkeit der Verbindlichkeiten	15
C. Das Kassenführungsrecht des Sachwalters (Abs. 2)	16–34
I. Der Sachwalteranspruch	16–22
II. Die Rechtsstellung des kassenführenden Sachwalters im Außenverhältnis	23–24
III. Die Rechtsstellung des kassenführenden Sachwalters im Innenverhältnis	25–30
IV. Sonstige Sachwalterpflichten	31–33
V. Aufhebung des Sachwalteramtes	34

Literatur:

Bley Der Einfluß der Vergleichsverwalter und der Sachwalter auf die Geschäftsführung des Vergleichsschuldners, ZZP 61 (1961), 410 ff.; *ders.* Verrechnung von Giroguthaben des zahlungsunfähig gewordenen Kunden durch die Bank als nichtige Sonderbegünstigung, KuT 1935, 177 ff.; *Hartlage-Laufenberg* Die Pflichten des Vergleichsverwalters bei Übernahme der Kassenführung gem. § 57 Abs. 2 VerglO, KTS 1977, 224 ff.; *Kiesow* Rechtsgeschäfte im gerichtlichen Vorverfahren nach der Vergleichsordnung vom 26. Februar 1935, KuT 1935, 113 ff.; *ders.* Das neue Insolvenzrecht, DRiZ 1935 (1. Teil), 239 ff.

A. Sinn und Zweck der Vorschrift

Die Begründung des Regierungsentwurfs führt aus, die Vorschrift über die Mitwirkung **1** des Sachwalters bei der Begründung von Verbindlichkeiten und seine Befugnisse zur Kassenführung entspreche dem geltenden Vergleichsrecht (§ 57 VerglO). Zu beachten ist aber der grundlegende strukturelle Unterschied der Eigenverwaltung zur VerglO, indem die Eigenverwaltung nur das Verantwortungsmodell der VerglO übernimmt. Das Eigenverwaltungsziel unterscheidet sich vom Ziel der VerglO und damit in der inhaltlichen Ausgestaltung des Regelwerkes. Den Unterschied verdeutlicht das Rechtsfolgensystem: Gläubigerschädigende Handlungen des Schuldners nach der VerglO konnten

§ 275 *Eigenverwaltung*

durch Eröffnung des Anschlußkonkursverfahrens geahndet werden. Dem Konkursverwalter stand das gesamte Instrumentarium der Konkursordnung zu, einschl. der Regelungen über teilerfüllte Verträge nach § 17 KO und des Anfechtungsrechtes. Gläubigerschädigende Handlungen des Schuldners der Eigenverwaltung führen dagegen im Extremfall nur zum Übergang in das Insolvenzregelverfahren gem. § 272 InsO. Dem Insolvenzverwalter steht wegen derartiger Handlungen nicht das gesamte Instrumentarium der Insolvenzordnung zur Verfügung, insbesondere nicht die Regelungen über teilerfüllte Verträge (§ 103 InsO) und das Anfechtungsrecht (§ 129 ff. InsO; BT-Drucks. 12/2443 zu § 333). Ziel der VerglO war die Abwendung des Konkurses durch Vergleich (§ 1 VerglO). Ziel der Eigenverwaltung ist die gemeinschaftliche Gläubigerbefriedigung aufgrund wirtschaftlich optimaler Masseverwertung (§ 1 InsO), die auch durch einen Insolvenzplan sichergestellt werden kann (§ 284 InsO). Diese Unterschiede sind bei der Anwendung (Auslegung) des § 275 InsO zu beachten, wenn auf Rechtsprechung und Literatur zu § 57 VerglO zurückgegriffen werden soll, auch wenn die Gesetzeswortlaute nahezu identisch sind.

2 Die Eigenverwaltung erhält dem Schuldner das Verwaltungs- und Verfügungsrecht (§ 270 Abs. 1 Satz 1, Abs. 2 InsO) oder verschafft sie ihm wieder (§ 271 InsO). Selbst bei der Anordnung der Zustimmungsbedürftigkeit für bestimmte Rechtsgeschäfte (§ 277 InsO) erhält der Sachwalter kein eigenes Verfügungsrecht (vgl. *BGH* BGHZ 23, 318), sondern lediglich ein Mitwirkungsrecht. Damit tritt eine Art »gemeinsame Unternehmensleitung« (vgl. *Bley/Mohrbutter* VerglO, § 57 Rz. 1) ein mit der Chance, daß bei der Gläubigerschaft ebenso wie bei Kunden verloren gegangenes Vertrauen wieder zurückgewonnen werden kann, Grundvorausetzung für die Chance auf eine sanierende Übertragung. § 275 InsO ist die wichtigste Regelung für die »gemeinsame Unternehmensleitung« im laufenden Geschäftsbetrieb.

3 § 275 stellt dem Sachwalter zum Schutz der Gläubiger gegen gläubigerschädigende Verfügungen des Schuldners das Kassenführungsrecht zur Verfügung (Abs. 2). Er hat damit die Möglichkeit, wenigstens gläubigerschädigende Bargeschäfte des Schuldners zu verhindern. Gläubigerschädigende Verpflichtungen des Schuldners zu Lasten der Insolvenzmasse werden dadurch allerdings nicht verhindert, weil die Verpflichtungsfähigkeit des Schuldners durch die Kassenführung des Sachwalters nicht eingeschränkt wird. Die Kassenführung durch den Sachwalter erleichtert ferner die Überwachung der Geschäfts- und Lebensführung des Schuldners (§ 278 InsO), verhindert aber nicht die persönliche schuldbefreiende Entgegennahme von Zahlungen durch den Schuldner oder umgekehrt derartige Leistungen an ihn (*Böhle-Stamschräder/Kilger* VerglO, § 57 Anm. 3 d).

4 § 275 InsO gewährt dem Sachwalter kein Recht zur Geschäftsschließung. Er hat nur die Unterrichtungsmöglichkeiten und -pflichten nach § 274 Abs. 3 InsO, wenn er aufgrund seiner Überwachung feststellt, daß die Fortführung des Geschäfts keinen Gewinn abwirft. Falls der Sachwalter die Unterrichtung nach § 274 Abs. 3 InsO bei erfolgloser Geschäftsfortführung unterläßt, muß das Gericht als Aufsichtsorgan (§ 274 Abs. 1 InsO) einschreiten (vgl. *Bley/Mohrbutter* VerglO, § 57 Rz. 4).

5 Der Sachwalter ist den Verfahrensbeteiligten für die Erfüllung seiner Pflichten nach § 275 InsO persönlich verantwortlich. Die Verantwortlichkeit beschränkt sich allerdings darauf, daß seine Mitwirkung bzw. seine Unterlassung oder Weigerung nach Lage der Dinge im Zeitpunkt der Eingehung der Verbindlichkeit bzw. der Geldzahlung bei Bargeschäften des Schuldners nicht sachwidrig war (vgl. *Bley/Mohrbutter* VerglO, § 57 Rz. 6). Für den Sachwalter des § 91 VerglO (Im Vergleich vereinbarte Überwachung des Schuldners) wurde angenommen, daß er im Wege des Überwachungsverschuldens in

Mitwirkung des Sachwalters **§ 275**

Ausübung der ihm übertragenen Rechte und Pflichten einem Gläubiger verantwortlich sein könne, der nach der Eröffnung des Vergleichsverfahrens Ware an den Schuldner verkauft hat (vgl. *BGH* BGHZ 35, 32 = LM Nr. 1 zu § 92 VerglO m. Anm. *Weitnauer*; *BGH* BGHZ 67, 223). Dies entspricht der Interessenlage der Massegläubiger nach Verfahrenseröffnung, so daß dieser Haftungsgrund auch für den Sachwalter in Betracht kommt. Nach § 91 VerglO leitet der Sachwalter zwar die ihm obliegenden Rechte und Pflichten von einem Auftrag des Vergleichsschuldners ab (vgl. *BGH* BGHZ 35, 32). §§ 274, 275 InsO lassen sich jedoch als Auftrag kraft Gesetzes verstehen, so daß die Schutzrichtung identisch ist.

B. Eingehen von Verbindlichkeiten im nicht gewöhnlichen und gewöhnlichen Geschäftsbetrieb (Abs. 1)

I. Eingehen von Verbindlichkeiten

Die Verbindlichkeit des Schuldners muß durch Vertrag oder einseitiges Verpflichtungs- 6 geschäft, etwa einer Anweisung auf Kredit (§ 784 BGB), begründet werden. Dazu gehört der Abschluß verpflichtender Leistungsgeschäfte aller Art. Dazu gehören nicht sog. Handgeschäfte auf Seiten des Schuldners, insbesondere der reine oder einseitig nur den Gegner verpflichtende Handkauf (*Böhle-Stamschräder/Kilger* KO, § 57 Anm. 2; *Bley/Mohrbutter* VerglO, § 57 Rz. 11). Darlehensgeschäfte, bei denen der Schuldner Darleiher ist, unterliegen deswegen als Handdarlehen nicht § 275 InsO. Sie begründen keine Verpflichtung des Gebers. Als Vorvertrag oder Versprechensdarlehen unterliegt es jedoch der Mitwirkungspflicht (*Böhle-Stamschräder/Kilger* a. a. O.).

II. Zugehörigkeit zum Geschäftsbetrieb, nicht gewöhnlich – gewöhnlich

a) § 275 Abs. 1 InsO fordert zum Geschäftsbetrieb gehörige Verbindlichkeiten. Diese 7 sind von solchen für die Lebensführung (§ 278 Abs. 1 InsO) abzugrenzen. Für letztere gilt ausnahmslos § 278 Abs. 1 InsO. Einen Anhalt für die Abgrenzung bietet § 343 HGB für die Bestimmung von Handelsgeschäften. Zum Geschäftsbetrieb gehörige Verbindlichkeiten i. S. d. § 275 Abs. 1 InsO sind danach alle Verbindlichkeiten, die dem Interesse des Geschäftsbetriebes, der Erhaltung seiner Substanz und Erzielung von Gewinnen dienen sollen, einschließlich der Hilfs- oder Nebengeschäfte, ungewöhnlichen oder vorbereitenden Geschäfte, abwickelnden Geschäfte (vgl. *BGH* NJW 60, 1853; *BGH* BGHZ 63, 35; RGZ 87, 331; *RG* JW 08, 206; RGZ 72, 436; *Baumbach/Duden/Hopt* HGB 28. Aufl. § 343 Anm. 2).
b) Während gewöhnliche Verbindlichkeiten vom Schuldner nicht eingegangen werden 8 sollen, wenn der Sachwalter widerspricht (Abs. 1 Satz 2), soll der Schuldner weitergehend ungewöhnliche Verbindlichkeiten von vornherein nicht ohne Zustimmung des Sachwalters eingehen (Abs. 1 Satz 1). Die Unterscheidung gewöhnlicher von ungewöhnlichen Verbindlichkeiten ist in erster Linie nicht nach der wirtschaftlichen Kalkulationsgrundlage vorzunehmen, sondern nach Art und Umfang des einzelnen Rechtsgeschäftes. Dieses ist stets an Art und Umfang des bisherigen Geschäftsbetriebes zu messen (*Bley/Mohrbutter* VerglO, § 57 Rz. 15). Die Bestimmung kann im Einzelfall schwierig sein. Nach der Begr. II 73 zu § 57 VerglO sollen die auf Erweiterung des Unternehmens oder auf seine Umgestaltung abzielenden Geschäfte aus dem Rahmen des

bisherigen Geschäftsbetriebes herausfallen. Andererseits ist zwar für das Unternehmen des Einzelhändlers, wenn in der Zukunft Großhandel betrieben werden soll, für die Übergangszeit bis zur Umstellung jeder über das Einzelhandelsgeschäft hinausgehende Abschluß ungewöhnlich. Dagegen nicht, wenn das Unternehmen wegen des Ausbaues einer Betriebsabteilung Halbfertigfabrikate oder Rohstoffe bezieht, die es bisher nicht führte (*Bley/Mohrbutter* VerglO, § 57 Rz. 15). Ungewöhnlich ist dagegen die Anschaffung neuer teurer Maschinen (*Bley/Mohrbutter* a.a.O.), aber auch gebrauchter Maschinen, wenn sie nicht nur der Ersatzbeschaffung dienen und nicht den Einsatz verhältnismäßig geringer Mittel erfordern. Ebenso die Einstellung einer größeren Anzahl weiterer Arbeitskräfte (*Bley/Mohrbutter* a.a.O.). Zu kollektivrechtlichen Maßnahmen s. § 279 Satz 1 InsO. Ein Massedarlehen ist stets ungewöhnliche Verbindlichkeit (*Bley/Mohrbutter* a.a.O.).

III. Zustimmungserfordernis (Satz 1)

9 Die Vorschrift gewährt dem Sachwalter kein Vertretungsrecht, sondern nur die Zuständigkeit zur Mitwirkung (vgl. *Böhle-Stamschräder/Kilger* VerglO, § 57 Anm. 2 g). Über die Erteilung der Zustimmung oder deren Versagung entscheidet der Sachwalter eigenverantwortlich nach pflichtgemäßem Ermessen. Eine Verpflichtung zur Abstimmung mit einem bestellten Gläubigerausschuß besteht zwar nicht, wird aber bei Rechtsgeschäften großen Gewichtes sinnvoll sein (*Bley/Mohrbutter* VerglO, § 57 Rz. 17).

10 Die Zustimmung des Sachwalters ist nicht Wirksamkeitsvoraussetzung für das vom Schuldner eingegangene Rechtsgeschäft, woraus allenfalls eine entsprechende Anwendung der §§ 182–184 BGB folgt. Sie bedarf nicht der für das Schuldnergeschäft vorgeschriebenen Form und kann durch schlüssiges Verhalten erteilt werden. Sie ist bis zur Eingehung des Schuldnergeschäftes frei widerruflich. Der Widerruf kann dem Schuldner nicht vorgeworfen werden, wenn er ihn nicht kannte. Dies ist nicht der Fall, wenn er die Kenntnisnahme vereitelt hat. Eine Genehmigung des Sachwalters bewirkt, daß eine spätere Anzeige nach § 274 Abs. 2 pflichtwidrig ist (vgl. *Böhle-Stamschräder/Kilger* KO, § 57 Anm. 2 d; *Bley/Mohrbutter* VerglO, § 57 Rz. 18).

11 Die erteilte Zustimmung wirkt – wie eine Genehmigung – nur für das einzelne Geschäft, so, wie es dem Sachwalter mitgeteilt wurde. Deswegen fehlt die Zustimmung, wenn der Sachwalter nicht vollständig und wahrheitsgemäß informiert wurde (*Bley/Mohrbutter* VerglO, § 57 Rz. 19). Es wird die Auffassung vertreten, daß eine Anfechtung der Zustimmungerklärung nach §§ 119 ff. BGB die Wirksamkeit des Schuldnergeschäftes nicht berühre (*Bley/Mohrbutter* a.a.O.). Dieser Auffassung kann jedenfalls nicht gefolgt werden, soweit es um die Anfechtung wegen arglistiger Täuschung (§ 123 BGB) geht. Denn in diesem Fall liegt ja schon keine Zustimmung vor. Die weitergehende Rechtsfolge einer fehlenden Zustimmung soll den Schuldner im Gläubigerschutzinteresse zu einer vollständigen und wahrheitsgemäßen Information des Sachwalters anhalten. Hat der Schuldner diesem Erfordernis nicht entsprochen, ist der Sachwalter nach § 274 Abs. 3 InsO zur Unterrichtung verpflichtet.

IV. Widerspruchsmöglichkeit des Sachwalters (Satz 2)

12 Im Falle des Satzes 1 muß der Schuldner vor der Eingehung von Verbindlichkeiten, die nicht zum gewöhnlichen Geschäftsbetrieb gehören, die Zustimmung des Sachwalters

einholen. Der Schuldner ist also Adressat einer Handlungspflicht, er ist der »aktive Teil« der »gemeinsamen Unternehmensleitung«. Nach Satz 2 trifft ihn eine solche Handlungspflicht demgegenüber nicht. Der Sachwalter ist am Zug: Ihm ist auferlegt, ob er der Eingehung von Verbindlichkeiten widerspricht oder nicht, sei es für ein einzelnes Geschäft oder eine Gruppe von Geschäften (*Bley/Mohrbutter* VerglO, § 57 Rz. 20). Der Schuldner ist nicht einmal zur Information des Sachwalters verpflichtet, braucht also auch insoweit nicht zu handeln. Es ist vielmehr Sache des Sachwalters, sich in Ausübung seiner Grundpflichten nach § 274 Abs. 2 InsO laufend über die beabsichtigten und anfallenden Geschäftsabschlüsse zu unterrichten. Widerspricht er deswegen gläubigerschädigenden Geschäften des Schuldners nicht, die zum gewöhnlichen Geschäftsbetrieb gehören, kann er dafür wegen Verletzung seiner Überwachungspflichten nach § 274 Abs. 2, Abs. 1 i. V. m. §§ 60 ff. InsO haften. Zum Beispiel: Eingehung riskanter Lieferverpflichtungen bei fraglicher Kundenbonität oder wahrscheinlich nicht einzuhaltender Liefertermine mit Schadensersatzgefahr. Erteilt der Schuldner auf Anfrage unvollständige oder wahrheitswidrige Auskünfte, kann der Sachwalter zu Maßnahmen nach § 274 Abs. 3 InsO verpflichtet sein.

Gegenstand des Widerspruches kann ein Einzelgeschäft sein oder auch eine Gruppe von **13** Geschäften (z. B. Sukzessivlieferverträge; Rohstofferwerbe auf Wechselkredit), aber niemals der Abschluß von Verpflichtungsgeschäften insgesamt. Denn dies liefe auf den rechtswidrigen Entzug der Verwaltungs- und Verfügungsbefugnis des Schuldners hinaus. Das Verpflichtungsgeschäft kann vom Sachwalter schlechthin untersagt oder zeitlich oder betragsmäßig beschränkt werden. Es muß für den Sachwalter aber stets ein hinreichender Grund vorliegen (*Bley/Mohrbutter* VerglO, § 57 Rz. 21). Er liegt vor, wenn der Sachwalter bei Erfüllung des Verpflichtungsgeschäftes von einer drohenden Gläubigerschädigung ausgehen kann. Da der Schuldner das Verwaltungs- und Verfügungsrecht hat, darf diese Legitimation nicht durch ein weitgehendes Einspruchsrecht beeinträchtigt werden. An die drohende Gläubigerschädigung ist deswegen ein strenger Maßstab anzulegen. Dementsprechend kommt eine Haftung des Sachwalters wegen pflichtwidrigen Nichteinschreitens nach Satz 2 nur unter diesen engen Voraussetzungen in Betracht.

Erklärungsempfänger des Widerspruches ist der Schuldner. Einer bestimmten Form **14** bedarf der Widerspruch nicht. Er muß dem Schuldner vor dem Geschäftsabschluß nicht nur zugegangen sein, sondern er muß Kenntnis genommen haben. Der bloße Zugang reicht nur aus, wenn der Schuldner die persönliche Kenntnisnahme bewußt verhindert oder unterlassen hat (*Bley/Mohrbutter* VerglO, § 57 Rz. 22). § 162 BGB kann entsprechend angewendet werden.

V. Wirksamkeit der Verbindlichkeiten

Die vom Schuldner eingegangenen Verbindlichkeiten werden gegenüber dem anderen **15** Teil in ihrer Wirksamkeit bei fehlender oder verweigerter Zustimmung des Sachwalters nach Satz 1 oder eines Widerspruches des Sachwalters nach Satz 2 grundsätzlich nicht berührt, selbst wenn dies dem anderen Teil bekannt ist (*Bley/Mohrbutter* VerglO, § 57 Rz. 24). Dies gilt im besonderen für Satz 2. Er verpflichtet den Schuldner nach einem Widerspruch des Sachwalters zum Unterlassen (des Verpflichtungsgeschäftes), jedoch nur in der Form des »Solls«. Ein Verstoß des Schuldners berührt deswegen die Wirksamkeit des Schuldgeschäftes grundsätzlich nicht (vgl. *BGH* BGHZ 67, 223). Bei Geschäften für den gewöhnlichen Geschäftsbetrieb muß der Gläubiger auf die uneingeschränkte Handlungsfähigkeit des Schuldners vertrauen dürfen, eine Rechtsunsicherheit darf es nicht geben (*Bley/Mohrbutter* VerglO, § 57 Rz. 23). Es kann jedoch nach allgemeinen Zivilgrundsätzen nichtig sein und den anderen Teil ggf. zum Schadensersatz verpflichten, wenn der andere Teil mit dem Schuldner kollusiv zum Nachteil der Insolvenzmasse und damit zum Nachteil der Insolvenzgläubiger zusammenwirkt (vgl. *Palandt/Heinrichs* § 138 Rz. 61 ff; *Palandt/Thomas* § 826 Rz. 52 ff.)

C. Das Kassenführungsrecht des Sachwalters (Abs. 2)

I. Der Sachwalteranspruch

16 Der Zweck des Kassenführungsrechtes besteht darin, unwirtschaftliche Bargeschäfte des Schuldners unmöglich zu machen, rechtswidrigen Geldabfluß zu verhindern und die Aufnahme kurzfristiger Kredite ohne Zustimmung des Sachwalters zu unterbinden (vgl. *Hartlage-Laufenberg* KTS 1977, 224; *Böhle-Stamschräder/Kilger VerglO*, § 57 Anm. 3 a).

17 Der Anspruch des Sachwalters besteht ohne besondere Anordnung des Gerichtes kraft Gesetzes als verfahrensrechtliche Gestaltungsbefugnis. Es steht im pflichtgemäßen Ermessen des Sachwalters, ob, in welchem Umfang und zu welchem Zeitpunkt er vom Kassenführungsrecht Gebrauch macht.

18 Zu § 57 VerglO wurde angenommen, der Verwalter dürfe vom Kassenführungsrecht nur Gebrauch machen, wenn die Besorgnis bestehe, daß massenachteilige Geschäfte geschlossen werden (*OLG Nürnberg* KTS 1965, 172; *Bley/Mohrbutter* VerglO, § 57 Rz. 25; *Böhle-Stamschräder/Kilger* VerglO, § 57 Anm. 3 a). Für die Eigenverwaltung kann dieser engen Auffassung nicht gefolgt werden. Die Eigenverwaltung unterscheidet sich strukturell grundlegend von der Vergleichsordnung (vor § 270 Rz. 5 f., § 270 Rz. 4 f.). Der Sachwalter kann seinen haftungsbewehrten Überwachungspflichten (§ 274 Abs. 2, 1) nur entsprechen, wenn er in die Lage versetzt wird, die Überwachung mit einem Höchstmaß an Effektivität und damit Sicherheit für die Insolvenzgläubiger vor gläubigerschädigenden Handlungen des Schuldners oder vor drohenden Schädigungen aufgrund nachteiliger Entwicklungen des Geschäftsbetriebes – gerade in Fortführungsfällen – zu erledigen. Der Gesetzgeber geht selbst von gläubigerschädigenden Risiken der Eigenverwaltung aus: Die Eigenverwaltung bedeute trotz der Aufsicht des Sachwalters ein erhebliches Risiko für die Gläubiger. Beispielsweise könnten gläubigerschädigende Handlungen des Schuldners nicht mit der Insolvenzanfechtung rückgängig gemacht werden, auch nicht nach einer Aufhebung der Eigenverwaltung (BT-Drucks. 12/2443 zu § 333). Insbesondere in Fortführungsfällen ist die Einsicht und Kontrolle in den Geldfluß die strategisch entscheidende Stelle zur Überwachung der wirtschaftlichen Effektivität der Fortführung. An den Veränderungen der Liquidität und der – in aller Regel monatlich erstellten – Gewinn-und-Verlust-Rechnung zeichnen sich nachteilige Veränderungen zuerst ab. Wenn deswegen dem Sachwalter die grundsätzliche Haftung für Gläubigerausfälle bei eingetretener Masseunzulänglichkeit aufgebürdet wird (274 Abs. 2, 3, 1 InsO i. V. m. § 61 InsO; näher § 274 Rz. 22 ff.) muß ihm das uneingeschränkte Recht zur Kassenführung zur Haftungsvermeidung zustehen. Deswegen steht ihm das Kassenführungsrecht nach pflichtgemäßem Ermessen einschränkungslos zu.

19 Das Recht des Sachwalters zur Kassenführung ist für den Schuldner Beschränkung und gesetzlich angeordnete verfahrensrechtliche Last (*Bley/Mohrbutter* VerglO, § 57 Rz. 26, 6). Sie bedeutet, daß der Schuldner zwar die Befugnis zur Kassenführung verliert

(also nicht mehr »darf«), gleichwohl aber die Rechtsmacht zur Kassenführung behält (also immer noch »kann«). Ungeachtet der Kassenführung des Sachwalters sind daher Zahlungen des Schuldners wirksam, Zahlungen von Drittschuldnern an den Schuldner wirken schuldbefreiend (*Bley/Mohrbutter* VerglO, § 57 Rz. 26, 42 f.).

Die Übernahme der Kassenführung durch den Sachwalter begründet für den Schuldner 20
nicht nur die Pflicht, keine Gelder in Empfang zu nehmen und Zahlungen zu unterlassen. Der Schuldner muß darüber hinaus vorhandene oder erlangte Gelder an den Sachwalter aushändigen, Drittschuldner vom Übergang der Kassenführung auf Verlangen des Sachwalters unterrichten und alle Erklärungen gegenüber Dritten abgeben, die erforderlich sind, um dem Sachwalter die ungehinderte Kassenführung zu ermöglichen.

Das pflichtgemäße Verhalten des Schuldners kann nur mit den Mitteln des Eigenverwal- 21
tungsrechtes durchgesetzt werden. Hier erweist sich, daß das im Eigenverwaltungsrecht ausdrücklich vorgesehene Instrumentarium zu eng ist. Der Sachwalter kann danach nur nach § 274 Abs. 3 unterrichten. Er kann von sich aus Einzelanordnungen des Insolvenzgerichtes nach § 277 InsO nicht auslösen, auch nicht als Eilanordnung nach § 277 Abs. 2 InsO, selbst wenn hierzu eine unaufschiebbare Erforderlichkeit besteht (vor § 270 Rz. 28–30). Nach der hier vertretenen Auffassung erstreckt sich allerdings die Verweisung in § 270 Abs. 1 Satz 2 InsO auf § 21 InsO, so daß das Insolvenzgericht auf Antrag des Sachwalters die gebotenen Maßnahmen ergreifen kann (vor § 270 Rz. 38).

Aus § 278 Abs. 1 InsO folgt, daß sich die Kassenführung auf den laufenden Geschäfts- 22
betrieb erstreckt, nicht auf die Lebensführung des Schuldners. Dem Sachwalter ist jeder Eingriff in die Privatsphäre des Schuldners untersagt.

II. Die Rechtsstellung des kassenführenden Sachwalters im Außenverhältnis

Mit der Kassenführung übernimmt der Sachwalter keine eigenen Rechte, sondern Rechte 23
des Schuldners, dem allein das Verwaltungs- und Verfügungsrecht unverändert zusteht. Er ist gesetzlicher Vertreter des Schuldners aufgrund gerichtlicher Anordnung (der Eigenverwaltung) und handelt deswegen namens und in Vollmacht des Schuldners (vgl. *Bley* ZZP 1961, 426; *Bley/Mohrbutter* VerglO, § 57 Rz. 29; *Böhle-Stamschräder/Kilger* VerglO, § 57 Anm. 3 b). Weil es sich um einen Fall der gesetzlichen Vertretung handelt, hat der Schuldner auf die Dauer und die Art der Kassenführung durch den Sachwalter keinen Einfluß. Der Sachwalter ist weisungsunabhängig (vgl. *Hartlage-Laufenberg* KTS 1977, 224). Für die rechtlichen Folgen einer Willenserklärung, die auf Willensmängeln beruht, (§§ 116 ff. BGB) oder die Kenntnis wie das Kennenmüssen gewisser Umstände (z. B. Eigentum an abhanden gekommenem Geld: §§ 932, 935 BGB, § 366 HGB) kommt es auf die Person des Sachwalters an (vgl. *OLG Nürnberg* KTS 1965, 720 zum Rechtsverhältnis aus Anlaß der Kassenführung).

Für ein etwaiges Verschulden des Sachwalters haftet der Schuldner – also die Insolvenz- 24
masse – nach § 278 BGB. Außerdem haftet der Sachwalter persönlich gegenüber dem Beteiligten gem. §§ 274 Abs. 1, 60 ff. InsO. Er haftet insbesondere auch Neugläubigern (vgl. *BGH* BGHZ 67, 223).

III. Die Rechtsstellung des kassenführenden Sachwalters im Innenverhältnis

Der Umfang der gesetzlichen Vertretungsmacht des Sachwalters beschränkt sich auf die 25
Entgegennahme von Geldern und die Geldzahlung (*Böhle-Stamschräder/Kilger* VerglO,

§ 57 Anm. 3 c; *Bley/Mohrbutter* VerglO, § 57 Rz. 32). In der Praxis wird es zwischen Sachwalter und Schuldner zu einem abgestimmten Miteinander kommen. Denn ein völliger Ausschluß des Schuldners vom gesamten Geldverkehr ist namentlich bei Großverfahren nicht durchführbar. Ob und in welchem Umfang der Schuldner – in aller Regel konkret dessen Mitarbeiter – am Geldverkehr teilnehmen, ist Sache des Sachwalters (z. B. Empfang von Kundenschecks oder Bargeld bei Auslieferungen oder im Barverkauf; Vorauszahlungen für Warenlieferungen bei Abholung).

26 Der Sachwalter muß Neuschulden des Schuldners (Masseschulden) erfüllen. Falls er aber die drohende Masseunzulänglichkeit erkennt, kann er berechtigt sein, Neuschulden unbezahlt zu lassen. Das Weigerungsrecht des Sachwalters folgt nicht aus der Gefahr, wegen eines Verstoßes des Schuldners aus Abs. 1 eine der Gläubigeranfechtung unterliegende Rechtshandlung selbst auszulösen (so aber *Bley/Mohrbutter* VerglO, § 57 Rz. 33 a. E., 40 m. w. N.). Denn im Gegensatz zum Vergleichsverfahren ist in der Eigenverwaltung das Insolvenzverfahren bereits eröffnet. Das Weigerungsrecht folgt dagegen aus der Gefahr des Vorwurfes eines Gläubigers, andere Gläubiger wissentlich bevorteilt zu haben und einer sich daraus ergebenden Haftungsgefahr.

27 Der Sachwalter ist zur Eingehung von Verpflichtungen zu Lasten des Schuldners berechtigt, soweit dies zur Ausübung des Kassenführungsrechtes erforderlich ist, z. B. bei einem Handdarlehen zur Entgegennahme von Geld (vgl. *Kiesow* DRiZ 1935, 244). Geldbeträge, die dem Schuldner unentgeltlich zugewendet werden sollen, darf der Schuldner nur mit Einverständnis des Sachwalters entgegen nehmen, es sei denn, sie betreffen den Lebensunterhalt des Schuldners (§ 278 Abs. 1 InsO; vgl. *OLG Nürnberg* KTS 1965, 172).

28 Zum Kassenführungsrecht gehören Verpflichtungen und Verfügungen aller Art, soweit sie den Geldverkehr betreffen: der bargeldlose Zahlungsverkehr in allen Formen (vgl. *Hartlage-Laufenberg* KTS 1977, 224); die Hinterlegung gem. §§ 372, 378 BGB; Herbeiführung eines Verzichts der Hausbank des Schuldners auf Verrechnung von Giroguthaben (vgl. *Bley* KuT 1935, 178). Der Sachwalter ist nicht berechtigt: zum Erlaß, zur Aufrechnung. Letztere muß vom und gegenüber dem Schuldner erklärt werden (§ 389 BGB, vgl. *Bley/Mohrbutter* VerglO, § 57 Rz. 5), wobei allerdings der Sachwalter als gesetzlicher Vertreter des Schuldners handeln kann. Der Sachwalter kann eine Leistung an Erfüllungs Statt nur mit Einverständnis des Schuldners entgegen nehmen (vgl. *Böhle-Stamschräder/Kilger* VerglO, § 57 Anm. 3 c). Eine Zahlung des Sachwalters an Erfüllungs Statt soll dagegen mit Einverständnis des Gläubigers wirksam sein, allerdings vom Recht auf Kassenführung nicht gedeckt sein (*Bley/Mohrbutter* VerglO, § 57 Rz. 35). Dem kann nicht gefolgt werden. Ist diese Zahlung vom Recht auf Kassenführung nicht gedeckt, fällt das Rechtsgeschäft nicht in den Umfang der gesetzlichen Vertretungsmacht. Bis zur Genehmigung des Schuldners ist diese Zahlung daher schwebend unwirksam.

29 Zum Kassenführungsrecht gehören die sog. Hilfsgeschäfte wie Mahnungen von und gegenüber dem Sachwalter. Sie können daneben von und gegenüber dem Schuldner wirksam ausgesprochen werden (*Bley/Mohrbutter* VerglO, § 57 Rz. 36). Der Sachwalter kann Schuldscheine und Quittungen aushändigen und in Empfang nehmen, Wechsel und Schecks quittieren. Diese Papiere hat der Schuldner auszuhändigen. Zum Protest ist der Sachwalter berechtigt. Ist der Schuldner Wechselverpflichteter, kann die Vorlage zur Zahlung gem. § 39 Abs. 1 WG an den Sachwalter erfolgen. Im Hinblick auf die Bestimmtheit und Formenklarheit des Wechselrechts ist dagegen ein Protest mangels Zahlung gegen den Schuldner zu erheben (*Bley/Mohrbutter* VerglO, § 57 Rz. 36).

Der kasseführende Sachwalter ist nicht zur Prozeßführung befugt (vgl. *Kiesow* KuT **30**
1935, 114; *Böhle-Stamschräder/Kilger* VerglO, § 57 Anm. 3 c; *Bley/Mohrbutter* VerglO,
§ 57 Rz. 37). Er kann ferner weder im eigenen Namen, noch als gesetzlicher Vertreter des
Schuldners klagen oder verklagt werden (vgl. *BGH* KTS 1979, 180 zu § 91 VerglO). Der
Schuldner muß Leistungsklagen nicht mit dem Antrag auf Zahlung an den Sachwalter
erheben. Er entspricht seiner Aushändigungspflicht, wenn er entweder den Beklagten
oder den Gerichtsvollzieher anweist, an den Sachwalter zu zahlen (vgl. *Bley/Mohrbutter*
VerglO, § 57 Rz. 37).

IV. Sonstige Sachwalterpflichten

Das Recht zur Übernahme der Kassenführung ist an das Amt des Sachwalters gebunden. **31**
Es darf deswegen von ihm nicht auf andere übertragen werden (vgl. *Hartlage-Laufenberg* KTS 1977, 224). Er kann sich allerdings zur Erledigung der Aufgaben eigener
Mitarbeiter oder Mitarbeiter des Schuldners bedienen (vgl. *Bley/Mohrbutter* VerglO,
§ 57 Rz. 38). Bei letzterem kann ihm die Haftungslockerung gem. § 60 Abs. 2 InsO
zugute kommen (§ 274 Rz. 19 ff.). Der Sachwalter ist dem Schuldner auskunfts- und
abrechnungspflichtig, damit der Schuldner verjährungsunterbrechende Schritte einleiten
kann (vgl. *Bley/Mohrbutter* VerglO, § 57 Rz. 38). Er ist dies im besonderen bei der
Beendigung seiner Kassenführung, bei einem Sachwalterwechsel auch gegenüber dem
Nachfolger. Er muß den Kassenbestand, Quittungen und Schuldurkunden übergeben, die
Verfügungsfreiheit des Schuldners oder des neuen Sachwalters über die Konten herstellen. Diese Pflichten dauern über die formelle Beendigung der Kassenführung fort (vgl.
Hartlage-Laufenberg KTS 1977, 224).
Der Sachwalter hat mit dem Geld wie ein ordentlicher Kaufmann umzugehen. Er darf **32**
eingehende Gelder nicht mit eigenem Geld vermengen, sie auch nicht auf das eigene
Konto einzahlen oder einzahlen lassen. Nicht gebrauchte Gelder muß er möglichst
zinsgünstig anlegen. Er kann hierzu auch ein neues Konto lautend auf den Namen des
Schuldners als Fremdkonto einrichten, nicht als Anderkonto. Der Schuldner muß
mitwirken (vgl. *Bley/Mohrbutter* VerglO, § 57 Rz. 39).
Der Sachwalter muß auch Gelder für Rechtsgeschäfte annehmen, bei deren Begründung **33**
der Schuldner gegen die Pflichten nach Abs. 1 verstoßen hat. In der Entgegennahme liegt
jedoch ohne weitere Erklärung des Sachwalters keine Genehmigung des Rechtsgeschäfts. Darf der Schuldner eine Forderung nicht einziehen (z. B. nach §§ 1282 BGB, 829
Abs. 1 Satz 2 ZPO), muß der Sachwalter die Entgegennahme von Geldern ablehnen (vgl.
Bley/Mohrbutter VerglO, § 57 Rz. 41).

V. Aufhebung des Sachwalteramtes

Das Amt des Sachwalters endet mit der Aufhebung des Insolvenzverfahrens (§ 270 **34**
Abs. 1 Satz 2, 200 InsO), oder mit der Aufhebung der Anordnung der Eigenverwaltung
(§ 272 InsO). Der Sachwalter ist dagegen berechtigt und verpflichtet, über die formelle
Beendigung seines Amtes hinaus die erforderlichen Abwicklungsgeschäfte vorzunehmen (vgl. *OLG Hamm* NJW 1956, 125; *OLG Frankfurt* Rpfleger 1960, 409; jeweils für
Zwangsverwaltung; *Bley/Mohrbutter* VerglO, § 57 Rz. 45).

§ 276
Mitwirkung des Gläubigerausschusses

¹Der Schuldner hat die Zustimmung des Gläubigerausschusses einzuholen, wenn er Rechtshandlungen vornehmen will, die für das Insolvenzverfahren von besonderer Bedeutung sind. ²§ 160 Abs. 1 Satz 2, Abs. 2, § 161 Satz 2 und § 164 gelten entsprechend.

Inhaltsübersicht: Rz.

A. Sinn und Zweck der Vorschrift	1
B. Rechtshandlungen von besondere Bedeutung	2– 6
C. Mitwirkung des Gläubigerausschusses	7–12
I. Zustimmung des Gläubigerausschusses	7– 8
II. Hilfsweise: Zustimmung der Gläubigerversammlung (§ 160 Abs. 1 Satz 2 InsO)	9
III. Vorläufige Untersagung der Rechtshandlung (§ 161 Satz 2 InsO).	10
IV. Wirksamkeit der Schuldnerhandlung (§ 164 InsO)	11–12

A. Sinn und Zweck der Vorschrift

1 Mit der Vorschrift soll klargestellt werden, daß die Geschäfte, die im Insolvenzregelverfahren an die Zustimmung des Gläubigerausschusses gebunden sind, auch im Falle der Eigenverwaltung unter Aufsicht eines Sachwalters nur mit der Zustimmung des Gläubigerausschusses vorgenommen werden dürfen. Auch das Recht einer Minderheit von Gläubigern, im Falle einer Zustimmung des Gläubigerausschusses die Einberufung der Gläubigerversammlung zu beantragen (§ 161 Satz 2 InsO) wird übernommen. Anstelle des Insolvenzverwalters ist in diesem Fall der Sachwalter zu hören (BT-Drucks. 12/2443 zu § 337).

B. Rechtshandlungen von besonderer Bedeutung

2 Die Struktur der Eigenverwaltung weist allerdings eine Besonderheit auf, derentwegen eine nahtlose Übernahme der »besonders bedeutsamen Rechtshandlungen« des Insolvenzregelverfahrens nach § 160 InsO auf die Eigenverwaltung nicht paßt. Im Insolvenzregelverfahren wird der Insolvenzverwalter von den Gläubigern außerhalb der Gläubigerversammlung nur durch den Gläubigerausschuß überwacht (§ 69 InsO), falls er bestellt ist (§ 68 InsO). Der Schuldner der Eigenverwaltung wird dagegen systemimmanent laufend vom Sachwalter überwacht (§ 274 Abs. 2, § 275 InsO), der Gläubigerausschuß übt also nur eine zusätzliche Überwachungs- bzw. Mitwirkungsfunktion aus. Deswegen stellt sich die Frage der Abgrenzung der Überwachungs- bzw. Mitwirkungskompetenzen zwischen Sachwalter und Gläubigerausschuß bei »besonders bedeutsamen Rechtshandlungen« nach § 276 Satz 1 InsO gegenüber der Eingehung ungewöhnlicher Verbindlichkeiten nach § 275 Abs. 1 Satz 1 InsO. Daß beide Organe – falls ein Gläubigerausschuß bestellt ist – die gleiche Funktion haben sollen, ist vom Gesetzgeber offensichtlich nicht gewollt. § 275 Abs. 1 Satz 1 InsO fordert die Zustimmung des Sachwalters für die Eingehung ungewöhnlicher Verbindlichkeiten, nicht auch die Zustimmung des Gläubigerausschusses. Bereits für das Insolvenzregelverfahren gilt der Grundsatz, daß der Gläubigerausschuß keinen Einfluß auf die Geschäftsführung durch den Verwalter hat, soweit Rechtshandlungen von besonderer Bedeutung nicht vorgenommen werden (BT-Drucks. 12/2443 zu § 179). Im übrigen wäre die Funktionsfähigkeit der Eigenverwaltung in Frage gestellt. Besteht kein Gläubigerausschuß, ist die Zustimmung der Gläubigerversammlung gefordert (Satz 2 i. V. m. § 160 Abs. 1 Satz 2 InsO). Die Eigenverwaltung ist aber im besonderen auf Fortführungsfälle angelegt (BT-Drucks. 12/2443 vor § 331). Das schwerfällige Verfahren für eine Zustimmung der Gläubigerversammlung könnte die Fortführung des Unternehmens in der Insolvenz erheblich beeinträchtigen.

Das Abgrenzungsproblem wäre leicht zu lösen, wenn der Mitwirkungskatalog des § 160 Abs. 2 InsO für das Merkmal der »Rechtshandlungen von besonderer Bedeutung für das Insolvenzverfahren« nach Satz 1 abschließend wäre. Dann wären besonders bedeutsame Rechtshandlungen nach § 160 Abs. 2 InsO keine zum gewöhnlichen Geschäftsbetrieb nach § 275 Satz 1 InsO gehörende Verbindlichkeiten, für erstere wäre nur der Gläubigerausschuß zuständig, für letztere der Sachwalter. So liegt es jedoch nicht. Denn § 160 InsO weicht insofern von den §§ 133 Nr. 2, 134 KO ab: Daß der Verwalter vor bestimmten, für das Verfahren besonders bedeutsamen Rechtshandlungen die Zustimmung des Gläubigerausschusses einholen muß, entspricht den vorerwähnten Regelungen des Konkursrechtes. Während jedoch die Konkursordnung diese Rechtshandlungen abschließend aufzählt und dabei noch hinsichtlich der Voraussetzungen und der Rechtsfolge differenziert, ist § 160 InsO flexibler gefaßt. Die Vorschrift stellt in Abs. 1 Satz 1 den allgemeinen Begriff der »Rechtshandlungen, die für das Insolvenzverfahren von besonderer Bedeutung sind« voraus; in Abs. 2 wird dieser Begriff beispielhaft erläutert (BT-Drucks. 12/2443 zu § 179). Der Begriff geht also über die Beispielsfälle hinaus. Seine Bestimmung kann zu einer Überschneidung mit den Sachwalterkompetenzen führen. **3**

a) Zweifelsfrei zustimmungsbedürftige Gläubigerausschußangelegenheiten sind die in § 160 Abs. 2 InsO aufgeführten Fälle (§ 276 Satz 2 InsO). **4**

b) Die weitergehende zustimmungsbedürftige Gläubigerausschußangelegenheit muß eine Rechtshandlung sein. Zum Begriff der Rechtshandlung s. Kommentierung zu § 129 InsO. Hierzu gehören auch die Verpflichtungen nach § 275 Abs. 1 Satz 1 InsO. Deswegen können grundsätzlich die Verbindlichkeiten nach § 275 Abs. 1 Satz 1 InsO zustimmungsbedürftige Gläubigerausschußangelegenheiten sein. **5**

Wenn allerdings Satz 1 wie § 160 Satz 1 InsO die Zustimmung nur für besonders bedeutsame Rechtshandlungen fordert, folgt daraus, daß außerhalb der in § 160 Abs. 2 InsO aufgeführten Fälle nur besonders bedeutsame Verpflichtungen des Schuldners der Zustimmung des Gläubigerausschusses bedürfen. Dafür reicht die Annahme einer nicht gewöhnlichen Verbindlichkeit nach § 275 InsO nicht aus. Sie muß vielmehr als weitere Voraussetzung besonders bedeutsam sein, weil sonst die laufende Sachwalterkompetenz systemwidrig auf den Gläubigerausschuß übertragen wird. Anzunehmen ist diese Zustimmungsbedürftigkeit deswegen ausnahmsweise bei der Eingehung von Verpflichtungen für ungewöhnlich hohe Investitionen in den Schuldnerbetrieb oder ungewöhnlich langfristig bindende Verträge oder hohem Verpflichtungsvolumen. Wie bei der Beurteilung nicht gewöhnlicher Verbindlichkeiten nach § 275 Abs. 1 Satz 1 InsO ist die Einordnung Sache einer Einzelfallbeurteilung und nicht in erster Linie nach der wirtschaftlichen Kalkulationsgrundlage vorzunehmen, sondern an Art und Umfang der einzelnen Verpflichtung orientiert (vgl. *Bley/Mohrbutter* VerglO, § 57 Rz. 15), hängt also jeweils vom schuldnerischen Unternehmen ab. Im Zweifel besteht keine der **6**

§ 276 *Eigenverwaltung*

Zustimmung des Gläubigerausschusses bedürftige besonders bedeutsame Verpflichtung.

C. Mitwirkung des Gläubigerausschusses

I. Zustimmung der Gläubigerausschusses

7 Verlangt wird die vorherige Zustimmung des Gläubigerausschusses, also die Einwilligung (vgl. *Jaeger/Weber* KO, §§ 133, 134 Rz. 3). Schon nach Konkursrecht war die nachträgliche Zustimmung möglich (*Kuhn/Uhlenbruck* KO, § 133 Rz. 1; *Kilger/Karsten Schmidt* KO, §§ 133, 134 Anm. 1). Der Gesetzesbegründung ist nicht zu entnehmen, daß hiervon Abstand genommen werden soll (BT-Drucks. 12/2443 zu §§ 179, 336), so daß die nachträgliche Zustimmung möglich bleibt. Sie nimmt dem Handeln des Schuldners allerdings nur die Eigenmächtigkeit (vgl. *Kuhn/Uhlenbruck* KO, § 133 Rz. 1).

8 Der Gläubigerausschuß (§§ 67 ff. InsO) entscheidet mit der Mehrheit der abgegebenen Stimmen durch Beschluß (§ 72 InsO).

II. Hilfsweise: Zustimmung der Gläubigerversammlung (§ 160 Abs. 1 Satz 2 InsO).

9 Ist ein Gläubigerausschuß nicht bestellt, so ist die Zustimmung der Gläubigerversammlung einzuholen (Satz 2 i. V. m. § 160 Abs. 1 Satz 2 InsO). Der Gesetzgeber sieht die in § 160 Abs. 2 besonders aufgezählten Rechtshandlungen – richtigerweise die dort nur beispielhaft aufgezählten Rechtshandlungen – als so wichtig an, daß der Schuldner diese Rechtshandlung keinesfalls allein vornehmen soll (vgl. BT-Drucks. 12/2443 zu § 179). Die Befugnis zum Antrag auf Einberufung der Gläubigerversammlung (§ 275 InsO) steht Schuldner und Sachwalter je für sich allein zu, weil jeder einen Teil der Verantwortung des Insolvenzverwalters des Regelverfahrens trägt und damit auch seiner Befugnis (§ 75 Abs. 1 Ziff. 1 InsO). Das Zustimmungsverfahren folgt den allgemeinen Regeln (§ 74 ff. InsO).

III. Vorläufige Untersagung der Rechtshandlung (§ 161 Satz 2 InsO)

10 Sofern nicht die Gläubigerversammlung ihre Zustimmung erteilt hat, kann das Insolvenzgericht auf Antrag einer in § 75 Abs. 1 Nr. 3 InsO bezeichneten Mehrzahl von Gläubigern und nach Anhörung des Schuldners die Vornahme der Rechtshandlung vorläufig untersagen und eine Gläubigerversammlung einberufen, die über die Vornahme beschließt (Satz 2 i. V. m. § 161 Satz 2 InsO). Mit dieser Regelung sollen die Rechte der Gläubigerversammlung gegenüber dem Gläubigerausschuß gestärkt werden (BT-Drucks. 12/2443 zu § 180). Aus dem Schutzzweck der Vorschrift folgt, daß dieser Minderheit von Gläubigern das Recht immer zusteht, also selbst bei Fehlen eines Gläubigerausschusses. Der Sachwalter ist anzuhören (BT-Drucks. 12/2443 zu § 337). Diese Regelung hat neben der Eilanordnungsmöglichkeit nach § 277 InsO praktische Bedeutung, weil sie nicht nur zur vorläufigen Untersagung der Rechtshandlung führt, sondern auch zu einer abschließenden Entscheidung der Gläubigerversammlung.

Anordnung der Zustimmungsbedürftigkeit § 277

IV. Wirksamkeit der Schuldnerhandlung (§ 164 InsO)

Ein Verstoß des Schuldners gegen seine Pflichten nach § 276 berührt die Wirksamkeit **11** seiner Handlung nicht (Satz 2 i. V. m. § 164 InsO). Mit dieser Regelung sollen wie im Konkursrecht (§ 136 KO) Rechtsunsicherheiten im Geschäftsverkehr vermieden werden. Die Pflichtenbindung des Schuldners in der Eigenverwaltung hat also keine Außenwirkung (vgl. BT-Drucks. 12/2443 zu § 183). In der Eigenverwaltung ergeben sich daraus für die Insolvenzgläubiger erhebliche Gefahren. Sie lassen sich nur durch eine sorgfältige Prüfung und Überwachung des Schuldners durch den Sachwalter minimieren (§ 274 Abs. 2 InsO).

Allerdings sind die Regeln des § 277 InsO neben § 276 InsO anwendbar. Die danach vom **12** Insolvenzgericht angeordneten Beschränkungen des Schuldners wirken gegenüber Dritten (§ 277 Rz. 7). Besteht ein Bedürfnis zum Schutz vor gläubigerschädigenden Verfügungen des Schuldners bei Rechtshandlungen von besonderer Bedeutung, empfiehlt sich deswegen der Weg über § 277 InsO.

§ 277
Anordnung der Zustimmungsbedürftigkeit

(1) ¹**Auf Antrag der Gläubigerversammlung ordnet das Insolvenzgericht an, daß bestimmte Rechtsgeschäfte des Schuldners nur wirksam sind, wenn der Sachwalter ihnen zustimmt.** ²**§ 81 Abs. 1 Satz 2 und 3 und § 82 gelten entsprechend.** ³**Stimmt der Sachwalter der Begründung einer Masseverbindlichkeit zu, so gilt § 61 entsprechend.**
(2) ¹**Die Anordnung kann auch auf den Antrag eines absonderungsberechtigten Gläubigers oder eines Insolvenzgläubigers ergehen, wenn sie unaufschiebbar erforderlich ist, um Nachteile für die Gläubiger zu vermeiden.** ²**Der Antrag ist nur zulässig, wenn diese Voraussetzung der Anordnung glaubhaft gemacht wird.**
(3) ¹**Die Anordnung ist öffentlich bekanntzumachen.** ²**§ 31 gilt entsprechend.** ³**Soweit das Recht zur Verfügung über ein Grundstück, ein eingetragenes Schiff, Schiffsbauwerk oder Luftfahrzeug, ein Recht an einem solchen Gegenstand oder ein Recht an einem solchen Recht beschränkt wird, gelten die §§ 32 und 33 entsprechend.**

Inhaltsübersicht: Rz.

A. Sinn und Zweck der Vorschrift	1
B. Regelfall: Antrag der Gläubigerversammlung (Abs. 1)	2–12
I. Antrag	2–4
II. Anordnung	5–6
III. Rechtsfolgen	7–11
IV. Sachwalterhaftung bei Zustimmung (Abs. 1 Satz 3, § 61 InsO)	12
C. Eilfall: Antrag eines einzelnen absonderungsberechtigten Gläubigers oder Insolvenzgläubigers (Abs. 2)	13–18
I. Antrag, Anordnung	13–15
II. Eilbedürftigkeit, Glaubhaftmachung	16–18

Foltis

§ 277

Eigenverwaltung

A. Sinn und Zweck der Vorschrift

1 § 277 gibt die Möglichkeit, die Verwaltungs- und Verfügungsbefugnis des Schuldners für bestimmte Rechtsgeschäfte zu beschränken, indem ihre Wirksamkeit an die Zustimmung des Sachwalters geknüpft wird. Im Unterschied zu den Beschränkungen, die der Schuldner nach den §§ 275, 276 InsO zu beachten hat, wirkt die in § 277 InsO vorgesehene Einschränkung auch gegenüber Dritten. Gutgläubige Dritte werden nur im engen Rahmen des § 81 Abs. 1 InsO und des § 82 InsO geschützt. Wegen der Drittwirkung der Anordnung sieht Abs. 3 eine öffentliche Bekanntmachung und die Verlautbarung der Anordnung im Handelsregister und gegebenenfalls im Grundbuch vor (BT-Drucks. 12/2443 zu § 338).

B. Regelfall: Antrag der Gläubigerversammlung (Abs. 1)

I. Antrag

2 a) Die Gläubigerversammlung kann den Antrag auf Sachwalterzustimmung stellen. Der Antrag kann in jeder Gläubigerversammlung gestellt werden (vgl. BT-Drucks. 12/2443 zu § 333). Er erfolgt durch Beschluß der Gläubigerversammlung.

3 b) Inhaltlich ist der Antrag (wie schon der Beschluß) auf die Anordnung des Insolvenzgerichtes gerichtet, daß bestimmte Rechtsgeschäfte des Schuldners nur mit Zustimmung des Sachwalters wirksam sind. Das Rechtsgeschäft besteht aus einer oder mehreren Willenserklärungen, die allein oder in Verbindung mit anderen Tatbestandsmerkmalen eine Rechtsfolge herbeiführen, weil sie gewollt ist (*Palandt/Heinrichs* Überblick vor § 104 Rz. 2), so daß zahlreiche Verwaltungshandlungen und Verfügungen des Schuldners dem Zustimmungsvorbehalt des Sachwalters unterworfen werden können. Für die Anforderungen an die Bestimmtheit kann auf die Rechtsgrundsätze zurückgegriffen werden, die zur sachenrechtlichen Einigung, insbesondere nach § 930 BGB, entwickelt wurden. Der Grundsatz der Rechtssicherheit gebietet die Anwendung dieser strengen Regeln. Aufgrund des in § 277 angeordneten Unwirksamkeitsgebotes auch gegenüber Dritten wird das Bedürfnis nach Rechtssicherheit deutlich. Das betroffene Rechtsgeschäft muß daher durch einfache äußere Merkmale so bestimmt bezeichnet sein, daß jeder, der von der Anordnung Kenntnis erlangt, zum Zeitpunkt der Vornahme des Rechtsgeschäftes unschwer in der Lage ist, zu erkennen, daß das konkrete Rechtsgeschäft dem Zustimmungsvorbehalt unterliegt; die bloße Bestimmbarkeit insbesondere aufgrund außerhalb der Anordnung liegender Umstände genügt nicht (vgl. *BGH* LM § 930 BGB Nr. 9; *BGH* NJW 1995, 2348). Es empfiehlt sich deswegen, im Antrag das betroffene Rechtsgeschäft oder den betroffenen Gegenstand des Rechtsgeschäfts (etwa Grundstücke, Maschinen) so gut es geht genau zu bezeichnen, bei Grundstücken etwa die genaue Grundbuchbezeichnung anzugeben, bei Fahrzeugen die Fahrgestellnummer, bei Maschinen die Maschinennummer etc.

4 § 277 Abs. 1 Satz 1 InsO beschränkt den Antrag nicht auf ein konkretes einzelnes Rechtsgeschäft bzw. Rechtsgeschäfte über einen konkreten einzelnen Rechtsgeschäftsgegenstand (»bestimmte Rechtsgeschäfte«). Deswegen kann auch eine Gruppe von Rechtsgeschäften Gegenstand des Antrages sein (z.B. Verpflichtungen oder Verfügungen über alle oder bestimmte beweglichen Gegenstände des Anlagevermögens, vgl. § 160 Abs. 2 Nr. 1 InsO) oder eine Sachgesamtheit (z.B. das Warenlager im ganzen, vgl. § 160 2 Nr. 1 InsO), solange nur der Bestimmtheitsgrundsatz gewahrt bleibt.

Anordnung der Zustimmungsbedürftigkeit § 277

II. Anordnung

Die Anordnung erfolgt durch förmlichen Beschluß des Insolvenzgerichtes. Sie ist nicht rechtsmittelfähig (§ 6 Abs. 1 InsO). Die vorherige Anhörung des Schuldners und des Sachwalters durch das Insolvenzgericht ist vom Gesetz nicht verlangt und auch entbehrlich. Denn für die Wahrung rechtlichen Gehörs genügt, daß der Betroffene hinreichend Gelegenheit hatte, sich in allen wichtigen Fragen zur Sache zu äußern und er diese Gelegenheit schuldhaft ungenutzt verstreichen ließ (vgl. BVerfGE 55, 72, 94 zur Wirksamkeit von Präklusionsvorschriften gem. Art. 103 Abs. 1 GG m. w. N.). Diese Gelegenheit hatten Schuldner und Sachwalter, wenn sie ordnungsgemäß über den Termin zur Gläubigerversammlung informiert wurden. Insoweit ist ihre Nichtanwesenheit in der Gläubigerversammlung nicht erheblich. 5

Die Anordnung ist öffentlich bekanntzumachen (Abs. 3), also nach § 9 InsO zu veröffentlichen (§ 270 Abs. 1 Satz 2 InsO). Ist der Gemeinschuldner im Handels-, Genossenschafts- oder Vereinsregister eingetragen, ist der Beschluß dem Registergericht zu übermitteln (Satz 2, § 31 InsO). Ferner sind das Grundbuchamt, Schiffsregister, Schiffsbauregister und das Register für Pfandrechte an Luftfahrzeugen von der Geschäftsstelle des Insolvenzgerichtes von Amts wegen (§ 32 Abs. 2 Satz 1 InsO) zu unterrichten, soweit ein Recht an einem dort eingetragenen Gegenstand oder ein Recht an einem solchen Recht beschränkt wird (Abs. 3 Satz 2). 6

III. Rechtsfolgen

a) Bereits der Anordnungsbeschluß bewirkt, daß das in der Anordnung bezeichnete Rechtsgeschäft nicht ohne Zustimmung des Sachwalters wirksam ist, die Verpflichtungs- und Verfügungsbeschränkung also auch gegenüber Dritten wirkt. Dies folgt aus Satz 2 i. V. m. § 81 Abs. 1 Satz 1 InsO. Nach § 82 wird vermutet, daß bei Leistungen an den Schuldner vor der öffentlichen Bekanntmachung der Leistende die Anordnung nicht kannte, so daß Schuldbefreiung eintritt. Dies gilt bei § 277 entsprechend (vgl. Abs. 1 Satz 1). Die Anordnung enthält damit ein Verbot zur Ausführung des bezeichneten Rechtsgeschäftes ohne Zustimmung des Sachwalters. Vom Schuldner verbotswidrig vorgenommene Rechtsgeschäfte sind absolut unwirksam (BT-Drucks. 12/2443 zu § 92). 7

Die Geltendmachung der Unwirksamkeit erfolgt allgemeinen Grundsätzen folgend durch den Geschützten (*Palandt/Heinrichs* § 136 Rz. 7). Die Wahrnehmung dieser Rechte ist in der Eigenverwaltung nicht geregelt. Die Insolvenzgläubiger können es jedenfalls nicht sein, weil sie durch die Insolvenzeröffnung von der Verwaltungs- und Verfügungsbefugnis ausgeschlossen sind (§ 270 Abs. 1 Satz 1 InsO). Der Schuldner, der die Verwaltungs- und Verfügungsbefugnis ausübt, kann es gleichfalls nicht sein, weil er gerade die verbotswidrige Handlung vorgenommen hat. Es besteht eine Interessenkollision. Mithin bleibt zur Geltendmachung der Sachwalter. Seine Legitimation folgt aus Sinn und Zweck der Eigenverwaltung und seiner Funktion als systemimmanentes Schutzorgan für die Belange der Gläubiger (§ 274 Abs. 2 InsO). In dieser Funktion nimmt er im System der Eigenverwaltung einen Teil der Rechte wahr, die sonst der Insolvenzverwalter ausübt. Prozessual handelt es sich um einen Fall der gesetzlichen Prozeßstandschaft (vgl. *Zöller/Vollkommer* ZPO, vor § 50 Rz. 21). 8

b) Die vorherige Zustimmung des Sachwalters ist Einwilligung (vgl. *Jaeger/Weber* KO, §§ 133, 134 Rz. 3; *Kuhn/Uhlenbruck* KO, §§ 133, 134 Rz. 1) und folgt deswegen den 9

Foltis 1539

Regeln der §§ 182f. BGB. Sie kann als generelle Zustimmung auch allgemein erteilt werden (vgl. *Jaeger/Weber* a. a. O. Rz. 4; *Kuhn/Uhlenbruck* a. a. O. Rz. 1 b). Das verbotswidrige Rechtsgeschäft wird durch die Aufhebung der Anordnung und Genehmigung der Gläubigerversammlung voll wirksam.

10 c) Ein gutgläubiger Erwerb durch Dritte ist bei Verfügungen des Schuldners nach den §§ 892, 893 BGB, §§ 16, 17 des Gesetzes über Rechte an eingetragenen Schiffen und Schiffsbauwerken und §§ 16, 17 des Gesetzes über Rechte an Luftfahrzeugen möglich (Satz 2 i. V. m. § 81 Abs. 1 Satz 2 InsO). Leistungen an den Schuldner zur Erfüllung einer Verbindlichkeit wirken schuldbefreiend, wenn der Leistende zur Zeit der Leistung den angeordneten Zustimmungsvorbehalt nicht kannte. Bei Leistung vor der öffentlichen Bekanntmachung des Zustimmungsvorbehaltes wird vermutet, daß der Leistende die Eröffnung nicht kannte (Satz 2 i. V. m. § 82 InsO).

11 Ist das Rechtsgeschäft unwirksam, ist dem anderen Teil die Gegenleistung aus der Insolvenzmasse zurückzugewähren, soweit die Masse durch sie bereichert ist (Satz 2 i. V. m. § 81 Abs. 1 Satz 3 InsO). Wie für die Geltendmachung der relativen Unwirksamkeit ist der Sachwalter hierfür als materiell Verpflichteter und prozessual als gesetzlicher Prozeßstandschafter anzusehen. Die oben in Rz. 8 angestellten Erwägungen gelten auch hier.

IV. Sachwalterhaftung bei Zustimmung (Abs. 1 Satz 3, § 61 InsO)

12 Die Zustimmung des Sachwalters zur Begründung einer Masseverbindlichkeit löst für ihn den Haftungsmaßstab des § 61 InsO aus (Abs. 1 Satz 3). Das bedeutet, daß er dem Massegläubiger zum Schadensersatz verpflichtet ist, wenn diese Masseverbindlichkeit aus der Insolvenzmasse nicht voll erfüllt werden kann und er nicht beweisen kann, daß er bei der Begründung der Verbindlichkeit nicht erkennen konnte, daß die Masse voraussichtlich zur Erfüllung nicht ausreichen wird. Bei einer deutlichen Zeitdifferenz zwischen Zustimmung des Sachwalters und Abschluß des Rechtsgeschäftes durch den Schuldner kann sich die Frage stellen, ob der Haftungstatbestand an die Handlung des Sachwalters anknüpft – also die Erkennbarkeit der Masseunzulänglichkeit bei der Zustimmung – oder an das Schuldnergeschäft. Der Wortlaut des § 61 Satz 2 InsO läßt auf letzteres schließen. Dagegen ist zu beachten, daß § 61 InsO nur entsprechend gilt. § 61 InsO knüpft die Haftungsverantwortung an die Handlung des Verantwortlichen, des Insolvenzverwalters. Er haftet, weil er selbst handelt oder durch Erfüllungsgehilfen handeln läßt. Daraus folgt für den Sachwalter, daß auch er nur für die Erkennbarkeit der Masseunzulänglichkeit bei seiner Handlung – die Erteilung einer Zustimmung durch Erfüllungsgehilfen scheidet regelmäßig aus – haften kann. Anknüpfungszeitpunkt ist also die von ihm erteilte Zustimmung.

C. Eilfall: Antrag eines einzelnen absonderungsberechtigten Gläubigers oder Insolvenzgläubigers (Abs. 2)

I. Antrag, Anordnung

13 Die Anordnung kann auch auf den Antrag eines absonderungsberechtigten Gläubigers oder eines Insolvenzgläubigers ergehen, wenn sie unaufschiebbar erforderlich ist, um Nachteile für die Gläubiger zu vermeiden.

Absonderungsberechtigte Gläubiger sind Gläubiger nach §§ 49–51 InsO, Insolvenzgläubiger solche nach § 38 InsO. Der Antrag eines einzelnen Gläubigers genügt. Damit soll die Gläubigerschaft bei einem unmittelbar bevorstehenden nachteiligen Rechtsgeschäft geschützt werden (BT-Drucks. 12/2443 zu § 338). Der Antrag ist beim Insolvenzgericht anzubringen. Zum notwendigen Inhalt, zu Anordnung, Rechtsfolge und Sachwalterhaftung gilt das in Rz. 2–12 ausgeführte. 14

Abs. 2 sieht nicht ausdrücklich eine Anhörung des Schuldners vor. Zur Verwirklichung des Grundsatzes des rechtlichen Gehörs (Art. 103 Abs. 1 GG) ist jedoch grundsätzlich eine Anhörung des Schuldners erforderlich, es sei denn, daß wegen der Gefährdung des Zweckes der Eilanordnung von der Anhörung abgesehen werden muß (vgl. BVerfGE 9, 89, 98 zur Anordnung der Untersuchungshaft; *Zöller/Vollkommer* ZPO, § 921 Rz. 1). 15

II. Eilbedürftigkeit, Glaubhaftmachung

Die Anordnung muß unaufschiebbar erforderlich sein, um Nachteile für die Gläubiger zu vermeiden. § 277 Abs. 2 gleicht in seiner Schutzrichtung § 21 InsO, der dem Insolvenzrichter die Möglichkeit gibt, durch Anordnung von Sicherungsmaßnahmen eine den Gläubigern nachteilige Veränderung in der Vermögenslage des Schuldners zu verhüten. Nachteile für die Gläubiger im Sinne des Abs. 2 sind deswegen alle nachteiligen Veränderungen in der Vermögenslage des Schuldners im Sinne des § 21 InsO (vgl. § 270 Abs. 1 Satz 2 InsO). 16

§ 277 Abs. 2 InsO unterscheidet sich von § 21 InsO dagegen in den Anordnungsvoraussetzungen. Während dort der Insolvenzrichter von Amts wegen handelt, wird er hier nur auf Antrag und der glaubhaft gemachten Anordnungsvoraussetzung (Satz 3) tätig. 17

Die Anordnungsvoraussetzungen gleichen dem Arrestgrund gem. § 917 ZPO. Der Arrest soll vor unlauterem Verhalten des Schuldners schützen, etwa durch Beiseiteschaffen von Vermögensstücken (*OLG Düsseldorf* NJW-RR 1994, 454), Schein- und Schwindelgeschäfte, verdächtige Veräußerung von Vermögenswerten, Verschiebung ins Ausland (*OLG Köln* ZIP 1988, 969), auffallende Grundstücksbelastung, Verschleuderung von Waren, Abtretung aller fälligen und in Aussicht stehenden Ansprüche (*Zöller/Vollkommer* ZPO § 917 Rz. 5). Dies entspricht der Schutzrichtung des Abs. 2 und der Forderung auf Glaubhaftmachung der unaufschiebbaren Erforderlichkeit der beantragten Anordnung. Für die Glaubhaftmachung gilt § 294 ZPO. 18

§ 278
Mittel zur Lebensführung des Schuldners

(1) Der Schuldner ist berechtigt, für sich und die in § 100 Abs. 2 Satz 2 genannten Familienangehörigen aus der Insolvenzmasse die Mittel zu entnehmen, die unter Berücksichtigung der bisherigen Lebensverhältnisse des Schuldners eine bescheidene Lebensführung gestatten.

(2) Ist der Schuldner keine natürliche Person, so gilt Absatz 1 entsprechend für die vertretungsberechtigten persönlich haftenden Gesellschafter des Schuldners.

§ 278

Inhaltsübersicht: Rz.

A. Sinn und Zweck der Vorschrift	1– 4
I. Allgemeines	1
II. Stellung der Vorschrift in der Eigenverwaltung	2– 4
B. Entnahmerecht für bescheidene Lebensführung	5–13
I. Bescheidene Lebensführung	5– 8
II. Unterhaltsberechtigter Personenkreis	9
III. Dauer des Entnahmerechts, Pflichtverletzung	10–12
IV. Erweiterungstatbestand (Abs. 2)	13

A. Sinn und Zweck der Vorschrift

I. Allgemeines

1 Die Vorschrift legt in Anlehnung an § 56 VerglO fest, daß im Falle der Eigenverwaltung unter Aufsicht eines Sachwalters nicht nur der notwendige Unterhalt des Schuldners, sondern darüber hinaus Mittel zu einer bescheidenen Lebensführung unter Berücksichtigung der bisherigen Lebensverhältnisse des Schuldners aus der Insolvenzmasse entnommen werden dürfen. Diese Mittel sollen allerdings häufig ganz oder überwiegend aus dem unpfändbaren Teil seines laufenden Einkommens, der nicht zur Insolvenzmasse gehört, bestritten werden können. Insoweit soll ein Recht zur Entnahme aus der Insolvenzmasse entfallen. Der Kreis der Personen, deren Unterhalt die Vorschrift gewährleisten soll, wird in gleicher Weise abgegrenzt wie im Insolvenzregelverfahren (BT-Drucks. 12/2443 zu § 339).

II. Stellung der Vorschrift in der Eigenverwaltung

2 Die Gesetzesbegründung deutet mit dem vorsichtigen Hinweis auf eine **Anlehnung** an der Regelung der § 56 VerglO an, daß jene Regelung nicht einfach übernommen wird, sondern die Anwendung im Hinblick auf die besondere Struktur der Eigenverwaltung erfolgen muß. In der Tat unterscheidet sich der Stellenwert des § 56 VerglO innerhalb der Regelungen der VerglO vom Stellenwert des § 278 innerhalb der Eigenverwaltung, insbesondere im Bereich der Sanktion pflichtwidrigen Schuldnerhandelns.

3 Der Schuldner der Eigenverwaltung verliert wie früher der Vergleichsschuldner mit der Eröffnung des Insolvenzverfahrens nicht die Verwaltungs- und Verfügungsmacht, wenn die Anordnung mit der Eröffnung des Insolvenzverfahrens erfolgt (§ 270 Abs. 1 Satz 1 InsO). Bei nachträglicher Anordnung erhält er sie zurück (§ 271 InsO). Hier wie dort wird der Unterhalt für sich und seine Familie nicht wie im Insolvenzfall/Konkursfall vom Verwalter mit Genehmigung des Gerichts bzw. Gläubigerausschusses zugeteilt (§ 129 Abs. 1 KO – § 100 Abs. 2 InsO) oder später durch Beschluß der Gläubigerversammlung bewilligt (§ 132 Abs. 1 KO – § 100 Abs. 1 InsO). Der Schuldner entnimmt die Mittel vielmehr selbst seinem (beschlagnahmten – vgl. § 35 f. InsO) Vermögen. Der Gefahr, daß der Vergleichsschuldner die Entnahmegrenze überschritt, begegnete die VglO durch das Gebot einer bescheidenen Lebensführung und bei einem Verstoß hiergegen durch einen mittelbaren Erfüllungszwang. Das Vergleichsgericht konnte Sicherungsmaßnahmen gem. § 12 VerglO anordnen. Bei einem Verstoß nach der Eröffnung des Vergleichsverfahrens (§ 20 VerglO) war das Verfahren nach § 100 Abs. 1 Nr. 5 VerglO

einzustellen und zugleich über die Eröffnung des Anschlußkonkursverfahrens zu entscheiden (§ 101 VerglO), sofern noch kein Bestätigungsbeschluß (§ 78 VerglO) vorlag (*Bley/Mohrbutter* VerglO, § 56 Rz. 3). Im Anschlußkonkursverfahren unterlagen pflichtwidrige Rechtsgeschäfte, etwa unverhältnismäßige Schenkungen, der Anfechtung nach § 32 Nr. 1 KO. In der Eigenverwaltung dagegen scheidet die Insolvenzanfechtung selbst dann aus, wenn die pflichtwidrige Schuldnerhandlung Anlaß zur Aufhebung der Eigenverwaltung mit Übergang in das Insolvenzregelverfahren gewesen sein sollte (§ 272 InsO). Denn die Schuldnerhandlung erfolgte nach Eröffnung des Insolvenzverfahrens und in Ausübung seiner (besonderen) Regularien (vgl. BT-Drucks. 12/2243 zu § 333). Die sich daraus ergebende Gefährdung der Interessen der Gläubiger liegt auf der Hand. In der Eigenverwaltung ist der Schutzmechanismus auf die sorgfältige Überwachung durch den Sachwalter und seine Anzeige bei festgestellten Pflichtwidrigkeiten beschränkt (§ 274 Abs. 2, 3 InsO). Die Gläubiger haben grundsätzlich nur die Wahl, die Pflichtwidrigkeiten durch die Aufhebung der Eigenverwaltung sanktionieren zu lassen (§ 272 InsO) und damit auf die Mitarbeit des Schuldners im weiteren Verfahren zu verzichten, oder es bei der Eigenverwaltung zu belassen und weitere pflichtwidrige Entnahmen zu riskieren. Die Wahl kann dabei gleichsam eine Wahl zwischen »Pest und Cholera« sein. Denn die Eigenverwaltung ist auf Fortführungsfälle unter der Verwaltungs- und Verfügungsmacht des Schuldners angelegt (BT-Drucks. 12/2443 vor § 331). Mit der Fortführung kann eine Abhängigkeit von der Sach- und Fachkompetenz des Schuldners entstehen, die zu riskieren mit schwerwiegenderen Folgen für die Gläubiger verbunden sein kann, etwa bei langfristig eingegangenen Verbindlichkeiten, deren Nichterfüllung drohen kann und damit die drohende Masseunzulänglichkeit, oder bei größeren Investitionen in den Schuldnerbetrieb, die – zumal bei einer Finanzierung – fehlschlagen können. Weitergehende Sanktionen bestehen grundsätzlich nicht. Die Möglichkeit zur Anordnung der Zustimmungsbedürftigkeit besteht nicht, weil die Vorschrift auf ein auf Außenwirkung (Drittwirkung) gerichtetes Veräußerungsverbot angelegt ist (§ 277 Rz. 7), der Schuldner die Pflichtwidrigkeit aber nur durch bloßen nach innen gerichteten Entnahmeakt – z.B. Plünderung der Barkasse – begehen kann. Relativer Schutz kann sich nur ergeben, wenn das Insolvenzgericht auf Antrag des Sachwalters die Regelungskompetenz des § 21 InsO hat, was nach dem hier vertretenen Standpunkt der Fall ist (vor § 270 Rz. 7; vgl. die Parallele bei *Bley/Mohrbutter* VerglO, § 56 Rz. 3 zu Sicherungsmaßnahmen nach § 12 VerglO).

Jedenfalls wird deutlich: Was der Gesetzgeber den Insolvenzgläubigern und dem 4 Schuldnerunternehmen guten Willens nützlich machen will – die Kenntnisse und Erfahrungen der bisherigen Geschäftsleitung bestmöglich zu nutzen (BT-Drucks. 12/2443 vor § 331) –, kann in einer gefährlichen Abhängigkeit enden. Dies sollte bei dem Antrag auf Anordnung der Eigenverwaltung ebenso bedacht werden, wie bei allen Maßnahmen, die zu einer Abhängigkeit vom Schuldner führen oder eine bestehende Abhängigkeit vertiefen können. Der Sachwalter sollte seine diesbezügliche Überwachungspflicht nach § 274 Abs. 2 InsO ernst nehmen.

B. Entnahmerecht für bescheidene Lebensführung

I. Bescheidene Lebensführung

a) Das Entnahmerecht besteht nur, soweit die Mittel zu einer bescheidenen Lebensfüh- 5 rung unter Berücksichtigung der bisherigen Lebensverhältnisse unerläßlich sind. Es entscheidet die Lage des Einzelfalles (vgl. *Böhle-Stamschräder/Kilger* VerglO, § 56 Anm. 1; *Bley/Mohrbutter* VerglO § 56 Rz. 5). Auch die Gesetzesbegründung geht von einer Einzelfallbearbeitung aus. Die Mittel für die bescheidene Lebensführung des Schuldners sollen regelmäßig ganz oder überwiegend aus dem unpfändbaren Teil seines laufenden Einkommens, der nicht zur Insolvenzmasse gehört, bestritten werden können, weswegen das Entnahmerecht insoweit entfallen soll. Daraus folgt zunächst die Subsidiarität des Entnahmerechtes gegenüber den Unterhaltssicherungsmöglichkeiten aus dem insolvenzfreien Schuldnervermögen. Nur soweit insolvenzfreies Schuldnervermögen nicht besteht, ist eine Entnahme nach § 278 möglich. Aus der Gesetzesbegründung folgt weiter, daß grundsätzlich die Mittel nicht größer sein dürfen als der unpfändbare Teil eines laufenden Einkommens des Schuldners (§§ 850 ff. ZPO). Weitergehende Mittelentnahmen müssen auf der Grundlage der bisherigen Lebensverhältnisse des Schuldners gerechtfertigt sein. Sie sind dies nur, soweit der Maßstab der Bescheidenheit gewahrt bleibt, und werden deswegen die Ausnahme bleiben und jedenfalls nur geringfügig über der Unpfändbarkeitsgrenze liegen.

6 Die Regelung steht im Widerspruch zur Struktur der Eigenverwaltung und ist praktisch kaum handhabbar. Der Schuldner soll seine Kenntnisse und Erfahrungen als bisheriger Geschäftsleiter bei der Verwertung der Insolvenzmasse durch die Insolvenzgläubiger einbringen, insbesondere in Fortführungsfällen (BT-Drucks. 12/2443 vor § 331) also fremdnützige Dienste erbringen. Er wird dies kaum tun, wenn ihm dafür als Gegenleistung grundsätzlich nur der unpfändbare Teil seines laufenden Einkommens zusteht. Fortführungsfälle kommen nach aller Erfahrung regelmäßig nur bei mittleren oder größeren Unternehmen in Betracht. Deswegen müßte der Schuldner im Verhältnis zu seinen regelmäßigen bisherigen Bezügen mit nur einem Bruchteil dessen zufrieden sein. Damit wird ihm vom Gesetzgeber ein wichtiger Anreiz zur tätigen Mitarbeit in der Insolvenz genommen. Damit entfällt auch der Anreiz frühzeitig einen Insolvenzeröffnungsantrag zu stellen (vgl. BT-Drucks. 12/2443 vor § 331). Der Gesetzgeber hat hier abermals die unterschiedliche Struktur der VglO zur Eigenverwaltung übersehen. Während dem Vergleichsschuldner die Chance gegeben wurde, sich durch eigene Bemühungen von seinen Schulden im wesentlichen selbst zu befreien und sich damit – wenn auch unter Aufsicht – selbst zu sanieren (*Böhle-Stamschräder/Kilger* VerglO, Einleitung I.), ist die Eigenverwaltung eine besondere Art des Insolvenzverfahrens und damit in erster Linie auf eine gemeinschaftliche Gläubigerbefriedigung angelegt (§ 1 InsO, vor § 270 Rz. 2 ff.) Die Entschuldung über einen Insolvenzplan (§§ 284, 217 ff.) ist nur als Möglichkeit vorgesehen. Die Praxis wird erweisen, ob die in Fachkreisen geäußerte Vermutung zutrifft, die Eigenverwaltung werde nur in Sanierungsfällen und dort auch nur selten genutzt werden. Allein schon wegen der für absonderungsberechtigte Gläubiger kostengünstigeren Regelung (s. näher zu § 282 InsO) sind daran Zweifel angebracht.

Die Bestimmung des § 278 muß mit § 35 InsO und dessen Regelung, daß der Neuerwerb in die Insolvenzmasse fällt, harmonisiert werden. Denn rechtssystematisch ist die Entnahme nach § 278 Neuerwerb, so daß das Entnommene automatisch der Beschlagnahme nach § 35 InsO unterworfen wäre. Die Insolvenzordnung würde also »Zahlungen« gewähren, die sie dem Grunde nach gleich wieder zurückholt. Eine Begründung dafür, daß der Schuldner im Gegensatz zu § 35 InsO auch die über der Unpfändbarkeitsgrenze liegenden Beträge behalten kann, läßt sich nur aus Sinn und Zweck der Eigenverwaltung ableiten. Sie setzt die Bereitschaft des Schuldners voraus, seine Kenntnisse und Fähigkeiten – unter Aufsicht – in den Dienst der Gläubigerbefriedigung zu stellen (BT-Drucks. 12/2443 vor § 331). Was ihm hierfür von den Gläubigern als Entgelt

Mittel zur Lebensführung des Schuldners § 278

gewährt wird (Rz. 7) oder gebührt (§ 278), ist als Freigabe aus der Beschlagnahme anzusehen (Befugnis zur Freigabe wird von der InsO vorausgesetzt, vgl. § 32 Abs. 3). Fremdnützige Leistungen – auch des Schuldners in der Eigenverwaltung – werden nur durch eine im wesentlichen gleichwertige Gegenleistung zu erreichen sein. Um den Belangen der Beteiligten gerecht zu werden, wird § 278 kaum praktische Bedeutung erlangen. Die Beteiligten werden vielmehr darum bemüht sein, die Schuldnerleistung vertraglich zu sichern und dabei ein angemessenes – verhandeltes – Entgelt zu vereinbaren. Die Handhabe hierzu bietet § 100 Abs. 1 InsO i. V. m. § 270 Abs. 1 Satz 2 InsO. § 278 gewährt ein einseitiges Schuldnerrecht. Es entfällt, soweit der Schuldner mit den Insolvenzgläubigern anderes nicht vereinbart hat. Eine solche Vereinbarung ist auf der Grundlage eines Beschlusses der Gläubigerversammlung möglich. Ein solcher Beschluß wird auf Anregung des Schuldners oder des Sachwalters, jedenfalls aber stets nach Anhörung des Schuldners, gefaßt werden. Damit werden die Mitarbeitsbedingungen des Schuldners frei aushandelbar, Grundvoraussetzung für eine funktionsfähige Eigenverwaltung. Eine solche Vereinbarung schließt die Anwendbarkeit des § 278 aus. Kommt es zu keiner derartigen Vereinbarung, laufen die Gläubiger Gefahr, daß der Schuldner die Angemessenheit selbst bestimmt, weil er sich auf einen Anspruch auf die Mittel zur bescheidenen Lebensführung berufen könnte (vgl. § 916 BGB). Daß die Mittelentnahme allerdings die Ausnahme sein soll, folgt aus dem Grundsatz, daß der Schuldner das Entnahmerecht nicht hat, wenn er diese Mittel ganz oder überwiegend aus dem unpfändbaren Teil seines laufenden Einkommens, das nicht zur Insolvenzmasse gehört, bestreiten kann (BT-Drucks. 12/2443 zu § 339).

b) Zur VerglO wurde die Auffassung vertreten, der Schuldner dürfe nur aus vorhandenen Mitteln, nicht aber aus solchen, die während des Vergleichsverfahrens durch Darlehnsaufnahme beschafft werden, Beträge für den Unterhalt entnehmen (*Bley/Mohrbutter* VerglO, § 56 Rz. 5, *Böhle-Stamschräder/Kilger* VerglO, § 56 Anm. 1). Für die Eigenverwaltung kann dieser Auffassung nicht gefolgt werden. Nach der Eröffnung des Insolvenzverfahrens sind alle durch die Ausübung des Verwaltungs- und Verfügungsrechtes oder gesetzlich begründeten Verbindlichkeiten Masseverbindlichkeiten (§ 55 InsO), also auch die Unterhaltsleistungen an den Schuldner nach § 100 Abs. 1 InsO oder die Schuldnerunterstützung nach § 278. Woher die Mittel stammen ist unerheblich. Eine Unterscheidung der zur Verfügung stehenden Mittel in »vorhandene Mittel« oder »nicht vorhandene Mittel (Darlehen)« ist auch praktisch nicht durchführbar. Denn Darlehensmittel gehen durch die Geschäftstätigkeit im Umlauf- oder Anlagevermögen unter und verlieren ihre Eigenständigkeit. So wäre etwa eine solche Aufgliederung bei laufenden oder auch nur vorübergehenden Verlusten nicht möglich.

II. Unterhaltsberechtigter Personenkreis

Entgegen § 56 VglO und den entsprechenden konkursrechtlichen Bestimmungen (§§ 129 Abs. 1, 132 Abs. 1 KO) wurde nunmehr der unterhaltsberechtigte Personenkreis durch die Verweisung auf § 100 Abs. 2 InsO näher bestimmt. Unterhaltsberechtigt sind danach neben dem Schuldner seine minderjährigen unverheirateten Kinder, sein Ehegatte, sein früherer Ehegatte und der andere Elternteil seines Kindes gem. §§ 1615 l, 1615 n BGB. Besteht eine vertragliche Entnahmeregelung (Rz. 7), ist deren Unterhaltsberechtigung ausgeschlossen. § 278 gewährt diesem Personenkreis kein eigenes Entnahmerecht (Forderungsrecht). Die Regelung dient der Bemessung der Entnahmehöhe (vgl. BT-Drucks. 12/2443 zu § 339).

Foltis 1545

III. Dauer des Entnahmerechts, Pflichtverletzung

10 Aus der Aufnahme der Bestimmung in die Eigenverwaltung folgt, daß das Recht zur Entnahme nach dem Grundsatz der bescheidenen Lebensführung erst mit der Eröffnung des Insolvenzverfahrens und der Anordnung der Eigenverwaltung beginnt. Es ist an den Bestand der Eigenverwaltung gebunden, genauer: an die Verwaltungs- und Verfügungsbefugnis des Schuldners. Das Recht erlischt also mit ihrem Entzug.

11 Die »Pflicht« zur Entnahmebeschränkung auf die bloßen Mittel zur bescheidenen Lebensführung ist bloße Verfahrenslast. Überschreitungen – etwa unverhältnismäßige Schenkungen – sind also wegen des Fehlens eines entsprechenden Veräußerungsverbotes wirksame Rechtshandlungen (vgl. *Bley/Mohrbutter* VerglO, § 56 Rz. 2). Daraus ergeben sich die eingangs Rz. 3, 4 beschriebenen Probleme für die Eigenverwaltung.

12 Der Sachwalter hat die Möglichkeit, seinen diesbezüglichen Überwachungspflichten (§ 274 Abs. 2 InsO) durch die Übernahme der Kassenführung nachzukommen (§ 275 Abs. 2 InsO). Jedoch bleiben auch bei übernommener Kassenführung Zahlungen des Schuldners wirksam, Zahlungen von Dritten an den Schuldner wirken schuldbefreiend (§ 275 Rz. 19). Die Überprüfung der Lebenshaltung wird dem Sachwalter durch die Kassenführung zwar erleichtert, lückenlos ist die Überwachung indes nicht.

IV. Erweiterungstatbestand (Abs. 2)

13 Ist der Schuldner keine natürliche Person, gelten vorstehende Regelungen entsprechend für die vertretungsberechtigten persönlich haftenden Gesellschafter des Schuldners (Abs. 2). Mit dieser Regelung folgt der Gesetzgeber dem in der Literatur zu § 56 VerglO vertretenen Standpunkt (*Bley/Mohrbutter* VerglO § 56 Rz. 4). Sie folgt dem Gedanken, daß der Schuldner als persönlich haftender Gesellschafter durch die Beschlagnahmewirkung des eröffneten Insolvenzverfahrens ebenso seine Unterhaltsgrundlage verliert wie die natürliche Person, also in gleicher Weise schutzbedürftig ist.

§ 279
Gegenseitige Verträge

¹**Die Vorschriften über die Erfüllung der Rechtsgeschäfte und die Mitwirkung des Betriebsrats (§§ 103 bis 128) gelten mit der Maßgabe, daß an die Stelle des Insolvenzverwalters der Schuldner tritt.** ²**Der Schuldner soll seine Rechte nach diesen Vorschriften im Einvernehmen mit dem Sachwalter ausüben.** ³**Die Rechte nach den §§ 120, 122 und 126 kann er wirksam nur mit Zustimmung des Sachwalters ausüben.**

Inhaltsübersicht:

	Rz.
A. Sinn und Zweck der Vorschrift	1–5
I. Die Stellung des § 279 im Regelungssystem	1–2
II. Sinn und Zweck der Regelungen des § 279 im einzelnen	3–5
B. Der Schuldner als Handelnder bei Regelungen des Zweiten Abschnitts (§§ 103–128 InsO – Satz 1)	6–8

Gegenseitige Verträge **§ 279**

C. Die Pflicht zum Einvernehmen mit dem Sachwalter als Soll-Handlung (Satz 2) 9–12
D. Die Pflicht zum Einvernehmen mit dem Sachwalter als Muß-Handlung (Satz 3) 13–18
    I.   Die Bedeutung des Wirksamkeitserfordernisses 13–14
    II. Das Wirksamkeitserfordernis nach § 120 InsO 15
    III. Das Wirksamkeitserfordernis nach §§ 122, 126 InsO............................. 16–18

Literatur:

Grunsky Arbeitsgerichtsgesetz, 1995; *Kreft* Die Wende in der Rechtsprechung zu § 17 KO, ZIP 1997, 865 ff.; *Pape* Anm. zu BGH Urt. v. 20. 12. 1988 – IX ZR 50/88 –, EWiR § 17 KO 1/89, 283 f.

A. Sinn und Zweck der Vorschrift

I. Die Stellung des § 279 im Regelungssystem

§ 279 unterwirft einen Ausschnitt der Verwaltungs- und Verfügungsbefugnis des **1** Schuldners in der Eigenverwaltung gem. § 270 Abs. 1 Satz 1 InsO einer besonderen Regelung. Dem Schuldner wird durch die Anordnung der Eigenverwaltung gem. § 270 Abs. 1 Satz 1 InsO die Verwaltungs- und Verfügungsbefugnis zur Ausübung unter Aufsicht des Sachwalters belassen, da die Eigenverwaltung regelmäßig mit der Eröffnung des Insolvenzverfahrens vom Insolvenzgericht vorläufig angeordnet wird (§§ 272 Abs. 1 Nr. 1; BT-Drucks. 12/2443 vor § 331). Sieht man einmal von der Aufsicht des Sachwalters ab, erhält der Schuldner die Befugnisse des Insolvenzverwalters (§ 80 Abs. 1 InsO), eine für die Gläubiger risikobehaftete Rechtsstellung (BT-Drucks. 12/2443 zu § 333). Die Regelungen der §§ 275–277 InsO sollen das Schädigungsrisiko durch unterschiedlich ausgestaltete Mitwirkungs- und Zustimmungsrechte der übrigen Insolvenzorgane, insbesondere durch den Sachwalter, mildern. Ihnen ist gemeinsam, daß sie die Mitwirkungs- und Zustimmungsrechte an unbestimmte Rechtsbegriffe knüpfen, die im Einzelfall auszufüllen sind, aber stets alle in Frage kommenden Rechtshandlungen des Schuldners erfassen (z. B. § 275 Abs. 1 InsO: Verbindlichkeiten, die nicht zum gewöhnlichen Geschäftsbetrieb gehören, § 276 InsO: Rechtshandlungen von besonderer Bedeutung; § 277 Abs. 1 InsO: Anordnung der Zustimmungsbedürftigkeit für bestimmte Rechtsgeschäfte).

§ 279 greift aus der Gesamtheit in Frage kommender Rechtshandlungen des Schuldners **2** eine Einzelgruppe von Rechtsgeschäften heraus und unterwirft sie besonderen Mitwirkungsregelungen, weil diese Rechtsgeschäfte aus der Sicht des Gesetzgebers in Rechtsbeziehungen von besonderer Bedeutung eingebettet sind. Dies gilt etwa für das Wahlrecht des Insolvenzverwalters, das in der Eigenverwaltung dem Schuldner grundsätzlich zusteht. Da die Ausübung dieses Wahlrechtes sowohl für die Gläubiger als auch für die Vertragspartner von erheblichem Gewicht ist, soll bei der Ausübung der Sachwalter mitwirken. Für die Vorschriften über die Mitwirkung des Betriebsrates (§§ 113–128 InsO) – genau genommen, über den Bestand und die Ausgestaltung der Arbeitsverhältnisse – gilt dies in noch stärkerem Maße, zumal der Gesetzgeber eine bessere Verknüpfung von Arbeits- und Insolvenzrecht, kurz: eine bessere Einbindung der Arbeitnehmerrechte, zu einem wesentlichen Bestandteil des neuen Insolvenzrechtes machen wollte (BT-Drucks. 12/2443 A. Allgemeines 4. g). Dies gilt auch für die Eigenverwaltung.

Foltis

II. Sinn und Zweck der Regelungen des § 279 im einzelnen

3 Satz 1 bestimmt den »Rollentausch« zwischen Insolvenzverwalter und Schuldner. Die Regelung hat klarstellende Funktion, weil dieser Funktionswechsel systemimmanent ist und bereits von § 270 Abs. 1 Satz 1 InsO geregelt wird. Allerdings wählt die InsO einen von der VerglO abweichenden Ansatz, die in den §§ 50–53 VerglO eingehende Bestimmungen über das Wahlrecht bei gegenseitigen Verträgen und das Recht zur vorzeitigen Kündigung von Dauerschuldnerverhältnissen enthielt. Für die Eigenverwaltung unter Aufsicht eines Sachwalters sind dagegen keine solchen Sonderregelungen vorgesehen. Die Entscheidung, ob ein Insolvenzverwalter eingesetzt wird oder ob diese Art der Eigenverwaltung zugelassen wird, soll nicht dadurch beeinflußt werden, daß unterschiedliche materiell-rechtliche Regeln zur Anwendung kommen (BT-Drucks. 12/2443 zu § 340).

4 Satz 2 bestimmt die Pflicht des Schuldners zum einvernehmlichen Handeln mit dem Sachwalter bei Ausübung aller von Satz 1 betroffener Rechtsgeschäfte. Ein Verstoß kann allerdings nur Sanktionen nach §§ 277, 272 InsO auslösen, das verbotswidrig vorgenommene Rechtsgeschäft ist wirksam: »Unberührt bleibt das Recht der Gläubigerversammlung, nach § 338 des Entwurfs (= § 277 InsO) eine Anordnung des Gerichts zu beantragen, nach der auch andere, nicht von Satz 3 erfaßte Rechtsgeschäfte des Schuldners wirksam nur mit Zustimmung des Sachwalters vorgenommen werden können. Verstößt der Schuldner gegen die in Satz 2 geregelte Pflicht, im Einvernehmen mit dem Sachwalter zu handeln, so kann dies zu einem solchen Antrag der Gläubigerversammlung oder auch zum Antrag auf Aufhebung der Eigenverwaltung (§ 338 des Entwurfs = § 272 InsO) führen« (BT-Drucks. 12/2443 zu § 340).

5 Mit Satz 3 greift der Gesetzgeber die aus seiner Sicht für die Eigenverwaltung besonders bedeutsamen Rechte heraus und postuliert für sie eine zwingende Verpflichtung zum Einvernehmen. Stets werden eine Vielzahl von Arbeitnehmerrechten betroffen. Bei der Kündigung von Betriebsvereinbarungen (§ 120 InsO), der gerichtlichen Zustimmung zur Durchführung einer Betriebsänderung (§ 122 InsO) und im Beschlußverfahren zum Kündigungsschutz (§ 126 InsO) sind kraft gesetzlicher Anordnung Rechtsgeschäfte des Schuldners nur mit der Zustimmung des Sachwalters wirksam: »Das Wahlrecht und das Kündigungsrecht sollen nach Satz 1 vom Schuldner ausgeübt werden, da sie unmittelbar mit der vom Schuldner ausgeübten Geschäftsführung zusammenhängen. Wegen der Bedeutung dieser Rechte soll er von ihnen allerdings nur im Einvernehmen mit dem Sachwalter Gebrauch machen (Satz 2). Ein Verstoß des Schuldners gegen diese Vorschrift hat im allgemeinen keine Außenwirkung; die Ausübung des Wahlrechts oder des Kündigungsrechts ist wirksam, auch wenn der Sachwalter nicht einverstanden ist. Nach Satz 3 gilt dies jedoch nicht für bestimmte Rechte, durch die ohne Zustimmung des Betriebsrats in die Rechtsstellung einer Vielzahl von Arbeitnehmern eingegriffen werden kann: für das Recht, beim Arbeitsgericht die soziale Rechtfertigung der Entlassung bestimmter Arbeitnehmer feststellen zu lassen (§ 129 des Entwurfs = § 126 InsO), für die vorzeitige Kündigung von Betriebsvereinbarungen (§ 138 des Entwurfs = § 120 InsO) und für den Antrag auf gerichtliche Zustimmung zur Durchführung einer Betriebsänderung (§ 140 des Entwurfs = § 122 InsO). Die Ausübung dieser besonders weitreichenden Rechte ist unwirksam, solange die Zustimmung des Sachwalters fehlt« (BT-Drucks. 12/2443, Satz 225).

B. Der Schuldner als Handelnder bei Regelungen des Zweiten Abschnitts (§§ 103–128 InsO – Satz 1)

Der Schuldner nimmt bei der Anwendung der Regelungen der §§ 103–128 InsO die 6
Stellung des Insolvenzverwalters ein. Er ist also derjenige, der nach Anordnung der Eigenverwaltung etwa gegenüber dem Vertragspartner die Vertragserfüllung erklären und die Erfüllung vom anderen Teil verlangen kann (§ 103 Abs. 1 InsO) oder demgegenüber das Dienstverhältnis zu kündigen ist, wenn der Schuldner der Dienstberechtigte ist (§ 113 Abs. 1 InsO).

Mit der Eröffnung des Insolvenzverfahrens wechselt der Schuldner gleichsam das Lager. 7
Er wird nunmehr wie ein Insolvenzverwalter für die Insolvenzmasse tätig. Verdeutlicht wird dies etwa durch die ausdrücklich für anwendbar erklärte Regelung des § 103 Abs. 1 InsO: Allein die Tatsache der Eröffnung des Insolvenzverfahrens führt zum Erlöschen der bisherigen Erfüllungsansprüche aus beiderseits noch nicht oder noch nicht vollständig erfüllten gegenseitigen Verträgen (soweit noch keine Leistung erbracht ist) und (insoweit) zu einer Neubegründung durch das Erfüllungsverlangen des Insolvenzverwalters mit dem bisherigen Inhalt (st. Rspr. seit BGHZ 106, 236 = ZIP 1989, 171 = EWiR 1989, 283 (*Pape*) zu § 17 KO; zuletzt eingehend *Kreft* ZIP 1997, 865). Für den Schuldner der Eigenverwaltung gilt nichts anderes, denn er nimmt die Stellung des Insolvenzverwalters ein. Insbesondere die Vertragspartner des Gemeinschuldners müssen sich also auf den Rollentausch einstellen und den Schuldner der Eigenverwaltung so behandeln als sei er der Insolvenzverwalter.

Satz 1 hat neben der klarstellenden (Rz. 3) auch eine bestimmende Funktion. Aus Satz 1 8
folgt im Umkehrschluß, daß die genannten Rechtsgeschäfte als Ausschnitt aller in Frage kommenden Rechtshandlungen des Schuldners in der Eigenverwaltung einer Sonderregelung – derjenigen in Satz 2 und 3 – unterworfen werden, aber eben auch nur diese. Die Regelung kann demnach nicht entsprechend auf andere Rechtsgeschäfte angewandt werden.

C. Die Pflicht zum Einvernehmen mit dem Sachwalter als Soll-Handlung (Satz 2)

Wegen der Bedeutung der in den §§ 103–128 InsO geregelten Rechte soll der Schuldner 9
von ihnen nur im Einvernehmen mit dem Sachwalter Gebrauch machen, ohne daß das fehlende Einvernehmen bei der Ausübung der Rechte Außenwirkung haben soll: die Ausübung des Wahlrechts oder des Kündigungsrechts ist wirksam auch wenn der Sachwalter nicht einverstanden ist (BT-Drucks. 12/2443 zu § 340). Daraus folgt, daß die Ausübung der Rechte durch den Schuldner ebenso wirksam ist, wenn er sich nicht um das Einvernehmen des Sachwalters bemüht hat, der Sachwalter z. B. von der einzelnen Handlung des Schuldners nichts weiß. Für den von der Schuldnerhandlung betroffenen Dritten – etwa der Vertragspartner im Falle des § 103 Abs. 1 InsO oder der Arbeitnehmer im Falle des § 113 Abs. 1 InsO – ist deswegen die Einhaltung der Schuldnerpflicht nach Satz 2 unerheblich. Ihn braucht das Einvernehmen nicht zu kümmern. Er kann seinem Handeln allein die Schuldnererklärung zugrunde legen. Auf die Haltung des Sachwalters kommt es ebensowenig an, wie auf seine etwaigen Erklärungen gegenüber dem betroffenen Dritten. Der Dritte kann den Sachwalter auf die Rechtsstellung des Schuldners verweisen (§ 270 Abs. 1 Satz 1 InsO), die bis zur Aufhebung der Eigenverwaltung (§ 272 Abs. 1 Nr. 2 u. 3 InsO) maßgebend ist, oder auf eine Veranlassung des Sachwal-

ters nach § 277 Abs. 1 InsO, gegebenenfalls als Eilanordnung nach § 277 Abs. 2 InsO (vgl. BT-Drucks. 12/2443 zu § 340).

10 Allerdings führt die Gesetzesbegründung aus, ein Verstoß des Schuldners habe »im allgemeinen« keine Außenwirkung (BT-Drucks. 12/2443 zu § 340). Sie schweigt aber dazu, in welchen »besonderen« Fällen die Außenwirkung vorliegen soll, der Verstoß also zu einer Unwirksamkeit der Rechtsausübung durch den Schuldner führt. Diese Ausnahme wird nur in den gesetzlich angeordneten allgemeinen Fällen des § 138 BGB anzunehmen sein.

11 Stellt der Sachwalter im Rahmen seiner laufenden Prüfungspflicht einen oder mehrere Verstöße des Schuldners gegen seine Pflichten nach Satz 2 fest, muß er entscheiden, ob er eine Anzeige nach § 274 Abs. 3 InsO vornimmt, ob demnach die Verstöße erwarten lassen, daß die Fortsetzung der Eigenverwaltung zu Nachteilen für die Gläubiger führen wird. Er wird dies zur Vermeidung einer Haftungsgefahr im Zweifel tun, weil er nach der Anlage des Gesetzes kein Antragsrecht nach § 277 InsO hat (vor § 270 Rz. 29 f.). Nach der hier vertretenen Auffassung kann er allerdings ein insolvenzgerichtliches Einschreiten nach §§ 270 Abs. 1 Satz 2, 21 InsO beantragen (s. vor § 270 Rz. 38).

12 Das Einvernehmen kann schriftlich, mündlich oder in anderer Weise (z. B. Handzeichen) hergestellt werden. Es sollte zu Beweiszwecken in den Insolvenzunterlagen schriftlich festgehalten werden.

D. Die Pflicht zum Einvernehmen mit dem Sachwalter als Muß-Handlung (Satz 3)

I. Die Bedeutung des Wirksamkeitserfordernisses

13 Die vom Gesetzgeber nach Satz 3 als ganz besonders wichtig angesehenen Rechte nach §§ 120, 122, 126 InsO, die nachhaltig die Interessen der Arbeitnehmer berühren, können wirksam nur mit der Zustimmung des Sachwalters ausgeübt werden. Der Gesetzeswortlaut verleitet auf den ersten Blick zu der Annahme, die Wirksamkeitsanforderung und die Unwirksamkeitsfolge der Regelung des § 277 InsO zu entnehmen. § 277 Abs. 1 Satz 1 InsO bestimmt das Recht des Insolvenzgerichtes, auf Antrag der Gläubigerversammlung anzuordnen, daß bestimmte Rechtsgeschäfte des Schuldners nur wirksam sind, wenn ihnen der Sachwalter zustimmt. Diese Anordnung beinhaltet ein gesetzliches Verbot gem. §§ 135, 136 BGB (§ 277 Rz. 7). Es kann durch die Aufhebung der Anordnung und Genehmigung der Gläubigerversammlung entfallen, das verbotswidrige Verpflichtungs- bzw. Verfügungsgeschäft dadurch voll wirksam werden (§ 277 Rz. 9). Für die Gleichstellung der Wirksamkeitsanforderungen nach § 277 InsO und § 279 Satz 3 InsO spricht neben dem gleichen Wortlaut »wirksam« und der gleichen Anordnungsterminologie »... nur wirksam, wenn der Sachwalter ihnen zustimmt / ... kann er wirksam nur mit Zustimmung des Sachwalters ausüben« die Stellung beider Vorschriften innerhalb der Eigenverwaltung als Handlungsbeschränkungsanordnungen und damit systemimmanente Schutzmaßnahmen.

14 Die nähere Betrachtung beider Vorschriften deckt jedoch durchgreifende strukturelle Unterschiede auf. Zunächst unterscheiden sich die Schutzrichtungen. § 277 InsO dient dem Schutz der Insolvenzgläubiger vor gläubigerschädigenden Handlungen des Schuldners. Deswegen führen verbotswidrige Schuldnerhandlungen zur relativen Unwirksamkeit der Handlungen. Durch die Schutzwirkung Belasteter kann jede Person sein, der Personenkreis ist unbestimmt. § 279 Satz 3 schützt dagegen mit den Arbeitnehmern des

Gegenseitige Verträge § 279

Schuldners einen mit der Eröffnung des Insolvenzverfahrens und der Anordnung der Eigenverwaltung bestimmten Personenkreis. Der Schutzzweck der Norm unterscheidet sich von dem des § 277 w weil das Interesse der Insolvenzgläubiger hinter das Interesse einer bestimmten Massegläubigergruppe gesetzt ist. Sinn und Zweck geht dahin, in den drei gesetzlich genannten Fällen dem Schuldner Handlungsbeschränkungen zum Schutze dieser bestimmten Massegläubigergruppen aufzuerlegen. Anders als in den Fällen der denkbaren Gläubigerschädigung durch Schuldnerhandlungen nach § 277 InsO besteht bei den von § 279 Satz 3 betroffenen Handlungsbeschränkungsanordnungen auch kein Bedürfnis zu der scharfen Sanktion relativer Unwirksamkeit, weil in allen betroffenen Fällen der §§ 120, 122, 126 InsO die vom Gesetzgeber angestrebte Handlungsbeschränkung des Schuldners der Eigenverwaltung auf mildere, einfachere und der jeweiligen Norm der drei Vorschriften entsprechendere und praktikablere Weise erfüllt wird (Rz. 15 ff.). Dem Schutzzweck des § 279 Satz 3 entspricht deswegen, daß sich die Handlungsbeschränkung in den drei betroffenen Vorschriften so auswirkt, daß eine Alleinhandlung des Schuldners im Rahmen der jeweils betroffenen Einzelregelungen der § 120, 122, 126 InsO nicht zu einer Rechtsänderung führen kann. Nach der jeweiligen betroffenen Vorschrift ist daher zu bestimmen, wie sich die durch § 279 Satz 3 angeordnete Handlungsbeschränkung auswirkt.

II. Das Wirksamkeitserfordernis nach § 120 InsO

§§ 279 Satz 1, 120 InsO gewähren dem Schuldner die Möglichkeit, Betriebsvereinbarungen zu kündigen, die Leistungen vorsehen, die die Insolvenzmasse belasten. Die Kündigung beendet ein Schuldverhältnis für die Zukunft, ist ein Gestaltungsrecht, in der Regel bedingungsfeindlich und verträgt auch keinen Schwebezustand. Fehlt zu ihrer Ausübung die erforderliche Einwilligung, ist die Kündigung deswegen abweichend von den allgemeinen Grundsätzen nicht schwebend unwirksam, sondern nichtig (*BGH* NJW 1962, 1345: Fall des § 185 Abs. 1 BGB; *Palandt/Heinrichs* § 185 Rz. 2, vor § 346 Rz. 8, vor § 104 Rz. 17). Legt deswegen der Schuldner mit der Kündigung nach § 120 InsO nicht zugleich die Zustimmung des Sachwalters vor, ist die Kündigung nichtig. 15

III. Das Wirksamkeitserfordernis nach §§ 122, 126 InsO

§§ 279 Satz 1, 122 InsO gewähren dem Schuldner die Möglichkeit, die Zustimmung des Arbeitsgerichtes dazu zu beantragen, daß eine Betriebsänderung durchgeführt wird, ohne daß das Verfahren nach § 112 Abs. 2 BetrVerfG vorangegangen ist, wenn eine Betriebsänderung geplant ist, aber nicht innerhalb von drei Wochen nach Verhandlungsbeginn oder schriftlicher Aufforderung zur Aufnahme von Verhandlungen zwischen Insolvenzverwalter und Betriebsrat der Interessenausgleich nach § 112 BetrVerfG zustandekommt. Es gelten die Vorschriften des Beschlußverfahrens des ArbGG (§ 122 Abs. 2 Satz 2 InsO). Das Beschlußverfahren gilt gleichfalls für den Fall der §§ 279 Satz 1, 126 InsO (§ 126 Abs. 2 Satz 1 InsO). Dem Schuldner wird die Möglichkeit gegeben, beim Arbeitsgericht die Feststellung zu beantragen, daß die Kündigung der Arbeitsverhältnisse bestimmter, im Antrag bezeichneter Arbeitnehmer durch dringende betriebliche Erfordernisse bedingt und sozial gerechtfertigt ist, wenn der Betrieb keinen Betriebsrat hat oder aus anderen Gründen nicht innerhalb von drei Wochen nach Verhandlungsbeginn oder schriftlicher Aufforderung zur Aufnahme von Verhandlungen 16 ein Interessenausgleich nach § 125 Abs. 1 InsO zustandekommt. Beide Regelungen knüpfen also die Rechtsänderungen nach einem Antrag des Schuldners an die Entscheidung des Arbeitsgerichtes im Beschlußverfahren.

17 Im Beschlußverfahren gelten die Prozeßvoraussetzungen des Urteilsverfahrens (*Grunsky* Arbeitsgerichtsgesetz, § 80 Rz. 13 ff.). Zum Rechtsschutzbedürfnis speziell im Beschlußverfahren hat das *BAG* im Beschluß vom 05. 02. 1971 – 1 ABR 25/70 (AP § 94 Nr. 5) entschieden, daß der Wegfall eines Vertretungsorganes während des Beschlußverfahrens das Rechtsschutzbedürfnis für das von dem Organ eingeleitete Beschlußverfahren entfallen läßt. Dies ist die Fallage der § 279 Satz 1, 122, 126 InsO: Ohne Zustimmung der Sachwalters zu den Schuldneranträgen fehlt das Vertretungsorgan der Insolvenzmasse für die Einleitung des Beschlußverfahrens. Auch wenn das Urteil in der arbeitsgerichtlichen Literatur kritisiert wurde (*Richardi* in Anmerkung zu AP § 94 Nr. 5; *Grunsky* a. a. O., § 80 Rz. 20 a), besteht doch Einigkeit darin, daß in der vom *BAG* entschiedenen Fallkonstellation das Beschlußverfahren unzulässig ist. Daraus folgt für die Fallagen der §§ 279 Satz 1, 122, 126 InsO, daß das Beschlußverfahren ohne Zustimmung des Sachwalters unzulässig ist, die Durchführung der Betriebsänderung ohne Zustimmung des Sachwalters also ebenso ausgeschlossen ist, wie die Feststellung zur betrieblichen und sozialen Rechtfertigung von Kündigungen.

18 Die Unwirksamkeitsanordnung des § 279 Satz 3 wirkt demnach im Fall des § 120 InsO materiell, in den Fällen der § 122, 126 InsO prozessual. Diese Folgen entsprechen dem Schutzbedürfnis der Arbeitnehmer in den drei Vorschriften und sind angemessen. Insbesondere in den Fällen der §§ 122, 126 InsO kann ein zunächst unzulässiger Schuldnerantrag zulässig werden, wenn die Zustimmung des Sachwalters vor der Entscheidung des Arbeitsgerichtes beigebracht wird. Denn als Prozeßvoraussetzung muß das Rechtsschutzbedürfnis (erst) zum Zeitpunkt des Schlusses der mündlichen Verhandlung vorliegen (*Zöller/Greger* ZPO, vor § 253 Rz. 9).

§ 280
Haftung. Insolvenzanfechtung

Nur der Sachwalter kann die Haftung nach den §§ 92 und 93 für die Insolvenzmasse geltend machen und Rechtshandlungen nach den §§ 129 bis 147 anfechten.

Inhaltsübersicht: Rz.

A. Sinn und Zweck der Vorschrift 1– 2
B. Die Sachwalterbefugnis 3–14
    I. Sachwalterbestellung (§§ 270 Abs. 1 Satz 1, 271 Satz 2 InsO) 3
    II. Die Rechtsstellung des Sachwalters zur Insolvenzmasse 4–10
        1. Rechtsgeschäftliche Erklärungen 5
        2. Stellung im Prozeß 6– 8
        3. Besonderheit: Widerklage 9
        4. Stellung in der Zwangsvollstreckung 10
    III. Die Rechtsstellung des Sachwalters zum Schuldner 11–12
    IV. Die Haftung des Sachwalters 13
    V. Vergütungsfragen 14

Haftung. Insolvenzanfechtung § 280

A. Sinn und Zweck der Vorschrift

Die Eröffnung des Insolvenzverfahrens mit der Anordnung der Eigenverwaltung oder der nachträglichen Anordnung der Eigenverwaltung führt zur grundsätzlichen Ausübung der Verwaltungs- und Verfügungsbefugnis, also der originären Verwalterrechte des Insolvenzregelverfahrens (§ 80 Abs. 1 InsO), durch den Schuldner unter Aufsicht des Sachwalters (§§ 270 Abs. 1 Satz 1, 271 InsO). Insbesondere die Gedanken des Schutzes der Insolvenzgläubiger vor schädigenden Handlungen des Schuldners und des Schutzes besonders schätzenswerter Güter der Arbeitnehmer hat den Gesetzgeber vornehmlich in den §§ 275–279 InsO zu einem abgestuften Mitwirkungssystem zwischen Schuldner und Sachwalter veranlaßt (vor § 270 Rz. 22 ff.). § 280 enthält eine weitere Form der Handhabung originärer Verwalterbefugnisse des Insolvenzregelverfahrens in der Eigenverwaltung. Die Vorschrift durchbricht den Grundsatz der Ausübung der Verwaltungs- und Verfügungsbefugnis durch den Schuldner (§ 270 Abs. 1 Satz 1 InsO) durch die Anordnung, daß die in § 280 aufgeführten Rechte von vornherein dem Sachwalter zustehen. Der Sachwalter wird im Umfang des § 280 zu einem »Quasi-Insolvenzverwalter«, weil er insoweit zur Geltendmachung der Insolvenzverwalterrechte befugt ist.

Der Gesetzgeber begründet diese Ausnahme vom Grundsatz des § 270 Abs. 1 Satz 1 InsO damit, daß der Sachwalter zur Ausübung der durch § 280 in Bezug genommenen Rechte besser geeignet erscheine als der Schuldner (BT-Drucks. 12/2443 zu § 341). Der Hintergrund hierfür ergibt sich aus einer Betrachtung der in § 280 in Bezug genommenen Vorschriften. Der Gesetzgeber setzt den Gläubigerschutzgrundsatz um und versucht, Störungen der Eigenverwaltung, die im Kern auf Fortführungsfälle angelegt ist (BT-Drucks. 12/2443 vor § 331), zu vermeiden. § 92 InsO betrifft den Fall, daß die Insolvenzmasse durch eine Handlung verkürzt wurde, die nach den Bestimmungen des Haftungsrechtes Schadensersatzansprüche der Insolvenzgläubiger begründet. Für diesen Fall wird vorgeschrieben, daß die Ersatzansprüche wegen eines Gesamtschadens während der Dauer des Verfahrens nicht von den einzelnen Gläubigern, sondern nur von dem Insolvenzverwalter geltend gemacht werden dürfen. Die Ansprüche gehören zur Insolvenzmasse und der Schädiger hat den Schadensersatz in die Masse zur leisten (BT-Drucks. 12/2443 zu § 103). Der danach zum Schadensersatz Verpflichtete kann der Schuldner selbst oder ein naher Angehöriger oder ein ihm besonders Verpflichteter sein. Der Schuldner müßte somit häufig einen Anspruch gegen sich selbst durchsetzen, was einerseits wenig erfolgsversprechend erscheint und andererseits auch unzumutbar sein dürfte. Ferner liefe sie dem Zweck der Eigenverwaltung zuwider, die Kenntnisse und Erfahrungen der bisherigen Geschäftsleitung bestmöglich zu nutzen und ihm einen Anreiz für einen rechtzeitigen Antrag auf Eröffnung des Insolvenzverfahrens zu geben (BT-Drucks. 12/2443 vor § 331). Die durch eine gesetzliche Verpflichtung gegen sich selbst ausgelöste Konfliktlage müßte anreizhemmend wirken. Außerdem bestünde die Gefahr, daß der Anspruch nicht, nicht rechtzeitig oder nicht hinreichend geltend gemacht wird und damit die Insolvenzgläubiger geschädigt werden. Selbst wenn der Schuldner für derart schädigende Handlungen nicht selbst haftet, könnte die Geltendmachung des Haftungsanspruches durch den Schuldner dem Zweck der Eigenverwaltung zuwiderlaufen. Denn die Ausübung der Verwaltungs- und Verfügungsbefugnis des Schuldners könnte gestört und belastet werden, weil der zum Schadensersatz Verpflichtete gerade in Fortführungsfällen bedeutsamer Kunde oder Lieferant des fortgeführten Unternehmens sein kann. Deswegen könnte ein zur Ausübung der Rechte nach § 280 berechtigter Schuldner geradezu dazu eingeladen werden, in solchen Fällen gläubigerschädigende

Foltis 1553

Abreden mit derartigen Haftungsverpflichteten zu treffen. Dieselben Erwägungen gelten für die Übertragung der Verwalterrechte auf den Sachwalter in den Fällen der Geltendmachung von Haftungsansprüchen gegen die Gesellschafter persönlich (§ 93 InsO) und der Rückgängigmachung von Vermögensverschiebungen zur Wiederherstellung des Bestandes des den Gläubigern haftenden Schuldnervermögens, die insbesondere in der Zeit der Krise vor der Verfahrenseröffnung zum Nachteil der Gläubiger vorgenommen werden, durch die Insolvenzanfechtung (§§ 129–147 InsO).

B. Die Sachwalterbefugnis

I. Sachwalterbestellung (§§ 270 Abs. 1 Satz 1, 271 Satz 2 InsO)

3   Sachwalter ist, wer durch Beschluß des Insolvenzgerichtes zum Sachwalter bestellt (§§ 270 Abs. 1 Satz 1, § 271 Satz 2 InsO) und nicht abberufen ist (§§ 270 Abs. 1 Satz 2, 57, 59 InsO).

II. Die Rechtsstellung des Sachwalters zur Insolvenzmasse

4   Im Rahmen der ihm nach § 280 übertragenen Befugnisse wird der Sachwalter wie ein Insolvenzverwalter tätig. Unabhängig vom Streit über die Rechtsstellung des Insolvenzverwalters (i. e. S. Kommentierung zu § 80 InsO, *Kuhn/Uhlenbruck* KO, § 6 Rz. 17) folgt daraus für die Sachwalterbefugnis im besonderen:

1. Rechtsgeschäftliche Erklärungen

5   Die rechtsgeschäftlichen Erklärungen des Sachwalters berechtigen und verpflichten den Schuldner unmittelbar.

2. Stellung im Prozeß

6   Im Prozeß tritt der Sachwalter als Partei kraft Amtes auf (vgl. *BGH* WM 1969, 37). Er führt ihn im eigenen Namen über fremdes Vermögen, nicht in Vertretung des Schuldners oder der Konkursgläubiger (vgl. *Kuhn/Uhlenbruck* KO, § 6 Rz. 24). Die Rechtskraft eines im Prozeß ergehenden Urteils trifft nicht den Sachwalter persönlich, weil er Partei kraft Amtes und (insoweit) Verwalter der Insolvenzmasse ist. Sie trifft den Schuldner, weil ihn seine Rechtshandlungen binden.

7   Tritt während des Rechtsstreites ein Sachwalterwechsel ein oder wird der Sachwalter von einem Insolvenzverwalter abgelöst, findet ein Parteiwechsel statt. Der Prozeß wird unterbrochen, weil der Nachfolger einer Partei nicht deren Rechtsnachfolger ist. Im Falle des § 246 ZPO ist er auszusetzen, falls der Sachwalter während des Prozesses stirbt oder prozeßunfähig wird oder entlassen wird (§§ 271 Abs. 1 Satz 2, 59 InsO) oder durch einen anderen ersetzt wird (§ 57 InsO, i. E. vgl. *Kuhn/Uhlenbruck* KO, § 6 Rz. 28).

8   Dem Sachwalter kann Prozeßkostenhilfe bewilligt werden, wenn die zur Führung des Prozesses erforderlichen Mittel weder aus der verwalteten Vermögensmasse aufgebracht werden können, noch von den an der Führung des Prozesses wirtschaftlich Beteiligten (§ 116 Abs. 1 Nr. 1 ZPO). Denn § 116 Abs. 1 Nr. 1 ZPO stellt auf die Partei kraft Amtes als Berechtigten ab, die der Sachwalter ist.

3. Besonderheit: Widerklage

Besondere Probleme können sich ergeben, wenn der Beklagte im Anfechtungsprozeß 9
der Klage eine Widerklage entgegensetzen will. Sie wird wegen des erforderlichen
Sachzusammenhanges im Sinne des § 33 ZPO (zu diesem Erfordernis i.E. *Zöllner/
Vollkommer* ZPO, § 33 Rz. 2) nur zulässig sein, wenn der Widerkläger mit der Widerklage eine Parteierweiterung nach § 263 ZPO verbindet und die Widerklage gegen den
Schuldner der Eigenverwaltung als Träger der behaupteten Verpflichtung des Widerklageanspruches richtet. Denn die Regelungen der Eigenverwaltung mit der gesetzlichen
Abgrenzung der Schuldner- und Sachwalterbefugnisse hinsichtlich der Insolvenzmasse
gehen als lex specialis den Regelungen der ZPO vor und müssen von ihr respektiert
werden. Die Regelungen der Eigenverwaltung mit der Aufteilung der Verwaltungs- und
Verfügungsbefugnis des Insolvenzregelverfahrens teils auf den Schuldner, teils auf den
Sachwalter, führen zu voneinander unabhängigen Parteistellungen. Damit ist die Widerklage nur nach den Regeln der Parteierweiterung zulässig, wenn also Sachwalter und
Schuldner einwilligen oder das Gericht sie für sachdienlich erachtet (§ 263 ZPO). Bei der
Bejahung der Sachdienlichkeit ist größte Vorsicht und Zurückhaltung geboten. Sie kann
nur ausnahmsweise angenommen werden. In dem vom Sachwalter angestrengten Prozeß
kann der Gemeinschuldner Zeuge sein (*Baur/Stürner* Insolvenzrecht, Bd. II, Rz. 1028;
Kuhn/Uhlenbruck KO, § 6 Rz. 12), oft das einzige Beweismittel, das zur Verfügung
steht. Mit der zulässigen Widerklage rückt der Schuldner jedoch in die Parteistellung ein,
der Zeugenbeweis geht verloren. Der Gesetzesbegründung ist nicht nur nicht zu entnehmen, daß dem Sachwalter die Durchsetzung der Ansprüche schwerer gemacht werden
soll, als einem Insolvenzverwalter in gleicher Lage. Eine solche Erschwernis widerspräche dem Zweck der Eigenverwaltung, die Vorteile aus den Kenntnissen und Erfahrungen
des Schuldners für die Insolvenzgläubiger zu ziehen und ihm einen Anreiz auf einen
frühzeitigen Insolvenzantrag zu bieten (BT-Drucks. 12/2443 vor § 331). Sie widerspräche ferner den allgemeinen Grundsätzen des Insolvenzrechtes, das gerade auf die
Erleichterung der Anfechtungsmöglichkeiten angelegt ist (BT-Drucks. 12/2443 vor
§ 144).

4. Stellung in der Zwangsvollstreckung

Die Zwangsvollstreckung aus einem gegen den Sachwalter insoweit ergangen Urteil 10
oder Beschluß (z.B. Kostenfestsetzungsbeschluß) richtet sich gleichfalls nicht gegen
den Sachwalter persönlich, sondern gegen die Insolvenzmasse, als deren Verwalter er
insoweit aufgetreten ist. Die Insolvenzmasse ist auch in der Eigenverwaltung als einheitliches Ganzes zu verstehen, die lediglich im Umfang der jeweiligen gesetzlichen
Anordnung mit Schuldner und Sachwalter zwei Verwaltungs- und Verfügungsbefugte
hat. Deswegen kann die Zwangsvollstreckung in das gesamte verwaltete Vermögen
geführt werden, also auch in die vom Schuldner verwalteten Vermögensteile. Einer
Titelumschreibung gegen den Schuldner bedarf es deswegen nicht. Ebensowenig bedarf
es einer Titelumschreibung, wenn der Sachwalter wechselt oder der Sachwalter von
einem Insolvenzverwalter abgelöst wird, falls die Eigenverwaltung aufgehoben wird
(§ 272 InsO). Denn die Vorschriften der §§ 727 ff. ZPO zielen auf die Befreiung des
Vollstreckungsorgans von der Prüfung schwieriger Ligitimationsfragen und Haftungslagen. Daran fehlt es aufgrund der Bestallungsurkunde (vgl. *LG Essen* NJW-RR 1992,
576; *Münzberg* in *Stein/Jonas* § 727 ZPO Rz. 27; *Jaeger/Henckel* KO, § 6 Rz. 99;
Kuhn/Uhlenbruck KO, § 6 Rz. 28). Nach der Beendigung des Insolvenzverfahrens ist die

§ 280 *Eigenverwaltung*

Zwangsvollstreckung aus einem Titel, den der Sachwalter erstritten hat, jedoch nur nach Titelumschreibung möglich (vgl. *OLG Kiel* OLGZ 16, 322; *KG* OLGZ 25, 219). Titel, die während des Insolvenzverfahrens gegen den Sachwalter ergangen sind, können nach der Beendigung des Insolvenzverfahrens ebenfalls nur nach der Umschreibung gem. §§ 727 ff. ZPO vollstreckt werden (*Jaeger/Henckel* KO, § 6 Rz. 97).

III. Die Rechtsstellung des Sachwalters zum Schuldner

11 Soweit dem Sachwalter das Verwaltungs- und Verfügungsrecht nach § 280 zusteht, ist der Schuldner davon ausgeschlossen. Denn nach dem Wortlaut des § 280 und den Vorstellungen des Gesetzgebers (BT-Drucks. 12/2443 zu § 341) hat der Sachwalter die Rechte nach § 280 allein. Im Umfang des § 280 muß der Sachwalter auch die tatsächliche Möglichkeit zur Ausübung des Verwaltungs- und Verfügungsrechtes haben, weil er sonst nicht hinreichend handlungsfähig wäre. Soweit deswegen der Sachwalter der Mitwirkung des Schuldners bedarf (Bsp.: Vornahme von Zahlungen oder Empfangnahme von Geld, falls der Sachwalter das Kassenführungsrecht nach § 275 Abs. 2 InsO nicht an sich gezogen hat), ist der Schuldner nach Sinn und Zweck des § 280 zu der erforderlichen Mitwirkung verpflichtet.

12 Damit stellt sich das Problem der Durchsetzung der Mitwirkungspflicht, falls sich der Schuldner widersetzt oder die notwendige Mitwirkung verzögert. Der Fall ist im Gesetz nicht geregelt. Nach der hier vertretenen Auffassung kann das Insolvenzgericht auf Antrag des Sachwalters gem. §§ 270 Abs. 1 Satz 2, 21 InsO tätig werden und die geeignete und erforderliche Anordnung treffen (s. vor § 270 Rz. 38), weil sonst eine partielle Funktionsunfähigkeit der Eigenverwaltung droht. Sie wäre wider Sinn und Zweck der Eigenverwaltung.

IV. Die Haftung des Sachwalters

13 Die Sachwalterhaftung folgt bei Handlungen nach § 280 nicht der Regelung des § 274 Abs. 1 InsO, sondern der Insolvenzverwalterhaftung nach §§ 60–62 InsO. Deswegen ist § 61 InsO im Gegensatz zur allgemeinen Sachwalterhaftung über § 270 Abs. 1 Satz 2 InsO anwendbar. Dies ergibt sich zunächst aus der Stellung des Sachwalters im Rahmen des § 280 als »Quasi-Insolvenzverwalter« (s. Rz. 1). Der Sachwalter handelt im Rahmen des § 280 wie ein Insolvenzverwalter. Deswegen kann er eine Masseverbindlichkeit begründen, etwa durch Einholung eines Gutachtens über die Erfolgsaussichten eines Anfechtungsprozesses oder durch einen Anfechtungsprozeß selbst. Mithin muß deren Nichterfüllung den Haftungsgrundsätzen des § 61 InsO unterliegen. Für ein Haftungsprivileg des Sachwalters ist im Rahmen des § 280 kein Raum. Die Geltung des § 61 InsO im Rahmen des § 280 folgt ferner aus Sinn und Zweck der Haftungsverweisung des § 274 Abs. 1 InsO. Sie ist auf den Regelfall der Sachwaltererstellung als Aufsichts- und Mitwirkungsorgan der Eigenverwaltung zugeschnitten, während der Sachwalter nach § 280 das handelnde Organ selbst ist. Dieser Unterschied wurde bei der Gesetzesfassung übersehen.

Unterrichtung der Gläubiger **§ 281**

V. Vergütungsfragen

Besonderen Leistungen des Sachwalters zur Vermehrung der Masse, etwa durch die **14** erfolgreiche außergerichtliche oder gerichtliche Geltendmachung der Ansprüche nach §§ 92, 93, 129–147 InsO, kann im Rahmen der gebotenen einzelfallbezogenen Vergütungsbeurteilung (§ 274 Rz. 35) durch ungeschmälerte Vergütungszuschläge nach § 3 Abs. 1 lit. c VergütVO entsprochen werden, weil es sich um einen sachwalterbezogenen Zuschlagstatbestand handelt (§ 274 Rz. 32, 37).

§ 281
Unterrichtung der Gläubiger

(1) ¹Das Verzeichnis der Massegegenstände, das Gläubigerverzeichnis und die Vermögensübersicht (§§ 151 bis 153) hat der Schuldner zu erstellen. ²Der Sachwalter hat die Verzeichnisse und die Vermögensübersicht zu prüfen und jeweils schriftlich zu erklären, ob nach dem Ergebnis seiner Prüfung Einwendungen zu erheben sind.
(2) ¹Im Berichtstermin hat der Schuldner den Bericht zu erstatten. ¹Der Sachwalter hat zu dem Bericht Stellung zu nehmen.
(3) ¹Zur Rechnungslegung (§§ 66, 155) ist der Schuldner verpflichtet. ²Für die Schlußrechnung des Schuldners gilt Absatz 1 Satz 2 entsprechend.

Inhaltsübersicht: Rz.

A. Sinn und Zweck der Vorschrift	1– 3
B. Anwendungsbereich	4– 8
C. Die Unterrichtungspflichten vor dem Berichtstermin (Abs. 1)	9–21
I. Erstellungspflicht der Verzeichnisse durch den Schuldner	10–16
1. Massegegenstände (§ 151 InsO)	11–12
2. Gläubigerverzeichnis (§ 152 InsO)	13
3. Vermögensübersicht (§ 153 InsO)	14–15
4. Niederlegung (§ 154 InsO)	16
II. Prüfungs- und Erklärungspflicht des Sachwalters	17–19
III. Ergänzungspflicht des Sachwalters in den Fällen des § 280 InsO (§§ 92, 93, 129–147 InsO)	20–21
D. Berichtspflicht und Pflicht zur Stellungnahme (Abs. 2)	22–24
E. Rechnungslegungspflichten (Abs. 3)	25–31
I. Schuldner	26–27
II. Sachwalter	28–31

A. Sinn und Zweck der Vorschrift

§ 281 verfolgt das Ziel, die Gläubiger wie im Insolvenzregelverfahren unter Respektie- **1** rung und Nutzung der Aufgabenverteilung zwischen Schuldner und Sachwalter vollständig und korrekt zu unterrichten (BT-Drucks. 12/2443 zu § 342).
Zu den zentralen Vorschriften der Verwaltung und Verwertung der Insolvenzmasse **2** gehört die Pflicht des Insolvenzverwalters als Inhaber der Verwaltungs- und Verfügungs-

§ 281 Eigenverwaltung

befugnis (§ 80 Abs. 1 InsO) zur Aufstellung eines Verzeichnisses der Massegegenstände (§ 151 InsO), des Gläubigerverzeichnisses (§ 152 InsO) und der Vermögensübersicht (§ 153 InsO). Die Verzeichnisse dienen der Unterrichtung der Insolvenzgläubiger (§ 154 InsO) und sind Teil der Gesamtunterrichtungspflichten des Insolvenzverwalters im Berichtstermin (§ 156 InsO). Zentrale Bedeutung haben die Vorschriften, weil sie neben der Feststellung der Insolvenzmasse dazu dienen, Anhaltspunkte für weitere Rechnungslegungen des Insolvenzverwalters zu erhalten, seine Kontrolle zu ermöglichen sowie den Insolvenzbeteiligten das Wissen für ihre Entscheidungen zu vermitteln (vgl. *Kuhn/ Uhlenbruck* KO, § 123 Rz. 1, § 124 Rz. 2; *Kilger/Karsten Schmidt* KO, § 124 Anm. 2a).

Die Eigenverwaltung ist auf die Verwaltungs- und Verfügungsbefugnis des Schuldners zugeschnitten, die er allerdings unter der Aufsicht des Sachwalters auszuüben hat (§§ 270 Abs. 1 Satz 1, 274 Abs. 2 InsO). § 281 knüpft an diese Geschäftsführung des Schuldners an. Die Vorschrift sieht für die Unterrichtung der Gläubiger Regelungen vor, die daher in erster Linie den Schuldner zur Erstellung der Unterlagen und zum mündlichen Bericht verpflichten (BT-Drucks. 12/2443 zu § 342). Die Vorschrift respektiert daneben den Sachwalter als Aufsichtsorgan. Sie verpflichtet ihn zur Prüfung der Unterlagen. Er hat sich im Berichtstermin zu dem Bericht des Schuldners zu äußern.

3 Die Fassung des § 281 weist dabei allerdings eine redaktionelle Unschärfe auf. Die Vorschrift auferlegt dem Schuldner die Unterrichtungspflichten, weil er als Inhaber der Verwaltungs- und Verfügungsbefugnis die Geschäfte führt (§ 270 Abs. 1 Satz 1 InsO). Die Anknüpfung der Unterrichtungspflichten an die Geschäftsführung bedeutet nach Sinn und Zweck der Vorschrift aber auch, daß dem Schuldner die Unterrichtungspflichten nur auferlegt sind, soweit er die Geschäftsführung hat. Diese Beschränkung folgt ferner aus dem verfassungsmäßig verankerten Verhältnismäßigkeitsgrundsatz. Er gebietet, daß dem Normadressaten die gesetzlich auferlegte Pflicht zumutbar sein muß, also die verlangte Handlung oder Unterlassung zur Erreichung des Gesetzeszweckes in einem angemessenen Verhältnis zueinander stehen muß (vgl. BVerfGE 30, 292, 316 – Mineralölbevorratung; BVerfGE 59, 336, 355 – Ladenschluß für Frisörbetriebe; BVerfGE 77, 84, 107 ff. – Arbeitnehmerüberlassung im Baugewerbe). Kraft Gesetzes entzogen ist dem Schuldner die Geschäftsführung in den Fällen des § 280 InsO. Diese Rechte übt der Sachwalter als Partei kraft Amtes mit der Anordnung der Eigenverwaltung allein aus (§ 280 Rz. 1, 5 ff.). Deswegen können dem Schuldner in den Fällen des § 280 nicht die Unterrichtungspflichten auferlegt sein. Sie müssen dem Sachwalter auferlegt sein. Der Schuldner könnte insoweit einer Unterrichtungspflicht vollständig und korrekt auch gar nicht nachkommen. Ihm ist von vornherein die Beurteilung entzogen, ob und in welchem Umfang vom Sachwalter Schadensersatzansprüche nach den §§ 92, 93 InsO geltend gemacht werden können, ob und in welchem Umfang der Sachwalter Aufrechnungsansprüche für durchsetzbar hält. Ferner wäre er im Bereich des § 281 einer Konfliktsituation ausgesetzt, die § 280 InsO mit der Rechtsübertragung auf den Sachwalter gerade verhindern will (§ 280 Rz. 2). Wäre nur der Schuldner als Normadressat der Unterrichtungspflichten nach § 281 anzusehen, wäre der Informationsanspruch der Gläubiger gefährdet. Deswegen sind dem Sachwalter im Umfang des § 280 InsO die Unterrichtungspflichten nach § 281 auferlegt.

B. Anwendungsbereich

4 § 281 erfaßt nur den Fall der vorläufigen Anordnung der Eigenverwaltung mit der Eröffnung des Insolvenzverfahrens im Eröffnungsbeschluß (§ 270 Abs. 1 Satz 1 InsO),

Unterrichtung der Gläubiger **§ 281**

also nicht den Fall nachträglicher Anordnung (§ 271 InsO). Zwar enthält der Wortlaut des § 281 diese Beschränkung nicht ausdrücklich und auch die Gesetzesgrundlagen schweigen (BT-Drucks. 12/2443 zu § 342). Dieser eingeschränkte Anwendungsbereich ist aber zwingende Folge der Regelungssystematik in der Eigenverwaltung und des Regelungsinhaltes des § 281.

Adressat der Pflichten des § 281 sind der Schuldner der Eigenverwaltung und der 5
Sachwalter. Die Unterrichtungspflichten nach Abs. 1 dienen der vollständigen und korrekten Unterrichtung der Gläubiger vor dem Berichtstermin (= erste Gläubigerversammlung) zur Vorbereitung des Berichtstermines nach § 156 InsO (§ 154 InsO; i. E. Rz. 16). Ist die Eigenverwaltung mit Schuldner und Sachwalter zu diesem Zeitpunkt noch nicht existent, gibt es die von § 281 vorausgesetzten Normadressaten nicht. Die nachträgliche Anordnung der Eigenverwaltung nach § 271 InsO ist erst auf Antrag (Beschluß) der Gläubigerversammlung in der ersten Gläubigerversammlung (= Berichtstermin) möglich (§ 271 Rz. 9), so daß Schuldner und Sachwalter aus dem Zeitablauf die Unterrichtungs-, Berichts- und Stellungnahmepflichten der §§ 151–153 InsO in diesem Fall nicht treffen können.

Die Beschränkung der Pflichten nach § 281 auf den Fall der vorläufigen Anordnung nach 6
§ 270 Abs. 1 Satz 1 InsO verdeutlicht die nähere Betrachtung der Berichtspflicht des Schuldners nach Abs. 2. Voraussetzung der Berichtspflicht ist die Eigenschaft als Schuldner der Eigenverwaltung. Der Berichtstermin (= erste Gläubigerversammlung) wird vom Insolvenzgericht bereits in dem Eröffnungsbeschluß bestimmt (§ 29 Abs. 1 Nr. 1 InsO). In dem Berichtstermin kann den Schuldner als solchen die Berichtspflicht nicht treffen, wenn er erst in diesem Termin nach seiner früheren Antragsablehnung durch Antrag der Gläubigerversammlung und Anordnung des Insolvenzgerichtes zum Schuldner der Eigenverwaltung wird (§ 271 InsO). Die Beschränkung folgt ferner aus Sinn und Zweck des Berichtstermines nach § 156 InsO, der über § 270 Abs. 1 Satz 2 InsO in der Eigenverwaltung anzuwenden ist. In dem neu eingeführten Berichtstermin sollen die verschiedenen Möglichkeiten für den Fortgang des Verfahrens auf der Grundlage eines Berichtes des Insolvenzverwalters umfassend erörtert werden; die Gläubigerversammlung soll entscheiden, welche dieser Möglichkeiten wahrgenommen oder näher untersucht werden sollen (BT-Drucks. 12/2443 zu § 175). Die Voraussetzungen hierfür zu schaffen, ist dem Schuldner durch seinen Bericht nur möglich, wenn er wie der mit dem Eröffnungsbeschluß (§ 27 InsO) bestellte Insolvenzverwalter als Adressat der Pflichten nach § 156 InsO bereits mit dem Eröffnungsbeschluß durch Anordnung der Eigenverwaltung zum Adressaten der Berichtspflicht wird. Dies ist bei § 271 InsO nicht der Fall.

Konsequenz dieser Gesetzeskontruktion ist, daß im Falle der nachträglichen Anord- 7
nung der Eigenverwaltung (§ 271 InsO) der Insolvenzverwalter den Bericht erstattet. Dies ist sinnvoll, da sich der Insolvenzverwalter auch dazu äußern kann, ob die Anordnung der Eigenverwaltung angebracht ist. Will die Gläubigerversammlung gleichwohl einen Bericht des Schuldners mit einer Stellungnahme des Sachwalters, müßte das Insolvenzgericht den Berichtstermin auf Antrag der Gläubigerversammlung zur Fortsetzung (ohne erneute Bekanntmachung oder Ladung) vertagen (vgl. *Schrader/Uhlenbruck* Konkurs- u. Vergleichsverfahren, Rz. 288) oder hierzu eine gesonderte außerordentliche Gläubigerversammlung einberufen (§ 75 InsO). Letztere eignet sich hierzu grundsätzlich nicht, weil der Zeitraum zwischen dem Eingang des Antrages und dem Termin der Gläubigerversammlung höchstens zwei Wochen betragen soll. In dieser Kürze werden Schuldner und Sachwalter die Vorbereitungshandlungen nach Abs. 1 kaum möglich sein.

8 § 281 zeigt damit ein Dilemma auf, in der sich die Gläubiger in der ersten Gläubigerversammlung befinden, falls nicht nur über die Fortsetzung der bereits vom Insolvenzgericht vorläufig angeordneten Eigenverwaltung zu beschließen ist, sondern auf Vorstoß einzelner Großgläubiger oder Gläubigergruppen über deren nachträgliche Anordnung. Entscheidungsgrundlage können nur die Unterrichtungen und der Bericht des (vorläufigen) Insolvenzverwalters nach §§ 151–154, 156 InsO sein, nicht die vom Schuldner selbst erarbeiteten und vom Sachwalter als Gläubigerkontrollorgan auf Korrektheit und Vollständigkeit geprüften Unterlagen und Informationen. Die Gefahr einer Entscheidung für die nachträgliche Anordnung der Eigenverwaltung auf unzureichender Beurteilungsgrundlage, ja sogar einer Überrumpelung der Gläubigergemeinschaft durch einige wenige, ist groß. Sie wird sich nur durch eine Vertagung des Berichtstermins in einen »Zweiten Teil« zur Unterrichtung und Berichterstattung nach § 281 entschärfen lassen.

C. Die Unterrichtungspflichten vor dem Berichtstermin (Abs. 1)

9 Die gesetzliche Verteilung der Rechte und Pflichten zur Geschäftsführung in der Eigenverwaltung wiederholt sich gleichsam spiegelbildlich in den Unterrichtungspflichten nach § 281 vor der ersten Gläubigerversammlung. Teils hat der Schuldner Gericht und Gläubiger zu informieren und der Sachwalter ist lediglich als Aufsichtsorgan beteiligt, teils trifft den Sachwalter die Unterrichtungspflicht allein.

I. Erstellungspflicht der Verzeichnisse durch den Schuldner

10 Das Verzeichnis der Massegegenstände (§ 151 InsO) ist zusammen mit dem Gläubigerverzeichnis (§ 152 InsO) Grundlage für die Vermögensübersicht (§ 153 InsO), die den Insolvenzgläubigern eine Beurteilung der Vermögenslage des Schuldners ermöglichen soll (BT-Drucks. 12/2443 zu § 170). Hinsichtlich der Erfüllung der Informationsrechte der Insolvenzgläubiger sind in der Eigenverwaltung folgende Fälle der §§ 151–153 InsO zu unterscheiden.

1. Massegegenstände (§ 151 InsO)

11 Die Pflicht zur Aufstellung der einzelnen Gegenstände der Insolvenzmasse trifft (zunächst) den Schuldner. § 151 InsO ist weitgehend an § 123 KO angelehnt. Alle Gegenstände der Masse sind genau zu bezeichnen, z. B. Grundstücke mit der Angabe des Grundbuchblatts. Ansprüche, die sich aus den Vorschriften über die Insolvenzanfechtung ergeben, gehören zwar ebenfalls zur Masse und sind daher in das Verzeichnis aufzunehmen, für diese zuständig ist allerdings der Sachwalter (Rz. 3). Für jeden Gegenstand ist der tatsächliche Wert anzugeben. Bei Forderungen, die rechtlich zweifelhaft oder schwer einbringlich sind, müssen Abschläge vom Forderungsbetrag vorgenommen werden. Soweit die Möglichkeit der Fortführung des Unternehmens besteht und zu einer unterschiedlichen Bewertung von Vermögensgegenständen führt, müssen Fortführungswerte und Einzelveräußerungswerte nebeneinander angegeben werden. Der Schuldner ist nicht berechtigt, bei der Bewertung nach seinem Ermessen die Fortführung oder die Einzelveräußerung zugrunde zu legen und dadurch die Entscheidung der Gläubiger über den Fortgang des Verfahrens vorwegzunehmen. Auch beweg-

Unterrichtung der Gläubiger **§ 281**

liche Sachen, die der Schuldner nicht in seinem Besitz hat, müssen bewertet werden. Soweit der Schuldner keine Herausgabe der Sachen zur Verwertung verlangen kann (i. E. s. zu § 282 InsO), etwa weil die Sache im Besitz eines absonderungsberechtigten Gläubigers ist (vgl. § 166 Abs. 1 InsO), kann der Schuldner nach §§ 809, 811 BGB verlangen, daß ihm die Besichtigung der Sache gestattet wird (vgl. BT-Drucks. 12/2443 zu § 170). Zu den Einzelheiten s. Komm. zu 151 InsO.

Eine Besonderheit der Eigenverwaltung gibt es für § 151 Abs. 3 Satz 2 InsO. Danach **12** kann der Verwalter beantragen, von der Aufstellung des Verzeichnisses abzusehen, sofern der Gläubigerausschuß zustimmt. Die Regelung folgt dem Gläubigerschutzgedanken der InsO. Wenn die Gläubiger sich zu ihrem Schutz für ein gesondertes Aufsichtsorgan zur Überwachung der Verwaltergeschäfte entschieden haben (§ 69 InsO) soll dieses auch bei der Entscheidung mitwirken, ob von der Aufstellung eines Verzeichnisses ausnahmsweise abgesehen werden kann. Dies muß entsprechend auch für die Eigenverwaltung gelten. Deswegen bedarf der Antrag des Schuldners der Zustimmung des Sachwalters jedenfalls, wenn kein Gläubigerausschuß bestellt ist. Ist ein Gläubigerausschuß bestellt, ist seine zusätzliche Zustimmung entbehrlich.

2. Gläubigerverzeichnis (§ 152 InsO)

Den Schuldner trifft die Pflicht, ein Verzeichnis aller Gläubiger des Schuldners aufzu- **13** stellen, die ihm aus den Büchern und Geschäftspapieren des Schuldners, durch dessen sonstige Angaben, durch die Anmeldung ihrer Forderungen oder auf andere Weise bekannt sind. Das Gläubigerverzeichnis erfaßt auch die absonderungsberechtigten Gläubiger, denen keine persönlichen Forderungen gegen den Schuldner zustehen, und die Insolvenzgläubiger, die ihre Forderung nicht oder noch nicht angemeldet haben. Wie das Verzeichnis der Massegegenstände einen möglichst vollständigen Überblick über das Vermögen verschaffen soll, das zur Befriedigung der Gläubiger zur Verfügung steht, so soll das Gläubigerverzeichnis die diesem Vermögen gegenüberstehenden Belastungen und Verbindlichkeiten so vollständig wie möglich aufzeigen. Die Aussagekraft des Gläubigerverzeichnisses soll dadurch vervollständigt werden, daß Aufrechnungslagen anzugeben sind. Denn eine bestehende Aufrechnungslage kann ebenso zur vollen Befriedigung des Gläubigers führen wie ein Recht auf abgesonderte Befriedigung. Für die Schätzung der Höhe der Masseverbindlichkeiten ist die alsbaldige Liquidation zu unterstellen, da die bei einer Unternehmensfortführung entstehenden Masseverbindlichkeiten in ihrer Höhe maßgeblich von der Dauer der Fortführung abhängen und daher im voraus kaum geschätzt werden können (BT-Drucks. 12/2443 zu § 171). Zu den Einzelheiten s. Komm. zu § 152 InsO.

3. Vermögensübersicht (§ 153 InsO)

Die Vorschrift sieht für den Insolvenzverwalter die Pflicht vor, auf den Zeitpunkt der **14** Eröffnung des Insolvenzverfahrens eine geordnete Übersicht aufzustellen, in der die Gegenstände der Insolvenzmasse und die Verbindlichkeiten des Schuldners ähnlich wie in einer Bilanz aufgeführt und einander gegenüberstellt werden. Buchwerte sind jedoch nicht zulässig. Der Schuldner darf sich deswegen nicht auf eine vorhandene Handelsbilanz beziehen. Er muß die Vermögensübersicht auf der Grundlage des Verzeichnisses der Massegegenstände und des Gläubigerverzeichnisses neu erstellen. Diese Vermögensübersicht ähnelt der »Konkurseröffnungsbilanz« nach § 124 KO, dem Vermögensverzeichnis nach § 11 Abs. 1 GesO und der Vermögensübersicht nach § 5 Abs. 1 VerglO. Es

Foltis 1561

müssen jedoch nebeneinander die Fortführungs- und Einzelveräußerungswerte angegeben werden (BT-Drucks. 12/2243 zu § 172).

15 Auf Anordnung des Insolvenzgerichtes hat der Schuldner eidesstattlich zu versichern, daß die Gegenstände der Insolvenzmasse und die Verbindlichkeiten des Schuldners nach seiner Kenntnis in der Vermögensübersicht vollständig erfaßt sind. § 153 Abs. 2 InsO verlangt hierfür neben der Erforderlichkeit zur Herbeiführung wahrheitsgemäßer Aussagen des Schuldners den Antrag des Verwalters oder eines Gläubigers. Nun ist nicht damit zu rechnen, daß der Schuldner der Eigenverwaltung für sich die eidesstattliche Versicherung abzugeben verlangt. In der Eigenverwaltung ist der Sachwalter das systemimmanente Gläubigerschutzorgan (§ 270 Rz. 4), das über die erforderliche Sachnähe verfügt, um begründete Zweifel an der Vollständigkeit aufkommen zu lassen oder nicht. Deswegen steht ihm dieses Antragsrecht nach Sinn und Zweck der Eigenverwaltung »an Stelle des Verwalters« nach § 153 InsO zu. Der Sachwalter ist als der »Verwalter« i. S. d. § 153 Abs. 2 InsO anzunehmen.

4. Niederlegung (§ 154 InsO)

16 Die Vorschrift verlangt die Niederlegung der Verzeichnisse nach §§ 151–153 InsO in der Geschäftsstelle zur Einsicht der Beteiligten spätestens eine Woche vor dem Berichtstermin. § 281 Abs. 1 erklärt die Niederlegungspflicht des Insolvenzverwalters für den Schuldner nicht ausdrücklich für anwendbar. Dies ist allerdings auch nicht erforderlich, weil sich die Anwendbarkeit aus der allgemeinen Verweisungsregel des § 270 Abs. 1 Satz 2 InsO ergibt. Ohne die Anwendung dieser Vorschrift stünde der praktische Wert der Schuldnerpflichten nach § 281 Abs. 1 in Frage.

II. Prüfungs- und Erklärungspflicht des Sachwalters

17 Der Sachwalter muß die Verzeichnisse prüfen und schriftlich erklären, ob von ihm Einwendungen erhoben werden. Die Einwendungen sind substantiiert darzulegen, damit die Insolvenzgläubiger die gebotene hinreichende Beurteilungsgrundlage haben.

18 § 154 InsO gilt über § 270 Abs. 1 Satz 2 InsO nach Sinn und Zweck des § 281 auch für die Prüfungs- und Erklärungspflicht des Sachwalters. Denn sonst stünde die vollständige und korrekte Unterrichtung der Gläubiger in Frage. Die vom Schuldner allein vorgelegten Verzeichnisse besagen nichts über die vollständige und korrekte Erfassung aller Tatsachen, die für die Beurteilung der Vermögenslage des Schuldners bedeutsam sind.

19 Will der Schuldner sich von der Aufstellung des Verzeichnisses der Massegegenstände befreien lassen, ist dies nur mit der Zustimmung des Sachwalters möglich, falls kein Gläubigerausschuß bestellt ist (Rz. 12).

III. Ergänzungspflicht des Sachwalters in den Fällen des § 280 InsO (§§ 92, 93, 129–147 InsO)

20 Der Sachwalter übt die Verwaltungs- und Verfügungsbefugnis aus, soweit er zur Geltendmachung der Rechte der §§ 92, 93 und 129–147 InsO berechtigt und verpflichtet ist (§ 280 Rz. 1 f.). Im Umfang dieser Rechte hat er deswegen die Gläubiger vollständig und korrekt zu unterrichten (Rz. 3). Betroffen sind Forderungen, die den Insolvenzgläubigern aus einem Gesamtschaden (§ 92 InsO), aus persönlicher Haftung der Gesellschafter

(§ 93 InsO) oder aus Insolvenzanfechtung (§ 129–147 InsO) zustehen können. Sie gehören deswegen nach Grund und Höhe in das Verzeichnis der Massegegenstände (§ 151 InsO). Der Sachwalter muß daher dafür sorgen, daß dieses Verzeichnis durch seine Angaben zu den o. a. Forderungen rechtzeitig ergänzt wird. Die Forderungen nach §§ 92, 93, 129–147 InsO gehören zu den Gegenständen der Insolvenzmasse, die in die Vermögensübersicht (§ 153 InsO) aufzunehmen sind, zu deren Aufstellung der Schuldner verpflichtet ist. Der Sachwalter sollte deshalb seine Angaben durch schriftliche Erklärung (vgl. § 154 InsO) gegenüber dem Schuldner so rechtzeitig machen, daß dieser seinerseits seiner Unterrichtungspflicht nachkommen kann. Der Schuldner muß die Verzeichnisse spätestens eine Woche vor dem Berichtstermin in der Geschäftsstelle zur Einsicht niederlegen (§ 154 InsO). Dem Schuldner ist eine Bearbeitungszeit zu gewähren, so daß der Sachwalter das Ergänzungsverzeichnis dem Schuldner entsprechend § 154 InsO spätestens 2 Wochen vor dem Berichtstermin zugeleitet haben muß. Kommt der Sachwalter zu dem Ergebnis, daß keine derartigen Ansprüche bestehen oder er seine Prüfungen noch nicht abgeschlossen hat, ist dem Schuldner auch diese Erklärung fristgemäß zuzuleiten.

D. Berichtspflicht und Pflicht zur Stellungnahme (Abs. 2)

Im Berichtstermin hat der Schuldner den Bericht zu erstatten, der Sachwalter zu ihm Stellung zu nehmen. Der Schuldner muß über die wirtschaftliche Lage des Unternehmens und ihre Ursachen berichten sowie darlegen, ob Aussichten bestehen, das Unternehmen im ganzen oder in Teilen zu erhalten, welche Möglichkeiten für einen Insolvenzplan bestehen und welche Auswirkungen jeweils für die Befriedigung der Gläubiger eintreten würden (§ 156 Abs. 1 InsO). Der Schuldner hat also insoweit über sich selbst zu berichten.

Die Berichtspflicht knüpft wie die Unterrichtungspflicht nach Abs. 1 an die Stellung als verwaltungs- und verfügungsbefugtes Organ der Eigenverwaltung an. Deswegen ist der Sachwalter im Rahmen seiner Rechte nach §§ 280, 92, 93, 129–147 InsO berichtspflichtig wie ein Insolvenzverwalter in gleicher Lage.

Die Berichtspflicht des Schuldners und die Stellungnahmepflicht des Sachwalters bezwecken wie die Unterrichtungspflichten nach Abs. 1, den Insolvenzgläubigern eine hinreichende Beurteilungsgrundlage für ihre Entscheidungen in der Gläubigerversammlung zu geben. Daraus folgt die Pflicht des Sachwalters, dazu Stellung zu nehmen, ob und inwieweit der Bericht des Schuldners von den vorgelegten Verzeichnissen abweicht oder unvollständig ist, ob und inwieweit die im übrigen vom Schuldner vorgetragenen Tatsachen stimmen oder nicht, ob und inwieweit der Bericht zu vervollständigen ist. Der Sachwalter muß sich darüber im klaren sein, daß die Gläubiger in aller Regel letztlich ihre Entscheidungen auf seine Stellungnahme stützen. Denn er hatte in der bisherigen Eigenverwaltungszeit die Sachnähe. Er hatte die Überwachungs- und Prüfungspflichten auszuüben (§ 274 Abs. 2 InsO). Ihm wird letztlich das Vertrauen für eine gewissenhafte und kompetente Aufsicht über den Schuldner entgegengebracht. Er ist deswegen im Berichtstermin gegenüber den Gläubigern in einer garantenähnlichen Stellung und muß auch dazu Stellung nehmen, ob der Schuldner aus seiner Sicht die fachlichen und persönlichen Voraussetzungen für die Eigenverwaltung mitbringt. Die Verletzung dieser Pflicht kann zu einer Haftung gegenüber den Insolvenzgläubigern führen.

E. Rechnungslegungspflichten (Abs. 3)

25 Der Schuldner ist grundsätzlich zur Rechnungslegung verpflichtet. Für die Schlußrechnung des Schuldners besteht die Prüfungs- und Stellungnahmepflicht des Sachwalters gem. Abs. 1 Satz 2.

I. Schuldner

26 Nach Abs. 3 i. V. m. § 155 InsO trifft den Schuldner eine doppelte Rechnungslegungspflicht. Die Vorschrift bestimmt, daß handels- und steuerrechtliche Pflichten des Schuldners zur Buchführung und zur Rechnungslegung unberührt bleiben, hinsichtlich der Insolvenzmasse allerdings der Insolvenzverwalter diese Pflichten zu erfüllen hat (§ 155 Abs. 1 InsO). Im Grundsatz hat der Insolvenzverwalter danach Handelsbücher zu führen (§ 239 HGB) und für den Schluß eines jeden Geschäftsjahres eine Gewinn- und Verlustrechnung aufzustellen (§ 242 HGB), wenn das Insolvenzverfahren ein vollkaufmännisches Unternehmen betrifft (vgl. § 4 Abs. 1 HGB). Bei Kapitalgesellschaften können die besonderen Vorschriften über die Jahresabschlüsse im Liquidationsstadium insoweit entsprechend angewendet werden, als dort vorgesehen ist, daß das Registergericht von der Prüfung des Jahresabschlusses und des Lageberichtes durch einen Abschlußprüfer befreien kann (vgl. §§ 270 Abs. 3 AktG, 71 Abs. 3 GmbHG; BT-Drucks. 12/2443 zu § 174). Diese Pflichten treffen den Schuldner. (Wegen der Einzelheiten siehe zu § 155 InsO.) Daneben treffen den Schuldner die insolvenzrechtlichen Rechnungslegungspflichten, insbesondere die Pflicht zur Zwischenrechnungslegung gem. § 66 Abs. 3 InsO, gesondert und unabhängig hiervon.

27 Den Schuldner trifft ferner die Pflicht zur Schlußrechnung (§ 166 Abs. 1, 2 InsO).

II. Sachwalter

28 a) Hinsichtlich der handels- und steuerrechtlichen Pflichten des Schuldners (§ 155 InsO) treffen den Sachwalter nur im Rahmen seiner allgemeinen Pflichten nach § 274 Abs. 2 InsO Prüfungs- und Überwachungspflichten, etwa zur sorgfältigen Buchführung und zur rechtzeitigen und vollständigen Aufstellung der Bilanz sowie der Gewinn- und Verlustrechnung. Kommt der Schuldner seinen Pflichten nicht oder nicht hinreichend nach, ist der Sachwalter nach Maßgabe des § 274 Abs. 3 InsO anzeigepflichtig.

29 Zu der Schlußrechnung des Schuldners nach § 66 Abs. 1, 2 InsO besteht die Prüfungs- und Erklärungspflicht des Sachwalters nach Abs. 1 Satz 2. Hierfür gelten die Ausführungen Rz. 17–19 entsprechend.

30 Dagegen besteht die Schlußrechnungspflicht für den Sachwalter als eigene Pflicht im Rahmen seiner Rechte nach §§ 280, 92, 93, 129–147 InsO. Denn insoweit übt er die Verwaltungs- und Verfügungsbefugnis aus (§ 280 Rz. 1, 4–8). Sie ist für das Insolvenzgericht Prüfungsgegenstand nach § 66 Abs. 2 Satz 1 InsO.

31 b) Das Verhältnis des Sachwalters zum Schuldner hinsichtlich von der Gläubigerversammlung verlangter Zwischenrechnungen (§ 66 Abs. 3 InsO) wird vom Gesetz nicht behandelt. Nach dem Wortlaut des Abs. 3 Satz 2 gilt die Prüfungs- und Erklärungspflicht nach Abs. 1 Satz 2 nur für die Schlußrechnung. Es ist aber davon auszugehen, daß hier ein Redaktionsversehen vorliegt und sich Abs. 3 Satz 2 auf alle Rechnungslegungen des § 66 InsO bezieht, also auch auf die Zwischenrechnungen. Zunächst ist aus der Geset-

Verwertung von Sicherungsgut § 282

zesbegründung nicht ersichtlich, daß die Zwischenrechnungen vom Sachwalter ungeprüft bleiben sollen. Es gibt auch keinen sachgerechten Grund, die Zwischenrechnungen davon auszunehmen. Sinn und Zweck der Regelungen zur Unterrichtung der Gläubiger nach § 281 sowie der Regelungen zur Zwischenrechnung legen es vielmehr nahe, die Prüfung durch den Sachwalter auch auf die Zwischenrechnungen zu erstrecken. Anliegen des Gesetzgebers ist auch mit Abs. 3 die vollständige und korrekte Unterrichtung der Gläubiger über die Geschäftsführung des Schuldners (vgl. BT-Drucks. 12/2443 zu § 342). § 66 Abs. 3 InsO gewährt der Gläubigerversammlung das Recht, schon während des Verfahrens Zwischenrechnungen zu verlangen, wie nach geltendem Konkursrecht gem. § 132 Abs. 2 KO (BT-Drucks. 12/2443 zu § 76). Damit sollen die Gläubiger auf dem Laufenden gehalten, der Verwalter zu unausgesetzter Tätigkeit angespornt und der Schlußbericht vereinfacht werden (vgl. *Jaeger/Leut* KO, § 132 Rz. 2). Die Zwischenrechnungen sollen »kleine Schlußrechnungen« sein, die den Gläubigern einen exakten Einblick in den aktuellen Verfahrensstand gewähren sollen. Diesem Ziel wird nur entsprochen, wenn die Zwischenrechnungen vollständig und korrekt sind. Dies in der Eigenverwaltung sicherzustellen ist gerade der Zweck der Prüfungs- und Stellungnahmepflicht des Sachwalters nach Abs. 1 Satz 2. Allein die Aufsicht des Insolvenzgerichtes (§§ 274 Abs. 1, 58 InsO) kann diesem Anliegen nicht genügen. Danach kann das Insolvenzgericht vom Sachwalter zwar einzelne Auskünfte oder einen Bericht über den Sachstand und die Geschäftsführung verlangen (§ 274 Rz. 9f.), es muß dies aber nicht. Eine vollständige und korrekte Gläubigerinformation kann bei Zwischenrechnungen aber ebensowenig vom Ermessen des Insolvenzgerichtes abhängen, wie die Schlußrechnung.

§ 282
Verwertung von Sicherungsgut

(1) ¹Das Recht des Insolvenzverwalters zur Verwertung von Gegenständen, an denen Absonderungsrechte bestehen, steht dem Schuldner zu. ²Kosten der Feststellung der Gegenstände und der Rechte an diesen werden jedoch nicht erhoben. ³Als Kosten der Verwertung können nur die tatsächlich entstandenen, für die Verwertung erforderlichen Kosten und der Umsatzsteuerbetrag angesetzt werden.
(2) Der Schuldner soll sein Verwertungsrecht im Einvernehmen mit dem Sachwalter ausüben.

Inhaltsübersicht: Rz:

A. Sinn und Zweck der Vorschrift	1–13
I. Anliegen des Gesetzgebers	1– 2
II. Eigene Stellungnahme	3–13
B. Die Regelungen im einzelnen	14–19
I. Grundsatz: Verwertungsrecht des Schuldners (Abs. 1 Satz 1)	14
II. Keine Feststellungskosten (Abs. 1 Satz 2)	15
III. Verwertungskosten, Umsatzsteuer (Abs. 1 Satz 3)	16
IV. Ausübung im Einvernehmen mit dem Sachwalter (Abs. 2)	17–19

§ 282 *Eigenverwaltung*

A. Sinn und Zweck der Vorschrift

I. Anliegen des Gesetzgebers

1 § 282 InsO hat mit seiner Bestimmung in Satz 1, daß das Verwertungsrecht für absonderungsrechtsbelastete Gegenstände dem Schuldner zusteht, zunächst klarstellende Funktion. Denn diese Rechtsfolge ergibt sich bereits aus der Stellung des Schuldners in der Eigenverwaltung und der Regelverweisung auf die anzuwendenden Vorschriften des allgemeinen Teils in § 270 Abs. 1 Satz 2 InsO. Die Entscheidung für den allgemeinen Eintritt des Schuldners in die Rolle des Insolvenzverwalters auch insoweit knüpft der Gesetzgeber an die Fortführung des Unternehmens nach Eröffnung des Insolvenzverfahrens als angenommenem Regelfall der Eigenverwaltung. Zur Erhaltung einer Sanierungschance soll ein ungehinderter Zugriff der absonderungsberechtigten Gläubiger auf ihre Sicherheiten ebensowenig hingenommen werden wie im Insolvenzregelverfahren. Ferner sollen – in den Händen des Schuldners und im Einvernehmen mit dem Sachwalter wie bei den gegenseitigen Verträgen nach § 279 InsO, Abs. 2 – die gleichen günstigen Voraussetzungen für eine gemeinsame Verwertung verschiedener belasteter Gegenstände geschaffen werden wie im Insolvenzregelverfahren (BT-Drucks. 12/2443 zu § 343). Damit bleibt die Insolvenzgläubigerbindung des Absonderungsgutes des Insolvenzregelverfahrens in der Eigenverwaltung grundsätzlich erhalten.

2 Daneben versucht der Gesetzgeber, den Besonderheiten der Eigenverwaltung zu entsprechen, indem ihre Vorteile auch für die absonderungsberechtigten Gläubiger genutzt werden. Zu ihren Gunsten werden die Kostenerstattungsansprüche der Insolvenzmasse begrenzt. Kostenpauschalen (§ 171 InsO) dürfen durch den Schuldner nicht erhoben werden (Abs. 1 Satz 2), tatsächlich entstandene und erforderliche Kosten nur für die Verwertung selbst und für die Umsatzsteuer (Abs. 1 Sätze 2, 3). Begründet wird die Kostenbegrenzung mit der Sachnähe des Schuldners und einer am »typischen Fall der Eigenverwaltung« orientierten fehlenden Erforderlichkeit. Kosten für die **Feststellung** der belasteten Gegenstände und der Rechte an diesen sollen typischerweise nicht anfallen, weder bei beweglichen Sachen, noch bei Grundstückszubehör (§ 10 Abs. 1 Nr. 1 a ZVG). Deswegen soll ein Abzug unnötig sein. Der Schuldner der Eigenverwaltung sei in der Regel über die Rechte der Gläubiger an den Gegenständen der Insolvenzmasse hinreichend unterrichtet. Der Sachwalter brauche insoweit nur im Rahmen seiner allgemeinen Aufsicht eingeschaltet zu werden. Für die **Verwertung** durch den Schuldner soll lediglich die Kostenpauschale (§ 171 Abs. 1 InsO) unangemessen sein. Im typischen Fall der Eigenverwaltung, der Fortführung des Unternehmens, würden regelmäßig keine aufwendigen Verwertungsvorgänge stattfinden. Denn die Sicherheiten an den zur Fortführung erforderlichen Betriebsmitteln blieben während des Verfahrens bestehen. Die Veräußerung belasteter Waren werde häufig im laufenden Geschäftsbetrieb ohne besondere Kosten erfolgen können. Die Einziehung von zur Sicherheit abgetretenen Forderungen werde regelmäßig geringere Kosten verursachen (BT-Drucks. 12/2443 zu § 343 v vor § 331).

II. Eigene Stellungnahme

3 Die Grundsatzentscheidung des Gesetzgebers zur Übertragung der Insolvenzverwalterrolle auf den Schuldner der Eigenverwaltung auch für die Verwertung von Sicherungsgut ist aus der Zwecksetzung der Eigenverwaltung konsequent. Die Anreizwirkung der

Verwertung von Sicherungsgut § 282

Eigenverwaltung für den Schuldner, rechtzeitig den Antrag auf Eröffnung des Insolvenzverfahrens zu stellen (BT-Drucks. 12/2443 vor § 331), wäre durchgreifend entwertet, wenn der Schuldner zwar nicht mit der Verdrängung aus der Geschäftsführung rechnen müßte (vgl. BT-Drucks. 12/2443 vor § 331), er die Eigenverwaltung zum Zwecke der Fortführung des Unternehmens aber tatsächlich gar nicht ausüben könnte, weil die absonderungsberechtigten Gläubiger den Einzelzugriff auf fortführungsnotwendiges Anlagevermögen nehmen könnten.

Die eingeschränkte Übertragung der Verwertungsregeln des Insolvenzregelverfahrens 4 führt jedoch zu Systembrüchen. Schon die in der Begründung des Regierungsentwurfes verwendete Vielfalt typisierter unbestimmter Begriffe (in der Regel; insoweit; typischerweise; erscheint hier nicht angemessen; im typischen Fall der Eigenverwaltung; regelmäßig; häufig) macht mißtrauisch. Die Regelung ist Folge einer praxisfernen Beurteilung der Verwertungsverantwortlichkeiten zwischen Schuldner und Sachwalter, die einvernehmlich handeln sollen (Abs. 2). Sie führt dazu, daß die Verwertungsregelungen der Insolvenzordnung widersprüchlich sind.

a) Mit § 282 bietet die Eigenverwaltung absonderungsberechtigten Gläubigern erhebliche 5 wirtschaftliche Vorteile, weil die Kostenpauschale von 4 % des Verwertungerlöses für die Feststellung der Gegenstände und der Rechte an ihnen (§§ 170 Abs. 1 Satz 1, 171 Abs. 1 InsO) entfällt. Insbesondere bei mittleren und größeren Unternehmen können die dadurch steigenden Erlöse der absonderungsberechtigten Gläubiger erheblich sein. Dieser wirtschaftliche Vorteil der absonderungsberechtigten Gläubiger wird nur dann nicht zu Lasten der Insolvenzgläubiger finanziert, wenn die Annahme des Gesetzgebers stimmt, die Sachnähe des Schuldners und der »typische Fall der Eigenverwaltung« machten keine aufwendigen Feststellungen von Schuldner und Sachwalter zu den Absonderungsrechten erforderlich. Es ist sehr zweifelhaft, ob diese Annahme zutrifft.

Mit der Festellungskostenpauschale der §§ 170 Abs. 1, 171 Abs. 1 InsO will der Gesetz- 6 geber die Konsequenzen aus den Erfahrungen mit der Konkursordnung ziehen. Insbesondere die Verlängerungs- und Erweiterungsformen des Eigentumsvorbehaltes, die Sicherungsübereignung und die Sicherungsabtretung verursachten erhebliche Bearbeitungskosten. Die VergutVO sah in § 4 Abs. 2 lit. a) eine den Regelsatz übersteigende Konkursverwaltervergütung vor, wenn die Bearbeitung von Aus- und Absonderungsrechten einen erheblichen Teil der Verwaltertätigkeit ausmachte, ohne daß die Teilungsmasse entsprechend vergrößert wurde. Der Gesetzgeber meint, in der Praxis seien auf Grund dieser Vorschrift häufig beträchtliche Zuschläge zum Verwalterhonorar gewährt worden. Es sei allgemein als unbillig empfunden worden, daß diese Bearbeitungskosten nicht von den gesicherten Gläubigern getragen worden seien, sondern aus der Masse haben aufgebracht werden müssen, so daß sie im Ergebnis zu einer Kürzung der Quote der ungesicherten Gläubiger geführt hätten. Der jetzt vorgesehene Kostenbetrag diene der Vermeidung dieser Unbilligkeit (BT-Drucks. 12/2443 zu § 195). Der durch erhöhte Bearbeitung anfallende Zuschlag im Honorar des Insolvenzverwalters soll also aus der Kostenpauschale finanziert werden, so daß die Insolvenzgläubiger dieses Geld nicht aufwenden müssen.

Die Regelung des § 4 Abs. 2 lit. a) VergütVO wird allerdings vom Verordnungsgeber 7 auch für die Insolvenzordnung beinahe wortgleich in § 3 Abs. 1 lit. a) – vgl. BGBl. I v. 24. 08. 1998, S. 2205 – InsVV aufgegriffen. Die Vorschrift gilt auch für die Sachwaltervergütung, die als Folge einer einzelfallbezogenen Festsetzung, das Ergebnis einer Gesamtbetrachtung der Sachwaltertätigkeit ist, in die konkrete Erschwernisse seiner Geschäftsätigkeit ebenso einzustellen sind wie konkrete Erleichterungen. Der Fall des § 3 Abs. 1 lit. a) InsVV gehört zu den sachwalterbezogenen Zu- bzw. Abschlagstatbe-

Foltis

ständen. Er ist ohne die Prozentregel des § 13 Abs. 1 InsVV anzuwenden (§ 274 Rz. 33, 37). Damit kann es in der Praxis der Eigenverwaltung genau zu den Folgen kommen, die der Gesetzgeber mit der Verwertungskostenregelung vermeiden wollte. Das Insolvenzgericht kann dem Sachwalter im Hinblick auf seine überdurchschnittliche Leistung bei der Bearbeitung – dies ist Voraussetzung – einen Vergütungszuschlag nach § 3 Abs. 1 lit a) InsVV gewähren, ohne daß der betroffene Sicherungsgläubiger hierfür den Ausgleichsbetrag in die Masse zu zahlen hat. Somit hängt – eine als unbillig empfundene – Überbürdung einer grundsätzlich möglichen erhöhten Festsetzung der Sachwaltervergütung für die Bearbeitung der Aus- und Absonderungsrechte auf die Insolvenzgläubiger wie schon nach der Konkursordnung letztlich von der Handhabung der Vergütungsfestsetzung durch das Insolvenzgericht ab. Der wirtschaftliche Vorteil des absonderungsberechtigten Gläubigers geht wieder allein zu Lasten der Insolvenzgläubiger, eine Folge, die zu verhindern gerade Anliegen des Insolvenzgesetzgebers war.

8   Die Problematik wiederholt sich dadurch, daß auch keine Feststellungskosten für das Grundstückzubehör in Abzug gebracht werden können. Parallel zu §§ 170 Abs. 1, 171 Abs. 1 InsO wurde das ZVG dahin geändert, daß im Falle der Zwangsversteigerung in ein Grundstück der Insolvenzmasse die Kosten zu erstatten sind, die durch die Feststellung des mithaftenden Grundstückzubehörs entstehen (§§ 20 Abs. 2, 21 ZVG i. V. m. §§ 1120 bis 1122 BGB). Durch diese Gesetzesänderung soll auch für den Bereich der Absonderungsrechte an unbeweglichen Gegenständen vermieden werden, daß die Insolvenzmasse zum Nachteil der ungesicherten Gläubiger mit Kosten – insbesondere aus einer erhöhten Vergütung des Insolvenzverwalters – belastet bleibt, die ausschließlich im Interesse der gesicherten Gläubiger aufgewendet werden. Die Erstattung der Feststellungskosten wird ausschließlich auf das Grundstückszubehör bezogen, weil der Verwalter häufig Schwierigkeiten haben wird, zu klären, ob beim Schuldner vorgefundene bewegliche Sachen rechtlich als Zubehör einzuordnen sind und ob die Voraussetzung des § 1120 BGB gegeben ist, daß also Zubehörstücke ins Eigentum des Schuldners gelangt sind (BT-Drucks. 12/3803, S. 69 f. zu Art. 20 Allgemeines). Auch dieser Fall einvernehmlicher Behandlung der Absonderungsrechte zwischen Schuldner und Sachwalter unterfällt der Sachwaltervergütungsregelung der §§ 13 Abs. 1 u. 2, 3 Abs. 1 lit. a) InsVV (§ 274 Rz. 33, 37), so daß eine derart erhöhte Festsetzung allein von den Insolvenzgläubigern bezahlt wird.

9   b) Der Gesetzgeber hat sicherlich nicht die Verwertung von Sicherungsgut durch den Sachwalter als Regelfall im Blick. Ausgeschlossen ist dieser Fall aber auch nicht. Es besteht entgegen der Intention des Gesetzgebers nach aller Erfahrung die Möglichkeit, daß der Zuschlagstatbestand des § 3 Abs. 1 lit. a) InsVV in der Praxis auf die Sachwaltervergütung angewendet werden wird, indem die Verwertungshandlungen des Sachwalters »zur Regel« werden.

10 (1) Es ist schon fraglich, ob die Eigenverwaltung die vom Gesetzgeber vorausgesetzte und feststellungserleichternde »typische Eigenverwaltungslage« aufweist, also die Fortführung des Unternehmens durch den Schuldner unter Aufsicht, mit einer hinreichenden Unterrichtung des Schuldners über die Gegenstände der Insolvenzmasse. Die Eigenverwaltung mag vornehmlich für Fortführungsfälle konzipiert worden sein, darauf beschränkt ist sie indes nicht. Der Gesetzgeber anerkennt ausdrücklich, daß der Schuldner im Wege der Eigenverwaltung unter Aufsicht des Sachwalters auch die Einzelverwertung seines Vermögens betreiben kann (BT-Drucks. 12/2443 zu § 343). Ausgehend von der gesetzgeberischen Grundkonzeption, durch die Eigenverwaltung bei einem Unternehmen auch in der Insolvenz die Kenntnisse und Erfahrungen der bisherigen Geschäftsleitung am besten zu nutzen (BT-Drucks. 12/2443 vor § 331), bietet sich die

Verwertung von Sicherungsgut § 282

Eigenverwaltung für alle Fälle an, in denen Schuldner, Insolvenzgläubiger und absonderungsberechtigte Gläubiger ein gleichgerichtetes Interesse an einer möglichst günstigen Verwertung der Schuldnervermögens haben, dafür die Kenntnisse und Erfahrungen der bisherigen Geschäftsleitung besonders vorteilhaft sind und die Insolvenzorgane (Schuldner, Sachwalter) die erforderliche Fachkompetenz und persönliche Integrität aufweisen. Läßt man einmal Eigenkapitalersatzüberlegungen unberücksichtigt, besteht das gleichgerichtete Interesse in der Praxis oft schon, weil das Privatvermögen des Schuldners oder seiner Familie oder Dritten zu einem wesentlichen Teil oder vollständig den Gläubigern des Schuldnerunternehmens verhaftet ist. Diese Haftungslage ist in dem häufigen Fall der Gesellschafter – Geschäftsführer beinahe die Regel. Je besser das Vermögen verwertet wird, desto eher treten Haftungsbefreiungen ein. Oft auch hat der Schuldner bzw. das für ihn handelnde Organ ein Interesse an einer konstruktiven Zusammenarbeit um die eigenen Chancen für einen Neuanfang zu verbessern. Diese Interessenlage besteht für alle Verwertungslagen in gleicher Weise, die (zeitweilige) Fortführung zur Sanierung auf der Grundlage eines Insolvenzplanes (§ 284 InsO) oder zur sanierenden Übertragung sind dafür nur Unterfälle. Sie wird die praktische Anwendung der Eigenverwaltungsregeln bestimmen. Der Annahme einer »typischen Eigenverwaltungslage« kann daher aufgrund der Anwendungsbreite der Eigenverwaltungsregelungen und der absehbaren Anwendungspraxis nicht gefolgt werden.

(2) In der Praxis liegen die Schwierigkeiten in der Regel auch nicht in der Feststellung 11 dessen, was an Gegenständen der Insolvenzmasse da sein sollte oder was tatsächlich da ist. Die erste Information bezieht der Insolvenzverwalter ohne große Umstände aus der Anlagenbuchhaltung, die in der Praxis kaum zu beanstanden ist. Die zweite Information muß sich der Schuldner ebenso durch eine Inventarisierung beschaffen wie der Insolvenzverwalter (§ 281 Abs. 1 Satz 1 InsO). Die Schwierigkeiten liegen in der Ergründung der Abweichung von beiden sowie in der rechtlichen Zuordnung des inventarisierten Bestandes zum jeweiligen Rechtsträger, insbesondere zum Vorbehaltseigentümer, Sicherungseigentümer und zum Forderungsinhaber bei der Sicherungsabtretung. In der Praxis sind dem Schuldner diese oft recht komplizierten Zuordnungen (z. B. verlängerter und erweiterter Eigentumsvorbehalt, Kontokorrentvorbehalt) selbst nicht bekannt; er ist regelmäßig nicht in der Lage, die – von ihm selbst abgeschlossenen – Sicherungsverträge auf ihre Wirksamkeit zu überprüfen. Sehr häufig kennt er nicht einmal den Bestand der Sicherungsverträge, geschweige denn ihre Inhalte. Diese praktischen Schwierigkeiten können dazu führen, daß der Sachwalter die Aus- und Absonderungsrechte bearbeitet, nicht der Schuldner, und daß aus diesem Grund die Sachwaltervergütung erhöht werden wird. Die Kosten hierfür müssen nach § 282 Satz 2 von den Insolvenzgläubigern getragen werden, während dies bei wesentlich gleicher Sachlage im Insolvenzregelverfahren gerade nicht der Fall sein soll.

In gleicher Weise wird der Sachwalter, mit dem der Schuldner einvernehmlich handeln 12 soll (Abs. 2), bei der Feststellung des Zubehörs und seiner rechtlichen Zuordnung in die Verantwortung genommen werden, weil der Schuldner für die Lösungen der oft komplizierten Fragen den erforderlichen Sach- und Fachverstand sowie die notwendigen Rechtskenntnisse nicht hat. Für den Sachwalter werden sich namentlich bei mittleren und größeren Unternehmen dieselben Aufgaben stellen wie für den Insolvenzverwalter, so daß der Zuschlagstatbestand auch bei ihm und insoweit ausgelöst werden wird. Die Kosten müssen die Insolvenzgläubiger wider den Insolvenzzweck tragen.

Dagegen kann überzeugend nicht eingewendet werden, die Eigenverwaltung werde in einem derartigen Fall nicht angeordnet. Der Insolvenzrichter kann die Verwertungsfähigkeiten des Schuldners bei der Anordnung nach § 270 InsO in aller Regel nicht

Foltis 1569

einschätzen. Ob die Gläubiger ihre Entscheidung zur Beibehaltung der Eigenverwaltung oder zur erstmaligen Anordnung auf die Verwertungsfähigkeiten des Schuldners stützen, bleibt zweifelhaft, mindestens offen. Sicher ist indes, daß die Gläubiger ihre Entscheidung davon nicht leiten zu lassen brauchen, weil es ihnen vorzugsweise um die Sach- und Fachkompetenz bei der Fortführung des schuldnerischen Unternehmens gehen kann.

13 c) Daneben wird dem Schuldner ein Druckmittel gegen die absonderungsberechtigten Grundpfandrechtsgläubiger genommen, eine Benachteiligung der Insolvenzgläubiger in der Eigenverwaltung gegenüber denjenigen des Insolvenzregelverfahrens. Die Erstattung der Kosten nach § 10 Abs. 1 Nr. 1 a ZVG wird rechtstechnisch dadurch erreicht, daß ein vorrangiges Recht auf Befriedigung aus dem Grundstück geschaffen wird. Dieses Recht muß bei jeder Zwangsversteigerung, die von einem Gläubiger mit schlechterem Rang betrieben wird, ins geringste Bargebot aufgenommen werden (vgl. § 49 Abs. 1 ZVG). Der Verwalter kann auch selbst die Versteigerung des Grundstücks mit dem Rang dieses Rechtes betreiben. Hierzu wird ihm durch die Einfügung des § 174a ZVG ein vereinfachtes Verfahren bereitgestellt. Der Verwalter, der aufgrund von § 172 ZVG die Zwangsversteigerung betreibt, kann verlangen, daß das Grundstück auch in der Weise ausgeboten wird, daß im geringsten Gebot abgesehen von Kosten des Verfahrens (vgl. § 109 Abs. 1 ZVG) nur die Ansprüche aus § 10 Abs. 1 Nr. 1 ZVG berücksichtigt werden. Von diesem Recht wird der Verwalter insbesondere Gebrauch machen, wenn sich anderenfalls wegen der hohen Belastungen des Grundstücks kein Bieter in der Zwangsversteigerung finden würde. Die Gläubiger, denen der Verlust ihrer Rechte an dem Grundstück droht (vgl. §§ 52 Abs. 1, 91 Abs. 1 ZVG), können diesen Verlust nur dadurch abwenden, daß sie die Ansprüche aus § 10 Abs. 1 Nr. 1 a berichtigen (BT-Drucks. 12/3803, S. 69 f. Allgemeines, zu Art. 20 § 174a). Der Eigenverwaltung ist mit der Nichtanwendung dieser Vorschriften des ZVG die Möglichkeit genommen, die zwangsweise Verwertung eines Grundstückes mindestens mit dem Erfolg einer Anspruchsberichtigung nach § 10 Abs. 1 Nr. 1 a ZVG zu betreiben: In das geringste Gebot fallen bei der Eigenverwaltungsversteigerung (§§ 165 InsO, 172 ZVG) nur die Kosten und Ansprüche aus § 10 Abs. 1 Nr. 1–3 ZVG und alle das Grundstück belastenden Rechte (vgl. *Kuhn/Uhlenbruck* KO, § 126 Rz. 1). Damit tritt in der Eigenverwaltung faktisch die Versteigerungsunfähigkeit ein (vgl. *Kuhn/Uhlenbruck* a. a. O.) und damit für Schuldner und Sachwalter mittelbar die Verwertungsunfähigkeit. Eine Verwertung – etwa durch freihändige Verwertung – gegen den Willen der Grundpfandrechtsgläubiger ist durch Schuldner und Sachwalter etwa bei einer sanierenden Übertragung nach ihren Vorstellungen gegen den Widerstand auch nur eines Grundpfandrechtsgläubigers praktisch nicht zu erreichen.

B. Die Regelungen im einzelnen

I. Grundsatz: Verwertungsrecht des Schuldners (Abs. 1 Satz 1)

14 Abs. 1 Satz 1 überträgt das Verwertungsrecht des Insolvenzverwalters gem. §§ 165 ff. InsO auf den Schuldner. Der Schuldner rückt also mit der Anordnung der Eigenverwaltung insoweit in vollem Umfang in die Rechtsstellung des Insolvenzverwalters ein. Bei unbeweglichen Gegenständen kann er die Zwangsversteigerung oder die Zwangsverwaltung betreiben (§ 165 InsO), absonderungsrechtsbelastete bewegliche Gegenstände in seinem Besitz und zedierte Forderungen darf er freihändig verwerten (§ 166 InsO). Letzteres Verwertungsrecht besteht nach der Bestandsunterrichtung der betroffenen

Verwertung von Sicherungsgut § 282

absonderungsberechtigten Gläubiger (§ 167 InsO) und der Mitteilung der Veräußerungsabsicht (§ 168 InsO). Insoweit unterliegt er auch der Zinszahlungspflicht (§ 169 InsO) sowie der Pflicht, Entwertungen beweglicher Sachen durch laufende Zahlungen an den absonderungsberechtigten Gläubiger auszugleichen (§ 172 InsO). Ihm steht ferner das Verwertungsrecht nach Fristsetzung und Fristablauf zu, wenn der absonderungsberechtigte Gläubiger seiner Verwertungspflicht nicht nachgekommen ist (§ 173 InsO).

II. Keine Feststellungskosten (Abs. 1 Satz 2)

Allerdings werden in der Eigenverwaltung keine Feststellungskosten erhoben (Abs. 1 Satz 2). Für die Feststellung beweglicher Sachen (§§ 166 Abs. 1, 173 Abs. 2 InsO) und Forderungen (§ 166 Abs. 2 InsO), besteht kein Anspruch der Insolvenzmasse auf die vierprozentige Kostenpauschale; die §§ 170 Abs. 1, 171 Abs. 1 InsO sind insoweit unanwendbar. Entsprechendes gilt für die Feststellung des Zubehörs (§ 10 Abs. 1 Nr. 1 a ZVG). § 282 Abs. 1 Satz 2 enthält nach Sinn und Zweck ein Verbot zur Erhebung von Feststellungskosten auf gesetzlicher Grundlage. Für die Regelung des § 170 Abs. 2 InsO (vom Insolvenzverwalter zugelassene Eigenverwertung durch den Schuldner) besteht in der Eigenverwaltung kein Bedürfnis. Der Schuldner ist jedoch nicht gehindert, in Anlehnung an die Praxis unter der Konkursordnung mit dem absonderungsberechtigten Gläubiger eine Kostenerstattung zu vereinbaren. 15

III. Verwertungskosten, Umsatzsteuer (Abs. 1 Satz 3)

Der Schuldner kann für die Kosten der Verwertung die tatsächlich entstandenen und erforderlichen Kosten beanspruchen, ferner die Umsatzsteuer (Abs. 1 Satz 3). Der Anspruch auf die fünfprozentige Kostenpauschale des § 171 Abs. 2 Satz 1 InsO besteht nicht. Damit sind von der Verwertungsregel des § 171 InsO nur Abs. 2 Sätze 2 u. 3 in der Eigenverwaltung anwendbar. 16

IV. Ausübung im Einvernehmen mit dem Sachwalter (Abs. 2)

Der Schuldner soll sein Verwertungsrecht im Einvernehmen mit dem Sachwalter ausüben. Der Gesetzgeber verweist zur Begründung auf die Nachbildung zur Regelung bei gegenseitigen Verträgen (§ 279 Satz 2 InsO; BT-Drucks. 12/2443 zu § 343). Das bedeutet: Handlungen des Schuldners, die nicht im Einvernehmen mit dem Sachwalter erfolgen, sind wirksam (Ausnahme: § 138 BGB). Dritte brauchen nicht auf ein Einvernehmen hinzuwirken, können aber andererseits darauf vertrauen, daß der Schuldner einvernehmlich handelt. Der Sachwalter ist auf seine allgemeinen Überwachungsrechte beschränkt. Verweigert der Sachwalter seine Zustimmung ohne sachgerechten Grund, kann er sich haftbar machen (Einzelheiten s. zu § 279 Rz. 9 ff.). 17

In der Praxis kann die Sachkompetenz des Sachwalters zu umgekehrten Parteirollen führen: Der Sachwalter stellt die Absonderungsrechte fest und verwertet im Einvernehmen mit dem Schuldner. Die Feststellung der Absonderungsrechte erfordert häufig eine tatsächliche und rechtliche Beurteilung komplizierter Zuordnungen, insbesondere bei verlängertem und erweitertem Eigentumsvorbehalt, der Globalzession und der Sicherungsübereignung. Oft überschneiden sich die Sicherungsrechte, etwa der verlängerte 18

Foltis 1571

§ 283 *Eigenverwaltung*

Eigentumsvorbehalt mit der Globalzession(en), das Vorbehaltseigentum mit der Raumsicherungsübereignung oder letztere mit der Zubehörhaftung. Die Praxis zeigt, daß der Schuldner der Aufgabe zutreffender Bestimmungen in der Regel nicht gewachsen ist, deswegen den Rechtsstandpunkt der Masse zu sicherungsfreiem Vermögen gegenüber vermeintlichen Sicherungsgläubigern nicht standfest vertreten kann. Der Sachwalter wird dafür in aller Regel geeigneter sein. Deswegen wird das Einvernehmen zwischen Schuldner und Sachwalter nach Abs. 2 im Kern zunächst darin bestehen, dem Sachwalter die Feststellung und Verwertung im wesentlichen zu überlassen. Ein Anspruch des Sachwalters auf diese Verwertungsrolle besteht jedoch nicht (Satz 1). Er kann sie nur mit der Vollmacht des Schuldners ausüben.

19 Sinn und Zweck der Eigenverwaltung und seiner Gläubigerschutzmechanismen (§§ 274–280 InsO) ermöglichen der Gläubigerversammlung die erstmalige Anordnung der Eigenverwaltung (§ 271 InsO) oder deren Beibehaltung (vgl. § 272 InsO) mit der Auflage, daß das Verwertungsrecht nach § 282 InsO dem Sachwalter ganz oder teilweise zusteht. Insoweit ist § 282 InsO dispositiv. Dies folgt aus dem Reformziel der Beteiligtenautonomie bei Entscheidungen über den Ablauf des Verfahrens. Der Gang des Insolvenzverfahrens soll von den Beteiligten bestimmt werden, weil ihre Vermögenswerte auf dem Spiel stehen und sie die Folgen von Fehlern zu tragen haben (BT-Drucks. 12/2443 A. Allgemeines 3. a, kk).

§ 283
Befriedigung der Insolvenzgläubiger

(1) ¹**Bei der Prüfung der Forderungen können außer den Insolvenzgläubigern der Schuldner und der Sachwalter angemeldete Forderungen bestreiten.** ²**Eine Forderung, die ein Insolvenzgläubiger, der Schuldner oder der Sachwalter bestritten hat, gilt nicht als festgestellt.**
(2) ¹**Die Verteilungen werden vom Schuldner vorgenommen.** ²**Der Sachwalter hat die Verteilungsverzeichnisse zu prüfen und jeweils schriftlich zu erklären, ob nach dem Ergebnis seiner Prüfung Einwendungen zu erheben sind.**

Inhaltsübersicht: Rz.

A. Sinn und Zweck der Vorschrift	1
B. Die Erweiterung des Schuldnerwiderspruchs im Feststellungsverfahren (Abs. 1)	2–4
I. Allgemeine Stellung des Schuldners im Feststellungsverfahren	2
II. Bestreiten durch Schuldner oder Sachwalter	3
III. Klage gegen einen Widerspruch des Sachwalters oder des Schuldners	4
C. Die Aufgabenverteilung im Verteilungsverfahren (Abs. 2)	5–9
I. Allgemeine Stellung des Schuldners im Verteilungsverfahren	5–6
II. Stellung des Sachwalters im Verteilungsverfahren	7–9

A. Sinn und Zweck der Vorschrift

1 § 283 erfaßt Besonderheiten für das Feststellungsverfahren (§§ 174 ff. InsO, Abs. 1) und das Verteilungsverfahren (§§ 187 ff. InsO, Abs. 2) in der Eigenverwaltung. Abs. 1 enthält als Besonderheit in Anlehnung an die VerglO die Regelung, daß Schuldner und

Sachwalter der Forderungsfeststellung wirksam widersprechen können (BT-Drucks. 12/2443 zu § 344; vgl. §§ 71 Abs. 1 u. 2, 85 Abs. 1 VerglO). Diese Regelung ist allerdings schon notwendige Folge der Übertragung der Insolvenzverwalterrechte. Die Wirksamkeit des Widerspruches durch den Schuldner beruht unmittelbar auf seiner Verwaltungs- und Verfügungsbefugnis (§ 270 Abs. 1 Satz 1 InsO), diejenige des Sachwalters folgt unmittelbar aus seiner Gläubigerschutzfunktion. Abs. 2 bestimmt die Aufgabenverteilung zwischen Schuldner und Sachwalter im Verteilungsverfahren. Für den Sachwalter ist die Pflicht zur Prüfung der Verzeichnisse vorgesehen.

B. Die Erweiterung des Schuldnerwiderspruchs im Feststellungsverfahren (Abs. 1)

I. Allgemeine Stellung des Schuldners im Feststellungsverfahren

Für das Feststellungsverfahren rückt der Schuldner nicht in die Stellung des Insolvenz- 2 verwalters ein (§ 270 Abs. 1 Satz 1, 2 InsO). Das Feststellungsverfahren wird vom Sachwalter durchgeführt (§ 270 Abs. 3 Satz 2 InsO; i. E. § 270 Rz. 44). Bei ihm sind die Forderungen schriftlich anzumelden (§ 174 InsO). Er führt die Tabelle (§ 175 InsO). Er hat die angemeldeten Forderungen zu prüfen (§§ 176, 177 InsO) und ist im Feststellungsprozeß passivlegitimiert (§§ 179 bis 182 InsO). Die rechtskräftige Entscheidung wirkt gegen den Sachwalter als Partei kraft Amtes und gegen die Insolvenzgläubiger (§ 183 InsO).

II. Bestreiten durch Schuldner oder Sachwalter

§ 178 Abs. 1 InsO sieht vor, daß eine Forderung als festgestellt gilt, soweit gegen sie im 3 Prüfungstermin oder im schriftlichen Verfahren (§ 177 InsO) ein Widerspruch weder vom Insolvenzverwalter noch von einem Insolvenzgläubiger erhoben wird oder soweit ein erhobener Widerspruch beseitigt ist. Ein Widerspruch des Schuldners steht der Feststellung der Forderung nicht entgegen. § 283 Abs. 1 erweitert das Recht zum Bestreiten und seine Nichtfeststellungswirkung auf Schuldner und Sachwalter. Eine echte Erweiterung liegt in dieser Regelung allerdings nur im Hinblick auf den Sachwalter. Denn der Schuldner der Eigenverwaltung ist das Handlungssubjekt des Insolvenzverfahrens (§ 270 Rz. 6 ff.), so daß seine Erklärungen den Wirkungen der Erklärungen des Insolvenzverwalters entsprechen. Die Wirkung des Bestreitens durch einen Insolvenzgläubiger (§§ 176 Abs. 1, 177 Abs. 1, 178 Abs. 1 InsO) bleibt in der Eigenverwaltung erhalten (BT-Drucks. 12/2443 zu § 344).

III. Klage gegen einen Widerspruch des Sachwalters oder des Schuldners

Falls die angemeldete Forderung vom Sachwalter oder vom Schuldner oder von einem 4 Insolvenzgläubiger bestritten wird, kann der Gläubiger die Feststellung gegen den jeweiligen Bestreitenden betreiben (§§ 179 Abs. 1, 180 InsO). Für den Schuldnerwiderspruch s. § 184 InsO. Auch das Bestreiten des Sachwalters schließt aus, daß der Gläubiger nach der Aufhebung des Insolvenzverfahrens aus der Eintragung in die Tabelle die Zwangsvollstreckung betreiben kann (§ 201 Abs. 2 InsO), also einen Zugriff

§ 283 *Eigenverwaltung*

auf das Schuldnervermögen nach Verfahrensaufhebung, so daß der Gläubiger ein rechtliches Interesse daran hat, den Widerspruch auszuräumen (vgl. BT-Drucks. 12/2443 zu § 212). In diesem Feststellungsprozeß ist der Sachwalter Partei kraft Amtes, weil er kraft Gesetzes die Rechte der Gläubiger wahrnimmt. Seine Rolle entspricht derjenigen im Anfechtungsprozeß oder Schadensersatzprozeß gem. § 280 InsO, allerdings in umgekehrter Parteirolle. Wegen der Einzelheiten s. dort Rz. 6 ff.

C. Die Aufgabenverteilung im Verteilungsverfahren (Abs. 2)

I. Allgemeine Stellung des Schuldners im Verteilungsverfahren

5 Auch für das Verteilungsverfahren rückt der Schuldner in die Stellung des Insolvenzverwalters ein (§ 270 Abs. 1 Satz 1, 2 InsO). Verteilungen werden vom Schuldner vorgenommen (Satz 1, § 187 Abs. 3 InsO). Er hat das Forderungsverzeichnis aufzustellen, auf der Geschäftsstelle niederzulegen und die Forderungssummen öffentlich bekannt zu machen (§ 188 InsO). Ihm ist vom Insolvenzgläubiger die Klageerhebung oder die Verfahrensaufnahme innerhalb der zweiwöchigen Ausschlußfrist nachzuweisen (§ 189 InsO). Absonderungsberechtigte Gläubiger müssen dem Schuldner ihren endgültigen Forderungsausfall nachweisen (§ 190 InsO). Er muß das Verzeichnis nach Maßgabe der §§ 189 bis 192 InsO ändern (§ 193 InsO). Die Berichtigungsanordnung des Gerichts ist dem Schuldner zuzustellen. Er ist beschwerdeberechtigt (§ 194 Abs. 3 InsO). Der Schuldner schlägt den Bruchteil für eine Abschlagsverteilung vor oder bestimmt ihn, wenn kein Gläubigerausschuß besteht (§ 195 InsO). Ihn trifft die Hinterlegungspflicht für Beträge, die bei der Schlußverteilung zurückzuhalten sind (§ 198 InsO). Er kann zur Nachtragsverteilung verpflichtet sein (§ 203 InsO) und hat das Beschwerderecht, wenn seinem entsprechenden Antrag nicht entsprochen wird (§ 204 Abs. 1 InsO). Gegen die Anordnung der Nachtragsverteilung steht ihm als Schuldner in seiner Eigenschaft als Träger der Insolvenzmasse, also nicht in seiner Eigenschaft als verwaltungs- und verfügungsbefugter Schuldner der Eigenverwaltung (als Partei kraft Amtes), das Beschwerderecht zu (§ 204 Abs. 2 InsO). Dieser Fall kann eintreten, weil die Nachtragsverteilung im Insolvenzregelverfahren auf Antrag eines Insolvenzgläubigers oder sogar von Amts wegen angeordnet werden kann (§ 203 Abs. 1 InsO), sich der Insolvenzverwalter dagegen nicht zur Wehr setzen kann (§ 204 Abs. 2) und dem Schuldner diese Möglichkeit als Partei kraft Amtes deshalb ebenso entzogen ist.

6 Tritt der seltene Fall einer vollständigen Gläubigerbefriedigung durch das Verteilungsverfahren ein, hätte der Schuldner einen verbleibenden Überschuß an sich selbst herauszugeben (§ 199 Satz 1 InsO), ein offensichtlich zweckwidriges Ergebnis. Es ist anzunehmen, daß der Schuldner die uneingeschränkte Verwaltungs- und Verfügungsbefugnis über den Überschuß erhält.

II. Stellung des Sachwalters im Verteilungsverfahren

7 Das Gesetz knüpft die Stellung des Sachwalters im Verteilungsverfahren an §§ 188, 193 InsO. Der Sachwalter hat die Verteilungsverzeichnisse zu prüfen und jeweils schriftlich zu erklären, ob nach dem Ergebnis seiner Prüfung Einwendungen zu erheben sind (Abs. 2 Satz 2). Das Recht der Insolvenzgläubiger auf vollständige und korrekte Information (vgl. BT-Drucks. 12/2443 zu § 342) verlangt, daß die Prüfung abgeschlossen sein

Insolvenzplan § 284

muß, bevor das Verzeichnis des Schuldners auf der Geschäftsstelle zur Einsicht der Beteiligten niedergelegt wird (§ 188 Satz 2 InsO), ferner die Niederlegung des Verzeichnisses mit der schriftlichen Erklärung des Sachwalters nach Abs. 2 Satz 2. Unstimmigkeiten zwischen Schuldner und Sachwalter sind daher vor der Niederlegung auszuräumen, soweit dies zwischen ihnen einvernehmlich möglich ist.

Das Gesetz regelt nicht, wie die Einwendungen des Sachwalters zu behandeln sind, falls ein Streit hierüber zwischen Schuldner und Sachwalter nicht ausgeräumt werden kann. Für Gläubigereinwendungen gegen das Verzeichnis bei der Abschlagsverteilung besteht die Entscheidungskompetenz des Insolvenzgerichts mit Beschwerderecht (§ 194 InsO). Hierzu gleichen sich Sach- und Interessenlage der Insolvenzbeteiligten in der Eigenverwaltung. Deswegen wird § 194 InsO auf den Streit zwischen Schuldner und Sachwalter entsprechend anzuwenden sein. 8

§ 283 Abs. 2 InsO ist als Gläubigerschutzregel (vgl. § 270 Rz. 11) erweiterungsfähig, soweit es um die Rolle des Sachwalters geht. Die Gläubigerversammlung kann daher die Beteiligungsrechte des Sachwalters im Verteilungsverfahren erweitern, etwa die Schlußverteilung von einem Einvernehmen mit dem Sachwalter abhängig machen. Auch in diesem Fall sind Meinungsverschiedenheiten zwischen Schuldner und Sachwalter entsprechend § 194 InsO zu klären. 9

§ 284
Insolvenzplan

(1) ¹Ein Auftrag der Gläubigerversammlung zur Ausarbeitung eines Insolvenzplans ist an den Sachwalter oder an den Schuldner zu richten. ²Wird der Auftrag an den Schuldner gerichtet, so wirkt der Sachwalter beratend mit.
(2) Ein Überwachung der Planerfüllung ist Aufgabe des Sachwalters.

Inhaltsübersicht: Rz.

A. Sinn und Zweck der Vorschrift	1– 3
B. Ausarbeitung des Insolvenzplans (Abs. 1)	4–12
I. Auftrag der Gläubigerversammlung	5–12
1. Auftrag	5
2. Zeitpunkt	6
3. Sachwalter oder Schuldner	7
4. Unanfechtbarer Beschluß	8
II. Ausarbeitung durch den Sachwalter	9–11
III. Ausarbeitung durch den Schuldner	12
C. Überwachung der Planerfüllung (Abs. 2)	13–15

A. Sinn und Zweck der Vorschrift

Den Insolvenzplan regeln die §§ 217 bis 269 InsO. Der Plan ersetzt alle bisherigen Regelungen zur Beseitigung der Insolvenz außerhalb der Zwangsverwertung durch Konkurs (gerichtliches Vergleichsverfahren nach der Vergleichsordnung; Zwangsvergleich; Vergleich zur Beendigung des Gesamtvollstreckungsverfahrens). Gestützt auf den Grundsatz der Privatautonomie schaffen die Regelungen das Recht der Beteiligten, 1

dort erwähnten Einschränkungen, die einen solchen Anspruch ausschließen. Also der Fall der unbeschränkten Haftung und eine Erfüllung für Rechnung des Nachlasses.

7 § 2143 BGB ordnet zusätzlich an, daß die Wirkungen der mit dem Erbfall eingetretene **Vereinigung von Recht und Verbindlichkeit**, die regelmäßig ein Erlöschen dieser Rechte nach sich ziehen, gerade nicht eingreifen. Der Erbe darf also die ihm gegen den Erblasser zustehenden Rechte, die also bereits vor dem Erbfall begründet wurden, im Nachlaßinsolvenzverfahren wie jeder andere Dritte auch geltend machen. Er ist hierbei nicht erst auf § 326 InsO angewiesen. Dies bedurfte, da es sich um bei der Geltendmachung dieser Ansprüche um die logische Konsequenz aus dem materiellen Recht handelt, keiner Erwähnung in § 329 InsO.

8 Wird das **Nachlaßinsolvenzverfahren erst nach Eintritt des Nacherbfalles** eröffnet, so ist nur der Nacherbe in der vollen Schuldnerstellung. Jedoch können Rechtshandlungen des Vorerben als solche des Schuldners angesehen werden, um sie der Anfechtbarkeit nach den Vorschriften der Insolvenzordnung zu unterwerfen.

§ 330
Erbschaftskauf → §§ 232, 233 KO

(1) Hat der Erbe die Erbschaft verkauft, so tritt für das Insolvenzverfahren der Käufer an seine Stelle.
(2) ¹**Der Erbe ist wegen einer Nachlaßverbindlichkeit, die im Verhältnis zwischen ihm und dem Käufer diesem zur Last fällt, wie ein Nachlaßgläubiger zum Antrag auf Eröffnung des Verfahrens berechtigt.** ²**Das gleiche Recht steht ihm auch wegen einer anderen Nachlaßverbindlichkeit zu, es sei denn, daß er unbeschränkt haftet oder daß eine Nachlaßverwaltung angeordnet ist.** ³**Die §§ 323, 324 Abs. 1 Nr. 1 und § 326 gelten für den Erben auch nach dem Verkauf der Erbschaft.**
(3) Die Absätze 1 und 2 gelten entsprechend für den Fall, daß jemand eine durch Vertrag erworbene Erbschaft verkauft oder sich in sonstiger Weise zur Veräußerung einer ihm angefallenen oder anderweitig von ihm erworbenen Erbschaft verpflichtet hat.

Inhaltsübersicht: Rz.

A. Anwendungsbereich	1
B. Regelungsgehalt des Abs. 1	2– 6
C. Regelungsgehalt des Abs. 2	7–10
D. Regelungsgehalt des Abs. 3	11–12

A. Anwendungsbereich

1 Soweit § 330 InsO den Begriff des Erbschaftskaufs verwendet, wird unausgesprochen auf die materiell-rechtliche Begriffsprägung des § 2371 BGB zurückgegriffen. Insoweit ist – nicht anders als im materiellen Recht – § 330 InsO nur einschlägig, soweit die **ganze Erbschaft** durch notariellen Vertrag veräußert wird. Bei der Veräußerung einzelner Nachlaßgegenstände findet § 330 InsO keine Anwendung. Der Verkauf einzelner Gegenstände löst die in § 330 InsO vorgesehene gesetzliche Gesamtrechtsnachfolge nicht

Erbschaftskauf § 330

aus. Diese Rechtsnachfolge bezieht sich nur auf den Nachlaß, was sich schon aus der Überlegung ergibt, daß mit dem Erbschaftskauf allein die Gesamtheit der Erblaßgegenstände oder Vermögenswerte, nicht aber die Erbenstellung als solche übertragen werden kann. Kurz: der Erbschaftskauf macht den Käufer nicht zum Erben, sondern gibt ihm nur den Anspruch, wirtschaftlich so gestellt zu werden, als ob er an Stelle des Verkäufers sei (*Edenhofer* in Palandt Überbl. vor § 2371 BGB Rz. 5). Es ist demnach ein **Fall der »beschränkten Gesamtrechtsnachfolge«**, die sich nur auf den durch den Erbfall erworbenen Teil des Vermögens des Erben bezieht. Eine Verfügung über das Erbrecht ist dem Erben jedoch nicht möglich. Unerheblich ist dabei, ob er einen Bruchteil oder gleich die ganze Erbschaft veräußert. Auch der Umstand, daß die Veräußerung der Erbschaft durch den Nachlaßinsolvenzverwalter erfolgt, führt nicht zum Übergang der Erbschaft als solcher (vgl. zu dem Ganzen ausführlich *Jaeger/Weber* KO, §§ 232, 233 Rz. 3).

B. Regelungsgehalt des Abs. 1

Bliebe jedoch die Stellung des Erbe völlig unberührt, so wäre er, obwohl er bezüglich des Nachlasses Nichteigentümer ist, der Schuldner. Diese Position überträgt § 330 Abs. 1 InsO indes auf den Erwerber des Nachlasses. Der Regelungsgehalt dieser Vorschrift entspricht zweifelsohne der Interessenlage der Parteien. Die Übertragung der Erbenstellung hat für den Erwerber den Sinn, daß dadurch seine **Haftung auf den Nachlaß beschränkt** wird. Im Hinblick auf die bestehenden Nachlaßverbindlichkeiten ist dies von großem Wert für ihn, da er ansonsten für diese Verbindlichkeiten mit seinem Privatvermögen haften müßte. Der Erwerber tritt damit also vollständig in die Rechtsposition ein, die vorher dem Erben zustand. Er wird damit jedoch nach wie vor nicht zum Erben. Ihm stehen lediglich die Befugnisse zu, die an diese Position geknüpft sind (s. *OLG München* JFG 14, 65). 2

Anders verhält es sich jedoch beim **Miterben**. Dieser kann kraft öffentlich beurkundeten Vertrages über seinen Anteil am Nachlaß mit dinglicher Wirkung verfügen (§ 2033 BGB). Über den Erbteil als Ganzen kann jedoch wiederum nur mit den anderen Miterben gemeinschaftlich verfügt werden. 3

Regelmäßig wird die Veräußerung der Erbschaft jedoch vor der Eröffnung des Nachlaßinsolvenzverfahrens erfolgen. Denn es wird wohl nur selten jemand ein Interesse am Erwerb eines überschuldeten oder zahlungsunfähigen Nachlasses haben. Jedoch ist durch die nun erweiterten Eröffnungsgründe eine erfolgreiche Veräußerung bei schon drohender Zahlungsunfähigkeit nicht mehr so unwahrscheinlich. Es bleibt abzuwarten sein, wie sich im Hinblick darauf die Erfolgsaussichten des Erbschaftsverkaufs entwickeln werden (vgl. zu den Eröffnungsgründen § 320 Rz. 1 ff.). 4

Erfolgt die Veräußerung der Erbschaft gemäß § 2371 BGB durch notariellen Vertrag, so bestimmt § 2382 BGB für die Haftung des Erbschaftskäufers, daß dieser – ausgehend vom Zeitpunkt des Vertragsschlusses – den Nachlaßgläubigern gegenüber für die Nachlaßverbindlichkeiten haftet. Ob die Haftung den Gläubigern gegenüber beschränkt oder unbeschränkt ist, richtet sich danach, in welchem Zustand der vorherige Schuldner die Erbenstellung verlassen hat. Es ist also an die vorherige Haftungslage anzuknüpfen (vgl. *Hess* KO, § 232 Rz. 1). Diese Haftung bezieht sich auf sämtliche Nachlaßverbindlichkeiten (RGZ 112, 129). 5

Materiell-rechtlich gesehen tritt der Erwerber mit dem Erbschaftskauf, im Hinblick auf die Haftung, **gesamtschuldnerisch** (§§ 421 ff. BGB) neben den Erben (*Edenhofer* in Palandt § 2382 Rz. 1). Die Haftungslage im nachfolgenden Nachlaßinsolvenzverfahren 6

Betracht, weil es sich um einen sachwalterbezogenen Zuschlagstatbestand handelt (§ 274 Rz. 33, 37).

11 Mitwirkung bedeutet, die Mitwirkungsberechtigten immer wieder über den Fortgang der Bemühungen zu unterrichten, zu konsultieren und ihren Rat einzuholen. Dies kann außerhalb des Gläubigerausschusses zu einer Art Beiratsbildung der übrigen Mitwirkungsberechtigten führen (BT-Drucks. 12/2443 zu § 254). Die Mitwirkungsrechte sind aufsichtsrechtlich durchsetzbar (§§ 274 Abs. 1, 58 f. InsO).

III. Ausarbeitung durch den Schuldner

12 Schon aus der allgemeinen Stellung des Schuldners in der Eigenverwaltung (vgl. BT-Drucks. 12/2443 zu § 345), seiner Verwaltungs- und Verfügungsbefugnis, folgt, daß er im Insolvenzplan die Stellung des Insolvenzverwalters einnimmt (§ 284 Abs. 1 Satz 1 i. V. m. §§ 270 Abs. 1 Satz 2, 217 ff. InsO). Bei der Aufstellung des Plans wirkt neben Gläubigerausschuß, Betriebsrat und Sprecherausschuß der leitenden Angestellten (§ 218 Abs. 3 InsO) auch der Sachwalter beratend mit (§ 284 Abs. 1 Satz 2). Für den Mitwirkungsinhalt und Vergütungsfragen s. Rz. 10. Die Mitwirkungsrechte sind auch gegenüber dem Schuldner aufsichtsrechtlich durchsetzbar (§§ 270 Abs. 1 Satz 2, 58 f. InsO).

C. Überwachung der Planerfüllung (Abs. 2)

13 Abs. 2 knüpft an § 261 Abs. 1 Satz 1 InsO an, der die Überwachung der Planerfüllung (§ 260 InsO) dem Insolvenzverwalter auferlegt. In der Eigenverwaltung ist diese Überwachung Pflicht des Sachwalters, gleichgültig, ob der Plan von ihm ausgearbeitet wurde oder vom Schuldner.

14 Voraussetzung der Überwachungspflicht ist die Begründung der Überwachung zur Planerfüllung durch entsprechende Regeln im gestaltenden Teil des Insolvenzplanes (§§ 270 Abs. 1 Satz 2, 260 Abs. 1, 219, 221 InsO). Soweit die Überwachung es erfordert, bleiben der Sachwalter und die Mitglieder des Gläubigerausschusses im Amt, die Aufsicht des Insolvenzgerichtes bleibt bestehen (§§ 270 Abs. 1 Satz 2, 261 Abs. 1 Satz 2 InsO). Fraglich ist, ob auch der Schuldner im Amt bleibt, weil er in der Eigenverwaltung die Verwaltungs- und Verfügungsbefugnis hat, also die Rolle des Insolvenzverwalters wahrnimmt (§ 270 Abs. 1 Satz 1 InsO), und die Überwachungspflicht nach § 261 Abs. 1 Satz 1 InsO als nachwirkende Verwalterpflicht gesehen werden kann. Die Frage ist zu verneinen. Denn das Vermögen des Schuldners soll mit der Rechtskraft der Bestätigung des Insolvenzplans (§ 254 Abs. 1 Satz 1 InsO) aus der Beschlagnahme genommen werden. Die Gläubiger sollen lediglich über das Ergebnis der Überwachungstätigkeit bei Nichterfüllung oder der fehlenden Erfüllbarkeit des Plans die Möglichkeit haben (rechtzeitig) die Eröffnung eines neuen Insolvenzverfahrens zu beantragen (BT-Drucks. 12/2443 zu § 309). Wegen weiterer Einzelheiten s. Kommentierung zu §§ 260 bis 262 InsO.

15 Für die Überwachung der Planerfüllung durch den Sachwalter kann im Rahmen der einzelfallbezogenen Vergütungsbeurteilung (§ 274 Rz. 35) ein ungeschmälerter Vergütungszuschlag gem. § 3 Abs. 1 lit. e) EInsVV festgesetzt werden. Es handelt sich um einen sachwalterbezogenen Zuschlagstatbestand (§ 274 Rz. 33, 37).

§ 285
Masseunzulänglichkeit

Masseunzulänglichkeit ist vom Sachwalter dem Insolvenzgericht anzuzeigen.

Die Vorschrift knüpft an § 208 InsO an. Sie bestimmt im Abs. 1, daß der Insolvenzverwalter dem Insolvenzgericht anzuzeigen hat, daß Masseunzulänglichkeit vorliegt, falls zwar die Kosten des Verfahrens gedeckt sind, die Insolvenzmasse jedoch nicht ausreicht, um die fälligen sonstigen Verbindlichkeiten zu erfüllen oder die Masse voraussichtlich nicht ausreichen wird, um die bestehenden sonstigen Masseverbindlichkeiten im Zeitpunkt der Fälligkeit zu erfüllen. Der Wortlaut des § 285 kann zu dem Schluß verleiten, nur der Sachwalter könne dem Insolvenzgericht die Masseunzulänglichkeit anzeigen. Der Schuldner sei davon also ausgeschlossen. Dies ist jedoch nicht zutreffend. Der Gesetzgeber überträgt Sinn und Zweck der Masseunzulänglichkeitsregeln auf die Eigenverwaltung. Die Feststellung der Masseunzulänglichkeit soll auch in der Eigenverwaltung möglichst schnell nach ihrem Eintritt erfolgen (BT-Drucks. 12/2443 zu § 346). Deswegen wird die Anzeigebefugnis des Schuldners in der Eigenverwaltung auf den Sachwalter erweitert, der Schuldner bleibt als verwaltungs- und verfügungsbefugtes Handlungssubjekt der Eigenverwaltung hierzu verpflichtet (BT-Drucks. 12/2443 zu § 346). 1

Achter Teil
Restschuldbefreiung

Vorbemerkungen vor §§ 286 ff.
Rechtstatsächlicher Hintergrund der Reform
Ver- und Überschuldung in der Bundesrepublik

Inhaltsübersicht: Rz.

Vorbemerkung
A. Konsumentenkredite 1
B. Überschuldung 2–5
C. Folgen der Überschuldung 6–7

Literatur:

Ackmann Schuldbefreiung durch Konkurs?, 1983; *Ahrens* Der mittellose Geldschuldner, 1994; *Arnold* Die Restschuldbefreiung nach der Insolvenzordnung, DGVZ 1996, 65; *ders.* Das Insolvenzverfahren für Verbraucher und Kleingewerbetreibende nach der Insolvenzordnung von 1994, DGVZ 1996, 129;

Backert Tagungsvortrag auf der Frühjahrstagung der DGS-Sektion »Soziale Ungleichheit und Sozialstrukturanalyse« in Hamburg am 21. 03. 1997; *Balz* Schuldbefreiung durch Insolvenzverfahren, BewHi 1989, 103; *Bindemann* Handbuch Verbraucherkonkurs, 1997; *Boewer/Bommermann* Lohnpfändung und Lohnabtretung in Recht und Praxis 1987, Rz. 989; *Bonin* Der Prozeßvergleich unter besonderer Berücksichtigung seiner personellen Erstreckung, 1957; *Bork* Der Vergleich, 1988; *ders.* Prozeßkostenhilfe für den Schuldner des Insolvenzverfahrens?, ZIP 1998, 1209; *Burger/Schellberg* Die Auslösetatbestände im neuen Insolvenzrecht, BB 1995, 261 ff.; *Busch/Graf-Schlicker* Restschuldbefreiung mit Prozeßkostenhilfe?, InVo 1998, 269;

v. Campe Insolvenzanfechtung in Deutschland und Frankreich, Köln u. a., 1996;

Delhaes, Kosten im Konkursantragsverfahren, KTS 1987, 597 ff.; *DGB Bayern* Bayerischer Armutsbericht 1994; *Diakonisches Werk der evangelischen Kirche in Deutschland* Menschen im Schatten, 1997; *Döbereiner* Die Restschuldbefreiung nach der Insolvenzordnung, 1997; *ders.* Die Restschuldbefreiung nach der neuen Insolvenzordnung, JA 1996, 724;

Fluhr Die Pfändbarkeit der Forderungen eines zum Freigang zugelassenen Strafgefangenen NStZ 1994, 115 ff.; *Forsblad* Restschuldbefreiung und Verbraucherinsolvenz im künftigen deutschen Insolvenzrecht, 1997; *Funke* Restschuldbefreiung und Prozeßkostenhilfe, ZIP 1998, 1708;

Gerhardt Insolvenzverfahren für Verbraucher aus der Sicht der Wissenschaft, FLF 1989, 99; *ders.* Verfügungsbeschränkungen in der Eröffnungsphase und nach Verfahrenseröffnung, in Kölner Schrift zur Insolvenzordnung, 1998, 159; *Gottwald/Heilmann/Klopp* Insolvenzrechtshandbuch; *Grote* Der 1. 7. 1998 – Startschuß für das Verbraucherinsolvenzverfahren?, ZInsO 1998, 107 ff.;

Häsemeyer Schuldbefreiung und Vollstreckungsschutz, in Festschrift für Henckel 1995, 353; *ders.* Die Aufrechnung nach der Insolvenzordnung, in Kölner Schrift zur Insolvenzordnung, 1998, 615;

Vor §§ 286 ff.

Henckel Verbraucherinsolvenzverfahren, in Festschrift für Gaul, 1997, 199 ff.; *Hess/Obermüller* Insolvenzplan, Restschuldbefreiung und Verbraucherinsolvenz, 1998; *Hess/Weis* InVo 1998, 273 [274]; *Heyer* Verbraucherinsolvenzverfahren und Restschuldbefreiung, 1997; *ders.* Der »Null-Plan« im Verbraucherinsolvenzverfahren, JR 1996, 314; *Holzer* Beschränkte Restschuldbefreiung und »Würdigkeit« des Schuldners, WiB 1997, 1278;

Kalter Die nachkonkursliche Vermögens- und Schuldenmasse, KTS 1975, 215; *Keller* in Münch-Komm, § 271 Rz. 20 ff.; *Klasmeyer/Elsner* Zur Behandlung von Ausfallforderungen im Konkurs, in Festschrift für Merz, 1992, 303 ff.; *Knüllig-Dingeldey* Nachforderungsrecht oder Schuldbefreiung, 1984; *Kögel* Der nach Art und Umfang in kaufmännischer Weise eingerichtete Geschäftsbetrieb – eine unbekannte Größe, DB 1998, 1802; *Kohte* Schuldenbereinigungsverfahren – ein untauglicher Versuch, ZIP 1994, 184; *ders.* Die vorformulierte Abtretung von Arbeitsentgelt und Sozialleistungen, ZIP 1988, 1225–1242; *ders.* Die vorformulierte Abtretung von Arbeitsentgelt und Sozialleistungen nach dem BGH-Urteil vom 22. 6. 1989, BB 1989, 2257–2264; *ders.* Die Behandlung von Unterhaltsansprüchen nach der Insolvenzordnung, in Kölner Schrift zur Insolvenzordnung, 1998, 615; *Kohte/Kemper* Kein Ausweg aus dem Schuldenturm, Blätter für Wohlfahrtspflege 1993, 81; *Korczak/Pfefferkorn* Überschuldungssituation und Schuldnerberatung in der Bundesrepublik Deutschland, 1992; *Kraemer* Die Restschuldbefreiung im Spannungsfeld zwischen Steuerrecht und Insolvenzordnung (InsO), DStZ 1995, 399; *Krug* Der Verbraucherkonkurs, 1998, S. 128;

Landesarbeitsamt Nordrhein-Westfalen (Hrsg.) Zur Überschuldung von Arbeitslosen, 1996; *Landfermann* Allgemeine Wirkungen der Insolvenzeröffnung, in Kölner Schrift zur Insolvenzordnung 1998, 127; *Leipold* Erbrechtlicher Erwerb und Zugewinnausgleich im Insolvenzverfahren und bei der Restschuldbefreiung, in Festschrift für Gaul, 367; *Lösch* Die Restschuldbefreiung nach der neuen Insolvenzordnung – ein »Freifahrtschein zum Schuldenmachen«?, JA 1994, 44;

Maier/Krafft Verbraucherinsolvenzen und Restschuldbefreiung nach der Insolvenzordnung, BB 1997, 2173; *von Maydell* GK-SGB I, 1957; *Meibes* Probleme des Ratenkreditvertrages, 3. Aufl. 1988 S. 110 ff.; *Menzinger* Das freie Nachforderungsrecht der Konkursgläubiger, 1982; *Ministerium für Arbeit, Gesundheit und Soziales NRW* Landessozialbericht, Verschuldung, Überschuldung und Schuldnerberatung, 1993; *Möller* Schulden der Verbraucher, 1994; *Mrozynski* Wertungsfragen bei der Abtretung von Ansprüchen auf Sozialleistungen SGB 1989, 374; *Muth* Zur Pfändbarkeit vermögenswirksamer Leistungen nach dem 3. Vermögensbildungsgesetz, DB 1979, 1118;

Nobbe Das Girokonto in der Insolvenz, in Prütting (Hrsg.), Insolvenzrecht 1996, Köln 1997, 99 ff.;

Pape Muß es eine Restschuldbefreiung im Insolvenzverfahren geben?, ZRP 1993, 285; *ders.* Zur Regelung der Insolvenz privater Verbraucher nach der Insolvenzordnung (InsO), Rpfleger 1995, 133; *ders.* Restschuldbefreiung und Masselosigkeit, Rpfleger 1997, 237; *ders.* Keine Prozeßkostenhilfe für den Gesamtvollstreckungsschuldner zwecks Restschuldbefreiung, ZIP 1997, 190; *ders.* Fallbeispiele zur Schuldenbereinigung und Restschuldbefreiung, ZInsO 1998, 126; *Pick* Die (neue) Insolvenzordnung – ein Überblick, NJW 1995, 992; *Preis* Der persönliche Anwendungsbereich der Sonderprivatrechte, ZHR 158 (1994), 567;

Reifner in Der neue Schuldenreport, *Arbeitsgemeinschaft der Verbraucherverbände e.V. (Hrsg.)*, 1995; *Riedel* Pfändung von Sozialleistungen nach dem 2. SGBÄndG NJW 1994, 2812;

Schäfer Das Handelsrechtsreformgesetz nach dem Abschluß des parlamentarischen Verfahrens, DB 1998, 1269; *Schmidt* HGB-Reform im Regierungsentwurf, ZIP 1997, 909; *ders.* Das Handelsrechtsreformgesetz, NJW 1998, 2161; *Schmidt, Karsten* HAG, 1998; *Schmidt-Räntsch* Die Restschuldbefreiung im Regierungsentwurf einer Insolvenzordnung, in Festschrift für Hanisch, 217; *dies.* Verbraucherinsolvenzverfahren und Restschuldbefreiung, KS 1177; *dies.* Das neue Verbraucherinsolvenzverfahren, MDR 1994, 321; *Scholz* Restschuldbefreiung für Verbraucher, MDR 1992, 817;

ders. Hauptstreitpunkte bei der »Restschuldbefreiung«, BB 1992, 2233; *ders.* Verbraucherkonkurs und Restschuldbefreiung nach der neuen Insolvenzordnung, DB 1996, 765; *ders.* Verbraucherinsolvenz und Restschuldbefreiung, ORDO 47 (1996), 263; *Schumacher* Restschuldbefreiung für natürliche Personen nach dem künftigen deutschen Insolvenzrecht, ZEuP 1995, 576; *Schuschke/Walker* Vollstreckung und vorläufiger Rechtsschutz, 2. Aufl. 1997; *Sieg* Kritische Betrachtungen zum Recht der Zwangsvollstreckung in Lebensversicherungsforderungen, in Festschrift für Klingmüller, 1974, 447 ff.; *Smid* (Hrsg.) Kommentar zur Insolvenzordnung, 1998; *ders.* Restschuldbefreiung, in: Leipold (Hrsg.), Insolvenzrecht im Umbruch, 139; *ders.* Die Aufgaben des neuen Insolvenzverfahrens, DZWir 1997, 309; *Smid/Krug/Haarmeyer* InsO, 1998; *Smid/Rattunde* Der Insolvenzplan 1998; *Soergel/Hönn* BGB, 12. Auflage 1991 § 5 AbzG; *Staudinger/Kessal-Wulf* Verbraucherkreditgesetz, VerbrKrG § 5 Rz. 32;

Uhlenbruck Die Restschuldbefreiung nach dem Regierungsentwurf einer Insolvenzordnung (InsO), DGVZ 1992, 33; *ders.* Das Verbot der Einzelzwangsvollstreckung im Insolvenzverfahren, InVo 1996, 85; *ders.* Die Rechtsstellung des vorläufigen Insolvenzverwalters, Kölner Schrift, 1997, S. 240 ff.; *ders.* Auskunfts- und Mitwirkungspflichten des Schuldners und seiner organschaftlichen Vertreter nach der Konkursordnung, Vergleichsordnung, Gesamtvollstreckungsordnung sowie Insolvenzordnung, KTS 1997, 371; *Ulmer* VerbrKrG, 1995, Rz. 71;

Vallender Restschuldbefreiung bei Insolvenz natürlicher Personen, DB 1990, 975; *ders.* Die bevorzugte Behandlung von »Altfall-Schuldnern« bei der Restschuldbefreiung, ZIP 1996, 2058; *ders.* Einzelzwangsvollstreckung im neuen Insolvenzrecht, ZIP 1997, 1993; *ders.* Ausweg aus dem »modernen Schuldturm«? – Das gesetzliche Restschuldbefreiungsverfahren nach der künftigen Insolvenzordnung, VuR 1997, 155; *ders.* Schuldenregulierung in der Verbraucherinsolvenz, DGVZ 1997, 97; *ders.* Das Verbraucherinsolvenz- und Restschuldbefreiungsverfahren – Eine wirkliche Chance für überschuldete Verbraucher?, InVo 1998, 269;

Wenzel Restschuldbefreiung bei Insolvenzen von Verbrauchern, VuR 1990, 121; *Westphalen/ Emmerich/von Rottenburg* VerbrKrG,1996 § 1 Rz. 162, 167; *Wimmer* Verbraucherinsolvenzen und Restschuldbefreiung nach der Insolvenzordnung, BB 1998, 386; *Wissmann* Persönliche Mithaft in der Insolvenz, 1998; *Wittig* Insolvenzordnung und Konsumentenkredit, WM 1998, 157 ff. (Teil I) und 209 ff. (Teil II); *Wochner* Gedanken zur Restschuldbefreiung nach dem Entwurf zum Gesetz zur Reform des Insolvenzrechts, BB 1989, 1065.

Vorbemerkung

Die drastisch gestiegene Überschuldungsquote privater Haushalte hat den Gesetzgeber dazu veranlaßt, ein Instrumantarium zur Restschuldbefreiung einzuführen. Das Ausmaß der Überschuldungssituation und die Folgen für den Betroffenen sollen nachfolgend dargestellt werden. Weitere rechtstatsächliche Ausführungen zum Hintergrund der Reform sind »Restschuldbefreiungs- und Verbraucherinsolvenzverfahren nach der Insolvenzordnung«, *Kohte/Ahrensd/Grote*, zu entnehmen.

A. Konsumentenkredite

1 Die Verschuldung privater Verbraucher ist in der Bundesrepublik Deutschland in den letzten Jahrzehnten ständig gestiegen. Betrug die pro Kopf- Verschuldung für nicht grundpfandrechtlich gesicherte Kredite 1950 noch DM 3,60, so stieg sie bis zum Jahr 1994 auf durchschnittlich DM 4 500 (*Reifner* a. a. O., S. 8).

Vor §§ 286 ff.

Die Verlockung zum Konsum ist durch großzügig eingeräumte Kreditierungsmöglichkeiten der Kreditinstitute und Anbieter stetig größer geworden. Die bargeldlose Zahlung insbesondere durch den Einsatz von EC- und Kreditkarten verringert dabei die Hemmschwelle zum Konsum. In der Bundesrepublik gibt es derzeit ca. 36 Mio EC-Karten und ca. 10 Mio Kreditkarten (*Reifner* a. a. O.). Verschuldung für Konsumgüter ist in der modernen Industriegesellschaft selbstverständlich geworden. Die Strukturveränderungen im Konsumentenverhalten und steigende Ansprüche im Konsumgüterbereich tragen maßgeblich zur Verbraucherverschuldung bei (*Forsblad* a. a. O., S. 27).

Auch in den neuen Bundesländern hat sich die Situation nach dem Fall der Mauer entscheidend verändert. Während in der DDR der Konsumentenkredit kaum von Bedeutung war, ist die Bereitschaft zur Kreditaufnahme in den neuen Ländern explosionsartig gestiegen. Grund dafür war nach einer Studie im Auftrag des Bundesministeriums für Familie, Senioren, Frauen und Jugend vor allem die Deckung des konsumtiven Nachholbedarfs (*Korczak* a. a. O., S. 13). Im Jahre 1991 hatten bereits 29% der befragten Haushalte in den neuen Bundesländern seit 1989 einen oder mehrere Kredite aufgenommen, 1995 waren es sogar 67% (*Korczak* a. a. O., S. 156).

Derzeit sind in Westdeutschland 32,5% der Haushalte mit Konsumentenkrediten verschuldet sowie 37,5% der Haushalte in Ostdeutschland (*Korczak* a. a. O.).

Das Konsumentenkreditvolumen ist in Ostdeutschland von DM 556 (1990) auf DM 2724 (1995) pro Kopf, und im gleichen Zeitraum in Westdeutschland auf DM 11 611 pro Kopf gestiegen. Nicht erfaßt hiervon ist die nicht unerhebliche Verschuldung bei Versandhäusern und Warenlieferanten und Dienstleistungsanbietern.

Ein Großteil der Kredite wird zur Finanzierung gehobener Konsumgüter aufgenommen, am häufigsten für Autos und Möbel (*Korczak/Pfefferkorn* a. a. O., S. 106). In fortgeschrittenen Stadien der Verschuldung ist immer häufiger zu beobachten, daß insbesondere Ratenkredite zur Ablösung überzogener Girokonten aufgenommen werden und somit indirekt der Finanzierung des allgemeinen Lebensbedarfes dienen (vgl. *Reifner* a. a. O., S. 11).

B. Überschuldung

Während die Verschuldung für die Anschaffung von Konsumgütern gesellschaftlich erwünscht ist, ist die Überschuldung die zwingende, aber problematische Schattenseite der modernen Konsumgesellschaft. Überschuldung liegt vor, wenn nach Abzug der notwendigen Lebenshaltungskosten der verbleibende Einkommensrest nicht mehr zur Erfüllung der Zahlungsverpflichtungen reicht. Sie führt nicht nur zu einer ökonomischen, sondern auch psychosozialen Destabilisierung von Schuldnern (*Korczak/Pfefferkorn* a. a. O., S. XXI).

Nach neueren Untersuchungen ist die Quote der überschuldeten Haushalte in den alten Bundesländern von 4,2% in 1989 auf 5,1% in 1994 und in den neuen Bundesländern auf ca. 6,9% gestiegen. Insgesamt gab es 1994 rund 1,96 Millionen überschuldete Haushalte (*Korczak* a. a. O., S. 205).

Als Grund für den Übergang von der Ver- in die Überschuldung werden meist drei Ursachen ausgemacht: Arbeitslosigkeit, Scheidung und unökonomische Haushaltsführung (*Landessozialbericht NRW* S. 99 f.). Die Begriffe sind dabei weit zu fassen, auch der Wegfall eines Nebenverdienstes, der Wegfall von Überstunden oder die Reduzierung der Stelle wegen Kinderbetreuung sind oft mit empfindlichen Einschnitten in das Familienbudget verbunden, die zur Zahlungsunfähigkeit führen.

3 Aber nicht nur die Aufnahme von Konsumentenkrediten kann zur Überschuldung führen, auch gescheiterte Baufinanzierungen oder Gewerbetätigkeiten führen oft zu ausweglos hohen Schuldverpflichtungen. Zwar ist die Zahl der Zwangsversteigerungen von Immobilien in den letzten Jahren zurückgegangen (von 48 848 in 1988 auf 20 824 in 1992). Dies ist aber nicht nur mit dem konstant niedrigen Zinsniveau zu erklären, sondern auch mit der Zunahme der Professionalität in der Verwertung, insbesondere durch den freihändigen Verkauf (*Reifner* a. a. O., S. 48). Gescheiterte Baufinanzierungen führen nicht nur zu einem Verlust des Objektes, sondern hinterlassen häufig erhebliche Restverpflichtungen für die die Kreditnehmer persönlich haften.

4 Auch im gewerblichen Bereich steigt die Zahl der Insolvenzen stetig. Im Jahr 1995 erreichte die Zahl der angemeldeten Konkurse die vorläufige Höchstmarke von 29 000, für 1996 wird mit 32 500 Firmeninsolvenzen gerechnet (*Weinbörner* A 10) In der Praxis verbirgt sich hinter jeder Unternehmensinsolvenz auch gleichzeitig eine persönliche Insolvenz des Unternehmers – und häufig auch seiner Familienangehörigen – die insbesondere durch Bürgschaften auch dann persönlich für einen Großteil der Unternehmensverbindlichkeiten haften, wenn sie nach außen als beschränkt haftende Gesellschafter auftreten.

5 Entsprechend ist auch die Zahl der Zwangsvollstreckungsmaßnahmen und der damit verbundenen unmittelbaren und mittelbaren Folgen für die Schuldner in den letzten Jahren erheblich gestiegen. In 1994 wurden über 9,1 Millionen Zwangsvollstreckungsaufträge an Gerichtsvollzieher erteilt (1993: 8,2 Millionen) (Quelle: Auskünfte der Landesjustizverwaltungen, zitiert nach: *Korczak* a. a. O., S. 200 f.). Die Anzahl der Verfahren zur Abgabe der Eidesstattlichen Versicherungen stieg im gleichen Zeitraum von 1,34 Millionen auf 1,43 Millionen (*Korczak* a. a. O., S. 203). Bezüglich der Häufigkeit von Lohn und Gehaltspfändungen gibt es keinerlei offizielle Statistiken. Die GP-Studie geht davon aus, daß etwa 2 % der Erwerbstätigen von Lohn- und Gehaltspfändungen betroffen sind (*Korczak* a. a. O., S. 184). In einer Untersuchung der Landesarbeitsämter Nordrhein-Westfalen und Baden-Württemberg ist bei der Auswertung der Unterlagen von zwölf Arbeitsämtern ermittelt worden, daß durchschnittlich 7,9 % der Leistungsempfänger von Pfändungen ihrer Ansprüche betroffen waren (*Landesarbeitsamt NRW* a. a. O., S. 33).

Das Risiko der Überschuldung ist in den unteren Segmenten der Sozialstruktur besonders hoch. Aber nicht nur einkommensschwache Haushalte sind von Überschuldung betroffen, die Welle der Überschuldung hat mittlerweile auch den Mittelstand erreicht (vgl. »Da komme ich nie mehr raus«, Spiegel Nr. 14/1998, S. 58 f.). Allerdings befinden sich Menschen am unteren Ende der sozialstrukturellen Skala in einem doppelten Dilemma: Einerseits sind sie aufgrund ihres Einkommens auf Kredite angewiesen, um an den konsumtorischen Möglichkeiten der modernen Gesellschaft teilzunehmen, andererseits wird hierdurch für sie das Risiko besonders hoch, statt der gewünschten Inklusion in die moderne Konsumwelt dauerhafte Exklusion am Rande der Pfändungsfreigrenzen zu erfahren (*Backert* a. a. O., S. 5 f.).

C. Folgen der Überschuldung

6 Lohnpfändungen führen wegen der hiermit verbundenen befürchteten Unzuverlässigkeit der Arbeitnehmer, aber auch wegen des mit Pfändungen verbundenen Bearbeitungsaufwandes der Personalabteilungen häufig zu einer Beendigung von Arbeitsverhältnissen oder Nichteinstellung (*Landesarbeitsamt NRW* a. a. O., S. IX; zur Zulässigkeit der Kündigung des Arbeitsverhältnisses beim Vorliegen von Pfändungen nur in Ausnahmefällen vgl. *BAG* NJW 1982, 1062, *Stöber* Forderungspfändung, 1996, Rz. 934 m. w. N.). Aber nicht nur das Arbeitsverhältnis ist gefährdet, Überschuldung führt häufig zu Eheproblemen (*Möller* a. a. O., S. 17), Kriminalität, Ausgrenzung, Gewalt, Obdachlosigkeit, Verwahrlosung, Sucht, chronischer Krankheit und Sozialhilfebezug (*Korczak* a. a. O., S. 161).

Schulden bedrohen die Existenz, wenn Mietrückstände zu einer Wohnraumkündigung führen, und Energierückstände zur Regelfolge der Stromsperre. In den neuen Bundesländern hat jeder dritte Haushalt Miet- oder Energieschulden (*Korczak* a. a. O., S. 230). In Bayern haben 80 000 Haushalte Energieschulden, die in Zusammenhang mit Überschuldung stehen (*Bayerischer Armutsbericht* a. a. O., S. 97).

Neben den individuellen, sozialen und gesellschaftspolitischen Folgen zieht die Überschuldung immer größerer Bevölkerungsteile aber auch volkswirtschaftliche Konsequenzen nach sich, da sie zum Ausfall von Steuern und Sozialabgaben führt. Die praktisch lebenslange Nachhaftung drängt Menschen in die Schattenwirtschaft und in die Schwarzarbeit ab, wenn nicht ihre Fähigkeiten der Volkswirtschaft ganz verloren gehen (BT-Drucks. 12/1443, S. 81).

Überschuldung und Arbeitslosigkeit stehen in engem Zusammenhang. Jeder zweite Schuldner ist arbeitslos (*Landessozialbericht NRW* S. 110; *Korczak* a. a. O., S. 232). Einerseits gilt Arbeitslosigkeit als Auslöser für Überschuldung, andererseits führt Überschuldung zum Verlust des Arbeitsplatzes (*Landesarbeitsamt NRW* a. a. O., S. IX). Darüber hinaus verfügen Arbeitslose nur über geringe Einkünfte, so daß Schuldensanierungen oft unmöglich sind, wenn den Gläubigern keine oder nur geringe Beträge zur Schuldrückführung angeboten werden können.

7

Besonders von Überschuldung betroffen sind aus demselben Grund auch alleinerziehende Mütter und Familien mit mehreren minderjährigen Kindern (*Landesarbeitsamt NRW* a. a. O., S. 17). Oft haften insbesondere geschiedene Ehefrauen gesamtschuldnerisch für die gesamten Schulden aus der Ehezeit, können aber wegen der Kinderbetreuung lange Zeit kein pfändbares Einkommen erwirtschaften und keine Tilgungsbeträge leisten. Sind die Kinder dann erwachsen, ist der Schuldenberg so hoch, daß er nicht mehr abtragbar ist.

Überschuldung führt zur Notwendigkeit eines sorgfältigen Management des Mangels, zu dem allerdings nur die wenigsten der Betroffenen selbständig in der Lage sind (vgl. *Backert* a. a. O., S. 9). Geringste Zahlungsverzögerungen z. B. bei Sozialleistungen führen zu existentiellen Nöten, möglicherweise getroffene Zahlungsvereinbarungen mit den Gläubigern können nicht mehr eingehalten werden (*Backert* a. a. O.).

Überschuldete geraten in einen Teufelskreis von Armut, wobei die Handlungsfreiheit der Betroffenen in noch stärkerem Maße eingeschränkt ist, als dies in anderen Armutslagen der Fall ist (*Backert* a. a. O., S. 14). Ohne ein korrektives Reglement gibt es für dir meisten Betroffenen keinen Ausweg aus dieser Situation. Überschuldung ist mit eine Ursache der steigenden Zahl von Sozialhilfeempfängern und hindert diese an einer Reintegration in die Gesellschaft. Dabei sind, wie eine Studie zeigt, längst nicht alle in Armut lebenden Menschen von den offiziellen Statistiken erfaßt. Hiernach kommen auf 10 Bezieher von Hilfe zum Lebensunterhalt nach dem Bundessozialhilfegesetz fast 17 verdeckt arme Personen, die faktisch unter dem gesetzlich fixierten Existenzminimum leben (*Diakonisches Werk der evangelischen Kirche in Deutschland* a. a. O., S. 13 f.).

Will man diesen Menschen eine Chance geben, so geht das nur, wenn auch die Schuldenbarriere überwunden werden kann. Da dies mit dem Instrumentarium nicht möglich ist, sind grundlegende Lösungen dringend erforderlich.

§ 286
Grundsatz

Ist der Schuldner eine natürliche Person, so wird er nach Maßgabe der §§ 287 bis 303 von den im Insolvenzverfahren nicht erfüllten Verbindlichkeiten gegenüber den Insolvenzgläubigern befreit.

DiskE § 225, RefE § 225, RegE § 235, Rechtsausschuß § 346 a.

Inhaltsübersicht: Rz.

A.	Normzweck	1– 5
B.	Gesetzliche Systematik	6–17
	I. Restschuldbefreiung als Ziel des Insolvenzverfahrens	6– 7
	II. Restschuldbefreiung im Insolvenzverfahren	8–15
	III. Schuldbefreiung auf anderer Grundlage	16–17
C.	Konzept des Restschuldbefreiungsverfahrens	18–28
	I. Eigenständiges Verfahren	18–19
	II. Zweistufiges Verfahren	20–21
	III. Dynamisches und dauerhaftes Verfahren	22–24
	IV. Restschuldbefreiung im System von Schuld und Haftung	25–28
D.	Voraussetzungen und Einzelfragen des Verfahrens	29–52
	I. Persönlicher Anwendungsbereich	29–41
	1. Natürliche Person	29–33
	2. Tod des Schuldners	34–41
	II. Antrag	42
	III. Streitgenossenschaft	43–44
	IV. Prozeßkostenhilfe im Restschuldbefreiungsverfahren	45–49
	V. Kosten	50–51
	VI. Zuständigkeit	52
E.	Folgen	53–54
F.	Restschuldbefreiung im Konkurs- und Gesamtvollstreckungsverfahren	55–57

Literatur:

(siehe vor § 286, S. 1580)

A. Normzweck

1 Als prinzipiengestaltende Grundlagenbestimmung des Achten Teils weist § 286 InsO eine mehrfach gestufte Struktur auf. Die Vorschrift kleidet zunächst die programmatische Aussage von § 1 Satz 2 InsO aus, wonach im Insolvenzverfahren dem redlichen Schuldner Gelegenheit gegeben wird, sich von seinen restlichen Verbindlichkeiten zu befreien. Dazu gewährleistet sie zusätzlich die eigenständigen Funktionen der gesetzlichen Schuldbefreiung. Über die Verweisung auf die §§ 287–303 InsO bestimmt sie weiter die Restschuldbefreiung als materiell- und verfahrensrechtliches Institut und grenzt schließlich dessen Anwendungsbereich ab.

Grundsatz **§ 286**

Mit dem Institut der Restschuldbefreiung wird das seit langem kritisierte freie Nachforderungsrecht der Konkursgläubiger aus § 164 Abs. 1 KO (*Heilmann* KTS 1975, 18; *Menzinger* Das freie Nachforderungsrecht der Konkursgläubiger, insbes. 15 ff., 133 ff.; *Ackmann* Schuldbefreiung durch Konkurs?, 114 ff., aber 140; *Knüllig-Dingeldey* Nachforderungsrecht oder Schuldbefreiung, 57 ff., 114, 216; *Uhlenbruck* FLF 1989, 11) eingeschränkt, wenn auch nicht aufgehoben, vgl. § 201 Abs. 1 und 3 InsO (*Jauernig* Zwangsvollstreckungs- und Insolvenzrecht, § 95 I, sieht das Nachforderungsrecht beseitigt). Erstmals im jüngeren deutschen Recht (entwicklungsgeschichtliche Hinweise bei *Hahn* Die gesamten Materialien zu den Reichsjustizgesetzen, Bd. IV, 342 f.; *Ackmann* Schuldbefreiung durch Konkurs?, 9 ff.) ist damit eine gesetzliche Schuldbefreiung für natürliche Personen verwirklicht. 2

Auf diese Weise wird die frühere Ungleichbehandlung bei der nachkonkurslichen Haftung natürlicher Personen und Personengesellschaften gegenüber Kapitalgesellschaften beseitigt (*Arnold* DGVZ 1996, 65 [66]). Als weiteres Regelungsziel der Restschuldbefreiung wird dem Schuldner zudem die Chance eröffnet, sich wirtschaftlich zu erholen und eine neue Existenz aufzubauen. Neben der sozialen und einzelwirtschaftlichen Aufgabe, dem Schuldner einen Neubeginn (fresh start) zu ermöglichen (*Heilmann/Smid* Grundzüge des Insolvenzrechts, § 17 Rz. 2; für den Zwangsvergleich bereits RGZ 150, 163 [170]), wird damit auch das gesamtwirtschaftliche Ziel verfolgt, den Schuldner als Marktteilnehmer zu reintegrieren. Zusätzlich trägt eine Restschuldbefreiung auch der Achtung vor der Person des Schuldners Rechnung (*Häsemeyer* Insolvenzrecht Rz. 26.02) und schließt deshalb ebenfalls die Personen ein, die etwa aus Altersgründen oder krankheitshalber nicht mehr in der aktiven Wertschöpfungskette stehen. Aufgrund dieser Achtung vor der Persönlichkeit des Schuldners ist auch den Personen die Chance auf eine Schuldbefreiung zu geben, die derzeit über kein pfändbares Einkommen verfügen. Obwohl diese genannten Zielsetzungen die §§ 286 bis 303 InsO dominieren, wird die gesetzliche Schuldbefreiung doch nicht einseitig zu Lasten der Gläubiger durchgesetzt. Ihre berechtigten Interessen werden in dem wohl ausbalancierten Regelungskanon insbesondere durch die §§ 290 Abs. 1, 295 und 303 InsO mit in das Schuldbefreiungsverfahren einbezogen, das den höchstrichterlichen Anforderungen entspricht (BGHZ 122, 373 [379]). Letztlich soll auf diese Weise die Schuldbefreiung nicht nur dem Schuldner, sondern auch den Gläubigern Vorteile bringen (Begründung RegE BR-Drucks. 1/92, 100). 3

Über diese den Insolvenzzweck aus § 1 Satz 2 InsO konkretisierende Wirkung hinaus erhält § 286 InsO durch die Verweisung auf die §§ 287 bis 303 InsO eine eigene gestaltende Aussage. § 286 InsO verweist nicht allein deklaratorisch auf die nachfolgenden Vorschriften, sondern ordnet die materiellrechtliche Folge einer Befreiung von den im Insolvenzverfahren nicht erfüllten Verbindlichkeiten systematisch in das verfahrensrechtliche Programm der Schuldbefreiung ein. Restschuldbefreiung ist damit ein durch Prozeßhandlungen, wie der Antragstellung und der Abtretungserklärung (§ 287 Rz. 27 ff.), sowie durch Verfahrensformen, von der Glaubhaftmachung der Versagungsgründe bis hin zur rechtsmittelfähigen Erteilung von Restschuldbefreiung, geprägtes insolvenzverfahrensrechtliches Institut. Damit ist eine allein von den tatbestandsmäßigen Voraussetzungen und Einwendungen abhängige gesetzliche Schuldbefreiung als subjektives Recht eines jeden insolventen Schuldners geschaffen. Als Mittel einer Gesamtbereinigung aller Schulden durch eine gleichmäßige quotenmäßige Befriedigung aller Gläubiger trägt diese Restschuldbefreiung die charakteristischen Merkmale des Insolvenzrechts (*Schmidt-Räntsch* FS Hanisch, 217 [227 f.]; *Häsemeyer* FS Henckel, 353 [357]; *Pape* ZRP 1993, 285 [289]; kritisch zur Einordnung in das Insolvenzverfahren 4

§ 286 Restschuldbefreiung

etwa *Gerhardt* FLF 1989, 99, [105]; *Smid* in: Insolvenzrecht im Umbruch, 139 [148 ff., 162 f.]; *Prütting* ZIP 1992, 882 [883]). Ausgestaltet wird dieses Konzept insbesondere durch die in den §§ 290 Abs. 1, 295 InsO präzisierten Anforderungen und die materiellrechtliche Konsequenz der Schuldbefreiung gemäß § 301 InsO. § 286 InsO erklärt damit die Entschuldung als verfahrensrechtliches Institut mit materiellen Wirkungen.

5 Neben ihrem programmatischen Gehalt leistet § 286 InsO auch eine positive dogmatische Aufgabe, denn die Vorschrift bestimmt den personalen Anwendungsbereich der Restschuldbefreiung und grenzt den Umfang der Befreiungswirkung ein. Allein natürliche Personen können nach Maßgabe der §§ 287 bis 303 InsO von ihren im Insolvenzverfahren nicht erfüllten Verbindlichkeiten gegenüber den Insolvenzgläubigern befreit werden.

B. Gesetzliche Systematik

I. Restschuldbefreiung als Ziel des Insolvenzverfahrens

6 Ziel des Insolvenzverfahrens ist nach § 1 InsO gleichermaßen, eine gemeinschaftliche Haftungsverwirklichung der Insolvenzgläubiger durch eine Liquidierung des Schuldnervermögens oder eine Unternehmenssanierung herbeizuführen, wie dem Schuldner die Möglichkeit zur Restschuldbefreiung zu eröffnen (vgl. auch § 1 Rz. 27 ff.). Dadurch wird das Insolvenzverfahren auf konkrete Zielsetzungen festgelegt (vgl. dazu bereits BGHZ 122, 373 [379]; *BGH* NJW 1997, 524 [525]), die nach Maßgabe des Möglichen zu einer praktischen Konkordanz zu führen sind. Gegenüber diesen Aufgaben des Insolvenzverfahrens verhält sich § 1 InsO selbst also inhaltlich neutral und ordnet keine Hierarchie der Ziele an (*Pape* Rpfleger 1997, 237 [241]; *Kohte* FS Remmers, 479 [484 f.]; nach *Gerhardt* in: Leipold (Hrsg.), Insolvenzrecht im Umbruch, 1 [2], werden sich die Gewichte hin zu dem Verfahrenszweck der Schuldbefreiung verschieben; a. A. *Smid* DZWir 1997, 309 [312]; *Häsemeyer* Insolvenzrecht, Rz. 1.12; *Thomas* KS 1205 Rz. 4 f.; s. a. *Dorndorf* FS Merz, 31 [38]; *Balz* FLF 1989, 16 [18]). Es existiert daher keine für die gesamte Insolvenzordnung gültige Rollenverteilung in primäre und sekundäre Funktionen des Insolvenzverfahrens. Vielmehr ist das Verhältnis zwischen den einzelnen Maximen aus der konkreten Normierung der jeweiligen Institute zu entwickeln, damit jede Wirklichkeit gewinnt. Kollidieren die Zwecke miteinander, darf nicht einer vorschnell auf Kosten des anderen realisiert werden. Dabei sind jeder Zielsetzung Grenzen zu ziehen, damit alle zu einer optimalen Wirksamkeit gelangen können.

7 In sämtlichen Bereichen der Insolvenzordnung ist deswegen eine optimierende Abstimmung aller Aufgaben zu erreichen. Die Vorschriften des Achten Teils über die Restschuldbefreiung sind deswegen auch mit der allgemeinen Zielsetzung der Gläubigerbefriedigung zu verbinden, weshalb etwa die Obliegenheiten aus § 295 InsO ebenfalls einer Haftungsrealisierung dienen. Trotzdem darf eine solche Konkordanz nur in dem durch die positiven Normen des Gesetzes vorgegebenen Rahmen hergestellt werden. Hier gewährleistet § 286 InsO die als interpretatorische Leitlinie maßgebende vorrangige Ausrichtung des Achten Teils an der gesetzlichen Schuldbefreiung. Durch diese Regelung wird dem eigenständigen Institut der Restschuldbefreiung eine gegenüber der ebenfalls zu realisierenden Gläubigerbefriedigung dominierende Gestalt verliehen. Dem offenen Programmsatz der Restschuldbefreiung wird dabei ein fester Normenkatalog beigelegt, der die notwendigen Voraussetzungen und Schranken der schuldbefreienden Wirkung fixiert.

II. Restschuldbefreiung im Insolvenzverfahren

Mit der Entscheidung für eine gesetzliche Schuldbefreiung ist in der InsO ein grundlegender Richtungswechsel gegenüber der KO vollzogen worden. Dementsprechend gehört das Restschuldbefreiungsverfahren zu den am intensivsten diskutierten Neuerungen der Insolvenzordnung (z. B. Zweiter Bericht der Kommission für Insolvenzrecht, Leitsatz 6.3, 162 ff.; *Balz* ZRP 1986, 12 [19]; *ders.* BewHi 1989, 103 [112 ff.]; *Bruchner* WM 1992, 1268; *Gerhardt* FLF 1989, 99; *Gravenbrucher Kreis* ZIP 1990, 476 [478]; *ders.* ZIP 1993, 625 [627]; *Kohte* ZIP 1994, 184; *Pape* ZRP 1993, 285; *Schmidt-Räntsch* FS Hanisch, 217; *Scholz* ZIP 1988, 1157 [1159 ff.]; *ders.* BB 1992, 2233; *Uhlenbruck* MDR 1990, 4; *ders.* DGVZ 1992, 33; *Wacket* FLF 1989, 65; *Wenzel* DB 1990, 975; *ders.* DGVZ 1993, 81; *Wochner* BB 1989, 1065). Nahezu einhellig erfuhr das rechtspolitische Anliegen einer Restschuldbefreiung überschuldeter Personen Zustimmung, doch wurde ihre konkrete Gestaltung vielfach auch grundsätzlich kritisiert. 8

Als Ausgangspunkt dieser Kritik an der Schuldbefreiung auf Grundlage der §§ 286 bis 303 InsO wurden immer wieder Bedenken gegen ihre systemfremde Regelung in der Insolvenzordnung erhoben (*Uhlenbruck* FLF 1989, 11 [14]; *Gerhardt* FLF 1989, 99 [105]; *Gravenbrucher Kreis* ZIP 1990, 476 [478]; 1993, 625 [627]; *Prütting* ZIP 1992, 882 [883]; *Henckel* FS Gaul, 199; *Ruby* Schuldbefreiung durch absolute Anspruchsverjährung, 37 ff., 57). Materiell reichen die Positionen von der Einschätzung als ein verfehlt geregeltes Verfahren der Individualvollstreckung bis hin zu der Forderung nach einer eigenständigen Vertragshilfeprozedur. Bei allem Gewicht dieser Bedenken im einzelnen legt bereits ihre divergierende inhaltliche Ausrichtung nahe, daß es keinen dogmatisch allein folgerichtigen Entwurf gibt. 9

An der prinzipiellen Abgrenzung zwischen Individual- und Gesamtvollstreckung rühren die Einwände, die in der Restschuldbefreiung ein an falscher Stelle geregeltes Verfahren der Einzelzwangsvollstreckung sehen (*Gravenbrucher Kreis* ZIP 1993, 625 [627]; *Uhlenbruck* FLF 1989, 11 [14]; *ders.* MDR 1990, 4 [8 f.]), bei dem das formale Prioritätsprinzip durch eine Gleichbehandlung der Gläubiger ersetzt ist (*Henckel* FS Gaul, 199, jedenfalls für das Verfahren zur Restschuldbefreiung von Verbrauchern). Auch das Plädoyer für einen § 18 Abs. 2 Satz 3 GesO entsprechenden Vollstreckungsschutz (*Smid* BB 1992, 501 [511]) bleibt an die Vorstellung des Individualvollstreckungsrechts gebunden. Als dauerhaft angelegtes Gemeinschaftsverfahren ist jedoch die Schuldbefreiung in andere Prinzipien eingebettet als die Individualvollstreckung. Der durch das Prioritätsprinzip gekennzeichneten Durchsetzung eines einzelnen Rechts in der Zwangsvollstreckung stehen im Restschuldbefreiungsverfahren nicht allein vergemeinschaftlichte Handlungen und Wirkung entgegen, wie etwa die Einsetzung des Treuhänders. Auch das bewußt geschaffene dynamische Konzept der Restschuldbefreiung in einem zukunftgerichteten Verfahren (vgl. Rz. 22 ff.) ist mit einem momentbezogenen Vollstreckungsschutz nicht zu vereinbaren. Aus dieser dem Schuldner eröffneten Zukunftsperspektive resultieren konkrete verfahrensrechtliche Folgen. Deshalb darf das Rechtsschutzbedürfnis für den Antrag auf Restschuldbefreiung nicht schon verneint werden, weil der Schuldner gegenwärtig und in absehbarer Zukunft über kein pfändbares Einkommen oder sonstiges Vermögen verfügt (a. A. *Henckel* FS Gaul, 199 [204]; dazu außerdem § 287 Rz. 14). 10

Für ein selbständiges Gesetz außerhalb der Insolvenzordnung, das dem Verfahren der freiwilligen Gerichtsbarkeit unterstellt werden soll, hat sich nicht zuletzt der Bundesrat ausgesprochen (ZIP 1992, 882 [885]; zustimmend *Prütting* ZIP 1992, 882 [883]; kritisch *Häsemeyer* FS Henckel 353 [358]). Abgesehen von einer gewissen Verfahrenspragmatik 11

§ 286

beruht dies auch auf der Einschätzung, daß es sich bei der Restschuldbefreiung um keine richterliche Streitentscheidung, sondern um eine verwaltungsmäßige Tätigkeit handelt (vgl. *Smid* Restschuldbefreiung, in: Insolvenzrecht im Umbruch, 139 [153 ff.]). Gegen ein Verfahren der administrativen Rechtsfürsorge spricht jedoch bereits der Stufenaufbau von Insolvenz- und Restschuldbefreiungsverfahren mit dem gerade in der Verbraucherinsolvenz deutlichen Vorrang vertraglicher Lösungen. Außerdem trägt ein verwaltungsverfahrensrechtlicher Ansatz den Strukturmerkmalen des gesetzlichen Schuldbefreiungsverfahrens nicht hinreichend Rechnung (dazu unten Rz. 18 ff.). Geprägt wird das Schuldbefreiungsverfahren durch die echten Streitsachen, die nach zivilprozessualen Regeln beurteilt werden. Eigenständige normative Zwecke, wie in einem administrativen Verfahren, verfolgt das Gericht dabei nicht, weshalb der Richter bei seiner Entscheidung kein Ermessen besitzt.

12 Auch eine gesetzliche Konzeption als Vertragshilfeverfahren muß ausscheiden (a. A. *Heilmann/Smid* Grundzüge des Insolvenzrechts, § 17 Rz. 5; *Smid* Restschuldbefreiung, in: Insolvenzrecht im Umbruch, 139 [162 f.]; *ders.* DtZ 1993, 98 [100]; *Dieckmann* in: Insolvenzrecht im Umbruch, 127 [130 f.]; eine Nähe dazu sieht auch *Uhlenbruck* FLF 1989, 11 [14]). Ein Vertragshilfeverfahren sieht ein einzelfallbezogen an der Zumutbarkeit der Rechtsfolgen orientiertes flexibles Instrumentarium vor (vgl. etwa *Staudinger/Weber* BGB, 11. Aufl., § 242 Rz. G 204 ff., G 232 ff., außerdem kritisch zum Verhältnis der Vertragshilfe gegenüber dem Insolvenzrecht Rz. G 120 ff.; *Häsemeyer* FS Henckel, 353 [357]; ablehnend auch *Forsblad* Restschuldbefreiung, 319 f.; *Jauernig* Zwangsvollstreckungs- und Insolvenzrecht, § 95 I). Es kann deswegen allein einzelne Forderungen umgestalten und gerade nicht die erforderliche Gesamtbereinigung gewährleisten.

13 Um die Gläubigerautonomie zu wahren, wird die Konzeption der Restschuldbefreiung nicht selten aus den Prinzipien des Zwangsvergleichs entwickelt oder zumindest daran angelehnt (insb. *Balz* BewHi 1989, 103; *ders.* ZRP 1986, 12 [19]; *ders.* FLF 1989, 16 [18]; *Scholz* FLF 1992, 115 [120]; *ders.* ORDO 47, 263 [272]; vgl. zu diesem Verhältnis auch *Knüllig-Dingeldey* Nachforderungsrecht oder Schuldbefreiung, 63 ff., 115; *Ackmann* KTS 1984, 743 [749]). Das Grundkonzept der Restschuldbefreiung bildet jedoch kein funktionales Äquivalent des Vergleichs. Entscheidendes Merkmal des Zwangsvergleichs ist sein Zustandekommen aufgrund der Zustimmung einer qualifizierten Gläubigermehrheit, §§ 182 KO, 74 VglO (*Jaeger/Weber* KO § 173 Rz. 1; *Bork* Der Vergleich, 306 f.). Dies gilt jedenfalls nach der Vertragstheorie und den vermittelnden Theorien (vgl. RGZ 77, 403 [404]; 119, 391 [395]; 127, 372 [375]; *Kuhn/Uhlenbruck* KO, § 173 Rz. 1a ff.; *Jaeger/Weber* KO, § 173 Rz. 9 ff.; *Hess* KO, § 173 Rz. 10 ff.; *Kilger/Karsten Schmidt* KO, § 173 Anm. 1, VglO, § 1 Anm. 1; *Bley/Mohrbutter* VglO, § 8 Rz. 1 f.; *Kohler* Lehrbuch des Konkursrechts, 452 ff.). Damit stellt der Zwangsvergleich ein vom Mehrheitswillen der Gläubiger getragenes Werkzeug der Gläubigermacht dar. Diese Gläubigerautonomie wird von sämtlichen Modellen überbetont, welche die Restschuldbefreiung aus dem Vergleichsrecht entwickeln.

14 Im Gegensatz dazu schafft die Restschuldbefreiung ein Instrument der Schuldnerautonomie, denn ihr Eintritt hängt allein von dem Antrag des Schuldners und seinem Verhalten ab. Hat der Schuldner seine Anforderungen erfüllt, ist ihm die Restschuldbefreiung selbst gegen den einhelligen Willen sämtlicher Gläubiger zu erteilen (*Häsemeyer* Insolvenzrecht, Rz. 2.37; *Gerhardt* FLF 1989, 99 [100]; *Jauernig* Zwangsvollstreckungs- und Insolvenzrecht, § 95 I; s. a. *App* Die Insolvenzordnung, Rz. 538). Von dem vergleichsrechtlich erforderlichen Mehrheitskonsens der Gläubiger sowie einer Vereinbarung mit dem Schuldner als privatautonomer Grundlage ist die gesetzliche Schuldbefreiung gelöst. Trotzdem bleibt auch die Gläubigerautonomie gewahrt, denn die

Grundsatz **§ 286**

Gläubiger dürfen anstelle der gesetzlichen Schuldenbereinigung eine zumindest auf einem Mehrheitskonsens beruhende Schuldbefreiung mit dem Schuldner vereinbaren, vgl. §§ 254 Abs. 1, 305 Abs. 1 Nr. 1, 308 Abs. 1, 309 Abs. 1 InsO (vgl. *Wenzel* ZRP 1993, 161 [162]). Mit dem Schuldner kann dabei auch eine über den gesetzlichen Umfang hinausgehende Erfüllungsleistung vereinbart werden. Den Gläubigern wird lediglich die Möglichkeit genommen, gegen den Willen des Schuldners eine Regelung durchzusetzen, die für ihn nachteiliger als die gesetzlichen Anforderungen ist.
Als rechtspolitischer Kompromiß ist die Restschuldbefreiung nicht aus einer einheitlich 15 durchgeführten Konzeptionen entstanden. Gegen sämtliche Versuche, die Restschuldbefreiung aus hergebrachten systematischen Vorstellungen zu erklären, bestehen wegen des Monismus ihrer Ansätze erhebliche Bedenken, von denen stets nur einzelne Aspekte hervorgehoben, aber keine umfassenden Erklärungen des gesamten Instituts der Restschuldbefreiung geleistet werden. Weder das Vollstreckungsziel noch die richterlichen Kompetenzen oder die Gläubigerautonomie sind allein zur Erklärung der Restschuldbefreiung tauglich. Entworfen wurde vielmehr ein neues insolvenzverfahrensrechtliches Institut mit materiellen Wirkungen.

III. Schuldbefreiung auf anderer Grundlage

Mit der Restschuldbefreiung nach den §§ 286 bis 303 InsO ist ein durch die positivierten 16 Voraussetzungen und Einwendungen konturiertes Instrumentarium zur Schuldenbereinigung geschaffen. Als Alternative zu dieser gesetzlichen Regelung können Schuldner und Gläubiger aber auch eine privatautonom determinierte Schuldbefreiung mit einer Bereinigung sämtlicher Verbindlichkeiten vereinbaren. Dabei setzt die Insolvenzordnung die konkurs- und vergleichsrechtliche Tradition fort und läßt eine Schuldenbereinigung auf Grundlage eines Mehrheitswillens zu. Ohne ein zusätzliches Verfahren kann damit im Insolvenzplan eine Restschuldbefreiung vereinbart werden, § 254 InsO. Nach *Bork* (Einführung in das neue Insolvenzrecht, Rz. 328 Fn. 21) muß sie sogar herbeigeführt werden, falls der Schuldner ohne Plan Anspruch auf die gesetzliche Schuldbefreiung hätte, da auch er durch den Plan nicht schlechter gestellt werden darf, als er ohne Plan stünde, argumentum § 247 Abs. 2 Nr. 1 InsO. Im Verbraucherinsolvenzverfahren kann eine privatautonome Schuldbefreiung aufgrund eines Schuldenbereinigungsplans nach den §§ 308, 309 InsO erfolgen (zu dessen Inhalt § 305).
Keine Schuldbefreiung begründet dagegen der Vollstreckungsschutz nach § 18 Abs. 2 17 Satz 3 GesO (*Wenzel* Die »Restschuldbefreiung« in den neuen Bundesländern, 126, 181; *Smid*, GesO § 18 Rz. 34; *Uhlenbruck* BB 1990, Beil. 26, 1 [5]; *Schmidt-Räntsch* FS Hanisch, 217 [219f.]; *Pape* ZIP 1997, 190). Durch einen bürgerlichrechtlichen Erlaß wird ebenfalls keine Restschuldbefreiung erreicht, denn es erlischt lediglich ein Schuldverhältnis i. S. d. § 379 Abs. 1 BGB, also jeweils nur eine Forderung (*v. Feldmann* in MünchKomm, § 397 Rz. 6; *Soergel/Zeiss* BGB, § 397 Rz. 7). Eine Gesamtbereinigung ist deshalb nur über eine Vielzahl einzelner Vereinbarungen zu erlangen. Bei einer gescheiterten außergerichtlichen Einigung ist allerdings zu prüfen, ob die einzelne Forderung unabhängig von dem Akkord erlassen werden sollte. Vollstreckungsbeschränkende Parteivereinbarungen dürfen ebenfalls getroffen werden (*BGH* NJW 1968, 700; 1991, 2295 [2296]; *Stein/Jonas/Münzberg* ZPO, vor § 704 Rz. 99; *Lüke* in MünchKomm/ZPO, Einleitung Rz. 307; *Zöller/Stöber* ZPO, Vor § 704 Rz. 25; *Rosenberg/Gaul/Schilken* Zwangsvollstreckungsrecht § 33 IV 2), doch schaffen auch sie keine Gesamtbereinigung.

C. Konzept des Restschuldbefreiungsverfahrens

I. Eigenständiges Verfahren

18 Das Restschuldbefreiungsverfahren bildet ein in der Insolvenzordnung geregeltes selbständiges Verfahren. Neben dem als Regelinsolvenzverfahren oder als Verbraucherinsolvenz- oder sonstiges Kleinverfahren ausgestalteten insolvenzrechtlichen Liquidationsverfahren kann damit für natürliche Personen noch ein anderes insolvenzrechtliches Verfahren durchgeführt werden. Durch das Erfordernis eines zusätzlichen, allein vom Schuldner zu stellenden Antrags, der mit dem Antrag auf Eröffnung des Insolvenzverfahrens verbunden werden kann, § 287 Abs. 1 Satz 1 und 3 InsO, und das besondere Rechtsschutzziel der Schuldenbefreiung wird ein eigenständiges Verfahren konstituiert, das mit dem Insolvenzverfahren eine Mehrheit von Verfahrensgegenständen bildet. Insolvenz- und Schuldbefreiungsverfahren sind dabei eng, aber nicht notwendig miteinander verbunden. Ein Insolvenzverfahren über das Vermögen einer natürlichen Person kann, muß jedoch nicht mit einem Schuldbefreiungsverfahren gekoppelt sein. Das Insolvenzverfahren kann auch dann durchgeführt werden, wenn das Schuldbefreiungsverfahren unzulässig oder gemäß § 290 Abs. 1 InsO die Restschuldbefreiung zu versagen ist. Umgekehrt ist zwar der Zugang zur Restschuldbefreiung nur in einem Insolvenzverfahren eröffnet. Wie aber § 289 Abs. 3 Satz 1 InsO belegt, muß das Insolvenzverfahren nur eröffnet, jedoch nicht durchgeführt worden sein, denn das Restschuldbefreiungsverfahren ist auch bei einer Masseunzulänglichkeit zulässig. Ein bis zur Schlußverteilung absolviertes Insolvenzverfahren bildet daher keine Voraussetzung des Restschuldbefreiungsverfahrens.

19 Trotz dieser Verselbständigung in zwei Verfahren bestehen zwischen dem Insolvenz- und dem Schuldbefreiungsverfahren zahlreiche Verbindungen. Funktionale Voraussetzung der Restschuldbefreiung ist das am Ende eines Insolvenzverfahrens stehende unbeschränkte Nachforderungsrecht aus § 201 Abs. 1 InsO. Ohne dieses Nachforderungsrecht wäre ein Schuldbefreiungsverfahren entbehrlich. Auch sind die Versagungsregeln etwa der §§ 295 ff. InsO nur dann sinnvoll, wenn der Schuldner im Anschluß an eine versagte Restschuldbefreiung erneut dem Nachforderungsrecht ausgesetzt ist. Nach der gesetzlichen Regelung scheidet eine Restschuldbefreiung außerdem aus, wenn es mangels Masse nicht zu einer Eröffnung des Insolvenzverfahrens kommt, § 26 InsO, oder das Verfahren nach § 207 InsO mangels Masse eingestellt wird, weil der Schuldner keinen ausreichenden Kostenvorschuß gemäß § 26 Abs. 3 InsO geleistet hat (*Haarmeyer/Wutzke/Förster* Handbuch, Rz. 10/63). Bei allen Vorteilen einer Verknüpfung von Schuldbefreiungs- und Insolvenzverfahren stellt dies eine mit den Zielsetzungen des Restschuldbefreiungsverfahrens kaum zu vereinbarende Schwäche dar (*Häsemeyer* Insolvenzrecht, Rz. 26.05, 26.13; *Pape* Rpfleger 1997, 237 [240 ff.]).

II. Zweistufiges Verfahren

20 Das gesetzliche Schuldbefreiungsverfahren ist in zwei Verfahrensteile untergliedert (*Häsemeyer* Insolvenzrecht, Rz. 26.10, spricht von drei Abschnitten). In dem ersten, als Zulassungs- oder Vorverfahren konzipierten Abschnitt wird darüber befunden, ob der Schuldner Zugang zu dem eigentlichen Schuldbefreiungsverfahren erhalten soll. Dieser erste Verfahrensteil beginnt mit der Antragstellung des Schuldners gemäß den §§ 287 Abs. 1 Satz 1, 305 Abs. 1 InsO. Er endet mit der Entscheidung des Insolvenzgerichts

Grundsatz

nach § 289 Abs. 1 Satz 2 InsO, durch die eine Restschuldbefreiung auf Grundlage von § 290 InsO versagt oder eine Schuldbefreiung nach Maßgabe von § 291 InsO angekündigt wird, und der Aufhebung des Insolvenzverfahrens gemäß § 289 Abs. 2 Satz 2 InsO. Abgesehen von dem Fall des § 289 Abs. 3 Satz 1 InsO verläuft dieser erste Verfahrensabschnitt parallel zu einem Insolvenzverfahren, das als Regel- oder Verbraucherinsolvenzverfahren ausgestaltet ist. Erst nach Rechtskraft des Beschlusses über die Versagung oder Ankündigung der Schuldbefreiung ist das Insolvenzverfahren aufzuheben, § 289 Abs. 2 Satz 2 InsO. Obwohl es dafür keine ausdrückliche Anordnung gibt, wird der zeitliche Rhythmus trotzdem durch das Insolvenzverfahren bestimmt sein, dessen Feststellungen vielfach das Schuldbefreiungsverfahren binden. Der erste Abschnitt des Schuldbefreiungsverfahrens wird deshalb regelmäßig zeitgleich mit dem inhaltlichen Abschluß des Insolvenzverfahrens beendet werden.

Mit der gerichtlichen Ankündigung der Restschuldbefreiung wird der Schuldner zu dem eigentlichen Schuldbefreiungs- oder Hauptverfahren als zweitem Verfahrensteil zugelassen. Dieser zweite Verfahrensabschnitt wird von der auch als Wohlverhaltensperiode bezeichneten Treuhandzeit geprägt. Entsprechend der Laufzeit der Abtretungserklärung beträgt diese Phase grundsätzlich sieben Jahre, § 287 Abs. 2 Satz 1 InsO, für das Übergangsrecht gemäß Art. 107 EGInsO fünf Jahre, nach deren Ablauf das Gericht über die Erteilung der Restschuldbefreiung entscheidet. In dieser Treuhandperiode trifft den Schuldner ein umfassendes Programm von Obliegenheiten und Anforderungen, das ihn dazu veranlassen soll, seine noch bestehenden Verbindlichkeiten nach Kräften zu erfüllen. Obwohl die Entscheidung über die Restschuldbefreiung erst im Anschluß an die Treuhandzeit getroffen wird, ist sie doch integraler Bestandteil dieses zweiten Abschnitts, da für diese Entscheidung ein eigenes Verfahrensprogramm fehlt. 21

III. Dynamisches und dauerhaftes Verfahren

Wegen dieser Ergänzung um ein Schuldbefreiungsverfahren bildet das Insolvenzverfahren nicht mehr den juristischen Endpunkt einer Insolvenz, der lediglich durch das Nachforderungsrecht hinausgeschoben wird, sondern vielfach nur noch eine Zwischenstation auf dem Weg zu einer Gesamtbereinigung der Schulden. Aus diesem Grund erscheint es auch sachgerecht, den Neuerwerb mit zur Insolvenzmasse zu ziehen, § 35 InsO. Aufgrund dieser legislativen Entscheidung entsteht insbesondere aus den laufenden Einkünften eines Arbeitnehmers immer neue Masse, die es zu verteilen gilt. In der Vorstellungswelt eines statisch angelegten Insolvenzverfahrens könnte dann die Verwertung der Insolvenzmasse nie beendet werden, also niemals eine Schlußverteilung gemäß § 196 Abs. 1 InsO erfolgen. Als Folge dieser aus der bisherigen Systematik nicht zu erklärenden neuen Konzeption würde das Insolvenzverfahren perpetuiert. Hier zeigen nun die Regeln der Restschuldbefreiung, daß eine derartige Verewigung des Insolvenzverfahrens unterbleiben muß, um dem Schuldner nicht den Zugang zum Schuldbefreiungsverfahren zu versperren. Falls der Schuldner den an ihn gestellten Anforderungen entspricht und neue Masse schafft, darf dies nicht zu seinem Nachteil den Beginn der Treuhandzeit verzögern. In einem dynamischen Verfahren ist auch der fortwährende Zuwachs der Masse zu erklären. Sobald die Gegenstände außerhalb des laufenden Einkommens erfaßt und die Verteilungsquoten bestimmt sind, weil feststeht, mit welchem Betrag die absonderungsberechtigten Gläubiger gegebenenfalls ausgefallen sind, hat das Gericht den Schlußtermin nach § 197 Abs. 1 InsO zu bestimmen. Soweit danach ein Neuerwerb erfolgt, ist auch keine Nachtragsverteilung gemäß § 203 InsO erforder- 22 lich, weil er während der Treuhandzeit vom Treuhänder gemäß § 292 Abs. 1 Satz 2 InsO zu verteilen ist.

23 Verfassungsrechtlich muß dem Schuldner zudem ein effektiver Zugang zum Restschuldbefreiungsverfahren eröffnet werden, der es ihm ermöglicht, sein subjektives Recht auf die gesetzliche Schuldbefreiung zu verwirklichen. Als Folge des Justizgewährungsanspruchs (vgl. *Rosenberg/Schwab/Gottwald* Zivilprozeßrecht, § 3 I) ist dem Schuldner auch ein effektives Verfahren über die Restschuldbefreiung zu gewähren. Verweigert oder verzögert das Gericht entgegen dieser Verpflichtung den Rechtsschutz, so kann es im Wege einer Verfassungsbeschwerde vom *BVerfG* gezwungen werden, den gesetzlichen Verpflichtungen nachzukommen (BVerfGE 78, 165 [178]; 86, 71 [76f.]).

24 Aus der siebenjährigen Treuhandzeit gewinnt das Schuldbefreiungsverfahren schließlich den Charakter eines Dauerrechtsverhältnisses. Eine erste Konsequenz daraus ergibt sich daraus – wie soeben erwähnt – für den Neuerwerb. An diese zeitliche Dimension des Verfahrens müssen aber auch die Anforderungen im Schuldbefreiungsverfahren angepaßt werden. Deswegen sieht die Insolvenzordnung ein gestaffeltes Konzept von Versagungs- und Widerrufsgründen vor. In dem ersten Verfahrensabschnitt ist die Versagung gemäß § 290 InsO noch am relativ einfachsten zu erreichen. Für eine Versagung im zweiten Teil des Schuldbefreiungsverfahrens bestehen bereits strengere Voraussetzungen, weil etwa jede Obliegenheitsverletzung nach § 295 InsO zusätzlich die Befriedigung der Insolvenzgläubiger beeinträchtigt haben muß. Ein Widerruf der erteilten Restschuldbefreiung nach dem Ende des zweiten Abschnitts ist sogar nur bei einer vorsätzlichen Obliegenheitsverletzung zulässig, die eine Befriedigung der Insolvenzgläubiger erheblich beeinträchtigt hat. Mit jeder Stufe sind die Hürden gegenüber einer Versagung oder einem Widerruf der Restschuldbefreiung höher. Durch den prozeßhaften Charakter werden jedoch nicht allein die Erfordernisse zwischen den einzelnen Verfahrensabschnitten verändert, denn der zeitliche Verlauf wirkt sich ebenfalls auf die Anforderungen in dem zweiten Verfahrensabschnitt aus, der siebenjährigen Treuhandperiode. Mit der Bonusregelung des § 292 Abs. 1 Satz 3 InsO wird deshalb ein erfolgreiches Vorankommen des Schuldners honoriert. Außerdem ist das Verbot einer mißbräuchlichen Rechtsausübung vor allem gegenüber Versagungsanträgen zum Ende der Treuhandphase zu berücksichtigen, die auf geringfügige Obliegenheitsverletzungen gestützt werden. Aus dem Verhältnismäßigkeitsgrundsatz kann möglicherweise zusätzlich zum Ende der Treuhandzeit eine Hinweis- und Warnpflicht auf die Folgen einer Obliegenheitsverletzung zu entwickeln sein. Allerdings kann daraus keine der Abmahnung generell vergleichbare Anforderung abgeleitet werden, denn dafür fehlt eine dem § 326 BGB für Dauerschuldverhältnisse entsprechende verfahrensbezogene Rechtsgrundlage (s. a. § 295 Rz. 4).

IV. Restschuldbefreiung im System von Schuld und Haftung

25 Ein Fundamentalsatz des Privatrechts verlangt die vermögensrechtliche Haftung des Individuums für seine privatautonom begründeten Schulden (*Häsemeyer* FS Henckel, 353 [355]; *Gernhuber* Das Schuldverhältnis, § 4 I 2; *Kramer* in MünchKomm, Einleitung vor § 241 Rz. 41; zur rechtsethischen Legitimierung *Menzinger* Das freie Nachforderungsrecht der Konkursgläubiger, 91 ff.). Als Folge seines privatautonomen Handelns hat der Schuldner seine selbstbestimmten Entscheidungen mit dem Vermögen zu verantworten. Die Vermögenshaftung bildet damit das haftungsrechtliche Korrelat der Privatautonomie. Trotz der vielspurigen Wege, auf denen die Haftung begrenzt

Grundsatz § 286

werden kann, gehört die Vermögenshaftung zu den beständigen Grundlagen der Privatrechtsgesellschaft. Da den Gläubigern das Schuldnervermögen als Haftungsmasse zugewiesen ist, wird in der Einzelzwangsvollstreckung und in der Insolvenz das Prinzip der Vermögenshaftung realisiert, die Haftungsfunktion des Vermögens in Anspruch genommen (*Rosenberg/Gaul/Schilken* Zwangsvollstreckungsrecht, § 3 III 3; *Gerhardt* FS Gaul, 139; *Gernhuber* Das Schuldverhältnis, § 4 II; *Staudinger/J. Schmidt* Einl zu §§ 241 ff Rz. 175 ff.). Zusätzlich sichert das freie Nachforderungsrecht der Gläubiger gemäß § 201 Abs. 1 InsO, früher § 164 Abs. 1 KO, diese Haftungsfunktion auch nach einer Liquidation des vorhandenen Vermögens (*Ackmann* Schuldbefreiung durch Konkurs?, 111 ff.; s. a. *Ahrens* Der mittellose Geldschuldner, 160 f.). Zwangsvollstreckung und Insolvenzverfahren begründen also nicht die Haftung des Schuldnervermögens für die Verbindlichkeiten, sondern setzen sie vielmehr voraus (*Gerhardt* FS Gaul, 139 [151]).

In dieser Funktion einer Haftungsverwirklichung ist das Insolvenzrecht abhängig vom 26 materiellen Recht (Grenzen nennt *Dorndorf* FS Merz 31 [35 ff.]; *Lippross* Grundlagen und System des Vollstreckungsschutzes, 87 ff., 94, geht von einem übergreifenden Prinzip des materiellen und des Vollstreckungsrechts aus; zur Kritik an einer umgekehrten Bestimmung des materiellen Rechts aus haftungsrechtlichen Grundsätzen, *Ahrens* Der mittellose Geldschuldner, 153 ff.), doch besagt dies nicht, daß sich die Aufgabe des Insolvenzrechts in einer Haftungsverwirklichung erschöpft. Von § 1 Satz 2 InsO und mit dem Institut der Restschuldbefreiung wird der aus dem materiellen Recht abzuleitenden Haftungsstrenge die eigenständige Zielsetzung einer Schuldbefreiung entgegengesetzt. Dabei schafft dieses Institut jedoch keine Haftungsbeschränkung, die den Grundsatz der Vermögenshaftung infrage stellt. Wie die Bezeichnung als Schuldbefreiung zutreffend signalisiert, wird gerade die Schuld verändert, §§ 286, 301 InsO. Durch die Restschuldbefreiung wird der Schuldner von den rechtsverbindlichen Folgen seiner Entscheidungen befreit (*Häsemeyer* FS Henckel, 353 [361]; *Smid* BB 1992, 501 [511]; *Forsblad* Restschuldbefreiung, 316). Die gesetzliche Schuldbefreiung gestaltet daher das materielle Recht aus, ohne die Haftungsregeln zu verändern (anders *Forsblad* Restschuldbefreiung, 317). Bei der Restschuldbefreiung handelt es sich deshalb um ein im Insolvenzrecht geregeltes Institut mit genuin materiellrechtlichen Wirkungen.

Die Schuldbefreiung führt also zu einer materiellen Veränderung der Schuld (a. A. *Smid* 27 Restschuldbefreiung, in: Insolvenzrecht im Umbruch, 139 [151]). Dies unterscheidet die Restschuldbefreiung vom Zwangsvergleich, der die ursprüngliche Forderung ihrem Wesen nach nicht verändern und nur den Umfang des Anspruchs begrenzen soll (RGZ 92, 181 [187]; 119, 391 [396]). Trotz dieser inhaltlichen Veränderung der Schuld bleibt jedoch auch nach einer Restschuldbefreiung der Rechtsgrund der Verbindlichkeit etwa aus Kaufvertrag oder Delikt bestehen. Aus einer erzwingbaren Verbindlichkeit entsteht freilich eine Schuld, die zwar immer noch einen Grund für das Behaltendürfen der Leistung bildet, aber für Haupt- und Nebenleistungen nicht mehr durchsetzbar ist. Mit dieser Umwandelung der Schuld in eine unvollkommene Verbindlichkeit (dazu § 301 Rz. 8 ff.) modifiziert die Restschuldbefreiung den Charakter der Leistungspflicht. Systematisch ist diese Umwandlung an der Veränderung der Leistungspflicht ausgerichtet, die auch das Recht der nachträglichen Unmöglichkeit der §§ 275, 280 BGB kennzeichnet. Nicht zufällig lehnt sich deshalb die von § 286 InsO formulierte Befreiung von der Verbindlichkeit an die Leistungsfreiheit i. S. v. § 275 Abs. 1 BGB an. Im Unterschied zu § 275 Abs. 1 BGB entfällt jedoch nicht die gesamte Pflicht, denn der Verbindlichkeit wird allein die Haftungswirkung genommen. Funktional wird dadurch eine nicht auf die einzelne Verbindlichkeit bezogene, für alle Schulden bestehende und damit insolvenzrechtlich zu interpretierende Leistungsgrenze des Schuldners festgestellt und über die Dauer des Schuldbefreiungsverfahrens hinweg fixiert. Die Treuhandzeit dient also nicht allein der Gläubigerbefriedigung und der Erprobung des Schuldners, sondern konserviert dauerhaft die äußerste Leistungsanstrengung des Schuldners. Auf insolvenzrechtlichem Weg wird damit eine Leistungsgrenze des Schuldners bestimmt, die am Ende der ordnungsgemäß erfüllten Treuhandzeit zu einer Umwandelung seiner Verpflichtungen in unvollkommene Verbindlichkeiten führt.

28 Durch diese insolvenzrechtlich veranlaßte Veränderung wird den Schulden mit Ausnahme der in § 302 InsO bestimmten Verbindlichkeiten die Haftungswirkung genommen. Äußerlich bleibt zwar diese Konzeption in das bestehende System von Schuld und Haftung eingebunden. Da aber der Gleichlauf von Schuld und Haftung auf breiter Front durch ein Gegenrecht des Schuldners durchbrochen wird, ist mit der Restschuldbefreiung ein Intermedium zwischen der vermögensrechtlichen Haftung für die privatautonom begründeten Schulden geschaffen.

D. Voraussetzungen und Einzelfragen des Verfahrens

I. Persönlicher Anwendungsbereich

1. Natürliche Person

29 Nur eine natürliche Person kann auf Grundlage eines Insolvenzverfahrens über ihr eigenes Vermögen eine Restschuldbefreiung nach Maßgabe der §§ 286 ff. InsO erlangen (Begründung RegE BR-Drucks. 1/92, 189). Mit dieser Beschränkung der gesetzlichen Schuldbefreiung auf natürliche Personen wird die frühere Ungleichheit ihrer nachkonkurslichen Haftung vor allem gegenüber juristischen Personen ausgeglichen. Bei juristischen Personen, insbesondere Aktiengesellschaften und Gesellschaften mit beschränkter Haftung, führt das Insolvenzverfahren zur Auflösung, §§ 42 Abs. 1 Satz 1 BGB, 262 Abs. 1 Nr. 3 AktG, 60 Abs. 1 Nr. 4 GmbHG, 101 GenG, und regelmäßig auch Löschung in dem Handelsregister, wobei entsprechendes für Gesellschaften ohne Rechtspersönlichkeit gilt, wenn kein persönlich haftender Gesellschafter eine natürliche Person ist, § 131 HGB. Bedeutung gewinnt das Nachforderungsrecht gemäß § 201 Abs. 1 InsO daher überhaupt nur, wenn das Insolvenzverfahren eine natürliche Person betrifft oder wenn nach einem Insolvenzverfahren über eine Gesellschaft natürliche Personen weiter haften (Begründung RegE BR-Drucks. 1/92, S. 188).

30 Jede natürliche Person kann unabhängig von ihrer sozialen Rolle die Restschuldbefreiung erreichen. Unterschiedlich ausgestaltet sind lediglich die Zugangswege zu diesem Schuldbefreiungsverfahren entweder über ein Verbraucher- oder ein Regelinsolvenzverfahren (*Schmidt-Räntsch* KS 1177 Rz. 8). Dieses zweigleisig angelegte Insolvenzverfahren leitet in ein eingleisiges Restschuldbefreiungsverfahren über, denn es besteht nur ein einheitliches und für alle Schuldner gleiches gesetzliches Schuldbefreiungsverfahren, weswegen die Einschränkung aus § 304 InsO für die Restschuldbefreiung nicht gilt. Mit dieser Einheitslösung ist die Restschuldbefreiung Bestandteil des allgemeinen Privatrechts, sie schafft also kein Sonderprivatrecht einer bestimmten Personengruppe (*Häsemeyer* FS Henckel 353 [358]). Deswegen können nicht erwerbstätige Personen, wie Auszubildende, Studierende, Hausfrauen (oder -männer), Arbeitslose, Sozialleistungsempfänger oder Rentner, als Arbeitnehmer nicht selbständig tätige sowie arbeitnehmerähnliche Personen, aber auch Freiberufler, Landwirte, Einzelkaufleute,

persönlich haftende Gesellschafter oder Geschäftsführer einer Gesellschaft durch das Schuldbefreiungsverfahren von ihren im Insolvenzverfahren nicht erfüllten Verbindlichkeiten befreit werden. Unter der Voraussetzung eines Insolvenzverfahrens über sein eigenes Vermögen kann ein persönlich haftender Gesellschafter auch von der Mithaftung für die Gesellschaftsschulden befreit werden.

Geschäftsunfähige und beschränkt Geschäftsfähige, also insbesondere Minderjährige, sind insolvenzfähig (*Häsemeyer* Insolvenzrecht, Rz. 6.18) und können deshalb bei einer wirksamen Vertretung ein Insolvenzverfahren sowie die Erteilung von Restschuldbefreiung beantragen. Institutionelle Gründe stehen ihrer Schuldbefreiung nicht entgegen. Auch die regelmäßig unselbständige Lage von Minderjährigen hindert die ohne Mindestquote zu erteilende Restschuldbefreiung nicht, sofern nur die allgemeinen Anforderungen und Obliegenheiten erfüllt werden. Durch das Gesetz zur Beschränkung der Haftung Minderjähriger (vom 25. 08. 1998 – BGBl. I S. 2487) – MHbeG (BT-Drucks. 13/5624; dazu etwa *Laum/Dylla-Krebs* FS Vieregge, 513; *Dauner-Lieb* ZIP 1996, 1818; *Nicolai* DB 1997, 514) – wird allerdings die wirtschaftliche und soziale Notwendigkeit eines Restschuldbefreiungsverfahrens Minderjähriger teilweise entfallen. Nach § 1629a Abs. 1 BGB wird die Haftung eines Minderjährigen wegen der rechtsgeschäftlich durch seine Eltern im Rahmen ihrer gesetzlichen Vertretungsmacht begründeten Verbindlichkeiten beschränkt. Trotzdem bleibt wegen der Bereichsausnahmen in § 1629a Abs. 2 BGB sowie der Haftung für deliktisch begründete Verbindlichkeiten das Bedürfnis für ein Restschuldbefreiungsverfahren Minderjähriger bestehen. Auf diese Weise kann außerdem ein Teil der Lasten bewältigt werden, die zu den Zweifeln an der verfassungsrechtlichen Zulässigkeit der vollen Haftung Jugendlicher bei leicht fahrlässig begangenen unerlaubten Handlungen geführt haben (dazu einerseits die Vorlagebeschlüsse *OLG Celle* 1989, 709; *LG Dessau* NJW-RR 1997, 214; andererseits *Mertens* in MünchKomm, § 828 Rz. 14; *Medicus* AcP 192 (1992), 35 [66]; s. a. *Erman/Schiemann* § 828 Rz. 2; außerdem § 302 Rz. 6). 31

Straf- oder Untersuchungshäftlingen kann eine Restschuldbefreiung ebenfalls erteilt werden. Bedenken bestehen nur dagegen, ob sie die Treuhandzeit während der Straf- oder Untersuchungshaft absolvieren dürfen. Da durch eine solche Haft nicht gegen die Erwerbsobliegenheit aus § 295 Abs. 1 Nr. 1 InsO verstoßen wird (§ 295 Rz. 12), sind prinzipielle Zweifel nicht berechtigt. Von den Verbindlichkeiten aus vorsätzlich begangenen unerlaubten Handlungen sowie Geldstrafen und den gleichgestellten Verbindlichkeiten werden sie aber nach § 302 InsO nicht befreit. Bei der Inlandsinsolvenz eines ausländischen Schuldners steht das Schuldbefreiungsverfahren ebenfalls offen. 32

Angehörige aus dem Haushalt des Schuldners nehmen an seinem Schuldbefreiungsverfahren nicht teil (Begründung RegE BR-Drucks. 1/92, 189; kritisch *Forsblad* Restschuldbefreiung, 266f.; *Scholz* BB 1992, 2233 [2236f.]; *ders.* FLF 1995, 145 [148]; s. a. *Jauernig* Zwangsvollstreckungs- und Insolvenzrecht, § 95 II). Bei einer Insolvenz müssen sie deswegen ein eigenes Insolvenz- und Restschuldbefreiungsverfahren absolvieren. Unter den gegeben gesetzlichen Rahmenbedingungen, mit ihren gesamten persönlichen Anforderungen und Risiken, vgl. nur § 295 InsO, erscheint ein Verbund zweier Befreiungsverfahren kaum zweckmäßig. Zur Zulässigkeit einer Streitgenossenschaft unten Rz. 43f. 33

2. Tod des Schuldners

Verstirbt der Schuldner während des Schuldbefreiungsverfahrens ist zusammenfassend von folgenden Konsequenzen für die Restschuldbefreiung auszugehen: Im ersten Ver- 34 fahrensabschnitt vor Ankündigung der Restschuldbefreiung wird das parallel durchgeführte Insolvenzverfahren in ein Nachlaßinsolvenzverfahren übergeleitet. Außerdem ist grundsätzlich der Antrag auf Erteilung der Restschuldbefreiung für erledigt zu erklären. Stirbt der Schuldner im zweiten Abschnitt des Schuldbefreiungsverfahrens, so ist – mit aller Vorsicht – eine Fortsetzung des Schuldbefreiungsverfahrens einschließlich der Möglichkeit einer Erteilung der Restschuldbefreiung anzunehmen.

35 Im Einzelnen: Beim Tod des Schuldners müssen prozessuale und materiellrechtliche Folgen für die Restschuldbefreiung unterschieden werden. Verfahrensrechtlich sind die Wirkungen aus den Vorschriften über das zivilprozessuale Erkenntnisverfahren und nicht aus der vollstreckungsrechtlichen Regelung des § 779 ZPO abzuleiten, weil die Konzeption des Schuldbefreiungsverfahrens an ein Streitverfahren angelehnt ist. Mit dem Tod des Schuldners findet deshalb ein gesetzlicher Parteiwechsel statt (*Stein/ Jonas/Roth* ZPO, § 239 Rz. 1), denn eine Rechtsnachfolge in die prozessuale Stellung scheidet nur dort ausnahmsweise aus, wo das Verfahren wegen seiner Zielrichtung sinnvoll allein mit dem Erblasser geführt werden kann, wie etwa in Straf- oder Disziplinarsachen (*Soergel/Stein* BGB, § 1922 Rz. 105). Bei einem Restschuldbefreiungsverfahren ist ein Parteiwechsel dagegen nicht ausgeschlossen, beendet doch selbst das Erlöschen eines Anspruchs noch nicht den Prozeß (*Stein/Jonas/Roth* ZPO, § 239 Rz. 1; *Soergel/Stein* BGB, § 1922 Rz. 105f.).

36 Ein Restschuldbefreiungsverfahren darf freilich nur zusammen mit einem Insolvenzverfahren beantragt werden (s. o. Rz. 18), weswegen die Auswirkungen eines Todesfalls auf beide Verfahren beachtet werden müssen. Stirbt der Schuldner, so kann das Insolvenzverfahren in ein Nachlaßinsolvenzverfahren gemäß den §§ 315 ff. InsO überzuleiten sein. Bereits nach der früheren Rechtslage ging der Regelkonkurs in einen Nachlaßkonkurs über, wenn der Gemeinschuldner im Verlauf eines Konkursverfahrens über sein Vermögen verstorben ist (*Jaeger/Weber* KO, § 214 Rz. 21; *Hess* KO, § 214 Rz. 19; *Kuhn/Uhlenbruck* KO, § 214 Rz. 13; *Kilger/Karsten Schmidt* KO, § 214 Anm. 7), und das Regelvergleichsverfahren wurde in ein Nachlaßvergleichsverfahren überführt (*Bley/ Mohrbutter* VglO, § 113 Rz. 69). Auch das Regelinsolvenzverfahren wird mit dem Tod des Schuldners in ein Nachlaßinsolvenzverfahren übergeleitet (§ 315; *Haarmeyer/ Wutzke/Förster* Handbuch, Rz. 3/101). Ein Verbraucherinsolvenzverfahren ist im allgemeinen ebenfalls in ein Nachlaßinsolvenzverfahren zu überführen. Nach Abschluß des Verbraucherinsolvenzverfahrens können die Erben jedoch einen bereits vereinbarten Schuldenbereinigungsplan erfüllen.

37 Auf diese Folgen für das Insolvenzverfahren sind nun die Auswirkung des Todesfalls im Restschuldbefreiungsverfahren abzustimmen, wobei zwischen dessen zwei Abschnitten zu trennen ist. In dem ersten, als Zugangsverfahren ausgestalteten Teil verläuft das Restschuldbefreiungsverfahren neben einem Regel- oder einem Verbraucherinsolvenzverfahren (dazu oben Rz. 20). Da diese Verfahren eng miteinander verbunden, aber doch eigenständig sind, müssen die Folgen durch den Todesfall für beide Verfahren selbständig bestimmt werden. Das Insolvenzverfahren wird dann also in ein Nachlaßinsolvenzverfahren überführt. Im Restschuldbefreiungsverfahren ist dagegen eine solche Überleitung weder zulässig noch erforderlich, denn es ist nicht auf eine Verwertung der Insolvenzmasse angelegt und den Haftungsinteressen der Gläubiger wird bereits in dem Nachlaßinsolvenzverfahren hinreichend Rechnung getragen. Da eine Überführung des Schuldbefreiungsverfahrens ausscheidet, muß es auf andere Weise abgeschlossen werden. Vor Ankündigung der Restschuldbefreiung existiert im Schuldbefreiungsverfahren dafür jedoch keine auf die Erben übertragbare Position. Da die Restschuldbefreiung nicht mehr von dem Schuldner als natürliche Person beantragt

Grundsatz § **286**

wird, ist das Schuldbefreiungsverfahren für erledigt zu erklären oder der Antrag als unzulässig abzuweisen.

Mit dem Eintritt in den von der Treuhandzeit geprägten zweiten Abschnitt des Rest- **38** schuldbefreiungsverfahrens (hierzu oben Rz. 21) ist der zuvor bestehende Zusammenhang von Schuldbefreiungs- und Insolvenzverfahren beendet. Durch den Tod des Schuldners während der Laufzeit der Abtretungserklärung wird deshalb eine andere verfahrensrechtliche Beurteilung gefordert. In diesem zweiten Abschnitt ist das Insolvenzverfahren nach Maßgabe von § 289 Abs. 2 Satz 2 InsO aufgehoben, weshalb es nicht mehr in ein Nachlaßinsolvenzverfahren übergehen kann. Ebensowenig kann aber im zweiten Verfahrensabschnitt das Restschuldbefreiungsverfahren in ein Nachlaßinsolvenzverfahren übergeleitet werden, weil das insolvenzrechtliche Liquidationsverfahren abgeschlossen ist und die Verfahrensvoraussetzungen einer Nachlaßinsolvenz nicht ohne weiteres bestehen, denn die Vorschriften der Nachlaßinsolvenz sind nur anzuwenden, soweit es die Lage des Falls gestattet (vgl. *Jaeger/Weber* KO § 214 Rz. 21). Schließlich hat das Insolvenzgericht auch die Restschuldbefreiung nach § 289 Abs. 1 Satz 2 InsO angekündigt, also die Zulässigkeit des Schuldbefreiungsverfahrens rechtskräftig festgestellt. Eine erneute Zulässigkeitsprüfung ist dann nicht mehr vorgesehen. Bei einem Tod des Schuldners in dem zweiten Verfahrensabschnitt ist daher entweder die Restschuldbefreiung zu versagen und das Verfahren vorzeitig zu beenden oder das Verfahren durch den Erben fortzuführen und eine Restschuldbefreiung zu erteilen.

Gegen eine Versagung der Restschuldbefreiung sowie gegen eine vorzeitige Beendigung **39** des Verfahrens spricht allerdings der Wortlaut von § 299 InsO, denn diese Vorschrift läßt den angesichts der langen Dauer der Treuhandperiode nicht unwahrscheinlichen Todesfall unerwähnt. Allerdings betrifft die Regelung in § 299 InsO doch wohl nur die auf einem Verstoß gegen die Anforderungen beruhenden Versagungsgründe. Auch ein abgeschlossener außergerichtlicher oder gerichtlicher Vergleich ist aber nach dem Tod des Schuldners zu erfüllen (*Bley/Mohrbutter* VglO § 8 Rz. 7) und nicht vorzeitig zu beenden. Es erscheint hier jedoch fraglich, ob die Ankündigung der Restschuldbefreiung mit der im Vergleich für eine weitere Erfüllung geschaffenen Rechtsgrundlage gleichzusetzen ist. Da aus diesen Regelungen keine eindeutigen Aussagen zu gewinnen sind, kommt es also darauf an, ob umgekehrt eine Fortführung des Schuldbefreiungsverfahrens ausgeschlossen ist.

Das Verfahren über die Restschuldbefreiung darf nach dem Tod des Schuldners nur dann **40** mit dem Erben fortgesetzt werden, wenn die in den §§ 286 bis 303 InsO geschaffene materielle Rechtsposition auf den Erben übergegangen ist. Vermögensrechtliche Positionen sind zwar im Grundsatz vererblich, doch kann sich vor allem aus den für sie maßgebenden Sondervorschriften des positiven Rechts auch etwas anderes ergeben (*Leipold* in MünchKomm, § 1922 Rz. 17; *Staudinger/Marotzke* BGB, § 1922 Rz. 113, 115). Gegen eine Vererblichkeit selbst einer vermögenswerten Rechtsposition spricht, wenn das betreffende Recht höchstpersönlichen Zwecken dient (was *Döbereiner* Restschuldbefreiung, 219, für die Schuldbefreiung annimmt) oder untrennbar mit der Person des Schuldners verknüpft ist (*Staudinger/Marotzke* BGB, § 1922 Rz. 115). Ein Anhaltspunkt für ein unvererbliches Recht ist deshalb aus dem Ziel der Restschuldbefreiung zu entwickeln, dem verschuldeten Individuum einen wirtschaftlichen Neubeginn zu ermöglichen. Ob sich dieser Zweck auf den Erben erweitern läßt, selbst wenn er im Haushaltsverbund mit dem Schuldner steht und ebenfalls verschuldet ist, erscheint angesichts der im Schuldbefreiungsverfahren getrennten Vermögenssphären eher fraglich. Schließlich gehört es auch nicht ohne weiteres zu den rechtlich legitimen Interessen, das vom Schuldner in der Treuhandzeit angesammelte Vermögen weiterhin dem Vollstreckungsverbot des § 294 Abs. 1 InsO zu unterwerfen und eine Schuldbefreiung zuzulassen.

41 Zudem indizieren die während der Treuhandzeit an den Schuldner gestellten Obliegenheiten insbesondere aus § 295 InsO mit ihrem individuellen Charakter möglicherweise das Regelungskonzept. Ob die Erwerbsobliegenheiten und die Unterrichtungen durch den Erben erfüllt werden können, erscheint problematisch. Sobald allerdings die Obliegenheiten als verfahrensrechtliches Mittel in den Hintergrund treten und ihr wirtschaftlicher Zweck in den Vordergrund rückt, ändert sich die Perspektive. Angestrebt wird mit diesen Anforderungen eine bestmögliche Befriedigung der Insolvenzgläubiger, die auch der Erbe leisten kann. Offen bleibt allein der Maßstab, an dem seine Leistungen zu orientieren sind. Falls jedoch diese Richtgröße feststeht, etwa weil die Treuhandzeit bis auf wenige Monate absolviert ist, in denen kein Zweifel an dem hypothetischen Leistungsumfang des Schuldners auftreten, erscheint eine aus ihrer Individualität abzuleitende Unübertragbarkeit der Anforderungen nicht mehr selbstverständlich. Nun kann zwar die allgemeine Regelung nicht danach differenziert werden, ob im Einzelfall mögliche Zweifel an dem Leistungsinhalt auszuräumen sind, denn sie muß sich gleichermaßen zu Beginn wie zum Ende der Treuhandzeit als tragfähig erweisen. Die Überlegungen zeigen aber, daß die persönlichen Obliegenheiten keine stets verbindliche Bewertung gestatten. Aufgrund dieser insgesamt nicht eindeutigen Situation ist infolge der für den Rechtsverkehr wünschenswerten Kontinuität im Zweifel eher von einem Übergang als einem Untergang bestehender Rechtsverhältnisse und damit von einer Vererblichkeit der vermögensrechtlichen Beziehungen auszugehen (vgl. *Staudinger/Marotzke* BGB, § 1922 Rz. 115). Beachtliche Gründe sprechen damit für wie auch gegen eine Fortführung des Schuldbefreiungsverfahren. Bei allen Einwänden auch gegen eine Fortsetzung des Verfahrens bleiben jedoch erhebliche Bedenken gegen eine vorzeitige Beendigung bestehen, über die nicht hinwegzusehen ist. Deshalb ist letztlich wohl von einem Fortgang des Schuldbefreiungsverfahrens und von der Möglichkeit der Erteilung einer Restschuldbefreiung auszugehen. Allerdings muß der Erbe dann die Anforderungen während der Treuhandzeit bestmöglich erfüllen, die sich entsprechend dem Grundgedanken aus § 309 Abs. 1 Nr. 2 HS 2 InsO nach den bislang bestehenden Verhältnissen des Schuldners richten.

II. Antrag

42 Ein Schuldbefreiungsverfahren wird allein auf Antrag des Schuldners durchgeführt, § 287 Abs. 1 Satz 1 InsO. Zu den Form- und Fristerfordernissen für diesen Antrag vgl. § 287 Rz. 7 ff. Ohne dies ausdrücklich anzuordnen, setzt die Insolvenzordnung zusätzlich als selbstverständlich voraus, daß die Restschuldbefreiung in Verbindung mit einem Insolvenzverfahren beantragt werden muß, etwa in den §§ 1, 287 Abs. 1 Satz 2, 289 Abs. 1 und 2, 305 Abs. 1 Nr. 2 InsO. Unschädlich ist dabei gemäß § 289 Abs. 3 Satz 1 InsO, wenn das Insolvenzverfahren nach den §§ 209, 211 InsO wegen Masseunzulänglichkeit eingestellt wurde.

III. Streitgenossenschaft

43 Obwohl die Partner einer Lebensgemeinschaft häufig gemeinsam überschuldet sind, verlangt die Insolvenzordnung von ihnen jeweils eigene Insolvenz- und Schuldbefrei-

Grundsatz § 286

ungsverfahren (Begründung RegE BR-Drucks. 1/92, 189; *Schmidt-Räntsch* FS Hanisch, 217 [226]). Nach den Regeln über die Streitgenossenschaft der §§ 59 f. ZPO ist allerdings eine Zusammenfassung mehrerer Insolvenz- und Schuldbefreiungsverfahren zulässig. Vielfach werden auch zwischen den Partnern Rechtsgemeinschaften i. S. v. § 59 1. Alt. ZPO bestehen, die eine Streitgenossenschaft eröffnen. Dies gilt etwa bei einer Gesamtschuldnerschaft z. B. gegenüber Vermietern oder Versicherern, für das Verhältnis zwischen Hauptschuldner und Schuldmitübernehmer bspw. bei einem Darlehen (vgl. *Schilken* in MünchKomm/ZPO, § 59 Rz. 8), aber auch zwischen Hauptschuldner und Bürgen (*Baumbach/Lauterbach/Albers/Hartmann* ZPO, § 59 Rz. 4; *Fenge* NJW 1971, 1920 [1921]). Von dieser Rechtsstellung sind allerdings die Rechte des Mitschuldners oder Bürgen im Insolvenz- und Restschuldbefreiungsverfahren des Schuldners zu unterscheiden, dazu § 301 Rz. 20 ff.

In einem Schuldbefreiungsverfahren ist jedoch ebenso wie in einem Insolvenzverfahren 44 eine Vielzahl von Ansprüchen betroffen, von denen nur einzelne in einer Rechtsgemeinschaft oder in einem anderen die Streitgenossenschaft begründenden Verhältnis stehen werden. Da der Verfahrensstoff durch diese Vielzahl von einzelnen Verbindlichkeiten unnötig belastet wird, kann kaum von einer verfahrensökonomischen Zusammenfassung zur Vermeidung von Wiederholungen gesprochen werden, die zur Begründung der Streitgenossenschaft angeführt wird (*BGH* NJW 1992, 981 [982]; *Schilken* in MünchKomm/ZPO, § 59 Rz. 1; *Rosenberg/Schwab/Gottwald* Zivilprozeßrecht, § 48 II 1). Im Insolvenzverfahren sollte deshalb aufgrund seiner Eilbedürftigkeit keine Streitgenossenschaft begründet werden. Im Schuldbefreiungsverfahren erscheint darüber hinaus eine Zusammenfassung wegen der zahlreichen persönlichen Anforderungen und Risiken kaum zweckmäßig, vgl. nur § 295 InsO.

IV. Prozeßkostenhilfe im Restschuldbefreiungsverfahren

Als Grundsatzfrage erweist sich, ob dem Schuldner für das Restschuldbefreiungsverfahren Prozeßkostenhilfe gemäß §§ 4 InsO, 114 ff. ZPO zu gewähren ist, denn von dieser Entscheidung hängt weithin die Effektivität des Schuldbefreiungsverfahrens ab. Im Konkursrecht wird allerdings eine Prozeßkostenhilfe für den Gemeinschuldner abgelehnt, weil die Regelung des § 107 Abs. 1 Satz 1 KO über eine Abweisung mangels Masse abschließenden Charakter besitzt, das Gericht die notwendigen Ermittlungen von Amts wegen anzustellen hat und der Gemeinschuldner am Verfahren nicht selbst beteiligt ist (*LG Traunstein* NJW 1963, 959; *Kuhn/Uhlenbruck* KO § 6 Rz. 31 e; *Hess* KO, § 72 Rz. 6; *Kilger/Karsten Schmidt* KO § 72 Anm. 4; *Wax* in MünchKomm/ZPO, § 114 Rz. 21; *Uhlenbruck* ZIP 1982, 288 [289]). Dementsprechend wird auch für Gesamtvollstreckungsverfahren nach der GesO eine Prozeßkostenhilfe abgelehnt (*LG Dresden* ZIP 1996, 1671 = EWiR 1996, 1079, mit Anm. *Uhlenbruck*; *Hess/Binz/Wienberg* GesO, § 2 Rz. 52 c; a. A. *Pape* ZIP 1997, 190 [192 ff.]). 45

Das Restschuldbefreiungsverfahren ist in der Insolvenzordnung als eigenständiges und 46 von dem Insolvenzverfahren unabhängiges Verfahren konzipiert, für das die Zulässigkeit der Prozeßkostenhilfe selbständig festzustellen ist (zur Prozeßkostenhilfe für das Insolvenzverfahren vgl. § 310 Rz. 13 ff., § 311 Rz. 9 ff.). Dies folgt aus der kostenrechtlichen Beurteilung, nach der für jeden Verfahrensabschnitt, der besondere Kosten verursacht und nicht in einem untrennbaren inneren Zusammenhang mit einem anderen Abschnitt steht, eigenständig über die Bewilligung der Prozeßkostenhilfe zu entscheiden ist (vgl. *Wax* in MünchKomm, § 119 Rz. 2). Durch die besonderen Gerichtsgebühren für

§ 286   *Restschuldbefreiung*

Versagungs- und Widerrufsanträge nach KV Nr. 4150, die zusätzlichen außergerichtlichen Kosten und die prozeßrechtliche Sonderung gegenüber dem Insolvenzverfahren, ist deshalb eine eigenständige Entscheidung über die Zulässigkeit der Prozeßkostenhilfe geboten, die nicht notwendig mit der für das Insolvenzverfahren übereinstimmen muß. Nur konsequent ist es dann, auch in den besonderen Abschnitten der Versagungs- und Widerrufsverfahren eigens über die Bewilligung von Prozeßkostenhilfe zu entscheiden.

47 Vom Schuldner wird in dem neu konzipierten Schuldbefreiungsverfahren eine nicht mit dem Konkursverfahren vergleichbare aktive Rolle verlangt. Er muß selbst den Antrag auf Erteilung der Schuldbefreiung stellen, seine pfändbaren Bezüge abtreten und auf bestehende Abtretungen oder Verpfändungen hinweisen, § 287 Abs. 1 und 2 InsO. Außerdem hat er im Schuldbefreiungsverfahren umfassende Auskunfts- und andere Obliegenheiten zu erfüllen. Vor allem muß er sich aber gegen Versagungs- und Widerrufsanträge in einem echten Streitverfahren verteidigen. Von einer fehlenden Beteiligung des Schuldners an dem Verfahren und den zur Sachverhaltsklärung genügenden Ermittlungen von Amts wegen kann deswegen nicht gesprochen werden. Dem der Achtung der Menschenwürde auch der ärmsten Schuldner verpflichteten programmatischen Ziele der Restschuldbefreiung gemäß § 1 Satz 2 InsO ist durch eine entsprechende institutionelle Ausgestaltung des Verfahrens Rechnung zu tragen (*Funke* ZIP 1998, 1708 [1710]). Da das Schuldbefreiungsverfahren nach § 289 Abs. 3 Satz 1 InsO durchzuführen ist, wenn das Insolvenzverfahren wegen Masseunzulänglichkeit gemäß § 211 Abs. 1 InsO eingestellt wird, häufig nach Zahlung eines Massekostenvorschusses entsprechend § 26 Abs. 1 Satz 2 InsO, werden auch nicht die Vorschriften über eine Abweisung mangels Masse umgangen (dazu *Bork* ZIP 1998, 1209 [1212]). Bedenken gegen eine Prozeßkostenhilfe sind auch nicht auf § 298 Abs. 1 InsO zu stützen, handelt es sich dabei doch um eine Sonderregelung für die Treuhändervergütung, welche die anderen, typischen Prozeßkosten nicht berührt. Im übrigen kann der Vorschrift Rechnung getragen werden, indem die Kosten des Treuhänders von einer Erstattung ausgenommen werden. Jedenfalls für die Versagungsverfahren ist der Charakter als echtes Streitverfahren mit der erforderlichen Prozeßkostenhilfe unabweisbar, doch ist dieses Recht für das gesamte Restschuldbefreiungsverfahren zu begründen. Im allgemeinen Restschuldbefreiungsverfahren besteht deshalb ebenso wie in den besonderen Verfahrensabschnitten ein Anspruch des Schuldners auf Prozeßkostenhilfe (*Bindemann* Handbuch Verbraucherkonkurs, Rz. 302; *Döbereiner* Restschuldbefreiung, 313 ff.; *Scholz* ZIP 1988, 1157 [1164]; *Smid* NJW 1994, 2678 [2679 f.]; *Kohte* FS Remmers, 479 [486]; *Pape* Rpfleger 1997, 237 [243 f.]; *Henning* InVo 1996, 288 [289]; *Hess/Obermüller* Insolvenzplan, Restschuldbefreiung und Verbraucherinsolvenz, Rz. 768; *Funke* ZIP 1998, 1708; s. a. *Schumacher* ZEuP 1995, 576 [587]; *Häsemeyer* FS Henckel, 353 [366]; de lege ferenda *Forsblad* Restschuldbefreiung, 236 ff.; differenzierend *Bork* ZIP 1998, 1209 [1215 f.]; a. A. *Schmidt-Räntsch* KS 1177, Rz. 108 f.; *Thomas* KS 1205 Rz. 12 ff., 22; *Busch/Graf-Schlicker* InVo 1998, 269).

48 Letztlich ist ein solcher Anspruch aus dem Gebot einer verfassungskonformen Auslegung der Vorschriften über die Prozeßkostenhilfe zu entwickeln, mit der die verfassungsrechtlichen Gewährleistungen auf einfachgesetzlicher Ebene zu verwirklichen sind. Einer systematischen Interpretation, nach der die Massevorschriften eine Prozeßkostenhilfe ausschließen, ist dabei die vorrangige systematische Auslegung entsprechend den Verfassungsregeln entgegenzusetzen. Neben dem Allgemeinwohl dienen die §§ 114 ff. ZPO auch dem Interesse des einzelnen Rechtsuchenden an der Gewährung gerichtlichen Rechtsschutzes. Die Prozeßkostenhilfe bezweckt deswegen, unbemittelten Personen den

Grundsatz § **286**

Zugang zu den staatlichen Gerichten zu eröffnen. Sie stellt als Leistung der staatlichen Daseinsfürsorge und als Bestandteil der Rechtsschutzgewährung eine Einrichtung der Sozialhilfe im Bereich der Rechtspflege dar, die ihre verfassungsrechtliche Legitimation im Gebot des sozialen Rechtsstaats und im allgemeinen Gleichheitssatz findet (*BVerfG* NJW 1991, 413; BGHZ 109, 163 [168]). Nach der Rechtsprechung des Bundesverfassungsgerichts zum Anspruch auf Beratungshilfe in Arbeitssachen (*BVerfG* ZIP 1993, 286 [287]; vgl. *Kohte* ZIP 1994, 184 [186]) liegt eine verfassungswidrige Ungleichbehandlung vor, wenn eine Gruppe von Normadressaten im Vergleich zu anderen Normadressaten abweichend behandelt wird, obwohl keine rechtfertigenden hinreichenden Unterschiede bestehen. Ohne Prozeßkostenhilfe wird die Teilnahme am Schuldbefreiungsverfahren auf die Schuldner begrenzt, die noch in der Lage sind, die Verfahrenskosten aufzubringen. Für die ärmsten der insolventen Schuldner bleibt dagegen der Zugang zu dem u. U. existentiellen Restschuldbefreiungsverfahren durch die Kostenbarriere versperrt. Gegenüber anderen Rechtsuchenden mit geringem Einkommen ist bei der Durchsetzung ihres materiellen Rechts auf Schuldbefreiung kein Unterschied feststellbar, der eine solche Ungleichbehandlung rechtfertigen könnte (vgl. *BVerfG* ZIP 1993, 286 [288]). Aus dem Gleichheitssatz und dem Justizgewährungsanspruch (*Pape* ZIP 1997, 190 [193, 195]; a. A. *Bork* ZIP 1998, 1209 [1217]) ist damit ein Anspruch des Schuldners auf Prozeßkostenhilfe auch im Schuldbefreiungsverfahren herzuleiten.

Von der Prozeßkostenhilfe werden nach § 122 Abs. 1 Nr. 1 a ZPO die entstandenen **49** Gerichtsgebühren (dazu Rz. 50) sowie die Auslagen etwa für Zustellungen, Übersetzungen und Veröffentlichungen erfaßt. Gleiches gilt für die Gebühren etwaig beigeordneter Rechtsanwälte (dazu Rz. 51) aus dem Restschuldbefreiungsverfahren. Nicht von der Prozeßkostenhilfe umfaßt werden die Gebühren des Treuhänders, wie aus der Versagungsregelung des § 298 InsO folgt.

V. Kosten

Mit den allgemeinen Gebühren für die Durchführung des Insolvenzverfahrens soll **50** grundsätzlich auch das Verfahren über die Restschuldbefreiung abgegolten sein, um die gesetzliche Schuldbefreiung mit der Schuldbefreiung aufgrund eines Plans gleichzustellen. Wegen der zusätzlichen Belastung des Gerichts durch Gläubigeranträge auf Versagung oder Widerruf der Restschuldbefreiung nach den §§ 296, 297, 300, 303 InsO wird dafür aber eine Gebühr in Rechnung gestellt (Begründung zum RegE EGInsO, BT-Drucks. 12/3803, 72), die gemäß KV Nr. 4150 DM 60,– beträgt. Wie der Umkehrschluß aus KV Nr. 4150 belegt, entsteht jedoch bei einem Versagungsantrag nach § 290 InsO keine zusätzliche Gebühr. Ebensowenig wird ein Gebührentatbestand verwirklicht, wenn der Treuhänder nach § 298 InsO die Versagung der Restschuldbefreiung beantragt. Der Gegenstandswert ist nach den allgemeinen Vorschriften zu bestimmen. Zusätzlich sind die Kosten der Veröffentlichung nach den §§ 289 Abs. 2 Satz 3, 296 Abs. 3 Satz 2, 297 Abs. 2 und 298 Abs. 3 i. V. m. 296 Abs. 3 Satz 2, 300 Abs. 3 Satz 1 und 2 sowie 303 Abs. 3 Satz 3 InsO gemäß KV Nr. 9004 zu entrichten.

Ein Rechtsanwalt erhält im Verfahren über einen Antrag auf Restschuldbefreiung eine **51** volle Gebühr, § 74 Abs. 1 Satz 1 BRAGO. Wird nach Aufhebung des Insolvenzverfahrens ein Antrag auf Versagung oder Widerruf der Restschuldbefreiung gestellt, §§ 296, 297, 300, 303 InsO, so erhält der Rechtsanwalt in dem Verfahren die Hälfte der vollen Gebühr, § 74 Abs. 2 Satz 1 BRAGO. Mehrere gleichzeitig anhängige Anträge gelten als

§ 286 *Restschuldbefreiung*

eine Angelegenheit. Auch hier ergibt der Umkehrschluß, daß bei einem Versagungsantrag nach § 290 Abs. 1 InsO diese hälftige Gebühr nicht entsteht. Zum Beschwerdeverfahren vgl. § 76 BRAGO. Zur Berechnung des Gegenstandswerts gelten die allgemeinen Vorschriften und nicht die besondere Bestimmung des § 77 BRAGO.

VI. Zuständigkeit

52 Für die Durchführung des gesetzlichen Schuldbefreiungsverfahrens ist das Insolvenzgericht zuständig. Nach § 18 Abs. 1 Nr. 2 RpflG in der Fassung durch Art. 14 EGInsO sind wesentliche Entscheidungen dem Richter vorbehalten. Er entscheidet über die Einleitung oder die Versagung eines Schuldbefreiungsverfahrens nach § 289 InsO, über die vorzeitige Beendigung nach den §§ 296, 297 InsO, über die Erteilung von Restschuldbefreiung gemäß § 300 InsO, falls ein Gläubiger ihre Versagung beantragt hat, sowie über den Widerruf der Restschuldbefreiung nach § 303 InsO. Zur Zuständigkeit des Rechtspflegers im Schuldbefreiungsverfahren gehört der Beschluß über die Ankündigung der Restschuldbefreiung gemäß § 291 InsO, falls nicht ihre Versagung beantragt wurde (dazu *Helwich* MDR 1997, 13 [14]), die Entscheidung über die Versagung der Restschuldbefreiung nach § 298 InsO sowie alle Entscheidungen über die Belange des Treuhänders einschließlich seiner Vergütung (*Haarmeyer/Wutzke/Förster* Handbuch, Rz. 10/60 f.). Nach § 18 Abs. 2 RpflG kann sich der Richter das Insolvenzverfahren und entsprechend auch das Schuldbefreiungsverfahren ganz oder teilweise vorbehalten, aber auch dem Rechtspfleger übertragen, falls er den Vorbehalt nicht mehr für erforderlich hält. Nach § 25 RpflG kann der Rechtspfleger außerdem mit vorbereitenden Tätigkeiten beauftragt werden.

E. Folgen

53 Durch die Restschuldbefreiung wird der Schuldner von den im Insolvenz- und, wie über den Wortlaut des § 286 InsO hinaus zu ergänzen ist, von den im Schuldbefreiungsverfahren nicht erfüllten Verbindlichkeiten (*Jauernig* Zwangsvollstreckungs- und Insolvenzrecht, § 95 III, IV) gegenüber den Insolvenzgläubigern befreit. Ist dagegen eine Verbindlichkeit etwa in der Treuhandzeit erfüllt worden, entfällt das Forderungsrecht und insoweit auch eine Restschuldbefreiung (vgl. *Jaeger/Weber* KO § 193 Rz. 1).

54 Die Vorschrift ordnet also nicht schon selbst die Befreiung des Schuldners von seinen Verbindlichkeiten an, denn die Auswirkungen auf die von der gesetzlichen Schuldbefreiung betroffenen Gläubiger und die Restschuld sind in § 301 InsO normiert. § 286 InsO bestimmt aber, für welche Verbindlichkeiten die Restschuldbefreiung erfolgt. Die Regelung bezeichnet damit den gegenständlichen Umfang der von ihr als subjektives Recht des Schuldners konstituierten Restschuldbefreiung, die als ein jeder natürlichen Person zustehendes Recht Bestandteil des allgemeinen Privatrechts ist. Wegen der engen und unmittelbaren Verbindung dieser gegenständlichen Abgrenzung aus § 286 InsO mit den Rechtsfolgen der Restschuldbefreiung gemäß § 301 InsO werden die Wirkungen insgesamt bei § 301 InsO erläutert.

Grundsatz § 286

F. Restschuldbefreiung im Konkurs- und Gesamtvollstreckungsverfahren

Ein bis zum 31. 12. 1998 rechtskräftig abgeschlossenes Konkurs-, Vergleichs- oder Gesamtvollstreckungsverfahren hindert den Schuldner nicht, nach dem 31. 12. 1998 ein Insolvenzverfahren sowie die Erteilung der Restschuldbefreiung zu beantragen. Hat der Schuldner neue Verbindlichkeiten, ist bereits der Streitgegenstand nicht identisch. Selbst wenn ausnahmsweise keine neuen Schulden bestehen, ist der Schuldner doch weiteren Vollstreckungsversuchen ausgesetzt, die sein Rechtsschutzbedürfnis begründen. Da über einen Antrag auf Restschuldbefreiung noch nicht entschieden wurde, kann ihm die Rechtskraft eines Konkurs- oder anderen Verfahrens nicht entgegen gehalten werden. 55

Eine Restschuldbefreiung ist allerdings auch dann nicht für Konkurs- und Gesamtvollstreckungsverfahren vorgesehen, wenn diese Verfahren erst nach dem 31. 12. 1998 abgeschlossen werden. Auf diese bis zum 31. 12. 1998 beantragten Verfahren sind nach Art. 103 EGInsO die bisherigen gesetzlichen Vorschriften mit dem freien Nachforderungsrecht aus § 164 Abs. 1 KO weiter anzuwenden. Außerdem ist gemäß Art. 108 Abs. 1 EGInsO auch nach dem 31. 12. 1998 die Vollstreckungsbeschränkung des § 18 Abs. 2 Satz 3 GesO zu beachten. Erst für Insolvenzverfahren, die ab dem 01. 01. 1999 beantragt werden, gelten gemäß Art. 110 EGInsO auch die Regelungen über die Restschuldbefreiung. Gleichwohl wird eine analoge Anwendung der Vorschriften über die Restschuldbefreiung auf Konkursverfahren gefordert, die am 01. 01. 1999 anhängig sind. Ohne eine solche Analogie sei eine Verdoppelung der Verfahren zu befürchten, denn der Schuldner müßte nach Abschluß des Konkursverfahrens ein Insolvenzverfahren beantragen, um eine Restschuldbefreiung zu erlangen (*Hess/Obermüller* Insolvenzplan, Restschuldbefreiung und Verbraucherinsolvenz, Rz. 1080). 56

In diesen bis zum 31. 12. 1998 eingeleiteten Verfahren sollen dann mit den Vorschriften über die Restschuldbefreiung noch nicht geltende, also erst kommende Regelungen angewendet werden. Künftiges Recht darf zwar insbesondere im Wege einer Voranwendung als eigenständige Rechtsgrundlage zur Ergänzung des geltenden Rechts herangezogen werden (*Kloepfer* Vorwirkung von Gesetzen, S. 161, 166; *Konzen* FS zum 125jährigen Bestehen der Juristischen Gesellschaft zu Berlin, 349 [357 ff.]; *Prütting* Vorwirkungen der Insolvenzordnung, in: Insolvenzrecht 1996, 311 [323 ff.]; *Ahrens* JR 1998, 440). Als spezielle Form der Analogie setzt die rechtsfortbildende Voranwendung aber eine Regelungslücke voraus. Gegenüber dem Nachforderungsrecht der Gläubiger aus Altverfahren wird jedoch auch mit dem 01. 01. 1999 nicht von einer planwidrigen Unvollkommenheit ausgegangen werden können. Mit den Übergangsregelungen der Art. 103 und 108 Abs. 1 EGInsO ist eine Entscheidung gegen eine frühere Anwendung der Restschuldbefreiung getroffen worden (vgl. *Schulze* NJW 1998, 2100 [2101]). Gerade die Berechtigung, mit dem 01. 01. 1999 ein Insolvenzverfahren zu beantragen, verhindert außerdem, die Bindung an das geltende Recht zu lockern. 57

§ 287
Antrag des Schuldners

(1) ¹Die Restschuldbefreiung setzt einen Antrag des Schuldners voraus. ²Der Antrag ist spätestens im Berichtstermin entweder schriftlich beim Insolvenzgericht einzureichen oder zu Protokoll der Geschäftsstelle zu erklären. ³Er kann mit dem Antrag auf Eröffnung des Insolvenzverfahrens verbunden werden.
(2) ¹Dem Antrag ist die Erklärung beizufügen, daß der Schuldner seine pfändbaren Forderungen auf Bezüge aus einem Dienstverhältnis oder an deren Stelle tretende laufende Bezüge für die Zeit von sieben Jahren nach der Aufhebung des Insolvenzverfahrens an einen vom Gericht zu bestimmenden Treuhänder abtritt. ²Hatte der Schuldner diese Forderungen bereits vorher an einen Dritten abgetreten oder verpfändet, so ist in der Erklärung darauf hinzuweisen.
(3) Vereinbarungen, die eine Abtretung der Forderungen des Schuldners auf Bezüge aus einem Dienstverhältnis oder an deren Stelle tretende laufende Bezüge ausschließen, von einer Bedingung abhängig machen oder sonst einschränken, sind insoweit unwirksam, als sie die Abtretungserklärung nach Absatz 2 Satz 1 vereiteln oder beeinträchtigen würden.

DiskE § 226, RefE § 226, RegE § 236, Rechtsausschuß § 346 b.

Inhaltsübersicht: Rz.

A. Normzweck	1– 4
B. Gesetzliche Systematik	5
C. Antrag auf Erteilung der Restschuldbefreiung	6–18
I. Antragstellung	6–13
II. Rechtsschutzbedürfnis	14
III. Rücknahme des Antrags	15–17
IV. Verzicht auf den Antrag	18
D. Forderungsabtretung	19–89
I. Abtretungserklärung	19–33
1. Abtretungserklärung als besondere Prozeßvoraussetzung	19–21
2. Geltungsgrund der Abtretung	22–31
a) Materiellrechtliche Theorie der Abtretung	23–26
b) Abtretungserklärung als Prozeßhandlung	27–31
3. Form und Inhalt der Erklärung	32–33
II. Abzutretende Forderungen	34–86
1. Grundzüge	34–38
2. Forderungen auf Bezüge aus einem Dienstverhältnis	39–67
a) Abzutretende Forderungen	39–51
b) Abtretungsschutz	52–67
3. Gleichgestellte Forderungen	68–86
a) Abzutretende Forderungen	68–80
b) Abtretungsschutz	81–86
III. Dauer der Abtretung	87–89
E. Vorherige Abtretungen oder Verpfändungen	90–93
F. Unwirksamkeit vereinbarter Abtretungsverbote	94–95

Antrag des Schuldners § 287

Literatur:

(siehe vor § 286, S. 1580)

A. Normzweck

Im Gesetzgebungsverfahren hat die Bestimmung zahlreiche Änderungen erfahren. An dem Grundkonzept eines antragsabhängigen Verfahrens, in dem der Schuldner seine pfändbaren Bezüge aus Arbeitseinkommen abzutreten hat, sind zwar keine Veränderungen erfolgt. Aber vor allem die Form der Antragstellung nach Abs. 1 Satz 2, die Hinweispflicht in Abs. 2 Satz 2 und die Unwirksamkeitserklärung in Abs. 3 ist sukzessive modifiziert oder eingefügt worden. Die Bestimmung ist dabei weniger aus einem rechtspolitischen Ziel gewachsen, als einzelnen Notwendigkeiten folgend ergänzt worden. 1

Von der Vorschrift werden mit dem Antrag auf Erteilung der Restschuldbefreiung und der Abtretung der pfändbaren Bezüge zwei Regelungsbereiche normiert. Zunächst konstituiert § 287 Abs. 1 InsO die Restschuldbefreiung als antragsabhängiges Verfahren. Die gesetzliche Schuldbefreiung ist also dem Schuldner nicht von Amts wegen zu erteilen, sondern nur aufgrund eines der Dispositionsmaxime unterliegenden Verfahrens. Zugleich sichert die Bestimmung mit dem in einem Regelinsolvenzverfahren bis zum Berichtstermin befristeten Antrag einen frühzeitigen Verfahrensbeginn und damit eine zügige Einleitung durch den Schuldner sowie eine ausreichende Prüfungsfrist für die Gläubiger. Im Verbraucherinsolvenzverfahren dient diesen Zielen die Regelung in § 305 Abs. 1 Nr. 2 InsO. 2

Als weitere Verfahrensvoraussetzung verlangt § 287 Abs. 2 Satz 1 InsO vom Schuldner die Abtretung der pfändbaren Bezüge. Nach der Gesetzesbegründung besitzt diese Abtretungserklärung bereits bei Antragstellung eine Warnfunktion, weil sie zu einer Selbstbeschränkung wie durch Titel oder andere Abtretungen führt. Sie soll einen Schuldner, der sich nicht freiwillig für die geraume Periode der Treuhandzeit mit dem pfändungsfreien Arbeitseinkommen begnügen will, von einem Antrag auf Restschuldbefreiung abhalten und so das Gericht vor leichtfertigen Anträgen schützen (Begründung RegE BR-Drucks. 1/92, 189; außerdem *Haarmeyer/Wutzke/Förster* Handbuch, Rz. 10/62; *Arnold* DGVZ 1996, 65 [67]; *Vallender* VuR 1997, 155; *App* Die Insolvenzordnung Rz. 540). An einem selbständig tätigen Schuldner, der über keine abtretbaren Bezüge verfügt, geht diese Warnfunktion freilich vorbei. 3

Wichtiger ist deswegen die andere Funktion der Abtretungsregelung, auch nach dem Ende des Insolvenzbeschlags, vgl. die §§ 80 Abs. 1, 200 Abs. 1 InsO, während des Restschuldbefreiungsverfahrens den Neuerwerb für die Tilgungsleistungen zu sichern. Mit dieser zentralen Bestimmung wird das pfändbare künftige Einkommen dem Verfügungsrecht des Schuldners entzogen und soweit möglich eine Gläubigerbefriedigung gewährleistet. Vor allem durch die Untersagung entgegenstehender Abtretungsverbote in Abs. 3 wird diese Haftungsverwirklichung umfassend geschützt. Schließlich muß der Schuldner auch nach Abs. 2 Satz 2 auf vorherige Abtretungen hinweisen, um den Gläubigern eine bessere Kalkulationsgrundlage über die zu erwartenden Leistungen zu eröffnen. 4

B. Gesetzliche Systematik

5 Das gesetzliche Restschuldbefreiungsverfahren ist in die beiden Abschnitte des Zulassungs- oder Vorverfahrens sowie des Schuldbefreiungs- oder Hauptverfahrens untergliedert (§ 286 Rz. 20f.). Im Zulassungsverfahren müssen neben den allgemeinen Prozeßvoraussetzungen auch die besonderen Voraussetzungen des Restschuldbefreiungsverfahrens erfüllt sein. Als notwendige Bedingung ist die Restschuldbefreiung in Verbindung mit einem Insolvenzverfahren zu beantragen. Es werden mit dem Insolvenz- und dem Restschuldbefreiungsverfahren zwei selbständige, zumindest anfangs nebeneinander bestehende Verfahren durchgeführt (§ 286 Rz. 18, 42). Dadurch kann die Zahlungsunfähigkeit bzw. drohende Zahlungsunfähigkeit des Schuldners festgestellt, haftendes Vermögen in Beschlag genommen und ein unberechtigter Antrag auf Erteilung der Restschuldbefreiung verhindert werden (*Häsemeyer* Insolvenzrecht, Rz. 26.13). Außerdem sind vor allem die in § 287 InsO aufgeführten besonderen Zulassungserfordernisse zu erfüllen. Die Antragsfrist nach § 287 Abs. 1 Satz 2 InsO wird allerdings für das Verbraucherinsolvenzverfahren modifiziert (vgl. Rz. 11).

C. Antrag auf Erteilung der Restschuldbefreiung

I. Antragstellung

6 Mit einem Antrag auf Erteilung der Restschuldbefreiung wird das gesetzliche Schuldbefreiungsverfahren eingeleitet, § 287 Abs. 1 Satz 1 InsO. Für das Restschuldbefreiungsverfahren ist allein der Schuldner antragsberechtigt, denn im Gegensatz zum Insolvenzverfahren, das vom Schuldner oder einem Gläubiger beantragt werden darf, § 13 Abs. 1 Satz 2 InsO, erscheint wegen der umfassenden persönlichen Anforderungen – vor allem aus § 295 Abs. 1 Nr. 1, 3 und 4 sowie Abs. 2 InsO – ein nicht aktiv vom Schuldner getragenes Verfahren von vornherein zum Scheitern verurteilt (*Forsblad* Restschuldbefreiung, 213; *Balz* BewHi 1989, 103 [114]). Bei einem Insolvenzantrag eines Gläubigers erhält der Schuldner deswegen im Verbraucherinsolvenzverfahren nach § 306 Abs. 3 Satz 1 InsO Gelegenheit, einen Insolvenzantrag zu stellen und daneben die Erteilung der Restschuldbefreiung zu beantragen.

7 Seinen Antrag hat der Schuldner gemäß § 287 Abs. 1 Satz 2 InsO schriftlich beim Insolvenzgericht einzureichen oder zu Protokoll der Geschäftsstelle zu erklären. Als spezielle Vorschrift wird diese Bestimmung auch nicht durch die Neuregelung des § 305 Abs. 1 1. HS InsO verdrängt, nach der ein Antrag auf Eröffnung des Verbraucherinsolvenzverfahrens schriftlich einzureichen, also eine Erklärung zu Protokoll nicht zulässig ist. Inhaltlich entspricht § 287 Abs. 1 Satz 2 InsO dem § 496 ZPO, doch verlangt die gesetzliche Regelung ausdrücklich eine Antragstellung beim Insolvenzgericht und weicht dadurch von § 129a ZPO ab.

8 Als Prozeßhandlung erfordert der Sachantrag auf Erteilung der Restschuldbefreiung zunächst die Prozeßfähigkeit des Schuldners. Außerdem ist ein unter einer außerprozessualen Bedingung stehender Antrag unzulässig (vgl. *Stein/Jonas/Leipold* ZPO, vor § 128 Rz. 208, 210ff.; *Lüke* in MünchKomm/ZPO, § 253 Rz. 16; *Zöller/Greger* ZPO, Vor § 128 Rz. 20; *Rosenberg/Schwab/Gottwald* Zivilprozeßrecht, § 65 IV 1). Infolge der Verselbständigung des Restschuldbefreiungsverfahrens gegenüber dem Insolvenzverfahren (§ 286 Rz. 18) ist auch eine aus dem Insolvenzverfahren abgeleitete Bedingung nicht zulässig. Wird der Antrag schriftlich gestellt, so unterliegt er den Regeln über

Antrag des Schuldners § **287**

bestimmende Schriftsätze. Wie andere bestimmende Schriftsätze darf der Antrag durch Telefax übermittelt werden (vgl. *BGH* NJW 1993, 3141, m. w. N.; *BAG* NJW 1990, 3165; *BVerwG* NJW 1989, 1175 [1176]; Einzelheiten bei *Baumbach/Lauterbach/Albers/Hartmann* ZPO § 129 Rz. 21 f.; a. A. *Smid/Krug/Haarmeyer* InsO, § 287 Rz. 4), vorausgesetzt die Kopiervorlage wurde gemäß den §§ 129, 130 Nr. 6 ZPO ordnungsgemäß unterschrieben. Im sozialgerichtlichen Verfahren wird auch ein mittels PC–Modem unmittelbar an das Telefax-Empfangsgerät geleiteter Schriftsatz als formgerecht i. S. v. § 151 Abs. 1 SGG angesehen (*BSG* NJW 1997, 1254 [1255]), doch bleibt abzuwarten, ob diese Entscheidung auf das Zivilverfahren übertragen wird (ablehnend *OLG Karlsruhe* NJW 1998, 1650 [1651]).

Bislang existiert für den Antrag auf Erteilung der Restschuldbefreiung kein Formularzwang. Eine in der 13. Legislaturperiode geplante Neuregelung des § 305 Abs. 5 InsO sollte allerdings eine Verordnungsermächtigung schaffen, auf deren Grundlage im Verbraucherinsolvenzverfahren vom Schuldner zwingend zu verwendende Vordrucke eingeführt und für den in einem solchen Verbraucherinsolvenzverfahren nach § 305 Abs. 1 Nr. 2 InsO gestellten Antrag auf Erteilung der Restschuldbefreiung ebenfalls Vordrucke vorgeschrieben werden sollten. Dieses Gesetzgebungsvorhaben ist jedoch nicht mehr durchgeführt worden. **9**

Ist vom Schuldner ein Regelinsolvenzverfahren durchzuführen, so kann er die Erteilung der Restschuldbefreiung entweder zusammen mit der Eröffnung des Insolvenzverfahrens beantragen oder diesen Antrag nach § 287 Abs. 1 Satz 2 InsO spätestens noch im Berichtstermin, § 156 InsO, stellen. Die gesetzliche Formulierung entstammt dem RegE, denn § 226 Abs. 1 Satz 2 RefE hat eine Antragstellung vor dem Ende des Berichtstermins genügen lassen. Sachlich ist damit allerdings keine Änderung verbunden, denn im schriftlichen Verfahren muß der Antrag bis zum Termin eingereicht sein. Eine mündliche Verhandlung ist zwar nach § 137 Abs. 1 ZPO durch die Antragstellung einzuleiten, doch ist ein Antrag auch noch im Verlauf des Termins zuzulassen (vgl. *Stein/Jonas/Leipold* ZPO, § 137 Rz. 2; *Peters* in MünchKomm/ZPO, § 137 Rz. 2). Über den Wortlaut des § 287 Abs. 2 Satz 1 hinaus, der verlangt, den Antrag schriftlich beim Insolvenzgericht einzureichen oder zu Protokoll der Geschäftsstelle zu erklären, kann die Antragstellung in den Formen des § 297 ZPO erfolgen, also auch zu Protokoll erklärt werden (vgl. *Stein/Jonas/Leipold* ZPO, § 297 Rz. 14). Bei der Eröffnung des Insolvenzverfahrens hat das Gericht den Schuldner im Rahmen des § 30 Abs. 3 InsO darauf hinzuweisen, daß er nach Maßgabe der §§ 286 bis 303 InsO Restschuldbefreiung erlangen kann. **10**

Im Verbraucherinsolvenzverfahren wird nach den §§ 312 Abs. 1, 29 Abs. 1 Nr. 1 InsO kein Berichtstermin durchgeführt, weshalb dort eine Sonderregelung gilt. Beantragt der Schuldner die Eröffnung des Verbraucherinsolvenzverfahrens, so soll er sich nach § 305 Abs. 1 Nr. 2 InsO mit diesem Eröffnungsantrag oder unverzüglich danach darüber erklären, ob er die Restschuldbefreiung beantragt. Äußert sich der Schuldner nicht dazu, so fordert ihn das Gericht gemäß § 305 Abs. 3 Satz 1 InsO auf, seinen Antrag unverzüglich zu ergänzen (zur dafür geltenden Frist gemäß § 305 Abs. 3 Satz 2 InsO vgl. § 305 Rz. 41; außerdem *Vallender* InVo 1998, 169 [173]), wobei das Gericht entsprechend § 30 Abs. 3 InsO den Schuldner auch darauf hinweisen soll, daß er im Rahmen der §§ 286 bis 303 InsO Restschuldbefreiung erlangen kann. Beantragt ein Gläubiger das Insolvenzverfahren, so muß das Gericht nach § 306 Abs. 3 Satz 1 i. V. m. § 305 Abs. 1 Nr. 2 InsO dem Schuldner Gelegenheit geben, die Eröffnung des Insolvenzverfahrens und die Restschuldbefreiung zu beantragen (vgl. § 306 Rz. 18 ff.). **11**

Unterläßt das Gericht den nach den §§ 30 Abs. 3, 305 Abs. 3 InsO erforderlichen Hinweis, ist der Schuldner mit der Antragstellung nicht ausgeschlossen, denn eine **12**

Präklusion ist mit dem Anspruch auf rechtliches Gehör gemäß Art. 103 Abs. 1 GG nur vereinbar, wenn kein richterliches Fehlverhalten die verspätete Handlung mit verursacht hat (*BVerfG* NJW 1987, 2003; *BGH* NJW 1989, 717 [718]). Ist aber der Hinweis erfolgt, ohne daß sich der Schuldner über den Antrag auf Erteilung der Restschuldbefreiung erklärt, so gilt im Verbraucherinsolvenzverfahren gemäß § 305 Abs. 3 Satz 2 InsO der Antrag auf Eröffnung des Insolvenzverfahrens als zurückgenommen. Schon um dem Gleichbehandlungsgrundsatz zu genügen, denn im Regelinsolvenzverfahren ist eine Antragstellung bis zum Berichtstermin zulässig, wird keine allzu strenge Handhabung berechtigt sein, die den Schuldner vorschnell aus dem Verbraucherinsolvenzverfahren ausschließt. Im Regelinsolvenzverfahren hat das Insolvenzgericht aufgrund der allgemeinen Verfahrensvorschriften, § 139 ZPO, den Schuldner im Berichtstermin erforderlichenfalls noch einmal auf sein Antragsrecht hinzuweisen, um eine Präklusion zu vermeiden (*Häsemeyer* Insolvenzrecht, Rz. 26.14). Eine Wiedereinsetzung in den vorigen Stand ist allerdings unzulässig, weil keine Notfrist oder andere Frist i. S. d. § 233 ZPO bestimmt ist. Prinzipiell kann der Antrag jederzeit wiederholt werden, vgl. § 269 Abs. 3, 4 ZPO, weshalb der Antrag auf Erteilung der Restschuldbefreiung in einem erneuten Insolvenzverfahren gestellt werden kann, denn § 290 Abs. 1 Nr. 3 InsO steht dem nicht entgegen.

13 Zu den Kostenfolgen und der Gewährung von Prozeßkostenhilfe im Restschuldbefreiungsverfahren vgl. § 286 Rz. 45.

II. Rechtsschutzbedürfnis

14 Ein Rechtsschutzbedürfnis für den Antrag auf Restschuldbefreiung besteht auch dann, wenn der Schuldner augenblicklich über kein pfändbares Einkommen verfügt (vgl. *Hess/Obermüller* Insolvenzplan, Restschuldbefreiung und Verbraucherinsolvenz, Rz. 939; a. A. *Henckel* FS Gaul, 199 [204]; unklar *Haarmeyer/Wutzke/Förster* Handbuch, Rz. 10/63). Aufgrund der Schutzvorschriften des Einzelzwangsvollstreckungsrechts ist zwar ein solcher Schuldner momentan vor Individualvollstreckungsmaßnahmen geschützt, doch fordert die Achtung vor der Persönlichkeit eines jeden Schuldners (§ 286 Rz. 3), auch ihm die Chance einer Befreiung von seinen Verbindlichkeiten einzuräumen (zu deren Bedeutung auch *Henning* InVo 1996, 288). Sein Persönlichkeitsrecht überwiegt die derzeit wirtschaftlich nicht realisierbaren Forderungen. An dieser Schnittstelle werden die Unterschiede zwischen dem momentbezogenen Vollstreckungsschutz und der dauerhaften Zukunftsperspektive einer Schuldbefreiung deutlich. Gerade weil die Restschuldbefreiung den weitergreifenden Zielsetzungen eines wirtschaftlichen Neubeginns sowie einer Achtung der Schuldnerpersönlichkeit aufgrund einer endgültigen Schuldenbereinigung verpflichtet ist, kann sie mit den Kategorien des Einzelzwangsvollstreckungsrechts nicht vollständig erfaßt werden. Wegen dieser zukunftswirkenden Zwecke ist ein Rechtsschutzbedürfnis auch für den Antrag des einkommens- und vermögenslosen Schuldners zu bejahen, ohne daß eine Mindestgebühr für die Gläubigerbefriedigung erforderlich ist (vgl. dazu auch § 309 Rz. 29).

III. Rücknahme des Antrags

15 Die Rücknahme des Antrags auf Erteilung der Restschuldbefreiung wurde zwar nicht ausdrücklich geregelt, doch ist grundsätzlich von der Rücknehmbarkeit einer solchen

Prozeßhandlung auszugehen (vgl. *Häsemeyer* Insolvenzrecht, Rz. 26.16; *Stein/Jonas/ Leipold* ZPO, vor § 128 Rz. 219). Angelehnt an den Grundgedanken aus § 13 Abs. 2 InsO wird aber danach zu differenzieren sein, ob bereits durch die zu erwirkende gerichtliche Handlung eine neue Verfahrenslage entstanden ist (vgl. zur konkursrechtlichen Beurteilung *OLG Hamm* NJW 1976, 758 [759]; *Kuhn/Uhlenbruck* KO, § 103 Rz. 3f.; *Kilger/Karsten Schmidt* KO, § 103 Anm. 2). Im ersten Verfahrensabschnitt bis zur Ankündigung der Restschuldbefreiung kann der Schuldner seinen Antrag uneingeschränkt zurücknehmen (vgl. *Häsemeyer* Insolvenzrecht, Rz. 26.16). Ein dem Gedanken aus § 269 Abs. 1 ZPO entsprechendes Recht der Gläubiger, eine Sachentscheidung erzwingen und eine endgültige Befriedung des Streitverhältnisses erreichen zu können (dazu *Lüke* in MünchKomm/ZPO, § 269 Rz. 1), liegt dem Schuldbefreiungsverfahren fern. Der Antrag darf deshalb auch dann zurückgenommen werden, wenn ein Gläubiger nach § 290 InsO beantragt hat, die Restschuldbefreiung zu versagen. Da mit einer Versagung nach § 290 InsO ein erneuter Antrag auf Erteilung der Restschuldbefreiung nicht verhindert wird (vgl. § 290 Rz. 31), besteht kein schützenswertes Interesse des Gläubigers an einer Versagung in dem ersten Verfahrensabschnitt.

Auch im zweiten Verfahrensabschnitt wird der Schuldner seinen Antrag zurücknehmen dürfen, weil § 269 Abs. 1 ZPO unanwendbar ist. Dabei schafft nicht schon die Ankündigung der Restschuldbefreiung gemäß § 291 Abs. 1 InsO eine für den Schuldner unabänderliche neue verfahrensrechtliche Situation. Allerdings besteht nunmehr die Gefahr, daß der Schuldner die mit der zehnjährigen Sperre nach § 290 Abs. 1 Nr. 3 InsO bewehrten Versagungsregelungen der §§ 296 und 297 InsO umgeht. Ist ein Versagungsverfahren eingeleitet, besteht deswegen ein schützenswertes Interesse des Gläubigers, das eine Rücknahme des Antrags ausschließt. Solange jedoch kein Versagungsverfahren durchgeführt wird, darf der Schuldner seinen Antrag zurücknehmen, ohne eine Anwendung von § 290 Abs. 1 Nr. 3 InsO befürchten zu müssen. Als Konsequenz einer solchen Antragsrücknahme sind dann die Folgen von § 299 InsO gerichtlich auszusprechen (vgl. § 299 Rz. 8). *Häsemeyer* (Insolvenzrecht, Rz. 26.16) will dagegen bei einer Rücknahme des Antrags im zweiten Verfahrensabschnitt die Restschuldbefreiung entsprechend § 296 InsO versagen, doch kann die Antragsrücknahme weder mit einer die Gläubigerbefriedigung beeinträchtigenden Obliegenheitsverletzung i.S.v. § 296 Abs. 1 Satz 1 InsO noch der Verletzung einer Verfahrensobliegenheit i.S.v. § 296 Abs. 2 Satz 2 und 3 InsO gleichgestellt werden. 16

Von den verfahrensrechtlichen Konsequenzen einer Rücknahme für den Antrag auf Erteilung der Restschuldbefreiung sind die Auswirkungen auf die Abtretung der pfändbaren Bezüge gemäß § 287 Abs. 2 Satz 1 InsO zu unterscheiden. Als Prozeßhandlung ist die Abtretungserklärung nicht nur bis zur Überleitung der Bezüge auf den Treuhänder gemäß § 291 InsO, sondern auch noch danach in der Treuhandzeit widerruflich (s.u. Rz. 30). Nimmt der Schuldner seinen Antrag auf Erteilung der Restschuldbefreiung zurück, so widerruft er deshalb zugleich auch seine Abtretungserklärung. 17

IV. Verzicht auf den Antrag

Die Verfügungsbefugnis des Schuldners, durch eine einzelvertragliche Vereinbarung wirksam auf die Durchführung eines Restschuldbefreiungsverfahrens wirksam verzichten zu können, wird durch materielle und durch verfahrensrechtliche Regelungen eingeschränkt. An einem solchen Verzicht werden etwa Darlehensgeber interessiert sein, die sich eine langfristige Rückzahlungsoption sichern wollen. Als letztes verfahrens- 18 rechtliches Instrument zum Schutz insolventer Schuldner ist das Restschuldbefreiungsverfahren jedoch Bestandteil des ius strictum. Ein Verzicht auf die Restschuldbefreiung ist wegen der auch vollstreckungserweiternden Vereinbarungen entgegenstehenden Bedenken unzulässig (zu diesen *Stein/Jonas/Münzberg* ZPO, vor § 704 Rz. 100; *Lüke* in MünchKomm/ZPO, Einleitung Rz. 306; *Zöller/Stöber* ZPO, Vor § 704 Rz. 26; *Rosenberg/Gaul/Schilken* Zwangsvollstreckungsrecht § 33 IV 1). Auf etwaige Vorbehalte nach § 9 Abs. 2 Nr. 1 AGBG kommt es daher nicht an. Deswegen enthält auch die Erklärung nach § 305 Abs. 1 Nr. 2 InsO, keine Restschuldbefreiung beantragen zu wollen, keinen Prozeßverzicht i. S. v. § 306 ZPO (dazu § 305 Rz. 20). Als Prozeßhandlung besitzt diese Erklärung auch keine über das konkrete Vefahren hinausreichende Wirkung.

D. Forderungsabtretung

I. Abtretungserklärung

1. Abtretungserklärung als besondere Prozeßvoraussetzung

19 Mit dem Antrag auf Erteilung der Restschuldbefreiung hat der Schuldner nach § 287 Abs. 2 Satz 1 InsO eine Erklärung abzugeben, daß er seine pfändbaren Forderungen auf Bezüge aus einem Dienstverhältnis oder an deren Stelle tretende laufende Bezüge für die Zeit von sieben Jahren nach Aufhebung des Insolvenzverfahrens an einen vom Gericht zu bestimmenden Treuhänder abtritt. Bei dieser Abtretungserklärung handelt es sich um eine besondere Voraussetzung des Verfahrens auf Erteilung der Restschuldbefreiung. Jeder Schuldner, der eine Restschuldbefreiung beantragt, muß die Erklärung unabhängig davon abgeben, ob er über derartige Bezüge verfügt oder im Abtretungszeitraum zu erwarten hat, wodurch das Prognoserisiko über die zukünftigen Bezüge ausgeschaltet wird. Die Abtretungserklärung und damit zugleich der Antrag auf Erteilung der Restschuldbefreiung ist also nicht schon deswegen unzulässig, weil ein einkommensloser Schuldner über keine abtretbaren künftigen Bezüge verfügt (*Hess/Obermüller* Insolvenzplan, Restschuldbefreiung und Verbraucherinsolvenz, Rz. 939; a. A. *Haarmeyer/ Wutzke/Förster* Handbuch, Rz. 10/63).

20 Ebenso muß ein selbständiger Schuldner ohne Bezüge aus einem Dienstverhältnis oder gleichgestellte Einkünfte die Abtretung erklären, denn auch ein selbständiger Schuldner kann grundsätzlich über abtretbare Forderungen verfügen (dazu unten Rz. 50 f.). Außerdem ist nicht auszuschließen, daß er in der siebenjährigen Treuhandzeit eine nicht selbständige Beschäftigung aufnimmt. Soweit von ihm in der Literatur zusätzlich ein Hinweis darauf verlangt wird, welche Beträge er an die Gläubiger auszahlen kann (*Haarmeyer/Wutzke/Förster* Handbuch, Rz. 10/62; *Smid/Krug/Haarmeyer* InsO, § 287 Rz. 7), besteht für eine solche Verpflichtung keine rechtliche Grundlage. Zudem widerspricht eine solche ergänzende Informationspflicht der gesetzlichen Systematik des § 295 Abs. 2 InsO, die dem selbständigen Schuldner bis zum Ende der Treuhandzeit weitgehende Freiheit läßt (§ 295 Rz. 64).

21 Über die Erforderlichkeit der Abtretungserklärung ist der Schuldner ebenfalls entsprechend der Zielsetzung der §§ 30 Abs. 3, 305 Abs. 3 Satz 1 InsO zu belehren. Fehlt der gebotene Hinweis, darf der Schuldner die Abtretungserklärung nachholen, denn auch hier ist eine Präklusion mit dem Anspruch auf rechtliches Gehör gemäß Art. 103 Abs. 1 GG nur vereinbar, wenn kein richterliches Fehlverhalten die verspätete Handlung mit

verursacht hat (*BVerfG* NJW 1987, 2003; *BGH* NJW 1989, 717 [718]). Hat der Schuldner die Abtretungserklärung auch nach einem gegebenenfalls wiederholten gerichtlichen Hinweis nicht abgegeben, so gilt im Verbraucherinsolvenzverfahren der Antrag auf Eröffnung des Insolvenzverfahrens analog § 305 Abs. 3 Satz 2 InsO als zurückgenommen. In den anderen Verfahren kann die Abtretung bis zum Berichtstermin erklärt werden. Hat der Schuldner dort trotz eines gerichtlichen Hinweises die Abtretung nicht erklärt und ist deswegen sein Antrag auf Erteilung der Restschuldbefreiung als unzulässig zurückgewiesen worden, so kann der Schuldner bis zum Berichtstermin erneut einen Antrag auf Erteilung der Restschuldbefreiung stellen und ihn dieses Mal mit einer Abtretungserklärung verbinden (*Haarmeyer/Wutzke/Förster* Handbuch, Rz. 10/64).

2. Geltungsgrund der Abtretung

Von dem Schuldner wird die Abtretung seiner pfändbaren Forderungen auf Bezüge aus einem Dienstverhältnis oder an deren Stelle tretender laufender Bezüge verlangt. Als bürgerlichrechtlicher Abtretungsvertrag i. S. v. § 398 Satz 1 BGB kann diese Abtretung nicht ohne weiteres gedeutet werden. Näher liegt deswegen eine Interpretation der Abtretung als prozessuale Erklärung des Schuldners. Wegen der weitreichenden Unterschiede zwischen einem konsensualen materiellrechtlichen Abtretungsvertrag und einer einseitigen Prozeßhandlung des Schuldners kommt dieser Differenzierung entscheidende Bedeutung zu. 22

a) Materiellrechtliche Theorie der Abtretung

Durch die Abtretungserklärung soll eine zivilrechtliche, den rechtsgeschäftlichen Regeln unterliegende Forderungsübertragung begründet werden (*Balz* BewHi 1989, 103 [113]; *Wenzel* VuR 1990, 121 [124 f.]; *Döbereiner* Restschuldbefreiung, 175 f.). In der Erklärung des Schuldners wird deshalb ein Angebot auf Abschluß eines Abtretungsvertrags gemäß § 398 Satz 1 BGB gesehen, das erst wirksam werden soll, wenn das Gericht einen Treuhänder benennt und dieser durch die Übernahme des Amts konkludent sein Einverständnis erklärt hat (Begründung RegE BR-Drucks. 1/92, 189; *Braun/Uhlenbruck* Unternehmensinsolvenz, 698 f.; *Forsblad* Restschuldbefreiung, 213; *Hess/Obermüller* Insolvenzplan, Restschuldbefreiung und Verbraucherinsolvenz, Rz. 940; *Scholz* DB 1996, 765 [767]; *Vallender* VuR 1997, 155 [156]; *Maier/Krafft* BB 1997, 2173 [2176]; *Wittig*, WM 1998, 157, 209 [213]; s. a. *Häsemeyer* Insolvenzrecht Rz. 26.15). 23

Gegen einen Forderungsübergang durch einen Abtretungsvertrag und damit gegen die materiellrechtliche Theorie bestehen jedoch grundlegende Einwände, worauf bereits *Jauernig* (Zwangsvollstreckungs- und Insolvenzrecht, § 95 III 3 a) aufmerksam gemacht hat. Unklar bleibt zunächst, worin der notwendige Zugang der Abtretungserklärung (zur Terminologie vgl. §§ 1154 f. BGB) als Vertragsangebot an den Treuhänder liegen soll, da die Abtretung an das Gericht geht. Als Erklärungsbote (so aber *Döbereiner* Restschuldbefreiung, 177, Fn. 204), und damit als eine dem Bereich des Erklärenden zuzurechnende Institution, kann das Gericht wohl nicht angesehen werden. Im übrigen müßte zwischen dem Zugang der Erklärung durch eine Zustellung und ihrem Wirksamwerden aufgrund der gerichtlichen Entscheidung gemäß § 291 Abs. 2 InsO unterschieden werden. Wird der Treuhänder nach § 313 Abs. 1 Satz 2 InsO bereits bei der Eröffnung des Insolvenzverfahrens bestimmt, bleibt zudem der maßgebende Zeitpunkt unklar. 24

Auch die Annahmeerklärung des Treuhänders wird in Ermangelung eines Erklärungsbewußtseins häufig nicht konkludent zu begründen, sondern allein zu fingieren sein. 25

Außerdem sind nach § 287 Abs. 3 InsO Vereinbarungen insoweit unwirksam, als sie die Abtretungserklärung vereiteln oder beeinträchtigen. Falls sich jedoch die Vereinbarungen gegen eine schuldrechtliche Verfügung richten, müßten sie nicht die Angebotserklärung, sondern die Wirkung des Abtretungsvertrags betreffen. Darüber hinaus knüpft die Dauer des Forderungsübergangs an die Laufzeit der Abtretungserklärung an, §§ 299, 300 InsO, obwohl rechtsgeschäftliche Angebote keine Laufzeit haben, weshalb auf den Inhalt des Abtretungsvertrags abzustellen wäre (*Jauernig* Zwangsvollstreckungs- und Insolvenzrecht, § 95 III 3a). Ferner ist der Schuldner bei einer rechtsgeschäftlichen Abtretung berechtigt, seine Abtretungserklärung wegen eines Willensmangels anzufechten und damit der Zession die Grundlage zu entziehen. Zivilrechtlichen Vorstellungen widerspricht auch, daß der Treuhänder Beträge durch die Abtretung erlangt, wie aber § 292 Abs. 1 Satz 2 InsO formuliert (*Rother* ZRP 1998, 205 [208]).

26 Außerdem ist ein Wechsel in der Person des Treuhänders mit einem bürgerlichrechtlich gedeuteten Abtretungsvertrag kaum angemessen zu erfassen. Grundsätzlich bleibt der materiellrechtliche Verfügungsvertrag auch dann wirksam, wenn der Treuhänder gemäß den §§ 292 Abs. 3 Satz 2, 59 InsO aus seinem Amt entlassen wird oder während der Treuhandzeit stirbt, so daß beim Tod des Treuhänders das Treuhandvermögen mit den bestehenden Beschränkungen auf den Erben übergeht (*Staudinger/Marotzke* BGB, § 1922 Rz. 160). In derartigen Fallgestaltungen müßte deswegen der Abtretungsvertrag, ohne die Treuhandzeit zu beeinträchtigen, außerordentlich zu beenden sein und dies, obwohl doch nach § 299 InsO Abtretungswirkung und Treuhandzeit grundsätzlich nur gemeinschaftlich vorzeitig beendet werden. Zusätzlich hat dann eine Forderungsübertragung auf einen anderen Treuhänder zu erfolgen, die eine weitere Abtretungserklärung erfordert, zu der aber ein Schuldner nach den Regelungen des Restschuldbefreiungsverfahrens nicht mehr verpflichtet ist. Nur wenn dafür besondere, der gesetzlichen Formulierung nicht zu entnehmende Anhaltspunkte bestehen und dabei dem Bestimmtheitsgebot bei Verfügungsgeschäften Rechnung getragen wird, könnte bereits die ursprüngliche Abtretungserklärung das Angebot zum Abschluß mehrerer Abtretungsverträge enthalten. Aufgrund dieser zahlreichen prinzipiellen Einwände ist die Abtretungserklärung des Schuldners gemäß § 287 Abs. 2 Satz 1 InsO nicht als bürgerlichrechtliches Angebot zum Abschluß eines Abtretungsvertrags nach § 398 Satz 1 BGB zu erklären (*Smid/Krug/Haarmeyer* InsO, § 287 Rz. 10, spricht deswegen von einer Erklärung sui generis).

b) Abtretungserklärung als Prozeßhandlung

27 Primär bezweckt die Abtretungserklärung des Schuldners jedoch prozessuale Wirkungen. Als charakteristische prozeßrechtliche Folge bildet die Abtretungserklärung eine besondere Prozeßvoraussetzung des Restschuldbefreiungsverfahrens und ist mit dem Antrag auf Erteilung der Restschuldbefreiung zu verbinden. Schon dadurch wird der Abtretungserklärung der Wesenszug einer privatautonom gestalteten Mobilisierung von Forderungen genommen, der einer bürgerlichrechtlichen Abtretung eigentümlich ist (vgl. *Nörr/Scheyhing* Sukzessionen, 6). Eine zusätzliche verfahrensrechtliche Qualität gewinnt die Forderungsübertragung, weil sie Tilgungsleistungen für die Gläubiger sichert und dem Treuhänder ermöglicht, die Beträge in einem gesamtvollstreckungsrechtlichen Verfahren an die Gläubiger zu verteilen. Außerdem bestimmt die Laufzeit der Abtretung von sieben – bzw. gemäß Art. 107 EGInsO fünf – Jahren darüber, wann das Verfahren über die gesetzliche Schuldbefreiung endet. Funktional ist also die Abtretungserklärung Bestandteil des Haftungsrechts, mit dem in den Verfahrensformen

Antrag des Schuldners § 287

der Restschuldbefreiung die gemeinschaftliche Gläubigerbefriedigung verwirklicht wird. Mit der Abtretungserklärung aus § 287 Abs. 2 Satz 1 InsO nimmt der Schuldner deswegen eine Prozeßhandlung vor (vgl. *Baumgärtel* Wesen und Begriff der Prozeßhandlung, 291; *Stein/Jonas/Leipold* ZPO, vor § 128 Rz. 159f.; *Zöller/Greger* ZPO, Vor § 128 Rz. 14; *Rosenberg/Schwab/Gottwald* Zivilprozeßrecht, § 63 II; zum systematischen Prozeßhandlungsbegriff RGZ 77, 324 [329]; BGHZ 49, 384 [386]). Zwar kann auch eine Prozeßhandlung sachlichrechtliche Folgen entfalten (BGHZ 88, 174 [176]; *Zöller/Greger* ZPO, Vor § 128 Rz. 14; *Baumbach/Lauterbach/Albers/Hartmann* ZPO, Grundz § 128 Rz. 61), doch treten dann, wie bei der Abtretungserklärung nach § 287 Abs. 2 Satz 1 InsO die materiellrechtlichen Konsequenzen gegenüber den verfahrensrechtlichen Wirkungen in den Hintergrund. Eine Prozeßhandlung wird gegenüber dem Gericht erklärt, unterliegt nicht der Anfechtung wegen eines Willensmangels (*BGH* JR 1994, 21 mit Anm. *Zeiss*) und reicht grundsätzlich nicht über das Verfahren hinaus (vgl. *Lüke* in MünchKomm/ZPO, Einleitung Rz. 270ff.; *Rosenberg/Schwab/Gottwald* Zivilprozeßrecht, § 63 I, II).

Als Prozeßhandlung bildet die Abtretungserklärung einen notwendigen Bestandteil des **28** Antrags auf Erteilung der Restschuldbefreiung, also einer Erwirkungshandlung (zum Begriff *Rosenberg/Schwab/Gottwald* Zivilprozeßrecht, § 64 I), und stellt damit selbst eine Erwirkungshandlung dar, mit der die Ankündigung der Restschuldbefreiung gemäß § 291 Abs. 1 InsO erreicht werden soll. Entsprechend dieser Zielsetzung ist das Insolvenzgericht Adressat der Handlung (*Lüke* in MünchKomm/ZPO, Einleitung Rz. 272), so daß die Abtretungserklärung mit dem Zugang beim Gericht wirksam wird. Zugleich ist der erforderliche Umfang der Abtretung durch § 287 Abs. 2 Satz 1 InsO gesetzlich bestimmt.

Im Wege einer gestaltenden Gerichtsentscheidung überträgt sodann das Gericht durch **29** den Beschluß gemäß § 291 Abs. 2 InsO mit der Bestimmung des Treuhänders die Forderung (ähnlich *Smid* InsO, § 287 Rz. 10). Eine Parallele zu dieser Übertragung enthält die Überweisung nach § 835 Abs. 1 ZPO. Wie die Überweisung nach § 835 Abs. 1 ZPO das vollstreckungsrechtliche Gegenstück zur materiellrechtlichen Abtretung darstellt (*Smid* in MünchKomm/ZPO, § 829 Rz. 2, § 835 Rz. 2), bildet die Übertragung der Forderung auf den Treuhänder nach § 291 Abs. 2 InsO die gesamtvollstreckungsrechtliche Entsprechung zur individualvollstreckungsrechtlichen Überweisung. Eine Überweisung zur Einziehung gemäß § 835 Abs. 1 ZPO berechtigt allerdings den Gläubiger dazu, die Forderung im eigenen Namen geltend zu machen, doch entfernt sie die Forderung nicht aus dem Vermögen des Schuldners (*Smid* in MünchKomm/ZPO, § 835 Rz. 12, 17; *Boewer/Bommermann* Lohnpfändung und Lohnabtretung, Rz. 150). Dagegen überführt die Übertragung gemäß § 291 Abs. 2 InsO die Forderung sogar in das Vermögen des Treuhänders, wodurch sie noch stärker an die Abtretung angenähert ist. Ernennt das Gericht einen anderen Treuhänder, leitet es die pfändbaren Bezüge auf ihn über. Versagt das Insolvenzgericht nach § 290 InsO die Restschuldbefreiung oder weist es aus anderen Gründen den Antrag auf Erteilung der Restschuldbefreiung ab, wird die Forderung nicht auf den Treuhänder übertragen. Unterbleibt diese Entscheidung, so ist die Wirkung der Abtretungserklärung als Verfahrenshandlung beendet (vgl. BGHZ 84, 202 [208]). Wird die Restschuldbefreiung nach den §§ 296 bis 298 InsO versagt, endet mit der gerichtlichen Entscheidung die Abtretung (vgl. § 299 Rz. 11).

Solange die zu erwirkende gerichtliche Handlung noch nicht erfolgt und damit noch **30** keine neue Verfahrenssituation eingetreten ist, können Erwirkungshandlungen widerrufen werden (BGHZ 22, 267 [270]; *Lüke* in MünchKomm/ZPO, Einleitung Rz. 277; *Zöller/Greger* ZPO, Vor § 128 Rz. 18, 23; *Baumbach/Lauterbach/Albers/Hartmann*

§ 287 *Restschuldbefreiung*

ZPO, Grundz § 128 Rz. 58). In dem ersten Verfahrensabschnitt bis zur Ankündigung der Restschuldbefreiung ist die Abtretungserklärung deshalb frei widerruflich. Widerruft der Schuldner allein die Abtretungserklärung, wird das Gericht regelmäßig davon ausgehen können, daß damit auch der Antrag auf Restschuldbefreiung zurückgenommen wird. Ist der Antrag auf Erteilung der Restschuldbefreiung ausnahmsweise nicht zurückgenommen, wird er dann unzulässig. Zusammen mit dem Antrag auf Restschuldbefreiung kann die Abtretungserklärung auch im zweiten Verfahrensabschnitt zurückgenommen bzw. widerrufen werden. Wie § 299 InsO zeigt, der bei einer versagten Restschuldbefreiung die Laufzeit der Abtretungserklärung beendet, ist die Abtretungswirkung auch im zweiten Verfahrensabschnitt unabhängig von bürgerlichrechtlichen Grundsätzen aufzuheben. Falls der Schuldner seinen Antrag auf Erteilung der Restschuldbefreiung zurücknimmt, widerruft er damit zugleich auch seine Abtretungserklärung nach § 287 Abs. 2 Satz 1 InsO.

31 Auf die Abtretung sind, wie auch § 412 BGB zum Ausdruck bringt, die Regeln der §§ 399 ff. BGB insoweit anzuwenden, wie aus der Konzeption als Prozeßhandlung keine Besonderheiten folgen. An die Stelle von § 402 BGB treten etwa die §§ 290 Abs. 1 Nr. 5 und 6, 295 Abs. 1 Nr. 3, 296 Abs. 2 Satz 2 InsO.

3. Form und Inhalt der Erklärung

32 Die Abtretungserklärung ist dem Antrag auf Erteilung der Restschuldbefreiung beizufügen. Im allgemeinen wird die Abtretung deshalb schriftlich erklärt werden, doch kann die Erklärung ebenso wie der Antrag nach Abs. 1 Satz 2 auch zu Protokoll abgegeben werden. Im Verbraucherinsolvenzverfahren gilt allerdings § 305 Abs. 1 InsO. Eine konkrete Formulierung ist für die Abtretungserklärung derzeit nicht verpflichtend. Unabhängig vom Theorienstreit um den Geltungsgrund der Abtretungserklärung schreibt § 287 Abs. 2 Satz 1 InsO nur einen bestimmten Umfang, nicht aber den exakten Wortlaut der Abtretungserklärung vor. Die als Prozeßhandlung auszulegende Erklärung muß nur dem gesetzlichen Umfang entsprechen.

33 Deshalb wird es auch genügen, wenn der Schuldner explizit etwa die pfändbaren Forderungen auf Arbeitseinkommen (dazu Rz. 39 ff.) oder an deren Stelle tretende laufende Bezüge für die Dauer der Treuhandzeit abtritt. Noch weitergehend wird die Abtretungserklärung regelmäßig dahingehend zu verstehen sein, daß der Schuldner seine Bezüge in dem geforderten Umfang abtritt, denn die Auslegung seiner Prozeßhandlung ist daran auszurichten, was nach den Maßstäben der Rechtsordnung vernünftig ist und der recht verstandenen Interessenlage entspricht (*BGH* NJW 1994, 1537 [1538]). An dieser Auslegungsregel wird man sich bei einem Unter- wie Überschreiten der verlangten Abtretung zu orientieren haben, also auch dann, wenn der Schuldner mit dem jeweils pfändbaren Teil seines Einkommens mehr abtritt, als erforderlich (wovon offenbar auch *Breuer* Insolvenzrechts-Formularbuch, 555, bei seinem Formulierungsvorschlag ausgeht).

II. Abzutretende Forderungen

1. Grundzüge

34 Vom Schuldner wird in § 287 Abs. 2 Satz 1 InsO verlangt, seine pfändbaren Forderungen auf Bezüge aus einem Dienstverhältnis oder an deren Stelle tretende laufende

Antrag des Schuldners § 287

Bezüge abzutreten, eine Formulierung, die entsprechend auch in anderen Vorschriften des Gesetzes verwendet wird, vgl. §§ 81 Abs. 2 Satz 1, 89 Abs. 2 Satz 1, 114 Abs. 1, 287 Abs. 3 InsO. Mit dieser Abtretung soll der Neuerwerb zu dem zu verteilenden Treuhandvermögen gezogen werden. Abzutreten sind dabei zwei Gruppen von Forderungen, zunächst die pfändbaren Forderungen auf Bezüge aus einem Dienstverhältnis und als weiteres die pfändbaren Ansprüche auf laufende Bezüge, die an die Stelle von Dienstbezügen treten.

Die erste Gruppe der abzutretenden Forderungen erfaßt Dienstbezüge privat- und öffentlichrechtlicher Natur, die aufgrund des Abtretungsverbots aus § 400 BGB freilich nur insoweit abgetreten werden können, wie sie der Pfändung unterworfen sind. Nach Maßgabe des im Restschuldbefreiungsverfahren ebenfalls geltenden Vollstreckungszwecks (§ 286 Rz. 3 f.) ist auch für die Abtretbarkeit von der Beschlagsfähigkeit der Forderungen gemäß den §§ 850 ff. ZPO auszugehen (BGHZ 92, 339 [341 ff.]; *Jaeger/Henckel* KO, § 1 Rz. 62), die im Rahmen einer gesamtvollstreckungsrechtlichen Beurteilung auf einer individualvollstreckungsrechtlichen Grundlage zu bestimmen ist. 35

Mit der zweiten Forderungsgruppe der an die Stelle der Dienstbezüge tretenden laufenden Bezüge hat der Schuldner die übertragbaren Sozialleistungen wie etwa Renten der Sozialversicherungsträger abzutreten. Für diese Ansprüche ist aufgrund ihrer sozialrechtlichen Herkunft und der für sie geltenden speziellen Abtretungsregelung eine eigenständige Beurteilung erforderlich, denn die Abtretbarkeit von Sozialleistungen ist nach § 53 SGB I und nicht nach § 400 BGB zu bemessen (*BSG* NZS 1996, 142 [144]; *LSG Niedersachsen* info also 1991, 77 [78], mit Anm. *Hullerum*). Auch bei ihnen muß aber die Abtretungsregelung in eine insolvenzrechtliche Zwecksetzung eingebunden werden können. 36

Ansprüche, die weder Bezüge aus einem Dienstverhältnis noch an deren Stelle tretende laufende Bezüge betreffen, also zu keiner der beiden Forderungsgruppen gehören, können zwar im Einzelzwangsvollstreckungsverfahren nach den § 829 ff. ZPO pfändbar sein. Von der Abtretungserklärung und der Forderungsübertragung werden sie dagegen nicht erfaßt und deshalb auch nicht zu den Tilgungsleistungen des Schuldners gezogen. 37

Der Schuldner hat eine Vorausabtretung seiner künftigen Bezüge zu erklären. Eine solche Vorausabtretung ist nach zivilrechtlichen Maßstäben nur wirksam, wenn die abzutretende Forderung bestimmt oder zumindest bestimmbar, also hinreichend individualisierbar ist (BGHZ 53, 60 [63 f.]; 108, 98 [105]; *BGH* DB 1968, 1862; WM 1976, 151; NJW 1995, 1668 [1669]; *Roth* in MünchKomm, § 398 Rz. 75; *Kohte* ZIP 1988, 1225 [1227, 1234]). Außerdem darf der Zedent durch eine formularmäßige Vorausabtretung nicht unangemessen benachteiligt werden (BGHZ 109, 240 [245 ff.]; 125, 83 [87]; *BGH* NJW 1991, 2768 [2769]). An diesen bürgerlichrechtlichen Maßstäben ist zwar eine rechtsgeschäftliche Abtretung, nicht ohne weiteres aber die gesetzlich vorgeschriebene Abtretungserklärung zu messen, denn als dem materiellen Zivilrecht gleichrangige positivrechtliche Vorschrift definiert § 287 Abs. 2 Satz 1 InsO eigene Wirksamkeitserfordernisse der Abtretungserklärung. Auch diese Konsequenz bestätigt den prozeßrechtlichen Charakter der Abtretungserklärung gegenüber rechtsgeschäftlichen Deutungsversuchen. 38

2. Forderungen auf Bezüge aus einem Dienstverhältnis

a) Abzutretende Forderungen

39 Entsprechend der vollstreckungsrechtlichen Grundlegung werden zu den Bezügen aus einem Dienstverhältnis sämtliche Arten von Arbeitseinkommen i.S.d. § 850 ZPO gerechnet (Begründung zu § 92 RegE BR-Drucks. 1/92, 136; *Wittig* WM 1998, 157, 209 [213]). Was als Arbeitseinkommen gepfändet werden kann, ist wegen des generellen Gleichlaufs von Abtretbarkeit und Pfändbarkeit (BGHZ 92, 339 [343 f.]; *OLG Celle* NJW 1977, 1641; *Kohte* NJW 1992, 393 [396]) prinzipiell auch abzutreten, soweit nicht die insolvenzrechtliche Abtretungsregelung eine besondere Beurteilung fordert.

40 Arbeitseinkommen im vollstreckungsrechtlichen Sinn sind, unabhängig von Benennung oder Berechnungsart, alle in Geld zahlbaren Vergütungen, die dem Schuldner aus seiner Arbeits- oder Dienstleistung zustehen, § 850 Abs. 4 ZPO, gleichgültig, ob es sich um ein Dienstverhältnis des öffentlichen oder des privaten Rechts handelt. Der Begriff ist weit zu verstehen (*BAG* NJW 1977, 75 [76]; *Helwich* Pfändung des Arbeitseinkommens, 2. Aufl., 28) und umfaßt im allgemeinen die von § 19 Abs. 1 EStG aufgeführten Einkünfte (*Zöller/Stöber* ZPO, § 850 Rz. 2; *Baumbach/Lauterbach/Albers/Hartmann* ZPO, § 850 Rz. 2; Aufzählung bei *Boewer/Bommermann* Lohnpfändung und Lohnabtretung, Rz. 373), s. ergänzend § 14 Abs. 1 SGB IV. Ob die Zahlungen einmalig oder wiederkehrend geleistet werden, ist im Zwangsvollstreckungsrecht für den Begriff des Arbeitseinkommens unerheblich (*BAG* DB 1980, 358 [359]; *LAG Frankfurt* DB 1988, 1456; *Brox/Walker* Zwangsvollstreckungsrecht 5. Aufl., Rz. 541, verlangen allerdings eine stetig fließende Einnahmequelle, die aus der Arbeitsleistung herrührt) und nur dafür maßgebend, welche Pfändungsschutzvorschrift zu beachten ist (*Stein/Jonas/Brehm* ZPO, § 850 Rz. 20; *Hanau* in MünchArb, § 72 Rz. 137). Auch einmalige Einkünfte etwa aus einer Aushilfstätigkeit sind Arbeitseinkommen.

41 Aus der systematischen Verwendung des Begriffs der Bezüge aus einem Dienstverhältnis etwa in den §§ 81 Abs. 2 Satz 1, 89 Abs. 2 Satz 1 InsO, der Gleichstellung mit den an ihre Stelle tretenden laufenden Bezügen und der gebotenen Rechtssicherheit ist deshalb abzuleiten, daß jedenfalls andere Einkünfte, als das nach vollstreckungsrechtlichen Kriterien bestimmte Arbeitseinkommen, keine Bezüge aus einem Dienstverhältnis gemäß § 287 Abs. 2 Satz 1 InsO bilden. Durch diese Fixierung auf den vollstreckungsrechtlichen Begriff des Arbeitseinkommens werden die von der Abtretung erfaßten Bezüge aus einem Dienstverhältnis auch eingegrenzt. Einkünfte des Schuldners, die kein solches Arbeitseinkommen darstellen und deshalb nicht dem Pfändungsschutz der §§ 850 ff. ZPO unterliegen (vgl. *Schubert* in Kasseler Handbuch, 2.11 Rz. 23), sind nicht an den Treuhänder abzutreten. Der nach den §§ 846, 847 ZPO zu pfändende Anspruch auf eine als Naturalleistung nicht in Geld zahlbare Vergütung unterfällt deshalb auch nicht § 850 ZPO (*Stein/Jonas/Brehm* ZPO, § 850 Rz. 59), s. aber § 850e Nr. 3 ZPO.

42 Arbeits- und Dienstlöhne sind die Einkünfte aus unselbständiger Tätigkeit, die bei bestehender persönlicher oder wirtschaftlicher Abhängigkeit aufgrund eines privatrechtlichen Rechtsverhältnisses erbracht wird (*Stein/Jonas/Brehm* ZPO, § 850 Rz. 24). Derartige Einkünfte beziehen Arbeitnehmer, Heimarbeiter und andere arbeitnehmerähnliche Personen. Ohne Rücksicht auf die Berechnung als Zeit- bzw. Leistungslohn, Tariflohn respektive übertarifliche Vergütung oder die Bezeichnung als Gehalt, Provision bzw. Zulage wird die Vergütung wie auch ein an ihre Stelle getretener Ersatzanspruch erfaßt (ausführlich *Stöber* Forderungspfändung, 11. Aufl., Rz. 881; *Hanau* in MünchArb, § 72 Rz. 140 ff.). Zum Arbeitslohn gehört die Entgeltfortzahlung an Feiertagen wie im Krankheitsfall, das Urlaubsentgelt, nicht aber ein zusätzliches Urlaubsgeld gemäß § 850a Nr. 2 ZPO (*BAG* NJW 1966, 222f.; *Leinemann/Linck* Urlaubsrecht, § 11 BUrlG Rz. 102f.), die Mehrarbeitsvergütung, die aber nach § 850a Nr. 1 ZPO zur Hälfte unpfändbar ist (*Schaub* Arbeitsrechts-Handbuch, § 92 II 16), sowie Weihnachtsvergütungen, soweit sie gemäß § 850a Nr. 4 ZPO die Hälfte des monatlichen Arbeitseinkommens übersteigen bzw. mehr als DM 540,– betragen. Auch das nach dem Altersteilzeitgesetz (vom 23. 7. 1996, BGBl I 1078) gezahlte Arbeitsentgelt ist Arbeitseinkommen (*Zöller/Stöber* ZPO, § 850 Rz. 6).

Als Arbeitseinkommen nennt § 850 Abs. 2 ZPO außerdem die Dienst- und Versorgungsbezüge der Beamten. Zu ihnen zählen die Bezüge, die Beamten nach den Besoldungs- und Versorgungsgesetzen erhalten, wie Grundgehalt und Zulagen, die Dienstbezüge der Berufssoldaten und Soldaten auf Zeit nach § 30 SoldatenG, die Bezüge der Zivildienstleistenden und die Bezüge Wehrpflichtiger nach den §§ 12a, 13, 13a USG (*OLG Braunschweig* NJW 1955, 1599; *Smid* in MünchKomm/ZPO, § 850 Rz. 25; *Zöller/ Stöber* ZPO, § 850 Rz. 4; *Stöber* Forderungspfändung, 11. Aufl., Rz. 904ff.). Zweckgebundene Ansprüche der Beamten aus den §§ 18, 33, 34, 35 und 43 BeamtVG, etwa über die Erstattung der Kosten eines Heilverfahrens, unterliegen nach den §§ 51 BeamtVG, 51 BRRG nicht der Pfändung und sind nicht abtretbar (*Stöber* Forderungspfändung, 11. Aufl., Rz. 880f.). 43

Kein Arbeitseinkommen stellen die Lohn- oder Einkommensteuererstattungen dar (*LG Braunschweig* NJW 1972, 2315; *Stein/Jonas/Brehm* ZPO, § 850 Rz. 30; *Schubert* in Kasseler Handbuch 2.11 Rz. 39; differenzierend *Schaub* Arbeitsrechts-Handbuch, § 92 II 15; *Hanau* in MünchArbR, § 72 Rz. 153; a. M. *LAG Hamm* NZA 1989, 529 [530]; *LAG Frankfurt* BB 1989, 295 [296]). Zur Konkursmasse können diese Erstattungsansprüche nur deshalb gehören, weil sie nach § 829 ZPO (*Kuhn/Uhlenbruck* KO, § 1 Rz. 73b; *Hess* KO, § 1 Rz. 77; *Kilger/Karsten Schmidt* KO, § 1 Anm. 2 B d), aber nicht nach § 850 Abs. 2 ZPO pfändbar sind. Außerdem ist ihre Verkehrsfähigkeit nach § 46 AO beschränkt, denn gegenüber dem Finanzamt sind solche Abtretungen nur wirksam, wenn die Abtretungsanzeige nach Entstehung am Ende des Ausgleichsjahres vorgelegt wird (*Klein/Brockmeyer* AO, 6. Aufl., Anm. 3; *Kühn/Hofmann* AO, 17. Aufl., Anm. 2). 44

Nicht zum Arbeitseinkommen gehört nach § 13 Abs. 3 5. VermBG auch die Arbeitnehmer-Sparzulage (*Baumbach/Lauterbach/Albers/Hartmann* ZPO, Grundz § 704 Rz. 64; anders noch die Rechtslage nach § 12 Abs. 3 des 3. VermBG, *BAG* NJW 1977, 75 [76]), die nicht übertragbar ist. Vermögenswirksame Leistungen sind zwar Bestandteil des Arbeitseinkommens, doch ist der Anspruch auf die vermögenswirksame Leistung nach § 2 Abs. 7 Satz 2 5. VermBG nicht übertragbar (*Stöber* Forderungspfändung, 11. Aufl., Rz. 915ff.; *Baumbach/Lauterbach/Albers/Hartmann* ZPO, Grundz § 704 Rz. 111; s.a. *Hanau* in MünchArbR, § 72 Rz. 161; *Smid* in MünchKomm/ZPO, § 850 Rz. 30). Das vom Arbeitgeber ausgezahlte staatliche Kindergeld ist kein Teil des Arbeitseinkommens (*LG Würzburg* Rpfleger 1979, 225; *Stein/Jonas/Brehm* ZPO, § 850 Rz. 23; *Schubert* in Kasseler Handbuch, 2.11 Rz. 29), seine Pfändbarkeit ist nach § 54 SGB I zu bestimmen. Ebenfalls kein Arbeitseinkommen bildet die von einer Gewerkschaft gezahlte Streik- und Aussperrungsunterstützung, also die Zuwendung eines Dritten (*Boewer/Bommermann* Lohnpfändung und Lohnabtretung, Rz. 444; a.A. *Hanau* in MünchArbR, § 72 Rz. 159; s.a. *Stöber* Forderungspfändung, 11. Aufl., Rz. 883), denn jedenfalls die Parallele zur steuerrechtlichen Beurteilung spricht nach der neueren Rechtsprechung des *BFH* gegen die Beurteilung als Arbeitslohn (*BFH* NJW 1991, 1007; anders noch BFHE 135, 488). Von Gästen freiwillig gezahlte Trinkgelder gehören im allgemeinen nicht zu den Arbeits- oder Dienstlöhnen bzw. gleichgestellten Einkünften (*BAG* NJW 1996, 1012; *Schubert* in Kasseler Handbuch, 2.11 Rz. 36; a.A. *Helwich* Pfändung des Arbeitsein- 45 kommens, 2. Aufl., 28). Vereinbaren die Arbeitsvertragsparteien eine Gehaltsumwandelung, nach der ein Teil des monatlichen Barlohns vom Arbeitgeber auf eine Lebensversicherung zugunsten des Arbeitnehmers (Direktversicherung) gezahlt werden soll, enstehen insoweit keine pfändbaren Ansprüche auf Arbeitseinkommen mehr (*BAG BB* 1998, 1009 = EWiR 1998, 575 mit Anm. *Hintzen*). Eine solche im allgemeinen unbedenkliche Abrede darf der Schuldner während der Treuhandphase nur in den Grenzen von § 295 Abs. 1 Nr. 1 InsO treffen (§ 295 Rz. 19 ff.).

46 Ausdrücklich zählt die Begründung zum Regierungsentwurf das Arbeitsentgelt eines Strafgefangenen nach § 43 StVollzG zu den Bezügen i. S. d. § 287 Abs. 2 Satz 1 InsO (Begründung zu § 92 RegE BR-Drucks. 1/92, 136). Soweit dieses Arbeitsentgelt gepfändet werden kann, wird es auch von der Abtretungserklärung umfaßt, doch ist vollstreckungsrechtlich außerordentlich umstritten, inwieweit das Entgelt eines Straf- oder Untersuchungsgefangenen pfändbar ist. Grundsätzlich richtet sich die Pfändung dieses Arbeitsentgelts nach den Vorschriften der §§ 850 ff. ZPO, wonach dann auch § 850c ZPO anzuwenden ist (*Callies/Müller-Dietz* StVollzG, 6. Aufl., § 43 Rz. 6 m. w. N.; *Stein/Jonas/Brehm* ZPO, § 850 Rz. 28; s. a. *Fluhr* NStZ 1994, 115; *Vollkommer* Rpfleger 1984, 482 [483]; a. A. *Zöller/Stöber* ZPO, § 850 Rz. 16, § 829 Rz. 33). Allerdings soll das in § 52 StVollzG geregelte Eigengeld des Gefangenen unabhängig von den Freigrenzen des § 850c ZPO pfändbar sein (*BVerfG* NJW 1982, 1583; *LG Hannover* Rpfleger 1995, 264; *LG Münster* JurBüro 1996, 107; *Baumbach/Lauterbach/Albers/Hartmann* ZPO, § 850 Rz. 7; nur nach § 850c ZPO: *OLG Frankfurt* Rpfleger 1984, 424; NStZ 1993, 559; *LG Karlsruhe* NJW-RR 1989, 1536; Kasseler Handbuch/*Schubert* 2.11 Rz. 54; *Kenter* Rpfleger, 1991, 488; 20% vom Sozialhilferegelsatz sind unpfändbar: *LG Frankfurt* Rpfleger 1989, 33). Sein Überbrückungsgeld ist dagegen nur nach § 51 Abs. 4 und 5 StVollzG pfändbar (*OLG Karlsruhe* Rpfleger 1994, 370; *Callies/Müller-Dietz* StVollzG, 6. Aufl., § 51 Rz. 8 f.). Bei der Entscheidung über die Pfändbarkeit ist zu berücksichtigen, daß verfassungsrechtlich Hilfen bei der Schuldentilgung geboten sind (*BVerfG* EuGRZ 1998, 518 [527]), und auch die Möglichkeit zum Ansparen der Kosten eines Insolvenz- und Restschuldbefreiungsverfahrens zu gewähren ist (vgl. § 312 Rz. 54).

47 Auch Ansprüche, die erst nach dem Ende des Dienstverhältnisses entstehen, werden im Zwangsvollstreckungsrecht dem Arbeitseinkommen zugerechnet. Zu nennen sind die Ruhegelder und Hinterbliebenenbezüge nach § 850 Abs. 2 ZPO, die insbesondere als betriebliche Altersversorgung für einen Arbeitnehmer von seinem früheren Arbeitgeber oder aus einer Pensions- bzw. Unterstützungskasse aufgrund Tarifvertrag, Betriebsvereinbarung, einzelvertraglicher Vereinbarung oder betrieblicher Übung gezahlt werden (*BGH* NJW-RR 1989, 286 [287]; *Stöber* Forderungspfändung, 11. Aufl., Rz. 884; *Stein/Jonas/Brehm* ZPO, § 850 Rz. 30; *Zöller/Stöber* ZPO, § 850 Rz. 7). Dieser individualvollstreckungsrechtlichen Lesart ist auch im Insolvenzrecht zu folgen, weshalb derartige nach dem Ende des Dienstverhältnisses begründete Ansprüche insolvenzrechtlich Forderungen auf Bezüge aus einem Dienstverhältnis darstellen. Zu den Forderungen auf die an ihre Stelle tretenden Bezüge, also zu der anderen Forderungsgruppe des § 287 Abs. 2 Satz 1 InsO, gehören dagegen die laufenden Geldleistungen der Sozialversicherungsträger (dazu unten Rz. 68 ff.).

48 Karenzzahlungen, die einem Arbeitnehmer zum Ausgleich von Wettbewerbsbeschränkungen für die Zeit nach Beendigung des Arbeitsverhältnisses gezahlt werden, sind nach § 850 Abs. 3a) ZPO dem Arbeitseinkommen gleichgestellt (*Boewer/Bommermann* Lohnpfändung und Lohnabtretung, Rz. 388 ff.). Dies gilt für Zahlungen, die nach den §§ 74 ff. HGB kaufmännischen Angestellten, gemäß den §§ 133 f GewO, 74 ff. HGB

technischen Angestellten (*BAG* NJW 1970, 443 [444]) und in entsprechender Anwendung der §§ 74 ff. HGB ebenfalls sonstigen Arbeitnehmern (*BAG* DB 1970, 63), aber auch einem GmbH-Geschäftsführer geleistet werden (*OLG Rostock* NJW-RR 1995, 173 [174]). Insolvenzrechtlich können auch die nach den §§ 87, 89b, 90a HGB einem Ein-Firmen-Vertreter (*Stein/Jonas/Brehm* ZPO, § 850 Rz. 47; *Hanau* in MünchArbR, § 72 Rz. 150) erbrachten Leistungen den Karenzzahlungen an Arbeitnehmer gleichgestellt werden (s. u. Rz. 51).

Entsprechendes gilt nach § 850 Abs. 3 b) ZPO auch für Versorgungsrenten der Lebens- 49 oder Unfallversicherung, wenn sie auf einem Vertrag beruhen, der zur Versorgung des Versicherungsnehmers oder seiner unterhaltsberechtigten Angehörigen eingegangen ist. Hierzu gehören Tagegelder aus privaten Krankenversicherungen (*Stein/Jonas/Brehm* ZPO, § 850 Rz. 48), Leistungen aus einer Direktversicherung im Rahmen der betrieblichen Altersversorgung (*Stöber* Forderungspfändung, 11. Aufl., Rz. 892a), die Rente der Versorgungsanstalt des Bundes und der Länder (BGHZ 111, 248 [253]; *Stöber* Forderungspfändung, 11. Aufl., Rz. 894) sowie Berufsunfähigkeitsrenten (*OLG München* VersR 1996, 318 [319]; *Smid* in MünchKomm/ZPO, § 850 Rz. 41; *Baumbach/Lauterbach/Albers/Hartmann* ZPO, § 850 Rz. 14).

Zwangsvollstreckungsrechtlich werden auch manche Einkünfte selbständig tätiger 50 Schuldner dem Arbeitseinkommen i. S. v. § 850 ZPO gleichgestellt. Ob diese Einkommen aber zu den gemäß § 287 Abs. 2 Satz 1 InsO abzutretenden Bezügen gehören, erscheint nach der Regelung in § 295 Abs. 2 InsO nicht selbstverständlich. § 295 Abs. 2 InsO verlangt von einem selbständig tätigen Schuldner, eigenständig Zahlungen an den Treuhänder zu leisten, und setzt damit offenbar voraus, daß eine Abtretung seiner Einkünfte nicht erfolgt ist. Für eine Abtretung der dem Arbeitseinkommen gleichgestellten Einkünfte auch aus selbständiger Tätigkeit spricht allerdings die angestrebte Parallele mit den individualvollstreckungsrechtlichen Pfändungsregeln und dem gesamtvollstreckungsrechtlichen Beschlagsrecht. Als besondere Voraussetzung des Restschuldbefreiungsverfahrens muß außerdem jeder und damit auch der selbständige Schuldner die Abtretung erklären. Dieser sonst bei selbständigen Schuldnern vielfach inhaltsleeren Verpflichtung wird ein zusätzlicher Sinn gegeben, wenn selbständig tätige Schuldner ihre dem Arbeitseinkommen gleichzustellenden Einkünfte abzutreten haben. Vor allem steht aber § 295 Abs. 2 InsO einer Abtretung nicht entgegen, weil die Vorschrift nicht selbst die Unabtretbarkeit von Einnahmen anordnet, sondern nur die Konsequenzen zieht, falls Einkünfte nicht abtretbar sind (vgl. Begründung RegE BR-Drucks. 1/92, 192; *Arnold* DGVZ 1996, 65 [69]). § 295 Abs. 2 InsO füllt daher gerade die Lücke, soweit die Forderungen nicht abtretbar sind. Im Rahmen der gesetzlich vorgeschrieben Abtretungserklärung ist schließlich auch die Individualisierbarkeit der abzutretenden Forderungen nicht zu bezweifeln (dazu oben Rz. 38), deren Umfang nach den Pfändungsregeln abzugrenzen ist. Sind also die Forderungen pfändbar, so können sie nach § 287 Abs. 2 Satz 1 InsO abgetreten werden.

Die Einkünfte arbeitnehmerähnlicher Personen wie der Ein-Firmen-Handelsvertreter 51 gemäß § 92a HGB sowie mancher freier Mitarbeiter der Medienunternehmen werden individualvollstreckungsrechtlich als Arbeits- und Dienstlöhne behandelt (*Kniebes/Holdt/Voß* Die Pfändung von Arbeitseinkommen, 62; *Boewer/Bommermann* Lohnpfändung und Lohnabtretung, Rz. 374; *Stein/Jonas/Brehm* ZPO, § 850 Rz. 26). Sonstige Vergütungen für Dienstleistungen aller Art, die die Erwerbstätigkeit des Schuldners vollständig oder zu einem wesentlichen Teil in Anspruch nehmen, etwa aus freien Dienstverträgen, sind in § 850 Abs. 2 ZPO ebenfalls dem Arbeitseinkommen gleichgestellt. Es wird also nicht darauf abgestellt, ob das Entgelt aufgrund eines freien oder eines abhängigen Dienstvertrags erbracht wird. Wesentlich ist vielmehr, daß es sich um wiederkehrend zahlbare Vergütungen für Dienste handelt, welche die Existenzgrundlage des Dienstpflichtigen bilden, weil sie die Erwerbstätigkeit des Schuldners jedenfalls zu einem wesentlichen Teil in Anspruch nehmen (*BAG* NJW 1962, 1221 [1222]; *BGH* NJW 1978, 756; *Zöller/Stöber* ZPO, § 850 Rz. 9). Wird ein (Zahn)Arzt zum wesentlichen Teil durch seine kassen(zahn)ärztliche Tätigkeit in Anspruch genommen, gehört auch sein Entgeltanspruch gegen die Kassen(zahn)ärztliche Vereinigung zu den erfaßten Vergütungen (BGHZ 96, 324 [327 f.]). Unter den vorgenannten Voraussetzungen können einzelvollstreckungsrechtlich die Einkünfte von Angehörigen der freien Berufe oder anderer Selbständiger als sonstige Vergütung nach § 850 Abs. 2 ZPO zu beurteilen sein (*Schubert* in Kasseler Handbuch 2.11 Rz. 48).

b) Abtretungsschutz

52 Abtretbar sind grundsätzlich nur die Forderungen, die auch pfändbar sind, weswegen auch von einem Gleichlauf zwischen Abtretbarkeit und Pfändbarkeit nach den §§ 400 BGB, 851 ZPO gesprochen wird (BGHZ 92, 339 [343 f.]; *OLG Celle* NJW 1977, 1641; *Kohte* NJW 1992, 393 [396]). Der Pfändungsschutz für das Arbeitseinkommen besteht dabei insbesondere neben den allgemeinen Pfändungsgrenzen des § 850 c ZPO aus zahlreichen Sonderregeln, mit denen diese Pfändungsgrenzen teils erweitert, teils eingeschränkt werden. Da der Schuldner nach § 287 Abs. 2 Satz 1 InsO seine pfändbaren Forderungen auf Bezüge aus einem Dienstverhältnis abzutreten hat, begründet der Pfändungsschutz grundsätzlich auch einen Abtretungsschutz. Selbstverständlich gelten dabei die Pfändungsgrenzen gemäß § 850 c Abs. 1 bis 3 ZPO auch für die Abtretbarkeit von Forderungen. Weithin ungeklärt ist aber, ob auch die Regelungen der §§ 850 c Abs. 4, 850 d ff. ZPO bei einer Abtretung gelten und damit den Abtretungsschutz modifizieren.

53 Diskutiert wurde bislang vor allem, inwieweit der Pfändungsschutz aus § 850 f ZPO zur Unabtretbarkeit einer Forderung führt (so *Kohte* ZIP 1994, 184 [186]; *ders.* FS Remmers, 479 [486]; *Kohte/Kemper* Blätter für Wohlfahrtspflege 1993, 81 [86]; *Henning* InVo 1996, 288 [290]; *Bindemann* Handbuch Verbraucherkonkurs, Rz. 243; erwogen, aber offen gelassen von *BAG* NJW 1991, 2038 [2039]; a. A. *Schmidt-Räntsch* KS 1177 Rz. 25 ff.; *Braun/Uhlenbruck* Unternehmensinsolvenz, 699; *Döbereiner* Restschuldbefreiung, 188; *Smid* InsO § 287 Rz. 16 ff.), doch greift eine auf § 850 f ZPO beschränkte Auseinandersetzung zu kurz. Ausgangspunkt muß sein, inwieweit der Pfändungsschutz bei den bedingt und beschränkt pfändbaren Bezügen auch die Abtretbarkeit der Forderungen gemäß § 400 BGB verhindert. Aus sozialpolitischen Gründen wird durch diese Vorschrift auch die freiwillige Übertragung von Forderungen ausgeschlossen, um dem Berechtigten den tatsächlichen Empfang der zu seinem Unterhalt benötigten Beträge zu sichern (*BGH* NJW 1952, 337; *Roth* in MünchKomm, § 400 Rz. 2; *Larenz* Schuldrecht, Bd. I, 14. Aufl., § 34 II 4). Dieses Verbot einer freiwilligen Übertragung unpfändbarer Forderungen rechtfertigt keine Einschränkungen für Abtretungen besonderer Art, selbst wenn sie in guter Absicht für den Gläubiger konzipiert sind (*Nörr/Scheyhing* Sukzessionen, 37). Deshalb kommt es nicht darauf an, ob die Abtretungserklärung gemäß § 287 Abs. 2 Satz 1 InsO nach ihrem materiellen Gehalt freiwillig abgegeben wird (so aber *Schmidt-Räntsch* KS 1177 Rz. 29), wobei die Freiwilligkeit bei einer zwingenden Verfahrensvoraussetzung nicht selbstverständlich zu begründen ist.

54 Eingeschränkt wird das Abtretungsverbot aus § 400 BGB, wenn der Zessionar dem Zedenten die Leistung erbringt, deren Erhalt gerade das Pfändungsverbot schützen soll

Antrag des Schuldners § 287

(*Roth* in MünchKomm, § 400 Rz. 4). Nicht ausreichend ist aber, nur darauf abzustellen, ob der Gläubiger eine wirtschaftliche Gegenleistung erhält (so jedoch *Smid* InsO, § 287 Rz. 18; abweichend *Palandt/Heinrichs* § 400 Rz. 3, die von einer wirtschaftlich gleichwertigen Leistung sprechen). Die Unpfändbarkeit soll dann nicht den Forderungsübergang zugunsten eines Leistenden verhindern, wenn dessen Leistung auf dem gleichen sozialen Schutzzweck beruht, wie die Forderung (*BGH* NJW 1952, 337 [338 f.]; BGHZ 13, 360 [368 ff.]; 59, 109 [115]; 127, 354 [356]; *Soergel/Zeiss* § 400 Rz. 3; *Weber* in RGRK, 12. Aufl., § 400 Rz. 15; *Nörr/Scheyhing* Sukzessionen, 39). Eine solche stets notwendige Verknüpfung zwischen dem Zweck der erbrachten Leistung und der abgetretenen Forderung wird sich nur im Einzelfall herstellen lassen. In einem Gemeinschaftsverfahren, in dem die abgetretenen Tilgungsleistungen des Schuldners gleichmäßig und unterschiedslos an sämtliche Gläubiger zu verteilen sind, kann aber der zu einer teleologischen Reduktion von § 400 BGB erforderliche Schutz nicht festgestellt werden.

Seine bedingt und beschränkt pfändbaren Forderungen auf Bezüge aus einem Dienstverhältnis kann der Schuldner deshalb nach § 287 Abs. 2 InsO nicht abtreten, wenn sie unpfändbar sind. Dieser Grundsatz gilt schon gegenüber einer vertraglichen Abtretung und muß deshalb erst Recht bei der durch einen staatlichen Hoheitsakt nach § 291 Abs. 2 InsO herbeigeführten Forderungsübertragung bestehen. Zur Zuständigkeit unten Rz. 67. Dabei stehen die gegebenenfalls zu berücksichtigenden Pfändungsschutzvorschriften unter dem Vorbehalt, daß die zu ihrer Anwendung erforderlichen Abwägungen auch in einem Gesamtvollstreckungsverfahren durchgeführt werden können. Wo das Individualvollstreckungsrecht eine fallbezogene, auf das Verhältnis von Schuldner und einen konkreten Gläubiger abstellende Billigkeitsabwägung fordert, wird eine Übertragung auf den kollektiven Rahmen im Restschuldbefreiungsverfahren ausscheiden müssen (vgl. *Jaeger/Henckel* KO, § 1 Rz. 73). 55

Jedenfalls die unpfändbaren Bezüge aus § 850 a ZPO sind nach § 400 BGB unabtretbar und können deshalb auch nicht gemäß § 287 Abs. 2 Satz 1 InsO übertragen werden. Unpfändbar und deshalb unabtretbar ist etwa die Hälfte der für die Leistung von Mehrarbeitsstunden gezahlten Teile des Arbeitsentgelts, § 850 a Nr. 1 ZPO. Gemeint ist damit die Hälfte der Gesamtvergütung, nicht nur der Zuschläge (*Baumbach/Lauterbach/Albers/Hartmann* ZPO, § 850 a Rz. 2; *Helwich* Pfändung des Arbeitseinkommens, 2. Aufl., 30), für die über die Normalarbeitsleistung hinausgehend geleistete Arbeitszeit. 56

Für die Pfändungsgrenzen gemäß § 850 c Abs. 1 bis 3 ZPO ist bei der Festsetzung des pfändbaren Teils des Einkommens ein Freibetrag anzusetzen, falls den Schuldner eine Unterhaltspflicht trifft und er tatsächlich eigene Unterhaltsleistungen erbringt (*BAG* NJW 1966, 903). Eigene Einkünfte eines Unterhaltsberechtigten vermindern dabei nicht automatisch den zu gewährenden Freibetrag. Solange noch kein Antrag nach § 850 c Abs. 4 gestellt und beschieden wurde, ist im Einzelzwangsvollstreckungsverfahren trotz eigener Einkünfte des Unterhaltsberechtigten der volle Freibetrag zu gewähren (*BAG* AP 4 zu § 850 c ZPO; *Stein/Jonas/Brehm* ZPO, § 850 c Rz. 17). Da die Anordnung nach Abs. 4 nur für und gegen den Antragsteller wirkt (*BAG* NJW 1987, 1573), muß der Antrag bei Mehrfachpfändungen von jedem Gläubiger für seine Pfändungen gestellt werden (*Stein/Jonas/Brehm* ZPO, § 850 c Rz. 29, 35; *Smid* in MünchKomm/ZPO, § 850 c Rz. 26). Eine § 850 c Abs. 4 ZPO entsprechende Antragsberechtigung, aber auch -pflicht besteht ebenfalls im Restschuldbefreiungsverfahren, doch kann die Antragstellung durch jeden einzelnen Gläubiger als Ausdruck eines im Insolvenzrecht suspendierten Prioritätsgedankens kaum auf das gesetzliche Schuldbefreiungsverfahren übertragen 57

§ 287   *Restschuldbefreiung*

werden. Das Gericht bestimmt dann nach billigem Ermessen, daß der Unterhaltsberechtigte mit eigenen Einkünften ganz oder teilweise unberücksichtigt bleibt (*Stöber* Forderungspfändung, 11. Aufl., Rz. 1066). Grundsätzlich kann diese Angemessenheitsabwägung auch in einem Gemeinschaftsverfahren durchgeführt werden. Von dem Unterhaltsberechtigten dürfen jedoch keine Abstriche in seiner Lebensführung verlangt werden, die lediglich mit einzelnen Forderungen zu begründen sind, weil etwa eine Schuld für den Familienunterhalt eingegangen wurde. Gegen die vom Rechtspfleger zu treffende Entscheidung steht dem nicht gehörten Schuldner die Erinnerung gemäß § 766 ZPO, dem gehörten Schuldner sowie dem Gläubiger die Erinnerung gemäß § 11 Abs. 1 Satz 2 RPflG zu (vgl. *Stein/Jonas/Brehm* ZPO, § 850c Rz. 41).

58 Rentenbezüge i. S. v. § 850b Abs. 1 ZPO sind grundsätzlich unpfändbar und unabtretbar (*BGH* NJW 1988, 819 [820]; *Stein/Jonas/Brehm* ZPO, § 850b Rz. 34). Hierzu gehören auch die im Fall einer Invalidität, dem maßgebenden Abgrenzungskriterium zu § 850 Abs. 3 b) ZPO, gezahlten Berufsunfähigkeitsrenten bzw. Leistungen einer Berufsunfähigkeitszusatzversicherung (BGHZ 70, 206 [212]; *OLG Oldenburg* MDR 1994, 257, mit Anm. *Hülsmann* MDR 1994, 537). Derartige Renten dürfen nur ausnahmsweise nach Abs. 2 der Vorschrift gepfändet werden, wenn dies insbesondere nach den Umständen des konkreten Sachverhalts der Billigkeit entspricht. Gefordert ist dafür eine Billigkeitsentscheidung zugunsten einzelner Gläubiger, die in einem Gesamtvollstreckungsverfahren nicht durchgeführt werden kann. Deshalb scheidet eine Pfändbarkeit und damit Abtretbarkeit im Restschuldbefreiungsverfahren ebenso aus, wie bereits bislang ihre Massezugehörigkeit im Konkursverfahren abgelehnt wurde (*LG Hamburg* VersR 1957, 366; *Jaeger/Henckel* KO, § 1 Rz. 73).

59 Aus entsprechenden Gründen sind die Zugriffsvorrechte nach § 850d ZPO in den Vorbehaltsbereich von § 850a Nr. 1, 2 und 4 ZPO sowie von § 850c ZPO allein zugunsten naher Angehöriger durchzusetzen. Eine Abtretung ist also nur zulässig, wenn sie diejenigen Ansprüche des Zessionars befriedigen soll, zu deren Erfüllung auch die Pfändung zulässig wäre (*Roth* in MünchKomm, § 400 Rz. 3; *Staudinger/Kaduk* BGB, § 400 Rz. 7; *Weber* in RGRK, 12. Aufl. , § 400 Rz. 3). Zugunsten einer Gläubigergesamtheit muß dagegen ebenso eine Pfändung (*Jaeger/Henckel* KO, § 1 Rz. 73) wie eine Abtretung ausscheiden.

60 Bezieht ein Schuldner mehrere Arbeitseinkommen, sind sie im Zwangsvollstreckungsverfahren auf Antrag durch das Vollstreckungsgericht zusammenzurechnen, § 850e Nr. 2 ZPO. Andere Einkünfte als Arbeitseinkommen werden von dieser Zusammenrechnungsbefugnis nicht erfaßt (*Grunsky* ZIP 1983, 908 [909]). Jeder Gläubiger, zu dessen Gunsten die Zusammenrechnung erfolgen soll, muß im Zwangsvollstreckungsverfahren diesen Antrag stellen (*BAG* DB 1997, 784 = AR-Blattei ES 1130 Nr. 76 mit Anm. *Kohte*; *Stein/Jonas/Brehm* ZPO, § 850e Rz. 32, 44; *Stöber* Forderungspfändung, 11. Aufl., Rz. 1140). Mit dieser Zusammenrechnung wird eine spezielle zwangsvollstreckungsrechtliche Kompetenz geschaffen, weshalb eine entsprechende Anwendung auf mehrere abgetretene Forderungen vielfach abgelehnt wird (*BAG* DB 1997, 784 = AR-Blattei ES 1130 Nr. 76, mit Anm. *Kohte*; *LG Flensburg* MDR 1968,58; *Stein/Jonas/Brehm* ZPO, § 850e Rz. 44; *Smid* in MünchKomm/ZPO, § 850e Rz. 18; *Stöber* Forderungspfändung, 11. Aufl., Rz. 1149; a. A. *AG Leck* MDR 1968, 57; *Grunsky* ZIP 1983, 908 [910]). Gegen eine solche Ausdehnung des Gläubigerzugriffs bei abgetretenen Forderungen spricht im Verhältnis zum Individualvollstreckungsrecht vor allem der Eingriff in die Rechte der Pfändungspfandgläubiger (*BAG* DB 1997, 784 = AR-Blattei ES 1130 Nr. 76 mit Anm. *Kohte*). Zwar läßt sich dieser Gedanke nicht unmittelbar auf das Restschuldbefreiungsverfahren übertragen, in dem ein Pfändungszugriff durch § 294 Abs. 1 InsO ausge-

schlossen wird, doch bleibt er gegenüber den nach § 114 Abs. 1 InsO absonderungsberechtigten Abtretungsgläubigern gültig, denen eine Zusammenrechnung verwehrt ist. Wenn dann den nicht gesicherten Gläubigern eine Zusammenrechnung gestattet wird, besäßen sie insoweit eine stärkere Position als die gesicherten Gläubiger, eine Konsequenz, die kaum zu rechtfertigen ist.

Auf Antrag des Schuldners kann das Gericht nach § 850f Abs. 1 a) ZPO den pfändungsfreien Teil seines Einkommens erweitern, wenn der notwendige Lebensunterhalt i. S. d. BSHG (*Stöber* Forderungspfändung, 11. Aufl., Rz. 1176 ff.) für ihn und die Personen, denen er Unterhalt gewährt, nicht mehr gedeckt ist. Ungeklärt ist aber die Frage, ob auch Abtretungen durch § 850f Abs. 1 ZPO beschränkt werden (dazu die oben Rz. 53 Genannten). Nach Ansicht des *BAG* (NJW 1991, 2038 [2039], mit Anm. *Kohte* JR 1992, 88) spricht dafür die gesetzlich gewollte Gleichstellung von Abtretung und Pfändung, doch konnte das Gericht die Entscheidung offen lassen. Von der instanzgerichtlichen Judikatur wird allerdings für die Auslegung von § 400 BGB häufig wie selbstverständlich § 850f Abs. 1 a) ZPO herangezogen (*OLG Köln* InVo 1998, 135; *OVG Münster* v. 24. 11. 1995 – 24 A 3562/93; *AG Düsseldorf* v. 31. 3. 1994 – 44 C 19319/93). Gegenüber einer Anwendung von § 850f Abs. 1 a) ZPO auf die Abtretungserklärung im Restschuldbefreiungsverfahren wird allerdings auf die freiwillige Durchführung und die besondere Zweckrichtung des Verfahrens verwiesen (*Schmidt-Räntsch* KS, 1177 Rz. 28 ff.). Mit der Teleologie von § 400 BGB stimmt dieser Einwand jedoch nicht überein, denn durch diese Vorschrift soll gerade die freiwillige Übertragung unpfändbarer Forderungen unabhängig selbst von ihrem guten Zweck eingeschränkt werden, um dem Zedenten den notwendigen Unterhalt zu sichern. **61**

Der erweiterte Pfändungsschutz aus § 850f Abs. 1 a) ZPO löst nicht allein einen auf Schuldner und Gläubiger in dem Zwangsvollstreckungsverhältnis beschränkten Interessenkonflikt. Die Regelung dient auch dem Sozialschutz, indem sie eine zu Lasten des Sozialhilfeträgers gehende Kahlpfändung des Schuldners verhindert (*Baumbach/Lauterbach/Albers/Hartmann* ZPO, § 850f Rz. 2). Eine konsequente Fortentwicklung dieser Wertungen muß deshalb den erweiterten Pfändungsschutz auf die vom Gericht durchgeführte Abtretung übertragen (für materiellrechtliche Abtretungen ebenso *Kohte* Anm. zu *BAG* AR-Blattei ES 1130 Nr. 76; a. A. *Stein/Jonas/Brehm* ZPO, § 850f Rz. 26; *Zöller/Stöber* ZPO, § 850f Rz. 20; wohl auch *Stöber* Forderungspfändung, 11. Aufl., Rz. 1189 e, 1250; außerdem § 312 Rz. 22). Soweit auch die freiwillige Forderungsübertragung aus sozialpolitischen Gründen beschränkt wird, ist diese Begrenzung an § 850f Abs. 1 a) ZPO auszurichten. **62**

Die Härteklausel zugunsten der Gläubiger von Forderungen aus vorsätzlicher unerlaubter Handlung, § 850f Abs. 2 ZPO, fordert eine Abwägungsentscheidung u. a. zwischen dem erwachsenen Schaden und den Vorteilen, die dem Gläubiger zugeflossen sind (*Stein/Jonas/Brehm* ZPO, § 850f Rz. 14). In einem Gesamtverfahren kann deswegen der erweitert pfändbare Betrag nicht zur Masse gezogen werden. Zudem schafft die Bereichsausnahme des § 302 Nr. 1 InsO einen speziellen, § 850f Abs. 2 ZPO verdrängenden Schutz solcher Deliktsgläubiger. **63**

§ 850h ZPO über die Lohnverschleierung bildet eine Verfahrensregel und soll daneben auch Normen des materiellen Haftungsrechts enthalten, deren Geltung nicht auf das Einzelzwangsvollstreckungsrecht beschränkt ist (*Jaeger/Henckel* KO, § 1 Rz. 72; *Kuhn/Uhlenbruck* KO, § 1 Rz. 29). Damit formuliert § 850h ZPO einen Verantwortungsgedanken, der im Restschuldbefreiungsverfahren speziell durch § 295 Abs. 1 Nr. 1 InsO ausgedrückt wird. Diese insolvenzrechtliche Regelung verdrängt daher den haftungsbezogenen zwangsvollstreckungsrechtlichen Ansatz des § 850h ZPO. **64**

65 In erster Linie sind die Tilgungsleistungen des Schuldners aus seinem laufenden Einkommen zu erbringen, doch werden auch die nicht wiederkehrend zahlbaren Vergütungen erfaßt. Als nicht wiederkehrend zahlbare Vergütung werden u. a. Abfindungsansprüche angesehen, die an die Stelle laufender Bezüge treten (*Stein/Jonas/Brehm* ZPO, § 850i Rz. 7; *Stöber* Forderungspfändung, 11. Aufl., Rz. 1234), wie etwa Abfindungen nach den §§ 9, 10 KSchG (*BAG* DB 1959, 1007; 1980, 358 [360]), der aufgrund einer Betriebsvereinbarung zu zahlende Einkommensausgleich bei einem vorzeitigen Ausscheiden aus dem Arbeitsverhältnis (*LAG Düsseldorf* DB 1988, 1456) sowie eine Sozialplanabfindung nach § 112 BetrVG (*BAG* NZA 1992, 384 = AR-Blattei ES 1130 Nr. 70 mit Anm. *Kohte*; *OLG Düsseldorf* NJW 1979, 2520). Soweit die Abtretung der Bezüge aus einem Arbeitsverhältnis umfassend an dem Begriff des Arbeitseinkommens zu orientieren ist (oben Rz. 39 ff.), werden wohl auch derartige Abfindungen abgetreten sein, doch kann hier die Abtretungsregel auch eigenen Prinzipien folgen. Auf diese Auslegung hat der sprachliche Gegensatz zwischen den Bezügen aus einem Dienstverhältnis und den an ihre Stelle tretenden laufenden Bezügen keinen Einfluß, da dieser Begriff der laufenden Bezüge dem Sozialrecht entstammt. Als begrenztes Äquivalent des Pfändungsschutzes aus § 850c ZPO gilt der antragsabhängige Schutz des § 850i Abs. 1 ZPO auch für Abtretungen. Zu erwägen ist außerdem, inwieweit eine Hinweispflicht des Arbeitgebers auf dieses Antragsrecht besteht (*Kohte* Anm. zu *BAG* AR-Blattei ES 1130 Nr. 70).

66 Ändern sich die Voraussetzungen für die Bemessung des unpfändbaren Teils des Arbeitseinkommens, so ist auf Antrag der Beschluß zu ändern, § 850g Satz 1 ZPO. Diese für die Pfändungsschranken geltende Verfahrensregel folgt den materiellen Schutzbestimmungen und ist deshalb entsprechend auf den Abtretungsschutz anzuwenden. Eine parallele Wertung hat auch Art. 2 Abs. 2 des Sechsten Gesetzes zur Änderung der Pfändungsfreigrenzen (vom 1. 4. 1992, BGBl I, 745) getroffen, der eine Abänderung rechtsgeschäftlicher Verfügungen ermöglicht, die von den Pfändungsfreigrenzen abhängen.

67 Vor welchem Gericht der Schuldnerschutz bei rechtsgeschäftlichen Abtretungen durchgesetzt werden kann, ist bislang noch nicht hinreichend geklärt. Die Entscheidung über eine Anwendung von § 850b Abs. 2 ZPO soll allerdings auch bei einer Abtretung durch das Vollstreckungsgericht erfolgen (*BGH* NJW 1970, 282 [283]; *Weber* in RGRK, 12. Aufl., § 400 Rz. 3). Dagegen soll das Prozeßgericht für die Entscheidung über eine Anwendung von § 850f Abs. 1a) ZPO auf eine Abtretung zuständig sein (*OLG Köln* InVo 1998, 135; offen gelassen von *BAG* NJW 1991, 2038 [2039]). Dieser Zuständigkeitsstreit über eine Abtretbarkeit der Forderung im Rahmen eines privatrechtlichen Verfügungsvertrags ist jedoch nicht auf das Restschuldbefreiungsverfahren zu übertragen. In diesem insolvenzrechtlichen Verfahren erklärt der Schuldner die Abtretung durch eine Prozeßhandlung. Die Forderungsübertragung erfolgt sodann durch das Insolvenzgericht. Als das für die Forderungsübertragung zuständige Gericht ist es auch zur Entscheidung über eine Anwendung der Schuldnerschutzvorschriften berufen (a. A. *Döbereiner* Restschuldbefreiung, 188). Seine Tätigkeit entspricht der des Vollstreckungsgerichts bei der Überweisung einer Forderung nach § 835 Abs. 1 ZPO, weshalb das Insolvenzgericht die Abtretungsschutz dienenden Vorschriften entsprechend beachten muß.

3. Gleichgestellte Forderungen

a) Abzutretende Forderungen

Nach § 287 Abs. 2 Satz 1 InsO hat der Schuldner außerdem die pfändbaren Forderungen **68** auf laufende Bezüge zu übertragen, die an die Stelle der Bezüge aus einem Dienstverhältnis treten. Die Begründung zum Regierungsentwurf zählt hierzu Renten und die sonstigen laufenden Geldleistungen der Sozialversicherungsträger sowie der Bundesanstalt für Arbeit im Fall des Ruhestands, der Erwerbsunfähigkeit oder der Arbeitslosigkeit (BR-Drucks. 1/92, 136). Zur Auslegung kann dabei auch auf die Definition des Erwerbsersatzeinkommens gemäß § 18a Abs. 1 Nr. 2, Abs. 3 SGB IV abgestellt werden (Übersicht bei *Brachmann* in Jahn SGB, § 18a SGB IV Rz. 11 ff.). Abtretbar sind diese Sozialleistungen gemäß § 53 SGB I soweit sie nach den §§ 54 SGB I, 850 ff. ZPO pfändbar sind, wobei freilich nicht die Entscheidung der § 850 ff. ZPO übernommen wird, welche Einkünfte als Arbeitseinkommen gelten (*Burdenski/v. Maydell/Schellhorn* GK-SGB I, 2. Aufl., § 53 Rz. 25; *Heinze* in BochKomm SGB-AT, § 53 Rz. 31). Generell unpfändbare Ansprüche, wie etwa das Erziehungsgeld nach § 54 Abs. 3 Nr. 1 SGB I, können nach § 53 Abs. 3 SGB I nicht übertragen werden. Grundsätzlich unpfändbare Ansprüche, z. B. auf Kindergeld, können nur in dem Rahmen übertragen werden, in dem eine Pfändung zulässig ist (*Hauck/Haines* SGB I § 53 Rz. 9).

Stets sind damit aber nur Geldleistungen abzutreten. Kostenerstattungsansprüche wegen **69** einer selbst beschafften Sach- oder Dienstleistung sind als Surrogate ebenso wie die Ansprüche auf diese Sozialleistungen nach § 53 Abs. 1 SGB I unabtretbar (*Seewald* in KassKomm, § 53 Rz. 4; differenzierend *Morzynski* SGB I, 2. Aufl., § 53 Rz. 3), auch betreffen sie keine laufenden Leistungen. Zugleich wird die sozialrechtliche Unterscheidung zwischen der Übertragung und Pfändung von Ansprüchen auf einmalige Geldleistungen und von Ansprüchen auf laufende Geldleistungen in die insolvenzrechtliche Regelung übertragen, denn nur Forderungen auf laufende Bezüge, die an die Stelle der Dienstbezüge treten, werden von der Abtretungserklärung erfaßt. Laufende Geldleistungen betreffen alle Ansprüche, die auf wiederkehrende Zahlungen gerichtet sind und regelmäßig durch einen begünstigenden Verwaltungsakt mit Dauerwirkung gewährt werden (*Giese/Krahmer* SGB I und X, § 54 SGB I Rz. 8). Ihren Charakter als wiederkehrende Leistungen verlieren auch nicht verspätete oder zusammengefaßte Zahlungen, weshalb etwa Rentennachzahlungen als wiederkehrende Leistung erbracht werden (*Hanau* in MünchArbR § 72 Rz. 164).

Auch die Vorausabtretung künftiger Sozialleistungsansprüche ist grundsätzlich zulässig **70** (BGH NJW 1989, 2383 [2384]; *Seewald* in KassKomm, § 53 Rz. 8; *Hauck/Haines* SGB I § 53 Rz. 3; *Stein/Jonas/Brehm* ZPO, § 850i Rz. 71 m.w.N.). Eine Pfändung von Sozialleistungsansprüchen soll möglich sein, falls nach den tatsächlichen Verhältnissen der künftige Eintritt der Anspruchsvoraussetzungen i.S.d. §§ 2 Abs. 1 Satz 2, 40 Abs. 1 SGB I möglich und bereits bestimmbar ist. Nicht gepfändet werden können dagegen Leistungen, deren gesetzliche Anspruchsvoraussetzungen noch durch ein künftiges ungewisses Ereignis bedingt sind (*Zöller/Stöber* ZPO, § 850i Rz. 27). Die bloße Erwartung, daß eine solche Forderung entstehen könnte, genügt nicht (*LG Koblenz* JurBüro 1998, 161). Deshalb scheidet etwa die Pfändung von Krankengeld jedenfalls vor Arbeitsaufnahme aus (*Stein/Jonas/Brehm* ZPO, § 850i Rz. 71; *Stöber* Forderungspfändung, 11. Aufl., Rz. 1369) und eine Rente wegen Erwerbs- oder Berufsunfähigkeit ist nicht pfändbar, solange nicht zu erwarten ist, daß die Voraussetzungen der Erwerbs- oder Berufsunfähigkeit eintreten (*LG Koblenz* JurBüro 1998, 161). Vor dem Tod des versicherten Angehörigen ist deswegen auch die Pfändung einer Rente wegen Todes gemäß

§ 287 *Restschuldbefreiung*

den §§ 46 ff. SGB VI ausgeschlossen (*Zöller/Stöber* ZPO, § 850 i Rz. 27), weshalb auch eine Abtretung grundsätzlich nicht in Betracht kommt. Ob derartige künftige Forderungen trotzdem gemäß § 287 Abs. 2 Satz 1 InsO übertragen werden können, um auch diese Ansprüche für die Tilgungsleistung zu erfassen, erscheint sehr zweifelhaft.

71 Im Bereich der Ausbildungsförderung werden Sozialleistungen gemäß §§ 3 Abs. 1, 18 SGB I als Zuschüsse und Darlehen für den Lebensunterhalt und die Ausbildung nach BAföG und als Stipendien nach den Graduiertenförderungsgesetzen der Länder gezahlt (*Stein/Jonas/Brehm* ZPO, § 850 i Rz. 46). Diese Leistungen sind jedoch nach § 850 a Nr. 3 und 6 ZPO unpfändbar, soweit sie sich etwa auf Fahrtkosten, Lern- und Arbeitsmittel und die Kosten einer auswärtigen Unterkunft beziehen (*Stein/Jonas/Brehm* ZPO, § 850 i Rz. 74).

72 Zur Arbeitsförderung werden diese Sozialleistungen nach den §§ 3 Abs. 2, 19 ff. SGB I insbesondere durch Kurzarbeitergeld nach § 3 Abs. 1 Nr. 9 i. V. m. §§ 169 ff. SGB III, Arbeitslosengeld gemäß § 3 Abs. 1 Nr. 8 i. V. m. §§ 117 ff. SGB III, Arbeitslosenhilfe nach § 3 Abs. 1 Nr. 8 i. V. m. §§ 190 ff. SBG III (vgl. *BSG* NJW 1983, 958) und Insolvenzgeld gemäß § 3 Abs. 1 Nr. 10 i. V. m. §§ 183 ff. SBG III erbracht, wobei die Übertragbarkeit des Insolvenzgeldes in § 188 SGB III angelehnt an die allgemeine Rechtslage geregelt ist (vgl. *Hess* in GK-SGB III, § 188 Rz. 3 ff.). Es werden aber auch Leistungen zur beruflichen Ausbildung, Fortbildung und Umschulung erbracht, doch sind die durch eine Fortbildungsmaßnahme unmittelbar entstehenden Kosten gemäß § 850 a Nr. 3 ZPO unpfändbar.

73 Zusätzliche Leistungen für Schwerbehinderte sieht § 31 Abs. 2 bis 5 SchwbG vor (*Schubert* in Kasseler Handbuch, 2.11 Rz. 79 f.), doch sind nach § 54 Abs. 3 Nr. 3 SGB I diese Geldleistungen unpfändbar, da sie den durch einen Körper- oder Gesundheitsschaden bedingten Mehraufwand ausgleichen sollen (BT-Drucks. 12/5187, 29). Sozialleistungen an Schwerbehinderte, die dem Ausgleich von Einkommensverlusten dienen, sind dagegen unpfändbar (*Stöber* Forderungspfändung, 11. Aufl., Rz. 1358). Zum Arbeitseinkommen und nicht zu den hier zu behandelnden gleichgestellten Bezügen zählt das nach dem Altersteilzeitgesetz (vom 23. 07. 1996, BGBl I 1078) gezahlte Arbeitsentgelt.

74 Soziale Entschädigungen wegen Gesundheitsschäden stellen nach den §§ 5, 24 SGB I ebenfalls Sozialleistungen dar (Übersicht bei *Schubert* in Kasseler Handbuch, 2.11 Rz. 85 f.). Neben den Leistungen nach dem Schwerbehindertengesetz sind auch diese Zahlungen wegen Gesundheitsschäden gemäß den §§ 14, 15, 31, 35 BVG nach § 54 Abs. 3 Nr. 3 SGB I unpfändbar (BT-Drucks. 12/5187, 29; *Zöller/Stöber* ZPO, § 850 i Rz. 24; *Hornung* Rpfleger 1994, 442 [443]).

75 Leistungen der Sozialversicherung werden nach den §§ 4, 21 bis 23 SGB I durch die gesetzliche Kranken-, Pflege-, Unfall- und Rentenversicherung sowie als Altershilfe für Landwirte erbracht. Zu den Leistungen der Krankenversicherung gehören insbesondere Krankengeld nach §§ 44 ff. SGB V, Sterbegeld gemäß den §§ 58 f. SGB V, das jedoch keine laufende Leistung darstellt, und das nach Maßgabe von § 54 Abs. 3 Nr. 2 SGB I bis zu Höhe des Erziehungsgeldes unpfändbare Mutterschaftsgeld (BT-Drucks. 12/5187, 29; *Grüner/Dalichau* SGB, § 54 SGB I Anm. V 2; *Hornung* Rpfleger 1994, 442 [443]), vor allem gemäß § 200 RVO. Von der Pflegeversicherung werden insbesondere Pflegegeld, §§ 28 Abs. 1 Nr. 2, 37 SGB XI, Pflegehilfsmittel und technische Hilfen, §§ 28 Abs. 1 Nr. 5, 40 SGB XI, sowie weitere Leistungen nach §§ 28, 39, 41 ff. SGB XI erbracht. Ihre Leistungen dienen dazu, den durch einen Körper- oder Gesundheitsschaden bedingten Mehraufwand auszugleichen und sind deshalb nach § 54 Abs. 3 Nr. 3 SGB I unpfändbar (*Stöber* Forderungspfändung, 11. Aufl., Rz. 1358). Die Unfallversicherung zahlt etwa

Antrag des Schuldners § 287

Leistungen zur Rehabilitation, § 35 SGB VII, Verletztenrenten, § 56 ff. SGB VII, und Renten an Hinterbliebene nach § 63 ff. SGB VII.
Unter die Leistungen der gesetzlichen Rentenversicherung fallen insbesondere Leistungen zur Rehabilitation, §§ 9 ff. SGB VI, Altersrenten nach den §§ 35 SGB VI (vgl. BGHZ 92, 339 [345]), Renten wegen verminderter Erwerbsfähigkeit bei Berufs- und Erwerbsunfähigkeit der §§ 43 ff. SGB VI, sowie Renten wegen Todes an Hinterbliebene und Witwen, §§ 46 ff. SGB VI (*Stein/Jonas/Brehm* ZPO, § 850i Rz. 39 ff.). Soweit Geldleistungen für Kinder, wie etwa der Kinderzuschuß gemäß § 270 SGB VI, einen Rentenbestandteil bilden, können sie nach § 54 Abs. 5 SGB I nur wegen der gesetzlichen Unterhaltsansprüche eines berücksichtigten Kindes gepfändet werden und sind deshalb im Restschuldbefreiungsverfahren unabtretbar, wie dies auch für das Kindergeld gilt. Außerordentlich umstritten ist aber, ob auch eine Pfändung erst künftig entstehender oder fällig werdender Rentenansprüche zulässig ist (unpfändbar: *LG Wiesbaden* Rpfleger 1984, 242; *LG Berlin* NJW 1989, 1738; *LG Düsseldorf*, JurBüro 1990, 266; *LG Köln*, JurBüro 1990, 401; *LG München* I, Rpfleger 1990, 375; *LG Ulm* Rpfleger 1990, 375; *LG Frankenthal*, Rpfleger 1991, 164 [165]; *LG Aurich* Rpfleger 1991, 165 [166]; MDR 1991, 2615; *LG Heidelberg* NJW 1992, 2774; *Kohte* NJW 1992, 393 [398]; pfändbar: *BFH* NJW 1992, 855; *OLG Schleswig* JurBüro 1988, 540 [541]; *LG Hamburg* NJW 1988, 2675; *LG Lübeck* JurBüro 1989, 550 [551]; *LG Göttingen* JurBüro 1989, 1468; *LG Aachen* Rpfleger 1990, 376; *LG Heilbronn* Rpfleger 1995, 510 [511]; *Hornung* Rpfleger 1994, 442 [446]; *OLG Frankfurt* Rpfleger 1989, 115, wenn das sechzigste Lebensjahr erreicht ist; *LG Münster* JurBüro 1990, 119, nach sechzig Beitragsmonaten). Den Leistungen der gesetzlichen Rentenversicherung sind wohl auch die Leistungen der berufsständischen Versorgungswerke der kammerfähigen freien Berufe gleichzustellen.

Eine sonstige von § 54 SGB I erfaßte Sozialleistung stellt etwa der Zuschuß für eine angemessene Wohnung dar, § 7 SGB I. Dieses Wohngeld soll allerdings nur insoweit pfändbar sein, wie die Pfändungsforderung mit dem Mietverhältnis des Empfängers im Zusammenhang steht (*LG Göttingen* NJW 1988, 2676; *LG Ellwangen* Rpfleger 1988, 274; *LG Bonn* Rpfleger 1989, 164; *LG Marburg* Rpfleger 1986, 395; *Kohte* NJW 1992, 393 [397]; *Riedel* NJW 1994, 2812 [2813]; *Hornung* Rpfleger 1994, 442 [445]; *Baumbach/Lauterbach/Albers/Hartmann* ZPO, Grundz § 704 Rz. 115; *Brox/Walker* Zwangsvollstreckungsrecht 5. Aufl., Rz. 563; a. A. *LG Dortmund* JurBüro 1995, 493; *LG Saarbrücken* JurBüro 1995, 492; *LG Bielefeld* JurBüro 1996, 270; *LG Augsburg* JurBüro 1997, 44; *LG Hamburg* JurBüro 1997, 439 [440]). Auf die neue Fassung von § 54 Abs. 4 SGB I, die auf Billigkeitserwägungen bei der Pfändung laufender Geldleistungen verzichtet, kommt es nicht an. Als zweckgebundene Leistungen sind die Forderungen zivilrechtlich entsprechend § 399 BGB nur mit den aus ihrer Zweckgebundenheit resultierenden Beschränkungen abtretbar (*BGH* WM 1970, 253 [254]; *BAG* DB 1970, 1327; *Roth* in MünchKomm, § 399 Rz. 12), doch gilt im Sozialrecht wegen des dort ebenfalls in Bezug genommenen § 851 ZPO entsprechendes.

Auch das Erziehungsgeld bildet eine Sozialleistung, die aber ebenso wie vergleichbare Leistungen der Länder (vgl. *Grüner/Dalichau* SGB, § 54 SGB I Anm. V 1) nach § 54 Abs. 3 Nr. 1 SGB I unpfändbar ist.

Für die Pfändbarkeit von Kindergeld als einer Leistung zur Minderung des Familienaufwands nach § 6 SGB I schafft § 54 Abs. 5 SGB I eine abschließende Regelung (*Müller/Wolf* NJW 1979, 299). Nach § 54 Abs. 5 Satz 1 SGB I kann Kindergeld allein wegen gesetzlicher Unterhaltsansprüche eines Kindes gepfändet werden (*OLG Hamm* Rpfleger 1980, 73; *Baumbach/Lauterbach/Albers/Hartmann* ZPO, Grundz § 704

Rz. 83; *Kohte* NJW 1992, 393 [394 f.]; *Hornung* Rpfleger 1988, 213, 347, s. a. 1989, 1). Dieses Pfändungsprivileg kommt nicht einmal solchen Gläubigern zugute, auf die der Unterhaltsanspruch nach den §§ 91 BSHG, 94 Abs. 3 SGB VIII, 7 UVG oder 37 BAFöG übergeleitet ist, weil sie anstelle des Schuldners den Unterhalt an das Kind geleistet haben (*Smid* in MünchKomm/ZPO, § 850 i Rz. 50). Ein Gemeinschaftsverfahren, in dem die Leistungen des Schuldners gleichmäßig und unterschiedslos an sämtliche Gläubiger zu verteilen sind, kann aber den durch § 54 Abs. 5 SGB I zugunsten unterhaltsberechtigter Kinder geforderten Schutz nicht ermöglichen. Ansprüche auf Kindergeld sind deshalb im Rahmen der §§ 53 Abs. 3 SGB I, 287 Abs. 2 Satz 1 InsO nicht von der Abtretung erfaßt.

80 Ansprüche auf Sozialhilfe sind nach den §§ 4 Abs. 1 Satz 2 BSHG, 37 SGB I weder abtretbar noch pfändbar, weshalb § 54 SGB I für Leistungen nach dem BSHG unanwendbar ist (*Schellhorn/Jirasek/Seipp* BSHG, 15. Aufl., § 4 Rz. 37; *Knopp/Fichtner* BSHG, 7. Aufl., § 4 Rz. 8; *Schubert* in Kasseler Handbuch 2.11, Rz. 87 ff.).

b) **Abtretungsschutz**

81 Ansprüche auf Sozialleistungen können mit den von § 53 SBG I aufgestellten Beschränkungen übertragen werden. U. a. wird dabei zwischen der Übertragung einmaliger wie laufender Geldleistungen aus besonderen Gründen nach § 53 Abs. 2 SGB I und der allgemeinen Übertragung laufender Geldleistungen gemäß § 53 Abs. 3 SGB I unterschieden.

82 Unter Verzicht auf eine Untergrenze (*Morzynski* SGB I, 2. Aufl., § 53 Rz. 22) sind Ansprüche auf Geldleistungen nach § 53 Abs. 2 Nr. 1 SGB I auf einen Dritten übertragbar, der eine fällige Sozialleistung vorgeleistet hat. Diese Regelung ist mit dem Schutzgedanken des Übertragungsverbots vereinbar, weil bereits durch die Leistung des Dritten der Schutz erreicht wird (*Hauck/Haines* SGB I § 53 Rz. 6; *Burdenski/v. Maydell/ Schellhorn* GK-SGB I, 2. Aufl., § 53 Rz. 13; *Heinze* in BochKomm SGB-AT, § 53 Rz. 13). Der Dritte muß dabei erkennbar den Willen gehabt haben, für eine fällige Sozialleistung vorzuleisten (*Seewald* in KassKomm, § 53 Rz. 15; *Hauck/Haines* SGB I, § 53 Rz. 7; *Morzynski* SGB I, 2. Aufl., § 53 Rz. 24). Erforderlich ist ebenso eine individuelle Feststellung mit einer Einzelfallprüfung der zugunsten des Dritten abtretbaren Leistungen (vgl. *Seewald* in KassKomm, § 53 Rz. 17). In dem Gemeinschaftsverfahren zur Restschuldbefreiung, in dem die abgetretenen Tilgungsleistungen des Schuldners gleichmäßig und unterschiedslos an sämtliche Gläubiger verteilt werden, können deshalb keine Tilgungsleistungen nach § 53 Abs. 2 Nr. 1 SGB I abgetreten werden. Eine im wohlverstandenen Interesse des Berechtigenden liegende Abtretung kann zwar auch nach § 53 Abs. 2 Nr. 2 SGB I ohne Rücksicht auf eine Untergrenze erfolgen (*Morzynski* SGB I, 2. Aufl., § 53 Rz. 28), doch fordert auch diese Übertragungsvorschrift eine umfassende Einzelfallabwägung, die einem Gemeinschaftsverfahren nicht zugänglich ist.

83 Laufende Geldleistungen, die der Sicherung des Lebensunterhalts dienen (dazu *Heinze* in BochKomm SGB-AT, § 53 Rz. 13), sind nach § 53 Abs. 3 SGB I abtretbar, soweit sie den für Arbeitseinkommen geltenden unpfändbaren Betrag übersteigen. Abfindungen und Beitragsrückerstattungen scheiden aus, weil sie nicht der Unterhaltssicherung dienen. Nach der Rechtsprechung des *BSG* verweist § 53 Abs. 3 SGB I direkt auf die Pfändungsschutzbestimmungen der §§ 850c ff. ZPO (*BSG* NZS 1996, 142 [144]; *LSG Niedersachsen* info also 1991, 77 [78], mit Anm. *Hullerum*; s. a. BGHZ 92, 339 [343 f.]). Eine Vermittlung und damit der Umweg über § 400 BGB ist dafür nicht erforderlich,

Antrag des Schuldners § 287

weshalb es auch nicht darauf ankommt, auf welche Pfändungsschutzvorschriften die bürgerlichrechtliche Regelung verweist. Der Kreis der anzuwendenden Pfändungsschutzbestimmungen ist deshalb aus der Zielsetzung des § 53 Abs. 3 SGB I zu bestimmen.

Ob im Rahmen einer Abtretung von Sozialleistungen § 850c Abs. 4 ZPO berücksichtigt werden darf, ist immer noch umstritten (*BSG* SozR 3–1200 § 53 Nr. 2; a. A. *Morzynski* SGB I, 2. Aufl., § 53 Rz. 38). Zugunsten von Unterhaltsberechtigten sind auch Sozialleistungen erweitert pfändbar gemäß § 850d ZPO (*Hauck/Haines* SGB I, § 53 Rz. 9 a; *Burdenski/v. Maydell/Schellhorn* GK-SGB I, 2. Aufl., § 53 Rz. 29 f.), doch kann diese Regelung zum Vorteil der Gläubiger eines Gesamtverfahrens nicht angewendet werden (s. o. Rz. 59). **84**

Ebenfalls noch bestritten ist, ob mit dem Einverständnis der Sozialleistungsberechtigten eine Zusammenrechnung laufender Geldleistungen gemäß § 850e Nr. 2a ZPO auch bei der Festsetzung der abzutretenden Leistungen zulässig ist (bejahend: *BSG* SozR 1200 § 53 Nr. 7; *AG Leck* MDR 1968, 57; *Grüner/Dalichau* SGB, § 54 SGB I Anm. VII; ablehnend weil die vollstreckungsrechtliche Kompetenznorm des § 850e Nr. 2a ZPO nicht auf die Abtretung anwendbar sei *Morzynski* SGB I, 2. Aufl., § 53 Rz. 37; außerdem *Burdenski/v. Maydell/Schellhorn* GK-SGB I, § 53 Rz. 32; *Heinze* in BochKomm SGB-AT, § 53 Rz. 31; offen gelassen von *BGH* WM 1997, 1243 [1244]). Soweit von einer Zusammenrechenbarkeit der Forderungen ausgegangen wird, besteht keine Einigkeit darüber, wer die Forderungen zusammenzurechnen hat. In der sozialrechtlich orientierten Judikatur und Literatur wird hierin eine Aufgabe des Sozialleistungsträgers gesehen, der den Betrag zu berechnen und durch Verwaltungsakt festzusetzen habe (*BSG* SozR 1200 § 53 Nr. 7; s. a. *BSG* NZS 1996, 142 f.; *Seewald* in KassKomm, § 53 Rz. 19; *Morzynski* SGB I, 2. Aufl., § 53 Rz. 8 ff.), während der *BGH* (WM 1997, 1243 [1245]) jedenfalls dann, wenn noch keine Entscheidung des Leistungsträgers ergangen ist, von einer Pfändung und Zusammenrechnung durch das Vollstreckungsgericht ausgeht. Seit der Neufassung von § 850e Nr. 2a ZPO, die keine durch die besondere Sachkunde des Sozialleistungsträgers geprägte Billigkeitsentscheidung mehr fordert, ist die Berechnung gegebenenfalls durch das Vollstreckungsgericht zu treffen (vgl. *Stöber* Forderungspfändung, 11. Aufl., Rz. 1160), an dessen Stelle im Restschuldbefreiungsverfahren das Insolvenzgericht tritt. **85**

Als Grenze für die Übertragbarkeit laufender Sozialleistungen ist aber § 850f Abs. 1a) ZPO zu berücksichtigen. Eine Abtretung ist deshalb gemäß § 53 Abs. 3 SGB I ausgeschlossen, wenn dadurch der notwendige Lebensunterhalt des Schuldners nicht mehr gesichert ist. Nach Wortlaut und Sinn der Vorschrift, eine Übertragung nicht zu Lasten der Sozialhilfeträger zu ermöglichen, ist die in § 850f Abs. 1 verankerte Sicherung des Existenzminimums bei der Forderungsabtretung gemäß § 53 Abs. 3 SGB III anzuwenden (*BSG* NZS 1996, 142 [143]). **86**

III. Dauer der Abtretung

Im Regelfall hat der Schuldner die Bezüge für die Zeit von sieben Jahren nach Aufhebung des Insolvenzverfahrens an einen vom Gericht zu bestimmenden Treuhänder abzutreten. War der Schuldner bereits vor dem 01. 01. 1997 zahlungsunfähig, so verkürzt sich nach Art. 107 EGInsO die Dauer auf fünf Jahre. Nach dem Wortlaut des Gesetzes muß der Schuldner vor dem 01. 01. 1997, also nicht notwendig am 31. 12. 1996 zahlungsunfähig gewesen sein. Aus diesem Grund soll sich der Schuldner auf die **87** verkürzte Frist auch berufen dürfen, wenn er zwar irgendwann vor dem 01. 01. 1997 zahlungsunfähig war, aber am 31. 12. 1996 seine Zahlungsfähigkeit – vorübergehend – wieder hergestellt war (*Vallender* ZIP 1996, 2058 [2061]). Diese grammatikalische Auslegung entspricht jedoch nicht dem Sinn der Übergangsregelung, mit der ein Ausgleich für das zweijährige Hinausschieben des Inkrafttretens der Reform, aber auch ein verläßlicher Fixpunkt für die Entscheidung über die verkürzte Treuhandzeit geschaffen werden sollte (*Wittig* WM 1998, 157, 209 [224]; *Smid* InsO, § 287 Rz. 19). Muß der Schuldner damit am 31. 12. 1996 zahlungsunfähig gewesen sein, so wird doch nicht eine fortwährende Zahlungsunfähigkeit bis zum 01. 01. 1999 verlangt. Kein Hinderungsgrund für die Altfallregelung besteht deswegen, wenn die Zahlungsfähigkeit etwa durch eine Ratenzahlungsvereinbarung nach dem 31. 12. 1996 vorübergehend wieder hergestellt wird. Dies bestätigt ebenfalls der Vergleich mit dem Inkrafttreten der Reform zum 01. 01. 1997, denn es ist ebenfalls unschädlich, wenn der Schuldner im Restschuldbefreiungsverfahren zahlungsfähig wird, arg. § 295 Abs. 1 Nr. 2 InsO (i. E. ebenso *Heyer* Verbraucherinsolvenzverfahren und Restschuldbefreiung, 60; a. A. *Hess/Obermüller* Insolvenzplan, Restschuldbefreiung und Verbraucherinsolvenz, Rz. 1075).

88 Über die Dauer der Abtretungszeit und damit auch über die verkürzte Laufzeit hat das Gericht gemäß § 5 Abs. 1 Satz 1 InsO von Amts wegen zu entscheiden. Ein Antrag des Schuldners auf eine verkürzte Dauer ist deshalb nicht erforderlich, doch hat der Schuldner die Tatsachen vorzutragen, die auf eine Zahlungsunfähigkeit schließen lassen. Eine Erklärung des Schuldners, mit der er die Erteilung der Restschuldbefreiung bei einer Abtretung der pfändbaren Bezüge für eine Frist von fünf Jahren gemäß § 287 Abs. 2 Satz 1 i. V. m. Art. 107 EGInsO begehrt, kann ohne weiteres mit einer Eventualerklärung auf Erteilung der Restschuldbefreiung bei einer Abtretung dieser Bezüge für sieben Jahre als zulässiger innerprozessualer Bedingung verbunden werden. Selbst wenn der Schuldner die Bezüge ausdrücklich über einen Zeitraum von sieben Jahren abtritt, wird seine Erklärung als Prozeßhandlung dahin auszulegen sein (zur Auslegung von Anträgen *BGH* NJW 1988, 128; NJW-RR 1994, 568; 1995, 1183 f.), daß bei einer Erfüllung der gesetzlichen Voraussetzungen vorrangig die verkürzte Treuhandzeit angestrebt wird, denn die Auslegung ist daran auszurichten, was nach den Maßstäben der Rechtsordnung vernünftig ist und der recht verstandenen Interessenlage entspricht (*BGH* NJW 1994, 1537 [1538]).

89 Mit der Aufhebung des Insolvenzverfahrens, §§ 200, 289 Abs. 2 Satz 2 InsO beginnt die Laufzeit der Abtretung. Wirksam wird der Aufhebungsbeschluß mit der formellen Rechtskraft, s. a. § 6 Abs. 3 InsO (*Häsemeyer* Insolvenzrecht Rz. 7.57). Die Laufzeit endet durch Fristablauf oder eine vorzeitige Beendigung (dazu § 299 Rz. 6 ff.).

E. Vorherige Abtretungen oder Verpfändungen

90 Zu den Modellvorstellungen der Insolvenzordnung gehört, Absonderungsrechte in ihrem Bestand im wesentlichen unberührt zu lassen (*Häsemeyer* Insolvenzrecht Rz. 18.07). Da aber Zessionen und Verpfändungen künftiger Forderungen auf Bezüge aus einem Dienstverhältnis oder an ihre Stelle tretende laufende Bezüge den Wert der Masse und den Betrag der Tilgungsleistungen verringern, begrenzt § 114 Abs. 1 InsO ihre Wirkungen auf drei Jahre, bei Zahlungsunfähigkeit vor dem 01. 01. 1997 auf zwei Jahre, Art. 107 EGInsO. Diese Frist beginnt mit dem Ende des zur Zeit der Eröffnung des Insolvenzverfahrens laufenden Kalendermonats, weshalb die Sicherungen, abhängig von der Dauer des Insolvenzverfahrens, unterschiedlich lange in das Restschuldbefrei-

Antrag des Schuldners § 287

ungsverfahren hinein wirken. Frühere Abtretungen bleiben allerdings nur insoweit bestehen, wie sie nach materiellem Recht berechtigt sind (vgl. etwa BGHZ 108, 98 [104 ff.]; *Kohte* ZIP 1988, 1225 ff.). Auch bei ihnen ist freilich der Abtretungsschutz aus § 400 BGB über die Pfändungsgrenzen aus der Tabelle nach § 850c Abs. 1 bis 3 ZPO hinaus auf die besonderen Schutzvorschriften der §§ 850c Abs. 4, 850d ZPO zu erstrekken. Zur Zuständigkeit für diese Entscheidung bei bürgerlichrechtlichen Abtretungen s. o. Rz. 67.

Von den eingenommenen Beträgen muß der Sicherungsinhaber im Insolvenzverfahren 91 gemäß den §§ 170, 171 InsO einen Kostenbeitrag leisten. Für das Restschuldbefreiungsverfahren besteht eine vergleichbare ausdrückliche Regelung nicht (vgl. *Obermüller/ Hess* InsO, 2. Aufl., Rz. 703). Gerade wenn auf diese Weise eine Kostenkompensation für die Verwaltertätigkeit erfolgen soll (Begründung RegE BR-Drucks. 1/92, 180; kritisch allerdings *Häsemeyer* Insolvenzrecht Rz. 18.07), erscheint eine entsprechende Regelung auch zugunsten des Treuhänders sinnvoll.

Auf diese Zessionen und Verpfändungen hat der Schuldner nach § 287 Abs. 2 Satz 2 92 InsO zusammen mit der Abtretungserklärung – nicht, wie gesetzlich formuliert, in der Erklärung – hinzuweisen. Hoch zu bewerten ist diese Verpflichtung nicht, denn die übrigen Gläubiger und der Treuhänder werden dadurch zwar über die Sicherungen informiert, doch sind keine materiellen Konsequenzen an ihre Kenntnis geknüpft. Insgesamt schafft diese Regelung eine weitere Hürde für den Schuldner, dem wohl bei einem vorsätzlichen oder grob fahrlässigen Verstoß gegen § 287 Abs. 2 Satz 2 InsO die Restschuldbefreiung nach § 290 Abs. 1 Nr. 5 versagt werden kann (vgl. § 290 Rz. 44).

Für die Geltendmachung der Ausfallforderungen gemäß § 52 InsO hat diese Regelung 93 keine Bedeutung, denn absonderungsberechtigte Gläubiger, die auch persönliche Gläubiger des Schuldners sind, dürfen nach den allgemeinen Regeln eine anteilsmäßige Befriedigung beanspruchen, soweit sie bei der abgesonderten Befriedigung ausgefallen sind. Um eine sichere Grundlage für die Verteilungsquoten zu besitzen, muß der Ausfall in der Schlußverteilung feststehen. Ein absonderungsberechtigter Gläubiger hat deshalb seinen Ausfall zu schätzen, wobei sich eine fehlerhafte Schätzung zu seinem Nachteil auswirkt (*Klasmeyer/Elsner* FS Merz, 303 [306 f.]; außerdem § 292 Rz. 13, sowie § 313 Rz. 43 ff.).

F. Unwirksamkeit vereinbarter Abtretungsverbote

Abtretungsverbote für künftige Gehaltsforderungen können einzelvertraglich gemäß 94 § 399 BGB, aber auch kollektivrechtlich durch Tarifvertrag oder Betriebsvereinbarung vereinbart werden (*BAG* DB 1958, 489; *LAG Frankfurt* DB 1972, 243; *LAG Düsseldorf* DB 1976, 440; *Hanau* in MünchArbR, § 71 Rz. 6 f.; *Schubert* in Kasseler Handbuch, 2.11 Rz. 399; *Schaub* Arbeitsrechts-Handbuch, § 87 I 2 f.; *Gamillscheg* Kollektives Arbeitsrecht, Bd. I, § 7 III 10 d; zu den Ausnahmen gegenüber Sozialversicherungsträgern *BAG* NJW 1966, 1727). Ebenso sind auch Abtretungsbeschränkungen etwa durch Anzeigeerfordernisse (BGHZ 112, 387 [389]) oder eine Zustimmungsbedürftigkeit (BGHZ 102, 293 [300]) grundsätzlich wirksam. Die Vereinbarung einer Unabtretbarkeit bewirkt, daß eine gleichwohl erfolgte Abtretung absolut unwirksam ist (BGHZ 40, 156 [159 ff.]; 70, 299 [301]; 102, 293 [301]; *Soergel/Zeiss* BGB, § 399 Rz. 8; *Roth* in MünchKomm, § 399 Rz. 32).

Damit stehen Abtretungsverbote oder Beschränkungen grundsätzlich auch der Abtre- 95 tungsregelung aus Abs. 2 Satz 1 entgegen. Die Aufbringung der Tilgungsmittel stellt

Ahrens 1633

jedoch eine entscheidende Voraussetzung für das Gelingen der Restschuldbefreiung dar. Um eine erfolgreiche Abtretung zu gewährleisten, werden vereinbarte Abtretungsverbote oder Hindernisse durch § 287 Abs. 3 InsO insoweit für unwirksam erklärt, wie sie die Abtretungserklärung des Schuldners vereiteln oder beeinträchtigen. Dadurch wird eine relative Unwirksamkeit dieser Einschränkungen i. S. v. §§ 135, 136 BGB geschaffen. Gegenüber dem Treuhänder kann sich der Verpflichtete nicht auf das Abtretungsverbot berufen, doch bleibt es im übrigen wirksam, insbesondere gegenüber den nach § 114 Abs. 1 InsO privilegierten Gläubigern (*Hess/Obermüller* Insolvenzplan, Restschuldbefreiung und Verbraucherinsolvenz, Rz. 949).

§ 288
Vorschlagsrecht

Der Schuldner und die Gläubiger können dem Insolvenzgericht als Treuhänder eine für den jeweiligen Einzelfall geeignete natürliche Person vorschlagen.

§ 288 entspricht § 346c BT-RA-EInsO. Er hat im Regierungsentwurf kein Vorbild. BT-Drucks. 12/7302, S. 187 zu Nr. 181 (zu § 346c).

Inhaltsübersicht: Rz.

A. Normzweck 1
B. Gesetzliche Systematik 2– 5
C. Vorschlagsrecht 6–13

Literatur:

(siehe vor § 286, S. 1580)

A. Normzweck

1 Das Vorschlagsrecht soll in erster Linie dazu beitragen, die Kosten des Verfahrens möglichst gering zu halten. Dies kann nach der Gesetzesbegründung insbesondere dann erreicht werden, wenn ein Treuhänder vorgeschlagen wird, der bereit ist sein Amt unentgeltlich auszuüben (BT-Drucks. 12/7302, S. 187). Ob dieses Ziel angesichts der erforderlichen Qualifikationen die an den Treuhänder zu stellen sind (vgl. § 292 Rz. 4ff.), erreicht werden kann, erscheint zweifelhaft.

B. Gesetzliche Systematik

2 Das Vorschlagsrecht nach § 288 InsO betrifft nur den Treuhänder im Restschuldbefreiungsverfahren mit dem Aufgabenbereich, der sich aus § 292 InsO ergibt. Für den Treuhänder der im vereinfachten Insolvenzverfahren tätig wird, besteht kein Vorschlagsrecht, § 313 Abs. 3 verweist insoweit auf § 56ff. InsO. Allerdings besteht dort die Mög-

Vorschlagsrecht § 288

lichkeit, daß die Gläubigerversammlung eine anderen Treuhänder wählt (§ 57 InsO). Zu Wertungskollisionen vgl. Rz. 5.

Im bisherigen Konkurs- und Vergleichsrecht war die Funktion des gerichtlich eingesetz- 3
ten Treuhänders unbekannt. Zum Teil beauftragte der Schuldner selbst einen Treuhänder zur Herbeiführung einer außergerichtlichen Schuldenbereinigung, dessen Amt allerdings mit Konkurseröffnung beendet war (*Kuhn/Uhlenbruck*, § 23 Rz. 16). Beim Liquidationsvergleich nach § 7 Abs. 4 VglO wurde regelmäßig ein Treuhänder eingesetzt, aber auch hier nicht durch das Gericht, sondern durch Vertrag mit dem Schuldner (*Mohrbutter/Mohrbutter*, Rz. III 214). Auch der Sachwalter nach §§ 91 ff. VglO, dessen Aufgabenbereich am ehesten dem des Treuhänders entspricht, leitete seinen Auftrag vom Schuldner her (*Kilger/Karsten Schmidt* § 92 VglO 1, § 292 Rz. 3).

Das Vorschlagsrecht (insbesondere des Schuldners) und die Einsetzung des Treuhänders 4
durch das Gericht unter gleichzeitigem Ausschluß der Abwahlmöglichkeit durch die Gläubigerversammlung nach § 57 InsO wird der besonderen Situation des Restschuldbefreiungsverfahrens gerecht. Zum einen hofft der Gesetzgeber insbesondere auf den Einsatz unentgeltlich arbeitender Treuhänder (BT-Drucks. 12/7302, S. 187), zum anderen zum anderen ist der Erfolg des Restschuldbefreiungsverfahrens davon abhängig, daß dem Schuldner ein Ansprechpartner zur Seite steht, der ihn in den vielfältigen lebenspraktischen Situationen während der Treuhandphase berät und unterstützt, damit das vom Gesetzgeber gewünschte Ziel der Restschuldbefreiung im konkreten Fall erreicht werden kann (vgl. insoweit auch den Vergleichsverwalter »Kölner Prägung« bei dem bereits eine Unterstützung des Vergleichsschuldners im Vordergrund stand, *Gottwald/ Uhlenbruck* Insolvenzrechtshandbuch, 1990, § 72 Rz. 80). Die Bestimmung des Treuhänders wurde daher – nicht wie beim Insolvenzverwalter gem. § 57 InsO – der Autonomie der Gläubigerversammlung übertragen, sondern den Gerichten auferlegt, die bei der Bestimmung die Ziele der Kostenminimierung, die Unterstützung des Schuldners, die Forderungsverwirklichung der Gläubiger und die Neutralität der Person des Treuhänders in Einklang zu bringen haben.

Die Regelung des § 288 InsO scheint in einem gewissen Widerspruch zu § 313 Abs. 3 5
InsO zu stehen. Erst in der letzten Phase des Gesetzgebungsverfahrens wurde bestimmt, daß der Treuhänder nicht nur die Betreuung des Schuldners während der Laufzeit der Abtretungserklärung, sondern darüber hinaus auch die Aufgabe der Insolvenzverwaltung im Verbraucherinsolvenzverfahren übernehmen soll. Ursprünglich war auch für Kleininsolvenzen ein verwalterloses Verfahren vorgesehen, erst auf die Kritik des Bundesrates (BT-Drucks. 12/2443, S. 259 f.) hin wurde hiervon abgesehen (*Schmidt-Räntsch* Kölner Schrift zur InsO, 1997, Rz. 1200). § 313 Abs. 3 InsO verweist aber auf die §§ 56 bis 66 InsO, die für die Einsetzung des Insolvenzverwalters kein Vorschlagsrecht, dafür aber die Abwahlmöglichkeit durch die Gläubigerversammlung vorsehen. vorsehen. Eine Wertungskollision dieser Normen ist in den Fällen ausgeschlossen, in denen sich die Treuhandphase im Anschluß an ein Regelinsolvenzverfahren anschließt, oder Insolvenzverwaltung und Verwaltung in der Treuhandphase nicht von ein und derselben Person durchgeführt werden (zur Möglichkeit des Wechsels in der Person des Treuhänders s. u. § 313 Rz. 5). Im Regelfall wird aber der Treuhandphase ein Verbraucherinsolvenzverfahren vorausgehen und der Gesetzgeber hatte bei seiner Entscheidung die Konstellation vor Augen, daß bei Kleininsolvenzen nur eine Person als Treuhänder für das Verbraucherinsolvenz- und Restschuldbefreiungsverfahren bestimmt wird (BT-Drucks. 12/7302, S. 193; *Vallender* DGVZ 1997, 53 [56]; *Wittig* WM 1998, 157 [168]). Dann darf bei einer Einsetzung des Treuhänders nach § 313 Abs. 1 InsO die Wertung des § 288 InsO aber nicht unberücksichtigt bleiben (a. A. wohl *Vallender* a. a. O.). Der

§ 288 *Restschuldbefreiung*

Richter hat in jedem Fall bei der Einsetzung eine Einzelfallentscheidung vorzunehmen, im Rahmen derer er darauf zu achten hat, daß die einzusetzende Person sowohl für die Verwalter- als auch für die Treuhändertätigkeiten geeignet ist und bei der auch die Vorschläge des Schuldners und der Gläubiger berücksichtigt werden müssen, insbesondere, wenn hierdurch die Verfahrenskosten verringert werden können. Wird der vom Gericht im vereinfachten Insolvenzverfahren nach § 313 InsO eingesetzte Treuhänder von der Gläubigerversammlung abgewählt und durch einen anderen ersetzt, so hat das Gericht mit der Ankündigung der Restschuldbefreiung nach § 291 Abs. 2 auf jeden Fall eine erneute Entscheidung über den Einsatz des Treuhänders für das Restschuldbefreiungsverfahren zu treffen, bei der Vorschläge des Schuldners und der Gläubiger zu berücksichtigen sind.

C. Vorschlagsrecht

6 Vorgeschlagen werden kann nur eine natürliche Person. Auch als Insolvenzverwalter können gem. § 56 InsO (zur Diskussion im Gesetzgebungsverfahren um die Zulassung juristischer Personen als Insolvenzverwalter vgl. *Balz/Landfermann*, 134 f.), ebenso wie bisher Konkursverwalter nach § 78 KO, nur natürliche Personen benannt werden (*Jaeger/Weber* § 78 Rz. 7; *Kuhn/Uhlenbruck* KO, § 78 Rz. 4).

7 Die Person muß geeignet sein, die jeweilige Verwaltung im konkreten Fall durchzuführen (zu Art und Umfang der Tätigkeiten s. § 292 Rz. 4 ff.). Das Gesetz knüpft die Eignung weder an eine bestimmte berufliche Qualifikation, noch an bestimmte Fähigkeiten (vgl. *Vallender* VuR 1997, S. 155 [157]). Der Bundesrat hatte vorgeschlagen, gesetzliche Regelungen über die Auswahl, Qualifikation und Tätigkeit des Treuhänders gesetzlich festzulegen (BT-Drucks. 12/2443, S. 255). Die Bundesregierung hatte eine weitere Spezifizierung (insbesondere durch die Voraussetzung einer bestimmten Berufsausbildung) im Gesetz jedoch abgelehnt, um dem Gericht die Freiheit zu lassen, eine für das jeweilige Amt geeignete Person auszuwählen (BT-Drucks. 12/2443, S. 266). Dies entspricht den Regeln bei der Auswahl des Insolvenzverwalters (vgl. o. § 56 Rz. 2 ff.). Sowohl in der InsO als auch in der KO wird die – im Vergleich zu der Bedeutung des Treuhänders oft viel weitreichendere Entscheidung über die Bestellung des Konkurs- oder Insolvenzverwalters – in das freie Ermessen des Gerichts gestellt damit dieses bei seiner Entscheidung den jeweiligen Anforderungen des Einzelfalls gerecht werden kann (vgl. *Kuhn/Uhlenbruck* KO, § 78 Rz. 2).

8 Die im Einzelfall einzusetzende Person muß geeignet sein, die konkrete Aufgabe zu erfüllen (vgl. hierzu auch *Haarmeyer* InVo 1997, 57). Die Geeignetheit für die Treuhänderschaft ergibt sich aus verschiedenen Faktoren, die je nach Einzelfall unterschiedlich zu gewichten sind. Für die Überprüfung der Forderungen und die Überwachung des Schuldners ist eine gewisse juristische Kompetenz erforderlich. Daneben muß der Treuhänder eine gewisse Neutralität haben, wobei auch hieran im Einzelfall unterschiedliche Anforderungen zu stellen sind. Insbesondere dann, wenn die Gläubigerversammlung den Treuhänder mit der Überwachung des Schuldners beauftragt, muß die Unabhängigkeit der Person von Schuldner und Gläubigern in besonderem Maße gewährleistet sein. Auch die Kosten des Treuhänders können eine Rolle für den Einsatz spielen, dies kann jedoch nicht das allein entscheidende Kriterium sein. Das Gericht muß bei seiner Ermessensentscheidung beachten, daß das Verfahren nicht mehr allein der bloßen Haftungsverwirklichung der Gläubiger dient, sondern daß nunmehr auch die Reintegration des Schuldners wesentliches Ziel des Verfahrens ist. Der Treuhänder muß daher

Vorschlagsrecht § 288

auch in der Lage sein, als Ansprechpartner für den Schuldner zur Verfügung zu stehen, d. h. eine gewisse Ortsnähe und Ansprechbarkeit des Treuhänders durch Sprechstunden und telefonischer Erreichbarkeit muß gewährleistet sein.

Wegen der fachlichen Kompetenz und der Erfahrung in der Betreuung von Schuldnern 9
dürften die Mitarbeiter der Beratungsstellen der Wohlfahrts- und Verbraucherverbände durchaus als Treuhänder für das Restschuldbefreiungsverfahren geeignet sein (kritisch hierzu *Wittig* WM 1998, 209 [213]). Bedenken gegen die Neutralität der Person könnten aber zumindest dann bestehen, wenn dieselbe Person, die als Treuhänder eingesetzt wird, den Schuldner bereits im außergerichtlichen Verfahren vertreten hat (vgl. zur fehlenden Unabhängigkeit beim Einsatz eines Vergleichsberaters als späterem Vergleichsverwalter *Bley/Mohrbutter* VglO, § 38 Rz. 12 und *Kilger/Karsten Schmidt* VglO, § 38 Rz. 3). Aber auch die Schuldnerberater befürchten wohl Interessenkollisionen wenn sie gleichzeitig den Schuldner betreuen und mit seiner Überwachung beauftragt sind (*Hupe* Erkennbare Probleme mit dem neuen Insolvenzrecht, BAG-SB Info 1995, 22 [26]). Es wird befürchtet, daß die Vertrauensbasis, die als unabdingbare Voraussetzung für eine erfolgreiche Schuldensanierung des Klienten angesehen wird (*Berner* Schuldnerhilfe, 1995, 69; *Just* Sozialberatung für SchuldnerInnen, 1990, 42 ff.), mit einer Überwachung des Klienten nicht in Einklang zu bringen ist.

Gläubiger, deren Mitarbeiter, Gläubigervertreter und Mitarbeiter von Inkassobüros 10
kommen als Treuhänder aufgrund ihrer Eigeninteressen wegen der fehlenden Neutralität für diese Tätigkeit nicht in Betracht. Wegen der doch erheblichen Eingriffsmöglichkeiten in die Intimsphäre des Schuldners (vgl. § 293 Abs. 3) ist eine solche Interessenkollision nicht zuzulassen (zur Unabhängigkeit des Insolvenzverwalters vgl. § 313 Rz. 7 ff.; *Hess* FLF 1994, 203 [206], *Mohrbutter/Mohrbutter* XIII. 12; *Haarmeyer/Wutzke/Förster* GesO, § 5 Rz. 16; s. o. Rz. 9). Nicht von der Gesetzeslage gedeckt ist auch die Forderung von *Wittig*, der verlangt, daß den Gläubigern ein Bestimmungsrecht des Treuhänders aufgrund der Tatsache zustehen müsse, daß sie ja im Regelfall den Treuhänder bezahlen (*Wittig* WM 1998, 209 [213]).

In der Literatur wurde vorgeschlagen, die Gerichtsvollzieher mit der Aufgabe der 11
Treuhänderschaft zu betrauen (*Uhlenbruck* Die Restschuldbefreiung nach dem Regierungsentwurf einer Insolvenzordnung, DGVZ 1992, 33 [38]; *Vallender* DGVZ 1997, 53 [56]; *Wittig* WM 1998, 209 [213]). Für die Tätigkeit des Gerichtsvollziehers als Treuhänder spricht seine juristische Vorbildung und seine öffentlich–rechtliche Stellung. Als Beamter ist er der Dienstaufsicht des Amtsgerichts unterstellt. Er ist zudem nicht Vertreter des Gläubigers, sondern handelt im Rahmen seiner Amtspflicht, auch wenn seine Amtshandlungen unmittelbar Rechtswirkungen für den Gläubiger auslösen (*Jauernig* § 8 II 1. C; *Baur/Stürner* Rz. 8.5; zur sozialen Kompetenz des Gerichtsvollziehers als Vermittler zwischen den wirtschaftlichen Belangen der Gläubiger und den wirtschaftlichen und sozialen Belangen des Schuldners ausführlich *Pawlowski* DGVZ 1991, 177 [180]).

Eine Aufgabenübertragung kommt aber wohl nur durch eine Änderung der GVGA in Betracht, da die Tätigkeit des Gerichtsvollziehers als Treuhänder in der bisherigen Aufgabenschreibung nach der Geschäftsanordnung für Gerichtsvollzieher nicht enthalten ist (*Vallender* DGVZ 1997, 54 [56]; *Uhlenbruck* a. a. O.).

In der Praxis dürften als Treuhänder insbesondere die bisherigen Konkursverwalter 12
sowie Rechtsanwälte in Betracht kommen (so auch *Maier/Krafft* BB 1997, 2173 [2176]; *Scholz* BB 1992, 2233 [2235]). Für diese Berufsgruppe spricht, daß sie sowohl über die notwendige juristische Fachkompetenz verfügt, als auch als Organe der Rechtspflege ein gewisses Maß an Neutralität gewährleisten. Ob angesichts der mit dieser Tätigkeit

Grote

verbundenen geringen Vergütungen (vgl. § 293 Rz. 6ff.) ein großes Interesse an der Übernahme besteht, erscheint zweifelhaft. Es besteht aber offenbar vielerorts die grundsätzliche Bereitschaft der bisherigen Konkursverwalter, diese Tätigkeit mit zu übernehmen und die hiermit verbunden Verluste im Rahmen einer Mischkalkulation bei der Durchführung von Insolvenzverwaltungen hinzunehmen (vgl. hierzu auch *Grote* ZInsO 1998, 107 [111]). Aufgrund der bestehenden Kontakte zu den Gerichten werden die Verwalter wohl auch die ersten Ansprechpartner der Insolvenzrichter sein.

13 Das Gericht ist nicht an den Vorschlag von Schuldner oder Gläubiger gebunden (*Häsemeyer* Insolvenzrecht, 1998, 26.30; *Smid/Krug/Haarmeyer* InsO, § 288 Rz. 4). Es hat ihn aber bei seiner Ermessensentscheidung zu berücksichtigen. Machen Schuldner und Gläubiger einen gemeinsamen Vorschlag, wird allerdings ein triftiger Grund für die Ablehnung erforderlich sein (*Hess/Obermüller* Insolvenzplan, 1998, Rz. 961).

§ 289
Entscheidung des Insolvenzgerichts

(1) ¹**Die Insolvenzgläubiger und der Insolvenzverwalter sind im Schlußtermin zu dem Antrag des Schuldners zu hören.** ²**Das Insolvenzgericht entscheidet über den Antrag des Schuldners durch Beschluß.**
(2) ¹**Gegen den Beschluß steht dem Schuldner und jedem Insolvenzgläubiger, der im Schlußtermin die Versagung der Restschuldbefreiung beantragt hat, die sofortige Beschwerde zu.** ²**Das Insolvenzverfahren wird erst nach Rechtskraft des Beschlusses aufgehoben.** ³**Der rechtskräftige Beschluß ist zusammen mit dem Beschluß über die Aufhebung des Insolvenzverfahrens öffentlich bekanntzumachen.**
(3) Im Falle der Einstellung des Insolvenzverfahrens kann Restschuldbefreiung nur erteilt werden, wenn nach Anzeige der Masseunzulänglichkeit die Insolvenzmasse nach § 209 verteilt worden ist und die Einstellung nach § 211 erfolgt. Absatz 2 gilt mit der Maßgabe, daß an die Stelle der Aufhebung des Verfahrens die Einstellung tritt.

DiskE §§ 227, 228, RefE §§ 227, 228, RegE §§ 237, 238, Rechtsausschuß § 346 d.

Inhaltsübersicht: Rz.

A. Normzweck	1
B. Gesetzliche Systematik	2– 3
C. Der Abschluß des Zulassungsverfahrens	4–19
I. Anhörung	4– 5
II. Entscheidung über das weitere Restschuldbefreiungsverfahren	6–15
1. Abweisung des Antrags auf Erteilung der Restschuldbefreiung	6
2. Versagung der Restschuldbefreiung	7– 9
3. Ankündigung der Restschuldbefreiung	10–15
III. Aufhebung des Insolvenzverfahrens	16
IV. Rechtsmittel	17
V. Bekanntmachung	18
VI. Kosten	19
D. Masseunzulängliches Insolvenzverfahren	20–23

Entscheidung des Insolvenzgerichts **§ 289**

Literatur:

(siehe vor § 286, S. 1580)

A. Normzweck

Das Restschuldbefreiungsverfahren ist zweistufig in ein Zulassungs- und ein Hauptverfahren aufgebaut (§ 286 Rz. 20f.). Mit dem Beschluß nach § 289 Abs. 1 Satz 2 InsO schließt das Gericht das Zulassungsverfahren ab. Es entscheidet dabei, ob die Restschuldbefreiung versagt oder ob die Schuldbefreiung angekündigt und damit das Hauptverfahren eingeleitet wird. Bevor das Gericht die Restschuldbefreiung ankündigt, hat es die Insolvenzgläubiger sowie den Insolvenzverwalter nochmals anzuhören und ihnen Gelegenheit zur Stellungnahme zu geben. Bei dieser Anhörung können die Gläubiger eine Versagung der Restschuldbefreiung nach § 290 InsO beantragen. Wird kein zulässiger sowie begründeter Versagungsantrag gestellt, ist grundsätzlich die Restschuldbefreiung anzukündigen. Bei dieser Entscheidung besitzt das Gericht keinen Ermessensspielraum. Sobald die gesetzlichen Voraussetzungen erfüllt sind, muß es die Restschuldbefreiung entsprechend § 291 InsO ankündigen.

B. Gesetzliche Systematik

Die Entscheidung nach § 289 Abs. 1 Satz 2 InsO beendet den ersten Abschnitt des Restschuldbefreiungsverfahrens. In vielem stimmt die Regelung aus § 289 InsO mit der Bestimmung des § 300 InsO überein, welche den zweiten Abschnitt des Schuldbefreiungsverfahrens abschließt. Beide Verfahrensmodelle entsprechen sich bei den Anhörungspflichten. Es bestehen vergleichbare Entscheidungsalternativen zwischen einer Versagung der Restschuldbefreiung und ihrer Ankündigung bzw. Erteilung. Und schließlich verläuft auch das Verfahren im Anschluß an diese gerichtliche Entscheidung nach dem gleichen Muster. Mit einer rechtskräftigen Ankündigung der Restschuldbefreiung gemäß §§ 289 Abs. 1 Satz 2, 291 Abs. 1 InsO sind aber die Versagungsgründe aus § 290 Abs. 1 InsO für den späteren Verfahrensverlauf präkludiert.

Parallel zum erstem Abschnitt des Restschuldbefreiungsverfahrens wird das Insolvenzverfahren durchgeführt. Beide Verfahren sind selbständig, mögen sie auch in mancher Hinsicht miteinander verzahnt sein (§ 286 Rz. 18f.). Trotzdem soll das gesetzliche Schuldbefreiungsverfahren in enger Verbindung mit dem insolvenzrechtlichen Liquidationsverfahren durchgeführt werden. Um eine gewisse Übersicht über das Vermögen und die Forderungen zu erhalten, muß das Insolvenzverfahren zumindest eröffnet sein. Unschädlich für das Restschuldbefreiungsverfahren ist dann nach § 289 Abs. 3 Satz 1 InsO, wenn das Insolvenzverfahren wegen Masseunzulänglichkeit gemäß § 211 InsO eingestellt wird. Eine wichtige Klammer zwischen beiden Verfahren schafft außerdem § 289 Abs. 2 Satz 2 InsO, denn das Insolvenzverfahren darf erst nach der Rechtskraft der Entscheidung über die Ankündigung bzw. Versagung der Restschuldbefreiung aufgehoben werden. Aus dieser Parallelität resultieren aber auch manche Zweifelsfragen, weil offen bleibt, wie eng der Zusammenhang zwischen beiden Verfahren gestaltet ist.

C. Der Abschluß des Zulassungsverfahrens

I. Anhörung

4 Vor seiner Entscheidung über die Ankündigung der Restschuldbefreiung hat das Insolvenzgericht die Insolvenzgläubiger und den Insolvenzverwalter anzuhören, § 300 Abs. 1 InsO, um den Beteiligten rechtliches Gehör i. S. v. Art. 103 Abs. 1 GG zu gewähren. Im Verbraucherinsolvenzverfahren tritt gemäß § 313 Abs. 1 Satz 1 InsO der Treuhänder an die Stelle des Insolvenzverwalters. Zur redaktionellen Straffung wurde vom Rechtsausschuß des Deutschen Bundestags die selbständige Vorschrift des § 237 RegE mit § 238 RegE zur Regelung des § 289 InsO zusammengefaßt (Begründung des Rechtsausschusses BT-Drucks. 12/7302, S. 187, zu § 346 d).

5 Diese Anhörung soll erst im Schlußtermin des Insolvenzverfahrens, § 196 InsO, erfolgen, um für die gesamte Verfahrensdauer feststellen zu können, ob der Schuldner seinen Auskunfts- und Mitwirkungspflichten genügt hat (Begründung RegE BR-Drucks. 1/92, S. 189). Im Schlußtermin dürfen die Insolvenzgläubiger letztmalig eine Versagung der Restschuldbefreiung nach § 290 Abs. 1 InsO auch wegen einer Verletzung der Auskunfts- und Mitwirkungspflichten beantragen. Wird das Insolvenzverfahren wegen Masseunzulänglichkeit gemäß § 211 InsO eingestellt, kann kein Schlußtermin durchgeführt werden. Es hat dann eine gesonderte Anhörung zu erfolgen, doch ist dafür nicht notwendig eine Gläubigerversammlung einzuberufen (a. A. *Häsemeyer* Insolvenzrecht, Rz. 26.26).

II. Entscheidung über das weitere Restschuldbefreiungsverfahren

1. Abweisung des Antrags auf Erteilung der Restschuldbefreiung

6 Ist der Antrag des Schuldners auf Erteilung der Restschuldbefreiung unzulässig, muß ihn das Insolvenzgericht verwerfen. Unzulässig ist sein Antrag, wenn die allgemeinen Prozeßvoraussetzungen oder die besonderen Voraussetzungen eines Restschuldbefreiungsverfahrens fehlen (dazu § 287 Rz. 6 ff.). Der Antrag eines Insolvenzgläubigers auf Versagung der Restschuldbefreiung ist in diesem Fall abzuweisen. Unterbleibt die Entscheidung, ist die Wirkung des Versagungsantrags als Verfahrenshandlung beendet (BGHZ 84, 202 [208]).

2. Versagung der Restschuldbefreiung

7 Bis zu der im Schlußtermin von § 289 Abs. 1 Satz 1 InsO vorgeschriebenen Anhörung kann jeder Insolvenzgläubiger aus den Gründen der §§ 290 Abs. 1, 314 Abs. 1 Satz 2 i. V. m. Abs. 3 Satz 2 InsO die Versagung der Restschuldbefreiung beantragen. Voraussetzung eines Versagungsverfahrens ist, daß vom Schuldner ein zulässiger Antrag auf Erteilung der Restschuldbefreiung gestellt wurde. Mit dem Eintritt in das Hauptverfahren sind die Versagungsgründe präkludiert. Die Restschuldbefreiung darf nur auf den zulässigen und begründeten Antrag eines Gläubigers, also nicht von Amts wegen versagt werden (*Vallender* InVo 1998, 169 [177]). Die Entscheidung des Insolvenzgerichts ergeht durch Beschluß gemäß § 289 Abs. 1 Satz 2 InsO und ist gemäß § 18 Abs. 1 Nr. 2 RPflG vom Richter zu fällen.

Entscheidung des Insolvenzgerichts § **289**

Wird die Restschuldbefreiung versagt, so endet das Restschuldbefreiungsverfahren mit **8**
diesem negativen Ausgang seines ersten Verfahrensabschnitts. Das Hauptverfahren über
die Restschuldbefreiung wird nicht eröffnet, so daß auch die für diesen zweiten Abschnitt vorgesehenen Wirkungen nicht eintreten. Es ist kein Treuhänder gemäß § 291
Abs. 2 InsO zu bestimmen. Die pfändbaren Bezüge, über die der Schuldner nach § 287
Abs. 2 Satz 1 InsO eine Abtretungserklärung abgegeben hat, werden demzufolge vom
Gericht nicht übertragen. Auch die Rechtsfolgen aus § 294 InsO treten nicht ein. Die
Beschränkung der Gläubigerrechte endet deswegen mit der Aufhebung des Insolvenzverfahrens gemäß § 201 Abs. 1 InsO, so daß die Gläubiger anschließend ihr freies
Nachforderungsrecht geltend machen können. Vollstreckungstitel für die Forderungen
der Insolvenzgläubiger ist die Tabelle, § 201 Abs. 2 InsO. Auf einen früher erwirkten
Titel darf daneben grundsätzlich nicht mehr zurückgegriffen werden, denn ein vor
Insolvenzeröffnung erwirkter Vollstreckungstitel wird aufgezehrt (vgl. RGZ 112, 297
[300]; *Kuhn/Uhlenbruck* KO, § 164 Rz. 1d; *Hess* KO, § 164 Rz. 7; a. A. *Gaul* FS Weber,
155 [177 f.]; *Pape* KTS 1992, 185 [188 ff.]; auch *Stein/Jonas/Münzberg* ZPO, vor § 704
Rz. 20, die sich für eine Titelwahl aussprechen).

Pfändungen, Sicherungsabtretungen und Verpfändung, die bereits vor der Eröffnung des **9**
Insolvenzverfahrens vorgenommen wurden, werden gemäß § 114 Abs. 1 und 3 InsO mit
der Eröffnung des Insolvenzverfahrens unwirksam oder sind in ihrer Wirkung auf drei
Jahre beschränkt. Da diese Konsequenz an die Eröffnung des Insolvenzverfahrens
geknüpft ist, endet sie nicht durch eine Versagung der Restschuldbefreiung. Die 3-Jahres-Frist läuft deshalb weiter.

3. Ankündigung der Restschuldbefreiung

Wird vom Schuldner ein zulässiger Antrag auf Erteilung der Restschuldbefreiung **10**
gestellt, ohne daß ein Insolvenzgläubiger zulässig und begründet die Versagung der
Restschuldbefreiung beantragt hat, stellt das Insolvenzgericht nach § 291 Abs. 1 InsO
fest, daß der Schuldner unter Beachtung der §§ 296 bis 298 InsO die Restschuldbefreiung erlangt. Die Insolvenzordnung bezeichnet diesen Beschluß als Ankündigung der
Restschuldbefreiung. Einen Ermessensspielraum besitzt das Gericht bei seiner Entscheidung nicht. Solange kein Antrag auf Versagung der Restschuldbefreiung gestellt wurde,
ist es bedeutungslos, ob der Schuldner die Anforderungen aus § 290 Abs. 1 InsO erfüllt
hat. Die Ankündigung der Restschuldbefreiung ergeht durch Beschluß des Insolvenzgerichts, §§ 289 Abs. 1 Satz 2, 291 InsO. Hat kein Insolvenzgläubiger einen Versagungsantrag gestellt, trifft der Rechtspfleger, sonst der Richter, die Entscheidung, § 18 Abs. 1
Nr. 2 RPflG.

In einem Verbraucherinsolvenzverfahren kann das Insolvenzgericht gemäß § 314 Abs. 1 **11**
Satz 1 InsO von einer Verwertung der Masse absehen und dem Schuldner aufgeben,
binnen einer festgesetzten Frist einen entsprechenden Betrag zu zahlen. Dann darf
gemäß § 314 Abs. 3 Satz 1 InsO die Entscheidung über die Ankündigung erst nach
Ablauf dieser Frist gefällt werden.

Vorgesehen ist der Beschluß zur Ankündigung der Restschuldbefreiung, nachdem die **12**
Insolvenzgläubiger und der Insolvenzverwalter im Schlußtermin angehört worden sind.
Nach der dafür maßgeblichen Vorstellung verläuft der erste Abschnitt des Restschuldbefreiungsverfahrens neben dem Insolvenzverfahren. Erst mit dem Abschluß des
Insolvenzverfahrens wird auch das Schuldbefreiungsverfahren in den zweiten Abschnitt
übergeleitet, das durch die Treuhandzeit gekennzeichnete Hauptverfahren. Ein zwingender Grund dafür, das Zulassungsverfahren zur Restschuldbefreiung erst im Anschluß an

den Schlußtermin zu beenden, ist jedoch nicht ersichtlich. Trotzdem wird dies nach der gesetzlichen Formulierung den Regelfall bilden.

13 Unzulässig ist gerade umgekehrt, das Insolvenzverfahren vor einer rechtskräftigen Entscheidung über die Restschuldbefreiung aufzuheben, wie § 289 Abs. 2 Satz 2 InsO ausdrücklich bestimmt. Auch setzen die Verfahrensregeln über den zweiten Abschnitt des Restschuldbefreiungsverfahrens nicht voraus, daß das Insolvenzverfahren zuvor abgeschlossen ist. Insbesondere kann die Restschuldbefreiung auch dann in das Hauptverfahren übergeleitet werden, wenn im Insolvenzverfahren noch nicht die gesamte Masse verwertet und verteilt worden ist. Da bei einem Schuldner mit pfändbaren laufenden Einkünften fortwährend ein Neuerwerb für die Masse gemäß § 35 InsO entsteht, muß das Restschuldbefreiungsverfahren vor der endgültigen Verteilung der Masse in den zweiten Verfahrensabschnitt übergehen können, um nicht das Insolvenzverfahren zu verewigen und die Erteilung der Restschuldbefreiung zu blockieren (dazu § 286 Rz. 22). Im übrigen ist die Treuhandzeit zumindest auch durch die weitere Verwertung und Verteilung des Schuldnervermögens gekennzeichnet.

14 Allerdings geht der Wortlaut des § 289 Abs. 1 Satz 1 InsO von einer Anhörung im Schlußtermin aus. Außerdem setzt § 290 Abs. 1 InsO voraus, daß die Insolvenzgläubiger im Schlußtermin die Versagung der Restschuldbefreiung beantragen können und die absonderungsberechtigten Gläubiger haben in diesem Termin ihren Ausfall zu schätzen. Damit sprechen freilich gute Gründe dafür, die Restschuldbefreiung erst nach dem Schlußtermin anzukündigen.

15 Mit dem Beschluß des Insolvenzgerichts endet das Zulassungsverfahren und damit der erste Abschnitt über das gesetzliche Schuldbefreiungsverfahren. In seinem Beschluß stellt das Gericht nach § 291 Abs. 1 InsO fest, daß der Schuldner Restschuldbefreiung erlangt, falls sie nicht nach §§ 296 bis 298 versagt wird. Zugleich bestimmt das Gericht den Treuhänder und leitet auf ihn die pfändbaren Bezüge des Schuldners über, § 291 Abs. 2 InsO. Damit eröffnet das Gericht den zweiten Abschnitt des Schuldbefreiungsverfahrens mit dem Hauptverfahren.

III. Aufhebung des Insolvenzverfahrens

16 Erst nachdem die Entscheidung über die Restschuldbefreiung in Rechtskraft erwachsen ist, wird das Insolvenzverfahren aufgehoben, §§ 289 Abs. 2 Satz 2, 200 f. InsO. Unabhängig von einer Ankündigung des Schuldbefreiungsverfahrens ist auf diese Weise gewährleistet, daß die Liquidation und Verteilung des Schuldnervermögens zu Ende geführt wird. Vor allem wird dadurch aber sichergestellt, daß die Beschränkung der Gläubigerrechte während des Insolvenzverfahrens gemäß § 89 ff. InsO ohne Unterbrechung in die während der Treuhandzeit nach § 294 InsO bestehende Beschränkung übergeht. Zwischen der Aufhebung des Insolvenzverfahrens und dem Beginn der Treuhandperiode dürfen deswegen keine Zwangsvollstreckungsmaßnahmen eingeleitet werden.

IV. Rechtsmittel

17 Wird der Antrag auf Erteilung der Restschuldbefreiung als unzulässig abgewiesen oder die Restschuldbefreiung versagt, steht dem Schuldner gegen diese Entscheidung die sofortige Beschwerde zu, §§ 6, 289 Abs. 2 Satz 1 InsO, 577 ZPO. Mit der sofortigen

Entscheidung des Insolvenzgerichts § **289**

Beschwerde kann der Schuldner daher jede Versagung der Restschuldbefreiung anfechten, welche auf die Gründe der §§ 290 Abs. 1, 314 Abs. 1 Satz 2 InsO gestützt wird. Außerdem kann er die sofortige Beschwerde einlegen, wenn er eine gemäß Art. 107 EGInsO auf fünf Jahre verkürzte Laufzeit der Abtretungserklärung beansprucht, das Gericht aber gemäß § 287 Abs. 2 Satz 1 InsO eine siebenjährige Treuhandzeit bestimmt hat. Sofern die Entscheidung durch den Rechtspfleger getroffen wurde, ist jedoch der Rechtsbehelf der sofortigen Erinnerung gemäß § 11 Abs. 1 Satz 2 RPflG gegeben. Daneben ist jedem Insolvenzgläubiger, der im Schlußtermin erfolglos beantragt hat, die Restschuldbefreiung zu versagen, die sofortige Beschwerde eröffnet. Unter den Voraussetzungen von § 7 InsO ist die sofortige weitere Beschwerde zugelassen. Dem Treuhänder steht gegen seine Ernennung kein Rechtsmittel zu, doch kann er entsprechend den konkursrechtlichen Grundsätzen (*Kuhn/Uhlenbruck* KO, § 78 Rz. 5) die Übernahme des Amts ablehnen.

V. Bekanntmachung

Der rechtskräftige Beschluß über die Ankündigung bzw. Versagung der Restschuldbefreiung ist zusammen mit dem Beschluß über die Aufhebung des Insolvenzverfahrens öffentlich bekanntzumachen, § 289 Abs. 2 Satz 3 InsO. Sie erfolgt in dem gemäß § 9 Abs. 1 Satz 1 InsO bestimmten Blatt. 18

VI. Kosten

Mit den allgemeinen Gebühren für die Durchführung des Insolvenzverfahrens soll grundsätzlich auch die Durchführung der gesetzlichen Schuldbefreiung abgegolten sein. Nur für die Gläubigeranträge auf Versagung der Restschuldbefreiung im zweiten Abschnitt des Verfahrens nach den §§ 296 ff. InsO wird wegen der zusätzlichen Belastung des Gerichts durch Gläubigeranträge eine Gebühr in Rechnung gestellt (Begründung zum RegE EGInsO, BT-Drucks. 12/3803, S. 72). Der Schuldner muß allerdings die gerichtlichen Auslagen tragen. 19

D. Masseunzulängliches Insolvenzverfahren

Ein Restschuldbefreiungsverfahren darf nur durchgeführt werden, wenn das Insolvenzverfahren zumindest eröffnet wurde, selbst wenn das Insolvenzverfahren anschließend wegen Masseunzulänglichkeit (dazu *Smid* WM 1998, 1313 [1316]) wieder eingestellt wurde, § 289 Abs. 3 Satz 1 InsO. Droht bereits die Eröffnung des Insolvenzverfahrens an der Massearmut zu scheitern, muß der Schuldner oder ein Dritter einen Massekostenvorschuß gemäß § 26 Abs. 1 Satz 2 InsO leisten, damit das Verfahren eröffnet und der Zugang zum Restschuldbefreiungsverfahren erreicht wird (vgl. *Pape* Rpfleger 1997, 237 [240]). 20

Mit einem Insolvenzverfahren wird eine Übersicht über das Vermögen und die Verbindlichkeiten des Schuldners geschaffen. Zudem werden die Vermögenswerte des Schuldners liquidiert sowie verteilt und damit die Grundlage für eine Schuldbefreiung gelegt. Diese Leistungen rechtfertigen es, die Restschuldbefreiung grundsätzlich an ein Insolvenzverfahren zu binden. Im allgemeinen wird die gewünschte Übersicht bestehen, 21 soweit das Insolvenzverfahren eröffnet ist (Begründung zu § 329 RegE BR-Drucks. 1/92, S. 222). Deshalb kann nach § 289 Abs. 3 Satz 1 InsO ein Restschuldbefreiungsverfahren auch durchgeführt werden, wenn nach Anzeige der Masseunzulänglichkeit die Insolvenzmasse nach § 209 InsO verteilt und anschließend das Insolvenzverfahren gemäß § 211 InsO wegen Masseunzulänglichkeit eingestellt wurde.

22 Auf die Einstellung des Verfahrens wegen Masseunzulänglichkeit ist nach § 289 Abs. 3 Satz 2 InsO die Regelung aus Abs. 2 entsprechend anzuwenden. Das Insolvenzverfahren ist deswegen erst nach Rechtskraft des Beschlusses über die Restschuldbefreiung einzustellen und diese Einstellung sodann öffentlich bekanntzumachen. Bei der Einstellung des Insolvenzverfahrens ist das Restschuldbefreiungsverfahren deshalb bereits in den zweiten Verfahrensabschnitt übergeleitet worden. Mit seinem erfolgreichen Abschluß muß die Restschuldbefreiung erteilt werden. Folgerichtig ordnet § 289 Abs. 3 Satz 1 InsO daher an, daß eine Einstellung des Insolvenzverfahrens nicht an einer Erteilung der Restschuldbefreiung hindert.

23 Wird das Insolvenzverfahren wegen Masseunzulänglichkeit eingestellt, kann kein Schlußtermin durchgeführt werden. Es hat dann eine gesonderte Anhörung der Insolvenzgläubiger zu erfolgen (s. o. Rz. 5). Empfehlenswert ist, die Versagungsanträge der Insolvenzgläubiger gemäß § 290 Abs. 1 InsO, die eigentlich im Schlußtermin zu stellen sind, auf diese Anhörung zu befristen (dazu § 290 Rz. 60).

§ 290
Versagung der Restschuldbefreiung

(1) In dem Beschluß ist die Restschuldbefreiung zu versagen, wenn dies im Schlußtermin von einem Insolvenzgläubiger beantragt worden ist und wenn
1. **der Schuldner wegen einer Straftat nach den §§ 283 bis 283 c des Strafgesetzbuchs rechtskräftig verurteilt worden ist,**
2. **der Schuldner in den letzten drei Jahren vor dem Antrag auf Eröffnung des Insolvenzverfahrens oder nach diesem Antrag vorsätzlich oder grob fahrlässig schriftlich unrichtige oder unvollständige Angaben über seine wirtschaftlichen Verhältnisse gemacht hat, um einen Kredit zu erhalten, Leistungen aus öffentlichen Mitteln zu beziehen oder Leistungen an öffentliche Kassen zu vermeiden,**
3. **in den letzten zehn Jahren vor dem Antrag auf Eröffnung des Insolvenzverfahrens oder nach diesem Antrag dem Schuldner Restschuldbefreiung erteilt oder nach § 296 oder § 297 versagt worden ist,**
4. **der Schuldner im letzten Jahr vor dem Antrag auf Eröffnung des Insolvenzverfahrens oder nach diesem Antrag vorsätzlich oder grob fahrlässig die Befriedigung der Insolvenzgläubiger dadurch beeinträchtigt hat, daß er unangemessene Verbindlichkeiten begründet oder Vermögen verschwendet oder ohne Aussicht auf eine Besserung seiner wirtschaftlichen Lage die Eröffnung des Insolvenzverfahrens verzögert hat,**
5. **der Schuldner während des Insolvenzverfahrens Auskunfts- oder Mitwirkungspflichten nach diesem Gesetz vorsätzlich oder grob fahrlässig verletzt hat oder**
6. **der Schuldner in den nach § 305 Abs. 1 Nr. 3 vorzulegenden Verzeichnissen seines Vermögens und seines Einkommens, seiner Gläubiger und der gegen ihn gerichteten Forderungen vorsätzlich oder grob fahrlässig unrichtige oder unvollständige Angaben gemacht hat.**

(2) Der Antrag des Gläubigers ist nur zulässig, wenn ein Versagungsgrund glaubhaft gemacht wird.

DiskE § 229, RefE § 229, RegE § 239, Rechtsausschuß § 346 e.

Inhaltsübersicht: Rz.

A. Normzweck 1– 3
B. Gesetzliche Systematik 4– 9
C. Versagungsgründe nach Abs. 1 10–56
   I.   Insolvenzstraftaten 10–15
   II. Unzutreffende Angaben 16–27
   III. Frühere Restschuldbefreiungsverfahren 28–32
   IV. Verringerung der Insolvenzmasse 33–41
   V.   Verletzung von Auskunfts- und Mitwirkungspflichten 42–48
   VI. Unzutreffende Verzeichnisse 49–56
D. Versagungsantrag 57–65

Literatur:

(siehe vor § 286, S. 1580)

A. Normzweck

Neben dem Interesse des Schuldners dient die gesetzliche Schuldbefreiung auch dem 1 Vorteil der Insolvenzgläubiger, denn der Schuldner erwirbt das subjektive Recht auf Restschuldbefreiung erst nach der Liquidation seines Vermögens und nach der erfolgreichen Absolvierung der auch als Wohlverhaltensperiode bezeichneten siebenjährigen Treuhandperiode. Die dominierende Zielsetzung der Schuldbefreiung wird so durch die Interessen der Gläubiger ergänzt. Als Aufgabe des Restschuldbefreiungsverfahrens steht zwar für die Insolvenzgläubiger ein auf der Chance zur gemeinschaftlichen Befriedigung ihrer Forderungen beruhender wirtschaftlicher Interessenausgleich ganz im Vordergrund. Die gesetzliche Regelung erkennt aber u. a. in Gestalt der Versagungsgründe aus § 290 Abs. 1 InsO zusätzliche, ebenfalls zu schützende, typisierte Gläubigerinteressen an. Mit dieser Abwägung der zu berücksichtigenden Gläubigerinteressen bildet § 290 Abs. 1 InsO eine der zentralen Vorschriften des gesetzlichen Schuldbefreiungsverfahrens. An den Schuldner werden mit dieser Vorschrift vorinsolvenzliche Verantwortlichkeiten, aber auch verfahrensrechtliche Verhaltensanforderungen gerichtet. Zusammenfassend formuliert dazu § 1 Satz 2 InsO, daß dem redlichen Schuldner Gelegenheit zur Schuldbefreiung gegeben wird.

Nach dieser grundlegenden Zweckbestimmung eröffnet das Insolvenzverfahren einem 2 redlichen, also einem ehrlichen, zuverlässigen, pflichtbewußten (*Wahrig* Deutsches Wörterbuch, 2. Aufl.; s. a. *Rother* ZRP 1998, 205 [208]) Schuldner die Möglichkeit, sich von der Haftung für seine Verbindlichkeiten zu befreien. Gleichrangig mit den anderen Zielsetzungen, wie der einer gemeinschaftlichen Haftungsverwirklichung, wird die insolvenzrechtliche Schuldbefreiung zur Aufgabe des Insolvenzverfahrens und damit zum Regelfall des gesetzlichen Modells erhoben (a. A. *Smid* DZWir 1997, 309 [312]). Im

Unterschied zu diesem Normalfall der Restschuldbefreiung bezeichnet § 290 Abs. 1 InsO die Tatbestände, bei deren Vorliegen einem Schuldner ausnahmsweise die Schuldbefreiung versagt werden kann, weil er es an den erforderlichen Anforderungen hat fehlen lassen. Dieses von Systematik und Teleologie der Bestimmungen begründete Resultat, wird durch die wenig geglückte Formulierung des § 291 Abs. 1 InsO nicht widerlegt (*Smid* BB 1992, 501 [512]).

3 Trotz der terminologischen Nähe zum Merkmal der Unredlichkeit in den §§ 18 Nr. 1 VglO, 187 Satz 1 KO löst sich § 290 Abs. 1 InsO von der insbesondere für Unternehmensinsolvenzen kritisierten vergleichsrechtlichen Würdigkeitsprüfung (*Uhlenbruck* KTS 1975, 166 [170 ff.]; *Karsten Schmidt* Gutachten 54. DJT, D 43, D 76; s. a. *Wenzel* ZRP 1993, 161 [162]). Ihre nicht mehr zeitgemäße Aufgabenstellung einer Gläubigerfürsorge hat bereits in der Vergangenheit praeter legem zu einer vielfach restriktiven Interpretation der vergleichsrechtlichen Ablehnungs- bzw. Verwerfungsgründe geführt. Abweichend vom Wortlaut der §§ 17, 18 VglO wird den Ablehnungsgründen kein zwingender Charakter beigemessen (*Bley/Mohrbutter* VglO, § 17 Rz. 1; *Baur/Stürner* Zwangsvollstreckungs-, Konkurs- und Vergleichsrecht, Bd. II, Rz. 26.9; vorsichtig *Kilger/Karsten Schmidt* VglO, §§ 17 Anm. 1, 18 Anm. 1). Ebenso wird auch § 175 KO teleologisch reduziert, wenn Ziff. 3 auf Bankrottstraftaten zu beschränken ist, die im Zusammenhang mit dem Konkurs stehen, und das Verhalten von Gesellschaftern bzw. organschaftlichen Vertretern nur begrenzt zugerechnet werden soll (*Hess* KO, § 175 Rz. 14; *Kuhn/Uhlenbruck* KO, § 175 Rz. 5 f.). Noch weiter ist diese Erosion der Würdigkeitskriterien in der GesO vorangeschritten. Jedenfalls die in § 18 Abs. 2 Satz 3 HS 2 GesO ausgesprochene Ausnahme von der Vollstreckungsbeschränkung bei Handlungen zum Nachteil der Gläubiger kann nicht mehr mit einer Würdigkeitsprüfung gleichgesetzt werden (vgl. *Wenzel* Restschuldbefreiung, 115 ff.; a. A. *Holzer* WiB 1997, 1278 [1279 ff.]; s. a. *Zeuner* BB 1991, Beil. 14, 10 [11]). Unter das Kapitel der vergleichsrechtlichen Würdigkeitsprüfung mit einem den Schuldner bestrafenden Charakter wird nunmehr von § 290 Abs. 1 InsO endgültig ein Schlußstrich gezogen. An die Stelle einer durch die unbestimmten Kriterien von Unredlichkeit und Leichtsinn sanktionierten Sozialmoral treten in § 290 Abs. 1 InsO einzelne funktional gestaltete Ausnahmeregeln.

B. Gesetzliche Systematik

4 Gegenüber dem von der Redlichkeitsvermutung gestützten Regelfall einer anzukündigenden Restschuldbefreiung normiert § 290 Abs. 1 InsO Umstände, die im Insolvenzverfahren ausnahmsweise zu einer Versagung der Restschuldbefreiung führen können. Zur Regel der gesetzlichen Schuldbefreiung bildet ihre Versagung die Ausnahme. Bestätigt wird dieses Regel-Ausnahme-Verhältnis durch den Wertungsakkord mit den Obliegenheitsverletzungen im Versicherungsvertragsrecht. Dort kann nach § 6 VVG im Fall einer Obliegenheitsverletzung die Leistungsfreiheit des Versicherers und damit eine der versagten Restschuldbefreiung vergleichbare Folge eintreten. In ständiger Rechtsprechung nimmt der *BGH* für derartige Fälle des Versicherungsvertragsrechts eine Redlichkeitsvermutung an, weil nicht der unredliche, sondern der redliche Versicherungsnehmer den Regelfall bildet (*BGH* VersR 1984, 29 [30]; NJW 1996, 1348 [1349]; 1997, 1988; NJW-RR 1997, 598 [599]). Aus der Parallelwirkung im Versicherungsrecht ist deswegen eine bei der Interpretation der §§ 1 Satz 2, 290 Abs. 1 InsO maßgebende Redlichkeitsvermutung für das Insolvenzverfahren abzuleiten. Ausgehend von dem Regel-

Versagung der Restschuldbefreiung **§ 290**

fall eines redlichen Schuldners legt § 290 Abs. 1 InsO fest, wann ausnahmsweise einem nicht redlichen Schuldner die Schuldbefreiung zu versagen ist.

Einzeln führt § 290 Abs. 1 InsO die Gründe auf, die im Verlauf des Insolvenzverfahrens 5 eine Versagung der Restschuldbefreiung rechtfertigen. Ausdrücklich wurde für diese Versagungsregelung eine Generalklausel verworfen (RegE BR-Drucks. 1/92, S. 190; gegen die sich bereits *Knüllig-Dingeldey* Nachforderungsrecht, 179, ausgesprochen hat), die sämtliche unredlichen Verhaltensweisen des Schuldners erfaßt. Ebensowenig wurden Regelbeispiele bestimmt, die gesetzestechnisch durch ein »insbesondere« gekennzeichnet werden, und Raum für eine Erweiterung des Anwendungsbereichs lassen. Nach Wortlaut und Zielsetzung der Vorschrift ist mit den im einzelnen enumerierten Tatbeständen eine abschließende Regelung erfolgt. Diese abschließende Normierung wird auch von denjenigen anerkannt, die sich rechtspolitisch für eine Generalklausel aussprechen (*Döbereiner* Restschuldbefreiung, 118 f.). Einen zusätzlichen Versagungsgrund bestimmt allerdings § 314 Abs. 1 Satz 2, Abs. 3 Satz 2 InsO. Von dem Enumerationsprinzip des § 290 Abs. 1 InsO werden insgesamt zahlreiche Anforderungen an den Schuldner benannt, doch bleiben ebenso selbstverständlich manche Verhaltensweisen folgenlos. Diese Regelungstechnik wurde wegen der damit verbundenen größeren Rechtssicherheit und einer gerechten, gerade nicht ins weite Ermessen des Insolvenzgerichts gestellten Entscheidung über die Schuldbefreiung gewählt (so der RegE BR-Drucks. 1/92, S. 190; *Häsemeyer* Insolvenzrecht, Rz. 26.18; *Arnold* DGVZ 1996, 65 [68]; *Wittig* WM 1998, 157, 209 [211]). Im einzelnen gestalten aber zahlreiche unbestimmte Rechtsbegriffe die enumerierten Versagungsgründe aus, weshalb der Gesetzgeber sein hohes Ziel nur teilweise verwirklicht hat.

Mit den normierten Versagungsgründen übersetzt § 290 Abs. 1 InsO verschiedenartige 6 Verhaltensanforderungen in eine rechtshindernde Einrede der Insolvenzgläubiger. Dadurch ist die inhaltliche Struktur der enumerierten Tatbestände nicht ohne weiteres zu erfassen. Teilweise handelt es sich um die Gefährdung der Schulderfüllung, so die Straftatbestände in Ziff. 1 und die Regelungen in Ziff. 4, oder um Risikoerhöhungen, wie in der 1. Alternative von Ziff. 2. Aber auch ein Mißbrauchstatbestand in Ziff. 3 sowie die Einhaltung insolvenzrechtlicher Anforderungen durch Ziff. 5, 6 sind geregelt. Während die beiden letztgenannten Vorschriften verfahrensrechtliche Verstöße sanktionieren, wird jedenfalls bei dem Versagungsgrund aus Ziff. 2 zumindest auch auf materiellrechtliche Pflichtverletzungen abgestellt. Ein rein prozessuales oder ein rein materielles Verständnis der Versagungsgründe wird dadurch verhindert (zur Unterscheidung im französischen Recht *Lutz* Verbraucherüberschuldung, 103 ff.). Infolgedessen muß jede Auslegung streng an dem jeweiligen Normzweck ausgerichtet sein.

Da die Versagungsgründe des § 290 Abs. 1 InsO keine Bestrafung des Schuldners 7 bezwecken, muß eine konkrete Beeinträchtigung der wirtschaftlichen Interessen der Gläubiger festzustellen sein. Ohne eine kausal auf das Verhalten des Schuldners zurückzuführende Gefährdung der Gläubigerinteressen kann ihm die Restschuldbefreiung nicht versagt werden. Anders als von § 296 Abs. 1 Satz 1 InsO wird dafür gesetzlich nicht notwendig vorausgesetzt, daß die Befriedigungsaussichten der Gläubiger behindert worden sind, doch wird für § 290 Abs. 1 InsO gewöhnlich eine beeinträchtigte Gläubigerbefriedigung ebenfalls zu verlangen sein. Durch die Voraussetzung einer gestörten Gläubigerbefriedigung wird auch gewährleistet, daß keine unwesentlichen Verstöße des Schuldners zu einer Versagung der gesetzlichen Schuldbefreiung führen. Als allgemeine Konsequenz aus dem Verbot einer mißbräuchlichen Rechtsausübung gilt die Wesentlichkeitsgrenze ebenso für § 296 InsO (Begründung des Rechtsausschusses BT-Drucks. 12/7302, S. 188, zu 346k) wie für § 290 Abs. 1 InsO.

§ 290

8   Ein Versagungsgrund gemäß § 290 Abs. 1 InsO liegt allerdings nicht schon dann vor, wenn der objektive Tatbestand eines dem Schuldner zurechenbaren Verhaltens erfüllt ist, denn regelmäßig muß das Verhalten des Schuldners auch mißbilligt werden. Bei den Fallgruppen der Ziff. 2 sowie 4 bis 6 wird deswegen explizit ein vorsätzliches oder grob fahrlässiges Verhalten verlangt. Für den bei einer groben Fahrlässigkeit geforderten schweren Vorwurf sind die individuellen Kenntnisse sowie die Unerfahrenheit und die Unbeholfenheit des Schuldners zu berücksichtigen (*Palandt/Heinrichs* § 277 Rz. 2). Unzureichende Fähigkeiten des Schuldners können gerade bei Verbraucherinsolvenzverfahren eine erhebliche Rolle spielen. Selbstverständlich ist aber für die strafrechtlichen Verfehlungen gemäß Ziff. 1 ebenfalls ein Verschulden erforderlich. Einzig die erste Alternative der Ziff. 3, für die anderen Alternativen wird ein Verschulden vorausgesetzt, fügt sich nicht unmittelbar in diese Systematik ein. Doch ist auch für diesen gesetzlich normierten Mißbrauchstatbestand ein subjektives Element zu verlangen (unten Rz. 29). Neben der objektiven Verletzung der Anforderungen muß für die Einrede aus § 290 Abs. 1 InsO stets auch die subjektive Mißbilligung festzustellen sein.

9   Unbeantwortet läßt § 290 Abs. 1 InsO, welcher Insolvenzgläubiger einen Versagungsgrund erheben kann. Aus dem Fehlen einer klarstellenden Regelung darf jedoch nicht der Schluß gezogen werden, daß sich jeder Gläubiger auf jeden Versagungsgrund berufen darf. Wie bei anderen Einreden ist ein über das abstrakte Interesse an einer Versagung der Restschuldbefreiung hinausgehendes Rechtsschutzbedürfnis erforderlich, das nach den einzelnen Versagungsgründen zu unterscheiden ist.

C. Versagungsgründe nach Abs. 1

I. Insolvenzstraftaten

10   Im Gesetzgebungsverfahren hat der auf die Insolvenzstraftaten gemäß §§ 283 bis 283c StGB gestützte Versagungsgrund aus § 290 Abs. 1 Nr. 1 InsO mehrfache Änderungen erfahren. Von der weiten Fassung des Versagungsgrunds in § 239 Abs. 1 Nr. 1 RegE, wonach bereits eine gerichtliche Untersuchung wegen einer dieser Straftaten genügen sollte, ist aufgrund der Stellungnahme des Bundesrats abgesehen worden, weil allein der Verdacht entsprechender Taten unzureichend sei. Mit dem Erfordernis einer rechtskräftigen Verurteilung wurde eine auch weit über die Fassung von § 229 Abs. 1 Nr. 1 DiskE hinausgehende Präzisierung erreicht. Unter Verzicht auf eine den §§ 175 Nr. 2 KO, 17 Nr. 3, 79 Nr. 2 VglO entsprechende Anhängigkeit eines gerichtlichen Verfahrens lehnt sich die gesetzliche Vorschrift des § 290 Abs. 1 Nr. 1 InsO eng an § 175 Nr. 3 KO an.

11   Ein Versagungsgrund gemäß Ziff. 1 liegt nur vor, wenn der Schuldner wegen einer Insolvenzstraftat nach den §§ 283 bis 283c StGB rechtskräftig verurteilt wurde. Erforderlich ist also eine strafgerichtliche Verurteilung wegen Bankrotts oder versuchten Bankrotts gemäß § 283 StGB, wobei über das Vorbild der §§ 175 Nr. 3 KO, 17 Nr. 3, 79 Nr. 2 VglO hinaus auch die fahrlässigen Begehungsformen (*Schönke/Schröder/Stree* StGB, 25. Aufl., 283 Rz. 58; *Hess* KO, Anhang III § 283 StGB Rz. 47 f.) als Versagungsgrund genügen. Ebenso kommt eine Verurteilung wegen eines besonders schweren Fall des Bankrotts nach § 283a StGB, wegen Verletzung der Buchführungspflicht gemäß § 283b StGB sowie wegen Gläubigerbegünstigung nach § 283c StGB in Betracht. Dabei ist allerdings zu berücksichtigen, daß die §§ 283 Abs. 1 Nr. 5 und 7, 283b Abs. 1 Nr. 1 und 3 StGB ausschließlich auf kaufmännisch tätige Schuldner anzuwenden sind (*Hess* KO, Anhang III § 283 StGB Rz. 27 ff., 34, § 283b Rz. 3, 5), für welche die Buchfüh-

Versagung der Restschuldbefreiung § 290

rungspflichten der §§ 238 ff. HGB bestehen. Außerdem gelten die §§ 283 Abs. 1 Nr. 6, 283 b Abs. 1 Nr. 2 StGB für Minderkaufleute (*Hess* KO, Anhang III § 283 StGB Rz. 32, § 283 b Rz. 4) bzw. Kaufleute, die ein Kleinunternehmen i. S. v. § 1 Abs. 2 HGB betreiben, und die Tatbestände des § 283 a StGB werden regelmäßig nur auf gewerblich tätige Schuldner zutreffen, wodurch der Anwendungsbereich der Straftatbestände im Bereich der Verbraucherinsolvenz eingeengt wird. Andere Straftaten sind nicht beachtlich, mögen sie auch, wie das Vorenthalten oder Veruntreuen von Sozialversicherungsbeiträgen gemäß § 266 a Abs. 1 Nr. 1 und 2 StGB, im Zusammenhang mit Insolvenzstraftaten üblich sein.

Es muß eine rechtskräftige strafgerichtliche Verurteilung erfolgt sein. Das Insolvenzgericht wird so von der Aufgabe entlastet, selbst die objektiven und subjektiven Voraussetzungen einer solchen Straftat nachzuprüfen. Mit der rechtskräftigen Verurteilung wird die formelle Rechtskraft einer Entscheidung bezeichnet, die eintritt, wenn die Entscheidung nicht anfechtbar oder gegen sie ein befristetes Rechtsmittel nicht mehr zulässig ist (KK-*Pfeiffer* Einleitung Rz. 166). Verfahrenseinstellungen schaffen keinen Versagungsgrund. Eine Aussetzung des Insolvenzverfahrens bis zum rechtskräftigen Abschluß des Strafverfahrens gemäß § 148 ZPO (die *Döbereiner* Restschuldbefreiung, 125, befürwortet), muß schon wegen der Eilbedürftigkeit des Insolvenzverfahrens ausscheiden. Die Restschuldbefreiung ist deswegen nach § 291 Abs. 1 InsO anzukündigen, ohne daß ein strafrechtliches Ermittlungsverfahren gegen den Schuldner als Verschleppungsmittel eingesetzt werden kann. Im übrigen besteht für eine Aussetzung des Insolvenzverfahrens weder der Raum noch ein Bedürfnis, weil auf Vorschlag des Bundesrats (BT-Drucks. 12/2443, S. 257, 267 zu § 245a; Rechtsausschuß des Bundestags BT-Drucks. 12/7302, S. 188, zu § 346l) der spezielle Versagungsgrund des § 297 Abs. 1 InsO geschaffen wurde. Falls im Zeitpunkt des Schlußtermins noch keine Verurteilung ergangen ist, kommt allein eine spätere Versagung gemäß § 297 Abs. 1 InsO in Betracht. **12**

Nach dem Wortlaut des § 290 Abs. 1 Nr. 1 bewirkt jede strafrechtliche Verurteilung nach den §§ 283 bis 283c StGB einen Versagungsgrund. Bereits für die Regelung in § 175 Nr. 3 KO wurde allerdings verlangt, daß sich die Verurteilungen auf das konkrete Konkursverfahren beziehen müssen oder mit diesem Verfahren zusammenhängen (*Hess* KO, § 175 Rz. 14; *Kuhn/Uhlenbruck* KO, § 175 Rz. 5; *Jaeger/Weber* KO, § 175 Rz. 10). Zusätzliches Gewicht gewinnt diese Überlegung, weil § 290 Abs. 1 Nr. 1 InsO weitere Straftatbestände als Versagungsgründe einbezieht. Auch für das Schuldbefreiungsverfahren ist diese Forderung deswegen zu erheben. **13**

Soweit die Straftatbestände als abstrakte Gefährdungsdelikte die Gesamtheit der Gläubiger schützen (*Schönke/Schröder/Stree* StGB, 25. Aufl., § 283 Rz. 1, § 283b Rz. 1), kann jeder Insolvenzgläubiger einen Versagungsantrag auf eine strafrechtliche Verurteilung stützen. **14**

Eine zeitliche Grenze ist von § 290 Abs. 1 Nr. 1 InsO nicht vorgeschrieben, doch darf auch eine strafrechtliche Verurteilung keinen dauernden Versagungsgrund herbeiführen. Auf jeden Fall stellt das absolute Verwertungsverbot für den Rechtsverkehr aus § 51 Abs. 1 BZRG (dazu *Rebmann/Uhlig* BZRG, § 51 Rz. 26) eine äußerste zeitliche Begrenzung dar, weshalb spätestens nach Ablauf der fünfzehnjährigen Tilgungsfrist gemäß § 46 Abs. 1 BZRG die Verurteilung nicht mehr zum Nachteil des Schuldners verwertet werden darf (*Häsemeyer* Insolvenzrecht, Rz. 26.19; *Kuhn/Uhlenbruck* KO, § 175 Rz. 5). Fraglich kann lediglich sein, ob der Wertungswiderspruch zu der zehnjährigen Frist nach Ziff. 3 eine weitere Verkürzung erfordert. Wird der Schuldner wegen einer Insolvenzstraftat nach den §§ 283 bis 283c StGB rechtskräftig verurteilt und wird ihm die **15**

Ahrens 1649

Schuldbefreiung deswegen nach § 297 Abs. 1 InsO versagt, so darf dieser Umstand längstens für zehn Jahre berücksichtigt werden, so daß es geboten erscheint, die Frist von Ziff. 1 an diese Dauer anzugleichen. Für die Länge der Frist ist auch zu beachten, daß die berufsbezogenen Verbote der §§ 76 Abs. 3 Satz 2 AktG, 6 Abs. 2 Satz 3 GmbHG im Fall einer Verurteilung nach den §§ 283 bis 283d StGB für eine Dauer von fünf Jahren bestehen und trotzdem bereits verfassungsrechtliche Bedenken gegen sie erhoben wurden (vgl. *Mertens* in Kölner Kommentar zum AktG, § 76 Rz. 106; sowie die Nachweise bei *Scholz/Schneider* GmbHG, 8. Aufl., § 6 Rz. 20). Wenn auch der verfassungsrechtlich gebotene Schutz der Berufsfreiheit besondere Anforderung stellt, ist doch aus diesen Regelungen ebenfalls die Notwendigkeit einer zeitlichen Limitierung der Versagungsbefugnis im Insolvenzrecht abzuleiten. Diesen Bedenken wird Rechnung getragen, wenn im Anschluß an die bisherige Auslegung von § 175 Nr. 3 KO ein Zusammenhang zwischen der Straftat und dem Insolvenzverfahren verlangt wird.

II. Unzutreffende Angaben

16 Die Vorschrift des § 290 Abs. 1 Nr. 2 InsO konstituiert einen Versagungsgrund, falls der Schuldner im Vorfeld eines Insolvenzverfahrens schuldhaft Auskunfts- oder Offenbarungspflichten verletzt, um dadurch Leistungen zu erlangen oder zu vermeiden. Erst § 239 Abs. 1 Nr. 2 RegE hat diesen Versagungsgrund geschaffen.

17 Von dem Schuldner müssen unrichtige oder unvollständige, d. h. unzutreffende, schriftliche Angaben über seine wirtschaftlichen Verhältnisse gemacht worden sein. Der Versagungsgrund fordert einen materiellen Verstoß des Schuldners gegen eine Erklärungspflicht, den er bei einer schriftlichen Angabe begeht, die sich auf die Pfändbarkeit des Einkommens oder des Vermögens bezieht.

18 Unrichtig ist eine Angabe, wenn sie von der Wirklichkeit abweicht (BGHSt 34, 111 [115]), und unvollständig, wenn die im Rahmen einer den Anschein der Vollständigkeit erweckenden Erklärung enthaltenen Angaben als solches zwar richtig sind, durch Weglassen wesentlicher Umstände aber ein falsches Gesamtbild vermitteln (*AG Alsfeld* NJW 1981, 2588). Beide Alternativen werden durch die Anforderungen bestimmt, die an den Schuldner aufgrund seiner materiellrechtlichen Erklärungspflichten zu richten sind. Ohne Pflichtverletzung ist weder eine unvollständige Information feststellbar noch eine unrichtige Angabe beachtlich, weshalb eine unzutreffende Erklärung insbesondere zu verneinen ist, wenn der Schuldner eine unwahre Antwort auf eine unzulässige Frage gibt. Ungefragt muß sich der Schuldner nur über solche Umstände äußern, über die für ihn eine Offenbarungspflicht besteht. Welche Mitteilungen der Schuldner zu machen hat, folgt aus den konkreten Rechtsverhältnissen. Die bürgerlichrechtlichen Auskunfts- oder Offenbarungspflichten bestimmen deshalb über die Anforderungen bei Erlangung eines Kredits, etwa wenn der Schuldner eine Selbstauskunft erteilt. Auf die ausdrückliche Frage nach einer eidesstattlichen Versicherung gemäß § 807 ZPO besteht im Rahmen einer Kreditwürdigkeitsprüfung eine Auskunftspflicht. Wird dagegen nach dem Einkommen gefragt, ist eine Offenbarungspflicht über eine eidesstattliche Versicherung nicht ohne weiteres anzunehmen. Bei Fragen nach dem monatlichen Nettoeinkommen und den Belastungen sind auch die Einkünfte aus Nebentätigkeiten sowie die Belastungen durch Miete und andere Kreditverpflichtungen anzugeben. Zum Umfang einer zulässigen Weitergabe von Daten an die Schufa vgl. BGHZ 95, 362 [367 f.]. Für den Bezug von Leistungen aus öffentlichen Mitteln oder die Vermeidung von Leistungen an öffentlichen Kassen gelten die entsprechenden öffentlichrechtlichen Verpflichtungen

etwa aus den §§ 60 Abs. 1 SGB I, 38 Abs. 1 SGB III, 28o Abs. 2, 105 Abs. 1 SGB IV, 206 Abs. 1 SGB V, 196 SGB VI, 50 Abs. 3 SGB XI, 116 BSHG, 90 AO, 3 SubvG.
Nur schriftliche Angaben rechtfertigen einen Versagungsantrag. Die unzutreffenden 19
schriftlichen Angaben müssen die wirtschaftlichen Verhältnisse des Schuldners betreffen. Da der Schuldner bereits mit unrichtigen oder unvollständigen Angaben gegen seine materiellrechtlichen Verpflichtungen verstößt, führt dieses zusätzliche Merkmal einer unzutreffenden Erklärung der wirtschaftlichen Verhältnisse über die materiellrechtlichen Anforderungen hinaus. Mit diesem Erfordernis gewinnen die bürgerlich- oder öffentlich-rechtlichen Auskunfts- bzw. Offenbarungspflichten einen insolvenzrechtlichen Charakter und werden in verfahrensrechtliche Anforderungen transponiert. Als eigenständige aus dem Schuldbefreiungsverfahren resultierende Verpflichtung darf der Schuldner keine unzutreffenden Angaben über seine wirtschaftlichen Verhältnisse machen. Ein terminologisch und in seinem verfahrensrechtlichen Gehalt übereinstimmender Begriff der wirtschaftlichen Verhältnisse wird insbesondere in den §§ 114 Abs. 1 Satz 1, 124 Nr. 2 ZPO, 1 Abs. 1 Nr. 1, 4 Abs. 2 Satz 3 BerHG verwendet. Dagegen kann § 265b Abs. 1 Nr. 1 lit. b) StGB nicht zur Auslegung herangezogen werden. Während § 290 Abs. 1 Nr. 1 InsO eine Subjektbeziehung kennzeichnet, denn der Schuldner muß Angaben über seine wirtschaftlichen Verhältnisse gemacht haben, fehlt bei § 265b StGB eine vergleichbare persönliche Zuordnung (*Schönke/Schröder/Lencker* StGB, 25. Aufl., § 265b Rz. 30f.; *Tröndle* StGB, 48. Aufl., § 265b Rz. 19).

Nach der Abgrenzung, die in den verfahrensrechtlichen Vorschriften getroffen wird, sind 20
von den wirtschaftlichen Verhältnissen, über die der Schuldner erklärungspflichtig ist, die persönlichen und deswegen für den insolvenzrechtlichen Zweck des § 290 Abs. 1 Nr. 2 InsO nicht anzugebenden Verhältnisse zu unterscheiden (die Abgrenzungsschwierigkeiten betonend *Stein/Jonas/Bork* ZPO § 114 Rz. 18; *Baumbach/Lauterbach/Albers/Hartmann* ZPO, § 114 Rz. 64). Diese wirtschaftlichen Verhältnisse des Schuldners werden durch sein Einkommen und sein Vermögen geprägt, § 115 Abs. 1, 2 ZPO (*Wax* in MünchKomm/ZPO, § 114 Rz. 42; *Stein/Jonas/Bork* ZPO § 114 Rz. 18). Wegen der unterschiedlichen Einkommens- und Vermögensbegriffe in den einzelnen Rechtsgebieten verweist § 115 Abs. 1, 2 ZPO insbesondere auf die sozialhilferechtlichen Vorschriften über das Einkommen und das Vermögen in den §§ 76 Abs. 2, 2a, 88 BSHG. In dem insolvenzrechtlichen Zusammenhang des § 290 Abs. 1 Nr. 2 InsO wird eine sozialhilferechtliche Interpretation des Einkommens- und Vermögensbegriffs durch die vollstreckungsrechtlichen Bestimmungen vor allem der §§ 811 ff., 850 ff. ZPO überlagert. Zu den persönlichen Verhältnissen, über die selbst in ihren wirtschaftlichen Auswirkungen keine Erklärung geschuldet wird und deren unzutreffende Darstellung dem Schuldner nicht vorgeworfen werden kann, gehört neben den Familienverhältnissen, vgl. § 117 Abs. 2 Satz 1 ZPO, auch der tatsächliche Lebensaufwand des Schuldners (*Wax* in MünchKomm/ZPO, § 114 Rz. 45). Der unterlassene Einsatz der eigenen Arbeitskraft zählt deswegen nicht zu dem Einkommen oder Vermögen, sondern ist den persönlichen Verhältnissen zuzurechnen (*OLG Karlsruhe* NJW 1985, 1787; *Zöller/Philippi* ZPO, § 115 Rz. 6; *Biebrach* NJW 1988, 1769).

Der Schuldner muß seine unzutreffenden Angaben gemacht haben, um einen Kredit zu 21
erhalten, um Leistungen aus öffentlichen Mitteln zu beziehen oder um Leistungen an öffentliche Kassen zu vermeiden. Für den Kreditbegriff in § 290 Abs. 1 Nr. 2 InsO kann nicht auf ein einheitliches Verständnis zurückgegriffen werden. Zu unterschiedlich wird dieser Begriff etwa in den §§ 778, 824 BGB, 349 HGB, 43a GmbHG, 89, 115 AktG, 1 Abs. 1 Nr. 2, 19 Abs. 1 KWG verwendet. Kredit ist ein Darlehen i. S. v. § 607 BGB, aber auch ein anderes Rechtsgeschäft, durch das dem Kreditnehmer Geld oder geldwerte

Mittel zeitweise zur Verfügung gestellt werden (*Schönke/Schröder/Lenckner* StGB, 25. Aufl., § 265 b Rz. 11 ff.). Auf die umfassende Bestimmung in § 1 Abs. 2 VerbrKrG kann für die Interpretation von § 290 Abs. 1 Nr. 2 InsO nicht zurückgegriffen werden. Gegenüber dem zum Schutz des Verbrauchers weit gefaßten Begriff des § 1 Abs. 2 VerbrKrG verfolgt § 290 Abs. 1 Nr. 2 InsO die andere Zielsetzung eines Schutzes vor Risikoerhöhungen, die der parallelen Wertung in § 265 b StGB entspricht. Ebensowenig wie die Gebrauchsüberlassung durch Miete oder Pacht begründet die dem gesetzlichen Modell entsprechende Vorleistungspflicht eines Dienstverpflichteten oder eines Werkunternehmers, §§ 614, 641 Abs. 1 Satz 1 BGB, einen Kredit. Sind die Tarife von Versicherungsverträgen nach den Zahlungsmodalitäten gestaffelt, mit geringerer Prämie bei jährlicher Zahlung, so wird – jedenfalls nach der insolvenzrechtlichen Funktion – kein Kredit, sondern im Gegenteil ein Rabatt gewährt (vgl. *Bülow* VerbrKrG, 2. Aufl., § 1 Rz. 39; a. A. *Ulmer* in MünchKomm, § 1 VerbrKrG Rz. 70). Für Leasingverträge wird beim Operating-Leasing wohl keine Kreditierung anzunehmen sein (*Ulmer* in MünchKomm/ZPO, § 1 VerbrKrG Rz. 85, 87; *Bruchner/Ott/Wagner-Wieduwilt* VerbrKrG, 2. Aufl., § 1 Rz. 98 ff.). Franchiseverträge sind nicht schon deshalb Kreditverträge, weil auf sie gemäß § 2 Nr. 3 VerbrKrG Regelungen des VerbrKrG anzuwenden sein können (vgl. BGHZ 97, 351; zur Kritik etwa *Martinek* Moderne Vertragstypen, Bd. II, 97 ff.).

22 Leistungen aus öffentlichen Mitteln bezieht der Schuldner unabhängig davon, wer die Zahlstellenfunktion ausübt, wenn die Mittel öffentlichen Haushalten entstammen. Dies gilt für Sozialleistungen, §§ 18 bis 29 SGB I, wie für Subventionen. Eine Leistung an eine öffentliche Kasse kann der Schuldner bei der Erstattung von Sozialleistungen, bei der Zahlung einer Fehlbelegungsabgabe oder von Kindergarten- bzw. anderen Gebühren, aber auch bei einer Steuerzahlung und zwar bereits bei einer Stundung, einem Erlaß oder einer Einstellung der Vollstreckung, §§ 222, 227 258, s. a. 284 AO, vermeiden (*Kraemer* DStZ 1995, 399 [400 f.]). Öffentliche Kassen sind staatliche Einrichtungen, wie das Finanz-, Sozial- oder Arbeitsamt, aber auch die gesetzlichen Krankenkassen sowie die Ersatzkassen.

23 Wird eine unzutreffende Erklärung aus anderen als den drei genannten Gründen einer Kredit- oder Leistungsbewilligung bzw. zur Vermeidung von Leistungen abgegeben, etwa im Rahmen einer Zwangsvollstreckung, bleibt sie unbeachtlich.

24 Mit den unzutreffenden Angaben muß der Schuldner die Zielsetzung verbunden haben, einen Kredit oder Leistungen aus öffentlichen Mitteln zu erhalten bzw. Leistungen an öffentliche Kassen zu vermeiden. Diese finale Ausrichtung verlangt zunächst ein voluntatives Element. Seine Intention allein genügt jedoch nicht, denn dann könnte die Restschuldbefreiung versagt werden, ohne daß ein Kredit, eine Leistung etc. bewilligt wurde. Es bestünde sogar ein Versagungsgrund, wenn eine unzutreffende Angabe von dem Erklärungsempfänger erkannt und deswegen die Leistung abgelehnt oder die Erklärung vom Schuldner berichtigt wurde. Deshalb ist ein Ursachenzusammenhang zwischen der unzutreffenden Angabe und der Krediterlangung etc. zu verlangen. Ohne das Kausalitätserfordernis gewinnt § 290 Abs. 1 Nr. 2 InsO einen strafähnlichen Sanktionscharakter, der mit seiner verfahrensrechtlichen Struktur nicht vereinbar ist. Aus übereinstimmenden Gründen wird eine pönale Zielsetzung der §§ 17 f. VglO (*Baur/Stürner* Zwangsvollstreckungs-, Konkurs- und Vergleichsrecht, Bd. II, Rz. 26.9) und von § 124 ZPO abgelehnt (*OLG Bamberg* FamRZ 1987, 1170 f.; *OLG Düsseldorf* MDR 1991, 791; *LAG Nürnberg* JurBüro 1995, 535 f., m. w. N.; *Zöller/Philippi* ZPO § 124 Rz. 5; a. A. *OLG Köln* FamRZ 1987, 1169 f.). § 124 Nr. 2 ZPO gestattet eine Aufhebung der Prozeßkostenhilfebewilligung, wenn eine Partei unrichtige Angaben über die per-

sönlichen oder wirtschaftlichen Verhältnisse gemacht hat. Über ihren Wortlaut hinaus wird deshalb auch für diese Norm eine Kausalität zwischen der unrichtigen Angabe und der Bewilligung verlangt (*OLG Düsseldorf* MDR 1991, 791; *Stein/Jonas/Bork* ZPO § 124 Rz. 12 f., 19; *Wax* in MünchKomm/ZPO, § 124 Rz. 3). Für § 290 Abs. 1 Nr. 2 InsO besteht ohne einen Ursachenzusammenhang, also ohne eine Kreditbewilligung etc., kein insolvenzrechtlich schützenswertes Interesse eines Gläubigers. An dieser Kausalität fehlt es, wenn der Schuldner seine unzutreffenden Angaben korrigiert hat.

Eine dreijährige Frist beschränkt den Versagungsgrund auf unzutreffende Angaben im Vorfeld einer Insolvenz. Die unzutreffenden Erklärungen gegenüber einem Insolvenzgläubiger (unten Rz. 27) müssen in den letzten drei Jahren vor dem Antrag auf Eröffnung des Insolvenzverfahrens oder nach diesem Antrag abgegeben worden sein. Unerheblich ist, ob der Antrag vom Schuldner oder vom Gläubiger gestellt wurde, ob der Antrag unvollständig war oder ob das Verfahren nach § 306 InsO geruht hat. Die Fristberechnung erfolgt gemäß §§ 222 Abs. 1 ZPO, 187 f. BGB. Über die Angaben vor dem Eröffnungsantrag hinaus erstreckt § 290 Abs. 1 Nr. 2 InsO den Versagungsgrund auf unzutreffende Erklärungen, die während der Dauer des Insolvenzverfahrens bis zum Schlußtermin abgegeben wurden. Nach dessen Ende, also im Verlauf der siebenjährigen Treuhandperiode, kann ein Versagungsantrag nicht mehr auf § 290 InsO gestützt werden. 25

Subjektiv fordert § 290 Abs. 1 Nr. 2 InsO vorsätzlich oder grob fahrlässig getätigte unzutreffende Angaben. Vorsatz bedeutet auch hier Wissen und Wollen der objektiven Tatbestandselemente (allgemein *Hanau* in MünchKomm/ZPO, § 276 Rz. 49). Da der Schuldner die Angaben gemacht haben muß, um einen Kredit etc. zu erhalten, muß sich das kognitive Vorsatzelement nicht allein auf die unzutreffende Angabe, sondern auch auf die Folge einer dadurch herbeigeführten Kredit- oder Leistungsgewährung bzw. Leistungsvermeidung beziehen. Grob fahrlässig handelt der Schuldner, wenn ihm ein besonders schwerer Verstoß gegen die objektiv erforderliche Sorgfalt zur Last fällt. Es muß dasjenige unterblieben sein, was im gegebenen Fall jedem einzuleuchten hat (RGZ 141, 129 [131]; BGHZ 10, 14 [16]; 89, 153 [161]; NJW 1994, 2022 [2023]). Zusätzlich ist ein auch in subjektiver Hinsicht gesteigerter Vorwurf erforderlich, weshalb die im Verkehr erforderliche Sorgfalt durch ein auch subjektiv unentschuldbares Verhalten in hohem Maß außer Acht gelassen worden sein muß (*BGH* VersR 1972, 144 [145]; 1977, 465; NJW 1985, 2648; 1986, 2838 [2839]; *Soergel/Wolf* BGB, § 276 Rz. 122, 125; *Hanau* in MünchKomm, § 277 Rz. 2, 10; *Staudinger/Löwisch* BGB, § 276 Rz. 84; stärker objektivierend *Deutsch* Allgemeines Haftungsrecht, 2. Aufl., Rz. 425 f.). Aus diesem Grund sind Umstände zu berücksichtigen, welche die subjektive, personale Dimension der Verantwortlichkeit betreffen (BGHZ 119, 147 [149]), denn die Notwendigkeit eines schweren Vorwurfs verlangt, individuelle Kenntnisse zu beurteilen, wobei Unerfahrenheit und Unbeholfenheit die grobe Fahrlässigkeit ausschließen können (*Staudinger/Löwisch* BGB, § 276 Rz. 85; *Palandt/Heinrichs* § 277 Rz. 2). Als subjektives Entlastungsmoment hat die Rechtsprechung angesehen, wenn der Handelnde geistig einfach veranlagt (*BGH* VersR 1968, 385 [386]; s. a. 1977, 465 [466 a. E.]), ungeübt (*OLG Hamm* NJW-RR 1993, 536) oder in seiner Einsichtsfähigkeit vermindert war (*BGH* NJW 1985, 2648). Komplexe Anforderungen aus einem Kredit- oder Leistungsantrag können deshalb das Gewicht eines Sorgfaltsverstoßes reduzieren. Dementsprechend wird für die grobe Fahrlässigkeit nach § 45 Abs. 2 Satz 3 Nr. 2 SGB X verlangt, daß der Begünstigte weiß, welche Angaben für den Erlaß eines Verwaltungsakts von wesentlicher Bedeutung sind, was erst dann der Fall ist, wenn auf Antragsformularen die einzelnen Voraussetzungen hinreichend und verständlich erläutert sind (*Pickel* SGB X, 26

§ 45 Rz. 32). Auf der subjektiven Seite der Verantwortlichkeit ist zu berücksichtigen, ob eine hochverschuldete Person den Überblick über ihre Verhältnisse verloren hat und ob sie in eine passive Lebenshaltung geraten ist (*Wenzel* Restschuldbefreiung, 123; *Döbereiner* Restschuldbefreiung, 127).

27 Antragsberechtigt ist der Insolvenzgläubiger, zu dessen Nachteil die unzutreffenden Angaben erfolgten. Grundsätzlich gilt dies auch für Inhaber von Forderungen, die nach § 302 InsO privilegiert sind. Beruft sich jedoch ein Insolvenzgläubiger nicht auf die ihm gegenüber abgegebenen unvollständigen oder unrichtigen Erklärungen, da er etwa die wirkliche Situation erkannt hat, erscheint es fraglich, ob ein anderer Insolvenzgläubiger berechtigt ist, einen Versagungsantrag auf diesen Umstand zu stützen (*Häsemeyer* Insolvenzrecht, Rz. 26.20). Häufig wird allerdings dieser Antrag eines anderen Insolvenzgläubigers bereits scheitern, weil ihm nicht die erforderlichen schriftlichen Angaben vorliegen. Im übrigen ist zu berücksichtigen, daß § 290 InsO das vergleichsrechtliche System einer kollektiven Gläubigerfürsorge durch zwingende Ablehnungsgründe nicht übernommen hat. An die Stelle einer allgemeinen Unredlichkeitsprüfung ist mit dem von § 290 Abs. 1 Nr. 2 InsO übernommenen Konzept der Gläubigerautonomie ein individueller Interessenschutz gegenüber einer konkreten Handlung getreten. Manches spricht deswegen dafür, die Antragsberechtigung nach § 290 Abs. 1 Nr. 2 InsO auf die Insolvenzgläubiger zu begrenzen, denen gegenüber die unzutreffende Erklärung erfolgte.

III. Frühere Restschuldbefreiungsverfahren

28 Mit dem Versagungsgrund aus § 290 Abs. 1 Nr. 3 InsO wird eine Sperre gegenüber einem mißbräuchlich wiederholten Restschuldbefreiungsverfahren geschaffen. Einen vergleichbaren Ablehnungsgrund bei früheren Konkurs- oder Vergleichsverfahren formulierte § 17 Nr. 4 VglO. Während die Sperrfrist dort fünf Jahre betrug, ist sie für das Restschuldbefreiungsverfahren auf das Doppelte verlängert worden. Durch diesen Zeitrahmen wird verhindert, daß ein Schuldner häufiger als zwei- bis dreimal eine Schuldbefreiung erlangen kann (*Schmidt-Räntsch* KS, 1177 [Rz. 16]). Außerdem hat der Rechtsausschuß die Vorschrift auf die Versagung der Restschuldbefreiung wegen einer Obliegenheitsverletzung oder einer Verurteilung des Schuldners nach den §§ 296, 297 InsO erstreckt (BT-Drucks. 12/7302, S. 187, zu § 346e).

29 In der ersten Alternative konstituiert § 290 Abs. Nr. 3 InsO einen Versagungsgrund, wenn in der zehnjährigen Frist eine Restschuldbefreiung erteilt wurde. Das subjektive Recht auf eine gesetzliche Schuldbefreiung soll als Hilfe für unverschuldet in Not geratene Personen dienen und nicht als Mittel zur wiederholten Reduzierung der Schuldenlast eingesetzt werden können (BR-Drucks. 1/92, S. 190; *Schmidt-Räntsch* KS, 1177 [Rz. 16]). Nach dem Willen des Gesetzgebers zielt die Regelung darauf ab, eine mißbräuchliche Inanspruchnahme des Restschuldbefreiungsverfahrens zu verhindern (s. a. *Arnold* DGVZ 1996, 65 [68]). Mit dem gesetzlichen Mißbrauchstatbestand wird also eine Interessenabwägung darüber vorgenommen, wann die Ausübung eines bestehenden Rechts als mißbräuchlich gilt. Zugleich konkretisiert die Vorschrift, wann von einem unredlichen Schuldner i. S. d. § 1 Satz 2 InsO auszugehen ist. Unter der Voraussetzung des § 1 Satz 2 InsO verlangt der Mißbrauchstatbestand ein dem Schuldner zurechenbares Verhalten. Als Ausdruck eines mißbilligten Schuldnerverhaltens fordert die Bestimmung nicht nur ein objektives Unwerturteil, sondern auch eine subjektive Vorwerfbarkeit (vgl. *Roth* in MünchKomm, § 242 Rz. 34, 230 f.), soll doch verhindert

Versagung der Restschuldbefreiung **§ 290**

werden, daß der Schuldner die Restschuldbefreiung bei einer Überschuldung berechnend einplant (*Schmidt-Räntsch* FS Hanisch, 217 [224]). Allein diese Bedingung wird systematisch den Verhaltensanforderungen des § 290 Abs. 1 InsO gerecht, der in den anderen Tatbeständen ausdrücklich oder mittelbar einen zumeist schweren persönlichen Vorwurf voraussetzt. Aufgrund der gesetzlichen Wertung erscheint regelmäßig ein erneutes Schuldbefreiungsverfahren als vorwerfbar und damit mißbräuchlich, weil den Schuldner die Erfahrung aus dem vorigen Verfahren zu einem vorsichtigen Wirtschaften veranlassen mußte. Ausnahmsweise kann aber bei einer selbst unter diesen Voraussetzungen unverschuldet in Not geratenen Person eine mißbräuchliche Rechtsausübung verneint werden. Noch weitergehend wird für § 18 Abs. 2 Satz 3 GesO verlangt, daß Grund zu der Annahme besteht, daß der Schuldner von dem früheren Vollstreckungsschutz zum Nachteil der Gläubiger Gebrauch gemacht hat oder daß er den nunmehr infrage stehenden Vollstreckungsschutz in mißbräuchlicher Weise ausnutzt, mit Hinweis auch auf § 290 Abs. 1 Nr. 3 InsO (*Kilger/Karsten Schmidt* § 18 GesO Anm. 3 b).

Die beiden anderen tatbestandlichen Alternativen ermöglichen einen Versagungsantrag, **30** wenn dem Schuldner während der Treuhandperiode eines früheren Verfahrens die Schuldbefreiung nach den §§ 296, 297 InsO versagt wurde.

Nach der im Rechtsausschuß getroffenen Entscheidung, die Versagungsregel auch auf **31** die Gestaltungen der §§ 296 f. InsO zu erweitern, andere Normen aber nicht zu berücksichtigen, können sonstige vergleichbare Fälle keine Sperrwirkung begründen. Dies gilt zunächst bei der Durchführung eines Verbraucherinsolvenzverfahrens ohne anschließendes Restschuldbefreiungsverfahren, sei es, weil bewußt von einem Antrag abgesehen und etwa eine Negativerklärung nach § 305 Abs. 1 Nr. 2 InsO abgegeben wurde, sei es, weil die Frist aus § 287 Abs. 1 Satz 2 InsO nicht eingehalten wurde. Keine Sperrwirkung entfaltet die frühere Durchführung oder Einstellung eines Insolvenzverfahrens mangels Masse, die Rücknahmefiktion des § 305 Abs. 3 Satz 2 InsO sowie die Schuldbefreiung aufgrund eines Schuldenbereinigungsplans, §§ 308, 309 InsO (*Scholz* FLF 1995, 88 [92]). Auch eine Rücknahme des Antrags auf Erteilung der Restschuldbefreiung begründet grundsätzlich noch keine Sperre (vgl. § 287 Rz. 15; anders *Häsemeyer* Insolvenzrecht, Rz. 26.16). Gleiches gilt für die Verwerfung eines Antrags auf Erteilung der Restschuldbefreiung als unzulässig. Ebensowenig ist eine frühere Versagung nach den §§ 290, 298, 314 Abs. 3 Satz 2 InsO oder der Widerruf einer erteilten Restschuldbefreiung gemäß § 303 InsO zu berücksichtigen. Zur Regelung des § 303 InsO wird vertreten, daß nach dem Widerruf nicht mehr von einer Erteilung der Restschuldbefreiung gesprochen werden kann (*Döbereiner* Restschuldbefreiung, 130). Der Vollstreckungsschutz nach § 18 Abs. 2 Satz 3 GesO begründet keine Restschuldbefreiung (*Wenzel* Die »Restschuldbefreiung« in den neuen Bundesländern, 126, 181; *Blersch* Die Auslegung und Ergänzung der Gesamtvollstreckungsordnung, 152 f.; *Smid* GesO § 18 Rz. 34; *Uhlenbruck* BB 1990, Beil. 26, 1 [5]; *Zeuner* BB 1991, Beil. 14, 10 [11]; *Schmidt-Räntsch* FS Hanisch, 217 [219 f.]; *Pape* ZIP 1997, 190; *Holzer* WiB 1997, 1278) und kann schon deswegen nicht den Fallgestaltungen des § 290 Abs. 1 Nr. 3 InsO gleichgestellt werden.

Den Antrag auf Versagung der Restschuldbefreiung darf jeder Insolvenzgläubiger **32** stellen, da die Regelung sämtliche Insolvenzgläubiger schützt. Für den Versagungsgrund besteht eine zehnjährige Frist, die mit dem Beschluß über die Erteilung bzw. Versagung der Restschuldbefreiung in dem früheren Verfahren beginnt und nach den §§ 222 Abs. 1 ZPO, 187 f. BGB zu berechnen ist. Die Frist beträgt zehn Jahre vor dem neuen Antrag auf Eröffnung des Insolvenzverfahrens oder nach diesem Antrag bis zum Schlußtermin.

IV. Verringerung der Insolvenzmasse

33 Einen Mißbrauchstatbestand in den drei tatbestandlichen Alternativen der Begründung unangemessener Verbindlichkeiten, der Vermögensverschwendung und eines verzögerten Insolvenzverfahrens normiert § 290 Abs. 1 Nr. 4 InsO. Mit dieser Regelung soll das Schuldbefreiungsverfahren funktionsfähig gehalten, die Insolvenzmasse geschützt und dadurch verhindert werden, daß der Schuldner seine Vermögensbilanz im Hinblick auf ein Insolvenzverfahren weiter verschlechtert. Zur Auslegung der insolvenzrechtlichen Bestimmung kann nur eingeschränkt und nach genauer Abgrenzung auf die bisherigen Vorschriften der §§ 187 Satz 1 KO, 18 Nr. 1 VglO zurückgegriffen werden, denn in diesen Regelungen ist ein unredliches Verhalten positives Tatbestandsmerkmal. Gegenüber einer solchen generalklauselartigen Beschreibung schränkt § 290 Abs. 1 Nr. 4 InsO den Versagungsgrund auf einzeln bezeichnete Gestaltungen ein.

34 Die erste Alternative formuliert einen Versagungsgrund, wenn der Schuldner unangemessene Verbindlichkeiten begründet hat. Unangemessen sind die eingegangenen Verbindlichkeiten erst dann, wenn sie in der konkreten Lebenssituation des Schuldners außerhalb einer nachvollziehbaren Nutzenentscheidung stehen. Allein die Eingehung von Verbindlichkeiten genügt nicht. Ebensowenig ist auf das Leistungs-Gegenleistungs-Verhältnis abzustellen, denn eine sofortige Erfüllung, ein Bargeschäft, wird sich häufig als günstiger erweisen, doch bleibt einem in der Krise befindlichen Schuldner häufig nur die Begründung von Verbindlichkeiten (*Smid* BB 1992, 501 [512]; *ders.* DZWir 1994, 278 [285]; *Forsblad* Restschuldbefreiung, 216). Für die Bestimmung dessen, was als unangemessene Verbindlichkeit zu gelten hat, kann auch keine objektive Beurteilung vorgenommen werden, denn ein insolventer Schuldner hat Verpflichtungen, die seinen Vermögens- und Erwerbsverhältnissen nicht entsprechen, eben objektiv nicht angemessene Verbindlichkeiten. Zudem sind die mit der Eingehung einer Verbindlichkeit getroffenen Nutzenentscheidungen einer objektiven Bewertung nicht zugänglich.

35 Ausgehend von einer auf die Bedürfnisse des Schuldners ausgerichteten Beurteilung sind einzelne Fallgruppen unangemessener Verbindlichkeiten zu entwickeln. Dabei ist nicht die Lebensführung des Schuldners objektiv zu bewerten, also insbesondere kein Maßstab für eine wirtschaftliche Haushaltsführung zu entwickeln (vgl. *Knüllig-Dingeldey* Nachforderungsrecht, 179 f.), sondern eine subjektiv aus seiner Sicht zu treffende Beurteilung zu fällen, um eine mißbräuchliche Ausnutzung der Restschuldbefreiung zu verhindern. Als Maßstab können die früheren Verhaltensweisen des Schuldners dienen (vgl. *Forsblad* Restschuldbefreiung, S. 216). Der Begriff der Luxusausgaben (auf den die Begründung RegE, BR-Drucks., 1/92, S. 190, abstellt) gibt hierüber keinen Aufschluß. Die eklatante Unterkapitalisierung eines Unternehmens, für dessen Verbindlichkeiten eine natürliche Person in Anspruch genommen wird, kann den Tatbestand ebenfalls verwirklichen (*Knüllig-Dingeldey* Nachforderungsrecht, 184 ff., 195; *Kuhn/Uhlenbruck* KO, § 187 Rz. 2 a; *Wenzel* Restschuldbefreiung, 121). Die Liquidität des Unternehmens darf in diesen Fällen selbst bei einem günstigen Geschäftsverlauf nicht genügt haben. Die Gesetzesbegründung führt außerdem Verbindlichkeiten aus vorsätzlicher unerlaubter Handlung an (Begründung RegE, BR-Drucks., 1/92, S. 190). Da § 302 Nr. 1 InsO impliziert, daß, auch abgesehen von Frist und Antrag nach § 290 Abs. 1 Nr. 4 InsO, nicht jede Verbindlichkeit aus einer vorsätzlichen unerlaubten Handlung zu einer Versagung der Restschuldbefreiung führt, muß der Vorsatz ebenfalls die Unangemessenheit einschließen.

36 Auf der Aktivseite der Vermögensbilanz wird von der zweiten Tatbestandsalternative eine Vermögensverschwendung sanktioniert. Eine Verschwendung liegt nicht schon bei einem Vermögensverbrauch, sondern erst dann vor, wenn der Wertverzehr außerhalb

einer nachvollziehbaren Verhaltensweise liegt. Eine Schenkung, die den sittlichen Anforderungen entspricht, ist unbedenklich. Nicht mehr nachvollziehbar ist dagegen, wenn Vermögen i. S. v. § 283 Abs. 1 Nr. 1 StGB zerstört, beschädigt oder unbrauchbar gemacht wird. Eine weitere Fallgruppe betrifft die kurzfristige, zum Nachteil der Gläubigerbefriedigung vorgenommenen Liquiditätsbeschaffung. Namentlich sind hierfür die Fälle des § 283 Nr. 3 StGB und der Preisschleuderei gemäß § 18 Nr. 1 VglO anzuführen, wenn der Schuldner Waren- oder Leistungen erheblich unter Einkaufs-, Gestehungs- oder einem darunterliegenden Marktpreis veräußert, ohne hierzu durch seine wirtschaftliche Situation zur Vermeidung größerer Verluste veranlaßt zu sein (*Heidland* KTS 1968, 81 [90]; *Bley/Mohrbutter* VglO, § 18 Rz. 3). Eine Vermögensverschwendung kann auch bei den von § 283 Abs. 1 Nr. 2 StGB angeführten Verlust-, Spekulations- oder Differenzgeschäften (*Tröndle* StGB, 48. Aufl., § 283 Rz. 7 ff.) sowie Spiel oder Wette vorliegen (*Kuhn/Uhlenbruck* KO, § 187 Rz. 2a; *Tröndle* StGB, 48. Aufl., § 283 Rz. 12 ff.). Bei einer Spielsucht kann allerdings die Steuerungsfähigkeit und damit die Vorwerfbarkeit eingeschränkt sein.

In der dritten Alternative besteht ein Versagungsgrund, falls der Schuldner ohne Aussicht auf eine Verbesserung seiner wirtschaftlichen Lage die Eröffnung des Insolvenzverfahrens verzögert hat. Ausdrücklich schränkt die Gesetzesbegründung dazu ein, daß mit dieser Bestimmung keine Verpflichtung des Schuldners zur Stellung eines Eröffnungsantrags statuiert wird, wie sie für die Vertretungsorgane juristischer Personen gilt, §§ 42 Abs. 2 BGB, 130a, 177a HGB, 64 Abs. 1 GmbHG, § 92 Abs. 2 AktG, 99 GenG, deren Verletzung auch zu einer Schadensersatzpflicht etwa nach § 823 Abs. 2 i. V. m. § 64 Abs. 1 GmbHG führen kann (BGHZ 108, 134 [136 m. w. N.]).Vielmehr muß der Schuldner durch eine Täuschung o. ä. die Gläubiger davon abgehalten haben, die Eröffnung eines Insolvenzverfahrens zu beantragen (Begründung RegE, BR-Drucks., 1/92, S. 190; a. A. *Kraemer* DStZ 1995, 399 [402]). Erfüllt der Schuldner nur seine eigene Anforderung nach § 305 Abs. 1 Nr. 1 InsO, eine außergerichtliche Einigung mit den Gläubigern zu versuchen, so kann schon deshalb von einer Täuschung und damit von einer verzögerten Eröffnung des Insolvenzverfahrens nicht die Rede sein. 37

Über diese Kriterien hinaus muß das Verhalten des Schuldners auch eine Wesentlichkeitsgrenze überschreiten, wie dies vom Rechtsausschuß für den Versagungsgrund aus § 296 InsO vorausgesetzt wurde (Begründung des Rechtsausschusses BT-Drucks. 12/7302, S. 188, zu § 346k). Eine dem Außenstehenden sinnlos erscheinende, aber geringfügige Ausgabe schafft weder eine unangemessene Verbindlichkeit noch führt sie zu einer Vermögensverschwendung. 38

Durch seine Handlung muß der Schuldner die Befriedigung der Gläubiger beeinträchtigt haben. Diese Anforderung entspricht der aus § 296 Abs. 1 Satz 1 InsO, setzt also keine erhebliche Beeinträchtigung voraus, wie sie § 303 Abs. 1 InsO verlangt. Zwischen dem Verhalten des Schuldners und einer beeinträchtigten Befriedigung muß ein kausaler Zusammenhang bestehen (wie es auch für § 187 KO gefordert wurde *Kuhn/Uhlenbruck* KO, § 187 Rz. 2b; *Kilger/Karsten Schmidt* KO, § 187 Anm. 1 a) cc)). Eine Beeinträchtigung geht über eine gefährdete Vermögensposition hinaus und kann nicht schon dann angenommen werden, wenn sich allein die Befriedigungsaussichten der Gläubiger ohne konkreten Vermögensverlust verschlechtert haben. Zu weit geht es, bei einer nach den §§ 130 ff. InsO anfechtbaren Rechtshandlung des Schuldners bereits eine Beeinträchtigung zu verneinen, falls der Vermögensgegenstand nach § 143 InsO zur Masse zurückgewährt wurde (vgl. *Knüllig-Dingeldey* Nachforderungsrecht oder Schuldbefreiung, 202 ff.; ablehnend auch *Döbereiner* Restschuldbefreiung, 134 f.) oder die Gläubiger eine erfolgreiche Anfechtung behindert haben. 39

40 Der Schuldner muß vorsätzlich oder grob fahrlässig gehandelt haben (dazu oben Rz. 26). Dabei müssen sich die Verschuldenselemente auch auf die Konsequenz einer Gläubigerbeeinträchtigung beziehen.

41 Den Antrag auf Versagung der Restschuldbefreiung darf jeder Insolvenzgläubiger stellen, da die Regelung sämtliche Insolvenzgläubiger schützt. Hierfür besteht eine einjährige Frist vor dem Antrag auf Eröffnung des Insolvenzverfahrens, wobei der Antrag bis zum Schlußtermin gestellt werden kann. Die Frist ist nach den §§ 222 Abs. 1 ZPO, 187 f. BGB zu berechnen.

V. Verletzung von Auskunfts- und Mitwirkungspflichten

42 § 290 Abs. 1 Nr. 5 InsO sanktioniert die fehlende Kooperationsbereitschaft des Schuldners. Ihm kann die gesetzliche Schuldbefreiung versagt werden, wenn er im Verlauf des Insolvenzverfahrens die insolvenzrechtlichen Auskunfts- und Mitwirkungspflichten schuldhaft verletzt.

43 Von dem Schuldner muß eine Auskunfts- und Mitwirkungspflicht aus der Insolvenzordnung verletzt worden sein. Es genügt weder ein Verstoß gegen materiellrechtliche Pflichten, etwa aus einem Kreditvertrag, noch die Verletzung von derartigen zwangsvollstreckungsrechtlichen Pflichten. Ebensowenig begründen aus einem Sicherungsvertrag resultierende Auskunftspflichten gegenüber dem Sicherungsgläubiger (vgl. BGHZ 70, 86 [89 f.]) eine insolvenzrechtliche Verpflichtung. Zeitlich erfaßt die Sanktion sämtliche Auskunfts- und Mitwirkungspflichten des gesamten Insolvenzverfahrens bis zum Schlußtermin, also auch die im Eröffnungsverfahren nach §§ 20, 21 Abs. 2 Nr. 2, 22 Abs. 3 Satz 2, 3 bestehenden Pflichten (dazu *Uhlenbruck* KS, 239 [Rz. 40 ff.]). In gleicher Weise ist bei einer Verbraucherinsolvenz grundsätzlich das Verfahren über den Schuldenbereinigungsplan eingeschlossen, vgl. dazu unten Rz. 44 sowie § 290 Abs. 1 Nr. 6 InsO. Die nach dem Abschluß des Insolvenzverfahrens während der Treuhandperiode bestehenden Anforderungen werden von der Regelung nicht erfaßt.

44 Auskunftspflichten des Schuldners bestehen nach den §§ 97, 98, 101 InsO. Gemäß § 97 Abs. 1 Satz 1 InsO ist der Schuldner verpflichtet, dem Insolvenzgericht, dem Insolvenzverwalter, dem Gläubigerausschuß und auf Anordnung des Gerichts der Gläubigerversammlung über alle das Verfahren betreffenden Verhältnisse Auskunft zu erteilen. Er hat auch Tatsachen zu offenbaren, die geeignet sind, eine Verfolgung wegen einer Straftat oder einer Ordnungswidrigkeit herbeizuführen, § 97 Abs. 1 Satz 2 InsO, doch besteht dann nach Satz 3 der Vorschrift ein straf- und ordnungswidrigkeitenrechtliches Verwertungsverbot (vgl. *BVerfG* NJW 1981, 1431 [1433]). Der Umfang erstreckt sich auf die Ursachen der Krise, auf Anfechtungslagen, auf Auslandsvermögen sowie auf Sachverhalte, welche die Insolvenzmasse betreffen. Ebenso muß der Schuldner über die Vermögensverhältnisse sowie zu dem Schuldner- und dem Gläubigerverzeichnis Auskunft erteilen (*Uhlenbruck* KTS 1997, 371 [386]; *Haarmeyer/Wutzke/Förster* Handbuch, Rz. 3/143). Die letztgenannten Auskunftspflichten sind jedoch für § 290 Abs. 1 Nr. 5 InsO nur beachtlich, soweit sie sich auf Verzeichnisse nach den §§ 151 ff., 281 InsO beziehen, also der Schuldner kein Verbraucherinsolvenzverfahren absolviert hat. Sofern ein Verbraucherinsolvenzverfahren durchlaufen wurde, muß der Schuldner die Verzeichnisse nach § 305 Abs. 1 Nr. 3 InsO vorlegen und hierüber Auskunft erteilen, doch existiert für die Verletzung dieser Anforderungen in § 290 Abs. 1 Nr. 6 InsO eine spezielle Versagungsregelung. Nicht zu den Pflichten aus einem Insolvenzverfahren gehört der nach § 287 Abs. 2 Satz 2 InsO im Restschuldbefreiungsverfahren erforder-

Versagung der Restschuldbefreiung **§ 290**

liche Hinweis auf abgetretene oder verpfändete Bezüge. Obwohl ein Verstoß gegen diese Hinweispflicht die Gläubigerbefriedigung kaum beeinträchtigt, wird er aber wohl der Verletzung von Auskunftspflichten gleichzustellen sein.

Auskunftspflichtig ist der Schuldner. Entsprechend den konkurs- und vergleichsrechtlichen Grundsätzen zu §§ 100 KO, 69 VglO (*Kuhn/Uhlenbruck* KO, § 100 Rz. 1; *Kilger/Karsten Schmidt* VglO § 69 Anm. 1 ff.) wird für das Insolvenzrecht eine persönliche und mündliche Auskunft selbst eines anwaltlich vertretenen Schuldners verlangt (*Uhlenbruck* KTS 1997, 371 [385 f.]), wie es der Regelung aus § 97 Abs. 3 Satz 1 InsO entspricht. **45**

Mitwirkungspflichten können auf ein aktives Tun gerichtet sein. Von ihrem Begriff wird aber auch die Unterlassungspflicht aus § 97 Abs. 3 Satz 2 InsO sowie die Bereitschaftspflicht aus § 97 Abs. 3 Satz 1 InsO erfaßt. Ein umfassendes Mitwirkungsgebot ist mit der Pflicht zur Unterstützung des Insolvenzverwalters aus § 97 Abs. 2 InsO bestimmt. Einzelne Pflichtenkreise einer Mitwirkung betreffen die Erklärungspflicht aus § 176 InsO, die Pflichten zur Zusammenwirkung mit dem Sachwalter nach den §§ 275, 277 InsO sowie die Pflicht zur Erstellung von Verzeichnissen, zur Berichterstattung und zur Rechnungslegung nach § 281 InsO. Obwohl die Abgabe einer eidesstattlichen Versicherung als Zwangsmittel nach § 98 InsO der Durchsetzung der Pflichten dient, gehört sie ebenfalls zu den Mitwirkungspflichten. Ein Verstoß des Schuldners gegen eine nicht rechtmäßige gerichtliche Anordnung ist unbeachtlich (*Knüllig-Dingeldey* Nachforderungsrecht oder Schuldbefreiung, 125; *Döbereiner* Restschuldbefreiung, 138). **46**

Eine ganz unerhebliche Pflichtverletzung genügt nicht, um das Recht des Schuldners auf Restschuldbefreiung auszuschließen. Wie der Rechtsausschuß für den Versagungsgrund aus § 296 InsO vorausgesetzt hat (Begründung des Rechtsausschusses BT-Drucks. 12/7302, S. 188, zu § 346k), ist bei § 290 Abs. 1 Nr. 5 InsO ebenfalls zu verlangen, daß der Schuldner mit seinem Verhalten eine Wesentlichkeitsgrenze überschritten hat. Außerdem muß der Schuldner seine Pflichten vorsätzlich oder grob fahrlässig verletzt haben (dazu oben Rz. 26). Diese Voraussetzung wird erst dann erfüllt sein, wenn der Schuldner seine Pflichten trotz Aufforderung nicht erfüllt. **47**

Den Antrag auf Versagung der Restschuldbefreiung darf jeder Insolvenzgläubiger stellen, da die Regelung sämtliche Insolvenzgläubiger schützt. **48**

VI. Unzutreffende Verzeichnisse

Von den Auskunfts- und Mitwirkungspflichten i. S. d. Nr. 5 unterscheidet § 290 Abs. 1 Nr. 6 InsO die vom Schuldner in einem Verbraucherinsolvenzverfahren vorzulegenden Verzeichnisse. Nach dieser vom Rechtsausschuß (BT-Drucks. 12/7302, S. 187 f.) eingefügten Vorschrift besteht ein Versagungsgrund, falls der Schuldner in den gemäß § 305 Abs. 1 Nr. 3 InsO vorzulegenden Verzeichnissen seines Vermögens und seines Einkommens, seiner Gläubiger und der gegen ihn gerichteten Forderungen schuldhaft unzutreffende Angaben gemacht hat. Neben § 308 Abs. 3 Satz 1 InsO bildet die Vorschrift eine wirksame Sanktion, um einen planvoll agierenden Schuldner zur vollständigen und richtigen Angabe seines Vermögens sowie seiner Verbindlichkeiten anzuhalten, doch wirft sie für andere Schuldner nicht geringe Anwendungsfragen auf. **49**

Sachlich fordert § 290 Abs. 1 Nr. 6 InsO einen Verstoß gegen die Anforderungen aus § 305 Abs. 1 Nr. 3 InsO in einem Verbraucherinsolvenzverfahren. Da ein Verbraucherinsolvenzverfahren notwendig durchgeführt worden sein muß, ist der persönliche Anwendungsbereich von § 290 Abs. 1 Nr. 6 InsO auf Schuldner i. S. d. § 304 Abs. 1 InsO (vgl. § 304 Rz. 3 ff.) beschränkt. Der Schuldner muß in dem nach § 305 Abs. 1 Nr. 3 **50**

InsO vorzulegenden Verzeichnis seines Vermögens und seines Einkommens (Vermögensverzeichnis), dem Verzeichnis seiner Gläubiger oder in dem Verzeichnis der gegen ihn gerichteten Forderungen unrichtige oder unvollständige Angaben gemacht haben. Während § 305 Abs. 1 Nr. 3 InsO von einem Verzeichnis des vorhandenen Vermögens und des Einkommens spricht, fehlt dieses Attribut in § 290 Abs. 1 Nr. 6 InsO. Auf einen sachlichen Unterschied ist daraus nicht zu schließen, da die Versagungsvorschrift auf die nach § 305 Abs. 1 Nr. 3 InsO vorzulegenden Verzeichnisse abstellt.

51 Einen Versagungsgrund schaffen nur unrichtige oder unvollständige Angaben, dazu oben Rz. 18, in den Verzeichnissen. Die unzutreffende Angabe muß ausdrücklich in einem Verzeichnis enthalten, folglich auch schriftlich gemacht worden sein. Es genügt also nicht, wenn die unzutreffende Angabe außerhalb dieser Verzeichnisse erfolgt, etwa bei einer mündlichen Erläuterung, weshalb die Verletzung einer Auskunftspflicht über die Verzeichnisse keinen Versagungsgrund schafft. Aus dieser Konsequenz ist die Differenzierung zwischen § 290 Abs. 1 Nr. 5 und 6 InsO zu erklären. Während Ziff. 5 eine umfassende Mitwirkungs- und ggf. auch mündliche Auskunftspflicht insbesondere des eine nicht nur geringfügige wirtschaftliche Tätigkeit ausübenden Schuldners bei der Erstellung der Verzeichnisse konstituiert, beschränkt Ziff. 6 die umfassenden Anforderungen nach den §§ 311 ff. InsO an den Schuldner in einem Verbraucherinsolvenzverfahren auf zutreffende schriftliche Angaben in den Verzeichnissen. Für diese gegenüber § 290 Abs. 1 Nr. 5 InsO restriktive Aufgabenstellung ist zu bedenken, daß die Erstellung von Verzeichnissen gemäß § 305 Abs. 1 Nr. 3 InsO der Vorstellungswelt einer durch § 104 KO geprägten unternehmerischen Insolvenz entstammt. Bei den nicht wenigen Schuldnern, die den Überblick über ihre Verschuldungssituation verloren haben und ohne qualifizierte rechtliche Hilfestellung das Verfahren betreiben, ergibt sich hieraus eine erhebliche Hürde (dazu *Kohte/Kemper* Blätter für Wohlfahrtspflege 1993, 81 [83]). Zusätzlich ist zu berücksichtigen, daß derartige Verzeichnisse in der unternehmerischen Insolvenz nach §§ 151 ff. InsO regelmäßig vom Insolvenzverwalter und nur gemäß § 281 InsO vom Schuldner erstellt werden. Die Anforderungen an die zu erstellenden Verzeichnisse müssen deswegen die gegenüber dem allgemeinen Insolvenzverfahren unterschiedliche Qualifikation ihrer Autoren berücksichtigen.

52 Nicht zuletzt aus diesen Gründen normiert § 305 ein differenziertes Zusammenspiel von Schuldnerpflichten, Gläubigerobliegenheiten und Hinweispflichten des Gerichts. Dann können die Verzeichnisse aber nicht allein danach bewertet werden, ob der Schuldner seine Pflichten eingehalten hat, denn es müssen ebenso die Anforderungen an die anderen Akteure berücksichtigt werden. Damit erweist es sich als notwendig, von der nach § 290 Abs. 1 Nr. 5 InsO zugrundezulegenden Verletzung der Aufklärungs- und Mitwirkungspflichten abzusehen. Mit § 290 Abs. 1 Nr. 6 InsO ist die Versagungsregel auf die Fälle zu beschränken, in denen trotz der kooperativen Erstellung die unzutreffenden Verzeichnisse dem Schuldner zurechenbar sind.

53 Zu den inhaltlichen Anforderungen an die vorzulegenden Verzeichnisse vgl. § 305 Rz. 21 ff. Aus der eigenen Aufgabenstellung von § 305 Abs. 1 Nr. 3 InsO und der beschränkten Funktion von § 290 Abs. 1 Nr. 6 InsO folgt, daß die Verzeichnisse nicht den Voraussetzungen der §§ 151 ff. InsO und den Regeln insbesondere der §§ 104 KO, 5 VglO oder des § 807 ZPO entsprechen müssen. Bereits der qualifizierte Wortlaut der §§ 151 ff. InsO weist deren höhere Anforderungen aus. Außerdem bereiten die Verzeichnisse aus § 305 Abs. 1 Nr. 3 primär nicht die Liquidation des Schuldnervermögens vor, sondern informieren über die Grundlagen des Schuldenbereinigungsplans gemäß § 305 Abs. 1 Nr. 4 InsO.

54 Wie in der parlamentarischen Beratung zu § 296 InsO ausgesprochen wurde (Begründung des Rechtsausschusses BT-Drucks. 12/7302, S. 188, zu § 346 k), ist auch für § 290

Versagung der Restschuldbefreiung § 290

Abs. 1 Nr. 6 InsO zu verlangen, daß der Schuldner mit seinem Verhalten eine Wesentlichkeitsgrenze überschritten hat.
Außerdem muß der Schuldner die unzutreffenden Angaben vorsätzlich oder grob 55
fahrlässig herbeigeführt haben (dazu oben Rz. 26). Sofern die unzutreffenden Angaben den Insolvenzgläubigern mitgeteilt, von ihnen aber nicht beanstandet wurden, spricht trotz der durch § 305 Abs. 1 Nr. 3 HS 2 InsO vom Schuldner geforderten Erklärung über die Richtigkeit und Vollständigkeit der Angaben ein gewichtiges Indiz gegen eine grobe Fahrlässigkeit. Legt der Schuldner entgegen einer gerichtlichen Aufforderung nach § 305 Abs. 3 Satz 1 InsO kein ergänztes Verzeichnis vor, weil er der Ansicht ist, eine Forderung bestehe nicht, etwa da sie einem sittenwidrigen Geschäft entstamme und deswegen nichtig sei, darf deswegen nicht schon auf den Versagungsgrund geschlossen werden. Selbst wenn sich die Ansicht des Schuldners als unzutreffend erweist und der objektive Tatbestand von § 290 Abs. 1 Nr. 6 InsO erfüllt ist, so kann das erforderliche qualifizierte Verschulden noch nicht angenommen werden. Da das Insolvenzgericht selbst eine bestrittene Forderung nicht feststellt, wie die §§ 179f., 184 InsO für das allgemeine Insolvenzverfahren ausdrücklich bestimmen, kommt einer gerichtlichen Aufforderung keine für § 290 Abs. 1 Nr. 6 InsO bindende Wirkung zu. Soweit sich der Schuldner für seine Auffassung auf nachvollziehbare Gründe stützt, wird die notwendige grobe Fahrlässigkeit fehlen. In gleicher Weise kann es bei einem Schuldner, der den Anwendungsbereich von § 304 InsO verkennt und deswegen meint, kein Verbraucherinsolvenzverfahren absolvieren und keine Verzeichnisse nach § 305 Abs. 1 Nr. 3 InsO vorlegen zu müssen, an dem qualifizierten Verschulden fehlen.
Durch ein unzutreffendes Einkommens- und Vermögensverzeichnis wird die Gläubiger- 56
gemeinschaft benachteiligt, weshalb jeder Insolvenzgläubiger berechtigt ist, den Versagungsantrag zu stellen. Ob dies auch bei einem unzutreffenden Gläubiger- oder Forderungsverzeichnis zu gelten hat, wird ebenso wie der Ursachenzusammenhang im Einzelfall zu prüfen sein.

D. Versagungsantrag

Die Restschuldbefreiung ist dem Schuldner auf einen zulässigen und begründeten 57
Antrag, also nicht von Amts wegen zu versagen. Voraussetzung für ein Versagungsverfahren ist, daß der Schuldner einen zulässigen Antrag auf Erteilung der Restschuldbefreiung gestellt hat. Nur ein Versagungsantrag eines Insolvenzgläubigers, für den ein Rechtsschutzbedürfnis besteht, ist zulässig. Der Antrag unterliegt der Gläubigerautonomie, allein der Antragsteller kann ihn erweitern oder zurücknehmen.
Eine Versagung der Restschuldbefreiung ist nach der durch den Referentenentwurf in 58
§ 290 Abs. 1 InsO eingefügten Klarstellung im Schlußtermin, § 197 InsO, also vor Aufhebung des Insolvenzverfahrens zu beantragen, doch ist es unschädlich, wenn dies zu einem früheren Termin geschieht. Die zeitliche Fixierung auf den Schlußtermin schließt aus, einen auf § 290 Abs. 1 InsO gestützten Antrag in der Treuhandperiode zu stellen, denn das vergangene Verhalten ist nach dem rechtskräftigen Beschluß über die Ankündigung der Restschuldbefreiung nicht mehr zu beurteilen (BR-Drucks. 1/92, S. 191). Für die einzelnen Abschnitte des Insolvenzverfahrens, der Treuhandperiode und nach erteilter Restschuldbefreiung besteht ein je gesteigertes Schutzbedürfnis des Schuldners, dem durch abgestufte Versagungs- und Widerrufsgründe Rechnung getragen wird. Gegen eine versäumte Antragstellung ist eine Wiedereinsetzung in den vorigen Stand nach § 4

InsO i. V. m. § 233 ZPO nicht zulässig, da es sich bei dieser Terminbestimmung um keine Notfrist, § 223 Abs. 3 ZPO, und auch keine vergleichbare Frist handelt.

59 Obwohl der Versagungsantrag nach der gesetzlichen Formulierung im Schlußtermin, § 197 InsO, also vor Aufhebung des Insolvenzverfahrens zu stellen ist, wird er auch noch im Rechtsbehelfsverfahren zuzulassen sein. Da das Insolvenzverfahren erst nach dem rechtskräftigen Beschluß des Insolvenzgerichts über die Ankündigung oder Versagung der Restschuldbefreiung aufzuheben ist, § 289 Abs. 1 Satz 2, Abs. 2 Satz 2 InsO, kann die Versagung infolge der Einheitlichkeit der mündlichen Verhandlung noch im Rechtsmittelverfahren gegen den Beschluß beantragt werden, doch ist dies auch zulässig, soweit das Gericht ein schriftliches Verfahren nach § 312 Abs. 2 Satz 1 InsO angeordnet hat. Dies gilt zunächst im Verfahren über die sofortige Beschwerde des Schuldners gegen die Versagung der Restschuldbefreiung u. U. aber auch für das Verfahren über die sofortige Beschwerde eines Insolvenzgläubigers gegen die Ankündigung der Restschuldbefreiung.

60 Wird in dem Insolvenzverfahren kein Schlußtermin durchgeführt, weil das Verfahren wegen Masseunzulänglichkeit eingestellt wurde, ist ein Restschuldbefreiungsverfahren zulässig, § 289 Abs. 3 Satz 2 InsO. Für die Versagungsanträge muß dann ebenso wie für die Anhörung nach § 289 Abs. 1 Satz 1 InsO ein anderer Zeitpunkt bestimmt werden. Empfehlenswert erscheint, beides miteinander zu verbinden und den Versagungsantrag auf das mündliche oder schriftliche Anhörungsverfahren zu befristen. Erforderlich ist dafür aber ein entsprechender Beschluß des Insolvenzgerichts.

61 Als weitere Zulässigkeitsvoraussetzung für den Antrag verlangt § 290 Abs. 2 InsO vom Insolvenzgläubiger, einen Versagungsgrund glaubhaft zu machen. Eine Interpretationshilfe dafür kann § 105 Abs. 1 KO liefern (vgl. *Kuhn/Uhlenbruck* KO, § 105 Rz. 3 ff.; *Hess* KO, § 105 Rz. 11; *Kilger/Karsten Schmidt* KO, § 105 Anm. 1; *Gottwald/Uhlenbruck* InsolvenzRHdb, § 13 Rz. 18 ff.). Die Glaubhaftmachung hat bereits bei der Antragstellung zu erfolgen, ist also unabhängig davon, ob der Schuldner den Antragsgrund bestreitet. Wie bislang zu § 188 Abs. 2 KO vertreten, kann die Glaubhaftmachung auch noch im Beschwerdeverfahren nachgeholt werden (*Hess* KO, § 188 Rz. 9; *Kuhn/Uhlenbruck* KO, § 188 Rz. 5; *Kilger/Karsten Schmidt* KO, § 188 Anm. 1). Sie muß sämtliche Elemente des Versagungsgrunds umfassen, betrifft aber nicht die anderen Antragsvoraussetzungen. Das Verfahren zur Glaubhaftmachung richtet sich nach § 294 ZPO, der Insolvenzgläubiger darf sich also grundsätzlich der präsenten Beweismittel einschließlich einer eidesstattlichen Versicherung bedienen.

62 Einschränkend läßt jedoch Ziff. 2 allein schriftliche Angaben genügen. Für die Versagungsgründe aus § 290 Abs. 1 Nr. 2 InsO sind eigene schriftliche Erklärungen des Schuldners erforderlich, die nicht notwendig in einer von ihm unterschriebenen Urkunde enthalten sein müssen, sofern erkennbar ist, daß die Angaben von dem Schuldner stammen. Eine Schriftform i. S. d. § 126 Abs. 1 BGB mit der Erfordernis einer eigenhändigen Namensunterschrift wird also nicht verlangt. Legt der Schuldner fremde Erklärungen vor, so handelt es sich nicht um seine Angaben, sondern Unterlagen. Nach der Zielsetzung der Bestimmung, eine einfache und schnelle Entscheidung durch das Insolvenzgericht zu ermöglichen, wird in Ziff. 2 mit der Schriftlichkeit eine beweisrechtliche Anforderung aufgestellt, welche die Regelungen zur Glaubhaftmachung des Versagungsantrags präzisiert. Zur Begründung seines Antrags muß sich der Insolvenzgläubiger, über die §§ 290 Abs. 2 InsO, 294 Abs. 1 ZPO hinaus, auf schriftliche Erklärungen des Schuldners stützen. Dagegen ist der Schuldner befugt, mit allen ihm zur Verfügung stehenden Mitteln, also auch durch Zeugenaussagen über ergänzende mündliche Informationen, die Glaubhaftmachung und Beweisführung des Insolvenzgläubigers über die unzutreffenden schriftlichen Angaben zu erschüttern.

Versagung der Restschuldbefreiung **§ 290**

Ist der Inhalt der Urkunde eindeutig, so spricht für sie die vom Schuldner zu widerlegende Vermutung der Richtigkeit und Vollständigkeit (RGZ 52, 23 [26]; *BGH* NJW 1980, 1680, [1681]; 1989, 898). Diese Vermutung beruht auf dem Erfahrungssatz, daß das, was die Parteien in eine Vertragsurkunde aufgenommen haben, ihre Vereinbarungen richtig und vollständig widerspiegelt (*Baumgärtel/Laumen* Handbuch der Beweislast, 2. Aufl., § 125 BGB Rz. 2). Eine solche Vermutungswirkung ist für die Abreden der Parteien berechtigt, doch kann sie für Informationen nicht begründet werden, welche die eine Partei der anderen gibt. Dementsprechend hat der BGH ausgesprochen, daß die Vermutungswirkungen für Informationen im Rahmen einer notariellen Beurkundung nicht gilt (*BGH* DNotZ 1986, 78 f., mit Anm. *Reithmann*). Im übrigen wird im Rahmen der Beweiswürdigung auf den Inhalt der Information, ihre praktische Bedeutung für den angestrebten Vertragszweck sowie auf den Bildungsgrad, die Geschäfts- und Lebenserfahrung der Beteiligten abzustellen sein (*Baumgärtel/Laumen* Handbuch der Beweislast, 2. Aufl., § 125 BGB Rz. 3). Als Beweismaß für die glaubhaft zu machende Zulässigkeitsvoraussetzung ist eine überwiegende Wahrscheinlichkeit der Tatsachen zu verlangen (*BGH* VersR 1976, 928 f.; *Prütting* in MünchKomm/ZPO, § 294 Rz. 23). **63**

Erst wenn die Zulässigkeit des Antrags feststeht, ist seine sachliche Berechtigung zu prüfen (*Bindemann* Handbuch Verbraucherkonkurs, Rz. 207; zur konkursrechtlichen Lage *Kuhn/Uhlenbruck* KO, § 188 Rz. 5). Begründet ist der Versagungsantrag nur, wenn der Insolvenzgläubiger über die vom Schuldner bestrittenen Tatsachen den vollen Beweis führt. Im Rahmen der nach § 5 InsO durchzuführenden Prüfung von Amts wegen ist das Gericht nicht wie nach der Untersuchungsmaxime verpflichtet, von sich aus zur Erforschung der Wahrheit tätig zu werden. Es hat sich auf die Prüfung des ihm vorgelegten oder offenkundigen Stoffs zu beschränken. Gegebenenfalls sind zwar die Parteien nach § 139 Abs. 2 ZPO auf Bedenken aufmerksam zu machen, doch besteht für das Gericht keine Pflicht, durch eigene Tätigkeit die tatsächlichen Grundlagen seiner Entscheidung zu beschaffen (RGZ 160, 338 [346 f.]) oder auch nur die Parteien von sich aus auf alle denkbaren oder in Betracht kommenden Gesichtspunkte hinzuweisen (vgl. *Hess* KO, § 188 Rz. 11). Wenn auch die Feststellungsbedürftigkeit der Tatsachen nicht vom Parteiwillen abhängt und eine Beweisaufnahme deswegen nicht an einen Antrag gebunden ist (*Lüke* in MünchKomm/ZPO, Einleitung Rz. 203, 205; s. a. *Rosenberg/Schwab/Gottwald* Zivilprozeßrecht, § 78 V 2 b), bleibt doch die Beweislastverteilung davon unberührt (RGZ 160, 338 [347]). Da keine § 296 Abs. 1 Satz 1 InsO entsprechende Beweislastumkehr für das Verschulden angeordnet ist, müssen auch die subjektiven Tatbestandsvoraussetzungen vom Insolvenzgläubiger dargelegt und bewiesen werden. Ohne eine solche ausdrückliche Regelung darf die Versagungswirkung wegen ihres Gewichts bei einem vermuteten, aber nicht feststehenden Verschulden nicht angeordnet werden, wie es auch der Rechtsprechung bei verschuldeten Obliegenheitsverletzungen im Versicherungsvertragsrecht entspricht (BGHZ 52, 86 [90 f.]). **64**

Über den Versagungsantrag entscheidet das Insolvenzgericht durch Beschluß, §§ 289 Abs. 1 Satz 2, 290 Abs. 1 HS 1 InsO, wobei die Entscheidung dem Richter vorbehalten ist, § 18 Abs. 1 Nr. 2 RpflG. Sind die Voraussetzungen des § 290 InsO nicht erfüllt, so kündigt das Gericht die Restschuldbefreiung nach § 291 Abs. 1 InsO an, wogegen dem Antragsteller die sofortige Beschwerde zusteht, § 289 Abs. 2 Satz 1 InsO. Versagt das Gericht die Restschuldbefreiung, weil die Voraussetzungen des § 290 InsO erfüllt sind, steht dem Schuldner die sofortige Beschwerde nach § 289 Abs. 2 Satz 1 InsO zu. Kostenschuldner ist nach § 50 Abs. 2 GKG der Insolvenzgläubiger, der die Versagung der Restschuldbefreiung beantragt. **65**

§ 291
Ankündigung der Restschuldbefreiung

(1) Sind die Voraussetzungen des § 290 nicht gegeben, so stellt das Gericht in dem Beschluß fest, daß der Schuldner Restschuldbefreiung erlangt, wenn er den Obliegenheiten nach § 295 nachkommt und die Voraussetzungen für eine Versagung nach § 297 oder § 298 nicht vorliegen.
(2) Im gleichen Beschluß bestimmt das Gericht den Treuhänder, auf den die pfändbaren Bezüge des Schuldners nach Maßgabe der Abtretungserklärung (§ 287 Abs. 2) übergehen.

DiskE § 230, RefE § 230, RegE § 240, Rechtsausschuß § 346 f.

Inhaltsübersicht: Rz.

A. Normzweck	1
B. Gesetzliche Systematik	2– 3
C. Ankündigung der Restschuldbefreiung	4– 8
D. Ernennung des Treuhänders und Forderungsübertragung	9–13

Literatur:

(siehe vor § 286, S. 1580)

A. Normzweck

1 § 291 bestimmt den Gegenstand der gerichtlichen Entscheidung, die das Zulassungs- bzw. Vorverfahren beendet und in das Schuldbefreiungs- oder Hauptverfahren überleitet (zu diesem zweistufigen Verfahren § 286 Rz. 20f.). Konstitutive und deklaratorische Elemente der Entscheidung werden genannt. Mit dem Beschluß wird die Treuhandzeit als zweite Phase des Schuldbefreiungsverfahrens eingeleitet, der Treuhänder bestimmt und außerdem werden rechtsgestaltend die abgetretenen Forderungen auf den Treuhänder übergeleitet, so daß zumindest drei gerichtliche Entscheidungen zu treffen sind, doch können noch weiter hinzu kommen. Außerdem hat das Gericht den Schuldner auf die Versagungsgründe der §§ 295, 297 und 298 und damit die möglichen Gefährdungen einer Restschuldbefreiung hinzuweisen.

B. Gesetzliche Systematik

2 Sobald das Insolvenzverfahren zu einem Abschluß gelangt ist, hat das Insolvenzgericht über den weiteren Verlauf der Restschuldbefreiung zu entscheiden. Das dabei vom Gericht zu beachtende Verfahren ist in § 289 InsO vorgeschrieben. Zwei Entscheidungen sind möglich. Das Insolvenzgericht kann nach Maßgabe von § 290 InsO die Restschuldbefreiung versagen. Oder es kann gemäß § 291 InsO die Restschuldbefreiung in Aussicht stellen, wenn der Schuldner die vorgeschriebenen Anforderungen erfüllt.

Ankündigung der Restschuldbefreiung **§ 291**

Mit seiner Ankündigung gemäß § 291 InsO beendet das Gericht das Zulassungsverfahren. Für den weiteren Verfahrensablauf werden dadurch die Versagungsgründe aus § 290 Abs. 1 InsO präkludiert. Da nach der Rechtskraft der Entscheidung ebenfalls das Insolvenzverfahren aufzuheben ist, § 289 Abs. 2 Satz 2 InsO, markiert der Beschluß auch den Übergang in einen von eigenen Verfahrensgrundsätzen geprägten anderen Verfahrensabschnitt, die auch als Wohlverhaltensperiode bezeichnete Treuhandzeit. Diese Treuhandzeit wird nicht mehr parallel zu einem Insolvenzverfahren geführt. So sind die Wirkungen des Insolvenzverfahrens beendet, wie etwa die Verwaltungs- und Verfügungsbeschränkungen, doch ist dies eine Konsequenz aus der Aufhebung des Insolvenzverfahrens und keine Folge des neuen Verfahrensabschnitts im Restschuldbefreiungsverfahren. 3

C. Ankündigung der Restschuldbefreiung

Im gesetzlichen Regelfall kündigt das Insolvenzgericht die Restschuldbefreiung gemäß § 291 Abs. 1 InsO an. Ausnahmsweise ist diese Ankündigung ausgeschlossen, wenn die Restschuldbefreiung unter den Voraussetzungen des § 290 InsO zu versagen ist. Wenig glücklich wird dazu in der gesetzlichen Regelung verlangt, daß die Voraussetzungen des § 290 InsO nicht gegeben sind (vgl. *Heilmann/Smid* Grundzüge des Insolvenzrechts, 2. Aufl., § 17 Rz. 9). Verlangt wird, daß die Restschuldbefreiung nicht rechtskräftig versagt worden ist. Ohne Bedeutung ist, ob kein Versagungsgrund besteht, ob ein Versagungsgrund besteht, aber nicht geltend gemacht wurde oder ob ein Versagungsgrund nicht in einem ordnungsgemäßen Verfahren nachgewiesen wurde. 4

Für den Beschluß werden vielmehr die allgemeinen und besonderen Voraussetzungen des Restschuldbefreiungsverfahrens gefordert. Besondere Verfahrensvoraussetzung ist neben dem Antrag auf Erteilung der Restschuldbefreiung und der Abtretungserklärung auch, daß das Insolvenzverfahren nicht wegen Masselosigkeit eingestellt wurde, § 289 Abs. 3 Satz 1 InsO. Notwendiger Bestandteil sind außerdem die Entscheidungen gemäß Abs. 2 über die Treuhänderbestellung sowie die Überleitung der Forderungen. 5

Bei seiner Entscheidung über die Ankündigung besitzt das Gericht keinen Ermessensspielraum. Unter den gesetzlichen Voraussetzungen muß das Gericht in seinem Beschluß feststellen, daß der Schuldner die Restschuldbefreiung erlangt, wenn er den Obliegenheiten aus § 295 InsO nachkommt und die Voraussetzungen der §§ 297, 298 InsO für eine Versagung nicht vorliegen. Eine Abwägung des Gerichts ist dafür nicht weiter erforderlich, denn dem Schuldner steht ein subjektives Recht (a. A. *Bork* ZIP 1998, 1209 [1210]) auf Erteilung der Restschuldbefreiung zu, falls er die Voraussetzungen dafür erfüllt. 6

Um Rechtsunsicherheiten zu vermeiden, sollte das Gericht in seiner Entscheidung auch die Laufzeit der Abtretungserklärung, d.h. die Dauer der Treuhandzeit festlegen. Eine nach Art. 107 EGInsO auf fünf Jahre verkürzte Treuhandzeit muß vom Schuldner zwar nicht beantragt werden. Hat er jedoch diesen Antrag gestellt, sollte darüber vom Gericht durch einen feststellenden Beschluß auch dann entschieden werden, wenn es diesem Begehren nicht entsprechen will. Auch ohne einen Antrag muß es aber eine Verkürzung der Treuhandzeit von Amts wegen prüfen, § 5 Abs. 1 Satz 1 InsO, und erforderlichenfalls aussprechen, sofern der Schuldner vor dem 1. 1. 1997 zahlungsunfähig war. Trifft das Insolvenzgericht keine ausdrückliche Entscheidung, dauert die Treuhandzeit sieben Jahre. Hat ein Insolvenzgläubiger die Versagung der Restschuldbefreiung bean- 7 tragt, ist die Entscheidung über die Ankündigung der Restschuldbefreiung dem Richter vorbehalten; sonst gehört sie zum Aufgabenkreis des Rechtspflegers, § 18 Abs. 1 Nr. 2 RPflG.

8 Gegen diesen Beschluß kann jeder Gläubiger, der im Schlußtermin die Versagung beantragt hat, sowie gegebenenfalls auch der Schuldner die sofortige Beschwerde erheben, §§ 6, 289 Abs. 2 Satz 1 InsO. Wurde die Entscheidung vom Rechtspfleger getroffen, ist die sofortige Erinnerung gemäß § 11 Abs. 1 Satz 2 RPflG einzulegen. Mit der sofortigen Beschwerde kann der Schuldner eine Verkürzung der Treuhandphase von sieben auf fünf Jahre begehren, denn insoweit ist er auch durch einen Ankündigungsbeschluß beschwert. Der rechtskräftige Beschluß ist nach § 289 Abs. 2 Satz 3 InsO öffentlich bekanntzumachen.

D. Ernennung des Treuhänders und Forderungsübertragung

9 In seinem Ankündigungsbeschluß hat das Insolvenzgericht außerdem den Treuhänder zu bestimmen, § 291 Abs. 2 InsO. Dazu führt die Gesetzbegründung aus, daß diese Benennung zugleich mit der Ankündigung zu erfolgen habe (Begründung RegE BR-Drucks. 1/92, S. 191). Für diese Entscheidung können der Schuldner und die Gläubiger gemäß § 288 InsO geeignete Personen vorschlagen, doch ist das Insolvenzgericht bei seiner Entscheidung nicht an den Vorschlag gebunden (*Häsemeyer* Insolvenzrecht, Rz. 26.30). Selbst eine übereinstimmende Empfehlung von Schuldner und Gläubiger legt das Gericht hierauf nicht fest, doch wird es sich nur aus gewichtigen Gründen über diesen Vorschlag hinwegsetzen. Über die Person des Treuhänders trifft es eine Ermessensentscheidung, bei der es gleichermaßen die fachliche wie persönliche Eignung zu berücksichtigen hat. So wird insbesondere ein auf verwandtschaftlichen oder freundschaftlichen Bindungen beruhendes Vertrauensverhältnis des Schuldners zu einer Person für ihre Einsetzung als Treuhänder sprechen. Im Interesse einer kostengünstigen Verfahrensgestaltung hat das Gericht auch zu berücksichtigen, in welcher Höhe Treuhändergebühren verlangt werden.

10 Ist dem Restschuldbefreiungsverfahren ein Verbraucherinsolvenzverfahren vorausgegangen, muß das Insolvenzgericht nicht notwendig einen anderen Treuhänder bestellen, denn es kann auch den bisher tätigen Treuhänder für das gesetzliche Schuldbefreiungsverfahren bestätigen. Zur Verfahrensvereinfachung wird eine solche Bestätigung den Regelfall bilden (BT-Drucks. 12/7302, S. 193). Das Gericht ist jedoch ebenso berechtigt, einen anderen Treuhänder zu bestimmen, denn in dem eigenständigen Restschuldbefreiungsverfahren (§ 286 Rz. 18) muß nicht die Entscheidung über die Treuhänderbestellung aus dem Verbraucherinsolvenzverfahren übernommen werden. Auf die Befugnis des Insolvenzgerichts, den Treuhänder gemäß den §§ 313 Abs. 1 Satz 3, 59 Abs. 1 InsO zu entlassen, kommt es dabei nicht an. Haben die Insolvenzgläubiger im Verbraucherinsolvenzverfahren einen vom Gericht bestellten Treuhänder abgewählt und an dessen Stelle eine andere Person gewählt, §§ 313 Abs. 1 Satz 3, 57 InsO, wird das Gericht überprüfen müssen, ob dieser Treuhänder für das Restschuldbefreiungsverfahren geeignet ist. Bedenken können gegen einen einseitig den Interessen der Gläubiger verpflichteten Treuhänder bestehen. Den vom Insolvenzgericht für das Restschuldbefreiungsverfahren bestellten Treuhänder dürfen die Insolvenzgläubiger nicht abwählen. § 57 InsO gilt in diesem Verfahren nicht. Entsprechend den konkursrechtlichen Grundsätzen (*Kuhn/Uhlenbruck* KO, § 78 Rz. 5) ist der Treuhänder berechtigt, die Übernahme des Amts abzulehnen.

Soll der Treuhänder gemäß § 292 Abs. 2 InsO die Erfüllung der Obliegenheiten durch den Schuldner überwachen, setzt das Gericht den Stundensatz für seine Vergütung bereits in dem Beschluß über die Treuhänderbestellung fest, § 16 InsVV. **11**

Mit der Bestimmung des Treuhänders hat das Insolvenzgericht auch die von der Abtretungserklärung des Schuldners erfaßten Forderungen auf den Treuhänder zu übertragen. Nach der hier vertretenen prozessualen Konzeption handelt es sich dabei um eine rechtsgestaltende Entscheidung des Gerichts (dazu § 287 Rz. 29). Auch wenn der Treuhänder bereits im Verbraucherinsolvenzverfahren gemäß § 313 Abs. 1 Satz 2 InsO eingesetzt worden ist, werden erst jetzt, durch diesen Beschluß, die Bezüge auf ihn übergeleitet. Auf Grundlage der materiellrechtlichen Theorie übermittelt dagegen das Gericht als Bote die Angebotserklärung des Schuldners. Dies kann auch in einem Verbraucherinsolvenzverfahren nicht zu einem früheren Zeitpunkt erfolgen (*Vallender* VuR 1997, 155 [156], stellt dafür auf die Eröffnung des Verbraucherinsolvenzverfahrens ab), weil bei der Bestimmung eines anderen Treuhänders für das Restschuldbefreiungsverfahren diesem die Abtretungserklärung nicht mehr zuginge. Die Laufzeit der Abtretungserklärung beginnt mit der Rechtskraft der Entscheidung über den Antrag des Schuldners und der damit einhergehenden Ankündigung der Restschuldbefreiung (vgl. Begründung RegE BR-Drucks. 1/92, S. 189 f.). **12**

Zuständig für die Ernennung ist wegen des Sachzusammenhangs der Insolvenzrichter, falls er gemäß § 18 Abs. 1 Nr. 2 RPflG die Entscheidung über die Ankündigung der Restschuldbefreiung nach § 289, 291 Abs. 1 InsO getroffen hat, sonst der Rechtspfleger. **13**

§ 292
Rechtsstellung des Treuhänders

(1) ¹Der Treuhänder hat den zur Zahlung der Bezüge Verpflichteten über die Abtretung zu unterrichten. ²Er hat die Beträge, die er durch die Abtretung erlangt, und sonstige Leistungen des Schuldners oder Dritter von seinem Vermögen getrennt zu halten und einmal jährlich auf Grund des Schlußverzeichnisses an die Insolvenzgläubiger zu verteilen. ³Von den Beträgen, die er durch die Abtretung erlangt, und den sonstigen Leistungen hat er an den Schuldner nach Ablauf von vier Jahren seit der Aufhebung des Insolvenzverfahrens zehn vom Hundert, nach Ablauf von fünf Jahren seit der Aufhebung fünfzehn vom Hundert, nach Ablauf von sechs Jahren seit der Aufhebung zwanzig vom Hundert abzuführen.

(2) ¹Die Gläubigerversammlung kann dem Treuhänder zusätzlich die Aufgabe übertragen, die Erfüllung der Obliegenheiten des Schuldners zu überwachen. ²In diesem Fall hat der Treuhänder die Gläubiger unverzüglich zu benachrichtigen, wenn er einen Verstoß gegen diese Obliegenheiten feststellt. ³Der Treuhänder ist nur zur Überwachung verpflichtet, soweit die ihm dafür zustehende zusätzliche Vergütung gedeckt ist oder vorgeschossen wird.

(3) ¹Der Treuhänder hat bei Beendigung seines Amtes dem Insolvenzgericht Rechnung zu legen. ²Die §§ 58 und 59 geltend entsprechend, § 59 jedoch mit der Maßgabe, daß die Entlassung von jedem Insolvenzgläubiger beantragt werden kann und daß die sofortige Beschwerde jedem Insolvenzgläubiger zusteht.

§ 292 entspricht § 346g BT-RA-EInsO. Er entspricht § 241 des Regierungsentwurfs. BT-Drucks. S. 187 Nr. 181 (zu § 346g).

§ 292 Restschuldbefreiung

Inhaltsübersicht: Rz.

A. Normzweck	1
B. Gesetzliche Systematik	2– 3
C. Abs. 1 Verwaltung in der Treuhandphase	4–16
I. Einziehung der Abtretungsbeträge beim Entgeltschuldner	4– 6
II. Überprüfung bevorrechtigter Abtretungen	7– 8
III. Verteilung der Beträge	9–14
IV. Motivationsrabatt	15–16
D. Abs. 2 Überwachung des Schuldners	17–23
E. Abs. 3 Aufsicht des Gerichts über den Treuhänder	24–28
F. Haftung des Treuhänders	29–35
I. Die Haftung des Treuhänders als Verwalter nach Abs. 1	31–34
II. Die Haftung des Treuhänders als Überwacher gem. Abs. 2	35
G. Verfahrensrechtliches	36–37

Literatur:

(siehe vor § 286, S. 1580)

A. Normzweck

1 Der Treuhänder soll die Verwaltung der durch die Abtretung erlangten und vom Schuldner zu zahlenden Beträge während der Treuhandphase, sowie die Verteilung an die Gläubiger übernehmen.

Durch den Einsatz eines Treuhänders nach Abschluß des gerichtlichen Verfahrens während der siebenjährigen Treuhandphase soll vor allem die Einbeziehung des pfändbaren Neuerwerbs des Schuldners in die Haftungsmasse möglichst kostengünstig gewährleistet werden. Um den Verwaltungsaufwand gering zu halten, erfolgt eine Auskehrung der Beträge an die Gläubiger nur einmal pro Jahr. Durch die – im Gesetzgebungsverfahren späte – Einfügung des Satz 3 soll der Schuldner zusätzlich motiviert werden, die lange Durststrecke während des siebenjährigen Verfahrens durchzustehen (BT-Drucks. 12/7302, S. 153).

Da es für die Gläubiger schwierig sein wird, die Einhaltung der Obliegenheiten durch den Schuldner zu überwachen (s. hierzu *Scholz* DB 1996, 765 [769]; *Maier/Krafft* BB 1997, 2173 [2176]), gibt Abs. 2 der Gläubigerversammlung die Möglichkeit, den Treuhänder mit der Überwachung zu beauftragen, um hiermit bei Bedarf die Einhaltung der Obliegenheiten durch eine neutrale »Überwachungsinstanz« mit Auskunftsermächtigung (§ 295 Abs. 1 Nr. 3 InsO) zu gewährleisten. Die Bezahlung der Aufgabe geht in jedem Fall zu Lasten der Gläubiger, deren Auszahlungsquote sich entweder entsprechend verringert oder die die Vergütung gesondert vorschießen müssen. Durch die kostenpflichtige Übertragung der Überwachung auf den Treuhänder soll gleichzeitig erreicht werden, daß der Schuldner nicht durch schikanöse Überwachungsmaßnahmen der Gläubiger an dem Erreichen der Restschuldbefreiung gehindert wird.

Abs. 3 verweist auf die Vorschriften zur Aufsicht des Insolvenzverwalters im Regelinsolvenzverfahren (§§ 58, 59 InsO) und gibt dem Insolvenzgericht somit die Möglichkeit, den Treuhänder auch nach der Aufhebung des Insolvenzverfahren zu kontrollieren und gegebenenfalls auch zu entlassen. Da die Einberufung einer Gläubigerversammlung außerhalb des Insolvenzverfahrens nicht vorgesehen ist, wird das Recht zur Stellung der entsprechenden Anträge auf die Insolvenzgläubiger übertragen.

B. Gesetzliche Systematik

Die Rechtsstellung des Treuhänders ist in § 292 nur rudimentär bestimmt (*Häsemeyer* 2 Insolvenzrecht, 1998, Rz. 26.31). Die Funktion des gerichtlich eingesetzten Treuhänders ist im bisherigen Gesamtvollstreckungs- und Vergleichsrecht ohne Vorbild (vgl. hierzu auch § 288 Rz. 3). Die verfahrensrechtliche Stellung des Treuhänders ist an die des Insolvenzverwalters angelehnt (*Haarmeyer/Wutzke/Förster* Hdb. zur InsO, Kap. 10 Rz. 69) und entspricht der eines Amtswalters (*Häsemeyer* a.a.O., Rz. 26.32), während der Aufgabenbereich des Treuhänders eher dem des Verwaltungstreuhänders entspricht, der zum Teil bei der Durchführung von Vergleichsverfahren eingesetzt wurde und bei dem die Gläubiger aus den Erträgnissen des Schuldnervermögens befriedigt werden sollten (*Bley/Mohrbutter* § 3 Rz. 10c). Der Treuhänder erhält zwar nicht die Verfügungsbefugnis über das gesamte pfändbare Vermögen des Schuldners, materiell fließt ihm jedoch durch die Abtretung in der Regel das gesamte Vermögen des Schuldners zu (*Hess/Obermüller* Insolvenzplan, 1998, Rz. 1010). Er ist, was seine Aufgaben aus Abs. 1 betrifft, weder Vertreter des Schuldners noch des Gläubigers (vgl. *Bley/Mohrbutter* § 92 Rz. 36) sondern doppelseitiger Treuhänder (hierzu *Hess/Obermüller* a.a.O., Rz. 1014).

Die Übertragung der Überwachungsaufgaben auf den Treuhänder nach Abs. 2 entspricht 3 am ehesten der Überwachungspflicht des Sachwalters nach §§ 91, 92 VglO (vgl. *Bley/Mohrbutter* § 92 Rz. 2). Auch wenn die Überwachungsaufgaben gegenüber denen des § 292 Abs. 2 InsO unterschiedlich sind, so gibt es hier doch einige Parallelen. Der Sachwalter muß gem. § 92 i.V.m. § 39 VglO die Geschäftsführung des Schuldners überwachen. Nach §§ 92, 40 VglO hat er Tatsachen anzuzeigen, die ein Einschreiten des Gerichts erforderlich machen.

C. Abs. 1 Verwaltung in der Treuhandphase

I. Einziehung der Abtretungsbeträge beim Entgeltschuldner

Zu dem in Absatz 1 geregelten Pflichten des Treuhänders gehören die Unterrichtung des 4 Entgeltschuldners von der Abtretung, der Bildung eines Sondervermögens bezüglich der an ihn treuhänderisch geleisteten Beträge und die jährliche Verteilung dieser Beträge nach Maßgabe des Schlußverzeichnisses und Abs. 1 Satz 3 InsO.

Der Treuhänder unterrichtet den Arbeitgeber oder Sozialleistungsträger über die Abtre- 5 tung nach § 287 Abs. 2 Satz 1 InsO. Dies geschieht durch die Übersendung einer Kopie der Abtretungserklärung und des Beschlusses über die vorläufige Erteilung der Restschuldbefreiung (*Smid/Krug/Haarmeyer* InsO, § 292 Rz. 4). Der Treuhänder hat den Abtretungsschuldner darauf hinzuweisen wann ggf. vorliegende vorrangige Abtretungen nach § 114 Abs. 1 InsO ihre Gültigkeit verlieren.

Das Gesetz sieht nicht vor, daß der Treuhänder auch verpflichtet ist, die eingehenden 6 Beträge zu überprüfen oder die von der Abtretung erfaßten Bezüge klageweise im Wege der Drittschuldnerklage geltend zumachen. Zum Teil wird daraus abgeleitet, daß dem Treuhänder diese Aufgabe auch nicht zusteht (*Scholz*, DB 1996, 765 [769]; zustimmend

Smid/Krug/Haarmeyer InsO, § 288 Rz. 2). Zu Bedenken ist aber, daß mit der Abtretung nach § 287 Abs. 2 InsO die Verfügungsbefugnis über das pfändbare Einkommen des Schuldner auf den Treuhänder übergegangen ist (vgl. hierzu *Liebich/Mathews* Treuhand und Treuhänder in Recht und Wirtschaft, 1983, 46). Der Treuhänder erlangt damit die Stellung eines Amtswalters über zweckgebundenes, nämlich ausschließlich der Restschuldbefreiung dienendes Sondervermögen des Schuldners und damit insoweit die Gläubigerstellung (*Häsemeyer* a. a. O., Rz. 26.48 f.). Ihm allein steht eine entsprechende Prozeßführungsbefugnis für das treuhänderisch gehaltene Sondervermögen zu, und nicht etwa den Insolvenzgläubigern, da zu ihren Gunsten kein Beschlagsrecht hieran begründet wird (*Häsemeyer* a. a. O., Rz. 26.33).

Der Treuhänder muß daher darauf achten, daß der Arbeitgeber tatsächlich die pfändbaren Beträge abführt und die Vorschriften der §§ 850 ff. ZPO beachtet (vgl. zu der Anwendbarkeit der §§ 850 ff. ZPO im einzelnen oben § 287 Rz. 53 ff.). Der Schuldner hat dem Treuhänder gem. § 295 Abs. 1 Nr. 3 InsO auf Verlangen die erforderlichen Auskünfte über die Höhe seiner Bezüge und die Anzahl der unterhaltsberechtigten Personen zu erteilen. Der Treuhänder muß den Entgeltschuldner im Verzugsfall mahnen und die Beträge notfalls gerichtlich gegen ihn geltend machen (*Hess/Obermüller* a. a. O., Rz. 1011). Die notwendigen Auslagen hierfür kann er dem Sondervermögen entnehmen. Anderenfalls muß er nur tätig werden, wenn die Gläubiger ihm die zur Rechtsverfolgung erforderlichen Kosten vorschießen. § 292 Abs. 2 Satz 3 InsO ist insoweit analog anzuwenden, da ebensowenig, wie dem Treuhänder zuzumuten ist, die zusätzliche Tätigkeit der Überwachung ohne eine Vergütung durchzuführen, von ihm erwartet werden kann, bzgl. der von ihm für erforderlich erachteten Rechtsverfolgungskosten in die Vorlage zu treten (zur Frage der Prozeßkostenhilfe s. Rz. 8).

II. Überprüfung bevorrechtigter Abtretungen

7 Ebenso hat der Treuhänder die Berechtigung von Absonderungsrechten zu überprüfen, die seiner Abtretung vorgehen. Insbesondere Entgeltabtretungsklauseln in Allgemeinen Geschäftsbedingungen sind nach der Rspr. des *BGH* häufig unwirksam (vgl. hierzu § 313 Rz. 46 ff.; 309 Rz. 13). Es ist auch nicht lebensfremd anzunehmen, daß beim Entgeltschuldner rückdatierte oder anderweitig anfechtbare Abtretungen vorgelegt werden. Im Regelfall wird bereits der Treuhänder als Insolvenzverwalter im Verbraucherinsolvenzverfahren die Berechtigung der nach § 114 Abs. 1 InsO vorrangigen Abtretung überprüft haben (vgl. § 313 Rz. 7). Es ist aber nicht unwahrscheinlich, daß eine Abtretung erst später offengelegt wird, oder beim Bestehen mehrerer Abtretungen, die erstrangige vollständig befriedigt wird, so daß die zweitrangige zum Zuge kommt. Hier gilt das gleiche wie bei der Geltendmachung des pfändbaren Sondervermögens: Der Treuhänder ist kraft seiner Rechtsstellung der einzige, der Ansprüche aus der Abtretung geltend machen kann. Ihm obliegt es, das Sondervermögen gegen rechtswidrige Zugriffe Dritter (etwa durch unberechtigte Absonderungsansprüche) zu schützen (so für den Insolvenzverwalter *Häsemeyer* a. a. O., Rz. 26.25). Aber auch diese Aufgabe ist von einem Kostenvorschuß der Gläubiger abhängig (s. o. Rz. 6).

8 Dem Treuhänder kann zur Verfolgung rechtlicher Interessen zum Schutz der Haftungsmasse auch ein Anspruch auf Gewährung von Prozeßkostenhilfe zustehen. § 116 Satz 1 Nr. 1 ZPO sieht die Gewährung von Prozeßkostenhilfe für eine Partei kraft Amtes vor, wenn die Kosten aus der verwalteten Vermögensmasse nicht aufgebracht werden können und den wirtschaftlich Beteiligten die Kostenaufbringung nicht zumutbar ist. Für den

Konkursverwalter ist allgemein anerkannt, daß diesem grundsätzlich ein Anspruch auf Prozeßkostenhilfe zusteht (zuletzt *BGH* NJW 1998, 1229 in Rechtsstreitigkeiten für die Konkursmasse; *OLG Schleswig* ZIP 1997, 1427 f.; *OLG Frankfurt/Main* ZIP 1997, 1600; *OLG Rostock* ZIP 1997, 1710; *Wax* in MünchKomm/ZPO, 1992, § 116 Rz. 14; *Baumbach/Lauterbach/Hartmann* § 116 Rz. 6; *Zöller/Philippi* § 116 Rz. 2; *Pape* Wprax 8/94 S. 5; *Kilger* in FS für Merz, 1992, 253 [275 ff.]; *Haarmeyer/Wutzke/Förster* GesO, § 8 Rz. 29 mit zahlreichen Nachweisen).

Auch der Treuhänder im Restschuldbefreiungsverfahren wird aufgrund eines für die Anwendung des § 116 ZPO erforderlichen amtlichen Treuhandverhältnisses tätig (*Baumbach/Lauterbach/Hartmann* § 116 Rz. 6). Er ähnelt aufgrund seiner gerichtlichen Bestellung und als uneigennütziger doppelseitiger Treuhänder in seiner Rechtsstellung dem Insolvenzverwalter (zur Rechtsstellung des Konkursverwalters vgl. *Thomas/Putzo* § 51 Rz. 25 ff.; *Baumbach/Lauterbach/Hartmann* § 50 Rz. 610 f.). Auch der Treuhänder in der Wohlverhaltensperiode ist daher als Partei kraft Amtes i. S. d. § 116 Satz 1 Nr. 1 ZPO anzusehen, und ihm ist unter der Maßgabe der Erfüllung der weiteren Voraussetzungen der §§ 114 ff. ZPO Prozeßkostenhilfe zu gewähren, wenn eine Prozeßführung zur Verwirklichung der Haftungsmasse aussichtsreich erscheint.

III. Verteilung der Beträge

Die Beträge, die der Treuhänder erlangt, hat er nur einmal jährlich an die Insolvenzgläubiger auszuschütten. Hierzu gehören die Beträge, die er aufgrund der Abtretung erlangt, aber auch die Hälfte der Erbschaft nach § 295 Abs. 1 Satz 2 InsO, die Zahlungen des selbständigen Schuldners nach § 295 Abs. 2 InsO sowie etwaige freiwillige Leistungen des Schuldners. Das erste Jahr beginnt mit dem Tag nach der Aufhebung des Insolvenzverfahrens (§ 287 Rz. 89), zur Fristberechnung gelten die allgemeinen Regeln. **9**

Das Schlußverzeichnis bildet die Grundlage für die Verteilung. Allerdings ist nach § 289 Abs. 3 InsO eine Restschuldbefreiung auch dann möglich, wenn das Verfahren nach § 211 i. V. m. § 208 InsO wegen Masseunzulänglichkeit eingestellt worden ist. In vielen Fällen wird dann das Verfahren noch nicht bis zum Schlußverzeichnis gediehen sein (vgl. *Häsemeyer* a. a. O., Rz. 26.32 und 26.56). In diesen Fällen muß das Gericht analog den Vorschriften über die Schlußverteilung einen Verteilungsschlüssel festlegen, der für den Treuhänder verbindlich ist und eine Verteilung während der Treuhandphase ermöglicht. In der Verbraucherinsolvenz dürften die Einstellungen nach § 211 InsO aber die Ausnahme bleiben, da in diesen Fällen regelmäßig keine Masseverbindlichkeiten bestehen dürften und es somit entweder zu einer Einstellung nach § 207 InsO oder zu einer Aufhebung nach § 200 InsO kommt. **10**

Problematisch wird die Verteilung in der Treuhandphase aber auch dann, wenn sich nach der Aufhebung des Insolvenzverfahrens eine Veränderung der Forderungsanteile der Gläubiger untereinander ergibt. **11**

Dies wird in der Verbraucherinsolvenz vor allem dann der Fall sein, wenn der nach § 114 Abs. 1 InsO vorrangig zu bedienende Abtretungsgläubiger volle oder teilweise Befriedigung erfährt, bevor es zu einer Verteilung an alle Insolvenzgläubiger kommt. Es stellt sich dann die Frage, mit welcher Quote der teilbefriedigte Gläubiger bei der weiteren Verteilung zu berücksichtigen ist. Für das Insolvenzverfahren trifft § 190 i. V. m. § 52 InsO diesbezüglich eine Regelung, indem der Insolvenzgläubiger, dem gleichzeitig ein Absonderungsrecht zusteht, bei der Schlußverteilung mit seiner Forde-

§ 292 *Restschuldbefreiung*

rung nur in der Höhe berücksichtigt wird, in der er mit seinem Absonderungsrecht nachweislich ausgefallen ist oder auf eine Befriedigung verzichtet hat (vgl. § 190 Rz. 6 § 314 Rz. 21 f.).

12 Auch bei der Verteilung der vereinnahmten Beträge in der Treuhandphase darf es keine Doppelberücksichtigung in dem Sinne geben, daß der Gläubiger mit seiner vollen Forderung bei der Verteilung berücksichtigt wird und parallel dazu in vollem (oder nach § 114 Abs. 1 InsO nur zeitlich begrenztem) Umfang aus der Abtretung vorgehen kann. Auch in der Treuhandphase darf der Abtretungsgläubiger bei der Verteilung nur mit seinem Ausfall berücksichtigt werden (*Hess/Obermüller* a.a.O., Rz. 1033). Aufgrund des Vorranges der Abtretung ist aber bis zum Schlußtermin eine Bewertung des künftigen Ausfalles oft nicht möglich, da unklar ist, welche Beträge dem Abtretungsgläubiger aufgrund seines vorrangigen Anspruchs nach § 114 Abs. 1 InsO in den ersten Jahren der Treuhandphase noch zufließen werden. Für eine exakte und mathematisch genaue Berücksichtigung des Abtretungsrechts müßte daher nach dem Ablauf der Vorrangperiode des § 114 Abs. 1 InsO eine Anpassung des Verteilungsschlüssels vorgenommen werden. Eine Aktualisierung des Schlußverzeichnisses sieht das Gesetz nach Aufhebung des Insolvenzverfahrens nicht vor. Vom Gesetz her muß die Verwertung schon vor der Schlußverteilung abgeschlossen sein (so auch für die KO *Jaeger/Weber* § 153 Rz. 4). Dies war aber auch im bisherigen Konkursrecht nicht immer der Fall. War die Verwertung nicht abgeschlossen, so blieb dem absonderungsberechtigten Gläubiger nichts anderes übrig, als seinen Ausfall abzuschätzen und in Höhe des geschätzten Ausfalls auf abgesonderte Befriedigung zu verzichten (*Jaeger/Weber* § 153 Rz. 2; ausführlich *Klasmeyer/Elsner* in FS für Merz, 1992, S. 303 [307]). Diese Lösung ist auch für die besondere Problematik opportun, die durch § 114 Abs. 1 InsO entsteht. Im Interesse der Rechtsklarheit für alle Beteiligten und der Verfahrensökonomie ist dem Absonderungsberechtigten zuzumuten, den Restwert seiner Sicherheit abzuschätzen.

13 Der absonderungsberechtigte Abtretungsgläubiger muß daher spätestens im Verteilungsverfahren bis zum Schlußtermin nicht nur verbindlich erklären, inwieweit er bislang ausgefallen ist, (vgl. hierzu § 314 Rz. 22) sondern auch inwieweit er zur Befriedigung seiner Forderung auch nach Abschluß des Insolvenzverfahrens entweder aus der Sicherheit vorgehen will oder auf sein Absonderungsrecht verzichtet. Hierzu muß er den realisierbaren Wert der Sicherheit möglichst genau schätzen. Eine fehlerhafte Schätzung wirkt sich dabei in jedem Fall zum Nachteil des Gläubigers aus (vgl. hierzu das anschauliche Berechnungsbeispiel bei *Klasmeyer/Elsner* a.a.O., S. 303 [307]).
Legt der Gläubiger keinen ordnungsgemäßen Nachweis (zu den Anforderungen an den Nachweis *Klasmeyer/Elsner* a.a.O., S. 303 [306]) über seinen Ausfall vor, wird er bei der Schlußverteilung nicht berücksichtigt:
Verzichtet er auf einen Teil des Absonderungsrechts (zu den Voraussetzungen an die Verzichtserklärung vgl. *OLG Hamm* ZIP 1994, 1373 [1375]), so wird dieser Teil in der Tabelle rechtskräftig festgestellt und die Forderung nimmt in dieser Höhe an der Schlußverteilung und der Verteilung in der Treuhandphase teil (vgl. für den Konkurs *Kuhn/Uhlenbruck* § 64 Rz. 13). Für diesen Teil der Forderung kann der Gläubiger dann nicht mehr aus seiner Abtretung vorgehen (hierzu schon *RGZ* 64, 425 [428]).
Meldet der Abtretungsgläubiger in Kenntnis seines Absonderungsrechts seine Forderung im Insolvenzverfahren vorbehaltlos an und unterrichtet er den Treuhänder (als Verwalter im vereinfachten Insolvenzverfahren) auch nicht im Verteilungsverfahren über sein Absonderungsrecht, so verwirkt er sein Recht auf abgesonderte Befriedigung (*Kuhn/Uhlenbruck* § 64 Rz. 15; *OLG München* NJW 1959, 1542).

Der Treuhänder hat die eingehenden Gelder mündelsicher und verzinslich anzulegen und 14
von seinem Vermögen getrennt zu halten (*Hess/Obermüller* a. a. O., Rz. 1020; zur Art der
Kontoführung und Ansprüchen bei einem Insolvenzverfahren über das Vermögen des
Treuhänders vgl. *ders.* a. a. O. Rz. 1021 ff.). Es entspricht der immanenten Pflicht eines
jeden Treuhandverhältnisses, keine riskanten Geschäfte mit dem Treuhandvermögen
einzugehen (*Hess/Obermüller* a. a. O., Rz. 716). Die Verteilung erfolgt einmal jährlich
nach Abzug der Kosten des Treuhänders und des »Motivationsrabatts« (s. u. Rz. 15). Bei
besonderen Bedürfnissen des Schuldners oder der Gläubiger, insbesondere beim Eingang größerer Beträge, kann der Treuhänder auch Abschlagsausschüttungen vornehmen
(so auch *Hess/Obermüller* Insolvenzplan, 1998 Rz. 1028 f.) Zu den Folgen einer möglichen Insolvenz des Treuhänders auf das Treuhandvermögen vgl. *Smid/Krug/Haarmeyer* InsO, § 292 Rz. 4; *Hess/Obermüller* a. a. O., Rz. 1022 m. w. N.

IV. Motivationsrabatt

Abs. 2 Satz 3 ist erst durch den Rechtsausschuß als zusätzlicher Anreiz für den Schuld- 15
ner, die siebenjährige Treuhandphase durchzustehen, eingeführt worden (BT-Drucks.
12/7302, S. 153). Weitergehende Anträge der SPD-Fraktion, eine Steigerung des Selbstbehalts des Schuldners von 5 % pro Jahr für die gesamte Dauer der Treuhandphase wurde
vom Rechtsausschuß ebenso abgelehnt wie eine Verkürzung der Regeldauer der Treuhandphase auf fünf Jahre (s. hierzu BT-Drucks. 12/7302, S. 187 f.
Dieser »Motivationsrabatt« (*Scholz* DB 1996, 765 [769]) gibt dem Schuldner in den
letzten drei Jahren einen Anspruch auf Rückzahlung eines Teils der eingesammelten Beträge. Von den Beträgen, die während des fünften Jahres der Treuhandphase
beim Treuhänder eingehen, hat er 10 % an den Schuldner auszukehren, im sechsten Jahr
15 % und im siebten Jahr 20 %. Ob diese Rückzahlungen tatsächlich dazu führen, daß
viele Schuldner die lange Treuhandphase durchstehen bleibt abzuwarten (kritisch
hierzu *Kohte* ZIP 1994, 184 [186]). Die Auszahlung wird zur Vereinfachung des
Verwaltungsaufwandes einmal jährlich erfolgen (vgl. Rz. 9). Erfaßt vom Motivationsrabatt sind nach dem eindeutigen Wortlaut und dem Normzweck von Satz 3 nicht nur
die von der Abtretung erfaßten Bezüge, sondern auch sonstige Leistungen, wie etwa die
Hälfte der Erbschaft oder Zahlungen, die der Treuhänder nach § 295 Abs. 2 InsO erhält.
Die von Leipold vertretene Ansicht, den an den Treuhänder gelangten erbrechtlichen
Erwerb von der Rabattregelung auszunehmen (*Leipold* Erbrechtlicher Erwerb und
Zugewinnausgleich im Insolvenzverfahren und bei der Restschuldbefreiung in FS für
Gaul, 1997, 367 [377]), ist abzulehnen. Auch wenn der Gesetzgeber, wie Leipold
vermutet, bei der Schaffung der Regelung in erster Linie den Neuerwerb des Schuldners
im Auge gehabt haben mag, ist die Regelung auch für den erbrechtlichen Erwerb
interessengerecht. Denn mit zunehmender Dauer der Treuhandphase wird auch die
Versuchung des Schuldner wachsen, eine möglicherweise anfallende Erbschaft durch
Ausschlagung zu umgehen. Dies wollte der Gesetzgeber schon durch die »weiche«
Regelung des § 295 Abs. 1 Nr. 2 InsO verhindern (BT-Drucks. 12/2443, S. 267 zu
Nr. 33, oben § 295 Rz. 36). Hierzu paßt die Ausdehnung des Motivationsrabatts auch
auf diese Beträge.
Für die Auskehrung des Rabatts spielt es keine Rolle, in welcher Höhe der Treuhänder in 16
den vorangegangenen Jahren Zahlungen erhalten hat, ein Mittelwert wird grds. nicht
gebildet (vgl. *Scholz* DB 1996, 765 [769]). Der Motivationsrabatt steht auch dem
selbständigen Schuldner zu, dem nach § 295 Abs. 2 InsO weitgehend freigestellt ist,

wann er die ihm obliegenden Leistungen erbringt (vgl. § 295 Rz. 64). Allerdings ist dann bei der Ermittlung des Rabatts ein Mittelwert der zurückliegenden Jahre zugrunde zu legen, um zu verhindern, daß bei Zahlung aller Beträge erst im letzten Jahr der Wohlverhaltensperiode ein unangemessener Rabatt an den Schuldner zurückfließt. Die Berechnung des Rabatts erfolgt von dem gesamten an den Treuhänder geflossenen Betrag und nicht von dem zuvor um die Treuhändervergütung gekürzten.

D. Abs. 2 Überwachung des Schuldners

17 Grundsätzlich obliegt dem Treuhänder nicht die Aufgabe, die Erfüllung der Obliegenheiten des Schuldners zu überwachen (*Häsemeyer* a.a.O., Rz. 26.34; *Wittig* WM 1998, 209 [212]). Abs. 2 gibt der Gläubigerversammlung aber die Möglichkeit, dem Treuhänder die Aufgabe der Überwachung des Schuldners zu übertragen. Da die Gläubigerversammlung kein Instrument der Treuhandphase ist und die Voraussetzungen für ihre Einberufung nach der Aufhebung des Insolvenzverfahrens nicht mehr vorliegen, muß die Übertragung der Überwachung damit spätestens im Schlußtermin erfolgen (*Smid/ Krug/Haarmeyer* InsO, § 292 Rz. 7). Die Übertragung nach Abs. 2 kann nicht durch einzelne Gläubiger oder eine Mehrheit der Gläubiger nachträglich während der Treuhandphase erfolgen. Dies ergibt sich aus der Systematik des Gesetzes. Der Gesetzgeber hat in Absatz 3 im Bewußtsein der Tatsache, daß eine Gläubigerversammlung in der Treuhandphase nicht mehr einberufen wird, das Antragsrecht zur Entlassung des Treuhänders abweichend von § 59 InsO von der Gläubigerversammlung auf die einzelnen Insolvenzgläubiger übertragen. Für den Übertragung der Überwachungsaufgabe hat der Gesetzgeber eine solche Anpassung nicht vorgenommen. Durch die frühzeitige Klärung, ob eine Überwachung des Schuldners erfolgen soll, wird auch die Auswahl der Person des Treuhänders erleichtert, da schon vor der Bestimmung des Treuhänders nach § 291 Abs. 2 InsO klar ist, ob die einzusetzende Person auch Überwachungsaufgaben wahrzunehmen hat und insoweit höhere Anforderungen an die Unabhängigkeit an sie zu stellen sind.

18 Der Treuhänder muß die Überwachung mit übernehmen, wenn er die Verwaltungsaufgaben nach Abs. 1 übernimmt. Er hat kein freies Ablehnungsrecht bzgl. der Übernahme der Überwachungsaufgabe.
Er muß aber nur zur Überwachung tätig werden, wenn die hierfür gesondert zu zahlende Vergütung entweder aus den Abtretungsbeträgen gedeckt ist oder von den Gläubigern vorgeschossen wird (*Häsemeyer* a.a.O., Rz. 26.34). Zur Höhe der hierfür nach dem Entwurf der Vergütungsverordnung vorgesehenen Vergütung s.u. § 293 Rz. 11 ff. Das Überwachungsniveau wird sich hierbei auch nach der Vergütungsfestsetzung nach § 15 Abs. 2 InsVV richten. Auch die notwendigen Auslagen für die Überwachung müssen gedeckt sein, da vom Sinn der Vorschrift her der Treuhänder nur tätig werden soll, wenn die gesamten hiermit verbundenen Kosten gedeckt sind.
Nur wenn die Vergütung des Treuhänders für die Tätigkeit nach Absatz 1 und der dem Schuldner in den letzten Jahren der Treuhandphase zustehende Motivationsrabatt von den beim Treuhänder eingegangenen Beträgen gedeckt sind, können zusätzliche Beträge für die Überwachung des Schuldner verwendet werden. Ist dies nicht der Fall, so ist der Treuhänder nur so weit zur Überwachung verpflichtet, als von Gläubigerseite Beträge für die Überwachung vorgeschossen werden. Das Gesetz sieht keine Bestimmung dahingehend vor, wer von Seiten der Gläubiger die Vergütung vorzuschießen hat, und inwieweit den Gläubigern untereinander Ausgleichsansprüche zustehen. Dies zu regeln bleibt den

Gläubigern überlassen, Ausgleichsansprüche können nach den allgemeinen Regeln des Zivilrechts bestehen.

Aus dem Vorrang der Kostendeckung und dem Begriff des Vorschusses ergibt sich aber ein Anspruch des vorleistenden Gläubigers auf bevorzugte Befriedigung aus den Abtretungsbeträgen, wenn – unabhängig vom konkreten Erfolg der Überwachungsmaßnahmen – zu einem späteren Zeitpunkt wieder Beträge zur Verteilung an die Gläubiger anstehen. Denn seine Vorschußleistung ist durch den Beschluß der Gläubigerversammlung durch die Gemeinschaft der Gläubiger legitimiert.

Ist die Vergütung weder gedeckt noch vorgeschossen, ruht der Überwachungsauftrag des Treuhänders, bis die zur Überwachung notwendige zusätzliche Vergütung zu einem späteren Zeitpunkt wieder zur Verfügung steht.

Überträgt die Gläubigerversammlung dem Treuhänder die Überwachung des Schuldners, so hat das Gericht diese Tatsache im Beschluß nach § 291 Abs. 2 InsO festzustellen. Die Rechtsgrundlage für die Überwachungstätigkeit unterscheidet sich von der für die Verwaltungstreuhand nach Absatz 1. Diese wird als Treuhandschaft öffentlichen Rechts unmittelbar durch das Gesetz und den Beschluß nach § 291 Abs. 2 InsO begründet (vgl. zur Definition *Liebich/Mathews* a. a. O., S. 408), während sich der Überwachungsauftrag als eine gesetzlich geregelte rechtsgeschäftliche Treuhand gestaltet, da sie von einem freiwilligen Beschluß der Gläubigerversammlung abhängt. Rechtsgrundlage für die Überwachungstätigkeit sind zunächst die zwingenden Regelungen der §§ 292 Abs. 2 und 3 i. V. m. § 295 InsO, die den Beteiligten anstelle freier Vereinbarungen anheimgestellt werden (vgl. hierzu *Liebich/Mathews* a. a. O., S. 327 und zur ähnlichen Konstruktion des Gläubigerausschusses S. 337). Subsidiär kommen die allgemeinen rechtsgeschäftlichen Regelungen, insbesondere die §§ 670, 675 BGB zur Anwendung (s.u. Rz. 35). **19**

Der Treuhänder muß die Gläubiger unverzüglich benachrichtigen, wenn er einen Verstoß gegen die Obliegenheiten feststellt. Diese Konstruktion des Gesetzes erfordert u. U. einen nicht unerheblichen Verwaltungsaufwand, da der Treuhänder, um eigenen Haftungsansprüchen zu entgehen, die Unterrichtung der Gläubiger durch Zustellung der Nachrichten betreiben muß (vgl. hierzu *Smid/Krug/Haarmeyer* InsO, § 292 Rz. 10, der auch eine Benachrichtigung durch öffentliche Bekanntmachung für möglich hält). Wie der Treuhänder die Überwachung vornimmt, liegt in seinem pflichtgemäßen Ermessen. Der Umfang der Tätigkeit ist einerseits abhängig von den Mitteln, die dem Treuhänder für die Überwachung zur Verfügung stehen (s. o. Rz. 18), aber auch von den konkreten Erfordernissen des Einzelfalls. Hat der Schuldner einen Arbeitsplatz, so wird sich die Überwachungstätigkeit darauf beschränken können, einmal jährlich Auskünfte über die Situation des Schuldners einzuholen. Auch bei einem selbständigen Schuldner ist die Überwachungspflicht begrenzt, da von ihm keine Bewerbungsbemühungen erwartet werden. Bei einem erwerbslosen Schuldner wird sich der Treuhänder dagegen je nach den konkreten Aussichten auf dem Arbeitsmarkt regelmäßiger Auskünfte über seine Bewerbungsbemühungen geben lassen (*Smid/Krug/Haarmeyer* InsO, § 292 Rz. 9 schlagen vierteljährliche Überprüfungen vor). Ob er dies schriftlich macht, oder Besuchstermine mit dem Schuldner vereinbart, bleibt ihm überlassen. Der Schuldner ist gem. § 295 Abs. 1 Nr. 3 InsO zur Auskunftserteilung verpflichtet. **20**

Den Umfang und die Ergebnisse der Überwachungsmaßnahmen wird der Treuhänder im eigenen Interesse dokumentieren (*Smid/Krug/Haarmeyer* InsO, § 292 Rz. 9). Dies wird insbesondere durch schriftliche Notizen von den Gesprächen mit dem Schuldner und Kopien der von ihm beigebrachten Unterlagen und Erklärungen erfolgen. **21**

§ 292 *Restschuldbefreiung*

22 Werden dem Treuhänder Tatsachen bekannt, die einen Verstoß gegen die Obliegenheiten des Schuldners nach § 295 InsO darstellen, ist er zur unverzüglichen Unterrichtung der Gläubiger verpflichtet. Sein Tätigwerden setzt also eine gewisse rechtliche Wertung voraus. Dies bringt den Treuhänder in ein Dilemma. Einerseits kann er die Gläubiger wegen des damit verbundenen Verwaltungsaufwandes nicht wegen aller möglicherweise denkbaren Verstöße des Schuldners gegen seine Obliegenheitspflichten unterrichten, andererseits riskiert er einen Regreß, wenn er schuldhaft seine Pflichten verletzt (s. u. Rz. 31 ff.).
Eine Nachfrage beim Insolvenzgericht ist zwar erlaubt, die Möglichkeit für einen Klarstellungsbeschluß sieht das Gesetz aber nicht vor. Der Treuhänder muß also selbständig entscheiden, ob er aufgrund der ihm vorliegenden Tatsachen einen Obliegenheitsverstoß für gegeben hält. Dabei hat er auch die Voraussetzungen des § 296 InsO zu berücksichtigen, insbesondere die Frage ob der Verstoß zu einer Beeinträchtigung der Befriedigung der Gläubiger geführt hat und schuldhaft war (vgl. im einzelnen § 296 Rz. 8 ff.). Im Zweifelsfall wird der Treuhänder die Gläubiger eher einmal zu oft als zu wenig unterrichten, wenn die notwendigen Auslagen hierfür gedeckt sind.

23 Die Gläubigerversammlung kann den Überwachungsauftrag spezifizieren, allerdings nur im Rahmen der gesetzlichen Bestimmungen. Der durch die gesetzlichen Vorgaben eingegrenzte Überwachungsauftrag kann nicht erweitert, wohl aber eingeschränkt werden. So wird der Umfang der Überwachungstätigkeit eingeschränkt werden können, etwa auf eine bestimmte Stundenzahl pro Jahr, oder die Pflicht zur Überwachungstätigkeit kann davon abhängig gemacht werden, ob Abtretungsbeträge aus dem Einkommen des Schuldners an den Treuhänder fließen oder nicht. Auch bzgl. der Art der Benachrichtigung können Vereinbarungen getroffen werden, so kann die Gläubigerversammlung auf eine förmliche Zustellung der Benachrichtigung verzichten und eine Benachrichtigung per Brief als ausreichend vereinbaren. Dann ist den Gläubigern in einem etwaigen Regreß gegen den Treuhänder allerdings der Einwand abgeschnitten, der Treuhänder habe sie nicht unterrichtet, wenn der Brief den Gläubiger nicht erreicht hat.

E. Abs. 3 Aufsicht des Gerichts über den Treuhänder

24 Nach Abschluß seiner Tätigkeit hat der Treuhänder dem Insolvenzgericht Rechnung zu legen. Die Vorschrift knüpft an die Rechnungslegungspflicht des Insolvenzverwalters nach § 66 InsO an, die dem bisherigen Recht in § 86 Abs. 1 Satz 1 KO entspricht. Ein Unterschied zur Rechnungslegungspflicht des Insolvenzverwalters besteht nur insoweit, als der Treuhänder wegen des Fehlens einer Gläubigerversammlung in der Treuhandphase nicht dieser, sondern dem Insolvenzgericht Rechnung zu legen hat. Zu den Einzelheiten der Rechnungslegung vgl. *Smid/Krug/Haarmeyer* InsO, § 292 Rz. 3.

25 Die Regelungen zur Aufsicht und Kontrolle des Treuhänders entsprechen nur teilweise denen, die für den Insolvenzverwalter (und auch für den Treuhänder der nach § 313 Abs. 1 Satz 2 InsO mit der Verwaltung im Insolvenzverfahren beauftragt ist) gelten. Hierdurch soll dem reduzierten Aufgabenkreis und den begrenzten Befugnissen des Treuhänders genüge getan werden (vgl. *Smid/Krug/Haarmeyer* InsO, § 292 Rz. 11). Das Gesetz nimmt ausdrücklich nur Bezug auf die Möglichkeit der Beaufsichtigung des Treuhänders durch das Insolvenzgericht nach § 58 InsO und die Möglichkeit der Entlassung des Treuhänders nach § 59 InsO. Das Antragsrecht für die Entlassung wird aufgrund des Fehlens der Gläubigerversammlung in der Treuhandphase den einzelne Insolvenzgläubigern übertragen.

Der Verweis auf § 58 InsO gibt dem Gericht die Möglichkeit, die Tätigkeit des Treuhänders zu überwachen und auf sie Einfluß zu nehmen. Das Gericht hat jederzeit die Möglichkeit, Auskünfte und Sachstandsberichte vom Treuhänder zu verlangen und ihn durch Festsetzung von Zwangsgeldern zur Einhaltung seiner Pflichten zu bewegen. Zu den Einzelheiten der Aufsicht vgl. § 58 Rz. 10 ff. 26

Das Insolvenzgericht kann den Treuhänder nach § 59 InsO aus seinem Amt entlassen. Eine Abwahl ist mangels Verweisung auf § 57 InsO nicht möglich (*Hess/Obermüller* a. a. O., Rz. 1006). Eine Entlassung wird nur bei einem wichtigen Grund zuzulassen sein, etwa bei wiederholten oder besonders schweren Pflichtverletzungen oder Amtsunfähigkeit infolge einer Krankheit (BT-Drucks. 12/2443, S. 170). Ein Entlassungsgrund ist aber auch gegeben, wenn der Treuhänder sich als ungeeignet herausstellt oder eine eventuell bestehende Interessenkollision dem Gericht nicht anzeigt (vgl. zu weiteren Entlassungsgründen *Hess/Obermüller* a. a. O., Rz. 1008). Vor der Entscheidung ist der Treuhänder zu hören. Zu den einzelnen Voraussetzungen der Entlassung (vgl. § 59 Rz. 2 ff.). Eine Entlassung kommt grds. nur in Betracht, wenn ein pflichtwidriges Verhalten tatsächlich festgestellt werden kann. Allenfalls dann, wenn es sich um eine Verfehlung schwerster Art (etwa anläßlich der Verwaltung begangener Straftaten handelt, kann in Ausnahmefällen der böse Schein ausreichen, um eine Entlassung auch ohne den Nachweis der Verfehlung zu rechtfertigen; *LG Halle* ZIP 1993, 1739). 27

Der Schuldner hat keine direkte Möglichkeit, Aufsichtsmaßnahmen gegen den Treuhänder zu beantragen. Allerdings hat er die Möglichkeit, das Gericht auf mögliche Verfehlungen des Treuhänders hinzuweisen, die vom Gericht im Hinblick auf die wichtige Funktion des Treuhänders für den Schuldner ordnungsgemäß zu bescheiden hat. Denn die Aufsicht des Gerichts über den Treuhänder ist eine Maßnahme des Schuldnerschutzes, so daß auch eine analoge Anwendung der §§ 1837 Abs. 2, 1886 BGB zu erwägen ist (*Kohte* Die Behandlung von Unterhaltsansprüchen nach der Insolvenzordnung, in: Kölner Schrift zur InsO, 1998, 640 Rz. 92). 28

F. Haftung des Treuhänders

Die Haftung des Treuhänders im Restschuldbefreiungsverfahren ist nicht ausdrücklich geregelt. § 292 Abs. 3 InsO verweist, anders als § 313 Abs. 1 Satz 2 InsO nur auf die §§ 58, 59 InsO und nicht auf die sonstigen Vorschriften die den Insolvenzverwalter betreffen. Eine direkte Anwendung des § 60 InsO, der die Haftung des Insolvenzverwalters regelt, scheidet daher aus. 29

In der Literatur wird zum Teil eine entsprechende Anwendung des § 60 InsO auf die Tätigkeit des Treuhänders in der Treuhandphase befürwortet (*Häsemeyer* a. a. O., Rz. 26.32; wohl auch *Maier/Krafft* BB 1997, 2173 [2178]). Für eine analoge Anwendung spricht eine vergleichbare Interessenlage, da sowohl Insolvenzverwalter als auch Treuhänder ähnliche Aufgaben wahrnehmen und beide als Amtswalter gerichtlich bestellt sind. Bedenken bestehen allerdings bezüglich des Vorliegens einer unbewußten Regelungslücke. Der Gesetzgeber hat, anders als in § 313 Abs. 1 Satz 3 InsO nicht allgemein auf die §§ 56 bis 66 verwiesen, sondern ganz selektiv in § 292 Abs. 3 Satz 2 auf die §§ 58, 59 und in § 293 Abs. 2 auf die §§ 64, 65 InsO. Dies spricht dafür, daß der Gesetzgeber bewußt, wohl aufgrund des eingeschränkten Aufgaben- und Verantwortungsbereichs des Treuhänders die Haftungsregelung des § 60 InsO nicht für den Treuhänder in der Wohlverhaltensperiode übernehmen wollte. Insoweit verbietet sich eine entsprechende Anwendung des § 60 InsO (so auch *Hess/Obermüller* a. a. O., Rz. 1013).

30 Aber auch bei einer Unanwendbarkeit des § 60 InsO haftet der Treuhänder nach allgemeinen Grundsätzen. Aufgrund des bestehenden gesetzlichen Schuldverhältnisses (*Kuhn/Uhlenbruck* § 78 Rz. 7, *Jaeger/Weber* KO, § 78 Rz. 5b) sind die Haftungsregelungen des bürgerlichen Rechts heranzuziehen, die subsidiär gelten (*Jaeger/Weber* KO, § 82 Rz. 1; *Hess/Obermüller* a.a.O., Rz. 1013). Das gesetzliche Schuldverhältnis ist jedoch nicht gleichförmig, sondern durch verschiedenartige Pflichten gekennzeichnet (so für den Konkursverwalter *Kuhn/Uhlenbruck* § 82 Rz. 1g). Wegen der unterschiedlichen Aufgabenbereiche des Treuhänders ist daher bei der Haftung zwischen der Verwaltungstätigkeit und der Überwachungstätigkeit zu unterscheiden:

1. Die Haftung des Treuhänders als Verwalter nach Abs. 1

31 Es ist ein Grundsatz des deutschen Rechts, daß ein durch Hoheitsakt bestellter Verwalter fremden Vermögens zu einer ordentlichen Verwaltung verpflichtet ist und dem Inhaber des Vermögens haftet (*BGHZ* 24, 393 [395]; *Liebich/Mathews* a.a.O., S. 408;). Der BGH hat in seiner Entscheidung, die einen ähnlich gelagerten Fall eines hoheitlich von der Militärregierung eingesetzten Treuhänders (Custodian) betraf, und in dem gesetzliche Regelungen zur Haftung des Verwalters fehlten, dennoch eine Haftung des Verwalters angenommen. Dies ergibt sich nach Ansicht des BGH aus allgemeinen Rechtsgrundsätzen, die in verschiedenen Gesetzen ihren Niederschlag gefunden haben. Er hat die rechtsgeschäftlichen Grundsätze eines Geschäftsbesorgungsverhältnisses auch auf das gesetzliche Schuldverhältnis angewandt (*BGH* a.a.O., S. 369, kritisch zur Anwendbarkeit der Regeln über die Geschäftsbesorgung *Jaeger/Weber* § 78 Rz. 5b m.w.N.; *Hess/Obermüller* a.a.O., Rz. 1014).
Dieser vom BGH festgestellte allgemeine Rechtsgrundsatz verpflichtet auch den Treuhänder zur pfleglichen Behandlung des ihm anvertrauten Vermögens (zu den Verpflichtungen des Treuhänders bei einer doppelseitigen Treuhand vgl. *BGH* WM 1971, 969 und 1966, 445) und bietet bei Pflichtverletzungen des Treuhänders auch den Gläubigern als potentiellen Empfängern des verwalteten Vermögens eine Anspruchsgrundlage für einen Schadensersatzanspruch.

32 Für die Haftung des Treuhänders gegenüber dem Schuldner kommt zudem eine Analogie zu der Haftungsregel des Vormunds (§ 1833 BGB) und des Betreuers (§ 1908i i.V.m. § 1833 BGB) in Betracht (so auch *Döbereiner* Restschuldbefreiung nach der InsO, 1997, 349). Auch der Vormund wird durch eine gerichtliche Anordnung bestellt, wodurch ein gesetzliches Schuldverhältnis begründet wird (*Schwab* in MünchKomm, § 1833 Rz. 1). Auch die Tatsache, daß dem Schuldner in der Treuhandphase die Verfügungsbefugnis über sein Vermögen nicht völlig entzogen ist, ähnelt den Regelungen im Betreuungsrecht, wo gem. §§ 1896, 1901 BGB die Betreuung nur insoweit vorzunehmen ist, als es im Einzelfall erforderlich ist. Hier wie dort fehlen rechtsgeschäftliche Beziehungen zwischen den Beteiligten (vgl. hierzu *Liebich/Mathews* a.a.O., S. 398), so daß sich eine entsprechende Anwendung des § 1833 BGB i.V.m. § 1908i BGB anbietet. § 1833 bietet allerdings nur eine Haftungsregelung im Verhältnis des Treuhänder gegenüber dem Schuldner, nicht gegenüber Dritten (*Schwab* in MünchKomm, § 1833 Rz. 11).

33 Bezüglich des Verschuldensmaßstabs, der für die Pflichtverletzungen gilt, muß jedoch differenziert werden. Auch wenn der Treuhänder grundsätzlich nach § 276 BGB für Vorsatz und jegliche Fahrlässigkeit haftet, wurde dieser Maßstab im Vormundschaftsrecht zu Recht eingeschränkt. Der Sorgfaltsmaßstab ist hier ein subjektiver, der sich an den Lebenskreisen, den Lebensumständen und der Rechts- und Geschäftserfahrung des Vormundes bemißt (*BGH* FamRZ 1983, 1220 und 1964, 199; Schwab in MünchKomm,

§ 1833 Rz. 5; *RG* JW 1911; 1061; *Palandt/Diederichsen* § 1833 Rz. 3; *Staudinger/ Engler* § 1833 Rz. 13 m. w. N.). Dieser subjektive Haftungsmaßstab bietet sich auch für die Haftung des Treuhänders nach § 292 Abs. 1 InsO an. Insbesondere wenn ein nicht professioneller Gläubiger aus dem Umfeld des Schuldners (Verwandter, Freund, Pfarrer) die Treuhänderschaft möglicherweise sogar unentgeltlich übernimmt, muß ein eingeschränkter Haftungsmaßstab Anwendung finden. Für eine – vom Gesetzgeber favorisierte – unentgeltlich ausgeübte Treuhänderschaft muß das Haftungsprivileg der §§ 521, 599 BGB gelten (*Döbereiner* a. a. O., S. 349). Dieser allgemeine Rechtsgrundsatz, der den unentgeltlich und damit uneigennützig Handelnden privilegiert, muß auch auf den uneigennützig tätigen Treuhänder übertragen werden, so daß dieser grundsätzlich nur für grobe Fahrlässigkeit und Vorsatz haftet (zum Umfang des Haftungsprivilegs *Palandt/ Putzo* § 599 Rz. 2; kritisch *Kollhosser* in MünchKomm, § 599 Rz. 5).

Darüber hinaus haftet der Treuhänder für schuldhafte Pflichtverstöße aus den §§ 823 ff. **34** BGB. So kommt eine Haftung nach § 823 Abs. 2 BGB in Verbindung mit § 246 StGB sowie eine Haftung aus § 826 BGB in Betracht, wenn der Treuhänder einzelne Gläubiger zum Nachteil der anderen Gläubiger bevorzugt (*Hess/Obermüller* a. a. O., Rz. 1015; zu str. Frage ob bei einer unentgeltlichen Tätigkeit auch für die deliktische Haftung ein eingeschränkter Haftungsmaßstab gelten soll vgl. *Palandt/Putzo* § 599 Rz. 2 m. w. N.).

II. Die Haftung des Treuhänders als Überwacher gem. Abs. 2

Die Rechtsnatur der Überwachungstätigkeit des Treuhänders unterscheidet sich dagegen **35** von dem Verwaltungsauftrag nach Abs. 1. Hier liegt ein gesetzlich geregeltes rechtsgeschäftliches Treuhandverhältnis vor (vgl. *Liebich/Mathews* a. a. O., S. 227 Rz. 237), denn die Übertragung der Überwachungsaufgabe erfolgt durch eine entgeltliche Geschäftsbesorgung im Auftrag der Gläubiger, vertreten durch die Gläubigerversammlung. Für dieses Rechtsverhältnis gelten zunächst die zwingenden Bestimmungen der 292 ff. InsO, subsidiär kommen die allgemeinen Grundsätze für Rechtsgeschäfte zur Anwendung.

Da die InsO für eine fehlerhafte Überwachung des Treuhänders keine Haftungsregelungen getroffen hat, haftete der Treuhänder nach allgemeinen Grundsätzen, insbesondere aus positiver Forderungsverletzung, wenn er z. B. den Gläubigern einen Verstoß des Schuldners gegen dessen Obliegenheitspflichten nicht rechtzeitig mitteilt.

G. Verfahrensrechtliches

Gegen die Übertragung der Überwachungsaufgabe an den Treuhänder durch die Gläubi- **36** gerversammlung steht dem Schuldner kein Rechtsmittel zu. Der Schuldner hat nach § 59 InsO auch kein eigenes Antragsrecht, um auf die Entlassung des Treuhänders hinzuwirken. Dies ist aufgrund der engen Verbindung zwischen Treuhänder und Schuldner und den erheblichen Einflußmöglichkeiten, die der Treuhänder auf das Erreichen der Restschuldbefreiung hat, bedauerlich. Bei Pflichtverstößen des Treuhänder bleibt dem Schuldner nur die Möglichkeit, beim Insolvenzgericht eine Entlassung des Treuhänders anzuregen, das von Amts wegen entscheiden kann.

Beantragt ein Insolvenzgläubiger die Entlassung des Treuhänders, steht diesem gegen **37** die ablehnende Entscheidung des Insolvenzgerichts die sofortige Beschwerde und nach Maßgabe des § 7 InsO die sofortige weitere Beschwerde zu.

§ 293
Vergütung des Treuhänders

(1) ¹Der Treuhänder hat Anspruch auf Vergütung für seine Tätigkeit und auf Erstattung angemessener Auslagen. ²Dabei ist dem Zeitaufwand des Treuhänders und dem Umfang seiner Tätigkeit Rechnung zu tragen.
(2) Die §§ 64 und 65 gelten entsprechend.

§ 293 entspricht § 346h BT-RA-EInsO und § 242 RegEInsO, BT-Drucks. 12/2443, S. 191 (zu § 242) und BT-Drucks. 12/7302, S. 188 zu Nr. 178 (zu § 346c).

Inhaltsübersicht: Rz.

A. Normzweck 1
B. Gesetzliche Systematik 2– 5
C. Vergütung für die Verwaltung 6–10
D. Vergütung für die Überwachung 11–14
E. Auslagenerstattung 15–19
F. Verfahrensrechtliches 20

Literatur:

(siehe vor § 286, S. 1580)

A. Normzweck

1 § 293 stellt klar, daß dem Treuhänder für seine Tätigkeit eine Vergütung zusteht. Der Gesetzgeber hat in der Begründung ausdrücklich auf die Möglichkeit hingewiesen, daß der Treuhänder auf seine Vergütung verzichten kann. Dies ergibt sich aus den allgemeinen Rechtsgrundsätzen, so daß es hierzu keiner ausdrücklichen Regelung bedarf (BT-Drucks. 12/7302, S. 188).
Durch Abs. 2 wird mit dem Verweis auf § 64 InsO erreicht, daß die Festsetzung der Vergütung durch das Insolvenzgericht erfolgt. Gleichzeitig wird auch für die Treuhändervergütung nach § 293 InsO durch den Verweis auf § 65 InsO eine Verordnungsermächtigung geschaffen, die an die im Konkursrecht bewährte Regelung anknüpft, die Verwaltervergütung durch Rechtsverordnung festzulegen.

B. Gesetzliche Systematik

2 Abs. 1 Satz 1 entspricht im wesentlichen § 63 Abs. 1 Satz 1, der die Vergütung des Insolvenzverwalters regelt. Im bisherigen Recht war in der KO (§ 85) und der VglO (§ 42) in ähnlicher Weise der Vergütungsanspruch normiert. Damit unterscheiden sich die Regelungen zur Vergütung des Treuhänders von denen im Vormundschafts- und Betreuungsrecht, wo das gesetzliche System zunächst von einer unentgeltlichen Betreuung ausgeht (§ 1836 Abs. 1 BGB), von diesem Grundsatz aber zahlreiche Ausnahmen zuläßt (vgl. §§ 1836 Abs. 1 Satz 2, 1836 Abs. 2, 1908e, 1908g BGB).

Satz 2 läßt (vorbehaltlich des Abs. 2) grundsätzlich eine Ermessensentscheidung des Gerichts zu, wobei für die Bemessung der Höhe der Vergütung nicht wie bei § 63 Satz 2 InsO an den Wert der Masse angeknüpft wird, sondern an den Zeitaufwand des Treuhänders und den Umfang seiner Tätigkeiten.

Die Verweisung in Abs. 2 auf § 65 InsO stellt klar, daß auch bezüglich der Vergütungsverordnung für die Tätigkeit des Treuhänders eine Verordnungsermächtigung des Bundesministeriums der Justiz besteht. Dieser hat von der Ermächtigung Gebrauch gemacht und nach mehreren Entwürfen, die gerade im Bereich der Treuhändervergütung immer wieder verändert wurden, die Vergütung durch Verordnung vom 19. 8. 1998 festgelegt, die am 1. 1. 1999 in Kraft tritt (die InsVV ist unter Anhang IV abgedruckt; der 1. Entwurf vom 11. Januar 1994 ist abgedruckt im Anhang zu *Haarmeyer/Wutzke/Förster* VergVO/InsVV, der 2. Entwurf vom 29. 12. 1997 ist abgedruckt in ZInsO 1998, 19 ff.). 3

§ 293 InsO betrifft ausschließlich die Vergütung des Treuhänders für seine Tätigkeit in der Treuhandphase. Die Vergütung des Treuhänders als Verwalter im vereinfachten Insolvenzverfahren nach § 313 InsO wird durch den Verweis auf § 63 InsO geregelt (vgl. hierzu § 13 InsVV). 4

Die Bemessung der Gebühren liegt im Spannungsfeld zwischen einer größtmöglichen Gläubigerbefriedigung, der Gewährleistung einer qualitativ ausreichenden Betreuung und der Bezahlbarkeit des Verfahrens auch für einkommensschwache oder mittellose Schuldner. In Anbetracht der Tatsache, daß in einer großen Anzahl von Verbraucherinsolvenzverfahren keine besonders hohen Abtretungsbeträge zu erwarten sind und diese wegen der Regelung des § 114 Abs. 1 InsO obendrein noch in den ersten drei (Altfälle zwei) Jahren nach Eröffnung nicht an den Treuhänder fließen werden, erscheinen schon die Staffelsätze kaum als ausreichend, um die mit einer ordnungsgemäßen Betreuung verbundenen Kosten des Treuhänders zu decken (*Grote* ZInsO 1998, 107 [111]; *Bindemann* Handbuch Verbraucherkonkurs, 1997, Rz. 241). 5

Andererseits hat der Schuldner ein Interesse an einer möglichst geringen Mindestvergütung, die er aus seinem unpfändbaren Einkommen zu leisten hat, wenn er der Sanktion der Versagung der Restschuldbefreiung nach § 298 InsO entgehen will (s. § 298 Rz. 5). Viele Schuldner werden aber nur dann den langen Zeitraum von sieben Jahren durchstehen können, wenn der Treuhänder als Ansprechpartner zur Verfügung steht und ihnen bei den vielfältigen Ereignissen und Unwägbarkeiten des täglichen Lebens (Arbeitsplatzverlust, Wegfall eines Nebenverdienstes, Geburt eines Kindes) Hinweise zu den Auswirkungen auf die Restschuldbefreiung und der Vermeidung der Versagung geben kann (s. hierzu auch *Döbereiner* Restschuldbefreiung nach der InsO, 1997, 335). Auch der Schuldner hat also ein Interesse daran, daß der Treuhänder für seine Tätigkeit angemessen vergütet wird.

C. Vergütung für die Verwaltung

Die Vergütung des Treuhänders für die Verwaltungstätigkeit nach § 292 Abs. 1 InsO richtet sich gem. § 14 Abs. 1 InsVV staffelmäßig nach der Höhe der bei ihm eingegangenen Beträge. Hierbei lehnt sich der Verordnungsgeber an die Staffelsätze an, die für den Zwangsverwalter im Zwangsverwaltungsverfahren gelten (Begr. zu § 14 InsVV Anh. IV). Darüber hinaus sieht § 14 Abs. 3 InsVV eine Mindestvergütung für den Fall vor, daß keine oder nur geringe Beträge beim Treuhänder eingehen. 6

§ 293

Damit entfernt sich der Inhalt der Verordnung von der im Gesetz vorgesehenen Anknüpfung der Höhe der Vergütung an den Umfang und Zeitaufwand der Tätigkeit. Denn die Höhe der vereinnahmten Beträge steht nicht notwendigerweise in Relation zu dem mit der Betreuung verbundenen Aufwand. Dennoch hat sich der Verordnungsgeber zugunsten einer einfacheren Handhabung für die Summe der beim Treuhänder eingegangenen Beträge als Bemessungsgrundlage für die Vergütung entschieden.

7 Für die Verwaltung nach § 293 Abs. 1 InsO sieht § 14 InsVV folgende Vergütungen vor:

§ 14 InsVV

von den ersten 50 000 DM	5 v. H.
von dem Mehrbetrag bis 100 000 DM	3 v. H.
von dem darüber hinausgehenden Betrag	1 v. H.
Mindestvergütung pro Jahr	200 DM

Die Höhe der Prozentsätze ist gegenüber denen im 1. Entwurf deutlich reduziert worden. Dieser sah für die ersten 50 000 DM (in diesem Staffelbereich dürfte der Großteil der Gebühren anfallen), noch den doppelten Satz von 10 % vor. Die Begründung des Verordnungsgebers für diesen niedrigen Satz, der sich an der Vergütung des Zwangsverwalters vom 06. 02. 1970 orientieren soll (BGBl. I S. 185, abgedruckt bei *Mohrbutter/Drischler/Radtke/Tiedemann* Die Zwangsversteigerungs- und Zwangsverwaltungspraxis, 1990, 810 f.) vermag indes nicht zu überzeugen. Die Staffelsätze des § 14 InsO bleiben zum einen deutlich hinter dem Vorbild zurück und der Verordnungsgeber geht offenbar bei der Bemessung der Gebühr von einem sehr viel eingeschränkteren als dem unter § 292 (Rz. 4 ff.) beschriebenen Tätigkeits- und Verantwortungsumfang des Treuhänder aus. Die Höhe der Mindestvergütung nach § 14 Abs. 2 InsVV in Höhe von DM 200 kann als ein tragfähiger Kompromiß zwischen den verschiedenen Interessen (Rz. 5) angesehen werden, wobei allenfalls eine Mischkalkulation mit »massestärkeren« Verfahren zur kostendeckenden Vergütung eines professionellen Treuhänders führen kann (die Bundesrechtsanwaltskammer schlägt in ihrer Stellungnahme eine Erhöhung der Mindestvergütung auf 800 DM vor, ZInsO 1998, 26 [32]).

8 Maßgebend für die Ermittlung der Bemessungsgrundlage der Vergütungssätze sind nicht nur die Beträge, die der Treuhänder aufgrund der Abtretung des Schuldners erhält, sondern auch die weiteren, etwa aufgrund einer Erbschaft des Schuldners oder nach § 295 Abs. 2 InsO bei ihm eingegangenen Beträge. Die Abrechnung findet jeweils nach Ablauf eines Kalenderjahres seit dem Beginn der Treuhandphase statt. Ein Mittelwert wird hierbei nicht gebildet, die Vergütung richtet sich nur nach den Beträgen, die der Treuhänder im vorangegangenen Jahr vereinnahmt hat. Der Treuhänder darf auch nicht etwa eine ausstehende Mindestvergütung aus dem Vorjahr den Beträgen des nächsten Jahres entnehmen, wenn der Schuldner dann wieder zu pfändbarem Einkommen gelangt ist.

9 Der Treuhänder kann auf seine Vergütung verzichten. Diese Möglichkeit hat der Gesetzgeber im Gesetzgebungsverfahren besonders betont, um das Verfahren möglichst kostengünstig gestalten zu können (BT-Drucks. 12/2443, S. 191). Auf eine ausdrückliche Regelung hat er jedoch verzichtet, da sich die Möglichkeit des Verzichts aus den allgemeinen Regelungen ergibt (BT-Drucks. 12/2443, a. a. O.). Der Treuhänder kann den Verzicht auf seine Vergütung jederzeit ganz oder teilweise erklären. Erklärt er den Verzicht bereits vor Beginn seines Amtes, so kann das Gericht die Unentgeltlichkeit der Verwaltung bereits im Ankündigungsbeschluß der Restschuldbefreiung nach § 291 InsO festsetzen. Hierdurch wird sowohl für die Gläubiger, als auch für den Schuldner Rechts-

Vergütung des Treuhänders § 293

klarheit geschaffen und verhindert, daß sich der Schuldner bei einem Sinneswandel des Treuhänders einem Versagungsantrag aus § 298 InsO ausgesetzt sieht. Der Rechtsgedanke des § 16 Abs. 1 Satz 1 InsVV, der bezüglich der Höhe des Stundensatzes schon vor Beginn der Treuhandphase Rechtsklarheit schaffen soll (Begr. zu § 16 InsVV Anh. IV) ist wegen der vergleichbaren Interessenlage insoweit entsprechend anzuwenden.

Die Mindestvergütung in Höhe von DM 200 wird nach Ablauf eines jeden Jahres der **10** Treuhandphase fällig und zwar unabhängig davon, in welchem Umfang der Treuhänder während dieser Zeit tatsächlich Verwaltungsaufgaben wahrgenommen hat oder nicht (a. A. *Krug* Verbraucherkonkurs – KTS Schriften zum Insolvenzrecht 7, 1998, 138). Zur Frage der Deckung der Mindestvergütung durch Prozeßkostenhilfe s. § 298 Rz. 6 ff. und § 286 Rz. 45 ff..

D. Vergütung für die Überwachung

Vergütung für die Überwachungstätigkeit des Treuhänders, die nur bei besonderem **11** Auftrag der Gläubigerversammlung stattfindet, soll nach Zeitaufwand erfolgen. Die Festsetzung der Vergütung hierfür soll jedoch nicht der Parteiautonomie des rechtsgeschäftlich strukturierten Überwachungsauftrags (s. § 292 Rz. 17) überlassen bleiben, sondern auch durch das Gericht festgesetzt werden (vgl. zur Unzulässigkeit privatrechtlicher Vergütungsvereinbarungen zwischen Treuhänder und Gläubigern *Döbereiner*, a. a. O., S. 354). Hierbei will der Verordnungsgeber die Gebührenhöhe für den Regelfall auf zweifache Art begrenzen, zum einen durch die Festlegung eines Stundensatzes (§ 15 Abs. 1 InsVV), zum anderen durch die Deckelung des Gesamtbetrages der Überwachungsgebühren (§ 15 Abs. 2 InsVV).

Für die Überwachung des Schuldners nach § 292 Abs. 2 InsO sieht § 15 InsVV eine **12** Regelvergütung von DM 25 pro Stunde vor. Die Verordnung lehnt sich hierbei offensichtlich an die Regelung zur Entschädigung von Zeugen an, in der ein Höchstsatz von DM 25 pro Stunde festgesetzt ist (§ 2 Abs. 2 S. 1 ZuSEG). Dieser Satz ist auch Grundlage für die Vergütung eines Berufsvormundes oder -betreuers gem. § 1836 Abs. 2 BGB, wobei der Stundensatz dort unter bestimmten Umständen verdreifacht oder gar verfünffacht werden kann, was in der Praxis bei einem Berufsbetreuer üblich ist (vgl. *BayOLG* EzFamRZ aktuell 21/1997, 331 und 333; *Palandt/Diederichsen* § 1836 Rz. 17 ff.). Der Stundensatz von DM 25 für die Überwachungstätigkeit stellt bloß einen Richtwert dar, der den Umständen des Einzelfalls angepaßt werden kann (Begr. zu § 15 InsVV Anh. IV). Es besteht daher die Möglichkeit, daß das Gericht, das die Vergütung nach § 64 InsO festsetzt (s. hierzu § 64 Rz.), einen abweichenden Stundensatz bestimmt. Maßgebend für die Ermessensentscheidung des Gerichts dürfte aber nicht der im Einzelfall erforderliche Umfang der Überwachungstätigkeit sein, weil dies nur Auswirkungen auf die Anzahl der erforderlichen Überwachungsstunden und damit auf die Höhe der Gesamtvergütung haben kann (a. A. wohl *Smid/Krug/Haarmeyer* InsO, § 293 Rz. 4). Entsprechend der zu § 1836 BGB entwickelten Rspr. zur Höhe des Stundensatzes eines Berufsvormundes/Betreuers wird man vielmehr auf die Anforderungen abstellen, die an die Qualifikation des Treuhänders für die im konkreten Fall erforderliche Überwachungstätigkeit zu stellen sind (vgl. *Palandt/Diederichsen* § 1836 Rz. 10 mit umfangreichen Nachweisen aus der Rspr.). Ein Entscheidungskriterium des Richters wird neben der in der Verordnung vorgesehenen Regelvergütung aber auch das Votum der Gläubigerversammlung sein, da die Zahlung der Vergütung in jedem Fall zu Lasten der Gläubiger geht (a. A. wohl *Hess/Obermüller* Insolvenzplan, 1998, Rz. 1043).

13 Insgesamt ist der Kostenumfang für die Überwachung durch § 15 Abs. 2 InsVV auf den Betrag begrenzt, der nach § 14 InsVV für die Verwaltung anfällt (zu den Auslagen für die Überwachungstätigkeit unten Rz. 15). Aus der Komplettverweisung ergibt sich, daß auch die Regelung für die Mindestvergütung die Obergrenze für die Überwachungsvergütung darstellt. Wenn beim Treuhänder nur geringe oder keine Beträge eingehen dürfen die Überwachungskosten im Regelfall den Betrag von DM 200 nicht überschreiten.

Durch die Deckelung soll verhindert werden, daß die Vergütung für die Überwachung in eine Höhe steigt, die für den Gläubiger nicht vorhergesehen werden kann (Begr. zu § 15 InsVV Anh. IV). Die Anknüpfung an § 14 InsVV erscheint indes kaum nachvollziehbar, da die Höchstgrenze ausgerechnet dann am niedrigsten ist, wenn eine Überwachung am ehesten erforderlich scheint, weil der Schuldner erwerbslos ist und sich um eine Erwerbstätigkeit bemühen muß. § 293 Abs. 2 Satz 2 wird aber an dieser Stelle den privatautonomen Elementen des Überwachungsauftrags gerecht, in dem der Gläubigerversammlung gestattet wird, abweichend einen anderen Höchstbetrag festzulegen.

14 Die Entscheidung der Gläubigerversammlung, die Deckelungshöhe abweichend festzulegen oder auch ganz wegfallen zu lassen, unterliegt nicht der gerichtlichen Kontrolle. Das Gericht hat die Abweichung von der Regelvergütung in seinem Ankündigungsbeschluß nach § 291 InsO deklaratorisch festzustellen, damit auch der Treuhänder während seiner Tätigkeit in der Lage ist, festzustellen, ob die Höchstgrenze erreicht ist, um seine Überwachungstätigkeit rechtzeitig einschränken zu können (vgl. die Begr. zu § 16 InsVV Anh. IV).

E. Auslagenerstattung

15 Der Treuhänder hat Anspruch auf Erstattung der ihm entstandenen Auslagen. Als Auslagen sind vor allem Kosten für Porto, Telefon, Kopien, Zustell- und notwendige Reisekosten anzusehen (vgl. § 4 Abs. 2 InsVV, dessen Wertung hier zur Abgrenzung heranzuziehen ist; *Smid/Krug/Haarmeyer* InsO, § 293 Rz. 5 m. w. N.; *Kilger/Karsten Schmidt* § 85 1.g). Hiervon sind die nicht erstattungsfähigen allgemeinen Geschäftsunkosten zu unterscheiden. Dazu gehören der Büroaufwand des Treuhänders einschließlich der Gehälter seiner Angestellten (vgl. § 4 Abs. 1 Satz 1 InsVV, sowie die Kosten einer Haftpflichtversicherung § 4 Abs. 3 InsVV). *Uhlenbruck* (s. *Kuhn/Uhlenbruck* KO, § 85 Rz. 10) will Porto-, Telefon- und Kopierkosten regelmäßig unter den Begriff der allgemeinen Geschäftskosten subsumiert wissen und insoweit keine Erstattungsfähigkeit annehmen. Diese Auffassung läßt sich allerdings angesichts der geringen Sätze jedenfalls im Bereich der Treuhändervergütung nicht halten. Soweit der Treuhänder umsatzsteuerpflichtig ist, wird die anfallende Umsatzsteuer zusätzlich erstattet (§ 16 Abs. 1 Satz 4 i. V. m. § 7 InsVV). Die Auslagen sind zu erstatten, wenn sie angemessen und nachgewiesen sind (*Haarmeyer/Wutzke/Förster* VergVO/InsVV, § 5 Rz. 4). Als Angemessenheitskriterien können die von der Literatur und Rspr. zu den §§ 670, 675 BGB entwickelten Kriterien herangezogen werden, weil diese als allgemein gültiger Maßstab für die Kontrolle der Aufwendungen von Vermögensverwaltern anerkannt sind (*Eickmann* VergütVO, 1997, § 5 Rz. 4; vgl. insoweit *Palandt/Thomas* § 670 Rz. 2 ff.).

16 Auch Aufwendungen, die der Treuhänder für eine notwendige Rechtsverfolgung aufzubringen hat, um den Anspruch aus der Abtretung gegen den Entgeltschuldner oder scheinbar bevorrechtigte Dritte durchzusetzen (vgl. § 292 Rz. 6 ff.), sind als Auslagen

Vergütung des Treuhänders § 293

erstattungsfähig (zum Anspruch des Treuhänders auf Prozeßkostenhilfe s. o. § 292 Rz. 8). Im bisherigen Konkursrecht wurden Rechtsverfolgungskosten als Masseschulden angesehen, die nicht als Auslagen festsetzbar waren (*Kuhn/Uhlenbruck* § 85 Rz. 9 a, § 59 Rz. 5 a). Im Restschuldbefreiungsverfahren besteht jedoch keine Masse mehr, sondern nur das vom Treuhänder verwaltete Vermögen. Da § 293 InsO dem Treuhänder nur einen Anspruch auf Vergütung und Auslagenerstattung gewährt, muß der Auslagenbegriff hier weiter gefaßt werden, so daß auch notwendige Rechtsverfolgungskosten als nach § 293 InsO erstattungsfähige Auslagen anzuerkennen sind.

Auslagen hat der Treuhänder gem. § 16 Abs. 1 Satz 3 InsVV im einzelnen nachzuweisen **17** und zu belegen. Die Erleichterung nach § 8 Abs. 3 InsVV, die es dem Insolvenzverwalter neuerdings gestattet, Pauschsätze für seine Auslagen abzurechnen, ist für den Treuhänder nicht übernommen worden. Damit hat sich der Verordnungsgeber für ein aufwendiges und bürokratisches Verfahren entschieden, von dem der Gesetz – und Verordnungsgeber in anderen Bereichen gerade abgerückt war (vgl. die alte Fassung der Verordnung über die Vergütung des Konkursverwalters in der Fassung vom 11. 06. 1970; vgl. auch § 1836 a BGB, der dem ehrenamtlichen Betreuer einen pauschalierten Aufwendungsersatz gestattet). Für den Treuhänder bleibt insoweit die Rechtslage bestehen, die bisher für den Konkursverwalter galt. Aber auch nach bisherigem Recht schloß die Verpflichtung zum Einzelnachweis nicht aus, daß innerhalb einzelner Auslagengruppen (z. B. Porti, Telefon, Kopien, etc.) dort ein pauschaler Erfahrungssatz anerkannt wurde, wo Einzelnachweise nur schwer oder besonders aufwendig beschafft werden konnten (*LG Mönchengladbach* ZIP 1986, 1588 [1590]; *Eickmann* VergVO, 1997, § 5 Rz. 3; a. A. wohl *Uhlenbruck*, a. a. O., § 85 Rz. 10)

Der Treuhänder darf die Vergütungsbeträge für den bereits verdienten Teil der von ihm **18** verwalteten Vermögensmasse als Vorschuß entnehmen (§ 16 Abs. 2 InsVV; *Hess/ Obermüller* a. a. O., Rz. 1029). Dies ist schon deshalb gerechtfertigt, weil der Vergütungsanspruch bereits mit der Arbeitsleistung entsteht (*BGH* ZIP 1992, 120 [123], für den Vergütungsanspruch des Konkursverwalters). Vor einem Mißbrauch dieser Regelung schützt die Aufsicht des Treuhänders nach §§ 292 Abs. 3 Satz 2 i. V. m. §§ 58, 59 InsO (vgl. Begründung InsVV zu § 16 Anh. IV).

§ 16 Abs. 2 InsVV sieht – abweichend von § 9 InsVV allerdings nicht vor, daß der **19** Treuhänder auch bzgl. seiner Auslagen Vorschüsse aus den eingehenden Beträgen entnehmen darf. Dies ist mißlich, da eine Festsetzung der Auslagen erst am Ende der Treuhändertätigkeit erfolgen soll und somit ein Zeitraum von bis zu sieben Jahren bis zur Auslagenerstattung vergehen kann. Da auch keine Rücklagenbildung vorgesehen ist, läuft der Treuhänder zudem Gefahr, daß die im letzten Jahr eingegangenen Beträge nicht ausreichend sind, um den aufgelaufenen Auslagenanspruch zu decken. In Anbetracht der Tatsache, daß durchaus in nicht unerheblichem Maße Auslagen anfallen können (z. B. für eine Rechtsverfolgung des Abtretungsanspruchs, vgl. § 292 Rz. 6 ff.) und der Gesetzgeber gar von einem unentgeltlich arbeitenden Treuhänder ausgeht, ist diese Regelung lückenhaft. Der Rechtsgedanke des § 9 Abs. 2 InsVV, der eine Sonderregelung für den Anfall besonders hoher Auslagen vorsieht, ist insoweit analog anzuwenden, mit der Maßgabe, daß das Gericht auf Antrag des Treuhänders die Zustimmung zur Entnahme eines Auslagenvorschusses erteilen soll, wenn – verhältnismäßig – besonders hohe Auslagen erforderlich werden.

F. Verfahrensrechtliches

20 Das Gericht setzt die Vergütung für den Treuhänder durch Beschluß am Ende des Abtretungszeitraums fest (Abs. 2 . i. V. m. § 64 Abs. 1 InsO). Die Festsetzung der Höhe des Stundensatzes soll abweichend hiervon nach § 16 InsVV bereits bei der Bestellung des Treuhänders stattfinden, wenn dieser den Überwachungsauftrag von der Gläubigerversammlung erhalten hat. Hierdurch soll erreicht werden, daß für alle Beteiligten Klarheit besteht, welche Aufwendungen durch die Überwachung verursacht werden (Begr. zu § 16 InsVV Anh. IV). Zuständig für den Beschluß ist der Rechtspfleger (*Pape* Rpfleger 1995, 133 [138]). Der Beschluß ist öffentlich bekannt zu machen und dem Treuhänder, dem Schuldner und den Insolvenzgläubigern gesondert zuzustellen (Abs. 2 i. V. m. §§ 64, 65 InsO; *Döbereiner* a. a. O., S. 351).

§ 294
Gleichbehandlung der Gläubiger

(1) Zwangsvollstreckungen für einzelne Insolvenzgläubiger in das Vermögen des Schuldners sind während der Laufzeit der Abtretungserklärung nicht zulässig.
(2) Jedes Abkommen des Schuldners oder anderer Personen mit einzelnen Insolvenzgläubigern, durch das diesen ein Sondervorteil verschafft wird, ist nichtig.
(3) Gegen die Forderung auf die Bezüge, die von der Abtretungserklärung erfaßt werden, kann der Verpflichtete eine Forderung gegen den Schuldner nur aufrechnen, soweit er bei einer Fortdauer des Insolvenzverfahrens nach § 114 Abs. 2 zur Aufrechnung berechtigt wäre.

DiskE § 233, RefE § 233, RegE § 243, Rechtsausschuß § 346 i.

Inhaltsübersicht: Rz.

A. Normzweck	1– 3
B. Gesetzliche Systematik	4
C. Zwangsvollstreckungsverbot	5–25
I. Forderungen der Insolvenzgläubiger	5– 8
II. Forderungen anderer Gläubiger	9–15
III. Zeitlicher Anwendungsbereich	16–19
IV. Zwangsvollstreckungsmaßnahmen	20–22
V. Verfahren und Rechtsbehelfe	23–25
D. Sonderabkommen	26–34
I. Abschluß	26–30
II. Sondervorteil	31–33
III. Rechtsfolge	34
E. Aufrechnungsbefugnis	35–43
I. Aufrechnungslage	36–39
II. Aufrechnungsverbote	40–42
III. Frist	43

Gleichbehandlung der Gläubiger § 294

Literatur:

(siehe vor § 286, S. 1580)

A. Normzweck

Mit dem Verbot von Einzelzwangsvollstreckungen sichert § 294 Abs. 1 InsO den 1 Bestand der Haftungsmasse und das Prinzip der gleichmäßigen Befriedigung aller Insolvenzgläubiger. Als Ausdruck dieser allgemein bereits in § 89 InsO geregelten insolvenzrechtlichen Grundsätze sollen während der auch als Wohlverhaltensperiode bezeichneten Treuhandperiode die Befriedigungsaussichten der Gläubiger untereinander nicht durch Individualvollstreckungen verschoben werden. Zugleich eröffnet die Vorschrift dem Schuldner die Chance auf einen gewissen wirtschaftlichen Neubeginn. Einen weiteren Zweck bringt § 294 Abs. 1 InsO allerdings nur unzureichend zum Ausdruck. Durch das Vollstreckungsverbot – allein – für Insolvenzgläubiger werden zugleich auch die gesamtvollstreckungsrechtlichen Zugriffsrechte der Insolvenzgläubiger mit den einzelvollstreckungsrechtlichen Befugnissen der übrigen Gläubiger harmonisiert. An dieser Schnittstelle des Interessenausgleichs zwischen den Gläubigergruppen erweist sich § 294 Abs. 1 InsO vielfach als konkretisierungsbedürftig.

Verstärkt wird der Grundgedanke einer Gleichbehandlung der Gläubiger noch durch das 2 von Abs. 2 ausgesprochene, den allgemeinen Wirkungen des Insolvenzverfahrens in § 89 InsO fremde Verbot, freiwillige Vereinbarungen über Sonderleistungen mit einzelnen Insolvenzgläubigern zu treffen, doch schöpft diese Erklärung den Gehalt von Abs. 2 ebenfalls nur zum Teil aus. Angelehnt an den Gedanken aus § 181 Satz 3 KO und § 8 Abs. 3 VglO untersagt § 294 Abs. 2 InsO – wie auch § 226 Abs. 3 InsO – Sonderabkommen mit den Insolvenzgläubigern. Eine vollkommene Übereinstimmung mit den konkurs- und vergleichsrechtlichen Vorschriften besteht zwar nicht, denn diese Bestimmungen zielen darauf ab, ein durch verdeckte Sonderzusagen befördertes wohlwollendes Abstimmungsverhalten einzelner Insolvenzgläubiger zu unterbinden, wofür im Restschuldbefreiungsverfahren keine Parallele existiert. In durchaus vergleichbarer Weise soll aber § 294 Abs. 2 InsO verhindern, daß ein Insolvenzgläubiger durch das Versprechen von Sonderleistungen davon abgehalten wird, seine Antragsrechte der §§ 290 Abs. 1, 296 Abs. 1, 297 Abs. 1, 303 Abs. 1 InsO zu gebrauchen oder Rechtsmittel gegen die Erteilung der Restschuldbefreiung einzulegen. Das Verbot von Sonderabkommen beschränkt deshalb Zahlungsvereinbarungen auf ein rechtlich geordnetes Verfahren und sichert die Einhaltung der an den Schuldner für eine Schuldbefreiung gestellten Anforderungen.

Grundsätzlich verdient im Insolvenz- wie im Restschuldbefreiungsverfahren das Vertrauen auf eine noch entstehende Aufrechnungslage Schutz. Um aber den Bestand der Haftungsmasse und eine gleichmäßigere Behandlung der Gläubiger zu sichern, erstreckt Abs. 3 die im Insolvenzverfahren geltenden Aufrechnungsbeschränkungen aus § 114 Abs. 2 InsO insbesondere für den Arbeitgeber des Schuldners auf die Treuhandperiode. Deswegen bleibt der Verpflichtete nur für einen Zeitraum von maximal drei Jahren nach Eröffnung des Insolvenzverfahrens zur Aufrechnung berechtigt. Nach Ablauf der dreijährigen Frist wird auch ein berechtigtes Vertrauen auf die Aufrechnungslage zugunsten der gleichmäßigen Gläubigerbefriedigung zurückgestellt (zur Interessenlage *Schmidt-Räntsch* KS, 1177 Rz. 21). 3

B. Gesetzliche Systematik

4 Nach der Ankündigung der Restschuldbefreiung hebt das Gericht das Insolvenzverfahren auf, § 289 Abs. 2 Satz 2 InsO. Damit enden die im Insolvenzverfahren bestehenden Beschränkungen der Gläubigerrechte, §§ 89 ff., 200 Abs. 1 InsO. Für die Treuhandzeit, den zweiten Abschnitt des Restschuldbefreiungsverfahrens, ist daher zur Sicherung eines erfolgreichen Restschuldbefreiungsverfahrens eine erneute Einschränkung der Gläubigerrechte erforderlich, die von § 294 Abs. 1 InsO angeordnet wird. § 294 Abs. 1 InsO führt damit den Gedanken aus § 89 InsO, nicht aber den aus § 210 InsO fort. Außerdem ordnet § 294 Abs. 2 InsO die Nichtigkeit von Sonderabkommen an und ergänzt damit die Obliegenheit aus § 295 Abs. 1 Nr. 4 InsO.

C. Zwangsvollstreckungsverbot

I. Forderungen der Insolvenzgläubiger

5 Während des Insolvenzverfahrens gewährleistet das Vollstreckungsverbot aus § 89 Abs. 1, 2 Satz 1 InsO, s. a. §§ 21 Abs. 2 Nr. 3, 88 InsO, den Bestand der Haftungsmasse und die gleichmäßigen Befriedigungsaussichten der Insolvenzgläubiger. Da dieses Verbot durch die Aufhebung des Insolvenzverfahrens nach einer Ankündigung der Restschuldbefreiung endet, §§ 289 Abs. 2 Satz 2, 201 Abs. 1 InsO, sichert § 294 Abs. 1 i. V. m. 201 Abs. 3 InsO für die Treuhandzeit einen fortbestehenden Schutz vor Individualvollstreckungen. Nach dem beendeten Liquidationsverfahren verweist § 294 Abs. 1 InsO die Insolvenzgläubiger zur Befriedigung ihrer Interessen ausschließlich auf die Verteilungsregeln des Schuldbefreiungsverfahrens. Dennoch ist die Vorschrift nicht auf den dipolaren Interessenausgleich zwischen dem Schuldner und den Insolvenzgläubigern beschränkt. Da die Regelung eine Einzelzwangsvollstreckung der anderen Gläubiger nicht verwehrt, grenzt sie gleichermaßen die gemeinschaftlichen Befugnisse der Insolvenzgläubiger von den individualvollstreckungsrechtlichen Zugriffsmöglichkeiten der anderen Gläubiger und diese wieder von dem Schuldnerschutz ab. So tariert § 294 Abs. 1 InsO Universal- und Einzelexekution, Gläubigerinteressen und Schuldnerschutz aus, doch bleibt durch den begrenzten Regelungshaushalt manches unausgewogen.

6 Unzulässig ist die Zwangsvollstreckung eines Insolvenzgläubigers, also gemäß § 38 InsO eines persönlichen Gläubigers, der einen zur Zeit der Eröffnung des Insolvenzverfahrens begründeten Vermögensanspruch gegen den Schuldner besitzt, vgl. § 38 Rz. 1. Auf eine Forderungsanmeldung zur Tabelle kommt es dabei nicht an. Von dem Vollstreckungsverbot werden ebenfalls die Forderungen der nachrangigen Insolvenzgläubiger erfaßt, da ihre Forderungen nach § 39 InsO in das Insolvenzverfahren einbezogen werden (vgl. *Landfermann* KS, 127 Rz. 32; *Vallender* ZIP 1997, 1993 [1998]). Nach bisherigem Recht waren dagegen solche Forderungen, wie etwa die seit Konkursbeginn auf Konkursforderungen entfallenden Zinsen, gemäß §§ 63 KO, 29 VglO, anders aber § 226 Abs. 2 KO, von der Teilnahme am Konkursverfahren ausgeschlossen. Während des Konkursverfahrens konnten sie jedoch eingeklagt (vgl. *Kuhn/Uhlenbruck* KO, § 12 Rz. 1 b) und es durfte ihretwegen auch die Zwangsvollstreckung in das konkursfreie Vermögen betrieben werden (*Hess* KO, § 63 Rz. 5; *Kilger/Karsten Schmidt* KO, § 63 Anm. 1). Die gleichen Beschränkungen, die für die Insolvenzgläubiger bestehen, gelten gemäß § 404 BGB für ihre Rechtsnachfolger durch rechtsgeschäftlichen und gesetzlichen, § 412 BGB, Forderungsübergang.

Erhebt ein Insolvenzgläubiger einen erst nach der Eröffnung des Insolvenzverfahrens 7
entstandenen anderen Vermögensanspruch, macht etwa ein Unterhaltsgläubiger mit
rückständigen Forderungen aus der Zeit vor der Eröffnung des Insolvenzverfahrens
einen nach diesem Termin entstandenen zusätzlichen Anspruch geltend, so handelt er als
Neugläubiger, vgl. § 40 InsO (*Kohte* KS, 615 Rz. 33).

Während des Insolvenzverfahrens gehört das gesamte pfändbare Vermögen des Schuld- 8
ners einschließlich des Neuerwerbs zur Insolvenzmasse, §§ 35, 36 InsO, in die
Zwangsvollstreckungen einzelner Insolvenzgläubiger gemäß § 89 Abs. 1 InsO unzulässig sind. Im Verlauf der Treuhandperiode, also für die Zeit nach der Aufhebung des
Insolvenzverfahrens, verbietet § 294 Abs. 1 InsO Zwangsvollstreckungen zugunsten
einzelner Insolvenzgläubiger in das pfändbare Vermögen des Schuldners. Dieses Vollstreckungsverbot erstreckt sich auf die Gegenstände aus der Insolvenzmasse, von deren
Verwertung der Treuhänder gegen Zahlung eines entsprechenden Betrags nach § 314
Abs. 1 Satz 1, 2 InsO abgesehen hat, auf den gesamten Neuerwerb sowie auf nachträglich
ermittelte Gegenstände aus der Masse, die nur im Wege der Nachtragsverteilung zu
verwerten sind (*Hess/Obermüller* Insolvenzplan, Restschuldbefreiung und Verbraucherinsolvenz, Rz. 1066; *Wittig* WM 1998, 157, 209 [223]). Es gilt gleichermaßen für die
laufenden Bezüge des Schuldners einschließlich der nach § 292 Abs. 1 Satz 3 InsO an
ihn abzuführenden Beträge wie die Einkünfte aus selbständiger Tätigkeit. Ebenso
umfaßt es auch das von Todes wegen oder mit Rücksicht auf ein künftiges Erbrecht bzw.
in sonstiger Weise erworbenes Vermögen. Nach dem Wortlaut der Norm ist damit auch
eine Pfändung der Unterhalts- aber auch der Deliktsgläubiger für ihre vor Eröffnung des
Insolvenzverfahrens entstandenen Insolvenzforderungen, vgl. § 40 InsO, in den ihnen
nach § 850d, 850f Abs. 2 ZPO vorbehaltenen Bereich ausgeschlossen. Trotzdem wird
ihre Vollstreckung entsprechend dem Grundgedanken aus § 89 Abs. 2 Satz 2 InsO (zu
diesem *Kohte* KS, 615 Rz. 59ff.) zuzulassen, § 294 Abs. 1 InsO also teleologisch zu
begrenzen sein. Konkursrechtlich umstritten sind die Folgen einer Zwangsvollstreckung
in das Auslandsvermögen des Schuldners (vgl. *Kuhn/Uhlenbruck* KO, § 14 Rz. 1 aff.),
eine durch die zunehmende Verbreitung von Teilzeitwohnrechten selbst für Verbraucherinsolvenzen nicht auszuschließende Konstellation. Nach der Rechtsprechung besteht
hier eine Herausgabepflicht des durch die Zwangsvollstreckung Erlangten (BGHZ 88,
147 [150 ff.]). Andere als die in das Insolvenzverfahren einbezogenen Vermögensansprüche (zum Begriff der Insolvenzforderung *Haarmeyer/Wutzke/Förster* Handbuch,
Rz. 7/9 ff.), wie etwa höchstpersönliche Ansprüche, werden nicht von dem Vollstreckungsverbot erfaßt.

II. Forderungen anderer Gläubiger

Neugläubiger können ihre Forderungen während des Insolvenzverfahrens einklagen, 9
doch wird regelmäßig für die Dauer des Insolvenzverfahrens kein zur Vollstreckung
geeignetes freies Vermögen vorhanden sein (*Landfermann* KS, 127 Rz. 41). Ausdrücklich sind ihnen während dieser Verfahrensdauer allerdings Zwangsvollstreckungen in
künftige Bezüge aus einem Dienstverhältnis des Schuldners verwehrt, es sei denn es
handelt sich um einen neuen Unterhaltsanspruch oder eine neue Forderung aus einer
vorsätzlichen unerlaubten Handlung, § 89 Abs. 2 Satz 1, 2 InsO. Mit dem Insolvenzverfahren endet aber auch dieses Vollstreckungshindernis. § 294 Abs. 1 InsO stellt für
Neugläubiger kein Vollstreckungsverbot auf, weshalb für sie während der Treuhandperiode keine Vollstreckungsbeschränkungen bestehen.

10 Neugläubiger können deshalb in die Gegenstände aus der Insolvenzmasse vollstrecken, von deren Verwertung der Treuhänder gegen Zahlung eines entsprechenden Betrags nach § 314 Abs. 1 Satz 1, 2 InsO abgesehen hat. In diesen Fällen hat der Schuldner möglicherweise unabhängig von seinen eigenen Vorstellungen (vgl. aber § 314 Rz. 15) aus seinem unpfändbaren Einkommen oder mit der Hilfe Dritter einen dem Wert der Masse entsprechenden Betrag leisten müssen. Dann ist eine mit dem Zweck der insolvenzrechtlichen Vorschriften kollidierende und zugleich den Schutz des unpfändbaren Einkommens aushöhlende Vollstreckung der Neugläubiger während der Treuhandperiode in diese Gegenstände nicht auszuschließen. Wegen dieses Vollstreckungsrisikos sollte eine Entscheidung nach § 314 Abs. 1 Satz 1 InsO nicht gegen den Willen des Schuldners getroffen werden.

11 Außerdem sind die Neugläubiger auch während der Treuhandperiode befugt, die Zwangsvollstreckung in künftige Lohnansprüche des Schuldners zu betreiben. Abgesehen von einer Rangsicherung wird aber eine solche Maßnahme aufgrund der vorrangigen Abtretung an den Treuhänder zunächst keine Wirkung entfalten (*Vallender* ZIP 1997, 1993 [2000]). Gegebenenfalls kann der Treuhänder der Lohnpfändung eines Neugläubigers mittels der Drittwiderspruchsklage aus § 771 ZPO entgegentreten (*Wittig* WM 1998, 157, 209 [214]). Wegen neuer Unterhaltsansprüche oder einer neuen Forderung aus einer vorsätzlichen unerlaubten Handlung ist aber gemäß den §§ 850d, 850f Abs. 2 ZPO ein Zugriff auf den für andere Gläubiger unpfändbaren Teil der Einkünfte möglich (Begründung zu § 100 RegE, BR-Drucks., 1/92, 137f.; *Landfermann* KS, 127 Rz. 41; *Forsblad* Restschuldbefreiung, 261). Geht der Anspruch, der eine solche Bevorrechtigung begründet, etwa nach den §§ 1607 Abs. 2 Satz 2, 1608 Satz 3, 1615b BGB, 91 BSHG, 94 Abs. 3 SGB VIII, 7 UVG oder 37 BAFöG auf einen Dritten über, so ist umstritten, ob das Pfändungsvorrecht nach § 850d ZPO gemäß §§ 412, 401 Abs. 2 BGB mit übergeht, was nach Fallgruppen und Normzweck zu bestimmen sein wird (*BAG* NJW 1971, 2094; *Smid* in MünchKomm/ZPO, § 850d Rz. 6f.; *Stein/Jonas/Brehm* ZPO, § 850d Rz. 11ff.).

12 Den nach § 292 Abs. 1 Satz 3 InsO nach Ablauf von vier und mehr Jahren von dem Treuhänder an den Schuldner abzuführenden Bonus können die Neugläubiger ebenfalls pfänden und sich überweisen lassen.

13 Vor allem bei dem Zugriff auf den sonstigen Neuerwerb ist es nur unvollständig gelungen, die kollidierenden Befriedigungsinteressen der Insolvenzgläubiger einerseits mit den Haftungsinteressen der Neugläubiger andererseits auszugleichen. Allein die dem Treuhänder nach § 287 Abs. 2 Satz 1 InsO abgetretenen Forderungen sind definitiv den Insolvenzgläubigern zugewiesen und einer Einzelvollstreckung der anderen Gläubiger entzogen. In die sonstige gemeinschaftliche Haftungsmasse der Insolvenzgläubiger können dagegen auch Neu- und andere Gläubiger vollstrecken. Das nach § 295 Abs. 1 Nr. 2 InsO zur Hälfte des Werts an den Treuhänder herauszugebende von Todes wegen oder mit Rücksicht auf ein zukünftiges Erbrecht erworbene Vermögen ist ebensowenig vor dem einzelvollstreckungsrechtlichen Zugriff der anderen Gläubiger geschützt wie die Einkünfte aus einer selbständigen Tätigkeit, aus denen der Schuldner nach § 295 Abs. 2 InsO seine Zahlungen an den Treuhänder zu erbringen hat. Eine vollstreckungsrechtlich bindende Zuweisung dieses Vermögens an eine Gläubigergruppe erfolgt gerade nicht. Auch die Parallele zwischen § 771 Abs. 1 ZPO und § 47 InsO (RGZ 79, 121 [122], zu § 43 KO) bestätigt, daß noch keine Rechtsposition außerhalb des Schuldnervermögens geschaffen ist. In systematisch wenig befriedigender Weise entscheidet dann letztlich der Schuldner darüber, welcher Gläubigergruppe die Vermögensposition zufällt. Unter dem Druck einer drohenden Obliegenheitsverletzung vermag der Schuldner aufgrund seiner Kenntnisse durch eine frühzeitige Übertragung auf den Treuhänder einer drohenden Zwangsvollstreckung häufig zu begegnen, doch ist dies keineswegs sichergestellt. Vollstreckt ein Neugläubiger in das treuhänderisch gehaltene Vermögen, steht dem Treuhänder die Erinnerung zu, § 766 ZPO. Bei einem Streit darüber, ob der Vollstreckungsgegenstand zu dem treuhänderischen oder ob er zum freien Vermögen gehört, ist dem Treuhänder die Drittwiderspruchsklage gemäß § 771 ZPO eröffnet (*Häsemeyer* Insolvenzrecht, Rz. 26.47, 26.54).

Massegläubiger gemäß § 53 InsO werden im Insolvenzverfahren allein in engen Grenzen an einer Zwangsvollstreckung in die Insolvenzmasse gehindert, § 90 InsO. Im Restschuldbefreiungsverfahren kann wegen sog. gewillkürter Masseverbindlichkeiten uneingeschränkt vollstreckt werden. Auch wegen sog. oktroyierter Masseverbindlichkeiten ist eine Vollstreckung möglich, denn der auf sechs Monate befristete Vollstreckungsschutz wird abgelaufen sein (*Helwich* DGVZ 1998, 50). **14**

Aussonderungsberechtigte Gläubiger sind hinsichtlich ihres Aussonderungsanspruchs keine Insolvenzgläubiger und deswegen nicht von dem Zwangsvollstreckungsverbot betroffen. Ihre Herausgabeansprüche können sie auch zwangsweise durchsetzen. Deswegen ist der Herausgabeanspruch des Vermieters gegen den Mieter aus den §§ 985, 556 Abs. 1 BGB weiterhin im Wege der Zwangsvollstreckung zu realisieren (*BGH* NJW 1994, 3232 [3233]; s.a. *LG Hannover* DGVZ 1990, 170; *Jaeger/Henckel* KO, § 19 Rz. 62). Die Zwangsvollstreckung absonderungsberechtigter Gläubiger ist allerdings nur eingeschränkt nach den §§ 50ff., 166ff. InsO bei Mobiliarsicherheiten bzw. den §§ 49, 165 InsO, 30dff., 153bf. ZVG bei Immobiliarsicherheiten zulässig (*Vallender* ZIP 1997, 1993 [2001]; *Uhlenbruck* InVo 1996, 85 [90]; zu Zwangshypothek, Zwangsversteigerung und Zwangsverwaltung *Helwich* DGVZ 1998, 50 [52ff.]). **15**

III. Zeitlicher Anwendungsbereich

Das Zwangsvollstreckungsverbot des § 294 Abs. 1 InsO beginnt mit der Laufzeit der Abtretungserklärung, die wiederum an die Aufhebung des Insolvenzverfahrens einschließlich des dort gemäß § 89 Abs. 1 InsO bestehenden Vollstreckungsverbots gekoppelt ist. Beide Akte treffen unmittelbar zusammen, weshalb zwischenzeitlich weder eine Verstrickung noch ein Pfändungspfandrecht entstehen kann. Ein vor der Eröffnung des Insolvenzverfahrens und dem Eintritt der Rückschlagsperre gemäß § 88 InsO durch Zwangsvollstreckung erworbenes Pfändungspfandrecht an einer beweglichen Sache oder eine Zwangshypothek an einem Grundstück wird durch das Vollstreckungsverbot nach § 294 Abs. 1 InsO nicht berührt. **16**

Das Ende des Vollstreckungsverbots ist dagegen nur scheinbar eindeutig geregelt. Zwangsvollstreckungen während der Laufzeit der Abtretungserklärung erklärt § 294 Abs. 1 InsO für unzulässig. Der Schluß, daß mit dem Ablauf der für die Abtretungserklärung bestimmten siebenjährigen bzw. gemäß Art. 107 EGInsO fünfjährigen Dauer auch das Vollstreckungsverbot endet, liegt zwar nahe, ist aber weder logisch zwingend noch ausdrücklich bestimmt und führt auch zu kaum sachgerechten Resultaten. Wenn das Vollstreckungsverbot mit der Laufzeit der Abtretungserklärung endet, aber die Durchsetzbarkeit der Forderung erst durch die anschließend erteilte Restschuldbefreiung aufgehoben wird, §§ 300 Abs. 1, 286 InsO, dann sind Zwangsvollstreckungen in der Zwischenzeit nicht untersagt. Für den Gläubiger einer nach § 303 InsO privilegierten Forderung mag dies berechtigt erscheinen, doch widerspricht es bei allen anderen Insolvenzgläubigern der klaren gesetzlichen Wertung. Nach der Liquidation des Schuld- **17** nervermögens soll ihnen nur noch der vom Treuhänder zu verteilende Betrag zufließen. Am Ende des von dem insolvenzrechtlichen Prinzip der gleichmäßigen Gläubigerbefriedigung geprägten Restschuldbefreiungsverfahrens stünde sonst wieder der einzelvollstreckungsrechtliche Zugriff. Zudem könnten die Gläubiger ihre Befriedigungschancen erhöhen, wenn sie über Versagungsanträge die Erteilung der Restschuldbefreiung verzögern. Abgesehen davon, daß mit den zivilprozessualen Vorschriften zur Einstellung der Zwangsvollstreckung die kollektiven Anforderungen nicht zu bewältigen sind, bieten etwa die §§ 707, 719, 732, 769 ZPO auch keine geeignete Grundlage zur Einstellung. Als Steuerungsinstrument der gesamtvollstreckungsrechtlichen Zugriffsbefugnisse bedarf es deshalb einer insolvenzrechtlichen Lösung. Nach der Wertung des § 89 Abs. 1 InsO, der ein Vollstreckungsverbot bis zur Aufhebung des Insolvenzverfahrens begründet, und der Zielsetzung des § 294 Abs. 1 InsO, der unter Wahrung der Gleichbehandlung der Insolvenzgläubiger die Universal- und Einzelexekution aufeinander abstimmen soll, endet regelmäßig das Vollstreckungsverbot erst mit Erteilung der Restschuldbefreiung oder ihrer Versagung gemäß § 300 Abs. 2 InsO.

18 Nach § 299 InsO wird die Beschränkung der Gläubigerrechte und damit auch das Vollstreckungsverbot aus § 294 Abs. 1 InsO vorzeitig aufgehoben, wenn durch Entscheidungen gemäß den §§ 296 Abs. 1, 297 Abs. 1, 298 Abs. 1 InsO die Restschuldbefreiung versagt wird.

19 Zur Zwangsvollstreckung nach Erteilung der Restschuldbefreiung, § 301 Rz. 12, und nach Widerruf der Restschuldbefreiung, § 303 Rz. 23.

IV. Zwangsvollstreckungsmaßnahmen

20 Maßnahmen der Zwangsvollstreckung sind für die Dauer des Vollstreckungsverbots unzulässig (zum folgenden auch § 89 Rz. 9 ff.). Das zur Zuständigkeit des Insolvenzgerichts, § 202 Abs. 1 Nr. 1 InsO, gehörende Klauselerteilungsverfahren dient allerdings nur zu ihrer Vorbereitung, ist also noch kein Bestandteil des Vollstreckungsverfahrens (*Rosenberg/Gaul/Schilken* Zwangsvollstreckungsrecht, § 8 I 4). Ebenso gehören Umschreibungen von Vollstreckungstiteln und Zustellungen zu den zulässigen vorbereitenden Handlungen, sofern sie nicht wie die Zustellung eines Pfändungs- und Überweisungsbeschlusses an den Drittschuldner Vollstreckungswirkung entfalten (vgl. *Kuhn/Uhlenbruck* KO, § 14 Rz. 3; *Hess* KO, § 14 Rz. 8). Nach den einzelvollstreckungsrechtlichen Regeln setzt die Zwangsvollstreckung mit der ersten Vollstreckungshandlung eines Vollstreckungsorgans, z. B. der Verfügung des Gerichts, und nicht schon mit der Antragsstellung durch den Gläubiger ein (RGZ 53, 80 [82]; *Stein/Jonas/Münzberg* ZPO, vor § 704 Rz. 110 ff.; *Baumbach/Lauterbach/Albers/Hartmann* ZPO, Grundz. § 704 Rz. 51; *Kilger/Karsten Schmidt* KO, § 164 Anm. 3; a. A. *Rosenberg/Gaul/Schilken* Zwangsvollstreckungsrecht, § 44 I, mit Antragsstellung). An dieser Schnittstelle zwischen Einzel- und Gesamtvollstreckungsrecht ist aber sicherzustellen, daß nicht individualvollstreckungsrechtliche Wirkungen in das Insolvenzverfahren hineingetragen werden. Insbesondere darf durch eine verfrühte Antragsstellung nicht die Reihenfolge der Bearbeitung präjudiziert und damit die Priorität der folgenden Vollstreckungsmaßnahme vorher bestimmt werden.

21 Als Vollstreckungsmaßnahme ist die Pfändung einer beweglichen Sache, §§ 803 ff. ZPO, einer Forderung, §§ 828 ff. ZPO, sowie der Zugriff auf das unbewegliche Vermögen verboten, §§ 864 ff. ZPO (vgl. *Gottwald/Gerhardt* InsolvenzRHdb, § 34 Rz. 4). Unzulässige Zwangsvollstreckungsmaßnahmen bilden ebenfalls Arrest und einstweilige

Verfügung (§ 89 Rz. 9; *Landfermann* KS, 127 Rz. 34; *Uhlenbruck* InVo 1996, 85 [89]). Eine § 124 VglO entsprechende Legaldefinition in § 12 RegE wurde vom Rechtsausschuß als selbstverständlich gestrichen (Beschlußempfehlung des Rechtsausschusses BT-Drucks. 12/7302, 8, S. 156 zu § 12). Maßnahmen der Verwaltungsvollstreckung unterliegen ebenfalls dem Vollstreckungsverbot (vgl. *Kuhn/Uhlenbruck* KO, § 14 Rz. 5 a).

Die Abtretung einer nicht zur Insolvenzmasse, § 35 InsO, gehörenden, erst während der 22 Treuhandperiode entstandenen Forderung des Schuldners an einen der Insolvenzgläubiger ist zwar nicht nach § 400 BGB i. V. m. § 294 Abs. 1 InsO unwirksam (*BGH* NJW 1994, 1057 [1058 f.], m. w. N.; *Hess* KO, § 14 Rz. 1, 8; a. A. *LAG Tübingen* NJW 1970, 349 [350]; *Jaeger/Henckel* § 14 KO, Rz. 33; *Gottwald/Gerhardt* InsolvenzRHdb, § 34 Rz. 10). Als unzulässiges Sonderabkommen wird eine Abtretung aber gegen § 294 Abs. 2 InsO verstoßen (s. u. Rz. 26).

V. Verfahren und Rechtsbehelfe

Eine unter Mißachtung von § 294 Abs. 1 InsO beantragte Vollstreckungsmaßnahme 23 muß vom Vollstreckungsorgan ohne weitere Prüfung von Amts wegen abgelehnt werden (vgl. BGHZ 25, 395 [400]). Maßnahmen des Gerichtsvollziehers sind mit der Erinnerung gemäß § 766 ZPO anzufechten (*Karsten Schmidt* in MünchKomm/ZPO, § 766 Rz. 12). Lehnt der Rechtspfleger im Rahmen der ihm nach § 20 Nr. 16, 17 RPflG übertragenen Entscheidungen die Zwangsvollstreckung ab oder gewährt er dem Schuldner bzw. Drittschuldner rechtliches Gehör, so trifft er eine Entscheidung, gegen die eine Rechtspflegererinnerung gemäß § 11 Abs. 1 Satz 1 RPflG zulässig ist. Erläßt der Rechtspfleger antragsgemäß einen Pfändungs- und Überweisungsbeschluß so können nicht angehörte Schuldner und Drittschuldner Einwendungen gemäß § 766 ZPO erheben.

Wird ein Gegenstand des Schuldnervermögens im Verlauf des Restschuldbefreiungsver- 24 fahrens gepfändet, so tritt nach der gemischt privat- und öffentlich-rechtlichen Theorie (dazu BGHZ 119, 75 [90 ff.], mit umfassenden Nachweisen) nur die im Rechtsbehelfsverfahren zu beseitigende Verstrickung ein, ohne daß ein Pfändungspfandrecht entsteht (*Vallender* ZIP 1997, 1993 [2000]; zur entsprechenden Konsequenz aus § 14 KO vgl. *Hess* KO, § 14 Rz. 16; *Kuhn/Uhlenbruck* KO, § 14 Rz. 17). Werden Vollstreckungsverbote nicht beachtet, so ist dagegen die Erinnerung gemäß § 766 Abs. 1 Satz 1 ZPO gegeben (§ 89 Rz. 3; *Jaeger/Henckel* § 14 KO, Rz. 33). Soweit in die vom Schuldner nach § 287 Abs. 2 Satz 1 InsO abgetretene Forderung vollstreckt wird, ist der Treuhänder berechtigt, die Erinnerung einzulegen. Wird in andere Gegenstände vollstreckt, ist es der Schuldner (vgl. BGHZ 25, 395 [400]). Die Unzulässigkeit von Pfändungs- und Überweisungsbeschlüssen kann auch der Drittschuldner mit der Erinnerung geltend machen. Die Insolvenzgläubiger sind nicht berechtigt, eine Erinnerung einzulegen.

Über die Erinnerung entscheidet im eröffneten Insolvenzverfahren nach § 89 Abs. 3 25 Satz 1 InsO nicht das Vollstreckungsgericht, sondern das Insolvenzgericht (*Uhlenbruck* InVo 1996, 85 [90]). Im Restschuldbefreiungsverfahren fehlt dagegen eine dem § 89 Abs. 3 Satz 1 InsO entsprechende Zuständigkeitsregelung. Auch hier gelten aber die gleichen Gründe, insbesondere die größere Sachnähe, die im Insolvenzverfahren für die Zuständigkeit des Insolvenzgerichts angeführt wurden (vgl. *Vallender* ZIP 1997, 1993 [1996]). § 89 Abs. 3 Satz 1 InsO ist deswegen im Restschuldbefreiungsverfahren analog anzuwenden (a. A. *Häsemeyer* Insolvenzrecht, Rz. 26.44 Fn. 29). Einwendungen gegenüber Zwangsvollstreckungsmaßnahmen in Grundstücke sollen weiterhin mit den grundbuchrechtlichen Rechtsbehelfen geltend gemacht werden (*Landfermann* KS, 127 Rz. 36; s.a. *Gottwald/Gerhardt* InsolvenzRHdb, § 34 Rz. 23).

D. Sonderabkommen

I. Abschluß

26 § 294 Abs. 2 InsO untersagt Abkommen, durch die einzelnen Insolvenzgläubigern Sondervorteile verschafft werden. Eine grundsätzlich vergleichbare, aber in ihrem Tatbestand enger gefaßte Regelung enthält § 226 Abs. 3 InsO über die Gleichbehandlung beim Abschluß eines Insolvenzplans. Nach dem Wortlaut des § 294 Abs. 2 InsO muß ein Abkommen geschlossen worden sein, also eine vertragliche Vereinbarung mit den Insolvenzgläubigern bestehen. Zu dem entsprechenden Begriff aus § 181 Satz 3 KO und § 8 Abs. 3 VglO wird vertreten, daß über die Verträge im rechtstechnischen Sinn hinaus auch einseitige Rechtsakte, wie z. B. Ermächtigungen, von dem Tatbestand erfaßt werden (*Kuhn/Uhlenbruck* KO, § 181 Rz 5; *Bley/Mohrbutter* VglO, § 8 Rz. 35; *Obermüller* DB 1976, 901 [902]). Diese Interpretation kann jedoch nicht auf § 294 Abs. 2 InsO übertragen werden, denn die InsO unterscheidet die insolvenzrechtlichen Wirkungen einer einseitigen Leistung von Übereinkommen, mit denen Sondervorteile gewährt werden. Zahlungen und damit einseitige Rechtsakte des Schuldners, die einem Insolvenzgläubiger Sondervorteile verschaffen, werden dem Schuldner allein in Gestalt einer Obliegenheitsverletzung nach § 295 Abs. 1 Nr. 4 InsO angerechnet. Für die einverständliche Regelung mit dem Gläubiger durch Abkommen gilt hingegen die rechtsgeschäftliche Normierung und Nichtigkeitsfolge aus § 294 Abs. 2 InsO. Auf andere Konstellationen als rechtsgeschäftliche Übereinkommen ist diese Bestimmung folglich nicht zu erweitern. Es existieren zwar Fallgestaltungen, in denen weder ein Abkommen i. S. v. § 294 Abs. 2 InsO geschlossen noch eine Obliegenheitsverletzung durch eine einseitige Zahlung seitens des Schuldners anzunehmen ist, wenn etwa eine andere Person leistet, ohne eine Übereinkunft getroffen zu haben, doch rechtfertigen es diese Fallgestaltungen nicht mehr, die gesetzliche Differenzierung aufzugeben.

27 Abtretungen an die Insolvenzgläubiger sind auch nach der neuen Rechtslage nicht nach § 400 BGB i. V. m. § 294 Abs. 1 InsO unzulässig, doch werden sie regelmäßig als unzulässige Abkommen gemäß § 294 Abs. 2 InsO zu beurteilen sein, die den betreffenden Insolvenzgläubigern Sondervorteile verschaffen.

28 Der Zeitpunkt für den Abschluß eines gemäß § 294 Abs. 2 InsO nichtigen Sonderabkommens kann bereits vor der Eröffnung des Insolvenzverfahrens liegen. Systematisch ist zwar § 294 InsO bei den Vorschriften über die erst nach Aufhebung des Insolvenzverfahrens, § 289 Abs. 2 Satz 2 InsO, beginnende Treuhandperiode eingegliedert und die Regelungen in Abs. 1, 3 beziehen sich auch nur auf diese Treuhandphase. Für das Zwangsvollstreckungsverbot und die Aufrechnungsschranken ist jedoch keine Vorwirkung erforderlich, weil sie an die allgemeinen Regelungen der §§ 89, 114 Abs. 2 InsO aus dem Insolvenzverfahren anschließen. Sonderabkommen sind dagegen nicht allgemein im Insolvenzverfahren, sondern allein für das gerade nicht in ein Restschuldbefreiungsverfahren einmündende Planverfahren nach § 226 Abs. 3 InsO untersagt. Allerdings können die für das Konkurs- und Vergleichsverfahren aufgestellten Grundsätze (RGZ 78, 183 [186]; *Kuhn/Uhlenbruck* KO, § 181 Rz. 5; *Bley/Mohrbutter* VglO, § 8 Rz. 39; s.a. *Tintelnot* Vereinbarungen für den Konkursfall, 61 ff.), nach denen noch vor dem Eintritt in ein Kollektivverfahren ein Bedürfnis bestehen kann, Sonderabkommen

Gleichbehandlung der Gläubiger § 294

zu verhindern, nicht ohne weiteres auf das Restschuldbefreiungsverfahren übertragen werden. Jedenfalls im Verbraucherinsolvenzverfahren mit seinen offenen Verhandlungslösungen über eine außergerichtliche Einigung oder einen Schuldenbereinigungsplan und den Sicherungen aus § 309 Abs. 1 Satz 2 InsO, dürfen die Einigungschancen nicht durch das Risiko eines unzulässigen Sonderabkommens beeinträchtigt werden. Eine Vorwirkung muß deshalb hier ausscheiden. Soweit sie dann überhaupt noch vorstellbar ist, muß das Abkommen in Beziehung zu einem geplanten Restschuldbefreiungsverfahren stehen (vgl. zum Zwangsvergleich BGHZ 6, 232 [237 f.]).

Als spätester Termin des Abkommens kommt auch ein Zeitpunkt nach Erteilung der Restschuldbefreiung bis zum Ablauf der Frist bzw. des Rechtsmittelverfahrens aus § 303 Abs. 2, 3 InsO in Betracht. Nach der Zielsetzung des § 294 Abs. 2 InsO sollen die Gläubiger nicht durch Sondervorteile von der Ausübung ihrer Antragsrechte, letztlich auch derjenigen aus § 303 InsO, abgehalten werden. Stets muß aber das Abkommen einen Sondervorteil des Gläubigers (sogleich unten Rz. 31) bewirken. 29

Als Parteien des Abkommens stehen sich auf der einen Seite der Schuldner oder andere Personen und auf der anderen Seite einzelne Insolvenzgläubiger gegenüber. Dem Schuldner selbst werden die von ihm zur Erfüllung seiner Schuld oder in Vertretung eingeschalteten Personen zugerechnet. Als eine dem Schuldner gleichgestellte andere Person gilt, wer ohne von dem Schuldner in den Erfüllungsvorgang einbezogen zu sein ebenfalls auf eine Insolvenzforderung leistet. Neben den Abkommen, die Zahlungen des Dritten auf eine Insolvenzforderung betreffen (vgl. *Kilger/Karsten Schmidt* KO, § 181 Anm. 3), werden hiervon auch andere Abreden erfaßt, welche Einfluß auf den Gläubiger haben können, wie der Ankauf von Forderungen (RGZ 28, 96; 30, 22 [23]) oder die Übernahme einer Bürgschaft (RGZ 41, 41 [42]). Durch das Abkommen muß dem Insolvenzgläubiger ein unberechtigter Sondervorteil gewährt werden. Bei Abkommen zwischen Mitschuldnern oder Bürgen sowie Insolvenzgläubigern wird es nicht nur an einem nicht zu rechtfertigenden Sondervorteil fehlen. Mitschuldner oder Bürgen sind bereits aus dem Kreis der gleichgestellten anderen Personen auszuschließen, wenn sie, wie regelmäßig, zur Tilgung ihrer eigenen, ihnen dem Gläubiger gegenüber obliegenden Schuld leisten (vgl. BGHZ 42, 53 [56]). 30

II. Sondervorteil

Generell wird ein Sondervorteil gewährt, wenn ein Insolvenzgläubiger gegenüber den allgemeinen Verteilungsregeln bevorzugt wird. Abweichend von der konkursrechtlichen Vorschrift des § 181 Satz 3 KO genügt die objektive Bevorteilung, es ist also ein subjektives Moment nicht erforderlich. Der Vorteil kann bereits durch das Verpflichtungsgeschäft begründet, aber auch mit dem Erfüllungsgeschäft verschafft werden. Ausgehend von einer wirtschaftlichen Betrachtungsweise (so zur Rechtslage beim Zwangsvergleich *Kuhn/Uhlenbruck* KO, § 181 Rz. 5) können schon mittelbare Wirkungen der Vereinbarung einen Sondervorteil begründen. Um aber nicht jede ökonomische Betätigung des Schuldners oder etwa seiner Familienangehörigen mit einzelnen Insolvenzgläubigern zu verhindern, bedarf der offene Begriff des Sondervorteils einer Begrenzung als einer nicht gerechtfertigten Bevorzugung. 31

Ein unberechtigter Sondervorteil kann nur darin bestehen, daß die Haftungsmasse unter Mißachtung der Gläubigergleichbehandlung verkürzt wird, also der Schuldner aus ihr leistet, oder aber ein Einfluß auf den Willensbildungs- und Entscheidungsprozeß auf seiten des Gläubigers zu befürchten ist. Erforderlich ist dann eine Beziehung zu einer 32 solchen Entscheidungsbildung (so BGHZ 6, 232 [237 f.], beim Zwangsvergleich), ohne die einer mißbilligten Vorteilsgewährung der Bewertungsmaßstab fehlt. Sofern ein Antrag nach den §§ 290 Abs. 1, 296 Abs. 1, 297 Abs. 1, 303 Abs. 1 InsO durch einen Insolvenzgläubiger gestellt ist oder aber die objektiven Voraussetzungen für einen solchen Antrag erfüllt sind, unterliegt jede Vorteilsgewährung dem Mißbrauchsverdacht. Fehlt es an diesen Erfordernissen, weil ein Versagungsgrund nach § 290 Abs. 1 InsO nicht besteht bzw. weil der Schuldner bereits die Treuhandphase erreicht und keine sonstige beachtliche Obliegenheitsverletzung begangen hat, ist der Schuldner berechtigt, aus seinem freien Vermögen zusätzliche Leistungen an einen Insolvenzgläubiger zu erbringen. Dem Schuldner ist es damit etwa weiter möglich, die Tilgungsleistungen auf einen kreditfinanzierten und mit einem dinglichen Sicherungsrecht belasteten PKW zu erbringen, um mit diesem Fahrzeug zu seiner Arbeitsstätte zu fahren. Unter den gleichen Voraussetzungen können auch andere Personen, etwa Familienangehörige, die Zahlungen übernehmen. Eine Obliegenheitsverletzung i. S. v. § 295 Abs. 1 Nr. 4 InsO ist auch dann nicht begründet, wenn der Schuldner auf Druck eines Gläubigers leistet, dazu § 295 Rz. 58.

33 Verlängern der Schuldner und sein Arbeitgeber einen befristeten Arbeitsvertrag, um die Aufrechnungsbefugnis nach Abs. 3 zu erhalten, begründet diese Vereinbarung schon wegen der Erwerbsobliegenheit des Schuldners regelmäßig keinen unberechtigten Sondervorteil des Arbeitgebers.

III. Rechtsfolge

34 Als Rechtsfolge ordnet § 294 Abs. 2 InsO die Nichtigkeit des Abkommens an, die nach der Zielsetzung der Vorschrift gleichermaßen das Verpflichtungs- wie das Erfüllungsgeschäft erfaßt (zum Konkursrecht *Hess* KO, § 181 Rz. 30). Jedenfalls Sachleistungen können deshalb nach Ansicht der Rechtsprechung durch den Schuldner gemäß § 985 BGB vindiziert werden (vgl. *BGH* NJW 1951, 643; *Gottwald/Eickmann* Insolvenz RHdb, § 66 Rz. 17, sehr str.; a. A. etwa *Larenz/Canaris* Schuldrecht, 13. Aufl., Bd. II/2, § 68 III 3 e). Unbefriedigend ist, wenn aber gegenüber dem bei Zahlungen wichtigen Bereicherungsanspruch auf den Kondiktionsausschluß aus § 817 S. 2 BGB verwiesen wird (*Kilger/Karsten Schmidt* KO, § 181 Anm. 4). Im Ergebnis ist deshalb der Ansicht zuzustimmen, die für eine Rückforderung von Leistungen auf insolvenzrechtlich verbotene Sonderabkommen eine Anwendung des § 817 Satz 2 BGB ablehnt (*Jaeger/Weber* KO, § 181 Rz. 14; *Bley/Mohrbutter* VglO § 8 Rz. 46; *Schwark* NJW 1974, 1892 [1894]; a. A., also den Kondiktionsausschluß befürwortend, RGZ 72, 46 [48 f.]; *Kuhn/Uhlenbruck* KO, § 181 Rz. 11; *Hess* KO, § 181 Rz. 29; *Gottwald/Eickmann* InsolvenzRHdb, § 66 Rz. 17). Zwischen § 294 Abs. 2 und § 295 Abs. 1 Nr. 4 InsO besteht ein abgestimmtes Verhältnis, wonach die unzulässige Zahlung mit der verfahrensrechtlichen Sanktion als Obliegenheitsverletzung und den materiellrechtlichen Konsequenzen einer Versagung der Restschuldbefreiung bedacht ist, die rechtsgeschäftlichen Folgen aber in § 294 Abs. 2 InsO geregelt sind. Ein daneben tretender Kondiktionsausschluß sanktioniert einerseits die gegen das gesetzliche Verbot verstoßende Leistung doppelt und stellt andererseits ein erfülltes Sonderabkommen folgenlos. Infolge der durch das Restschuldbefreiungsverfahren geschaffenen neuen verfahrensrechtlichen Situation ist die Kondiktion der unzulässig auf ein Sonderabkommen erbrachten Leistung möglich, der Kondiktionsausschluß des § 817 Satz 2 BGB unanwendbar. Die Vindikation einer Sachleistung erweist sich aus diesem Grund als berechtigt und nicht weil § 817 Satz 2 BGB von den §§ 985 ff. BGB verdrängt wird.

Gleichbehandlung der Gläubiger § 294

E. Aufrechnungsbefugnis

Nach den allgemeinen Regeln der §§ 94 ff. InsO bleibt eine bei der Eröffnung des 35 Insolvenzverfahrens begründete Aufrechnungsbefugnis grundsätzlich bestehen (dazu allgemein *Adam* WM 1998, 801). Da aber das Einkommen des insolventen Schuldners die wesentliche Haftungsmasse bildet, gefährdet eine unbegrenzte Aufrechnungsbefugnis für den Schuldner von Bezügen aus einem Dienstverhältnis oder gleichgestellter Einkünfte den kollektiven Zugriff der Insolvenzgläubiger. Aus diesem Grund befristet § 114 Abs. 2 InsO die Aufrechnungsbefugnis für den Schuldner der Bezüge während des Insolvenzverfahrens. Auf die Kritik *Wochners* (BB 1989, 1065 [1066]) wurde diese in § 233 DiskE noch fehlende Einschränkung in § 233 RefE und damit in § 294 Abs. 3 InsO aufgenommen. Für den Schuldner der von der Abtretungserklärung erfaßten Bezüge, insbesondere also den Arbeitgeber, aber auch jeden anderen, der Bezüge aus einem Dienstverhältnis oder an deren Stelle tretende laufende Bezüge schuldet, §§ 114 Rz. 5 f., 287 Rz. 34 ff., wird die Aufrechnungsbefugnis durch § 294 Abs. 3 InsO auch für die Dauer der Treuhandperiode auf insgesamt drei Jahre befristet. Zum Begriff der Bezüge vgl. außerdem § 832 ZPO. Für die Aufrechnung anderer Gläubiger oder des Schuldners gelten die allgemeinen Regeln.

I. Aufrechnungslage

Die Hauptforderung des insolventen Schuldners, gegen die der Arbeitgeber bzw. Schuld- 36 ner der Bezüge mit seiner Gegenforderung aufrechnet, muß bei Eröffnung des Insolvenzverfahrens noch nicht entstanden sein. Nach den §§ 294 Abs. 3, 114 Abs. 2, 1 InsO genügt es, wenn nur das der Hauptforderung zugrundliegende Arbeits- bzw. Dauerschuldverhältnis begründet war. Abweichend von der früheren Rechtslage nach den §§ 54 KO, 54 VglO kann aber eine Aufrechnung gemäß §§ 294 Abs. 3, 114 Abs. 2 Satz 2, 95 Abs. 1 Satz 1 InsO erst dann erfolgen, wenn die Voraussetzungen der Aufrechnung eingetreten sind (*Adam* WM 1998, 801 [802]). Übereinstimmend mit § 387 BGB wird hierfür die Erfüllbarkeit der Hauptforderung genügen (*Häsemeyer* KS, 489 Rz. 7, 15), ihre Fälligkeit also nicht zu verlangen sein.

Die Aufrechnungsbefugnis für den Schuldner der Bezüge wird auch durch ihre Abtre- 37 tung an den Treuhänder nicht berührt, § 404 BGB. Erklärt er aber die Aufrechnung erst nachdem er von der Abtretung Kenntnis erlangt hat, ist seine Aufrechnung nur unter den Voraussetzungen des § 406 BGB wirksam. Der Schuldner der Bezüge darf dann weiterhin aufrechnen, wenn er seine Gegenforderung vor der Abtretung an den Treuhänder erlangt hat (*BGH* NJW 1996, 1056 [1057]). Zur Aufrechnung mit einer noch nicht fälligen Gegenforderung unten Rz. 39.

Endet das Arbeitsverhältnis durch Kündigung, Fristablauf oder in sonstiger Weise vor 38 Ablauf der Aufrechnungsfrist, so hört damit die Bevorrechtigung des Arbeitgebers auf, die auch bei Abschluß eines neuen Vertrags nicht wieder auflebt. Wird dagegen ein befristetes Arbeitsverhältnis verlängert, so bleibt – worauf entscheidend abzustellen ist – der ursprüngliche Rechtsgrund über die zunächst vorgesehene Dauer hinaus und damit auch die Aufrechnungsbefugnis bestehen, ohne daß darin ein unzulässiges Sonderabkommen zu erblicken ist.

Die Gegenforderung, mit der der Schuldner der Bezüge aufrechnet, muß nach der 39 allgemeinen Regel des § 387 BGB fällig sein. Darüber hinaus kann bei einer Gehaltsabtretung auch an den Treuhänder der Arbeitgeber mit einer Gegenforderung gegenüber dem Arbeitnehmer, mit der er vor der Abtretung mangels Fälligkeit noch nicht aufrechnen konnte, noch gegen die abgetretenen Forderung aufrechnen. Der Sukzessionenschutz aus § 406 BGB wird also auch auf Gestaltungen erweitert, bei denen zum Zeitpunkt der Abtretung nur der Rechtsgrund der Gegenforderung, nicht aber ihre Fälligkeit bestand, etwa bei einem Arbeitgeberdarlehen (*BAG* NJW 1967, 751; *Roth* in MünchKomm, § 406 Rz. 17). Begrenzt wird dieses Recht durch die Kenntniserlangung von der Vorausabtretung (BGHZ 66, 384 [386]). Dieser Schutz muß auch in der Insolvenz bestehen (*Wenzel* VuR 1990, 121 [129]; *Häsemeyer* KS, 489 Rz. 5). Erwirbt der Schuldner der Bezüge die Gegenforderung erst nach der Eröffnung des Insolvenzverfahrens, ist die Aufrechnung ausgeschlossen.

II. Aufrechnungsverbote

40 Grenzen der Aufrechnung werden durch die Verweisung des § 294 Abs. 3 auf § 114 Abs. 2 Satz 2 i. V. m. § 96 Nr. 2 bis 4 InsO bestimmt. Von der Verweisung ausgenommen ist § 96 Nr. 1 InsO. Die Aufrechnung ist mangels eines spezifischen Schutzbedürfnisses für den Schuldner der Bezüge unzulässig, wenn er die Forderung erst nach der Eröffnung des Verfahrens von einem anderen Gläubiger, § 96 Nr. 2 InsO, erworben hat. Demgegenüber tritt auch die den Sozialleistungsträgern nach § 52 SGB I erteilte Ermächtigung zurück, eigene Leistungspflichten mit Erstattungsansprüchen anderer Leistungsträger zu verrechnen (*LSG Niedersachsen* NdsRpfl 1993, 22; a. A. *Häsemeyer* KS, 489 Rz. 32). Unzulässig ist eine Aufrechnung auch, wenn der Schuldner der Bezüge die Aufrechnungsmöglichkeit durch eine anfechtbare Rechtshandlung erlangt, § 96 Nr. 3 InsO, oder er erst nach der Eröffnung des Insolvenzverfahrens eine Forderung gegen den insolventen Schuldner persönlich begründet hat, § 96 Nr. 4 InsO.

41 Aufrechenbar sind die gemäß § 394 BGB pfändbaren Bezüge. Der Schuldner der Bezüge ist deshalb insbesondere an die Pfändungsschutzbestimmungen der §§ 850 ff. ZPO gebunden. Nicht wiederkehrend gezahlte Vergütungen gemäß § 850 i ZPO (Einzelfälle bei *Smid* in MünchKomm/ZPO, § 850 i Rz. 8; *Zöller/Stöber* ZPO, § 850 i Rz. 1) stellen keine laufenden Bezüge i. S. v. § 294 Abs. 3 und § 114 Abs. 2 Satz 2, 1 InsO dar, weshalb ihre Unpfändbarkeit nicht eigens angeordnet werden muß. Bei einer nach § 850 b ZPO nur bedingt pfändbaren Forderung hängt die Pfänd- und damit auch Aufrechenbarkeit von der Entscheidung des Insolvenzgerichts ab (vgl. § 287 Rz. 67), weshalb insoweit eine zuvor erklärte Aufrechnung unwirksam bleibt (*v.Feldmann* in MünchKomm, § 394 Rz. 3; *Stein/Jonas/Brehm* ZPO, § 850 b Rz. 34). Abgeleitet aus dem Arglisteinwand wird das Aufrechnungsverbot des § 394 BGB gegenüber unpfändbaren Bezügen eingeschränkt, wenn die Gegenforderung aus einer vorsätzlichen unerlaubten, strafbaren oder sittenwidrigen Handlung (RGZ 85, 108 [117 ff.]; BGHZ 30, 36 [38]) oder im Einzelfall auch aus einer vorsätzlichen Vertragsverletzung resultiert (*BAG* JZ 1960, 674 [675 f.]; *BAG* NJW 1965, 70 [72]; *Wüst* JZ 1960, 656; *Staudinger/Gursky* BGB, § 394 Rz. 51 ff.; *Wenzel* VuR 1990, 121 [130]), wobei der Maßstab des § 850 f Abs. 2 ZPO zu berücksichtigen ist.

42 Andere Rechtsgestaltungen, die den Aufrechnungsschutz unterlaufen könnten, wie etwa ein Zurückbehaltungsrecht, sind nach den allgemeinen Vorschriften zu beurteilen.

III. Frist

Als Zeitraum für den eine Aufrechnung zulässig ist, verweist § 294 Abs. 3 InsO auf 43
§ 114 Abs. 2 Satz 1 i. V. m. Abs. 1 InsO. Eine Aufrechnung ist danach zulässig, soweit sie sich auf die Bezüge für die Zeit vor Ablauf von drei Jahren – nach dem Übergangsrecht gemäß Art. 107 EGInsO vor Ablauf von zwei Jahren – nach dem Ende des zur Zeit der Eröffnung des Verfahrens laufenden Kalendermonats bezieht. Bei langwährenden Insolvenzverfahren kann u. U. diese Frist bereits vor Eintritt in die Treuhandphase abgelaufen sein. Die Zeitspanne ist durch das Entstehen der Gehaltsforderung bestimmt. Die Frist endet mit dem Ablauf desjenigen Tags des letzten Monats, welcher drei Jahre später dem Tag vorhergeht, der durch seine Benennung dem Anfangstag der Frist entspricht, §§ 222 Abs. 1 ZPO, 188 Abs. 2 HS 2 i. V. m. § 187 Abs. 2 Satz 1 BGB, bei einer Eröffnung des Insolvenzverfahrens beispielsweise am 12. 1. 1999 endet die Frist am 31. 1. 2002. Entscheidend ist allein das Entstehen der Forderung für die Zeitabschnitte, nicht der Zahlungszeitpunkt. Auch eine während des dreijährigen Zeitraums entstandene, aber erst – etwa wegen einer gerichtlichen Entscheidung über die Leistungspflicht – längere Zeit danach erfüllte Forderung kann deshalb grundsätzlich noch aufgerechnet werden. Dabei ist allerdings zu berücksichtigen, daß das Insolvenz- und damit auch das Restschuldbefreiungsverfahren eine schnelle Klärung verlangt, weshalb vielfach materiell begründete Positionen durch Verfahrensfristen beschränkt werden. Nach dem Gedanken aus § 303 Abs. 2 InsO, wonach der Gläubiger nur binnen eines Jahres nach Rechtskraft der Entscheidung über die Restschuldbefreiung seine Rechte geltend machen kann, ist die Aufrechnung gegen Gehaltsforderungen, die während der dreijährigen Frist des § 114 Abs. 2, 1 InsO entstanden sind, nur noch binnen eines weiteren Jahres zulässig, § 390 Satz 1 BGB i. V. m. einer entsprechenden Anwendung von § 303 Abs. 2 InsO. § 303 InsO begründet eine der Gegenforderung entgegenstehende materiellrechtliche Wirkung, wie dies für § 390 Satz 1 BGB gefordert wird (RGZ 123, 348 [349 f.]).

§ 295
Obliegenheiten des Schuldners

(1) Dem Schuldner obliegt es, während der Laufzeit der Abtretungserklärung
1. eine angemessene Erwerbstätigkeit auszuüben und, wenn er ohne Beschäftigung ist, sich um eine solche zu bemühen und keine zumutbare Tätigkeit abzulehnen;
2. Vermögen, das er von Todes wegen oder mit Rücksicht auf ein künftiges Erbrecht erwirbt, zur Hälfte des Wertes an den Treuhänder herauszugeben;
3. jeden Wechsel des Wohnsitzes oder der Beschäftigungsstelle unverzüglich dem Insolvenzgericht und dem Treuhänder anzuzeigen, keine von der Abtretungserklärung erfaßten Bezüge und kein von Nummer 2 erfaßtes Vermögen zu verheimlichen und dem Gericht und dem Treuhänder auf Verlangen Auskunft über seine Erwerbstätigkeit oder seine Bemühungen um eine solche sowie über seine Bezüge und sein Vermögen zu erteilen;
4. Zahlungen zur Befriedigung der Insolvenzgläubiger nur an den Treuhänder zu leisten und keinem Insolvenzgläubiger einen Sondervorteil zu verschaffen.

§ 295

(2) Soweit der Schuldner eine selbständige Tätigkeit ausübt, obliegt es ihm, die Insolvenzgläubiger durch Zahlungen an den Treuhänder so zu stellen, wie wenn er ein angemessenes Dienstverhältnis eingegangen wäre.

DiskE § 234, RefE § 234, RegE § 244, Rechtsausschuß § 346 j.

Inhaltsübersicht:
Rz.

- A. Normzweck 1– 2
- B. Gesetzliche Systematik 3– 7
- C. Obliegenheiten nach Abs. 1 8–60
  - I. Erwerbstätigkeit 10–35
    1. Ausübung einer angemessenen Erwerbstätigkeit 11–25
       - a) Beendigung der Erwerbstätigkeit 15–21
       - b) Übernahme einer anderen Erwerbstätigkeit 22–25
    2. Bemühungen bei Beschäftigungslosigkeit 26–29
    3. Nichtablehnung zumutbarer Tätigkeit 30–35
  - II. Herauszugebender Vermögenserwerb 36–42
  - III. Unterrichtungen 43–52
  - IV. Verbotene Sondervorteile 53–60
- D. Selbständige Tätigkeit gemäß Abs. 2 61–64

Literatur:

(siehe vor § 286, S. 1580)

A. Normzweck

1 Bevor dem Schuldner die Restschuldbefreiung erteilt wird, muß er die siebenjährige Treuhandphase gemäß § 287 Abs. 2 Satz 1 InsO absolvieren. Während dieser auch als Wohlverhaltensperiode bezeichneten Treuhandzeit soll sich der Schuldner weiter nach Kräften um eine Befriedigung der Gläubigerforderungen bemühen (Begründung RegE, BR-Drucks. 1/92, S. 192). Um dieses Ziel einer Haftungsverwirklichung zu erreichen, sieht die Insolvenzordnung ein prozedurales Modell vor, das auf bindende Vorgaben in Gestalt von Mindestquoten verzichtet. Ein solches Konzept ist freilich auf die Kooperationsbereitschaft des Schuldners angewiesen, ohne die es zum Scheitern verurteilt ist.

2 Als eine der zentralen Regelungen der Restschuldbefreiung besitzt § 295 InsO deswegen eine doppelte Aufgabenstellung. Zunächst präzisiert die Vorschrift die Anforderungen, die der Schuldner erfüllen muß, um eine Restschuldbefreiung zu erlangen. Mit dem Eintritt in die Treuhandphase kommt es nur noch auf das gegenwärtige Verhalten des Schuldners, also nicht mehr auf frühere Umstände an, so daß er es prinzipiell selbst in der Hand hat, ob er die Restschuldbefreiung erreicht. Zugleich schafft die Bestimmung i. V. m. der Versagungsregelung aus § 296 Abs. 1 InsO die erforderlichen Anreize, um das künftige Einkommen des Schuldners für eine möglichst umfassende Befriedigung der Gläubiger zu erschließen. Diese zweite Funktion kann die Norm freilich nur verwirklichen, wenn dem Schuldner ein erfolgreiches Bestehen der Treuhandperiode erstrebenswert erscheint. Das Anforderungsprofil des § 295 InsO muß deswegen von einer Balance

zwischen den Gläubigerinteressen und den Bedürfnissen des Schuldners bestimmt sein (vgl. *Wimmer* BB 1998, 386 [387]).

B. Gesetzliche Systematik

Gemeinsam mit den Bestimmungen der §§ 290, 297 f. und 303 InsO steht § 295 InsO in einem abgestuften System von Versagungs- und Widerrufsgründen, die den Weg zur Restschuldbefreiung begleiten. Durch diese differenzierten Regeln wird einer angemessenen Gläubigerbefriedigung, aber auch dem berechtigten Vertrauen des Schuldners in den erfolgreichen Abschluß des Schuldbefreiungsverfahrens Rechnung getragen. Mit jeder Etappe (vgl. § 286 Rz. 20 f.), von dem Zulassungsverfahren über die Treuhandperiode bis zur erteilten Schuldbefreiung, steigen deswegen die Anforderungen, die an eine Versagung bzw. den Widerruf der Restschuldbefreiung zu stellen sind. Für jeden Verfahrensabschnitt gelten daher eigene Ausschlußgründe mit speziellen Voraussetzungen. In der Treuhandphase bestehen dafür die Versagungsregeln aus § 295 InsO, weshalb die Versagungsgründe aus § 290 Abs. 1 InsO präkludiert sind. Geleitet wird diese Konzeption von der Vorstellung, daß mit dem Fortgang des Verfahrens steigende Anforderungen an einen Ausschluß der Restschuldbefreiung zu stellen sind. Als Ausdruck eines allgemeinen Vertrauensschutzprinzips gestaltet dieser Gedanke die gestaffelten Erfordernisse zwischen den einzelnen Verfahrensabschnitten. 3

Zusätzlich wird das Vertrauensschutzprinzip aber auch im Verlauf der mehrjährigen Treuhandzeit zu berücksichtigen sein. Zum Ende der siebenjährigen Treuhandperiode kann deswegen eine Versagung der Restschuldbefreiung wegen geringfügiger Obliegenheitsverletzungen ausgeschlossen sein. Daneben ist zu erwägen, ob analog den §§ 298 Abs. 1, 2 Satz 2, 305 Abs. 3, 314 Abs. 3 Satz 2 InsO eine Hinweispflicht zu entwickeln ist. Angesichts der einem Dauerschuldverhältnis vergleichbaren langen Zeitspanne der Treuhandphase kann eine der Abmahnung pflichtwidrigen Verhaltens vergleichbare Aufgabe, wenn auch nicht die gleiche Bedeutung einer solchen Hinweispflicht angenommen werden. Da während der Treuhandzeit die Leistungsbereitschaft des Schuldners im Interesse der Gläubiger aktiviert werden soll, wird sich ein Hinweis auf die Folgen eines Obliegenheitsverstoßes häufig als sinnvoll erweisen. 4

Mit seiner systematischen Stellung entspricht § 295 InsO der Vorschrift des § 290 Abs. 1 InsO (vgl. § 290 Rz. 4 ff.). Wie § 290 InsO steht auch § 295 InsO in einem Regel-Ausnahme-Verhältnis zu dem Grundsatz der Restschuldbefreiung und bestimmt, wann ausnahmsweise von der Regel der gesetzlichen Schuldbefreiung abgewichen und wegen welcher Obliegenheitsverletzungen im Verlauf der Treuhandperiode die Restschuldbefreiung versagt werden kann. Außerdem wird auch in § 295 InsO das Enumerationsprinzip verwendet, also auf eine Generalklausel oder eine Technik der Regelbeispiele verzichtet, die jeweils Raum für eine Erweiterung des gesetzlichen Tatbestands lassen. Diese Regelungstechnik dient auch hier einer größeren Rechtssicherheit und einer gerade nicht ins weite Ermessen des Insolvenzgerichts gestellten Entscheidung über die Schuldbefreiung (vgl. die Begründung zu § 239 RegE, BR-Drucks. 1/92, S. 190). In den einzeln enumerierten Tatbeständen sind – zusammen mit den §§ 296 Abs. 2 Satz 3, 297 Abs. 1, 298 Abs. 1 InsO – die während der Treuhandperiode bestehenden Versagungsgründe abschließend aufgeführt. Andere als die in den §§ 295 bis 298 InsO geregelten Tatbestände können deshalb für die Dauer der Treuhandzeit keine Versagung der Restschuldbefreiung rechtfertigen. Hat also der Schuldner in seinem nach § 305 Abs. 1 Nr. 3 InsO vorzulegenden Vermögensverzeichnis nicht sämtliche Vermögensgegen- 5 stände angegeben, so ist einerseits in der Treuhandzeit der Versagungsgrund aus § 290 Abs. 1 Nr. 6 InsO präkludiert, während dafür andererseits in der Treuhandphase kein Versagungsgrund besteht, solange der Schuldner nicht gegen ein Auskunftsbegehren gemäß § 295 Abs. 1 Nr. 3 InsO verstößt. Möglich bleibt bis zum Abschluß des Restschuldbefreiungsverfahrens eine Nachtragsverteilung gemäß § 203 Abs. 1 Nr. 3 InsO (*Hess/Obermüller* Insolvenzplan, Restschuldbefreiung und Verbraucherinsolvenz, Rz. 1065, 1067; *Wittig* WM 1998, 157, 209 [223]). Soweit die Obliegenheiten durch unbestimmte Rechtsbegriffe bezeichnet werden, sind die Begriffe insbesondere aus dieser systematischen Einordnung und dem oben bestimmten Normzweck heraus zu interpretieren.

6 Von § 295 InsO werden die während der Treuhandzeit bestehenden verfahrensbezogenen Verhaltensanforderungen geregelt. Der Aufbau der Vorschrift gibt allerdings zu Mißverständnissen Anlaß, legt er doch ein alternatives Verhältnis zwischen den Obliegenheiten in Abs. 1 und den bei einer selbständigen Tätigkeit nach Abs. 2 bestehenden Anforderungen nahe. Sogar die Gesetzesbegründung spricht davon, daß Abs. 1 den Regelfall eines Dienstverhältnisses betrifft, bei dem die Bezüge des Schuldners von der Abtretungserklärung erfaßt werden (Begründung RegE, BR-Drucks. 1/92, S. 192). Demgegenüber ist jedoch festzustellen, daß aus dem Wortlaut von § 295 InsO ein solcher Gegensatz nicht zu begründen ist, denn der Einleitungssatz von Abs. 1 stellt mit dem Bezug auf die Laufzeit der Abtretungserklärung eine Frist auf, die auch für den selbständigen Schuldner gilt (dazu § 287 Rz. 20). Ein Ausschließlichkeitsverhältnis besteht deswegen nur zwischen § 295 Abs. 1 Nr. 1 und Abs. 2 InsO. Die Obliegenheiten aus § 295 Nr. 2 und 4 InsO gelten dagegen sowohl für den abhängig beschäftigten als auch den selbständig tätigen Schuldner. Für die Obliegenheiten aus Ziff. 3 wird zwischen den Anforderungen, die allein für unselbständig beschäftigte oder eine nicht selbständige Tätigkeit suchende Schuldner, wie der Anzeige eines Wechsels der Beschäftigungsstelle, sowie den für alle Schuldner bestehenden Obliegenheiten etwa zur Auskunft über das Vermögen nach Ziff. 2 zu differenzieren sein.

7 Eine Obliegenheitsverletzung nach § 295 InsO rechtfertigt es nur dann, die Restschuldbefreiung zu versagen, wenn die weiteren Voraussetzungen nach § 296 InsO erfüllt sind. Mittels seiner zusätzlichen Anforderungen an das Versagungsverfahren schafft § 296 InsO auch ein Gegengewicht zu § 295 InsO. Dazu muß insbesondere die Befriedigung der Insolvenzgläubiger beeinträchtigt worden sein, wobei zwischen der Obliegenheitsverletzung und der beeinträchtigten Gläubigerbefriedigung ein Kausalzusammenhang zu bestehen hat (*Maier/Krafft* BB 1997, 2173 [2179]). Unerhebliche Beeinträchtigungen haben dabei unberücksichtigt zu bleiben, denn es ist eine Wesentlichkeitsgrenze zu überschreiten (Begründung des Rechtsausschusses BT-Drucks. 12/7302, S. 188, zu § 346k). Zu den weiteren Voraussetzungen vgl. § 296 Rz. 5 ff. Insbesondere genügt eine objektive Obliegenheitsverletzung noch nicht, um den Rechtsnachteil einer Versagung zu rechtfertigen. Wie § 296 Abs. 1 Satz 1 HS 2 InsO belegt, muß zusätzlich ein subjektives Element erfüllt sein.

C. Obliegenheiten nach Abs. 1

8 Mit den Verhaltensanforderungen des § 295 InsO werden materielle Obliegenheiten des Schuldners aufgestellt. Als Obliegenheiten werden Rechtsgebote im eigenen Interesse bzw. Verhaltensanforderungen in eigener Sache verstanden (*Larenz/Wolf* Allgemeiner Teil BGB, 8. Aufl., § 13 Rz. 48; *Gernhuber* Das Schuldverhältnis § 2 III 1; *R. Schmidt*

Obliegenheiten des Schuldners **§ 295**

Die Obliegenheiten, 104). Trotz dieser Bindung an das eigene Interesse sind die Obliegenheiten dem Schuldner auch im Interesse seines Gegenüber auferlegt, doch sieht eine solche Regelung von einem schadensersatzbewehrten Erfüllungszwang ab und bewirkt stattdessen eine Minderung oder Vernichtung der Rechtsposition des Belasteten (vgl. *R. Schmidt* Die Obliegenheiten, 104; *Enneccerus/Nipperdey* Allgemeiner Teil BGB, 15. Aufl., § 74 IV). Aus dieser durch den Normzweck bestimmten zweifachen Anknüpfung an das eigene Interesse des Schuldners, aber auch das Interesse der Insolvenzgläubiger sind die für die Dauer der Treuhandzeit bestehenden Obliegenheiten zu entwickeln, deren Verletzung zu einer Versagung der Restschuldbefreiung führen kann.

Im Einleitungssatz von § 295 Abs. 1 InsO ist bestimmt, daß der Schuldner die Obliegenheiten während der Laufzeit der Abtretungserklärung zu beachten hat. Diese Frist gilt gleichermaßen für den selbständig wie den nicht selbständig tätigen Schuldner. Als Folge des abgestuften Verantwortungskonzepts (s. o. Rz. 3) kann weder das Verhalten des Schuldners vor dem Beginn noch nach dem Ende, sondern allein während der siebenjährigen Laufzeit der Abtretungserklärung eine Versagung der gesetzlichen Schuldbefreiung gemäß § 295 InsO rechtfertigen. Für die frühere Zeitspanne werden die Gläubiger durch § 290 Abs. 1 InsO geschützt. Nach dem Ende der Laufzeit der Abtretungserklärung kommt nur noch ein Widerruf der Restschuldbefreiung nach § 303 InsO in Betracht. Im übrigen besteht selbst dann keine schützenswerte Position der Insolvenzgläubiger, wenn die Restschuldbefreiung nicht im unmittelbaren Anschluß daran erteilt wird. Schließlich haben die Insolvenzgläubiger im Verlauf der siebenjährigen Treuhandperiode alles erhalten, was ihnen insolvenzrechtlich gegen den Schuldner zusteht. 9

I. Erwerbstätigkeit

Nachdem das Vermögen im Verlauf des Insolvenzverfahrens liquidiert worden ist, besitzt das Arbeitseinkommen des unselbständigen Schuldners für die weitere Befriedigung der Insolvenzgläubiger herausragende Bedeutung. In drei alternativen Tatbeständen regelt deshalb § 295 Abs. 1 Nr. 1 InsO die Erwerbsobliegenheit des nicht selbständig tätigen Schuldners. Ihm obliegt es zunächst, eine angemessene Erwerbstätigkeit auszuüben. Ist er beschäftigungslos, muß er sich um eine solche Erwerbstätigkeit bemühen und darf, als dritte Anforderung, keine zumutbare Tätigkeit ablehnen. Mit diesen drei tatbestandlichen Alternativen ist für den Schuldner ein abgestuftes System von Belastungen geschaffen. Der Schuldner ist zunächst gehalten, einer angemessenen Erwerbstätigkeit nachzugehen. Übt er eine Beschäftigung aus, die nicht angemessen ist, muß er zwar eine andere angemessene Tätigkeit übernehmen, sich aber nicht um eine solche Arbeit bemühen (s. u. Rz. 22). Übt er keine Beschäftigung aus, muß er sich um eine angemessene Beschäftigung, nicht aber um eine nur zumutbare Tätigkeit bemühen (s. u. Rz. 26). Ist er beschäftigungslos und kann eine zumutbare Tätigkeit übernehmen, darf er sie nicht ablehnen (s. u. Rz. 30). Hat der Schuldner seinen Obliegenheiten entsprochen, so ist es unschädlich, wenn er wegen Krankheit, Arbeitslosigkeit, Kinderbetreuung oder aus anderen Gründen keine pfändbaren und an die Insolvenzgläubiger zu verteilenden Einkünfte erzielt (vgl. Begründung RegE, BR-Drucks. 1/92, S. 192). Eine Mindestzahlung gehört nach dem prozeduralen Konzept der Vorschrift gerade nicht zu den an den Schuldner gerichteten Anforderungen. 10

1. Ausübung einer angemessenen Erwerbstätigkeit

11 Als erste und wichtigste Obliegenheit aus § 295 Abs. 1 Nr. 1 InsO muß der Schuldner eine angemessene Erwerbstätigkeit ausüben. Da sich die zweite und dritte Obliegenheit dieser Vorschrift ausdrücklich an den beschäftigungslosen Schuldner richten, wendet sich jene erste Anforderung allein an eine erwerbstätige Person. Nach der Vorschrift muß also der Schuldner einer Beschäftigung nachgehen, wobei der erwerbstätige Schuldner nicht irgendeine, sondern eine angemessene Beschäftigung auszuüben hat.

12 Der unbestimmte Rechtsbegriff einer angemessenen Erwerbstätigkeit schafft eine doppelte Bindung (s. a. *Wenzel* VuR 1990, 121 [127]). Im Ausgangspunkt verknüpft er die Erwerbstätigkeit mit der gegenwärtigen Lage des Schuldners, so daß grundsätzlich eine dem bisherigen Lebenszuschnitt entsprechende Erwerbstätigkeit als angemessen zu gelten hat. Dabei werden die Lebensverhältnisse des Schuldners zunächst durch seine berufliche Ausbildung und die bisherige Berufstätigkeit, aber auch seine beruflichen Entwicklungschancen geprägt. Ebenso werden sie durch seine persönlichen Verhältnisse bestimmt. Dies betrifft etwa den Gesundheitszustand, der eine Erwerbstätigkeit teilweise oder, wie bei einer Erwerbsunfähigkeit bzw. Therapie, vollständig ausschließen kann, und das Lebensalter des Schuldners, weshalb mit Erreichen der Altersgrenzen aus den §§ 35 ff. SGB VI keine weitere Erwerbstätigkeit zu verlangen ist. Auch eine Straf- oder sonstige Haft schließt eine Erwerbstätigkeit aus, steht also insoweit einer Schuldbefreiung nicht entgegen. Außerdem beeinflußt die familiäre Situation die Lebensverhältnisse, bspw. bei der Möglichkeit zur Erwerbstätigkeit neben einer Kinderbetreuung oder der Übernahme von Wochenend- und Schichtarbeit, sowie seine sonstige soziale Lage. Diese konkrete Situation setzt gleichermaßen den Änderungsmöglichkeiten bei der Übernahme einer schlechter vergüteten Tätigkeit wie den Änderungserfordernissen durch Aufnahme einer besser bezahlten Beschäftigung Grenzen. Über die Zulässigkeit oder die Notwendigkeit einer solchen Veränderung bestimmt vor allem die vom Schuldner nach Kräften zu bewirkende Gläubigerbefriedigung als zweiter Maßstab einer angemessenen Erwerbstätigkeit. Eine angemessene Erwerbstätigkeit fordert deswegen insgesamt neben der gebührenden Arbeitsleistung auch eine adäquate Bezahlung.

13 Für das damit konturierte Begriffsfeld einer angemessenen Erwerbstätigkeit sind weitere Auslegungshinweise aus der Interpretation zu § 1574 Abs. 2 HS 1 BGB zu gewinnen. Bei dieser Normierung über eine angemessene Erwerbstätigkeit des Unterhaltsgläubigers im Ehegattenunterhaltsrecht handelt es sich zwar um keine Legaldefinition, wohl aber um eine Konkretisierungshilfe (*Palandt/Diederichsen* § 1574 Rz. 3). Als Auslegungsrichtlinie kann deshalb § 1574 Abs. 2 HS 1 BGB in das Konzept der Obliegenheiten nach § 295 Abs. 1 Nr. 1 InsO eingebettet werden.

14 Übt der Schuldner eine Erwerbstätigkeit aus, besteht eine Vermutung dafür, daß die von ihm verrichtete Tätigkeit angemessen ist (*Richter* in MünchKomm, § 1574 Rz. 4; s. a. *BGH* NJW 1981, 2804 [2805]). Bestreitet ein Insolvenzgläubiger eine angemessene Beschäftigung und behauptet damit eine Obliegenheitsverletzung, so muß der Gläubiger darlegen und beweisen, daß die vom Schuldner ausgeführte Tätigkeit nicht den an ihn zu stellenden Anforderungen entspricht. Die Vermutungswirkung ergänzt die Darlegungs- und Glaubhaftmachungslast und gewährleistet damit zusätzlich, daß nicht schon geringfügige Diskrepanzen zu einer Versagung der Restschuldbefreiung führen.

a) Beendigung der Erwerbstätigkeit

Eine mit dem Ziel der Einkommenssicherung ausgeübte Tätigkeit darf zwar nicht ohne 15 weiteres aufgegeben werden, doch schafft nicht jeder Verlust der Beschäftigung einen Versagungsgrund. Um eine Obliegenheitsverletzung festzustellen, ist nach den Gründen zu differenzieren, die zu der Beendigung des Arbeitsverhältnisses geführt haben. Gegen die Obliegenheit wird deswegen nicht verstoßen, wenn ein wirksam befristetes Arbeitsverhältnis endet.

Hat der Arbeitgeber das Arbeitsverhältnis beendet, erfolgt regelmäßig kein Verstoß 16 gegen die Erwerbsobliegenheit des Schuldners. Im einzelnen ist dabei allerdings nach den Kündigungstatbeständen zu unterscheiden. Unterliegt der Schuldner nicht dem allgemeinen Kündigungsschutz aus dem KSchG, etwa weil er in einem Betrieb mit in der Regel nicht mehr als zehn Arbeitnehmern beschäftigt ist, § 23 Abs. 1 Satz 2 KSchG, muß eine ordentliche Kündigung durch den Arbeitgeber nicht sozial gerechtfertigt sein. Nutzt der Arbeitgeber diese vereinfachte Kündigungsmöglichkeit, scheidet bereits eine Obliegenheitsverletzung des Schuldners aus. Dabei ist zu berücksichtigen, daß eine Kündigung grundsätzlich auch ohne Angabe von Kündigungsgründen wirksam ist (*Schaub* Arbeitsrechts-Handbuch, § 123 V 1). Über die Kündigungsgründe wird der Schuldner daher vielfach keine Mitteilung machen können, weshalb trotz seiner Auskunftspflicht nach § 296 Abs. 2 Satz 2 InsO eine Obliegenheitsverletzung oft schon deshalb nicht feststellbar sein wird.

Besteht der allgemeine Kündigungsschutz und muß folglich die ordentliche Kündigung 17 des Arbeitgebers nach § 1 Abs. 2 KSchG sozial gerechtfertigt sein, fehlt es bei einer personenbedingten Kündigung oder einer Kündigung aus dringenden betrieblichen Erfordernissen schon an einem zurechenbaren Verhalten des Schuldners. Doch selbst eine verhaltensbedingte Kündigung führt nur ausnahmsweise zu einem Verstoß gegen die Obliegenheit aus § 295 Abs. 1 Nr. 1 InsO, wie die auf vergleichbaren Wertungsgrundlagen beruhenden sozialversicherungs- und unterhaltsrechtlichen Erwerbsobliegenheiten belegen. Nach § 144 Abs. 1 Nr. 1 SGB III, früher § 119 Abs. 1 Nr. 1 AFG, ruht der Anspruch auf Arbeitslosengeld vorübergehend, wenn der Arbeitslose Anlaß zur Lösung des Arbeitsverhältnisses gegeben und dadurch vorsätzlich oder grob fahrlässig ohne wichtigen Grund die Arbeitslosigkeit herbeigeführt hat. Jedes Glied der Kausalkette muß dabei durch grob fahrlässiges Verhalten herbeigeführt oder grob fahrlässig übersehen worden sein, wobei dieser Vorwurf schon dann entfällt, wenn für den Arbeitnehmer Anhaltspunkte dafür bestanden, anschließend schnell wieder einen Arbeitsplatz finden zu können (*Gagel* AFG, § 119 Rz. 216 ff.; *Niesel* AFG, 2. Aufl., § 119 Rz. 20). Bereits für diese, gegenüber dem endgültigen insolvenzrechtlichen Versagungsgrund schwächere, weil nur zu einer befristeten Sperrzeit führenden Wirkung, wird also ein qualifiziertes Verschulden vorausgesetzt. Ebenso ist von der Rechtsprechung zum Unterhaltsrecht anerkannt, daß ein selbst verschuldeter, aber doch ungewollter Arbeitsplatzverlust nicht der freiwilligen Aufgabe einer Beschäftigung gleichzustellen ist. Für den unterhaltsrechtlichen Bezug einer Straftat reicht deswegen nicht aus, daß sie für den Arbeitsplatzverlust kausal geworden ist. Vielmehr bedarf es hier einer auf den Einzelfall bezogenen Wertung, ob die der Tat zugrundeliegenden Vorstellungen und Antriebe sich auch auf die Verminderung der unterhaltsrechtlichen Leistungsfähigkeit als Folge des strafbaren Verhaltens erstreckt haben (*BGH* NJW 1993, 1974 [1975]; 1994, 258 f.). Der Schuldner muß sich deshalb durch die ihm zur Last gelegte Straftat seiner Schuld entziehen wollen oder es muß ihm zumindest bewußt gewesen sein, daß er infolge seines Verhaltens leistungsunfähig werden konnte (*BGH* NJW 1993, 1974 [1975]). Diese auf vergleichbaren Wertungen beruhenden unterhaltsrechtlichen Maßstäbe sind auf das Schuldbefreiungsverfahren zu übertragen. Für die Kündigung wegen einer Straftat (dazu *Döbereiner* Restschuldbefreiung, 150 f.), aber auch aus anderen Gründen ist deshalb zu fordern, daß sich das kündigungsrechtlich relevante Verhalten gerade gegen die Insolvenzgläubiger richtet.

18 Bei einer auf Gründe im Verhalten des Arbeitnehmers gestützten außerordentlichen Kündigung durch den Arbeitgeber haben die gleichen Anforderungen zu gelten. Generell, also bei einer ordentlichen wie außerordentlichen Kündigung, ist vom Schuldner zu verlangen, daß er sich gegen eine Kündigung verteidigt, doch wird er nur eine erfolgversprechende Kündigungsschutzklage zu erheben haben.

19 Schließt der Schuldner einen Aufhebungsvertrag, so liegt jedenfalls dann keine Obliegenheitsverletzung vor, wenn er beachtliche Gründe für seine Entscheidung anführen kann. In Betracht kommen Vertragsverletzungen des Arbeitgebers, das Verhalten von Mitarbeitern oder ein Druck auf den Arbeitnehmer, das Arbeitsverhältnis zu lösen (vgl. zu den sozialversicherungsrechtlichen Anforderungen *Gagel* AFG, § 119 Rz. 162). Als beachtlicher Grund ist insbesondere auch eine sonst nicht zu erwartende Abfindungszahlung anzusehen.

20 Eine Eigenkündigung des Schuldners führt zu keiner Obliegenheitsverletzung, wenn dafür anerkennenswerte Motive, wie etwa gesundheitliche Gründe vorliegen (*OLG Celle* FamRZ 1983, 717 ff.). Anerkennenswerte Gründe werden häufig auch bestehen, falls eine beispielsweise wegen der Kinderbetreuung unzumutbare Beschäftigung aufgegeben wird. Ebenso kann der Wechsel in eine geringer entlohnte Tätigkeit berechtigt sein, wenn dadurch der Arbeitsplatz sicherer ist (*OLG Karlsruhe* FamRZ 1993, 836 f.). Um nicht entlassen zu werden, kann der Schuldner deshalb auch eine Lohnkürzung hinzunehmen haben (vgl. *OLG Celle* FamRZ 1983, 704). Eine seit längerem geplante Veränderung wird aber u.U. auch dann durchgeführt werden dürfen, wenn ihr, wie bei einem zwischen den Berechtigten wechselnden Erziehungsurlaub, eine gemeinschaftliche Familienplanung zugrunde liegt und die Gläubigerinteressen Berücksichtigung finden können. Solange aus einer Erwerbstätigkeit nur ein unpfändbares Arbeitseinkommen zu erzielen ist, weil etwa aufgrund einer Kinderbetreuung allein eine Teilzeitbeschäftigung ausgeübt werden kann, darf die Beschäftigung folgenlos aufgegeben werden, da die Befriedigung der Insolvenzgläubiger gemäß § 296 Abs. 1 Satz 1 InsO nicht beeinträchtigt wird.

21 Auch Mehrarbeit (Überstunden) kann deshalb weiterhin zu leisten sein (vgl. *BGH* NJW 1982, 2664 [2665]). Da jedoch nur die Hälfte des für die Leistung der Mehrarbeitsstunden gezahlten Entgelts nach § 850a Nr. 1 ZPO pfändbar und damit abgetreten ist (vgl. § 287 Rz. 56), wird eine Einschränkung der Mehrarbeit eher als angemessen erscheinen. Gleiches hat für die gemäß § 850a Nr. 1 ebenfalls nur zur Hälfte pfändbaren Einnahmen aus kontinuierlich ausgeübten Nebentätigkeiten zu gelten (*OLG Hamm* BB 1956, 209; *Stein/Jonas/Brehm* ZPO, § 850a Rz. 10), während unregelmäßige Nebentätigkeiten ohne Verstoß gegen die Erwerbsobliegenheit aufgegeben werden können, weil die daraus erzielten Einkünfte nicht pfändbar sind (*OLG Hamm* BB 1956, 209).

b) Übernahme einer anderen Erwerbstätigkeit

22 Mit der Obliegenheit aus § 295 Abs. 1 Nr. 1 InsO wird von dem berufstätigen Schuldner die Ausübung einer angemessenen Erwerbstätigkeit verlangt. Der Schuldner darf deswegen nicht irgendeiner beliebigen Beschäftigung nachgehen, sondern nur einer Tätigkeit, die ihm und dem Ziel der Gläubigerbefriedigung adäquat ist. Nach dem eindeutigen

Wortlaut des § 295 Abs. 1 Nr. 1 InsO gebietet jedoch diese erste Obliegenheit dem Schuldner nicht, sich zusätzlich noch um eine gebührende Beschäftigung zu bemühen. Eine solche Forderung wird von der zweiten Obliegenheit ausschließlich für einen beschäftigungslosen Schuldner erhoben. Infolgedessen muß zwar der erwerbstätige Schuldner einer angemessenen, gegebenenfalls also einer anderen als der gegenwärtigen Erwerbstätigkeit nachgehen. Übt der Schuldner jedoch irgendeine Tätigkeit aus, so werden von ihm die Bemühungen um eine andere Tätigkeit nicht als selbständige Obliegenheit gefordert. Unterläßt er also solche Bemühungen, schafft dies nach dem eindeutigen, aber den Gläubigerinteressen nicht hinreichend genügenden Wortlaut des Gesetzes noch keinen Versagungsgrund. Die Grenze wird aber in der rechtsmißbräuchlich unterlassenen Suche und Übernahme einer zumutbaren Tätigkeit zu sehen sein. Der berufstätige Schuldner begeht außerdem eine Obliegenheitsverletzung, wenn er eine andere Tätigkeit auszuüben hat und nachweislich übernehmen kann. Damit wird auch die Konsequenz aus § 45 SGB III gezogen, wonach grundsätzlich allein bei Arbeitslosen und bei von Arbeitslosigkeit bedrohten Arbeitssuchenden Bewerbungs- sowie Reisekosten durch die Bundesanstalt für Arbeit übernommen werden können (zur Abgrenzung des Personenkreises nach der früheren Rechtslage gemäß § 53 AFG, *Niesel* AFG, 2. Aufl., § 53 Rz. 6 ff.). Für den erwerbstätigen aber insolventen Schuldner würden diese u. U. erheblichen Kosten eine zusätzliche Belastung bedingen. Obwohl unterlassene Bemühungen gegenüber dem berufstätigen Schuldner grundsätzlich keinen Versagungsgrund schaffen, kann es für ihn zweckmäßig sein, sich nachweisbar um andere Tätigkeiten zu bemühen, um gegebenenfalls ein mangelndes Verschulden an einem Verstoß gegen die Erwerbsobliegenheit gemäß § 296 Abs. 1 Satz 1 HS 2 InsO nachweisen zu können.

Die Übernahme einer angemessenen Erwerbstätigkeit setzt der vom Schuldner geforderten inhaltlichen Flexibilität und räumlichen Mobilität engere Grenzen, als die Aufnahme einer zumutbaren Beschäftigung. Der Schuldner hat danach eine seinem bisherigen Lebenszuschnitt entsprechende Erwerbstätigkeit auszuüben, die zu einer nach seinen Kräften möglichen Gläubigerbefriedigung führt (s. o. Rz. 11 ff.). Trotzdem wird von ihm nicht die Übernahme einer unzumutbaren oder lediglich zumutbaren Beschäftigung verlangt (s. u. Rz. 30 ff.). Regelmäßig wird der Schuldner deswegen nicht auf eine minder qualifizierte Tätigkeit verwiesen werden können, wenn er eine seiner bisherigen Ausbildung oder langjährigen Berufstätigkeit entsprechende Erwerbstätigkeit ausübt, diese aber schlechter bezahlt wird als eine berufsfremde (*Wenzel* VuR 1990, 121 [128]). Übt der Schuldner eine Erwerbstätigkeit aus, besteht zudem eine Vermutung dafür, daß die von ihm verrichtete Tätigkeit angemessen ist (*Richter* in MünchKomm, § 1574 Rz. 4; s. a. *BGH* NJW 1981, 2804 [2805]). **23**

Die Obliegenheit zur Übernahme einer anderen angemessenen Tätigkeit kann für den Schuldner zunächst bedeuten, daß er seine bisherige Tätigkeit aufzugeben hat, um eine andere angemessene Tätigkeit auszuüben. Eine solche Anforderung besteht u. U., wenn für den Schuldner die konkrete Möglichkeit existiert, eine angemessene andere Beschäftigung zu übernehmen. Dazu wird der Schuldner vor allem bei einem großen Gefälle zwischen seiner Qualifikation und der ausgeübten Tätigkeit angehalten sein. Hiervon sind die Fälle zu unterscheiden, in denen der Schuldner eine seinen Fähigkeiten adäquate Beschäftigung ausübt, dafür jedoch keine angemessene Bezahlung erhält. Dabei verstößt der Schuldner jedenfalls dann gegen seine Erwerbsobliegenheit, wenn er Arbeitseinkommen verschleiert, so daß er zur Meidung einer Obliegenheitsverletzung eine angemessen vergütete Tätigkeit auszuüben hat. Einen übereinstimmenden Rechtsgedanken normiert § 850h Abs. 2 ZPO, weshalb als Richtgröße für ein unangemessen niedriges Entgelt auf die Auslegung zu dieser Vorschrift zurückgegriffen werden kann. Auszuge- **24** hen ist von dem Wert der Arbeitsleistung, der im allgemeinen an den tariflichen Mindestlöhnen oder nach der üblichen Vergütung i. S. v. § 612 Abs. 2 BGB zu orientieren ist (*Stein/Jonas/Brehm* ZPO, § 850h Rz. 24; *Smid* in MünchKomm/ZPO, § 850h Rz. 13). Unter Berücksichtigung von verwandtschaftlichen Beziehungen und anderen Umständen des Einzelfalls wird dabei jedoch ein Abschlag von bis zu dreißig Prozent vorgenommen (*LAG Düsseldorf* BB 1955, 1140; *LAG Hamm* ZIP 1993, 610 [611 f.]; ablehnend *Smid* in MünchKomm/ZPO, § 850h Rz. 13). Diese Fallgruppe kann sich mit der Obliegenheitsverletzung durch ein Verheimlichen von Bezügen nach Ziffer 3 berühren, doch wird gegen die Obliegenheit zur Übernahme einer angemessenen Erwerbstätigkeit bereits ohne eine beabsichtigte Gläubigerbenachteiligung verstoßen (vgl. zu den entsprechenden Anforderungen aus § 850h ZPO *BAG* RdA 69, 64). Bei der Entscheidung über die Lohn- bzw. Einkommensteuerklasse darf der Schuldner die für das Familieneinkommen günstigste Klasse wählen.

25 Außerdem wird ein Schuldner, der bislang nur eine Teilzeitbeschäftigung ausübt, dazu gehalten sein, eine andere Erwerbstätigkeit zusätzlich bzw. eine Vollzeitstelle zu übernehmen. Begrenzt werden diese Belastungen durch die nicht abänderbaren Pflichten aus dem eingegangenen Arbeitsverhältnis, falls beispielsweise ein Konkurrenzverbot besteht, durch organisatorische Einschränkungen, z. B. bei der Aufnahme einer weiteren auswärtigen Tätigkeit, und durch familiäre Pflichten.

2. Bemühungen bei Beschäftigungslosigkeit

26 § 295 Abs. 1 Nr. 1 InsO verlangt von dem Schuldner zunächst, eine angemessene Erwerbstätigkeit auszuüben und als zweites, wenn er ohne Beschäftigung ist, sich um eine solche zu bemühen. Diese zweite tatbestandliche Alternative der Erwerbsobliegenheit bindet allerdings nur den beschäftigungslosen Schuldner. Übt der Schuldner eine Beschäftigung aus, die nicht den Erfordernissen einer angemessenen Erwerbstätigkeit entspricht, so richten sich die an ihn gestellten Anforderungen nach der ersten Ausgestaltung der Erwerbsobliegenheit aus § 295 Abs. 1 Nr. 1 InsO. Nur der erwerbslose Schuldner muß sich darüber hinaus auch um eine Beschäftigung bemühen. Für die Art und Weise der Tätigkeit wird dabei durch das Demonstrativpronomen ›solche‹ klargestellt, daß sich der Schuldner allein eine angemessene Beschäftigung (dazu oben Rz. 11 ff.) suchen muß. Um eine lediglich zumutbare Tätigkeit (dazu s. u. Rz. 30 ff.) hat sich also auch der beschäftigungslose Schuldner nicht zu bemühen (diese Differenzierung beachtet *Wittig* WM 1998, 157, 209 [215], nicht genügend). Falls ihm jedoch eine zumutbare Arbeit angeboten wird, muß er sie übernehmen, wie aus der dritten Tatbestandsalternative von § 295 Abs. 1 Nr. 1 InsO folgt.

27 An den Umfang seiner Bemühungen werden erhebliche Anforderungen gestellt. Der Schuldner muß sich ernsthaft (*Scholz* DB 1996, 765 [768]) um eine Beschäftigung bemühen. Er muß insbesondere beim Arbeitsamt gemeldet sein, sich aber auch selbst um eine Arbeitsstelle bemühen (Begründung RegE, BR-Drucks. 1/92, S. 192), etwa durch Bewerbungen auf Anzeigen, durch Vorstellungsbesuche und ausnahmsweise auch mittels eigener Anzeigen. Bei dem Umfang der Bewerbungen ist zu berücksichtigen, daß sie durch die Kosten für Paßfotos, Kopien und Bewerbungsmappen, die Porti sowie Reisekosten zu erheblichen finanziellen Belastungen führen. Soweit der Schuldner nach den §§ 45 f. SGB III unterstützende Leistungen erhalten kann, die für Bewerbungskosten auf maximal DM 500,– jährlich begrenzt sind, wird dafür kein Hindernis bestehen. Im übrigen werden Art und Ausmaß der Bemühungen im Einzelfall durch zahlreiche objektive Bedingungen und subjektive Voraussetzungen beeinflußt. Zu berücksichtigen

sind etwa der Beschäftigungsstand in der Region, die persönlichen Verhältnisse sowie die Arbeitsbiographie des Schuldners (*BGH* FamRZ 1986, 244 [246]).

Von dem Schuldner wird aber nicht nur die eigentliche Arbeitssuche verlangt. Ebenso **28** kann er sich um eine Wiederherstellung seiner Gesundheit, etwa durch Absolvierung einer Suchttherapie, und vor allem um eine Ausbildung, Fortbildung oder Umschulung zu bemühen haben. Durch solche Fort- und Weiterbildungsmaßnahmen kann auch die gegenwärtige Leistungsfähigkeit eingeschränkt werden, wenn dadurch die Chancen steigen, eine qualifizierte Tätigkeit zu erlangen und Aussicht auf bessere Einkünfte während der weiteren Laufzeit der Abtretungserklärung besteht (Begründung RegE, BR-Drucks. 1/92, S. 192).

Voraussetzung für die Bemühungen des Schuldners um eine Beschäftigung ist freilich, **29** daß er überhaupt eine Erwerbstätigkeit auszuüben hat. Seine Bemühungen um eine Erwerbstätigkeit bilden keinen Selbstzweck, sondern ein Mittel, um das Arbeitseinkommen des Schuldners für eine Befriedigung der Gläubiger zu erschließen. Da von dem Schuldner keine sinnlosen Anstrengungen verlangt werden, muß er sich nicht für eine Beschäftigung einsetzen, wenn er keiner Erwerbstätigkeit nachzugehen hat. Dies gilt insbesondere, sofern dem Schuldner eine Arbeit alters- oder krankheitsbedingt bzw. wegen einer Kinderbetreuung unzumutbar ist. Schließlich wird der Schuldner seine Bemühungen auch einstellen dürfen, wenn er keine angemessene Erwerbstätigkeit zu finden vermag, weil selbst bei intensiven Bemühungen keine reale Beschäftigungschance besteht (*BGH* NJW 1987, 2739 [2740]). Da es keine absolute Sicherheit gibt, daß bei weiterer Arbeitssuche keine angemessene Stelle zu finden ist, wird darüber stets ein Unsicherheitsmoment bestehen bleiben. Entsprechend der Judikatur zum Unterhaltsrecht wird der Schuldner einer nicht ganz von der Hand zu weisenden Beschäftigungschance nachzugehen, sich aber nicht um ganz unrealistische oder bloß theoretische Möglichkeiten zu bemühen haben (*BGH* NJW 1986, 3080 [3081 f.]).

3. Nichtablehnung zumutbarer Tätigkeit

Findet ein beschäftigungsloser Schuldner keine angemessene Arbeit, schreibt ihm § 295 **30** Abs. 1 Nr. 1 InsO in der dritten Tatbestandsalternative vor, daß er keine zumutbare Erwerbstätigkeit ablehnen darf. Ein erwerbsloser Schuldner hat zwar die ihm zumutbaren Tätigkeiten zu übernehmen, doch schaffen unterlassene Bemühungen um eine solche Tätigkeit noch keinen Versagungsgrund. Verlangt werden Bemühungen um eine angemessene Erwerbstätigkeit. Auch hier kann es aber für den Schuldner zweckmäßig sein, sich nachweisbar um derartige zumutbare Tätigkeiten bemüht zu haben, um gegebenenfalls gemäß § 296 Abs. 1 Satz 1 HS 2 InsO ein mangelndes Verschulden an einem Verstoß gegen die Erwerbsobliegenheit nachweisen zu können.

An eine zumutbare Tätigkeit will die Gesetzesbegründung strenge Anforderungen gerich- **31** tet wissen, so daß auch eine berufsfremde oder auswärtige Tätigkeit, notfalls auch eine Aushilfs- oder Gelegenheitstätigkeit zu übernehmen sei (Begründung RegE, BR-Drucks. 1/92, S. 192). Mit diesen Fallbeispielen sind allerdings noch keine Beurteilungsmaßstäbe gebildet, die eine Konkretisierung des unbestimmten Rechtsbegriffs der Zumutbarkeit ermöglichen. Die grundrechtliche Gewährleistung aus Art. 12 Abs. 1 GG schafft die ersten Wertmaßstäbe. Danach sind die Zumutbarkeitsgrenzen so zu bestimmen, daß eine freie Wahl des Berufs möglichst umfassend gesichert ist. Für junge Erwachsene in einer ersten Berufsausbildung, deren Haftung nicht durch das MHbeG vom 25. 08. 1998 (BGBl I, S. 2487) beschränkt wird, ist dabei zu entscheiden, ob sie eine zukunftsorientierte Ausbildung zugunsten einer im kurzfristigen Gläubigerinteresse liegenden Berufstätigkeit aufzugeben haben. Auch hier gilt die prinzipielle Feststellung des *BVerfG*, wonach dem Volljährigen Raum bleiben muß, sein Leben selbst und ohne unzumutbare Belastungen zu gestalten (BVerfGE 72, 155 [173]). Selbst wenn den jungen Volljährigen die rechtliche Verantwortung für die Überschuldung trifft, so fordert die Gewährleistung einer möglichst freien Wahl des Berufs (zu den Forderungen insbesondere aus dem Verhältnismäßigkeitsprinzip *Schmidt-Bleibtreu/Klein* GG, 8. Aufl., Art. 12 Rz. 12, 15 ff.) im Einklang mit der durch § 1 Satz 2 InsO anerkannten sozialpolitischen und volkswirtschaftlichen Funktion der gesetzlichen Schuldbefreiung, dem Schuldner auch die erwählte Berufsausbildung zu ermöglichen. Dies gilt jedenfalls dann, wenn die Ausbildung dem Lebensplan des Schuldners entspricht, perspektivisch eine bessere Verdienstmöglichkeit verheißt und in der gebotenen Zeit abgeschlossen wird.

32 Über diese Fallgestaltungen hinaus muß die Zumutbarkeitsregelung noch einen angemessenen Freiraum für die Wahl des konkreten Arbeitsplatzes eröffnen und sichern, der dem grundlegenden Prinzip einer selbstverantwortlichen Gestaltung der eigenen Lebensverhältnisse durch eine freie Entfaltung der Persönlichkeit im Bereich der individuellen Leistung und Existenzerhaltung (BVerfGE 75, 284 [292]) ebenfalls Rechnung trägt. Zu dieser verfassungsrechtlichen Gewährleistung besteht jedenfalls dann kein Widerspruch, wenn der Schuldner vor einer gesetzlichen Schuldbefreiung infolge der ihm als selbst zu verantwortend zugewiesenen Verbindlichkeiten auf eine zumutbare Arbeitsleistung verwiesen wird.

33 Zur Konkretisierung der zumutbaren Tätigkeit kann vor allem auf die in anderen einfachgesetzlichen Regelungen ausgebildeten Fallgruppen abgestellt werden (vgl. *Balz* BewHi 1989, 103 [118]; *Forsblad* Restschuldbefreiung, 219). Zunächst ist dabei an einen Vergleich mit § 121 SGB III zu denken, doch ist diese Regelung erst durch das Arbeitsförderungs-Reformgesetz vom 24. 03. 1997 (BGBl I 594) geschaffen und zum 01. 01. 1998 eingeführt worden. Bei der Verabschiedung der Insolvenzordnung galt noch § 103 AFG einschließlich der zu dieser Vorschrift ergangenen Zumutbarkeitsanordnung vom 16. 03. 1982 (zu ihr *Gagel/Steinmeyer* AFG, § 103 Rz. 303 ff.; zurückhaltend gegenüber einem Vergleich mit § 103 AFG *Jauernig* Zwangsvollstreckungs- und Insolvenzrecht, § 95 III 3 d). Zwischenzeitlich war außerdem eine ebenfalls durch das AFRG vom 24. 03. 1997 geschaffene, § 121 SGB III entsprechende Fassung von § 103 b AFG anzuwenden (auf diese Regelung stellt *Vallender* InVo 1998, 169 [177], ab). Trotz dieser seit der Verabschiedung der InsO veränderten Rechtslage wird der unbestimmte Rechtsbegriff einer zumutbaren Tätigkeit auch einer dynamischen Auslegung nach der gegenwärtig geltenden Regelung des § 121 SBG III zugänglich sein. Unzumutbar ist nach § 121 Abs. 2 SGB III u. a. eine Beschäftigung, die gegen gesetzliche, tarifliche oder in Betriebsvereinbarungen festgelegte Bestimmungen über Arbeitsbedingungen oder gegen Bestimmungen des Arbeitsschutzes verstößt. Zusätzlich gibt § 121 Abs. 3 SGB III Orientierungen über zumutbare Einkommensminderungen sowie § 121 Abs. 4 SGB III über zumutbare Wegezeiten. Außerdem stellt § 121 Abs. 5 SGB III klar, daß eine Beschäftigung nicht schon deshalb als unzumutbar gilt, weil sie befristet ist, vorübergehend eine getrennte Haushaltsführung erfordert oder nicht zum Kreis der Beschäftigungen gehört, für die der Arbeitnehmer ausgebildet ist oder die er bisher ausgeübt hat. Nach diesen Maßstäben wird auch die Beschäftigung im Rahmen eines Leiharbeitsverhältnisses für den Schuldner zumutbar sein.

34 Ergänzend konkretisiert § 18 Abs. 3 BSHG vor allem die persönlichen Grenzen, die gegenüber einer zumutbaren Tätigkeit bestehen (vgl. *Mergler/Zink/Dahlinger/Zeitler/ Friedrich* BSHG, § 18 Rz. 23 ff.). Eine Arbeit darf danach in fünf Fällen nicht zugemutet werden: Bei einer mangelnden körperlichen oder geistigen Eignung, wenn die künftige

Ausübung der bisherigen überwiegenden Tätigkeit wesentlich erschwert würde, wenn der Arbeit die Pflege eines Angehörigen oder ein sonstiger wichtiger Grund oder insbesondere die Erziehung sowie Betreuung eines Kindes entgegensteht (dazu aus sozialrechtlicher Perspektive *Mergler/Zink/Dahlinger/Zeitler/Friedrich* BSHG, § 18 Rz. 31 ff.).

In welchem Umfang ein Schuldner oder eine Schuldnerin neben einer durch ihn oder sie **35** übernommenen Kinderbetreuung erwerbstätig sein muß, wird nach den spezielleren familienrechtlichen Verpflichtungen zu bestimmen sein. Im allgemeinen wird die familiäre Entscheidung für die Übernahme der Betreuung durch einen Partner beibehalten werden können, soweit nicht der andere Partner erwerbslos ist. Als Grundlage der Beurteilung sind die zu § 1570 BGB entwickelten familienrechtlichen Maßstäbe heranzuziehen. Danach besteht eine Erwerbsobliegenheit nicht: Bei der Betreuung eines Kindes, allgemein bis zum achten Lebensjahr (*BGH* NJW 1992, 2477 [2478]; *Richter* in MünchKomm, § 1570 Rz. 10); im Einzelfall nach den konkreten Umständen auch bis zum elften Lebensjahr (*BGH* NJW 1989, 1083 [1084]); einem Schuldner, der mehr als ein Kind betreut, ist eine Erwerbstätigkeit nur in geringerem Maß zuzumuten (*BGH* NJW 1990, 3274 [3275]), weshalb bei der Betreuung von zwei elf- und dreizehnjährigen Kindern eine Erwerbsobliegenheit entfallen kann (*BGH* NJW 1984, 2385); da sämtliche Umstände des Einzelfalls zu würdigen sind, kann bei der Betreuung von weiteren Kindern (*BGH* NJW 1983, 933 [934]; NJW-RR 1990, 323 [325 f.]) und Problemkindern auch über diese Altersgrenze hinaus eine Erwerbstätigkeit ausscheiden (*BGH* NJW 1984, 2355 [2356]). Eine regelmäßig halbtags auszuübende Teilzeitbeschäftigung wird zu verlangen sein: Bei einem elf- bis fünfzehnjährigen Kind (*BGH* NJW 1981, 448 f.; 1984, 2355 [2356]); bei zwei elf- und achtzehnjährigen Kindern (*BGH* NJW 1981, 2462 [2464]); ausnahmsweise auch bei zwei sieben- und elfjährigen Kindern (*BGH* NJW 1981, 2804 f.). Eine volle Erwerbstätigkeit wird bei einem fünfzehn- bzw. sechzehnjährigen Kind zu fordern sein (*BGH* NJW 1983, 1548 [1549]; 1990, 2752 f.). Wird eine zumutbare Tätigkeit nicht übernommen, verletzt der Schuldner seine Obliegenheiten. Trotzdem wird dieser Verstoß nicht zu einer Versagung der Schuldbefreiung führen, wenn aus der zumutbaren Tätigkeit kein pfändbares Einkommen erzielt werden konnte und deswegen die Befriedigung der Gläubiger gemäß § 296 Abs. 1 Satz 1 InsO nicht beeinträchtigt wurde.

II. Herauszugebender Vermögenserwerb

Eine weitere Obliegenheit des Schuldners besteht nach § 295 Abs. 1 Nr. 2 InsO darin, **36** von Todes wegen oder mit Rücksicht auf ein künftiges Erbrecht erworbenes Vermögen zur Hälfte des Werts an den Treuhänder herauszugeben. Mit dieser durch den RegE eingefügten Regelung wird der Grundsatz durchbrochen, daß den Insolvenzgläubigern während der Treuhandzeit nur der pfändbare Einkommensanteil zufließt, das übrige Neuvermögen aber dem Schuldner und den sonstigen Gläubigern zusteht. Dabei sucht die Beschränkung auf den halben Wert dieses Vermögenserwerbs einen Ausgleich zwischen den berechtigten Gläubiger- und Schuldnerinteressen herbeizuführen. Eine vollständige Herausgabe des Erwerbs ohne eine solche Aufteilung hätte wohl vielfach dazu geführt (wie der RegE, BR-Drucks. 1/92, S. 192, zu Recht annimmt), daß der Schuldner die Erbschaft ausschlägt, vgl. § 83 Abs. 1 Satz 1 InsO, oder in anderer Weise dafür sorgt, daß ihm das Vermögen nicht zufällt, ohne dadurch eine Obliegenheitsverletzung zu begehen. Da ein erbrechtlicher Erwerb während des Insolvenzverfahrens vollständig in die Insolvenzmasse fällt, wird der Schuldner bestrebt sein, den Erwerb in die Treuhandzeit zu verlagern (zu den Handlungsmöglichkeiten, *Leipold* FS Gaul, 367 [371]). Fällt der Erwerb erst nach dem Ende der Treuhandzeit an, so besteht keine Obliegenheit zu Ablieferung mehr (*Leipold* FS Gaul, 367 [371 f.]; s. a. *Dieckmann* in: Leipold (Hrsg.), Insolvenzrecht im Umbruch, 127 [132 ff.]).

37 An den Schuldner ist die Forderung gerichtet, das von Todes wegen oder das mit Rücksicht auf ein künftiges Erbrecht erworbene Vermögen zum hälftigen Wert herauszugeben. Beide Tatbestände sind aus § 1374 Abs. 2 BGB übernommen worden, dessen Auslegung damit als Richtlinie dienen kann.

38 Zu dem Erwerb von Todes wegen gehört der Erwerb des Erben aufgrund gesetzlicher, testamentarischer oder erbvertraglicher Erbfolge, also auch als Miterbe, Vorerbe oder Nacherbe, sowie der Erwerb aus Vermächtnis oder Pflichtteil (*Staudinger/Thiele* BGB, § 1374 Rz. 23; *Gernhuber* in MünchKomm, § 1374 Rz. 17) und wohl auch der Erwerb gemäß § 1371 Abs. 1 BGB (*Leipold* FS Gaul, 367 [374]). Der ebenfalls hierzu zählende Erbersatzanspruch gemäß § 1934a ff. BGB ist durch das Erbrechtsgleichstellungsgesetz vom 16. 12. 1997 (BGBl I, 2968) zum 1. 4. 1998 gestrichen, mit einer Übergangsregelung in Art. 225 EGBGB. Ferner zählen Abfindungen für einen Erbverzicht und das aus einer Erbauseinandersetzung bzw. aufgrund eines Vergleichs in einem Erbschaftsstreit Erlangte sowie der Abfindungsanspruch des weichenden Erben gemäß §§ 12 ff. HöfeO dazu (*Palandt/Diederichsen* § 1374 Rz. 16). Nicht zum Erwerb von Todes wegen gehört der Erwerb unter Lebenden auf den Todesfall, wie die vollzogene Schenkung von Todes wegen gemäß § 2301 BGB (*Gernhuber* in MünchKomm, § 1374 Rz. 18; ausführlich *Leipold* FS Gaul, 367 [375]).

39 Ein Erwerb mit Rücksicht auf ein künftiges Erbrecht liegt bei einer vorweggenommenen Erbfolge oder Erbteilung vor (kritisch dazu, wenn der Erbfall erst nach Ablauf der siebenjährigen Treuhandperiode eintritt, *Leipold* FS Gaul, 367 [372]). Ob ein Vermögen mit Rücksicht auf ein künftiges Erbrecht übertragen wurde, richtet sich danach, ob die Vertragschließenden einen künftigen Erbgang vorwegnehmen wollten (*Staudinger/Thiele* BGB, § 1374 Rz. 25; *Hess/Obermüller* Insolvenzplan, Restschuldbefreiung und Verbraucherinsolvenz, Rz. 937). Zu dieser Fallgruppe gehört alles, was in vorweggenommener Erbfolge anfällt, bislang aber auch der vorzeitige Erbausgleich gemäß § 1934d BGB oder ein Entgelt für einen Erbverzicht oder Verzicht auf den Pflichtteil (*Gernhuber* in MünchKomm, § 1374 Rz. 20). Ein Erwerb mit Rücksicht auf ein künftiges Erbrecht kann auch als Kauf erfolgen (BGHZ 70, 291 [293 f.]), doch darf der Erwerber keine vollwertige Gegenleistung erbringen (*Palandt/Diederichsen* § 1374 Rz. 17).

40 Jeder andere Vermögenserwerb, der nicht von den beiden Fallgruppen erfaßt wird oder zu dem Arbeitseinkommen zählt, bleibt dagegen zugriffsfrei. In seiner Stellungnahme zu dieser Regelung hatte der Bundesrat um Überprüfung gebeten, ob auch sonstiges Vermögen zur Hälfte herausgegeben werden soll, doch ist dies im weiteren Gesetzgebungsverfahren abgelehnt worden (BT-Drucks. 12/2443 zu § 244 RegE, S. 257, 267). Wegen dieses ausdrücklichen gesetzgeberischen Willens scheidet eine analoge Anwendung auf andere Erwerbsvorgänge aus, wie dies auch für § 1374 Abs. 2 BGB gilt (dazu *Gernhuber* in MünchKomm, § 1374 Rz. 14). Der Schuldner kann deswegen ebenso über Schenkungen wie einen wohl eher theoretischen Lottogewinn frei verfügen (*Schmidt-Räntsch* KS, 1177 [Rz. 36]). Vor allem wird aber der Zugewinnausgleichsanspruch gemäß den §§ 1373 ff. BGB während der Treuhandzeit von der Regelung nicht erfaßt, ist er doch nicht mit einem erbrechtlichen Erwerb gleichzusetzen (*Leipold* FS Gaul, 367 [373]; zur Gütergemeinschaft *Dieckmann* in: Leipold (Hrsg.), Insolvenzrecht im Umbruch, 127 [136 f.]). Entscheidend wird deshalb vielfach sein, ob der Zugewinnanspruch während des Insolvenzverfahrens anfällt und dann zur Masse gehört oder ob er erst später entsteht.

Für die Wertberechnung ist von § 2313 BGB auszugehen. Abweichend von der güter- **41**
rechtlichen Regelung des § 1374 Abs. 2 BGB (dazu insbesondere BGHZ 87, 367 [374]),
ist die Nacherbschaft deswegen erst bei Eintritt des Nacherbfalls zu berücksichtigen. Als
Wert ist der nach Abzug der Verbindlichkeiten festgestellte Nettowert des Vermögens
anzusetzen (*Döbereiner* Restschuldbefreiung, 160 f.).
Wegen der Unsicherheit über den Eintritt und die Gegenstände eines solchen Vermö- **42**
genserwerbs wird von dem Schuldner keine Vorausübertragung gefordert. Dem
Treuhänder stehen daher keine unmittelbaren Ansprüche gegen die Erbengemeinschaft
zu (*Hess/Obermüller* Insolvenzplan, Restschuldbefreiung und Verbraucherinsolvenz,
Rz. 999). Um den Interessen der Insolvenzgläubiger Rechnung zu tragen, hat der
Schuldner den hälftigen Wert des erworbenen Vermögens herauszugeben. Von der
gesetzlichen Regelung wird allerdings nur verlangt, daß er die ihm wirklich zugefallenen
Vermögenswerte überträgt. Eine Mitwirkungsobliegenheit bei dem Erwerb des Vermögens ist dagegen nicht vorgesehen. Diese gesetzliche Beschränkung auf eine Herausgabe
des Erworbenen führt zu mannigfaltigen Konsequenzen. Zunächst bleibt der Schuldner
deshalb berechtigt, eine Erbschaft auszuschlagen, wie auch aus dem Rechtsgedanken des
§ 83 Abs. 1 Satz 1 InsO abzuleiten ist. Außerdem hat er das Erlangte erst nach Klärung
etwaiger Erbschaftsauseinandersetzungen herauszugeben; folgerichtig ordnet § 295
Abs. 1 Nr. 2 InsO keine unverzügliche Herausgabe an. Ein besonderes Problem schafft
dabei der Zugriff anderer als der Insolvenzgläubiger auf den Vermögenserwerb, die nicht
durch § 294 Abs. 1 InsO an einer Pfändung gehindert sind. Und schließlich ist auch fraglich, ob der Schuldner den Treuhänder über einen zu erwartenden Erwerb zu informieren
hat. § 295 Abs. 1 Nr. 2 InsO ordnet eine solche Mitteilung nicht ausdrücklich an. Der
Schuldner darf jedoch nach § 295 Abs. 1 Nr. 3 InsO derartiges Vermögen nicht verheimlichen, weswegen sich die Anforderungen an seine Information ausschließlich nach
dieser Vorschrift bestimmen (vgl. dazu Rz. 50). Zur Frage, ob der Bonus gemäß § 292
Abs. 1 Satz 3 InsO auch auf den erbrechtlichen Erwerb zu erstrecken ist, vgl. § 292
Rz. 15. Von der Wortauslegung des § 292 InsO scheint dieses systematisch nur wenig
befriedigende Resultat gefordert zu sein.

III. Unterrichtungen

Auf der Grundlage des umfassenden Katalogs der in Ziff. 3 aufgeführten Anforderungen **43**
soll vor allem das Verhalten des Schuldners während der Treuhandzeit überprüft werden
können. Außerdem soll der Schuldner dazu veranlaßt werden, das zugunsten der Insolvenzgläubiger erfaßte Vermögen abzuführen. Zu diesem Zweck schreibt die Bestimmung
acht Aufgaben des Schuldners vor. Gegenüber dem Insolvenzgericht und dem Treuhänder
hat er erstens jeden Wohnsitzwechsel und zweitens jeden Wechsel der Beschäftigungsstelle unverzüglich anzuzeigen. Außerdem darf er drittens keine von der Abtretungsanzeige erfaßten Bezüge sowie viertens kein von § 295 Abs. 1 Nr. 2 InsO erfaßtes
Vermögen verheimlichen. Schließlich muß er auf Verlangen dem Gericht und dem
Treuhänder Auskunft über fünftens seine Erwerbstätigkeit, sechstens seine Bemühungen
um eine Erwerbstätigkeit, siebtens seine Bezüge sowie achtens sein Vermögen erteilen.
Abgesehen von dem 2., 3. und 7. Erfordernis, die allein für einen nicht selbständigen **44**
Schuldner gelten, muß jeder Schuldner die Anforderungen erfüllen, unabhängig davon,
ob er selbständig oder nicht selbständig tätig ist. Seine Mitteilungen hat der Schuldner an
das Insolvenzgericht und den Treuhänder zu richten. Diese beiden sind auch berechtigt,
von dem Schuldner Auskünfte zu verlangen. Im Gegensatz dazu muß der Schuldner die

§ 295

Insolvenzgläubiger nicht informieren, denn sie werden von der gesetzlichen Regelung nicht genannt, wodurch der Schuldner davor geschützt ist, von Mitteilungserfordernissen und Auskunftsbegehren überfordert zu werden. Mittelbar können allerdings die Insolvenzgläubiger die Informationen erlangen, indem sie den Treuhänder gemäß § 292 Abs. 2 InsO mit der Überwachung beauftragen oder falls der Schuldner nach § 296 Abs. 2 Satz 2 InsO Auskunft zu erteilen hat. Ohne einen Überwachungsauftrag darf der Treuhänder die Gläubiger informieren, muß dies aber nicht.

45 Zunächst muß der Schuldner jeden Wechsel des Wohnsitzes oder der Beschäftigungsstelle anzeigen, also von sich aus ohne eine Nachfrage über einen Wechsel informieren. Seine Anzeige hat unverzüglich, nach der Legaldefinition des § 121 Abs. 1 Satz 1 BGB ohne schuldhaftes Zögern, zu erfolgen. Als Obergrenze wird hiernach eine Frist von zwei Wochen zu gelten haben (*OLG Hamm* NJW-RR 1990, 523), wobei entsprechend dem Rechtsgedanken aus § 121 Abs. 1 Satz 2 BGB auch eine unverzügliche Absendung genügt.

46 Der Begriff des Wohnsitzes ist weder in der InsO noch der ZPO definiert und muß deswegen aus den allgemeinen Regeln der §§ 7 bis 11 BGB entnommen werden (vgl. RGZ 67, 191 [193]; *BGH* NJW-RR 1988, 387). Trotz dieser Bezugnahme auf die materiellrechtlichen Normen bleibt er jedoch ein verfahrensrechtlicher Begriff (vgl. *Zöller/Vollkommer* ZPO, 20. Aufl., § 13 Rz. 3). Den Wohnsitz bildet hiernach der räumliche Schwerpunkt der Lebensverhältnisse einer Person (*BVerfG* NJW 1990, 2193 [2194]; *Staudinger/Habermann/Weick* BGB, Vorbem. zu §§ 7–11 Rz. 7; *Gitter* in MünchKomm, § 7 Rz. 5; es wird aber auch auf den etwas engeren Begriff des Mittelpunkts der Lebensverhältnisse abgestellt RGZ 67, 191 [193]; *Larenz/Wolf* Allgemeiner Teil BGB, 8. Aufl., § 7 Rz. 12). Als Wohnsitz ist dabei die politische Gemeinde, nicht die Wohnung zu verstehen (*Palandt/Heinrichs* § 7 Rz. 1; *Staudinger/Habermann/Weick* BGB, § 7 Rz. 13; *Zöller/Vollkommer* ZPO, 20. Aufl., § 13 Rz. 4; *Patzina* in MünchKomm/ZPO, § 13 Rz. 7). Ist die Gemeinde in mehrere Gerichtsbezirke aufgeteilt, so entscheidet der Gemeindeteil, in dem sich die Wohnung befindet (*BVerfG* NJW 1980, 1618 [1619]; *Stein/Jonas/Schumann* ZPO, § 13 Rz. 2). Eine Veränderung innerhalb einer Gemeinde oder des durch den Gerichtsbezirk bestimmten Gemeindeteils führt deswegen nach den allgemeinen Regeln zu keinem anzuzeigenden Wohnsitzwechsel, wobei auch die insolvenzrechtliche Beurteilung keine abweichende Behandlung fordert. Ein Wohnsitz wird durch die tatsächliche Niederlassung und einen entsprechenden Willensentschluß begründet (*Staudinger/Habermann/Weick* BGB, § 7 Rz. 3; *Palandt/Heinrichs* § 7 Rz. 6). Dieser Domizilwille kann sich auch aus den Umständen ergeben (BGHZ 7, 104 [109 f.]), wofür die polizeiliche Meldung ein Indiz bildet (*BGH* NJW-RR 1995, 507). Bei einem vorübergehenden Aufenthalt kann es hieran fehlen, etwa bei dem Aufenthalt am Studienort (*BVerfG* NJW 1990, 2193 [2194]; *BVerwG* NJW 1968, 1059 [1060], doch werden m. E. die Lebensverhältnisse vielfach dorthin verlegt sein), ebenso bei dem Einzug in ein Frauenhaus (*BGH* NJW-RR 1993, 4; NJW 1995, 1224; abweichend *OLG Karlsruhe* NJW-RR 1995, 1220) oder bei einer vorübergehenden Beschäftigung (vgl. *Larenz/Wolf* Allgemeiner Teil BGB, 8. Aufl., § 7 Rz. 15). Bei der Unterbringung in einer Justizvollzugsanstalt fehlt schon der erforderliche Willensentschluß.

47 Anzuzeigen hat der Schuldner den Wechsel seines Wohnsitzes, also die Aufhebung eines bisherigen unter Begründung eines neuen Wohnsitzes. Vom Sinn und Wortlaut der gesetzlichen Regelung wird eine Anzeige weder bei der Aufgabe eines bisherigen ohne Begründung eines neuen Wohnsitzes noch bei Begründung eines neuen Wohnsitzes ohne Aufhebung eines bestehenden verlangt. Ein Verstoß gegen die Obliegenheit wird häufig folgenlos bleiben, weil er zu keiner Beeinträchtigung der Gläubigerbefriedigung gemäß § 296 Abs. 1 Satz 1 InsO führt (*Maier/Krafft* BB 1997, 2173 [2179]).

Als zweite Anforderung hat der nicht selbständige Schuldner dem Insolvenzgericht und **48** dem Treuhänder jeden Wechsel der Beschäftigungsstelle unverzüglich anzuzeigen (vgl. Rz. 45). Auch hier ist der Geltungsbereich der Anzeigeobliegenheit beschränkt, denn der Schuldner wechselt seine Beschäftigungsstelle nur, wenn er seine bisherige Tätigkeit aufgibt und eine neue Arbeitsstelle übernimmt. Gibt er ohne neue Beschäftigung seine Arbeit auf, muß er dies nicht anzeigen, allerdings kann er damit die Erwerbsobliegenheit aus Ziff. 1 verletzen. Übernimmt der Schuldner lediglich eine zusätzliche (Neben) Beschäftigung, ohne seine bestehende Erwerbstätigkeit aufzugeben, gilt zwar nach dieser Regelung keine Anzeigeobliegenheit doch verstößt er dann regelmäßig gegen seine Obliegenheit, keine Bezüge zu verheimlichen.

Mit dieser dritten Obliegenheit wird von dem Schuldner verlangt, keine von der **49** Abtretungserklärung erfaßten Bezüge (dazu § 287 Rz. 34 ff.) zu verheimlichen. Wie die Abtretungserklärung bezieht sich auch diese Obliegenheit allein auf die pfändbaren Bezüge. Sind Bezüge unpfändbar, führt ihr Verheimlichen grds. zu keiner Obliegenheitsverletzung im Sinn dieser Regelung. Obwohl es sich bei dieser Obliegenheit um keine strafrechtlich geprägte Bestimmung handelt, kann für die Auslegung des Begriffs eines Verheimlichens auf die im engen Zusammenhang stehenden Insolvenzstraftatbestände der §§ 283 Abs. 1 Nr. 1, 283b Abs. 1 Nr. 2 und 283d Abs. 1 StGB abgestellt werden. Nach diesen Vorschriften verheimlicht der Schuldner einen Vermögensgegenstand wie die Bezüge, wenn er sie der Kenntnis des Treuhänders entzieht. Ein Verheimlichen ist in unrichtigen Angaben oder einer falschen Auskunft auf Fragen zu sehen. Auch ein bloßes Verschweigen reicht aus, soweit eine Auskunftspflicht besteht (*Schönke/Schröder/Stree* StGB, 25. Aufl., § 283 Rz. 5; *Tröndle* StGB, 48. Aufl., § 283 Rz. 5; *Hess* KO, Anhang III § 283 StGB Rz. 13). Während der Treuhandzeit existiert für den Schuldner jedoch keine Auskunftspflicht, sondern nur eine Auskunftsobliegenheit als siebter Anforderung aus § 295 Abs. 1 Nr. 3 InsO. Wegen der sehr stark abgeschwächten Pflichtigkeit einer Obliegenheit (*R. Schmidt* Die Obliegenheiten, S. 104) kann sie einer Auskunftspflicht zwar nicht gleichgestellt werden, doch besteht dafür auch kein Bedürfnis, weil ihre Verletzung den eigenständigen siebten Versagungsgrund aus Ziff. 3 schafft. Maßgebend ist die Kenntnis des Treuhänders und gegebenenfalls die des Gerichts, nicht jedoch die der Insolvenzgläubiger, denn der Treuhänder ist Inhaber der abgetretenen Forderung.

Viertens darf der Schuldner kein von Ziff. 2 erfaßtes, also von Todes wegen oder mit **50** Rücksicht auf ein künftiges Erbrecht erworbenes Vermögen (dazu Rz. 36 ff.) verheimlichen (zu diesem Begriff Rz. 49).

Außerdem muß der Schuldner über seine Erwerbstätigkeit und seine Bemühungen um **51** sie, seine Bezüge sowie sein Vermögen Auskunft erteilen. Auf der Grundlage dieser gesetzlichen Anforderung hat der Schuldner auf Verlangen dem Insolvenzgericht und dem Treuhänder, nicht aber den Insolvenzgläubigern, Auskunft zu erteilen. Diese Auskunftsberechtigung basiert auf einer originären Rechtsstellung des Treuhänders, die nicht voraussetzt, daß er nach § 292 Abs. 2 Satz 1 InsO von den Insolvenzgläubigern mit der Überwachung des Schuldners beauftragt wurde. Besondere Erfordernisse für dieses Auskunftsbegehren bestehen nicht, es muß also nicht begründet sein, doch wird ein mangelndes Informationsbedürfnis der zu kurzfristigen Wiederholung Grenzen setzen (*BGH* NJW 1983, 687 [688]; NJW-RR 1988, 1072 [1073]). Für die Auskunftserteilung ist eine Frist nicht vorgesehen, weshalb insbesondere keine unverzügliche Auskunft gefordert wird. Nach dem Maßstab des § 305 Abs. 3 InsO sollte eine richterliche Frist nicht unter einem Monat betragen. Inhaltlich wird sich die Antwort des Schuldners an dem Verlangen zu orientieren haben. Je genauer die Anfrage ist, desto detaillierter muß die Auskunft des Schuldners ausfallen. Allerdings wird auch dies nicht schrankenlos gelten können, denn ihr Umfang wird durch den Zweck der Auskunft (BGHZ 126, 109 [116 f.]) sowie den Grundsatz der Zumutbarkeit begrenzt (vgl. BGHZ 81, 21 [25]; NJW 1982, 573 [574]; *Soergel/Wolf* BGB, § 260 Rz. 61, 68; *Keller* in MünchKomm, § 259 Rz. 33). Grundsätzlich hat der Schuldner seine Auskünfte schriftlich zu erteilen (*Soergel/Wolf* BGB, § 260 Rz. 51; *Keller* in MünchKomm, § 260 Rz. 51; *Palandt/Heinrichs* § 261 Rz. 20). Eine Pflicht zur Vorlage der entsprechenden Unterlagen besteht daneben nach § 295 Abs. 1 Nr. 3 InsO in aller Regel nicht (vgl. dazu *BGH* LM § 810 Nr. 5; s. a. BGHZ 14, 53 [56]), weshalb bspw. keine Einsicht in einzelne Bewerbungsschreiben oder die Bezügeabrechnung verlangt werden kann.

52 Über seine Erwerbstätigkeit hat der nicht selbständige Schuldner Ort, Art, Umfang und Dauer der Beschäftigung entsprechend den § 2 Abs. 1 Nr. 1 bis 5, 7 NachweisG anzugeben. Da die Obliegenheit nicht nach der Art der Erwerbstätigkeit unterscheidet, muß auch der selbständige Schuldner hierüber Auskunft erteilen. Seine Angaben haben dabei so spezifiziert zu sein, daß die Art des angemessenen Dienstverhältnisses gemäß Abs. 2 beurteilt werden kann. Seine Bemühungen um eine – selbständige wie unselbständige – Erwerbstätigkeit muß der Schuldner quantitativ und qualitativ erläutern, doch wird er konkrete Bewerbungen nicht ohne weiteres anzuführen haben. Außerdem muß der Schuldner seine Bezüge beziffern, wobei er nach Maßgabe von § 836 Abs. 3 Satz 1 Alt. 1 ZPO die Bezüge zu benennen hat, um über den Umfang der Pfändbarkeit zu informieren. Da der Schuldner häufig nicht wissen wird, welche Einkünfte er aufzuführen hat, ist zu empfehlen, daß ein Auskunftverlangen die anzugebenden Einkünfte einzeln benennt. Schließlich muß der Schuldner Auskunft über sein Vermögen erteilen. Da bereits die Vermögensverzeichnisse nach den §§ 151, 305 Abs. 1 Nr. 3 InsO erstellt sind, erstreckt sich diese Obliegenheit auf den Neuerwerb. Von diesem auskunftbedürftigen Neuerwerb sind jedoch die laufenden Bezüge sowie der Erwerb nach Ziff. 2 auszunehmen, denn für diese bestehen eigenständige Informationsobliegenheiten. Soweit dieses Neuvermögen jedoch dem Zugriff der Insolvenzgläubiger entzogen ist, wird eine Obliegenheitsverletzung mangels einer Beeinträchtigung der Insolvenzgläubiger nach § 296 Abs. 1 Satz 1 InsO folgenlos bleiben.

IV. Verbotene Sondervorteile

53 § 295 Abs. 1 Nr. 4 InsO regelt zwei Tatbestände. Aufgrund des Zahlungsgebots als erster Obliegenheit dürfen Zahlungen zur Befriedigung der Insolvenzgläubiger nur an den Treuhänder geleistet werden. Eine davon zu unterscheidende zweite Obliegenheit besteht darin, keinem Insolvenzgläubiger einen Sondervorteil zu verschaffen. Beide Obliegenheiten gelten für selbständige wie nicht selbständige Schuldner.

54 Das Gebot, Zahlungen zur Befriedigung der Insolvenzgläubiger nur an den Treuhänder zu leisten, besitzt lediglich einen begrenzten Anwendungsbereich. Zum einen verbleiben hierfür die Fallgestaltungen, in denen der Schuldner an sämtliche Gläubiger den ihnen jeweils zustehenden Verteilungsbetrag leistet. Wegen der selbst mit derartigen gleichmäßigen Leistungen verbundenen erheblichen Unsicherheit und ihrer mangelnden Durchschaubarkeit für die anderen Gläubiger soll die Obliegenheit verhindern, daß der Treuhänder vom Schuldner umgangen wird. Unabhängig von kollusiven oder anderen der Gleichbehandlung der Gläubiger zuwiderlaufenden Intentionen, soll mit dieser Regelung objektiv ein funktionsfähiges sowie unangefochtenes Verteilungsverfahren gesichert werden. Ausnahmsweise nur wird aber ein Schuldner in der Lage sein, die exakten Verteilungsquoten zu erfüllen, weshalb seine Leistung zu einem Sondervorteil

für einzelne Gläubiger führen und deswegen bereits als Verstoß gegen die zweite Obliegenheit anzusehen sein kann.

Aus dieser engen Verbindung mit der zweiten Obliegenheit des § 295 Abs. 1 Nr. 4 InsO ist auch der sonstige Anwendungsbereich des Zahlungsgebots an den Treuhänder zu erklären. Denn diese erste Obliegenheit wirkt sich gerade dann aus, wenn eine Verschaffung von Sondervorteilen an einzelne Insolvenzgläubiger nicht zu beweisen ist. Da ein Insolvenzgläubiger, der eine Versagung der Restschuldbefreiung gemäß § 296 Abs. 1 Satz 1 InsO beantragt, die dafür bestehenden Voraussetzungen nach § 296 Abs. 1 Satz 3 InsO glaubhaft zu machen und zusätzlich zu beweisen hat, § 296 Rz. 24 ff., kann er an dem Nachweis eines Sondervorteils scheitern, wenn sich der Schuldner darauf beruft, sämtliche Gläubiger entsprechend ihrer Quote berücksichtigt zu haben. Eine Obliegenheitsverletzung ist in diesem Fall jedoch bereits mit einem Verstoß gegen das Gebot nachzuweisen, allein an den Treuhänder zu leisten. Trotzdem wird die Vorschrift keinen weit gefaßten Auffangcharakter einnehmen. An der in § 296 Abs. 1 Satz 1 1. HS InsO bestimmten weiteren Voraussetzung, wonach durch die Obliegenheitsverletzung die Befriedigung der Insolvenzgläubiger beeinträchtigt worden sein muß, wird eine Versagung vielfach scheitern. 55

Das Zahlungsgebot des ersten Tatbestands aus § 295 Abs. 1 Nr. 4 InsO richtet sich ausschließlich an den Schuldner. Sein Verhalten wird sanktioniert, wenn es dort heißt, dem Schuldner obliegt es, Zahlungen zur Befriedigung der Insolvenzgläubiger nur an den Treuhänder zu leisten. Obliegenheitsverletzungen stellen deswegen allein die von dem Schuldner oder in seinem Auftrag erbrachten Leistungen dar. Da sich die Obliegenheiten lediglich an den Schuldner richten und sein Verhalten steuern sollen, bleiben nach § 267 Abs. 1 BGB erbrachte Leistungen Dritter auf eine Insolvenzforderung zulässig. Zahlungen Dritter sind selbst dann ohne Verstoß gegen § 295 Abs. 1 Nr. 4 InsO gestattet, wenn sich der Dritte mit dem Schuldner abgesprochen hat, solange er nicht als Vertreter bzw. Erfüllungsgehilfe des Schuldners handelt. 56

Von der Obliegenheit, Zahlungen zur Befriedigung der Insolvenzgläubiger nur an den Treuhänder zu leisten, werden allein Leistungen auf Insolvenzforderungen erfaßt. Andere Forderungen sind in das insolvenzrechtliche Gleichbehandlungs- und Verteilungssystem nicht einbezogen, weshalb kein Grund besteht, eine Leistung hierauf zu untersagen. Dem Schuldner steht es deshalb frei, neue Gläubiger aus seinem nicht in die Haftungsmasse einbezogenen Vermögen zu befriedigen. Ebenso ist er berechtigt, Insolvenzgläubigern Leistungen zu erbringen, die nicht auf die Erfüllung einer Insolvenzforderung gerichtet sind, etwa Unterhaltsgläubigern, die Insolvenzgläubiger sind, ein Geschenk zu bereiten. Zur Frage, ob der Schuldner ohne Obliegenheitsverletzung Leistungen aus seinem nicht zur Haftungsmasse gehörenden, vor allem unpfändbaren Vermögen erbringen darf, vgl. § 294 Rz. 26 ff. 57

Die zweite Obliegenheit des Schuldners besteht darin, keinem Insolvenzgläubiger einen Sondervorteil zu verschaffen. Im Unterschied zu § 294 Abs. 2 InsO betrifft § 295 Abs. 1 Nr. 4 InsO keine rechtsgeschäftlichen Vereinbarungen, sondern die Leistungserbringung. Zur Begründung einer Obliegenheitsverletzung muß daher auch der Leistungserfolg eingetreten sein, die Vornahme der Leistungshandlung genügt also nicht, weshalb es noch keinen Obliegenheitsverstoß bedeutet, wenn etwa ein Überweisungsauftrag ausgefüllt, dieser aber wegen mangelnder Deckung nicht ausgeführt wird. Allein ein Versuch, mag er auch sehr weit gediehen sein, der aber den Leistungserfolg noch nicht herbeigeführt hat, ist unzureichend. Mit dieser objektiv gefaßten Obliegenheit wird, wie auch bei § 294 Abs. 2 InsO, auf ein dem § 181 Satz 3 KO entsprechendes subjektives Merkmal verzichtet. Unerheblich ist daher, ob der Schuldner einem Insolvenzgläubiger einen 58

Sondervorteil verschaffen will, so daß bereits der Eintritt eines solchen Vorteils genügt. Zu Schwierigkeiten führt dies vor allem, wenn ein Schuldner auf Druck eines Insolvenzgläubigers, etwa eines Inkassobüros, Zahlungen erbringt. Bei den Obliegenheiten handelt es sich aber auch dann, wenn ihre Tatbestandsverwirklichung von einem Erfolgseintritt abhängt, um Verhaltensanforderungen an den Schuldner. Jedenfalls in Fallgestaltungen, in denen der Schuldner einem Gläubiger erst auf dessen Einwirken hin einen Sondervorteil verschafft, verstößt er nicht gegen seine Obliegenheit aus § 295 Abs. 1 Nr. 4 InsO. Dies gilt gegenüber dem Gläubiger, der sich den Sondervorteil verschaffen will, weil niemand einem anderen zu einem Verfahrensverstoß veranlassen darf, um daraus selbst einen Vorteil zu erlangen, hier den aus einer Versagung der Restschuldbefreiung.

59 Auch bei dieser Obliegenheit wird von dem Schuldner nur verlangt, Insolvenzgläubigern keine Sondervorteile zu verschaffen. Leistungen des Schuldners an andere Gläubiger oder auf andere als Insolvenzforderungen sind deshalb nicht von der Sanktion betroffen. Zahlt der Schuldner an einen absonderungsberechtigten Gläubiger aus seinem pfändungsfreien Vermögen, weil er etwa einen sicherungsübereigneten PKW weiter für die Fahrten zur Arbeitsstelle benötigt, so leistet er insoweit nicht an einen Insolvenzgläubiger. Ebensowenig liegt bei Zahlungen Dritter ein Verstoß gegen die Obliegenheit vor, vgl. oben Rz. 56. Bei der Leistung eines Mitschuldners oder eines Bürgen fehlt es bereits an einer Zahlung durch den Schuldner, wenn der Mitschuldner oder der Bürge, wie meist, zur Tilgung seiner eigenen, ihm dem Gläubiger gegenüber obliegenden Schuld leistet (BGHZ 42, 53 [56]). Eine Obliegenheitsverletzung scheidet damit aus.

60 Verschafft der Schuldner einem Gläubiger einen Sondervorteil, so verstößt er mit den Folgen aus §§ 296 Abs. 1, 303 Abs. 1 InsO gegen seine Obliegenheiten. Beruht seine Leistung auf einem Abkommen mit dem Gläubiger, sind die Wirkungen des § 294 Abs. 2 InsO zu beachten. Die auch von dem Erfüllungsgeschäft zu unterscheidende Leistungsbewirkung selbst bleibt von der Nichtigkeitsanordnung des § 134 BGB unberührt, da mit ihr kein Rechtsgeschäft vorgenommen wird (vgl. *Palandt/Heinrichs* § 362 Rz. 5 f., auch zum Streit um die Erfüllungstheorien).

D. Selbständige Tätigkeit gemäß Abs. 2

61 Mit der Vorschrift wird eine doppelte Zielsetzung verfolgt, die Freiheitsgewährleistung und Pflichtigkeit des Schuldners miteinander verbindet. Zunächst verwirklicht sie ein grundlegendes Element der Schuldnerautonomie, weil der Schuldner berechtigt wird, einer selbständigen Tätigkeit nachzugehen. Außerdem sichert die Regelung ein Mindestmaß der Gläubigerbefriedigung, denn der Schuldner hat die Gläubiger durch seine Zahlungen so zu stellen, wie sie bei der Eingehung eines angemessenen abhängigen Dienstverhältnisses stehen würden. Bei einem selbständigen Schuldner ohne laufende Einkünfte übernimmt § 295 Abs. 2 InsO die Funktion, welche die Abtretungserklärung nach § 287 Abs. 2 Satz 1 InsO für den nicht selbständigen Schuldner besitzt. Damit ist allerdings nur ein Ausschnitt der dem selbständigen Schuldner während der Treuhandzeit obliegenden Anforderungen abgebildet. Seine anderen Obliegenheiten sind in Abs. 1 normiert (dazu Rz. 6, 44).

62 Als Ausdruck seiner fortbestehenden Autonomie darf sich der Schuldner in der Treuhandperiode zwischen einer selbständigen und einer unselbständigen Erwerbstätigkeit entscheiden. Unabhängig von seiner vorigen Beschäftigung wird ihm auch nach seiner Insolvenz die Wahl zwischen den Erwerbsformen überlassen, denn § 295 Abs. 2 InsO

differenziert bei dem Recht zur selbständigen Erwerbstätigkeit nicht danach, welche Tätigkeit der Schuldner zuvor ausgeübt hat. Weiter noch ist ihm auch während der Treuhandzeit der Wechsel zwischen einer abhängigen und einer nicht abhängigen Erwerbstätigkeit sowie umgekehrt zu gestatten (vgl. *Häsemeyer* Insolvenzrecht Rz. 26.52; außerdem oben Rz. 15 ff.). Einer selbständigen Tätigkeit kann allerdings die mangelnde wirtschaftliche Leistungsfähigkeit des Schuldners entgegenstehen, wenn sie im Einzelfall zu einer Unzuverlässigkeit als Gewerbetreibender nach § 35 Abs. 1 Satz 1, 2 GewO führt (vgl. *Heß* in *Fuhr/Friauf* GewO, § 35 Rz. 61 f.). Auch nicht ganz unerhebliche Steuerrückstände oder nicht abgeführte Sozialversicherungsbeiträge können eine Unzuverlässigkeit begründen (*Heß* in *Fuhr/Friauf* GewO, § 35 Rz. 63, 68).

Ob eine Person eine selbständige Tätigkeit ausübt, ist angelehnt an die Definition aus § 84 Abs. 1 Satz 2 HGB in der Weise zu bestimmen, ob sie ihre Chancen auf dem Markt selbständig und im wesentlichen weisungsfrei suchen kann (*BAG* NJW 1997, 2973 [2974]; *v. Hoyningen-Huene* in MünchKomm/HGB, § 84 Rz. 26 ff.; *Baumbach/Hopt* HGB, § 84 Rz. 35 ff.). Auch ein Selbständiger kann jedoch über pfändbare und damit abtretbare Einkünfte verfügen, vgl. § 287 Rz. 20 (unzutreffend insoweit die Begründung RegE, BR-Drucks. 1/92, S. 192, die davon ausgeht, daß eine Vorausabtretung seiner Einkünfte ausgeschlossen ist). Soweit der selbständig tätige Schuldner seine Einkünfte wirksam übertragen hat, bedarf es nicht mehr der Regelung des § 295 Abs. 2 InsO. Die Regelung ist deswegen teleologisch auf die Fälle zu beschränken, in denen keine Forderungen übergegangen sind. **63**

Hat sich der Schuldner für eine selbständige Tätigkeit entschieden, muß er die Insolvenzgläubiger durch Zahlungen an den Treuhänder so stellen, als wenn er ein angemessenes Dienstverhältnis eingegangen wäre, ohne diese Beträge bereits bei dem Antrag auf Erteilung der Restschuldbefreiung mitteilen zu müssen (a. A. *Haarmeyer/Wutzke/ Förster* Handbuch, Rz. 10/62). Dabei ist die Zahlungshöhe des Schuldners nicht nach dem wirtschaftlichen Erfolg seines Unternehmens (ein Antrag des Bundesrats, diesen Erfolg zu berücksichtigen, ist abgelehnt worden, BT-Drucks. 12/2443 zu § 244 RegE, S. 257, 267), sondern nach dem hypothetischen Einkommen aus einem angemessenen, nicht notwendig der selbständigen Tätigkeit entsprechenden Dienstverhältnis festzusetzen. Einzelne Zahlungstermine sind für den Schuldner nicht vorgeschrieben. Er darf deswegen zeitweilig geringere oder auch keine Leistungen erbringen, doch muß er etwaige Minderleistungen einschließlich eines möglichen Zinsverlusts später insgesamt ausgleichen. Zu dem Abrechnungstermin am Ende der Treuhandzeit muß der Schuldner die gesamten ihm obliegenden Zahlungen erbracht haben (Begründung RegE, BR-Drucks. 1/92, S. 192 f.). Eine solche Prozedur bedingt erhebliche Risiken, denn für den Schuldner erweist sich erst zu diesem Termin, ob er seiner Zahlungsobliegenheit nachgekommen ist (*Hess/Obermüller* Insolvenzplan, Restschuldbefreiung und Verbraucherinsolvenz, Rz. 997). Deswegen sollte das Gericht frühzeitig auf den Umfang der bei einem angemessenen Dienstverhältnis zu leistenden Zahlungen hinweisen und der Schuldner in kürzeren Zeitabständen Leistungen erbringen. Nicht mehr vom Sinn dieses Verfahrens wird es gedeckt, wenn der Schuldner erst am Ende der Treuhandzeit seine gesamten Leistungen erbringt, obwohl er auch dann noch seiner Zahlungsobliegenheit nachkommt. Hierin liegt insbesondere dann eine erhebliche Mißbrauchsgefahr, wenn der Schuldner im Verlauf des Insolvenzverfahrens von einer nicht selbständigen zu einer selbständigen Tätigkeit wechselt, um bis zum Ende der Treuhandzeit keine Leistungen abführen zu müssen. Während der Treuhandphase wird diesem Risiko allerdings durch § 295 Abs. 1 Nr. 1 Alt. 1 InsO begegnet (dazu oben Rz. 15 ff.). **64**

§ 296
Verstoß gegen Obliegenheiten

(1) ¹Das Insolvenzgericht versagt die Restschuldbefreiung auf Antrag eines Insolvenzgläubigers, wenn der Schuldner während der Laufzeit der Abtretungserklärung eine seiner Obliegenheiten verletzt und dadurch die Befriedigung der Insolvenzgläubiger beeinträchtigt; dies gilt nicht, wenn den Schuldner kein Verschulden trifft. ²Der Antrag kann nur binnen eines Jahres nach dem Zeitpunkt gestellt werden, in dem die Obliegenheitsverletzung dem Gläubiger bekanntgeworden ist. ³Er ist nur zulässig, wenn die Voraussetzungen der Sätze 1 und 2 glaubhaft gemacht werden.

(2) ¹Vor der Entscheidung über den Antrag sind der Treuhänder, der Schuldner und die Insolvenzgläubiger zu hören. ²Der Schuldner hat über die Erfüllung seiner Obliegenheiten Auskunft zu erteilen und, wenn es der Gläubiger beantragt, die Richtigkeit dieser Auskunft an Eides Statt zu versichern. ³Gibt er die Auskunft oder die eidesstattliche Versicherung ohne hinreichende Entschuldigung nicht innerhalb der ihm gesetzten Frist ab oder erscheint er trotz ordnungsgemäßer Ladung ohne hinreichende Entschuldigung nicht zu einem Termin, den das Gericht für die Erteilung der Auskunft oder die eidesstattliche Versicherung anberaumt hat, so ist die Restschuldbefreiung zu versagen.

(3) ¹Gegen die Entscheidung steht dem Antragsteller und dem Schuldner die sofortige Beschwerde zu. ²Die Versagung der Restschuldbefreiung ist öffentlich bekanntzumachen.

DiskE § 235, RefE § 235, RegE § 245, Rechtsausschuß § 346k.

Inhaltsübersicht:

	Rz.
A. Normzweck	1
B. Gesetzliche Systematik	2– 4
C. Versagungsgrund	5–15
I. Obliegenheitsverletzung	5– 7
II. Verschulden	8– 9
III. Beeinträchtigte Befriedigung	10–15
D. Versagungsverfahren	16–29
I. Antragstellung	16–17
II. Antragsfrist	18–23
III. Glaubhaftmachung	24–28
IV. Anhörung	29
E. Verfahrensobliegenheiten: Erscheinen, Auskunftserteilung, eidesstattliche Versicherung	30–36
F. Gerichtliche Entscheidung	37–40

Literatur:

(siehe vor § 286, S. 1580)

A. Normzweck

Verstößt ein Schuldner gegen eine Obliegenheit aus § 295 InsO, kann ihm nach Maßgabe   1
des § 296 InsO die gesetzliche Schuldbefreiung versagt und damit die auch als Wohlverhaltensperiode bezeichnete Treuhandzeit gemäß § 299 InsO vorzeitig beendet werden. Zunächst normiert § 296 Abs. 1 Satz 1, 2 InsO die materiellen Voraussetzungen, unter denen die Restschuldbefreiung wegen einer Obliegenheitsverletzung während der Treuhandzeit versagt werden kann. Dabei korrespondiert die Versagungsregelung unmittelbar mit den Anordnungen in § 295 InsO und begründet die erforderlichen Sanktionen, um den Schuldner zur Einhaltung seiner Obliegenheiten zu veranlassen. Außerdem regelt die Vorschrift das gerichtliche Verfahren über einen Antrag auf Versagung der Schuldbefreiung. In einem ersten Schritt sichert § 296 InsO so zunächst die Mitwirkung des Schuldners an der Gläubigerbefriedigung während der Treuhandzeit. Darüber hinaus konstituiert § 296 Abs. 2 Satz 2 und 3 drei zusätzliche, auf das Versagungsverfahren bezogene Obliegenheiten, deren Verletzung ebenfalls zu einer Versagung der Restschuldbefreiung führen kann. Mit diesen eigenständigen verfahrensbezogenen Obliegenheiten soll im zweiten Schritt die Beteiligung des Schuldners an dem Versagungsverfahren gewährleistet werden.

B. Gesetzliche Systematik

Als Reaktion auf eine Verletzung von Obliegenheiten während der Treuhandperiode   2
eröffnet § 296 InsO ein Verfahren zur Versagung der Schuldbefreiung. Mit seinen differenzierten Erfordernissen schafft das Versagungsverfahren zugleich ein Gegengewicht zu dem strengen Konzept der Schuldnerobliegenheiten aus § 295 InsO. Nicht jede Obliegenheitsverletzung führt deswegen zu einer Versagung der Restschuldbefreiung. An den Schuldner werden zwar nach § 295 InsO weitreichende Anforderungen gestellt, doch wirken sich seine Verstöße lediglich dann aus, wenn der antragstellende Insolvenzgläubiger selbst ähnlich umfassende Erfordernisse erfüllt. Obliegenheiten und Versagungsregeln stehen damit in einem austarierten Verhältnis und müssen auch aus diesem wechselseitigen Bezug verstanden werden. Deshalb dient § 296 InsO auch nur als begrenztes Verfahrensmuster, auf das die §§ 297 Abs. 2, 298 Abs. 3 InsO lediglich partiell verweisen.

Materiell setzt eine Versagung der Restschuldbefreiung nach § 296 InsO zunächst   3
eine vom Schuldner verschuldete Verletzung einer Obliegenheit i.S.d. § 295 InsO voraus. Diese Obliegenheitsverletzung muß für eine nicht unwesentliche Beeinträchtigung der Gläubigerbefriedigung ursächlich gewesen sein. Dabei darf der Versagungsantrag nur binnen eines Jahres nach Kenntnis von der Obliegenheitsverletzung gestellt werden.

Die an den Versagungsgrund und insbesondere an eine Obliegenheitsverletzung zu   4
stellenden Anforderungen sind dabei auch aus dem Dauercharakter der Treuhandzeit zu entwickeln. Deswegen kann ein Hinweis auf die möglichen Folgen eines obliegenheitswidrigen Verhaltens erforderlich oder eine Versagung der Restschuldbefreiung wegen geringfügiger Obliegenheitsverletzungen zum Ende der Treuhandzeit ausgeschlossen sein (vgl. § 286 Rz. 24, § 295 Rz. 4). Mit diesen Einschränkungen werden allerdings nur die Konsequenzen aus dem Dauerrechtsverhältnis der Schuldbefreiungsprozedur gezogen. Ein weitergehendes bewegliches System der gesetzlichen Voraussetzungen bzw. ein an das zu § 138 Abs. 2 BGB vertretene Sandhaufentheorem (insbesondere *OLG Stutt-*

gart NJW 1979, 2409 [2412]; dagegen *BGH* NJW 1981, 1206 [1207]) angelehntes Konzept (in dessen Richtung die Ausführungen von *Döbereiner* Restschuldbefreiung, 202 ff., weisen) ist dagegen abzulehnen. Nach den gesetzlichen Reglungsvorstellungen können nicht mehrere unerhebliche Obliegenheitsverletzungen aufaddiert respektive unwesentliche Beeinträchtigungen der Gläubigerbefriedigung durch schwere subjektive Vorwürfe gesteigert oder umgekehrt Obliegenheitsverletzungen in einem Bereich durch überobligationsmäßige Anstrengungen auf einem anderen Gebiet kompensiert werden. Ein entsprechendes auch die Rechtsfolgen einbeziehendes flexibles Reaktionsmuster wurde im Gesetzgebungsverfahren ausdrücklich abgelehnt (Begründung des Rechtsausschusses BT-Drucks. 12/7302, S. 188, zu § 346 k).

C. Versagungsgrund

I. Obliegenheitsverletzung

5 Unter dem Druck der Versagungsfolge soll der Schuldner zur Einhaltung seiner Obliegenheiten und damit zur aktiven Mitwirkung an der Gläubigerbefriedigung angehalten werden. Im Mittelpunkt der Versagungsregelung des § 296 Abs. 1 Satz 1 InsO stehen deswegen die in § 295 InsO normierten Obliegenheiten. Dem Schuldner kann die Restschuldbefreiung versagt werden, wenn er während der Laufzeit der Abtretungserklärung eine seiner Obliegenheiten verletzt. Durch diese Anbindung an die Laufzeit der Abtretungserklärung wird der temporale und der sachliche Anwendungsbereich der Versagungsmöglichkeit beschränkt.

6 Zeitlich kommen nur Obliegenheitsverletzungen im Verlauf der Treuhandzeit in Betracht. Dieser Zeitraum beginnt nach der Aufhebung des Insolvenzverfahrens im Anschluß an die Rechtskraft des Beschlusses über die Ankündigung der Restschuldbefreiung, §§ 287 Abs. 2 Satz 1, 289 Abs. 2 Satz 2 InsO, und endet mit der Laufzeit der Abtretungserklärung, wodurch der Schuldner von seinen Obliegenheiten entbunden wird. Obliegenheitsverletzungen im Vorfeld und während des Insolvenzverfahrens, die § 290 Abs. 1 InsO unterfallen, sind damit präkludiert. Um diese exakte zeitliche Abgrenzung der Regelungsbereiche von § 290 InsO und § 296 InsO zu gewährleisten, ist auf die Vornahme der Verletzungshandlung abzustellen.

7 Die Verknüpfung der Versagungsregelung mit der Laufzeit der Abtretungserklärung in § 296 Abs. 1 Satz 1 InsO bestimmt zugleich über den Gegenstandsbereich dieser Vorschrift, denn auch § 295 InsO regelt, wie sein Einleitungssatz ausdrücklich bestimmt, die vom Schuldner während der Laufzeit der Abtretungserklärung einzuhaltenden Obliegenheiten. Deswegen schaffen exklusiv Verstöße gegen die Obliegenheiten aus § 295 InsO einen Versagungsgrund nach § 296 Abs. 1 Satz 1 InsO. Dieses Ergebnis wird ebenfalls durch den Umkehrschluß aus den §§ 296 Abs. 2 Satz 3, 297 Abs. 1, 298 Abs. 1 InsO bestätigt, mit denen für Verstöße des Schuldners gegen andere Anforderungen besondere Versagungsvorschriften geschaffen sind. Erfüllt der Schuldner jenseits dieser Bestimmungen sonstige Erwartungen nicht, hat er etwa den Insolvenzgläubigern Vermögen vorenthalten, ohne gegen § 295 Abs. 1 Nr. 2, 3 InsO zu verstoßen, begründet dies keine Obliegenheitsverletzung i. S. v. § 296 Abs. 1 Satz 1 InsO (vgl. § 295 Rz. 5; *Hess/Obermüller* Insolvenzplan, Restschuldbefreiung und Verbraucherinsolvenz, Rz. 1065, 1067; *dies.* Die Rechtsstellung der Verfahrensbeteiligten, Rz. 390, 392).

II. Verschulden

§ 296 Abs. 1 Satz 1 HS 2 InsO verlangt eine verschuldete Obliegenheitsverletzung. **8**
Den Schuldner muß also nach dieser Vorschrift an der Verletzung des geltenden Gebots ein Verschulden treffen. Da die Obliegenheitsverletzung einen Verstoß gegen eine im eigenen Interesse des Schuldners bestehende Verhaltensanforderung markiert, ist der Verschuldensbegriff hier nicht in dem bei Pflichtverletzungen üblichen Sinn einer Vorwerfbarkeit gemäß § 276 BGB zu interpretieren (zu dieser Vorwerfbarkeit *Hanau* in MünchKomm, § 276 Rz. 28; dagegen wollen *Maier/Krafft* BB 1997, 2173 [2179], den Verschuldensmaßstab des § 276 BGB ohne weiteres anwenden). Wie bei anderen schuldhaften Obliegenheitsverletzungen auch, etwa den §§ 16 Abs. 3, 17 Abs. 2 VVG (*R. Schmidt* Die Obliegenheiten, 144f.), kann dieses Verschulden angelehnt an den Maßstab des § 254 Abs. 1 BGB als Verschulden gegen sich selbst beurteilt werden (vgl. BGHZ 57, 137 [145]; *Grunsky* in MünchKomm, § 254 Rz. 2, 19; *Deutsch* Allgemeines Haftungsrecht, 2. Aufl., Rz. 567; eingehend zur Terminologie und den Unterschieden zum Mitverschulden *Lange* Schadensersatz, § 10 VI 1; ablehnend *Soergel/Mertens* BGB, § 254 Rz. 4). Deshalb ist zu prüfen, ob die Begriffe von Vorsatz und Fahrlässigkeit eine inhaltliche Veränderung erfahren (*R. Schmidt* Die Obliegenheiten, 116f.). Grundsätzlich wird auch für die Verantwortlichkeit gegen sich selbst von einer gruppenspezifischen, nach objektiv-typischen Merkmalen geordneten Fahrlässigkeit auszugehen sein (*Lange* Schadensersatz, § 10 VI 2; *Deutsch* Allgemeines Haftungsrecht, 2. Aufl., Rz. 571; *R. Schmidt* Die Obliegenheiten, 258; *Hanau* in MünchKomm, § 276 Rz. 89; *Soergel/Wolf* BGB, § 276 Rz. 7). Wie aber etwa die Abwägung der Sorgfaltswidrigkeiten nach § 254 BGB subjektiv-individuell erfolgt (*Larenz* Schuldrecht, Bd. I, 14. Aufl., § 20 III bei Fn. 31; *Deutsch* Allgemeines Haftungsrecht, 2. Aufl., Rz. 572), können in den an § 276 Abs. 1 BGB orientierten Fahrlässigkeitsmaßstab der Obliegenheitsverletzungen nach § 296 Abs. 1 Satz 1 HS 2 InsO beispielsweise über eine Differenzierung nach Gruppen subjektive Wertungselemente einfließen. Jenseits dieser Unterscheidung von objektiven und subjektiven Fahrlässigkeitsmaßstäben bleibt es für den Grad der Verantwortlichkeit bei der durch § 276 Abs. 1 Satz 2 BGB vorgezeichneten generellen Einstandspflicht auch für einfaches Verschulden (kritisch dazu *Döbereiner* Restschuldbefreiung, 203f.). Damit zeichnet sich allerdings ein Bruch gegenüber § 290 Abs. 1 InsO, der regelmäßig ein qualifiziertes Verschulden verlangt, sowie § 303 Abs. 1 InsO ab, der sogar eine vorsätzliche Obliegenheitsverletzung erfordert.

Dieser fühlbare Kontrast wird noch weiter verstärkt, weil § 296 Abs. 1 Satz 1 HS 2 InsO **9**
im Unterschied zu den anderen Versagungs- und Widerrufsgründen eine Beweislastumkehr anordnet. Der Schuldner muß sich für sein mangelndes Verschulden entlasten (*Forsblad* Restschuldbefreiung, 232). Kann nicht festgestellt werden, ob den Schuldner ein Verschulden trifft, geht dies zu seinen Lasten (Begründung RegE, BR-Drucks. 1/92, S. 193). Zur Rechtfertigung dieser Beweislastumkehr darf nicht primär auf die beweisrechtliche Nähe des Schuldners zu den maßgebenden Umständen abgestellt werden, wie dies etwa für die §§ 282, 285 BGB vertreten wird (*Baumgärtel/Strieder* Handbuch der Beweislast, 2. Aufl., § 282 BGB Rz. 3, § 285 BGB Rz. 1), denn bei den anderen insolvenzrechtlichen Versagungs- und Widerrufsgründen besteht die gleiche Nähe des Schuldners zu den zu beweisenden Umständen, ohne daß dort eine Beweislastumkehr angeordnet ist. Die Erklärung liegt deswegen in der von den §§ 295f. InsO vorgesehenen Verteilung der Verantwortlichkeiten zwischen Schuldner und Gläubigern, zu deren Bestandteilen auch der Entlastungsbeweis für das Verschulden zählt. Nach diesem

§ 296 *Restschuldbefreiung*

ausbalancierten Konzept hat der Schuldner zunächst erhebliche Anstrengungen zu unternehmen, um seinen Obliegenheiten zu entsprechen. Seine umfassenden Aufgaben erleichtern zwar die Einleitung eines Versagungsverfahrens, doch muß der Gläubiger im Verfahren durch die Glaubhaftmachung (Rz. 26 ff.) weitreichende Anforderungen erfüllen. Um ihre Erfüllung nicht auszuschließen oder dem Gläubiger über Gebühr zu erschweren, ist dann im Verfahren die Beweislastumkehr für das besonders schwer nachweisbare Verschulden angeordnet. In der Fortsetzung dieses Gedankens darf durch die Beweislastumkehr ein erfolgreicher Abschluß der Treuhandzeit nicht unangemessen behindert werden. Bereits für § 282 BGB heißt es, daß an den Entlastungsbeweis keine allzu strengen Anforderungen gestellt werden dürfen. Außerdem können dort zugunsten des belasteten Schuldners die Grundsätze über den Beweis des ersten Anscheins Anwendung finden. Insbesondere werden aber Ausnahmen von der Beweislastregelung angenommen, wenn etwa der Schuldner durch langes Warten des Gläubigers in Beweisnot geraten ist (*Baumgärtel/Strieder* Handbuch der Beweislast, 2. Aufl., § 282 BGB Rz. 9–11). Nach den zu den §§ 16 f. VVG entwickelten Maßstäben (*Prölss/Martin* VVG, 25. Aufl., § 17 Anm. 8 c) kann es an einem Verschulden fehlen, wenn der Schuldner bei unklaren oder schwer zu beantwortenden Fragen einer Belehrung vertraut hat (vgl. *OLG Hamm* VersR 1978, 31). Unter der abwägenden Zielsetzung von § 296 Abs. 1 Satz 1 InsO müssen solche Umstände ebenfalls berücksichtigt werden. Verläßt sich der Schuldner auf den Ratschlag des Treuhänders, wird ihm regelmäßig kein Vorwurf zu machen sein. Eine unzureichende Auskunft über seine Bezüge wird dem Schuldner dann nicht vorzuwerfen sein, wenn er von seinem Arbeitgeber keine ordnungsgemäße Entgeltabrechnung erhält.

III. Beeinträchtigte Befriedigung

10 Durch seine verschuldete Obliegenheitsverletzung muß der Schuldner außerdem die Befriedigung der Insolvenzgläubiger beeinträchtigt haben. Diese Formulierung entspricht der aus der Versagungsregelung in § 290 Abs. 1 Nr. 4 InsO (dazu § 290 Rz. 39), die ebenfalls eine beeinträchtigte Gläubigerbefriedigung verlangt, während die strengere Widerrufsregelung aus § 303 Abs. 1 InsO eine erhebliche Beeinträchtigung voraussetzt (dazu § 303 Rz. 10). Allein eine beeinträchtigte Gläubigerbefriedigung genügt für § 296 Abs. 1 Satz 1 InsO jedoch nicht. Zusätzlich muß zwischen der Obliegenheitsverletzung und der Gläubigerbeeinträchtigung auch ein Kausalzusammenhang bestehen (*Haarmeyer/Wutzke/Förster* Handbuch, Rz. 10/80; *Wittig* WM 1998, 157, 209 [215]), wie er auch für § 187 KO gefordert wird (*Kuhn/Uhlenbruck* KO, § 187 Rz. 2 b; *Kilger/Karsten Schmidt* KO § 187 Anm. 1 a) cc)).

11 Sachlich wird mit der beeinträchtigten Befriedigung die für eine Anfechtungsbefugnis erforderliche Beschwer konkretisiert und zugleich auf die Wirkungen des Schuldbefreiungsverfahrens beschränkt. Die Beschwer ist also nicht zu bestimmen, indem die für den Insolvenzgläubiger eintretenden Folgen bei einer Erteilung der Restschuldbefreiung mit der unbeschränkten Vermögenshaftung des Schuldners gemäß § 201 Abs. 1 InsO bei einer antragsgemäßen Versagung der Restschuldbefreiung verglichen werden. Die Beschwer ist nur durch den Vergleich zwischen dem ordnungsgemäß durchgeführten und dem unter einer Obliegenheitsverletzung absolvierten Schuldbefreiungsverfahren zu bemessen. Abweichend von den in vermögensrechtlichen Streitigkeiten vielfach üblichen Wertsummen ist dabei kein bestimmter Betrag vorgeschrieben. Trotzdem muß ein konkreter Verlust meßbar sein.

Verstoß gegen Obliegenheiten § 296

Bereits sprachlich weist die beeinträchtigte Gläubigerbefriedigung über eine lediglich 12 gefährdete Vermögensposition hinaus. Eine Beeinträchtigung kann deshalb nicht schon dann angenommen werden, wenn sich nur die Befriedigungsaussichten der Gläubiger ohne einen konkreten Vermögensverlust verschlechtern. Vielmehr müssen die Insolvenzgläubiger aufgrund der Obliegenheitsverletzung Einbußen bei ihrer Forderungserfüllung erlitten haben. Neben der grammatikalischen bestätigt dies auch die teleologische Interpretation der §§ 295, 296 InsO. Als Instrumente der Haftungsverwirklichung sollen diese Vorschriften einer bestmöglichen Forderungserfüllung, nicht aber Strafzwecken dienen. An die Stelle ihrer ökonomischen Zielsetzung träte eine moralisierende Ausrichtung, wenn auf eine Obliegenheitsverletzung ohne meßbare Vermögenseinbuße eine Versagung ausgesprochen werden könnte. Obwohl der Treuhänder die erlangten Beträge nur einmal jährlich an die Gläubiger zu verteilen hat, kann eine Gläubigerbeeinträchtigung schon vor diesem Verteilungszeitpunkt eintreten, weil in den Grenzen der §§ 287 Abs. 2, 292 Abs. 1 InsO die Beträge wirtschaftlich bereits den Gläubigern zugewiesen sind. Vor allem wird diese Auslegung aber durch die Ausschlußfrist in Satz 2 gefordert, weil sonst diese Frist ab Kenntnis der Obliegenheitsverletzung laufen kann, ohne daß der Gläubiger mangels einer Beeinträchtigung bereits berechtigt wäre, den Versagungsantrag zu stellen.

Führt die Obliegenheitsverletzung des Schuldners zu keinen messbaren wirtschaftlichen 13 Konsequenzen, wird die Befriedigung der Insolvenzgläubiger nicht beeinträchtigt, so daß die Restschuldbefreiung nicht nach § 296 Abs. 1 Satz 1 InsO versagt werden kann. Ohne eine Beschwer ist der Versagungsantrag unzulässig. Aus diesem Grund wird die unterlassene Anzeige eines Wohnsitzwechsels vielfach folgenlos bleiben. Gibt der Schuldner eine Erwerbstätigkeit auf, die etwa aufgrund seiner Unterhaltspflichten keine pfändbaren Beträge erbracht hat oder lehnt der Schuldner bzw. die Schuldnerin eine neben der Kinderbetreuung zumutbare Teilzeitbeschäftigung ab, die keine pfändbaren Bezüge ergeben hätte, kann darin eine Obliegenheitsverletzung zu sehen sein, doch führt sie zu keiner Gläubigerbeeinträchtigung.

Zumeist wirkt sich aber die Obliegenheitsverletzung nachteilig auf die Gläubiger aus. 14 Dann ist zu bestimmen, ob der Schuldner nachträglich die Folgen seines Obliegenheitsverstoßes kompensieren darf, um zu verhindern, daß die Gläubigerbefriedigung beeinträchtigt wird. Aus der von den §§ 295, 296 InsO verfolgten Zielsetzung einer umfassenden Haftungsverwirklichung heraus, kann eine Nachzahlung nicht abgeführter Beträge sinnvoll sein, wenn zugleich gläubigergefährdende Manipulationen verhindert werden. Durch eine Nachentrichtung dokumentiert der Schuldner seinen Willen, die Obliegenheiten zu erfüllen. Außerdem trägt eine solche Befugnis dem wirtschaftlichen Begehren der Gläubiger möglicherweise besser als eine Versagung der Restschuldbefreiung Rechnung, durch die dem Schuldner seine Bereitschaft zur aktiven Forderungserfüllung genommen werden kann. Angelehnt an die Vorbilder der §§ 554 Abs. 2 Nr. 2 BGB, 371 AO kann deshalb ein solches befristetes Nachholungsrecht begründet werden, doch wird sein Geltungsbereich durch den Sinn und den Wortlaut von § 296 Abs. 1 Satz 1 InsO begrenzt. Ziel dessen ist, daß der Schuldner keine Gelder verschleiert, um sie nur im Fall eines Aufdeckens an die Gläubiger bzw. zunächst den Treuhänder auszuzahlen. Wie oben ausgeführt, wird die Gläubigerbefriedigung schon vor der Verteilung der Abtretungsbeträge beeinträchtigt. Diese Vorverlagerung des für eine Gläubigerbeeinträchtigung maßgebenden Zeitpunkts ist durch eine Nachentrichtungsbefugnis bis zu dem Auszahlungstermin auszugleichen. Damit der Schuldner nicht abwartet, ob ein Versagungsverfahren durchgeführt wird, ist seine Zahlungsberechtigung zusätzlich nach Maßgabe von § 371 AO bis zur Einleitung eines gerichtlichen Versagungsverfahrens zu befristen. Das Nachholungsrecht ist deshalb doppelt durch den Verteilungszeitpunkt gemäß § 292 Abs. 1 Satz 2 InsO sowie die Einleitung eines Versagungsverfahrens beschränkt.

15 Eine solche Berechtigung ist ebenso Ausdruck des Übermaßverbots, wie die vom Rechtsausschuß des Bundestags geforderte Wesentlichkeitsgrenze. Hiernach soll bei ganz unwesentlichen Verstößen eine Versagung der Restschuldbefreiung ausscheiden (Begründung des Rechtsausschusses BT-Drucks. 12/7302, S. 188, zu § 346k). Als Bestandteil des Abwägungsmechanismus vom Schuldnerobliegenheiten und Gläubigeranforderungen dient die Wesentlichkeitsgrenze als zusätzliches Korrektiv, um übermäßige Härten zu vermeiden. Auf eine absolute finanzielle Obergrenze wird deswegen nicht abzustellen sein.

D. Versagungsverfahren

I. Antragstellung

16 Das Versagungsverfahren unterliegt der Gläubigerautonomie, also einer einseitigen Parteidisposition. Diese Verfügungsfreiheit der Insolvenzgläubiger erstreckt sich auf die Einleitung des Versagungsverfahrens und den Umfang der richterlichen Prüfung. Ohne einen Gläubigerantrag darf ein Versagungsverfahren nicht durchgeführt werden, wie § 296 Abs. 1 Satz 1 InsO ausdrücklich bestimmt. Zugleich entscheidet der antragstellende Gläubiger auch über den Verfahrensgegenstand. Andere Insolvenzgläubiger können auf den Verfahrensgegenstand allenfalls mittelbar einwirken, indem sie ebenfalls einen Antrag stellen. Dazu ist grundsätzlich jeder Insolvenzgläubiger berechtigt, denn mit den Versagungsregeln soll die Gläubigergemeinschaft geschützt werden.

17 Von dem Gericht darf von Amts wegen ein Versagungsverfahren weder eingeleitet noch auf andere Versagungsgründe erstreckt werden, denn auch bei einer Prüfung von Amts wegen hat das Gericht nicht von sich aus zur Erforschung der Wahrheit tätig zu werden (RGZ 160, 338 [346]). Ist ein Versagungsantrag noch nicht gestellt, darf das Gericht aufgrund der kontradiktorischen Gestaltung des Verfahrens keine Antragstellung anregen. Auch wird es in einem Versagungsverfahren sehr genau abzuwägen haben, ob eine mit einem richterlichen Hinweis nach § 139 Abs. 1 ZPO verbundene Hilfestellung an die Gläubiger erforderlich sein kann, um eine Waffengleichheit mit dem Schuldner herzustellen (vgl. *Peters* in MünchKomm/ZPO, § 139 Rz. 3).

II. Antragsfrist

18 Den Antrag auf Versagung der Restschuldbefreiung kann ein Gläubiger nur binnen eines Jahres stellen, nachdem ihm die Obliegenheitsverletzung bekannt geworden ist, § 296 Abs. 1 Satz 2 InsO. Erstmalig ist der Antrag zulässig, nachdem das Insolvenzverfahren aufgehoben und die Treuhandzeit eingeleitet worden ist. Letztmalig darf der Antrag in dem Termin zur Entscheidung über die Restschuldbefreiung gemäß § 300 Abs. 2 InsO gestellt werden.

19 Die Antragstellung muß in einer Ausschlußfrist erfolgen, wie sie ähnlich in § 586 Abs. 2 Satz 1 ZPO formuliert ist. Für den Fristbeginn ist dabei auf das subjektive Element einer Kenntniserlangung von der Obliegenheitsverletzung abzustellen, also nicht auf objek-

tive Merkmale, wie sie etwa die §§ 290 Abs. 1, 303 Abs. 2 InsO vorsehen. Merkliche Schwierigkeiten ergeben sich freilich, weil für den Fristenlauf eine innere Tatsache zugrundegelegt wird. Diese Schwierigkeiten können möglicherweise in Anlehnung an die zu § 586 Abs. 2 Satz 1 ZPO entwickelten Maßstäbe über eine Kenntnisnahme bewältigt werden. Nach dem verfahrensrechtlichen Muster des § 586 Abs. 2 Satz 1 ZPO beginnt die Frist für die Wiederaufnahmeklage mit der sicheren Kenntnis sämtlicher Tatsachen, die vorhanden sein müssen, um erfolgreich Klage erheben zu können, wozu über alle Tatsachen ein auf sicherer Grundlage beruhendes Wissen erforderlich ist (*BGH NJW* 1993, 1596 f.; 1995, 332 [333]; *Zöller/Greger* ZPO, § 586 Rz. 9). Gegen eine Adaption dieser Grundsätze für § 296 Abs. 1 Satz 2 InsO spricht allerdings die bei der Wiederaufnahmeklage einfacher strukturierte und deshalb leichter zu erkennende tatsächliche Sachlage. Aus diesem Grund erweist sich vor allem die Konzeption von § 852 Abs. 1 BGB als angemessener, doch kann die Auslegung zu § 1944 Abs. 2 Satz 1 BGB ebenfalls ergänzend herangezogen werden.

Nach den deliktsrechtlichen Grundsätzen ist die Kenntnis der rechtsbegründenden **20** Tatsachen genügend, deren zutreffende rechtliche Würdigung nicht gefordert wird (*BGH NJW* 1993, 648 [653]; 1996, 117 [118]). Eine Kenntnis aller Einzelheiten wird dafür nicht verlangt (*BGH NJW* 1994, 3092 [3093]; *Stein* in MünchKomm, § 852 Rz. 9). Es genügt, wenn ein Versagungsantrag mit einigermaßen sicherer Aussicht auf Erfolg gestellt werden kann (vgl. *BGH NJW* 1993, 648 [653]; *Erman/Schiemann* BGB, § 852 Rz. 10, 17; *Palandt/Thomas* § 852 Rz. 4). Ein Kennenkönnen oder -müssen wird dafür einer Kenntnis nicht gleichgestellt. Der den Fristenlauf auslösende Kenntnisstand wird aber auch dann angenommen, wenn der Gläubiger die Kenntnis zwar nicht positiv besaß, wohl aber die Möglichkeit hatte, sich die erforderlichen Kenntnisse in zumutbarer Weise ohne nennenswerte Mühe zu beschaffen. Übertragen auf die insolvenzrechtlichen Anforderungen ist zusätzlich zu fordern, daß sich die Umstände dem Gläubiger geradezu aufgedrängt haben. Auf diese Weise soll dem Gläubiger im Einklang mit dem Rechtsgedanken aus § 162 Abs. 1 BGB die sonst bestehende Möglichkeit genommen werden, die Frist mißbräuchlich dadurch zu verlängern, daß er die Augen vor einer sich aufdrängenden Kenntnis verschließt (*BGH NJW* 1989, 2323 [2324]; 1993, 648 [653]; 1994, 3092 [3093]; s. a. *Erman/Schiemann* BGB, § 852 Rz. 10). Dabei genügt es, wenn der Antragsteller über die Obliegenheitsverletzung informiert ist, denn auf andere Umstände muß sich seine Kenntnis nach der eindeutigen Formulierung des § 296 Abs. 1 Satz 2 InsO nicht erstrecken.

Eine Kenntnis des Wissensvertreters steht der Kenntnis des Gläubigers gleich (*BGH* **21** *NJW* 1968, 988; 1976, 2344 f.; 1989, 2323; *Palandt/Thomas* § 852 Rz. 4; *Erman/ Schiemann* BGB, § 852 Rz. 12). Wissensvertreter ist jeder, der nach der Arbeitsorganisation des Geschäftsherrn dazu berufen ist, im Rechtsverkehr als dessen Repräsentant bestimmte Aufgaben in eigener Verantwortung zu erledigen und die dabei angefallenen Informationen zur Kenntnis zu nehmen sowie gegebenenfalls weiterzuleiten. Er braucht weder zum rechtsgeschäftlichen Vertreter noch zum Wissensvertreter ausdrücklich bestellt zu sein (BGHZ 117, 104 [106 f.]; *NJW* 1996, 1339 [1340]; *Richardi* AcP 169 (1969), 385 [398]; s. a. BGHZ 83, 293 [296]). Gerade bei Großbanken kann eine solche Wissenszurechnung innerhalb einer Filiale (*BGH NJW* 1984, 1953 [1954]), aber auch zwischen unterschiedlichen Filialen erfolgen, damit der Informationsaustausch nicht auf bestimmte Fragen beschränkt wird, andere wichtige Punkte davon jedoch ausgenommen bleiben (*BGH NJW* 1989, 2879 [2880 f.]; 1989, 2881 [2882]; 1993, 1066 [1067]; *Schramm* in MünchKomm, § 166 Rz. 21 a; ausführlich auch für andere Unternehmen *Canaris* Bankvertragsrecht, 4. Aufl., Rz. 106, 499, 800 f., 810).

22 Von der gesetzlichen Formulierung wird auf die Kenntnis des antragstellenden Gläubigers abgestellt. Ungeregelt bleibt, welchen Einfluß das Wissen des Treuhänders und der anderen Gläubigers besitzt. Nach den für den Konkursverwalter aufgestellten Regeln, ist eine Kenntnis des Treuhänders den Gläubigern nicht zuzurechnen (BGHZ 55, 307 [312]). Ebensowenig kann dem Antragsteller der Kenntnisstand der anderen Gläubiger nach den Prinzipien über die Wissensvertretung zugerechnet werden. Bei diesen Grundsätzen handelt es sich zwar um den Ausdruck eines allgemeinen Rechtsgedankens, der auf vergleichbare Interessenlagen entsprechend anzuwenden ist (*Palandt/Heinrichs* § 166 Rz. 9). Für die Gemeinschaft der Insolvenzgläubiger ist eine solche Zurechnung jedoch nicht zu legitimieren. Ihr fehlt vor allem eine einheitliche Organisationsstruktur, aus der die Verpflichtung abgeleitet werden könnte, eine Verfügbarkeit des Wissens sicherzustellen. In dieser Situation gerät die Jahresfrist allerdings in die Gefahr, zur Bedeutungslosigkeit abzusinken. Bereits im Vorfeld eines Versagungsverfahrens ließe es sich durch eine Weitergabe der Informationen steuern, daß der Antrag von einem noch berechtigten Gläubiger gestellt wird. Selbst neben einem wegen des Fristablaufs vom Scheitern bedrohten Versagungsverfahren könnte noch ein anderer, bislang uninformierter Gläubiger einen neuen Versagungsantrag stellen. Eine gläubigerinterne Weitergabe der Informationen ist deshalb jedenfalls dann als rechtsmißbräuchliche Ausnutzung einer formalen Rechtsstellung zu mißbilligen, wenn mit ihr die Fristbestimmung umgangen werden soll.

23 Die Ausschlußfrist läuft für jeden Versagungsgrund gesondert. Da die Frist dem Rechtsfrieden und dem Vertrauensschutz dient, ist in einem Versagungsverfahren das Nachschieben anderer bereits präkludierter Gründe ausgeschlossen. Eine Wiedereinsetzung in den vorigen Stand ist im Fall einer versäumten Antragsfrist ausgeschlossen. Die Fristberechnung erfolgt gemäß den §§ 222 Abs. 1 ZPO, 187 f. BGB.

III. Glaubhaftmachung

24 Zu dem gestaffelten Konzept von Obliegenheiten und Versagungsregeln der Schuldbefreiung (dazu oben Rz. 2 ff.) gehören ebenfalls die an den Insolvenzgläubiger im Versagungsverfahren gerichteten beweisrechtlichen Anforderungen. Ein Versagungsantrag ist deshalb nach § 296 Abs. 1 Satz 3 InsO nur zulässig, wenn die Voraussetzungen der Sätze 1 und 2 dargelegt und glaubhaft gemacht worden sind. Eine Orientierungshilfe für die Auslegung dieser Vorschrift kann auch die bisherige Interpretation zu § 105 Abs. 1 KO geben (vgl. *Kuhn/Uhlenbruck* KO, § 105 Rz. 3 ff.; *Hess* KO, § 105 Rz. 11; *Kilger/Karsten Schmidt* KO, § 105 Anm. 1; *Gottwald/Uhlenbruck* InsolvenzRHdb, § 13 Rz. 18 ff.).

25 Die Glaubhaftmachung hat bereits bei der Antragstellung zu erfolgen. Sie ist also unabhängig davon, ob der Schuldner den Antragsgrund bestreitet. Wie zu § 290 Abs. 2 InsO ausgeführt (Rz. 60) und bislang zu § 188 Abs. 2 KO vertreten, kann die Glaubhaftmachung auch noch im Beschwerdeverfahren nachgeholt werden (*Hess* KO, § 188 Rz. 9; *Kuhn/Uhlenbruck* KO, § 188 Rz. 5; *Kilger/Karsten Schmidt* KO, § 188 Anm. 1). Das Verfahren zur Glaubhaftmachung richtet sich nach § 294 ZPO. Der Insolvenzgläubiger darf sich also grundsätzlich der präsenten Beweismittel einschließlich einer eidesstattlichen Versicherung bedienen. Als Beispiel führt die Begründung zum RegE (BR-Drucks. 1/92, S. 193) eine vom Gläubiger vorgelegte schriftliche Erklärung des Treuhänders an, aus der ersichtlich ist, daß der Schuldner nach Beendigung seines Arbeitsverhältnisses trotz Aufforderung durch den Treuhänder

Verstoß gegen Obliegenheiten § 296

keine Auskunft über seine Bemühungen gegeben hat, einen neuen Arbeitsplatz zu finden.

Der Gläubiger hat die Voraussetzungen des § 296 Abs. 1 Satz 1, 2 InsO darzulegen und glaubhaft zu machen. Abweichend von § 290 Abs. 2 InsO muß der Gläubiger nicht nur den Versagungsgrund, sondern auch die sonstigen Antragsvoraussetzungen glaubhaft machen. Im einzelnen wird von ihm damit die Glaubhaftmachung der Obliegenheitsverletzung, der beeinträchtigten Befriedigung der Insolvenzgläubiger und der Einhaltung der Antragsfrist verlangt. Nach Wortlaut und Sinn, vor allem aber der Gesetzgebungsgeschichte schließt diese Anforderung das Verschulden ebenfalls ein. Die Verschuldensregelung mit der Beweislastumkehr wurde erst in § 235 Abs. 1 RefE eingefügt. Gleichzeitig wurde die Stellung sowie die inhaltliche Ausgestaltung der Bestimmung über die Glaubhaftmachung an diesen veränderten Entwurf angepaßt und damit zielgerichtet auch auf die Verschuldensvorschrift erstreckt. Auf der verfahrensrechtlichen Ebene wird dabei zwischen der Glaubhaftmachung des Verschuldens und der Beweislastumkehr ein abgestuftes Verhältnis hergestellt. Durch die glaubhaft zu machenden Umstände wird der kaum absehbare Kreis möglicher Vorwürfe eingegrenzt und dem Schuldner ein konkreter Anforderungsrahmen genannt, innerhalb dessen er sich zu entlasten hat. So trägt das System von Glaubhaftmachung und Beweislastumkehr für das Verschulden den sorgsam abgewogenen Lasten der Beteiligten Rechnung. Ein Versagungsantrag ist deshalb nur zulässig, sofern auch das Verschulden an der Obliegenheitsverletzung des Schuldners glaubhaft gemacht worden ist. Eine Gegenglaubhaftmachung kann zur Unzulässigkeit des Antrags führen (*Vallender* InVo 1998, 169 [178]). Erst wenn die Zulässigkeit des Versagungsantrags feststeht, weil die Erfordernisse aus § 296 Abs. 1 Satz 3 InsO erfüllt sind, ist seine sachliche Berechtigung zu prüfen (*Bindemann* Handbuch Verbraucherkonkurs, Rz. 264).

26

Begründet ist der Versagungsantrag, falls der Insolvenzgläubiger über die vom Schuldner bestrittenen Tatsachen, ausgenommen das Verschulden, den vollen Beweis führt. Im Rahmen der gemäß § 5 InsO durchzuführenden Prüfung von Amts wegen ist das Gericht nicht wie nach der Untersuchungsmaxime verpflichtet, von sich aus zur Erforschung der Wahrheit tätig zu werden. Es hat sich auf die Prüfung des ihm vorgelegten oder offenkundigen Stoffs zu beschränken. Gegebenenfalls sind zwar die Parteien nach § 139 Abs. 2 ZPO auf Bedenken aufmerksam zu machen, doch besteht für das Gericht keine Pflicht, durch eigene Tätigkeit die tatsächlichen Grundlagen seiner Entscheidung zu beschaffen (RGZ 160, 338 [346 f.]) oder auch nur die Parteien von sich aus auf alle denkbaren oder in Betracht kommenden Gesichtspunkte hinzuweisen (vgl. *Hess* KO, § 188 Rz. 11). Wenn auch die Feststellungsbedürftigkeit der Tatsachen nicht vom Parteiwillen abhängt und eine Beweisaufnahme deswegen nicht an einen Antrag gebunden ist (*Lüke* in MünchKomm/ZPO, Einleitung Rz. 203, 205; s. a. *Rosenberg/Schwab/ Gottwald* Zivilprozeßrecht, § 78 V 2b), bleibt doch die Beweislastverteilung davon unberührt (RGZ 160, 338 [347]).

27

Das umfassende Modell der zwischen Schuldner und Insolvenzgläubigern abgestuften Verantwortlichkeiten wird damit im Detail auch bei der Verteilung der Feststellungslast fortgeführt. Der Schuldner hat weitreichende Obliegenheiten zu erfüllen. Will jedoch ein Gläubiger wegen einer Obliegenheitsverletzung einen Versagungsantrag stellen, so ist dieser nur zulässig, falls die einzelnen Erfordernisse glaubhaft gemacht werden. Sofern der Schuldner die Tatsachen bestreitet, hat der Gläubiger hierüber vollen Beweis zu führen. Ausgenommen davon ist das Verschulden, für das sich der Schuldner nach § 296 Abs. 1 Satz 1 HS 2 InsO entlasten muß. Die Beweisführung wird dem Gläubiger jedoch erleichtert, weil der Schuldner gemäß § 296 Abs. 2 Satz 2 InsO über die Erfüllung seiner

28

Obliegenheiten Auskunft zu erteilen und ihre Richtigkeit auf Antrag eidesstattlich versichern muß.

IV. Anhörung

29 Über den Versagungsantrag hat das Gericht nach § 296 Abs. 2 Satz 1 InsO den Schuldner, den Treuhänder und die anderen Insolvenzgläubiger zu hören. Mit dieser Anhörung wird rechtliches Gehör i. S. v. Art. 103 Abs. 1 GG gewährt und die Auskunftserteilung durch den Schuldner eingeleitet. Beide Elemente, Anhörung und Auskunftserteilung werden meist ineinander übergehen, sind aber systematisch auch für den Schuldner zu unterscheiden. Nicht erforderlich ist ein mündlicher Termin. Um das Gericht zu entlasten, kann die Anhörung der Verfahrensbeteiligten auch schriftlich erfolgen (Begründung des Rechtsausschusses BT-Drucks. 12/7302, S. 188, zu § 346k; *Schmidt-Räntsch* KS, 1177 Rz. 38).

E. Verfahrensobliegenheiten: Erscheinen, Auskunftserteilung, eidesstattliche Versicherung

30 Unter der Voraussetzung eines zulässigen Versagungsantrags werden an den Schuldner drei zusätzliche verfahrensbezogene Obliegenheiten gerichtet. Auf eine gerichtliche Ladung muß er persönlich erscheinen. Er hat Auskunft über die Erfüllung seiner Obliegenheiten zu erteilen sowie gegebenenfalls ihre Richtigkeit an Eides Statt zu versichern, § 296 Abs. 2 Satz 2 und 3 InsO. Kommt der Schuldner diesen Geboten nicht nach, ist ihm die Restschuldbefreiung zu versagen. Von dem Insolvenzgläubiger wird zwar als Antragsteller zunächst verlangt, die umfassenden Voraussetzungen für einen Versagungsgrund darzulegen und glaubhaft zu machen, doch soll der Schuldner ebenfalls zur Aufklärung des Geschehens beitragen. Um den Schuldner zur aktiven Mitwirkung auch im Versagungsverfahren zu veranlassen, sind seine verfahrensrechtlichen Obliegenheiten durch die strenge Versagungsfolge aus § 296 Abs. 2 Satz 3 InsO als autonome auf das Versagungsverfahren bezogene zusätzliche Versagungsgründe ausgestaltet. Mit diesen Anforderungen wird allerdings der aus dem Interessenantagonismus der Beteiligten abgeleitete Beibringungsgrundsatz weitgehend aufgegeben. An dessen Stelle tritt ein reglementierter Dialog der Beteiligten, über den das Gericht die Regie führt.

31 Mündliche Verhandlungen sind auch für das Versagungsverfahren nicht vorgeschrieben, § 5 Abs. 2 Satz 1 InsO. Vielfach wird aber eine Anhörung des Schuldners in der mündlichen Verhandlung zweckmäßig sein. Deswegen kann das Gericht ein persönliches Erscheinen des Schuldners anordnen, § 296 Abs. 2 Satz 3 InsO. Mit der Anordnung des persönlichen Erscheinens wird eine zusätzliche Obliegenheit, keine verfahrensrechtliche Pflicht, begründet, denn im Unterschied zu § 141 Abs. 3 Satz 1 ZPO darf bei einem Ausbleiben des Schuldners kein Ordnungsgeld verhängt werden (vgl. BVerfG NJW 1998, 892; *Peters* in MünchKomm/ZPO, § 141 Rz. 19). Nach Maßgabe von § 141 Abs. 2 ZPO ist der Schuldner von Amts wegen zu laden. Ihm ist die Ladung auch dann selbst mitzuteilen, wenn er einen Verfahrensbevollmächtigten hat, wobei für den Nachweis einer ordnungsgemäßen Ladung regelmäßig eine Zustellung erforderlich sein wird.

Verstoß gegen Obliegenheiten § 296

Bleibt der Schuldner ohne hinreichende Entschuldigung im Termin aus, ist die Restschuldbefreiung zu versagen. Auszurichten sind die Entschuldigungsgründe nicht an dem für versäumte Notfristen geltenden § 233 ZPO, sondern an der – sprachlich nur geringfügig von § 296 Abs. 2 Satz 3 InsO abweichenden – genügenden Entschuldigung gemäß § 381 Abs. 1 ZPO. Entschuldbar ist danach (vgl. *Damrau* in MünchKomm/ZPO, § 381 Rz. 6 ff.) ein Ausbleiben wegen Krankheit oder Unfall und gegebenenfalls wegen eines Urlaubs. Auch eine Unkenntnis der Ladung durch eine längere Abwesenheit vom Wohnort kann einen Entschuldigungsgrund bilden, solange damit noch nicht die Grenze zu einem Wohnsitzwechsel i. S. d. § 295 Abs. 1 Nr. 3 InsO überschritten wird. 32

Ordnet das Gericht ein persönliches Erscheinen des Schuldners an, so hat er in diesem Termin Auskunft über die Erfüllung seiner Obliegenheiten zu erteilen, § 296 Abs. 2 Satz 2 InsO. Im Unterschied zu einer Auskunftserteilung im Vorprüfungsstadium über eine Obliegenheitsverletzung nach § 295 Abs. 1 Nr. 3 InsO (§ 295 Rz. 51) kann das Gericht ergänzend gemäß § 142 ZPO eine Vorlage von Urkunden anordnen. Sieht jedoch das Gericht von einen mündlichen Termin ab, so hat der Schuldner die Auskünfte schriftlich zu erteilen (*Palandt/Heinrichs* § 261 Rz. 20). Während der Schuldner in der Treuhandzeit, aber außerhalb eines Versagungsverfahrens, dem Insolvenzgericht und dem Treuhänder nur im Rahmen von § 295 Abs. 1 Nr. 3 InsO Auskunft zu erteilen hat, muß er in dem Versagungsverfahren über die Erfüllung jeder Obliegenheit Auskunft erteilen, auf die der Versagungsantrag gestützt wird. Die Maßstäbe einer eidesstattlichen Versicherung nach § 807 ZPO können dafür allerdings nicht angelegt werden. Ziel der Auskunftserteilung ist nicht, dem Antragsteller die für eine effektive Haftungsverwirklichung erforderliche Kenntnis über den Vermögensbestand und die Einhaltung der Obliegenheiten durch den Schuldner zu vermitteln. Vielmehr soll in einem prozeßförmigen Verfahren unter Berücksichtigung der gegenseitigen Interessen der Beteiligten die Erfüllung der Obliegenheiten überprüft werden. Inhaltlich wird sich deshalb die Auskunft des Schuldners an der Aufforderung des Gerichts zu orientieren haben. Je genauer die Anfrage ist, desto detaillierter muß die Antwort des Schuldners ausfallen. Allerdings wird auch dies nicht schrankenlos gelten können, denn ihr Umfang wird durch den Zweck der Auskunft (BGHZ 126, 109 [116 f.]) sowie den Grundsatz der Zumutbarkeit begrenzt (vgl. *BGH* NJW 1982, 573 [574]). 33

Auf Antrag des Insolvenzgläubigers, der das Versagungsverfahren eingeleitet hat, muß der Schuldner schließlich, so die dritte Obliegenheit, die Richtigkeit seiner Auskunft an Eides Statt versichern. Das Verfahren zur Abgabe der eidesstattlichen Versicherung richtet sich grundsätzlich nach § 98 InsO. An die Stelle der dort bei einer Weigerung vorgesehenen Zwangsmittel tritt aber die spezielle Versagungsfolge gemäß § 296 Abs. 2 Satz 3 InsO. 34

Die Auskunft und die eidesstattliche Versicherung hat der Schuldner innerhalb einer ihm gesetzten Frist abzugeben, doch kann er mit einer hinreichenden Entschuldigung (dazu oben Rz. 9) die Folgen dieser Obliegenheitsverletzung ebenfalls abwenden. Nach dem Rechtsgedanken aus § 141 Abs. 3 Satz 3 ZPO wird der Schuldner nicht nur auf die Konsequenzen eines Ausbleibens im Termin (ähnlich *Döbereiner* Restschuldbefreiung, 206 f.), sondern auch auf die eines Verstoßes gegen die anderen Obliegenheiten hinzuweisen sein. 35

Erfüllt der Schuldner eine der drei verfahrensbezogenen Obliegenheiten nicht, erscheint er also trotz Anordnung nicht oder erteilt er nicht die Auskünfte bzw. versichert er nicht ihre Richtigkeit an Eides Statt, so hat ihm das Gericht die Restschuldbefreiung zu versagen. Sein Beschluß unterliegt den allgemeinen Regeln über die Versagung, unten Rz. 39, also auch der sofortigen Beschwerde. 36

F. Gerichtliche Entscheidung

37 Auf den zulässigen und begründeten Antrag eines Insolvenzgläubigers versagt das Gericht die Restschuldbefreiung durch Beschluß. Aus verfassungsrechtlichen Gründen ist die Entscheidung dem Richter vorbehalten, wenn ein Schuldner die Erteilung der Restschuldbefreiung und ein Gläubiger ihre Versagung nach § 296 InsO beantragt hat, § 18 Abs. 1 Nr. 2 RPflG (*Helwich* MDR 1997, 13; *Haarmeyer/Wutzke/Förster* Handbuch, Rz. 10/60). Diese Entscheidung kommt (so die Begründung zum RegE EGInsO BT-Drucks. 12/3803, 65) der rechtsprechenden Tätigkeit i. S. v. Art. 92 GG zumindest sehr nahe, da sie in einem kontradiktorischen Verfahren nach Anhörung der Beteiligten ergeht, regelmäßig schwierige Abwägungen und Bewertungen erfordert und tief in die rechtliche Stellung des Schuldners oder des Gläubigers eindringt.

38 Der Beschluß führt zur Kassation der nach § 291 InsO ausgesprochenen Ankündigung der Restschuldbefreiung (*Maier/Krafft* BB 1997, 2173 [2179]). Er bewirkt eine vorzeitige Beendigung der Treuhandzeit mit den in § 299 InsO ausgesprochenen Konsequenzen. Mit der Rechtskraft der Entscheidung endet die Laufzeit der Abtretungserklärung, das Amt des Treuhänders und die Beschränkung der Gläubigerrechte (vgl. § 299 Rz. 10ff.). Das Recht zur Zwangsvollstreckung lebt wieder auf, während etwa Pfändungen und Sicherungsabtretungen, die durch die Eröffnung des Insolvenzverfahrens unwirksam bzw. auf drei Jahre beschränkt wurden, nicht wieder in Kraft treten (*Hess/Obermüller* Insolvenzplan, Restschuldbefreiung und Verbraucherinsolvenz, Rz. 1047).

39 Wegen der weitreichenden Bedeutung der Entscheidung ist nach den §§ 6 Abs. 1, 296 Abs. 3 Satz 1 InsO die sofortige Beschwerde zugelassen (Begründung zu § 245 RegE, BR-Drucks., 1/92, S. 193). Wird dem Versagungsantrag stattgegeben, so steht dem Schuldner das Rechtsmittel zu. Lehnt das Gericht den Antrag ab, ist nach der gesetzlichen Regelung der Antragsteller zur sofortigen Beschwerde berechtigt. Für die Rechtsmittel der sofortigen Beschwerde und der sofortigen weitere Beschwerde gelten die §§ 6, 7 InsO sowie die §§ 4 InsO, 577 ZPO. Die rechtskräftige Entscheidung ist in dem für die amtlichen Bekanntmachungen des Gerichts bestimmten Blatt öffentlich bekannt zu machen, §§ 296 Abs. 3 Satz 2, 9 InsO, doch ist im Gegensatz zu § 300 Abs. 3 Satz 2 InsO keine Veröffentlichung im Bundesanzeiger vorgeschrieben.

40 Mit den allgemeinen Gebühren für die Durchführung des Insolvenzverfahrens soll grundsätzlich auch das Verfahren über die Restschuldbefreiung abgegolten sein, um die gesetzliche Schuldbefreiung mit der Schuldbefreiung aufgrund eines Plans gleichzustellen. Für Gläubigeranträge auf Versagung der Restschuldbefreiung wird aber wegen der zusätzlichen Belastung des Gerichts eine Gebühr verlangt. Kostenschuldner der Gebühr für den Versagungsantrag ist der Insolvenzgläubiger, § 50 Abs. 2 GKG, s. a. § 54 Nr. 1 GKG. Die Gebühr für den Versagungsantrag gemäß § 296 InsO beträgt DM 60,–, KV Nr. 4150. Zusätzlich sind die Kosten der Veröffentlichung nach § 296 Abs. 3 Satz 2 gemäß KV Nr. 9004 zu entrichten.

§ 297
Insolvenzstraftaten

(1) Das Insolvenzgericht versagt die Restschuldbefreiung auf Antrag eines Insolvenzgläubigers, wenn der Schuldner in dem Zeitraum zwischen Schlußtermin und Aufhebung des Insolvenzverfahrens oder während der Laufzeit der Abtretungs-

erklärung wegen einer Straftat nach den §§ 283 bis 283c des Strafgesetzbuchs rechtskräftig verurteilt wird.
(2) § 296 Abs. 1 Satz 2 und 3, Abs. 3 gilt entsprechend.

Rechtsausschuß § 346 l.

Inhaltsübersicht: Rz.

A. Normzweck 1
B. Gesetzliche Systematik 2–3
C. Versagungsgrund 4–5
D. Versagungsverfahren 6–8

Literatur:

(siehe vor § 286, S. 1580)

A. Normzweck

Mit dieser erst im parlamentarischen Verfahren geschaffenen Vorschrift soll eine denkbare Lücke geschlossen werden, welche die Versagungsregelung des § 290 Abs. 1 Nr. 1 InsO läßt. Da es vorstellbar ist, daß eine rechtskräftige Verurteilung wegen der Insolvenzstraftaten erst nach dem Schlußtermin und der Aufhebung des Insolvenzverfahrens erfolgt, kann aus diesem Grund auch noch während der Treuhandperiode die Restschuldbefreiung versagt werden. Damit soll dem Schuldner die Möglichkeit genommen werden, durch strategisches Verhalten eine strafrechtliche Verurteilung hinauszuzögern, um der Folge des § 290 Abs. 1 Nr. 1 InsO zu entgehen. 1

B. Gesetzliche Systematik

Nicht so sehr wegen ihrer wohl eher zu vernachlässigenden praktischen Bedeutung als wegen ihrer systematischen Aussage erscheint die Vorschrift interessant. Zunächst betont sie die Trennungslinie zwischen den Anforderungen aus dem Insolvenzverfahren, die nach § 290 InsO zur Versagung der Schuldbefreiung führen können, und den Obliegenheiten während der Treuhandphase. Aus diesem Grund unterscheidet die Regelung auch die Verurteilung zwischen dem Schlußtermin und der Aufhebung des Insolvenzverfahrens von denen während der Laufzeit der Abtretungserklärung. Ihre Regelung erscheint überhaupt nur deshalb erforderlich, weil mit der rechtskräftigen Ankündigung der Restschuldbefreiung gemäß den §§ 289 Abs. 1, 291 Abs. 1 InsO die Versagungsgründe des § 290 Abs. 1 InsO präkludiert sind. 2

Sodann weist die Bestimmung aus, daß die Versagungsgründe aus § 290 Abs. 1 InsO und die Gründe aus § 295 InsO nicht auf dem gleichen Geltungsgrund beruhen. Sonst hätte der an § 290 Abs. 1 Nr. 1 InsO angelehnte Versagungsgrund des § 297 Abs. 1 InsO mit in § 295 InsO geregelt werden können. Zwischen den Obliegenheiten im Verlauf der Treuhandzeit, aber auch den Anforderungen nach § 296 Abs. 2 Satz 2 und 3 InsO 3

§ 297

während des Versagungsverfahrens, einerseits und den Geboten im Vorfeld der Treuhandperiode andererseits besteht damit ein deutlicher dogmatischer Unterschied. Als Obliegenheitsverletzung kann eine strafrechtliche Verurteilung nicht angesehen werden.

C. Versagungsgrund

4   Ist der Schuldner in dem Zeitraum zwischen Schlußtermin und Aufhebung des Insolvenzverfahrens oder während der Laufzeit der Abtretungserklärung wegen einer Straftat nach den §§ 283 bis 283c StGB rechtskräftig verurteilt worden, versagt das Gericht auf Antrag die Restschuldbefreiung. Die sprachliche und systematische Differenzierung der Verurteilungen zwischen dem Schlußtermin und der Aufhebung des Insolvenzverfahrens von denen während der Laufzeit der Abtretungserklärung bewirkt sachlich keinen Unterschied. Versagungsgrund bildet – unabhängig vom Beginn der Treuhandzeit – eine nach dem Schlußtermin, aber vor dem Ende der Treuhandphase, erfolgte rechtskräftige strafgerichtliche Verurteilung. Dem Schlußtermin steht dabei ein Termin zur Verhandlung über eine sofortige Beschwerde gemäß § 289 Abs. 2 Satz 1 InsO gleich. Eine vor dem Schlußtermin erfolgte, aber erst später bekannt gewordene rechtskräftige Verurteilung rechtfertigt deswegen keine Versagung der Restschuldbefreiung nach § 297 Abs. 1 InsO (*Döbereiner* JA 1996, 724 [728]). Wird der Schuldner erst nach dem Ende der Treuhandzeit rechtskräftig verurteilt, bleibt dies ebenfalls ohne insolvenzrechtliche Konsequenzen, begründet also auch kein Widerrufsrecht nach § 303 InsO.

5   Die rechtskräftige Verurteilung muß wegen einer Insolvenzstraftat nach den §§ 283 bis 283c StGB erfolgt sein. Wie für § 290 Abs. 1 Nr. 1 InsO gilt auch hier, daß nur ein Schutz der Insolvenzgläubiger angestrebt wird, weshalb sich die Verurteilung auf das konkrete insolvenzrechtliche Verfahren beziehen muß (vgl. § 290 Rz. 13). Zu den sonstigen Anforderungen der Versagung wegen einer Insolvenzstraftat vgl. § 290 Rz. 11 ff.

D. Versagungsverfahren

6   Auch die Versagung der gesetzlichen Schuldbefreiung nach § 297 Abs. 1 InsO unterliegt der einseitigen Parteidisposition durch die Gläubiger. Ohne einen Gläubigerantrag darf das Versagungsverfahren nicht durchgeführt werden. Die Verfügungsfreiheit beschränkt sich allerdings auf die Einleitung des Versagungsverfahrens, denn der Umfang der richterlichen Prüfung wird durch den Versagungsgrund bestimmt.

7   Für die Durchführung des Versagungsverfahrens bestimmt § 297 Abs. 2 InsO eine entsprechende, also keine unmittelbare Geltung von § 296 Abs. 1 Satz 2 und 3, Abs. 3 InsO an. Deshalb muß der Schuldner den Versagungsantrag binnen eines Jahres stellen, nachdem ihm eine Verurteilung bekannt geworden ist, § 296 Abs. 1 Satz 2 InsO. Da eine Kenntnis aller Einzelheiten und eine zutreffende rechtliche Würdigung nicht verlangt wird (*BGH* NJW 1993, 648 [653]; 1994, 3092 [3093]; 1996, 117 [118]; *Erman/ Schiemann* 9. Aufl., § 852 Rz. 10, 17), muß dem Gläubiger die Rechtskraft als solche nicht bekannt gewesen sein. Der Versagungsantrag ist nur zulässig, wenn der Gläubiger die Antragsvoraussetzungen glaubhaft gemacht hat, § 296 Abs. 1 Satz 3 InsO (dazu § 296 Rz. 24 ff.). Die Entscheidung über den Versagungsantrag erfolgt auch hier durch den Richter, § 18 Abs. 1 Nr. 2 RPflegerG, weil der Schuldner die Restschuldbefreiung und ein Gläubiger ihre Versagung beantragt hat. Für die Anfechtung des Versagungs-

beschlusses im Wege der sofortigen Beschwerde und die Bekanntmachung der Entscheidung gilt § 296 Abs. 3 InsO (dazu § 296 Rz. 39) entsprechend. Mit den allgemeinen Gebühren für die Durchführung des Insolvenzverfahrens soll grundsätzlich auch das Verfahren über die Restschuldbefreiung abgegolten sein (dazu § 296 Rz. 40), doch wird für den Versagungsantrag nach § 297 InsO wegen der zusätzlichen Belastung des Gerichts eine Gebühr in Höhe von DM 60,– nach KV Nr. 4150 verlangt. Zusätzlich sind gemäß KV Nr. 9004 die Kosten der Veröffentlichung nach §§ 297 Abs. 2, 296 Abs. 3 Satz 2 zu entrichten.

Von einer Verweisung auf § 296 Abs. 2 InsO und damit auf die Anhörungsregeln sowie die Verfahrensobliegenheiten wurde dagegen abgesehen. Infolge der wenig komplexen Tatsachen- und Rechtslage ist eine Übernahme der verfahrensbezogenen Obliegenheit sicher entbehrlich. Auf eine zumindest schriftliche Anhörung des Schuldners kann jedoch wegen des zu gewährenden rechtlichen Gehörs nicht verzichtet werden (einschränkend dagegen die Begründung des Rechtsausschusses zu § 346l, BT-Drucks. 12/7302, S. 188). 8

§ 298
Deckung der Mindestvergütung des Treuhänders

(1) Das Insolvenzgericht versagt die Restschuldbefreiung auf Antrag des Treuhänders, wenn die an diesen abgeführten Beträge für das vorangegangene Jahr seiner Tätigkeit die Mindestvergütung nicht decken und der Schuldner den fehlenden Betrag nicht einzahlt, obwohl ihn der Treuhänder schriftlich zur Zahlung binnen einer Frist von mindestens zwei Wochen aufgefordert und ihn dabei auf die Möglichkeit der Versagung der Restschuldbefreiung hingewiesen hat.
(2) [1]Vor der Entscheidung ist der Schuldner zu hören. [2]Die Versagung unterbleibt, wenn der Schuldner binnen zwei Wochen nach Aufforderung durch das Gericht den fehlenden Betrag einzahlt.
(3) § 296 Abs. 3 gilt entsprechend.

§ 298 entspricht § 346m BT-RA-EInsO und § 246 RegEInsO, BT-Drucks. 12/2443, S. 193 (zu § 246); BT-Drucks. 12/7302, S. 189 zu Nr. 191 (zu § 346m).

Inhaltsübersicht: Rz.

A. Normzweck 1
B. Gesetzliche Systematik 2– 7
C. Abs. 1 Antrag des Treuhänders 8–12
D. Abs. 2 Anhörung des Schuldners 13
E. Verfahrensrechtliches 14

Literatur:

(siehe vor § 286, S. 1580)

A. Normzweck

1 Durch § 298 InsO soll erreicht werden, daß die Mindestvergütung des Treuhänders in jedem Fall gedeckt ist, da ihm nicht zugemutet werden kann, über einen längeren Zeitraum ohne Vergütung tätig zu werden (BT-Drucks. 12/2443, S. 193). Diese Mindestvergütung (zur Höhe s. § 293 Rz. 6 ff.) soll dem Schuldner notfalls aus seinem unpfändbaren Einkommen zugemutet werden können. Durch die scharfe Sanktionsdrohung der Versagung der Restschuldbefreiung soll die Zahlung sichergestellt werden.

Der Gesetzgeber ging offenbar davon aus, daß die Vorschrift in der Praxis von geringer Bedeutung ist, da die Vergütung im allgemeinen aus den Beträgen gedeckt werden kann, die beim Treuhänder eingehen (BT-Drucks. 12/2443, S. 193), bzw. der Treuhänder bereit ist das Amt unentgeltlich auszuüben (BT-Drucks. 12/7302, S. 188).

B. Gesetzliche Systematik

2 Anders als die §§ 295, 297 InsO wird mit der Versagungssanktion nicht ein »unredliches« Verhalten des Schuldners sanktioniert, das ihn unwürdig erscheinen läßt in den Genuß der Restschuldbefreiung zu kommen, ebensowenig soll vom Schuldner ein Sonderopfer verlangt werden um das Erreichen der Restschuldbefreiung in sog. Nullfällen zu erschweren. Die harte Sanktionsdrohung soll lediglich den Mindestvergütungsanspruch des Treuhänders sicherstellen.

3 Die Vorschrift ist während des Gesetzgebungsverfahrens unverändert geblieben, war aber sowohl vor als auch nach der Verabschiedung Gegenstand heftiger Kritik. Der Bundesrat hatte in seiner Stellungnahme eine Änderung in eine »Kann-Vorschrift« vorgeschlagen und wollte die Sanktion des § 298 InsO nur dann zulassen, wenn der Schuldner die Mindestvergütung »nicht einzahlt oder glaubhaft macht, daß er hierzu nicht in der Lage ist« (BT-Drucks. 12/2443, S. 257 zu § 246). Denn die stringente Regelung sei nicht geeignet, im Einzelfall zu billigen Ergebnissen zu kommen und dem Grundgedanken des § 850 f. ZPO gerecht zu werden (BT-Drucks. 12/2443, S. 258). Die Bundesregierung hat eine Änderung abgelehnt, ohne auf diese Argumentation einzugehen (BT-Drucks. 12/2443, S. 267 zu Nummer 35).

4 Auch in der Literatur ist die Regelung heftig kritisiert worden. *Häsemeyer* (*Häsemeyer* Insolvenzrecht, 1998, Rz. 26.42) hält es für äußerst problematisch, daß die Regelung dazu führen kann, daß ein Schuldner wegen ohne eigenes Verschulden entstehender Arbeitslosigkeit durch ein Versagen der Restschuldbefreiung bestraft wird. *Döbereiner* (*Döbereiner* Restschuldbefreiung nach der InsO, 1997, S. 213 ff. u. 378) plädiert de lege ferenda für eine Streichung der Vorschrift. Haarmeyer (*Haarmeyer/Wutzke/Förster* Hdb. zur InsO, Kap. 10 Rz. 80, S. 727) sieht durch die Regelung ausgerechnet die ärmsten Schuldner gegenüber denjenigen benachteiligt, die sich einen gewissen Vermögensrest bewahren konnten. In der Tat erscheint nicht nachvollziehbar, warum der Gesetzgeber die Zahlung der Mindestvergütung mit einer derart strengen und inflexiblen Sanktion verknüpft. Die Sicherung der Vergütungszahlung hätte auch dadurch erreicht werden könne, daß der Eintritt der Wirkungen der Restschuldbefreiung von der Zahlung der Mindestvergütung abhängig gemacht worden wäre.

5 Die Vorschrift muß allerdings im Zusammenhang mit der Vergütungsverordnung, der Regelung über die Prozeßkostenhilfe und dem Sozialhilferecht gesehen werden. Die Frage der Berechtigung der Regelung hängt nicht zuletzt von der Höhe der zu zahlenden

Mindestvergütung ab (*Häsemeyer* a. a. O., Rz. 26.42). Die in § 14 InsVV festgelegte Mindestvergütung in Höhe von 200 DM (§ 293 Rz. 7) erscheint auf den ersten Blick nicht sehr hoch, ist aber durchaus dazu geeignet, einen Sozialhilfeempfänger bei der Fälligkeit der Zahlung vor ein unlösbares Problem zu stellen, da der Sozialhilfesatz nur sein Existenzminimum deckt. Die Teilnahme des Schuldners an einem gerichtlichen Entschuldungsverfahren davon abhängig zu machen, daß er einen Teil der Verfahrenskosten aus seinem Existenzminimum erbringt, erscheint verfassungsrechtlich nicht unbedenklich. Das *Bundesverfassungsgericht* (NJW 1992, 3153 [3154 m. w. N.] hat eine staatliche Schutzpflicht zur Sicherung des rechtlich geschützten Existenzminimums angenommen. In der Einzelzwangsvollstreckung hat der Gesetzgeber die Sicherung des Existenzminimums durch die Novellierung des § 850 f. ZPO für verfassungsrechtlich geboten erachtet (so die Begründung BT-Drucks. 12/1754, S. 16). Das Erreichen der Restschuldbefreiung davon abhängig zu machen, daß der Schuldner sein grundrechtlich geschütztes Existenzminimum zur Kostentragung des Verfahrens verwendet, steht zu dieser Wertung im Widerspruch.

Die Sanktionswirkung des § 298 InsO wäre dann auf ein erträgliches Maß gemildert, 6 wenn ein Anspruch auf Prozeßkostenhilfe für die Zahlung der Mindestvergütung des Treuhänders besteht. Abgesehen von der Frage, ob dem Schuldner grundsätzlich Prozeßkostenhilfe für das Verbraucherinsolvenzverfahren und das Restschuldbefreiungsverfahren bewilligt werden kann (s. o. § 286 Rz. 45 ff.; ablehnend *Bork* ZIP 1998, 1209 ff.; zustimmend *Pape* Rpfleger 1997, 237 [243]), ist umstritten, ob ein Anspruch des Schuldners auf Prozeßkostenhilfe auch den Anspruch auf Zahlung der Mindestvergütung umfaßt. *Bork* (*Bork* a. a. O., S. 1212) lehnt Ansprüche des Verwalters oder Treuhänders gegen die Staatskasse grundsätzlich ab und sieht sein Ergebnis durch § 298 InsO bestätigt, der ansonsten leerlaufen würde. *Pape* (*Pape* a. a. O., S. 244) bejaht hingegen einen Anspruch auf Prozeßkostenhilfe auch bezüglich des Anspruchs des Treuhänders auf Zahlung der Mindestvergütung, da ein gerichtliches Verfahren nicht daran scheitern dürfe, daß der Rechtssuchende, dessen Anliegen Aussicht auf Erfolg hat, nicht die Kosten für die Durchführung des Verfahrens aufbringen kann. Bedenken gegen die Übernahme der Mindestvergütung durch die Prozeßkostenhilfe bestehen aber auch deswegen, da sie nicht als Prozeßkosten im eigentlichen Sinne anzusehen und die §§ 114 ff. ZPO diesbezüglich lückenhaft sind und die Übernahme einer Vergütung oder von Auslagen des Treuhänders nicht regeln (*Bork* ZIP 1998, 1209 [1211]; vgl. auch § 311 Rz. 15 ff.).

Die Sozialhilfeträger sind jedoch u. U. verpflichtet, die Zahlung der Mindestvergütung 7 des Treuhänders im Rahmen der Hilfe in besonderen Lebenslagen (§§ 27 ff. BSHG) zu übernehmen. Gem. §§ 27 Abs. 1 S. 1, Abs. 2, 30 BSHG kann der Sozialhilfeträger Hilfe zum Aufbau oder der Sicherung der Lebensgrundlage gewähren. Hierdurch soll der Empfänger befähigt werden, bald wieder unabhängig von Sozialhilfe leben zu können, bzw. vorbeugend das Entstehen einer Notlage zu verhindern (*Schellhorn/Jirasek/Seipp* BSHG, 1997, § 30 Rz. 1). Anerkannt als Leistungen sind in diesem Zusammenhang nicht nur die Beschaffung von Werkzeugen oder eines Fahrzeugs um den Arbeitsplatz zu erreichen (*Schellhorn/Jirasek/Seipp* a. a. O., § 30 Rz. 7), sondern auch die Hilfe bei der Tilgung von Schulden (*Schellhorn/Jirasek/Seipp* a. a. O., § 27 Rz. 14). Die Übernahme von Prozeßkosten wurde bislang dagegen nicht als Leistung nach § 27 Abs. 2 BSHG anerkannt, da die Regelungen über die Prozeßkostenhilfe hier als abschließend für die Kostentragung von Prozeßkosten bei Bedürftigkeit des Hilfesuchenden angesehen wurden (*Schellhorn/Jirasek/Seipp* a. a. O., § 27 Rz. 17; *OVG Hamburg* NJW 1995, 2309; *OVG Hamburg* FEVS 34, 475; *OVG Münster* FEVS 34, 384). Die ablehnenden verwaltungsgerichtlichen Entscheidungen betrafen aber ausschließlich Hilfeersuchen in streitigen Verfahren bezüglich der Übernahme von Kosten die eindeutig als Prozeßkosten zu qualifizieren waren und die Regelungen der §§ 114 ff. ZPO insoweit als abschließend betrachtet werden konnten. Das Restschuldbefreiungsverfahren ist dagegen nicht als streitiges Verfahren anzusehen uns stellt insoweit eine Sondersituation dar, als es die wirtschaftliche und soziale Reintegration überschuldeter Verbraucher in die Gesellschaft ermöglichen soll. Dem Hilfesuchenden soll – wie in § 30 BSHG-Hilfe bei dem Aufbau einer neuen Existenzgrundlage gewährt werden. Darüber hinaus sind die Treuhänderkosten nicht als Prozeßkosten im Sinne der §§ 114 ff. ZPO zu subsumieren, die insoweit als lückenhaft anzusehen sind (Rz. 6; § 311 Rz. 16). Die Übernahme der Treuhänderkosten nach § 30 BSHG ist daher subsidiär durch den Sozialhilfeträger möglich. Bei seiner Ermessensentscheidung wird der Sozialhilfeträger abzuwägen haben, inwieweit durch eine Kostenübernahme die Chancen auf eine Restschuldbefreiung des Schuldners erhöht werden und hierdurch die Aussicht des Schuldners wächst, langfristig wieder im Erwerbsleben Fuß zu fassen bzw. den Erhalt des Arbeitsplatzes zu sichern. In Anbetracht des erheblichen Hindernisses, das die Überschuldung für die Suche nach einem Arbeitsplatz darstellt (vgl. hierzu vor § 286 Rz. 6 f.) und der relativ geringen Mindestvergütung dürfte die Ermessensentscheidung im Regelfall zugunsten einer Übernahme der Mindestvergütung ausfallen, zumal der Schuldner bis zu diesem Zeitpunkt schon erhebliche Hürden auf dem Weg zur Restschuldbefreiung überwunden hat.

C. Abs. 1 Antrag des Treuhänders

8 Das Gericht versagt die Restschuldbefreiung auf Antrag des Treuhänders, wenn die Mindestvergütung für das vorangegangene Jahr nicht gedeckt ist. Die Mindestvergütung beträgt nach § 14 InsVV 200 DM pro Jahr. Ist sie durch die beim Treuhänder eingegangenen Beträge nur teilweise gedeckt, so muß der Schuldner den Fehlbetrag nachschießen. Ein Versagungsantrag ist nur berechtigt, wenn beim Treuhänder im vergangenen Jahr weniger als 200 DM aufgrund der Abtretung oder aufgrund sonstiger Zahlungen eingegangen sind. Ob darüber hinaus auch die Auslagen des Treuhänders, die Überwachungsvergütung nach § 292 Abs. 2 InsO und der Motivationsrabatt des Schuldners nach § 292 Abs. 1 S. 3 InsO gedeckt sind, ist für die Entscheidung nach § 298 InsO ohne Bedeutung.

9 Das vorangegangene Jahr ist das Geschäftsjahr, daß jeweils mit dem Datum der Aufhebung des Insolvenzverfahrens beginnt (*Häsemeyer* a. a. O., Rz. 26.42). Der Treuhänder kann seinen Versagungsantrag nicht auf Fehlbeträge stützen, die länger als ein Jahr zurückliegen. Dies ergibt sich aus dem Wortlaut des Gesetzes und dem Willen des Gesetzgebers, durch die differenziert abgestuften Regelungen der Versagungs- und Widerrufstatbestände einerseits dem Bedürfnis nach einer angemessenen Gläubigerbefriedigung, andererseits aber auch dem Vertrauen des Schuldners in den erfolgreichen Abschluß des Schuldbefreiungsverfahrens Rechnung zu tragen (§ 295 Rz. 3). Der Treuhänder hat bis zum Ende des darauffolgenden Geschäftsjahres die Möglichkeit, den Versagungsantrag zu stellen. Unterläßt er dies, so kann er seinen Versagungsantrag nicht mehr durchsetzen, wenn im Jahr nach dem Ausfall die Mindestvergütung wieder gedeckt war. Hierdurch wird verhindert, daß sich der Schuldner der möglicherweise auf eine unverbindliche Zusage der Unentgeltlichkeit vertraut hat, plötzlich hohen Nachforderungen des Treuhänders gegenüber sieht, die er in der Frist des § 298 InsO nicht aufbringen kann.

Deckung der Mindestvergütung des Treuhänders § 298

Der Treuhänder muß den Schuldner schriftlich zur Zahlung aufgefordert und ihn auf die Möglichkeit der Versagung der Restschuldbefreiung hingewiesen haben. Diese Voraussetzung des Antrags muß der Treuhänder im Versagungsverfahren nachweisen (*Smid/ Krug/Haarmeyer* InsO, § 298 Rz. 4). 10

Die Länge der vom Gericht zu setzenden Frist für die Zahlung durch den Schuldner unterliegt dem Ermessen des Gerichts, sie muß mindestens zwei Wochen betragen. Eine angemessen längere Frist ist insbesondere dann zu bestimmen, wenn der Schuldner glaubhaft macht, daß er beim Sozialamt einen Antrag auf Übernehme der Mindestvergütung des Treuhänders gestellt hat. 11

Bei der Entscheidung über den Antrag hat das Gericht die allgemein geltenden Grundsätze der Verhältnismäßigkeit zu berücksichtigen. Hierbei kann es allerdings nicht die harte, aber insoweit eindeutige, Sanktionsregelung des Gesetzgebers in Frage stellen. Ein Antrag des Treuhänders auf Versagung der Restschuldbefreiung könnte aber dann als unverhältnismäßig anzusehen sein, wenn der Treuhänder in dem in Frage stehenden Jahr überhaupt keine Leistungen erbracht hat, da weder Beträge zur Verteilung anstanden, noch sonstige Tätigkeiten erbracht worden sind. Denn da dem Treuhänder nach § 14 Abs. 3 nur für jedes Jahr seiner Tätigkeit ein Vergütungsanspruch zusteht, geht *Krug* (*Krug* Der Verbraucherkonkurs – KTS Schriften zum Insolvenzrecht 7, 1998, S. 138) davon aus, daß ihm in diesem Fall überhaupt kein Vergütungsanspruch zusteht. Jedenfalls dürfte ein Versagungsantrag in einem solchen Fall als unverhältnismäßig anzusehen sein, so daß ein solcher Antrag als unbegründet zurückzuweisen ist. 12

D. Abs. 2 Anhörung des Schuldners

Der Schuldner ist vor der Entscheidung des Gerichts anzuhören. Hierdurch wird vor einer für den Schuldner möglicherweise folgenschweren Entscheidung rechtliches Gehör nach Art. 103 Abs. 1 GG gewährt. Die Anhörung kann schriftlich oder mündlich erfolgen (vgl. insoweit die Begr. zur übertragbaren Situation bei § 296 BT-Drucks. 12/7302, S. 188 zu § 346k). Aus Abs. 2 Satz 2 ergibt sich, daß das Gericht ihn nochmals zur Zahlung aufzufordern hat. Erfolgt die Anhörung mündlich im Termin beim Insolvenzgericht, so kann auch die Zahlungsaufforderung mündlich erfolgen und die Frist beginnt mit dem Tag der Anhörung zu laufen (*Haarmeyer/Wutzke/Förster* Hdb. zur InsO, Kap. 10; *Smid/Krug/Haarmeyer* InsO, § 298 Rz. 6). Bei einer schriftlichen Anhörung beginnt die Frist mit der Zustellung der Zahlungsaufforderung. Für die Fristberechnung gelten die allgemeinen Regeln (§§ 187 ff. BGB). Die gesetzliche Frist nach Abs. 2 S. 1 ist keine Notfrist. Eine Wiedereinsetzung in den vorherigen Stand nach § 4 InsO, § 223 ZPO ist daher nicht möglich. Auch eine Verlängerung der Frist durch das Gericht ist nicht möglich (*Feiber* in MünchKomm/ZPO, § 224 Rz. 3). 13

E. Verfahrensrechtliches

Der Treuhänder kann den Antrag bis zur gerichtlichen Entscheidung zurücknehmen, dies ist insbesondere zu erwarten, wenn der Schuldner nach Ablauf der vom Gericht gesetzten Frist die Rückstände gezahlt hat. Die Entscheidung über die Versagung trifft nicht der Richter, sondern der Rechtspfleger. § 18 Abs. 1 Nr. 2 RpflG i. V. m. Art. 14 EGInsO dehnt den Richtervorbehalt nicht auf die Entscheidung nach § 298 InsO aus. Diese 14

Regelung ist angesichts der weitreichenden Entscheidung der Versagung der Restschuldbefreiung bedenklich (kritisch hierzu *Smid/Krug/Haarmeyer* InsO, § 298 Rz. 7). Der Richter hat allerdings die Möglichkeit, das Versagungsverfahren nach § 18 Abs. 2 RpflG an sich zu ziehen. Der Beschluß, der die Restschuldbefreiung versagt, ist nach Abs. 3 i. V. m. § 296 Abs. 3 S. 2 öffentlich bekannt zu machen. Sowohl der Schuldner als auch der Treuhänder können gegen den Beschluß im Wege der sofortigen Beschwerde vorgehen (vgl. hierzu § 296 Rz. 39). Wird dem Versagungsantrag stattgeben, so treten die Wirkungen des § 299 ein (s. o. § 299 Rz. 38).

§ 299
Vorzeitige Beendigung

Wird die Restschuldbefreiung nach § 296, 297 oder 298 versagt, so enden die Laufzeit der Abtretungserklärung, das Amt des Treuhänders und die Beschränkung der Rechte der Gläubiger mit der Rechtskraft der Entscheidung.

DiskE § 236, RefE § 236, RegE § 247, Rechtsausschuß § 346 n.

Inhaltsübersicht: Rz.

A. Normzweck	1– 3
B. Gesetzliche Systematik	4– 5
C. Vorzeitige Beendigung	6–16
I. Beendigungsgründe	6– 9
II. Rechtsfolgen	10–16

Literatur:

(siehe vor § 286, S. 1580)

A. Normzweck

1 Mit der Ankündigung der Restschuldbefreiung bestimmt das Gericht einen Treuhänder, auf den es zugleich die pfändbaren Bezüge des Schuldners für die Dauer der Abtretung überleitet, § 291 InsO. Wird dann jedoch die Restschuldbefreiung während des Verfahrens versagt, so müssen diese Anordnungen wieder aufgehoben werden. Die dafür erforderliche Regelung trifft § 299 InsO. Diese Vorschrift hebt also die Entscheidungen aus § 291 InsO auf, weil dessen Voraussetzungen nicht länger Bestand haben.

2 Ausdrücklich regelt § 299 InsO nur die Wirkungen einer nach den §§ 296, 297 oder 298 InsO versagten Restschuldbefreiung. Welche Konsequenzen eintreten, wenn das gesetzliche Schuldbefreiungsverfahren aus anderen Gründen vorzeitig beendet wird, beantwortet § 299 InsO nicht. Die Bestimmung trifft also lediglich eine sachlich begrenzte Rechtsfolgenanordnung. Sie formuliert dagegen keine allgemeinen Rechtswirkungen eines vorzeitig beendeten Restschuldbefreiungsverfahrens. Ebensowenig entscheidet die Vorschrift, aus welchen Gründen das Restschuldbefreiungsverfahren vorzeitig beendet werden kann.

Vorzeitige Beendigung § 299

Dabei ist § 299 InsO auf drei Folgerungen beschränkt. Andere Wirkungen einer ver- 3
sagten Restschuldbefreiung regelt die Vorschrift nicht unmittelbar, ohne sie jedoch auszuschließen. Über ihren positiven Regelungsgehalt als Rechtsfolgenbestimmung für eine versagte Restschuldbefreiung hinaus kann die Norm außerdem auf andere Beendigungsgründe angewendet werden, sofern ein im Einzelfall übertragbarer Rechtsgedanke zu konstatieren ist. Bei den Anwendungsvoraussetzungen wie auch den Rechtsfolgenbestimmungen weist § 299 InsO damit eher exemplarische als definitive Züge aus.

B. Gesetzliche Systematik

Die Vorschrift regelt allein die Wirkungen eines während der Treuhandzeit, d.h. im 4
zweiten Abschnitt vorzeitig beendeten Schuldbefreiungsverfahrens. Auf ein bereits im Zulassungsverfahren als erstem Abschnitt beendetes Restschuldbefreiungsverfahren ist die Regelung auch nicht entsprechend anwendbar.

Im unmittelbaren Anschluß an die Gründe, aus denen die Restschuldbefreiung im 5
Verlauf der Treuhandzeit versagt werden kann, die in den §§ 296 bis 298 InsO bestimmt sind, ordnet § 299 InsO die Folgen einer solchen Versagung an. Wortlaut und gesetzliche Systematik verbinden die Vorschrift unmittelbar mit diesen Versagungsgründen. Außerdem beschränken sich die angeordneten Rechtswirkungen auf solche Konsequenzen, die allein in dem zweiten Verfahrensabschnitt eintreten können, wie etwa eine vorzeitig beendete Laufzeit der Abtretungserklärung. Auch bei einer erweiternden Anwendung kann § 299 InsO deswegen nur die Folgen einer vorzeitigen Beendigung in dem zweiten Teil des Schuldbefreiungsverfahrens regeln.

C. Vorzeitige Beendigung

I. Beendigungsgründe

§ 299 InsO trifft eine Rechtsfolgenanordnung, falls eine Restschuldbefreiung versagt 6
und damit ein Schuldbefreiungsverfahren vorzeitig beendet worden ist. Aus welchen Gründen jedoch ein Restschuldbefreiungsverfahren vorzeitig beendet wird, entscheidet § 299 InsO nicht. Die Vorschrift setzt folglich andere Normen voraus, nach denen das Verfahren vorzeitig zu beenden ist.

Explizit stellt § 299 InsO auf eine Versagung der Restschuldbefreiung nach Maßgabe der 7
§§ 296, 297 oder 298 InsO ab. Ob in der Treuhandzeit daneben noch andere Versagungsgründe existieren, die eine Anwendung von § 299 InsO rechtfertigen, ist aus den allgemeinen Prinzipien abzuleiten. Im Gesetzgebungsverfahren wurde jedoch eine Generalklausel und damit jede erweiternde Regelung abgelehnt, die eine Entscheidung über die Versagung in das Ermessen des Insolvenzgerichts stellt (Begründung RegE BR-Drucks. 1/92, S. 190). Gegen oder ohne den Willen des Schuldners darf die Restschuldbefreiung deswegen nur in den gesetzlich enumerierten Tatbeständen versagt werden, die insoweit einen abschließenden Charakter besitzen. Durch seiner Fixierung auf die §§ 296 ff. InsO bestätigt § 299 InsO zugleich diesen numerus clausus der Versagungsgründe.

Darüber hinaus ist der Schuldner berechtigt, das Schuldbefreiungsverfahren während der 8
Treuhandphase freiwillig zu beenden. Dies gilt zunächst für die Rücknahme des Antrags

auf Erteilung der Restschuldbefreiung, die der Schuldner grundsätzlich auch noch im zweiten Abschnitt des Schuldbefreiungsverfahrens erklären darf (zur Rücknahme des Antrags auf Erteilung der Restschuldbefreiung und dem Widerruf der Abtretungserklärung vgl. § 287 Rz. 15 ff.). Bei einer solchen vorzeitigen Beendigung des Verfahrens aufgrund einer Antragsrücknahme hat das Gericht die Folgen analog § 299 InsO auszusprechen. Außerdem kann der Schuldner eine Erledigungserklärung abgeben (vgl. zur Beurteilung im Konkursverfahren *Kuhn/Uhlenbruck* KO, § 103 Rz. 3 e ff.; *Kilger/ Karsten Schmidt* KO, § 103 Anm. 2), für die das Gericht entsprechend § 299 InsO die Rechtswirkungen zu bestimmen hat. Einigen sich dagegen Schuldner und Gläubiger im Restschuldbefreiungsverfahren über eine endgültige Befriedigung der Forderungen, so können sie sich bei den zu regelnden Konsequenzen von dem Bild des § 299 InsO leiten lassen. Nicht in jedem Fall sind dann jedoch die Wirkungen von § 299 InsO anwendbar. Zur Ablösung des künftigen Pfändungsbetrags vgl. *Döbereiner* Restschuldbefreiung, 220.

9 Der Tod des Schuldners während der Treuhandzeit führt nicht zu einer vorzeitigen Beendigung des Schuldbefreiungsverfahrens (dazu § 286 Rz. 38 ff.).

II. Rechtsfolgen

10 In drei Gruppen regelt § 299 InsO die Rechtsfolgen, zu denen eine im zweiten Verfahrensabschnitt versagte Restschuldbefreiung führt. Die angeordneten Wirkungen treten mit der Entscheidung über die Versagung ein. Wurde die Restschuldbefreiung nach Maßgabe der §§ 296 bis 298 InsO versagt, so ergeben sich diese Konsequenzen kraft Gesetzes, also ohne gerichtliche Bestimmung. Einer ausdrücklichen Anordnung durch einen Beschluß bedarf es daher nur, wenn § 299 InsO über seinen unmittelbaren Geltungsbereich hinaus etwa auf die Rücknahme des Antrags auf Erteilung der Restschuldbefreiung entsprechend angewendet wird. Dabei sind die normierten Rechtsfolgen auf die besonderen verfahrensrechtlichen Auswirkungen eines vorzeitig beendeten Schuldbefreiungsverfahrens beschränkt. Andere Folgen, und damit auch die generellen Rechtswirkungen einer Verfahrensbeendigung, regelt die Vorschrift nicht. Diese Konsequenzen ergeben sich aus den allgemeinen Vorschriften.

11 Mit der Versagung endet die Laufzeit der Abtretungserklärung. Nach der hier vertretenen prozessualen Theorie der Abtretungserklärung (§ 287 Rz. 27 ff.) handelt es sich bei dieser Beendigung um eine konstitutive, die verfahrensrechtliche Überleitung der Forderungen ex nunc abschließende Anordnung. Eine materiellrechtliche Konzeption muß die Regelung dagegen als auflösende Bestimmung i. S. d. § 158 Abs. 2 BGB verstehen. Mit dem Ende der Überleitung wird der Schuldner Inhaber der Forderungen und kann erneut über sie verfügen.

12 Desweiteren wird das Amt des Treuhänders beendet. Seine Verpflichtungen aus § 292 InsO hören damit auf. Insbesondere muß der Treuhänder nicht länger den Schuldner gemäß § 292 Abs. 2 InsO überwachen. Mit der Beendigung seines Amts muß der Treuhänder gemäß § 292 Abs. 3 Satz 1 InsO dem Insolvenzgericht Rechnung legen. Außerdem wird er nach dem Gedanken aus § 291 Abs. 1 Satz 1 InsO den zur Zahlung der Bezüge Verpflichteten über das Ende des Forderungsübergangs zu informieren haben. Tilgungsleitung, die der Treuhänder vor dem Ende der Abtretung erlangt hat, muß er jedoch noch an die Gläubiger sowie nach § 292 Abs. 1 Satz 3 InsO an den Schuldner verteilen. Werden noch Leistungen an den Treuhänder erbracht, obwohl die Abtretung erloschen ist, hat er sie an den Schuldner als Forderungsinhaber auszuzahlen.

Vorzeitige Beendigung § 299

Schließlich endet auch die Beschränkung der Gläubigerrechte aus § 294 Abs. 1 InsO. **13**
Das Recht zur Zwangsvollstreckung lebt wieder auf. Die Insolvenzgläubiger dürfen gemäß § 201 Abs. 1 InsO ihre nicht befriedigten Forderungen geltend machen, ihr unbeschränktes Nachforderungsrecht lebt wieder auf (Begründung RegE BR-Drucks. 1/92, S. 193). Neben der verfahrensrechtlichen Anordnung trifft § 299 InsO damit auch eine konstitutive haftungsrechtliche Entscheidung, durch die der Schuldner erneut zur vollständigen Erfüllung seiner Verbindlichkeiten herangezogen wird. Vollstreckungstitel für die Forderungen der Gläubiger ist die Tabelle, § 201 Abs. 2 Satz 1 InsO. Neben der Tabelle darf auf einen früher erwirkten Vollstreckungstitel grundsätzlich nicht mehr zurückgegriffen werden, denn ein vor Insolvenzeröffnung erwirkter Vollstreckungstitel wird aufgezehrt (vgl. RGZ 112, 297 [300]; *Kuhn/Uhlenbruck* KO, § 164 Rz. 1d; *Hess* KO, § 164 Rz. 7). Es entfällt damit seine Rechtskraftwirkung (RGZ 112, 297 [300]; a. A. *Gaul* FS Weber, 155 [177 f.]; auch *Stein/Jonas/Münzberg* ZPO, vor § 704 Rz. 20, die sich für eine Titelwahl aussprechen). Für die Vollstreckungsmaßnahmen gilt wieder der Prioritätsgrundsatzsatz, so daß es zu einen Wettlauf um den besten Rang kommen wird (s. a. § 294 Rz. 20). Zu den Rechtsbehelfen gegenüber einer unzulässigerweise verfrüht eingeleiteten Vollstreckungsmaßnahme vgl. § 294 Rz. 23 ff.

Pfändungen, Sicherungsabtretungen und Verpfändung, die bereits vor der Eröffnung des **14** Insolvenzverfahrens vorgenommen wurden, werden gemäß § 114 Abs. 1 und 3 InsO mit der Eröffnung des Insolvenzverfahrens unwirksam oder sind in ihrer Wirkung auf drei Jahre beschränkt. Da diese Konsequenz an das Datum der Eröffnung des Insolvenzverfahrens geknüpft ist, endet sie nicht durch eine Versagung der Restschuldbefreiung. Die 3-Jahres-Frist läuft deshalb weiter. Unwirksame Vollstreckungsmaßnahmen oder Sicherungsrechte bleiben auch nach der Versagung außer Kraft (*Forsblad* Restschuldbefreiung, 224; *Hess/Obermüller* Insolvenzplan, Restschuldbefreiung und Verbraucherinsolvenz, Rz. 1047; *Döbereiner* Restschuldbefreiung, 215 f.; *Vallender* VuR 1997, 155 [158]; *Wittig* WM 1998, 157, 209 [220]).

Als allgemeine, nicht durch § 299 InsO geregelte Folge, endet zunächst die Rechtshän- **15** gigkeit. Von der Versagung an, ist die Frist des § 290 Abs. 1 Nr. 3 InsO zu berechnen (vgl. § 290 Rz. 32). Wird die Restschuldbefreiung nach § 298 InsO versagt, greift die 10-Jahres-Sperre aus § 290 Abs. 1 Nr. 3 InsO allerdings nicht. Einem neuen Restschuldbefreiungsverfahren steht dann vor allem die tatsächliche Hürde entgegen, ob der Schuldner die Kosten für die dazu notwendige erneute Einleitung eines Insolvenzverfahrens aufbringen kann, vgl. § 289 Abs. 3 InsO.

Außerdem muß das Insolvenzgericht eine Kostenentscheidung zu treffen. Wegen der **16** zusätzlichen Belastung des Gerichts durch Gläubigeranträge auf Versagung der Restschuldbefreiung wird für die Anträge nach §§ 296 und 297 InsO eine Gebühr in Rechnung gestellt (Begründung zum RegE EGInsO, BT-Drucksache 12/3803, S. 72). Für den Antrag des Treuhänders nach § 298 InsO entsteht diese Gebühr mangels einer gesetzlichen Regelung nicht. Die Gebühr für die Versagungsanträge gemäß §§ 296, 297 InsO beträgt DM 60,–, KV Nr. 4150. Kostenschuldner der Gebühr für den Versagungsantrag ist der Insolvenzgläubiger, § 50 Abs. 2 GKG.

§ 300
Entscheidung über die Restschuldbefreiung

(1) Ist die Laufzeit der Abtretungserklärung ohne eine vorzeitige Beendigung verstrichen, so entscheidet das Insolvenzgericht nach Anhörung der Insolvenzgläubiger, des Treuhänders und des Schuldners durch Beschluß über die Erteilung der Restschuldbefreiung.
(2) Das Insolvenzgericht versagt die Restschuldbefreiung auf Antrag eines Insolvenzgläubigers, wenn die Voraussetzungen nach § 296 Abs. 1 oder 2 Satz 3 oder des § 297 vorliegen, oder auf Antrag des Treuhänders, wenn die Voraussetzungen des § 298 vorliegen.
(3) [1] Der Beschluß ist öffentlich bekanntzumachen. [2] Wird die Restschuldbefreiung erteilt, so ist die Bekanntmachung, unbeschadet des § 9, auszugsweise im Bundesanzeiger zu veröffentlichen. [3] Gegen den Beschluß steht dem Schuldner und jedem Insolvenzgläubiger, der bei der Anhörung nach Absatz 1 die Versagung der Restschuldbefreiung beantragt hat, die sofortige Beschwerde zu.

DiskE §§ 237 und 238, RefE §§ 237 und 238, RegE §§ 248 und 249, Rechtsausschuß § 346 o.

Inhaltsübersicht: Rz.

A. Normzweck	1
B. Gesetzliche Systematik	2– 3
C. Verfahren nach dem Ende der Treuhandzeit	4– 5
D. Entscheidung über die Restschuldbefreiung	6–18
I. Versagung der Restschuldbefreiung	6–11
II. Erteilung der Restschuldbefreiung	12–14
III. Rechtsmittel	15–16
IV. Bekanntmachung	17
V. Kosten	18

Literatur:

(siehe vor § 286, S. 1580)

A. Normzweck

1 Nach dem Ende der grundsätzlich siebenjährigen Treuhandzeit muß das Insolvenzgericht über die Erteilung der Restschuldbefreiung entscheiden. Bevor das Gericht die Restschuldbefreiung erteilt, hat es die Beteiligten nochmals anzuhören und ihnen Gelegenheit zur Stellungnahme zu geben. Zum letzten Mal können jetzt die Gläubiger und der Treuhänder eine Versagung der Restschuldbefreiung nach den §§ 296, 297 oder 298 InsO beantragen. Wird kein zulässiger sowie begründeter Versagungsantrag gestellt, so ist dem Schuldner die Restschuldbefreiung zu erteilen. Bei dieser Entscheidung besitzt das Gericht keinen Ermessensspielraum. Sobald die gesetzlichen Voraussetzungen erfüllt sind, muß es die Restschuldbefreiung durch einen rechtsgestaltenden Beschluß aussprechen.

B. Gesetzliche Systematik

Um die Restschuldbefreiung zu erreichen, muß der Schuldner ein zweistufiges Schuld- 2
befreiungsverfahren absolvieren (§ 286 Rz. 20 f.). Am Ende des ersten Abschnitts mit
dem Zulassungs- bzw. Vorverfahren entscheidet das Insolvenzgericht gemäß § 289 InsO
darüber, ob die gesetzliche Schuldbefreiung zu versagen oder ob sie anzukündigen ist.
Hat das Gericht die Restschuldbefreiung angekündigt, muß es gemäß § 300 InsO nach
dem Ende des zweiten Verfahrensabschnitts nochmals darüber entscheiden, ob die
Schuldbefreiung zu versagen ist oder ob die Restschuldbefreiung erteilt wird. Nachdem
die Laufzeit der Abtretungserklärung und damit die Treuhandperiode verstrichen ist,
schafft also § 300 InsO eine § 289 InsO entsprechende Entscheidungsregel, die den
zweiten Teil des Schuldbefreiungsverfahrens abschließt.

Erteilt das Gericht die Restschuldbefreiung, so wird der Schuldner in dem Umfang 3
von seinen nicht erfüllten Verbindlichkeiten befreit, den die §§ 286, 301, 302 InsO
bestimmen. Zugleich sind damit die Versagungsgründe aus den §§ 296 bis 298 InsO
präkludiert. Ist also das Restschuldbefreiungsverfahren von dem Schuldner erfolgreich
beendet worden, können die Gläubiger nur noch binnen Jahresfrist unter den engen
Voraussetzung von § 303 InsO einen Widerruf der Restschuldbefreiung beantragen.

C. Verfahren nach dem Ende der Treuhandzeit

Mit dem Antrag auf Erteilung der Restschuldbefreiung hat der Schuldner gemäß § 287 4
Abs. 2 Satz 1 InsO seine pfändbaren Bezüge für die Dauer von sieben Jahren, nach der
Übergangsregelung aus Art. 107 EGInsO für die Zeit von fünf Jahren, an den Treuhänder
abzutreten. Ist diese auch als Wohlverhaltensperiode bezeichnete Treuhandphase ohne
vorzeitige Beendigung verstrichen, enden die Bindungen des Schuldners. Seine pfändbaren Bezüge gehen nicht länger auf den Treuhänder über und er muß auch nicht weiter
die Obliegenheiten aus § 295 InsO erfüllen. Von seinen nicht erfüllten Verbindlichkeiten
ist der Schuldner mit dem Ablauf der Treuhandzeit jedoch nicht frei, denn die Restschuldbefreiung muß durch einen Beschluß des Insolvenzgerichts erteilt werden.

Vor seiner Entscheidung über die Erteilung der Restschuldbefreiung hat das Insolvenz- 5
gericht die Insolvenzgläubiger, den Treuhänder sowie den Schuldner anzuhören, § 300
Abs. 1 InsO, um den Beteiligten rechtliches Gehör i.S.v. Art. 103 Abs. 1 GG zu gewähren. Für diese Anhörung schrieb § 248 RegE einen besonderen Termin vor. Vom
Rechtsausschuß des Deutschen Bundestages wurde diese Vorschrift mit § 249 RegE zur
heutigen Regelung in § 300 InsO zusammengefaßt. Zur Entlastung der Gerichte wurde
dabei auf einen obligatorischen mündlichen Termin verzichtet, weshalb die Anhörung
auch im schriftlichen Verfahren erfolgen kann (Begründung des Rechtsausschusses
BT-Drucks. 12/7302, S. 189, zu § 346 o; *Wittig* WM 1998, 157, 209 [216]). Im Anschluß
daran ergeht der Beschluß, mit dem das Insolvenzgericht die Restschuldbefreiung
versagt bzw. erteilt.

D. Entscheidung über die Restschuldbefreiung

I. Versagung der Restschuldbefreiung

6 Im Rahmen der von § 300 Abs. 1 InsO vorgeschriebenen Anhörung kann jeder Insolvenzgläubiger und der Treuhänder letztmalig die Versagung der Restschuldbefreiung beantragen. Mit dem Ende des Anhörungstermins bzw. der Anhörungsfrist ist der Versagungsantrag präkludiert. Wird kein zulässiger und begründeter Versagungsantrag gestellt, ist dem Schuldner die Restschuldbefreiung durch Beschluß zu erteilen. Von Amts wegen darf die Restschuldbefreiung nicht versagt werden. Ein Versagungsantrag kann auf die gleichen Umstände gestützt werden, mit denen während der Treuhandzeit eine Versagung der Restschuldbefreiung zu begründen ist (*Häsemeyer* Insolvenzrecht Rz. 26.58), denn § 300 Abs. 2 InsO verweist vollständig auf diese Versagungsgründe.

7 Ein Insolvenzgläubiger kann seinen Antrag auf eine schuldhafte Obliegenheitsverletzung des Schuldners gemäß den §§ 296 Abs. 1 Satz 1, 295 InsO stützen. Der Antrag muß allerdings binnen eines Jahres nach dem Zeitpunkt gestellt werden, in dem die Obliegenheitsverletzung dem Gläubiger bekannt geworden ist, weil § 300 Abs. 2 InsO auch die Regelung aus § 296 Abs. 1 Satz 2 InsO übernimmt (vgl. dazu § 296 Rz. 18 ff.). Da § 296 Abs. 2 Satz 3 InsO ebenfalls anzuwenden ist, kann die Restschuldbefreiung auch wegen der Verletzung einer der dort aufgeführten Verfahrensobliegenheiten zur Auskunftserteilung, Abgabe der eidesstattlichen Versicherung und zum persönlichen Erscheinen versagt werden (vgl. § 296 Rz. 30 ff.).

8 Außerdem kann die Restschuldbefreiung aufgrund einer rechtskräftigen Verurteilung wegen einer Insolvenzstraftat versagt werden, wenn der Versagungsantrag binnen eines Jahres nach Kenntniserlangung von der Verurteilung gestellt worden ist, §§ 300 Abs. 2, 297 Abs. 1 und 2, 296 Abs. 1 Satz 2 InsO.

9 Schließlich kann auch der Treuhänder nach dem Ablauf der Treuhandzeit die Versagung der Restschuldbefreiung beantragen, falls die an ihn abgeführten Beträge für das vergangene Jahr seine Mindestvergütung nicht decken, obwohl er den Schuldner zur Zahlung binnen einer Frist von mindestens zwei Wochen aufgefordert hat, §§ 300 Abs. 2, 298 Abs. 1 InsO. Einen Versagungsgrund schafft deshalb nur die im vergangenen Jahr nicht gezahlte Mindestvergütung. Über die Frist in § 298 Abs. 1 InsO hinaus wird der Schuldner bei einem solchen Antrag noch bis zum Abschluß des Versagungsverfahren berechtigt sein, die Treuhändervergütung nachzuzahlen. Mit der Versagungsregelung aus § 298 InsO wird gleichermaßen das Interesse des Treuhänders an der bisher verdienten Vergütung, aber auch darin geschützt, nicht über einen längeren Zeitraum unentgeltlich tätig sein zu müssen. Sein Rechtsschutzbedürfnis für den Versagungsantrag entfällt jedoch, wenn der Schuldner die ausstehende restliche Vergütung nachentrichtet.

10 Auch das zu beachtende Verfahren ist an den Regeln über die Versagung der Restschuldbefreiung im Verlauf der Treuhandperiode ausgerichtet. Ein Versagungsantrag ist deshalb nur zulässig, wenn die Versagungsgründe der §§ 296, 297 InsO glaubhaft gemacht worden sind, denn § 300 Abs. 2 InsO verweist ebenfalls auf die §§ 296 Abs. 1 Satz 3, 297 Abs. 2 InsO, welche die Glaubhaftmachung vorschreiben (vgl. *Scholz* DB 1996, 765 [770]; unzutreffend daher *Hess/Obermüller* Insolvenzplan, Restschuldbefreiung und Verbraucherinsolvenz, Rz. 1050). Die Entscheidung über den Versagungsantrag ergeht durch Beschluß, § 300 Abs. 1 InsO. Sie ist dann dem Richter vorbehalten, wenn ein Insolvenzgläubiger die Versagung der Restschuldbefreiung beantragt hat, § 18 Abs. 1 Nr. 2 RPflG. Über den Versagungsantrag des Treuhänders entscheidet deswegen grundsätzlich der Rechtspfleger.

Entscheidung über die Restschuldbefreiung § 300

Die Folgen einer gemäß § 300 Abs. 2 InsO nach dem Ende der Treuhandzeit versagten 11
Restschuldbefreiung sind aus allgemeinen Grundsätzen zu entwickeln. § 299 InsO, der
die Wirkungen eines vorzeitig beendeten Restschuldbefreiungsverfahrens normiert, gilt
auch nicht entsprechend. Die Laufzeit der Abtretungserklärung und das Amt des
Treuhänders sind beendet. Die Beschränkung der Gläubigerrechte endet nach dem
Wortlaut von § 294 Abs. 1 InsO ebenfalls mit der Laufzeit der Abtretungserklärung.
Sofern dem Schuldner die Restschuldbefreiung erteilt wird, ist eine einschränkende
Auslegung dieser Bestimmung geboten, damit nicht einzelne Gläubiger entgegen der
gesetzlichen Zielsetzung nach dem Ende der Treuhandzeit, aber vor Erteilung der
Restschuldbefreiung Zwangsvollstreckungsmaßnahmen durchführen (§ 294 Rz. 17).
Die Beschränkung der Gläubigerrechte muß deswegen bestehen bleiben, solange die
Restschuldbefreiung noch erteilt werden kann, also bis zur rechtskräftigen Versagung
der Restschuldbefreiung. Erst damit lebt das freie Nachforderungsrecht der Gläubiger
wieder auf. Vollstreckungstitel für ihre Forderungen ist die Tabelle, § 201 Abs. 2 Satz 1
InsO. Auf einen früher erwirkten Vollstreckungstitel darf neben der Tabelle grundsätzlich nicht mehr zurückgegriffen werden, denn ein vor Insolvenzeröffnung erwirkter
Vollstreckungstitel wird aufgezehrt (RGZ 112, 297 [300]; *Kuhn/Uhlenbruck* KO, § 164
Rz. 1 d; *Hess* KO, § 164 Rz. 7). Es entfällt damit seine Rechtskraftwirkung (RGZ 112,
297 [300]; a. A. *Gaul* FS Weber, 155 [177 f.]; auch *Stein/Jonas/Münzberg* ZPO, vor § 704
Rz. 20, die sich für eine Titelwahl aussprechen).

II. Erteilung der Restschuldbefreiung

Ist die Laufzeit der Abtretungserklärung ohne vorzeitige Beendigung verstrichen und bis 12
zum Ende der Anhörungsfrist kein zulässiger und begründeter Antrag auf Versagung der
Restschuldbefreiung gestellt worden, muß das Insolvenzgericht die Restschuldbefreiung
erteilen, ohne dabei einen Ermessensspielraum zu besitzen. Solange kein Antrag auf
Versagung der Restschuldbefreiung gestellt wurde, ist es bedeutungslos, ob der Schuldner seine Obliegenheiten erfüllt hat. In keinem Fall kommt es jedoch darauf an, ob der
Schuldner irgendwelche Tilgungsleistungen zur Befriedigung der Gläubiger erbracht
hat, denn er muß keine Mindestquote leisten (*Döbereiner* Restschuldbefreiung, 225 ff.;
Forsblad Restschuldbefreiung, 252 ff.; *Braun/Uhlenbruck* Unternehmensinsolvenz,
697; *Hess/Obermüller* Insolvenzplan, Restschuldbefreiung und Verbraucherinsolvenz,
Rz. 1049; *Krug* Verbraucherkonkurs, 133 f.; *Heyer* JR 1996, 314 [317]).
Die Restschuldbefreiung wird durch einen rechtsgestaltenden Beschluß des Insolvenz- 13
gerichts erteilt, der die Schuld materiell umwandelt und auf diese Weise den Charakter
der Leistungspflicht verändert. Aus einer erzwingbaren Verbindlichkeit entsteht so eine
Schuld, die zwar immer noch einen Grund für das Behaltendürfen der Leistung bildet,
aber für Haupt- und Nebenleistungen nicht mehr durchsetzbar ist. Die umgewandelten
Schulden werden als unvollkommene Verbindlichkeiten bezeichnet. Sicherheiten werden nach Maßgabe von § 301 Abs. 2 Satz 1 InsO nicht durch die Restschuldbefreiung
berührt.
Hat kein Insolvenzgläubiger einen Versagungsantrag gestellt, fällt der Rechtspfleger die 14
Entscheidung. Sonst ist sie dem Richter vorbehalten, § 18 Abs. 1 Nr. 2, s. a. Abs. 2
RPflG (*Helwich* MDR 1997, 13 [14]). Die Erteilung der Restschuldbefreiung gehört also
auch dann zum Aufgabenkreis des Rechtspflegers, wenn der Treuhänder erfolglos ihre
Versagung beantragt hat. Über den Wortlaut von § 294 Abs. 1 InsO hinaus bleibt die
Zwangsvollstreckung in der Zeit nach dem Ende der Laufzeit der Abtretungserklärung

bis zu der gerichtlichen Entscheidung unzulässig (vgl. § 294 Rz. 17). Die Wirkungen der Restschuldbefreiung auf die nicht erfüllten Verbindlichkeiten normieren die §§ 286, 301, 302 InsO.

III. Rechtsmittel

15 Wird die Restschuldbefreiung versagt, so steht dem Schuldner gegen diese Entscheidung die sofortige Beschwerde zu, §§ 6, 300 Abs. 3 Satz 3 InsO, 577 ZPO. Ebenso ist jedem Insolvenzgläubiger, der bei der Anhörung die Versagung der Restschuldbefreiung erfolglos beantragt hat, die sofortige Beschwerde eröffnet.

16 Hat der Rechtspfleger auf Antrag des Treuhänders die Restschuldbefreiung versagt, ist dem Schuldner dagegen die sofortige Erinnerung gemäß § 11 Abs. 1 Satz 2 RPflG eröffnet. Für den Treuhänder ist zwar in § 300 Abs. 3 Satz 3 InsO kein Rechtsbehelf vorgesehen, doch kann er nach § 11 Abs. 1 Satz 2 RPflG ebenfalls die sofortige Erinnerung einlegen, wenn sein Antrag auf Versagung der Restschuldbefreiung abgewiesen wurde.

IV. Bekanntmachung

17 Der Beschluß über die Erteilung bzw. Versagung der Restschuldbefreiung ist öffentlich bekanntzumachen, § 300 Abs. 3 Satz 1 InsO. Wird die Restschuldbefreiung erteilt, so ist zusätzlich zu der Veröffentlichung in dem für die öffentlichen Bekanntmachungen des Gerichts bestimmten Blatt auch eine auszugsweise Veröffentlichung im Bundesanzeiger vorgeschrieben, §§ 9, 300 Abs. 3 Satz 2 InsO.

V. Kosten

18 Mit den allgemeinen Gebühren für die Durchführung des Insolvenzverfahrens soll grundsätzlich auch die Durchführung der gesetzlichen Schuldbefreiung abgegolten sein. Wegen der zusätzlichen Belastung des Gerichts durch Gläubigeranträge auf Versagung der Restschuldbefreiung wird dafür aber eine Gebühr in Rechnung gestellt (Begründung zum RegE EGInsO, BT-Drucks. 12/3803, S. 72). Kostenschuldner bei einem Versagungsantrag ist der Insolvenzgläubiger, § 50 Abs. 2 GKG. Die Gebühr für den Versagungsantrag gemäß § 300 InsO beträgt DM 60,–, KV Nr. 4150. Diese Gebühr entsteht grundsätzlich für jeden Versagungsantrag, der nach § 300 InsO entschieden wird, müßte also auch für die vom Treuhänder gemäß §§ 300 Abs. 2, 298 InsO beantragte Versagung der Restschuldbefreiung erhoben werden. Stellt jedoch der Treuhänder einen solchen Antrag während der Treuhandzeit, ist dafür keine Gebühr vorgesehen. Auch nach der Begründung zu § 50 Abs. 2 GKG (RegE EGInsO, BT-Drucks. 12/3803, S. 73) ist davon auszugehen, daß der Treuhänder keine Gerichtskosten zu zahlen hat. Die Fassung von KV Nr. 4150 ist deswegen teleologisch zu begrenzen, so daß für einen Versagungsantrag des Treuhänders keine Gerichtskosten entstehen. Hinzu kommen Veröffentlichungskosten der Entscheidungen nach § 300 Abs. 3 Satz 1, 2 InsO gemäß KV Nr. 9004, wobei nur in den Fällen des § 300 Abs. 3 Satz 2 InsO, also bei einer Erteilung der Restschuldbefreiung, eine auszugsweise Veröffentlichung im Bundesanzeiger mit den entsprechenden Kosten vorgeschrieben ist.

§ 301
Wirkung der Restschuldbefreiung

(1) ¹Wird die Restschuldbefreiung erteilt, so wirkt sie gegen alle Insolvenzgläubiger. ²Dies gilt auch für Gläubiger, die ihre Forderungen nicht angemeldet haben.
(2) ¹Die Rechte der Insolvenzgläubiger gegen Mitschuldner und Bürgen des Schuldners sowie die Rechte dieser Gläubiger aus einer zu ihrer Sicherung eingetragenen Vormerkung oder aus einem Recht, das im Insolvenzverfahren zur abgesonderten Befriedigung berechtigt, werden durch die Restschuldbefreiung nicht berührt. ²Der Schuldner wird jedoch gegenüber dem Mitschuldner, dem Bürgen oder anderen Rückgriffsberechtigten in gleicher Weise befreit wie gegenüber den Insolvenzgläubigern.
(3) Wird ein Gläubiger befriedigt, obwohl er auf Grund der Restschuldbefreiung keine Befriedigung zu beanspruchen hat, so begründet dies keine Pflicht zur Rückgewähr des Erlangten.

DiskE § 239, RefE § 239, RegE § 250, Rechtsausschuß § 346 p.

Inhaltsübersicht: Rz.

A. Normzweck 1
B. Gesetzliche Systematik 2
C. Schuldbefreiung 3–13
    I.   Betroffene Verbindlichkeiten 3–7
    II.   Die Restschuld als unvollkommene Verbindlichkeit 8–13
D. Personal- und Sachsicherungen 14–23
    I.   Bestand der Sicherungsrechte 14–18
    II.   Ausschluß von Rückgriffsansprüchen 19–23
E. Leistung trotz Restschuldbefreiung 24

Literatur:

(siehe von § 286, S. 1580)

A. Normzweck

Die Vorschrift regelt die materiellen Wirkungen der durch das Gericht erteilten Restschuldbefreiung. Als Vorbild für diese Regelungen dienen § 193 KO und vor allem § 82 VglO. Nach ihrem Muster bezeichnet Abs. 1 den Kreis der von der gesetzlichen Schuldbefreiung betroffenen Insolvenzgläubiger. Entsprechend läßt Abs. 2 die Rechte der Insolvenzgläubiger gegenüber mithaftenden Personen unter Ausschluß der Rückgriffsansprüche gegen den Schuldner sowie die Zugriffsrechte auf dingliche Sicherungen bestehen (Begründung RegE BR-Drucks. 1/92, S. 194). Durch die Regelung in Abs. 3 wird schließlich klargestellt, daß der Gläubiger eine Leistung behalten darf, die der Schuldner nach der Erteilung der Restschuldbefreiung erbringt.

B. Gesetzliche Systematik

2 Neben § 301 InsO regelt auch § 286 InsO die Folgen der Restschuldbefreiung. Während § 301 InsO vor allem die Auswirkungen auf die Insolvenzgläubiger, auf mithaftende Personen und, bei einer Leistungserbringung, auf den Schuldner normiert, bestimmt § 286 InsO, welche Verbindlichkeiten von der Restschuldbefreiung erfaßt werden. Für diese Aufgliederung bestehen allerdings weniger sachliche als vielmehr genetische Erklärungsgründe. § 301 InsO lehnt sich stark an die §§ 193 KO, 82 VglO an und übernimmt weithin deren Regelungsprogramm, indem er die von der Restschuldbefreiung betroffenen Gläubiger und die Auswirkungen auf Sicherungsrechte und auf die Restschuld bezeichnet. Eine entsprechende Anordnung ist außerdem in § 254 InsO für den Insolvenzplan getroffen. Ergänzend dazu regelt die einleitende Bestimmung des § 286 InsO, welche Verbindlichkeiten von der gesetzlichen Schuldbefreiung erfaßt werden. Vollständig ist diese Abgrenzung jedoch nicht gelungen, denn der Kreis der betroffenen Insolvenzgläubiger etwa läßt sich gemäß § 38 InsO nur über die ihnen zustehenden Vermögensansprüche bezeichnen.

C. Schuldbefreiung

I. Betroffene Verbindlichkeiten

3 Die Restschuldbefreiung führt dazu, daß die Insolvenzforderungen gegenüber dem Schuldner prinzipiell nicht mehr durchgesetzt werden können. Sie umfaßt grundsätzlich alle Vermögensansprüche der Insolvenzgläubiger gegen den Schuldner, also sämtliche Ansprüche, die am Insolvenzverfahren teilnehmen konnten, ausgenommen die in § 302 InsO bestimmten Forderungen. Nach § 301 Abs. 1 Satz 2 InsO ist für eine Schuldbefreiung unerheblich, ob ein Anspruch in dem Insolvenzverfahren angemeldet oder ob er nicht angemeldet wurde. Zudem fehlt eine dem Erfüllungsrecht aus § 308 Abs. 3 Satz 1 InsO entsprechende Ausnahmeregelung, die den Schuldner zur Angabe der Verbindlichkeiten anhalten könnte. Erfaßt werden die Verbindlichkeiten unabhängig davon, ob sie betagt oder aufschiebend bedingt sind. Der Schuldner wird deswegen auch von den Ansprüchen aus einer von ihm übernommenen Bürgschaft befreit. Berechtigt ist diese befreiende Wirkung jedoch nur für solche Ansprüche, die als Vermögensansprüche gemäß § 38 InsO überhaupt in dem Insolvenzverfahren zugelassen sind. Dementsprechend betrifft die gesetzliche Schuldbefreiung lediglich solche Ansprüche, die auf Geld gerichtet sind oder nach § 45 InsO in einen Geldanspruch umgewandelt werden können. War ein haftungsbegründender Tatbestand bereits vor Eröffnung des Insolvenzverfahrens verwirklicht, werden auch die erst später entstehenden Schäden von der Restschuldbefreiung erfaßt (vgl. RGZ 87, 82 [84 f.]; *Jaeger/Weber* KO, § 193 Rz. 4).

4 Von den Wirkungen der Restschuldbefreiung werden die Vermögensansprüche sämtlicher Insolvenzgläubiger gemäß § 38 InsO betroffen, auch wenn sie ihre Forderungen nicht angemeldet haben, § 301 Abs. 1 InsO. Bei der Frist zur Anmeldung der Forderungen nach § 28 Abs. 1 InsO handelt es sich ebensowenig wie früher bei § 138 KO (*Kilger/Karsten Schmidt* KO, § 138 Anm. 2) um eine Notfrist. Hat der Gläubiger eine Forderungsanmeldung versäumt, scheidet deswegen eine Wiedereinsetzung in den vorigen Stand gemäß § 233 ZPO aus. Da die Anmeldungsfrist auch keine Ausschlußfrist darstellt (vgl. *Kuhn/Uhlenbruck* KO, § 138 Rz. 5), kann die verspätet angemeldete Forderung auch nicht zurückgewiesen werden und ist deshalb nach Maßgabe von § 177 InsO zu berücksichtigen. Wird eine Forderung nach dem Ende der Ausschlußfrist für die Schlußverteilung angemeldet, §§ 187, 197 InsO, so kann sie zwar noch festgestellt werden, doch nimmt sie an der Schlußverteilung und einer Nachtragsverteilung nicht mehr teil (vgl. *Hess* KO, § 138 Rz. 16). Trotzdem wird sie von den Wirkungen der Restschuldbefreiung erfaßt (*Pape* ZIP 1992, 1289 [1290]). Mit dieser Regelung wird die Effektivität der Restschuldbefreiung gesichert, denn ein Insolvenzgläubiger kann sich ihren Konsequenzen nicht dadurch entziehen, daß er eine Anmeldung seiner Forderung unterläßt. Selbst unbekannte Gläubiger werden diesen Folgen unterworfen (vgl. *Hess* KO, § 193 Rz. 2; *Mohrbutter/Mohrbutter* Handbuch der Insolvenzverwaltung, Rz. XII. 23).

Unterhaltsansprüche gegen den Schuldner aus der Zeit vor Eröffnung des Insolvenzverfahrens unterfallen als Vermögensansprüche familienrechtlicher Natur der Restschuldbefreiung, auch wenn sie nach den §§ 1607 Abs. 2 Satz 2, 1608 Satz 3, 1615b BGB, 91 BSHG, 94 Abs. 3 SGB VIII, 7 UVG oder 37 BAFöG auf einen Dritten übergegangen sind. Unterhaltsansprüche aus der Zeit nach der Eröffnung stellen keine Insolvenzforderungen dar und unterliegen deswegen nicht § 301 InsO. In der Literatur wird allerdings diskutiert, ob Unterhaltsansprüche aus der Zeit nach Eröffnung des Insolvenzverfahrens, die auf öffentliche Stellen übergegangen sind, von der Restschuldbefreiung erfaßt werden können (*Balz* BewHi 1989, 103 [117 Fn. 61]). Ein solches Resultat läßt sich jedoch kaum rechtfertigen, solange diese Stellen nicht vollständig in das Insolvenzverfahren integriert sind (*Scholz* ZIP 1988, 1157 [1162]; *Smid* in Leipold (Hrsg.), Insolvenzrecht im Umbruch, 139 [146 ff.]; *Kohte* KS, 615 Rz. 98 ff.). *Kohte* weist deswegen auf das Recht des Schuldners hin, einen Forderungserlaß gemäß § 76 Abs. 2 SGB IV zu beantragen, über den die Stelle ermessensfehlerfrei zu entscheiden hat (*Kohte* KS, 615 Rz. 104 f.).

Zinsansprüche, die im Verlauf des Insolvenzverfahrens auf Forderungen der Insolvenzgläubiger entstanden sind, werden – im Gegensatz zur früheren Rechtslage nach den §§ 63 Nr. 1 KO, 29 Nr. 1 VglO, anders aber § 226 Abs. 2 Nr. 1 KO – gemäß § 39 Abs. 1 Nr. 1 InsO als nachrangige Forderungen in das Insolvenzverfahren einbezogen und folglich auch von der Restschuldbefreiung betroffen. Für Zinsansprüche, die erst nach dem Ende des Insolvenzverfahrens während der Treuhandzeit auf solche Forderungen entstanden sind, fehlt dagegen eine gesetzliche Regelung. Nach der Zielsetzung des Schuldbefreiungsverfahrens, eine umfassende Bereinigung der gegen den Schuldner gerichteten vermögensrechtlichen Verbindlichkeiten zu erreichen, ist die Restschuldbefreiung jedoch ebenfalls auf die im Verlauf der Treuhandphase entstandenen Zinsen zu erstrecken (*Döbereiner* Restschuldbefreiung, 246 ff.). Mit der Restschuldbefreiung wird die Schuld umgewandelt, womit ihr die Fähigkeit genommen ist, den Erwerbsgrund für eine Leistung zu bilden. Ihr fehlt dadurch nicht nur die rechtliche Qualität als Erwerbsgrund für die Hauptleistung, sondern auch für Nebenleistungen und insbesondere für Zinsen. Eine gesetzliche Bestätigung findet diese Teleologie in der von § 83 Abs. 2 VglO für Zinsansprüche beim außergerichtlichen Vergleich geschaffenen Vermutung für einen Erlaß (zuvor bereits RGZ 125, 408 [411]), die unter Hinweis auf den unselbständigen Charakter der Neben- oder Annexansprüche entsprechend auch auf den Zwangsvergleich herangezogen wird (*Hess* KO, § 193 Rz. 10 ff.; *Kilger/Karsten Schmidt* KO, § 193 Anm. 2a; außerdem *Jaeger/Weber* KO, § 193 Rz. 9). Nach einer erteilten Restschuldbefreiung und der Umwandlung der Hauptschuld in eine unvollkommene Verbindlichkeit entstehen keine neuen Zinsansprüche, da die Zinsschuld in ihrer Entstehung und im Weiterbestehen von der Hauptschuld abhängt (BGHZ 15, 87 [89]; *Staudinger/Blaschczok* BGB, § 246 Rz. 13 f.; *Soergel/Teichmann* BGB, § 246 Rz. 7 f.). Zinsansprüche gegenüber Bürgen bleiben jedoch nach § 301 Abs. 2 Satz 1 InsO bestehen.

7 Ausgenommen von der befreienden Wirkung sind die Rechte der Gläubiger, die keinen vermögensrechtlichen Charakter haben, also Gestaltungsrechte, wie etwa die bürgerlichrechtliche Anfechtung gemäß § 119, 123 BGB, soweit nicht ihr Geltungsgrund entfallen ist (vgl. *Jaeger/Henckel* KO, § 3 Rz. 21; *Hess* KO, § 3 Rz. 8); familienrechtliche Ansprüche auf Ehescheidung oder Anerkennung der Vaterschaft (vgl. *Kilger/ Karsten Schmidt* KO, § 3 Anm. 2 a); Unterlassungsansprüche (vgl. RGZ 134, 377 [379]; *Jaeger/Henckel* KO, § 3 Rz. 27); Ansprüche auf Vornahme einer unvertretbaren Handlung (vgl. OLG Neustadt NJW 1965, 257; *Kuhn/Uhlenbruck* KO, § 3 Rz. 21 ff.) sowie unvollkommene Verbindlichkeiten (vgl. *Jaeger/Henckel* KO, § 3 Rz. 9). Aufgrund der ausdrücklichen gesetzlichen Anordnung sind auch die in § 302 InsO angeführten Verbindlichkeiten aus vorsätzlicher unerlaubter Handlung sowie Geldstrafen und die ihnen gleichgestellten Verbindlichkeiten von der Restschuldbefreiung ausgenommen. Aussonderungsrechte bleiben von einer Restschuldbefreiung unberührt, ohne daß für diese selbstverständliche Konsequenz eine positive Bestimmung geschaffen ist. Ausdrücklich werden aber auch die in § 301 Abs. 2 Satz 1 InsO aufgeführten Sicherungsrechte von den Folgen der Restschuldbefreiung ausgenommen (*Marotzke* ZZP 109, 429 [439]; vgl. zusätzlich *Hess* KO, § 3 Rz. 13; *Kuhn/Uhlenbruck* KO, § 3 Rz. 17). Nicht betroffen werden auch die Forderungen der Neugläubiger, also der persönlichen Gläubiger, die erst nach der Eröffnung des Insolvenzverfahrens einen persönlichen Vermögensanspruch gegen den Schuldner erworben haben.

II. Die Restschuld als unvollkommene Verbindlichkeit

8 Nach der erteilten Restschuldbefreiung kann die Schuld nicht mehr gegen den Schuldner durchgesetzt werden. Durch die erteilte Restschuldbefreiung wird die Schuld materiell umgewandelt und auf diese Weise der Charakter der Leistungspflicht verändert. Aus einer erzwingbaren Verbindlichkeit entsteht so eine Schuld, die zwar immer noch einen Grund für das Behaltendürfen der Leistung bildet, aber für Haupt- und Nebenleistungen nicht mehr durchsetzbar ist, vgl. § 286 Rz. 27. Diese nach der Schuldbefreiung noch erfüllbaren, aber nicht mehr erzwingbare Verbindlichkeiten werden zumeist als unvollkommene Verbindlichkeiten bezeichnet (Begründung RegE BR-Drucks. 1/92, S. 194; *Forsblad* Restschuldbefreiung, 225; *Haarmeyer/Wutzke/Förster* Handbuch, Rz. 10/84; *Häsemeyer* Insolvenzrecht Rz. 26.62; *Wenzel* DB 1990, 975 [977]; *Maier/Krafft* BB 1997, 2173 [2180]; *Wittig* WM 1998, 157, 209 [216]; andere sprechen von einer natürlichen Verbindlichkeit oder Naturalobligation *Hess/Obermüller* Insolvenzplan, Restschuldbefreiung und Verbraucherinsolvenz, Rz. 1057; *Arnold* DGVZ 1996, 65 [70]; *Döbereiner* KTS 1998, 31).

9 Bei dieser Folge wird die Übereinstimmung mit den Wirkungen eines gerichtlich bestätigten Vergleichs betont (*Hess/Obermüller* Insolvenzplan, Restschuldbefreiung und Verbraucherinsolvenz, Rz. 1057). Für den Erlaßvergleich wird davon ausgegangen, daß der erlassene Teil der Forderung als erfüllbare, aber nicht erzwingbare natürliche Verbindlichkeit fortbesteht (RGZ 160, 134 [138]; *BGH* WM 1968, 39 [40]; BGHZ 118, 70 [76]; *Baur/Stürner* Zwangsvollstreckungs-, Konkurs- und Vergleichsrecht, Bd. II, Rz. 29.1; *Jaeger/Weber* KO, § 193 Rz. 5; *Kuhn/Uhlenbruck* KO, § 193 Rz. 8; *Hess* KO, § 193 Rz. 24; *Bley/Mohrbutter* VglO, § 82 Rz. 16; *Kilger/Karsten Schmidt* VglO, § 82 Anm. 3, KO, § 193 Anm. 4 a). Obwohl sich die Konsequenzen der Restschuldbefreiung an den §§ 193 KO, 82 VglO orientieren, stimmen sie doch nicht vollkommen mit diesen Vorschriften überein. Im Gegensatz zu den Wirkungen eines Zwangsvergleichs (BGHZ

Wirkung der Restschuldbefreiung § 301

31, 174 [180]; 57, 78 [84]; *Jaeger/Weber* KO, § 193 Rz. 6), gestattet die Restschuldbefreiung nicht die Neubegründung akzessorischer Sicherungsrechte für die umgewandelte Schuld. Der Zweck der gesetzlichen Regelung in § 301 InsO besteht darin, einen Rückgriff gegen den Schuldner auszuschließen, der nicht durch eine Bestellung von Sicherheiten umgangen werden darf. Zudem kann in einem Vergleichsschluß auch eine Zinszahlung auf die Schuld seit der Verfahrenseröffnung vereinbart werden, vgl. § 83 Abs. 2 VglO, während mit der Restschuldbefreiung die Grundlage für diese Zinsen entfällt. Gegenüber den kraft Gesetzes festgelegten einheitlichen Rechtsfolgen der Restschuldbefreiung ermöglicht außerdem der auf einer privatautonomen Grundlage beruhende, gerichtlich bestätigte Vergleichsschluß eine flexible Vereinbarung der Wirkungen (BGHZ 108, 123 [131]; *BGH* NJW 1992, 2091 [2092]; 2093 [2095]; *Hess* KO, § 193 Rz. 25). Wegen dieser Unterschiede dürfen die Folgen eines bestätigten Vergleichs nicht ungeprüft auf die Restschuldbefreiung übertragen werden (anders *Balz* BewHi 1989, 103 [112, 119], der uneingeschränkt von den Wirkungen eines solchen Vergleichs ausgeht).

Rechnet ein Insolvenzgläubiger mit einer von der Restschuldbefreiung betroffenen 10 Insolvenzforderung auf, wird zu unterscheiden sein (was *Döbereiner* Restschuldbefreiung, 274, übersieht). Durch die Erteilung der Restschuldbefreiung wird die Gegenforderung des Insolvenzgläubigers in eine unvollkommene Verbindlichkeit umgewandelt, mit der er grundsätzlich nicht mehr aufrechnen kann, weil diese Gegenforderung nach den bürgerlichrechtlichen Regeln gemäß § 387 BGB vollwirksam und durchsetzbar sein muß (*BGH* NJW 1981, 1897; *OLG Frankfurt* NJW 1967, 501 [502]; *Staudinger/Gursky* BGB, § 387 Rz. 107; *Soergel/Zeiss* BGB, § 387 Rz. 8; *Gernhuber* Die Erfüllung und ihre Surrogate, § 12 IV 1 a), ohne daß es noch auf § 390 Satz 1 BGB ankommt. Hat die Aufrechnungslage jedoch bei Eröffnung des Insolvenzverfahrens bestanden, berührt das Verfahren gemäß § 94 InsO die erworbene Aufrechnungsbefugnis nicht, die bestehende Aufrechnungslage wird insolvenzrechtlich geschützt. Die gesetzliche Formulierung des § 94 InsO läßt sich unschwer dahingehend auslegen, daß die Aufrechnungslage von den Verfahrenswirkungen unberührt bleibt, also weder durch das Insolvenz- noch durch das Restschuldbefreiungsverfahren einschließlich seiner Folgen aufgehoben wird. Die Aufrechnungsbefugnis vermittelt also eine gesicherte Rechtsstellung, die wie ein Absonderungsrecht die gesetzliche Schuldbefreiung überdauert (zur konkursrechtlichen Aufrechnungslage nach Abschluß eines Zwangsvergleichs RGZ 80, 407 [409 f.]). Entsteht die Aufrechnungslage während des Verfahrens, besteht eine Aufrechnungsbefugnis über die Restschuldbefreiung hinaus, wenn die Aufrechnungslage nach Maßgabe von § 95 InsO geschützt ist. Tritt indessen die Aufrechnungslage erst nach Erteilung der Restschuldbefreiung ein, weil etwa der Insolvenzgläubiger erst jetzt durch eine Hauptforderung verpflichtet wird, so ist eine Aufrechnung ausgeschlossen (vgl. RGZ 80, 407 [411]; *Jaeger/Weber* KO, § 193 Rz. 6), da keine gesicherte Aufrechnungslage bestand und seine Gegenforderung nicht mehr durchsetzbar ist. Ebensowenig kann aufgrund einer unvollkommenen Verbindlichkeit ein Zurückbehaltungsrecht ausgeübt werden (*Staudinger/Selb* BGB, § 273 Rz. 11).

Nachdem die Restschuldbefreiung erteilt wurde, kann die Schuld grundsätzlich neu 11 begründet oder ein konstitutives Schuldanerkenntnis gemäß § 781 BGB über sie eingegangen werden (zum Vergleichsrecht RGZ 160, 134 [138]). Während der Treuhandzeit ist eine solche Vereinbarung wegen des Verbots von Sonderabkommen jedoch unzulässig (*Forsblad* Restschuldbefreiung, 270 ff.). Wird aber das selbständige Schuldanerkenntnis ohne Gegenleistung erklärt, ist es schenkweise gegeben und bedarf gemäß § 518 Abs. 1 Satz 2 BGB der notariellen Beurkundung (*BGH* NJW 1980, 1159 [1159]).

Erfolgt das Schuldanerkenntnis für eine Gegenleistung, so darf zwischen beiden kein sittenwidriges Mißverhältnis i. S. v. § 138 Abs. 1 BGB bestehen.

12 Die fehlende Durchsetzbarkeit der Verbindlichkeit wirkt sich ebenso auf ein späteres Erkenntnis- wie ein Vollstreckungsverfahren aus. Einer zur Tabelle angemeldeten Forderung steht zwar nach Erteilung der Restschuldbefreiung nicht mehr das Vollstreckungsverbot aus § 294 Abs. 1 InsO entgegen, doch entfällt ihre Vollstreckbarkeit aus der Tabelle des § 201 Abs. 2 Satz 1 InsO (*Arnold* DGVZ 1996, 65 [70 Fn. 13]). Die Zwangsvollstreckung ist deshalb nach § 775 Nr. 1 ZPO einzustellen und eine getroffene Vollstreckungsmaßregel nach § 776 ZPO aufzuheben, weil es sich bei dem Beschluß über die Erteilung der Restschuldbefreiung nach § 300 Abs. 1 InsO um eine vollstreckungshindernde Entscheidung i. S. v. § 775 Nr. 1 ZPO handelt (*Arnold* DGVZ 1996, 65 [70 Fn. 13]). Grundsätzlich wird dafür eine Entscheidung verlangt, welche die Unwirksamkeit des Titels ausdrücklich und nicht nur in den Gründen feststellt (*Stein/Jonas/Münzberg* ZPO, § 775 Rz. 8). Dies trifft zwar auf den Beschluß gemäß § 300 Abs. 1 InsO zu, wird aber auch sonst anzunehmen sein. Als Rechtsmittel gegen eine Zwangsvollstreckung kann der Schuldner Erinnerung gemäß § 766 ZPO einlegen. Einer Vollstreckungsgegenklage gemäß § 767 ZPO bedarf es nicht (a. A. *Hess/Obermüller* Insolvenzplan, Restschuldbefreiung und Verbraucherinsolvenz, Rz. 1068; *dies.* Die Rechtsstellung der Verfahrensbeteiligten nach der Insolvenzordnung, Rz. 393). Hat ein Insolvenzgläubiger seinen Anspruch nicht zur Tabelle angemeldet, so wird er gemäß § 301 Abs. 1 Satz 2 InsO von der Schuldbefreiung betroffen und kann nach Erteilung der Restschuldbefreiung keinen Titel erwirken. In Einzelfällen mag zwar einer unvollkommenen Verbindlichkeit bereits die Klagbarkeit fehlen (*BGH* NJW 1980, 390 [391]), doch muß diese Konsequenz nicht notwendig eintreten (*Stein/Jonas/Schumann* ZPO, vor § 253 Rz. 87 ff., 93; *Rosenberg/Schwab/Gottwald* Zivilprozeßrecht, § 92 III 2). Einer nicht erfüllten Verbindlichkeit fehlt daher nach Erteilung der Restschuldbefreiung i. d. R. nicht schon die Klagbarkeit, weshalb eine entsprechende Klage nicht unzulässig, sondern unbegründet ist.

13 Werden nach Erteilung der Restschuldbefreiung Gegenstände der Masse ermittelt, ist eine Nachtragsverteilung gemäß § 203 Abs. 1 Nr. 3 InsO durchzuführen (*Hess/Obermüller* Insolvenzplan, Restschuldbefreiung und Verbraucherinsolvenz, Rz. 1071; *dies.* Die Rechtsstellung der Verfahrensbeteiligten nach der Insolvenzordnung, Rz. 394), denn von einer Nachtragsverteilung wird die mit der Restschuldbefreiung geschaffene Position des Schuldners nicht beeinträchtigt.

D. Personal- und Sachsicherungen

I. Bestand der Sicherungsrechte

14 Durch die Restschuldbefreiung werden die Rechte der Insolvenzgläubiger gegen Mitschuldner und Bürgen des Schuldners sowie aus Vormerkungen und Absonderungsrechten nicht berührt. Weder die persönliche Mithaftung noch die Sachhaftung Dritter wird von der Restschuldbefreiung betroffen. § 301 Abs. 2 Satz 1 InsO nimmt, ebenso wie früher die §§ 193 Satz 2 KO, 82 Abs. 2 VglO, Kreditsicherungen von der gesetzlichen Schuldbefreiung aus (*Wittig* WM 1998, 157, 209 [219]), da diese Sicherungen eingeräumt werden, um den Sicherungsnehmer vor einer Zahlungsunfähigkeit des Schuldners zu schützen (vgl. *Bley/Mohrbutter* VglO, § 82 Rz. 20). Diese konstitutive gesetzliche Anordnung gewährleistet, daß die akzessorischen Sicherungsrechte wie die Bürgschaft

trotz einer Umwandelung der gesicherten Forderungen in unvollkommene Verbindlichkeiten fortbestehen und schafft damit eine Ausnahme etwa zu § 767 Abs. 1 Satz 1 BGB (vgl. *Gottwald/Eickmann* InsolvenzRHdb, § 66 Rz. 88). In der Literatur wird zwar teilweise angenommen, daß bereits der Fortbestand der Hauptschuld in Gestalt einer unvollkommenen Verbindlichkeit als Grundlage einer akzessorischen Kreditsicherheit genügt (*Hess/Obermüller* Insolvenzplan, Restschuldbefreiung und Verbraucherinsolvenz, Rz. 1057; s. a. *Wittig* WM 1998, 157, 209 [219]). Für akzessorische Sicherungsrechte bildet jedoch der weitere Bestand der Insolvenzforderungen als unvollkommene Verbindlichkeiten keine hinreichende Basis, denn auch die akzessorische Sicherung wird dadurch in eine unvollkommene Verbindlichkeit umgewandelt (RGZ 140, 132 [136]; *KG* NJW 1956, 1481 [1482]; *Palandt/Thomas* § 765 Rz. 8; *OLG Düsseldorf* ZIP 1983, 1188 [1189 f.], für die Bürgschaft). § 301 Abs. 2 Satz 1 InsO bildet deswegen, wie auch die §§ 193 Satz 2 KO, 82 Abs. 2 VglO, eine Ausnahmeregelung, welche die Akzessorietät überwindet.

§ 301 Abs. 2 Satz 1 InsO nimmt also nicht bestimmte Verbindlichkeiten gegenüber dem **15** Schuldner von der Restschuldbefreiung aus, sondern regelt, daß die Rechte der Gläubiger gegen Bürgen und Mitschuldner von der gesetzlichen Schuldbefreiung unberührt bleiben. Da ein Bürge mit der Eröffnung des Insolvenzverfahrens die Einrede der Vorausklage nach § 773 Abs. 1 Nr. 3 BGB verloren hat, kann sich der Gläubiger beim Bürgen Befriedigung verschaffen. Eine Mitschuld setzt voraus, daß mehrere Personen nebeneinander für dieselbe Leistung haften (vgl. dazu RGZ 139, 48 [50 f.]). Dies trifft auf die echte Gesamtschuld i. S. v. § 421 Satz 1 BGB zu, etwa eine Schuldmitübernahme, bei der ein Gläubiger nach seinem Belieben die Leistung von jedem Gesamtschuldner ganz oder teilweise fordern kann, aber die Leistung nur einmal zu beanspruchen hat (*Palandt/Thomas* § 421 Rz. 1; *Staudinger/Kaduk* BGB, 12. Aufl., § 421 Rz. 2 ff.). Eine Mitschuld kann aber auch ohne eine innere Verbundenheit der Verpflichtungen durch einen Garantievertrag (dazu *Staudinger/Horn* BGB, Vorbem. zu §§ 765 ff. Rz. 194 ff.) oder eine harte Patronatserklärung (dazu *Hess* KO, § 193 Rz. 3; *Staudinger/Horn* BGB, Vorbem. zu §§ 765 ff. Rz. 405 ff.; *Habersack in MünchKomm*, Vor § 765 Rz. 45 ff.) begründet sein (*BGH* NJW 1992, 2093 [2095]; *Hess* KO, § 68 Rz. 15; weitere Einzelfälle bei *Kuhn/Uhlenbruck* KO, § 68 Rz. 2 ff.).

Die Bestimmung des § 301 Abs. 2 Satz 1 InsO entspricht damit der Zielsetzung gegen- **16** über einer Mehrzahl von Haftenden, das Insolvenzrisiko zugunsten des Gläubigers zu verteilen (vgl. *Selb* Mehrheiten von Gläubigern und Schuldnern, § 5 I 1), die auch in den §§ 43, 44 InsO Ausdruck gefunden hat. Solange die Zahlungen des Schuldners nicht zu einer vollen Befriedigung des Gläubigers geführt haben, kann deshalb der Gläubiger die gesamte restliche Forderung von den Mithaftenden beanspruchen, vgl. §§ 422 Abs. 1 Satz 2, 767 Abs. 1 Satz 1 BGB. Wird über das Vermögen mehrerer Haftender ein Insolvenzverfahren eröffnet, darf der Gläubiger nach dem Grundsatz der Doppelberücksichtigung gemäß § 43 InsO in jedem Insolvenz- und auch Restschuldbefreiungsverfahren den gesamten bei Verfahrenseröffnung ausstehenden Betrag geltend machen (vgl. zur konkursrechtlichen Regelung *OLG Dresden* ZIP 1996, 1190 [1192]; *Kuhn/Uhlenbruck* KO, § 68 Rz. 1). Mit der Erteilung der Restschuldbefreiung wird nur der betroffene Schuldner von seinen nicht erfüllten Verbindlichkeiten befreit. Der Gläubiger fällt deshalb mit seiner Forderung erst dann endgültig aus, wenn sämtlichen Mithaftenden die Restschuldbefreiung erteilt wurde.

Nicht von der Restschuldbefreiung erfaßt werden auch die dinglichen Sicherungsrechte **17** (vgl. zum folgenden *Kuhn/Uhlenbruck* KO, § 193 Rz. 11 ff.). Die Gläubiger können deshalb ihre Rechte aus den noch nicht verwerteten Sicherungen im vollen Umfang wahrnehmen. Denkbar ist dabei, daß der Insolvenzverwalter die Sicherheiten freigegeben hat, weil aus ihnen kein Übererlös für die Masse zu erwarten ist (*Hess/Obermüller* Insolvenzplan, Restschuldbefreiung und Verbraucherinsolvenz, Rz. 987; *Wittig* WM 1998, 157, 209 [213]), oder daß der Treuhänder gemäß § 313 Abs. 3 InsO nicht zu ihrer Verwertung berechtigt ist. Nach den Grundsätzen der §§ 170, 171 InsO sowie § 10 Abs. 1 Nr. 1a ZVG wird aber eine entsprechende Kostenbeteiligung zu fordern sein (a. A. *Hess/Obermüller* Insolvenzplan, Restschuldbefreiung und Verbraucherinsolvenz, Rz. 988). Als Sicherungen nennt § 301 Abs. 2 Satz 1 InsO zunächst die Rechte der Insolvenzgläubiger aus einer zu ihrer Sicherung eingetragenen Vormerkung (vgl. *Jaeger/Weber* KO, § 193 Rz. 15). Da gemäß § 91 InsO nach Eröffnung des Insolvenzverfahrens grundsätzlich keine Rechte an Gegenständen der Insolvenzmasse erworben werden können, muß das Recht regelmäßig schon bei der Verfahrenseröffnung bestanden haben. Nach Eröffnung des Insolvenzverfahrens kann ein Recht jedoch ausnahmsweise unter den Voraussetzungen des § 106 InsO entstehen. Diese Insolvenzfestigkeit erstreckt § 301 Abs. 2 Satz 1 InsO ebenfalls auf die Restschuldbefreiung. Eine Vormerkung gemäß § 883 BGB kann nach § 106 Abs. 1 Satz 1 InsO zur Sicherung eines Anspruchs auf Einräumung oder Aufhebung eines Rechts an einem Grundstück des Schuldners oder an einem für den Schuldner eingetragenen Recht oder zur Sicherung eines Anspruchs auf Änderung des Inhalts oder des Rangs eines solchen Rechts eingetragen sein. Zusätzliche Inhalte der Vormerkung bezeichnet § 106 Abs. 2 InsO (zur früheren Rechtslage gemäß § 24 KO vgl. RGZ 78, 71 [75]; *Hess* KO, § 24 Rz. 1 ff.; *Kuhn/Uhlenbruck* KO, § 24 Rz. 2 ff.; *Kilger/Karsten Schmidt* KO, § 24 Anm. 2).

18 Von den Wirkungen der Restschuldbefreiung werden ebenfalls Absonderungsrechte ausgenommen. Ein Recht auf abgesonderte Befriedigung kann gemäß § 49 InsO an unbeweglichen Gegenständen, für Pfandgläubiger nach § 50 InsO und für andere Absonderungsberechtigte gemäß § 51 bestehen, etwa für Sicherungseigentümer oder für Inhaber sicherungshalber abgetretener Forderungen. Diese Rechte sichern daher ebenfalls vor einer Restschuldbefreiung. Eine Sicherungsübereignung wirkt deswegen bis zur Erfüllung der Sicherungsvereinbarung etwa durch Bezahlung einer Darlehensschuld fort. Persönliche Ansprüche der absonderungsberechtigten Gläubiger, die diese Gläubiger gemäß § 52 InsO erheben können, weil sie auf eine abgesonderte Befriedigung verzichtet haben oder bei ihr ausgefallen sind, werden allerdings von der Restschuldbefreiung erfaßt. Außerdem können Bezüge aus einem Dienstverhältnis nur in den Grenzen des § 114 Abs. 1 InsO abgetreten werden.

II. Ausschluß von Rückgriffsansprüchen

19 Als weitere Folge der Restschuldbefreiung wird der Schuldner nach § 301 Abs. 2 Satz 2 InsO von Rückgriffsansprüchen seiner Mitschuldner, der Bürgen oder anderer Berechtigter befreit. Der Anwendungsbereich dieser Regelung ist allerdings begrenzt, denn wenn die Mithaftung noch vor Abschluß des Restschuldbefreiungsverfahrens erfüllt wird, ist ein Rückgriff des Haftenden bereits durch § 301 Abs. 1 Satz 1 InsO und nicht erst nach Abs. 2 Satz 2 ausgeschlossen.

20 Befriedigt ein Mitschuldner oder Bürge die Forderung bereits vor der Eröffnung des Insolvenzverfahrens vollständig, so wird er Insolvenzgläubiger und nimmt mit den Rückgriffsansprüchen der §§ 426 Abs. 2 Satz 1, 670, 774 Abs. 1 Satz 1 BGB am Insolvenzverfahren teil (*Jaeger/Henckel* KO, § 3 Rz. 59). Ob die Schuld vollständig erfüllt wurde, richtete sich dabei nach dem Umfang der Mithaftung. Erstreckt sich die

Wirkung der Restschuldbefreiung § 301

Mithaftung nur auf einen Teilbetrag der Schuld, wird durch die Erfüllung dieser Mithaftung die Anwendbarkeit von § 43 InsO ausgeschlossen, etwa bei einer Teilbürgschaft durch die Zahlung der Bürgschaftssumme (zur vergleichbaren Rechtslage nach § 68 KO, vgl. BGHZ 92, 374 [379]; *BGH* NJW 1960, 1295 [1296]; 1969, 796). Hat der Mitschuldner oder Bürge vor Eröffnung des Insolvenzverfahrens teilweise an den Gläubiger geleistet, so kann er sich mit seinem Teilrückgriffsanspruch neben dem Gläubiger an dem Verfahren beteiligen (vgl. *Häsemeyer* Insolvenzrecht, Rz. 17.06; außerdem BGHZ 92, 374 [380]; *Wissmann* Persönliche Mithaft in der Insolvenz, Rz. 208 ff.; *Kuhn/Uhlenbruck* KO, § 68 Rz. 4). Außerdem können die Mithaftenden nach § 44 InsO am Insolvenzverfahren teilnehmen, wenn der Gläubiger seine Forderung nicht geltend macht (vgl. *BGH* NJW 1985, 1159 [1160]).

Erfüllt der Mithaftende die Forderung vollständig erst nach der Eröffnung des Insolvenzverfahrens, so steht § 43 InsO seiner Teilnahme am Verfahren mit der auf ihn übergegangenen Forderung nicht entgegen (*Häsemeyer* Insolvenzrecht, Rz. 17.07; vgl. auch BGHZ 39, 319 [327]; *Staudinger/Horn* BGB, Vorbem zu §§ 765 ff Rz. 172; zur Rechtslage nach § 33 VglO BGHZ 114, 117 [123]). Dies gilt auch, wenn der Gläubiger anfangs eine Mithaftung in größerer Höhe geltend machte, die Höhe jedoch streitig war und die Beteiligten sich nach Verfahrenseröffnung auf einen geringeren Schuldbetrag geeinigt haben (*BGH* ZIP 1997, 372 [373]). Der Mitschuldner oder Bürge muß allerdings grundsätzlich seine Forderung rechtzeitig angemeldet haben. Anmeldefähig sind zwar nach § 174 InsO allein die bereits entstandenen Forderungen, doch ist diese Bedingung erfüllt, wenn die Forderung, wie durch die Zahlung eines Bürgen, bei Eröffnung des Insolvenzverfahrens aufschiebend bedingt bestand (vgl. *Kuhn/Uhlenbruck* KO, § 68 Rz. 11; *Wissmann* Persönliche Mithaft in der Insolvenz, Rz. 191 ff.). 21

Dementsprechend rückt der Mitschuldner oder Bürge ebenfalls in die Stellung des Gläubigers ein, wenn er die Verpflichtung erst im Verlauf der Treuhandzeit insgesamt erfüllt. In der Treuhandphase fehlt zwar ein konstruktiver gesetzlicher Ansatz, um Forderungen noch nachträglich anzumelden. Bei einer vollständigen Leistung des Mithaftenden ist aber auch der aus § 43 InsO abgeleitete Ausschluß einer Beteiligung nicht länger berechtigt, der vor einer vollständigen Befriedigung des Gläubigers angenommen wird (zur entsprechenden konkursrechtlichen Konsequenz RGZ 52, 169 [171]; BGHZ 27, 51 [54]; *BGH* NJW 1969, 796; *Hess* KO, § 68 Rz. 7 ff.; *Kuhn/Uhlenbruck* KO, § 68 Rz. 11). Anders als ein Neugläubiger könnte der Mithaftende seine Rückgriffsansprüche gemäß § 301 Abs. 2 Satz 2 InsO auch nicht nach einer Erteilung der Restschuldbefreiung durchsetzen. Eine die Verteilungsregeln aufrecht erhaltende insolvenzgerechte Gestaltung muß deswegen den Mithaftenden berechtigen, auch während der Treuhandperiode mit der etwa gemäß den §§ 426 Abs. 2 Satz 1, 774 Abs. 1 Satz 1 BGB auf ihn übergegangenen Forderung in die Position des Gläubigers einzutreten. Da der Mithaftende in diesen Fällen die Position eines Insolvenzgläubigers einnimmt, wird er an der Verteilung gemäß den §§ 187 ff., 292 Abs. 1 Satz 2 InsO beteiligt. Folgerichtig erfaßt bereits die Restschuldbefreiung nach § 301 Abs. 1 Satz 1 InsO seine Ansprüche. 22

Der Rückgriffsausschluß in § 301 Abs. 2 Satz 2 InsO greift deswegen nur ein, wenn die Mithaftenden bis zum Abschluß des Insolvenz- und Restschuldbefreiungsverfahrens nur einen Teilbetrag auf ihre Haftungssumme leisten oder sogar keine Zahlung erbringen, aber dann nach Erteilung der Restschuldbefreiung leisten. Befriedigen die Mitverpflichteten den Gläubiger bis zum Abschluß des Restschuldbefreiungsverfahrens nur teilweise, so bleiben sie von dem Verfahren ausgeschlossen, vorausgesetzt, sie haben auch vor Eröffnung des Insolvenzverfahrens nicht geleistet. Solange ihre Zahlungen 23 nicht zu einer vollen Befriedigung des Gläubigers geführt haben, nimmt der Gläubiger nach §§ 43, 44 InsO mit der ganzen Forderung, wie sie bei Eröffnung des Insolvenzverfahrens bestanden hat, am Verfahren teil (so zur Rechtslage nach § 68 KO RGZ 52, 169 [171]; BGHZ 27, 51 [54]; BGH NJW 1969, 796; *Wissmann* Persönliche Mithaft in der Insolvenz, Rz. 213; *Jaeger/Henckel* KO, § 3 Rz. 61; *Kuhn/Uhlenbruck* KO, § 68 Rz. 11; *Hess* KO, § 68 Rz. 3 ff., auch zum Anwendungsbereich). Da in diesen Situationen die Mithaftenden von dem Insolvenz- und Restschuldbefreiungsverfahren ausgeschlossen sind, werden ihre Ansprüche nicht von § 301 Abs. 1 Satz 1 InsO, sondern von § 301 Abs. 2 Satz 2 InsO geregelt. Einem Ausschluß seines Rückgriffsrechts kann ein Mithaftender also nur entgehen, wenn er den Schuldner im Insolvenz- oder Restschuldbefreiungsverfahren vollständig befriedigt, wobei der Wert seines Anspruchs gegen den Schuldner davon abhängt, wie frühzeitig er leistet. Soweit aber der Mithaftende erst nach Abschluß des Schuldbefreiungsverfahrens vollständig leistet, erkennt die gesetzliche Regelung die Entlastung des Schuldners gegenüber seinen Mithaftenden ausdrücklich an.

E. Leistung trotz Restschuldbefreiung

24 Erfüllt der Schuldner oder ein Dritter die Forderung eines Insolvenzgläubigers, obwohl der Gläubiger aufgrund der Restschuldbefreiung keine Befriedigung zu beanspruchen hat, kann der Leistende keinen Rückgewähranspruch erheben. Die gesetzliche Regelung des § 301 Abs. 3 InsO ergänzt damit § 814 1. Alt. BGB, denn sie schließt eine Rückforderung aus, ohne daß der Leistende positive Kenntnis von der Nichtschuld gehabt haben muß.

§ 302
Ausgenommene Forderungen

Von der Erteilung der Restschuldbefreiung werden nicht berührt:
1. Verbindlichkeiten des Schuldners aus einer vorsätzlich begangenen unerlaubten Handlung;
2. Geldstrafen und die diesen in § 39 Abs. 1 Nr. 3 gleichgestellten Verbindlichkeiten des Schuldners.

DiskE § 240, RefE § 240, RegE § 251, Rechtsausschuß § 346 q.

Inhaltsübersicht: Rz.

A. Normzweck	1
B. Gesetzliche Systematik	2– 3
C. Bereichsausnahmen	4–16
I. Vorsätzliche unerlaubte Handlung	4–14
1. Tatbestand	4– 9
2. Titel	10–14
II. Geldstrafen und gleichgestellte Verbindlichkeiten	15–16
D. Wirkungen	17–20

Literatur:

(siehe vor § 286, S. 1580)

A. Normzweck

Zivil- und strafrechtliche Folgen, vor allem vorsätzlich begangener Delikte sollen von der Restschuldbefreiung nicht erfaßt werden. Deshalb nimmt § 302 InsO die beiden Gruppen der Verbindlichkeiten aus vorsätzlich begangenen unerlaubten Handlungen sowie der Geldstrafen und gleichgestellter Verbindlichkeiten von der gesetzlichen Schuldbefreiung aus. Trotz der erteilten Restschuldbefreiung läßt § 302 InsO für die Gläubiger derartiger Verbindlichkeiten das unbegrenzte Nachforderungsrecht des § 201 Abs. 1 InsO fortbestehen. Aus diesem Grund können ihre Ansprüche weiter bis zur endgültigen Befriedigung oder Verjährung geltend gemacht werden. Andere besonders schützwürdige Forderungen werden dagegen nicht privilegiert, wie etwa Unterhaltsansprüche, für deren Ausnahme von der Schuldbefreiung häufig plädiert worden ist (*Ackmann* Schuldbefreiung durch Konkurs?, 106; *Uhlenbruck* FamRZ 1993, 1026 [1029]; *Häsemeyer* FS Henckel, 353 [362 Fn. 36, 365]). Beide Bereichsausnahmen tragen damit einer besonderen Verantwortlichkeit des Schuldners, nicht aber selbst überragend wichtigen Bedürfnissen der Gläubiger Rechnung.

1

B. Gesetzliche Systematik

Auf die beiden Bereichsausnahmen des § 302 InsO werden die Wirkungen der Restschuldbefreiung nicht erstreckt. § 302 InsO schafft damit einen rechtshindernden Einwand des Gläubigers. Ohne daß es einer gerichtlichen Festsetzung bedarf, werden beide Gruppen von Verbindlichkeiten nicht durch die gesetzliche Schuldbefreiung erfaßt.

2

In ihren Konsequenzen reicht diese gegenständliche Beschränkung weit über das gesetzliche Schuldbefreiungsverfahren hinaus u. a. bis in das Verbraucherinsolvenzverfahren. Nach § 309 Abs. 1 Nr. 2 InsO dürfen die Einwendungen eines Gläubigers gegen den Schuldenbereinigungsplan nicht durch eine Zustimmung ersetzt werden, wenn der Gläubiger damit schlechter als bei Erteilung der Restschuldbefreiung stünde. Bereits im gerichtlichen Schuldenbereinigungsverfahren muß also der Ausschluß der Schuldbefreiung für beide Gruppen von Verbindlichkeiten berücksichtigt werden (vgl. § 309 Rz. 16). Außerdem wird in manchen Fallgestaltungen der Tatbestand der deliktischen Handlung zugleich einen Versagungsgrund i. S. v. § 290 Abs. 1 Nr. 2 InsO bilden. Macht der Gläubiger diesen Versagungsgrund nicht geltend, so daß eine Schuldbefreiung erfolgen kann, ist zwar der Versagungsgrund präkludiert, nicht aber die ihm gegenüber autonome Folgenanordnung des § 302 InsO ausgeschlossen.

3

C. Bereichsausnahmen

I. Vorsätzliche unerlaubte Handlung

1. Tatbestand

4 Durch die Regelung in Ziffer 1 werden Verbindlichkeiten aus einer vorsätzlich begangenen unerlaubten Handlung gegenüber der allgemeinen schuldbefreienden Wirkung des § 286 InsO privilegiert. Der Rechtsbegriff der Verbindlichkeiten aus vorsätzlich begangenen unerlaubten Handlungen, der den Kreis der begünstigen Ansprüche absteckt, wird auch in den §§ 393 BGB, 850f Abs. 2 ZPO verwendet. Beide Normen begünstigen den Gläubiger derartiger Forderungen. Allerdings wird § 393 BGB von einer ganz anderen Zielsetzung geprägt, denn die Vorschrift soll verhindern, daß der Gläubiger einer nicht beitreibbaren Forderung dem Schuldner bis zur Höhe der Schuld Schaden zufügt. Zugleich soll sie dem Ersatzberechtigten die Möglichkeit bewahren, seine Ansprüche durchzusetzen, ohne sich einen Erfüllungsersatz aufdrängen zulassen (*Staudinger/ Gursky* BGB, § 393 Rz. 1). Demgegenüber schafft § 850f Abs. 2 ZPO eine vollstreckungsrechtliche Privilegierung und damit eine in vieler Hinsicht dem § 302 Nr. 1 InsO entsprechende Regelung, an der sich deshalb die Auslegung vor allem zu orientieren hat.

5 Angesichts der engen, auf die besondere Verantwortung für vorsätzliche Delikte abstellenden Zielsetzung des § 302 Nr. 1 InsO muß vom Schuldner der Tatbestand einer unerlaubten Handlung i. S. d. §§ 823 ff. BGB verwirklicht worden sein. Nicht übertragen werden kann die zu § 393 BGB vertretene Ansicht, die den Anwendungsbereich dieser Vorschrift auf Ansprüche erstreckt, die mit einer unerlaubten Handlung eng zusammenhängen (*v. Feldmann* in MünchKomm, § 393 Rz. 2, der sich aber weitgehend auf eine schadensrechtliche Wertung beschränkt). Privilegiert sind deshalb etwa Ansprüche aus der vorsätzlichen Verletzung eines absolut geschützten Rechts oder Rechtsguts bzw. Schutzgesetzes, § 823 Abs. 1 und 2 BGB. Aus der insolvenzrechtlichen Perspektive wichtige Schutzgesetze i. S.d § 823 Abs. 2 BGB bilden etwa die § 170 StGB (in der Fassung des 6. StrRG vom 26. 01. 1998, BGBl I, 164 = § 170b StGB a. F.; zum Charakter als Schutzgesetz BGHZ 30, 162 [172]; NJW 1974, 1868) sowie § 263 StGB (zur Eigenschaft als Schutzgesetz BGHZ 57, 137 [138]). Tathandlung i. S. d. Betrugstatbestands kann bei einem Vertragsschluß auch die Täuschung über die unzureichende Leistungsfähigkeit des Schuldners sein (LK/*Lackner* § 263 Rz. 214; s. a. *OLG Braunschweig* NJW 1959, 2175 [2176]). Aus dem Umstand, daß der Schuldner bei der Warenbestellung zahlungsunfähig war und immer nur liquide Mittel zur Tilgung der ältesten und dringendsten Forderungen hat, kann indessen nicht auf Zahlungsunfähigkeit hinsichtlich der konkreten Bestellung geschlossen werden (*Tröndle* StGB, 48. Aufl., § 263 Rz. 2). Ebensowenig ist damit der erforderliche Vorsatz dargelegt. Als Gegengewicht zu einer möglichen Leistungsunfähigkeit kommt der Art und dem Umfang von Sicherheiten große Bedeutung zu (LK/*Lackner* § 263 Rz. 217). Die gesetzliche Schranke des § 114 Abs. 1 InsO darf dabei nicht zu Lasten des Schuldners berücksichtigt werden.

6 Ein Vorbehalt ist gegenüber Verbindlichkeiten aus unerlaubten Handlungen Minderjähriger zu erwägen. Bei fahrlässig von Minderjährigen begangenen unerlaubten Handlungen wird die Verfassungsmäßigkeit existenzgefährdender Schadensersatzforderungen infrage gestellt, wenn zugleich eine Entschädigung des Opfers von dritter Seite gewährleistet ist (Vorlagebeschlüsse des *OLG Celle* VersR 1989, 709, mit Anm. *Lorenz*, und des

LG Dessau NJW-RR 1997, 214; dazu *Mertens* in MünchKomm, § 828 Rz. 14; *Kuhlen* JZ 1990, 273; *Canaris* JZ 1990, 679; *Medicus* AcP, 192 (1992), 35 [65 f.]; s. a. *Erman/ Schiemann* BGB, § 828 Rz. 2). Bedenken gegenüber ruinösen Schadensfolgen bestehen jedoch nicht allein bei fahrlässig begangenen Delikten (auf die das *OLG Celle* VersR 1989, 709 [710], seine Erwägungen ausdrücklich beschränkt), sondern auch bei vorsätzlichen Taten (*Canaris* JZ 1987, 993 [1001]; *ders.* JZ 1990, 679 [681]). Mit *Canaris* kann man außerdem fragen, ob Erwachsene in die Überlegungen einzubeziehen sind, doch wiegt gegenüber Minderjährigen die Vernichtung ihrer künftigen Lebensperspektive schwerer. Nach der geltenden Rechtslage kann ausnahmsweise ein auf das Verhältnismäßigkeitsprinzip gestützter Einwand des Rechtsmißbrauchs gemäß § 242 BGB erhoben werden, falls die Zumutbarkeit der Schadensersatzleistung abzulehnen ist, doch wird dieser aus der Kontrolle hoheitlicher Maßnahmen entwickelte Maßstab allein in wenigen Einzelfällen bejaht werden können (*LG Bremen* NJW-RR 1991, 1432 [1434 f.]; *Canaris* JZ 1987, 993 [1002]; a. A. *Palandt/Heinrichs* § 242 Rz. 54; Vorbem v § 249 Rz. 6). In derartigen Fällen steht den Verbindlichkeiten aus vorsätzlich begangenen unerlaubten Handlungen bereits eine materiellrechtliche Einwendung entgegen, welche die Folgen des § 302 Nr. 1 InsO ausschließt.

Von § 302 Nr. 1 InsO nicht begünstigt werden Ansprüche aus Vertragsverletzungen, 7
Gefährdungshaftungstatbeständen und ungerechtfertigter Bereicherung (*Stein/Jonas/ Brehm* ZPO, § 850 f Rz. 8; a. A. wohl *Gottwald* Zwangsvollstreckung, § 850 f Rz. 11). Steuerforderungen sind nicht privilegiert, weil sie aus dem Gesetz, § 38 AO, und nicht aus vorsätzlicher unerlaubter Handlung resultieren (§ 89 Rz. 14; *App* DStZ 1984, 280 [281]). Vollstreckungsrechtlich genügt es deswegen nicht, wenn im Fall einer strafbaren Steuerhinterziehung wegen der Steuerforderung die Zwangsvollstreckung betrieben wird (*BAG* NJW 1989, 2148 [2149]), weshalb entsprechendes auch für § 302 Nr. 1 InsO zu gelten hat. Mit einer Steuerhinterziehung gemäß § 370 AO wird auch kein Schutzgesetz i. S. v. § 823 Abs. 2 BGB verletzt.

Subjektiv wird von dem Schuldner vorsätzliches Handeln verlangt. Wie zumeist genügt 8
auch hier dolus eventualis (vgl. zur Regelung des § 850 f Abs. 2 ZPO *Stein/Jonas/Brehm* ZPO, § 850 f Rz. 8; s. a. *Hanau* in MünchKomm, § 276 Rz. 61; *Soergel/Wolf* BGB, § 276 Rz. 65), der sich nach der gesetzlichen Formulierung einer vorsätzlich begangenen unerlaubten Handlung offenbar auf den Haftungs- bzw. den Unrechtstatbestand beziehen muß (vgl. *Deutsch* Allgemeines Haftungsrecht, 2. Aufl., Rz. 342). Im Unterschied dazu muß sich der Vorsatz nach den §§ 826 BGB, 67 Abs. 2 VVG (dazu *BGH* NJW 1962, 41 [42]; VersR 1986, 233 [235]), der früheren Regelung in den §§ 636 f., 640 RVO (BGHZ 75, 328 [329 ff.]) und dementsprechend jetzt gemäß §§ 104 f. SGB VII sowie § 116 Abs. 6 SGB X (*OLG Zweibrücken* NJW-RR 1987, 1174 f.; *Grüner/Dalichau* SGB X, § 116 Anm. VII 1; zur Rechtslage gemäß § 1542 RVO *BGH* NJW-RR 1986, 106) auf die Schädigung erstrecken. Desgleichen nehmen Rechtsprechung und Literatur zur Haftungsbegrenzung von Arbeitnehmern eine vorsätzliche Handlung nur an, wenn der Vorsatz ebenfalls den eingetretenen Schaden umfaßt (*BAG* NJW 1968, 717 [718]; *Deutsch* NJW 1966, 705; *Gamillscheg* RdA 1967, 375; *Kohte* Arbeitnehmerhaftung und Arbeitgeberrisiko, 117 ff.; *Künzl* in Kasseler Handbuch, 2.1 Rz. 256). Dafür maßgebend ist die Zielsetzung der beschränkten Arbeitnehmerhaftung, den Beschäftigten von den Folgen seiner unerlaubten Handlung zu entlasteten. Als relativer Begriff (*Deutsch* Allgemeines Haftungsrecht, 2. Aufl., Rz. 342) entzieht sich der Vorsatz folglich einer einheitlichen Festlegung. Mit der Begünstigung der Gläubiger gemäß § 302 Nr. 1 InsO soll freilich der gesteigerten Verantwortlichkeit des Schuldners Rechnung getragen werden. Deshalb hat sich im allgemeinen der Bezugspunkt des Vorsatzes aus der

jeweiligen Haftungsnorm der unerlaubten Handlungen zu ergeben. Der Vorsatz ist also nicht nach eigenen insolvenzrechtlichen, sondern den materiellrechtlichen Kriterien zu bestimmen. Im Fall des § 823 Abs. 1 BGB ist dies die Verletzung des absolut geschützten Rechts oder Rechtsguts, bei § 823 Abs. 2 BGB die Verletzung des Schutzgesetzes und für § 826 BGB muß sich der Vorsatz auf den Schaden beziehen (Einzelheiten bei *Hanau* in MünchKomm, § 276 Rz. 41 f.; *Soergel/Wolf* BGB, § 276 Rz. 18 f.).

9 Von den Verbindlichkeiten aus einer vorsätzlich begangenen unerlaubten Handlung wird der Schuldner nicht befreit. Als Vergleichsmaßstab ist insbesondere auf § 850f Abs. 2 ZPO abzustellen. Nach diesen Grundsätzen muß der Schuldner Schmerzensgeldansprüche erfüllen. Zu den weiterhin zu befriedigenden Verbindlichkeiten gehören auch die Forderungen auf Erstattung von Folgeschäden, wie beispielsweise die Kosten einer privatrechtlichen Rechtsverfolgung. Eine Privatperson erhält jedoch keinen Erstattungsanspruch für den Zeitaufwand, den sie benötigt, um die Forderung geltend zu machen (BGHZ 66, 112 [114ff.]). Anwaltskosten sind bei der außergerichtlichen Anspruchsverfolgung nur zu erstatten, soweit die Einschaltung eines Anwalts erforderlich war (*OLG Karlsruhe* NJW-RR 1990, 929). Daran fehlt es, falls die Verantwortlichkeit für den Schaden und damit die Haftung von vornherein klar ist und aus Sicht des Geschädigten kein vernünftiger Zweifel daran bestehen kann, daß der Schädiger seiner Ersatzpflicht nachkommen werde (BGHZ 127, 348 [351]). Prozessuale Kostenerstattungsansprüche sind verschuldensunabhängig nur von verfahrensrechtlichen Tatbeständen abhängig und werden deshalb von der Restschuldbefreiung erfaßt (vgl. *LG München I*, Rpfleger 1965, 278; *Zöller/Stöber* ZPO, § 850f Rz. 8; a. A. *Smid* in MünchKomm/ZPO, § 850f Rz. 14; *Gottwald* Zwangsvollstreckung, § 850f Rz. 11). Zu den nicht zu ersetzenden Verbindlichkeiten gehören außerdem die Kosten der Gläubiger wegen einer Strafverfolgung des Schuldners (vgl. *LG Hannover* Rpfleger 1982, 232; *Palandt/Heinrichs* Vorbem v § 249 Rz. 90; *Baumbach/Lauterbach/Albers/Hartmann* ZPO, § 850f Rz. 6; a. A. *Smid* in MünchKomm/ZPO, § 850f Rz. 14; s. a. *KG* Rpfleger 1972, 66). Zinsforderungen sind zu erfüllen, soweit sie aus § 849 BGB, nicht aber wenn sie aus Verzug geschuldet sind (Zinsansprüche ablehnend *Zöller/Stöber* ZPO § 850f Rz. 8; für Verzugsansprüche ebenso *Smid* in MünchKomm/ZPO, § 850f Rz. 14).

2. Titel

10 Trotz der gesetzlichen Schuldbefreiung kann der Gläubiger nach dem Ende des Restschuldbefreiungsverfahrens seine Forderungen gemäß § 302 Nr. 1 InsO weiterhin durchsetzen. Dazu muß freilich das Vollstreckungsgericht beurteilen können, ob die Verbindlichkeit aus einer vorsätzlich begangenen unerlaubten Handlung resultiert. Prinzipiell muß deshalb die Qualifikation der Verbindlichkeit aus dem Titel ersichtlich, also der Titel auf eine vorsätzliche unerlaubte Handlung des Schuldners ergangen sein, die wenigstens einen der dem Titel unterlegten rechtlichen Gründe bildet und im Titel zum Ausdruck gekommen ist (vgl. *Smid* in MünchKomm, § 850f Rz. 16). Für die Vollstreckung wegen einer vorsätzlichen unerlaubten Handlung aus der Tabelle, § 201 Abs. 2 InsO, ist deshalb vor allem zu berücksichtigen, ob dieser Schuldgrund in der Tabelle eingetragen wurde oder nicht.

11 Meldet ein Gläubiger eine Forderung aus einer vorsätzlich begangenen unerlaubten Handlung an, § 174 Abs. 2 InsO, stellt sich für den Schuldner die Frage, ob er dieser Forderung widersprechen kann. Sein Widerspruch steht zwar einer Feststellung der Forderung nicht entgegen, § 178 Abs. 1 Satz 2 InsO, doch hindert der Widerspruch eine Vollstreckung aus der Tabelle, solange er nicht durch ein entsprechendes Feststellungs-

urteil beseitigt worden ist, §§ 201 Abs. 2, 184, s.a. 179 Abs. 2 InsO. Gegenüber einem solchen Widerspruch können indessen Einwände bestehen, wenn der Schuldner nicht die Forderung, sondern nur den Schuldgrund bestreiten will. Wie für den Vorrechtsstreit nach § 146 Abs. 4 KO anerkannt, bei dem eine Forderung nicht nach dem Grund oder der Höhe, sondern wegen eines Vorrechts bestritten wird (*BAG* NJW 1986, 1896; *LAG Hamm* ZIP 1987, 1267 [1269]; *Hess* KO, § 146 Rz. 4; *Kuhn/Uhlenbruck* KO, § 146 Rz. 25; *Kilger/Karsten Schmidt* KO, § 146 Anm. 2e), muß auch dem Schuldgrund widersprochen werden dürfen, werden doch in beiden Konstellationen Einwände gegen die rechtliche Qualität der Forderung erhoben.

12 Widerspricht dagegen der Schuldner im Insolvenzverfahren nicht der Eintragung einer Forderung aus vorsätzlicher unerlaubter Handlung in die Tabelle, kann sich ein Streit über die Qualifikation der Verbindlichkeit im Vollstreckungsverfahren ergeben. An die Eintragung einer Forderung in die Tabelle sind nach § 178 Abs. 3 InsO der Insolvenzverwalter und die Insolvenzgläubiger wie durch ein rechtskräftiges Urteil gebunden (vgl. § 178 Rz. 18). Mit dieser Regelung werden die Grundsätze aus § 145 Abs. 2 KO übernommen, weshalb bei einem Streit über die Tabelleneintragung auf die konkursrechtlichen Vorstellungen zurückgegriffen werden kann. Hat der Schuldner der Tabelleneintragung nicht widersprochen, wirkt die Eintragung in die Tabelle ihm gegenüber auch außerhalb des Insolvenzverfahrens (*Kilger/Karsten Schmidt* KO, § 145 Anm. 3). Dann muß aber auch das Vollstreckungsgericht an den Tabelleneintrag gebunden sein. Sinn der angeordneten Rechtskraftwirkung ist, eine Vollstreckungsgrundlage zu schaffen. Zugleich soll aber auch eine bindende Entscheidung zwischen den Parteien ermöglicht werden, der es widerspricht, wenn das Vollstreckungsgericht seine abweichende Würdigung an die Stelle der insolvenzrechtlichen Feststellung setzt. Gegenüber feststellenden Tabelleneintragungen sind deswegen allein die Rechtsbehelfe zulässig, die das Gesetz allgemein gegen rechtskräftige Urteile gewährt (*Gottwald/Eickmann* InsolvenzRHdb, § 64 Rz. 31). Unrichtige Tabelleneintragungen sollen zwar berichtigt werden können (*BGH* JZ 1984, 1025; *Hess* KO, § 145 Rz. 24 ff.; *Kuhn/Uhlenbruck* KO, § 145 Rz. 7 ff.), doch wird kaum eine mit dem wahren Prüfungsergebnis nicht übereinstimmende Tabelleneintragung anzunehmen sein. Bei Zweifeln über den Inhalt oder die Tragweite einer Tabelleneintragung wird aber auch eine titelergänzende Feststellungsklage zugelassen (RGZ 139, 83 [85]; *BGH* WM 1957, 1225 [1226]; ZIP 1984, 1509 f.; *Hess* KO, § 145 Rz. 22; *Kuhn/Uhlenbruck* KO, § 145 Rz. 3 c).

13 Über eine fehlende Eintragung des Schuldgrunds einer Verbindlichkeit aus einer vorsätzlich begangenen unerlaubten Handlung in der Tabelle kann sich das Vollstreckungsgericht dann hinwegsetzen, wenn ihm wenigstens eine subsidiäre Prüfungskompetenz zukommt. Eine derartige Kompetenz wird dem Vollstreckungsgericht vielfach im Rahmen von § 850 f Abs. 2 ZPO gegenüber streitig ergangenen Urteilen, Versäumnisurteilen oder Vollstreckungsbescheiden zugebilligt (BGHZ 36, 11 [17]; *OLG Hamm* NJW 1973, 1332 [1333]; *LG Krefeld* MDR 83, 325; *LG Düsseldorf* NJW-RR 1987, 758 f.; *LG Münster* JurBüro 1996, 385; ausführlich *Hager* KTS 1991, 1 ff.; *Zöller/Stöber* ZPO § 850f Rz. 9). Sie ist jedoch nicht mit der Konzeption des Vollstreckungsverfahrens vereinbar, das zur Klärung derartiger Fragen ungeeignet ist. Außerdem besitzen die Vollstreckungsorgane keine Kompetenz zur Titelergänzung (BGHZ 109, 275 [279 f.] = JZ 1990, 392 mit Anm. *Brehm*; *LG Landshut* JurBüro 1996, 555; *Stein/Jonas/Brehm* ZPO, § 850f Rz. 10; *Smid* in MünchKomm/ZPO, § 850f Rz. 17 f.; *Hiendl* NJW 1962, 901; *Hoffmann* NJW 1973, 1111 [1112 f.]; *Smid* ZZP 102 (1989), 22 ff.). Nicht ohne weiteres kann im Insolvenzverfahren auf diese Überlegungen zum Verhältnis von Erkenntnis- und Vollstreckungsverfahren abgestellt werden, denn eine Tabelleneintragung steht einem Urteil nicht gleich. Diese Beurteilung knüpft jedoch nicht an die für die Tabelle abweichende Rechtskraftwirkung (*Brehm* Anm. zu *BGH* JZ 1990, 392 [395]), sondern an die Aufgabenverteilung zwischen den Gerichten an. Deshalb ist der Grundgedanke zur Rollenverteilung ebenfalls auf das Verhältnis zwischen Insolvenz- und Vollstreckungsgericht zu übertragen. Auch hier fehlt dem Vollstreckungsgericht die Befugnis, die Tabelle zu ergänzen. Der Gläubiger ist daher auf eine titelergänzende Feststellungsklage zu verweisen.

14 Eine vor dem Insolvenzverfahren titulierte Forderung erweitert den Kompetenzkonflikt auf das Verhältnis zwischen Prozeß-, Insolvenz- und Vollstreckungsgericht. Hat das Prozeßgericht eine Forderung aus vorsätzlicher unerlaubter Handlung tituliert, ohne daß dieser Schuldgrund bei der Forderungsanmeldung zur Tabelle angegeben wurde, kann zur Bestimmung der Tabellenforderung möglicherweise auf den ursprünglichen Titel abgestellt werden. Neben der Tabelle darf aber auf einen früher erwirkten Vollstreckungstitel grundsätzlich nicht mehr zurückgegriffen werden, denn der vor Konkurseröffnung erwirkte Vollstreckungstitel wird aufgezehrt (RGZ 112, 297 [300]; *Kuhn/Uhlenbruck* KO, § 164 Rz. 1d; *Hess* KO, § 164 Rz. 7). Es entfällt damit zwar die Rechtskraftwirkung (RGZ 112, 297 [300]; a.A. *Gaul* FS Weber, 155 [177f.]; *Stein/Jonas/Münzberg* ZPO, vor § 704 Rz. 20, die sich für eine Titelwahl aussprechen), doch wird der früher erwirkte Titel nicht nichtig. Deswegen ist zu bestimmen, ob das Vollstreckungsgericht subsidär wenigstens auf einen früher ergangenen Titel abstellen darf, zumal ein streitig ergangenes Urteil gegenüber der Tabelle auf einer sichereren Entscheidungsgrundlage ruht. Mit einer solchen Auslegungsbefugnis hebt das Vollstreckungsgericht jedoch die zwischen dem Prozeßgericht und dem Insolvenzverfahren gezogene Trennungslinie auf und überschreitet die gegenüber beiden Verfahren abgesteckten Kompetenzgrenzen. In den Grenzen des § 179 Abs. 2 InsO wird die Forderung ausschließlich im Insolvenzverfahren festgestellt. Auf einen früheren Titel darf das Vollstreckungsgericht zur Auslegung der Tabellenforderung nicht zurückgreifen. Für Vollstreckungsbescheide ist ergänzend darauf zu verweisen, daß sie keine geeigneten Titel bilden sollen, um das Gläubigerprivileg nach § 850f Abs. 2 ZPO zu begründen (*LG Düsseldorf* NJW-RR 1987, 758; *AG Freyung* MDR 1986, 595; *LG Münster* JurBüro 1996, 385; *Stein/Jonas/Brehm* ZPO, § 850f Rz. 11; *Baumbach/Lauterbach/Albers/Hartmann* ZPO, § 850f Rz. 7; a.A. *OLG Düsseldorf* MDR 1973, 593; *LG Wuppertal* MDR 1976, 54; *Smid* in MünchKomm/ZPO, § 850f Rz. 17; *Zöller/Stöber* ZPO, § 850f Rz. 9; s.a. *Büchmann* NJW 1987, 172).

II. Geldstrafen und gleichgestellte Verbindlichkeiten

15 Von der Schuldbefreiung schließt § 302 Nr. 2 InsO auch Geldstrafen und die diesen in § 39 Abs. 1 Nr. 3 InsO gleichgestellten Verbindlichkeiten des Schuldners aus. Bei dem Tatbestand der den Geldschulden in § 39 Abs. 1 Nr. 3 InsO gleichgestellten Verbindlichkeiten bleibt allerdings offen, ob er additiv zu verwenden ist, und sämtliche anderen Verbindlichkeiten erfaßt, oder ob er qualifikativ einzusetzen ist, um allein bestimmte andere Verbindlichkeiten zu bezeichnen. Aus der Gesetzgebungsgeschichte ist ein gewisser Anhaltspunkt zu gewinnen. In der ursprünglichen Fassung von § 240 Nr. 2 DiskE wurden sämtliche von § 44 Abs. 1 Nr. 3 DiskE, entsprechend § 39 Abs. 1 Nr. 3 InsO, erfaßten Forderungen aufgezählt. Demgegenüber ist in § 240 Nr. 1 RefE die schließlich als Gesetz verabschiedete Fassung eingeführt worden, ohne daß die Materialien hierfür eine Begründung geben. Zur terminologischen Vereinfachung hätte auch

ohne weitere Differenzierung auf § 39 Abs. 1 Nr. 3 InsO verwiesen werden können. Da jedoch kein Grund für eine sachliche Abweichung von der Ursprungsfassung aufgezeigt wird, ist davon auszugehen, daß mit den gleichgestellten Verbindlichkeiten sämtliche in § 39 Abs. 1 Nr. 3 InsO bezeichneten Tatbestände gemeint sind. In § 39 Abs. 1 Nr. 3 InsO ist die Formulierung der §§ 63 Nr. 3 KO, 29 Nr. 3 VglO übernommen worden, so daß auf die Auslegung dieser Vorschriften abgestellt werden kann.

Schmidt-Räntsch KS, 1177 Rz. 43, führt dazu ausdrücklich Geldstrafen, Geldbußen, **16** Ordnungsgelder und Zwangsgelder an; ähnlich *Hess/Obermüller* Insolvenzplan, Restschuldbefreiung und Verbraucherinsolvenz, Rz. 1056. Einbezogen sind aber auch die Nebenfolgen einer Straftat, die zu einer Geldzahlung verpflichten, wie etwa die §§ 74c StGB, 21 ff. OWiG, 8 WiStG (vgl. zur konkurs- und vergleichsrechtlichen Regelung *Kuhn/Uhlenbruck* KO, § 63 Rz. 5 f.; *Hess* KO, § 63 Rz. 16 f.; *Kilger/Karsten Schmidt* VglO, § 29 Anm. 4). Zum Zwangsgeld nach § 328 AO vgl. § 39 Rz. 10. Nicht zu den privilegierten Verbindlichkeiten gehören Steuersäumniszuschläge nach § 240 AO (*BFH* NJW 1974, 719 [720]) und Steueransprüche nach § 14 Abs. 3 1. Alt. UStG (*BFH* DB 1982, 886) sowie Säumniszuschläge gemäß § 24 SGB IV (vgl. auch *BSG* ZIP 1988, 984). Auch die Kosten der Strafverfolgung und der Vollstreckung sind nicht begünstigt (*Gottwald/Heilmann/Klopp* InsolvenzRHdb, § 20 Rz. 26). Privatrechtliche Vertragsstrafen werden ebenfalls nicht von der Bereichsausnahme erfaßt, unterliegen also der Restschuldbefreiung.

D. Wirkungen

In den Ausnahmetatbeständen des § 302 InsO bleiben die Verbindlichkeiten trotz der **17** erteilten Restschuldbefreiung unverändert bestehen. Nach den oben (Rz. 10) ausgeführten Grundsätzen ist eine Vollstreckung aus der Tabelle zulässig. Als insolvenzrechtliche Neuerung können auch die seit der Eröffnung des Insolvenzverfahrens laufenden Zinsen als nachrangige Forderungen zur Tabelle festgestellt werden, § 39 Abs. 1 Nr. 1 InsO.

Auch die begünstigten Gläubiger dürfen erst nach der Entscheidung über die Restschuld- **18** befreiung gemäß § 300 Abs. 2 InsO in das Vermögen des Schuldners vollstrecken. Ausdrücklich ist den Insolvenzgläubigern und damit auch den privilegierten Gläubigern allerdings nur die Zwangsvollstreckung während der Laufzeit der Abtretungserklärung untersagt, § 294 Abs. 1 InsO, doch läßt diese Regelung offen, ab wann die Zwangsvollstreckung erneut zulässig ist. Da der insolvenzrechtliche Gleichbehandlungsgrundsatz bis zur endgültigen Entscheidung über die Restschuldbefreiung fortwirkt, darf aber eine Zulassung der Zwangsvollstreckung zu keinen unterschiedlichen Konsequenzen für die begünstigten und die nicht begünstigten Gläubiger führen. Nicht zuletzt entspricht dies auch den Forderungen der Rechtssicherheit. Zwischen beiden Gläubigergruppen besteht zwar ein Unterschied, weil allein bei den nicht privilegierten Gläubigern unsicher ist, ob sie wieder zur Zwangsvollstreckung zugelassen werden. Wenn ihnen aber nach einer Versagung der Restschuldbefreiung die Vollstreckung gestattet ist, dürfen sie gegenüber den Gläubigern von Verbindlichkeiten aus § 302 InsO nicht benachteiligt werden. Solange noch die Entscheidung darüber aussteht, ob die Restschuldbefreiung erteilt oder ob sie aufgrund der §§ 296 Abs. 1 und 2, 297 Abs. 1, 298 Abs. 1 InsO versagt wird, ist für die nicht begünstigten Gläubiger eine Zwangsvollstreckung ausgeschlossen (§ 294 Rz. 16). Um die Gläubiger der von § 302 InsO bezeichneten Verbindlichkeiten nicht zu bevorteilen, ist ihnen deshalb ebenfalls bis zur gerichtlichen Entscheidung die Zwangsvollstreckung zu untersagen. Sonst würden die Gläubiger der privilegierten Forderungen in sachlich nicht gerechtfertigter Weise bevorzugt, denn sie können bereits mit dem Ende der Abtretungszeit die Zwangsvollstreckung einleiten, während dies den anderen Gläubiger erst nach einer Versagung gestattet wäre. Für eine derartige Bevorzugung besteht um so weniger Anlaß, als den gemäß § 302 Nr. 1 InsO geschützten Gläubigern auch eine Vollstreckung nach § 850f Abs. 2 ZPO vorbehalten ist.

19 Die Vollstreckungsklausel gemäß den §§ 202 Abs. 1 Nr. 1, 4 InsO i. V. m. 724 Abs. 2 ZPO darf vom Urkundsbeamten der Geschäftsstelle des Insolvenzgerichts nach dem Zeitpunkt erteilt werden, mit dem das Insolvenzverfahren aufgehoben wird, steht doch der vollstreckbare Restbetrag erst im Anschluß daran fest (vgl. *Kuhn/Uhlenbruck* KO, § 164 Rz. 3; *Hess* KO, § 164 Rz. 6). Der Antrag kann jedoch bereits vor Aufhebung des Verfahrens gestellt werden (*AG Kaiserslautern* ZIP 1988, 989).

20 Wird nach Erteilung der Restschuldbefreiung wegen einer gemäß § 302 InsO begünstigten Verbindlichkeit ohne eine Anmeldung zur Tabelle die Zwangsvollstreckung betrieben, etwa aus einem früher erwirkten Titel, steht dem Schuldner hiergegen die Erinnerung zu. Vollstreckt ein Gläubiger eine nicht privilegierte Verbindlichkeit aus der Tabelle, so ist die Vollstreckungsgegenklage eröffnet, § 767 ZPO. Wegen sittenwidriger Härten kann eine Vollstreckung nach § 765a Abs. 1 ZPO einzustellen oder zu beschränken sein (*Stein/Jonas/Münzberg* ZPO, § 765a Rz. 6; *Arnold* in MünchKomm/ZPO, § 765a Rz. 29). Unter Berücksichtigung der Schutzbedürfnisse des Gläubigers müssen dafür die besonderen Umstände des Einzelfalls abgewogen werden (*Zöller/Stöber* ZPO, § 765a Rz. 6). Sittenwidrig kann allerdings eine Zwangsvollstreckung betrieben werden, wenn der Gläubiger ohne Erfolgsaussichten mutwillig gegen den Schuldner vorgeht (*Zöller/Stöber* ZPO, § 765a Rz. 9). Mit dieser Begründung darf zwar nicht das Vollstreckungsergebnis vorweggenommen werden. Falls der Schuldner jedoch im Anschluß an ein sein verwertbares Vermögen liquidierendes Insolvenzverfahren während der siebenjährigen Treuhandzeit unter Erfüllung sämtlicher Obliegenheiten keine Leistungen erbringen konnte, seine Auskünfte nach § 296 Abs. 2 Satz 2 InsO ebenfalls kein neues Vermögen ausgewiesen haben und eine wirtschaftliche Änderung nicht abzusehen ist, wird eine Vollstreckung kaum zu billigen sein.

§ 303
Widerruf der Restschuldbefreiung

(1) Auf Antrag eines Insolvenzgläubigers widerruft das Insolvenzgericht die Erteilung der Restschuldbefreiung, wenn sich nachträglich herausstellt, daß der Schuldner eine seiner Obliegenheiten vorsätzlich verletzt und dadurch die Befriedigung der Insolvenzgläubiger erheblich beeinträchtigt hat.
(2) Der Antrag des Gläubigers ist nur zulässig, wenn er innerhalb eines Jahres nach der Rechtskraft der Entscheidung über die Restschuldbefreiung gestellt wird und wenn glaubhaft gemacht wird, daß die Voraussetzungen des Absatzes 1 vorliegen und daß der Gläubiger bis zur Rechtskraft der Entscheidung keine Kenntnis von ihnen hatte.
(3) [1]Vor der Entscheidung sind der Schuldner und der Treuhänder zu hören. [2]Gegen die Entscheidung steht dem Antragsteller und dem Schuldner die sofortige Beschwerde zu. [3]Die Entscheidung, durch welche die Restschuldbefreiung widerrufen wird, ist öffentlich bekanntzumachen.

DiskE § 241, RefE § 241, RegE § 252, Rechtsausschuß § 346r.

Inhaltsübersicht: Rz.

A. Normzweck	1– 3
B. Gesetzliche Systematik	4– 6
C. Widerrufsgrund	7–11
I. Vorsätzliche Obliegenheitsverletzung	8– 9
II. Erheblich beeinträchtigte Gläubigerbefriedigung	10
III. Nachträgliches Herausstellen	11
D. Widerrufsverfahren	12–25
I. Grundsätze	12–14
II. Zulässigkeit	15–18
III. Widerrufsentscheidung	19–25

Literatur:

(siehe vor § 286, S. 1580)

A. Normzweck

Mit der Erteilung der Restschuldbefreiung wird tief in die Rechtsverhältnisse der 1
Beteiligten eingegriffen. Zwischen der inhaltlichen Richtigkeit und der notwendigen Unanfechtbarkeit der Entscheidung über die gesetzliche Schuldbefreiung besteht deshalb ein Spannungsverhältnis, das ebenfalls durch die Widerrufsregelung des § 303 InsO ausgeglichen werden soll. Materiell wird mit der Vorschrift zunächst angestrebt, daß der Schuldner seine Obliegenheiten aus § 295 InsO bis zum Ende der Treuhandzeit konsequent erfüllt. Auf eine nachträglich erkannte Obliegenheitsverletzung kann deshalb auch noch nach Erteilung der gesetzlichen Schuldbefreiung reagiert werden. Zu diesem Zweck muß freilich die Rechtskraft der Entscheidung durchbrochen werden, mit der die Restschuldbefreiung erteilt worden ist. Ziel des Widerrufsverfahrens ist deshalb die Beseitigung des rechtskräftigen Beschlusses über die Erteilung der Restschuldbefreiung sowie zugleich eine negative Entscheidung über die gesetzliche Schuldbefreiung.

Während der auch als Wohlverhaltensperiode bezeichneten Treuhandphase wird der 2
Schuldner unter dem Druck des Versagungsrisikos aus § 296 InsO dazu veranlaßt, seine Obliegenheiten einzuhalten. Mit dem bevorstehenden Ende der Treuhandperiode schwächt sich jedoch diese Wirkung ab, je weniger der Schuldner noch die Aufdeckung einer Obliegenheitsverletzung befürchten muß. Obwohl der Schuldner seine Obliegenheiten nicht erfüllt hat, wird er dann möglicherweise von seinen restlichen Schulden gegenüber den Insolvenzgläubigern befreit. Um dem zu begegnen, berechtigt § 303 InsO die Insolvenzgläubiger auch noch nach der Erteilung der Restschuldbefreiung, eine im Verlauf der Treuhandzeit begangene Obliegenheitsverletzung des Schuldners geltend zu machen. Neue Obliegenheiten werden dadurch nicht geschaffen. Es werden auch nicht die Obliegenheiten des Schuldners, sondern allein die aus einer Obliegenheitsverletzung abgeleiteten Rechte der Gläubiger über das Ende der Treuhandzeit erstreckt. Schutzobjekt ist deswegen das subjektive Recht der Insolvenzgläubiger.

Da die rechtskräftig erteilte Restschuldbefreiung diese Befugnis der Gläubiger präklu- 3
diert, schafft § 303 InsO einen besonderen Anfechtungsgrund, mit dem die Rechtskraftwirkung des Beschlusses nach § 300 InsO zu durchbrechen ist (zur Rechtskraft von Beschlüssen *Rosenberg/Schwab/Gottwald* Zivilprozeßrecht, § 152 I). Vielleicht kann

§ 303

dieses Widerrufsrecht mit dem in § 20 Abs. 1 EGZPO verwendeten gemeinrechtlichen Begriff als außerordentliches Rechtsmittel gegen die Erteilung der Restschuldbefreiung bezeichnet werden. Systematisch wird mit dem Anfechtungsrecht nur die begrenzte Zielsetzung verfolgt, eine Rüge der Obliegenheitsverletzung nachträglich zuzulassen. Deshalb ist die rechtskräftig erteilte Restschuldbefreiung nur aufzuheben, wenn zugleich im actus contrarius die Restschuldbefreiung zu versagen ist. Wird die Restschuldbefreiung versagt, so lebt das unbeschränkte Nachforderungsrecht der Gläubiger gemäß § 201 Abs. 1 InsO wieder auf.

B. Gesetzliche Systematik

4   Die Widerrufsregelung des § 303 InsO schließt das System ab, mit dem auf Obliegenheitsverletzungen des Schuldners reagiert werden kann. Sogar nach einer erteilten Restschuldbefreiung kann diese Entscheidung noch widerrufen werden. Die rechtskräftige Entscheidung und die ihr vorausgehende siebenjährige (aber Art. 107 EGInsO) Treuhandzeit lassen allerdings einen Widerruf nur in Ausnahmefällen gerechtfertigt erscheinen. Grundsätzlich fordern der Rechtsfrieden, aber auch das Vertrauen etwa der neuen Gläubiger in eine erteilte Schuldbefreiung, die Interessen des Schuldners höher als die der Insolvenzgläubiger zu gewichten. Ausnahmsweise kann hier jedoch etwas anderes geboten sein, wenn dem Schuldner ein besonders gravierender Verstoß gegen seine Obliegenheiten zur Last fällt.

5   Durch das Erfordernis einer vorsätzlichen Obliegenheitsverletzung wird die Widerrufsregelung in die Nähe von § 826 BGB gerückt. Dabei erscheint die Widerrufsregelung als spezialgesetzlich ausgeprägte Form der Reaktion auf eine arglistige Titelerschleichung (vgl. dazu *Braun* in MünchKomm/ZPO, Vor § 578 Rz. 12; *Rosenberg/Schwab/Gottwald* Zivilprozeßrecht, § 162 III 4). Ihr Rechtsschutzziel weist aber die Widerrufsregelung als einen unterschiedlichen Rechtsbehelf aus. Mit der Widerrufsregelung wird keine Beseitigung der durch die Entscheidung verursachten Nachteile verlangt, wie es einer schadensersatzrechtlichen Konstruktion entspricht (vgl. *Braun* in MünchKomm/ZPO, Vor § 578 Rz. 14). Vielmehr soll die angegriffene Entscheidung aufgehoben werden und damit eine der Wiederaufnahme des Verfahrens entsprechende Wirkung erzielt werden. Auf diese Weise wird der auch gegen Beschlüsse im Konkursverfahren zugelassenen Wiederaufnahme (*OLG Karlsruhe* NJW 1965, 1023 [1024]; *Kuhn/Uhlenbruck* KO, § 72 Rz. 3d; § 73 Rz. 14; *Zöller/Greger* ZPO, Vor § 578 Rz. 14) eine spezielle insolvenzrechtliche Gestalt gegeben.

6   Obwohl das Rechtsschutzziel auf eine Verwandtschaft der Widerrufsregelung mit den Wiederaufnahmevorschriften der §§ 578 ff. ZPO hinweist, sind doch grundlegende Unterschiede zwischen den beiden Arten von Rechtsbehelfen zu berücksichtigen. Mit den Anfechtungsgründen der schweren Prozeßverstöße und der gravierenden Unrichtigkeit der Urteilsgrundlagen in den §§ 579 f. ZPO (*Rosenberg/Schwab/Gottwald* Zivilprozeßrecht, § 159 I) sind die Obliegenheitsverletzungen nicht ohne weiteres zu vergleichen. Auch kann das mehrstufige Wiederaufnahmeverfahren (RGZ 75, 53 [56]; BGH NJW 1979, 427; *Stein/Jonas/Grunsky* ZPO, vor § 578 Rz. 31, § 590 Rz. 1 ff.; *Rosenberg/Schwab/Gottwald* Zivilprozeßrecht, § 161 IV; einschränkend *Braun* in MünchKomm/ZPO, § 590 Rz. 1), in dem die Stadien einer Zulässigkeit der Wiederaufnahmeklage, einer Begründetheit dieser Klage und einer erneuten Verhandlung über die Hauptsache unterschieden werden, nicht auf das Widerrufsverfahren übertragen werden. Bei dem Verfahren nach § 303 InsO bildet die Verhandlung über den Widerrufsgrund

und die negative Entscheidung über die Restschuldbefreiung einen einheitlichen Verfahrensabschnitt, dem nur die Zulässigkeitsprüfung vorgelagert ist. Andere Grundsätze können dagegen übertragen werden, etwa über das zeitlich begrenzte Nachschieben von Anfechtungsgründen (vgl. RGZ 64, 224 [227]; *Stein/Jonas/Grunsky* in MünchKomm/ZPO, § 578 Rz. 5). Eine umfassende analoge Anwendung der Regelungen über die Wiederaufnahme des Verfahrens muß deshalb ausscheiden, doch können einzelne Prinzipien sehr wohl herangezogen werden. Außerdem schärfen die Wiederaufnahmevorschriften den Blick für mögliche Verfahrenskonstellationen, indem sie ein Panorama an Problemlagen und Lösungsvorschlägen offerieren.

C. Widerrufsgrund

Verfahrensrechtlich wie sozialpolitisch ist ein Institutionenschutz der erteilten Restschuldbefreiung geboten. Nachdem die Richtigkeit der Entscheidung über die Schuldbefreiung bereits in einem regelmäßigen Rechtsmittelverfahren gemäß § 300 Abs. 3 Satz 3 InsO überprüft werden konnte, darf ihre Rechtskraft nur noch ausnahmsweise durchbrochen werden. Unerläßliche Bedingung dafür ist eine Obliegenheitsverletzung durch den Schuldner. Für eine restriktive Handhabung der Widerrufsregelung sorgen aber vor allem die besonderen Voraussetzungen des § 303 Abs. 1 InsO, mit denen die Obliegenheitsverletzung zusätzlich qualifiziert wird. 7

I. Vorsätzliche Obliegenheitsverletzung

Als erste Voraussetzung muß der Schuldner gegen eine seiner Obliegenheiten verstoßen haben. Nach der Zielsetzung von § 303 InsO, der eine korrekte Erfüllung der während der Treuhandphase bestehenden Obliegenheiten gewährleisten soll, sind damit die in § 295 InsO bestimmten Anforderungen gemeint (*Hess/Obermüller* Insolvenzplan, Restschuldbefreiung und Verbraucherinsolvenz, Rz. 1060; *Döbereiner* Restschuldbefreiung, 259). Schon aus diesem Grund legitimiert eine nach dem Ende der Treuhandzeit erfolgte Verurteilung wegen einer Insolvenzstraftat keinen Widerruf der Restschuldbefreiung. Aber auch eine während der Treuhandperiode erfolgte, jedoch erst nachträglich bekannt gewordene strafrechtliche Verurteilung i. S. d. § 297 Abs. 1 InsO rechtfertigt keinen Widerruf, weil es sich dabei nicht um eine Obliegenheitsverletzung handelt (vgl. § 297 Rz. 3). Obwohl es dem Schuldner obliegt, die Mindestvergütung des Treuhänders zu zahlen, schafft ein Verstoß gegen § 298 Abs. 1 InsO keinen Widerrufsgrund. Auf § 298 Abs. 1 InsO darf allein der Treuhänder einen Versagungsantrag stützen; er ist jedoch nicht berechtigt, einen Widerrufsantrag zu stellen. Im übrigen ist kaum vorstellbar, daß durch diese unterbliebene Zahlung die Befriedigung der Insolvenzgläubiger erheblich beeinträchtigt worden ist. Nicht so einfach von der Hand zu weisen ist aber, ob ein Verstoß gegen Obliegenheiten aus § 296 Abs. 2 Satz 2 und 3 InsO einen Widerruf gestattet. Systematisch gehören sie ebenfalls zu den im Verlauf der Treuhandzeit aktualisierten Obliegenheiten. Ihr Verfahrensbezug weist jedoch einen entscheidenden Unterschied aus, denn sie dienen nur noch entfernt dem mit der Treuhandzeit verfolgten Ziel einer Haftungsverwirklichung. Dies rechtfertigt es, in einem nachträglich bekannt gewordenen Verstoß gegen § 296 Abs. 2 Satz 2 und 3 InsO keinen Widerrufsgrund zu sehen. 8

9 Allein eine vorsätzliche Obliegenheitsverletzung erlaubt es, die erteilte Restschuldbefreiung zu widerrufen. Wie zu § 296 Rz. 8 ausgeführt, wird dabei ein Verschulden des Schuldners gegen sich selbst verlangt. Dabei genügt ein bedingter Vorsatz, der die nachteiligen Folgen der Obliegenheitsverletzung nicht umfassen muß. Eine Beweislastumkehr, wie sie § 296 Abs. 1 Satz 1 HS 2 InsO normiert, ist nicht vorgesehen. Verfahrensrechtlich werden damit ebenfalls hohe Hürden vor einem Widerruf der erteilten Restschuldbefreiung errichtet.

II. Erheblich beeinträchtigte Gläubigerbefriedigung

10 Durch die vorsätzliche Obliegenheitsverletzung muß die Befriedigung der Insolvenzgläubiger erheblich beeinträchtigt worden sein. Zwischen der Obliegenheitsverletzung und der beeinträchtigten Gläubigerbefriedigung hat auch hier ein Kausalzusammenhang zu bestehen (vgl. § 296 Rz. 10). Über die Anforderungen der §§ 290 Abs. 1 Nr. 4 , 296 Abs. 1 Satz 1 InsO hinaus, muß freilich eine erhebliche Gläubigerbeeinträchtigung eingetreten sein. Mit dieser Regelung wird die für eine Anfechtungsbefugnis erforderliche Beschwer konkretisiert und auf die Wirkungen des Schuldbefreiungsverfahrens beschränkt. Die Beschwer ist also nicht zu bestimmen, indem die für den Insolvenzgläubiger eintretenden Folgen bei einer Erteilung der Restschuldbefreiung mit der unbeschränkten Vermögenshaftung des Schuldners gemäß § 201 Abs. 1 InsO bei einer antragsgemäßen Versagung der Restschuldbefreiung verglichen werden. Die Beschwer ist also nur durch den Vergleich zwischen dem ordnungsgemäß durchgeführten und dem unter einer Obliegenheitsverletzung absolvierten Schuldbefreiungsverfahren zu bemessen. Abweichend von den in vermögensrechtlichen Streitigkeiten vielfach üblichen Wertsummen, ist dabei kein bestimmter Betrag vorgeschrieben. Dies schließt es aus, einen absoluten oder relativen Festbetrag anzusetzen. Maßstab muß vielmehr eine Interpretation sein, die dem Ziel des § 303 InsO Rechnung trägt, bei besonders gravierenden Verstößen des Schuldners ausnahmsweise eine Durchbrechung der Rechtskraft zu ermöglichen.

III. Nachträgliches Herausstellen

11 Ein Widerrufsrecht besteht aber nur dann, wenn sich die vorsätzliche, zu einer erheblich beeinträchtigten Gläubigerbefriedigung führende Obliegenheitsverletzung erst nachträglich herausstellt. Mit diesem Merkmal wird dem durch die Rechtskraft bewirkten Ausschluß existenter, aber nicht in das Verfahren eingeführter Tatsachen (*Rosenberg/Schwab/Gottwald* Zivilprozeßrecht, § 155 II) in einer spezifischen Form Rechnung getragen. Sachverhalte, welche im Schlußtermin des Insolvenzverfahrens – entsprechendes muß für den Anhörungstermin nach § 300 Abs. 1 InsO gelten – zu prüfen waren, sollen deshalb keinen Widerruf der Restschuldbefreiung rechtfertigen, auch wenn sie erst später bekannt werden (*Balz* BewHi 1989, 103 [121]). Unter diesen strengen Bedingungen wird allerdings der Anwendungsbereich des Widerrufsrechts merklich eingeengt.

D. Widerrufsverfahren

I. Grundsätze

In dem Widerrufsverfahren werden konstruktive Merkmale des nach § 296 InsO im Verlauf der Treuhandzeit zulässigen Versagungsverfahrens mit Prinzipien des Wiederaufnahmerechts der §§ 578 ff. ZPO verbunden. Vor allem die gesetzlich positivierten Voraussetzungen der Widerrufsregeln, vom Antragserfordernis über die Glaubhaftmachung bis hin zur Anhörung, weisen ihre Nähe zu den Versagungsvorschriften aus. Mit diesen Regelungen sind aber nur einige unabdingbare Eckpunkte des Anfechtungsverfahrens markiert, nicht aber seine inneren Strukturen bestimmt. Seine Zielsetzung weist eine weitgehende Konkordanz mit einer Wiederaufnahme des Verfahrens aus (vgl. oben Rz. 6), deren Grundgedanken auch die Widerrufsvorschriften prägen. An dem Modell der Wiederaufnahmevorschriften ist deshalb im einzelnen, freilich nicht insgesamt, das Widerrufsverfahren zu orientieren. 12

Über den Widerrufsantrag ist in einem zweistufigen Verfahren zu entscheiden. In einem ersten Abschnitt ist über die Zulässigkeit des Antrags zu befinden. Ist der Antrag zulässig, so hat das Gericht zu prüfen, ob er begründet ist. Erweist sich der Antrag als begründet, so muß der Beschluß über die Erteilung der Restschuldbefreiung aufgehoben und die Restschuldbefreiung versagt werden. Beide Entscheidungen sind notwendig miteinander zu verbinden. Der frühere Beschluß darf also nicht aufgehoben werden, ohne daß zugleich auch die gesetzliche Schuldbefreiung versagt wird. Eine Dreiteilung des Verfahrens, wie sie für die Wiederaufnahme vertreten wird (RGZ 75, 53 [56]; *BGH* NJW 1979, 427; *Stein/Jonas/Grunsky* ZPO, vor § 578 Rz. 31, § 590 Rz. 1 ff.; *Rosenberg/ Schwab/Gottwald* Zivilprozeßrecht, § 161 IV; einschränkend *Braun* in MünchKomm/ ZPO Vor § 590 Rz. 1) in Zulässigkeit der Wiederaufnahmeklage, Begründetheit der Wiederaufnahmeklage sowie erneute Verhandlung der Hauptsache, ist dem Widerrufsverfahren fremd. 13

Auch das Widerrufsverfahren unterliegt der Gläubigerautonomie, also einer einseitigen Parteidisposition. Das Verfahren darf nur aufgrund eines Gläubigerantrags durchgeführt werden, wie § 303 Abs. 1 InsO ausdrücklich bestimmt. Dabei erstreckt sich die Verfügungsfreiheit der Insolvenzgläubiger auf die Einleitung des Verfahrens sowie den Umfang der richterlichen Prüfung. Der antragstellende Gläubiger entscheidet also auch über den Verfahrensgegenstand. Andere Insolvenzgläubiger können auf den Verfahrensgegenstand allenfalls mittelbar einwirken, indem sie ebenfalls einen Antrag stellen. Dazu ist grundsätzlich jeder Insolvenzgläubiger berechtigt, denn mit den Widerrufsregeln soll die Gläubigergemeinschaft geschützt werden. Vom Gericht darf ein Widerrufsverfahren weder angeregt noch eingeleitet oder auf andere Widerrufsgründe erstreckt werden, denn auch bei einer Prüfung von Amts wegen hat das Gericht nicht von sich aus zur Erforschung der Wahrheit tätig zu werden (RGZ 160, 338 [346]). 14

II. Zulässigkeit

Der Widerrufsantrag ist nur zulässig, wenn er innerhalb eines Jahres nach der Rechtskraft der Entscheidung über die Restschuldbefreiung gestellt wird, § 303 Abs. 2 InsO. Andere bereits präkludierte Widerrufsgründe können nach Ablauf der Frist nicht mehr nachgeschoben werden, wie es der Rechtsprechung zu § 586 Abs. 2 Satz 2 ZPO entspricht (vgl. RGZ 64, 224 [227]; offengelassen in RGZ 168, 225 [230 f.]; s. a. *Stein/Jonas/Grunsky* 15

ZPO, § 578 Rz. 5; anders *Braun* in MünchKomm/ZPO, § 586 Rz. 13). Eine Wiedereinsetzung in den vorigen Stand ist im Fall einer versäumten Antragsfrist ausgeschlossen. Die Fristberechnung erfolgt gemäß den §§ 222 Abs. 1 ZPO, 187 f. BGB.

16 Bis zur Rechtskraft der Entscheidung, mit der die Restschuldbefreiung erteilt wurde, darf der Gläubiger von dem Widerrufsgrund keine Kenntnis gehabt haben, § 303 Abs. 2 HS 2 InsO. Um die bruchlose Abstimmung mit den Versagungsregeln zu gewährleisten, ist die Kenntniserlangung nach den für § 296 Abs. 1 Satz 2 InsO aufgestellten Maßstäben (dazu § 296 Rz. 19 ff.) zu bestimmen. Besaß der Gläubiger vor einer Erteilung der Restschuldbefreiung die für einen Versagungsantrag erforderliche Kenntnis und hätte er deswegen einen solchen Antrag stellen können, kommt ein Widerrufsantrag nicht mehr in Betracht. Verfügte er nicht über den notwendigen Kenntnisstand, ist ein Widerrufsantrag zulässig.

17 Als weiteres Zulässigkeitserfordernis verlangt § 303 Abs. 2 InsO vom Antragsteller, die Voraussetzungen des Absatzes 1 glaubhaft zu machen (zur Glaubhaftmachung vgl. insbesondere § 296 Rz. 24 ff.). Der Insolvenzgläubiger muß also die durch eine vorsätzliche Obliegenheitsverletzung kausal herbeigeführte erhebliche Beeinträchtigung der Gläubigerbefriedigung aufgrund von Tatsachen glaubhaft machen, die sich erst nachträglich herausgestellt haben. Insbesondere hat er also auch den Vorsatz des Schuldners und den Ursachenzusammenhang zwischen der Obliegenheitsverletzung und der erheblich beeinträchtigten Gläubigerbefriedigung glaubhaft zu machen. Damit nicht genug, muß der Antragsteller ebenfalls glaubhaft machen, daß er bis zur Rechtskraft der Entscheidung über die Erteilung der Restschuldbefreiung von diesen Umständen keine Kenntnis hatte. Zur Glaubhaftmachung darf sich der Gläubiger sämtlicher präsenter Beweismittel bedienen und auch zur Versicherung an Eides Statt zugelassen werden, § 294 Abs. 1 ZPO. Macht der Gläubiger diese Voraussetzungen nicht glaubhaft, ist sein Antrag als unzulässig abzuweisen.

18 Aufgrund der Zuständigkeitsbestimmung in § 303 Abs. 1 InsO ist für die Entscheidung das Insolvenzgericht zuständig. Eine dem Rechtsgedanken aus § 584 Abs. 1 ZPO entsprechende Regelung ist für das Widerrufsverfahren nicht ausdrücklich getroffen. Nach § 584 Abs. 1 ZPO ist das Anfechtungsverfahren grundsätzlich bei dem Gericht durchzuführen, das die anzufechtende Entscheidung erlassen hat. Im Fall einer Beschwerdeentscheidung über die Erteilung der Restschuldbefreiung müßte dann entsprechend das Widerrufsverfahren vor dem Beschwerdegericht durchgeführt werden. Mit der zivilverfahrensrechtlichen Vorschrift wird aber auch die Zielsetzung verbunden, eine gleichzeitige Verhandlung der Wiederaufnahme in zwei Instanzen zu verhindern (vgl. dazu *Braun* in MünchKomm/ZPO, § 584 Rz. 1). Da eine derartige Gefahr im Insolvenzverfahren nicht in gleicher Weise besteht, ist eine entsprechende Anwendung von § 584 Abs. 1 ZPO wohl ausgeschlossen. Die Entscheidung über den Widerruf trifft gemäß § 18 Abs. 1 Nr. 2 RpflG der Richter.

III. Widerrufsentscheidung

19 Vor der gerichtlichen Entscheidung über den Widerruf der erteilten Restschuldbefreiung sind der Schuldner und der Treuhänder zu hören, § 303 Abs. 3 Satz 1 InsO. Mit dieser Anhörung wird rechtliches Gehör i. S. v. Art. 103 Abs. 1 GG gewährt. Über diese Pflicht zur Anhörung hinaus ist das Insolvenzgericht zur weiteren Sachklärung berechtigt, auch die anderen Insolvenzgläubiger zu hören. Um das Gericht zu entlasten, kann die Anhörung der Verfahrensbeteiligten auch schriftlich erfolgen (Begründung des Rechts-

ausschusses BT-Drucks. 12/7302, S. 188, zu § 346k; *Schmidt-Räntsch* KS, 1177 Rz. 38).
Sind die gesetzlichen Voraussetzungen erfüllt, widerruft nach der Folgenanordnung des **20** § 303 Abs. 1 InsO das Insolvenzgericht die Erteilung der Restschuldbefreiung. Damit sind zunächst die materiellrechtlichen Wirkungen einer erteilten Restschuldbefreiung aus § 301 InsO aufgehoben, also die Haftungswirkungen der Schuld wieder hergestellt. Die Wirkungen der Restschuldbefreiung entfallen dabei nicht nur gegenüber dem anfechtenden Gläubiger, wie dies § 89 Abs. 1 VglO vorsieht (vgl. *Kilger/Karsten Schmidt* VglO, § 89 Anm. 3), sondern gegenüber sämtlichen Insolvenzgläubigern (*Balz* BewHi 1989, 103 [121]). Ebenso entfallen aber auch die verfahrensrechtlichen Konsequenzen dieser Entscheidung über die Restschuldbefreiung. Dem gesetzlichen Schuldbefreiungsverfahren fehlt dann aber ein Ende, weshalb es weiter vor dem Insolvenzgericht geführt werden müßte. Um das Restschuldbefreiungsverfahren zu einem Abschluß zu führen, ist also die erteilte Restschuldbefreiung zu widerrufen und als weiteres die Schuldbefreiung zu versagen. Allein diese zweigliedrige Entscheidung über den Widerruf und die Versagung der Restschuldbefreiung entspricht auch den Grundsätzen des § 300 Abs. 2 InsO. Aus § 300 Abs. 2 InsO wird ersichtlich, daß das Restschuldbefreiungsverfahren nach dem Ende der Treuhandzeit nur in zwei Formen endet, entweder durch eine Erteilung oder durch eine Versagung der Schuldbefreiung. Wird die Erteilung widerrufen, muß folglich die Schuldbefreiung versagt werden. Um ein Auseinanderfallen des Verfahrens zu verhindern, sind beide Entscheidungen notwendig gemeinschaftlich zu treffen. Ohne eine Versagung darf die Schuldbefreiung nicht widerrufen werden.
Mit dem gebotenen zweiteiligen Beschluß ist allerdings noch nicht bestimmt, zu **21** welchem Zeitpunkt die Beschlußwirkungen eintreten. Als Ziel des Widerrufsverfahrens wird eine negative Entscheidung über die Restschuldbefreiung angestrebt. Um diese Entscheidung treffen zu können, ist zunächst die erteilte Restschuldbefreiung mit rückwirkender Kraft aufzuheben, wie es der Systematik im Wiederaufnahmeverfahren entspricht (BGHZ 1, 153 [156]; 18, 350 [358]; NJW 1976, 1590 [1591]; *Braun* in MünchKomm/ZPO, Vor § 578 Rz. 4 Fn. 6; *Stein/Jonas/Grunsky* ZPO, vor § 578 Rz. 28; *Rosenberg/Schwab/Gottwald* Zivilprozeßrecht, § 159 II 1). Ob dieses Ergebnis auch auf einen Vergleich mit den privatrechtlichen Widerrufsrechten gestützt werden kann (wofür sich *Döbereiner* Restschuldbefreiung, 266, ausspricht), erscheint zweifelhaft. Allerdings werden auch nach den Widerrufsrechten der §§ 109 Abs. 1 Satz 1, 130 Abs. 1 Satz 1, 178 Satz 1, 790 Satz 1 BGB, 7 Abs. 1 VerbrKrG, 1 Abs. 1 HaWiG, 8 Abs. 4 Satz 1 VVG die Rechtsfolgen durch den Widerruf rückwirkend beseitigt (*Janßen* in MünchKomm, Vor § 346 Rz. 28; *Palandt/Heinrichs* Einf vor § 346 Rz. 9; außerdem *Staudinger/Kaiser* BGB, Vorbem zu §§ 346 ff Rz. 119 ff.). Bei ihnen richtet sich der Widerruf jedoch gegen die Folgen einer Willenserklärung, während hier eine gerichtliche Entscheidung durch eine konträre andere gerichtliche Entscheidung aufgehoben wird. Offen bleibt aber, zu welchem Zeitpunkt die Versagung wirkt. Für das Wiederaufnahmeverfahren hat der *BGH* die Konsequenz gezogen, die rückwirkende Kraft der Entscheidung bedeute, daß vom Zeitpunkt ihres Erlasses ab nunmehr rückwirkend die Verhältnisse so angesehen werden, als ob die aufgehobene Entscheidung niemals bestanden hätte (BGHZ 18, 350 [358]). Übertragen auf das Widerrufsverfahren heißt dies, die Versagungswirkung tritt vom Zeitpunkt ihres Erlasses mit Wirkung für die Vergangenheit ein.
Diese zeitliche Fixierung wirkt sich vor allem auf die Zulässigkeit von Zwangsvollstrek- **22** kungen aus. Nach der gesetzlichen Formulierung des § 294 Abs. 1 InsO endet zwar das

§ 303

Zwangsvollstreckungsverbot mit Ablauf der sieben- bzw. nach Art. 107 EGInsO fünfjährigen Laufzeit der Abtretungserklärung. Diese gesetzliche Ausdrucksweise steht jedoch nicht mit der Funktion des Schuldbefreiungsverfahrens im Einklang. Das Vollstreckungsverbot endet deshalb, wie zu § 294 Rz. 17 ausgeführt, mit der Erteilung oder Versagung der Restschuldbefreiung. Bis zur Versagung sind Vollstreckungsmaßnahmen (dazu § 294 Rz. 20 ff.) unzulässig, die deshalb auch nicht während des Widerrufsverfahrens durchgeführt werden dürfen.

23 Nach dem Widerruf und der Versagung der erteilten Restschuldbefreiung sind Zwangsvollstreckungen gegen den Schuldner aus der Tabelle zulässig, § 201 Abs. 2 InsO. Dazu muß die Forderung festgestellt und der Feststellung nicht vom Schuldner widersprochen oder sein Widerspruch beseitigt worden sein, §§ 178, 184 InsO. Ein früherer Titel wird dabei grundsätzlich durch die insolvenzmäßige Feststellung zur Tabelle aufgezehrt bzw. verdrängt (so zur bisherigen Rechtslage RGZ 112, 297 [300]; *Kuhn/Uhlenbruck* KO, § 164 Rz. 1 d; *Hess* KO, § 164 Rz. 7; *Kilger/Karsten Schmidt* KO, § 164 Anm. 2). Als insolvenzrechtliche Neuerung können die seit der Eröffnung des Insolvenzverfahrens laufenden Zinsen als nachrangige Forderungen ebenfalls zur Tabelle festgestellt, § 39 Abs. 1 Nr. 1 InsO, also auch aus der Tabelle vollstreckt werden. Nach bisherigem Recht waren dagegen diese Zinsforderungen von der Geltendmachung in dem gesamtvollstreckungsrechtlichen Verfahren grundsätzlich ausgeschlossen, §§ 63 Nr. 1 KO, 29 Nr. 1 VglO, anders § 226 Abs. 2 Nr. 1 KO. Materiell können die Zinsansprüche auch für den Zeitraum zwischen Erteilung und Widerruf sowie Versagung der gesetzlichen Schuldbefreiung geltend gemacht werden, denn durch den Widerruf bleibt der Anspruchsgrund der Zinsforderungen bestehen.

24 Die Entscheidung ergeht durch Beschluß, gegen den dem Antragsteller und dem Schuldner gemäß § 303 Abs. 3 Satz 2 InsO die sofortige Beschwerde nach den §§ 6, 7 sowie 4 InsO und 577 ZPO zusteht. Wird dem Versagungsantrag stattgegeben, so steht dem Schuldner das Rechtsmittel zu. Lehnt das Gericht den Antrag ab, ist nach der gesetzlichen Regelung der Antragsteller zur sofortigen Beschwerde berechtigt. Für die Rechtsmittel der sofortigen Beschwerde und der sofortigen weiteren Beschwerde gelten die §§ 6, 7 InsO sowie die §§ 4 InsO, 577 ZPO. Die rechtskräftige Entscheidung ist in dem für die amtlichen Bekanntmachungen des Gerichts bestimmten Blatt öffentlich bekannt zu machen, §§ 303 Abs. 3 Satz 3, 9 InsO, doch wird im Gegensatz zu § 300 Abs. 3 Satz 2 InsO keine Veröffentlichung im Bundesanzeiger vorgeschrieben.

25 Mit den allgemeinen Gebühren für die Durchführung des Insolvenzverfahrens soll grundsätzlich auch die Durchführung der gesetzlichen Schuldbefreiung abgegolten sein, um sie mit der Schuldbefreiung aufgrund eines Plans gleichzustellen. Wegen der zusätzlichen Belastung des Gerichts durch Gläubigeranträge auf Widerruf der Restschuldbefreiung wird dafür aber eine Gebühr in Rechnung gestellt (Begründung zum RegE EGInsO BT-Drucks. 12/3803, S. 72). Kostenschuldner der Gebühr für den Widerrufsantrag ist der Insolvenzgläubiger, § 50 Abs. 2 GKG, s. a. § 54 Nr. 1 GKG. Die Gebühr für den Widerrufsantrag gemäß § 303 InsO beträgt DM 60,–, KV Nr. 4150. Zusätzlich sind die Kosten der Veröffentlichung nach § 303 Abs. 3 Satz 3 gemäß KV Nr. 9004 zu entrichten.

Neunter Teil
Verbraucherinsolvenzverfahren und sonstige Kleinverfahren

Erster Abschnitt
Anwendungsbereich

§ 304
Grundsatz

(1) Ist der Schuldner eine natürliche Person, die keine oder nur eine geringfügige selbständige wirtschaftliche Tätigkeit ausübt, so gelten für das Verfahren die allgemeinen Vorschriften, soweit in diesem Teil nichts anderes bestimmt ist.

(2) Eine selbständige wirtschaftliche Tätigkeit ist insbesondere dann geringfügig im Sinne des Absatzes 1, wenn sie nach Art oder Umfang einen in kaufmännischer Weise eingerichteten Geschäftsbetrieb nicht erfordert.

§ 304 entspricht § 357 a BT-RA-EInsO und hat im Regierungsentwurf kein Vorbild. BT-Drucks. 13/7302, S. 189 zu Nr. 195 (»zu 357 a«).

Inhaltsübersicht: Rz.

A. Normzweck 1
B. Gesetzliche Systematik 2
C. Persönlicher Anwendungsbereich des Verbraucherinsolvenzverfahrens 3–25
   I.   Schuldner 3– 5
   II. Selbständige wirtschaftliche Tätigkeit 6– 7
   III. Geringfügige Selbständigkeit 8–14
   IV. Beginn und Ende selbständiger wirtschaftlicher Tätigkeit 15–17
   V. Zurechnung selbständiger wirtschaftlicher Tätigkeit? 18–25
      1. Personengesellschaftsrecht 19–21
      2. Kapitalgesellschaftsrecht 22–25
D. Verfahrensrechtliches 26–29

Literatur:

(siehe vor § 286, S. 1580)

A. Normzweck

Die Vorschrift bestimmt den persönlichen Anwendungsbereich des Neunten Teils der 1 InsO. Sie übernimmt zwar einzelne Formulierungen aus dem Anwendungsbereich der im Regierungsentwurf vorgeschlagenen Eigenverwaltung ohne Sachwalter bei Kleinverfahren (§ 347 Abs. 2 Nr. 2 EInsO – BT-Drucks. 12/2443, S. 227), löst diese jedoch aus der damaligen reinen insolvenzrechtlichen Sicht und ordnet sie in ein neues, vorwiegend verbraucherrechtlich geprägtes Konzept (dazu oben Rz. 1 ff. vor § 304 InsO). Mit dieser Vorschrift soll in erster Linie der Kritik Rechnung getragen werden, daß das allgemeine Insolvenzverfahren auf Unternehmensinsolvenzen, nicht auf die Bedürfnisse von Verbraucherinsolvenzen zugeschnitten ist (so *Schmidt-Räntsch* MDR 1994, 321, 322 f.). Das neu konzipierte Verbraucherinsolvenzverfahren wird auch auf Selbständige angewandt, deren Tätigkeit einen bestimmten Umfang nicht übersteigt. Insoweit wurde auf die ersten Vorschläge zur Verbraucherinsolvenz zurückgegriffen, die den Verbrauchern bestimmte Kleinunternehmer gleichgestellt hatten (*Scholz* ZIP 1988, 1157, 1161).

B. Gesetzliche Systematik

2   Damit ist neben dem allgemeinen Insolvenzverfahren ein erheblich abweichendes eigenständiges Verfahren geschaffen worden, das sich in Struktur und Zielsetzung deutlich unterscheidet (dazu *Arnold* DGVZ 1996, 129). Dieses Verfahren soll einfacher, kostensparender und flexibler einsetzbar sein; es ist stärker mit außergerichtlichen Einigungsverfahren verknüpft und zielt bereits vor Eröffnung des Insolvenzverfahrens auf eine endgültige Lösung durch die Annahme eines Schuldenbereinigungsplans, der eine angemessene Schuldenbereinigung unter Berücksichtigung sowohl der Gläubigerinteressen als auch der Einkommens- und Familienverhältnisse des Schuldners sicherstellen soll. Dagegen wird im allgemeinen Insolvenzverfahren eine weitgehende Gestaltung erst nach Eröffnung des Verfahrens durch einen vom Gericht zu bestätigenden Insolvenzplan ermöglicht, der für unterschiedliche Gläubigergruppen differenzierende Regelungen ermöglicht, die gerade zur Reorganisation von Unternehmen gedacht sind (dazu *Warrikoff* KTS 1997, 527). Zwischen diesen beiden unterschiedlichen Verfahren steht den Beteiligten kein Wahlrecht zu; vielmehr ist für Verbraucher und ihnen gleichgestellte Personen das Verbraucherinsolvenzverfahren zwingend (dazu *Jauernig* Zwangsvollstreckungs- und Insolvenzrecht, 382). § 304 InsO bestimmt abschließend den persönlichen Anwendungsbereich dieses Verfahrens.

C. Persönlicher Anwendungsbereich des Verbraucherinsolvenzverfahrens

I. Schuldner

3   Dieses Verfahren gilt zunächst für jeden Schuldner, der als natürliche Person keine selbständige wirtschaftliche Tätigkeit ausübt. Diese Definition lehnt sich an den Verbraucherbegriff des neueren Verbrauchervertragsrechts an, der vor allem auf den neueren europarechtlichen Regelungen zum Verbrauchervertragsrecht beruht. Danach wird als Verbraucher eine natürliche Person qualifiziert, die bei Verträgen, die unter die jeweilige Richtlinie fallen, zu einem Zweck handelt, der nicht ihrer gewerblichen oder beruflichen Tätigkeit zugerechnet werden kann (dazu ausführlich *Reich* Europäisches Verbraucherrecht, 1996, Rz. 15 c m. w. N.). Diese Definition ist geeignet, auch für das nationale Recht den Kern eines allgemeinen Verbraucherbegriffs zu umschreiben (*Larenz/Wolf* Allgemeiner Teil des Bürgerlichen Rechts, 1997, § 42 Rz. 25 ff.), der inzwischen am deutlichsten in § 24 a AGBG zur Geltung kommt (*Palandt/Heinrichs* BGB, 57. Aufl. § 24 a AGBG Rz. 6). Im Verbrauchervertragsrecht ist dieser Verbraucherbegriff in aller Regel

Grundsatz § 304

rollenbezogen, er bezieht den Verbraucher auf einen ihm gegenüber stehenden Unternehmer, dem gegenüber ein rollenspezifischer Unterlegenenschutz erforderlich ist (dazu nur *Teske* in *Magoulas/Simon* Recht und Ökonomie beim Konsumentenschutz und Konsumentenrecht, 1985, 15 ff. sowie in ZIP 1986, 624, 631; *Hommelhoff/Wiedenmann* ZIP 1993, 562, 565; *Kemper* Verbraucherschutzinstrumente, 1994, 26 f.).

Eine solche Regelungstechnik ist für das Prozeßrecht nur in den Fällen sinnvoll, in denen die prozeßrechtliche Sonderregelung mit einer spezifischen vertragsrechtlichen Situation verbunden ist (so z. B. § 7 HWiG, die neue Abgrenzung im Recht der Schiedsvereinbarung in § 1031 Abs. 5 S. 3 ZPO und vor allem Art. 13 ff. EuGVÜ, dazu *EuGH* NJW 1993, 1251 mit Anm. *Koch* I Prax 1995, 71; *EuGH* JZ 1998, 896 mit Anm. *Mankowski*). Für die Zwecke eines Gesamtvollstreckungsverfahrens ist eine solche rollenbezogene Regelung nicht geeignet, da Gesamtvollstreckung und Restschuldbefreiung sich notwendigerweise nicht auf einzelne Forderungen oder Forderungstypen beschränken können. Es bedarf daher hier nicht des zusätzlichen privaten Zweckbezuges des jeweiligen Vertrages; dieses gerade im AGB-Recht erforderliche Moment (dazu *Ulmer/Brandner/Hensen* AGBG, 1997, § 24 a Rz. 23 ff.) ist hier nicht sachgerecht (so auch *Forsblad* S. 198). Daher orientiert sich § 304 InsO nur an der Person, nicht jedoch an der Art der Forderung. Das Verbraucherinsolvenzverfahren kann daher auch zur Entschuldung von Forderungen eingesetzt werden, die aus einer früheren unternehmerischen Tätigkeit des Schuldners stammen. 4

In der Normstruktur lehnt sich § 304 InsO an § 38 Abs. 1 ZPO an; diese Norm regelt das Prorogationsverbot ebenfalls ausschließlich personenbezogen ohne Anknüpfung an die jeweiligen private oder geschäftliche Sphäre (*Häuser* JZ 1980, 760, 761; *Zöller/Vollkommer* ZPO, 1997, § 38 Rz. 19). Damit ist hier der Verbraucherbegriff für die spezifisch insolvenzrechtliche Zwecksetzung vereinfacht und typisiert; § 304 InsO erweist sich zugleich als eine Regelung des Verbraucherprozeßrechts (dazu oben Rz. 5 vor § 304 InsO). 5

II. Selbständige wirtschaftliche Tätigkeit

Mit dem Merkmal der fehlenden »selbständigen wirtschaftlichen Tätigkeit« ist ein funktionales Kriterium gewählt worden, das weitgehend mit § 6 HWiG übereinstimmt. Es kommt danach nicht auf die im Handelsrecht weiter übliche Unterscheidung nach dem Gewerbebegriff an, so daß zwischen Kaufleuten und freiberuflich Tätigen insoweit nicht zu differenzieren ist. Ebenso sind Landwirte unabhängig von der Diskussion um die Gewerblichkeit ihrer Tätigkeit (BGHZ 33, 321) von § 304 InsO erfaßt. Das Merkmal der wirtschaftlichen Tätigkeit orientiert sich an dem Auftreten am Markt; erforderlich ist eine selbständige Tätigkeit, so daß die wirtschaftliche Tätigkeit in eigenem Namen, für eigene Rechnung und in eigener Verantwortung ausgeübt werden muß (dazu *Ulmer* in Münch-Komm, § 6 HWiG Rz. 8; *Arnold* a. a. O. S. 131). Somit sind Arbeitnehmer und sonstige Beschäftigte, wie z. B. Beamte oder Kirchenbedienstete, dem Verbraucherinsolvenzverfahren zuzuordnen, sofern sie nicht zusätzliche umfangreiche eigenwirtschaftliche Tätigkeiten ausüben. Der Begriff der Selbständigkeit hat in diesem Zusammenhang keine genuin arbeitsrechtliche Bedeutung (so auch zum VerbrKrG: *Staudinger/Kessal-Wulf* § 1 Rz. 36), so daß auch Personen, die nach der heute überwiegenden Auslegung des Arbeitnehmerbegriffs nicht als Arbeitnehmer qualifiziert werden, damit nicht automatisch Selbständige sind (ebenso methodisch eine heutige Auslegung des § 850 Abs. 2 ZPO, dazu unten § 312 Rz. 32 ff.). Es kommt daher für die Auslegung des § 304 InsO auch nicht 6 unmittelbar auf die heutige Diskussion um Selbständigkeit und Scheinselbständigkeit im Arbeitsleben an (dazu nur *Wank* DB 1992, 90; *Reinecke* ZIP 1998, 581).

7 Erforderlich ist für die Selbständigkeit ein planmäßiges Auftreten am Markt; dies verlangt das Betreiben eines eigenen Unternehmens; insoweit entspricht die gesetzliche Terminologie den Definitionen, mit denen im österreichischen Konsumentenschutzgesetz Verbraucher und Unternehmer abgegrenzt werden (*Krejci* KoSchG, 1986, § 1 Rz. 14 ff.; zur Bedeutung des Unternehmensbegriffs vor allem *Preis* ZHR 1994, 567, 592 sowie *Karsten Schmidt* DB 1994, 515, 516). Daher ist die gelegentliche Nebentätigkeit eines Arbeitnehmers, die noch nicht zu einer eigenen Organisation verdichtet worden ist, keine selbständige Erwerbstätigkeit (so zu § 6 HWiG *LG Rostock* NJW-RR 1994, 1015). Ebenso üben arbeitnehmerähnliche Personen, die im Rahmen »freier Mitarbeit« (z. B. im Bereich der Medien) tätig sind, in dieser Rolle keine selbständige wirtschaftliche Tätigkeit aus (dazu nur *Ulmer* in MünchKomm, 1996 § 1 VerbrKrG Rz. 21; *Bülow* VerbrKrG, 2. Aufl. 1993 § 1 Rz. 22 a). Der relativ offene Begriff der arbeitnehmerähnlichen Person kann aber auch Unternehmensinhaber einschließen (z. B. Franchisenehmer und Ein-Firmen-Handelsvertreter, für das Arbeitsgerichtsverfahren vgl. dazu *BAG* NJW 1997, 2973 = BB 1997, 2220; ZIP 1997, 2208). In diesen Fällen kann eine selbständige wirtschaftliche Tätigkeit vorliegen (so auch *Preis* a. a. O. S. 608); einer genauen Abgrenzung zur nichtselbständigen Tätigkeit bedarf es allerdings nicht, wenn feststeht, daß eine etwaige selbständige Tätigkeit nur einen geringfügigen Umfang hätte (ebenso zu einer vergleichbaren prozeßrechtlichen Wahlfeststellung *BAG* NJW 1997, 1724).

III. Geringfügige Selbständigkeit

8 Den Verbrauchern werden diejenigen Personen gleichgestellt, die eine geringfügige selbständige wirtschaftliche Tätigkeit ausüben. In der Gesetzesbegründung (BT-Drucks. 12/7302 S. 189) werden diese Personen als »Kleingewerbetreibende« bezeichnet. Diese Terminologie ist ungenau, da § 304 InsO nicht am Gewerbebegriff orientiert ist, sondern auch natürliche Personen einbezogen werden, die eine landwirtschaftliche oder freiberufliche (dazu *Uhlenbruck* in Festschrift für *Henckel* S. 877, 891) Tätigkeit ausüben. Letztlich sollen damit alle Unternehmer erfaßt werden, deren Unternehmen einen geringen Umfang hat (*Scholz* DB 1996, 765). Eine solche Gleichstellung ist in der Judikatur des BGH zur Wucherähnlichkeit von Kredit- und Leasingverträgen bei der Bestimmung der personenbezogenen Merkmale wucherähnlicher Rechtsgeschäfte vorgenommen worden (*BGH* NJW 1983, 1420, 1421; NJW-RR 1989, 1068; NJW 1995, 1019, 1022). Sie entspricht weiter den rechtstatsächlichen Erkenntnissen, wonach die Überschuldung der Träger von Kleinunternehmen in ihrer Struktur derjenigen von Verbrauchern wesentlich näher steht als derjenigen vollkaufmännisch organisierter Unternehmen. Folgerichtig ist im Regierungsentwurf zur Handelsrechtsreform für den Wegfall der Rechtsfigur des Minderkaufmanns auch auf die Regelung des § 304 InsO Bezug genommen worden (ZIP 1997, 942, 945 = BR-Drucks. 340/97, S. 29).

9 § 304 Abs. 2 InsO lehnt sich für die Definition der geringfügigen selbständigen wirtschaftlichen Tätigkeit an die Formulierung der §§ 2, 4 HGB an (BT-Drucks. 12/7302, S. 190); dies entspricht den neueren Tendenzen in der Literatur zur Abgrenzung des Verbraucherrechts bzw. des Unternehmensrechts (dazu *Preis* a. a. O. S. 608 ff.; *Karsten Schmidt* DB 1994, 515, 517). Der Ausschluß der Kleinunternehmer aus dem Geltungsbereich des Handelsrechts wird inzwischen nach § 1 Abs. 2 HGB n. F. mit Hilfe dieser Begrifflichkeit durchgeführt (BGBl. 1998 I, 1474; *Schäfer* DB 1998, 1269, 1270).

Grundsatz § 304

In der insolvenzrechtlichen Literatur hat das Handelsrechtsreformgesetz zu der Befürch- 10
tung geführt, daß nunmehr ein großer Kreis von Kleinunternehmern – vor allem die
bisherigen Minderkaufleute – in funktionswidriger Weise in das Verbraucherinsolvenzverfahren drängen könnten (dazu *Beule* InVo 1997, 197, 202). Es wird als sachwidrig
kritisiert, daß unternehmerisch tätige Schuldner und deren Gläubiger nunmehr in einem
ausführlichen außergerichtlichen und gerichtlichen Schuldenbereinigungsverfahren verhandeln müßten, statt unverzüglich einen Insolvenzantrag in der finanziellen Krise
stellen zu können. Ein solches Vorgehen würde Sanierungsmöglichkeiten behindern und
letztlich zu masselosen Insolvenzen führen und den Inhabern dieser Unternehmen den
Weg zur Restschuldbefreiung damit verlegen.

Eine klare Fundierung für die nach § 304 InsO erforderliche Abgrenzung läßt sich aus 11
dem systematischen Kontext gewinnen. Vor allem die §§ 312, 313 InsO zeigen deutlich,
daß das Verbraucherinsolvenzverfahren als personenbezogenes Verfahren ausgestaltet
ist, während die Bestimmungen zum Insolvenzplan im allgemeinen Insolvenzverfahren
sich am Leitbild der Unternehmensinsolvenz und der Möglichkeiten der Reorganisation
des Unternehmens orientieren. Für solche Maßnahmen der Reorganisation und Sanierung ist das Verbraucherinsolvenzverfahren kaum geeignet (dazu BT-Drucks. 12/7302,
S. 193f.; *Schmidt-Räntsch* MDR 1994, 321, 326 Fn. 5). § 304 Abs. 2 InsO geht aus von
der engen Verflechtung zwischen der Person des Schuldners und dem von ihm betriebenen Unternehmen, die eine für den Insolvenzplan typische (dazu *Warrikoff* a.a.O.
S. 541) Reorganisation, mit der das Unternehmen vom Schuldner getrennt wird (§ 260
Abs. 3 InsO), nur unter großen Schwierigkeiten zulassen dürfte.

Ausgangspunkt für die jeweilige Abgrenzung wird damit die Gerichtspraxis zu §§ 2, 4 12
HGB sein. Diese hat sich bisher allerdings einfachen und griffigen Lösungen entzogen,
sondern operiert mit einer Gesamtwürdigung vielfältiger Umstände des Einzelfalls.
Dazu rechnen vor allem die Zahl der Beschäftigten und die Art ihrer Tätigkeit, der
Umsatz, das Anlage- und Betriebskapital, die Vielfalt der in dem Betrieb erbrachten
Leistungen und der Geschäftsbeziehungen, die Art der Inanspruchnahme von Kredit und
der Teilnahme am Wechselverkehr (*BGH* BB 1960, 917; *Bokelmann* in MünchKomm,
§ 4 HGB Rz. 5; zustimmend BT-Drucks. 13/8444, S. 48). Bei genauerer Analyse zeigt
sich allerdings, daß es jeweils maßgeblich auf die Differenziertheit der entsprechenden
Organisation ankommt und daß sich insoweit die Zahl der Beschäftigten als wichtigstes
Kriterium herausgeschält hat (dazu nur *OLG Frankfurt* BB 1983, 335; *OLG Celle* BB
1983, 659; *Kohte* Betrieb und Unternehmen unter dem Leitbild des Organisationsver-
trags, 1987, 134ff.).

Das Kriterium der Beschäftigtenzahl erscheint auch für die Abgrenzung nach § 304 13
InsO, ob das eher personenbezogene Verbraucherinsolvenzverfahren oder das eher auf
Reorganisation angelegte Verfahren des Insolvenzplans nach § 217ff. Anwendung
finden soll am besten geeignet zu sein. Schwellenwerte zur Zahl der Beschäftigten finden
sich vor allem im Kündigungsschutzrecht. Hier hatte § 23 KSchG sich lange Zeit mit der
Zahl der fünf Beschäftigten vor allem am Kriterium der persönlichen Verbundenheit
orientiert, während 1996 die wirtschaftliche Leistungsfähigkeit eine Rechtfertigung für
die Grenze von zehn Beschäftigten markieren sollte (dazu jetzt *BVerfG* BB 1998, 1058,
1060; *Bepler* AuR 1997, 54, [58[und AuA 1997, 325, [326]; *Kittner* NZA 1998, 731,
[732]; *Otto* JZ 1998, 853, [854]). Der Ausschluß des Reorganisationsverfahrens für die
Insolvenz von Kleinunternehmern nach §§ 304ff. InsO beruht aber vor allem auf den
engen persönlichen Beziehungen zwischen Unternehmer und Unternehmen, so daß
daher in den Fällen, in denen wenigstens fünf Beschäftigte im Unternehmen tätig sind
(dazu § 23 KSchG), regelmäßig §§ 217ff. InsO den Vorrang erhalten dürften. Soweit

dagegen in der handelsrechtlichen Literatur für den Vorrang einfacher Tätigkeit mit einfacheren Bargeschäften auch bei einer größeren Zahl von Beschäftigten § 4 HGB Anwendung finden soll (dazu nur *OLG Celle* NJW 1963, 540; *Bokelmann* in Münch-Komm, § 4 Rz. 6), ist diese Grenzziehung für das Verbraucherinsolvenzrecht nicht sachgerecht.

14 § 304 Abs. 2 InsO läßt neben der »insbesondere« maßgeblichen Kategorie des in kaufmännischer Weise eingerichteten Geschäftsbetriebs noch andere Kriterien zu. Diese haben sich ebenfalls an der Abgrenzung zwischen Insolvenzplan und Verbraucherinsolvenzverfahren zu orientieren. Der Verbraucherinsolvenz sollten auch diejenigen Unternehmensinsolvenzen nicht zugeordnet werden, die durch eine besondere Höhe der Verbindlichkeiten oder eine große Zahl von Gläubigern gekennzeichnet sind (so z. B. Investmentgesellschaften und andere Finanzdienstleistungsunternehmen, die mit möglicherweise wenigen Beschäftigten zahlreiche Anleger mit möglicherweise hohen Beträgen zurückgelassen haben). Ebensowenig sollte zur Abgrenzung zurückgegriffen werden auf handelsrechtliche Entscheidungen, die wegen der Erforderlichkeit einer professionellen Buchführung bei komplizierten Abrechnungen trotz geringen Geschäftsumfangs § 2 HGB a. F. angewandt haben (*OLG Hamm* DB 1969, 386 – Optiker; skeptisch dazu jetzt *Kögel* DB 1998, 1802, [1804]). Ebenso sind die Grenzwerte zur Buchführungspflicht nach § 141 AO keine Kategorie, die »mit Sicherheit« die Abgrenzungsaufgabe des § 304 Abs. 2 InsO lösen kann (so aber *Haarmeyer/Wutzke/Förster* § 10 Rz. 22). Ein solches Vorgehen widerspricht auch methodisch der jetzigen Fassung der §§ 1, 2 HGB, die im Gesetzgebungsverfahren bewußt ohne Festlegung auf bezifferte Abgrenzungsmerkmale ausgestaltet worden sind (dazu nur *Schäfer* a. a. O. S. 1270). Zahlenwerte können daher – wie z. B. die Grenzen der Steuerfreiheit in § 19 UStG – allenfalls als Indiztatsachen herangezogen werden.

IV. Beginn und Ende selbständiger wirtschaftlicher Tätigkeit

15 Im Handelsrecht wird der Beginn der Kaufmannseigenschaft weit nach vorn verlegt; bereits die sich an die Planung anschließenden ersten Vorbereitungshandlungen, wie z. B. die Anmietung von Geschäftsräumen und der Abschluß von Arbeitsverträgen begründen danach die Kaufmannseigenschaft nach § 1 HGB (BGHZ 10, 91, 96; *Karsten Schmidt* in MünchKomm, § 1 HGB Rz. 5). Dagegen ist im Verbraucherkreditrecht angesichts der Regelung des § 3 Abs. 1 Nr. 2 VerbrKrG verlangt worden, daß der Kreditnehmer bereits am Markt im Rahmen selbständiger Erwerbstätigkeit auftritt (*OLG Hamm* NJW 1992, 3179, 3180; *BGH* NJW 1995, 722, 723; *Ulmer* in MünchKomm, § 1 VerbrKrG Rz. 26). Eine eindeutige Klarstellung enthält § 1 Abs. 3 des österreichischen Konsumentenschutzgesetzes, wonach Geschäfte, die vor Aufnahme des Betriebs des Unternehmens nur die Voraussetzungen dafür schaffen sollen, noch keine betriebliche Tätigkeit begründen. Diese Kategorie erscheint auch für § 304 InsO sachgerecht; ein Insolvenzplan kommt offenkundig noch nicht in Betracht, wenn ein reorganisationsfähiges Unternehmen noch nicht besteht. Solange der Schuldner noch Vorbereitungshandlungen zur Eröffnung des Unternehmens durchführt, liegt noch keine selbständige wirtschaftliche Tätigkeit i. S. d. § 304 InsO vor. Im übrigen dürfte in aller Regel bei einem so frühen wirtschaftlichen Zusammenbruch eine solche Tätigkeit auch geringfügig sein.

16 Wesentlich größere Probleme wird die Bestimmung des Endes der selbständigen wirtschaftlichen Tätigkeit aufwerfen, da Insolvenzverfahren und wirtschaftlicher Zusam-

menbruch unternehmerischer Tätigkeit in aller Regel eng verbunden sein dürften. Im Handelsrecht wird auch insoweit die Dauer der Kaufmannseigenschaft weit gezogen; auch im Rahmen von Abwicklungstätigkeiten dauert die Kaufmannseigenschaft noch an und endet erst mit vollständiger Einstellung des Betriebs (*Heymann/Emmerich* HGB, 1995 § 1 Rz. 14). Wiederum darf für die Auslegung des § 304 InsO nicht unkritisch auf die handelsrechtlichen Judikate zurückgegriffen werden. Maßgeblich ist auch hier die Abgrenzung zwischen Insolvenzplan und Verbraucherinsolvenzverfahren. Eine Reorganisation des Unternehmens kommt danach zunächst nicht mehr in Betracht, wenn der bisherige Unternehmensträger den Betrieb übertragen hat und nach § 613a BGB nicht mehr Unternehmensträger ist. Ebenso wird in aller Regel davon auszugehen sein, daß eine selbständige wirtschaftliche Tätigkeit beendet ist, wenn im Insolvenzverfahren eines solchen Schuldners eine Einstellung mangels Masse nach §§ 26, 207 oder eine Einstellung nach Anzeige der Masseunzulänglichkeit nach § 211 InsO erfolgt ist.

Schließlich dürften die Fälle nicht selten sein, in denen die wirtschaftliche Tätigkeit ohne Durchführung eines Insolvenzverfahrens beendet worden ist. Hier kann als Parallelnormen auf §§ 183 Abs. 1 Nr. 3 SGB III (früher § 141b Abs. 3 Nr. 2 AFG), 7 Abs. 1 S. 3 Nr. 4 BetrAVG zurückgegriffen werden. Die dort vorgenommenen Abgrenzungen zur vollständigen Beendigung der Betriebstätigkeit (Einzelheiten bei *Gagel/Peters-Lange* AFG § 141b Rz. 17ff.; *Niesel-Roeder* SGB III § 183 Rz. 27ff.) passen auch für § 304 InsO; allerdings kann das weitere Merkmal der offensichtlichen Masselosigkeit für § 304 InsO keine Rolle spielen; es kommt vielmehr auf die offensichtliche Reorganisationsunfähigkeit des Unternehmens nach vollständiger Beendigung der Betriebstätigkeit an. Ist dieser Zustand nachweislich erreicht, dann gelten auch für den bisherigen Unternehmensinhaber die §§ 305 ff. InsO. Ebenso kann ein Unternehmer zu einem von § 304 II erfaßten Kleinunternehmer werden, indem der Umfang seines Unternehmens nicht nur infolge kurzfristiger konjunktureller Schwankungen, sondern auf eine unbestimmte Zeit so zurückgeht, daß nur noch eine geringfügige wirtschaftliche Tätigkeit vorliegt. Ein solcher Zeitraum müßte allerdings mindestens sechs Monate betragen; eine mit § 5 HGB vergleichbare Norm zum Vertrauensschutz des Rechtsverkehrs gibt es nicht, so daß nach § 5 InsO Hinweisen auf eine solche Veränderung der unternehmerischen Tätigkeit von Amts wegen nachzugehen ist. Maßgeblicher Beurteilungszeitpunkt für das Vorliegen einer solchen geringfügigen bzw. nicht geringfügigen Tätigkeit ist der Zeitpunkt der gerichtlichen Entscheidung über den Eröffnungsantrag bzw. über die Abgabe des Verfahrens (dazu unten Rz. 29). 17

V. Zurechnung selbständiger wirtschaftlicher Tätigkeit?

Das Verbraucherinsolvenzverfahren kann nur von natürlichen Personen betrieben werden; dagegen ist das allgemeine Insolvenzverfahren nach § 11 InsO auch für Gesellschaften ohne Rechtspersönlichkeit eröffnet. Deren Insolvenzverfahren ist von dem Verfahren einer natürlichen Person zu unterscheiden. Daher ist für Gesellschaften das Verbraucherinsolvenzverfahren generell nicht eröffnet; die zu §§ 1 VerbrKrG, 24a AGBG geführte Diskussion, ob diese Verbraucherschutzregelungen entsprechend auch für eine von natürlichen Personen zu nicht kommerziellen Zwecken gebildete GbR angewandt werden können (*Ulmer* in MünchKomm, § 1 VerbrKrG Rz. 20; *Ulmer* AGBG § 24a Rz. 22), ist daher für § 304 InsO obsolet; angesichts der spezifischen Systematik der InsO ist nicht erkennbar, daß für eine solche Ausdehnung Raum ist (ebenso *Arnold* a.a.O. S. 131 f.). 18

1. Personengesellschaftsrecht

19 Im Handelsrecht wird überwiegend die Kaufmannseigenschaft nicht nur der Personenhandelsgesellschaft, sondern auch ihren persönlich haftenden Gesellschaftern sowie den nach § 176 HGB haftenden Kommanditisten zuerkannt (*BGHZ* 45, 282, 284; *OLG Karlsruhe* NJW-RR 1991, 493; *Heymann-Emmerich* § 1 HGB Rz. 15 m. w. N.). In der neueren Literatur wird in wachsendem Umfang diese Position kritisiert; danach soll die Kaufmannseigenschaft allein der Personenhandelsgesellschaft und nicht den Gesellschaftern zustehen (dazu nur *Karsten Schmidt* in MünchKomm, § 1 HGB Rz. 54 m. w. N.). Maßgeblich für diese Kritik sind unterschiedliche gesellschaftsrechtliche Einschätzungen; für die je einzelnen kaufmannsrechtlichen Normen wird insoweit eine analoge Anwendung favorisiert (dazu wiederum *Karsten Schmidt* in MünchKomm, § 1 HGB Rz. 109 ff.). Für die Verbraucherinsolvenz kann somit die Entscheidung nicht aus einem vorgegebenen Kaufmannsbegriff deduziert, sondern nur aus dem Zweck des § 304 InsO entwickelt werden.

20 In der bisherigen prozeß- und verbraucherrechtlichen Judikatur und Literatur ist eine solche Gleichstellung der persönlich haftenden Gesellschafter mit der Personenhandelsgesellschaft in zahlreichen Fällen vorgenommen worden. Das Prorogationsverbot nach § 38 Abs. 1 ZPO wird nach fast allgemeiner Auffassung auf den persönlich haftenden Gesellschafter nicht erstreckt (dazu nur *Stein/Jonas/Bork* ZPO, 21. Aufl. § 38 Rz. 4; *Schlegelberger/Karsten Schmidt* HGB, § 105 Rz. 15; *Staub/Ulmer* HGB, § 105 Rz. 79), da diesem Gesellschafter eine dem Vollkaufmann vergleichbare Kompetenz für solche Vereinbarungen zugesprochen wird. Zum Zweck des effektiven Rechtsschutzes und der engen Verklammerung zwischen Gesellschaft und Gesellschafter werden die persönlich haftenden Gesellschafter in § 2 ArbGG als Arbeitgeber qualifiziert (BAGE 32, 187; *Grunsky* in Festschrift für Henckel, S. 329, 332) und die bisherigen Konkursvorrechte der Arbeitnehmer wurden in koordinierter Weise für Gesellschafts- und Gesellschafterkonkurs zur Anwendung gebracht (BGHZ 34, 293; BAGE 36, 356 und NZA 1994, 275; dazu *Engel* JR 1995, 44).

21 In Fortentwicklung dieser Judikatur ist nunmehr durch § 93 InsO die Gesellschafterhaftung in den Dienst der Refinanzierung der Masse gestellt worden, so daß auch in der bisher skeptischen Literatur Gesellschafts- und Gesellschafterkonkurs nunmehr als verknüpfte Einheit behandelt werden (*Kilger/Karsten Schmidt* KO, 1997 § 212 Rz. 3 in Abweichung von der Vorauflage). Die enge Verknüpfung zwischen Gesellschafts- und Gesellschafterhaftung wird vor allem durch die für den Insolvenzplan geltende Regelung des § 227 Abs. 2 InsO dokumentiert. Danach ist es nicht sachgerecht, solange die Personengesellschaft noch eine selbständige wirtschaftliche Tätigkeit ausübt, die persönlich haftenden Gesellschafter auf den Weg des Verbraucherinsolvenzverfahrens zu verweisen (vgl. dazu *LG Dresden* ZIP 1996, 1671, [1672] a. E.; *Wenzel* Die »Restschuldbefreiung« in den neuen Bundesländern, 1994, S. 98 ff.). Vielmehr ist ihnen die Tätigkeit der Personengesellschaft zuzurechnen, so daß auch sie eine selbständige wirtschaftliche Tätigkeit ausüben. In Übereinstimmung mit der Auslegung des § 38 ZPO ist diese Erstreckung für persönlich haftende Gesellschafter und für Kommanditisten, die nach § 176 HGB haften, zur Geltung zu bringen. Sie gilt dagegen nicht für sonstige Kommanditisten, selbst wenn deren Haftung nach § 172 HGB wieder aufleben sollte, in vergleichbarer Weise beschränkt haftende Gesellschafter einer GbR sowie für stille Gesellschafter (dazu nur *OLG Karlsruhe* NJW 1991, 2154). Persönlich unbeschränkt haftende Gesellschafter können daher den Weg des Verbraucherinsolvenzverfahrens erst beschreiten, wenn sie aus der Gesellschaft ausgeschieden sind oder die Gesellschaft

Grundsatz § 304

endgültig liquidiert ist (so zu § 18 GesO *Arnold* DGVZ, 1993, 33, 37; *Haarmeyer/ Wutzke/Förster* GesO, 1995 § 18 Rz. 94; *Kilger/Karsten Schmidt* § 18 Rz. 36; für nach § 114 HGB geschäftsführende Gesellschafter ebenso *Bork* Einführung in das neue Insolvenzrecht Rz. 411, 44).

2. Kapitalgesellschaftsrecht

Eindeutig erscheint die Situation im Kapitalgesellschaftsrecht: sowohl Gesellschafter als 22 auch Organmitglieder einer Kapitalgesellschaft können nicht als Kaufleute qualifiziert werden (BGHZ 104, 95, 98). Gerade im Verfahrens- und Vollstreckungsrecht wird sorgfältig zwischen Gesellschaft und Gesellschafter unterschieden (*BGH* NJW 1993, 2683, [2684] m. w. N.). Gleichwohl wird in der Literatur (dazu nur *Häsemeyer* Insolvenzrecht, 2. Aufl. Rz. 29.14) der Allein- oder Mehrheitsgesellschafter einer Kapitalgesellschaft den selbständigen Unternehmern gleichgestellt. Eine solche Zurechnung der selbständigen wirtschaftlichen Tätigkeit der Gesellschaft zum Gesellschafter erfolgt auch in einem Teil der Judikatur zu §§ 1 VerbrKrG, 6 HWiG, die allerdings nicht personenbezogen – vom Status des Gesellschafters –, sondern forderungsbezogen – sei es von der Hauptschuld, sei es von der Struktur des Bürgschaftsvertrages – argumentieren (dazu nur *EuGH* NJW 1998, 1295, 1296; *BGH* NJW 1998, 1939 und 2356; zur Kritik zuletzt *Lorenz* NJW 1998, 2937; anders für den Schuldbeitritt jedoch *BGH* NJW 1996, 2156, 2158 und 2865; 1997, 1443, [1444]). In der Literatur zum Verbraucherkreditrecht werden teilweise noch weiter differenzierende Positionen vertreten (dazu nur *Ulmer* in MünchKomm, § 1 VerbrKrG Rz. 23 a. E.; *Staudinger/Kessal-Wulf* § 1 VerbrKrG Rz. 38; *Erman/Klingsporn/Rebmann* § 1 Rz. 42). Für verfahrensrechtliche Zwecke kann eine so intensiv gestaffelte Differenzierung jedoch nicht überzeugen. Sie widerspricht der oben (Rz. 4f.) erläuterten Normstruktur des § 304 InsO, die person- und nicht forderungsbezogen ist.

Eine Differenzierung zwischen unternehmerischen und nichtunternehmerischen Gesellschaftern kennt auch das Recht der eigenkapitalersetzenden Darlehen. Hier ist zu 23 beachten, daß im Recht des Insolvenzplans spezifische Regelungen für die Gläubiger eigenkapitalersetzender Darlehen getroffen sind (§§ 225 Abs. 1, 246 Nr. 2 i. V. m. § 39 Abs. 1 Nr. 5 InsO), die in einem gleichzeitig durchzuführenden Verbraucherinsolvenzverfahren nur schwer sachgerecht beachtet werden könnten. Gleichwohl ist die richterrechtliche Abgrenzung zwischen unternehmerischen und nichtunternehmerischen Gesellschaftern im Recht des Eigenkapitalersatzes so einzelfallbezogen (dazu *Karsten Schmidt* ZIP 1996, 1586, 1588), daß sie für ein Gesamtvollstreckungsverfahren nicht sinnvoll herangezogen werden kann. Die Neufassung des § 32a Abs. 3 S. 2 GmbHG dient der Entfaltung von Gesellschaftern mit kleinen Anteilen (dazu *Seibert* DStR 1997, 35 und GmbHR 1998, 309), so daß sie für die Aufgabe der Zurechnung der Tätigkeit der Gesellschaft zum Gesellschafter nicht herangezogen werden kann. Die klar gefaßte Abgrenzung in § 138 Abs. 2 Nr. 1 InsO ist spezifisch auf die Belange der Anfechtung bezogen und damit ebenfalls nur bedingt geeignet, unternehmerische und nichtunternehmerische Gesellschafter von Kapitalgesellschaften abzugrenzen.

Ein eher trennscharfes Beispiel für eine Zurechnung selbständiger Erwerbstätigkeit 24 findet sich in der Judikatur zu § 17 Abs. 1 S. 2 BetrAVG (so auch jetzt *Häsemeyer* a. a. O. Rz. 29.14). Diese Schutzregelung wird vom BGH teleologisch reduziert, so daß der Schutz für solche Personen nicht zur Geltung kommen soll, die für ihr eigenes Unternehmen tätig sind. Die unternehmerische Tätigkeit einer GmbH wird danach auch wesentlich beteiligten Gesellschafter-Geschäftsführern zuerkannt (*BGHZ* 77, 94, 100; ZIP

1980, 778). In der neuesten Judikatur (*BGH* ZIP 1997, 1351, 1352) wird eine Präzisierung dieser Rechtsprechung angekündigt, die eine striktere Abgrenzung nur typischerweise unternehmerisch tätiger Personen ermöglichen soll. Insoweit soll eine Beschränkung anhand äußerer zweifelsfrei feststellbarer Kriterien erfolgen, die bei Kapitalgesellschaften sich am Anteilsbesitz orientieren und ausschließlich den Mehrheitsgesellschafter erfassen sollen (*Goette* ZIP 1997, 1317, 1321 f.; vgl. jetzt *BGH* BB 1997, 2656).

25 Damit nähert sich der BGH der sozialrechtlichen Judikatur an, die ein Beschäftigungsverhältnis bei unternehmerischer Position eines Gesellschafters verneint. Als feste Grenze ist die 50%-Beteiligung markiert (*BSG* BB 1995, 282 – ebenso für das Arbeitsrecht jetzt *BAG* NZA 1998, 939 –; zu weiteren Konstellationen *BSG* DB 1992 1835, [1836] und die Übersichten von *Weber* BB 1987, 408 ff. sowie *Niesel* SGB III § 25 Rz. 14 ff.). Zumindest diese Grenze dürfte auf jeden Fall eine klare Zurechnung der Tätigkeit der GmbH zur Person eines solchen Gesellschafters ermöglichen, der damit auf das allgemeine Insolvenzverfahren zu verweisen ist.

D. Verfahrensrechtliches

26 Das Gesetz regelt nicht ausdrücklich, wie zu verfahren ist, wenn ein Schuldner einen Antrag nach §§ 305 ff. InsO stellt, der nach Auffassung des Gerichts nicht dem Anwendungsbereich nach § 304 InsO zuzuordnen ist oder umgekehrt, wie ein Antrag eines Kleingewerbetreibenden zu behandeln ist, der nicht nach § 305 InsO, sondern allgemein nach § 13 InsO die Eröffnung des Insolvenzverfahrens beantragt hat. Die beiden Verfahrensarten des allgemeinen Insolvenzverfahrens und des Verbraucherinsolvenzverfahrens sind so unterschiedlich strukturiert, daß sie sich gegenseitig ausschließen. Da das Verbraucherinsolvenzverfahren auch für den persönlichen Anwendungsbereich zwingend vorgegeben ist und den Schuldnern nicht die Wahl der jeweiligen Verfahrensart gegeben ist, müßte bei der Wahl der falschen Verfahrensart der jeweilige Schuldnerantrag jeweils als unzulässig zurückgewiesen werden. Im allgemeinen Insolvenzverfahren ist dies, wenn der Sachverhalt hinreichend geklärt ist, ohne Verzögerungen nach § 27 InsO möglich. Im Verbraucherinsolvenzverfahren ruht jedoch nach Stellung des Antrags nach § 305 InsO das Eröffnungsverfahren nach § 306 InsO, so daß eine Entscheidung über den Eröffnungsantrag nach § 311 InsO noch nicht möglich ist; die gesetzliche Konstruktion des § 306 InsO orientiert sich offensichtlich am Ruhen des Vergleichsverfahrens nach § 46 VglO, das ebenso Entscheidungen über einen Konkursantrag ausschloß und dem Gericht ausschließlich die Möglichkeit gab, Sicherungsmaßnahmen anzuordnen oder den antragstellenden Gläubiger auf Antragsmängel und Zulässigkeitshindernisse hinzuweisen (so *Bley/Mohrbutter* VglO, 4. Aufl., § 46 Rz. 8; *Kilger/Karsten Schmidt* § 46 Rz. 3). Folgerichtig ist eine Vorprüfung nach dem Vorbild des § 231 InsO im Schuldenbereinigungsverfahren nicht vorgesehen und würde auch der starken Betonung von Verhandlungslösungen widersprechen. Es wäre aber nicht sachgerecht, wenn während der gesamten Dauer des Schuldenbereinigungsplanverfahrens möglicherweise die falsche Verfahrensart gewählt oder zumindest eine Ungewißheit bzw. Streit zwischen den Beteiligten über die richtige Verfahrensart bestehen würde. Der Zweck, ein flexibles und zügiges Verfahren mit baldiger Schuldenbereinigung zur Verfügung zu stellen, würde dadurch gefährdet oder verfehlt.

27 Da ein Beschluß des Insolvenzgerichts, der nach § 6 InsO rechtsmittelfähig sein müßte, im Gesetz nicht vorgesehen ist, will *Jauernig* (a.a.O., S. 354) zumindest im Verfahren nach § 306 III InsO eine konkludente Ablehnung des Eröffnungsantrags des Gläubigers

erblicken, die den Beschwerdeweg nach § 34 InsO öffnet. Damit ist zwar das Problem genannt, jedoch nur für eine Fallgruppe eine – im übrigen auch problematische – Fallösung formuliert. Es bedarf jedoch einer kohärenten Lösung für alle Fälle einer möglicherweise falschen Verfahrenswahl, die geeignet ist, die Ungewißheit der Parteien zu beseitigen und eine bindende Zuordnung zu einer Verfahrensart sicherzustellen.

Für die Zulässigkeit des Rechtswegs enthalten §§ 17a ff. GVG eine detaillierte Regelung zur zügigen Klärung solcher Unsicherheiten. Für die Abgabe zwischen verschiedenen Verfahrensarten innerhalb derselben Gerichtsbarkeit findet sich keine ausdrückliche Regelung; diese wird jedoch herkömmlich von der Gerichtspraxis durch Rechtsanalogie – vor 1990 zu §§ 281 ZPO, 17 GVG, 46 WEG – erschlossen (dazu *BGH* NJW 1980, 2466, [2467]; aus der Arbeitsgerichtsbarkeit BAGE 22, 156). Inzwischen werden für solche Fälle §§ 17a ff. GVG entsprechend herangezogen (BGHZ 115, 275, 285; 130, 159, 163 = NJW 1995, 2851). Diese Lösung ist sachgerecht (vgl. *Stein/Jonas/Leipold* 21. Aufl., § 281 Rz. 72) und wird inzwischen auch bei anderen Verfahren der freiwilligen Gerichtsbarkeit angewandt (*BGH* MDR 1996, 1290 = WM 1996, 1198, [1199]). 28

Diese Lösung ist hier ebenfalls geboten, um Streitigkeiten über die gewählte Verfahrensart zügig und systematisch zu lösen. Wenn die Zuordnung des Schuldners zu § 304 InsO streitig ist, kann auf Antrag einer Partei ein Beschluß nach § 17a Abs. 3 GVG analog zur Zulässigkeit der Verfahrensart erfolgen. Auf Antrag des Schuldners, der unmittelbar oder hilfsweise gestellt werden darf, kann auch die Abgabe in das jeweils andere Verfahren nach § 17a Abs. 2 GVG analog ausgesprochen werden. Die Gläubiger können einen solchen Abgabeantrag nicht stellen, wie die Parallelwertung aus § 306 Abs. 3 InsO ergibt. Damit ist in streitigen Fällen eine schnelle und verläßliche Zuordnung möglich. Sie ist auch mit der Systematik des Gesetzes vereinbar, da bei einer Antragstellung eines Unternehmerschuldners mangels Vorliegen des § 304 InsO auch das Ruhen nach § 306 InsO nicht eintreten kann; in den Fällen, in denen der Schuldner als Verbraucher zu qualifizieren ist, steht § 306 InsO einem klarstellenden Beschluß ebenso nicht im Wege. 29

Zweiter Abschnitt
Schuldenbereinigungsplan

§ 305
Eröffnungsantrag des Schuldners

(1) Mit dem Antrag auf Eröffnung des Insolvenzverfahrens (§ 311) oder unverzüglich nach diesem Antrag hat der Schuldner vorzulegen:
1. **eine Bescheinigung, die von einer geeigneten Person oder Stelle ausgestellt ist und aus der sich ergibt, daß eine außergerichtliche Einigung mit den Gläubigern über die Schuldenbereinigung auf der Grundlage eines Plans innerhalb der letzten sechs Monate vor dem Eröffnungsantrag erfolglos versucht worden ist; die Länder können bestimmen, welche Personen oder Stellen als geeignet anzusehen sind;**
2. **den Antrag auf Erteilung von Restschuldbefreiung (§ 287) oder die Erklärung, daß Restschuldbefreiung nicht beantragt werden soll;**
3. **ein Verzeichnis des vorhandenen Vermögens und des Einkommens (Vermögensverzeichnis), ein Verzeichnis der Gläubiger und ein Verzeichnis der gegen ihn**

gerichteten Forderungen; den Verzeichnissen ist die Erklärung beizufügen, daß die in diesen enthaltenen Angaben richtig und vollständig sind;
4. einen Schuldenbereinigungsplan; dieser kann alle Regelungen enthalten, die unter Berücksichtigung der Gläubigerinteressen sowie der Vermögens-, Einkommens- und Familienverhältnisse des Schuldners geeignet sind, zu einer angemessenen Schuldenbereinigung zu führen; in den Plan ist aufzunehmen, ob und inwieweit Bürgschaften, Pfandrechte und andere Sicherheiten der Gläubiger vom Plan berührt werden sollen.

(2) ^{1}In dem Verzeichnis der Forderungen nach Absatz 1 Nr. 3 kann auch auf beigefügte Forderungsaufstellungen der Gläubiger Bezug genommen werden. ^{2}Auf Aufforderung des Schuldners sind die Gläubiger verpflichtet, auf ihre Kosten dem Schuldner zur Vorbereitung des Forderungsverzeichnisses eine schriftliche Aufstellung ihrer gegen diesen gerichteten Forderungen zu erteilen; insbesondere haben sie ihm die Höhe ihrer Forderungen und deren Aufgliederung in Hauptforderung, Zinsen und Kosten anzugeben. ^{3}Die Aufforderung des Schuldners muß einen Hinweis auf einen bereits bei Gericht eingereichten oder in naher Zukunft beabsichtigten Antrag auf Eröffnung des Insolvenzverfahrens enthalten.

(3) ^{1}Hat der Schuldner die in Absatz 1 genannten Erklärungen und Unterlagen nicht vollständig abgegeben, so fordert ihn das Insolvenzgericht auf, das Fehlende unverzüglich zu ergänzen. ^{2}Kommt der Schuldner dieser Aufforderung nicht binnen eines Monats nach, so gilt sein Antrag auf Eröffnung des Insolvenzverfahrens als zurückgenommen.

§ 357 b entspricht im wesentlichen der Beschlußempfehlung des Rechtsausschusses (BT-RA-EInsO), BT-Drucks. 12/7302, S. 190, 191 zu Nr. 196.

Inhaltsübersicht: Rz.

A. Normzweck   1
B. Gesetzliche Systematik 2– 9
C. Abs. 1   Pflicht zur Vorlage von Unterlagen 10–30
   I.   Bescheinigung über das Scheitern eines außergerichtlicher Einigungsversuchs .. 11–17
   II.   Antrag auf Erteilung der Restschuldbefreiung 18–20
   III. Anforderungen an Verzeichnisse 21–26
   IV.   Schuldenbereinigungsplan 27–30
D. Abs. 2   Erstellung der Forderungsverzeichnisse 31–35
E. Abs. 3   Unvollständige Antragsunterlagen 36–51
F. Verfahrensrechtliches   52

Literatur:

(siehe vor § 286, S. 1580)

A. Normzweck

1   Nach der Konzeption des Rechtsausschusses soll das neugeschaffene Schuldenbereinigungsverfahren ein Verfahren sein, das den Bedürfnissen von Verbrauchern und

Eröffnungsantrag des Schuldners § 305

Kleingewerbetreibenden angepaßt ist und eine übermäßige Belastung der Gerichte vermeiden soll (*Pick* a.a.O., S. 997). Dies soll durch zwei Elemente erreicht werden: Zum einen durch einen konsequenten Vorrang gütlicher Einigungen und zum anderen durch ein System von Mitwirkungspflichten, das Gläubiger und Schuldner zu solchen Einigungen motivieren soll (dazu ausführlich *Schmidt-Räntsch* Verbraucherinsolvenzverfahren und Restschuldbefreiung, in: Kölner Schrift zur InsO, 1998, Rz. 59 ff.). Nachdem das außergerichtliche Einigungsverfahren gescheitert ist, soll § 305 InsO nunmehr einen Rahmen zur Verfügung stellen, der den Einigungsdruck auf beide Seiten intensiviert (*Pick* a.a.O., S. 998). Kernstück der Norm ist der Schuldenbereinigungsplan, der als Instrument der gütlichen Einigung zwischen Schuldnern und Gläubigern dienen soll (BT-Drucks. 12/7302, S. 190).

B. Gesetzliche Systematik

Mit dem Schuldenbereinigungsverfahren, das den Charakter eines Zwischenverfahrens 2 zwischen Antragstellung und Eröffnung des Insolvenzverfahrens hat (*Balz* Die Ziele der Insolvenzordnung, in Kölner Schrift zur InsO, 1998, Rz. 59), werden bereits existierende Regelungen des Vergleichsrechts (§§ 1 ff. VglO, 173 ff. KO) zur Abwendung eines Insolvenzverfahrens aufgegriffen, erfahren aber durch die §§ 305 ff. InsO eine spezifische Umgestaltung.
Wie im bisherigen Vergleichsrecht (§ 2 Abs. 2 Satz 1 VglO) kann auch im Verbraucherinsolvenzverfahren nur der Schuldner einen Antrag stellen. Ebenso sah der Zwangsvergleich nach der Konkursordnung nur ein Vorschlagsrecht des Schuldners vor, der als verfahrensrechtlicher Antrag gewertet wurde (*Jaeger/Weber* § 173 Rz. 21). Auch die in § 305 InsO normierte Pflicht zur Beibringung spezifischer Unterlagen bei der Antragstellung findet sich in ähnlicher Form bereits in den §§ 3 ff. VglO.
Das Vergleichsverfahren nach der VglO und auch der Zwangsvergleich nach der KO 3 waren aber formell ausgestaltet, wesentliche Merkmale waren erhebliche richterliche Eingriffsmöglichkeiten. Es sah eine formelle Zulässigkeitsprüfung und eine richterliche Begründetheitsprüfung vor (§§ 175 f. KO, 166 ff. VglO). Ein Vergleich konnte zudem nicht ohne eine konstitutive richterliche Bestätigung (§ 184 KO, § 78 VglO) Rechtswirkungen entfalten. Diese Elemente fehlen jedoch im neu konzipierten Schuldenbereinigungsverfahren, so daß sich bereits aus dem historisch-systematischen Vergleich die Eigenständigkeit des neuen Bereinigungsverfahrens (als »Vermittlungsverfahren« vgl. *Haarmeyer/Wutzke/Förster* Hdb. zur InsO, Kap. 10 Rz. 35) ergibt.
Für eine formelle Zulässigkeitsprüfung, die sich am Vorbild der VglO orientiert, ist im 4 Schuldenbereinigungsverfahren nach §§ 305 ff. InsO kein Raum. Dem Gericht ist nach § 305 Abs. 3 InsO ausschließlich eine Prüfung auf quantitative Vollständigkeit zugewiesen, die nicht in einem die Eröffnung ablehnenden Beschluß, sondern ausschließlich in einer Fiktion der Antragsrücknahme endet. Zentrale Aufgabe des Gerichts ist statt dessen eine gegenüber den allgemeinen Zustellungsvorschriften in § 8 InsO stärker formalisierte umfassende Zustellung (§ 307 Abs. 1 Satz 3 InsO). Eine Prüfung der Zulässigkeit und Begründetheit des Eröffnungsantrags ist erst nach dem Scheitern des Zwischenverfahrens im Eröffnungsverfahren nach §§ 311 ff. InsO vorgesehen (ebenso *Wittig* a.a.O., S. 162; *Hess/Obermüller* Insolvenzplan, 1998, Rz. 812; *Henckel* in FS für Gaul, S. 199 [203]).
Anders als in der bisherigen Vergleichsordnung (§§ 17, 18) findet im Verfahren über 5 den Schuldenbereinigungsplan auch keine Überprüfung der Vergleichswürdigkeit des

Schuldners statt. Zwar sind einzelne Elemente dieser Regelungen in die InsO übernommen worden, allerdings sind sie bewußt nicht als Zulässigkeitsvoraussetzungen für den Schuldenbereinigungsplan, sondern erst im gerichtlichen Verfahren als Zugangshürden zur Treuhandperiode und gerichtlichen Restschuldbefreiung installiert worden (§ 290 InsO). Lösungen zur einvernehmlichen bzw. mehrheitlichen Schuldenbereinigung sollen unabhängig von Redlichkeits- und Billigkeitserwägungen zustande kommen (vgl. BT-Drucks. 12/7302, S. 190), so daß das Schuldenbereinigungsverfahren ausdrücklich auch denjenigen offensteht, bei denen nach § 290 InsO eine Restschuldbefreiung ausgeschlossen ist.

6 Diese neue Konzeption zeigt sich auch an der immanenten Systematik der InsO. Im Unterschied zu dem privatautonomen strukturierten Schuldenbereinigungsverfahren ist der Insolvenzplan nach §§ 217 ff. an den bisherigen Vorbildern orientiert. So ist nach § 231 InsO eine gerichtliche Vorprüfung vorgesehen. Diese Regelung lehnt sich an § 176 KO an und ist im Zusammenhang mit der richterlichen Bestätigung des Insolvenzplans nach den §§ 248 ff. InsO zu sehen. Diese Vorschriften gelten nach § 312 Abs. 3 InsO aber gerade nicht im Verbraucherinsolvenzverfahren und sind wegen der bewußt unterschiedlichen Ausformung der verschiedenen Planverfahren auch nicht analog anwendbar, so daß eine richterliche Vorprüfung im Rahmen des § 305 InsO nicht stattfindet (vgl. auch *Wittig* a.a.O., S. 167; *Hess/Obermüller* a.a.O., Rz. 848; *Schiessler* Der Insolvenzplan, 1997, S. 66).

7 Für das gerichtliche Schuldenbereinigungsverfahren gilt daher ein anderes Leitbild: Nicht der bestätigte Vergleich des früheren Zwangsvergleichs, sondern der sehr viel stärker auf die Privatautonomie abzielende Prozeßvergleich ist das Vorbild, an dem sich der Rechtsausschuß orientiert hat (BT-Drucks. 12/7302, S. 189; *Schmidt-Räntsch* a.a.O., Rz. 62). Durch die Verweisung auf das Vorbild des Prozeßvergleichs wird für eine mögliche Unwirksamkeit eines solchen Vergleichs als Bewertungsmaßstab in erster Linie das Bürgerliche Gesetzbuch herangezogen (dazu BT-Drucks. 12/7302, S. 192; *Vallender* DGVZ 1997, 97, 101; vgl. zu den Auswirkungen § 308 Rz. 2 ff.). Aus den allgemeinen Lehren zum Prozeßvergleich ergibt sich, daß insoweit dem Gericht keine formelle Antragsprüfung zukommt, da selbst bei unzulässigen, weil am unzuständigen Gericht erhobenen, Klagen ein wirksamer Prozeßvergleich vereinbart werden kann (BGH NJW 1961, 1817, 1818; *Tempel* Der Prozeßvergleich, in FS für Schiedermaier, 1976, S. 517, 526). Insoweit ist eher das obligatorische Güteverfahren nach § 54 ArbGG als paralleles Modell heranzuziehen, in dem – wie § 54 Abs. 2 Satz 3 ArbGG zeigt – eine Zuständigkeitsprüfung nicht erfolgt (dazu auch *LAG Bremen* BB 1964, 1125; *Germelmann/Matthes/Prütting* ArbGG, 1994, § 54 Rz. 12) und indem sich in § 54 Abs. 5 Satz 4 ArbGG auch ein Vorbild für die bemerkenswerte Fiktion einer Antragsrücknahme in § 305 Abs. 3 Satz 2 InsO findet. Ebenso wie bei einem Prozeßvergleich kommt dem Insolvenzgericht hier eine Angemessenheitskontrolle nicht zu. Die Frage der »Angemessenheit« eines Plans kann frühestens in die Entscheidung über die richterliche Zustimmungsersetzung nach § 309 InsO einfließen. Soweit in der Diskussion über die Möglichkeit eines sog. »Nullplans« die »Zulässigkeit« eines solchen Antrags geprüft wird (*Heyer* JR 1996, 316; *Arnold* DGVZ 1996, 133; *Thomas* Mindestquote als Voraussetzung für die Restschuldbefreiung, in: Kölner Schrift zur InsO, 1998, S. 1211 Rz. 15; *Haarmeyer/Wutzke/Förster* Hdb. zur InsO, Kap. 10 Rz. 34) wird oft nicht deutlich genug zwischen einer formalen Zulässigkeitsprüfung und der Möglichkeit der Zustimmungsersetzung unterschieden (differenzierend aber *Pape* Rpfleger 1997, 241). Ausführlich zur Diskussion des Nullplans § 309 Rz. 32 ff.

An der Systematik wird deutlich, daß der Gesetzgeber die richterlichen Aufgaben im **8** Schuldenbereinigungsverfahren erheblich zurücknehmen und die Entscheidung über Art, Weise und Umstände der Einigung zwischen Schuldner und Gläubigern den Parteien überlassen wollte. Vor allem vor dem Hintergrund der größtmöglichen Entlastung der Gerichte als oberstem Ziel der Neukonzeption des Verbraucherinsolvenzverfahrens (BT-Drucks. 12/7302, S. 154) wird der Gedanke der Vertragsfreiheit bewußt und konsequent umgesetzt. Die Beteiligten sollen hinsichtlich der inhaltlichen Gestaltung der Einigung völlig freie Hand haben und jede theoretisch denkbare Möglichkeit der Schuldenbereinigung nutzen können (*Schmidt-Räntsch* MDR 1994, 323 [325]; *Wittig* WM 1998, 157 [164]). Der Schuldenbereinigungsplan soll ohne gerichtliche Prüfung und förmliche Bestätigung zustande kommen (*Balz* Die Ziele der Insolvenzordnung, in: Kölner Schrift zur InsO, 1998, Rz. 59).

Stimmen alle Gläubiger dem Plan des Schuldners zu, so hat das Gericht den Plan nach § 308 InsO zu beschließen, ohne daß von ihm überprüft würde, ob der Inhalt angemessen ist, ein Eröffnungsgrund gegeben ist oder ein Versagungsgrund vorliegt (vgl. hierzu auch *Wittig* WM 1998 157 [160]).

Im Rahmen des § 305 findet daher abgesehen von der Überprüfung der richtigen **9** Verfahrensart gem. § 304 InsO (vgl. dazu § 304 Rz. 26 ff.) nur eine Überprüfung der eingereichten Unterlagen auf Vollständigkeit mit den Rechtsfolgen aus § 305 Abs. 3 InsO statt, nicht aber eine qualitative Bewertung. Der Gesetzgeber hat konsequenterweise die Überprüfung der Ernsthaftigkeit des außergerichtlichen Einigungsversuchs auf die »geeigneten Stellen« nach § 305 Abs. 1 Nr. 1 InsO ausgelagert.

C. Abs. 1 Pflicht zur Vorlage von Unterlagen

Bezüglich der allgemeinen Voraussetzungen des Eröffnungsantrags s. o. § 13 InsO. Da er **10** an keine Form gebunden ist, kann der Antrag schriftlich oder zu Protokoll der Geschäftsstelle eines jeden Amtsgerichts abgegeben werden (§ 129a ZPO; so auch *Kuhn/Uhlenbruck* § 103 Rz. 7e; *Kilger/Karsten Schmidt* VglO § 2 Rz. 2). Ein Formularzwang besteht nach der geltenden Rechtslage nicht. Dennoch werden von den Gerichten derzeit verschiedene Formularsätze für die standardisierte und z. T. EDV-gestützte Antragsbearbeitung entwickelt (vgl. den vom Justizministerium NRW entwickelten Formularsatz, der im Anhang V abgedruckt ist, der aber wegen des erheblichen Umfangs wenig praktikabel erscheint). Der Antrag kann nur von jeweils einer Person gestellt werden; auch Ehegatten müssen getrennte Verfahrensanträge stellen, wenn sie beide Restschuldbefreiung erlangen wollen.

I. Bescheinigung über das Scheitern eines außergerichtlichen Einigungsversuchs

Der Schuldner ist verpflichtet, bei der Antragstellung weitere Unterlagen vorzulegen **11** oder unverzüglich nachzureichen. Um zu gewährleisten, daß vor der Antragstellung ein ernsthafter außergerichtlicher Einigungsversuch zur Schuldenbereinigung mit den Gläubigern vorgenommen wurde, muß er eine Bescheinigung einer geeigneten Person oder Stelle über das Scheitern eines solchen Einigungsversuchs vorlegen. Denn der Gesetzgeber unterstellt, daß viele Überschuldungssituationen dadurch zustande kommen oder nicht gelöst werden, daß die Schuldner sich nicht ernsthaft um eine Schuldenbereinigung bemühen und erst gar nicht in Kontakt mit ihren Gläubigern treten. Durch die Möglichkeit der gesetzlichen Regelung der Restschuldbefreiung wird zudem die Bereitschaft der Gläubiger zu einer Einigung mit dem Schuldner erhöht (BT-Drucks. 12/7302, S. 189)

12 Der Einigungsversuch muß innerhalb der letzten sechs Monate vor der Antragstellung erfolgt sein. Der zeitliche Zusammenhang ist insbesondere deshalb wichtig, weil der Gesetzgeber erhofft, daß eine Einigung insbesondere aufgrund der ansonsten drohenden gerichtlichen Restschuldbefreiung zustande kommen kann. Maßgeblicher Zeitpunkt ist nicht der Beginn der Verhandlungen, sondern der Zeitpunkt der letzten Ablehnung bzw. Zustimmung eines Gläubigers auf ein Angebot des Schuldners. Diese darf aber bei keinem der beteiligten Gläubiger länger als 6 Monate zurückliegen (so auch *Hess/Obermüller* a. a. O., Rz. 799).

13 An den Inhalt der Bescheinigung sind keine hohen Anforderungen zu stellen. Insbesondere müssen keine Einzelheiten der Verhandlungsentwicklung protokolliert werden (*Hess/Obermüller* a. a. O., Rz. 795). Das Gericht hat keine Prüfungskompetenz bezüglich der Qualität des außergerichtlichen Einigungsversuchs (*Hess/Obermüller* a. a. O., Rz. 772). Insbesondere kann es den Antrag des Schuldners nicht als unzulässig zurückweisen, wenn dem Gericht die durchgeführten Verhandlungen nicht adäquat erscheinen. Der Bescheinigung kommt auch zumindest dann, wenn die Länder von ihrer Ausführungsbefugnis Gebrauch machen und die geeigneten Personen oder Stellen benennen, die Beweiskraft des § 418 Abs. 1 ZPO zu, da diese Stellen dann mit öffentlichem Glauben versehen sind (vgl. *Krug* Der Verbraucherkonkurs, 1998, 108).
Das Gericht überprüft lediglich, ob eine Bescheinigung vorliegt und der Aussteller eine geeignete Person oder Stelle im Sinne des Gesetzes ist. Der Rechtsausschuß wollte mit dieser Regelung eine Entlastung der Gerichte bewirken (BT-Drucks. 12/7302, S. 190), so daß auch diese Bescheinigung – wie § 305 Abs. 3 InsO zeigt – nur darauf zu überprüfen ist, ob sie von ihrem Inhalt her das Scheitern ernsthafter außergerichtlicher Verhandlungen bescheinigt.

14 Das Gesetz selbst nimmt keine weitere Bestimmung der geeigneten Personen oder Stellen vor, sondern ermächtigt die Länder, diese Bestimmung durch Ausführungsgesetze vorzunehmen. Diese Regelung, die gemäß Art. 110 EGInsO bereits 1994 in Kraft getreten ist, soll ermöglichen, den regionalen Besonderheiten wie dem Stand des Ausbaus des Netzes der Schuldnerberatungsstellen Rechnung zu tragen (BT-Drucks. 12/7302, S. 190). In den meisten Bundesländern liegen bereits Entwürfe für Landesausführungsgesetze vor, bei Redaktionsschluß waren jedoch erst zwei Ausführungsgesetze (Hessen und Nordrhein-Westfalen, abgedruckt in ZInsO 1998, 132f.) verabschiedet. *Beule* (InVO 1997, 203) sieht als Grund dafür die angespannte Haushaltslage und negative Kompetenzkonflikte. Soweit die Länder von ihrer Bestimmungsoption keinen Gebrauch machen, müssen die Gerichte im Einzelfall feststellen, ob die Bescheinigung von einer Person oder Stelle stammt, die das Gericht im konkreten Fall als geeignet ansieht. Kraft ihres Berufes dürften dies in jedem Fall die Angehörigen der rechtsberatenden Berufe (Rechtsanwälte, Notare sowie die Steuerberater sein [BT-Drucks. 12/7302, a. a. O.]). Auch die mit öffentlichen Mitteln geförderten Schuldnerberatungsstellen bei Verbraucherzentralen, Wohlfahrtsverbänden und Kommunen sind in der Regel als geeignete Stellen anzusehen (*Forsblad*, S. 200; so auch *Schumacher* ZEuP 1995, 576 [580]), da die Träger dieser Einrichtungen aufgrund ihres öffentlichen Auftrages die Qualität der Beratung durch die Ausstattung und Besetzung der Stellen und die Fortbildung der Beratungskräfte gewährleisten (so im wesentlichen auch die Beschlußempfehlung des Rechtsausschusses, BT-Drucks. 12/7302, S. 190).

Eröffnungsantrag des Schuldners § 305

Bei der Frage, ob die Bescheinigung von einer geeigneten Stelle stammt, muß sicherge- 15
stellt sein, daß nicht die Gefahr besteht, daß die Stelle Gefälligkeitsbescheinigungen
ausstellt. Eine konkrete Überprüfung der Bescheinigung findet dagegen nicht statt.
Ebensowenig muß garantiert sein, daß die bescheinigende Stelle die Verhandlungen
selbst geführt oder bei der Planerstellung mitgewirkt hat (a. A. wohl *Wittig* a. a. O.,
S. 160). Vom Sinn des Gesetzes kann es nicht darauf ankommen, wer die Verhandlungen
geführt hat, sondern daß sie ernsthaft geführt worden sind. Einen Vertretungszwang für
den außergerichtlichen Einigungsversuch sieht § 305 nicht vor. Das Gericht hat die
Bescheinigung als eine von einer »geeigneten Stelle« erstellte anzusehen, wenn es davon
ausgehen kann, daß diese Stelle nur ernsthafte Einigungsversuche auf der Grundlage
eines Plans auch als solche bescheinigt. Die Bescheinigung kann auch vor dem Inkrafttreten der InsO ausgestellt sein (also im 2. Halbjahr 1998), wenn sie von einer geeigneten
Stelle oder Person stammt. Ob Stelle oder Person als geeignet anzusehen sind, überprüft
das Gericht 1999 auf der Grundlage des dann geltenden Gesetzes nach den o. g.
Kriterien.

In § 305 InsO ist nicht ausdrücklich geregelt, ob in der Landesgesetzgebung auch 16
gewerbliche Schuldenregulierer als geeignete Stellen anerkannt werden können. In der
Rechtsprechung zu § 138 BGB, §§ 1, 3, UWG werden Schuldenregulierungsverträge in
der Regel dem Verbot des § 1 RBerG zugeordnet (dazu nur *BGH* WM 1982, 187; NJW
1987, 3003). Wenn diese Unternehmen dieses Verbot beachten, wird in der Regel eine
Irreführung der Schuldner bewirkt, da der Hinweis auf Schuldenregulierung Erwartungen weckt, die in seriöser Weise nicht eingelöst werden können (dazu eingehend und
zutreffend *KG* NJW-RR 1995, 631). Im übrigen wird in solchen Fällen nicht selten ein
Mißverhältnis zwischen rechtlich bewirkbarer Leistung und geforderter Provision vorliegen (dazu nur *AG Cottbus* VuR 1997, 316; *Rudolph* VuR 1996, 327 ff.). Es war daher
folgerichtig, daß die §§ 16, 17 VerbrKrG durch typisierende – wenn auch noch nicht
abschließende – Regelungen versucht haben, den Gefahren eines »Umschuldungskarus-
sells« und der »Provisionsschneiderei« entgegenzuwirken (dazu BT-Drucks. 11/5462,
S. 29 f.; *Habersack* in MünchKomm, § 16 Rz. 2 f., 31). In der Fortsetzung dieser Linie
läge es, wenn die Landesgesetzgebung gewerbliche Schuldenregulierer generell von
dieser Tätigkeit ausschließe (so auch *Forsblad* a. a. O., S. 201). Solange dies nicht
geschehen ist, ist von den Insolvenzgerichten, für die nach § 5 InsO das Prinzip der
Amtsermittlung gilt, im Einzelfall festzustellen, ob solche Unternehmen als geeignete
Stellen akzeptiert werden können. Dabei gilt auch hier der allgemeine Rechtsgrundsatz,
daß eine Person, deren Tätigkeit gegen ein Verbotsgesetz stößt, nicht als geeignete Stelle
für die Unterstützung von Gerichten qualifiziert werden kann.

Als weitere Stellen kommen nach der Ansicht des Rechtsausschusses z. B. die Gütestel- 17
len i. S. d. § 794 Abs. 1 Nr. 1 ZPO sowie die Schiedsstellen in Betracht (BT-Drucks.
12/7302, a. a. O.). Es ist jedoch zweifelhaft, ob diese Stellen personell und fachlich dazu
in der Lage sind, die außergerichtliche Schuldenbereinigung durchzuführen und insoweit als »geeignet« anzusehen sind (zweifelnd auch *Beule* Die Umsetzung der
Insolvenzrechtsreform in die Justizpraxis, in: Kölner Schrift zur InsO, 1998, Rz. 55).

II. Antrag auf Erteilung der Restschuldbefreiung

Abweichend von § 287 Abs. 1 InsO ist im Verbraucherinsolvenzverfahren der Antrag 18
auf Restschuldbefreiung bereits mit dem Eröffnungsantrag zu stellen. Hierdurch soll
frühzeitig Klarheit darüber geschaffen werden, ob der Schuldner nach einem Scheitern

des Schuldenbereinigungsplans die gesetzliche Restschuldbefreiung erreichen will. Auch dieser Antrag ist zu Protokoll der Geschäftsstelle eines jeden Amtsgerichts zulässig (§§ 287 Abs. 1 InsO, 129 a ZPO). Dem Antrag auf Restschuldbefreiung ist gem. § 287 Abs. 2 InsO die Abtretungserklärung an den Treuhänder beizufügen.

19 An den Inhalt des Antrags sind keine besonderen Voraussetzungen zu knüpfen. Die Formulierung »ich beantrage Restschuldbefreiung« ist schon als ausreichend anzusehen. Der Schuldner kann auch erklären, daß er die Restschuldbefreiung nicht beantragen will. Dieser Halbsatz macht deutlich, daß die Möglichkeit besteht, das Schuldenbereinigungsverfahren zu beschreiten, ohne die gerichtliche Restschuldbefreiung anzustreben. Dies soll nach der Beschlußfassung des Rechtsausschusses der Fall sein, wenn der Schuldner die gesetzlichen Voraussetzungen für die Restschuldbefreiung nicht erbringen kann, etwa weil er einen Versagungsgrund nach § 290 InsO erfüllt (BT-Drucks. 12/7302, S. 190). Allerdings wird in einem solchen Fall der Druck auf die Gläubiger, einem Schuldenbereinigungsplan des Schuldners zuzustimmen nicht so groß sein, da er offenbar nicht befürchten muß, seine Restforderung in dem anschließenden gerichtlichen Entschuldungsverfahren ganz oder teilweise zu verlieren. Die Durchführung nur des Schuldenbereinigungsverfahrens macht aber insbesondere dann Sinn, wenn sich bei dem außergerichtlichen Einigungsversuch herausgestellt hat, daß die Mehrheit der Gläubiger mit dem Vorschlag des Schuldners einverstanden ist und der Schuldner mit der kostengünstigen Möglichkeit der Zustimmungsersetzung durch das Gericht nach § 309 InsO ans Ziel kommen kann.

20 Erklärt der Schuldner, daß er die Restschuldbefreiung nicht beantragen will, so kann der Antrag aber auch noch später gestellt werden, da § 305 Abs. 1 Nr. 2 InsO keinen Ausschluß des Antragsrechts bewirkt, durch das Wort »soll« wird deutlich, daß hier lediglich eine Absichtserklärung des Schuldners vorliegt und eine Disposition über das Antragsrecht nicht getroffen werden soll. Bis zum Prüftermin – einen Berichtstermin sieht das Verbraucherinsolvenzverfahren nicht vor – kann dann gem. § 287 Abs. 1 InsO der Antrag auf Restschuldbefreiung nachgeholt werden.
Der Antrag auf Restschuldbefreiung kann aber auch zurückgenommen werden (s. o. § 287 Rz. 15 ff.). Auch der Eröffnungsantrag, den der Schuldner gestellt hat, kann von ihm nach § 13 Abs. 2 InsO bis zur Eröffnung des Insolvenzverfahren zurückgenommen werden (*Hess/Obermüller* a. a. O., Rz. 856).

III. Anforderungen an Verzeichnisse

21 Der Schuldner hat ein Vermögensverzeichnis, ein Gläubigerverzeichnis und ein Verzeichnis der gegen ihn gerichteten Forderungen vorzulegen. Die letztgenannten können sinnvollerweise auch miteinander verbunden werden.

22 Einen Formularzwang gibt es für die Verzeichnisse, ebenso wie für die anderen Anträge, nicht. Ein Antrag u. a. des Landes Bayern im Bundesrat, neben anderen Veränderungen einen Formularzwang für die Antragstellung und die einzureichenden Verzeichnisse und eine Mindestbefriedigungsquote für die Gläubiger in das Gesetz aufzunehmen, ist bislang vom Bundesrat nicht beschlossen worden (BR-Drucks. 783/97), und mittlerweile aufgrund des Endes der Legislaturperiode dem Diskontinuitätsprinzip zum Opfer gefallen.
Die Verzeichnisse sind schriftlich zu erstellen (so im Ergebnis für die Verzeichnisse nach § 104 KO wohl auch *Kuhn/Uhlenbruck* § 104 Rz. 2; *Delhaes* Der Insolvenzantrag, 1994, S. 66; *Jaeger/Weber* § 103 Rz. 3).

Das Vermögensverzeichnis muß eine Aufstellung aller dem Schuldner gehörenden und 23
erkennbar verwertbaren Vermögenswerte beinhalten. Sowohl die KO, als auch die VglO
kannten nur die Verpflichtung zur Erstellung von Vermögensübersichten durch den
Schuldner. Die exakte Ermittlung des Vermögens oblag dem Verwalter. Auch im
Verbraucherinsolvenzverfahren wird der Schuldner eine ausführliche Übersicht über
seine Vermögenssituation aufzustellen haben. Allerdings ist hierbei nicht der strenge
Maßstab des § 807 ZPO anzulegen, denn diese Verzeichnisse bereiten primär nicht die
Liquidation des Schuldnervermögens vor, sondern informieren über die Grundlagen des
Schuldenbereinigungsplans (s. o. § 290 Rz. 53).

Das Vermögensverzeichnis stellt hier nur eine Hilfsfunktion für die Durchführung des
Schuldenbereinigungsverfahrens dar, daß insbesondere unter der Maxime der Einfach-
heit und der Zügigkeit seiner Durchführung steht. Eine Überprüfung des Vermögensverzeichnisses durch das Gericht findet in dieser Verfahrensphase ohnehin nicht statt, da
keine Zulässigkeitsprüfung erfolgt. Im Fall des Scheiterns des Schuldenbereinigungsplans und der anschließenden Eröffnung des Insolvenzverfahrens stehen dem Insolvenzgericht über § 20 InsO weitere Auskunftsmöglichkeiten zu.

Die Übersicht über die Vermögen muß aber vollständig alle wesentlichen Vermögens- 24
werte umfassen. Hierzu gehören Immobilien, Lohn- und Gehaltsansprüche, und
verwertbares Mobiliar ebenso wie Forderungen aufgrund von Bankguthaben oder
bestehenden Kapitallebensversicherungen. Die Vollständigkeit der Angabe der eviden-
ten und wesentlichen Vermögenswerte steht unter der Sanktionsandrohung des § 290
Abs. 1 Nr. 6 InsO (s. o. § 290 Rz. 49 ff.), vorsätzliche oder grob fahrlässige Versäumnisse können zu einer Versagung der Restschuldbefreiung führen. Hat der Schuldner in
letzter Zeit die eidesstattliche Versicherung abgegeben, kann auf diese Angaben verwiesen werden, soweit keine Änderung eingetreten ist (*Hess/Obermüller* a. a. O.,
Rz. 713).

Der Schuldner muß die Forderungen nur in der Höhe angeben, in der er sie für
gerechtfertigt hält. Denn durch die in § 308 Abs. 1 Satz 2 InsO normierte Fiktion der
Wirkung als Prozeßvergleich i. S. d. § 794 Abs. 1 Satz 2 ZPO erfolgt einerseits eine
Titulierung der Forderung, andererseits darf der Gläubiger vom Schuldner nach § 308
Abs. 3 Satz 2 InsO nicht mehr als die angegebene Forderung verlangen, wenn er die
Angaben im Verzeichnis nicht ergänzt hat. Eine Überprüfung der Berechtigung der vom
Schuldner aufgestellten Forderungen z. B. auf Sittenwidrigkeit erfolgt durch das Insol-
venzgericht im Rahmen des § 305 nicht.

Auch das Gläubigerverzeichnis wird nicht inhaltlich überprüft, sondern muß nur Min- 25
destanforderungen genügen. Hierzu reicht eine Aufstellung von Gläubigernamen mit
Adressen und Forderungshöhen oder Bezugnahme auf Forderungsverzeichnisse oder
Abrechnungen der Gläubiger. Eine Überprüfung auf Vollständigkeit der Liste findet in
dieser Verfahrensphase nicht statt.

Dem Antrag ist die Erklärung beizufügen, daß die Angaben in den Verzeichnissen richtig 26
und vollständig sind. Eine Versicherung an Eides statt ist nicht vorgesehen, da dem
Schuldner bei grob fahrlässigen unrichtigen oder unvollständigen Angaben die Sanktion
der Versagung der Restschuldbefreiung nach § 290 Abs. 1 Nr. 6 InsO droht.

IV. Schuldenbereinigungsplan

Der Schuldenbereinigungsplan – vom Rechtsausschuß als Kernstück der vorzulegenden 27
Unterlagen bezeichnet – soll ein weiteres Instrument der gütlichen Einigung zwischen

§ 305

Schuldnern und Gläubigern sein (kritisch dazu *Pape* in: *Hess/Pape* S. 1243; *Kohte* ZIP 1994, 184 ff.). Auch er soll sowohl eine übermäßige Belastung der Gerichte verhindern, als auch Instrument der gütlichen Einigung zwischen Schuldnern und Gläubigern sein (BT-Drucks. 12/7302, S. 190).

28 Der Inhalt des Plans unterliegt der Privatautonomie (s. auch oben Rz. 8 ff.). Die Beteiligten sind bei der Gestaltung grundsätzlich frei (BT-Drucks. 12/7302 S. 190; *Hess/Obermüller* a. a. O., Rz. 731). Der Plan wird sich in der Regel an den Ergebnissen orientieren, die voraussichtlich bei der Durchführung des gerichtlichen Entschuldungsverfahrens entstünden, das ist jedoch keine Bedingung für die Wirksamkeit oder Angemessenheit. Allerdings hätte ein Plan, der einen Gläubiger gegenüber der fiktiven Durchführung des gerichtlichen Verfahrens schlechter stellen würde, möglicherweise keine Chance, im Wege der Zustimmungsersetzung zum Erfolg zu kommen (§ 309 Abs. 1 Satz 2 Nr. 2 InsO); jedoch ist zu beachten, daß in Kreisen der Kreditwirtschaft bereits offen diskutiert wird, ob es für einen Zessionsgläubiger zweckmäßiger sein könne, den übrigen Gläubigern im Plan eine Beteiligung an den Zessionserlösen zuzugestehen, damit die notwendigen Mehrheiten erzielt werden (dazu *Hess/Obermüller* a. a. O., Rz. 792). Insofern ist für den Schuldner und seine Berater bei der Aufstellung des Plans eine realistische und durchhaltbare Konzeption, auf die sich alle Beteiligten verlassen können, wichtiger als eine sklavische Orientierung an § 309 InsO.

29 Eine inhaltliche Überprüfung des Inhalts des Plans durch das Gericht findet wegen der oben unter II. aufgezeigten Gesichtspunkte nicht statt. Insofern kann auch ein Nullplan nicht als unzulässiger Schuldenbereinigungsplan zurückgewiesen werden (s. § 309 Rz. 32; so auch *Wittig* WM 1998, 157 [160]), denn die für den Insolvenzplan geltende Zurückweisungsnorm des § 231 InsO gilt hier nach § 312 Abs. 3 InsO bewußt nicht. Formal kann allerdings eine Orientierung an § 224 Abs. 1 InsO erfolgen. Die dort genannten oder vergleichbare Maßnahmen müßten sich aus dem Planentwurf ermitteln lassen.

Ist der Plan aus sich heraus nicht nachvollziehbar oder plausibel, so liegt ein Fall der Unvollständigkeit vor, so daß das Gericht wiederum nach § 305 Abs. 3 InsO vorgehen wird. Die Gläubigerseite wird auf die Einbeziehung von Verfallklauseln in die Zahlungsbedingungen bestehen.

30 Optimistisch hatte *Schmidt-Räntsch* die Erwartung formuliert, daß die Rechtsprechung aufgrund der Generalklauseln des Zivilrechts übermäßig hart formulierten Verfallklauseln wird entgegenwirken können (*Schmidt-Räntsch* MDR 1994, 324; ebenso *Schmidt-Räntsch* Verbraucherinsolvenzverfahren und Restschuldbefreiung, in: Kölner Schrift zur InsO, 1998, Rz. 76). Angesichts der fehlenden materiellen Prüfungs- und Beschlußkompetenz bei Vorlage des Plans nach § 305 InsO stehen dem Gericht während des Verbraucherinsolvenzverfahrens nur die Möglichkeiten der Vermittlung nach § 307 InsO sowie die – begrenzte – Möglichkeit, entsprechende Klauseln im Zustimmungsersetzungsverfahren nach § 309 InsO zu würdigen, zu.

Die in § 305 Abs. 1 Nr. 4 InsO enthaltenen Hinweise auf mögliche Inhalte des Plans sind daher nicht als richterlich überprüfbare Kriterien zu verstehen, sondern als Leitfaden, der auch für die Gestaltung der außergerichtlichen Schuldenbereinigung als »Gebrauchsanweisung« dienen kann (BT-Drucks. 12/7302, S. 189; *Schmidt-Räntsch* MDR S. 324; *Balz* Die Ziele der Insolvenzordnung, in: Kölner Schrift zur InsO, 1998, Rz. 59).

D. Abs. 2 Erstellung der Forderungsverzeichnisse

Abs. 2 Satz 1 soll dem Schuldner die Erstellung des Forderungsverzeichnisses erleichtern, indem er auf die nach Satz 2 vom Gläubiger erstellten Forderungsaufstellungen Bezug nimmt. Dies ist als Klarstellung allgemeiner Regelungen der Bezugnahme zu verstehen (vgl. *Zöller/Greger* § 130 ZPO Rz. 1a). 31

Abs. 2 Satz 2 soll als flankierende Regelung die Vorbereitung des Schuldners für die außergerichtlichen Verhandlung und die Erstellung des Schuldenbereinigungsplans erleichtern. In der Praxis ist dem Schuldner die Art und Höhe seiner Schuld insbesondere wegen der laufenden Verzugszinsen, den auf Gläubigerseite entstandenen Kosten der Zwangsvollstreckung und der komplizierten Zahlungsverrechnung nach § 367 BGB oder § 11 Abs. 3 VerbrKrG in der Regel nicht bekannt. Er ist daher auf eine aktuelle Rechnungslegung durch die Gläubiger angewiesen. Abs. 2 Satz 2 macht deutlich, daß die Gläubiger eine detaillierte Forderungsaufstellung erstellen müssen, die nach Hauptforderung, Zinsen und Kosten differenziert. »Aufstellung« verdeutlicht, daß dem Schuldner nicht lediglich der derzeitige Stand der Forderungen mitgeteilt wird, sondern daß aus einer Aufstellung der Forderungsverlauf erkennbar ist, insbesondere die Verrechnung der geleisteten Zahlungen oder Pfändungsbeträge, die Kosten der einzelnen Zwangsvollstreckungsmaßnahmen in der Vergangenheit und die Entwicklung der Zinsen. Auch die Methode der Verrechnung der Forderungen nach § 367 Abs. 1 BGB oder § 11 Abs. 3 VerbrKrG muß aus der Aufstellung erkennbar sein. Dem Schuldner soll Gelegenheit gegeben werden zu prüfen, ob von ihm geleistete Zahlungen berücksichtigt und richtig verrechnet wurden und die vom Gläubiger geltend gemachten Kosten berechtigt sind. Hierdurch wird erreicht, daß die bei einer späteren Anmeldung der Forderung von den Gläubigern ohnehin vorzunehmende Berechnung der Forderungen) vorverlagert wird (BT-Drucks. 12/7302, S. 191). Darüber hinaus wird die außergerichtliche Einigung gefördert und Streitigkeiten bezüglich des Bestandes der Forderungen können frühzeitig geklärt werden. 32

§ 305 Abs. 2 InsO konkretisiert gesetzlich den auch schon bislang anerkannten Auskunftsanspruch des Schuldners aus §§ 242, 810 BGB und bestätigt eine in der Schuldnerberatung bereits weitgehend geübte Praxis der Gläubiger, die auch in ihrem eigenen Interesse dem Schuldner detailliert über die bestehenden Forderungen und deren Zusammensetzung Auskunft erteilen. Nach § 242 BGB besteht ein Anspruch auf Auskunft, wenn eine besondere rechtlichen Beziehung zwischen dem Auskunftsfordernden und dem Inanspruchgenommenen besteht und es das Wesen des Rechtsverhältnisses mit sich bringt, daß der Berechtigte in entschuldbarer Weise über Bestehen und Umfang seiner Rechte im Ungewissen, der Inanspruchgenommene aber in der Lage ist, die verlangte Auskunft unschwer zu erteilen (*BGH* NJW 1980, 263, ständige Rspr.; *Soergel/Wolf*, § 260, Rz. 23 ff.; im Erg. auch *Staudinger/Jürgen Schmidt* § 242 Rz. 829 f., der den Auskunftsanspruch nicht aus § 242, sondern aus Gewohnheitsrecht ableitet). Dies gilt auch nach der Kündigung des Kredits, wenn sich das Kreditverhältnis in ein Rückgewährschuldverhältnis umgewandelt hat (*Wosnitza* Das Recht auf Auskunft im bankvertraglichen Dauerschuldverhältnis, 1991, 121). Da die Gläubiger die Zahlungsentwicklung regelmäßig schriftlich dokumentiert haben, hat der Schuldner darüber hinaus ein Einsichtsrecht nach § 811 BGB (*Wosnitza* a. a. O, S. 122). Hierzu gehört auch die Bereitstellung von Ablichtungen der Vertragsunterlagen und bestehender Vollstreckungstitel, wenn diese dem Schuldner nicht mehr zur Verfügung stehen, damit er die Möglichkeit bekommt, die Forderungen rechtlich zu überprüfen. Auch dies ergibt sich bereits aus § 810 und § 242 BGB (*BGH* NJW-RR 1992, 1072; *Staudinger/Marburger* § 810 Rz. 21; *Derleder/Wosnitza* ZIP 1990, 901). 33

34 § 305 Abs. 2 Satz 2 InsO enthält aber eine Abweichung von der im allgemeinen Auskunftsrecht geltenden Kostenregelung nach § 811 Abs. 2 BGB. Hiernach ist grundsätzlich der Auskunftsersuchende zum Kostenersatz verpflichtet. Kosten, die dem Gläubiger im Vorfeld des Schuldenbereinigungsverfahrens dadurch entstehen, daß er seiner in § 305 InsO normierten Auskunftspflicht nachkommt und dem Schuldner eine detaillierte Forderungsaufstellung erteilt, sind dagegen nicht ersatzfähig (vgl. zu den Kosten auch § 310 Rz. 2 ff.).

35 Nach dem Wortlaut von Abs. 2 Satz 3 muß der Schuldner die Gläubiger auf einen bereits gestellten oder beabsichtigten Insolvenzeröffnungsantrag hinweisen. Hierdurch sollen die Gläubiger vor wiederholten Aufforderungen des Schuldners geschützt werden, da die Erstellung für sie arbeitsaufwendig ist und sie einen Aufwendungsersatz für ihre Tätigkeit nicht verlangen dürfen (BT-Drucks. 12/7302, S. 191). Die Erreichung dieses Zwecks erscheint fragwürdig (*Hess/Obermüller* a. a. O., Rz. 784). Allein durch einen Hinweis des Schuldners auf ein beabsichtigtes Verfahren werden die Gläubiger nicht vor wiederholten Auskunftsersuchen geschützt. Grenze für wiederholte Auskunftsersuchen wird aber das Institut des Rechtsmißbrauchs nach § 242 BGB sein (so auch *Wittig* WM 1998, 157 [164]), wenn der Schuldner z. B. innerhalb kurzer Zeitspannen wiederholte Auskunftsersuchen mit dem Hinweis auf ein beabsichtigtes Verbraucherinsolvenzverfahren verbindet, ohne daß das Verfahren tatsächlich betrieben wird. Bei der Frage des rechtsmißbräuchlichen Auskunftsverlangens sind die gesamten Umstände des Einzelfalles zu würdigen (*Palandt/Heinrichs* § 242 Rz. 38). Eine einmalige Wiederholung des Auskunftsersuchens, etwa weil der Schuldner die Voraussetzungen des § 305 Abs. 3 InsO nicht erfüllt hat und einen erneuten Antrag stellen will, wird sicher noch nicht als rechtsmißbräuchlich anzusehen sein.

E. Abs. 3 Unvollständige Antragsunterlagen

36 Die in Abs. 3 enthaltene Regelung dient der Verfahrensbeschleunigung. Mit der Fristbestimmung in Satz 2 soll auf ein zügiges Handeln des Schuldners hingewirkt werden (BT-Drucks. 12/7302, S. 191). Insbesondere im Hinblick auf § 306 Abs. 1 Satz 2 InsO, der einen Abschluß des Verfahrens innerhalb von drei Monaten als Sollvorgabe postuliert, sollen die zur Verfahrensdurchführung notwendigen Unterlagen möglichst schnell vorliegen. Das Gericht erhält die Möglichkeit, auf eine Vervollständigung der Unterlagen hinzuwirken.

37 Abs. 3 knüpft an Abs. 1 an, wonach der Schuldner zur Vorlage bzw. unverzüglicher Ergänzungen der Unterlagen verpflichtet ist. Die Prüfungskompetenz des Gerichts beschränkt sich hierbei lediglich auf eine Überprüfung der Vollständigkeit der Unterlagen (*Hess/Obermüller* a. a. O., Rz. 796), eine inhaltliche Überprüfung der vorgelegten Unterlagen findet nicht statt, da in Rahmen des § 305 InsO keine Zulässigkeitsprüfung erfolgt (vgl. oben Rz. 4 ff.).

38 Es wird lediglich geprüft, ob die vorgelegten Unterlagen überhaupt als solche im Sinne des § 305 Abs. 1 Nr. 1–4 InsO anzusehen sind. So ist die Bescheinigung nach Abs. 1 Nr. 1 InsO daraufhin zu überprüfen, ob sie von einer als geeignet anzusehenden Stelle oder Person stammt, ihrem Inhalt nach als Bescheinigung über das Scheitern eines außergerichtlichen Einigungsversuchs anzusehen ist und eine Unterschrift der autorisierten Person enthält. Dagegen (wird) kann vom Gericht nicht überprüft werden, ob die Verhandlungen mit den Gläubigern ernsthaft oder zweckdienlich waren und tatsächlich auf der Grundlage eines Plans erfolgt sind (vgl. oben Rz. 13). Auch bezüglich des

Antrags bzw. der negativen Absichtserklärung nach Abs. 1 Nr. 2 wird lediglich eine formale Prüfung vorgenommen. Das Vermögensverzeichnis nach Nr. 3 muß grundsätzlich eine – positive oder negative – Aufstellung von Vermögenswerten enthalten. Die Vollständigkeit der Angaben wird allerdings nicht überprüft. Unvollständige Angaben des Schuldners werden durch § 290 Abs. 1 Nr. 6 InsO sanktioniert. Das Gläubiger- und Forderungsverzeichnis muß Anschriften von Gläubigern enthalten und eine Aufstellung von Forderungen, die nach Hauptforderung, Zinsen und Kosten differenziert wird. Auch diesbezüglich findet keine weitergehende Überprüfung statt, das Gesetz sieht zum Schutz der Gläubiger neben der Sanktionsmöglichkeit des § 290 Abs. 1 Nr. 6 InsO den Hinweis nach § 307 Abs. 1 InsO an die Gläubiger vor, zu den Verzeichnissen Stellung zu nehmen. Auch an die Erklärung der Richtigkeit der Angaben sind keine weiteren Anforderungen zu stellen, solange sie von ihrem Inhalt her überhaupt als solche Erklärung zu qualifizieren ist.

Der Schuldenbereinigungsplan nach Abs. 1 Nr. 4 wird lediglich daraufhin überprüft, ob **39** er überhaupt Vorschläge enthält, die ihrem Inhalt nach zu einer Schuldenbereinigung führen können (vgl. auch den Katalog in § 224 Abs. 1 InsO). Eine weitergehende inhaltliche Überprüfung findet nicht statt (s. o. Rz. 29).

Kommt der Schuldner seiner in Abs. 1 bezeichneten Obliegenheit nicht nach, fordert das **40** Gericht ihn auf, die Unterlagen unverzüglich zu ergänzen. Dies geschieht in Form einer richterlichen Verfügung, da das Gesetz an dieser Stelle keinen förmlichen Beschluß vorsieht; hierin ist auf die Rechtsfolgen nach § 305 Abs. 3 Satz 2 InsO hinzuweisen.

Das Gesetz sieht vor, daß der Antrag als zurückgenommen gilt, wenn der Schuldner der **41** Aufforderung nicht innerhalb einer Frist von einem Monat nachkommt. Es handelt sich hierbei um eine gesetzliche Ausschlußfrist. Problematisch wird die Einhaltung der Frist, wenn der Schuldner die vorzulegenden Unterlagen nicht innerhalb eines Monats beschaffen kann. Eine Verlängerung der Frist nach Abs. 3 ist wegen § 224 Abs. 2 ZPO nicht möglich, da gesetzliche Fristen nur in den vom Gesetz ausdrücklich bestimmten Fällen verlängert werden können (*Feiber* in MünchKommZPO, § 224 Rz. 3). So ist der Schuldner bei einem Gläubigerantrag nach § 306 Abs. 3 InsO gehalten, einen eigenen Insolvenzantrag zu stellen, wenn er das Schuldenbereinigungsverfahren nutzen will. Hierzu gibt das Gericht ihm Gelegenheit, indem es ihn zur Antragstellung auffordern und ihm eine Frist zur Erklärung setzen wird. Um Klarheit über die Absicht des Schuldners zu schaffen und den weiteren Gang des Verfahrens zu beschleunigen, wird diese Frist nur knapp zu bemessen sein (zum Erfordernis der Durchführung des außergerichtlichen Einigungsversuchs beim Gläubigerantrag vgl. unten § 306 Rz. 12 ff.). Es wird dem Schuldner aber nur sehr schwer möglich sein, innerhalb dieser Frist und der Monatsfrist des Abs. 3 von seinen Gläubigern Forderungsaufstellungen zu erhalten, einen ernsthaften Sanierungsplan auszuarbeiten und die erforderlichen Unterlagen beizubringen, so daß die Gefahr besteht, daß der Schuldnerantrag trotz ernsthafter und redlicher Bemühungen an den objektiven Fristproblemen scheitert (dazu ausführlich *Bindemann*, Handbuch Verbraucherkonkurs, 1997, Rz. 44 ff.). Dies ist ein bekanntes strukturelles Problem des Insolvenzrechts, in dem das der Sache nach gebotene Beschleunigungsprinzip und der unverzichtbare Grundsatz des effektiven Rechtsschutzes in Kollision zu geraten drohen. Sie sind im Einzelfall in der gerichtlichen Entscheidungspraxis nach dem Grundsatz der praktischen Konkordanz aufzulösen (dazu *BVerfG* ZIP 1988, 379, 382 zu §§ 119, 121 VglO; dazu auch *Baur/Stürner* Rz. 6.34 ff.).

Die möglichen Instrumente für eine solche praktische Konkordanz lassen sich anhand **42** der Literatur zu § 10 VglO anschaulich nachvollziehen. In dieser Norm war für die Komplettierung der Unterlagen zum Vergleichsantrag eine kurze Zwei-Wochenfrist

§ 305 *Verbraucherinsolvenzverfahren und sonstige Kleinverfahren*

normiert, die bis auf eine Frist von vier Wochen verlängert werden konnte. Diese Frist war vor allem für Großverfahren nachhaltig zu kurz (dazu nur *Uhlenbruck* KTS 1987, 411 ff.). Folgende Begründungswege sind von der Literaturmehrheit und der Gerichtspraxis zur Korrektur beschritten worden:
- Verlängerung durch das zuständige Gericht gegen den eindeutigen Wortlaut um mehr als vier Wochen (dazu *Bley/Mohrbutter* VglO § 10 Rz. 10);
- Sistieren des gesamten Verfahrens um die für den Rechtsschutz unverzichtbare Frist (dazu nur *Uhlenbruck*, a.a.O., S. 413; *Baur/Stürner* a.a.O., § 26 Rz. 4; *Kilger/ Karsten Schmidt* § 16 VglO Rz. 5);
- Ausführliche gerichtliche Prüfung vor Setzung der Nachfrist (dazu *Häsemeyer* Insolvenzrecht, 1992, S. 675 f.).

43 Diese Wege sind angesichts der Formulierungen in §§ 305, 306 InsO nur begrenzt gangbar, denn die Frist des § 305 Abs. 3 InsO, die die Rechtsfolge unmittelbar an die Säumnis des Schuldners knüpf, ist eine gesetzliche Ausschlußfrist, so daß die Diskussion um die Fristverlängerung des § 10 VglO nicht ohne weiteres auf die Situation des § 305 Abs. 3 InsO zu übertragen ist.

44 Da die Frist des § 305 Abs. 3 InsO keine Notfrist ist (§ 223 Abs. ZPO, § 4 InsO), kann § 233 ZPO nicht unmittelbar angewandt werden. In der höchstrichterlichen Rechtsprechung ist allerdings eine analoge Anwendung dieser Norm vorgenommen worden, wenn diese im Wege der verfassungskonformen Auslegung zur Sicherung der Verfahrensgrundrechte der Beteiligten geboten war (anschaulich *BGHZ* 53, 310, 312 = NJW 1970, 900; weiter *BGHZ* 54, 65, 70 = NJW 1970, 1316 mit zust. Anm. *Pick* NJW 1970, 2061; *OLG Düsseldorf* WM 1992, 1410, 1411; aus der Literatur nur *Roth* in *Stein/Jonas* § 233 Rz. 18 ff.). Eine solche Analogie setzt jedoch voraus, daß auf anderem Weg keine Lösung gefunden werden kann.

45 Eine vorrangige Lösung im Rahmen des Wortlauts der §§ 305, 306 InsO wird jedoch erreicht, wenn man sich klar macht, daß der Fristbeginn für die einschneidende Monatsfrist nach § 305 Abs. 3 InsO der durch die Aufforderung zur Ergänzung der Unterlagen gesetzt wird, im Ermessen des Gerichts liegt. In einem solchen Fall hat das Gericht sein Ermessen anhand der vom Bundesverfassungsgericht geprägten Grundsätze des fairen Verfahrens auszuüben. Dazu zählt der Grundsatz, daß in jedem Verfahren den Beteiligten die Möglichkeit erhalten bleiben muß, durch prozessuale Anträge eine unverhältnismäßige Schädigung verhindern oder eingrenzen zu können. Dieser Grundsatz ist anhand vollstreckungsrechtlicher Sachverhalte vom Bundesverfassungsgericht entwickelt worden (*BVerfGE* 46, 325, 334 = NJW 1978, 368; *BVerfGE* 49, 220, 225; *BVerfGE* 51, 150, 156). In diesen Fällen ist jeweils anerkannt worden, daß ein Gericht verpflichtet sein kann, eine Angelegenheit zu vertagen oder einem Antragsteller eine weitere Frist einzuräumen, damit dieser seine Rechte effektiv wahrnehmen kann. Diese Aussagen sind heute als Grundlinien der Rechtsprechung zum fairen Verfahren allgemein anerkannt (vgl. dazu nur *Leipold* in *Stein/Jonas* vor § 128 Rz. 65 ff., 67).

46 In den Fällen eines Gläubigerantrags nach § 306 InsO ist typischerweise davon auszugehen, daß die Monatsfrist nach § 305 Abs. 3 InsO zu kurz für sachdienliche Anträge ist (dazu auch *Jauernig* § 94 III 2), so daß es im Regelfall Aufgabe des Gerichts ist, von Amts wegen (§ 5 InsO) die Tatsachen zu erfragen, die für die Ausübung des Ermessens – Wahl des richtigen Zeitpunkts für die Setzung der Nachfrist – erforderlich sind. Erst auf dieser Basis kann und darf dann nach entsprechender Prüfung die Frist nach § 305 Abs. 3 Satz 1 InsO gesetzt werden (für eine Hinauszögerung dieser Fristsetzung zur Abmilderung der sich hieraus ergebenden Konsequenzen plädiert auch *Henckel* in Festschrift für Gaul, 1997, S. 199 [202]).

Eröffnungsantrag des Schuldners § 305

In denjenigen Fällen, in denen die Monatsfrist aus anderen Gründen strukturell zu kurz **47** ist, wird es in der Regel zu den Aufgaben der Anwälte und Rechtsberater der Schuldner gehören, die Tatsachen darzulegen, die hier bei der Ausübung des Ermessens und der Setzung des Fristbeginns von Bedeutung sind. Zu den Fallgruppen, bei denen auch bei einem Schuldnerantrag eine spätere Fristsetzung zu erwägen ist, gehören z. B. die Fälle, in denen ein kurzfristiger Zufluß zur Masse (z. B. eine Abfindung nach §§ 9, 10 KSchG oder eine Rentennachzahlung) zu erwarten ist, der dem Zugriff einzelner Gläubiger zu entziehen und zur Sicherung eines Gesamtvollstreckungsverfahrens einzusetzen ist. In einem solchen Fall dient es den Interessen der Gesamtheit der Gläubiger, wenn ein Schuldner zügig den Insolvenzantrag stellt und parallel die Unterlagen nach § 305 Abs. 1 InsO beibringt.

Eine weitere Fallgruppe zeichnet sich dadurch aus, daß der Schuldner noch über ein **48** Restvermögen verfügt, das es im Interesse des Schuldners, der Insolvenzgläubiger und der öffentlichen Finanzen zu sichern gilt. Dies wird insbesondere dann der Fall sein, wenn der Schuldner den Antrag nach § 18 InsO möglichst frühzeitig stellt, um mit seinem Restvermögen die Verfahrenskosten sichern zu können (vgl. hierzu *Pape* Rpfleger 1997, 237 [240]). Sicherungsmaßnahmen nach § 21 InsO könnten aber nicht getroffen werden, wenn der Antrag zurückgewiesen wird. Nur hierdurch könnte aber die Masse, und damit die Interessen der Gemeinschaft der Insolvenzgläubiger – vor einem Vollstreckungszugriff einzelner Insolvenzgläubiger geschützt werden. Insofern ist die Möglichkeit der frühzeitigen Antragstellung sachdienlich. Es würde dem Grundsatz fairer Verfahrensführung und der klaren Zielsetzung der Insolvenzordnung widersprechen, den Schuldner in dieser Phase unter Fristsetzung zur Antragsergänzung aufzufordern, die dieser nicht einhalten kann und die zwangsläufig zu einem Verlust von Sicherungsmöglichkeiten führen würde. Dem Schuldner ist daher ausreichend Zeit zu lassen (bis zu sechs Monaten, analog § 305 Nr. 1 InsO), um die erforderlichen Unterlagen zu beschaffen. Erst wenn eine angemessene Frist abgelaufen ist, fordert das Gericht ihn unter Fristsetzung zur Antragsergänzung auf.

Dies würde zwar möglicherweise im Einzelfall zu einer Verlängerung der Verfahrens- **49** dauer, insgesamt aber nicht zu einer Mehrbelastung der Justiz führen. Denn die Möglichkeit, schon während der außergerichtlichen Verhandlungen notfalls eine Einstellung von Zwangsvollstreckungen durch das Gericht zu erreichen, wird die Gläubiger von Vollstreckungsmaßnahmen abhalten und die außergerichtliche Einigung und die Arbeit der Schuldnerberatungsstellen und anderen Berater erleichtern. Hierdurch würden auch die Vollstreckungsgerichte entlastet. Auch notwendige Maßnahmen zur Sicherung der Masse vor Verfügungen des Schuldners könnten schon zu diesem frühen Zeitpunkt getroffen, und damit die Masse gesichert werden. Funktional entspräche ein solches Vorgehen der heutigen Sistierung im Vergleichsverfahren, wenn Ernstlichkeit und Erfolgsaussichten einer außergerichtlichen Sanierung glaubhaft gemacht sind (*Kilger/ Karsten Schmidt* VglO, § 16 Rz. 5). In der Sache würde damit am ehesten die gebotene praktische Konkordanz von Haftungsverwirklichung und Sanierung in einem einheitlichen Verfahren (dazu *BGH* NJW 1997, 524, 526) erreicht.

Als Rechtsfolge der Fristversäumnis nach Abs. 3 gilt der Antrag auf Eröffnung des **50** Insolvenzverfahren als zurückgenommen. Dem Schuldner bleibt die Möglichkeit vorzutragen, daß seine Unterlagen vollständig waren um damit die Vermutung zu widerlegen. Allerdings sieht § 305 Abs. 3 InsO keinen förmlichen Beschluß über die Antragsrücknahme vor. Der Schuldner kann aber, wenn er die Rechtsfolge der Antragsrücknahme für ungerechtfertigt hält, entsprechend §§ 4 InsO, 269 Abs. 3 Satz 3 ZPO verlangen, daß das Gericht die Wirkung der Antragsrücknahme durch Beschluß ausspricht (dies war auch

Grote 1799

§ 306 *Verbraucherinsolvenzverfahren und sonstige Kleinverfahren*

bereits im Konkursverfahren für die Antragsrücknahme anerkannt, vgl. *Kuhn/Uhlenbruck* § 103 Rz. 3a). Dieser Beschluß unterliegt nach § 269 Abs. 3 Satz 5 ZPO der sofortigen Beschwerde. Gibt das Beschwerdegericht dem Rechtsbehelf des Schuldners statt, entfällt die Vermutung der Antragsrücknahme.

51 Die Antragsrücknahme beseitigt die Rechtshängigkeit des Antrags (s. auch § 13 Rz. 16 ff.). Auf die Verjährung etwaiger Ansprüche der Gläubiger hat das keine Auswirkung, da die Antragstellung ohnehin keine Unterbrechung der Verjährung der Ansprüche der Insolvenzgläubiger nach § 211 BGB bewirkt hat (vgl. auch *BGH* NJW 1963, 2019; 1998, 1058). Erst mit der Anmeldung der Forderung im Insolvenzverfahren wird die Verjährung nach § 209 Abs. 2 Nr. 2 BGB unterbrochen. Hatte das Gericht bereits Sicherungsmaßnahmen getroffen, so sind diese von Amts wegen durch Beschluß aufzuheben (*Schmidt-Räntsch* Insolvenzordnung, 1995, § 25 Rz. 1; vgl. auch § 106 Abs. 2 KO der diese Pflicht noch deutlicher formulierte).

F. Verfahrensrechtliches

52 Die Antragstellung löst die Kostenfolge des § 61 GKG aus. Schon im Schuldenbereinigungsverfahren entstehen Gerichtskosten in Höhe einer halben Gebühr (Art. 29 EGInsO in der Fassung vom 13. August 1998 BGBl. 1998/I Nr. 30, S. 2031 mit der Änderung des Nr. 1401 KV). Eine Vorschußpflicht gem. § 65 GKG besteht allerdings nicht. Zustell- und Fernsprechkosten sind in den Tabellenbeträgen bereits eingearbeitet und werden nur erhoben, soweit sie in einer Instanz den Betrag von 100 DM überschreiten (vgl. amtl. Begründung vor KV 9000, zit. nach *Markl/Meyer* Gerichtskostengesetz, 1996, Rz. 10 u. KV 9000).

§ 306
Ruhen des Verfahrens

(1) ¹Das Verfahren über den Antrag auf Eröffnung des Insolvenzverfahrens ruht bis zur Entscheidung über den Schuldenbereinigungsplan. ²Dieser Zeitraum soll drei Monate nicht überschreiten.
(2) Absatz 1 steht der Anordnung von Sicherungsmaßnahmen nicht entgegen.
(3) ¹Beantragt ein Gläubiger die Eröffnung des Verfahrens, so hat das Insolvenzgericht vor der Entscheidung über die Eröffnung dem Schuldner Gelegenheit zu geben, ebenfalls einen Antrag zu stellen. ²Stellt der Schuldner einen Antrag, so gilt Absatz 1 auch für den Antrag des Gläubigers.

§ 306 entspricht § 357c BT-RA-EInsO. Er hat im Regierungsentwurf kein Vorbild. BT-Drucks. S. 191 zu Nr. 197 (zu § 357c).

Inhaltsübersicht: Rz.

A. Normzweck		1
B. Gesetzliche Systematik		2– 3
C. Abs. 1	Ruhen des Verfahrens	4– 7
D. Abs. 2	Anordnung von Sicherungsmaßnahmen	8–17

Ruhen des Verfahrens § 306

E. Abs. 3 Verfahren bei Gläubigerantrag 18–23
F. Verfahrensrechtliches 24

Literatur:

(siehe vor § 286, S. 1580)

A. Normzweck

Durch § 306 InsO soll der Vorrang der einvernehmlichen Schuldenbereinigung vor dem gerichtlichen Insolvenzverfahren gesichert werden. Von der Eröffnung des Verfahrens wird abgesehen, wenn sich die Beteiligten im Schuldenbereinigungsverfahren über eine Schuldenregulierung einig werden bzw. die fehlende Zustimmung einzelner Gläubiger nach § 309 InsO ersetzt werden kann (BT-Drucks. 12/7302, S. 191). Die Vorschrift dient daher auch der Entlastung der Gerichte. Auch durch Abs. 1 Satz 2 soll der zügige Fortgang des Verfahrens gefördert werden. Abs. 2 stellt sicher, daß während der Dauer des Schuldenbereinigungsverfahrens trotzdem Maßnahmen zur Sicherung der Masse getroffen werden können. Abs. 3 soll gewährleisten, daß dem Schuldner auch bei einem Gläubigerantrag die Chance zur Schuldenbereinigung eröffnet wird, so daß auch dann, wenn der Gläubiger dem Schuldner mit der Antragstellung zuvorkommt, das Schuldenbereinigungsverfahren durchgeführt werden kann. 1

B. Gesetzliche Systematik

§ 306 InsO knüpft an Regelungen in der Vergleichsordnung an, weist aber wesentliche Unterscheidungsmerkmale auf. Der Schuldenbereinigungsplan kann nur mit einem Antrag auf Eröffnung eines Insolvenzverfahrens vorgelegt werden. In der VglO wird der Vergleichsantrag nicht von einem gleichzeitigen Konkurseröffnungsantrag abhängig gemacht, vielmehr wird ein Konkursantrag des Schuldners je nach den Umständen als Anregung für die Durchführung eines Anschlußkonkurses oder als Rücknahme des Vergleichsantrags gewertet (*Bley/Mohrbutter* VglO, § 46 Rz. 2). Ein Schuldnerantrag war in der VglO auch entbehrlich, da die Entscheidung über die Eröffnung eines Anschlußkonkurses im Falle eines Scheiterns des Vergleichsverfahrens von Amts wegen erfolgte (§§ 19, 80, 96 Abs. 5, 101 VglO). Bei einem Zusammentreffen von Vergleichsantrag des Schuldners und Konkursantrag eines Gläubigers sah § 46 VglO, ähnlich wie § 306 Abs. 1 Satz 1 InsO, die Aussetzung der Entscheidung über den Antrag auf Konkurseröffnung bis zur rechtskräftigen Entscheidung über den Vergleichsantrag vor. Da sich Ruhen und Aussetzung in ihren prozessualen Wirkungen nicht unterscheiden (*Baumbach/Hartmann* ZPO, 1998, § 251 Rz. 9; *Rosenberg/Schwab/Gottwald* Zivilprozeßrecht, 1993, § 128 III.) ist hier nur eine redaktionelle Abweichung von der VglO vorgenommen worden (zur befristeten Aussetzung des GesO-Verfahrens vgl. § 2 GUG). 2

Abs. 2 läßt Maßnahmen des Gerichts zur Sicherung der Masse nach § 21 InsO zu und knüpft damit an die Regelungen der §§ 12, 13 VglO und § 106 KO an. Die Möglichkeit des Gerichts, Sicherungsmaßnahmen anzuordnen, ist aber in § 21 Abs. 3 InsO erweitert worden. § 13 VglO sah lediglich die einstweilige Einstellung von Zwangsvollstrek- 3 kungsmaßnahmen vor, diese war auf maximal 6 Wochen befristet. In der KO wurde nach der h. M. aus § 106 nur ein Verwertungsverbot gem. §§ 771, 772 ZPO abgeleitet, so daß Pfändungsmaßnahmen zulässig blieben und Pfändungspfandrechte begründet werden konnten (vgl. *Kuhn/Uhlenbruck* § 106 Rz. 4 b; *Hess* § 196 Rz. 39; *Kilger/Karsten Schmidt* § 106 Anm. 3). Nunmehr steht mit § 21 Abs. 3 explizit ein vielfältigeres Instrumentarium an Sicherungsmaßnahmen zur Verfügung.

Allerdings bleibt die Regelung des § 306 InsO insofern hinter den Vorschriften der VglO zurück, als in § 47 VglO ein gesetzliches Vollstreckungsverbot für die Dauer des Vergleichsverfahrens vorgesehen war. Darüber hinaus konnten nach § 48 VglO bereits anhängige Vollstreckungsmaßnahmen einstweilen eingestellt werden. Bereits im Vergleichsverfahren wurde zudem eine Ausdehnung der generellen Vollstreckungssperre auf das Vergleichsantragsverfahren befürwortet (*Bley/Mohrbutter* VglO, §§ 47, 48 Rz. 2; *Künne* DB 1978, 729 [723]). Ein ähnliches Vollstreckungsverbot findet sich in den §§ 88, 89 InsO für das Insolvenzverfahren wieder, nicht aber für das Schuldenbereinigungsverfahren. Zwangsvollstreckungsmaßnahmen können zwar auch im Schuldenbereinigungsverfahren über §§ 306 Abs. 2, 21 InsO untersagt oder eingestellt werden, dies ist jedoch weniger effektiv und bringt erhebliche Belastungen der Gerichte mit sich.

Abs. 3 weicht in der Systematik von den bisherigen Regeln ab, da die gleichzeitige Stellung des Konkursantrags durch den Schuldner im bisherigen Recht nicht vorgesehen war.

C. Abs. 1 Ruhen des Verfahrens

4 Das Ruhen des Verfahrens über den Eröffnungsantrag bewirkt, daß über diesen Antrag zunächst nicht zu entscheiden ist. Insofern liegt hier nur eine redaktionelle Abweichung vom Vorbild des § 46 VglO vor. Anders als bei § 251 ZPO tritt die Wirkung des Ruhens nach § 306 InsO kraft Gesetzes ein und bedarf keiner richterlichen Entscheidung. Abs. 1 gilt nicht nur für den Eröffnungsantrag des Schuldners, sondern auch für einen zeitlich danach eingehenden Antrag des Gläubigers. Scheitert das Schuldenbereinigungsverfahren, so hat das Gericht zunächst über den Antrag des Schuldners zu entscheiden. Wird das Verfahren eröffnet, so wird der Gläubigerantrag gegenstandslos, da auch der Zweck des Gläubigerantrags mit der Eröffnung erreicht ist (*Jauernig* § 83 V 4.). Lehnt das Gericht dagegen den Antrag des Schuldners auf Eröffnung des Insolvenzverfahrens ab, so muß es anschließend noch über den Gläubigerantrag entscheiden, wobei diese Entscheidung durchaus abweichend ausfallen kann (vgl. *Bley/Mohrbutter* VglO, § 46 Rz. 12, 13).

5 Fristen, die mit der Eröffnung des Verfahrens in Zusammenhang stehen, werden unterbrochen und beginnen nach dem Ende des Ruhenszeitraums von neuem zu laufen (*Rosenberg/Schwab/Gottwald* a. a. O., § 125 IV 1.). Auf die Verjährung von Forderungen hat das allerdings keine Auswirkungen, da eine Verjährungsunterbrechung erst mit der Anmeldung der Forderung eintritt (vgl. oben § 305 Rz. 48). Anders als in § 7 Abs. 2 GUG sieht die InsO auch keine Hemmung der Verjährung während des Ruhens vor. Während des Ruhens sind alle nach außen wirkenden Gerichtshandlungen unzulässig, die mit der Entscheidung über den Eröffnungsantrag in Zusammenhang stehen (vgl. *Roth* in *Stein/Jonas* ZPO, § 249 Rz. 33), insbesondere eine Entscheidung über die Zulässigkeit des Eröffnungsantrags des Schuldners (*Henckel* in FS für Gaul, 1997, S. 199 [203]). Eine Entscheidung über einen Prozeßkostenhilfeantrag ist aber im Interesse der Verfahrensbeschleunigung auch während des Ruhens des Antrags möglich (*BGH* NJW 1966, 1126).

Eine entgegen § 306 Abs. 1 Satz 1 InsO während des Schuldenbereinigungsverfahrens ergehende Entscheidung über den Eröffnungsantrag ist nicht ohne weiteres unwirksam, wohl aber nach § 34 InsO anfechtbar (vgl. *Bley/Mohrbutter* VglO, § 56 Rz. 7).
Durch Satz 2 soll der zügige Fortgang des Verfahrens gefördert werden (BT-Drucks. **6** 12/7302, S. 191). Aus der Terminologie »soll« und den fehlenden Sanktionen für den Fall der Fristversäumnis ist zu erkennen, daß die Frist des § 306 Abs. 1 Satz 2 InsO keine Ausschlußfrist ist. Eine verfahrensrechtliche Sollfrist findet sich auch in § 61 a ArbGG, der eine Frist von zwei Wochen für die Durchführung der Güteverhandlung vorsieht. Eine Sollfrist beinhaltet die Verpflichtung des Gerichts zur Einhaltung, gibt aber auch die Möglichkeit der Abweichung, wenn ein rechtfertigender Grund dafür vorliegt (*Germelmann/Matthes/Prütting* Arbeitsgerichtsgesetz Kommentar, 1998, § 61 a ArbGG Rz. 11). Der Richter hat kein freies Ermessen, sondern muß die Frist einhalten, soweit das möglich ist (*Grunsky* Arbeitsgerichtsgesetz Kommentar 1995, § 61 a ArbGG Rz. 13).
Der Gesetzgeber bringt damit zum Ausdruck, daß ihm an einer zügigen Durchführung des Verfahrens und einer größtmöglichen Entlastung der Gerichte gelegen ist. In der Praxis wird diese Frist in vielen Fällen kaum einzuhalten sein (vgl. hierzu *Kohte* ZIP 1994, 184 [186]; *Jauernig* § 94 III 1. B), so daß sie als bloße Ordnungsvorschrift einzustufen ist (so auch *Arnold*, DGVZ 1996, 129 [134]; *Wittig* WM 1998, 157 [163]). Gerade im Hinblick auf eine Vermeidung der Durchführung des gerichtlichen Entschuldungsverfahren und der damit verbundenen Entlastung der Insolvenzgerichte ist auf eine Einigung im Schuldenbereinigungsverfahren in besonderem Maße hinzuwirken, ohne daß der Einhaltung der Frist ausschlaggebende Bedeutung zugewiesen werden sollte. Eine Überschreitung der Frist hat auch keine Auswirkungen auf möglicherweise angeordnete Sicherungsmaßnahmen (*Vallender* ZIP 1997, 1993 [2000]).
Das Ruhen beginnt mit dem Eingang des Antrags, unabhängig von der Vollständigkeit **7** der einzureichenden Unterlagen (so auch *Bley/Mohrbutter* VglO, § 46 Rz. 5; a. A. wohl *Haarmeyer/Wutzke/Förster* Hdb. zur InsO, Kap. 10 Rz. 35). Es endet mit Eintritt der Rechtskraft der Entscheidung über den Schuldenbereinigungsplan.

D. Abs. 2 Anordnung von Sicherungsmaßnahmen

Der Gesetzgeber stellt klar, daß trotz des Ruhens des Verfahrens Sicherungsmaßnahmen **8** nach § 21 InsO angeordnet werden können (BT-Drucks. 12/7302, S. 191). Hierzu gehören insbesondere ein allgemeines Verfügungsverbot, die Untersagung sowie die einstweilige Einstellung der Zwangsvollstreckung. Das Gericht hat alle Maßnahmen zu treffen, um bis zur Entscheidung über den Eröffnungsantrag eine nachteilige Veränderung der Vermögenslage des Schuldners zu verhüten (vgl. hierzu oben § 21 Rz. 5 ff.).
In Betracht kommt die Sicherung von Vermögenswerten in Form beweglicher Sachen **9** und Forderungen. Eine einstweilige Einstellung der Zwangsversteigerung bei Immobilien erfolgt über §§ 30d, e ZVG ausschließlich durch das Vollstreckungsgericht (*Gerhardt* Verfügungsbeschränkungen in der Eröffnungsphase und nach Verfahrenseröffnung, in Kölner Schrift zur Insolvenzordnung, 1998, 159 [166], Rz. 18). In der Praxis der Verbraucherinsolvenzverfahren wird es häufig jedoch nicht so sehr darum gehen, bestehendes Mobiliarvermögen oder bestehende Forderungen des Schuldners gegen Dritte dem Zugriff einzelner Gläubiger oder der Verfügungsbefugnis des Schuldners zu entziehen. Der überschuldete Verbraucher verfügt häufig nicht mehr über pfändbare Vermögenswerte, so daß die Gefahr der Verschiebung oder Verschleierung

vergleichsweise gering ist. Wesentlicher Bestandteil der Masse wird im Verbraucherinsolvenzverfahren vielmehr der pfändbare Anteil des künftigen Arbeitseinkommens des Schuldners sein, der durch § 35 InsO – anders als noch in der KO – in die Verwertung einbezogen ist (zur Einbeziehung des Neuerwerbs in der GesO vgl. *Haarmeyer/Wutzke/Förster* GesO, § 1 Rz. 238 ff.).

10 Eine Untersagung der Zwangsvollstreckung nach § 21 Abs. 3 InsO kann sich nur auf künftige Zwangsvollstreckungsmaßnahmen beziehen (*Gerhardt* a.a.O., S. 166 Rz. 18). Aber auch die Untersagung künftiger Vollstreckungsmaßnahmen birgt die Gefahr, daß die Rechte einzelner Gläubiger beeinträchtigt sind, wenn sie einerseits nicht auf Vermögenswerte des Schuldners zugreifen können, andererseits diese Werte auch nicht für die Masse nutzbar gemacht werden können, nämlich dann, wenn z.B. eine Eröffnung des Verfahrens nicht erfolgt und damit auch keine Verteilung stattfindet (zur Notwendigkeit einer Interessenabwägung bei der Anordnung von Sicherungsmaßnahmen s. auch *Vallender* ZIP 1997, 1993 [1996]). Diese Rechtsfolge hat der Gesetzgeber durch die Neuschaffung des Untersagungstatbestandes wohl in Kauf genommen, in der Literatur ist sie – als effektives Instrument zur Sicherung der Masse – auf Zustimmung gestoßen (vgl. *Uhlenbruck* Die Stellung des vorläufigen Insolvenzverwalters, in: Kölner Schrift zur InsO, 1998, 243 Rz. 7; *Gerhardt* a.a.O., S. 167 Rz. 20 ff.). Im Verbraucherinsolvenzverfahren wird das Bedürfnis nach der Sicherung von Massegegenständen nicht so groß sein wie im Regelinsolvenzverfahren. Zu bedenken ist auch, daß zwischen der Antragstellung und der Prüfung des Eröffnungsantrages wegen des zwischengeschalteten Schuldenbereinigungsverfahrens in der Praxis mindestens sechs Monate liegen dürften. Eine generelle Untersagung von Zwangsvollstreckungsmaßnahmen müßte sinnvollerweise grundsätzlich mit einem allgemeinen Verfügungsverbot für den Schuldner gekoppelt werden, was eine Disposition über seine pfändbaren Einkommensanteile, die ja gerade im Schuldenbereinigungsverfahren erwünscht ist, zumindest erschwert (zur Auswirkung eines Verfügungsverbotes im Schuldenbereinigungsverfahren vgl. *Smid/Krug/Haarmeyer* InsO, § 306 Rz. 5). Eine Untersagung von Zwangsvollstreckungsmaßnahmen wird daher nur im Einzelfall in Betracht kommen, etwa wenn Gläubiger versuchen, den Schuldner mit sinnlosen Zwangsvollstreckungsmaßnahmen unter Druck zu setzen oder durch Pfändungsmaßnahmen die Existenz des Schuldners gefährdet ist. Dies kann z.B. bei Lohnpfändungen der Fall sein. Lohnpfändungen berechtigen zwar nur in Ausnahmefällen zur Kündigung des Arbeitsverhältnisses (vgl. hierzu *BAG* 1982, 1062; *Stöber* Rz. 934 m.w.N.) in der Praxis tragen sie aber nicht selten zu einer Kündigung des Arbeitsverhältnisses bei. Da das zukünftige Arbeitseinkommen des Schuldners in der Verbraucherinsolvenz regelmäßig die einzig pfändbare Vermögensposition sein dürfte, sind auch Sicherungsmaßnahmen adäquat und notwendig, die unmittelbar der Existenzsicherung des Schuldners und dem Erhalt seiner Arbeitsmotivation dienen, damit aber mittelbar auch dem Erhalt der Masse bzw. der potentiellen Abtretungsbeträge in der Treuhandphase.

11 Häufiger als die Untersagung wird die einstweilige Einstellung von Zwangsvollstreckungsmaßnahmen auch während des Schuldenbereinigungsverfahrens als probates Mittel zur Massesicherung anzusehen sein, da hierdurch die Pfändungspfandrechte nicht beeinträchtigt werden, wenn das Verfahren später nicht eröffnet wird. Allerdings kommt eine einstweilige Einstellung zur Massesicherung in der Regel nur dann in Betracht, wenn zumindest die Möglichkeit besteht, die zu sichernden Werte später zur Masse zu ziehen. Dies ist grundsätzlich bei allen Vollstreckungsmaßnahmen der Fall, die innerhalb des letzten Monats vor der Antragstellung erfolgt sind. Denn die Rückschlagsperre des § 88 InsO bewirkt, daß diese Maßnahmen mit der späteren Eröffnung des Insolvenzverfahrens unwirksam werden und das entstandene Pfändungspfandrecht erlischt (*Landfermann* Allgemeine Wirkungen der Insolvenzeröffnung, in: Kölner Schrift zur InsO, 1998, S. 138 Rz. 38; zur ähnlichen Regelung des § 28 VglO *Bley/Mohrbutter* VglO, § 28 Rz. 5 ff.). Pfändungspfandrechte, die vor dem Beginn der Frist des § 88 InsO begründet wurden, behalten grundsätzlich ihre Wirksamkeit. Für Lohnpfändungen sieht § 114 Abs. 3 InsO allerdings eine Sonderregelung vor. Sie verlieren in dem Monat nach der Eröffnung ihre Wirksamkeit.

Die vor der Rückschlagsperre entstanden Pfändungspfandrechte können aber auch durch eine erfolgreiche Anfechtung ihre Wirksamkeit verlieren. Pfändungen, die innerhalb der letzten drei Monate vor der Antragstellung ausgebracht wurden, werden regelmäßig anfechtbar sein, so daß auch in diesen Fällen die Möglichkeit besteht, die Vermögenswerte zur Masse zu ziehen. Denn eine Pfändung wurde im bisherigen Konkursrecht nach herrschender Meinung als inkongruente Deckung angesehen (*Jauernig* § 81 IV. 2. d; *Jaeger/Henckel* § 30 Rz. 231 ff.; *Kuhn/Uhlenbruck* § 30 Rz. 52 b m. w. N.; a. A. bislang *Baur/Stürner* Rz. 19.38). Aus der Gesetzesbegründung ist zu entnehmen, daß auch der InsO-Gesetzgeber Zwangsvollstreckungsmaßnahmen vor der Verfahrenseröffnung als inkongruente Deckung ansieht (BT-Drucks. 12/7302, S. 137; *Landfermann* a. a. O., Rz. 38). Für inkongruente Deckungen sieht § 131 Abs. 1 Nr. 2 InsO eine erleichterte Anfechtungsmöglichkeit vor, bei der eine Kenntnis des Gläubigers von der Zahlungsunfähigkeit nicht erforderlich ist. Da auch die Pfändung einer zukünftiger Forderungen anfechtbar ist, wenn die Pfändung innerhalb der relevanten Frist erfolgt ist (vgl. für die Bestellung eines rechtsgeschäftlichen Pfandrechts in der Krise *BGH* NJW 1983, 1123), werden insbesondere auch Entgeltpfändungen, die innerhalb der letzten drei Monate vor der Antragstellung erfolgt sind, regelmäßig anfechtbar sein, so daß eine einstweilige Einstellung von Pfändungsmaßnahmen aus diesem Zeitraum geboten ist. Auch über die Frist des § 131 InsO hinaus können Anfechtungstatbestände bestehen, das Gericht wird daher im Zweifelsfall zunächst eine einstweilige Einstellung verfügen, um die Möglichkeit der Massesicherung zu erhalten.

Die einstweilige Einstellung kann mit einem Verfügungsverbot an den Schuldner gekoppelt werden (kritisch hierzu *Vallender* InVO, 1998, 169 [173], vgl. zum Verfügungsverbot auch § 21 Rz. 8 ff.). Bei der Einstellung von Entgeltpfändungen kann zur Sicherung der Beträge statt eines Verfügungsverbots dem Drittschuldner auferlegt werden, die pfändbaren Entgeltanteile zu hinterlegen (so *Vallender* ZIP 1997, 1993 [1996]). Aber auch eine vorläufige Verwaltung kann angeordnet werden (kritisch zur Möglichkeit der vorläufigen Verwaltung im Verbraucherinsolvenzverfahren *Obermüller* in *Hess/Obermüller*, a. a. O., Rz. 803 und *Wittig* WM 1998, 157 [163]). Der vorläufige Verwalter hat dann allerdings auch im Vorverfahren nur die gem. § 313 Abs. 2 und 3 InsO eingeschränkten Befugnisse. Aufgabe des vorläufigen Verwalters kann es nicht nur sein, das Vermögen des Schuldners zu verwalten und ggf. seine Geschäftsführung zu übernehmen, sondern auch bei der Ergänzung fehlender Unterlagen oder der Erstellung oder Änderung des Schuldenbereinigungsplans zu helfen, wenn der Schuldner selbst nicht hierzu in der Lage ist. Dies war bereits für den vorläufigen Vergleichsverwalter anerkannt (*Mohrbutter/Mohrbutter* Hdb. d. Insolvenzvw., 1997, Rz. 1218), insbesondere für den Vergleichsverwalter »Kölner Prägung« (vgl. hierzu *Gottwald/Uhlenbruck* Insolvenzrechtshandbuch 1990, § 72 Rz. 80). Als vorläufige Verwalter kommen wegen der Sachnähe zum Schuldner und der erfolgten Betreuung im außergerichtlichen Verfahren auch die Mitarbeiter öffentlich geförderter Schuldnerberatungsstellen in Betracht, zumal keine Personenidentität zwischen dem vorläufigen Verwalter und dem späteren Treuhänder als Insolvenzverwalter bestehen muß.

14 Zulässig sind auch weitere Maßnahmen, die Aufzählung in § 21 Abs. 2 InsO ist nicht enumerativ (»insbesondere«). In Frage kommt in der Verbraucherinsolvenz vor allem der Erlaß eines Verrechnungsverbotes an das Kreditinstitut bei dem der Schuldner sein Gehaltskonto führt. Hierdurch wird verhindert, daß das Kreditinstitut Zahlungsgutschriften auf dem Konto des Schuldners mit dem Debetsaldo verrechnet und dadurch die Vermögensmasse des Schuldners bzw. sein Existenzminimum und seine Arbeitsmotivation gefährdet ist (vgl. oben Rz. 10; § 21 Rz. 93; ausführlich zur Problematik des Girokontos im Insolvenzverfahren *Nobbe* Das Girokonto in der Insolvenz, in: *Prütting* Insolvenzrecht, 1997, 99).

15 Bei einer Änderung der Sachlage sind die Sicherungsmaßnahmen aufzuheben oder anzupassen, wenn das Sicherungsbedürfnis nicht mehr oder nur noch eingeschränkt besteht (*KG* Fam RZ 1990, 87; *LG Köln* NJW RR 1988, 1467, 1468; *Zöller/Herget* ZPO, § 707 Rz. 10; *Baumbach/Hartmann* a.a.O., § 707 Rz. 21). Kommt es zu einer Einigung im Schuldenbereinigungsverfahren, sind die Sicherungsmaßnahmen von Amts wegen aufzuheben. Das Gericht sollte darauf hinwirken, daß die Parteien im Plan auch bestimmen, was mit den hinterlegten bzw. vom vorläufigen Verwalter gesammelten Beträgen geschehen soll.

16 Neben den Sicherungsmöglichkeiten nach § 306 Abs. 2 i.V.m. § 21 InsO stehen Schuldner und Gläubigern auch die allgemeinen Rechtsbehelfe des Zwangsvollstreckungsrechts zur Verfügung. So kann der Schuldner während des Ruhenszeitraums einen Antrag nach § 850f ZPO stellen, wenn sein Existenzminimum gefährdet ist, oder nach § 850i ZPO, wenn die Pfändung einer Abfindung ansteht. Auch die Gläubiger haben während des Ruhens des Antrags weiterhin die Möglichkeit, Anträge etwa nach §§ 850c Abs. 4, § 850e oder § 850d ZPO zu stellen. Zuständig hierfür ist vor der Eröffnung des Insolvenzverfahrens das Vollstreckungsgericht.

17 Beim Vorliegen vorrangiger Entgeltabtretungen oder rechtsgeschäftlicher Verpfändungen kann das Insolvenzgericht den Zugriff der Gläubiger nicht durch Sicherungsmaßnahmen analog § 21 InsO verhindern. Das Verwertungsrecht von Absonderungsansprüchen steht, abweichend von § 166 InsO im Verbraucherinsolvenzverfahren gem. § 313 Abs. 3 InsO dem Absonderungsberechtigten zu.

E. Abs. 3 Verfahren bei Gläubigerantrag

18 Ein Gläubigerantrag ist auch im Verbraucherinsolvenzverfahren grundsätzlich zulässig. Seine Voraussetzungen richten sich nach den allgemeinen Vorschriften der InsO. Das Gericht prüft von Amts wegen (§ 4 InsO), ob der Gläubiger gem. § 14 InsO sein rechtliches Interesse an der Eröffnung des Insolvenzverfahrens, seine Forderung und den Eröffnungsgrund glaubhaft gemacht hat. Anderenfalls ist der Antrag als unzulässig abzulehnen. Desweiteren überprüft das Gericht, ob der Schuldner die Merkmale des § 304 InsO erfüllt (*Jauernig* § 94 III 2.). Sind die Voraussetzungen gegeben, so ist dem Schuldner nach § 306 Abs. 3 InsO Gelegenheit zu geben, einen eigenen Insolvenzantrag zu stellen. Nimmt er die Gelegenheit nicht wahr, so finden der erste und dritte Abschnitt des neunten Teils Anwendung, das Schuldenbereinigungsverfahren ist nicht durchzuführen. Stellt auch der Schuldner einen Antrag, so ist der Neunte Teil insgesamt anzuwenden.

19 Liegen die Voraussetzungen des § 304 InsO nicht vor, so spricht das Gericht von Amts wegen die Unzulässigkeit des Verfahrens aus und verweist analog § 17a GVG zur zulässigen Verfahrensart des Regelinsolvenzverfahrens (vgl. hierzu oben § 304

Rz. 22 ff.). Stellt der Schuldner einen Antrag, so ist auch das Schuldenbereinigungsverfahren durchzuführen und der Schuldner muß die nach § 305 InsO erforderlichen Antragsunterlagen abgeben. Hierbei wird es ihm aber im Regelfall nicht möglich sein, die nach § 305 Abs. 1 Nr. 1 InsO erforderliche Bescheinigung über das Scheitern eines außergerichtlichen Einigungsversuchs innerhalb der Frist des § 305 Abs. 3 InsO beizubringen. Dieses Problem könnte dadurch gelöst werden, daß das Gericht ihm eine längere Frist zur Antragstellung gewährt, um ihm vorher die Möglichkeit der außergerichtlichen Einigung zu geben. Diese lange Frist würde aber zu einer erheblichen Unsicherheit über den Verfahrensfortgang und, für den Fall des späteren Verzichts auf die Antragstellung, zu einer unnötigen Verfahrensverzögerung führen.

Jauernig (*Jauernig* § 94 III 2.) hält die Beibringung der Bescheinigung des § 305 Abs. 1 **20** Nr. 1 InsO in der Frist des Abs. 3 ebenfalls für unmöglich, will aber für diesen Fall die Rechtsfolge der Rücknahmevermutung des § 305 Abs. 3 InsO als Regelsanktion hinnehmen und schlägt vor, im Fall der Fristversäumnis dann über den Eröffnungsantrag des Gläubigers zu entscheiden. Diese Lösung erscheint nicht interessengerecht, da der § 306 Abs. 3 InsO dann für den Regelfall seinen Sinn verlieren würde, da die Schuldneranträge de facto dann ohnehin einen Monat nach Antragstellung abgewiesen würden. Bei einem Scheitern des Gläubigerantrags wäre der Schuldner u. U. gezwungen, nach entsprechender Vorbereitung einen weiteren Antrag zu stellen, was dem Zweck der Gerichtsentlastung widersprechen würde.

Ein Teil der Literatur geht bei einem Gläubigerantrag davon aus, daß eine außergericht- **21** liche Einigung in diesem Fall ohnehin erfolglos geblieben wäre und will dann auf das Bescheinigungserfordernis des § 305 Abs. 1 Nr. 1 InsO ganz verzichten (*Forsblad* Restschuldbefreiung und Verbraucherinsolvenz im künftigen deutschen Insolvenzrecht, 1997, 202; *Hess/Obermüller* a. a. O., Rz. 780). Dieser Auffassung ist zuzugeben, daß ein Gläubigerantrag sicher als Indiz dafür zu bewerten ist, daß eine außergerichtliche Einigung, die ja das Einverständnis aller Gläubiger voraussetzt, wahrscheinlich nicht erfolgreich gewesen wäre. Insofern ist dieser Auffassung zuzustimmen und der Schuldner, von dem nach den Grundsätzen des fairen Verfahrens nichts unmögliches verlangt werden darf (vgl. oben § 305 Rz. 45) ist bei einem Gläubigerantrag grundsätzlich von der Nachweispflicht des § 305 Abs. 1 Nr. 1 zu befreien.

Allerdings sind durchaus Fälle denkbar, in denen der Schuldner, ggf. unterstützt durch seine professionellen Berater, trotz des Antrags eines Gläubiger eine reelle Chance für eine außergerichtliche Einigung sieht. Dann würde es den Interessen der Beteiligten und dem Interesse des Gesetzgebers an der Vermeidung unnötiger Belastungen der Gerichte widersprechen, den Weg für außergerichtliche Lösungen pauschal zu verbauen. Auch *Henckel* (*Henckel* in FS für Gaul, 1997, S. 202) hält eine außergerichtliche Einigung trotz Gläubigerantrags für nicht ganz unwahrscheinlich, insbesondere, wenn der Gläubiger den Antrag auf Verdacht gestellt hat um sich Anfechtungsmöglichkeiten zu sichern. Dem Schuldner ist daher auf seinen Antrag hin zu gestatten, auch im Falle eines Gläubigerantrags die außergerichtliche Einigung zu versuchen und die Bescheinigung über ein mögliches Scheitern unverzüglich vorzulegen. Erst nach einer angemessenen Frist (sechs Monate) ist der Schuldner unter Androhung der Sanktion des § 305 Abs. 3 InsO unter nunmehr kurzer Fristsetzung (ein Monat) zur Ergänzung des Antrags aufzufordern(vgl. oben § 305 Rz. 46). Gibt der Schuldner nicht zu erkennen, daß er eine außergerichtliche Lösung anstrebt, bleibt das Fehlen der Bescheinigung nach § 305 Abs. 1 Nr. 1 InsO ohne Folgen.

Stellt der Schuldner keinen Antrag, so wird das vereinfachte Insolvenzverfahren durch- **22** geführt und das Gericht hat über den Eröffnungsantrag des Gläubigers zu entscheiden.

Liegt kein ausreichendes Schuldnervermögen vor, um die Kosten des Verfahrens zu decken, so unterbleibt die Abweisung des Antrags nach § 26 Abs. 1 Satz 1 InsO, wenn der Gläubiger oder der Schuldner einen ausreichenden Kostenvorschuß leisten (§ 26 Abs. 1 Satz 2 InsO).

23 Wenn der Schuldner keinen eigenen Antrag gestellt hat oder sein Antrag an § 305 Abs. 3 gescheitert ist, hat der Schuldner, wenn das Verbraucherinsolvenzverfahren aufgrund des Gläubigerantrags eröffnet wird, trotzdem die Möglichkeit, bis zum Prüfungstermin einen Antrag auf Restschuldbefreiung zu stellen (*Wittig* WM 1998, 157 [163]; *Smid/Krug/Haarmeyer* InsO, § 306 Rz. 8; so wohl auch *Henckel* a.a.O., S. 199 [208]; a.A. *Vallender* InVO, 1998, 169 [173]). Denn auch mit der Erklärung, daß eine Restschuldbefreiung nicht beantragt werden soll, hat der Schuldner noch keine Disposition über sein Antragsrecht auf Restschuldbefreiung getroffen, das nach § 287 Abs. 1 InsO keinen eigenen Insolvenzantrag voraussetzt. Nach § 287 Abs. 1 Satz 3 InsO kann der Restschuldbefreiungsantrag mit einem Eröffnungsantrag verbunden werden, dies ist aber keinesfalls zwingend. Der Restschuldbefreiungsantrag ist auch bei einem Gläubigerantrag zulässig. Durch § 306 Abs. 3 Satz 2 InsO soll dem Schuldner die Möglichkeit der einvernehmlichen Schuldenbereinigung eröffnet werden, er soll hierdurch jedoch nicht von der gerichtlichen Möglichkeit der Restschuldbefreiung ausgeschlossen werden. Da das vereinfachte Insolvenzverfahren nach § 312 Abs. 1 InsO keinen Berichtstermin vorsieht, ist der Restschuldbefreiungsantrag bis zum Prüfungstermin zuzulassen (s. § 287 Rz. 12).

F. Verfahrensrechtliches

24 Dem Gläubiger steht bei der Ablehnung seines Antrags die sofortige Beschwerde zu (§ 34 InsO). Stellt der Schuldner einen Antrag und wird das Verbraucherinsolvenzverfahren eröffnet, steht dem Gläubiger die sofortige Beschwerde zu mit der Begründung, der Schuldner erfülle nicht die Merkmale des § 304 (*Jauernig* § 83 V 4.). Unter den Voraussetzungen des § 7 ist die sofortige weitere Beschwerde zulässig.
Wird der Gläubigerantrag mangels Masse abgelehnt, steht auch dem Schuldner wegen der gravierenden Folgen der Abweisung (§ 26 Abs. 2 InsO) das Rechtsmittel der sofortigen Beschwerde zu (§ 34 Abs. 1 InsO).
Gegen die Anordnung von Sicherungsmaßnahmen nach § 306 Abs. 2 InsO ist kein Rechtsmittel vorgesehen (zweifelnd bzgl. der Verfassungskonformität dieses Ausschlusses *Gerhardt* a.a.O., S. 173 Rz. 34).
Eine Vollstreckung, die entgegen einem angeordneten Vollstreckungsverbot erfolgt, ist mit der Erinnerung gem. § 766 ZPO angreifbar. Wegen der größeren Sachnähe sollte auch in diesem Fall das Insolvenzgericht analog § 89 Abs. 3 InsO über die Erinnerung entscheiden (*Vallender* ZIP 1997, 1993 [1996]).

§ 307
Zustellung an die Gläubiger

(1) [1]**Das Insolvenzgericht stellt den vom Schuldner genannten Gläubigern das Vermögensverzeichnis, das Gläubigerverzeichnis, das Forderungsverzeichnis sowie den Schuldenbereinigungsplan zu und fordert die Gläubiger zugleich auf, binnen einer Notfrist von einem Monat zu den Verzeichnissen und zu dem Schul-**

denbereinigungsplan Stellung zu nehmen. ²Zugleich ist jedem Gläubiger mit ausdrücklichem Hinweis auf die Rechtsfolgen des § 308 Abs. 3 Satz 2 Gelegenheit zu geben, binnen der Frist nach Satz 1 die Angaben über seine Forderungen in dem Forderungsverzeichnis zu überprüfen und erforderlichenfalls zu ergänzen. ³Auf die Zustellung nach Satz 1 ist § 8 Abs. 1 Satz 2, 3, Abs. 2 und 3 nicht anzuwenden.
(2) ¹Geht binnen der Frist nach Absatz 1 Satz 1 bei Gericht die Stellungnahme eines Gläubigers nicht ein, so gilt dies als Einverständnis mit dem Schuldenbereinigungsplan. ²Darauf ist in der Aufforderung hinzuweisen.
(3) ¹Nach Ablauf der Frist nach Absatz 1 Satz 1 ist dem Schuldner Gelegenheit zu geben, den Schuldenbereinigungsplan binnen einer vom Gericht zu bestimmenden Frist zu ändern oder zu ergänzen, wenn dies auf Grund der Stellungnahme eines Gläubigers erforderlich oder zur Förderung einer einverständlichen Schuldenbereinigung sinnvoll erscheint. ²Die Änderungen oder Ergänzungen sind den Gläubigern zuzustellen, soweit dies erforderlich ist. ³Absatz 1 Satz 1, 3 und Absatz 2 gelten entsprechend.

§ 307 entspricht im wesentlichen § 357 d BT-RA-EInsO und hat im Regierungsentwurf kein Vorbild. BT-Drucks. 12/7302, S. 191/192, zu 198 (»Zu § 357 d«).

Inhaltsübersicht: Rz.

A. Normzweck		1
B. Gesetzliche Systematik		2
C. Abs. 1	Zustellung des Schuldenbereinigungsplans	3– 7
D. Abs. 2	Schweigen als Zustimmung	8– 9
E. Abs. 3	Änderungen und Ergänzungen des Plans	10–22

Literatur:

(siehe vor § 286, S. 1580)

A. Normzweck

§ 307 dient in erster Linie der zügigen Abwicklung des Schuldenbereinigungsverfahrens. Durch die Möglichkeit der schriftlichen Durchführung des Verfahrens und die kurze Frist zur Stellungnahme von einem Monat, die als Notfrist ausgestaltet ist, soll die Klärung der Frage, ob eine einvernehmliche Schuldenregulierung zwischen Schuldner und Gläubigern möglich ist, zügig erfolgen. Zugleich soll durch die gesetzliche Fiktion des Schweigens als Zustimmung und dem Zusammenhang zu § 308 Abs. 3 Satz 2 InsO auf ein aktives Mitwirken der Gläubiger hingewirkt werden (BT-Drucks. 12/7302, S. 191). Abs. 3 gibt dem Gericht die Möglichkeit, auf sinnvolle Änderungen des Plans hinzuwirken und fördert hierdurch die Erfolgsaussichten für eine gütliche Einigung (BT-Drucks. 12/7302, S. 192).

B. Gesetzliche Systematik

2 § 307 InsO ist im bisherigen Vergleichsrecht ohne Vorbild. Das Verfahren kann – anders als nach § 66 ff. VglO, wonach ein persönliches Erscheinen des Schuldners im Termin vorgesehen war – schriftlich durchgeführt werden (BT-Drucks. 12/7302, S. 191). Abweichend von § 22 Abs. 2 VglO wird nach § 307 InsO nicht nur der Vergleichsvorschlag (Schuldenbereinigungsplan), sondern werden auch die Abschriften der Verzeichnisse an die Gläubiger zugestellt. Diese konnten von den Gläubigern bislang nur bei Gericht eingesehen werden (§ 22 Abs. 3 VglO). Auch die Wertung des Schweigen eines Gläubigers als Zustimmung nach Abs. 2 findet kein Pendant in der VglO. Allerdings war auch in der VglO eine Anmeldung der Forderung der Gläubiger wichtig, da der bestätigte Vergleich auch gegenüber den Gläubigern wirkte, die ihre Forderungen nicht angemeldet hatten (§ 88 Abs. 1 VglO, § 193 KO) und sie infolgedessen bei Unterlassen der Anmeldung leer ausgehen konnten (vgl. *Bley/Mohrbutter* VglO, § 82 Rz. 6)

C. Abs. 1 Zustellung des Schuldenbereinigungsplans

3 Das Verfahren kann schriftlich durchgeführt werden (BT-Drucks. 12/7302, S. 191). Dies wird in der Regel aus Gründen der Verfahrenseffizienz auch zweckmäßig sein. Das Gericht kann zwar auch einen mündlichen Termin anberaumen und gem. § 4 InsO, §§ 273 Abs. 2 Satz 3, 141 ZPO das persönliche Erscheinen der Beteiligten anordnen, allerdings ersetzt das nicht das Erfordernis der förmlichen Zustellung des Schuldenbereinigungsplans nach Abs. 1 und etwaiger Ergänzungen des Schuldners nach Abs. 3.

4 Das Gericht stellt den Gläubigern die vom Schuldner vorgelegten Verzeichnisse und den Schuldenbereinigungsplan zu. Dies bedeutet, daß der Schuldner bei der Antragstellung Abschriften der Unterlagen in ausreichender Anzahl vorzulegen hat. Ist das nicht der Fall, so fertigt das Gericht auf seine Kosten die zur Zustellung benötigten Abschriften an (§ 56 Abs. 1 Satz 2 GKG i. V. m. KV 9000 2 b; vgl. *Hartmann* Kostengesetze, 1997, KV 9000 Rz. 8). Die Zustellung erfolgt von Amts wegen. Das Gericht hat hierbei zunächst nur eine Weiterleitungsfunktion. Die nach § 305 InsO lediglich auf ihre Vollständigkeit überprüften Unterlagen werden ohne weitere inhaltliche Überprüfung an die vom Schuldner angegebenen Gläubiger zugestellt. Sind die Gläubiger juristische Personen mit Filialnetz, so kann sowohl an die Filiale, als auch an die Zentrale wirksam zugestellt werden (*RGZ* 109, 265, 267; *BGHZ* 4, 62, 65; *AG Leipzig* WM 1998, 812; *Baumbach/Hartmann* ZPO, 1998, § 183 Rz. 13; *Bokelmann* in MünchKomm/HGB § 13 Rz. 19; a. A. wohl *Wittig* WM, 1998, 157 [166]). Eine nicht ordnungsgemäße Zustellung vermag keinerlei Rechtswirkungen im Sinne der § 307 ff. InsO für die Gläubiger zu entfalten.

5 Das Gericht fordert die Gläubiger auf, innerhalb einer Frist von einem Monat zu dem Plan und zu den Verzeichnissen Stellung zu nehmen. Die Ausgestaltung dieser Frist als Notfrist bewirkt einerseits, daß durch das hiermit verbundenen Erfordernis der förmlichen Zustellung Klarheit über den Lauf der Monatsfrist entsteht. Andererseits wird hierdurch der Weg für die Wiedereinsetzung in den vorherigen Stand (§ 233 ZPO) eröffnet, womit für Konflikte der Fristversäumnis eine eingespielte Lösung zur Verfügung steht (*Schmidt-Räntsch* MDR 1994, 321 [324]). Eine Verlängerung der gesetzlichen Frist durch das Gericht ist nicht möglich.

6 Satz 2 ist als zusätzlicher deklaratorischer Warnhinweis an die Gläubiger auf die Anerkenntniswirkungen des § 308 Abs. 3 Satz 2 InsO zu verstehen. Es wird zudem eine frühzeitige Klärung des Forderungsbestandes bewirkt, die die spätere Durchführung des

Zustellung an die Gläubiger § 307

Insolvenzverfahrens vereinfacht. (BT-Drucks. 12/7302, S. 191). Unterbleibt der Hinweis des Gerichts auf die Wirkung des § 308 Abs. 3 Satz 2 InsO, so tritt nach Ansicht von Jauernig (*Jauernig* § 94 III c) diese Wirkung nicht ein.

Satz 3 stellt klar, daß die Erleichterungen für Zustellungen, die nach § 8 InsO für das Regelinsolvenzverfahren gelten, im Verbraucherinsolvenzverfahren keine Anwendung finden. Unzulässig sind insbesondere die Zustellung durch den Insolvenzverwalter und die Zustellung durch Aufgabe zur Post. Bei Personen, deren Aufenthalt unbekannt ist, wird die Zustellung durch öffentliche Bekanntmachung (§ 203 ZPO) bewirkt. Auch auf eine Beglaubigung der zuzustellenden Schriftstücke kann nicht verzichtet werden (*Hess/Obermüller* Insolvenzplan, 1998, Rz. 815). Durch diese Regelung wird das Schuldenbereinigungsverfahren sehr kostspielig und unter Umständen auch zeitaufwendig. In Verfahren mit einer Vielzahl von Gläubigern, insbesondere bei Schuldnern mit einer ehemals gewerblichen Tätigkeit (s.o. § 304), wird die faktische Durchführung des Insolvenzverfahrens die Gerichte erheblich belasten, wobei die Wahrscheinlichkeit der Einigung mit der steigenden Zahl der Gläubiger sinken wird. Trotzdem sind aufgrund des eindeutigen Wortlauts des Gesetztes die Unterlagen an alle Gläubiger zuzustellen. Auch wenn bereits nach der Zustellung an einen Teil der Gläubiger absehbar wäre, daß eine Kopf- und Summenmehrheit für eine mögliche Zustimmungsersetzung nicht zu erreichen ist, läßt § 307 Abs. 1 InsO hier kein richterliches Ermessen zu. Anders als beim außergerichtlichen Einigungsversuch muß daher im Schuldenbereinigungsverfahren an alle Gläubiger zugestellt werden. 7

D. Abs. 2 Schweigen als Zustimmung

Abweichend von der allgemeinen Regel, daß bloßes Schweigen keine Rechtsfolge in Geltung zu setzen vermag (*Larenz/Wolf* Allgemeiner Teil des Bürgerlichen Rechts, 1997, § 28 Rz. 47) fingiert Abs. 2 das Schweigen auf den Vorschlag des Schuldners als Zustimmung. Eine ähnliche Regelung enthält z.B. § 416 Abs. 1 Satz 2 BGB. Es handelt sich hierbei um ein Schweigen mit Erklärungswirkung (*Palandt/Heinrichs* Einf. vor § 116 Rz. 8). Die Rechtsfolge der Zustimmung ist allein an die Tatsache geknüpft, daß der Gläubiger nicht auf die Zustellung des Plans reagiert hat. Die Fiktion bewirkt, daß die gesetzliche Entscheidung an die Stelle der fehlenden Parteientscheidung gesetzt wird (*Staudinger/Dilcher* vor §§ 116ff. Rz. 43). Auch auf diese Rechtsfolge ist in der Aufforderung des Gerichts nach § 307 Abs. 1 InsO hinzuweisen. 8

Die Vorschriften über die Geschäftsfähigkeit und über Willensmängel sind beim Schweigen mit Erklärungswirkung nach h.M. dann anwendbar, wenn das Gesetz – wie hier – an das Schweigen eine positive Erklärungswirkung knüpft (*BGH* NJW 1969, 1171; *Krüger-Nieland* in RGRK, vor § 116 Rz. 30f.; *Larenz/Wolf* a.a.O., § 28 Rz. 56; ausführlich *Hanau*, AcP 165, 220 [224ff.] und *Kramer* in MünchKomm, § 119 Rz. 51ff.). 9

E. Abs. 3 Änderungen und Ergänzungen des Plans

Auch § 307 Abs. 3 InsO ist unter der Prämisse des Schuldenbereinigungsverfahrens zu sehen, daß eine Einigung möglichst privatautonom zu Stande kommen soll und die Eingriffs- und Gestaltungsmöglichkeiten des Gerichts begrenzt sind (vgl. oben § 305 Rz. 2ff.). Aufgabe des Gerichtes ist es lediglich, einvernehmliche Lösungen zwischen den Parteien zu fördern und auf Gestaltungsmöglichkeiten hinzuweisen (§ 305 Rz. 6). 10

Allerdings ist es ihm unbenommen, im Rahmen des Verfahrens auf eine gütliche Verständigung zwischen den Parteien hinzuwirken (*Schmidt-Räntsch* MDR 1994, 321 [325]). Dies kann insbesondere durch Telefonate mit Schuldner und Gläubigern geschehen, um die realen Möglichkeiten und Grenzen der Kompromißbereitschaft zu erforschen.

11 Abs. 3 Satz 1 sieht infolgedessen auch nur vor, daß dem Schuldner Gelegenheit zu geben ist, den Schuldenbereinigungsplan zu ergänzen. Ob er diese Gelegenheit wahrnimmt und sich weiter um eine Einigung bemüht, obliegt allein seiner Entscheidung. Er behält das Planinitiativrecht und es besteht keine Möglichkeit des Gerichts oder der Gläubiger, den Schuldner dazu zu zwingen, Änderungen oder Ergänzungen am Plan vorzunehmen (*Hess/Obermüller* a. a. O., Rz. 825; a. A. *Krug* Verbraucherkonkurs – KTS Schriften zum Insolvenzrecht 7, 1998, 123). Ein solcher Zwang würde dem Wesen einvernehmlicher Regelungen strikt zuwiderlaufen und wohl kaum zu dem gewünschten Ergebnis einer Schuldenregulierung führen. Der Schuldner erhält lediglich die Möglichkeit zur Änderung, nimmt er sie nicht war, erwachsen ihm hieraus keine Sanktionen bzgl. des weiteren Verlaufs des Verfahrens.

12 Stimmen alle Gläubiger zu, so ist für eine Ergänzung oder Änderung kein Raum, selbst wenn das Gericht die Vereinbarungen für nicht zweckmäßig erachtet. Das Gericht hat dann die Annahme des Plans nach § 308 Abs. 1 Satz 1 InsO zu beschließen.

13 Ergänzen bedeutet, daß der Schuldner die Möglichkeit erhält, in einem neuen Angebot inhaltlich über das bisherige hinauszugehen. Dies kann nicht nur durch eine Erhöhung des zu zahlenden Betrages beim Liquidationsvergleich oder durch eine Erhöhung der Anzahl oder Höhe der Raten bei einem Ratenvergleich sein. Eine Ergänzung kann auch in der Aufnahme zusätzlicher Bestimmungen liegen, wenn etwa der Gläubiger auf die Aufnahme einer Verfallklausel in den Ratenvergleich besteht oder eine Vereinbarung bzgl. der Auswirkungen auf Sicherheiten in den Plan aufgenommen haben will.

Eine Änderung ist dagegen der weitere Begriff, der Ergänzungen einschließt, aber nicht nur ein Hinzufügen von Vereinbarungen und eine Erhöhung der Angebote umfaßt, sondern jegliche Abweichungen, z. B. auch dem Streichen von Nebenabreden, etwa der Einbeziehung der mithaftenden Ehefrau in den Plan. Auch eine Verringerung der Angebote im Plan kann die Folge der verweigerten Zustimmung der Gläubiger sein. Denn in der Regel werden die nicht zustimmenden Gläubiger eine Erhöhung der Angebote verlangen. Eine Erhöhung des Gesamtbetrages wird der Schuldner aber nicht immer leisten können, so daß die Erhöhung der Zahlungen an den einen dann zwangsläufig eine Verringerung der Angebote an den anderen zur Folge haben muß. Dies muß jedoch nicht zwangsläufig die Bereitschaft der Gläubiger zur erneuten Zustimmung ausschließen, insbesondere wenn ein rechtfertigender Grund für die Änderung vorliegt, etwa wenn der Schuldner nun eine Abtretung zu Gunsten des widersprechenden Gläubigers berücksichtigt, die ihm vorher nicht bekannt war.

14 Bei der Änderung nach Abs. 3 geht es nur um den Schuldenbereinigungsplan, nicht auch um das Forderungsverzeichnis. Der Gläubiger wird unter Umständen in seiner Stellungnahme nicht nur eine Änderung des vom Schuldner vorgeschlagenen Schuldenbereinigungsplans vorschlagen, sondern im Hinblick auf Abs. 1 Satz 2 und § 308 Abs. 3 Satz 2 InsO auch eine Ergänzung des Forderungsverzeichnisses des Schuldners vornehmen, wenn er der Ansicht ist, daß der Schuldner die Forderungen zu niedrig oder unvollständig angegeben hat. Es besteht aber kein Bedürfnis, den Streit zwischen Schuldner und Gläubiger über die Höhe der Forderung an dieser Stelle auszutragen. Der Schuldner kennt – aus der Forderungsabrechnung des Gläubigers, die dieser ihm nach § 305 Abs. 2 InsO vorgelegt hat – die Höhe der Forderung, die dieser gegen ihn geltend macht. Trägt er

Zustellung an die Gläubiger **§ 307**

eine niedrigere Forderung in das Verzeichnis ein, so besteht ein offener Dissens über die Höhe. Die Frage nach der richtigen Höhe ist aber hier nur von mittelbarer Bedeutung. Sie ist frühestens im Rahmen der Prüfung von § 309 InsO relevant, wenn sie für die Feststellung des Stimmrechts oder die Frage der angemessenen Beteiligung des Gläubigers von Bedeutung sein kann (§ 309 Rz. 9). Entscheidend für eine Einigung bei der Prüfung des § 307 InsO ist nur, wie hoch das Angebot im Plan ist, das der Schuldner dem Gläubiger macht. Hierauf kann die Höhe der Forderung zwar durchaus Einfluß haben, das Angebot des Schuldners wird sich aber nicht nur hieran, sondern insbesondere an seiner Leistungsfähigkeit orientieren. Hält der Schuldner nach der Ergänzung des Verzeichnisses durch den Gläubiger nunmehr eine höhere Forderung für berechtigt, so wird er dies in einem geänderten Angebot im Schuldenbereinigungsplan berücksichtigen. Der Schuldner wird daher vom Gericht nur zur Änderung des Schuldenbereinigungsplans aufgefordert. Stimmt der Gläubiger dem Planvorschlag zu, ergänzt aber das Forderungsverzeichnis, so ist dem Schuldner vom Gericht keine Gelegenheit zu einer Korrektur zu geben.

Eine Gelegenheit zur Änderung ist zu geben, wenn dies aufgrund der Stellungnahme **15** eines Gläubigers erforderlich oder zur Förderung einer einverständlichen Schuldenbereinigung sinnvoll erscheint. Diese Begriffe sind nicht als Tatbestandsalternativen zu sehen (a. A. *Smid/Krug/Haarmeyer* InsO, § 307 Rz. 8). Denn stimmen einer oder mehrere Gläubiger nicht zu, so sind möglicherweise sich ergebende Änderungs- oder Ergänzungsmöglichkeiten immer durch die Stellungnahmen (der widersprechenden Gläubiger) initiiert. Andererseits ist keine Änderung oder Ergänzung denkbar, die zwar erforderlich, aber nicht zur Schuldenbereinigung sinnvoll ist. Die Begriffe erforderlich und sinnvoll sind daher kumulativ zu sehen und sollen den Rahmen des richterlichen Ermessens beschreiben, dessen Ausübung zur Gelegenheit zur Stellungnahme führen kann.

Erforderlich und sinnvoll erscheint eine Gelegenheit zur Änderung dann, wenn nach Ansicht des Gerichtes aufgrund der Beurteilung der vorliegenden Unterlagen und der bisherigen Verhandlungslage eine Änderung durch den Schuldner möglich erscheint, und diese zu einer Einigung (ggf. durch Zustimmungsersetzung) führen kann. Ob dies der Fall ist, hängt sowohl von dem Änderungswillen und der Änderungsmöglichkeit des Schuldners ab, als auch von der Frage, ob die Gläubiger, die bisher nicht zugestimmt haben, sich voraussichtlich mit den geänderten Vorschlägen mehrheitlich einverstanden erklären werden. In der Regel werden die Gläubiger die Ablehnung mit einem eigenen Regulierungsvorschlag verbinden. Das Gericht hat aufgrund der Stellungnahmen der Gläubiger und eigener Mutmaßungen zu prüfen, aus welchen Gründen die Angebote des Schuldners abgelehnt wurden (*Hess/Obermüller* a. a. O., Rz. 824). Entscheidendes Kriterium wird auch sein, ob die Gläubiger den Plan nur mit knapper Mehrheit abgelehnt haben und wieweit die Vorschläge des Schuldners einerseits und des Gläubigers andererseits auseinander liegen.

Bei seiner Ermessensentscheidung muß das Gericht die Wahrscheinlichkeit einer Eini- **16** gung mit der Pflicht zur zügigen Durchführung des Verfahrens abwägen. Durch eine Veränderung des Plans wird in der Regel eine erneute Zustellung an die Gläubiger notwendig (s. u. Rz. 20). Hierdurch wird das Verfahren natürlich verlängert und die Frist nach § 306 Abs. 1 Satz 2 InsO wird spätestens jetzt kaum mehr einzuhalten sein. Andererseits soll das Schuldenbereinigungsverfahren ja gerade das kostenintensivere und für alle Beteiligten aufwendigere Insolvenzverfahren vermeiden. Daher ist das Gericht immer dann verpflichtet, dem Schuldner Gelegenheit zur Stellungnahme zu geben, wenn das Erreichen einer Einigung mittels einer Änderung des Plans durch den

Schuldner nicht ganz aussichtslos erscheint. Hierbei wird es unter Umständen sinnvoll sein, wenn der Richter telefonisch mit dem Schuldner und den Gläubigern Kontakt aufnimmt, um die Aussichten auf eine Einigung besser beurteilen zu können.

17 Die Fristsetzung nach Abs. 1 liegt im Ermessen des Gerichts. Bei der Fristsetzung hat das Gericht das Gebot der Verfahrensbeschleunigung zu beachten, andererseits ist dem Schuldner ausreichend Zeit zu lassen, um einen veränderten Schuldenbereinigungsplan ausarbeiten und vorlegen zu können. Anhaltspunkt hierfür wird die Frist des § 307 Abs. 1 Satz 1 InsO sein. Dies kann im Einzelfall auch eine angemessene Zeitspanne für den Schuldner sein, um einen neuen Vorschlag zu entwerfen, da dieser ja möglicherweise auch für alle Gläubiger neue Angebote ausarbeiten muß. Dem Schuldner und seinen Beratern sollte ausreichend Zeit gelassen werden, um mit den Gläubigern ggf. telefonisch Rücksprache zu halten um so die Chance auf ein konsensfähiges Angebot zu erhöhen.

18 Die Frist ist eine richterliche Frist und kann gem. § 4 InsO, § 244 Abs. 2 ZPO verlängert werden, wenn der Schuldner erhebliche Gründe für die Notwendigkeit der Verlängerung glaubhaft macht. Hierbei sollte grundsätzlich großzügig verfahren werden, wenn die Chance auf eine Einigung und damit erhebliche Entlastung des Gerichts besteht.

19 Die vom Schuldner vorgenommenen Änderungen des Plans sind grundsätzlich allen Gläubigern zuzustellen (vgl. *Arnold* DGVZ 1996, 128 [134]). Dies gilt auch dann, wenn nur ein Gläubiger die Zustimmung verweigert hatte und sich die Angebote an die anderen Gläubiger im neuen Plan nicht verändert haben. Denn durch diese Änderung ändert sich die verhältnismäßige Beteiligung der Gläubiger untereinander, die gem. der Wertung des Gesetzgebers nach § 309 Abs. 1 Satz 1 InsO besonderen Schutz genießt. Nach h. M. nimmt ein Gläubiger ein Vergleichsangebot im Zweifel unter der Bedingung an, daß auch die anderen Gläubiger zustimmen (vgl. *Bork* Der Vergleich, 1988, 309 m. w. N.). Da die einzelnen Gläubiger nicht nur dem konkreten Angebot zugestimmt haben, das sie betrifft, sondern nach den §§ 307, 308 InsO dem Schuldenbereinigungsplan als Ganzes, wird durch jede Änderung die erteilte Zustimmung hinfällig und der neue Plan bedarf der erneuten Zustimmung (ähnlich auch *Wittig* WM 1998, 157 [162]). Eine Neuzustellung des Plans erscheint allenfalls dann entbehrlich, wenn die Veränderung nur einzelne Nebenabreden betrifft – z. B. die Aufnahme einer Verfallklausel – oder die Gläubiger bereits ihr Einverständnis mit dem geänderten Plan mitgeteilt haben (BT-Drucks. 12/7302, S. 192).

20 Eine weitere Stellungnahmenrunde sieht das Gesetz nicht vor. Führt die Nachbesserung durch den Schuldner nicht zur Einigung oder Zustimmungsersetzung nach § 309 Abs. 1 InsO, so ist das Schuldenbereinigungsverfahren gescheitert und der Eröffnungsantrag des Schuldner ist von Amts wegen wieder aufzunehmen (§ 311 InsO). Das Gleiche gilt, wenn der Schuldner nicht innerhalb der ihm gesetzten Frist reagiert.

21 Abs. 3 Satz 3 stellt klar, daß die Regeln des Abs. 1 und 2, insbesondere bezüglich der Notfrist und der Wirkung des Schweigens auf den Vorschlag des Schuldners auch für den geänderten Schuldenbereinigungsplan gelten.

22 Rechtsbehelfe gegen die Entscheidung des Gerichts nach § 307 sind nicht gegeben (§ 6 InsO).

§ 308
Annahme des Schuldenbereinigungsplans

(1) ¹Hat kein Gläubiger Einwendungen gegen den Schuldenbereinigungsplan erhoben oder wird die Zustimmung nach § 309 ersetzt, so gilt der Schuldenbereinigungsplan als angenommen; das Insolvenzgericht stellt dies durch Beschluß fest. ²Der Schuldenbereinigungsplan hat die Wirkung eines Vergleichs im Sinne des § 794 Abs. 1 Nr. 1 der Zivilprozeßordnung. ³Den Gläubigern und dem Schuldner ist eine Ausfertigung des Schuldenbereinigungsplans und des Beschlusses nach Satz 1 zuzustellen.

(2) Die Anträge auf Eröffnung des Insolvenzverfahrens und auf Erteilung von Restschuldbefreiung gelten als zurückgenommen.

(3) ¹Soweit Forderungen in dem Verzeichnis des Schuldners nicht enthalten sind und auch nicht nachträglich bei dem Zustandekommen des Schuldenbereinigungsplans berücksichtigt worden sind, können die Gläubiger von dem Schuldner Erfüllung verlangen. ²Dies gilt nicht, soweit ein Gläubiger die Angaben über seine Forderung in dem Forderungsverzeichnis, das ihm nach § 307 Abs. 1 vom Gericht übersandt worden ist, nicht innerhalb der gesetzten Frist ergänzt hat, obwohl die Forderung vor dem Ablauf der Frist entstanden war; insoweit erlischt die Forderung.

Inhaltsübersicht:

	Rz.
A. Normzweck	1
B. Der Schuldenbereinigungsplan als Prozeßvergleich	2–14
I. Die Titelfunktion des Schuldenbereinigungsplans	3–4
II. Schuldenbereinigungsplan und Drittbeteiligung	5–6
III. Die Unwirksamkeit des Schuldenbereinigungsplans	7–8
IV. Die Unwirksamkeit einzelner Bestimmungen	9–14
1. Gesetz- und sittenwidrige Forderungen	9–10
2. Verfallklauseln	11–14
C. Die Rolle der außenstehenden Gläubiger	15–18
D. Verfahrensrechtliches	19–23
I. Gerichtliche Feststellung	19–20
II. Geltendmachung der Unwirksamkeit eines Schuldenbereinigungsplans oder einzelner Forderungen	21–22
III. Die Anpassung des Schuldenbereinigungsplans	23

Literatur:

(siehe vor § 286, S. 1580)

A. Normzweck

Mit der gerichtlichen Feststellung, daß kein Gläubiger Einwendungen gegen den Schuldenbereinigungsplan erhoben oder die fehlende Zustimmung von Gläubigern nach § 309 InsO ersetzt worden ist (zum unpräzisen Sprachgebrauch des Gesetzes an dieser Stelle: 1

Henckel Festschrift für *Gaul*, S. 199, [204]) wird das gerichtliche Schuldenbereinigungsverfahren beendet. Die Anträge auf Eröffnung des Insolvenzverfahrens oder Verteilung von Restschuldbefreiung gelten als zurückgenommen. Der auf diese Weise festgestellte Schuldenbereinigungsplan hat die Wirkung eines Prozeßvergleichs und wird den Gläubigern und dem Schuldner zusammen mit dem Beschluß zugestellt. Diese Regelung bekräftigt noch einmal die hohe Bedeutung privatautonomer Vereinbarungen zur Schuldenbereinigung und verdeutlicht, daß dieser Weg für die Beteiligten der einfachere und für ihre konkreten Belange besser anpaßbare Weg ist (dazu *Pick* NJW 1995, 992 [997]).

B. Der Schuldenbereinigungsplan als Prozeßvergleich

2 § 308 Abs. 1 Satz 2 InsO ordnet ausdrücklich an, daß der Schuldenbereinigungsplan die Funktion eines Prozeßvergleichs hat. Man hat damit bewußt nicht auf die Konstruktion des Vergleichs in der VglO und der KO zurückgegriffen, die konstitutiv kraft gerichtlicher Überprüfung und Bestätigung die Verschuldung ordnen, sondern vielmehr den Beteiligten einen größeren Raum für eigene Lösungen eröffnet. Diese Regelung dient einerseits der Belastung der Gerichte, soll aber andererseits auch das Aushandeln realistischer und sachnaher einzelfallbezogener Lösungen stimulieren. Zur rechtstechnischen Erleichterung werden alle Beteiligten auf die Regeln des Prozeßvergleichs verwiesen, die im praktischen Gerichtsalltag von großer Bedeutung und daher auch vielen Akteuren bekannt sind.

I. Die Titelfunktion des Schuldenbereinigungsplans

3 Der Prozeßvergleich ist seiner Rechtsnatur nach sowohl Rechtsgeschäft des Bürgerlichen Rechts als auch Prozeßhandlung. Beide Seiten stehen nicht getrennt nebeneinander; vielmehr bildet der Prozeßvergleich eine Einheit mit gegenseitiger Abhängigkeit der materiellen Regelungen und prozessualen Wirkungen (*BGH* NJW 1981, 823).

4 Die zentrale prozessuale Wirkung des Prozeßvergleichs besteht in der Beendigung des gerichtlichen Verfahrens und der Eröffnung der Zwangsvollstreckung. Der Prozeßvergleich ist Vollstreckungstitel nach § 794 Abs. 1 Nr. 1 ZPO; er kann nach § 795 ZPO vollstreckt werden, soweit er einen vollstreckungsfähigen Inhalt hat. Dies setzt voraus, daß hinreichend bestimmte Regelungen vereinbart worden sind (dazu *Stein/Jonas/Münzberg* 1994 § 794 Rz. 34). Diese Anforderungen sind bei der Formulierung eines Schuldenbereinigungsplans zu beachten; die gerichtlichen Hinweise nach § 307 Abs. 3 InsO können hier fördernd eingreifen. Bei Unklarheiten ist der Prozeßvergleich der Auslegung fähig; dabei wird davon ausgegangen, daß die Beteiligten regelmäßig auch vollstreckungsfähige Abreden treffen wollen (*BGH* NJW 1993, 1995; NJW-RR 1995, 1201; *Zöller/Stöber* 20. Aufl. 1997 § 794 Rz. 14 a). Bei streitigen Forderungen ist eine Berücksichtigung im Plan möglich, indem Vollstreckung oder Erlaß von einer gerichtlichen oder sonstigen Klärung abhängig gemacht werden.

II. Schuldenbereinigungsplan und Drittbeteiligung

Die Eignung des Prozeßvergleichs als Rechtsform für Schuldenbereinigungspläne zeigt 5
sich auch daran, daß in der bisherigen Praxis des Prozeßvergleichs die Frage der
Drittbeteiligung in der gerichtlichen Praxis weitgehend geklärt ist. Dritte können nach
förmlichem Beitritt ausdrücklich materiell berechtigt werden und damit zugleich auch
als Titelgläubiger aus dem Vergleich vollstrecken (dazu nur *Stein/Jonas/Münzberg* § 794
Rz. 35 m. w. N.).
Im Schuldenbereinigungsplan wird es jedoch häufiger vorkommen, daß ein Dritter 6
einem Prozeßvergleich auf Seiten des Schuldners beitritt und durch einen solchen
Schuldbeitritt dem Gläubiger eine weitere Sicherung ermöglicht. In solchen Fällen kann
dann auch gegen die beitretende Person, typischerweise Familienangehörige, vollstreckt
werden (dazu *BGH* NJW 1983, 1433). In der kostenrechtlichen Praxis wird davon
ausgegangen, daß ein weiterer Schuldner, der dem Vergleich beitritt, nicht Kostenerstattungsschuldner wird, so daß die gerichtlichen Kosten ausschließlich bei dem Antragsteller und Hauptschuldner verbleiben (dazu *OLG Köln* Rpfleger 1985, 305).

III. Die Unwirksamkeit des Schuldenbereinigungsplans

Wegen der Rechtsnatur des Schuldenbereinigungsplans kann für die mögliche Unwirk- 7
samkeit auf die bekannten Rechtsfiguren des Bürgerlichen Rechts zurückgegriffen
werden. In den Begründungen des Rechtsausschusses sah man gerade darin einen
wichtigen Vorteil, daß dieses Instrument nicht nur einigen wenigen Insidern des Insolvenzrechts zur Verfügung steht (dazu BT-Drucks. 12/7302, S. 192; *Schmidt-Räntsch*
MDR 1994, 321 [324]). Die Materialien verweisen insoweit auf die Möglichkeit der
Anfechtung nach § 123 BGB wegen arglistiger Täuschung oder rechtswidriger Drohung
(BT-Drucks. a. a. O.). Wiederum ist es möglich, auf die bisherige differenzierte gerichtliche Praxis zurückgreifen zu können, die reiches Anschauungsmaterial liefert (dazu nur
BGHZ 28, 171; *Pecher* in MünchKomm, 1998 § 779 BGB Rz. 89; *Bork* Der Vergleich,
S. 405 f.).
In der bisherigen Gerichtspraxis und Literatur ist weiter ausführlich herausgearbeitet 8
worden, daß Nichtigkeit wegen gesetz- und sittenwidriger Vereinbarungen danach
unterschieden werden muß, ob diese sich auf den gesamten Vertrag oder auf einzelne
Abreden beziehen. Für die Beurteilung der Sittenwidrigkeit des gesamten Prozeßvergleichs kommt es nicht allein auf das objektive Mißverhältnis zwischen der wahren
Ausgangslage und den Leistungen an, die eine Partei mit Abschluß des Vergleichs
übernommen hat. Dem Charakter eines Vergleichs, mit dem ein gegenseitiges Nachgeben organisiert wird, entspricht es, daß die Einschätzung der Sach- und Rechtslage bei
Abschluß des Vergleichs, die die Parteien subjektiv zugrunde gelegt haben, eine wesentliche Rolle spielen muß. Nicht eine abstrakte materielle Rechtslage, sondern die
Beweisbarkeit und Durchhaltbarkeit einer Rechtsposition sind für das Maß des jeweiligen Nachgebens und damit auch für das mögliche Mißverhältnis eines Prozeßvergleichs
von wesentlicher Bedeutung (dazu nur BGHZ 51, 141; *BAG* NJW 1985, 2661; *Bork*
a. a. O. S. 400 f.). Wichtiger als ein nur schwer zu bestimmendes Mißverhältnis ist in
diesen Fällen die Ausübung unangemessenen Druckes bzw. die Ausnutzung der Unkenntnis und Unerfahrenheit der unterlegenen Seite.

IV. Die Unwirksamkeit einzelner Bestimmungen

1. Gesetz- und sittenwidrige Forderungen

9 Von der Unwirksamkeit des Gesamtvergleichs, die sich auf eine sittenwidrige Beeinflussung bei dem Prozeß des gegenseitigen bzw. eher einseitigen Nachgebens bezieht, müssen die Fälle unterschieden werden, in denen es um die Sittenwidrigkeit des jeweils einzelnen verglichenen Rechtsverhältnisses geht (dazu *Bork* a. a. O. S. 399). Wenn die Parteien sich in der Weise über ein gesetz- oder sittenwidriges Ausgangsgeschäft einigen, daß dieses im Kern wiederholt und bestätigt wird, dann ist eine solche Abrede wiederum sittenwidrig (*BGH* NJW 1982, 1981; dazu *Kohte* JuS 1984, 509 ff.). Soweit also in den Schuldenbereinigungsplan Forderungen aus Kreditverträgen aufgenommen werden, die wegen wucherähnlicher Zinsabreden unwirksam sind, ändert sich dieser Rechtscharakter nicht durch die Aufnahme in den Schuldenbereinigungsplan. Die zugrunde gelegten Forderungen sind weiterhin nichtig, so daß die Schuldner später die Unwirksamkeit dieser Forderungen einwenden können (dazu unten Rz. 22). Anders ist es allenfalls, wenn ein ernsthafter Streit über die Sittenwidrigkeit eines solchen Kreditvertrages besteht; in einem solchen Fall gelten wieder die allgemeinen Regeln über die Sittenwidrigkeit von Vergleichsverträgen (dazu *BGH* NJW 1963, 1197 [1198]; *Steffen* in RGRK, § 779 BGB Rz. 48).

10 Diese Unwirksamkeit bezieht sich nicht nur auf sittenwidrige Forderungen, sondern auch auf andere Forderungen, bei denen die gesetzlichen Rahmenbedingungen nicht beachtet worden waren. Sowohl die Verletzung von Verbotsgesetzen nach § 134 BGB als auch von Formvorschriften nach § 125 BGB führt dazu, daß die im Vergleich übernommenen Verbindlichkeiten weiterhin durchgreifenden Einwendungen ausgesetzt sind, die durch die schlichte Titulierung im Prozeßvergleich nicht abgeschnitten sind.

2. Verfallklauseln

11 Von besonderer Bedeutung ist die rechtswirksame Gestaltung von Verfallklauseln in Schuldenbereinigungsplänen. Bereits in den Beratungen im Rechtsausschuß spielte dieser Aspekt eine Rolle, weil die Vereinbarung nachhaltiger Verfallklauseln zur sozialen Typik privatvertraglicher Schuldenregulierung gehört. In den Gesetzesberatungen wurde wiederum als Vorteil des Instruments des Prozeßvergleichs gesehen, daß die Parteien passende Verfallklauseln vereinbaren können, daß aber »übermäßig harten« Verfallklauseln mit Hilfe der Generalklauseln des Zivilrechts begegnet werden könne (s. o. § 305 Rz. 30).

12 In der Gerichtspraxis sind Verfallklauseln in den letzten Jahren in erster Linie am Maßstab des AGBG gemessen worden, wobei ein Wechsel vom strikten Maßstab des § 11 Nr. 6 AGBG zum flexibleren Maßstab des § 9 AGBG zu beobachten war (dazu *BGH* NJW 1985, 46 und 1705; ausführlich *Reifner* BB 1985, 87 [90]). In den schlichten Fällen des Zahlungsverzuges ist die Auflösung des gesamten Vertrages mit Hilfe des § 326 BGB auch an § 11 Nr. 4 AGBG gemessen worden (*Ulmer/Brandner/Hensen* 8. Aufl. 1997 § 11 Nr. 6 AGBG Rz. 8; *Staudinger/Schlosser* 1998, § 11 Nr. 6 Rz. 8; *Palandt/Heinrichs* § 9 AGBG Rz. 144).

13 Die Problematik der Inhaltskontrolle liegt beim Schuldenbereinigungsplan in der Anwendbarkeit des AGBG. Während bei außergerichtlichen Vergleichsverhandlungen inzwischen zu beobachten ist, daß nicht wenige Gläubiger z. B. aus dem Bereich des Versandhandels den Verbrauchern vorformulierte Stundungs- und Tilgungsvereinbarungen mit Vorfälligkeitsklauseln stellen, die § 1 AGBG unterliegen und durch ihre kurzen Fristen und

geringen Verzugsschwellen einer Inhaltskontrolle nicht standhalten dürften, wird beim Schuldenbereinigungsplan der Verbraucher tätig, so daß § 1 AGBG im Regelfall nicht anwendbar sein dürfte. Wenn allerdings bei den weiteren Nachbesserungen im Rahmen des § 307 InsO einzelne Gläubiger auf der Einbeziehung bestimmter Verfallklauseln bestehen, dann dürfte das AGBG insoweit nach § 24a Nr. 1 AGBG anwendbar sein und den Weg zur Inhaltskontrolle öffnen (dazu *Palandt/Heinrichs* § 24a AGBG Rz. 8 ff.).
Wesentlich striktere Grenzen lassen sich für Verfallklauseln finden, wenn § 12 VerbrKrG **14** zur Geltung kommt. Dies kann sich einmal daraus ergeben, daß die zu behandelnden Ausgangsforderungen diesem Gesetz unterliegen und – dem Normalfall entsprechend – eine Novation im Rahmen des Schuldenbereinigungsplans nicht stattfindet (*BGH* WM 1987, 1256). Von wesentlich größerer praktischer Bedeutung ist die neuere Judikatur und Literatur, die den europarechtlich geprägten Rechtsbegriff des Verbraucherkredits in der Variante des entgeltlichen Zahlungsaufschubs nach § 1 Abs. 2 Alt. 2 VerbrKrG hier ins Spiel bringt. Danach gilt auch eine Stundungsvereinbarung als Verbraucherkredit, wenn Gläubiger sich zusätzliche Zahlungen versprechen lassen, auf die sie keinen Anspruch haben. Eine besonders große Rolle spielen hier Vergleichsgebühren, obgleich Stundungsvereinbarungen in vielen Fällen § 779 BGB nicht zugeordnet werden können. Bei außergerichtlichen Vergleichsverträgen ist insoweit nach der neueren Judikatur und Literatur das Verbraucherkreditrecht regelmäßig zu prüfen (dazu *LG Rottweil* NJW 1994, 265; *von Westphalen/Emmerich/von Rottenburg* VerbrKrG 2. Aufl. 1996 § 1 Rz. 162, 167; *Ulmer* in MünchKomm, VerbrKrG, 1995 § 1 Rz. 71; *Bülow* VerbrKrG 1998, § 1 Rz. 140 ff.). Durch § 12 VerbrKrG läßt sich auch für diesen Teilbereich eine neue Grenzlinie für Verfallklauseln finden. Verfallklauseln, die weder dem AGBG noch dem VerbrKrG zuzuordnen sind, müßten den allgemeinen Bestimmungen der §§ 138, 242 BGB unterworfen werden. Gerade Bestimmungen, die einen gesamten Schuldenbereinigungsplan durch einen geringen Verzug von ein oder zwei Monaten zu Fall bringen könnten, sind angesichts ihrer einschneidenden Konsequenzen mit § 138 BGB nicht vereinbar.

C. Die Rolle der außenstehenden Gläubiger

Gläubiger, die im Vermögensverzeichnis nach § 305 Abs. 1 Nr. 3 InsO nicht aufgeführt **15** worden waren, werden nach § 308 Abs. 3 Satz 1 InsO vom Schuldenbereinigungsplan nicht erfaßt. Sie können ihre Ursprungsforderungen, sofern sie nicht verjährt oder verwirkt sind, weiterhin gegen den oder die Schuldner geltend machen. Daraus ergibt sich ein hohes Risiko für die jeweiligen Schuldner, die bei dem Auftreten weiterer Gläubiger in die Situation kommen können, daß der Schuldenbereinigungsplan nicht mehr durchhaltbar sein könnte. Es gehört zur Typik der Verbraucherverschuldung, daß bestimmte Altgläubiger sich nur in langen Zeitabständen melden; hier dürfte in Zukunft wegen der neuen Möglichkeit des Schuldenbereinigungsplans die Verwirkung nach § 242 BGB eine größere Rolle spielen; zumindest ist von diesen Altgläubigern zu verlangen, daß sie sich an dem Niveau des Schuldenbereinigungsplans orientieren.
Nicht zu diese vom Plan ausgenommenen Gläubigern gehören dagegen Unternehmen, **16** die Forderungen von Altgläubigern erworben haben, sofern dieser Forderungskauf den Schuldnern unbekannt geblieben ist. Falls die Schuldner in einem solchen Fall den früheren Gläubiger in das Forderungsverzeichnis aufgenommen haben, muß der Neugläubiger sich das Schweigen bzw. das sonstige Verhalten des Altgläubigers nach § 407 BGB zurechnen lassen.

17 Die Situation des Schuldenbereinigungsverfahrens unterscheidet sich insoweit nachhaltig vom Restschuldbefreiungsverfahren. In diesem Verfahren werden unbekannte Gläubiger nach § 301 Abs. 1 Satz 2 InsO ebenfalls von der Restschuldbefreiung erfaßt (dazu oben § 301 Rz. 3). Die unterschiedliche Behandlung beruht darauf, daß im Verbraucherinsolvenzverfahren und im Restschuldbefreiungsverfahren öffentliche Bekanntmachungen erfolgen, die sich die außenstehenden Gläubiger entgegenhalten lassen müssen.

18 Gläubiger, denen nach § 307 InsO ein unvollständiges Forderungsverzeichnis übersandt worden ist und die darauf geschwiegen haben, werden nicht als außenstehende Gläubiger qualifiziert. Nach § 308 Abs. 3 Satz 2 InsO erlischt in diesen Fällen die Forderung. Auf diese Weise soll die Mitwirkung aller Gläubiger am Verhandlungsprozeß gesichert werden (dazu *Schmidt-Räntsch* MDR 1994, 321 [326]).

D. Verfahrensrechtliches

I. Gerichtliche Feststellung

19 Wenn Einwendungen nicht erhoben sind, wird der Schuldenbereinigungsplan vom Insolvenzgericht durch Beschluß festgestellt. Es handelt sich insoweit um einen klarstellenden Beschluß; in Übereinstimmung mit der bisherigen Literatur und Judikatur zum Prozeßvergleich ist festzuhalten, daß dem Gericht weder eine materiellrechtliche Prüfung noch eine ausdrückliche Bestätigung nach dem Vorbild des § 248 InsO zukommt. Daher ist dieser Beschluß im Regelfall durch Rechtsmittel nicht angreifbar.

20 Andererseits gelten auch für den Beschluß nach § 308 Abs. 1 InsO die allgemeinen Grundsätze, wonach staatliche Organe erkennbar sittenwidrige Handlungen nicht fördern dürfen, so daß sie aus diesem Grunde selbst ein ausdrückliches Anerkenntnisurteil nach § 307 ZPO nicht erlassen dürfen, wenn der zugrunde liegende Anspruch nach § 138 BGB nichtig ist (dazu nur *OLG Stuttgart* NJW 1985, 2217 [2227], 2272 [2273]). Für den Prozeßvergleich ist die am besten passende Wertung die Grenzziehung aus § 4 BeurkG, wonach ein Notar Beurkundungen nicht durchführen darf, wenn erkennbar gegen die guten Sitten oder Verbotsgesetze verstoßen werden soll. Diese Grenze ist nach allgemeiner Ansicht auch für das Gericht bei der Mitwirkung an einem Prozeßvergleich zu beachten (dazu nur *Wolfsteiner* in MünchKomm, § 794 ZPO Rz. 57; *Krug* Der Verbraucherkonkurs, 1998, S. 128). In solchen Fällen ist das Insolvenzgericht verpflichtet, auf die Bedenken gegen die Feststellung einer solchen Forderung hinzuweisen. Werden diese nicht ausgeräumt, kann eine Feststellung nicht erfolgen (ebenso *Smid/Krug/Haarmeyer* InsO, § 308 Rz. 7).

II. Die Geltendmachung der Unwirksamkeit eines Schuldenbereinigungsplans oder einzelner Forderungen

21 Nachhaltig umstritten ist die Frage, wie die Unwirksamkeit eines Prozeßvergleichs oder einzelner Elemente prozessual geltend gemacht werden kann. In der Mehrzahl der Fälle wird dafür plädiert, diese Unwirksamkeit im alten Verfahren geltend zu machen, das möglicherweise nicht zu einem ordnungsgemäßen Abschluß gekommen ist (dazu nur *BGH* NJW 1977, 583; NJW 1981, 823). Dies würde bedeuten, daß – möglicherweise einige Jahre später – das Insolvenzverfahren noch einmal aufzurufen wäre. Für eine differenzierte Lösung ist es jedoch geboten, zunächst das mögliche Rechtsschutzziel zu

beachten, das eine Partei mit der Berufung auf die Unwirksamkeit verfolgt (dazu nur *Staudinger/Marburger* § 779 BGB Rz. 116). Soweit die Gläubiger sich auf die Unwirksamkeit des gesamten Schuldenbereinigungsplans berufen, wird ihr Ziel darin bestehen, daß sie ihre ursprüngliche Forderung wieder durchsetzen können. Dies kann mit Hilfe einer neuen Klage außerhalb eines Schuldenbereinigungsverfahrens sicherlich am ehesten und auch prozeßwirtschaftlich erfolgen.

Die Schuldner können sich einerseits auf die Unwirksamkeit einzelner Forderungen sowie der vorzeitigen Fälligkeit aufgrund unwirksamer Verfallklauseln berufen; in einem solchen Fall wäre die Vollstreckungsgegenklage, für die die Präklusionsnorm des § 767 Abs. 2 ZPO nicht gilt (zum Prozeßvergleich *BGH* NJW-RR 1987 1022; *BAG* DB 1980, 358), der geeignete Rechtsbehelf, der nicht selten mit einem Einstellungsantrag nach § 769 ZPO verknüpft werden könnte. Nur in denjenigen Fällen, in denen eine vollständige Unwirksamkeit des Schuldenbereinigungsplans durch den Schuldner reklamiert wird, wird es erforderlich sein, daß ihm die Möglichkeit gegeben wird, im alten Verfahren einen wirksamen Schuldenbereinigungsplan erzielen zu können. 22

III. Die Anpassung des Schuldenbereinigungsplans

Das Vorbild des Prozeßvergleichs ist schließlich hilfreich für die Lösung der praktisch wichtigen Frage nach der Anpassung eines Schuldenbereinigungsplans an veränderte Umstände (dazu bereits *Kemper/Kohte* Blätter der Wohlfahrtspflege 1993, 81 [95 ff.]). In Judikatur und Literatur ist allgemein anerkannt, daß der Prozeßvergleich mit Hilfe der Abänderungsklage nach § 323 ZPO an veränderte Bedingungen angepaßt werden kann. Zumindest nach den Maßstäben des Wegfalls der Geschäftsgrundlage ist eine Abänderung möglich, die in diesem Verfahren durchgeführt werden kann (dazu nur *BGHZ* 85, 64 = NJW 1983, 228; *Wolfsteiner* in MünchKomm, § 794 Rz. 107; *Staudinger/Marburger* § 779 BGB Rz. 119). In Einzelfällen könnte auch die vorgelagerte Frage nach der zutreffenden Auslegung eines Prozeßvergleichs vorrangig geklärt werden, bevor eine umfassende Abänderung erfolgt, denn die Vertragsparteien haben es in der Hand, eigene Kriterien zur Anpassung des Vertrages zu vereinbaren. So ist es z. B. möglich, vorausschauend Stundungsregelungen für den Fall der Arbeitslosigkeit zu vereinbaren, um auf diese Weise die Funktionsfähigkeit des Schuldenbereinigungsplans abzusichern. 23

§ 309
Ersetzung der Zustimmung

(1) [1]Hat dem Schuldenbereinigungsplan mehr als die Hälfte der benannten Gläubiger zugestimmt und beträgt die Summe der Ansprüche der zustimmenden Gläubiger mehr als die Hälfte der Summe der benannten Gläubiger, so ersetzt das Insolvenzgericht auf Antrag eines Gläubigers oder des Schuldners die Einwendungen eines Gläubigers gegen den Schuldenbereinigungsplan durch eine Zustimmung. [2]Dies gilt nicht, wenn
1. der Gläubiger, der Einwendungen erhoben hat, im Verhältnis zu den übrigen Gläubigern nicht angemessen beteiligt wird, oder
2. dieser Gläubiger durch den Schuldenbereinigungsplan wirtschaftlich schlechter gestellt wird, als er bei Durchführung des Verfahrens über die Anträge auf Eröffnung des Insolvenzverfahrens und Erteilung von Restschuldbefreiung

stünde; hierbei ist im Zweifel zugrunde zu legen, daß die Einkommens-, Vermögens- und Familienverhältnisse des Schuldners zum Zeitpunkt des Antrags nach Satz 1 während der gesamten Dauer des Verfahrens maßgeblich bleiben.
(2) ¹Vor der Entscheidung ist der Gläubiger zu hören. ²Die Gründe, die gemäß Absatz 1 Satz 2 einer Ersetzung seiner Einwendungen durch eine Zustimmung entgegenstehen, hat er glaubhaft zu machen. ³Gegen den Beschluß steht dem Antragsteller und dem Gläubiger, dessen Zustimmung ersetzt wird, die sofortige Beschwerde zu.
(3) Macht ein Gläubiger Tatsachen glaubhaft, aus denen sich ernsthafte Zweifel ergeben, ob eine vom Schuldner angegebene Forderung besteht oder sich auf einen höheren oder niedrigeren Betrag richtet als angegeben, und hängt vom Ausgang des Streits ab, ob der Gläubiger im Verhältnis zu den übrigen Gläubigern angemessen beteiligt wird (Absatz 1 Satz 2 Nr. 1), so kann die Zustimmung dieses Gläubigers nicht ersetzt werden.

§ 309 entspricht im wesentlichen § 357 f BT-RA-EInsO und hat im Regierungsentwurf kein Vorbild. BT-Drucks. 12/7302 S. 192, zu 200 (»Zu § 357 f«).

Inhaltsübersicht:

	Rz.
A. Normzweck	1
B. Gesetzliche Systematik	2– 4
C. Abs. 1 Ersetzung der Zustimmung	5–36
I. Struktur der Zustimmungsersetzung	5– 7
II. Mehrheitliche Zustimmung	8–10
III. Nr. 1 Angemessene Beteiligung im Verhältnis zu den übrigen Gläubigern	11–20
IV. Nr. 2 Wirtschaftliche Schlechterstellung gegenüber Verbraucherinsolvenz- und Restschuldbefreiungsverfahren	21–36
1. Hypothetische Berechnung der im Verfahren zu zahlenden Beträge	22–27
2. Berücksichtigung von Zugangshürden zum Verfahren und zur Erlangung der Restschuldbefreiung	28–31
3. Zustimmungsersetzung bei Nullplänen	32–36
D. Abs. 2 Verfahren bei der Zustimmungsersetzung	37
E. Abs. 3 Streit über die Höhe der Forderungen	38–39
F. Verfahrensrechtliches	40

Literatur:

(siehe vor § 286, S. 1580)

A. Normzweck

1 Durch die Möglichkeit der Zustimmungsersetzung nach § 309 InsO soll verhindert werden, daß der Schuldenbereinigungsplan an der obstruktiven Verweigerung der Zustimmung durch einzelne Gläubiger scheitert (BT-Drucks. 12/7302, S. 192). Allerdings gewährleistet ein Minderheitenschutz, daß die Gläubiger nicht gegen ihren Willen weniger erhalten, als andere, rechtlich gleich gestellte Gläubiger (Abs. 1 Satz 2 Nr. 1) oder schlechter gestellt werden, als sie bei der Durchführung des gerichtlichen Restschuldbefreiungsverfahren stünden (Abs. 1 Satz 2 Nr. 2).

Ersetzung der Zustimmung **§ 309**

Durch das Erfordernis der Glaubhaftmachung der Gründe, die einer Zustimmungsersetzung entgegenstehen (Abs. 2) soll verhindert werden, daß das Gericht mit ungerechtfertigten Anträgen von Gläubigern, die eine Zustimmungsersetzung verhindern wollen, belastet wird.
Die Klärung von Streitigkeiten, die die Höhe der bestehenden Forderungen betreffen, wird nicht dem Insolvenzgericht auferlegt um ihm langwierige Prüfungen und Beweisaufnahmen zu ersparen (*Balz/Landfermann* Die neuen Insolvenzgesetze, 1995, § 309 S. 434).

B. Gesetzliche Systematik

Die Zustimmung einzelner Gläubiger kann ersetzt werden, wenn mehr als die Hälfte der Gläubiger und mehr als die Hälfte der Summe Ansprechen der benannten Gläubiger dem Plan zugestimmt hat. **2**
Die Regelungen des Vergleichsrechts sahen vor, daß ein Vergleich zustande kommen konnte, wenn 50% der im Termin anwesenden stimmberechtigten Gläubiger und 75% der Gesamtforderungen aller stimmberechtigten Gläubiger dem Vergleich zugestimmt hatten (§ 74 Abs. 1 VglO, § 182 Abs. 1 KO). Nach der VglO war bei einem Vergleich, der den Gläubigern nicht mindestens die Hälfte ihrer Forderungen gewährte, gar eine Zustimmungsquote von 80% der Gesamtforderungen der stimmberechtigten Gläubiger erforderlich (§ 74 Abs. 3 VglO).
Ein Benachteiligungsverbot sahen die §§ 79 Nr. 4 VglO und § 188 Abs. 1 Nr. 2 KO dahingehend vor, daß der Vergleich nicht dem gemeinsamen Interesse der Gläubiger widersprechen durfte. Nach allgemeiner Meinung durfte ein Vergleich – unabhängig von Mehrheiten – insbesondere dann nicht vom Gericht bestätigt werden, wenn der Gläubiger durch den Plan schlechter gestellt wurde, als er ohne Plan stehen würde (*Bley/Mohrbutter* VglO, § 79 Rz. 11; *Kilger/Karsten Schmidt* § 79 Rz. 5; *Kuhn/Uhlenbruck* § 188 Rz. 4).
Auch der Grundsatz der Gleichbehandlung gehörte bislang zu den essentiellen Maximen des Vergleichsrechts. Nach § 181 KO war im Konkurs eine strikte Gleichbehandlung vorgeschrieben, die nur durch die Einwilligung aller zurückgesetzter Gläubiger geheilt werden konnte. In der VglO war dieser Grundsatz etwas abgeschwächt, da eine Ungleichbehandlung auch gegen den Willen einer Minderheit zulässig war. Allerdings mußte nach § 8 VglO mehr als die Hälfte der Kopfmehrheit und mindestens drei Viertel der Summenmehrheit der zurückgesetzten Gläubiger dem Vorschlag zugestimmt haben.
Die Regelungen zum Insolvenzplan erfordern nach § 244 InsO nur noch eine Mehrheit **3** von mindestens 50% der abstimmenden Gläubiger (Kopf- und Summenmehrheit). Das Obstruktionsverbot geht durch § 245 InsO sogar über die Regelung hinaus und läßt das Zustandekommen des Plans unter gewissen Umständen auch dann zu, wenn die nach § 244 InsO erforderlichen Mehrheiten nicht erreicht werden. Auch der Minderheitenschutz wird gesetzlich präzisiert. Nach § 251 Abs. 1 Nr. 2 InsO darf ein Insolvenzplan nicht bestätigt werden, wenn ein Gläubiger hierdurch schlechter gestellt würde, als er ohne Plan stünde.
Im Schuldenbereinigungsverfahren kann eine Einigung dagegen nach § 308 InsO nur **4** durch eine Zustimmung aller benannten Gläubiger zustande kommen. Das Obstruktionsverbot des § 309 InsO ist so ausgestaltet, daß die Zustimmung von Gläubigern durch das Gericht ersetzt werden kann, wenn mindestens die Hälfte der Kopf- und Summenmehrheit dem Plan zugestimmt hat. Ein weitergehendes, etwa dem § 245 InsO entsprechendes Obstruktionsverbot ist im Schuldenbereinigungsverfahren nicht vorgesehen (kritisch hierzu *Kohte* ZIP 1994, 184 [186]).

Da eine konstitutive gerichtliche Bestätigung eines einvernehmlichen Plans nicht mehr erforderlich ist (vgl. § 308 Rz. 19), sind der privatautonomen Gestaltung des Schuldenbereinigungsplans nur durch den Minderheitenschutz Grenzen gesetzt. Eine Zustimmungsersetzung kann unabhängig von der Höhe der Mehrheiten nicht erfolgen, wenn der Gläubiger im Verhältnis zu den anderen Gläubigern nicht angemessen beteiligt wird (§ 309 Abs. 1 Satz 2 Nr. 1 InsO). Darüber hinaus ist eine Zustimmungsersetzung auch dann unzulässig, wenn der Gläubiger durch den Plan schlechter gestellt würde, als bei der Durchführung des gerichtlichen Entschuldungsverfahrens (§ 309 Abs. 1 Satz 2 Nr. 2 InsO). Diese Lösung knüpft an die bisher schärfere Ausprägung des Gleichheitsgrundsatzes in § 181 KO an und bedeutet eine Verstärkung des Minderheitenschutzes gegenüber § 8 VglO.

C. Abs. 1 Ersetzung der Zustimmung

I. Die Struktur der Zustimmungsersetzung

5 Anders als im bisherigen Vergleichsrecht wird im Schuldenbereinigungsverfahren nicht auf die Zustimmung der Gläubiger verzichtet, die den Vorschlag des Schuldners ablehnen. Zum Zustandekommen des Plans ist die Zustimmung aller Gläubiger erforderlich, die entweder ausdrücklich erklärt, durch Schweigen fingiert oder durch das Gericht ersetzt werden kann (zum etwas unglücklichen Begriff der Zustimmungsersetzung vgl. *Henckel* in Festschrift für Gaul, 1997, 199 [205]). Das Gericht hat auch im Rahmen des § 309 InsO keinen direktiven Einfluß auf den Inhalt des Plans. Es muß die Zustimmung ersetzen, wenn die Mehrheit zugestimmt hat und kein Gläubiger Gründe glaubhaft gemacht hat, die nach Abs. 1 Nr. 1 und Nr. 2 oder Abs. 3 gegen eine Zustimmungsersetzung sprechen.

6 Wie bereits oben (§ 305 Rz. 28 ff.) dargestellt, unterliegt der Schuldenbereinigungsplan keinerlei inhaltlichen Mindestanforderungen. Dem Gesetzgeber war, insbesondere aufgrund der unterschiedlichen Lebenssituationen und Bedürfnislagen vor allem auf Seiten der Schuldner in erster Linie wichtig, die Pläne der freien Gestaltung der Parteien zu überlassen und nicht regulierend einzugreifen. Die Prüfung der Angemessenheit des Plans wird in der Verbraucherinsolvenz lediglich in Form des Minderheitenschutzes der Gläubiger, die dem Plan nicht zugestimmt haben, durch § 309 Abs. 1 Nr. 1 und Nr. 2, sowie Abs. 3 InsO konkretisiert. Eine allgemeine Angemessenheitsprüfung sieht § 309 dagegen nicht vor. Für allgemeine Billigkeitserwägungen gibt es bei der Prüfung der Zustimmungsersetzung nur begrenzten Raum (§ 242 BGB).

7 Insbesondere die Frage, ob ein sog. »Nullplan«, der den Gläubigern überhaupt keine Zahlungen zur Tilgung der Schuld anbietet, ein angemessener Plan sein kann, darf daher nur im Rahmen der Möglichkeit der Zustimmungsersetzung geprüft werden (vgl. unten Rz. 11 ff.). Bei der Überprüfung der Frage, ob eine Benachteiligung gegenüber den anderen Gläubigern bzw. der Durchführung des gerichtlichen Verfahrens vorliegt (§ 309 Abs. 1 Nr. 1 und 2 InsO) ist allerdings keine mathematische Genauigkeit erforderlich (BT-Drucks. 12/7302, S. 192; s. auch Rz. 14). In diesem Rahmen besteht ein begrenzter Beurteilungsspielraum des Gerichts. Bei der Frage, inwieweit durch eine Zustimmungsersetzung in die geschützten Rechtspositionen der Gläubiger eingegriffen wird, darf nicht allein der Forderungsverlust der Gläubiger und die Schuldbefreiung des Schuldners gegenübergestellt werden. Es muß die Situation bei einer unbeschränkten Zwangsvollstreckung mit dem Schuldenbereinigungsvorschlag verglichen werden. Hier ist aber festzustellen, daß der Eingriff in die Rechtsposition der Gläubiger nicht an dem Nenn-

Ersetzung der Zustimmung **§ 309**

wert, sondern an der Werthaltigkeit der Forderungen gemessen werden muß. Diese ist oft aber äußerst gering, da die Forderungen mit den Mitteln der Zwangsvollstreckung ohnehin kaum lukrativ zu realisieren wären, da selbst bei einer dreißigjährigen Vollstreckbarkeit die Kosten der Beitreibung und Überwachung so hoch sind, daß die realisierten Forderungsanteile diese oft nicht übersteigen dürfte (vgl. *Balz/Landfermann* a. a. O., S. 403). So gelten auch im Steuer- und Bilanzierungsrecht Forderungen, bei denen die Zwangsvollstreckung erfolglos verlaufen ist und auch in absehbarer Zeit fruchtlos bleiben wird, sowie Forderungen von Schuldnern, die die eidesstattliche Versicherung abgegeben haben und bei denen in absehbarer Zeit mit einer Verbesserung der Vermögenslage nicht zu rechnen ist als uneinbringlich und sind auszubuchen (§ 6 Abs. 1 Nr. 2, § 5 Abs. 1 EStG i. V. m. § 253 Abs. 3 Satz 2 HGB; vgl. *Falterbaum/ Beckmann* Buchführung und Bilanz, 1996, 730). Auch der Gesetzgeber geht davon aus, daß die Restschuldbefreiung nicht im Gegensatz zum Verfahrensziel der Haftungsverwirklichung steht, sondern im Gegenteil dem Schuldner einen entscheidenden Anreiz dafür bietet, ein Höchstmaß an Gläubigerbefriedigung zu bewirken (allg. Begründung zum Regierungsentwurf BT-Drucks. 12/2443, S. 101; *Balz/Landfermann* a. a. O., S. 47).

II. Mehrheitliche Zustimmung

Das Obstruktionsverbot im Schuldenbereinigungsplan wird in § 309 InsO konkretisiert. **8** Nur wenn sowohl eine Kopf-, als auch eine Summenmehrheit von über 50% dem Plan des Schuldners zugestimmt haben, kann die fehlende Zustimmung der übrigen Gläubiger ersetzt werden. Es ist entgegen dem mißverständlichen Wortlaut des § 309 InsO auch die Zustimmungsersetzung mehrerer Gläubiger und nicht nur eines Gläubigers möglich, wenn sie die Minderheit bilden (*Hess/Obermüller* a. a. O., Rz. 830). Bei einer geraden Anzahl von Gläubigern reicht eine Pattsituation bei der Ermittlung der Kopfmehrheit nicht aus. Hat ein Gläubiger mehrere Forderungen gegen den Schuldner, so steht ihm trotzdem nur eine Stimme zu (h. M. zum bisherigen Vergleichsrecht, *Kilger/Karsten Schmidt* KO, § 182 Rz. 1; *Kuhn/Uhlenbruck* § 182 Rz. 4 a).

Auch für die Ermittlung der Summenmehrheit sind die vom Schuldner im Plan benann- **9** ten Forderungen maßgebend. Er wird aufgrund der Sanktionsdrohung des § 290 Nr. 6 InsO in seinem eigenen Interesse die gegen ihn geltend gemachten Forderungen in der Höhe angeben, in der er sie für berechtigt halten darf (vgl. § 307 Rz. 14; § 290 Rz. 55) Im Verbraucherinsolvenzverfahren ist, anders als im bisherigen Vergleichsrecht (§ 71 VglO), keine Regelung für die Situation getroffen, daß zwischen den Beteiligten Streit über die Höhe der Stimmberechtigung der Forderungen besteht. Aus der Regelung, daß die Forderungen der »benannten« Gläubiger maßgebend sind, wird deutlich, daß hier die Angaben des Schuldners im Plan berücksichtigt werden sollen. Denn das Prinzip des Schuldenbereinigungsverfahrens sieht keine Überprüfung durch das Gericht vor und unterstellt für seine Entscheidung die Angaben des Schuldners als wahr. Erst durch Abs. 3 hat der Minderheitsgläubiger die Möglichkeit, die Angaben des Schuldners in Frage zu stellen oder zu bestreiten. Dies ist aber an die Voraussetzung der Glaubhaftmachung geknüpft.

Hierdurch besteht zwar die Gefahr, daß der unredliche Schuldner durch eine bewußt niedrige oder auch überhöhte Angabe bestimmter Forderungen eine Summenmehrheit zuungunsten potentiell widersprechender Gläubiger beeinflussen und somit zunächst die Voraussetzung für die richterliche Zustimmungsersetzung schaffen kann. Dann riskiert er aber eine Versagung der Restschuldbefreiung nach § 290 Abs. 1 Nr. 6 InsO. Außerdem sind die Gläubiger durch den Minderheitenschutz nach § 309 Abs. 1 und Abs. 3 InsO vor einer ungerechtfertigten Zustimmungsersetzung geschützt. Denn bei einer falsch angegebenen Forderung wären sie sowohl im Verhältnis zu den übrigen Gläubigern, als auch im Vergleich zu einer Durchführung des gerichtlichen Entschuldungsverfahrens unangemessen beteiligt, so daß eine Zustimmung wegen § 309 Abs. 3 InsO ohnehin nicht möglich ist, wenn der Gläubiger seinen Einwand glaubhaft macht (s.u. Rz. 36, 38).

10 Die Gläubiger sind grundsätzlich frei in ihrer Entscheidung, ob sie dem Plan des Schuldners zustimmen oder nicht. Fraglich ist, ob die Nichtzustimmung eines Gläubigers zu einem vernünftigen Schuldenbereinigungsplan rechtsmißbräuchlich sein kann, mit der Konsequenz, daß die Forderung des obstruktiven Gläubigers bei der Mehrheitsbildung nicht zu berücksichtigen ist (vgl. zum Rechtsmißbrauch des Akkordstörers *Kohte* in FS für Remmers, 1995, 479 [501]; *ders.* Anm. zu *ArbG Bielefeld* RsDE 27 (1995), S. 52 [62]). Nach den Erfahrungen in der Schuldnerberatung gibt es bei Verbraucherinsolvenzen häufig einen Gläubiger, der mehr als 50% der Forderungssumme auf sich vereint und damit die formale Möglichkeit hat, eine einvernehmliche Schuldenregulierung im Schuldenbereinigungsverfahren zu verhindern. Allerdings ist im Schuldenbereinigungsverfahren, anders als beim außergerichtlichen Einigungsversuch nach § 305 InsO, zu berücksichtigen, daß der Gesetzgeber mit § 309 InsO eine gesetzliche Regelung für den »Normalfall« obstruktiven Gläubigerverhaltens geschaffen hat. Diese gesetzgeberische Wertung führt zu einer Einengung des richterlichen Anwendungsbereichs des § 242 BGB (vgl. *Palandt/Heinrichs* § 242 Rz. 38). Die Nichtzustimmung eines Gläubigers kann daher nur in Ausnahmefällen als rechtsmißbräuchlich i.S. des § 242 BGB angesehen werden, etwa wenn hierdurch im konkreten Einzelfall die Grenzen des Schikaneverbots überschritten werden (vgl. hierzu die Fallgruppen bei *Soergel/Teichmann* § 242 Rz. 293 ff.).

III. Nr. 1 Unangemessene Beteiligung im Verhältnis zu den übrigen Gläubigern

11 Eine Zustimmungsersetzung ist ausgeschlossen, wenn der widersprechende Gläubiger im Verhältnis zu den übrigen Gläubigern nicht angemessen beteiligt ist. Hierdurch wird der Grundsatz der Gleichbehandlung der Gläubiger als Minderheitenschutz postuliert. Die Regelung orientiert sich in ihren Auswirkungen an § 181 KO, der ebenfalls eine strikte Gleichbehandlung vorschrieb (vgl. *Kuhn/Uhlenbruck* § 181 Rz. 1).

12 Die Regelung des § 309 Abs. 1 Nr. 1 InsO verlangt aber nicht ausdrücklich eine Gleichbehandlung der Gläubiger. Sie läßt vielmehr einen gewissen Spielraum für Gerechtigkeitsüberlegungen außerhalb mathematisch genauer Anteilsberechnung zu (*Schmidt-Räntsch* MDR 1994, 321 [325]; BT-Drucks. 12/7302, S. 192). So hält *Obermüller* auch eine Verteilung nach der Höhe der bestehenden Hauptforderungen der Gläubiger für zulässig (*Hess/Obermüller* a.a.O., Rz. 831). Schon im bisherigen Vergleichsrecht war anerkannt, daß nicht auf die inhaltliche Gleichartigkeit des Vergleichs abzustellen ist, sondern auf die wirtschaftliche Gleichwertigkeit (*Bley/Mohrbutter* VglO, § 8 Rz. 22). So wurde bislang z.B. die Vorwegbefriedigung von Kleingläubigern, soweit sachlich begründet, nicht beanstandet (*Kilger/Karsten Schmidt* VglO, § 8 Rz. 1). Als zulässig wurden im Vergleichsrecht bislang auch Regelungen angesehen, die allen Gläubigern bis zu einer bestimmten Forderungshöhe (z.B. 100 DM) volle, für die darüber hinaus gehenden Beträge dagegen nur eine anteilige Befriedigung gewährte. Als

Ersetzung der Zustimmung **§ 309**

Anhaltspunkt für die Ausfüllung des Begriffs »Angemessenheit« i. S. des § 309 InsO kann auch die Wertung des § 222 InsO herangezogen werden. Auch wenn sich Insolvenzplan und Schuldenbereinigungsplan strukturell unterscheiden, so fließt der allgemeine Grundsatz des »par conditio creditorum« doch in beide Planverfahren ein und erfährt in § 222 InsO eine spezifischere Ausformung als in § 309 InsO. Nach § 222 Abs. 1 Nr. 1 InsO können Absonderungsberechtigten, nach Abs. 3 auch Kleingläubigern besondere Behandlungen im Plan zu Teil werden. Auch innerhalb der Gruppen können Untergruppen gebildet werden, die, nach sachgerechten Kriterien eingeteilt, unterschiedliche Behandlung im Plan erfahren können. Insofern ist auch im Schuldenbereinigungsplan eine Ungleichbehandlung dann zulässig, wenn ein sachlicher Grund hierfür besteht, bzw. sich die Gläubiger nicht in der gleichen rechtlichen Position befinden (*Arnold* DGVZ 1996, 129 [135]; *Wittig* WM 1998, 157 [166]; *Krug*, Verbraucherkonkurs – KTS Schriften zum Insolvenzrecht 7, 1998, 125).

Eine unterschiedliche rechtliche Position der Gläubiger kann eine Ungleichbehandlung **13** z. B. dann rechtfertigen, wenn einzelne Gläubiger über Sicherheiten verfügen, die im gerichtlichen Entschuldungsverfahren von Bestand sind, wie z. B. das Vorliegen einer wirksamen Entgeltabtretung, die dem Abtretungsgläubiger nach §§ 50, 114 InsO in den ersten drei Jahren nach Verfahrenseröffnung einen vorrangigen Zugriff auf den Neuerwerb des Schuldners ermöglicht (vgl. auch *Hess/Obermüller* a. a. O., Rz. 831; BT-Drucks. 12/7302, S. 192). Das Vorliegen einer wirksamen Entgeltabtretung (zur Wirksamkeit von vorformulierten Entgeltabtretungsklauseln vgl. *BGH* NJW 1989, 2338 ff.; 1992, 2627 ff.; *Kohte* ZIP 1988, 1225 ff.; *ders.* BB 1989, 2257 ff.), rechtfertigt somit eine Ungleichbehandlung im Verhältnis zu den übrigen, nicht gesicherten Gläubigern (zur Berechnung der Höhe des gerechtfertigten Vorranges s. u. Rz. 24 f.). Eine Nichtberücksichtigung würde den gesicherten Gläubigern dagegen gegenüber der Durchführung des gerichtlichen Entschuldungsverfahrens benachteiligen, so daß in diesem Fall die Zustimmung der gesicherten Gläubiger nach Abs. 1 Nr. 2 nicht ersetzt werden könnte. Allerdings muß hierbei auch die Werthaltigkeit der Sicherheit berücksichtigt werden, die z. B. durch einen Abtretungsausschluß beim derzeitigen Arbeitgeber stark eingeschränkt sein kann.

Auf der anderen Seite kann dann, wenn eine unwirksame Entgeltabtretung trotz ihrer Unwirksamkeit bei der Planerstellung berücksichtigt wurde, eine Benachteiligung der übrigen Gläubiger vorliegen, da wegen der Unwirksamkeit der Sicherung kein sachlicher Grund für die Ungleichbehandlung gegeben ist.

Besteht zwischen den Beteiligten Streit über die Wirksamkeit einer Sicherheit (z. B. einer **14** Abtretungs- oder Bürgschaftserklärung), so ist fraglich, ob das Gericht diese zu prüfen hat, da ansonsten die »Angemessenheit« des Plans nicht abschließend bewertet werden kann. Es handelt sich hierbei nicht um einen Streit über die Höhe der von Schuldner angegebenen Forderung. Dieser Streit soll nach Abs. 3 ausdrücklich nicht vom Insolvenzgericht geklärt werden, um diesem langwierige Prüfungen und Beweisaufnahmen zu ersparen (BT-Drucks. 12/7302, S. 192). Vielmehr geht es hier um die rechtliche Bewertung von Sicherheiten, die zu einer gerechtfertigten Ungleichbehandlung von Gläubigern führen können.

Es ist aber zu berücksichtigen, daß der Schuldenbereinigungsplan nach § 305 Abs. 1 Nr. 4 InsO Regelungen enthalten muß, ob und inwieweit Sicherheiten der Gläubiger vom Plan beeinträchtigt sind. Bzgl. der Verwertung von Entgeltabtretungen wird in einem Vergleichsvorschlag gleichzeitig vereinbart werden, daß eine Verwertung der (nach Ansicht des Schuldners unwirksamen) Abtretung ausgeschlossen ist. Enthält ein Vorschlag des Schuldners ausdrücklich oder konkludent eine solche Regelung, so würde eine Zustimmungsersetzung des Gerichts gleichzeitig eine Entscheidung über die Wirksamkeit der Abtretungserklärung beinhalten, für die nicht das Insolvenzgericht, sondern das Prozeßgericht zuständig ist. Eine Zustimmungsersetzung kann daher dann nicht erfolgen, wenn hiermit gleichzeitig eine Entscheidung über die Wirksamkeit von Sicherheiten getroffen würde. Der Rechtsgedanke des § 309 Abs. 3 InsO, der Streitigkeiten über die Wirksamkeit von Forderungen von den Insolvenzgerichten fernhalten wollte, ist auf die Situation analog anzuwenden, so daß dann, wenn ein Gläubiger glaubhaft macht, daß ihm ein im Plan nicht berücksichtigtes Sicherungsrecht zusteht, seine Zustimmung nicht ersetzt werden kann.

15 Eine Zustimmungsersetzung kann aber erfolgen, wenn der Schuldenbereinigungsplan nach seinem Inhalt keine Auswirkungen auf den Bestand der Sicherheiten haben soll. Die Parteien können den Streit über die Wirksamkeit einer Sicherheit der gerichtlichen Klärung außerhalb des Insolvenzverfahrens überlassen, so daß auch keine Ungleichbehandlung erfolgt, wenn die gesicherten Gläubiger im Plan genauso behandelt werden, wie die ungesicherten. Denn das Recht, seine Sicherheit zu verwerten, wird dann durch den Plan nicht beschnitten. Der Einwand des Gläubigers, er werde durch den Plan nicht angemessen beteiligt, ist dann unbeachtlich.
Es bleibt den Beteiligten überlassen, ob sie den offenen Ausgang des Streits über die Wirksamkeit der Abtretung durch eine Eventualklausel in die Vereinbarung mit einbeziehen (diese Möglichkeit wird in der Gesetzesbegründung ausdrücklich erwähnt, BT-Drucks. 12/7302, S. 191 zu § 357b) oder diesbezüglich keine Vereinbarung im Plan treffen wollen. Die letzte Alternative birgt allerdings das Risiko, daß das Scheitern des Plans vorprogrammiert ist, wenn das Prozeßgericht nicht so entscheidet, wie dies im Plan unterstellt wurde.

16 Eine Ungleichbehandlung kann auch dann gerechtfertigt sein, wenn die Forderung des im Plan bevorzugt berücksichtigten Gläubigers nach § 302 InsO nicht von der Restschuldbefreiung erfaßt ist und der Schuldner ihm im Plan zur endgültigen Regulierung der Forderung aus seinem unpfändbaren Einkommen höhere Beträge als den übrigen Gläubigern anbietet. Denn es entspricht Sinn und Zweck des Schuldenbereinigungsplans, daß der Schuldner um eine endgültige Bereinigung seiner Schuldensituation bemüht ist und daher die Rechtspositionen der Gläubiger berücksichtigt (vgl. zur Berücksichtigung deliktischer Forderungen im Schuldenbereinigungsplan auch Rz. 25).
Auch die Klärung der möglicherweise bestehenden Streitfrage, ob eine Forderung nach § 302 InsO von der Restschuldbefreiung befreit ist, kann nicht im Rahmen der Zustimmungsersetzung durch das Insolvenzgericht getroffen werden. Das Insolvenzgericht darf davon ausgehen, daß die Forderung gem. § 302 InsO von der Restschuldbefreiung ausgenommen ist, wenn bereits, z.B. durch ein rechtskräftiges Urteil, das Vorliegen einer vorsätzlich begangenen unerlaubten Handlung festgestellt wurde (vgl. hierzu § 302 Rz. 10ff.).

17 Ein sachlicher Grund für eine Ungleichbehandlung wird in gewissem Rahmen auch für Gläubiger gerechtfertigt sein, wenn deren Befriedigung für den Schuldner und seine Familie von existentieller Bedeutung ist. So ist der Schuldner bei einer Nichtzahlung von Rückständen aus Energielieferungsverträgen nach § 33 AVBEltV von einer Stromsperre bedroht, die der Energielieferant unabhängig vom Zwangsvollstreckungsverbot im Insolvenzverfahren vornehmen kann. Es wird dem Schuldner zuzugestehen sein, diesen Gläubiger im Plan mit verhältnismäßig höheren Beträgen zu berücksichtigen, um die für ihn existentiell wichtigen Energielieferungen zu gewährleisten. Die Möglichkeit der Stromsperre kommt daher einer besonderen Sicherung eines Gläubigers gleich, so daß auch hier eine rechtliche Situation vorliegt, die eine Ungleichbehandlung rechtfertigt.

Das gleiche gilt auch für die Bevorzugung anderer existentiell wichtiger Gläubiger, etwa des Vermieters beim Bestehen von Mietrückständen, die zur Wohnraumkündigung berechtigen würden.

Auch Kleingläubiger können im Plan u. U. gegenüber den anderen Gläubigern privilegiert werden, wenn dies zur Abwicklung des Verfahrens sachlich gerechtfertigt erscheint. Bereits in der Vergleichsordnung war in § 106 die Bevorzugung von Kleingläubigern zur erleichterten Verfahrensabwicklung anerkannt (*Bley/Mohrbutter* VglO, § 106 Rz. 1). In der Gesetzesbegründung zu § 222 Abs. 3 InsO wird die volle Befriedigung von Kleingläubigern bis zu einer bestimmten Höhe ausdrücklich erwähnt (vgl. *Balz/Landfermann* a. a. O., S. 336). Auch im Schuldenbereinigungsverfahren kann dies zu u. U. zu einer Verfahrensvereinfachung beitragen, wenn eine Vielzahl von Kleingläubigern vorliegt. Der Rechtsgedanke des § 222 InsO ist dann entsprechend anzuwenden (vgl. auch Rz. 10). 18

Für die Beurteilung der Verhältnismäßigkeit sind die Angaben des Schuldners maßgebend. Bei Streit über die Forderungshöhe kann die Zustimmung nicht ersetzt werden, wenn dies für die Frage der Angemessenheit wesentlich ist (Abs. 3 s. u. Rz. 38 ff.). Die Gläubiger müssen – sofern kein sachlicher Grund für die Ungleichbehandlung vorliegt – im Verhältnis gleichmäßig beteiligt werden. Hierbei ist aber keine mathematische Genauigkeit erforderlich (vgl. auch Rz. 10). Das Insolvenzgericht hat einen gewissen Ermessensspielraum bei der Bewertung der Angemessenheit. Insbesondere wird es zuzulassen sein, daß vor allem wegen der faktischen Abwicklungsprobleme der Schuldner die Gläubiger sukzessive befriedigt. Daß dann einige ihr Geld später bekommen als andere, ohne hierfür einen finanziellen Ausgleich zu erhalten, wird von ihnen hinzunehmen sein, solange sie unter dem Strich die gleiche Gesamtquote bekommen (vgl. insoweit auch die Begründung zu § 295 Abs. 2 InsO, in der der Gesetzgeber Zahlungsaufschübe bei Selbständigen zuläßt [BR Drucks. 1/92, S. 192 zu § 244]; sowie für das Vergleichsrecht *Kilger/Karsten Schmidt* § 8 VglO 1). 19

Bei Streit über die Höhe einer Forderung, die Qualifizierung als Forderung aus einer vorsätzlich begangenen unerlaubten Handlung, die Wirksamkeit einer Sicherung oder über andere Tatsachen, die eine »Ungleichbehandlung« rechtfertigen würden, kann gerade die Ungewißheit über den Ausgang dieses Streits im Rahmen eines Kompromisses bei der Bemessung der Vergleichsbeträge in gewissem Rahmen erhöhend berücksichtigt werden, ohne daß der Rechtsstreit einer endgültigen Klärung zugeführt wird. Insoweit vergrößert sich der allgemeine Entscheidungsspielraum, den das Gericht bei der Beurteilung der Angemessenheit hat (Rz. 6), da der Streit an sich auch ein sachlicher Grund für eine gewisse Abweichung vom Grundsatz der Gleichbehandlung der Gläubiger sein kann (vgl. hierzu auch *Hess/Obermüller* a. a. O., Rz. 831). 20

Ein konkurrierender Gläubiger kann sich nur dann gegen die aufgrund des Streits vorgenommene Bevorzugung eines anderen Gläubigers wehren, wenn er gem. § 309 Abs. 3 InsO glaubhaft machen kann, daß die Forderung oder Sicherung tatsächlich nicht in der Höhe besteht, mit der sie im Plan berücksichtigt wurde.

IV. Nr. 2 Wirtschaftliche Schlechterstellung gegenüber Verbraucherinsolvenz- und Restschuldbefreiungsverfahren

Nr. 2 enthält die gesetzliche Präzisierung der schon bisher im Vergleichsrecht geltenden Regelungen zum Minderheitenschutz (vgl. oben Rz. 2), nach der ein Gläubiger nicht zu einem Vergleich gezwungen werden darf, der ihn schlechter stellen würde, als er ohne die 21

Annahme des Plans – nämlich bei der Durchführung des gerichtlichen Entschuldungsverfahrens – stehen würde.

Das Angebot im Plan ist den prognostisch zu erwartenden Beträgen im Verbraucherinsolvenzverfahren mit anschließender Treuhandphase bis zur gesetzlichen Restschuldbefreiung gegenüberzustellen und auf Abweichungen hin zu überprüfen.

1. Hypothetische Berechnung der im Verfahren zu zahlenden Beträge

22 Voraussetzung für die Parallelwertung nach Nr. 2 ist, daß das Insolvenzgericht sowohl das Ergebnis der Vermögensverwertung während des Insolvenzverfahrens, als auch den Wert des Neuerwerbs während Insolvenzverfahren und Treuhandphase prognostiziert. Eine Hilfestellung bei der Ermittlung der potentiell im gerichtlichen Verfahren an den jeweiligen Gläubiger auszuschüttenden Beträge bietet der 2. HS von Nr. 2. Im Zweifel ist davon auszugehen, daß sich die tatsächlichen Verhältnisse des Schuldners nicht verändern. Dies bedeutet, daß absehbare Veränderungen zu berücksichtigen sind, wenn deren Eintritt nach Lage der Dinge konkret absehbar sind (*Schmidt-Räntsch* MDR 1994, 321 [325]; *Arnold* DGVZ 1996, 129 [135]). Dies wird aber in der Regel nur dann der Fall sein, wenn der Eintritt der Veränderungen unstreitig ist. Anderenfalls wird es nur in Ausnahmefällen Veränderungen geben, deren Eintritt sicher ist. Tatsächlich sind viele Veränderungen denkbar, die Einfluß auf die Einkommenssituation des Schuldners haben können (z. B. Wegfall der Unterhaltspflicht gegenüber Ehefrau oder Kindern, Gehaltserhöhung, absehbare Beendigung des Arbeitsverhältnisses, Geburt eines Kindes, etc.). Als sicher werden diese absehbaren Veränderungen aber nur selten anzusehen sein, da der tatsächliche Eintritt der Ereignisse zweifelhaft bleibt. Allerdings kann der Schuldner dann verpflichtet sein, auch die mögliche Änderung der Verhältnisse – etwa durch Anpassungsklauseln – im Plan zu berücksichtigen. Macht ein Gläubiger glaubhaft, daß konkrete Anhaltspunkte für wesentliche Veränderungen bestehen und weigert sich der Schuldner, eine angemessene Anpassungsklausel in den Plan aufzunehmen, so kann die Zustimmung des Gläubigers nicht ersetzt werden, wenn der Gläubiger im gerichtlichen Verfahren von der Veränderung profitieren würde.

23 Die Aufnahme von Anpassungsregelungen ist aber nicht Bedingung für die Zustimmungsersetzung. Insbesondere Ratenzahlungspläne mit konstanten Leistungen können sowohl im Interesse des Schuldners, als auch im Interesse des Gläubigers liegen. Ein Übereinkommen des Schuldners mit der Mehrheit der Gläubiger, unabhängig von negativen wie positiven Veränderungen konstant hohe Raten zu zahlen, kann durchaus interessengerecht sein (bzgl. des Erfordernisses von Anpassungsregelungen in Nullplänen vgl. unten Rz. 36).

24 Bei der Berechnung der potentiell im gesetzlichen Entschuldungsverfahren zu erwartenden Beträge ist zwar keine mathematische Genauigkeit erforderlich (a. A. *Krug* a. a. O., S. 126 f., der sowohl eine Kapitalisierung der einzelnen Leistungen als auch eine Abzinsung vornehmen will), trotzdem sind vom Gericht nicht unerheblichen Berechnungen anzustellen. Die zu erwartenden Pfändungsbeträge während Verbraucherinsolvenzverfahren und Treuhandphase sind über die gesamte Laufzeit zu ermitteln. Diese Berechnungen sind aber mit Hilfe von EDV-Programmen ohne besonderen Aufwand möglich. Bei der Simulation des Verfahrensablaufs des gerichtlichen Entschuldungsverfahrens sind auch die potentiell entstehenden Gerichts- und Treuhänderkosten, sowie der nach § 114 InsO möglicherweise bestehende Vorrang von Entgeltabtretungen oder Aufrechnungsmöglichkeiten des Arbeitgebers zu berücksichtigen (vgl. zur Berechnung auch *Pape* ZInsO 1998, 125 ff.; *Grote* ZInsO 1998, 107 [109]).

Ersetzung der Zustimmung § 309

Die Beträge, die der absonderungsberechtigte Abtretungsgläubiger aufgrund der Abtretung voraussichtlich erhält, sind von der Summe, mit der er bei der Verteilung im Insolvenzverfahren und der Treuhandphase berücksichtigt wird, in Abzug zu bringen, so daß insoweit keine Doppelberücksichtigung erfolgt (vgl. §§ 52, 190 InsO, näheres zu der Berücksichtigung des Absonderungsrechts in der Treuhandphase s. o. § 292 Rz. 12; s. auch § 314 Rz. 22). Auch bei dieser Berechnung muß im Zweifel von konstanten Verhältnissen ausgegangen werden (vgl. Rz. 22).

Eine Schlechterstellung gegenüber der Situation im gerichtlichen Verfahren kann auch 25 dann vorliegen, wenn der Schuldner im Plan Umstände, die dem Gläubiger ein besonderes Befriedigungsrecht gewähren, nicht berücksichtigt.

Macht der Gläubiger glaubhaft, daß er über eine Abtretung verfügt, die ihn zur abgesonderten Befriedigung berechtigt oder daß seine Forderung aus einer vorsätzlich begangenen unerlaubten Handlung stammt, so kann die fehlende Zustimmung des Gläubigers gem. § 309 Abs. 1 Nr. 2 InsO nicht ersetzt werden. Denn im gerichtlichen Verfahren würde der Gläubiger nach § 114 Abs. 1 InsO drei Jahre lang die gesamten pfändbaren Bezüge bekommen und der deliktische Gläubiger könnte gem. § 302 InsO nach erteilter Restschuldbefreiung seine restliche Forderung ungehindert weiter gegen den Schuldner vollstrecken. Die Zustimmung kann daher nicht ersetzt werden, wenn diese Umstände nicht durch eine höhere Leistung oder ein sonstiges Zugeständnis des Schuldners berücksichtigt werden (vgl. oben Rz. 12 ff.).

Das bedeutet aber nicht, daß der Schuldner dem nach § 302 InsO privilegierten Deliktsgläubiger zwangsläufig den vollen Betrag seiner Forderung anbieten muß, da eine vollständige Realisierung nach erteilter Restschuldbefreiung auch nicht sicher wäre. Das Gericht hat hier einen gewissen Ermessensspielraum, ob es den angebotenen Betrag bzw. die angebotene Regelung für ausreichend erachtet.

Bei der Bewertung des pfändbaren Vermögens des Schuldners kann das Gericht von den 26 Angaben ausgehen, die der Schuldner in seinem Vermögensverzeichnis gemacht hat. Das Gericht wird regelmäßig weder umfangreiche tatsächlichen Ermittlungen anstellen, noch einen Gutachter beauftragen, um den Wert des pfändbaren Vermögens des Schuldners zu ermitteln. Unter Berücksichtigung der Pfändungsschutzvorschriften hat das Gericht nach Lage der Akten und unter Berücksichtigung der Kosten der Verwertung den Betrag zu ermitteln, der unter Zugrundelegung von Erfahrungswerten voraussichtlich bei der Vermögensverwertung zu erzielen sein wird. Macht der Gläubiger konkrete Tatsachen glaubhaft, die zu einem von den Angaben des Schuldners abweichenden Verwertungsertrag führen, kann seine Zustimmung nicht ersetzt werden.

Schwierigkeiten kann auch die Ermittlung des jeweils pfändbaren Einkommens bereiten. 27 Grundsätzlich ist unter Berücksichtigung der Unterhaltsverpflichtungen und der §§ 850 ff. ZPO der nach § 850 c ZPO pfändbare Betrag zu ermitteln. Fraglich ist, ob das Gericht bei der Prognose auch Bewertungen vornehmen kann, die nach der ZPO nur auf Antrag vom Vollstreckungsgericht vorgenommen werden können. In Frage kommen hierbei insbesondere die Gestaltungsmöglichkeiten des Gerichts nach § 850 f, § 850 e und § 850 c Abs. 4 ZPO, die alle einen Antrag des Schuldners oder eines Gläubigers voraussetzen und nicht vorbehaltlos auf die Situation im Gesamtvollstreckungsverfahren übertragen werden können (vgl. zu der Möglichkeit der Anpassung der pfändbaren Beträge in der Treuhandphase § 287 Rz. 52 ff.). Nur wenn ein Gläubiger konkrete Tatsachen glaubhaft macht, aufgrund derer ohne Zweifel davon auszugehen ist, daß während der Laufzeit des gerichtlichen Entschuldungsverfahrens eine Veränderung des pfändbaren Betrages nach entsprechender Antragstellung erfolgen würde, so muß dies auch bei der Prognoseentscheidung nach § 309 Abs. 1 Nr. 2 InsO berücksichtigt werden.

Bestehen dagegen Zweifel darüber, ob ein solcher Antrag erfolgreich gestellt wird, so ist von den Bedingungen zum Zeitpunkt der Antragstellung auszugehen (§ 309 Abs. 1 Nr. 2 InsO).

2. Berücksichtigung von Zugangshürden zum Verfahren und zur Erlangung der Restschuldbefreiung

28 Umstritten ist, inwieweit bei der Prognoseentscheidung nicht nur auf die voraussichtlich bei der Durchführung des gerichtlichen Entschuldungsverfahrens an die Gläubiger fließenden Beträge, sondern darüber hinaus darauf abzustellen ist, ob der Schuldner aufgrund seiner persönlichen Situation in einem gerichtlichen Verfahren auch tatsächlich Restschuldbefreiung erlangen würde. So wird vertreten, eine Zustimmung dürfe dann nicht ersetzt werden, wenn der Schuldner die Kosten des Verfahrens nicht aufbringen könne (*Henckel* in FS für Gaul, 1997, 199 [204]), ein Insolvenzgrund nicht gegeben sei (*Häsemeyer* Rz. 29.35), oder ein Versagungsgrund vorliege (*Häsemeyer* Rz. 29.35).

Bei der Beurteilung dieser Frage ist einerseits zu berücksichtigen, daß der Gesetzgeber ein einfaches Verfahren mit dem Ziel der Entlastung der Gerichte konstruiert hat, in dem die Prüfungsaufgaben des Gerichts strukturell sehr eingeschränkt sind. Andererseits muß beachtet werden, daß durch die Zustimmungsersetzung ein endgültiger Eingriff in die Vermögensrechte der Gläubiger vorgenommen werden kann, auch wenn die Forderung nicht mehr im vollen Umfang werthaltig ist. Insoweit bedarf es hier einer differenzierenden Betrachtung.

29 In der Literatur wird vertreten, bei einem einkommens- und vermögenslosen Schuldner könne die Zustimmung nicht ersetzt werden, weil er die **Kosten** nicht werde aufbringen können und ihm daher das Rechtsschutzbedürfnis für einen Insolvenzantrag fehle (so *Henckel* a.a.O.). Dieser Einwand erscheint allein schon wegen der ungeklärten faktischen Situation nicht tragfähig. Denn abgesehen von der Frage, ob für das Verfahren Prozeßkostenhilfe zu bewilligen ist (ablehnend *Bork* ZIP 1998, 1209 [1213], zustimmend *Pape* Rpfleger 1997, 237 [238]; s. hierzu § 310 Rz. 13ff. und § 286 Rz. 45ff.), hat jeder Antragsteller die gesetzlich garantierte Möglichkeit, die Verfahrenskosten vorzuschießen (§ 26 Abs. 1 Satz 2 InsO). Auch wenn dies in vielen Fällen eine faktisch unüberwindbare Hürde für den Verfahrenszugang darstellen wird, scheint es doch nicht ausgeschlossen, daß mancher Schuldner die Verfahrenskosten durch Unterstützung aus der Verwandtschaft aufbringen kann oder daß er sie über einen längeren Zeitraum aus seinem unpfändbaren Einkommen anspart. Es ist kein Grund ersichtlich, warum diesen Schuldnern der Zugang zum Verfahren verwehrt werden sollte. Ein Rechtsschutzbedürfnis für eine Restschuldbefreiung hat auch der Schuldner, bei dem in den nächsten sieben Jahren überhaupt nichts zu pfänden ist. Denn ein berechtigtes Interesse an einer Schuldbefreiung liegt auch dann vor, wenn der Schuldner sich von dem psychischen Druck der Schuldenlast und der Zwangsvollstreckungsmaßnahmen befreien will oder er durch die Entschuldung überhaupt erst eine Chance für einen Neuanfang erhält (s. hierzu auch Rz. 32ff.; vor § 286 Rz. 6ff.; *Henning* InVO 1996, 288). Die Restschuldbefreiung gerade denen zu verweigern, die am meisten auf die Neuregelung angewiesen sind, kann nicht Sinn des neuen Gesetzes sein (*Wittig* WM 1998, 157 [165]). Für »arme« Schuldner dürfte das kostengünstige Schuldenbereinigungsverfahren zudem gerade dann oft die einzige Chance zu Schuldbefreiung sein, wenn sie die Kosten für das gerichtliche Entschuldungsverfahren nicht aufbringen können.

Nach Ansicht von *Häsemeyer* (*Häsemeyer* Rz. 29.35) setzt eine Zustimmungsersetzung 30
auch die Überprüfung des Vorliegens eines **Insolvenzgrundes** (§§ 17, 18 InsO) voraus.
Eine andere Ansicht lehnt die Überprüfung des Insolvenzgrundes in dieser Phase ab, da
diese nach dem Gesetz nur für die Eröffnung relevant sind und daher im Eröffnungsverfahren erstmals zu prüfen (*Wittig* WM 1998, 157 [160]; *Hess/Obermüller* a. a. O., Rz. 858; differenzierend *Pape* Insolvenzgründe im Verbraucherinsolvenzverfahren, WM 1998, 2125 [2127 ff.]). Bei der Abwägung zwischen möglicherweise beeinträchtigten Gläubigerinteressen und dem Bedürfnis nach einer möglichst weitgehenden Entlastung der Gerichte ist zu beachten, daß ein Eröffnungsgrund eines verschuldeten Antragstellers in der Regel vorliegen dürfte, da schon die drohende Zahlungsunfähigkeit als (zukünftiger) Eröffnungsgrund ausreicht. Wenn der Schuldner das Vorliegen dieser behauptet, kann eine Zustimmung dann nicht ersetzt werden, wenn der Gläubiger das Fehlen des Insolvenzgrundes glaubhaft macht, da er dann nach § 309 Abs. 1 Nr. 2 schlechter gestellt würde, als bei der Durchführung des Verfahrens, das der Schuldner dann ja gar nicht zur Eröffnung bringen könnte. In der Praxis dürfte es für die Gläubiger äußerst schwierig sein, diese Behauptung im Wege der erforderlichen Glaubhaftmachung nach Abs. 3 nachzuweisen. Einem unredlichen Schuldner, der ohne das Vorliegen einer drohenden Zahlungsfähigkeit das Verfahren rechtswidrig nutzen will, um sich von seinen Schuldverpflichtungen zu lösen, wird es zudem in der Praxis keine großen Probleme bereiten, seine Zahlungsunfähigkeit herbeizuführen, wenn dieses Voraussetzung für die Planannahme sein sollte. Aufgrund des andererseits bestehenden Interesses Gesetzgebers an einer größtmöglichen Entlastung der Gerichte ist daher im Zustimmungsersetzungsverfahren keine Überprüfung des Vorliegens eines Eröffnungsgrundes vorzunehmen.

In der Literatur wird vertreten, daß eine Zustimmungsersetzung nicht möglich sein soll, 31
wenn der Schuldner einen **Versagungsgrund** nach § 290 Abs. 1 InsO erfüllt hat (*Häsemeyer* Rz. 29.35; wohl auch *Hess/Obermüller* a. a. O., Rz. 836). Ein Gläubiger würde, wenn er im Schuldenbereinigungsverfahren z. B. mit dem Einwand ausgeschlossen wäre, der Schuldner habe sich einer Insolvenzstraftat i. S. d. § 290 Abs. 1 Nr. 1 InsO schuldig gemacht, seine Forderung verlieren, obwohl dies im gerichtlichen Entschuldungsverfahren nicht möglich wäre. In so einem Fall muß der Minderheitengläubiger die Möglichkeit haben, sich gegen die Ersetzung seiner Zustimmung zu wehren. Er hat die Möglichkeit, nach § 309 Abs. 2 InsO Tatsachen glaubhaft zu machen, die belegen, daß aufgrund der vorliegenden Umstände eine spätere Restschuldbefreiung in dem Verfahren ausgeschlossen ist. An die Voraussetzungen der Glaubhaftmachung sind allerdings im Interesse der Gerichtsentlastung strenge Anforderungen zu stellen. Das Gericht hat nur dann von einer Zustimmungsersetzung abzusehen, wenn aufgrund der vorgetragenen Tatsachen und der präsenten Beweismittel das Vorliegen eines nach § 290 InsO relevanten Versagungsgrundes offensichtlich ist (vgl. hierzu die Ablehnung einstweiligen Rechtsschutzes bei offensichtlich unzulässigen Scheidungsanträgen: *OLG Bamberg* FamRZ 1983, 82; *OLG Karlsruhe* NJW RR 1989, 1414; *Zöller/Philippi* ZPO, § 620 Rz. 2). Denn anderenfalls würde die Prüfung der Versagungsgründe in das Schuldenbereinigungsverfahren verlagert und der Schuldenbereinigungsplan als Instrument zur einvernehmlichen Schuldenregulierung und Verhinderung obstruktiven Gläubigerverhaltens unterlaufen.

3. Zustimmungsersetzung bei Nullplänen

In der Literatur ist die Frage ausgiebig diskutiert worden, inwieweit Nullpläne, die von 32
einkommens- und vermögenslosen Schuldnern vorgelegt werden und keinerlei Zahlun-

gen zur Tilgung an die Gläubiger vorsehen, als ausreichende Schuldenbereinigungspläne anzusehen sind und inwieweit bei solchen Plänen eine Zustimmungsersetzung ablehnender Gläubiger möglich ist. Zum Teil wird zu dieser Frage die Auffassung vertreten, Nullpläne seien grundsätzlich abzuweisen (*Arnold* DGVZ 1996, 129 [133]; *Henckel* a. a. O.; zweifelnd *Thomas* Mindestquote als Voraussetzung für die Restschuldbefreiung, in: Kölner Schrift zur InsO, 1998, 1205 ff.), eine andere Meinung hält Nullpläne zwar für zulässig, eine Zustimmungsersetzung nach § 309 InsO bei Nullplänen nicht für möglich (*Pape* Rpfleger. 1997, 237 [242]), während der überwiegende Teil der Literatur eine Schuldenbereinigung auch im Wege der richterlichen Zustimmungsersetzung auch bei dem Vorliegen von Nullplänen bejaht (*Bork* ZIP 1998 1209 [1213]; *Heyer* JR 1996, 314 f.; *Henning* InVO 1996, 288 f.; *Vallender* DGVZ 1997, 97 ff.; *Wittig* WM 1998, 157 [164]; *Hess/Obermüller* a. a. O., Rz. 697; *Haarmeyer/Wutzke/Förster* Hdb. zur InsO, Kap. 10 Rz 34, 40; *Scholz* FLF 1995, 88 ff.).

33 Wie bereits oben erörtert (§ 305 Rz. 4 ff.) findet im Rahmen des Schuldenbereinigungsverfahrens keine Zulässigkeitsprüfung statt. Der Schuldner hat das Planinitiativrecht und ist bei der Ausgestaltung des Plans nicht an inhaltliche Vorgaben gebunden. Der Gesetzgeber hat keine Mindestanforderungen an den Plan vorgesehen (*Wittig* WM 1998, 157 [164]). Die Aufgabe des Gerichts beschränkt sich, ähnlich wie beim Prozeßvergleich, auf eine unterstützende und protokollierende Rolle.

34 Etwas anderes würde sich nur dann ergeben, wenn man eine Mindestbefriedigungsquote als Voraussetzung für eine Restschuldbefreiung ansehen würde. Dann würde auch bei einem Schuldenbereinigungsplan, der nicht auch eine entsprechende Quote vorsehen würde, eine Zustimmungsersetzung an § 309 Abs. 1 Nr. 2 InsO scheitern. Eine Mindestbefriedigungsquote ist vom Gesetzgeber aber weder als Voraussetzung für die Restschuldbefreiung, noch als Mindestanforderung an den Schuldenbereinigungsplan, noch als Anforderung an den Insolvenzplan vorgesehen (vgl. *BGH* ZIP 1997, 39 [44]; *Bork* ZIP 1998, 1209 [1213]; *Heyer* JR 1996, 314; *Hess/Obermüller* a. a. O., Rz. 735; *Wittig* WM 1998, 157 [164]; *Haarmeyer/Wutzke/Förster* Hdb. zur InsO, Kap. 10 Rz. 34, 40; *Forsblad*, 205). Es liegt insoweit auch keine unbewußte Regelungslücke des Gesetzgebers vor. Er hat die Einführung einer Mindestquote sehr wohl erwogen und der Rechtsausschuß selbst hat anläßlich der Expertenanhörung im Bundestag die geladenen Rechtsexperten und Verbandsvertreter explizit zu diesem Thema befragt (*Döbereiner* a. a. O., S. 226). Wohl auch aufgrund der ablehnenden Haltung vieler Experten und Verbände hat der Gesetzgeber dann bewußt auf eine solche Einführung verzichtet (vgl. zum Ergebnis der Anhörung die ausführlichen Nachweise bei *Döbereiner* a. a. O., S. 225 Fn. 312 und 313; hierzu auch die ablehnenden Stellungnahme des Zentralen Kreditausschusses zur Einführung einer Mindestbefriedigungsquote, abgedruckt in der Zusammenstellung der Stellungnahmen zur öff. Sitzung [74. Sitzung] des Rechtsausschusses des Deutschen Bundestages vom 20. 04. 1993, S. 239 [254]). Im Gegenteil sollten Mindestbefriedigungsquoten mit der Insolvenzordnung gerade abgeschafft werden, um den Beteiligten mehr Gestaltungsfreiheit zu geben und privatautonome Regelungen nicht an der Unerfüllbarkeit derartiger Quoten scheitern zu lassen (*Pape* Rpfleger 1997, 237 [241]).

35 Gegen die Zulässigkeit eines Nullplans wird eingewandt, die Restschuldbefreiung könne nicht – losgelöst von dem Zweck der Befriedigung der Gläubiger – alleiniges Ziel eines Insolvenzverfahrens sein (*Arnold* DVGZ 1996, 129 [133]). Dem ist entgegenzuhalten, daß die Restschuldbefreiung in § 1 Abs. 2 InsO eindeutig als Ziel des Insolvenzverfahrens normiert ist (zur Konkurrenz der Ziele vgl. § 286 Rz. 6 f.). Auch wenn dieses Ziel, das sowohl den Schuldner- als auch den Gläubigerinteressen dienen soll (BR-Drucks 1/92, S. 82; hierzu auch *Bork* ZIP 1998, 1209 [1213]), in einem Gesamtvollstreckungs-

verfahren wie ein Fremdkörper anmutet (*Smid* DZWiR 1997, 309 ff.), so war es doch eine bewußte gesetzgeberische Entscheidung, eine Lösung für die immer größer werdende Überschuldungsproblematik in der InsO und nicht im Zwangsvollstreckungsrecht anzusiedeln (kritisch hierzu *Pape* Rpfleger 1995, 133 [134]; *ders.* Rpfleger 1997, 237 [241]). Wenn aber die Durchführung eines Insolvenzverfahrens notwendige Voraussetzung für eine Befriedigung der Gläubiger ist, kann dies nicht bedeuten, daß ein Schuldner, dessen Vermögen und Einkommen für eine Befriedigung der Gläubiger überhaupt nichts hergibt, von vornherein von diesem Verfahren ausgeschlossen sein soll (*Pape* Rpfleger 1997, 237 [241]). Denn das Bedürfnis des Schuldners nach einer Schuldbefreiung ist bei einem vermögens- und einkommenslosen Schuldner sicher nicht grundsätzlich geringer als bei einem, dem es etwas besser geht (*Bork* a. a. O.).

Sind somit Nullpläne grundsätzlich als ausreichende Pläne anzusehen, so stellt sich die **36** Frage, ob bei Nullplänen auch eine Zustimmungsersetzung möglich ist. *Pape* (*Pape* Rpfleger 1997, 237 [242]) bezweifelt das mit dem Argument, dies sei eine Schlechterstellung gegenüber der Durchführung des gerichtlichen Verfahrens in dem der Gläubiger zumindest die Chance hat, bei einer Besserung der Einkommenssituation des Schuldners pfändbare Anteile zu bekommen (ähnlich auch *Henckel* a. a. O.). *Pape* will den § 309 Abs. 1 InsO der für den Vergleich zwischen Planinhalt und voraussichtlichem Ergebnis im gerichtlichen Verfahren »im Zweifel« darauf abstellt, daß die tatsächlichen Verhältnisse unverändert bleiben, insoweit restriktiv auslegen, und auf die Fälle beschränken, in denen der Schuldner den Gläubigern eine Quote anbietet, die auch deren Belange berücksichtigt. Diese einschränkende Auslegung vermag indes nicht zu überzeugen. Sie würde zu dem von Pape selbst kritisierten Problem führen, daß die Gerichte eine Quote festlegen müßten, die vom Gesetzgeber nicht gewollt war und deren Höhe völlig ungewiß wäre (vgl. *Pape* Rpfleger 1997, 237 [241, linke Spalte]). Entsprechend wird eine solch einschränkende Interpretation von der Gegenmeinung abgelehnt. Sie hält an dem Wortlaut des Gesetzes fest und dementsprechend auch Pläne für zustimmungswürdig, die den Gläubigern keinerlei Zahlungen anbieten. (*Bork* ZIP 1998, 1209 [1213], Fn. 29; *Haarmeyer/Wutzke/Förster* Hdb. zur InsO, Kap. 10 Rz. 40; *Hess/Obermüller* a. a. O., Rz. 837; *Wittig* WM 1998, 157 [165]). Dieser Ansicht ist zuzustimmen, zumal ein praktisches Bedürfnis für die einschränkende Auslegung nicht zu sehen ist. Nullpläne als reine Erlaßangebote können im Einzelfall auch dem Gläubigerinteresse entsprechen – etwa wenn bei einem erwerbsunfähigen Schuldner sicher ist, daß er nicht mehr zu pfändbarem Einkommen gelangt oder der Erlaß zur Aufrechterhaltung der Geschäftsbeziehung für opportun gehalten wird (*Wittig* WM 1998, 157 [162]), – im Regelfall wird es zu der Frage der Zustimmungsersetzung aber überhaupt nicht kommen, da ein reiner Erlaßvertrag kaum eine Chance auf eine Mehrheit der Gläubiger hat, die durch eine Ablehnung des Angebots nichts verlieren können (*Hess/Obermüller* a. a. O., Rz. 737). Der Schuldner wird daher in der Praxis »flexible« Nullpläne anbieten, die eine Anpassung der Zahlungen (derzeit Null) für den Fall anbieten, daß der Schuldner in einem gewissen Zeitraum wider Erwarten zu pfändbarem Einkommen oder zu einem Vermögenszuwachs durch eine Erbschaft kommt. Auch im bisherigen Vergleichsrecht wurden sogenannte Besserungsklauseln vereinbart, die eine Nachzahlungspflicht des Schuldners bei einer Verbesserung seiner Vermögenslage vorsahen (vgl. *Kilger/Karsten Schmidt* § 85 VglO 8 m. w. N.).

Schlägt der Schuldner einen »flexiblen« Nullplan vor, so steigen einerseits die Chancen auf eine mehrheitliche Zustimmung der Gläubiger, andererseits steht jedenfalls dann der § 309 Abs. 1 Nr. 2 InsO einer Zustimmungsersetzung nicht im Wege.

D. Abs. 2 Verfahren bei der Zustimmungsersetzung

37 Satz 1 stellt sicher, daß Gläubigern, deren Zustimmung ersetzt werden soll, vor einer Entscheidung des Gerichts rechtliches Gehör gewährt wird.
Der Gläubiger muß die Gründe, die einer Zustimmung entgegenstehen, glaubhaft machen. Nur wenn ein Gläubiger Gründe glaubhaft macht (§§ 4 InsO, § 294 ZPO), die der Ersetzung seiner Zustimmung entgegenstehen, hat sich das Gericht mit diesen Gründen zu befassen (BT-Drucks. 12/7302, S. 192). Der Gesetzgeber hat damit im Interesse eines zügigen Ablaufs des Verfahrens und einer Entlastung der Gerichte die Voraussetzung der Glaubhaftmachung gezielt als Steuerungsmittel eingesetzt. Der Minderheitenschutz wird damit nicht von Amts wegen berücksichtigt. Will ein Gläubiger, dessen Zustimmung ersetzt werden soll, dieses verhindern, so muß er schlüssig vortragen und durch präsente Beweismittel belegen, inwieweit er unangemessen beteiligt bzw. gegenüber dem gerichtlichen Verfahren schlechter gestellt ist (zu den Voraussetzungen der Glaubhaftmachung vgl. Rz. 38 und § 296 Rz. 24 – 28).
Wegen der Tragweite der Entscheidung als Eingriff in das Eigentumsrecht des Gläubigers sieht das Gesetz die Möglichkeit der sofortigen Beschwerde des Gläubigers gegen den die Zustimmung ersetzenden Beschluß vor. Auch dem Schuldner steht die sofortige Beschwerde gegen den die Zustimmungsersetzung ablehnenden Beschluß vor. Nach Maßgabe des § 7 InsO besteht die Möglichkeit der weiteren Beschwerde.

E. Abs. 3 Streit über die Höhe der Forderungen

38 Abs. 3 trifft eine Regelung für die Situation, daß zwischen den Parteien Streit über die Höhe der bestehenden Forderungen besteht. Hierdurch soll in erster Linie verhindert werden, daß der Schuldner die Forderung eines Gläubigers zu niedrig ansetzt oder durch fingierte Forderungen von Verwandten oder Freunden den Anteil der übrigen Gläubiger schmälert (*Hess/Obermüller* a. a. O., Rz. 832). Die Norm bietet aber Gläubigern auch die Möglichkeit, sich gegen möglicherweise ungerechtfertigte Forderungen unredlicher Gläubiger zu wehren, wenn der Schuldner hierzu nicht gewillt oder in der Lage ist. Grundsätzlich soll das Insolvenzgericht bei der Entscheidung über die Ersetzung der Zustimmung keine langwierigen Prüfungen und Beweisaufnahmen zur Höhe streitiger Forderungen durchführen müssen (BT-Drucks. 12/7302, S. 192). Macht der Gläubiger Tatsachen glaubhaft, die beim Gericht zu ernsthaften Zweifeln führen, ob eine der vom Schuldner angegebenen Forderungen dem Grunde oder der Höhe nach bestehen, so kann die Zustimmung nicht ersetzt werden (*Arnold* DGVZ 129 [135]). Richtet sich der Streit allerdings nur auf einen geringfügigen Betrag, so ist das Gericht nicht an einer Zustimmung gehindert, da es im Rahmen der »Angemessenheit« einen gewissen Spielraum bei der Bewertung des Plans hat (BT-Drucks. 12/7302, S. 192).

39 Zu den Voraussetzungen der Glaubhaftmachung s.o. § 296 Rz. 24-28. Ein bloßes Bestreiten der Forderung reicht ebensowenig wie die bloße Behauptung, dem Gläubiger stehe eine höhere Forderung zu. Es müssen konkrete Tatsachen behauptet und mit entsprechenden Beweismitteln belegt werden.

Bei den Anforderungen an die Glaubhaftmachung wird unter anderem zu berücksichtigen sein, ob bereits ein rechtskräftiger Titel über die Forderung besteht (analog § 179 Abs. 2 InsO). Gelingt dem Gläubiger die Glaubhaftmachung, kann die Zustimmung nicht mehr ersetzt werden (*Hess/Obermüller* a.a.O., Rz. 833). Der Schuldner hat jedoch die Möglichkeit der Gegenglaubhaftmachung, indem er präsente Beweismittel anbietet. Das Gericht hat dann zu prüfen, welche der beiden Versionen überwiegend wahrscheinlich ist (*Hess/Obermüller* a.a.O., Rz. 834; *BGH* VersR 1976, 928).

F. Verfahrensrechtliches

Zuständig für die Entscheidung über die Zustimmung ist der Richter (Art. 14 EGInsO, **40** § 18 Abs. 1 Satz 1 RpflG). Zu weiteren Verfahrensfragen s.o. § 309 Abs. 2 und 3 InsO.

§ 310
Kosten

Die Gläubiger haben gegen den Schuldner keinen Anspruch auf Erstattung der Kosten, die ihnen im Zusammenhang mit dem Schuldenbereinigungsplan entstehen.

§ 310 entspricht § 357g BT-RA EInsO und hat im Regierungsentwurf kein Vorbild. BT-Drucks. 13/7302, S. 193 zu Nr. 201 (»Zu § 357g«).

Inhaltsübersicht:

	Rz.
A. Normzweck	1
B. Erstattungsansprüche von Gläubigern	2– 6
C. Kostenschutz und Verfahrenskosten	7–17
I. Kostenrechtliche Regelungen	8–12
II. Prozeßkostenhilfe und Eröffnungsverfahren	13–17
D. Verfahrensrechtliches	18–20

Literatur:

(siehe vor § 286, S. 1580)

A. Normzweck

Der Rechtsausschuß ging bei den Beratungen zu dieser Norm von der Erfahrung aus, daß **1** bei der Verbraucherverschuldung die Belastung mit Kosten eine beträchtliche Rolle spielt und daß dabei nicht selten auch überhöhte Beträge verlangt werden. Im Rahmen der Beratungen zum VerbrKrG war es nicht gelungen, hier eine umfassende und effektive Regelung zu finden; die Gerichtspraxis zur Tragung von Verzugskosten, vor allem von Inkassokosten, ist uneinheitlich, so daß die hier für den Schuldenbereinigungsplan gefundene generelle Lösung sowohl dem Schuldnerschutz als auch der Verfahrensvereinfachung dient. Als weiterer Zweck wurde in den Beratungen zutreffend hervorgehoben, daß der Ausschluß jeglicher Kostenerstattung für Gläubiger ein Anreiz ist, aktiv an einer zügigen außergerichtlichen Einigung mitzuwirken (*Schmidt-Räntsch* MDR 1994, 321, 324), so daß diese Regelung das vergleichsfördernde Konzept des Rechtsausschusses flankieren soll.

B. Erstattungsansprüche von Gläubigern

2   Ein prozeßrechtlicher Kostenerstattungsanspruch wird im Vermittlungsverfahren zum Schuldenbereinigungsplan in der Regel bereits aus verfahrensrechtlichen Gründen ausgeschlossen sein, denn im deklaratorischen Beschluß nach § 308 InsO erfolgt keine eigenständige Kostenentscheidung. Dagegen ist im kontradiktorischen Zustimmungsersetzungsverfahren eine Kostenentscheidung nach dem insoweit entsprechend anwendbaren § 91 ZPO nicht prinzipiell ausgeschlossen; insoweit kommt der Norm des § 310 InsO eine eigenständige Bedeutung zu. Auch wenn ein Antrag eines Schuldners auf Zustimmungsersetzung scheitert, steht dem beteiligten Gläubiger kein Erstattungsanspruch zu.

3   Aus dem umfassenden Normzweck des § 310 InsO folgt, daß der Ausschluß der Kostenerstattung sich notwendigerweise sowohl auf eine prozeßrechtliche als auch auf eine materiellrechtliche Kostenerstattung beziehen muß. Als methodisches Vorbild kann auf die Rechtsprechung des BAG zu § 12a ArbGG hingewiesen werden (dazu nur *BAG* NZA 1992, 1101 m.w.N.) Das Verbot materiellrechtlicher Kostenerstattung gilt nicht nur für Ansprüche auf Schadensersatz, sondern auch für Aufwendungsersatz, z.B. nach § 670 BGB, sowie für entsprechende Entgeltvereinbarungen.

4   Soweit als Anspruchsgrundlage hier § 286 BGB in Betracht kommt, ist zu beachten, daß das Reichsgericht bereits 1921 entschieden hat, daß Aufwendungen des Gläubigers, die im Zusammenhang mit der Sanierung seines Schuldners entstanden sind, nicht als Verzugsschaden geltend gemacht werden können (*RG* in: Das Recht, 1921, S. 400 – Nr. 2566a). In der Literatur wird darauf verwiesen, daß es insoweit an einem adäquaten Kausalzusammenhang fehlt; vorzugswürdig erscheint mir die Erklärung, daß diese Schäden nicht mehr vom Schutzzweck der Norm des § 286 BGB erfaßt werden (dazu *Staudinger/Löwisch* § 286 Rz. 17; *Soergel/Wiedemann* § 286 Rz. 11). Dieser Ausschluß einer materiellrechtlichen Kostenerstattung entspricht im übrigen auch den bisherigen Regeln des außergerichtlichen Vergleichs (dazu nur *Künne* Außergerichtliche Vergleichsordnung, 1968, 460 sowie oben vor § 304 Rz. 26).

5   Der mit dieser Norm bezweckte Kostenschutz verbietet ebenso auch Entgeltregelungen, die als Aufwendungsersatz klassifiziert sind. Verdeutlicht wird dies durch die Norm des § 305 Abs. 2 S. 2 InsO, die die Gläubiger verpflichtet, auf ihre Kosten dem Schuldner zur Vorbereitung eines Schuldenbereinigungsplans die Höhe ihrer Forderungen und deren Aufgliederung in Hauptforderung, Zinsen und Kosten anzugeben (dazu auch § 305 Rz. 32). Wiederum hat diese Norm teilweise klarstellende Bedeutung, denn nach der Rechtsprechung des BGH hat der Kunde in direkter oder entsprechender Anwendung von § 666 BGB einen Anspruch auf eine genaue Berechnung von Kapital, Zinsen und Kosten, wenn ihm eine solche Aufschlüsselung – wovon bei Verbrauchern in der Regel auszugehen ist – allein nicht möglich ist (dazu *BGH* NJW 1985, 2699, 2700). Insoweit entfällt jegliche Kostenerstattung oder Entgeltforderung (ausführlich *Wosnitza* Das Recht auf Auskunft im bankvertraglichen Dauerschuldverhältnis, 1991, 134 ff.; *Kohte* JR

1987, 504). Nur soweit diese Voraussetzungen nicht gegeben sind, kann ergänzend für Vertragsunterlagen eine Entgeltforderung aus einer vertraglichen Vereinbarung oder aus § 811 BGB begründet sein (dazu nur *Staudinger/Marburger* § 811 Rz. 3).

Im Interesse einer klaren und einfachen Regelung sind im Zusammenhang mit dem Schuldenbereinigungsplan diese Differenzierungen aufgehoben und durch einen eindeutigen und einheitlichen Erstattungsausschluß ersetzt worden. Insoweit liegt eine gesetzlich gebotene Verhaltenspflicht der Gläubiger vor, deren Kosten auch durch vertragliche Vereinbarungen nicht auf die Kunden abgewälzt werden können (dazu als Parallele *BGH* NJW 1997, 2752, 2753; *OLG Düsseldorf* ZIP 1998, 1580). Die neue Rechtslage wird es den Kreditinstituten nahelegen, ihre bisherigen Entgeltregelungen zu überarbeiten, da eine zu weit gefaßte Entgeltregelung, die auch Fälle gesetzlich angeordneter Mitwirkungshandlungen umfaßt, angesichts des Verbots der geltungserhaltenden Reduktion nach der ständigen AGB-Rechtsprechung insgesamt unwirksam sein kann (dazu nur *KG* WM 1997, 60). 6

C. Kostenschutz und Verfahrenskosten

Die anteilige Kostentragung durch die Gläubiger war bereits in den ersten Vorschlägen der Literatur zur Schaffung eines Verbraucherinsolvenzverfahrens als notwendiges Element einer Gesamtlösung enthalten, das allerdings nicht isoliert wirken, sondern durch Einschränkungen bei der Verwaltervergütung und eine staatliche Unterstützung durch Insolvenzkostenhilfe komplettiert werden sollte (dazu *Scholz* ZIP 1988, 1157, 1164). Es ist zu untersuchen, in welcher Weise die weiteren Regelungen zu den Verfahrenskosten den Zweck des § 310 InsO sinnvoll ergänzen können. 7

I. Kostenrechtliche Regelungen

Bereits in Art. 29 EGInsO (zur Begründung BT-Drucks. 12/3803, S. 72 ff.; 12/7803, S. 110) ist das GKG an das neue Verfahren angepaßt worden. Eine weitere Angleichung erfolgte durch das dritte Gesetz zur Änderung des Rechtspflegergesetzes (RPflG) und anderer Gesetze vom 06. 08. 1998 (BGBl. 1998 I 2030, 2031), das in Art. 2a das Kostenverzeichnis zum GKG nunmehr endgültig an das neue Insolvenzverfahren angepaßt hat (dazu BT-Drucks. 13/10871, S. 16). 8

Danach wird nunmehr im Eröffnungsverfahren die Gebühr 4110 für das Verfahren über den Antrag des Schuldners auf Eröffnung des Insolvenzverfahrens erhoben. Die Gebühr entsteht auch, wenn das Verfahren nach § 306 InsO ruht, in Höhe einer halben Gebühr nach § 11 Abs. 2 GKG. Demgegenüber wird nach der Eröffnung für die Durchführung des Insolvenzverfahrens die Gebühr 4120 mit wesentlich höheren Kosten erhoben – nämlich das 2,5-fache der einfachen Gebühr. Diese Gebühren werden nach § 37 Abs. 1 GKG n. F. in Abweichung von den bisherigen Regelungen »nach dem Wert der Insolvenzmasse zur Zeit der Beendigung des Verfahrens« berechnet, so daß eine endgültige Abrechnung erst nach dem Ende des Insolvenzverfahrens möglich ist. Gleichwohl wird die Gebühr nach § 61 GKG mit Einreichung des Insolvenzantrags fällig; aus § 65 GKG ergibt sich allerdings, daß das Gericht seine Tätigkeit nicht von einem Vorschuß oder gar einer vollständigen Zahlung abhängig machen darf (dazu *Delhaes* KTS 1987, 597, 599). 9

10 Für Gläubigeranträge sind die Kosten in den gesonderten Positionen 4111 und 4130 geregelt. Danach wird im Eröffnungsverfahren ebenfalls eine 0,5-Gebühr – jedoch mit einem Mindestbetrag von 200 DM – und für die Durchführung eine erhöhte Gebühr mit einem 3-fachen Wert der einfachen Gebühr in Rechnung gestellt. Diese bewußt asymmetrische Ausgestaltung des Kostenrechts soll leichtfertige und zur Druckausübung eingesetzte Gläubigeranträge unterbinden. Sie zeigt deutlich, daß die kostenrechtlichen Entscheidungen der sozialpolitischen Zielsetzung des Verfahrens unterzuordnen sind.

11 Weiter werden nach der Bestimmung in KV 9002 als Auslagen nach § 63 GKG die Kosten für Zustellungen in voller Höhe mit Durchführung der Zustellungen fällig. Nach der Vorbemerkung zu KV 9000 werden diese Auslagen nur insoweit erhoben, als sie in einer Instanz einen Betrag von 100 DM überschreiten. Da durch § 307 Abs. 1 S. 3 InsO aus rechtsstaatlichen Gründen ein relativ teures Zustellungsmodell gewählt worden ist (s. o. § 307 Rz. 7), können vor allem bei Durchführung der wiederholten Zustellung nach § 307 Abs. 3 InsO beachtliche Kosten anfallen. Nach § 68 Abs. 3 GKG kann das Gericht hier einen Auslagenvorschuß ansetzen, von dessen Zahlung allerdings wiederum die Zustellungen nicht abhängig gemacht werden dürfen (*Delhaes* a. a. O., 597, 607). Ein solches Verhalten wäre zusätzlich auch mit dem in § 306 Abs. 1 S. 2 InsO dokumentierten Beschleunigungsziel nicht vereinbar.

12 Die Beitreibungsmöglichkeiten der Gerichtskasse in einem so geordneten Insolvenzverfahren sind gering. Hat der Schuldenbereinigungsplan, in dem nach § 305 Abs. 1 Nr. 3 InsO der Kostengläubiger notwendigerweise fehlen wird, Erfolg, so werden die Plangläubiger für mehrere Jahre den Vorrang haben. Bei einem Scheitern des Schuldenbereinigungsplans ist davon auszugehen, daß der Schuldner gewisse Schwierigkeiten haben wird, diese Kosten später aufbringen zu können. Der Kostenbeamte wird daher regelmäßig prüfen müssen, ob er wegen dauernden Unvermögens des Kostenschuldners zur Zahlung vom Ansatz der Kosten nach § 10 Abs. 1 KostVfg abzusehen hat. Plansicherheit, die gerade in diesem Verfahren so wichtig ist, wird sich jedoch am ehesten erlangen lassen, wenn es möglich ist, dem Schuldner zur Tragung dieser Verfahrenskosten Prozeßkostenhilfe zu bewilligen.

II. Prozeßkostenhilfe und Eröffnungsverfahren

13 Da nach § 119 ZPO ein etwaiger Prozeßkostenhilfebeschluß für die jeweilige Instanz zu ergehen hätte und der Begriff der Instanz insoweit im kostenrechtlichen Sinn zu verstehen ist, würde sich eine etwaige Bewilligung ausschließlich auf das von KV 4120 erfaßte Eröffnungsverfahren beziehen. Legislatorisches Vorbild wäre insoweit das selbständige Beweisverfahren nach §§ 485 ff. ZPO, das ebenfalls kostenrechtlich vom Hauptverfahren getrennt ist (vgl. nur *Bork* in Stein/Jonas § 119 Rz. 3, 11). Die Frage, ob Prozeßkostenhilfe zu bewilligen ist, kann somit nicht für das gesamte Verfahren mit einem Zug beantwortet werden, so daß hier ausschließlich Prozeßkostenhilfe im Eröffnungsverfahren zu erörtern ist (zur Prozeßkostenhilfe im eröffneten Insolvenzverfahren s. u. § 311 Rz. 5 ff.).

14 Normsystematisch ließe sich eine Bewilligung der Prozeßkostenhilfe aus der Verweisung in § 4 InsO auf die Regeln der ZPO – und damit grundsätzlich auch auf §§ 114 ff. ZPO – stützen. Im bisherigen Recht war eine vergleichbare Verweisung in § 72 KO enthalten; gleichwohl ist in Literatur und Judikatur überwiegend die Bewilligung von Prozeßkostenhilfe für den Eigenantrag des Schuldners und sein Verhalten im Eröffnungsverfahren verneint worden (zuletzt *Hess* § 72 Rz. 6). Die dafür genannten

Argumente passen für das neu konzipierte Eröffnungs- und Vermittlungsverfahren nicht.

Die bisher behauptete »passive« Rolle des Schuldners liegt zumindest dem Konzept des 15 Verbraucherinsolvenzverfahrens nicht mehr zugrunde. Vom Schuldner wird erwartet, daß er mit seinem Antrag nach § 305 InsO und den unterschiedlichen Anlagen die Richtung des Verfahrens formuliert. Wenn es zu einer zweiten Zustimmungsrunde nach § 307 Abs. 3 InsO kommt, wird es vor allem ihm obliegen, nach Maßgabe der gerichtlichen Hinweise durch konkrete und konstruktive neue Vorschläge auf die von den Gläubigern geltend gemachten Bedenken einzugehen. Falls es schließlich zu einem kontradiktorischen Verfahren nach § 309 InsO käme, müßte der Schuldner hier wie in einem klassischen Streitverfahren agieren (vgl. nur die Rollenverteilung im Zustimmungsersetzungsverfahren nach § 99 Abs. 4 BetrVG).

Die umstrittene Frage, ob die in ihrer Struktur an § 107 KO angelehnte Norm des § 26 16 InsO jegliche Prozeßkostenhilfebewilligung ausschließt, ist im Zusammenhang mit den Voraussetzungen der Eröffnung des Verfahrens unten zu erörtern (dazu § 311 Rz. 7 ff.). Selbst wenn man dieser Ansicht sein sollte, ergäbe sich daraus keine Notwendigkeit, dem Schuldner Hilfe im Vermittlungs- und Eröffnungsverfahren zu verweigern, da Prozeßkostenhilfe als funktionelles Äquivalent zur Sozialhilfe nicht vom »Alles oder Nichts«-Grundsatz beherrscht wird (*Funke* ZIP 1998, 1708; a. A. *Bork* ZIP 1998, 1209, 1215).

Damit bleibt aus den bisher vorgebrachten Bedenken gegen eine Bewilligung der 17 Prozeßkostenhilfe für den Eigenantrag des Schuldners nur die Ausgestaltung des Eröffnungsverfahrens als eines Offizialverfahrens (so zum bisherigen Recht *Kuhn/ Uhlenbruck* § 6 Rz. 31 e; jetzt auch *Busch/Graf-Schlicker* InVo 1998, 269, 272). Dieses Verfahren ist keine Besonderheit des Insolvenzrechts, sondern in anderen Bereichen der freiwilligen Gerichtsbarkeit, der Verwaltungs- und Sozialgerichtsbarkeit ebenfalls geregelt. In der neueren verfassungsgerichtlichen Judikatur ist mit großem Nachdruck hervorgehoben worden, daß aus dem Charakter der Offizialmaxime nicht abgeleitet werden könne, daß einem Verfahrensbeteiligten bei Vorliegen der sonstigen Voraussetzungen Prozeßkostenhilfe nicht bewilligt werden könne (dazu *BVerfG* NJW 1997, 2103). Aus dem Gebot des rechtlichen Gehörs und des effektiven Rechtsschutzes ergebe sich ein substantieller Anspruch des Bürgers auf eine im Einzelfall möglichst wirksame gerichtliche Kontrolle. Gerade wenn zwischen dem Kenntnisstand und den Fähigkeiten der Prozeßparteien ein deutliches Ungleichgewicht bestehe, dürfe der Bürger nicht allein darauf verwiesen werden, daß das Gericht von Amts wegen seine Interessen berücksichtige. Insoweit fordert die Garantie des effektiven Rechtsschutzes mehr und anderes als gerichtliche Fürsorge (dazu bereits *Kohte* DB 1981, 1174, 1175 Fn. 8; im Grundsatz zustimmend *Bork* in Stein/Jonas vor § 114 Rz. 8). Da somit keine Argumente für eine teleologische Reduktion bestehen, kann im Eröffnungsverfahren nach dem Wortlaut der §§ 4 InsO, 114 ZPO bei Vorliegen der sonstigen Voraussetzungen Prozeßkostenhilfe bewilligt werden.

D. Verfahrensrechtliches

Der Antrag auf Bewilligung von Prozeßkostenhilfe kann bereits zusammen mit dem 18 Antrag auf Eröffnungsverfahren nach § 305 InsO gestellt werden. Er ist auch dann zu bescheiden, wenn das Verfahren nach § 306 InsO ruht, da nach allgemeinen Grundsätzen auch bei ruhenden und ausgesetzten Verfahren die Entscheidungen über Prozeßkostenhilfe wegen ihrer Bedeutung für den effektiven Rechtsschutz von der Aussetzung nicht erfaßt werden (dazu nur *BGH* NJW 1966, 1126; *Roth* in Stein/Jonas § 249 Rz. 15). Gegen einen ablehnenden Beschluß findet nach §§ 4 InsO, 127 Abs. 2 Satz 2 ZPO die Beschwerde statt. Eine teleologische Reduktion dieser Beschwerdemöglichkeit (dazu allgemein *Bork* in Stein/Jonas § 127 Rz. 17) ist wegen der Beschwerdemöglichkeit in § 34 InsO nicht angezeigt.

In einer neuen Stellungnahme aus der Justizverwaltung wird geäußert, daß im Schuldenbereinigungsverfahren eine hinreichende Erfolgsaussicht nicht überprüft werden könne (*Busch/Graf-Schlicker* InVo 1998, 269, 272). Damit wird sowohl der verfassungs- als auch der prozeßrechtliche Diskussionsstand verfehlt.

19 Hinreichende Erfolgsaussicht ist nach der verfassungsgerichtlichen Judikatur gegeben, wenn eine vernünftig abwägende Partei ein solches Verfahren betreiben würde (*BVerfG* NJW 1991, 413; 1992, 889). In Verfahren, denen eine Partei nicht ausweichen kann, muß bereits Erfolgsaussicht bejaht werden, wenn die vernünftig abwägende Partei an einem solchen Verfahren teilnimmt (dazu nur am Beispiel des Antragsgegners im Scheidungsverfahren *OLG Bamberg* NJW-RR 1995, 5, 6; *Zöller/Philippi* § 114 Rz. 42). Somit ist im Vermittlungs- und Eröffnungsverfahren Erfolgsaussicht bereits zu bejahen, wenn ein ordnungsgemäßer Antrag nach § 305 InsO mit dem Ziel der Restschuldbefreiung vorliegt, da dies der einzige rechtliche Weg zur Restschuldbefreiung ist (ebenso *Bork* ZIP 1998, 1209, 1211; *Funke* ZIP 1998, 1708, 1709).

20 Zusammen mit der Bewilligung der Prozeßkostenhilfe ist – soweit dies beantragt ist – über eine anwaltliche Beiordnung zu entscheiden. Dabei kommt es darauf an, ob eine anwaltliche Vertretung hier nach § 121 Abs. 2 Satz 1 Alt. 1 ZPO »erforderlich erscheint«. Dies wird mit dem Antrag darzulegen sein, denn solche Erfordernisse können sich bereits aus den Reaktionen der Gläubiger im außergerichtlichen Schuldenbereinigungsverfahren ergeben. Wenn die Divergenzen z. B. nachhaltig den rechtlichen Bestand von Forderungen oder die Wirksamkeit von Entgeltabtretungen betreffen, wird eine solche Vertretung geboten sein. Die Notwendigkeit der Beiordnung kann sich auch später ergeben, wenn z. B. vom Schuldner Planänderungen nach § 307 Abs. 3 InsO erwartet werden oder in einem Zustimmungsersetzungsverfahren nach § 309 InsO Rechtsfragen aufgeworfen werden, zu denen der Schuldner nicht ohne anwaltliche Beratung (dazu *BVerfG* NJW 1997, 2103, 2104) Stellung nehmen kann.

Dritter Abschnitt
Vereinfachtes Insolvenzverfahren

§ 311
Aufnahme des Verfahrens über den Eröffnungsantrag

Werden Einwendungen gegen den Schuldenbereinigungsplan erhoben, die nicht gemäß § 309 durch gerichtliche Zustimmung ersetzt werden, so wird das Verfahren über den Eröffnungsantrag von Amts wegen wieder aufgenommen.

§ 311 entspricht im wesentlichen § 357h BT-RA-EInsO und hat im Regierungsentwurf kein Vorbild. BT-Drucks. 12/7302 S. 193, zu 202 (»zu § 357h«).

Aufnahme des Verfahrens über den Eröffnungsantrag § 311

Inhaltsübersicht: Rz.

A. Normzweck 1
B. Gesetzliche Systematik 2– 3
C. Vorbereitende Maßnahmen 4–29
    I. Beschlußfassung zur Prozeßkostenhilfe 9–24
        1. Bedeutung der Entstehungsgeschichte 11–12
        2. Prozeßkostenhilfe und die Systematik der Verbraucherinsolvenz 13–19
        3. Prozeßkostenhilfe und verfassungskonforme Auslegung 20–24
    II. Beschlußfassung zum Kostenvorschuß 25–29
D. Verfahrensrechtliches 30–31

Literatur:

(siehe vor § 286, S. 1580)

A. Normzweck

Durch § 306 InsO ist angeordnet worden, daß das Verfahren über den Antrag auf 1 Eröffnung des Insolvenzverfahrens bis zu einer Entscheidung über den Schuldenbereinigungsplan ruht. Diese gesetzlich ergangene Anordnung ist nicht kalendermäßig befristet, denn die Fristsetzung in § 306 Abs. 1 Satz 2 InsO kann nur einen allgemeinen Rahmen setzen, von dem abgewichen werden kann (§ 306 Rz. 6). Nach den allgemeinen Vorschriften würde hier nach §§ 4 InsO, 251, 250 ZPO eine Aufnahme des Verfahrens von einem Antrag des Antragstellers abhängig sein. Im Interesse einer Beschleunigung des Verfahrens (so BT-Drucks. 12/7302, S. 193) ist statt dessen angeordnet worden, daß das Gericht das Verfahren von Amts wegen aufzunehmen hat. Nach allgemeinen Grundsätzen (*Thomas/Putzo* ZPO, 1998, § 251 Rz. 6) erfolgt die Aufnahme des Verfahrens durch einen Beschluß des Gerichts, der ausdrücklich die Verfahrensfortsetzung anordnet. In der Regel dürfte dieser Beschluß mit weiteren Hinweisen an den oder die Antragsteller verbunden werden.

B. Gesetzliche Systematik

In § 306 Abs. 1 Satz 1 InsO ist das Ruhen des Verfahrens befristet »bis zur Entscheidung 2 über den Schuldenbereinigungsplan«. Dies erweckt den Eindruck, daß jeweils eine solche Entscheidung getroffen wird. Wegen der Verknüpfung zwischen Gläubigerautonomie im gerichtlichen Schuldenbereinigungsplan und gerichtlicher Vergleichshilfe sind jedoch unterschiedliche Formen des Scheiterns dieses Verfahrens möglich, so daß verschiedene Situationen zu unterscheiden sind, die zu einem Fortsetzungsbeschluß des Gerichts Anlaß geben können.

Im ersten Abschnitt obliegt die Entscheidung über den Schuldenbereinigungsplan den 3 Gläubigern, denen die Möglichkeit gegeben wird, einem vom Schuldner vorgelegten Schuldenbereinigungsplan zuzustimmen. Ist eine solche Zustimmung nicht erreicht worden, dann hat das Gericht von Amts wegen zu prüfen, ob dem Schuldner Gelegenheit zur Änderung bzw. Ergänzung dieses Planes nach § 307 Abs. 3 Satz 1 InsO zu geben ist (dazu oben § 307 Rz. 10 ff.). Wenn das Gericht eine solche Gelegenheit nicht geben will

§ 311

und die Mehrheiten nach § 309 Abs. 1 Satz 1 InsO verfehlt sind, so daß ein Antrag auf Zustimmungsersetzung nicht möglich ist, so wird das Gericht durch einen Fortsetzungsbeschluß das Verfahren aufnehmen. Dasselbe gilt bei Verfehlen dieser Mehrheiten bei einer zweiten Abstimmungsrunde (dazu *Hess/Obermüller* Rz. 827). Wenn dagegen ein Zustimmungsersetzungsverfahren möglich ist, liegt noch keine endgültige Entscheidung über den Schuldenbereinigungsplan vor. Das Gericht wird daher abwarten, ob ein solcher Antrag gestellt wird, bevor ein Fortsetzungsbeschluß ergehen kann.

C. Vorbereitende Maßnahmen

4   Die »Fortsetzung« des Verfahrens wird sich in der Praxis als »Einstieg« in das Eröffnungsverfahren darstellen, denn nach § 306 Abs. 1 InsO ist direkt nach Eingang des Antrags das Ruhen des Verfahrens angeordnet worden. Insoweit unterscheidet sich die verfahrensrechtliche Situation vom früheren Vergleichsverfahren, in dem das Ruhen nach § 46 VglO erst später eintrat, so daß dann nach § 19 VglO in einer Doppelentscheidung das Scheitern des Vergleichsverfahrens und die Eröffnung des Konkursverfahrens zugleich zu beschließen war (*Bley/Mohrbutter* § 19 Rz. 3). Nunmehr beginnt mit dem Fortsetzungsbeschluß die grundlegende Aufgabe des Gerichts, im Eröffnungsverfahren gemäß § 5 InsO von Amts wegen zu ermitteln, ob ein Eröffnungsgrund sowie die sonstigen Eröffnungsvoraussetzungen vorliegen. Bei den Eröffnungsvoraussetzungen dürfte ein Eröffnungsgrund nach §§ 17, 18 InsO (dazu noch § 312 Rz. 5 ff.) geringere Probleme bereiten, da ein Schuldenbereinigungsplan typischerweise dann scheitern wird, wenn der Schuldner zahlungsunfähig ist. Die zentralen Probleme für die Eröffnung des Verbraucherinsolvenzverfahrens liegen in der Vorschrift des § 26 Abs. 1 Satz 1 InsO, wonach das Vermögen des Schuldners voraussichtlich ausreichen soll, die Kosten des Verfahrens zu decken (so auch *Maier/Krafft* BB 1997, 2173 [2178]).

5   Die Kosten des Verfahrens, die nach § 26 Abs. 1 Satz 1 InsO zu prüfen sind, sind näher in § 54 InsO definiert und umfassen die Gerichtskosten sowie Vergütung und Auslagen des Insolvenzverwalters bzw. eines vorläufigen Insolvenzverwalters. Eine Deckung der sonstigen Masseverbindlichkeiten nach § 55 InsO – die in der Verbraucherinsolvenz nicht oft anfalle dürften – wird für die Eröffnung des Verfahrens nicht verlangt; ergibt sich im späteren Verfahren Masseunzulänglichkeit nach § 209 InsO (dazu ausführlich *Smid* WM 1998, 1313, [1316 ff.]), so führt dies zur Einstellung des Verfahrens nach § 211 InsO, die einem weiteren Restschuldbefreiungsverfahren nach § 291 InsO nicht entgegensteht (dazu § 291 Rz. 22 ff.).

6   Mit dieser gesetzgeberischen Entscheidung ist eine in der Literatur (dazu nur *Kuhn/Uhlenbruck* § 107 Rz. 4) nachhaltig kritisierte Praxis an den Konkursgerichten korrigiert worden, die wesentlich höhere Kostenvorschüsse verlangt hatte. In der ostdeutschen Gerichtspraxis sind ebenfalls Verbraucheranträge nicht selten an hohen Vorschlußlasten gescheitert (dazu nur *Smid* ZIP 1993, 1037, [1041]), so daß der gesetzlich angeordneten Korrektur dieser Praxis eine zentrale Rolle zukommt, die nicht unterlaufen werden darf (so auch *Haarmeyer/Wutzke/Förster* Hdb. zur InsO, Rz. 3, 294).

7   Aus der oben (§ 310 Rz. 8 ff.) dargestellten Kostenstruktur ergibt sich, daß zunächst für Eröffnung und Durchführung des Verbraucherinsolvenzverfahrens insgesamt drei Gebühren – berechnet vom Wert der Insolvenzmasse zur Zeit der Beendigung des Verfahrens (§ 37 Abs. 1 GKG) – bestimmt werden müssen. Da dieser Betrag endgültig erst nach Abschluß des Verfahrens feststeht, ist im Rahmen des Eröffnungsverfahrens eine Schätzung erforderlich. Für die Aktivmasse sind das verwertbare Vermögen sowie der

Aufnahme des Verfahrens über den Eröffnungsantrag § 311

Pfändung unterworfenes Einkommen – nicht jedoch wirksam abgetretene Beträge (BT-Drucks. 12/3803, S. 72) – für die Dauer des Verfahrens zusammenzurechnen. Es ist daher sachdienlich, wenn bereits im Schuldnerantrag zur Wertbestimmung nach § 37 GKG Stellung genommen wird; in der Regel wird es anderenfalls erforderlich sein, dem Schuldner insoweit noch Gelegenheit zur Stellungnahme zu geben.

Ein wichtiger Kostenblock ergibt sich aus den Auslagen nach § 63 GKG; neben den 8 bisher entstandenen Zustellkosten fallen in erster Linie die Veröffentlichungskosten ins Gewicht. Da im Lauf eines ordnungsgemäßen Insolvenzverfahrens mehrere Veröffentlichungen erforderlich sind, wird in der Praxis die Kostenbelastung für ein Verbraucherinsolvenzverfahren auf 2000 bis 4000 DM geschätzt (dazu *Henning* InVo 1996, 288, [289], zustimmend *Vallender* InVo 1998, 169, [172]). *Uhlenbruck* hat daher kürzlich auf die aus seiner Sicht nicht seltenen Fälle aufmerksam gemacht, in denen zeitgleich oder zeitnah auch ein Verfahren für den Ehepartner oder Lebensgefährten wegen der jeweiligen Mithaftungserklärungen erforderlich ist. Hier würde sich danach für eine überschuldete Familie eine Kostenbelastung in Höhe von etwa 8000 DM ergeben. *Uhlenbruck* zieht daraus den Schluß, daß ohne Bewilligung von Prozeßkostenhilfe vielen Schuldnern der Zugang zu einem Verbraucherinsolvenzverfahren und zur Restschuldbefreiung verschlossen wäre (*Uhlenbruck* Neues Insolvenzrecht, 1998, 155 ff.). Deshalb kommt bereits im Vorfeld des Beschlusses über die Eröffnung des Verfahrens (§ 312 InsO) der Entscheidung über einen Antrag auf Prozeßkostenhilfe eine Schlüsselrolle zu, da erst danach ein möglicherweise erforderlicher Beschluß über einen Kostenvorschuß erfolgen kann.

I. Beschlußfassung über einen Antrag auf Prozeßkostenhilfe

Prozeßkostenhilfe ist – wie § 119 ZPO dokumentiert – für jede Instanz gesondert 9 zu prüfen und gegebenenfalls zu bewilligen, so daß diese Frage jeweils getrennt für das Eröffnungsverfahren (§ 310 Rz. 7 ff.), das Restschuldbefreiungsverfahren (§ 286 Rz. 46 ff.) und die Durchführung des Verbraucherinsolvenzverfahrens zu beantworten ist. Im klassischen Konkursrecht wurde die Verweisung des § 72 KO auf die Regelungen der ZPO so verstanden, daß der Gemeinschuldner im Regelfall keinen Anspruch auf Prozeßkostenhilfe nach §§ 114 ff. ZPO haben solle, da das Verfahren der Haftungsverwirklichung diene und seine Rolle mit derjenigen einer typischen Prozeßpartei kaum vergleichbar sei (dazu nur *Uhlenbruck* ZIP 1982, 288, [289]); anders für einen Sonderfall *Jaeger/Henckel* § 6 Rz. 107). Für die Anwendung der GesO wurde dagegen in der Literatur mehrheitlich eine Anwendbarkeit der §§ 114 ff. ZPO bejaht, da nunmehr wegen des Vollstreckungsschutzes nach § 18 Abs. 2 Satz 3 GesO eine grundlegende Änderung der Situation eingetreten sei (dazu nur *Smid* NJW 1994, 2678, [2679] m. w. N.). In der Gerichtspraxis konnte sich diese Position bisher nicht durchsetzen; Anträge von Schuldnern auf Insolvenzkostenhilfe wurden mehrfach abgelehnt (dazu nur *LG Dresden* ZIP 1996, 1671; 1997, 207). Das Gericht meinte, auch bei der Verbraucherinsolvenz sei es im Rahmen der GesO erforderlich, daß der Schuldner die Verfahrenskosten selbst tragen könne, denn andernfalls würde durch eine solche Regelung der »hemmungslose Schuldner« privilegiert.

Diese Äußerungen waren bereits kein geeigneter Beitrag zur Auslegung der GesO (dazu 10 nur *Pape* ZIP 1997, 190 ff.); für die Durchführung des Verbraucherinsolvenzverfahrens und das Verfahren zur Restschuldbefreiung nach §§ 286 ff. InsO können diese Sentenzen auf keinen Fall übernommen werden, denn man hat bewußt auf die Würdigkeitsprüfung des früheren Vergleichsverfahrens verzichtet und für Formen als befreiungshindernd klassifizierter Verschuldung enumerativ formulierte Sperren in § 290 InsO geschaffen (dazu oben § 290 Rz. 5), die mit ihren differenzierten Verfahrensregelungen zur Antragsbefugnis, zur Darlegungs- und Beweislast und zum Rechtsschutz einer so undifferenzierten Argumentation, wie sie vom *LG Dresden* verwandt worden ist, entgegenstehen. Die Tatsache, daß ein Schuldner 4000 DM für Verfahrenskosten nicht aufbringen kann, ist weder ein Beweis noch ein Indiz für »Hemmungslosigkeit«, sondern die rechtstatsächliche Typik des hier geregelten Lebenssachverhaltes.

1. Die Bedeutung der Entstehungsgeschichte

11 Im Gesetzgebungsverfahren erfolgte – anders als in einigen Nachbarländern (zu Österreich z. B. *Forsblad* S. 242 m. w. N., zu Dänemark *Jahn* (Hrsg.) Insolvenzen in Europa, 1997, 23 [42]) – eine ausdrückliche Regelung nicht. Bereits in der ersten Äußerung des Bundesrates war gebeten worden, im weiteren Gesetzgebungsverfahren zu prüfen, wie sichergestellt werden könne, daß bei natürlichen Personen die Durchführung des Insolvenz- und Restschuldbefreiungsverfahrens nicht am finanziellen Unvermögen des Schuldners zur Aufbringung der Verfahrenskosten scheitern könne (BT-Drucks. 12/2443, S. 255). In der Gegenäußerung der Bundesregierung wurden solche Regelungen für entbehrlich gehalten, da durch das damals geplante verwalterlose Verfahren nach Meinung der Bundesregierung »nur geringe Gerichtskosten« anfielen, die auch ein Schuldner mit sehr niedrigem Einkommen regelmäßig aufbringen könne (BT-Drucks. 12/2443, S. 266). Im weiteren Gesetzgebungsverfahren wurden konkrete Bestimmungen nicht erörtert oder aufgenommen, obgleich die Systematik des Verbraucherinsolvenzverfahrens nachhaltig geändert und zudem in der Anhörung der Verbände und Experten nachhaltig auf die Bedeutung der Prozeßkostenhilfe hingewiesen worden war (dazu *Kohte* ZIP 1994, 184, [186]).

12 Die oben dargestellte Struktur und Höhe der Kosten macht deutlich, daß das von der Bundesregierung genannte Ziel, wonach auch Schuldner mit »sehr niedrigem Einkommen« nicht an den Verfahrenskosten scheitern dürfen, ohne Bewilligung von Prozeßkostenhilfe verfehlt würde. Es ist daher nicht überraschend gewesen, daß bei den weiteren Beratungen der Justizverwaltungen zu möglichen Vorschlägen zur Präzisierung und »Nachbesserung« der InsO ein ausdrücklicher Ausschluß der Prozeßkostenhilfe erwogen worden war, der jedoch wegen verfassungsrechtlicher Bedenken verworfen wurde (*Beule* InVo 1997, 197 [203]). Daher wird im politischen Raum die Frage der Prozeßkostenhilfe zu den ungelösten Fragen gerechnet, die von den Gerichten zu beantworten ist (so zuletzt *Leeb* WM 1998, 1575). Deshalb wird in der Literatur zu Recht der Entstehungsgeschichte keine entscheidende und abschließende Bedeutung für die Frage nach der Bewilligungsfähigkeit der Prozeßkostenhilfe bei Schuldnerantrag zugebilligt (dazu nur *Forsblad* S. 238).

2. Prozeßkostenhilfe und die Systematik der Verbraucherinsolvenz

13 Grundsätzlich ist die Verweisung in § 4 InsO auf die Vorschriften der ZPO umfassend formuliert, so daß von einer Geltung der Vorschriften der ZPO auszugehen ist, sofern diese nicht wegen des Zwecks oder der spezifischen Struktur des Insolvenzverfahrens ausgeschlossen ist (ebenso *Smid* GesO, 3. Aufl. § 2 Rz. 101 a. E.). Die zum bisherigen Recht vertretene Begründung, wonach das Insolvenzverfahren als Gesamtvollstreckungsverfahren ausgestaltet ist, das der Haftungsverwirklichung dient und eine aktive

Rolle des Gemeinschuldners nicht vorsieht, bedarf notwendigerweise der Überprüfung, da nach § 1 InsO nunmehr Haftungsverwirklichung und Restschuldbefreiung als zwei wesentliche Ziele des Insolvenzverfahrens anerkannt sind.

Im vereinfachten Verbraucherinsolvenzverfahren nach §§ 311 ff. InsO ist der Schuldner **14** nicht zu vergleichen mit dem Gemeinschuldner des klassischen Konkursverfahrens, das ausschließlich der Haftungsverwirklichung diente. Nach den vom Rechtsausschuß vorgenommenen nachhaltigen Vereinfachungen wird das Verbraucherinsolvenzverfahren in der Regel nur dann in überschaubarer Frist zum Schlußtermin geführt werden können, wenn der Schuldner eine aktive Rolle übernimmt. Dies gilt für die schwierige Frage der Abgrenzung zwischen unpfändbarem Vermögen und Insolvenzmasse (dazu unten § 312 Rz. 18 ff.), für die notwendigen Informationen zur Wahrnehmung von Anfechtungsrechten, die nach § 313 InsO als Bestandteil der Insolvenzmasse konzipiert sind (dazu nur *Henckel* in Festschrift für Gaul 1997, 199, 211 ff.), und für die Möglichkeiten der vertraglichen Freigabe sowie schließlich der vereinfachten Verwertung nach § 314 InsO. Der Schuldner wird in der Regel interessiert sein, das Verfahren zügig zu fördern, da mit der Aufhebung des Verfahrens zugleich die 7-Jahresfrist nach § 287 InsO beginnt. Somit liegt den §§ 311 ff. InsO ein anderes Leitbild der Schuldnerrolle als dem klassischen Konkursverfahren zugrunde, so daß auf die frühere Rechtsprechung zur Verneinung des Armenrechts bzw. der Prozeßkostenhilfe (anschaulich die nicht mehr passende Begründung des *LG Traunstein* NJW 1963, 959) nicht mehr zurückgegriffen werden kann (so auch *Krug* Verbraucherkonkurs, 1998, 94 ff., *Haarmeyer/Wutzke/Förster* Handbuch 3/99, 10/25; a. A. *Busch/Graf-Schlicker* InVo 1998, 269).

In der Literatur ist nunmehr als neue Argumentation gegen eine Verweisung des § 4 InsO **15** auf die §§ 114 ff. ZPO angeführt worden, daß diese Normen keine geeigneten Regelungen für die Übernahme der Vergütung des Treuhänders enthielten. Diese seien von §§ 121, 122 ZPO nicht erfaßt; wer hier § 122 ZPO analog anwenden wolle, müsse weiter auch für die Verwaltervergütung ein Erstattungsverfahren in analoger Anwendung der §§ 121 ff. BRAGO schaffen. Da solche Vorkehrungen nicht getroffen seien, könne die Treuhändervergütung nicht aus der Staatskasse ersetzt werden. Dies zeige, daß das PKH-Recht insgesamt für den Antrag des Schuldners auf Eröffnung des Insolvenzverfahrens nicht passe (so *Bork* ZIP 1998, 1209 [1211 ff.]). Dagegen ist von Pape zumindest für die Übernahme der Treuhändervergütung nach § 298 InsO eine entsprechende Anwendung der §§ 114 ff. ZPO als konstruierbar angesehen worden (so Rpfleger 1997, 237 [243 f.]).

Angesichts der Lückenhaftigkeit der gesetzlichen Regelung ist eine Analogie – auch eine **16** doppelte Analogie sowohl zu § 122 ZPO als auch zu § 121 ff. BRAGO – zwar nicht ausgeschlossen, jedoch nicht naheliegend. Die Treuhänderkosten werden auch im Text des § 54 InsO deutlich von den Gerichtskosten für das Insolvenzverfahren geschieden. Insofern ist für ihre Erstattung ein Rückgriff auf §§ 27 ff., 30 BSHG näherliegend (dazu oben § 298 Rz. 6 sowie *Häsemeyer* 2. Aufl. Rz. 29.19 im Anschluß an *Kohte* ZIP 1994, 184 [186]). Somit wird hier davon ausgegangen, daß die Tragung der Vergütung des Treuhänders im Verbraucherinsolvenzverfahren ein Problem des Sozialrechts bzw. der Einwerbung von Zuwendungen Dritter ist. Für die Übernahme von Prozeßkosten greifen die Regeln des BSHG jedoch nicht ein (dazu nur *OVG Hamburg* NJW 1995, 2309), so daß die Verbraucher hinsichtlich der Gerichtskosten nach § 54 Nr. 1 InsO nicht auf das Sozialrecht verwiesen werden können. Die Ansicht des *LG Dresden* (ZIP 1996, 1671), die antragstellenden Schuldner hätten bereits durch die grundsätzlich gewährten staatlichen Sozialleistungen genügend aus der Staatskasse erhalten, ist mit dem Sozialhilferecht unvereinbar und daher ungeeignet für eine konsistente Lösung (so auch *Krug*

Verbraucherkonkurs, 1998, S. 97). Für die Gerichtskosten enthalten damit die §§ 114ff. ZPO die sachnähere Lösung.

17 Somit ergibt sich bereits aus den sozial- und prozeßrechtlichen Grundentscheidungen, daß zwischen der Tragung der Verwaltervergütung und der Gerichtskosten zu differenzieren ist. Prozeßkostenhilfe erfaßt danach die Gerichtskosten, nicht jedoch die Verwaltervergütung. Die von *Bork* (a. a. O., S. 1211) verfochtene Einheitslösung, die aus der fehlenden Übernahme der Verwaltervergütung auf die Nichtübernahme der Gerichtskosten schließt, ist undifferenziert und sachlich nicht überzeugend (so auch *Funke* ZIP 1998, 1708). Vor allem ist sie unvereinbar mit der verfassungsrechtlichen Judikatur (dazu unten Rz. 21 f.), die die Frage stellt, inwieweit der Einzelne nachteilige Folgen durch eigenes Verhalten vermeiden kann (*BVerfG* ZIP 1993, 286 [288]). Der Umfang der Tätigkeiten – und damit auch der Vergütung – des Verwalters kann maßgeblich durch die außergerichtliche Vorbereitung, die Qualität eines Schuldenbereinigungsplans und die Sorgfalt eines Vermögensverzeichnisses gemindert werden. Dagegen sind die Kosten der Veröffentlichungen, die besonders ins Gewicht fallen (dazu oben Rz. 11), von den einzelnen Schuldnern nicht beeinflußbar, so daß sie gerade hier besonders auf staatliche Hilfe angewiesen sind.

18 Würde man für die Tragung der Gerichtskosten generell und pauschal die Möglichkeit der Prozeßkostenhilfe ausscheiden, dann würde für die übliche Klientel der Schuldnerberatungsstellen, die gerade die typischen Verbraucher beraten (dazu ausführlich *Kemper/Kohte* Blätter der Wohlfahrtspflege 1993, 81 [83]) das Verbraucherinsolvenzverfahren nicht eröffnet werden, so daß auch eine Restschuldbefreiung nicht in Betracht käme. Es bestünde die Aussicht, daß das Verbraucherinsolvenzverfahren in erster Linie von gescheiterten GmbH-Geschäftsführern und -Gesellschaftern genutzt werden könnte, die bereits nach der Entstehungsgeschichte nicht die wichtigsten Adressaten dieses Verfahrens sein sollten (dazu jetzt *Uhlenbruck* BB 1998, 2009, [2021] im Anschluß an *Vallender* InVo 1998, 169 [180]). Damit würde weiter auch die innere Systematik des achten und neunten Teils der InsO aus dem Lot geraten, denn im Gesetzgebungsverfahren wurde als besonderer Vorteil der vom Rechtsausschuß gefundenen Regelungen angesehen, daß damit auf Gläubiger und Schuldner eingewirkt würde, sich frühzeitig zu einigen, da eine solche Einigung für beide Seiten günstiger sei als das folgende Verfahren (dazu nur *Schmidt-Räntsch* MDR 1994, 321 [325]). Diese in sich schlüssige Argumentation müßte jedoch ins Leere gehen, wenn Gläubiger bei der typischen Verbraucherinsolvenz damit rechnen dürften, daß eine Verfahrenseröffnung nach § 312 InsO nicht erfolgen wird. Schließlich würden so die Chancen außergerichtlicher Einigung und einer Einigung im Schuldenbereinigungsplan nachhaltig geschwächt, da es für die an erster Stelle zugriffsberechtigten Gläubiger kaum eine Motivation gäbe, sich im Vermittlungsverfahren auf einen Vergleich einzulassen.

19 Bei einer solchen Auslegung wäre auch schwer verständlich, warum in § 305 Abs. 1 Nr. 1 InsO ein so großes Gewicht auf die »geeigneten Stellen« gelegt worden ist, die in den jeweiligen Landesgesetzen näher konkretisiert worden sind, wenn deren typische Klientel vom späteren Verfahren ausgeschlossen wird. Ebensowenig ließe sich damit erklären und rechtfertigen, daß die Vergütung der Treuhänder nach § 13 Abs. 1 Satz 3 InsVV bis auf eine mit den verfassungsrechtlichen Grundsätzen (dazu *BVerfG* NJW 1980, 2179) kaum noch zu vereinbarende Vergütung gesenkt würde, wenn zugleich Gerichtskosten und Auslagen in voller Höhe ohne Abstriche den Schuldnern auferlegt würden. Dies wäre ein altfiskalisches Denken, das sowohl mit der differenzierten Auslegung des § 60 KO (*BVerfG* NJW 1993, 2861; *BGH* NJW 1992, 692) als auch der neueren Judikatur zum Recht der Prozeßkostenhilfe unvereinbar wäre. Der ausführliche

Meinungsstreit um die Zumutbarkeit einer Prozeßkostenbeteiligung des Fiskus im Rahmen der Entscheidungen nach § 116 ZPO ist vom BGH kürzlich zutreffend so entschieden worden, daß die öffentliche Hand sich der Kostenbeteiligung an Verfahren im Rahmen eines Konkurses nicht pauschal entziehen könne. Dem Fiskus ist es auch nicht gestattet, sich darauf zu berufen, daß er geeignete Haushaltstitel nicht eingestellt hat, weil es seine Sache ist, insoweit Vorsorge zu treffen (so *BGH* NJW 1998, 1868 = DZWir 1998, 380 mit Anm. *Smid*; ebenso bereits *OLG Hamm* NJW-RR 1994, 1342; *OLG Köln* MDR 1994, 407; vgl. *Funke* a. a. O., S. 1710).

3. Prozeßkostenhilfe und verfassungskonforme Auslegung

Spricht somit bereits die Systematik des Insolvenzrechts dafür, daß zumindest die Gerichtskosten und -auslagen nach § 114 ZPO von der Staatskasse übernommen werden, so wird diese Perspektive durch die Notwendigkeit einer verfassungskonformen Auslegung nachhaltig bestätigt. An erster Stelle verlangt dies die im Rechtsstaatsprinzip wurzelnde Garantie des effektiven Rechtsschutzes (dazu zuletzt *BVerfG* NJW 1997, 2103; grundlegend verkannt von *Busch/Graf-Schlicker* a. a. O., S. 272), denn es ist rechtsstaatlich nicht hinnehmbar, daß Verfahrensrechte allein aus wirtschaftlichen Gründen nicht wahrgenommen werden können. Bereits 1979 ist aus dieser in Art. 19 Abs. 4 GG enthaltenen Grundentscheidung abgeleitet worden, daß eine Regelung nicht so gestaltet sein darf, daß sie in ihrer *tatsächlichen* Auswirkung tendenziell dazu führt, diesen Rechtsschutz vornehmlich nach Maßgabe der wirtschaftlichen Leistungsfähigkeit zu eröffnen (*BVerfGE* 50, 217, 231 = NJW 1979, 1345 [1346]). Diese rechtsstaatliche Garantie ist – anders als *Bork* meint (a. a. O., S. 1215) –, nicht an die Frage geknüpft, ob subjektive Rechte wahrgenommen werden. Vielmehr ist diese rechtsstaatliche Garantie allen Verfahrensbeteiligten zu gewähren, die von einer Entscheidung unmittelbar betroffen sind (beispielhaft für diese rechtsstaatliche Anforderung die Judikatur zur PKH-Gewährung an Äußerungsbefugte im Normenkontrollverfahren *BVerfGE* 25, 295, 296; NJW 1995, 1415). Da die Erlangung der Restschuldbefreiung durch die InsO nicht im Wege der Vertragshilfe, sondern durch ein zwingend vorgeschaltetes Insolvenzverfahren geregelt ist, besteht damit bereits aus dem Grundsatz des effektiven Rechtsschutzes die Notwendigkeit, in dem hier bezeichneten Umfang Prozeßkostenhilfe zu gewähren (so auch *Hess/Obermüller* Insolvenzplan, Restschuldbefreiung und Verbraucherinsolvenz Rz. 767 f.).

Ein Ausschluß der Verbraucherinsolvenzschuldner von der Möglichkeit der Prozeßkostenhilfe ist aber auch unter dem Gesichtspunkt des Art. 3 GG unwirksam; obgleich die verfassungsrechtliche Judikatur bei sozialrechtlicher Leistungsgewährung dem Gesetzgeber eine größere Gestaltungsfreiheit zuerkennt, würde ein Totalauschluß selbst an diesen Grenzen scheitern. Anschaulich ist der Vergleich mit der Verfassungswidrigkeit des Ausschlusses des Arbeitsrechts von der Beratungshilfe (*BVerfGE* 88, 5 = ZIP 1993, 286; dazu *Kohte* Festschrift für Remmers, 1995, 479, 486). Ein solcher Ausschluß ist daran zu messen, ob die Insolvenzschuldner in einer grundlegend anderen Situation als die sonstigen Prozeßbeteiligten sind und ob von ihnen ein Alternativverhalten erwartet werden kann. Den Verbraucherinsolvenzschuldnern stehen andere gleichwertige Rechtsschutzmöglichkeiten nicht zur Verfügung; unzulässig wäre es, ihnen bereits die Tatsache der Verschuldung selbst anzulasten. Diese ist vielmehr vom Gesetzgeber als soziales Datum vorausgesetzt worden, auf das mit rechtlichen Mitteln geantwortet werden soll. Soweit es sich um spezifische Formen als befreiungshindernd klassifizierter Verschuldung handelt, ist dem ausschließlich im Rahmen der §§ 290, 296 InsO Rechnung zu tragen.

22 Der Unterschied zwischen Prozeßschuldnern, für die §§ 114ff ZPO unmittelbar gelten, und Verbraucherinsolvenzschuldnern ist nur in der Form des Verfahrens begründet; die je vergleichbare »existentielle Betroffenheit« wird vor allem durch die neuere Judikatur und Literatur zu den Konsequenzen ruinöser Bürgschaften verdeutlicht. Bei gestörter Vertragsparität besteht zugunsten der Sicherung der Handlungsfreiheit der Schuldner eine staatliche Schutzpflicht; diese kann nach allgemeiner Ansicht sowohl durch verfahrensrechtliche als auch durch materiellrechtliche Instrumente bzw. durch eine Kombination beider Instrumente erfolgen (so – wenn auch mit unterschiedlicher, für unser Problem nicht bedeutungsvoller – Gewichtung nur *Medicus* Allgemeiner Teil des BGB 7. Aufl. 1997 Rz. 706e; *Groeschke* BB 1994, 723 [727]; *Gernhuber* JZ 1995, 1086 [1094]). Somit sind Verbraucherinsolvenzschuldner typischerweise mindestens in gleicher Weise schutzbedürftig wie Prozeßschuldner.

23 Für den Vergleich von Prozeßschuldnern und Verbraucherinsolvenzschuldnern kann vor allem auf die Judikatur zur Gleichbehandlung mittelloser Mündel bzw. betreuter Personen mit Prozeßschuldnern zurückgegriffen werden. Hier hatte das Bundesverfassungsgericht bereits 1980 postuliert, daß das Schutzniveau der Prozeßkostenhilfe »erst recht bei der Anordnung und Ausgestaltung von Vormundschaften für Hilfsbedürftige beachtet werden (muß), die für das Mündel im allgemeinen weit folgenschwerer ist als die gerichtliche Geltendmachung einzelner Ansprüche«. Daraus ist abgeleitet worden, daß Mündel und zu betreuende Personen aus finanziellen Gründen keine schlechtere Betreuung als vermögende schutzbedürftige Personen erhalten dürfen (*BVerfGE* 54, 251, 271 = NJW 1980, 2179 [2181]). Das Bundesverfassungsgericht hatte einen sofort wirksamen Schutz durch verfassungskonforme Auslegung des § 1835 Abs. 3 BGB a. F. sichergestellt; inzwischen ist diese Bewertung durch die Neufassung der §§ 1836 Abs. 2, 1836a BGB konkretisiert worden (dazu BT-Drucks. 11/4528, S. 110ff.; *Staudinger/ Engler* 1994, § 1836 Rz. 4f.; 44ff.). Auch die Änderung des Betreuungsrechts 1998 hat diese verfassungsrechtliche Bewertung zugrundegelegt (BT-Drucks. 13/7158, S. 11f.; *Dodegge* NJW 1998, 3073, 3074).

24 Geht man davon aus, daß das Verbraucherinsolvenzverfahren und die Restschuldbefreiung als die wesentlichen sozialen Errungenschaften der InsO qualifiziert werden, die für 2 Mio überschuldete Haushalte erhebliche Bedeutung entfalten sollen (so zutreffend *Wimmer* BB 1998, 386), kann es nicht akzeptabel sein, wenn ein beachtlicher – möglicherweise sogar der größere – Teil der zu schützenden Personengruppe von den Kernelementen des Verfahrens ausschließlich aus finanziellen Gründen ausgeschlossen werden. Somit ist auch unter dem Gesichtspunkt des Art. 3 GG hier eine verfassungskonforme Auslegung der Gewährung von Prozeßkostenhilfe erforderlich (so auch *Döbereiner* 313ff.). Damit sind sie in dem auf Antrag des Schuldners durchgeführten Verbraucherinsolvenzverfahren die §§ 4 InsO, 114ff ZPO anwendbar (i. E. jetzt auch *Thomas/Putzo*, 1998, § 114 Rz. 1).

II. Beschlußfassung zum Kostenvorschuß

25 In der konkursrechtlichen Gerichtspraxis hatte sich als Verfahren durchgesetzt, daß zumindest bei Gläubigeranträgen eine Abweisung mangels Masse erst erfolgen durfte, wenn das Gericht einen nach § 107 Abs. 1 Satz 2 KO vorzusehenden Kostenvorschuß fixiert, dem Antragsteller eine angemessene Zahlungsfrist eingeräumt hatte und diese erfolglos verstrichen war (dazu nur *Kuhn/Uhlenbruck* § 107 Rz. 6ff.). Dazu hatte das Gericht auf der Basis der von Amts wegen getroffenen Ermittlungen einen präzisen

Betrag festzusetzen, der die Kosten sichern würde. Den Beteiligten stand das Recht zu, diesen Beschluß mit der Beschwerde anzugreifen und vor allem die Höhe des Kostenvorschusses einer genauen Prüfung zu unterziehen (anschaulich *LG Hof* JurBüro 1989, 654). Wurde dagegen der Beschluß zur Festsetzung des Kostenvorschusses rechtskräftig, dann kam diesem Beschluß hinsichtlich seines Entscheidungsgegenstandes Bindungswirkung und materielle Rechtskraft zu (so ausdrücklich *Jaeger/Weber* § 107 Rz. 6), so daß der Antragsteller sich im weiteren Eröffnungsverfahren allenfalls noch auf neue, nach der Rechtskraft des Beschlusses entstandene Tatsachen berufen konnte. In den anderen Fällen war nach Verstreichen der Frist zur Zahlung des Vorschusses der Eröffnungsantrag abzuweisen (*OLG Frankfurt* ZIP 1991, 1153 = KTS 1991, 616). Durch dieses Verfahren wurde den Antragstellern das erforderliche rechtliche Gehör im Eröffnungsverfahren vermittelt, da ihnen auf diese Weise rechtzeitig die Möglichkeit einer effektiven Einflußnahme auf die Kostenschätzung des Gerichts gegeben war.

26 In neuerer Zeit – vor allem in der Literatur zu § 4 GesO – wurde zunehmend die Ansicht vertreten, daß auch bei einem Antrag des Schuldners in dieser Weise zu verfahren sei. Auch dem Schuldner müsse die Möglichkeit gegeben werden, durch einen Kostenvorschuß die Eröffnung des Verfahrens zu erlangen und zugleich die mit der Ablehnung der Eröffnung verbundene Eintragung in das Schuldnerverzeichnis vermeiden zu können (dazu nur *Smid* GesO, 1997, § 4 Rz. 8). Damit wurde an die allgemeine Ansicht zum Vergleichsverfahren angeknüpft, in dem nach § 17 Abs. 1 Nr. 6 VglO ebenfalls vor der Eröffnung zu prüfen war, ob das Vermögen des Schuldners ausreicht, die zu erwartenden Kosten zu decken. Wegen der auch im Gesetz genannten Möglichkeiten eines Kostenvorschusses durfte das Gericht den Vergleichsantrag nicht sofort ablehnen, sondern mußte zunächst mittels Zwischenverfügung die Höhe des Vorschusses mitteilen und dem Schuldner die Möglichkeit geben, innerhalb einer bestimmten Frist für Deckung zu sorgen (dazu nur *Bley/Mohrbutter* VglO, § 17 Rz. 18).

27 § 26 Abs. 1 Satz 2 InsO hat die Rechtsfigur des Kostenvorschusses ausdrücklich aufgenommen. In den Materialien ist die Übereinstimmung zum bisher geübten Verfahren ausdrücklich hervorgehoben worden (BT-Drucks. 12/2443, S. 118). Gerade im Verbraucherinsolvenzverfahren ist es für den Antragsteller wichtig, rechtzeitig zu wissen, von welchem Kostenumfang das Insolvenzgericht ausgeht, denn es gehört zur Typizität von Verbraucherinsolvenzverfahren, daß ein Vorschuß durch Dritte geleistet werden kann – sei es als Hilfe in besonderen Lebenslagen nach §§ 27, 30 BSHG (dazu *Häsemeyer* Rz. 29.19 im Anschluß an *Kohte* ZIP 1994, 184, [186]), sei es als karitative Leistung. Die Gesetzessystematik und die Gesetzesbegründung (BT-Drucks. 12/7302, S. 188) gehen davon aus, daß Schuldner aus karitativen oder sozialrechtlichen Zuwendungen Dritter unterstützt werden.

28 Es muß daher dem Schuldner Gelegenheit gegeben werden, innerhalb eines angemessenen Zeitraums die Unterstützung ihm verbundener Personen, einer öffentlichen Stelle oder eines karitativen Trägers für die Zahlung eines solchen Kostenvorschusses einholen zu können. In der Literatur wird prognostiziert, daß in Zukunft auch verstärkt Gläubiger im Interesse eines effektiven Verfahrens einen solchen Vorschuß leisten werden (*Haarmeyer/Wutzke/Förster* Hdb. zur InsO, § 3 Rz. 289). In jedem Fall bedarf es in Anknüpfung an die bisherige Gerichtspraxis sowohl eines vorherigen Beschlusses zur Höhe eines Kostenvorschusses als auch einer angemessenen Frist, in der der Schuldner entsprechende Initiativen einleiten kann. Das Insolvenzgericht ist zu einem solchen Vorgehen aufgrund des Gebotes prozeßrechtlicher Rücksichtnahme verpflichtet; insoweit kann hier auf die Auslegung des § 17 VglO und die allgemeinen Grundsätze zurückgegriffen werden, die die Judikatur zu den prozeßrechtlichen Konsequenzen des

§ 554 Abs. 2 Nr. 2 BGB entwickelt hat (vgl. dazu nur *OLG Hamburg* ZMR 1988, 225; *Soergel/Heintzmann* BGB, § 554 Rz. 24).

29 Falls die Verfahrenskosten weder aus eigenen Kräften noch durch einen Zuschuß aufgebracht werden können, wird dem Schuldner eine Überlegungsfrist für die Abwägung einzuräumen sein, ob die Eintragung in das Schuldnerverzeichnis nach § 26 Abs. 2 InsO oder eine Rücknahme des Antrags nach § 13 Abs. 2 InsO für ihn eher hinnehmbar ist. In jedem Fall spricht auch dieser Gesichtspunkt für die Fortsetzung der bisherigen Praxis, eine gesonderte und rechtzeitige Anordnung zum Kostenvorschuß zu treffen.

D. Verfahrensrechtliches

30 Die Erfahrungen im Umgang mit § 18 Abs. 2 Satz 3 GesO haben gezeigt, daß bei nachhaltiger Überlastung der Gerichte (anschaulich dazu *LG Magdeburg* Rpfleger 1995, 224) Verfahren durch überhöhte Vorschußforderungen reguliert und beendet werden (dazu zutreffend und realistisch *Haarmeyer/Wutzke/Förster* Hdb. zur InsO, 3 Rz. 294). Der Beschluß des Gerichtes zur Höhe des Kostenvorschusses bedarf daher notwendigerweise der Rechtskontrolle. Auf den ersten Blick scheint nach §§ 6, 34 InsO eine Rechtskontrolle erst im Zusammenhang mit der sofortigen Beschwerde gegen die Ablehnung der Eröffnung nach § 34 InsO möglich zu sein (dazu *Hess/Pape* InsO, Rz. 183).

31 Eine solche Auslegung widerspricht dem in der Konzeption des Rechtsausschusses in den Mittelpunkt gerückten Anliegen der Verfahrensvereinfachung und -beschleunigung. Eine solche an das Verfahrensende anknüpfende umfassende Überprüfung würde in allen erfolgreichen Fällen dazu führen, daß das Verfahren wesentlich kompliziert würde. Es müßte wegen des Zeitablaufs möglicherweise eine neue Bestimmung des Wertes der Masse und der sich daraus ergebenen Kosten vorgenommen werden; zum anderen würde dadurch der Zeitpunkt einer möglichen Eröffnung weit verschoben. Dies wäre für Anfechtungsverfahren sowie die Wirkungen des § 89 InsO außerordentlich problematisch. Eine solche Konsequenz entspräche auch nicht der Entstehungsgeschichte, da die Materialien bewußt an die bisherige Praxis anknüpfen. Es ist daher im Anschluß an *Häsemeyer* Rz. 7. 33 (ebenso *Haarmeyer/Wutzke/Förster* Hdb. zur InsO, § 3 Rz. 294) der Beschluß zum Kostenvorschuß der Beschwerde nach § 34 InsO zu unterwerfen, so daß die bisherige Verfahrensverbindung zwischen rechtskräftigem Beschluß zum Kostenvorschuß und Eröffnungsbeschluß übernommen werden kann.

§ 312
Allgemeine Verfahrensvereinfachungen

(1) Bei der Eröffnung des Insolvenzverfahrens wird abweichend von § 29 nur der Prüfungstermin bestimmt.
(2) ¹Sind die Vermögensverhältnisse des Schuldners überschaubar und die Zahl der Gläubiger oder die Höhe der Verbindlichkeiten gering, so kann das Insolvenzgericht anordnen, daß das Verfahren oder einzelne seiner Teile schriftlich durchgeführt werden. ²Es kann diese Anordnung jederzeit aufheben oder abändern.
(3) Die Vorschriften über den Insolvenzplan (§§ 217 bis 269) und über die Eigenverwaltung (§§ 270 bis 285) sind nicht anzuwenden.

Allgemeine Verfahrensvereinfachungen § 312

§ 312 entspricht im wesentlichen § 357i BT-RA EInsO und hat im Regierungsentwurf kein Vorbild. BT-Drucks. 12/7302, S. 193 zu Nr. 203 (»Zu § 357i«).

Inhaltsübersicht: Rz.

A. Normzweck	1– 2
B. Systematik	3
C. Der Eröffnungsbeschluß	4– 17
I. Der Eröffnungsgrund	5– 13
II. Die Kostendeckung	14– 15
III. Probleme des Gläubigerantrags	16– 17
D. Die Bestimmung der Insolvenzmasse	18– 66
I. Der Insolvenzbeschlag von Sachen des Schuldners	19– 25
1. Aussonderungsrechte	19– 21
a) Der Eigentumsvorbehalt	19– 20
b) Aussonderungsrechte von Haushaltsangehörigen	21
2. Hausrat	22
3. Zur Erwerbstätigkeit erforderliche Gegenstände	23– 25
II. Unterhaltsforderungen	26– 30
III. Forderungen aus Erwerbs- und Erwerbsersatzeinkommen	31– 54
1. Forderungen aus Arbeitsverträgen und gleichgestellten Beschäftigungsverhältnissen	31– 37
2. Forderungen aus Sozialleistungsverhältnissen	38– 50
3. Arbeitsentgelt und Eigengeld von Strafgefangenen	51– 54
IV. Forderungen mit Versorgungscharakter	55– 66
1. Forderungen aus Versicherungsverträgen	55– 62
2. Forderungen aus Sparverträgen	63– 66
E. Die Durchführung des vereinfachten Insolvenzverfahrens	67– 72
F. Verfahrensrechtliches	73– 79

Literatur:

(siehe vor § 286, S. 1580)

A. Normzweck

Die Regelung des § 312 InsO dient nach dem Bericht des Rechtsausschusses (BT- **1** Drucks. 12/7302, S. 193) vor allem der Verfahrensvereinfachung und der Entlastung der Gerichte. In der Diskussion um den Regierungsentwurf war nachhaltig die Komplexität des 1992 vorgesehenen einheitlichen Insolvenzverfahrens gerügt worden (dazu nur *Kohte/Kemper* Blätter der Wohlfahrtspflege 1993, 81 ff.; *Döbereiner* Die Restschuldbefreiung nach der Insolvenzordnung, 1997, 67 ff. m.w.N.). Die Gesamtheit der Regelungen zum Verbraucherinsolvenzverfahren dokumentieren den Wunsch des Rechtsausschusses, durch eine umfassende Verfahrensvereinfachung und die Einführung neuer Verfahrenselemente die Verbraucherinsolvenz praktikabel zu machen.

Weiter zeigt vor allem die Regelung des § 312 Abs. 3 InsO, daß grundsätzlich zwischen **2** Unternehmens- und Verbraucherinsolvenz zu differenzieren ist (so auch der Rechtsausschuß a.a.O., S. 194). Damit ist ein anderes Element der Kritik am Regierungsentwurf aufgegriffen worden, die an dem im Regierungsentwurf zugrunde gelegten Modell des einheitlichen Insolvenzverfahrens die fehlende Differenzierung zwischen Unternehmens- und Verbraucherinsolvenz gerügt hatte (*Döbereiner* a.a.O., S. 53 ff.). Durch § 312 Abs. 3 InsO wird nunmehr dokumentiert, daß das Verbraucherinsolvenzverfahren Teil des sich entwickelnden Verbraucherprozeßrechts (dazu oben Rz. 5 vor § 304) ist.

B. Systematik

3 Die Vereinfachung soll mit verfahrensrechtlichen Mitteln erreicht werden, indem durch § 312 Abs. 1 InsO der Berichtstermin eliminiert und durch Abs. 2 die Möglichkeit geschaffen worden ist, von einigen verfahrensrechtlichen Anforderungen des allgemeinen Insolvenzverfahrens im Einzelfall abzuweichen. Auf der anderen Seite gelten die allgemeinen Grundsätze des Insolvenzverfahrens auch für das Verbraucherinsolvenzverfahren; spezielle materielle Regelungen sind nicht aufgenommen worden. Es wird sich jedoch zeigen, daß auch für die allgemeinen Bestimmungen des Insolvenzrechts verbraucherspezifische Herausforderungen bestehen und verbraucherspezifische Lösungen gesucht werden müssen. Im folgenden sollen exemplarische Schwerpunkte verbraucherbezogener Probleme dargestellt werden, aus denen sich allerdings ergeben wird, daß die gewünschte Vereinfachung nur in wenigen Fällen möglich sein wird.

C. Der Eröffnungsbeschluß

4 Der vom Richter zu erlassende Eröffnungsbeschluß ist für das gesamte weitere Verfahren von grundlegender Bedeutung. Er bewirkt den Verlust der Verwaltungs- und Verfügungsbefugnis des Schuldners über die Insolvenzmasse (§ 80 Abs. 1 InsO) und hindert die Insolvenzgläubiger mit einer Vollstreckungssperre am weiteren hoheitlichen Zugriff (§ 89 InsO); diese Regelung wird flankiert und effektiviert durch eine Rückschlagsperre nach § 88 InsO sowie durch die Unterbrechung aller die Insolvenzmasse betreffenden Prozesse nach § 240 ZPO n. F. ergänzt. Wegen dieser Wirkungen gelten für den Eröffnungsbeschluß formalisierende und publizitätsfördernde Vorschriften (dazu *Häsemeyer* Insolvenzrecht, 1998, Rz. 7.48), die auch im Verbraucherinsolvenzverfahren Anwendung finden. Insoweit kann auf die allgemeinen Ausführungen zu §§ 27 ff. InsO zurückgegriffen werden.

I. Der Eröffnungsgrund

5 Nach § 16 InsO setzt die Eröffnung des Insolvenzverfahrens voraus, daß nach der Überzeugung des Gerichts ein Eröffnungsgrund gegeben ist. Die beiden Gründe der Zahlungsunfähigkeit nach § 17 InsO und der drohenden Zahlungsunfähigkeit nach § 18 InsO gelten auch im Verbraucherinsolvenzverfahren. Dagegen greift der Eröffnungsgrund der Überschuldung nach § 19 InsO nur bei juristischen Personen und diesen in bestimmten Fällen gleichgestellten Gesellschaften ohne Rechtspersönlichkeit (§ 19 Abs. 3 InsO) ein, so daß er im Verbraucherinsolvenzverfahren keine Anwendung finden kann. Die in den meisten Fällen gegebene ökonomische Überschuldung der Verbraucher darf nicht mit dem organisationsrechtlichen Begriff der Überschuldung nach § 19 InsO (vgl. dazu vor allem §§ 64 GmbHG, 92 AktG) verwechselt werden.

Im bisherigen Recht war nach § 102 KO die Zahlungsunfähigkeit ebenfalls als Eröffnungsgrund anerkannt, jedoch im Gesetz nicht näher definiert, sondern nur durch die Vermutung umschrieben, daß die Zahlungsunfähigkeit insbesondere bei Zahlungseinstellung anzunehmen sei. Dieser Rechtsbegriff war in der Judikatur von großer Bedeutung, da auch die Konkursanfechtung in § 30 KO der Zahlungseinstellung als der stärksten Form der Zahlungsunfähigkeit (so *Smid/Zeuner* GesO 3. Aufl. § 10 Rz. 121) eine Schlüsselrolle zugewiesen hatte. Die Definitionen der bisherigen Judikatur zur Zahlungseinstellung entstammen daher auch überwiegend aus Anfechtungsverfahren (dazu nur *BGH* WM 1959, 891; NJW 1962, 102). 6

Das neue Insolvenzrecht hat zur erleichterten Anwendung in der Praxis erstmals eine ausdrückliche Definition in § 17 Abs. 2 Satz 1 InsO aufgenommen, die um eine widerlegliche Vermutung der Zahlungsunfähigkeit bei Zahlungseinstellung ergänzt wird. Im Anfechtungsrecht ist an die Stelle der Zahlungseinstellung nunmehr die Zahlungsunfähigkeit in § 130 InsO als Zentralbegriff normiert worden. Diese allgemeine Tendenz, die Eröffnung des Insolvenzverfahrens zu erleichtern (dazu nur *Smid* GesO, 3. Aufl. 1997 § 1 Rz. 86), zeigt sich auch in der Definition der Zahlungsunfähigkeit, die dadurch charakterisiert ist, daß der Schuldner nicht in der Lage ist, die fälligen Zahlungspflichten zu erfüllen. In der bisherigen Judikatur war verlangt worden, daß ein auf dem Mangel an Zahlungsmitteln beruhendes, voraussichtlich dauerndes Unvermögen vorliegt, die fälligen Geldschulden wenigstens zu einem wesentlichen Teil zu erfüllen (*BGH* NJW 1991, 980 [981]; ausführlich oben § 17 Rz. 4). In der neuen Definition sind bewußt das Merkmal der Dauer und der Wesentlichkeit nicht mehr übernommen worden, um der bisherigen »Einengung« des Rechtsbegriffs der Zahlungsunfähigkeit entgegenzutreten und statt dessen das Ziel einer rechtzeitigen Verfahrenseröffnung zu fördern (dazu BT-Drucks. 12/2443, S. 114). 7

Aus unserer Sicht dürfte in der Praxis der Verbraucherinsolvenzverfahren allerdings weniger diese neue Akzentsetzung bei der Auslegung des § 17 InsO, sondern vielmehr die Konkretisierung der bisher schon bekannten Rechtsbegriffe im Vordergrund stehen. Diese verlangen eine Abgrenzung der Zahlungsunfähigkeit von der Zahlungsunwilligkeit, da bei Streit um Zahlungspflichten nicht das Gesamtvollstreckungsverfahren, sondern das individuelle Erkenntnisverfahren die geeignete Verfahrensart ist. Gerade in verbraucherbezogenen Verschuldungssituationen ist der Streit um die Wirksamkeit von Kreditverträgen, Verzugszinsen, Kostenpauschalen u. a. belastenden Bedingungen nicht selten (dazu *Kohte/Kemper* Blätter der Wohlfahrtspflege 1993, S. 81 [83]), so daß in allen Fällen, in denen die fehlende Zahlung des Schuldners rechtlich motiviert erscheint, Zahlungsunfähigkeit zu verneinen sein dürfte (dazu auch *Burger/Schellberg* BB 1995, 261 [262]). 8

Fällige Zahlungspflichten, die weiter in der Definition und § 17 Abs. 2 Satz 1 InsO verlangt werden, liegen nicht mehr vor, wenn die jeweiligen Forderungen gestundet sind. Hier ist in der bisherigen Judikatur unklar, inwieweit nicht nur ausdrückliche, sondern auch konkludente Stundungen berücksichtigt werden können (dazu oben § 17 Rz. 10 f.; *Burger/Schellberg* BB 1995, 263). Gerade beim Überziehungskredit, der für die Verschuldung von Verbrauchern eine wichtige Rolle spielt, ist diese Abgrenzung nur schwer vorzunehmen (dazu bereits *Kilimann* NJW 1990, 1154 [1157]; vgl. allgemein *Keller* in MünchKomm, § 271 Rz. 20 ff.; *Staudinger/Kessal-Wulf* VerbrKrG § 5 Rz. 32 ff.). In der Praxis dürfte hier jedoch die schrittweise Entfaltung des Verbraucherinsolvenzverfahrens zur Klärung und Problemlösung beitragen, denn sowohl im Forderungsverzeichnis als auch im Schuldenbereinigungsplan nach § 305 InsO und den dazu ergehenden Erörterungen mit den Gläubigern wird sich in der Regel klären lassen, ob bestimmte Verbindlichkeiten fällig oder ob sie gestundet sind. Behauptet der Schuldner Zahlungsunfähigkeit 9 wird es Sache der widersprechenden Gläubiger sein, eine so eindeutige und weitreichende Stundung anzustreben, daß sowohl § 17 als auch § 18 InsO ausgeräumt sind.

10 Damit verbleibt als die wichtigste zu klärende Frage, wie die Zahlungsunfähigkeit von der Zahlungsstockung abgegrenzt werden kann. Nach der Regierungsbegründung sollen Zahlungsschwierigkeiten ohne insolvenzrechtliche Relevanz bleiben, die durch kurzfristige Beschaffung liquider Mittel auflösbar sind (BT-Drucks. 12/2443, S. 114). In der Literatur will man hier die bisherigen Fristen, die zwischen sechs Wochen und drei Monaten variierten, wesentlich verkürzen und Zahlungsstockungen, die länger als zwei bis sechs Wochen dauern, als Zahlungsunfähigkeit klassifizieren (dazu *Burger/Schellberg* a. a. O., 263). Dies erscheint mir für den Bereich der Verbraucherinsolvenzverfahren zu eng, denn die Beschaffung von Liquidität durch Kredite ist für Verbraucher in der Regel komplizierter und langwieriger als für Unternehmen. Vor allem ist zu beachten, daß eine wichtige Ursache der Zahlungsstockung – nämlich der fehlende Zufluß liquider Mittel durch den Arbeitgeber – in der wirtschaftlichen Krise des Arbeitgebers nicht kurzfristig behoben werden kann. Es müßte daher für Verbraucher auf die Erfahrungen bei der Beantragung des Insolvenzgeldes und der Vorfinanzierung dieser Sozialleistung nach § 188 SGB III zurückgegriffen werden. Diese bedarf der ausdrücklichen Zustimmung des Arbeitsamtes nach § 188 Abs. 4 SGB III und bezieht sich auf einen Zeitraum bis zu drei Monaten; solange solche Verhandlungen über die Vorfinanzierung von Insolvenzgeld andauern, dürften die auf mangelnder Zahlung von Arbeitsentgelt beruhenden Zahlungsschwierigkeiten von Verbrauchern nicht als Zahlungsunfähigkeit eingestuft werden.

11 Selbst wenn zu einem bestimmten Zeitpunkt Zahlungsunfähigkeit vorgelegen hat, so kann diese doch noch wieder beseitigt werden, indem z. B. der/die Gläubiger mit einem Forderungsverzicht einverstanden ist/sind, eine Stundungsvereinbarung getroffen wird oder ein Zuschuß aus familiären oder karitativen Mitteln gezahlt werden kann. In solchen Fällen kann dann der Eröffnungsgrund der Zahlungsunfähigkeit wieder wegfallen oder – bei Befriedigung eines einzelnen Gläubigers – der Eröffnungsantrag in den Grenzen des § 13 Abs. 2 InsO zurückgenommen werden (dazu aus dem bisherigen Recht *LG Köln* ZIP 1980, 34 mit Anm. *Uhlenbruck*; *OLG Koblenz* ZIP 1993, 1604). Wenn rechtzeitig die sofortige Beschwerde nach § 34 InsO gegen den Eröffnungsbeschluß eingelegt worden ist, kann eine solche Befriedigung auch noch im weiteren Verlauf des Beschwerdeverfahrens Beachtung finden (dazu *OLG Frankfurt* Rpfleger 1977, 412; *OLG Koblenz* a. a. O.; unter Rz. 77).

12 Bei Schuldneranträgen kann als Eröffnungsgrund nunmehr nach § 18 InsO auch die drohende Zahlungsunfähigkeit ausreichen. Diese liegt vor, wenn der Schuldner voraussichtlich nicht in der Lage sein wird, die bestehenden Zahlungspflichten im Zeitpunkt der Fälligkeit zu erfüllen. Diese neue Regelung, die einen Rechtsbegriff aus dem Konkursstrafrecht aufgreift, dient ebenfalls der früheren Beantragung und Eröffnung von Insolvenzverfahren (dazu nur *Burger/Schellberg* a. a. O., S. 264). Sie setzt wiederum bestehende und fällige Verbindlichkeiten voraus, die eine Prognose über die künftige Entwicklung der Finanzlage des Schuldners ermöglichen (dazu ausführlich oben § 18 Rz. 8 ff.).

13 Nach den Erfahrungen der Schuldnerberatung liegt eine wesentliche Ursache für Zahlungsschwierigkeiten von Schuldnern im Verlust von Arbeits- und Sozialeinkommen durch Kurzarbeit, Krankheit und Arbeitsplatzverlust. Diese Ereignisse sind nur in größeren Betrieben mit längerfristiger Personalplanung prognostizierbar. In Fällen, in denen ein Arbeitsplatzverlust bevorsteht und mit hinreichender Sicherheit erwartet werden kann, daß die Suche nach einem neuen Arbeitsplatz auf große Schwierigkeiten stoßen wird, dürfte eine drohende Zahlungsunfähigkeit vorliegen. Die dagegen in den

Materialien hervorgehobenen Fälle, daß zukünftige noch nicht begründete Zahlungspflichten berücksichtigt werden sollen (BT-Drucks. 12/2443, S. 115), dürften im Verbraucherbereich seltener sein. Eine Verschuldungsstruktur, die planmäßig wachsende Ratenzahlungen beinhaltet, ist eher atypisch. Außerdem ist auch hier wieder die Struktur des Verbraucherinsolvenzverfahrens zu berücksichtigen; wenn es dem Schuldner gelungen ist, seinen Zahlungspflichten sowohl während des außergerichtlichen Verfahrens als auch während des Schuldenbereinigungsverfahrens weitgehend zeitgerecht nachzukommen, dann dürften nur wenige Situationen denkbar sein, warum in der Eröffnungsphase eine deutliche Verschlechterung erfolgen sollte. Statt dessen wird man regelmäßig davon ausgehen können, daß bereits im Schuldenbereinigungsverfahren ein beachtlicher Teil der fälligen Verbindlichkeiten nicht mehr erfüllt werden kann, so daß § 17 InsO maßgeblich ist.

II. Die Kostendeckung

Der Antrag auf Eröffnung des Insolvenzverfahrens ist weiter abzuweisen, wenn das Vermögen des Schuldners voraussichtlich nicht ausreichen wird, um die Kosten des Verfahrens zu decken (§ 26 InsO). Die mit dieser klassischen insolvenzrechtlichen Norm verbundenen Gefahren sind im Gesetzgebungsverfahren ausführlich diskutiert worden. Man versprach sich eine Entschärfung dieser Probleme durch eine Doppelstrategie: Zum einen sollen das Insolvenzverfahren verbilligt und die Kosten nachhaltig gesenkt werden, so daß auf diese Weise eine größere Zahl von Verbrauchern dieses Verfahren nutzen kann. Diese Zielsetzung ist vor allem in der Fassung der InsVV noch einmal verdeutlicht worden. Zum anderen geht man davon aus, daß es den Schuldnern möglich sein werde, familiäre, karitative oder sozialrechtliche Ressourcen nutzen zu können. Schließlich wird gerade von den Akteuren, die an der Schaffung der InsO beteiligt waren, eine weitergehende Flankierung mit Mitteln der Prozeßkostenhilfe befürwortet (dazu jetzt *Funke* ZIP 1998, 1708 ff.; vgl. auch oben § 286 Rz. 45 ff.). Gleichwohl sind Konstellationen denkbar, in denen bestimmte Kosten von den Schuldnern zu tragen sind (dazu oben § 310 Rz. 13 ff.). Der in § 1 Satz 2 InsO ausdrücklich kodifizierte Sanierungszweck verlangt, daß Verfahren nicht voreilig an Kostenhindernissen scheitern dürfen. Es ist daher unverzichtbar, daß das oben (§ 311 Rz. 25 ff.) dargestellte Verfahren zum Kostenvorschuß genau eingehalten wird. Es ist sowohl erforderlich, daß die Höhe des Kostenvorschusses einer genauen Überprüfung standhält als auch dem Schuldner eine hinreichende Zeit eingeräumt wird, die karitativen oder sozialrechtlichen Ressourcen, auf die man im Gesetzgebungsverfahren großen Wert gelegt hatte, mobilisieren zu können. Nur unter Beachtung dieser Voraussetzungen kann ein Schuldnerantrag im Verbraucherinsolvenzverfahren, der auch mit einem Antrag auf Restschuldbefreiung verbunden ist, abgewiesen werden.

Eine besondere Bedeutung hat im Verbraucherinsolvenzverfahren die Bestimmung der Werthaltigkeit der Aktivmasse. Bereits im jetzigen Konkursrecht ist allgemein anerkannt, daß bei der Feststellung der Werthaltigkeit der Masse auch Ansprüche des Gemeinschuldners zu berücksichtigen sind, deren gerichtliche Geltendmachung durch den zukünftigen Verwalter Aussicht auf Erfolg verspricht (so *OLG Karlsruhe* ZIP 1989, 1070; *Kilger/Karsten Schmidt* KO, § 107 Rz. 2; *Hess* KO, § 107 Rz. 1). Zu den relativ eindeutig realisierbaren Ansprüchen gehören z. B. Ansprüche der Masse gegen Vollstreckungsgläubiger, die der Rückschlagsperre nach §§ 88, 114 Abs. 3 S. 3 InsO unterliegen. Diese Ansprüche sind durch den Treuhänder zu realisieren (*Henckel* FS für

Gaul, S. 199 [211]). In der bisherigen konkursrechtlichen Judikatur wurde ein Verfahren auch eröffnet, wenn eine realisierbare Rückforderung mit Hilfe eines aussichtsreichen Anfechtungsprozesses möglich war (dazu nur *OLG Schleswig* ZIP 1996, 1051; *Pape* ZIP 1989, 1029 [1036]). Zu den wesentlichen Anliegen der neuen Insolvenzordnung gehört die Effektivierung des Anfechtungsrechts, mit dessen Hilfe z. B. die Rückschlagsperre nach § 88 InsO durch die Anfechtung nach § 131 Abs. 1 InsO ergänzt wird (§ 313 Rz. 68 ff.). Gegen die Berücksichtigung solcher Anfechtungsverfahren kann nicht eingewandt werden, daß diese nicht durch den Treuhänder, sondern ausschließlich durch die Gläubiger geführt werden können, denn die Gläubiger handeln hier nicht für sich, sondern als gesetzliche Prozeßstandschafter für die Insolvenzgläubiger und den Schuldner als die übrigen Verfahrensbeteiligten (dazu *Häsemeyer* Rz. 29.53). Deren Untätigkeit darf im Eröffnungsverfahren nicht unterstellt werden; im übrigen darf der Verbraucherschuldner durch die Vereinfachung des § 313 InsO nicht schlechter gestellt werden als ein Schuldner im allgemeinen Insolvenzverfahren, zu dessen Gunsten ein Insolvenzverwalter Anfechtungsprozesse führt und der im Insolvenzplan auch die Möglichkeiten der Anfechtung zur Geltung bringen kann (dazu nur *Smid/Rattunde* Der Insolvenzplan 1998 Rz. 276, 303 ff.; *Henckel* FS für Gaul, S. 199 [207 f.]).

III. Probleme des Gläubigerantrags

16 Eine intensivere Prüfung des Eröffnungsgrundes dürfte vor allem naheliegen, wenn das Insolvenzverfahren durch einen Gläubigerantrag nach § 306 InsO begonnen worden ist und sich kein Schuldenbereinigungsverfahren als Zwischenverfahren nach § 306 Abs. 3 Satz 2 InsO angeschlossen hat. Hier könnten solche Fälle häufiger auftreten, in denen eine Gläubigerforderung ernsthaft und nicht aussichtslos bestritten wird, so daß eine Klärung nicht im Vollstreckungsverfahren, sondern nur im ordentlichen Streitverfahren erfolgen kann und der Antrag auf Eröffnung des Insolvenzverfahrens wegen fehlender Überzeugung des Insolvenzgerichts von der Zahlungsunfähigkeit zurückzuweisen ist (dazu *OLG Frankfurt* KTS 1973, 140; 1983, 148). In solchen Fällen wird es vor allem fraglich sein, ob ein hinreichendes Rechtsschutzinteresse des Gläubigers für den Insolvenzantrag besteht (dazu ausführlich mit zahlreichen Beispielen *Gottwald/Uhlenbruck* Insolvenzrechtshandbuch § 13 Rz. 12; *Kuhn/Uhlenbruck* KO, § 105 Rz. 6 a); zur Darlegungslast in solchen Fällen *LG Itzehoe* KTS 1989, 730 sowie unten Rz. 74).

17 Für Verbraucherinsolvenzverfahren dürften vor allem die Fallgruppen von Bedeutung sein, in denen Gläubiger mit dem Druck des Insolvenzverfahrens konkursfremde Zwecke verfolgen und z. B. Ratenzahlungen zu erreichen suchen, die ein Schuldner – z. B. wegen rechtlicher Bedenken – bisher nicht zugesagt bzw. erbracht hat (dazu z. B. ausführlich *Delhaes* Der Insolvenzantrag, 1994, S. 86 ff.; *AG Burgsteinfurt* MDR 1968, 1020; *LG Augsburg* KTS 1975, 321; *LG Münster* ZIP 1993, 1103; *Kilger/Karsten Schmidt* KO, § 105 Rz. 2 a. E.). Bereits aus der bisherigen Praxis ist bekannt, daß Konkursanträge als Druckmittel zur Anerkennung erheblicher Gebührenforderungen im Zusammenhang mit der Gewährung von Ratenzahlungen eingesetzt worden sind. In der Gerichtspraxis ist dies als konkursfremder Zweck qualifiziert worden, der zum Fortfall des Rechtsschutzinteresses eines solchen Konkursantrags führte (*AG Holzminden* ZIP 1987, 1272). Angesichts der Erfahrungen aus der Schuldnerberatung mit verschiedenen Praktiken im Inkassobereich (dazu nur *Bindemann* a. a. O., Rz. 225) ist davon auszugehen, daß diese Fallgruppe von großer Bedeutung sein wird. In den verbraucherrechtlichen Verfahren der letzten 20 Jahre haben sich die Prozeßgerichte ein breites Wissen

erworben, welche Gläubigergruppen typischerweise rechtlich zweifelhafte Forderungen geltend machen (dazu nur der ausführliche Sachverhalt *KG* WM 1984, 1181); es wird Aufgabe der Insolvenzgerichte und der anderen Verfahrensbeteiligten sein, dieses Wissen auch für Insolvenzverfahren und -gerichte nutzbar zu machen.

D. Die Bestimmung der Insolvenzmasse

Mit der Eröffnung des Insolvenzverfahrens geht das Recht des Schuldners, das zur Insolvenzmasse gehörende Vermögen zu verwalten und darüber zu verfügen, auf den Treuhänder über (§ 80 Abs. 1 InsO). Damit ist die Bestimmung der Insolvenzmasse eine grundlegende Aufgabe nach Eröffnung des Verfahrens. Zur Insolvenzmasse gehört nach §§ 35 ff. InsO das gesamte pfändbare Vermögen des Schuldners. Im Unterschied zur Regelung der KO und der GesO wird nicht nur das Vermögen erfaßt, das dem Schuldner zum Zeitpunkt der Eröffnung des Verfahren gehört, sondern auch der Neuerwerb. Die allgemeinen Grundsätze zur Insolvenzmasse sind oben dargestellt; da sich das Verbraucherinsolvenzverfahren an einen Personenkreis wendet, der bisher nur selten als Gemeinschuldner an einem Konkursverfahren teilgenommen hat, stellen sich zahlreiche praktische Fragen, die in der bisherigen Judikatur und Literatur nicht oder allenfalls am Rande erörtert worden sind. Im folgenden sollen diejenigen Vermögenswerte umrissen werden, die nach der bisherigen Praxis der Schuldnerberatung besonders wichtig oder erörterungsbedürftig erscheinen. **18**

I. Der Insolvenzbeschlag von Sachen des Schuldners

1. Aussonderungsrechte

a) Der Eigentumsvorbehalt

Nicht zur Insolvenzmasse gehören Gegenstände, an denen ein Gläubiger ein dingliches Recht geltend machen kann, das ihn zur Aussonderung nach § 47 InsO berechtigen kann. Insoweit ist die Struktur des § 43 KO im Prinzip übernommen worden. Zu den verbraucherspezifisch wichtigen Aussonderungsberechtigten gehören die durch einen Eigentumsvorbehalt gesicherten Gläubiger – nicht jedoch die Sicherungsnehmer im Rahmen der Sicherungsübereignung oder Sicherungsabtretung, die nur zu einem Absonderungsrecht nach §§ 49 ff. InsO berechtigen (zu dieser Gruppe ausführlich § 313 Rz. 43 ff.). Damit betrifft § 47 InsO vor allem die Warenkreditgeber, also z.B. den Verkäufer des klassischen Abzahlungskaufs. Der Treuhänder wird in jedem Einzelfall prüfen müssen, ob die Wahl der Vertragserfüllung nach § 103 InsO wirtschaftlich möglich und vom praktischen Ergebnis her sachdienlich ist. Im allgemeinen Insolvenzrecht wird dem Schuldner und dem Insolvenzverwalter durch § 107 Abs. 2 InsO eine Überlegungsfrist bis zur Durchführung des Berichtstermins mit dem Ziel eingeräumt, das Vermögen im Besitz des Schuldners zunächst zusammenzuhalten, um Fortführungs- und Sanierungschancen zu wahren (*BT*-Drucks. 12/2443, S. 146; *Pape* KS, S. 430 Rz. 48). Diese Regelung kann im Verbraucherinsolvenzverfahren nicht unmittelbar angewandt werden, da ein Berichtstermin nicht stattfindet. Gleichwohl kann sie nicht ersatzlos entfallen, denn auch dem Schuldner und Treuhänder ist eine gewisse Überlegungsfrist einzuräumen. Eine solche Überlegungsfrist ist jedoch auch im Interesse des Gläubigers geboten. Die Geltendmachung des Aussonderungsrechts in der Insolvenz des Verbrauchers wird nach **19**

20

allgemeiner Ansicht der Herausgabeklage gleichgestellt, so daß sie die Rücktrittsvermutung des § 13 Abs. 3 VerbKrG auslöst (dazu nur *Staudinger/Kessal-Wulf* § 13 Rz. 27; *Habersack* in MünchKomm § 13 Rz. 51; vgl. bereits zu § 5 AbzG *Soergel/Hönn* 12. Auflage 1991 § 5 AbzG Rz. 25). Damit entzieht der Gläubiger sich die vertragsrechtliche Grundlage für seine Kaufpreisforderung; das Vertragsverhältnis wird umgestaltet in ein Rückgewährschuldverhältnis mit gegenseitigen Erstattungspflichten, das Zug um Zug abzuwickeln ist (§ 13 Abs. 2 VerbKrG). Der Treuhänder ist damit gehalten, diese Rechtslage zu beachten und gegebenenfalls ein zeitweiliges Leistungsverweigerungsrecht gegenüber dem Herausgabeverlangen des dinglichen Gläubigers geltend zu machen. Wegen dieser Verknüpfung des Verfahrensrechts mit dem materiellen Verbraucherschutzrecht ist das Aussonderungsrecht im Verbraucherinsolvenzverfahren nicht einfacher, sondern komplizierter als in der allgemeinen Insolvenz.

b) Aussonderungsrechte von Hauhaltsangehörigen

21 Eine weitere wichtige Gruppe von Aussonderungsgläubigern sind Familienangehörige, die mit dem Schuldner in einem gemeinsamen Haushalt leben. Nach § 148 Abs. 2 InsO i. V. m. § 739 ZPO orientiert sich die Inbesitznahme der Sachen des Schuldners an dessen Gewahrsam. Dies kann dazu führen, daß Sachen in Besitz genommen werden, die nicht im Eigentum bzw. Alleineigentum des Schuldners, sondern anderer Familienangehöriger stehen. Damit können diese Angehörigen regelmäßig ein Aussonderungsrecht geltend machen; bei Ehegatten wird nach allgemeiner Ansicht zu deren Lasten die Eigentumsvermutung nach § 1362 BGB angewandt, so daß sie in einem gesonderten Verfahren vor dem Prozeßgericht (dazu nur *BGH* NJW 1962, 1392) ihr Eigentum nachweisen müssen (vgl. *Baur/Stürner* 14.36 ff.). Dabei wird sich in der Praxis erweisen, daß die bisherige obergerichtliche Judikatur zu § 1357 BGB wenig trennscharf ist und für die konkrete Bestimmung der Eigentumsverhältnisse zwischen Eheleuten wenig Hilfreiches beisteuern kann (dazu nur *BGH* NJW 1991, 2283 = JZ 1992, 217 mit Anm. *Klick*). Wiederum sind gerade im vereinfachten Verfahren besonders komplexe und noch nicht zufriedenstellend gelöste Rechtsfragen zu beantworten. Ergibt die materiellrechtliche Prüfung, daß ein Gegenstand im Miteigentum beider Ehegatten oder Haushaltsangehörigen steht, so ist nach § 84 Abs. 1 InsO die insoweit bestehende Gemeinschaft zwischen den Berechtigten nach §§ 747 ff. BGB aufzulösen.

2. Hausrat

22 Nicht zur Insolvenzmasse gehören – wie sich bereits aus § 36 InsO ergibt – die Gegenstände, die unpfändbar sind bzw. Sachen, die zum gewöhnlichen Haushalt gehören und nach § 812 ZPO nicht gepfändet werden sollen (dazu § 36 Abs. 3 InsO). Diese Pfändungsverbote beruhen teilweise auf den durch diese Gegenstände eng verbundenen personenrechtlichen Elementen teilweise auf dem sozialstaatlich gebotenen Existenzschutz für die Betroffenen (dazu nur *Häsemeyer* 9.11). Bei der Auslegung dieser Normen ist daher zu beachten, daß sie zur Konkretisierung des sozialstaatlichen Verfassungsgebots dienen (dazu nur *Hess/Weis* InVo 1998, 273 [274]), das bei der Auslegung der jeweiligen unbestimmten Rechtsbegriffe der verschiedenen Normen zur Unpfändbarkeit (z. B. §§ 811, 850 ZPO) heranzuziehen ist. Dabei ist mit der Literatur davon auszugehen, daß es sich hier nicht um patriarchalische Fürsorge, sondern um die Wahrung existentieller Schutzgebote und die Chance des Schuldners zu eigenen Aktivitäten zur Entschuldung und Sicherung seines Alltags geht (dazu nur *Stein/Jonas/Münzberg* 1994

Allgemeine Verfahrensvereinfachungen § 312

§ 811 Rz. 1 ff.). Damit decken sich insoweit die Zielrichtung des Schutzes in der Einzel- und Gesamtvollstreckung; gerade der mit dem heutigen Pfändungsschutz verbundene Impuls zur Sicherung eigener Erwerbstätigkeit entspricht weitgehend den Zielen des Verbraucherinsolvenzverfahrens, das gerade in der Treuhandperiode von einer umfassenden Erwerbstätigkeit der jeweiligen Schuldner ausgeht. Dieses Ziel würde konterkariert, wenn der kollektive Zugriff nach § 80 InsO vorhandene Erwerbschancen erstickt oder unterminiert. Die Kommentierung beschränkt sich daher an dieser Stelle auf diejenigen Pfändungsverbote, die zur Sicherung weiterer Erwerbstätigkeit besonders wichtig sind.

3. Zur Erwerbstätigkeit erforderliche Gegenstände

Nicht der Pfändung unterliegen – und damit auch nicht dem Insolvenzbeschlag – diejenigen Gegenstände, die für eine Aufnahme oder Fortsetzung der Erwerbstätigkeit der Schuldner erforderlich sind (§ 811 Abs. 1 Nr. 5 ZPO). Im Mittelpunkt der praktischen Auseinandersetzungen steht dabei die Frage nach dem Schicksal eines Pkw oder vergleichbarer privater Verkehrsmittel. Von großer Bedeutung ist diese Frage für Selbständige, die ein kleines Unternehmen betreiben. In der instanzgerichtlichen Judikatur wird z. B. für Handelsvertreter und Bauhandwerker eine solche Unpfändbarkeit bejaht (dazu nur *LG Braunschweig* MDR 1970, 338, *OLG Celle* MDR 1969, 226). In der Rechtsprechung des BGH ist daher die Unpfändbarkeit eines Leichenwagens bei einem kleinen Bestattungsunternehmen befürwortet worden (*BGH* NJW 1993, 921 [922 f.] = BB 1993, 323 [324]). Der III. Senat hat ausdrücklich darauf hingewiesen, daß einer zu engen Auslegung des § 811 Nr. 5 ZPO entgegen gewirkt werden müsse. Diese bisher wenig beachtete Entscheidung sollte Richtschnur für die insolvenzgerichtliche Praxis sein. 23

Bei Arbeitnehmern ist eine Pfändung nach § 811 Abs. 1 Nr. 5 ZPO nicht möglich, wenn die Erreichbarkeit des Arbeitsplatzes mit öffentlichen Verkehrsmitteln nicht gewährleistet erscheint. Ebenso wird eine Verweisung auf die Bildung von Fahrgemeinschaften abgelehnt (dazu nur *OLG Hamm* MDR 1984, 855 = DGVZ 1984, 138; *LG Heilbronn* NJW 1988, 148; *LG Rottweil* DGVZ 1993, 57; *AG Waldbröhl* DGVZ 1998, 158; dazu auch *Schuschke/Walker* 1997 § 811 Rz. 28). Schließlich wird sich für Alleinerziehende die Notwendigkeit eines Pkw auch aus der Kombination von Berufstätigkeit und Kindererziehung ergeben (*LG Tübingen* DGVZ 1992, 137). Zutreffend wird in der Literatur § 811 Abs. 1 Nr. 5 ZPO auch bei einer zeitweiligen Unterbrechung der Erwerbstätigkeit bzw. bei Berufsvorbereitungen angewandt. Wenn Schuldner nachhaltig eine neue Arbeit aufnehmen oder erweitern wollen, darf dies nicht am Pfändungszugriff scheitern (dazu nur *AG Neuwied* DGVZ 1998, 174; *Stein/Jonas/Münzberg* a.a.O., § 811 Rz. 48 mwN). Im Rahmen des Verbraucherinsolvenzverfahrens darf nie außer acht gelassen werden, daß dieses Verfahren einen neuen Start ermöglichen soll und von den Schuldnern vor allem in der Treuhandperiode zumutbare Erwerbstätigkeit erwartet wird. Es wäre mit diesem Zweck nicht vereinbar, wenn die nach § 148 Abs. 2 InsO zu treffenden gerichtlichen Entscheidungen sich durch unrealistische Verweisungen auf als erreichbar deklarierte öffentliche Verkehrsmittel auszeichnen. 24

In den letzten Jahren wird zunehmend anerkannt, daß Vollstreckungs- und damit auch Insolvenzschutz nach § 811 Abs. 1 Nr. 5 ZPO auch für elementare Einrichtungen zur modernen Telekommunikation geboten ist. In der früheren vollstreckungsrechtlichen Judikatur war man hier – wohl in erster Linie aus geringer technischer Kenntnis heraus – außerordentlich zurückhaltend (dazu nur *Roy/Palm* NJW 1995, 690 [696]). Inzwischen 25 wird zunehmend anerkannt, daß sowohl PC und Anrufbeantworter als auch Faxgerät und Kopierer vor allem bei den nach § 304 Abs. 2 InsO einbezogenen kleineren Unternehmen erforderlich sein können (vgl. nur *LG Heilbronn* DGVZ 1994, 55). Maßgeblich für die Entscheidung muß sein, ob dieser Gegenstand bei einer Fortsetzung des Unternehmens die Konkurrenzfähigkeit gewährleistet, weil er zur branchenüblichen Ausstattung gehört (so *LG Frankfurt* DGVZ 1990, 58). Richtungsweisend für die künftige Auslegung könnte vor allem die klare Entscheidung des BGH zur Anwendung des § 811 Abs. 1 Nr. 5 ZPO für betriebliche Computer sein (dazu *BGH* NJW 1993, 921 [922] = BB 1993, 323 [324]). Auf dieser Basis könnte in den Verbraucherinsolvenzverfahren auch eine zeitgerechte Konkretisierung des § 811 Abs. 1 Nr. 5 ZPO erfolgen.

II. Unterhaltsforderungen

26 Der Insolvenzbeschlag umfaßt weiter sämtliche pfändbaren Forderungen, so daß für die Abgrenzung der Insolvenzmasse die Systematik der §§ 850 ff. ZPO von grundlegender Bedeutung ist. Dabei sind allerdings die Besonderheiten eines Gesamtvollstreckungsverfahrens zu berücksichtigen. Ist eine Forderung nur zugunsten einzelner Gläubiger oder Zweckbestimmungen pfändbar, kann sie nicht zur Insolvenzmasse gehören, da sie in einem solchen Fall in unzulässiger Weise der Befriedigung sämtlicher Gläubiger dienen würde (dazu allgemein *Jaeger/Henckel* KO, § 1 Rz. 73). Somit bedarf es bei der Anwendung der jeweiligen Pfändungs- bzw. Pfändungsschutzvorschriften regelmäßig einer insolvenzbezogenen Auslegung.

27 Unterhaltsansprüche sind nach § 850 b Abs. 1 Nr. 2 ZPO grundsätzlich unpfändbar, können jedoch im Einzelfall nach § 850 b Abs. 2 ZPO durch Beschluß des Vollstreckungsgerichts gepfändet werden, wenn die bisherige Vollstreckung den Gläubiger nicht befriedigt hat und eine solche Pfändung der Billigkeit entspricht. Die Bestimmung der Billigkeit verlangt eine konkrete Abwägung der jeweiligen Gläubiger- und Schuldnerinteressen (*BGH* NJW 1970, 282; *Smid* in MünchKomm/ZPO, 1992 § 850 b Rz. 17). Daher fallen nach allgemeiner Ansicht Unterhaltsansprüche, die § 850 b ZPO zuzuordnen sind, nicht in die Insolvenzmasse (so zum bisherigen Recht *LG Hamburg* VersR 1957, 366; *Kuhn/Uhlenbruck* KO, § 1 Rz. 29; zum Insolvenzrecht *Kohte* KS, S. 635 ff. Rz. 73 ff.).

28 An erster Stelle erfaßt § 850 b Abs. 1 Nr. 2 ZPO Unterhaltsrenten, die auf gesetzlicher Vorschrift beruhen, so daß damit die gesetzlichen Unterhaltsansprüche aus Verwandtschaft (§§ 1601 ff., 1615 a ff. BGB), aus bestehender bzw. früherer Ehe (§§ 1361, 1569 ff. BGB) sowie der Betreuungsunterhalt zwischen nicht miteinander verheirateten Eltern nach § 1615 l BGB (dazu *Diederichsen* NJW 1998, 1977 [1980]) erfaßt sind. Nach dem Wortlaut des §§ 850 b ZPO werden Unterhaltsansprüche nur geschützt, wenn sie auf gesetzlicher Vorschrift beruhen. Dies bedeutet jedoch nicht, daß sämtliche Unterhaltsverträge unbeachtlich sind; vertraglich festgelegte Unterhaltsforderungen, die den gesetzlichen Anspruch vertraglich regeln und konkretisieren, sind ebenso nur bedingt pfändbar (dazu nur *Stöber* Forderungspfändung 1996, Rz. 1077), so daß ausschließlich Unterhaltsansprüche auf freiwilliger vertraglicher Grundlage in die Masse fallen könnten; hier könnte sich allerdings eine Unpfändbarkeit aus § 850 b Abs. 1 Nr. 3 ZPO ergeben.

29 § 850 b Abs. 1 Nr. 2 erfaßt ausschließlich Unterhaltsrenten, so daß das Schicksal einmaliger Unterhaltsleistungen gesondert zu bestimmen ist. In der vollstreckungsrechtlichen Judikatur wird teilweise eine erweiterte Auslegung des § 850 b ZPO praktiziert; andere

wollen Pfändungsschutz nach § 851 ZPO zur Geltung bringen (so z.B. *BGHZ* 94, 316, [322]). Soweit eine Pfändung solcher Leistungen befürwortet wird, soll diese allerdings nur im Rahmen der Zweckbindung erfolgen (*LG Frankenthal* FamRZ 1989, 1319). Für das Insolvenzrecht bedarf es dazu keiner abschließenden Entscheidung, da nach sämtlichen Positionen ein genereller Gläubigerzugriff, der für ein Gesamtvollstreckungsverfahren typisch ist, abgelehnt wird. Daher fallen auch einmalige Unterhaltsleistungen nicht in die Insolvenzmasse (dazu ausführlich *Kohte* KS, S. 636 Rz. 76).

Nicht von 850b ZPO erfaßt werden Unterhaltsansprüche nach §§ 1360, 1360a BGB während bestehender Haushaltsgemeinschaft, da sie nicht als Geldrenten geschuldet werden. Sie sind jedoch nach allgemeiner Ansicht wegen ihrer Zweckbindung nach § 851 ZPO generell unpfändbar (*Wacke* in MünchKomm, § 1360 BGB Rz. 28 m. w. N.) und können daher nicht in die Insolvenzmasse fallen. Dies muß auch gelten, wenn vergleichbare Unterhaltsansprüche in einer nichtehelichen Lebensgemeinschaft durch Vertrag begründet worden sind. Nicht in die Insolvenzmasse fällt schließlich auch der Taschengeldanspruch, da dieser allenfalls im Rahmen einer individuellen Billigkeitsprüfung (dazu *OLG Köln* FamRZ 1995, 309; *OLG Stuttgart* FamRZ 1997, 1494) pfändbar ist. **30**

III. Forderungen aus Erwerbs- und Erwerbsersatzeinkommen

1. Forderungen aus Arbeitsverträgen und gleichgestellten Beschäftigungsverhältnissen

Arbeitseinkommen, das in Geld zahlbar ist, kann nur nach Maßgabe der §§ 850a–850k ZPO gepfändet werden und somit nur in diesem Umfang in die Insolvenzmasse fallen. Damit gelten auch für das Insolvenzrecht die Regeln über absolute Unpfändbarkeit nach § 850a ZPO, die z.B. Aufwandsentschädigungen, Auslösungsgelder und Erschwerniszulagen sowie Urlaubsgeld (nicht jedoch Urlaubsentgelt), Treugelder sowie einen Sockelbetrag von maximal 540 DM für eine Weihnachtsvergütung umfassen. Folgerichtig gelten auch in der Insolvenz die Pfändungsgrenzen nach § 850c ZPO, die einkommens- und unterhaltsorientiert sind. Für alle Unterhaltsberechtigten, denen der Schuldner aufgrund gesetzlicher Unterhaltspflicht tatsächlich Unterhalt gewährt, sind die in § 850c Abs. 1 Satz 2 ZPO genannten Freibeträge zur Geltung zu bringen. Für die Berechnung gelten die allgemeinen Grundsätze, die vor allem in der arbeitsgerichtlichen Judikatur herausgearbeitet worden sind. In der betrieblichen und gerichtlichen Praxis wird nicht immer beachtet, daß sich der Unterhaltsanspruch von Kindern regelmäßig gegen beide Eheleute richtet, so daß die Freibeträge bei beiden Elternteilen vollständig zu berücksichtigen sind (so *BAG* NJW 1975, 1296); gerade wegen der je individuellen Durchführung des Insolvenzverfahrens kann eine anteilige Berücksichtigung von Freibeträgen nicht in Betracht kommen. **31**

In der maßgeblichen Norm des § 850 Abs. 2 ZPO wird Arbeitseinkommen unabhängig vom Arbeitsrecht definiert, so daß auch alle vergleichbaren Beschäftigungsverhältnisse erfaßt sind. Die Pfändungs- und damit auch Insolvenzbeschlagsbeschränkungen des § 850c ZPO gelten für die laufenden Einkommen von Beamten, Richtern, Soldaten und anderen Beschäftigten in öffentlich-rechtlichen Beschäftigungsverhältnissen. Ebenso werden auf diese Weise erfaßt die Diäten und Aufwandsentschädigungen der Abgeordneten (dazu anschaulich *OLG Düsseldorf* OLGZ 1985, 102) und die Handgelder von Sportlern, auch wenn sie nicht in einem Arbeitsverhältnis zu ihrem Verein stehen (*OLG Düsseldorf* MDR 1953, 559). **32**

§ 312 *Verbraucherinsolvenzverfahren und sonstige Kleinverfahren*

33 Für die nach § 304 Abs. 2 InsO erfaßten Verbraucherinsolvenzverfahren von Personen, die nicht in einem Arbeits- und Beschäftigungsverhältnis stehen, sind die §§ 850 ff. ZPO ebenfalls für laufende Einkommen anzuwenden. Sie gelten daher auch für Handels- und Versicherungsvertreter, die vom Gewinn unabhängige Vergütung eines Gesellschafters einer GbR, regelmäßige Zahlungen an Selbständige wie z.B. Rechtsanwälte oder Kassenärzte. Erfaßt werden auch freie Mitarbeiter im Bereich der Presse und anderer Medien, sofern sie regelmäßige Leistungen erhalten (dazu der Überblick bei *Smid* in MünchKomm, § 850 Rz. 27; *Stein/Jonas/Brehm* 21. Aufl. § 850 Rz. 38 ff.). Schließlich gilt das Entgeltpfändungsrecht nach § 27 HAG auch für in Heimarbeit Beschäftigte nach § 27 HAG (zu den Berechnungsmodalitäten *Klaus Schmidt* HAG 1998, § 27 Rz. 8).

34 § 850 Abs. 2 ZPO erweitert den Pfändungsschutz auch auf »sonstige Vergütungen für Dienstleistungen aller Art, die die Erwerbstätigkeit eines Schuldners zumindest zu einem wesentlichen Teil in Anspruch nehmen«. Daher umfaßt dieser Schutz nicht nur das übliche fortlaufende Monatsentgelt nach § 611 BGB, sondern auch die Ansprüche des Handelsvertreters auf Provision und Fixum (*BAG* NJW 1962, 1221), die Dienstbezüge von Vorstandsmitgliedern einer AG sowie Geschäftsführern einer GmbH (*BGH* NJW 1978, 756; *OLG Rostock* NJW-RR 1995, 173), die einem Versicherungsvertreter gezahlte Garantiesumme während der Aufbauzeit einer Agentur (*LG Berlin* Rpfl 1962, 217) sowie die regelmäßigen Zahlungen der Kassenärztlichen Vereinigung an einen Kassenarzt (*BGH* JZ 1986, 498 mit Anm. *Brehm*). Weitergehend werden auch laufende Vergütungszahlungen aus Werkvertragsrecht bei auf Dauer angelegten Wartungsverträgen (*BAG* BB 1975, 471) oder Leistungen aus Maklerdienstverträgen erfaßt.

35 Der durch § 850c ZPO vermittelte Schutz vor Pfändung und Insolvenzbeschlag betrifft ausschließlich laufende Arbeitseinkommen, die mit einer gewissen Regelmäßigkeit zur Entstehung gelangen. Vor allem bei den Kleinunternehmern spielen jedoch einmalige Einkommenselemente eine wesentlich größere Rolle. Private Honorare von Ärzten gehören z.B. typischerweise nicht zu den laufenden Einkommen. Ähnliches gilt für die meisten anderen freiberuflichen Kleinunternehmen. Hier greift nach allgemeiner Ansicht nur § 850i ZPO ein (dazu nur *Smid* in MünchKomm, § 850 Rz. 27 m.w.N.). Für diese antragsbezogene Schutznorm scheint es auf den ersten Blick kein Äquivalent im Gesamtvollstreckungsverfahren zu geben, so daß nicht laufend zu zahlende Einkommen und Honorare vollständig der Insolvenzmasse zugeordnet werden (dazu nur *Gottwald/ Heilmann/Klopp* Insolvenzrechtshandbuch § 26 Rz. 21). Damit ist jedoch das Sachproblem nicht abschließend beantwortet, da auch diesem Personenkreis, solange er beruflich tätig ist, ein Existenzminimum in der Insolvenz zustehen muß.

36 Für eine akzeptable Lösung kann auf die Erfahrungen einer seit vielen Jahren in diesem Bereich tätigen Gruppe von Kleinunternehmern zurückgegriffen werden, nämlich den Betreibern landwirtschaftlicher Unternehmen. Nach § 851a ZPO – einer Norm die für § 850i ZPO Vorbildcharakter hatte (dazu *Smid* in MünchKomm, § 851a ZPO Rz. 8) – ist Landwirten für ihre Forderungen aus Verkäufen aus landwirtschaftlicher Produktion ein antragsgebundenes Schutzrecht zur Freistellung der für den Lebensunterhalt erforderlichen Beträge eingeräumt. Nach allgemeiner Ansicht ist dieser Schutz in der Insolvenz in der Weise zu verwirklichen, daß der Unterhaltsanspruch des Gemeinschuldners nach § 129 KO genutzt wird, um die Beträge, die in der Einzelvollstreckung nach § 851a ZPO hätten freigegeben werden müssen, auf diese Weise durch den Verwalter nach § 129 KO freizugeben.

37 Die jetzige Fassung des § 100 InsO legt es nahe, die bisherigen Schutzzwecke, die zu § 129 KO anerkannt worden sind, auch für die Auslegung des § 100 InsO heranzuziehen. Damit können Landwirte, Kleinunternehmer, aber auch Arbeitnehmer und arbeitneh-

merähnliche Personen bei nicht laufenden Zahlungen, für die ausschließlich Vollstreckungsschutz nach §§ 850i, 851a ZPO bestünde, in der Insolvenz Unterhalt erhalten. Wird dieser vom Treuhänder verweigert, so hat das vom Schuldner angerufene Insolvenzgericht den Treuhänder im Wege der Aufsicht nach § 83 InsO zur Realisierung dieses Schutzes anzuhalten (vgl. die parallele Bewertung zum Unterhaltsrecht bei *Kohte* KS, S. 639 ff. Rz. 88 ff.). In vergleichbarer Weise werden auch andere Sonderregelungen des Vollstreckungsrechts durch spezifisch insolvenzrechtliche Institute aufgenommen und transformiert. Für die Sicherung des Existenzminimums nach § 850f ZPO ist ebenfalls § 100 InsO nutzbar zu machen (dazu unten Rz. 47 ff.); die Wertungen des § 850h ZPO werden durch das Anfechtungsrecht zur Geltung gebracht (dazu *Jaeger/ Henckel* KO, § 1 Rz. 72).

2. Forderungen aus Sozialleistungsverhältnissen

Nach der bisherigen Rechtslage war die Konkursbefangenheit von Sozialleistungsansprüchen schwierig zu beantworten. Einerseits sollten Sozialleistungen seit 1976 durch § 54 SGB I vollstreckungsrechtlich den Arbeitseinkommen angenähert werden, andererseits wurde lange durch eine gesonderte Billigkeitsprüfung und eine Überprüfung am Maßstab des sozialhilferechtlichen Existenzminimums ein spezifisches Zugriffsverfahren im Einzelvollstreckungsrecht durchgeführt. Dessen Übersetzung in das Gesamtvollstreckungsrecht erschien schwierig; der IX. Senat meinte, daß die auch für den Konkursbeschlag erforderliche Billigkeitsprüfung vorher vom Prozeßgericht festgestellt werden müsse; dieses Ergebnis sei zwar sachwidrig, weil solche Fragen besser durch das Insolvenzgericht zu beantworten seien, doch wegen der vor 1984 bestehenden Rechtslage unvermeidbar (*BGHZ* 92, 329 [346] = NJW 1985, 976 [978]). In der Literatur überwog die Skepsis (dazu nur *Kuhn/Uhlenbruck* KO, 10. Aufl. § 1 Rz. 32; *Kohte* KTS 1990, 541 [546]), gleichwohl wurde eine abschließende Lösung in Judikatur und Literatur nicht erzielt. Inzwischen kann dieses Problem auf eine neue rechtliche Basis gestellt werden, da sowohl das Insolvenzrecht als auch das Recht der Einzelvollstreckung bei Sozialleistungsansprüchen durch das 2. SGBÄndG aus dem Jahre 1994 eine nachhaltige Umgestaltung erfahren hat (zu diesem Gesetz nur *Riedel* NJW 1994, 2812). Es ist daher von der neu gefaßten Systematik des § 54 SGB I auszugehen. 38

Die seit 1994 geltende Fassung des § 54 SGB I differenziert zwischen fünf verschiedenen Kategorien von Sozialleistungen, deren Schutz jeweils unterschiedlich ausgestaltet ist: 39
– unpfändbare Dienst- und Sachleistungen (Abs. 1)
– nur für Unterhaltsansprüche pfändbare Geldleistungen für Kinder (Abs. 5)
– nach Billigkeitsprüfung pfändbare Ansprüche auf einmalige Geldleistungen (Abs. 2)
– unpfändbare laufende Leistungen, die besonders schutzwürdigen Zwecken dienen (Abs. 3)
– Ansprüche auf laufende Geldleistungen, die wie Arbeitseinkommen gepfändet werden können (Abs. 4).

Unproblematisch für die Insolvenz sind die Kindergeldansprüche nach § 54 Abs. 5 SGB I. Da diese nur für eine privilegierte Gläubigergruppe den Zugriff eröffnen, können sie nach allgemeinen Grundsätzen (dazu bereits oben Rz. 26) im Gesamtvollstreckungsverfahren nicht pfändbar sein. Ebenso sind zum konkursfreien Vermögen die Ansprüche auf Dienst- und Sachleistungen zu rechnen, die der jeweiligen Person in einer sozialen oder gesundheitlichen Notlage dienen und daher nicht in ein Gesamtvollstreckungsverfahren 40 integriert werden können. Dieser Grundsatz gilt auch dann, wenn der Schuldner die Sachleistung selbst erworben hat und dafür eine Kostenerstattung erhalten soll. Die Unpfändbarkeit solcher Erstattungsleistungen ist ausdrücklich in § 51 Abs. 3 BeamtVG kodifiziert, es ist kein sachlicher Grund erkennbar, § 54 SGB I anders auszulegen (so *Mroczynski* SGB I § 54 Rz. 9; a. A. *GK-v. Maydell* SGB I 1997 § 54 Rz. 5). Die in der neuen Sozial- und Gesundheitspolitik geforderte und geförderte Eigeninitiative würde Schaden nehmen, wenn die Betroffenen damit rechnen müßten, daß die Erstattungsleistungen der Gesamtheit ihrer Gläubiger zukommen.

41   Für einmalige Geldleistungen ordnet § 54 Abs. 2 SGB I an, daß ein Gläubigerzugriff durch Pfändung nur auf der Grundlage einer umfassenden Billigkeitsentscheidung zulässig ist, bei der besonders die Art des beizutreibenden Anspruchs und die Zweckbestimmung der Geldleistung eine Rolle spielen. Diese Regelung orientiert sich am Vorbild des § 850b ZPO (so bereits zum früheren Recht BT-Drucks. 11/1004, S. 13; zum jetzigen Recht *GK-v. Maydell* a. a. O. § 54 Rz. 13 m. w. N.), so daß die oben zur Billigkeitspfändung im Unterhaltsrecht geltenden Aussagen (dazu oben Rz. 26) hier ebenfalls zutreffen: individuelle Billigkeitsentscheidungen beim Gläubigerzugriff stehen einem gleichberechtigten Gläubigerzugriff im Gesamtvollstreckungsverfahren entgegen. Damit sind z. B. Rentenabfindungen, Bestattungs- und Sterbegelder nicht zur Insolvenzmasse zu ziehen.

42   Eine wesentliche Vereinfachung der Rechtsanwendung ist für laufende Sozialleistungen die klare Normierung unpfändbarer Sozialleistungen in § 54 Abs. 3 SGB I. Während vor 1994 hier graduelle Abstufungen nach der Zweckbindung mit unterschiedlichen Fallgruppen erforderlich waren (dazu die Übersicht bei *Kohte* KTS 1990, 541, [552ff.]), ist jetzt für drei Fallgruppen ein eindeutiges und absolutes Pfändungsverbot statuiert, das nach § 36 Abs. 1 InsO verhindert, daß diese Leistungen in die Insolvenzmasse fallen. Neben dem Erziehungsgeld und bestimmten Ausprägungen des Mutterschaftsgeldes sind dies vor allem die nach § 54 Abs. 3 Nr. 3 SGB I unpfändbaren Geldleistungen, die dafür bestimmt sind, den durch einen Körper- oder Gesundheitsschaden bedingten Mehraufwand auszugleichen. Sie erfassen z. B. die Grundrente und Pflegezulage nach §§ 31, 35 BVG, die auch für Leistungen der Opferentschädigung nach dem OEG erfolgen. Ebenso erfaßt diese Norm Leistungen der begleitenden Hilfe an Schwerbehinderte nach § 31 Abs. 3 Nr. 1 SchwbG; für die alltägliche Rechtspraxis wird vor allem die auch für die Auslegung hilfreiche Parallele zu § 1610a BGB zu berücksichtigen sein. Leistungen, die dieser Norm unterfallen, können regelmäßig auch § 54 Abs. 3 Nr. 3 SGB I zugeordnet werden.

43   In § 54 Abs. 3 SGB I ist von den bisher nicht pfändbaren Sozialleistungen (*LG Göttingen* NJW 1988, 2676; *Kohte* a. a. O. (Rz. 38); 552 Fn. 66) das Wohngeld nicht mehr genannt. Im Gesetzgebungsverfahren hat man dies jedoch nicht übersehen; angesichts der strikten Zweckbindung des Wohngeldes, das für Mieter ausschließlich für Leistungen an den Vermieter vorgesehen ist, ist in den Motiven auf § 851 ZPO verwiesen worden (BT-Drucks. 12/5187, S. 47). Aus dieser Zweckbindung ergäbe sich hier Unpfändbarkeit (zustimmend *Riedel* NJW 1994, 2812, [2813]; *Hornung* RPfl 1994, 442, [445]). Soweit in der Literatur und vollstreckungsrechtlichen Judikatur eine unbeschränkte Pfändbarkeit des Wohngeldes befürwortet wird (dazu nur *LG Augsburg* JurBüro 1997, 44; *Behr* JurBüro 1996, 234) kann dieser Sicht für das Insolvenzverfahren nicht gefolgt werden. Hier würde eine Integration des Wohngeldes in die Masse zu zweckwidrigen Zusatzverteilungen führen, denn bei einem vorzeitigen Insolvenzbeschlag des Wohngeldes müßte dem Schuldner ein höherer Betrag nach § 100 InsO zugewiesen werden, damit die bisherige schuldnerische Wohnung gesichert werden könnte (vgl. dazu auch § 313 Rz. 30, 35).

Dagegen gilt für die sonstigen laufenden Sozialleistungen, die nicht durch eine so enge **44**
Zweckbindung gekennzeichnet sind, daß sie nach § 54 Abs. 4 SGB I in gleicher Weise
wie Arbeitseinkommen gepfändet werden können. Damit ist für die quantitativ größte
Gruppe der Sozialleistungen – vor allem Arbeitslosengeld, Arbeitslosenhilfe, Alters-
und Hinterbliebenenrenten – die Gleichstellung mit Arbeitseinkommen im Vollstrek-
kungsrecht abgeschlossen, so daß sie dem Insolvenzbeschlag nach § 35 InsO unterliegen. Für die Treuhandperiode ist durch § 287 Abs. 2 S. 1 InsO diese Gleichstellung in
einer spezifischen Weise bekräftigt worden. Die vorherige Billigkeitsprüfung und Sicherstellung des sozialhilferechtlichen Existenzminimums, die der IX. Senat des BGH
1984 noch dem Prozeßgericht zugewiesen hatte, obgleich er rechtspolitisch sie eher dem
Insolvenzgericht hätte zuordnen wollen, sind damit vor einer Pfändung bzw. vor einem
Insolvenzbeschlag nicht mehr zu prüfen.

Die Billigkeitsprüfung ist bei diesen Sozialleistungsansprüchen nunmehr bewußt und **45**
endgültig abgeschafft worden; für die Sicherstellung des sozialhilferechtlichen Existenzminimums ist dagegen in den Materialien 1994 eine prozedurale Antwort gegeben
worden: Weiterhin solle das sozialhilferechtliche Existenzminimum gesichert werden,
doch solle dies nicht durch eine aufwendige und wenig effektive Prüfung vor der
Pfändung, sondern auf Antrag des Betroffenen nach § 850f Abs. 1 a ZPO im Einzelfall
erfolgen (BT-Drucks. 12/5187, S. 29; GK-SGB I – *von Maydell* a.a.O. § 54 Rz. 40).
Diese Regelung war bereits 1992 für die Pfändung von Arbeitseinkommen eingeführt
worden, nachdem in Judikatur und Literatur eine solche Prüfung bereits ohne ausdrückliche Regelung entwickelt worden war (dazu *Kohte* Rpfleger 1990, 9; *LG Hamburg*
Rpfleger 1991, 515). Die Materialien zur Novellierung des § 850f ZPO weisen aus, daß
diese Praxis bestätigt und aus verfassungsrechtlichen Gründen gesichert werden sollte,
da bei jedem hoheitlichen Zugriff die Sicherstellung des Existenzminimums unverzichtbar sei (BT-Drucks. 12/1754, S. 16f.; *LG Gießen* Rpfleger 1996, 118; insoweit
zustimmend *Schmidt-Räntsch* KS, S. 1183 Rz. 26).

Der Unterschied zwischen Einzel- und Gesamtvollstreckungsverfahren rechtfertigt keine **46**
prinzipielle Unterscheidung bei der Sicherung des Existenzminimums. Gesetzliche Regelungen müssen die Gewähr dafür bieten, daß das Existenzminimum gegen den hoheitlichen Eingriff gesichert ist (dazu zuletzt *BVerfGE* 87, 234 [259] = NJW 1993, 642, [644]).
In der Vollstreckung bestehen allerdings staatliche Schutzpflichten nicht nur gegenüber
dem Schuldner, sondern auch gegenüber dem Gläubiger, der nur auf diesem Wege den ihm
rechtlich zuerkannten Anspruch durchsetzen kann. Daher verlangt § 850f Abs. 1a ZPO
jeweils im Einzelfall eine Abwägung mit den Belangen des vollstreckenden Gläubigers
(dazu *OLG Celle* Rpfleger 1990, 376; *Kohte* Rpfleger 1991, 514); eine solche einzelfallbezogene Abwägung kann im Gesamtvollstreckungsverfahren nicht stattfinden.

Der geeignete Ort für die Sicherung des Existenzminimums ist damit weniger der **47**
gerichtliche Eröffnungsbeschluß, sondern eher die nach § 100 InsO zu treffende Entscheidung, ob dem Schuldner aus der Insolvenzmasse Unterhalt zu leisten ist (dazu
ausführlich *Kohte* KS, S. 639 Rz. 88ff.; vgl. *Smid* InsO § 100 Rz. 3). Solange das
Existenzminimum des Schuldners durch die pauschalen Tabellensätze nach § 850c
ZPO, die auch für den Umfang der Insolvenzmasse maßgeblich sind (dazu oben Rz. 31)
gesichert ist, bedarf es keiner weiteren Unterhaltsgewährung zur Sicherung des Existenzminimums. Anders liegt es jedoch in den Fällen, in denen die pauschalen Tabellensätze niedriger als das sozialhilferechtlich zu bestimmende Existenzminimum
sind; diese Fälle haben zur Schaffung des § 850f Abs. 1a ZPO geführt und bedürfen
ebenso einer zweckentsprechenden Regelung im Gesamtvollstreckungsverfahren (die
Bedenken bei *Schmidt-Räntsch* KS, S. 1183 Rz. 25ff. und *Döbereiner* a.a.O. S. 186ff.

berufen sich ausdrücklich auf die Freiwilligkeit der Abtretung und beziehen sich damit ausschließlich auf die Treuhandperiode, dazu oben § 287 Rz. 53).

48 Stellt sich heraus, daß das konkursfreie Einkommen des Schuldners nicht geeignet ist, das Existenzminimum zu sichern, so kann der Schuldner nach § 100 InsO sich an den Treuhänder wenden, damit dieser ihm den »notwendigen Unterhalt« gewährt. Die Regelung des § 100 InsO beruht ebenfalls auf den Beratungen des Rechtsausschusses, der sich bewußt an die bisherige Regelung der §§ 129, 132 InsO angelehnt hat (dazu BT-Drucks. 12/7302, S. 167). Bereits in den Motiven des Jahres 1877 ist jedoch als Aufgabe des § 129 KO formuliert worden, daß der Schuldner nicht der »Armenpflege« anheim fallen solle und daß in solchen Fällen Unterhalt gewährt werden könne. Ihm stünde zwar kein klagbarer Anspruch zu, doch das Konkursgericht könne bei offenbar pflichtwidriger Verweigerung des Unterhalts durch den Verwalter im Wege der Rechtsaufsicht einschreiten (so vor allem *Jaeger/Weber* KO, § 129 Rz. 2). Damit ist ein mit der Systematik des Gesamtvollstreckungsverfahren vereinbarer Weg geschaffen, wie ein Ausgleich zwischen den verschiedenen Interessen gefunden werden kann. Der Treuhänder wird bei der Entscheidung über die Gewährung notwendigen Unterhalts die Rangfolge des § 209 Abs. 1 Nr. 3 InsO zu beachten haben, die den Unterhaltsanspruch hinter den sonstigen Masseverbindlichkeiten, aber vor den Insolvenzforderungen plaziert hat. Die Entscheidung kann zu einer Freigabe eines Teils des monatlich zur Masse gezogenen Einkommens führen (zu den Sonderproblemen bei Abtretung des Arbeitseinkommens unten § 313 Rz. 59), während in anderen Fällen dem Schuldner ein bestimmter Sockelbetrag von dem Verwertungserlös von Versicherungsforderungen oder Sparverträgen zu verbleiben hat. Bei Untätigkeit oder eindeutig pflichtwidriger Ablehnung durch den Treuhänder hat das Insolvenzgericht im Wege der Aufsicht einzuschreiten (*Kohte* KS, Rz. 90 mit Verweis auf die strukturell ähnlich Rechtsaufsicht nach § 1837 BGB, die ebenfalls gefordert ist, wenn finanzielle Mittel für elementare Schutzbedürfnisse des Mündels nicht zur Verfügung gestellt werden, so *Soergel/Damrau* 1987 § 1837 Rz. 7, 11).

49 Die Bestimmung des Existenzminimums erfolgt mit Hilfe des Sozialhilferechts. Dabei darf nicht nur auf die Regelsätze zurückgegriffen werden. Die inzwischen im Kern gefestigte Judikatur zu § 850f Abs. 1a ZPO ist für die Bestimmung des Existenzminimums auch für das Gesamtvollstreckungsverfahren geeignet. Sie geht von der Systematik des Sozialhilferechts aus, wonach die Regelsätze nur einen Teil des Lebensunterhalts abdecken. Zusätzlich sind die effektiven Kosten für Wohnung und Heizung heranzuziehen sowie eine Pauschale für einmalige Leistungen, die z. B. für Bekleidung und Hausrat unverzichtbar sind. Diese Pauschale wird zur Zeit in der Mehrzahl der Gerichte in Anlehnung an die Berechnung in *BVerfG* NJW 1992, 3153, [3154] mit 20 % angesetzt. Schließlich sind noch konkrete Kosten der Erwerbstätigkeit und nach Meinung der Mehrzahl der Vollstreckungsgerichte auch ein allgemeiner Zuschlag für Erwerbstätigkeit, der wiederum in Anlehnung an *BVerfG* NJW 1992, 3153, [3154] mit 20 % angesetzt wird, zu berücksichtigen (anschaulich dazu *OLG Köln* NJW 1992, 2836; FamRZ 1996, 811; zuletzt *LG Duisburg* Rpfleger 1998, 355; vgl. auch *Kohte* NJW 1992, 393, [396]).

50 Somit sind auch im Verbraucherinsolvenzverfahren bei der Bestimmung des Existenzminimums folgende Werte zu bestimmen:
– laufender Regelsatz (je nach Region zwischen 510 und 540 DM);
– Regelsatz für weitere unterhaltsberechtigte Haushaltsangehörige (zur Zeit zwischen 260 und 486 DM);
– 20 % des Regelsatzes für den Schuldner und für die jeweiligen unterhaltsberechtigten Angehörigen für Mehrbedarf (dazu § 21 BSHG);
– Kosten der Unterkunft (§ 12 BSHG);

Allgemeine Verfahrensvereinfachungen § 312

– Kosten der Erwerbstätigkeit bzw. eines zusätzlichen Zuschlags;
– Kosten eines zusätzlich aufzubringenden Beitrags für Krankenversicherung (§ 13 BSHG).

3. Arbeitsentgelt und Eigengeld von Strafgefangenen

Mit dem neuen Insolvenzrecht wird die Durchführung eines Verbraucherinsolvenzverfahrens auch für Strafgefangene zu einem wichtigen Ziel, da gerade in dieser Gruppe Überschuldung nicht selten ist und eine effektive Entschuldung für einen Neuanfang von großer Bedeutung ist. Hilfen zur Entschuldung gehören daher bereits seit vielen Jahren zum Arbeitsprogramm der Bewährungshilfe und der Sozialarbeit mit Strafgefangenen. Folgerichtig ist in der Begründung zum Regierungsentwurf zu § 92 E InsO den Bezügen aus einem Dienstverhältnis gleichgestellt worden das Arbeitsentgelt von Strafgefangenen nach § 43 StVollzG (BT-Drucks. 12/2443, S. 136). Damit ist für das Insolvenzrecht die bisher in diesem Rechtsgebiet nicht diskutierte Frage nach der Vollstreckbarkeit der Bezüge bzw. Eigengelder von Strafgefangenen zu klären. Bei der Auslegung ist zu berücksichtigen, daß dieses Recht nach dem aktuellen Grundsatzurteil *BVerfG* NJW 1998, 3337 = EuGRZ 1998, 518 in Kürze umzugestalten ist; soweit Auslegungs- und Ermessensspielräume bestehen, sind die Grundzüge dieses wichtigen Urteils bereits jetzt zu beachten. 51

Soweit Gefangene das Recht haben, als Freigänger in einem freien Beschäftigungsverhältnis mit Anspruch auf auszahlbarem Arbeitsentgelt nach § 39 Abs. 1 StVollzG tätig zu werden, gelten die allgemeinen Regeln der Pfändung bzw. des Insolvenzbeschlags von Arbeitseinkommen. In der Regel wird aber auch bei freien Beschäftigungsverhältnissen von der Vollzugsbehörde nach § 39 Abs. 3 StVollzG angeordnet, daß das Arbeitsentgelt an die Vollzugsbehörde zu zahlen ist (dazu *Fluhr* NStZ 1994, 115 [116]). In diesen Fällen gilt ebenso wie bei der Beschäftigung mit zugewiesener Arbeit in einem öffentlich-rechtlichen Verhältnis im Vollzug nach § 43 StVollzG, daß den Gefangenen kein Anspruch auf Auszahlung des Arbeitsentgelts an sie selbst, sondern nur ein Anspruch auf Gutschrift auf das bei der Vollzugsbehörde geführte Anderkonto zusteht. Dieser Anspruch auf Gutschrift ist als höchstpersönlicher Anspruch ausgestaltet, der nicht übertragbar ist und daher nach § 851 ZPO der Pfändung nicht unterliegt, so daß er nicht in die Insolvenzmasse fällt. 52

Aus diesen Gutschriften sowie aus weiteren Zuweisungen hat die Vollzugsbehörde zunächst gemäß § 51 StVollzG ein Überbrückungsgeld anzusparen, das den notwendigen Unterhalt für eine Übergangszeit nach der Entlassung sicherstellen soll. Dieses Überbrückungsgeld ist nach § 51 Abs. 4 StVollzG unpfändbar und damit ebenfalls nicht Bestandteil der Insolvenzmasse. Weiter steht den Gefangenen ein Anspruch auf Hausgeld zu, dessen Umfang durch das 4. StVollzGÄndG in § 121 Abs. 5 neu definiert worden ist. Dieses Hausgeld steht dem Gefangenen für eigene persönliche Bedürfnisse zur Verfügung und ist daher nach überwiegender Ansicht unpfändbar (*LG Münster* MDR 1992, 521; *Thomas/Putzo* 21. Aufl. 1998 § 829 Rz. 17). Die auf dem Konto des Strafgefangenen bei der Vollzugsbehörde noch verbleibenden Beträge werden als Eigengeld nach § 52 StVollzG gutgeschrieben. Nach überwiegender Ansicht soll dieses Eigengeld den Regeln über Arbeitseinkommen nicht unterfallen, so daß der Anspruch auf Auszahlung des Eigengeldes vollständig pfändbar sein soll und damit vollständig in die Insolvenzmasse fallen würde (dazu nur *OLG Karlsruhe* Rpfleger 1994, 370; *OLG Schleswig* Rpfleger 1995, 29; a. A. *LG Arnsberg* Rpfleger 1991, 520; *LG Frankfurt* Rpfleger 1989, 33). 53

Nach dem Urteil des Bundesverfassungsgerichts vom 01. 07. 1998 verlangt das aus Art. 1, 2, 20 GG abzuleitende verfassungsrechtliche Resozialisierungsgebot, daß Arbeit 54 von Strafgefangenen angemessen anerkannt werden muß. Als Anerkennung kommen im Strafvollzug neben oder anstelle eines Lohnes in Geld auch Hilfen zur Schuldentilgung in Betracht (NJW 1998, 3337 [3338]). Die bisherige überwiegende Ansicht zur vollständigen Pfändbarkeit des Eigengeldes ist damit nur vereinbar, wenn die bereits nach dem jetzigen Recht bestehenden Ermessensmöglichkeiten der Vollzugsbehörde zur Unterstützung von Entschuldungsmaßnahmen genutzt werden. Hierbei ist zu beachten, daß die Höhe des Überbrückungsgeldes im Gesetz nicht fest beziffert worden ist. In Nr. 1 Abs. 2 der VV zu § 51 StVollzG ist festgelegt worden, daß die Höhe das Doppelte der maßgeblichen Regelsätze nach § 22 BSHG nicht unterschreiten soll. Der Anstaltsleiter kann jedoch unter Berücksichtigung der Umstände des Einzelfalls einen höheren Betrag festsetzen. Ebenso ist für die Höhe des Hausgeldes in § 47 Abs. 2 StVollzG nur festgelegt, daß dieses »angemessen« sein müsse. Die Vollzugsbehörde hat die Höhe in eigener Zuständigkeit festzusetzen, die im gerichtlichen Verfahren nach §§ 109 ff. StVollzG überprüfbar ist. Im Rahmen der Festlegung des Hausgeldes oder gegebenenfalls auch des Überbrückungsgeldes ist bereits heute auf Entschuldungsmöglichkeiten Rücksicht zu nehmen. Sofern es das Arbeitsentgelt des Gefangenen zuläßt, ist ihm nach Beginn des außergerichtlichen Schuldenbereinigungsverfahrens nach § 305 Abs. 1 Nr. 1 InsO auf seinen Antrag hin ein zusätzlicher Betrag zum Ansparen für nicht gedeckte Verfahrenskosten für ein Verbraucherinsolvenzverfahren als Hausgeld gutzuschreiben. Damit beeinflußt bereits heute das verfassungsrechtliche Resozialisierungsgebot die Bildung der Insolvenzmasse bei Strafgefangenen; es wird Aufgabe der Gesetzgebung sein, bis zum 31. 12. 2000 hierzu weiterführende Regeln zu setzen.

IV. Forderungen mit Versorgungscharakter

1. Forderungen aus Versicherungsverträgen

55 Von großer praktischer Bedeutung ist weiter die Frage, wann Forderungen mit Versorgungscharakter in die Insolvenzmasse fallen und welche Rechtspositionen Treuhändern und Versicherungsnehmern insoweit zukommen. Ausgangspunkt sind wiederum die differenzierten Regelungen des Rechts der Einzelvollstreckung. Nach § 850 Abs. 3 b ZPO sind vollstreckungsrechtlich dem Arbeitseinkommen gleichgestellt Renten, die aufgrund von Versicherungsverträgen gewährt werden, wenn diese Verträge zur Versorgung des Versicherungsnehmers oder seiner unterhaltsberechtigten Angehörigen eingegangen sind. Diese Regelung betrifft nicht die oben (Rz. 39 ff.) dargestellten Renten aus der Sozialversicherung, sondern Rentenansprüche, die auf privatrechtlichen Versicherungsverträgen beruhen (dazu auch oben § 287 Rz. 49). Erfaßt sind damit die Tagegelder aus privaten Krankenversicherungen, Ansprüche der betrieblichen Altersversorgung, sofern sie sich nicht gegen den Arbeitgeber, sondern einen Versicherungsträger richten (z. B. die Renten der Versorgungsanstalt des Bundes und der Länder – *BGHZ* 111, 248, [253]) sowie Berufsunfähigkeitsrenten (*OLG München* VersR 1996, 318, [319]; *Smid* in MünchKomm, § 850 ZPO Rz. 41; *Stein/Jonas/Brehm* § 850 ZPO Rz. 48). Schließlich gehören hierzu nach Eintritt des Versicherungsfalls die Forderungen aus privatvertraglichen Lebensversicherungsverträgen, die auf eine fortlaufende Zahlung in Form einer monatlichen Versicherungsrente gerichtet sind (dazu *BFH* NJW 1992, 527). In diesen Fällen bestimmt sich der Insolvenzbeschlag nach § 850c ZPO; nur die nach der Tabelle zu § 850c ZPO pfändbaren Beträge gehören zur Insolvenzmasse.

Allgemeine Verfahrensvereinfachungen § 312

Ein weitergehender Pfändungs- und damit auch Insolvenzschutz ergibt sich aus § 850 b **56**
Abs. 1 Nr. 1 ZPO. Danach sind Renten, die wegen einer Verletzung des Körpers oder der
Gesundheit zu entrichten sind, unpfändbar. Nach der Rechtsprechung des BGH, die auch
in der Literatur auf Zustimmung gestoßen ist, gehören dazu auch private Versicherungsverträge, die Personen zum Schutz vor Invalidität abgeschlossen haben. Im Unterschied
zu den Lebensversicherungsverträgen, die an eine feste Altersgrenze anknüpfen, sind
somit Ansprüche aus Versicherungsverträgen, die einen Schutz gegen Invalidität sicherstellen sollen, nur der Billigkeitspfändung nach § 850 b Abs. 2 ZPO unterworfen, so daß
sie im Gesamtvollstreckungsverfahren nicht zur Insolvenzmasse gezogen werden können (*BGHZ* 70, 206 = NJW 1978, 950; *Stein/Jonas/Brehm* § 850 b Rz. 7). Dasselbe gilt
auch für Berufsunfähigkeitszusatzversicherungen, die als Geldrenten nach Feststellung
einer Berufsunfähigkeit zu zahlen sind. Wenn solche Versicherungsverträge auf privatrechtlicher Grundlage geschlossen sind, unterfallen diese ebenfalls der Unpfändbarkeit
nach § 850 b Abs. 1 Nr. 1 ZPO und sind daher weder abtretbar noch zur Insolvenzmasse
zu ziehen (vgl. *OLG Oldenburg* MDR 1994, 257; zustimmend *Hülsmann* MDR 1994,
537; *Thomas/Putzo* § 850 b Rz. 7). Wenn eine pfändbare Lebensversicherung mit einer
unpfändbaren Berufsunfähigkeitszusatzversicherung verknüpft worden ist, dann ist im
Insolvenzfall – genau wie in der Pfändungssituation (dazu *OLG Saarbrücken* VersR
1995, 1227) – eine Trennung dieser beiden Verträge vorzunehmen, da sie vollstreckungsrechtlich unterschiedlich zu behandeln sind.

Ebenfalls bedingt unpfändbar und damit nicht vom Insolvenzbeschlag betroffen sind **57**
nach § 850 b Abs. 1 Nr. 4 ZPO Ansprüche aus Lebensversicherungen, die nur auf den
Todesfall des Versicherungsnehmers abgeschlossen sind, wenn die Versicherungssumme 4140 DM nicht übersteigt. Die Begrenzung auf 4140 DM soll bezwecken, daß
die durch den Todesfall verursachten typischen Aufwendungen gedeckt werden sollen; insoweit handelt es sich nicht um eine umfassende Versorgungssicherung. In der
Einzelvollstreckung ist umstritten, wie zu verfahren ist, wenn einer oder mehrere
Versicherungsverträge zusammen die Grenze von 4140 DM überschreiten (dazu *Smid*
NJW 1992, 1935); in der Gesamtvollstreckung sind auch bei vollständigem Insolvenzbeschlag (dafür *Kuhn/Uhlenbruck* KO, § 1 Rz. 71) in der Nachlaßinsolvenz die Kosten
der Bestattung mit Hilfe dieser Beträge zu decken.

Wenn dagegen mit Eintritt des Versicherungsfalls dem Versicherungsnehmer eine Ein- **58**
malzahlung zur Altersversorgung zusteht, greift dieser Pfändungsschutz nicht ein, so daß
der gesamte Betrag in die Insolvenzmasse fällt (*BFH* NJW 1992, 527). Da diese Beträge
jedoch nicht selten der Altersversorgung selbständig tätiger Personen dienen, die nicht
bzw. nicht hinreichend versichert sind, ist in einem solchen Fall das der Masse zugeflossene Kapital zumindest anteilig für den nach § 100 InsO zu beschließenden notwendigen
Unterhalt zu verwenden. Als Anhaltspunkt für die hier zu beachtenden Freibeträge kann
die Rechtsprechung zu § 88 Abs. 3 Satz 2 BSHG herangezogen werden.

Ansprüche aus dem Lebensversicherungsvertrag und vergleichbaren Verträgen mit Ver- **59**
sorgungscharakter fallen nicht in die Insolvenzmasse, wenn einem Dritten eine unwiderrufliche Bezugsberechtigung vor Eröffnung des Insolvenzverfahrens zugewandt ist
(*BGH* VersR 1993, 689 = NJW 1993, 1994; *OLG Hamm* VersR 1993, 172; zur Anfechtbarkeit einer solchen Bezugsberechtigung § 313 Rz. 77). Die auf diese Weise bezugsberechtigten Personen haben in der Insolvenz des Versicherungsnehmers ein Aussonderungsrecht nach § 47 InsO (so zum bisherigen Recht nur *BAG* NJW 1991, 717;
Kuhn/Uhlenbruck KO, § 43 Rz. 8 c). Ebenso unpfändbar und vom Insolvenzbeschlag
nicht erfaßt sind eingeschränkt unwiderrufliche Bezugsrechte (*BGH* NJW 1996, 2731)
sowie Anwartschaften aus einem Versicherungsvertrag im Rahmen der betrieblichen

§ 312 *Verbraucherinsolvenzverfahren und sonstige Kleinverfahren*

Altersversorgung, wenn nach dem vorzeitigen Ausscheiden des Arbeitnehmers aus dem Arbeitsverhältnis die Ansprüche aus dem Versicherungsvertrag nach § 2 Abs. 2 Satz 4 BetrAVG bei der Direktversicherung weder abtretbar noch beleihbar sind. Insofern ist auch eine Kündigung des Versicherungsvertrages durch den Treuhänder nicht möglich.

60 Personen, deren Bezugsberechtigung noch widerruflich ist, erwerben nach § 166 Abs. 2 VVG das Recht auf die Leistung erst mit dem Eintritt des Versicherungsfalls. Ist dieser vor der Insolvenz des Versicherungsnehmers eingetreten, so steht ihnen ebenfalls ein Aussonderungsrecht zu. Ist dagegen das Insolvenzverfahren über das Vermögen des Versicherungsnehmers vor dem Versicherungsfall eröffnet worden, so stehen die Ansprüche aus dem Versicherungsvertrag der Masse zu und sind vom Treuhänder zu realisieren (dazu nur *BGH* VersR 1993, 689 = NJW 1993, 1994). Wählt der Treuhänder allerdings die Erfüllung des Vertrages, ohne sofort die Bezugsberechtigung zu widerrufen und tritt während des Insolvenzverfahrens der Versicherungsfall ein, so steht das Recht auf die Versicherungsleistungen wiederum der bezugsberechtigten Person zu (zu den dabei zu beachtenden konstruktiven Fragen nur *Jaeger/Henckel* KO, § 1 Rz. 50). Diese Konstellation dürfte jedoch in der Praxis nicht oft auftreten, denn vor Eintritt des Versicherungsfalls liegt ein beiderseits noch nicht erfülltes Rechtsverhältnis i. S. d. § 103 InsO vor, dessen weiteres Schicksal vom Treuhänder zu entscheiden ist. Die dabei bestehenden rechtlichen Bindungen sind im Zusammenhang mit anderen Verwertungsentscheidungen zu erörtern (dazu unten § 313 Rz. 21 ff.).

61 In der Sachversicherung fallen die Ansprüche aus dem Versicherungsvertrag nach § 15 VVG nicht in die Insolvenzmasse, soweit sich die Versicherung auf unpfändbare Sachen bezieht (dazu *LG Detmold* RPfl 1988, 154). In der Gebäudeversicherung fällt dagegen die Versicherungssumme nach Wiederherstellung des Gebäudes und einer folgenden Insolvenz des Versicherungsnehmers in die Insolvenzmasse (so *BGH* ZIP 1994, 142 [144] = NJW-RR 1994, 343 [344]); die Werkvertragsgläubiger, die das Gebäude erstellen, sind durch das Abtretungsverbot nach § 98 VVG geschützt; wenn sie von dieser Möglichkeit keinen Gebrauch gemacht haben, teilen sie das Schicksal der anderen Insolvenzgläubiger (*BGH* a. a. O.).

62 In der Schadensversicherung hat der Versicherer nach Eintritt des Versicherungsfalls gemäß seinem vertraglichen Versprechen den konkret eingetretenen Schaden zu ersetzen. Dieser Befreiungsanspruch wandelt sich mit Eröffnung des Insolvenzverfahrens in einen Zahlungsanspruch (dazu nur *BGHZ* 57, 78 [81] = NJW 1971, 2218; *BGH* NJW 1994, 49 [50]; *Keller* in MünchKomm, 3. Aufl. 1994 § 257 Rz. 10). Dieser Anspruch steht grundsätzlich der Insolvenzmasse zu; der Versicherer hat die vollständige Leistung an den Treuhänder zu zahlen. Der Schadensersatzgläubiger des insolventen Versicherungsnehmers ist dagegen in der Regel einfacher Insolvenzgläubiger, dem somit nur eine Quote zusteht (vgl. nur zum Schicksal der Honorarforderungen des Rechtsanwalts in der Rechtsschutzversicherung bei Insolvenz des Versicherungsnehmers *Kuhn/Uhlenbruck* KO, § 1 Rz. 38; *Kurzka* VersR 1980, 12 [14]; *Bergmann* VersR 1981, 515). Ein weitergehender Schutz steht jedoch den Schadensersatzgläubigern des insolventen Versicherungsnehmers gegenüber der Haftpflichtversicherung zu; nach § 157 VVG können sie wegen des ihnen gegen den Versicherungsnehmer zustehenden Anspruchs abgesonderte Befriedigung aus der Entschädigungsforderung des Versicherungsnehmers verlangen. Bei der Versicherung für fremde Rechnung (z. B. Unfallversicherung nach § 179 Abs. 2 VVG) fällt der Versicherungsanspruch in der Insolvenz des Versicherungsnehmers zwar in die Insolvenzmasse, ist aber vom Treuhänder dem Versicherten zuzuwenden (*Prölss/Martin* 1998 VVG § 76 Rz. 3).

2. Forderungen aus Sparverträgen

Zu den Verträgen mit Versorgungscharakter, die für Verbraucher i. S. d. § 304 InsO von **63**
großer Bedeutung sind, gehören auch Sparverträge, die im Rahmen betrieblicher und
staatlicher Förderung vereinbart worden sind. Wegen der sozialpolitischen Bedeutung
des Rechts der Vermögensbildung ergeben sich hier spezielle Differenzierungen, die in
der allgemeinen insolvenzrechtlichen Literatur bisher kaum einen Niederschlag gefunden haben. Die Grenzen des Insolvenzbeschlags lassen sich hier nur genau bestimmen,
wenn die verschiedenen Rechtsbeziehungen genau differenziert werden. Darum sind
folgende Ebenen zu unterscheiden:
– der Anspruch des Arbeitnehmers gegen den Arbeitgeber auf Erbringung vermögenswirksamer Leistungen (§ 2 Abs. 7 5. VermBG);
– die vermögenswirksame Anlage von Teilen des Arbeitslohns auf schriftliches Verlangen des Arbeitnehmers (§ 11 5. VermBG);
– der Anspruch auf die Arbeitnehmer-Sparzulage (§§ 13, 14 5. VermBG);
– der Anspruch auf Auszahlung des mit Hilfe dieser Mittel gebildeten Sparguthabens
(§ 8 5. VermBG).

Der Anspruch des Arbeitnehmers gegen den Arbeitgeber auf Erbringung vermögens- **64**
wirksamer Leistungen ist nach § 2 Abs. 7 Satz 2 5. VermBG nicht übertragbar und damit
gemäß § 851 ZPO nicht pfändbar (dazu nur *Thüsing/Hornung-Draus* 5. VermBG 1992
§ 2 Rz. 290; *Stöber* Forderungspfändung 1996 Rz. 915ff.). Ebenso unpfändbar sind die
nach § 11 5. VermBG zur vermögenswirksamen Anlage bestimmten Teile des Arbeitseinkommens, hinsichtlich deren der Arbeitnehmer ein schriftliches Verlangen nach § 11
5. VermBG geäußert hat. Nach überwiegender Ansicht ist dieser Schutz nicht auf die
staatlichen Förderungsgrenzen (z. B. 936 DM) beschränkt, so daß diese Norm auch bei
weitergehenden tariflichen und betrieblichen Regelungen eingreift (dazu *Stein/Jonas/
Brehm* § 851 Rz. 10; *Stöber* a.a.O. Rz. 917; *Thüsing/Hornung-Draus* a.a.O. Rz. 291).
Aus der Systematik des Insolvenzrechts ergibt sich allerdings, daß das schriftliche
Verlangen des Arbeitnehmers nach § 11 Abs. 1 5. VermBG nur vor der Eröffnung des
Insolvenzverfahrens erklärt werden kann. Schließlich ist seit der Änderung des Vermögensbildungsrechts im Jahre 1994 (dazu BGBl I 1994, 1630 [1665]) der Anspruch auf die
Arbeitnehmer-Sparzulage nach § 13 Abs. 3 Satz 2 5. VermBG nicht mehr übertragbar
und pfändbar (dazu nur *OFD Düsseldorf* DB 1995, 299; *Zöller/Stöber* 1997 § 851 ZPO
Rz. 2), so daß er ebenfalls nicht in die Insolvenzmasse fällt.

Der Anspruch des Arbeitnehmers gegen das Kreditinstitut, mit dem der Sparvertrag nach **65**
§ 8 5. VermBG abgeschlossen worden ist, auf Auszahlung des Sparguthabens ist
dagegen grundsätzlich pfändbar und fällt in die Insolvenzmasse. In der Judikatur und
Literatur zur Einzelvollstreckung ist jedoch umstritten, ob insoweit der Pfändungsgläubiger auch das Kündigungsrecht und damit einen Anspruch auf vorzeitige und
prämienschädliche Auszahlung des angelegten Betrages erwirken kann. Bereits vor
1989 ist zunehmend die Ansicht vertreten worden, daß bei vermögenswirksamen Leistungen die Pfändung nicht zur vorzeitigen Kündigung legitimiert (dazu nur *AG
Augsburg* NJW 1977, 1827; *LG Karlsruhe* MDR 1980, 765; *Muth* DB 1979, 1118 sowie
1985, 1831; a. A. *LG Bamberg* MDR 1987, 243; *Brych* DB 1974, 2054). Seit 1989 ist das
Leitbild des Kündigungsrechts in §§ 8 Abs. 3 i. V. m. § 4 Abs. 4 5. VermBG auf höchstpersönliche Kündigungsgründe beschränkt, so daß – unabhängig von der konkreten
Ausgestaltung des Sparvertrages (darauf stellt *Stöber* a.a.O. Rz. 335 ab) – der Pfändungszugriff eine vorzeitige Kündigung nicht mehr legitimieren kann (so auch *Schaub*
Arbeitsrechtshandbuch, 8. Aufl. 1996, S. 769). Diese Wertung ergibt sich aus den gesetz-

§ 312 *Verbraucherinsolvenzverfahren und sonstige Kleinverfahren*

lich angeordneten Zweckbindungen, so daß sie auch für das Gesamtvollstreckungsverfahren maßgeblich ist.

66 Eine vergleichbare Zweckbindung, die auch in der Insolvenz zu beachten ist (dazu nur *Jaeger/Henckel* KO, § 1 Rz. 78) ergibt sich aus § 1 des Gesetzes über die Sicherung von Bauforderungen. Danach sind die Ansprüche des Schuldners auf Zahlung eines für Bauzwecke gebundenen Darlehens nur für Bauhandwerker, Architekten und vergleichbare Unternehmer pfändbar, so daß sie im Gesamtvollstreckungsverfahren nicht zur Befriedigung der Gesamtheit der Gläubiger verwandt werden dürfen (so auch *Kuhn/Uhlenbruck* KO, § 1 Rz. 40). Dieser Grundsatz gilt auch für Bauspardarlehen aus einem Bausparvertrag, die ebenso zweckgebunden zur Verfügung gestellt werden (dazu *Jaeger/Henckel* KO, § 1 Rz. 79 mit zusätzlichen Hinweisen zur Zweckbindung von Wohnungsbauprämien). Das vom Schuldner angesammelte Bausparguthaben soll dagegen nicht gegen den Vollstreckungszugriff geschützt sein; selbst die Vereinbarung einer Unpfändbarkeit nach § 5 Abs. 3 Nr. 7 BSpKG kann dem Insolvenzbeschlag nicht entgegenstehen, da sie als vertragliche Zweckbindung nach §§ 399 BGB, 851 Abs. 2 ZPO eingestuft wird. Die Frage nach der vorzeitigen Kündigung solcher Verträge durch den Treuhänder ist damit nicht ein Problem der Bildung der Insolvenzmasse, sondern der angemessenen Verwertung (dazu unten § 313 Rz. 21 ff.). Dies gilt erst recht für die Forderungen aus allgemeinen Sparverträgen, die wie gewöhnliche Geldforderungen nach § 829 ZPO gepfändet und nach § 835 ZPO in der Einzelvollstreckung verwertet werden können (dazu nur *Schuschke/Walker* 1997 Anh. zu § 829 ZPO Rz. 9). Solche Ansprüche fallen regelmäßig in die Insolvenzmasse; in der Praxis ist allerdings zu beachten, daß nicht selten zugunsten der Kreditinstitute ein formularvertragliches Pfandrecht besteht, das, sofern es wirksam vereinbart worden ist, dem Kreditinstitut die abgesonderte Befriedigung aus diesem Sparguthaben ermöglicht.

E. Die Durchführung des vereinfachten Insolvenzverfahrens

67 Für die weitere Durchführung des eröffneten Verbraucherinsolvenzverfahrens enthält § 312 InsO drei wichtige Vereinfachungen:
– Konzentration der Termine (Abs. 1);
– Möglichkeit des schriftlichen Verfahrens (Abs. 2);
– Ausschluß des Insolvenzplans und der Eigenverwaltung (Abs. 3).
Die letzte Maßnahme bestätigt vor allem die auch dieser Kommentierung zugrundegelegte prinzipielle Unterscheidung von Unternehmens- und Verbraucherinsolvenzrecht (dazu nur BT-Drucks. 12/7302, S. 193; dazu oben Rz. 3).

68 Die zwingend vorgeschriebene Terminkonzentration nach § 312 Abs. 1 InsO knüpft an das bisherige Recht sowie an die Normen des allgemeinen Insolvenzverfahrens an. Nach § 110 Abs. 2 KO konnte das Konkursgericht auch nach bisherigem Recht die verschiedenen Termine verbinden, wenn die Konkursmasse von geringerem Betrag oder der Kreis der Konkursgläubiger von geringerem Umfang war. In der bisherigen konkursrechtlichen Praxis haben sich daher bereits die Fallgruppen herausgebildet, in denen Berichts- und Prüfungstermin gut miteinander verknüpft werden können (dazu *Kuhn/Uhlenbruck* KO, § 110 Rz. 2; ausführlich *Uhlenbruck/Delhaes* Rz. 447 ff.). Sie können daher auch zur Entscheidung über die fakultative Verbindung nach § 29 Abs. 2 InsO nutzbar gemacht werden.

Die Terminkonzentration ist in § 312 Abs. 1 InsO – anders als in § 29 Abs. 2 InsO – als **69**
zwingende Konzentration vorgegeben. Dies ist folgerichtig, denn die zentralen Aufgaben des Berichtstermins – vor allem die Entscheidungen über die vorläufige Fortführung oder Stillegung des Schuldnerunternehmens (§ 157 InsO) finden in der Verbraucherinsolvenz in aller Regel nicht statt. Somit ist die vom Gesetz vorgeschriebene Konzentration der Termine plausibel; sie entspricht im übrigen weitgehend der Terminkonzentration im Vergleichsverfahren auf den Vergleichstermin nach § 66 VglO.

Die Möglichkeit der Anordnung eines schriftlichen Verfahrens nach § 312 Abs. 2 InsO **70**
ist in dieser Form neu. Im klassischen Konkursrecht war ein schriftliches Verfahren oder die Möglichkeit der schriftlichen Zustimmung im Insolvenzverfahren lange Zeit per se ausgeschlossen. Die Beschlüsse der Gläubigerversammlung wurden ausschließlich im jeweiligen Gerichtstermin gefaßt; eine schriftliche Zustimmungserklärung abwesender Personen wurde ausdrücklich als in diesem Verfahren nicht statthaft zurückgewiesen (dazu nur *Jaeger/Weber* KO, § 94 Rz. 3). Schriftliche Zustimmungen kannte das bisherige Insolvenzrecht ausschließlich im Vergleichsverfahren infolge der speziellen Regelungen in § 73 VglO. Damit kann sich in der Praxis ein neuer Verfahrenstyp entwickeln, der ausschließlich auf das Verbraucherinsolvenzverfahren zugeschnitten ist.

Bei der Entscheidung des Insolvenzgerichts, wann und in welcher Weise das schrift- **71**
liche Verfahren angeordnet werden kann, können aus dem bisherigen Recht die Kategorien des § 110 Abs. 2 KO herangezogen werden, die offensichtlich als legislatorisches Vorbild dieser Regelung gedient haben. Von großer Bedeutung sind wiederum die Ergebnisse des gescheiterten Schuldenbereinigungsverfahrens. Je genauer in diesem Verfahren bereits die wesentlichen Fragen erörtert worden sind, desto eher kann das Gericht zumindest hinsichtlich des Prüfungstermins von der Möglichkeit des schriftlichen Verfahrens Gebrauch machen. Eine solche Anordnung würde sich vor allem anbieten, wenn bereits im Schuldenbereinigungsverfahren über Rechtsgrund und Höhe der Verbindlichkeiten weitgehend Einigkeit erreicht werden konnte, so daß eine nachhaltige Erörterung der je einzelnen Forderungen nach § 176 InsO in mündlicher Form nicht erforderlich erscheint. Wenn dagegen der Schuldenbereinigungsplan in erster Linie an rechtlichen Divergenzen über Stand oder Höhe von Forderungen scheiterte, dann dürfte ein schriftliches Verfahren nicht naheliegend sein. In diesen Fällen wären die Erörterungen im Prüfungstermin die letzte Möglichkeit, ein Feststellungsverfahren nach § 180 InsO zu vermeiden.

Schließlich kann nicht nur der Prüfungstermin, sondern auch der spätere Schlußtermin – **72**
wie § 312 Abs. 2 InsO zeigt – im schriftlichen Verfahren erfolgen. Ob eine solche Anordnung sachgemäß ist, wird sich im Verbraucherinsolvenzverfahren in aller Regel noch nicht zum Zeitpunkt des Eröffnungsbeschlusses klären lassen, so daß sich das schriftliche Verfahren vor allem auf den Prüfungstermin beziehen sollte.

F. Verfahrensrechtliches

Der Eröffnungsbeschluß mit seinen weitreichenden Wirkungen darf nur ergehen, wenn **73**
vorher den Beteiligten in hinreichender Weise rechtliches Gehör gegeben worden ist. Hat der Gläubiger den Antrag gestellt, dann ist – wenn der Antrag zulässig ist – nach § 14 Abs. 2 InsO der Schuldner vom Insolvenzgericht zu hören. Der Gläubiger ist wiederum zu hören, wenn der Schuldner den Eröffnungsgrund oder andere Voraussetzungen des Verfahrens bestreitet (dazu *Vallender* KS S. 215 Rz. 17 ff.). Ebenso ist der Gläubiger zu

hören, wenn das Gericht seinen Antrag wegen mangelnder Kostendeckung nach § 26 Abs. 1 Satz 2 InsO abweisen will. In einem solchen Fall hat es dem Antragsteller aufzugeben, binnen einer bestimmten Frist den festgesetzten Vorschuß zu zahlen; damit wird dem Gläubiger gleichzeitig die Möglichkeit gegeben, auf Notwendigkeit und Höhe des Vorschusses einzugehen.

74 Die Darlegungslast des Gläubigers ist in § 14 Abs. 1 InsO erleichtert worden; ihm obliegt es ausschließlich, seine Forderung und den Eröffnungsgrund glaubhaft zu machen. Ihm stehen dafür die Möglichkeiten des § 294 ZPO zur Verfügung. Die Anforderungen an die Glaubhaftmachung sind erhöht, wenn um die Berechtigung von Forderungen des Gläubigers gestritten wird. Wenn von dieser Frage der Eröffnungsgrund abhängt, weil z.B. bei fehlender Überzeugung des Gerichts vom Bestehen dieser Forderung auch Zahlungsunfähigkeit verneint werden müßte, darf sich das Gericht nicht mit der Glaubhaftmachung begnügen. In solchen Fällen ist ein vollständiger Beweis der Existenz der Forderung erforderlich (dazu nur *LG Itzehoe* KTS 1989, 730; *OLG Frankfurt* KTS 1973, 140; *AG Düsseldorf* KTS 1988, 177; *BGH* NJW-RR 1992, 919; dazu *Pape* NJW 1993, 297 ff.). Wenn in solchen Fällen das Gericht von der Existenz dieser Forderung nicht überzeugt ist, dann darf einem Gläubigerantrag auf Eröffnung des Insolvenzverfahrens nicht stattgegeben werden. In solchen Fällen sind die Beteiligten auf die Klärung vor dem dazu geeigneten Prozeßgericht zu verweisen.

75 Das rechtliche Gehör des Schuldners beim Gläubigerantrag bestimmt sich nach § 14 Abs. 2 InsO; sofern das Verfahren durch einen Schuldnerantrag eingeleitet ist, sind die anderen Beteiligten im Wege der Amtsermittlung nach § 5 InsO zu hören. Dem Schuldner ist notwendigerweise Gelegenheit zu geben, auf deren Erklärungen zu erwidern (dazu nur *Vallender* a.a.O., S. 218 Rz. 31). Vor allem ist es erforderlich, dem Schuldner die Möglichkeit zu geben, zu einem drohenden Abweisungsbeschluß wegen fehlender Kostendeckung rechtzeitig Stellung nehmen zu können – sei es, um die Höhe des Kostenvorschusses zu prüfen, sei es, um die erforderlichen Mittel rechtzeitig mobilisieren zu können (dazu bereits oben § 311 Rz. 28). Ebenso muß die Möglichkeit bestehen, daß er sich zum Wert der Aktivmasse und zu möglichen Anfechtungsverfahren (oben Rz. 15) äußert.

76 Nach Eröffnung des Insolvenzverfahrens ist der Eröffnungsbeschluß auch im Verbraucherinsolvenzverfahren öffentlich bekanntzumachen; die im allgemeinen Insolvenzverfahren wichtigen Registereintragungen werden bei Verbraucherinsolvenzverfahren selten erfolgen; von Bedeutung kann hier vor allem die Eintragung im Grundbuch nach § 32 Abs. 1 InsO sein (dazu nur *Häsemeyer* Rz. 7.54).

77 Gegen den Beschluß, durch den das Eröffnungsverfahren abgeschlossen wird, steht als Rechtsmittel nach § 34 InsO die sofortige Beschwerde zur Verfügung. Die Beschwerdeberechtigung ist differenziert geregelt. Bei Abweisung des Eröffnungsantrages steht immer dem Antragsteller die Beschwerdeberechtigung zu; der Schuldner ist – auch wenn er nicht Antragsteller ist – berechtigt, eine Abweisung mangels Masse nach § 26 InsO mit der sofortigen Beschwerde anzufechten, da diese Abweisung für ihn unmittelbar nachteilige Konsequenzen hat. Schließlich steht dem Schuldner auch das Recht zu, bei Eröffnung des Insolvenzverfahrens mit der sofortigen Beschwerde zu rügen, daß die Voraussetzungen für diesen Beschluß nicht vorgelegen haben.

78 Auf die Beschwerde kann das Insolvenzgericht nach § 6 Abs. 2 Satz 2 InsO den Beschluß abändern und der Beschwerde abhelfen. Will das Insolvenzgericht diesen Weg nicht gehen, dann kann es jedoch – genauso wie das Beschwerdegericht – nach §§ 4 InsO, 572 ZPO die Vollziehung des Eröffnungsbeschlusses aussetzen, wenn nachhaltige Zweifel an der Qualität dieses Beschlusses bestehen. Im weiteren Verfahren können die

Treuhänder § 313

Beteiligten auch neue Tatsachen vortragen; diese sind bei der Entscheidung über die Beschwerde zu berücksichtigen (dazu nur *LG Itzehoe* KTS 1989, 730 [731]). Somit kann z. B. trotz Abweisung des Eröffnungsantrages wegen fehlender Masse ein Schuldner in der Beschwerdeinstanz die Eröffnung erreichen, wenn nunmehr ein hinreichender Massevorschuß aufgebracht oder ein Forderungsverzicht von Gläubigern in hinreichender Höhe erreicht worden ist (*OLG Koblenz* ZIP 1991, 1604).

Die Kosten des Eröffnungsverfahrens ergeben sich aus dem durch Art. 29 EGInsO novellierten § 50 GKG sowie dem mit Gesetz vom 6. 8. 1998 neu gefaßten Kostenverzeichnis (BGBl. 1998 I S. 2030 [2031]). Danach wird nunmehr deutlich zwischen den Gebühren für den Gläubiger- und den Schuldnerantrag differenziert. Für Gläubiger ist nunmehr eine Mindestgebühr von 200 DM festgesetzt worden, die für Gläubiger mit Kleinforderungen die Hemmschwelle, ein so bedeutsames und aufwendiges Insolvenzverfahren in Gang zu setzen, spürbar erhöhen soll (so BT-Drucks. 12/3803, S. 73). Nach § 50 Abs. 1 GKG ist generell der Antragsteller Schuldner der Gebühr für das Verfahren über den Antrag auf Eröffnung des Insolvenzverfahrens; wird der Antrag abgewiesen, so ist der Antragsteller auch Schuldner der in dem Verfahren entstandenen Auslagen. Im bisherigen Konkursrecht war umstritten, ob bei einer Abweisung mangels Masse den Schuldner die Kostenpflicht treffen soll (dazu nur *Kuhn/Uhlenbruck* KO, § 107 Rz. 5 e); im Gesetzgebungsverfahren hatte der Bundesrat eine Klarstellung verlangt, der jedoch die Bundesregierung widersprochen hatte. Nach ihrer Ansicht ist mit der jetzigen Fassung des § 50 GKG hinreichend deutlich gemacht, daß Kostenschuldner jeweils der Antragsteller ist (BT-Drucks. 12/2443, S. 262; dazu auch *Hess/Pape* InsO Rz. 191). Eine flexiblere Kostenentscheidung ist nach §§ 4 InsO, 91 a ZPO möglich, wenn eine Erledigung der Hauptsache eintritt. Mit der in Judikatur und Literatur zunehmend vertretenen Auffassung zum Konkursrecht (dazu nur *LG Münster* ZIP 1993, 1103; *Kilger/Karsten Schmidt* KO, § 103 Rz. 2; *Kuhn/Uhlenbruck* KO, § 103 Rz. 3 f) ist diese Möglichkeit auch für das neue Insolvenzrecht zu bejahen.

79

§ 313
Treuhänder

(1) ¹**Die Aufgaben des Insolvenzverwalters werden von dem Treuhänder (§ 292) wahrgenommen.** ²**Dieser wird abweichend von § 291 Abs. 2 bereits bei der Eröffnung des Insolvenzverfahrens bestimmt. Die §§ 56 bis 66 gelten entsprechend.**
(2) ¹**Zur Anfechtung von Rechtshandlungen nach den §§ 129 bis 147 ist nicht der Treuhänder, sondern jeder Insolvenzgläubiger berechtigt.** ²**Aus dem Erlangten sind dem Gläubiger die ihm entstandenen Kosten vorweg zu erstatten.** ³**Hat die Gläubigerversammlung den Gläubiger mit der Anfechtung beauftragt, so sind diesem die entstandenen Kosten, soweit sie nicht aus dem Erlangten gedeckt werden können, aus der Insolvenzmasse zu erstatten.**
(3) **Der Treuhänder ist nicht zur Verwertung von Gegenständen berechtigt, an denen Pfandrechte oder andere Absonderungsrechte bestehen. Das Verwertungsrecht steht dem Gläubiger zu.**

§ 313 entspricht § 357 j BT-RA-EInsO. Im Regierungsentwurf fehlte eine entsprechende Norm. BT-Drucks. 12/7302, S. 193.

§ 313 Verbraucherinsolvenzverfahren und sonstige Kleinverfahren

Inhaltsübersicht: Rz.

A. Normzweck	1– 4
B. Rechtsstellung und Aufgaben des Treuhänders	5–20
I. Die Bestellung des Treuhänders	6– 9
II. Inbesitznahme der Insolvenzmasse	10–13
III. Vorbereitung des Prüfungstermins	14–15
IV. Prozeßführung	16–18
VI. Unterhaltsgewährung an den Schuldner	19–20
C. Die Verwertung der Masse und Abwicklung der Schuldverträge im Verbraucherinsolvenzverfahren	21–42
I. Allgemeine Grundsätze	21–27
II. Arbeitsverträge in der Verbraucherinsolvenz	28–29
III. Mietverträge in der Verbraucherinsolvenz	30–37
IV. Bankverträge in der Verbraucherinsolvenz	38–42
D. Absonderungsrechte im Verbraucherinsolvenzverfahren	43–66
I. Die Abtretung von Ansprüchen auf Arbeitsentgelt und Sozialleistungen	45–63
1. Die Abtretung von Ansprüchen auf Arbeitsentgelt	46–53
2. Die Abtretung von Ansprüchen auf Sozialleistungen	54–60
3. Abtretung von Ansprüchen aus Versicherungsverträgen	61–63
II. Pfandrechte	64
III. Grundpfandrechte	65–66
E. Anfechtung im Verbraucherinsolvenzverfahren	67–78
I. Anfechtbare Zwangsvollstreckung	68–71
II. Anfechtbare Sicherungen	72–74
III. Anfechtbare Verrechnungen	75–76
IV. Anfechtung und Versicherung	77–78
F. Verfahrensrechtliches	79–81

Literatur:

(siehe vor § 286, S. 1580)

A. Normzweck

1 Diese durch den Rechtsausschuß eingeführte Regelung führt zu einer wichtigen Konkretisierung des Verbraucherinsolvenzverfahrens: an die Stelle des Insolvenzverwalters tritt ein Treuhänder mit spezifischen Befugnissen, die nach der Vorstellung des Rechtsausschusses auf die besonderen Probleme von Verbraucherinsolvenzverfahren Rücksicht nehmen und vor allem die Gerichte entlasten sollen. Obgleich der Eindruck erweckt wird, daß der Treuhänder im Verbraucherinsolvenzverfahren nur noch einen geringen Aufgabenkreis zu verwalten hat, zeigt sich bei näherer Durchsicht, daß wegen der spezifischen Besonderheiten von Verbraucherinsolvenzverfahren auch die verbleibenden Aufgaben zahlreiche Fragen aufwerfen können.

2 Die wesentlichen hier darzustellenden allgemeinen Aufgaben des Treuhänders sind:
– Übernahme der Insolvenzmasse (§ 148 InsO);
– Aufstellen der Verzeichnisse und der Vermögensübersicht (§§ 151 ff. InsO);
– Vorbereitung des Prüfungstermins und Anmeldung von Forderungen (§§ 174 ff. InsO);
– Unterhaltsleistungen an den Schuldner (§ 100 InsO);
– Aufnahme und Fortsetzung von Prozessen (§§ 85 ff. InsO);

Treuhänder § 313

– Verwertung der Masse und Abwicklung vertraglicher Beziehungen (§§ 103 ff, 159 ff. InsO).

Einige klassische Aufgaben eines Insolvenzverwalters werden auf die Gläubiger verlagert: sowohl die Verwertung von Gegenständen, an denen Pfandrechte oder andere Absonderungsrechte bestehen, als auch die Anfechtung von Rechtshandlungen nach den §§ 129 bis 147 InsO werden danach von den Insolvenzgläubigern, nicht jedoch vom Treuhänder durchgeführt. Dies soll zu einer Vereinfachung des Verfahrens führen, das dadurch kostengünstiger abgewickelt werden könne. Im übrigen seien bei diesen überschaubaren Verfahren die Gläubiger für diese Aufgaben gut geeignet und hinreichend motiviert (so BT-Drucks. 12/7302, S. 193). 3

In der Literatur ist diese Vereinfachung mit Skepsis aufgenommen worden. Die Übertragung der Anfechtungsbefugnis an die einzelnen Gläubiger wird z. B. von *Henckel* (FS für Gaul, S. 199 [209 ff.]) kritisiert, da auf diese Weise zahlreiche Folgeprobleme geschaffen worden sind, die im Gesetzgebungsverfahren nicht erkannt worden waren (dazu unten Rz. 79 ff.). Das Verwertungsrecht der absonderungsberechtigten Gläubiger wird von *Häsemeyer* (Insolvenzrecht 2. Aufl. 1998, Rz. 29.52) kritisiert, da auf diese Weise in einem mit Rücksicht auf den Schuldnerschutz kostengünstig konzipierten Verfahren gerade den gesicherten Gläubigern zusätzliche Vorteile »zugeschanzt« würden. Insofern stellt sich gerade hier die Notwendigkeit, die bisher nur skizzenhaft erfolgten Regelungen der Verbraucherinsolvenz in der gerichtlichen Praxis eigenständig zu konkretisieren. 4

B. Rechtsstellung und Aufgaben des Treuhänders

Im Eröffnungsbeschluß des Verbraucherinsolvenzverfahrens wird nicht ein Insolvenzverwalter, sondern ein Treuhänder bestimmt. Diese Terminologie soll deutlich machen, daß dieselbe Person im Insolvenzverfahren sowie in der Treuhandperiode tätig sein kann, so daß auf diese Weise das Verfahren vereinfacht und kostengünstiger abgewickelt werden kann (dazu BT-Drucks. 12/7302, S. 193). Auch wenn diese Identität nicht zwingend vorgeschrieben ist (dazu *Heyer* Verbraucherinsolvenzverfahren und Restschuldbefreiung, 1997, S. 39; *Behr* JurBüro 1998, 517 [520]), dürfte sie praktisch häufig sein. Da der Schuldner in der Treuhandperiode nach § 288 InsO ein eigenständiges Vorschlagsrecht hat, ist ihm auch im Insolvenzverfahren die Möglichkeit zuzubilligen, Vorschläge zu machen, die vom Gericht ernsthaft zu prüfen sind, damit das Vorschlagsrecht nach § 288 InsO nicht leerzulaufen droht (dazu bereits oben § 288 Rz. 4 f.). 5

I. Die Bestellung des Treuhänders

Das Gericht bestimmt den Treuhänder nach §§ 313 Abs. 1 Satz 3, 56 InsO. Durch diese gesetzliche Regelung wird verlangt, daß die Eignung des Treuhänders für den jeweiligen Einzelfall konkret festgestellt wird. Schematische Vereinfachungen – so z. B. die Zusammenarbeit mit wenigen örtlichen Rechtsanwälten, wie sie im Regelinsolvenzverfahren üblich ist (*Graeber* Rpfleger 1998, 449 [451]) – sind für das Verbraucherinsolvenzverfahren eine wenig sachgemäße Restriktion. Vorrangig ist zunächst die Feststellung des mutmaßlichen Umfangs der Aufgaben, die sich in erster Linie aus der bisherigen Aufbereitung des jeweiligen Verfahrens ergibt. Je besser das außergerichtliche und gerichtliche Schuldenbereinigungsverfahren vom Schuldner bzw. den geeigneten Stel- 6 len vorbereitet worden ist, desto eher ist es möglich, daß im Verbraucherinsolvenzfahren nicht ein Rechtsanwalt, sondern eine andere Person (dazu oben § 288 Rz. 7 ff.) als Treuhänder bestellt wird (*Heyer* a. a. O. S. 39; *Behr* a. a. O. S. 520).

7 Der vom Gesetz vorgeschriebene unbestimmte Rechtsbegriff der »Eignung« umfaßt nicht nur die fachliche, sondern auch die für diese Aufgabe wichtige persönliche Eignung (vgl. dazu die parallele Bewertung im Betreuungsrecht: *Staudinger/Bienwald* 12. Aufl. 1995 § 1897 Rz. 12 ff.). Ein wichtiges Element ist die Unabhängigkeit des jeweiligen Treuhänders, die ihm Unbefangenheit und Konfliktfähigkeit gegenüber allen Beteiligten gibt. Dieser Unabhängigkeit kann eine wirtschaftliche Bindung oder Verflechtung entgegenstehen (dazu bereits zum bisherigen Recht *Pape* ZIP 1993, 737 [738] m. w. N.). Die Position des Insolvenzverwalters/Treuhänders ist nach dem Gesetz dadurch gekennzeichnet, daß eine »mehrseitige Fremdbestimmung« gegenüber Schuldner sowie Insolvenzgläubigern besteht und daß die Aufgabe gerade darin besteht, mit dieser »konstanten Interessenkollision« (dazu nur *Baur/Stürner* Insolvenzrecht 12. Aufl. 1990 Rz. 10.1) sachgerecht umzugehen. In der Praxis dürften daher für diese Aufgabe weiterhin die rechtsberatenden Berufe dominieren (dazu *Maier/Krafft* BB 1997, 2173 [2176]; sowie oben § 288 Rz. 12).

8 Angesichts der für Verbraucherinsolvenzverfahren generell bestehenden Asymmetrie des wirtschaftlichen und sozialen Sachverhaltes sind vor allem Verflechtungen zwischen Treuhänder und einzelnen Gläubigern zu beachten und zu vermeiden (dazu bereits *Uhlenbruck* KTS 1989, 229 [233 f.] und oben § 288 Rz. 10). Soweit etwaige Interessenkollisionen bestehen, sind diese bereits im Bestellungsverfahren anzuzeigen (dazu grundsätzlich *BGH* NJW 1992, 993 [995]). Ein Unterlassen gebotener Informationen kann Befangenheitsanträge nach §§ 4 InsO, 41 ZPO begründen oder zur Haftung nach §§ 60 ff. InsO bzw. zur Entlassung nach § 59 InsO führen.

9 Nach § 313 Abs. 1 Satz 3, 57 InsO steht auch im Verbraucherinsolvenzverfahren der Gläubigerversammlung das Recht zu, in der ersten Gläubigerversammlung eine andere Person zu wählen. Das Gericht kann dessen Bestellung jedoch versagen, wenn dieser für die Übernahme des Amtes nicht geeignet ist. Gerade bei einem solchen Vorgehen wird das Gericht genau prüfen müssen, inwieweit organisatorische Verflechtungen oder Abhängigkeiten bestehen, die als Eignungsmangel zu qualifizieren sind (vgl. zur Typisierung solcher organisatorischen Abhängigkeiten die Regelung in § 1897 Abs. 3 BGB – *Staudinger/Bienwald* 12. Aufl. 1995 § 1897 Rz. 23, 27). In der Regel wird diese Gläubigerversammlung bereits mit dem Prüfungstermin verknüpft sein, so daß eine Neuwahl regelmäßig zu einer Verzögerung des Verfahrens führen würde und daher nur bei triftigen Gründen akzeptabel wäre.

II. Inbesitznahme der Insolvenzmasse

10 Mit dem Eröffnungsbeschluß geht die Verwaltungs- und Verfügungsbefugnis des Schuldners nach § 80 InsO auf den Insolvenzverwalter über (dazu nur *Heyer* a. a. O. S. 39). Um diese Befugnis effektiv ausüben zu können, hat der Treuhänder nach § 148 Abs. 1 InsO das gesamte zur Insolvenzmasse gehörende Vermögen sofort in Besitz und Verwaltung zu nehmen. Diese Aufgabe wird ihm dadurch erleichtert, daß der Eröffnungsbeschluß als Titel fungieren kann, so daß auf diese Weise die Zwangsvollstreckung eingeleitet werden kann (§ 148 Abs. 2 InsO). Der Treuhänder kann daher Herausgabe des der Pfändung unterliegenden Vermögens des Schuldners verlangen, daß auf diese Weise ein neues Besitzrecht begründet werden kann.

Treuhänder § 313

Verbrauchertypische Probleme können sich daraus ergeben, daß die Abgrenzung der 11
Insolvenzmasse (dazu bereits oben § 312 Rz. 18 ff.) in der Praxis oft nicht einfach
festzustellen ist. Unter Berücksichtigung des § 36 Abs. 3 InsO, der § 812 ZPO entspricht, sowie des entsprechend heranzuziehenden Rechtsgedankens des § 803 Abs. 2
ZPO wird allerdings bei verschiedenen gebrauchten Gegenständen, deren Verwertung
nur geringe Erträge verspricht, eine Inbesitznahme unverhältnismäßig sowie auch unzweckmäßig sein (dazu bereits RGZ 94, 55; *Hess/Binz/Wienberg* GesO 3. Aufl. 1997,
§ 8 Rz. 40 a). Dabei wird der Treuhänder nicht in jedem Fall unmittelbaren Besitz
begründen. Wenn eine ordnungsgemäße Aufbewahrung der Sachen sichergestellt ist, so
sollten diese bereits zur Vermeidung von Lagerkosten, die die Masse belasten würden, in
der Wohnung oder anderen Räumen des Schuldners verbleiben und ein Besitzmittlungsverhältnis begründet werden (dazu nur *OLG Hamburg* ZIP 1996, 386). Falls dies
nicht ausreichend erscheint, kommt als nächste Maßnahme die Siegelung der entsprechenden Gegenstände nach § 150 InsO in Betracht. Eine Begründung unmittelbaren
Besitzes wird daher in erster Linie an Urkunden und Dokumenten erfolgen, die für die
spätere Rechtsdurchsetzung bzw. Verwertung von Bedeutung sind, wie z. B. Sparkassenbücher und Versicherungsscheine (dazu *Hess/Binz/Wienberg* § 8 Rz. 41). Bei einer
umsichtigen Vorbereitung des Schuldenbereinigungsverfahrens werden die wichtigen
Urkunden – von den Abtretungserklärungen bis zu den Kreditunterlagen –, soweit sie
dem Schuldner zur Verfügung stehen, zusammengefaßt und dem Treuhänder zugänglich
sein.

Ist der Schuldner nicht freiwillig zur Herausgabe bereit, so kann dies nicht im Wege der 12
Selbsthilfe geschehen; der Treuhänder kann aber aufgrund einer vollstreckbaren Ausfertigung des Eröffnungsbeschlusses kurzfristig die Möglichkeiten der Zwangsvollstreckung aktivieren. Insoweit entspricht diese Regelung den bisherigen einschlägigen
Normen der §§ 117 KO, 8 GesO. Leben der Schuldner und sein Ehegatte in einem
Haushalt, dann greift hier nach allgemeiner Ansicht § 739 ZPO ein, so daß die Vollstreckung auch gegen den Ehegatten, dessen Miteigentum entweder besteht oder fingiert
wird, betrieben werden kann.

Gegen den Willen des Schuldners kann die Wohnung durch den Gerichtsvollzieher bzw. 13
den Treuhänder zum Zweck der Durchsuchung nicht betreten werden. Insoweit ist –
klargestellt durch § 758 a Abs. 1 ZPO n. F. (BT-Drucks. 13/341, S. 16; *Hornung* Rpfleger
1998, 381 [385]) – ein eigenständiger gerichtlicher Beschluß erforderlich, der explizit
eine solche Anordnung enthalten muß (so aus der Literatur *Baur/Stürner* Rz. 6.15;
Jauernig Zwangsvollstreckungs- und Insolvenzrecht, 20. Aufl. 1996 S. 299; *Häsemeyer*
Rz. 13.04). Die nicht näher spezifizierten Aussagen der bisherigen insolvenzrechtlichen
Literatur, wonach die Judikatur des Bundesverfassungsgerichts zwar in der Einzelzwangsvollstreckung, nicht jedoch im Rahmen der Gesamtvollstreckung Anwendung
finden solle (dazu nur *Hess* KO 6. Aufl. § 117 Rz. 7), vermögen die verfassungsrechtlichen Anforderungen, die zur neuen Fassung des § 758 a Abs. 1 ZPO geführt haben,
nicht zu entkräften.

III. Vorbereitung des Prüfungstermins

Auf der Grundlage der Übernahme der Insolvenzmasse kann der Treuhänder die Ver- 14
zeichnisse nach §§ 151 ff. InsO – Verzeichnis der Massegegenstände, Gläubigerverzeichnis und Vermögensübersicht – erstellen. Wenn diese Aufstellungen, die bereits nach
§ 305 Abs. 1 Nr. 3 InsO vom Schuldner mit dem Eröffnungsantrag vorzulegen waren,

mit Sorgfalt erarbeitet sind, wird der Treuhänder zunächst im Wege der Stichprobe klären, welche Validität die Verzeichnisse haben und wie hier zu verfahren ist.

15 Bereits im Vorfeld des Prüfungstermins wird sich der Treuhänder rechtzeitig vorzubereiten haben, ob und in welchem Umfang gegen einzelne Forderungen Widerspruch erhoben werden sollte. Er wird insoweit zu klären haben, aus welchem Grund das Schuldenbereinigungsverfahren gescheitert ist, und ob gläubigerspezifische Kontroversen festzustellen sind bzw. ein Bestreiten durch einzelne Gläubiger im Prüfungstermin zu erwarten ist. Möglicherweise wird auch eine vergleichsweise Klärung im Vorfeld möglich sein, durch die eine Anmeldung bestreitbarer Forderungen vermieden werden kann.

IV. Prozeßführung

16 Rechtsstreitigkeiten des Schuldners werden mit Eröffnung des Insolvenzverfahrens nach § 240 ZPO unterbrochen, sofern es sich nicht um persönliche Angelegenheiten – wie z. B. Personenstands-, Scheidungs- oder Strafverfahren handelt (dazu *Smid/Rattunde* 3. Aufl. § 8 InsO Rz. 178). In den anderen Fällen wird der Treuhänder prüfen, in welchem Umfang er diese Prozesse aufnimmt und fortsetzt.

17 Daneben kann der Treuhänder gehalten sein, Rechtsstreitigkeiten mit Gläubigern durchzuführen, die sich eines Zugriffsrechts oder eines Vorrechts berühmen, das ihnen von Rechts wegen nicht zusteht. Von besonderer Bedeutung ist hier die rechtliche Prüfung von Entgelt- und/oder Sozialleistungsabtretungen, die einer Mobilisierung des Neuerwerbs für die Masse im Wege stehen. Arbeitgeber und Drittschuldner sind hier gehalten, dem Treuhänder die Urkunde, auf die sie sich nach § 409 BGB beziehen, vorzulegen, damit eine eigenständige und sorgfältige Prüfung möglich ist. Angesichts der Schlüsselrolle, die in den meisten Fällen die Abtretung des gesamten pfändbaren Einkommens einnimmt, ist eine eingehende Prüfung der Wirksamkeit solcher Abtretungserklärungen, vor allem der Formularabtretungen, unverzichtbar (dazu unten Rz. 50ff.).

18 In vergleichbarer Weise hat der Insolvenzverwalter sich mit den Gläubigern auseinanderzusetzen, die sonstige Pfand- oder Absonderungsrechte für sich reklamieren, aus denen sie eine sofortige Verwertung der jeweiligen Gegenstände ableiten. In den anderen Fällen wird es möglich sein, das Ergebnis des Prüftermins abzuwarten und auf diese Weise zusätzliche kostenverursachende Verfahren einzudämmen.

V. Unterhaltsgewährung an den Schuldner

19 Gelingt es dem Treuhänder, pfändbares Einkommen oder andere Forderungen zur Masse zu ziehen und zu realisieren, so ist in jedem Fall zu prüfen, ob nach § 100 Abs. 2 InsO dem Schuldner aus diesen Beträgen Zahlungen zum »notwendigen Unterhalt« zu gewähren sind. Grundsätzlich soll der notwendige Unterhalt durch das unpfändbare Einkommen sichergestellt werden, das nach § 35 InsO vom Eröffnungsbeschluß nicht erfaßt wird. Inzwischen sind jedoch nicht wenige Fälle bekannt, in denen das unpfändbare Einkommen hinter dem notwendigen Unterhalt – verstanden als Existenzminimum – zurückbleibt. Aus diesem Grund ist durch § 850f Abs. 1 ZPO die Möglichkeit einer entsprechenden Erhöhung des unpfändbaren Betrages eingeführt worden (dazu *Kohte* NJW 1992, 393 [396]; BT-Drucks. 12/1754, S. 16). Wenn der Schuldner im Verbraucherinsolvenzverfahren durch die Beschlagnahme des gesamten pfändbaren

Treuhänder § 313

Einkommens das sozialhilferechtliche Existenzminimum durch Arbeitsentgelt oder Sozialleistung nicht mehr sicherstellen kann, so verdichtet sich die Möglichkeit der Unterhaltsgewährung zu einer Pflicht des Treuhänders, sofern keine gleichwertigen Gläubigerbelange entgegenstehen (dazu *Kohte* in KS, S. 639 Rz. 88; *Smid* InsO, § 100 Rz. 3; vgl. *LSG NRW* VuR 1995, 249). Endgültige Entscheidungen sind dann in der Gläubigerversammlung, die mit dem Prüfungstermin verbunden ist, nach § 100 Abs. 1 InsO zu treffen (dazu oben § 312 Rz. 37, 47). Bei Untätigkeit des Treuhänders bzw. der Gläubigerversammlung ist das Insolvenzgericht im Wege der Rechtsaufsicht nach § 58 InsO zuständig, den Treuhänder anzuhalten, die erforderlichen Zahlungen an den Schuldner oder dessen Familienangehörige zu veranlassen (*Kohte* KS a. a. O. Rz. 92), sofern eine Pflicht zur Gewährung von Unterhalt nach § 100 Abs. 2 InsO besteht.

Eine weitere wichtige Form der Unterhaltsgewährung nach § 100 InsO kann die Überlassung des bisherigen Wohnraums auf Dauer bzw. für eine Übergangszeit darstellen. Sofern durch die Leistung von Wohngeld oder durch Beiträge von Familienangehörigen oder dritten Personen die Mietkosten vollständig oder weitgehend gesichert werden, wird eine solche Unterhaltsgewährung (dazu *LG Oldenburg* NJW 1967, 785) im Regelfall geboten sein (dazu unten Rz. 35). **20**

C. Die Verwertung der Masse und Abwicklung der Schuldverträge im Verbraucherinsolvenzverfahren

I. Allgemeine Grundsätze

Vor allem obliegt dem Treuhänder nach § 159 InsO die Verwertung der Insolvenzmasse. Er hat diese nach pflichtgemäßem, haftungsbewehrtem Ermessen durchzuführen. In der Regel wird die Verwertung in Form des freihändigen Verkaufs erfolgen. Nach allgemeinem Insolvenzrecht hat der Insolvenzverwalter vor der Vornahme besonders bedeutsamer Rechtshandlungen die Zustimmung des Gläubigerausschusses bzw. der Gläubigerversammlung einzuholen. Die dafür in § 160 Abs. 2 InsO genannten Regelbeispiele werden im vereinfachten Verbraucherinsolvenzverfahren typischerweise nicht aktuell werden. Das mit § 160 Abs. 1 InsO verbundene Erfordernis der Gläubigerversammlung kann dem Ziel der §§ 311 ff. InsO, das Verfahren zu vereinfachen und kostengünstig zu erhalten, nachhaltig zuwiderlaufen. Vom Treuhänder ist daher zu erwarten, daß er im Prüftermin von sich aus berichtet, ob besonders bedeutsame Rechtshandlungen geplant sind oder aktuell werden können, damit eine etwaige Entscheidung in dieser Gläubigerversammlung getroffen werden könnte. **21**

Soll die Gläubigerversammlung einen Beschluß nach § 160 InsO fassen, so hat der Treuhänder vorher rechtzeitig den Schuldner nach § 161 InsO zu unterrichten, so daß dieser von seinem Teilnahmerecht an der Versammlung nach § 74 Abs. 1 InsO Gebrauch machen und auf die Beschlußfassung einwirken kann. Die Tatsache, daß im Verbraucherinsolvenzverfahren Beschlüsse nach § 160 InsO selten sein werden, darf jedoch nicht dazu führen, daß der Zweck des § 161 InsO leer läuft. Angesichts des auch auf die Sanierung des Schuldners gerichteten Verfahrensziels sind zumindest für den Schuldner auch Verwertungsentscheidungen besonders bedeutsam, die eine gesonderte Gläubigerversammlung nicht rechtfertigen. Dazu gehören die Verwertung von Gegenständen, die zwar zur Insolvenzmasse gehören, für eine künftige Erwerbstätigkeit bzw. die künftige Sicherung des Existenzminimums des Schuldners von besonderer Bedeutung sind. Dazu gehören sämtliche Entscheidungen, die den Wohnraum des Schuldners und seiner **22**

Familie betreffen, mögliche Kündigungen und Verwertungen von Versicherungsverträgen oder die Verwertung eines PKW, der nicht nach § 811 Nr. 5 ZPO geschützt ist.

23 Angesichts der existenziellen Bedeutung dieser Entscheidungen wäre es unzureichend, den Schuldner ausschließlich auf die Einsichtnahme und Erörterung der Schlußrechnung zu verweisen. In Übereinstimmung mit den bereits in RGZ 98, 302 [306] entwickelten Grundsätzen für eine rechtzeitige Auskunft bei wichtigen Entscheidungen, ist der Schuldner vom Treuhänder rechtzeitig zu informieren. Ihm ist bei den existenziell wichtigen Gegenständen Gelegenheit einzuräumen, auf eine Anordnung nach § 314 InsO hinzuwirken (dazu § 314 Rz. 14 ff.).

24 Weiter gebietet auch die verfahrensrechtliche Sicherung des Grundrechts des Schuldners nach Art. 14 GG – dazu gehört auch das Besitzrecht des Mieters von Wohnraum (*BVerfG* NJW 1993, 2035)- in bestimmten Fällen eine rechtzeitige Unterrichtung vor einer Verwertung. Zwar gelten die festen Grenzen des Zwangsvollstreckungsrechts nach § 817a ZPO nicht unmittelbar für Verwertungshandlungen des Treuhänders. Sie entsprechen jedoch dem allgemeinen Grundsatz, daß einem Schuldner im Regelfall die Möglichkeit erhalten bleiben muß, gegenüber einer unverhältnismäßigen Verschleuderung seines Vermögens um Rechtsschutz nachzusuchen (*BVerfG* NJW 1978, 368 [369]). Im bisherigen Konkursrecht ist dieser Grundsatz allerdings im Konkursverfahren nur in modifizierter Form angewandt worden (*BVerfG* NJW 1993, 513): danach wurde innerhalb des Verfahrens dem Schuldner kein eigenständiges Beschwerderecht gegen Verwertungsmaßnahmen zugebilligt, da dieses in ein Gesamtvollstreckungsverfahren schwieriger zu integrieren sei. Der Schuldner sollte im übrigen durch die Aufsicht des Insolvenzgerichts geschützt werden, das entsprechende Maßnahmen des Verwalters zu beanstanden bzw. zu unterbinden hatte.

25 Bereits nach diesen Kriterien besteht zumindest in den Fällen, in denen der Verkehrswert bei der Verwertung nachhaltig unterschritten wird, eine vorherige Informationspflicht des Treuhänders, denn der Schuldner kann nur durch Maßnahmen der Aufsicht geschützt werden, wenn der Treuhänder wichtige und problematische Entscheidungen vorher angezeigt hat (dazu BGHZ 113, 262 [276 ff.] = NJW 1991, 982 [985]). Dies setzt jedoch auch eine Anzeige gegenüber dem Schuldner voraus, der mit dieser sein Recht wahrnehmen kann, entsprechende Maßnahmen der Aufsicht beim Gericht anzuregen (dazu nur *Jaeger/Weber* § 83 Rz. 4).

26 Aus dem nunmehr in § 1 InsO erweiterten Verfahrenszweck ist abzuleiten, daß das Ersuchen des Schuldners um eine Maßnahme der Aufsicht nicht nur eine unverbindliche Anregung, sondern ein Antrag ist, der durch Beschluß zu bescheiden und nach § 11 RPflG der Überprüfung im Wege der Erinnerung zugänglich ist. Eine solche Sicherung durch Verfahren ist mit dem Gang eines Insolvenzverfahrens vereinbar, zum anderen aber auch zur Sicherung elementarer Interessen des Schuldners geboten. Zutreffend hat daher *Henckel* im Rahmen der Diskussion zur Insolvenzrechtsreform verlangt, daß Art und Ertrag der Verwertung der Masse nicht nur durch Gläubigerinteressen, sondern auch durch die Wahrung der Belange des Schuldners geprägt sein müssen. Dazu sei es erforderlich und unverzichtbar, daß der Schuldner Rechtsaufsichtsmaßnahmen des Gerichts anregen kann, die einer Verschleuderung seines Vermögens entgegenwirken und daß die Organe, die die Verwertung durchführen, dem Schuldner verantwortlich sind und ihm für Fehlentscheidungen haften (*Henckel* Festschrift für *Merz*, 1992, 197 [207]; vgl. *Häsemeyer* Rz. 6.23).

27 Das Verwaltungs- und Verwertungsrecht des Treuhänders bezieht sich nur auf die Insolvenzmasse. Angesichts der engen Verbindung zwischen Person und Vermögen bei Verbrauchern ergeben sich dadurch schwierige Gemengelagen zwischen der Insolvenz-

Treuhänder § 313

masse, die dem Verwaltungsrecht des Treuhänders untersteht, und dem insolvenzfreien persönlichen Vermögen des Schuldners. Einige exemplarische Schuldverträge sollen daher erläutert werden.

II. Arbeitsverträge in der Verbraucherinsolvenz

Verbraucherschuldner schließen Arbeits- und Dienstverträge typischerweise in der Rolle als Arbeitnehmer bzw. Dienstverpflichteter ab, während in der Kommentarliteratur die gegenteilige Situation des Gemeinschuldners in seiner Rolle als Arbeitgeber bisher wesentlich ausführlicher erörtert worden war. Sofern allerdings Verbraucherschuldner als Arbeitgeber fungieren, gelten für sie die allgemeinen Regeln nach §§ 121 ff. InsO, wobei allerdings in diesen Kleinbetrieben regelmäßig weder das BetrVG noch das KSchG gelten. 28

Wenn Verbraucherschuldner sich zur Leistung von Diensten bzw. Arbeit verpflichtet haben, sind die §§ 103 ff. InsO über die Abwicklung schwebender Verträge unanwendbar. Zwar fällt der pfändbare Anspruch auf Arbeitsentgelt in die Insolvenzmasse, doch bleibt die Arbeitskraft selbst ein höchstpersönliches, mit der Person des Schuldners untrennbar verbundenes Gut. Damit kann der Arbeitsvertrag des Schuldners nicht in die Insolvenzmasse fallen, so daß der Treuhänder nach § 80 InsO hier nicht eingreift. Der Arbeitnehmer hat weiter allein das Recht, Arbeitsverträge abzuschließen und zu beenden; Probleme können sich daraus allenfalls nach §§ 290, 296 InsO im Rahmen der Restschuldbefreiung ergeben. 29

III. Mietverträge in der Verbraucherinsolvenz

Zu den wichtigsten Dauerschuldverhältnissen gehören Mietverträge. Hier ist bereits für das Regelinsolvenzverfahren in §§ 108 ff. InsO eine gesonderte und eigenständige Regelung gefunden worden, die das allgemeine Wahlrecht nach § 103 InsO verdrängt. Grundnorm ist § 108 Abs. 1 InsO, wonach Miet- und Pachtverhältnisse des Schuldners über unbewegliche Gegenstände oder Räume mit Wirkung für die Insolvenzmasse fortbestehen. Im Umkehrschluß ergibt sich daraus, daß Mietverträge über bewegliche Sachen der allgemeinen Norm des § 103 InsO zuzuordnen sind. 30

Die neuartige Zuordnung der jeweiligen Dauerschuldverhätnisse zum Schuldner bzw. zum Treuhänder setzt notwendigerweise voraus, daß diese Rechtsverhältnisse zum Zeitpunkt der Eröffnung des Verfahrens noch bestehen. Soweit die Mietparteien den Mietvertrag vorher schon wirksam gekündigt bzw. einvernehmlich aufgehoben haben, stellen sich im Verbraucherinsolvenzverfahren keine zusätzlichen Fragen und Probleme. Der Rückgabeanspruch des Vermieters nach §§ 556, 985 BGB ist ein Aussonderungsanspruch nach § 47 InsO; insoweit haben sich gegenüber der bisherigen Auslegung des § 43 KO (*BGH* NJW 1994, 3232 = ZIP 1994, 1700) keine Änderungen ergeben. Der Anspruch des Vermieters auf Herausgabe richtet sich grundsätzlich gegen den Insolvenzverwalter/Treuhänder, es sei denn, daß dieser das Grundstück bzw. die Räume nicht zur Masse gezogen bzw. freigegeben hat. Rückständige Ansprüche auf Mietzins sind allgemeine Insolvenzforderungen, die der Vermieter zur Tabelle anzumelden hat. 31

Soweit ein Prozeß zwischen Vermieter und Mieter vor Eröffnung des Verfahrens bzw. Bestellung eines vorläufigen Insolvenzverwalters/Treuhänders rechtshängig geworden ist, tritt eine Unterbrechung nach § 240 ZPO ein. Eine etwaige Räumungsvollstreckung 32 nach § 885 ZPO unterliegt nicht dem Vollstreckungsverbot des § 89 InsO (so zum bisherigen Recht nach § 14 KO *LG Hannover* DGVZ 1990, 170), so daß folgerichtig dem Schuldner die Möglichkeit des Vollstreckungsschutzes gegen eine solche Räumung verbleiben muß.

33 Wenn das Mietverhältnis dagegen zum Zeitpunkt der Eröffnung des Insolvenzverfahrens noch ungekündigt besteht, wird in § 109 InsO dem Insolvenzverwalter/Treuhänder ein insolvenztypisches Lösungsrecht zugewiesen; nach Überlassung der Räume ist eine ausdrückliche Kündigung gegenüber dem Vermieter erforderlich. Dagegen werden die Kündigungsrechte des Vermieters in bewußter Korrektur der bisherigen Regelung in § 19 KO eingeschränkt. Nach § 112 InsO kann ein Mietverhältnis, das der Schuldner als Mieter eingegangen war, nach Stellung des Antrags auf Eröffnung des Insolvenzverfahrens nicht wegen Verzuges mit der Entrichtung des Mietzinses, der in der Zeit vor dem Eröffnungsantrag eingetreten ist, kündigen. Ebenso ist eine allgemeine Kündigung wegen Verschlechterung der Vermögensverhältnisse des Schuldners ausgeschlossen. Diese Regelung orientiert sich an § 9 Abs. 3 GesO; hier ist die Kündigungsbeschränkung eingeführt worden, um Sanierungsmöglichkeiten des Schuldners flankieren zu können (*Landfermann* ZIP 1991, 826 [828]; BT-Drucks. 12/449, S. 41). Diese Kündigungssperre beginnt bewußt mit dem Zeitpunkt des Eröffnungsantrages und soll in konstruktiver Parallele zu den Sicherungsmöglichkeiten nach § 21 InsO, die nach § 306 InsO bereits während des Schuldenbereinigungsverfahrens gelten, einen wirksamen Schuldnerschutz vermitteln (BT-Drucks. 12/2443, S. 148). Zum Ausgleich für diese Kündigungssperre wird der Vermieter in der Weise abgesichert, daß der zu zahlende Mietzins als Masseschuld nach § 55 InsO eingestuft wird, so daß im Lauf des weiteren Verfahrens ein neuer Verzug mit der Zahlung des Mietzinses nicht eintreten soll.

34 Im Verbraucherinsolvenzverfahren wird es nicht selten vorkommen, daß in Folge vorrangiger Abtretungen freie Masse in Form pfändbaren Arbeits- oder Sozialeinkommens nicht vorhanden ist, in diesen Fällen soll aus dem unpfändbaren Arbeitseinkommen, möglicherweise ergänzt um Wohngeld, das wegen dieses Zweckbezuges nicht zur Insolvenzmasse gezogen werden kann (dazu § 312 Rz. 43), der Mietzins gezahlt werden. In einer solchen Konstellation würde die Insolvenzmasse durch den Mietvertrag nicht belastet, so daß der Treuhänder die Mietsache von vornherein nicht zur Masse ziehen könnte. Zur Klarstellung ist es dann weiter geboten, daß eine ausdrückliche Freigabeerklärung erfolgt, die als einseitige empfangsbedürftige Willenserklärung des Treuhänders dem Schuldner zugehen muß (vgl. *BGH* NJW 1994, 3232, [3233]). Dies sollte nach den Materialien zu § 112 InsO folgerichtig der Regelfall des Verbraucherinsolvenzverfahrens sein.

35 Wenn eine solche Freigabe der Mietsache nicht möglich ist, ist zu prüfen, ob die Überlassung der Mietsache – in der Regel wird es sich um Wohnraum handeln – als Form der Unterhaltsgewährung nach § 100 InsO in Betracht kommen. Diese Form der Unterhaltsgewährung ist im bisherigen Recht vor allem in solchen Fällen anerkannt worden, in denen weitere Familienangehörige des Schuldners mit diesem die Wohnung nutzten bzw. als weitere Mietvertragspartei beteiligt waren. Bereits nach dem bisherigen Recht konnte bei Insolvenz eines Mieters eine wirksame Kündigung des Vermieters gegen alle Mieter nicht ausgesprochen werden (*BGH* BGHZ 26, 102; *Kuhn/Uhlenbruck* § 19 Rz. 10). Angesichts der neuen Kündigungssperre des § 112 InsO ist für solche Fälle erst recht eine Stabilisierung des Mietverhältnisses anzustreben. Wenn die weiteren Familienangehörigen bereit sind, die Masse gegen Mietzinsansprüche des Vermieters abzusichern bzw. sie freizustellen, ist eine Unterhaltsgewährung geboten (vgl. zum bisherigen Recht *LG Oldenburg* NJW 1967, 785; zum Gesamtvollstreckungsrecht *Smid* GesO 3. Aufl. 1996 § 9 Rz. 123). Bei Divergenzen zwischen Treuhänder und Schuldner

kann dieser das Insolvenzgericht anrufen, damit dieses im Wege der Aufsicht nach § 58 InsO tätig wird (dazu *Kohte* KS S. 639 Rz. 90).

Wenn weder eine Freigabe der Mietsache noch eine weitere Überlassung der Mietsache **36** an den Schuldner in Form der Unterhaltsgewährung möglich sind, dann stellt sich für den Treuhänder die Frage, ob eine Kündigung des Mietvertrages nach § 109 InsO zu erfolgen hat. Bereits im bisherigen Recht ist in der Literatur herausgearbeitet worden, daß eine Räumung der Mietwohnung des Schuldners, die durch eine Kündigung des Konkursverwalters veranlaßt wird, nur als letztes Mittel zum Schutz der Masse eingesetzt werden darf und daß in solchen Fällen dem Schuldner die individuelle Möglichkeit des vollstreckungsrechtlichen Räumungsschutzes – sei es nach § 721 ZPO (so *LG Braunschweig* MDR 1963, 1015), sei es nach § 765a ZPO (so *Stein/Jonas/Münzberg* 21. Aufl. § 794 Rz. 100; *Bub/Treier*, Handbuch der Geschäfts- und Wohnraummiete 2. Aufl. 1993 VII Rz. 217) – verbleiben muß. In § 167 Abs. 3 EInsO war daher vorgesehen, daß die Inbesitznahme von Immobilien nur aufgrund einer speziellen richterlichen Anordnung erfolgen dürfe, gegen die dem Schuldner das Rechtsmittel der sofortigen Beschwerde zur Verfügung stehen sollte. Dieses Verfahren beruhte auf der Erkenntnis, daß die schwierige Frage der Räumung nicht durch den Gerichtsvollzieher beurteilt werden könne, sondern einer eigenständigen gerichtlichen Entscheidung bedürfe (BT-Drucks. 12/2443, S. 170). Diese Entscheidung war folgerichtig und beruhte sowohl auf der Literatur zu § 9 GesO als auch auf der neueren verfassungsrechtlichen Judikatur. Im Gesamtvollstreckungsrecht war aus der Kündigungssperre nach § 9 Abs. 3 GesO abgeleitet worden, daß der Schuldner gegenüber Kündigungen durch den Verwalter ebenfalls eines elementaren Schutzes bedürfe (*Smid* GesO 3. Aufl. 1996 § 9 Rz. 123; *Hess/Binz/Wienberg* § 9 Rz. 64 mit analoger Anwendung des § 556a BGB). In der verfassungsrechtlichen Judikatur ist vor allem am Beispiel der Zwischenmietverträge entschieden worden, daß der Kern des Wohnraumkündigungsschutzes auch dann zur Geltung kommen müsse, wenn die Kündigung nicht vom Vermieter, sondern von einer anderen Person, die vergleichbare Kompetenzen wahrnimmt, ausgeht (*BVerfG* NJW 1991, 2272). Diese Maßstäbe müssen erst recht für ein Verbraucherinsolvenzverfahren gelten, das der Stabilisierung und dem Neuanfang des Schuldners dienen soll, so daß der Treuhänder dem Schuldner rechtzeitig anzeigen muß, ob eine Kündigung nach § 109 InsO in Betracht kommt, damit dieser das Insolvenzgericht einschalten kann (dazu oben Rz. 24 ff.).

In den Beratungen des Rechtsausschusses ist das eigenständige Verfahren nach § 167 **37** Abs. 3 EInsO gestrichen worden. An der Grundentscheidung für einen richterlichen Titel wurde festgehalten, da nach § 148 Abs. 2 InsO weiter eine vollstreckbare Ausfertigung des Eröffnungsbeschlusses erforderlich sei (BT-Drucks. 12/7302, S. 174). Damit wird an die bisherige Praxis angeknüpft, die den Konkurseröffnungsbeschluß als hinreichenden Titel für eine Räumung auch von Wohnraum des Schuldners anerkannt hatte (*LG Düsseldorf*, KTS 1957, 143; 1963, 58; *Kuhn/Uhlenbruck* § 117 Rz. 7). Andererseits sollte der Verzicht auf § 167 Abs. 3 EInsO den damit bezweckten materiellen Schutz nicht verringern, sondern ausschließlich das Verfahren vereinfachen und ein gesondertes Beschwerdeverfahren entbehrlich machen. Somit sind die maßgeblichen Fragen der Art und Weise der Vollstreckung im Erinnerungsverfahren zu prüfen, das nach § 148 Abs. 2 S. 2 InsO statuiert ist. Dieses ausdrückliche Verfahren dürfte nunmehr den Vorrang vor den bisherigen Wegen einer lückenschließenden Anwendung der §§ 721 bzw. 765a ZPO haben. Auf die Erinnerung des Schuldners ist es damit, sofern die sachlichen Voraussetzungen vorliegen, möglich, sowohl nach § 732 Abs. 2 ZPO während des Erinnerungsverfahrens als auch nach Abschluß durch eine Fristsetzung vor der Fortsetzung der Vollstreckung ein Äquivalent für eine Räumungsfrist zu schaffen.

IV. Bankverträge in der Verbraucherinsolvenz

38 Nach § 115 InsO, der insoweit der bisherigen Regelung des § 23 KO entspricht, erlischt ein vom Schuldner erteilter Auftrag, der sich auf das zur Insolvenzmasse gehörende Vermögen bezieht, durch die Eröffnung des Insolvenzverfahrens. Davon werden sowohl der allgemeine Bankvertrag als auch der Girovertrag, das mit ihm verbundene Kontokorrentverhältnis und ein Scheckvertrag, der dem Kunden das Recht zur Scheckziehung einräumt, betroffen (dazu ausführlich *Obermüller* Insolvenzrecht in der Bankpraxis, Rz. 2.53 ff.). Die Bank hat daher für Kontokorrentkonten einen außerordentlichen Saldenabschluß durchzuführen (*BGH* NJW 1991, 1286). Ergibt sich daraus ein Saldo zugunsten der Bank, so ist dieser sofort fällig (§ 41 InsO) und als gewöhnliche Insolvenzforderung von der Bank anzumelden. In der Praxis bestehen allerdings nicht selten Sicherheiten, die von der Bank bei einer solchen Situation verwertet werden können. Gegen eine etwaige Guthabenforderung des Kunden kann die Bank aufrechnen; da die Saldoforderung gleichzeitig mit der Verfahrenseröffnung entsteht, greift das Aufrechnungsverbot des § 96 Nr. 2 InsO hier nicht ein; die Aufrechnung bzw. Verrechnung kann allerdings anfechtbar sein (vgl. *BGH* VersR 1998, 1303 [1305] sowie unten Rz. 75 f.).

39 Wenn das Girokonto als ein Oder-Konto zusammen mit einem Ehegatten oder Lebensgefährten geführt wird, über dessen Vermögen das Insolvenzverfahren nicht eröffnet worden ist, so werden dieser Girovertrag und dieses Kontokorrentverhältnis nicht beendet (*BGH* NJW 1986, 252 = WM 1985, 1059). Dieses Konto gehört nicht zur Insolvenzmasse; die Auseinandersetzung der beiden Konteninhaber findet nach § 84 InsO außerhalb des Insolvenzverfahrens statt. Zahlungseingänge können einem solchen Konto auch nach Eröffnung eines Insolvenzverfahrens gutgeschrieben und zur Ermäßigung des Saldos verwendet werden (dazu *Obermüller* a. a. O. Rz. 2.68 ff.).

40 Wurde über das Vermögen eines Elternteils ein Konkursverfahren eröffnet, so verlor nach § 1670 BGB dieser Elternteil mit Rechtskraft des Eröffnungsbeschlusses sein Recht zur Vermögensverwaltung für den Minderjährigen. Die Vermögensverwaltung war damit grundsätzlich auf den anderen Elternteil zu übertragen (§ 1680 BGB). Solange diese Entscheidung des Vormundschaftsgerichts noch nicht vorlag, konnte allerdings auch der andere Teil die Vermögensverwaltung noch nicht ausüben (dazu *Obermüller* a. a. O. Rz. 2.102). Diese Normen, in denen noch das Bild vom schuldhaften und gescheiterten Gemeinschuldner dominiert, sind durch Art. 33 Nr. 28 und 29 EGInsO aufgehoben worden. In den Materialien ist ausdrücklich hervorgehoben worden, daß das neue Insolvenzrecht »in weitem Umfang den Fall berücksichtigt, daß ein redlicher Schuldner ohne vorwerfbares Verhalten insolvent wird«. Da die alte Rechtslage »einen unverschuldet in Not geratenen Elternteil davon abhalten könnte, durch ein Insolvenzverfahren mit anschließender Restschuldbefreiung ... seine Vermögensverhältnisse wieder in Ordnung zu bringen«, waren diese Normen ersatzlos aufzuheben (so BT-Drucks. 12/3803, S. 79). Es verbleibt damit ausschließlich die einzelfallbezogene Möglichkeit, einem Elternteil die Vermögenssorge wegen konkreter Gefährdung des Mindestvermögens zu entziehen.

41 Die Eröffnung des Insolvenzverfahrens läßt Giroverträge unberührt, sofern sie sich nicht auf das zur Insolvenzmasse gehörende Vermögen beziehen. Dieser Grundsatz entspricht der bisherigen Rechtslage zu § 23 KO, so daß an die bisherigen Erkenntnisse angeknüpft werden kann, daß Giroverträge zur Einziehung der unpfändbaren Forderungen des Schuldners weder erlöschen noch dem Verwaltungs- und Verfügungsrecht des Treuhänders zugeordnet werden (dazu *Jaeger/Henckel* § 23 Rz. 37; *Kuhn/Uhlenbruck* § 23 Rz. 4). Wenn ein solches Konto, das regelmäßig auf Guthabenbasis geführt werden

dürfte, rechtzeitig vereinbart worden ist, steht die Verwaltungsbefugnis insoweit dem Schuldner weiter zu (dazu nur *Obermüller* a.a.O. Rz. 2.140).

Ein solcher Girovertrag kann auch wegen der Eröffnung des Insolvenzverfahrens nicht gekündigt werden, weil eine solche Maßnahme mit dem Verbot des widersprüchlichen Verhaltens unvereinbar wäre. Sofern solche Giroverträge von der Kreditwirtschaft abgelehnt werden, würde sich damit wiederum nachhaltig die Notwendigkeit eines Kontrahierungszwangs zur Vereinbarung eines Girovertrags auf Guthabenbasis ergeben (dazu nur *Günnewig* ZIP 1992, 1670 und zu den allgemeinen Kategorien *Staudinger/Bork* 13. Aufl. 1996 Rz. 22 vor § 145 BGB; *Palandt/Heinrichs* 57. Aufl. 1998 Rz. 10 vor § 145 BGB). Die früher übliche Verweisung derjenigen, die ein eigenes Konto benötigen, auf das Postgirokonto (dazu nur *Simon* ZIP 1987, 1234) geht nach der Neuregelung der Postverfassung ins Leere (dazu nur *LG Stuttgart* NJW 1996, 3347). 42

D. Absonderungsrechte im Verbraucherinsolvenzverfahren

Zu den grundlegenden Zielen der Insolvenzrechtsreform gehörte die Wiederherstellung der Funktionsfähigkeit des Insolvenzverfahrens. Der in der Literatur beklagte »Konkurs des Konkurses« wurde weitgehend auf die Auflösung des insolvenzrechtlichen Gleichbehandlungsgrundsatzes durch gesetzliche und vertragliche Vorrechte zurückgeführt. Während die gesetzlichen Vorrechte aus §§ 61 KO, 17 GesO ersatzlos gestrichen worden sind, gelang es im Regelinsolvenzverfahren nur in geringem Umfang, die Rechte der Sicherungsgläubiger zurückzudrängen und in das Verfahren zu integrieren (§§ 166 ff. InsO). 43

Im Rahmen der Umgestaltung und Vereinfachung des Verbraucherinsolvenzverfahrens durch den Rechtsausschuß wurde für das Verbraucherinsolvenzverfahren diese Einbindung der Absonderungsrechte aufgegeben. Die Verwertung dieser Rechte wurde vielmehr den Gläubigern zugewiesen, die nach § 313 Abs. 3 Satz 2 InsO anstelle des Treuhänders zuständig sind, ihre jeweiligen Absonderungsrechte zu realisieren. Soweit sie Befriedigung aus der Insolvenzmasse suchen, müssen sie jedoch die Anforderungen der §§ 190, 52 InsO beachten (dazu § 314 Rz. 21 f.). Die für ein Verbraucherinsolvenzverfahren wichtigen Absonderungsrechte sollen hier kurz erläutert werden. 44

I. Die Abtretung von Ansprüchen auf Arbeitsentgelt und Sozialleistungen

Das wichtigste Absonderungsrecht im Verbraucherinsolvenzverfahren wird durch die Abtretung des Anspruchs auf Arbeitsentgelt bzw. Sozialleistungen vermittelt, da diese Sicherheit bei Verbrauchern sowohl aus persönlichen als auch aus ökonomischen Gründen besonders wichtig ist. Die Schlüsselrolle der Entgeltabtretung wird durch die Sonderregelung des § 114 InsO nachhaltig bekräftigt. Damit erlangt die Aufgabe der Rechtskontrolle von Abtretungsvereinbarungen ein besonderes Gewicht, so daß sie regelmäßig in jedem Verbraucherinsolvenzverfahren sorgfältig vorzunehmen ist. 45

1. Die Abtretung von Ansprüchen auf Arbeitsentgelt

In aller Regel werden Abtretungsvereinbarungen als Formularverträge geschlossen, so daß der wichtigste Prüfungsmaßstab die Normen des AGBG sind. Diese Verträge sind regelmäßig § 1 AGBG zuzuordnen und werden den Verbrauchern gestellt; in Einzelfäl- 46 len kann auch § 24a AGBG eingreifen. Eine Einbeziehung kann an § 2 AGBG scheitern, wenn die Sicherungsvereinbarung nicht im Formularvertrag selbst, sondern in anderen AGB, auf die nur allgemein verwiesen wird, enthalten ist. Bereits in der älteren Judikatur war das Verbot überraschender Vereinbarungen mobilisiert worden. Für eine so gewichtige Vereinbarung wie die Abtretung von Arbeitsentgelt wurde verlangt, daß diese im Vertrag hinreichend deutlich und optisch unübersehbar hervorgehoben wurde (dazu nur *LAG Bremen* BB 1966, 535; *LG Düsseldorf* BB 1967, 118; *LAG Berlin* BB 1968, 84; ausführlich *Kohte* ZIP 1988, 1225 [1227f.]). In der späteren Judikatur wurde die Formularabtretung von Arbeitsentgelt vor allem als überraschend qualifiziert, wenn der zugrundeliegende Vertrag als klassisches Umsatzgeschäft von Verbrauchern ausgestaltet war. Damit wurden Formularabtretungen in Kaufverträgen (*OLG Hamm* BB 1983, 1304 [1307]), Mietverträgen (*LG Lübeck* NJW 1985, 2958) und Leasingverträgen (*OLG Celle* NJW-RR 1994, 562) als unwirksam klassifiziert (dazu *Staudinger/Schlosser*, AGBGB 13. Aufl. 1998 § 3 Rz. 27; *Palandt/Heinrichs* 57. Aufl. § 3 Rz. 5 u. 6; *Kohte* BB 1989, 2257). Schließlich wird eine Entgeltabtretung in Sicherungsgeschäften ebenso bereits als überraschend klassifiziert (zur Bürgschaft nur *SG Düsseldorf* NJW-RR 1989, 756).

47 In der gefestigten Judikatur des BGH zur Inhaltskontrolle von Formularabtretungen dominiert jedoch zutreffend die Inhaltskontrolle nach § 9 AGBG (dazu vor allem *BGH* NJW 1989, 2383; NJW 1992, 2626; NJW 1994, 2754). Aufgrund des AGB-rechtlichen Transparenzgebots ist es vor allem geboten, daß die jeweilige Sicherungsabrede den Zweck und Umfang der Abtretung sowie die Voraussetzungen der Verwertungsbefugnis eindeutig bezeichnet (*BGH* NJW 1989, 2257 [2258]). Damit sind die bis 1989 üblichen Formulierungen der Entgeltabtretungen, in denen diese nur knapp »zur Sicherung« abgetreten wurden, nicht vereinbar (dazu *Kohte* BB 1989, 2257 [2258]).

48 Von größerer Bedeutung ist inzwischen die materielle Inhaltskontrolle, die eine unverhältnismäßige Beschränkung der wirtschaftlichen Bewegungsfreiheit der Kunden verhindern soll. In der Judikatur der verschiedenen Senate des BGH besteht Übereinstimmung, daß die Abtretung von Arbeitsentgelt für die Verbraucher von existentieller Bedeutung ist, weil die Offenlegung einer Lohn- oder Gehaltsabtretung dem Schuldner kurzfristig den gesamten pfändbaren Teil seines Arbeitseinkommens entzieht und ihm damit in aller Regel die Möglichkeit nimmt, seinen sonstigen laufenden Verpflichtungen weiterhin nachzukommen. Aufgrund der bisherigen Praxis gehen die verschiedenen Senate weiter davon aus, daß eine solche Abtretung die Sicherheit des Arbeitsplatzes gefährden kann (*BGH* NJW 1996, 388 [389]). Auch wenn arbeitsrechtlich eine Kündigung wegen der Offenlegung einer Abtretung in aller Regel sozial ungerechtfertigt ist (dazu vor allem *KR-Etzel*, 4. Aufl. 1996 § 1 KSchG Rz. 442ff.), werden solche Kündigungen weiterhin nicht selten ausgesprochen. Für die Inhaltskontrolle ist daher dieses Kündigungsrisiko als typische Folge der Offenlegung einer Abtretung zu berücksichtigen.

49 In der bisherigen Judikatur ist die unverhältnismäßige Einschränkung der wirtschaftlichen Bewegungsfreiheit der Verbraucher vor allem am Freigabeproblem und an der Ausgestaltung der Verwertungsregelungen gemessen worden. Seit 1989 verlangt die Judikatur des BGH bei Entgeltabtretungen eine ausdrückliche Freigaberegelung, die bereits bei einer Überschreitung der gesicherten Forderung von 10–20% einsetzt. Die Notwendigkeit eines ermessensunabhängigen Freigabeanspruchs wird heute allgemein bereits aus dem fiduziarischen Charakter einer Entgeltabtretung abgeleitet (dazu nur *BGH* NJW 1998, 671). Im kaufmännischen Geschäftsverkehr wird eine ausdrückliche Freigabeerklärung als nicht erforderlich angesehen; die Schwelle des Freigabeanspruchs setzt bei 150% des Nennwertes der jeweiligen Forderung an (*BGH* a.a.O.). Diese Kategorien sind, wovon auch die Judikatur des BGH ausgeht (dazu nur *BGH* NJW 1995,

2219), für Entgeltabtretungen von Verbrauchern nicht geeignet. Für diesen Personenkreis ist eine größere Transparenz erforderlich; im übrigen ist auch der Schwellenwert für einen typisierten Freigabeanspruch deutlich niedriger anzusetzen, da Einwendungen gegen die Höhe des Arbeitsentgeltes wesentlich seltener als Einwendungen gegen die Höhe von Werklohnforderungen sind und alle Beteiligten in der Insolvenz des Drittschuldners durch das – im übrigen auch abtretbare – Insolvenzgeld nach §§ 183 ff. SGB III gesichert sind (dazu nur *Wiegand/Brunner* NJW 1995, 2013 [2018]; *Kohte* BB 1989, 2257 [2259]).

Die bisher größte praktische Relevanz hatte die Inhaltskontrolle hinsichtlich der Verwertungsregelung, die hier von größerer persönlicher Bedeutung als bei der Abtretung im Unternehmenskredit ist (*BGH* NJW 1994, 864 [866]). Die Mehrzahl der älteren Formularabtretungen räumte dem Sicherungsnehmer das Recht ein, nach seinem Ermessen die Abtretung offenzulegen, ohne daß nähere betrags- oder zeitbezogene Schranken gesetzt worden waren. Eine so weitreichende Handlungsbefugnis der Gläubiger in einer den Schuldner so existentiell betreffenden Situation wird von der Judikatur zutreffend als Verletzung des § 9 AGBG qualifiziert, die zur Unwirksamkeit der gesamten Abtretung führt (*BGH* NJW 1992, 2626; *BGH* NJW 1995, 2219). Ausnahmen werden für Formularabtretungen gemacht, die erfüllungshalber vorgenommen werden, um z. B. eine Vollstreckung aus einem Zahlungstitel abzuwenden (*BGH* NJW 1995, 2289). In ähnlicher Weise wird bei treuhänderischen Abtretungen § 8 AGBG angewandt (*Kohte* RsDE 27, 52 [60]). **50**

In der neueren Judikatur ist seit der Entscheidung *BGH* NJW 1992, 2626 zugleich verdeutlicht worden, daß Transparenz hier allein nicht ausreicht. Verlangt wird daher, daß der Schuldner bereits mit einem relevanten Teil seiner Verpflichtungen sich im Verzug befindet; vorgeschlagen wird dazu Verzug mit wenigstens zwei Monatsraten, bevor eine Offenlegung erfolgen kann (dazu nur *Kohte* EWiR 1992, 835). Noch wichtiger ist das Verbot einer sofortigen Offenlegung ohne vorherige Androhung; in der neueren Rechtsprechung des BGH wird, ohne daß die Frage abschließend beantwortet wurde, die Monatsfrist des § 1234 BGB als geeignete Ankündigungsfrist in den Raum gestellt, die dem Schuldner vor einer Offenlegung und Verwertung einzuräumen ist, damit er real Gelegenheiten ergreifen kann, wie er die Offenlegung noch verhindern kann (dazu vor allem *BGH* NJW 1992, 2626 [2627]; *Ulmer/Brandner/Hensen* AGBG 8. Aufl. 1997 Anh. §§ 9–11 Rz. 658c; zuletzt *Ganter* WM 1998, 2082 [2091]). **51**

Unverhältnismäßig und mit § 9 AGBG unvereinbar sind ebenso Formularabtretungen, die in Bürgschafts- oder Schuldbeitrittsverträgen enthalten sind. Sie stehen in deutlichem Widerspruch zum Leitbild der Bürgschaft bzw. des Schuldbeitritts, wonach diese sich verpflichten, eine Hauptschuld persönlich zu sichern, so daß von ihnen nicht zusätzlich die Stellung einer weiteren Sicherheit verlangt werden kann (dazu *BGHZ* 92, 295 = NJW 1985, 45; *SG Düsseldorf* NJW-RR 1989, 756; *Staudinger/Horn*, 13. Aufl. 1997 Rz. 71 vor § 765 BGB). **52**

Bei nachhaltiger Überschuldung kann ein Abtretungsvertrag, mit dem Ansprüche auf Arbeitsentgelt bzw. Sozialleistungen abgetreten worden sind, regelmäßig nach § 138 BGB unwirksam sein, wenn der Schuldner sein letztes pfändbares Vermögen an einen Gläubiger abführt, ohne daß ihm entsprechende neue Mittel zufließen können, und der begünstigte Gläubiger sich zumindest grob fahrlässig über die Erkenntnis hinweggesetzt hat, daß diese Abhängigkeit des Zedenten geeignet ist, gegenwärtige oder künftige Gläubiger über die Kreditwürdigkeit des Schuldners zu täuschen bzw. diesen in nachhaltiger Abhängigkeit zu lassen (dazu nur *BGH* NJW 1995, 1668; *Staudinger/Bork* § 138 Rz. 259 ff.). Unwirksamkeit der Entgeltabtretung kann schließlich auch eintreten, wenn diese eng mit einem Kreditvertrag verbunden ist, der wegen Wucherähnlichkeit sitten- **53** widrig und damit nichtig ist (dazu ausführlich *Schmelz* Der Verbraucherkredit 1989 Rz. 415 ff.; *Meiwes* Probleme des Ratenkreditvertrages, 1988, 110 ff.). Schließlich kann sich bei solchen Situationen auch eine Anfechtbarkeit einer Sicherungsabtretung ergeben (*BGH* NJW 1995, 1668 [1671]; unten Rz. 72 ff.).

2. Die Abtretung von Ansprüchen auf Sozialleistungen

54 In der Praxis des Verbraucherkredits sind neben der Entgeltabtretung auch Abtretungsverträge für Ansprüche auf Sozialleistungen von großer Bedeutung. Nach § 53 Abs. 3 SGB I können Ansprüche auf laufende Geldleistungen – die Sonderregelungen für einmalige Geldleistungen in § 53 Abs. 2 SGB I können hier außer Betracht bleiben – übertragen werden, soweit sie den für Arbeitseinkommen geltenden unpfändbaren Betrag übersteigen. Dieser Abtretungsvertrag ist als öffentlich-rechtlicher Vertrag zu qualifizieren, da sein Gegenstand Sozialleistungen – also eine Leistung des öffentlichen Rechts – sind (so *BSG* SGb 1994, 80). Damit stellt sich die Frage, ob insoweit auch das Schriftformerfordernis des § 56 SGB X gilt, so daß Formularabtretungen ohne eigenständige Unterschrift unwirksam wären. Eine direkte Anwendung dieser Norm wird im Einklang mit der Judikatur und Literatur zu § 57 VwVfG weitgehend abgelehnt, wegen des vergleichbaren Schutzbedürfnisses (dazu *BVerwG* NJW 1992, 2908) wird jedoch eine entsprechende Anwendung von § 56 SGB X in der Literatur befürwortet (dazu nur *Meyer* SGb 1978, 504, 513; *Mrozynski* SGB I § 53 Rz. 7; a. A. *Hauck/Haines* § 56 SGB X Rz. 3; *Ebsen* SGb 1994, 83).

55 Auf diesen öffentlich-rechtlichen Vertrag sind allerdings die einschlägigen zivilrechtlichen Vorschriften entsprechend anwendbar (dazu bereits *BSGE* 11, 60). Von hoher Bedeutung ist hier der generell für das Abtretungsrecht geltende Bestimmtheitsgrundsatz, denn angesichts der Vielzahl von Sozialleistungen bedarf es insoweit einer präzisen Vereinbarung. In der Rechtsprechung des BSG wird daher zutreffend eine allgemeine Erklärung wonach ein Schuldner seine »Ansprüche gegenüber dem Arbeitsamt in Höhe der zu gewährenden Leistungen nach dem AFG« abgetreten hat, als unbestimmt und damit unwirksam qualifiziert (*BSGE* 70, 186 [192] unter Bezugnahme auf *Heinze* SGb 1983, 249 [250]; *Kohte* NJW 1992, 393, 394). Damit dürfte ein Teil der heute üblichen Formularabtretungen als unwirksam zu qualifizieren sein (so *Schuler* SGb 1993, 75 f.).

56 Von besonderer Bedeutung für die Wirksamkeit der Abtretung von Sozialleistungsansprüchen ist im Verbraucherkredit wiederum die Einbeziehungs- und Inhaltskontrolle nach den Grundsätzen des AGBG. An § 3 AGBG können Sicherungsklauseln scheitern, die zwar mit dem Bestimmtheitsgrundsatz verbunden sind, mit denen jedoch Verbraucher in diesem Vertrag bzw. zu diesem Zeitpunkt nicht zu rechnen brauchten. Dies gilt somit wiederum für die Abtretung von Sozialleistungsansprüchen in Kauf- und Mietverträgen (oben Rz. 46) sowie nicht hinreichend deutlich hervorgehobene Formularabtretungen von Sozialleistungen in Kreditverträgen in Westdeutschland vor 1980 und in Ostdeutschland zwischen 1990 und 1992, bevor die Üblichkeit einer solchen Abtretung von Sozialleistungen hinreichend bekannt geworden ist (dazu allgemein *Kohte* BB 1989, 2257 [2258]).

57 Für die Unverhältnismäßigkeit von Formularabtretungen von Sozialleistungen gelten die allgemeinen Regeln der Inhaltskontrolle von Entgeltabtretungsverträgen (dazu oben Rz. 47 ff.). Intensiv erörtert worden ist jedoch vor allem die Sicherung des sozialhilferechtlichen Existenzminimums. Solange eine Pfändung von Sozialleistungen wegen § 54 Abs. 3 Nr. 2 SGB I a. F. das sozialhilferechtliche Existenzminimum nicht erfassen konnte, war der Widerspruch zu einer möglicherweise weitergehenden Formularabtre-

tung evident (dazu nur *Mrozynski* SGb 1989, 374, 381 ff.). Die Unverhältnismäßigkeit eines solchen Zugriffs ist jedoch auch seit 1994 zu bejahen, denn die seit diesem Zeitpunkt geltende Verweisung in § 54 SGB I auf die Antragsmöglichkeit nach § 850 f ZPO sollte nicht das Schutzniveau verringern, sondern nur ein besser geeignetes Verfahren einführen (dazu nur *Hornung* Rpfleger 1994, 445 [449]).

In der Rechtsprechung der Sozialgerichtsbarkeit (dazu schon oben § 287 Rz. 85) wurde **58** für solche Fälle teilweise angenommen, daß der Sozialleistungsträger an die Stelle des Vollstreckungsgerichts trete und durch Verwaltungsakt den überschießenden Betrag der Abtretung korrigiere und diesen auf das sozialhilferechtliche Existenzminimum beschränken könne (dazu nur *LSG* NRW VuR 1995, 249). Diese Auslegung schließt sich an Judikate einzelner Senate des BSG an, die sowohl die Zusammenrechnungsmöglichkeiten nach § 850 e ZPO bei Einverständnis des Schuldners dem Sozialversicherungsträger zuweisen wollten (dazu nur *BSGE* 61, 274) als auch einen Schutz in analoger Anwendung von § 850 Abs. 1 a ZPO durch Verwaltungsakt für geboten halten (BSG NZS 1996, 142 [144]). Der 4. Senat des BSG hat diese Entscheidungsmöglichkeit nicht den Sozialleistungsträgern, sondern dem Sozialgericht öffnen wollen (dazu *BSG* SGb 1994, 80 [83] mit insoweit kritischer Anm. *Ebsen*). Problematisch ist bei diesen Lösungen vor allem, wie dieser Schutz während eines Verbraucherinsolvenzverfahrens mobilisiert werden soll.

Auch wenn keine hoheitliche Lösung in Betracht kommt, besteht weitgehend Einver- **59** nehmen, daß dem Zedenten zumindest das Schutzniveau des sozialhilferechtlichen Existenzminums nach § 850 f ZPO zugute kommen muß (*BSGE* 76, 184 [194]). Geboten ist daher wiederum die Heranziehung vertragsrechtlicher Grundsätze. Aus dem fiduziarischen Charakter der Abtretung ergibt sich ein Übermaßverbot; eine überschießende Rechtsmacht des Zessionars ist durch einen Freigabeanspruch auszugleichen (so zuletzt *BGH* NJW 1998, 671). Dies bedeutet, daß der Zedent vom Zessionar beanspruchen kann, daß dieser die nach § 850 c ZPO pfändbaren Beträge freigibt, soweit er sie zur Sicherung seines sozialhilferechtlichen Existenzminimums benötigt (dazu bereits *Kohte* JR 1992, 88; sowie jetzt JR 1998, 88). Während der allgemeine Freigabeanspruch im kaufmännischen Rechtsverkehr keiner expliziten Regelung bedarf (*BGH* NJW 1998, 671), erfordert das Transparenzgebot im Verbraucherkredit, daß bei Abtretungen von Sozialleistungen ein solcher Freigabeanspruch ausdrücklich in die Formularabtretung aufgenommen wird.

Für Formularabtretungen von Arbeitsentgelt bedarf es schließlich eines vergleichbaren **60** Schutzes. Wiederum ist der § 850 f Abs. 1a ZPO für die Pfändung verankerte, verfassungsrechtlich begründete Schutz zumindest für Formularabtretungen ebenfalls geboten. Der scheinbar einfache Weg, wonach die Abtretung generell nur den Betrag erfaßt, der über dem sozialhilferechtlichen Existenzminimum liegt (so wohl *LG Hannover* WM 1991, 68) dürfte nicht gangbar sein, da in der Regel eine solche vor allem für den Arbeitgeber schwer erkennbare Grenze der Abtretung mit dem Bestimmtheitsgrundsatz nicht mehr vereinbar sein dürfte (vgl. zu diesem Grundsatz *BGH* NJW 1965, 2197). Da aber andererseits zwischen Zedent und Zessionar diese Existenzsicherung geklärt werden muß (dazu überzeugend *OLG Köln* Rpfleger 1998, 354), ist dies wiederum am ehesten durch die Anerkennung eines Freigabeanspruchs zu gewährleisten. Dieser Freigabeanspruch ist in Formularabtretungen unverzichtbar und bedarf wegen des Transparenzgebots einer ausdrücklichen Hervorhebung. In der Praxis wird anzunehmen sein, daß die Arbeitsvertragsparteien von der Möglichkeit der Vereinbarung eines Abtretungsverbots nach § 399 BGB Gebrauch machen (dazu *Hanau* in MünchKomm/ Arb, § 71 Rz. 6). Da der Entgeltanspruch mit jedem Entgeltzahlungszeitraum neu entsteht, kann auch nach Offenlegung einer Abtretung für die Zukunft ein solches Abtretungsverbot vereinbart werden (*Boewer/Bommermann* Lohnpfändung und Lohnabtretung in Recht und Praxis, 1987, Rz. 989; *Roth* in MünchKomm, 3. Aufl. 1994 § 399 BGB Rz. 28). Die Norm des § 287 Abs. 3 InsO, die solchen Abtretungsverboten entgegensteht, gilt erst im Restschuldbefreiungs-, nicht jedoch im Verbraucherinsolvenzverfahren (dazu § 287 Rz. 94 f.).

3. Abtretung von Ansprüchen aus Versicherungsverträgen

61 In der Praxis des Verbraucherkredits ist in den letzten Jahren zunehmend eine Tendenz zur zusätzlichen Absicherung durch Abtretung von Ansprüchen aus Versicherungsverträgen festzustellen. Es handelt sich dabei nicht um die klassische Restschuldversicherung, die das Risiko betrifft, daß der Kreditnehmer infolge langdauernder Arbeitsunfähigkeit Ratenzahlungen nicht erbringen kann, sondern die Abtretung zusätzlicher Ansprüche aus Lebensversicherungsverträgen. Generell wird in § 13 ALB für eine solche Abtretung Schriftform und Anzeige gegenüber dem Versicherer verlangt. Wenn diese Erfordernisse nicht eingehalten werden, ist die Abtretung absolut unwirksam (*BGHZ* 112, 387 = NJW 1991, 559; *Römer/Langheid*, VVG § 159 Rz. 13).

62 Weiter gelten für solche Abtretungserklärungen die allgemeinen Grundsätze des Transparenzgebots, die für alle Sicherungsverträge gelten, so daß eine klare Regelung der zu sichernden Forderungen, des Sicherungsfalls und des Verwertungsverfahrens geboten sind (dazu *AG Hannover* VersR 1996, 616; *Römer/Langheid*, VVG § 159 Rz. 14). Da zumindest in den ersten Jahren der Rückkaufwert einer Lebensversicherung sehr ungünstig ist, bedarf auch hier der Sicherungsgeber notwendigerweise der vorherigen Ankündigung und einer Frist, mit der die Verwertung abgewendet werden kann, die sich ebenfalls am Leitbild des § 1234 BGB zu orientieren hat. Eine hohe Bedeutung hat das Transparenzgebot schließlich für alle Kombinationsverträge, in denen die Lebensversicherung von vornherein in den Ratenzahlungsplan integriert ist, weil hier vorzeitige Störungen, die im Verbraucherrecht nicht atypisch sind, schwerwiegende Folgen haben können. In der Gerichtspraxis ist dieses Problem bisher unter dem Gesichtspunkt der Aufklärungspflicht erfaßt worden; gravierende Formularmängel führen aber auch in diesem Bereich zur Unwirksamkeit nach § 9 AGBG (dazu *LG Hanau* WM 1989, 778 [782]; *Kohte* ZBB 1989, 130 [136]).

63 Von großer Bedeutung ist die Abtretung von Ansprüchen aus Versicherungsverträgen schließlich im Bereich freiberuflicher Schuldner und Kreditnehmer, da diesen andere Sicherungsmittel oft nicht zur Verfügung stehen. In der Gerichtspraxis wird solchen Abtretungen daher ein größerer Raum gegeben (*BGH* NJW 1995, 2219). Vorausgesetzt wird allerdings, daß den Sicherungsgebern ein hinreichender wirtschaftlicher Bewegungsspielraum eingeräumt wird (*BGH* a. a. O.). Dazu gehört z. B., daß auch die Sicherungsabtretung solcher Ansprüche weitere Verfügungen, die mit dem Sicherungszweck vereinbar sind, möglich sein müssen (dazu *OLG Hamm* VersR 1994, 1053 mit Anm. *Bayer*; *OLG Hamm* VersR 1997, 1386). Der auf diese Weise für den Sicherungsgeber erforderliche eigene Handlungsspielraum setzt schließlich voraus, daß in den Fällen, in denen der Anspruch aus dem Lebensversicherungsvertrag die einzige oder hauptsächliche Alterssicherung darstellt, zumindest bei rentennahen Jahrgängen eine Grundsicherung frei bleiben bzw. durch Freigabeanspruch garantiert werden muß.

II. Pfandrechte

Absonderungsberechtigt sind nach § 50 InsO auch diejenigen Gläubiger, die an einem 64
Gegenstand der Insolvenzmasse ein rechtsgeschäftliches Pfandrecht begründet haben. Zu den in der Praxis wichtige Pfandrechten gehören vor allem die in Nr. 14 der AGB-Banken geregelten Sachverhalte, wonach die Bank ein Pfandrecht an Wertpapieren und Sachen des Kunden sowie ein Pfandrecht an den Ansprüchen, die dem Kunden aus Kontenguthaben zustehen, erwirbt. Eine wirksame Einigung zwischen Kunde und Bank setzt unter anderem voraus, daß diese Bestimmungen wirksam in die jeweiligen Verträge einbezogen worden sind. Nach Nr. 14 Abs. 3 der AGB-Banken, die seit 1993 gelten, werden zweckgebundene Gelder und Werte des Kunden von diesem Pfandrecht von vornherein nicht erfaßt. Insoweit ist die bisherige Judikatur (dazu nur *BGH* NJW 1983, 2701) ausdrücklich aufgenommen worden. Eine solche Zweckbindung kann sich z.B. aus speziellen Bauspargutalben ergeben. Zu den wichtigen Pfandrechten gehört weiter das Vermieterpfandrecht, das nach § 50 Abs. 2 InsO im Insolvenzverfahren nur wegen des Miet- oder Pachtzinses für die letzten zwölf Monate vor der Eröffnung des Verfahrens geltend gemacht werden kann. Damit kann an die bisherige Auslegung des § 49 KO und die damit verbundenen Einschränkungen des Vermieterpfandrechts und der durch dieses Pfandrechts gesicherten Forderungen angeknüpft werden (dazu nur *Kuhn/Uhlenbruck* § 49 Rz. 6). Für die Möglichkeiten der Anfechtung nach § 130 InsO gelten die verschärften Regelungen des neuen Rechts (dazu *Giesen* KTS 1995, 579 [603 f.]).

III. Grundpfandrechte

§ 49 InsO verweist für die Absonderungsrechte an unbeweglichem Vermögen in Über- 65
einstimmung mit § 47 KO auf die Bestimmungen der Einzelzwangsvollstreckung in das unbewegliche Vermögen (§§ 864, 865 ZPO, 10, 20 ff. ZVG). Damit steht vor allem den Gläubigern von Grundpfandrechten ein solches Absonderungsrecht zu (*Häsemeyer* Rz. 18.08 ff.; zum bisherigen Recht *Kuhn/Uhlenbruck* § 47 Rz. 11 ff.). Damit finden diese Bestimmungen auch Anwendung, wenn z.B. Wohnungseigentum mit Grundpfandrechten belastet ist.

Nach § 165 InsO darf die Verwertung unbeweglicher Gegenstände auch während des 66
Insolvenzverfahrens im Wege der Zwangsversteigerung oder der Zwangsverwaltung betrieben werden. Durch Art. 20 EGInsO sind allerdings die Einstellungsmöglichkeiten des Vollstreckungsgerichts in der neuen Fassung des § 30d ZVG n.F. erweitert worden. Danach kann sowohl während des Eröffnungsverfahrens als auch während des Insolvenzverfahrens eine einstweilige Einstellung erfolgen, die allerdings nach § 30e ZVG mit der Auflage versehen wird, daß nach Ablauf einer Schonfrist der vertragliche Zins dem beitreibenden Gläubiger auch während der Einstellung regelmäßig zu zahlen ist (dazu ausführlich *Obermüller* a.a.O. Rz. 6. 364 ff.). Damit ist gerade für Wohneigentum in der Verbraucherinsolvenz ein Handlungsdruck installiert, der eine zügige Problemlösung erfordert.

E. Anfechtung im Verbraucherinsolvenzverfahren

Zu den wesentlichen Zielen des neuen Insolvenzrechts gehörte die Modernisierung und 67
Verschärfung des Anfechtungsrechts. Im Vorfeld der Reform war bereits kritisiert

worden, daß das bisherige Anfechtungsrecht nicht hinreichend in der Lage sei, der Aushöhlung der Masse entgegenzutreten. Nach den Gesetzesmaterialien erwartet man sich von der Neuregelung nunmehr eine wesentlich effektivere und straffere Anwendung des Insolvenzrechts (BT-Drucks. 12/2443, S. 156). Für die Verbraucherinsolvenz ist vor allem von Bedeutung, daß verschiedene Fallgruppen des Anfechtungsrechts, die teilweise im neuen Recht genauer herausgearbeitet worden sind, nicht nur gläubigerschützende Funktionen haben, sondern zugleich auch geeignet sind, zur Bildung bzw. Anreicherung der Masse beizutragen (dazu *Pick* NJW 1995, 992 [995]), so daß eine größere Zahl an Verfahren eröffnet werden kann (dazu § 312 Rz. 15). Insofern hat das Anfechtungsrecht in diesem Zusammenhang auch eine verbraucherschützende Wirkung. Im folgenden sollen einige Fallgruppen erläutert werden, die für das künftige Anfechtungsrecht in Verbraucherinsolvenzverfahren von großer Bedeutung sein können.

I. Anfechtbare Zwangsvollstreckung

68 Zwangsvollstreckungshandlungen werden auch nach dem neuen Insolvenzrecht der inkongruenten Deckung nach § 131 InsO zugeordnet, sofern es sich um Rechtshandlungen handelt, die einem Insolvenzgläubiger eine Sicherung oder Befriedigung ermöglicht haben, die er nicht in dieser Weise zu beanspruchen hatte. Aus der klarstellenden Norm des § 141 InsO ergibt sich, daß eine Anfechtung nicht dadurch ausgeschlossen wird, daß für die Rechtshandlung ein vollstreckbarer Schuldtitel erlangt worden war (dazu BT-Drucks. 12/2443, S. 167). Insoweit wird bewußt an § 35 KO angeknüpft: diese Norm wird so verstanden, daß Gläubiger auch aufgrund eines Vollstreckungstitels keinen »Anspruch« auf das jeweilige Pfändungspfandrecht haben (*RG* RGZ 10, 33 [35]; *BGH* BGHZ 34, 254 [258]). Damit ist die bisherige Gerichtspraxis (zuletzt *BGH* NJW 1985, 200; NJW 1991, 980; NJW 1995, 1090; NJW 1997, 3445; *OLG München* NJW-RR 1996, 1017), die von der Literatur mehrheitlich, jedoch nicht einhellig gebilligt worden war, ausdrücklich übernommen worden (dazu nur *von Campe* Insolvenzanfechtung in Deutschland und Frankreich, 1996, S. 110ff.). Über die Rückschlagsperre des § 88 InsO hinaus ist damit jede Zwangsvollstreckungshandlung anfechtbar, die im letzten Monat vor dem Antrag auf Eröffnung des Insolvenzverfahrens oder nach diesem Antrag vorgenommen worden ist. Weiter sind auch die Zwangsvollstreckungshandlungen innerhalb des zweiten oder dritten Monats vor dem Eröffnungsantrag anfechtbar, wenn entweder der Schuldner zu diesem Zeitpunkt zahlungsunfähig oder dem Gläubiger zu diesem Zeitpunkt bekannt war, daß diese Vollstreckungshandlung Insolvenzgläubiger benachteiligt.

69 Dieser relativ klar umrissene Anfechtungsgrund ist von großer Bedeutung für die Sammlung einer hinreichenden Insolvenzmasse und wird vor allem Anwendung finden, wenn Vollstreckungshandlungen namhafte Beträge – z.B. pfändbare Teile des Weihnachtsgeldes, Anspruch auf Auszahlung eines Sparguthabens oder einer gekündigten Versicherung – erbracht haben. Als Prozeßhandlungen sind in diesen Fällen sowohl die Vorpfändung als auch die Hauptpfändung anfechtbar, wenn sie dem Vollstreckungsgläubiger eine Sicherung oder Befriedigung gewährt oder ermöglicht hat.

70 Nach der neueren Judikatur des BGH wird als anfechtbare Rechtshandlung sowohl die Sachpfändung als auch die Pfändung von Geld qualifiziert. Diese Vollstreckung ist in der Periode unmittelbar vor dem Eröffnungsantrag anfechtbar, weil für die zurückgesetzten Gläubiger keine Aussicht besteht, sich aus anderen Vermögensgegenständen des Schuldners volle Deckung zu verschaffen. Nachteilig für den Vollstreckungsgläubiger fällt vor

allem ins Gewicht, daß er diese Ungleichbehandlung durch staatliche Machtmittel erzwungen hat (dazu *BGH* NJW 1997, 3445 [3446]). Daraus ergibt sich, daß jede Form der durch Zwangsvollstreckung erlangten Deckung inkongruent ist (so auch *Häsemeyer* 2. Aufl. Rz. 21.60).
Damit hat die jüngste auch für § 131 InsO maßgebliche (so auch *Zeuner* in Smid InsO 71
§ 131 Rz. 20) Rechtsprechung des BGH (*BGH* NJW 1997, 3445 [3446]) zur Bestimmung der inkongruenten Deckung die Argumentation von Henckel (*Jaeger/Henckel* § 30 Rz. 232 ff.) übernommen, wonach die individuelle Einzelzwangsvollstreckung nicht hinnehmbar ist, wenn infolge der Zahlungsunfähigkeit des Schuldners für die anderen nach den Prioritätsprinzip zurückgesetzten Gläubiger keine Aussicht mehr besteht, sich aus anderen Vermögensgegenständen des Schuldners volle Deckung zu verschaffen. Insoweit ist die sich aus dem Prioritätsprinzip ergebende Ungleichbehandlung der einzelnen Gläubiger nicht mehr akzeptabel (dazu *Smid* GesO, Einl. Rz. 74). Diese Begründung trägt und erfordert die Anfechtbarkeit einer weiteren Fallgruppe: wenn aufgrund der Androhung der Vollstreckung vom Schuldner geleistet wird, um die Zwangsvollstreckung abzuwenden, ist auch insoweit eine inkongruente Deckung anzunehmen (*BGH* a. a. O.; *Häsemeyer* Rz. 21. 60 a. E.; ebenso in der bisherigen Literatur bereits *Kuhn/Uhlenbruck* § 30 Rz. 52c; vgl. differenzierend *Jaeger/Henckel* § 30 Rz. 248f.). In der Literatur wurde zutreffend darauf hingewiesen, daß damit auch aggressive Inkassopraktiken, die in spezifischer Weise mit dem Einsatz staatlicher Machtmittel drohen, mit Hilfe des Anfechtungsrechts eingedämmt werden können (dazu nur *Münzberg* JZ 1998, 310; vgl. *von Campe* a. a. O. S. 112).

II. Anfechtbare Sicherungen

Die vertragliche Bestellung einer Sicherheit kann ebenfalls nach § 131 InsO als inkon- 72
gruente Deckung anfechtbar sein. Aus der Gerichtspraxis sind zunächst diejenigen Fälle zu nennen, in denen der Sicherungsnehmer keinen Anspruch darauf hatte, daß der Sicherungsgeber eine solche Sicherheit stellte. Verlangt wird insoweit, daß ein Anspruch auf die konkrete Sicherheit besteht, so daß die allgemeine Bestimmung nach Art. 13 AGB Banken, wonach Bankkunden Sicherheiten zu bestellen bzw. zu verstärken haben, hierfür nicht ausreicht (dazu nur *BGH* NJW 1969, 1708 [1718, 1719]; NJW 1995, 2348 [2350]; vgl. *Beckmann* DB 1991, 584; *Zeuner* in Smid InsO § 131 Rz. 27). Ebenso ist das Auffüllen nicht voll qualifizierter Sicherheiten durch Abtretung ungesicherter Drittforderungen als inkongruente Deckung zu qualifizieren (*BGH* BGHZ 59, 230 = WM 1972, 1187; dazu oben auch § 131 Rz. IV 5).
Die besondere Bedeutung des Anfechtungsrechts erschließt sich bei Kreditsicher- 73
heiten jedoch erst, wenn deren rechtliche Konstruktion berücksichtigt wird. Die Verpfändung oder Abtretung einer Forderung ist erst dann vollendet und wird erst dann wirksam, wenn nicht nur die Einigung über die Abtretung/Verpfändung, sondern auch die Entstehung der abgetretenen/verpfändeten Forderung erfolgt ist (*BGH* VersR 1997, 625 = DtZ 1997, 52). Wird eine Forderung aus einem Dauerschuldverhältnis abgetreten, so ist zu beachten, daß diese Forderung jeden Monat neu entsteht, so daß auch die monatsweise Entstehung der Forderung zu einer monatlich neu entstehenden Abtretung führt; der Zeitfaktor ist für das Anfechtungsrecht von zentraler Bedeutung, weil die im Einzelfall zu treffenden Feststellungen zur Benachteiligungsabsicht einer präzisen zeitlichen Zuordnung bedürfen (BGH NJW 1995, 1668 [1671]).

74 Bei einer Abtretung von Arbeitsentgelt oder Sozialleistungen ergibt sich aus der allgemeinen Struktur solcher Sicherungsgeschäfte, daß diese Abtretung wiederum mit den jeweiligen Abrechnungszeiträumen – im Regelfall also monatlich – neu entsteht bzw. vollendet wird. Daraus kann sich wiederum ergeben, daß im Zeitpunkt der endgültigen Wirksamkeit dieser Abtretung eine Handlung innerhalb des zweiten oder dritten Monats vor dem Eröffnungsantrag vorliegt, so daß eine Anfechtung entweder nach § 130 Abs. 1 Nr. 1 oder § 131 Abs. 1 Nr. 2 oder 3 InsO in Betracht kommt. In der bisherigen Judikatur sind Anfechtungen von Arbeitentgelt z. B. im Zusammenhang mit Umschuldungsvereinbarungen als anfechtbar klassifiziert worden (anschaulich *LG Duisburg* ZIP 1992, 496; *OLG Celle* WM 1982, 941). Angesichts der bisherigen engeren Fassung der Anfechtungsregeln scheiterte eine Anfechtungsklage nicht selten am präzisen Nachweis sämtlicher einzelner Tatbestandsmerkmale (dazu *BGH* NJW 1987, 1268). Nach dem neuen Recht sind jedoch die Möglichkeiten der Anfechtung erweitert; so ist z. B. für die Anfechtung nach § 131 Abs. 1 Nr. 3 InsO ein Nachweis der Benachteiligungsabsicht des Schuldners nicht mehr erforderlich; ausreichend ist insoweit, daß der Zessionar Kenntnis von der Benachteiligung der anderen Gläubiger oder von Umständen, die zwingend auf eine solche Benachteiligung schließen lassen hat (dazu BT-Drucks. 12/ 2443, S. 159; *Häsemeyer* 2. Aufl. Rz. 21. 64). Daraus ergibt sich, daß z. B. die nicht selten formularmäßig eingesetzten Entgeltabtretungen bei Stundungs- und Umschuldungsvereinbarungen nach der neuen Rechtslage anfechtbar sein können (vgl. auch zu anfechtbaren Sicherungen bei Zahlungsunfähigkeit *BGH* NJW 1993, 1640; NJW 1998, 607 [609]).

III. Anfechtbare Verrechnungen

75 Im praktischen Alltag wird von großer Bedeutung sein, daß die Möglichkeiten der Aufrechnung und Verrechnung durch die Neufassung des § 96 Nr. 3 InsO eingeschränkt worden sind. Diese Norm knüpft an die bisherige Judikatur (*BGH* BGHZ 58, 108 [110]) an und verallgemeinert die bisherigen Aussagen der gerichtlichen Praxis. Eine Aufrechnung soll generell nicht zulässig sein, wenn die Aufrechnungslage vor der Verfahrenseröffnung in einer Weise herbeigeführt worden ist, die den Insolvenzverwalter/Treuhänder gegenüber dem Gläubiger zur Insolvenzanfechtung berechtigt (BT-Drucks. 12/2443, S. 141 f.; allgemein *Gerhardt* Festschrift für Zeuner 1994, 353 [362 ff.]). Bereits im bisherigen Recht ist in den letzten Jahren die Anfechtbarkeit der Verrechnungen von Zahlungseingängen auf einem debitorischen Konto eines Schuldners thematisiert worden (dazu nur *Canaris* Festschrift 100 Jahre KO 1977, 73 [81]; zuletzt *BGH* VersR 1998, 1303 [1305]). In der Praxis wird es dabei oft darauf ankommen, ob die Bank nach den Absprachen mit dem Kunden bei Überziehung des Kredits jederzeit eine Rückführung verlangen konnte oder ob – zumindest konkludent – eine bestimmte Überziehung akzeptiert worden ist.

76 Bei Raten – oder Kontokorrentkrediten wird der Bank in der Regel kein Recht zustehen, eingehende Zahlungen vollständig oder weitgehend auf das bisher Monat für Monat angewachsene kreditorische Konto zu verrechnen. Die Fälligkeit der Forderung der Bank läßt sich dann in solchen Fällen nur durch eine Kündigung des Kredits herbeiführen; in der kritischen Situation der letzten drei Monate vor dem Antrag auf Eröffnung des Insolvenzverfahrens kann aber eine solche Kündigung wieder an § 96 Nr. 3 InsO scheitern (dazu *Obermüller* WM 1994, 1829 [1836]). Solche Verrechnungen bedürfen daher in Zukunft einer genaueren Überprüfung (zu den Einzelheiten *Nobbe* Das Girokonto in der Insolvenz in Prütting (Hrsg.) Insolvenzrecht 1996, S. 99 [122]).

IV. Anfechtung und Versicherung

Ansprüche aus Lebensversicherungsverträgen und vergleichbaren Verträgen mit Versorgungscharakter fallen nicht in die Insolvenzmasse, wenn einem Dritten vor Eröffnung des Insolvenzverfahrens eine unwiderrufliche Bezugsberechtigung zugewandt worden ist (dazu oben § 312 Rz. 59). In dieser Zuwendung kann eine Schenkung liegen, die der Anfechtung nach § 134 InsO unterfallen kann. In der bisherigen Judikatur ist eine Schenkungsanfechtung nach § 32 KO abgelehnt worden, sofern von Anfang an der Versicherungsnehmer ein unwiderrufliches Bezugsrecht zugewandt hatte (*RG* RGZ 153, 220 [228]; *Kuhn/Uhlenbruck* § 32 Rz. 17 ff.). Die vergleichbare Lösung wurde auch favorisiert, wenn dem Dritten zwar ein widerrufliches Bezugsrecht zugewandt worden war, dieses jedoch vor Eintritt des Versicherungsfalls nicht widerrufen und damit zum Vollrecht erstarkt war (dazu *OLG München* ZIP 1991, 1505). Soweit jedoch noch ein widerrufliches Bezugsrecht vor dem Versicherungsfall besteht, dürfte der Treuhänder nicht selten noch von der Möglichkeit des Widerrufs Gebrauch machen können, so daß sich Probleme des Anfechtungsrechts nicht mehr stellen. 77

In der neueren Literatur wird die Argumentation der bisherigen Judikatur als zu formalistisch abgelehnt (dazu *Jaeger/Henckel* § 32 Rz. 41 ff.). Diese Kritik hat sich jedoch nicht durchsetzen können, da sie den typischerweise gegebenen Versorgungscharakter der Versicherungsverträge zu gering bewertet (dazu ausführlich *Gottwald* in MünchKomm, 1994 § 330 Rz. 15; *Staudinger/Jagmann* 13. Aufl. 1995 § 330 Rz. 26). Die Ersetzung des § 32 KO durch § 134 InsO enthält keine grundlegend neuen Wertungen, so daß mehr dafür spricht, die bisherige Judikatur fortzusetzen. Diese Begrenzung der Anfechtung ist auch nach dem neuen Recht anwendbar, denn die Änderung hat hier nur zu minimalen Korrekturen geführt, so daß die Judikatur wohl an der bisherigen Praxis festhalten wird. 78

F. Verfahrensrechtliches

Die in der Gesetzgebung als Vereinfachung verstandene Zuweisung des Anfechtungsrechts an die je einzelnen Gläubiger hat insgesamt nicht zu einer Vereinfachung, sondern eher zu einer zunehmenden Komplexität der Rechtslage geführt. Nach der gesetzlichen Regelung steht das Recht, über die Anfechtungsmöglichkeit und den Rückgewähranspruch zu verfügen, weiterhin dem Treuhänder zu (dazu ausführlich *Henckel* Festschrift für Gaul, S. 199 [212]). Gläubiger, die nunmehr auf § 313 InsO gestützt, ein gerichtliches Insolvenzverfahren einleiten, führen dieses nur im Wege der Prozeßstandschaft für den Treuhänder durch (*Henckel* a.a.O. S. 214). Damit kann ihnen auch nicht das Recht zustehen, über den Streitgegenstand zu verfügen und ohne Rücksprache mit dem Treuhänder verfügen. 79

Bei der Korrektur von Zwangsvollstreckungsmaßnahmen stehen Treuhänder und Gläubiger eng miteinander verbundene, jedoch deutlich zu unterscheidende Rechtspositionen zu. Der Treuhänder ist zuständig, die Unwirksamkeit einer Sicherung infolge der Rückschlagsperre nach § 88 InsO geltend zu machen. Diese Unwirksamkeit betrifft die Art und Weise der künftigen Zwangsvollstreckung und ist damit nach § 766 ZPO geltend zu machen (dazu *von Campe*, a.a.O. S. 113). Dagegen ist die Anfechtungsklage nicht vom Treuhänder, sondern vom einzelnen Gläubiger oder einer Gläubigergruppe zu erheben. Insoweit gilt hier eine ähnliche Rollenverteilung wie im bisherigen Vergleichsverfahren (dazu *Bley/Mohrbutter* 1979, § 28 Rz. 11). 80

81 Die Anfechtungsklage ist am zuständigen Prozeßgericht – nicht jedoch am Vollstreckungsgericht – zu erheben. Der Gläubiger/Kläger hat im Anfechtungsverfahren den Gegenstand und die Tatsachen zu bezeichnen, aus denen die Anfechtungsberechtigung hergeleitet wird. Ein pauschaler Vortrag, der nicht erkennen läßt, welche konkrete Rechtshandlung angefochten werden soll, genügt nicht (*BGH* NJW 1992, 624 [626]; NJW 1995, 1668 [1671] DtZ 1997, 52 [53]).

§ 314
Vereinfachte Verteilung

(1) ¹**Auf Antrag des Treuhänders ordnet das Insolvenzgericht an, daß von einer Verwertung der Insolvenzmasse ganz oder teilweise abgesehen wird.** ²**In diesem Fall hat es dem Schuldner zusätzlich aufzugeben, binnen einer vom Gericht festgesetzten Frist an den Treuhänder einen Betrag zu zahlen, der dem Wert der Masse entspricht, die an die Insolvenzgläubiger zu verteilen wäre.** ³**Von der Anordnung soll abgesehen werden, wenn die Verwertung der Insolvenzmasse insbesondere im Interesse der Gläubiger geboten erscheint.**
(2) Vor der Entscheidung sind die Insolvenzgläubiger zu hören.
(3) ¹**Die Entscheidung über einen Antrag des Schuldners auf Erteilung von Restschuldbefreiung (§§ 289 bis 291) ist erst nach Ablauf der nach Absatz 1 Satz 2 festgesetzten Frist zu treffen.** ²**Das Gericht versagt die Restschuldbefreiung auf Antrag eines Insolvenzgläubigers, wenn der nach Absatz 1 Satz 2 zu zahlende Betrag auch nach Ablauf einer weiteren Frist von zwei Wochen, die das Gericht unter Hinweis auf die Möglichkeit der Versagung der Restschuldbefreiung gesetzt hat, nicht gezahlt ist.** ³Vor der Entscheidung ist der Schuldner zu hören.

§ 314 entspricht im wesentlichen § 357k BT-RA-EInsO und hat im Regierungsentwurf kein Vorbild. BT-Drucks. 12/7302, S. 194, zu Nr. 205 (»Zu § 357k«).

Inhaltsübersicht: Rz.

A. Normzweck		1– 3
B. Systematik		4– 5
C. Einfache Freigabevereinbarungen		6–13
	I. Eintritt in Lebensversicherungsverträge	6– 8
	II. Fiduziarische Freigabevereinbarungen	9–10
	III. Erkaufte Freigabe	11–13
D. Qualifizierte Freigabe		14–16
E. Das Schlußverfahren		17–34
	I. Das Schlußverzeichnis	19–23
	II. Der Schlußtermin	24–29
	III. Schlußverteilung und Aufhebung des Insolvenzverfahrens	30–34
F. Verfahrensrechtliches		35–37

A. Normzweck

Die erst spät in den Beratungen des Rechtsausschusses eingefügte Vorschrift soll eine Verfahrensvereinfachung ermöglichen. Wenn der Schuldner in der Lage ist, aus seinem pfändungsfreien Vermögen oder aus Zuwendungen Dritter an den Treuhänder einen bestimmten Betrag zu zahlen, so kann das Gericht anordnen, daß die Verwertung der Masse ganz oder teilweise unterbleibt (BT-Drucks. 12/7302, S. 194). Diese Vereinfachung dient zugleich auch der Verfahrensbeschleunigung, da der leistungsfähige Schuldner kurzfristig den Ablösungsbetrag zahlen kann. Insoweit besteht für ihn ein weiterer Anreiz zur aktiven Mitwirkung, damit zügig der Schlußtermin und die Aufhebung des Verfahrens nach §§ 197, 200 InsO erreicht werden können. Die für die Restschuldbefreiung grundlegende 7-Jahresfrist der Treuhandperiode beginnt aber nach § 287 Abs. 2 Satz 2 InsO erst mit der Aufhebung des Verfahrens. 1

Die Norm dient jedoch nicht nur der Vereinfachung des Verfahrens; indem sie eine Ablösung der Verwertung durch Zahlung eines Geldbetrags ermöglicht, kann der durch § 36 Abs. 3 InsO in Anlehnung an § 812 ZPO allgemein statuierte Schuldnerschutz vor nachteiliger Verwertung für Verbraucherinsolvenzverfahren flankiert und konkretisiert werden. Es ist daher bereits im Gesetzgebungsverfahren das Ziel hervorgehoben worden, daß mit Hilfe dieser Norm der Schuldner die Verwertung ihm besonders wichtiger Gegenstände verhindern kann (*Schmidt-Räntsch* MDR 1994, 321, [326]). 2

Andererseits schafft dieses Verfahren auch Risiken für den Schuldner, da bei Ausbleiben oder Verzögerung der Zahlung die Versagung der Restschuldbefreiung droht. Falls eine Zahlungsanordnung beantragt wird, deren Betrag vom Schuldner nicht aufzubringen wäre, würden trotz aller bisherigen Bemühungen des Schuldners seine Aussichten auf Restschuldbefreiung ohne sein Verschulden scheitern (kritisch daher *Hess/Pape* InsO, Rz. 1244; *Forsblad* S. 210). 3

B. Systematik

Die Norm knüpft an eine Verfahrensweise an, die im bisherigen Konkursrecht als »erkaufte Freigabe« seit langem bekannt ist (dazu nur *Kuhn/Uhlenbruck* KO, § 117 Rz. 11 c). Danach kann vereinbart werden, daß der Konkursverwalter gegen Zahlung eines Betrages massezugehörige Gegenstände in das konkursfreie Vermögen des Schuldners überführt. Diese Freigabe, die auf einer Einigung zwischen Verwalter und Gemeinschuldner beruhte, ist scharf zu trennen von der Herausgabe von Gegenständen, die der Verwalter in Besitz genommen hatte, obgleich sie zum konkursfreien Vermögen des Gemeinschuldners gehörten (dazu *Jaeger/Henckel* § 6 Rz. 19). 4

Es wäre jedoch ein Fehlverständnis der Norm, wollte man aus § 314 InsO schließen, daß diese Regelung nunmehr die bisherige Praxis von Freigabevereinbarungen zwischen Verwalter und Schuldner ersetzen oder ablösen sollte. Vielmehr zeigt gerade die in Art. 88 Nr. 5 EGInsO aktualisierte Freigabenorm des § 177 VVG (dazu unten Rz. 6ff.), daß auch weiterhin einfache Freigabevereinbarungen möglich sein sollen. Die Verwertung nach § 314 InsO stellt sich als eine qualifizierte Freigabe dar, die das Verfahren 5 zügig abschließen kann, jedoch wegen der Risiken für den Antrag auf Restschuldbefreiung sowie zur Abwehr kollusiver Praktiken zwischen Treuhänder und Schuldner (diese befürchtet *Wittig* WM 1998,157,[160]) an besondere Voraussetzungen geknüpft ist. Zum besseren systematischen Verständnis sind jedoch zunächst die einfachen Freigabevereinbarungen darzustellen, die sowohl nach dem bisherigen als auch nach dem künftigen Insolvenzrecht möglich bzw. geboten sind.

C. Einfache Freigabevereinbarungen

I. Eintritt in Lebensversicherungsverträge

6 In die Insolvenzmasse können auch Ansprüche aus Lebensversicherungsverträgen fallen, deren Verlust den Schuldner besonders hart treffen kann (dazu *Sieg* Festschrift für Klingmüller, 1974, 447 ff.). Nach Eintritt des Versicherungsfalles werden die laufenden Versicherungsleistungen gemäß § 850 Abs. 3 b ZPO dem Arbeitseinkommen gleichgestellt, so daß auch im Konkurs eine gewisse Versorgung weiterhin garantiert ist (dazu oben § 312 Rz. 55). Ein vergleichbarer Schutz fehlt jedoch vor Eintritt des Versicherungsfalls, da die Anwartschaft gegen Zwangsvollstreckung und Insolvenzbeschlag nicht gesichert ist. Auch wenn eine andere Person als bezugsberechtigt eingesetzt worden ist, ergibt sich – solange diese Berechtigung nicht unwiderruflich erfolgt ist – keine Versorgungssicherheit, da der Treuhänder die Bezugsberechtigung widerrufen kann (*BGH* VersR 1993, 689 = NJW 1993, 1994). Die sich daraus ergebenden Schutzlücken sollen durch das Eintrittsrecht nach § 177 VVG gemindert werden. Danach kann innerhalb eines Monats nach Eröffnung des Insolvenzverfahrens über das Vermögen eines Versicherungsnehmers der namentlich bezeichnete Bezugsberechtigte oder Ehegatte und Kinder des Versicherungsnehmers an dessen Stelle in den Versicherungsvertrag eintreten. Der Eintritt bedarf der Zustimmung des Versicherungsnehmers. Tritt der Bezugsberechtigte oder Angehörige ein, so hat er der Insolvenzmasse den Betrag zu zahlen, den der Versicherungsnehmer im Fall der Kündigung des Versicherungsvertrages vom Versicherer verlangen kann, so daß eine Freigabe des Versicherungsvertrages aus der Insolvenzmasse erfolgt.

7 Dieser gesetzlich kodifizierte Anspruch auf Freigabe dient der Sicherung der mit dem Lebensversicherungsvertrag angestrebten Versorgung für den Versicherungsnehmer bzw. die Angehörigen. Dieses Recht gilt daher für sämtliche Lebensversicherungsverträge nach §§ 159 ff. VVG. Es ist nicht davon abhängig, daß ein Rückkaufswert besteht (so *AG München* VersR 1960, 362), da die eintretende Person zumindest die Insolvenzmasse von den fälligen und zumindest bis zum Kündigungstermin zu erbringenden Versicherungsprämien freistellt. In der Literatur wird daher auch für die Berufsunfähigkeitsversicherung sowie die Berufsunfähigkeitszusatzversicherung ein solches Eintrittsrecht anerkannt (dazu *Voit* Berufsunfähigkeitsversicherung, 1996 Rz. 589). Ebenso wird anerkannt, daß auch unwiderruflich bezugsberechtigte Personen vom Eintrittsrecht Gebrauch machen können; zwar fällt in einem solchen Fall der Anspruch aus dem Versicherungsvertrag nicht in die Insolvenzmasse und dem Begünstigten ist die Möglichkeit gegeben, nach § 35a VVG die Prämien mit befreiender Wirkung an den Versicherer zu leisten, doch kann diesen Personen durch eine Anfechtung nach §§ 133, 134 InsO dieses Recht möglicherweise entzogen werden (vgl. § 313, Rz. 77). Somit besteht auch für diesen Personenkreis eine Versorgungsunsicherheit, die ihr Eintrittsrecht legitimiert; den Insolvenzgläubigern fügt dies keinen Nachteil zu, da der

Rückkaufswert in die Masse fließen muß (ausführlich *Hasse* Interessenkonflikte bei der Lebensversicherung zugunsten Dritter, 1981, 197 f.).

Die Frist für den Eintritt ist knapp bemessen; sie beträgt einen Monat und beginnt nach **8** dem eindeutigen Wortlaut mit der Eröffnung des Insolvenzverfahrens unabhängig vom Zeitpunkt, zu dem die Berechtigten von der Eröffnung Kenntnis erlangen. Angesichts dieser zumindest für rechtlich unerfahrene Personen knappen Frist ist es erforderlich, aber auch ausreichend, daß die eintretende Person und der Schuldner die entsprechenden Erklärungen gegenüber dem Treuhänder in dieser Frist abgeben; der Nachweis über die Zahlung des Rückkaufswerts muß in dieser Frist noch nicht erbracht werden (so *Benkel/Hirschberg* Lebensversicherung, 1990, § 13 ALB Rz. 193; anders *Prölss/Martin/Kollhosser* VVG, 1998, § 177 Rz. 5). Wenn fristgebundene Rechte von einer zusätzlichen Zahlung abhängig gemacht werden, dann ist es – wie die eng auszulegende Ausnahmevorschrift des § 7 Abs. 3 VerbrKrG zeigt (dazu nur *BGH* NJW 1995, 2290 [2292]; *Staudinger/Kessal-Wulf* VerbrKrG, § 7 Rz. 52) – erforderlich, daß eine so einschneidende Rechtsfolge ausdrücklich kodifiziert wird. Der Treuhänder, dem der Besitz an der Versicherungspolice zusteht, kann die Aushändigung dieser Urkunde verweigern, solange der erforderliche Betrag noch nicht gezahlt ist. Wenn trotz Mahnung die Zahlung nicht erfolgt, wird der Treuhänder mit Hilfe der Urkunde die Bezugsberechtigung widerrufen bzw. den Versicherungsvertrag kündigen können. In der Regel dürften die Beteiligten jedoch die entsprechenden Erklärungen erst und nur dann abgeben, wenn eine Zahlung des Kaufwertes für sie wirtschaftlich sinnvoll ist. Im Interesse der Verfahrensvereinfachung und -beschleunigung wird der Treuhänder bereits von sich aus die Beteiligten auf die Rechte nach § 177 VVG hinweisen, da er anderenfalls auf jeden Fall die Monatsfrist des § 177 VVG abwarten muß, bevor er widerrufen bzw. kündigen kann (dazu ausführlich *Hasse* a.a.O., S. 198).

II. Fiduziarische Freigabevereinbarungen

Eine vergleichbare Freigabe gegen Entgelt kennt auch das Kreditsicherungsrecht. Wegen **9** des fiduziarischen Charakters der Kreditsicherung ist der Sicherungsnehmer generell gehalten, die Belange des Sicherungsgebers angemessen zu berücksichtigen, so daß das Sicherungsgut möglichst günstig zu verwerten und nicht zu verschleudern ist (*BGH* NJW 1997, 1063, [1064]; *OLG Düsseldorf* BB 1990, 1016). Die Gerichtspraxis hat daraus abgeleitet, daß der Sicherungsnehmer regelmäßig gehalten ist, den Sicherungsgeber rechtzeitig von Art und Weise der Veräußerung sowie dem vorgesehenen Preis zu unterrichten (*BGH* a.a.O.). Nach Möglichkeit ist dem Sicherungsgeber Gelegenheit zu geben, auf die Verwertung Einfluß zu nehmen oder sie in Eigenregie durchzuführen (*LG Frankfurt* WM 1988, 700).

Für absonderungsberechtigte Gläubiger, die nach § 313 Abs. 2 InsO die Verwertung **10** während des Verfahrens selbst durchführen dürfen, gibt § 1234 BGB das gesetzliche Leitbild vor: Danach ist dem Sicherungsgeber der Verkauf vorher anzudrohen und der Geldbetrag zu bezeichnen, wegen dessen die Verwertung stattfinden soll. Die Verwertung selbst darf nicht vor dem Ablauf eines Monats nach der Androhung erfolgen. Mit dieser Norm soll dem Sicherungsgeber die Möglichkeit eingeräumt werden, die drohende Verwertung durch rechtliche Einwendungen oder durch Geltendmachung des Ablösungsrechts nach § 1249 BGB zu verhindern. Die neuere Judikatur sieht dies als ein fundamentales Recht an, so daß in AGB von § 1234 BGB nicht zum Nachteil der Kunden abgewichen werden kann (*BGH* NJW 1992, 2626; *Kohte* ZIP 1988, 1225, [1237]; vgl.

oben § 313 Rz. 51). In der neuen Fassung der Nr. 17 der AGB Banken sind die früheren weitreichenden Verwertungsregeln korrigiert worden. Eine Abbedingung von § 1234 BGB findet nicht mehr statt; die Bank verpflichtet sich, bei der Verwertung auf die berechtigten Belange des Kunden oder eines anderen Sicherungsgebers Rücksicht zu nehmen (dazu ausführlich *Wolf/Horn/Lindacher* AGBG, 1994, § 23 Rz. 763; *Bunte/Lwowski/Schimansky* Bankrecht I, 1997, § 22). In der Verbraucherinsolvenz ergibt sich daraus die Notwendigkeit, dem Schuldner eine entsprechende Frist einzuräumen, damit er die Aufbringung der erforderlichen Mittel sicherstellen kann. In den Fällen, in denen der Schuldner das Sicherungsgut – z. B. den Pkw – aus ihm zur Verfügung gestellten Mitteln zum Verkehrswert erwerben will, ist ihm bei der freihändigen Verwertung der Vorzug zu geben und mit ihm der entsprechende Vertrag abzuschließen.

III. Erkaufte Freigabe

11 Aus der Pflicht des Konkursverwalters, die Interessen des Gemeinschuldners angemessen zu berücksichtigen und eine Verschleuderung der Masse zu verhindern, ist bereits in der Judikatur des RG abgeleitet worden, daß einem Angebot des Gemeinschuldners, die Masse oder zumindest einen Gegenstand durch Zahlung abzulösen, nachzugehen ist und ihm die Gelegenheit zu einem konkreten Angebot gegeben werden muß (dazu *RG* KuT 1933, 166; ebenso *RGZ* 152, 125, 127). Sie ist vom BGH ausdrücklich bestätigt worden (*BGH* ZIP 1985, 423, 425); in der Literatur wird sie zumindest für die Verwertung einzelner Gegenstände (zu Problemen in der Unternehmensinsolvenz *Merz* KTS 1989, 277, [285 f.]) auch weiterhin als richtungsweisend eingestuft (dazu nur *Jaeger/Weber* § 82 Rz. 7; *K. Schmidt* HAG, § 82 Rz. 2; *Hess* KO, § 82 Rz. 70b; *Baur/Stürner* Rz. 10; *Vallender* ZIP 1997, 345, [347]). In einem Verfahren, das nach § 1 Abs. 2 InsO einen Neuanfang des Schuldners ermöglichen soll, ist ein solcher prozeduraler Verschleuderungsschutz auch durch eine verfassungskonforme Auslegung geboten (vgl. die Parallelwertungen im Recht der Zwangsversteigerung *BVerfGE* 49, 220, 226 = NJW 1979, 534 und *Büchmann* Der Schutz des Schuldners vor Verschleuderung im Zwangsversteigerungsverfahren, 1997, 18 ff; anders noch unter der alleinigen Perspektive der Haftungsverwirklichung im Konkurs *BVerfG* NJW 1993, 513).

12 Im Verbraucherinsolvenzverfahren hat der Treuhänder somit auch fiduziarische Aufgaben, so daß er daher bereits aus allgemeinen Grundsätzen gehalten ist, auf realistische Vorschläge des Schuldners, einzelne Massegegenstände dem Verkehrswert entsprechend abzulösen, einzugehen. Erforderlich ist dafür eine Regelung der Rechtsbeziehungen zwischen Treuhänder und Schuldner in bezug auf die Insolvenzmasse (vgl. dazu bereits *RGZ* 94, 55, 56). Zur systematischen Erfassung ist dabei zu differenzieren. Die in der Judikatur und Literatur in den Mittelpunkt gestellte Freigabe erfolgt durch eine einseitige empfangsbedürftige Willenserklärung des Treuhänders gegenüber dem Schuldner, welche den Willen, die Massezugehörigkeit auf Dauer aufzugeben, bestimmt erkennen läßt (dazu nur *BGHZ* 127, 156, 163 = NJW 1994, 3232, [3233]). Mit dieser Freigabe wird nicht Eigentum übertragen, sondern vielmehr der Massegegenstand dem Schuldner zur freien Verfügung überlassen. Der Gegenstand wird insolvenzfreies Vermögen des Schuldners, dessen Verfügungsbefugnis wieder auflebt (*BGH* a. a. O., S. 167 = NJW 1994, 3232, [3234]; *Mohrbutter/Mohrbutter* Handbuch VIII. 51). Mit diesem Inhalt bezieht sich die Freigabeerklärung des Treuhänders auf die dingliche Rechtslage (dazu nur *BGH* NJW 1982, 768, 769 = ZIP 1982, 189, [190]). Dieser Erklärung braucht der Schuldner in Abweichung vom Vertragsprinzip nicht zuzustimmen, da das frei-

Vereinfachte Verteilung § 314

gegebene Recht dem Schuldner nicht aufgedrängt wird, sondern ihm zusteht (dazu *Häsemeyer* 13.15).

Von dieser Änderung der dinglichen Rechtslage sind die obligatorischen Abreden **13** zwischen den Beteiligten zu unterscheiden. Wenn sich der Schuldner verpflichtet, einen bestimmten Betrag an die Masse abzuführen, dann handelt es sich insoweit um eine schuldrechtliche Abrede, die einer eigenständigen Willenserklärung des Schuldners bedarf (dazu bereits *Weber* JZ 1963, 224). Die erkaufte Freigabe ist daher als Kaufvertrag über ein Recht zu verstehen, mit dem sich der Treuhänder als Verkäufer verpflichtet, einen oder mehrere Massegegenstände in das insolvenzfreie Vermögen des Schuldners zu überführen. Die Freigabeerklärung ist in diesen Fällen wiederum das erforderliche – hier auch einseitig wirksame – Verfügungsgeschäft (dazu grundlegend *Jaeger/Weber* § 117 Rz. 18), während das Verpflichtungsgeschäft zwischen Treuhänder und Schuldner selbstverständlich durch zwei übereinstimmende Willenserklärungen zustande kommt (so auch *Kalter* KTS 1975, 215, [219]).

D. Qualifizierte Freigabe

An diese Form der erkauften Freigabe knüpft die Regelung in § 314 InsO an; sie stellt **14** jedoch insoweit eine qualifizierte Form der Freigabe dar, als bei Nichterfüllung der Käuferpflichten durch den Schuldner eine verfahrensrechtliche Folge, nämlich die Versagung der Restschuldbefreiung, eintritt. Mit dieser harten Sanktion soll der Schuldner motiviert werden, aktiv an der Verwertung mitzuwirken (dazu *Schmidt-Räntsch* KS, S. 1201 Rz. 98); sie dient somit auch der Beschleunigung des Insolvenzverfahrens. In der Literatur wird kritisiert, daß dem Schuldner ohne sein Verschulden die Möglichkeit der Restschuldbefreiung entzogen werden könnte, wenn eine solche Anordnung erfolgt, ohne daß er in der Lage ist, den geforderten Betrag zu zahlen (so z. B. *Ruby* Schuldbefreiung durch absolute Anspruchsverjährung, 1997, 54). Diese Sorge wäre berechtigt und § 314 InsO mit dem Übermaßverbot schwerlich vereinbar, wenn das Gericht ohne oder gar gegen den Willen des Schuldners eine solche Anordnung treffen könnte.

Eine solche Auslegung widerspräche jedoch der Entstehungsgeschichte. Im Bericht des **15** Rechtsausschusses ist ausgeführt worden, daß die Anordnung nach § 314 InsO erfolgen kann »wenn der Schuldner in der Lage ist, aus seinem pfändungsfreien Vermögen oder aus Zuwendungen Dritter an den Treuhänder einen Betrag zu zahlen« (so BT-Drucks. 12/7302, S. 194; ebenso *Krug/Haarmeyer* in Smid InsO, § 314 Rz. 2). Wollte man – wie es wohl einigen Stimmen in der Literatur vorschwebt – annehmen, daß eine Anordnung ohne vorherige Zustimmung des Schuldners möglich ist, dann bliebe dunkel, wie die vom Rechtsausschuß als Voraussetzung der Anordnung unterstellte Leistungsfähigkeit des Schuldners geklärt würde, zumal in § 314 Abs. 2 InsO keine Anhörung des Schuldners geregelt ist. Diese Voraussetzung darf jedoch in der Regel unterstellt werden, wenn zwischen Treuhänder und Schuldner eine obligatorische Vereinbarung erzielt worden ist, mit der sich der Schuldner verpflichtet hat, einen bestimmten Betrag innerhalb einer bestimmten Frist zu zahlen (so im Regelfall auch *Wenzel* in Kübler/Prütting InsO, § 314 Rz. 3). Es darf dann davon ausgegangen werden, daß der Schuldner seine Leistungsfähigkeit vorher geklärt hat. Der Rückgriff auf die klaren rechtsgeschäftlichen Strukturen ist damit am besten geeignet, ein widerspruchsfreies System für die qualifizierte Freigabe zu entwerfen.

Auf dieser Grundlage ergibt sich nicht nur ein widerspruchsfreies, sondern auch ein **16** praktikables System für die qualifizierte Freigabe. Dem Schuldner ist im Anschluß an die

Judikatur des RG (dazu oben Rz. 11) die Gelegenheit für ein Angebot zu einer qualifizierten Freigabevereinbarung zu geben. Er wird im Vorfeld – soweit eine eingehende Beratung sichergestellt ist – klären, in welcher Weise und in welcher Frist Zuwendungen Dritter möglich sind und danach die Vereinbarung mit dem Treuhänder treffen, die hier allerdings unter der Bedingung der gerichtlichen Entscheidung steht. Danach wird der Treuhänder den Antrag nach § 314 Abs. 1 Satz 1 InsO stellen, zu dem die Insolvenzgläubiger nach § 314 Abs. 2 InsO zu hören sind. Das Gericht wird bei der Festsetzung der Zahlungsfrist nicht eine kürzere als die vertraglich vereinbarte Frist setzen; es kann jedoch – wenn das Geschäft z. B. riskant erscheint – eine längere Frist setzen; insoweit dient die Einschaltung des Insolvenzgerichts hier nicht nur den Belangen der Insolvenzgläubiger, sondern auch der Schuldner, die – ein baldiges Ende des Insolvenzverfahrens vor Augen – geneigt sein können, hier leichtfertig riskante Verpflichtungen einzugehen.

E. Das Schlußverfahren

17 Die Norm des § 314 InsO zeigt, daß das Verbraucherinsolvenzverfahren zügig zu einem Abschluß geführt werden soll. Ein »ewiges« Verbraucherinsolvenzverfahren, das sich daraus ergeben könnte, daß bei pfändbarem und verfügbarem Einkommen jeden Monat neue Beträge der Masse zufließen, soll es nicht geben. Sobald die Gegenstände außerhalb des laufenden Einkommens verwertet und die Verteilungsquoten bestimmt sind, ist die Verwertung der Insolvenzmasse beendet (§ 196 InsO). Das Gericht hat auf den Schlußtermin nach § 197 Abs. 1 InsO hinzuwirken (dazu bereits oben § 286 Rz. 22). Eine wichtige Voraussetzung dafür ist die Aufstellung eines Verteilungsverzeichnisses nach § 188 InsO, das der Treuhänder nach dem Prüftermin – bzw. bei Anordnung schriftlichen Verfahrens – nach Ablauf der Frist zur Stellungnahme – aufzustellen hat.

18 Im allgemeinen Insolvenzverfahren wird ein zügiger Verfahrensablauf in aller Regel dadurch gewährleistet, daß mit der Befriedigung der Insolvenzgläubiger nach dem Prüfungstermin begonnen wird. Nach § 187 Abs. 2 InsO können Verteilungen an die Insolvenzgläubiger stattfinden, sobald hinreichende Barmittel in der Insolvenzmasse vorhanden sind. Nachrangige Insolvenzgläubiger (§ 39 InsO) sollen bei Abschlagsverteilungen allerdings nicht berücksichtigt werden. Notwendige Voraussetzung einer solchen Verteilung ist ein Verzeichnis der zu berücksichtigenden Forderungen, das die Quoten zwischen den einzelnen Gläubigern festlegt (dazu *Häsemeyer* Rz. 7.63). Wegen der großen Bedeutung eines solchen Verzeichnisses ist es auf der Geschäftsstelle des Insolvenzgerichts zur Einsicht der Beteiligten niederzulegen. Die Forderungssumme und der für die Verteilung verfügbare Betrag sind öffentlich bekanntzumachen. Damit entstehen für jede Abschlagsverteilung beachtliche Verfahrenskosten. Bereits nach dem bisherigen Konkursrecht war allgemein anerkannt, daß Abschlagsverteilungen unterbleiben müssen, wenn die Kosten der Verteilung in keinem Verhältnis zu den auszahlbaren Beträgen stehen (dazu nur *Kilger/Karsten Schmidt* § 149 Rz. 1). Dieser Grundsatz hat weiterhin Gültigkeit und wird dazu führen, daß bei Verbraucherinsolvenzverfahren in aller Regel Abschlagsverteilungen nicht vorzunehmen sind (*Bindemann* Rz. 198).

Vereinfachte Verteilung **§ 314**

I. Das Schlußverzeichnis

Die Schlußverteilung kann erst erfolgen, wenn das Schlußverzeichnis erstellt und **19** zwischen den Beteiligten festgestellt worden ist. Das Schlußverzeichnis ist ebenfalls nach § 188 InsO zur Einsicht auszulegen und in seinen wesentlichen Eckdaten öffentlich bekannt zu machen. Diese Form des rechtlichen Gehörs ist auch im Verbraucherinsolvenzverfahren unverzichtbar, denn dieses Verzeichnis ist von hoher Bedeutung sowohl für den Abschluß des Insolvenzverfahrens als auch für die weitere Verteilung in der Treuhandperiode (dazu oben § 292 Rz. 10 ff.). Da auch der Schlußtermin nach § 197 Abs. 2 InsO öffentlich bekanntzumachen ist, wird es zumindest im Verbraucherinsolvenzverfahren – allein schon aus Kostengründen – regelmäßig zu einer Verknüpfung beider Bekanntmachungen kommen (dazu *Haarmeyer/Wutzke/Förster* Handbuch 8 Rz. 48; 10 Rz. 50).

In das Schlußverzeichnis sind die in § 188 InsO vorgesehenen Angaben aufzunehmen. **20** Damit sind in Anlehnung an die bisherige Judikatur und Praxis zu § 151 KO als getrennte Gruppen zu berücksichtigen:
– die festgestellten Forderungen,
– die titulierten Forderungen, die geprüft aber bestritten sind;
– die übrigen bestrittenen Forderungen, sofern dem Verwalter bei Anfertigung des Verzeichnisses nachgewiesen ist, daß die Feststellung klageweise betrieben wird. Sowohl dieser Nachweis als auch andere Einwendungen sind nach § 189 InsO innerhalb einer Ausschlußfrist von zwei Wochen nach der öffentlichen Bekanntmachung gegenüber dem Insolvenzverwalter geltend zu machen. Wird dieser Nachweis fristgerecht geführt, so ist diese Forderung in das Schlußverzeichnis als bestrittene Forderung, für die ein Anteil nach § 189 Abs. 2 InsO zurückzubehalten ist, aufzunehmen. Die Aufnahme einer solchen Forderung in das Schlußverzeichnis enthält damit jedoch – wie schon nach dem bisherigen Recht – keine materiellrechtliche Anerkennung der Forderung (*BAG* AP Nr. 1 zu § 151 KO mit Anm. *Uhlenbruck*).

Eine besondere Rolle spielen die Forderungen der absonderungsberechtigten Gläubiger. **21** Da diese sowohl aus ihrer persönlichen Forderung als auch aus ihrem Absonderungsrecht (z. B. Abtretung oder Sicherungseigentum) vorgehen können, muß eine Doppelberücksichtigung dieser Gläubiger vermieden werden. Da die Verteilungsquoten mit dem Schlußverzeichnis endgültig festgestellt werden müssen, verlangt § 190 InsO in Anlehnung an die bisherigen Regelungen der §§ 153, 156 KO, daß ein Gläubiger, der zur abgesonderten Befriedigung berechtigt ist, nachzuweisen hat, daß und für welchen Betrag er auf abgesonderte Befriedigung verzichtet hat oder bei ihr ausgefallen ist. Nur unter diesen Voraussetzungen kann er bei der Beschlußverteilung mit seiner persönlichen Forderung berücksichtigt werden. Während nach dem bisherigen Recht diese Obliegenheit erst eingriff, wenn der Gläubiger abgesonderte Befriedigung beansprucht hatte (dazu *BGH* NJW 1994, 2286), ist nunmehr eine solche Erklärung bereits dann erforderlich, wenn ein Gläubiger zur abgesonderten Befriedigung berechtigt ist und die Verwertung des Gegenstandes vornehmen darf (§ 190 Abs. 3 InsO). Da im Verbraucherinsolvenzverfahren nach § 313 Abs. 3 InsO den absonderungsberechtigten Gläubigern eine solche Verwertung gestattet ist, kommt gerade bei diesem Verfahren die Obliegenheit nach §§ 190, 52 InsO in vollem Umfang zur Geltung.

Da sich durch einen Erfolg bei der abgesonderten Befriedigung nachhaltige Änderungen **22** der Verteilungsquoten ergeben können, wird dieser Gläubigergruppe durch §§ 190 Abs. 1, 189 Abs. 1 InsO eine zweiwöchige Ausschlußfrist ab öffentlicher Bekanntmachung gesetzt, in der sie dem Treuhänder nachzuweisen haben, daß und für welchen

Betrag sie entweder auf abgesonderte Befriedigung verzichtet haben oder bei ihr ausgefallen sind. Wird dieser Nachweis nicht fristgerecht geführt, so wird die Forderung bei der Verteilung nicht berücksichtigt. Daher wird von den absonderungsberechtigten Gläubigern eine bestimmte Erklärung und ein eindeutiger Nachweis verlangt (dazu ausführlich *Klasmeyer/Elsner* in Festschrift für Merz, S. 303, 306 f.; sowie oben § 292 Rz. 12). Die bisherige Judikatur hat zutreffend strikte Anforderungen an diese Gläubigergruppe, die typischerweise geschäftserfahren ist, gestellt und ihnen eine uneingeschränkte Konkursteilnahme mit ihrer persönlichen Forderung nur ermöglicht, wenn sie endgültig und vorbehaltlos auf das Absonderungsrecht verzichtet hat. Fehlte ein solcher Verzicht oder ein klarer Nachweis über den Ausfall im Rahmen der abgesonderten Befriedigung, wurde die persönliche Forderung dieses Gläubigers nicht in das Schlußverzeichnis übernommen (dazu anschaulich *OLG Hamm* ZIP 1994, 1373, [1375]). Diese Grundsätze sind gerade für das Verbraucherinsolvenzverfahren weiter maßgeblich.

23 Auf dieser Grundlage kann nunmehr der Schlußtermin zügig vorbereitet werden. Wegen des besonderen Beschleunigungsziels im Verbraucherinsolvenzverfahren (dazu oben Rz. 1) ist der Treuhänder gehalten, die Arbeit am Schlußverzeichnis und Schlußbericht ohne Verzögerungen durchzuführen. Bereits nach dem bisherigen Recht hatte er auch dann ohne Verzug zur Schlußverteilung zu schreiten, wenn noch Feststellungsprozesse über streitige Gläubigerrechte schwebten (dazu *BAG* AP Nr. 1 zu § 151 KO mit Anm. *Uhlenbruck*). Durch die Regelung des § 189 Abs. 2 InsO ist diese Auslegung bestätigt worden. Danach hat bei Verzögerungen das Insolvenzgericht im Wege der Aufsicht nach § 58 InsO den Treuhänder dazu anzuhalten, die Arbeiten am Schlußverzeichnis unverzüglich in Angriff zu nehmen. Dies gehört zu den zentralen Aufgaben der Aufsicht des Insolvenzgerichts (dazu nur *Mohrbutter* KTS 1971, 297; *Jaeger/Weber* KO, § 161 Rz. 4).

II. Der Schlußtermin

24 Zur Vorbereitung der Schlußverteilung hat der Insolvenzverwalter nach § 193 InsO Änderungen des von ihm aufgestellten Verzeichnisses, die sich aus fristgerechten Nachweisen oder Einwendungen der jeweiligen Gläubiger ergeben, innerhalb von drei Tagen nach Ablauf der Ausschlußfrist vorzunehmen. Ebenso dürften Berichtigungen – wie bereits von der überwiegenden Ansicht zu § 157 KO vertreten – nur zulässig sein, wenn es sich um offenkundige Irrtümer oder Schreibfehler handelt (*Jaeger/Weber* KO, § 157 Rz. 1). Andere Fehler und nach Ablauf der Drei-Tages-Frist festgestellte Fehler können durch den Treuhänder nicht mehr berichtigt werden. Die Gläubiger, die die Ausschlußfrist nach §§ 189 Abs. 1, 190 Abs. 1 InsO versäumt haben, sind mit der weiteren Geltendmachung ihrer Forderungen gegenüber der Insolvenzmasse nunmehr ausgeschlossen. Da es sich um eine materiellrechtliche Ausschlußfrist handelt, ist insoweit bei Fristversäumung eine Wiedereinsetzung in den vorigen Stand nach §§ 233 ff. ZPO nicht möglich. Streitigkeiten über die Wahrung der Ausschlußfrist entscheidet das Insolvenzgericht im Zusammenhang mit den im Schlußtermin zu erhebenden Einwendungen nach § 197 InsO (dazu zum bisherigen Recht *OLG Köln* MDR 1990, 558).

25 Das Insolvenzgericht bestimmt den Termin für eine abschließende Gläubigerversammlung, wenn es die Zustimmung zur Schlußverteilung erteilt hat. Im Verbraucherinsolvenzverfahren kann nach § 312 Abs. 2 InsO diese Versammlung auch im schriftlichen Verfahren erfolgen; dies setzt allerdings voraus, daß den Beteiligten klare Fristen gesetzt

werden, bis zu welchem Termin die jeweiligen Einwendungen erhoben werden können. Wird dagegen eine abschließende Gläubigerversammlung durchgeführt, so sind die Einwendungen im Schlußtermin durch mündliche Erklärung vorzubringen (so zum bisherigen Recht *Jaeger/Weber* KO, § 162 Rz. 4). In diesem Stadium des Verfahrens können nicht mehr materiellrechtliche Einwendungen wie im Prüftermin, sondern nur noch verfahrensbezogene Einwendungen wegen Verletzung der §§ 188 ff. InsO geltend gemacht werden. Daher ist über diese Einwendungen unmittelbar im Termin durch zu verkündenden Beschluß des Insolvenzgerichts zu entscheiden (*Haarmeyer/Wutzke/Förster* Handbuch 8 Rz. 72). Hat ein Gläubiger versäumt, sich im Termin gegen das Schlußverzeichnis zu wenden, so ist er im Verhältnis zur Insolvenzmasse endgültig mit seiner Forderung ausgeschlossen (so zum bisherigen Recht *BGH* NJW 1984, 2154, [2155]). Dies gilt auch dann, wenn ein Gläubiger zwar Einwendungen im Termin erhoben, diese jedoch nicht substantiiert und vollständig vorgetragen hat (so nur *OLG Köln* KTS 1989, 447; *Kuhn/Uhlenbruck* § 162 Rz. 4). Insoweit gibt es wiederum keine Wiedereinsetzung in den vorigen Stand. Die damit verbundene Präklusion soll so sichern, daß das Schlußverzeichnis als »endgültige und unumstößliche« Grundlage der Schlußverteilung fungiert (dazu *RGZ* 87, 151, 154; *BGH* a.a.O.). Sie ist wegen der großen Bedeutung des Schlußverzeichnisses für die Verteilung in der Treuhandperiode nach § 292 InsO gerade im Verbraucherinsolvenzverfahren unverzichtbar.

Der Schlußtermin dient weiter der Erörterung der Schlußrechnung des Treuhänders. **26** Dieser hat nach §§ 313 Abs. 1 Satz 3, 66 Abs. 1 InsO bei der Beendigung seines Amtes der Gläubigerversammlung gegenüber Rechnung zu legen. Noch vor Durchführung der Gläubigerversammlung ist diese Schlußrechnung durch das Insolvenzgericht zu prüfen und mit einem Vermerk über die Prüfung zur Einsicht der Beteiligten mindestens eine Woche vor dem Termin der Gläubigerversammlung auszulegen. Die Notwendigkeit einer solchen Rechnungslegung, die im früheren Recht bereits in § 86 KO statuiert worden war, ergibt sich aus der fiduziarischen Funktion des Treuhänders, der daher sowohl den Insolvenzgläubigern als auch dem Schuldner gegenüber Rechenschaft schuldet (dazu allgemein *Jaeger/Weber* KO, § 86 Rz. 1).

Aus dieser Funktion ergeben sich auch die Anforderungen an die Schlußrechnung. Sie ist **27** ein Tätigkeitsbericht über die Arbeit des Treuhänders, in dem dieser darlegt, welchen Massebestand er vorgefunden, wie und mit welchem Ergebnis er ihn verwertet und welche Gegenstände er freigegeben hat. Weiter ist auszuführen, welche Aus- und Absonderungsansprüche erhoben und wie diese behandelt wurden; schließlich ist zu berichten, wie er schwebende Rechtsgeschäfte und Prozesse abgewickelt hat (*OLG Nürnberg* KTS 1966, 62, 64). Eine Schlußbilanz wird im Regelfall als fakultativ angesehen und dürfte bei Verbrauchern typischerweise nicht erforderlich sein. Zum besseren Verständnis der Schlußrechnung ist dagegen regelmäßig ein Schlußbericht erforderlich; dieser Bericht soll helfen, daß die Beteiligten die Arbeit des Treuhänders nachvollziehen können (dazu *Haarmeyer/Wutzke/Förster* Handbuch 8 Rz. 40). Angesichts der typischerweise fehlenden Rechtskenntnisse der Verbraucherschuldner wird – vor allem, wenn der Schuldner im Verfahren anwaltlich nicht vertreten ist – der Schlußbericht sachdienliche und verständliche Erläuterungen enthalten müssen. In diesem Bericht wird auch darauf einzugehen sein, ob Anteile bei der Verteilung nach § 189 Abs. 2 InsO zurückzubehalten sind oder ob es andere schwerwiegende Gründe gibt, die eine Nachverteilung erforderlich machen (dazu unten Rz. 31).

Der Schlußtermin dient weiter der Entscheidung der Gläubiger über die nicht verwert- **28** baren Gegenstände der Insolvenzmasse. Dies sind Gegenstände, die weder § 811 ZPO noch § 36 Abs. 3 InsO unterliegen, sich aber bisher aus wirtschaftlichen oder rechtlichen

Gründen als schwer verwertbar erwiesen haben. Bei Forderungen des Schuldners, die in die Insolvenzmasse gefallen sind, kann es sich um wirtschaftlich schwer durchsetzbare Forderungen handeln, weil sich der Drittschuldner möglicherweise in Zahlungsschwierigkeiten befindet. Gerade in Ostdeutschland sind Fälle nicht selten, in denen Rückstände von Arbeitsentgelt aufgelaufen sind, die deutlich über dem vom Insolvenzgeld nach § 183 SGB III gedeckten Rahmen liegen. Ebenso kann es sich um Rückforderungsansprüche aus unwirksamen Verbraucherverträgen handeln, die jedoch wegen schwieriger Beweislage vom Treuhänder nicht prozessual durchgesetzt worden sind. Die Beschlußfassung zu diesem Punkt dient in erster Linie der Entlastung des Treuhänders, der bei ordnungsgemäßer Unterrichtung der Versammlung nach einem solchen Beschluß in der Regel nicht mehr nach § 60 InsO in Regreß genommen werden kann (dazu nur *LG Wiesbaden* MDR 1970, 598). In der bisherigen Praxis wurden solche Gegenstände regelmäßig dem Schuldner zur Verfügung gestellt. Bereits in der Judikatur des Reichsgerichts ist aus dieser Typizität abgeleitet worden, daß das Schweigen einer Gläubigerversammlung nach korrekter Information durch den Verwalter als konkludente Freigabe zu verstehen ist (so *RG* JW 1888, 288; ebenso *Jaeger/Weber* KO, § 162 Rz. 6).

29 Im bisherigen Recht waren die im Schlußtermin zu treffenden Entscheidungen oft nicht mehr strittig, so daß es nicht selten vorkam, daß trotz ordnungsgemäßer Bekanntmachung keine oder nur wenige Gläubiger erschienen (dazu *Jaeger/Weber* KO, § 162 Rz. 6; *LG München* KTS 1965, 243 [244]). Dies kann sich im künftigen Verbraucherinsolvenzverfahren ändern, da nach § 289 InsO die Insolvenzgläubiger und der Treuhänder im Schlußtermin zu dem Antrag des Schuldners auf Restschuldbefreiung zu hören sind. Im Termin ist dann über diesen Antrag zu entscheiden und durch Beschluß nach § 291 InsO die Restschuldbefreiung anzukündigen, es sei denn, daß Versagungsgründe vorliegen, die Versagung im Schlußtermin von einem Insolvenzgläubiger nach § 290 Abs. 1 InsO beantragt und ein Versagungsgrund glaubhaft gemacht worden ist. Diese Formulierung im Gesetz beruht vor allem auf der Fassung des Referentenentwurfs, der in § 229 ausdrücklich die Notwendigkeit der Einwendung »im Schlußtermin« verankert hatte. Damit wurde an die bisherige Gerichtspraxis (dazu oben Rz. 25; vgl. *BGH* NJW 1984, 2154; *OLG Köln* KTS 1989, 447) angeknüpft, so daß es geboten ist, die auch verfahrensmäßig verknüpften Regelungen in §§ 197, 290 einheitlich auszulegen. In Übereinstimmung mit der Auslegung zu § 162 KO ist es unverzichtbar, daß ein solcher Antrag wirklich »im Schlußtermin« gestellt worden ist. Frühere Anträge können verfahrensrechtlich nur als Ankündigung eines solchen im Schlußtermin zu stellenden Antrags verstanden werden. Gegen die Versäumung des Versagungsantrags ist eine Wiedereinsetzung in den vorigen Stand nicht möglich (weitere Einzelheiten oben bei § 290 Rz. 57 ff.).

III. Schlußverteilung und Aufhebung des Insolvenzverfahrens

30 Nach § 163 Abs. 1 KO sollte die Aufhebung des Konkursverfahrens sich direkt an den Schlußtermin anschließen; in der Praxis erfolgte jedoch die Aufhebung nicht selten erst nach Durchführung der Schlußverteilung (dazu *Uhlenbruck* ZIP 1993, 241 ff.). Nach dem neuen Recht erfolgt nunmehr eine enge Verknüpfung zwischen Restschuldbefreiungs- und Insolvenzverfahren. Diese verlangt zunächst nach § 289 Abs. 2 S. 2 InsO, daß die Aufhebung des Insolvenzverfahrens erst nach Rechtskraft des Beschlusses zur Ankündigung der Restschuldbefreiung erfolgt. Dadurch soll die Kontinuität des Vollstreckungsverbots nach §§ 89, 294 InsO gesichert werden (dazu oben § 289 Rz. 16).

Vereinfachte Verteilung § 314

Weiter ordnet § 200 InsO in Abkehr von § 163 KO an, daß die Aufhebung des Insolvenzverfahrens erst nach Durchführung der Schlußverteilung beschlossen werden soll. Damit wird die Regelung des § 19 Abs. 1 Nr. 1 GesO übernommen, die eine Einstellung der Gesamtvollstreckung erst nach Verteilung des Erlöses und nach Prüfung des Abschlußberichts vorsah. Damit könnte die Gefahr bestehen, daß sich die Aufhebung und damit auch der Beginn der 7-Jahresfrist nach § 287 Abs. 2 Satz 2 InsO nachhaltig verzögern, wenn sich z. B. Verteilungsprobleme nach § 189 Abs. 2 InsO ergeben.

In der Literatur zu § 19 GesO ist in Anlehnung an einzelne Beschlüsse aus der westdeutschen Gerichtspraxis (anschaulich z. B. *LG Köln* ZIP 1982, 337; vgl. bereits *Kalter* KTS 1975, 215 [218]) eine teleologische Reduktion dieser Norm vorgenommen worden. Zur Sicherung des Schuldnerschutzes ist eine Einstellung des Gesamtvollstreckungsverfahrens zugelassen worden, wenn eine Nachverteilung erforderlich war, die zu einer weiteren Verzögerung des Gesamtvollstreckungsverfahrens geführt hätte (dazu ausführlich *Smid* GesO, 1996, § 19 Rz. 5; zustimmend *Haarmeyer/Wutzke/Förster* GesO, 1997, § 19 Rz. 5; *Hess/Binz/Wienberg* GesO, 1997, § 19 Rz. 6a). Solche Konstellationen können auch im Verbraucherinsolvenzverfahren auftreten, da z. B. vom Schuldner nach § 178 Abs. 1 S. 2 InsO zu bestreitende Forderungen für die Situation von Verbrauchern nicht atypisch sind (dazu ausführlich *Kohte/Kemper* 1993, 81, 91). Es ist daher geboten, daß das Gericht in solchen Fällen ohne weitere Verzögerungen die Aufhebung des Verfahrens nach § 200 InsO mit einem Vorbehalt der Nachverteilung beschließt. Dadurch wird zugleich eine begrenzte Abwicklungszuständigkeit des Treuhänders festgelegt (zum bisherigen Recht *BGH* NJW 1982, 1765). 31

Neben einer solchen von vornherein erkennbaren Nachverteilung kann auch die Anordnung einer Nachtragsverteilung nach § 203 InsO erforderlich werden, wenn nachträglich die Notwendigkeit einer weiteren Verteilung bekannt wird. Die Voraussetzungen ergeben sich aus § 203 InsO; dort wird nochmals der Beschleunigungszweck betont, denn die Aufhebung des Verfahrens steht einer Anordnung einer Nachtragsverteilung nicht entgegen. In Verbraucherinsolvenzverfahren wird vor allem § 203 Abs. 3 InsO von Bedeutung sein, weil das Gericht von der Anordnung absehen und den zur Verfügung stehenden Betrag dem Schuldner überlassen kann, wenn dies mit Rücksicht auf die Geringfügigkeit des Betrages angemessen erscheint. Man hat sich insoweit am österreichischen Recht orientiert (BT-Drucks. 12/2443, S. 187) und zugleich den Schuldnerschutz im Verbraucherinsolvenzverfahren bekräftigt, denn in der Literatur zu § 166 KO wurde für die vergleichbare Konstellation vorgeschlagen, solche Beträge für den Verwalter als weitere Vergütung festzusetzen (dazu *Kuhn/Uhlenbruck* § 166 Rz. 7 m. w. N.). 32

Die Aufhebung des Verfahrens erfolgt durch Beschluß, der zusammen mit dem Beschluß über die Ankündigung der Restschuldbefreiung nach § 289 Abs. 2 S. 3 InsO öffentlich bekanntzumachen ist. Damit wird wiederum die enge Verknüpfung beider Verfahrensformen bestätigt. Erfolgte eine Ankündigung der Restschuldbefreiung, dann schließt sich das Vollstreckungsverbot des § 294 InsO nahtlos an die Regelungen des § 89 InsO an. 33

Ist dagegen der Antrag auf Restschuldbefreiung rechtskräftig zurückgewiesen worden, dann können die Insolvenzgläubiger, deren Forderung festgestellt und vom Schuldner im Prüfungstermin nicht bestritten worden sind, nunmehr aus der Tabelle – nicht mehr aus ihrem bisherigen Titel – wie aus einem vollstreckbaren Urteil die weitere Zwangsvollstreckung gegen den Schuldner betreiben (§ 201 Abs. 2 InsO). Hatte dagegen der Schuldner im Prüfungstermin nach § 178 Abs. 1 S. 2 InsO der Feststellung widersprochen, dann ist eine solche Vollstreckung aus der Tabelle nicht möglich. In diesen Fällen hatte der Gläubiger jedoch bereits seit dem Prüfungstermin die Möglichkeit, im außer- 34

§ 314 *Verbraucherinsolvenzverfahren und sonstige Kleinverfahren*

konkurslichen Verfahren am Prozeßgericht einen Titel gegen den Schuldner zu erstreiten, aus dem die individuelle Zwangsvollstreckung außerhalb des Insolvenzverfahrens möglich ist. Insoweit bleibt es für diese Personengruppe letztlich bei der Rechtslage, die sich bisher aus § 164 KO ergeben hatte.

F. Verfahrensrechtliches

35   Die Anordnung nach § 314 Abs. 1 InsO gehört zu den Aufgaben, die nach § 18 RPflG dem Rechtspfleger vorbehalten sind; daher steht sowohl den Insolvenzgläubigern als auch dem Schuldner der Rechtsbehelf der Erinnerung nach § 11 RPflG zu. Diese können z.B. geltend machen, daß die oben erläuterten verfahrens- und materiellrechtlichen Voraussetzungen einer qualifizierten Freigabe nicht vorliegen. Die Erinnerung kann auch darauf beschränkt sein, die Höhe des zu zahlenden Betrags oder die Länge der vom Gericht gesetzten Frist zu beanstanden. Das weitere Verfahren nach § 314 Abs. 3 InsO kann erst fortgesetzt werden, wenn über die Erinnerung entschieden ist.

36   Die Entscheidung über die Versagung der Restschuldbefreiung nach § 314 Abs. 3 InsO ist dem Richter zugewiesen. Dieser wird allerdings nicht von Amts wegen tätig, sondern kann – ebenso wie bei den Versagungsgründen nach §§ 290, 296, 297 InsO – nur tätig werden, wenn ein Insolvenzgläubiger im Schlußtermin einen solchen Antrag gestellt hat. Das Insolvenzgericht entscheidet durch Beschluß; dem Schuldner sowie den Insolvenzgläubigern, die einen Versagungsantrag gestellt haben, steht das Rechtsmittel der sofortigen Beschwerde nach § 289 Abs. 2 S. 1 InsO zu. Der Schuldner kann seine Beschwerde auch darauf stützen, daß die Voraussetzungen des § 314 Abs. 1 InsO bei der Verwertungsanordnung nicht beachtet worden sind.

37   Für die verfahrensrechtlichen Entscheidungen, die im Schlußverfahren zu treffen sind, ergeben sich für das Verbraucherinsolvenzverfahren weder Abweichungen noch Besonderheiten, so daß insoweit auf die allgemeine Kommentierung verwiesen werden kann.

Zehnter Teil
Besondere Arten des Insolvenzverfahrens

Literatur:

Bergerfurth Das Eherecht, 1993; *Brox* Erbrecht, 15. Aufl. 1995; *Gernhuber/Coester-Waltjen* Familienrecht, 4. Aufl. 1994; *Hanisch* Nachlaßinsolvenzverfahren und materielles Erbrecht in: FS für Henckel 1995, 369; *Neumann* Die Gläubigerautonomie in einem künftigen Insolvenzverfahren, 1995; *Schlüter* BGB-Familienrecht, 1996.

Vorbemerkung

Mit dem zehnten Teil der Insolvenzordnung werden das Nachlaßinsolvenzverfahren, das Insolvenzverfahren über das Gesamtgut einer fortgesetzten Gütergemeinschaft sowie über das gemeinschaftlich verwaltete Gesamtgut einer Gütergemeinschaft zusammengefaßt. 1

Auch die Neukodifikation dieser besonderen Arten des Insolvenzverfahrens kann nur bei Kenntnis der Ziele und Leitgedanken der Reform nachvollzogen werden. Exemplarisch ist auf das Bestreben des Reformgesetzgebers zu verweisen, durch Erweiterung der Eröffnungsgründe eine rechtzeitige bzw. frühzeitige Eröffnung des Insolvenzverfahrens und damit die Eindämmung der Abweisungen mangels Masse zu erreichen. 2

Die Reform der Insolvenzgesetzgebung führt in diesem Bereich jedoch nicht zur Notwendigkeit eines völligen Perspektivenwechsels oder eines neuen Denkens, was vor allem im Hinblick auf die in der Nachlaßinsolvenz besonders augenfällige Wechselbeziehung zwischen Verfahrensrecht und materiellem Recht nicht verwundert (eingehend hierzu *Hanisch* in FS für Henckel, S. 369ff.). 3

Das Nachlaßinsolvenzverfahren übernimmt die vom materiellen Erbrecht vorgenommenen Qualifikationen weitgehend und weist eine dementsprechende Prägung auf. Dies ist keine neue Erkenntnis. So sah der Entwurf des BGB in der ersten Lesung noch vor, die Regelung des Nachlaßkonkurses in das BGB aufzunehmen. Erst im Rahmen der zweiten Lesung erfolgte ein Verweis in die Konkursordnung (Nachw. bei *Jaeger/Weber* KO, § 214 Rz. 3). Die Insolvenzordnung ändert hieran nichts. Wer Erbe ist, bestimmt allein das materielle Erbrecht. Dort verankerte grundlegende Prämissen wie die Universalsukzession des Erben bzw. der Erben in das Vermögen des Erblassers im Zeitpunkt seines Todes (§ 1922 BGB) bestimmen unmittelbar das Insolvenzrecht. Auch die Bestimmung der Haftungsordnung (§§ 1967ff. BGB), insbesondere die Rangfolge der Befriedigung aus dem Nachlaß beruht auf einem Zusammenwirken von Insolvenzrecht und materiellem Erbrecht. Mit § 1975 BGB erfolgt schließlich die zivilrechtliche Vorgabe einer Haftungsbeschränkung des oder der Erben auf den Nachlaß. Diese strikte Trennung zwischen ererbtem Vermögen und Eigenvermögen des Erben wird auch im Rahmen der nunmehr einschlägigen Regelungen fortgeführt. 4

Ähnliches gilt für das Insolvenzverfahren über das Gesamtgut einer fortgesetzten Gütergemeinschaft. Soweit in § 332 InsO die Haftung des überlebenden Ehegatten auf das Gesamtgut beschränkt wird, erfolgt damit allein eine Übertragung der bereits in §§ 1989 Abs. 2, 1975 BGB vorgesehenen Haftungsbeschränkung in das Insolvenzrecht. 5

6 Der insoweit vorgegebene Handlungsrahmen für den Reformgesetzgeber erschöpfte sich daher bei der Regelung der besonderen Arten des Insolvenzverfahrens im Kern in einer Harmonisierung. Hieraus erklärt sich, daß bei der Ausgestaltung des Insolvenzverfahrens über einen Nachlaß eine Anlehnung an das bewährte geltende Recht (§ 214 bis § 235 KO; § 113 VerglO) erfolgte. Nichts anderes gilt für die Vorschriften für das Insolvenzverfahren über das Gesamtgut einer fortgesetzten Gütergemeinschaft; wie bereits zuvor (§ 236 KO; § 114 VerglO) gelten die für das Nachlaßinsolvenzverfahren maßgeblichen Regelungen dort entsprechend, § 332 Abs. 1 InsO.

Erster Abschnitt
Nachlaßinsolvenzverfahren

§ 315
Örtliche Zuständigkeit → § 214 KO

¹Für das Insolvenzverfahren über einen Nachlaß ist ausschließlich das Insolvenzgericht örtlich zuständig, in dessen Bezirk der Erblasser zur Zeit seines Todes seinen allgemeinen Gerichtsstand hatte. ²Lag der Mittelpunkt einer selbständigen wirtschaftlichen Tätigkeit des Erblassers an einem anderen Ort, so ist ausschließlich das Insolvenzgericht zuständig, in dessen Bezirk dieser Ort liegt.

Inhaltsübersicht: Rz.

A. Grundzüge der Nachlaßinsolvenz	1– 7
B. Begriffsumschreibungen	8–30
I. Allgemeines	8–10
II. Erblasser	11
III. Nachlaß	12–21
1. Zeitpunkt der Bestimmung des Umfangs des Nachlasses	16
2. Pfändbarkeit der Nachlaßgegenstände	17
3. Beschränkung der Masse durch Rechtsgeschäfte des Erben	18
4. Ersatzansprüche	19–21
IV. Schuldner	22–30
C. Zweck der Vorschrift	31–40
I. Allgemeiner Gerichtsstand des Erblassers als Zuständigkeitskriterium	31–32
II. Bestimmung der örtlichen Zuständigkeit bei Auseinanderfallen der Gerichtsstände	33
III. Mittelpunkt der selbständigen wirtschaftlichen Tätigkeit des Erblassers als Zuständigkeitskriterium	34–40
1. Vorteile der Neuregelung	36–38
2. Abschaffung des § 229 KO	39–40

Literatur:

Bergerfurth Das Eherecht, 1993; *Hellwich* Neuordnung der Zuständigkeitsregelungen im künftigen Insolvenzverfahren, MDR 1997, 13 ff.; *Schiemann* Die Renaissance des Erbrechts, ZEV 1995, 197; *Uhlenbruck* Die Möglichkeiten der Haftungsbeschränkungen des Erben durch Nachlaß-Konkurs oder Nachlaßvergleich, ZAP 1991, Fach 14, S. 51.

A. Grundzüge der Nachlaßinsolvenz

Dem Erbrecht, damit mittelbar dem Nachlaßinsolvenzrecht, kommt angesichts der stetig **1** anwachsenden Erbvermögensmassen, damit verbunden aber auch verdichteter Verbindlichkeitsbeziehungen, eine außerordentliche gesellschaftliche wie wirtschaftliche Bedeutung zu. Vor diese Hintergrund erklärt sich das neu erwachte Interesse am materiellen Erbrecht und dessen – damit zusammenhängenden – verfahrensrechtlichen Ausgestaltung. Das Erbrecht erlebt, wie es *Schiemann* treffend ausdrückt (ZEV 1995, 197), eine Renaissance. Nicht zuletzt vor diesem Hintergrund verwundert es nicht, wenn das Nachlaßinsolvenzverfahren mit den §§ 315 ff. InsO Sonderregelungen unterworfen wird.

Bereits § 11 Abs. 2 Nr. 2 InsO stellt klar, daß die Nachlaßinsolvenz – ebenso wie die **2** Vermögensmasse »Gesamtgut einer fortgesetzten Gütergemeinschaft – eines **besonderen Insolvenzverfahrens** bedarf (zum Begriff der fortgesetzten Gütergemeinschaft s. *Bergerfurth* Eherecht Rz. 406 ff.). Dies ergibt sich auch aus der systematischen Stellung der §§ 315 ff. InsO im Gesamtgefüge der neuen Insolvenzordnung. Die Vorschriften dieses Abschnitts befassen sich mit den Abweichungen des Nachlaß- vom Regelinsolvenzverfahren. Die allgemeinen Regelungen werden hierdurch nicht obsolet, vielmehr kommt dem neu geregelten besonderen Teil in erster Linie eine ergänzende Funktion zu. Allein die Berücksichtigung erbrechtlicher Besonderheiten führte zu ersetzenden Regelungen. Soweit nicht die Vorschriften dieses besonderen Teils einschlägig sind, ist der Rückgriff auf die allgemeinen Regelungen statthaft, aber auch notwendig. Gewährleistet ist damit beispielsweise ein nahtloser Übergang bei der **Überleitung eines Regelinsolvenzverfahrens in ein Nachlaßverfahren**, wie dies beim Tod eines Schuldners während des Schuldbefreiungsverfahrens notwendig wird (ausführlich hierzu § 286 Rz. 34 ff.). Erforderlich war – neben der auch im übrigen verfolgten Rechtsklarheit – ferner eine strukturelle Anpassung der Vorschriften an die Besonderheiten des neuen Verfahrens.

Nach dem Grundsatz der Universalsukzession rückt der Erbe in die Rechtsstellung des **3** Erblassers ein, §§ 1922, 1967 BGB. Aus der Universalsukzession folgt, daß sich die Haftung des Erben nicht auf den Nachlaß und somit auf das ererbte Vermögen beschränkt, sondern sich auch auf sein Eigenvermögen erstreckt.

Schon die Begründung zum RegE betont, daß Nachlaßinsolvenzverfahren und Nachlaß- **4** verwaltung auch weiterhin die Wege bilden, um das ererbte Vermögen vom eigenen Vermögen des Erben zu sondern (BT-Drucks. 12/2443, S. 229). Andernfalls liefe der Erbe Gefahr, einen Nachlaßgläubiger mit seinem vorher erworbenen Privatvermögen befriedigen zu müssen; den Ausnahmefall, daß neben dem Nachlaßinsolvenzverfahren der Erbe insolvent ist, regelt § 331 InsO. Nach wie vor wird somit den Nachlaßgläubigern der alleinige Zugriff auf den Nachlaß gewährleistet, zugleich aber endgültig der Zugriff auf das Eigenvermögen des Erben verschlossen. Dies führt zu einer vorzugsweisen Befriedigung der Nachlaßgläubiger im Hinblick auf den Nachlaß. Nachlaßinsolvenzverfahren und Nachlaßverwaltung gewährleisten somit eine Nachlaßsonderung, bei der zwischen dem **ererbten** und **dem eigenen Vermögen des Erben** strikt **getrennt** wird (§ 1975 BGB).

Diese klare Trennung wirkt sich konsequenterweise auf die Teilnahmeberechtigung der **5** Gläubiger am jeweiligen Verfahren aus. Insbesondere ist eine **Teilnahme der Eigengläubiger des Erben am Nachlaßkonkurs** damit **ausgeschlossen**. Berechtigt sind insoweit lediglich die Nachlaßgläubiger. Es bedarf somit also eines besonderen materiell-rechtlichen Bezugs zur jeweils in Anspruch genommen Haftungsmasse.

6 Die Nachlaßmasse dient allein der Befriedigung der Nachlaßgläubiger. Daraus ergibt sich, daß der **Nachlaß** als **nicht rechtsfähiges Sondervermögen** einer besonderen rechtlichen Berücksichtigung bedarf. Es handelt sich folglich um einen Sonderinsolvenzverfahren der Erben. Dagegen findet über einen Erbteil oder über einzelne Erbteile – wie § 316 Abs. 3 InsO klarstellt – ein Insolvenzverfahren nicht statt.

7 Entsprechend der Vorgaben des bürgerlichen Rechts macht es keinen Unterschied, ob der Nachlaß auf einen oder mehrere Erben übergeht (§§ 1922 Abs. 1, 2032 BGB).

B. Begriffsumschreibungen

I. Allgemeines

8 Auch das Nachlaßinsolvenzverfahren beginnt mit einem Insolvenzantrag beim zuständigen Gericht, § 13 InsO. Weitgehend gelten auch hier die gleichen Vorschriften wie im Regelinsolvenzverfahren. Insbesondere ist – nicht anders als im Regelinsolvenzverfahren – nicht das Nachlaßgericht, sondern das Insolvenzgericht zuständig (vgl. hierzu unten Rz. 30).

9 Die Eröffnung des Insolvenzverfahrens erfolgt ungeachtet der Frage, ob der Erbe bereits unbeschränkt für den Nachlaß haftet, die Erbschaft noch nicht angenommen hat oder die Erbschaft bereits geteilt ist (§ 316 Abs. 1 und 2 InsO; *Kuhn/Uhlenbruck* KO, § 214 Rz. 1).

10 Die Nachlaßverwaltung bietet sich an, wenn der Nachlaß voraussichtlich zur Befriedigung der Nachlaßgläubiger ausreicht. Ist dies nicht der Fall, muß – in Einklang mit §§ 1980, 1985 Abs. 2 BGB – das Nachlaßinsolvenzverfahren beantragt werden.

II. Erblasser

11 Die für das besondere Insolvenzverfahren maßgeblichen Regelungen der §§ 315 ff. InsO betreffen den Nachlaß eines Verstorbenen; bei Verschollenheit auch den Nachlaß eines – nach Maßgabe des Verschollenheitsgesetzes i. d. F. v. 15. 01. 1951 (BGBl. I 1951, 63) – für tot Erklärten; zu den dortigen Besonderheiten vgl. die Kommentierung zu § 316 Rz. 10.

III. Nachlaß

12 Das Insolvenzverfahren findet über »einen **Nachlaß**« statt. Dessen Verständnis bestimmt sich maßgeblich nach den erbrechtlichen Vorgaben des BGB. Der Nachlaß umfaßt nach der in den §§ 1922, 1967 BGB verankerten **Universalsukzession** die Gesamtheit der – auf den oder die Erben übergegangenen – Rechtsverhältnisse des Erblassers; mit dem Nachlaß gehen zugleich die mit den jeweiligen Einzelansprüchen verbundenen beweisrechtlichen Positionen auf den Erben über, *BGH* FamRZ 1993, 1311. Vererblich sind allein die dinglichen und persönlichen Vermögensrechte und Verbindlichkeiten des Erblassers. Hierzu zählt etwa auch der Restitutionsanspruch nach § 3 VermG, der sich auf DDR-Enteignungen vor dem Erbfall stützt; dieser ist wie ein Nachlaßgegenstand zu behandeln, *BayObLG* DNotZ 1995, 393.

Ausgenommen sind dabei alle rechtlich **unvererbliche Positionen** des Erblassers, so 13
etwa die an eine Person gebundenen höchstpersönlichen Rechte wie der Nießbrauch
(vgl. § 1061 BGB). Nicht zum Nachlaß zählen weiter die Rechtspositionen, deren
Rechtsnachfolge sich außerhalb der Universalsukzession vollzieht bzw. – wie etwa bei
wirksamen Schenkungen unter Lebenden auf den Todesfall – bereits vollzogen sind.
Soweit ein Rechtsverhältnis nichtvermögensrechtlichen Inhalts ist, kommt diesem naturgemäß für das Insolvenzverfahren keine Bedeutung zu.

In wenigen Fällen findet abweichend vom Grundsatz der Gesamtrechtsnachfolge eine 14
unmittelbare Sondererbfolge in bestimmte, vom übrigen Nachlaß abgesonderte Vermögensteile des Erblassers statt (sog. **Singularsukzession**). Bedeutsam für die Praxis sind
insbesondere:
– die **Sondererbfolge in den Geschäftsanteil** des persönlich haftenden Gesellschafters
  einer Personengesellschaft (OHG, KG, BGB-Gesellschaft), etwa beim Eintritt eines
  testamentarisch Bedachten über die im Gesellschaftsvertrag vereinbarte qualifizierte
  Nachfolgeklausel
– die **Sondererbfolge** nach der landesrechtlich unterschiedlich ausgestalteten **Höfeordnung** (vgl. Art. 64 EGBGB).

Bei diesen Ausnahmekonstellationen entstehen zwei rechtlich selbständige Vermögensmassen, der aus der unmittelbaren Sondererbfolge resultierende und der übrige Nachlaß.
Es kommt also zu einer grundsätzlich nicht vorgesehenen **Nachlaßspaltung**, bei der
jeder Nachlaßteil als selbständig anzusehen ist und einen besonderen, eigenen Nachlaß
bildet (grundlegend hierzu BGHZ 24, 352 (355). Zu beachten ist, daß über den im Wege
der Erbfolge auf einen Gesellschaftererben übergegangene Gesellschaftsanteil als solchen eine Nachlaßverwaltung nicht stattfindet, *OLG Hamm* OLGZ 93, 147.

Für die Frage, was letztlich in die **Nachlaßinsolvenzmasse** fällt, ist die erbrechtliche 15
Klärung, welche Rechtspositionen vererblich sind, nur der Ausgangspunkt. Die weitere
Bestimmung des Masseumfangs erfolgt nunmehr auf Basis der Insolvenzordnung.
Maßgeblich zu berücksichtigende Faktoren sind insoweit:
– der Zeitpunkt der Bestimmung des Nachlasses
– die Pfändbarkeit der Nachlaßgegenstände
– die Beschränkung der Masse durch Rechtsgeschäfte des Erben
– die zum Nachlaß gehörenden Ersatzansprüche.
Über diese wertbildenden Faktoren soll nachfolgend eine Übersicht gegeben werden.

1. Zeitpunkt der Bestimmung des Umfangs des Nachlasses

Es ist umstritten, ob bei der Bestimmung der Insolvenzmasse auf den Zeitpunkt des 16
Erbfalls oder aber auf den der Verfahrenseröffnung abzustellen ist (so stellen – bezogen
auf die Konkursordnung – *Kuhn/Uhlenbruck* KO, § 214 Rz. 2 und *Kilger/Karsten
Schmidt* KO, § 216 Anm. 1 auf die Eröffnung des Verfahrens ab). Die Praxisrelevanz
dieses Streits verliert jedoch an Bedeutung, soweit berücksichtigt wird, daß auch beim
Abstellen auf den Zeitpunkt des Erbfalls ein zwischenzeitlicher Zuwachs als der Masse
zugehörig anerkannt wird. Gleiches gilt für die durch Veräußerung von Nachlaßgegenständen erworbenen Sachen oder diejenigen, die bei der Verwaltung des Nachlasses
erworben wurden. Eines Rückgriffs auf die **Surrogationswirkung** der §§ 2019, 2041
BGB, mit der fiktiv auf den Anfall der Erbschaft abgestellt wird, bedarf es hierzu nach
herrschender und vorzugswürdiger Auffassung nicht, da diese nur im Verhältnis zwischen Erbschaftsbesitzer und Erben gelten (*RG* WarnRspr 1913 Nr. 427; *OLG Braunschweig* OLGZ 19, 231, 233; *OLG Karlsruhe* DJZ 1908, 1349).

2. Pfändbarkeit der Nachlaßgegenstände

17 Bei der Ermittlung der der Haftung unterliegenden Masse muß jedoch die Pfändbarkeit der Gegenstände beachtet werden. Unterliegt die Pfändbarkeit einer persönlichen – von subjektiven Eigenschaften abhängigen – Beschränkung, wie es § 811 Nr. 1–7, 10 ZPO verlangt, so ist insoweit auf die Person des bzw. der Erben abzustellen (vgl. *Jaeger/ Weber* KO, § 214 Rz. 33). Dieser Umstand ist von praktischer Bedeutung und bedarf deshalb hinreichender Berücksichtigung, da die anfangs in Betracht kommende und die tatsächlich der Haftung unterliegende Insolvenzmasse (Ist- und Sollmasse) bedeutend von einander abweichen können. Es soll daher zunächst eine eingehende Prüfung der Nachlaßgegenstände im Hinblick auf ihre Pfändbarkeit erfolgen. Häufig stellen gerade die zum Berufs- bzw. Erwerbsbetrieb zugehörigen Gegenstände einen maßgeblichen Teil des Vermögens dar.

3. Beschränkung der Masse durch Rechtsgeschäfte des Erben

18 Rechtsgeschäfte, die der Erbe im eigenen Namen geschlossen hat, die jedoch wirtschaftlich betrachtet bei der Verwaltung des Nachlasses angefallen sind, gelten als **für Rechnung des Nachlasses** eingegangen. Eine denkbare Surrogation findet nicht statt (*Kuhn/Uhlenbruck* KO, § 214 Rz. 3; RGZ 134, 257, 259). Hierbei kann die Zuordnung im Einzelfall Schwierigkeiten bereiten, da die Grenzen nicht immer klar abgesteckt werden können, so daß eine Abwägung im jeweiligen Einzelfall zu erfolgen hat. Durch diese Abwägung hat dann der Richter im Streitfall zu ermitteln, ob dieses im eigenen Namen abgeschlossene Rechtsgeschäft damit für Rechnung des Nachlasses oder des Erben geschlossen wurde. Hierbei können sich vielfältige Schwierigkeiten ergeben. Diese bestehen darin, die Voraussetzungen für eine Zuordnung zum jeweiligen Geschäftsbereich zu finden. Denkbares Abgrenzungskriterium ist z. B. der wirtschaftliche Wirkungsbereich des Geschäfts. Ferner kommt eine Abgrenzung mit Hilfe der Regeln der **Stellvertretung** in Betracht (vgl. hierzu § 324 Rz. 18).

4. Ersatzansprüche

19 Wichtig bei der Ermittlung der Haftungsmasse ist die **Berücksichtigung etwaiger Ersatzansprüche**. Diese Ansprüche gehören, mit Blick auf § 1975 BGB, wie § 1978 Abs. 2 BGB es anordnet, zum Nachlaß und folglich auch zur Insolvenzmasse und unterliegen somit auch dem Zugriff der Nachlaßgläubiger (*Kilger/Karsten Schmidt* KO, § 214 Anm. 2). Ihr Bestehen kann verschiedene Ursachen haben. Hervorzuheben sind in diesem Zusammenhang Ansprüche gegen den Erben gemäß § 1978 Abs. 1, 2 BGB und § 1980 BGB, die sich aus dessen fehlerhafter Verwaltung des Nachlasses oder der unterlassenen Insolvenzantragsstellung ergeben (*OLG Braunschweig* OLGZ 19, 231 [232]; 24, 64 [65]).

20 Im Umkehrschluß daraus ergibt sich aber, daß diejenigen Vermögensgegenstände, die der Erbe kraft seiner Verfügungsbefugnis dem Nachlaß entzogen hat, nicht mehr zur Masse gehören. Auch hier gibt es keine Surrogation. Es kann deshalb lediglich der in § 1978 Abs. 1 Satz 2 BGB mit Verweis aus §§ 667, 681 BGB gestützte obligatorische Schadensersatzanspruch geltend gemacht werden. Dieser gehört jedoch wiederum dem Nachlaß an und unterliegt auch dem Zugriff der Nachlaßgläubiger. Dem Insolvenzverwalter steht jedoch noch die Möglichkeit offen, vom Erben die Abtretung des Anspruchs auf einen noch nicht geleisteten Gegenwert zu verlangen (vgl. *Kuhn/Uhlenbruck* KO, § 214 Rz. 4).

Hat der Erbe den Nachlaßgläubigern gegenüber seine **Haftungsbeschränkung** jedoch verwirkt (beispielsweise durch nicht rechtzeitige Errichtung des Inventars gemäß §§ 1993 ff. BGB), so besteht dieser Anspruch nicht, da er in diesem Falle – wie § 2013 klarstellt – überflüssig ist. Denn im Falle der unbeschränkten Haftung des Erben sind die Gläubiger nicht auf einen Ersatzanspruch gegen den Erben zu verweisen. Ab diesem Zeitpunkt hat dieser ohnehin mit seinem ganzen Vermögen für diese Verbindlichkeiten einzustehen. Die persönliche Haftung des Erben gegenüber Dritten kann zudem, wie bereits das Reichsgericht in RGZ 92, 341 [343 f.] festgestellt hat, über die Haftung für den Nachlaß hinaus gehen. Es ist also im Einzelfall denkbar, daß der Erbe – ungeachtet der im übrigen bestehenden beschränkten Haftung – von einzelnen Gläubigern in vollem Umfang in Anspruch genommen werden kann. 21

IV. Schuldner

Auch das Nachlaßinsolvenzverfahren kann einen **Schuldner** nicht entbehren. Entgegen der insoweit irreführenden Begründung zu § 363 RegE (BT-Drucks. 12/2443, S. 231) kommt dem Nachlaß funktional nicht die Rolle des »Schuldners« im Sinne der §§ 17 und 18 InsO zu. Der **Nachlaß** ist ein **Sondervermögen**, aber keine eigene Rechtspersönlichkeit (vgl. hierzu die Parallele beim ehelichen Gesamtgut: § 333 Rz. 2, 12). Demnach würde es im Nachlaßinsolvenzverfahren an einem Rechtssubjekt fehlen, gegen welches sich der Eröffnungsantrag richtet (vgl. *Kuhn/Uhlenbruck* KO, § 214 Rz. 6). Daher bedarf es einer rechtlich klar definierten Schuldnerstellung. Wer **Träger des Nachlasses** ist und damit die Stellung als Schuldner einnimmt, bestimmt sich allein nach bürgerlich-rechtlichen Vorschriften. Dementsprechend kommt im Nachlaßinsolvenzverfahren dem **Erben oder** im Falle mehrerer bedachter Personen der **Erbengemeinschaft**, die auf den Nachlaß beschränkte Schuldnerrolle zu. Sie gelten als Träger der in der Masse vereinten Vermögenswerte und Nachlaßverbindlichkeiten (so schon *RG* JW 13 752, 753). 22

Unbeachtlich ist insoweit, daß der Konkursgrund nicht in der Person des Erben entstanden ist, dieser also insoweit »unverschuldet« in die Rolle des Schuldners gedrängt wird. Dies rechtfertigt sich bereits aus der Überlegung, daß dem Erben allein aus der Zuweisung der Schuldnerrolle keine materiellen oder auch immateriellen Nachteile erwachsen. Daneben begründet sich die Zuweisung der insolvenzrechtlichen Schuldnerposition aus der Verbundenheit des Erben mit dem Nachlaß; er ist im Wege der Universalsukzession gemäß §§ 1922, 1967 BGB Träger des Nachlasses geworden und haftet – mit Blick auf die in § 1975 BGB getroffene Regelung – für die Nachlaßverbindlichkeiten (*Hanisch* in FS Henckel, S. 377). 23

Vor diesem Hintergrund macht es auch keinen Unterschied, ob nur ein Erbe, sondern eine **Erbengemeinschaft** (§ 2032 BGB) Rechtsnachfolger des Erblassers ist (keine Erbengemeinschaft bilden mehrere Nacherben vor dem Nacherbfall (*BGH* FamRZ 1993, 801). Die Erbengemeinschaft unterscheidet sich – ausgehend von den erbrechtlichen Grundsätzen im materiellen Recht – allein in ihrer gesamthänderischen Verbundenheit vom Alleinerben. 24

Die in § 316 Abs. 1 InsO getroffene Regelung, daß das Insolvenzverfahren auch vor der Annahme der Erbschaft eröffnet werden kann, zeigt, daß auch der **vorläufige Erbe** – bis zu einer etwaigen Ausschlagung der Erbschaft – Insolvenzschuldner ist (zu den Auswirkungen auf die Schuldnerlasten auf den vorläufigen Erben vgl. *Jaeger/Weber* KO, § 214 Rz. 14). Wird die Erbschaft ausgeschlagen, findet allein ein Wechsel in der Vermögensträgerschaft statt; die Schuldnerrolle übernimmt nunmehr der etwa durch den 25

§ 315

Erblasser eingesetzte Ersatzerbe (§ 2096 BGB) oder der in sonstiger Weise zuletzt Bedachte.

26 Im Nachlaßinsolvenzverfahren erhält der Erbe als Gemeinschuldner die uneingeschränkte Rechtsposition mit allen Rechten und Pflichten, wie sie sich auch für den Gemeinschuldner im Regelinsolvenzverfahren ergeben. Er hat demnach insbesondere die gleiche Antragsbefugnis. Dessen ungeachtet wird das Verfahren auf den Namen des Erblassers abgewickelt (vgl. hierzu eingehend *Kuhn/Uhlenbruck* KO, § 214 Rz. 7 und Rz. 12).

27 Für die Erbengemeinschaft ergibt sich aus der gesamthänderischen Verbundenheit, daß die **Miterben zusammen Schuldner** sind. Sie müssen gemeinschaftlich und einheitlich handeln. Demgegenüber genügt für die Antragstellung, daß nur einer der Erben den Antrag auf Eröffnung des Verfahrens stellt, § 317 Abs. 2 InsO. Es bedarf dann insoweit nur einer Glaubhaftmachung des Insolvenzgrundes. Den Interessen der übrigen Miterben muß jedoch durch die Gewährung rechtlichen Gehörs Rechnung getragen werden.

28 Bei Handlungen des Schuldners, die der **Anfechtung gemäß §§ 129 ff. InsO** unterliegen, kommt für die Zeit zwischen Erbfall und Verfahrenseröffnung die Person des Erben und für die Zeit vor dem Erbfall die Person des Erblassers in Betracht (vgl. *Kuhn/Uhlenbruck* KO, § 214 Rz. 9 sowie die Kommentierung von *Dauernheim* FK, InsO § 144 ff.; zur Abgrenzung der Anfechtung nach InsO von der Gläubigeranfechtung nach dem Anfechtungsgesetz siehe *Schallenberg* in Steuerberater Rechtshandbuch, Fach K, Kap. 8 Rz. 5 f.; zum Verhältnis der Einzelgläubigeranfechtung zum Insolvenzverfahren siehe dort Rz. 4). Die durch die Regeln der Anfechtung dem Nachlaß zurückgeführten Vermögenswerte – gleich ob Forderungen oder Sachen – müssen bei der Ermittlung des tatsächlichen Umfangs des Nachlasses berücksichtigt werden. Dies ergibt sich schon aus deren teils erheblichem Wert, damit verbunden der wesentlichen Erhöhung des Nachlaßumfangs. Andernfalls wäre auch eine dahingehende Anfechtung sinnwidrig, da es an einer Benachteiligung der Gläubiger fehlen würde (vgl. hierzu den Wortlaut der §§ 129 ff. InsO sowie die entsprechende Kommentierung von *Dauernheim* §§ 129 ff.).

29 Dem Insolvenzverwalter kommt eine eigenständige rechtliche Stellung zu. Er handelt kraft der ihm vom zuständigen Gericht verliehenen Befugnisse. Der Umstand, daß die Entscheidungen und Handlungen des Insolvenzverwalters nicht dem Willen des Erben unterworfen sind – er handelt nicht einmal im Namen des Erben – führt konsequenterweise zu einer entsprechenden **Haftungsverteilung zwischen Insolvenzverwalter und Erbe**. So vermag etwa die Fortführung des Geschäfts des Erblassers durch den Insolvenzverwalter nicht die Haftung des Erben nach § 27 HGB zu begründen (vgl. *Kuhn/Uhlenbruck* KO, § 214 Rz. 10; BGHZ 35, 13, 17). Andernfalls wäre der Erbe selbst durch die bereits mit dem Erblasser eingegangenen Verbindlichkeiten gemäß § 25 HGB verpflichtet, auf den durch § 27 HGB Bezug genommen wird. Da gerade durch das eingeleitete Insolvenzverfahren die Gläubiger eine vollständige Befriedigung ihrer Forderungen oft nicht erwarten können, wäre dies eine attraktive Möglichkeit zur Forderungstilgung. Jedoch kann dem Erben nicht die Geschäftsführung des Insolvenzverwalters angelastet werden. Genausowenig kann er persönlich für diese Verbindlichkeiten in Anspruch genommen werden. Dies widerspräche zudem der klaren Trennung zwischen Eigen- und Erbschaftsvermögen.

30 Das **Regelinsolvenzverfahren** geht in das **übergeleitete Nachlaßinsolvenzverfahren** über, wenn der Schuldner während des laufenden Regelverfahrens über sein Vermögen verstirbt (vgl. hierzu § 286 Rz. 34 ff.). Dann finden ex nunc die Regeln über das Nachlaßinsolvenzverfahren Anwendung. Gemeinschuldner desselben wird dann der Erbe oder im Falle mehrerer Bedachter die Erbengemeinschaft. Dem neuen Gemeinschuldner kann dann eine Doppelrolle sowohl als Schuldner als auch als Gläubiger

zukommen (vgl. *Kilger/Karsten Schmidt* KO, § 214, Anm. 7). Zu beachten ist, daß die einmal begründete Zuständigkeit des Gerichts bestehen bleibt; es findet also **kein Zuständigkeitswechsel** im Sinne des § 315 InsO statt. Dies gilt auch für den Fall, daß das Insolvenzverfahren vor dem Tod des Erblassers beantragt, aber erst nach dem Erbfall eröffnet wurde (*Kilger/Karsten Schmidt* a. a. O.). Zur Frage, auf welchen Eröffnungsgrund in einem solchen Fall abzustellen ist, vgl. die Ausführungen zu § 320 InsO.

C. Zweck der Vorschrift

I. Allgemeiner Gerichtsstand des Erblassers als Zuständigkeitskriterium

§ 315 InsO trifft in erster Linie eine Zuständigkeitsregelung. Die Vorschrift stimmt in 31 ihrem Ausgangspunkt mit dem früheren Recht überein (§ 214 KO): Für die örtliche Zuständigkeit wird an die Verhältnisse des Erblassers zur Zeit seines Todes angeknüpft. Mit Satz 1 der Vorschrift wird für das Nachlaßinsolvenzverfahren eine ausschließliche **örtliche Zuständigkeit** des Insolvenzgerichts begründet, in dessen Bezirk der Erblasser zur Zeit seines Todes seinen **allgemeinen Gerichtsstand** hatte. Insoweit deckt sich die Regelung mit der in § 27 ZPO (§§ 12 ff, 16 ZPO) vorgesehenen Zuständigkeit. Unerheblich ist, an welchem Ort der Erblasser verstorben ist (§ 3 InsO).
Mit der von § 315 InsO eingeführten Beachtung des **wirtschaftlichen Tätigkeitsbe-** 32 **reichs** des Erblassers erfolgt jedoch eine bedeutende Abweichung vom früheren Recht. Diese Änderung muß insbesondere bei der Antragstellung Berücksichtigung finden, siehe hierzu unten Rz. 34 ff.

II. Bestimmung der örtlichen Zuständigkeit bei Auseinanderfallen der Gerichtsstände

Soweit nach Maßgabe der §§ 12 ff. ZPO der Erblasser **mehrere allgemeine Gerichts-** 33 **stände** hatte, kann die Eröffnung des Insolvenzverfahrens wahlweise an einem dieser Gerichtsstände erfolgen. Wird das Verfahren mehrfach eingeleitet, ist – wie sich bereits aus § 3 Abs. 2 InsO ergibt – auf den zuerst eingegangen Antrag abzustellen. Das zuerst angerufene Gericht schließt also die übrigen aus. Beharrt der Antragsteller trotz – zutreffendem – gerichtlichen Hinweises auf die Unzuständigkeit und der Anregung, einen **Verweisungsantrag** zu stellen, auf der vermeintlichen Zuständigkeit des von ihm angerufenen Gerichts, ist der Eröffnungsantrag als unzulässig zurückzuweisen (*LG Magdeburg*, GmbHR 1997, 129). Eine Verweisung von Amts wegen ist dagegen, auch nicht nach § 281 Abs. 1 ZPO analog, nicht zulässig.

III. Mittelpunkt der selbständigen wirtschaftlichen Tätigkeit des Erblassers als Zuständigkeitskriterium

Soweit der **Mittelpunkt einer selbständigen wirtschaftlichen Tätigkeit des Erblas-** 34 **sers** an einem anderen Ort liegt, ist nach Satz 2 der Vorschrift dagegen ausschließlich das Insolvenzgericht zuständig, in dessen Bezirk dieser Ort liegt. Erst bei deren Fehlen soll auf den allgemeinen Gerichtsstand des Erblassers zurückgegriffen werden (vgl. § 3 Abs. 1 InsO).

§ 315

35 Mit der Bestimmung der örtlichen Zuständigkeit wird ausdrücklich eine **ausschließliche Zuständigkeit** begründet, die einer **abweichenden Vereinbarung** der Verfahrensbeteiligten **entzogen** ist. Es gilt demnach nicht mehr der nach §§ 12 ff., 16 ZPO i. V. m. § 7 f. BGB zu ermittelnde allgemeine Gerichtsstand, den der Erblasser zur Zeit des Erbfalles gehabt hat. Folglich wird in den Fällen eines wirtschaftlichen Schwerpunkts auch das Problem mehrerer allgemeiner Gerichtsstände beseitigt und das damit nach herrschender Meinung verbundene Prioritätsprinzip für diesen Fall seiner Wirkung enthoben. Nach wie vor unbeachtlich ist der Gerichtsstand des Erben; auf diesen ist nur im Rahmen der Eigeninsolvenz des Erben abzustellen.

1. Vorteile der Neuregelung

36 Der Vorteil der nunmehr zugrunde zu legenden Regelung besteht darin, daß das Insolvenzverfahren über den Nachlaß beispielsweise eines Einzelkaufmanns am **Sitz des Unternehmens** durchgeführt werden kann. Auch im Nachlaßinsolvenzverfahren wird den Gründen Rechnung getragen, die zur Regelung des § 71 Abs. 1 KO geführt haben und die auch in § 3 Abs. 1 KO, berücksichtigt wurden. In Abwägung zu den noch aufzuzeigenden Vorteilen dieser Regelung, spielt der Nachteil, daß die örtliche Zuständigkeit des Insolvenzgerichts für den Fall einer selbständigen wirtschaftlichen Tätigkeit des Erblassers von der des Nachlaßgerichts, dem u. a. das Verfahren zum Aufgebot der Nachlaßgläubiger und die Anordnung der Nachlaßverwaltung obliegt, abweichend geregelt wird (vgl. §§ 1970 bis 1988 BGB, § 73 FGG), nur eine untergeordnete Rolle. Dies gilt ungeachtet der vom Gesetzgeber gewollten Konzentration der Insolvenzverfahren bei Schwerpunktgerichten (vgl. die Begr. zu § 2 des RegE [= § 2 InsO] BT-Drucks. 12/2441, S. 109 f.; daneben die Regelung des § 71 Abs. 3 KO).

37 Maßgeblicher Vorteil der Vorschrift ist die **Sachnähe des handelnden Gerichts** und der betroffenen Parteien zur Haftungsmasse. Dies bewirkt zum einen eine Beschleunigung des Verfahrens, da den Parteien ein schnellerer Zugriff und eine zügigere Kommunikation mit dem zuständigen Gericht durch kürzere Informationswege ermöglicht wird. Es entscheidet somit das sachnähere Gericht.

38 Zum anderen werden dadurch die **Kosten des Verfahrens** gesenkt, da den Parteien und dem Gericht durch den schnelleren Zugriff auf das Vermögen zeitaufwendige Fahrten und persönliche Einsichtnahmen erleichtert werden. Die Sachnähe des zuständigen Gerichts zeichnet sich insbesondere auch dadurch aus, daß das Gericht häufig mit den Örtlichkeiten vertraut ist und kurzfristig Termine anberaumt werden können. Es entscheidet somit ab jetzt das sachlich qualifiziertere Gericht (*Hellwich* MDR 1997, 13, ebenso zu den weiteren Änderungen und den damit verbundenen Vor- und Nachteilen im Rahmen der Neuregelung der Zuständigkeit im Hinblick auf die gesamte Insolvenzordnung). Demnach ist diese Vorschrift sowohl aus Gründen der Konzentration des Verfahrens als auch aus prozeßökonomischen Erwägungen zu begrüßen (zu Parallelen im Zivilprozeß vgl. eingehend *Schilken* ZPO, Rz. 339 zu den Verfahrensgrundsätzen und dort insbesondere Rz. 382).

2. Abschaffung des § 229 KO

39 Da die **Identität von Nachlaß- und Insolvenzgericht** unter den oben dargestellten Umständen häufig nicht mehr gegeben sein wird, konnte auf eine dem § 229 KO entsprechende Vorschrift verzichtet werden. Dort war vorgesehen, daß das Konkursverfahren bei dem Gericht anhängig ist, welches zugleich für das Aufgebotsverfahren

zuständig ist; die im Aufgebotsverfahren geltend gemachten Forderungen galten auch als im Nachlaßinsolvenzverfahren angemeldet. Die Anmeldung einer Forderung im Aufgebotsverfahren kann aber die Anmeldung im Insolvenzverfahren nicht entbehrlich machen, sofern diese beiden Gerichte auseinanderfallen. Mit Abschaffung einer dem § 229 KO vergleichbaren Regelung kommt der Gesetzgeber der zu erwartenden Praxis, daß Insolvenz- und Nachlaßgericht oftmals auseinander fallen, entgegen (vgl. die Begr. zu § 358 RegE, BT-Drucks. 12/2443, S. 230). Ein Festhalten an der ursprünglichen Regelung hätte zur Folge gehabt, daß der Gesetzgeber eine Norm ohne – oder jedenfalls mit einem nur sehr geringen – Anwendungsbereich geschaffen hätte.

Ausgehend von der Abschaffung dieser Regelung, obliegt es nun den Parteien, ihr Recht **40** zu behaupten. Sie müssen nun stets ihre Forderungen sowohl im Aufgebotsverfahren als auch im Insolvenzverfahren anmelden. Der vorher bestehende gesetzliche Automatismus existiert nun nicht mehr. Bedeutung für die Praxis gewinnt diese Neuregelung insoweit, als die Gläubiger und auch ihre Vertreter bestrebt sein müssen, die Anmeldung im Nachlaßinsolvenzverfahren schleunigst zu veranlassen, da die Verjährung der Ansprüche nicht durch eine kraft Gesetzes gleichzeitig erfolgte Anmeldung im Insolvenzverfahren unterbrochen wird (zur vorhergehenden Rechtslage vgl. *Jaeger/Weber* KO, § 229 Rz. 4; *Kilger/Karsten Schmidt* KO, § 229, 2).

§ 316
Zulässigkeit der Eröffnung → §§ 216, 235 KO

(1) Die Eröffnung des Insolvenzverfahrens wird nicht dadurch ausgeschlossen, daß der Erbe die Erbschaft noch nicht angenommen hat oder daß er für die Nachlaßverbindlichkeiten unbeschränkt haftet.
(2) Sind mehrere Erben vorhanden, so ist die Eröffnung des Verfahrens auch nach der Teilung des Nachlasses zulässig.
(3) Über einen Erbteil findet ein Insolvenzverfahren nicht statt.

Inhaltsübersicht:

	Rz.
A. Allgemeines	1
B. Regelungsgehalt des Absatz 1	2– 5
I. Annahme der Erbschaft	3– 4
II. Unbeschränkte Haftung der Erben	5
C. Abschaffung des § 113 Abs. 1 Nr. 3 VerglO	6
D. Regelungsgehalt des Absatz 2	7–11
I. Teilung des Nachlasses	7
II. Erbengemeinschaft	8
III. Zeitliche Schranke	9
IV. Besonderheiten des Verschollenheitsgesetzes	10–11
E. Der Regelungsgehalt des Absatz 3	12–16
I. Zweck der Regelung	13–15
II. Ausnahme	16

§ 316   Besondere Arten des Insolvenzverfahrens

Literatur:

App Grundzüge der Erbenhaftung und ihrer Beschränkung, DGVZ 1996, 136; *Harder/Müller-Freienfels* Grundzüge der Erbenhaftung, JuS 1980, 876; *Roessink* Zur Berechtigung der Erbenhaftung für den Geschiedenenunterhalt gemäß § 1586b BGB, FamRZ 1990, 924; *Smid* Individualzwangsvollstreckung und Insolvenz, JZ 1995, 1150; *Tiedow* Die Anordnung der Nachlaßpflegschaft gemäß § 1960 BGB, Rpfleger 1991, 400.

A. Allgemeines

1   Mit der in § 316 InsO getroffenen Regelung wird in den Absätzen 1 und 2 § 359 RegE und mit Abs. 3 § 377 RegE wörtlich übernommen. Diese Regelungen decken sich – von der redaktionellen Anpassung des Wortlauts an das neue Insolvenzrecht abgesehen – inhaltlich völlig mit § 216 KO. Mit Abs. 3 erfolgt eine inhaltliche Übernahme der zuvor von § 235 KO erfaßten Regelung.

B. Regelungsgehalt des Absatz 1

2   Absatz 1 stellt klar, daß die Durchführung des Insolvenzverfahrens ohne Rücksicht auf erbrechtliche Besonderheiten wie der Annahme der Erbschaft oder der unbeschränkten Haftung des Erben für Nachlaßverbindlichkeiten erfolgen kann.

I. Annahme der Erbschaft

3   Soweit Absatz 1 festhält, daß die – noch nicht erfolgte – Annahme der Erbschaft der Verfahrenseröffnung nicht entgegensteht, wird der Regelungsgehalt des § 1943 BGB in das Insolvenzrecht transferiert. Hiernach ist die **Annahme der Erbschaft nicht** die **Voraussetzung der Erbenhaftung**, sondern verhindert lediglich eine spätere Ausschlagung. Die von der Annahme der Erbschaft losgelöste Erbenhaftung schlägt insoweit konsequenterweise im Insolvenzverfahren durch. Die Annahmeerklärung braucht nicht ausdrücklich zu erfolgen; es genügt ein aus den Umständen des Einzelfalls nach außen tretender Wille des Erben (Bsp. zu solch konkludenten Annahmen in den Entscheidungen des *BayObLG* FamRZ 1988, 213 sowie *OLG Oldenburg* NJW-RR 1995, 141; zu den Voraussetzungen, die an die Wirksamkeit einer Ausschlagungserklärung zu stellen sind, wenn die Erbschaft Nachlaßvermögen im Beitrittsgebiet umfaßt vgl. *LG Bonn* DtZ 1992, 56).

4   Für den noch nicht vollständig in die Erbenstellung eingetretenen (vorläufigen) Erben kann für das Nachlaßinsolvenzverfahren ein **Nachlaßpfleger** gemäß § 1960 BGB bestellt werden (zum Umfang der Vermögensbetreuungspflicht des Nachlaßpflegers siehe *OLG Hamm* NJW-RR 1995, 1159; allgemein zu den Voraussetzungen und Folgen der Nachlaßpflegschaft: *Tidow* Rpfleger 1991, 400). Im Falle der Testamentsvollstreckung wird der Erbe durch den **Testamentsvollstrecker** vertreten. Ungeachtet der noch nicht erfolgten Annahme der Erbschaft kann der – noch vorläufige – Erbe die Eröffnung des Verfahrens beantragen. Eine Bindung in Bezug auf das Erbe im Sinne einer (konkludenten) Annahme ist damit nicht verbunden (*Jaeger/Weber* KO, § 216 Rz. 1; *Kuhn/Uhlenbruck* KO, § 216 Rz. 2). Eine solche Verfahrenshandlung des vorläufigen Erben

Zulässigkeit der Eröffnung **§ 316**

erschöpft sich von der Wirkung in einer – auf den Nachlaß bezogenen – Verwaltungshandlung im Sinne des § 1959 BGB.

II. Unbeschränkte Haftung des Erben

Kein Hindernisgrund für die Eröffnung des Insolvenzverfahrens ist die **unbeschränkte Haftung des Erben** für die Nachlaßverbindlichkeiten (Übersichten zur Erbenhaftung geben: *App* DGVZ 1996, 136; *Harder/Müller-Freienfels* JuS 1980, 876; zur Rechtfertigung der Erbenhaftung für den Geschiedenenunterhalt siehe *Roessink* FamRZ 1990, 924). Eine solch unbeschränkte Haftung kann etwa aus der Nichtwahrung der Inventarfrist nach § 1994 BGB resultieren. Aufgabe des Nachlaßinsolvenzverfahrens ist es dann, den Nachlaßgläubigern gegenüber den persönlichen Gläubigern des Erben den bevorrechtigten Zugriff auf den Nachlaß zu gewährleisten. Damit den Nachlaßgläubigern aber diese Haftungsmasse erhalten bleibt, muß das Insolvenzverfahren auch bei der unbeschränkten Haftung des Erben eröffnet werden können (*Jaeger/Weber* KO, § 216 Rz. 2; *Petersen/Kleinfeller* Anm. 13). Andernfalls liefen die Nachlaßgläubiger Gefahr, daß auch die Eigengläubiger des Schuldners auf den Nachlaß Zugriff nehmen könnten. Dies soll jedoch gerade durch die Sondierung der beiden Vermögensmassen vermieden werden.

5

C. Abschaffung des § 113 Abs. 1 Nr. 3 VerglO

Anders stellte sich jedoch die Rechtslage nach der Vergleichsordnung dar. Danach war die Eröffnung des Verfahrens dann nicht mehr zulässig, wenn ein Erbe für die Nachlaßverbindlichkeiten allen oder einzelnen Nachlaßgläubigern gegenüber unbeschränkt haftete, oder wenn der Nachlaß geteilt war (§ 113 Abs. 1 Nr. 3 VerglO). Diese Regelung beruhte jedoch auf Besonderheiten des Vergleichsrechts, die nicht in das Insolvenzrecht übernommen wurden. Die Nachlaßgläubiger waren nicht zum Antrag auf Eröffnung des Nachlaßvergleichsverfahrens berechtigt, und sie allein hätten nach dem Eintritt der unbeschränkten Erbenhaftung noch ein Interesse an der Verfahrenseröffnung haben können, um sich vor den übrigen Gläubigern des Erben aus dem Nachlaß zu befriedigen. Das Ziel, durch einen Vergleich den Nachlaß als wirtschaftliche Einheit zu erhalten, war nach der Teilung des Nachlasses kaum noch zu erreichen. Das neue Insolvenzverfahren kennt keine derartige Beschränkung des Antragsrechts (vgl. hierzu im einzelnen die Kommentierung zu § 317 Rz. 1 ff.); auch die Erhaltung wirtschaftlicher Einheiten ist nicht die vorrangige Zielsetzung dieses Verfahrens. Demnach blieb auch für den Erhalt einer solchen Regelung kein Raum mehr (BT-Drucks. 12/2443, S. 230).

6

D. Regelungsgehalt des Absatz 2

I. Teilung des Nachlasses

Letztlich schließt auch die in Absatz 2 erwähnte **Teilung des Nachlasses** die Eröffnung des Verfahrens nicht aus. Denn andernfalls liefen die Nachlaßgläubiger Gefahr, bei einer vollzogenen Auseinandersetzung der Erbengemeinschaft ihre unerfüllten Forderungen – mangels Masse – wirtschaftlich zu verlieren. Deshalb ist es notwendig, die Masse, die

7

§ 316 Besondere Arten des Insolvenzverfahrens

entgegen der Vorschrift des § 2046 BGB vor der Berichtigung der Nachlaßverbindlichkeiten geteilt wurde, auch noch nach Teilung derselben als einheitlich zu behandeln, damit der Zugriff weiter möglich bleibt (vgl. *Jaeger/Weber* KO, § 216 Rz. 5). Die Anordnung der Nachlaßverwaltung ist hingegen nach erfolgter Teilung nicht mehr zulässig. Dies ließe sich nun auch nur schwer durchsetzen. Wegen der praktischen Schwierigkeiten hat man auf diese Möglichkeit verzichtet. Hierdurch wird dem Erben ein Mittel zur Beschränkung seiner Haftung versagt. Jedoch besteht insoweit keine weitergehende Gefahr, da im Falle einer Nachlaßverwaltung der Nachlaß zur Befriedigung der Nachlaßgläubiger regelmäßig ausreichen würde.

II. Erbengemeinschaft

8   Die Miterben trifft dann eine **Rückführungspflicht bezüglich der Nachlaßgegenstände** in die Masse. Folglich gilt für den Insolvenzverwalter die Pflicht der Inbesitznahme der Massegegenstände, wenn das Insolvenzverfahren nach der Teilung eröffnet wird.

III. Zeitliche Schranke

9   Die Einleitung des Nachlaßinsolvenzverfahrens ist theoretisch nicht an eine zeitliche Schranke gebunden. Folglich bleibt die Möglichkeit der Verfahrenseröffnung auch noch Jahre nach dem Erbfall möglich. Eine **sinnvolle zeitliche Schranke** für das Einleitungsrecht der Nachlaßgläubiger setzt jedoch § 319 InsO, wonach diesen die Verfahrenseröffnung zwei Jahre nach der Annahme der Erbschaft nicht mehr gestattet sein soll. Dem liegt der Gedanke zugrunde, daß nach einer solchen Zeitspanne der Verbleib und der Wert des Nachlasses nicht mehr hinreichend genau bestimmt werden kann.

IV. Besonderheit des Verschollenheitsgesetzes

10 Das Nachlaßinsolvenzverfahren wird nicht dadurch beendet, daß der nach dem Verschollenheitsgesetz für tot Erklärte wieder »auftaucht«. Dies bewirkt nur, daß der bis dahin Verschollene als der neue Schuldner anzusehen ist. Das Beschwerderecht gegen den Eröffnungsbeschluß steht von diesem Zeitpunkt an nur noch ihm uneingeschränkt zu (vgl. *Kilger/Karsten Schmidt* KO, § 216 Anm. 4; *Kuhn/Uhlenbruck* KO, § 216 Rz. 6). Es gelten dann die Regeln des Regelinsolvenzverfahrens ex nunc. Abweichungen im Hinblick auf die Eröffnungsgründe, wie sie sich vormals für das Regelkonkurs- und das Nachlaßkonkursverfahren ergaben, bestehen jedoch nicht mehr. Denn nunmehr hat der Gesetzgeber gemäß § 320 InsO neben der Überschuldung auch die Zahlungsunfähigkeit und – eingeschränkt – die drohende Zahlungsunfähigkeit als Eröffnungsgründe anerkannt.

11 Dies hat allerdings auch Auswirkungen auf das dem Schuldner bis dahin zugestandene Beschwerderecht. Der Schuldner kann den Eröffnungsbeschluß nicht mehr ohne weiteres rügen. Denn ein Auseinanderfallen der Eröffnungsgründe zwischen Regel- und Nachlaßinsolvenzverfahren ist nun weitgehend eingedämmt worden. Demgegenüber muß das Beschwerderecht uneingeschränkt zugebilligt werden, soweit das Insolvenzverfahren unter Berufung des Erben auf die drohende Zahlungsunfähigkeit eröffnet wurde.

Denn dieser Eröffnungsgrund stellt gerade auf die persönliche Einschätzung des Schuldners ab. Insoweit kann ein eröffnetes Verfahren keinen weiteren Bestand mehr haben. Die Ausführungen im Verhältnis zwischen Erben und Vorerben gelten entsprechend.

E. Der Regelungsgehalt des Absatz 3

Soweit in Abs. 3 festgehalten wird, daß über einen Erbteil ein Insolvenzverfahren nicht stattfindet, wird die bereits in § 235 KO enthaltene Regelung unverändert übernommen. Die mit der Einfügung in die Zulässigkeitsvoraussetzungen erfolgte – vom vorigen Recht systematisch abweichende – Umstellung begründet sich bereits aus der vom Reformgesetzgeber auch im übrigen angestrebten sinnvollen Neuordnung der Gesetzessystematik. 12

I. Zweck der Regelung

Der Zweck der Regelung ist auf die gesamthänderische Verbundenheit der Erbengemeinschaft gemäß § 2032 BGB und der gesamtschuldnerischen Haftung derselben gemäß § 2058 i. V. m. §§ 421 ff. BGB zurückzuführen. Bereits aus dem gemeinsamen Schicksal dieser Gesamthandsgemeinschaft folgt, daß eine **isolierte Vermögensliquidation nicht zulässig** sein kann. Dem Insolvenzverfahren eines einzelnen Erben kann der Nachlaßgegenstand nur dann angehören, wenn das ererbte und das Eigenvermögen bereits verschmolzen sind. In diesem Fall können diejenigen Gegenstände, die einer der Miterben kraft seines Erbrechts erworben hat, natürlich Zugriffsobjekt der Haftungsmasse des Eigeninsolvenzverfahrens sein. 13

Die Anwendung der Regeln des Rechts der Individualexekution können hier kein anderes Ergebnis gestatten (anschaulich zum Verhältnis von Individualzwangsvollstreckung und Insolvenz: *Smid* JZ 1995, 1150; zu den Rechtswirkungen einer Pfändung des Miterbenanteils bzw. eines einzelnen Nachlaßgegenstandes siehe *Hartmann* in Baumbach/Lauterbach, ZPO § 859 Anm. B). Soweit § 859 Abs. 2 ZPO in Anlehnung an die Zwangsvollstreckung in einen Gesellschaftsanteil auch den einzelnen Erbteil einer möglichen Pfändung unterwirft, steht der Übertragung dieser Grundgedankens bereits der Wortlaut § 316 Abs. 3 InsO entgegen. Die konsequente Einhaltung dieser in § 316 Abs. 3 InsO enthaltenen Grundregel zeigt sich insbesondere darin, daß in § 316 Abs. 2 InsO trotz der erfolgten Teilung des Nachlasses nur über den Nachlaß als Ganzes das Verfahren eröffnet werden kann. Der Nachlaß muß für diesen Zweck wieder zusammengefaßt werden. 14

Auch wenn auf der Schuldnerseite eine Personenmehrheit steht, ist das Insolvenzverfahren als ein einziges, **einheitliches Verfahren** zu betrachten und zu gestalten. Die Beschwer eines einzelnen Erbteils löst weder eine Antragspflicht auf Schuldnerseite aus noch wird auf Gläubigerseite dadurch eine Antragsrecht begründet. Der Eröffnungsgrund muß einheitlich auf den ganzen Nachlaß bezogen festgestellt werden; zu der Frage, wie das Insolvenzverfahren über das Vermögen eines Miterben sowohl vor als auch nach der Teilung des Nachlasses abzuwickeln ist vgl. *Jaeger/Weber* KO, § 235 Rz. 4 ff. 15

II. Ausnahme

16 Eine scheinbare Ausnahme von dem Grundsatz, daß über einzelne Nachlaßgegenstände kein gesondertes Insolvenzverfahren stattfindet, bildet nur der Fall, daß der Erblasser ein **Unternehmen als Einmanngesellschafter** betrieb. Hier wird das Insolvenzverfahren nicht über die Nachlaßgegenstände, die hier die Gesellschaftsanteile darstellen, eröffnet, wohl aber kann neben dem Nachlaßinsolvenzverfahren ein Insolvenzverfahren über das Vermögen der Ein-Mann-GmbH stattfinden (vgl. *Kilger/Karsten Schmidt* KO, § 235, Anm. 2). Dieses gesonderte Verfahren ist auf die eigenständige Rechtspersönlichkeit der GmbH zurückzuführen.

§ 317
Antragsberechtigte → §§ 217, 219 KO

(1) Zum Antrag auf Eröffnung des Insolvenzverfahrens über einen Nachlaß ist jeder Erbe, der Nachlaßverwalter sowie ein anderer Nachlaßpfleger, ein Testamentsvollstrecker, dem die Verwaltung des Nachlasses zusteht, und jeder Nachlaßgläubiger berechtigt.
(2) ¹Wird der Antrag nicht von allen Erben gestellt, so ist er zulässig, wenn der Eröffnungsgrund glaubhaft gemacht wird. ²Das Insolvenzgericht hat die übrigen Erben zu hören.
(3) Steht die Verwaltung des Nachlasses einem Testamentsvollstrecker zu, so ist, wenn der Erbe die Eröffnung beantragt, der Testamentsvollstrecker, wenn der Testamentsvollstrecker den Antrag stellt, der Erbe zu hören.

Inhaltsübersicht: Rz.

A. Zweck der Vorschrift	1– 5
B. Kreis der Antragsberechtigten	6–33
I. Regelungsgehalt des Abs. 1	6–31
1. Antragsrecht des bzw. der Erben	7–17
a) Ausschlagung der Erbschaft	9–11
b) Antragsrecht bei Vor- und Nacherbschaft	12–17
2. Antragsrecht des Nachlaßverwalters	18–20
3. Antragsrecht des Testamentsvollstreckers	21–24
4. Antragsrecht der Nachlaßgläubiger	25
5. Antragsrecht der vormals Ausgeschlossenen	26–31
II. Regelungsgehalt des Abs. 2	32
III. Regelungsgehalt des Abs. 3	33
C. Antragspflicht	34–36

Literatur:

Draschka Gläubigerbefriedigung durch den Nachlaßpfleger, Rpfleger 1992, 281; *Grizowitz* Die Veräußerung eines Handelsgeschäftes durch den Nachlaßverwalter, DB 1990, 924; *Keller* Das Kindschaftsreformgesetz, NJ 1998, 234 ff.; *Lehmann* Die unbeschränkte Verfügungsbefugnis des Testamentsvollstreckers, AcP 88, Bd. 188, 1; *Mack/Olbing* Das nichteheliche Kind in Erbrecht und Erbschaftssteuerrecht, ZEV 1994, 286; *Mayer* Ermächtigung des Vorerben zur Beseitigung der

Nacherbschaft, ZEV 1996, 104; *Rauscher* Die erbrechtliche Stellung nicht in einer Ehe geborener Kinder nach Erbrechtsgleichstellungsgesetz und Kindschaftsreformgesetz, ZEV 1998, 41; *Sieber* Haftung für Nachlaßschulden, 1937; *Wolf* Die Fortführung eines Handelsgeschäfts durch die Erbengemeinschaft, AcP 81 Bd. 181.

A. Zweck der Vorschrift

Im Ausgangspunkt stimmt die in § 317 InsO getroffene Regelung mit der in § 217 KO 1 überein. Jedoch wurde der Kreis der Antragsberechtigten insgesamt weiter gezogen. Dies resultiert daraus, daß eine **§ 219 KO** entsprechende Regelung, die eine deutliche Einschränkung der Antragsberechtigung vorsah, **nicht übernommen** wurde. Der Grund dafür liegt darin, daß bei einer Haftungsmasse von geringem wirtschaftlichen Wert der in § 219 KO genannte Personenkreis regelmäßig keine Befriedigung erwarten konnte. Hierbei handelte es sich um diejenigen Gläubiger, die durch das Aufgebotsverfahren ausgeschlossen wurden oder den ausgeschlossenen Gläubigern gemäß § 1974 BGB zumindest gleichstanden. Das Recht der Antragstellung wurde diesen Gläubigern mit dem Hinweis abgesprochen, wegen des zu erwartenden Ausfalls ihrer Forderung fehle es am Rechtsschutzbedürfnis (BT-Drucks. 12/2443, S. 230).

Die nun geltende Insolvenzordnung hat sich gegen die regelmäßige Ablehnung der 2 Verfahrenseröffnung mangels Masse entschieden und diese vielmehr selbst zur Ausnahme erklärt. Dieses Ziel verfolgte der Gesetzgeber insbesondere mit der Änderung der Eröffnungsgründe (vgl. hierzu die Erläuterungen bei § 320 Rz. 1 f.). Da nunmehr das Nachlaßinsolvenzverfahren nicht erst bei Überschuldung, sondern schon bei Zahlungsunfähigkeit oder gar – bei Antragstellung durch einer der in § 320 InsO enumerativ genannten Personen – der nur drohenden Zahlungsunfähigkeit – eröffnet werden kann, ist nun zu erwarten, daß auch dieser vormals benachteiligte Kreis der ausgeschlossenen Gläubiger zumindest eine anteilsmäßige Befriedigung erhält. Folglich kann nun auch nicht mehr von einem mangelnden **Rechtsschutzbedürfnis** ausgegangen werden. Die mit § 317 InsO erfolgte Neuregelung führt zugleich zu einer weitergehenden **Gleichbehandlung der Gläubiger**, da die Differenz im Antragsrecht selbst beseitigt wurde. Die im Rahmen des Nachlaßinsolvenzverfahrens erfolgte Änderung des Antragsrechts korrespondiert – wie auch im Regelinsolvenzverfahren – insoweit mit der Änderung der Eröffnungsgründe.

Nicht anders als nach der Konkursordnung bleibt auch das Nachlaßinsolvenzverfahren 3 der Insolvenzordnung ein **Antragsverfahren**, bei der es allein den betroffenen Berechtigten obliegt, die Initiative zu ergreifen. Dabei wird kein Unterschied gemacht, ob sich der jeweils Betroffene auf der Gläubiger- oder Schuldnerseite befindet.

Nicht aufgegriffen wurde damit die im Rahmen der Reformdiskussion angesprochene 4 Möglichkeit einer **amtswegigen Verfahrenseröffnung**; diese wurde als mit der geltenden Wirtschafts- und Privatrechtsordnung unvereinbar eingestuft (*Neumann* Die Gläubigerautonomie in einem künftigen Insolvenzverfahren, S. 175). Befürchtet wurde insoweit die Einschränkung der Privatautonomie im weitesten Sinne, da es grundsätzlich den Betroffenen selbst obliegt, ihre Rechte zu wahren. Der Staat kann mit seinen Instrumentarien grundsätzlich nur ordnend und über das Gewaltmonopol helfend zur Seite stehen, um den vorher anerkannten Anspruch durchzusetzen (zur Individualexekution vgl. eingehend *Rosenberg/Gaul/Schilken*, Zwangsvollstreckungsrecht, § 1 II 1 f.; zum Grundsatz der Universalsukzession vgl. *Bork*, Einführung in das neue Insolvenzrecht, Rz. 27).

5 Die Verfahrenseröffnung von Amts wegen wäre auch mit einer Fülle von praktischen Problemen verbunden, da z. B. die staatlichen Organe nicht laufend über die wirtschaftlichen Verhältnisse der vermeintlichen Schuldners informiert sind. Eine Lösung dieser Problematik böte sich über die Vermögensverzeichnisse an, doch ist der Schuldner erst einmal in ein solches aufgenommen, ist in der Regel ohnehin bereits ein Verfahren im Gange, so daß es einer amtswegigen Eröffnung nicht bedarf: Eine solche Eröffnung von Amts wegen ließe die – bereits aus Gläubigersicht zwingend gebotene – Rechtzeitigkeit des Verfahrens missen. Wäre man auf eine Information der Gläubiger angewiesen, so ist nicht einzusehen, warum diese nicht auch gleich die Eröffnung des Insolvenzverfahrens beantragen sollten. Der Vorteil einer amtswegigen Eröffnung ist in diesem Fall nicht erkennbar. Zu messen wäre diese Vorschrift im übrigen an der verfassungsmäßigen Schranke des Art. 14 GG, über dessen gestellte Hürden sich der Gesetzgeber auch nicht ohne weiteres hinwegsetzen kann.

B. Kreis der Antragsberechtigten

I. Regelungsgehalt des Abs. 1

6 Abs. 1 enthält mit der Benennung des Erben, Nachlaßverwalters sowie Nachlaßpflegers, Testamentsvollstreckers und letztlich eines jeden Nachlaßgläubigers eine **enumerative Aufzählung der Antragsberechtigten**.

1. Antragsrecht des bzw. der Erben

7 Die Berechtigung des bzw. der Erben, als Schuldner die Eröffnung des Insolvenzverfahrens zu beantragen, besteht unabhängig davon, ob die Erbschaft bereits angenommen wurde, bereits die unbeschränkte Haftung eingetreten ist oder aber der Nachlaß bereits geteilt wurde, § 316 Abs. 1 InsO (vgl. die dortige Kommentierung; zur Parallele im alten Recht vgl. *Hess* KO, § 217 Rz. 4).

8 Im Hinblick auf die an eine Antragstellung anzustrengenden Anforderungen ist zum einen zwischen der Antragstellung eines Erben und der mehrerer Erben bei der Erbengemeinschaft zu unterscheiden. Vorausgeschickt wird, daß auch nach der Reform ein einzelner Erbe – auch der Miterbe – antragsbefugt ist, § 317 Abs. 2 InsO. Zum anderen sind Besonderheiten bei der Ausschlagung der Erbschaft und bei der Vor- und Nacherbschaft zu beachten.

a) Ausschlagung der Erbschaft

9 Schlägt der Erbe die Erbschaft aus, so erlischt mit Ausübung dieses Gestaltungsrechts auch sein Recht, die Eröffnung des Nachlaßinsolvenzverfahrens zu beantragen. Damit im Einklang steht die bereits oben erwähnte Regelung, daß das Verfahren auch eröffnet werden kann, wenn der Erbe die Erbschaft noch nicht angenommen hat. Das Nachlaßinsolvenzverfahrens zielt nämlich nicht allein auf den Schutz des Erben, sondern bezweckt auch die – bevorrechtigte – Befriedigung der Nachlaßgläubiger. Dieser Zweck wird mit der auf den Nachlaß bezogenen Zugriffsbeschränkung zugunsten der Nachlaßgläubiger, damit einhergehend dem Entzug der Haftungsmasse »Nachlaß« für die übrigen Gläubiger des Schuldners, verfolgt. Daraus ergibt sich, daß die zur Verfügung stehende Haftungsmasse nicht vom Handeln des Schuldners abhängig gemacht werden kann, da

es sonst allein vom Zufall abhinge, in welcher Höhe die jeweiligen Gläubiger Befriedigung erlangen würden. Auch korrespondierte eine andere Aufteilung nicht mit dem Grundgedanken, daß der Vertragspartner für die vorher eingegangenen Verbindlichkeiten oder entstandenen Schulden haften muß, wenn der Erbe den Nachlaß zur Befriedigung anderer Gläubiger benutzen würde. Zwar lassen erbrechtliche Vorschriften, insbesondere die Universalsukzession gemäß §§ 1922, 1967 BGB, Bedenken bezüglich dieses Grundsatzes zu, jedoch spricht hiergegen die Entscheidung des Gesetzgebers, den Nachlaß als bevorrechtigtes Haftungsvermögen der Nachlaßschuldner zu behandeln. Dies schlägt sich nicht nur in den §§ 315 ff. InsO nieder, sondern ist bereits im bürgerlichen Recht (§§ 1967 ff. BGB) verankert.

Daraus folgt wiederum, daß das auf Antrag eines Gläubigers eröffnete Verfahren nach **10** Ausschlagung der Erbschaft nicht für erledigt erklärt werden kann. Einem Antrag des Erben, gerichtet auf **Feststellung der Erledigung, fehlt** insoweit **das Rechtsschutzbedürfnis** (*OLG Koblenz* Rpfleger 89, 510).

Die kontrovers beurteilte Frage, ob im Insolvenzantragsverfahren eine Erledigungser- **11** klärung, mit dem Ziel, eine **Kostenentscheidung nach § 91a ZPO** herbeizuführen, möglich ist (vgl. hierzu eingehend *Zöller/Vollkommer* ZPO, § 91a Rz. 58; *Baumbach/Lauterbach/Hartmann* § 91a ZPO Rz. 1), bedarf jedoch insoweit keiner Entscheidung. Dies begründet sich aus der Feststellung, daß es im Falle der Ausschlagung der Erbschaft bereits an einem **Antragsgegner fehlt**. Die Kostengrundentscheidung des § 91a ZPO kann jedoch nur in einem kontradiktorischen Verfahren ergehen (*Schilken* ZPO, Rz. 631). Beantragt der zunächst berufene Erbe ein Nachlaßinsolvenzverfahren, so ist eine Antragsberechtigung auf Schuldnerseite gegeben. Ein Antragsgegner ist nicht beteiligt. Hieran ändert sich auch dann nichts, wenn der ursprüngliche Antragsteller die Erbschaft ausschlägt. Die nach einer Ausschlagung berufenen weiteren (wenn auch unbekannten) Erben oder Nachlaßpfleger sind keine Verfahrensgegner des ursprünglichen antragsstellenden Erben. Sie übernehmen vielmehr als nunmehrige Träger des Nachlaßvermögens die Gemeinschuldnerrolle; kurz: sie stehen ebenfalls auf Schuldnerseite. Ob dem ursprünglich handelnden Erben für ein vor der Ausschlagung besorgtes erbschaftliches Geschäft ein Erstattungsanspruch zusteht, richtet sich aber ausschließlich nach der materiell-rechtlichen Vorschrift des § 1959 BGB. Das Insolvenzgericht kann daher nicht nach § 91a ZPO entscheiden, ob Aufwendungen – etwa anwaltlichen Kosten – im Zusammenhang mit einem erfolglos betriebenen Nachlaßinsolvenzverfahren erstattungsfähig sind.

b) Antragsrecht bei Vor- und Nacherbschaft

Auch beim Antragsrecht sind erbrechtliche Besonderheiten zu berücksichtigen. Dies gilt **12** insbesondere für die durch letztwillige Verfügung bestimmte Erbfolge. Die **Antragsbefugnis bei der Vor- und Nacherbschaft** gemäß § 2106 BGB richtet sich nach dem Zeitpunkt des Nacherbfalles. § 2139 BGB ordnet an, daß die Erbenstellung des Vorerben mit dem Eintritt des Nacherbfalls endet. Ab diesem Zeitpunkt ist nur der Nacherbe als Erbe zu behandeln. Hieraus läßt sich die Antragsberechtigung des jeweils Bedachten ermitteln. Bis zum Eintritt des Nacherbfalls ist demzufolge der Vorerbe antragsberechtigt, mit diesem Zeitpunkt nur der Nacherbe (so auch *Hess* KO, § 217 Rz. 5 zur parallelen Problematik im Konkursrecht).

Die hier vertretenen Ansicht ist nicht unangefochten. So geht eine andere Ansicht davon **13** aus, daß die Antragsberechtigung des Vorerben solange bestehen bleibt, wie dieser im Besitz des Nachlasses ist (*Kuhn/Uhlenbruck* KO, § 217 Rz. 1; *Kilger/Karsten Schmidt*

KO, § 217 Anm. 1a). Für eine solche Lösung sprechen verfahrensvereinfachende Überlegungen, da das zuständige Gericht im Falle der Antragstellung nur den leicht nachzuweisenden Besitz prüfen muß. Diesem Vorteil stehen jedoch gewichtige Nachteile gegenüber.

14 Es ist bereits vom Ansatz nicht überzeugend, die formelle Berechtigung zur Antragstellung vom tatsächlichen, damit aber vom Zufall abhängigen, bloßen Besitz abhängig zu machen. Hierbei wird verkannt, daß dem Nacherben unabhängig von den Besitzverhältnissen die wesentlich stärkere Rechtsposition zusteht: Er ist, ohne daß es der Herausgabe der Erbschaft bedarf, der Eigentümer des Nachlasses (vgl. nur *Edenhofer* in Palandt § 2139 Rz. 1). Dies gilt um so mehr angesichts der nunmehr im Rahmen der Reformbestrebungen erfolgten Akzentverschiebung durch die Erweiterung der Eröffnungsgründe. Diese ermöglicht dem Erben im Fall der drohenden Insolvenz (vgl. hierzu § 18 InsO Rz. 1 ff.), das Insolvenzverfahren zu beantragen; eine entsprechende Antragsbefugnis auf Gläubigerseite besteht dagegen – aus gutem Grund – nicht. Ausgehend von der keineswegs abwegigen Fallgestaltung, daß der Vorerbe zugleich Gläubiger des Nacherben ist, würde dieses klare gesetzgeberische Konzept aus den Angeln gehoben.

15 Dem denkbaren Einwand, daß kein Grund erkennbar ist, wieso der Nacherbe unter Berufung auf eine drohende Zahlungsunfähigkeit zu einem Zeitpunkt die Verfahrenseröffnung begehrt, in welchem er nicht einmal den Besitz am Nachlaß erlangt hat, steht bereits entgegen, daß die Besitzerlangung oder -erhaltung nicht deckungsgleich mit der Kenntnis der Unterdeckung der Vermögensmasse »Nachlaß« ist. Die Zubilligung eines Antragsrechts ist selbst in diesem Stadium für den »besitzlosen« Erben die günstigere Alternative. So bleibt es wenigstens seinem Willen überlassen, ob er sich dieser Möglichkeit bedient oder nicht.

16 Die Antragsberechtigung auf den Besitz abzustellen, heißt aber auch, das **teleologisch vorgezeichnete Auslegungsergebnis** zu mißachten. Nur der Schuldner soll für den Fall der drohenden Zahlungsunfähigkeit befugt sein, daß Nachlaßinsolvenzverfahren einzuleiten. Das Antragsrecht kann jedoch unter Berücksichtigung der Interessenlagen nicht in die Hände desjenigen gelegt werden, dessen Erbenstellung demnächst endet. Die in § 320 InsO verankerte Einschränkung, daß gerade nicht jeder berechtigt sein soll, sich auf den Eröffnungsgrund der drohenden Zahlungsunfähigkeit zu berufen, rechtfertigt sich aus der Überlegung, daß es der persönlichen Einschätzung und Geschäftsführung des dadurch demnächst Betroffenen obliegen muß, in diesem Stadium bereits eine Verfahren einzuleiten. Es ist also die Subjektivierung dieses Eröffnungsgrundes, die gegen das Abstellen auf den – wie gesagt vom Zufall abhängigen – Besitz spricht.

17 Hinzutritt, daß es nicht angehen kann, dem besitzenden Vorerben zu gestatten, trotz eventuell unberechtigten Besitzes sich auf diesen Eröffnungsgrund zu berufen und den Nacherben – gegebenenfalls nach zweck- und interessenwidriger Vermögensverwaltung – mit dem Nachlaß in dieser Situation zu verlassen. Die Gefahr einer pflichtwidrigen Verwaltung des Nachlasses ergibt sich bereits aus dem – vom Vorerben oftmals nicht gewünschten – Wechsel in der Verantwortung und im Vermögen über den Nachlaß (zu den – nicht nur unwesentlichen Einflußmöglichkeiten des Vorerben auf die Vor- und Nacherbschaft eingehend: *Mayer* ZEV 1996, 104). Um einer solchen Möglichkeit Einhalt zu gebieten, muß das Antragsrecht des Vorerben unverzüglich mit dem Eintritt des Nacherbfalls auf den Nacherben übergehen. Ein Abstellen auf den besitzrechtlichen Status der Beteiligten, d. h. eine Begünstigung des Sachnächsten, ist nicht zu rechtfertigen.

2. Antragsrecht des Nachlaßverwalters

Das Antragsrecht steht auch dem **Nachlaßverwalter** und dem Nachlaßpfleger zu. Denn **18** die Nachlaßverwaltung gemäß § 1975 BGB stellt – wie der Gesetzeswortlaut »Nachlaßverwalter sowie ein anderer Nachlaßpfleger« bereits intendiert – nichts anderes dar als eine besondere Nachlaßpflegschaft zum Zwecke der Befriedigung der Nachlaßgläubiger (RGZ 151, 57 [59]; zum Prüfungsumfang hinsichtlich der Zulänglichkeit des Nachlasses vor Zahlung an die Nachlaßgläubiger siehe BGH NJW 1985, 140, 141; vgl. im übrigen *Hess* KO, § 217 Rz. 8; *Kuhn/Uhlenbruck* KO, § 217 Rz. 4). Dabei hat der Nachlaßverwalter die Regelung des § 1985 Abs. 2 BGB zu beachten, die ihm dieselben Pflichten auferlegt wie dem Erben. Folglich unterliegt er gegenüber den Nachlaßgläubiger der gleichen Antragspflicht wie der Erbe selbst nach §§ 1985 Abs. 2, 1980 BGB; vgl. zur Antragspflicht des Nachlaßverwalters bei Kenntnis der Überschuldung des Nachlasses *OLG Stuttgart* Justiz 1984, 301. Dementsprechend trifft den Nachlaßverwalter der gleiche Schadensersatzanspruch der Nachlaßgläubiger gemäß § 1980 BGB im Falle der verschuldeten Nichtantragstellung.

Demgegenüber ist der **Nachlaßpfleger** im Sinne des § 1960 BGB, wie sich bereits aus **19** einem Umkehrschluß aus § 1985 Abs. 2 BGB ergibt, nur den Erben gegenüber zur Antragstellung verpflichtet. Dies folgt bereits aus der – gegenüber dem Nachlaßverwalter – anderweitigen Aufgabenzuweisung für den Nachlaßpfleger. Während dieser apriori die Fürsorge für den Erben trägt, obliegt dem Nachlaßverwalter in erster Linie die möglichst weitgehende und gleichmäßige Befriedigung der Gläubiger (vertiefend zum Umfang der Vermögensbetreuungspflicht des Nachlaßpflegers für den Erben *OLG Hamm* NJW-RR 1995, 1159; vgl. auch *Jaeger/Weber* KO, § 217 Rz. 24; von einer – nicht nur auf den Ausnahmefall beschränkten – Pflicht zur Gläubigerbefriedigung durch den Nachlaßpfleger geht dagegen *Draschka* Rpfleger 1992, 281 aus). Der Nachlaßpfleger stellt den Antrag auf Eröffnung des Nachlaßinsolvenzverfahrens nicht im Interesse der Nachlaßgläubiger, sondern im Interesse des unbekannten Erben. In diesem Zusammenhang versteht sich auch, daß für die Vergütung des Nachlaßpflegers nur der Erbe haftet; eine Zahlungspflicht anderer Personen ist selbst dann ausgeschlossen, wenn sie die Anordnung der Nachlaßpflegschaft beantragt haben, *OLG Frankfurt* NJW-RR 1993, 267 (zur fehlenden Eignung eines Nachlaßgläubigers für das Amt des Nachlaßpflegers wegen denkbarem Interessenkonflikt vgl. *BayObLG* NJW-RR 1995, 1159).

Das **pflichtwidrige Unterlassen der Antragstellung** führt zur Schadensersatzpflicht **20** des Nachlaßpflegers. Um diesen Anspruch, dem mittelbar einen Schaden der Gläubiger zu Grunde liegt, doch noch der Masse zuzuordnen und somit dem Zugriff der Nachlaßgläubiger zu unterwerfen, hat der Nachlaßinsolvenzverwalter die Möglichkeit, diesen Anspruch für die Masse pfänden und überweisen zu lassen. Dies geht jedoch nur, soweit ihr vollstreckungsreife Forderungen gegen den Erben zustehen (§§ 1978 Abs. 2, 1980 BGB). Sind **mehrere Nachlaßpfleger** beteiligt, so müssen diese den Antrag gemeinschaftlich stellen. Bei Meinungsverschiedenheiten entscheidet das Nachlaßgericht (vgl. §§ 1797 Abs. 1, 1915, 1962 BGB).

3. Antragsrecht des Testamentsvollstreckers

Der **Testamentsvollstrecker** ist antragsberechtigt, wenn ihm – bezogen auf den Nach- **21** laß – eine **umfassende Verwaltungsbefugnis** zusteht (vgl. hierzu *Lehmann* AcP 88, Bd. 188, 1). Dies gilt zunächst dann, wenn ihm gemäß § 2205 BGB die allgemeine Verwaltungsbefugnis zusteht, da der Testamentsvollstrecker dann für den gesamten

Nachlaß verantwortlich ist. Eine solche Verantwortlichkeit fehlt dem Testamentsvollstrecker im Falle des § 2208 BGB, da hier die Verwaltungsbefugnisse weitgehend beschränkt oder gar völlig entzogen sind. Daraus folgt, daß ihm in diesem Fall eine Antragsberechtigung nicht eingeräumt werden kann. Maßgebliches Kriterium ist die Verwaltung des gesamten Nachlasses. Eine Antragsberechtigung muß mithin auch im Falle der reinen Testamentsvollstreckung bejaht werden, da auch diese den gesamten Nachlaß betrifft. Anders verhält es sich bei der Vermächtnisvollstreckung. Diese begründet gerade kein Antragsrecht, da sie sich nicht auf den gesamten Nachlaß bezieht (BGHZ 13, 203 [205 ff.]).

22 Hat der Erblasser **mehrere Testamentsvollstrecker** mit der Abwicklung des Nachlasses betraut (§ 2197 Abs. 1 BGB), so muß der Antrag auf Eröffnung des Nachlaßinsolvenzverfahrens von allen gemeinschaftlich gestellt werden. Im Falle des Unterlassens durch den oder die Testamentsvollstrecker trifft diesen, wie den Nachlaßpfleger, eine Verantwortlichkeit gegenüber dem Erben (§ 2219 Abs. 1, 1. Alt. BGB).

23 Ist über das Gesamtvermögen des Erben das Insolvenzverfahren eröffnet, so ist auch der **Insolvenzverwalter** gegenüber dem Erben berechtigt und verpflichtet, das Nachlaßinsolvenzverfahren zu beantragen. Diese Berechtigung dient dazu, dem Erben die Haftungsbeschränkung zu sichern (vgl. *Kuhn/Uhlenbruck* KO, § 217 Rz. 7).

24 Anders ist in den Fällen zu entscheiden, in denen sich im Nachlaß ein **selbständig insolvenzfähiges Handelsunternehmen** oder eine **Kapitalgesellschaft** befindet (zur Veräußerung eines Handelsgeschäfts durch den Nachlaßverwalter siehe *Grizowitz* DB 1990, 924; zur Fortführung eines Handelsgeschäfts durch eine Erbengemeinschaft siehe *Wolf* AcP 81 Bd. 181, 480). Hier wird man das Recht des Insolvenzverwalters, über dieses Sondervermögen das Insolvenzverfahren einzuleiten, wohl eher ablehnen müssen und es allein den vertretungsberechtigten Organen zusprechen müssen.

4. Antragsrecht der Nachlaßgläubiger

25 Das Antragsrecht steht jedem Nachlaßgläubiger zu, also sowohl den Nachlaßinsolvenzgläubigern als auch den Nachlaßmassegläubigern (vgl. n. a. *Kuhn/Uhlenbruck* KO, § 217 Rz. 9).

5. Antragsrecht der vormals Ausgeschlossenen

26 Nicht in die Vorschrift übernommen wurde die Beschränkung des Antragsrechts, wie sie sich noch aus § 219 KO für bestimmte Nachlaßgläubiger ergab (vgl. hierzu bereits oben Rz. 1). Danach wurde den im Aufgebotsverfahren ausgeschlossenen Gläubigern (vgl. §§ 1970ff. BGB; §§ 989ff. ZPO) und denen, die nach Maßgabe des § 1974 BGB diesen gleichgestellt waren, ein Antragsrecht versagt, wenn nicht gleichzeitig gegen den Erben selbst ein Insolvenzverfahren eingeleitet wurde (vgl. *Kilger/Karsten Schmidt* KO, § 219 Anm. 2). Das gleiche Schicksal traf auch die **Vermächtnisnehmer** und die Auflagenberechtigten (BT-Drucks. 12/2443, S. 230).

27 § 219 KO lag der Gedanke zugrunde, daß den nachrangigen Gläubigern das Rechtsschutzbedürfnis für einen Antrag auf Eröffnung des Nachlaßkonkurses fehlt, da sie aus einem überschuldeten Nachlaß bei zusätzlicher Berücksichtigung der Verfahrenskosten keine Befriedigung erwarten können. Auf das künftige Nachlaßinsolvenzverfahren trifft dieser Gedanke jedoch nicht zu. Es soll auch bei Zahlungsunfähigkeit oder drohender Zahlungsunfähigkeit eröffnet werden können. Gerade in diesen Fällen wird man wohl vielfach noch eine, wenn auch nur teilweise, Befriedigung der nachrangigen Forderun-

gen erwarten können. Dies gilt insbesondere dann, wenn der Nachlaß im Insolvenzverfahren an wirtschaftlichem Wert gewinnen kann – etwa durch die Fortführung eines zum Nachlaß gehörenden Handelsunternehmens oder einer Kapitalgesellschaft. Die Frage, ob ein Rechtsschutzbedürfnis für den Antrag des Gläubigers auf Verfahrenseröffnung gegeben ist, muß im Einzelfall auf der Grundlage des § 14 Abs. 1 InsO geprüft werden Diese Regelung gewährleistet eine weitgehend an der Einzelfallgerechtigkeit orientierte Lösung.

Auch die Einschränkungen, die das Recht des Nachlaßvergleichs für die Antragsberechtigung enthielt (§ 113 Abs. 1 Nr. 1 VerglO: keine Antragsberechtigung der Nachlaßgläubiger: mehrere Erben sind nur gemeinschaftlich antragsberechtigt), passen offensichtlich nicht für das künftige einheitliche Insolvenzverfahren. Hier wird die Hauptintention des Gesetzgebers deutlich, die Ablehnung der Verfahrenseröffnung mangels Masse, die zur Regel geworden ist, in ihr Gegenteil zu verkehren. Hauptanknüpfungspunkt für die getroffene Regelung bleibt insoweit die Abkehr von der Überschuldung als ausschließlichem Eröffnungsgrund. Damit korrespondiert die Neuregelung der Zuständigkeit des Nachlaßinsolvenzgerichts, mit der erreicht wird, daß das Verfahren an dem Ort abzuwickeln ist, an welchem der Erblasser seinen wirtschaftlichen Mittelpunkt hatte. 28

Infolge der sich daraus ergebenden schnelleren und dadurch kostengünstigeren Zugriffsmöglichkeit auf die Haftungsmasse durch die Nachlaßinsolvenzgläubiger steigt deren Befriedigungsmöglichkeit. Denn bei einer Verfahrenseröffnung im Falle nur drohender Zahlungsunfähigkeit kann das Insolvenzverfahren durch das nun zuständige Gericht verfahrensökonomischer und damit schneller und nicht zuletzt für die Parteien kostengünstiger abgewickelt werden. Ferner führt die Verfahrenseröffnung bei nur drohender Zahlungsunfähigkeit zur einer umfassenden Einbeziehung aller Gläubiger, die eine höhere Befriedigungsquote erwartet läßt, als es bisher der Fall war. 29

Die bis dahin aufgeworfene Frage, ob auch der **Erbersatzberechtigte** diesem benachteiligten Personenkreis angehören soll, ist durch das Kindschaftsreformgesetz weitgehend obsolet geworden (zu der vormaligen Diskussion vgl. *Jaeger/Weber* KO, §§ 217–222, Rz. 18a sowie 226, 227 Rz. 34; zur verfassungsrechtlichen Problematik: *Edenhofer* in Palandt Vorbem. zu §§ 1934a–e BGB Rz. 3 m. w. N.; zur erb- und erbsteuerrechtlichen Stellung des nichtehelichen Kindes s. *Mack/Olbing* ZEV 1994, 286; *Rauscher* ZEV 1998, 41; einen Überblick über das neue Recht gibt *Keller* NJ 1998, 234). 30

Im übrigen gelten für die Nachlaßgläubiger die allgemeinen Regeln, insbesondere die Glaubhaftmachung des Insolvenzgrundes gemäß § 14 Abs. 1 InsO. Bei der Antragstellung muß jedoch die in § 319 InsO genannte Antragsfrist beachtet werden (vgl. hierzu die Kommentierung zu § 319 Rz. 1 ff. und zu § 14 InsO die entsprechende Kommentierung von *Schmerbach*). 31

II. Regelungsgehalt des Absatz 2

Anders stellt sich jedoch die Rechtslage dar, wenn im Falle einer Erbengemeinschaft nicht alle Erben, sondern nur ein einzelner sich zur Stellung des Antrags entscheidet. Absatz 2 der Vorschrift stellt die grundsätzliche Zulässigkeit eines solchen Vorgehens klar. Dessen positive Bescheidung hängt jedoch von der Glaubhaftmachung des Insolvenzgrundes gemäß § 294 ZPO ab. Das Insolvenzgericht hat dann, wenn die Glaubhaftmachung gelungen ist, den übrigen Erben rechtliches Gehör zu gewähren. Dadurch ist den übrigen Erben die Möglichkeit gegeben, sich zu dem behaupteten und glaubhaft gemachten Insolvenzgrund zu äußern. Weitere Ermittlungen sind dabei in das Ermessen 32 des Gerichtes gelegt. Erreicht werden soll mit dieser Vorschrift die Vereinfachung des Verfahrens, insbesondere für den Fall, daß eine große Erbengemeinschaft am Verfahren beteiligt ist (vgl. *Kuhn/Uhlenbruck* KO, § 217 Rz. 3).

III. Regelungsgehalt des Abs. 3

33 Hinsichtlich der Antragsberechtigung des Testamentsvollstreckers und der des Erben besteht kein Ausschlußverhältnis. Vielmehr stehen diese nebeneinander (§ 317 Abs. 3 InsO). Der Antragstellung der einen Seite folgt spiegelbildlich die – vom Insolvenzgericht zu gewährleistende – Anhörung der anderen Seite.

C. Antragspflicht

34 Dagegen ergibt sich eine Antragspflicht aus § 317 InsO selbst nicht; sie wird dort stillschweigend vorausgesetzt. Eine solche begründet sich vielmehr materiell-rechtlich aus § 1980 BGB. Ausgelöst wird diese Pflicht mit der Annahme der Erbschaft (zu Fällen der konkludenten Annahme einer Erbschaft vgl. *OLG Oldenburg* NJW-RR 1995, 141; *BayObLG* FamRZ 1988, 213). Daraus folgt, daß dem vorläufigen Erben (bei noch nicht erfolgter Annahme) noch keine Antragspflicht treffen kann. Hinzu kommt kumulativ noch die Kenntnis vom Eröffnungsgrund und die verschuldete Nichtbeachtung der Pflicht; hierbei steht die fahrlässige Unkenntnis der Kenntnis gleich, § 1980 Abs. 2 BGB.

35 Die schuldhafte Verletzung verschafft den Gläubigern einen gegen den Erben gerichteten Schadensersatzanspruch, der sich materiell-rechtlich auf § 1980 Abs. 1, Satz 2 BGB gründet (im einzelnen vgl. hierzu *Kuhn/Uhlenbruck* KO, § 217 Rz. 2). Eine Entledigung von dieser Pflicht gelingt dem Erben über eine wirksame Vereinbarung mit den Nachlaßinsolvenzgläubigern (*Sieber* Haftung für Nachlaßschulden S. 89).

36 Für den Nachlaßverwalter ergibt sich dieselbe Pflicht aus § 1985 Abs. 2, Satz 2 BGB, für den nachlaßverwaltenden Testamentsvollstrecker aus §§ 1985 Abs. 2, Satz 2, 2219 BGB; hierzu und zur besonderen Stellung des Nachlaßpflegers vgl. oben Rz. 19 f. Zur Beschwerdeberechtigung eines Nachlaßverwalters gegen die seinem Antrag nicht entsprechende Eröffnung des Nachlaßinsolvenzverfahrens vgl. die Kommentierung von *Schmerbach* zu § 34 Abs. 1.

§ 318
Antragsrecht beim Gesamtgut → § 218 KO

(1) ¹Gehört der Nachlaß zum Gesamtgut einer Gütergemeinschaft, so kann sowohl der Ehegatte, der Erbe ist, als auch der Ehegatte, der nicht Erbe ist, aber das Gesamtgut allein oder mit seinem Ehegatten gemeinschaftlich verwaltet, die Eröffnung des Insolvenzverfahrens über den Nachlaß beantragen. Die Zustimmung des anderen Ehegatten ist nicht erforderlich. ²Die Ehegatten behalten das Antragsrecht, wenn die Gütergemeinschaft endet.

(2) ¹Wird der Antrag nicht von beiden Ehegatten gestellt, so ist er zulässig, wenn der Eröffnungsgrund glaubhaft gemacht wird. ²Das Insolvenzgericht hat den anderen Ehegatten zu hören.

Inhaltsübersicht: Rz.

A. Zweck der Vorschrift 1
B. Regelungsgehalt des Absatz 1 2–4
C. Regelungsgehalt des Absatz 2 5

A. Zweck der Vorschrift

Diese Vorschrift **ergänzt** § 317 InsO und erweitert diesen im Hinblick auf die Antragsberechtigung auf der Schuldnerseite. Dabei wird die Antragsberechtigung für den Fall geregelt, daß über einen Nachlaß das Insolvenzverfahren eröffnet werden soll, welches Bestandteil eines Gesamtguts (vgl. § 1416 BGB) einer Gütergemeinschaft gemäß § 1415 BGB ist. (zum Begriff des Gesamtguts und der Gütergemeinschaft als Abweichung vom gesetzlichen Güterstand der Zugewinngemeinschaft vgl. § 332 InsO Rz. 8 ff.). 1

B. Regelungsgehalt des Absatz 1

Anknüpfungspunkt für die **Berechtigung**, die Eröffnung des Insolvenzverfahrens über den Nachlaß zu beantragen, ist – neben der **Erbenstellung** eines Ehegatten – **die Verwaltungsbefugnis** über das Gesamtgut **des vom Erbe ausgeschlossenen Ehegatten**; sei dies nun im Rahmen einer Allein- oder aber nur Mitverwaltungsbefugnis über das Gesamtgut (vgl. die §§ 1421, 1450 BGB). Die Antragsberechtigung wird mit Abs. 1 Satz 2 der Vorschrift ausdrücklich losgelöst von der Zustimmung des anderen Ehegatten. Mit § 318 Abs. 1, Satz 3 InsO wird klargestellt, daß diese Antragsberechtigung auch über das Ende der Gütergemeinschaft hinaus gilt. 2

Keiner besonderen Regelung bedurfte hingegen der Fall des verwaltungsbefugten Ehegatten, der selbst Erbe ist. Hier bleibt es beim Antragsrecht des Erben gemäß § 317 InsO, da Verwaltungsrecht und Erbenstellung zusammenfallen. Hieraus erklärt sich indirekt die Regelungsbedürftigkeit der von Abs. 1 erfaßten Fallgestaltungen. 3

Ebenfalls nicht regelungsbedürftig ist der Fall, daß der Nachlaß bzw. der Miterbenanteil in das **Vorbehaltsgut** des in Gütergemeinschaft lebenden Erben (§ 1418 Abs. 2, Nr. 2 BGB) fällt. Hier steht dem anderen Ehegatten kein Antragsrecht zu. Dies gilt unabhängig von der Frage, ob das Verwaltungsrecht gemeinschaftlich (§ 1450 BGB) oder gar nur dem nichterbenden Ehegatten durch Vereinbarung im Ehevertrag gemäß § 1421 BGB zugesprochen wurde. Dies erklärt sich daraus, daß die vormals begründeten Nachlaßverbindlichkeiten nicht das Gesamtgut belasten, sondern nur das Vorbehaltsgut. Ein Eingriff in dieses Vermögen beschwert aber selbst den nicht erbenden Ehegatten nicht (vgl. hierzu ausführlich mit weiteren Beispielen *Jaeger/Weber* KO, §§ 217–220, Rz. 4 ff. und insbesondere Rz. 7). 4

C. Regelungsgehalt des Absatz 2

Bei einer Antragstellung durch beide Ehegatten, ergeben sich keine weiteren Schwierigkeiten. Wird jedoch der Antrag nicht von beiden Ehegatten gemeinschaftlich gestellt, so muß der antragstellende Ehegatte gemäß § 294 ZPO den Eröffnungsgrund glaubhaft machen. Dem anderen Ehegatten ist in einem solchen Fall rechtliches Gehör zu gewähren. Dies entspricht der durch § 317 Abs. 2 InsO vorgeschriebenen Vorgehensweise. 5

§ 319
Antragsfrist → § 220 KO

Der Antrag eines Nachlaßgläubigers auf Eröffnung des Insolvenzverfahrens ist unzulässig, wenn seit der Annahme der Erbschaft zwei Jahre verstrichen sind.

Inhaltsübersicht: Rz.

A. Zweck der Regelung 1
B. Bemessung der Frist 2–3
C. Anwendungsbereich 4

A. Zweck der Regelung

1 Ausgangspunkt der Überlegungen zur **Einführung einer zeitlichen Schranke** war der Gedanke, daß eine Sonderung der beiden Vermögensmassen des Nachlaßvermögens und des Eigenvermögens des Erben um so schwerer gelingt, je länger die Verschmelzung der beiden Vermögensmassen andauert. Dies stellt insbesondere für den Erben und dessen Eigengläubigern eine Schwierigkeit dar, da der Zugriff auf das Haftungsvermögen nun vor der Sonderbarkeit der Vermögensmassen abhängt (hierzu eingehend *Jaeger/Weber* KO, §§ 217–220 Rz. 19 f.).

B. Bemessung der Frist

2 Die nach §§ 187 Abs. 1, 188 Abs. 2 BGB zu bemessende Frist für die Antragstellung, die ihre Parallele im Recht der Nachlaßverwaltung hat (§ 1981 Abs. 2 S. 2 BGB), deckt sich inhaltlich mit der »Vorgängerregelung« § 220 KO und wurde durch die Insolvenzordnung nur dem Wortlaut nach angepaßt. Es handelt sich um eine **Ausschlußfrist** (zur Abgrenzung von anderen Fristen vgl. *Hartmann* in Baumbach/Lauterbach, ZPO, Übers. § 214 Anm. 1 ff.). Beweispflichtig für den Beginn, aber auch den Ablauf der Frist ist derjenige, der sich auf den ihm günstigen Zeitpunkt beruft (vgl. *BGH* LM § 282 ZPO Beweislast Nr. 23). Im übrigen ist die Fristeinhaltung **von Amts wegen zu beachten**.

3 Der **Fristbeginn** hängt von der in § 1943 BGB normierten **Annahme der Erbschaft** durch den Erben (*Kuhn/Uhlenbruck* KO, § 220 Rz. 1) oder dem Ablauf der Ausschlagungsfrist gemäß § 1943, 2. HS, i. V. m. § 1944 Abs. 1 BGB ab. Handelt es sich um eine Erbengemeinschaft, so beginnt die Frist mit der zuletzt erklärten Annahme aller zur Erbschaft Berufenen. Freilich nicht derer, die bereits die Ausschlagung erklärt oder die Ausschlagungsfrist versäumt haben. Dabei ist eine nicht unerhebliche Verzögerung möglich, da § 1944 Abs. 2 BGB den Fristbeginn auf den Zeitpunkt hinausschiebt, in welchem der Erbe von dem Anfall und dem Grund der Erbschaft Kenntnis erlangt (vgl. *Hess* KO, § 220 Rz. 3, 4; *OLG Karlsruhe* Rpfleger 1989, 62; *BGH* NJW 1991, 169).

Eröffnungsgründe § 320

C. Anwendungsbereich

Die Frist gilt ausschließlich für den Antrag eines Nachlaßgläubigers (vgl. BT-Drucks. **4** 12/2443, S. 230). Der Erbe ist dieser Beschränkung nicht unterworfen. Für ihn gilt die Vorschrift des § 1980 BGB, die ihn verpflichtet, unverzüglich, d.h. ohne schuldhaftes Zögern, die Eröffnung des Nachlaßinsolvenzverfahrens zu beantragen, wenn er von dem Eröffnungsgrund, also der Überschuldung, der jetzt die Zahlungsunfähigkeit gleichgestellt werden soll, Kenntnis erlangt. Eine Versäumung der Antragstellung macht ihn schadensersatzpflichtig.

§ 320
Eröffnungsgründe → **§ 215 KO**

¹Gründe für die Eröffnung des Insolvenzverfahrens über einen Nachlaß sind die Zahlungsunfähigkeit und die Überschuldung. ²Beantragt der Erbe, der Nachlaßverwalter oder ein anderer Nachlaßpfleger oder ein Testamentsvollstrecker die Eröffnung des Verfahrens, so ist auch die drohende Zahlungsunfähigkeit Eröffnungsgrund.

Inhaltsübersicht:

	Rz.
A. Zweck der Vorschrift	1– 2
B. Schuldnereigenschaft des Erben	3
C. Eröffnungsgründe	4–26
I. Zahlungsunfähigkeit	8–13
1. Ermittlung der Zahlungsunfähigkeit	8– 9
2. Zweck der Neuregelung	10–11
3. Vorteile der Neuregelung	12–13
II. Überschuldung	14–18
1. Definition der Überschuldung	14–16
2. Beibehaltung der Überschuldung als Eröffnungsgrund	17–18
III. Drohende Zahlungsunfähigkeit	19–26
1. Allgemeines	19
2. Ermittlung und Zweck der drohenden Zahlungsunfähigkeit	20–21
3. Gefahren der Neuregelung	22–26
D. Insolvenzmasse	27–29

Literatur:

Baudrexl Grundzüge des Insolvenzrechts JuS 1996, 691 ff.; *Burger* Zahlungsunfähigkeit und drohende Zahlungsunfähigkeit nach der geplanten Insolvenzordnung (InsO), DB 1992, 2149; *Burger/Schellberg* Die Auslösetatbestände im neuen Insolvenzrecht, BB 1995, 261; *Gerhardt* Die Verfahrenseröffnung nach der Insolvenzordnung und ihre Wirkung, ZZP 1996, Bd. 109, 415; *Grub* Der Regierungsentwurf der Insolvenzordnung ist sanierungsfeindlich!, ZIP 1993, 393 ff.; *Hanisch* in FS für Henckel, 1995; *Häsemeyer* Insolvenzrecht, 1992; *Papke* Zum Begriff der Zahlungsunfähigkeit, DB 1969, 735 f.; *Uhlenbruck* Probleme des Eröffnungsverfahrens nach dem Insolvenzrechts-Reformgesetz, KTS 1994, 169; *ders.* Grundzüge des Entwurfs einer neuen Insolvenzordnung, BB 1989, 433 ff.

§ 320 Besondere Arten des Insolvenzverfahrens

A. Zweck der Vorschrift

1 Einer der wesentlichen Ziele der Reformbemühungen war es, die Eröffnung des Insolvenzverfahrens u. a. mittels Erweiterung der Eröffnungstatbestände in einem weitaus größeren Ausmaß zu ermöglichen (vgl. die Übersichten bei *Burger* DB 1992, 2149; *Burger/Schellberg* BB 1995, 261; *Gerhardt* ZZP 1996, Bd. 109, 415; *Uhlenbruck* KTS 1994, 169). Dies schlägt sich auch im Nachlaßinsolvenzverfahren nieder. Auch hier rechtfertigt sich die Erleichterung der Verfahrenseröffnung aus dem Bestreben, eine möglichst gleichmäßige Gläubigerbefriedigung zu sichern, aber auch die Chancen für die Erhaltung eines Unternehmens, damit verbunden die der dortigen Arbeitsplätze, zu verbessern.

2 Als Erweiterung ist insoweit zunächst auf die Gleichstellung zwischen Überschuldung und Zahlungsunfähigkeit hinzuweisen. Maßgebliche Neuerung ist jedoch die Anerkennung der drohenden Zahlungsunfähigkeit, die bereits in der Gesamtvollstreckungsordnung (§ 1 Abs. 1, Satz 1) anerkannt war.

B. Schuldnereigenschaft des Erben

3 Dem Nachlaß kommt – entgegen der insoweit irreführenden Begründung zu § 363 RegE (BT-Drucks. 12/2443, S. 231) funktional nicht die Rolle des »Schuldners« im Sinne der §§ 17 und 18 InsO zu. Schuldner ist vielmehr – beschränkt auf den Nachlaß – weiterhin der Erbe (vgl. in diesem Zusammenhang die Kommentierung zu § 315 Rz. 22 ff.).

C. Eröffnungsgründe

4 § 320 Satz 1 InsO erkennt als Verfahrenseröffnungsgrund über den Nachlaß – abweichend von dem bis dato geltenden Konkurs- und Vergleichsrecht (§ 215 KO; §§ 2 Abs. 1 Satz 3, 113 VerglO) – neben der **Überschuldung** die **Zahlungsunfähigkeit** und die **drohende Zahlungsunfähigkeit als Eröffnungsgrund** an (eine ausführliche Kommentierung gibt *Schmerbach* §§ 17 ff.).

5 Besondere Bedeutung kommt insoweit dem Nachlaß als Haftungsmasse zu. Beim Nachlaßinsolvenzverfahren handelt es sich um die Liquidation eines in gewisser Weise verselbständigten Vermögens. Was letztendlich Gegenstand der Haftungsmasse ist bestimmt sich zunächst nach erbrechtlichen Vorschriften. Ergänzend sind dann auch die Vorschriften der InsO und der ZPO zu berücksichtigen (vgl. hierzu *Hanisch* in FS für Henckel, S. 369, 372, 374 ff.).

6 **Maßgeblich** bei der Einleitung des Nachlaßinsolvenzverfahrens ist, ähnlich wie beim Regelinsolvenzverfahren, **nicht die Behauptung eines Insolvenzgrundes, sondern dessen tatsächliches Vorliegen**. Am Erfordernis eines Insolvenztatbestands wird weiter festgehalten, d. h. das Insolvenzgericht darf dem Antrag nur stattgeben, wenn zu seiner Überzeugung ein Insolvenzgrund gegeben ist. Denn es soll dem Schuldner verwehrt sein, sich mittels des Insolvenzverfahrens zum Nachteil der Nachlaßgläubiger von seinen Verbindlichkeiten zu befreien (vgl. insoweit *Uhlenbruck* BB 1989, 433).

7 Ob einer der genannten Eröffnungsgründe gegeben ist, ist – ungeachtet der dem Erben zugewiesenen Schuldnerrolle – bezogen auf den Nachlaß festzustellen. Wegen der Trennung von Nachlaß- und Eigenvermögen des Erben zum Zwecke der Haftungsbeschränkung, ist allein die »Liquidität des Nachlasses« und nicht die des Erben maßgeblich.

Eröffnungsgründe § 320

I. Zahlungsunfähigkeit

1. Ermittlung der Zahlungsunfähigkeit

Hierbei stellt die Zahlungsunfähigkeit den allgemeinen Eröffnungsgrund dar, der aus Gründen der Rechtsklarheit in § 17 Abs. 2, Satz 1 InsO legaldefiniert wurde. Diese ist immer dann gegeben, wenn der Schuldner infolge dauernden Mangels an Zahlungsmitteln unvermögend ist, seine bestehenden Geldschulden im wesentlichen sofort zu erfüllen (zur Parallele im alten Recht *BGH* WM 1957, 67, 68; *Papke* DB 1969, 735; *Jaeger/Weber* KO, § 102 Rz. 2; *Hess* KO, § 215 Rz. 1). Nicht als Zahlungsunfähigkeit ist dabei die vorübergehend Zahlungsstockung zu qualifizieren (*Neumann* Die Gläubigerautonomie in einem künftigen Insolvenzverfahren, S. 145, 178). Entscheidend ist auch nicht der Wille des Schuldners, sondern allein die objektive Vermögenslage (*Bork* Einführung in das neue Insolvenzrecht Rz. 84). Dabei muß eine andauernde und nicht eine bloß vorübergehende Zahlungsunfähigkeit im Hinblick auf die fälligen Geldforderungen vorliegen (BT-Drucks. 12/2443, S. 114; *BGH* ZIP 1995, 929, 930; *Bork* a.a.O. Rz. 84; *Burger/Schellberg* BB 1995, 261 [262 f.]). Unbeachtlich und folglich ohne insolvenzrechtliche Relevanz bleiben somit geringfügige Liquiditätslücken (BT-Drucks. 12/2443, S. 114). 8

Anzunehmen ist eine **Zahlungsunfähigkeit**, wenn der Schuldner seine Zahlungen eingestellt hat (§ 17 Abs. 2, Satz 2 InsO). Dabei kommt der **Zahlungseinstellung** lediglich **Indizwirkung** zu. Sie ist somit kein eigenständiger Eröffnungsgrund. Ein Schluß von der Zahlungseinstellung auf die Zahlungsunfähigkeit ist demnach nur dann möglich, wenn die Zahlungsunfähigkeit für den beteiligten Verkehrskreis bereits nach außen erkennbar geworden ist (*Bork* a.a.O., Rz. 85). Dieser Schluß erhält seine Legitimation dadurch, daß der Schuldner in einem solchen Fall selbst zu erkennen gegeben hat, daß er mit den Mitteln der Privatautonomie nicht mehr in der Lage ist, seine bestehenden Verbindlichkeiten zu bereinigen (*Häsemeyer* Insolvenzrecht, S. 138). Bei Fehlen der Zahlungseinstellung muß mit Hilfe einer zu erstellenden Bilanz, bei der die Aktiva den Passiva gegenübergestellt werden, das Unvermögen zur Zahlung der gegen ihn bestehenden Forderungen festgestellt werden. Dabei ist der Umstand der Kreditgewährung als Indiz gegen die Zahlungsunfähigkeit zu werten (*Bork* a.a.O. Rz. 85). 9

2. Zweck der Neuregelung

Die Einbeziehung der Zahlungsunfähigkeit in den Kanon der vom Gesetzgeber vorgesehenen Eröffnungsgründe rechtfertigt sich – wie bereits die Begründung zum Regierungsentwurf (BT-Drucks. 12/2443, S. 230 f.) erkennen läßt – aus der Überlegung, daß es sich bei der Vermögensmasse »**Nachlaß**« in der Regel **nicht** um eine **statische Größe** handelt. Hiervon auszugehen, hieße häufig, den tatsächlichen Charakter des Vermögens zu verkennen, damit aber auch unbilligen Ergebnissen »Tür und Tor zu öffnen«. Ein **Vermögenszuwachs** kann sich etwa daraus ergeben, daß der Erbe in noch anhängigen Zivilprozessen obsiegt, oder, daß sich im Vermögen befindliche Wertpapiere durch Kursgewinne oder Dividendenausschüttungen positiv auf den Nachlaß auswirken. Besonders augenscheinlich ist dies, wenn zum Nachlaß ein Unternehmen gehört (vgl. die Begr. zu § 363 RegE, BT-Drucks. 12/2443, S. 230 f.). Hier kann bereits eine plötzliche Änderung der Auftragslage Auslöser eines erheblichen Vermögenszuwachses sein. Dies kann dazu führen, daß das Insolvenzverfahren in weite Ferne rückt. 10

§ 320 *Besondere Arten des Insolvenzverfahrens*

11 Die Zahlungsunfähigkeit des Schuldners, die sogar teilweise schon sehr früh, also vor der Überschuldung, eintreten könnte, blieb bis dahin außer Betracht. Bedeutung wurde dem nur im Hinblick auf die Anfechtungsmöglichkeit und Aufrechnungsbefugnis eingeräumt (*BGH* WM 1969, 888 [889]). Jedoch beabsichtigte der Gesetzgeber das Insolvenzverfahren sowohl einer einfacheren, als auch insbesondere rechtzeitigeren Eröffnung zuzuführen (BT-Drucks. 12/2443, S. 84 und insbesondere S. 231; *Haarmeyer/Wutzke/Förster* InsO/EGInsO, S. 13; *Baudrexl* JuS 1996, 691 [701]). Um diesen Zweck zu erreichen, wurde die Verfahrenseröffnung schon bei Zahlungsunfähigkeit zugelassen. Gerade im Hinblick auf die Schwierigkeiten, die mit der Feststellung der vormals als alleinigem Eröffnungsgrund anerkannten Überschuldung verbunden waren, erschien diese Änderung besonders geboten. Denn bis tatsächlich alle Vermögenswerte, die zur Berechnung der Aktiva und Passiva erforderlich waren, zusammengetragen waren, konnte einige Zeit vergehen. Diese Verzögerung nutzten einige Gläubiger, um in den Nachlaß zu vollstrecken, was sogar im Falle der Nachlaßverwaltung wegen § 1985 BGB noch möglich war. Dies führte dann zu einer erheblichen Verringerung der Haftungsmasse, die zur zumindest anteilsmäßigen Befriedigung aller Gläubiger gedacht war, indem ihr die wertvollen Vermögensstücke entzogen wurden. Das Verfahren wurde dadurch mit weiteren Kosten zum Nachteil der Gläubiger belastet, da diese Vermögensstücke nur unter den Voraussetzungen der Insolvenzanfechtung zurückgewonnen werden konnten, nachdem letztendlich die Überschuldung festgestellt wurde. Dieser Nachteil der Verringerung der Insolvenzmasse kann nun dadurch vermieden werden, daß das Verfahren bereits durch die gerichtliche Feststellung der Zahlungsunfähigkeit oder gar bereits bei der drohenden Zahlungsunfähigkeit eröffnet werden kann (BT-Drucks. 12/2443, S. 231; *Baudrexl* JuS 1996, 691 [701]; hierzu ausführlicher in der Kommentierung von *Schmerbach* §§ 17 ff.).

3. Vorteile der Neuregelung

12 Mit der Vereinheitlichung der Verfahrenseröffnungsgründe geht eine **Annäherung an das Regelinsolvenzverfahren** einher. Besondere Bedeutung gewinnt dies für den **Übergang des Regelinsolvenzverfahrens zum Sonderinsolvenzverfahren** im Falle der Nachlaßinsolvenz, also wenn der Schuldner nach Stellung der Eröffnungsantrags verstirbt.

13 Wegen des nunmehr einheitlichen Anknüpfungspunktes zwischen den verschiedenen Insolvenzverfahren ist aber nunmehr auch die Frage, ob das wegen Zahlungsunfähigkeit über das Vermögen eines Schuldners eröffnete Verfahren im Falle seines Versterbens unabhängig vom Vorliegen und von der Prüfung der Überschuldung als Eröffnungsgrund als Fall der Nachlaßinsolvenz weitergeführt werden kann. Für das in den neuen Bundesländern geltende Nachlaßgesamtvollstreckungsverfahren stellte sich diese Frage nicht, da als Eröffnungsgrund sowohl in Nachlaßsachen, als auch im Regelgesamtvollstreckungsverfahren über das Vermögen einer natürlichen und juristischen Person die Zahlungsunfähigkeit anerkannt war. Bis zur Änderung wurde dem Erben für den Fall ein Beschwerderecht gegen den Eröffnungsbeschluß zugebilligt, daß das Verfahren als Regelinsolvenzverfahren wegen Zahlungsunfähigkeit beantragt wurde, die Eröffnung des Verfahrens jedoch erst nach dem Todesfall des Schuldners erfolgte (vgl. *Hess* KO, § 215 Rz. 3). Zur Begründung wurde ausgeführt, das fortzusetzende Verfahren sei als Verfahren über einen Nachlaß zu qualifizieren. Die Zahlungsunfähigkeit wurde nur dann als ausreichender Eröffnungsgrund angesehen, wenn die Verfahrenseröffnung vor dem Erbfall erfolgte. Diesen in der gesetzgeberischen Begründung (vgl. BT-Drucks. 12/2443,

S. 231) aufgegriffenen Fall des übergeleiteten Nachlaßinsolvenzverfahrens begründete man damit, der Insolvenzgrund entfalle durch den Todesfall nicht, sondern wirke – einmal festgestellt – fort (vgl. *Hess* KO, § 215 Rz. 2). Dies läßt sich unter anderem dadurch begründen, daß das Verfahren über das Stadium der Prüfung der Insolvenzgründe hinaus fortgeschritten war. Es sprechen somit sowohl **prozeßökonomische Gründe** als auch **Erwägungen des Vertrauensschutzes** der am Verfahren beteiligten Gläubiger für diese Lösung.

II. Überschuldung

1. Definition der Überschuldung

Dagegen ist eine **Überschuldung** im Sinne des § 19 InsO gegeben, wenn das Nachlaßvermögen die Verbindlichkeiten nicht mehr abdeckt (BT-Drucks. 12/2443, S. 115; *Bork* a.a.O., Rz. 90; zum Begriff der Überschuldung, insbesondere. der Unterscheidung zwischen dem einstufigen und dem zweistufigen [prognostischen] Überschuldungsbegriff s. *Neumann* a.a.O., S. 179 ff.). **Maßgeblicher Zeitpunkt** ist dabei der **Moment der gerichtlichen Entscheidung** über den Eröffnungsantrag, da ein Abstellen auf den Zeitpunkt der Antragstellung verkennen würde, daß das Gericht, vorausgesetzt, es erfolgte keine mündliche Verhandlung, die Rechtslage zum Zeitpunkt der Entscheidung feststellt. 14

Den Insolvenzgrund der Überschuldung, der seinen Hauptanwendungsbereich im Insolvenzverfahren über das **Vermögen einer juristischen Person** hat, hat der Gesetzgeber im Recht der Nachlaßinsolvenz beibehalten. Eine Legaldefinition der Überschuldung findet sich hier in Absatz 2 des § 19 InsO. Zu ihrer Ermittlung ist eine Überschuldungsbilanz aufzustellen, in welcher die Aktiva den Passiva gegenübergestellt werden. Zur Berechnung im einzelnen vgl. die Kommentierung von *Schmerbach* zu § 19 InsO. 15

Besondere Berücksichtigung muß insoweit der Umstand finden, daß bei der Ermittlung der Überschuldung, die lediglich auf Vermächtnissen und Auflagen beruht, der Erbe das Insolvenzverfahren nach Maßgabe des § 1992 BGB durch **Erheben der Überlastungseinrede** abwenden kann. Von einer Antragspflicht kann in diesem Fall nicht gesprochen werden. Das gleiche gilt, wenn die Überschuldung lediglich auf ausgeschlossenen Nachlaßverbindlichkeiten beruht. Folglich finden diese Verbindlichkeiten nur eine relative Berücksichtigung (vg. *Hess* KO, § 215, Rz. 5; *Kilger/Karsten Schmidt* KO, § 215, 2). 16

2. Beibehaltung der Überschuldung als Eröffnungsgrund

Die Beibehaltung der Überschuldung neben der Zahlungsunfähigkeit findet ihre Berechtigung darin, daß beide Umstände sowohl nebeneinander, als auch in der Form denkbar sind, daß jeweils der eine Grund ohne Vorliegen des anderen bestehen kann, d.h. kumulativ als auch alternativ. Eine starre Steigerung der jeweiligen Insolvenzstufen ist somit nicht erkennbar. Man kann also nicht sagen, daß vor dem Eintritt des eines Eröffnungsgrundes zwingend der andere als Zwischenstadium erforderlich ist. Somit ist durchaus denkbar, daß der Schuldner **trotz fehlender Überschuldung zahlungsunfähig** ist. Davon ist z.B. dann auszugehen, wenn werthaltige Aktiva gebunden sind und damit weder als Kreditunterlagen genutzt noch veräußert werden können. Bei Gegenüberstellung der Aktiva und Passiva kann in diesem Fall durchaus eine positive Bilanz 17

Ergebnis der Rechnung sein. Eine Überschuldung ist damit ausgeschlossen. Dennoch ist es dem Schuldner zur Zeit – dies kann im übrigen ein erheblicher Zeitraum und damit nicht mehr vorübergehend sein – nicht möglich, seine gegen ihn bestehenden Verbindlichkeiten zu tilgen. Folglich ist von seiner Zahlungsunfähigkeit auszugehen.

18 Spiegelbildlich ist aber auch eine **Zahlungsfähigkeit trotz Überschuldung** denkbar. So etwa, wenn eine überschuldete juristische Person noch als kreditwürdig erachtet wird. Von einer Überschuldung als Eröffnungsgrund ist in diesem Fall auszugehen, da ein Vergleich der Aktiva und der Passiva eine negative Bilanz ergibt. Von Zahlungsunfähigkeit kann jedoch nicht gesprochen werden, da der juristischen Person noch Kredite eingeräumt werden, was für sich genommen schon gegen eine Zahlungsunfähigkeit spricht (*Bork* a. a. O., Rz. 94). Ferner hatte der Gesetzgeber bei der Beibehaltung dieses Tatbestandes die Interessen der Gläubiger eines Unternehmens im Blick (*Neumann* a. a. O., 175, 180f.; zur jeweiligen Häufigkeit der einzelnen Eröffnungsgründe im Vergleich: *Grub* ZIP 1993, 393 [395], der eine Häufigkeit auf Seiten der Zahlungsunfähigkeit erkennt).

III. Drohende Zahlungsunfähigkeit

1. Allgemeines

19 Besonderes Augenmerk verdient im Rahmen des § 320 InsO das Tatbestandsmerkmal der »drohenden Zahlungsunfähigkeit«. Gegenüber den anderen Eröffnungsgründen ist die **drohende Zahlungsunfähigkeit** des Nachlasses – wie auch beim Regelinsolvenzverfahren (§ 18 InsO) – nur dann Eröffnungsgrund, wenn der Erbe, der Nachlaßverwalter, ein Nachlaßpfleger oder ein Testamentsvollstrecker, dem die Verwaltung des Nachlasses zusteht, die Eröffnung beantragt (BT-Drucks. 12/2443, S. 114, 230f.). Das Antragsrecht ist insoweit allein auf Schuldnerseite; dem Nachlaßgläubiger ist es demnach verwehrt, den Eröffnungsantrag auf die drohende Zahlungsunfähigkeit zu stützen. Gesetzgeberisch erklärt sich diese Einschränkung aus der Überlegung, daß es sachlich nicht gerechtfertigt ist, den Nachlaßgläubigern ein derartiges Druckmittel in die Hand zu geben, indem auch sie sich zur Begründung ihres Insolvenzantrages auf die drohende Zahlungsunfähigkeit des Schuldners berufen könnten (Begr. zu § 22 RegE [§ 18 InsO], BT-Drucks. 12/2443).

2. Ermittlung und Zweck der drohenden Zahlungsunfähigkeit

20 Im Rahmen der Prüfung der Voraussetzungen des neu geschaffenen Merkmals der drohenden Zahlungsunfähigkeit werden auch die noch nicht fälligen Forderungen berücksichtigt, § 18 InsO. Nach der dortigen Legaldefinition soll von einer drohenden Zahlungsunfähigkeit auszugehen sein, wenn der Schuldner voraussichtlich im Zeitpunkt der fälligen, bereits begründeten Zahlungspflichten nicht in der Lage sein wird, diese Pflichten zu erfüllen. Dem **reorganisationswilligen Schuldner** soll ermöglicht werden, mittels einer vorverlagerten Verfahrenseröffnung eine weitgehende Bereinigung seiner Schulden durch eine umfangreiche Befriedigung seiner Gläubiger zu erreichen (BT-Drucks. 12/2443, S. 84; *Haarmeyer/Wutzke/Förster* InsO/EGInsO, S. 13).

21 Dem **Vorteil** des Schuldners steht der **der Gläubiger** gegenüber. Denn bei einer so frühzeitigen Beantragung der Verfahrenseröffnung können sie, wie bereits ausgeführt, eine höhere Quote erwarten. Dies ist sehr bedeutsam, da sie weder im Falle des

Nachlaßinsolvenzverfahrens noch im Regelinsolvenzverfahrens bei drohender Zahlungsunfähigkeit antragsberechtigt sind. Nun können auch sie eine zumindest teilweise Befriedigung erwarten. Zwar wurde mit der Änderung des Antragsrechts in § 317 InsO schon eine gleichmäßigere Berücksichtigung aller Gläubiger erreicht, indem auf eine dem § 229 KO entsprechende Vorschrift verzichtet wurde (vgl. hierzu § 315 Rz. 39 f.). Jedoch ist durch das Hinzutreten dieses Eröffnungsgrunds der Gesetzgeber seinem Bestreben, die Befriedigung der Gläubiger zu gewährleisten und damit die Fälle der Abweisung der Verfahrenseröffnung mangels Masse wieder zur Ausnahme zu erklären, einen noch größeren Schritt näher gekommen.

3. Gefahren der Neuregelung

Der Eröffnungsgrund der »drohenden Zahlungsunfähigkeit« steht nur dem Schuldner 22 zur Seite. Dies rechtfertigt sich bereits aus der Überlegung, daß regelmäßig nur dieser in der Lage sein wird, die für die Beantragung erforderlichen Informationen zu gewinnen. Eine dahingehende Ermittlung wäre zu aufwendig und langwierig. Ferner würde eine vorzeitige Liquidation durch ein Antragsrecht der Gläubiger den Schuldner wirtschaftlich knebeln und ihn somit seiner Handlungsfreiheit berauben. Es bestünde auch die Gefahr, daß dieser Eröffnungsgrund als Mittel zum Zweck zur Erreichung außerhalb der Forderungsbefriedigung liegender Ziele mißbraucht werden könnte. Gleichzeitig soll mit der Beschränkung des Antragsrechts auf den Schuldner das Bestreben einer außergerichtlichen Sanierung gefördert werden. Denn hätten die Gläubiger die »Macht«, das Verfahren bereits vor der tatsächlichen Insolvenzreife einzuleiten, wären außergerichtliche Verhandlungen der Parteien mit dem gleichen Ziel wohl kaum zu erwarten (BT-Drucks. 12/2443, S. 114; *Neumann* a. a. O., S. 175, 179).

Hieraus läßt sich andererseits auch der Schluß ziehen, daß im Falle der drohenden 23 Zahlungsunfähigkeit keine Antragspflicht des Schuldners besteht. Folglich ist auch bei Unterbleiben der Antragstellung durch den Erben der Tatbestand für einen auf § 1980 BGB gestützten Schadensersatzanspruch nicht erfüllt. Dieser kann nur in den Fällen der Zahlungsunfähigkeit und der Überschuldung als begründet zugesprochen werden. Jedoch war diesbezüglich eine Änderung, wie sie nun in Art. 33 Nr. 37 EGInsO enthalten ist, erforderlich, da § 1980 BGB den Schadensersatzanspruch nur auf die versäumte Antragstellung im Hinblick auf die Überschuldung gewährte.

Der mit der Einführung der drohenden Zahlungsunfähigkeit als Eröffnungsgrund ge- 24 schaffenen Gefahr, die Verfahrenseröffnung als **vorzeitige Schuldenbereinigung** zu mißbrauchen, soll mit dem in § 23 Abs. 2 InsO eingeführten Prüfungsmaßstab ein Riegel vorgeschoben werden. Der Eintritt der Zahlungsunfähigkeit muß insoweit wahrscheinlicher sein als deren Vermeidung (BT-Drucks. 12/2443, S. 115). Wie auch die anderen Eröffnungsgründe unterliegt auch dieser nach Antragstellung der Überprüfung durch das zuständige Gericht. Zwar ist im Hinblick auf die Antragstellung allein dem Schuldner die Entscheidung überlassen, jedoch ist der anzulegende Maßstab nicht seinem Willen und somit seiner Zahlungsmoral überlassen. Allein entscheidend ist seine tatsächliche wirtschaftliche Potenz.

In Abgrenzung zu den vorerwähnten Eröffnungsgründen sollen bei der Ermittlung der 25 drohenden Zahlungsunfähigkeit **auch** solche **Zahlungsverpflichtungen** des Schuldners mitberücksichtigt werden, die bis zu diesem Zeitpunkt noch gar **nicht fällig** sind (BT-Drucks. 12/2443, S. 114). Sogar noch nicht begründete, aber zu erwartende Zahlungsverpflichtungen sollen in die Berechnung der Insolvenzmasse miteinbezogen werden (BT-Drucks. 12/2443, S. 115).

26 Im übrigen sei zur Erläuterung der einzelnen Eröffnungsgründe auf die ausführliche Erläuterung von *Schmerbach* zu den §§ 17–19 verwiesen.

D. Insolvenzmasse

27 Bereits in der Erläuterung zu § 315 Rz. 16f. wurde klargestellt, daß das materielle Erbrecht lediglich der Ausgangspunkt für die Frage ist, was letztlich in die **Nachlaßinsolvenzmasse** fällt und damit den Gläubigern zur Befriedigung zur Verfügung steht. Die abschließende Regelung bleibt dagegen dem Insolvenzrecht vorbehalten.

28 Von Bedeutung ist hier zum einen, daß allein der **Zeitpunkt der Eröffnung des Insolvenzverfahrens**, also nicht der des Erbfalls, den Umfang der Masse bestimmt. Damit ist ebenso wie bei der Regelinsolvenz (§ 35) gewährleistet, daß ein zwischenzeitlicher Wertzuwachs des Nachlasses – etwa bei Fortführung eines zum Nachlaß gehörenden Unternehmens – berücksichtigt werden kann. Dies wird insbesondere den Interessen der am Verfahren beteiligten Gläubigern, aber auch dem Gesamtzweck des Insolvenzverfahrens gerecht.

29 Auch die Verletzung von Betreuungspflichten bei der Vermögensverwaltung durch den Erben im Zeitraum zwischen Erbfall und Verfahrenseröffnung wird dadurch erfaßt, daß auf den Zeitpunkt der Verfahrenseröffnung abgestellt wird. Der Erbe haftet insoweit für die ordnungsgemäße Verwaltung und Erhaltung des Nachlasses. Ersatzansprüche, die aus einer Zuwiderhandlung resultieren, werden als zum Nachlaß gehörend eingestuft, § 1978 Abs. 2 BGB (vgl. hierzu § 315 Rz. 19).

§ 321
Zwangsvollstreckung nach Erbfall → § 221 KO

Maßnahmen der Zwangsvollstreckung in den Nachlaß, die nach dem Eintritt des Erbfalls erfolgt sind, gewähren kein Recht zur abgesonderten Befriedigung.

Inhaltsübersicht:

	Rz.
A. Ziel der Vorschrift	1–2
B. Anwendungsbereich	3
C. Maßgeblicher Zeitpunkt	4–5
D. Ausnahme von der Anwendbarkeit des § 321 InsO	6–15
I. Originär erworbene Pfandrechte	6
II. Vorpfändung gemäß § 845 ZPO	7
III. Weitere Ausnahmen und deren Rückabwicklung gemäß § 812 BGB	8–10
IV. Bedenken gegen die Neuregelung	11–15
E. Rechtsfolgen der Anwendung des § 321 InsO	16

Literatur:

Smid Individualzwangsvollstreckung und Insolvenz, JZ 1995, 1150; *Lwowski/Heyn* WM 1998, 473.

Zwangsvollstreckung nach Erbfall **§ 321**

A. Ziel der Vorschrift

Der Hauptzweck der Vorschrift ist auch nach der – gegenüber der Vorgängerreglung des § 221 KO – leicht modifizierten Fassung des Wortlauts noch der gleiche geblieben. Dieser besteht nach wie vor darin, eine weitestgehende Wiederherstellung des Rechtszustandes zum Zeitpunkt des Erbfalles zu erreichen, indem das **Prioritätsprinzip der Einzelzwangsvollstreckung** zum Vorteil der gleichmäßigen Befriedigung der Nachlaßgläubiger **zurückgedrängt** wird (vgl. *Hess* KO, § 221 Rz. 1). Letztlich bewirkt diese Vorschrift eine teilweise **Vorverlegung** der **durch** das Insolvenzverfahren bewirkten **Inbeschlagnahme** (*Kilger/Karsten Schmidt* KO, § 221 Anm. 1a). 1

Statt wie zuvor in § 221 Abs. 1 KO in Absatz 1 auf die Arrestvollziehung Bezug zu nehmen und im dortigen Absatz 2 die einstweilige Verfügung zu erwähnen, wird nunmehr in Absatz 1 nur noch von »Maßnahmen der Zwangsvollstreckung« gesprochen. Die in der KO genannten Maßnahmen sind nun in einem pauschalen Verweis völlig aufgegangen, so daß eine isolierte Benennung – jedenfalls aus Sicht des Gesetzgebers – entbehrlich wurde (BT-Drucks. 12/2443, S. 231). Erfaßt werden sollen weiterhin insbesondere (vgl. *Hess* KO, § 221 Rz. 2): 2
– Pfändungen,
– Anordnungen der Zwangsvollstreckung
– Anordnungen der Zwangsverwaltung
– Eintragung von Zwangs- oder Arresthypotheken.

B. Anwendungsbereich

Dabei bezieht sich der Anwendungsbereich der Vorschrift nicht nur auf Maßnahmen der Nachlaßgläubiger, sondern ebenfalls auch auf solche der **Eigengläubiger des Erben/Schuldners** (zur Parallele im alten Recht: *Kilger/Karsten Schmidt* KO, § 221 Anm. 1a). Ein anderes Verständnis liefe dem Zweck der Vorschrift zuwider. 3

C. Maßgeblicher Zeitpunkt

Nicht erfaßt sind **Maßnahmen**, die bereits **vor dem Erbfall** eingeleitet wurden und schon zu diesem Zeitpunkt ein **Absonderungsrecht** begründeten (grundlegend zur Rechtsstellung des absonderungsberechtigten Gläubigers nach der Insolvenzordnung: *Lwowski/Heyn* WM 1998, 473). Dies gilt z. B. für den Hypothekengläubiger, der unter Berufung auf das rechtsgeschäftlich erworbene Pfandrecht nun die Duldung der Zwangsvollstreckung verlangt (*Kilger/Karsten Schmidt* KO, § 221, 1 b). Unter Berufung auf den Wortlaut der Vorschrift ist im Falle der vollständigen Befriedigung des Gläubigers, die etwa durch die Auskehrung des Erlöses nach erfolgter Zwangsvollstreckung erreicht ist, der Anwendungsbereich des § 321 InsO ebenfalls nicht eröffnet. Gleiches galt nach altem Recht für § 221 KO. Unbeachtlich ist dabei, daß der Titel nur für vorläufig vollstreckbar erklärt wurde. 4

Jedoch sind auch diejenigen Maßnahmen der Zwangsvollstreckung, die vor dem Erbfall vorgenommen wurden, unter kritischer Betrachtung aus dem Blickwinkel des Anfechtungsrechts zu würdigen. Denn ein solches Vorgehen kann nicht zuletzt eine **Vermögenszuwendung in Bevorteilungsabsicht** im Sinne der §§ 129 ff. InsO darstellen (*Kuhn/Uhlenbruck* KO, § 221 Rz. 2; *Hess* KO, § 221 Rz. 2). Hält die empfangene 5

Befriedigung der Anfechtung stand, so kommt auch keine Rückforderung über die Regeln des Bereicherungsrechts in Betracht (vgl. hierzu jedoch § 315 Rz. 28).

D. Ausnahmen von der Anwendbarkeit des § 321 InsO

I. Originär erworbene Pfandrechte

6 Da § 321 InsO von Maßnahmen der Zwangsvollstreckung spricht, fallen die **gesetzlich erworbenen Pfandrechte** nicht in dessen Anwendungsbereich. Demzufolge gewähren auch nachträgliche Pfändungen des Vermieters gemäß § 559 BGB oder des Werkunternehmers gemäß § 647 BGB, die sich auf Gegenstände beziehen, welche bereits vom jeweiligen Pfandrecht erfaßt wurden, das uneingeschränkte Recht zur abgesonderten Befriedigung (vgl. *Kilger/Karsten Schmidt* KO, § 221 Anm. 1 b).

II. Vorpfändung gemäß § 845 ZPO

7 Anders verhält es sich bei Maßnahmen der Gläubiger, die sich auf das in § 845 ZPO festgelegte mehraktige Verfahren stützen. Maßgeblicher Zeitpunkt ist der der gerichtlich bewirkten Pfändung. Erfolgt diese erst nach dem Erbfall, unterlag die Sache jedoch schon zuvor der Vorpfändung im Sinne des § 845 ZPO, so kann die Vorpfändung ihre Wirkung wegen § 321 InsO nicht entfalten. Ein auf die Vorpfändung gestütztes Befriedigungsverlangen des Gläubigers ist abzulehnen, da § 321 InsO allgemein die Rechtslage wiederherstellen will, die zur Zeit des Erbfalles bestand. Die Vorschrift verlagert somit künstlich den insolvenzrechtlichen Beschlag nach vorne (so schon zu § 221 KO, *RG* JW 7, 207, 208; *RG* JW 36, 2314 f.; *Kilger/Karsten Schmidt* KO, § 221, 1 b; vgl. zur Vorpfändung im einzelnen *Rosenberg/Gaul/Schilken* Zwangsvollstreckungsrecht, § 54 III 3; allgemein zum Verhältnis der Individualzwangsvollstreckung und Insolvenz *Smid* JZ 1995, 1150).

III. Weitere Ausnahmen und deren Rückabwicklung gemäß § 812 BGB

8 Die Anwendung des § 321 InsO muß weiterhin für den Fall abgelehnt werden, in dem die Eigengläubiger, die im Wege der Individualexekution vorgegangen sind, Befriedigung aus dem Nachlaß erlangt haben (vgl. *Hess* KO, § 221, Rz. 1, dort insbesondere Rz. 3). Nach überwiegender Auffassung (*Kuhn/Uhlenbruck* KO, § 221 Rz. 2 m. w. N.) ginge ein solches Verständnis der Vorschrift über den Wortlaut hinaus. Die Zwangsvollstreckung in den Nachlaß ist insoweit zulässig. Um diesem Mißstand gerecht zu werden, ist der Ausgleich zugunsten der Insolvenzmasse über § 812 BGB herbeiführen. Denn ein Privatgläubiger des Erben, der sich im Vollstreckungswege Befriedigung aus dem Nachlaß verschafft, ist so zu behandeln, als wenn er das Erlangte nicht von seinem Schuldner erhalten hat (vgl. *Jaeger/Weber* KO, § 221 Rz. 6). Dieser Rückforderungsanspruch ist auf die vorher erwähnte Trennung der beiden Vermögensmassen zurückzuführen. Der Zugriff der Gläubiger muß auf das jeweilige Forderungsrecht abgestimmt werden. Steht jedoch einem Gläubiger das jeweilige Vermögen nicht zu seiner Befriedigung zur Verfügung, so muß er das Erlangte nach den Regeln der ungerechtfertigten Bereicherung gemäß §§ 812 ff. BGB herausgeben. Dies gilt trotz der Vereinigung, also

der einheitlichen Eigentümerstellung im Hinblick auf das Erbschaftsvermögen und das Privatvermögen, durch den Erbfall.

Die Parallele hierzu findet sich in der Mobiliarzwangsvollstreckung in den Fällen der Zwangsvollstreckung in schuldnerfremdes Vermögen. Hier findet ebenfalls ein Ausgleich über das Bereicherungsrecht statt. Einschlägig ist insoweit § 812 Abs. 1, Satz 1, 2. Alt. BGB und nicht § 816 BGB, da die erfolgte Übereignung nicht auf eine rechtsgeschäftliche Verfügung zurückzuführen ist und ebensowenig eine Leistung durch das Vollstreckungsorgan in der Eigentumsübertragung zu erblicken ist (ausführlich hierzu *Schilken* in Münchener Kommentar zur ZPO, § 804 Rz. 6, 15, 35 ff.; ferner *Rosenberg/ Gaul/Schilken* a.a.O., § 53 V 1 d aa, jeweils m.w.N.). Dies gilt entsprechend für das Insolvenzrecht, da die Befriedigung ja gerade auf Grund einer Zwangsvollstreckungsmaßnahme erfolgte. Die Tatsache, daß die Rückforderung in Folge eines Insolvenzverfahrens erforderlich wurde, macht im Hinblick auf das Bereicherungsrecht keinen Unterschied. 9

Aufgrund der **zeitlichen Schranke** des § 321 InsO werden nur Maßnahmen erfaßt, die **vor** der **Eröffnung** des Insolvenzverfahrens, aber **nach dem Erbfall** vorgenommen wurden und zu diesem Zeitpunkt das Absonderungsrecht begründen sollten. 10

IV. Bedenken gegen die Neuregelung

Mit dem pauschalen Abstellen auf die »Maßnahmen der Zwangsvollstreckung« hat der Gesetzgeber eine **empfindliche Regelungslücke** gerissen, da die Rechtsfolgen des § 321 InsO nun nicht mehr eindeutig sind. Im Rahmen des § 221 KO war insoweit anerkannt, daß die dort aufgeführten Maßnahmen der Zwangsvollstreckung zunächst einer **relativen**-, später einer **absoluten Unwirksamkeit** unterliegen sollten (vgl. nur *Hess* KO, § 221 Rz. 7). Dieser materiell-rechtliche Gehalt ergab sich daraus, daß es keinen Sinn gehabt hätte, dem Gläubiger für die Dauer des Insolvenzverfahrens das Absonderungsrecht abzusprechen, wenn nicht der Konkursverwalter das Recht haben sollte, gleichzeitig zum Vorteil der Konkursmasse das in Streit stehende Gut, welches Gegenstand der Zwangsvollstreckung war, zu verwerten (so schon RGZ 157, 294 [295]). Folglich war die Rechtsfolge des § 221 KO, in der relativen Unwirksamkeit der Zwangsvollstreckungsmaßnahme zu sehen. Diese erstarkte dann zur endgültigen Unwirksamkeit, wenn der Gegenstand veräußert wurde. Durch die Freigabe der Sache oder mit der Beendigung des Konkursverfahrens wurde die Maßnahme uneingeschränkt wirksam (RGZ a.a.O.; *OLG Hamm* NJW 1958, 1928 [1929]; *Kuhn/Uhlenbruck* KO, § 221 Rz. 6). 11

Demgegenüber ergab sich das Interventionsrecht des Konkursverwalters bei einer anstehenden Verwertung der Sache aus § 766 ZPO. Ihm stand auch das Recht zur Seite, das jeweils eingetragene Recht löschen zu lassen, sofern ein entsprechendes Rechtsschutzinteresse diesem Verlangen des Konkursverwalters korrespondierte. Sein Vorgehen ließ sich materiell-rechtlich auf § 894 BGB stützen (vgl. *Kilger/Karsten Schmidt* KO, § 221, 3; *OLG Celle* KTS 77, 47 [48]). Das *OLG Hamm* hat die Löschung einer Vormerkung, die im Wege einer einstweiligen Verfügung eingetragen wurde, auf Antrag des Nachlaßkonkursverwalters angeordnet. Rechtsgrundlage hierfür war § 22 Abs. 1 GBO. Im Falle einer unterbliebenen Verwertung der Sache ist, umgekehrt aber entsprechend zu dem soeben Erläuterten, gem. § 894 BGB dem Gläubiger das Recht auf Wiedereinräumung des durch die Zwangsvollstreckung Erlangten zuzubilligen. 12

13 Die Begründung dieser Vorgehensweise stützte sich nicht lediglich auf den Sinn und Zweck der Vorschrift, sondern sie ließ sich vielmehr auch im Wortlaut der Vorschrift verankern (*Kilger/Karsten Schmidt* KO, § 221, 2). Denn gerade in Absatz 2 des § 221 KO, fand sich die Rechtsfolge der Unwirksamkeit. Diese war zwar – dem Wortlaut nach – nur auf die im Wege der einstweiligen Verfügung erlangten Vormerkung bezogen, jedoch systematisch auf die ganze Vorschrift zu beziehen. Die sich nun ergebende Schwierigkeit besteht darin, daß der Gesetzgeber durch den pauschalen Bezug auf jegliche Maßnahmen der Zwangsvollstreckung irrtümlich davon ausging, der Vorschrift systematisch den gleichen Anwendungsbereich erhalten zu haben (BT-Drucks. 12/2443, S. 231).

14 Fraglich ist, wie – unter Beachtung des Wortlauts der Vorschrift – mit einem in dieser Weise erlangten Recht zu verfahren ist. Es bedarf zunächst einer hinreichenden Begründung, um die Unwirksamkeit eines in dieser Weise erlangten Rechts zu erreichen. Denn, es ist wohl unbestritten, daß dieses Recht nach dem abgeschlossenen Insolvenzverfahren nicht wieder aufleben kann, vorausgesetzt, es erfolgte eine Verwertung. **Gravierend** ist unter diesem Blickwinkel **der Fall der Vormerkung**. Zwar läßt sich die nach wie vor notwendige sachliche Rechtsfolge des § 321 InsO auch jetzt noch mit dem Sinn und Zweck der Vorschrift begründen. Die Zulässigkeit einer gerechten systematischen Auslegung, mit dem Ziel, die abgesonderte Befriedigung durch Maßnahmen der Zwangsvollstreckung zu unterbinden, kann nur auf die Weise erreicht werden, daß die insoweit erlangten Rechte nach wie vor für unwirksam erachtet werden. Zum Schutze der jeweils durch diese Vorgehensweise Berechtigten wird das jeweilige Recht somit auch nach der Neuregelung nur relativ unwirksam, damit die Rechtsposition – etwa bei Freigabe einer Sache aus dem insolvenzrechtlichen Beschlag – nicht verloren geht. Absolut unwirksam wird das Recht dann, wenn der Insolvenzverwalter die Sache veräußert. Für diese Überlegung spricht auch die gesetzgeberische Begründung.

15 Auch für ein **historisches Argument** ist insoweit noch Raum, als daß der Gesetzgeber an den Anwendungsbereich des alten Rechts nahtlos anknüpfen wollte, indem er seiner Ansicht nach nur den Wortlaut vereinfachte. Folglich ist auch die Regelung der Wirksamkeit in den gesetzgeberischen Willen mit aufgenommen. Man wird wohl auch aus praktischen Erwägungen nicht anders entscheiden können, so daß wohl eine Anknüpfung an die bisherige Rechtsprechung, deren Grundsteine schon durch das Reichsgericht gelegt wurden (vgl. *RG* a. a. O.), zu erwarten ist. Ein gewisses Maß an Restunsicherheit ist diesbezüglich jedoch möglich, da sich für die oben vertretene extensive Auslegung in dem jetzigen Wortlaut des Gesetzes keinerlei Stütze mehr finden läßt. Letztendlich wird es beim bekannten Wechselspiel zwischen relativer und absoluter Wirksamkeit aus Gründen der Praktikabilität sein Bewenden haben müssen.

E. Rechtsfolgen der Anwendung des § 321 InsO

16 Folglich gelten im Rahmen der Insolvenzordnung die gleichen Regeln, wie zur Zeit der alten Konkursordnung:
Dem Insolvenzverwalter steht wegen einer drohenden Verwertung eines Nachlaßgegenstandes die **Vollstreckungserinnerung** gemäß § 766 ZPO zu (vgl. *Kuhn/Uhlenbruck* KO, § 221 Rz. 6). Ist bereits eine Zwangshypothek zugunsten eines Gläubigeres eingetragen, kann der Insolvenzverwalter in diesem Falle die Löschung beantragen. Jedoch nur dann, wenn das Grundstück nicht bereits überbelastet ist oder eine Verwertung aus sonstigen Gründen ausscheidet (RGZ 157, 294, 296). Ist das Grundstücks durch den

Insolvenzverwalter nicht verwertet worden, so muß die Hypothek, die in Ansehung des § 321 InsO gelöscht wurde, wieder eingetragen werden. Dem Gläubiger steht gegen den nun Verfügungsberechtigten Insolvenzverwalter ein Grundbuchberichtigungsanspruch gemäß § 894 BGB zu (vgl. hierzu *OLG Celle* KTS 77, 47, 48). Der durch die Anwendung des § 321 InsO in die Reihe der übrigen Gläubiger eingereihte, kann nun seine Forderung zur Tabelle anmelden, vorausgesetzt, er gehört der Gruppe der Nachlaßgläubiger an. Wird die Sache dann aus dem Beschlag entlassen, erlangt das Recht wieder seine volle Wirksamkeit.

§ 322
Anfechtbare Rechtshandlungen des Erben → § 222 KO

Hat der Erbe vor der Eröffnung des Insolvenzverfahrens aus dem Nachlaß Pflichtteilsansprüche, Vermächtnisse oder Auflagen erfüllt, so ist diese Rechtshandlung in gleicher Weise anfechtbar wie eine unentgeltliche Leistung des Erben.

Inhaltsübersicht: Rz.

A. Zweck der Vorschrift 1–2
B. Erfüllung der Verbindlichkeiten 3
C. Erstreckung auf den Erbersatzanspruch 4
D. Bedenken gegen eine solche Erstreckung 5
E. Gläubigerbenachteiligung 6
F. Zeitliche Schranke 7

Literatur:

Keller Das Kindschaftsreformgesetz NJ 1998, 234 ff.; *Mack/Olbing* Das nichteheliche Kind im Erbrecht und Erbschaftssteuerrecht, ZEV 1994, 280; *Ramm* Kindschaftsreform? Stellungnahme zum Entwurf der Bundesregierung eines Kindschaftsreformgesetzes (BT-Drucks. 13/4899 = BR-Drucks. 180/96), JZ 1996, 987; *Rauscher* Die erbrechtliche Stellung nicht in einer Ehe geborener Kinder nach Erbrechtsgleichstellungsgesetz und Kindschaftsreformgesetz, ZEV 1998, 41 ff.

A. Zweck der Regelung

Bei Pflichtteilsansprüchen, Vermächtnissen und Auflagen ist besonderes Augenmerk auf **1** den **Rang der Forderungen** zu richten. Die in § 327 InsO festgelegte Hierarchie der Ansprüche stellt die soeben bezeichneten Forderungen in den Hintergrund. Dies hat, wie die in § 322 InsO getroffene Regelung belegt, Auswirkungen auf die Schutzwürdigkeit (vgl. zur Parallele im alten Recht *Hess* KO, § 222 Rz. 1). Die Befriedigung dieser Verbindlichkeiten wird einer **unentgeltlichen Verfügungen** des Erben gleichgestellt. Eine vorzeitige Befriedigung dieser Forderungen unterstellt § 322 InsO einem vereinfachten Anfechtungsrecht. Die Vorschrift stellt die oben bezeichneten Verfügungen der Handlung des Schuldners dem Fall der **Schenkungsanfechtung** (§ 134 InsO) gleich und erklärt somit deren Regeln für anwendbar.

§ 322 *Besondere Arten des Insolvenzverfahrens*

2   Keine unentgeltliche Zuwendung in diesem Sinne stellte der **vorzeitige Erbausgleich** gemäß §§ 1934 d und e BGB dar. Eine eventuell in Betracht kommende **Anfechtung** konnte hier **nur über die allgemeinen Regeln der §§ 129 ff.** InsO erfolgen (vgl. grundsätzlich zur Anfechtung die Erläuterungen von *Dauernheim* zu §§ 129 ff.). Dabei erfaßt die Anfechtbarkeit neben den Nachlaßverbindlichkeiten i. S. d. § 1979 BGB alle weiteren erstattungspflichtigen Leistungen gegenüber den Nachlaßgläubigern gemäß § 1978 Abs. 1 BGB (vgl. *Jaeger/Weber* KO, § 222 Rz. 8). Diese Frage stellt sich jedoch durch die zahlreichen Neuregelungen im Bereich des Kindschaftsrechts nun nicht mehr. Denn der Gesetzgeber hat durch das Gesetz zur erbrechtlichen Gleichstellung nichtehelicher Kinder vom 16. Dezember 1997, welches am 1. April 1998 in Kraft tritt, die §§ 1934 a bis 1934 e BGB gestrichen. Damit soll die Gleichbehandlung zwischen nichtehelichen und ehelichen Kinder erreicht werden. Damit kann auch ein vorzeitiger Erbausgleich des erbersatzberechtigten Kindes gemäß §§ 1934 d und e BGB nicht mehr erfolgen; zur erbrechtlichen Stellung des nichtehelichen Kindes nach neuem Recht vgl. *Rauscher* ZEV 1998, 41.

B. Erfüllung der Verbindlichkeiten

3   Zunächst muß jedoch eine Befriedigung der oben bezeichneten Verbindlichkeiten erfolgt sein. Ererbte Rechte fallen nicht in den Anwendungsbereich dieser Vorschrift (*Hess* KO, § 222 Rz. 1). Unberücksichtigt kann die Frage bleiben, mit welchen Mitteln die Nachlaßforderungen erfüllt wurden. Eine Differenzierung danach, ob der Erbe mit Mitteln des Nachlasses oder aus dem Eigenvermögen die Forderungen der Gläubiger befriedigt hat, findet nicht statt. Zur Erfüllung in diesem Sinne ist neben der klassischen **Leistungserbringung nach § 362 BGB** auch die **Leistungsannahme an Erfüllungs Statt nach § 364 BGB** geeignet. Das gleiche gilt ebenfalls für eine bloße Sicherung (vgl. *Kuhn/Uhlenbruck* KO, § 222 Rz. 5).

C. Erstreckung auf den Erbersatzanspruch gemäß § 1934 a BGB

4   Eine Besonderheit in diesem Zusammenhang stellte der **Erbersatzanspruch** gemäß § 1934 a BGB dar. Dieser war zwar vom Wortlaut der Vorschrift nicht erfaßt, wurde jedoch weithin auch seiner Wirkung unterworfen. Begründet wurde dies mit der qualitativen Gleichstellung der Ansprüche (*Hess* KO, § 222 Rz. 2). Diese ergab sich aus dem in § 1934 b BGB enthaltenen Verweis, der auf den Erbersatzanspruch die Regeln des Pflichtteilsrechts für anwendbar erklärte (vgl. *Hess* a. a. O.). Ein anderes Verständnis dieser Vorschrift hätte die Gläubiger von Erbersatzansprüchen wegen der rechtlichen Gleichstellung dieser beiden Personengruppen übervorteilt (vgl. allgemein zur Stellung im Nichtehelichenrecht *Mack/Olbing* ZEV 1994, 280; zur verfassungsrechtlichen Problematik siehe nur den Überblick bei *Edenhofer* in Palandt, Vorbem. zu §§ 1934 a–e BGB Rz. 3; erste Überlegungen zur – zwischenzeitlich umgesetzten – Kindschaftsreform strengt an: *Ramm* JZ 1996, 987).

D. Bedenken gegen eine solche Erstreckung

Eine solche Begründung erschien zwar im Hinblick auf den in § 1934 b BGB enthaltenen Verweis zunächst einleuchtend. Eine zwingende Gleichstellung des Erbersatzberechtigten mit dem Pflichtteilsberechtigten erschien, wie die Darstellung der Antragsbefugnis im Rahmen des § 317 InsO zeigt, jedoch nicht geboten (vgl. hierzu § 317 InsO Rz. 30). Dort wurde das dem Pflichtteilsberechtigten zugesprochene Antragsrecht auf Eröffnung des Insolvenzverfahrens gemäß § 317 InsO dem Erbersatzberechtigten verwehrt. Demnach erschien zur Beantwortung der Frage, ob der Erbersatzanspruch gemäß § 1934a BGB dem Pflichtteilsanspruch qualitativ gleichgestellt werden kann, eine differenzierte Betrachtung notwendig. Zumal es dem Gesetzgeber bei der Neuformulierung ohne weiteres möglich gewesen wäre, die Erbersatzberechtigten, die in anderen Bereichen der Reform berücksichtigt wurden, in den Kreis der von § 321 InsO benachteiligten miteinzubeziehen. Dies hat er jedoch nicht getan. Einer Gleichstellung stand ferner entgegen, daß andere Ansprüche, auch wenn sie nachrangig zu befriedigen sind, nicht in den Anwendungsbereich des § 321 InsO gezogen werden. Somit empfahl sich im Hinblick auf die aufgeworfene Fragestellung eine kritische Betrachtung der Ansprüche für sich gesehen, sowie im Vergleich zu einander. Diese Problematik kann nunmehr nach der Neuregelung vernachlässigt werden. Denn gerade im Bereich des Kindschaftsrechts war der Gesetzgeber in jüngster Zeit sehr aktiv. Es gab folglich eine Reihe von Neuregelungen wie z. B. das **Gesetz zur Reform des Kindschaftsrechts** (BGBl. I 1997, 2942) und das **Beistandschaftsgesetz** (BGBl. I 1997, 2846; vgl. hierzu *Keller* NJ 1998, 234). Daneben trat am 1. April 1998 das Gesetz zur erbrechtlichen Gleichstellung nichtehelicher Kinder vom 16. Dezember 1997 (BGBl. I 1997, 2968) in Kraft. Dieses sah die Streichung der §§ 1934a bis 1934e, 2338a BGB vor. Damit ist die vormals bestehende Stellung des Erbersatzberechtigten nichtehelichen Kindes, mit der verhindert werden sollte, daß das nichteheliche Kind beim Tod des Vaters neben dessen ehelichen Abkömmlingen und dem überlebenden Ehegatten Mitglied der Erbengemeinschaft wird, vom Gesetzgeber aufgegeben worden. Die damit verbunden Fragen haben sich nunmehr – auch im Rahmen des Insolvenzrechts – erübrigt.

E. Gläubigerbenachteiligung

Um ein erfolgreiches Vorgehen des Insolvenzverwalters gemäß § 322 InsO zu gewährleisten, muß der Schuldner zahlungsunfähig oder zumindest nicht in der Lage sein, eine Ersatzleistung zu erbringen. Andernfalls fehlt es an der unentbehrlichen Gläubigerbenachteiligung (zur Parallelproblematik im alten Recht vgl. *Jaeger/Weber* KO, § 222 Rz. 8).

F. Zeitliche Schranke

Die von den allgemeinen Anfechtungsvorschriften gemäß §§ 129ff. InsO festgelegten zeitlichen Einschränkungen gelten auch für § 322 InsO (vgl. daher die dortige eingehende Kommentierung von *Dauernheim* §§ 129ff.).

§ 323
Aufwendungen des Erben → § 223 KO

Dem Erben steht wegen der Aufwendungen, die ihm nach den §§ 1978, 1979 des Bürgerlichen Gesetzbuchs aus dem Nachlaß zu ersetzen sind, ein Zurückbehaltungsrecht nicht zu.

Inhaltsübersicht: Rz.
A. Allgemeines 1
B. Zurückbehaltungsrecht des Erben 2–4
C. Ausschluß der Anwendung auf die Aufrechnung 5

A. Allgemeines

1 Der Gesetzgeber hat im Rahmen der Reform nur den Wortlaut des alten § 223 KO an den der Insolvenzordnung angepaßt (vgl. BT-Drucks. 12/2443, S. 231). Inhaltlich sollte das geltende Recht übernommen werden.

B. Zurückbehaltungsrecht des Erben

2 Grundsätzlich gilt für den **Aufwendungsersatzanspruch des Erben**, daß dieser gemäß § 324 Abs. 1 Nr. 1 InsO Masseforderung ist. Dieser Anspruch des Erben stützt sich auf die Regeln der Geschäftsführung ohne Auftrag (§ 683 BGB) oder die Regeln des Auftragsrechts (§ 670 BGB). Welche Vorschriften im Einzelfall einschlägig sind, hängt davon ab, zu welchem Zeitpunkt die Aufwendungen gemacht wurden. Sie können vor oder nach der Annahme der Erbschaft gemacht worden sein.

3 Den Anwendungsbereich des Auftragsrechts im weiteren Sinne eröffnet § 1978 Abs. 3 BGB. Dieser Ersatzanspruch soll dem Erben jedoch gemäß § 2013 BGB nur dann zugesprochen werden, wenn er nicht der unbeschränkten Haftung unterliegt. Nach dem Wortlaut der Vorschrift steht dem Erben wegen dieser Aufwendungen kein Zurückbehaltungsrecht gemäß § 273 BGB zu. Andernfalls käme es zu erheblichen Verzögerungen bei der Verwertung des Nachlasses (vgl. *Jaeger/Weber* KO, § 223 Rz. 1). Dem Erben wäre es nämlich durch die räumliche Nähe und der damit gegebenen Einwirkungsmöglichkeit auf den Nachlaß leicht möglich, jegliches Handeln der Gläubiger und insbesondere des Nachlaßinsolvenzverwalters zu behindern.

4 Ein weitergehendes **Verweigerungsrecht**, um die Sache in Besitz zu behalten, steht dem Erben nicht zu. Jedoch werden andere, durch **vertragliche Vereinbarung** begründete Zurückbehaltungsrechte nicht von § 323 InsO erfaßt. Dem Erben stehen alle sich aus diesem Recht ergebenden Ansprüche uneingeschränkt zu. Diese Einschränkung ergibt sich aus der ausschließlichen Bezugnahme des § 323 InsO auf die §§ 1978, 1979 BGB. Steht dem Erben also aufgrund eines Vertrages mit dem Erblasser der Besitz an bestimmten Gegenständen zu und macht er nun Aufwendungen auf diese Sache, so kann er diesbezüglich ein Zurückbehaltungsrecht geltend machen. Dieses wirkt dann wie ein Pfandrecht (vgl. *Kuhn/Uhlenbruck* KO, § 223 Rz. 1; *Jaeger/Weber* KO, § 223 Rz. 3).

C. Ausschluß der Anwendung auf die Aufrechnung

Keine Anwendung findet § 323 InsO jedoch **auf die Aufrechnung**. Weder der Wortlaut   5
noch der Sinn und Zweck der Vorschrift gebietet eine solche Auslegung. Damit ist die Möglichkeit der Anfechtung nicht gänzlich verschlossen; sie richtet sich nur nach den allgemeinen Vorschriften der §§ 129 InsO (siehe die entsprechende Kommentierung von *Dauernheim* §§ 129 ff.; zur Parallele im alten Recht siehe *Kuhn/Uhlenbruck* KO, § 223 Rz. 2; *Kilger/Karsten Schmidt* KO, § 223 Anm. 1).

§ 324
Masseverbindlichkeiten   → § 224 KO

(1) Masseverbindlichkeiten sind außer den in den §§ 54, 55 bezeichneten Verbindlichkeiten:
1. die Aufwendungen, die dem Erben nach den §§ 1978, 1979 des Bürgerlichen Gesetzbuchs aus dem Nachlaß zu ersetzen sind;
2. die Kosten der Beerdigung des Erblassers;
3. im Falle der Todeserklärung des Erblassers dem Nachlaß zur Last fallenden Kosten des Verfahrens;
4. die Kosten der Eröffnung einer Verfügung des Erblassers von Todes wegen, der gerichtlichen Sicherung des Nachlasses, einer Nachlaßpflegschaft, des Aufgebots der Nachlaßgläubiger und der Inventarerrichtung;
5. die Verbindlichkeiten aus den von einem Nachlaßpfleger oder einem Testamentsvollstrecker vorgenommenen Rechtsgeschäften;
6. die Verbindlichkeiten, die für den Erben gegenüber einem Nachlaßpfleger, einem Testamentsvollstrecker oder einem Erben, der die Erbschaft ausgeschlagen hat, aus der Geschäftsführung dieser Personen entstanden sind, soweit die Nachlaßgläubiger verpflichtet wären, wenn die bezeichneten Personen die Geschäfte für sie zu besorgen gehabt hätten.

(2) Im Falle der Masseunzulänglichkeit haben die in Absatz 1 bezeichneten Verbindlichkeiten den Rang des § 209 Abs. 1 Nr. 3.

Inhaltsübersicht: Rz.

A. Zweck der Vorschrift	1– 3
B. Die Aufwendungen im einzelnen	4
I. Aufwendungen des Erben gemäß Nr. 1	4
1. Abgrenzung Eigenverbindlichkeit und Nachlaßverbindlichkeit	5
a) Bezug zum Nachlaß	6– 7
b) Anwendung des § 164 Abs. 2 BGB	8
c) Ordnungsgemäße Verwaltung	9
2. Freistellungsanspruch des Erben gemäß § 257 BGB bei Begründung einer Eigenverbindlichkeit	10
3. Erbengemeinschaft	11
II. Beerdigungskosten	12–14
1. Ersatzfähigkeit der Aufwendungen	13
2. Ausnahmen	14
III. Kosten der Todeserklärung	15

IV. Kosten nach § 324 Abs. 1 Nr. 4 InsO	16
V. Verbindlichkeiten aus den von einem Nachlaßpfleger oder -Testamentsvollstrecker vorgenommenen Rechtsgeschäften	17–21
VI. Einschränkungen	22
C. Rangverhältnis bei Masseverbindlichkeiten	23

Literatur:

Draschka Gläubigerbefriedigung durch den Nachlaßpfleger, Rpfleger 1992, 281; *Haegele* Der Testamentsvollstrecker bei Konkurs, Vergleich und Anfechtung außerhalb des Konkurses, KTS 1969, 158 ff.; *Hahn/Mugdan* Die gesamten Materialien zu den Reichs-Justizgesetzen, 7. Bd., 1898; *Hartung* Der Nachlaßpfleger im Streit mit Erbprätendenten, Rpfleger 1991, 279; *Lehmann* Die unbeschränkte Verfügungsbefugnis des Testamentsvollstreckers, AcP 88, Bd. 188, 1; *Märker* Grabpflegekosten als Nachlaßverbindlichkeit?, MDR 1992, 217; *Tidow* Die Anordnung der Nachlaßpflegschaft gemäß § 1960 BGB, Rpfleger 1991, 400; *Wacke* Die »Grabsteinpfändung« – Pietätsrücksichten beim Schuldnerschutz im Konflikt mit dem Lieferantenkredit –, DGVZ 1986, 161, 165.

A. Zweck der Vorschrift

1 Der von § 324 InsO verfolgt **Zweck** entspricht dem der Vorgängerregelung (§ 224 KO). Die Regelung zielt also nach wie vor auf eine **Erweiterung des Kreises der Masseverbindlichkeiten** für den Bereich des Nachlaßinsolvenzverfahrens ab (BT-Drucks. 12/2443, S. 231). Redaktionell angepaßt wurden lediglich die in Abs. 1 Satz 1 und Abs. 2 enthaltenen Verweisungen.

2 Dementsprechend werden wie im vormaligen Recht von der Regelung Aufwendungen für den Fall einer Gesamtvermögensinsolvenz und der Eigeninsolvenz nicht erfaßt (vgl. zum alten Recht *Jaeger/Weber* KO, § 224 Rz. 1). Es soll allein eine Begünstigung derjenigen Aufwendungen bewirkt werden, die typischerweise nach Eintritt des Erbfalls im Rahmen einer ordnungsgemäßen Verwaltung der Erbschaft anfallen (BT-Drucks. 12/2443, S. 231). **Gläubiger dieser Forderung** ist, wie der Wortlaut der Vorschrift durch eine fehlende Bezugnahme andeutet, stets derjenige, der die Kosten zu fordern, also die Mittel ausgelegt hat. Geschah dies durch den Erben, so ist er nun auch Gläubiger der Masse (vgl. *Kuhn/Uhlenbruck* KO, § 224 Rz. 3).

3 Auch im Hinblick auf die Masseverbindlichkeiten des § 324 InsO gilt es dem Grundsatz gerecht zu werden, die Wirkungen der Eröffnung des Nachlaßinsolvenzverfahrens so weit wie möglich auf den Zeitpunkt des Erbfalls zurückzubeziehen (BT-Drucks. 12/2443, S. 231). Dies korrespondiert mit dem bereits im Rahmen des § 321 InsO dargestellten Regelungszweck (vgl. § 321 Rz. 1 ff.).

B. Die Aufwendungen im einzelnen:

I. Aufwendungen des Erben nach Nr. 1

4 Zunächst wird in § 324 InsO der Anspruch des Erben für Aufwendungen hinsichtlich des Nachlasses angeführt. Diese Nachlaßaufwendungen des regelmäßig beschränkt haftenden

Erben entstehen aus einer Geschäftsführung für den Nachlaß. Dabei eröffnet § 1978 Abs. 3 BGB dem Erben die Möglichkeit eines Aufwendungsersatzes nach den Vorschriften über die Geschäftsführung ohne Auftrag (§ 683 BGB) und zum anderen über die Regeln des Auftragsrechts (§ 670 BGB). Dies gilt ebenso für Ansprüche des Erben aus § 1980 BGB. Die Regelung zielt damit im Nachlaßinsolvenzverfahren erkennbar auf die Bevorzugung des Erben für bestimmte Verwaltungshandlungen ab. Jedenfalls als Reflexwirkung kommt diese Begünstigung auch den Gläubigern zugute. Denn bei einer nur anteilsmäßigen Befriedigung der Forderungen kann nicht erwartet werden, daß ein Erbe eine »ordnungsgemäße« Verwaltung der Erbschaft besorgt. Ganz im Gegenteil: der Erbe wäre gut beraten, jegliches »Kostenrisiko« zu scheuen und allenfalls minimalen Einsatz zur Erhaltung und Mehrung der Erbschaft zu zeigen. Dies ginge dann zum Nachteil der Insolvenzmasse und somit zum Nachteil der Gläubiger (eingehend hierzu *Jaeger/Weber* KO, § 224 Rz. 1).

1. Abgrenzung der Eigenverbindlichkeit zur Nachlaßverbindlichkeit

Stets erforderlich ist die Abgrenzung, ob durch die Verpflichtung des Erben eine **Nachlaß- oder** aber eine **Eigenverbindlichkeit** begründet wurde. Bei einem durch den Erben erteilten Schuldanerkenntnis soll es sich regelmäßig um eine Nachlaßverbindlichkeit handeln (RGZ 62, 38 [40]). In dieser Verallgemeinerung stößt dieser Grundsatz jedoch auf Bedenken; zumindest kann dies nicht pauschal für jede nach dem Erbfall durch den Erben begründete Verbindlichkeit gelten.

a) Bezug zum Nachlaß

Eine nähere Eingrenzung gerade im Hinblick auf die Entstehung der Verbindlichkeit ist insoweit unerläßlich. Es bedarf folglich durch die Gläubigerschaft einer besonderen Beziehung zum Nachlaß. Eine einfache rechtliche Bindung der Forderung an den Erben insoweit, als daß dieser das Rechtsgeschäft vorgenommen hat, reicht nicht aus. Weitergehend – im obigen Sinne – ist die Bindung der Forderung an den Nachlaß, wenn das Rechtsgeschäft in Betätigung für denselben erfolgt ist (RGZ a. a. O., 41).

Dies alleine wäre jedoch als Einschränkungskriterium für die Ersatzfähigkeit der Aufwendungen nicht ausreichend, da dadurch der verschwenderische Erbe auch seine für den Nachlaß noch so ungünstigen Verbindlichkeiten zu dessen Nachteil und nicht zuletzt auch zum Nachteil der Gläubiger auf die Masse abwälzen könnte. Um einem solchen Vorgehen einen Riegel vorzuschieben, bedarf es weiterer Differenzierungen.

b) Anwendung des § 164 Abs. 2 BGB

Der **Bezug der Forderung zum Nachlaß** ist ein Anknüpfungspunkt. Hierfür wird nicht verlangt werden können, den entstehenden Anspruch durch eine äußerliche Kenntlichmachung, in Anlehnung und entsprechender Anwendung an das in § 164 Abs. 2 BGB enthaltenen Offenkundigkeitsprinzip, an den Nachlaß zu binden. Demnach ist es unerheblich, ob der Erbe bei Abschluß des Rechtsgeschäfts seinen Vertragspartner auf diesen Umstand hingewiesen hat.

c) Ordnungsgemäße Nachlaßverwaltung

Notwendig ist allein der sachlich-rechtliche Bezug. Die Aufwendungen müssen insofern einer sinnvollen, also **ordnungsgemäßen Nachlaßverwaltung** entsprechen (so schon

RGZ 90, 91 [95]). Dies allein stellt den maßgeblichen Grund für eine Bevorzugung des Erben dar (vgl. hierzu Rz. 1). Für die rechtliche Einordnung des Handelns kann dann jedoch kein anderer Maßstab gelten, als für die Qualifikation des Rechtsgeschäfts selbst. Andernfalls wäre das unbillige Ergebnis vorgezeichnet, die Gläubiger durch ein leichtsinniges Handeln des Schuldners, welches eine Schmälerung der Masse zur Folge hat, zu benachteiligen. Ist die Voraussetzung einer ordnungsgemäßen Nachlaßverwaltung erfüllt, so bestehen keine weiteren Bedenken, diesen Anspruch als Nachlaßverbindlichkeit i. S. d. § 324 Abs. 1 InsO zu qualifizieren.

2. Freistellungsanspruch des Erben gemäß § 257 BGB bei Begründung einer Eigenverbindlichkeit

10 Bei Begründung einer »Eigenverbindlichkeit« durch den Erben, die beispielsweise zum Zwecke der Erhaltung des Nachlasses eingegangen wurde, ist dem Erben wegen seines bevorrechtigten Masseanspruchs ein **Freistellungsanspruch gemäß § 257 BGB** zuzugestehen.

3. Erbengemeinschaft

11 Den gleichen Vorzug der bevorrechtigten Befriedigung genießen die einer Erbengemeinschaft angehörenden Miterben. Hierbei hat jeder der Miterben einen Anspruch auf Ersatz der gemachten Verwendungen, die bei einer ordnungsgemäßen Verwaltung des Nachlasses angefallen sind. Zu beachten ist in diesem Zusammenhang, daß zwischen Nacherben vor dem Nacherbfall keine Erbengemeinschaft besteht, *BGH* FamRZ 1993, 801 in Abweichung von RGZ 1993, 292. Die anteilsmäßige Befriedigung erfolgt dann über § 420 BGB. Zu weiteren Einzelheiten vgl. *Jaeger/Weber* KO, § 224 Rz. 2.

II. Beerdigungskosten

12 Abweichend von der »Vorgängerregelung« § 224 Nr. 4 KO knüpft die Vorschrift hinsichtlich der Beerdigungskosten auf die damit verbundenen Kosten als solche an; eine Ankoppelung an die »**Standesgemäßheit**« **der Beerdigung** ist dem Wortlaut nach fallen gelassen. Auch in den Gesetzesmaterialien findet sich hierzu keine Begründung. Gleichwohl kann – ausgehend von der oben beschriebenen Ratio der Norm – nicht unterstellt werden, daß die mit der Beerdigung verbundenen Kosten nunmehr unter allen Umständen und losgelöst von jeglicher Einschränkung der Ersatzfähigkeit als Masseverbindlichkeiten geltend gemacht werden können. Hiergegen spricht auch die gerade im Nachlaßinsolvenzverfahren so deutlich hervortretende Wechselbeziehung zwischen Verfahrens- und materiellem Recht. Daher ist diese Regelung unter den bisher entwickelten Einschränkungen zu verstehen. Soweit im Einzelfall auf beamten- oder privatversicherungsrechtlicher Basis **Sterbegelder** an den Erben ausbezahlt werden, erfolgt **keine Anrechnung** auf die Beerdigungskosten (*OLG Oldenburg* MDR 1990, 1015).

1. Ersatzfähigkeit der Aufwendungen

13 Was im konkreten Einzelfall (noch) zu einer angemessenen Beerdigung zählt, richtet sich nach der **Lebensstellung des Erblassers**. Es ist darauf abzustellen, was bei einer Beerdigung eines Menschen der Lebensstellung des Verstorbenen unter Berücksichti-

gung der **Bräuche und Sitten** entspricht (*Edenhofer* in Palandt § 1968 BGB Rz. 2). In die Bewertung muß dabei die **Leistungsfähigkeit des Nachlasses** und der Erben miteinbezogen werden (RGZ 139, 393 [394]; BGHZ 32, 72 [73]). Ersatzfähig ist aber nicht nur das Nötigste, sondern alles, was nach den in den Kreisen des Erblassers herrschenden Auffassungen und Bräuchen zu einer würdigen und angemessenen Beerdigung gehört (RGZ 160, 255 [256]; BGHZ 61, 238 [239]). Nicht ersatzfähig sind allerdings die Reisekosten, die ein auch in gerader Linie Verwandter benötigt, um an der Beerdigung teilzunehmen. Eine Ausnahme hiervon ist nur dann zu machen, wenn es dem Angehörigen aus Gründen der Bedürftigkeit nicht möglich ist, an der Beerdigung teilzunehmen und es vom Erben nach der sittlichen Anschauung nicht anders zu erwarten wäre, als dem Angehörigen die Reisekosten zu erstatten (BGHZ 32, 73, 74). Unzweifelhaft gehört ein **angemessenes Grabdenkmal** zu den Beerdigungskosten (*Wacke* DGVZ 1986, 161, 165).

2. Ausnahmen

Von der Ersatzfähigkeit als Masseverbindlichkeit sind jedoch die Aufwendungen für die **Instandhaltung und Pflege der Grabstätte** und des Grabdenkmals ausgenommen (BGHZ 61, 239; *OLG Oldenburg* DNotZ 1993, 135; einen Überblick gibt *Märker* MDR 1992, 217). Umstritten ist die Frage, ob die **Kosten einer angemessenen Bewirtung** als Masseverbindlichkeiten angesehen werden können . Nach wohl h. M. ist dies zu bejahen (vgl. *Edenhofer* in Palandt § 1968 BGB Rz. 2 m. w. N.). 14

III. Kosten der Todeserklärung

Die Rechtfertigung dafür, daß die **Kosten der Todeserklärung** durch die Masse übernommen werden müssen, ist darin zu sehen, daß ein Nachlaßinsolvenzverfahren die Todeserklärung voraussetzt. Deshalb müssen die Kosten des Verfahrens, sowie die außergerichtlichen Kosten des Antragstellers dem Nachlaß auferlegt werden. Im Kern handelt es sich hierbei um eine Billigkeitsentscheidung. Von den Kosten einer Todeserklärung gemäß §§ 1 ff., 13 ff., 34 Abs. 2 VerschollenheitsG v. 15. 01. 1951 BGBl. I S. 63 § 128 KostO ist der Nachlaß nur ausgenommen, wenn das Gericht gemäß § 34 Abs. 1 VerschG eine andere Entscheidung trifft (vgl. zu weiteren Einzelheiten *Jaeger/Weber* KO, § 224 Rz. 7). 15

IV. Kosten nach § 324 Abs. 1 Nr. 4 InsO

Die in § 324 Abs. 1 Nr. 4 InsO aufgeführten Kosten werden dem Nachlaß auferlegt, da sie auch diesem zu Gute kommen. Dabei sind im einzelnen zu erwähnen die Kosten: 16
– der Eröffnung einer Verfügung des Erblassers von Todes wegen (§§ 2260 ff., 2273, 2300 BGB),
– der gerichtlichen Sicherung des Nachlasses (§ 1960 BGB),
– einer Nachlaßpflegschaft (§§ 1960 ff.), als Unterfall dazu gehört auch die Nachlaßverwaltung (§§ 1981 ff. BGB),
– des Aufgebots der Nachlaßgläubiger (§§ 1970 BGB, §§ 989 ff. ZPO) und der Inventarerrichtung (§§ 1993 ff. BGB); vgl. dazu auch *Kuhn/Uhlenbruck* KO, § 224 Rz. 5.

Im übrigen wird hinsichtlich der einzelnen Positionen auf die einschlägigen BGB-Kommentare verwiesen werden.

V. Verbindlichkeiten aus den von einem Nachlaßpfleger oder Testamentsvollstrecker vorgenommenen Rechtsgeschäften

17 Die **Bezeichnung des Nachlaßpflegers** meint auch hier nicht nur den eigentlichen Nachlaßpfleger gemäß §§ 1960 ff. BGB, sondern **erfaßt** als Oberbegriff ebenfalls den **Nachlaßverwalter i. S. d. §§ 1981 ff. BGB**.

18 Die Massegläubigerschaft ergibt sich hier aus der Vertretungsmacht des Nachlaßpflegers, Nachlaßverwalters oder Testamentsvollstreckers. Wer mit diesem Personenkreis das Rechtsgeschäft abschließt, kontrahiert mit dem Erben, damit mit dem Eigentümer des Nachlasses. Folglich ergibt sich daraus zwingend die Massegläubigerschaft, da die Vertretungsmacht der in § 324 Abs. 1 Nr. 5 InsO genannten Personen sich nur auf die Verwaltung des Nachlasses bezieht. Demgemäß können diese somit keine wirksamen Eigenverbindlichkeiten des Erben begründen, also keine Rechtsgeschäfte, die den Erben mit seinem Privatvermögen belasten (vgl. *Jaeger/Weber* KO, § 224 Rz. 13).

19 Hinsichtlich der oben genannten Personen muß jedoch differenziert werden. Unstreitig kommen die Handlungen des Nachlaßverwalters und des Nachlaßpflegers dem Nachlaß und folglich der Gläubigergesamtheit zugute. Hieraus rechtfertigt sich die Erhebung dieser Verbindlichkeiten zu Masseschulden. Denn insgesamt tragen diese ja den alleinigen Vorteil dieses Rechtsgeschäfts. Unbillig wäre es nun, den Kontrahenten auf die Quote zu verweisen. Gleiches muß für den Insolvenzverwalter gelten.

20 Streitig ist jedoch, ob auch sämtliche von einem Testamentsvollstrecker vorgenommenen Rechtsgeschäfte und dadurch begründeten Verbindlichkeiten zu Masseverbindlichkeiten qualifiziert werden sollen. Der Streit entzündet sich an der fehlenden Einschränkung durch den Gesetzeswortlaut. Denn dieser betrifft grundsätzlich jedes Geschäft und damit auch jede daraus entstandene Forderung. Gegen die Qualifizierung dieser Ansprüche als Masseverbindlichkeiten spricht das teilweise fehlende Interesse der Nachlaßgläubigerschaft an diesen Rechtsgeschäften (RGZ 60, 30, 31; *Hahn/Mugdan* Die gesamten Materialien zu den Reichs-Justizgesetzen, 7. Bd., S. 254 zu § 224 KO n. F.; ferner auch BGHZ 94, 313, 315 mit dem Verweis, daß die in diesem Sinne betroffenen Gläubiger nicht auf die Konkursquote verwiesen werden dürfen). Ist demnach ein Rechtsgeschäft gänzlich nicht im Sinne der Nachlaßgläubiger, so soll die daraus erwachsene Forderung auch nicht zur Masseverbindlichkeit werden. Angelehnt wird diese Argumentation an § 2206 BGB, der von einer Verpflichtung durch ordnungsgemäße Verwaltung spricht. Hiervon ausgehend, ist jedoch zu berücksichtigen, daß der Erblasser die Beschränkung der Verpflichtungsbefugnis des Testamentsvollstreckers zur ordnungsgemäßen Verwaltung durch seine letztwillige Verfügung gemäß § 2207 BGB aufheben kann. Ferner ist bei einem Verwaltungstestamentsvollstrecker gemäß § 2209 Satz 2 BGB im Zweifelsfalle stets von der erweiterten Verpflichtungsbefugnis auszugehen (so insgesamt *Jaeger/Weber* KO, § 224 Rz. 13 m. w. N.).

21 Dieser Begründung steht zunächst der klare Wortlaut des Gesetzes entgegen. Ferner verkennt diese Ansicht, daß sich gerade durch die Testamentsvollstreckung und somit durch das Handeln des Testamentsvollstreckers der Wille des Erblassers fortsetzt. Solange dieser Wille durch die Ausführungen des Testamentsvollstreckers noch immer gegenwärtig ist, kann auch die Masse noch nicht das endgültige Stadium erreicht haben. Also ist die Masse noch nicht abschließend im Umfang festgestellt. Die Gegenauffas-

sung untergräbt mit ihrer Lösung die Priorität des Willens des Erblassers. Es überzeugt somit nicht über eine Billigkeitslösung den klaren Wortlaut und die Intention des Gesetzgebers zu suspendieren.

VI. Einschränkungen

§ 324 Abs. 1 Nr. 6 InsO enthält eine Einschränkung dahingehend, daß die Verbindlichkeiten des Erben gegenüber einem Nachlaßpfleger, einem Testamentsvollstrecker oder einem Erben, der die Erbschaft ausgeschlagen hat, nicht schlechthin Nachlaßverbindlichkeiten werden, sondern nur dann, wenn diese Rechtsgeschäfte dem **Interesse der Nachlaßgläubiger** und ihren **mutmaßlichen Willen** gerecht werden (BGHZ 94, 313 [315]). Anhaltspunkt und Prüfungsmaßstab sind insoweit §§ 670, 677 BGB. Dies bezieht sich z. B. auch auf den Vergütungsanspruch des Testamentsvollstreckers. In der Konsequenz kann dies zu dem Ergebnis führen, daß ein Teil der Vergütungsforderung – der angemessene gemäß § 2221 BGB – Masseverbindlichkeit wird, der verbleibende dahingegen als Vermächtnis gemäß § 327 Abs. 1 Nr. 2 InsO nur nachrangig zu befriedigen ist (vgl. zur Parallele in der Konkursordnung *Hess* KO, § 224 Rz. 9; *Haegele* KTS 69, 162 f.). In dieser starken Berücksichtigung der Interessen der Gläubiger liegt zugleich die Rechtfertigung der Einreihung dieser Forderung unter die Masseverbindlichkeiten (*Jaeger/Weber* KO, § 224 Rz. 15). Denn wer den Vorteil einer Handlung hat, muß auch zugleich den daraus erwachsenen Nachteil gegen sich gelten lassen. 22

C. Rangverhältnis im Falle der Massearmut

Im Falle der Massearmut soll den in Abs. 1 genannten Verbindlichkeiten der Rang des § 209 Abs. 1 Nr. 3 InsO zukommen. Insoweit wird auf die dortige Kommentierung von *Schulz* verwiesen. 23

§ 325
Nachlaßverbindlichkeiten → § 226 KO

Im Insolvenzverfahren über einen Nachlaß können nur die Nachlaßverbindlichkeiten geltend gemacht werden.

Inhaltsübersicht: Rz.

A. Zweck der Regelung 1– 3
B. Begriff der Nachlaßverbindlichkeiten 4–11

Literatur:

Burger Neue Abgrenzung erbrechtlicher Sonderzuwendungen, MDR 1986, 445 ff.; *Frohn* Abschied vom Ersatzanspruch, Rpfleger 1994, 152 ff.; *Hess* Bemerkungen zur geplanten Übergangsregelung des Erbschaftsgleichstellungsgesetzes, FamRZ 1996, 781 ff.

A. Zweck der Regelung

1 Mit § 325 InsO wird klargestellt, daß – abweichend vom Regelinsolvenzverfahren – nicht das gesamte Schuldnervermögen für alle Gläubiger des Schuldners, sondern nur der Nachlaß für die Nachlaßgläubiger verwertet wird. Insoweit liegt eine **Partikularinsolvenz** vor. Dies mit der Konsequenz, daß neben der Nachlaßinsolvenz ein zweites Insolvenzverfahren über das Eigenvermögen des Erben möglich, aber auch notwendig ist. Relevanz im Nachlaßinsolvenzverfahren können Eigenschulden des Erben nur haben, wenn sie zugleich Nachlaßverbindlichkeiten, d. h. Nachlaßerbschulden sind (vgl. hierzu auch BT-Drucks. 12/2443, S. 232).

2 Trotz der geringen sprachlichen Abweichung der Vorschrift gegenüber dem »Vorgänger« (statt auf »nur« stellte § 226 Abs. 1 KO noch auf »jede« Nachlaßverbindlichkeit ab), handelt es sich inhaltlich um deckungsgleiche Vorschriften. Nach wie vor soll im Nachlaßinsolvenzverfahren die Haftung des Erben für alle Nachlaßverbindlichkeiten realisiert werden.

3 Wegen der grundsätzlichen Bedeutung des Regelungsgegenstandes, erscheint die vom Gesetzgeber gewählte Qualifikation des alten Absatz 1 des § 226 KO zur eigenständigen Vorschrift unbedenklich. Gerade im Hinblick auf die nun im neuen § 327 InsO enthaltene Regelung, die insoweit dem alten § 226 KO ab dem Absatz 2 entspricht, war die Abspaltung sinnvoll, denn nun sind die nachrangigen Verbindlichkeiten von dieser grundsätzlichen Regelung getrennt.

B. Begriff der Nachlaßverbindlichkeiten

4 Das Insolvenzrecht knüpft auch hinsichtlich des Begriffs der **Nachlaßverbindlichkeiten** an die materiellen Vorgaben des Erbrechts an. Ob eine Verbindlichkeit eine »Nachlaßverbindlichkeit« ist, bestimmt sich nach **§ 1967 Abs. 2 BGB**.

5 Zu den Nachlaßverbindlichkeiten zählen zunächst alle Schulden des Erblassers (sog. **Erblasserschulden**). Hiervon erfaßt werden alle die zum Zeitpunkt des Erbfalles schon entstandene Ansprüche, aber auch diejenigen Ansprüche, deren wesentliche Entstehungsgrundlage zum Zeitpunkt des Erbfalles schon so weit gegeben war, daß eine Zurechnung zu den Erblasserschulden gerechtfertigt erscheint (*BGH* BB 1968, 152; *Hess* KO, § 226 Rz. 2). Die damit bezeichneten vererbten Verbindlichkeiten gemäß § 1967 II BGB sind unabhängig von ihrem Schuldgrund als Erblasserschulden zu bezeichnen. Insoweit erfolgt keine Differenzierung nach gesetzlichem oder vertraglichem Entstehungsgrund (vgl. *Jaeger/Weber* KO, § 226, § 227 Rz. 5; *Hess* KO a. a. O.).

6 Nicht als Erblasserschulden sind diejenigen zu qualifizieren, die im Wege der Universalsukzession gemäß § 1922 BGB nicht übertragungsfähig sind, weil sie an die Person des Erblassers gebunden sind. Das sind insbesondere:
 – die Ansprüche gemäß § 520 BGB aus einem **Rentenversprechen** (vgl. *Jaeger/Weber* KO, § 226, § 227 Rz. 6). Diese erlöschen, wie der Wortlaut der Vorschrift klarstellt, mit dem Tode des Schuldners.
 – die **Unterhaltsansprüche der Ehefrau des Erblassers**, seiner Eltern, Kindern und Enkelkindern (§§ 1360 a Abs. 3, 1615 BGB; auch diese Ansprüche enden mit dem Tod des Schuldners. Gemäß § 1586b BGB werden jedoch die Unterhaltspflichten aus geschiedener oder aufgehobener Ehe auf die Erben als vererbliche Schulden, somit als Nachlaßverbindlichkeiten, übertragen (*Kuhn/Uhlenbruck* KO, § 226 Rz. 2). Eine

gesetzliche Beschränkung der Haftung findet sich jedoch ebenfalls in § 1586b Abs. 1 Satz 3 BGB. Danach haftet der Erbe nicht über den Betrag hinaus, der dem Pflichtteilsanspruch entspricht, welcher dem Berechtigten zustände, wenn die Ehe nicht geschieden worden wäre.
- Ebenso erlöschen auch die **Unterhaltsansprüche des nichtehelichen Kindes** (§§ 1615a, 1615 BGB). Beachte insoweit jedoch die Änderungen durch das Gesetz zur Vereinheitlichung des Unterhaltsrechts minderjähriger Kinder (Kinderunterhaltsgesetz BGBl. I S. 666), welches am 6. April 1998 in Kraft getreten ist.

Zu weiteren Einzelheiten unter Geltung der Konkursordnung vgl. ausführlich *Kuhn/Uhlenbruck* KO, § 226 Rz. 2a ff.

Hinzu treten alle sog. **Erbfallschulden**, d. h. die **aus Anlaß der Erbfalls** oder durch 7
dessen Abwicklung entstandenen Schulden des Erben. Das sind zunächst die Kosten die im Rahmen des § 324 Abs. 1 Nr. 3, 4 InsO anfallen (vgl. hierzu die dortige Kommentierung; speziell zu den Beerdigungskosten *LG Koblenz* FamRZ 1997, 968). Ebenso gemeint sind die Verbindlichkeiten, die aus der Tätigkeit eines Nachlaßpflegers, Nachlaßverwalters oder der Verwaltung eines Testamentsvollstreckers entstanden sind. Hierzu zählen weiter die Verbindlichkeiten des Erben gegenüber diesen Personen aus einer von ihnen vorgenommenen Geschäftsführung im Sinne des § 324 Abs. 1 Nr. 6 InsO. Gleichfalls gehören hierzu die Ansprüche des Erben die aus seiner Verwaltungstätigkeit für den Nachlaß entstanden sind (vgl. §§ 1978 Abs. 3, 1979, 2013 BGB). Vor diesem Hintergrund erklärt sich auch, daß ausschließlich der Erbe für die Vergütung des Nachlaßpflegers haftet; eine Zahlungspflicht anderer Personen ist selbst dann nicht gegeben, wenn diese die Anordnung der Nachlaßpflegschaft beantragt haben, *OLG Frankfurt* NJW-RR 1993, 267.

Letztlich kommt noch die Gruppe der **Nachlaßerbenschulden** hinzu. Eine solche 8
Schuld ist etwa gegeben, wenn der Erbe eines verstorbenen Kontoinhabers von einem dem Kontoinhaber eingeräumten **Kreditlinie** Gebrauch macht (vgl. *LG Darmstadt* WM 1996, 1857). Keine Nachlaßerbenschuld stellt hingegen die Pflicht des Erben zur Rückzahlung von versehentlich noch nach dem Tode des Erblassers überwiesenen Rentenbeiträgen; diese sind eine den Erben als solche treffende Nachlaßverbindlichkeiten im Sinne des § 1967 Abs. 2 Alt. 2 BGB (*AG Kassel* NJW-RR 1992, 585).

Ebenfalls als Nachlaßverbindlichkeiten zu ersetzen sind die Verbindlichkeiten aus: 9
- **Erbersatzansprüchen** (§ 1934a BGB); zu den Reformbestrebungen in diesem Bereich vgl. *Frohn* Rpfleger 1994, 152; kritisch zur Versagung des gesetzlichen Erbrechts im Nichtehelichenrecht *Hess* FamRZ 1996, 781; beachte jetzt hierzu die Änderungen im Rahmen der **Reform des Kindschaftsrechts**, insbesondere das Gesetz zur erbrechtlichen Gleichstellung nichtehelicher Kinder (Erbrechtsgleichstellungsgesetz BGBl. I S. 2968) vom 16. Dezember 1997; ausführlich hierzu die Erläuterungen zu § 327 Rz. 1ff. sowie zu § 322 Rz. 5), nachdem die Stellung des nichtehelichen Kindes, durch die Streichung der §§ 1934a bis 1934e und § 2238d dem des ehelichen Kindes erbrechtlich vereinheitlicht wurde. Solche Verbindlichkeiten kommen nach der geltenden Rechtslage **nicht mehr** als **Nachlaßverbindlichkeiten** in Betracht. Das nichteheliche Kind kann sich dafür jetzt auf genau die selben Ansprüche wie das eheliche Kind berufen, da es in gleicher Weise in die erbrechtliche Stellung rückt.
- **Vorausvermächtnissen** (§ 2150 BGB); zur Abgrenzung von der Teilungsanordnung siehe *Bürger* MDR 1986, 445
- **Pflichtteilsrechten**, **Vermächtnissen** und **Auflagen** (§ 1967 Abs. 2 BGB; vgl. zu Pflichtteilsansprüchen *OLG Düsseldorf* FamRZ 1995, 102)

– **Beerdigungskosten** (§ 1968 BGB), siehe in diesem Zusammenhang *Märker* MDR 1992, 217
– **Unterhaltsansprüchen** (§ 1969 BGB).

Keine Nachlaßverbindlichkeiten im Sinne von § 1967 BGB stellen dagegen die vom Erben zu tragende **Erbschaftssteuer** dar: *OLG Hamm* MDR 1990, 1014.

10 Besonderes Augenmerk verdient auch hier die wiederum **notwendige Abgrenzung zwischen Nachlaß- und Eigenschulden des Erben** (zur Abgrenzung vgl. im einzelnen § 324 Rz. 5 ff.). Wichtig und damit erforderlich ist die Abgrenzung auch hier, da es sich jedenfalls dann nicht um eine Nachlaßverbindlichkeit im Sinne des § 325 InsO handelt, wenn der Erbe durch das eingegangene Rechtsgeschäft eine Verbindlichkeit begründet hat, die nur ihn selbst, d. h. auch nur mit Wirkung für und gegen ihn, also gerade nicht in der Person des Erben, sondern ihn als Privatmann verpflichtet hat. Für diese Verpflichtungen kann der Nachlaß nicht in Anspruch genommen werden (*Kuhn/Uhlenbruck* KO, § 226 Rz. 3 b; zur Haftungsbeschränkung auf den Nachlaß vgl. *BGH* WM 1968, 798 [799]).

11 Zur **Eigenschuld** ist demnach auch der den Gläubigern zustehende Anspruch gegen den Erben aus der fehlerhaften Verwaltung des Nachlasses gemäß §§ 1978, 1979 BGB entstandene Anspruch zu zählen. Liegt dahingegen eine ordnungsgemäße Verwaltung vor, so haftet der Nachlaß ebenso wie der Erbe (*BGH* NJW 1978, 1385 [1386]; nach BGHZ 32, 60 sind vom Vorerben in ordnungsgemäßer Verwaltung begründete Schulden für den Nacherben Verbindlichkeiten). Besondere Bedeutung kommt dann der Einzelzwangsvollstreckung zu. Haftet der Erbe unbeschränkt, so steht den Nachlaßgläubigern der Weg zur Vollstreckung in das Privatvermögen des Erben trotz bestehenden Nachlaßinsolvenzverfahrens offen (vgl. *OLG Kassel* OLGZ 19, 137).

§ 326
Ansprüche des Erben → **§ 225 KO**

(1) Der Erbe kann die ihm gegen den Erblasser zustehenden Ansprüche geltend machen.
(2) Hat der Erbe eine Nachlaßverbindlichkeit erfüllt, so tritt er, soweit nicht die Erfüllung nach § 1979 des Bürgerlichen Gesetzbuchs als für Rechnung des Nachlasses erfolgt gilt, an die Stelle des Gläubigers, es sei denn, daß er für die Nachlaßverbindlichkeiten unbeschränkt haftet.
(3) Haftet der Erbe einem einzelnen Gläubiger gegenüber unbeschränkt, so kann er dessen Forderung für den Fall geltend machen, daß der Gläubiger sie nicht geltend macht.

Inhaltsübersicht: Rz.

A. Zweck der Vorschrift 1
B. Regelungsgehalt des Abs. 1 .... 2– 3
C. Regelungsgehalt des Abs. 2 4–12
    I. Ausschluß der Legalzession 8–11
        1. Für Rechnung des Nachlasses 9–10
        2. Ausschluß bei unbeschränkter Haftung 11
    II. Einschränkung des Ausschlusses der Legalzession durch Abs. 3 12

Ansprüche des Erben § 326

Literatur:

App Grundzüge der Erbenhaftung und ihrer Beschränkung, DGVZ 1996, 136; *Harder/Müller-Freienfels* Grundzüge der Erbenhaftung, JuS 1980, 876.

A. Zweck der Vorschrift

Die in § 326 InsO enthaltene Regelung knüpft nahtlos an das in § 225 KO bereits 1
niedergelegte Recht an. Danach ist auch im künftigen Insolvenzverfahren der Erbe berechtigt, diejenigen Ansprüche geltend zu machen, die ihm gegen den Erblasser zustehen (BT-Drucks. 12/2443, S. 232).

B. Regelungsgehalt des Abs. 1

An sich versteht sich diese Vorschrift aus sich selbst heraus und legt damit das Selbst- 2
verständliche noch einmal fest. Zwar tritt eine Verschmelzung des Eigenvermögens des Erben mit dem Nachlaß durch den Erbfall gemäß § 1922 BGB ein. Jedoch gilt gemäß § 1976 BGB die durch diese Verschmelzung bedingte Vereinigung zwischen Forderungsinhaberschaft und Vermögen und das dadurch bewirkte **Erlöschen der Forderung** als **rückwirkend aufgehoben**. Dies geschieht unabhängig davon, ob der Erbe die Haftungsbeschränkung gegenüber einzelnen oder sämtlichen Nachlaßgläubigern verwirkt hat (vgl. *Jaeger/Weber* KO, § 225 Rz. 3; einen allgemeinen Überblick über die Erbenhaftung und -haftbeschränkung geben *Harder/Müller-Freienfels* JuS 1980, 876; *App* DGVZ 1996, 136). Da § 1976 BGB gerade keinen Bezug auf § 2013 BGB nimmt, ist die Haftungsbeschränkung kein Erfordernis der Rechtsfolge des § 1976 BGB. Hierbei erhält der Anspruch seinen vollständigen materiell-rechtlichen Bestand zurück.

Damit ist der Erbe ebenso wie jeder andere Gläubiger des Erblassers berechtigt, seine 3
Forderung als Vorrechtsforderung, d. h. als Recht mit Absonderungs- und Aussonderungskraft geltend zu machen. Der Erbe wird damit den übrigen Gläubigern des Erblassers gleich gestellt (BGHZ 48, 214 [219]). Er ist zwar der Schuldner des Verfahrens, jedoch ist er in dieser Position nur als Träger des Sondervermögens anzusehen. Seine Ansprüche gegen die Masse macht er damit als Träger seines Eigenvermögens geltend (vgl. *Jaeger/Weber* KO, § 225 Rz. 1). Unbeachtlich ist dabei der Entstehensgrund des Anspruchs, gleich, ob er also auf Vertrag, Delikt oder originär erworben wurde.

C. Regelungsgehalt des Abs. 2

§ 326 Abs. 2 InsO stellt klar, daß der Erbe in die Rechtsstellung des Gläubigers eintritt, 4
sofern er dessen Forderung mit endgültigem rechtlichem Bestand erfüllt. Von einer **cessio legis** in diesem Sinne ist zunächst dann auszugehen, wenn der Erben einer der Nachlaßverbindlichkeiten selbst, d. h. aus eigenen Mitteln befriedigt hat. Er tritt dann an die Stelle des Gläubigers und ihm steht dann die Masseverbindlichkeit zu (so schon RGZ 55, 157, 161 jedoch unter der erweiterten Fragestellung der Übertragung einer Forderung kraft Gesetzes i. S. d. § 225 Abs. 2 KO, und eines damit akzessorisch verbundenen Rechts). Das Reichsgericht hat hier zutreffend sowohl den Übergang der Forderung als

auch den Übergang des Sicherungsrechts bejaht, welches im vorliegenden Fall zu einer abgesonderten Befriedigung berechtigte.

5 Irrelevant ist dabei, in welcher Weise die Erfüllung erfolgt. Die geschuldete Leistung kann durch eine »klassische« Leistungserbringung (§ 362 BGB) oder durch ein Erfüllungssurrogat (Leistung an Erfüllungs statt [§ 364 BGB], Hinterlegung [§§ 372 ff. BGB] oder Aufrechnung [§ 387 BGB]) erbracht werden. Erfolgt die Erfüllung in der Weise, daß dem Gläubiger das Recht zur Anfechtung zusteht, und wird dieses Rechtsgeschäft im Wege der Anfechtung (§§ 119 ff., 142 BGB) beseitigt, so tritt der vormals berechtigte Nachlaßgläubiger wieder als alter Schuldner des Erblassers und somit des Nachlasses an die alte Stelle und ersetzt nun die Rechtsposition, die kurzfristig der Schuldner inne hatte (*Jaeger/Weber* KO, § 225 Rz. 8). Die **ursprüngliche Rechtslage** vor der Legalzession wird damit **wieder hergestellt**.

6 Unerheblich ist weiter, ob der Erbe die Forderung mit eigenen Mitteln oder mit Mitteln des Nachlasses tilgt (vgl. *Kilger/Karsten Schmidt* KO, § 225, 2). Der Erbe tritt gleich dem Gläubiger in diese Rechtsposition ein. Der Anspruch gegen die Masse bleibt damit inhaltlich unverändert. Mit der Zession ist ebenfalls der Übergang der übertragungsfähigen **Nebenrechte gemäß §§ 412, 401 BGB** verbunden (RGZ 55, 158, 161). Obwohl der Schuldner als Träger des Nachlasses angesehen wird, kann er jedoch so einen Anspruch aus einem Nebenrecht geltend machen, welches gerade typischerweise eine Personenverschiedenheit voraussetzt. Dies gilt insbesondere für die Hypothek (RGZ 55, 158 [161]). Damit verbunden ist jedoch der Nachteil, daß sich der Schuldner in dieser Position auch allen Einwendungen gegenüber sieht, die vorher diesem Recht entgegenstanden.

7 Erlangt der Erbe dadurch einen Vorteil, daß er dem Inhaber des zu tilgenden Anspruchs einen geringeren Wert als den geschuldeten zukommen läßt, so soll er diesen Vorteil auch behalten. Der Erbe ist also berechtigt, in diesem Fall den ganzen Betrag gegen die Masse geltend zu machen. Ein Grund hierfür ist darin zu sehen, daß es sich hier gerade nicht um einen Fall des Ersatzes bestimmter Aufwendungen handelt wie in § 1979 BGB. Denn dort soll der Erbe durch eine solche Handlung gerade nicht mehr erhalten, als er selbst ausgelegt hat. Zwar wird diese Forderung dann als Masseschuld zu behandeln sein, jedoch ist eine weitere Bevorzugung nicht vorgesehen. Durch eine andere Auslegung würde der Charakter dieser Vorschrift als Erstattungsanspruch verkannt und damit überqualifiziert werden (im einzelnen *Jaeger/Weber* KO, § 225 Rz. 9).

I. Ausschluß der Legalzession

8 § 326 Abs. 2 InsO enthält zwei selbständige Alternativen, die den Ausschluß der Legalzession bewirken. Zum einen ist dies der Fall, wenn der Erbe keine Eigenleistung im Sinne einer Aufwendung aus dem eigenen Vermögen erbracht hat; zum anderen, wenn er aufgrund unbeschränkter Haftung ohnehin einstehen müßte.

1. Für Rechnung des Nachlasses

9 Zunächst darf die Erfüllung nicht als für **Rechnung des Nachlasses** erfolgt gelten. Andernfalls ist eine Übertragung der Forderung auf den Schuldner ausgeschlossen. Eine Erfüllung für Rechnung des Nachlasses ist dann anzunehmen, wenn der Erbe bei der Berichtigung der Nachlaßschulden den Umständen nach davon ausgehen durfte, daß die vorhandene Masse zur Deckung sämtlicher Nachlaßschulden ausreicht. Eine Ersatz-

pflicht im Hinblick auf den der Masse entzogenen Wert gemäß § 1978 BGB entsteht nicht (vgl. *Hess* KO, § 225 Rz. 5). Bei einer Tilgung aus eigenen Mitteln kann der Erbe den ihn zustehenden Erstattungsanspruch gemäß § 1978 Abs. 3 BGB als Masseverbindlichkeit geltend machen. Hat er die Forderung jedoch aus Mitteln des Nachlasses getilgt, so steht ihm kein Erstattungsanspruch zu, da er selbst keinerlei Aufwendungen aus seinem Vermögen getätigt hat. Den bei der Befriedigung hingegebenen Wert braucht er demgemäß auch nicht zu ersetzen, da andernfalls die Insolvenzmasse auf seine Kosten bereichert wäre (vgl. *Jaeger/Weber* KO, § 225 Rz. 4).

Hat der Erbe bei Erfüllung der Nachlaßverbindlichkeit jedoch zumindest fahrlässig verkannt, daß der Nachlaß zur Tilgung der bestehenden Verbindlichkeiten nicht mehr ausreicht § 1979 BGB, so bleibt ihm der Erstattungsanspruch gemäß § 1978 Abs. 3 BGB (zu den hieraus resultierenden Konsequenzen und weiteren Einzelheiten vgl. *Edenhofer* in Palandt, § 1979 BGB Rz. 3). 10

2. Ausschluß bei unbeschränkter Haftung

Als weiterer Ausschlußgrund für die in § 326 InsO normierte Legalzession kommt die unbeschränkte Haftung des Erben in Betracht. In diesem Fall steht dem Erben der auf §§ 1978 Abs. 3, 1979, BGB i. V. m. § 324 Abs. 1 Nr. 1 InsO gestützte Ersatzanspruch wegen des in § 2013 BGB verankerten Verwirkungsgedankens nicht zu. Die Gefahr der Bereicherung der Nachlaßgläubiger besteht in diesem Fall nicht, da der Schuldner in diesem Fall für den nun eingetretenen Ausfall ohnehin einstehen muß. 11

II. Einschränkung des Ausschlusses der Legalzession durch Abs. 3

Besteht die **unbeschränkte Haftung** nur **gegenüber einem einzelnen Gläubiger**, dann wird die Legalzession nicht vollständig ausgeschlossen. Der Erbe hat in diesem Fall die Möglichkeit gemäß Abs. 3, die Forderung des Nachlaßgläubigers dann geltend zu machen, wenn der Gläubiger selbst von einer Verfolgung des Anspruchs absieht. Die vom Erben geltend gemachte Forderung ist daher bis zur Schlußverteilung als aufschiebend bedingte geltend zu machen. Er macht die Forderung als fremde geltend mit der Wirkung, daß ihm **Einreden aus der Person des Gläubigers** entgegengehalten werden können (vgl. *Kilger/Karsten Schmidt* KO, § 225, 3; *Jaeger/Weber* KO, § 225 Rz. 12 mit weiteren Einzelheiten zum Charakter des Erbengläubigerrechts). 12

§ 327
Nachrangige Verbindlichkeiten → §§ 226, 227 KO

(1) Im Rang nach den in § 39 bezeichneten Verbindlichkeiten und in folgender Rangfolge, bei gleichem Rang nach dem Verhältnis ihrer Beträge, werden erfüllt:
1. die Verbindlichkeiten gegenüber Pflichtteilsberechtigten;
2. die Verbindlichkeiten aus den vom Erblasser angeordneten Vermächtnissen und Auflagen;
3. *(aufgehoben)*

(2) ¹Ein Vermächtnis, durch welches das Recht des Bedachten auf den Pflichtteil nach § 2307 des Bürgerlichen Gesetzbuchs ausgeschlossen wird, steht, soweit es

den Pflichtteil nicht übersteigt, im Rang den Pflichtteilsrechten gleich. ²Hat der Erblasser durch Verfügung von Todes wegen angeordnet, daß ein Vermächtnis oder eine Auflage vor einem anderen Vermächtnis oder einer anderen Auflage erfüllt werden soll, so hat das Vermächtnis oder die Auflage den Vorrang.
(3) ¹Eine Verbindlichkeit, deren Gläubiger im Wege des Aufgebotsverfahrens ausgeschlossen ist oder nach § 1974 des Bürgerlichen Gesetzbuchs einem ausgeschlossenen Gläubiger gleichsteht, wird erst nach den in § 39 bezeichneten Verbindlichkeiten und, soweit sie zu den in Absatz 1 bezeichneten Verbindlichkeiten gehört, erst nach den Verbindlichkeiten erfüllt, mit denen sie ohne die Beschränkung gleichen Rang hätte. ²Im übrigen wird durch die Beschränkungen an der Rangordnung nichts geändert.

Inhaltsübersicht: Rz.

A. Zweck der Vorschrift	1– 3
B. Die Verbindlichkeiten im einzelnen	4–13
I. Verbindlichkeiten gegenüber Pflichtteilsberechtigten gemäß Nr. 1	7
II. Verbindlichkeiten aus Vermächtnissen und Auflagen	7– 9
1. Vermächtnisse	7
2. Auflagen	8
3. Gleichstellung	9
III. Nichtanwendbarkeit der Nrn. 1, 2 bei Beschwer des Erblassers selbst	10
IV. Verbindlichkeiten gegenüber Erbersatzberechtigten	11–13
C. Regelungsgehalt des Abs. 2	13
D. Regelungsgehalt des Abs. 3	14

Literatur:

App Grundzüge der Erbenhaftung und ihrer Beschränkung, DGVZ 1996, 136; *Mack/Olbing* Das nichteheliche Kind im Erbrecht und Erbschaftssteuerrecht, ZEV 1994, 280; *Rauscher* Die erbrechtliche Stellung nicht in einer Ehe geborener Kinder nach Erbrechtsgleichstellungsgesetz und Kindschaftsrechtsreformgesetz, ZEV 1998, 41; *Roessink* Zur Berechtigung der Erbenhaftung für den Geschiedenenunterhalt gemäß § 1586 b BGB, FamRZ 1990, 924.

A. Zweck der Vorschrift

1 Die Regelung des § 327 InsO definiert einen bestimmten Kreis von nachrangigen Forderungen. Die hier aufgeführten Forderungen werden in ihrem **Rangverhältnis** unter die in § 39 InsO genannten gestellt. In der **Forderungshierarchie** handelt es sich hierbei also um **minderberechtigte Forderungen**. Diese Regelung hat den Zweck, die Befriedigung der Nachlaßgläubiger zu sichern. Es handelt sich bei diesen Forderungen um **nachrangige Insolvenzforderungen**. Sie werden dementsprechend erst nach allen anderen Forderungen befriedigt. Innerhalb der in § 327 InsO genannten Forderungen gilt der dort festgelegte Rang. Haben mehrere Forderungen den gleichen Rang, so werden sie nach dem Verhältnis ihrer Beträge zueinander erfüllt.

2 Die Rangfolge der nachrangigen Nachlaßverbindlichkeiten war bis dato in § 226 Abs. 2 bis 4 KO geregelt. Soweit diese Regelungen die Zinsen der Konkursforderungen, die Nebenfolgen einer Straftat oder Ordnungswidrigkeit und die Verbindlichkeiten aus einer »Freigiebigkeit« unter Lebenden erfaßte (§§ 226 Abs. 2 Nr. 1 bis 3 KO), findet sich das

Pendant hierzu nunmehr in § 39 Abs. 1 Nr. 1, 3 und 4 InsO. Die Wiederaufnahme dieser Verbindlichkeiten in den Kanon der nachrangigen Verbindlichkeiten erklärt sich aus deren jeweils erheblichen Bedeutung für das Konkurs- und nunmehr Insolvenzverfahren (BT-Drucks. 12/2443, S. 232).

Infolge ihres Charakters als einfache Insolvenzforderungen unterliegen sie der **Anmeldungs- und Prüfungspflicht**. Dabei wird klargestellt, daß die Verbindlichkeiten gegenüber Pflichtteilsberechtigten, aus Vermächtnissen und Auflagen und gegenüber Erbersatzberechtigten (Abs. 1 Nr. 1 bis 3; bisher § 226 Abs. 2 Nr. 4 bis 6 KO) im Rang allen anderen Verbindlichkeiten nachzuordnen sind, also auch den Verbindlichkeiten aus **Darlehen mit vertraglichem Nachrang** gemäß § 39 Abs. 2 InsO. Die Gläubiger solcher Verbindlichkeiten sollen insoweit nicht besser stehen als der Erbe selbst. Zins- und Kostenforderungen nachrangiger Insolvenzgläubiger haben den gleichen Rang wie die entsprechenden Hauptforderungen § 39 Abs. 3 InsO. Dies war bisher in § 227 KO, geregelt (BT-Drucks. 12/2443, S. 232). 3

B. Die Verbindlichkeiten im einzelnen

I. Verbindlichkeiten gegenüber Pflichtteilsberechtigten gemäß Nr. 1

Zunächst ist dabei auf den in § 2303 ff. BGB geregelten **Pflichtteilsanspruch** einzugehen. Sein Entstehensgrund ist in der Regel darin zu sehen, daß der insoweit Forderungsberechtigte durch die letztwillige Verfügung des Erblassers von jeglicher Erbfolge ausgenommen wurde, aber dieser Pflichtteil nicht in den durch §§ 2333–2337 BGB markierten Grenzen sogleich entzogen wurde (RGZ 93, 193, 195). Dem Pflichtteil im Range gleichgestellt ist der Anspruch aus einem Pflichtteilsvermächtnis gemäß Abs. 2 Satz 1, da andernfalls der Vermächtnisnehmer zur Erlangung eines höheren Ranges gezwungen wäre, das Vermächtnis auszuschlagen (vgl. § 327 Abs. 1 Nr. 2 InsO). 4

Der schlechtere Rang des Pflichtteilsvermächtnisnehmers ist wegen der notwendigen Gleichstellung mit dem Pflichtteilsberechtigten nur auf den Betrag zu beziehen, welcher im Wert den Pflichtteil überschreitet. Denn die Gleichstellung erfolgt im Hinblick auf den dem Pflichtteilsberechtigten zustehenden Rang. Eine Gleichstellung mit diesem heißt aber auch zugleich, daß eine Besserstellung nicht zulässig ist. Denn wäre auch noch der restliche Wert dem gleichen Rang zugeordnet, so wäre hier nicht mehr von einer Gleichstellung die Rede, da der Pflichtteilsvermächtnisnehmer damit etwas erhielte, was dem Pflichtteilsberechtigten selbst gar nicht zusteht. Allgemein zur Erbenhaftung und Haftungsbeschränkung *App* DGVZ 1996, 136. 5

Die Ausgleichsforderung des überlebenden Ehegatten im gesetzlichen Güterstand der Zugewinngemeinschaft (§§ 1371 Abs. 2, 1373 ff. BGB) ist im Range dem Pflichtteilsanspruch nicht gleichzustellen (zum Begriff der Zugewinngemeinschaft und zur Abgrenzung gegenüber anderen Güterständen siehe die Kommentierung zu § 332 InsO Rz. 8 ff.; weitere Nachweise bei *Diederichsen* in Palandt, § 1371 BGB Rz. 17). Die **Zugewinnausgleichsforderung** ist **als gewöhnliche Insolvenzforderung** zu behandeln (vgl. n. a. *Kuhn/Uhlenbruck* KO, § 226 Rz. 9). § 327 Abs. 1 Nr. 1 InsO findet auf diesen Anspruch weder direkte noch analoge Anwendung. Er steht den anderen Pflichtteilsansprüchen gleich (*BGH* NJW 1988, 136; für den **Pflichtteilsanspruch des nichtehelichen Kindes** galt bisher der Rang des § 327 Abs. 1 Nr. 1 InsO; ausführlicher hierzu Rz. 11; zur erbrechtlichen Stellung des nichtehelichen Kindes vor der Neuregelung *Mack/Olbing* ZEV 1994, 280; zur jetzigen Rechtslage vgl. *Rauscher* ZEV 1998, 41). 6

II. Verbindlichkeiten aus Vermächtnissen und Auflagen

1. Vermächtnisse

7 Bei den **Vermächtnissen** ist eine Unterscheidung danach, ob sie durch letztwillige Verfügung oder kraft Gesetzes entstanden sind, nicht zulässig. Sie fallen beide unter die Regelung der Nr. 2. Bei dem gesetzlichen Unterhaltsanspruch der Mutter gemäß § 1963 Abs. 2 BGB handelt es sich nicht um eine Vermächtnisforderung, sondern um eine vollberechtigte Insolvenzforderung (zur Parallele in der Konkursordnung *Kilger/ Karsten Schmidt* KO, § 226 Anm. 3e; zur Berechtigung der Erbenhaftung für den Geschiedenenunterhalt *Roessink* FamRZ 1990, 924).

2. Auflagen

8 Bei **Auflagen** nimmt derjenige die Stellung des Insolvenzgläubigers ein, der auf ihre Vollziehung klagen kann. Nicht maßgeblich ist demnach, wer danach der Begünstigte sein soll (vgl. *Kilger/Karsten Schmidt* a. a. O.). Legt der Erblasser jedoch per letztwilliger Verfügung eine bestimmte Rangfolge fest, welche klarstellt, in welcher Reihenfolge die Forderungen befriedigt werden sollen, so hat diese Entscheidung des Erblassers gegenüber der geltenden gesetzlichen Bestimmung den Vorrang (§ 327 Abs. 2 Satz 2 InsO).

3. Gleichstellung

9 Unter den gleichen Rang ist auch das Recht des Ehegatten auf den **Voraus** gemäß § 1932 ff. BGB (die zum ehelichen Haushalt gehörenden Gegenstände, Hochzeitsgeschenke) und das **Recht des Dreißigsten** gemäß § 1969 BGB (Unterhaltsgewährung; Benutzung der Wohnung für die ersten dreißig Tage nach Eintritt des Erbfalls) zu stellen.

III. Nichtanwendbarkeit der Nrn. 1, 2 bei Beschwer des Erblassers selbst

10 Nicht unter die Nr. 1 und Nr. 2 gehören diejenigen Pflichtteilsansprüche und Vermächtnisse, mit denen der **Erblasser beschwert** war. Diese sind vollberechtigte Forderungen des Nachlaßinsolvenzverfahrens (vgl. *Kuhn/Uhlenbruck* KO, § 226 Rz. 10).

IV. Verbindlichkeiten gegenüber Erbersatzberechtigten

11 Die Stellung des **Erbersatzanspruchs** in der Befriedigungshierarchie – also an dritter Stelle und damit hinter den Ansprüchen aus Pflichtteilen, Vermächtnissen und Auflagen – ergab sich vor der Neuregelung daraus, daß sich die Höhe des Erbersatzanspruchs daraus errechnete, wie hoch der Wert des Nachlasses nach Abzug der soeben bezeichneten Forderungen noch war (vgl. zur Konkursordnung *Jaeger/Weber* KO, §§ 226, 227 Rz. 35). Dies wiederum war Folge der weitgehenden Gleichstellung des Erbersatzberechtigten mit dem Erben. Der gemäß § 1934a BGB Berechtigte konnte demnach nur aus dem Befriedigung verlangen, was nach Abzug der Forderungen im Sinne der Nummern 1, 2 übrig blieb. Eine andere Rangfolge zwischen den Nummern 1–3 war jedoch vom Gesetzgeber bewußt nicht gewählt worden, da ansonsten die sich aus dem

materiellen Recht ergebende Zusammensetzung des Erbersatzanspruchs (vgl. soeben) nicht mit der Befriedigungsreihenfolge im Nachlaßinsolvenzverfahren vereinbaren ließe. Es entstand sonst ein Widerspruch zwischen Erbrecht und Insolvenzrecht. Jedoch war der Gesetzgeber gerade in Fragen des Kindschaftsrechts in jüngster Zeit sehr aktiv. Dies zeigt sich insbesondere in der **Neuregelung des Kindschaftsrechts** durch Beschluß des Bundestages vom 25. September 1997 durch das Gesetz zur Reform des Kindschaftsrechts (BGBl. I 1997 S. 2942) und das Beistandsschaftsgesetz (BGBl. I S. 2846). Diese Vorschriften sollten am 1. Juli 1998 in Kraft treten. Besondere Bedeutung ist jedoch den Neuregelungen durch das **Erbrechtsgleichstellungsgesetz** beizumessen. Dieses am 1. 4. 1998 in Kraft getretene Gesetz vom 16. 12. 1997 (BGBl. I S. 2968) sah eine Aufhebung der für das Erbrecht des Nichtehelichen Kindes geltenden Sondervorschriften des BGB, geregelt in den §§ 1934a–1934e und § 2338v vor. Damit war gerade die Stellung des erbersatzberechtigten Kindes gemäß § 1934a BGB, welche verhindern sollte, daß das nichteheliche Kind beim Tod des Vaters neben dessen ehelichen Abkömmlingen und dem überlebenden Ehegatten Mitglied der Erbengemeinschaft wird, beseitigt worden. Dies führt in der Konsequenz dazu, daß das nichteheliche Kind nun die gleiche Stellung hat, wie die ehelichen Abkömmlinge. Nichts anderes kann nunmehr für die Stellung des nichtehelichen Kindes im Rahmen des Insolvenzrechts gelten. Die in **§ 327 Abs. 1 Nr. 3 InsO** getroffene Regelung ist **demnach obsolet** geworden. Das vormals erbersatzberechtigte nichteheliche Kind kann nun nicht mehr auf die Geltendmachung des Erbersatzanspruchs gemäß § 327 Abs. 1 Nr. 3 InsO verwiesen werden. Für den Pflichtteilsanspruch des nichtehelichen Kindes gilt demnach nun wie beim ehelichen Kind uneingeschränkt – der alten Rechtslage entsprechend – § 327 Abs. 1 Nr. 1 (umfassend zur nunmehrigen erbrechtlichen Stellung des nichtehelichen Kindes: *Rauscher* ZEV 1998, 41).

Der Erbersatzberechtigte nimmt demnach nicht mehr als Inhaber einer minderberechtigten Nachlaßinsolvenzforderung gemäß §§ 1967 Abs. 2, 1934b Abs. 1 Satz 1 BGB am Verfahren teil (zur Parallele in der Konkursordnung *Jaeger/Weber* a.a.O.; *Hess* KO, § 226 Rz. 12), sondern ist im Hinblick auf seine erbrechtlichen Ansprüche, genau wie die ehelichen Abkömmlinge des Erblassers wegen des ihm zustehenden Pflichtteilsanspruchs, auf § 327 Abs. 1 Nr. 1 InsO angewiesen. Im übrigen ist er nun Inhaber der gleichen erbrechtlichen Position wie die ehelichen Abkömmlinge des Erblassers. Dadurch, daß sein Forderungsrecht entfallen ist, besteht nun auch die ihm vorher gegenüber geltende nachrangige Behandlung über § 327 Abs. 1 Nr. 3 InsO nicht mehr. 12

C. Regelungsgehalt des Abs. 2

§ 327 Abs. 2 Satz 1 InsO stellt das **Pflichtteilsvermächtnis** dem Pflichtteilsanspruch gleich, da ansonsten der Vermächtnisnehmer das Vermächtnis ausschlagen muß, um in den Genuß eines höheren Ranges zu kommen. Das Pflichtteilsvermächtnis ist aber nur bis zur Höhe des Pflichtteils diesem im Range gleichgestellt. Der über diesen Betrag hinausgehende Teil muß dagegen als Vermächtnis mit dem entsprechenden Rang behandelt werden, da ansonsten dem Vermächtnisnehmer, dem an sich nur ein Gleichstellung zusteht, ein darüber hinausgehendes Recht gewährt würde (vgl. hierzu schon oben Rz. 5). Satz 2 der Vorschrift stellt klar, daß eine durch letztwillige Verfügung festgelegt Rangfolge gegenüber der durch das Nachlaßinsolvenzverfahren niedergelegten den Vorrang haben soll (§ 2189 BGB). 13

D. Regelungsgehalt des Abs. 3

14 Beruht die Forderung eines Gläubigers auf einem gemäß §§ 1970 ff. BGB i. V. m. §§ 946 ff., 989 ff. ZPO im Wege des Aufgebotsverfahrens ausgeschlossenen Recht, so ist diese Forderung erst nach den in § 39 InsO genannten zu befriedigen. Besteht diese Forderung in einem in Abs. 1 genannten Recht, so geht dieses Recht denjenigen nach, mit denen es ohne die Beschränkung den gleichen Rang hätte. Es ist den in Nrn. 1–3 genannten Ansprüchen gegenüber also nachrangig zu befriedigen. Die Rechtfertigung dieser Erwägung ergibt sich daraus, daß es sich hierbei ohnehin schon um ein nachrangiges Recht handelt, welches zusätzlich noch einer Belastung unterliegt. Von dem Aufgebotsverfahren und damit von der Unterordnung werden zwar die Pflichtteile, Vermächtnisse und Auflagen gemäß § 1972 BGB nicht betroffen, jedoch stellt § 1974 BGB diese Forderungen den ausgeschlossenen gleich.

§ 328
Zurückgewährte Gegenstände → § 228 KO

(1) Was infolge der Anfechtung einer vom Erblasser oder ihm gegenüber vorgenommenen Rechtshandlung zur Insolvenzmasse zurückgewährt wird, darf nicht zur Erfüllung der in § 327 Abs. 1 bezeichneten Verbindlichkeiten verwendet werden.

(2) Was der Erbe auf Grund der §§ 1978 bis 1980 des Bürgerlichen Gesetzbuchs zur Masse zu ersetzen hat, kann von den Gläubigern, die im Wege des Aufgebotsverfahrens ausgeschlossen sind oder nach § 1974 des Bürgerlichen Gesetzbuchs einem ausgeschlossenen Gläubiger gleichstehen, nur insoweit beansprucht werden, als der Erbe auch nach den Vorschriften über die Herausgabe einer ungerechtfertigten Bereicherung ersatzpflichtig wäre.

Inhaltsübersicht: Rz.

A. Zweck der Vorschrift 1–2
B. Regelungsgehalt des Abs. 1 3–5
C. Regelungsgehalt des Abs. 2 6–9

A. Zweck der Vorschrift

1 Inhaltlich hat der Gesetzgeber im Rahmen des § 328 InsO an das alte Konkursrecht (§ 228 KO) angeknüpft. Es wurde insoweit nur der Wortlaut der neuen Insolvenzordnung angepaßt (vgl. BT-Drucks. 12/2443, S. 232).

2 Die Ansprüche der schon durch die Regelung des § 327 Abs. 1 InsO **minderberechtigten Insolvenzgläubiger** werden durch die Vorschrift des § 328 InsO **noch weiter zurückgesetzt.** Dies erfolgt durch eine Einschränkung dahingehend, daß das Zugriffsrecht der Pflichtteilsberechtigten, Vermächtnisnehmer und Auflagenberechtigten auf die durch § 328 InsO definierte Masse beschränkt wird (zur entsprechenden Situation im Konkursrecht *Jaeger/Weber* KO, § 228 Einl.). Zum einen wird dies – gemäß Abs. 1 der Vorschrift – durch einen gänzlichen Ausschluß des Zugriffs bewirkt, zum anderen durch die Erschwernis des Abs. 2.

B. Regelungsgehalt des Abs. 1

Die in § 328 Abs. 1 InsO enthaltene Regelung zielt auf den **Schutz der »Altgläubiger«** 3 ab, die bereits zum Zeitpunkt der Vornahme der anfechtbaren Handlung schon Ansprüche gegen den Erblasser hatten. Denn ohne diese Vorschrift würden diese Vermögenswerte einfach in die Masse fallen und dem Zugriff der hierzu berechtigten unterliegen. Diejenigen, die jedoch erst durch den Todesfall einen Anspruch gegen den Erben oder damit gegen die Masse erworben haben, namentlich die Pflichtteilsberechtigten, Vermächtnisnehmer oder Auflagenberechtigte, würden hierdurch ungerechtfertigt begünstigt. § 328 InsO legt das Zugriffsrecht – entsprechend der Forderungsentstehung – allein in die Hand der »Altgläubiger«. Damit ist die Möglichkeit der Befriedigung der zurückgesetzten Gläubiger aus diesem Teil der Vermögensmasse gänzlich ausgeschlossen (vgl. *Jaeger/Weber* KO, § 228 Rz. 1). Die Konsequenz der Anfechtung bedarf im Hinblick darauf einer Korrektur. Ist der Erlös verteilt und verbleibt sogar ein **Überschuß**, so ist dieser dem Anfechtungsgegner zurückzuerstatten (*Hess* KO, § 228 Rz. 2).

Der Anfechtungsgegner kann bereits im Anfechtungsprozeß den Einwand erheben, daß 4 eine vollständige Rückgewähr nicht erforderlich ist. Es obliegt dem Insolvenzverwalter, diesen Einwand zu entkräften. Denn seine Aufgabe ist es, die Gläubigerbenachteiligung und die sie begründenden Tatsachen nachzuweisen (vgl. *Jaeger/Weber* KO, § 228 Rz. 3). Insoweit bleibt der Insolvenzverwalter den Beweis schuldig.

Das Anfechtungsrecht bezieht sich jedoch nur auf Rechtsgeschäfte, die eine Benachtei- 5 ligung der Nachlaßgläubiger zur Folge haben. Ausgeschlossen ist die Anwendung des § 328 InsO insoweit, als es sich lediglich um die Beseitigung von Willensmängeln gemäß §§ 119 ff. BGB bei Vornahme des Rechtsgeschäfts handelt. Dasselbe gilt auch im Falle des Erbenhandelns und bei Handlungen eines Erbenvertreters (*Jaeger/Weber* KO, § 228 Rz. 2).

C. Regelungsgehalt des Abs. 2

§ 328 Abs. 2 InsO gewährt den Gläubigern, die im Wege des Aufgebotsverfahrens 6 ausgeschlossen wurden, lediglich einen Anspruch, soweit der Erbe über die Vorschriften der Herausgabe einer **ungerechtfertigten Bereicherung** (§ 812 ff. BGB) ersatzpflichtig wäre.

Als Ersatzansprüche gegen den Erben kommen die in Abs. 2 genannten in Betracht. Das 7 können zum einen diejenigen sein, die daraus erwachsen sind, daß der Erbe durch **sorgfaltswidrige Geschäftsführung i. S. d. § 1978 BGB** einen Schaden verursacht hat. Zum anderen kommt hier der Schaden in Betracht, den der Erbe der Masse dadurch zufügt, daß er mit dem Nachlaßvermögen Verbindlichkeiten befriedigt, ohne daß § 1979 BGB auf diesen Fall Anwendung findet, er also nicht annehmen durfte, daß der Nachlaß zur Befriedigung dieser Forderungen ausreicht. Ferner kann der Erbe zum Ersatz desjenigen Schaden verpflichtet sein, der sich aus der nicht rechtzeitigen Antragstellung des Insolvenzverfahrens ergibt (zu den weiteren Einzelheiten und Voraussetzungen vgl. *Kuhn/Uhlenbruck* KO, § 228 Rz. 2). Die Inanspruchnahme des Erben rechtfertigt sich aus der ihn begünstigenden beschränkten Erbenhaftung (§ 1975 BGB). Hier können die Nachlaßgläubiger wenigstens erwarten, daß die einzige Haftungsmasse – der Nachlaß – möglichst unvermindert erhalten bleibt (*Edenhofer* in Palandt § 1978 BGB Rz. 1).

Hinzu treten mögliche Ansprüche aus einer **fehlerhaften Berichtigung von Nachlaß-** 8 **verbindlichkeiten i. S. d. § 1979 BGB**. Gleiches gilt für den Anspruch gegen den Erben aus einer nicht rechtzeitigen Eröffnung des Nachlaßinsolvenzverfahrens gemäß § 1980 BGB.

9 Die Rechtfertigung für diesen Anspruch ist darin zu sehen, daß eine **einheitliche Haftungslage** im Hinblick auf die materiell-rechtliche Rechtslage geschaffen werden soll. Denn hiernach haftet der beschränkt haftende Erbe den durch das Aufgebotsverfahren ausgeschlossenen Nachlaßgläubigern gemäß § 1973 Abs. 2 Satz 1 BGB nur nach den §§ 812 ff. BGB. Um diese Haftungslage auch im Nachlaßinsolvenzverfahren zu erreichen, beschränkt § 328 Abs. 2 InsO den Anspruch der ausgeschlossenen oder diesen gleichstehenden Gläubiger. Diese Einschränkung verliert jedoch ihre Berechtigung, wenn eine Beschränkung der Erbenhaftung nicht mehr besteht, § 2013 BGB. Denn bei unbeschränkter Erbenhaftung soll dem Erben auch der Vorteil einer eingeschränkten Ersatzpflicht gemäß § 1973 Abs. 2 Satz 1 BGB nicht zugute kommen.

§ 329
Nacherbfolge → § 231 KO

Die §§ 323, 324 Abs. 1 Nr. 1 und § 326 Abs. 2, 3 gelten für den Vorerben auch nach dem Eintritt der Nacherbfolge.

Inhaltsübersicht: Rz.

A. Zweck der Regelung 1–3
B. Einzelheiten 4–8

Literatur:

Mayer Ermächtigung des Vorerben zur Beseitigung der Nacherbschaft, ZEV 1996, 104; *Michalski* Die Vor- und Nacherbenschaft in einen OHG (KG)- und GmbH-Anteil, DB 1987, Beil. 16.

A. Zweck der Regelung

1 Dem Erblasser steht es frei, durch Erbvertrag oder Testament auch eine besondere Reihenfolge für die Erbenstellung festlegen. Insbesondere ist es ihm möglich, jemanden als Erben zu bestimmen, nachdem jemand anderes zuvor Erbe gewesen ist (vgl. § 2100 BGB). Für eine solche Erbeinsetzung ist eine entsprechende ausdrückliche Festlegung einer Vor- und Nacherbschaft nicht erforderlich. Von einer solchen Nacherbschaft ist – gegebenenfalls durch Auslegung – vielmehr bereits dann auszugehen, wenn der Erblasser etwa ein Verbot statuiert, den Nachlaßgrundbesitz an andere als die Abkömmlinge der Söhne zu »übergeben« (so in der Entscheidung des *BayOblG* FamRZ 1986, 608). Man spricht dann von **Vor- und Nacherbschaft**. Für diese Sonderform der Erbschaft ist kennzeichnend, daß der Erbfall neben der Vorerbschaft für den einen zugleich einen Voranfall der Nacherbschaft für den anderen bewirkt; Vor- und Nacherbe sind also – abgesehen von dem zeitlichen Aufeinanderfolgen des Erbeintritts – beide »vollwertige« Erben (*Edenhofer* in Palandt, § 2100 Rz. 3 f.; zur Vor- und Nacherbschaft in einen Gesellschaftsanteil *Michalski* DB 1987, Beil. 16; vertiefend zur möglichen Absprachen

zwischen Vor- und Nacherben zur Beseitigung der Nacherbschaft, *Mayer* ZEV 1996, 104).
Dabei obliegt die zeitliche Reihenfolge des Nachrückens allein dem Belieben und damit der Entscheidungsbefugnis des Erblassers (BGHZ 15, 199; *Hess* KO, § 231 Rz. 2; *Hense/Schmidt* in Erman, BGB, § 2100 Rz. 1 ff.). Der Erblasser erhält so die Möglichkeit, die Erbenstellung zu steuern, indem er einen Erben benennt, jedoch dessen Erben nicht in den Genuß des Vermögens des ursprünglichen Erblassers kommen (*Edenhofer* in Palandt, Einf. v. § 2100 Rz. 1).

Mit dem Nacherbfall rückt der Vorerbe in die Erbenstellung ein, § 2139 BGB; er erwirbt den Nachlaß als Gesamtrechtsnachfolger des Erblassers und mit dinglicher Wirkung kraft Gesetzes (§ 1922 BGB). Der Nacherbe rückt dann in die Stellung des Vorerben, sofern er nicht die Erbschaft ausschlägt, § 2142 BGB. Ebenso endet die Schuldnerstellung des Vorerben. Auch in diese Stellung rückt der Nacherbe ein. Mit diesem Wechsel gehen alle damit verbundenen Verbindlichkeiten und Rechte auf den Nacherben über. Diesem steht nun uneingeschränkt das Antrags-, Beschwerde-, Bestreitungs- und Vorschlagsrecht zu. Die neue Erbenstellung erlangt der Nacherben auch ohne Kenntnis hiervon.

B. Einzelheiten

Besonderes Augenmerk ist auf den Fall zu richten, in dem der **Nacherbfall während des laufenden Nachlaßinsolvenzverfahrens** eintritt. Der Nacherbe tritt nun in die Rechtsstellung des Vorerben, also in die Schuldnerstellung ein und zwar in das Stadium, in welchem sich das Verfahren gerade befindet. **Versäumnisse des Vorerben** hat dieser nun gegen sich gelten zu lassen. Dies gilt z. B. auch für den Fall der Versäumung einer Beschwerdefrist (vgl. *Kuhn/Uhlenbruck* KO, § 231 Rz. 1).

Anders ist jedoch zu entscheiden, wenn der Vorerbe es unterlassen hat, einen **Widerspruch gegen eine angemeldete Forderung** einzulegen. Denn ebensowenig, wie ein gegen den Vorerben ergangenes Urteil gegen den Nacherben Wirkungen entfalten kann (§ 326 Abs. 1 ZPO), wirkt die einem rechtskräftigen Urteil gleichstehende Feststellung einer Forderung im Prüfungstermin, wenn der Vorerbe keinen Widerspruch erhoben hatte, gegen den Nacherben (vgl. im Rahmen der Konkursordnung *Kuhn/Uhlenbruck* KO, § 231 Rz. 1; *Hess* KO, § 231 Rz. 3; *Jaeger/Weber* KO, § 231 Rz. 1). Auch § 2115 BGB gibt keinen Anlaß für eine gegenteilige Auffassung, da der dort geregelte Fall die Verfügung des Vorerben über Nachlaßgegenstände betrifft.

Der ausscheidende Vorerbe kann die ihm zustehenden Gläubigerrechte so gelten machen, wie er sie bereits erworben hatte (§§ 323, 324 Abs. 1 Nr. 1 und § 326 Abs. 2, 3 InsO). Ihm steht also ein Anspruch zu, der eigentlich nur dem Erben zugesprochen werden kann. Gegen diesen Anspruch lassen sich zwar wegen § 2139 BGB systematische Einwände erheben, da gerade durch den Eintritt des Nacherbfalles der Vorerbe aus seiner Rechtsstellung verdrängt wird. Man müßte jetzt – unbedacht der Vorschrift des § 329 InsO – über eine analoge Anwendung versuchen, diesem Problem gerecht zu werden. Jedoch räumt § 329 InsO gerade diese Zweifel beiseite, indem er dem Vorerben durch die Anwendbarkeit der im Gesetzestext zitierten Vorschriften diese Ansprüche auch weiterhin zubilligt. Im Gegenzug ist dem Vorerben jedoch auch das dort erwähnte Zurückbehaltungsrecht versagt. Sein aus § 326 Abs. 2 InsO resultierendes Recht zur Geltendmachung der Forderung des befriedigten Gläubigers im Wege der Legalzession bleibt ebenfalls bestehen (vgl. *Kuhn/Uhlenbruck* KO, § 231 Rz. 2). Es gelten aber die dort erwähnten Einschränkungen, die einen solchen Anspruch ausschließen. Also der Fall der unbeschränkten Haftung und eine Erfüllung für Rechnung des Nachlasses.

7 § 2143 BGB ordnet zusätzlich an, daß die Wirkungen der mit dem Erbfall eingetretene **Vereinigung von Recht und Verbindlichkeit**, die regelmäßig ein Erlöschen dieser Rechte nach sich ziehen, gerade nicht eingreifen. Der Erbe darf also die ihm gegen den Erblasser zustehenden Rechte, die also bereits vor dem Erbfall begründet wurden, im Nachlaßinsolvenzverfahren wie jeder andere Dritte auch geltend machen. Er ist hierbei nicht erst auf § 326 InsO angewiesen. Dies bedurfte, da es sich um bei der Geltendmachung dieser Ansprüche um die logische Konsequenz aus dem materiellen Recht handelt, keiner Erwähnung in § 329 InsO.

8 Wird das **Nachlaßinsolvenzverfahren erst nach Eintritt des Nacherbfalles** eröffnet, so ist nur der Nacherbe in der vollen Schuldnerstellung. Jedoch können Rechtshandlungen des Vorerben als solche des Schuldners angesehen werden, um sie der Anfechtbarkeit nach den Vorschriften der Insolvenzordnung zu unterwerfen.

§ 330
Erbschaftskauf → §§ 232, 233 KO

(1) Hat der Erbe die Erbschaft verkauft, so tritt für das Insolvenzverfahren der Käufer an seine Stelle.
(2) ¹Der Erbe ist wegen einer Nachlaßverbindlichkeit, die im Verhältnis zwischen ihm und dem Käufer diesem zur Last fällt, wie ein Nachlaßgläubiger zum Antrag auf Eröffnung des Verfahrens berechtigt. ²Das gleiche Recht steht ihm auch wegen einer anderen Nachlaßverbindlichkeit zu, es sei denn, daß er unbeschränkt haftet oder daß eine Nachlaßverwaltung angeordnet ist. ³Die §§ 323, 324 Abs. 1 Nr. 1 und § 326 gelten für den Erben auch nach dem Verkauf der Erbschaft.
(3) Die Absätze 1 und 2 gelten entsprechend für den Fall, daß jemand eine durch Vertrag erworbene Erbschaft verkauft oder sich in sonstiger Weise zur Veräußerung einer ihm angefallenen oder anderweitig von ihm erworbenen Erbschaft verpflichtet hat.

Inhaltsübersicht: Rz.

A. Anwendungsbereich	1
B. Regelungsgehalt des Abs. 1	2– 6
C. Regelungsgehalt des Abs. 2	7–10
D. Regelungsgehalt des Abs. 3	11–12

A. Anwendungsbereich

1 Soweit § 330 InsO den Begriff des Erbschaftskaufs verwendet, wird unausgesprochen auf die materiell-rechtliche Begriffsprägung des § 2371 BGB zurückgegriffen. Insoweit ist – nicht anders als im materiellen Recht – § 330 InsO nur einschlägig, soweit die **ganze Erbschaft** durch notariellen Vertrag veräußert wird. Bei der Veräußerung einzelner Nachlaßgegenstände findet § 330 InsO keine Anwendung. Der Verkauf einzelner Gegenstände löst die in § 330 InsO vorgesehene gesetzliche Gesamtrechtsnachfolge nicht aus. Diese Rechtsnachfolge bezieht sich nur auf den Nachlaß, was sich schon aus der Überlegung ergibt, daß mit dem Erbschaftskauf allein die Gesamtheit der Erblaßgegenstände oder Vermögenswerte, nicht aber die Erbenstellung als solche übertragen werden kann. Kurz: der Erbschaftskauf macht den Käufer nicht zum Erben, sondern gibt ihm nur den Anspruch, wirtschaftlich so gestellt zu werden, als ob er an Stelle des Verkäufers sei (*Edenhofer* in Palandt Überbl. vor § 2371 BGB Rz. 5). Es ist demnach ein **Fall der »beschränkten Gesamtrechtsnachfolge«**, die sich nur auf den durch den Erbfall erworbenen Teil des Vermögens des Erben bezieht. Eine Verfügung über das Erbrecht ist dem Erben jedoch nicht möglich. Unerheblich ist dabei, ob er einen Bruchteil oder gleich die ganze Erbschaft veräußert. Auch der Umstand, daß die Veräußerung der Erbschaft durch den Nachlaßinsolvenzverwalter erfolgt, führt nicht zum Übergang der Erbschaft als solcher (vgl. zu dem Ganzen ausführlich *Jaeger/Weber* KO, §§ 232, 233 Rz. 3).

B. Regelungsgehalt des Abs. 1

Bliebe jedoch die Stellung des Erbe völlig unberührt, so wäre er, obwohl er bezüglich des Nachlasses Nichteigentümer ist, der Schuldner. Diese Position überträgt § 330 Abs. 1 InsO indes auf den Erwerber des Nachlasses. Der Regelungsgehalt dieser Vorschrift entspricht zweifelsohne der Interessenlage der Parteien. Die Übertragung der Erbenstellung hat für den Erwerber den Sinn, daß dadurch seine **Haftung auf den Nachlaß beschränkt** wird. Im Hinblick auf die bestehenden Nachlaßverbindlichkeiten ist dies von großem Wert für ihn, da er ansonsten für diese Verbindlichkeiten mit seinem Privatvermögen haften müßte. Der Erwerber tritt damit also vollständig in die Rechtsposition ein, die vorher dem Erben zustand. Er wird damit jedoch nach wie vor nicht zum Erben. Ihm stehen lediglich die Befugnisse zu, die an diese Position geknüpft sind (s. *OLG München* JFG 14, 65). 2

Anders verhält es sich jedoch beim **Miterben**. Dieser kann kraft öffentlich beurkundeten Vertrages über seinen Anteil am Nachlaß mit dinglicher Wirkung verfügen (§ 2033 BGB). Über den Erbteil als Ganzen kann jedoch wiederum nur mit den anderen Miterben gemeinschaftlich verfügt werden. 3

Regelmäßig wird die Veräußerung der Erbschaft jedoch vor der Eröffnung des Nachlaßinsolvenzverfahrens erfolgen. Denn es wird wohl nur selten jemand ein Interesse am Erwerb eines überschuldeten oder zahlungsunfähigen Nachlasses haben. Jedoch ist durch die nun erweiterten Eröffnungsgründe eine erfolgreiche Veräußerung bei schon drohender Zahlungsunfähigkeit nicht mehr so unwahrscheinlich. Es bleibt abzuwarten sein, wie sich im Hinblick darauf die Erfolgsaussichten des Erbschaftsverkaufs entwickeln werden (vgl. zu den Eröffnungsgründen § 320 Rz. 1 ff.). 4

Erfolgt die Veräußerung der Erbschaft gemäß § 2371 BGB durch notariellen Vertrag, so bestimmt § 2382 BGB für die Haftung des Erbschaftskäufers, daß dieser – ausgehend vom Zeitpunkt des Vertragsschlusses – den Nachlaßgläubigern gegenüber für die Nachlaßverbindlichkeiten haftet. Ob die Haftung den Gläubigern gegenüber beschränkt oder unbeschränkt ist, richtet sich danach, in welchem Zustand der vorherige Schuldner die Erbenstellung verlassen hat. Es ist also an die vorherige Haftungslage anzuknüpfen (vgl. *Hess* KO, § 232 Rz. 1). Diese Haftung bezieht sich auf sämtliche Nachlaßverbindlichkeiten (RGZ 112, 129). 5

Materiell-rechtlich gesehen tritt der Erwerber mit dem Erbschaftskauf, im Hinblick auf die Haftung, **gesamtschuldnerisch** (§§ 421 ff. BGB) neben den Erben (*Edenhofer* in Palandt § 2382 Rz. 1). Die Haftungslage im nachfolgenden Nachlaßinsolvenzverfahren 6 wird zuungunsten des Erwerbers auf ihn verlagert. Zu seinen Gunsten besteht jedoch die mit dem Eintritt in diese Rechtsposition verbundene Haftungsbeschränkung noch fort. Vorausgesetzt, sie ist nicht durch ein Fehlverhalten des Erben bereits aufgehoben worden.

C. Regelungsgehalt des Abs. 2

7   Mit diesem Wechsel der Rechtszuständigkeit tritt auch eine insolvenzverfahrensrechtliche Beschränkung der Befugnisse des Erben ein. So ist dieser etwa – trotz seiner Erbenstellung – gemäß § 317 InsO nicht mehr befugt, das Insolvenzverfahren zu beantragen. Seine Berechtigung zur Verfahrenseröffnung – insbesondere im Hinblick auf den Eröffnungsgrund der drohenden Zahlungsunfähigkeit – ist jetzt auf den Erwerber übergegangen. Hiervon unberührt ist jedoch das Recht des Erben als Nachlaßgläubiger die Eröffnung des Verfahrens gemäß § 330 Abs. 2 InsO zu beantragen. Dies gilt jedoch nur, wenn die Verbindlichkeit zwischen dem Erben und dem Erwerber diesem zur Last fällt. Nach § 2378 BGB fallen dem Erwerber im Verhältnis zum Veräußerer die Nachlaßverbindlichkeiten zur Last, soweit nicht der Erbe gemäß § 2376 BGB dafür zu haften hat, daß sie nicht bestehen. Dies gilt unabhängig davon, ob er für diese Verbindlichkeiten beschränkt oder unbeschränkt haftet.

8   Für den Nachlaßverkäufer gilt die gleiche **Antragsfrist** gemäß § 319 InsO wie für die übrigen Nachlaßgläubiger.

9   Auch in dem Fall, daß der Erbe wegen einer Nachlaßverbindlichkeit, für die der Käufer ihm gegenüber nicht auf Erfüllung haftet (§§ 2376, 2379 Satz 2 BGB – gemeint sind insbesondere Pflichtteilsansprüche, Vermächtnisse und Auflagen), nicht Gläubiger des Käufers ist, kann er die Eröffnung des Verfahrens beantragen (vgl. *Kuhn/Uhlenbruck* KO, § 232 Rz. 4). Dies beruht auf der Erwägung, daß es ihm möglich bleiben muß, durch den Antrag auf Eröffnung des Verfahrens seine Haftungsbeschränkung zu erreichen. Im Falle der unbeschränkten Haftung gegenüber den Nachlaßgläubigern ist ihm das Antragsrecht jedoch verwehrt. Auf das Antragsrecht kann im übrigen verzichtet werden, wenn die Nachlaßverwaltung angeordnet ist. Denn in diesem Fall ist die Haftungsbeschränkung bereits gemäß § 1975 BGB erreicht.

10 Im Hinblick auf § 330 Abs. 2 Satz 3 InsO kann auf die Kommentierung zu § 329 InsO verwiesen werden.

D. Regelungsgehalt des Abs. 3

11 Absatz 3 der Vorschrift entspricht § 233 KO. Diese Vorschrift findet wiederum ihr materielles Gegenstück in § 2385 BGB, der die Weiterveräußerung der Erbschaft durch Weiterverkauf, Tausch, Schenkung oder ähnliche Verträge dem Erbschaftsverkauf gleichstellt. Ebenfalls unter diese Bestimmung fällt ein Vertrag, durch den ein zunächst abgeschlossener Erbschaftsverkauf nachträglich rückgängig gemacht wird (vgl. für die Konkursordnung *Hess* KO, § 233 Rz. 1; *Ferid/Cieslar* in Staudinger § 2371 Rz. 12).

12 Durch diese Vorschrift wird eine der materiellen Rechtslage entsprechende verfahrensrechtliche Gleichstellung erreicht. Der Erwerber tritt daher in die Stellung des Schuldners ein. Außer im Falle des arglistigen Verschweigens hat jedoch der Schenker nicht dafür einzustehen, daß der Nachlaß mit Pflichtteilsrechten, Vermächtnissen und Auflagen beschwert ist. Der Beschenkte hat dann im Verhältnis zum Schenker die

Nachlaßverbindlichkeiten zu tragen. Auswirkungen hat dies im Verhältnis zu Abs. 2 (vgl. zur Parallelproblematik unter der Konkursordnung *Kuhn/Uhlenbruck* KO, § 233 Rz. 2). Dies gilt jedoch nicht, wenn ein Fall der arglistigen Täuschung vorliegt.

§ 331
Gleichzeitige Insolvenz des Erben → § 234 KO

(1) Im Insolvenzverfahren über das Vermögen des Erben gelten, wenn auch über den Nachlaß das Insolvenzverfahren eröffnet oder wenn eine Nachlaßverwaltung angeordnet ist, die §§ 52, 190, 192, 198, 237 Abs. 1 Satz 2 entsprechend für Nachlaßgläubiger, denen gegenüber der Erbe unbeschränkt haftet.

(2) Gleiches gilt, wenn ein Ehegatte der Erbe ist und der Nachlaß zum Gesamtgut gehört, das vom anderen Ehegatten allein verwaltet wird, auch im Insolvenzverfahren über das Vermögen des anderen Ehegatten und, wenn das Gesamtgut von den Ehegatten gemeinschaftlich verwaltet wird, auch im Insolvenzverfahren über das Gesamtgut und im Insolvenzverfahren über das sonstige Vermögen des Ehegatten, der nicht Erbe ist.

Inhaltsübersicht: Rz.

A. Allgemeines	1– 4
B. Regelungsgehalt des Abs. 1	5–19
I. Fall der Gesamtinsolvenz	5
II. Gesamtinsolvenz und Nachlaßverwaltung	6
III. Haftungsbeschränkung des Erben	7–11
IV. Das Ausfallprinzip und seine Abwicklung	12–15
V. Erbenhaftung nach Beendigung des Nachlaßinsolvenzverfahrens	16
1. Nachtragsverteilung	17
2. Haftung des Erben bei Einstellung des Verfahrens nach Zustimmung der Gläubigers	18
3. Erschöpfungseinrede des Erben	19
C. Regelungsgehalt des Absatz 2	20–22

A. Allgemeines

Grundsätzlich ist zwischen den Vermögensmassen Eigenvermögen und Nachlaß zu trennen (vgl. die Kommentierung zu § 315 Rz. 4). Zwar wird im Wege der Universalsukzession gemäß § 1922 BGB der Erbe Eigentümer beider Vermögensmassen, jedoch wird er, vor allem wenn der Nachlaß mit hohen Verbindlichkeiten belastet ist, ein Interesse daran haben, die beiden Massen voneinander zu trennen. **1**

Durch die Eröffnung des Insolvenzverfahrens wird das jeweilige Vermögen unter den insolvenzrechtlichen Beschlag genommen. Dementsprechend bestimmt § 80 Abs. 1 Satz 1 InsO, daß der Schuldner durch die Verfahrenseröffnung das Verfügungs- und Verwaltungsrecht über die Insolvenzmasse an den Insolvenzverwalter verliert. Der insolvenzrechtliche Beschlag ist dabei auf die jeweilige Vermögensmasse beschränkt (vgl. hierzu auch §§ 35, 36 InsO und die Erläuterungen von *Schulz* hierzu). **2**

3 Damit kommt der Verfahrenseröffnung eine separierende Wirkung zu. Folglich wird dadurch das Eigenvermögen vom Nachlaß haftungsrechtlich getrennt (§ 1975 BGB). Denkbar ist auch der Fall, daß der Erbe sich auch mit seinem Privatvermögen in finanziellen Schwierigkeiten befindet. Ein Insolvenzverfahren über dieses Vermögen ist dann auch neben dem Nachlaßinsolvenzverfahren möglich. Die Verfahrenseröffnung über den Nachlaß hindert demnach die Eröffnung des Eigeninsolvenzverfahrens nicht (vgl. zur parallelen Problematik unter der Konkursordnung *Hess* KO, § 234 Rz. 1).

4 Anderes gilt jedoch in dem Fall, in welchem beide **Vermögensmassen** sich schon **vereinigt** haben, und der Erbe erst anschließend insolvent wird. Hier wird das Verfahren über beide Vermögensmassen einheitlich eröffnet, sofern eine Sondierung ausgeschlossen ist. Man spricht dann von einer **Gesamtinsolvenz des Erben**. Bestehen jedoch beide Verfahren isoliert nebeneinander, so ist von einer sogenannten **Doppelinsolvenz** auszugehen (vgl. *Kuhn/Uhlenbruck* KO, § 234 Rz. 1). **Nicht** von § 331 InsO **erfaßt** ist das Problem der **Überleitung eines Regelinsolvenzverfahrens in ein Nachlaßverfahren**. Solch ein Übergang kommt etwa in Betracht bei Tod eines Schuldners während des Schuldbefreiungsverfahrens (ausführlich hierzu § 286 Rz. 34 ff.).

B. Regelungsgehalt des Abs. 1

I. Fall der Gesamtinsolvenz

5 Liegt ein Fall der Gesamtinsolvenz des Erben vor, so nehmen sowohl die **Eigengläubiger**, als auch die **Nachlaßgläubiger** am Insolvenzverfahren teil. Gläubiger von Pflichtteilsansprüchen und Vermächtnissen sowie Auflagen- und Erbersatzberechtigte sind dann als gewöhnliche Insolvenzgläubiger zu befriedigen (vgl. *Jaeger/Weber* KO, § 234 Rz. 3). Das Verfahren unterliegt in diesem Fall nicht den Einschränkungen oder Erweiterungen, die das besondere Insolvenzverfahren über den Nachlaß vorsieht, sondern ist als gewöhnliches Regelinsolvenzverfahren abzuwickeln (zu weiteren Einzelheiten vgl. *Jaeger/Weber* a. a. O.).

II. Gesamtinsolvenz und Nachlaßinsolvenz

6 Durch die Eröffnung des Gesamtinsolvenzverfahrens wird jedoch die Möglichkeit der Eröffnung eines Nachlaßinsolvenzverfahrens nicht gänzlich ausgeschlossen (*LG Aachen* NJW 1960, 46 [48]). Dies ist nicht nur für den Erben von Relevanz, der somit eine Haftungsbeschränkung gegenüber den Nachlaßgläubigern erreichen kann, falls deren Forderungen denjenigen der Eigengläubiger überwiegen. Ein gleichgerichtetes Interesse können auch die Gläubiger haben, sofern diese dadurch den Vorteil erlangen, daß das nun ihnen allein zustehende Vermögen sich mehrt. Die Folge ist jedoch eine Beschränkung der Erbenhaftung. Die Zulässigkeit der Eröffnung des Nachlaßinsolvenzverfahrens in diesem Stadium muß allerdings einer gründlichen Prüfung unterliegen. Probleme können sich in dem Fall ergeben, in welchem das Nachlaßinsolvenzverfahren erst beantragt und auch eröffnet wird, jedoch eine Insolvenzverteilung schon vorgenommen wurde (vgl. hierzu die ausführlichen Nachweise bei *Jaeger/Weber* KO, § 234 Rz. 4).

III. Haftungsbeschränkung des Erben

Gleich, ob der Erbe selbst oder ein Nachlaßgläubiger die Eröffnung des Nachlaßinsolvenzverfahrens erwirkt hat, es bleibt bei der **Haftungsbeschränkung im Falle der Doppelinsolvenz**. Wird also bei einem bereits eröffneten Erbeninsolvenzverfahren gleichzeitig ein Nachlaßinsolvenzverfahren eingeleitet, sind die Nachlaßgläubiger lediglich aus dem Nachlaß zu befriedigen. Lediglich der Nachlaß haftet für deren Verbindlichkeiten (§§ 1975, 2013 BGB). Anders ist es nach der Vorschrift des § 331 InsO lediglich dann, wenn der Erbe seine ihn schützende Haftungsbeschränkung wegen eines Fehlverhaltens verloren hat. Dies gilt unabhängig davon, ob der Erbe der Haftungsbeschränkung allgemein (§§ 1994 Abs. 1, 2005 Abs. 1 BGB) oder lediglich gegenüber einzelnen Gläubigern verloren hat. 7

Eine Abwicklung nach den allgemeinen Vorschriften wäre aber unbillig, da die Nachlaßgläubiger sich bis zur vollen Höhe aus dem Eigenvermögen befriedigen könnten, den Eigengläubigern aber ein Zugriff auf den Nachlaß verwehrt bliebe. Jedoch ist der gänzliche Ausschluß des Zugriffs des Nachlaßgläubigers auf das Eigenvermögen ebenso ungerechtfertigt. § 331 InsO versucht in der Konsequenz daher, einen Mittelweg einzuschlagen, indem den Nachlaßgläubigern der Zugriff auf das Eigenvermögen des Erben in der Weise ermöglicht wird, daß diese für den Teil ihrer Forderungen, mit denen sie im Nachlaßinsolvenzverfahren ausgefallen sind, anteilsmäßige Befriedigung verlangen können. Dies geschieht dann nach Maßgabe derjenigen Vorschriften, auf die § 331 InsO verweist. Es handelt sich hierbei grundsätzlich um die Vorschriften, die für absonderungsberechtigte Gläubiger gelten (BT-Drucks. 12/2443, S. 232 f.). 8

Bereits in der Gesetzesbegründung zu § 376 RegE (BT-Drucks. 12/2443, S. 232 f.) wird klargestellt, daß die Vorschriften, nach denen die Absonderungsberechtigten in der Gläubigerversammlung mit dem vollen Wert des Absonderungsrechts abstimmen können [§§ 74 Abs. 1 S. 2, 76 Abs. 2 RegE InsO], von der Verweisung ausgenommen sind. Dies stellt für die Nachlaßgläubiger keine sachlich ungerechtfertigte Benachteiligung dar, denn ihr Stimmrecht richtet sich auch im übrigen – so etwa beim Insolvenzplan – nach ihrer Ausfallforderung (BT-Drucks. a. a. O.). 9

Die mit § 331 InsO einhergehende **Haftungseinschränkung** ist jedoch **ausgeschlossen**, soweit der Erbe seine **unbeschränkte Haftung aus besonderem Grund** verwirkt hat (hierzu § 326 Rz. 2). Dies gilt z. B. für die Fälle einer eingegangenen Wechselverbindlichkeit, der Haftung aus einer Bürgschaft oder einer kumulativen Schuldübernahme, (vgl. *Jaeger/Weber* KO, § 234 Rz. 11). Die Versagung des vollständigen Zugriffs des Nachlaßgläubigers würde hier eine zu weit gehende Einschränkung der eingegangenen Verbindlichkeit bedeuten. Vielmehr ist hier von der Anwendung der allgemeinen Regeln, also der gänzlich unbeschränkten Haftung auszugehen. 10

Gleiches gilt für den Fall, daß ein und derselbe Tatbestand **zugleich** eine **Nachlaßverbindlichkeit** und eine **Eigenverbindlichkeit** begründet (vgl. hierzu mit weiteren Beispielen *Jaeger/Weber* KO, § 234 Rz. 11). 11

IV. Das Ausfallprinzip und seine Abwicklung

Dem Nachlaßgläubiger, demgegenüber der Erbe unbeschränkt haftet, steht nach § 331 Abs. 1 InsO das Eigenvermögen des Erben im Falle der Eigeninsolvenz wie einem absonderungsberechtigten Gläubiger zur Verfügung. Dieser Nachlaßgläubiger kann seine Forderung im Eigeninsolvenzverfahren voll anmelden. Behauptet ein Nachlaß- 12 gläubiger sein vermeintliches Recht, so kann jeder andere Eigengläubiger das angemeldete Recht bestreiten.

13 Um eine weitestgehende Befriedung zu erlangen, wird der Nachlaßinsolvenzgläubiger stets bemüht sein, seine **Forderung in beiden Verfahren** anzumelden. Da seine Forderung im Eigeninsolvenzverfahren jedoch nur unter der Bedingung eines erlittenen Ausfalls berücksichtigt wird, wird der Nachlaßgläubiger sich auf die Möglichkeit des Verzichts berufen, wenn sich die Abwicklung des Eigeninsolvenzverfahrens schneller gestaltet und somit die Schlußverteilung bereits ansteht. Ein solches Vorgehen erscheint jedoch nur dann sinnvoll, wenn die zu erwartende Dividende die des Nachlaßinsolvenzverfahrens überschreiten wird.

14 In diesem Fall muß das Vorgehen des Nachlaßgläubigers mit der Änderung der Eröffnungsgründe abgestimmt werden. Denn grundsätzlich ist das oben bezeichnete Verhalten des Nachlaßgläubigers sinnvoll. Jedoch sind nun Fälle denkbar, in denen ein Berufen auf die Möglichkeit eines Verzichts geradezu unvernünftig scheint. Denn ausgehend von der Überlegung, daß vorher die Eröffnung des Nachlaßinsolvenzverfahrens nur bei Überschuldung des Nachlasses zulässig war, spricht jetzt gegen die Entscheidung für einen Verzicht die Möglichkeit der Eröffnung des Verfahrens bei nur drohender Zahlungsunfähigkeit. Dies hat zur Folge, daß der Nachlaß sich vermögensmäßig noch in einem ganz anderen Stadium befindet. Folglich kann der Wert des Nachlasses noch so hoch sein, daß ein Zugriff auf denselben sehr lohnenswert erscheint. Ermöglicht wird diese Überlegung durch die Angleichung der Eröffnungsgründe im Regelinsolvenz- und im besonderen Nachlaßinsolvenzverfahren.

15 Ähnliches gilt für den Eröffnungsgrund der Zahlungsunfähigkeit. Ist diese nämlich gegeben, so heißt das nicht, daß der Nachlaß keinen Wert mehr hat. Denn dieser kann durchaus zahlungsunfähig, jedoch im Wert insgesamt noch sehr ansehnlich sein. Dies ist z. B. dann der Fall, wenn Vermögenswerte zur Zeit noch gebunden sind und somit der Verfügungsbefugnis des Schuldners unterliegen. Ein Vergleich der Aktiva mit den Passiva ergibt dann ein positives Saldo. Von einer Verzichtserklärung ist dem Nachlaßgläubiger in diesem Fall ebenfalls abzuraten. Zu weiteren Fallvarianten der Verzichtserklärung vgl. *Jaeger/Weber* KO, § 234 Rz. 14.

V. Erbenhaftung nach Beendigung des Nachlaßinsolvenzverfahrens

16 Wird das Nachlaßinsolvenzverfahren durch **Verteilung der Masse** an die forderungsberechtigten Gläubiger beendet, so findet gemäß § 1989 BGB auf die Haftung des Erben die Vorschrift des § 1973 BGB Anwendung. Danach richtet sich die Haftung des Erben nach der Rechtslage, die im Falle eines Aufgebotsverfahrens besteht, in welchem alle Gläubiger ausgeschlossen wurden.

1. Nachtragsverteilung

17 Denkbar ist nun noch, daß es zu einer **Nachtragsverteilung** kommt. Das ist immer dann der Fall, wenn dem Nachlaß nach Beendigung des Verfahrens durch Verteilung des Erlöses noch Vermögenswerte zufließen. Dies ist möglich, wenn Beträge, die bis dahin zurückbehalten worden sind, nun frei werden, oder wenn etwa Beträge, die aus der Masse gezahlt worden sind, dieser wieder zufließen (vgl. *Kuhn/Uhlenbruck* KO, § 234 Rz. 6). Letztendlich wird hierdurch die Haftung des Erben weiter eingeschränkt.

2. Haftung des Erben bei Einstellung des Verfahrens nach Zustimmung der Gläubiger

Erfolgt eine **Verfahrenseinstellung durch Zustimmung aller Gläubiger**, so entfällt zugleich auch die Haftungsbeschränkung des § 1975 BGB (*Edenhofer* in Palandt § 1989 BGB Rz. 2; *Siegmann* in Münchener Kommentar zum BGB, § 1989 Rz. 3). Der Erbe haftet ab diesem Zeitpunkt wie vor der Verfahrenseröffnung. Seine Haftungseinschränkung kann er jetzt nur durch Einleitung der Nachlaßverwaltung oder des Nachlaßinsolvenzverfahrens erreichen.

3. Erschöpfungseinrede des Erben

Zwar hat der Gesetzgeber versucht, die zur Regel gewordene Abweisung des Insolvenzverfahrens mangels Masse in ihr Gegenteil zu verkehren, jedoch wird es auch künftig zahlreiche Insolvenzen geben, in denen nicht einmal die Verfahrenskosten gedeckt sind. So bleibt demnach die **Erschöpfungseinrede des Schuldners** gemäß § 1990 Abs. 1 Satz 1 BGB, mit der er die **Dürftigkeit des Nachlasses** geltend macht, immer noch aktuell. Dann hat er den Nachlaß im Wege der Zwangsvollstreckung herauszugeben. Für die dabei ausgeschlossenen oder säumigen Gläubiger gelten dann die Vorschriften der §§ 1973, 1974 BGB (vgl. *Kuhn/Uhlenbruck* KO, § 234 Rz. 7; *Edenhofer* in Palandt § 1989 Rz. 2).

C. Regelungsgehalt des Absatz 2

Die in Absatz 2 enthaltene Regelung erweitert die für die Konkurrenz von Nachlaßgläubigern und Eigengläubigern aufgestellten Grundsätze des Abs. 1 auf die Fälle, in denen ein im Güterstand der **Gütergemeinschaft** lebender Ehegatte Erbe ist, und der Nachlaß zum Gesamtgut gehört (BT-Drucks. 12/24443, S. 233). Hierbei ist unerheblich, in welcher Form das Verwaltungsrecht ausgestaltet ist, ob also ein Ehegatte das eheliche Gesamtgut allein verwaltet oder aber die Ehegatten eine gemeinsame Verwaltung vereinbart haben. In diesem Fall sind also die Nachlaßverbindlichkeiten auch Gesamtgutsverbindlichkeiten. Bei der Verfahrenseröffnung wird der Nachlaß nicht nur vom persönlichen Vermögen des Ehegatten, d.h. dem Sonder- und Vorbehaltsgut, getrennt, sondern ebenfalls von dem übrigen Gesamtgut. Hierdurch wird zum einen die Haftung auf den Nachlaß beschränkt und zum anderen den übrigen Gesamtgutsgläubigern der Zugriff auf dieses Vermögen verwehrt. Haftet der Ehegatte, der zugleich Erbe ist, bestimmten Nachlaßgläubigern gegenüber unbeschränkt, so steht diesen auch der Zugriff auf das übrige Gesamtgut offen. Ist gleichzeitig das Insolvenzverfahren gegen das übrige Gesamtgut eröffnet, so besteht auch hier – in Parallele zur Eigeninsolvenz des Erben – die **Gefahr der Doppelbefriedigung der Gesamtgutsgläubiger**. Deshalb hat der Gesetzgeber im Falle der unbeschränkten Haftung des Erben die dadurch begünstigten Nachlaßgläubiger dem Ausfallprinzip unterworfen.

Im übrigen ist wie folgt zu unterscheiden:
Werden beide Ehegatten zugleich insolvent, so können die Nachlaßgläubiger, für deren Forderung der Ehegatte, der zugleich Erbe ist, unbeschränkt haftet, in jedem Insolvenzverfahren nur die Ausfallforderung oder den Betrag geltend machen, auf den sie im anderen Insolvenzverfahren verzichtet haben. Dies folgt für den Fall der Insolvenz des Erben unmittelbar aus Abs. 1. Für das Insolvenzverfahren über das Vermögen des verwaltenden Ehegatten ergibt sich dies aus Abs. 2.

§ 332   *Besondere Arten des Insolvenzverfahrens*

22 Das Gleiche gilt nach Abs. 2 HS 2, wenn bei gemeinschaftlicher Verwaltung des Gesamtguts sowohl über das Gesamtgut als auch über das Vermögen des erbenden Ehegatten ein Insolvenzverfahren eröffnet wurde. Die Regelung des Abs. 1 gilt mit ihren Verweisungen für diese Ansprüche uneingeschränkt (zur Parallele unter der Konkursordnung *Hess* KO, § 234 Rz. 6).

Zweiter Abschnitt
Insolvenzverfahren über das Gesamtgut einer fortgesetzten Gütergemeinschaft

§ 332
Verweisung auf das Nachlaßinsolvenzverfahren → § 236 KO

(1) Im Falle der fortgesetzten Gütergemeinschaft gelten die §§ 315 bis 331 entsprechend für das Insolvenzverfahren über das Gesamtgut.
(2) Insolvenzgläubiger sind nur die Gläubiger, deren Forderungen schon zur Zeit des Eintritts der fortgesetzten Gütergemeinschaft als Gesamtgutsverbindlichkeiten bestanden.
(3) Die anteilsberechtigten Abkömmlinge sind nicht berechtigt, die Eröffnung des Verfahrens zu beantragen. Sie sind jedoch vom Insolvenzgericht zu einem Eröffnungsantrag zu hören.

Inhaltsübersicht: Rz.

A. Grundzüge und Zweck der Vorschrift	1–32
I. Zivilrechtlich vorgesehene eheliche Güterstände	8–11
II. Haftung der Ehegatten im Rahmen der Gütergemeinschaft	12–17
III. Haftungslage bei Eintritt der fortgesetzten Gütergemeinschaft	18–30
1. Begriff der fortgesetzten Gütergemeinschaft	20–21
2. Nachteilige Veränderung der Haftungslage bei Eintritt der fortgesetzten Gütergemeinschaft	22–30
a) Haftungserweiterung auf Seite des überlebenden Ehegatten	23–28
b) Beeinträchtigung der Position der bisherigen Gesamtgutsgläubiger	29–30
IV. Notwendigkeit einer auf das Gesamtgut beschränkten Sonderinsolvenz	31–32
B. Entsprechende Anwendung der Regelungen des Nachlaßinsolvenzverfahrens	33–34
C. Begriffsumschreibungen	35–42
I. Schuldner	36–37
II. Insolvenzmasse	38–42
D. Insolvenzgrund	43–44
E. Insolvenzgläubiger (Abs. 2)	45–50
F. Auswirkungen von Sonderkonstellationen auf das Gesamtgutsinsolvenzverfahren	51–60
I. Ablehnung der fortgesetzten Gütergemeinschaft	51–54
II. Gesamtgutsinsolvenz nach Auseinandersetzung	55
III. Eröffnung des Insolvenzverfahrens über das Vermögen des überlebenden Ehegatten	56–57
IV. Insolvenzverfahren über den Nachlaß des verstorbenen Ehegatten	58
V. Insolvenzverfahren über das Vermögen eines gemeinschaftlichen Abkömmlings	59

VI. Anfall einer Erbschaft oder eines Vermächtnisses 60
G. Beteiligung der anteilsberechtigten Abkömmlinge (Abs. 3) 61

Literatur:

Behmer Ist die Gütergemeinschaft als Wahlgüterstand »obsolet«?, FamRz 1988, 339; *Haarmeyer* Das gerichtliche Eröffnungsverfahren nach der InsO, ZAP-Ost 1997, Fach 14, S. 189; *Häsemeyer* Insolvenzrecht, 1992; *Helwich* Neuordnung der Zuständigkeitsregelungen im künftigen Insolvenzverfahren, MDR 1997, 13; *Hess/Kropshofer* KO, 4. Aufl., 1993; *Kanzleiter* Bedürfen Rechtsgeschäfte »im Zusammenhang« mit Ehe- und Erbverträgen der notariellen Beurkundung?, NJW 1997, 217; *Klein* Wegweiser zur Auseinandersetzung einer Gütergemeinschaft, FuR 1995, 165 ff., 249 ff.; *Schlüter* BGB-Familienrecht, 7. Aufl., 1996; *Schuler* Der Sonderkonkurs des ehelichen Gesamtgutes, NJW 1958, 1609 *Venrooy, van* Überlegungen zum Vertrag nach §§ 1491 II und 1492 II BGB, FamRz 1988, 561.

A. Grundsätze und Zweck der Vorschrift

Die Regelung der Gesamtgutsinsolvenz knüpft – nicht anderes als beim Nachlaßinsolvenzverfahren – an materiellrechtliche Vorgaben des BGB an. Dies gilt insbesondere im Hinblick auf die vorgesehene Haftungseinschränkung des überlebenden Ehegatten auf die Sondervermögensmasse »Gesamtgut«; eine entsprechende Haftungsbeschränkung des überlebenden Ehegatten sieht auch § 1489 Abs. 2 BGB vor (vgl. *Kilger/Karsten Schmidt* KO, § 236 Anm. 1). 1

Zweck der Vorschrift ist – in Fortführung des bisherigen Rechts (§ 236 KO, § 114 VerglO) – die Zulassung einer auf das Gesamtgut beschränkten Sonderinsolvenz unter entsprechender Heranziehung der für das Nachlaßinsolvenzverfahren maßgeblichen Regelungen der §§ 315 bis 331 InsO (Abs. 1 der Vorschrift). 2

Sachlich ausschließlich zuständig für das Gesamtgutsinsolvenzverfahren ist – entsprechend der in § 2 InsO getroffenen allgemeinen Regelung – das Amtsgericht, in dessen Bezirk ein Landgericht seinen Sitz hat. Demgegenüber bestimmt sich die – ebenfalls ausschließliche – **örtliche Zuständigkeit des Insolvenzgerichts** in entsprechender Anwendung des § 315 InsO nach dem Sitz des Amtsgerichts, in dessen Bezirk der verstorbene Ehegatte seinen allgemeinen Gerichtsstand hatte. Soweit der Mittelpunkt einer selbständigen wirtschaftlichen Tätigkeit des verstorbenen Ehegatten an einem anderen Ort liegt, ist dagegen ausschließlich das Insolvenzgericht zuständig, in dessen Bezirk dieser Ort liegt (vgl. insoweit die Kommentierung zu § 315 InsO; allgemein zur Neuordnung der Zuständigkeitsregelungen im Insolvenzverfahren *Helwich* MDR 1997, 13). 3

Abzugrenzen ist das Gesamtgutsinsolvenzverfahren bei fortgesetzter Gütergemeinschaft vom: 4

– **Insolvenzverfahren über das Vermögen des überlebenden Ehegatten**. Hier wird – unabhängig von der Zuordnung der Verwaltungsbefugnis über das eheliche Gesamtgut vor Eintritt der fortgesetzten Gütergemeinschaft – eine Trennung des Eigenvermögens und des Gesamtguts gerade nicht vorgenommen, § 37 Abs. 1 i.V.m. Abs. 3 InsO.

– **Insolvenzverfahren über den Nachlaß des verstorbenen Ehegatten**; dies bestimmt sich nach den insoweit einschlägigen Regelungen der §§ 315 InsO und beschränkt sich allein auf das vererbliche und beschlagfähige Sonder- wie Vorbehaltsgut (§§ 1417, 1418 BGB, zu den Begriffen s. u.) des Erblassers.

§ 332 *Besondere Arten des Insolvenzverfahrens*

- **Insolvenzverfahren über das Vermögen eines gemeinschaftlichen Abkömmlings**; bei fortgesetzter Gütergemeinschaft bleibt das Gesamtgut unberührt (vgl. *Jaeger/ Weber* KO, § 236 Rz. 8 b).
- **Gesamtgutsinsolvenzverfahren bei bestehender Gütergemeinschaft**; die Möglichkeit eines allein auf das Gesamtgut beschränkten Insolvenzverfahren ist hier nur bei gemeinschaftlicher Verwaltung des Gesamtguts durch die Ehegatten möglich und bestimmt sich nach § 333 InsO.

5 **Abweichungen gegenüber dem Nachlaßinsolvenzverfahren** bestehen hinsichtlich des Gläubigerkreises. Gläubiger im Rahmen eines Gesamtgutsinsolvenzverfahren können nur diejenigen sein, deren Forderungen aus dem Gesamtgut zu erfüllen sind und im Zeitpunkt des Eintritts der fortgesetzten Gütergemeinschaft – dem Tod eines der Ehegatten – als Gesamtgutsverbindlichkeiten bestanden. Diesen – vom Nachlaßinsolvenzverfahren abweichenden – Besonderheiten der fortgesetzten Gütergemeinschaft wird – ebenfalls in Übereinstimmung mit dem früheren Recht – mit den in den Absätzen 2 und 3 getroffenen Regelungen Rechnung getragen.

6 Die eingehende Erläuterung der in diesem Zusammenhang relevanten zivilrechtlichen Begrifflichkeiten muß der dort einschlägigen Kommentarliteratur vorbehalten bleiben (einen guten Überblick geben *Gaul* in Soergel, BGB, 12. Aufl.; *Diederichsen* in Palandt; jeweils zu §§ 1415 ff.). Es kann jedoch nicht außer acht gelassen werden, daß § 332 InsO materielle Begriffe wie den der fortgesetzten Gütergemeinschaft stillschweigend voraussetzt, damit aber zugleich auch ein Verständnis der dieser Gemeinschaft zugrundeliegenden Güterregelung sowie der damit verbundenen Haftungsprinzipien unterstellt. Insoweit kann bei dem Bemühen um eine transparente und nachvollziehbare Darlegung der Regelung nicht völlig auf die Darstellung der wesentlichen materiellen Grundzüge verzichtet werden.

7 Aus insolvenzrechtlicher Sicht bedarf es (1.) zunächst der Klarstellung der zivilrechtlich vorgesehenen ehelichen Güterstände, (2.) der Darstellung der hiermit verbundenen haftungsrechtlichen Prinzipien der Gütergemeinschaft, (3.) dem folgend der Darstellung der allein durch den Eintritt der fortgesetzten Gütergemeinschaft eintretenden Haftungserweiterung des überlebenden Ehegatten. Allein hieraus wird (4.) die Notwendigkeit deutlich, eine Sonderinsolvenz über das Gesamtgut einer fortgesetzten Gütergemeinschaft – wie sie § 332 InsO eröffnet – zuzulassen.

I. Zivilrechtlich vorgesehene eheliche Güterstände

8 Das zivilrechtliche Güterrecht kennt mit der **Gütertrennung** und der **Gütergemeinschaft** ausschließlich **zwei Grundprinzipien der Vermögenszuordnung**. Kennzeichnend für die Gütertrennung ist die strenge Sonderung der Vermögensmassen beider Ehegatten; sie findet sich im gesetzlichen Güterstand der Zugewinngemeinschaft (§ 1363 BGB) und in der durch Ehevertrag zwischen den Ehegatten vereinbarten Gütertrennung (§ 1414 BGB). Wesensmerkmal der Gütertrennung ist, daß sich die Ehegatten in vermögensrechtlicher Hinsicht wie Unverheiratete gegenüberstehen. Es bestehen zwei Vermögensmassen, deren Verwaltung, aber auch Nutzung grundsätzlich allein dem jeweiligen Vermögensinhaber zusteht. Abweichungen erfolgen allein, wenn ein Ehegatte die Vermögensverwaltung auf den anderen Ehegatten überträgt (§ 1413 BGB) oder wenn die Nutzung einer Vermögensmasse zugleich Beitrag zum Familienunterhalt ist (vgl. § 1360 BGB). Der gesetzliche Güterstand der Zugewinngemeinschaft kennt darüber hinaus gewisse Verfügungsbeschränkungen (§§ 1365–1369 BGB).

Demgegenüber sind bei der **Gütergemeinschaft** (§ 1415 BGB) die Vermögen der 9
Ehegatten zu einem Gesamtgut verschmolzen, das den Eheleuten zur gesamten Hand
zusteht (*Gaul* in Soergel vor § 1415 Rz. 1). Diese von den Ehegatten angestrebte
Vermögenszusammenführung beruht auf dem Gedanken, daß zur Ehe als Lebensgemeinschaft – der ideellen Einheit – auch die Einheit des Vermögens der Ehegatten – die
wirtschaftliche Einheit – gehört (vgl. *Schlüter* BGB-Familienrecht, Rz. 152). Die Bildung des Gesamtguts bedarf keiner rechtsgeschäftlichen Übertragung, sondern vollzieht
sich kraft Gesetzes (§ 1416 Abs. 1 und 2 BGB).

Die Gütergemeinschaft kennt insgesamt fünf verschiedene Vermögensmassen, auf deren 10
Unterscheidung es wegen der engen Verbundenheit des Gesamtgutsinsolvenzverfahren
mit den zivilrechtlichen Vorgaben auch und gerade im Insolvenzverfahren ankommt.
Hierzu zählen:
– das gesamthänderisch gebundene **Gesamtgut** (§§ 1416, 1419 BGB)
– das **Sondergut** des Mannes und das der Frau (§ 1417 BGB)
– das **Vorbehaltsgut** eines jeden Ehegatten (§ 1418 BGB).
Sonder- wie Vorbehaltsgut verwaltet jeder Ehegatte selbständig (§ 1417 Abs. 3 BGB
bzw. § 1418 Abs. 3 BGB).

Die Gütergemeinschaft bildet gegenüber den alternativ zur Verfügung stehenden Güter- 11
ständen der Zugewinngemeinschaft und dem Wahlgüterstand Gütertrennung die Ausnahme. Sie ist gleichwohl nicht obsolet, wie *Behmer* dies als Frage aufwirft (FamRz
1988, 339). Die Wiederherstellung der deutschen Rechtseinheit hat vielmehr mit EG
234, § 4 Abs. 2 die Möglichkeit der Fortgeltung der »Eigentums- und Vermögensgemeinschaft« nach § 13 ff. FGB-DDR eröffnet und damit den Gedanken des Gemeinschaftsgüterstandes erneut belebt (*Gaul* Nachtrag zu Soergel, BGB, vor § 1415).

II. Haftung der Ehegatten im Rahmen der Gütergemeinschaft

Der Haftungsumfang eines jeden Ehegatten bestimmt sich in der (bestehenden!) Güter- 12
gemeinschaft vornehmlich nach der Verteilung der Verwaltungsbefugnisse über das
Gesamtgut zwischen den Ehegatten. Dies legitimiert sich aus den mit der Verwaltungsbefugnis verbundenen Handlungs- und Einwirkungsmöglichkeiten des Ehegatten.
Daneben ist zwischen der persönlichen Haftung und der Haftung des Gesamtguts zu
unterscheiden.

Soweit die Verwaltung des ehelichen Gesamtguts allein einem Ehegatten übertragen 13
wurde, wird der andere Ehegatte durch die Verwaltungshandlungen nicht persönlich
verpflichtet, § 1422 Satz 2 BGB. Den von der Verwaltung ausgeschlossenen Ehegatten
trifft demnach keine persönliche Haftung. Eine solche **Haftung** trifft jedoch den **Alleinverwalter des Gesamtguts**; dieser haftet für alle Gesamtgutsverbindlichkeiten der ehelichen Gütergemeinschaft auch persönlich, auch für diejenigen, die aus Verbindlichkeiten des nichtverwaltenden Ehegatten erwachsen sind, § 1437 Abs. 2 Satz 1
BGB.

Daneben können die Gläubiger des Ehegatten, der das Gesamtgut verwaltet, aus dem 14
Gesamtgut Befriedigung verlangen. Der insoweit maßgebliche § 1437 Abs. 1 BGB stellt
zugleich klar, daß das Gesamtgut grundsätzlich auf für die Schulden des nicht verwaltungsberechtigten Ehegatten haftet. Ausnahmen von diesem Grundsatz finden sich in
den §§ 1438 bis 1440 BGB.

Das zivilrechtlich vorgesehene Prinzip, die Haftung eines Ehegatten an die ihm zuste- 15
hende Verwaltungsbefugnis über das eheliche Gesamtgut anzukoppeln, setzt sich

spiegelbildlich im **Insolvenzverfahren über das Vermögen eines Ehegatten** fort; die Verwaltungsbefugnis über das Gesamtgut stellt also auch hier das maßgebliche Haftungskriterium dar (*Bork* Einführung in das neue Insolvenzrecht, Rz. 434 f.).

16 Ist der **Schuldner allein verwaltungsbefugt**, so fällt nach § 37 Abs. 1 Satz 1 InsO außer dem der Verpfändung zugänglichen Sonder- und Vorbehaltsgut auch das Gesamtgut in die Insolvenzmasse. Wegen der Einheitlichkeit der den Gläubigern zur Verfügung stehenden Masse bedarf es – wie § 37 Abs. 1 Satz 2 InsO klarstellt – keiner Auseinandersetzung über das Gesamtgut.

17 Ist der **Schuldner nicht verwaltungsbefugt**, so fällt allein sein Sonder- und Vorbehaltsgut, nicht aber das Gesamtgut in die Masse, § 37 Abs. 1 Satz 3 InsO. Dementsprechend ist der verwaltende Ehegatte hier auch zur Aussonderung von Gegenständen, die zum Gesamtgut gehören, berechtigt, § 47 InsO. Das insoweit das Gesamtgut nicht haftet, führt nicht zu einer unangemessenen Benachteiligung der Insolvenzgläubiger, denn nach § 1437 Abs. 2 Satz 1 BGB haftet den Gläubigern des nicht verwaltenden Ehegatten grundsätzlich der verwaltende Ehegatte als Gesamtschuldner, soweit es sich um Gesamtgutsverbindlichkeiten handelt. Schließlich fällt mangels Pfändbarkeit des dem insolventen Ehegatten gehörenden Gesamthandsanteils am Gesamtgut dieser Vermögensanteil nicht in die Masse, § 36 Abs. 1 InsO, § 860 Abs. 1 ZPO (zur Insolvenz über das Vermögen eines Ehegatten wird auf die Kommentierung zu §§ 36 f., 47 InsO verwiesen).

III. Haftungslage bei Eintritt der fortgesetzten Gütergemeinschaft

18 Wie aufgezeigt, knüpft die persönliche Haftung eines Ehegatten in der Gütergemeinschaft an die ihm zustehende Verwaltungsberechtigung an. Soweit mit § 1489 Abs. 1 BGB bei Eintritt der fortgesetzten Gütergemeinschaft also eine persönliche Haftung des nunmehr allein verwaltungsberechtigten Ehegatten (§ 1487 Abs. 1 BGB) festgeschrieben wird, ist dies nur die logische Fortsetzung des bereits bei Bestehen der Gütergemeinschaft maßgeblichen Haftungsprinzips.

19 Der Eintritt der fortgesetzten Gütergemeinschaft ist regelmäßig – wie nachfolgend dargestellt wird – mit einer Haftungserweiterung des überlebenden Ehegatten verbunden. Vorab bedarf es jedoch der Darstellung, was überhaupt unter dem Begriff der »fortgesetzten Gütergemeinschaft« zu verstehen ist.

1. Begriff der fortgesetzten Gütergemeinschaft

20 Kraft ihres eigenen Prinzips, das Familienvermögen trotz Versterben eines der Ehegatten den Familienmitgliedern zu erhalten, endet die Gütergemeinschaft mit dem Tod des überlebenden Ehegatten (§ 1493 BGB), mit dessen erneuter Heirat (§ 1494 BGB) oder aber mit dem Ausscheiden des letzten Abkömmlings aus der Gesamthand (§ 1490, 1490 Abs. 4 BGB; allgemein hierzu *Schlüter* a. a. O., Rz. 164). Regelmäßig wird die Gütergemeinschaft durch den Tod eines Ehegatten beendet; dies mit der Folge, daß der Anteil des verstorbenen Ehegatten zu seinem Nachlaß gehört, die Beerbung sich also nach den allgemeinen Regeln richtet, § 1482 BGB. **Ziel der fortgesetzten Gütergemeinschaft** ist nun ein Überdauern der Gütergemeinschaft, d.h. den Erhalt des Familienvermögens nach dem Tode eines Ehegatten, durch Abschluß eines entsprechenden Ehevertrages (§§ 1410 f., 1483 BGB) zu ermöglichen (zur Frage, ob Rechtsgeschäfte im Zusammenhang mit einem Ehevertrag der notariellen Beurkundung bedürfen s. *Kanzleiter* NJW 1997, 217).

Ist in diesem Sinne die Fortsetzung der Gütergemeinschaft vereinbart worden, wird die 21
Gütergemeinschaft mit den gemeinschaftlichen Abkömmlingen fortgesetzt, die bei
gesetzlicher Erbfolge als Erben berufen sind (§ 1483 Abs. 1 Satz 2 BGB). Der Anteil des
verstorbenen Ehegatten am Gesamtgut gehört nicht zum Nachlaß (§ 1483 Abs. 1 Satz 3
BGB); der Nachlaß beschränkt sich allein auf das vererbliche Sonder- wie Vorbehaltsgut
(§§ 1417, 1418 BGB; zu den Begriffen s. u.). Ungeachtet der vorherigen Verwaltungsberechtigung übernimmt der überlebende Ehegatte die alleinige Verwaltung des Gesamtguts, § 1487 Abs. 1 BGB.

2. Nachteilige Veränderung der Haftungslage bei Eintritt der fortgesetzten Gütergemeinschaft

Der Eintritt der fortgesetzten Gütergemeinschaft vermag sich sowohl auf Seiten des 22
überlebenden Ehegatten, also der Schuldnerseite, als auch auf Seiten der bisherigen
Gesamtgutsgläubiger nachteilig auszuwirken (vgl. auch *Jaeger/Weber* KO, § 236
Rz. 2 f.)

a) Haftungserweiterung auf Seite des überlebenden Ehegatten

§ 1487 Abs. 1 BGB schreibt für die fortgesetzte Gütergemeinschaft ein **Alleinverwal-** 23
tungsrecht des überlebenden Ehegatten vor. Die bei der Gütergemeinschaft erfolgte
Ankoppelung der persönlichen Haftung eines Ehegatten an die ihm zustehende Verwaltungsbefugnis über das Gesamtgut wird auch hier nicht durchbrochen; der überlebende
Ehegatte haftet nunmehr für alle Gesamtgutsverbindlichkeiten der fortgesetzten Gütergemeinschaft auch persönlich, § 1489 Abs. 1 BGB. Was wiederum Gesamtgutsverbindlichkeiten sind, regelt § 1488 Abs. 1 BGB, wonach hierunter die Verbindlichkeiten des
überlebenden Ehegatten sowie diejenigen Verbindlichkeiten des verstorbenen Ehegatten, die Gesamtgutsverbindlichkeiten der ehelichen Gütergemeinschaft waren, fallen.
Gesamtgut und das persönliche Vermögen, also das beschlagfähige Vorbehalts- und
Sondergut im Sinne des § 1486 BGB, bilden eine einheitliche Haftungsmasse (vgl.
Jaeger/Weber KO § 236 Rz. 2).
Der Eintritt der fortgesetzten Gütergemeinschaft führt damit aber zu **einer verschärften** 24
Haftung des überlebenden Ehegatten. Dies gilt prinzipiell ungeachtet der vorherigen
Zuordnung der Verwaltungsbefugnis, d.h. nach Eintritt der fortgesetzten Gütergemeinschaft tritt eine verschärfte Haftung des überlebenden Ehegatten unabhängig davon ein,
ob dieser zuvor der das Gesamtgut verwaltende Teil war oder aber von der Verwaltung
ausgeschlossen war.
War vor Eintritt der fortgesetzten Gütergemeinschaft der **verstorbene Ehegatte Allein-** 25
verwalter des ehelichen Gesamtguts, wird dem überlebenden Ehegatten nunmehr eine
neue Haftung aufgebürdet. Während zuvor – wie oben aufgezeigt – eine persönliche
Haftung für Gesamtgutsverbindlichkeiten, die nicht in der Person des von der Verwaltung ausgeschlossenen Ehegatten entstanden sind, nicht gegeben war (§ 1422 Satz 2
BGB), begründet nunmehr der Eintritt der fortgesetzten Gütergemeinschaft eine umfassende persönliche Haftung für alle Gesamtgutsverbindlichkeiten, §§ 1488, 1489 Abs. 1
BGB.
Aber auch wenn der **überlebende Ehegatte** innerhalb der Gütergemeinschaft der 26
Alleinverwalter des ehelichen Gesamtguts war, kann sich seine Haftungslage allein
durch den Eintritt der fortgesetzten Gütergemeinschaft verschlechtern. Diese Feststellung verwundert zunächst, da der verwaltungsberechtigte Ehegatte bereits zuvor für alle

Gesamtgutsverbindlichkeiten der Gütergemeinschaft persönlich haftete. Jedoch würde im Regelfall – der Beendigung der Gütergemeinschaft durch den Tod eines Ehegatten – die Haftung für Gesamtgutsverbindlichkeiten, die in der Person des nichtverwaltenden Ehegatten erwachsen sind, erlöschen, § 1437 Abs. 2 Satz 1 bzw. Satz 2 BGB. Diese Haftung setzt sich jedoch bei der fortgesetzten Gütergemeinschaft fort; der überlebende Ehegatte übernimmt »von neuem« die persönliche Verantwortung für die nicht in seiner Person erwachsenen Schulden des verstorbenen Ehegatten (vgl. *Jaeger/Weber* KO, § 236 Rz. 3).

27 Entsprechendes gilt bei der **gemeinsamen Verwaltung des ehelichen Gesamtguts durch die Ehegatten**. Während § 1459 Abs. 2 Satz 2 BGB für die Gütergemeinschaft ein Erlöschen der dem einen Ehegatten zur Last fallenden Verbindlichkeiten für den anderen Ehegatten mit der Beendigung der Gütergemeinschaft vorsieht, tritt mit Eintritt der fortgesetzten Gütergemeinschaft eine Weiterhaftung des überlebenden Ehegatten ein, §§ 1488, 1489 Abs. 1 BGB.

28 Die dergestalt vorgezeichnete haftungsrechtliche Ausgestaltung schlägt sich auch in der **Insolvenz des überlebenden Ehegatten** nieder. § 37 Abs. 1 und 3 InsO ordnen folgerichtig an, daß in diesem Fall das Gesamtgut zur Insolvenzmasse gehört, also mit dem persönlichen Vermögen eine einheitliche Insolvenzmasse bildet, während das Gesamtgut von einem Insolvenzverfahren über das Vermögen eines an der fortgesetzten Gütergemeinschaft beteiligten Abkömmlings unberührt bleibt.

b) Beeinträchtigung der Position der bisherigen Gesamtgutsgläubiger

29 Eine Änderung der Haftungslage, die allein auf dem Eintritt der fortgesetzten Gütergemeinschaft beruht, vollzieht sich jedoch nicht allein auf Seiten des überlebenden Ehegatten, dem die Schuldnerrolle zufällt. Auch die **Haftungslage der bisherigen Gesamtgutsgläubiger** kann sich verschlechtern. Die Verschlechterung der Haftungslage resultiert aus dem Hinzutreten der persönlichen Gläubiger, die erst mit Eintritt der fortgesetzten Gütergemeinschaft zu Gesamtgutsgläubigern werden (vgl. *Jaeger/Weber* KO, § 236 Rz. 4). Ein solcher **Wechsel der Gläubigerstellung** ist allerdings nur denkbar, soweit entweder der verstorbene Ehegatte Alleinverwalter des Gesamtguts war oder aber das eheliche Gesamtgut von beiden Ehegatten verwaltet wurde. Hier werden – auf Grundlage der §§ 1437 ff. bzw. der §§ 1459 ff. BGB – Verbindlichkeiten des überlebenden Ehegatten mit Eintritt der fortgesetzten Gütergemeinschaft zu Gesamtgutsverbindlichkeiten, § 1488 BGB. Damit erhöht sich zugleich sich die Anzahl der Gesamtgutsgläubiger.

30 Eine – durch den Eintritt der fortgesetzten Gütergemeinschaft bedingte – Verschlechterung der Haftungssituation für die bisherigen Gesamtgutsgläubiger scheidet dagegen aus, wenn der überlebende Ehegatte bereits zuvor Alleinverwalter des Gesamtguts war. Denn in diesem Fall waren seine Verbindlichkeiten bereits vor Eintritt der fortgesetzten Gütergemeinschaft ausnahmslos Gesamtgutsverbindlichkeiten des ehelichen Gesamtguts.

IV. Notwendigkeit einer auf das Gesamtgut beschränkten Sonderinsolvenz

31 Bereits das materielle Recht sieht mit §§ 1489 Abs. 2, 1975 BGB eine Haftungsbeschränkung zugunsten des überlebenden Ehegatten vor, soweit dessen persönliche Haftung »nur infolge des Eintritts der fortgesetzten Gütergemeinschaft« eintritt. Geset-

zestechnisch wird diese Haftungsbeschränkung durch die entsprechende Anwendung der für die Haftung des Erben für die Nachlaßverbindlichkeiten geltenden Vorschriften erreicht. Da die Haftungsbeschränkung allein bei einer Haftungsverschiebung »infolge des Eintritts der fortgesetzten Gütergemeinschaft« greift, scheidet eine solche aus, soweit der überlebende Ehegatte unabhängig vom Eintritt der fortgesetzten Gütergemeinschaft persönlich haftet (*Diederichsen* in Palandt, BGB, § 1489 Rz. 2). Daß – abweichend von der Nachlaßinsolvenz – an die Stelle des Nachlasses das Gesamtgut in dem Bestand tritt, den es zur Zeit des Eintritts der fortgesetzten Gütergemeinschaft hat, erklärt sich ebenfalls aus der Zielrichtung, allein (»nur«) die infolge der Fortsetzung der Gütergemeinschaft eintretende Verschiebung der Haftungslage haftungsbeschränkend aufzufangen.

Die im materiellen Recht vorgegebene Möglichkeit der Haftungsbeschränkung wird – entsprechend der durch § 11 Abs. 2 Nr. 2 InsO eröffneten Begrenzung des von der Insolvenz erfaßten Vermögens auf das Gesamtgut – mit der in § 332 InsO getroffenen Regelung im Insolvenzrecht umgesetzt, folgt damit den Vorgängerregelungen (§§ 236 KO, § 114 VerglO). Soweit das Gesamtgut erst mit Eintritt der fortgesetzten Gütergemeinschaft für die Verbindlichkeiten des überlebenden Ehegatten haftet, kann dies zur Insolvenz des Gesamtguts führen. Das Gesamtgut fällt aber nach § 1483 Abs. 1 Satz 3 BGB nicht in den Nachlaß; die Durchführung eines Nachlaßinsolvenzverfahrens ist also ausgeschlossen. Bereits vor diesem Hintergrund erklärt sich die Notwendigkeit der mit § 332 InsO getroffenen Regelung, eine Sonderinsolvenz über das Gesamtgut der fortgesetzten Gütergemeinschaft zuzulassen. Die Beschränkung des Insolvenzverfahrens auf die Sondervermögensmasse »Gesamtgut« rechtfertigt sich aber vornehmlich aus den **Interessenlagen der Verfahrensbeteiligten**. Das Interesse des überlebenden Ehegatten ist darauf gerichtet, daß sich eine Überschuldung des Gesamtguts nicht auf den Bestand seines sonstigen Vermögens auswirkt (*Bley/Mohrbutter* VerglO, § 114, Rz. 1). Die bisherigen Gesamtgutsgläubiger wiederum haben ein Interesse daran, daß der Zugriff auf das Gesamtgut denjenigen Gesamtgutsgläubigern versagt wird, denen vor Eintritt der fortgesetzten Gütergemeinschaft das Gesamtgut noch nicht haftete. **32**

B. Entsprechende Anwendung der Regelungen des Nachlaßinsolvenzverfahrens

In Anlehnung an das vormalige Recht (§ 236 KO, § 114 VerglO) erklärt Absatz 1 die Vorschriften über das Nachlaßinsolvenzverfahren auf das Insolvenzverfahren über das Gesamtgut einer fortgesetzten Gütergemeinschaft für entsprechend anwendbar. Die Möglichkeit der Übertragung der dortigen Regelungsinhalte folgt aus der Parallelität der Interessen des überlebenden Ehegatten mit denen des noch beschränkt haftenden Erben (vgl. *Jaeger/Weber* KO, § 236 Rz. 5). Beide Verfahrensarten weichen durch Beschränkung des Schuldnervermögens auf eine »Sondermasse« von der Grundregel »Eine Person – ein Vermögen – eine Insolvenz« ab (**Partikularinsolvenz** statt Gesamt- oder Universalinsolvenz). Hier wie dort wird die Möglichkeit eröffnet, die persönliche Haftung auf eine gesonderte Vermögensmasse, d.h. im Falle des Nachlaßinsolvenzverfahrens auf den Nachlaß, im Falle der fortgesetzten Gütergemeinschaft auf das Gesamtgut zu beschränken (vgl. *Kuhn/Uhlenbruck* KO, § 236 Rz. 1). **33**

Nichts anderes vollzieht sich – als Kehrseite der haftungsrechtlichen Absonderung des Eigenvermögens des Schuldners vom Sondervermögen – auf Gläubigerseite; denn an die Stelle des Nachlasses tritt – wie bereits § 1489 Abs. 2 HS 2 BGB aufzeigt – funktional **34** das Gesamtgut. Nicht anders als im Nachlaßinsolvenzverfahren wird den Gläubigern also auch im Insolvenzverfahren über eine fortgesetzte Gütergemeinschaft eine abgesonderte Befriedigung allein aus einer Sonderinsolvenzmasse verschafft. Versagt bleibt damit der Zugriff auf das vom Gesamtgut zu unterscheidende Sonder- und Vorbehaltsgut, aber auch der Zugriff auf das Vermögen der Abkömmlinge, 1489 Abs. 3 BGB (zur Abgrenzung der verschiedenen Vermögensmassen siehe unten Rz. 38 ff.).

C. Begriffsumschreibungen

35 Die vom materiellen Eherecht vorgezeichnete Haftungslage setzt sich auch im Gesamtgutsinsolvenzverfahren fort; sie bestimmt, wem die Schuldnerrolle zukommt und welches Vermögen in welchem Umfang zur Gläubigerbefriedigung herangezogen werden kann.

I. Schuldner

36 **Schuldner im Gesamtgutsinsolvenzverfahren ist** nicht das – nicht rechtsfähige – Gesamtgut, sondern allein **der überlebende Ehegatte** (vgl. *Kuhn/Uhlenbruck* KO, § 236 Rz. 1). Mit der Zuweisung der Schuldnerrolle übernimmt der überlebende Ehegatte alle hieraus resultierenden Rechte und Pflichten. Er ist es, dem das Recht zu sofortigen Beschwerde gegen den Eröffnungsbeschluß (§ 34 Abs. 2 InsO) oder gegen die Abweisung des Insolvenzverfahrens mangels Masse (§§ 34 Abs. 1 i.V.m. § 26 InsO), aber auch die Befugnis, eine angemeldete Forderung zu bestreiten (§ 176 Satz 2 InsO), zusteht. Damit korrespondieren die ihm obliegenden Auskunfts- und Mitwirkungspflichten, wie sie § 97 InsO statuiert (vgl. die dortige Kommentierung; im übrigen zum Ausmaß dieser Pflichten: *Haarmeyer* ZAP-Ost Fach 14, S. 189 [S. 206 f.]; zur Durchsetzung dieser Pflichten: *LG Detmold* Rpfleger 1989, 300; zur verfassungsrechtlichen Zulässigkeit von Beugemitteln: *BVerfG* zu § 75 KO, NJW 1981, 1431).

37 **Ausgeschlossen als Träger der Schuldnerrolle** sind demgegenüber die **leiblichen Abkömmlinge der Ehegatten** (vgl. *Hess/Kropshofer* KO, § 236 Rz. 3). Auch eine anteilsmäßige Mitträgerschaft der Schuldnerrolle für die Abkömmlinge kommt nicht in Betracht, was sich aus ihrer – mit der Stellung des Erben im Nachlaßinsolvenzverfahren nicht vergleichbaren – untergeordneten Bedeutung im insolvenzrechtlichen Sinne rechtfertigt. So haben die Abkömmlinge – anders als der Erbe im Nachlaßinsolvenzverfahren nach § 317 InsO – weder ein Recht, das Insolvenzverfahren zu beantragen (§ 332 Abs. 3 Satz 1 InsO), noch haften sie persönlich für die Gesamtgutsverbindlichkeiten (§ 1489 Abs. 3 BGB); ihre Befugnis beschränkt sich auf die nach materiellem Recht zugestandene Mitberechtigung am Gesamtgut. Eine Mitträgerschaft der Schuldnerrolle ist aber auch dann ausgeschlossen, wenn das Gesamtgutsinsolvenzverfahren erst während der Auseinandersetzung der fortgesetzten Gütergemeinschaft eröffnet wird (vgl. *Jaeger/Weber* KO § 236 Rz. 16). Die Verbundenheit der Abkömmlinge zum Gesamtgut rechtfertigt auch in diesem Fall keine anderweitige Zuordnung der Schuldnerrolle. Auch der ein Antragsrecht der Abkömmlinge negierende § 332 Abs. 3 InsO trifft insoweit keine Differenzierung.

II. Insolvenzmasse

Das die **Insolvenzmasse** bildende Vermögen ist allein das **Gesamtgut**. Von Bedeutung ist in diesem Zusammenhang, daß **Nutzungen**, aber auch **Lasten des Sondergutes** dem Gesamtgut zufallen (§ 1417 Abs. 3 BGB); anders beim Vorbehaltsgut: hier gebühren allein dem verwaltenden Ehegatten die Nutzungen (§ 1418 Abs. 3 BGB). Das Gesamtgut umfaßt ferner folgende Vermögenswerte und -rechte (weitere Beispiele bei *Diederichsen* in Palandt § 1416 Rz. 2): 38
- eingebrachtes sowie während der Ehe erworbenes Vermögen der Ehegatten
- Ersatzansprüche gegen den Ehegatten wegen Verletzung der ihm obliegenden Pflichten bei der Verwaltung des Gesamtguts (Verbrauch, Veräußerung von Gesamtgutsgegenständen, §§ 1489 Abs. 2, 1978 Abs. 2 BGB)
- Rückgewähransprüche gemäß §§ 129 ff., InsO aus anfechtbaren Handlungen des verwaltenden Ehegatten vor Eintritt der fortgesetzten Gütergemeinschaft bzw. des überlebenden Ehegatten nach diesem Zeitpunkt
- Erbschaft eines Ehegatten
- Einkünfte und/oder Arbeitsverdienste aus einem Erwerbsgeschäft
- deliktische Schadenersatzansprüche auf Ersatz des Verdienstausfalls in einem zum Gesamtgut gehörigen Erwerbsgeschäft (*BGH* NJW 1994, 652)
- Anteil am Gesamtgut einer beendeten fortgesetzten Gütergemeinschaft aus früherer Ehe
- Ausgleichsforderung nach § 1378 BGB aus einer Zugewinngemeinschaft (zur Pfändbarkeit des Anspruchs vgl. § 852 Abs. 2 ZPO)
- Eigentumsanwartschaft aus einem Vorbehaltskauf (*RG* JW 1925, 353).

Der außerhalb der ehelichen Gemeinschaft stehende Insolvenzgläubiger wird oftmals außerstande sein, die Zugehörigkeit eines Gegenstandes zu einer bestimmten Vermögensmasse behaupten zu können. Bereits die Systematik des materiellen Rechts zeigt jedoch auf, daß die Zugehörigkeit eines Gegenstandes zum Gesamtgut die Regel, die Zugehörigkeit zum Sonder- oder Vorbehaltsgut dagegen die Ausnahme ist. Vor diesem Hintergrund trifft den Gläubiger keine Nachweispflicht, denn die **Zugehörigkeit eines Gegenstandes zum Gesamtgut** wird – wenn auch widerleglich – vermutet, wenn die Gütergemeinschaft Dritten gegenüber nach § 1412, 1416 BGB wirksam ist (RGZ 90, 288; *Kanzleiter* in Münchener Kommentar zum BGB, § 1416 Rz. 4). Nach § 97 Abs. 1 Satz 1 InsO trifft den Schuldner überdies die Verpflichtung, »über alle das Verfahren betreffenden Verhältnisse Auskunft zu geben«. Die Darlegung, daß ein Gegenstand ausnahmsweise Sondergut oder aber Vorbehaltsgut ist, obliegt also dem Schuldner. 39

Hinsichtlich des **Umfangs der Insolvenzmasse** ist – abweichend vom Nachlaßinsolvenzverfahren und damit zugleich von der in § 35 InsO getroffenen Regelung – nicht auf den Zeitpunkt der Eröffnung des Insolvenzverfahrens, sondern auf den **Zeitpunkt des Eintritts der fortgesetzten Gütergemeinschaft** abzustellen (so schon *Hess* KO, § 236 Rz. 4; *Jaeger/Weber* KO, § 236 Rz. 22; *Kuhn/Uhlenbruck* KO, § 236 Rz. 2). Der gegenteiligen Auffassung, die auf den Zeitpunkt der Verfahrenseröffnung abstellen will (so etwa *Felgenträger* in Staudinger, BGB, § 1489 Anm. 1), steht bereits die in § 1489 Abs. 2 Hs. 2 BGB getroffene Regelung entgegen, wonach an die Stelle des Nachlasses das Gesamtgut in dem Bestand tritt, den es zur Zeit der fortgesetzten Gütergemeinschaft hatte. Ein Abstellen auf den Zeitpunkt der Eröffnung des Insolvenzverfahrens verbietet sich aber auch bereits aus der Ratio der Vorschrift, die dem Schuldner einen Schutz gegen die allein infolge der Gemeinschaftsfortsetzung eintretende Verschiebung der 40

§ 332 *Besondere Arten des Insolvenzverfahrens*

Haftungslage zu bieten versucht (vgl. *Jaeger/Weber* KO, § 236 Rz. 5, 22; *Bley/Mohrbutter* VerglO, § 114 Rz. 4).

41 Nicht in die Insolvenzmasse fällt – insoweit abweichend von den allgemeinen Regelungen – der dem Gesamtgut seit Eintritt der fortgesetzten Gütergemeinschaft zugeflossene **Neuerwerb** (vgl. *Kilger/Karsten Schmidt* KO, § 236 Rz. 2). Demgegenüber verhindert der Umstand, daß auf den Zeitpunkt des Eintritts der fortgesetzten Gütergemeinschaft abzustellen ist, nicht die **Berücksichtigung zwischenzeitlich eingetretener Wertsteigerungen aber auch -verluste** (Dividendenausschüttungen, Kurssteigerung oder -verluste bei Aktien, vgl. *Hess* KO, § 236 Rz. 5). Die Einbeziehung solcher Vermögensschwankungen kann nicht allein auf den »Zuwachs, den das Gesamtgut ohne Zutun des überlebenden Ehegatten erhalten hat«, beschränkt werden (so aber offensichtlich *Hess* KO, § 236 Rz. 5 sowie *Kuhn/Uhlenbruck* KO, § 236 Rz. 2). Die erkennbaren Interessen der am Verfahren beteiligten Parteien sowie der von der Gesamtgutsinsolvenz verfolgte Zweck gebieten eine umfassende Berücksichtigung von Wertzuwächsen wie -verlusten. So dürfen sich Wertverluste, die ohne Verschulden des Schuldners nach Eintritt der fortgesetzten Gütergemeinschaft eintreten, allein auf die Insolvenzmasse – das Gesamtgut – auswirken. Ein Wertausgleich durch Zugriff auf das Eigenvermögen des Schuldners verbietet sich wegen der strikten Trennung von Sonder- und Eigenvermögen im Insolvenzverfahren über das Gesamtgut einer fortgesetzten Gütergemeinschaft und würde der von § 1489 Abs. 2 HS 2 BGB vorgesehenen Haftungsbeschränkung zuwiderlaufen. Im umgekehrten Fall – dem Eintritt eines Wertgewinns des Gesamtguts nach Eintritt der fortgesetzten Gütergemeinschaft – profitieren die Gläubiger, denen nunmehr ein wertmäßig höheres Sondervermögen haftet. Interessen des Schuldners werden hierdurch nicht beeinträchtigt, denn dessen Schutz gebietet allein eine Trennung zwischen Eigenvermögen und Gesamtgut.

42 Zu dem Bestand des Gesamtguts in diesem Zeitpunkt gehören daher Surrogate nach § 1473 BGB, die – ohne besonderen Übertragungsakt – kraft Gesetzes dem Gesamtgut zugeordnet werden (*Bley/Mohrbutter* VerglO, § 114 Rz. 2; *Diederichsen* in Palandt § 1473 Rz. 1). Hierzu zählen:
– der Erwerb aufgrund eines zum Gesamtgut gehörenden Rechts (Früchte, Zinsen)
– der Ersatz für Zerstörung, Beschädigung und Entziehung (Bsp. Auszahlung einer Versicherungssumme)
– der Erwerb durch ein Rechtsgeschäft, das sich auf das Gesamtgut bezieht (Verkauf von Gesamtgut, Kauf mit Mitteln des Gesamtguts).

D. Insolvenzgrund

43 Die entsprechende Anwendung der Vorschriften der Nachlaßinsolvenz erstreckt sich auch auf die dort in § 320 InsO genannten **Eröffnungsgründe**. Neben dem allgemeinen Eröffnungsgrund der Zahlungsunfähigkeit (§ 17 InsO) und der Überschuldung, die bei Überwiegen der in diesem Sonderinsolvenzverfahren verfolgbaren Verbindlichkeiten gegeben ist, kommt also auch im Rahmen der Gesamtgutsinsolvenz ein Eigenantrag des Schuldners bzw. Gesamtgutsverwalter wegen drohender Zahlungsunfähigkeit (§ 18 InsO) in Betracht; zu den Eröffnungsgründen vgl. die Kommentierung zu § 18 und § 320 InsO. Hier wie dort obliegt es bei der drohenden Zahlungsunfähigkeit einzig dem Schuldner, der allein die Vermögenssituation mit hinreichender Sicherheit feststellen kann, den Antrag auf Eröffnung des Insolvenzverfahrens zu stellen. Die Versagung des Antragsrechts für die Gläubiger rechtfertigt sich auch bei Gesamtgutsinsolvenz aus der

Überlegung, daß es sachlich nicht gerechtfertigt ist, durch Erweiterung der Eröffnungsgründe den Gläubigern ein (weiteres) Druckmittel in die Hand zu geben, etwa um außerhalb des Insolvenzverfahrens liegende Zwecke zu verfolgen. Mit der Beschränkung des Antragsrechts wird daneben bewirkt, daß Bemühungen des Schuldners um eine außergerichtliche Sanierung nicht bereits in diesem Stadium behindert werden (vgl. *Haarmeyer* ZAP-Ost, Fach 14 S. 189 [205]).

Während für den Umfang der Insolvenzmasse auf den Zeitpunkt des Eintritts der 44 fortgesetzten Gütergemeinschaft abzustellen ist (s. o. Rz. 40), ist **maßgeblicher Zeitpunkt** für das Vorliegen eines Eröffnungsgrundes (Überschuldung, Zahlungsunfähigkeit und drohende Zahlungsunfähigkeit) **der Zeitpunkt der Eröffnung des Insolvenzverfahrens** (vgl. die Begr. zu § 363 RegE [BT-Drucks. 12/2443, 233]; zur Parallele im altem Recht vgl. *Kilger/Karsten Schmidt* KO, § 236 Anm. 2).

E. Insolvenzgläubiger (Abs. 2)

Abs. 2 der Vorschrift stellt – in Anlehnung an das vormals geltende Recht – klar, daß 45 Insolvenzgläubiger ausschließlich (»nur«) die Gläubiger sind, deren Forderungen schon zur Zeit des Eintritts der fortgesetzten Gütergemeinschaft als Gesamtgutsverbindlichkeiten bestanden. Dem Zweck des auf das Sondervermögen »Gesamtgut« beschränkten Insolvenzverfahrens entsprechend, scheiden damit alle Forderungen aus, die erst mit oder gar erst nach diesem Eintritt Gesamtgutsverbindlichkeiten der fortgesetzten Gütergemeinschaft wurden (vgl. zur Parallele im alten Recht *Kilger/Karsten Schmidt* KO, § 236 Anm. 2). Unzureichend hierfür ist, wie die nunmehrige Hervorhebung im Gesetzeswortlaut (»als Gesamtgutsverbindlichkeiten«) aufzeigt, daß bei Eintritt der fortgesetzten Gütergemeinschaft eine Forderung als solche bestand. Der Entstehenszeitpunkt der Forderung ist also nur eine der tatbestandlichen Voraussetzungen.

Daneben ist immer auch maßgeblich, ob hinsichtlich des geltend gemachten Anspruchs 46 das Gesamtgut haftete. Ist dies nicht der Fall, ist der jeweilige Gläubiger ausgeschlossen, dies auch dann, wenn der Anspruch vor Eintritt der fortgesetzten Gütergemeinschaft entstand. Diese Auslegung deckt sich mit der bereits zuvor herrschenden Ansicht, die sich – mangels klarstellendem Wortlaut des »Vorgängers« § 236 KO –, zu Recht auf den Zweck des Vorschrift stützte, dem Schuldner einen Schutz gegen die allein infolge der Gemeinschaftsfortsetzung eintretende Verschiebung der Haftungslage zu bieten (vgl. *Jaeger/Weber* KO, § 236 Rz. 5; *Bley/Mohrbutter* VerglO, § 114 Rz. 4).

Wegen der strikten Zeitgrenze (»zur Zeit des Eintritts«) fallen **Pflichtteilsansprüche**, 47 **Vermächtnisse und Auflagen** – ungeachtet dessen, daß auch diese Gesamtgutsverbindlichkeiten sein können – **nicht** in den Anwendungsbereich des § 332 InsO (vgl. *Kilger/Karsten Schmidt* KO, § 236 Rz. 2; *Kuhn/Uhlenbruck* KO, § 236 Rz. 3; *Jaeger/Weber* KO, § 236 Rz. 19). Dasselbe gilt für **Eigenverbindlichkeiten**, aber auch die nach dem Erbfall begründeten Verbindlichkeiten **des überlebenden Ehegatten**, denn auch hier sind die Forderungen erst mit bzw. gar erst nach dem Erbfall zur Gesamtgutsverbindlichkeit geworden.

Insolvenzgläubiger kann – ungeachtet der ihm zugewiesenen Schuldnerrolle – auch der 48 **überlebende Ehegatte** selbst sein. Eine solche Zwitterstellung setzt allein voraus, daß dem überlebenden Ehegatten – wie bei jedem anderen Gläubiger auch – eine Forderung (etwa aus Gewährung eines Darlehens) gegen das Gesamtgut schon zur Zeit des Eintritts der fortgesetzten Gütergemeinschaft zustand. Auch Abkömmlinge können Gläubiger sein; aus dieser Gläubigerstellung folgt zugleich – abweichend von dem in § 332 Abs. 3

§ 332

InsO festgelegten Grundsatz – das Recht, die Eröffnung des Gesamtgutsinsolvenzverfahren zu beantragen (vgl. *Jaeger/Weber* KO, § 236 Rz. 20).

49 Auch dem Gläubiger, dem der überlebende Ehegatte zur Zeit des Eintritts der fortgesetzten Gütergemeinschaft persönlich haftet (§§ 1437, 1459 BGB), ist es nunmehr grundsätzlich nicht mehr verwehrt, das Insolvenzverfahren über das Gesamtgut zu beantragen. Insoweit wurde die noch in § 236 Satz 3 KO vorgesehene Versagung der Antragsbefugnis für diesen Fall nicht übernommen. Damit wird den vormals geäußerten rechtspolitischen Bedenken, daß das Gesetz das Interesse dieser Gläubiger, zur Verhinderung eines Zugriffs der neuen Gesamtgutsgläubiger auf das überschuldete Gesamtgut dessen Sonderung zu erwirken, unberücksichtigt lasse (vgl. *Jaeger/Weber* KO, § 236 Rz. 6, vgl. auch die Begr. zu § 378 RegE), nunmehr Rechnung getragen. In der Tat war nicht ersichtlich, warum solchen Gläubigern ein rechtliches Interesse, das Gesamtgut dem Zugriff neu hinzutretender Gesamtgutsgläubiger zu entziehen, abgesprochen wurde und es allein dem überlebenden Ehegatten, der bereits vor Eintritt der fortgesetzten Gütergemeinschaft die alleinige Verwaltungsbefugnis über das eheliche Gesamtgut inne hatte, oblag, den Antrag auf Eröffnung des Verfahrens zu stellen (zu letzterem *Kilger/Karsten Schmidt* KO, § 236 Anm. 3). Die Erweiterung des antragsbefugten Personenkreises führt auch nicht zu einer sachlich nicht gerechtfertigten Ausuferung, denn es verbleibt bei der Notwendigkeit eines im Einzelfall tatsächlich bestehenden berechtigten Interesses. Die Feststellung, daß ein solches im konkreten Fall bejaht werden kann, wird also nicht unterstellt, sondern – nicht anders als bei den anderen Gläubigern – auf eine Prüfung im Rahmen der allgemeinen Regelung über das Rechtsschutzinteresse beim Eröffnungsantrag verlagert, § 14 Abs. 1 InsO.

50 Auch im übrigen gelten für den Antrag des Gläubigers die Voraussetzungen des § 14 Abs. 1 InsO, d. h. der Gläubiger muß neben dem rechtlichen Interesse an der Eröffnung des Insolvenzverfahrens seine Forderung und den Eröffnungsgrund glaubhaft machen; hierzu kann er sich aller von § 294 ZPO benannten zulässigen Mittel bedienen (vgl. insoweit die Kommentierung zu § 14 InsO). Damit korrespondiert die Auskunftspflicht des Schuldners, § 20 InsO.

F. Auswirkungen von Sonderkonstellationen auf das Gesamtgutsinsolvenzverfahren

I. Ablehnung der fortgesetzten Gütergemeinschaft

51 Dem überlebenden Ehegatten steht es frei, die Gütergemeinschaft fortzusetzen oder aber dies während der ihm zustehenden Überlegungsfrist (§§ 1484 Abs. 1 mit 1944 BGB; s. hierzu *Diederichsen* in Palandt § 1484 Rz. 1) abzulehnen. Auch der Umstand, daß mit Eröffnung des Insolvenzverfahrens das Verwaltungs- und Verfügungsrecht über das zur Insolvenzmasse gehörende Vermögen vom Schuldner auf den Insolvenzverwalter übergeht (§ 80 Abs. 1 InsO), ändert an der allein dem Ehegatten zustehenden Entscheidungsbefugnis nichts, wie § 83 Abs. 1 Satz 2 InsO ausdrücklich klarstellt (vgl. die dortige Kommentierung).

52 Mit **Ablehnung der fortgesetzten Gütergemeinschaft** tritt die von §§ 1484 Abs. 3, 1482 BGB vorgesehene Rechtsfolge ein: Es verbleibt bei der Nachlaßzugehörigkeit des Gesamtgutsanteils des verstorbenen Ehegatten und damit bei der Beerbung nach den allgemeinen Vorschriften. Dementsprechend scheidet für den Fall der Ablehnung die Durchführung eines Gesamtgutsinsolvenzverfahrens aus. Der Zugriff auf das

Verweisung auf das Nachlaßinsolvenzverfahren § 332

Schuldnervermögen hat hier im Nachlaßinsolvenzverfahren nach §§ 315 ff. InsO zu erfolgen.

Vom Gesetz nicht beantwortet wird die Frage, wie sich die **Ablehnung** der fortgesetz- 53 ten Gütergemeinschaft **nach Eröffnung des Insolvenzverfahrens über das Gesamtgut** auswirkt. Unklar ist insbesondere, ob eine Beendigung des Verfahrens oder aber dessen Überleitung in Betracht zu ziehen ist. Die Heranziehung der für das Nachlaßinsolvenzverfahren maßgeblichen Regelung ist hier – trotz der in § 332 Abs. 1 InsO vorgesehenen »entsprechenden« Anwendung – nicht möglich. Der entsprechenden Anwendung steht bereits entgegen, daß bei Ausschlagung der Erbschaft lediglich der Vermögensträger, damit der Träger der Haftungsmasse wechselt. Anders als bei der dem überlebenden Ehegatten zugestandenen Ablehnung, die Gütergemeinschaft fortzusetzen, wird hier dem Gesamtgutsinsolvenzverfahren gänzlich die (Haftungs-)Grundlage, das Gesamtgut der fortgesetzten Gütergemeinschaft (§§ 1484 Abs. 2 i. V. m. 1482 BGB), entzogen.

Den dargelegten Rechtsunsicherheiten sollte verfahrenstechnisch begegnet werden. 54 Soweit es der überlebende Ehegatte selbst war, der den Eröffnungsantrag gestellt hat, wird man hierin zugleich den Willen, die Gütergemeinschaft fortzusetzen, erblicken können. Stellt dagegen ein Gesamtgutsgläubiger den Eröffnungsantrag, sollte das Verfahren bis zum Verstreichen der dem überlebenden Ehegatten zustehenden Überlegungsfrist ausgesetzt werden (vgl. *Jaeger/Weber* KO, § 236 Rz. 13). Den Interessen der Gesamtgutsgläubiger wird trotz der relativ knappen Überlegungsfrist ausreichend Rechnung getragen. Hinzu tritt die Möglichkeit, die Masse nach Maßgabe des § 21 InsO durch die Anordnung von Sicherungsmaßnahmen vorläufig abzusichern.

II. Gesamtgutsinsolvenz nach Auseinandersetzung

Auch nach Auseinandersetzung der Gütergemeinschaft ist das Gesamtgutsinsolvenzverfahren zulässig (vgl. *Kuhn/Uhlenbruck* KO, § 236 Rz. 8; Fallgestaltungen zur Auseinandersetzung der Gütergemeinschaft zeigt *Klein* FuR 1995, 165 sowie 249 auf). Dies folgt bereits aus dem Umstand, daß § 316 Abs. 2, wonach die Eröffnung des Verfahrens auch nach der Teilung des Nachlasses zulässig ist, von der Bezugnahme in § 332 Abs. 1 nicht ausgeschlossen wird. Zudem ist es sachlich gerechtfertigt, das Insolvenzverfahren auch in diesem Stadium zuzulassen. Andernfalls bestünde die Gefahr, daß durch eine beschleunigte Auseinandersetzung der Gütergemeinschaft das den Gesamtgutsgläubigern zustehende Recht auf abgesonderte Befriedigung aus dem Gesamtgut verkürzt würde (vgl. *Bley/Mohrbutter* VerglO, § 114 Rz. 13b, 16, 20). 55

III. Eröffnung des Insolvenzverfahrens über das Vermögen des überlebenden Ehegatten

Ein »Nebeneinander« von Gesamtgutsinsolvenz und dem Insolvenzverfahren über das 56 Vermögen des überlebenden Ehegatten ist ohne wechselseitige Auswirkungen nicht denkbar. Dies ergibt sich bereits aus dem Umstand, daß bei der Insolvenz des überlebenden Ehegatten auch das Gesamtgut der Insolvenzmasse zugeschlagen wird, eine Trennung zwischen Eigenvermögen und Gesamtgut also nicht stattfindet und es folgerichtig einer Auseinandersetzung des Gesamtguts nicht bedarf, § 37 Abs. 1 Satz 1 und 2, Abs. 3 InsO.

57 Insoweit sind – je nach zeitlichem Ablauf der Geschehnisse – zwei Konstellationen zu unterscheiden:
- **das Insolvenzverfahren über das Vermögen des überlebenden Ehegatten folgt dem Gesamtgutsinsolvenzverfahren:** Hier beschränkt sich die Masse beim Insolvenzverfahren über das Vermögen des überlebenden Ehegatten von vornherein auf dessen Eigenvermögen; die in § 37 Abs. 1 Satz 1 und 2, Abs. 3 InsO getroffene Regelung, bei der Eigenvermögen und Gesamtgut vermischt werden, wird also durchbrochen. Im Ergebnis wird also das Gesamtgutsinsolvenzverfahren durch ein nachfolgendes Verfahren nach § 37 InsO nicht berührt (vgl. *Jaeger/Weber* KO, § 236 Rz. 8).
- **das Gesamtgutsinsolvenzverfahren folgt dem Insolvenzverfahren über das Vermögen des überlebenden Ehegatten:** Das Gesamtgut scheidet nachträglich aus der Masse des Insolvenzverfahrens über das Vermögen des überlebenden Ehegatten aus. Das letztgenannte Verfahren beschränkt sich folglich auch hier im Ergebnis auf das Eigenvermögen des überlebenden Ehegatten.

IV. Insolvenzverfahren über den Nachlaß des verstorbenen Ehegatten

58 Das Insolvenzverfahren über das Gesamtgut einer fortgesetzten Gütergemeinschaft bleibt von einem nachfolgenden, aber auch zeitlich vorausgehenden Insolvenzverfahren über den Nachlaß des verstorbenen Ehegatten unberührt. Dies erklärt sich im Falle der fortgesetzten Gütergemeinschaft aus dem Umstand, daß vom Nachlaßinsolvenzverfahren von vornherein nur das vererbliche und beschlagnahmefähige Sonder- und Vorbehaltsgut (§ 1417 bzw. § 1418 BGB), nicht jedoch der Anteil des verstorbenen Ehegatten am Gesamtgut (§ 1483 Abs. 1 Satz 2 BGB) erfaßt wird.

V. Insolvenzverfahren über das Vermögen eines gemeinschaftlichen Abkömmlings

59 Wie § 37 Abs. 1 Satz 3 i. V. m. Abs. 3 InsO klarstellt, berührt ein Insolvenzverfahren über das Vermögen eines gemeinsamen Abkömmlings der Ehegatten das Gesamtgut nicht. Vor diesem Hintergrund sind Einwirkungen auf ein Gesamtgutsinsolvenzverfahren im Ansatz ausgeschlossen. Nicht ausgeschlossen wird damit die Möglichkeit für Gesamtgutsgläubiger, sich am Insolvenzverfahren über das Vermögen eines gemeinschaftlichen Abkömmlings zu beteiligen, wenn sie persönliche Gläubiger des verstorbenen Ehegatten waren und der Abkömmling ihnen für Nachlaßverbindlichkeiten als Erbe haftete, § 1967 BGB (vgl. *Jaeger/Weber* KO, § 236 Rz. 8b).

VI. Anfall einer Erbschaft oder eines Vermächtnisses

60 Grundsätzlich geht mit Eröffnung des Insolvenzverfahrens das dem Schuldner zustehende Verwaltungs- und Verfügungsrecht über das nunmehr die Insolvenzmasse bildende Vermögen auf den Insolvenzverwalter über, § 80 Abs. 1 InsO. Diese Übertragung der Verwaltungs- und Verfügungsbefugnis erstreckt sich hingegen nicht auf den Fall, daß dem Schuldner vor Verfahrenseröffnung, aber auch während des Insolvenzverfahrens eine **Erbschaft oder ein Vermächtnis** anfällt, § 83 Abs. 1 Satz 1 InsO. Es obliegt also weiterhin dem Schuldner, das ihm zugewandte Vermögen anzunehmen oder aber auszuschlagen.

G. Beteiligung der anteilsberechtigten Abkömmlinge (Abs. 3)

Die Teilnahme an der fortgesetzten Gütergemeinschaft begründet für die Abkömmlinge keinerlei Haftung für Gesamthandsschulden (§ 1489 Abs. 3 BGB); unberührt bleibt eine Haftung aus anderen Gründen (Haftung als Erbe oder Bürge). Die damit vom materiellen Recht vorgegebene geringe Verbundenheit mit dem Gesamtgut findet im Insolvenzverfahren über das Gesamtgut einer fortgesetzten Gütergemeinschaft seine konsequente Fortsetzung. Mangels schutzwürdigem Interesse an der Eröffnung des Insolvenzverfahrens ist das Beteiligungsrecht der Abkömmlinge auf ein Anhörungsrecht beschränkt, sie sind jedoch nicht berechtigt, die Eröffnung des Insolvenzverfahrens zu beantragen. Damit ist der zu berücksichtigenden Wahrung der Gemeinschaftsrechte im genügendem Maße Rechnung getragen (vgl. hierzu *Häsemeyer* Insolvenzrecht 1992 S. 821). Eine Ausnahme von dem Grundsatz, daß den Abkömmlingen kein Recht zusteht, das Gesamtgutsinsolvenzverfahren zu beantragen, gilt, soweit diese selbst die Stellung eines Insolvenzgläubigers einnehmen (vgl. *Jaeger/Weber* KO, § 236 Rz. 7, 20). 61

Dritter Abschnitt
Insolvenzverfahren über das gemeinschaftlich verwaltete Gesamtgut einer Gütergemeinschaft

§ 333
Antragsrecht. Eröffnungsgründe → § 236a KO

(1) Zum Antrag auf Eröffnung des Insolvenzverfahrens über das Gesamtgut einer Gütergemeinschaft, das von den Ehegatten gemeinschaftlich verwaltet wird, ist jeder Gläubiger berechtigt, der die Erfüllung einer Verbindlichkeit aus dem Gesamtgut verlangen kann.

(2) ¹Antragsberechtigt ist auch jeder Ehegatte. ²Wird der Antrag nicht von beiden Ehegatten gestellt, so ist er zulässig, wenn die Zahlungsunfähigkeit des Gesamtguts glaubhaft gemacht wird; das Insolvenzgericht hat den anderen Ehegatten zu hören. ³Wird der Antrag von beiden Ehegatten gestellt, so ist auch die drohende Zahlungsunfähigkeit Eröffnungsgrund.

Inhaltsübersicht:

	Rz.
A. Regelungsgegenstand	1– 4
B. Zuständiges Insolvenzgericht	5–11
C. Schuldner	12–15
D. Antragsberechtigung	16–21
E. Insolvenzgläubiger	22–23
F. Insolvenzmasse	24
G. Insolvenzgrund	25–28
H. Wirkung der Verfahrenseröffnung	29
I. Zulässigkeit eines Insolvenzverfahrens über das Gesamtgut nach Beendigung der Gütergemeinschaft	30–31

§ 333

Literatur:

Baur Zwangsvollstreckungs- und konkursrechtliche Fragen zum Gleichberechtigungsgesetz, Ehe und Familie (= FamRZ) 1958, 252; *Burger/Schallenberg* Die Auslösetatbestände im neuen Insolvenzrecht, BB 1995, 261 ff.; *Haarmeyer* Das gerichtliche Eröffnungsverfahren nach der InsO, ZAP-Ost 1997, Fach 14, S. 189; *Häsemeyer* Insolvenzrecht 1992; *Helwich* Neuordnung der Zuständigkeitsregelungen im künftigen Insolvenzverfahren, MDR 1997, 13; *Schuler* Der Sonderkonkurs des ehelichen Gesamtgutes, NJW 1958, 1609.

A. Regelungsgegenstand

1 Den Ehegatten steht es frei, die Verwaltungsbefugnis über das eheliche Gesamtgut nur einem Ehegatten zu übertragen oder aber insoweit eine gemeinschaftliche Verwaltung zu vereinbaren. Bei unklarer oder mehrdeutiger Regelung im Ehevertrag ist durch Auslegung zu ermitteln, ob eine gemeinschaftliche Verwaltung gewollt ist; dabei ist die bisherige Übung der Ehegatten von Bedeutung (*BayObLG* NJW-RR 1990, 5). Soweit die Ehegatten dagegen im Ehevertrag überhaupt keine Regelung hinsichtlich der Verwaltungsbefugnis getroffen haben, gilt die gesetzliche Regelung des § 1421 Satz 2 BGB, wonach das Gesamtgut gemeinschaftlich verwaltet wird (1450 ff. BGB). Auch auf einen in der Zeit zwischen dem 01. 04. 1953 und 01. 07. 1958 vereinbarten Güterstand sind die Vorschriften der 1450 ff. BGB in der nunmehrigen Fassung des Gleichberechtigungsgesetzes vom 18. 06. 1957 (BGBl. I, 609) anzuwenden, BayObLG a. a. O.; zu den Auswirkungen dieses Gesetzes auf das Konkursrecht vgl. *Baur* in Ehe und Familie (= FamRZ) 1958, 252.

2 Mit § 333 InsO wird – entsprechend der in § 11 Abs. 2 Nr. 2 InsO getroffenen Regelung – die Möglichkeit eröffnet, trotz fehlender Rechtspersönlichkeit des von beiden Ehegatten gemeinschaftlich verwalteten Gesamtgutes (hierzu *Kanzleiter* in Münchener Kommentar zum BGB, § 1459 Rz. 2) ein eigenständiges Insolvenzverfahren über das Gesamtgut als solche durchzuführen. Insoweit handelt es sich auch hier – nicht anders als beim Nachlaßinsolvenzverfahren – um eine **Sonder- oder Partikularinsolvenz** (*Bork* Einführung in das neue Insolvenzrecht, Rz. 437). Die Verwertung des – das Haftungsobjekt bildenden – Gesamtguts ist nach Absatz 1 nur den Gläubiger eröffnet, die Erfüllung ihrer Verbindlichkeiten aus dem Gesamtgut verlangen können.

3 Abweichend von § 236a Abs. 1 KO wird als **Eröffnungsgrund** nun nicht mehr auf die Zahlungsunfähigkeit der Ehegatten, sondern auf die Zahlungsunfähigkeit bzw. drohende Zahlungsunfähigkeit des Gesamtguts abgestellt (vgl. zur bisherigen Regelung *Kilger/Karsten Schmidt* KO, § 236a Anm. 2).

4 Abzugrenzen ist das Gesamtgutsinsolvenzverfahren bei gemeinschaftlicher Verwaltung des Gesamtguts durch die Ehegatten vom Insolvenzverfahren über das Vermögen eines Ehegatten. Letzteres berührt, wie § 37 Abs. 2 InsO bestimmt, das Gesamtgut, damit auch das sich hierauf beziehende Insolvenzverfahren, nicht.

B. Zuständiges Insolvenzgericht

5 § 333 InsO trifft keine besondere Zuständigkeitsbestimmung; auch eine entsprechende Geltung der für das Nachlaßinsolvenzverfahren geltenden Vorschriften, wie sie § 332 Abs. 1 InsO für die fortgesetzte Gütergemeinschaft festschreibt, ist nicht vorgesehen. Bei der sachlichen wie örtlichen Bestimmung des für das Insolvenzverfahren über das

Antragsrecht. Eröffnungsgründe § 333

gemeinschaftlich verwaltete Gesamtgut zuständigen Gerichts verbleibt es somit bei den in §§ 2 und 3 InsO getroffenen allgemeinen Zuständigkeitsregelungen (vgl. daher die dortige Kommentierung; einen Überblick über die Neuordnung der Zuständigkeitsregelungen im Insolvenzverfahren gibt *Helwich* MDR 1997, 13. Während die **sachliche Zuständigkeit des Amtsgerichts** als Insolvenzgericht sich unmittelbar aus § 2 Abs. 1 InsO ergibt, können bei der Bestimmung der **örtlichen Zuständigkeit** wegen der Zuweisung der Schuldnerrolle an beide Ehegatten (vgl. unten) Abgrenzungsschwierigkeiten auftauchen.

Unproblematisch ist die Situation, wenn zum Gesamtgut ein **Erwerbsgeschäft** gehört. 6 Das Vorliegen eines Mittelpunkts einer selbständigen wirtschaftlichen Tätigkeit wirkt, wie § 3 Abs. 1 Satz 2 InsO festlegt, zuständigkeitsbestimmend; die hiervon gegebenenfalls abweichende Zuständigkeitsregelung des § 3 Abs. 1 Satz 1 InsO, mit der auf den allgemeinen Gerichtsstand des Schuldners abgestellt wird, wird verdrängt (vgl. insoweit die Kommentierung zu § 3 sowie zu § 315 InsO). Soweit die Niederlassung in der Zeit zwischen Antragstellung und Eröffnung des Insolvenzverfahrens an einen anderen Ort verlegt wird, bleibt das ursprünglich angerufene Gericht für die Verfahrenseröffnung zuständig (*OLG München* Rpfleger 1987, 78). Bei plötzlichen, zeitlich in engem Zusammenhang mit dem Insolvenzverfahren stehenden, **Sitzverlegungen** liegt der Verdacht nahe, daß hiermit allein ein Gerichtsstand mißbräuchlich erschlichen werden soll; vor diesem Hintergrund hat das Gericht hier zu prüfen, ob tatsächlich der Mittelpunkt der selbständigen wirtschaftlichen Tätigkeit verlegt worden ist (BGHZ 132, 195; *LG Magdeburg* GmbHR 1997, 129).

Betreibt dagegen ein Ehegatte ein Erwerbsgeschäft, das zu seinem Vorbehaltsgut gehört, 7 begründet dies allein die örtliche Zuständigkeit im Eigenkonkurs des Ehegatten, nicht dagegen für das Insolvenzverfahren über das von den Ehegatten gemeinsam verwaltete eheliche Gesamtgut (vgl. *Jaeger/Weber* KO, 3 326a–c Rz. 10; zum Begriff des Vorbehaltsguts vgl. die Kommentierung zu § 332 Rz. 10, 16f., 38).

Schwierigkeiten können insoweit jedoch auftauchen, soweit unklar ist, ob das Erwerbs- 8 geschäft dem Gesamt- oder aber – nach Maßgabe des § 1418 Abs. 2 Nr. 1 und 2 BGB – dem Vorbehaltsgut zuzuordnen ist. Ausgehend von § 1412, 1416 BGB wird die Zugehörigkeit zum Gesamtgut jedoch – widerleglich – vermutet (vgl. RGZ 90, 288; *Kanzleiter* in Münchener Kommentar zum BGB, § 1416 Rz. 4). Die Darlegung, daß dem nicht so ist, obliegt – korrespondierend mit der in § 97 Abs. 1 InsO verankerten Verpflichtung des Schuldner, »über alle das Verfahren betreffenden Verhältnisse Auskunft zu geben« – dem Schuldner. Soweit die Ehegatten **mehrere Erwerbsgeschäfte an verschiedenen Orten** betreiben, dürfte die von der Insolvenzordnung vorgesehene Prävention des ersten Eröffnungsantrages nicht maßgeblich sein (so aber – bezogen auf § 71 Abs. 2 KO, – noch *Schuler* NJW 1958, 1609 [1611]). § 3 Abs. 1 Satz 2 InsO betont den Mittelpunkt einer selbständigen wirtschaftlichen Tätigkeit; vorrangig ist daher zunächst der Erwerbsschwerpunkt zu ermitteln. Die Notwendigkeit einer solchen Auslegung wird deutlich bei einem Haupterwerbsgeschäft mit nachrangigen, von der wirtschaftlichen Bedeutung unbedeutsameren Nebenstellen.

Ebenfalls keine Probleme hinsichtlich der örtlichen Zuständigkeitsbestimmung tauchen 9 auf, soweit der **allgemeine Gerichtsstand des Schuldners** (§ 3 Abs. 1 Satz 1 InsO) maßgeblich ist und die Ehegatten – wie dies regelmäßig der Fall ist – einen gemeinsamen Gerichtsstand haben. Im Ausnahmefall – die Ehegatten haben verschiedene allgemeine Gerichtsstände – ist dagegen nicht ausgeschlossen, daß die **Zuständigkeit ortsverschiedener Insolvenzgerichte** begründet ist. Dem Gläubiger kommt insoweit zunächst ein Wahlrecht zu, das ihm – aus welchen Gründen auch immer – genehmere Gericht anzurufen. Das Wahlrecht entfällt jedoch, soweit bereits von anderer Seite die Eröffnung des Insolvenzverfahrens beantragt wurde. Hier schließt das Insolvenzgericht, bei dem zuerst die Eröffnung des Insolvenzverfahrens beantragt wurde, die übrigen aus, § 3 Abs. 2 InsO.

10 Soweit die Eröffnung des Insolvenzverfahrens beim örtlich unzuständigen Gericht beantragt wird, hat das Gericht den Antragsteller hierauf hinzuweisen; da eine Verweisung von Amts wegen nach § 281 Abs. 1 ZPO analog nicht zulässig ist, ist die Stellung eines Verweisungsantrages anzuregen. Wird dieser nicht gestellt, ist der Eröffnungsantrag als unzulässig zurückzuweisen (*LG Magdeburg* GmbHR 1997, 129). Bei **unbekanntem Aufenthalt des Schuldners** bzw. der Schuldner kann der Insolvenzantrag öffentlich zugestellt werden, §§ 203, 208 ZPO. Eines Antrags des Gläubigers bedarf es insoweit nicht, dessen Pflicht beschränkt sich auf die Glaubhaftmachung der Voraussetzungen für eine von Amts wegen vorzunehmende **öffentliche Zustellung** (*Haarmeyer* ZAP-Ost Fach 14, 189 (194). Der verfassungsrechtliche Schutz der Ehe erfordert jedoch eine besonders sorgfältige Prüfung (*AG Landstuhl* FamRZ 1993, 212; zu den allgemein an die öffentliche Zustellung i. S. d. § 203 ZPO anzustrengenden Anforderungen siehe *OLG Hamm* JurBüro 1994, 630).

11 Auch hinsichtlich der **funktionellen Zuständigkeit** gelten die allgemeinen Regelungen. Funktionell zuständig für die im Rahmen des Insolvenzverfahrens anfallenden Aufgaben kann der Richter, Rechtspfleger und der Urkundsbeamte der Geschäftsstelle sein. Die Zuständigkeitsverteilung ergibt sich hierbei nicht aus der Insolvenzordnung, sondern aus dem Rechtspflegergesetz. Dies erklärt sich aus § 3 Nr. 3 Ziffer e RPflG n. F. (geändert durch Art. 14 EGInsO), wonach das Insolvenzverfahren zum Bereich der sog. Vorbehaltsübertragungen gehört. Zur der insoweit maßgeblichen funktionellen Aufgabenverteilung siehe die weitergehenden Ausführungen von *Haarmeyer* in ZAP-Ost 1997, Fach 14 S. 189 (190ff.) sowie *Helwich* MDR 1997, 13.

C. Schuldner

12 **Schuldner einer Gesamtgutsverbindlichkeit** können bereits materiellrechtlich **nur die Ehegatten** persönlich, keinesfalls aber das Gesamtgut selbst sein, da dieses – ebenso wie andere Vermögensmassen – keine eigene Rechtspersönlichkeit besitzt. Das Gesamtgut bildet allein das Haftungsobjekt für die Verbindlichkeiten der Ehegatten (*Kanzleiter* in Münchener Kommentar zum BGB, § 1459 Rz. 2). Dementsprechend führt auch die Möglichkeit, daß über das Gesamtgut als solches ein selbständiges Insolvenzverfahren durchgeführt werden kann, nicht zu einer Zuweisung der Schuldnerrolle an das Gesamtgut. In Übereinstimmung mit dem alten Recht (vgl. *Hess* KO, § 236a Rz. 1; *Baur* in Ehe und Familie (= FamRZ) 1958, 252 [259]) sind Schuldner in diesem Verfahren vielmehr beide Ehegatten. Dies rechtfertigt sich auch aus dem Umstand, daß diese bereits zuvor Träger des – nunmehr zu verwertenden – Gesamtguts in gesamthänderischer Verbundenheit waren und hieraus folgend auch persönlich für die Gesamtgutsverbindlichkeiten hafteten (*Schuler* NJW 1958, 1609 [1610]). Wegen der gleichzeitigen Gemeinschuldnerstellung beider Ehegatten ist denkbar, daß diese hinsichtlich der Notwendigkeit, die Eröffnung des Insolvenzverfahrens zu beantragen, unterschiedlicher Auffassung sind. Dem wird der in Abs. 2 getroffenen Verfahrensregelung Rechnung getragen.

13 Nur für bestimmte Fälle ist der Insolvenzordnung zu entnehmen, ob die aus der Schuldnerrolle folgenden Rechte einzeln oder nur gemeinsam von den Ehegatten ausgeübt werden dürfen (zu den verbleibenden Einzelrechten im alten Recht vgl. *Hess* KO,

§ 236a Rz. 2; *Schuler* NJW 1958, 1609 [1611 f.]). Von einer bereits dem einzelnen Ehegatten zustehenden Schuldnerbefugnis ist insbesondere auszugehen bei:
- dem Beschwerderecht gegen die Eröffnung des Verfahrens (§ 34 Abs. 2 InsO) sowie bei Abweisung des Eröffnungsantrags mangels Masse; dies begründet sich aus der Selbständigkeit des Beschwerderechtes (vgl. auch unten Rz. 21);
- dem Recht, angemeldete Forderung zu bestreiten (§ 176 Satz 2 InsO); die Notwendigkeit, daß es genügen muß, wenn ein Ehegatte bestreitet, folgt bereits aus der Existenz von Sonder- und Vorbehaltsgut eines jeden Ehegatten.

Soweit dagegen die Insolvenzordnung eine **Anhörung des Schuldners** vorsieht (§§ 10, 14 Abs. 2, 21 Abs. 3 InsO), ist diese Recht – soweit nicht eine Empfangsvollmacht für einen Ehegatten erteilt wurde – beiden Ehegatten zuzugestehen. Eine Ausnahme bildet die Anhörung eines Ehegatten, soweit nur der andere den Antrag auf Eröffnung des Insolvenzverfahrens gestellt hat, § 334 Abs. 1 Satz 2 HS 2 InsO. **14**

Demgegenüber treffen die **Schuldnerpflichten**, wie etwa die in § 97 InsO statuierten Auskunfts- und Mitwirkungspflichten, ausnahmslos beide Ehegatten (vgl. *Kuhn/Uhlenbruck* KO, § 236a Rz. 3). Dasselbe gilt grundsätzlich hinsichtlich der zwangsweise Durchsetzung der Pflichten des Schuldners nach § 98 InsO. Eine Ausnahme wird indes angebracht sein, soweit die Verletzung einer dem Schuldner obliegenden Pflicht allein einem Ehegatten angelastet werden kann. **15**

D. Antragsberechtigung

Antragsberechtigt ist zunächst jeder **Gläubiger**, »der die Erfüllung einer Verbindlichkeit aus dem Gesamtgut verlangen kann«, § 333 Abs. 1 InsO. Gläubiger in diesem Sinne kann – trotz der zugewiesenen Schuldnerrolle – auch ein Ehegatte sein, soweit diesem gegen das Gesamtgut eine Forderung zusteht. Die Möglichkeit einer solchen Gläubigerstellung folgt bereits aus der strikten Trennung von Eigenvermögen der Ehegatten und dem Gesamtgut. So ist etwa denkbar, daß ein Ehegatte aus Mitteln seines Vorbehaltsguts Gesamtgutsverbindlichkeiten getilgt hat (§ 1467 Abs. 2 BGB) oder hieraus ein Darlehen vergeben hat. **16**

Zulässig ist der Antrag eines Gläubigers auf Eröffnung des Insolvenzverfahrens, wenn er hieran ein rechtliches Interesse hat und seine Forderung und den Eröffnungsgrund glaubhaft macht, § 14 Abs. 1 InsO (siehe die dortige Kommentierung). Ausnahmsweise bedarf es – über die Glaubhaftmachung hinaus – des vollen Beweises, wenn die dem Eröffnungsantrag zugrundeliegende Forderung die einzige ist und diese vom Schuldner bestritten wird; *AG Düsseldorf* KTS 1988, 177. **17**

Ungeachtet der Gläubigerstellung wird mit der in **Absatz 2** getroffenen Regelung daneben klargestellt, daß auch »jeder« **Ehegatte** bzw. beide Ehegatten die Eröffnung des Insolvenzverfahrens über das gemeinschaftlich verwaltete Gesamtgut der Gütergemeinschaft beantragen können, soweit die Zahlungsunfähigkeit des Gesamtguts glaubhaft gemacht wird bzw. eine drohende Zahlungsunfähigkeit gegeben ist. **18**

Die gleichzeitige Schuldnerstellung der Ehegatten wirkt sich auch verfahrensrechtlich aus; dies insbesondere angesichts der latenten Gefahr, daß die Ehegatten hinsichtlich der Vermögenseinschätzung unterschiedlicher Auffassung sind. Dem wird mit der in Abs. 2 vorgenommenen Differenzierung von Zahlungsunfähigkeit und drohender Zahlungsunfähigkeit Rechnung getragen. Soweit nur ein Ehegatte die Eröffnung des Insolvenzverfahrens beantragt, bedarf es hierzu nicht der Zustimmung des anderen Ehegatten. Zulässigkeitsvoraussetzung der insoweit autonomen Verfahrenshandlung ist jedoch **19**

§ 333   *Besondere Arten des Insolvenzverfahrens*

dann, daß der beantragende Ehegatte die »Zahlungsunfähigkeit des Gesamtguts glaubhaft macht« (zur Parallele im alten Recht vgl. *Hess* KO, § 236 a Rz. 2; *Kuhn/Uhlenbruck* KO, § 236 a Rz. 4; zum Sinn und Zweck der Glaubhaftmachung vgl. *Haarmeyer* ZAP-Ost 1997, Fach 14 S. 189 (197). Die – sich bereits aus der Schwere des Eingriffs der Insolvenzverfahrenseröffnung ergebenden – Interessen des anderen Ehegatten werden hier durch das ihm zustehende Anhörungsrecht gewahrt.

20 Absatz 2 Satz 2 und 3 markieren insoweit zugleich die **Grenze der autonomen Entscheidungsbefugnis des einzelnen Ehegatten**. Während für den Eröffnungsgrund »Zahlungsunfähigkeit« die Glaubhaftmachung durch einen Ehegatten als ausreichend erachtet wird, ist die drohende Zahlungsunfähigkeit nur dann Eröffnungsgrund, wenn der Eröffnungsantrag von beiden Ehegatten gestellt wird.

21 Wird das Insolvenzverfahren auf einen Gläubigerantrag hin eröffnet, steht es jedem Ehegatten als Mitschuldner frei, hiergegen **Beschwerde** einzulegen, § 34 Abs. 2 InsO; wegen der Selbständigkeit des Beschwerderechts bedarf es einer Zustimmung des anderen Ehegatten insoweit nicht (vgl. *Jaeger/Weber* KO, § 236 a – c Rz. 13). Aus diesem Grund steht das Beschwerderecht eines Ehegatten diesem auch für den Fall zu, daß die Verfahrenseröffnung auf einem Antrag des anderen Ehegatten beruht. Soweit die Eröffnung des Insolvenzverfahrens abgelehnt wurde, steht das Beschwerderecht nach § 34 Abs. 1 InsO dem »Antragsteller« zu. Für den Fall des Eigenantrags ist damit auch für den bzw. die Ehegatten das Rechtsmittel der Beschwerde eröffnet. Bei Abweisung der Verfahrenseröffnung mangels Masse (§ 26 InsO) ergibt sich diese Möglichkeit für die Ehegatten bereits aus deren Schuldnerrolle, § 34 Abs. 1 HS 2 InsO.

E. Insolvenzgläubiger

22 Gläubiger im Rahmen eines Insolvenzverfahrens über das gemeinschaftlich verwaltete Gesamtgut einer Gütergemeinschaft kann nur sein, wer »die Erfüllung einer Verbindlichkeit aus dem Gesamtgut verlangen kann«, § 333 Abs. 1. Eine solche Stellung kommt allein den Gesamtgutsgläubigern i. S. d. §§ 1459 ff. BGB zu. Von Bedeutung sind insoweit die teils weitreichenden Einschränkungen der §§ 1460–1462 BGB. Insbesondere § 1460 BGB schränkt die Haftung des Gesamtguts auf die – während der Dauer der Gütergemeinschaft entstandenen – rechtsgeschäftliche Verbindlichkeiten ein, die von beiden Ehegatten vorgenommen wurden; dem gleichgestellt sind die durch einen Ehegatten vorgenommenen Rechtsgeschäfte, die entweder aufgrund einer Zustimmung des anderen Ehegatten oder aber aufgrund der Befugnis, für das Gesamtgut zu handeln (§§ 1454 bis 1456 BGB), für das Gesamtgut wirksam sind. Zur möglichen Gläubigerstellung eines Ehegatten vgl. oben Rz. 16 sowie *Bley/Mohrbutter* VerglO § 114 a Rz. 7.

23 Die Haftung des Gesamtguts ist nach § 1459 Abs. 1 BGB die Regel. Soweit bestritten wird, daß eine Gesamtgutsverbindlichkeit vorliegt, trägt die **Beweislast** derjenige, der sich hierauf beruft (*Kanzleiter* in Münchener Kommentar zum BGB § 1459 Rz. 8)

F. Insolvenzmasse

24 Vom Insolvenzbeschlag erfaßt werden alle Gegenstände, die im **Zeitpunkt der Eröffnung des Insolvenzverfahrens** zum Gesamtgut gehören, § 1416 BGB. Auszuscheiden ist das Eigenvermögen der Ehegatten, also das diesen jeweils zustehende Sonder- und Vorbehaltsgut (§§ 1417, 1418 BGB).

Antragsrecht. Eröffnungsgründe § 333

G. Insolvenzgrund

Die Gesetzesbegründung zu § 333 fällt reichlich knapp aus. Sie beschränkt sich im 25
wesentlichen auf die Aussage, daß § 236a Abs. 2 und 3 KO, sinngemäß übernommen
werden. Die Zurückhaltung in der Begründung verwundert angesichts der Nichtübernahme der in § 236a Abs. 1 KO, getroffenen Regelung und der hieraus folgenden – nicht
nur unwesentlichen – Abweichung des bisherigen Rechts gegenüber der nunmehr
vorliegenden Norm. Abgestellt wurde in § 236a Abs. 1 KO, auf die »Zahlungsunfähigkeit beider Ehegatten«. Wegen der in § 1459 Abs. 1 BGB vorgesehenen persönlichen
Haftung für Gesamtgutsverbindlichkeiten, die sich auch auf das nicht gesamthänderisch
gebundene sonstige Vermögen erstreckte, genügte damit insbesondere nicht, daß aus
dem Gesamtgut keine Zahlungen mehr geleistet werden konnten, solange und soweit
eine Deckung durch das sonstige Vermögen der Ehegatten gegeben war (vgl. *Hess* KO,
§ 236a Rz. 3; *Häsemeyer* Insolvenzrecht, S. 818 und für das Vergleichsverfahren *Bley/
Mohrbutter* VerglO, § 114a Rz. 3).

Demgegenüber bildet den Insolvenzgrund im Gesamtgutsinsolvenzverfahren bei ge- 26
meinsamer Verwaltung des ehelichen Gesamtguts nunmehr die **Zahlungsunfähigkeit**
bzw. bei Antrag beider Ehegatten die **drohende Zahlungsunfähigkeit** (Abs. 2) **des
Gesamtgutes** (*Bork* Einführung in das neue Insolvenzrecht, Rz. 437; allgemein zu den
neuen Eröffnungsgründen im Insolvenzrecht: *Burger/Schellberg* BB 1995, 261). Das
nunmehr hierauf abzustellen ist, ergibt sich bereits aus Absatz 2, wo von der »Zahlungsunfähigkeit des Gesamtguts« die Rede ist, aber auch mittelbar aus der in § 334 Abs. 1
InsO getroffenen Regelung, welche die persönliche Haftung der Ehegatten zum Gegenstand hat. Abweichend vom alten Recht sind also die sonstigen Vermögensverhältnisse
der Ehegatten nunmehr für das Gesamtgutsinsolvenzverfahren irrelevant, da hier allein
auf die Aktiva und Passiva des Gesamtguts abgestellt wird.

Soweit § 333 InsO einen Zugriff der Gläubiger allein auf das Gesamtgut vorsieht, stehen 27
diese sich im Verhältnis zum alten Recht nicht schlechter, denn der Zugriff auf das
Gesamtgut versperrt – wie § 334 InsO aufzeigt – nicht zwingend die Möglichkeit einer
hierüber hinausgehenden persönlichen Inanspruchnahme der Ehegatten. Die mit § 333
InsO vorgenommene Abweichung gegenüber dem alten Recht stellt insoweit eine
Verfahrenskomplizierung dar. Sie beruht auf der vom Gesetzgeber verfolgten Zielsetzung, daß die Haftung der Gesamtheit der Gläubiger zugute kommt. Hierfür ist jedoch
die Eröffnung eines Insolvenzverfahrens über das Vermögen des einzelnen Ehegatten
nicht erforderlich. Will ein Gläubiger – über die Sondervermögensmasse »Gesamtgut«
hinaus – auf das Eigenvermögen der Ehegatten zugreifen, bedarf es hierzu eines vom
Insolvenzverfahren über das Gesamtgut losgelösten – insoweit eigenständigen – Insolvenzverfahren über das Vermögen der Ehegatten. Diese persönliche Haftung muß jedoch
nach § 334 Abs. 1 InsO in der Gesamtgutsinsolvenz nunmehr vom Insolvenzverwalter
oder Sachwalter geltend gemacht werden.

Insolvenzgrund bildet allein die Zahlungsunfähigkeit bzw. die drohende Zahlungsunfä- 28
higkeit, **nicht** dagegen – anders als bei der Nachlaßinsolvenz (§ 320 InsO) – die
Überschuldung des Gesamtguts (*Bork* a. a. O., Rz. 438 Fn. 46). Dies ergibt sich bereits
aus § 19 Abs. 1 InsO, mit dem klarstellt wird, daß die Überschuldung bei einer juristischen Person Eröffnungsgrund ist (eingehend zur bilanzmäßigen Überschuldung *BGH*
NJW 1992, 2891).

H. Wirkung der Verfahrenseröffnung

29 Die Eröffnung des Insolvenzverfahrens über das von den Eheleuten gemeinsam verwaltete Gesamtgut führt nicht zur Beendigung der Gütergemeinschaft; sie ist allenfalls – gestützt auf die Überschuldung des Gesamtgutes – ein Grund für die Klage eines Ehegatten auf Aufhebung der Gütergemeinschaft (§ 1469 Nr. 4 BGB). Umgekehrt berührt eine solche Klage das bereits eingeleitete Verfahren auch dann nicht mehr, wenn dem Klageantrag noch vor Abschluß des Insolvenzverfahrens stattgegeben und die Gütergemeinschaft dementsprechend aufgehoben wird (vgl. *Jaeger/Weber* KO, § 236 a–c Rz. 16; zur Überschuldung des Gesamtgut vgl. *Kanzleiter* in Münchener Kommentar zum BGB, § 1447 Rz. 14). Die der Aufhebung der Gütergemeinschaft nachfolgende Auseinandersetzung beschränkt sich für diesen Fall allein auf das vom Insolvenzverfahren nicht erfaßte Vermögen (zur Zulässigkeit eines Insolvenzverfahrens über das Gesamtgut im Zwischenstadium nach Beendigung und noch nicht auseinandergesetzter Gütergemeinschaft siehe die nachfolgenden Rz. 30, 31).

I. Zulässigkeit eines Insolvenzverfahrens über das Gesamtgut nach Beendigung der Gütergemeinschaft

30 Keine Aufnahme in die Insolvenzordnung fand die im Rahmen des Gesetzgebungsverfahrens vorgeschlagene Regelung zum **Insolvenzverfahren nach Beendigung der Gütergemeinschaft** (§ 13 Abs. 3 RegE). Diese Fallgestaltung soll – wie die Beschlußempfehlung des Rechtsausschusses knapp festhält – »wie im geltenden Recht der Rechtsprechung überlassen werden«. Damit aber wurde – wie schon bei den Vorgängerregelungen §§ 236 a–c KO, – die Chance verpaßt, eine abschließende Klärung der Frage, inwieweit ein Insolvenzverfahren über das Gesamtgut nach Beendigung und noch nicht abgeschlossener Auseinandersetzung der Gütergemeinschaft zulässig ist, herbeizuführen (vgl. zum alten Recht bereits *Schuler* NJW 1958, 1609). Die Zurückhaltung des Gesetzgebers ist angesichts der nicht nur unwesentlichen praktischen Bedeutung der Frage – auch weiterhin – wenig verständlich.

31 Aus der bewußt offengelassenen Regelungslücke wird man jedoch gerade angesichts der kontroversen Behandlung im Gesetzgebungsverfahren nicht ableiten können, daß die Insolvenzordnung die Sonderinsolvenz über das Gesamtgut nur bis Beendigung der Gütergemeinschaft zulassen will. Insbesondere kann nicht unterstellt werden, daß mit der nunmehr vorgenommenen Aufzählung der Sonderinsolvenzen eine abschließende Regelung getroffen werden sollte (vgl. die ähnliche Argumentation in RG 84, 242). Vielmehr spricht der Umstand, daß der Gesetzgeber im Interesse der Gesamtgutsgläubiger nach wie vor durch Schaffung einer Sonderinsolvenz über das Gesamtgut der bestehenden Gütergemeinschaft an der Notwendigkeit eines Vorzugsbefriedigungsrecht aus dem Gesamtgut festhält, für eine entsprechende Anwendung des § 333 InsO auch für die beendete, noch in der Auseinandersetzung befindliche Gütergemeinschaft (vgl. in diesem Zusammenhang schon die Ansicht von *Jaeger/Weber* KO, § 236 a–c Rz. 9 und *Schuler* NJW 1958, 1609). Hierbei ist zu berücksichtigen, daß Verbindlichkeiten, die im Rahmen der Verwaltung des Gesamtguts nach Beendigung der Gütergemeinschaft neu eingegangen werden, keine Gesamtgutsverbindlichkeiten werden und von dem sie begründenden Ehegatten allein oder im Fall der Zustimmung oder Mitwirkung des anderen Teils, von beiden anteilig zu tragen sind, *OLG München* FamRZ 1996, 170.

§ 334
Persönliche Haftung der Ehegatten

(1) Die persönliche Haftung der Ehegatten für die Verbindlichkeiten, deren Erfüllung aus dem Gesamtgut verlangt werden kann, kann während der Dauer des Insolvenzverfahrens nur vom Insolvenzverwalter oder vom Sachwalter geltend gemacht werden.
(2) Im Falle eines Insolvenzplans gilt für die persönliche Haftung der Ehegatten § 227 Abs. 1 entsprechend.

Inhaltsübersicht: Rz.

A. Regelungsgegenstand und Zweck der Vorschrift 1– 4
B. Geltendmachung der persönlichen Haftung 5– 6
C. Haftungsbefreiung der Ehegatten entsprechend § 227 Abs. 1 InsO (Absatz 2) 7–14

Literatur:

Bork Der Insolvenzplan, ZZP 1996, Bd. 109, 473.

A. Regelungsgegenstand und Zweck der Vorschrift

Entgegen der allgemein gehaltenen Überschrift »persönliche Haftung der Ehegatten« 1
regelt die Vorschrift allein die persönliche Haftung der im Wahlgüterstand der Gütergemeinschaft lebenden Ehegatten für die Verbindlichkeiten, deren Erfüllung aus dem ehelichen Gesamtgut verlangt werden kann. Daß eine solche Haftung als solche besteht, wird stillschweigend vorausgesetzt und ergibt sich bereits aus den entsprechenden materiell-rechtlichen Vorgaben der §§ 1450 ff. BGB. Soweit § 334 Abs. 1 InsO also festhält, daß ein Insolvenzverfahren über das Gesamtgut einer Gütergemeinschaft nicht die persönliche Haftung der Ehegatten ausschließt, deckt sich dies mit der Vorgabe des § 1459 BGB, der in Abs. 1 die Haftung des Gesamtguts und mit Abs. 2 die persönliche Haftung der Ehegatten für Gesamtgutsverbindlichkeiten festschreibt.

Eine – bezogen auf die weite Fassung des Wortlauts – vergleichbare Einschränkung muß 2
auch hinsichtlich des in der Vorschrift verwendeten Begriffs des »Gesamtguts« gemacht werden. Wie sich bereits aus der systematischen Stellung der Norm im Dritten Abschnitt des 10. Teils der Insolvenzordnung ergibt, ist ausschließlich das **gemeinschaftlich verwaltete Gesamtgut** gemeint.

Abweichend vom bisherigen Recht (§ 236c KO, § 114b VerglO), daß das Initiativrecht, 3
auch nach der Eröffnung des Konkurs- oder Vergleichsverfahrens über das Sondervermögen die persönliche Haftung des Schuldners geltend zu machen, allein dem Gläubiger eröffnete, kann die persönliche Haftung während des Insolvenzverfahrens über das Gesamtgut nunmehr »nur« noch vom Insolvenzverwalter oder Sachwalter geltend gemacht werden.

Mit der in Absatz 2 der Vorschrift vorgesehenen entsprechenden Anwendung des § 227 4
Abs. 1 InsO wird dem Umstand Rechnung getragen, daß die Interessenlage der Ehegatten, soweit sie persönlich in Anspruch genommen werden, sich mit der eines »gewöhn-

lichen« Schuldners deckt. Insoweit ist es gerechtfertigt auch den Ehegatten die für den Fall eines Insolvenzplanes vorgesehene Haftungsprivilegierung des § 227 Abs. 1 InsO zukommen zu lassen.

B. Geltendmachung der persönlichen Haftung

5   Die persönliche Haftung der Ehegatten kann nunmehr »nur« noch vom Insolvenzverwalter oder Sachwalter geltend gemacht werden kann. Eine entsprechende Regelung findet sich auch für die persönliche Haftung der Gesellschafter in § 93 InsO. Die Deckungsgleichheit der von § 334 und § 93 InsO erfaßten Regelungsinhalte folgt aus der Parallelität der – vom Regelinsolvenzfall abweichenden – Zugriffsmöglichkeiten für die Gläubiger. Bildet bei der Insolvenz einer Gesellschaft das Gesellschaftsvermögen die eine Haftungsmasse, ist dies bei der Insolvenz der Ehegatten das Gesamtgut; die darüber hinausgehende persönliche Haftung der Gesellschafter wiederum entspricht funktional der persönlichen Haftung der Ehegatten für die Gesamtgutverbindlichkeiten, wie sie in § 1459 Abs. 2 BGB festgeschrieben wird.

6   Soweit nunmehr allein der Insolvenzverwalter oder Sachwalter befugt ist, die persönliche Haftung der Ehegatten geltend zu machen, erfolgt eine Verlagerung der im alten Recht noch dem Gläubiger zugewiesenen Kompetenz (vgl. § 236c KO, § 114b VerglO) auf den Insolvenzverwalter bzw. Sachverwalter. Der Gesetzgeber verfolgt dabei die Zielsetzung, bereits durch entsprechende Verfahrensgestaltungen und Einflußmöglichkeiten, aber auch -begrenzungen, eine möglichst gleichmäßige Befriedigung der Gläubiger zu erreichen. Verhindert werden soll, daß Gläubiger sich in der Insolvenz des Gesamtguts durch einen schnelleren Zugriff auf den persönlich haftenden Schuldner Sondervorteile verschaffen (vgl. Begr. zu § 105 RegE).

C. Haftungsbefreiung der Ehegatten entsprechend § 227 Abs. 1 InsO (Absatz 2)

7   Bereits aus der Übernahme der für den Insolvenzplan geltenden Regelung des § 227 Abs. 1 InsO folgt, daß die in Abs. 2 getroffene Regelung sich nicht einfach als redaktionell angepaßte Fortschreibung des bisherigen Rechts darstellt. Mit der **Ablösung des Vergleichsverfahrens und des Zwangsvergleichs** durch den Insolvenzplan wird vielmehr einer der herausragenden neuen Instrumente der InsO in das Sonderinsolvenzverfahren über das gemeinschaftlich verwaltete Gesamtgut einer Gütergemeinschaft transferiert.

8   Damit wird auch im Bereich der Gütergemeinschaft die bisherige Konzeption, daß der Vorschlag für eine einvernehmliche Bereinigung der Insolvenz vom Schuldner ausgehen muß, aufgegeben. Mit dieser Verlagerung der Vorschlagskompetenz wird zugleich der sachlich nicht gerechtfertigten These, nur der »würdige« Schuldner könne zu einem Abschluß auf Vergleichsebene zugelassen werden, der Boden entzogen.

9   Nicht anders als im Regelinsolvenzverfahren besteht auch hinsichtlich der **persönlichen Haftung der Ehegatten** die Möglichkeit, die verschiedenen – regelmäßig gegenläufigen – Interessen der am Insolvenzverfahren Beteiligten durch Abschluß eines Insolvenzplanes zu einem einvernehmlichen Ausgleich zu bringen. Insoweit ist es sachlich gerechtfertigt, für den Fall eines Insolvenzplanes auch den Ehegatten die in § 227 Abs. 1 vorgesehene Haftungsprivilegierung zukommen zu lassen. Die Notwendigkeit einer

»entsprechenden« Anwendung folgt bereits aus der Schuldnerstellung beider Ehegatten.

Auch der verfolgte Zweck eines im Zusammenhang mit der persönlichen Haftung der Ehegatten abgeschlossenen Insolvenzplans deckt sich mit dem Regelverfahren. Hier wie dort kann insbesondere angestrebt werden: 10
- die **Verwertung der Insolvenzmasse** bei möglichst gleich hoher Befriedigungsquote;
- die Stabilisierung und/oder **Wiederherstellung der Ertragskraft** des Schuldnervermögens, damit verbunden die Verlagerung der Gläubigerzugriffs auf zukünftig Überschüsse;
- die **Übertragung eines Unternehmens** auf einen Dritten, damit verbunden die Verteilung des Verkaufserlöses auf die Gläubiger.

Die Praktikabilität und wirtschaftliche Relevanz des vorgenommenen Systemwandels bleibt – auch hier – abzuwarten (hierzu *Bork* ZZP 1996, Bd. 109, 473, der die Tauglichkeit des Instruments »Insolvenzplan« grundsätzlich bejaht). Für eine – gegenüber dem Regelinsolvenzverfahren – höhere Akzeptanz des Insolvenzplanes bei der Insolvenz über das gemeinschaftlich verwaltete Gesamtgut einer Gütergemeinschaft spricht jedoch der Umstand, daß bereits durch den Zugriff der Gläubiger auf die Sondervermögensmasse »Gesamtgut« regelmäßig eine nicht nur unerhebliche Befriedigungsquote erzielt werden kann, der persönlichen Haftung der Ehegatten also oftmals nur eine ergänzende Funktion zukommt. 11

Mit der entsprechenden Anwendung der in § 227 Abs. 1 InsO vorgesehenen Haftungsbefreiung des Schuldners wird einerseits berücksichtigt, daß der Schuldner nicht erwarten kann, daß ihm in einem Insolvenzplan wirtschaftliche Werte aus der Insolvenzmasse zugewiesen werden. Dem steht das nachvollziehbare Interesse des Schuldners – hier der Ehegatten – gegenüber, durch den Insolvenzplan eine verfahrensabschließende Lösung zu erzielen, mit der eine endgültige Befreiung von seinen Verbindlichkeiten gegenüber den Gesamtgutsgläubigern erreicht werden kann (vgl. die Begr. zu § 270 RegE). Für eine Haftungsprivilegierung in diesem Sinne reicht es aus, daß eine andere Bestimmung im Insolvenzplan nicht getroffen wurde; hinsichtlich der weiteren Einzelheiten wird insoweit auf die Kommentierung zu § 227 InsO verwiesen. 12

Die **Vereinbarung eines Insolvenzplanes** folgt auch für den Fall der Insolvenz eines gemeinschaftlich verwalteten Gesamtguts einer Gütergemeinschaft den sehr differenzierten Regelungen der §§ 217 bis 269 InsO, auf deren Kommentierung verwiesen wird. Grob skizziert sind dementsprechend auch hier folgende Verfahrensschritte einzuhalten: 13
- Der Insolvenzplan wird entweder vom Insolvenzverwalter oder aber vom Schuldner – hier gegebenenfalls zugleich mit dem Antrag auf Eröffnung des Insolvenzverfahrens – vorgelegt (§ 218 InsO).
- Der Plan muß eine Darstellung der bisher getroffenen bzw. beabsichtigten Maßnahmen enthalten (§ 220 InsO) und darlegen, wie die bisherige Rechtsstellung der Beteiligten geregelt werden soll (§ 221 InsO).
- Gläubiger mit unterschiedlicher Rechtsstellung sind in Gruppen aufzuteilen und innerhalb der Gruppe gleich zu behandeln (§§ 222 bis 226 InsO).
- Die Zurückweisung des Insolvenzplans ist nach Maßgabe des § 231 InsO möglich; erfolgt keine Zurückweisung, so leitet das Insolvenzgericht ihn den Verfahrensbeteiligten zur Stellungnahme zu (§ 232 InsO).
- Zu seiner Wirksamkeit bedarf der Insolvenzplan der Zustimmung des Schuldners (§ 247 InsO) und der Insolvenzgläubiger; die hierbei einzuhaltenden Mehrheitsverhältnisse bestimmen sich nach § 244 InsO.

– Schließlich erwächst der Insolvenzplan nach Bestätigung durch das Insolvenzgericht in Rechtskraft (§§ 248, 254 InsO).

14 Die in § 334 Abs. 1 InsO vorgesehene **entsprechende Anwendung des § 227 Abs. 1 InsO** greift **nur** dann, wenn die dort genannten Voraussetzungen vorliegen. Hiernach wird der Schuldner mit der im gestaltenden Teil (§ 221 InsO) vorgesehenen Befriedigung der Insolvenzgläubiger von seinen restlichen Verbindlichkeiten gegenüber diesen Gläubigern befreit, **wenn** und soweit **keine andere Bestimmung im Insolvenzplan** getroffen wurde. Dementsprechend ist nicht notwendig, daß die Befreiung von den durch den Insolvenzplan nicht erfaßten Restverbindlichkeiten im Insolvenzplan explizit aufgeführt wird. Bereits das Schweigen des Plans führt zur Befreiung des Schuldners von den Restverbindlichkeiten; vgl. im übrigen die Kommentierung zu § 227 InsO.

Elfter Teil
Inkrafttreten

§ 335
Verweisung auf das Einführungsgesetz

Dieses Gesetz tritt an dem Tage in Kraft, der durch das Einführungsgesetz zur Insolvenzordnung bestimmt wird.

Inhaltsübersicht: Rz.

A. Inkrafttreten des Insolvenzordnung 1–4
B. Übergangsregelungen 5–6

Literatur:

Berscheid Personalabbau vor und in der Insolvenz unter Berücksichtigung des Betriebsübergangs, Anwaltsblatt 1995, 8; *Heyer* Kommt die Insolvenzordnung wirklich 1999?, NJW 1997, 2803; *Pape* Aktuelle Entwicklungstendenzen der Rechtsprechung zur Gesamtvollstreckungsordnung, DtZ 1997, 2; *Rother* Über die Insolvenz der Gesetzgebung, ZRP 1998, 205.

A. Inkrafttreten des Insolvenzordnung

Mit der in § 335 angeordneten Verweisung auf das zur Insolvenzordnung ergangene Einführungsgesetz wird auf Art. 110 Abs. 1 und 2 EGInsO, Bezug genommen. Der RegE hatte noch den 01.01.1997 als Zeitpunkt des Inkrafttretens der Insolvenzordnung vorgesehen. Die vom Bundesrat vorgebrachte Zielsetzung, die Justiz müsse den zu erwartenden Geschäftsanfall durch anderweitige Entlastungsmaßnahmen ohne Schaffung zusätzlicher Stellen bewältigen, führte zur Anrufung des Vermittlungsausschusses (vgl. insoweit *Heyer* NJW 1997, 2803). Auf dessen Vorschlag erfolgte eine Verschiebung auf den 01.01.1999, § 110 Abs. 1 EGInsO. **1**

Das mit der Insolvenzordnung – erstmals in der Geschichte der Bundesrepublik – ein verabschiedetes Gesetz erst 5 Jahre nach seiner Verabschiedung in Kraft tritt, mag ein ungewöhnlicher und wohl auch einmaliger Vorgang sein. Insbesondere vermag auch die These, daß die Justiz 1999 dem Geschäftsanfall besser gewachsen sei, wenig zu überzeugen. Insbesondere im Hinblick auf die Einführung der Restschuldbefreiung bleibt – von einer Übergangszeit abgesehen – abzuwarten, inwieweit die personelle Belastung der Justiz das erträgliche Maß übersteigt. Zumindest in gewisser Weise bewahrheitet haben sich in diesem Zusammenhang die Befürchtungen, der lange Zeitraum zwischen Verabschiedung und Inkrafttreten der Reform berge die Gefahr einer Neueröffnung der Reformdiskussion in sich (*Pape* DtZ 1997, 2; verneinend *Haarmeyer/Wutzke/Förster* InsO/EGInsO, S. 11). Dies erklärt sich bereits aus Gesetzesänderungen in Rechtsbereichen, die sich auch auf die InsO auswirken können; als Beispiel sei die Änderung der Stellung des nichtehelichen Kindes im Rahmen des Kindschaftsreformgesetzes benannt. Dagegen ist eine grundlegende Änderung der Insolvenzordnung, wie sie verschiedent- **2**

lich gefordert wurde (so etwa von *Rother,* ZRP 1998, 205), unterblieben; zur Auswirkung des neuen Kindschaftsrechts vgl. auch die Ausführungen in § 327 Rz. 11.
3 Bereits am 19. 10. 1994, dem Tag der Verkündung, in Kraft getreten sind wichtige Teile des Einführungsgesetzes, namentlich flankierende Regelungen und solche, die in keinem unmittelbaren Zusammenhang zur Reform stehen, § 110 Abs. 2 EGInsO (vgl. hierzu *Berscheid* Anwaltsblatt 1995, 8)
4 Mit § 354 a HGB ist eine weitere – im mittelbaren Zusammenhang mit der Insolvenzordnung stehende – wesentliche Vorschrift mit Wirkung vom 30. 07. 1994 in Kraft getreten (BGBl. I 1994, S. 1682). Hiernach ist die Abtretung einer Geldforderung auch dann wirksam ist, wenn Gläubiger und Schuldner dieser Geldforderung gemäß § 399 BGB ein Abtretungsverbot vereinbart haben und das die Forderung begründende Rechtsgeschäft für beide Teile ein Handelsgeschäft ist. Der hier zum Ausdruck gebrachte gesetzgeberische Wille ist schwerlich mit der von der Insolvenzordnung angestrebten Neuordnung in Einklang zubringen. Das erklärte Ziel, mehr Verfahren zur Eröffnung zu bringen, wird konterkariert. So wird bereits jetzt die Vermutung laut, daß die Aufhebung des Abtretungsverbots einen erheblichen Einfluß auf die zu verteilende Masse hat. Ob die Neuregelung des § 354 a HGB gar bei Unternehmensfinanzierungen zu einer – sachlich nicht gerechtfertigten – Risikoverlagerung von den Banken auf die Lieferanten führen wird – so *Haarmeyer/Wutzke/Förster* InsO/EGInsO, S. 24 – bleibt abzuwarten.

B. Übergangsregelungen

5 Die Schaffung eines neuen Insolvenzrecht setzt naturgemäß Übergangsregelungen für Konkurs-, Vergleichs- und Gesamtvollstreckungsverfahren voraus. Dementsprechende Regelungen finden sich in den Art 103 ff. EGInsO.
6 Hiernach gelten folgende Grundsätze:
– Bereits **vor dem 01. 01. 1999 beantragte Konkurs-, Vergleichs- und Gesamtvollstreckungsverfahren**, aber auch der dem Anschlußkonkursverfahren vorausgehende, vor dem 01. 01. 1999 gestellte Vergleichsantrag sind allein nach bisherigem Recht zu beurteilen, Art. 103 EGInsO.
– Alle **nach dem 31. 12. 1998 beantragten Insolvenzverfahren** sind – unabhängig vom Zeitpunkt der Begründung von Rechtsverhältnissen und Rechten – nach neuem Recht zu beurteilen, Art. 104 EGInsO; zur Frage, wann eine »Beantragung vorliegt«, vgl. die Kommentierung zu § 13 ff. InsO.
– Die **vor dem 01. 01. 1999 vorgenommenen Rechtshandlungen** sind nur dann nach neuem Recht anfechtbar, wenn eine Anfechtung – auch hinsichtlich des Anfechtungsumfangs – bereits nach altem Recht möglich war, Art. 106 EGInsO (eine Übersicht zur Gläubigeranfechtung nach dem »neuen« Anfechtungsgesetz gibt *Schallenberg* in Steuerberater Rechtshandbuch, Fach K, Kap. 8; zum Begriff der Rechtshandlung siehe dort Rz. 10; zum maßgeblichen Zeitpunkt der Vornahme einer Rechtshandlung vgl. § 8 AnfG n. F.).
– War der **Schuldner bereits vor dem 01. 01. 1999 zahlungsunfähig**, verkürzen sich die für die Restschuldbefreiung maßgeblichen Fristen nach Maßgabe des Art. 107 EGInsO.
– Soweit bereits ein **Gesamtvollstreckungsverfahren** durchgeführt worden ist, sind auch nach dem 31. 12. 1998 die Vollstreckungsbeschränkungen des § 18 Abs. 2 Satz 3 GesO zu beachten; bei Eröffnung des Insolvenzverfahrens sind die der Vollstrek-

kungsbeschränkung unterliegenden Forderungen im Rang nach Maßgabe des § 39 Abs. 1 InsO zu berichtigen; Art. 108 EGInsO.
– Bestimmte – in Art. 109 EGInsO näher eingegrenzte – **in Schuldverschreibungen zugestandene Befriedigungsvorrechte** sind auch im zukünftigen Insolvenzverfahren zu beachten.

Anhang

Anhang I

Artikel 102 EGInsO
Internationales Insolvenzrecht

(1) ¹Ein ausländisches Insolvenzverfahren erfaßt auch das im Inland befindliche Vermögen des Schuldners. ²Dies gilt nicht,
1. wenn die Gerichte des Staates der Verfahrenseröffnung nach inländischem Recht nicht zuständig sind;
2. soweit die Anerkennung des ausländischen Verfahrens zu einem Ergebnis führt, das mit wesentlichen Grundsätzen des deutschen Rechts offensichtlich unvereinbar ist, insbesondere soweit sie mit den Grundrechten unvereinbar ist.

(2) Eine Rechtshandlung, für deren Wirkung inländisches Recht maßgeblich ist, kann vom ausländischen Insolvenzverwalter nur angefochten werden, wenn die Rechtshandlung auch nach inländischem Recht entweder angefochten werden kann oder aus anderen Gründen keinen Bestand hat.

(3) ¹Die Anerkennung eines ausländischen Verfahrens schließt nicht aus, daß im Inland ein gesondertes Insolvenzverfahren eröffnet wird, das nur das im Inland befindliche Vermögen des Schuldners erfaßt. ²Ist im Ausland gegen den Schuldner ein Insolvenzverfahren eröffnet, so bedarf es zur Eröffnung des inländischen Insolvenzverfahrens nicht des Nachweises der Zahlungsunfähigkeit oder der Überschuldung.

Inhaltsübersicht:

	Rz.
A. Einleitung	1–59
I. Aufgabe des Internationalen Insolvenzrechts	1– 4
1. Grundlegende Fragestellung	1
2. Artikel 102 EGInsO	2
3. Bedeutung des IIR	3
II. Rechtsnatur und Begriff des IIR	5–15
1. Internationales Insolvenzprivatrecht und Internationales Insolvenzverfahrensrecht	5
2. Insolvenzspezifische Sachverhalte	6– 7
3. Der Grundsatz der lex fori	8
4. Die Auslegung der IIR-Vorschriften	9–10
5. Grenzüberschreitende Wirkungen des Insolvenzverfahrens	11
6. Anerkennungsfähigkeit ausländischer Verfahren	12–15
III. Grundlegende Prinzipien des IIR	16–33
1. Beschränkter Aussagewert	16
2. Begriffsbestimmung	17–21
3. Universalität – Territorialität	22–24
4. Beispiele territorialer Verfahren	25
5. Einheit oder Mehrheit der Verfahren	26–28
6. Vermittelnde Lösungen	29–33
IV. Geschichtliche Entwicklung und bisherige Regelung des IIR	34–44
1. Geschichtliche Entwicklung	34–42
2. Bisherige Regelung des IIR	43–44

V.	Die internationalen Übereinkommen und die sonstigen bi- oder multilateralen Bemühungen zur Bewältigung grenzüberschreitender Insolvenzverfahren	45– 59
	1. Verträge mit der Schweiz	45– 47
	2. Konsularverträge	48
	3. Sonstige bi- und multilaterale Verträge	49– 51
	4. Der deutsch-österreichische Konkursvertrag	52– 57
	5. Vereinheitlichungsbemühungen auf europäischer Ebene	59
B. Das Europäische Übereinkommen über Insolvenzverfahren (EuIÜ)		60–204
I.	Entstehungsgeschichte	61– 64
II.	Das Konkursübereinkommen des Europarats als Zwischenschritt zum EuIÜ	65– 68
III.	Der wesentliche Inhalt des EuIÜ	69–204
	1. Zeichnung	69
	2. Das wesentliche Regelungsziel des EuIÜ	70
	3. Erfaßte Verfahren	71– 72
	4. Der persönliche Anwendungsbereich	73– 75
	5. Internationale Zuständigkeit	76– 77
	6. Automatische Anerkennung	78– 80
	7. Die Befugnisse des ausländischen Verwalters	81– 83
	8. Das anwendbare Recht	84–101
	9. Gläubigergleichbehandlung	102–104
	10. Öffentliche Bekanntmachung	105–107
	11. Eintragung in öffentliche Register	108–112
	12. Kosten	113–114
	13. Gutgläubige Leistung durch Drittschuldner	115
	14. Vollstreckung	116–124
	15. Ordre public	125–127
	16. Sekundärinsolvenzverfahren	128–135
	17. Antragsbefugnis	136
	18. Kostenvorschuß	137–138
	19. Gegenseitige Unterrichtung der Verwalter	139–140
	20. Gegenseitige Zusammenarbeit	141–143
	21. Anmelderecht	144–149
	22. Befugnisse des Verwalter des Hauptinsolvenzverfahrens	150–162
	23. Nachträgliche Eröffnung des Hauptinsolvenzverfahrens	163–169
	24. Sicherungsmaßnahmen	170–174
	25. Forderungsanmeldung	175–186
	26. Sonstige Bestimmungen des EuIÜ	187–204
C. Richtlinie über die Wirksamkeit von Abrechnungen in Zahlungs- sowie Wertpapierliefer- und -abrechnungssystemen (ABl. L 166 vom 11. 06. 1998, 45ff.)		205–234
I.	Die Berichte der BIZ	205
II.	Praxis der Abrechnung in Zahlungssystemen	206–208
III.	Ziel der Richtlinie	209–211
IV.	Wesentlicher Inhalt der Richtlinie	212–234
D. Vorschlag für eine Richtlinie über die Sanierung und Liquidation der Kreditinstitute		235–245
I.	Ziel der Richtlinie	236–237
II.	Wesentlicher Inhalt	238–239
III.	Bewertung	240–245
E. Vorschlag für eine Richtlinie über die Sanierung und Liquidation der Versicherungsunternehmen		246–251
F. UNCITRAL–Modellbestimmungen		252–269
I.	Entstehung und Bedeutung der Modellbestimmungen	252–253
II.	Ziel der Modellbestimmungen	254
III.	Wesentlicher Inhalt	255–264
IV.	Bewertung	265–269

G. Artikel 102 EGInsO	270–424
I. Die Bedeutung der Vorschrift	270–274
II. Das ausländische Insolvenzverfahren	275–278
III. Voraussetzungen der Anerkennung	279–288
1. Die internationale Zuständigkeit	280–282
2. Ordre public	283–285
3. Unbenannte Anerkennungsvoraussetzungen	286–288
IV. Die Anerkennung	289–418
1. Bedeutung und Verfahren der Anerkennung	289–290
2. Wirkung der Anerkennung	291–381
a) Vorbemerkungen	291–294
b) Verfahrensrechtliche Wirkungen	295–317
aa) Anhängigkeit	295
bb) Eröffnungsbeschluß als Vollstreckungstitel	296
cc) Vorläufige Sicherungsmaßnahmen	297
dd) Stellung des Schuldners	298
ee) Rechtsverfolgung im Inland	299–303
ff) Die Befugnisse des ausländischen Insolvenzverwalters	304
gg) Auswirkungen auf die Prozeßvollmacht	305
hh) Forderungsanmeldung	306
ii) Information der ausländischen Gläubiger, öffentliche Bekanntmachung, Eintragung in Register	307–317
c) Materielle Wirkungen des ausländischen Verfahrens	318–381
aa) Bestimmung der Insolvenzmasse	320
bb) Masseansprüche und Rang der Insolvenzforderungen	321–324
cc) Aus- und Absonderungsrechte	325–328
dd) Aufrechnung	329–333
ee) Auswirkungen des Insolvenzverfahrens auf Schuldverhältnisse des Schuldners	334–348
α) Vorbemerkungen	334
β) Eigentumsvorbehalt	335–339
γ) Miet- oder Pachtverträge	340–341
δ) Arbeitsverhältnisse	342–348
ff) Leistungen an den Schuldner in Unkenntnis der Verfahrenseröffnung	349–351
gg) Anfechtung (Artikel 102 Abs. 2 EGInsO)	352–369
hh) Zwangsvergleich, Restschuldbefreiung	370–381
V. Territorialinsolvenzverfahren (Artikel 102 Abs. 3 EGInsO)	382–418
1. Bedeutung und Funktion von Territorialverfahren	382–389
2. Fragen der Zuständigkeit	390–396
3. Antragsrecht für Territorialverfahren	397–400
4. Eröffnungsgründe	401–404
5. Kooperation zwischen den Verwaltern und Einwirkungsmöglichkeiten des ausländischen Verwalters	405–409
6. Restschuldbefreiung und Sanierungspläne im Partikularverfahren	410–418
VI. Geltungsanspruch des deutschen Insolvenzverfahren	419–424
Anlage 1: Deutsch-österreichischer Konkursvertrag mit Ausführungsgesetz	2135
Anlage 2: Europäisches Insolvenzübereinkommen (EuIÜ)	2156
Anlage 3: Istanbuler Übereinkommen	2175
Anlage 4: Richtlinie über die Wirksamkeit von Abrechnungen in Zahlungssystemen	2187
Anlage 5: UNCITRAL-Modellbestimmungen	2196
Anlage 6: Regierungsentwurf zum IIR	2209

Anhang I *Artikel 102 EGInsO Internationales Insolvenzrecht*

Literatur:

Ackmann Schuldbefreiung durch Konkurs? 1983;
Ackmann/Wenner Auslandskonkurs und Inlandsprozeß: Rechtssicherheit contra Universalität im deutschen Internationalen Konkursrecht?, IPRax 1989, 144 ff.; *dies.*, Inlandswirkung des Auslandskonkurses: Verlustscheine und Restschuldbefreiungen, IPRax 1990, 209 ff.;
Aden Anm. zu BGH IX ZR 254/92 (restschuldbeschränkende Wirkung eines ausländischen Konkursverfahrens), JZ 1994, 151 f.;
Aderhold Auslandkonkurs im Inland, 1992;
App Zur Restschuldbefreiung im französischen Recht, DGVZ 1991, 180 f.;
Arnold Der geplante Konkurs- und Vergleichsvertrag mit Österreich, RIW/AWD 1978, 225 ff.; *ders.* Der Europaratsentwurf eines europäischen Konkursübereinkommens, ZIP 1984, 1144 ff.; *ders.* Straßburger Entwurf eines Europäischen Konkursabkommens, IPRax 1986, 133 ff.; *ders.* Der deutsch-österreichische Konkursvertrag 1987; *ders.* Internationales Insolvenzrecht, Kapitel XI des Insolvenzrechts-Handbuchs, hrsg. v. Gottwald, 1990; *ders.* Der deutsch-österreichische Konkurs- und Vergleichs- (Ausgleichs-)vertrag vom 25. Mai 1979, KTS 1985, 385 ff.;

Balz Zur Reform des französischen Insolvenzrechts, ZIP 1983, 1153 ff.; *ders.* Anm. zu BGH ZIP 1996, 1437, EWiR 1996, 841; *ders.* Richtlinienvorentwurf zur Endgültigkeit von Abrechnungen in EU-Zahlungssystemen, ZIP 1995, 1639; *ders.* Das neue Europäische Insolvenzübereinkommen, ZIP 1996, 948 ff.;
Baur/Stürner Zwangsvollstreckungs-, Konkurs- und Vergleichsrecht, Band II, Insolvenzrecht 12. Aufl., 1990;
Benning/Wehling Das »Model Law on Cross-Border Insolvency«, EuZW 1997, 618 ff.;
Berends The Uncitral Model Law on Cross-Border Insolvency: a comprehensive Overview, Tulane Journal of International and Comparative Law, 1998, 309 ff;
Blaschczok Die schweizerisch-deutschen Staatsverträge auf dem Gebiet des Insolvenzrechts, ZIP 1983, 141 ff.;
Bleutge Der neue Vorentwurf eines Konkursübereinkommens für die EWG-Staaten, AWD 1971, 451 ff.;
Böhle-Stamschräder Vor einem Konkursabkommen der EWG-Staaten, KTS 1964, 65 ff.;
Boll Die Anerkennung des Auslandskonkurses in Österreich, 1990;
Buchner Zur internationalen Zuständigkeit des Konkursverwalters, speziell im deutsch-schweizerischen Verhältnis, ZIP 1985, 1114 ff.;
Bull Der Bankruptcy Reform-Act – Das neue amerikanische Konkursgesetz 1978, ZIP 1980, 843 ff.;
Bülow Vereinheitlichtes Internationales Zivilprozeßrecht der Europäischen Wirtschaftsgemeinschaft, RabelsZ 29 (1965), 473 ff.;

Cooper/Jarvis Recognition and Enforcement of Cross-Border Insolvency, 1996;
Cork/Graham Insolvenzrechtsreform in England – Erläuterung zum Cork-Report, ZIP 1982, 1275 ff.;

David In Vergessenheit geratene Staatsverträge, Schweizerische Juristen-Zeitung 1973, 84 ff.;
Deutscher Anwaltverein Stellungnahme des Insolvenzrechtsausschusses des Deutschen Anwaltvereins zum Vorentwurf eines Übereinkommens der Mitgliedsstaaten der Europäischen Gemeinschaften über den Konkurs, Vergleiche und ähnliche Verfahren, KTS 1975, 59 ff.;
Dilger Die Zugriffsrechte des deutschen Konkursverwalters an Massevermögen in der Schweiz, WM 1988, 849 ff.;
Drobnig Vorrechte, Sicherheiten und Eigentumsvorbehalt im EG-Konkursübereinkommen, in Vorschläge und Gutachten zum Entwurf eines EG-Konkursübereinkommens hrsg. von Kegel, bearbeitet von Thieme, 1988, 357 ff.; *ders.* Die Verwertung von Mobiliarsicherheiten in einigen Ländern der Europäischen Union, RabelsZ 1996, 40 ff.; *ders.* Die in grenzüberschreitenden Insolvenzverfahren anwendbaren Rechtsordnungen in Stoll (Hrsg.), Stellungnahmen und Gutachten zur

Reform des deutschen internationalen Insolvenzrechts, 1992, 51 ff.; *ders.* Bemerkungen zur Behandlung der Rechte Dritter, insbesondere von Sicherungsrechten (Artikel 3, 3a, 17, 17a Vorentwurf) in Stoll (Hrsg.), Stellungnahmen und Gutachten zur Reform des deutschen internationalen Insolvenzrechts, 1992, 177 ff.;

Ebenroth Die Inlandswirkungen der ausländischen lex fori concursus bei Insolvenz einer Gesellschaft, ZZP 101 (1988), 121 ff.;
Endréo/Viandier Redressement et liquidation judiciaires, 1986;
Eujen Die Aufrechnung im internationalen Verkehr zwischen Deutschland, Frankreich und England, 1975;

Fink Die Behandlung der Auslandsinsolvenz in Deutschland und Frankreich, 1993;
Flessner Unternehmenserhaltung und EG-Konkursübereinkommen, in Vorschläge und Gutachten zum Entwurf eines EG-Konkursübereinkommens hrsg. von Kegel, bearbeitet von Thieme, 1988, 403 ff.; *ders.* Entwicklungen im internationalen Konkursrecht besonders im Verhältnis Deutschland-Frankreich, ZIP 1989, 748 ff.; *ders.* Kurzkommentar zu OLG Saarbrücken, Urt. v. 31. 01. 1989, EWiR 1989, 1023 f.; *ders./Schulz*, Zusammenhänge zwischen Konkurs, Arrest und internationaler Zuständigkeit, IPRax 1991, 162 ff.; *ders.* Internationales Insolvenzrecht in Deutschland nach der Reform, IPRax 1997, 1 ff.; *ders.* Das amerikanische Reorganisationsverfahren vor deutschen Gerichten, IPRax 1992, 151 ff.; *ders.* Das künftige internationale Insolvenzrecht im Verhältnis zum europäischen Insolvenzübereinkommen. Anwendbares Recht, Reichweite der Anerkennung, Insolvenzplan und Schuldbefreiung in Stoll (Hrsg.), Vorschläge und Gutachten zur Umsetzung des EU-Übereinkommens über Insolvenzverfahren im deutschen Recht, 1997, 219 ff.; *ders.* Insolvenzplan und Restschuldbefreiung im internationalen Konkursrecht – Stellungnahme zu den Artikeln 15 und 16 des Vorentwurfs in Stoll (Hrsg.), Stellungnahmen und Gutachten zur Reform des deutschen internationalen Insolvenzrechts, 1992, 201 ff.;
Fletcher (Hrsg.), Cross-Border Insolvency: National and Comparative studies 1992, dort enthalten Report for the United Kingdom (England and Wales), 217 ff.; *ders.* The Law of Insolvency, 2. Aufl. 1996;
Florian Das englische internationale Insolvenzrecht, 1989;

Geimer Internationales Zivilprozeßrecht, 3. Aufl., 1997;
Goode Principles of Corporate Insolvency Law, 1990;
Göpfert Anfechtbare Aufrechnungslagen im deutsch-amerikanischen Insolvenzrechtsverkehr, 1996;
Gottwald Auslandskonkurs und Registereintragung im Inland, IPRax 1991, 168; *ders.* Grenzüberschreitende Insolvenzen, Schriften der Juristischen Studiengesellschaft Regensburg e. V., Heft 17, 1997;
Gottwald/Pfaller Aspekte der Anerkennung ausländischer Insolvenzverfahren im Inland, IPRax 1998, 170 ff.;
Grasmann Inlandswirkungen des Auslandskonkurses über das Vermögen eines im Konkurseröffnungsstaat ansässigen Gemeinschuldners, KTS 1980, 157 ff.;
Gröniger Das französische Insolvenzsystem nach der Reform von 1967 im Vergleich zum deutschen Recht, 1984;
Großfeld Internationales Insolvenzrecht im Werden?, ZIP 1981, 925 ff.;
Grunsky Das italienische Sanierungsverfahren für Großunternehmen, ZIP 1981, 1303 ff.;

Habscheid, Edgar Internationales Konkursrecht und Einzelrechtsverfolgung, KTS 1989, 593 ff.; *ders.* Unterbrechung oder Aussetzung des Inlandsprozesses bei ausländischen Konkursverfahren, KTS 1990, 403 ff.; *ders.* § 240 bei ausländischen Insolvenzen und die Universalität des Konkurses, KTS 1998, 183 ff.;
Habscheid, Walther J. Auf dem Weg zu einem europäischen Konkursrecht, Festschrift für Heinz Paulick, hrsg. v. Kruse, 1973, 227 ff.; *ders.* Das neue schweizerische Internationale Konkursrecht, KTS 1989, 253 ff.;

Anhang I *Artikel 102 EGInsO Internationales Insolvenzrecht*

Hagemann Die Handlungsbefugnis des ausländischen Konkursverwalters in Deutschland, 1959;
Hahn Die gesamten Materialien zu den Reichs-Justizgesetzen, 4. Bd., 1881;
Hanisch Rechtszuständigkeit der Konkursmasse, 1973; *ders.* Parallel-Insolvenzen und Kooperation im internationalen Insolvenzfall, Festschrift für Friedrich Wilhelm Bosch, hrsg. v. Habscheid, 1976, 381 ff.; *ders.* Auslandsvermögen des Schuldners im Inlandsinsolvenzverfahren und vice versa, Festschrift Einhundert Jahre Konkursordnung, hrsg. v. Uhlenbruck, 1977, 139 ff.; *ders.* Die international-insolvenzrechtlichen Bestimmungen des Entwurfs eines schweizerischen IPR-Gesetzes, KTS 1979, 233 ff.; *ders.* Deutsches internationales Insolvenzrecht in Bewegung, ZIP 1983, 1289 ff.; *ders.* Die Wende im deutschen internationalen Insolvenzrecht, ZIP 1985, 1233 ff.; *ders.* Anwendbares Recht und Konkurswirkungen, in Vorschläge und Gutachten zum Entwurf eines EG-Konkursübereinkommens, hrsg. v. Kegel, bearbeitet von Thieme, 1988, 319 ff.; *ders.* Wirkungen deutscher Insolvenzverfahren auf in der Schweiz befindliches Schuldnervermögen, JZ 1988, 737 ff.; *ders.* Erlöse aus der Teilnahme an einem ausländischen Parallel-Insolvenzverfahren – Ablieferung an die inländische Konkursmasse oder Anrechnung auf die Inlandsdividende, ZIP 1989, 273 ff.; *ders.* Grenzüberschreitende Nachlaßinsolvenzverfahren, ZIP 1990, 1241 ff.; *ders.* Bemerkungen zur Geschichte des Internationalen Insolvenzrechts, Festschrift für Franz Merz, hrsg. v. Gerhardt u. a., 1992, 159 ff.; *ders.* Einheit oder Pluralität oder ein kombiniertes Modell bei grenzüberschreitenden Insolvenzverfahren?, ZIP 1994, 1 ff.; *ders.* Grenzüberschreitende Insolvenz – Drei Lösungsmodelle im Vergleich, Festschrift für Hideo Nakamura, 1996, 221 ff.; *ders.* Vollmacht und Auskunft des Insolvenzschuldners über sein Auslandsvermögen, IPRax 1994, 351 ff.; *ders.* Verwertung eines im Inland belegenen Grundstücks im Wege der Zwangsversteigerung bei im Ausland eröffnetem Konkurs, Anm. zu LG Krefeld, ZIP 1992, 1407 in EWiR 1992, 1121 f.; *ders.* Stellungnahme zu der Frage, ob und ggf. in welcher Weise ein in seiner Wirkung territorial beschränktes Sonderinsolvenzverfahren über das Inlandsvermögen eines Schuldners vorzusehen ist, wenn dieser den Mittelpunkte seiner hauptsächlichen Interessen im Ausland hat, in Stoll (Hrsg.), Vorschläge und Gutachten des EU-Übereinkommens über Insolvenzverfahren im deutschen Recht, 1997, 202 ff.;
Häsemeyer Insolvenzrecht, 2. Aufl., 1998;
Henckel Die Verbindungen des Sanierungsverfahrens zum Konkursverfahren, ZIP 1981, 1296 ff.; *ders.* Die internationalprivatrechtliche Anknüpfung der Konkursanfechtung, in Festschrift für Heinrich Nagel, hrsg. v. Habscheid und Schwab, 1987, 93 ff.; *ders.* Insolvenzanfechtung – Artikel 4 und 5 des Vorentwurfs – und Gläubigeranfechtung außerhalb des Insolvenzverfahrens, in Stoll (Hrsg.), Stellungnahmen und Gutachten zur Reform des deutschen internationalen Insolvenzrechts, 1992, 156 ff.;
Hohloch Sanierung durch »Sanierungsverfahren«? – Ein rechtsvergleichender Beitrag zur Insolvenzrechtsreform, ZGR 1982, 145 ff.;
Holch Anmerkungen zu Obergericht des Kantons Zürich, Beschl. v. 26. 05. 1978, Die Justiz 1980, 81 f.;

Jaeger Kommentar zur Konkursordnung, 9. Aufl., 1977–1996, bearbeitet von Henckel; *ders.* Kommentar zur Konkursordnung mit Einführungsgesetzen, 8. Aufl., 1973, §§ 239–244, bearbeitet von Jahr;
Jahr Die gerichtliche Zuständigkeit für das Konkursverfahren und für die Entscheidung von Streitigkeiten, die mit dem Konkursverfahren zusammenhängen, ZZP 79 (1966), 347 ff.; *ders.* Vereinheitlichtes internationales Konkursrecht in der Europäischen Wirtschaftsgemeinschaft, RabelsZ 36 (1972), 620–652; *ders.* Vis attractiva concursus in Vorschläge und Gutachten zum Entwurf eines EG-Konkursübereinkommens, hrsg. v. Kegel, bearbeitet von Thieme, 1988, 305 ff.; *ders.* Wirkungen des Insolvenzverfahrens auf vertragliche Rechtsverhältnisse in Stoll (Hrsg.), Stellungnahmen und Gutachten zur Reform des deutschen internationalen Insolvenzrechts, 1992, 171 ff.;
Jauernig Zwangsvollstreckungs- und Insolvenzrecht, 20. Aufl., 1996;
Johlke Zur Anfechtbarkeit einer deutschem Recht unterliegenden Rechtshandlung im ausländischen Konkursverfahren, Anm. zu BGH IX ZR 148/95, EWiR 1997, 229 f.;
Junker Die freie Rechtswahl und ihre Grenzen – Zur veränderten Rolle der Parteiautonomie im Schuldvertragsrecht, IPRax 1993, 1 ff.;

Artikel 102 EGInsO Internationales Insolvenzrecht **Anhang I**

Kegel Internationales Privatrecht, ein Studienbuch, 7. Aufl., 1995;
Kilger/Karsten Schmidt Insolvenzgesetze, 17. Aufl., 1997;
Kirchhof Grenzüberschreitende Insolvenzen im Europäischen Binnenmarkt, insbesondere unter Beteiligung von Kreditinstituten, Teil I: WM IV 1993, 1364 ff., Teil II: WM IV 1993, 1401 ff.;
Klevemann Gesetzliche Sicherungsrechte im Internationalen Privat- und Konkursrecht, 1990;
Koch Auslandskonkurs und Unterbrechung des Inlandsprozesses, NJW 1989, 3072 f.;
Kohler Lehrbuch des Konkursrechts, 1891;
Krings Unification législative internationale récente en matière d'insolvabilité et de faillite, RDU 1997, 657 ff.;
Kropholler Europäisches Zivilprozeßrecht, 5. Aufl., 1996; *ders.* Internationales Privatrecht, 3. Aufl., 1997;
Kuhn/Uhlenbruck Konkursordnung §§ 237, 238 von Lüer, 11. Aufl., 1994;

Landfermann Auf den Spuren des Verfolgungsrechts, RabelsZ 34 (1970), 523 ff.;
Lange Kreditsicherheiten in der Unternehmenssanierung nach englischem Recht, WM 1990, 701 ff.; *ders.* Company receivership, 1986;
Lau Zur Änderung der Rechtsprechung des Bundesgerichtshofs über die Wirkung des Auslandskonkurses im Inland, BB 1986, 1450 ff.;
Laut Universalität und Sanierung im Internationalen Insolvenzrecht, 1997;
Leipold Wege zu einem funktionsfähigen internationalen Konkursrecht, in Festschrift zum 30-jährigen Jubiläum des Instituts für Rechtsvergleichung der Waseda-Universität, 1988, 787 ff.; *ders.* Ausländischer Konkurs und inländischer Zivilprozeß, Festschrift für Karl Heinz Schwab, hrsg. v. Gottwald und Prütting, 1990, 289 ff.; *ders.* Zur internationalen Zuständigkeit im Insolvenzrecht, Festschrift für Gottfried Baumgarten, hrsg. von Prütting 1990, 291 ff.; *ders.* Zum künftigen Weg des deutschen internationalen Insolvenzrechts (Anwendungsbereich, internationale Zuständigkeit, Anerkennung und Vollstreckung) in Stoll (Hrsg.), Vorschläge und Gutachten zur Umsetzung des EU-Übereinkommens über Insolvenzverfahren im deutschen Recht, 1997, 185 ff.; *ders.* Miniatur oder Bagatelle: Das Internationale Insolvenzrecht im deutschen Reformwerk 1994, in Festschrift für Wolfram Henckel, 1995, 533 ff.; *ders.* Zur Anfechtbarkeit einer deutschem Recht unterliegenden Rechtshandlung, Anm. zu BGH IX ZR 148/95, JZ 1997, 571 ff.; *ders.* Internationale Zuständigkeit, inländische Einzelrechtsverfolgung trotz eines Auslandskonkurses, Auswirkungen eines ausländischen Konkurses auf im Inland anhängige Zivilprozesse in Stoll (Hrsg.), Stellungnahmen und Gutachten zur Reform des deutschen internationalen Insolvenzrechts, 1992, 72 ff.;
Leitner Der grenzüberschreitende Konkurs, Wien 1995;
Lemmer Das Anfechtungsrecht der Gläubiger und des Konkursverwalters nach deutschem internationalem Privatrecht, 1967;
Lemontey, Bericht über das Übereinkommen über den Konkurs, Vergleich und ähnliche Verfahren, abgedruckt in Kegel (Hrsg.), Vorschläge und Gutachten zum Entwurf eines EG-Konkursübereinkommens, bearbeitet von Thieme, 1988, 93 ff.;
Lüer Einheitliches Insolvenzrecht innerhalb der Europäischen Gemeinschaften – Die Quadratur des Kreises?, KTS 1981, 147 ff.; *ders.* Allgemeine Wirkungen des Konkurses, in Vorschläge und Gutachten zum Entwurf eines EG-Konkursübereinkommens, hrsg. v. Kegel, bearbeitet von Thieme, 1988, 341 ff.; *ders.* Überlegungen zu einem künftigen deutschen Internationalen Insolvenzrecht, KTS 1990, 377 ff.; *ders.* Europäisches Übereinkommen über den Konkurs, Stellungnahme des Deutschen Anwaltvereins (Zusammenfassung), AnwBl. 1990, 444 ff.; *ders.* Einzelzwangsvollstreckungen im Ausland bei inländischen Insolvenzverfahren, KTS 1979, 12 ff.; *ders.* Deutsches Internationales Insolvenzrecht nach der neuen Insolvenzordnung, Kölner Schrift zur Insolvenzordnung, 1997, 1217 ff.; *ders.* Zur Neuordnung des deutschen Internationalen Insolvenzrechts in Stoll (Hrsg.), Stellungnahmen und Gutachten zur Reform des deutschen internationalen Insolvenzrechts, 1992, 96 ff.;
Lüke Zu neuen Entwicklungen im deutschen internationalen Konkursrecht, KTS 1986, 1 ff.;

Mankowski Konkursgründe beim inländischen Partikularkonkurs, ZIP 1995, 1650 ff.; *ders.* Konzerninterne Arbeitnehmerüberlassung, AR-Blattei ES 920 Nr. 4;

Anhang I *Artikel 102 EGInsO Internationales Insolvenzrecht*

Meier (Hrsg.) Aktuelle Fragen des Schuldbeitreibungs- und Konkursrechts nach revidiertem Recht, 1996;
Meili Die geschichtliche Entwicklung des internationalen Konkursrechts, 1908; *ders.* Lehrbuch des internationalen Konkursrechts, 1909; *ders.* Die Grundlagen einer internationalen Regelung des Konkursrechtes vom Standpunkte der Schweiz aus, 1911;
Merz Probleme bei Insolvenzverfahren im internationalen Rechtsverkehr, ZIP 1983, 136 ff.; *ders.* Probleme des internationalen Konkursrechts im Verhältnis zwischen der Bundesrepublik Deutschland und Italien, in Jahrbuch für italienisches Recht, Band 1, 1988;
Mikani Konsumentenkonkurs und Restschuldbefreiung in Japan, DGVZ 1995, 17 ff.;
Mohrbutter Ausländische Konkurswirkungen im Inland, DB 1984, 2235; *ders.* Handbuch der Konkurs- und Vergleichsverwaltung, 6. Aufl., 1990;
Müller-Freienfels Auslandskonkurs und Inlandsfolgen, Festschrift für Hans Dölle, hrsg. v. Caemmerer u. a., 1963, 359 ff.;
Münchener Kommentar zum Bürgerlichen Gesetzbuch Band 10, Redakteur: Jürgen Sonnenberger, 3. Aufl., 1998;

Nadelmann Eine Revision der Kollisionsnormen in der Konkursordnung der Vereinigten Staaten von Amerika, ZZP 66 (1953), 39 ff.; *ders.* Die amerikanische Konkursordnung und gleichzeitige Konkurse im In- und Auslande, ZZP 76 (1963), 212 ff.; *ders.* Ausländisches Vermögen unter dem Vorentwurf eines Konkursabkommens für die EWG-Staaten, KTS 1971, 65 ff.; *ders.* Die Benachteiligung nicht-inländischer Forderungen in Konkursgesetzen, KTS 1974, 189 ff.; *ders.* Codification of conflict rules for bankruptcy, Schweizerisches Jahrbuch für internationales Recht 30 (1974), 57 ff.;
Nussbaum Anerkennung und Vollstreckung eines auf dem Gebiet des früheren Königreichs Württemberg eröffneten Konkurses in der Schweiz, IPRax 1984, 335 ff.;

OECD Corporate Bankruptcy and Reorganisation Procedures in OECD and Central and Eastern European Countries, 1994;
Otte Inländischer einstweiliger Rechtsschutz im Inland bei Auslandskonkurs – ein neuer internationaler Justizkonflikt?, RabelsZ 1994, 293 ff.;

Perker Das Reorganisationsverfahren im englischen Insolvenzrecht im Vergleich zur geplanten deutschen Insolvenzordnung, 1994;
Pielorz Auslandskonkurs und Disposition über das Inlandsvermögen, 1977; *ders.* Inlandsvermögen im Auslandskonkurs, ZIP 1980, 239 ff.; *ders.* Wende im deutschen Internationalen Insolvenzrecht, IPRax 1984, 241 ff.;
Potthast Probleme eines Europäischen Konkursübereinkommens, 1995;
Priesemann Überblick zum aktuellen Stand des europäischen Bankaufsichtsrechts, WM IV 1994, 1155 ff.;

Reinhart Sanierungsverfahren im internationalen Insolvenzrecht, 1995;
Riegel Prozeßunterbrechung nach § 240 ZPO im Fall ausländischer Konkurseröffnung, RIW 1990, 546 ff.; *ders.* Grenzüberschreitende Konkurswirkungen zwischen der Bundesrepublik Deutschland, Belgien und den Niederlanden, 1991;
Riesenfeld Probleme des Internationalen Insolvenzrechts aus der Sicht des neuen Konkursreformgesetzes der Vereinigten Staaten, in: Probleme des Internationalen Insolvenzrechts, hrsg. v. von Bieberstein, 1982, 39 ff.; *ders.* Transnational Bankruptcy Law, Festschrift für Gerhard Kegel, 1987, 483 ff.; *ders.* Das neue Gesicht des deutschen internationalen Konkursrechts aus ausländischer Sicht, Festschrift für Franz Merz, hrsg. v. Gerhardt u. a., 1992, 497 ff.;

Schack Internationales Zivilverfahrensrecht, 2. Aufl., 1996; *ders.* Zur Anerkennung ausländischer Forderungspfändungen, IPRax 1997, 318 ff.;
Schlosser Konkurs- und konkursähnliche Verfahren im geltenden Europarecht, Festschrift für Friedrich Weber, hrsg. v. Bökelmann u. a., 1975, 395 ff.; *ders.* Europäische Wege aus der Sackgasse des deutschen internationalen Insolvenzrechts, RIW 1983, 473 ff.; *ders.* EuGVÜ 1996;

Schmidt, Jürgen System des deutschen internationalen Konkursrechts, 1972;
Schmidt-Hermesdorf Internationale Personengesellschaft im internationalen Arbeitsrecht, RIW 1988, 938 ff.;
Schmidt-Räntsch Die Anknüpfung der Gläubigeranfechtung außerhalb des Konkursverfahrens, 1984;
Schollmeyer Die vis attractiva concursus im deutsch-österreichischen Konkursvertrag, IPrax 1998, 29 ff.; *ders.* Gegenseitige Verträge im internationalen Insolvenzrecht, 1997; *ders.* Praktiularinsolvenzverfahren am Ort der Belegenheit von Massebestandteilen?, IPrax 1995, 150 ff.;
Schomaker Inlandswirkungen ausländischer konkursabwendender Vergleichsverfahren, 1982;
Schröder Internationale Zuständigkeit, allgemeine Konkurswirkungen sowie Anerkennung und Vollstreckung in: Vorschläge und Gutachten zum Entwurf eines EG-Konkursübereinkommens, hrsg. v. Kegel, bearbeitet von Thieme, 1988, 299 ff.;
Schütze Rechtsverfolgung im Ausland, 2. Aufl., 1998;
Seeliger Konkursfestigkeit dinglicher Mobiliarsicherheiten im deutsch-französischen Warenverkehr, 1985;
Soergel/Hartmann Band 10 zu Artikel 2 EGBGB, 12. Aufl., 1996;
Spellenberg Der ordre public im Internationalen Insolvenzrecht in Stoll (Hrsg.), Stellungnahmen und Gutachten zur Reform des deutschen internationalen Insolvenzrechts, 1992, 183 ff.; *ders.* Das Verhältnis eines EG-Konkursübereinkommens zum GVÜ und zu anderen Staatsverträgen, in Vorschläge und Gutachten zum Entwurf eines EG-Konkursübereinkommens, hrsg. von Kegel, bearb. von Thieme 1988, 391 ff.;
Stadler Anerkennung ausländischer (Zwangs-)Vergleiche, Anm. zu BGH IX ZR 339/95, IPrax 1998, 91 ff.;
Sterzenbach Anerkennung des Auslandskonkurses in Italien, 1993;
Stummel Konkurs und Integration, konventionsrechtliche Wege zur Bewältigung grenzüberschreitender Insolvenzverfahren, 1991;
Stürner Möglichkeiten der Sanierung von Unternehmen durch Maßnahmen im Unternehmens- und Insolvenzrecht, ZIP 1982, 761;
Summ Anerkennung ausländischer Konkurse in der Bundesrepublik Deutschland – Eine Darstellung am Beispiel englischer, italienischer und französischer Insolvenzverfahren, 1992;

Thieme Inlandsvollstreckung und Auslandskonkurs; RabelsZ 37 (1973), 682 ff.; *ders.* Der Entwurf eines Konkursübereinkommens der EG-Staaten von 1980, RabelsZ 45 (1985), 459 ff.; *ders.* Grundsätze des EG-Konkursübereinkommens, Allgemeine Stellungnahme zum Entwurf von 1980, in Vorschläge und Gutachten zum Entwurf eines EG-Konkursübereinkommens, hrsg. v. Kegel, bearbeitet von Thieme, 1988, 213 ff.; *ders.* Der revidierte Entwurf eines EG-Konkursübereinkommens von 1984, Allgemeine Stellungnahme zu den Vorschlägen zweiter Lesung der Arbeitsgruppe beim Rat der EG (wie vor), 465 ff.; *ders.* Ersatzpflicht bei Absonderung oder Aufrechnung im Ausland – Stellungnahme zu Artikel 25 des Vorentwurfs in Stoll (Hrsg.), Stellungnahmen und Gutachten zur Reform des deutschen internationalen Insolvenzrechts, 1992, 210 ff.; *ders.* Partikularkonkurs – Stellungnahme zu den Artikeln 1 Abs. 2, 2, 9, 10, 11 Abs. 1, 15 Abs. 1, 16 Abs. 1, 20, 21 Satz 2, 26–34 des Vorentwurfs zur Neuordnung des Internationalen Insolvenzrechts vor 1989 in Stoll (Hrsg.), Stellungnahmen und Gutachten zur Reform des deutschen internationalen Insolvenzrechts, 1992, 212 ff.;
Trautmann Foreign Creditors in American Bankruptcy Proceedings, 29 Harvard International Law Journal (1988), 49 ff.;
Trunk Dogmatische Grundlagen der Anerkennung von Auslandskonkursen, KTS 1987, 415 ff.; *ders.* Auslandskonkurs und inländische Zivilprozesse, ZIP 1989, 279 ff.; *ders.* Die bevorstehende Neuregelung des Internationalen Insolvenzrechts, KTS 1994, 32 ff.; *ders.* Regelungsschwerpunkte eines Ausführungsgesetzes zum Europäischen Insolvenzübereinkommen, in Vorschläge und Gutachten zur Umsetzung des EU-Übereinkommens über Insolvenzverfahren im deutschen Recht, hrsg. v. Stoll (1997), 232 ff.; *ders.* Internationale Aspekte von Insolvenzverfahren in Gilles (Hrsg.), Transnationales Prozeßrecht, Deutsche Landesberichte zur Weltkonferenz für Prozeßrecht in Taormina, 1995, 157 ff.; *ders.* Insolvenzverfahren und internationale Schiedsgerichtsbarkeit, Tagung der IBA in Paris, IPRax 1995, 133 f.; *ders.* Internationales Insolvenzrecht, 1998;

Vallens Les lois sur la faillite dans les pays de l'est, Les Petites Affiches, 1995, 38 ff.; *ders.* Le droit européen de la faillite: premiers commentaires de la convention relative aux procédures d'insolvabilité, Recueil Dalloz Sirey, 1995, 307 ff.;
von Oertzen Inlandswirkungen eines Auslandskonkurses, 1990;
von Savigny System des heutigen römischen Rechts, Band I, 1840, Band VIII, 1849;
von Wilmowsky Sicherungsrechte im europäischen Insolvenzübereinkommen, EWS 1997, 295 ff.;

Weber Zur Zulässigkeit eines Vergleichsverfahrens über das deutsche Vermögen eines ausländischen Schuldners, KTS 1965, 95 ff.;
Wenner Ausländisches Sanierungsverfahren, Inlandsarrest und § 238 KO, KTS 1990, 429 ff.; *ders.* Anerkennung eines im Ausland geschlossenen Zwangsvergleichs, Anm. zu BGH IX ZR 339/95 WiB 1997, 194 ff.; *ders.* Anm. zu BGH IX ZR 309/96 = ZIP 1997, 1242, EWiR 1997, 665 f.; *ders.* Anm. zu BezG Zürich vom 04. 03. 1997 über das Fortbestehen des Konkursübereinkommens zwischen dem Königreich Bayern und einigen Schweizer Kantonen vom 11.05./27. 06. 1834, EWiR 1998, 705 f.; *ders.* Anfechtbarkeit deutschem Recht unterliegender Handlungen durch ausländische Konkursverwalter, Anm. zu BGH IX ZR 148/95, WiB 1997, 136 ff.;
Westbrook International Cooperation at low tide, American Bankruptcy Institute Journal 1992, 27 ff.; *ders.* Choice of Avoidance Law in Global Insolvencies, Brooklyn Journal of International Law, 1991, 499 ff.;
Weyer Anm. zu BAG 3 AZR 185/83, BB 1986, 1506;
Wiesbauer Der deutsch-österreichische Konkursvertrag aus österreichischer Sicht, ZIP 1982, 1285 ff.;
Wimmer Vorüberlegungen zur Umsetzung des Europäischen Insolvenzübereinkommens und zum deutschen internationalen Insolvenzrechts, in Stoll (Hrsg.), Vorschläge und Gutachten zur Umsetzung des EU-Übereinkommens über Insolvenzverfahren im deutschen Recht, S. 179 ff.; *ders.* Die UNCITRAL–Modellbestimmungen über grenzüberschreitenden Insolvenzverfahren, ZIP 1997, 2220 ff.; *ders.* Die Auswirkungen der EuGH-Rechtsprechung auf die Vorfinanzierung von Konkursausfallgeld, ZIP 1997, 1635 ff.; *ders.* Die Besonderheiten von Sekundärinsolvenzverfahren unter besonderer Berücksichtigung des Europäischen Insolvenzübereinkommens, ZIP 1998, 982 ff.;
Wunderer Auswirkungen des Europäischen Übereinkommens über Insolvenzverfahren auf Bankgeschäfte, WM 1998, 793 ff.;

Zierau Die Stellung der Gläubiger im französischen Sanierungsverfahren, 1991;
Zimmermann Das italienische Gesetz Nr. 95 über die außerordentliche Verwaltung der in Krise befindlichen Großunternehmen, 1986

A. Einleitung

I. Aufgabe des Internationalen Insolvenzrechts

1. Grundlegende Fragestellung

1 Das Internationale Insolvenzrecht (IRR) soll Antwort auf die Frage geben, **welche Rechtsfolgen zur Regelung insolvenzrechtlicher Sachverhalte mit grenzüberschreitenden Bezügen sachgerecht sind.** Die hierdurch in Bezug genommenen Probleme sind vielgestaltiger Natur: Führt die Eröffnung eines ausländischen Insolvenzverfahrens auch im Inland zu einer Einschränkung der Verwaltungs- und Verfügungsbefugnis des Schuldners? Wird ein im Inland anhängiger Rechtsstreit durch die Eröffnung eines ausländischen Insolvenzverfahrens unterbrochen? Werden dingliche Sicherheiten durch ein ausländisches Insolvenzverfahren entwertet? Nach welchem Recht bestimmen sich die Anfechtungsbefugnisse des ausländischen Insolvenzverwalters oder kann beispielsweise der Verwalter eines ausländischen Hauptinsolvenzverfahrens Einfluß auf ein inländisches Sekundärverfahren nehmen? Auf all diese Fragestellungen soll das Internationale Insolvenzrecht Antwort geben und dabei insbesondere eine **effektive Insolvenzbereinigung** ermöglichen und gleichzeitig dem **Grundsatz der Gläubigergleichbehandlung über die Landesgrenzen hinaus** zur Geltung verhelfen.

2. Artikel 102 EGInsO

Es ist leicht einsichtig, daß die äußerst **knappe Regelung des Artikel 102 EGInsO** auf diese Fragen **nur einige Antworten**, die zudem mehr holzschnittartiger Natur sind, zu geben vermag. Der weitere Verlauf der Kommentierung muß sich deshalb vom Wortlaut dieser Vorschrift lösen und versuchen, eine stärker an den systematischen Gesichtspunkten orientierte Darstellung zu bieten (so schon zu §§ 237, 238 KO *Jahr* in Jaeger KO, 8. Aufl. 1973 Rz. 3). Da in den letzten Jahren gerade im Bereich des Internationalen Insolvenzrechts durch Wissenschaft, Rechtsprechung und internationale Vertragspraxis erhebliche Fortschritte erzielt wurden, dürfte das von Jahr zitierte pessimistische Wort Dernburgs aus dem Jahre 1897, daß das Internationale Konkursrecht zu den dunkelsten und bestrittensten Gebieten des Konkursrechts zählt, heute nicht mehr die gleiche Berechtigung haben wie im Jahre 1972 (*Jahr* a.a.O., Rz. 4). 2

3. Bedeutung des IIR

Allerdings liegt auch heute noch kein hinreichend gesichertes empirisches Material vor, wie häufig in der Rechtswirklichkeit Insolvenzverfahren mit grenzüberschreitendem Bezug tatsächlich vorkommen. So konnte *Thieme* 1981 noch davon ausgehen, daß angesichts der gesetzgeberischen Abstinenz und der geringen Resonanz des IIR in der Rechtsprechung man es bei diesem Rechtsgebiet mit einer rechts- und wirtschaftspolitischen quantité négligeable zu tun habe (*Thieme* in Kegel, Vorschläge und Gutachten zum Entwurf eines EG-Konkursübereinkommens, 1988). Spektakuläre Fälle, wie etwa Maxwell oder BCCI, haben das IIR nachdrücklich in das Bewußtsein der Öffentlichkeit gerückt. Angesichts der zunehmenden wirtschaftlichen Verflechtungen in Europa ist dieses Rechtsgebiet jedoch nicht nur für multinational tätige Unternehmen von Bedeutung, sondern auch für mittelständische Handwerksbetriebe, die etwa im grenznahen Bereich tätig sind, oder auch für Privatleute. Denn auch zahlreiche nicht unternehmerisch tätige Personen verfügen heute aus allgemein bekannten Gründen über Konten im Ausland, wie etwa in Luxemburg. Die **erheblich gewachsene Bedeutung des IIR** läßt sich auch an den in den letzten Jahren erarbeiteten internationalen Instrumenten ablesen. In diesem Zusammenhang sei etwa an den deutsch-österreichischen Konkursvertrag, das im Rahmen des Europarats erarbeitete Istanbuler Übereinkommen, das Europäische Insolvenzübereinkommen oder an die unter der Ägide der UNCITRAL erarbeiteten Modellbestimmungen erinnert. 3

Es bleibt somit festzuhalten, daß Fragen des IIR immer dann angesprochen sind, wenn sich Vermögensbestandteile des Schuldners im Ausland befinden (z.B. im Rahmen einer unselbständigen Zweigniederlassung) oder wenn ausländische Gläubiger an einem inländischen Verfahren teilnehmen wollen. Abstrakt formuliert sind all die Fragen angesprochen, die Sachverhalte mit insolvenzrechtlichem Bezug aufwerfen, die Verbindungen zum Geltungsbereich einer ausländischen Rechtsordnung haben (vgl. *Arnold* in Gottwald, Insolvenzrechts-Handbuch, § 121 Rz. 1). 4

II. Rechtsnatur und Begriff des IIR

1. Internationales Insolvenzprivatrecht und Internationales Insolvenzverfahrensrecht

5 Das IIR besitzt eine enge Verwandtschaft zum Internationalen Privat- und Prozeßrecht (*Arnold* a. a. O., Rz. 5 ff.). Dennoch wäre es zu eng, das IIR lediglich als Kollisionsrecht zu verstehen (*Leipold* in FS für Baumgärtel, 293). Jedoch liegt im kollisionsrechtlichen Bereich der eindeutige Schwerpunkt des IIR. Als solches legt es etwa einseitig die Reichweite der eigenen insolvenzrechtlichen Bestimmungen fest (**einseitige Kollisionsnorm**) oder bestimmt allgemein, welches Insolvenzrecht zur Regelung eines bestimmten Sachverhalts berufen ist (**allseitige Kollisionsnorm**). Überzeugend führt Leipold jedoch aus, daß die für das IIR zentralen Vorschriften über die internationale Zuständigkeit keine kollisionsrechtliche Natur aufweisen, da sie nicht die Normen einer bestimmten Rechtsordnung für maßgebend erklären (*Leipold* a. a. O.). Darüber hinaus werden zunehmend in Regelwerke mit eindeutiger IIR-Zielrichtung auch Sachnormen aufgenommen, die dann von ihrer Rechtsnatur auch als IIR zu qualifizieren sind. Erwähnt sei in diesem Zusammenhang etwa Artikel 7 EuIÜ, der entsprechend § 107 InsO detailliert die Auswirkungen eines Insolvenzverfahrens auf den Eigentumsvorbehalt festschreibt. Auch diese Vorschrift, obwohl sie eindeutig eine Sachnorm darstellt, ist dem IIR zuzurechnen. So wie sich das eigentliche Konkursrecht in Konkursprivatrecht und Konkursverfahrensrecht aufteilen läßt, kann auch zwischen **internationalem Konkursprivatrecht** und **internationalem Konkursverfahrensrecht** unterschieden werden (*Thieme* in Kegel, Vorschläge und Gutachten zum Entwurf eines EG-Konkursübereinkommens, 242). Ausgehend von dieser Differenzierung im IIR können für die beiden Teilbereiche Grundsätze des Internationalen Zivilprozeßrechts und des Internationalen Privatrechts herangezogen werden (eingehend hierzu *Arnold* a. a. O., Rz. 4 ff.). Diese Janusköpfigkeit des IIR führt dazu, daß das IIR nicht nur aus Kollisionsnormen, also aus Vorschriften, die ein bestimmtes Recht für anwendbar erklären, besteht, sondern daß in ihm ebenso Sachnormen verfahrensrechtlicher als auch materiellrechtlicher Natur enthalten sind.

2. Insolvenzspezifische Sachverhalte

6 Stets will das IIR jedoch nur **Antworten auf insolvenzspezifische Fragestellungen** geben (grundlegend hierzu *Jahr* a. a. O., Rz. 10 ff.). Charakteristisch für ein Insolvenzverfahren sind die Rechtsfolgen, die darauf abzielen, die **Situation einer unzureichenden Haftungsmasse für die Gläubiger zu meistern**. Konkursspezifisch sind in diesem Zusammenhang etwa die Einschränkung der Rechtsverfolgungsmöglichkeiten der Gläubiger, die Beschränkung der Verwaltungs- und Verfügungsbefugnisse des Schuldners oder die Beseitigung gläubigerschädigender Manipulationen im Vorfeld der Insolvenz. Daraus ergibt sich weiter, daß in nichtinsolvenzrechtlichen Regelungen angeordnete Rechtsfolgen, die durch die Eröffnung eines Insolvenzverfahrens bedingt sind, nicht als insolvenztypisch in dem hier verstandenen Sinne einzuordnen sind. So sehen zahlreiche Vorschriften des Gesellschaftsrechts, des Arbeits- und Sozialrechts aber auch des Verwaltungs- und des Strafrechts Rechtsfolgen vor, die nach Eröffnung eines Insolvenzverfahrens eintreten. So wird etwa nach § 60 Abs. 1 Nr. 4 GmbH-Gesetz die Gesellschaft durch Eröffnung des Insolvenzverfahrens aufgelöst. Die Frage, ob auch einem ausländischen Insolvenzverfahren diese Wirkung zukommt, wird nicht durch die Vorschriften des IIR beantwortet. Vielmehr bestimmt sie sich international-privatrechtlich nach der Rechtsordnung, die auch für die Entstehung, Rechtsfähigkeit oder Organisation der juristischen Person oder Gesellschaft maßgebend ist, also nach dem Personalstatut (*Jahr* a.a.O., Rz. 21).

Weiter werden vom IIR die sogenannten **Vorschriften des Fremdenrechts** unterschieden. Diesen Vorschriften, die bestimmte Rechtsfolgen für den Fall vorsehen, daß an einem inländischen Sachverhalt ein Ausländer beteiligt ist, kommt nur eine limitierte Regelungsfunktion zu, da ihre Anwendung nicht dazu führen kann, daß ausländisches Recht zur Entscheidung eines Sachverhalts herangezogen würde (vgl. *Arnold* a.a.O., Rz. 16). 7

3. Der Grundsatz der lex fori

Von ganz ausschlaggebender Bedeutung für das IIR ist der Grundsatz der lex fori, d.h. der Regel »forum regit processum«. Nach diesem Grundsatz **wendet ein Gericht immer sein eigenes Verfahrensrecht an**, selbst wenn nach der kollisionsrechtlichen Verweisung auf den Sachverhalt das Recht eines anderen Staates Anwendung findet. Zur Begründung dieser Regel wird ausgeführt, es sei ein Gebot der praktischen Vernunft, da andernfalls die Effizienz des inländischen Verfahrens leiden würde, wenn ausländisches Recht für die Verfahrenssteuerung maßgebend wäre (*Geimer* Internationales Zivilprozeßrecht, 3. Aufl. Rz. 322). Weiter sei es im Interesse der Rechtssicherheit, wenn das Gericht das ihm und den Parteien vertraute Verfahrensrecht anwende. Da dies aber lediglich Gründe der Praktikabilität sind, wird das **lex fori-Prinzip nicht als unumstößliches Dogma** angesehen, sondern von ihm sind im Einzelfall durchaus Abweichungen denkbar (*Geimer* a.a.O., Rz. 323). Bei der Sachrechtsbezogenheit vieler Verfahrensnormen wird heute zunehmend die Auffassung vertreten, das internationale Zivilverfahrensrecht müsse auch Spielraum für die Anwendung ausländischen Verfahrensrechts lassen, sofern nur auf diese Weise ein Rechtsanwendungsbefehl des IPR sinnvoll ausgeführt werden könne (*Schack* Internationales Zivilverfahrensrecht, 2. Aufl. Rz. 44). Regelmäßig wird es jedoch bei der Grundaussage der lex fori bleiben, daß ein Gericht sein eigenes Internationales Privat-, Prozeß- und dementsprechend auch sein Internationales Insolvenzrecht anwendet (*Arnold* a.a.O., Rz. 8). Um zu dieser Grundaussage der lex fori zu gelangen, muß jedoch die Weichenstellung getroffen werden, ob eine bestimmte Norm dem materiellen oder eher dem Verfahrensrecht zuzurechnen ist. Im ersten Falle erfolgt die kollisionsrechtliche Entscheidung nach dem IPR, im zweiten Fall wird regelmäßig die lex fori berufen sein (*Schack* a.a.O., Rz. 47). Je nachdem, welchem Sachgebiet eine bestimmte Norm zugeschlagen wird, entscheidet sich demnach auch die Reichweite des eigenen nationalen Rechts. Die grundlegende **Weichenstellung zwischen Sachrecht und Verfahrensrecht** wird allerdings wiederum **von dem Prinzip der lex fori bestimmt** (*Schack* a.a.O., Rz. 47; vgl. auch *Geimer* a.a.O., Rz. 325 ff.). 8

4. Die Auslegung der IIR-Vorschriften

Für die Reichweite der lex fori ist somit von erheblicher Bedeutung, **nach welchen Grundsätzen die einschlägigen Vorschriften des IIR interpretiert werden**. Denkbar ist etwa die Zugrundelegung der eigenen lex fori oder die Heranziehung der lex fori des Staates, dessen Verfahren anerkannt werden soll (vgl. zu den 5 unterschiedlichen Interpretationsansätzen *Schack* a.a.O., Rz. 49). Eindeutig ist die Antwort, wenn die einschlägige Vorschrift des IIR in einem Übereinkommen enthalten ist. In diesem Fall ist eine vertragsautonome Auslegung zugrundezulegen, die besonders dann gewährleistet 9

Anhang I *Artikel 102 EGInsO Internationales Insolvenzrecht*

ist, wenn – wie etwa im Bereich des EuIÜ – ein supranationales Gericht für eine einheitliche Rechtsanwendung sorgt. Die Auslegung der einzelnen Begriffe hat somit **offener zu erfolgen, als** dies **bei rein nationalen Sachverhalten** gewöhnlich zu erfolgen geschieht. Die fraglichen Rechtssätze müssen so flexibel interpretiert werden, daß auch die vom eigenen Recht abweichenden Vorstellungen einer ausländischen Rechtskultur mit abgedeckt werden. Eine Aufforderung zu einer solch offenen Form der Interpretation ist in einzelnen Modellgesetzen der UNCITRAL enthalten. Auch die Modellbestimmungen über grenzüberschreitende Insolvenzverfahren (vgl. Anlage 5 und Rz. 252 ff.) sehen in Artikel 8 vor, daß bei der Auslegung der internationale Ursprung der Vorschriften und die Notwendigkeit einer möglichst einheitlichen Anwendung zu beachten sind.

10 Aus diesen Überlegungen kann abgeleitet werden, daß bei der Subsumtion ausländischer Rechtsinstitute unter Vorschriften des deutschen IIR **zunächst die Funktion des ausländischen Rechtsinstituts zu ermitteln** ist. Ist dessen Funktion in etwa vergleichbar mit Einrichtungen des deutschen Insolvenzrechts, so ist eine Subsumtion ohne weiteres zulässig. Denkbare Unvereinbarkeiten des ausländischen Rechtsinstituts mit deutschem Recht können mit Anpassung und Substitution gemeistert werden (*Thieme* a.a.O., S. 257).

5. Grenzüberschreitende Wirkungen des Insolvenzverfahrens

11 Die Aufgabe des IIR ist es also, zunächst festzulegen, nach welchem Verfahrensrecht eine Insolvenz abzuwickeln ist und nach welchem Recht sich die von grenzüberschreitenden Insolvenzverfahren betroffenen Rechtsverhältnisse bestimmen (*Drobnig* in Stoll, Stellungnahmen und Gutachten zur Reform des deutschen Internationalen Insolvenzrechts, 1992, 51). Zwei **grundlegende Fragestellungen** müssen dabei unterschieden werden: Zum einen müssen die **Rechtswirkungen eines inländischen Insolvenzverfahrens im Ausland** bestimmt werden, andererseits muß festgelegt werden, welche **Wirkungen ein ausländisches Insolvenzverfahren im Inland** entfaltet. Dabei versteht es sich von selbst, daß der inländische Gesetzgeber durch die Souveränität des ausländischen Staates beschränkt ist und nicht verbindlich für den Hoheitsbereich eines anderen Staates festlegen kann, welche Wirkung einem inländischen Insolvenzverfahren zukommt. Allerdings kann der inländische Gesetzgeber bestimmen, welchen Geltungsanspruch das inländische Verfahren erhebt, ob es beispielsweise auch das ausländische Vermögen des Schuldners erfassen will. Von weit größerer Bedeutung ist allerdings die Entscheidung der Frage, welche Wirkungen ein ausländisches Verfahren im Inland entfaltet (vgl. *Drobnig* a.a.O., S. 68).

6. Anerkennungsfähigkeit ausländischer Verfahren

12 1) Dies leitet über zu der Frage, welche ausländischen Verfahren nach deutschem IIR überhaupt anerkennungsfähig sind (vgl. Rz. 71 ff. und 275 ff.). Dabei setzt sich zunehmend die Erkenntnis durch, daß **möglichst ein großzügiger Maßstab** anzulegen ist, und die ausländischen Verfahren nicht engstirnig an Instituten des deutschen Rechts gemessen werden dürfen. Besonders weitgehend hat etwa Thieme für den Vorentwurf des EuIÜ gefordert, es sollten alle gerichtlichen und außergerichtlichen sowie behördlichen und privaten, somit auch vertragliche Insolvenzvermeidungs- und -bereinigungsmechanismen einbezogen werden, folglich alle Verfahren, »die sich mit den finanziellen Schwierigkeiten der Unternehmen befassen« (*Thieme* in Kegel, Vorschläge und Gutachten zum Entwurf eines EG-Konkursübereinkommens, 263). Das **EuIÜ** (vgl. Rz. 60 ff.)

ist dem Vorschlag, im Wege einer Generalklausel alle Insolvenzvermeidungs- und -bereinigungsmechanismen zu erfassen, nicht gefolgt. Dies war den Mitgliedsstaaten selbst für einen eng verflochtenen Wirtschaftsraum zu unbestimmt. Das Übereinkommen selbst enthält vielmehr in seinen **Anhängen A und B** eine abschließende Aufzählung der Verfahren, die von seinem Anwendungsbereich abgedeckt werden. Diese Anhänge liefern auch **wertvolle Anhaltspunkte für die Bewertung der Verfahren**, die in einem Drittstaat eröffnet werden. Damit dürfte es einem deutschen Gericht verwehrt sein, etwa unter Berufung auf ordre public-Gesichtspunkte die Anerkennung eines in einem Nichtmitgliedsstaat eröffneten Verfahrens abzulehnen, wenn dieses Verfahren eine gewisse Verwandtschaft zu den in den Anhängen des EuIÜ genannten Verfahren aufweist.

2) Das **Konkursübereinkommen des Europarats**, das am 5. Juni 1990 in Istanbul gezeichnet wurde (Istanbuler Übereinkommen, vgl. Rz. 65 ff. und Anlage 3) und das ebenfalls in einer Anlage dieses Anhangs die maßgebenden Verfahren aufzählt, versucht zumindest in Artikel 1 im Rahmen einer Definition den Anwendungsbereich zu umschreiben: Das Übereinkommen soll Anwendung finden auf »Gesamtverfahren auf der Grundlage der Insolvenz, die einen Verlust der Verfügungsbefugnis des Schuldners und die Bestellung eines Verwalters nach sich ziehen und die zur Verwertung des Vermögens führen können« (vgl. zu diesem Übereinkommen *Arnold* IPRax 1986, 133 ff.). Erwähnt sei in diesem Zusammenhang auch noch die Definition in den **UNCITRAL-Modellbestimmungen** (Anlage 5) über grenzüberschreitende Insolvenzverfahren, wo es in Artikel 2 Buchstabe a heißt: »**foreign proceeding« means a collective judicial or administrative proceeding in a foreign State, including an interim proceeding, pursuant to a law relating to insolvency in which proceeding the assets and affairs of the debtor are subject to control or supervision by a foreign court, for the purpose of reorganization or liquidation**« (vgl. zu diesen Modellbestimmungen *Wimmer* ZIP 1997, 2220). 13

3) **Grundvoraussetzung** ist somit zunächst, daß das anzuerkennende ausländische Verfahren auf eine Situation reagiert, in der der **Schuldner nicht mehr in der Lage** ist, **seine Verbindlichkeiten zu erfüllen**. Das Verfahren muß somit eine Antwort auf die finanzielle Krise des Schuldners geben. Diese Antwort kann durchaus unterschiedlich ausfallen. Sie kann zur Liquidation des schuldnerischen Unternehmens führen, aber auch dessen Sanierung beinhalten. Nicht erfaßt werden Verfahren, die primär nicht die Gläubiger im Auge haben, sondern die Krise des Schuldners lediglich dazu benutzen, eine verdeckte Enteignung durchzuführen (*Aderhold* Auslandskonkurs im Inland, 178 ff.; *Hanisch* ZIP 1985, 1233, 1236, der auch vor Verfahren warnt, die rein volkswirtschaftlich orientiert sind und in denen die Gläubigerinteressen zugunsten gesamtwirtschaftlicher Belange, etwa des Arbeitsmarktes, aufgeopfert werden). Von entscheidender Bedeutung ist weiter, daß es sich um ein **kollektives Verfahren** handelt, also ein Verfahren, das grundsätzlich allen Gläubigern offensteht. 14

Aber nicht nur das Recht, sich an dem Verfahren zu beteiligen, sondern auch die Frage, wie die Gläubiger in diesem Verfahren behandelt werden, ist für die Anerkennungsfähigkeit wesentlich. Die Unzulänglichkeit des Schuldnervermögens muß in dem Verfahren grundsätzlich dazu führen, daß **alle Gläubiger gleicher Forderungen gleichmäßig befriedigt** werden (*Jaeger/Jahr* § 237, 238 Rz. 8). Auch die rechtsvergleichenden Studien von Fletcher belegen die Bedeutung der par conditio creditorum für die jeweiligen Verfahren (*Fletcher* Cross-Border Insolvency: National and Comperative studies 1992, 270). Somit hat der in Anlehnung an Dölle von Jahr entwickelte internationalrechtliche Begriff des Insolvenzverfahrens auch heute noch Bedeutung (vgl. 15

Jaeger/Jahr § 237, 238 Rz. 9): **Ein Insolvenzverfahren ist jedes staatliche oder staatlich kontrollierte Verfahren, das einen Inbegriff von Vermögensgegenständen mit dem Ziel erfaßt, die Gläubiger, denen diese zur vollen Befriedigung voraussichtlich unzureichenden Vermögensgegenstände haften, möglichst gleichmäßig zu befriedigen.**

III. Grundlegende Prinzipien des IIR

1. Beschränkter Aussagewert

16 Nachdem der wesentliche Gegenstand des IIR herausgearbeitet wurde, sollen nun die tragenden Prinzipien beleuchtet werden, die seit Jahrzehnten die Diskussion zum IIR prägen. Dabei muß jedoch Klarheit bestehen, daß aus diesen allgemeinen Prinzipien **kaum Antworten für konkrete Sachfragen** abgeleitet werden können. Sie dienen allenfalls als ganz generelle Erklärungsmuster für grundlegende Regelungsmodelle. Die methodologische Skepsis, aus allgemeinen Prinzipien Antworten für konkrete Fragestellungen abzuleiten, hat bereits *Jahr* zum Ausdruck gebracht, der auf das Problem hinwies, aus einem allgemeinen Prinzip eine Sachaussage für Fragen ableiten zu wollen, die nicht in die Formulierung des Prinzips eingegangen sind (*Jaeger/Jahr* § 237, 238 Rz. 54).

2. Begriffsbestimmung

17 1) Bevor diese Prinzipien kurz skizziert werden, muß terminologisch Klarheit über die unterschiedlichen Verfahrensarten bestehen. Wird von **Insolvenzverfahren** (Hauptinsolvenzverfahren) gesprochen, so wird grundsätzlich das am Mittelpunkt des wirtschaftlichen Interesses des Schuldners eröffnete Verfahren gemeint, welches das gesamte Vermögen des Schuldners erfaßt, unabhängig davon, wo es belegen ist. Diese Verfahren mit **universaler Wirkung** entsprechen der Begriffsbestimmung der Insolvenzmasse in § 35 InsO.

18 2) Den Gegensatz zu diesen Verfahren, die grundsätzlich weltweite Geltung für sich beanspruchen, bilden die sogenannten **Territorialverfahren**, die sich lediglich auf das **Hoheitsgebiet eines bestimmten Staates** beschränken. Die Territorialverfahren lassen sich wieder aufgliedern in selbständige und unselbständige.

19 3) Territorialverfahren, die ein ausländisches Hauptinsolvenzverfahren voraussetzen und diesem mehr oder weniger untergeordnet sind, werden als **Sekundärinsolvenzverfahren** bezeichnet. Sie haben, von ihrer räumlichen Beschränkung einmal abgesehen, grundsätzlich die gleichen Wirkungen wie ein Insolvenzverfahren mit universalem Anspruch. Werden sie nach einem ausländischen Hauptinsolvenzverfahren eröffnet, so blocken sie weitgehend die Wirkungen dieses Verfahrens im Inland ab. Allerdings ist eine enge Koordination zwischen beiden Verfahren im Interesse einer effektiven Verwertung des schuldnerischen Vermögens dringend geboten.

20 4) Neben diesen Sekundärverfahren, die bereits per definitionem stets ein ausländisches Hauptinsolvenzverfahren voraussetzen, gibt es die **unabhängigen Territorialverfahren**, die im folgenden **Partikularverfahren** genannt werden sollen (vgl. zu den terminologischen Unschärfen in diesem Bereich *Thieme* in Stoll, Stellungnahmen und Gutachten, 244 ff., der allerdings Partikularverfahren als Oberbegriff für alle Nebenverfahren verwendet sehen möchte; vgl. auch *Trunk* in Gilles, Internationale Aspekte von Insolvenzverfahren 1995, 161 f.). Die Eröffnung eines solchen Territorialverfahrens setzt

entweder eine Niederlassung voraus (so früher § 238 Abs. 1 KO) oder ist auch bei allen sonstigen im Inland belegenen Vermögensbestandteilen zulässig.
5) Neben diesen auch dem deutschen Recht bekannten Verfahren kennen manche ausländische Rechtsordnungen auch sogenannte **unselbständige Hilfsverfahren**, deren eigentliches Ziel darin besteht, ein ausländisches Hauptverfahren flankierend zu unterstützen. Die wohl bekanntesten Verfahren dieser Art sind die **ancillary proceedings** des US Bankrupty Codes (BC). In s. 304 BC werden Voraussetzungen und Inhalt dieser Verfahren näher beschrieben. In den Notes of Committee on the Judiciary, Senate Report No. 95–989, wird ausgeführt, daß das Gericht bei seiner Entscheidung gehalten ist, für eine wirtschaftliche und zügige Verwaltung der Masse zu sorgen. Wie auch sonst im amerikanischen Insolvenzrecht ist auch hier dem Richter ein weiter Entscheidungsspielraum eröffnet, der allerdings als Kehrseite ein nicht immer ganz homogenes Fallrecht nach sich zieht (vgl. *Hanisch* ZIP 1994, 1, 5; *Aderhold* Auslandskonkurs im Inland, 69 f., 71 f.).

3. Universalität – Territorialität

Wie bereits ausgeführt, werden die zentralen Prinzipien des IIR aus den Gegensatzpaaren Universalität – Territorialität und Einheit – Mehrheit von Konkursen abgeleitet.
1) In die Literatur wird der bereits seit Jahrzehnten eingebürgerte Begriff Universalität z. T. abgelehnt, da der Gegensatz zu Territorialität eher Extraterritorialität heißen müßte (*Jahr* a. a. O., Rz. 49). Wenngleich Jahr zuzugestehen ist, daß eine eigentliche »**universale« Wirkung**, das heißt eine Wirkung, die sich in allen Staaten der Welt gleich entfaltet, wohl von niemandem behauptet wird, so wird dennoch im folgenden der Begriff weiterverwandt. Reduziert man ihn auf seine Kernaussage, so besagt er lediglich, daß **zumindest gewisse Wirkungen des Verfahrens auch im Ausland beachtlich** sind. Zunächst geht es hierbei um den Konkursbeschlag, das heißt, daß das Verfahren auch das im Ausland belegene Vermögen des Schuldners umfassen will. Oder noch vorsichtiger und unter umgekehrtem Vorzeichen formuliert, daß eine Anerkennung der Wirkungen eines ausländischen Insolvenzverfahrens nicht von vornherein ausgeschlossen ist. Wie diese Wirkungserstreckung erfolgt, etwa durch eine automatische Anerkennung oder durch ein Exequaturverfahren, ist zunächst für die Geltung des Universalitätsprinzips unerheblich.
2) Nach dem der Universalität entgegengesetzten Begriff der **Territorialität** beschränkt sich die Wirksamkeit eines Insolvenzverfahrens auf das Gebiet des Eröffnungsstaates. Bis zur – man könnte beinahe sagen kopernikanischen – Wende des *BGH* zum IIR mit seiner grundlegenden Entscheidung vom 11. 07. 1985 (BGHZ 95, 256 ff.) war das Territorialitätsprinzip für das deutsche Recht, zumindestens was die Frage einer Anerkennung von Wirkungen eines ausländischen Insolvenzverfahrens betraf, herrschend. Gestützt wurde diese Auffassung insbesondere mit dem Argument, die **Konkurseröffnung als ausländischer Hoheitsakt** würde, wenn man ihr im Inland Wirkungen zuerkennt, **in die Souveränität des Staates eingreifen**. Insofern wurde eine Parallele zu Enteignungen und Konfiskationen gesehen (vgl. *Jahr* a. a. O., Rz. 187 ff.; eingehend zur historischen Entwicklung des Territorialitätsprinzips *Aderhold* a. a. O., S. 30 ff.). Überzeugend weist Jahr nach, daß sich die frühere h. M. keinesfalls auf den historischen Gesetzgeber berufen konnte, der das »starre Territorialprinzip« geradezu ablehnte. Die jahrzehntelange Dominanz dieses Prinzips dürfte auch darin begründet gewesen sein, daß das ausländische Recht häufig das Unbekannte war, dem mit Mißtrauen begegnet wurde. Auch heute wird bei manchen internationalen Konferenzen zum IIR dieses

Mißtrauen noch spürbar, wenn teilweise versteckt der Verdacht geäußert wird, eine großzügige Anerkennung ausländischer Insolvenzverfahren würde letztlich vom ausländischen Verwalter nur dazu mißbraucht, inländische Vermögenswerte ins Ausland zu verbringen, um dadurch die inländischen Gläubiger zu schädigen.

4. Beispiele territorialer Verfahren

25 Unabhängig von der Frage einer grenzüberschreitenden Anerkennung kann zunächst der **Geltungsanspruch** des jeweiligen nationalen Rechts rein **territorial beschränkt** sein. Das inländische Verfahren will dann stets nur das im Inland belegene Vermögen des Schuldners erfassen. Als Beispiel für eine solche Selbstbeschränkung des Gesetzgebers wird häufig die **japanische Konkursordnung** aus dem Jahre 1922 genannt. Diese territoriale Selbstbeschränkung wurde mit dem Hinweis auf die Schwierigkeiten einer Verwaltung der Vermögenswerte im Ausland begründet. Das Ergebnis dieser Territorialität ist, daß die ausländischen Vermögenswerte des Schuldners der Einzelzwangsvollstreckung unterliegen oder weiter vom Schuldner verwaltet werden (vgl. *Ito* in Fletcher, Cross-Border Insolvency: National and Comperative studies, 178 ff., der auch Kritik an dieser japanischen Rechtslage übt; vgl. zum japanischen Konkursrecht auch *Mikami* DGVZ 1995, 17 ff.). Als weiteres Beispiel sei etwa das **Konkursgesetz der Republik Korea** aus dem Jahre 1972 genannt, wo es in § 3 Abs. 1 ausdrücklich heißt, daß der Konkurs nur das in Korea befindliche Vermögen des Gemeinschuldners erfaßt (*Aderhold* a. a. O., S. 169). Demgegenüber wird man entgegen *Aderhold* dem **österreichischen Konkursverfahren** einen grundsätzlichen universalen Geltungsanspruch zuerkennen müssen. Ähnlich wie im deutschen Recht wird nach § 1 Abs. 1 Österreichische Konkursordnung durch die Eröffnung des Konkurses das gesamte der Exekution unterworfene Vermögen des Gemeinschuldners dessen freier Verfügung entzogen. Auch das Insolvenzrechtsänderungsgesetz 1982 hat an der grundsätzlichen Geltung des Universalitätsprinzips nichts ändern wollen (vgl. *Leitner* Der grenzüberschreitenden Konkurs, 1995, 204 ff.).

5. Einheit oder Mehrheit der Verfahren

26 Das zweite Gegensatzpaar in dem Prinzipienviereck bilden Einheit oder Mehrheit von Insolvenzverfahren. Dabei wurde insbesondere in der älteren Literatur häufig die Universalität mit der Einheit des Verfahrens und die Territorialität mit einer zwangsläufigen Mehrheit von Verfahren gleichgesetzt (vgl. *Jaeger/Jahr* Rz. 45 ff.). Wird etwa im Inland ein **Sekundärinsolvenzverfahren** eröffnet, so findet doch zumindest eine gewisse Harmonisierung mit dem ausländischen Hauptinsolvenzverfahren statt, es werden also gerade nicht, wie es an sich dem Territorialitätsprinzip entsprechen würde, jegliche Konkurswirkungen des ausländischen Verfahrens im Inland abgelehnt. Vielmehr zeigt bereits der Name Sekundärinsolvenzverfahren, daß das ausländische Verfahren zumindest prinzipiell auch Wirkungen im Inland entfaltet. Die territoriale Beschränkung der Sekundärinsolvenzverfahren will somit lediglich der räumlichen Abgrenzung der jeweils von den unterschiedlichen Verfahren erfaßten Vermögensmassen Rechnung tragen (*Hanisch* ZIP 1994, 1 f.).

27 Auch die **ancillary proceedings** des US-amerikanischen Rechts führen zwar zu einer Mehrheit von Verfahren, sind aber gerade Ausdruck einer grenzüberschreitenden Wirkung ausländischer Verfahren. Vor diesem Hintergrund würde eine strikt durchgeführte Einheit der Verfahren lediglich die ideale Stufe des Grundsatzes der Universalität

darstellen; sie wäre sozusagen in dem evolutionären Prozeß von strikter Territorialität zur Universalität die höchste Entwicklungsstufe, von der die Rechtswirklichkeit allerdings noch weit entfernt ist.

Eine **stringente Einheit des Verfahrens** wäre selbst in einem eng verflochtenen Wirtschaftsraum, wie er die EU darstellt, **nicht realisierbar.** Voraussetzung wäre hierfür nicht nur, daß das formelle und materielle Insolvenzrecht weitgehend harmonisiert würde, ein Ziel das derzeit noch in weiter Ferne ist, sondern auch, daß die das Insolvenzrecht wesentlich prägenden nationalen Sachrechte weitgehend vereinheitlicht wären. Berücksichtigt man, wieviel Zeit die Erarbeitung der überwiegend (lediglich) kollisionsrechtlichen Bestimmungen des EuIÜ in Anspruch genommen hat, so läßt sich leicht ablesen, wie weit wir von dem Ideal noch entfernt sind. 28

6. Vermittelnde Lösungen

Lösungen auf diesem Gebiet können somit lediglich durch einen pragmatischen Ansatz gefunden werden. Die **Prinzipien** dienen insofern **lediglich** als **Argumentationsmuster** zur Erarbeitung kollisionsrechtlicher Regelungen für »Problemstellungen des Internationalen Insolvenzrechts« (vgl. zu diesem Vorgehen bereits *Hanisch* in FS 100 Jahre Konkursordnung, 1977, 139, 149). In einer Art Synthese wird in der gegenwärtigen Diskussion zum IIR der Versuch unternommen, den Prinzipienwiderstreit auf einer höheren Ebene aufzulösen und zu **Kombinationsmodellen** zu gelangen. Insofern führt der Erläuternde Bericht zum EuIÜ aus, mit dem Übereinkommen werde angestrebt, die Vorteile des Grundsatzes der Universalität mit dem notwendigen Schutz der inländischen Interessen in Einklang zu bringen (Rz. 13; vgl. zu den Möglichkeiten einer Kombination auch *Hanisch* ZIP 1994, 2; *Aderhold* a. a. O., S. 64 ff.). Diese Kombinationslösungen werden üblicherweise unter dem Stichwort der »**kontrollierten Universalität**« (vgl. die Nachweise bei *Aderhold* a. a. O., S. 64 Fn. 213) abgehandelt. 29

Damit wird zunächst eingeräumt, daß **Ausgangspunkt** eine irgendwie geartete grenzüberschreitende, also in dem hier verstandenen Sinne **universale Wirkung** von Insolvenzverfahren ist. Dies wird noch deutlicher, wenn man mit *Hanisch* als universalistisch alle Lösungen ansieht, die dafür sorgen, daß das Schuldnervermögen, gleich, wo es sich befindet, unter den Schutzschirm eines Insolvenzverfahrens kommt (ZIP 1994, 4). In diesem Sinne ist das **EuIÜ ein Paradigma kontrollierter Universalität.** Das in einem Mitgliedsstaat eröffnete Hauptverfahren erfaßt auch das in den anderen Mitgliedsstaaten belegene Vermögen des Schuldners und entfaltet grundsätzlich in jedem anderen Vertragsstaat die Wirkungen, die ihm im Eröffnungsstaat zukommen (Art. 17 Abs. 1 EuIÜ). 30

Auch die **Modellbestimmungen** für grenzüberschreitende Insolvenzverfahren, die im Rahmen der **UNCITRAL** (vgl. Anlage 5) erarbeitet wurden, folgen diesem Modell, wenn sie festlegen, daß nach Anerkennung des ausländischen Verfahrens (die im Gegensatz zum EuIÜ allerdings keine automatische Anerkennung ist), ipso iure Wirkungen zum Schutz der Insolvenzmasse eintreten (z. B. Verbot von Vollstreckungsmaßnahmen in die Masse, Unterbrechung von anhängigen Rechtsstreitigkeiten). 31

Diese **universale Wirkung** der Verfahren wird aber kontrolliert oder **gemäßigt durch die Zulassung von Territorialverfahren**, seien dies nun Partikularverfahren oder Sekundärinsolvenzverfahren sowie durch Sonderanknüpfungen. Der Bericht zum EuIÜ räumt dabei ein, daß die Zulassung von Sekundärinsolvenzverfahren insbesondere in dem Schutz inländischer Interessen begründet ist (Rz. 14). Außer zum Schutz lokaler Gläubiger kann ein Sekundärinsolvenzverfahren vom Verwalter des Hauptinsolvenzver- 32 fahrens aber auch gezielt eingesetzt werden, um eine umfangreiche und weitverstreute Masse besser verwalten zu können. Die Zulassung von Sekundärinsolvenzverfahren ist insbesondere dann geboten, wenn der Schuldner in einem anderen Land als dem Mittelpunkt seiner wirtschaftlichen Interessen eine rege Geschäftstätigkeit mittels einer Zweigniederlassung entfaltet hat. Mit einem Territorialverfahren können die von der Niederlassung ausgehenden Rechtsverhältnisse entsprechend den örtlichen Gegebenheiten abgewickelt werden. Erwähnt seien in diesem Zusammenhang lediglich die Interessen der Arbeitnehmer, die als Ortskräfte in der Niederlassung beschäftigt wurden.

33 Ein streng universalistischer Ansatz, der auch die **Sicherheiten**, seien es nun Mobiliarsicherheiten oder etwa Grundpfandrechte, nach dem Recht des Eröffnungsstaates in der Insolvenz behandeln möchte, würde bei nicht harmonisierten Sachrechten zu erheblichen Ungereimtheiten führen. Findet hingegen die lex fori des Territorialverfahrens Anwendung, so werden diese Rechtsverhältnisse nach den Grundsätzen des Rechtssystems abgehandelt, zu dem sie die engste Beziehung aufweisen. Inwiefern es geboten ist, Sekundärinsolvenzverfahren auch dann zuzulassen, wenn lediglich einzelne Vermögensbestandteile in dem entsprechenden Staat belegen sind, soll an späterer Stelle erörtert werden (vgl. Rz. 390 ff.). Im Interesse einer effektiven Insolvenzbewältigung ist bei diesen Kombinationsmodellen jedoch dringend geboten, daß der **Verwalter des Haupt- und des Sekundärinsolvenzverfahrens möglichst eng zusammenarbeiten** und eine lückenlose Koordination der Verfahren gewährleisten.

IV. Geschichtliche Entwicklung und bisherige Regelungen des IIR

1. Geschichtliche Entwicklung

34 1) Ein kurzer Blick auf die Historie des IIR wird zeigen, daß die heute als brandaktuell diskutierten Fragestellungen und die zu ihrer Lösung entwickelten Konstruktionen bereits vor Jahrhunderten als genauso brennend empfunden wurden. Insofern wird man mit einer gewissen Ernüchterung festzustellen haben, daß in der **gegenwärtigen rechtspolitischen Auseinandersetzung nur wenig Neues** anzutreffen ist. Die folgenden Ausführungen beruhen im wesentlichen auf dem Beitrag von *Hanisch* (Bemerkungen zur Geschichte des Internationalen Insolvenzrechts in Festschrift für Franz Merz, 1992), der seinerseits im wesentlichen auf die grundlegende Untersuchung von *Meili* (Die geschichtliche Entwicklung des Internationalen Konkursrechts, 1908) zurückgreift.

35 2) Am Ausgangspunkt von *Hanischs* Betrachtungen steht die Schilderung des **Zusammenbruchs einer oberitalienischen Bank zu Beginn des 14. Jahrhunderts**, der den Papst, auch im massiven Eigeninteresse, bewog, sich des Falles anzunehmen. Das Oberhaupt der Kirche erließ zunächst eine Art Beschlag in allen Ländern der Christenheit über das Vermögen der Bank. Die Schuldner der Bank wurden angewiesen, nicht mehr ohne Bewilligung des Heiligen Stuhls an diese zu leisten. Vollstreckungsversuche der Gläubiger wurden untersagt. Den Inhabern der Bank wurde ein Verfügungsverbot auferlegt. Die Bekanntmachung erfolgte qua Rundbrief über die Kanzeln. Der Papst war insofern Insolvenzverwalter und Insolvenzgericht in einer Person und mit grenzüberschreitender Autorität ausgestattet. Da in heutiger Zeit eine solche Autorität nicht mehr existiert, könnte nach Hanisch ein vergleichbares Ergebnis nur über zwischenstaatliche Verträge erreicht werden. Einschränken weist er jedoch darauf hin, daß in damaliger Zeit die Sachrechte, beeinflußt von dem Recht der oberitalienischen Stadtstaaten, weitgehend

angeglichen waren und insofern auch eine Vereinheitlichung des Insolvenzrechts leichter als heute zu realisieren war.

3) Die zentrale Fragestellung im **IIR der oberitalienischen Städte** war die Behandlung auswärtiger Gläubiger. Allgemein bestand damals die Neigung, auswärtige Gläubiger schlechter zu behandeln. In vielen Fällen konnten sie nur dann etwas bekommen, wenn die lokalen Gläubiger voll befriedigt worden waren. Eine weitere Frage betraf den Niederlassungskonkurs, an dem alle Gläubiger teilnehmen sollten, die Forderungen gegen die Niederlassung hatten. Das Problem, ob der im Inland eröffnete Konkurs auch das ausländische Vermögen des Schuldners ergreift, wurde erst relativ spät erörtert. Als entscheidend für diesen Streitpunkt wurde die Beantwortung der Frage angesehen, ob das Personalstatut oder das Vermögensstatut bei einem Konkurs im Vordergrund steht. War das erstere maßgebend, so konnten die Wirkungen des Konkurses überall dort eintreten, wo sich Vermögen des Schuldners befand. 36

4) Von den **holländischen Juristen des 16. und 17. Jahrhunderts** wurde die Auffassung vertreten, für die Frage der Zuständigkeit zur Eröffnung eines Konkursverfahrens und hinsichtlich des anwendbaren Rechts sei das Domizil des Schuldners zumindest dann maßgebend, wenn Mobilien betroffen waren. Für Immobilien wurde zwar die Anwendung der situs-Regel postuliert, jedoch der Liquidationserlös zur gemeinsamen Befriedigung aller Gläubiger verwandt. Die **deutschen Juristen dieser Zeit** erörterten insbesondere Fragen der Zuständigkeit und gingen dabei davon aus, daß grundsätzlich das Gericht am Ort des Domizils des Schuldners zuständig sei und auch dessen Recht Anwendung finde. Die deutschen Juristen des 18. Jahrhunderts wiesen dem Konkurs zumindest insofern eine universale Wirkung zu, als im Ausland befindliche Mobilien erfaßt wurden, die insofern auch der lex fori concursus unterlagen. Zum Teil wurde diese grenzüberschreitende Wirkung des Konkurses jedoch für den Fall eingeschränkt, daß ausländische Gläubiger am Lagerort durch sie Nachteile erleiden würden. Eine andere Abhilfe wurde darin gesehen, daß der Richter für diese Vermögensgegenstände die ausländische lex rei sitae zur Anwendung bringt. Dies sind Überlegungen, wie sie auch in die Beratungen zu Artikel 5 EuIÜ oder zu § 390 RegE InsO eingeflossen sind. 37

5) Die **Allgemeine Gerichtsordnung für die Preußischen Staaten** aus dem Jahre 1793 enthielt Vorschriften für grenzüberschreitende Insolvenzverfahren, die danach differenzierten, ob ein auswärtiger Schuldner im Inland Vermögen besitzt oder ein inländischer im Ausland. Im ersten Fall konnten die Gläubiger, die in dem ausländischen Verfahren leer ausgegangen waren, im Inland die Eröffnung eines Sekundärinsolvenzverfahrens beantragen. Der Verwalter des inländischen Territorialverfahrens sollte sich dann mit dem ausländischen Verwalter in Verbindung setzen, um von diesem Informationen für die Erörterung der Ansprüche zu erlangen (vgl. die Kooperations- und Unterrichtungspflicht in Artikel 31 EuIÜ). Ein Überschuß im Sekundärinsolvenzverfahren war an den Richter des ausländischen Hauptinsolvenzverfahrens herauszugeben (vgl. Artikel 35 EuIÜ). War ein Gerichtsstand des Schuldners im Inland begründet, so sollte diesem Konkursverfahren eine universale Wirkung zukommen. Wurde im Ausland dann ein Sekundärinsolvenzverfahren eröffnet, so sollte der Verwalter des inländischen Hauptverfahrens die Interessen der inländischen Masse im ausländischen Verfahren wahrnehmen (vgl. etwa Artikel 31 Abs. 3, Artikel 33 Abs. 1, Artikel 34 Abs. 1 EuIÜ). 38

6) Die weitere Entwicklung in **Deutschland** war **in der ersten Hälfte des 19. Jahrhunderts** durch den Abschluß von interdeutschen Staatsverträgen geprägt. Zu nennen sind in diesem Zusammenhang etwa die **Abkommen zwischen Bayern und Württemberg** (1821) und zwischen **Württemberg und Baden** (1825) (zu weiteren Abkommen vergleiche *Hanisch* a.a.O., S. 171 f.). 39

Anhang I *Artikel 102 EGInsO Internationales Insolvenzrecht*

40 Nachdem noch von *Savigny* die Einheit und Universalität des Konkursverfahrens postuliert worden war (System des heutigen Römischen Rechts VIII, 1849, 292), erfolgte unter dem Einfluß von *Kohler* eine strikte Hinwendung zum Territorialitätsprinzip (Lehrbuch des Konkursrechts, 1891, 3 ff.). Die danach einsetzende jahrzehntelange Dominanz des Territorialitätsprinzips ist um so erstaunlicher, als noch aus der **Entstehungsgeschichte zur Konkursordnung** die grundsätzliche **Anerkennung des Universalitätsprinzips** erkennbar ist. In den Materialien zur Konkursordnung heißt es deshalb auch eindeutig, daß der Entwurf das »starre Territorialitätsprinzip« nicht übernehme. Vielmehr wird eine Befugnis des ausländischen Konkursverwalters ausdrücklich anerkannt, inländisches Vermögen zur ausländischen Konkursmasse zu ziehen (Die gesamten Materialien zu den Reichs-Justiz-Gesetzen, hrsg. von *Hahn*, IV, 1881, 402 ff.; vgl. auch zur Entstehungsgeschichte *Jaeger/Jahr*, §§ 237, 238 Rz. 192 ff.; *Thieme* RabelsZ, 37 (1973), 682, 685 f. und die ausführliche Begründung in der Wendeentscheidung des *BGH* BGHZ 95, 256, 261 ff.).

41 7) Bei diesem eindeutigen historischen Befund ist es etwas verwunderlich, warum das Reichsgericht nach anfänglicher Akzeptierung des Universalitätsprinzips (RGZ 6, S. 400, 404 ff.) in einer Entscheidung aus dem Jahre 1884 zum Prinzip der Nichtanerkennung ausländischer Konkursverfahren überschwenkte (RGZ 14 S. 405, 406, 410). In der späteren Rechtsprechung wurde § 237 KO als **Ausdruck des Territorialitätsprinzips** gewertet und weiter die These vertreten, daß die Eröffnung des ausländischen Insolvenzverfahrens als Hoheitsakt seiner Natur nach schon territorial begrenzt sein müsse. Dieser Linie ist auch der *BGH* gefolgt, die er erst nach Vorbereitung in einigen Urteilen mit seiner grundlegenden Entscheidung vom 11. Juli 1985 endgültig verlassen hat.

42 Der Gesetzgeber ist dem von Literatur und Rechtsprechung vorgezeichneten Weg gefolgt und hat in § 22 Abs. 1 GesO ausdrücklich anerkannt, daß ein ausländisches Insolvenzverfahren auch das im Inland befindliche Vermögen erfaßt. Wortgleich findet sich dieser Grundsatz auch in Artikel 102 Abs. 1 EGInsO wieder. In Beschlußempfehlung und Bericht des Rechtsausschusses zum EGInsO heißt es deshalb ausdrücklich, daß die Absätze 1 und 3 des Artikel 102 EGInsO weitgehend dem § 22 Abs. 1 bis 3 GesO entsprechen, der wiederum auf der neuen Rechtsprechung des *BGH* zum IIR aufbaut (BT-Drucks. 12/7303, S. 117).

2. Bisherige Regelungen des IIR

43 1) Die bisherigen Regelungen des IIR in den **§§ 237, 238 KO** waren spärlich und eher irreführend. § 237 Abs. 1 KO bestimmte, daß auch im Falle der Eröffnung eines ausländischen Konkursverfahrens die Zwangsvollstreckung in das inländische Vermögen zulässig ist. Wie bereits ausgeführt, hat die Rechtsprechung dies als Bestätigung des Territorialitätsprinzips mißverstanden. Demgegenüber hätte sich aus dem historischen Material eindeutig herleiten lassen, daß **§ 237 KO** lediglich als **eng zu interpretierende Ausnahmevorschrift zum Universalitätsprinzip** zu erklären ist (vgl. ausführlich zu § 237 *Thieme* RabelsZ, 37 (1973), 682 ff.).

44 2) In **§ 238 Abs. 1 KO** wurde die **Zulässigkeit von Territorialverfahren festgelegt**, also von Verfahren, die lediglich das im Inland belegene Vermögen des Schuldners erfassen. Die internationale Zuständigkeit zur Eröffnung eines solch gegenständlich beschränkten Verfahrens war dann gegeben, wenn der Schuldner im Inland zwar nicht seinen allgemeinen Gerichtsstand, aber eine gewerbliche Niederlassung hatte. Diese Zuständigkeit war sowohl für Partikularverfahren im hier verstandenen Sinne eröffnet, als auch für Konkursverfahren, die erst nach einem ausländischen Konkursverfahren

eröffnet wurden. Hatte der Schuldner weder seinen allgemeinen Gerichtsstand noch eine Niederlassung im Inland, so konnte ein gegenständlich beschränktes Verfahren im Inland zumindest dann eröffnet werden, wenn er ein »mit Wohn- und Wirtschaftsgebäuden versehenes Gut als Eigentümer, Nutznießer oder Pächter« bewirtschaftete. § 238 Abs. 3 KO bestimmte wie Artikel 102 Abs. 3 Satz 2 EGInsO, daß für die Eröffnung eines inländischen Territorialverfahrens das Vorliegen eines Konkursgrundes nicht nachgewiesen werden mußte, wenn bereits im Ausland ein Verfahren eröffnet war. (Zu den sonstigen Vorschriften der KO mit Bezügen zum IIR vgl. *Jahr* a. a. O., Rz. 101 ff.)

V. Die internationalen Übereinkommen und die sonstigen bi- oder multilateralen Bemühungen zur Bewältigung grenzüberschreitender Insolvenzverfahren

1. Verträge mit der Schweiz

Bereits oben (vgl. Rz. 39) wurde auf die in den 20er Jahren des 19. Jahrhunderts einsetzenden Bemühungen hingewiesen, innerhalb Deutschlands durch interdeutsche Staatsverträge die mit grenzüberschreitenden Insolvenzverfahren verbundenen Schwierigkeiten zu meistern. In diesem Kontext können auch die Staatsverträge einzelner deutscher Staaten mit schweizerischen Kantonen genannt werden. Die meisten dieser Übereinkommen sind in dem größeren Zusammenhang der in der Zeit des deutschen Bundes zwischen den einzelnen Bundesstaaten geschlossenen Konkursübereinkommen zu sehen (*Arnold* Handbuch, § 124 Rz. 36 ff.; eingehend zu dem früheren IIR der Schweiz *Meili* Die Grundlagen einer internationalen Regelung des Konkursrechtes, 1911). **45**

Ein **Teil dieser Verträge** wird auch **heute noch** als **gültig** angesehen (*Blaschczok* ZIP 1983, 141 ff.; *Wenner* EWiR 1998, 705 f.). Zu den fortgeltenden Übereinkommen wird insbesondere die Übereinkunft zwischen einigen schweizerischen Kantonen und dem Königreich Bayern über gleichmäßige Behandlung der gegenseitigen Staatsangehörigen in Konkursfällen vom 11.05./27. 06. 1834 gerechnet (veröffentlicht in der bereinigten Bayerischen Rechtssammlung, Sachbereich 311–1-J). Als weiterhin gültig wird auch die Übereinkunft zwischen der schweizerischen Eidgenossenschaft und der Krone Württembergs betreffend die Konkursverhältnisse und gleiche Behandlung der beiderseitigen Staatsangehörigen in Konkursfällen vom 12. 12. 1825 und 13. 05. 1826 angesehen (abgedruckt bei *Blaschczok* a. a. O., S. 143 f.). Während in der Übereinkunft mit Bayern lediglich der Grundsatz der Gläubigergleichbehandlung (vgl. zur Behandlung ausländischer Gläubiger im älteren Schweizer Recht, *Meili* a. a. O., S. 14 ff.) und das Verbot der Einzelzwangsvollstreckung niedergelegt ist, enthält der württembergisch-schweizerische Vertrag in 7 Artikeln eingehende Regelungen. Zunächst werden auch in diesem Übereinkommen der Grundsatz der Gläubigergleichbehandlung postuliert und ein Verbot der Einzelzwangsvollstreckung festgelegt. Alle Vermögensbestandteile des Schuldners, gleich in welchem der beiden Staaten sie belegen sind, bilden eine einheitliche Konkursmasse. Aus- und Absonderungsrechte an Gegenständen, die nicht im Eröffnungsstaat belegen sind, sollen von dem jeweiligen Inhaber nach der lex rei sitae geltend gemacht werden können. Ein im Rahmen der abgesonderten Befriedigung sich ergebender Überschuß ist an den Konkursverwalter herauszugeben. **46**

Trotz der zwischenzeitlich eingetretenen erheblichen Veränderungen sollen diese Vereinbarungen weiter wirksam sein und in ihrem räumlichen Anwendungsbereich im **47**

Gebiet des Bundeslandes Bayern und in dem Teil des Bundeslandes Baden-Württemberg, der dem Gebiet des früheren Landes Württemberg entspricht, anwendbar sein (*Arnold* a. a. O., Rz. 38; *Holch* Die Justiz 1980, 81; vgl. zu den Staatsverträgen mit der Schweiz auch *Aderhold* a. a. O., S. 152 ff.). Die Bedeutung dieser Übereinkommen, zumindest jedoch des württembergischen Vertrages, dürfte für die Schweiz allerdings eingeschränkt sein, da das BG in seiner Entscheidung vom 17. Juni 1983 den Vertrag dahingehend auslegte, daß im Anschluß an die Anerkennung des württembergischen Konkurses in der Schweiz ein Nebenkonkurs mit eigener Konkursmasse und schweizerischen Konkursorganen durchzuführen sei (BGE 109 III 83).

2. Konsularverträge

48 Das Deutsche Reich hatte mit einzelnen Staaten sogenannte Konsularverträge abgeschlossen, in denen einzelne Fragen des IIR abgehandelt wurden. Im einzelnen handelt es sich hierbei um Verträge mit Italien (1868), Spanien (1870), Persien (1873), Rußland (1874), Griechenland (1881), Serbien (1883) und Sansibar (1885) (vgl. zu diesen Übereinkommen *Aderhold* a. a. O., S. 155 f. m. w. N.).

3. Sonstige bi- und multilaterale Verträge

49 Für die internationale Insolvenzpraxis von Bedeutung sind auch die multilateralen Insolvenzübereinkommen der südamerikanischen und der skandinavischen Staaten. Zu nennen sind hier die **Verträge von Montevideo** aus den Jahren 1889 und 1940, die beide von Argentinien und Uruguay ratifiziert wurden (vgl. zu diesen Verträgen *Fletcher* Cross-Boarder Insolvency, 301). Als bemerkenswert erwähnt Fletcher in diesem Zusammenhang, daß diese Verträge zwar die Literatur befruchtet haben, jedoch nur wenige einschlägige Entscheidungen zu ihnen feststellbar sind. Der gleiche Befund gilt auch für **die skandinavischen Konkurskonvention**, zu der die Vermutung geäußert wird, die geringe Zahl einschlägiger Entscheidungen sei wohl auf ihr reibungsloses Funktionieren zurückzuführen (vgl. eingehend zu dieser Konvention *Stummel* Konkurs und Integration 1991, 156 ff.).

50 Als für Deutschland bedeutsame bilaterale Übereinkommen aus jüngerer Zeit sind der deutsch-niederländische Vertrag vom 30. 08. 1962 und der deutsch-österreichische Vertrag vom 25. Mai 1979 zu nennen.

51 Im Gegensatz zu den sonstigen von Deutschland geschlossenen Vollstreckungsübereinkommen, bei denen insolvenzrechtliche Fragestellungen ausgeklammert sind, enthält der **deutsch-niederländische Vertrag** über die gegenseitige Anerkennung und Vollstreckung gerichtlicher Entscheidungen und anderer Schuldtitel in Zivil- und Handelssachen (BGBl. II, 1965, 26), in Artikel 16 die Anerkennung und Vollstreckung von Eintragungen in die Konkurstabelle sowie von Zwangsvergleichen und Vergleichen nach der Vergleichsordnung (vgl. zu diesem Übereinkommen *Arnold* Handbuch, § 124 Rz. 35; *Czapski* WM IV 1976, 918). Während der vollstreckungsrechtliche Teil dieses Übereinkommens überwiegend durch das EuGVÜ vom 27. 09. 1968 ersetzt wurde, haben dessen insolvenzrechtlichen Bestimmungen bis zum Inkrafttreten des EuIÜ weiterhin Bedeutung.

4. Der deutsch-österreichische Konkursvertrag

1) Den wichtigsten bilateralen Vertrag auf dem Gebiet des Konkursrechts, den die 52
Bundesrepublik Deutschland abgeschlossen hat, ist der deutsch-österreichische Konkursvertrag (DöKV) vom 25. Mai 1979 (BGBl. II 1985, 410 mit deutschem Ausführungsgesetz [DöKVAG] vom 08. 03. 1985 [BGBl. I 535; Anlage 1]; eingehend hierzu *Arnold* Der deutsch-österreichische Konkursvertrag 1987 und zur Entstehungsgeschichte ders. KTS 1985, 385; *Wiesbauer* ZIP 1982, 1285).

2) Der DöKV wird im folgenden nur einer **kursorischen Betrachtung** unterzogen, da er 53
mit Inkrafttreten des EuIÜ im wesentlichen nur noch von rechtshistorischem Interesse sein wird. Nach Artikel 48 Abs. 1 EuIÜ ersetzt das Europäische Insolvenzübereinkommen in seinem sachlichen Anwendungsbereich den DöKV. Allerdings hat der deutsch-österreichische Vertrag auch nach diesem Zeitpunkt noch Bedeutung für die Verfahren, die vor dem Inkrafttreten des EuIÜ eröffnet worden sind (Art. 48 Abs. 2 EuIÜ). Jedoch ist nicht ganz eindeutig, wie die Formulierung »Sofern dieses Übereinkommen anwendbar ist« in Artikel 48 Abs. 1 EuIÜ zu verstehen ist. Wird der **DöKV vollständig durch das EuIÜ ersetzt** oder findet er noch insoweit Anwendung, als er Regelungen enthält, die über das EuIÜ hinausweisen? Bedeutung hätte dies etwa für die Frage der Postsperre oder der Haft, die in Artikel 10 DöKV geregelt sind.
Nach **Artikel 59 Wiener Übereinkommen** vom 23. 05. 1969 **über das Recht der** 54
Verträge (BGBl. II 1985, 926) gilt ein Vertrag als beendet, wenn die Vertragsparteien später ein sich auf denselben Gegenstand beziehenden Vertrag schließen und aus dem späteren Vertrag hervorgeht oder anderweitig feststeht, daß die Vertragsparteien beabsichtigten, den Gegenstand durch den späteren Vertrag zu regeln. Bei den Beratungen zum EuIÜ gingen die Delegierten überwiegend von der Vorstellung aus, dieses Übereinkommen werde die anderen bilateralen und multilateralen Konkursübereinkommen ablösen. Für ein solches Verständnis spricht auch, daß andernfalls die Rechtslage noch komplizierter würde, wenn ergänzend noch der DöKV herangezogen werden müßte. Was bei rein bilateralen Verhältnissen noch zu bewältigen wäre, würde völlig unübersichtlich, wenn auch die Interessen eines dritten Mitgliedsstaates der EU involviert wären.
Im folgenden werden die Vorschriften des DöKV herangezogen, wenn sie für die 55
Erörterung einzelner Fragestellungen des IIR noch von Belang sind.
3) Selbst für einen Vertrag auf dem Gebiet des IIR haben die **Arbeiten zum DöKV** 56
erhebliche Zeit in Anspruch genommen. Die Vorarbeiten lassen sich bis in das Jahr 1879 zurückverfolgen (vgl. *Arnold* Der deutsch-österreichische Konkursvertrag, 21). Als Bedürfnis für den Abschluß des Vertrages wurde angeführt, der rege Wirtschaftsverkehr zwischen den beiden Nachbarstaaten bringe es mit sich, daß immer wieder Insolvenzverfahren auftreten, die das Gebiet beider Staaten berührten. Im übrigen wurde noch geltend gemacht, daß das in beiden Staaten geltende Territorialitätsprinzip die Abwicklung grenzüberschreitender Insolvenzverfahren beeinträchtigen würde. Zumindest für Deutschland ist diese Begründung durch die neuere Rechtsentwicklung obsolet geworden.
4) Der DöKV geht von der **Universalität und Einheit des Verfahrens** aus. Artikel 1 57
DöKV bringt diesen Gedanken unmißverständlich zum Ausdruck, da die Wirkungen des Konkurses, der in einem Vertragsstaat eröffnet wurde, sich auch auf das Gebiet des anderen Vertragsstaates erstrecken. Um Kompetenzkonflikte zu verhindern, wird die **internationale Zuständigkeit** den Gerichten des Vertragsstaates zuerkannt, in dem der Gemeinschuldner den Mittelpunkt seiner wirtschaftlichen Betätigung hat. In Zweifels-

fällen findet nach Artikel 3 DöKV das Prinzip der Priorität Anwendung, das heißt, ist bereits in einem Vertragsstaat ein Konkursverfahren eröffnet worden, so sind die Gerichte des anderen Staates an einer Verfahrenseröffnung gehindert. Bei Forderungen, die unzweifelhaft Masseforderungen sind, läßt sich die internationale Zuständigkeit nicht dem DöKV entnehmen (*BGH* NJW 1996, 3008 f. = ZIP 1996, 1437 ff. = WM IV 1996, 1509 ff.) Interessant sind in diesem Zusammenhang die Erläuterungen zu dem Vertragstext 1939 über die Notwendigkeit eines einheitlichen Verfahrens (abgedruckt bei *Arnold* a. a. O., S. 26 ff.), die insgesamt wichtige Gesichtspunkte für die **Nichtzulassung von Nebeninsolvenzverfahren** enthalten. Ein solches Nebenverfahren würde die Verwaltung verteuern und eine vorteilhafte Verwertung des Schuldnervermögens erschweren. Die Gläubiger würden unnötig belastet, da sie an zwei Verfahren teilzunehmen hätten. Die gebotene Rücksichtnahme auf das im Ausland anhängige Verfahren würde die Abwicklung des inländischen Verfahrens verzögern. Bei einer Einheit des Verfahrens würde hingegen nur ein Recht Anwendung finden, die Konkursverwaltung könne einheitlich geführt werden und das Gesamtvermögen des Schuldners könne nach einem einheitlichen Plan verwertet werden. Wie im EuIÜ und im Istanbuler Übereinkommen werden nach Artikel 26 DöKV **Versicherungsunternehmen** und **Kreditinstitute**, die einer Fachaufsicht unterliegen, aus dem Anwendungsbereich des Übereinkommens **ausgeklammert**. Damit soll insbesondere sichergestellt werden, daß Sanierungsmaßnahmen in einem Staat nicht durch die Eröffnung eines Konkursverfahrens im anderen Staat zunichte gemacht werden (*Arnold* a. a. O., S. 208).

58 5) Versucht man anhand der o. a. aufgelisteten Übereinkommen ein Resümee zu ziehen über die Bedeutung internationaler Verträge für die Bewältigung grenzüberschreitender Insolvenzverfahren, so fällt zunächst auf, daß diese eine ganz untergeordnete Rolle spielen. Gerade die wichtigsten Wirtschaftsnationen hatten es lange Zeit abgelehnt, irgendwelche Verträge auf insolvenzrechtlichem Gebiet selbst mit ihren engsten Handelspartnern zu schließen (so noch der Befund von *Fletcher* aus dem Jahr 1990 in Cross-Boarder Insolvency, 301).

5. Vereinheitlichungsbemühungen auf europäischer Ebene

59 Bereits im ausgehenden 19. Jahrhundert gab es intensive Bemühungen, die Probleme, die mit grenzüberschreitenden Insolvenzverfahren verbunden sind, zu meistern (vgl. die Ausführungen zu Rz. 39). Erwähnt seien in diesem Zusammenhang etwa die Arbeiten des **Institut de droit international** aus den Jahren 1891 und 1894, die dem Grundsatz einer gemäßigten Universalität folgten (vgl. hierzu die Nachweise bei *Aderhold* a. a. O., S. 158 Fn. 9). Mehrfach hat sich mit diesen Fragen auch die **Haager Konferenz für Internationales Privatrecht** auseinandergesetzt, ohne daß allerdings wesentliche Fortschritte erzielt werden konnten (*Arnold* ZIP 1984, 1146 Fn. 10; vgl. zu den weiteren Bemühungen auf diesem Gebiet *Nadelmann* Codification of conflict rules for bankruptcy, Schweizerisches Jahrbuch für Internationales Recht 30, 1974, 57).

B. Das Europäische Übereinkommen über Insolvenzverfahren (EuIÜ)

60 Aus europäischer Sicht ist das EuIÜ (zum Text vgl. Anlage 2) der wichtigste Vorstoß, grenzüberschreitende Insolvenzverfahren innerhalb der EU zu bewältigen. Das **Übereinkommen wird das IIR Deutschlands auch im Verhältnis zu Drittstaaten wesentlich beeinflussen** und das künftige IIR insgesamt nachhaltig prägen (hiervon geht

auch der BT-Rechtsausschuß aus, der in seiner Beschlußempfehlung und Bericht ausführt, daß das Übereinkommen im wesentlichen unverändert auch im Verhältnis zu Nicht-Vertragsstaaten Anwendung finden kann; vgl. BT-Drucks. 12/7303, S. 117). Bereits im Rahmen der Arbeiten zu den UNCITRAL – Modellbestimmungen über grenzüberschreitenden Insolvenzverfahren wurde das EuIÜ stets als Vergleichsmaßstab herangezogen.

I. Entstehungsgeschichte

1) Die Arbeiten an diesem Übereinkommen nahmen mit Unterbrechungen mehrere **61** Jahrzehnte in Anspruch. Ausgangspunkt war die im Rahmen der Beratungen zum EuGVÜ gewonnene Erkenntnis, daß ein Insolvenzübereinkommen weit über die punktuellen Regelungen eines Anerkennungs- und Vollstreckungsübereinkommens für Urteile hinausgeht und auch Bestimmungen materiellrechtlichen Inhalts umfassen muß (vgl. *Arnold* ZIP 1984, 1146 und zur Entstehungsgeschichte des EuIÜ der Bericht von *Lemontey*, abgedruckt bei Kegel [Hrsg.], Vorschläge und Gutachten zum Entwurf eines EG-Konkursübereinkommens, 93 ff).

2) **Grundlage** des EuGVÜ als auch des Insolvenzübereinkommens ist **Artikel 220** **62** **EGV**, der die Mitgliedsstaaten unter anderem verpflichtet, Verhandlungen einzuleiten, um zugunsten ihrer Staatsangehörigen die Vereinfachung der Förmlichkeiten für die gegenseitige Anerkennung und Vollstreckung richterlicher Entscheidungen und Schiedssprüche sicherzustellen. In einer Note der Kommission der Europäischen Wirtschaftsgemeinschaft vom 22. Oktober 1959 wird ausgeführt, das Ziel, die Märkte der Mitgliedsstaaten zu einem einzigen großen Binnenmarkt zu vereinigen, verlange, daß auf diesem gemeinsamen Markt ein ausreichender Rechtsschutz gewährleistet ist. Andernfalls wären Störungen und Schwierigkeiten im Wirschaftsleben der Gemeinschaft zu befürchten, wenn Ansprüche innerhalb dieses gemeinsamen Marktes nicht erforderlichenfalls mit Hilfe der Gerichte festgestellt und durchgesetzt werden könnten (zitiert nach *Lemontey* a. a. O., S. 96).

3) Bereits zu Beginn der **Arbeiten zum EuGVÜ** zeigte sich, daß wegen der zahlreichen **63** besonders gelagerten Probleme, die mit einem Konkursverfahren verbunden sind, und um die Beratungen zum EuGVÜ **nicht über Gebühr zu verzögern**, es sinnvoll sei, das Konkursübereinkommen gesondert weiterzuverfolgen. Bereits 1963 trat eine Gruppe von Regierungssachverständigen der Mitgliedsstaaten der EWG zusammen, um einen Entwurf des Übereinkommens zu erarbeiten (vgl. *Nadelmann* KTS 1971, 65). Als Ergebnis dieser Bemühungen wurde **1971** ein **Vorentwurf** vorgelegt, der von der Universalität und Einheit des Verfahrens ausgeht und keine Nebeninsolvenzen zuläßt (der Text dieses Vorentwurfes ist abgedruckt in KTS 1971, 167 ff.). Der Entwurf wurde in der deutschen Fachöffentlichkeit **überwiegend kritisch aufgenommen** (so etwa *Jahr* RabelsZ 1972, 620 ff. und die Stellungnahme des Insolvenzausschusses des Deutschen Anwaltsvereins KTS 1975, 59 ff.). Die Kritik entzündete sich insbesondere an den **äußerst komplizierten Regelungen** des Entwurfs. Gemeint war hier vor allem die Erfassung der Konkursvorrechte, die durch die Einführung von 6 verschiedenen Untermassen mit entsprechender unterschiedlicher nationaler materiell-rechtlicher Behandlung so kompliziert wurde, daß die möglichen Vorteile des Übereinkommens insgesamt in Frage gestellt wurden (vgl. Stellungnahme des DIHT, abgedruckt in der *Stellungnahme des DAV* in KTS 1975, 64). So wurde ausgeführt, die zentrale Aussage des Übereinkommens, die Universalität und Einheit des Verfahrens, sei im Interesse der

Aufrechterhaltung nationaler Rechte so eingeschränkt, daß der Grundsatz quasi schon zu einer Ausnahme werde (*Stellungnahme des DAV* a. a. O., S. 65). Die fundamentale Kritik an dem Entwurf und der Beitritt neuer Mitgliedsstaaten in die Gemeinschaft gaben Anlaß für eine grundlegende Überarbeitung.

64 4) Die im Jahre **1980** vorgelegte **überarbeitete Fassung** enthielt zwar zahlreiche Änderungen im Detail, behielt im wesentlichen aber die Grundkonzeption des Entwurfs von 1970 bei (vgl. Text des Entwurfs von 1980, ZIP 1980, 582 ff. und die dazugehörigen Protokolle, ZIP 1982, 811 ff.; *Kegel* Vorschläge und Gutachten, 43 ff.). Es war deshalb nicht verwunderlich, daß sich die **Kritik** erneut insbesondere in Deutschland **gegen das System rechnerischer Untermassen** wandte und die mangelnde Praktikabilität des Vorhabens rügte (eingehende Kritik bei *Thieme* Der Entwurf eines Konkursübereinkommens der EG-Staaten von 1980, RabelsZ 45 (1981), 459, 482; *ders.* in Kegel, Vorschläge und Gutachten zum Entwurf eines Konkursübereinkommens 213, 282 ff.; *Drobnig* ebd., 357 ff.). Prägnant wurde die deutsche Sicht des Entwurfs durch die Sonderkommission für IIR des Deutschen Rates für Internationales Privatrecht zum Ausdruck gebracht, nach dessen Einschätzung wichtige Regelungsbereiche derart kompliziert ausgestaltet seien, daß sie Kosten verursachen würden, die im Normalfall eines internationalen Konkurses in keinem Verhältnis zu der zu erwartenden Massemehrung stünden (vgl. *Kegel* a. a. O., S. 411). Die von Deutschland geäußerte Kritik, die schließlich in einem allgemeinen Vorbehalt mündete, führte wohl dazu, daß die Beratungen der Arbeitsgruppe erst 1982 wieder aufgenommen wurden (vgl. *Thieme* in Kegel, 466 f.).

II. Das Konkursübereinkommen des Europarats als Zwischenschritt zum EuIÜ

65 1) Angesichts der massiven Kritik von deutscher Seite wurde, um die verhärteten Fronten etwas zu entspannen, vorgeschlagen, zunächst die Arbeiten zu einem Konkursübereinkommen des Europarats (abgedruckt unter Anlage 3), die auf schweizer Initiative in Gang gekommen waren, zu beobachten, um dann aufbauend auf den in Straßburg gewonnenen Ergebnissen das EG-Übereinkommen wieder in Angriff zu nehmen (vgl. *Thieme* a. a. O., S. 468 f.). Die **Vorentwürfe zum Europaratsübereinkommen** verfolgten zunächst nur zwei zentrale Anliegen. Die Anerkennung gewisser Befugnisse des ausländischen Konkursverwalters in anderen Vertragsstaaten; insbesondere sollte es dem Konkursverwalter ermöglicht werden, in den anderen Vertragsstaaten belegenes Vermögen des Schuldners vor den Gerichten dieses Staates geltend zu machen. Darüber hinaus sollte sichergestellt sein, daß die Gläubiger eines anderen Vertragsstaates als des Eröffnungsstaates, ihre Ansprüche in dem ausländischen Verfahren anmelden können (*Arnold* ZIP 1984, 1144, 1147). Damit war einem der wesentlichen Anliegen der internationalen Insolvenzpraxis Rechnung getragen, da nur wenige Staaten einem ausländischen Konkursverwalter gestatteten, auf ihrem Hoheitsgebiet Verwaltungs- und Verfügungshandlungen vorzunehmen (*Arnold* a. a. O., S. 1147). Auch im Rahmen der UNCITRAL war dies eines der wesentlichen Beweggründe für die Erarbeitung der Modellbestimmungen.

66 2) Im Verlauf der Arbeiten zum Europaratsübereinkommen wurde dieser grundlegende Ansatz noch um Bestimmungen zu **Sekundärinsolvenzverfahren** in Kapitel III erweitert. Abweichend vom EuIÜ sollen in einem solchen Sekundärinsolvenzverfahren nur bestimmte Gläubigerkategorien befriedigt werden, zu denen insbesondere die Gläubiger mit bevorrechtigten oder dinglich gesicherten Forderungen oder mit Forderungen aus dem Betrieb einer schuldnerischen Niederlassung gehören.

Artikel 102 EGInsO Internationales Insolvenzrecht **Anhang I**

3) Eine der wesentlichen **Schwächen des Übereinkommens** dürfte in der Möglichkeit 67 der Signatarstaaten bestehen, nach Artikel 40 einen Vorbehalt dahingehend einzulegen, daß die Vorschriften über die Vollmachten des Liquidators und/oder die Vorschriften über das Sekundärinsolvenzverfahren keine Anwendung finden. Damit wird aber gerade der zentrale Regelungsbereich des Übereinkommens zur Disposition der Zeichnerstaaten gestellt. Die Bundesrepublik Deutschland hat das Übereinkommen auf dem Treffen der Europäischen Justizminister **im Juni 1990 in Istanbul gezeichnet**. Folgende weitere Staaten haben das Abkommen ebenfalls gezeichnet: Belgien, Frankreich, Griechenland, Italien, Luxemburg und die Türkei. Zypern hat bisher als einziger Staat das Übereinkommen auch ratifiziert. Die Ratifikation durch Deutschland wurde zunächst bis zum Abschluß der Insolvenzrechtsreform (BT-Drucks. 12/2443, S. 235) und anschließend unter Hinweis auf das EuIÜ (BT-Drucks. 13/5006, S. 2) zurückgestellt.

Nach Artikel 48 EuIÜ ersetzt das EU-Übereinkommen in seinem sachlichen Anwen- 68 dungsbereich das Istanbuler Übereinkommen. Es ist deshalb äußerst fraglich, ob vor diesem Hintergrund angesichts der deutlichen Schwächen des Istanbuler Übereinkommens Mitgliedsstaaten der EU noch bereit sein werden, das Europaratsübereinkommen zu ratifizieren.

III. Der wesentliche Inhalt des EuIÜ

1. Zeichnung

Das EuIÜ wurde mittlerweile von 14 Mitgliedsstaaten gezeichnet. Das **Vereinigte** 69 **Königreich** hatte im November 1995 die Zeichnung im Hinblick auf das Importverbot für britisches Rindfleisch **abgelehnt** (vgl. *Balz* ZIP 1996, 948). Die Zeichnung durch VK, die zunächst in greifbare Nähe gerückt schien, da die Labour-Regierung zugesagt hatte, ihre gesamte Europapolitik zu überprüfen, ist mittlerweile wieder fraglich, da die britische Regierung angeblich gewisse Probleme im Hinblick auf **Gibraltar** sieht. Diese Schwierigkeiten bestanden auch bei den Arbeiten zum EuGVÜ (vgl. *Kohler* EuZW 1997, 303 [306 f.]). Strittig dürften dabei insbesondere die Ausführungen im Erläuternden Bericht zum räumlichen Anwendungsbereich des Übereinkommens sein (vgl. Rz. 300 ff.). Danach findet das Übereinkommen keine Anwendung auf Gebiete, »deren internationale Beziehungen durch einen der Vertragsstaaten wahrgenommen werden, die jedoch nicht Bestandteil seines Hoheitsgebietes sind, sondern eigenständige Gebilde darstellen«. Wünscht der Vertragsstaat, der die Aufgaben für dieses Gebiet wahrnimmt, eine Ausdehnung des Geltungsbereiches auf dieses Gebiet, so kann ein anderer Vertragsstaat dies ablehnen. Es ist zu vermuten, daß VK im Falle einer Ausdehnung des EuIÜ auf Gibraltar mit einer Ablehnung durch Spanien rechnet. Dem könnte unter Umständen von britischer Seite eine negative Signalwirkung zugemessen werden.

2. Das wesentliche Regelungsziel des EuIÜ

Das EuIÜ zielt darauf ab, **Insolvenzverfahren** grundsätzlich eine **EU-weite Wirkung** 70 zu verleihen und Normen anzubieten, die die Kollisionen zwischen den einzelstaatlichen Rechtsordnungen und die Kompetenzkonflikte zwischen Gerichten verschiedener Vertragsstaaten lösen (*Funke* InVo 1996, 170, 171). Das Übereinkommen geht vom **Grundsatz der gemäßigten Universalität** aus. Das in einem Mitgliedstaat eröffnete Insolvenzverfahren erfaßt das gesamte Vermögen des Schuldners ungeachtet seiner

Belegenheit. Gemäßigt wird diese universale Wirkung durch die **Zulassung von Territorialverfahren**. Diese Verfahren sollen insbesondere dem Fehlen EU-weiter Regelungen über die Behandlung von Sicherheiten und der unterschiedlichen Ausprägung der Konkursvorrechte Rechnung tragen (*Funke* a. a. O.). Das Übereinkommen kennt **zwei unterschiedliche Typen territorialer Verfahren**, also von Verfahren, die lediglich das im Eröffnungsstaat belegene Vermögen erfassen. Zu nennen sind hier zunächst die Sekundärinsolvenzverfahren, die nach Eröffnung eines Hauptinsolvenzverfahrens in einem Mitgliedsstaat in einem anderen Staat der EU eröffnet werden (Artikel 16 Abs. 2 EuIÜ). Diese Sekundärinsolvenzverfahren werden nach dem Recht des Eröffnungsstaates abgewickelt (Artikel 28 EuIÜ) und blockieren weitgehend in diesem Vertragsstaat die Wirkungen des Hauptinsolvenzverfahrens. Die zweite Gruppe von Territorialverfahren (**Partikularverfahren** vgl. Rz. 20) wird unabhängig von einem ausländischen Hauptinsolvenzverfahren eröffnet und ist nur unter Einschränkungen zulässig. Wie bei den Sekundärinsolvenzverfahren wird zunächst vorausgesetzt, daß der Schuldner in dem betreffenden Mitgliedstaat eine Niederlassung besitzt (Artikel 3 Abs. 2 EuIÜ). Weiter muß entweder nach dem Recht des Staates, in dem der Schuldner den Mittelpunkt seiner hauptsächlichen Interessen hat, die Eröffnung eines Insolvenzverfahrens nicht möglich sein (etwa weil dieser Staat nur den Kaufmannskonkurs kennt) oder die Verfahrenseröffnung muß von einem lokalen Gläubiger beantragt worden sein (Artikel 3 Abs. 4 EuIÜ).

3. Erfaßte Verfahren

71 Das Übereinkommen findet auf Gesamtverfahren Anwendung, die die Insolvenz des Schuldners voraussetzen und den vollständigen oder teilweisen Vermögensbeschlag gegen den Schuldner sowie die Bestellung eines Verwalters zur Folge haben (**Art. 1 Abs. 1 EuIÜ**). Mit dieser Definition wird jedoch nur ganz allgemein der Anwendungsbereich des Übereinkommens umrissen, während in den **Anhängen A und B die einzelnen Verfahren aufgezählt** werden, die nach den Vorstellungen der Mitgliedstaaten den Begriff des Insolvenzverfahrens (**Art. 2 Buchst. a**) und den des Liquidationsverfahrens (**Art. 2 Buchst. c**) ausfüllen. Es findet somit keine Kontrolle im anerkennenden Staat statt, ob das entsprechende ausländische Verfahren der Definition des Artikels 1 Abs. 1 EuIÜ genügt.

72 Sollte eines der in den Anhängen aufgeführten **Verfahren nicht nur konkursrechtliche Wirkungen** entfalten, sondern auch anderen Zwecken dienen, so fällt ein solches Verfahren nur dann in den Anwendungsbereich des Übereinkommens, wenn es auf der Insolvenz des Schuldners beruht (Erläuternder Bericht zu dem Übereinkommen über Insolvenzverfahren vom 8. Juli 1996 6500/1/96 REV 1 DRS 8 [cfc] Rz. 49; abgedruckt bei *Stoll* Vorschläge und Gutachten zur Umsetzung des EU-Übereinkommens, 32 ff., künftig zitiert als Erläuternder Bericht). Dies gilt etwa für die Winding-up-Verfahren des britischen und des irischen Rechts (vgl. zu diesem Verfahren auch *Balz* a. a. O., S. 948 f.; ausführlich *Fletcher* The Law of Insolvency, second edition 1996, 491 ff.). **Sequestrationsverfahren** werden vom EuIÜ nicht erfaßt, wie sich für Deutschland bereits aus den Anhängen A und B ablesen läßt (ebenso *Balz* a. a. O., S. 948; anders etwa die Modellbestimmungen der UNCITRAL, die in Artikel 2 Buchstabe a ausdrücklich auch »interim proceedings« abdecken).

4. Der persönliche Anwendungsbereich

Hinsichtlich des persönlichen Anwendungsbereichs unterscheidet das Übereinkommen nicht zwischen unternehmerisch tätigen Personen und etwa Verbrauchern. **Ausgeschlossen** sind jedoch **Versicherungsunternehmen, Kreditinstitute, Wertpapierfirmen** sowie Organismen für gemeinsame Anlagen (**Investmentgesellschaften**). Für die genauere Begriffsbestimmung dieser ausgeschlossenen Unternehmen sind die Vorschriften des Gemeinschaftsrechts maßgebend: Für Versicherungsunternehmen ist dies die Richtlinie 73/239/EWG vom 24. Juli 1973, für Kreditinstitute die Erste Richtlinie 77/780/EWG vom 12. Dezember 1977, für Wertpapierfirmen die Richtlinie 93/22/EWG vom 10. Mai 1993 sowie für die Organismen für gemeinsame Anlagen in Wertpapieren die Richtlinie 85/611/EWG vom 20. Dezember 1985. Einen entsprechenden Ausschluß enthalten auch Artikel 1 Abs. 1 Istanbuler Übereinkommen, Artikel 26 DöKV und Artikel 1 Abs. 2 der UNCITRAL-Modellbestimmungen. 73

Diese Unternehmen sind in vielen Staaten im Falle einer wirtschaftlichen Krise einem Sonderregime unterworfen, das es ratsam erscheinen läßt, das Insolvenzverfahren über ihr Vermögen in gesonderten Vorschriften zu regeln (vgl. etwa den geänderten Vorschlag für eine Richtlinie des Europäischen Parlaments und des Rates über die Sanierung und Liquidation der Kreditinstitute, der zur Zeit noch ohne größerer Priorität im Rat behandelt wird; (vgl. zu diesem Richtlinienvorschlag Rz. 235 ff. und Anlage 5; *Strub* EuZW 1994, 424 ff.; *Priesemann* WM IV 1994, 1155 ff.; *Lanzke* WM IV 1988, 397 ff.). 74

In den Beratungen zu dem Übereinkommen hatte sich die Bundesregierung nachdrücklich für die Einbeziehung von Kreditinstituten ausgesprochen und bei der Paraphierung eine Protokollerklärung abgegeben, in der für die ausgeschlossenen Unternehmen in den noch zu erarbeitenden Richtlinien dem EuIÜ gleichwertige Bestimmungen gefordert werden (*Funke* a. a. O., S. 172). Aus den gegenwärtigen Aktivitäten der Kommission läßt sich ablesen, daß die Beratungen über den Richtlinienvorschlag »Zwangsliquidation von Versicherungsunternehmen« intensiviert werden sollen (vgl. zur Richtlinie Liquidation von Versicherungsunternehmen Rz. 246 ff. und *Kühlein* Versicherungswirtschaft 1994, 102 ff.). 75

5. Internationale Zuständigkeit

Der im Rahmen der Beratungen des ersten Vorentwurfs heftige Streit über eine **direkte** oder indirekte **Bestimmung der internationalen Zuständigkeit** ist im Sinne der ersteren entschieden. Die internationale Zuständigkeit für die Eröffnung eines Hauptinsolvenzverfahrens mit universaler Wirkung liegt bei den Gerichten des Staates, in dessen Gebiet der Schuldner den **Mittelpunkt seiner hauptsächlichen Interessen** hat (vgl. zu dem in den Vorentwürfen verwandten Begriff des »Geschäftszentrums«, der teilweise als zu unbestimmt angesehen wurde, *Schröder* in Kegel, Vorschläge und Gutachten zum Entwurf eines EG-Konkursübereinkommens, 300; *Thieme* RabelsZ 45 [1981], 471). Der nun verwendete Begriff des »Mittelpunkts der hauptsächlichen Interessen« wurde einschließlich der Vermutung, daß bei Gesellschaften und juristischen Personen dies regelmäßig der Ort des satzungsmäßigen Sitzes ist, Artikel 4 Abs. 1 Istanbuler Übereinkommen entnommen (Artikel 3 Abs. 1 EuIÜ). Da nach den Vorstellungen des EuIÜ jeder Schuldner nur einen Mittelpunkt seiner hauptsächlichen Interessen besitzen kann, ist somit **in der EU auch nur ein Hauptinsolvenzverfahren denkbar**. Dies wird in Artikel 3 Abs. 2 EuIÜ noch einmal ausdrücklich betont, da nach der Eröffnung eines Hauptinsolvenzverfahrens in einem Mitgliedstaat, in den anderen Mitgliedstaaten 76

Anhang I *Artikel 102 EGInsO Internationales Insolvenzrecht*

nur noch Sekundärinsolvenzverfahren eröffnet werden dürfen, die lediglich das im Eröffnungsstaat belegene Vermögen des Schuldners erfassen. Da der Mittelpunkt der hauptsächlichen Interessen das entscheidende Anknüpfungskriterium für die internationale Zuständigkeit ist, sollte im Interesse des Verkehrsschutzes ein Ort gewählt werden, an dem der Schuldner seine geschäftlichen Interessen in möglichst eindeutiger Weise wahrnimmt (*Funke* Info 1996, 172; Erläuternder Bericht Rz. 75). Durch die Verwendung des Begriffs »hauptsächliche Interessen« und nicht etwa wie in den Vorentwürfen »Geschäftszentrum« wird klargestellt, daß auch die **Betätigung von Privatpersonen,** also etwa von Verbrauchern erfaßt wird (Erläuternder Bericht Rz. 75). Unklar bleibt allerdings, wo der Mittelpunkt der hauptsächlichen Interessen bei einem berufstätigen Schuldner, bei dem Arbeitsort und Wohnsitz auseinanderfallen, anzusiedeln ist. Die Ausführungen im Erläuternden Bericht sind hier eher dunkel, da dort ausgeführt wird, bei Berufstätigen sei dies der Ort, an dem sie ihre Tätigkeit ausüben und – nun wörtlich – »bei natürlichen Personen generell der gewöhnliche Wohnsitz« (Erläuternder Bericht Rz. 75 und hierzu *Leipold* Zum künftigen Weg des deutschen Internationalen Insolvenzrechts, 6). In Anlehnung an § 3 InsO mit dessen Verweis auf den allgemeinen Gerichtsstand wird somit **bei natürlichen Personen** im Regelfall der **Wohnsitz** maßgebend sein (ebenso *Leipold* a. a. O.).

77 Das EuIÜ kennt keine Zuständigkeitskonzentration aufgrund einer vis attractiva concursus (Erläuternder Bericht Rz. 77). Der Vorentwurf von 1980, der im weiten Umfang eine vis attractiva concursus vorsah, war in Deutschland auf heftige Kritik gestoßen (*Jahr* in Kegel, Vorschläge und Gutachten, 305 ff.). Bei den Arbeiten zum EuIÜ bestand Übereinstimmung, daß der **Anwendungsbereich des EuIÜ mit dem EuGVÜ harmonisiert** werden müsse und dabei möglichst keine Lücken gelassen werden sollen. Aus der Rechtsprechung des EuGH zu Artikel 1 Abs. 2 EuGVÜ (Rechtssache 133/78 – Slg. 1979, 743 ff.) kann geschlossen werden, daß das EuIÜ alle Entscheidungen erfassen will, die sich auf ein Insolvenzverfahren beziehen, unmittelbar aus diesem Verfahren hervorgehen und sich eng innerhalb des Rahmens eines Insolvenzverfahrens halten (vgl. auch zur Abgrenzung des EuGVÜ zum Vorentwurf des EuIÜ *Spellenberg* in Kegel, Vorschläge und Gutachten, 391 ff.).

6. Automatische Anerkennung

78 Das Übereinkommen geht vom Grundsatz der **automatischen Anerkennung** aus. Die Eröffnung eines Hauptinsolvenzverfahrens durch das zuständige Gericht wird in allen übrigen Vertragsstaaten anerkannt (**Artikel 16 Abs. 1 EuIÜ**). Allerdings ist Voraussetzung, daß es sich dabei um eine in den Anhängen enthaltene Verfahrensart handelt. Automatisch ist die Anerkennung insofern, als **kein besonderes Anerkennungsverfahren**, wie etwa ein Exequaturverfahren, vorgesehen ist. Wie sich aus Artikel 21 ablesen läßt, ist auch die öffentliche Bekanntmachung nicht Voraussetzung für die Anerkennung. Ebensowenig setzt Artikel 16 EuIÜ voraus, daß die Entscheidung über die Verfahrenseröffnung endgültig ist. Ein anderes Verständnis würde Manipulationen zu Lasten der Insolvenzmasse ermöglichen, die durch eine schnelle Beschlagnahme wirksam verhindert werden können. Die in Artikel 16 Abs. 1 Unterabsatz 2 enthaltene Vorschrift, nach der ein Insolvenzverfahren auch dann anzuerkennen ist, wenn gegen einen entsprechenden Schuldner im Inland kein Insolvenzverfahren eröffnet werden könnte, spielt für eine Anerkennung in Deutschland keine Rolle, da die Vorschrift insbesondere auf die Staaten abzielt, die lediglich den Kaufmannskonkurs kennen (vgl. insoweit zum französischen Insolvenzrecht *Bauer/Stürner* Band 2 § 39 Rz. 39.2). **Anerkennung** bedeutet, daß die

im Eröffnungsstaat erlassenen Entscheidungen in allen anderen Mitgliedsstaaten Wirkungen entfalten, ohne daß ein besonderes Verfahren hierzu erforderlich wäre (**Artikel 17 EuIÜ**). Das in einem Mitgliedstaat eröffnete Insolvenzverfahren wird hinsichtlich seiner Wirkungen nicht einem inländischen Verfahren gleichgestellt, sondern seine **Wirkungen erstrecken sich grenzüberschreitend auch auf die anderen Mitgliedsstaaten.** Dies gilt zunächst für die Hauptinsolvenzverfahren nach Artikel 3 Abs. 1 EuIÜ. Aber auch territoriale Verfahren erhalten eine automatische Anerkennung, die allerdings im Hinblick auf ihre räumliche Beschränkung im Vergleich zu einem Hauptinsolvenzverfahren sehr limitiert ist. Der universale Geltungsanspruch ist somit nicht, wie zum Teil behauptet wird (vgl. *Ebenroth* ZZP 101 [1988], 121, 125) Anerkennungsvoraussetzung, sondern wesentliches Element der ausländischen Entscheidung, welche Wirkung sich diese selbst zumißt (vgl. *Leipold* in Festschrift für Baumgärtel 1990, 291, 300). Artikel 17 Abs. 2 Satz 1 EuIÜ verleiht dieser limitierten Bedeutung der Anerkennung von Territorialverfahren dadurch Ausdruck, daß die Wirkungen dieser Verfahren in anderen Vertragsstaaten nicht in Frage gestellt werden dürfen.

Eine Anerkennung kann nur versagt werden, wenn die Wirkungen der Anerkennung zu einem Ergebnis führen würden, das offensichtlich mit dem **ordre public** unvereinbar ist. **Artikel 26 EuIÜ** enthält insoweit die heute übliche grundrechtsbezogene ordre public-Klausel. Insofern wird nur überprüft, ob die Anerkennung oder Vollstreckung mit der öffentlichen Ordnung des jeweiligen Staates zu vereinbaren ist, nicht hingegen wird die ausländische Entscheidung selbst einer Überprüfung unterzogen. **79**

Innerhalb der EU, in der es als rechtspolitisch wünschenswert angesehen wird, ordre public-Vorbehalte entweder völlig zum Verschwinden zu bringen oder sie zumindestens stark zu reduzieren (*Kropholler* Europäisches Zivilprozeßrecht, Artikel 27 Rz. 2), kann die Ablehnung der Anerkennung oder Vollstreckung einer Entscheidung unter **Hinweis auf die öffentliche Ordnung nur in Extremfällen zulässig** sein. Das Übereinkommen will dies dadurch sicherstellen, indem es einen »offensichtlichen« Verstoß gegen die öffentliche Ordnung fordert. Auch der Hinweis auf die Grundprinzipien und die verfassungsmäßig garantierten Rechte und Freiheiten des Einzelnen soll gewährleisten, daß völlig überzogene Anforderungen an den ordre public, die die Funktionsfähigkeit des Übereinkommens selbst in Frage stellen würden, ausgeklammert bleiben. Die Verwendung des Wortes »**soweit**« in Artikel 26 EuIÜ ermöglicht es, auch einzelne Teile des Verfahrens oder einzelne materiell-rechtliche Wirkungen als mit dem ordre public unvereinbar anzusehen und ihnen eine Wirkung im Inland zu versagen. **80**

7. Die Befugnisse des ausländischen Verwalters

Die wesentliche Wirkung der Anerkennung eines ausländischen Insolvenzverfahrens ist die Anerkennung der Bestellung des Verwalters und seiner Befugnisse. Das Übereinkommen versteht unter »**Verwalter« jede Person oder Stelle, deren Aufgabe es ist, die Masse zu verwalten oder zu verwerten** oder die Geschäftstätigkeit des Schuldners zu überwachen (Art. 2 Buchst. b). Die automatische Anerkennung des Verfahrens bewirkt, daß auch der Verwalter sofort nach Ernennung im Eröffnungsstaat seine Befugnisse in den anderen Mitgliedsstaaten ausüben darf, ohne daß etwa ein Exequaturverfahren oder eine Veröffentlichung erforderlich wäre. Alle Maßnahmen, die zur Sichtung, Inventarisierung, Sicherung und Inbesitznahme der in den anderen Mitgliedsstaaten belegenen Vermögensbestandteile dienen, darf der Verwalter ohne weiteres vornehmen. Dabei bestimmt das Recht des Eröffnungsstaates die Reichweite der Befugnisse des Verwalters und die Art ihrer Ausübung. **Artikel 18 EuIÜ**, der dies ausdrücklich anordnet, hat **81** insofern **jedoch** lediglich klarstellende Bedeutung, da sich diese Rechtsfolgen bereits aus Artikel 4 Abs. 2 Buchstabe c EuIÜ ergeben. Dies gilt auch für die in Art. 18 Abs. 1 Satz 2 erwähnte Verwalterbefugnis, zur Masse gehörende Gegenstände in einen anderen Mitgliedsstaat zu verbringen. Die Kompetenzen des Verwalters eines Hauptinsolvenzverfahrens können jedoch außerhalb des Eröffnungsstaates durch die Einleitung eines Sekundärinsolvenzverfahrens begrenzt werden. Ebenso können auch vorläufige Sicherungsmaßnahmen, die vor Eröffnung des Sekundärinsolvenzverfahrens ergriffen wurden, die Befugnisse des ausländischen Verwalters einschränken (Art. 18 Abs. 1 Satz 1). Der ausländische Verwalter ist somit gehindert, etwa sequestriertes Vermögen zu veräußern oder der Masse seines Verfahrens einzuverleiben (*Balz* ZIP 1996, 952). Der Verwalter eines Territorialverfahrens hat ebenfalls die Befugnis, einen nach Verfahrenseröffnung in einen anderen Staat verbrachten Gegenstand zu repatriieren.

82 Sollen Vermögensbestandteile verwertet werden, so hat der **Verwalter das Recht des Belegenheitsortes zu beachten** (Art. 18 Abs. 3 EuIÜ). Im Gegensatz zu Artikel 8 Abs. 2 DöKV enthält das EuIÜ keine Bestimmung, die den Verwalter lediglich aufgrund des Eröffnungsbeschlusses ermächtigt, Massebestandteile im Wege der Zwangsvollstreckung zu verwerten. Der Verwalter hat vielmehr zunächst zu prüfen, wie die Verwertung nach dem Recht des Eröffnungsstaates zu erfolgen hat. Ist nach diesem Recht beispielsweise eine Zwangsversteigerung vorgesehen, so bestimmen sich die Einzelheiten des Versteigerungsverfahrens nach dem Recht des Belegenheitsortes (Erläuternder Bericht Rz. 164). Die Befugnisse des Verwalters dürfen nicht die Anwendung von Zwangsmitteln umfassen, selbst wenn ihm diese Möglichkeiten nach dem Recht seines Heimatstaates eröffnet wären (Art. 18 Abs. 2 Satz 2 EuIÜ). Werden Massegegenstände nicht freiwillig herausgegeben oder muß der Verwalter sonst in Rechte Dritter eingreifen, so hat er die Gerichte oder Behörden des Staates einzuschalten, in dem sich die Gegenstände befinden, damit diese die erforderlichen Maßnahmen ergreifen oder vollstrecken. Der ausländische Verwalter ist berechtigt, diese Behörden oder Gerichte unmittelbar zu ersuchen, Zwangsvollstreckungsmaßnahmen gegen Gegenstände oder Personen zu ergreifen (Erläuternder Bericht, Rz. 164).

83 Um im Interesse einer zügigen Sicherung der Insolvenzmasse ein rasches Tätigwerden des Verwalters in anderen Mitgliedsstaaten zu ermöglichen, sieht das EuIÜ einen **einfachen Nachweis der Verwalterstellung** vor. **Artikel 19 EuIÜ** läßt als Nachweis die Vorlage einer beglaubigten Abschrift der Entscheidung genügen, durch die er bestellt worden ist. Eine Legalisation oder eine entsprechend andere Förmlichkeit darf nicht verlangt werden. Es ist deshalb ausgeschlossen, daß etwa in Deutschland die Bescheinigung über die Ernennung einem Verfahren nach § 438 ZPO unterzogen wird. Eine Apostille gemäß den Haager Übereinkommen vom 5. Oktober 1961 zur Befreiung ausländischer öffentlicher Urkunden von der Legalisation (BGBl. II 1966, 106) darf ebenfalls nicht gefordert werden. Nach Artikel 48 Abs. 2 EuGVÜ ist lediglich die Übersetzung von einer hierzu in einem der Vertragsstaaten befugten Person zu beglaubigen. Dies entspricht auch § 3 Abs. 3 Anerkennungs- und Vollstreckungsausführungsgesetz vom 30. Mai 1988 (BGBl. I, 672).

8. Das anwendbare Recht

84 Soweit das EuIÜ keine abweichenden Vorschriften enthält, **gilt für das Insolvenzverfahren und seine Wirkungen das Insolvenzrecht des Eröffnungsstaates (Artikel 4 Abs. 1).** Das Übereinkommen enthält eigenständige Kollisionsnormen, die das nationale IZPR und IPR verdrängen. Das Recht des Eröffnungsstaates regelt sowohl das Verfah-

rensrecht als auch das materielle Recht. Insbesondere bestimmt die lex fori concursus, unter welchen Voraussetzungen ein Insolvenzverfahren eröffnet werden kann und wie es durchzuführen und zu beenden ist (Artikel 4 Abs. 2 EuIÜ). Folgende Fragen bestimmen sich etwa nach dem Recht des Eröffnungsstaates: Bei welcher Art von Schuldnern ein Insolvenzverfahren zulässig ist; welche Vermögenswerte zur Masse gehören und wie Neuerwerb zu behandeln ist; die Befugnisse des Schuldners und des Verwalters; die Auswirkungen des Insolvenzverfahrens auf laufende Verträge des Schuldners und auf Rechtsverfolgungsmaßnahmen einzelner Gläubiger; die Verteilung des Verwertungserlöses und die Rangfolge der Forderungen; in welchem Umfang der Gläubiger von seinen rechtlichen Verbindlichkeiten befreit wird und welche Rechtshandlungen anfechtbar sind (Art. 4 Abs. 2 Buchst. a, b, c, e, f, i, j, m).

Von der **grundsätzlichen Anwendbarkeit des Rechts des Eröffnungsstaates** werden 85 im Hinblick auf den Verkehrsschutz jedoch einige wichtige **Ausnahmen** gemacht. **Im Interesse der Rechtssicherheit** und um die berechtigten Erwartungen der Wirtschaftssubjekte nicht zu enttäuschen, die bei dem Abschluß gewisser Geschäfte auf die Anwendbarkeit ihes Heimatrechts vertraut haben, sieht das Übereinkommen gewichtige Abweichungen vom Recht des Eröffnungsstaates vor (allerdings wird teilweise die Berechtigung dieser Vertrauensschutzgesichtspunkte mit beachtlichen Argumenten in Zweifel gezogen [vgl. *Leipold* in Festschrift für Henckel, 1995, 533, 543 f.]). Dies gilt insbesondere für **dingliche Rechte**. Dingliche Rechte sind für die Gewährung von Krediten von erheblicher Bedeutung. Würde die Eröffnung eines ausländischen Insolvenzverfahrens diese Sicherheiten im nennenswerten Umfang einschränken, so wäre die Kreditversorgung der Wirtschaft gefährdet. Das EuIÜ schützt die inländischen dinglichen Rechte deshalb umfassend gegen die Wirkungen eines ausländischen Insolvenzverfahrens. Das EuIÜ legt allerdings selbst nicht fest, welches Recht auf dingliche Rechte Anwendung finden soll, die außerhalb des Eröffnungsstaates belegen sind, sondern bestimmt lediglich, daß diese Rechte durch die Eröffnung des Verfahrens »nicht berührt« werden. Das ausländische Insolvenzverfahren hat somit keine Auswirkungen auf diese dinglichen Rechte (Artikel 5 EuIÜ). Dies bedeutet jedoch nicht, daß der Verwalter keine Möglichkeiten hätte, die dinglichen Rechte in das Verfahren einzubeziehen. Wenn nach dem Recht des Belegenheitsstaates auch dingliche Rechte in ein Insolvenzverfahren einbezogen werden können, so kann der Verwalter auch die Eröffnung eines Sekundärinsolvenzverfahrens beantragen (vgl. zu der Behandlung dinglicher Rechte nach dem autonomen IIR Rz. 325 ff. und *Drobnig* in Stoll, Stellungnahmen und Gutachten, 177 ff.).

Die Voraussetzungen und die Wirksamkeit einer **Aufrechnung** bestimmen sich grund- 86 sätzlich nach dem Recht des Eröffnungsstaates (**Art. 4 Abs. 2 Buchst. d EuIÜ**). Dies kann jedoch zu Ungerechtigkeiten führen, wenn vor Konkurseröffnung nach dem Schuldstatut die Aufrechnung zulässig war, der Gläubiger auf diese Aufrechnungslage vertraut hat und nach Eröffnung des Konkursverfahrens die lex fori concursus eine Aufrechnung nur noch unter eingeschränkten Bedingungen zuläßt. War nach dem auf die Hauptforderung anwendbaren Recht die Aufrechnung zulässig, so soll der Gläubiger in seinem **Vertrauen auf die Aufrechnungslage** auch weiterhin **geschützt** bleiben (**Art. 6 Abs. 1 EuIÜ**). Hat der Gläubiger seine Rechtsposition allerdings in anfechtbarer Weise erlangt, so soll das Recht des Insolvenzverwalters zur Anfechtung nicht eingeschränkt werden (Art. 6 Abs. 2 EuIÜ).

Entsprechend dem in Artikel 5 EuIÜ niedergelegten Grundsatz über die Behandlung 87 dinglicher Rechte, bestimmt **Artikel 7 EuIÜ**, daß das Insolvenzverfahren die Rechte des Verkäufers aus einem **Eigentumsvorbehalt** unberührt läßt, wenn sich die Sache bei

Anhang I   *Artikel 102 EGInsO Internationales Insolvenzrecht*

Verfahrenseröffnung in einem anderen Mitgliedsstaat befindet. Das Übereinkommen hat sich somit weder für die Anwendung des Sachstatuts noch für die lex fori entschieden. Läßt das Konkursstatut die Einbeziehung des EV in ein Insolvenzverfahren zu, so kann der Insolvenzverwalter die Eröffnung eines Sekundärinsolvenzverfahrens beantragen.

88 Entsprechend § 107 Abs. 1 InsO kann nach Artikel 7 Abs. 2 EuIÜ der Insolvenzverwalter nicht das Anwartschaftsrecht des vertragstreuen Eigentumsvorbehaltskäufers entwerten, sofern sich die Sache zum Zeitpunkt der Verfahrenseröffnung außerhalb des Eröffnungsstaates befindet.

89 Das Recht des Staates der Verfahrenseröffnung bestimmt auch, wie sich das Insolvenzverfahren auf laufende Verträge des Schuldners auswirkt (Art. 4 Abs. 2 Buchst. e EuIÜ). Dieser Grundsatz könnte aber bei **Verträgen über unbewegliche Sachen** zu nachhaltigen Störungen führen. Deshalb ist nach **Artikel 8 EuIÜ** die **lex rei sitae** anwendbar. Dies gilt zunächst für Miet- oder Pachtverträge. Der Grund für diese Regelung ist leicht einsichtig, da insbesondere sozial schwache Mieter von den für sie kaum überblickbaren Auswirkungen eines ausländischen Konkursverfahrens geschützt werden sollen.

90 Artikel 8 EuIÜ erfaßt aber nicht nur Verträge über die Nutzung eines unbeweglichen Gegenstandes, sondern auch solche über den Erwerb. Dies liegt darin begründet, daß die Rechtsverhältnisse an Grundstücken besonders eng mit dem Rechtssystem ihrer Belegenheit verbunden sind, wobei insbesondere an das Registersystem zu denken ist. Dieser Rechtsbereich könnte aber empfindlich gestört werden, wenn in ihn nicht kompatible Elemente einer fremden Rechtsordnung inkorporiert werden sollen.

91 Die Einwirkungen einer fremden Rechtsordnung könnten auch auf **Zahlungssysteme** und **Finanzmärkte** erhebliche negative Auswirkungen zeigen und deren reibungsloses Funktionieren beeinträchtigen. Erinnert sei in diesem Zusammenhang etwa an die in manchen Mitgliedsstaaten geltende »**Null-Uhr-Regelung**«, die beispielsweise bei Netting-Vereinbarungen zu nicht tragbaren Ergebnissen führen würde. Die Veranstalter und Teilnehmer an diesen Systemen sollen darauf vertrauen können, daß lediglich ein Insolvenzrecht zur Anwendung kommt, dessen Wirkungen sie von vornherein kalkulieren können (**Art. 9 EuIÜ**). Mit der Richtlinie über die Wirksamkeit von Abrechnungen in Zahlungs- sowie Wertpapierliefer- und Abrechnungssystemen soll dieser Schutz noch ausgebaut werden (vgl. zu dieser Richtlinie *Balz* ZIP 1995, 1639 f., *Hasselbach* ZIP 1997, 1491 ff.; *Vollrath* Die Endgültigkeit bargeldloser Zahlungen 1997, 222 ff.; Erläuterungen zu Rz. 205 ff.).

92 Zum **Schutz der Arbeitnehmer** bestimmt **Artikel 10 EuIÜ**, daß für die insolvenzrechtlichen Wirkungen auf ein Arbeitsverhältnis ausschließlich das Recht des Vertragsstaates Anwendung findet, das für den Arbeitsvertrag gilt. Nach Artikel 30 Abs. 2 Nr. 1 EGBGB unterliegen Arbeitsverträge und Arbeitsverhältnisse dem Recht des Staates, in dem der Arbeitnehmer gewöhnlich seine Arbeit verrichtet. Artikel 30 EGBGB entspricht Artikel 6 des EG-Übereinkommens vom 19. Juni 1980 über das auf vertragliche Schuldverhältnisse anwendbare Recht (BGBl. II 1986, 809). Eine entsprechende Regelung enthält auch Artikel 13 Abs. 2 DöKV.

93 Mit **Artikel 11** soll dem Umstand Rechnung getragen werden, daß die **Grundbuch- und Registersysteme** in den einzelnen Mitgliedsstaaten noch erheblich voneinander abweichen, diese Eintragungen jedoch für den Schutz des Geschäftsverkehrs und die Rechtssicherheit von erheblicher Bedeutung sind.

94 Entgegen seinem Wortlaut soll nach Artikel 11 EuIÜ auch nicht generell das Recht des Registerstaates auf die genannten unbeweglichen Gegenstände zur Anwendung kommen. Die Ausführungen im Erläuternden Bericht (vgl. Rz. 130) sind insofern allerdings nicht ganz eindeutig, da dort von einer kumulativen Anwendung des Rechts des

Eröffnungsstaates und des Registerstaates gesprochen wird. Vielmehr dürfte die **Zielrichtung** der Vorschrift mit der von **§ 390 RegE InsO identisch** sein, der bestimmt, daß das Insolvenzverfahren auf unbewegliche Gegenstände keine Wirkung zeigt, die dem deutschen Recht unbekannt sind. Eine entsprechende Vorschrift enthält auch Artikel 5 Abs. 2 Satz 1 DöKV, nach dem eine Eintragung ganz zu unterbleiben hat, wenn sie ihrer Art nach im Registerstaat »nicht durchführbar« ist. Mit den genannten Formulierungen wird der **Grundsatz der Substitution** angesprochen; es soll also diejenige Wirkung der Konkurseröffnung erreicht werden, die der nach dem Recht des Eintragungsstaates am nächsten kommt. Im Falle der Konkurseröffnung ist dies der Insolvenzvermerk im deutschen Grundbuch.

Allerdings soll der so bewirkten Verfügungsbeschränkung keine weiterreichende Funktion zukommen, als sie im Recht des Eröffnungsstaates vorgesehen ist. Die inländische Wirkung soll nicht weiter gehen als die des ausländischen Rechts (vgl. *Hanisch* ZIP 1992, 1127). Der genannte Rechtsgedanke aus Artikel 5 Abs. 2 DöKV kann auch auf das EuIÜ übertragen werden, so daß eine Eintragung im Wege der Substitution nur unterbleibt, wenn die Eintragung nach dem ausländischen Registersystem überhaupt nicht durchführbar ist oder ausdrückliche Rechtsvorschriften entgegenstehen. 95

Artikel 42 Abs. 1 Verordnung über das **Gemeinschaftspatent** enthält ebenso wie Artikel 21 Abs. 1 der Verordnung über die **Gemeinschaftsmarke** und Artikel 25 Verordnung über den **gemeinschaftlichen Sortenschutz** eine Vorschrift, nach der die gemeinschaftsrechtlich begründeten Rechte nur von einem Konkursverfahren oder einem konkursähnlichen Verfahren in dem Vertragsstaat erfaßt werden, in dem das Verfahren zuerst eröffnet wurde. Diese Rechtslage soll bis zum Inkrafttreten gemeinsamer Vorschriften auf den genannten Gebieten gelten. **Artikel 12 EuIÜ** enthält eine solche Sonderregelung, nach der die genannten Rechte nur in ein Hauptverfahren einbezogen werden können. Da ein solches Verfahren jedoch nur eröffnet wird, wenn der Schuldner den Mittelpunkt seiner hauptsächlichen Interessen in einem Mitgliedsstaat hat, bleiben ansonsten Artikel 42 Abs. 1 GPÜ und die ihm entsprechenden Vorschriften weiter von Bedeutung. Dies gilt etwa, wenn die hauptsächlichen Interessen des Schuldners sich in einem Drittstaat befinden, oder wenn dieser Mittelpunkt zwar in einem Mitgliedsstaat liegt, jedoch nur ein Partikularverfahren über das Vermögen einer Niederlassung eröffnet wird. 96

Nach Artikel 4 Abs. 2 Buchstabe m EuIÜ bestimmt sich nach dem Recht des Eröffnungsstaates, welche Rechtshandlungen **nichtig, anfechtbar oder relativ unwirksam** sind. Um das Vertrauen von Gläubigern oder Dritten in den Bestand von Rechtsgeschäften, die sie eingegangen sind, zu schützen, und diese nicht einer unvorhersehbaren lex fori concursus zu unterwerfen, wurde zunächst eine strikte Kumulation von Wirkungsstatut und Konkursstatut ins Auge gefaßt (kritisch gegen solche Vertrauensschutzgesichtspunkte *Leipold* in Festschrift für Henckel, 534, 544 f.) In den Beratungen zum EuIÜ wurde dieser Ansatz jedoch abgeschwächt, da eine Kumulation immer dem anfechtungsfeindlichen Recht zum Sieg verholfen hätte. Nach **Artikel 12 EuIÜ** kann nunmehr der Anfechtungsgegner lediglich die Einrede erheben, es sei für die inkriminierte Rechtshandlung das Recht eines anderen Mitgliedsstaates maßgebend und nach diesem Recht sei die fragliche Rechtshandlung in keiner Weise angreifbar. 97

Solange der Insolvenzvermerk im Grundbuch oder in vergleichbaren Registern nicht eingetragen ist, wird der **gute Glaube des Erwerbers an die Verfügungsbefugnis** des Schuldners geschützt. Diese Erwerbsvorgänge sollen durch **Artikel 14 EuIÜ** ebenso abgesichert werden wie im Falle der Eröffnung eines inländischen Insolvenzverfahrens (vgl. § 81 Abs. 1 Satz 2, § 91 Abs. 2 InsO). Im deutschen Recht wird dieser Schutz für 98

Grundstücke über die §§ 878, 892, 893 BGB sichergestellt. Auch ohne eine ausdrückliche Regelung in Artikel 14 EuIÜ ließe sich das gleiche Ergebnis durch die Anwendung der lex rei sitae erzielen (vgl. *Aderhold* Auslandskonkurs im Inland, 260).

99 Das Übereinkommen unterscheidet, wie etwa auch das deutsche Recht, zwischen der Wirkung des Insolvenzverfahrens auf die Zwangsvollstreckungsmaßnahmen einzelner Gläubiger und den Wirkungen auf anhängige Rechtsstreitigkeiten. Nach Artikel 4 Abs. 2 Buchstabe f EuIÜ bestimmt das Recht des Eröffnungsstaates, wie sich das eröffnete Insolvenzverfahren auf die Rechtsverfolgungsmaßnahmen einzelner Gläubiger auswirkt. Demgegenüber bestimmen sich die **Wirkungen der Verfahrenseröffnung auf anhängige Rechtsstreitigkeiten** gemäß **Artikel 15 EuIÜ** nach dem Recht des Staates, in dem der Rechtsstreit anhängig ist. Wird etwa in Übereinstimmung mit der früheren Rechtsprechung des BGH eine Unterbrechung von Passivprozessen des Gemeinschuldners nach § 240 ZPO bei Auslandskonkursen grundsätzlich abgelehnt (vgl. etwa *BGH* NJW 1988, 3096; demgegenüber *OLG München* WM 1996, 1601 und BGH ZIP 1998, 659 ff.; zum autonomen IIR vgl. Rz. 299 ff.), so ließe sich schlußfolgern, auch eine solche Auslegung sei EuIÜ-konform, da sie eben das Recht des Vertragsstaats wiederspiegle. Ein solches Verständnis von Artikel 15 EuIÜ ist jedoch abzulehnen, da es nicht mit der Zielrichtung und dem Geist des Übereinkommens zu vereinbaren wäre. Das EuIÜ wird vielmehr von dem Willen der Mitgliedsstaaten getragen, das ausländische Insolvenzverfahren dem inländischen weitgehend gleichzustellen. Der Übergang der Verfügungsbefugnis über das Inlandsvermögen des Schuldners bewirkt, daß der Schuldner auch inländische Prozesse nicht mehr weiterführen kann. Artikel 15 EuIÜ soll somit lediglich sicherstellen, daß die inländische lex fori nicht durch die Anwendung ausländischen Verfahrensrechts überlagert wird.

100 Die Befugnisse des Verwalters dürfen nicht die **Anwendung von Zwangsmitteln** umfassen (**Artikel 18 Abs. 3 Satz 2 EuIÜ**). Werden Gegenstände der Insolvenzmasse nicht freiwillig herausgegeben oder muß die Verwaltung sonst in Rechte Dritter eingreifen, so hat er die Gerichte oder Behörden des Staates einzuschalten, in dem sich die betreffenden Gegenstände befinden. Der ausländische Verwalter ist berechtigt, diese Behörden oder Gerichte direkt darum zu ersuchen, Zwangsvollstreckungsmaßnahmen gegen Gegenstände oder Personen zu ergreifen (Erläuternder Bericht, Rz. 164). Nach **Artikel 25 EuIÜ** werden die zur Durchführung eines Insolvenzverfahrens ergangenen Entscheidungen **nach dem EuGVÜ vollstreckt**. Für die nähere Umsetzung kann dann das AVAG vom 30. 05. 1988 (BGBl. I., 662) herangezogen werden.

101 Die **automatische Anerkennung** des ausländischen Verfahrens nach **Artikel 16 EuIÜ** führt zu einer **Wirkungserstreckung des ausländischen Verfahrens** (**Artikel 17 EuIÜ**). Die wohl bedeutendste Wirkung der Anerkennung besteht darin, daß der **Verwalter eines Hauptinsolvenzverfahrens** in allen anderen Vertragsstaaten **die Befugnisse** ausüben darf, **die ihm das Recht des Eröffnungsstaates zuerkennt** (vgl. Rz. 84). Artikel 18 Abs. 1 EuIÜ erwähnt in diesem Zusammenhang ausdrücklich die Befugnisse des Verwalters, zur Masse gehörende Gegenstände in einen anderen Vertragsstaat zu verbringen. Im Interesse einer effektiven Verwaltung ist dies auch erforderlich, da mit der Verfahrenseröffnung das gesamte Vermögen des Gemeinschuldners in allen Mitgliedsstaaten erfaßt wird und der Verwalter für diese Vermögensbestandteile Sorge zu tragen hat. Deshalb muß er auch die Befugnis haben, alle Maßnahmen, die der Sichtung, Inventarisierung, Sicherung und Inbesitznahme dienen, hinsichtlich aller in den anderen Mitgliedsstaaten belegenen Vermögensbestandteile vorzunehmen. Das Recht des Eröffnungsstaates bestimmt dabei die Reichweite der Befugnisse des Verwalters und die Art ihrer Ausübung. Insofern hat Artikel 18 EuIÜ lediglich klarstellende

Artikel 102 EGInsO Internationales Insolvenzrecht **Anhang I**

Bedeutung, da sich die gleichen Rechtsfolgen bereits aus Artikel 4 Abs. 2 Buchstabe c EuIÜ ergeben. Auch die in **Artikel 18 Abs. 2 EuIÜ** genannten **Befugnisse des Verwalters eines Territorialverfahrens** könnten aus der Grundregel des Artikel 4 abgeleitet werden. Hinsichtlich der Verwertung hat jedoch der Verwalter das Recht des Belegenheitsortes zu beachten (Art. 18 Abs. 3 EuIÜ).

9. Gläubigergleichbehandlung

Mit **Artikel 20 EuIÜ** soll dem **Grundsatz der Gläubigergleichbehandlung** Rechnung getragen werden. Nach **Absatz 1** hat ein Gläubiger, der in einem anderen Vertragsstaat insbesondere durch Zwangsvollstreckungsmaßnahmen etwas erlangt hat, dieses **Erlangte an den Verwalter des Hauptinsolvenzverfahrens herauszugeben**. Dies ist eine zwingende Konsequenz aus der Anerkennung der universalen Wirkung eines in einem Mitgliedstaat eröffneten Insolvenzverfahrens. Das Vermögen des Schuldners bildet in der Gemeinschaft eine einheitliche Masse. Ein Gläubiger, der sich durch Zwangsvollstreckung oder in sonstiger Weise aus diesem Vermögen Befriedigung verschafft, verstößt gegen den Grundsatz der par conditio creditorum und muß das Erlangte an den Verwalter herausgeben. 102

Hat ein Gläubiger in einem Mitgliedsstaat in einem Insolvenzverfahren auf seine Forderung eine **Quote** erlangt, so wird nach **Absatz 2** dies bei der Verteilung innerhalb der in anderen Mitgliedsstaaten anhängigen Parallelverfahren **berücksichtigt** (vgl. die vergleichbare Regelung in § 508 US BC). Die Besserstellung dieser zweiten Gläubigerkategorie ist darin begründet, daß diese Gläubiger lediglich von einem Recht Gebrauch machen, sich an jedem über das Vermögen des Schuldners eröffneten Insolvenzverfahren in der Gemeinschaft zu beteiligen. Diese Verfahren unterliegen insgesamt dem Grundsatz der Gläubigergleichbehandlung, so daß eine Verpflichtung zur Herausgabe des Erlangten nicht gerechtfertigt wäre. Die Gläubiger nehmen jedoch an der Verteilung in anderen Verfahren erst teil, wenn die mit ihnen im Rang gleichstehenden Gläubiger die gleiche Quote erhalten haben. Dies ist lediglich eine Anrechnungsvorschrift und keine Verpflichtung, einen über die **EU-weit konsolidierte Quote** erlangten Mehrerlös herauszugeben. Nach dem Erläuternden Bericht zum EuIÜ sind bei der Berechnung **vier Grundregeln** zu beachten: 103

– Kein Gläubiger darf mehr als 100 % seiner Forderung erhalten. 104
– Es ist der ursprüngliche Betrag der Forderung geltend zu machen, d.h. im Rahmen anderer Verfahren erhaltene Beträge werden nicht abgezogen.
– Eine Forderung wird bei der Verteilung erst berücksichtigt, wenn die Gläubiger desselben Rangs im Rahmen dieses Verfahrens zum gleichen Prozentsatz befriedigt wurden.
– Der Rang der einzelnen Forderungen bestimmt sich gemäß Artikel 4 EuIÜ nach dem Recht des Staates der Verfahrenseröffnung (vgl. Erläuternder Bericht, Rz. 175).

10. Öffentliche Bekanntmachung

Im Interesse des Geschäftsverkehrs bestimmt **Artikel 21 Abs. 1 EuIÜ**, daß auf Antrag des Verwalters der wesentliche Inhalt der Entscheidung über die Verfahrenseröffnung in den anderen Mitgliedsstaaten ebenfalls bekanntzumachen ist. Der Verwalter hat dabei insbesondere zu berücksichtigen, ob dies im Hinblick auf die Zahl der Gläubiger in dem betreffenden Mitgliedstaat erforderlich ist oder ob im Interesse einer Reduzierung der Verfahrenskosten von einer Veröffentlichung abgesehen werden sollte. 105

Anhang I *Artikel 102 EGInsO Internationales Insolvenzrecht*

106 Besitzt der Schuldner in dem betreffenden Staat eine Niederlassung, so kann nach **Artikel 21 Abs. 2** dieser Staat eine **obligatorische Bekanntmachung** vorsehen. Dies ist gerechtfertigt, da im Hinblick auf die vielfältigen Geschäftsbeziehungen, die in einer Niederlassung abgewickelt werden, eine Unterrichtung der Geschäftspartner geboten ist.

107 Das EuIÜ legt nicht fest, wie die Veröffentlichung zu erfolgen hat. In dem Erläuternden Bericht wird lediglich ausgeführt, daß sie vom Verwalter veranlaßt wird, und sich die Einzelheiten nach den Bestimmungen des Landes richten, in dem die Bekanntmachung erfolgen soll (Rz. 181). Die **technische Umsetzung** muß deshalb weiter präzisiert werden. Als Vergleich kann etwa Artikel 5 Abs. 1 DöKV herangezogen werden, nach dem die Eröffnung des Konkursverfahrens auf Veranlassung des Konkursgerichts in den anderen Staaten bekanntzumachen ist. Bei der Bitte des Konkursgerichts um Veröffentlichung seiner Bekanntmachung in dem anderen Staat nach dem DöKV handelt es sich lediglich um einen Druckauftrag im privatrechtlichen Geschäftsverkehr und nicht um ein Rechtshilfeersuchen. Das deutsche Konkursgericht hat sich deshalb unmittelbar an das »Amtsblatt zur Wiener Zeitung« zu wenden (*Arnold* DöKV, S. 67). Demgegenüber sieht § 385 Abs. 1 RegE vor, daß sich der ausländische Verwalter an das inländische Insolvenzgericht zu wenden hat, das seinerseits die Bekanntmachung anordnet. Den Weg, den der DöKV beschreitet (unmittelbarer Druckauftrag an das jeweilige Publikationsorgan), wird man wohl für eine EU-weite Regelung nicht einschlagen können. Es wird beispielsweise dem Bundesanzeiger nicht zugemutet werden können, einen finnischen Eröffnungsbeschluß zu überprüfen. Es dürfte wohl mit dem Geist des Übereinkommens vereinbar sein, wenn **entsprechend Artikel 19 Abs. 2 EuIÜ eine Übersetzung verlangt wird**, die gemäß Artikel 48 EuGVÜ von einer befugten Person zu beglaubigen ist.

11. Eintragung in öffentliche Register

108 Wie die öffentliche Bekanntmachung steht auch die Veranlassung der Eintragung in öffentliche Register nach **Artikel 22 EuIÜ** im Ermessen des Verwalters. Jedoch kann auch das Insolvenzgericht des Eröffnungsstaates den Verwalter beauftragen, die Eintragung zu veranlassen. **Inhalt und Form der Eintragung richten sich nach dem Recht des Registerstaates**. Dabei soll die Eintragung zu »ähnlichen Bedingungen« erfolgen wie bei einem inländischen Verfahren (Erläuternder Bericht, Rz. 182). Bei der Umsetzung des EuIÜ ist nun zu entscheiden, welches Verfahren dem Kriterium der »**ähnlichen Bedingungen**« genügt. Für die in **Artikel 5 Abs. 2 DöKV** vorgesehene Eintragung in öffentliche Bücher und Register kann sich das Konkursgericht unmittelbar an das ausländische Grundbuchamt oder Registergericht wenden. Eine Eintragung darf nur abgelehnt werden, wenn sich aus dem Ersuchen oder aufgrund von – dem Registergericht oder dem Grundbuchamt zweifelsfrei bekannten – Tatsachen ergibt, daß auf das ausländische Konkursverfahren der Vertrag keine Anwendung finden kann (*Arnold* DöKV, S. 62). Demgegenüber hat nach § **386 RegE** der ausländische Verwalter beim Insolvenzgericht einen Antrag zu stellen, das seinerseits die registerführende Stelle um die Eintragung ersucht. In der Begründung wird ausgeführt, die Grundbuchämter sollen nicht mit der Prüfung belastet werden, ob die Voraussetzungen der Anerkennung der ausländischen Verfahren gegeben sind und welche Auswirkungen diese Verfahren auf die Verfügungsbefugnis des Schuldners haben (BT-Drucks. 12/2443, S. 242). Die Entscheidung dieser Frage hat auch erhebliche **praktische Auswirkungen**, da die durch die Eintragung des Insolvenzvermerks ausgelöste **Grundbuchsperre** regelmäßig später

eintritt, wenn die Mitteilung der Eröffnung des Insolvenzverfahrens erst über das Insolvenzgericht erfolgt (vgl. zum autonomen IIR Rz. 307 ff.).
Ob auch das § 386 RegE zugrundeliegende Verfahren noch mit dem EuIÜ vereinbar ist, **109** könnte zweifelhaft sein, da der Erläuternde Bericht davon ausgeht, daß die für das Register zuständige Stelle im Zeitpunkt der Eintragung inzident zu prüfen hat, ob die fragliche Entscheidung nach dem Üereinkommen anerkannt werden kann (Erläuternder Bericht Rz. 183). Dies würde bedeuten, daß jedes Grundbuchamt zu überprüfen hat, ob das zur Eintragung angemeldete ausländische Verfahren einem der in den Anhängen A, B des EuIÜ aufgeführten Verfahren entspricht.
Eine weitere Schwierigkeit liegt darin, daß andere Mitgliedsstaaten ein vom deutschen **110** Recht **abweichendes Grundbuch- bzw. Registersystem** haben. In diesen Fällen muß die registerführende Stelle versuchen, das dem deutschen Recht unbekannte ausländische Mittel durch ein entsprechendes inländisches zu substituieren (*Hanisch* ZIP 1992, 1125, 1127). Erst wenn die fehlende Substituierbarkeit feststeht, kann der ausländischen Insolvenzwirkung die Erstreckung auf das Inland versagt werden. Obwohl das unmittelbare Antragsrecht des ausländischen Insolvenzverwalters mehr dem Geist des Übereinkommens entsprechen dürfte, lassen sich deutlich mehr Gründe für das in § 386 RegE geregelte Verfahren anführen. Trotz der zitierten Stelle des Erläuternden Berichts (vgl. Rz. 109) kann davon ausgegangen werden, daß auch die **Bewirkung der Eintragung über das inländische Insolvenzgericht** mit dem Übereinkommen vereinbar ist. Dafür spricht auch Artikel 22 Abs. 2 EuIÜ, der bestimmt, daß der Verwalter, »die für diese Eintragung erforderlichen Maßnahmen zu treffen« hat. Im übrigen spricht für dieses Verfahren auch, daß ansonsten die Eröffnung des ausländischen Insolvenzverfahrens und die Bestellung des auftretenden Verwalters in öffentlicher oder öffentlich beglaubigter Form nachgewiesen werden müßte. Entgegen dem Übereinkommen müßte dann doch eine Art Quasi-Legalisationsverfahren durchgeführt werden.
Zwar wäre beim **Handelsregister** denkbar, daß das Registergericht die notwendige **111** Prüfung vornimmt, ob das einzelne nationale Verfahren den im Anhang A des EuIÜ aufgeführten entspricht, da das Registergericht eine solche Prüfung bereits nach geltendem Recht durchführt (§ 32 HGB i. V. m. § 13 d Abs. 3 HGB, 13 e Abs. 4 HGB), doch spricht für eine vorhergehende Prüfung durch das **Insolvenzgericht**, daß dort die **größere Sachkunde** bei der Beurteilung von ausländischen Sachverhalten vorhanden sein dürfte. Die Einschaltung des inländischen Insolvenzgerichts bietet letztlich auch eine deutliche **Erleichterung für den ausländischen Insolvenzverwalter**, da er sich nur an eine Stelle wenden muß, um die entsprechenden Eintragungen zu erlangen, für die im Einzelfall verschiedene Gerichte zuständig sein könnten. Dementsprechend muß er auch die erforderlichen Unterlagen nur einmal beschaffen und vorlegen.
Für die in Artikel 22 EuIÜ erwähnte Eintragung in das Handelsregister sei noch auf **112** § **13 d Abs. 3 HGB** hingewiesen, nach dem für die Eintragungen hinsichtlich einer Zweigniederlassung, deren Hauptniederlassung sich im Ausland befindet, die Vorschriften über Hauptniederlassungen und damit auch § 32 HGB entsprechend Anwendung finden. Danach muß die Eröffnung des Insolvenzverfahrens von Amts wegen ins Handelsregister eingetragen werden. Bei einem rein inländischen Verfahren ist dies unproblematisch, da die Insolvenzeröffnung vom Insolvenzgericht dem Registergericht mitgeteilt wird (§ 31 InsO). Bei der Eröffnung eines ausländischen Insolvenzverfahrens über die Hauptniederlassung fehlt jedoch das übermittelnde Gericht, so daß die Eintragung in das für die Zweigniederlassung zuständige Handelsregister auf Veranlassung des ausländischen Insolvenzverwalters zu erfolgen hat (Art. 22 Abs. 2 EuIÜ). Handelt es sich jedoch um die inländische Zweigniederlassung einer Kapitalgesellschaft mit Sitz im

Ausland, so verpflichtet § 13 Abs. 4 HGB die ständigen Vertreter und, wenn solche fehlen, die gesetzlichen Vertreter der Gesellschaft, die Eröffnung des Insolvenzverfahrens zur Eintragung in das Handelsregister anzumelden. Damit soll sichergestellt werden, daß das für die Zweigniederlassung zuständige deutsche Registergericht von dem ausländischen Insolvenzverfahren Kenntnis erlangt.

12. Kosten

113 Die Kosten der Bekanntmachung und der Registrierung sind nach **Artikel 23 EuIÜ** Verfahrenskosten. Sie sind somit gemäß § 53 InsO aus der Insolvenzmasse vorweg zu berichtigen. Bedeutung hat dies in Deutschland zunächst nur für die **Kosten der öffentlichen Bekanntmachung**. Die Eintragung des Insolvenzvermerks ins Grundbuch ist nach § 69 Abs. 2 KostO gebührenfrei.

114 Der Grund für die Gebührenfreiheit nach § 115 KO (entspricht dem heutigen § 69 Abs. 2 KostO) wurde darin gesehen, daß die Eintragungsgebühren als durch die Gebühren des gerichtlichen Verfahrens abgegolten galten (*Jaeger/Weber* KO, § 115 Rz. 1). Bei der Eröffnung eines ausländischen Insolvenzverfahrens fallen jedoch keine inländischen Gebühren an, so daß dieser Gedanke insofern nicht zum Tragen kommt. Dennoch sollte entsprechend Artikel 5 Abs. 2 DöKV von der Einführung eines entsprechenden Gebührentatbestandes abgesehen werden, um die **Inländergleichbehandlung** möglichst zu gewährleisten. Sollte allerdings in Übereinstimmung mit dem in § 386 RegE konzipierten Verfahren das zuständige Insolvenzgericht eingeschaltet werden, so wäre dies eine zusätzliche Unterstützungshandlung für den ausländischen Insolvenzverwalter, die durch eine Festgebühr abgegolten werden könnte.

13. Gutgläubige Leistung durch Drittschuldner

115 **Artikel 24 EuIÜ** entspricht § 389 RegE, der sich seinerseits an § 82 InsO anlehnt. Im Interesse von Drittschuldnern, die in einem anderen Mitgliedsstaat als dem Eröffnungsstaat an den Schuldner noch eine Leistung bewirken, obwohl bereits ein Insolvenzverfahren über dessen Vermögen eröffnet ist, wird in der Vorschrift eine **befreiende Wirkung** angeordnet (vgl. zum autonomen IIR Rz. 349 ff.). Der Artikel 24 EuIÜ zugrundeliegende Leistungsort ist wie in § 269 BGB als der Ort zu verstehen, an dem die Leistungshandlung erbracht werden muß (*Staudinger/Selb* § 269 Rz. 2). Insofern ist es etwas ungenau, wenn der Erläuternde Bericht von »Erfüllungsort« spricht und damit den Ort meint, an dem die Leistung von Schuldner tatsächlich erbracht worden ist (Rz. 188). Wie in § 82 Satz 2 InsO enthält Artikel 24 Abs. 2 EuIÜ eine Vermutung, daß der Leistende vor der öffentlichen Bekanntmachung die Eröffnung des Verfahrens nicht kannte.

14. Vollstreckung

116 **Artikel 25 EuIÜ** gehört zu den zentralen Vorschriften des Übereinkommens. Er legt fest, wie alle zur Durchführung und Beendigung des Insolvenzverfahrens ergangenen **Entscheidungen** – einschließlich des Eröffnungsbeschlusses und der vorläufigen Sicherungsmaßnahmen – **zu vollstrecken sind**. Da das Übereinkommen vorrangig die Anerkennung der Eröffnungsentscheidung und ihrer Wirkungen festlegt, wird in Artikel 25 ergänzend bestimmt, daß auch die sonstigen zur Durchführung und Beendigung des Verfahrens ergangenen Entscheidungen ohne weiteres anerkannt werden. In

Deutschland sind dies etwa der Beschluß über die Aufhebung des Insolvenzverfahrens (§§ 200, 258 InsO) oder die gerichtliche Bestätigung des Insolvenzplans nach § 248 InsO.

Hinsichtlich der **Entscheidung über die Eröffnung des Verfahrens** ist Artikel 25 EuIÜ somit eine notwendige Ergänzung zu Artikel 16 EuIÜ. Nach deutschem Recht bildet der Eröffnungsbeschluß, der gegen den Schuldner vollstreckbar auszufertigen ist, einen Vollstreckungstitel gegen den Schuldner hinsichtlich der zur Masse gehörenden Gegenstände (vgl. § 148 Abs. 2). Die automatische Einbeziehung der in einem fremden Staat belegenen Gegenstände der Masse durch den Eröffnungsbeschluß muß, um die Souveränität des anderen Staates zu achten, durch Einschaltung der zuständigen Stellen dieses Staates vollstreckt werden (vgl. zur vergleichbaren Rechtslage nach dem DöKV die Begründung zu § 11 DöKVAG, abgedruckt bei *Arnold* DöKV, S. 103). Die **Verweisung** in Artikel 25 Abs. 1 Satz 2 EuIÜ **auf die Artikel 31 bis 51 EuGVÜ** bedeutet, daß ein **Exequaturverfahren** durchzuführen ist, das im wesentlichen in der Erteilung der Vollstreckungsklausel besteht. Hierdurch wird der ausländischen Entscheidung die Wirkung eines inländischen Vollstreckungstitels zuerkannt. Der nach dem EuGVÜ erforderliche Antrag kann grundsätzlich vom Verwalter gestellt werden. Dem inländischen Gericht kommt danach lediglich die Aufgabe zu, die Vollstreckungsklausel zu erteilen; es darf die ausländische Entscheidung aber weder anpassen, noch ergänzen oder ändern (*Kropholler* Europäisches Zivilprozeßrecht, Art. 31 EuGVÜ, Rz. 16). Das Exequaturverfahren ist somit nur die **innerstaatliche Genehmigung, daß Vollstreckungsmaßnahmen durchgeführt werden dürfen.** Die dann erforderliche Ausführung der Zwangsvollstreckung erfolgt grundsätzlich nach dem autonomen Recht des Vollstreckungsstaates (*Kropholler* a.a.O., Rz. 3) 117

Bei den Beratungen zum EuIÜ wurde versucht, seinen **Anwendungsbereich möglichst lückenlos an das EuGVÜ** anzuschließen. Nach **Artikel 1 Satz 3 Nr. 2 EuGVÜ** findet das Übereinkommen keine Anwendung auf Konkurse, Vergleiche und ähnliche Verfahren. Nach der **Rechtsprechung des EuGH** sind darunter Verfahren zu verstehen, »die nach den verschiedenen Rechtsordnungen der Vertragsstaaten auf der Zahlungseinstellung, der Zahlungsunfähigkeit oder der Erschütterung des Kredits des Schuldners beruhen und ein Eingreifen der Gerichte beinhalten, das in eine zwangsweise kollektive Liquidation der Vermögenswerte des Schuldners oder zumindest eine Kontrolle durch die Gerichte mündet« (EuGH vom 22. 02. 1979 – 133/78, *Gourdain/Nadler;* Vorentscheidungen *OLG Frankfurt* NJW 1978, 501 und *BGH* WM 1978, 993). 118

Klagen, die sich auf Insolvenzverfahren beziehen, unterfallen nach dieser Rechtsprechung nur dann nicht dem EuGVÜ, »wenn sie unmittelbar aus diesem Verfahren hervorgehen und sich eng innerhalb des Rahmens eines Konkurs- oder Vergleichsverfahrens halten« (EuGH a.a.O). Danach sind in Deutschland etwa **Anfechtungsklagen** aus dem Anwendungsbereich des EuGVÜ ausgeschlossen (*BGH* NJW 1990, 990). Klagen, die nicht auf dem Insolvenzrecht beruhen, bleiben danach außerhalb des Anwendungsbereichs des EuIÜ. Nach dem Erläuternden Bericht soll dies auch für Klagen gelten, die sich auf die Herausgabe von Gegenständen beziehen, die sich im Besitz des Schuldners befinden (Erläuternder Bericht, Rz. 196). Für Deutschland sind diese Ausführungen zumindest mißverständlich, da nach deutschem Recht der **Eröffnungsbeschluß** bereits ein Vollstreckungstitel gegenüber dem Schuldner bildet (vgl. Rz. 117), der in einem anderen Mitgliedsstaat dann auch **nach Artikel 25 Abs. 1 EuIÜ** in einem Exequaturverfahren für vollstreckbar erklärt werden kann. 119

Von der Verweisung auf das EuGVÜ werden nicht dessen Vorschriften über den **ordre public** miterfaßt. Die allgemeiner gehaltene Bestimmung des Artikel 26 EuIÜ über die 120 öffentliche Ordnung wird den bei einem Insolvenzverfahren berührten Interessen eher gerecht als die detaillierten Regelungen in Artikel 27 f. EuGVÜ.

121 Nach **Artikel 25 Abs. 1 Dritter Unterabsatz EuIÜ** findet das Verfahren nach dem EuGVÜ auch auf Entscheidungen über **vorläufige Sicherungsmaßnahmen** Anwendung. Dies bedeutet zunächst, daß die internationale Zuständigkeit gemäß Artikel 3 Abs. 1 EuIÜ nicht nur für die Entscheidung ab Eröffnung des Verfahrens begründet ist, sondern daß das für die Eröffnung des Hauptverfahrens zuständige Gericht befugt ist, einstweilige Sicherungsmaßnahmen ab dem Zeitpunkt der Antragstellung zu erlassen (Erläuternder Bericht, Rz. 78). Damit ist jedoch nicht ausgeschlossen, daß der Verwalter oder jede andere befugte Person an dem Ort Sicherungsmaßnahmen beantragt, an dem sich der zu sichernde Gegenstand befindet. Dies entspricht in etwa auch der Rechtslage nach dem EuGVÜ, nach dem gemäß **Artikel 24 EuGVÜ** einstweilige Maßnahmen in einem Staat beantragt werden können, obwohl für die Hauptsache die Gerichte eines anderen Staates zuständig sind. Werden von dem Gericht, das für das Hauptinsolvenzverfahren zuständig ist, Sicherungsmaßnahmen erlassen, die in einem anderen Mitgliedstaat zu vollstrecken sind, so ist auch hier die Rechtsprechung des EuGH zu der Vollstreckung einstweiliger Maßnahmen im Rahmen des Artikel 25 EuGVÜ zu beachten. Eine Vollstreckung wird etwa denn als unzulässig angesehen, wenn die Gegenpartei nicht geladen worden ist oder wenn die Vollstreckung der Entscheidung ohne vorherige Zustellung an diese Partei erfolgen soll (vgl. zu dieser Rechtsprechung des EuGH *Kropholler* a. a. O., Art. 25 EuGVÜ, Rz. 23).

122 Die Sonderregelung in Artikel 25 Abs. 1 Dritter Unterabsatz EuIÜ war erforderlich, da nach der Rechtsprechung des EuGH vorläufige Sicherungsmaßnahmen im Hinblick auf das EuGVÜ nicht nach ihrer eigenen Rechtsnatur, sondern nach derjenigen der durch sie gesicherten Ansprüche bestimmt werden (*EuGH* 27. 03. 1979 – 143/78, *De Cavel/De Cavel*; vgl. auch Erläuternder Bericht, Rz. 199). Deutlich zurückhaltender ist insofern die Begründung zu § **384 RegE**, nach der **vorläufige Maßnahmen ausländischer Gerichte vor Verfahrenseröffnung grundsätzlich nicht anerkannt** werden können (BT-Drucks. 12/2443, S. 241). Letztlich ist dies eine rechtspolitische Frage, wieviel Entgegenkommen ein Staat gegenüber einem ausländischen Insolvenzverfahren bereits im Eröffnungsstadium aufzubringen bereit ist (*Hanisch* ZIP 1992, 1128).

123 In Insolvenzverfahren ist es häufig erforderlich, Maßnahmen anzuordnen, die massiv in die Freiheit des Schuldners eingreifen oder das **Postgeheimnis** beeinträchtigen. Da hierdurch die Grundfreiheiten des Einzelnen zum Teil schwerwiegend berührt werden, sieht **Artikel 25 Abs. 3 EuIÜ** vor, daß die Mitgliedsstaaten nicht verpflichtet sind, Entscheidungen anzuerkennen und ggf. zu vollstrecken, die eine Einschränkung der persönlichen Freiheit oder des Postgeheimnisses beinhalten. Jeder Vertragsstaat ist insofern frei zu beschließen, wie er mit Entscheidungen anderer Mitgliedsstaaten auf diesem Gebiet verfährt (Erläuternder Bericht, Rz. 193).

124 In Abweichung hierzu sieht Artikel 10 Abs. 2, 3 DöKV auch Vorschriften über die Haft- und die Postsperre vor. Die Einzelheiten hierzu werden in den §§ 15, 16 DöKVAG geregelt.

15. Ordre public

125 **Artikel 26 EuIÜ** enthält die heute übliche grundrechtsbezogene ordre public-Klausel, der im wesentlichen auch § 384 Nr. 2 RegE entspricht. Nach Artikel 26 EuIÜ wird lediglich überprüft, ob die Anerkennung oder Vollstreckung mit dem ordre public zu vereinbaren ist, nicht hingegen wird die ausländische Entscheidung selbst einer

Überprüfung unterzogen, da dies eine Kritik an der ausländischen Entscheidung bedeuten würde (*Kropholler* a. a. O., Artikel 27 EuGVÜ, Rz. 3). Innerhalb der EU, in der es **rechtspolitisch wünschenswert** ist, **ordre public-Vorbehalte entweder völlig zum Verschwinden zu bringen oder sie zumindest stark zu reduzieren** (vgl. *Kropholler* a. a. O., Rz. 2), kann die Ablehnung der Anerkennung oder Vollstreckung einer Entscheidung unter Hinweis auf die öffentliche Ordnung **nur in Extremfällen** zulässig sein. Das Übereinkommen will dies dadurch sicherstellen, indem es einen **»offensichtlichen«** Verstoß gegen die öffentliche Ordnung fordert. Auch der Hinweis auf die Grundprinzipien und die verfassungsmäßig garantierten Rechte und Freiheiten des Einzelnen soll gewährleisten, daß völlig überzogene Anforderungen an den ordre public, die die Funktionsfähigkeit des Übereinkommens selbst in Frage stellen würden, ausgeklammert bleiben. In diesem Zusammenhang ist auch auf Artikel 16 Abs. 1 Unterabsatz 2 zu verweisen, aus dem sich ergibt, daß die ordre public-Klausel nicht dazu verwendet werden darf, die Anerkennung eines Verfahrens mit der Begründung abzulehnen, der Schuldner sei in dem anerkennenden Staat nicht konkursfähig.

Die Verwendung des Wortes **»soweit«** in Artikel 26 EuIÜ ermöglicht, auch einzelne Teile des Verfahrens oder einzelne seiner materiell-rechtlichen Wirkungen als mit dem ordre public unvereinbar anzusehen. **126**

Im Rahmen des verfahrensrechtlichen ordre public (vgl. zum verfahrensrechtlichen und zum materiellen ordre public *Kropholler* a. a. O., Artikel 27, Rz. 8, und unten Rz. 285) kann **nicht die Zuständigkeit des eröffnenden Gerichts nachgeprüft** werden. Im Gegensatz zu Artikel 28 EuGVÜ enthält zwar das EuIÜ diesbezüglich keine ausdrückliche Regelung, doch bestand bei den Beratungen Übereinstimmung, daß eine Überprüfung der Zuständigkeit durch die Gerichte anderer Mitgliedsstaaten nicht zu erfolgen hat (Erläuternder Bericht, Rz. 202). Eine **Fehlentscheidung hinsichtlich der Zuständigkeit wird hingenommen**, gleichgültig ob sie auf einer unzutreffenden tatsächlichen Feststellung oder auf fehlerhafter Rechtsanwendung beruht (*Kropholler* a. a. O., Artikel 28 EuGVÜ, Rz. 1). Das anerkennende Gericht hat lediglich zu prüfen, ob die Verfahrenseröffnung durch ein Gericht erfolgt ist, das für sich die internationale Zuständigkeit nach Artikel 3 EuIÜ beansprucht. Wenn der Erläuternde Bericht die ausländischen Gläubiger auf die Möglichkeit verweist, vor den Gerichten des Eröffnungsstaates die Eröffnungsentscheidung im Hinblick auf die internationale Zuständigkeit anzufechten, so kann nicht verkannt werden, daß die Rechte dieser Gläubiger erheblich geschmälert werden können, da ihnen ein Gerichtsstand in ihrem Heimatstaat unter Umständen entzogen wird. Auch die Möglichkeit eines Vorabentscheidungsersuchens gemäß Artikel 44 EuIÜ vermag hieran nichts zu ändern. **127**

16. Sekundärinsolvenzverfahren

Artikel 27 legt zusammen mit Artikel 3 Abs. 2 EuIÜ die Grundlagen für die Sekundärinsolvenzverfahren fest. Zunächst wird in Artikel 3 Abs. 2 EuIÜ die räumliche Begrenzung der Territorialverfahren festgeschrieben. Ihre Wirkung wird auf das schuldnerische Vermögen im Eröffnungsstaat beschränkt. Allerdings wird damit nicht gesagt, daß auch die Rechte des Verwalters lediglich auf diese Vermögensgegenstände limitiert wären. Denn nach Artikel 18 Abs. 2 EuIÜ kann der Verwalter eines solchen Verfahrens durchaus im Ausland geltend machen, ein an sich zur Masse des Territorialverfahrens gehörender Gegenstand sei nach Verfahrenseröffnung ins Ausland verbracht worden und sei folglich in den Eröffnungsstaat zurückzuführen. **128**

129 Da das Übereinkommen nur Anwendung findet, wenn der Mittelpunkt der hauptsächlichen Interessen des Schuldners in der Gemeinschaft liegt, sind die Mitgliedsstaaten in der Ausgestaltung der Verfahren frei, die sie gegenüber in **Drittstaaten** domizilierten Schuldnern eröffnen.

130 Heftig umstritten bei den Beratungen des Übereinkommens war die Frage, ob ein Territorialverfahren nur eröffnet werden können soll, wenn sich in dem betreffenden Mitgliedstaat eine **Niederlassung** befindet. Ein Teil der Mitgliedsstaaten hat nachdrücklich dafür plädiert, territoriale Insolvenzverfahren bereits beim Vorliegen von Vermögenswerten in dem betreffenden Staat zuzulassen. Andere wiederum wollten strikt den Einheitskonkurs verwirklicht sehen. Das Erfordernis einer Niederlassung ist somit ein Kompromiß zwischen den Staaten, die einen Einheitskonkurs favorisierten und denen, die ein Territorialverfahren bei Vorliegen auch sonstigen Vermögens in dem betreffenden Mitgliedstaat, natürlich unter der Voraussetzung einer die Verfahrenskosten deckenden Masse, ermöglichen wollten. Im Interesse der Rechtssicherheit und um die Eröffnung eines Territorialverfahrens nicht zu stark zu limitieren wurde allerdings vereinbart, einen **eigenen Niederlassungsbegriff** abweichend von dem des EuGVÜ einzuführen. Die nun in Artikel 2 h gefundene Definition ist offen genug formuliert, um auch die Interessen der Staaten abzudecken, die an sich den Vermögensgerichtsstand eingeführt wissen wollten. Diese Definition, die zum Teil als zu unbestimmt kritisiert wird, hat zumindest soviel Akzeptanz erfahren, daß sie auch in die Modellbestimmungen der UNCITRAL über grenzüberschreitende Insolvenzverfahren Eingang gefunden hat (vgl. Art. 2 f). Nachdem in den Beratungen die ursprüngliche Forderung, ein Partikularverfahren nur zuzulassen, wenn der Gläubiger ein besonderes Interesse an der Eröffnung eines solchen Verfahrens hat (so auch § 396 Abs. 2 RegE) fallengelassen wurde, ist das Erfordernis einer Niederlassung quasi als Kompensation für das nicht in das EuIÜ aufgenommene »besondere Interesse« des Gläubigers anzusehen. Auf diese Weise wird verhindert, daß immer beim Vorhandensein von Vermögensgegenständen in einem anderen Mitgliedstaat ein Partikularverfahren eröffnet wird.

131 Wie im deutschen Recht (vgl. bereits früher § 238 Abs. 3 KO und § 396 Abs. 3 RegE) müssen nach Artikel 27 Satz 1 EuIÜ zur Eröffnung eines Sekundärinsolvenzverfahrens die **Insolvenzgründe nicht noch einmal gesondert festgestellt** werden. Die Formulierung in Satz 2 »ohne daß in diesem anderen Vertragsstaat die Insolvenz des Schuldners geprüft wird« darf nicht als Beweisregel in dem Sinne mißverstanden werden, daß mit der Eröffnung eines Hauptinsolvenzverfahrens in der EU unwiderleglich vermutet wird, daß auch nach dem Recht des Staates des Sekundärinsolvenzverfahrens ein Insolvenzgrund gegeben ist. Vielmehr kommt es auf die Insolvenzgründe in dem Staat des Sekundärinsolvenzverfahrens überhaupt nicht an. Ein Parallelverfahren kann somit auch dann eröffnet werden, wenn in dem anerkennenden Staat die Eröffnungsgründe des Hauptinsolvenzverfahrens unbekannt sind. Wird etwa auf Antrag des Schuldners bei drohender Zahlungsunfähigkeit (vgl. § 18) in Deutschland ein Insolvenzverfahren eröffnet, so kann in dem anerkennenden Staat ein Sekundärinsolvenzverfahren auch dann durchgeführt werden, wenn dieser Insolvenzgrund dort nicht bekannt ist.

132 Neben den Sekundärinsolvenzverfahren, die parallel zu einem Hauptinsolvenzverfahren anhängig sind, kennt das EuIÜ auch die **unabhängigen Partikularverfahren** des **Artikel 3 Abs. 4**. Voraussetzung für die Eröffnung eines solchen Verfahrens ist jedoch, daß nach dem Recht des Staates, in dem der Schuldner den Mittelpunkt seiner hauptsächlichen Interessen hat, ein Hauptinsolvenzverfahren nicht eröffnet werden kann, oder daß das Partikularverfahren von einem lokalen Gläubiger oder von einem Gläubiger, der mit der entsprechenden Niederlassung in Geschäftsbeziehungen stand, beantragt wird.

133 Die **Feststellung der Insolvenzgründe** ist dann allerdings weitaus schwieriger als bei einem Sekundärinsolvenzverfahren, da kein Hauptinsolvenzverfahren anhängig ist, dessen Insolvenzgründe auf das Partikularverfahren übertragen werden könnten. Wird die Eröffnung eines Niederlassungskonkurses in einem Mitgliedsstaat beantragt, so müssen die Gerichte dieses Staates entscheiden, ob etwa **Zahlungsunfähigkeit** gegeben ist. Dabei muß die Frage geklärt werden, ob es einen reinen niederlassungsbezogenen Begriff der Zahlungsunfähigkeit gibt oder ob Zahlungsunfähigkeit anhand eines weltweiten Maßstabes zu beurteilen ist (vgl. im folgenden eingehend *Mankowski* ZIP 1995, 1650ff. und zum autonomen IIR Rz. 401 ff.). Für die letztere Lösung könnte sprechen, daß der Niederlassung keine eigene Rechtspersönlichkeit zukommt und aus der Hauptniederlassung immer Geld in die Zweigniederlassung transferiert werden könnte. Ist eine Niederlassung in einem anderen Staat noch liquide, so hat es der Gläubiger in der Hand, seine Forderungen in diesem Staat vollstrecken zu lassen. Führt man diese Auffassung jedoch konsequent zu Ende, so hätte der Gläubiger, der die Eröffnung eines Niederlassungskonkurses beantragt, nachzuweisen, daß der Schuldner global nicht in der Lage ist, seine fälligen Verbindlichkeiten zu erfüllen. Bei einem Unternehmen, das weltweit mit unselbständigen Zweigniederlassungen arbeitet, wäre dieser Nachweis schlechthin nicht zu führen. Zumindest wären derart langwierige Ermittlungen erforderlich, daß der eigentliche Sinn eines Insolvenzverfahrens nicht mehr erfüllt werden könnte. Zu den Voraussetzungen der Zahlungseinstellung eines weltweit tätigen Unternehmens hat deshalb der *BGH* ausgeführt, daß **lediglich auf das Zahlungsverhalten der Niederlassung in Deutschland, der Hauptniederlassung und allenfalls der Niederlassungen in anderen europäischen Staaten** abzustellen sei (ZIP 1991, 1014, 1015). Zur Begründung führt der BGH aus, daß der Gläubiger, der der inländischen Zweigniederlassung mit Rücksicht auf das hier befindliche Vermögen Kredit gewährt habe, nicht auf unbekannte Vermögenswerte in anderen Kontinenten verwiesen werden könne. Die Zahlungseinstellung könne deshalb nicht mit der Begründung verneint werden, daß in weit entfernten Zweigniederlassungen möglicherweise noch regelmäßig Zahlungen bei Fälligkeit geleistet werden, sofern nicht gerade dort bekanntermaßen ein wirtschaftlicher Schwerpunkt des Unternehmens liege. Bereits aus Praktikabilitätsgesichtspunkten ist dieser Auffassung des BGH zuzustimmen. Zwar besteht theoretisch die Möglichkeit, daß aus dem Ausland der inländischen Zweigniederlassung noch Liquidität zur Verfügung gestellt wird, doch wenn dies nach überschaubarer Zeit nicht erfolgt, so liegt keine Zahlungsstockung mehr vor, sondern – zumindest wenn das wesentliche Zahlungsverhalten der Zweigniederlassung betroffen ist – eine Zahlungseinstellung.

134 Noch größere Schwierigkeiten als die Feststellung des Insolvenzgrundes der Zahlungsunfähigkeit bereitet der der **Überschuldung**. Theoretisch bestehen 3 Möglichkeiten, die Überschuldung festzustellen (*Mankowski* a. a. O., S. 1654). Lediglich punktuell niederlassungsbezogen, d. h. die in der Niederlassung begründeten Verbindlichkeiten, werden dem der Niederlassung gewidmeten Vermögen gegenübergestellt. Zweite Möglichkeit: Dem Vermögen der Niederlassung werden alle weltweit existierenden Verbindlichkeiten des Unternehmens gegenübergestellt. Dritte Möglichkeit: Sowohl die Verbindlichkeiten als auch die Aktiva werden nach einem weltweiten Maßstab berechnet. Am wenigsten überzeugend ist die zweite Berechnungsmethode, da sie fast zwangsläufig zu einer Überschuldung der Zweigniederlassung führen würde. Die dogmatischen Bedenken, die bereits bei der Zahlungsunfähigkeit gegen die Zulassung eines rein niederlassungsbezogenen Eröffnungsgrundes sprachen, gewinnen bei der Überschuldung noch zusätzlich an Gewicht. Bei der Überschuldung muß deshalb auf den hinter der Niederlassung stehenden Rechtsträger abgestellt werden. **Eine Überschuldung läßt sich somit nur**

Anhang I *Artikel 102 EGInsO Internationales Insolvenzrecht*

feststellen, wenn weltweit die Aktiva und Passiva des Rechtsträgers in die Betrachtung mit einbezogen werden. *Mankowski* (a. a. O., S. 1655) weist noch darauf hin, daß bei einer Beschränkung auf die in der Niederlassung entstandenen Passiva das Teilnahmerecht der Gläubiger auch auf diejenigen beschränkt bleiben müßte, deren Verbindlichkeiten aus dem Betrieb der Niederlassung resultieren. Unstreitig ist, daß **der Niederlassungskonkurs das gesamte inländische Vermögen und nicht nur das dem Betrieb der Niederlassung gewidmete Vermögen erfaßt** (*Mankowski* a. a. O., S. 1656; *Kilger/Karsten Schmidt* KO, § 238 Anm. 1; *Kuhn/Uhlenbruck/Lüer* §§ 237, 238 Rz. 102).

135 Dies führt zu dem dogmatisch wenig befriedigenden Ergebnis, daß hinsichtlich der Eröffnungsgründe eine differenzierende Betrachtungsweise angezeigt ist. Während die Zahlungsunfähigkeit niederlassungsbezogen festgestellt werden kann, ist diese Möglichkeit bei der Überschuldung nicht eröffnet. In der Rechtswirklichkeit wird dies wohl dazu führen, daß der Eröffnungsgrund der Überschuldung bei den autonomen Partikularverfahren keine Rolle spielen wird. Wie sich bereits aus Artikel 4 EuIÜ ergibt, findet auf das Partikularverfahren das Recht des Eröffnungsstaates Anwendung, so daß Artikel 28 EuIÜ lediglich klarstellende Bedeutung zukommt.

17. Antragsbefugnis

136 Auch **Artikel 29 EuIÜ** enthält, zumindest was Buchstaben b angeht, lediglich eine Klarstellung, da sich insbesondere die Antragsbefugnis der Gläubiger unmittelbar aus der Verweisung von Artikel 4 EuIÜ auf das Recht des Eröffnungsstaates ergibt. Demgegenüber wird dem **Verwalter des Hauptinsolvenzverfahrens** durch das EuIÜ **originär ein Antragsrecht** verliehen (ebenso § 396 Abs. 1 RegE). Dem liegt die Vorstellung zugrunde, der ausländische Verwalter könne das Sekundärinsolvenzverfahren nutzen, um dingliche Sicherheiten in das Verfahren mit einzubeziehen oder um die Abwicklung von großen Insolvenzverfahren einfacher zu gestalten.

18. Kostenvorschuß

137 Auch die in **Artikel 30 EuIÜ** vorgesehene Möglichkeit des Insolvenzgerichts, einen Kostenvorschuß zu erheben, ergibt sich bereits aus Artikel 4 EuIÜ im Zusammenspiel mit den einschlägigen nationalen Bestimmungen. Nach deutschem Recht (vgl. § 26 Abs. 1 Satz 2 InsO) darf das Gericht den Vorschuß nur vom Antragsteller als Konkursgläubiger einfordern (*Kuhn/Uhlenbruck* KO, § 107 Rz. 4 g). Artikel 30 EuIÜ dehnt diese Befugnis zur Einforderung eines Kostenvorschusses auf alle Antragsteller und damit auch auf den Verwalter des Hauptinsolvenzverfahrens (Art. 29 Buchst. a EuIÜ) aus.

138 Die gegenwärtige Praxis der Konkursgerichte, überhöhte Massenkostenvorschüsse zu fordern (vgl. *Kuhn/Uhlenbruck* KO, § 107 Rz. 4), wird auch die Eröffnung von Sekundärinsolvenzverfahren nur unter erschwerten Bedingungen möglich machen. Es bleibt zu hoffen, daß die Beschränkung der Verfahrenskosten durch § 54 InsO auch auf die Bemessung des Vorschusses nach § 26 Abs. 1 Satz 2 InsO Einfluß haben und damit die Eröffnung von Sekundärverfahren erleichtern wird.

19. Gegenseitige Unterrichtung der Verwalter

139 Die in **Artikel 31 Abs. 1 EuIÜ** statuierte Pflicht zur Unterrichtung entspricht fast wörtlich der Pflicht zur Zusammenarbeit in § 398 Abs. 1 RegE. Nur wenn eine enge Zu-

sammenarbeit zwischen dem Verwalter des Hauptinsolvenzverfahrens und dem des Sekundärinsolvenzverfahrens gewährleistet ist, kann mit einer optimalen Verwertung der für mehrere Staaten verteilte Insolvenzmasse gerechnet werden. Insbesondere der Verwalter des Hauptinsolvenzverfahrens, dem im gesamten Verfahren eine Schlüsselstellung zukommen soll, ist auf Informationen aus den lokalen Verfahren angewiesen. Nur dann kann er seine Einwirkungsmöglichkeiten auf die lokalen Verfahren (vgl. etwa Art. 31 Abs. 3, Art. 33 Abs. 1, Art. 34 Abs. 1) im Interesse der Gläubigergesamtheit geltend machen. Diese **Informationspflicht sollte sich etwa auf folgende Punkte erstrecken:** Angaben zur Konkretisierung des jeweiligen Verfahrens (Gericht, Aktenzeichen etc.), die vom Verfahren erfaßte Masse (Vermögensübersicht), die angemeldeten Forderungen, ihre Prüfung und ggf. Anfechtungsmöglichkeiten, etwaige Gläubigervorrechte, geplante Sanierungsmaßnahmen, Vorschläge für die Verteilung der Masse, Eintritt der Masseunzulänglichkeit, der jeweilige Stand des Verfahrens.

Um nicht durch zahlreiche Unterrichtungspflichten die Arbeit der Verwalter unnötig zu erschweren, sollten sich die Informationen auf Umstände konzentrieren, die bedeutende Teile der Masse oder wichtige verfahrensleitende Entscheidungen betreffen. Bei der Weitergabe der Informationen hat der Verwalter in einem vor einem deutschen Insolvenzgericht anhängigen Verfahren auch das **BDSG zu beachten**. **140**

20. Gegenseitige Zusammenarbeit

Über den Austausch von Informationen hinaus verpflichtet **Artikel 31 EuIÜ** die Verwalter von Haupt- und Sekundärinsolvenzverfahren zur gegenseitigen Zusammenarbeit, ohne daß allerdings der Vorschrift oder dem Erläuternden Bericht entnommen werden könnte, an welche über die Benachrichtigung hinausgehenden Formen der Zusammenarbeit hierbei gedacht wurde. Denkbar wäre in diesem Zusammenhang etwa das Beschaffen von Unterlagen, die für das ausländische Verfahren von Bedeutung sein können. **141**

Nach **Artikel 31 Abs. 3 EuIÜ** hat der Verwalter des Hauptinsolvenzverfahrens das Recht, Vorschläge für die Verwertung oder jede Art der Verwendung der Masse des Sekundärinsolvenzverfahrens zu unterbreiten. Das Übereinkommen legt nicht fest, in welcher Form diese Vorschläge in das Sekundärinsolvenzverfahren eingebracht werden. Damit der Verwalter des Hauptinsolvenzverfahrens seine koordinierende Funktion ausüben und die Dominanz des Hauptinsolvenzverfahrens umsetzen kann, sollte ihm in Deutschland im Insolvenzplanverfahren ein **Planinitiativrecht** eingeräumt werden. Als Alternativen wären etwa denkbar, dem Verwalter des Hauptinsolvenzverfahrens die Befugnis einzuräumen, im Berichtstermin (§ 156) den Gläubigern seine Vorstellungen über die Verwertung der Insolvenzmasse vortragen zu lassen. Noch geringer wären seine Einflußmöglichkeiten, wenn der Verwalter des Sekundärinsolvenzverfahrens lediglich verpflichtet wäre, die Vorschläge des ausländischen Verwalters zur Kenntnis zu nehmen und sie seinerseits den Gläubigern vorzustellen. Eine effektive Einwirkungsmöglichkeit hat der Verwalter des Hauptinsolvenzverfahrens jedoch nur dann, wenn er ein Gesamtkonzept unterbreiten kann, das auch für die vom Sekundärinsolvenzverfahren erfaßten Gegenstände des schuldnerischen Vermögens eine angemessene Verwertungsmöglichkeit vorsieht. Zwar ist nach Wortlaut und Entstehungsgeschichte in § 218 Abs. 1 lediglich der Insolvenzverwalter des jeweiligen Verfahrens gemeint (das Initiativrecht der Gläubigergruppen wurde vom BT-Rechtsausschuß gerade gestrichen, um die Probleme bei konkurierenden Insolvenzplänen zu vermeiden; vgl. BT-Drucks. 12/7302, S. 181), doch könnte nur so die steuernde Funktion des Verwalters des Hauptinsolvenzverfahrens gewährleistet werden. Hat der ausländische Verwalter etwa einen umfassenden Plan für **142**

Anhang I *Artikel 102 EGInsO Internationales Insolvenzrecht*

die Sanierung des Gesamtunternehmens erarbeitet, so sollte er auch einen Teilplan in das inländische Sekundärinsolvenzverfahren einbringen können. Ebenso sind Sachverhalte denkbar, in denen es sinnvoll ist, wenn der ausländische Verwalter einen Liquidationsplan vorlegt.

143 Damit der ausländische Verwalter dieses Recht auch effektiv wahrnehmen kann, muß der inländische Verwalter seiner Unterrichtungspflicht in einer Weise genügen, die den ausländischen Verwalter in die Lage versetzt, noch zum Berichtstermin einen eigenen Plan vorlegen zu können.

21. Anmelderecht

144 Gemeinsam mit **Artikel 39 EuIÜ** legt **Artikel 32 Abs. 1** das Recht der Gläubiger fest, ihre Forderungen in jedem Verfahren, das über das Vermögen des Schuldners in der EU eröffnet wurde, anzumelden. Nationales Recht, das dem entgegenstehen sollte, wäre insoweit nicht beachtlich. Ein solches **allgemeines Teilnahmerecht ausländischer Gläubiger** war unter der Konkursordnung noch ausdrücklich in § 5 Abs. 1 KO geregelt. Damit waren in einem inländischen Sonderkonkurs nach § 238 KO auch alle ausländischen Gläubiger teilnahmeberechtigt. Da sich nach Artikel 4 Abs. 2 i EuIÜ der Rang der Forderungen nach dem Recht des Staates der Verfahrenseröffnung bestimmt, kann eine Forderungsanmeldung im Ausland durchaus von Interesse sein, selbst wenn in dem Heimatstaat des Gläubigers ebenfalls ein Insolvenzverfahren eröffnet wurde. Die in den einzelnen Verfahren erzielten Quoten werden allerdings nach Artikel 20 Abs. 2 EuIÜ angerechnet.

145 Nach Artikel 32 Abs. 2 EuIÜ wird sowohl dem **Verwalter** eines Haupt- als auch eines Sekundärinsolvenzverfahrens ein **eigenständiges Anmelderecht** eingeräumt. Das Übereinkommen ergänzt insofern das jeweilige nationale Recht (Erläuternder Bericht, Rz. 236). Die Einzelheiten der Anmeldung bestimmen sich dann nach Artikel 4 EuIÜ gemäß dem nationalen Recht des Eröffnungsstaates.

146 Die Vorschrift soll sowohl die Einwirkungsmöglichkeiten des ausländischen Verwalters auf das inländische Verfahren stärken, als auch den häufig rechts- und sprachunkundigen ausländischen Gläubigern helfen, ihre Rechte zu wahren. Dieses eigenständige Anmelderecht des Verwalters muß jedoch der **Entscheidungsbefugnis der Gläubiger untergeordnet** sein. Ob eine Anmeldung erfolgen soll und ob sie Bestand hat, muß letztlich von denjenigen entschieden werden, die auch die wirtschaftlichen Folgen der Anmeldung zu tragen haben. Artikel 32 Abs. 2 EuIÜ räumt deshalb auch den Gläubigern die Möglichkeit ein, eine Anmeldung abzulehnen oder eine bereits erfolgte Ablehnung zurückzunehmen. Allerdings wird das Recht zur Rücknahme den Gläubigern nur dann gewährt, wenn dies auch ansonsten nach dem jeweiligen nationalen Recht möglich ist. Die **Einzelheiten der Rücknahme** bestimmen sich auch nach diesem Recht. Für Deutschland bedeutet dies, daß eine Anmeldung bis zur Feststellung des Anspruchs zurückgenommen werden kann (*Jaeger/Weber* KO, § 139 Rz. 18). Die Form der Rücknahme hat in der gleichen Weise zu erfolgen wie die Anmeldung.

147 Intensiv diskutiert wurde in den Beratungen zu dem Übereinkommen die Frage, ob durch die Verpflichtung des Verwalters zur Anmeldung von Forderungen seines »Verfahrens« nicht die Verwaltung erschwert und unnötige Verzögerungen verursacht würde. Dies wäre jedoch nur der Fall, wenn der Verwalter in jedem Einzelfall verpflichtet wäre zu prüfen, ob die Anmeldung einer konkreten Forderung für den Gläubiger zweckmäßig ist. In den Beratungen bestand deshalb weitgehende Übereinstimmung, daß lediglich **abstrakt** für eine bestimmte Kategorie von Gläubigern oder für alle Gläubiger **zu prüfen**

Artikel 102 EGInsO Internationales Insolvenzrecht **Anhang I**

ist, **ob eine Anmeldung** in ihrem Interesse **zweckmäßig** ist. Deshalb muß der Verwalter etwa prüfen, wie groß die Masse des ausländischen Verfahrens ist und welchen Rang die Forderungen »seiner« Gläubiger erhalten werden.

Nach Artikel 32 Abs. 3 EuIÜ ist der ausländische Verwalter berechtigt, an einem inländischen Verfahren »wie ein Gläubiger« teilzunehmen, wobei die Einzelheiten durch das nationale Recht geregelt werden. Dieses Teilnahmerecht soll das häufige Fernbleiben ausländischer Gläubiger in einem inländischen Insolvenzverfahren kompensieren (vgl. Erläuternder Bericht, Rz. 240). Die Formulierung »wie ein Gläubiger« darf im deutschen Recht jedoch nicht dahingehend mißverstanden werden, daß sie die Befugnisse des Verwalters strikt limitieren würde. Billigt man dem ausländischen Verwalter, wie dies hier zu Artikel 31 Abs. 3 EuIÜ vertreten wird, ein **Planinitiativrecht** zu, so ist dies durchaus mit Artikel 32 Abs. 3 EuIÜ vereinbar, da das Übereinkommen lediglich eine Mindestbeteiligung sicherstellen will. Im übrigen ergibt sich aus **Artikel 34 Abs. 1 EuIÜ** ein unmittelbares Planinitiativrecht des Verwalters. 148

Abweichend von Artikel 32 Abs. 2 EuIÜ sah § 397 Abs. 1 RegE eine Anmeldebefugnis lediglich für den Verwalter des inländischen Sekundärinsolvenzverfahrens vor. Es ist jedoch kein Grund ersichtlich, warum nicht auch eine Anmeldebefugnis des Verwalters eines deutschen Hauptinsolvenzverfahrens anerkannt werden sollte. Auch für inländische Kleingläubiger kann es durchaus sinnvoll sein, an einem massehaltigen ausländischen Sekundärinsolvenzverfahren teilzunehmen. Im Gegensatz zu Artikel 32 Abs. 3 EuIÜ gab § 397 Abs. 2 RegE dem Verwalter das Recht, auch das **Stimmrecht** der in seinem Verfahren angemeldeten Forderungen in dem ausländischen Hauptinsolvenzverfahren auszuüben. Dadurch sollte der Einfluß des Verwalters des inländischen Sekundärinsolvenzverfahrens auf das ausländische Verfahren gestärkt werden. Das EuIÜ will dementsprechende Befugnisse jedoch nicht ausschließen, sondern behält sie lediglich dem nationalen Recht vor (Erläuternder Bericht, Rz. 240). 149

22. Befugnisse des Verwalters des Hauptinsolvenzverfahrens

1) Nach **Artikel 33 EuIÜ** kann der Verwalter des Hauptinsolvenzverfahrens die **Aussetzung von Verwertungsmaßnahmen** im Sekundärinsolvenzverfahren verlangen. Gegebenenfalls kann das Gericht die Aussetzung von einer Sicherheitsleistung zu Gunsten der Gläubiger des Sekundärinsolvenzverfahrens abhängig machen. 150

Die Vorschrift will die Dominanz des Hauptinsolvenzverfahrens sicherstellen und die Koordinierungsaufgaben seines Verwalters erleichtern. Eine Aussetzung kann etwa sinnvoll sein, wenn eine Reorganisation des Unternehmens durchgeführt werden soll, zu der auch das ausländische Vermögen erforderlich ist oder um eine übertragende Sanierung des gesamten Unternehmens zu erleichtern. Die starke Stellung des Hauptinsolvenzverwalters zeigt sich darin, daß die Aussetzung nur abgelehnt werden darf, wenn sie offensichtlich nicht im Interesse der Gläubiger des Hauptinsolvenzverfahrens ist. Umgekehrt hat das Gericht die Aussetzung aufzuheben, wenn dies vom Verwalter des Hauptinsolvenzverfahrens gefordert wird (etwas mißverständlich insofern der Erläuternde Bericht Rz. 247, wo auf die Interessen der Gläubiger abgestellt wird). 151

Die Dauer der Aussetzung ist auf 3 Monate limitiert, sie kann aber beliebig oft um diesen Zeitraum verlängert werden (Erläuternder Bericht, Rz. 245). 152

Zu den »angemessenen Maßnahmen zum Schutz der Interessen der Gläubiger« wird man neben den Sicherungsmaßnahmen auch eine Verpflichtung entsprechend § 169 InsO zählen können, nach der die gesicherten Gläubiger Anspruch auf laufende Zinszahlungen haben (vgl. *Balz* ZIP 1996, 948, 954). 153

154 2) Ebenso wie Artikel 33 ist auch **Artikel 34 EuIÜ** Ausdruck der Dominanz des Hauptinsolvenzverfahrens. Kann das Verfahren durch einen Vergleich oder einen Sanierungsplan beendet werden, so gewährt die Vorschrift dem Verwalter des Hauptinsolvenzverfahrens das Recht, in einem ausländischen Sekundärinsolvenzverfahren einen entsprechenden Vorschlag zu unterbreiten. Wie bereits zu Artikel 31 EuIÜ ausgeführt (vgl. Rz. 142), zeigt Artikel 34 Abs. 1 EuIÜ, daß im deutschen Recht dem Verwalter des ausländischen Hauptinsolvenzverfahrens ein **Planinitiativrecht** zukommt. Selbst wenn das nationale Recht dies nicht vorsieht, wird eine solche Befugnis durch das EuIÜ geschaffen (Erläuternder Bericht, Rz. 248).

155 Damit der Verwalter des Hauptinsolvenzverfahrens seine Koordinierungsfunktion erfüllen und die Interessen der Gläubiger des Hauptinsolvenzverfahrens wahren kann, ist nach Absatz 1 Unterabsatz 2 grundsätzlich die **Zustimmung dieses Verwalters für einen Sanierungsplan oder Vergleich** im Sekundärinsolvenzverfahren erforderlich. Selbst wenn der Verwalter nicht zustimmen sollte, kann der Plan dennoch umgesetzt werden, wenn die finanziellen Interessen der Gläubiger des Hauptinsolvenzverfahrens durch ihn nicht berührt werden. Damit soll verhindert werden, daß eine grundlose Weigerung des Verwalters einvernehmliche Lösungen blockiert, ohne daß diese Auswirkungen auf die finanziellen Interessen (= Quote) der Gläubiger des Hauptinsolvenzverfahrens hätten. Wie in § 245 InsO hat somit ein Vergleich zu erfolgen, welche Quote die Gläubiger des Hauptinsolvenzverfahrens ohne und welche sie mit der einvernehmlichen Lösung im Sekundärinsolvenzverfahren erzielen würden.

156 Nach Artikel 34 Abs. 2 EuIÜ haben im Sekundärinsolvenzverfahren im Wege eines Vergleichs vereinbarte Einschränkungen der Gläubigerrechte nur dann Auswirkungen auf das sonstige Vermögen, wenn alle betroffenen Gläubiger zugestimmt haben.

157 Da **Artikel 17 Abs. 2 Satz 2 EuIÜ** eine starke Verwandtschaft zu **Artikel 34 Abs. 2 EuIÜ** aufweist, muß zunächst das **Verhältnis zwischen den beiden genannten Vorschriften** geklärt werden. Während Artikel 17 Abs. 2 Satz 2 von seinem Anwendungsbereich her sowohl Sekundärverfahren als auch unabhängige Partikularverfahren erfaßt, betrifft Artikel 34 Abs. 2 lediglich Sekundärinsolvenzverfahren. Artikel 17 Abs. 2 enthält eine Sonderbestimmung für Vermögenswerte, die in einem anderen Mitgliedsstaat belegen sind. Demgegenüber erfaßt Artikel 34 Abs. 2 von seinem Wortlaut her auch Vermögen in Drittstaaten oder das konkursfreie Vermögen des Schuldners. Es spricht aber viel dafür, daß in beiden Vorschriften lediglich innerhalb der EU belegene Vermögenswerte angesprochen werden. Nach beiden Vorschriften kann die Zustimmung einzelner Gläubiger in Vergleichen oder Sanierungsverfahren ersetzt werden, wenn lediglich das in dem Staat des Partikularverfahrens belegene Vermögen betroffen ist. Hinsichtlich des Vermögens in anderen Mitgliedsstaaten kann nach Artikel 17 Abs. 2 Satz 2 zwar eine Beschränkung der Gläubigerrechte vereinbart werden, allerdings entfaltet diese Maßnahme nur Wirkungen gegenüber Gläubigern, die ihr zugestimmt haben. Demgegenüber wird eine Maßnahme nach Artikel 34 Abs. 2 hinsichtlich des Vermögens in anderen Mitgliedsstaaten nur wirksam, wenn alle betroffenen Gläubiger zugestimmt haben. Ist diese Voraussetzung nicht erfüllt, so entfaltet die Maßnahme hinsichtlich des in einem anderen Mitgliedsstaat belegenen Vermögens selbst gegenüber den Gläubigern keine Wirkung, die ihre Zustimmung erklärt haben.

158 Abweichend von den Regelungen des EuIÜ sah § 394 Abs. 2 RegE vor, daß ein Vergleich oder Insolvenzplan im Sekundärinsolvenzverfahren nur bestätigt werden konnte, wenn alle betroffenen Gläubiger den Plan billigten. Demgegenüber kann nach dem EuIÜ hinsichtlich des Inlandsvermögens eine Sanierungsmaßnahme auch dann wirksam sein, wenn die Zustimmung einzelner Gläubiger ersetzt wird.

Der **Sanierungsplan** oder Vergleich nach Artikel 34 Abs. 1 1. Unterabsatz EuIÜ erfaßt regelmäßig **nur das vom Sekundärverfahren betroffene Vermögen**, hat aber keine Auswirkungen auf das sonstige Vermögen des Schuldners (vgl. Erläuternder Bericht Rz. 250). Zumindest die Gläubiger, die einer solchen Maßnahme zustimmen, können sich nach der Systematik des EuIÜ gleichwohl an dem Hauptinsolvenzverfahren beteiligen und dort ihre Forderungen anmelden. Diese Konstruktion würde im deutschen Recht jedoch zu einigen Friktionen führen. Nach § 254 Abs. 1 InsO entfaltet der Plan mit der Rechtskraft seiner Bestätigung eine rechtsgestaltende Wirkung gegenüber allen Beteiligten. Sieht der Plan etwa vor, daß Ansprüche teilweise erlassen werden, so steht dem Gläubiger lediglich noch eine Naturalobligation zu (vgl. § 254 Abs. 3 InsO), die er nicht in dem Hauptinsolvenzverfahren geltend machen kann. Es spricht somit einiges dafür, Artikel 34 Abs. 2 EuIÜ bei seiner Anwendung im deutschen Recht im Sinne von § 394 Abs. 2 RegE zu interpretieren, und eine **gerichtliche Bestätigung des Plans nur vorzusehen, wenn alle betroffenen Gläubiger zugestimmt haben**. 159

Der RegE sah zurecht keine Artikel 34 Absatz 1 Unterabsatz 2 entsprechende Regelung vor. Eine solche Vorschrift würde den Einfluß des ausländischen Insolvenzverwalters auf das inländische Sekundärinsolvenzverfahren erheblich stärken. Die Einräumung einer solch starken Stellung ist jedoch nur gegenüber Insolvenzverwaltern berechtigt, die aus einem Mitgliedsstaat der Gemeinschaft stammen und deren Rechte in einem Übereinkommen festgeschrieben sind. Bei **Verwaltern aus Drittstaaten** ist es demgegenüber ausreichend, wenn sie das Recht erhalten, die in ihrem Verfahren angemeldeten Forderungen auch im Sekundärinsolvenz anzumelden und über die Ausübung des Stimmrechts Einfluß im inländischen Verfahren geltend machen können (zurückhaltend insofern auch *Hanisch* Vorschläge und Gutachten zur Umsetzung des EU-Übereinkommens, 205 f.). Im übrigen dürfte es im Verhältnis zu Drittstaaten noch schwieriger als im EU-Bereich sein, die Auswirkungen einer nationalen Sanierungsmaßnahme auf die im ausländischen Verfahren zu erzielende Quote abzuschätzen. 160

3) Verbleibt nach Verwertung der Masse und Verteilung des Erlöses ein **Überschuß** im Sekundärinsolvenzverfahren, so ist dieser nach **Artikel 35 EuIÜ** an den **Verwalter des Hauptinsolvenzverfahrens herauszugeben**. Die Vorschrift dürfte in der Praxis wohl keine allzu große Bedeutung entfalten. Sollte in einem exzeptionellen Einzelfall die Masse eines Sekundärinsolvenzverfahrens so werthaltig sein, daß ein Überschuß in Frage kommt, so dürften bereits während des Verfahrens die ausländischen Gläubiger ihre Forderungen in dem Sekundärinsolvenzverfahren anmelden. Darüber hinaus ist nach Artikel 32 Abs. 2 EuIÜ der Verwalter des Hauptinsolvenzverfahrens gehalten, bei einer so großen Masse im Sekundärinsolvenzverfahren die Forderungen seines Verfahrens im ausländischen Verfahren anzumelden (Art. 32 Abs. 2 EuIÜ). 161

§ 399 RegE enthielt eine Artikel 35 EuIÜ entsprechende Vorschrift. 162

23. Nachträgliche Eröffnung des Hauptinsolvenzverfahrens

1) Wird zunächst ein Partikularverfahren über das Vermögen einer Zweigniederlassung eröffnet und erst anschließend das Insolvenzverfahren am Sitz der Hauptniederlassung, so sind nach dem Wortlaut des **Artikel 36 EuIÜ** die Artikel 31 ff. EuIÜ nur in dem Umfang anzuwenden, soweit dies nach dem Stand des Verfahrens »erforderlich ist«. Dabei dürfte es sich jedoch um ein Redaktionsversehen handeln, da grundsätzlich nach Eröffnung eines Hauptverfahrens auf die anhängigen Partikularverfahren die Artikel 31 ff. EuIÜ Anwendung finden sollen. Abweichungen von diesen Vorschriften sind nur insofern zuzulassen, als dies nach dem jeweiligen Verfahrensstand zwingend gebo- 163

ten ist. Konsequent ist insofern die Ausführung in dem Erläuternden Bericht, daß die genannten Vorschriften Anwendung finden, soweit dies der Stand des Verfahrens »zuläßt« (Erläuternder Bericht, Rz. 255).

164 2) Nach Artikel 3 Abs. 3 und Artikel 27 Satz 2 EuIÜ muß ein Sekundärinsolvenzverfahren zwingend ein Liquidationsverfahren sein. Demgegenüber können unabhängige Partikularverfahren, also Verfahren, die bereits vor der Eröffnung eines Hauptinsolvenzverfahrens anhängig sind, auch Sanierungsverfahren sein. **Artikel 37 EuIÜ** räumt dem Verwalter des Hauptinsolvenzverfahrens das Recht ein, die **Umwandlung des zuvor eröffneten ausländischen Sanierungsverfahrens** in ein Liquidationsverfahren zu verlangen, wenn dies »im Interesse der Gläubiger des Hauptverfahrens liegt«. Artikel 37 EuIÜ ist somit einerseits Ausdruck der Dominanz des Hauptverfahrens, andererseits zeigt er, daß nach Eröffnung eines Hauptinsolvenzverfahrens ein unabhängiges Sanierungsverfahren über das Vermögen einer Zweigniederlassung nicht realisierbar sein dürfte.

165 Es wird allerdings in das **Ermessen des Verwalters des Hauptinsolvenzverfahrens** gestellt, ob er die Umwandlung anhängiger Sanierungsverfahren beantragen will. Sieht er von diesem Antrag ab, so können die Verfahren weiterhin als Sanierungsverfahren abgewickelt werden. Das Recht des Staates des Sekundärinsolvenzverfahrens kann jedoch auch vorsehen, daß statt einer Umwandlung eine Beendigung des Sekundärinsolvenzverfahrens zu erfolgen hat (Erläuternder Bericht, Rz. 257).

166 Diese Regelung führt zu dem etwas erstaunlichen Ergebnis, daß der Verwalter eine Umwandlung auch dann beantragen kann, wenn das Verfahren am Sitz der Hauptniederlassung ein Sanierungsverfahren ist. Auch in diesem Fall kann jedoch eine Umwandlung im Interesse der Gläubiger des Hauptinsolvenzverfahrens liegen. Erinnert sei in diesem Zusammenhang etwa daran, wenn die Vertriebsstruktur eines Unternehmens gestrafft werden soll und zu diesem Zweck ein Großteil der im Ausland gelegenen Zweigniederlassungen geschlossen werden muß. Die Härten für die von dieser Maßnahme betroffenen Arbeitnehmer und Geschäftspartner der Zweigniederlassung sind evident. Dieses Ergebnis ist aber bereits darin begründet, daß nach Artikel 3 Abs. 3 Satz 2 ein Sekundärinsolvenzverfahren stets ein Liquidationsverfahren sein muß.

167 Die hierdurch verbundenen Härten für die Gläubiger und Geschäftspartner der Zweigniederlassung haben **Portugal** bewogen, eine einseitige Erklärung abzugeben, in der geltend gemacht wird, Portugal könne zur Wahrung wichtiger örtlicher Interessen nach Maßgabe des Artikel 26 die **ordre public-Klausel** heranziehen, wenn die portugiesischen Interessen bei der Umwandlung eines vor dem Hauptverfahren eröffneten Partikularverfahrens nicht ausreichend berücksichtigt würden (Erläuternder Bericht, Rz. 210).

168 Obwohl Artikel 37 Unterabsatz 2 und der Erläuternde Bericht (Rz. 259) insofern nicht ganz eindeutig sind, ist das zuständige **Gericht nicht befugt, eine Umwandlung von Amts wegen vorzusehen,** wenn dies im Interesse der Gläubiger des Hauptinsolvenzverfahrens liegt. Insofern ist die Einschätzung des Verwalters des Hauptverfahrens maßgebend, der sie bei einer Fehleinschätzung unter Umständen auch haftbar machen kann. Ist ein Sanierungsverfahren, dessen Umwandlung vom Verwalter des Hauptinsolvenzverfahrens erwogen wird, nicht im Anhang A des Übereinkommens aufgeführt, so kann zwar eine Umwandlung nicht beantragt werden, jedoch kann der Verwalter gegenüber der ausländischen Zweigniederlassung in vollem Umfang seine Befugnisse geltend machen und somit auch die Eröffnung eines Sekundärinsolvenzverfahrens beantragen. Hinsichtlich des anderen Verfahrens wird regelmäßig nur noch die Beendigung in Frage kommen (Erläuternder Bericht, Rz. 261).

Artikel 37 EuIÜ kommt in Deutschland nur insofern Bedeutung zu, als der inländische 169
Verwalter eines Hauptinsolvenzverfahrens die Umwandlung eines ausländischen Partikularverfahrens beantragen kann. Da die InsO ein einheitliches Verfahren vorsieht, das sowohl zur Liquidation als auch zur Sanierung führen kann (vgl. BT-Drucks. 12/2443, S. 82 f.), wurde dieses Verfahren auch in beide Anhänge des Übereinkommens aufgenommen.

24. Sicherungsmaßnahmen

Gerade bei grenzüberschreitenden Insolvenzen ist eine zügige Sicherung der im Ausland 170
gelegenen Massebestandteile unerläßlich. Hat das Gericht, das gemäß Artikel 3 Abs. 1 EuIÜ für die Eröffnung des Hauptinsolvenzverfahrens zuständig ist, einen vorläufigen Insolvenzverwalter oder Sequester ernannt, so ist dieser nach **Artikel 38 EuIÜ** befugt, zur Sicherung des in einem anderen Mitgliedstaat befindlichen Vermögens die nach dem Recht dieses Staates möglichen vorläufigen Sicherungsmaßnahmen zu verlangen. Auf Deutschland übertragen bedeutet dies, daß ein ausländischer vorläufiger Insolvenzverwalter hinsichtlich der in Deutschland belegenen Gegenstände der Insolvenzmasse die Anordnung von Sicherungsmaßnahmen gemäß § 21 InsO verlangen kann.

Von dem nach Artikel 3 Abs. 1 EuIÜ zuständigen Gericht können nach Stellung des 171
Insolvenzantrags vorläufige Sicherungsmaßnahmen erlassen werden, die auch das im Ausland befindliche Vermögen erfassen. Für diese Maßnahmen gilt nach Artikel 4 EuIÜ das Recht des Eröffnungsstaates. Sie sind nach Artikel 25 EuIÜ in den anderen Mitgliedstaaten anzuerkennen und zu vollstrecken. Diese Maßnahmen nach dem Recht des Staates des Hauptinsolvenzverfahrens können auch vom vorläufigen Insolvenzverwalter beantragt werden.

Nach Artikel 29 Buchstabe a EuIÜ, der nur den Verwalter des Hauptinsolvenzverfahrens 172
nennt, ist es dem vorläufigen Insolvenzverwalter nicht gestattet, die Eröffnung eines Sekundärinsolvenzverfahrens zu beantragen. Um zu verhindern, daß bis zur Eröffnung eines Partikularverfahrens Vermögenswerte in diesem Mitgliedstaat verschleiert oder verschoben werden, mußte dem vorläufigen Verwalter die Möglichkeit eröffnet werden, auch Sicherungsmaßnahmen nach dem Recht des anderen Mitgliedstaates zu initiieren. Nach dem Wortlaut von Artikel 38 EuIÜ ist nicht eindeutig, ob der Schuldner in diesem Staat eine **Niederlassung** haben muß. Da die nach dieser Vorschrift zu erlassenden Sicherungsmaßnahmen lediglich der künftigen Durchführung eines Sekundärinsolvenzverfahrens dienen, können diese Maßnahmen nicht ergriffen werden, wenn in dem anderen Mitgliedstaat lediglich Vermögenswerte belegen sind. Kommt es später doch nicht zur Eröffnung eines Sekundärinsolvenzverfahrens, so sind die vorläufigen Maßnahmen auf Veranlassung des nach Artikel 3 Abs. 1 EuIÜ zuständigen Gerichts von dem Gericht, das die Maßnahmen erlassen hat, aufzuheben (etwas mißverständlich insofern Erläuternder Bericht, Rz. 262).

In Deutschland liegt die ausschließliche **Zuständigkeit** zur Eröffnung eines Sekundär- 173
insolvenzverfahrens bei dem Gericht, in dessen Bezirk der Schuldner eine Niederlassung besitzt (vgl. § 393 Abs. 2 RegE).

Vor der Anordnung von Sicherungsmaßnahmen hat das Gericht sorgfältig zu prüfen, ob 174
und welche Maßnahmen zweckmäßig sind, da mit ihnen unter Umständen weitreichende Folgen für den Schuldner verbunden sein können. Ein deutsches Gericht kann deshalb solche Sicherungsmaßnahmen erst erlassen, wenn die **Zulässigkeit des Eröffnungsantrages bejaht** wurde. Bei einem Gläubigerantrag ist neben den allgemeinen Zulässigkeitsvoraussetzungen noch erforderlich, daß ein rechtliches Interesse an der Verfahrens-

eröffnung besteht und der Eröffnungsgrund und der Anspruch des Gläubigers glaubhaft gemacht sind (vgl. § 14 InsO). Im Interesse des Verkehrsschutzes sind diese vorläufigen Sicherungsmaßnahmen entsprechend § 23 InsO öffentlich bekanntzumachen.

25. Forderungsanmeldung

175 1) In **Artikel 39 EuIÜ** wird das Recht der in den Mitgliedsstaaten domizilierten Gläubiger festgeschrieben, ihre Forderungen in jedem in der Gemeinschaft eröffneten Insolvenzverfahren anzumelden. Der Wortlaut, der lediglich auf die Anmeldung abstellt, dürfte allerdings zu kurz greifen. Den ausländischen Gläubigern wird ebenso ein **Recht auf Teilnahme am Verfahren und auf Berücksichtigung in der Verteilung** eingeräumt. Die Befürchtung, daß einzelne Staaten zwar ausländischen Gläubigern ein Recht zur Anmeldung ihrer Forderungen einräumen, jedoch diese dann im Verteilungsverfahren diskriminieren, hat dazu geführt, daß in die Modellbestimmungen über grenzüberschreitende Insolvenzverfahren der UNCITRAL (vgl. Anlage 5) in Artikel 13 Abs. 2 eine Bestimmung aufgenommen wurde, daß nicht nachrangige Verbindlichkeiten ausländischer Gläubiger wie inländische allgemeine Konkursforderungen behandelt werden müssen (ZIP 1997, 2224, 2226). Eine solche Regelung ist im Bereich des EuIÜ entbehrlich, da sich die **Inländergleichbehandlung** bereits unmittelbar aus Artikel 4 ergibt. Zur Klarstellung wird in Artikel 39 das Anmelderecht für den **Fiskus und die Sozialversicherungsträger** noch einmal ausdrücklich erwähnt. In manchen Staaten bestand die Praxis, die Teilnahme des ausländischen Fiskus und der ausländischen Sozialkassen unter Hinweis auf **ordre public-Gesichtspunkte** abzulehnen. Mit dem Inkrafttreten des EuIÜ wird es für diese Staaten auch schwerer, gegenüber Drittstaaten entsprechende Bedenken geltend zu machen. Da das EuIÜ insoweit keine Ausnahmevorschriften enthält, bestimmt sich nach Artikel 4 Abs. 2 Buchstabe i EuIÜ das **Vorrecht des ausländischen Fiskus** und der ausländischen Sozialkassen nach dem Recht des Eröffnungsstaates. Dies bedeutet etwa, daß die ausländischen Steuerbehörden, die in einem deutschen Insolvenzverfahren ihre Forderungen anmelden, kein Fiskusvorrecht für sich in Anspruch nehmen können, selbst wenn ihr Heimatrecht ein solches einräumt. Umgekehrt können die deutschen Steuerbehörden in dem Verfahren eines anderen Mitgliedsstaates von einem etwa dort bestehenden Fiskalvorrecht profitieren.

176 Im Gegensatz zu Konkursordnung und Vergleichsordnung enthält die Insolvenzordnung keine Vorschrift mehr, die ausdrücklich ausländische Gläubiger inländischen gleichstellt. Eine solche Vorschrift ist im deutschen Recht jedoch entbehrlich. Sie drückt lediglich eine Selbstverständlichkeit aus. Das Teilnahmerecht ausländischer Gläubiger und das Recht, ihre Forderungen anzumelden, ergibt sich schon daraus, daß die InsO keine Vorschriften für inländische Gläubiger, sondern nur für Gläubiger allgemein enthält. Die Schriftform für Forderungsanmeldungen, die Artikel 39 ebenfalls festlegt, ist in § 174 Abs. 1 InsO geregelt.

177 2) Die Unterrichtung ausländischer Gläubiger ist von besonderer Bedeutung, da diese häufig die Sprache des Staates der Verfahrenseröffnung nicht beherrschen und mit dessem Recht nicht vertraut sind. Sie sind deshalb nach **Artikel 40 EuIÜ** insbesondere über die einzuhaltenden **Fristen und über Säumnisfolgen zu informieren**. Diese Unterrichtung soll durch die »individuelle Übersendung eines Vermerks« erfolgen.

178 Die Insolvenzordnung dürfte diesen Anforderungen weitgehend genügen. Nach § 30 Abs. 2 InsO ist der Eröffnungsbeschluß den Gläubigern besonders zuzustellen. Die Gläubiger erhalten dadurch fast alle in Artikel 40 Abs. 2 EuIÜ aufgeführten Informatio-

nen. Allerdings werden die Gläubiger nicht über die Säumnisfolgen informiert, so daß in ein etwaiges Ausführungsgesetz hierzu ein Hinweis aufgenommen werden sollte. Dabei sind auch die Anforderungen, die Artikel 42 EuIÜ im Hinblick auf die Sprache der Unterrichtung stellt, zu beachten.

Nach Artikel 40 Abs. 2 Satz 2 EuIÜ ist auch anzugeben, ob **dinglich gesicherte Gläu-** 179 **biger** ihre Forderungen anmelden müssen. Die Aufforderung nach § 28 Abs. 2 InsO an die gesicherten Gläubiger dürfte dieser Informationspflicht genügen.

3) Nach der grundlegenden Vorschrift des Artikel 4 bestimmt das Recht des Eröffnungs- 180 staates, wie die Anmeldung einer Forderung zu erfolgen hat (Artikel 4 Abs. 2 Buchstabe h). Für ausländische Forderungen wird das Recht des Eröffnungsstaates jedoch insofern verdrängt, als es nicht mit den in **Artikel 41 EuIÜ** festgelegten Anforderungen übereinstimmt. Im Interesse der ausländischen Gläubiger wird durch diese Vorschrift **abschließend festgelegt, wie die Forderungsanmeldung eines ausländischen Gläubigers beschaffen sein muß**. Kein Recht eines Mitgliedsstaates darf darüber hinausgehende Anforderungen vorsehen (vgl. Erläuternder Bericht, Rz. 273).

Im deutschen Recht wird die **Umsetzung des Art. 41 EuIÜ** keine Änderungen erfor- 181 dern. Nach § 174 sind Forderungen schriftlich anzumelden und der Gläubiger soll die Urkunden, aus denen sich die Forderung ergibt, im Abdruck beifügen. Die abweichende Terminologie des EuIÜ (Beweisstücke) ist unerheblich, da in diesem Verfahren letztlich nur Urkunden als Beweismittel in Frage kommen. Zu § 139 KO, der den Terminus »urkundliche Beweisstücke« verwendete, erwähnt die Literatur nur Urkunden (vgl. *Kilger/Karsten Schmidt* § 139 Anm. 5; *Kuhn/Uhlenbruck* § 139 Rz. 9).

Die Verpflichtung zur Angabe, ob für die angemeldete Forderung dem Gläubiger ein 182 Eigentumsvorbehalt oder eine Sicherungsübereignung eingeräumt wurde, ergibt sich aus § 28. Da die Insolvenzordnung keine allgemeinen Vorrechte mehr kennt, erübrigen sich alle Angaben hierzu.

Während Art. 41 EuIÜ Angaben zu **Art und Entstehungszeitpunkt der Forderungen** 183 verlangt, schreibt § 174 Abs. 2 vor, daß der Grund der Forderung anzugeben ist (vgl. hierzu § 174 Rz. 14). Zu dem insofern gleichlautenden § 139 KO vertrat die herrschende Meinung, daß die Tatumstände anzugeben sind, die der Forderung zugrundeliegen; es muß der Sachverhalt so substantiiert geschildert werden, daß der Verwalter und die übrigen Insolvenzgläubiger die Forderung überprüfen können (*Kilger/Karsten* Schmidt § 139 Anm. 1 a; *Kuhn/Uhlenbruck* § 139 Rz. 3).

4) Mit **Artikel 42 EuIÜ** soll dem der Sprache des Eröffnungsstaates unkundigen 184 Gläubiger die Anmeldung seiner Forderungen erleichtert werden. Zunächst wird in Absatz 1 festgelegt, daß die Unterrichtung nach Art. 40 EuIÜ in der Amtssprache des Staates der Verfahrenseröffnung zu erfolgen hat. Damit der sprachunkundige Gläubiger über den Inhalt des ihm zugegangenen Schriftstücks unterrichtet wird, muß das hierzu verwendete **Formblatt in sämtlichen Ansprachen der EU** die Worte »Aufforderung zur Anmeldung einer Forderung. Etwaige Fristen beachten!« überschrieben sein. Für die Anmeldung muß der Gläubiger jedoch sich nicht der Sprache des Eröffnungsstaates bedienen, sondern kann auch die Amtssprache seines Heimatstaates verwenden. In diesem Fall muß die Anmeldung jedoch die Überschrift »Anmeldung einer Forderung« in der Amtssprache des Eröffnungsstaates tragen. Das Gericht oder die zuständige Behörde kann vom anmeldenden Gläubiger nach Absatz 2 Satz 3 eine **Übersetzung** seiner Anmeldung verlangen.

Bei der Umsetzung dieser Vorschrift in das deutsche Recht ist in die Ausführungsbestim- 185 mung, die ohnehin wegen Art. 40 EuIÜ erforderlich ist, ein Vordruckzwang hinsichtlich des vom Generalsekretariat des Rates auszuarbeitenden Deckblatts mit den verschiede-

nen Überschriften aufzunehmen. Die Länder könnten dieses Deckblatts in ihre Formularsammlung aufnehmen.
186 Für die Übersetzung, die nach Art. 42 Abs. 2 Satz 3 EuIÜ vom Gläubiger gefordert werden kann, wird § 3 Abs. 3 AVAG entsprechend anzuwenden sein.

26. Sonstige Bestimmungen des EuIÜ

187 1) Entsprechend zum EuGVÜ wird durch **Artikel 43 ff.** EuIÜ eine **Zuständigkeit des EuGH** begründet. Im Unterschied allerdings zum EuGVÜ, bei dem die Vertragsstaaten die Auslegungsbefugnis des EuGH in einem Protokoll vereinbarten (abgedruckt bei *Kropholler* Europäisches Zivilprozeßrecht, 5. Aufl., Anhang III), wird die Zuständigkeit des Gerichtshofs im Übereinkommen selbst geregelt. Nach dem Erläuternden Bericht soll damit die enge Beziehung zwischen dem Übereinkommen und der gemeinschaftlichen Rechtsordnung unterstrichen werden (Rz. 281). Mit Einschaltung des EuGH wird die einheitliche Auslegung des Übereinkommens und eine einheitliche Rechtsprechung in den Vertragsstaaten sichergestellt. Die Auslegungskompetenzen des Gerichtshofs gelten, ebenfalls in Entsprechung zur Rechtslage beim EuGVÜ, nicht nur hinsichtlich des Übereinkommens und seiner Anhänge selbst, sondern auch für etwaige künftige Beitrittsübereinkommen (Erläuternder Bericht, Rz. 279). Das in den Artikeln 43 ff. EuIÜ niedergelegte Verfahren entspricht weitgehend dem im Protokoll vom 3. Juni 1971 betreffend die Auslegung des EuGVÜ.

188 Ebenfalls wie beim EuGVÜ werden dabei zwei unterschiedliche Verfahrensarten angeboten. Einmal die dem Artikel 177 EGV entsprechende Vorabentscheidung (Artikel 44 EuGVÜ) und zum anderen die den romanischen Rechten nachempfundene »Klage im Interesse des Gesetzes« (pourvoi dans l'intérêt de la loi; vgl. *Kropholler* a.a.O., Einleitung Rz. 19), die in Artikel 45 EuIÜ geregelt wird.

189 2) Entgegen dem Protokoll zum EuGVÜ ist nach **Art. 44 EuIÜ** das nationale Gericht nicht verpflichtet, in einem anhängigen Verfahren **entscheidungsrelevante Auslegungsfragen dem EuGH vorzulegen**. Vielmehr ist die Entscheidung, ob eine bestimmte Frage dem Gerichtshof vorgelegt wird, in das **Ermessen des nationalen Gerichts** gestellt. Das Übereinkommen enthält nicht einmal Kriterien, die bei dieser Ermessensentscheidung herangezogen werden sollen. Da in Insolvenzsachen häufig zügige Entscheidungen erforderlich sind (z.B. um eine Sanierung zu ermöglichen), sollen die nationalen Gerichte in eigener Verantwortung entscheiden, ob in einem konkreten Einzelfall der schnellen Verfahrensabwicklung oder der einheitlichen Auslegung des Übereinkommens der Vorrang gebührt (Erläuternder Bericht, Rz. 289).

190 Vergleichbare Überlegungen können auch zu der Frage angestellt werden, ob dem Vorabentscheidungsersuchen **aufschiebende Wirkung** zukommt. Nach dem Erläuternden Bericht soll auch dies von den nationalen Gerichten in eigener Verantwortung entschieden werden (Rz. 292). Nach § 148 ZPO, der gemäß § 4 InsO Anwendung findet, kann wegen Vorgreiflichkeit ausgesetzt werden (vgl. *Baumbach/Lauterbach/Albers/Hartmann* § 148 Rz. 16). Die Aussetzung steht im Ermessen des Gerichts, das bei der Konkretisierung dieses Ermessens die Vor- und Nachteile der Aussetzung abzuwägen hat.

191 Nach dem Gesetz zu dem Protokoll vom 3. Juni 1971 betreffend die Auslegung des EuGVÜ vom 7. August 1972 (BGBl. II, 845) muß die auslegende Vorschrift bezeichnet sowie die zu klärende Auslegungsfrage dargelegt werden. Ferner ist der entscheidungsrelevante Sach- und Streitstand kurz darzustellen. Entsprechende Anforderungen wird man auch an eine Vorlage nach Artikel 44 EuIÜ zu stellen haben (vgl. allgemein zum

Vorabentscheidungsverfahren *Dauses* Das Vorabentscheidungsverfahren nach Artikel 177 EG-Vertrag, 2. Aufl. 1995).

Vorlageberechtigt sind zunächst die in Artikel 44 namentlich aufgeführten Obersten Gerichtshöfe der jeweiligen Mitgliedsstaaten, also in Deutschland die Obersten Gerichtshöfe des Bundes. Daneben kommt auch den Gerichten eine Vorlageberechtigung zu, die als Rechtsmittelinstanz zu entscheiden haben. In Deutschland sind dies die Landgerichte und die Oberlandesgerichte, wobei der Begriff des Rechtsmittels auch die Beschwerde umfaßt (*Kropfholler* a. a. O., Einleitung Rz. 21). Nicht vorlageberechtigt sind somit die Gerichte erster Instanz und damit auch das Insolvenzgericht. Kritisch wird zu dem Ausschluß der Gerichte erster Instanz angemerkt, daß dies unter Umständen zu einer Verteuerung des Verfahrens führen könne, wenn die Notwendigkeit einer Auslegung durch den EuGH bereits in der ersten Instanz deutlich werde (*Kropfholler* a. a. O., Rz. 22). 192

Die Entscheidungen des EuGH entfalten **keine allgemeine Bindungswirkung**, sondern geben lediglich eine verbindliche Auslegung für den Rechtsstreit des Ausgangsverfahrens. Vorlageberechtigte Gerichte können somit ohne weiteres in einem anderen Rechtsstreit eine gleichgelagerte Rechtsfrage vorlegen. 193

3) Das in **Artikel 45 EuIÜ** geregelte **Verfahren »im Interesse des Gesetzes«** soll nicht die Entscheidung eines konkreten Rechtsstreits vorbereiten, sondern für **künftige Fälle eine einheitliche Auslegung** sicherstellen. Sie setzt deshalb eine bereits rechtskräftige Entscheidung voraus. Dieses Verfahren ist nur zulässig, wenn ein nationales Gericht eine Auslegung vertritt, die von der des EuGH oder von der eines vorlageberechtigten Gerichts eines anderen Mitgliedsstaates abweicht. 194

Die einzelnen Mitgliedsstaaten haben festzulegen, welche **»zuständige Stelle«** ein Verfahren nach Artikel 45 EuIÜ beantragen kann. Dies sind in einigen Mitgliedsstaaten die Generalstaatsanwälte bei den Kassationsgerichtshöfen; in Deutschland wird man wohl in Anlehnung an Artikel 3 des Gesetzes zum Protokoll über die Auslegung des EuGVÜ den **Generalbundesanwalt beim Bundesgerichtshof** als zuständige Stelle bestimmen. 195

4) Nach **Art. 46 EuIÜ** können die Mitgliedsstaaten, die bei der Übertragung von Kompetenzen auf den EuGH verfassungsrechtliche Schwierigkeiten befürchten, einen **Vorbehalt** geltend machen. Diese verfassungsrechtlichen Schwierigkeiten werden wohl insbesondere darin begründet sein, daß in einem Mitgliedsstaat die Auffassung vertreten wird, die im Übereinkommen vorgesehene Zuständigkeitsbestimmung des EuGH überschreite den Anwendungsbereich von Artikel 220 EGV, der die Grundlage des EuIÜ darstellt. 196

Der Vorbehalt hat zur Zeit lediglich für **Irland** Bedeutung. 197

5) Nach der **Übergangsvorschrift** des **Artikel 47 EuIÜ** ist das Übereinkommen nur auf solche Insolvenzverfahren anzuwenden, die nach seinem Inkrafttreten eröffnet worden sind. Rechtshandlungen des Schuldners vor Inkrafttreten des Übereinkommens werden weiterhin nach dem ursprünglich auf sie anwendbaren Recht beurteilt. Die Vorschrift will damit dem **Vertrauensschutz** Rechnung tragen, um nicht rückwirkend in Rechtsverhältnisse einzugreifen. Die Formulierung »Insolvenzverfahren, die nach seinem Inkrafttreten eröffnet worden sind« soll nach dem Erläuternden Bericht so zu verstehen sein (Rz. 304), daß für einen bestimmten Schuldner das EuIÜ auch dann keine Anwendung findet, wenn über sein Vermögen vor Inkrafttreten des Übereinkommens bereits ein Insolvenzverfahren eröffnet worden ist. Gleichgültig ist es dabei, ob es sich um ein Haupt- oder ein Sekundärinsolvenzverfahren handelt. Nach diesem Verständnis unterfällt selbst ein nach Inkrafttreten des EuIÜ eröffnetes Hauptinsolvenzverfahren nicht den Bestimmungen des Übereinkommens, wenn vor diesem Zeitpunkt bereits ein Partikularverfahren eröffnet wurde. 198

199 6) Mit **Artikel 48 EuIÜ** soll das **Verhältnis zu anderen Übereinkünften** geregelt werden, die vergleichbare Materien betreffen. Für Deutschland zeigt das EuIÜ insbesondere Auswirkungen auf den DöKV und das Istanbuler Übereinkommen. Während die (partielle) Verdrängung des letztgenannten Übereinkommens für Deutschland keine Bedeutung hat, da dieses außer von Zypern noch von keinem Zeichnerstaat ratifiziert wurde (vgl. Rz. 67), sind die **Auswirkungen auf den DöKV** doch von einigem Gewicht. Für diesen Bereich muß auch geklärt werden, wie die Formulierung »sofern dieses Übereinkommen anwendbar ist« verstanden werden muß. Denkbar wäre ein Verständnis, nach dem der DöKV zumindest insofern noch herangezogen werden kann, als das EuIÜ zu dem fraglichen Sachverhalt keine Regelungen enthält. Dies hätte etwa Bedeutung für Fragen der Postsperre oder der Haft, die zwar in Artikel 10 DöKV, nicht aber im EuIÜ geregelt sind. Überzeugender ist jedoch eine **vollständige Verdrängung des DöKV** durch das EuIÜ auch in den Bereichen, in denen der Konkursvertrag weiterreichende Regelungen enthalten sollte. Für ein solches Verständnis spricht auch Artikel 59 des Wiener Übereinkommens vom 23.05.1969 über das Recht der Verträge (vgl. BGBl. II 1985, 926). Danach gilt ein Vertrag als beendet, wenn die Vertragsparteien später ein sich auf denselben Gegenstand beziehenden Vertrag schließen und aus dem späteren Vertrag hervorgeht oder anderweitig feststeht, daß die Vertragsparteien beabsichtigen, den Gegenstand durch den späteren Vertrag zu regeln. Bei den Beratungen gingen die Delegierten überwiegend von der Vorstellung aus, das EuIÜ werde die anderen bilateralen oder multilateralen Konkursübereinkommen insgesamt ablösen. Für ein solches Verständnis spricht auch, daß andernfalls die Rechtslage noch komplizierter würde, wenn ergänzend noch der DöKV herangezogen werden müßte. Was bei rein bilateralen Verhältnissen noch zu bewältigen ist, würde jedoch dann völlig unübersichtlich, wenn auch die Interessen eines dritten Mitgliedsstaates involviert wären.

200 7) Nach **Artikel 49 Abs. 2 EuIÜ** lag das Übereinkommen vom 3. November 1995 bis zum 23. Mai 1996 für die Mitgliedsstaaten zur **Unterzeichnung** auf. Diese Frist ist abgelaufen, ohne daß VK das Übereinkommen gezeichnet hat. Dennoch wird ein **Nachv**erhandeln mit dem Ziel einer Abänderung von Artikel 48 Abs. 2 EuIÜ **nicht erforderlich** sein. Die Zeichnung eines Übereinkommens bedeutet nämlich lediglich, daß die Unterhändler den von ihnen unterzeichneten Vertragsentwurf als den bestmöglichen gemeinsamen Vorschlag ansehen. Darüber hinaus begründet sie die Verpflichtung, nach Treue und Glauben den Vertrag in angemessener Zeit den Stellen vorzulegen, die über die Annahme zu entscheiden haben. Völkerrechtlich verbindlich wird ein Übereinkommen erst durch die Ratifikation, Annahme oder Genehmigung durch alle Vertragsstaaten, wie sie in Artikel 49 Abs. 3 EuIÜ vorgesehen ist. Die Nichtzeichnung durch VK innerhalb der in Artikel 49 Abs. 2 EuIÜ angegebenen Frist hat deshalb keine Bedeutung für die spätere Wirksamkeit des Übereinkommens, sofern VK das Übereinkommen annimmt oder es ratifiziert.

201 Das Übereinkommen tritt nach Artikel 49 Abs. 3 sechs Monate nach Hinterlegung der letzten Ratifikationsurkunde in Kraft.

202 **Künftige Mitgliedsstaaten** müssen gemäß **Artikel 50 EuIÜ** dem Übereinkommen beitreten, wobei jedoch gewisse Modifizierungen möglich sind.

203 Das Übereinkommen wird auf unbegrenzte Zeit abgeschlossen (**Art. 52 EuIÜ**). Spätestens nach 10 Jahren hat eine **Evaluierungskonferenz** stattzufinden, sofern kein Mitgliedsstaat vor diesem Zeitpunkt eine Revision oder Evaluierung fordert.

204 **Während** Artikel 54 EuIÜ das Verfahren zur Abänderung der Anhänge des Übereinkommens festlegt, wird in **Artikel 55** EuIÜ die Hinterlegung des Übereinkommens in den 12 Sprachfassungen bestimmt, deren Wortlaut gleichermaßen verbindlich ist.

C. Richtlinie über die Wirksamkeit von Abrechnungen in Zahlungs- sowie Wertpapierliefer- und -abrechnungssystemen (ABl. L 166 vom 11. 06. 1998, 45 ff.)

I. Die Berichte der BIZ

Der Lamfalussy-Bericht von 1990 an die G10-Zentralbankpräsidenten schildert das 205 Systemrisiko in Zahlungssystemen. Dabei geht es insbesondere um die Befürchtung, die Insolvenz eines großen Kreditinstituts könne über weltweite Verflechtungen zahlreiche andere Kreditinstitute mit in den Strudel ziehen, so daß über diesen Domino-Effekt eine **Krise des internationalen Bankensystems** heraufbeschworen werden könnte (vgl. zum Lamfalussy-Bericht *Vollrath* Die Endgültigkeit bargeldloser Zahlungen, 3; in mehreren z. T. sehr umfangreichen Studien hat die BIZ die Risiken internationaler Zahlungs- und Abrechnungssysteme untersucht und versucht Wege aufzuzeigen, wie diese Risiken gesenkt werden können: Delivery Versus Payment in Securities Settlement Systems (1992), Central Bank Payment and Settlement Services with respect to Cross-Border and Multi-Currency Transactions (1993), Payment Systems in the Group of Ten Countries (1993), Cross-Border Securities Settlements (1995), Settlement Risk in Foreign Exchange Transactions (1996), Clearing Arrangements for Exchange-Traded Derivatives (1997), Real-Time Gross Settlement Systeme (1997), Reducing Exchange Settlement Risk: a Progress Report (1998), OTC Derivatives: Settlement Procedures and Counterparty Risk Management (1998)). Zudem ist nicht ganz eindeutig, welche Netting-Vereinbarungen in welchen Mitgliedsstaaten anerkannt werden. Diese Risiken sollen durch die Richtlinie 98/26/EG über die Wirksamkeit von Abrechnungen in Zahlungs- sowie Wertpapierliefer- und -abrechnungssystemen vom 19. Mai 1998 (im folgenden Richtlinie) gelöst werden (Text der Richtlinie unter Anlage 4). Das ursprüngliche Anliegen der Kommission ergibt sich aus den Erläuterungen zum Richtlinien-Vorschlag (Dokument 8257/96 vom 13. Juni 1996 = BR-Drucks. 512/96 vom 28. 06. 1996).

II. Praxis der Abrechnung in Zahlungssystemen

Um dieses Anliegen richtig einschätzen zu können, müssen kurz die in den Zahlungssy- 206 stemen verwandten Abrechnungsverfahren beleuchtet werden (vgl. eingehend hierzu *Vollrath* a. a. O., S. 154; *Hasselbach* ZIP 1997, 1491; *Sürig* Kreditwesen 1995, 1022 ff.; Bericht *BIZ* Real-Time Cross Settlement Systems (1997), 3 ff.;). Vom Ansatz her werden zunächst Brutto- und Nettosysteme unterschieden. Im Rahmen eines **Bruttosystems** wird jede Überweisung oder jeder Einzug einzeln abgerechnet, ohne daß es zu einer Verrechnung der Positionen kommt. Diese Form der Abrechnung wird gewählt, wenn eine Kreditgewährung vermieden werden soll, der Gläubiger seine Leistung also nur erbringt, wenn er seinerseits Vorabdeckung erhalten hat (*Vollrath* a. a. O., S. 165). Demgegenüber wird beim Nettoausgleichsverfahren die Deckung nicht für jeden Zahlungsauftrag gesondert bereitgestellt, sondern erst für ein später ermitteltes Saldo. Wird der Zahlungsauftrag bereits vor Ausgleich dieses Saldos ausgeführt, so wird dem Auftraggeber durch das beauftragte Institut ein Kredit gewährt. Sind an dieser Verrechnungsvereinbarung mehr als zwei Teilnehmer beteiligt, so werden die Salden der einzelnen Teilnehmer untereinander erneut saldiert und ein einziges Saldo je Teilnehmer gegenüber der Gruppe bzw. einer zentralen Abrechnungsstelle errechnet. Diese **Netting-Vereinbarungen** waren in den letzten Jahren verstärkt Gegenstand wissenschaftlicher

Anhang I *Artikel 102 EGInsO Internationales Insolvenzrecht*

Erörterungen (vgl. *Bosch* Finanztermingeschäfte in der Insolvenz, WM 1995, 365 ff. und 414 ff.; *Ebenroth/Benzler* Close-out Netting nach der Insolvenzordnung ZVglRWiss 1996, 335 ff.; *BIZ* Report on Netting Schemes (1989)).

207 Die Risiken, die aus diesen Abrechnungssystemen erwachsen können, werden danach unterschieden, ob der Abrechnungsteilnehmer vollständig ausfällt (**Kreditrisiko**) oder ob bei ihm lediglich eine Zahlungsstockung vorliegt (**Liquiditätsrisiko**). Von diesen Risiken wird entweder die zentrale Abrechnungsstelle betroffen oder derjenige Teilnehmer, der zu seinen Gunsten gegenüber dem anderen Teilnehmer ein positives Saldo aufweist. Die Risiken bestehen insbesondere dann, wenn der Empfänger eines Zahlungsauftrags eine Gutschrift erteilt, bevor er seinerseits Deckung erhalten hat. Sie können sich jedoch auch in einem Bruttosystem realisieren (vgl. *Vollrath* a. a. O., S. 197 und zu den Risikosteuerungsmechanismen, 168 ff.; eingehend *BIZ* Real-Time Gross Settlement Systems, 7 ff.).

208 Die **Teilnehmer** an den Abrechnungsvereinbarungen **verfolgen im wesentlichen drei Ziele**. Aus Rationalisierungsgründen soll zunächst ein funktionstüchtiges System entwickelt werden, um den Zahlungsverkehr überhaupt bewältigen zu können, als nächster Schritt soll die Zahl der Ausgleichszahlungen reduziert werden, um den Liquiditätsbedarf zu senken. Sicherheitsüberlegungen führen dazu, durch zeitnahe Verrechnungen die Kreditgewährung zu reduzieren und schließlich wird angestrebt, über die Verrechnung eine Reduzierung der nach den Eigenkapitalgrundsätzen hinterlegungspflichtigen Risikogeschäfte zu erreichen (vgl. zu diesen Interessen *Vollrath* a. a. O., S. 170 f.).

III. Ziel der Richtlinie

209 Bereits diese wenigen Ausführungen machen deutlich, wie wichtig es ist, diese **Systeme gegen das Insolvenzrisiko eines Teilnehmers abzusichern** und die Netting-Vereinbarungen EU-weit auf eine sichere Grundlage zu stellen. Dieses Ziel wird in den Erwägungsgründen 1, 4 und 11 der Richtlinie angesprochen.

210 Im Gegensatz zu dem EuIÜ soll die Richtlinie nicht nur grenzüberschreitende, sondern **auch inländische Zahlungssysteme** erfassen (vgl. Erwägungsgrund 6 und Artikel 1 Buchstabe a und Artikel 2 Buchstabe a). Weiter will die Richtlinie die »**Verwertbarkeit dinglicher Sicherheiten**« gewährleisten (Erwägungsgrund 9) und das **Anfechtungsrecht** und sonstige Rechtsbehelfe **einschränken**, um zu verhindern, daß eine Netting-Transaktion rückgängig gemacht wird oder ein Zahlungs- bzw. Übertragungsauftrag unwirksam wird (Erwägungsgrund 13). Weiter soll die Richtlinie festlegen, welches Insolvenzrecht im Falle der Eröffnung eines Insolvenzverfahrens über das Vermögen eines Teilnehmers auf die Rechte aus der Teilnahme an dem System Anwendung findet (Erwägungsgrund 17).

211 Kurz gesagt, sollen die Rechtswirkungen der Verrechnung nicht durch ein Erlöschen der Verrechnungsabrede aufgrund der Insolvenzeröffnung in Frage gestellt, eine bereits durchgeführte Verrechnung nicht durch den rückwirkenden Verlust der Verfügungsbefugnis oder durch einen Rückruf unwirksam und die in dem System gestellten Sicherheiten sollen besonders geschützt werden.

Artikel 102 EGInsO Internationales Insolvenzrecht **Anhang I**

IV. Wesentlicher Inhalt der Richtlinie

a) Bemerkenswert zum Anwendungsbereich der Richtlinie ist, daß diese nicht nur auf 212
Zahlungssysteme und deren Teilnehmer und die in dem System gestellten dinglichen
Sicherheiten Anwendung findet, sondern auch auf dingliche Sicherheiten »im Zusammenhang mit Maßnahmen der Zentralbanken ... aufgrund ihrer besonderen Aufgabenstellung«. Dieses im Zusammenhang mit der eigentlichen Zielrichtung der Richtlinie
völlig **atypische Privileg der Zentralbanken**, ist wohl nur auf den starken Einfluß
zurückzuführen, den die Vertreter dieser Institute bei den Beratungen über die Richtlinie
ausübten.

b) In einem umfänglichen Definitionskatalog (Artikel 2) werden die zentralen Begriffe 213
der Richtlinie festgelegt. Ein »**System**« im Sinne der Richtlinie ist danach eine Vereinbarung, die zwischen mindestens drei Teilnehmern getroffen wurde und gemeinsame
Regeln und vereinheitlichte Vorgaben für die Ausführung von Zahlungs- bzw. Übertragungsaufträgen zwischen den Teilnehmern vorsieht. Als Option für die MS ist die Möglichkeit eröffnet, auch eine Vereinbarung zwischen lediglich zwei Teilnehmern als
»System« anzusehen, sofern dies unter dem Aspekt Systemrisiko gerechtfertigt ist.
Unter dem insolvenzrechtlichen Gesichtspunkt der Gläubigergleichbehandlung bestehen gegen die Privilegierung einer solchen Vereinbarung zwischen lediglich zwei
Parteien erhebliche Bedenken, da sich in dieser Fallkonstellation regelmäßig nur das
normale Ausfallrisiko eines Vertragspartners realisiert.

c) **Artikel 3** beinhaltet die **wichtigste Vorschrift der Richtlinie** (ebenso *Hasselbach* 214
a.a.O., S. 1493). Nach Absatz 3 Unterabsatz 1 sind **Zahlungs- und Übertragungsaufträge** sowie Netting-Vereinbarungen **auch im Falle der Insolvenz wirksam**, sofern
diese Aufträge vor Verfahrenseröffnung in das System eingebracht wurden. Ob ein
Zahlungsauftrag eingebracht wurde, richtet sich nach Artikel 3 Abs. 3 nach den Regeln
des Systems (ohne überzeugenden Grund kritisch hierzu *Hasselbach* a.a.O., S. 1493).
Ergänzend bestimmt Artikel 5, daß Zahlungs- bzw. Übertragungsaufträge nach einem
vom System festgelegten Zeitpunkt nicht mehr widerrufen werden können. Da nach
deutschem Recht bedingte Verfügungen gemäß § 161 Abs. 1 Satz 2 BGB wirksam
bleiben, auch wenn über das Vermögen des Verfügenden während des Schwebezustands
ein Insolvenzverfahren eröffnet wird (vgl. *Kuhn/Uhlenbruck* KO, § 7 Rz. 22, § 15 Rz. 10
m.w.N.; *Vollrath* a.a.O., S. 226), beinhaltet die Richtlinie insofern lediglich eine
Klarstellung der nach deutschem Sachrecht ohnehin gegebenen Rechtslage. Im übrigen
fordert, wie der Wortlaut von Artikel 5 zeigt, die Richtlinie nicht zwingend den Ausschluß der Widerrufsmöglichkeit, sondern gewährt den Teilnehmern an Zahlungssystemen auch die Vertragsfreiheit, die Widerruflichkeit vorzusehen. Artikel 5 steht damit im
engen Zusammenhang mit der Insolvenzfestigkeit der Verrechnungen nach Artikel 3
und hat darüber hinaus keine eigenständige Bedeutung.

Wird der **Zahlungsauftrag erst nach Eröffnung des Insolvenzverfahrens** in das 215
System eingebracht, so kann er wirksam nur am Tag der Verfahrenseröffnung ausgeführt
werden, wenn die für das System Handelnden ihre Gutgläubigkeit hinsichtlich der
Eröffnung des Insolvenzverfahrens nachweisen können (Art. 3 Abs. 1 Unterabsatz 2).
Dies war einer der Hauptstreitpunkte zwischen EP und Kommission. Der Gemeinsame
Standpunkt sah demgegenüber noch vor, daß eine Ausführung dieser Aufträge am Tag
der Verfahrenseröffnung grundsätzlich möglich sei, »es sei denn, das System hatte
Kenntnis von der Eröffnung des Insolvenzverfahrens oder hätte davon Kenntnis haben müssen« (vgl. KOM 1998, 151 endg. 96/0126 [COD]). Obwohl die Kommission
skeptisch hinsichtlich des vom EP vorgeschlagenen negativen Beweises war, hielt sie

Anhang I Artikel 102 EGInsO Internationales Insolvenzrecht

diese Klausel dennoch in der Praxis für anwendbar. Dem wird man insofern zustimmen können, als die Praxis beim Beweis negativer Tatsachen gewisse Beweiserleichterungen gewährt (vgl. *Zöller/Greger* Vor § 284, Rz. 24 ff.).

216 Um die Auswirkungen dieser Bestimmung bei einer Umsetzung ins deutsche Recht überblicken zu können, soll kurz die **rechtliche Ausgangslage** skizziert werden (vgl. zum folgenden etwa *Kuhn/Uhlenbruck* KO, § 8 Rz. 9 b ff.).

217 Dabei müssen mehrere Sachverhaltsvariationen unterschieden werden: Wird der **Überweisungsauftrag vor Eröffnung des Insolvenzverfahrens gutgläubig ausgeführt**, so genießt die Bank einen weitreichenden Vertrauensschutz gegenüber dem Erlöschen des Girovertrages und des Überweisungsauftrages. Zwar erlischt der Auftrag nach § 115 Abs. 1 InsO, doch gilt er nach § 115 Abs. 3 als fortbestehend, solange der Beauftragte die Eröffnung des Insolvenzverfahrens nicht kennt und sie auch nicht hätte kennen müssen. Die Forderung der Bank aus § 670 BGB gegen die Insolvenzmasse, ist nach § 115 Abs. 3 eine Insolvenzforderung.

218 Ist das Kreditinstitut **bei der Ausführung des Auftragtes bösgläubig**, so ist entscheidend, ob die »Erlöschenstheorie« oder die »Bestandstheorie« maßgebend ist (vgl. zu diesen Theorien *Jaeger/Henckel* § 8 Rz. 8 ff.). Nach der wohl herrschenden Erlöschenstheorie erlischt der Überweisungsauftrag mit dem zugrundeliegenden Kausalverhältnis, also mit dem Girovertrag. Die Bank wird dann nur frei, sofern das Konto noch Deckung aufweist (*Kilger/Karsten Schmidt* § 8 Anm. 1 c). Ist jedoch – wie in Artikel 5 der Richtlinie vorgesehen – der **Zahlungs- bzw. Übertragungsauftrag unwiderruflich** ausgestaltet, dann kommt ihm eine **weitgehende Insolvenzfestigkeit** zu. Der Begünstigte hat dann nämlich einen Anspruch gegen das beauftragte Kreditinstitut. Wird der Auftraggeber insolvent, so wird die selbständige Verpflichtung gegenüber dem Dritten von der Eröffnung des Insolvenzverfahrens nicht berührt (*Uhlenbruck* a. a. O., Rz. 9 c; eingehend zur Befriedigungsmöglichkeit bei multilateraler Verrechnung *Vollrath* a. a. O., S. 186 ff. und zur Auswirkung auf die Richtlinie, 225).

219 Erfolgt der **Überweisungsauftrag erst nach Eröffnung** des Insolvenzverfahrens, so ist dieser nach § 81 unwirksam. Gleichwohl gilt nach § 115 Abs. 3, § 674 BGB der Girovertrag zugunsten des Kreditinstituts solange als fortbestehend, bis das Institut von seinem Erlöschen Kenntnis erlangt hat oder erlangt haben muß. Liegen die Voraussetzungen des § 82 vor, so wird das angewiesene Institut gegenüber der Insolvenzmasse frei. Entscheidend ist somit nach geltendem Recht die Gutgläubigkeit der leistenden Bank.

220 Die **Umsetzung von Artikel 3 Abs. 1 Unterabsatz 2** der Richtlinie ins deutsche Recht führt vor diesem Hintergrund zu folgenden Änderungen: Selbst wenn der Überweisungsauftrag unwiderruflich ausgestaltet ist und es nach bisherigem Recht auf den guten Glauben des Kreditinstituts nicht ankommt, könnte er bei Kenntnis des Kreditinstitutes von der Verfahrenseröffnung oder bei fahrlässiger Unkenntnis von dieser Tatsache nicht mehr ausgeführt werden. Dies würde selbst dann gelten, wenn die Ausführung des Auftrages, was das deutsche Recht bisher nicht voraussetzt, am Tag der Verfahrenseröffnung erfolgt wäre.

221 Im Interesse der Insolvenzfestigkeit der Zahlungsaufträge wird das **Anfechtungsrecht** (§§ 129 ff. InsO) dahingehend **eingeschränkt**, daß die Anfechtung nicht die Rückgängigmachung der Aufrechnung zur Folge haben darf (**Artikel 3 Abs. 2**). Nach Erwägungsgrund 13 sollen damit allerdings nicht alle »Ansprüche aus dem zugrundeliegenden Geschäft auf Wiedererlangung oder Rückerstattung von Leistungen« ausgeschlossen werden. Allerdings darf die Anfechtung nicht zur Folge haben, daß eine Netting-Transaktion rückgängig gemacht wird oder Zahlungsaufträge im System un-

wirksam werden (nach *Hasselbach* a. a. O., S. 1493 bewirkt diese Bestimmung einen vollständigen Ausschluß konkursrechtlicher Anfechtungsregeln). **Die Vorschrift soll somit sicherstellen, daß eine Anfechtung nicht die Verrechnung insgesamt ergreift**, sondern sich nur im Verhältnis der einzelnen Abrechnungsteilnehmer untereinander auswirkt und außerhalb des Systems geltend zu machen ist (vgl. *Vollrath* a. a. O., S. 226 und zu dem Vorentwurf, der die einzelstaatlichen Regelungen über die Konkursanfechtungen unangetastet lassen wollte *Balz* ZIP 1995, 1639 Fn. 4, der dies als eine wesentliche Schwäche der Regelung bezeichnete). Zwar erstreckt sich der Rückgewährsanspruch bei der Anfechtung gemäß § 143 InsO grundsätzlich darauf, das zurückzugewähren, was durch die anfechtbare Rechtshandlung dem Vermögen des Gemeinschuldners entzogen worden ist, doch müssen bei der Umsetzung der Richtlinie in das deutsche Recht die Besonderheiten von Artikel 3 Abs. 2 berücksichtigt werden.

Parallelen lassen sich hierzu bereits **im geltenden Recht** finden. Wurde etwa eine Forderung in anfechtbarer Weise abgetreten und hatte sie der Zessionar schon eingezogen, so geht der Rückgewährsanspruch auf Erstattung des eingezogenen Betrages (*Kuhn/Uhlenbruck* § 37, Rz. 11). Wurde in Ausführung einer Anweisung dem Anfechtungsgegner ein bestimmter Geldbetrag gutgeschrieben, ist mit Ausführung der Anweisung die Forderung des Schuldners gegen seinen (Dritt-)Schuldner erloschen. Die Forderung ist damit nicht mehr existent und kann vom Anfechtungsgegner auch nicht wiederhergestellt werden. Der **Rückgewährsanspruch** läßt sich damit nur **als Wertersatzanspruch** realisieren (vgl. *Jaeger/Henckel* § 37, Rz. 54). Im Anwendungsbereich des Artikel 3 Abs. 2 wird somit stets lediglich ein Wertersatz in Frage kommen. 222

d) **Artikel 4** enthält eine **Option für die Mitgliedsstaaten** zu bestimmen, daß nach der Verfahrenseröffnung Guthaben oder Wertpapiere auf dem Verrechnungskonto eines Teilnehmers dazu verwendet werden können, dessen Verbindlichkeiten aus dem System zu begleichen. Eine solche Regelung würde eine Abweichung von dem grundlegenden Prinzip des deutschen Insolvenzrechts bedeuten, daß mit Verfahrenseröffnung die Verwaltungs- und Verfügungsbefugnis über das zur Insolvenzmasse gehörende Vermögen auf den Insolvenzverwalter übergeht (§ 80) und Rechte an diesen Gegenständen nur durch ihn begründet werden können (§§ 81, 91). Bei der Umsetzung der Richtlinie sollte sehr sorgfältig geprüft werden, ob von dieser Option Gebrauch gemacht wird. 223

e) Die **Festlegung des Eröffnungszeitpunkts** in **Artikel 6** auf den Zeitpunkt, zu dem die Entscheidung des zuständigen Gerichts ergangen ist, dient der Rechtsklarheit und stimmt mit dem deutschen Recht überein (vgl. § 27). Der **Ausschluß der »Null-Uhr-Regelung«** in **Artikel 7** ist bei grenzüberschreitenden Sachverhalten zwingend geboten und berührt deutsches Recht nicht (§ 80 i. V. m. § 27). 224

f) Nach **Artikel 8** bestimmen sich die Wirkungen eines Insolvenzverfahrens auf Rechte und Pflichten der Teilnehmer an EU-Zahlungssystemen nach dem **Recht, das für das System maßgebend ist**. Die Vorschrift enthält somit eine Abweichung von dem allgemeinen Grundsatz des IIR, daß das Insolvenzverfahren und seine Wirkungen dem Recht des Staates unterliegen, in dem das Verfahren eröffnet worden ist (vgl. Art. 4 EuIÜ und Rz. 84). Eine entsprechende Vorschrift enthält auch Artikel 9 EuIÜ, nach dem für die Rechte und Pflichten der Mitglieder eines Zahlungs- und Abwicklungssystems oder eines Finanzmarktes ausschließlich das Recht des Staates gilt, das auf das betreffende System oder den betreffenden Markt anzuwenden ist (vgl. auch § 379 RegE). 225

Insofern ist die Kritik von *Hasselbach* (a. a. O., S. 1494) nicht recht nachvollziehbar, wenn er ausführt, die Richtlinie wolle »primär das Konkursrecht der Zahlungssysteme so weit wie möglich« harmonisieren und »für alle verbleibenden Fälle auf das von den Systemteilnehmern gewählte Schuldrecht« verweisen. Es geht hier lediglich um die dem 226

IIR vertraute Frage, daß das IIR nur insolvenztypische Sachverhalte umfaßt und im übrigen das jeweilige IPR Anwendung findet (vgl. nur *Arnold* in Gottwald, Insolvenzrechtshandbuch, § 121 Rz. 13 und o. Rz. 6).

227 g) Ganz entscheidend für das Funktionieren des Systems ist die **Behandlung der dinglichen Sicherheiten**, die von Teilnehmern im Rahmen des Systems gestellt wurden. Nach **Artikel 9** werden diese Sicherheiten durch ein Insolvenzverfahren über das Vermögen des Sicherungsgebers »nicht berührt«. Vom Wortlaut her scheint diese Regelung Artikel 5 EuIÜ (vgl. auch § 390 Abs. 1 RegE) angenähert, der ebenfalls davon spricht, daß dingliche Sicherheiten von der Verfahrenseröffnung nicht berührt werden (vgl. Rz. 85). Allerdings beschränkt das EuIÜ diese Regelung nur auf dingliche Sicherheiten, die sich in einem anderen Vertragsstaat befinden, während die im Eröffnungsstaat belegenen Sicherheiten entsprechend den jeweiligen nationalen Vorschriften erfaßt werden.

228 Der Begriff »**nicht berührt**« könnte so ausgelegt werden, daß weder ein ausländisches noch ein inländisches Insolvenzverfahren irgendwelche Wirkungen auf die dingliche Sicherheit haben; der Gläubiger somit seine Sicherheit ohne Einschränkung außerhalb des Verfahrens realisieren kann. Denkbar wäre jedoch auch eine **differenzierende Umsetzung**, je nachdem, ob es sich um ein in- oder ausländisches Verfahren handelt. Bei einem **ausländischen Insolvenzverfahren** könnte es bei dem strikten Grundsatz bleiben, daß dieses Verfahren **keine Wirkungen auf inländische Sicherheiten** hat.

229 Bei einem **inländischen Verfahren** (wobei sich aus- und inländisch immer nur auf das von den Teilnehmern gewählte Recht gemäß Artikel 2 Buchstabe a 2. Tiret beziehen kann) ist das maßgebende Recht und die Behandlung der Sicherheiten den Gläubigern bekannt. Ihr Vertrauen wäre nicht enttäuscht, wenn ihre Sicherheit gewissen Einschränkungen unterworfen wird, die sich aus dem Recht ergibt, für das sie sich gemäß Artikel 2 Buchstabe a 2. Tiret i. V. m. Artikel 8 entschieden haben. »**Unberührt**« würde dann bedeuten, die Sicherheit darf durch die Anwendung des inländischen Insolvenzrechts **nicht wesentlich entwertet** werden. Gewisse Einschränkungen, wie etwa ein Verfahrenskostenbeitrag, die auch andere vergleichbare Sicherheiten nach dem gemäß Artikel 8 anwendbaren Recht hinzunehmen haben, wären somit noch zulässig. Für eine solche Auslegung spricht auch Artikel 9 Abs. 1 Satz 2, nach dem dingliche Sicherheiten zur Befriedigung der betreffenden Forderung verwertet werden können. Die Richtlinie geht also gerade nicht davon aus, daß das Verwertungsrecht zwingend beim gesicherten Gläubiger liegen muß. Nach diesem Verständnis wären die **§§ 166 ff. InsO** auch bei Sicherheiten, die im Rahmen eines Zahlungssystems gestellt wurden, **noch richtlinienkonform**.

230 h) **Artikel 9 Abs. 2** enthält eine gesonderte Bestimmung für die **Sicherheiten**, die **in Form von bestimmten Wertpapieren** geleistet wurden. Es muß sich dabei um Wertpapiere handeln, bei denen das Recht am Wertpapier mit rechtsbegründender Wirkung in einem Register eingetragen wurde, das sich in einem MS befindet. In diesem Fall bestimmen sich die Rechte der gesicherten Gläubiger »an diesen Wertpapieren nach dem Recht des betreffenden Mitgliedsstaats«.

231 Absatz 2 enthält somit eine **Abweichung von Artikel 8**, so daß im Fall der Insolvenz sich die Rechte der so gesicherten Gläubiger nicht nach dem Recht bestimmen, das auf das System anwendbar ist, sondern nach dem Recht des registerführenden Staates. Sollte das letztgenannte Recht jedoch wesentliche Einschränkungen der in Absatz 2 genannten Sicherheiten vorsehen, so würden diese Einschränkungen nach Artikel 9 Abs. 1 nicht eingreifen (dingliche Sicherheiten werden »nicht berührt«). Dies ergibt sich aus dem ausdrücklichen Verweis in Absatz 2 auf Absatz 1.

Absatz 2 ist auch nicht so weitreichend wie Artikel 14 EuIÜ, der hinsichtlich vergleichbarer Wertpapiere die Wirksamkeit von Verfügungen nach Verfahrenseröffnung nach dem Recht des registerführenden Staates bestimmt. Demgegenüber soll nach Erwägungsgrund 21 die Übertragung von Eigentum oder von sonstigen Rechten an diesen Wertpapieren sich (nur vor Verfahrenseröffnung?) nach dem Recht bestimmen, das auf sie unabhängig von der Sonderregelung in Artikel 9 Abs. 2 Anwendung findet. Artikel 9 Abs. 2 hat somit insbesondere Bedeutung für die Frage, unter welchen Voraussetzungen der Sicherungsnehmer die Sicherheit verwerten kann.

i) Abschließend soll noch kurz der Frage nachgegangen werden, ob die **Richtlinie lediglich einen Mindestschutz** vorschreibt und die MS zum Schutz der Systeme weitergehende Vorschriften vorsehen können oder ob die Richtlinie auch die obere Grenze des Schutzniveaus vorgibt. Anläßlich der Erläuterung von Artikel 11 i. d. F. des Gemeinsamen Standpunkts (EG) Nr. 43/97 hat sich der juristische Dienst des Rates eingehend mit dieser Frage befaßt (Dok. 7173/98 vom 25. März 1998). Der juristische Dienst stellt zunächst klar, daß es den MS unbenommen ist, in dem von der Richtlinie nicht erfaßten Bereich die Maßnahmen zu erlassen, die sie zum Schutz der Systeme für zweckmäßig halten. Ohne eine Vorschrift, die wie der genannte Artikel 11 auf eine Mindestharmonisierung hinweist, hat die Richtlinie nach Einschätzung des juristischen Dienstes für alle MS allgemeine Geltung. Dies hat nach Auffassung des juristischen Dienstes insbesondere Bedeutung für Artikel 3, der die Wirksamkeit von Zahlungs- bzw. Übertragungsaufträgen auch in der Insolvenz für wirksam erklärt. Artikel 3 sei keine Mindestvorschrift, und lasse keine Abweichungen zu. Der juristische Dienst gelangt deshalb zu der Schlußfolgerung, die MS könnten **keine einzelstaatlichen Vorschriften** in dem von der Richtlinie erfaßten Bereich erlassen, **die auf einen weitergehenden Schutz der Systeme abzielen**, da ansonsten die mit der Richtlinie erreichte Harmonisierung in Frage gestellt würde.

j) Nach Artikel 11 ist die Richtlinie bis zum 10. Dezember 1999 umzusetzen.

D. Vorschlag für eine Richtlinie über die Sanierung und Liquidation der Kreditinstitute

Die Richtlinie wurde letztmals im Sommer 1996 auf der Grundlage des Ratsdokuments 7719/96 (Stand 11. Juli 1996) erörtert. Dieses Dokument bildet die Grundlage für die nachfolgenden Erläuterungen.

I. Ziel der Richtlinie

Wesentliches Anliegen des Richtlinienvorschlags ist die EU-weite Anerkennung von Sanierungs- und Liquidationsmaßnahmen. Der Vorschlag wird von der Überzeugung getragen, in den Bankrechtskoordinierungsrichtlinien (Richtlinie Nr. 77/780/EWG ABl. Nr. L 322 vom 17. 12. 1977, S. 30 und Richtlinie Nr. 89/646/EWG ABl. Nr. L 386 vom 30. 12. 1989, S. 1) sei eine so weitgehende Harmonisierung des Bankrechts realisiert, daß ein **Kreditinstitut und seine Zweigstellen eine Einheit** bilden, die auch einer einheitlichen Aufsicht unterliegen müsse. Daraus folge auch eine einheitliche Behandlung für Sanierungsmaßnahmen und Liquidationsverfahren. Die Sanierungs- bzw. Liquidationsmaßnahmen der zuständigen Stellen des Herkunftsmitgliedsstaats, also des Staats, in dem das Kreditinstitut zugelassen wurde (vgl. Art. 3 1. Tiret), sollen ohne weitere Förmlichkeiten in den anderen MS anerkannt werden. Nur die Stellen des Herkunftsmitgliedsstaates sollen berechtigt sein, solche Maßnahmen zu ergreifen.

237 Die Gleichheit der Gläubiger könne nur gewährleistet werden, wenn das Kreditinstitut nach den Grundsätzen der **Einheit und Universalität** liquidiert wird (vgl. Erwägungsgrund 15). Sowohl für die Sanierungs- als auch für die Liquidationsverfahren soll das **Recht des Herkunftsmitgliedsstaats maßgeblich** sein. Während noch in den ersten Entwürfen der Kommission keine Ausnahmen von diesem Grundsatz zugelassen wurden, setzte sich angesichts der Regelungen des EuIÜ später die Erkenntnis durch, daß ohne besondere Bestimmungen (Sonderanknüpfungen) etwa für Arbeitsverträge oder dingliche Rechte die Richtlinie nicht realisiert werden könne. Aus diesem Grunde wurden Abweichungen vom Herkunftslandsprinzip zugelassen, die sich im wesentlichen mit denen des EuIÜ decken.

II. Wesentlicher Inhalt

238 In **Artikel 9** des Richtlinienvorschlags wird der **Grundsatz der Einheit und der Universalität** des Verfahrens ausdrücklich festgeschrieben. Allein die Behörden des Herkunftsmitgliedsstaats sind befugt, über die Eröffnung eines Liquidationsverfahrens gegen ein Kreditinstitut einschließlich seiner in anderen MS belegenen Zweigstellen zu entscheiden. Dieses Verfahren wird in allen MS anerkannt (Art. 9 Abs. 2) und nach dem Recht des Herkunftsmitgliedsstaates abgewickelt (**Art. 10**). Von der Verfahrenseröffnung werden die bekannten Gläubiger individuell unterrichtet, es sei denn, daß nach dem maßgeblichen Recht eine Forderung nicht angemeldet werden muß, um anerkannt zu werden (**Art. 16**). Wer in Unkenntnis der Verfahrenseröffnung noch an das Kreditinstitut leistet, obwohl er an den Verwalter hätte leisten müssen, wird befreit, wenn ihm die Eröffnung des Verfahrens nicht bekannt war (**Art. 17**). Jeder Gläubiger aus einem MS kann seine Forderungen schriftlich anmelden und erhält im Verteilungsverfahren den gleichen Rang wie inländische Gläubiger. Dies soll wohl auch für den Fiskus und die Sozialversicherungsträger gelten (**Art. 18**).

239 In **Artikel 23** werden vom Herkunftslandsprinzip abweichende **Sonderanknüpfungen** für Arbeitsverträge, Verträger über die Nutzung oder den Erwerb unbeweglicher Gegenstände, für Nettingvereinbarungen, Pensionsgeschäfte, Rechte an unbeweglichen Gegenständen, besondere Wertpapiere, Zahlungs- und Abrechnungssysteme sowie für dingliche Rechte und für die Aufrechnung vorgesehen. Die Wirksamkeit von Verfügungen des Kreditinstituts nach Verfahrenseröffnung über einen unbeweglichen Gegenstand soll sich nach dem Recht des MS richten, in dem der Gegenstand belegen ist (**Art. 27 a**). Die **Anfechtbarkeit** gläubigerschädigender Handlungen soll sich nicht nach dem Recht des Herkunftsmitgliedsstaats richten, wenn der Anfechtungsgegner nachweist, daß für die anfechtbare Rechtshandlung ein anderes Recht als das des Herkunftsmitgliedsstaats maßgeblich ist und nach diesem Recht kein Rechtsmittel gegeben ist (Art. 27).

III. Bewertung

240 a) Im Gegensatz zum EuIÜ geht der Richtlinienvorschlag vom Grundsatz strikter Einheit und Universalität des Verfahrens aus, d. h. **Sekundärinsolvenzverfahren** am Ort einer Niederlassung, neben dem Verfahren, das im Herkunftsmitgliedsstaat eröffnet wurde, **sollen nicht zugelassen werden**. In den Verhandlungen hat sich D gegen diese rigide

Linie gewandt, da zwischen den Unternehmen, die vom EuIÜ erfaßt werden und Kreditinstituten kein so gravierender Unterschied besteht, als daß völlig unterschiedliche Ansätze im Verfahren gerechtfertigt wären. Es ist zwar sicher zutreffend, daß die Einheit und Universalität des Verfahrens erhebliche Vorteile mit sich bringt: das gesamte Vermögen des Schuldners wird in einem einheitlichen Verfahren erfaßt, das nach lediglich einer Rechtsordnung abgewickelt wird. Dies gewährleistet eine umfassende Schuldentilgung, einen einzigen Verteilungsschlüssel und die Möglichkeit, das gesamte schuldnerische Unternehmen in einem einzigen Verfahren zu sanieren. Auf den ersten Blick scheint dies auch am ehesten dem Grundsatz der Gläubigergleichbehandlung zu genügen (vgl. Rz. 382 ff.).

b) Dennoch spricht ein mehr **pragmatischer Ansatz für die Zulassung von Sekundärinsolvenzverfahren**. Zwar können über Sonderanknüpfungen etwa für Arbeitsverträge, dingliche Recht, Aufrechnungen etc. die gravierendsten Ungereimtheiten vermieden werden, doch sind durchaus in anderen Bereichen Friktionen denkbar, die zur Benachteiligung lokaler Gläubiger führen. Dies gilt auch für Kreditinstitute. Zwar ist in diesem Bereich ein gewisser Grad der **Harmonisierung** bereits realisiert, doch betrifft dies überwiegend das Bankenaufsichtsrecht und damit **nur ein schmales Segment des Gesamtrechts, das für Gläubiger von Kreditinstituten relevant sein kann**. Unter spezifisch insolvenzrechtlichen Gesichtspunkten können, sofern Sekundärinsolvenzverfahren nicht zugelassen werden, **für die Gläubiger etwa folgende Nachteile** eintreten: Da nach Artikel 18 Abs. 1a des Richtlinienvorschlags die Forderungen ausländischer Gläubiger denselben Rang erhalten sollen wie vergleichbare inländische Forderungen, könnte der Gläubiger einer Zweigniederlassung im ausländischen Insolvenzverfahren unter Umständen seinen Vorrang verlieren. Haben etwa in Übereinstimmung mit der früheren Rechtslage nach der KO Arbeitnehmer einer ausländischen Zweigniederlassung ein Vorrecht für ihre rückständigen Bezüge, die nicht durch Insolvenzgeld abgedeckt sind, so würden diese Arbeitnehmer ihr Vorrecht verlieren, wenn sie ihre Forderungen in einem deutschen Insolvenzverfahren über die Hauptniederlassung anmelden müßten. Weiter ist vorstellbar, daß den Gläubigern einer Zweigniederlassung ein inländischer Gerichtsstand verlorengeht, wenn das Insolvenzrecht, das auf das Verfahren über die Hauptniederlassung anwendbar ist, eine vis attractiva concursus kennt. Dies könnte etwa bei einem Anfechtungsprozeß oder bei einer Feststellungsklage gegen einen widersprechenden Gläubiger der Fall sein (vgl. Rz. 387).

c) Das **Sekundärinsolvenzverfahren** soll aber nicht nur die Interessen lokaler Gläubiger schützen, sondern kann auch gezielt als **Instrument der Verfahrenserleichterung** in einer Großinsolvenz eingesetzt werden. Der Bericht zum EuIÜ nennt etwa das Beispiel, wenn das Vermögen des Schuldners zu komplex ist, um als Einheit verwaltet zu werden oder wenn die Unterschiede zwischen den betreffenden Rechtsordnungen sehr groß sind, so daß die Erstreckung der lex fori concursus auf die übrigen Staaten, in denen Vermögensgegenstände belegen sind, zu Schwierigkeiten führen würde (vgl. Erläuternder Bericht, Rz. 33).

d) Auch der Grundsatz der par conditio creditorum spricht eher für die Zulassung von Sekundärinsolvenzverfahren. Insofern ist die Annahme in Erwägungsgrund 15 des Richtlinienvorschlags unzutreffend, die **Gleichheit der Gläubiger** würde nur gewährleistet, wenn das Kreditinstitut in einem einheitlichen Insolvenzverfahren mit universaler Wirkung liquidiert würde. Bei den Beratungen über den Richtlinienvorschlag Sanierung und Liquidation der Versicherungsunternehmen wurde vom Vorsitz sogar behauptet, die Zulassung von Sekundärinsolvenzverfahren über das Vermögen einer Zweigniederlassung würde die Gefahr erheblicher Diskriminierung zwischen Versicherungsgläubigern unterschiedlicher MS verursachen (Rats-Dokument vom 9. April 1998 Nr. 7597/98, 3). Vielmehr dürfte eher das Gegenteil zutreffend sein. Die **rein formale Gleichstellung** in- und ausländischer Gläubiger **führt nicht dazu, daß auch die Chancen der Teilnahme am Verfahren gleich verteilt sind**. Insofern sei lediglich auf die räumliche Distanz, die Sprachbarrieren und die Unkenntnis des fremden Rechts hingewiesen. In Abweichung einer rein formalen Gleichbehandlung sehen manche Rechtsordnungen (z. B. Frankreich) vor, daß ausländischen Gläubigern eine längere Anmeldefrist eingeräumt wird, um ihre Nachteile im Verfahren auszugleichen (vgl. etwa zur Rechtslage in Frankreich *Zierau* Die Stellung der Gläubiger im französischen Sanierungsverfahren [1991], 89).

244 Vor diesem Hintergrund wäre es vorzugswürdig, statt völlig neue Instrumente für die Sanierung und Liquidation der Kreditinstitute und Versicherungsunternehmen zu entwickeln, sich strikt an das EuIÜ anzulehnen und lediglich Sondervorschriften für die genannten Unternehmen vorzusehen, soweit diese geboten sind.

245 Im übrigen sei noch darauf hingewiesen, daß selbst in den Kernbereichen des Bankaufsichtsrechts bestimmte Befugnisse der Behörden des Aufnahmemitgliedsstaats bestehen bleiben, vor allem was die Überwachung der Liquidität der Zweigstellen und die sich aus der Geldpolitik des betreffenden Staates ergebenden Maßnahmen anbelangt.

E. Vorschlag für eine Richtlinie über die Sanierung und Liquidation der Versicherungsunternehmen

246 a) Für diesen Richtlinienvorschlag gelten die Ausführungen über die Richtlinie Kreditinstitute (vgl. Rz. 235 ff.) entsprechend. Ziel ist die EU-weite automatische Anerkennung von Sanierungs- und Liquidationsverfahren über Versicherungsunternehmen, wobei zur Zeit noch ein gewisser Diskussionsbedarf hinsichtlich der Einbeziehung von Sanierungsmaßnahmen besteht (die folgenden Ausführungen orientieren sich an den Rats-Dokument 11636/98 vom 8. Oktober 1998). Nachdem die Verhandlungen zu diesem Richtlinienvorschlag mehrere Jahre ruhten, wurden sie 1997 wieder aufgenommen und werden, im Gegensatz zu der Richtlinie Kreditinstitute, gegenwärtig intensiv geführt.

247 b) Im Falle der Liquidation eines Versicherungsunternehmens sollen durch ein abgestimmtes Vorgehen die Interessen der Versicherungsgläubiger geschützt werden. Wie bei dem Richtlinienvorschlag Kreditinstitute soll die Richtlinie von dem **Grundsatz der Einheit und Universalität** des Verfahrens geprägt sein. Nur die Stellen des Herkunftsmitgliedsstaates sollen befugt sein, ein Liquidationsverfahren zu eröffnen, dem EU-weite Geltung zukommt und das nach dem Recht dieses Staates abzuwickeln ist. **Sekundärinsolvenzverfahren** wären demnach **ausgeschlossen** (vgl. die Kritik hierzu unter Rz. 240 ff.). Die zuständigen Behörden des Herkunfts- und des Aufnahmestaates sollen sich gegenseitig unterrichten und den Verlauf des Verfahrens abstimmen. Die Gläubiger, die derselben Kategorie angehören, sollen gleichbehandelt werden.

248 Noch nicht entschieden ist zur Zeit, mit welcher Konzeption der **Schutz der Versicherungsgläubiger** realisiert werden soll. Diskutiert werden **zwei Grundmodelle**, wobei im Rahmen des zweiten wieder zwei Alternativen geprüft werden. Wohl am einfachsten zu realisieren wäre das Konzept der Richtlinie Kreditinstitute, das im wesentlichen auf der gegenseitigen Anerkennung der Verfahren beruht.

249 Weiter wird erwogen, den MS ein Wahlrecht einzuräumen hinsichtlich einer Regelung mit Vorrechten, bei der den Versicherungsgläubigern ein **absolutes Vorrecht an** den die

Artikel 102 EGInsO Internationales Insolvenzrecht **Anhang I**

technischen Rückstellung bildenden Vermögenswerten eingeräumt wird und einer Regelung mit **allgemeinen Vorrechten**, bei der den Versicherungsgläubigern ein allgemeines Vorrecht an der Insolvenzmasse eingeräumt wird, das jedoch mit den Vorrechten anderer privilegierter Gläubiger konkurriert.

Weitaus ehrgeiziger ist ein Konzept, nach dem die Gläubigergruppen, denen ein Vorrang **250** vor den Versicherungsgläubigern eingeräumt werden soll, in der Richtlinie selbst festgelegt werden müßten. Die MS könnten dann nicht mehr autonom über die Vorrechte entscheiden und könnten auch keine weiteren Vorrechte mehr schaffen. Um ein solches System effektiv auszugestalten, wird bereits überlegt, auch den Umfang des einzelnen Vorrechts festzuschreiben. Aus deutscher Sicht ist eine solche Konzeption abzulehnen, da sie mit dem Grundanliegen der InsO, alle allgemeinen Vorrechte abzuschaffen, nicht zu vereinbaren wäre.

Im übrigen werden in den Artikeln 19 ff. des Richtlinienvorschlags **Sonderanknüpfun- 251 gen** für Rechtsverhältnisse vorgesehen, die nicht nach dem Recht des Herkunftsmitgliedsstaates behandelt werden sollen. Diese Regelungen, etwa für Arbeitsverträge, dingliche Rechte oder für die Anfechtung, sind weitgehend identisch mit denen der Richtlinie Kreditinstitute (vgl. Rz. 239).

F. UNCITRAL-Modellbestimmungen

I. Entstehung und Bedeutung der Modellbestimmungen

Die zunehmende Bedeutung grenzüberschreitender Insolvenzverfahren hat dazu ge- **252** führt, daß auch im Rahmen der UNCITRAL Anstrengungen unternommen wurden, Vorschriften über die Behandlung grenzüberschreitender Insolvenzverfahren zu entwikkeln. Die Vorüberlegungen zu diesen Modellbestimmungen gehen bis in das Jahr 1992 zurück. Im Dezember 1997 hat die UN-Vollversammlung diese Modellbestimmungen auf Vorschlag der UNCITRAL-Kommission gebilligt (vgl. zu den Modellbestimmungen *Benning/Wehling* EuZW 1997, 618 ff.; *Wimmer* ZIP 1997, 2220 ff.; ausführlich *Berends* Tulane Journal of International and Comparative Law, 1998, 309 ff.; die Modellbestimmungen sind abgedruckt in ZIP 1997, 2224 ff., eine deutsche Fassung findet sich in Anlage 5).

Aus kontinental-europäischer Sicht hatte es zu Beginn der Verhandlungen zunächst den **253** Anschein, als sollten die Modellbestimmungen lediglich Bedeutung für diejenigen Staaten erlangen, die sich erstmals mit der Erarbeitung eines nationalen IIR beschäftigen. Für den deutschen Praktiker hätten die Bestimmungen damit allenfalls periphäre Bedeutung gehabt. Dies hat sich zwischenzeitlich vollständig geändert, da die **USA** und wohl auch das **Vereinigte Königreich planen**, die **Modellbestimmungen in ihrem nationalen Insolvenzrecht umzusetzen**. Im Repräsentantenhaus wird derzeit ein Bankruptcy Reform Bill (H.R. 3150) und im Senat die identische Version eines Senate Bill (S. 1914) beraten (vgl. zum Inhalt Rz. 267 f.). Die UNCITRAL-Modellbestimmungen sind damit von größter Wichtigkeit für die Entwicklung des IIR. Es ist deshalb notwendig, sie auch im Rahmen dieser Darstellung etwas eingehender zu beleuchten.

II. Ziel der Modellbestimmungen

254 Im wesentlichen zielen diese **Modellbestimmungen** darauf ab, die **Anerkennung ausländischer Insolvenzverfahren** zu erleichtern, die **justitielle Zusammenarbeit** zu verbessern und ausländischen **Insolvenzverwaltern den Gerichtszugang zu ermöglichen.** Obwohl in den Beratungen mehrfach erwogen wurde, anstelle von Modellbestimmungen sogleich eine Konvention anzustreben, sprach sich die Mehrheit dafür aus, um ein Scheitern des Projekts zu verhindern, sich zunächst mit Modellbestimmungen zu bescheiden, jedoch die Option für die Erarbeitung einer Konvention offenzuhalten. Das **übergeordnete Ziel** des Vorhabens ist die **gerechte und wirksame Abwicklung grenzüberschreitender Insolvenzverfahren**, um die Interessen der Gläubiger und anderer am Verfahren interessierter Personen zu schützen.

III. Wesentlicher Inhalt

255 a) **Nicht in den Anwendungsbereich** der Modellbestimmungen fallen **Kreditinstitute** und **Versicherungsunternehmen** (Art. 1 Abs. 2). Wie das EuIÜ unterscheiden die Modellbestimmungen zwischen Hauptverfahren, die an dem Ort stattfinden, an dem sich der Mittelpunkt der hauptsächlichen Interessen des Schuldners befindet und den »Nicht-Hauptverfahren«, die als Territorialverfahren ausgestaltet sind. Für diese Verfahren wird das Vorhandensein einer Niederlassung gefordert, deren Definition mit der in Artikel 2 Buchstabe h EuIÜ übereinstimmt.

256 Die Anerkennung und andere Unterstützungshandlungen können abgelehnt werden, wenn sie mit dem **ordre public** des ersuchten Staates unvereinbar sind (Art. 6). Der ausländische Insolvenzverwalter ist berechtigt, die **Gerichte** des anerkennenden Staates **unmittelbar anzurufen** (Art. 9). Der Verwalter hat das Recht, die Eröffnung von Insolvenzverfahren zu beantragen (Art. 11) und nach der Anerkennung seines Verfahrens an inländischen Parallelverfahren teilzunehmen (Art. 12). Hinsichtlich der Eröffnung und der Teilnahme an Insolvenzverfahren sollen **ausländische Gläubiger** die **gleichen Rechte wie inländische** erhalten. Dies gilt allerdings nicht für die Vorrechte; ausländische Gläubiger dürfen nur nicht schlechter gestellt werden als inländische nicht bevorrechtigte Gläubiger. Im Interesse der Gläubigergleichbehandlung bestimmt Artikel 14, daß immer, wenn inländische Gläubiger benachrichtigt werden, dies auch für ausländische Gläubiger zu gelten hat.

257 b) Im Gegensatz zum deutschen IIR und abweichend von Artikel 16 EuIÜ sehen die Modellbestimmungen **keine automatische Anerkennung** des ausländischen Verfahrens vor. Vielmehr soll auf Antrag des ausländischen Verwalters ein Anerkennungsverfahren eingeleitet werden. Um dem Gericht die Entscheidung über die Anerkennung zu erleichtern, sind in Artikel 16 bestimmte Vermutungen vorgesehen, so etwa, daß bei juristischen Personen an dem Ort des satzungsmäßigen Sitzes sich auch der Mittelpunkt der hauptsächlichen Interessen befindet.

258 Liegt kein Verstoß gegen den ordre public vor und sind bestimmte, enumerativ aufgezählte Voraussetzungen erfüllt, so ist das Gericht verpflichtet, das ausländische Verfahren anzuerkennen.

259 Die Wirkungen der Anerkennung unterscheiden sich allerdings deutlich von denen des deutschen IIR und des EuIÜ. Danach bedeutet Anerkennung, daß die Wirkungen des ausländischen Verfahrens sich auf das Inland erstrecken und weitestgehend das Recht des Eröffnungsstaates Anwendung findet. Nach der Konzeption der Modellbestimmun-

gen ist die **Anerkennung lediglich eine Voraussetzung, um im Inland Unterstützung für das ausländische Verfahren zu erlangen.**
c) Die wohl bedeutendste Regelung der Modellbestimmungen enthält Artikel 20, der einen »**automatic stay**« vorsieht: Verfahren, soweit sie die Konkursmasse betreffen, werden unterbrochen und neue Verfahren können nicht anhängig gemacht werden. Zwangsvollstreckungsmaßnahmen in Gegenstände der Masse sind untersagt und der Schuldner verliert seine Verwaltungs- und Verfügungsbefugnis über die Masse. Da sich die Dauer und die Reichweite dieser Wirkungen nach dem Recht des anerkennenden Staates richten, und diese Folgen der Anerkennung keine Wirkungserstreckungen des ausländischen Verfahrens sind, führt dies zu einigen **Ungereimtheiten** (vgl. *Wimmer* a.a.O., S. 2222). Selbst wenn der Schuldner in dem ausländischen Verfahren seine Verwaltungs- und Verfügungsbefugnis behält, würde er diese – zumindest zeitweise – nach der Anerkennung über sein inländisches Vermögen verlieren. Diese Bedenken werden noch dadurch verstärkt, daß auch Sequestrationsverfahren in den Anwendungsbereich der Modellbestimmungen fallen (Art. 2a: interim proceedings), der Schuldner also möglicherweise von seinen ausländischen Konten zu einem Zeitpunkt abgeschnitten wird, zu dem die Insolvenz noch gar nicht feststeht.

260

d) Bereits im Vorfeld der Anerkennung kann der ausländische Verwalter nach Artikel 19 **vorläufige Sicherungsmaßnahmen** beantragen, wobei dies wohl nicht die spezifischen insolvenzrechtlichen, sondern die allgemeinen Sicherungsmaßnahmen **des Zwangsvollstreckungsrechts** sein dürften. Nach der Anerkennung können zusätzliche Sicherungsmaßnahmen ergriffen werden (Art. 21), die auch Territorialverfahren zugute kommen können.

261

Hinsichtlich des **Anfechtungsrechts** begnügen sich die Modellbestimmungen mit dem Hinweis, daß nach Anerkennung des ausländischen Verfahrens auch dessen Verwalter berechtigt ist, einen Anfechtungsprozeß zu führen. Bezieht sich die Anerkennung auf ein Territorialverfahren, so muß sichergestellt sein, daß Gegenstand der Anfechtung Massebestandteile sind, die an sich zu diesem ausländischen Verfahren gehören würden (Art. 23 Abs. 2).

262

e) Ein besonderes Gewicht legen die Modellbestimmungen auf die **Stärkung der Zusammenarbeit** zwischen in- und ausländischen Verwaltern und in- und ausländischen Gerichten. So wird etwa in Artikel 25 Abs. 2 bestimmt, daß die Gerichte ermächtigt sind, unmittelbar mit ausländischen Gerichten zusammenzuarbeiten, ohne hierbei sich diplomatischer Kanäle bedienen zu müssen.

263

In Kapitel V wird geregelt, wie **Parallelverfahren**, also nach der Terminologie des EuIÜ Haupt- und Sekundärinsolvenzverfahren, **koordiniert** werden sollen. Nicht ganz geglückt ist dabei, daß nach der Definition des »ausländischen Nicht-Hauptverfahrens« in Artikel 2 Buchstabe c eine Niederlassung gefordert wird, ein Sekundärinsolvenzverfahren nach Artikel 28 jedoch bereits bei dem Vorhandensein von Vermögenswerten in dem betreffenden Staat eröffnet werden kann. Die Vorschriften über die Parallelverfahren sollen sicherstellen, daß Gerichte und Insolvenzverwalter im In- und Ausland eng zusammenarbeiten und dabei die Dominanz des Hauptinsolvenzverfahrens gewahrt wird.

264

IV. Bewertung

Bei dem Versuch einer ersten Wertung der Modellbestimmungen wurde noch davon ausgegangen, diese Vorschriften würden insbesondere den Staaten Anregungen geben,

265

die erstmals ein IIR schaffen wollen oder für Staaten, die noch sehr restriktiv bei der Abwicklung grenzüberschreitender Insolvenzen verfahren (*Wimmer* a. a. O., S. 2224). Diese Einschätzung ist überholt, da sich mittlerweile die **USA** und das Vereinigte Königreich dazu entschlossen haben, die Modellbestimmungen in das nationale Recht zu überführen (vgl. Rz 253).

266 Vorausgegangen war in den USA eine Empfehlung der National Bankruptcy Review Commission, die »unanimously and enthusiastically endorsed the model law« (vgl. Bankruptcy Court Decisions vom 2. September 1997). Es dürfte wohl auch nur leicht übertrieben sein, wenn ein Mitglied der amerikanischen Delegation in diesem Zusammenhang die Auffassung vertrat, dies würde einen Gesetzgebungsprozeß in den Ministerien der ganzen Welt auslösen (Bankruptcy Court Decisions a. a. O., S. 4).

267 Nach chapter 5 des **Bankruptcy Code** soll ein **neues chapter 6** »**Ancillary and other Cross-Border Cases**« eingestellt werden. Dabei wird ausdrücklich anerkannt, daß es Ziel dieses neuen chapter 6 ist, die Modellbestimmungen in das amerikanische Recht umzusetzen. Ebenso werden die Ziele der Modellbestimmungen fast wörtlich wiederholt. Auch die Vorschriften hinsichtlich der Befugnisse amerikanischer Insolvenzverwalter im Ausland, hinsichtlich des ordre public oder des unmittelbaren Gerichtszugangs stimmen fast wörtlich mit den entsprechenden Vorschriften der Modellbestimmungen überein. Dies gilt auch für den Antrag auf Anerkennung und die Formalitäten, die dabei einzuhalten sind (sec. 615). Ebenso identisch sind die Vorschriften über die Anerkennungsentscheidungen (sec. 617), die nachfolgenden Informationen (sec. 618) und den Rechtsschutz nach Beantragung der Anerkennung (sec. 619).

268 Die wohl wichtigste Wirkung der Anerkennung ist, daß der **automatic stay** gemäß sec. 362 hinsichtlich des in den Vereinigten Staaten belegenen Vermögens des Schuldners Anwendung findet. Auch die Vorschriften über die Zusammenarbeit mit ausländischen Gerichten und ausländischen Verwaltern (subchapter IV) und über die Abwicklung paralleler Insolvenzverfahren (subchapter V) stimmen weitgehend mit den Modellbestimmungen überein.

269 Sollte dieser Gesetzentwurf wie vorgelegt umgesetzt werden, so wäre es noch weitaus schwieriger als bisher, das EuIÜ als **Muster für die Ausgestaltung des nationalen IIR** eines Staates anzubieten, zumal das Übereinkommen noch nicht in Kraft getreten ist. Es ist nun davon auszugehen, daß viele Staaten dem Vorbild der USA folgen, und ihr IIR entsprechend den UNCITRAL-Modellbestimmungen ausgestalten werden.

G. Artikel 102 EGInsO

I. Die Bedeutung der Vorschrift

270 a) Der neunte Teil des RegE InsO enthielt in den §§ 379 ff. eine eingehende Regelung des IIR (BT-Drucks. 12/2443, S. 68 f.; vgl. Anlage 6). Der BT-Rechtsausschuß hatte diese Vorschriften unter Hinweis auf die laufenden Beratungen zum EuIÜ gestrichen. Nach Auffassung des Rechtsausschusses sollte mit einer umfassenden Neuregelung des IIR bis zur Fertigstellung des EuIÜ gewartet werden. Das autonome deutsche IIR könne dann so ausgestaltet werden, daß in das Zustimmungsgesetz zum Übereinkommen eine Vorschrift eingestellt werde, nach der die Bestimmungen des EuIÜ im wesentlichen unverändert auch im Verhältnis zu Drittstaaten Anwendung finden (BT-Drucks. 12/7303, S. 117). In der Zwischenzeit sollte der in den Beratungen des Ausschusses neu konzipierte **Artikel 102 EGInsO als eine Art Platzhalter die wesentlichen Leitlinien**

des deutschen IIR markieren (vgl. *Wimmer* in Stoll, Vorschläge und Gutachten zur Umsetzung des EU-Übereinkommens, 1997, 179 ff.). Die Vorschrift wurde in der Literatur überwiegend kritisch aufgenommen (*Flessner* IPRax 1997, 1; *Leipold* in FS Henckel, 1995, 533, 535; *Prütting* ZIP 1996, 1277, 1279). Gegen den Vorschlag des BT-Rechtsausschusses, das EuIÜ entsprechend auch gegenüber Drittstaaten anzuwenden, wird insbesondere eingewandt, daß das EuIÜ ganz wesentlich von dem Vertrauen in die Rechtsstaatlichkeit und der Funktionsfähigkeit der Justiz in den Mitgliedsstaaten getragen werde. Gegenüber Drittstaaten müsse im Einzelfall geprüft werden, ob ein vergleichbares Vertrauen gerechtfertigt sei. Vollstreckungsmaßnahmen, die nach dem EuIÜ gemäß dem EuGVÜ abgewickelt werden sollen, blieben ungeregelt. Die dem EuIÜ zugrundeliegende enge Koordinierung zwischen Haupt- und Sekundärinsolvenzverfahren setze voraus, daß das Übereinkommen in den Staaten beider Insolvenzverfahren gelte (*Leipold* a. a. O.)

271 b) Die **Kritik an Artikel 102 EGInsO** richtet sich bereits gegen den Wortlaut der grundlegenden Vorschrift in Absatz 1. Diese sei zu unpräzise, da nicht von der Anerkennung ausländischer Insolvenzverfahren die Rede sei, sondern apodiktisch festgelegt werde, daß das ausländische Insolvenzverfahren auch das im Inland befindliche Vermögen des Schuldners umfasse. Vom Wortlaut würde die Vorschrift somit auch ausländische Insolvenzverfahren einbeziehen, die für sich selbst überhaupt nicht den Anspruch universeller Geltung erheben (*Leipold* in FS Henckel, 536 f.). Artikel 102 EGInsO sei so fragmentarischer Natur, daß selbst die internationale Zuständigkeit, und dabei insbesondere die von Partikularinsolvenzverfahren, nicht eindeutig geklärt sei (*Leipold* a. a. O., S. 538 ff.).

272 Die Sonderkommission »Internationales Insolvenzrecht« zog daraus den Schluß, daß das EuIÜ **autonome Vorschriften des deutschen IIR nicht entbehrlich** mache (*Stoll*, 251). In Ablehnung der o. a. Auffassung des Rechtsausschusses sprach sich die Sonderkommission gegen eine pauschale Übernahme des EuIÜ und auch gegen eine allgemeine Analogie zu dem Übereinkommen aus. Die Sonderkommission plädierte vielmehr für eine knappe Normierung des autonomen IIR, allerdings unter Anlehnung an das EuIÜ (*Stoll* a. a. O.).

273 c) Bis zum Inkrafttreten des EuIÜ und bis zur Verabschiedung eines detaillierteren autonomen IIR wird sich die **Rechtspraxis mit Artikel 102 EGInsO behelfen** müssen. Bei den zahlreichen Zweifelsfragen, die durch die fragmentarische Natur der Norm bedingt sind, können als **Anhaltspunkte für die Interpretation das EuIÜ und die §§ 379 ff. RegE** herangezogen werden. Diesen Weg hat der BGH bereits vereinzelt beschritten, indem er etwa zur Entscheidung von Fragen der Konkursanfechtung das EuIÜ heranzieht (*BGH* NJW 1997, 657 ff = ZIP 1997, 150 ff.; vgl. hierzu *Gottwald/ Pfaller* IPRax 1998, 170 ff.). Zu Recht weist allerdings *Leipold* (a. a. O., S. 538) auf die methodischen Schwierigkeiten hin, als Auslegungshilfe ein noch nicht in Kraft getretenes Übereinkommen und einen vom Gesetzgeber abgelehnten Regierungsentwurf heranzuziehen. Allerdings kann bei diesem Interpretationsansatz auf die Absicht des Gesetzgebers verwiesen werden, mit Artikel 102 EGInsO die neue Rechtsprechung des *BGH* (also insbesondere BGHZ 95, 256 ff.) umzusetzen und sich strikt an das EuIÜ anzulehnen (BT-Drucks. 12/7303, S. 117).

274 d) Artikel 102 EGInsO enthält **lediglich eine Aussage über die Wirkung des ausländischen Insolvenzverfahrens** im Inland, während er zu den Wirkungen eines deutschen Insolvenzverfahrens im Ausland schweigt. Der universale Geltungsanspruch des deutschen Insolvenzrechts ergibt sich bereits unmittelbar aus § 35 InsO, nach dem das Insolvenzverfahren das gesamte Vermögen des Schuldners (gleich, wo es belegen sein

Anhang I   *Artikel 102 EGInsO Internationales Insolvenzrecht*

mag) erfaßt. Dies war bereits zu § 1 KO ständige Rechtsprechung (vgl. etwa BGHZ 68 S. 16; 88 S. 147, 150; 95 S. 256, 264; 118 S. 151, 159). Dabei ist es unerheblich, ob die ausländische Rechtsordnung den deutschen Eröffnungsbeschluß als fremdstaatlichen Hoheitsakt anerkennt (*Kilger/Karsten Schmidt* § 1 Anm. 1 B b).

II. Das ausländische Insolvenzverfahren

275 a) Artikel 102 Abs. 1 EGInsO bestimmt, daß das ausländische Insolvenzverfahren auch das im Inland befindliche Vermögen des Schuldners erfaßt. Die nicht ganz glückliche Formulierung (zur Kritik vergleiche Rz. 271) will damit lediglich entsprechend § 384 Reg-E zum Ausdruck bringen, daß die Wirkungen des ausländischen Insolvenzverfahrens grundsätzlich auch im Inland anzuerkennen sind (*Leipold* in FS Henckel, 536). Bereits aus der Formulierung von Absatz 1 Satz 2 »Dies gilt nicht, ...« läßt sich ablesen, daß der **Regelfall die Anerkennung**, und zwar eine automatische Anerkennung, ist und diese nur in Ausnahmefällen abgelehnt werden darf. Damit eine Anerkennung im Sinne einer Wirkungserstreckung überhaupt Sinn macht, muß das ausländische Verfahren zunächst von seinem **Geltungsanspruch auch über die Grenzen des Eröffnungsstaates** hinweg Wirkungen entfalten wollen (vgl. zu dieser Voraussetzung *BGH* NJW 1993, 2312, 2313; *Aderhold*, 169 ff.). Als Musterbeispiele für Insolvenzverfahren mit lediglich räumlich beschränktem Geltungsanspruch werden häufig die japanische Konkursordnung vom 25. April 1922 und das Konkursgesetz der Republik Korea vom 20. Januar 1962 genannt (*Aderhold* a.a.O.). Allerdings kann im Regelfall davon ausgegangen werden, daß die Insolvenzgesetze der meisten Staaten auch das im Ausland befindliche Vermögen des Gemeinschuldners erfassen wollen.

276 b) Ein ausländisches Verfahren kann in Deutschland jedoch nur dann anerkannt werden, wenn es »**anerkennungsfähig**« ist. Der *BGH* fordert in seiner »Wendeentscheidung«, »daß es sich bei dem Auslandsverfahren nach den inländischen Rechtsgrundsätzen überhaupt um einen Konkurs handelt« (BGHZ 95, 256, 270). Dabei ist ein möglichst **großzügiger Maßstab** anzulegen. Das ausländische Verfahren darf somit nicht allein deshalb abgelehnt werden, weil es vom inländischen Recht abweichende Lösungsansätze entwickelt. Die Anhänge A und B zum EuIÜ zeigen, wie breit die Palette der möglichen Verfahren allein innerhalb der EU ist. Als Insolvenzverfahren sind somit alle staatlichen oder staatlich kontrollierten Verfahren anzuerkennen, die einen Inbegriff von Vermögensgegenständen mit dem Ziel erfassen, die Gläubiger, denen diese zur vollen Befriedigung voraussichtlich unzureichenden Vermögensgegenstände haften, möglichst gleichmäßig zu befriedigen (vgl. zum ganzen Rz. 12 ff.).

277 **Ausgeklammert** bleiben jedoch Verfahren, die nicht auf eine Gläubigerbefriedigung abzielen, sondern unter dem Deckmantel der Insolvenz **verfahrensfremde Zwecke**, etwa Enteignungen verfolgen (vgl. *Aderhold* a.a.O., S. 178 ff.). In diesem Zusammenhang warnt *Hanisch* (ZIP 1985, 1233, 1236) vor Verfahren, in denen rein gesamtwirtschaftliche Ziele, wie etwa die Rettung von Arbeitsplätzen, im Vordergrund stehen. In Extremfällen kann diesen Verfahren unter Hinweis auf den deutschen **ordre public** die Anerkennung versagt werden.

278 c) **Keinesfalls** kann aus der Formulierung des *BGH*, es müsse sich bei dem Auslandsverfahren »überhaupt um einen Konkurs« handeln (BGHZ 95, 270), geschlossen werden, einem **Sanierungsverfahren sei grundsätzlich die Anerkennung zu versagen**. Dieser rigide Standpunkt wird etwa vom OLG Hamburg hinsichtlich des Verfahrens nach chapter 11 des U.S. Bankruptcy Code eingenommen (*OLG Hamburg*, IPRax 1992,

170; im Ergebnis ebenso gegen die Anerkennung ausländischer Sanierungsverfahren *Lüke* KTS 1986, 1, 14 ff.; *Jayme* in FS-Riesenfeld, 117, 127; *Summ* Anerkennung ausländischer Konkurs in der Bundesrepublik Deutschland, 1992, 32). Zu Recht kritisiert *Flessner* diese Entscheidung mit dem Hinweis, sie liege weitab von dem Stand, den das Insolvenzrecht und das dazugehörige Anerkennungsrecht international schon erreicht habe (IPRax 1992, 151 f.). Umgekehrt ist vielmehr wie bei der konkursmäßigen Liquidation auch bei den Sanierungsverfahren von der **grundsätzlichen Anerkennungsfähigkeit** auszugehen (eingehend zu der Anerkennung von Sanierungsverfahren *Reinhart* Sanierungsverfahren im internationalen Insolvenzrecht, 150 ff.; zu den Verfahren nach chapter 11 S. 164 f., 175 f.). Mit dem EuIÜ sind auch hinsichtlich der Anerkennungsfähigkeit von Sanierungsverfahren die Grenzen in Deutschland neu abgesteckt worden. So wird etwa in dem Anhang A des genannten Übereinkommens auch die italienische »**amministrazione straordinaria**« genannt. Dieses Verfahren gilt für Großunternehmen und wird vom Minister für Industrie, Handel und Handwerk angeordnet, der bis zu 3 Kommissare einsetzen kann, die mit einer bis zu 2jährigen Unternehmensfortführung betraut werden (vgl. zu diesem Verfahren *Aderhold* a. a. O., S. 193; *Reinhart* a. a. O., S. 177 f.; *Bauer/Stürner* Insolvenzrecht, 465 f.; eingehend *Zimmermann* Das italienische Gesetz Nr. 95... (1986)). Gegen dieses Verfahren wird eingewandt, es handele sich eher um eine »Befreiung vom Konkurs« (so *OLG München*, IPRax 1982, 202 f.), also eher um ein staatliches Hilfsmittel im Interesse der Politik und der Wirtschaftslenkung (*Aderhold* a. a. O., S. 193). Mit der Zeichnung des EuIÜ durch Deutschland sind nicht nur diese Bedenken gegenüber der »amministrazione straordinaria« obsolet, sondern auch vergleichbare Verfahren aus Drittstaaten können nicht mehr mit dem Hinweis, es handele sich in Wahrheit um kein Insolvenzverfahren oder bei der Zielrichtung des Verfahrens sei der deutsche ordre public verletzt, zurückgewiesen werden.

III. Voraussetzungen der Anerkennung

Wie bereits erläutert (Rz. 275) bildet die Anerkennung des ausländischen Insolvenzverfahrens den Regelfall, es spricht somit eine Vermutung für dessen Anerkennung. Die Anerkennung ist lediglich zu versagen, wenn die in Artikel 102 Abs. 1 Nr. 1, 2 angeführten Voraussetzungen nicht gegeben sind. 279

1. Die internationale Zuständigkeit

a) Die bedeutsamste Voraussetzung für die Anerkennung eines ausländischen Insolvenzverfahrens ist, daß den **Gerichten des Eröffnungsstaates die internationale Zuständigkeit** zukommt. Dabei ist zunächst nur die Eröffnungszuständigkeit für ein Hauptinsolvenzverfahren und nicht auch die für Partikularverfahren angesprochen. Die internationale Zuständigkeit legt fest, welche Insolvenzsachen die Gesamtheit der deutschen Gerichte gegenüber den ausländischen Gerichten für sich in Anspruch nimmt (*Arnold* Handbuch, § 122 Rz. 3; allgemein zur internationalen Zuständigkeit *Geimer* IZPR, 3. Aufl., Rz. 844 ff.). Wie in der ZPO bestimmt sich auch in der InsO die **internationale Zuständigkeit nach der örtlichen Zuständigkeit**. Die örtliche Zuständigkeit indiziert die internationale, so daß die internationale Zuständigkeit Deutschlands immer dann gegeben ist, wenn mindestens ein deutsches Gericht örtlich zuständig ist (*Geimer* a. a. O., Rz. 943). Diese Anknüpfung an die örtliche Zuständigkeit soll gewähr- 280 leisten, daß das Gericht mit der größten Sachnähe berufen wird (*Arnold* a. a. O., Rz. 3 m. w. N.). Die internationale Zuständigkeit der deutschen Gerichte bestimmt sich somit nach § 3 Abs. 1 Satz 1 nach dem allgemeinen Gerichtsstand des Schuldners. Übt der Schuldner eine wirtschaftliche Tätigkeit aus, deren Mittelpunkt sich an einem anderen Ort befindet, so bestimmt sich die internationale Zuständigkeit nach diesem Ort (vgl. die Erläuterungen zu § 3, insbesondere Rz. 5 ff.). Übt der Schuldner keine wirtschaftliche Tätigkeit aus, verfügt er aber über mehrere Wohnsitze, so kann die internationale **Zuständigkeit mehrerer Staaten** begründet sein. Nach § 3 Abs. 2 wäre in diesem Fall das Gericht zuständig, bei dem zuerst die Eröffnung eines Insolvenzverfahrens beantragt worden ist. In einer leichten Modifikation der Bestimmungen über die örtliche Zuständigkeit schlägt Leipold vor, nicht auf den Antrag abzustellen, sondern darauf, welches Gericht zuerst das Verfahren eröffnet habe (*Leipold* in FS Henckel, 537). Für diese Auslegung spricht, daß sie die Festlegung der internationalen Zuständigkeit anhand eines Gesichtspunkts vornimmt, der eindeutig bestimmbar ist und der zudem bekanntgemacht wird.

281 **b)** In spiegelbildlicher Anwendung der deutschen Vorschriften über die internationale Zuständigkeit wird im Rahmen der Anerkennung überprüft, ob dem Eröffnungsgericht die internationale Zuständigkeit zukommt. Es muß somit geprüft werden, ob der Schuldner in dem Eröffnungsstaat eine selbständige wirtschaftliche Tätigkeit ausübt, deren Mittelpunkt sich in diesem Staat befindet. Liegt der satzungsmäßige Sitz des Schuldners in diesem Staat, so begründet dies nur eine Vermutung, daß hier auch der Mittelpunkt der wirtschaftlichen Interessen des Schuldners lokalisiert ist (*Kilger/Karsten Schmidt* § 71 Anm. 3; vgl. auch Artikel 3 Abs. 1 Satz 2 EuIÜ). Übt der Schuldner keine wirtschaftliche Tätigkeit aus, so ist der allgemeine Gerichtsstand, also regelmäßig der Wohnsitz des Schuldners maßgebend (vgl. §§ 13 ff. ZPO).

282 **c)** Während unter dem Regime des EuIÜ die internationale Zuständigkeit des Gerichts des Eröffnungsstaates nicht überprüft wird, sondern als verbindlich hinzunehmen ist (vgl. Erläuternder Bericht Rz. 202 unter Hinweis auf den Grundsatz des Vertrauens in die gemeinschaftliche Rechtsprechung), kann gegenüber einem Drittstaat bei mangelnder internationaler Zuständigkeit die Anerkennung abgelehnt werden und, sofern die Voraussetzungen des § 3 gegeben sind, im Inland ein Insolvenzverfahren eröffnet werden.

2. Ordre public

283 **a)** Die in Artikel 102 Abs. 1 Satz 2 Nr. 2 verwendete ordre public-Klausel ist identisch mit der des Artikel 26 EuIÜ, die wiederum mit Artikel 6 EGBGB übereinstimmt. Mit einer solchen Klausel soll verhindert werden, daß der inländische Richter eine ausländische Entscheidung anerkennen und damit gegebenenfalls vollstrecken muß, die gegen fundamentale Grundsätze der deutschen Rechtsordnung verstößt. Es soll keine Entscheidung wirksam werden, die den deutschen Rechtsanschauungen grob widerspricht (*Blumenwitz* in Staudinger Art. 6 EGBGB Rz. 15). Der ordre public bildet den wichtigsten allgemeinen Rechtsgrundsatz des IPR, dessen Konkretisierung durch immer neue Einzelfallentscheidungen erfolgt. Diese Offenheit ist durch die unvorhersehbaren und wechselnden Konstellationen des internationalen Rechtsverkehrs bedingt (*Blumenwitz* a. a. O., Rz. 19). Von der Rechtsprechung wird ein Verstoß gegen den ordre public dann angenommen, »**wenn das Ergebnis der Anwendung eines ausländischen Rechts zu den Grundgedanken der deutschen Regelungen und der ihnen zugrundeliegenden Gerechtigkeitsvorstellungen in so starkem Widerspruch steht, daß es von uns für untragbar gehalten wird**« (BGHZ 50 S. 370, 375). Nicht nur innerhalb der EU (vgl.

hierzu Rz. 122) sollte von der ordre public-Klausel mit größter Zurückhaltung Gebrauch gemacht werden, sondern auch gegenüber Drittstaaten ist sie als **ultima ratio** zu verstehen (vgl. zum Ausnahmecharakter des ordre public *Sonnenberger* in Münch-Komm, Art. 6 EGBGB Rz. 13). Der ordre public darf somit nicht dazu mißbraucht werden, unter dem Vorwand materieller Gerechtigkeitsgebote eine Veränderung geltender Kollisionsnormen einzuleiten (*Sonnenberger* a. a. O., Rz. 12).

b) Auch im Gesetzeswortlaut klingt dieser Appell an einen sparsamen Gebrauch des ordre public an, wenn dort von »**wesentlichen« Grundsätzen** des deutschen Rechts und einer »**offensichtlichen« Unvereinbarkeit** die Rede ist. Überdies soll durch die Einfügung des Wortes »**soweit**« sichergestellt werden, daß die Zurückweisung der Anerkennung nur die Teile erfaßt, die mit den wesentlichen Grundsätzen der deutschen Rechtsordnung unvereinbar sind (BT-Drucks. 12/2443, S. 241). Weitergehend leitet Aderhold aus dem Prinzip des geringstmöglichen Eingriffs die Befugnis ab, vor der Ablieferung von Inlandsvermögen an das ausländische Insolvenzverfahren Auflagen zu erlassen (a. a. O., S. 203; zum Prinzip des geringstmöglichen Eingriffs *Sonnenberger* a. a. O., Rz. 80). **284**

c) Im Bereich des IIR muß zur **Konkretisierung der Einzelfälle** eines Verstoßes gegen den ordre public zunächst danach differenziert werden, ob ein Verstoß gegen den materiellen oder den **prozessualen ordre public** in Frage kommt (*Aderhold* a. a. O., S. 204). Zu den wesentlichen Grundprinzipien, die in prozessualer Hinsicht verletzt sein können, gehört der **Grundsatz des rechtlichen Gehörs**. Der im englischen Recht vorgesehene Ausschluß einer Partei bei Nichtbefolgen einer Anordnung des Gerichts (»contempt of court«) bedarf vor diesem Hintergrund näherer Prüfung (*Blumenwitz* a. a. O., Rz. 101 m. w. N. aus der Rspr.). Allerdings gewährt der prozessuale ordre public keinen Anspruch auf eine bestimmte verfahrensrechtliche Ausgestaltung, sofern nur die Grundwerte der Rechtsstaatlichkeit und Menschenwürde gewahrt sind (*Blumenwitz* a. a. O.). Weiter ist etwa die fehlende Unabhängigkeit oder Unparteilichkeit der Stelle zu nennen, die das Verfahren betreibt (*Aderhold* a. a. O., S. 204). In **materieller Hinsicht** wird etwa als Beispiel angeführt, wenn der Schuldner durch willkürliche staatliche Maßnahmen, etwa durch Beschränkungen der Produktion oder des Vertriebs, in den Konkurs getrieben wurde oder wenn das ausländische Verfahren inländische Gläubiger bei der Geltendmachung ihrer Forderungen diskriminiert (*Arnold* Handbuch, § 122 Rz. 18). Ein Indiz für einen Verstoß gegen den ordre public wird etwa auch darin gesehen, wenn die Machtfülle des ausländischen Insolvenzverwalters so weit geht, daß er über Rechte der Gläubiger ohne deren Mitwirkung verfügen kann (*Pilorz* Auslandskonkurs und Disposition über das Inlandsvermögen, 1977, 75). Ein Vergleich oder ein Insolvenzplan verstößt gegen den deutschen ordre public, wenn bestimmte Gläubiger bei der Mitwirkung an seinem Zustandekommen unbillig behindert worden sind oder durch dessen Inhalt willkürlich diskriminiert werden (BT-Drucks. 12/2443, S. 241). Ein Mißbrauch des ordre public-Vorbehalts ist ebenfalls darin zu sehen, wenn mit seiner Hilfe die Gegenseitigkeit durchgesetzt werden soll. Dies war etwa der Fall in der bekannten Entscheidung des *Handelsgerichts Brüssel* vom 20. Juni 1975 (KTS 1978, 247 f.), die letztlich zur Wendeentscheidung des BGH wesentlich beigetragen hat. In dieser Entscheidung hat das Handelsgericht ausgeführt, die Einheit und Universalität des Konkurses gehöre in Belgien zum ordre public und es liefe diesem ordre public zuwider, wenn in Belgien ein deutscher Konkurseröffnungsbeschluß anerkannt würde (ablehnend auch *Arnold* a. a. O., Rz. 22). **285**

3. Unbenannte Anerkennungsvoraussetzungen

286 a) Die Anerkennung eines ausländischen Insolvenzverfahrens bedeutet, daß dieses seine ihm nach dem Recht des Eröffnungsstaates zukommende Wirkungen auch im Inland entfaltet (*Geimer* IPR, Rz. 3500). Eine solche Wirkungserstreckung ist jedoch nur denkbar, wenn die ausländische Entscheidung nach **dem Recht des Eröffnungsstaates auch wirksam** ist. Allerdings ist dafür nicht erforderlich, daß die Entscheidung bereits in formelle Rechtskraft erwachsen ist (*Arnold* a. a. O., § 122 Rz. 17, ebenso Artikel 16 Abs. 1 EuIÜ, vgl. hierzu Erläuternder Bericht, Rz. 147).

287 b) Die Anerkennung in Deutschland ist nicht davon abhängig, daß hinsichtlich des *Eröffnungsstaates die* **Gegenseitigkeit** verbürgt ist (ebenso Aderhold a. a. O., S. 198 ff.; Arnold a. a. O., Rz. 21; *Kuhn/Uhlenbruck/Lüer* §§ 237, 238 Rz. 74; a. A. *Trunk* KTS 1987, 426, 434; einschränkend *Bauer/Stürner* Insolvenzrecht Rz. 37.27). Einem Auslandskonkurs wird nicht deshalb eine inländische Wirkung zuerkannt, weil der ausländische Staat umgekehrt auch deutsches Recht beachtet, sondern weil es sachgemäß ist, formelles und materielles Insolvenzrecht einheitlich dem Recht des Staates zuzuordnen, in dem das Verfahren eröffnet wurde (*Lüer* a. a. O.). Mit der Anerkennung des ausländischen Insolvenzverfahrens am Mittelpunkt der wirtschaftlichen Interessen des Schuldners wird eine umfassende Schuldenbereinigung ermöglicht, die zumindest dann im Interesse der Gläubiger liegt, wenn ihnen eine faire Teilnahme an dem Verfahren ermöglicht wird (*Arnold* a. a. O., Rz. 22; vgl. auch die ablehnende Stellungnahme der Bundesregierung auf den Vorschlag des Bundesrates im Hinblick auf die Berücksichtigung der Gegenseitigkeit BT-Drucks. 12/2443, S. 269).

288 c) Entgegen vereinzelt gebliebenen Entscheidungen (vgl. etwa *LG München* WM 1987, 222) ist für eine Anerkennung **nicht die öffentliche Bekanntmachung** oder zumindest die Bekanntmachung an die Beteiligten erforderlich (*Arnold* a. a. O., Rz. 23; *Summ* a. a. O., S. 41; *Trunk* KTS 1987, 415, 425 f.). Zu Recht weisen *Ackmann/Wenner* (IPRax 1989, 144 f.) darauf hin, daß die inländische Veröffentlichung als Anerkennungsvoraussetzung die Anerkennung zur seltenen Ausnahme machen würden.

IV. Die Anerkennung

1. Bedeutung und Verfahren der Anerkennung

289 Die insolvenzrechtlichen Entscheidungen eines fremden Staates sind für den deutschen Richter, da sie Ausfluß einer fremden Rechtsordnung sind, an sich unbeachtlich. Sie sind für ihn nur dann von Belang, wenn dies vom deutschen Recht angeordnet wird. Dies geschieht durch eine **Wirkungserstreckung**. Die Anerkennung ist somit die Erstreckung der einer ausländischen Entscheidung im Erlaßstaat zukommenden Wirkung auf das Inland durch das deutsche Recht und die darauf beruhende Beachtlichkeit der ausländischen Entscheidung (*Geimer* IZPR, Rz. 2776). Damit ist auch festgelegt, daß der **Umfang der Wirkung** einer im Inland anerkannten ausländischen Entscheidung sich **nach dem Recht des Erlaßstaates** beurteilt. Daraus folgt auch, daß einer ausländischen Entscheidung im Inland qua Anerkennung nicht eine größere Wirkung zukommen kann als im Erlaßstaat (*Geimer* a. a. O., Rz. 2777; vgl. auch zu den verschiedenen Anerkennungstheorien *Arnold* a. a. O., Rz. 29 ff.). Die Wirkungserstreckung der Anerkennung äußert sich darin, daß die Gerichte und Behörden des anerkennenden Staates der ausländischen Entscheidung im Inland Geltung verschaffen müssen. Ebenso müssen sich Private im Rechtsverkehr nach den Wirkungen der anerkennenden Entscheidung richten (*Arnold* a. a. O., Rz. 32).

Im Gegensatz etwa zu den Ländern des romanischen Rechtskreises, in denen regelmäßig 290
ein Exequaturverfahren durchzuführen ist, gilt in Deutschland das Prinzip der **automatischen Anerkennung**. Die Nachteile eines Exequaturverfahrens in der Insolvenz sind greifbar, da wertvolle Zeit verloren geht, die der Schuldner oder einzelne Gläubiger zu die die Gläubigergesamtheit schädigenden Manipulationen verwenden können (vgl. hierzu *Aderhold* a. a. O., S. 146; *Geimer* a. a. O., Rz. 3526; *Summ* a. a. O., S. 42; *Trunk* in Gilles, Transnationales Prozeßrecht, 1995, 185). Dies führt allerdings dazu, daß die Anerkennungsfrage offenbleibt, da in Deutschland keine Zuständigkeitskonzentration für die Entscheidung über das Vorliegen der Anerkennungsvoraussetzungen bei einer Stelle besteht, was letztlich eine gewisse Rechtsunsicherheit zur Folge hat (*Geimer* a. a. O., Rz. 3526).

2. Wirkung der Anerkennung

a) Vorbemerkungen

Mit der Wirkungserstreckung des ausländischen Insolvenzverfahrens, oder, wie es 291
Artikel 102 Abs. 1 Satz 1 plastisch zum Ausdruck bringt, mit der gesetzlichen Postulierung des Grundsatzes, daß das im Inland belegene Vermögen von einem ausländischen Hauptinsolvenzverfahren erfaßt wird, wird nun auch vom Gesetzgeber der Grundsatz der Universalität ausdrücklich anerkannt (vgl. Rz. 22 ff., 39 ff.). Damit wird durch den Gesetzgeber nachvollzogen, was der BGH mit der Wendeentscheidung für die Praxis bereits festgelegt hatte.

Allerdings darf diese Anerkennungswirkung nicht nur punktuell auf die Eröffnungsent- 292
scheidung bezogen werden. Vielmehr müssen, um eine **umfassende Insolvenzbereinigung** zu erreichen, auch alle insolvenzspezifischen Rechtsfolgen des Insolvenzverfahrens einer Anerkennung zugänglich sein (*Arnold* a. a. O., Rz. 34; vgl. Artikel 25 EuIÜ, nach dem die zur Durchführung und zur Beendigung eines Insolvenzverfahrens ergangenen Entscheidungen ebenfalls ohne weitere Förmlichkeiten anerkannt werden). Die Anerkennung bedeutet die Erstreckung der Wirkungen der ausländischen lex fori concursus auf das Inland (*Trunk* a. a. O., S. 185 unter Hinweis auf BGHZ 95 S. 256, 261, 273). Deutlich wird dies auch in Artikel 4 EuIÜ zum Ausdruck gebracht, nach dem für das Insolvenzverfahren und seine Wirkungen das Insolvenzrecht des Eröffnungsstaates gilt.

Bei der nachfolgenden Erläuterung der Wirkungen des Insolvenzverfahrens aber auch 293
insgesamt bei der Darstellung des autonomen deutschen IIR werden **soweit als möglich die Bestimmungen des EuIÜ herangezogen**. Zum einen entspricht dies den Vorstellungen des Bundestags-Rechtsausschusses (zur Kritik vgl. Rz. 270), zum anderen hat sich auch die Sonderkommission »Internationales Insolvenzrecht« für eine enge Anlehnung an das Übereinkommen ausgesprochen (*Stoll,* Vorschläge und Gutachten, 1997, 251).

Die nachfolgend dargestellten Wirkungen kommen nur einem Hauptinsolvenzverfahren 294
zu, da nur dieses einen universalen Geltungsanspruch hat. Weiter ist zu berücksichtigen, daß ein ausländisches Insolvenzverfahren keine Wirkungen auf das im Inland belegene Vermögen entfaltet, wenn ein inländisches Haupt- oder Partikularinsolvenzverfahren eröffnet wurde. Das **inländische Verfahren blockt weitgehend die Wirkungen des ausländischen ab**. Diese Abschirmfunktion hinsichtlich der inländischen Vermögenswerte kann gezielt zum Schutz lokaler Gläubiger eingesetzt werden.

b) Verfahrensrechtliche Wirkungen

aa) Anhängigkeit

295 Die Anerkennung eines ausländischen Hauptinsolvenzverfahrens hindert die inländischen Gerichte, ein weiteres Hauptinsolvenzverfahren zu eröffnen (a. A. *Arnold* a. a. O., Rz. 9 unter Hinweis auf §§ 237, 238 Abs. 3 KO und BGHZ 95 S. 256, 270), da die **Anhängigkeit des (anerkannten) ausländischen Verfahrens** auch eine Sperrwirkung im Inland entfaltet. Insofern ist auch der Wortlaut von Artikel 102 Abs. 3 EGInsO eindeutig, der im Falle der Anerkennung eines ausländischen (Haupt-) Insolvenzverfahrens lediglich die Eröffnung eines inländischen Sekundärinsolvenzverfahrens zuläßt (ebenso Art. 16 Abs. 2 EuIÜ). Werden unabhängig voneinander zwei Hauptinsolvenzverfahren eröffnet (etwa am jeweiligen Wohnsitz des Schuldners), so kommt dem Insolvenzverfahren der **Vorrang zu, das zuerst eröffnet wurde** (vgl. Rz. 280; ebenso *Jaeger/Jahr* §§ 237, 238 Rz. 213, 263; a. A. *Arnold* a. a. O Rz. 27, der sich für eine Priorität des Zugriffs ausspricht). Wird allerdings neben einem bereits im Ausland anhängigen Hauptinsolvenzverfahren ein solches Verfahren auch in Deutschland eröffnet, so kommt dem **deutschen Verfahren der Vorrang** zu, d. h. die Wirkungen des ausländischen Verfahrens werden ebenfalls abgeblockt.

bb) Eröffnungsbeschluß als Vollstreckungstitel

296 Die Anerkennung des **ausländischen Eröffnungsbeschlusses** bedeutet allerdings nicht, daß aus diesem ausländischen Titel auch im Inland vollstreckt werden könnte (vgl. allgemein zu dem Eröffnungsbeschluß als Vollstreckungstitel *Kuhn/Uhlenbruck* § 117 Rz. 6). Da nicht die ausländische Entscheidung, sondern **nur das deutsche Vollstreckungsurteil einen Vollstreckungstitel** im Inland darstellt, bedarf es zunächst eines Exequaturverfahrens gemäß §§ 722, 723 ZPO. Zuständig ist nicht das Insolvenzgericht, sondern das Amts- oder Landgericht am allgemeinen Gerichtsstand des Vollstreckungsgegners, hilfsweise das am Ort des belegenen Vermögens (*Arnold* a. a. O., Rz. 35; *Geimer* a. a. O., Rz. 3524; *Trunk* a. a. O., S. 184).

cc) Vorläufige Sicherungsmaßnahmen

297 Umstritten ist, ob auch **ausländische vorläufige Sicherungsmaßnahmen**, also Maßnahmen entsprechend § 21 a anerkannt werden können. Während Arnold ihre Anerkennungsfähigkeit mit dem Hinweis verneint, sie seien im internationalen Rechtsverkehr keine ausreichende Grundlage für eine Anerkennung (a. a. O., Rz. 26), spricht sich Lüer auch diesbezüglich für eine Anwendung des ausländischen Insolvenzstatuts aus (*Kuhn/Uhlenbruck/Lüer* §§ 237, 238 Rz. 71). Vermittelnd wird erwogen, vorläufige Sicherungsmaßnahmen zumindest in den Fällen zuzulassen, in denen sie Bestandteil eines formalisierten Vorverfahrens – ähnlich den §§ 21 ff. – sind. Nach der Begründung zum RegE soll diese Frage der Rechtsprechung überlassen bleiben (BT-Drucks. 12/2443, S. 241). Die gegen die **Anerkennungsfähigkeit** dieser Maßnahmen vorgetragenen Gründe sind wenig überzeugend. Im **Interesse einer zügigen Sicherung der Insolvenzmasse** ist es erforderlich, daß vorläufige Sicherungsmaßnahmen ebenfalls formlos anerkannt werden können. Dies ist auch in Artikel 25 Abs. 1 3. Unterabsatz EuIÜ vorgesehen. Die Vollstreckung dieser Maßnahmen soll dann nach dem EuGVÜ erfolgen. Auch die UNCITRAL-Modellbestimmungen zu grenzüberschreitenden Insolvenzverfahren gehen von der Anerkennungsfähigkeit vorläufiger Sicherungsmaßnahmen aus (vgl. Artikel 2 a, abgedruckt unter Anlage 5 und in ZIP 1997, 2224 ff.).

dd) Stellung des Schuldners

Die Wirkungen, die das ausländische Insolvenzverfahren auf die **Stellung des Schuldners und die Befugnisse des ausländischen Verwalters** entfaltet, sind weitgehend interdependent. Mit der Anerkennung des ausländischen Verfahrens bestimmt dessen lex fori concursus auch die Stellung des Schuldners, also ob er beispielsweise seine Verwaltungs- und Verfügungsbefugnis über die Gegenstände der Insolvenzmasse verliert und ob er in seiner Prozeßführungsbefugnis Einschränkungen unterliegt (*Jaeger/ Jahr* §§ 237, 238 Rz. 415 ff.; *Lüer* a. a. O., Rz. 77; vgl. auch Art. 4 Abs. 2 Buchstabe c EuIÜ).

298

ee) Rechtsverfolgung im Inland

a) Mit der Eröffnung des Insolvenzverfahrens im Ausland verliert der Insolvenzschuldner, sofern dies die lex fori concursus vorsieht, seine Verwaltungs- und Verfügungsbefugnis über das insolvenzbefangene Vermögen. Damit verliert er zugleich auch seine Prozeßführungsbefugnis, die entsprechend dem ausländischen Recht auf den Insolvenzverwalter übergeht (ganz h. M. vgl. nur *Kilger/Karsten Schmidt* § 237 Anm. 6b; BGHZ 125 S. 196). Eine Klage gegen den Schuldner im Hinblick auf einen vom ausländischen Insolvenzbeschlag erfaßten Gegenstand ist somit unzulässig.

299

b) Umstritten war bisher, ob auch die Eröffnung eines ausländischen Insolvenzverfahrens zur **Unterbrechung eines im Inland gegen den Schuldner anhängigen Prozesses** führt. Obwohl eine Entscheidung des vom IX. Zivilsenats des BGH angerufenen Gemeinsamen Senats nicht vorliegt (die Parteien haben sich außergerichtlich verglichen und die Revision zurückgenommen, KTS 1998, 198), kann diese Rechtsfrage als geklärt angesehen werden. Der IX. Senat hat in seinem Vorlagebeschluß so eingehend begründet, warum auch einem ausländischen Insolvenzverfahren eine unterbrechende Wirkung gemäß § 240 ZPO zukommen müsse, daß eine abweichende Entscheidung des Gemeinsamen Senats so gut wie ausgeschlossen erscheint (*BGH* WM 1998, 43 ff. = ZIP 1998, 659 ff. = DB 1998, 923 f.; Anm. *Hanisch* EWiR 1998, 477 f.; vgl. bereits die Anfrage an den I. Zivilsenat und den Kartellsenat des *BGH* ZIP 1997, 1242 ff.). In seinem Vorlagebeschluß hat der IX. Senat die zu dieser Frage ergangenen Entscheidungen und die einschlägige Rechtsprechung umfassend dokumentiert. Danach geht die wohl **ganz herrschende Meinung davon aus, daß die Eröffnung eines Insolvenzverfahrens im Ausland einen im Inland anhängigen Rechtsstreit gemäß § 240 ZPO unterbricht** (vgl. nur *Baur/Stürner* Insolvenzrecht, Rz. 37.32; *Aderhold* a. a. O., S. 251 f., *Kilger/ Karsten Schmidt* § 237 Anm. 6b; *Hanisch* EWiR 1996, 821, 822; *Kuhn/Uhlenbruck/Lüer* §§ 237, 238 Rz. 77; *Habscheid* KTS 1998, 183 ff.). Zur Begründung führt der BGH u. a. die ratio legis des § 240 ZPO an, nach der diese Vorschrift dem Insolvenzverwalter und den Parteien Gelegenheit geben will, sich auf die neue Lage nach Eröffnung des Insolvenzverfahrens einzustellen. Dieser Gesetzeszweck treffe auch auf die Eröffnung eines (anerkennungsfähigen) Insolvenzverfahrens im Ausland zu, sofern nach der lex fori concursus die Prozeßführungsbefugnis auf den ausländischen Insolvenzverwalter übergehe. Wie sich dieser Wechsel der Prozeßführungsbefugnis allerdings in dem anhängigen Rechtsstreit auswirke, bestimme sich ausschließlich nach dem Recht des jeweiligen Prozeßgerichts. Dies entspricht auch Artikel 15 EuIÜ, nach dem die lex fori des Prozeßgerichts darüber entscheidet, wie sich ein im Ausland eröffnetes Verfahren auf den anhängigen Rechtsstreit auswirke (vgl. Rz. 95). Dies bedeutet, daß nach dem EuIÜ jeder Mitgliedstaat, der für seine eigenen Insolvenzverfahren eine Prozeßunterbrechung

300

vorsieht, diese Wirkung auch den ausländischen Verfahren einräumen muß, wenn nach dem Recht dieses Staates die Prozeßführungsbefugnis auf den Verwalter übergeht (*BGH* ZIP 1997, 1242, 1245 f.). Der die Anwendung des §§ 240 ZPO ablehnende Beschluß des I. Senats aus dem Jahre 1988 hat insbesondere Gründe der Rechtssicherheit angeführt, die der Berücksichtigung einer ausländischen Konkurseröffnung entgegenstünden (*BGH* ZIP 1988, 1200 = NJW 1988, 3096). Zurecht weist der IX. Senat in seinem Vorlagebeschluß darauf hin, daß die üblichen Erkenntnisquellen der Beteiligten über die Eröffnung eines Insolvenzverfahrens in aller Regel bei der Eröffnung eines Auslandsinsolvenzverfahrens ebenso wirksam seien und daß die Feststellung des ausländischen Insolvenzrechts die Gerichte nicht vor unüberwindliche Schwierigkeiten stelle (*BGH* ZIP 1997, 1244).

301 c) Damit ist jedoch noch nicht entschieden, wie sich die **Eröffnung eines ausländischen Insolvenzverfahrens, bei dem der Schuldner die Verfügungsbefugnis und die Prozeßführungsbefugnis auch über das insolvenzbefangene Vermögen behält**, im Inland auswirkt. Die Argumentation des IX. Senats in seinem o. a. Vorlagebeschluß weist immer auf den Wechsel der Prozeßführungsbefugnis hin, letztlich sei dieser Wechsel entscheidend für die Unterbrechung. Im gleichen Sinne wird vom BGH Artikel 15 EuIÜ ausgelegt, da auch nach dem Übereinkommen eine Unterbrechung nur eintreten soll, wenn die Prozeßführungsbefugnis nach dem Recht des Eröffnungsstaates auf den Verwalter übergeht (BGH a. a. O., S. 1245 f.). Diese **einschränkende Interpretation** ist **aber abzulehnen**. Eine Unterbrechung des anhängigen Rechtsstreits ist auch dann sinnvoll, wenn nach der lex fori concursus die Prozeßführungsbefugnis des Schuldners bestehen bleibt. In diesem Fall wird dem Gericht Gelegenheit gegeben, sich in der Zeit der Unterbrechung über das ausländische Recht sachkundig zu machen. Das **Verfahren kann dann allerdings vom Schuldner selbst wieder aufgenommen werden**. Diese Konzeption legt auch § 391 RegE zugrunde (vgl. auch *Geimer* IZPR Rz. 3530).

302 d) Mit der Anerkennung des ausländischen Hauptinsolvenzverfahrens werden **Vollstreckungsmaßnahmen auch im Inland unzulässig**, sofern die lex fori concursus ein solches Vollstreckungsverbot kennt. Dieses Verständnis steht in Übereinstimmung mit Artikel 4 Abs. 2 Buchstabe f EuIÜ (vgl. hierzu Erläuternder Bericht Rz. 91 f.). Bereits zu § 237 Abs. 1 KO, der an sich die Zwangsvollstreckung in das inländische Vermögen zuließ, hat der BGH in der Wendeentscheidung eine einschränkende Auslegung vertreten, nach der allein die Zwangsvollstreckung aus den zur Zeit der Konkurseröffnung bestehenden Titeln zulässig war (BGHZ 95 S. 256, 270; so bereits schon *Thieme* RabelsZ. 37 (1973), 682 ff.). Diese Entscheidung, die im Schrifttum überwiegend positiv aufgenommen wurde (vgl. *Aderhold* a. a. O., S. 242 m. w. N.), wurde zum Teil aber auch kritisch kommentiert. So weist *Arnold* darauf hin, daß diese Rechtsprechung eine erhebliche Zurücknahme des Rechtsschutzes für inländische Gläubiger bedeutet, da ihnen nun nicht mehr die Teilnahme an einem ausländischen Konkursverfahren erspart bleibt (a. a. O., Rz. 40; in die gleiche Richtung *Baur/Stürner* Insolvenzrecht Rz. 37.35). Die Gründe, die gegen eine Zulassung der Einzelzwangsvollstreckung ins Feld geführt werden, sind jedoch überzeugend. **Zwangsvollstreckungsmaßnahmen einzelner Gläubiger** stehen im klaren Widerspruch zum Universalitätsprinzip und **verletzen den Grundsatz der par conditio creditorum** in eklatanter Weise. Dem Schutz inländischer Gläubiger wird eher ein inländisches Sekundärinsolvenzverfahren gerecht, als die Zulassung der Einzelzwangsvollstreckung, die zwangsläufig einzelne Gläubiger bevorzugt. Zudem müßte ein Gläubiger, der im Wege der Zwangsvollstreckung etwas erlangt hat, damit rechnen, daß nach Eröffnung eines inländischen Parallelverfahrens er im Wege der Anfechtung das Erlangte an die Insolvenzmasse wieder zurückgewähren muß (so

BT-Drucks. 12/2443, S. 238; ebenso *Aderhold* a.a.O., S. 243). Auch Artikel 20 Abs. 1 Buchstaben a, b der UNCITRAL-Modellbestimmungen geht davon aus, daß mit der Anerkennung eines ausländischen Hauptinsolvenzverfahrens eine Unterbrechung eines anhängigen Rechtsstreits eintritt und Zwangsvollstreckungsmaßnahmen unzulässig werden.

e) Das zur Zwangsvollstreckung Ausgeführte muß entsprechend auch für den **Arrest** gelten. Die Möglichkeiten des ausländischen Insolvenzverwalters, im Inland belegene Gegenstände der Masse zum Hauptinsolvenzverfahren zu ziehen, dürfen nicht beschnitten werden (ebenso *Aderhold* a.a.O., S. 243; *Kuhn/Uhlenbruck/Lüer* §§ 237, 238 Rz. 84; *Gerhardt* Insolvenzrechts-Handbuch, § 34 Rz. 16; a.A. etwa *Flessner* in FS Merz, 93 ff.; *ders*. IPRax 1997, 6). Hat ein Gläubiger unter Verstoß gegen das Verbot der Einzelzwangsvollstreckung **im Inland etwas erlangt**, so hat er dies an den **ausländischen Verwalter des Hauptinsolvenzverfahrens herauszugeben**, sofern ein solcher Anspruch nach der lex fori concursus besteht (*Kuhn/Uhlenbruck/Lüer* §§ 237, 238 Rz. 86 unter Hinweis auf die grundlegende Entscheidung in BGHZ 88 S. 147, 155; ebenso *Aderhold* a.a.O., S. 245 f. mit dem zutreffenden Hinweis, eine Beschränkung der Herausgabepflicht auf am Inlandskonkurs teilnehmende, im Inland ansässige Konkursgläubiger sei nicht gerechtfertigt).

303

ff) Die Befugnisse des ausländischen Insolvenzverwalters

Die Rechtsstellung und die Befugnisse des ausländischen Insolvenzverwalters bestimmen sich nach der lex fori concursus (vgl. auch Artikel 4 Abs. 2 Buchstabe c EuIÜ). Dies ist eine der wesentlichen Wirkungen der Anerkennung des ausländischen Insolvenzverfahrens. Wenn ihm sein Heimatrecht diese Befugnisse verleiht, so kann der Verwalter in Deutschland **alle Maßnahmen** ergreifen, **die zur Sammlung, Sicherung und Verwertung der Insolvenzmasse erforderlich sind** (*Trunk* Transnationales Prozeßrecht, 193). Aus der Einheitlichkeit des Insolvenzverwalterstatuts ergibt sich auch, daß die Rechtsmacht, die das Recht des Eröffnungsstaates dem Verwalter verleiht, weiter gehen kann als die Befugnisse, die einem deutschen Insolvenzverwalter zustehen (*Kuhn/Uhlenbruck/Lüer* a.a.O., Rz. 88; ihm folgend *Arnold* a.a.O., Rz. 101). In bestimmten Ausnahmefällen kann eine Anpassung an das deutsche Recht vorgenommen werden (*Arnold* a.a.O.) Allerdings kann der ausländische Verwalter im Inland **keine hoheitliche Zwangsgewalt** ausüben. Will der ausländische Verwalter im Inland Ansprüche zwangsweise durchsetzen, so bedarf er hierfür eines Vollstreckungstitels. Die im Eröffnungsstaat ergangenen Titel, so etwa auch der Eröffnungsbeschluß, müssen nach §§ 722, 723 ZPO im Inland für vollstreckbar erklärt werden (*Arnold* a.a.O., Rz. 35; ebenso Artikel 25 EuIÜ unter Verweis auf das EuGVÜ). Dem ausländischen Verwalter steht im Inland die **Prozeßführungsbefugnis** zu, so daß er auch der Zwangsvollstreckung einzelner Gläubiger in Gegenstände des inländischen Vermögens entgegentreten kann (*Kuhn/Uhlenbruck/Lüer* a.a.O., Rz. 93; *Trunk* a.a.O., S. 193). Der ausländische Verwalter muß jedoch die Verfahren im Inland nicht selbst führen, sondern kann den Schuldner mit der Prozeßführung bevollmächtigen (*Trunk* a.a.O.)

304

gg) Auswirkungen auf die Prozeßvollmacht

Mit der Eröffnung des Insolvenzverfahrens erlischt die vom Schuldner erteilte Prozeßvollmacht, soweit sie sich auf Prozesse bezieht, die nach § 240 ZPO unterbrochen werden (*Jaeger/Henckel* § 23 Rz. 50). Dies wird durch § 117 klargestellt, der in der KO

305

keine Entsprechung hatte. Mit der grundlegenden Gleichstellung des anerkannten ausländischen Verfahrens mit inländischen Insolvenzverfahren findet § 117 auch auf das ausländische Insolvenzverfahren Anwendung (zum Erlöschen der Prozeßvollmacht nach der KO *Summ* a. a. O., S. 57; *Trunk* ZIP 1989, 279, 284 f.).

hh) Forderungsanmeldung

306 Auf das Insolvenzverfahren findet das Recht des Eröffnungsstaates Anwendung. Somit ist auch diesem Recht zu entnehmen, welche Gläubiger teilnahmeberechtigt sind und wie sie ihre Forderungen anmelden müssen (vgl. Art. 4 Abs. 2 Buchstabe g EuIÜ). Werden diese Forderungen bestritten, so ist auch der lex fori concursus zu entnehmen, wie ggf. ihre Feststellung zu erfolgen hat (*Arnold* a. a. O., Rz. 114). Für ein deutsches Verfahren bedeutet dies, daß grundsätzlich alle Gläubiger ihre Forderungen anmelden können. Gewisse Bedenken bestehen insoweit hinsichtlich ausländischer **Fiskalforderungen** oder hinsichtlich von Forderungen ausländischer **Sozialversicherungsträger** (vgl. *Trunk* Transnationales Prozeßrecht, 174, der darauf hinweist, daß ausländische Hoheitsforderungen offenbar kaum angemeldet werden). Allerdings wird in manchen Doppelbesteuerungsabkommen das Teilnahmerecht ausländischer Fiskalforderungen ausdrücklich anerkannt (*Trunk* a. a. O., S. 160). Ebenso wird in Art. 39 EuIÜ bestimmt, daß auch die Steuerbehörden und die Sozialversicherungsträger der Vertragsstaaten ihre Forderungen in einem Insolvenzverfahren eines anderen Vertragsstaates anmelden können.

ii) Information der ausländischen Gläubiger, öffentliche Bekanntmachung, Eintragung in Register

307 Die automatische Anerkennung eines ausländischen Insolvenzverfahrens berührt nachhaltig die Rechte inländischer Gläubiger. Es ist deshalb notwendig, daß diese Gläubiger möglichst zeitnah über die Eröffnung des ausländischen Insolvenzverfahrens informiert werden und daß zur Warnung des Geschäftsverkehrs und um einen gutgläubigen Erwerb zu verhindern, eine Eintragung in die entsprechenden Register vorgenommen wird (vgl. zum EuIÜ Rz. 105 ff.).

308 a) Wie und in welchem Umfang die Gläubiger über die Eröffnung eines Insolvenzverfahrens zu informieren sind, richtet sich nach der lex fori concursus. Sieht dieses Recht eine Diskriminierung ausländischer Gläubiger vor, etwa daß sie überhaupt nicht informiert werden oder deutlich weniger Informationen erhalten als die inländischen Gläubiger, so kann dies einer Anerkennung entgegenstehen, wenn die Diskriminierung so massiv ist, daß der inländische ordre public verletzt wird.

309 Wird in Deutschland ein Insolvenzverfahren eröffnet, so sind auch die ausländischen Gläubiger nach § 30 Abs. 2 durch Zustellung des Eröffnungsbeschlusses individuell zu unterrichten. Dies entspricht weitgehend den Anforderungen, die Artikel 40 EuIÜ aufstellt. Im Gegensatz zum Zwangsvollstreckungsverfahren bereitet die **Auslandszustellung** keine Probleme, da sie gemäß § 8 Abs. 1 Satz 2 durch **Aufgabe zur Post** erfolgen kann. Eine solche Zustellung wird als **Inlandszustellung** gewertet (BGHZ 98 S. 263, 266).

310 b) Die **öffentliche Bekanntmachung** eines ausländischen Insolvenzverfahrens im Inland ist eine Verfahrenshandlung, die sich nach der deutschen lex fori beurteilt. Die Veröffentlichung soll im Interesse des Verkehrsschutzes erfolgen, sie ist jedoch nicht, wie bereits ausgeführt, Anerkennungsvoraussetzung (vgl. hierzu *Trunk* KTS 1987, 415, 424 f.).

Artikel 102 EGInsO Internationales Insolvenzrecht **Anhang I**

Nach Art. 21 Abs. 1 EuIÜ ist auf Antrag des Verwalters die Verfahrenseröffnung in jedem anderen Vertragsstaat öffentlich bekannt zu machen. Eine entsprechende Regelung sah § 385 RegE vor. Absatz 2 dieser Vorschrift ordnete an, daß der Antrag nur zulässig ist, wenn die tatsächlichen Anerkennungsvoraussetzungen glaubhaft gemacht wurden. Diese **Glaubhaftmachung** sollte in erster Linie dem Gericht die Prüfung der Anerkennungsvoraussetzungen erleichtern (BT-Drucks. 12/2443, S. 242), hätte darüber hinaus aber auch einen gewissen Schuldnerschutz vor nicht gerechtfertigten Veröffentlichungen gebracht. Eine weitere Vorschrift über die Veröffentlichung enthält Artikel 5 Abs. 1 DöKV. Nach dieser Vorschrift ist die Eröffnung des Konkursverfahrens auf Veranlassung des Konkursgerichts in dem anderen Staat bekannt zu machen. Bei der Bitte des Konkursgerichts um Veröffentlichung seiner Bekanntmachung im anderen Staat handelt es sich um einen Druckauftrag im privatrechtlichen Geschäftsverkehr und nicht um ein Rechtshilfeersuchen (*Arnold* DöKV S. 67). 311

Gegenwärtig existieren keine Vorschriften, ob und wie die Bekanntmachung eines ausländischen Insolvenzverfahrens zu erfolgen hat. Aus der Anerkennung läßt sich jedoch die Verpflichtung des anerkennenden Staates herleiten, dem ausländischen Hoheitsakt im Inland zur Geltung zu verhelfen. Für eine effektive Durchsetzung des ausländischen Insolvenzverfahrens ist auch eine öffentliche Bekanntmachung im Inland geboten, zumindest dann, wenn sie der ausländische Verwalter für erforderlich hält. Der ausländische Verwalter hat hierzu einen Antrag bei dem Insolvenzgericht zu stellen, in dessen Bezirk Gegenstände des schuldnerischen Vermögens belegen sind (so die Regelung in § 387 Abs. 1 RegE). 312

c) Der ausländische Verwalter ist berechtigt, im Inland beim **Grundbuchamt** die **Eintragung des Insolvenzvermerks** zu beantragen. Da dem Verwalter regelmäßig nach seinem Heimatrecht die Pflicht auferlegt wird, die Insolvenzmasse im Interesse der Insolvenzgläubiger zu sichern, muß er in Deutschland auch die Eintragung eines Insolvenzvermerks erwirken können, um den gutgläubigen Erwerb zu verhindern (*OLG Zweibrücken* IPRax 1991, 186 ff. m. Anm. *Gottwald* IPRax 1991, 168 ff.; *Hanisch* ZIP 1995, 1233, 1237; *Aderhold* a.a.O., S. 257; *Summ* a.a.O., S. 47). Für die Eintragung muß der ausländische Verwalter gemäß § 22 GBO die Unrichtigkeit des Grundbuchs nachweisen. Hierfür ist die Vorlage des ausländischen Eröffnungsbeschlusses ausreichend, für die ggf. eine beglaubigte Übersetzung verlangt werden kann (vgl. *Gottwald* a.a.O., S. 170). Ein Echtheitsnachweis des Eröffnungsbeschlusses nach § 437 ZPO kann vom Grundbuchamt nur verlangt werden, soweit nicht staatsvertraglich etwas anderes vereinbart ist (z.B. nach dem Haager Übereinkommen zur Befreiung ausländischer öffentlicher Urkunden von der Legalisation vom 05. 10. 1961, BGBl. II 1965, 876). In diesem Fall ist nur die von der zuständigen Behörde des Errichtungsstaates erteilte Apostille erforderlich. Die Vorlage einer Bestallungsurkunde ggf. mit Übersetzung darf vom Grundbuchamt nur verlangt werden, wenn abweichend vom deutschen Recht der ausländische Verwalter nicht in dem Eröffnungsbeschluß namentlich bezeichnet wird (*Gottwald* a.a.O., S. 170). 313

Eine Erleichterung ist in § 5 Abs. 2 DöKV vorgesehen, nach dem sich das Konkursgericht unmittelbar an das ausländische Grundbuchamt oder Registergericht mit der Bitte um Eintragung wenden kann. Eine Eintragung kann dann nur abgelehnt werden, wenn auf das bestimmte Verfahren der Vertrag keine Anwendung findet (*Arnold* DöKV S. 62). Demgegenüber sah § 386 RegE vor, daß der ausländische Verwalter beim Insolvenzgericht einen Antrag zu stellen hat, das seinerseits die registerführende Stelle um Eintragung ersucht. Damit sollte eine Belastung der Grundbuchämter mit der Prüfung der Anerkennungsvoraussetzungen eines ausländischen Verfahrens verhindert werden 314

(BT-Drucks. 12/2443, S. 242; zu der Eintragung in öffentliche Register nach § 22 EuIÜ vgl. Rz 105).

315 Im Gegensatz zu § 32 Abs. 2 Satz 2 sieht § 31 für die **Eintragung ins Handelsregister** oder vergleichbare Register kein Antragsrecht des Insolvenzverwalters vor. Zur Begründung läßt sich auf die unterschiedliche Reichweite des Vertrauensschutzes zwischen Handelsregister und Grundbuch verweisen (*Gottwald* a. a. O., S. 171). Auch ohne Eintragung ins Handelsregister kann die fehlende Verfügungsbefugnis des Schuldners vom Insolvenzverwalter geltend gemacht werden. Nach § 13 d Abs. 3 HGB gelten für die Eintragungen hinsichtlich einer Zweigniederlassung, deren Hauptniederlassung sich im Ausland befindet, die Vorschriften für Hauptniederlassungen entsprechend und damit auch § 32 HGB. Danach muß die Eröffnung des Insolvenzverfahrens von Amts wegen ins Handelsregister eingetragen werden. Denkbar wäre, daß in Übereinstimmung mit Artikel 5 Abs. 2 DöKV das ausländische Insolvenzgericht das inländische Amtsgericht im Wege der Rechtshilfe um Eintragung des Insolvenzvermerks ersucht. Artikel 22 Abs. 1 EuIÜ sieht insofern ein Antragsrecht des ausländischen Verwalters vor. Handelt es sich um die inländische Zweigniederlassung einer ausländischen Kapitalgesellschaft, so verpflichtet § 13 e Abs. 4 HGB die ständigen Vertreter und, wenn solche fehlen, die gesetzlichen Vertreter der Gesellschaft, die Eröffnung des Insolvenzverfahrens zur Eintragung in das Handelsregister anzumelden, um sicherzustellen, daß das für die Zweigniederlassung zuständige deutsche Registergericht von einem Insolvenzverfahren Kenntnis erlangt.

316 Es bleibt jedoch festzuhalten, daß mangels einer Bestimmung im deutschen Registerrecht dem **ausländischen Verwalter keine Antragsbefugnis** insoweit zukommt (ebenso *Gottwald* a. a. O., S. 171). Für die Löschung des Insolvenzvermerks gelten die o. a. Ausführungen entsprechend.

317 Da auch **vorläufige Sicherungsmaßnahmen** anzuerkennen sind (vgl. Rz. 297) können ausländische Maßnahmen, die die Verwaltungs- und Verfügungsbefugnis des Schuldners wie die Maßnahmen nach § 21 einschränken, entsprechend § 23 eingetragen werden.

c) **Materielle Wirkungen des ausländischen Verfahrens**

318 Anerkennung im hier verstandenen (verfahrensrechtlichen) Sinne bedeutet Wirkungserstreckung (vgl. Rz. 286). Die Anerkennung eines fremden Konkursstatuts könnte jedoch zu nicht tragbaren Ergebnissen führen, wenn danach zwingend Sachverhalte zu beurteilen wären, die ganz wesentlich von der inländischen Rechtsordnung geprägt sind. Die für das ausländische Insolvenzverfahren maßgebenden Sachnormen sollen deshalb nur **nach Maßgabe der Kollisionsnormen des IIR im Inland anzuwenden** sein (*Arnold* Insolvenzrechts-Handbuch, § 122 Rz. 34). Aus der Formulierung des *BGH* in der Wendeentscheidung, daß die Anerkennung des Auslandskonkurses im Inland »in das Gesamtgefüge der deutschen konkursrechtlichen Vorschriften und Rechtsgrundsätze eingebettet« sein müsse (BGHZ 95 S. 256, 269 f.), wird die Verpflichtung hergeleitet, die Folgen der Anerkennung eines ausländischen Insolvenzverfahrens »in einem Netz von Kollisionsregeln aufzufangen« (so *Aderhold* a. a. O., S. 220). *Reinhart* bemüht sich, die von ihm beklagte begriffliche Unschärfe zwischen verfahrensrechtlicher Anerkennung und Kollisionsrecht in dem Sinne aufzulösen, daß die Anerkennung des Eröffnungsbeschlusses eine Vorfrage im Rahmen insolvenzrechtlicher Kollisionsnormen bildet (Sanierungsverfahren im Internationalen Insolvenzrecht, 129). Er will deshalb in jedem Einzelfall prüfen, welche Wirkungen des ausländischen Verfahrens verfahrensrechtlich

anzuerkennen sind und welche Wirkungen sich erst aufgrund einer kollisionsrechtlichen Verweisung ergeben (a. a. O., S. 130).

Ausgangspunkt ist die »**Grundnorm**« **des IIR**, daß für ein Insolvenzverfahren, für die **319** Insolvenzrechtsverhältnisse und die Rechtsfolgen in Ansehung des Vermögens des Schuldners ohne Rücksicht auf die Belegenheit der Rechtsverhältnisse oder der Vermögensgegenstände oder auf das diese Rechtsverhältnisse oder Gegenstände bestimmende Recht die **lex fori concursus Anwendung findet** (*Jaeger/Jahr* §§ 237, 238 Rz. 120, 243 f.). Dem entspricht auch Artikel 4 EuIÜ. Da die Bestimmungen des Übereinkommens weitgehend auch für das autonome deutsche IIR maßgebend sein sollen (vgl. Rz. 270), können sie zumindest als Indiz herangezogen werden.

aa) Bestimmung der Insolvenzmasse

Der **Umfang der Insolvenzmasse** und die **Behandlung des Neuerwerbs** bestimmen **320** sich nach dem Konkursstatut (Artikel 4 Abs. 2 Buchstabe b EuIÜ; ebenso *Aderhold* a. a. O., S. 261 ff.; *Arnold* a. a. O., Rz. 93; *Hanisch* in Kegel, Vorschläge und Gutachten, 332). Sieht die maßgebende lex fori concursus eines anerkannten ausländischen Verfahrens entgegen § 35 nicht die Einbeziehung des Neuerwerbs vor, so werden auch die in Deutschland belegenen Gegenstände des Neuerwerbs nicht vom Insolvenzbeschlag des ausländischen Verfahrens erfaßt. Regelmäßig wird nur das **pfändbare Vermögen** des Schuldners von einem Insolvenzverfahren erfaßt (vgl. die Nachweise zum ausländischen Recht *Aderhold* a. a. O., S. 262), Pfändbarkeit ist jedoch keine Frage des Insolvenz- sondern des Zwangsvollstreckungsrechts. Sie beurteilt sich deshalb nach dem **Belegenheitsort des jeweiligen Gegenstandes** (*Arnold* a. a. O.). Bei sonstigen Beschränkungen der Insolvenzmasse aus sozialen Gründen soll, zumindestens außerhalb des Anwendungsbereichs des EuIÜ, das inländische Recht maßgebend sein (*Aderhold* a. a. O., S. 263 unter Hinweis auf Artikel 11 DöKV).

bb) Masseansprüche und Rang der Insolvenzforderungen

a) Nach dem EuIÜ bestimmt das Recht des Eröffnungsstaates, welche Forderungen als **321** Insolvenzforderung anzumelden sind, welche Forderungen als Masseverbindlichkeiten zu behandeln sind und das Anmelde- und Feststellungsverfahren der Forderung (Artikel 4 Abs. 2 Buchstaben h, i). Eine entsprechende Bestimmung findet sich auch in Artikel 19 Abs. 1 DöKV. Sie kann somit als allgemeine Kollisionsregel anerkannt werden (*Aderhold* a. a. O., S. 290; *Arnold* a. a. O., Rz. 114; *Kuhn/Uhlenbruck/Lüer* §§ 237, 238 Rz. 67; *Trunk* Transnationales Prozeßrecht, 174).

Es ist nicht selbstverständlich, daß ausländischen Gläubigern in einem inländischen **322** Verfahren derselbe **Vorrang** eingeräumt wird wie vergleichbaren lokalen Gläubigern. So bestimmt etwa Artikel 13 der UNCITRAL-Modellbestimmungen, daß ausländische Gläubiger zwar grundsätzlich die gleichen Rechte hinsichtlich der Eröffnung und der Teilnahme an Insolvenzverfahren wie inländische haben, allerdings müssen ihnen nicht dieselben Vorrechte eingeräumt werden. Vielmehr dürfen sie lediglich nicht schlechter gestellt werden als sonstige nicht bevorrechtigte Gläubiger. Als Option wird in den Modellbestimmungen sogar vorgesehen, daß Forderungen des ausländischen **Fiskus** und der ausländischen **Sozialversicherungsträger** vom Verfahren völlig ausgeschlossen werden können. Dieses Ergebnis ist darauf zurückzuführen, daß verschiedene Staaten in den Beratungen vorgetragen haben, die Berücksichtigung dieser öffentlich-rechtlichen Forderungen würde ihren ordre public berühren (vgl. zu den Modellbestimmungen *Wimmer* ZIP 1997, 220, 222 und Rz. 252 ff.).

323 b) Auch im deutschen Schrifttum zum IIR wird wohl überwiegend die Auffassung vertreten, eine Gleichstellung ausländischer öffentlich-rechtlicher Forderungen mit entsprechenden inländischen Forderungen sei zu verneinen (*Trunk* Transnationales Prozeßrecht, 174 m. w. N.). Es sei selbst unklar, ob diese Gläubiger als einfache Konkursgläubiger am Verfahren teilnehmen können. Zumindest werde jedoch ein Vorrecht nur anerkannt, wenn dies in einem völkerrechtlichen Vertrag ausdrücklich vorgesehen sei (*Kuhn/Uhlenbruck* § 61 Rz. 48a, 51a). Im Anwendungsbereich des EuIÜ ist jedoch davon auszugehen, daß die **öffentlich-rechtlichen Gläubiger der anderen Vertragsstaaten ein vergleichbares Vorrecht genießen** wie vergleichbare inländische Körperschaften. Eine solche Position wurde zumindest in den Verhandlungen zum EuIÜ vertreten. Dies hätte zur Konsequenz, daß der deutsche Fiskus bei der Teilnahme an einem Verfahren in einem anderen Vertragsstaat von einem dort existierenden Fiskalrecht profitieren würde, während umgekehrt der ausländischen Steuerverwaltung bei einem in Deutschland eröffneten Verfahren kein Vorrecht zustehen würde, selbst wenn ihr dies durch ihr Heimatrecht eingeräumt würde. Mit der Abschaffung des Vorrechts für die Steuerverwaltung und die Sozialversicherungsträger reduziert sich die Diskussion in Deutschland hinsichtlich der Verfahrensteilnahme ausländischer öffentlich-rechtlicher Gläubiger auf das Fiskalpfandrecht gemäß § 41 Nr. 4 InsO und auf die Festlegung des Inhalts eines Sozialplans nach §§ 217ff. InsO (*Trunk* a.a.O., S. 175).

324 c) Wird die Forderung des ausländischen Gläubigers im inländischen Verfahren bestritten, so hat der ausländische Gläubiger gemäß § 179 Abs. 1 die **Feststellung gegen den Bestreitenden zu betreiben**. Ausschließlich zuständig für diese Klage ist nach § 180 Abs. 1 das Amtsgericht respektive Landgericht, zu dessen Bezirk das Insolvenzgericht gehört. Dies gilt auch dann, wenn für die Forderung außerhalb des Insolvenzverfahrens die internationale Zuständigkeit eines anderen Staates begründet ist (*Arnold* a.a.O., Rz. 115; *Jaeger/Jahr* §§ 237, 238 Rz. 409). Liegt der angemeldeten Forderung ein **vollstreckbarer Schuldtitel oder ein Endurteil** zugrunde, so hat der Bestreitende den Widerspruch im Ausland zu verfolgen, wenn die ausländische Entscheidung – etwa nach § 328 ZPO – in Deutschland anerkannt wird (*Jaeger/Jahr* §§ 237, 238 Rz. 410; *Jaeger/Weber* § 146 Rz. 48).

cc) Aus- und Absonderungsrechte

325 a) Die lex fori concursus regelt, welche Gegenstände zur Konkursmasse zählen und welche nicht massezugehörig sind und somit ausgesondert werden können (vgl. Art. 4 Abs. 2 Buchstabe b EuIÜ). Ob dem Gläubiger allerdings das von ihm beanspruchte **Aussonderungsrecht** auch **tatsächlich zusteht**, bestimmt sich nicht nach dem **Konkursstatut**, sondern nach dem für den jeweiligen Gegenstand maßgebenden Sachstatut (*Arnold* a.a.O., Rz. 94; *Jaeger/Jahr* a.a.O., Rz. 103, 302; *Kuhn/Uhlenbruck/Lüer* Rz. 75, letzterer weist auf den allgemeinen Grundsatz hin, daß die Eröffnung des Insolvenzverfahrens die Regeln des Sachstatuts insoweit unberührt läßt, als es um den Inhalt der an ihnen begründeten dinglichen Rechte und um die Anforderungen an wirksame Verfügungen über sie geht.) Diese Fragen bestimmen sich somit nach den Kollisionsnormen des IPR.

326 b) Einer konsequenten Wirkungserstreckung würde es entsprechen, wenn sie auch die Modalitäten einer **abgesonderten Befriedigung** nach dem ausländischen Konkursstatut bestimmen würden (so *Arnold* a.a.O., Rz. 95). Unbestritten ist zunächst, daß sich die Entstehung und der Inhalt des Rechts, für das eine abgesonderte Befriedigung beansprucht wird, nach dem Sachstatut richtet. Würde die Durchsetzung des Absonderungsrechts durch die fremde lex fori concursus jedoch erheblich eingeschränkt, so würde ein Sicherungsrecht genau in der Situation versagen, für die es an sich konzipiert ist. Das **Vertrauen des inländischen Wirtschaftsverkehrs** würde erheblich enttäuscht, wenn durch die Auswirkungen eines fremden Konkursstatuts dingliche Sicherheiten weitgehend entwertet würden (vgl. zur wirtschaftlichen Bedeutung der dinglichen Sicherheiten nur Erläuternder Bericht zum EuIÜ Rz. 97). Deshalb sieht Artikel 5 Abs. 1 EuIÜ vor, daß dingliche Rechte an Gegenständen, die sich zum Zeitpunkt der Verfahrenseröffnung im Gebiet eines anderen Vertragsstaates befinden, »**von der Eröffnung des Verfahrens nicht berührt**« werden (kritisch hierzu *Drobnig* in Stoll, Stellungnahmen und Gutachten, 177 ff.). § 390 RegE bestimmte, daß an einem Gegenstand der Insolvenzmasse bestehende dingliche Rechte Dritter von der Eröffnung eines ausländischen Insolvenzverfahrens »nicht berührt« werden, wenn dieser Gegenstand zum Zeitpunkt der Verfahrenseröffnung im Inland belegen war. Die Kritik an beiden Vorschriften entzündet sich insbesondere daran, daß selbst wenn nach der lex rei sitae die gleichen oder noch größere insolvenzbedingte Eingriffe zulässig sind, die Sicherheit bei der Eröffnung eines ausländischen Insolvenzverfahrens völlig unberührt bleiben soll (*Drobnig* a.a.O., S. 179; Stellungnahme der Sonderkommission bei Stoll, a.a.O., S. 269; *Flessner* IPRax 1997, 1, 7).

Vor diesem Hintergrund kann für das autonome Recht eine Lösung entwickelt werden, die beiden Gesichtspunkten Rechnung trägt: einerseits die berechtigten Erwartungen des Wirtschaftsverkehrs in die Beständigkeit dinglicher Sicherheiten schützt, andererseits diesen Sicherheiten in einem ausländischen Insolvenzverfahren keinen größeren Schutz einräumt, als sie bei Eröffnung eines inländischen Insolvenzverfahrens genießen würden. Der sowohl im RegE als auch im Artikel 5 Abs. 1 EuIÜ verwandte Begriff »**nicht berührt**« kann dann dahingehend verstanden werden, daß die Sicherheit in ihrer wesentlichen Substanz unangetastet bleiben muß. Sie darf lediglich den Einschränkungen unterworfen werden, denen sie in der Insolvenz auch nach dem Lagerecht unterliegt. 327

Das **Vertrauen des inländischen Wirtschaftsverkehrs**, das zur Beschränkung der Wirkungen des fremden Konkursstatuts angeführt wird, kann dann nicht verletzt sein, wenn die dingliche Sicherheit lediglich Einschränkungen unterworfen wird, die in der Insolvenz auch dem inländischen Recht bekannt sind. Sieht die fremde lex fori concursus somit **Eingriffe in dingliche Sicherheiten** vor, so werden diese im Inland **nur insoweit anerkannt, als das Lagerecht vergleichbare Einschränkungen vorsieht**. Versteht man demgegenüber unberührt in dem Sinne, daß das ausländische Verfahren überhaupt keine Wirkungen auf die im Inland belegene Sicherheit hat, so müßte der ausländische Verwalter im Inland stets die Eröffnung eines Sekundärinsolvenzverfahrens beantragen, um die nach dem Lagerecht möglichen Eingriffe in die dinglichen Sicherheiten vornehmen zu können (ebenso *Flessner* a.a.O., S. 8). 328

dd) Aufrechnung

Ist der Gläubiger zur Aufrechnung berechtigt, so sollen die Auswirkungen einer fremden lex fori concursus ihn nicht in dem Vertrauen auf die Aufrechnungslage enttäuschen. Die Aufrechnung wirkt sich nicht nur als Erfüllungserleichterung aus, sondern beinhaltet auch das Recht zur Selbstexekution (vgl. nur *Kilger/Karsten Schmidt* § 53 Anm. 1). Der Aufrechnungsberechtigte soll nicht durch Vorgänge, die seiner Einflußmöglichkeit entzogen sind, seiner ursprünglichen Aufrechnungsmöglichkeit verlustig gehen (*Kilger/ Karsten Schmidt* a.a.O.). 329

330 Nach dem EuIÜ bestimmt grundsätzlich das Recht des Eröffnungsstaates die Voraussetzungen und die Wirksamkeit einer Aufrechnung (Art. 4 Abs. 2 Buchst. d). Dies bereitet unter dem Gesichtspunkt des Vertrauensschutzes so lange keine Schwierigkeiten, als nach der lex fori concursus die Aufrechnung im gleichen Umfange zulässig ist, wie nach dem Recht, das auf die Gegenforderung anwendbar ist. Deshalb sieht das EuIÜ im Interesse des Verkehrsschutzes vor, daß ein Gläubiger seine Aufrechnungsbefugnis entgegen etwaiger Einschränkungen der lex fori concursus behält, wenn er nach dem auf die Gegenforderung anwendbaren Recht zur Aufrechnung befugt war. Wird etwa in Deutschland ein Hauptinsolvenzverfahren eröffnet und findet auf die Gegenforderung des Schuldners das Recht eines ausländischen Staates Anwendung, so verliert der ausländische Gläubiger seine Aufrechnungsbefugnis auch dann nicht, wenn sie nach § 95 Abs. 1 Satz 3 ausgeschlossen sein sollte. Im Interesse des Geschäftsverkehrs sollte auch nach dem autonomen deutschen IIR der Aufrechnung diese Art »Garantiefunktion« gewährt werden (vgl. Erläuternder Bericht zum EuIÜ Rz. 109).

331 Nach der »Wendeentscheidung« des BGH muß zwischen der **Zulässigkeit der Aufrechnung**, über die die lex fori concursus entscheidet, und der **materiell-rechtlichen Wirksamkeit der Aufrechnung**, die sich nach dem Schuldstatut der Hauptforderung bestimmt, unterschieden werden (BGHZ 1995, 256, 273; so bereits *Jaeger/Jahr* §§ 237, 238 Rz. 399). Das Recht des Eröffnungsstaates regelt somit die konkursrechtliche Zulässigkeit der Aufrechnung (ebenso *Aderhold* Auslandskonkurs im Inland, S. 235 f.; *Arnold* Handbuch, § 122 Rz. 100; *Geimer* IZPR, Rz. 3562; *Summ* Anerkennung ausländischer Konkurse in der Bundesrepublik Deutschland, 67). Für die materiell-rechtlichen Wirkungen der Aufrechnung gilt somit nichts anderes als außerhalb des Insolvenzverfahrens, d. h. im Interesse des Gläubigers, der seine Forderung ohne Zahlung verliert, ist die für die Hauptforderung maßgebliche Rechtsordnung entscheidend (*Spellenberg* in MünchKomm, Art. 32 EGBGB Rz. 37).

332 Gegen diese **Kumulation** von Schuldstatut und lex fori concursus sind in der Literatur jedoch **Bedenken** geltend gemacht worden, die auf die Schwierigkeiten der Abgrenzung zwischen materiell-rechtlicher Wirkung und konkursrechtlicher Zulässigkeitsregelung hinweisen (*Hanisch* ZIP 1985, 1233, 1237 f. unter Hinweis auf *Eujen* Die Aufrechnung im internationalen Verkehr zwischen Deutschland, Frankreich und England, 1975, 121 f.).

333 Uneingeschränkt anerkannt wird jedoch die Beurteilung der Zulässigkeit der Aufrechnung nach der lex fori concursus, da nur so der Gleichbehandlung der Gläubiger Rechnung getragen werden könne (*Hanisch* a. a. O.). Hanisch erteilt deshalb der o. a. dargestellten Lösung des EuIÜ unter Hinweis auf die par conditio creditorum eine deutliche Absage. Die insolvenzrechtliche Garantie einer Aufrechnungslage und der durch sie gewährleistete Kreditschutz hätten hinter dem Grundsatz der Gläubigergleichbehandlung zurückzutreten (*Hanisch* a. a. O.; skeptisch insoweit *Lüke* KTS, 1986, 1, 17). Ob dem Gesichtspunkt der Gläubigergleichbehandlung oder dem Vertrauensschutz der Vorrang gebührt, kann letztlich offen bleiben. Mit dem **EuIÜ** wurde nämlich eine Entscheidung getroffen, die **auch für das autonome IIR maßgebend** sein sollte, da kein überzeugender Grund angeführt werden kann, warum zwischen Gläubigern aus Mitgliedsstaaten und solchen aus Drittstaaten differenziert werden sollte.

Artikel 102 EGInsO Internationales Insolvenzrecht **Anhang I**

ee) Auswirkungen des Insolvenzverfahrens auf Schuldverhältnisse des Schuldners

α) Vorbemerkungen

Während *Jahr* eine differenzierende Meinung vertritt und danach unterscheiden will, ob **334** die §§ 17 bis 23 KO Normen des deutschen Schuldvertragsrechts beinhalten oder ob sie »zwingendes« Konkursrecht darstellen (vgl. *Jaeger/Jahr*, §§ 237, 238 Rz. 353 bis 374) geht die wohl heute h. M. davon aus, die §§ 103 ff. (respektive ihre Vorgängerbestimmungen in der KO) seien **rein insolvenzrechtlicher Natur**, so daß für die von ihnen geregelte Materie die lex fori concursus maßgebend sei (*Arnold* Handbuch, § 122 Rz. 110; *Aderhold* a. a. O., S. 277).

β) Eigentumsvorbehalt

Beim **Eigentumsvorbehalt** muß zunächst zwischen den Wirkungen unterschieden **335** werden, die das Insolvenzverfahren auf den dem Eigentumsvorbehalt zugrunde liegenden schuldrechtlichen Vertrag ausübt und den Wirkungen auf den Eigentumsvorbehalt als dinglichem Recht (*Drobnig* in Kegel, Vorschläge und Gutachten, 357, 377 f.; *Staudinger/Stoll* Int. SachenR, Rz. 334; zur Ausgestaltung des Eigentumsvorbehalts in den einzelnen Staaten vgl. *Stoll* a. a. O., Rz. 325 ff., zur Frage der Verwertung vgl. *Drobnig* RabelsZ 60 [1996], 40, 52 ff.). Für die **sachenrechtlichen Wirkungen** des Eigentumsvorbehalts ist die **lex rei sitae** des Ortes maßgebend, an dem sich die Sache befindet. Bei einer Veränderung des Lageortes tritt demgemäß ein Statutenwechsel ein (*Stoll* **336** a. a. O., Rz. 334). Über die **Entstehung des Eigentumsvorbehalts** und seiner Reichweite entscheidet das Recht der Belegenheit zum Zeitpunkt der Begründung. Wird die Sache in ein anderes Land verbracht, so bestimmt dessen Recht über Inhalt und Ausübung des Eigentumsvorbehalts (*Kreutzer* in MünchKomm, nach Art. 38, Anh. I, Rz. 91). Im Falle der Insolvenz hätte dies zur Folge, daß die Eröffnung eines Insolvenzverfahrens im Ausland lediglich die insolvenzrechtlichen Wirkungen entfaltet, die auch ein Insolvenzverfahren im Inland auf den Eigentumsvorbehalt hätte. Demgegenüber bestimmen **Artikel 7 Abs. 1 EuIÜ** und **§ 390 Abs. 1 RegE**, daß die Eröffnung eines Insolvenzverfahrens gegen den Käufer die Rechte des Verkäufers aus einem Eigentumsvorbehalt unberührt läßt (§ 390 Abs. 1 RegE ist insofern etwas mißverständlich, als er lediglich von Rechten an einem Gegenstand der Insolvenzmasse spricht und nicht ausdrücklich den Eigentumsvorbehalt erwähnt, vgl. hierzu *Trunk* KTS 1994, 33, 42). Dies bedeutet, daß der Eigentumsvorbehalt **gegen die Wirkungen eines ausländischen Insolvenzverfahrens vollständig immunisiert** wird, selbst wenn er bei einem vergleichbaren inländischen Verfahren den gleichen oder noch stärkeren Einschränkungen unterworfen gewesen wäre (zur Kritik *Drobnig* in Stoll, Stellungnahmen und Gutachten, 179 f.; *Flessner* IPRax 1997, 1, 7 f.; differenzierend von *Wilmowsky* EWS 1997, 295 ff., der zwischen den Einschränkungen hinsichtlich der Verwertungsbefugnis und der Verteilungsbefugnis unterscheiden will: Während für die Einschränkungen der Verwertungsbefugnis das Insolvenzstatut maßgebend sein soll, sollen sich die Einschränkungen des Befriedigungsvorrechts nach den »Schutzstatuten« bestimmen). Da keine Gründe ersichtlich sind, warum der Eröffnung eines Insolvenzverfahrens in einem Drittstaat eine stärkere Wirkung zukommen soll als derjenigen in einem Vertragsstaat des EuIÜ, wird man in der Regelung des Artikel 7 Abs. 1 EuIÜ (Eigentumsvorbehalt bleibt unberührt) wohl eine allseitige Regel des deutschen IIR sehen müssen (ebenso *Stoll* a. a. O., Rz. 322). Ist ein Eigentumsvorbehalt nach dem maßgebenden Lagerecht im Falle der

Anhang I *Artikel 102 EGInsO Internationales Insolvenzrecht*

Eröffnung eines Insolvenzverfahrens gewissen Einschränkungen unterworfen, und will der ausländische Insolvenzverwalter von dieser Möglichkeit Gebrauch machen, so muß er am Lageort die Eröffnung eines Sekundärinsolvenzverfahrens beantragen, sofern die Voraussetzungen (etwa die Existenz einer Niederlassung, vgl. Artikel 3 Abs. 2 Satz 1 EuIÜ) vorliegen (zur Kritik an dem Zwang zum Sonderinsolvenzverfahren *Flessner* a. a. O., S. 8).

337 Abweichend vom EuIÜ verweist **Artikel 18 DöKV** auf die **lex rei sitae**, so daß das Konkursstatut nur zur Anwendung gelangt, wenn der betroffene Gegenstand zur Zeit der Verfahrenseröffnung im Eröffnungsstaat belegen war. Dies entspricht wohl der bisher h. M. im deutschen IIR, nach der die Konkurseröffnung die Regeln des Sachstatuts insoweit unberührt läßt, als es um den Inhalt bestehender dinglicher Rechte und die Anforderungen an wirksame Verfügungen über sie geht (*Aderhold* a. a. O., S. 282; *Arnold* Handbuch, § 122 Rz. 97; *Kuhn/Uhlenbruck/Lüer* §§ 237, 238 Rz. 75).

338 Zur **schuldrechtlichen Seite** bestimmt Artikel 7 Abs. 2 EuIÜ in Übereinstimmung mit § 107 Abs. 1, daß die Eröffnung eines Insolvenzverfahrens über das Vermögen des Verkäufers nach Übergabe der Kaufsache nicht die Auflösung oder Beendigung des Kaufvertrages rechtfertigt und nicht dem Eigentumserwerb seitens des Käufers entgegensteht, sofern sich die Kaufsache im Zeitpunkt der Verfahrenseröffnung in einem anderen Vertragsstaat als im Eröffnungsstaat befindet. Eine solche Vorschrift ist nur in einem Übereinkommen sinnvoll.

339 Außerhalb der Insolvenz unterliegen die schuldrechtlichen Voraussetzungen und Wirkungen des Eigentumsvorbehalts dem Statut des Kaufvertrages (*Kreutzer* in Münch-Komm, a. a. O., Rz. 91; *Staudinger/Stoll* a. a. O., Rz. 334). Dies ändert sich jedoch mit der Eröffnung eines Insolvenzverfahrens. Da es im Interesse einer ordnungsgemäßen Verwaltung der Insolvenzmasse geboten ist, das **Wahlrecht des Verwalters einem einheitlichen Recht**, nämlich dem Recht des Eröffnungsstaates **zu unterstellen**, ist die lex fori concursus somit auch dann maßgebend, wenn nach dem Vertragsstatut an sich ein anderes Recht auf den Kaufvertrag Anwendung finden sollte (*Drobnig* in Kegel, Vorschläge und Gutachten, 357, 377 und die Nachweise bei Rz. 335).

γ) **Miet- oder Pachtverträge**

340 Die stringente Anwendung der lex fori concursus könnte unter sozialen Gesichtspunkten bei **Miet- oder Pachtverträgen über unbewegliche Sachen** zu nachhaltigen Störungen führen, wenn sie mit dem im deutschen Recht besonders ausgeprägten Mieterschutz kollidiert. Für Miet- oder Pachtverträge über unbewegliche Sachen sehen deshalb sowohl **Artikel 8 EuIÜ** als auch **§ 380 RegE** Sonderregelungen vor. Während Artikel 8 EuIÜ unmittelbar auf die lex rei sitae verweist, nimmt § 380 RegE zunächst die IPR-Bestimmungen des EGBGB in Bezug. Eine Sonderbehandlung für die als schutzbedürftig angesehenen Mieter sieht auch **Artikel 13 Abs. 3 DöKV** vor. Der Grund für diese Regelungen ist leicht einsichtig, da insbesondere sozial schwache Mieter von den für sie kaum überschaubaren Auswirkungen eines ausländischen Insolvenzverfahrens geschützt werden sollen. Zu § 380 RegE wird in der Literatur die Frage aufgeworfen, warum diese Vorschrift den Umweg über das internationale Vertragsrecht beschreitet und nicht unmittelbar wie Artikel 8 EuIÜ auf das Recht des Lageortes verweist (*Hanisch* ZIP 1992, 1125, 1132). Die Verweisung auf Art. 27 EGBGB führt zudem zu gewissen Schwierigkeiten. Wird im Wege der freien Rechtswahl ein anderes Recht als das des Belegenheitsortes vereinbart, so würde dieses Recht auch in der Insolvenz Anwendung finden. Außerdem ist denkbar, daß bei bestimmten Sachverhalten der Vertrag engere

Verbindungen mit einem anderen Staat aufweist als dem der Belegenheit (Art. 28 Abs. 5 EGBGB, z. B. der Mietvertrag zweier Deutscher über eine Ferienwohnung in Spanien). Während § 380 RegE lediglich eine Sondervorschrift für Miet- oder Pachtverhältnisse **341** über unbewegliche Gegenstände darstellt, erfaßt Artikel 8 EuIÜ auch Kaufverträge über unbewegliche Gegenstände. Die Wirkung eines Insolvenzverfahrens auf diese Verträge soll sich ebenfalls ausschließlich nach dem Recht des Belegenheitsortes bestimmen. In Anlehnung an **Artikel 28 Abs. 3 EGBGB** sollten sich deshalb auch nach dem autonomen deutschen IIR die Wirkungen eines ausländischen Hauptinsolvenzverfahrens auf einen **inländischen Grundstückskaufvertrag** nach deutschem Recht richten.

δ) **Arbeitsverhältnisse**

a) Die von der grundsätzlichen Anwendbarkeit des Rechts des Eröffnungsstaates abwei- **342** chenden Sonderanknüpfungen bei gegenseitigen Verträgen sollen im Interesse der Rechtssicherheit bereits im Zeitpunkt der Vornahme des Rechtsgeschäfts transparent machen, nach welchem Recht sich im Falle der Eröffnung eines Insolvenzverfahrens über das Vermögen des Vertragspartners sich dieses Verfahren auf die Rechtsgeschäfte auswirkt (*Arnold* DöKV, S. 128). Dies gilt im besonderem Maße für Arbeitsverträge, die oftmals existentielle Bedeutung für den Arbeitnehmer haben; für ihn muß deshalb überschaubar sein, wie sich die **Insolvenz seines Arbeitgebers** auf seinen Arbeitsplatz auswirkt. Insbesondere die Beendigung des Arbeitsverhältnisses berührt die soziale Ordnung (*Arnold* Insolvenzrechts-Handbuch, § 122 Rz. 111; *Aderhold* a. a. O., S. 279), so daß grundsätzlich das **Recht des Arbeitsverhältnisses auch in der Insolvenz maßgeblich** sein muß, um der personellen Einbettung des Arbeitsverhältnisses in der dafür zuständigen Rechtsordnung Rechnung zu tragen (*Hanisch* Vorschläge und Gutachten, 336). Eine entsprechende Regelung enthalten Artikel 13 Abs. 2 DöKV, Artikel 10 EuIÜ und § 381 RegE. Während der DöKV jedoch unmittelbar das maßgebende Recht benennt (der Staat, in dem die Arbeit gewöhnlich zu verrichten ist), verweisen die anderen Vorschriften auf das IPR. Im Rahmen des autonomen IIR ist dies unproblematisch, kann jedoch bei einer vertraglichen Regelung zu Schwierigkeiten führen, da in diesem Fall zunächst zu entscheiden ist, nach welchem Kollisionsrecht das Arbeitsstatut bestimmt wird (*Hanisch* a. a. O.). Nach deutschem IIR bestimmt sich somit das in der Insolvenz maßgebende **Arbeitsstatut nach Artikel 30 EGBGB** unabhängig davon, ob im In- oder Ausland ein Insolvenzverfahren eröffnet wird. Insofern kann im wesentlichen auf die Kommentierungen zu der genannten Norm zurückgegriffen werden (vgl. etwa *Martiny* in MünchKomm, Art. 30 EGBGB; *Soergel/von Hoffmann* Art. 30 EGBGB). Unter **Arbeitsverträgen** sind demnach Vereinbarungen zu verstehen, die zwischen Arbeitgeber und Arbeitnehmer geschlossen werden und eine abhängige, weisungsgebundene und entgeltliche Tätigkeit zum Gegenstand haben (*Martiny* a. a. O., Rz. 8; *von Hoffmann* a. a. O., Rz. 5 ff.). Für das IIR und für Artikel 30 EGBGB sind nicht nur Arbeitsverträge, sondern **Arbeitsverhältnisse** maßgebend, so daß auch nichtige, aber in Vollzug gesetzte Arbeitsverträge und faktische Arbeitsverhältnisse einbezogen sind (*Martiny* a. a. O., Rz. 9).

b) Nach Artikel 30 Abs. 1 EGBGB können die **Parteien** des Arbeitsverhältnisses **343** grundsätzlich **frei bestimmen, welches Recht anwendbar** sein soll (kritisch zu dieser auch im Falle der Insolvenz maßgebenden Rechtswahl *Arnold* DöKV, S. 128). Eine besondere Beziehung des Arbeitsvertrages zu der gewählten Rechtsordnung wird nicht vorausgesetzt (*Martiny* a. a. O., Rz. 10; *von Hoffmann* a. a. O., Rz. 12). Auch eine Rechtswahl für einzelne, abtrennbare Komplexe des Arbeitsverhältnisses ist zulässig (*Martiny* a. a. O., Rz. 14; *von Hoffmann* a. a. O., Rz. 13). Ein Mißbrauch dieser **Teilrechtswahl** wird durch die generelle Inhaltskontrolle nach Absatz 1 verhindert: Danach darf der Arbeitnehmer nicht dem Schutz der zwingenden Bestimmungen entzogen werden, die ohne eine Rechtswahl nach Artikel 30 Abs. 2 EGBGB anwendbar wären. Die die Grenze der Rechtswahl markierenden Vorschriften dürfen somit nicht dispositiv sein und müssen dem Arbeitnehmerschutz dienen. Dabei ist es unerheblich, ob sie öffentlich-rechtlicher oder privatrechtlicher Natur sind (*Martiny* a. a. O., Rz. 20). Solche Vorschriften können auch in Tarifverträgen enthalten sein. Zur Bestimmung der Frage, ob im Einzelfall das durch Artikel 30 Abs. 1 EGBGB definierte Schutzniveau unterschritten wird, ist ein **Günstigkeitsvergleich** anzustellen (*Kronke* DB 1984, 405; *Lorenz* RIW 1987, 577). Dabei soll kein abstrakter Gesamtvergleich vorgenommen werden (*von Hoffmann* a. a. O., Rz. 31), sondern die entscheidungserhebliche Sachfrage sollte konkret verglichen werden, also etwa das Einhalten einer Mindestkündigungsfrist als Kündigungsvoraussetzung (*Martiny* a. a. O., Rz. 25).

344 Liegt – unter Zugrundelegung des genannten Maßstabs – keine wirksame Rechtswahl vor, so ist nach Artikel 30 Abs. 2 primär das Recht des gewöhnlichen Arbeitsortes hilfsweise das der einstellenden Niederlassung maßgebend. Wechselt dieser Arbeitsort, ohne daß nur eine vorübergehende Entsendung in einen anderen Staat vorliegt, so kann es zu einem **Statutenwechsel** kommen (*Martiny* a. a. O., Rz. 47).

345 c) Für das IIR ist es somit von erheblicher Bedeutung, inwiefern das Arbeitsstatut maßgebend ist und wann die lex fori concursus zum Tragen kommt. Unzweifelhaft **unterliegen** die **Begründung und die Beendigung des Arbeitsverhältnisses dem Arbeitsstatut** (*Martiny* a. a. O., Rz. 50; Erläuternder Bericht zum EuIÜ Rz. 125). Dies gilt auch für die Frage, ob bei einem Betriebsübergang das Arbeitsverhältnis gemäß § 613 a BGB mitübergeht (*Arnold* Handbuch, § 122 Rz. 111; *Martiny* a. a. O., Rz. 50a; *von Hoffmann* a. a. O., Rz. 22; a. A. *Birk* RabelsZ 46, [1982], 396; *Koch* RIW 1994, 594, die § 613 a BGB primär nicht als individualschützende Norm ansehen, sondern die betrieblichen und arbeitsmarktpolitischen Interessen betonen). Auch der **Inhalt des Arbeitsverhältnisses**, also die Arbeitnehmer- und Arbeitgeberpflichten bestimmen sich regelmäßig nach dem Arbeitsstatut. Dies gilt auch für Arbeitnehmererfindungen, da die Vorschriften des ArbEG als zwingende Schutzvorschriften im Sinne von Artikel 30 Abs. 1 EGBGB anzusehen sind (vgl. *Martiny* a. a. O., Rz. 51 ff.).

346 d) Die Anwendung des deutschen **Betriebsverfassungsrechts** ist von einem inländischen Betriebssitz abhängig (vgl. die umfangreichen Nachweise bei *Martiny* a. a. O., vor Rz. 1). Unterhält der Schuldner im Inland einen Betrieb, so sind auch die Vorschriften der §§ 111 ff. BetrVG anwendbar, wobei sich das Sozialplanvolumen nach § 123 InsO bestimmt (vgl. *Arnold* Insolvenzrechts-Handbuch, § 122 Rz. 112). Dies gilt jedoch nicht für die Einstufung der Sozialplanansprüche als Masseverbindlichkeiten gemäß § 123 Abs. 2 Satz 1 (vgl. Rz. 321).

347 e) Für die **Ansprüche aus der betrieblichen Altersversorgung** ist grundsätzlich auch das **Arbeitsstatut** maßgebend, d. h. die Arbeitsvertragsparteien können das maßgebende Recht festlegen (vgl. *Martiny* a. a. O., Rz. 63 m. w. N.). Entsprechend den o. a. Grundsätzen über die Teilrechtswahl steht es den Parteien frei, lediglich das Betriebsrentenversprechen einem bestimmten Recht zu unterstellen (*Junker* IPRax 1993, 1, 6). Damit ist jedoch noch nicht die grundlegende Frage beantwortet, **ob im Insolvenzfall auch der PSV a. G. einzutreten hat**. Dies unterliegt nicht der Privatautonomie der Vertragsparteien und auch nicht dem Günstigkeitsprinzip des Artikel 30 EGBGB, sondern ist aus den Vorschriften des BetrAVG zu entwickeln. Für den Insolvenzschutz nach den §§ 7 ff.

BetrAVG **ist entscheidend, ob der Arbeitgeber überhaupt von diesem Gesetz erfaßt wird und ob er zu Beitragsleistungen in Deutschland verpflichtet war** (*Birk* in Festschrift für G. Müller 1981, 31, 49; *Junker* a. a. O., S. 6; *Schwerdtner* ZIP 1986, 1030, 1034). Der deutsche Insolvenzschutz darf nicht durch Parteivereinbarungen auf Arbeitnehmer ausgedehnt werden, deren Arbeitsverhältnis keine Beziehungen zum deutschen Recht aufweist und deren Arbeitgeber keine Beiträge zur Insolvenzsicherung leisten. Entscheidend dürfte somit sein, **ob über den Arbeitgeber nach deutschem Insolvenzrecht ein Insolvenzverfahren eröffnet werden kann** (*Paulsdorff* BetrAVG, Rz. 382 ff.). Im Sinne dieser Grundsätze ist die Entscheidung des *LAG Köln* konsequent, daß ein deutscher Arbeitnehmer einer ausländischen Tochtergesellschaft im Falle der Insolvenz der deutschen Konzernmutter keinen Anspruch gegen den PSV a. G. hat (IPRax 1984, 150 ff.). Demgegenüber vertritt das BAG die Auffassung, ein Arbeitnehmer, der von der Konzern-Muttergesellschaft mit einer Versorgungszusage zu einer ausländischen Verkaufsgesellschaft entsandt wurde, die zwar ihrerseits einen Arbeitsvertrag schließt, aber nicht in die Versorgungsverpflichtung eintritt, habe in der Insolvenz der Konzern-Muttergesellschaft einen Anspruch gegen den PSV a. G. (BAGE 49, S. 225 ff. m. Anm. *Weyer* BB 1986, 1506; kritisch *Schwerdtner* ZIP 1986, 1030). Es erscheint fraglich, ob das BAG damit einen allgemeinen Grundsatz aufstellen wollte oder ob es lediglich dem besonderen Schutzbedürfnis des Arbeitnehmers und den konzernrechtlichen Implikationen Rechnung tragen wollte (*Schwerdtner* vertritt die Auffassung, die Entscheidung sei auch durch die »Unsicherheiten bei der Erfassung von Konzernsachverhalten mit Auslandsberührungen im Rahmen der betrieblichen Altersversorgung« beeinflußt, a. a. O., S. 1032).

f) Vergleichbare Grundsätze wie bei der betrieblichen Altersversorgung sind auch bei der **348** Frage heranzuziehen, **welche Garantieeinrichtungen im Falle der Zahlungsunfähigkeit des Arbeitgebers gemäß der Richtlinie 80/987/EWG einzutreten hat.** Auch diese Frage läßt sich nicht aus Artikel 30 EGBGB und dem auf das Arbeitsverhältnis anwendbaren Arbeitsstatut beantworten, sondern nur durch eine Auslegung der genannten Richtlinie und der auf ihr beruhenden §§ 133 ff. SGB III respektive §§ 358 ff. SGB III. Liegen der Wohnsitz des Arbeitnehmers und die Niederlassung seines Arbeitgebers, bei der er beschäftigt ist, in verschiedenen Mitgliedsstaaten, so hat die Garantieeinrichtung des Staates einzutreten, in dem entweder das Insolvenzverfahren eröffnet wurde oder in dem die zuständigen Stellen die Stillegung des Unternehmens oder des Betriebes des Arbeitgebers festgestellt haben (EuGHE I 1997, 5017 ff. = EuZW 1997, 691 ff. = NZA 1997, 1155 f.). Zur Begründung verweist der EuGH u. a. auf Artikel 3 Abs. 1 EuIÜ, wo als Hauptkriterium für die Zuständigkeit der Mittelpunkt der hauptsächlichen Interessen des Schuldners genannt wird. Ausschlaggebend für die Entscheidung des EuGH dürfte die Erwägung sein, daß für die Befriedigung nicht erfüllter Ansprüche der Arbeitnehmer die Garantieeinrichtung zuständig sein soll, die die Beiträge des zahlungsunfähigen Arbeitgebers erhoben hat oder diese hätte erheben müssen.

ff) Leistungen an den Schuldner in Unkenntnis der Verfahrenseröffnung

a) Mit der Eröffnung des Insolvenzverfahrens verliert der Schuldner regelmäßig seine **349** Verwaltungs- und Verfügungsbefugnis. Damit fehlt ihm auch die Empfangszuständigkeit für Leistungen auf Forderungen, die zur Insolvenzmasse gehören. Der leistende Schuldner wird somit nicht befreit, wenn er zur Erfüllung einer massezugehörigen Forderung eine Leistung an den Schuldner selbst erbringt (*Jaeger/Henckel* § 8, Rz. 1). Aus Billigkeitsgründen sieht deshalb **§ 82 InsO** in Übereinstimmung mit § 8 Abs. 2 KO

Anhang I

vor, daß der Schuldner trotz der Verfahrenseröffnung befreit wird, wenn **ihm zur Zeit der Leistung die Eröffnung des Verfahrens unbekannt war**. Diese Regelung beruht auf der Überlegung, der Drittschuldner befinde sich in einer grundlegend anderen Lage als ein Gläubiger. Er hat nicht das gleiche Interesse wie ein Gläubiger, »die Vermögenslage und Zahlungsfähigkeit des Gemeinschuldners zu überwachen; er wird es daher nicht so leicht wie dieser erfahren, wenn der Gemeinschuldner seine Zahlungen einstellt« (*Hahn* Die gesamten Materialien zur Konkursordnung, 1881, 64). Dies gilt auch für einen Drittschuldner, dessen insolvenzbedrohter Gläubiger den Mittelpunkt seiner wirtschaftlichen Interessen im Ausland hat. Zu diesem geringen **Interesse, sich Klarheit über die Vermögensverhältnisse seines Gläubigers zu verschaffen**, kommt die eingeschränkte Möglichkeit hinzu, von der Eröffnung des Insolvenzverfahrens Kenntnis zu erlangen. Dies gilt umso mehr, als die automatische Anerkennung, die ohne weitere Förmlichkeiten erfolgt und insbesondere keine vorherige Bekanntmachung im Inland voraussetzt (vgl. Rz. 288), bewirkt, daß das ausländische Verfahren im Inland sofort Wirkungen entfaltet (vgl. Erläuternder Bericht zum EuIÜ Rz. 187).

350 b) Wird nach Verfahrenseröffnung an den nicht mehr empfangszuständigen ausländischen Schuldner geleistet, so wird das an sich nach Artikel 32 Abs. 1 Nr. 2 EGBGB maßgebende **Forderungsstatut** (vgl. *Spellenberg* in MünchKomm, Artikel 32 EGBGB, Rz. 20) **durch die Sonderregeln des IIR verdrängt.** Teilweise werden die § 82 InsO entsprechenden Regeln des IIR, also insbesondere Artikel 24 EuIÜ und § 389 RegE, als dem Schuldrecht und nicht dem Insolvenzrecht zugehörig gewertet (so etwa *Aderhold* Auslandskonkurs im Inland, 258; vgl. auch *Jaeger/Jahr* §§ 237, 238, Rz. 317, 318 und *Kuhn/Uhlenbruck/Lüer* §§ 237, 238; wie hier *Arnold* Handbuch, § 122 Rz. 105; *Summ* Anerkennung ausländischer Konkurse, 88 ff.). Unabhängig von den unterschiedlichen dogmatischen Ansätzen besteht jedoch im Ergebnis **breite Übereinstimmung**, der **gutgläubige im Inland leistende Drittschuldner müsse geschützt werden**. Hat er vor der öffentlichen Bekanntmachung im Inland geleistet, so wird vermutet, daß er die Eröffnung des ausländischen Insolvenzverfahrens nicht kannte (so § 398 Satz 2 RegE). Entscheidend ist somit die Veröffentlichung im Inland, die vom ausländischen Verwalter regelmäßig zu veranlassen ist, um den Schutz des gutgläubig leistenden Dritten zu beenden.

351 c) Vor Inkrafttreten des EuIÜ und vor Schaffung einer § 389 RegE entsprechenden Vorschrift ist die **dogmatische Begründung** allerdings zweifelhaft. Nimmt man mit der hier vertretenen Auffassung an, die Frage des Gutglaubensschutzes des Drittschuldners sei eine insolvenzrechtliche Frage und bestimme sich nach dem IIR, so wäre nach der Grundnorm des IIR an sich das Recht des Eröffnungsstaates berufen, diese Frage zu entscheiden. Kennt das ausländische Recht jedoch einen solchen Schutz nicht, so wird von denjenigen, die an sich das IIR als maßgebend ansehen, ein § 389 RegE entsprechendes Ergebnis mit Argumenten vertreten, die stark an die Berufung des ordre public erinnern (so etwa *Arnold* a. a. O., Rz. 105; *Summ* a. a. O., 89; vgl. auch *Aderhold* a. a. O., S. 258 Fn. 67). Demgegenüber scheint es vorzugswürdig, § 389 RegE und Artikel 24 EuIÜ als Ausdruck eines das deutsche IIR wesentlich prägenden Schutzgedankens zu verstehen, der auch ohne ausdrückliche gesetzliche Anordnung Beachtung verdient (vgl. etwa zur früheren gewohnheitsrechtlichen Begründung ungeregelter Teile des deutschen IPR *Kegel* Internationales Privatrecht 1995, 165 und allgemein zum Gewohnheitsrecht im IPR *Soergel/Hartmann* Band 10, 1996, Rz. 12).

gg) Anfechtung (Artikel 102 Abs. 2 EGInsO)

a) Von den vielfältigen Fragestellungen, die das IIR aufwirft, wird von Artikel 102 **352**
EGInsO, von der grundsätzlichen Anerkennungsfähigkeit ausländischer Entscheidungen und von der Zulassung von Sekundärinsolvenzverfahren einmal abgesehen, lediglich das **Anfechtungsrecht** einer **ausdrücklichen Regelung** zugeführt. Zur Begründung wird hierzu ausgeführt, es handele sich beim internationalen Anfechtungsrecht um einen »praktisch wichtigen Teilbereich« des IIR (BT-Drucks. 12/7303, S. 118). Auswahl und Begründung sind in der Literatur auf Kritik gestoßen. So wird geltend gemacht, die deutsche Rechtsprechung habe sich vergleichsweise selten mit Fragen des internationalen Anfechtungsrechts auseinandersetzen müssen (vgl. *Leipold* in FS Henckel, 533, 541). Es wäre überzeugender gewesen, hätte man auch in diesem Punkt das Ergebnis der Beratungen zum EuIÜ abgewartet. In der Tat ist diese Kritik nicht ganz von der Hand zu weisen, da die Regelung in Artikel 13 EuIÜ und in Artikel 102 Abs. 2 gewisse Abweichungen aufweisen.

b) Artikel 102 Abs. 2 folgt der sogenannten Kumulationslösung, d. h. eine Rechtshand- **353**
lung ist nur dann anfechtbar, wenn sie sowohl nach der lex fori concursus anfechtbar als auch nach dem Wirkungsstatut angreifbar sind.

Zum internationalen Anfechtungsrecht in der Insolvenz werden im wesentlichen **drei** **354**
Theorien vertreten. Zum einen soll sich die Anfechtung nach dem Recht richten, das auf den anfechtbaren Erwerbsvorgang Anwendung findet, zum anderen soll die lex fori concursus Anwendung finden und drittens wird eine irgend geartete Kumulation beider Rechte befürwortet (vgl. *Arnold* in Gottwald, Insolvenzrechts-Handbuch, § 122, Rz. 118 ff.; *Aderhold* Auslandskonkurs im Inland, 264 ff.; *Henckel* in Stoll, Stellungnahmen und Gutachten, 156 ff.; *Leipold* in FS Henckel, 541 ff.; *ders.* JZ 1997, 571 ff. jeweils m. w. N.).

Für die **Anwendbarkeit des Rechts, das auf den Erwerbsvorgang Anwendung** **355**
findet, hat sich insbesondere Henckel mit beachtlichen Argumenten ausgesprochen. Die Anfechtung diene dazu, den Verfügungsgegenstand dem haftenden Vermögen des Schuldners wieder zuzuweisen; der Anspruch auf Rückgewähr der anfechtbar weggegebenen Sache (vgl. § 143) habe lediglich die Funktion, dem Insolvenzverwalter die tatsächliche Verfügungsmacht zu verschaffen. Anzuwenden sei deshalb das Recht, nach dem sich die Wirksamkeit der Verfügung bestimme (*Henckel* a. a. O., S. 158 f.). Zur weiteren Unterstützung seiner Lösung führt Henckel das Argument an, auch die Frage, ob eine Verfügung wirksam sei, die der Schuldner nach der Eröffnung des Insolvenzverfahrens vornimmt, bestimme sich nach dem Recht, das für die Beurteilung der Verfügung maßgebend ist und nicht nach dem Recht des Eröffnungsstaates (*Henckel* a. a. O., S. 159). Zumindest unter der Herrschaft des EuIÜ ist diese Hilfsargumentation nicht mehr durchschlagend, da sich die Wirksamkeit der nach Verfahrenseröffnung vorgenommenen Verfügungen nach dem Recht des Staates der Verfahrenseröffnung richtet (vgl. Erläuternder Bericht zum EuIÜ Rz. 141).

Auch wenn diese Auffassung wohl stets eine Mindermeinung bildete, stellt sie eine **356**
relativ einfache Lösung dar (nur ein Recht findet Anwendung) und wird dem Verkehrsschutz, also insbesondere dem Schutz des Verfügungsempfängers, am ehesten gerecht. Sie wird deshalb auch gegenüber einer Kumulationslösung als vorzugswürdig eingestuft (*Aderhold* a. a. O., S. 267).

Die konträre Auffassung zur Anwendbarkeit des Wirkungsstatuts will auf die **An-** **357**
fechtung stets nur die **ausländische lex fori concursus** anwenden (so etwa *Aderhold* a. a. O., S. 265 ff.; *Hanisch* ZIP 1985, 1233, 1238 ff.; *Kuhn/Uhlenbruck/Lüer*, §§ 237,

Anhang I   *Artikel 102 EGInsO Internationales Insolvenzrecht*

238, Rz. 59). Diese Auffassung stützt sich im wesentlichen auf den Zweck der Insolvenzanfechtung, dem **Grundsatz der Gläubigergleichbehandlung** bereits vor Verfahrenseröffnung zur Geltung zu verhelfen (*Stellungnahmen der Sonderkommission* in Stoll, Stellungnahmen und Gutachten, 270; *Aderhold* a. a. O., S. 265). Bereits in der Krise sei ein vitales Interesse der Gläubiger anzuerkennen, bei dem sich anbahnenden finanziellen Zusammenbruch des Schuldners gleiche Teilhabemöglichkeiten zu erhalten. Die Realisierung dieses Interesses sei jedoch Sache des Insolvenzstatuts als Gesamt- oder Vermögensstatut (*Sonderkommission* a. a. O.). Damit werde auch dem Interesse des Insolvenzverwalters angemessen Rechnung getragen, alle inkriminierten Rechtshandlungen des Schuldners nach einem Insolvenzstatut anfechten zu können.

358 Die **vermittelnde Lösung**, der auch Artikel 102 Abs. 2 EGInsO folgt, will **beide Rechte miteinander kombinieren**, entweder indem die Tatbestandsvoraussetzungen sowohl des ausländischen als auch des inländischen Anfechtungsrechts addiert werden (so wohl *Jaeger/Jahr* §§ 237, 238, Rz. 250) oder indem von der grundsätzlichen Anwendbarkeit der lex fori concursus ausgegangen wird und das Recht des Wirkungsstatuts lediglich als Einschränkung dieses Grundsatzes aufgefaßt wird (so etwa *Arnold* a. a. O., Rz. 123). Begründet wird diese Kumulation mit **Verkehrsschutzgesichtspunkten** (so etwa *Stellungnahme der Sonderkommission* a. a. O., S. 271); das berechtigte Vertrauen in die Gültigkeit der nach dem »normalerweise anwendbaren nationalen Recht vorgenommenen Rechtshandlungen« müsse geschützt werden (Erläuternder Bericht zum EuIÜ, Rz. 138). Eine besondere Schutzbedürftigkeit wird dabei insbesondere **bei Immobilien** gesehen (BT-Drucks. 12/2443, S. 239).

359 Die Kumulation und die für sie ins Feld geführten Vertrauensschutzgesichtspunkte sind auf **Kritik** gestoßen. Insbesondere wird geltend gemacht, die Kumulation verhelfe stets dem **anfechtungsfeindlichsten Recht zur Geltung** (*Leipold* in FS Henckel, 543). Die von den Vertretern der Kumulationslösung angeführten Vertrauensschutzgesichtspunkte seien nicht überzeugend, da bereits die Grundannahme fraglich sei, ob der Anfechtungsgegner tatsächlich stets auf die Anwendbarkeit des Wirkungsstatuts vertraut habe. Welches Recht hier berufen sei, sei oftmals sehr zufällig (*Aderhold* a. a. O., S. 266). Im Grunde könne sich ein solches Vertrauen allenfalls auf eine Kollisionsregel beziehen, wobei es dann wieder zweifelhaft sei, welche Kollisionsregel Anwendung finde. Zumindest sei diese Vertrauensgrundlage aber dann erschüttert, wenn sich das Gesetz ausdrücklich für die Anwendbarkeit des Konkursstatuts entschieden habe (*Leipold* a. a. O., S. 544). Die Anwendbarkeit einer fremden lex fori concursus sei im Verhältnis dazu wesentlich transparenter.

360 Trotz dieser massiven Kritik an der Kumulationslösung hat der BGH entschieden, Artikel 102 Abs. 2 EGInsO bereits vor seinem Inkrafttreten anzuwenden (*BGH* NJW 1997, 657 ff. = ZIP 1997 150; kritisch hierzu *Leipold* JZ 1997, 571 ff.). Allerdings wird auch vom BGH eingeräumt, der Hinweis auf den Vertrauensschutzgesichtspunkt sei »nicht unproblematisch«. Als quasi Nebeneffekt führt die Kumulationslösung zu einer gewissen Verfahrenserleichterung, da die deutschen Gerichte, sofern der Wirkungsstatut sich nach deutschem Recht bestimmt, sich nicht mit dem ausländischen Konkursstatut auseinandersetzen müssen (*Leipold* JZ 1997, 572).

361 Die **Modellbestimmungen der UNCITRAL** sehen in Artikel 23 lediglich vor, daß auch der ausländische Verwalter die Befugnis hat, im Inland einen Anfechtungsprozeß zu führen, wenn die Voraussetzungen dafür erfüllt sind. Ist das ausländische Verfahren ein Territorialverfahren, so muß sichergestellt sein, daß es sich um Massebestandteile handelt, die an sich zu diesem ausländischen Verfahren gehören würden (*Wimmer* ZIP 1997, 2220, 2223).

Artikel 102 EGInsO Internationales Insolvenzrecht **Anhang I**

Abschließend bleibt festzuhalten, daß die Kumulationslösung zu stark von dem Mißtrauen gegenüber einem fremden Anfechtungsrecht geprägt ist. Es hätte in der Tat ausgereicht, die ausländische lex fori concursus zugrunde zu legen und etwaige Auswüchse des ausländischen Rechts über die ordre public-Klausel zurückzuschneiden (ebenso *Aderhold* a. a. O., S. 267; *Leipold* in FS Henckel, 546). Angesichts der vergleichbaren Regelung in Artikel 13 EuIÜ wird jedoch eine grundlegende gesetzgeberische Neuorientierung kaum möglich sein. Es wäre wenig überzeugend, einem Insolvenzverwalter aus einem Drittstaat großzügigere Anfechtungsbefugnisse einzuräumen als denen aus den Mitgliedsstaaten der EU. 362

c) Nach Artikel 102 Abs. 2 EGInsO richtet sich die Anfechtung primär nach dem Recht der Verfahrenseröffnung. Dieses Recht bestimmt die Voraussetzungen und Rechtsfolgen der Anfechtung (BT-Drucks. 12/7303, S. 118). Im Interesse des Rechtsverkehrs wird aber kumulativ das Wirkungsstatut herangezogen, so daß eine Rechtshandlung nur anfechtbar sein soll, wenn sie auch nach dem Recht, das die Wirkung der Rechtshandlung bestimmt, »in irgendeiner Weise angegriffen werden kann« (BT-Drucks. 12/7303, S. 118). Dem Wortlaut der Norm läßt sich dieses Regelungsziel allerdings nicht so eindeutig entnehmen. Die erste Alternative der Kumulation ist noch unproblematisch, da sie voraussetzt, daß die Rechtshandlung »**auch nach inländischem Recht angefochten werden kann**«. Diese Alternative ist wie § 382 RegE zu interpretieren, d.h. die Tatbestandsvoraussetzungen der nach dem Wirkungsstatut berufenen Anfechtungstatbestände müssen ebenfalls erfüllt sein. Um jedoch die Schwierigkeiten einer vollen Kumulation zu vermeiden, wurde die Formulierung »**oder aus anderen Gründen keinen Bestand hat**« hinzugefügt (vgl. BT-Drucks. 12/7303, S. 118; kritisch hierzu *Leipold* in FS Henckel, 546 ff.). Diese Formulierung darf aber nicht dahingehend verstanden werden, daß die Rechtshandlung nach deutschem Recht bereits unwirksam ist – also etwa gegen § 134 oder § 138 BGB verstößt –, da eine solche Regelung überflüssig wäre. Ergibt sich die Unwirksamkeit bereits aus dem deutschen Recht, so kann sich hierauf auch ohne weiteres der ausländische Konkursverwalter berufen (*Leipold* a. a. O., S. 546). Da es Ziel des Rechtsausschusses war, das Anfechtungsrecht in Übereinstimmung mit dem EuIÜ zu regeln, wollte sich die fragliche Formulierung an den damaligen Verhandlungsstand des Übereinkommens anlehnen (BT-Drucks. 12/7303, S. 118). Der endgültige Wortlaut von Artikel 13 EuIÜ weicht aber wesentlich von dem Entwurf ab, der noch das Vorbild für Artikel 102 Abs. 2 EGInsO bildete. Um der gesetzgeberischen Intention Rechnung zu tragen, sollte die Vorschrift somit **entsprechend Artikel 13 EuIÜ ausgelegt** werden, so daß es entscheidend darauf ankommt, ob die inkriminierte Rechtshandlung »in keiner Weise nach diesem Recht [also nach dem Wirkungsstatut] angreifbar ist«. Weiter differenzierend will Leipold das fragliche Tatbestandsmerkmal dahingehend verstehen, ob die Rechtshandlung auch nach deutschem Recht anfechtbar, nichtig oder unwirksam wäre (*Leipold* a. a. O., S. 548). 363

Ein gravierender Unterschied zwischen Artikel 102 Abs. 2 EGInsO und Artikel 13 EuIÜ besteht in der **Verteilung der Beweislast**. Während nach der Regelung des EGInsO der ausländische Konkursverwalter nachweisen muß, daß die Rechtshandlung auch nach deutschem Recht angreifbar ist, muß nach Artikel 13 EuIÜ der Anfechtungsgegner nachweisen, daß die ihn begünstigende Rechtshandlung in keiner Weise angreifbar ist. Im Ergebnis wird somit ausländischen Insolvenzverwaltern aus Mitgliedsstaaten der EU im Vergleich zu denen aus Drittstaaten die Anfechtung von Rechtshandlungen erleichtert. 364

d) Die **internationale Zuständigkeit für Anfechtungsklagen** wird nicht, auch nicht im EuIÜ (a. A. *OLG Köln* ZIP 1998, 74, 75), geregelt. Dieser Befund gilt zunächst eindeutig 365

Anhang I *Artikel 102 EGInsO Internationales Insolvenzrecht*

für das EuGVÜ, da dessen Artikel 1 Nr. 2 Konkurse, Vergleiche und ähnliche Verfahren ausdrücklich aus dem Anwendungsbereich ausschließt. In seiner Entscheidung vom 22. Februar 1979 (Rechtssache 133/178; *Gourdain/Nadler* Slg. 1979, 733) hat der EuGH diesen Ausschluß dahingehend präzisiert, daß Klagen, die unmittelbar aus der Insolvenz hervorgehen und in engem Zusammenhang mit dem Insolvenzverfahren stehen, vom EuGVÜ nicht erfaßt werden. Dies trifft für eine insolvenzrechtliche Anfechtungsklage zu. Nur der Verwalter kann sie nach deutschem Recht im Interesse der Gesamtheit der Insolvenzgläubiger erheben, um dem Grundsatz der Gläubigergleichbehandlung bereits im Vorfeld der Insolvenz Geltung zu verschaffen (*BGH* ZIP 1990, 246 = IPRax 1990, 183 ff. m. Anm. *Flessner/Schulz* IPRax 1990, 162 ff.).

366 Aber auch dem EuIÜ wird man nach seinem Inkrafttreten keine Zuständigkeitsbestimmungen für Anfechtungsklagen entnehmen können. Eine ausdrückliche Regelung der internationalen Zuständigkeit enthält das Übereinkommen in Artikel 3 für die Eröffnung von Insolvenzverfahren. In Artikel 25 EuIÜ wird lediglich noch die Anerkennung und Vollstreckbarkeit sonstiger Entscheidungen geregelt, die vom Insolvenzgericht zur Durchführung und Beendigung eines Insolvenzverfahrens ergangen sind oder von Entscheidungen anderer Gerichte, die aufgrund des Insolvenzverfahrens ergehen und im engen Zusammenhang damit stehen. Im Erläuternden Bericht wird hierzu zunächst darauf hingewiesen, dem Übereinkommen liege nicht die Theorie der vis attractiva concursus zugrunde. Allerdings enthalte Artikel 25 EuIÜ eine Abgrenzung zum EuGVÜ (vgl. Erläuternder Bericht, Rz. 77). Alle Klagen, die nicht vom EuGVÜ erfaßt sind, würden »logischerweise« in den Anwendungsbereich des EuIÜ fallen. Dieser nahtlose Anschluß des EuIÜ an das EuGVÜ kann allerdings nur für die Anerkennung und Vollstreckung, nicht jedoch für die internationale Zuständigkeit gelten, da das Übereinkommen nur die Eröffnungszuständigkeit regelt. Somit wird sich künftig auch nach Inkrafttreten des EuIÜ die **internationale Zuständigkeit** für Anfechtungsklagen **nach dem internationalen Zivilprozeßrecht des jeweiligen Vertragsstaates** richten. Dies bedeutet etwa für Deutschland, daß die Vorschriften über die örtliche Zuständigkeit auch die internationale Kompetenz vermitteln (vgl. zur Insolvenzanfechtung *BGH* ZIP 1990, 246, 247).

367 Unter dem Regime des **EuIÜ** wird die im Rahmen einer Insolvenzanfechtung ergangene Entscheidung nach Artikel 25 gemäß Artikel 31 bis 51 EuGVÜ vollstreckt. Über Artikel 34 EuGVÜ werden damit auch die Artikel 27 und 28 EuGVÜ in Bezug genommen. Dies bedeutet, daß grundsätzlich **keine Nachprüfung hinsichtlich der internationalen Zuständigkeit** erfolgt (Ausnahmen insbesondere hinsichtlich der ausschließlichen Zuständigkeit). Wird die Anfechtungsklage hingegen von einem Verwalter aus einem Drittstaat erhoben, so richtet sich die Anerkennung dieser Entscheidung nach § 328 ZPO, so daß auch die internationale Zuständigkeit in spiegelbildlicher Anwendung der deutschen Rechtslage vorliegen muß.

368 Für Anfechtungsklagen aus Staaten, die der **vis attractiva concursus** anhängen, ergibt sich somit eine differenzierende Lösung je nachdem, ob es sich um einen Vertragsstaat des EuIÜ oder um einen Drittstaat handelt. Erhebt etwa ein französischer Konkursverwalter vor dem französischen Insolvenzgericht eine Anfechtungsklage gegen einen in Deutschland wohnhaften Gläubiger, so ist eine in diesem Verfahren ergangene Entscheidung nach dem EuIÜ anzuerkennen, obwohl dem deutschen Gläubiger sein inländischer Gerichtsstand entzogen wird.

369 Versucht unter den gleichen Umständen ein Verwalter aus einem Drittstaat eine im Eröffnungsstaat ergangene Entscheidung in Deutschland zu vollstrecken, so wird die Anerkennung unter Hinweis auf § 328 Abs. 1 Nr. 1 ZPO abzulehnen sein (a. A. *Aderhold* a. a. O., S. 305 unter Hinweis auf eine Korrektur über den ordre public).

hh) Zwangsvergleich, Restschuldbefreiung

a) In Rechtsprechung und Schrifttum ist es **heute nahezu unstreitig,** daß **ausländische Zwangsvergleiche, insolvenzrechtliche Sanierungspläne** und die nach einem Insolvenzverfahren gewährte **Restschuldbefreiung** unter den gleichen Voraussetzungen wie ein ausländisches Insolvenzverfahren **anzuerkennen sind** (*Bauer/Stürner* Zwangsvollstreckungs-, Konkurs- und Vergleichsrecht, Bd. II Rz. 37.43; *Arnold* Insolvenzrechts-Handbuch, § 122 Rz. 125, § 123 Rz. 17; *Häsemeyer* Insolvenzrecht, 2. Aufl. Rz. 35.24; *Hanisch* ZIP 1985, 1233, 1241; *Aderhold* a. a. O., S. 293 ff.; *Reinhart* Sanierungsverfahren im internationalen Insolvenzrecht, 212 ff.; *Stadler* KTS 1995, 539, 553 ff.; *dies.* IPRax 1990, 91 ff.; *BGH* JZ 1994, 147 zum schweizerischen Verlustschein m. Anm. *Aden*; grundlegend *BGH* ZIP 1997, 39 ff.).

Einschränkend hat früher noch *Jahr* (*Jaeger* §§ 237, 238 Rz. 429 ff.) die Auffassung vertreten, der Erlaß durch einen Zwangsvergleich erfasse Konkursforderungen nur insoweit, als für diese im Staat der Konkurseröffnung belegenes Vermögen in Anspruch genommen werden soll.

b) In konsequenter Fortschreibung seiner Wendeentscheidung legt der BGH in seiner Entscheidung vom 14. 11. 1996 (*BGH* ZIP 1997, 39, 40) die **Voraussetzungen für die Anerkennung eines im Ausland abgeschlossenen Zwangsvergleichs fest:** Der Geltungsanspruch des ausländischen Zwangsvergleichs muß auch die Forderungen fremdstaatlicher Gläubiger erfassen wollen, es muß sich bei dem Auslandsverfahren nach inländischen Rechtsgrundsätzen um ein Insolvenzverfahren handeln, die das Verfahren eröffnende ausländische Stelle muß in spiegelbildlicher Anwendung des deutschen Rechts international zuständig sein und die Anerkennung darf nicht den deutschen ordre public verletzen. In dieser Entscheidung wird vom BGH zunächst das Qualifikationsproblem abgehandelt, ob sich die Anerkennung eines ausländischen Vergleichsverfahrens nach einer Kollisionsregel des deutschen IIR bestimmt und wie ggf. diese Kollisionsregel beschaffen sein muß. Erst danach setzt sich das Gericht mit der Frage auseinander, ob mit der grundsätzlichen Anerkennung des ausländischen Verfahrens sich auch alle Folgewirkungen nach dem ausländischen Insolvenzstatut richten.

c) Da es unter dem Regime der Vergleichsordnung keine Vorschriften über die Wirkung ausländischer Vergleichsverfahren gab, mußte der *BGH* auf die §§ 237, 238 KO rekrutieren (vgl. zur Anerkennung ausländischer Vergleichsverfahren nach der Vergleichsordnung *Bley/Moorbutter* VerglO, § 2 Rz. 61). Durch Artikel 102 Abs. 1 EGInsO wird diese Frage positivrechtlich gelöst, da das **ausländische Insolvenzverfahren**, unabhängig von einer möglichen Differenzierung im Ausland zwischen Konkurs- und Vergleichsverfahren, einheitlich **automatisch anerkannt** wird. Mit dieser Anerkennung wird im Grundsatz auch festgelegt, daß sich die Folgewirkungen dieser Maßnahme im Inland nach dem ausländischen Insolvenzstatut beurteilen. Zwischen formellem und materiellem Insolvenzrecht besteht ein so enger innerer Zusammenhang, daß es regelmäßig sachgerecht ist, auch die materiellrechtlichen Verhältnisse und Wirkungen des Insolvenzverfahrens nach einem einheitlichen Insolvenzstatut abzuwickeln. Nur wenn das **Insolvenzstatut insofern als Gesamtstatut** angesehen wird, kann in dem einheitlichen Verfahren dem Grundsatz der Gläubigergleichbehandlung Rechnung getragen werden (vgl. *Arnold* a. a. O., § 122 Rz. 88; *Stadler* IPRax 1998, 91, 92). Zur weiteren Stützung seiner Auffassung verweist der BGH auf die Artikel 16, 17 EuIÜ, nach denen die automatische Anerkennung zur Folge hat, daß das anerkannte Verfahren in jedem anderen Vertragsstaat grundsätzlich die Wirkungen entfaltet, die ihm im Eröffnungsstaat zukommen (*BGH* ZIP 1997, 42). Im Grundsatz wird damit vom BGH auch die Notwendigkeit von Sonderanknüpfungen eingeräumt. Unter ausdrücklicher Ablehnung der Auffassung von *Aden* (JZ 1994, 151), der Artikel 28 i. V. m. Artikel 32 EGBGB anwenden will, erkennt der BGH eine eigenständige Regel des deutschen IIR an, nach der sich **auch die materiellrechtlichen Wirkungen der anerkannten ausländischen Entscheidung auf die inländischen Rechtsverhältnisse auswirken** (*BGH* ZIP 1997, 42).

374 d) Von eher sekundärer Bedeutung dürfte dabei die insbesondere bei Insolvenzplänen diskutierte Frage sein, ob es sich bei der Anerkennung eher um eine **verfahrensrechtliche oder** um eine **kollisionsrechtliche** handelt (vgl. eingehend hierzu *Reinhart* Sanierungsverfahren im internationalen Insolvenzrecht, 214 ff., der allerdings selbst einräumt, daß beide Vorgehensweisen im Ergebnis dieselben Anerkennungsvoraussetzungen enthalten, vgl. 215). In Rechtsprechung und Literatur besteht weitgehend Übereinstimmung, selbst wenn eine kollisionsrechtliche Anknüpfung gewählt werden müsse (etwa bei den »company voluntary arrangements« des englischen Rechts, vgl. hierzu *Fletcher* The Law of Insovency, 401 ff.), weil keine gerichtliche Entscheidung vorliege, die eine verfahrensrechtliche Anerkennung tragen könnte, so würde diese **kollisionsrechtliche Anknüpfung doch durch das ausländische Insolvenzstatut bestimmt** (*BGH* ZIP 1997, 42; *Gottwald/Arnold* a. a. O., § 122 Rz. 34; *Kuhn/Uhlenbruck/Lüer* §§ 237, 238, Rz. 94). Die Anerkennung und die Folgewirkungen des ausländischen Insolvenzverfahrens sind somit unabhängig davon, ob dem Verfahren letztlich eine gerichtliche Entscheidung zugrunde liegt (vgl. Begründung zu § 384 RegE, BT-Drucks. 12/2443, S. 241). Wollte man in Abweichung von der h. M. bei der Reduktion einer Forderung auf das Forderungsstatut abstellen und etwa die Maßgeblichkeit des Insolvenzstatuts nur dann anerkennen, wenn dieses mit dem Forderungsstatut übereinstimmt (vgl. zu dieser Auffassung *Hanisch* ZIP 1985, 1233, 1242), so könnte unter Umständen eine Vielzahl von Rechtsordnungen berufen sein, deren Rechtsfolgen nicht einmal für die Gläubiger jedes einzelnen Staates gleich wären (*BGH* a. a. O., S. 42).

375 e) Die **Inlandswirkungen** des ausländischen Verfahrens sind **nicht davon abhängig, ob der Gläubiger**, dessen Forderung im Rahmen eines Vergleichs- oder Reorganisationsverfahrens reduziert worden ist, dieser Reduktion zugestimmt oder ob er überhaupt **an dem ausländischen Verfahren beteiligt war** (*Hanisch* a. a. O., S. 1241; *Arnold* a. a. O., § 122 Rz. 128). Es gehört zu den ganz zentralen Elementen eines Vergleichs- oder Reorganisationsverfahrens, daß diejenigen Gläubiger, die dem Ergebnis nicht zugestimmt haben, majorisiert werden können. Nur so kann gewährleistet werden, daß über den Vergleich bzw. das Reorganisationsverfahren das Vermögen des Schuldners insgesamt erfaßt und seine Rechtsverhältnisse neu geordnet werden können. Jedoch muß die **Möglichkeit der Teilnahme** für den einzelnen Gläubiger gewährleistet sein, d. h. er muß Kenntnis von der Verfahrenseröffnung gehabt haben oder sich zumindest diese Kenntnis hätte verschaffen können (*Hanisch* a. a. O.; *Arnold* a. a. O.). Dies ist jedoch eine Anerkennungsvoraussetzung, die im Rahmen des inländischen ordre public geprüft werden muß.

376 f) Insgesamt wird die Anerkennung und die Wirkungen des anerkannten Verfahrens im Inland, sofern keine Sonderanknüpfungen gegeben sind, lediglich durch den **inländischen ordre public** begrenzt. Wie bereits erwähnt, würde ein Verfahren, das einem ausländischen Gläubiger mangels ausreichender Informationsmöglichkeiten die Teilnahme faktisch verweigert (vgl. zur Unterrichtungspflicht Artikel 40 EuIÜ), nicht anerkennungsfähig sein, da diesem Gläubiger das rechtliche Gehör versagt würde. Bei einer Berufung auf den ordre public muß jedoch stets bedacht werden, daß die Anerkennung des Verfahrens insgesamt oder einzelne seiner Wirkungen nur als ultima ratio

mit Gründen der öffentlichen Ordnung abgelehnt werden darf. Nach ständiger Rechtsprechung des BGH liegt ein Verstoß gegen die deutsche öffentliche Ordnung nur vor, wenn die Anerkennung zu einem Ergebnis führen würde, das mit den Grundrechten oder sonst offensichtlich mit wesentlichen Grundsätzen des deuschen Rechts unvereinbar wäre (*BGH* JZ 1994, 147, 148 = ZIP 1993, 1097; vgl. auch Artikel 26 EuIÜ und Rz. 283 ff.).
Allein die Reduktion der Forderung ohne Zustimmung des Gläubigers ist nicht geeignet, **377** einen Verstoß gegen den ordre public zu begründen. Denn diese Maßnahme nimmt dem Gläubiger nichts, was er nichts bereits ohnehin durch die Insolvenz des Schuldners verloren hätte (*BGH* ZIP 1997, 40). Allerdings müssen in dem Verfahren die **Interessen der Gläubiger angemessen berücksichtigt** worden sein (*BGH* JZ 1994, 149 unter Berufung auf *Ackmann* Schuldbefreiung durch Konkurs?, 101 ff.). Diese Voraussetzung wäre beispielsweise verletzt, wenn die Forderungen der Gläubiger ohne **nennenswerte Gegenleistung seitens des Schuldners** erlassen würden. Die berechtigten Interessen der Gläubiger werden dann berührt, wenn auch Schuldner von dem Verfahren profitieren können, die sich **unredlich gegenüber ihren Gläubigern** verhalten haben, etwa indem sie wesentliche Teile ihres Vermögens verschleiert oder verschwendet haben (*BGH* JZ 1994, 149). Der ordre public ist hingegen nach der Auffassung des BGH nicht berührt, wenn das ausländische Recht abweichend von § 302 Nr. 1 InsO auch **Forderungen aus vorsätzlichen unerlaubten Handlungen** einbezieht (*BGH* a. a. O.). Es sei aus deutscher Sicht nicht zu beanstanden, wenn der ausländische Staat dem Gedanken der Resozialisierung sogar dann Vorrang vor dem Wiedergutmachungsprinzip einräumt, wenn der Schuldner kriminelle Handlungen begangen hat. Werden nicht angemeldete Forderungen vom ausländischen Recht schlechter gestellt als angemeldete, z. B. hinsichtlich Verjährung und Vollstreckung, so sei auch dies nicht zu beanstanden, da sich für ein solches Vorgehen Gründe der Rechtsklarheit anführen ließen (*BGH* a. a. O.).
g) Wie bereits erwähnt, entfaltet das anerkannte ausländische Verfahren auch im Inland **378** grundsätzlich die Wirkungen, die ihm im Eröffnungsstaat zukommen. Dieses Prinzip wird jedoch dann durchbrochen, wenn inländische Interessen zwingend eine Abweichung gebieten. In diesem Zusammenhang sei etwa an die **Sonderanknüpfung** für dingliche Rechte oder für Arbeitsverträge erinnert (vgl. Rz. 325 ff. und 342 ff.). Bestimmte Rechtsverhältnisse weisen einen so engen Bezug zur inländischen Rechtsordnung auf, daß sie nicht einem ausländischen Rechtsstatut unterworfen werden sollten. Beispiele für diese Sonderanknüpfungen finden sich in den Artikeln 5 ff. EuIÜ oder in den §§ 380, 381, 388 ff. RegE. Obwohl Artikel 102 EGInsO keine Aussagen zu diesen Sonderanknüpfungen enthält, sind sie wie bisher als gewohnheitsrechtlicher Bestand des deutschen IIR zu werten.
h) Eingehend diskutiert wird in diesem Zusammenhang, ob der in einem ausländischen **379** Vergleichs- bzw. Reorganisationsverfahren vorgesehene **Eingriff in die Rechte gesicherter Gläubiger** auch Auswirkungen im Inland hat (vgl. hierzu *Arnold* a. a. O., § 122 Rz. 127; *Baur/Stürner* Zwangsvollstreckungs-, Konkurs- und Vergleichsrecht II, Rz. 37.43; *Reinhart* a. a. O., S. 237). Wie bei einer insolvenzrechtlichen Liquidation muß auch bei einem ausländischen Vergleichs- oder Reorganisationsverfahren der Grundsatz beachtet werden, daß **dingliche Rechte an im Inland belegenen Gegenständen** der Insolvenzmasse durch die Eröffnung des ausländischen Insolvenzverfahrens »**nicht berührt**« werden (so § 390 RegE und Artikel 5 Abs. 1 EuIÜ, vgl. hierzu Rz. 85). Die Immunisierung inländischer dinglicher Rechte gegen ausländische Insolvenzverfahren ist somit umfassend ausgestaltet. Der Schutz gegen das ausländische Verfahren ist nicht etwa auf die Wirkungen reduziert, die ipso iure durch die Eröffnung des Insolvenzverfahrens eintreten, sondern erfaßt auch Beschränkungen, die auf ein Tätigwerden der

Gläubiger (z. B. Abstimmungsverhalten in der Gläubigerversammlung) zurückgeführt werden können. Allerdings kommt auch hier der Formulierung »nicht berührt« lediglich eingeschränkte Bedeutung zu. Die Sicherheiten werden nicht etwa von allen Einwirkungen des ausländischen Verfahrens freigehalten, sondern sie werden lediglich in ihrem wesentlichen wirtschaftlichen Bestand geschützt. Einschränkungen, die den Kernbestand der Sicherheit nicht berühren, also etwa Verwertungsbefugnisse eines ausländischen Verwalters oder gewisse Verfahrenskostenbeiträge, sind auch im Inland wirksam (a. A. wohl *Arnold* § 122 Rz. 127, der solche Eingriffe mit der zwingenden deutschen Sachenrechtsordnung für unvereinbar hält; vgl. auch *Reinhart* a. a. O., S. 237, der bei Eingriffen in dingliche Sicherungsrechte den ordre public als berührt ansieht).

380 Hat der Gläubiger allerdings in dem ausländischen Vergleichs- bzw. Reorganisationsverfahren mitgewirkt und in die Einschränkung seiner dinglichen Rechte eingewilligt, so wäre es rechtsmißbräuchlich, wenn er sich später gegenüber dem ausländischen Insolvenzverwalter auf die fehlende Anerkennungsfähigkeit dieser Folgen des ausländischen Verfahrens beruft (*Reinhart* a. a. O., S. 238 ff.; vgl. zur Geltung des Grundsatzes von Treu und Glauben im Zivilprozeßrecht *Baumbach/Lauterbach* ZPO, 56. Aufl. Einleitung III Rz. 53 ff.).

381 (Zu der Frage, ob auch in einem Partikularinsolvenzverfahren ein Vergleichs- oder Reorganisationsverfahren denkbar ist und welche Wirkungen diesem ggf. zukommen vgl. Rz. 410 ff.).

V. Territorialinsolvenzverfahren (Artikel 102 Abs. 3 EGInsO)

1. Bedeutung und Funktion von Territorialverfahren

382 a) Das deutsche IIR wird vom Grundsatz der Universalität geprägt (vgl. Rz. 22 ff.), d. h. das am Mittelpunkt der wirtschaftlichen Tätigkeit des Schuldners eröffnete Insolvenzverfahren erfaßt das gesamte Vermögen des Schuldners, gleich wo es belegen sein mag. Eine solche **universale Wirkung** ließe sich **am ehesten in einem Einheitsinsolvenzverfahren** realisieren. Das gesamte Vermögen des Schuldners würde in einem einzigen Verfahren erfaßt, das nach einem einzigen Recht, der lex fori concursus, abgewickelt würde. Das Vermögen des Schuldners würde einer einheitlichen Verwaltung und ggf. einer einheitlichen Liquidation unterworfen. Diese Einheitlichkeit gewährleistet eine umfassende Schuldentilgung, einen einzigen Verteilungsschlüssel und die Möglichkeit, das gesamte schuldnerische Unternehmen in einem einheitlichen Verfahren umfassend zu sanieren. Damit wäre auch dem Grundsatz der Gläubigergleichbehandlung umfassend Rechnung getragen (vgl. *Hanisch* in Festschrift Nakamura, 1996, 223, 229 f.; *Wimmer* ZIP 1998, 982, 983).

383 Insbesondere im Interesse lokaler Gläubiger, aber auch zum Schutz des inländischen Rechtsverkehrs kann eine vollständige Universalität, d. h. eine schrankenlose Anerkennung der Wirkungen eines ausländischen Insolvenzverfahrens nicht anerkannt werden, vielmehr müssen diese Wirkungen einer gewissen Kontrolle unterworfen werden (*Hanisch* S. 2). Die Universalität wird damit zu einer gemäßigten oder, wie der heute verbreitete Begriff lautet, zu einer **kontrollierten Universalität** modifiziert (vgl. die Nachweise bei *Aderhold* Auslandskonkurs im Inland, 64 f.).

384 b) Für die Abmilderung strikter Universalität stehen **zwei unterschiedliche Ansätze** zur Verfügung: Zum einen können für einzelne Rechtsverhältnisse, die einen besonders engen Bezug zum inländischen Recht aufweisen, Sonderanknüpfungen vorgesehen

werden, die dem ausländischen Konkursstatut vorgehen (so etwa die Bestimmungen über Miete und Arbeitsverhältnisse in den §§ 380f. RegE) oder es können Vorbehaltsnormen, insbesondere für dingliche Rechte und Grundstücksgeschäfte (§§ 388, 390 RegE), geschaffen werden. Daneben können **Sekundärinsolvenzverfahren** zugelassen werden, die die Wirkungen eines ausländischen Hauptinsolvenzverfahrens weitgehend abblocken. Die **Vorteile für die lokalen Gläubiger** sind offensichtlich. In einem solchen Territorialverfahren findet die lex fori Anwendung, so daß die Sicherungsrechte an Gegenständen, die zur Insolvenzmasse gehören, nach einem den dinglich gesicherten Gläubigern vertrauten Recht behandelt werden. Die dinglichen Sicherheiten, auf die grundsätzlich die lex rei sitae Anwendung findet, werden nicht durch die Auswirkungen eines fremden Konkursstatuts gestört. Die Auswirkungen des Insolvenzverfahrens auf Mietverhältnisse sind den Parteien bekannt und können bei Abschluß des Mietvertrags berücksichtigt werden. Das Teilnahmerecht des Fiskus und der Sozialkassen ist gewährleistet. Die Insolvenzvorrechte der Arbeitnehmer werden nicht angetastet, ihre Sozialplanansprüche und ihre Ansprüche auf Insolvenzgeld bewegen sich in den ihnen vertrauten Bahnen (*Wimmer* ZIP 1998, 984).

c) Sowohl Artikel 102 Abs. 3 EGInsO (insofern übereinstimmend mit dem RegE) als auch das EuIÜ haben sich vor diesem Hintergrund für die Zulassung von Sekundärinsolvenzverfahren entschieden. Demgegenüber verfolgen **zwei neuere Richtlinienvorschläge** (Vorschlag für eine Richtlinie über die Sanierung und Liquidation der Versicherungsunternehmen und Vorschlag für eine Richtlinie über die Sanierung und Liquidation der Kreditinstitute, vgl. Rz. 246ff. und Rz. 235ff.) das ehrgeizige Ziel, EU-weit einen Einheitskonkurs zu realisieren. Gegen den Widerstand Deutschlands hat sich bei der Versicherungsrichtlinie eine breite Mehrheit dafür ausgesprochen, nur der Herkunftsmitgliedsstaat sei befugt, ein Liquidationsverfahren zu eröffnen, das Wirkungen in der gesamten Union entfaltet und alle Zweigniederlassungen im Gebiet der Gemeinschaft einschließt. **385**

d) Vor dem Hintergrund dieser jüngsten Bestrebungen sollen noch einmal kurz die **Nachteile eines strikten Einheitsverfahrens** beleuchtet werden, die auch durch die oben erwähnten Sonderanknüpfungen und Vorbehaltsnormen nicht kompensiert werden können. Zum einen der rein **faktische Nachteil inländischer Gläubiger**, die etwa mit einer Zweigniederlassung kontrahiert haben, sich an einem weit entfernt stattfindenden ausländischen Verfahren in einer fremden Sprache beteiligen zu müssen. Während die Forderungsanmeldung über die Einschaltung ausländischer Anwälte regelmäßig noch möglich sein dürfte (Kosten!), wird die Einflußnahme in einer Gläubigerversammlung regelmäßig ausgeschlossen sein. Die Vorrechte, die das Heimatrecht dem Gläubiger gewährt, werden möglicherweise von der fremden lex fori concursus nicht anerkannt. Eindringlich werden die Schwierigkeiten, die sich inländische Gläubiger bei strikter Verweisung auf ein ausländisches Hauptinsolvenzverfahren ausgesetzt sehen können, in einem von Hanisch gebildeten Beispielsfall deutlich (in *Stoll* Vorschläge und Gutachten zur Umsetzung des EuIÜ 202, 208): Ein Unternehmen, das in Deutschland Kapitalanlagen vertreibt, hat seinen Sitz auf den Cayman Islands, wo auch ein Hauptinsolvenzverfahren eröffnet wird. Die Inhaber sind unbekannten Aufenthalts verschwunden, aber es befinden sich noch namhafte Beträge auf Konten bei deutschen Banken. Es ist leicht einsichtig, daß in einem solchen Fall die inländischen Gläubiger fast rechtlos gestellt werden, wenn sie auf die Teilnahme an diesem ausländischen Insolvenzverfahren verwiesen werden. **386**

Weiter könnte dem Gläubiger bei strikter Einhaltung der Einheit des Verfahrens ein **inländischer Gerichtsstand genommen** werden. Wird die Forderung in dem ausländi- **387** schen Hauptinsolvenzverfahren bestritten, so ist in den Ländern, die dem Grundsatz der vis attractiva concursus anhängen, die Feststellung der Forderung vor dem Konkursgericht zu betreiben (vgl. *Flessner* IPRax 1997, 1, 6). Allein mit dem Hinweis auf den ordre public dürfte diese Zuständigkeitsverlagerung kaum abgelehnt werden können.

388 Zudem sollte berücksichtigt werden, daß ein **Sekundärinsolvenzverfahren** nicht nur dem Schutz der lokalen Gläubiger dient, sondern auch gezielt als **Instrument der Verfahrenserleichterung** in Großinsolvenzen eingesetzt werden kann. Der Bericht zum EuIÜ nennt etwa als Beispiel, wenn das Vermögen des Schuldners zu komplex ist, um als Einheit verwaltet zu werden oder wenn die Unterschiede zwischen den betreffenden Rechtsordnungen sehr groß sind, so daß die Erstreckung der lex fori concursus auf die übrigen Staaten, in denen Vermögensgegenstände belegen sind, zu Schwierigkeiten führen würde (vgl. Erläuternder Bericht, Rz. 33).

389 Ein Abweichen vom Grundsatz kontrollierter Universalität wäre nach der hier vertretenen Auffassung nur gerechtfertigt, wenn eine weitgehende Harmonisierung der in Bezug genommenen Sachrechte bereits realisiert wäre. Dieses Ziel ist jedoch selbst bei den Kreditinstituten und den Versicherungsunternehmen innerhalb der EU noch nicht erreicht. Zudem kommen im Insolvenzverfahren nicht nur bank- bzw. versicherungsspezifische Vorschriften zum Tragen. Es bleibt somit festzuhalten, daß selbst in dem eng verflochtenen Wirtschaftsraum der EU **auch in teilharmonisierten Bereichen Sekundärinsolvenzverfahren sinnvoll** sind.

2. Fragen der Zuständigkeit

390 a) Da Absatz 3 den Gesamtbereich der Territorialinsolvenzverfahren abdeckt, ist die Regelung zwangsläufig lückenhaft. Dabei wird insbesondere kritisiert, daß die Vorschrift selbst die internationale Zuständigkeit ungeregelt läßt (*Leipold* in FS Henckel, 533, 538 ff.; *Lüer* Kölner Schrift zur Insolvenzordnung, 1217, 1229 ff.; *Hanisch* in Stoll, Vorschläge und Gutachten zur Umsetzung des EuIÜ, 202, 207 ff.). Der im deutschen Recht sonst beschrittene Weg, die **internationale Zuständigkeit** über die örtliche zu vermitteln, ist bei Territorialverfahren nicht gangbar. § 3 Abs. 1, der auf den Wohnsitz oder den Mittelpunkt einer selbständigen wirtschaftlichen Tätigkeit des Schuldners abstellt, begründet lediglich die internationale Zuständigkeit zur Eröffnung eines Hauptinsolvenzverfahrens. Artikel 102 Abs. 3 EGInsO hätte dann lediglich für die exzeptionellen und möglichst zu vermeidenden Fälle Bedeutung, in denen zwei Hauptinsolvenzverfahren eröffnet werden, weil der Schuldner etwa über zwei Wohnsitze verfügt (*Leipold* a.a.O., S. 539). Dies würde jedoch der Intention des Gesetzgebers widersprechen. Wie sich aus dem Bericht des Rechtsausschusses ergibt, soll zum Schutz der inländischen Interessen ein **Sekundärinsolvenzverfahren überall dort** eröffnet werden können, »**wo sich Gegenstände des Inlandsvermögens befinden**« (BT-Drucks. 12/7303, S. 117). Um diesem vom Gesetzgeber verfolgten Zweck Rechnung zu tragen, muß deshalb die Vorschrift in mehrfacher Hinsicht extensiv interpretiert werden.

391 b) Vom Wortlaut deckt Absatz 3 zunächst nur die Situation des neben einem Hauptinsolvenzverfahrens anhängigen Sekundärinsolvenzverfahrens ab. Nicht geklärt ist, ob im Inland auch ein **unabhängiges Partikularverfahren** eröffnet werden kann, etwa am Ort der Niederlassung eines ausländischen Unternehmens, das nur das im Inland belegene Vermögen umfaßt. Der vom Gesetzgeber intendierte **Schutz lokaler Gläubiger gebietet zwingend die Zulassung isolierter Partikularverfahren**. Kann etwa an dem ausländischen Wohnsitz des Schuldners ein Insolvenzverfahren nicht eröffnet

werden, etwa weil dieses Recht nur den Kaufmannskonkurs kennt, so wäre den inländischen Gläubigern die Befriedigung über eine Gesamtvollstreckung vollständig verbaut. Aber auch in den sonstigen Fällen macht es wenig Sinn, die inländischen Gläubiger zunächst zu zwingen, im Ausland die Eröffnung eines Insolvenzverfahrens zu initiieren, um im Inland ein Sekundärinsolvenzverfahren zu erreichen (*Leipold* a. a. O., S. 540; *Lüer* a. a. O., S. 1231; *Flessner* IPRax, 3; *Hanisch* a. a. O., S. 207).

c) Wesentlich schwieriger ist es, aus der fragmentarischen Regelung des Absatzes 3 eine **392** Bestimmung der **internationalen Zuständigkeit** herzuleiten, die es einem Gläubiger ermöglicht, auch im Ausland nachzuweisen, daß im konkreten Fall die deutschen Gerichte zur Eröffnung eines Partikularinsolvenzverfahrens berufen waren (auf diesen Gesichtspunkt weist *Lüer* a. a. O., S. 1230 hin).

Aus einem Zusammenspiel von Artikel 102 EGInsO mit anderen einschlägigen Bestim- **393** mungen der InsO lassen sich hierzu hinreichende Anhaltspunkte gewinnen. Der bereits erwähnte historische Befund zeigt eindeutig, daß der Gesetzgeber nicht etwa nur auf die eher exotischen Fälle eines mehrfachen Wohnsitzes abzielte. Erste Voraussetzung ist somit zunächst, daß im **Inland Gegenstände** des schuldnerischen Vermögens belegen sind, die im Hinblick auf § 26 InsO die **Kosten für ein Territorialinsolvenzverfahren abdecken**.

Andererseits können Artikel 102 Abs. 3 EGInsO keine Anhaltspunkte entnommen **394** werden, daß etwa in Übereinstimmung mit § 238 Abs. 1 KO ein solches Verfahren nur bei **Vorhandensein einer inländischen Niederlassung** zulässig wäre (a. A. *Lüer* a. a. O., S. 1231 unter Hinweis auf Artikel 3 Abs. 2 EuIÜ). Könnten Sekundärinsolvenzverfahren nur im Falle einer inländischen Niederlassung eröffnet werden, so würden unter Umständen die Interessen der inländischen Gläubiger nicht hinreichend gewahrt. In diesem Zusammenhang sei noch einmal an das Beispiel von *Hanisch* erinnert (vgl. Rz. 386), das auch zeigt, daß das Vertrauen in die Insolvenzverfahren der Mitgliedsstaaten der EU nicht auch im gleichen Umfang gegenüber Drittstaaten gerechtfertigt ist. Bei Drittstaaten ist somit zwar **keine Niederlassung** zu fordern, doch sollte zumindest ein **erhebliches Interesse** der lokalen Gläubiger **an der Durchführung eines Territorialinsolvenzverfahrens** bestehen. Beide Erfordernisse, sowohl das der Niederlassung als auch das des besonderen Interesses dienen dazu, einer uferlosen Eröffnung von Territorialinsolvenzverfahren entgegenzuwirken. Zwar bewirkt das Erfordernis einer Niederlassung, daß der Gedanke des Einheitskonkurses gestärkt und die Eröffnung territorialer Verfahren erschwert wird (vgl. zu dem Vorhandensein einer Niederlassung nach dem EuIÜ *Wimmer* ZIP 1998, 985), doch könnten bei einer solchen Drittstaatenregelung die Rechte der inländischen Gläubiger zu stark limitiert werden. Befinden sich im Inland lediglich Vermögenswerte aber keine Niederlassung, so könnte ein inländisches Sekundärinsolvenzverfahren selbst dann nicht eröffnet werden, wenn das ausländische Verfahren gegen den deutschen ordre public verstößt oder sonst die Interessen der inländischen Gläubiger nicht hinreichend berücksichtigt. Um diesem Schutzbedürfnis der inländischen Gläubiger Rechnung zu tragen, schlägt etwa Hanisch vor, ein Sekundärinsolvenzverfahren zuzulassen, wenn das Hauptverfahren in einer vom **System her fernliegenden Rechtsordnung** stattfindet und **stark lokal geprägte Rechtsverhältnisse** einbezogen sind (a. a. O., S. 209). Durch diese Formulierung wird das »besondere Interesse«, das noch § 396 Abs. 2 RegE für den Gläubigerantrag auf Eröffnung eines Sonderinsolvenzverfahrens voraussetzte, hinreichend konkretisiert. Da dieses **besondere Interesse** in Artikel 102 Abs. 3 EGInsO keine Erwähnung findet, kann es nur § **14 Abs. 1 InsO entnommen werden**, der ein »rechtliches Interesse an der Eröffnung des Insolvenzverfahrens« fordert (so *Leipold* a. a. O., S. 541).

395 d) Die Auslegung kann allerdings nicht bei diesem Befund stehenbleiben. Denn das »besondere Interesse« und das Erfordernis einer Niederlassung stehen nicht in einem quantitativen Verhältnis zueinander, sondern bilden ein aliud. Während das »besondere Interesse« auf die konkrete Situation des jeweils antragstellenden Gläubigers abzielt, soll über das Erfordernis einer Niederlassung dem vom einzelnen Gläubiger unabhängigen Gesichtspunkt Rechnung getragen werden, daß beim Vorhandensein einer Niederlassung zahlreiche Bezüge zum inländischen Recht vorliegen (z. B. dingliche Sicherheiten, Arbeitsrecht, Steuerrecht; vgl. hierzu Wimmer ZIP 1998, 983), denen angemessen nur in einem Sekundärinsolvenzverfahren Rechnung getragen werden kann.

396 Vor diesem Hintergrund muß somit das Vorhandensein einer Niederlassung als eine unwiderlegbare Vermutung hinsichtlich eines besonderen Interesses an der Eröffnung eines Partikularinsolvenzverfahrens verstanden werden. Existiert zwar im Inland eine Niederlassung, kann aber der antragstellende Gläubiger kein »besonderes Interesse« im Sinne von § 396 Abs. 2 RegE geltend machen, so kann gleichwohl ein Sekundärinsolvenzverfahren eröffnet werden. Daraus ergibt sich zwingend, daß zwischen dem in § 14 Abs. 1 geforderten rechtlichen Interesse und dem soeben erwähnten »besonderen Interesse« ein erheblicher Unterschied besteht, da das in § 14 geforderte Interesse nur einen Mißbrauch des Insolvenzantrags ausschließen soll (vgl. BT-Drucks. 12/2443, S. 113). Die **zentrale Anknüpfung bildet somit die Niederlassung**, so daß, wenn im Inland sowohl eine Niederlassung als auch an anderen Orten belegenes Vermögen vorhanden ist, stets die **Niederlassung zuständigkeitsbegründend** wirkt (ebenso *Leipold* a. a. O., S. 540).

3. Antragsrecht für Territorialverfahren

397 Bei der Antragsbefugnis muß danach differenziert werden, ob es sich um ein unabhängiges Partikular- oder um ein Sekundärinsolvenzverfahren handelt.

398 a) Bei einem **selbständigen Partikularinsolvenzverfahren** sind zunächst die Gläubiger gemäß § 13 antragsberechtigt, wobei das rechtliche Interesse gemäß § 14 Abs. 1 um den Gesichtspunkt erweitert werden muß, daß gerade ein anerkennenswertes Interesse an der Durchführung eines inländischen Sonderinsolvenzverfahrens besteht (vgl. Rz. 394). Demgegenüber kann dem **ausländischen Schuldner kein rechtliches Interesse** an der Durchführung eines inländischen Partikularinsolvenzverfahrens zuerkannt werden, so daß sein Antrag insofern unzulässig wäre. Durch diese Einschränkung der Antragsbefugnis wird vermieden, daß die Unternehmung von ihren Rändern her liquidiert wird. Liegt ein Insolvenzgrund vor, so sollte der **Schuldner am Mittelpunkt der wirtschaftlichen Interessen das Insolvenzverfahren betreiben** und nicht mit seinen ausländischen Niederlassungen beginnen. Diese Vorstellung liegt auch dem EuIÜ zugrunde, da nach Artikel 3 Abs. 4, von dem Sonderfall abgesehen, daß am Mittelpunkt der hauptsächlichen Interessen ein Insolvenzverfahren nicht eröffnet werden kann, nur die Gläubiger ein unabhängiges Partikularverfahren beantragen können.

399 b) Den Antrag auf Eröffnung eines **Sekundärinsolvenzverfahrens** können gemäß § 13 sowohl die Gläubiger als auch der Schuldner stellen. Bei den Gläubigern muß allerdings wieder das besondere Interesse an der Durchführung eines inländischen Sekundärinsolvenzverfahrens bestehen (§ 396 Abs. 2 RegE; vgl. hierzu Rz. 394).

400 Nach § 396 Abs. 1 RegE kann der ausländische Verwalter im Inland die Eröffnung eines Sekundärinsolvenzverfahrens beantragen, ohne daß er ein besonderes rechtliches Interesse geltend machen muß. Aus Artikel 102 Abs. 3 EGInsO lassen sich zu diesem Antragsrecht des ausländischen Verwalters keine Hinweise entnehmen. Da mit der

Anerkennung des ausländischen Hauptinsolvenzverfahrens auch die Befugnisse des Verwalters anerkannt werden, im Interesse der Insolvenzmasse im Inland tätig zu werden, wird man dieses **Antragsrecht als Ausfluß seiner Verwalterbefugnis**, also aus dem regelmäßigen Übergang der Verwaltungs- und Verfügungsbefugnis über die Insolvenzmasse ableiten können (ebenso *Flessner* IPRax 1997, 4; vgl. auch *Trunk* in Gilles, 189).

4. Eröffnungsgründe

a) Unproblematisch ist die Feststellung eines Eröffnungsgrundes bei einem **Sekundärinsolvenzverfahren**. Nach Artikel 102 Abs. 3 Satz 2 EGInsO bedarf es in diesem Fall zur Verfahrenseröffnung nicht des Nachweises der Zahlungsunfähigkeit oder der Überschuldung. Das inländische Verfahren ist somit »**eröffnungsgrundabhängig**« (so *Thieme* in Stoll, Stellungnahmen und Gutachten, 212, 233). Die Formulierung »bedarf .... nicht des Nachweises« ist somit nicht als Beweisregel zu verstehen, sondern das Sekundärinsolvenzverfahren kann im Inland selbst dann eröffnet werden, wenn der betreffende ausländische Insolvenzgrund dem deutschen Recht unbekannt ist (vgl. zu § 238 Abs. 3 KO, der allerdings nur die Zahlungsunfähigkeit erwähnte *Mankowski* ZIP 1995, 1650, 1652 und zudem insofern gleichlautenden Artikel 27 Satz 1 EuIÜ *Wimmer* ZIP 1998, 982, 986). Allerdings setzt die »Eröffnungsgrundabhängigkeit« voraus, daß das **ausländische Verfahren überhaupt anerkennungsfähig** ist. Der ausländische Eröffnungsgrund muß somit vor dem deutschen ordre public Bestand haben (ebenso *Mankowski* a.a.O., S. 1653). Die in den Anhängen A und B zum EuIÜ aufgeführten Verfahren zeigen, wie breit die Palette möglicher Eröffnungsgründe sein kann. 401

b) Deutlich mehr Probleme wirft die Feststellung eines Insolvenzgrundes innerhalb eines **autonomen Partikularverfahrens** auf (vgl. hierzu ausführlich *Mankowski* a.a.O., S. 1654 ff.; *Wimmer* a.a.O., S. 986 f.). Da Artikel 102 Abs. 3 EGInsO auch hierzu vollständig schweigt, werden teilweise unter Berufung auf das Rechtsstaatsprinzip Zweifel geäußert, ob diese Verfahren überhaupt zulässig seien (*Lüer* Kölner Schrift zur Insolvenzordnung, 1217, 1232 f.). Da Partikularerfahren jedoch bereits unter der Ägide der KO anerkannt waren, sie im EuIÜ vorgesehen sind und der Gesetzgeber sie auch nicht ausschließen wollte, ist **weiterhin von ihrer Zulässigkeit auszugehen**, da die maßgebenden Insolvenzgründe in rechtsstaatlich unbedenklicher Weise entwickelt werden können. 402

Bei dem Insolvenzgrund der **Zahlungsunfähigkeit** muß der antragstellende Gläubiger nicht nachweisen, daß der Schuldner global nicht in der Lage ist, seine fälligen Verbindlichkeiten zu erfüllen. Denn bei einem Unternehmen, das weltweit mit unselbständigen Zweigniederlassungen arbeitet, wäre dieser Nachweis schlechterdings nie zu führen. Deshalb ist lediglich auf das **Zahlungsverhalten der Niederlassung in Deutschland**, der **ausländischen Hauptniederlassung** und allenfalls der **Niederlassungen in anderen europäischen Staaten** abzustellen (*BGH* ZIP 1991, 1014, 1015, dazu EWiR 1991, 1107 [Flessner]). Damit kann die Zahlungseinstellung nicht mit der Begründung abgelehnt werden, daß in weit entfernten Zweigniederlassungen möglicherweise noch regelmäßig Zahlungen bei Fälligkeit geleistet werden, sofern nicht gerade dort ein wirtschaftlicher Schwerpunkt des Unternehmens liegt. Bei dieser Auslegung besteht zwar theoretisch die Möglichkeit, daß die Zahlungsunfähigkeit einer Zweigniederlassung angenommen wird, obwohl möglicherweise aus dem Ausland der Zweigniederlassung noch Liquidität zur Verfügung gestellt werden könnte, doch wenn dies nicht in angemessener Zeit erfolgt, liegt keine Zahlungsstockung mehr vor, sondern – zumindest, 403 wenn das wesentliche Zahlungsverhalten der Zweigniederlassung erfaßt wird – eine Zahlungseinstellung (*Wimmer* a. a. O.; a. A. *Mankowski* a. a. O., S 1659; *Lüer* a. a. O., S. 1233 f.).

404 Demgegenüber kann der Insolvenzgrund der **Überschuldung** nicht rein niederlassungsbezogen festgestellt werden. Vielmehr muß bei der Überschuldung auf den **hinter der Niederlassung stehenden Rechtsträger** abgestellt werden. Überschuldet kann immer nur dieser Rechtsträger sein. Eine Überschuldung läßt sich somit nur feststellen, wenn weltweit die Aktiva und Passiva in die Betrachtung einbezogen werden. Für Überschuldung und Zahlungsunfähigkeit gilt damit – dogmatisch zugegebenermaßen wenig befriedigend – ein unterschiedlicher Ansatz. Während die Zahlungsunfähigkeit niederlassungsbezogen festgestellt werden kann, ist diese Möglichkeit bei der Überschuldung nicht gegeben. Für isolierte Partikularinsolvenzverfahren ist der Eröffnungsgrund der Überschuldung somit weitgehend ohne Bedeutung.

5. Kooperation zwischen den Verwaltern und Einwirkungsmöglichkeiten des ausländischen Verwalters

405 a) Die Anerkennung des ausländischen Verfahrens führt auch zur Anerkennung der dem Verwalter nach der lex fori concursus zustehenden Befugnisse. Mit der Eröffnung des Sekundärinsolvenzverfahrens werden diese Befugnisse limitiert und modifiziert. Sie richten sich jetzt darauf, eine möglichst weitgehende Harmonisierung zwischen Haupt- und Sekundärinsolvenzverfahren sicherzustellen. Dabei ist der Verwalter des Hauptinsolvenzverfahrens auf eine **enge Zusammenarbeit** mit dem inländischen Verwalter angewiesen. In § 398 RegE war diese Verpflichtung zur Kooperation im einzelnen ausgestaltet. Aber auch ohne eine solche ausdrückliche Regelung ist der inländische Insolvenzverwalter verpflichtet, alle Umstände mitzuteilen, die für das Hauptinsolvenzverfahren von Bedeutung sein können. Die **Pflicht zur Zusammenarbeit ist Ausfluß der Verwaltungs- und Verfügungsbefugnis**, da eine ordnungsgemäße Verwaltung des Inlandsvermögens regelmäßig nur unter Beachtung des ausländischen Verfahrens möglich sein wird (*Flessner* IPRax 1997, 4). Diese Pflicht zum Informationsaustausch ist somit auch ohne gesetzliche Regelung aus der Hierarchie zwischen Haupt- und Sekundärinsolvenzverfahren ableitbar (*Thieme* a. a. O., S. 243; vgl. auch *Trunk* a. a. O., S. 194 f.). Informationen aus erster Hand wird der ausländische Gläubiger am leichtesten erhalten, wenn ihm die **Teilnahme an den Gläubigerversammlungen** des Sekundärinsolvenzverfahrens ermöglicht wird (vgl. § 398 Abs. 2 RegE). Allerdings ist aus der allgemeinen Koordinations- und Unterrichtungspflicht nicht ableitbar, daß der ausländische Verwalter auch berechtigt wäre, die im Hauptinsolvenzverfahren angemeldeten **Forderungen** seinerseits im Sekundärinsolvenzverfahren **anzumelden** (vgl. § 397 Abs. 1 RegE, Artikel 32 Abs. 1 EuIÜ). Der ausländische Verwalter kann insofern nur als Bevollmächtigter für die Gläubiger tätig werden (sowohl auch *Trunk* a. a. O., S. 194; vgl. zur Bevollmächtigung bei der Forderungsanmeldung *Kuhn/Uhlenbruck* § 139 Rz. 8). Erst recht hat er nicht die Befugnis, das **Stimmrecht** aus den in seinem Verfahren angemeldeten Forderungen geltend zu machen (so § 397 Abs. 2 RegE; anders jedoch Artikel 32 EuIÜ).

406 Ein **Überschuß im Sekundärinsolvenzverfahren** ist auch ohne gesetzliche Anordnung an den Verwalter des Hauptinsolvenzverfahrens herauszugeben (vgl. § 399 RegE, Artikel 35 EuIÜ). Es dürfte sich dabei ohnehin um singuläre Fälle handeln, da alle Gläubiger zur Teilnahme an dem inländischen Territorialverfahren berechtigt sind. Sollte tatsächlich die Insolvenzmasse des Sekundärinsolvenzverfahrens so groß sein, daß ein

Überschuß in Frage kommt, so werden die ausländischen Gläubiger ihre Forderungen in dem Verfahren anmelden, so daß ein Überschuß erst gar nicht entstehen würde (*Wimmer* ZIP 1998, 988).

Der Grund für die **Pflicht zur Auskehrung des Überschusses** an den ausländischen 407
Insolvenzverwalter ist darin begründet, daß nach Aufhebung des Insolvenzverfahrens nach der Schlußverteilung (§ 200) die Sperrwirkung des Sekundärinsolvenzverfahrens endet und das inländische insolvenzbefangene Vermögen wieder unter die Verwaltungs- und Verfügungsbefugnis des ausländischen Verwalters fällt (ipso iure erfolgender Übergang des Partikularkonkursbeschlages in den subsidiären Universalkonkursbeschlag, so *Thieme* a. a. O., S. 241; vgl. auch *Flessner* a. a. O., S. 4).

Aus dem Grundsatz der par conditio creditorum ergibt sich ohne weiteres, daß die im 408
Hauptinsolvenzverfahren von einem Gläubiger erlangte **Dividende** bei der Bemessung der Dividende des Sekundärinsolvenzverfahrens **zu berücksichtigen** ist (vgl. § 383 Abs. 2 RegE; Artikel 20 Abs. 2 EuIÜ).

b) Wesentlich unbürokratischer und wohl auch effektiver sind die **Möglichkeiten der** 409
Verfahrenskoordinierung im anglo-amerikanischen Rechtskreis. Bereits in einem frühen Verfahrensstadium können sich die involvierten Insolvenzrichter und/oder Insolvenzverwalter über die Abwicklung von Parallelverfahren verständigen. Diese Verständigung kann zunächst in einem formlosen Austausch von Informationen bestehen, aber auch in eine detaillierte schriftliche Vereinbarung münden. Im Rahmen der Beratungen zu den UNCITRAL–Modellbestimmungen spielten diese »**protocols**« eine erhebliche Rolle. Von den anglo-amerikanischen Teilnehmern wurde nachdrücklich gefordert, diese protocols ausdrücklich in den Modellbestimmungen zu erwähnen. Da diese Vereinbarungen bei den kontinentaleuropäischen Juristen, deren Richter an strikte gesetzliche Vorgaben gebunden sind, auf große Zurückhaltung stießen, wurde lediglich in Artikel 25 der Modellbestimmungen die Möglichkeit direkter Kommunikation zwischen verschiedenstaatlichen Insolvenzrichtern und Insolvenzverwaltern vorgesehen (vgl. zur starken Betonung der Zusammenarbeit in den UNCITRAL–Modellbestimmungen *Wimmer* ZIP 1997, 2220, 2223; vgl. zu den protocols *Paulus* ZIP 1998, 977 ff. und zu ihrer grundsätzlichen Bedeutung im »Maxwell case« *Göpfert* ZZP int. 1996, 73 ff.). Diese protocols will Paulus auch für das deutsche Recht nutzbar machen (a. a. O.). In der Tat hat es etwas Verlockendes, wie im anglo-amerikanischen Rechtskreis mit Hilfe dieser Protokolle Vereinbarungen über das in den verschiedenen Staaten belegene Vermögen, die Behandlung des betroffenen Managements oder Einzelheiten der Sanierungsmaßnahmen erzielt werden können (vgl. *Paulus* a. a. O., S. 979). Allerdings muß auch Paulus einräumen, daß diese Protokolle aus kontinental-europäischer Sicht etwas »Ungeheuerliches« unternehmen, da sie darauf abzielen, völkerrechtliche Übereinkünfte zu ersetzen und die Rechts- und Gesetzesbindung des Richters zu relativieren oder sie sogar vollständig aufzuheben (a. a. O., S. 981). Ohne völkerrechtliche Vereinbarungen oder ausdrückliche gesetzliche Grundlage dürften im deutschen Recht **allenfalls Vereinbarungen zwischen den Verwaltern** zulässig sein. Entgegen Paulus sollten die rechtliche Grundlage für diese Vereinbarungen nicht den Vorschriften über das Planverfahren, sondern denen über die Verwaltungs- und Verfügungsbefugnis des Insolvenzverwalters entnommen werden. Eine **effektive Verwaltung der Insolvenzmasse** kann es oftmals erforderlich machen, daß der Verwalter des inländischen Verfahrens sich mit seinen ausländischen Kollegen abstimmt. Im Rahmen dieser Zusammenarbeit können dann auch schriftliche Vereinbarungen getroffen werden, sofern sie die Grenzen des deutschen Insolvenzrechts beachten (vgl. *Trunk* in Gilles, Transnationales Prozeßrecht, 195 f.). Argumentativ ist es zumindest problematisch, wenn *Paulus* als weitere Grundlage für die Abschlußkompetenz des

Anhang I *Artikel 102 EGInsO Internationales Insolvenzrecht*

inländischen Insolvenzverwalters die Befugnisse des vorläufigen Insolvenzverwalters heranzieht, und hieraus auf die Gestaltungsmöglichkeiten im eröffneten Verfahren schließt (a. a. O., S. 981). Die Kompetenzen des vorläufigen Insolvenzverwalters werden vielmehr durch die des Insolvenzverwalters limitiert.

6. Restschuldbefreiung und Sanierungspläne im Partikularverfahren

410 a) Die Fragen, die mit Sanierungsplänen und Schuldbefreiungen im Partikularverfahren verbunden sind, bedürfen noch weiterer wissenschaftlicher Durchdringung (eingehend hat sich mit diesem Problemkreis *Reinhart* Sanierungsverfahren im internationalen Insolvenzrecht, 255 ff. beschäftigt). Selbst dem RegE und dem EuIÜ können hierzu allenfalls vage Anhaltspunkte entnommen werden. Artikel 102 Abs. 3 EGInsO ist hierzu völlig unergiebig.

411 In Übereinstimmung mit § 394 Abs. 1 RegE sollte eine **Restschuldbefreiung** nach den §§ 286 ff. **in Partikularinsolvenzverfahren nicht möglich** sein. Insofern führt die Begründung zum RegE überzeugend aus, den Gläubigern könne eine Restschuldbefreiung nur zugemutet werden, wenn das gesamte in- und ausländische Vermögen des Schuldners verwertet worden sei (BT-Drucks. 12/2443, S. 245). Die umfassende Schuldenbereinigungswirkung des § 301 Abs. 1 ist nur dann gerechtfertigt, wenn zumindest das wesentliche Vermögen des Schuldners in einem geordneten und gerichtlich überwachten Verfahren festgestellt und verwertet worden ist (a. A. *Thieme* in Stoll [Hrsg.] Stellungnahmen und Gutachten, 226 f., der für eine Restschuldbefreiung lediglich eine »genau begrenzte Vermögensrelation« voraussetzt, die auch im Partikularverfahren erfüllt sei). Da alle Gläubiger an dem Partikularverfahren teilnahmeberechtigt sind, ist eine Differenzierung zwischen den einzelnen Forderungen nur schwer vorstellbar (z. B. Unterscheidung nach Wohnsitz, Sitz, Niederlassung?).

412 b) An der **Zulässigkeit von Sanierungsplänen** in deutschen unabhängigen Partikularverfahren bestehen keine Bedenken (vgl. zur Rechtslage in der Schweiz, in England und in den USA *Reinhart* a. a. O., S. 259 ff.). Das unabhängige Partikularverfahren ist ein zwar auf das Inlandsvermögen beschränktes, aber ansonsten vollwertiges Insolvenzverfahren, in dem auch ein Insolvenzplan mit dem Ziel der Sanierung beschlossen werden kann. Denkbar wäre eine solche isolierte Sanierungsmaßnahme etwa bei einer weitgehend autark operierenden Niederlassung, in der zahlreiche Ortskräfte beschäftigt sind. Im Interesse des Erhalts der Arbeitsplätze könnte in einem solchen Fall eine Sanierung sogar unter dem Einsatz öffentlicher Mittel versucht werden. Allerdings werden solche Maßnahmen nur in seltenen Ausnahmefällen wirtschaftlich sinnvoll sein, da nach Aufhebung des Partikularverfahrens die ausländischen Gläubiger in das Vermögen der sanierten Niederlassung vollstrecken können.

413 1) Es dürfte wohl unstreitig sein, daß die **ausländischen Gläubiger**, die sich nicht an dem inländischen Partikularverfahren beteiligt haben, **keine Kürzung ihrer Forderung** hinnehmen müssen (vgl. nur *Arnold* in Gottwald, Handbuch, § 123 Rz. 8). Nicht so eindeutig beantworten läßt sich die Frage, wie sich eine Forderungsreduzierung im Partikularinsolvenzverfahren auf die Rechtsverfolgungsmöglichkeiten der Gläubiger auswirkt. So wird etwa vertreten, der gegenständlich beschränkten Partikularkonkursmasse (lediglich das Inlandsvermögen) stehe auf der Passivseite eine beschränkte Zahl von Partikularkonkursgläubigern gegenüber (*Thieme* a. a. O., S. 224). Dem liegt die Vorstellung von einer Partikularkonkursquote zugrunde, die sich aus der Relation des Inlandsvermögens zu den am Verfahren beteiligten Gläubigern ergibt. Gegen diese Vorstellung wird jedoch zu Recht eingewandt, Forderungen hätten keine physische,

territorial beschränkte Existenz und richteten sich immer gegen einen Schuldner, der u. U. in mehreren Ländern präsent sei (so *Flessner* in Stoll, Stellungnahmen und Gutachten, 201, 205; ebenso *Reinhart* a. a. O., S. 301). Um dennoch eine **gegenständliche Beschränkung auf das Inlandsvermögen** zu begründen, könnte erwogen werden, zwar die Forderung in ihrem Bestand unangetastet zu lassen, jedoch die verfahrensrechtliche Durchsetzung im Inland einzuschränken (vgl. hierzu und zu Parallelen insbesondere im englischen Recht *Reinhart* a. a. O., S. 302 und zur verfahrensrechtlichen »Restschuldbefreiung« nach § 18 Abs. 2 Satz 3 GesO *Klopp* in Nachtrag »GesO« zum Insolvenzrechts-Handbuch, 31). Von einer solchen territorial beschränkten, also lediglich **verfahrensrechtlich realisierbaren Wirkung der Schuldbefreiung** in einem Partikularverfahren (zumindest bei Gläubigern, die ihre Zustimmung zu der Maßnahme verweigert haben) gehen auch die Verfasser des Berichts zum EuIÜ aus: »Es liegt auf der Hand, daß .... eine solche Beschränkung der Rechte der Gläubiger nur das im Staat der Eröffnung des Partikularverfahrens belegene Vermögen betreffen kann« (Rz. 157). Zwangsvollstreckungsmaßnahmen in das im Ausland belegene Vermögen werden demgegenüber uneingeschränkt für zulässig gehalten.

2) Für die rigide Regel des § 394 Abs. 2 RegE, nach der ein Insolvenzplan nur bestätigt werden kann, wenn alle betroffenen Gläubiger dem Plan zugestimmt haben, lassen sich dem derzeitigen deutschen IIR keine Anhaltspunkte entnehmen. Ein **Insolvenzplan** kann somit auch im inländischen Partikularverfahren bereits **dann bestätigt werden, wenn der Plan entsprechend den §§ 235 ff. ordnungsgemäß angenommen wurde** und auch sonst keine Versagungsgründe vorliegen. Ein solcher Insolvenzplan läßt zwar die Forderungen in ihrem Bestand unberührt, verwehrt aber den Gläubigern, die sich an dem Verfahren beteiligt haben, unabhängig davon, ob sie den Plan gebilligt oder abgelehnt haben, den Zugriff auf das inländische Vermögen. Demgegenüber ist es ihnen unbenommen, Befriedigungen durch Zwangsvollstreckungsmaßnahmen im Ausland zu erlangen. Zwangsvollstreckungsmaßnahmen im Inland würden demgegenüber als Widerspruch zur Teilnahme an dem inländischen Insolvenzplanverfahren gewertet und als unzulässig abgelehnt. Dies gilt unabhängig davon, wo der teilnehmende Gläubiger domiziliert ist.

c) Für **Sekundärinsolvenzverfahren** bestimmt Artikel 3 Abs. 3 EuIÜ, es müsse sich bei ihnen **zwingend** um **Liquidationsverfahren** handeln. Für inländische Sekundärinsolvenzverfahren spielt dies keine Rolle, da das Verfahren nach der InsO sowohl in den Anhängen A und B aufgeführt ist, und nach der Definition in Artikel 2 Buchstabe c EuIÜ ein Liquidationsverfahren auch dann vorliegt, wenn dieses Verfahren durch einen Vergleich (oder durch einen Insolvenzplan) beendet wird (vgl. Rz. 71 f.). Demgegenüber differenziert § 394 RegE nicht zwischen Sekundärinsolvenzverfahren und sonstigen Partikularinsolvenzverfahren, so daß nach dem Regierungsentwurf ein Insolvenzplan nur wirksam zustande käme, wenn alle betroffenen Gläubiger dem Plan zugestimmt hätten (vgl. BT-Drucks. 12/2443, S. 245).

1) Die Konzeption des EuIÜ überzeugt insofern, als eine **inländische Sanierung einer unselbständigen Zweigniederlassung kaum vorstellbar ist, wenn am Sitz der Hauptniederlassung die konkursmäßige Liquidation erfolgt**, die grundsätzlich alle Vermögenswerte erfassen will. Würde im Inland entgegen der Intention des ausländischen Verfahrens über einen Insolvenzplan eine Sanierung versucht, so käme mit der Aufhebung des Insolvenzverfahrens nach der rechtskräftigen Bestätigung des Insolvenzplans (§ 258) der ausländische Konkursbeschlag wieder zum Tragen, so daß das der inländischen Zweigniederlassung »gewidmete« Vermögen sogleich wieder dem ausländischen Konkursbeschlag unterfallen würde. Sollte das im Inland belegene Vermögen so

umfangreich sein, daß eine Sanierung der Zweigniederlassung an sich in Frage käme, so würde dies unweigerlich die ausländischen Gläubiger veranlassen, ihre Forderung im inländischen Verfahren anzumelden. Selbst unter der unwahrscheinlichen Annahme, daß im inländischen Sekundärinsolvenzverfahren ein Sanierungsplan beschlossen wird, das ausländische Verfahren bereits abgeschlossen und keine Nachtragsverteilung im Ausland nach Beendigung des inländischen Sekundärinsolvenzverfahrens angeordnet wird, wäre der **inländische Sanierungsplan** vom Insolvenzgericht abzulehnen. Da ein solcher Plan **offensichtlich keinerlei Aussichten** hat, das mit ihm verfolgte **wirtschaftliche Ergebnis zu realisieren**, wäre er in entsprechender Anwendung von § 231 vom Insolvenzgericht zurückzuweisen. Demgegenüber können andere Insolvenzpläne, die etwa eine von der InsO abweichende Form der Liquidation vorsehen, durchaus sinnvoll sein und die Billigung des Gerichts finden. Wird in einem solchen Plan eine Reduktion der Forderungen vorgesehen, so gelten die Ausführungen zum unabhängigen Partikularverfahren entsprechend.

417 2) Werden **sowohl im Haupt- als auch im Sekundärinsolvenzverfahren Insolvenzpläne** mit dem Ziel der Sanierung beschlossen, die jedoch die Forderungen der Gläubiger in unterschiedlicher Höhe kürzen, so muß ein Ausgleich vorgenommen werden. Die Einzelheiten hierzu sind allerdings ebenso kompliziert wie umstritten (vgl. *Reinhart*, 305 ff.). Andere wollen demgegenüber dem inländischen Verfahrensergebnis vor deutschen Gerichten den Vorrang einräumen (so *Flessner* in Stoll [Hrsg.] Stellungnahmen und Gutachten, 206). Nach *Arnold* soll ein ausländischer Vergleich im Inland keine Wirkungen entfalten, wenn hier ebenfalls ein Insolvenzverfahren stattfindet oder stattgefunden hat (a. a. O., Rz. 18). Gegenüber den beiden zuletzt genannten Auffassungen wendet *Reinhart* ein, ein solches Verständnis würde die durch die unterschiedlichen Insolvenzverfahren bedingte Trennung der Haftungsmassen über das Ende dieser Verfahren hinaus aufrechterhalten. Nach der hier vertretenen Auffassung geht es lediglich um die **prozessuale Durchsetzung im Inland** (vgl. Rz. 413). Hat der Gläubiger im inländischen Verfahren lediglich eine Quote von 10% zugesprochen bekommen, während im Ausland eine in Höhe von 30% vereinbart wurde, so kann er im Inland gerichtlich nur diese 10% durchsetzen, im Ausland jedoch die im Hauptinsolvenzverfahren festgesetzte Quote beanspruchen, wobei jedoch die im Inland erhaltene Dividende angerechnet wird.

418 3) Findet im **Ausland ein Sanierungsverfahren** statt, beabsichtigt jedoch der inländische Insolvenzverwalter des Sekundärinsolvenzverfahrens das **im Inland belegene Vermögen des Schuldners zu versilbern**, so hat der ausländische Insolvenzverwalter keine unmittelbaren Befugnisse, dies zu unterbinden. Selbst der RegE hatte Artikel 32 des Vorentwurfs zum internationalen Insolvenzrecht nicht übernommen, der vorsah, daß unter bestimmten Voraussetzungen die Verwertung und Verteilung der Insolvenzmasse auf Antrag des ausländischen Verwalters ausgesetzt werden konnte (vgl. hierzu *Reinhart* a. a. O., S. 288 f.). Sehr weitgehende Einflußmöglichkeiten des Verwalters des Hauptsolvenzverfahrens, eine **Aussetzung der Verwertung im Sekundärinsolvenzverfahren** zu erreichen, sieht **Artikel 33 EuIÜ** (vgl. Rz. 150 ff.) vor. Diese weitreichenden Befugnisse sind allerdings nur im Rahmen einer Konvention akzeptierbar, die weitgehend vom Vertrauen in das Recht der anderen Vertragsstaaten getragen wird. In das autonome IIR sollte sie nicht übernommen werden (vgl. *Hanisch* in Stoll, Vorschläge und Gutachten, 206). Bei der spärlichen Regelung des Artikel 102 Abs. 3 EGInsO kann sie nicht in das deutsche IIR hineininterpretiert werden, da sie nicht mehr als Ausfluß einer notwendigen Abstimmung zwischen Haupt- und Sekundärinsolvenzverfahren zu werten ist. Der ausländische Verwalter des Hauptinsolvenzverfahrens kann sich somit

nur von den Gläubigern »seines« Verfahrens bevollmächtigen lassen, ihre Forderungen auch im Sekundärinsolvenzverfahren anzumelden und sich durch ihn an den Abstimmungen zu beteiligen (gegen diese »formalistische und unökonomische« Lösung *Reinhart* a. a. O., S. 290). Will der ausländische Verwalter nicht diesen Weg beschreiten, so muß er versuchen, im Berichtstermin die inländischen Gläubiger von seinem Sanierungsplan zu überzeugen.

VI. Geltungsanspruch des deutschen Insolvenzverfahrens

a) Mit Rücksicht auf die bisherigen Ausführungen sind nur die wesentlichen Gesichtspunkte zu skizzieren. Da nach § 35 die Insolvenzmasse das gesamte Vermögen des Schuldners, gleich wo es belegen sein mag, umfaßt, kommt dem deutschen **Hauptinsolvenzverfahren ein universaler Geltungsanspruch** zu. Dies ergibt sich auch aus einem Umkehrschluß zu Artikel 102 Abs. 3 EGInsO, der für die Partikularinsolvenzverfahren eine Beschränkung auf das Inlandsvermögen ausdrücklich anordnet (vgl. etwa *Trunk* a. a. O., S. 169 ff.; *Arnold* a. a. O., § 122 Rz. 55). Dieser grundsätzliche Geltungsanspruch des deutschen Insolvenzverfahrens besteht unabhängig davon, ob das Ausland diesen Anspruch anerkennt (vgl. zur Anerkennungsfreundlichkeit ausgewählter ausländischer Insolvenzrechte *Arnold* a. a. O., Rz. 60 ff.; *Fletcher* Cross-border Insolvency, National and Comperative Studies; einen guten Überblick über das IIR zahlreicher Staaten bieten *Cooper/Jarvis* Recognition and Enforcement of Cross-border Insolvency). 419

b) Unabhängig von der Frage, ob »sein« Hauptinsolvenzverfahren im Ausland anerkannt wird, hat der **Insolvenzverwalter alle Anstrengungen zu unternehmen, um in Besitz und Verwaltung der Gegenstände der Insolvenzmasse zu gelangen** (§ 148). Häufig ahnt der Verwalter zwar, daß der Schuldner im Ausland über Konten, Immobilien oder über Schiffe verfügt, ohne dies jedoch belegen zu können. Er ist deshalb dringend auf die Unterrichtung und Unterstützung seitens des Schuldners angewiesen. 420

Erfährt der Verwalter von im Ausland belegenen Gegenständen, erkennt aber der ausländische Staat seine Verwalterbefugnisse nicht an, so kann er sich einen geeigneten Gläubiger suchen, der in dieses Auslandsvermögen vollstreckt und dabei gegenüber der Masse als Treuhänder agiert, der den Erlös nach Abzug der Kosten an die Masse abführt (vgl. zu diesem Vorgehen *Hanisch* IPRax 1994, 351, 352). 421

Verfügt der Verwalter jedoch nicht einmal über diese Informationen, so kann ihm nur die Unterstützung durch den Schuldner weiterhelfen. Nach § 97 Abs. 1 ist der Schuldner zur **Auskunft über diese Vermögensgegenstände** verpflichtet, das Gericht kann diese Pflicht nach § 98 Abs. 2 ggf. mittels Haft erzwingen. 422

c) Aber selbst wenn der Schuldner den Verwalter umfassend über sein Vermögen informiert, nützt diese Kenntnis wenig, wenn der **ausländische Staat den Zugriff des Verwalters** auf diese Gegenstände **verhindert**. Nach § 97 Abs. 2 hat der Schuldner jedoch den Verwalter bei seinen Aufgaben zu unterstützen. Hierzu zählt auch die Pflicht des Schuldners, im Ausland belegene Gegenstände »durch geeignete Mitwirkungshandlungen der Verwertung für die Insolvenzmasse zu erschließen« (BT-Drucks. 12/2443, S. 142). 423

In der Praxis wird eine solche Mitwirkungshandlung insbesondere darin bestehen, daß der **Schuldner dem Verwalter eine Vollmacht erteilt**, die ihm den Zugriff auf dieses Auslandsvermögen erschließt (zustimmend etwa *OLG Köln* ZIP 1996, 658 f. und ZIP 1998, 113 ff.; *Hanisch* IPRax 1994, 351 ff.; *Kilger/Karsten Schmidt* KO, § 1 Anm. 1 B b m. w. N.; *Kuhn/Uhlenbruck/Lüer* §§ 237, 238, Rz. 65; a. A. noch *OLG Koblenz* KTS 424

1980, 68 f., anders allerdings ZIP 1993, 844; ablehnend *Baur/Stürner* Insolvenzrecht, Rz. 37.5, der entgegen BVerfG ZIP 1986, 1336 verfassungsrechtliche Bedenken hat und die Vollmachtserteilung als »fragwürdiges Rechtsinstrument mit Täuschungstendenz« bezeichnet). Angesichts der in § 97 Abs. 2 statuierten Mitwirkungspflicht des Schuldners und dem eindeutigen Beleg in der Begründung des RegE dürften diese Bedenken zumindestens dann entkräftet sein, wenn der Verwalter unter Beachtung der ausländischen Rechtslage kompetent davon Gebrauch macht (vgl. *Hanisch* a. a. O., S. 353).

Anlage 1: DöKVAG   Anhang I

Gesetz zu dem Vertrag vom 25. Mai 1979 zwischen der Bundesrepublik Deutschland und der Republik Österreich auf dem Gebiet des Konkurs- und Vergleichs-(Ausgleichs-)rechts
Vom 4. März 1985 (BGBl. II 1985, 410)

Der Bundestag hat das folgende Gesetz beschlossen:

Artikel 1

Dem in Wien am 25. Mai 1979 unterzeichneten Vertrag zwischen der Bundesrepublik Deutschland und der Republik Österreich auf dem Gebiet des Konkurs- und Vergleichs-(Ausgleichs-)rechts wird zugestimmt. Der Vertrag wird nachstehend veröffentlicht.

Artikel 2

Eingeschränkt werden das Grundrecht der Freiheit der Person (Artikel 2 Abs. 2 Satz 2 des Grundgesetzes) nach Maßgabe des Artikels 10 Abs. 3 sowie das Brief-, Post- und Fernmeldegeheimnis (Artikel 10 Abs. 1 des Grundgesetzes) nach Maßgabe des Artikels 10 Abs. 2 und des Artikels 25 Abs. 1 des Vertrags.

Artikel 3

Dieses Gesetz gilt auch im Land Berlin, sofern das Land Berlin die Anwendung dieses Gesetzes feststellt.

Artikel 4

(1) Dieses Gesetz tritt am Tage nach seiner Verkündung in Kraft.
(2) Der Tag, an dem der Vertrag nach seinem Artikel 34 Abs. 2 in Kraft tritt, ist im Bundesgesetzblatt bekanntzugeben.

**Vertrag
zwischen der Bundesrepublik Deutschland
und der Republik Österreich
auf dem Gebiet des Konkurs- und Vergleichs-(Ausgleichs-)rechts**

Der Präsident der Bundesrepublik Deutschland
und
der Bundespräsident der Republik Österreich –

in dem Wunsch, eine zwischenstaatliche Regelung auf dem Gebiet des Konkurs- und Vergleichs-(Ausgleichs-)rechts zu treffen,
in dem Bestreben sicherzustellen, daß über das in den Vertragsstaaten befindliche Vermögen eines Schuldners nach Möglichkeit ein einheitliches Konkurs- oder Ver-

gleichs-(Ausgleichs-)verfahren durchgeführt wird, dessen Wirkungen in beiden Vertragsstaaten eintreten –
sind übereingekommen, hierüber einen Vertrag zu schließen, und haben zu diesem Zweck zu ihren Bevollmächtigten ernannt:

Der Präsident der Bundesrepublik Deutschland

Herrn Maximilian Graf von Podewils-Dürniz,
Botschafter der Bundesrepublik Deutschland in Wien,
und
Herrn Dr. Hans-Jochen Vogel,
Bundesminister der Justiz,

der Bundespräsident der Republik Österreich

Herrn Dr. Christian Broda,
Bundesminister der Justiz.

Die Bevollmächtigten haben nach Austausch ihrer in guter und gehöriger Form befundenen Vollmachten folgendes vereinbart:

Erster Abschnitt
Konkursverfahren

Artikel 1

Wird in einem Vertragsstaat, dessen Gerichte nach diesem Vertrag zuständig sind, das Konkursverfahren eröffnet, so erstrecken sich die Wirkungen des Konkurses nach Maßgabe der Bestimmungen dieses Vertrages auf das Gebiet des anderen Vertragsstaates.

Artikel 2

(1) Für die Eröffnung des Konkursverfahrens sind die Gerichte des Vertragsstaates zuständig, in dem der Gemeinschuldner den Mittelpunkt seiner wirtschaftlichen Betätigung hat.
(2) Hat der Gemeinschuldner einen solchen Mittelpunkt nicht in einem der Vertragsstaaten, so sind die Gerichte des Vertragsstaates zuständig, in dem er seinen Sitz oder gewöhnlichen Aufenthalt hat.
(3) Ist nach den Absätzen 1 und 2 eine Zuständigkeit für die Gerichte der Vertragsstaaten nicht gegeben, so sind die Gerichte des Vertragsstaates zuständig, in dem der Gemeinschuldner eine Niederlassung hat. Diese Zuständigkeit wird in dem anderen Vertragsstaat jedoch nicht anerkannt, wenn dieser einem zwischenstaatlichen Abkommen angehört, das die Zuständigkeit der Gerichte eines dritten Staates vorsieht. Die Zuständigkeit der Gerichte des Vertragsstaates ist jedoch anzuerkennen, wenn auch die Gerichte des dritten Staates nur wegen einer Niederlassung des Gemeinschuldners zuständig sind und wenn in diesem Staat ein Konkurs- oder ein diesem gleichgestelltes Verfahren noch nicht eröffnet ist.

Anlage 1: DöKVAG **Anhang I**

(4) Die in diesem Artikel vorgesehenen Anknüpfungen beziehen sich für die Eröffnung des Konkursverfahrens über einen Nachlaß auf den Erblasser, für die Eröffnung des Konkursverfahrens über das Gesamtgut einer fortgesetzten Gütergemeinschaft auf den verstorbenen Ehegatten.

Artikel 3

(1) Sind die Gerichte beider Vertragsstaaten nach Artikel 2 zuständig und hat das Gericht eines der Vertragsstaaten den Konkurs eröffnet, so dürfen die Gerichte des anderen Vertragsstaates, solange dieses Konkursverfahren anhängig ist, ein solches Verfahren über das vom Konkurs erfaßte Vermögen des Schuldners weder einleiten noch ein später eingeleitetes Verfahren fortsetzen.
(2) Hat das Gericht eines Vertragsstaates seine Zuständigkeit für die Eröffnung des Konkursverfahrens auf rechtliche Erwägungen oder tatsächliche Feststellungen gestützt, aus denen sich eine Zuständigkeit nach Artikel 2 für die Gerichte dieses Staates ergibt, so sind die Gerichte des anderen Vertragsstaates bei der Prüfung, ob die Gerichte des ersten Staates nach Artikel 2 zuständig sind, an diese Erwägungen oder Feststellungen der Entscheidung gebunden.
(3) Hat ein Gericht eines Vertragsstaates die Eröffnung des Konkursverfahrens abgelehnt, weil nach Artikel 2 die Gerichte des anderen Vertragsstaates zuständig seien, und ist diese Entscheidung rechtskräftig geworden, so darf ein Gericht des anderen Vertragsstaates die Eröffnung eines Konkursverfahrens nicht ablehnen, weil die Gerichte des ersten Staates nach Artikel 2 zuständig seien.

Artikel 4

Die Voraussetzungen der Konkurseröffnung, das Konkursverfahren sowie die Wirkungen des Konkurses sind, wenn das Konkursverfahren von einem Gericht eines Vertragsstaates eröffnet worden ist, dessen Gerichte nach Artikel 2 zuständig sind, nach dem Recht dieses Staates zu beurteilen, soweit im folgenden nichts anderes bestimmt ist.

Artikel 5

(1) Die Eröffnung des Konkursverfahrens in dem einen Vertragsstaat ist in dem anderen Vertragsstaat auf Veranlassung des Konkursgerichts bekanntzumachen, wenn anzunehmen ist, daß sich in diesem Staat eine Niederlassung, ein Sitz, ein gewöhnlicher Aufenthalt, Gläubiger oder Vermögenswerte des Gemeinschuldners befinden; in der Bundesrepublik Deutschland ist die Eröffnung im »Bundesanzeiger«, in der Republik Österreich im »Amtsblatt zur Wiener Zeitung« bekanntzumachen. Ist die Eröffnung des Konkursverfahrens in dem anderen Vertragsstaat bekanntgemacht worden, so ist die Beendigung in gleicher Weise bekanntzumachen; entsprechendes gilt, wenn die Bekanntmachung über die Eröffnung des Konkursverfahrens auch in anderen Blättern angeordnet worden ist.
(2) Eintragungen in öffentliche Bücher und Register, die nach dem Recht des Vertragsstaates zu veranlassen sind, in dem das Konkursgericht seinen Sitz hat, sind auf

Anhang I *Artikel 102 EGInsO Internationales Insolvenzrecht*

unmittelbares Ersuchen des Konkursgerichts im anderen Vertragsstaat kostenfrei vorzunehmen, es sei denn, daß Eintragungen dieser Art dort nicht durchführbar sind oder ihnen Rechtsvorschriften ausdrücklich entgegenstehen. Hat nach dem Recht des Vertragsstaates, in dem das Konkursgericht seinen Sitz hat, ein anderes Gericht als das Konkursgericht die Eintragung zu veranlassen, so kann das Ersuchen von diesem Gericht ausgehen.

Artikel 6

(1) Solange nicht die Eröffnung des Konkursverfahrens in dem anderen Vertragsstaat nach Artikel 5 Absatz 1 Satz 1 bekanntgemacht worden ist, wird ein Schuldner, der eine Niederlassung, einen Sitz oder gewöhnlichen Aufenthalt in diesem Staat hat, durch Leistung auf eine zur Masse zu erfüllende Verbindlichkeit an den Gemeinschuldner befreit, es sei denn, daß der Schuldner die Eröffnung des Konkursverfahrens kannte oder kennen mußte. Er wird jedoch befreit, wenn das Geleistete der Konkursmasse zugewendet worden ist.
(2) Absatz 1 Satz 1 gilt nicht, wenn der Schuldner auch eine Niederlassung, einen Sitz oder gewöhnlichen Aufenthalt in dem Vertragsstaat hat, in dem das Konkursgericht seinen Sitz hat.

Artikel 7

In Ansehung von Rechten, die in einem Grundbuch oder in einem anderen mit öffentlichem Glauben versehenen Buch oder Register eingetragen oder in ein solches einzutragen sind, richten sich die Wirkungen von Verfügungsbeschränkungen des Gemeinschuldners nach dem Recht des Vertragsstaates, in dem das Buch oder Register geführt wird.

Artikel 8

(1) Der Konkursverwalter (Masseverwalter) hat im anderen Vertragsstaat die gleichen Befugnisse wie in dem Vertragsstaat, in dem das Konkursgericht seinen Sitz hat.
(2) Der Konkursverwalter (Masseverwalter) ist auch berechtigt, auf Grund einer mit der Bestätigung der Rechtskraft versehenen Ausfertigung des Beschlusses über die Eröffnung des Konkursverfahrens das im anderen Vertragsstaat befindliche Vermögen des Gemeinschuldners im Weg der Zwangsvollstreckung zu verwerten; diese Ausfertigung ersetzt den Vollstreckungstitel (Exekutionstitel).
(3) Erlegen die Gesetze eines Vertragsstaates dem Konkursverwalter (Masseverwalter) in dieser Eigenschaft besondere Mitwirkungs-, Auskunfts- oder ähnliche Pflichten auf, so hat der von den Gerichten des anderen Vertragsstaates bestellte Konkursverwalter (Masseverwalter) diese Pflichten in jenem Staat zu erfüllen.

Anlage 1: DöKVAG **Anhang I**

Artikel 9

Das Konkursgericht kann zur Ausübung der Befugnisse des Konkursverwalters (Masseverwalters) auf dem Gebiet des anderen Vertragsstaates einen besonderen Konkursverwalter (besonderen Verwalter) bestellen.

Artikel 10

(1) Zwangsmaßnahmen zur Erfassung, Sicherung und Inbesitznahme der Masse sind auf Grund eines Ersuchens des Konkursgerichts im anderen Vertragsstaat von dem Amtsgericht (Bezirksgericht) anzuordnen, in dessen Bereich die Maßnahme vorzunehmen ist. Die Anordnung kann auch von dem Konkursverwalter (Masseverwalter) unmittelbar bei diesem Gericht beantragt werden. Diesem Antrag ist eine Ausfertigung des Beschlusses über die Eröffnung des Konkursverfahrens beizufügen.
(2) Hat der Gemeinschuldner seinen Wohnsitz, seinen Aufenthaltsort, eine Niederlassung oder eine Postanschrift im anderen Vertragsstaat, so hat die Postverwaltung dieses Staates die für den Gemeinschuldner bestimmten Sendungen dem Konkursverwalter (Masseverwalter) entweder auf dessen Antrag oder auf Grund eines Ersuchens des Konkursgerichts auszufolgen. Mit dem Antrag des Konkursverwalters (Masseverwalters) ist eine Ausfertigung des Beschlusses über die Eröffnung des Konkursverfahrens vorzulegen; ist der Konkurs in der Bundesrepublik Deutschland eröffnet worden und ist die Anordnung der Postsperre nicht bereits im Eröffnungsbeschluß enthalten, so hat der Konkursverwalter auch eine Ausfertigung der Anordnung der Postsperre vorzulegen.
(3) Um die Verhängung der Haft kann nur das Konkursgericht ersuchen. Ein solches Ersuchen ist lediglich zur Erzwingung der eidesstattlichen Versicherung (des Offenbarungseides oder der Vorlage des Vermögensverzeichnisses) zulässig.

Artikel 11

Richtet sich die Zugehörigkeit eines Vermögensgegenstandes zur Konkursmasse danach, ob er der Zwangsvollstreckung unterliegt, so ist hierfür das Recht des Vertragsstaates maßgebend, in dem sich der Gegenstand im Zeitpunkt der Konkurseröffnung befindet. Forderungen und andere Rechte gegen einen Dritten gelten als in dem Vertragsstaat befindlich, in dem der Dritte seinen Sitz oder gewöhnlichen Aufenthalt hat. Für Miet- und Pachtrechte an unbeweglichen Sachen sowie für beschränkte dingliche Rechte ist der Ort maßgebend, an dem sich der belastete Vermögensgegenstand befindet.

Artikel 12

Gehört nach dem Recht eines Vertragsstaates das Gesamtgut (gemeinschaftliche Vermögen) einer Gütergemeinschaft zur Konkursmasse oder wird nach dem Recht eines Vertragsstaates durch die Eröffnung des Konkursverfahrens die Gütergemeinschaft aufgelöst, so gilt dies auch, wenn das Konkursverfahren von einem Gericht des anderen Vertragsstaates eröffnet wird.

Artikel 13

(1) Hatte der Gemeinschuldner in dem Vertragsstaat, in dem das Konkursgericht nicht seinen Sitz hat, eine Niederlassung von der aus unmittelbar Geschäfte geschlossen wurden, einen Sitz oder gewöhnlichen Aufenthalt, so bestimmen sich nach dem Recht dieses Staates
1. der Einfluß des Konkurses auf ein von dort aus geschlossenes, nicht oder nicht vollständig erfülltes Rechtsgeschäft, es sei denn, daß die Person, mit welcher der Gemeinschuldner das Rechtsgeschäft geschlossen hat, ihren Sitz oder gewöhnlichen Aufenthalt in dem Vertragsstaat hatte, in dem das Konkursgericht seinen Sitz hat;
2. die konkursrechtliche Anfechtbarkeit einer von dort aus vorgenommenen Rechtshandlung, es sei denn, daß diese Rechtshandlung gegenüber einer Person vorgenommen wurde, die ihren Sitz oder gewöhnlichen Aufenthalt in dem Vertragsstaat hatte, in dem das Konkursgericht seinen Sitz hat.

(2) Der Einfluß des Konkurses auf Arbeitsverhältnisse bestimmt sich nach dem Recht des Vertragsstaates, in dem die Arbeit gewöhnlich zu verrichten ist.

(3) Für die Wirkungen des Konkurses auf Miet- und Pachtverhältnisse über unbewegliche Sachen ist das Recht des Vertragsstaates maßgebend, in dem sich die Sache befindet.

(4) Die Wirkungen des Konkurses auf Miet- und Pachtverhältnisse über eingetragene oder registrierte bewegliche Gegenstände bestimmen sich nach dem Recht des Vertragsstaates, in dem sie eingetragen oder registriert sind. Das gleiche gilt für Lizenzverträge mit Bezug auf Rechte an gewerblichem Eigentum.

Artikel 14

Die Unterbrechung eines Rechtsstreites und die Befugnis zu seiner Aufnahme bestimmen sich nach dem Recht des Vertragsstaates, in dem das Konkursgericht seinen Sitz hat. Wie der Rechtsstreit aufzunehmen ist, bestimmt sich nach dem Recht des Vertragsstaates, in dem das Prozeßgericht seinen Sitz hat.

Artikel 15

Die Wirkungen des Konkurses auf eine im anderen Vertragsstaat betriebene Zwangsvollstreckung bestimmen sich nach dem Recht dieses Staates.

Artikel 16

Für die konkursrechtliche Anfechtung des Erwerbs von Rechten an unbeweglichen Sachen, der einer Eintragung in ein Grundbuch bedarf, ist das Recht des Vertragsstaates maßgebend, in dem das Grundbuch geführt wird.

Anlage 1: DöKVAG **Anhang I**

Artikel 17

(1) Infolge der Eröffnung des Konkurses in dem einen Vertragsstaat treten für den Gemeinschuldner in dem anderen Vertragsstaat diejenigen Beschränkungen in der Ausübung eines Berufes, eines Gewerbes oder der staatsbürgerlichen Rechte sowie der gesetzlichen Befugnis, ein fremdes Vermögen zu verwalten, ein, die das Recht dieses Staates im Falle der Konkurseröffnung durch seine Gerichte vorsieht. Entsprechendes gilt für Beschränkungen, die mit der Ablehnung der Eröffnung des Konkursverfahrens mangels hinreichenden Vermögens eintreten.
(2) Hat eine juristische Person oder eine Personenvereinigung zu der Zeit, in der in dem einen Vertragsstaat der Konkurs über ihr Vermögen eröffnet wird, ihren Sitz in dem anderen Vertragsstaat, so wirkt sich der Konkurs oder die Ablehnung seiner Eröffnung mangels hinreichenden Vermögens auf ihren Weiterbestand so aus, wie dies das Recht dieses Staates im Falle der Konkurseröffnung durch seine Gerichte vorsieht.

Artikel 18

(1) Befinden sich einzelne Vermögensgegenstände oder bestimmte Vermögensmassen zur Zeit der Eröffnung des Konkursverfahrens in einem der beiden Vertragsstaaten, so beurteilt sich nach dem Recht dieses Staates, welche Aussonderungs-, Absonderungs- und sonstigen besonderen Rechte hinsichtlich dieser Vermögensgegenstände oder Vermögensmassen geltend gemacht werden können; Artikel 11 Satz 2 und 3 ist entsprechend anzuwenden.
(2) Für Rechte der in Absatz 1 bezeichneten Art an Schiffen, Schiffsbauwerken und Luftfahrzeugen, die in einem Vertragsstaat in einem Register eingetragen sind, ist das Recht dieses Staates maßgebend. Für nicht eingetragene Absonderungs- und sonstige besondere Rechte an Seeschiffen ist das Recht des Vertragsstaates maßgebend, in dem sich das Schiff zur Zeit der Verwertung befindet. Dieses Recht bestimmt auch die Rangordnung zwischen eingetragenen Rechten der in Satz 1 bezeichneten Art einerseits und den in Satz 2 bezeichneten Rechten andererseits.
(3) Ist eine Ware von der Niederlassung des Verkäufers oder des Einkaufskommissionärs, die sich in einem Vertragsstaat befindet, versandt worden, so richtet sich das Verfolgungsrecht nach dem Recht dieses Staates. Hat der Absender keine Niederlassung, wohl aber seinen Sitz oder gewöhnlichen Aufenthalt in einem Vertragsstaat, so ist das Recht dieses Staates maßgebend.

Artikel 19

(1) Welche Ansprüche als Masseforderungen und welche als Konkursforderungen aus der Konkursmasse zu berichtigen sind und in welcher Reihenfolge dies zu geschehen hat, bestimmt sich nach dem Recht des Vertragsstaates, in dem das Konkursgericht seinen Sitz hat.
(2) Bei Ansprüchen aus einem Arbeitsverhältnis bestimmen sich die Eigenschaft als Masse- oder Konkursforderung und ihr Rang, wenn die Arbeit gewöhnlich in einem Vertragsstaat verrichtet wurde, nach dem Recht dieses Staates; diese Bestimmung ist nicht auf Ansprüche für Arbeit anzuwenden, die zur Erhaltung, Verwaltung, Bewirtschaftung und Verwertung der Masse dient. Zur Berichtigung der Ansprüche, die nach

Satz 1 dem Recht eines Vertragsstaates unterstehen, ist die Konkursmasse bis zur Höhe des Wertes des Vermögens, das sich zur Zeit der Konkurseröffnung in diesem Staat befand, vorweg heranzuziehen. Soweit dieser Teil der Konkursmasse nicht zur Berichtigung der Ansprüche, die nach Satz 1 dem Recht eines Vertragsstaates unterstehen, ausreicht, sind sie aus der übrigen Konkursmasse nach dem Recht des anderen Vertragsstaates zu berichtigen; dabei gehen die entsprechenden Ansprüche der Arbeitnehmer vor, die im anderen Vertragsstaat regelmäßig beschäftigt waren.
(3) Steuern, Zölle, Gebühren und andere öffentlich-rechtliche Ansprüche sind nach dem Recht des Vertragsstaates, in dem sie entstanden sind, bis zur Höhe des Wertes des dort belegenen Vermögens aus der Konkursmasse vorzugsweise zu berichtigen. Wenn diese Ansprüche so nicht vollständig berichtigt werden, ist die Restforderung bei der Verteilung der übrigen Konkursmasse als nicht bevorrechtigte Konkursforderung zu behandeln; dies gilt für dem Staat oder anderen juristischen Personen des öffentlichen Rechts zufließende Geldstrafen, Geldbußen, Ordnungsstrafen, Ordnungs- und Zwangsgelder sowie für ähnliche Ansprüche selbst dann nicht, wenn sie nach dem Recht des Vertragsstaates, in dem sie entstanden sind, im Konkursverfahren geltend gemacht werden können. Artikel 36 Absatz 4 Satz 1 des Abkommens vom 22. Dezember 1966 zwischen der Bundesrepublik Deutschland und der Republik Österreich über Soziale Sicherheit bleibt unberührt.
(4) Bei der Anwendung der Absätze 2 und 3 sind Forderungen, die jeweils den dort bezeichneten Ansprüchen vorgehen, den beiden Teilen der Konkursmasse zuzurechnen, und zwar in dem Verhältnis, in dem der Wert des im Zeitpunkt der Konkurseröffnung in einem Vertragsstaat belegenen Vermögens zum Wert des im anderen Vertragsstaat belegenen Vermögens steht.
(5) Bei der Anwendung der Absätze 2 bis 4 sind in einem dritten Staat erfaßte Massebestandteile dem Vermögen in dem Vertragsstaat zuzurechnen, in dem das Konkursgericht seinen Sitz hat.

Artikel 20

(1) Die gerichtliche Zuständigkeit für einen Rechtsstreit, der die Feststellung einer streitig gebliebenen Konkursforderung zum Gegenstand hat, bestimmt sich nach dem Recht des Vertragsstaates, in dem das Konkursgericht seinen Sitz hat.
(2) Ist ein Rechtsstreit über diese Forderung im Zeitpunkt der Konkurseröffnung bereits im anderen Vertragsstaat eingeleitet, so kann das Verfahren nur dort weitergeführt werden. Ist die Anerkennung der von dem Gericht des anderen Vertragsstaates gefällten Entscheidung in dem Vertragsstaat, in dem das Konkursgericht seinen Sitz hat, rechtskräftig abgelehnt worden, so kann der Rechtsstreit vor den Gerichten dieses Staates anhängig gemacht werden.
(3) Für Ansprüche aus Arbeitsverhältnissen sind die Gerichte des Vertragsstaates zuständig, in dem die Arbeit gewöhnlich zu verrichten war.
(4) Die Zuständigkeit für Steuern, Zölle, Gebühren, Beiträge zur Sozialversicherung und andere öffentlich-rechtliche Forderungen richtet sich nach dem Recht des Vertragsstaates auf dessen Vorschriften die Ansprüche beruhen.

Anlage 1: DöKVAG **Anhang I**

Artikel 21

(1) Die gerichtliche Zuständigkeit für Rechtsstreitigkeiten, welche die Eigenschaft eines Anspruchs als Masseforderung oder Konkursforderung oder deren Rang zum Gegenstand haben, bestimmt sich nach dem Recht des Vertragsstaates, in dem das Konkursgericht seinen Sitz hat. Soweit sich nach Artikel 19 diese Fragen nach dem Recht des anderen Vertragsstaates bestimmen, sind dessen Gerichte für derartige Streitigkeiten zuständig. Ist die Anerkennung der von dem Gericht des anderen Vertragsstaates gefällten Entscheidung in dem Vertragsstaat, in dem das Konkursgericht seinen Sitz hat, rechtskräftig abgelehnt worden, so kann der Rechtsstreit vor den Gerichten dieses Staates anhängig gemacht werden.
(2) Soweit nach Absatz 1 den Gerichten eines Vertragsstaates eine Zuständigkeit zukommt, gilt dies auch für Verwaltungsbehörden, sofern sie nach dem Recht des Vertragsstaates, dem sie angehören, über die in Absatz 1 bezeichneten Streitigkeiten zu entscheiden haben.

Artikel 22

(1) Unbeschadet der vorangehenden Bestimmungen sind die in einem Vertragsstaat getroffenen Entscheidungen und Anordnungen in einem Konkursverfahren in dem anderen Vertragsstaat anzuerkennen, auch wenn sie noch nicht rechtskräftig sind. Die Entscheidungen in Verfahren zur Feststellung streitig gebliebener Konkursforderungen und über den Rang einer Konkursforderung werden anerkannt, wenn sie rechtskräftig sind; Verwaltungsakte einer Behörde, die unanfechtbar sind (Bescheide einer Verwaltungsbehörde, die keinem ordentlichen Rechtsmittel mehr unterliegen), stehen einer rechtskräftigen Entscheidung gleich.
(2) Die Anerkennung darf nur versagt werden,
1. wenn die Entscheidung oder Anordnung sich auf ein Konkursverfahren bezieht, für das dieser Vertrag nicht gilt, oder
2. wenn die Anerkennung der öffentlichen Ordnung des Vertragsstaates, in dem die Entscheidung oder Anordnung geltend gemacht wird, widerspricht oder
3. wenn die Rechte der Verteidigung nicht gewahrt worden sind.
(3) Die Absätze 1 und 2 sind für Auszüge aus der Konkurstabelle (aus dem Anmeldungsverzeichnis) sowie für Erklärungen Dritter, durch die diese neben dem Gemeinschuldner für die Erfüllung des Zwangsvergleichs (Zwangsausgleichs) Verpflichtungen übernommen haben, entsprechend anzuwenden.

Artikel 23

Entscheidungen, Anordnungen und die ihnen nach Artikel 22 Absatz 3 gleichgestellten Titel sind, wenn sie in dem einen Vertragsstaat vollstreckbar und in dem anderen Vertragsstaat gemäß Artikel 22 anzuerkennen sind, in diesem Staat nach seinem Recht zu vollstrecken, nachdem dort die Zulässigkeit der Zwangsvollstreckung durch eine Vollstreckungsklausel ausgesprochen (die Exekution bewilligt) ist.

Artikel 24

Dem Antrag auf Erteilung der in Artikel 23 bezeichneten Vollstreckungsklausel (Bewilligung der Exekution) sind die mit dem amtlichen Siegel oder Stempel versehene Ausfertigung des Titels und der Nachweis beizufügen, daß dieser vollstreckbar ist. Die Vollstreckbarkeit ist nachzuweisen durch die für innerstaatliche Titel vorgesehene Vollstreckungsklausel (Bestätigung der Vollstreckbarkeit), die bei den in Artikel 22 Absatz 3 bezeichneten Titeln vom Konkursgericht anzubringen ist.

Zweiter Abschnitt
Vergleichs-(Ausgleichs-)verfahren

Artikel 25

(1) Die Bestimmungen des Ersten Abschnittes gelten entsprechend für das Vergleichs-(Ausgleichs-)verfahren einschließlich der nachfolgenden vereinbarten Überwachung des Schuldners durch einen Sachwalter und der Entscheidungen des Vergleichs-(Ausgleichs-)gerichts nach Bestätigung des Vergleichs (Ausgleichs) über die mutmaßliche Höhe einer bestrittenen Forderung oder des Ausfalls einer teilweise gedeckten Forderung. Für die besonders angeordneten Verfügungsbeschränkungen, die nach dem Recht des Vertragsstaates, in dem das Vergleichs-(Ausgleichs-)gericht seinen Sitz hat, bekanntzumachen sind, gelten dabei die Artikel 5 und 6 entsprechend.
(2) Die Bestimmungen des Artikels 3 gelten auch für das Verhältnis von Konkurs- und Vergleichs-(Ausgleichs-)verfahren zueinander.

Dritter Abschnitt
Gemeinsame Bestimmungen

Artikel 26

Auf Konkurs- und Vergleichs-(Ausgleichs-)verfahren über das Vermögen von Versicherungsunternehmen und Kreditinstituten (Kreditunternehmen), die in einem Vertragsstaat der Fachaufsicht (behördlichen Aufsicht) unterliegen, ist der Vertrag nicht anzuwenden.

Artikel 27

Infolge einer rechtskräftigen Verurteilung wegen einer Straftat in dem einen Vertragsstaat treten im anderen Vertragsstaat für ein Konkurs- oder Vergleichs-(Ausgleichs-)verfahren oder den in einem solchen Verfahren abgeschlossenen Vergleich (Ausgleich) die Folgen ein, die das Recht dieses Staates im Fall einer Verurteilung wegen einer solchen Straftat im eigenen Staat vorsieht. Dies gilt nicht, wenn die Tat vor dem Inkrafttreten dieses Vertrages begangen worden ist.

Anlage 1: DöKVAG

Artikel 28

Hat nach dem Recht eines Vertragsstaates eine in einem Verfahren nach der Konkurs- oder Vergleichs-(Ausgleichs-)ordnung ergangene Entscheidung die Wirkung, daß ein Antrag auf Eröffnung eines Vergleichs-(Ausgleichs-)verfahrens oder ein Antrag auf Abschluß oder Bestätigung eines Zwangsvergleichs (Zwangsausgleichs) im Konkurs zurückzuweisen ist oder zurückgewiesen werden kann, so tritt diese Wirkung auch dann ein, wenn eine entsprechende Entscheidung im anderen Vertragsstaat ergangen ist.

Artikel 29*

Unter Konkurs- oder Ausgleichsgericht im Sinne dieses Vertragsstaates ist auch der österreichische Konkurs- oder Ausgleichskommissär zu verstehen.

Vierter Abschnitt
Schlußbestimmungen

Artikel 30

(1) Dieser Vertrag ist auf Konkurs- und Vergleichs-(Ausgleichs-)verfahren anzuwenden, deren Eröffnung nach seinem Inkrafttreten beantragt worden ist. Für einen von Amts wegen eröffneten Konkurs ist der Zeitpunkt des Antrags auf Eröffnung des Vergleichs-(Ausgleichs-)verfahrens maßgebend.
(2) Die in Artikel 28 bezeichnete Wirkung tritt nur dann ein, wenn die Entscheidung im früheren Verfahren nach dem Inkrafttreten dieses Vertrages ergangen ist.
(3) Die Bestimmungen des Vertrages über die Anfechtung von Rechtshandlungen sind nur dann anzuwenden, wenn die Rechtshandlung nach seinem Inkrafttreten vorgenommen wurde.

Artikel 31

(1) Dieser Vertrag berührt nicht die Verpflichtungen aus anderen Verträgen, die einen der Vertragsstaaten oder beide im Zeitpunkt des Inkrafttretens dieses Vertrages gegenüber dritten Staaten treffen. Unberührt bleiben auch die Verpflichtungen aus einem später in Kraft tretenden Vertrag, sofern ein Vertragsstaat diesen anderen Vertrag im Zeitpunkt des Inkrafttretens des vorliegenden Vertrages bereits ratifiziert hat.
(2) Die Eröffnung eines Konkurs- oder Vergleichs-(Ausgleichs-)verfahrens in einem der beiden Vertragsstaaten berührt nicht den Fortgang eines im anderen Vertragsstaat bereits anhängigen seerechtlichen oder binnenschiffahrtsrechtlichen Verteilungsverfahrens.

---

* Dieser Artikel ist durch das Insolvenzrechtsänderungsgesetz 1982 (österreichisches BGBl. Nr. 370) gegenstandslos geworden.

Anhang I *Artikel 102 EGInsO Internationales Insolvenzrecht*

Artikel 32

Schwierigkeiten bei der Auslegung oder der Anwendung dieses Vertrages, die zwischen den beiden Vertragsstaaten entstehen könnten, sind auf diplomatischem Weg beizulegen.

Artikel 33

Dieser Vertrag gilt auch für das Land Berlin, sofern nicht die Regierung der Bundesrepublik Deutschland gegenüber der Regierung der Republik Österreich innerhalb von drei Monaten nach Inkrafttreten des Vertrages eine gegenteilige Erklärung abgibt.

Artikel 34

(1) Dieser Vertrag bedarf der Ratifikation. Die Ratifikationsurkunden sollen so bald wie möglich in Bonn ausgetauscht werden.
(2) Der Vertrag tritt am ersten Tag des dritten Monats, der auf den Monat folgt, in dem die Ratifikationsurkunden ausgetauscht werden, in Kraft.
(3) Jeder der beiden Vertragsstaaten kann den Vertrag durch eine auf diplomatischem Weg zu übermittelnde schriftliche Notifikation kündigen. Die Kündigung wird sechs Monate nach dem Zeitpunkt wirksam, zu dem sie dem anderen Staat notifiziert worden ist. Auf Konkurs- und Vergleichs-(Ausgleichs-)verfahren, die in diesem Zeitpunkt bereits eröffnet sind, sind die Bestimmungen dieses Vertrages weiterhin anzuwenden.
Zu Urkund dessen haben die Bevollmächtigten diesen Vertrag unterschrieben.

Ausführungsgesetz zum deutsch-österreichischen Konkursvertrag (DöKVAG)
Vom 8. März 1985 (BGBl. I 1985, 535)

Der Bundestag hat das folgende Gesetz beschlossen:

Erster Abschnitt
Vorschriften für deutsche Konkursverfahren

§ 1
Zuständigkeit auf Grund einer Niederlassung

Abweichend von § 238 der Konkursordnung umfaßt ein Konkursverfahren, das in einem dort angeführten Gerichtsstand eröffnet worden ist, auch das außerhalb des Geltungsbereichs dieses Gesetzes befindliche Vermögen des Gemeinschuldners, wenn für die deutschen Gerichte eine Zuständigkeit nach Artikel 2 Abs. 3 Satz 1 des Vertrags vom 25. Mai 1979 zwischen der Bundesrepublik Deutschland und der Republik Österreich auf dem Gebiet des Konkurs- und Vergleichs-(Ausgleichs-)rechts (BGBl. 1985 II S. 410) gegeben ist.

Anlage 1: DöKVAG **Anhang I**

§ 2
Begründung des Eröffnungsbeschlusses

Ist anzunehmen, daß sich Vermögen des Gemeinschuldners in Österreich befindet, sollen im Eröffnungsbeschluß die tatsächlichen Feststellungen und rechtlichen Erwägungen kurz dargestellt werden, aus denen sich eine Zuständigkeit nach Artikel 2 des Vertrags für die deutschen Gerichte ergibt.

§ 3
Einstellung des Konkursverfahrens zugunsten der österreichischen Gerichte

(1) Darf das Konkursgericht ein bereits eröffnetes Konkursverfahren nicht fortsetzen (Artikel 2, 3 Abs. 1 des Vertrags), so stellt es von Amts wegen das Verfahren zugunsten der österreichischen Gerichte ein. Vor der Einstellung hört das Konkursgericht den Konkursverwalter, den Gemeinschuldner und den Gläubigerausschuß; ist ein Gläubigerausschuß nicht bestellt, hört das Gericht, soweit tunlich, die Gläubigerversammlung. § 111 Abs. 2, §§ 112, 113, 191 Abs. 1, § 205 Abs. 1 und, vorbehaltlich des Absatzes 3 Satz 4, § 206 der Konkursordnung gelten entsprechend.

(2) Wirkungen des Konkursverfahrens, die vor dessen Einstellung bereits eingetreten und nicht auf die Dauer dieses Verfahrens beschränkt sind, bleiben auch dann bestehen, wenn sie Wirkungen eines in Österreich eröffneten Konkurses widersprechen, die sich nach Maßgabe der Bestimmungen des Vertrags auf den Geltungsbereich dieses Gesetzes erstrecken. Das gleiche gilt für Rechtshandlungen, die der Konkursverwalter in Ausübung seines Verwaltungs- und Verfügungsrechts während des eingestellten Verfahrens vorgenommen hatte.

(3) Ist ein Konkursverfahren vor dem vorrangig zuständigen österreichischen Gericht anhängig, ist dieses über die bevorstehende Einstellung des Verfahrens zu unterrichten; dabei soll angegeben werden, in welchen Verkündungsblättern die Eröffnung des einzustellenden Verfahrens bekanntgemacht wurde, in welchen öffentlichen Büchern und Registern die Eröffnung eingetragen und wer Konkursverwalter ist. In dem Einstellungsbeschluß ist das österreichische Gericht zu bezeichnen, zu dessen Gunsten das Verfahren eingestellt wird. Eine Ausfertigung des Einstellungsbeschlusses ist dem österreichischen Gericht zu übersenden. § 206 der Konkursordnung ist nicht anzuwenden.

§ 4
Besonderer Konkursverwalter

(1) Der besondere Konkursverwalter, den das Konkursgericht zur Ausübung der Befugnisse des Konkursverwalters auf österreichischem Gebiet bestellt (Artikel 9 des Vertrags), ist in seiner Geschäftsführung selbständig, es sei denn, das Konkursgericht trifft eine anderweitige Anordnung. Die Aufgaben bei der Prüfung und Feststellung der Forderungen sowie bei der Verteilung der Masse nimmt allein der Konkursverwalter wahr. Name, Geschäftskreis und gegebenenfalls Beschränkungen in der Geschäftsführung sind in der urkundlichen Bescheinigung der Ernennung des besonderen Konkursverwalters zu vermerken und sollen im Amtsblatt zur Wiener Zeitung bekanntgemacht werden.

(2) Der besondere Konkursverwalter hat dem Konkursverwalter über seine Geschäftsführung Auskunft zu geben und Rechnung zu legen. Sofern nicht das Konkursgericht, die Gläubigerversammlung oder der Gläubigerausschuß etwas anderes verlangen, hat der Konkursverwalter auch für den Geschäftskreis des besonderen Konkursverwalters zu berichten und Rechnung zu legen. Führt der besondere Konkursverwalter eine Kasse, so kann der Gläubigerausschuß den Konkursverwalter mit deren Untersuchung nach § 88 Abs. 2 Satz 2 der Konkursordnung beauftragen und einen längeren Zeitraum zwischen den Untersuchungen bestimmen.
(3) Das Konkursgericht kann den besonderen Konkursverwalter auch auf Antrag des Konkursverwalters seines Amts entlassen. § 80 der Konkursordnung ist nicht anzuwenden.
(4) Im übrigen gelten für den besonderen Konkursverwalter die den Konkursverwalter betreffenden Vorschriften der Konkursordnung.

Zweiter Abschnitt
Vorschriften für die Unterstützung österreichischer Konkursverfahren

§ 5
Eintragungen in öffentliche Bücher oder Register

Dem auf Eintragung in ein öffentliches Buch oder Register gerichteten Ersuchen eines österreichischen Gerichts (Artikel 5 Abs. 2 des Vertrags) ist, wenn keiner der in Artikel 5 Abs. 2 Satz 1 des Vertrags bezeichneten Versagungsgründe vorliegt, zu entsprechen, es sei denn, aus dem Ersuchen oder aus einer dem Registergericht oder dem Grundbuchamt offenkundigen Tatsache ergibt sich, daß die Wirkungen des Konkursverfahrens sich nicht nach Maßgabe der Bestimmungen des Vertrags auf den Geltungsbereich dieses Gesetzes erstrecken. Geht das Ersuchen bei einem unzuständigen Registergericht oder einem unzuständigen Grundbuchamt ein, so leitet dieses das Ersuchen von Amts wegen unverzüglich an das zuständige Registergericht oder Grundbuchamt weiter und unterrichtet hierüber das ersuchende Gericht.

§ 6
Rechtsmittel gegen die Ablehnung der Eintragung

Wird die Eintragung abgelehnt, so kann auch der Masseverwalter das in dem Verfahren gegebene Rechtsmittel einlegen. Das Verfahren über das Rechtsmittel ist kostenfrei.

§ 7
Löschung einer Eintragung auf Ersuchen des österreichischen Gerichts

Eine Eintragung in einem öffentlichen Buch oder Register (Artikel 5 Abs. 2 des Vertrags) ist auf Grund des Ersuchens des österreichischen Gerichts, das um die Eintragung ersucht hatte, kostenfrei zu löschen.

§ 8
Löschung einer Eintragung auf Antrag

(1) Auf Antrag ist eine Eintragung zu löschen, wenn einer der in Artikel 5 Abs. 2 Satz 1 des Vertrags bezeichneten Versagungsgründe vorliegt, wenn die Wirkungen des Konkursverfahrens sich nicht nach Maßgabe der Bestimmungen des Vertrags auf den Geltungsbereich dieses Gesetzes erstrecken oder wenn der Konkurs aufgehoben ist. Dem Antrag, der auf die Aufhebung des Konkurses gestützt wird, sollen eine Ausfertigung oder eine öffentlich beglaubigte Abschrift des Beschlusses, daß der Konkurs aufgehoben wird, sowie die Bestätigung der Rechtskraft dieses Beschlusses beigefügt werden. Über den Antrag entscheidet das Registergericht oder das Grundbuchamt nach dem Gesetz über die Angelegenheiten der freiwilligen Gerichtsbarkeit.
(2) Gegen den einem Antrag auf Löschung stattgebenden Beschluß findet die sofortige Beschwerde statt; die Beschwerdefrist beträgt einen Monat und beginnt mit dem Zeitpunkt der Bekanntgabe des Beschlusses an das österreichische Gericht, das um die Eintragung ersucht hatte. Die sofortige Beschwerde kann auch der Masseverwalter einlegen. Ist der Beschluß, mit dem die Löschung angeordnet wird, rechtskräftig, so ist die Eintragung zu löschen.
(3) Kosten werden in dem Verfahren nicht erhoben; das Registergericht oder das Grundbuchamt kann jedoch Auslagen einem Beteiligten auferlegen, wenn dies nach den Umständen angemessen erscheint.
(4) Soweit aus dem Vertrag sich ergebende Verpflichtungen nicht entgegenstehen, bleiben die allgemeinen Vorschriften über die Löschung von Eintragungen unberührt. Über die beabsichtigte Löschung ist das Gericht, das um die Eintragung ersucht hatte, zu unterrichten; dabei ist ihm eine angemessene Frist für eine Äußerung anzugeben.

§ 9
Eintragung in die Patentrolle

Für die Eintragung in die Patentrolle (§ 30 des Patentgesetzes), um die ein österreichisches Gericht ersucht (Artikel 5 Abs. 2 des Vertrags), und für die Löschung einer solchen Eintragung gelten § 5 Satz 1, § 6 Satz 2, §§ 7, 8 Abs. 1 Satz 1 und 2, Abs. 3 und 4 entsprechend. Gegen die Beschlüsse des Patentamts findet die Beschwerde an das Patentgericht (§ 73 des Patentgesetzes) statt. Die dem österreichischen Gericht zustehende Beschwerde kann auch der Masseverwalter einlegen; die Beschwerdefrist beginnt jedoch mit dem Zeitpunkt der Bekanntgabe des Beschlusses an das österreichische Gericht.

§ 10
Verwertung im Wege der Zwangsvollstreckung

(1) Soll Vermögen des Schuldners im Wege der Zwangsvollstreckung verwertet werden (Artikel 8 Abs. 2 des Vertrags), ist das Verfahren von dem Masseverwalter zu betreiben. Die Zustellung des Beschlusses über die Eröffnung des Konkursverfahrens braucht nicht nachgewiesen zu werden; einer Vollstreckungsklausel bedarf der Beschluß nicht.
(2) Für die Verwertung eines beweglichen Gegenstands, an dem ein Gläubiger ein durch Rechtsgeschäft bestelltes Pfandrecht oder ein diesem gleichstehendes Recht bean-

sprucht, gilt § 127 Abs. 1 Satz 2 und Abs. 2 der Konkursordnung entsprechend. Die Frist bestimmt das Amtsgericht, in dessen Bezirk der Gegenstand sich befindet.

(3) Für die Verwertung unbeweglicher Gegenstände gelten §§ 172 bis 174 des Gesetzes über die Zwangsversteigerung und die Zwangsverwaltung entsprechend.

(4) Mit Anträgen, Einwendungen und Erinnerungen, welche die Art und Weise der Zwangsvollstreckung oder das vom Gerichtsvollzieher bei ihr zu beobachtende Verfahren betreffen, sowie mit der sofortigen Beschwerde gegen Entscheidungen des Vollstreckungsgerichts kann auch geltend gemacht werden, die Wirkungen des Konkursverfahrens erstreckten sich nicht nach Maßgabe der Bestimmungen des Vertrags auf den Geltungsbereich dieses Gesetzes.

§ 11
Anordnung von Zwangsmaßnahmen

(1) Geht das Ersuchen eines österreichischen Konkursgerichts oder der Antrag eines Masseverwalters, Zwangsmaßnahmen anzuordnen (Artikel 10 Abs. 1 des Vertrags), bei einem unzuständigen Gericht ein, so leitet dieses Gericht das Ersuchen oder den Antrag von Amts wegen unverzüglich an das zuständige Gericht weiter und unterrichtet hierüber das ersuchende Konkursgericht oder den die Zwangsmaßnahme beantragenden Masseverwalter.

(2) Vor der Anordnung bedarf es keiner Anhörung des Schuldners. In der Anordnung ist die Zwangsmaßnahme zu bezeichnen. Sofern in dem Ersuchen oder in dem Antrag kein gegenteiliger Wunsch ausgesprochen ist, veranlaßt das Gericht den Vollzug seiner Anordnung. Es leitet gegebenenfalls eine Ausfertigung seiner Anordnung, die keiner Vollstreckungsklausel bedarf, und eine beglaubigte Abschrift des Ersuchens oder des Antrags dem Gerichtsvollzieher oder einer anderen Stelle zu, die für den Vollzug der angeordneten Zwangsmaßnahme zuständig sind. Das Ersuchen des Konkursgerichts oder der Antrag des Masseverwalters gilt als Auftrag zur Vollziehung. Das Gericht kann auch den Gerichtsvollzieher mit der Zustellung der Anordnung betrauen.

§ 12
Beschwerde gegen Ablehnung der Anordnung

Wird die Anordnung abgelehnt, findet die Beschwerde statt. Die Beschwerde kann der Masseverwalter auch einlegen, wenn das österreichische Konkursgericht um die Anordnung ersucht hat. Zu Protokoll der Geschäftsstelle können auch Anträge gestellt und Erklärungen abgegeben werden. Eine weitere Beschwerde ist nicht zulässig.

§ 13
Sofortige Beschwerde gegen die Anordnung

Gegen die Anordnung steht dem Schuldner die sofortige Beschwerde zu. Die sofortige Beschwerde ist auch zulässig, wenn die Zwangsmaßnahme bereits vollzogen ist. § 12 Satz 3 und 4 gilt entsprechend.

Anlage 1: DöKVAG **Anhang I**

§ 14
Anwendung der Zivilprozeßordnung

Soweit nicht aus §§ 11 bis 13 sich Abweichungen ergeben, gilt für das eine Zwangsmaßnahme betreffende Verfahren die Zivilprozeßordnung entsprechend. Das Verfahren, in dem über das Ersuchen oder den Antrag auf Anordnung der Zwangsmaßnahme oder über die Beschwerde gegen die Ablehnung der Anordnung entschieden wird, ist kostenfrei.

§ 15
Haft des Schuldners

Die Anordnung der Haft, die Verhaftung des Schuldners und die Vollziehung der Haft, um die ein österreichisches Konkursgericht ersucht (Artikel 10 Abs. 3 des Vertrags), richten sich nach §§ 899, 901, 902, 904 bis 913, 793 der Zivilprozeßordnung. § 11 Abs. 1, Abs. 2 Satz 3 bis 5, § 12 Satz 2 und 3, § 14 Satz 2 gelten entsprechend.

§ 16
Postsperre

Die Behörde der Postverwaltung händigt die für den Schuldner bestimmten Sendungen dem Masseverwalter aus, wenn ihr ein ordnungsgemäßes Ersuchen des österreichischen Konkursgerichts oder der Antrag eines Masseverwalters (Artikel 10 Abs. 2 des Vertrags) vorgelegt wird.

§ 17
Antrag auf gerichtliche Entscheidung

(1) Der Schuldner kann eine gerichtliche Entscheidung darüber beantragen, ob sich aus dem Vertrag die Verpflichtung ergibt, die Sendungen dem Masseverwalter auszufolgen.
(2) Zuständig ist das Amtsgericht, in dessen Bezirk die Behörde der Postverwaltung ihren Sitz hat. Der Antrag ist schriftlich oder zu Protokoll der Geschäftsstelle des Gerichts zu stellen. Das Amtsgericht entscheidet nach Anhörung des Masseverwalters oder des besonderen Verwalters durch Beschluß. Die Rechtmäßigkeit der Postsperre darf nicht nachgeprüft werden. Für das Verfahren gelten §§ 572, 573 Abs. 1 der Zivilprozeßordnung entsprechend. Gegen den Beschluß findet die Beschwerde nach der Zivilprozeßordnung statt. § 12 Satz 2 bis 4 gilt entsprechend. Das Verfahren über die Beschwerde des Masseverwalters ist kostenfrei.

§ 18
Zuständigkeit für die eine Vormerkung betreffende einstweilige Verfügung

Wird die konkursrechtliche Anfechung des Erwerbs eines Rechts an einer unbeweglichen Sache (Artikel 16 des Vertrags), die im Geltungsbereich dieses Gesetzes belegen ist, vor einem österreichischen Gericht geltend gemacht und soll die Anfechung durch eine Vormerkung im deutschen Grundbuch gesichert werden, so ist für das Verfahren der einstweiligen Verfügung, auf Grund deren die Vormerkung eingetragen werden soll oder eingetragen ist, das Amtsgericht zuständig, in dessen Bezirk die unbewegliche Sache belegen ist.

§ 19
Erteilung der Vollstreckungsklausel für österreichische Entscheidungen

Für die Erteilung der Vollstreckungsklausel zu Entscheidungen, Anordnungen und zu den ihnen nach Artikel 22 Abs. 3 des Vertrags gleichgestellten Titeln, die in Österreich vollstreckbar und im Geltungsbereich dieses Gesetzes nach Artikel 22 des Vertrags anzuerkennen sind (Artikel 22, 23 des Vertrags), gelten §§ 1 bis 16 des Gesetzes zur Ausführung des Vertrags vom 30. August 1962 zwischen der Bundesrepublik Deutschland und dem Königreich der Niederlande über die gegenseitige Anerkennung und Vollstreckung gerichtlicher Entscheidungen und anderer Schuldtitel in Zivil- und Handelssachen vom 15. Januar 1965 (BGBl. I S. 17), geändert durch Artikel 7 Nr. 16 des Gesetzes vom 3. Dezember 1976 (BGBl. I S. 3281), entsprechend.

Dritter Abschnitt
Besondere Vorschriften

§ 20
Ersatzgerichtsstand im Inland

Kommt in den Fällen der Artikel 20 und 21 des Vertrags die Zuständigkeit den deutschen Gerichten zu und ist ein Gerichtsstand im Geltungsbereich dieses Gesetzes nicht begründet, so ist das Amtsgericht, bei welchem das Konkursverfahren anhängig ist oder anhängig war, für den Rechtsstreit zuständig. Gehört die Streitigkeit zur sachlichen Zuständigkeit der Landgerichte, so ist das Landgericht zuständig, in dessen Bezirk das in Satz 1 bezeichnete Amtsgericht seinen Sitz hat.

§ 21
Erstreckung von Folgen österreichischer Entscheidungen

Knüpft eine gewerberechtliche oder eine andere gesetzliche Vorschrift Folgen im Sinne des Artikels 17 des Vertrags an die Eintragung in dem Verzeichnis, welches das Konkursgericht nach § 107 Abs. 2 der Konkursordnung zu führen hat, so treten diese Folgen für denjenigen, der eine behördliche Erlaubnis beantragt oder auf den sonst die gesetzliche Vorschrift anzuwenden ist, auch dann ein, wenn innerhalb der letzten fünf Jahre ein Antrag auf Eröffnung des Konkursverfahrens über sein Vermögen durch ein österreichisches Gericht mangels hinreichenden Vermögens abgewiesen worden ist.

§ 22
Anwendung der Vorschriften über Konkursausfallgeld

(1) Die Entscheidung eines österreichischen Gerichts, mit der das Konkursverfahren über das Vermögen eines Arbeitgebers eröffnet oder der Antrag auf Eröffnung eines solchen Verfahrens mangels hinreichenden Vermögens abgewiesen wird, steht für die Anwendung der §§ 141a bis 141n des Arbeitsförderungsgesetzes vom 25. Juni 1969 (BGBl. I S. 582) der Entscheidung eines deutschen Gerichts gleich, wenn die Wirkungen des Konkursverfahrens sich nach Maßgabe der Bestimmungen des Vertrags auf den Geltungsbereich dieses Gesetzes erstrecken.
(2) Hat der Arbeitgeber keine Lohnabrechnungsstelle im Geltungsbereich dieses Gesetzes, so erklärt der Präsident der Bundesanstalt für Arbeit im Einzelfall oder für Gruppen von Fällen ein Arbeitsamt für zuständig.

§ 23
Zustellungen

Zustellungen, die in einem unter den Vertrag fallenden Konkursverfahren oder in einem Verfahren nach diesem Gesetz an Personen in Österreich zu bewirken sind, können durch Aufgabe zur Post erfolgen. Die Postsendungen sind mit der Bezeichnung »Einschreiben« zu versehen, wenn die Zustellung nicht neben einer Bekanntmachung im Amtsblatt zur Wiener Zeitung erfolgt.

Vierter Abschnitt
Vergleichs-(Ausgleichs-)verfahren

§ 24
Entsprechende Anwendung von Vorschriften

Die §§ 1 bis 23 gelten für die Ausführung des Artikels 25 des Vertrags (Vergleichsverfahren sowie Ausgleichsverfahren einschließlich des Vorverfahrens) entsprechend.

Fünfter Abschnitt
Schlußvorschriften

§ 25
Ermächtigung zur Zusammenfassung von Verfahren

Die Landesregierungen werden ermächtigt, durch Rechtsverordnung die Entscheidung über Rechtsmittel nach §§ 6, 8 Abs. 2, § 24 sowie die Entscheidung über Ersuchen, Anträge und Rechtsmittel nach §§ 10 bis 18, § 24 für die Bezirke mehrerer Gerichte einem von ihnen zuzuweisen, sofern dadurch die Ausführung des Vertrags erleichtert oder beschleunigt wird. Die Landesregierungen können die Ermächtigung durch Rechtsverordnung auf die Landesjustizverwaltungen übertragen.

§ 26
Änderung des Rechtspflegergesetzes

Das Rechtspflegergesetz vom 5. November 1969 (BGBl. I S. 2065), zuletzt geändert durch Artikel 2 des Gesetzes vom 25. Juli 1984 (BGBl. I S. 995), wird wie folgt geändert:
1. In § 3 Nr. 2 werden
    a) im Eingang die Anführung »§§ 14 bis 19a« durch »§§ 14 bis 19b« ersetzt,
    b) nach dem Buchstaben f eingefügt:
    »g) Verfahren nach dem Ausführungsgesetz zum deutsch-österreichischen Konkursvertrag vom 8. März 1985 (BGBl. I S. 535),«
    c) der bisherige Buchstabe g Buchstabe h.
2. Nach § 19 wird eingefügt:

»§ 19a
Ausführung des deutsch-österreichischen Konkursvertrags

Im Verfahren nach dem Ausführungsgesetz zum deutsch-österreichischen Konkursvertrag vom 8. März 1985 (BGBl. I S. 535) bleiben dem Richter vorbehalten:
1. die Einstellung eines Verfahrens zugunsten der österreichischen Gerichte (§§ 3, 24),
2. die Bestellung eines besonderen Konkurs- oder besonderen Vergleichsverwalters, wenn der Konkurs- oder Vergleichsverwalter von dem Richter ernannt worden ist (§§ 4, 24),
3. die Anordnung von Zwangsmaßnahmen einschließlich der Haft (§§ 11, 15, 24),
4. die Entscheidung über die Postsperre (§§ 17, 24).«
3. Der bisherige § 19a wird § 19b.

§ 27
Änderung des Gerichtskostengesetzes

Das Gerichtskostengesetz in der Fassung der Bekanntmachung vom 15. Dezember 1975 (BGBl. I S. 3047), zuletzt geändert durch § 33 des Gesetzes vom 10. Juni 1981 (BGBl. I S. 514), wird in seinem Kostenverzeichnis wie folgt geändert:
1. Der Gebührentatbestand der Nummer 1422 wird wie folgt gefaßt:
»Verfahren wird vor Ablauf der Anmeldefrist nach §§ 202, 204 KO oder nach § 3 des Ausführungsgesetzes zum deutsch-österreichischen Konkursvertrag eingestellt.«
2. Der Gebührentatbestand der Nummer 1423 wird wie folgt gefaßt:
»Verfahren wird nach Ablauf der Anmeldefrist nach §§ 202, 204 KO oder nach § 3 des Ausführungsgesetzes zum deutsch-österreichischen Konkursvertrag eingestellt.«

§ 28
Berlin-Klausel

Dieses Gesetz gilt nach Maßgabe des § 13 Abs. 1 des Dritten Überleitungsgesetzes auch im Land Berlin.

§ 29
Inkrafttreten

(1) Dieses Gesetz tritt mit Ausnahme des § 25 gleichzeitig mit dem Vertrag vom 25. Mai 1979 zwischen der Bundesrepublik Deutschland und der Republik Österreich auf dem Gebiet des Konkurs- und Vergleichs-(Ausgleichs-)rechts in Kraft. Der Tag dieses Inkrafttretens ist im Bundesgesetzblatt bekanntzugeben.
(2) § 25 tritt am Tage nach der Verkündung in Kraft.

Anhang I *Artikel 102 EGInsO Internationales Insolvenzrecht*

Das Übereinkommen über Insolvenzverfahren in der EU

Präambel

Die im Rat vereinigten hohen Vertragsparteien dieses Übereinkommens, die Mitgliedstaaten der Europäischen Union –
in dem Wunsch, Artikel 220 des genannten Vertrages auszuführen, in dem sie sich verpflichtet haben, die Vereinfachung der Förmlichkeiten für die gegenseitige Anerkennung und Vollstreckung gerichtlicher Entscheidungen sicherzustellen,
in dem Bestreben, innerhalb der Gemeinschaft den Rechtsschutz der dort ansässigen Personen zu verstärken,
in der Erwägung, daß es zu diesem Zweck geboten ist, die Zuständigkeit der Gerichte oder Behörden für die innergemeinschaftlichen Wirkungen der Insolvenzverfahren festzulegen, gewissen einheitliche Kollisionsnormen für solche Verfahren zu schaffen, die Anerkennung und Vollstreckung von Entscheidungen auf diesem Gebiet zu gewährleisten, die Möglichkeit zur Eröffnung von Sekundärinsolvenzverfahren vorzusehen und die Information der Gläubiger und deren Recht zur Anmeldung der Forderungen sicherzustellen,
in dem Bewußtsein, daß dieses Übereinkommen weder die Anwendung der Bestimmungen des Gemeinschaftsrechts, mit denen in Einzelfragen Vorschriften für Insolvenzverfahren erlassen werden, noch das einzelstaatliche Recht, das in Anwendung solchen Gemeinschaftsrechts harmonisiert wurde, berührt,

– haben folgende Bestimmungen festgelegt:

Kapitel I – Allgemeine Vorschriften

Art. 1 – Anwendungsbereich

(1) Dieses Übereinkommen gilt für Gesamtverfahren, welche die Insolvenz des Schuldners voraussetzen und den vollständigen oder teilweisen Vermögensbeschlag gegen den Schuldner sowie die Bestellung eines Verwalters zur Folge haben.
(2) Dieses Übereinkommen gilt nicht für Insolvenzverfahren über das Vermögen von Versicherungsunternehmen oder Kreditinstituten, von Wertpapierfirmen, die Dienstleistungen erbringen, welche die Haltung von Geldern oder Wertpapieren Dritter umfassen, sowie von Organismen für gemeinsame Anlagen.

Art. 2 – Definitionen

Im Sinne dieses Übereinkommens bedeutet:
a) »Insolvenzverfahren«: die in Artikel 1 Absatz 1 genannten Gesamtverfahren. Diese Verfahren sind in Anhang A aufgeführt, der Bestandteil dieses Übereinkommens ist.
b) »Verwalter«: jede Person oder Stelle, deren Aufgabe es ist, die Masse zu verwalten oder zu verwerten oder die Geschäftstätigkeit des Schuldners zu überwachen. Diese Personen oder Stellen sind in Anhang C aufgeführt, der Bestandteil dieses Übereinkommens ist.

Anlage 2: EuIÜ **Anhang I**

c) »Liquidationsverfahren«: ein Insolvenzverfahren im Sinne von Buchstabe a, das zur Liquidation des Schuldnervermögens führt, und zwar auch dann, wenn dieses Verfahren durch einen Vergleich oder eine andere die Insolvenz des Schuldners beendende Maßnahme oder wegen unzureichender Masse beendet wird. Diese Verfahren sind in Anhang B aufgeführt, der Bestandteil dieses Übereinkommens ist.
d) »Gericht«: (außer in den Artikeln 44 und 45) das Justizorgan oder jede sonstige zuständige Stelle eines Vertragsstaats, die befugt ist, ein Insolvenzverfahren zu eröffnen oder im Laufe des Verfahrens Entscheidungen zu treffen.
e) »Entscheidung«:, falls es sich um die Eröffnung eines Insolvenzverfahrens oder die Bestellung eines Verwalters handelt, die Entscheidung jedes Gerichts, das zur Eröffnung eines derartigen Verfahrens oder zur Bestellung eines Verwalters befugt ist.
f) »Zeitpunkt der Verfahrenseröffnung«: der Zeitpunkt, in dem die Eröffnungsentscheidung wirksam wird, unabhängig davon, ob die Entscheidung endgültig ist.
g) »Vertragsstaat, in dem sich ein Vermögensgegenstand befindet«: im Falle von
 – körperlichen Gegenständen der Vertragsstaat, in dessen Gebiet der Gegenstand gelegen ist,
 – Gegenständen oder Rechten, bei denen das Eigentum oder die Rechtsinhaberschaft in ein öffentliches Register einzutragen ist, der Vertragsstaat, unter dessen Aufsicht das Register geführt wird,
 – Forderungen der Vertragsstaat, in dessen Gebiet der zur Leistung verpflichtete Dritte den Mittelpunkt seiner hauptsächlichen Interessen im Sinne von Artikel 3 Absatz 1 hat.
h) »Niederlassung«: jeder Tätigkeitsort, an dem der Schuldner einer wirtschaftlichen Aktivität von nicht vorübergehender Art nachgeht, die den Einsatz von Personal und Vermögenswerten voraussetzt.

Art. 3 – Internationale Zuständigkeit

(1) Für die Eröffnung des Insolvenzverfahrens sind die Gerichte des Vertragsstaats zuständig, in dessen Gebiet der Schuldner den Mittelpunkt seiner hauptsächlichen Interessen hat. Bei Gesellschaften und juristischen Personen wird bis zum Beweis des Gegenteils vermutet, daß der Mittelpunkt ihrer hauptsächlichen Interessen der Ort des satzungsmäßigen Sitzes ist.
(2) Hat der Schuldner den Mittelpunkt seiner hauptsächlichen Interessen im Gebiet eines Vertragsstaats, so sind die Gerichte eines anderen Vertragsstaats nur dann zur Eröffnung eines Insolvenzverfahrens befugt, wenn der Schuldner eine Niederlassung im Gebiet dieses anderen Vertragsstaats hat. Die Wirkungen dieses Verfahrens sind auf das im Gebiet dieses letzteren Vertragsstaats belegene Vermögen des Schuldners beschränkt.
(3) Wird ein Insolvenzverfahren nach Absatz 1 eröffnet, so ist jedes zu einem späteren Zeitpunkt nach Absatz 2 eröffnete Insolvenzverfahren ein Sekundärinsolvenzverfahren. Bei diesem Verfahren muß es sich um ein Liquidationsverfahren handeln.
(4) Vor der Eröffnung eines Insolvenzverfahrens nach Absatz 1 kann ein Partikularverfahren nach Absatz 2 nur in den nachstehenden Fällen eröffnet werden:
a) falls die Eröffnung eines Insolvenzverfahrens nach Absatz 1 angesichts der Bedingungen, die in den Rechtsvorschriften des Vertragsstaats vorgesehen sind, in dem der Schuldner den Mittelpunkt seiner hauptsächlichen Interessen hat, nicht möglich ist;
b) falls die Eröffnung des Partikularverfahrens von einem Gläubiger beantragt wird, der seinen Wohnsitz, gewöhnlichen Aufenthalt oder Sitz in dem Vertragsstaat hat, in dem

sich die betreffende Niederlassung befindet, oder dessen Forderung auf einer sich aus dem Betrieb dieser Niederlassung ergebenden Verbindlichkeit beruht.

Art. 4 – Anwendbares Recht

(1) Soweit dieses Übereinkommen nichts anderes bestimmt, gilt für das Insolvenzverfahren und seine Wirkungen das Insolvenzrecht des Vertragsstaats, in dem das Verfahren eröffnet wird, nachstehend »Staat der Verfahrenseröffnung« genannt.
(2) Das Recht des Staates der Verfahrenseröffnung regelt, unter welchen Voraussetzungen das Insolvenzverfahren eröffnet wird und wie es durchzuführen und zu beenden ist. Es regelt insbesondere:
a) bei welcher Art von Schuldnern ein Insolvenzverfahren zulässig ist;
b) welche Vermögenswerte zur Masse gehören und wie die nach der Verfahrenseröffnung vom Schuldner erworbenen Vermögenswerte zu behandeln sind;
c) die jeweiligen Befugnisse des Schuldners und des Verwalters;
d) die Voraussetzungen für die Wirksamkeit einer Aufrechnung;
e) wie sich das Insolvenzverfahren auf laufende Verträge des Schuldners auswirkt;
f) wie sich die Eröffnung eines Insolvenzverfahrens auf Rechtsverfolgungsmaßnahmen einzelner Gläubiger auswirkt; ausgenommen sind die Wirkungen auf anhängige Rechtsstreitigkeiten;
g) welche Forderungen als Insolvenzforderungen anzumelden sind und wie Forderungen zu behandeln sind, die nach der Eröffnung des Insolvenzverfahrens entstehen;
h) die Anmeldung, die Prüfung und die Feststellung der Forderungen;
i) die Verteilung des Erlöses aus der Verwertung des Vermögens, den Rang der Forderungen und die Rechte der Gläubiger, die nach der Eröffnung des Insolvenzverfahrens aufgrund eines dringlichen Rechts oder infolge einer Aufrechnung teilweise befriedigt wurden;
j) die Voraussetzungen und die Wirkungen der Beendigung des Insolvenzverfahrens, insbesondere durch Vergleich;
k) die Rechte der Gläubiger nach der Beendigung des Insolvenzverfahrens;
l) wer die Kosten des Insolvenzverfahrens einschließlich der Auslagen zu tragen hat;
m) welche Rechtshandlungen nichtig, anfechtbar oder relativ unwirksam sind, weil sie die Gesamtheit der Gläubiger benachteiligen.)

Art. 5 – Dringliche Rechte Dritter

(1) Das dringliche Recht eines Gläubigers oder eines Dritten an körperlichen oder unkörperlichen, beweglichen oder unbeweglichen Gegenständen des Schuldners, die sich zum Zeitpunkt der Eröffnung des Insolvenzverfahrens im Gebiet eines anderen Vertragsstaats befinden, wird von der Eröffnung des Verfahrens nicht berührt.
(2) Rechte im Sinne von Absatz 1 sind insbesondere:
a) das Recht, den Gegenstand zu verwerten oder verwerten zu lassen und aus dem Erlös oder den Nutzungen dieses Gegenstands befriedigt zu werden, insbesondere aufgrund eines Pfandrechts oder einer Hypothek;
b) das ausschließliche Recht, eine Forderung einzuziehen, insbesondere aufgrund eines Pfandrechts an einer Forderung oder aufgrund einer Sicherheitsabtretung dieser Forderung;

Anlage 2: EuIÜ **Anhang I**

c) das Recht, die Herausgabe des Gegenstands von jedermann zu verlangen, der diesen gegen den Willen des Berechtigten besitzt oder nutzt;
d) das dringliche Recht, die Früchte eines Gegenstands zu ziehen.
(3) Das in einem öffentlichen Register eingetragene und gegen jedermann wirksame Recht, ein dringliches Recht im Sinne von Absatz 1 zu erlangen, wird einem dringlichen Recht gleichgestellt.
(4) Absatz 1 steht der Nichtigkeit, Anfechtbarkeit oder relativen Unwirksamkeit einer Rechtshandlung nach Artikel 4 Absatz 2 Buchstabe m nicht entgegen.

Art. 6 – Aufrechnung

(1) Die Befugnis eines Gläubigers, mit seiner Forderung gegen eine Forderung des Schuldners aufzurechnen, wird von der Eröffnung des Insolvenzverfahrens nicht berührt, wenn diese Aufrechnung nach dem auf die Forderung des insolventen Schuldners anwendbaren Recht zulässig ist.
(2) Absatz 1 steht der Nichtigkeit, Anfechtbarkeit oder relativen Unwirksamkeit einer Rechtshandlung nach Artikel 4 Absatz 2 Buchstabe m nicht entgegen.

Art. 7 – Eigentumsvorbehalt

(1) Die Eröffnung eines Insolvenzverfahrens gegen den Käufer einer Sache läßt die Rechte des Verkäufers aus einem Eigentumsvorbehalt unberührt, wenn sich diese Sache zum Zeitpunkt der Eröffnung des Verfahrens im Gebiet eines anderen Vertragsstaats als dem der Verfahrenseröffnung befindet.
(2) Die Eröffnung eines Insolvenzverfahrens gegen den Verkäufer einer Sache nach deren Lieferung rechtfertigt nicht die Auflösung oder Beendigung des Kaufvertrags und steht dem Eigentumserwerb des Käufers nicht entgegen, wenn sich diese Sache zum Zeitpunkt der Verfahrenseröffnung im Gebiet eines anderen Vertragsstaats als dem der Verfahrenseröffnung befindet.
(3) Die Absätze 1 und 2 stehen der Nichtigkeit, Anfechtbarkeit oder relativen Unwirksamkeit einer Rechtshandlung nach Artikel 4 Absatz 2 Buchstabe m nicht entgegen.

Art. 8 – Vertrag über einen unbeweglichen Gegenstand

Für die Wirkungen des Insolvenzverfahrens auf einen Vertrag, der zum Erwerb oder zur Nutzung eines unbeweglichen Gegenstands berechtigt, gilt ausschließlich das Recht des Vertragsstaats, in dessen Gebiet dieser Gegenstand belegen ist.

Art. 9 – Zahlungssysteme und Finanzmärkte

(1) Unbeschadet des Artikels 5 gilt für die Wirkungen des Insolvenzverfahrens auf die Rechte und Pflichten der Mitglieder eines Zahlungs- oder Abwicklungssystems oder eines Finanzmarktes ausschließlich das Recht des Vertragsstaats, das auf das betreffende System oder den betreffenden Markt anzuwenden ist.

Anhang I *Artikel 102 EGInsO Internationales Insolvenzrecht*

(2) Absatz 1 steht einer Nichtigkeit, Anfechtbarkeit oder relativen Unwirksamkeit der Zahlungen oder Transaktionen gemäß den für das betreffende Zahlungssystem oder den betreffenden Finanzmarkt geltenden Rechtsvorschriften nicht entgegen.

Art. 10 – Arbeitsvertrag

Für die Wirkungen des Insolvenzverfahrens auf einen Arbeitsvertrag und auf das Arbeitsverhältnis gilt ausschließlich das Recht des Vertragsstaats, das auf den Arbeitsvertrag anzuwenden ist.

Art. 11 – Wirkung auf eintragungspflichtige Rechte

Für die Wirkungen des Insolvenzverfahrens auf Rechte des Schuldners an einem unbeweglichen Gegenstand, einem Schiff oder einem Luftfahrzeug, die der Eintragung in ein öffentliches Register unterliegen, gilt das Recht des Vertragsstaats, unter dessen Aufsicht das Register geführt wird.

Art. 12 – Gemeinschaftspatente und -marken

Für die Zwecke dieses Übereinkommens kann ein Gemeinschaftspatent, eine Gemeinschaftsmarke oder jedes andere durch Gemeinschaftsvorschriften begründete ähnliche Recht nur in ein Verfahren nach Artikel 3 Absatz 1 miteinbezogen werden.

Art. 13 – Benachteiligende Rechtshandlungen

Artikel 4 Absatz 2 Buchstabe m findet keine Anwendung, wenn die Person, die durch eine die Gesamtheit der Gläubiger benachteiligende Rechtshandlung begünstigt wurde, nachweist,
– daß für diese Rechtshandlung das Recht eines anderen Vertragsstaats als des Staates der Verfahrenseröffnung maßgeblich ist und
– daß in diesem Falle diese Rechtshandlung in keiner Weise nach diesem Recht angreifbar ist.

Art. 14 – Schutz des Dritterwerbers

Verfügt der Schuldner durch eine nach Eröffnung des Insolvenzverfahrens vorgenommene Rechtshandlung gegen Entgelt
– über einen unbeweglichen Gegenstand,
– über ein Schiff oder ein Luftfahrzeug, das der Eintragung in ein öffentliches Register unterliegt, oder
– über Wertpapiere, deren Eintragung in ein gesetzlich vorgeschriebenes Register Voraussetzung für ihre Existenz ist,
so richtet sich die Wirksamkeit dieser Rechtshandlung nach dem Recht des Staates, in dessen Gebiet dieser unbewegliche Gegenstand belegen ist oder unter dessen Aufsicht das Register geführt wird.

Anlage 2: EuIÜ **Anhang I**

Art. 15 – Wirkungen des Insolvenzverfahrens auf anhängige Rechtsstreitigkeiten

Für die Wirkungen des Insolvenzverfahrens auf einen anhängigen Rechtsstreit über einen Gegenstand oder ein Recht der Masse gilt ausschließlich das Recht des Vertragsstaats, in dem der Rechtsstreit anhängig ist.

Kapitel II – Anerkennung der Insolvenzverfahren

Art. 16 – Grundsatz

(1) Die Eröffnung eines Insolvenzverfahrens durch ein nach Artikel 3 zuständiges Gericht eines Vertragsstaats wird in allen übrigen Vertragsstaaten anerkannt, sobald die Entscheidung im Staat der Verfahrenseröffnung wirksam ist.
Dies gilt auch, wenn der Schuldner wegen seiner Eigenschaft in den übrigen Vertragsstaaten einem Insolvenzverfahren nicht unterzogen werden könnte.
(2) Die Anerkennung eines Verfahrens nach Artikel 3 Absatz 1 steht der Eröffnung eines Verfahrens nach Artikel 3 Absatz 2 durch ein Gericht eines anderen Vertragsstaats nicht entgegen. In diesem Fall ist das Verfahren nach Artikel 3 Absatz 2 ein Sekundärinsolvenzverfahren im Sinne von Kapitel III.

Art. 17 – Wirkungen der Anerkennung

(1) Die Eröffnung eines Verfahrens nach Artikel 3 Absatz 1 entfaltet in jedem anderen Vertragsstaat, ohne daß es hierfür irgendwelcher Förmlichkeiten bedürfte, die Wirkungen, die das Recht des Staates der Verfahrenseröffnung dem Verfahren beilegt, sofern dieses Übereinkommen nichts anderes bestimmt und solange in diesem anderen Vertragsstaat kein Verfahren nach Artikel 3 Absatz 2 eröffnet ist.
(2) Die Wirkungen eines Verfahrens nach Artikel 3 Absatz 2 dürfen in den anderen Vertragsstaaten nicht in Frage gestellt werden. Jegliche Beschränkung der Rechte der Gläubiger, insbesondere eine Stundung oder eine Schuldbefreiung infolge des Verfahrens, wirkt hinsichtlich des im Gebiet eines anderen Vertragsstaats belegenen Vermögens nur gegenüber den Gläubigern, die ihre Zustimmung hierzu erteilt haben.

Art. 18 – Befugnisse des Verwalters

(1) Der Verwalter, der durch ein nach Artikel 3 Absatz 1 zuständiges Gericht bestellt worden ist, darf im Gebiet eines anderen Vertragsstaates alle Befugnisse ausüben, die ihm nach dem Recht des Staates der Verfahrenseröffnung zustehen, solange in dem anderen Staat nicht ein weiteres Insolvenzverfahren eröffnet ist oder eine gegenteilige Sicherungsmaßnahme auf einen Antrag auf Eröffnung eines Insolvenzverfahrens hin ergriffen worden ist. Er kann insbesondere vorbehaltlich der Artikel 5 und 7 die zur Masse gehörenden Gegenstände aus dem Gebiet des Vertragsstaats entfernen, in dem sich die Gegenstände befinden.
(2) Der Verwalter, der durch ein nach Artikel 3 Absatz 2 zuständiges Gericht bestellt worden ist, darf in jedem anderen Vertragsstaat gerichtlich und außergerichtlich geltend machen, daß ein beweglicher Gegenstand nach der Eröffnung des Insolvenzverfahrens

aus dem Gebiet des Staates der Verfahrenseröffnung in das Gebiet dieses anderen Vertragsstaats verbracht worden ist. Des weiteren kann er eine den Interessen der Gläubiger dienende Anfechtungsklage erheben.
(3) Bei der Ausübung seiner Befugnisse hat der Verwalter das Recht des Vertragsstaats, in dessen Gebiet er handeln will, zu beachten, insbesondere hinsichtlich der Art und Weise der Verwertung eines Gegenstands der Masse. Diese Befugnisse dürfen nicht die Anwendung von Zwangsmitteln oder das Recht über Rechtsstreitigkeiten oder andere Auseinandersetzungen zu befinden, umfassen.

Art. 19 – Nachweis der Verwalterstellung

Die Bestellung zum Verwalter wird durch eine beglaubigte Abschrift der Entscheidung, durch die er bestellt worden ist, oder durch eine andere von dem zuständigen Gericht ausgestellte Bescheinigung nachgewiesen.
Es kann eine Übersetzung in die Amtssprache oder eine der Amtssprachen des Vertragsstaats, in desse Gebiet er handeln will, verlangt werden. Eine Legalisation oder eine entsprechende andere Förmlichkeit wird nicht verlangt.

Art. 20 – Herausgabepflicht und Anrechnung

(1) Ein Gläubiger, der nach der Eröffnung eines Insolvenzverfahrens nach Artikel 3 Absatz 1 auf irgendeine Weise, insbesondere durch Zwangsvollstreckung, vollständig oder teilweise aus einem Gegenstand der Masse befriedigt wird, der in einem anderen Vertragsstaat belegen ist, hat vorbehaltlich der Artikel 5 und 7 das Erlangte an den Verwalter herauszugeben.
(2) Zur Wahrung der Gleichbehandlung der Gläubiger nimmt ein Gläubiger, der in einem Insolvenzverfahren eine Quote auf seine Forderung erlangt hat, an der Verteilung im Rahmen eines anderen Verfahrens erst dann teil, wenn die Gläubiger gleichen Ranges oder gleicher Gruppenzugehörigkeit in diesem anderen Verfahren die gleiche Quote erlangt haben.

Art. 21 – Öffentliche Bekanntmachung

(1) Auf Antrag des Verwalters ist in jedem anderen Vertragsstaat der wesentliche Inhalt der Entscheidung über die Verfahrenseröffnung und gegebenenfalls der Entscheidung über seine Bestellung entsprechend den Bestimmungen des jeweiligen Staates für öffentliche Bekanntmachungen zu veröffentlichen. In der Bekanntmachung ist ferner anzugeben, welcher Verwalter bestellt wurde und ob die Zuständigkeit sich aus Artikel 3 Absatz 1 oder aus Artikel 3 Absatz 2 ergibt.
(2) Jeder Vertragsstaat, in dessen Gebiet der Schuldner eine Niederlassung besitzt, kann jedoch die obligatorische Bekanntmachung vorsehen. In diesem Fall hat der Verwalter oder jede andere hierzu befugte Stelle des Vertragsstaats, in dem das Verfahren nach Artikel 3 Absatz 1 eröffnet wurde, die für diese Bekanntmachung erforderlichen Maßnahmen zu treffen.

Anlage 2: EuIÜ **Anhang I**

Art. 22 – Eintragung in öffentliche Register

(1) Auf Antrag des Verwalters ist die Eröffnung eines Verfahrens nach Artikel 3 Absatz 1 in das Grundbuch, das Handelsregister und alle sonstigen öffentlichen Register in den übrigen Vertragsstaaten einzutragen.
(2) Jeder Vertragsstaat kann jedoch die obligatorische Eintragung vorsehen. In diesem Fall hat der Verwalter oder jede andere hierzu befugte Stelle des Vertragsstaats, in dem das Verfahren nach Artikel 3 Absatz 1 eröffnet wurde, die für diese Eintragung erforderlichen Maßnahmen zu treffen.

Art. 23 – Kosten

Die Kosten der öffentlichen Bekanntmachung nach Artikel 21 und der Eintragung nach Artikel 22 gelten als Kosten und Aufwendungen des Verfahrens.

Art. 24 – Leistung an den Schuldner

(1) Wer in einem Vertragsstaat an einen Schuldner leistet, über dessen Vermögen in einem anderen Vertragsstaat ein Insolvenzverfahren eröffnet worden ist, obwohl er an den Verwalter des Insolvenzverfahrens hätte leisten müssen, wird befreit, wenn ihm die Eröffnung des Verfahrens nicht bekannt war.
(2) Erfolgt die Leistung vor der öffentlichen Bekanntmachung nach Artikel 21, so wird bis zum Beweis des Gegenteils vermutet, daß dem Leistenden die Eröffnung nicht bekannt war. Erfolgt die Leistung nach der Bekanntmachung gemäß Artikel 21 so wird bis zum Beweis des Gegenteils vermutet, daß dem Leistenden die Eröffnung bekannt war.

Art. 25 – Anerkennung und Vollstreckbarkeit sonstiger Entscheidungen

(1) Die zur Durchführung und Beendigung eines Insolvenzverfahrens ergangenen Entscheidungen eines Gerichts, dessen Eröffnungsentscheidung nach Artikel 16 anerkannt wird, sowie ein von einem solchen Gericht bestätigter Vergleich werden ebenfalls ohne weitere Förmlichkeiten anerkannt. Diese Entscheidungen werden nach den Artikeln 31 bis 51 (mit Ausnahme von Artikel 34 Absatz 2) des Übereinkommens über die gerichtliche Zuständigkeit und die Vollstreckung gerichtlicher Entscheidungen in Zivil- und Handelssachen vollstreckt.
Der Unterabsatz 1 gilt auch für Entscheidungen, die unmittelbar aufgrund des Insolvenzverfahrens ergehen und in engem Zusammenhang damit stehen, auch wenn diese Entscheidungen von einem anderen Gericht getroffen werden.
Der Unterabsatz 1 gilt auch für Entscheidungen über Sicherungsmaßnahmen, die nach dem Antrag der Eröffnung eines Insolvenzverfahrens getroffen werden.
(2) Die Anerkennung und Vollstreckung der anderen als der in Absatz 1 genannten Entscheidungen unterliegen dem Übereinkommen nach Absatz 1, soweit jenes Übereinkommen anwendbar ist.
(3) Die Vertragsstaaten sind nicht verpflichtet, eine Entscheidung gemäß Absatz 1 anzuerkennen und zu vollstrecken, die eine Einschränkung der persönlichen Freiheit oder des Postgeheimnisses zur Folge hätte.

Anhang I   *Artikel 102 EGInsO Internationales Insolvenzrecht*

Art. 26 – Ordre Public

Jeder Vertragsstaat kann sich weigern, ein in einem anderen Vertragsstaat eröffnetes Insolvenzverfahren anzuerkennen oder eine in einem solchen Verfahren ergangene Entscheidung zu vollstrecken, soweit diese Anerkennung oder diese Vollstreckung zu einem Ergebnis führt, das offensichtlich mit seiner öffentlichen Ordnung, insbesondere mit den Grundprinzipien oder den verfassungsmäßig garantierten Rechten und Freiheiten des einzelnen, unvereinbar ist.

Kapitel III – Sekundärinsolvenzverfahren

Art. 27 – Verfahrenseröffnung

Ist durch ein Gericht eines Vertragsstaats ein Verfahren nach Artikel 3 Absatz 1 eröffnet worden, das in einem anderen Vertragsstaat anerkannt ist (Hauptinsolvenzverfahren), so kann ein nach Artikel 3 Absatz 2 zuständiges Gericht dieses anderen Vertragsstaats ein Sekundärinsolvenzverfahren eröffnen, ohne daß in diesem anderen Vertragsstaat die Insolvenz des Schuldners geprüft wird. Bei diesem Verfahren muß es sich um eines der in Anhang B aufgeführten Verfahren handeln. Seine Wirkungen beschränken sich auf das im Gebiet dieses anderen Vertragsstaats belegene Vermögen des Schuldners.

Art. 28 – Anwendbares Recht

Soweit dieses Übereinkommen nichts anderes bestimmt, finden auf das Sekundärinsolvenzverfahren die Rechtsvorschriften des Vertragsstaats Anwendung, in dessen Gebiet das Sekundärinsolvenzverfahren eröffnet worden ist.

Art. 29 – Antragsrecht

Die Eröffnung eines Sekundärinsolvenzverfahrens können beantragen:
a) der Verwalter des Hauptinsolvenzverfahrens;
b) jede andere Person oder Stelle, der das Antragsrecht nach dem Recht des Vertragsstaats zusteht, in dessen Gebiet das Sekundärinsolvenzverfahren eröffnet werden soll.

Art. 30 – Kostenvorschuß

Verlangt das Recht des Vertragsstaats, in dem ein Sekundärinsolvenzverfahren beantragt wird, daß die Kosten des Verfahrens einschließlich der Auslagen ganz oder teilweise durch die Masse gedeckt sind, so kann das Gericht, bei dem ein solcher Antrag gestellt wird, vom Antragsteller einen Kostenvorschuß oder eine angemessene Sicherheitsleistung verlangen.

Anlage 2: EuIÜ **Anhang I**

Art. 31 – Kooperations- und Unterrichtungspflicht

(1) Vorbehaltlich der Regeln über die Einschränkung der Weitergabe von Informationen besteht für den Verwalter des Hauptinsolvenzverfahrens und für die Verwalter der Sekundärinsolvenzverfahren die Pflicht zur gegenseitigen Unterrichtung. Sie haben einander unverzüglich alle Informationen mitzuteilen, die für das jeweilige andere Verfahren von Bedeutung sein können, insbesondere den Stand der Anmeldung und der Prüfung der Forderungen sowie alle Maßnahmen zur Beendigung eines Insolvenzverfahrens.
(2) Vorbehaltlich der für die einzelnen Verfahren geltenden Vorschriften sind der Verwalter des Hauptinsolvenzverfahrens und die Verwalter der Sekundärinsolvenzverfahren zur gegenseitigen Zusammenarbeit verpflichtet.
(3) Der Verwalter eines Sekundärinsolvenzverfahrens hat dem Verwalter des Hauptinsolvenzverfahrens zu gegebener Zeit Gelegenheit zu geben, Vorschläge für die Verwertung oder jede Art der Verwendung der Masse des Sekundärinsolvenzverfahrens zu unterbreiten.

Art. 32 – Ausübung von Gläubigerrechten

(1) Jeder Gläubiger kann seine Forderung im Hauptinsolvenzverfahren und in jedem Sekundärinsolvenzverfahren anmelden.
(2) Die Verwalter des Hauptinsolvenzverfahrens und der Sekundärinsolvenzverfahren melden in den anderen Verfahren die Forderungen an, die in dem Verfahren, für das sie bestellt sind, bereits angemeldet worden sind, soweit dies für die Gläubiger des letztgenannten Verfahrens zweckmäßig ist und vorbehaltlich des Rechts dieser Gläubiger, dies abzulehnen oder die Anmeldung zurückzunehmen, sofern ein solches Recht gesetzlich vorgesehen ist.
(3) Der Verwalter eines Haupt- oder eines Sekundärinsolvenzverfahrens ist berechtigt, wie ein Gläubiger an einem anderen Insolvenzverfahren mitzuwirken, insbesondere indem er an einer Gläubigerversammlung teilnimmt.

Art. 33 – Aussetzung der Verwertung

(1) Das Gericht, welches das Sekundärinsolvenzverfahren eröffnet hat, setzt auf Antrag des Verwalters des Hauptinsolvenzverfahrens die Verwertung ganz oder teilweise aus; dem zuständigen Gericht steht jedoch das Recht zu, in diesem Fall vom Verwalter des Hauptinsolvenzverfahrens alle angemessenen Maßnahmen zum Schutz der Interessen der Gläubiger des Sekundärinsolvenzverfahrens sowie einzelner Gruppen von Gläubigern zu verlangen. Der Antrag des Verwalters des Hauptinsolvenzverfahrens kann nur abgelehnt werden, wenn die Aussetzung offensichtlich für die Gläubiger des Hauptinsolvenzverfahrens nicht von Interesse ist. Die Aussetzung der Verwertung kann für höchstens drei Monate angeordnet werden. Sie kann für jeweils denselben Zeitraum verlängert oder erneuert werden.
(2) Das Gericht nach Absatz 1 hebt die Aussetzung der Verwertung in folgenden Fällen auf:
– auf Antrag des Verwalters des Hauptinsolvenzverfahrens,
– von Amts wegen, auf Antrag eines Gläubigers oder auf Antrag des Verwalters des

Sekundärinsolvenzverfahrens, wenn sich herausstellt, daß diese Maßnahme insbesondere nicht mehr mit dem Interesse der Gläubiger des Haupt- oder des Sekundärinsolvenzverfahrens zu rechtfertigen ist.

Art. 34 – Verfahrensbeendende Maßnahmen

(1) Kann das Sekundärinsolvenzverfahren nach dem auf dieses Verfahren anwendbaren Recht ohne Liquidation durch einen Sanierungsplan, einen Vergleich oder eine andere vergleichbare Maßnahme beendet werden, so kann eine solche Maßnahme vom Verwalter des Hauptinsolvenzverfahrens vorgeschlagen werden.
Eine Beendigung des Sekundärinsolvenzverfahrens durch eine Maßnahme nach Unterabsatz 1 kann nur bestätigt werden, wenn der Verwalter des Hauptinsolvenzverfahrens zustimmt oder, falls dieser nicht zustimmt, wenn die finanziellen Interessen der Gläubiger des Hauptinsolvenzverfahrens durch die vorgeschlagene Maßnahme nicht beeinträchtigt werden.
(2) Jede Beschränkung der Rechte der Gläubiger, wie z. B. eine Stundung oder eine Schuldbefreiung, die sich aus einer in einem Sekundärinsolvenzverfahren vorgeschlagenen Maßnahme im Sinne von Absatz 1 ergibt, kann nur dann Auswirkungen auf das nicht von diesem Verfahren betroffene Vermögen des Schuldners haben, wenn alle betroffenen Gläubiger der Maßnahme zustimmen.
(3) Während einer nach Artikel 33 angeordneten Aussetzung der Verwertung kann nur der Verwalter des Hauptinsolvenzverfahrens oder der Schuldner mit dessen Zustimmung im Sekundärinsolvenzverfahren Maßnahmen im Sinne von Absatz 1 vorschlagen; andere Vorschläge für eine solche Maßnahme dürfen weder zur Abstimmung gestellt noch bestätigt werden.

Art. 35 – Überschuß im Sekundärinsolvenzverfahren

Können bei der Verwertung der Masse des Sekundärinsolvenzverfahrens alle in diesem Verfahren festgestellten Forderungen befriedigt werden, so übergibt der in diesem Verfahren bestellte Verwalter den verbleibenden Überschuß unverzüglich dem Verwalter des Hauptinsolvenzverfahrens.

Art. 36 – Nachträgliche Eröffnung des Hauptinsolvenzverfahrens

Wird ein Verfahren nach Artikel 3 Absatz 1 eröffnet, nachdem in einem anderen Vertragsstaat ein Verfahren nach Artikel 3 Absatz 2 eröffnet worden ist, so gelten die Artikel 31 bis 35 für das zuerst eröffnete Insolvenzverfahren, soweit dies nach dem Stand dieses Verfahrens erforderlich ist.

Art. 37 – Umwandlung des vorhergehenden Verfahrens

Der Verwalter des Hauptinsolvenzverfahrens kann beantragen, daß ein in Anhang A genanntes Verfahren, das zuvor in einem anderen Vertragsstaat eröffnet wurde, in ein Liquidationsverfahren umgewandelt wird, wenn es sich erweist, daß diese Umwandlung im Interesse der Gläubiger des Hauptverfahrens liegt.

Anlage 2: EuIÜ **Anhang I**

Das nach Artikel 3 Absatz 2 zuständige Gericht ordnet die Umwandlung in eines der in Anhang B aufgeführten Verfahren an.

Art. 38 – Sicherungsmaßnahmen

Bestellt das nach Artikel 3 Absatz 1 zuständige Gericht eines Vertragsstaats zur Sicherung des Schuldnervermögens einen vorläufigen Verwalter, so ist dieser berechtigt, zur Sicherung und Erhaltung des Schuldnervermögens, das sich in einem anderen Vertragsstaat befindet, jede Maßnahme zu beantragen, die nach dem Recht dieses Staates für die Zeit zwischen dem Antrag auf Eröffnung eines Liquidationsverfahrens und dessen Eröffnung vorgesehen ist.

Kapitel IV – Unterrichtung der Gläubiger und Anmeldung ihrer Forderungen

Art. 39 – Recht auf Anmeldung von Forderungen

Jeder Gläubiger, der seinen gewöhnlichen Aufenthalt, Wohnsitz oder Sitz in einem anderen Vertragsstaat als dem Staat der Verfahrenseröffnung hat, einschließlich der Steuerbehörden und der Sozialversicherungsträger der Vertragsstaaten, kann seine Forderungen in dem Insolvenzverfahren schriftlich anmelden.

Art. 40 – Verpflichtung zur Unterrichtung der Gläubiger

(1) Sobald in einem Vertragsstaat ein Insolvenzverfahren eröffnet wird, unterrichtet das zuständige Gericht dieses Staates oder der von diesem Gericht bestellte Verwalter unverzüglich die bekannten Gläubiger, die in den anderen Vertragsstaaten ihren gewöhnlichen Aufenthalt, Wohnsitz oder Sitz haben.
(2) Die Unterrichtung erfolgt durch individuelle Übersendung eines Vermerks und gibt insbesondere an, welche Fristen einzuhalten sind, welches die Versäumnisfolgen sind, welche Stelle für die Entgegennahme der Anmeldungen zuständig ist und welche weiteren Maßnahmen vorgeschrieben sind. In dem Vermerk ist auch anzugeben, ob die bevorrechtigten oder dringlich gesicherten Gläubiger ihre Forderungen anmelden müssen.

Art. 41 – Inhalt einer Forderungsanmeldung

Der Gläubiger übersendet eine Kopie der gegebenenfalls vorhandenen Beweisstücke, teilt die Art, den Entstehungszeitpunkt und den Betrag der Forderung mit und gibt an, ob er für die Forderung ein Vorrecht, eine dringliche Sicherheit oder einen Eigentumsvorbehalt beansprucht und welche Vermögenswerte Gegenstand seiner Sicherheit sind.

Art. 42 – Sprachen

(1) Die Unterrichtung nach Artikel 40 erfolgt in der Amtssprache oder einer der Amtssprachen des Staates der Verfahrenseröffnung. Hierfür ist ein Formblatt zu verwenden, das in sämtlichen Amtssprachen der Europäischen Union mit den Worten »Aufforderung zur Anmeldung einer Forderung. Etwaige Fristen beachten!« überschrieben ist.

(2) Jeder Gläubiger, der seinen gewöhnlichen Aufenthalt, Wohnsitz oder Sitz in einem anderen Vertragsstaat als dem Staat der Verfahrenseröffnung hat, kann seine Forderung auch in der Amtssprache oder einer der Amtssprachen dieses anderen Staates anmelden. In diesem Fall muß die Anmeldung jedoch mindestens die Überschrift »Anmeldung einer Forderung« in der Amtssprache oder einer der Amtssprachen des Staates der Verfahrenseröffnung tragen. Vom Gläubiger kann eine Übersetzung der Anmeldung in diese Amtssprache verlangt werden.

Kapitel V – Auslegung durch den Gerichtshof

Art. 43 – Zuständigkeit des Gerichtshofs

(1) Der Gerichtshof der Europäischen Gemeinschaften entscheidet über die Auslegung dieses Übereinkommens einschließlich seiner Anhänge sowie der Übereinkommen über den Beitritt der Staaten zu diesem Übereinkommen, die nach dem Tag, an dem der Zeitraum endet, während dessen dieses Übereinkommen zur Unterzeichnung aufliegt, Mitglieder der Europäischen Union werden.

(2) Das Protokoll über die Satzung des Gerichtshofs und die Verfahrensordnung des Gerichtshofs sind anwendbar.

(3) Die Verfahrensordnung des Gerichtshofs wird, soweit erforderlich, gemäß Artikel 188 des Vertrags zur Gründung der Europäischen Gemeinschaft angepaßt und ergänzt.

Art. 44 – Vorabentscheidungsverfahren

Folgende Gerichte können dem Gerichtshof eine Frage, die bei ihnen in einem schwebenden Verfahren aufgeworfen wird und sich auf die Auslegung von Regelungen bezieht, die in den in Artikel 34 Absatz 1 genannten Übereinkünften enthalten sind, zur Vorabentscheidung vorlegen, wenn sie eine Entscheidung darüber zum Erlaß ihres Urteils für erforderlich halten:
a)
– in Belgien: La Cour de cassation/het Hof van Cassatie und le Conseil d'Etat/de Raad van State,
– in Dänemark: Hojesteret,
– in der Bundesrepublik Deutschland: die obersten Gerichtshöfe des Bundes,
– in Griechenland: Ἄρειος Πάγο9 και Συμβούλιο της Επικρατείας
– in Spanien: el Tribunal Supremo,
– in Frankreich: la Cour de cassation und le Conseil d'Etat,
– in Irland: the Supreme Court,
– in Italien: la Corte suprema di cassazione und il Consiglio di Stato,

Anlage 2: EuIÜ **Anhang I**

– in Luxemburg: la Cour supérieure de Justice siégeant comme Cour de cassation,
– in Österreich: der Oberste Gerichtshof, der Verfassungsgerichtshof und der Verwaltungsgerichtshof,
– in den Niederlanden: de Hoge Raad,
– in Portugal: o Supremo Tribunal de Justica,
– in Finnland: Korkein oikeus/Högsta domstolen,
– in Schweden: Högsta domstolen,
– im Vereinigten Königreich: the House of Lords und andere Gerichte, gegen deren Entscheidungen kein Rechtsmittel mehr möglich ist;

b) die Gerichte der Vertragsstaaten, sofern sie als Rechtsmittelinstanz entscheiden.

Art. 45 – Verfahren auf Antrag einer zuständigen Stelle

(1) Die zuständige Stelle eines Vertragsstaats kann bei dem Gerichtshof beantragen, daß er zu einer Auslegungsfrage, die Regelungen betrifft, die in den in Artikel 43 Absatz 1 genannten Übereinkünften enthalten sind, Stellung nimmt, wenn Entscheidungen von Gerichten dieses Staates der Auslegung widersprechen, die vom Gerichtshof oder in einer Entscheidung eines der in Artikel 44 angeführten Gerichte eines anderen Vertragsstaats gegeben wurde. Dieser Absatz gilt nur für rechtskräftige Entscheidungen.
(2) Die vom Gerichtshof auf einen derartigen Antrag gegebene Auslegung hat keine Wirkung auf die Entscheidungen, die den Anlaß für den Antrag auf Auslegung bildeten.
(3) Den Gerichtshof können um eine Auslegung nach Absatz 1 die Generalstaatsanwälte bei den Kassationsgerichtshöfen der Vertragsstaaten oder jede andere von einem Vertragsstaat benannte Stelle ersuchen.
(4) Der Kanzler des Gerichtshofs stellt den Antrag den Vertragsstaaten, der Kommission und dem Rat der Europäischen Union zu, die binnen zwei Monaten nach dieser Zustellung beim Gerichtshof Schriftsätze einreichen oder schriftliche Erklärungen abgeben können.
(5) In dem in diesem Artikel vorgesehenen Verfahren werden Kosten weder erhoben noch erstattet.

Art. 46 – Vorbehalte

(1) Unterzeichnerstaaten, die aus verfassungsrechtlichen Gründen nicht in der Lage sind, Artikel 44 anzuwenden, können bei Unterzeichnung dieses Übereinkommens einen Vorbehalt zu diesem Artikel anmelden.
(2) Unterzeichnerstaaten, die gemäß Absatz 1 einen Vorbehalt angemeldet haben, können diesen durch entsprechende Notifizierung an den Verwahrer ganz oder teilweise widerrufen.
Der Widerruf wird zum Zeitpunkt des Eingangs der Notifizierung beim Verwahrer wirksam.

Anhang I   Artikel 102 EGInsO Internationales Insolvenzrecht

Kapitel VI – Übergangs- und Schlußbestimmungen

Art. 47 – Zeitlicher Geltungsbereich

Dieses Übereinkommen ist nur auf solche Insolvenzverfahren anzuwenden, die nach seinem Inkrafttreten eröffnet worden sind. Für Rechtshandlungen des Schuldners vor Inkrafttreten dieses Übereinkommens gilt weiterhin das Recht, das auf diese Rechtshandlungen anwendbar war, als sie vorgenommen wurden.

Art. 48 – Verhältnis zu anderen Übereinkünften

(1) Sofern dieses Übereinkommen anwendbar ist, ersetzt es in seinem sachlichen Anwendungsbereich die nachstehenden zwischen zwei oder mehreren Vertragsstaaten geschlossenen Übereinkünfte:
– das am 8. Juli 1899 in Paris unterzeichnete belgisch-französische Abkommen über die gerichtliche Zuständigkeit, die Anerkennung und die Vollstreckung von gerichtlichen Entscheidungen, Schiedssprüchen und öffentlichen Urkunden;
– das am 16. Juli 1969 in Brüssel unterzeichnete belgisch-österreichische Abkommen über Konkurs, Ausgleich und Zahlungsaufschub (mit Zusatzprotokoll vom 13. Juni 1973);
– das am 28. März 1925 in Brüssel unterzeichnete belgisch-niederländische Abkommen über die Zuständigkeit der Gerichte, den Konkurs sowie die Anerkennung und die Vollstreckung von gerichtlichen Entscheidungen, Schiedssprüchen und öffentlichen Urkunden;
– den am 25. Mai 1979 in Wien unterzeichneten deutsch-österreichischen Vertrag auf dem Gebiet des Konkurs- und Vergleichs-(Ausgleichs-)rechts;
– das am 27. Februar 1979 in Wien unterzeichnete französisch-österreichische Abkommen über die gerichtliche Zuständigkeit, die Anerkennung und die Vollstreckung von Entscheidungen auf dem Gebiet des Insolvenzrechts;
– das am 3. Juni 1930 in Rom unterzeichnete französisch-italienische Abkommen über die Vollstreckung gerichtlicher Urteile in Zivil- und Handelssachen;
– das am 12. Juli 1979 in Rom unterzeichnete italienisch-österreichische Abkommen über Konkurs und Ausgleich;
– den am 30. August 1962 in Den Haag unterzeichneten deutsch-niederländischen Vertrag über die gegenseitige Anerkennung und Vollstreckung gerichtlicher Entscheidungen und anderer Schuldtitel in Zivil- und Handelssachen;
– das am 2. Mai 1934 in Brüssel unterzeichnete britisch-belgische Abkommen über die gegenseitige Vollstreckung gerichtlicher Entscheidungen in Zivil- und Handelssachen mit Protokoll;
– das am 11. November 1933 in Kopenhagen zwischen Dänemark, Finnland, Norwegen, Schweden und Irland geschlossene Konkursübereinkommen;
– das am 5. Juni 1990 in Istanbul unterzeichnete Europäische Übereinkommen über bestimmte internationale Aspekte des Konkurses.

(2) Die in Absatz 1 aufgeführten Übereinkünfte behalten ihre Wirksamkeit für die Rechtsgebiete, auf die dieses Übereinkommen anzuwenden ist, soweit sie Verfahren betreffen, die vor Inkrafttreten dieses Übereinkommens eröffnet worden sind.

Anlage 2: EuIÜ **Anhang I**

(3) Dieses Übereinkommen gilt nicht:
- in den Vertragsstaaten, soweit es in Konkurssachen mit den Verpflichtungen aus einer anderen Übereinkunft unvereinbar ist, die dieser Staat mit einem oder mehreren Nichtvertragsstaaten vor Inkrafttreten dieses Übereinkommens geschlossen hat;
- im Vereinigten Königreich Großbritannien und Nordirland, soweit es mit den Verpflichtungen in Konkurssachen aus Vereinbarungen, die im Rahmen des Commonwealth geschlossen wurden und die zum Zeitpunkt des Inkrafttretens dieses Übereinkommens wirksam sind, unvereinbar ist.

Art. 49 – Unterzeichnung, Ratifizierung und Inkrafttreten

(Nicht abgedruckt)

Art. 50 – Beitritt zu dem Übereinkommen

(Nicht abgedruckt)

Art. 51 – Notifizierung durch den Verwahrer

(Nicht abgedruckt)

Art. 52 – Geltungsdauer des Übereinkommens

Dieses Übereinkommen gilt auf unbegrenzte Zeit.

Art. 53 – Revision oder Evaluierung des Übereinkommens

Jeder Vertragsstaat kann beantragen, daß eine Konferenz zur Revision oder Evaluierung dieses Übereinkommens abgehalten wird. In diesem Fall beruft der Präsident des Rates der Europäischen Union die Konferenz ein.
Hat innerhalb von zehn Jahren nach dem Inkrafttreten dieses Übereinkommens kein Vertragsstaat eine Evaluierungskonferenz beantragt, so wird eine solche Konferenz auf Veranlassung des Präsidenten des Rates der Europäischen Union einberufen.

Art. 54 – Änderung der Anhänge

Die Vertragsstaaten können jederzeit gegenüber dem Verwahrer erklären, daß sie die Anhänge A, B und C ändern möchten.
Der Verwahrer notifiziert den Unterzeichner- und Vertragsstaaten den Inhalt dieser Erklärung. Die gewünschte Änderung gilt als angenommen, sofern keiner der so in Kenntnis gesetzten Staaten innerhalb von drei Monaten ab dem Notifizierungsdatum Einwände vorbringt. Die Änderung tritt am ersten Tag des darauffolgenden Monats in Kraft.

Anhang I *Artikel 102 EGInsO Internationales Insolvenzrecht*

Art. 55 – Hinterlegung des Übereinkommens

(Nicht abgedruckt)

Anhang A

Belgique – Belgie: La faillite / Het faillissement – Concordat judiciaire / Het gerechtelijk akkoord
Danmark: Konkurs – Tvangsakkord – Betalingsstandsning – Insolvensbehandling
Deutschland: Das Konkursverfahren – Das gerichtliche Vergleichsverfahren – Das Gesamtvollstreckungsverfahren – Das Insolvenzverfahren
ΕΛΛΑΣ: Ητώχευοη Η εισική εκκαΘάριοη Η προοωρινή σιαχείριοη εταιρίας. Η σιοίκηοη και η σιαχείροη των πιοτωτών Η υπαγωγή επιχειρηοης υπό επίτ ροπο με οκοπό τη ούναψη ουμβιβαομού με του9 πιοτωτές.
España: Concurso de acreedores – Quiebra – Suspensión de pagos
France: Liquidation judiciaire – Redressement judiciaire avec nomination d'un administrateur
Éire – Ireland: Foirceannadh éigeantach / Compulsory winding-up – Féimheacht / Bankruptcy – Eastát daoine a d'éag agus iad dócmhainneach a riaradh i bhféimheacht / The administration in bankruptcy of the estate of persons dying insolvent – Foirceannadh comhpháirtíochta í bhféimheacht / Winding-up in bankruptcy of partnerships – Foirceannadh deonach creidiúnaithe (le deimhniú Cúirte) / Creditors' voluntary winding-up (with confirmation of a Court) – Socruithe faoi rialú na Cúrite, lena ngabhann dílsiú mhaoin an fhéichiúnaí go hiomlán nó go páirteach don Sannaí Oifigiúil lena réadú agus lena himdháileadh / Arrangements under the control of the Court, which involve the vesting of all or part of the property of the debtor in the Official Assignee for realisation and distribution – Scrúdaitheoireacht chuideachta / Company examinership
Italia: Fallimento – Concordato preventivo – Liquidazione coatta amministrativa – Amministrazione straordinaria – Amministrazione controllata
Luxembourg: Faillite – Gestion contrôlée – Concordat préventif de faillite (par abandon d'actif) – Régime spécial de liquidation du notariat
Nederland: Het faillissement – De surséance van betaling
Österreich: das Konkursverfahren – das Ausgleichsverfahren – das Vorverfahren
Portugal: O processo de falência – Os processos especiais de recuperacao de empresa, ou seja: A concordata, O acordo de credores, A reestruturacao financeira, A gestao controlada
Suomi – Finland: konkurssi/konkurs – yrityssaneeraus/företagssanering
Sverige: Konkurs – Offentligt ackord – Företagsrekonstruktion
United Kingdom: Winding-up by the Court (Compulsory Winding-up) – Bankruptcy (England and Wales, Northern Ireland) – Administration of the insolvent estate of a deceased person (England and Wales, Northern Ireland) – Administration by a Judical Factor of the insolvent estate of a deceased person (Scotland) – Sequestration (Scotland) – Creditors' Voluntary winding-up (with confirmation by the Court) – Administration – Voluntary Arrangements under the Insolvency Act 1986 or the Insolvent Partnerships Order 1994

Anlage 2: EuIÜ **Anhang I**

Anhang B

Belgique – Belgie: La faillite / Het faillissement
Danmark: Konkurs – Likvidationsakkord – Insolvensbehandling
Deutschland: Das Konkursverfahren – Das Gesamtvollstreckungsverfahren – Das Insolvenzverfahren
ΕΛΛΑΣ: Πτώχευοη Η εισική εκκαΘάροη.
España: Concurso de acreedores – Qiebra – Suspension de pagos basada en la insolvencia definitiva
France: Liquidation judiciaire
Eire – Ireland: Foirceannadh éigeantach / Compulsory winding-up – Féimheacht / Bankruptcy – Eastát daoine a d'éag agus iad dócmhainneach a riaradh i bhféimheacht / The administration in bankruptcy of the estate of persons dying insolvent – Foirceannadh comhpháirtíochta i bhféimheacht / Winding-up in bankruptcy of partnerships – Socruithe faoi rialú na Cúirte, lena ngabhann dílsiú mhaoin an fhéichiúnaí go hiomlán nó go páiteach don Sannaí Oifigiúl lena réadú agus lena himdháileadh / Arrangements under the control of the Court, which involve the vesting of all or part of the property of the debtor in the Official Assignee for realisation and distribution
Italia: Fallimento – Liquidazione coatta amministrativa
Luxembourg: Laillite – Régime spécial de liquidation du notariat
Nederland: Het faillissement
Österreich: das Konkursverfahren
Portugal: O processo de faléncia
Suomi – Finnland: konkurssi/konkurs
Sverige: Konkurs
United Kingdom: Winding-up by the Court (Compulsory Winding-up) – Bankruptcy (England and Wales, Northern Ireland) – Administration of the insolvent estate of a deceased person (England and Wales, Northern Ireland) – Administration by a Judicial Factor of the insolvent estate of a deceased person (Scotland) – Sequestration (Scotland)

Anhang C

Beligique – Belgie: Le curateur / De curator – Le judge déléguè / De rechtercommissaris
Danmark: Kurator – Midlertidig bestyrer – Skifteretten – Tilsyn – Bobestyrer
Deutschland: Konkursverwalter – Vergleichsverwalter – Sachwalter (nach der Vergleichsordnung) – Verwalter – Insolvenzverwalter – Sachverwalter (nach der Insolvenzordnung) – Treuhänder
ΕΛΛΑΣ: Σύνσικος Ο προαωρινός σιαχειριοτής. Η σιοικούοα επιτροπή των πιοτωτών Ο εισικός εκκαΘαριατής Ο επίτροπος.
España: Depositario-administrador – Interventor o Interventores – Síndicos – Comisario
France: Représentant des créanciers – Mandataire liquidateur – Administrateur judiciaire – Commissaire à l'exécution de plan
Éire – Ireland: Lechtaitheoir / Liquidator – Sannaí Oifigiúil / Official Assignee – Iontaobhaí i bhféimheacht / Trustee in bankruptcy – Leachtaitheoir Sealadach / Provisional Liquidator – Scrúdaitheoir / Examiner

Anhang I Artikel 102 EGInsO Internationales Insolvenzrecht

Italia: Curatore – Commissario
Luxembourg: Le curateur – Le commissaire – Le liquidateur – Le conseil de gérance de la section d'assainissement du notariat
Nederland: De curator in het faillissement – De bewindvoerder in de surséance van betaling
Österreich: Masseverwalter – Ausgleichsverwalter – Sachwalter – Treuhänder – Besonderer Verwalter – Vorläufiger Verwalter – das Konkursgericht
Portugal: Gestor judicial – Liquidatário judicial – Comissao de credores
Suomi – Finnland: pesänhoitaja/boförvaltare – selvittäjä/utredare
Sverige: Förvaltare – God man – Rekonstruktör
United Kingdom: Liquidator (England and Wales, Scotland, Northern Ireland) – Interim liquidator (Scotland) – Official Receiver (England and Wales, Northern Ireland) – Administrator (England and Wales, Scotland, Northern Ireland) – Trustee (England and Wales, Scotland, Northern Ireland) – Interim and Permanent Trustee in Sequestration (Scotland) – Judicial Factor (Scotland) – Supervisor of a voluntary arrangement

Anlage 3: Istanbuler Übereinkommen **Anhang I**

EUROPÄISCHE KONVENTION
ÜBER BESTIMMTE INTERNATIONALE KONKURSASPEKTE

Strasburg, Europa-Rat, Veröffentlichungs- und Dokumentationsdienst ISBN 92-871-1842-6
In Frankreich gedruckt
Ausgabe Juli 1990

Präambel

Die Mitgliedstaaten des Europarates und seine Unterzeichner,
In der Erwägung, daß das Ziel des Europarates darin besteht, eine größere Einheit zwischen seinen Mitgliedern herbeizuführen;
In der Erwägung, daß Konkursverfahren und ähnliche Verfahren immer häufiger Personen betreffen, die außerhalb des nationalen Territoriums Aktivitäten ausüben;
In der Erwägung, daß es notwendig ist, durch Behandlung bestimmter internationaler Aspekte von Konkurs, wie die Vollmacht von Konkursverwaltern und Liquidatoren, außerhalb des nationalen Territoriums zu wirken, die Möglichkeit der Eröffnung von Nebenkonkursverfahren auf dem Territorium anderer Parteien und die Möglichkeit von Gläubigern, ihre Forderungen bei im Ausland eröffneten Konkursverfahren anzumelden, ein Minimum an rechtlicher Zusammenarbeit zu gewährleisten, sind wie folgt übereingekommen:

Kapitel 1
Allgemeine Bestimmungen

Artikel 1
Geltungsbereich der Konvention

1. Diese Konvention gilt für Verfahren kollektiver Zahlungsunfähigkeit, welche eine Desinvestition des Schuldners und die Bestellung eines Liquidators nach sich ziehen und die Liquidierung der Vermögensmasse nach sich ziehen können.
   Derartige Verfahren, nachfolgend als »Konkursverfahren« bezeichnet, sind in Anhang A aufgeführt, der untrennbarer Bestandteil dieser Konvention ist.
   Anhang A enthält Verfahren von Mitgliedstaaten des Europarates sowie jeglicher Staaten, die der Konvention gemäß Artikel 35 beigetreten sind.
   Diese Konvention gilt nicht für Verfahren bezüglich Versicherungsgesellschaften oder Kreditinstitute.
2. Nach Eröffnung eines Konkursverfahrens durch eine Partei regelt diese Konvention
   a) die Ausübung bestimmter Vollmachten des Liquidators bei der Verwaltung der Konkursmasse des Schuldners in anderen Parteien;
   b) die Eröffnung von Nebenkonkursverfahren anderer Parteien;
   c) anderen Parteien angehörenden Gläubigern zu erteilende Informationen sowie deren Geltendmachung von Forderungen.
   Zum Zweck dieser Konvention
   a) bedeutet »Liquidator« jegliche Person oder jegliches Organ, deren Funktion darin besteht, die Konkursmasse des Gemeinschuldners zu verwalten oder zu liquidieren oder die Aktivitäten des Schuldners zu überwachen.

Diese Personen und Organe sind in Anhang B aufgeführt, der untrennbarer Bestandteil dieser Konvention ist;
b) bedeutet »Desinvestition« des Schuldners die Übertragung der Vollmacht auf den Liquidator, die Konkursmasse zu verwalten, zu kontrollieren und zu verfügen.

Artikel 2
Nachweis der Bestellung des Liquidators

Die Bestellung des Liquidators ist durch eine beglaubigte Abschrift des urschriftlichen Beschlusses seiner Ernennung oder durch eine vom Gericht oder jede andere zuständige und das Konkursverfahren eröffnete Behörde amtlich ausgestellte Bestellungsurkunde nachzuweisen. Gegebenenfalls ist eine Übersetzung in die Amtssprache oder eine der Amtssprachen der Partei erforderlich, für die der Liquidator seine Vollmachten ausübt. Eine amtliche Beglaubigung oder ähnliche Formalität ist nicht erforderlich.

Artikel 3
Eröffnung eines Konkursverfahrens

Der Beschluß über die Eröffnung eines Konkursverfahrens muß:
a) von einem Gericht oder einer anderen Behörde ausgehen, welche gemäß Artikel 4 die Zuständigkeit dafür besitzt;
b) auf dem Territorium der Partei rechtswirksam sein, wo das Konkursverfahren eröffnet wird; und
c) darf nicht dem öffentlichen Interesse der Partei zuwiderlaufen, für die der Liquidator seine Vollmacht gemäß Bestimmungen von Kapitel II auszuüben beabsichtigt oder von der die Eröffnung eines Nebenkonkursverfahrens gemäß Bestimmungen von Kapitel III beantragt wird.

Artikel 4
Indirekte internationale Zuständigkeit

1. Die Gerichte oder andere Behörden der Partei, in welcher sich der Interessenmittelpunkt des Schuldners befindet, sind für zuständig anzusehen, das Konkursverfahren zu eröffnen.
Solange kein Gegenbeweis geführt wurde, ist in bezug auf Gesellschaften und juristische Personen davon auszugehen, daß sich der Mittelpunkt ihrer Hauptinteressen am Ort des Geschäftssitzes befindet.
2. Die Gerichte oder anderen Behörden der Partei, auf deren Territorium der Schuldner eine Firmenniederlassung besitzt, sind ebenfalls für zuständig anzusehen:
   a) wenn sich der Mittelpunkt der Hauptinteressen des Schuldners nicht auf dem Territorium einer Partei befindet; oder
   b) wenn das Konkukrsverfahren von einem Gericht oder einer anderen gemäß Absatz 1 zuständigen Behörde aufgrund der Bestimmungen ihres Landes und der Eigenschaft des Schuldners nicht eröffnet werden kann. In dem Fall ist die Partei nicht verpflichtet, diese Konvention anzuwenden.

Anlage 3: Istanbuler Übereinkommen **Anhang I**

Wenn jedoch das Konkursverfahren eines Schuldners gemäß Absatz a) oder b) von Gerichten oder anderen Behörden für mehrere Parteien, bei denen dieser eine Firmenniederlassung besitzt, eröffnet wird, ist allein das Gericht oder die Behörde für zuständig anzusehen, welches bzw. welche die erste Entscheidung gefällt hat.

Artikel 5
Teilauszahlung von Gläubigern

Unbeschadet der Ansprüche, welche durch Sicherheiten oder Rechte an Grundbesitz oder anderem Vermögen garantiert sind, kann ein Gläubiger, der eine Teilauszahlung erhalten hat, für den gleichen Anspruch in einem bezüglich des gleichen Schuldners von einer anderen Partei eröffneten Konkursverfahrens nicht an einer Konkursquote teilhaben, sofern die von den anderen Gläubigern im von der anderen Partei eröffneten Konkursverfahren erhaltene Dividende geringer als die von ihm bereits erhaltene Dividende ist.

Kapitel II
Ausübung bestimmter Vollmachten des Liquidators

Artikel 6
Geltungsbereich von Kapitel II

In Ergänzung zu den in Artikel 1, Absatz 1 vorgesehenen Verfahren gilt dieses Kapitel auch für Verfahren, die auf Antrag zur Eröffnung eines kollektiven Verfahrens gemäß Artikel 1, Absatz 1 von einem Gericht oder einer Behörde angeordnet wurden und die auf den vorläufigen Schutz der Vermögensmassse des Schuldners abzielen.

Artikel 7
Eigenschaft des Liquidators

Der Liquidator kann seine Vollmachten gemäß den in diesem Kapitel aufgeführten Bedingungen nach Vorlage der in Artikel 2 erwähnten Urkunde sowie gemäß den in Artikel 3 genannten Bedingungen ausüben.

Artikel 8
Maßnahmen zum Schutz und zur Bewahrung der Vermögensmasse

Mit dem Zeitpunkt seiner Bestellung kann der Liquidator gemäß dem Recht der Partei, für die er tätig zu werden beabsichtigt, alle erforderlichen Schritte zum Schutze oder zur Bewahrung des Wertes der Vermögensmasse des Schuldners einschließlich der Nachsuche um Unterstützung von seiten kompetenter Sachverständiger jener Partei einleiten oder veranlassen. ohne jedoch diese Vermögensmasse vom Territorium der Partei, wo sie sich befindet zu entfernen.

Artikel 9
Bekanntmachung der Vollmachten des Liquidators

Die Entscheidung über die Bestellung des Liquidators, wie in Artikel 2 vorgesehen, ist erforderlichenfalls nach erfolgter Autorisierung durch die zuständigen bevollmächtigten Vertreter der Partei, für die der Liquidator tätig zu werden beabsichtigt, in der von dieser Partei festgelegten Art und Weise der Veröffentlichung zusammenfassend bekanntzumachen.

Artikel 10
Maßnahmen der Verwaltung, Abwicklung und Verfügung des Schuldnervermögens

1. Der Liquidator kann im Rahmen der ihm gemäß dem Recht der Partei, bei der das Konkursverfahren eröffnet wird, erteilten Vollmachten und gemäß der in den nachfolgenden Artikeln dieses Kapitels genannten Bedingungen jegliche Maßnahmen zur Verwaltung, Abwicklung oder Verfügung des Schuldnervermögens einschließlich seiner Entfernung vom Territorium der Partei, wo es sich befindet, ergreifen oder veranlassen.
2. Die Durchführung dieser Maßnahmen unterliegt dem Gesetz der Partei, auf deren Territorium sich die Vermögensmasse befindet.

Artikel 11
Bedingungen für die Ausübung der Vollmachten des Liquidators

1. Die in Artikel 10, Absatz 1 aufgeführten Vollmachten sind mit dem Tag der Veröffentlichung der in Artikel 9 genannten Bekanntmachung für einen Zeitraum von zwei Monaten auszusetzen. Wenn während dieser Zeit oder zu einem späteren Zeitpunkt irgendein Antrag auf Konkursverfahren oder ein Verfahren zur Abwendung eines Konkursverfahrens gegen den Schuldner der Partei, wo sich die Vermögensmasse befindet, gestellt wurde, sind die Vollmachten des Liquidators auszusetzen, bis jegliche Anträge dieser Art abgelehnt sind.
    Der Liquidator ist zur Hinterlegung eines Konkursantrages zu bevollmächtigen, wenn die Bedingungen zur Eröffnung eines Konkursverfahrens gemäß dem Landesrecht der Partei, für die er tätig zu werden beabsichtigt, erfüllt sind.
2. Während des in Absatz 1 genannten Zeitraums können nur Gläubiger persönliche Klage gegen das Schuldnervermögen erheben oder führen, welche in der Partei, für die der Liquidator seine Vollmachten auszuüben beabsichtigt, das Recht auf eine bevorrechtigte Auszahlung genießen oder dieses Recht genössen, wenn das Konkursverfahren der Partei eröffnet würde, sowie Gläubiger, die einen öffentlich-rechtlichen Anspruch besitzen, oder Gläubiger, die einen Anspruch besitzen, der aus dem Betrieb der Firmenniederlassung des Schuldners oder aus einem Beschäftigungsverhältnis mit der Partei erwächst.
3. Nach Ablauf der in Absatz 1 genannten Frist können die Gläubiger keine persönliche Klage mehr erheben, sondern besitzt nur der Liquidator die Befugnis, die in Artikel 10, Absatz 1 genannten Maßnahmen zu ergreifen oder zu veranlassen.

Anlage 3: Istanbuler Übereinkommen **Anhang I**

Artikel 12
Einwände gegen die Vollmachten des Liquidators

1. Wenn gegen die Ausübung der Vollmachten des Liquidators Einwand erhoben wird, obliegt es diesem, das Gericht der Partei, auf deren Territorium die Maßnahmen zu ergreifen sind, zu ersuchen, eine Erklärung abzugeben, daß er zur Ausübung dieser Vollmachten gemäß Konvention berechtigt ist.
2. Wenn der Umfang seiner Vollmachten angefochten wird, obliegt es dem Liquidator denselben nachzuweisen.

Artikel 13
Auswirkungen der Befreiung von einer Zahlung und Lieferung von Vermögensmasse

1. Eine im guten Glauben an den Liquidator getätigte Zahlung oder Lieferung von Vermögensmasse bildet eine rechtsgültige Entlastung. Von einer Zahlung oder Lieferung in gutem Glauaben ist anzugehen, wenn sie nach der in Artikel 9 genannten Bekanntmachung oder nach Vorlage der in Artikel 2 genannten Urkunde getätigt wurde.
2. Vorbehaltlich Artikel 11, Absatz 2 bildet die Zahlung oder Lieferung von Vermögensmasse an den Schuldner keine rechtsgültige Entlastung, wenn sie nach der gemäß Artikel 9 vorgesehenen Bekanntmachung getätigt wurde, sofern die sie getätigte Person nicht nachweist, daß sie von der Bekanntmachung keine Kenntnis hatte.

Artikel 14
Beschränkungen in der Ausübung der Vollmachten des Liquidators

1. Die Eröffnung oder Anerkennung eines Konkursverfahrens oder eines Verfahrens zur Abwendung eines Konkursverfahrens der Partei, in welcher der Liquidator seine in diesem Kapital vorgesehenen Vollmachten auszuüben beabsichtigt, soll die Ausübung seiner Vollmachten in jener Partei verhindern.
2. Der Liquidator kann keine Maßnahmen für eine andere Partei ergreifen, welche
   a) jeglicher Sicherheit zuwiderlaufen, die jede andere Person als der Schuldner an durch das Gesetz jener Partei einwandfrei nachgewiesenem oder anerkanntem Grundbesitz oder Vermögen besitzt;
   b) dem öffentlichen Interesse jener Partei offen zuwiderlaufen.

Artikel 15
Erweiterung der Vollmachten des Liquidators

Jede Partei kann dem ausländischen Liquidator auf ihrem Territorium die Ausübung größerer Vollmachten als die in dieser Konvention niedergelegten einräumen.

Anhang I *Artikel 102 EGInsO Internationales Insolvenzrecht*

Kapitel III
Nebenkonkursverfahren

Artikel 16
Nebenkonkursverfahren

Jeder durch ein Gericht oder ein anderes gemäß Artikel 4, Absatz 1 zuständiges Organ (Hauptkonkursverfahren) für bankrott erklärter Schuldner kann allein aufgrund dieser Tatsache von jeder anderen Partei für bankrott erklärt werden (Nebenkonkursverfahren) unabhängig davon, ob er bei der Partei zahlungsunfähig ist oder nicht, vorausgesetzt, daß die bankrott erklärende Entscheidung in Übereinstimmung mit Artikel 3, Absatz b) und c) getroffen und von der Partei bisher noch kein Konkursverfahren oder ein Verfahren zur Abwendung eines Konkursverfahrens eröffnet wurde.

Artikel 17
Internationale Zuständigkeit

Vorbehaltlich anderer durch das Landesrecht vorgesehener Zuständigkeitsgründe sind die Gerichte oder Organe jedweder Partei, bei der sich eine Firmenniederlassung des Schuldners befindet, zuständig, ein Nebenkonkursverfahren zu eröffnen. Die Gerichte oder Organe einer Partei, bei der sich das Schuldnervermögen befindet, sind gleichermaßen zuständig.

Artikel 18
Eröffnung des Zweitkonkursverfahrens

Nachdem die Entscheidung über die Eröffnung des Hauptkonkursverfahrens gefällt wurde, sind Folgende berechtigt, die Eröffnung eines Nebenkonkursverfahrens zu beantragen:
  a) der Liquidator im Hauptkonkursverfahren, oder
  b) jede andere Person oder jedes andere Organ, die bzw. das durch die Satzung der Partei, welche die Eröffnung des Nebenkonkursverfahrens beantragt hat, dazu berechtigt ist.

Artikel 19
Anwendbares Recht

Sofern durch diese Konvention nicht anderweitig vorgesehen, wird das Nebenkonkursverfahren durch das Konkursgesetz der Partei geregelt, bei der das Konkursverfahren eröffnet wird.

Artikel 20
Anmeldung von Forderungen

1. Es können jegliche Forderungen für ein Nebenkonkursverfahren angemeldet werden.
2. Alle bei einem Nebenkonkursverfahren angemeldeten Forderungen sind dem Liquidator oder der zuständigen Behörde des Hauptkonkursverfahrens mitzuteilen. Auf diese Weise mitgeteilte Forderungen gelten beim Hauptkonkursverfahren als ordentlich angemeldet.

Artikel 21
Auszahlung von Forderungen

Forderungen, die das Recht auf bevorrechtigte Auszahlung oder eine Sicherheit an Grundbesitz oder anderem Vermögen genießen, sowie öffentlich-rechtliche Forderungen und Forderungen, die aus dem Betrieb der Firmenniederlassung des Schuldners oder aus einem Beschäftigungsverhältnis bei der Partei erwachsen, von der das Nebenkonkursverfahren eröffnet wurde, sind zu überprüfen und nach Zulassung aus dem Erlös der Liquidation der Konkursmasse des Nebenkonkursverfahrens auszuzahlen.

Artikel 22
Übertragung der Restvermögensmasse

Nach Auszahlung der Forderungen in Übereinstimmung mit Artikel 21 bildet die Restvermögensmasse einen Teil der Konkursmasse im Hauptkonkursverfahren. Jeder dafür erforderliche Verwaltungsakt ist unverzüglich durch den Liquidator des Nebenkonkursverfahrens vorzunehmen.

Artikel 23
Forderungen, die nach Eröffnung des Konkursverfahrens erwachsen

1. Vorbehaltlich der den Gläubigern des Hauptkonkursverfahrens gesetzlich zustehenden Rechtsmittel können vor der Eröffnung des Nebenkonkursverfahrens entstehende Forderungen im Hauptkonkursverfahren nicht allein aufgrund der Tatsache abgelehnt werden, daß sie nach Eröffnung des letztgenannten Konkursverfahrens entstanden sind.
2. Vorbehaltlich der Bestimmungen von Artikel 21 können in Absatz 1 genannte Forderungen an einer Konkursquote nur bei der Vermögensmasse teilhaben, die beim Nebenkonkursverfahren als Rest übriggeblieben sind und gemäß Bestimmungen von Artikel 22 übertragen wurden.

Anhang I *Artikel 102 EGInsO Internationales Insolvenzrecht*

Artikel 24
Gleichberechtigung der Gläubiger

Gläubiger des Hauptkonkursverfahrens, die berechtigten Anspruch auf Erhalt einer Dividende von der Konkursmasse des Nebenkonkursverfahrens haben, sind ungeachtet jeglicher auf dem Recht des Hauptkonkursverfahrens beruhender Vorrechte oder anderer Ausnahmeregelungen vom Prinzip der Gleichberechtigung zwischen Gläubigern gleichberechtigt zu behandeln.

Artikel 25
Pflicht zur Übermittlung von Informationen

Die Liquidatoren des Haupt- und Nebenkonkursverfahrens haben einander umgehend jegliche Informationen zu übermitteln, die für das jeweils andere Verfahren von erheblicher Bedeutung sein können, insbesondere zu allen Maßnahmen einer raschen Beendigung des Verfahrens.

Artikel 26
Beendigung des Nebenkonkursverfahrens

Das Nebenkonkursverfahren kann nicht vor Mitteilung der Ansicht des Liquidators des Hauptkonkursverfahrens beendet werden, vorausgesetzt, daß diese Ansicht in einer vertretbaren Frist mitgeteilt wird.

Artikel 27
Anmeldung von Forderungen

Jeder Gläubiger, welcher einer anderen Partei als jener angehört, bei der das Verfahren eröffnet wurde, kann seine Forderung bei dem in Artikel 30 genannten zuständigen bevollmächtigten Vertreter oder Liquidator schriftlich anmelden. Der Gläubiger hat gegebenenfalls Abschriften von Nachweisunterlagen einzuschicken, Angaben zu Art, Entstehungstermin und Höhe der Forderung zu machen sowie mitzuteilen, ob es sich um eine bevorrechtigte Forderung handelt und, falls zutreffend, den entsprechenden Anteil der Vermögensmasse.

Artikel 32
Sprachen

1. Vorbehaltlich der Bestimmungen von Artikel 39 kann die in Artikel 30 genannte schriftliche Mitteilung in der Amtssprache der Behörde abgefaßt sein, die das Verfahren eröffnet hat. Handelt es sich bei dieser Sprache weder um eine der Amtssprachen des Europarates, noch um die des Gläubigers oder der Partei, welche er angehört, so ist der Mitteilung die Übersetzung in eine dieser Sprachen beizufügen.

Kapitel V
Schlußbestimmungen

Artikel 33
Unterzeichnung, Ratifikation, Annahme oder Bestätigung

Diese Konvention ist offen für eine Unterzeichnung durch die Mitgliedstaaten des Europarates. Sie unterliegt der Ratifikation, Annahme oder Bestätigung, Urkunden der Rarifikation, Annahme oder Bestätigung sind beim Generalsekretär des Europarates zu hinterlegen.

Artikel 34
Inkrafttreten

1. Diese Konvention tritt am ersten Tag des Monats, der vom Zeitpunkt, da drei Mitgliedstaaten des Europarates in Übereinstimmung mit den Bestimmungen von Artikel 13 ihr Einverständnis mit der Verpflichtung auf die Konvention bekundet haben, auf eine Drei-Monate-Frist folgt, in Kraft.
2. In bezug auf jeden Mitgliedstaat, der nachfolgend sein Einverständnis mit der Verpflichtung auf die Konvention bekundet hat, tritt die Konvention am ersten Tag des Monats, der vom Zeitpunkt der Hinterlegung der Urkunde der Ratifikation, Annahme oder Bestätigung auf eine Drei-Monate-Frist folgt, in Kraft.

Artikel 35
Beitritt

1. Nach Inkrafttreten dieser Konvention kann das Ministerkomitee des Europarates auf mehrheitlich gefaßten Beschluß gemäß Artikel 20 des Statuts des Europarates sowie nach einmütigem Votum der Repräsentanten der Vertragsstaaten, die das Recht der Teilnahme an Komiteesitzungen besitzen, jeden Nichtmitglied-Staat des Europarates auffordern, dieser Konvention beizutreten.
2. Wenn ein Nichtmitglied-Staat des Rates um eine Aufforderung zum Beitritt zu dieser Konvention nachsucht, unterbreitet diese dem Generalsekretär des Europarates die Liste der in Anhang A aufzunehmenden Verfahren und der in Anhang B aufzunehmenden Personen und Organe.
3. In bezug auf einen beitretenden Staat tritt die Konvention am ersten Tag des Monats, der vom Zeitpunkt der Hinterlegung der Beitrittsurkunde beim Generalsekretär auf eine Drei-Monate-Frist folgt, in Kraft.

Artikel 36
Anlagen

1. Jeder Vertragsschließende Staat kann bei Hinterlegung seiner Urkunde der Ratifikation, Annahme, Bestätigung oder des Beitritts oder jederzeit danach eine Erklärung an den Generalsekretär des Europarates richten, welche die Änderungen enthält, die er in Anhang A oder Anhang B vorzunehmen wünscht.

2. Der Generalsekretär übermittelt diese Erklärung den Unterzeichnerstaaten und den Vertragsstaaten. Die Änderung gilt als akzeptiert, wenn vor Ablauf eines Zeitraumes von drei Monaten ab Mitteilungsdatum von keinem auf diese Weise benachrichtigten Staat Einwand erhoben wird. Die Änderung tritt am ersten Tag des Folgemonats in Kraft.

Artikel 37
Territorialer Geltungsbereich

1. Jeder Staat kann zum Zeitpunkt der Unterzeichnung oder Hinterlegung seiner Urkunde der Ratifikation, Annahme, Bestätigung oder des Beitritts das Territorium oder die Territorien bestimmen, auf welche diese Konvention angewandt werden soll.
2. Jeder Staat kann zu einem späteren Zeitpunkt in einer an den Generalsekretär des Europarates gerichteten Erklärung den Geltungsbereich dieser Konvention auf jedes andere in der Erklärung ausgewiesene Territorium ausdehnen. In bezug auf dieses Territorium tritt die Konvention am ersten Tag des Monats, der vom Datum des Posteingangs dieser Erklärung beim Generalsekretär auf eine Drei-Monate-Frist folgt, in Kraft.
3. Jede im Rahmen der beiden vorangegangenen Absätze abgegebene Erklärung bezüglich eines darin näher bestimmten Territoriums kann durch eine an den Generalsekretär gerichtete Mitteilung widerrufen werden. Der Widerruf tritt am ersten Tag des Monats, der vom Datum des Posteingangs dieser Notifikation beim Generalsekretär auf eine Drei-Monate-Frist folgt, in Kraft.

Artikel 38
Internationale Konventionen und Vereinbarungen

1. Diese Konvention berührt nicht den Anwendungsbereich internationaler Konventionen, denen eine Partei beigetreten ist oder beitritt.
2. Parteien, die Mitglieder der Europäischen Wirtschaftsgemeinschaft sind, wenden in ihren gegenseitigen Beziehungen die Vorschriften der Gemeinschaft an und brauchen deshalb nicht die aus dieser Konvention ergehenden Vorschriften anzuwenden außer in dem Fall, da zur Regelung einer besonderen Frage keine Bestimmung der Gemeinschaft vorgesehen ist.

Artikel 39
Erklärungen über den Gebrauch von Sprachen

1. Jeder Staat kann zum Zeitpunkt der Unterzeichnung oder bei Hinterlegung seiner Urkunde der Rarifikation, Abnnahme, Billigung oder des Beitritts erklären, daß die in Artikel 30 bzw. 31 genannte Mitteilung und schriftlich erhobene Forderung als Ausnahme von den Bestimmungen gemäß Artikel 32 ausschließlich in seiner Amtssprache oder in einer seiner Amtssprachen abgefaßt wird.
2. Jeder Staat kann zum Zeitpunkt der Unterzeichnung oder bei Hinterlegung seiner Urkunde die Ratifikation, Annahme, Bestätigung oder des Beitritts erklären, daß die schriftliche Anmeldung der in Artikel 31 genannten Forderungen in jeder anderen als der in Artikel 32, Absatz 2 genannten Sprache erfolgen kann.

Anlage 3: Istanbuler Übereinkommen **Anhang I**

Artikel 40
Vorbehalte

1. Jeder Staat kann zum Zeitpunkt der Unterzeichnung oder bei Hinterlegung seiner Urkunde der Ratifikation, Annahme, Bestätigung oder des Beitritts erklären, daß er weder Kapitel II, noch Kapitel III der Konvention anwenden wird.
2. Eine Partei, die erklärt hat, daß sie Kapitel III nicht anwenden wird, ist dennoch zur Anwendung von Artikel 20, Absatz 2, 23 und 24 verpflichtet, es sei denn sie spricht sich in ihrer Erklärung ausdrücklich dagegen aus. Hat eine Partei eine Erklärung über ihre Nichtanwendung dieser Artikel abgegeben, so ist die Partei, auf deren Territorium ein Nebenkonkursverfahren eröffnet wird, in ihren Beziehungen zu jener dieser Erklärung abgegebenen Partei nicht zur Anwendung von Artikel 21 verpflichtet.
3. In bezug auf diese Konvention kann kein anderer Vorbehalt angemeldet werden.

Artikel 41
Erklärung über die in Artikel 9 genannten Informationen

Jeder Staat benennt zum Zeitpunkt der Unterzeichnung oder bei Hinterlegung seiner Urkunde der Ratifikation, Annahme, Bestätigung oder des Beitritts den bevollmächtigten Vertreter und bezeichnet die Art und Weise der Veröffentlichung, wie in Artikel 9 erwähnt.

Artikel 42
Durchführung der Konvention

1. Nach Inkrafttreten dieser Konvention tritt eine Gruppe von Experten, welche die Parteien und die Nicht-Vertragsschließenden Mitgliedstaaten des Europarates repräsentieren, auf Antrag mindestens zweier Parteien oder auf Initiative des Generalsekretärs des Europarates zusammen.
2. Der Aufgabenbereich dieser Gruppe besteht in der Einschätzung der Durchführung der Konvention sowie in der Unterbreitung diesbezüglicher Vorschläge.

Artikel 43
Kündigung

1. Jede Partei kann diese Konvention in einer an den Generalsekretär des Europarates gerichteten Mitteilung kündigen.
2. Eine derartige Kündigung tritt am ersten Tag des Monats, der vom Datum des Posteingangs dieser Notifikation beim Generalsekretär auf eine Drei-Monate-Frist folgt, in Kraft.

Anhang I *Artikel 102 EGInsO Internationales Insolvenzrecht*

Artikel 44
Notifikation

Der Generalsekretär des Europarates benachrichtigt die Mitgliedstaaten des Rates und jeden Staat, welcher dieser Konvention beigetreten oder zum Beitritt aufgefordert wurde, über:
a) jede Unterzeichnung;
b) die Hinterlegung jeder Urkunde der Ratifikation, Annahme, Bestätigung oder des Beitritts;
c) jedes Inkrafttreten dieser Konvention in Übereinstimmung mit Artikel 34, 35 und 36;
d) jeden Akt, jede Notifikation oder Mitteilung bezüglich dieser Konvention.
 Zur Beurkundung dessen haben die ordnungsgemäß ermächtigten Unterzeichneten diese Konvention unterschrieben.
 Geschehen in Istanbul am 5. Juni 1990 in einfacher Ausfertigung in englischer und französischer Sprache, wobei jeder Wortlaut gleichermaßen verbindlich ist und wovon eine Abschrift im Archiv des Europarates zu hinterlegen ist. Der Generalsekretär des Europarates wird an jeden Mitgliedstaat des Europarates sowie an jeden zum Beitritt zu dieser Konvention aufgeforderten Staat beglaubigte Abschriften versenden.

Anlage 4: Richtlinie 98/26 EG **Anhang I**

Richtlinie 98/26/EG des Europäischen Parlaments und des Rates vom 19. Mai 1998 über die Wirksamkeit von Abrechnungen in Zahlungs- sowie Wertpapierliefer- und -abrechnungssystemen

(ABl. EG Nr. L 166/45 vom 11. 6. 1998)

Das Europäische Parlament und der Rat der Europäischen Union –
gestützt auf den Vertrag zur Gründung der Europäischen Gemeinschaft, insbesondere auf Artikel 100 a,
auf Vorschlag der Kommission[1],
nach Stellungnahme des Europäischen Währungsinstituts[2],
nach Stellungnahme des Wirtschafts- und Sozialausschusses[3],
gemäß dem Verfahren des Artikels 189 b des Vertrags[4],
in Erwägung nachstehender Gründe:

(1) Im Lamfalussy-Bericht von 1990 an die G10-Zentralbankpräsidenten wurde das nicht zu unterschätzende Systemrisiko in Zahlungssystemen aufgezeigt, die auf der Grundlage verschiedener – insbesondere multilateraler – Formen der Aufrechnung (netting) von Zahlungsaufträgen arbeiten. Die Verringerung der rechtlichen Risiken im Zusammenhang mit der Teilnahme an Systemen, die auf der Basis der Bruttoabwicklung in Echtzeit (»Real Time Gross Settlement«) arbeiten, ist eine vorrangige Aufgabe, da diese Systeme immer mehr an Bedeutung gewinnen.

(2) Es ist ferner überaus wichtig, das mit der Teilnahme an Wertpapierliefer- und -abrechnungssystemen verbundene Risiko zu vermindern, insbesondere wenn enge Beziehungen zwischen derartigen Systemen und Zahlungssystemen bestehen.

(3) Diese Richtlinie soll zur effizienten und kostengünstigen Abwicklung grenzüberschreitender Zahlungs- sowie Wertpapierliefer- und -abrechnungsvereinbarungen in der Europäischen Gemeinschaft beitragen, was die Freiheit des Kapitalverkehrs im Binnenmarkt stärkt. Sie stellt damit einen weiteren Schritt auf dem Weg zur Vollendung des Binnenmarktes dar, insbesondere in bezug auf den freien Dienstleistungsverkehr und die Liberalisierung des Kapitalverkehrs, und leistet einen Beitrag zur Verwirklichung der Wirtschafts- und Währungsunion.

(4) Es ist wünschenswert, daß die Rechtsvorschriften der Mitgliedstaaten darauf gerichtet sind, die Beeinträchtigung eines Systems im Fall von Insolvenzverfahren gegen einen Teilnehmer des betreffenden Systems so gering wie möglich zu halten.

(5) Ein Vorschlag für eine Richtlinie über die Sanierung und Liquidation von Kreditinstituten, der 1985 vorgelegt und am 8. Februar 1988 geändert wurde, liegt noch beim Rat. Das Übereinkommen über Insolvenzverfahren der im Rat vereinigten Vertreter der Mitgliedstaaten vom 23. November 1995 schließt Versicherungsunternehmen, Kreditinstitute und Wertpapierfirmen ausdrücklich aus.

(6) Diese Richtlinie soll sowohl inländische als auch grenzüberschreitende Zahlungssysteme und Wertpapierliefer- und -abrechnungssysteme erfassen. Unter die

---

1 ABl. C 207 vom 18. 7. 1996, S. 13, und ABl. C 259 vom 26. 8. 1997, S. 6.
2 Stellungnahme vom 21. November 1996.
3 ABl. C 56 vom 24. 2. 1997, S. 1.
4 Stellungnahme des Europäischen Parlaments vom 9. April 1997 (ABl. C 132 vom 28. 4. 1997, S. 741). Gemeinsamer Standpunkt des Rates vom 13. Oktober 1997 (ABl. C 375 vom 10. 12. 1997, S. 34) und Beschluß des Europäischen Parlaments vom 29. Januar 1998 (ABl. C 56 vom 23. 2. 1998). Beschluß des Rates vom 27. April 1998.

Anhang I Artikel 102 EGInsO Internationales Insolvenzrecht

Richtlinie fallen alle Systeme der Gemeinschaft sowie die von den Teilnehmern im Zusammenhang mit ihrer Teilnahme an diesen Systemen geleisteten dinglichen Sicherheiten. Dabei ist es unwesentlich, ob es sich um Teilnehmer aus der Gemeinschaft oder aus Drittländern handelt.

(7) Die Mitgliedstaaten können diese Richtlinie auf ihre eigenen Institute, die direkte Teilnehmer von Systemen dritter Länder sind, sowie auf die im Zusammenhang mit der Teilnahme an solchen Systemen geleisteten dinglichen Sicherheiten anwenden.

(8) Den Mitgliedstaaten sollte gestattet werden, ein System, dessen Haupttätigkeit in der Abwicklung von Wertpapiergeschäften besteht, als System zu bezeichnen, das in den Geltungsbereich dieser Richtlinie fällt, auch wenn das betreffende System in beschränktem Umfang Geschäfte mit warenunterlegten Derivaten abwickelt.

(9) Die Verringerung des Systemrisikos erfordert insbesondere die Wirksamkeit von Abrechnungen und die Verwertbarkeit dinglicher Sicherheiten. Der Ausdruck »dingliche Sicherheit« umfaßt alle juristischen Sicherungsmittel, mit denen ein Teilnehmer aus dem System herrührende Rechte und Verpflichtungen gegenüber anderen Teilnehmern des Zahlungssystems und/oder Wertpapierliefer- und -abrechnungssystems sichert; hierzu zählen u. a. Rückkaufsvereinbarungen (Pensionsgeschäfte), gesetzliche Pfandrechte und fiduziarische Sicherungsrechte. Vorschriften des einzelstaatlichen Rechts über die Art von dinglichen Sicherheiten, die geleistet werden können, werden durch die Definition der dinglichen Sicherheit in dieser Richtlinie nicht berührt.

(10) Diese Richtlinie erfaßt auch Sicherheiten, die den Zentralbanken der Mitgliedstaaten im Rahmen ihrer besonderen Aufgabenstellung als Zentralbanken – insbesondere im Rahmen der Geldpolitik – geleistet werden; hierdurch unterstützt sie das Europäische Währungsinstitut bei seiner Aufgabe, mit Blick auf die Vorbereitung der dritten Stufe der Wirtschafts- und Währungsunion die Effizienz grenzüberschreitender Zahlungen zu erhöhen, und trägt somit zum Aufbau des erforderlichen rechtlichen Rahmens bei, innerhalb dessen die künftige Europäische Zentralbank ihre Politik entwickeln kann.

(11) Zahlungs- bzw. Übertragungsaufträge und Aufrechnungen (netting) sollten nach den Rechtsordnungen aller Mitgliedstaaten rechtlich wirksam und für Dritte verbindlich sein.

(12) Unbeschadet der Vorschriften über die Wirksamkeit von Aufrechnungen können Systeme vor der Durchführung der Aufrechnung prüfen, ob in das System eingebrachte Aufträge den Regeln dieses Systems genügen und die Abrechnung durch das System durchgeführt werden kann.

(13) Diese Richtlinie schließt nicht aus, daß ein Teilnehmer oder ein Dritter etwaige gesetzlich vorgesehene Rechte oder Ansprüche aus dem zugrundeliegenden Geschäft auf Wiedererlangung oder Rückerstattung von Leistungen im Zusammenhang mit einem in ein System eingebrachten Zahlungs- bzw. Übertragungsauftrag, beispielsweise im Betrugsfall oder bei Fehlern, geltend machen kann; dies darf nicht zur Folge haben, daß die Aufrechnung (netting) rückgängig gemacht wird oder die betreffenden Zahlungs- bzw. Übertragungsaufträge im System unwirksam werden.

(14) Es muß gewährleistet werden, daß Zahlungs- bzw. Übertragungsaufträge nach dem durch die Regeln des Systems definierten Zeitpunkt nicht mehr widerrufen werden können.

Anlage 4: Richtlinie 98/26 EG **Anhang I**

(15) Es ist notwendig, daß ein Mitgliedstaat den anderen Mitgliedstaaten unverzüglich die Eröffnung eines Insolvenzverfahrens gegen einen Teilnehmer eines Systems mitteilt.
(16) Ein Insolvenzverfahren sollte nicht rückwirkend in die Rechte und Verpflichtungen der Teilnehmer eines Systems eingreifen.
(17) Die Richtlinie soll ferner festlegen, welches Insolvenzrecht im Fall eines Insolvenzverfahrens gegen einen Teilnehmer eines Systems für die aus der Teilnahme an einem System herrührenden Rechte und Verpflichtungen des betreffenden Teilnehmers maßgeblich ist.
(18) Bei Insolvenz eines Teilnehmers sollten die von ihm geleisteten dinglichen Sicherheiten von der Anwendung des Insolvenzrechts auf den insolventen Teilnehmer nicht berührt werden.
(19) Artikel 9 Absatz 2 soll nur für ein Register, Konto oder zentrales Verwahrsystem gelten, welches das Eigentum an den betreffenden Wertpapieren bzw. das Recht auf Lieferung oder Übertragung der Wertpapiere belegt.
(20) Artikel 9 Absatz 2 soll sicherstellen, daß sich in dem Fall, in dem der Teilnehmer, die Zentralbank eines Mitgliedstaats oder die künftige Europäische Zentralbank eine gültige und wirksame dingliche Sicherheit gemäß dem Recht des Mitgliedstaats hält, in dem sich das betreffende Register, Konto oder zentrale Verwahrsystem befindet, die Gültigkeit und Verwertbarkeit dieser dinglichen Sicherheit gegenüber dem System (und dessen Betreiber) und gegenüber jeder anderen Person, die über das System mittelbar oder unmittelbar Ansprüche geltend macht, ausschließlich nach dem Recht dieses Mitgliedstaats bestimmt.
(21) Artikel 9 Absatz 2 soll der Wirkungsweise und den Auswirkungen des Rechts des Mitgliedstaats, in dem die Wertpapiere begeben wurden, oder des Rechts des Mitgliedstaats, in dem die Wertpapiere möglicherweise in anderer Weise belegen sind (einschließlich der uneingeschränkten Geltung der Rechtsvorschriften, die die Begebung solcher Wertpapiere oder die Begründung oder Übertragung von Eigentum oder sonstigen Rechten an diesen betreffen), nicht vorgreifen und ist dahin gehend zu verstehen, daß nur das Recht des jeweiligen Mitgliedstaats für die Anerkennung und Verwertbarkeit derartiger dinglicher Sicherheiten maßgeblich ist.
(22) Die Mitgliedstaaten sollten sich darum bemühen, zwischen allen durch diese Richtlinie erfaßten Wertpapierliefer- und -abrechnungssystemen hinlängliche Verbindungen herzustellen, um ein Höchstmaß an Transparenz und Rechtssicherheit bei Wertpapiergeschäften zu fördern.
(23) Die Annahme dieser Richtlinie ist der geeignetste Weg, um die vorgenannten Ziele zu erreichen, und geht nicht über das zu diesem Zweck notwendige Maß hinaus –

Haben folgende Richtlinie erlassen:

Anhang I Artikel 102 EGInsO Internationales Insolvenzrecht

Abschnitt 1
Anwendungsbereich und Definitionen

Artikel 1

Diese Richtlinie gilt
a) für Systeme im Sinne des Artikels 2 Buchstabe a), die dem Recht eines Mitgliedstaates unterliegen und in einer beliebigen Währung, in ECU oder in verschiedenen Währungen, die das System gegenseitig konvertiert, arbeiten;
b) für Teilnehmer eines solchen Systems;
c) für dingliche Sicherheiten im Zusammenhang mit
 – der Teilnahme an einem System oder
 – Maßnahmen der Zentralbanken der Mitgliedstaaten aufgrund ihrer besonderen Aufgabenstellung als Zentralbanken.

Artikel 2

Im Sinne dieser Richtlinie bezeichnet der Ausdruck
a) »System« eine förmliche Vereinbarung,
 – die – ohne Mitrechnung einer etwaigen Verrechnungsstelle, zentralen Vertragspartei oder Clearingstelle oder eines etwaigen indirekten Teilnehmers – zwischen mindestens drei Teilnehmern getroffen wurde und gemeinsame Regeln und vereinheitlichte Vorgaben für die Ausführung von Zahlungs- bzw. Übertragungsaufträgen zwischen den Teilnehmern vorsieht,
 – die dem Recht eines von den Teilnehmern gewählten Mitgliedstaats unterliegt; die Teilnehmer können sich jedoch nur für das Recht eines Mitgliedstaats entscheiden, in dem zumindest einer von ihnen seine Hauptverwaltung hat, und
 – die unbeschadet anderer, weitergehender einzelstaatlicher Vorschriften von allgemeiner Geltung als System angesehen wird und der Kommission von dem Mitgliedstaat, dessen Recht maßgeblich ist, gemeldet worden ist, nachdem der Mitgliedstaat sich von der Zweckdienlichkeit der Regeln des Systems überzeugt hat.
Unter den in Unterabsatz 1 genannten Voraussetzungen kann ein Mitgliedstaat ferner eine förmliche Vereinbarung, in deren Rahmen Übertragungsaufträge im Sinne von Buchstabe i) sowie in beschränktem Umfang andere Anlageinstrumente betreffende Aufträge ausgeführt werden, als System ansehen, wenn er dies unter dem Aspekt des Systemrisikos als gerechtfertigt erachtet.
Ein Mitgliedstaat kann im Einzelfall auch eine förmliche Vereinbarung, die – ohne Mitrechnung einer etwaigen Verrechnungsstelle, zentralen Vertragspartei oder Clearingstelle oder eines etwaigen indirekten Teilnehmers – zwischen nur zwei Teilnehmern getroffen wurde, als System ansehen, wenn er dies unter dem Aspekt des Systemrisikos als gerechtfertig erachtet;
b) »Institut«
 – Kreditinstitute im Sinne des Artikels 1 erster Gedankenstrich der Richtlinie 77/780/EWG[1] einschließlich der in Artikel 2 Absatz 2 derselben Richtlinie bezeichneten Institute oder

---

[1] Erste Richtlinie 77/78/EWG des Rates vom 12. Dezember 1977 zur Koordinierung der Rechts- und Verwaltungsvorschriften über die Aufnahme und Ausübung der Tätigkeit der Kreditinstitute (ABl. L 322 vom 17. 12. 1977, S. 30), zuletzt geändert durch die Richtlinie 96/13/EG (ABl. L 66 vom 16. 3. 1996, S. 15).

Anlage 4: Richtlinie 98/26 EG **Anhang I**

- Wertpapierfirmen im Sinne des Artikels 1 Nummer 2 der Richtlinie 93/22/EWG[2], mit Ausnahme der in Artikel 2 Absatz 2 Buchstaben a) bis k) derselben Richtlinie bezeichneten Institute, oder
- öffentlich-rechtliche Körperschaften sowie Unternehmen, die mit einer öffentlichen Garantie ausgestattet sind, oder
- Unternehmen mit Hauptverwaltung außerhalb der Gemeinschaft, deren Tätigkeit der eines Kreditinstituts oder einer Wertpapierfirma der Gemeinschaft im Sinne des ersten und zweiten Gedankenstrichs entspricht,

die Teilnehmer eines Systems sind und für die Erfüllung der finanziellen Verpflichtungen aufgrund von Zahlungs- bzw. Übertragungsaufträgen innerhalb dieses Systems haften.

Unterliegt ein System der Aufsicht nach einzelstaatlichem Recht und führt nur Übertragungsaufträge im Sinne von Buchstabe i) sowie die zugehörigen Zahlungsaufträge aus, kann ein Mitgliedstaat bestimmen, daß Unternehmen, die Teilnehmer dieses Systems sind und für die Erfüllung der finanziellen Verpflichtungen aufgrund von Zahlungs- bzw. Übertragungsaufträgen innerhalb des Systems haften, als Institute angesehen werden können, wenn dem System mindestens drei Teilnehmer angehören, die unter eine der in Unterabsatz 1 genannten Kategorien fallen, und diese Entscheidung unter dem Aspekt des Systemrisikos als gerechtfertigt erachtet wird;

c) »zentrale Vertragspartei« eine Stelle, die in einem System zwischen den Instituten eingeschaltet ist und in bezug auf die Zahlungs- bzw. Übertragungsaufträge dieser Institute als deren ausschließliche Vertragspartei fungierte;

d) »Verrechnungsstelle« eine Stelle, die Instituten und/oder einer zentralen Vertragspartei, die Teilnehmer von Systemen sind, Konten, über die die Zahlungs- bzw. Übertragungsaufträge innerhalb des Systems abgewickelt werden, zur Verfügung stellt und die diesen Instituten und/oder zentralen Vertragsparteien gegebenenfalls Kredit zum Zweck des Zahlungsausgleichs sowie des Ausgleichs von Verpflichtungen zur Lieferung von Wertpapieren gewährt;

e) »Clearingstelle« eine Organisation, die für die Berechnung der Nettopositionen der Institute, einer etwaigen zentralen Vertragspartei und/oder einer etwaigen Verrechnungsstelle zuständig ist;

f) »Teilnehmer« ein Institut, eine zentrale Vertragspartei, eine Verrechnungsstelle oder eine Clearingstelle.

Je nach den Regeln des Systems kann ein und derselbe Teilnehmer als zentrale Vertragspartei, als Verrechnungsstelle oder als Clearingstelle auftreten oder alle diese Funktionen ganz oder teilweise ausüben.

Ein Mitgliedstaat kann bestimmen, daß ein indirekter Teilnehmer für die Zwecke dieser Richtlinie als Teilnehmer angesehen werden kann, wenn dies unter dem Aspekt des Systemrisikos gerechtfertigt und der indirekte Teilnehmer dem System bekannt ist;

g) »indirekter Teilnehmer« jedes Kreditinstitut im Sinne von Buchstabe b) erster Gedankenstrich mit einer vertraglichen Beziehung zu einem Institut, das Teilnehmer eines Systems zur Ausführung von Zahlungsaufträgen im Sinne von Buchstabe i) erster Gedankenstrich ist, wodurch das genannte Kreditinstitut in die Lage versetzt wird, Zahlungsaufträge in das System einzubringen;

---

2 Richtlinie 93/22/EWG des Rates vom 10. Mai 1993 über Wertpapierdienstleistungen (ABl. L 141 vom 11. 6. 1993, S. 27), zuletzt geändert durch die Richtlinie 97/9/EG (ABl. L 84 vom 26. 3. 1997, S. 22).

h) »Wertpapiere« alle in Abschnitt B des Anhangs der Richtlinie 93/22/EWG genannten Instrumente;
i) »Zahlungs- bzw. Übertragungsauftrag«
   – eine Weisung eines Teilnehmers, einem Endbegünstigten einen bestimmten Geldbetrag mittels Verbuchung auf dem Konto eines Kreditinstituts, einer Zentralbank oder einer Verrechnungsstelle zur Verfügung zu stellen, oder eine Weisung, die die Übernahme oder Erfüllung einer Zahlungsverpflichtung im Sinne der Regeln des Systems nach sich zieht (Zahlungsauftrag), oder
   – eine Weisung eines Teilnehmers, die auf die Übertragung des Eigentums an Wertpapieren oder eines Anspruchs auf Übereignung von Wertpapieren im Wege der Verbuchung oder auf sonstige Weise gerichtet ist (Übertragungsauftrag),
j) »Insolvenzverfahren« eine Kollektivmaßnahme gemäß dem Recht eines Mitgliedstaats oder eines Drittlandes, die ergriffen wird, um den betreffenden Teilnehmer entweder zu liquidieren oder zu sanieren, sofern die Maßnahme zur Aufhebung oder Einschränkung der Befugnis des Teilnehmers führt, Zahlungen oder sonstige Verfügungen vorzunehmen;
k) »Aufrechnung« (netting) die Verrechnung von Forderungen und Verbindlichkeiten aus Zahlungs- bzw. Übertragungsaufträgen, die ein oder mehrere Teilnehmer an einen oder mehrere Teilnehmer erteilt haben oder von einem oder mehreren Teilnehmern erhalten haben, zu einer einzigen Nettoforderung bzw. -verbindlichkeit pro Teilnehmer mit der Folge, daß nur diese Nettoforderung bzw. -verbindlichkeit besteht;
l) »Verrechnungskonto« ein bei einer Zentralbank, einer Verrechnungsstelle oder einer zentralen Vertragspartei geführtes Konto für das Halten von Geldern und Wertpapieren oder die Abwicklung von Geschäften zwischen den Teilnehmern eines Systems;
m) »dingliche Sicherheit« einen verwertbaren Vermögensgegenstand (einschließlich Guthaben), der zur Besicherung von Rechten und Verbindlichkeiten, die sich in Verbindung mit einem System ergeben können, als Pfand, im Rahmen einer Rückkaufsvereinbarung (Pensionsgeschäft), einer vergleichbaren Vereinbarung oder in anderer Form bereitgestellt oder der Zentralbank eines Mitgliedstaats oder der künftigen Europäischen Zentralbank zur Verfügung gestellt wird.

Abschnitt II
Aufrechnungen und Zahlungs- bzw. Übertragungsaufträge

Artikel 3

(1) Zahlungs- bzw. Übertragungsaufträge und Aufrechnungen (netting) sind rechtlich verbindlich und auch im Fall eines Insolvenzverfahrens gegen einen Teilnehmer Dritten gegenüber wirksam, sofern die Zahlungs- bzw. Übertragungsaufträge vor dem Zeitpunkt der Verfahrenseröffnung gemäß Artikel 6 Absatz 1 in das System eingebracht wurden.

Werden Zahlungsaufträge ausnahmsweise nach dem Zeitpunkt der Eröffnung des Insolvenzverfahrens in ein System eingebracht und am Tag der Verfahrenseröffnung ausgeführt, sind sie nur dann rechtlich verbindlich und Dritten gegenüber wirksam, wenn die Verrechnungsstelle, die zentrale Vertragspartei oder die Clearingstelle nach dem Zeitpunkt der Abrechnung nachweisen kann, daß sie keine Kenntnis von der Eröffnung des Insolvenzverfahrens hatte und keine Kenntnis davon hätte haben müssen.

Anlage 4: Richtlinie 98/26 EG **Anhang I**

(2) Rechtsvorschriften, Regeln oder Gepflogenheiten betreffend die Aufhebung von Verträgen oder Geschäften, die vor dem Zeitpunkt der Eröffnung des Insolvenzverfahrens gemäß Artikel 6 Absatz 1 abgeschlossen wurden, dürfen nicht zur Folge haben, daß die Aufrechnung rückgängig gemacht wird.
(3) Der Zeitpunkt des Einbringens eines Zahlungs- bzw. Übertragungsauftrags in ein System wird nach den Regeln des betreffenden Systems bestimmt. Enthält das für das System maßgebliche einzelstaatliche Recht Bestimmungen über den Zeitpunkt des Einbringens, so müssen die Regeln des Systems mit diesen Bestimmungen in Einklang stehen.

Artikel 4

Ein Mitgliedstaat kann vorsehen, daß ungeachtet der Eröffnung eines Insolvenzverfahrens gegen einen Teilnehmer Guthaben oder Wertpapiere auf dem Verrechnungskonto des Teilnehmers dazu verwendet werden können, die am Tage der Verfahrenseröffnung in dem System bestehenden Verbindlichkeiten des betreffenden Teilnehmers zu begleichen. Ein Mitgliedstaat kann ferner vorsehen, daß eine Kreditfazilität, die dem betreffenden Teilnehmer im Hinblick auf das System eingeräumt wurde, auf der Grundlage bereitstehender dinglicher Sicherheiten genutzt wird, um die Verbindlichkeiten des Teilnehmers aus dem System zu begleichen.

Artikel 5

Ein Zahlungs- bzw. Übertragungsauftrag kann von dem in den Regeln des Systems bestimmten Zeitpunkt an weder von einem Teilnehmer an einem System noch von einem Dritten widerrufen werden.

Abschnitt III
Bestimmungen betreffend Insolvenzverfahren

Artikel 6

(1) Für die Zwecke dieser Richtlinie gilt als Zeitpunkt der Eröffnung des Insolvenzverfahrens der Zeitpunkt, zu dem die Entscheidung des zuständigen Gerichts bzw. der zuständigen Behörde ergangen ist.
(2) Sobald eine Entscheidung gemäß Absatz 1 ergangen ist, setzt das Gericht bzw. die Behörde unverzüglich die jeweilige Behörde, die von seinem/ihrem Mitgliedstaat benannt worden ist, von dieser Entscheidung in Kenntnis.
(3) Der in Absatz 2 genannte Mitgliedstaat setzt unverzüglich die anderen Mitgliedstaaten in Kenntnis.

Artikel 7

Ein Insolvenzverfahren greift nicht rückwirkend in die Rechte und Pflichten eines Teilnehmers, die sich aus seiner Teilnahme an einem System oder in Verbindung damit ergeben, ein und wirkt insoweit erst ab dem Zeitpunkt der Verfahrenseröffnung gemäß Artikel 6 Absatz 1.

Artikel 8

Im Fall der Eröffnung eines Insolvenzverfahrens gegen einen Teilnehmer eines Systems werden die Rechte und Pflichten, die sich aus der Teilnahme des betreffenden Teilnehmers an diesem System oder in Verbindung damit ergeben, durch das für das System maßgebliche Recht bestimmt.

Abschnitt IV
Schutz der Rechte der dinglich gesicherten Gläubiger vor den Auswirkungen einer Insolvenz des Sicherheitsleistenden

Artikel 9

(1) Die Rechte
- von Teilnehmern an dinglichen Sicherheiten, die ihnen im Rahmen eines Systems geleistet wurden, sowie
- der Zentralbanken der Mitgliedstaaten oder der künftigen Europäischen Zentralbank an dinglichen Sicherheiten, die ihnen geleistet wurden,

werden durch ein Insolvenzverfahren gegen den die Sicherheit leistenden Teilnehmer oder die die Sicherheit leistende Vertragspartei der Zentralbanken der Mitgliedstaaten oder der künftigen Europäischen Zentralbank nicht berührt. Dingliche Sicherheiten dieser Art können zur Befriedigung der betreffenden Forderungen verwertet werden.

(2) Wird Teilnehmern und/oder Zentralbanken der Mitgliedstaaten oder der künftigen Europäischen Zentralbank eine dingliche Sicherheit in Form von Wertpapieren (einschließlich Rechten an Wertpapieren) gemäß Absatz 1 geleistet und ist deren Recht an diesen Wertpapieren (das auch durch einen etwaigen Bevollmächtigten, Beauftragten oder sonstigen Dritten in ihrem Namen ausgeübt werden kann) mit rechtsbegründender Wirkung in einem Register eingetragen oder auf einem Konto oder bei einem zentralen Verwahrsystem verbucht, das sich in einem Mitgliedstaat befindet, so bestimmen sich die Rechte dieser natürlichen oder juristischen Personen als dinglich gesicherte Gläubiger an diesen Wertpapieren nach dem Recht des betreffenden Mitgliedstaats.

Abschnitt V
Schlußbestimmungen

Artikel 10

Die Mitgliedstaaten benennen die Systeme, für die die Richtlinie gilt, und teilen diese der Kommission mit; sie informieren die Kommission ferner darüber, welche Behörde sie gemäß Artikel 6 Absatz 2 benannt haben.

Das System gibt dem Mitgliedstaat, dessen Recht es unterliegt, an, welches seine Teilnehmer, einschließlich etwaiger indirekter Teilnehmer, sind, und teilt jede diesbezügliche Änderung mit.

Anlage 4: Richtlinie 98/26 EG **Anhang I**

Über die Angabe- und Mitteilungspflicht nach Unterabsatz 2 hinaus können die Mitgliedstaaten Systeme, die unter ihre Zuständigkeit fallen, einer Beaufsichtigung oder Genehmigungspflicht unterwerfen.
Jeder, der ein berechtigtes Interesse hat, kann von einem Institut Auskunft über die Systeme verlangen, an denen es beteiligt ist, sowie über die wesentlichen Regeln für das Funktionieren dieser Systeme.

Artikel 11

(1) Die Mitgliedstaaten erlassen die erforderlichen Rechts- und Verwaltungsvorschriften, um dieser Richtlinie vor dem 11. Dezember 1999 nachzukommen. Sie setzen die Kommission unverzüglich davon in Kenntnis.
Wenn die Mitgliedstaaten Vorschriften nach Absatz 1 erlassen, nehmen sie in den Vorschriften selbst oder durch einen Hinweis bei der amtlichen Veröffentlichung auf diese Richtlinie Bezug. Die Mitgliedstaaten regeln die Einzelheiten der Bezugnahme.
(2) Die Mitgliedstaaten teilen der Kommission den Wortlaut der innerstaatlichen Rechts- und Verwaltungsvorschriften mit, die sie auf dem unter diese Richtlinie fallenden Gebiet erlassen. Sie legen hierzu eine Aufstellung vor, aus der hervorgeht, welche bereits vorhandenen oder neu eingeführten innerstaatlichen Vorschriften den einzelnen Artikeln dieser Richtlinie entsprechen.

Artikel 12

Spätestens drei Jahre nach dem in Artikel 11 Absatz 1 genannten Zeitpunkt unterbreitet die Kommission dem Europäischen Parlament und dem Rat einen Bericht über die Anwendung der Richtlinie sowie gegebenenfalls Vorschläge zu ihrer Änderung.

Artikel 13

Diese Richtlinie tritt am Tag ihrer Veröffentlichung im *Amtsblatt der Europäischen Gemeinschaften* in Kraft.

Artikel 14

Diese Richtlinie ist an die Mitgliedstaaten gerichtet.

Anhang I

Resolution der Generalversammlung*
(A/RES/52/158 vom 30. Januar 1998)
[aufgrund des Berichts des Sechsten Ausschusses (A/52/649)]

Mustergesetz der Kommission der Vereinten Nationen für internationales Handelsrecht über grenzüberschreitende Insolvenzen

Die Generalversammlung,
unter Hinweis auf ihre Resolution 2205 (XXI) vom 17. Dezember 1966, mit der sie die Kommission der Vereinten Nationen für internationales Handelsrecht geschaffen hat, mit dem Auftrag, die fortschreitende Harmonisierung und Vereinheitlichung des internationalen Handelsrechts zu fördern und dabei die Interessen aller Völker, insbesondere derjenigen der Entwicklungsländer, an der umfassenden Ausweitung des internationalen Handels zu berücksichtigen,
feststellend, daß es durch den Anstieg des grenzüberschreitenden Handels und grenzüberschreitender Investitionen in zunehmendem Maße vorkommt, daß Unternehmen und Einzelpersonen in mehr als einem Staat Vermögenswerte besitzen,
sowie feststellend, daß sich häufig die dringende Notwendigkeit einer grenzüberschreitenden Zusammenarbeit und Koordinierung bei der Überwachung und Verwaltung des Vermögens und der Geschäfte eines zahlungsunfähigen Schuldners ergibt, wenn gegen einen Schuldner mit Vermögenswerten in mehr als einem Staat ein Insolvenzverfahren eröffnet wird,
in der Erwägung, daß unzureichende Koordinierung und Zusammenarbeit in Fällen grenzüberschreitender Insolvenz die Chancen für eine Rettung von Unternehmen in finanziellen Schwierigkeiten, die jedoch überlebensfähig wären, vermindert, die faire und effiziente Abwicklung grenzüberschreitender Insolvenzen verhindert, die Verheimlichung oder Verschleuderung des Vermögens des Schuldners wahrscheinlicher macht und eine Reorganisation oder Liquidation des Vermögens und der Geschäfte der Schuldner behindert, die für die Gläubiger und andere Interessierte, einschließlich der Schuldner und ihrer Arbeitnehmer, am vorteilhaftesten wäre,
feststellend, daß vielen Staaten die gesetzlichen Rahmenbestimmungen fehlen, die eine wirksame grenzüberschreitende Koordinierung und Zusammenarbeit ermöglichen oder erleichtern würden,
in der Überzeugung, daß faire und international harmonisierte Rechtsvorschriften über grenzüberschreitende Insolvenzen, die die einzelstaatlichen Verfahren und Gerichtssysteme achten und für Staaten mit unterschiedlichen Rechts-, Gesellschafts- und Wirtschaftssystemen annehmbar sind, zur Entwicklung des internationalen Handels und der internationalen Investitionen beitragen würden,
in der Erwägung, daß ein Paket international harmonisierter Musterrechtsvorschriften für grenzüberschreitende Insolvenzen notwendig ist, um die Staaten bei der Modernisierung ihrer Gesetzgebung auf dem Gebiet grenzüberschreitender Insolvenzen zu unterstützen,
1. *dankt* der Kommission der Vereinten Nationen für internationales Handelsrecht für die Fertigstellung und Verabschiedung des in der Anlage zu dieser Resolution enthaltenen Mustergesetzes über grenzüberschreitende Insolvenzen;

---
* Vorauskopie des Deutschen Übersetzungsdiensts, Vereinte Nationen, New York. Der endgültige amtliche Wortlaut der Übersetzung erscheint nach eingehender Abstimmung aller Sprachfassungen und redaktioneller Überarbeitung im Offiziellen Protokoll der Generalversammlung bzw. des Sicherheitsrats.

Anlage 5: UNCITRAL-Modellbestimmungen **Anhang I**

2. *ersucht* den Generalsekretär, den Wortlaut des Mustergesetzes zusammen mit dem vom Sekretariat erarbeiteten Leitfaden für die Umsetzung des Mustergesetzes in innerstaatliches Recht den Regierungen und den sonstigen daran interessierten Organen zu übermitteln;
3. *empfiehlt*, daß alle Staaten ihre Rechtsvorschriften über die grenzüberschreitenden Aspekte von Insolvenzen überprüfen, um festzustellen, ob diese Vorschriften den Zielen einer modernen und effizienten Insolvenzordnung gerecht werden, das Mustergesetz dabei wohlwollend zu prüfen und dabei die Notwendigkeit international harmonisierter Rechtsvorschriften für grenzüberschreitende Insolvenzfälle zu berücksichtigen;
4. *empfiehlt außerdem*, alles zu tun, um sicherzustellen, daß das Mustergesetz samt dem Leitfaden weithin bekannt gemacht wird und allgemein zugänglich ist.

72. Plenarsitzung
15. Dezember 1997

Anlage
Mustergesetz der Kommission der Vereinten Nationen für internationales Handelsrecht über grenzüberschreitende Insolvenzen

PRÄAMBEL

Zweck des Gesetzes ist es, wirksame Mechanismen für die Abwicklung von Fällen grenzüberschreitender Insolvenz zu schaffen, um dabei die folgenden Ziele zu fördern:
a) Zusammenarbeit zwischen den Gerichten und anderen zuständigen Stellen dieses Staates und ausländischer Staaten, die an Fällen grenzüberschreitender Insolvenz beteiligt sind;
b) größere Rechtssicherheit für Handel und Investitionen;
c) gerechte und wirksame Abwicklung grenzüberschreitender Insolvenzen, welche die Interessen aller Gläubiger und anderen interessierten Personen, einschließlich des Schuldners, schützt;
d) Schutz und bestmögliche Verwertung des schuldnerischen Vermögens;
e) Erleichterung der Rettung von Unternehmen, die sich in finanziellen Schwierigkeiten befinden, und dadurch Schutz von Investitionen und Erhaltung von Arbeitsplätzen.

Kapitel I. Allgemeine Bestimmungen

Artikel 1
Anwendungsbereich

1. Dieses Gesetz findet Anwendung,
a) wenn ein ausländisches Gericht oder ein ausländischer Verwalter im Zusammenhang mit einem ausländischen Verfahren in diesem Staat um Unterstützung nachsucht; oder
b) wenn in einem ausländischen Staat im Zusammenhang mit einem Verfahren nach *[Angabe der insolvenzrechtlichen Vorschriften des Erlaßstaates]* um Unterstützung nachgesucht wird; oder

c) wenn ein ausländisches Verfahren und ein Verfahren nach *[Angabe der insolvenzrechtlichen Vorschriften des Erlaßstaates]* gegen denselben Schuldner gleichzeitig anhängig sind; oder
d) wenn Gläubiger oder andere interessierte Personen in einem ausländischen Staat ein Interesse daran haben, einen Antrag auf Eröffnung eines Verfahrens nach *[Angabe der insolvenzrechtlichen Vorschriften des Erlaßstaates]* oder auf Beteiligung an einem solchen zu stellen.

2. Dieses Gesetz findet keine Anwendung auf Verfahren betreffend *[Benennung derjenigen Körperschaften, beispielsweise Banken oder Versicherungen, die in diesem Staat möglicherweise besonderen Insolvenzregeln unterliegen und die dieser Staat von diesem Gesetz ausschließen möchte].*

Artikel 2
Begriffsbestimmungen

Im Sinne dieses Gesetzes
a) bedeutet »ausländisches Verfahren« ein in einem ausländischen Staat auf der Grundlage insolvenzrechtlicher Vorschriften stattfindendes kollektives Gerichts- oder Verwaltungsverfahren, einschließlich vorläufiger Insolvenzverfahren, bei dem das Vermögen und die Geschäfte des Schuldners zum Zweck der Reorganisation oder Liquidation der Kontrolle oder Überwachung durch ein ausländisches Gericht unterworfen werden;
b) bedeutet »ausländisches Hauptverfahren« ein ausländisches Verfahren, das in dem Staat stattfindet, in dem sich der Mittelpunkt der hauptsächlichen Interessen des Schuldners befindet;
c) bedeutet »ausländisches Partikularverfahren« ein ausländisches Verfahren, das kein ausländisches Hauptverfahren ist und das in einem Staat stattfindet, in dem der Schuldner eine Niederlassung im Sinne des Buchstaben f) hat;
d) bedeutet »ausländischer Verwalter« eine Person oder Stelle, einschließlich eines vorläufigen Insolvenzverwalters, die in einem ausländischen Verfahren befugt ist, die Reorganisation oder Liquidation des Vermögens oder der Geschäfte des Schuldners zu verwalten oder als Verwalter des ausländischen Verfahrens zu handeln;
e) bedeutet »ausländisches Gericht« ein Gericht oder eine andere Stelle, die für die Kontrolle oder Überwachung eines ausländischen Verfahrens zuständig ist;
f) bedeutet »Niederlassung« jeden Tätigkeitsort, an dem der Schuldner einer wirtschaftlichen Aktivität von nicht vorübergehender Art nachgeht, die den Einsatz von Personal, Vermögenswerten und Dienstleistungen voraussetzt.

Artikel 3
Internationale Verpflichtungen dieses Staates

Sofern dieses Gesetz zu einer Verpflichtung dieses Staates aus einem Vertrag oder einer anderen Form einer Übereinkunft mit einem oder mehreren anderen Staaten, deren Vertragspartei er ist, im Widerspruch steht, haben die Bestimmungen des Vertrages oder der Übereinkunft Vorrang.

Anlage 5: UNCITRAL-Modellbestimmungen **Anhang I**

Artikel 4
[Zuständiges Gericht bzw. zuständige Behörde][1]

Die in diesem Gesetz genannten Aufgaben im Zusammenhang mit der Anerkennung ausländischer Verfahren und der Zusammenarbeit mit ausländischen Gerichten werden von *[Angabe der Gerichte oder der Behörden, die im Erlaßstaat für die Wahrnehmung dieser Aufgaben zuständig sind]* wahrgenommen.

Artikel 5

Befugnis der/des [Bezeichnung der die Reorganisation oder Liquidation nach dem Recht des Erlaßstaates verwaltenden Person oder Stelle], *in einem ausländischen Staat eine Reorganisation oder Liquidation durchzuführen*
... *[Bezeichnung der die Reorganisation oder Liquidation nach dem Recht des Erlaßstaates verwaltenden Person oder Stelle]* ist befugt, in Übereinstimmung mit dem maßgeblichen ausländischen Recht in einem ausländischen Staat als Verwalter eines Verfahrens nach *[Angabe der insolvenzrechtlichen Vorschriften des Erlaßstaates]* eine Reorganisation oder Liquidation durchzuführen.

Artikel 6
Ordre-public-Vorbehalt

Dieses Gesetz hindert das Gericht nicht daran, ein Tätigwerden nach diesem Gesetz zu verweigern, wenn dieses Tätigwerden offensichtlich im Widerspruch zur öffentlichen Ordnung in diesem Staat stünde.

Artikel 7
Zusätzliche Unterstützung nach anderen Gesetzen

Dieses Gesetz schränkt nicht die Befugnis eines Gerichts oder einer/eines *[Bezeichnung der die Reorganisation oder Liquidation nach dem Recht des Erlaßstaates verwaltenden Person oder Stelle]* ein, einem ausländischen Verwalter nach anderen Gesetzen dieses Staates zusätzliche Unterstützung zu gewähren.

Artikel 8
Auslegung

Bei der Auslegung dieses Gesetzes sind sein internationaler Ursprung und die Notwendigkeit zu berücksichtigen, seine einheitliche Anwendung und die Achtung von Treu und Glauben zu fördern.

---

[1] Ein Staat, der bestimmte Aufgaben im Zusammenhang mit Insolvenzverfahren auf von der Regierung ernannte Amtsträger oder Organe übertragen hat, könnte in Artikel 4 oder an anderer Stelle in Kapitel I folgende Bestimmung aufnehmen:
»Dieses Gesetz berührt nicht die in diesem Staat in Kraft befindlichen Vorschriften, die die Zuständigkeit der/des *[Angabe der von der Regierung ernannten Person oder Stelle]* regeln.«

Anhang I *Artikel 102 EGInsO Internationales Insolvenzrecht*

Kapitel II. Zugang ausländischer Verwalter und Gläubiger zu Gerichten in diesem Staat

Artikel 9
Recht auf unmittelbaren Zugang

Ein ausländischer Verwalter ist berechtigt, ein Gericht in diesem Staat unmittelbar anzurufen.

Artikel 10
Eingeschränkte Gerichtsbarkeit

Der Umstand allein, daß ein ausländischer Verwalter nach diesem Gesetz einen Antrag an ein Gericht in diesem Staat stellt, unterwirft weder den ausländischen Verwalter noch das ausländische Vermögen und die ausländischen Geschäfte des Schuldners der Gerichtsbarkeit dieses Staates für andere Zwecke als diesen Antrag.

Artikel 11
Antrag eines ausländischen Verwalters auf Eröffnung eines Verfahrens nach [Angabe der insolvenzrechtlichen Vorschriften des Erlaßstaates]

Ein ausländischer Verwalter ist berechtigt, die Eröffnung eines Verfahrens nach *[Angabe der insolvenzrechtlichen Vorschriften des Erlaßstaates]* zu beantragen, wenn die sonstigen Voraussetzungen für die Eröffnung eines solchen Verfahrens vorliegen.

Artikel 12
Teilnahme eines ausländischen Verwalters an einem Verfahren nach [Angabe der insolvenzrechtlichen Vorschriften des Erlaßstaates]

Nach Anerkennung eines ausländischen Verfahrens ist der ausländische Verwalter berechtigt, an einem Verfahren gegen den Schuldner nach *[Angabe der insolvenzrechtlichen Vorschriften des Erlaßstaates]* teilzunehmen.

Artikel 13
Teilnahme ausländischer Gläubiger an einem Verfahren nach [Angabe der insolvenzrechtlichen Vorschriften des Erlaßstaates]

1. Vorbehaltlich des Absatzes 2 haben ausländische Gläubiger hinsichtlich der Eröffnung und der Teilnahme an einem Verfahren nach *[Angabe der insolvenzrechtlichen Vorschriften des Erlaßstaates]* die gleichen Rechte wie Gläubiger in diesem Staat.
2. Absatz 1 berührt die Rangfolge der Forderungen in einem Verfahren nach *[Angabe der insolvenzrechtlichen Vorschriften des Erlaßstaates]* nur insofern, als die Forderungen ausländischer Gläubiger nicht niedriger eingestuft werden als *[Angabe der Klasse allgemeiner, nicht bevorrechtigter Forderungen, wobei eine ausländische Forderung jedoch niedriger als die allgemeinen, nicht bevorrechtigten Forderungen einzustufen ist,*

Anlage 5: UNCITRAL-Modellbestimmungen **Anhang I**

wenn eine gleichwertige inländische Forderung (beispielsweise Forderungen aus Geldstrafen oder aus Abzahlungsgeschäften) gegenüber den allgemeinen, nicht bevorrechtigten Forderungen Nachrang hat].[2]

Artikel 14
Benachrichtigung ausländischer Gläubiger von einem Verfahren nach
[Angabe der insolvenzrechtlichen Vorschriften des Erlaßstaates]

1. Sind nach *[Angabe der insolvenzrechtlichen Vorschriften des Erlaßstaates]* die Gläubiger in diesem Staat zu benachrichtigen, so werden auch die bekannten Gläubiger, die keine Anschrift in diesem Staat haben, benachrichtigt. Das Gericht kann geeignete Maßnahmen anordnen, damit alle Gläubiger benachrichtigt werden, deren Anschrift noch nicht bekannt ist.
2. Die Benachrichtigung ist an jeden ausländischen Gläubiger einzeln zu richten, sofern nicht das Gericht der Auffassung ist, daß unter den gegebenen Umständen eine andere Form der Benachrichtigung zweckmäßiger wäre. Rechtshilfeersuchen oder andere, ähnliche Formalitäten sind nicht erforderlich.
3. Sind ausländische Gläubiger von der Eröffnung eines Verfahrens zu benachrichtigen, so
a) wird in der Benachrichtigung eine angemessene Frist für die Geltendmachung von Forderungen gesetzt und der Ort bestimmt, an dem dies zu geschehen hat;
b) wird in der Benachrichtigung angegeben, ob gesicherte Gläubiger ihre gesicherten Forderungen anzumelden haben; und
c) enthält die Benachrichtigung alle weiteren Informationen, die nach dem Recht dieses Staates und den Anordnungen des Gerichts in die Benachrichtigung der Gläubiger aufzunehmen sind.

Kapitel III. Anerkennung eines ausländischen Verfahrens und Rechtsschutz

Artikel 15
Antrag auf Anerkennung eines ausländischen Verfahrens

1. Ein ausländischer Verwalter kann bei dem Gericht die Anerkennung des ausländischen Verfahrens beantragen, für das er bestellt wurde.
2. Dem Antrag auf Anerkennung ist folgendes beizufügen:
a) eine beglaubigte Abschrift des ausländischen Eröffnungsbeschlusses und der Bestellung des ausländischen Verwalters; oder

---

[2] Der Erlaßstaat könnte erwägen, Artikel 13 Absatz 2 durch folgenden Wortlaut zu ersetzen: »Absatz 1 berührt nicht die Rangfolge der Forderungen in einem Verfahren nach *[Angabe der insolvenzrechtlichen Vorschriften des Erlaßstaates]* oder den Ausschluß von Fiskal- und Sozialversicherungsansprüchen von einem solchen Verfahren. Nichtsdestoweniger werden die Forderungen ausländischer Gläubiger, die sich nicht auf Fiskal- und Sozialversicherungsverbindlichkeiten beziehen, nicht niedriger eingestuft als *[Angabe der Klasse allgemeiner, nicht bevorrechtigter Forderungen, wobei eine ausländische Forderung jedoch niedriger als die allgemeinen, nicht bevorrechtigten Forderungen einzustufen ist, wenn eine gleichwertige inländische Forderung (beispielsweise Forderungen aus Geldstrafen oder aus Abzahlungsgeschäften) gegenüber den allgemeinen, nicht bevorrechtigten Forderungen Nachrang hat]*«.

b) eine Urkunde des ausländischen Gerichts, die das ausländische Verfahren und die Bestellung des ausländischen Verwalters bestätigt; oder
c) in Ermangelung der unter den Buchstaben a) und b) genannten Nachweise jedes andere für das Gericht annehmbare Beweismittel über das ausländische Verfahren und die Bestellung des ausländischen Verwalters.
3. Dem Antrag auf Anerkennung ist außerdem eine Erklärung beizufügen, in der alle ausländischen Verfahren gegen den Schuldner genannt werden, die dem ausländischen Verwalter bekannt sind.
4. Das Gericht kann eine Übersetzung der dem Antrag beigefügten Urkunden in eine Amtssprache dieses Staates verlangen.

Artikel 16
Vermutungen hinsichtlich der Anerkennung

1. Geht aus dem Beschluß oder der Urkunde nach Artikel 15 Absatz 2 hervor, daß das ausländische Verfahren ein Verfahren im Sinne von Artikel 2 Buchstabe a) ist und daß der ausländische Verwalter eine Person oder Stelle im Sinne des Artikels 2 Buchstabe d) ist, so ist das Gericht berechtigt, dies zu vermuten.
2. Das Gericht ist berechtigt zu vermuten, daß die zur Unterstützung des Antrags auf Anerkennung vorgelegten Schriftstücke authentisch sind, gleichviel, ob sie legalisiert sind oder nicht.
3. Bis zum Beweis des Gegenteils wird vermutet, daß der Mittelpunkt der hauptsächlichen Interessen des Schuldners der satzungsmäßige Sitz beziehungsweise, im Fall einer natürlichen Person, ihr gewöhnlicher Aufenthaltsort ist.

Artikel 17
Beschluß zur Anerkennung eines ausländischen Verfahrens

1. Vorbehaltlich des Artikels 6 wird ein ausländisches Verfahren anerkannt,
a) wenn das ausländische Verfahren ein Verfahren im Sinne des Artikels 2 Buchstabe a) ist;
b) wenn der die Anerkennung beantragende ausländische Verwalter eine Person oder Stelle im Sinne des Artikels 2 Buchstabe d) ist;
c) wenn der Antrag die Anforderungen des Artikels 15 Absatz 2 erfüllt; und
d) wenn der Antrag bei dem in Artikel 4 genannten Gericht eingereicht wurde.
2. Das ausländische Verfahren wird
a) als ausländisches Hauptverfahren anerkannt, wenn es in dem Staat eröffnet wurde, in dem sich der Mittelpunkt der hauptsächlichen Interessen des Schuldners befindet; oder
b) als ausländisches Partikularverfahren anerkannt, wenn der Schuldner in dem ausländischen Staat eine Niederlassung im Sinne des Artikels 2 Buchstabe f) hat.
3. Über einen Antrag auf Anerkennung eines ausländischen Verfahrens ist so rasch wie möglich zu entscheiden.
4. Die Bestimmungen der Artikel 15, 16, 17 und 18 stehen einer Änderung oder Aufhebung der Anerkennung nicht entgegen, wenn sich herausstellt, daß die Gründe für ihre Gewährung nicht oder nur teilweise vorhanden waren oder weggefallen sind.

Anlage 5: UNCITRAL-Modellbestimmungen **Anhang I**

Artikel 18
Nachfolgende Informationen

Ab dem Zeitpunkt, zu dem der Antrag auf Anerkennung des ausländischen Verfahrens eingereicht wurde, unterrichtet der ausländische Verwalter das Gericht umgehend
a) über alle erheblichen Änderungen in dem anerkannten ausländischen Verfahren oder in der Stellung des ausländischen Verwalters; und
b) über alle weiteren ausländischen Verfahren gegen denselben Schuldner, von denen der ausländische Verwalter Kenntnis erhält.

Artikel 19
Rechtsschutz nach Beantragung der Anerkennung eines ausländischen Verfahrens

1. Vom Zeitpunkt der Beantragung der Anerkennung bis zum Zeitpunkt der Entscheidung über den Antrag kann das Gericht auf Antrag des ausländischen Verwalters, sofern dies zum Schutze der Insolvenzmasse oder der Interessen der Gläubiger dringend geboten ist, einstweiligen Rechtsschutz gewähren und dabei namentlich
a) die Zwangsvollstreckung in das Vermögen des Schuldners einstweilen einstellen;
b) den ausländischen Verwalter oder eine andere von dem Gericht bestimmte Person mit der Verwaltung oder Verwertung der Gesamtheit oder eines Teiles der in diesem Staat belegenen Insolvenzmasse beauftragen, um den Wert von Vermögensbestandteilen zu schützen und zu erhalten, die aufgrund ihrer Beschaffenheit oder aufgrund anderer Umstände verderblich sind, der Wertminderung unterliegen oder anderweitig gefährdet sind;
c) jeden in Artikel 21 Absatz 1 Buchstaben c), d) und g) genannten Rechtsschutz gewähren.
2. *[Angabe von Bestimmungen (oder Bezugnahme auf die in dem Erlaßstaat in Kraft befindlichen Bestimmungen) über die Benachrichtigung].*
3. Sofern der nach diesem Artikel gewährte Rechtsschutz nicht nach Artikel 21 Absatz 1 Buchstabe f) verlängert wird, endet er, sobald über den Antrag auf Anerkennung entschieden wurde.
4. Das Gericht kann die Gewährung von Rechtsschutz nach diesem Artikel ablehnen, wenn dieser Rechtsschutz die Durchführung eines ausländischen Hauptverfahrens beeinträchtigen würde.

Artikel 20
Wirkungen der Anerkennung eines ausländischen Hauptverfahrens

1. Nach der Anerkennung eines ausländischen Hauptverfahrens
a) wird die Einleitung oder die Fortsetzung von einzelnen Maßnahmen oder Verfahren betreffend das Vermögen, die Rechte, die Verpflichtungen oder die Verbindlichkeiten des Schuldners einstweilen eingestellt;
b) wird die Zwangsvollstreckung in das Vermögen des Schuldners einstweilen eingestellt und
c) wird das Recht, Vermögenswerte zu übertragen, zu belasten oder sonst darüber zu verfügen, ausgesetzt.

2. Die Reichweite sowie die Änderung oder Aufhebung der einstweiligen Einstellung oder Aussetzung nach Absatz 1 unterliegen *[Angabe aller insolvenzrechtlichen Vorschriften des Erlaßstaates, die auf Ausnahmen von der in Absatz 1 genannten einstweiligen Einstellung oder Aussetzung bzw. deren Beschränkung, Änderung oder Aufhebung Anwendung finden].*
3. Absatz 1 Buchstabe a) berührt nicht das Recht, einzelne Maßnahmen oder Verfahren einzuleiten, soweit dies notwendig ist, um eine Forderung gegen den Schuldner zu wahren.
4. Absatz 1 berührt weder das Recht, die Eröffnung eines Verfahrens nach *[Angabe der insolvenzrechtlichen Vorschriften des Erlaßstaates]* zu verlangen, noch das Recht, in einem solchen Verfahren Forderungen anzumelden.

Artikel 21
Rechtsschutz nach Anerkennung eines ausländischen Verfahrens

1. Nach der Anerkennung eines ausländischen Verfahrens, gleichviel ob eines Haupt- oder eines Partikularverfahrens, kann das Gericht auf Antrag des ausländischen Verwalters, sofern dies zum Schutze der Insolvenzmasse oder der Interessen der Gläubiger geboten ist, jeden geeigneten Rechtsschutz gewähren und namentlich
a) die Einleitung oder die Fortsetzung von einzelnen Maßnahmen oder Verfahren betreffend das Vermögen, die Rechte, die Verpflichtungen oder die Verbindlichkeiten des Schuldners einstweilen einstellen, soweit sie nicht nach Artikel 20 Absatz 1 Buchstabe a) einstweilen eingestellt wurden;
b) die Zwangsvollstreckung in das Vermögen des Schuldners einstweilen einstellen, soweit sie nicht nach Artikel 20 Absatz 1 Buchstabe b) einstweilen eingestellt wurde;
c) das Recht, Vermögenswerte des Schuldners zu übertragen, zu belasten oder sonst darüber zu verfügen, aussetzen, soweit dieses Recht nicht nach Artikel 20 Absatz 1 Buchstabe c) ausgesetzt wurde;
d) die Vernehmung von Zeugen, die Aufnahme von Beweisen oder die Bereitstellung von Informationen über das Vermögen, die Geschäfte, die Rechte, die Verpflichtungen oder die Verbindlichkeiten des Schuldners veranlassen;
e) den ausländischen Verwalter oder eine andere von dem Gericht bestimmte Person mit der Verwaltung oder Verwertung der Gesamtheit oder eines Teiles der in diesem Staat belegenen Insolvenzmasse beauftragen;
f) den nach Artikel 19 Absatz 1 gewährten Rechtsschutz verlängern;
g) jeden sonstigen Rechtsschutz gewähren, der nach dem Recht dieses Staates einem/einer *[Bezeichnung der die Reorganisation oder Liquidation nach dem Recht des Erlaßstaates verwaltenden Person oder Stelle]* zur Verfügung steht.
2. Nach der Anerkennung eines Verfahrens, gleichviel ob eines Haupt- oder Partikularverfahrens, kann das Gericht auf Antrag des ausländischen Verwalters diesen oder eine andere von dem Gericht bestimmte Person mit der Verteilung der Gesamtheit oder eines Teiles der in diesem Staat belegenen Insolvenzmasse beauftragen, sofern sich das Gericht vergewissert hat, daß die Interessen der Gläubiger in diesem Staat angemessen geschützt sind.
3. Wird dem Verwalter eines ausländischen Partikularverfahrens nach diesem Artikel Rechtsschutz gewährt, so muß sich das Gericht vergewissern, daß sich der Rechtsschutz auf Vermögensbestandteile bezieht, die nach dem Recht dieses Staates in dem ausländi-

schen Partikularverfahren zu verwalten sind, oder daß er Informationen betrifft, die in diesem Verfahren benötigt werden.

Artikel 22
Schutz von Gläubigern und anderen interessierten Personen

1. Bei der Gewährung oder Verweigerung von Rechtsschutz nach den Artikeln 19 oder 21 oder bei der Abänderung oder Aufhebung von Rechtsschutz nach Absatz 3 muß sich das Gericht vergewissern, daß die Interessen der Gläubiger und anderer interessierter Personen, einschließlich des Schuldners, angemessen geschützt sind.
2. Das Gericht kann den nach den Artikeln 19 oder 21 gewährten Rechtsschutz an die von ihm für zweckmäßig erachteten Bedingungen knüpfen.
3. Das Gericht kann auf Antrag des ausländischen Verwalters oder einer durch die Gewährung von Rechtsschutz nach Artikel 19 oder 21 betroffenen Person oder von Amts wegen diesen Rechtsschutz abändern oder aufheben.

Artikel 23
Maßnahmen zur Verhinderung gläubigerschädigender Handlungen

1. Nach der Anerkennung eines ausländischen Verfahrens ist der ausländische Verwalter berechtigt, *[Angabe der Arten von Maßnahmen, die in diesem Staat einer eine Reorganisation oder Liquidation verwaltenden Person oder Stelle zur Verfügung stehen, um gläubigerschädigende Handlungen zu verhindern oder auf andere Weise unwirksam zu machen]* einzuleiten.
2. Ist das ausländische Verfahren ein ausländisches Partikularverfahren, so muß sich das Gericht vergewissern, daß sich die Maßnahmen auf Vermögensbestandteile beziehen, die nach dem Recht dieses Staates in dem ausländischen Partikularverfahren zu verwalten sind.

Artikel 24
Beitritt eines ausländischen Verwalters zu Verfahren in diesem Staat

Nach der Anerkennung eines ausländischen Verfahrens kann der ausländische Verwalter, sofern die nach dem Recht dieses Staates erforderlichen Voraussetzungen erfüllt sind, jedem Verfahren beitreten, in dem der Schuldner Partei ist.

Kapitel IV. Zusammenarbeit mit ausländischen Gerichten und ausländischen Verwaltern

Artikel 25
Zusammenarbeit und direkter Verkehr zwischen einem Gericht dieses Staates und ausländischen Gerichten oder ausländischen Verwaltern

1. In den in Artikel 1 genannten Angelegenheiten arbeitet das Gericht so eng wie möglich mit den ausländischen Gerichten oder ausländischen Verwaltern zusammen, sei es

unmittelbar oder über *[Bezeichnung der die Reorganisation oder Liquidation nach dem Recht des Erlaßstaates verwaltenden Person oder Stelle].*
2. Das Gericht ist befugt, mit ausländischen Gerichten oder ausländischen Verwaltern unmittelbar zu verkehren oder unmittelbar Informationen oder Unterstützung von ihnen anzufordern.

Artikel 26
Zusammenarbeit und direkter Verkehr zwischen [Bezeichnung der die Reorganisation oder Liquidation nach dem Recht des Erlaßstaates verwaltenden Person oder Stelle] und ausländischen Gerichten oder ausländischen Verwaltern

1. In den in Artikel 1 genannten Angelegenheiten arbeitet ... *[Bezeichnung der die Reorganisation oder Liquidation nach dem Recht des Erlaßstaates verwaltenden Person oder Stelle]* in Wahrnehmung ihrer/seiner Aufgaben und unter der Aufsicht des Gerichts so eng wie möglich mit den ausländischen Gerichten oder ausländischen Verwaltern zusammen.
2. ... *[Bezeichnung der die Reorganisation oder Liquidation nach dem Recht des Erlaßstaates verwaltenden Person oder Stelle]* ist befugt, in Wahrnehmung ihrer/seiner Aufgaben und unter der Aufsicht des Gerichts mit ausländischen Gerichten oder ausländischen Verwaltern unmittelbar zu verkehren.

Artikel 27
Formen der Zusammenarbeit

Die in den Artikeln 25 und 26 genannte Zusammenarbeit kann auf jede geeignete Weise erfolgen, wie
a) durch Bestellung einer Person oder Stelle, die auf Anweisung des Gerichts tätig wird;
b) durch die Übermittlung von Informationen auf jedem von dem Gericht für zweckmäßig erachteten Weg;
c) durch Koordinierung der Verwaltung und Überwachung des Vermögens und der Geschäfte des Schuldners;
d) durch gerichtliche Billigung oder Umsetzung von Vereinbarungen über die Abstimmung von Verfahren;
e) durch Abstimmung gleichzeitig anhängiger Verfahren gegen denselben Schuldner;
f) *[Hier kann der Erlaßstaat zusätzliche Formen oder Beispiele der Zusammenarbeit aufführen].*

Kapitel V. Gleichzeitig anhängige Verfahren

Artikel 28
Eröffnung eines Verfahrens nach [Angabe der insolvenzrechtlichen Vorschriften des Erlaßstaates] nach der Anerkennung eines ausländischen Hauptverfahrens

Nach der Anerkennung eines ausländischen Hauptverfahrens kann ein Verfahren nach *[Angabe der insolvenzrechtlichen Vorschriften des Erlaßstaates]* nur dann eröffnet

Anlage 5: UNCITRAL-Modellbestimmungen **Anhang I**

werden, wenn der Schuldner Vermögen in diesem Staat hat; die Wirkungen dieses Verfahrens sind auf das in diesem Staat belegene Vermögen des Schuldners und, soweit dies zur Umsetzung der Zusammenarbeit und Abstimmung nach den Artikeln 25, 26 und 27 erforderlich ist, auf andere Vermögensbestandteile des Schuldners beschränkt, die nach dem Recht dieses Staates in diesem Verfahren zu verwalten sind.

Artikel 29
Abstimmung eines Verfahrens nach [Angabe der insolvenzrechtlichen Vorschriften des Erlaßstaates] und eines ausländischen Verfahrens

Finden gleichzeitig ein ausländisches Verfahren und ein Verfahren nach *[Angabe der insolvenzrechtlichen Vorschriften des Erlaßstaates]* gegen denselben Schuldner statt, so strebt das Gericht eine Zusammenarbeit und Abstimmung nach den Artikeln 25, 26 und 27 an, wobei folgendes gilt:
a) Wenn das Verfahren in diesem Staat zu dem Zeitpunkt anhängig ist, zu dem der Antrag auf Anerkennung des ausländischen Verfahrens gestellt wird,
   i) muß jeder nach Artikel 19 oder 21 gewährte Rechtsschutz mit dem Verfahren in diesem Staat vereinbar sein; und
   ii) findet Artikel 20 keine Anwendung, wenn das ausländische Verfahren in diesem Staat als ausländisches Hauptverfahren anerkannt wird;
b) Wenn das Verfahren in diesem Staat nach der Anerkennung oder nach der Einreichung eines Antrags auf Anerkennung des ausländischen Verfahrens eröffnet wird,
   i) prüft das Gericht jede nach Artikel 19 oder 21 in Kraft befindliche Rechtsschutzmaßnahme und ändert sie ab oder hebt sie auf, falls sie mit dem Verfahren in diesem Staat nicht vereinbar ist; und
   ii) falls das ausländische Verfahren ein ausländisches Hauptverfahren ist, wird die in Artikel 20 Absatz 1 genannte einstweilige Einstellung oder Aussetzung nach Artikel 20 Absatz 2 geändert oder aufgehoben, wenn sie mit dem Verfahren in diesem Staat nicht vereinbar ist;
c) Bei der Gewährung, Verlängerung oder Abänderung des einem Verwalter eines ausländischen Partikularverfahrens gewährten Rechtsschutzes muß sich das Gericht vergewissern, daß sich der Rechtsschutz auf Vermögensbestandteile bezieht, die nach dem Recht dieses Staates in dem ausländischen Partikularverfahren zu verwalten sind, oder daß er Informationen betrifft, die in diesem Verfahren benötigt werden.

Artikel 30
Abstimmung mehrerer ausländischer Verfahren

In den in Artikel 1 genannten Angelegenheiten, sofern mehrere ausländische Verfahren gegen denselben Schuldner anhängig sind, strebt das Gericht eine Zusammenarbeit und Abstimmung nach den Artikeln 25, 26 und 27 an, wobei folgendes gilt:
a) Jeder dem Verwalter eines ausländischen Partikularverfahrens nach Anerkennung eines ausländischen Hauptverfahrens gewährte Rechtsschutz nach Artikel 19 oder 21 muß mit dem ausländischen Hauptverfahren vereinbar sein;
b) Wird ein ausländisches Hauptverfahren nach der Anerkennung oder nach der Einreichung eines Antrags auf Anerkennung eines ausländischen Partikularverfahrens anerkannt, so prüft das Gericht jede nach Artikel 19 oder 21 in Kraft befindliche

Rechtsschutzmaßnahme und ändert sie ab oder hebt sie auf, falls sie mit dem ausländischen Hauptverfahren nicht vereinbar ist;
c) Wird nach der Anerkennung eines ausländischen Partikularverfahrens ein weiteres ausländisches Partikularverfahren anerkannt, so gewährt, ändert oder beendigt das Gericht den Rechtsschutz, mit dem Ziel, die Abstimmung der Verfahren zu erleichtern.

Artikel 31
Vermutung der Insolvenz aufgrund der Anerkennung eines ausländischen Hauptverfahrens

Liegen keine gegenteiligen Beweise vor, so ist die Anerkennung eines ausländischen Hauptverfahrens für die Zwecke der Eröffnung eines Verfahrens nach *[Angabe der insolvenzrechtlichen Vorschriften des Erlaßstaates]* Beweis für die Insolvenz des Schuldners.

Artikel 32
Verteilungsnorm bei gleichzeitig anhängigen Verfahren

Unbeschadet gesicherter Forderungen oder dinglicher Rechte kann ein Gläubiger, der in einem Insolvenzverfahren in einem ausländischen Staat bereits teilweise Befriedigung seiner Forderung erlangt hat, in einem Verfahren nach *[Angabe der insolvenzrechtlichen Vorschriften des Erlaßstaates]* gegen denselben Schuldner keine Zahlung für dieselbe Forderung erhalten, solange die Quote der anderen Gläubiger derselben Rangklasse verhältnismäßig geringer ist als die von dem Gläubiger bereits erlangte Quote.

Anlage 6: Regierungsentwurf zum IIR **Anhang I**

Gesetzentwurf der Bundesregierung zur Insolvenzordnung
(BT-Drucks. 12/2443, S. 68)

– Auszug –

Neunter Teil
Internationales Insolvenzrecht

Erster Abschnitt
Allgemeine Vorschriften

§ 379
Grundsatz

Das Insolvenzverfahren und seine Wirkungen unterliegen, soweit nichts anderes bestimmt ist, dem Recht des Staates, in dem das Verfahren eröffnet worden ist.

§ 380
Miete. Pacht

Die Wirkungen des Insolvenzverfahrens auf ein Miet- oder Pachtverhältnis über einen unbeweglichen Gegenstand unterliegen dem Recht, das nach dem Einführungsgesetz zum Bürgerlichen Gesetzbuch für das Miet- oder Pachtverhältnis maßgeblich ist.

§ 381
Arbeitsverhältnis

Die Wirkungen des Insolvenzverfahrens auf ein Arbeitsverhältnis unterliegen dem Recht, das nach dem Einführungsgesetz zum Bürgerlichen Gesetzbuch für das Arbeitsverhältnis maßgeblich ist.

§ 382
Insolvenzanfechtung

Eine Rechtshandlung kann nur angefochten werden, wenn die Voraussetzungen der Insolvenzanfechtung nicht nur nach dem Recht des Staates der Verfahrenseröffnung erfüllt sind, sondern auch nach dem Recht, das für die Wirkungen der Rechtshandlung maßgeblich ist.

§ 383
Herausgabepflicht. Anrechnung

(1) Erlangt ein Insolvenzgläubiger durch Zwangsvollstreckung, durch eine Leistung des Schuldners oder in sonstiger Weise etwas auf Kosten der Insolvenzmasse aus dem

Vermögen, das nicht im Staat der Verfahrenseröffnung belegen ist, so hat er das Erlangte dem Insolvenzverwalter herauszugeben. Die Vorschriften über die Rechtsfolgen einer ungerechtfertigten Bereicherung gelten entsprechend.
(2) Der Gläubiger darf behalten, was er in einem besonderen Insolvenzverfahren erlangt hat, das in einem anderen Staat eröffnet worden ist und nur das in diesem Staat belegene Vermögen erfaßt. Er wird jedoch bei den Verteilungen erst berücksichtigt, wenn die übrigen Gläubiger mit ihm gleichgestellt sind.

Zweiter Abschnitt
Ausländisches Insolvenzverfahren

§ 384
Anerkennung

Die Anerkennung der Eröffnung eines ausländischen Insolvenzverfahrens und der in diesem Verfahren ergehenden Entscheidungen ist ausgeschlossen:
1. wenn die Gerichte des Staates der Verfahrenseröffnung nach deutschem Recht nicht zuständig sind;
2. soweit sie zu einem Ergebnis führt, das mit wesentlichen Grundsätzen des deutschen Rechts offensichtlich unvereinbar ist, insbesondere soweit sie mit den Grundrechten unvereinbar ist.

§ 385
Öffentliche Bekanntmachung

(1) Sind die Voraussetzungen für die Anerkennung der Verfahrenseröffnung gegeben, so hat das Insolvenzgericht auf Antrag des ausländischen Insolvenzverwalters den wesentlichen Inhalt der Entscheidung, durch die das ausländische Insolvenzverfahren eröffnet worden ist, im Inland öffentlich bekanntzumachen. Gleiches gilt für die Bestellung des Verwalters. § 9 Abs. 1 und 2 gilt entsprechend.
(2) Der Antrag ist nur zulässig, wenn glaubhaft gemacht wird, daß die tatsächlichen Voraussetzungen für die Anerkennung der Verfahrenseröffnung vorliegen. Dem Verwalter ist eine Ausfertigung des Beschlusses, durch den die Bekanntmachung angeordnet wird, zu erteilen.

§ 386
Grundbuch

(1) Wird durch die Verfahrenseröffnung die Verfügungsbefugnis des Schuldners eingeschränkt, so hat das Insolvenzgericht auf Antrag des ausländischen Insolvenzverwalters das Grundbuchamt zu ersuchen, die Eröffnung des Insolvenzverfahrens und die Art der Einschränkung der Verfügungsbefugnis des Schuldners in das Grundbuch einzutragen:
1. bei Grundstücken, als deren Eigentümer der Schuldner eingetragen ist;
2. bei den für den Schuldner eingetragenen Rechten an Grundstücken und an eingetragenen Rechten, wenn nach der Art des Rechts und den Umständen zu befürchten ist, daß ohne die Eintragung die Insolvenzgläubiger benachteiligt würden.

(2) Der Antrag ist nur zulässig, wenn glaubhaft gemacht wird, daß die tatsächlichen Voraussetzungen für die Anerkennung der Verfahrenseröffnung vorliegen. Gegen die Entscheidung des Insolvenzgerichts ist die sofortige Beschwerde zulässig. Für die Löschung der Eintragung gilt § 39 Abs. 3 entsprechend.
(3) Für die Eintragung der Verfahrenseröffnung in das Schiffsregister, das Schiffsbauregister und das Register für Pfandrechte an Luftfahrzeugen gelten die Absätze 1 und 2 entsprechend.

§ 387
Zuständiges Insolvenzgericht

(1) Für die Entscheidungen nach den §§ 385 und 386 ist jedes inländische Insolvenzgericht zuständig, in dessen Bezirk Vermögen des Schuldners belegen ist. § 3 Abs. 2 gilt entsprechend.
(2) Die Landesregierungen werden ermächtigt, zur sachdienlichen Förderung oder schnelleren Erledigung der Verfahren durch Rechtsverordnung die Entscheidungen nach den §§ 385 und 386 für die Bezirke mehrerer Insolvenzgerichte einem von diesen zuzuweisen. Die Landesregierungen können die Ermächtigung auf die Landesjustizverwaltungen übertragen.
(3) Die Länder können vereinbaren, daß die Entscheidungen nach den §§ 385 und 386 für mehrere Länder den Gerichten eines Landes zugewiesen werden.

§ 388
Verfügungen über unbewegliche Gegenstände

(1) Hat der Schuldner über einen unbeweglichen Gegenstand der Insolvenzmasse, der im Inland im Grundbuch, Schiffsregister, Schiffsbauregister oder Register für Pfandrechte an Luftfahrzeugen eingetragen ist, oder über ein Recht an einem solchen Gegenstand verfügt, so sind die §§ 878, 892, 893 des Bürgerlichen Gesetzbuchs, § 3 Abs. 3, §§ 16, 17 des Gesetzes über Rechte an eingetragenen Schiffen und Schiffsbauwerken und § 5 Abs. 3, §§ 16, 17 des Gesetzes über Rechte an Luftfahrzeugen anzuwenden.
(2) Ist zur Sicherung eines Anspruches im Inland eine Vormerkung im Grundbuch, Schiffsregister, Schiffsbauregister oder Register für Pfandrechte an Luftfahrzeugen eingetragen, so bleibt § 120 unberührt.

§ 389
Leistung an den Schuldner

Ist im Inland zur Erfüllung einer Verbindlichkeit an den Schuldner geleistet worden, obwohl die Verbindlichkeit zur Insolvenzmasse des ausländischen Insolvenzverfahrens zu erfüllen war, so wird der Leistende befreit, wenn er zur Zeit der Leistung die Eröffnung des Verfahrens nicht kannte. Hat er vor der öffentlichen Bekanntmachung nach § 385 geleistet, so wird vermutet, daß er die Eröffnung nicht kannte.

§ 390
Dingliche Rechte

(1) Das Recht eines Dritten an einem Gegenstand der Insolvenzmasse wird von der Eröffnung des ausländischen Insolvenzverfahrens nicht berührt, wenn der Gegenstand zur Zeit der Eröffnung im Inland belegen war.
(2) Die Eröffnung des ausländischen Insolvenzverfahrens hat auf Rechte an unbeweglichen Gegenständen, die im Inland belegen sind, keine Wirkungen, die im deutschen Recht nicht vorgesehen sind.

§ 391
Unterbrechung und Aufnahme eines Rechtsstreits

Durch die Eröffnung des ausländischen Insolvenzverfahrens wird ein Rechtsstreit unterbrochen, der zur Zeit der Eröffnung anhängig ist und die Insolvenzmasse betrifft. Die Unterbrechung dauert an, bis der Rechtsstreit von einer Person aufgenommen wird, die nach dem Recht des Staates der Verfahrenseröffnung zur Fortführung des Rechtsstreits berechtigt ist, oder bis das Insolvenzverfahren beendet ist.

§ 392
Vollstreckbarkeit ausländischer Entscheidungen

Aus einer Entscheidung, die in dem ausländischen Insolvenzverfahren ergeht, findet die Zwangsvollstreckung nur statt, wenn ihre Zulässigkeit durch ein Vollstreckungsurteil ausgesprochen ist. § 722 Abs. 2 und § 723 Abs. 1 der Zivilprozeßordnung gelten entsprechend.

Dritter Abschnitt
Sonderinsolvenzverfahren über das Inlandsvermögen

§ 393
Voraussetzungen des Sonderinsolvenzverfahrens

(1) Ist die Zuständigkeit eines deutschen Gerichts zur Eröffnung eines Insolvenzverfahrens über das gesamte Vermögen des Schuldners nicht gegeben, hat der Schuldner jedoch im Inland eine Niederlassung oder sonstiges Vermögen, so ist ein besonderes Insolvenzverfahren über das inländische Vermögen des Schuldners zulässig.
(2) Für das Verfahren ist ausschließlich das Insolvenzgericht zuständig, in dessen Bezirk die Niederlassung oder, wenn eine Niederlassung fehlt, das Vermögen des Schuldners liegt. § 3 Abs. 2 gilt entsprechend.

§ 394
Restschuldbefreiung. Insolvenzplan

(1) In dem Sonderinsolvenzverfahren sind die Vorschriften über die Restschuldbefreiung nicht anzuwenden.
(2) Ein Insolvenzplan, in dem eine Stundung, ein Erlaß oder sonstige Einschränkungen der Rechte der Gläubiger vorgesehen sind, kann in diesem Verfahren nur bestätigt werden, wenn alle betroffenen Gläubiger dem Plan zugestimmt haben.

§ 395
Parallelinsolvenzverfahren

Die Anerkennung eines ausländischen Insolvenzverfahrens schließt ein Sonderinsolvenzverfahren über das inländische Vermögen nicht aus. Für das Sonderinsolvenzverfahren gelten in diesem Fall ergänzend die §§ 396 bis 399.

§ 396
Besonderheiten der Eröffnung

(1) Zum Antrag auf Eröffnung des Sonderinsolvenzverfahrens ist auch der ausländische Insolvenzverwalter berechtigt.
(2) Der Antrag eines Gläubigers ist nur zulässig, wenn dieser ein besonderes Interesse an der Eröffnung des Verfahrens hat, insbesondere wenn er in dem ausländischen Verfahren voraussichtlich erheblich schlechter stehen wird als in einem inländischen Verfahren.
(3) Das Verfahren wird eröffnet, ohne daß ein Eröffnungsgrund festgestellt werden muß.

§ 397
Ausübung von Gläubigerrechten

(1) Der Insolvenzverwalter ist berechtigt, eine Forderung, die im Sonderinsolvenzverfahren angemeldet worden ist, im ausländischen Verfahren anzumelden. Das Recht des Gläubigers, die Anmeldung zurückzunehmen, bleibt unberührt.
(2) Der Verwalter gilt als bevollmächtigt, das Stimmrecht aus einer Forderung, die im Sonderinsolvenzverfahren angemeldet worden ist, im ausländischen Verfahren auszuüben, wenn der Gläubiger nicht an der Abstimmung teilnimmt.

§ 398
Zusammenarbeit der Insolvenzverwalter

(1) Der Insolvenzverwalter hat dem ausländischen Verwalter unverzüglich alle Umstände mitzuteilen, die für die Durchführung des ausländischen Verfahrens Bedeutung haben können. Er hat dem ausländischen Verwalter Gelegenheit zu geben, Vorschläge für die Verwertung oder sonstige Verwendung des inländischen Vermögens zu unterbreiten.

(2) Der ausländische Verwalter ist berechtigt, an den Gläubigerversammlungen teilzunehmen.
(3) Ein Insolvenzplan ist dem ausländischen Verwalter zur Stellungnahme zuzuleiten. Der ausländische Verwalter ist berechtigt, selbst einen Plan vorzulegen; § 255 Abs. 2 und § 256 gelten entsprechend.

§ 399
Überschuß bei der Schlußverteilung

Können bei der Schlußverteilung im Sonderinsolvenzverfahren alle Forderungen in voller Höhe berichtigt werden, so hat der Insolvenzverwalter einen verbleibenden Überschuß dem ausländischen Verwalter herauszugeben.

Anhang II

Arbeitnehmererfindungen in der Insolvenz

§ 27 ArbEG n. F.

Wird nach unbeschränkter Inanspruchnahme der Diensterfindung das Insolvenzverfahren über das Vermögen des Arbeitgebers eröffnet, so gilt folgendes:
1. Veräußert der Insolvenzverwalter die Diensterfindung mit dem Geschäftsbetrieb, so tritt der Erwerber für die Zeit von der Eröffnung des Insolvenzverfahrens an in die Vergütungspflicht des Arbeitgebers (§ 9) ein.
2. Veräußert der Insolvenzverwalter die Diensterfindung ohne den Geschäftsbetrieb, so hat der Arbeitnehmer ein Vorkaufsrecht. Übt der Arbeitnehmer das Vorkaufsrecht aus, so kann er mit seinen Ansprüchen auf Vergütung für die unbeschränkte Inanspruchnahme der Diensterfindung gegen die Kaufpreisforderung aufrechnen. Für den Fall, daß der Arbeitnehmer das Vorkaufsrecht nicht ausübt, kann der Insolvenzverwalter mit dem Erwerber vereinbaren, daß sich dieser verpflichtet, dem Arbeitnehmer eine angemessene Vergütung (§ 9) für die weitere Verwertung der Diensterfindung zu zahlen. Wird eine solche Vereinbarung nicht getroffen, so erhält der Arbeitnehmer eine angemessene Abfindung aus dem Veräußerungserlös.
3. Verwertet der Insolvenzverwalter die Diensterfindung im Unternehmen des Schuldners, so hat er dem Arbeitnehmer eine angemessene Vergütung für die Verwertung aus der Insolvenzmasse zu zahlen.
4. Will der Insolvenzvewalter die Diensterfindung weder im Unternehmen des Schuldners verwerten noch veräußern, so gilt § 16 Abs. 1 und 2 entsprechend. Verlangt der Arbeitnehmer die Übertragung der Erfindung, so kann er mit seinen Ansprüchen auf Vergütung für die unbeschränkte Inanspruchnahme der Diensterfindung gegen den Anspruch auf Erstattung der Kosten der Übertragung aufrechnen.
5. Im übrigen kann der Arbeitnehmer seine Vergütungsansprüche nur als Insolvenzgläubiger geltend machen.

Inhaltsübersicht: Rz.

A. Einführung	1–47
I. Bedeutung des Gesetzes über Arbeitnehmererfindungen (ArbEG)	1– 3
II. Die Rechtsbeziehungen zwischen Arbeitgeber und Arbeitnehmererfinder nach dem ArbEG	4–47
1. Gesetzliches Schuldverhältnis	4– 6
2. Persönlicher Anwendungsbereich des ArbEG	7–12
3. Sachlicher Anwendungsbereich des ArbEG	13–29
a) Erfindungen, technische Verbesserungsvorschläge	13–25
b) Sonstige schöpferische Leistungen des Arbeitnehmers	26–29
4. Meldung und Inanspruchnahme der Diensterfindung	30–33
5. Vergütungsanspruch des Arbeitnehmers	34–43
6. Auswirkungen einer Beendigung des Arbeitsverhältnisses (§ 26 ArbEG)	44–45

	7. Rechtsstreitigkeiten	46– 47
B.	Die insolvenzrechtliche Sonderregelung des § 27 ArbEG n.F.	48– 56
I.	Bisheriges Recht (§ 27 ArbEG a.F.)	48– 50
II.	Reform des § 27 ArbEG a.F. durch Artikel 56 EGInsO	51
III.	Zeitlicher, sachlicher und räumlicher Geltungsbereich des § 27 ArbEG n.F.	52– 56
C.	Regelungsgegenstände des § 27 ArbEG n.F.	57–109
I.	Veräußerung der Diensterfindung durch den Insolvenzverwalter	58– 90
	1. Veräußerung ohne Geschäftsbetrieb – Vorkaufsrecht des Arbeitnehmers (§ 27 Nr. 2 ArbEG n.F.)	59– 83
	2. Veräußerung mit Geschäftsbetrieb – Eintritt des Erwerbers in die Vergütungspflicht (§ 27 Nr. 1 ArbEG n.F.)	84– 90
II.	Verwertung der Diensterfindung durch den Insolvenzverwalter (§ 27 Nr. 3 ArbEG n.F.)	91– 94
III.	Nicht verwertete Diensterfindungen – Übertragungsanspruch des Arbeitnehmers (§ 27 Nr. 4 ArbEG n.F.)	95–104
IV.	Der Arbeitnehmer als Insolvenzgläubiger (§ 27 Nr. 5 ArbEG n.F.)	105–109
	1. Vergütungsansprüche aus der Zeit vor Insolvenzeröffnung	106
	2. Sonstige Ansprüche des Arbeitnehmers	107–109

Literatur:

Bartenbach/Volz Arbeitnehmererfindervergütung, Kommentar zu den Amtlichen Richtlinien für die Vergütung von Arbeitnehmererfindungen, Köln 1995; *dies.* Arbeitnehmererfindergesetz, Kommentar zum Gesetz über Arbeitnehmererfindungen, 3. Aufl. Köln/Berlin/Bonn/München 1997; *dies.* Arbeitnehmererfinderrecht einschließlich Verbesserungsvorschläge, Neuwied 1996; *Benkard* Patentgesetz und Gebrauchsmustergesetz, Kommentar, 9. Aufl. 1993; *Gaul/Bartenbach* EGR, Entscheidungssammlung Arbeitnehmererfindungsrecht, 2. Aufl. 1998 (Loseblattsammlung); *Leinemann* (Hrsg.) Kasseler Handbuch zum Arbeitsrecht, Neuwied 1997; *Möller* Die Übergangsbestimmungen für Arbeitnehmererfindungen in den neuen Bundesländern, Berlin 1996; *Münchener Handbuch zum Arbeitsrecht,* hrsg. von Richardi und Wlotzke, Bd. 1 f., München 1993; *Palandt* Bürgerliches Gesetzbuch, Kommentar, 57. Aufl. München 1998; *Reimer/Schade/Schippel/Kaube/Leutze* Das Recht der Arbeitnehmererfindung, Kommentar, 6. Aufl. 1993; *Schaub* Arbeitsrechts-Handbuch, 8. Aufl. München 1996; *Schulte* Patentgesetz mit Europäischem Patentübereinkommen, Kommentar, 5. Aufl. 1997; *Volmer/Gaul* Arbeitnehmererfindungsgesetz, Kommentar, 2. Aufl. München 1983

A. Einführung

I. Bedeutung des Gesetzes über Arbeitnehmererfindungen (ArbEG)

1 Das am 01. 10. 1957 in Kraft getretene **Gesetz über Arbeitnehmererfindungen** (ArbEG) trägt dem Umstand Rechnung, daß 80–90 % aller im Inland eingereichten Patentanmeldungen auf Erfindungen von Arbeitnehmern zurückgehen. Das Gesetz soll den Interessenkonflikt zwischen Arbeitsrecht und Patentrecht lösen, der sich daraus ergibt, daß im Arbeitsverhältnis geschaffene Arbeitsergebnisse dem Arbeitgeber zustehen, während nach dem Erfinderprinzip Erfindungsrechte in der Person des Erfinders (Arbeitnehmers) entstehen (vgl. § 6 Satz 1 PatG; Art. 60 Abs. 1 Satz 1 EPÜ). Die Lösung dieses Interessenwiderstreits erfolgt dadurch, daß auch das ArbEG von dem Erfinderprinzip ausgeht, dem Arbeitgeber jedoch ein Zugriffsrecht auf solche Erfindungen zugesteht (Inanspruchnahmerecht), die während der Dauer des Arbeitsverhältnisses

aus der dem Arbeitnehmer obliegenden Tätigkeit entstehen oder maßgeblich auf Erfahrungen oder Arbeiten des Betriebes beruhen (§ 4 Abs. 2 ArbEG). Als Ausgleich für die Überlassung der (vermögenswerten) Erfindungsrechte erhält der Erfinder einen Anspruch auf angemessene Vergütung (§ 9 ArbEG).

Mit dem ArbEG als Sondergesetz verfolgt der Gesetzgeber das Ziel, das Gebiet der Arbeitnehmererfindungen möglichst umfassend und abschließend zu regeln, und zwar sowohl hinsichtlich des Personenkreises als auch hinsichtlich benachbarter Sachgebiete, auf die sich das Recht der Arbeitnehmererfindung auswirkt (vgl. *Amtl. Begründung* BT-Drucks. II/1648, S. 14 = BlPMZ 1957, 225; zur Zielsetzung s. auch *BGH* vom 02. 06. 1987 GRUR 1987, 900, 901 – Entwässerungsanlage und vom 15. 05. 1990 GRUR 1990, 667 – Einbettungsmasse). Hieraus erklärt es sich auch, daß schon das bisherige ArbEG eine über das eigentliche Recht der Arbeitnehmererfindung hinausgehende Sonderregelung über die Stellung des Erfinders im Konkurs des Arbeitgebers enthielt (§ 27 ArbEG a.F.). Insofern ist es folgerichtig, daß der Gesetzgeber im Rahmen der Insolvenzrechtsreform zwar ein einheitliches Insolvenzrecht im Rahmen der InsO geschaffen, zugleich durch **Art. 56 EGInsO** den Standort für diese insolvenzrechtliche Sonderregelung im ArbEG beibehalten und lediglich den Inhalt dieser Norm der Zielsetzung der Insolvenzrechtsreform angepaßt hat. **2**

Das ArbEG ist nach h. M. ein dem **Arbeitsrecht zuzuordnendes Schutzgesetz** zugunsten des Arbeitnehmererfinders (*Schiedsst.* vom 26. 01. 1988 BlPMZ 1988, 349, 352; *Kunze* RdA 1975, 42, 44). Daraus folgt, daß vor Meldung einer Diensterfindung die Vorschriften des ArbEG nicht zuungunsten des Arbeitnehmererfinders abgedungen werden dürfen (§ 22 Satz 1 ArbEG); hiergegen verstoßende Vereinbarungen sind nach § 134 BGB nichtig (Allg. Ansicht z.B. *Schiedsst.* vom 26. 06. 1968 BlPMZ 1969, 23, 26). Eine nach Meldung der Erfindung getroffene, vom Gesetz zuungunsten des Erfinders abweichende Vereinbarung ist jedoch gem. § 22 Satz 2 ArbEG grundsätzlich wirksam. Sie unterliegt aber der Unbilligkeitsprüfung nach § 23 ArbEG. Davon zu trennen sind die Bestimmungen des ArbEG, die zwingendes Recht darstellen. Hierzu zählen neben den §§ 22, 23 ArbEG die Bestimmungen über das Schiedsstellen- und gerichtliche Verfahren (§§ 28 ff., §§ 37 ff. ArbEG). Diesem zwingenden Recht zuzurechnen ist auch die insolvenzrechtliche Sonderregelung des § 27 ArbEG. **3**

II. Die Rechtsbeziehungen zwischen Arbeitgeber und Arbeitnehmererfinder nach dem ArbEG

1. Gesetzliches Schuldverhältnis

Die Wirkungen des ArbEG knüpfen an die **Fertigstellung der Arbeitnehmererfindung** durch den Arbeitnehmer während der Dauer des Arbeitsverhältnisses an (vgl. § 4 Abs. 2 ArbEG). Mit Fertigstellung der Erfindung entsteht ein **gesetzliches Schuldverhältnis** nach dem ArbEG, und zwar ausschließlich zwischen Arbeitgeber und Arbeitnehmer (*Bartenbach/Volz* KommArbEG Rz. 160 zu § 1; abw. *Schiedsst.* vom 26. 02. 1993 GRUR 1996, 49, 53 – Gießereimaschinen; wonach das gesetzliche Schuldverhältnis erst mit der Inanspruchnahme einer Diensterfindung entstehen soll). **4**

Aus dem gesetzlichen Schuldverhältnis nach dem ArbEG folgt auch, daß die Rechte und Pflichten aus dem ArbEG **keine dingliche Belastung der Erfindung** darstellen. Sie gehen insbesondere bei Übertragung der Erfindungsrechte durch den Arbeitgeber auf einen Dritten nicht auf den Rechtserwerber über (*Amtl. Begründung* BT-Drucks. II/1648, **5**

S. 16 = BlPMZ 1957, 226). Der Rechtserwerber übernimmt die Erfindungsrechte unbelastet und kann mit der Erfindung nach Belieben verfahren (*Schiedsst.* vom 19. 12. 1991 GRUR 1992, 847, 848 – Geschäftsaktivitäten-Veräußerung). Von diesem Grundsatz macht § 27 Nrn. 1 und 2 ArbEG n. F. eine Ausnahme (s. u. Rz. 74 ff., 84 ff.).

6 Von der Frage der dinglichen Belastung der Erfindungsrechte zu trennen ist die Rechtsfolge bei einem **Betriebsübergang** (§ 613 a BGB). Nach h. M. erfaßt die Rechtsfolge des § 613 a BGB auch die Rechte und Pflichten aus dem ArbEG (*Schiedsst.* vom 12. 05. 1987/26. 01. 1988 BlPMZ 1988, 349, 350 f.; im einzelnen streitig s. die Nachweise bei *Bartenbach/Volz* KommArbEG Rz. 114 ff. zu § 1). Da § 613 a BGB auch bei einem Betriebsübergang in der Insolvenz grundsätzlich anwendbar ist (vgl. oben Rz. 55 ff. vor § 113), können die erfinderrechtlichen Auswirkungen auch hier relevant werden (s. u. Rz. 84 ff.). Allerdings ist der Anwendungsbereich des § 613 a BGB durch die Neufassung des § 27 ArbEG a. F. relativiert (s. u. Rz. 87 ff.).

2. Persönlicher Anwendungsbereich des ArbEG

7 Das ArbEG gilt nur für Erfindungen und technische Verbesserungsvorschläge von **Arbeitnehmern**. Die Arbeitnehmereigenschaft bestimmt sich auch hier nach den allgemeinen arbeitsrechtlichen Grundsätzen (ganz h. M.: *BGH* vom 24. 10. 1989 GRUR 1990, 193 – Autokindersitz; *Sack* in MünchKomm/ArbR § 99 Rz. 6; zum Arbeitnehmerbegriff vgl. Anh. zu § 113 Rz. 25 ff.). Demzufolge unterliegen die Erfindungen von Organmitgliedern wie etwa Geschäftsführern einer GmbH bzw. Vorstandsmitgliedern einer AG ebensowenig dem ArbEG (*BGH* vom 10. 05. 1988 GRUR 1988, 762, 763 – Windform und vom 24. 10. 1989 GRUR 1990, 193, 194 – Autokindersitz) wie die von persönlich haftenden Gesellschaftern (vgl. *BGH* vom 30. 10. 1990 GRUR 1991, 127, 129 – Objektträger), von Pensionären (*OLG Düsseldorf* vom 26. 05. 1961 BlPMZ 1962, 193), von freien Handelsvertretern und freien Mitarbeitern (*Gaul* RdA 1982, 268, 275 f.).

8 Ist mit Personen, denen kein Arbeitnehmerstatus zukommt, für deren Erfindungen die **Anwendbarkeit des ArbEG** vereinbart, ist dies im Rahmen der Vertragsfreiheit grundsätzlich möglich. Eine solche Vereinbarung erstreckt sich allerdings nur auf die materiellen Bestimmungen des ArbEG, nicht dagegen auf die insolvenzrechtlichen Sonderbestimmungen des § 27 ArbEG; ebensowenig kann dadurch die Zuständigkeit der Schiedsstelle (§§ 28 ff. ArbEG) begründet werden.

9 Ist ein Arbeitnehmer in **mehreren Arbeitsverhältnissen** (Doppelarbeitsverhältnis) tätig, etwa im Konzernbereich oder im Rahmen einer zwischenbetrieblichen Kooperation, entscheidet sich die Zuordnung einer hierbei fertiggestellten Erfindung nach der sog. *Sphärentheorie*, also danach, in welcher Eigenschaft bzw. auf welcher Grundlage der Erfinder diese technische Neuerung entwickelt hat (*Volmer* GRUR 1978, 329, 332; zust. *Schiedsst.* vom 05. 07. 1991 GRUR 1992, 499, 501 – Einheitliches Arbeitsverhältnis; vgl. auch *BAG* vom 10. 07. 1980 GmbH-Rundschau 1981, 113, 114; einschr. *BGH* vom 24. 10. 1989 GRUR 1990, 193, 194 – Autokindersitz).

10 Wird eine Erfindung nicht von einem Alleinerfinder, sondern von mehreren **Miterfindern** entwickelt, besteht zwischen diesen im Regelfall eine Bruchteilsgemeinschaft i. S. d. §§ 741 ff. BGB (s. *Sefzig* GRUR 1995, 302 ff.; *Bartenbach* Zwischenbetriebliche F. u. E.-Kooperation 1985, 62 f.). Das gesetzliche Schuldverhältnis nach dem ArbEG (s. o. Rz. 4) wird zwischen jedem einzelnen Miterfinder und seinem Arbeitgeber begründet, so daß sich ausschließlich in diesem Rechtsverhältnis alle Rechte und Pflichten aus dem ArbEG bestimmen. Dementsprechend ist auch die insolvenzrechtliche Sonderregelung des § 27 ArbEG im Verhältnis zu dem einzelnen Miterfinder zu beachten. Ob

jemand Miterfinder oder bloßer Gehilfe ist, bestimmt sich nach allgemeinen patentrechtlichen Grundsätzen. Maßgeblich für die Miterfinderschaft ist demzufolge ein sich in der Erfindung niederschlagender kausaler Beitrag, der über bloßes handwerkliches Mitarbeiten und technische Hilfestellung hinausgeht. Dabei stellt die Rechtsprechung nur geringe Anforderungen an den Erwerb einer Beteiligung an der Erfindung, so daß nur solche Beiträge, die unwesentlich in bezug auf die Lösung einer Erfindung sind, keine Miterfinderschaft begründen (*BGH* vom 17. 01. 1995 Mitt. 1996, 16, 18 – Gummielastische Masse). Da eine Realteilung eines Schutzrechts – etwa nach Patentansprüchen – nach deutschem Recht unzulässig ist, sind die Miterfinder unabhängig von der Höhe ihres Miterfinderanteils stets am gesamten Schutzrecht beteiligt (*Bartenbach/Volz* KommArbEG Rz. 53.1 zu § 5). Das Ausmaß der schöpferischen Mitarbeit schlägt sich in der Höhe des **Miterfinderanteils** nieder. Ausschlaggebend für die Bemessung des Anteils ist das Gewicht, das den Einzelbeiträgen der an der Erfindung Beteiligten zueinander und im Verhältnis zu der erfinderischen Gesamtleistung zukommt (*BGH* vom 20. 02. 1979 GRUR 1979, 540, 542 – Biedermeiermanschetten). Nur wenn keine eindeutige Gewichtung möglich ist, kann gem. § 743 BGB von gleichen Anteilen ausgegangen werden. Der Miterfinderanteil wirkt sich insbesondere bei der Höhe der Erfindervergütung aus.

Auch der **Arbeitgeberbegriff** bestimmt sich nach arbeitsrechtlichen Kriterien; dies richtet sich danach, wer Gläubiger der Arbeitsleistung ist. 11

Durch die **Eröffnung des Insolvenzverfahrens** wird der Fortbestand des Arbeitsverhältnisses nicht berührt, wie sich im Umkehrschluß aus § 113 InsO ergibt. Der Insolvenzverwalter wird nicht Rechtsnachfolger des Arbeitgebers, sondern ist lediglich an dessen Stelle nach Maßgabe der InsO verwaltungs- und verfügungsbefugt über das zur Insolvenzmasse gehörende Vermögen (vgl. § 80 Rz. 12), wie dies auch die Regelung des § 27 ArbEG n. F. bestätigt. 12

3. Sachlicher Anwendungsbereich des ArbEG

a) Erfindungen, technische Verbesserungsvorschläge

Gemäß dem Wortlaut der §§ 1–3 ArbEG unterliegen nur die **technischen Neuerungen** diesem Gesetz, also patent- und gebrauchsmusterfähige Erfindungen (§ 2 ArbEG) und technische Verbesserungsvorschläge als sonstige technische Neuerungen, die nicht patent- oder gebrauchsmusterfähig sind (§§ 3, 20 ArbEG). 13

Die Patent- oder Gebrauchsmusterfähigkeit bestimmt sich nach dem Patentgesetz bzw. dem Gebrauchsmustergesetz. Für europäische Patente tritt an die Stelle des PatG das Europäische Patentübereinkommen (EPÜ). 14

Da es nach § 2 ArbEG auf die bloße Patent- oder Gebrauchsmuster**fähigkeit** ankommt, werden die Rechte und Pflichten aus dem ArbEG nicht erst durch eine (rechtsbeständige) Schutzrechtserteilung begründet. Vielmehr knüpft das Gesetz schon an die einer Erfindung von vornherein anhaftende Eigenschaft (»Fähigkeit«) an, daß hierfür ein Schutzrecht erteilt werden kann (*BGH* vom 28. 02. 1962 GRUR 1963, 135, 136 – Cromegal; *Windisch* GRUR 1985, 829, 835), eine Eigenschaft, die in dem vom Arbeitgeber einzuleitenden Erteilungsverfahren (vgl. § 13 Abs. 1 ArbEG) bestätigt oder verneint wird, an der sich aber durch das Prüfungsverfahren nichts mehr verändert (*Schiedsst.* vom 04. 06. 1993 GRUR 1994, 615, 619 – Anspruchsentstehung). 15

Dementsprechend gilt das ArbEG nicht nur für die Fälle eindeutig schutzfähiger Erfindungen, sondern auch dann, wenn es insbesondere wegen der Schwierigkeit einer 16 zuverlässigen Erfassung des einschlägigen Standes der Technik und zutreffenden Würdigung der technischen Bedeutung einer Neuerung als zweifelhaft erscheinen kann, ob und in welchem Umfang die materiellen Voraussetzungen eines Schutzrechts gegeben sind (*BGH* vom 02. 06. 1987 GRUR 1987, 900, 902 – Entwässerungsanlage). Für die Praxis folgt daraus, daß in all den Fällen, in denen ein Erfinder eine Diensterfindung gemeldet hat und der Arbeitgeber diese in Anspruch nimmt, der Arbeitgeber grundsätzlich auch für die Nutzungen des Erfindungsgegenstandes vergütungspflichtig ist und sich bis zum rechtsbeständigen Abschluß des Erteilungsverfahrens zunächst nicht auf eine mangelnde Schutzfähigkeit der Erfindung berufen kann (*BGH* vom 02. 06. 1987 a. a. O.). Demzufolge gelten auch die Rechte und Pflichten aus § 27 ArbEG n. F. für jede Diensterfindung auch dann, wenn das hierauf bezogene Schutzrechtserteilungsverfahren noch nicht abgeschlossen ist, unabhängig davon, ob Zweifel an der Schutzfähigkeit bestehen oder nicht. Insoweit stellt § 27 ArbEG n. F. folgerichtig nur auf die Diensterfindung und nicht auf hierauf erteilte Schutzrechte ab.

17   Bei den Erfindungen von Arbeitnehmern unterscheidet das Gesetz zwischen Diensterfindungen und freien Erfindungen:

18   **Diensterfindungen** (gebundene Erfindungen) sind solche Erfindungen, die während der (rechtlichen) Dauer des Arbeitsverhältnisses gemacht worden sind und die entweder
– aus der dem Arbeitnehmer im Betrieb obliegenden Tätigkeit entstanden sind (§ 4 Abs. 2 Nr. 1 ArbEG – sog. Aufgaben- bzw. Obliegenheitserfindung) oder
– maßgeblich auf Erfahrungen oder Arbeiten des Betriebes beruhen (§ 4 Abs. 2 Nr. 2 ArbEG – sog. Erfahrungserfindung).

19   **»Während der Dauer des Arbeitsverhältnisses«** gemacht ist jede Erfindung, die in den Zeitraum zwischen dem rechtlichen Beginn und dem rechtlichen Ende eines Arbeitsverhältnisses fällt. Dabei spielt es keine Rolle, ob dies während der Arbeitszeit oder außerhalb erfolgt, so daß auch Erfindungen während des Urlaubs, der Freizeit oder einer Freistellung Diensterfindungen sein können (vgl. *BGH* vom 18. 05. 1971 GRUR 1971, 407 – Schlußurlaub; *Schiedsst.* vom 01. 10. 1987 BlPMZ 1988, 221).

20   **»Gemacht«** ist eine solche Diensterfindung dann, wenn sie fertiggestellt ist, d. h. wenn die ihr zugrundeliegende Lehre technisch ausführbar ist, wenn also der Durchschnittsfachmann nach den Angaben des Erfinders mit Erfolg arbeiten kann (*BGH* vom 10. 11. 1970 GRUR 1971, 210, 212 – Wildverbißverhinderung). Unterläßt es ein Arbeitnehmer wegen der sich abzeichnenden Insolvenz seines Arbeitgebers pflichtwidrig, Überlegungen hinsichtlich einer ihm aufgetragenen technischen Verbesserung anzustellen, und erfindet er eine solche Verbesserung alsbald nach seinem Ausscheiden aus dem Arbeitsverhältnis, kann er im Einzelfall aus dem rechtlichen Gesichtspunkt des Schadenersatzes wegen positiver Vertragsverletzung verpflichtet sein, dem früheren Arbeitgeber ein auf die Erfindung von ihm selbst angemeldetes Schutzrecht zu übertragen (vgl. *BGH* vom 21. 10. 1980 GRUR 1981, 128, 129 – Flaschengreifer).

21   Ob eine **Aufgabenerfindung** (§ 4 Abs. 2 Nr. 1 ArbEG) vorliegt, bestimmt sich nach den arbeitsvertraglichen Pflichten des Arbeitnehmers, also nach dem ihm tatsächlich zugewiesenen Arbeits- und Pflichtenkreis (*Reimer/Schade/Schippel*, Rz. 8 zu § 4 m. H. a. *BGH* vom 14. 07. 1966 Az. I a ZR 58/64 – unveröffentl.). Maßgebend können sowohl der Arbeitsvertrag selbst wie aber auch im konkreten Einzelfall zugewiesene Entwicklungsaufgaben sein. Insbesondere bei Mitarbeitern im Forschungs- und Entwicklungsbereich sowie in der Konstruktion ist von einer solchen betrieblichen Aufgabenstellung regelmäßig auszugehen, auch ohne daß es eines speziellen Auftrages des Arbeitgebers für die in Rede stehende Erfindung bedarf (*Bartenbach/Volz* KommArbEG Rz. 22 ff., 26 zu § 4).

Demgegenüber handelt es sich um eine **Erfahrungserfindung** (§ 4 Abs. 2 Nr. 2   22
ArbEG), wenn der innerbetriebliche Stand der Technik in erheblichem Maße zur Erfindung beigetragen hat. Dies wird in der Regel dann zu bejahen sein, wenn die Erfindung in den Arbeitsbereich des Unternehmens fällt und betriebliches Erfahrungsgut seinen Niederschlag findet (vgl. etwa *Schiedsst.* vom 01. 10. 1987 Blatt 1988, 221, 222).

Liegt eine Diensterfindung nicht vor, handelt es sich bei der während des Arbeitsver-   23
hältnisses fertiggestellten Arbeitnehmererfindung um eine **freie Erfindung** (§ 4 Abs. 3 ArbEG). Diese unterliegt nicht dem Zugriffsrecht des Arbeitgebers. Insoweit ist der Arbeitnehmererfinder lediglich zur Mitteilung nach § 18 ArbEG verpflichtet, damit der Arbeitgeber überprüfen kann, ob es sich tatsächlich um eine freie Erfindung handelt. Will der Arbeitnehmer eine freie Erfindung während des bestehenden Arbeitsverhältnisses nutzen und fällt die Erfindung in den (vorhandenen oder vorbereiteten) Arbeitsbereich des Unternehmens, muß er den Erfindungsgegenstand gem. § 19 ArbEG dem Arbeitgeber zuvor zur Verwertung anbieten, und zwar unter Anbieten eines nicht ausschließlichen Nutzungsrechts zu angemessenen Bedingungen (einfacher Lizenzvertrag). Freie Erfindungen fallen nicht in den Anwendungsbereich des § 27 ArbEG n. F.

Technische Verbesserungsvorschläge sind nach der Legaldefinition des § 3 ArbEG   24
nicht patent- oder gebrauchsmusterfähige sonstige technische Neuerungen. Diese stehen dem Arbeitgeber als Arbeitsergebnis von vornherein zu, ohne daß es einer förmlichen Inanspruchnahme oder sonstigen Überleitung bedarf (*BGH* vom 09. 01. 1964 GRUR 1964, 449, 452 – Drehstromwicklung; *Schiedsst.* vom 27. 08. 1980 EGR Nr. 8 zu § 20 und vom 05. 11. 1986 BlPMZ 1987, 209). Ihre Behandlung bestimmt sich nach Tarifvertrag (Ausnahme) oder Betriebsvereinbarung (Regelfall). Eine Sondervorschrift enthält § 20 Abs. 1 ArbEG für sog. qualifizierte technische Verbesserungsvorschläge, und zwar auch nur hinsichtlich des Vergütungsanspruchs. Hierbei handelt es sich um solche technischen Verbesserungsvorschläge, die dem Arbeitgeber eine ähnliche Vorzugsstellung gewähren wie ein gewerbliches Schutzrecht (s. im einzelnen dazu *Bartenbach/Volz* KommArbEG Rz. 11 ff. zu § 20).

Technische Verbesserungsvorschläge fallen zwar in die Insolvenzmasse, unterliegen   25
aber nicht dem Anwendungsbereich des § 27 ArbEG n. F. (s. u. Rz. 54).

b) Sonstige schöpferische Leistungen des Arbeitnehmers

Sonstige im Arbeitsverhältnis geschaffene schöpferische Leistungen eines Arbeitneh-   26
mers, die nicht technischer Natur bzw. nicht patent- oder gebrauchsmusterfähig sind, fallen nicht in den sachlichen Anwendungsbereich des ArbEG; auch eine analoge Anwendung scheidet nach ganz h. M. aus.

Dementsprechend findet das ArbEG keine Anwendung auf **urheberschutzfähige**   27
Leistungen, insbesondere Computerprogramme; deren Zuordnung und Vergütung richtet sich nach § 43 UrhG bzw. (für urheberschutzfähige Computerprogramme) nach § 69 b UrhG (vgl. *BAG* vom 12. 03. 1997 NZA 1997, 765, 766 – Schaufensterdekoration; abw. *LG München I* vom 16. 01. 1997 CR 1997, 351, 353 f. – Softwareentwicklung im Dienstverhältnis; zur Zuordnung von Computerprogrammen zum Arbeitgeber s. auch *KG* vom 28. 01. 1997 NZA 1997, 718 – Computerprogramm).

Für im Arbeitsverhältnis geschaffene Geschmacksmuster gelten ebenfalls nicht   28
die Grundsätze des ArbEG; vielmehr sind diese gem. § 2 GeschmMG von vornherein dem Arbeitgeber als Arbeitsergebnis zugeordnet, und zwar im Regelfall vergütungsfrei.

29 Auch **Marken (Warenzeichen)**, die im Arbeitsverhältnis entwickelt werden, fallen nicht unter das ArbEG. Sie gehören als Arbeitsergebnis dem Arbeitgeber. Im Einzelfall kann sich ein besonderer Vergütungsanspruch auch hier unter dem Aspekt der arbeitsrechtlichen Sonderleistung ergeben (s. allgem. dazu *Buchner* GRUR 1985, 1 ff.; vgl. etwa *BAG* vom 30. 04. 1965 GRUR 1966, 88, 90 – Abdampfverwertung).

4. Meldung und Inanspruchnahme der Diensterfindung

30 Sobald der Arbeitnehmer eine Diensterfindung fertiggestellt hat (s. dazu oben Rz. 20), ist er gem. § 5 ArbEG verpflichtet, sie unverzüglich **seinem Arbeitgeber gesondert schriftlich zu melden**. Hierbei hat er kenntlich zu machen, daß es sich um eine Erfindungsmeldung handelt (s. dazu *BGH* vom 17. 01. 1995 Mitt. 1996, 16 – Gummielastische Masse). Diese Meldepflicht besteht für jeden Miterfinder, wenn auch die Miterfinder die Meldung gemeinsam abgeben können (§ 5 Abs. 1 Satz 2 ArbEG).

31 Die Erfindungsmeldung setzt die **viermonatige Inanspruchnahmefrist** des § 6 Abs. 2 Satz 2 ArbEG in Gang. Innerhalb dieses Zeitraumes ist der Arbeitgeber befugt, die gemeldete Diensterfindung unbeschränkt oder beschränkt in Anspruch zu nehmen (§ 6 Abs. 1 ArbEG). Durch die unbeschränkte Inanspruchnahme gehen gem. § 7 Abs. 1 ArbEG alle vermögenswerten Rechte an der Diensterfindung auf den Arbeitgeber über, so daß dieser nunmehr hierüber frei verfügen kann. Die unbeschränkte Inanspruchnahme ist in der betrieblichen Praxis der Regelfall. Sie bedarf ebenso wie die beschränkte Inanspruchnahme der Schriftform. Durch die bloß beschränkte Inanspruchnahme (§ 7 Abs. 2 ArbEG) erwirbt der Arbeitgeber nur ein einfaches, nicht ausschließliches Nutzungsrecht an der Diensterfindung; dieses ist betriebsgebunden und kann nicht auf Dritte übertragen werden, sondern entspricht der Wirkung einer einfachen Lizenz (*BGH* vom 23. 04. 1974 GRUR 1974, 463, 464 – Anlagengeschäft).

32 Mit Zugang der Erfindungsmeldung ist der Arbeitgeber nach § 13 Abs. 1 ArbEG verpflichtet, die Diensterfindung im Inland zur Erteilung eines Schutzrechts anzumelden, was unverzüglich zu geschehen hat. Im Regelfall ist eine Patentanmeldung vorzunehmen, es sei denn, daß aus Gründen der wirtschaftlichen Verwertbarkeit ein Gebrauchsmusterschutz zweckdienlich erscheint, wofür der Arbeitgeber die Beweislast trägt (vgl. dazu *Schiedsst.* vom 08. 02. 1991 GRUR 1991, 753, 755 – Spindeltrieb).

33 Nach unbeschränkter Inanspruchnahme ist der Arbeitgeber auch zur Vornahme von Auslandsschutzrechtsanmeldungen befugt (§ 14 Abs. 1 ArbEG). Will er für einzelne Auslandsstaaten kein Schutzrecht erwerben, muß er insoweit die Rechte an der Diensterfindung dem Arbeitnehmer freigeben, kann sich aber zugleich mit der Freigabe ein nicht ausschließliches Nutzungsrecht in den betreffenden Auslandsstaaten gegen angemessene Vergütung vorbehalten (§ 14 Abs. 3 ArbEG). Der Arbeitgeber muß von sich aus aktiv werden, ohne daß es eines Freigabeverlangens des Arbeitnehmers bedarf (*BGH* vom 31. 01. 1978 GRUR 1978, 430, 434 – Absorberstabantrieb I). Eine vergleichbare Pflicht ergibt sich für den Arbeitgeber aus § 16 ArbEG, wenn er vor Erfüllung des Vergütungsanspruchs eine Schutzrechtsanmeldung oder ein erteiltes Schutzrecht nicht weiter verfolgen bzw. nicht aufrechterhalten will (s. dazu unten Rz. 95 ff.).

5. Vergütungsanspruch des Arbeitnehmers

34 Als Ausgleich für die Überleitung der Erfindungsrechte auf den Arbeitgeber gewähren die §§ 9, 10 ArbEG dem Arbeitnehmer einen **Anspruch auf angemessene Vergütung**. Dies ist in der Praxis der bedeutsamste Anspruch des Arbeitnehmererfinders; er soll

einen gerechten Ausgleich zwischen den betrieblichen Interessen des Arbeitgebers und dem Vergütungsinteresse des Arbeitnehmers herstellen (*BGH* vom 13. 11. 1997 GRUR 1998, 689, 692 – Copolyester II).

Für die **Bemessung der Vergütung** sind gem. § 9 Abs. 2 ArbEG insbesondere die wirtschaftliche Verwertbarkeit der Diensterfindung, die Aufgaben und Stellung des Arbeitnehmers im Betrieb sowie der Anteil des Betriebs an dem Zustandekommen der Diensterfindung maßgebend. Zur Konkretisierung des Vergütungsanspruchs ist auf die nach § 11 ArbEG durch den Bundesminister für Arbeit und Sozialordnung erlassenen **Amtlichen Vergütungsrichtlinien** vom 20. 07. 1959 zurückzugreifen (vgl. dazu im einzelnen *Bartenbach/Volz* KommRL; *Reimer/Schade/Schippel/Kaube* Anhang zu § 11). 35

Über die angemessene Erfindervergütung soll der Arbeitnehmererfinder grundsätzlich an **allen** wirtschaftlichen (geldwerten) **Vorteilen** beteiligt werden, die seinem Arbeitgeber aufgrund der Diensterfindung (**kausal**) zufließen (*BGH* vom 13. 11. 1997 a. a. O.). Hierzu soll nach Auffassung des BGH »zuvörderst der vom Arbeitgeber bei einer Verwertung der Erfindung erzielte Gewinn gehören« (*BGH* vom 13. 11. 1997 GRUR 1998, 684, 687 f. – Spulkopf), was bei konsequenter Anwendung zu einer Verneinung des Vergütungsanspruchs führen müßte, wenn der Arbeitgeber die Erfindung ohne Gewinn bzw. mit Verlust nutzt. 36

Der Vergütungsanspruch besteht **nur im Verhältnis zum Arbeitgeber** und nur bezogen auf die wirtschaftlichen Vorteile des Arbeitgebers, ist also betriebsbezogen zu bestimmen (*BGH* vom 13. 11. 1997 GRUR 1998, 689, 695 – Copolyester II). 37

Der Vergütungsanspruch entsteht zwar **dem Grunde nach** im Falle einer unbeschränkten Inanspruchnahme mit Zugang der Inanspruchnahmeerklärung; er wird jedoch im Regelfall erst durch die wirtschaftlichen Verwertungshandlungen konkretisiert. Bei der beschränkten Inanspruchnahme ist das Entstehen des Vergütungsanspruchs dagegen von der Aufnahme der Verwertungshandlungen abhängig (§ 10 Abs. 1 Satz 1 ArbEG). 38

Der Vergütungsanspruch besteht i. S. einer **vorläufigen Vergütung** auch dann, wenn noch kein Schutzrecht (rechtsbeständig) erteilt ist (s. o. Rz. 15); der Arbeitgeber kann hier orientiert an den Erteilungschancen die Höhe der endgültigen Vergütung um einen Risikoabschlag kürzen (s. dazu ausführlich *Bartenbach/Volz* KommArbEG Rz. 57 ff. zu § 12). Der Arbeitgeber muß nach der höchstrichterlichen Rechtsprechung spätestens mit Ablauf von drei Monaten nach Aufnahme der Benutzung die Vergütung vorläufig regeln (grundlegend hierzu *BGH* vom 28. 06. 1962 GRUR 1963, 135, 137 – Cromegal; seitdem ständ. Rspr. u. a. *BGH* vom 02. 06. 1987 GRUR 1987, 900, 902 – Entwässerungsanlage). Wird ein Schutzrecht (rechtsbeständig) erteilt, ist der einbehaltene **Risikoabschlag** grundsätzlich **nachzuzahlen** (*Schiedsst.* vom 04. 02. 1993 GRUR 1994, 611, 614 – Regelkreisanordnung). Wird das Schutzrecht rechtsbeständig versagt, endet der Vergütungsanspruch für die zukünftigen Nutzungen, dagegen verbleibt dem Arbeitnehmer der Anspruch auf die vorläufige Vergütung für die Vergangenheit (*BGH* vom 30. 03. 1971 GRUR 1971, 475, 477 – Gleichrichter und vom 02. 06. 1987 GRUR 1987, 900, 902 – Entwässerungsanlage). 39

Die **Regelung der Vergütung** soll gem. § 12 Abs. 1 ArbEG in angemessener Frist nach Inanspruchnahme der Diensterfindung durch Vereinbarung zwischen Arbeitgeber und Arbeitnehmer erfolgen. Kommt eine derartige Vereinbarung nicht zustande, hat der Arbeitgeber die Vergütung durch eine begründete schriftliche Erklärung an den Arbeitnehmer festzusetzen und entsprechend der Festsetzung zu zahlen (§ 12 Abs. 2 Satz 1 ArbEG). Die Festsetzung ist spätestens drei Monate nach Nutzungsaufnahme vorzunehmen. Sie hat schriftlich zu erfolgen. Der Arbeitnehmer kann der Festsetzung gem. § 12 Abs. 4 ArbEG innerhalb von zwei Monaten durch schriftliche Erklärung widersprechen, 40 wenn er mit ihr nicht einverstanden ist; andernfalls wird die Festsetzung für beide Arbeitsvertragsparteien verbindlich. Widerspricht der Arbeitnehmer, ist der Arbeitgeber gleichwohl verpflichtet, die Vergütung in der festgesetzten Höhe als »Mindestvergütung« zu zahlen (*BGH* vom 13. 11. 1997 GRUR 1998, 689, 695 – Copolyester II).

41 Eine verbindlich gewordene Vergütungsvereinbarung bzw. Vergütungsfestsetzung kann unter den Voraussetzungen des § 12 Abs. 6 ArbEG eine **Anpassung** erfahren, wenn sich die Umstände wesentlich ändern, die für die Feststellung oder Festsetzung der Vergütung maßgebend waren (vgl. *BGH* vom 17. 04. 1973 GRUR 1973, 649, 651 – Absperrventil; s. im einzelnen *Bartenbach/Volz* KommArbEG Rz. 95 ff. zu § 12). Eine Rückforderung zuviel gezahlter Erfindervergütung ist durch § 12 Abs. 6 Satz 2 ArbEG ausgeschlossen, wobei allerdings die Schiedsstelle eine Verrechnung mit zukünftigen Vergütungsansprüchen des Arbeitnehmers für dieselbe Diensterfindung zuläßt (vgl. die Nachweise bei *Bartenbach/Volz* KommArbEG Rz. 161 zu § 12; i. einz. aber streitig).

42 Eine besondere Wirksamkeitsschranke für getroffene Vergütungsregelungen enthält § 23 ArbEG; hiernach ist eine Vergütungsregelung **unwirksam**, soweit sie (von Anfang an) in erheblichem Maße **unbillig** ist, d. h. die gesetzlich geschuldete Vergütung in erheblichem Maße unterschritten wird (vgl. dazu *BGH* vom 4. 10. 1988 BlPMZ 1989, 135, 136 – Vinylchlorid). Auch der Arbeitgeber kann eine Anpassung nach § 12 Abs. 6 ArbEG wegen veränderter Umstände bzw. einer Unbilligkeit nach § 23 ArbEG geltend machen. Bei Berufung auf die einer Vergütungsregelung von Anfang an innewohnende Unbilligkeit müssen beide Arbeitsvertragsparteien die Ausschlußfrist des § 23 Abs. 2 ArbEG (»spätestens bis zum Ablauf von sechs Monaten nach Beendigung des Arbeitsverhältnisses«) beachten.

43 Zur Vorbereitung und Durchsetzung seiner Vergütungsansprüche erkennt die Rechtsprechung dem Arbeitnehmererfinder einen weitreichenden **Auskunfts- bzw. Rechnungslegungsanspruch** zu. Der aus § 242 BGB hergeleitete Rechnungslegungsanspruch soll dem Arbeitnehmererfinder die Auskünfte vermitteln, die er benötigt, um den Umfang und die Höhe der ihm zustehenden Erfindervergütung berechnen zu können, sei es daß er die erstmalige Zahlung einer Vergütung oder die Zahlung einer weiteren Vergütung aufgrund einer Neufestsetzung nach § 12 Abs. 6 ArbEG begehrt oder um zu prüfen, ob eine getroffene Vergütungsregelung unwirksam i. S. d. § 23 ArbEG ist (vgl. BGH vom 17. 05. 1994 GRUR 1994, 898, 900 – Copolyester I). Darüber hinaus soll dieser Anspruch den Arbeitnehmererfinder in die Lage versetzen, die Richtigkeit der festgesetzten Vergütung zu überprüfen (*BGH* vom 13. 11. 1997 GRUR 1998, 689 – Copolyester II und vom 13. 11. 1997 GRUR 1998, 684 ff. – Spulkopf). Der Umfang der mitzuteilenden Angaben wird insbesondere durch die Erforderlichkeit und die Zumutbarkeit sowie das Geheimhaltungsinteresse des Arbeitgebers begrenzt (*BGH* a. a. O.).

6. Auswirkung einer Beendigung des Arbeitsverhältnisses (§ 26 ArbEG)

44 § 26 ArbEG bestimmt ausdrücklich, daß die Rechte und Pflichten aus diesem Gesetz durch die Auflösung des Arbeitsverhältnisses nicht berührt werden. Diese Vorschrift stellt klar, daß die Rechtsbeziehungen zwischen den früheren Arbeitsvertragsparteien in bezug auf die während der Dauer des Arbeitsverhältnisses gemachten Arbeitnehmererfindungen über das rechtliche Ende des Arbeitsverhältnisses hinaus fortbestehen. Dementsprechend bleibt der Arbeitnehmer insbesondere zur Mitwirkung bei Schutzrechtserteilungsverfahren verpflichtet (vgl. § 15 Abs. 2 ArbEG). Für den Arbeitgeber bestehen ebenfalls alle Pflichten fort, insbesondere die Pflicht zur Vergütung wie auch

Pflichten im Zusammenhang mit dem Fallenlassen von Schutzrechtspositionen (§ 16 ArbEG). Diese Pflichten treffen auch den Insolvenzverwalter, wenn das Arbeitsverhältnis im Zusammenhang mit der Insolvenz aufgelöst wird oder zuvor bereits aufgelöst war.

Handelt es sich bei dem Schuldner (Arbeitgeber) um eine natürliche Person, kann die Fortdauer der Rechte und Pflichten aus dem ArbEG im Falle der **Erteilung der Restschuldbefreiung** (vgl. §§ 286 ff. InsO) eine Einschränkung erfahren. In diesem Fall wird er auch von den erfinderrechtlichen Verbindlichkeiten gegenüber seinen früheren Arbeitnehmern als Insolvenzgläubiger befreit (vgl. §§ 286, 301 InsO). 45

7. Rechtsstreitigkeiten

Im Interesse einer gütlichen Beilegung von Meinungsverschiedenheiten hat der Gesetzgeber ein besonderes **Schiedsstellenverfahren** vorgesehen. Hierzu ist die Schiedsstelle nach dem Gesetz über Arbeitnehmererfindungen beim Deutschen Patentamt in München (Anschrift: Zweibrückenstraße 12, 80297 München) errichtet (die Schiedsstelle bei der Berliner Dienststelle des Deutschen Patentamts ist gem. dem 2. PatÄndG 1998 mit Wirkung ab 01. 11. 1998 entfallen). Die Schiedsstelle ist in allen Streitfällen zwischen Arbeitgeber und Arbeitnehmer aufgrund des ArbEG zuständig (§ 28 Satz 1 ArbEG). Während eines bestehenden Arbeitsverhältnisses ist die Vorschaltung des Schiedsstellenverfahrens vor einer gerichtlichen Klage zwingend vorgeschrieben (vgl. § 37 Abs. 1 ArbEG). Ist der Arbeitnehmer ausgeschieden, bedarf es der Anrufung nicht mehr (§ 37 Abs. 2 Nr. 3 ArbEG), auch wenn die Schiedsstelle weiterhin von den früheren Arbeitsvertragsparteien angerufen werden kann. Wegen der besonderen Sachkunde der Schiedsstelle und der Kostenfreiheit des Verfahrens (§ 36 ArbEG) wird von dieser Möglichkeit auch nach Beendigung des Arbeitsverhältnisses rege Gebrauch gemacht. Da der Insolvenzverwalter mit Verfahrenseröffnung an die Stelle des Schuldners tritt (§§ 27, 56 ff., 80 InsO), ist auch er verpflichtet bzw. berechtigt, die Schiedsstelle anzurufen bzw. ist er in seiner Funktion Beteiligter eines vom Arbeitnehmer anhängig gemachten Schiedsstellenverfahrens. 46

Für alle Rechtsstreitigkeiten über Erfindungen eines Arbeitnehmers sind gem. § 39 Abs. 1 ArbEG die **für Patentstreitsachen zuständigen Gerichte** (§ 143 PatG) ohne Rücksicht auf den Streitwert ausschließlich zuständig. Die erfinderrechtlichen Streitigkeiten gehören also vor die Patentstreitkammern der Landgerichte; eine sachliche Zuständigkeit der Arbeitsgerichte besteht nach § 39 Abs. 2 ArbEG nur für Rechtsstreitigkeiten, die ausschließlich Ansprüche auf Leistung einer festgestellten oder festgesetzten Vergütung für eine Erfindung zum Gegenstand haben (vgl. § 2 Abs. 2 lit. a ArbGG). Auch für technische Verbesserungsvorschläge verbleibt es bei der Zuständigkeit der Arbeitsgerichte (§ 2 Abs. 1 Nr. 3 a ArbGG n. F.). Diese sachlichen Zuständigkeitsvorgaben sind im Insolvenzverfahren zu beachten. 47

B. Die insolvenzrechtliche Sonderregelung des § 27 ArbEG n. F.

I. Bisheriges Recht (§ 27 ArbEG a. F.)

Im Interesse einer umfassenden Regelung des Rechts der Arbeitnehmererfindung (s. o. Rz. 2) und zur Stärkung der Rechtsposition des Arbeitnehmers in Anerkennung seiner erfinderischen Leistung billigte § 27 ArbEG a. F. dem Arbeitnehmererfinder ein Vor- 48 kaufsrecht an seiner Diensterfindung ebenso zu (Abs. 1) wie ein besonderes Konkursvorrecht für seine Vergütungsansprüche (Abs. 2).

49 Durch das in Abs. 1 geregelte **Vorkaufsrecht des Arbeitnehmers** sollte er in die Lage versetzt werden, seine unbeschränkt in Anspruch genommene Diensterfindung wieder zu übernehmen und selbst eine vorteilhaftere Verwertung zu versuchen (*Amtl. Begründung* BT-Drucks. II/1648, S. 41 = BlPMZ 1957, 241). Dieses griff aber nur dann ein, wenn der Konkursverwalter die Diensterfindung ohne den Geschäftsbetrieb veräußerte (s. dazu unten Rz. 59 ff.).

50 Durch Abs. 2 war dem Arbeitnehmer ein **Konkursvorrecht eigener Art** eingeräumt worden. Dieses bezog sich auf **alle Vergütungsansprüche aus dem ArbEG**, also sowohl auf die Vergütung für die unbeschränkte Inanspruchnahme einer Diensterfindung als auch für das Benutzungsrecht an einer Erfindung bei beschränkter Inanspruchnahme bzw. Auslandsfreigabe oder Aufgabe einer Schutzrechtsposition (§ 10, § 14 Abs. 3, § 16 Abs. 3, § 19 ArbEG) sowie auf die Vergütung für die Verwertung eines qualifizierten technischen Verbesserungsvorschlages (§ 20 Abs. 1 ArbEG). Da das Konkursvorrecht jedoch im Range nach den Sozialplanansprüchen und den Lohnansprüchen (§ 61 Abs. 1 Nr. 1 KO) bestand, war die praktische Bedeutung gering (wegen der Einzelheiten s. *Bartenbach/Volz* KommArbEG Rz. 32 ff. zu § 27 a. F.).

II. Reform des § 27 ArbEG a. F. durch Artikel 56 EGInsO

51 Im Zusammenhang mit der Insolvenzrechtsreform hat der Gesetzgeber über Art. 56 EGInsO die bisherige Bestimmung des § 27 ArbEG grundlegend geändert, allerdings deren Standort im ArbEG beibehalten (s. o. Rz. 48). Während das Vorkaufsrecht des Arbeitnehmers im Grundsatz beibehalten worden ist (vgl. § 27 Nr. 2 Satz 1 ArbEG n. F.), hat der Gesetzgeber das Konkursvorrecht für Vergütungsansprüche ersatzlos gestrichen, um damit einem Ziel der Insolvenzrechtsreform, der Beseitigung der allgemeinen Konkursvorrechte, Rechnung zu tragen. Das Konkursvorrecht ist durch eine Regelung ersetzt worden, die einerseits die Rechte des Arbeitnehmers, dessen Diensterfindung vor Eröffnung des Insolvenzverfahrens unbeschränkt in Anspruch genommen worden ist, der Rechtsstellung eines absonderungsberechtigten Gläubigers annähert, andererseits aber auch noch die Besonderheiten des Arbeitnehmererfindungsrechts berücksichtigt (*Amtl. Begründung* BT-Drucks. 12/3803, S. 99).

III. Zeitlicher, sachlicher und räumlicher Geltungsbereich des § 27 ArbEG n. F.

52 Nach Art. 110 Abs. 1 EGInsO tritt u. a. die Neufassung des § 27 ArbEG **am 01. 01. 1999 in Kraft**. Ausweislich Art. 103 EGInsO verbleibt es für sämtliche vor dem 01. 01. 1999 beantragten Konkurs-, Vergleichs- und Gesamtvollstreckungsverfahren bei der bisherigen Regelung des § 27 ArbEG a. F.; gleiches gilt gem. Art. 103 Satz 2 EGInsO für Anschlußkonkursverfahren, bei denen der dem Verfahren vorausgehende Vergleichsantrag vor dem 01. 01. 1999 gestellt worden ist.

53 Das Wirksamwerden des neuen § 27 ArbEG ist nicht davon abhängig, ob das Arbeitsverhältnis des Arbeitnehmererfinders vor dem 01. 01. 1999 begründet oder beendet worden ist; es ist auch nicht davon abhängig, ob die Diensterfindung vor dem Jahre 1999 fertiggestellt oder in Anspruch genommen worden ist. Insoweit ist – wie sich aus Art. 104 EGInsO ergibt – allein maßgebend, daß das Insolvenzverfahren nach dem

31. 12. 1998 beantragt wird und vor Eröffnung des Insolvenzverfahrens über das Vermögen des Arbeitgebers die unbeschränkte Inanspruchnahme der Diensterfindung erfolgt ist.
In sachlicher Hinsicht besteht ein Unterschied zur früheren Regelung darin, daß § 27 ArbEG n. F. einmal **nur Diensterfindungen erfaßt**, nicht also freie Erfindungen (§ 4 Abs. 3 ArbEG; s. o. Rz. 23) und technische Verbesserungsvorschläge (§§ 3, 20 ArbEG; s. o. Rz. 24). Zu den Diensterfindungen gehören aber auch die betriebsgeheimen Erfindungen i. S. d. § 17 ArbEG. Für die Anwendung des § 27 ArbEG n. F. kommt es nicht darauf an, ob die Diensterfindung schon zur Erteilung eines Schutzrechts angemeldet worden, das Erteilungsverfahren noch anhängig oder bereits ein Schutzrecht erteilt worden ist. Die Diensterfindung unterliegt in jedem Stadium dieser insolvenzrechtlichen Regelung.

54

Voraussetzung ist nach dem Einleitungssatz des § 27 ArbEG n. F. in jedem Fall, daß eine **unbeschränkte Inanspruchnahme** der Diensterfindung erfolgt, d. h. vor Eröffnung des Insolvenzverfahrens die schriftliche Inanspruchnahmeerklärung dem Arbeitnehmer zugegangen ist (§ 6 Abs. 2 ArbEG). Der Inanspruchnahme gleichgestellt werden muß jede sonstige Form der Überleitung der Erfindungsrechte vor Insolvenzeröffnung, d. h. die ausdrückliche oder schlüssige Vereinbarung der Überleitung der Erfindungsrechte auf den Arbeitgeber. Folgerichtig kommt die Vorschrift nicht zur Anwendung, wenn mangels Inanspruchnahme bzw. sonstiger Überleitung innerhalb der Inanspruchnahmefrist die Diensterfindung nach § 8 Abs. 1 Nr. 3 ArbEG frei geworden ist. Eine vom Insolvenzverwalter nach Eröffnung des Insolvenzverfahrens erklärte unbeschränkte Inanspruchnahme eröffnet die Wirkung des § 27 ArbEG n. F. nicht (zur Kritik s. *Bartenbach/Volz* KommArbEG Rz. 148 zu § 27 n. F.).

55

§ 27 ArbEG n. F. gilt uneingeschränkt für die neuen Bundesländer, soweit es sich um Diensterfindungen handelt, die nach dem 02. 10. 1990 fertiggestellt worden sind (s. hierzu *Bartenbach/Volz* KommArbEG Einl. Rz. 31 ff.). Für die Erfindungen aus der Zeit der ehemaligen DDR gelten dagegen weder § 27 ArbEG a. F. noch die neue Regelung des § 27 ArbEG; vielmehr bestimmt sich dies nach der Gesamtvollstreckungsordnung (GesO) (vgl. dazu *Möller*, S. 249 ff.). Insoweit verbleibt es auch bei Gesamtvollstreckungsverfahren, die vor dem 01. 01. 1999 beantragt worden sind (Art. 103 EGInsO) bei der Anwendung der GesO. Aufgrund der Aufhebung der GesO (Art. 2 Nr. 7 EGInsO) gilt für DDR-Erfindungen aus der Zeit vor dem 02. 10. 1990 lediglich die InsO für nach dem 01. 01. 1999 beantragte Insolvenzverfahren; die Arbeitnehmererfinder sind insoweit normale Insolvenzgläubiger, ohne daß ihnen ein Vorkaufsrecht oder Absonderungsrechte nach § 27 ArbEG n. F. zustünden. Dies ist letztlich die Folge der Grundentscheidung des Einigungsvertrages, wonach das ArbEG nicht für DDR-Erfindungen gilt (vgl. Anlage I Kap. III Sachgebiet E Abschn. II Nr. 1 § 11).

56

C. Regelungsgegenstände des § 27 ArbEG n. F.

§ 27 ArbEG n. F. beschränkt sich – neben der Beibehaltung des Vorkaufsrechts für den Arbeitnehmererfinder gem. § 27 Abs. 1 ArbEG a. F. (Nr. 2 Satz 1) – auf insolvenzrechtliche Sonderregelungen zur Vergütung von Diensterfindungen (Nrn. 1, 2 Satz 3 und 4, Nrn. 3 und 5) sowie auf die Anbietungspflicht des Insolvenzverwalters bei Nichtverwertung (Nr. 4). Daraus wird zugleich deutlich, daß sich die rechtliche Behandlung der Arbeitnehmererfindung auch im Insolvenzfall grundsätzlich nach den allgemeinen Regeln des ArbEG bestimmen soll (s. dazu Rz. 4 ff.).

57

I. Veräußerung der Diensterfindung durch den Insolvenzverwalter

58 Im Rahmen der Unternehmenstätigkeit steht üblicherweise die tatsächliche Verwertung des Gegenstandes einer Diensterfindung im Vordergrund, sei es durch Eigennutzung im Unternehmen oder durch Lizenzvergabe. Demgegenüber treten im Insolvenzverfahren häufig die Verwertung der Diensterfindung bzw. der darauf erworbenen Schutzrechtspositionen durch Rechtsveräußerung in den Vordergrund. Dabei unterscheidet § 27 ArbEG n. F. danach, ob eine Diensterfindung ohne oder mit Geschäftsbetrieb veräußert wird.

1. Veräußerung ohne Geschäftsbetrieb – Vorkaufsrecht des Arbeitnehmers (§ 27 Nr. 2 ArbEG n. F.)

59 Veräußert der Insolvenzverwalter die Diensterfindung ohne den Geschäftsbetrieb, gesteht das Gesetz dem Arbeitnehmererfinder ein Vorkaufsrecht zu (Satz 1). Insoweit hat der Gesetzgeber die bisherige Regelung des § 27 Abs. 1 ArbEG inhaltlich unverändert auf das neue Insolvenzverfahren übertragen (*Amtl. Begründung* BT-Drucks. 12/3803, S. 99). Damit trägt § 27 Nr. 2 ArbEG n. F. dem Umstand Rechnung, daß alle zur Zeit der Eröffnung des Insolvenzverfahrens bereits unbeschränkt in Anspruch genommenen Diensterfindungen in das Vermögen des Schuldners übergegangen sind (§§ 6, 7 Abs. 1 ArbEG) und damit in die Insolvenzmasse fallen (§ 35 InsO).

60 Mit dem Vorkaufsrecht belastet sind – wie im bisherigen Recht – nur die nach § 7 Abs. 1 ArbEG übergegangenen **Diensterfindungen** (zum Begriff s. o. Rz. 17), nicht dagegen die vom Arbeitgeber per Rechtsübertragung übernommenen freien (§ 4 Abs. 3 ArbEG) oder frei gewordenen (§ 8 ArbEG) Arbeitnehmererfindungen.

61 Das Vorkaufsrecht knüpft nicht nur an die Übertragung der gesamten Rechte an der Diensterfindung an, sondern gilt auch für alle hierauf bezogenen Schutzrechtspositionen. Eine Veräußerung der Diensterfindung liegt demzufolge auch dann vor, wenn der Insolvenzverwalter **nur einzelne Schutzrechtspositionen auf Dritte überträgt**, etwa nur ein Inlandspatent (inländische Schutzrechtsanmeldung) oder einzelne Auslandsschutzrechte (Schutzrechtsanmeldungen).

62 Für den Begriff der »Veräußerung ohne Geschäftsbetrieb« gelten die bisherigen Maßstäbe des § 27 Abs. 1 ArbEG a. F. grundsätzlich weiter. **Veräußerung** ist jedes auf Übertragung der Diensterfindung (bzw. einzelner Schutzrechtspositionen) gerichtete Verpflichtungsgeschäft des Insolvenzverwalters. Erfaßt werden nicht nur der Rechtskauf (§ 433 Abs. 1 Satz 2 BGB), sondern grundsätzlich jedes auf entgeltliche Übertragung dieser Position ausgerichtete Rechtsgeschäft. Keine Veräußerung stellt einmal die Lizenzvergabe durch den Insolvenzverwalter dar. Dies gilt selbst dann, wenn einem Dritten eine ausschließliche Lizenz unter Verzicht auf eigene Verwertungsrechte für das Schuldnerunternehmen eingeräumt wird (vgl. die Differenzierung in § 15 Abs. 1 PatG – Rechtsübertragung – gegenüber § 15 Abs. 2 PatG – Lizenzeinräumung). Geht man von der Anwendbarkeit der §§ 504 ff. BGB auch für gesetzliche Vorkaufsrechte aus (vgl. *OLG Düsseldorf* vom 23. 10. 1970 GRUR 1971, 218, 219 – Energiezuführungen), muß auch hier grundsätzlich ein Kaufvertrag vorliegen, so daß in Fällen der Einbringung der Erfindungsrechte in eine Gesellschaft, der unentgeltlichen Übertragung oder des Tausches das Vorkaufsrecht nicht einschlägig wird (vgl. allgemein *Palandt/Putzo*, BGB, § 504, Rz. 4 m. w. N.), obschon es sich auch in diesen Fällen um eine Rechteübertragung i. S. d. § 15 Abs. 1 PatG handelt. Erfaßt werden damit insbesondere alle Fälle des freihändigen Verkaufs durch den Insolvenzverwalter, insoweit abweichend von der für schuldrechtliche Vorkaufsrechte geltenden Regelung des § 512 BGB n. F.

Der Begriff des **Geschäftsbetriebes** stimmt ebenfalls mit dem des § 27 Abs. 1 ArbEG 63
a.F. überein. Damit ist er nicht identisch mit dem im ArbEG regelmäßig verwendeten
Begriff des Betriebes. Vorausgesetzt wird eine organisatorische Einheit von sächlichen
Mitteln (Maschinen, Werkzeuge usw.) unter Einschluß von Rechtspositionen (Schutzrechte, Marken, Know-how usw.), ohne daß es – im Unterschied zu § 613a BGB – auf
den Übergang von Arbeitsverhältnissen ankommt. Eine Veräußerung ohne Geschäftsbetrieb liegt insbesondere dann vor, wenn der Insolvenzverwalter nicht (zugleich) das
gesamte Unternehmen oder solche Betriebsteile mit veräußert, in denen die Diensterfindung bislang nicht eingesetzt worden ist bzw. – bei unterbliebener Verwertung – bei
denen sie nicht ausgewertet werden kann und soll (vgl. zu § 27 Abs. 1 a.F. *OLG
Düsseldorf* a.a.O.; vgl. auch zum Begriff des Geschäftsbetriebes i.S.d. § 8 Abs. 2 WZG
a.F. *BGH* vom 26.05.1972 GRUR 1973, 363, 364f. – Baader sowie nunmehr § 27
Abs. 2 MarkenG).

Erforderlich ist bei der Feststellung der Veräußerung ohne Geschäftsbetrieb eine **wirt-** 64
schaftliche Betrachtungsweise (vgl. *Schiedsstelle* vom 12.05.1982 BlPMZ 1982,
304f.). Dies folgt aus dem unveränderten Normzweck, nämlich dem Arbeitnehmererfinder die Möglichkeit einzuräumen, seine Erfindung wieder selbst zu verwerten, da bei
Einzelveräußerungen Diensterfindungen nicht selten erheblich unter ihrem Wert verkauft werden (vgl. *Amtl. Begründung* BT-Drucks. II/1648, S. 41 zu § 27 ArbEG a.F.).
Bestehen bei einer Diensterfindung mehrere parallele Schutzrechtspositionen (Inlands-/Auslandsrechte), kann bei unterschiedlichen Verkaufsvorgängen sowohl eine Veräußerung mit als auch ohne Geschäftsbetrieb vorliegen; das gilt etwa dann, wenn der
Geschäftsbetrieb zusammen mit den Inlandsschutzrechten veräußert wird, dagegen die
Auslandsschutzrechte isoliert an einen Dritten übertragen werden (vgl. im übrigen
Bartenbach/Volz KommArbEG Rz. 68f. zu § 27 n.F.).

In den Fällen einer (Einzel-) Veräußerung der Diensterfindung bzw. hierauf bezogener 65
Schutzrechtspositionen hat der Insolvenzverwalter folgendes zu beachten: Das gesetzliche Vorkaufsrecht des Arbeitnehmererfinders entsteht mit **rechtsgültigem Abschluß**
des Kaufvertrages (§ 433 Abs. 1 Satz 2, § 504 BGB). Abweichend von § 512 BGB n.F.
ist der Insolvenzverwalter gem. § 510 Abs. 1 BGB verpflichtet, dem Arbeitnehmererfinder den mit dem Dritten geschlossenen Vertrag unverzüglich mitzuteilen, d.h. er muß
schriftlich oder mündlich den Arbeitnehmererfinder über den Inhalt des Kaufvertrages
und über die Person des (Vor-) Käufers unterrichten. Wenn sich aus § 510 BGB nicht
die Verpflichtung ergeben sollte, einen schriftlich fixierten Kaufvertrag dem Arbeitnehmererfinder vorzulegen, erscheint die **Vorlage des Kaufvertrages** auch vor dem
Hintergrund des von der Rechtsprechung umfassend anerkannten Auskunfts- und Rechnungslegungsanspruchs (s. dazu Rz. 43) sinnvoll; damit werden zugleich Meinungsverschiedenheiten zwischen Insolvenzverwalter und Arbeitnehmererfinder über die
ausreichende Erfüllung der Mitteilungspflicht vermieden.

Diese Information hat der Insolvenzverwalter **unverzüglich**, d.h. ohne schuldhaftes 66
Zögern (vgl. § 121 Abs. 1 Satz 1 BGB) zu vermitteln. Die Ausübung des Vorkaufsrechts
kann nicht an bestimmte Bedingungen geknüpft werden; beispielsweise wäre es rechtsunwirksam, wenn der Insolvenzverwalter die Ausübung des Vorkaufsrechts von einem
Verzicht auf schon entstandene Vergütungsansprüche abhängig macht.

Der Arbeitnehmererfinder muß das **Vorkaufsrecht bis zum Ablauf einer Woche nach** 67
Empfang der (richtigen und vollständigen) Mitteilung gegenüber dem Insolvenzverwalter **ausüben** (§ 510 Abs. 2 Satz 1 BGB), d.h., der Arbeitnehmererfinder muß binnen
Wochenfrist gegenüber dem Insolvenzverwalter die Ausübung des Vorkaufsrechts erklären; dies ist auch formlos möglich (§ 505 Abs. 1 BGB).

68 Durch die Ausübung des Vorkaufsrechts kommt der Kauf über die Erfindungsrechte nunmehr zwischen dem Arbeitnehmererfinder und der Insolvenzmasse zustande, und zwar zu den gleichen Bedingungen, die mit dem Dritten vereinbart worden sind (§ 505 Abs. 2 BGB). Insoweit hat der Arbeitnehmererfinder auch keinen Anspruch auf günstigere Vertragsbedingungen, von der gesetzlichen Aufrechnungsmöglichkeit nach § 27 Nr. 2 Satz 2 ArbEG n. F. abgesehen.

69 Das Vorkaufsrecht wird ausgelöst durch den Abschluß des auf die Übertragung der Diensterfindung bzw. jeweiligen Schutzrechtsposition gerichteten Verpflichtungsgeschäfts. Hat der Insolvenzverwalter unter Verstoß gegen § 27 Nr. 2 ArbEG n. F. die Erfindungsrechte bereits auf einen Dritten übertragen (Abtretung, §§ 413, 398 BGB), bleibt die Abtretung wirksam (*Bartenbach/Volz* KommArbEG Rz. 78 zu § 27 n.F.). Insoweit gilt auch hier allgemein der Grundsatz, daß die Rechte und Pflichten aus dem ArbEG keine dingliche Belastung der Diensterfindung darstellen (s. o. Rz. 5). Ansprüche des Arbeitnehmererfinders gegenüber dem Rechtserwerber bestehen nicht; er kann aber Ansprüche nach §§ 320 ff. BGB gegenüber der Insolvenzmasse geltend machen; daneben haftet ggf. der Insolvenzverwalter nach § 60 InsO (*Bartenbach/Volz* a. a. O.).

70 In der Praxis ist es häufig, wenn nicht gar der Regelfall, daß an einer Diensterfindung **mehrere Arbeitnehmererfinder (Miterfinder)** beteiligt sind. In diesen Fällen steht jedem von ihnen das gesetzliche Vorkaufsrecht des § 27 Nr. 2 ArbEG n. F. zu. Jedem gegenüber hat der Insolvenzverwalter seine Mitteilungspflicht nach § 510 Abs. 1 BGB zu erfüllen, selbst wenn der Arbeitnehmererfinder zwischenzeitlich ausgeschieden sein sollte (§ 26 ArbEG). Allerdings können die Miterfinder gem. § 513 Satz 1 BGB das **Vorkaufsrecht nur im ganzen ausüben**, also nur eine Übertragung der gesamten veräußerten Schutzrechtsposition verlangen. Will ein Arbeitnehmererfinder von dem Vorkaufsrecht keinen Gebrauch machen, kann er diese Rechtsposition nicht auf einen Dritten übertragen (vgl. auch § 514 BGB); übt er sein Vorkaufsrecht nicht aus, sind die übrigen Miterfinder kraft Gesetzes berechtigt, das Vorkaufsrecht im ganzen auszuüben (§ 513 Satz 2 BGB). Die nach Ausübung des Vorkaufsrechts den Miterfindern abgetretenen Rechte stehen diesen grundsätzlich in Form der Bruchteilsgemeinschaft (§§ 741 ff. BGB) zu (vgl. im übrigen *Bartenbach/Volz* KommArbEG Rz. 79 zu § 27 n. F.).

71 Hat der Arbeitnehmer das Vorkaufsrecht ausgeübt, kann er kraft Gesetzes mit seinen Ansprüchen auf Vergütung für die unbeschränkte Inanspruchnahme der Diensterfindung gegen die Kaufpreisforderung **aufrechnen** (§ 27 Nr. 2 Satz 2 ArbEG n. F.). Durch diese spezialgesetzlich eingeräumte Aufrechnungsmöglichkeit werden die allgemeinen Einschränkungen der Aufrechnung im Insolvenzverfahren (vgl. §§ 95 f. InsO) ausgeschlossen.

72 Aufgerechnet werden kann nur mit **rückständigen Vergütungsansprüchen** (vgl. *Amtl. Begründung* BT-Drucks. 12/3803, S. 99), also nur mit solchen Ansprüchen, die zum Zeitpunkt des Wirksamwerdens des Rechtskaufs (§ 502 Abs. 2 BGB) bereits fällig sind. Aus dem Gesetzeswortlaut folgt ferner, daß sich die aufrechenbaren Vergütungsansprüche auf die veräußerte Diensterfindung beziehen müssen; demzufolge kann die Aufrechnung nicht mit Vergütungsansprüchen aus anderen Diensterfindungen bzw. qualifizierten technischen Verbesserungsvorschlägen erklärt werden. Allerdings erstreckt sich die Aufrechnungsmöglichkeit auch auf solche Vergütungsansprüche, die aus Nutzungshandlungen aus der Zeit nach Eröffnung des Insolvenzverfahrens resultieren (vgl. § 27 Nr. 3 ArbEG n. F., s. dazu Rz. 91 ff.). Soweit es frühere Vergütungsansprüche betrifft, ist noch offen, ob der Erfinder nur mit solchen rückständigen Ansprüchen aufrechnen kann, die er zuvor nach § 174 InsO angemeldet hat und die weder vom Insolvenzverwalter noch von einem Insolvenzgläubiger bestritten worden sind (vgl. § 179 InsO). Für die Aufrechnung selbst gelten im übrigen die allgemeinen Regeln der §§ 387 ff. BGB. Die Aufrechnung ist demzufolge bedingungsfrei gegenüber der Insolvenzmasse (Insolvenzverwalter) zu erklären (§ 388 BGB). Bei mehreren Arbeitnehmererfindern kann der einzelne Miterfinder nur mit seinem eigenen Vergütungsanspruch aufrechnen, nicht dagegen mit denen der übrigen Miterfinder (vgl. § 422 Abs. 2 BGB).

Macht der Arbeitnehmererfinder bzw. machen alle Arbeitnehmererfinder von dem **Vorkaufsrecht keinen Gebrauch**, gilt folgendes: Der Insolvenzverwalter kann nunmehr unbelastet durch das gesetzliche Vorkaufsrecht frei über die Diensterfindung verfügen. Da die Rechte und Pflichten aus dem ArbEG keine dingliche Belastung der Diensterfindung darstellen, gehen die Vergütungsansprüche der Arbeitnehmererfinder nicht automatisch auf den Rechtserwerber über (vgl. *Schiedsst.* vom 26. 01. 1981 BlPMZ 1982, 56; *Bartenbach/Volz* KommArbEG, Rz. 7 zu § 7). **73**

Im Rahmen der Vertragsfreiheit kann allerdings der Erwerber diese Pflichten übernehmen, was aber der Genehmigung des Gläubigers bedarf (§ 415 BGB). Abweichend davon sieht § 27 Nr. 2 Satz 3 ArbEG n.F. vor, daß der Insolvenzverwalter **mit dem Erwerber** der Diensterfindung (bzw. diesbezüglicher Schutzrechtspositionen) die **Übernahme von Vergütungspflichten zugunsten des Arbeitnehmererfinders vereinbaren** kann. Dies ist aufgrund der ausdrücklichen gesetzlichen Regelung folglich auch ohne Zustimmung bzw. Beteiligung des Arbeitnehmererfinders möglich. Letzteres gilt jedoch gem. der gesetzlichen Regelung nur für die **Vergütungsansprüche gem. § 9 ArbEG für die weitere Verwertung der Diensterfindung** beim Rechtserwerber. **74**

Ein **Anspruch** des Arbeitnehmererfinders gegenüber dem Insolvenzverwalter oder dem Rechtserwerber auf Abschluß einer solchen Übernahme von Vergütungspflichten **besteht nicht**. Die Entscheidung obliegt vielmehr dem pflichtgemäßen Ermessen des Insolvenzverwalters. Der Abschluß einer solchen Vereinbarung kann aus Sicht des Insolvenzverwalters zweckmäßig sein, um die Insolvenzmasse zu entlasten. Hier ist allerdings eine wirtschaftliche Betrachtung geboten, da ggf. der Rechtserwerber u. U. auf eine erhebliche Reduzierung des Kaufpreises angesichts zukünftiger Vergütungspflichten bestehen wird. Wichtig ist, daß aber auch bei diesen Verhandlungen kein Mitspracherecht des Arbeitnehmererfinders gegeben ist. Wird eine solche Vereinbarung getroffen, entfällt ein (zusätzlicher) Vergütungsanspruch des Arbeitnehmers auf Beteiligung am Kaufpreiserlös gem. § 9 ArbEG i.V.m. RL Nr. 16. Es verbleibt insoweit ausschließlich bei der Vergütungspflicht des Rechtserwerbers für zukünftige Verwertungshandlungen, wie auch § 27 Nr. 2 Satz 4 ArbEG n.F. zeigt. Damit nimmt der Arbeitnehmer am wirtschaftlichen Risiko der Verwertung der Diensterfindung durch den Rechtserwerber teil. **75**

Eine mit dem Erwerber zu treffende Vereinbarung könnte sich am Gesetzestext des § 27 Nr. 2 Satz 3 ArbEG n.F. ausrichten und etwa folgenden **Inhalt** haben: **76**

»Der Erwerber verpflichtet sich, für seine weitere Verwertung der unbeschränkt in Anspruch genommenen Diensterfindung (Bezeichnung) – einschl. der hierauf erteilten Schutzrechtspositionen, insbesondere des deutschen Patents Nr. ... dem/den Erfinder(n) ... eine angemessene Vergütung i.S.d. § 9 ArbEG i.V.m. den Richtlinien für die Vergütung von Arbeitnehmererfindungen im privaten Dienst in der jeweils gültigen Fassung zu zahlen. Die Vergütung bemißt sich nach dem Erfindungswert (dem Miterfinderanteil) und dem Anteilsfaktor. Der Anteilsfaktor beträgt gem. der zwischen dem Schuldner und dem/den Erfinder(n) getroffenen Vereinbarung vom ... ... %. Der Erfinderanteil beträgt 100%/der Miterfinderanteil für ... beträgt ... %, für ... ... %. Der Erfindungswert für die weitere Verwertung wird zwischen Erwerber und Erfinder(n) geregelt werden.

Durch diese Vereinbarung erhält/erhalten der/die Erfinder einen eigenen unmittelbaren Anspruch gegen den Erwerber (§ 328 BGB). Die Vertragsparteien behalten sich allerdings klarstellend das Recht vor, die übrigen in diesem Vertrag getroffenen Vereinbarungen auch ohne Zustimmung des/der Erfinder(s) zu ändern.«

77 **Bei der inhaltlichen Gestaltung der Vereinbarung** haben Insolvenzverwalter und Erwerber die Mindestvorgaben des ArbEG zu beachten. Einerseits muß sich der Vergütungsanspruch auf die weitere Verwertung der Diensterfindung erstrecken, kann also weder zeitlich begrenzt noch auf bestimmte Verwertungshandlungen verkürzt werden. Wird beispielsweise ein Vergütungsanspruch nur für den Fall der Lizenzvergabe durch den Rechtserwerber vereinbart, nicht jedoch für eigene Nutzungshandlungen des Rechtserwerbers, wäre eine solche Vereinbarung zwar rechtlich wirksam; sie würde aber nicht die Rechtsfolgen des § 27 Nr. 2 Satz 4 ArbEG n. F. auslösen, d. h., dem Arbeitnehmererfinder verbleibt ein (ggf. zu reduzierender) Anspruch auf angemessene Abfindung aus dem Veräußerungserlös. Die Klärung der **Angemessenheit** der Vergütung bestimmt sich ausschließlich nach dem ArbEG, also nach § 9 ArbEG i. V. m. den Amtlichen Vergütungsrichtlinien (s. o. Rz. 34 ff.). Hiernach richten sich die Bestimmungen zum Erfindungswert (RL Nrn. 3 ff.). Der Erfindungswert richtet sich nach den Verhältnissen beim Rechtserwerber, insbesondere nach Art und Umfang seiner Verwertungshandlungen. Demgegenüber bewendet es für den sog. Anteilsfaktor (RL Nrn. 30 ff.) bei den Feststellungen im Unternehmen des Schuldners. Denn der Anteilsfaktor ist letztlich Ausdruck der Erfindungsgeschichte und Anteil des Unternehmens am Zustandekommen der Diensterfindung. Gleiches gilt für die Miterfinderanteile. Sind mit dem Erfinder bereits Vergütungsregelungen vom Schuldner bzw. Insolvenzverwalter getroffen worden (Vergütungsvereinbarung, Vergütungsfestsetzung i. S. d. § 12 Abs. 1, 3 ArbEG), bleiben diese für die Frage des Anteilsfaktors und (ggf.) des Miterfinderanteils maßgeblich (vgl. im übrigen *Bartenbach/Volz* KommArbEG, Rz. 92 ff. zu § 27 n. F.).

78 Im übrigen entsprechen die Rechtswirkungen der Vereinbarung denen eines **echten Vertrages zugunsten** Dritter (§ 328 BGB).

79 Da der Abschluß der Vereinbarung mit einem Dritten aufgrund der nicht recht geglückten Gesetzesfassung (zur Kritik s. *Bartenbach/Volz*, KommArbEG, Rz. 89 f. zu § 27 n. F.) davon abhängt, ob der Arbeitnehmer sein Vorkaufsrecht ausübt, kann es im Einzelfall zweckmäßig sein, den Arbeitnehmererfinder in die Vertragsverhandlungen einzubeziehen, auch wenn insoweit kein Rechtsanspruch des Erfinders besteht. Jedenfalls empfiehlt es sich, zuvor mit dem Erfinder zu klären, ob er an der Übernahme der Erfindung interessiert ist, eine Einstandspflicht des Rechtserwerbers wünscht oder eine Abfindung aus dem Kaufpreiserlös zweckmäßiger erscheint. Allerdings besteht auch insoweit kein rechtlich bindender Anspruch des Insolvenzverwalters darauf, daß sich der Arbeitnehmererfinder dazu rechtsverbindlich im Vorfeld der Entscheidungsfindung erklärt.

80 Trifft der Insolvenzverwalter **keine Vereinbarung mit dem Rechtserwerber**, bestimmen sich die Rechtsfolgen nach § 27 Nr. 2 Satz 4 ArbEG n. F. Danach hat der Arbeitnehmer einen Anspruch auf angemessene Abfindung aus dem Veräußerungserlös. Eine Vereinbarung fehlt – aufgrund der Bezugnahme des Satzes 4 auf Satz 3 – auch dann, wenn zwar eine Regelung zur Vergütungspflicht des Rechtserwerbers getroffen wird, diese aber nicht den Mindestansprüchen des § 27 Nr. 2 Satz 3 ArbEG n. F. entspricht; etwas anderes wird allerdings dann gelten, wenn der Arbeitnehmererfinder der getroffenen Vereinbarung ausdrücklich unter Bezugnahme auf § 27 Nr. 2 Satz 3 ArbEG n. F. oder konkludent zustimmt bzw. die Beteiligten in Anwendung der Grundsätze des § 23 ArbEG nachträglich eine inhaltliche Korrektur der Vereinbarung treffen.

Da der Arbeitnehmererfinder über § 9 ArbEG i. V. m. RL Nr. 16 ohnehin einen Anspruch 81
auf angemessene Beteiligung am Kaufpreiserlös hat, liegt die Bedeutung der gesetzlichen Regelung darin, daß der Arbeitnehmererfinder mit seinem Abfindungsanspruch nicht auf die Insolvenzmasse verwiesen wird, sondern einen unmittelbaren insolvenzrechtlichen Beteiligungsanspruch am Kaufpreiserlös erhält und der erst nach Abzug dieser Abfindung verbleibende Kaufpreisanteil der Insolvenzmasse zufließt.

Der Anspruch ist gerichtet auf eine angemessene Abfindung aus dem **Veräußerungs-** 82
lös. Veräußerungserlös sind die vereinbarten und tatsächlich gezahlten Gegenleistungen des Rechtserwerbers für die Übertragung der Erfindungsrechte (§ 433 Abs. 2 BGB). Erstreckt sich der Kaufvertrag auch auf andere Rechtspositionen, ist der auf die Diensterfindung entfallende Anteil zu bestimmen (vgl. allgem. *Schiedsst.* vom 19. 12. 1991 GRUR 1992, 847, 848 f. – Geschäftsaktivitätenveräußerung und vom 26. 02. 1993 GRUR 1996, 49, 51 f. – Gießereimaschinen).

Die Höhe der **Abfindung**, ein ansonsten im ArbEG nicht verwendeter Begriff, richtet 83
sich nach den allgemeinen Kriterien zur Bestimmung der angemessenen Vergütung bei Verkauf der Erfindung. Der Erfindungswert bestimmt sich nach **RL Nr. 16**. Dies bedeutet, daß der erzielte Bruttoverkaufserlös zunächst um die (nicht abschließend) in RL Nr. 16 Abs. 1 Satz 3 aufgeführten Kostenfaktoren zu mindern ist, also insbesondere um Umsatzsteuer, anteilige Entwicklungskosten nach Fertigstellung der Erfindung sowie um anteilige Schutzrechts- und Vertragskosten (vgl. dazu *Bartenbach/Volz* KommRL Rz. 20 ff. zu RL Nr. 16). Wird begleitendes Know-how mit veräußert, ist auch dieses nach RL Nr. 16 Abs. 2 (anteilig) in Ansatz zu bringen. Der danach verbleibende Nettoertrag wird üblicherweise mit einem **Umrechnungsfaktor von 40%** multipliziert und ergibt dann den Erfindungswert (vgl. u. a. *Schiedsst.* vom 19. 09. 1995 Mitt. Pat. 1996, 176, 177 – Patentverkauf).

2. Veräußerung mit Geschäftsbetrieb – Eintritt des Erwerbers in die Vergütungspflicht (§ 27 Nr. 1 ArbEG n. F.)

Veräußert der Insolvenzverwalter die unbeschränkt in Anspruch genommene Diensterfindung (s. o. Rz. 62 ff.) mit dem Geschäftsbetrieb (zum Begriff s. o. Rz. 63), so tritt der Erwerber für die Zeit von der Eröffnung des Insolvenzverfahrens an in die sich aus § 9 ArbEG ergebende Vergütungspflicht des Arbeitgebers (Schuldners) gem. § 27 Nr. 1 ArbEG n. F. ein. 84

Die Regelung setzt einmal eine Veräußerung der Diensterfindung **mit Geschäftsbetrieb** 85
voraus. Durch den untrennbaren Zusammenhang zwischen § 27 Nr. 1 (Veräußerung mit Geschäftsbetrieb) und § 27 Nr. 2 ArbEG n. F. (Veräußerung ohne Geschäftsbetrieb) folgt, daß in wechselseitiger Abgrenzung bei Fehlen der tatbestandlichen Voraussetzungen des § 27 Nr. 1 stets die Regelung des § 27 Nr. 2 ArbEG n. F. einschlägig ist – und umgekehrt. Eine Veräußerung mit Geschäftsbetrieb liegt einmal dann vor, wenn das gesamte Unternehmen des Schuldners (mit-) veräußert wird. Gleiches gilt, wenn alle Betriebsteile, die für die Verwertung der Erfindung maßgeblich sind, mit veräußert werden bzw. – bei nicht oder noch nicht verwerteten Erfindungen – solche Betriebsteile, in denen die Erfindung ausgewertet werden soll bzw. ausgewertet werden kann (vgl. *OLG Düsseldorf* vom 23. 10. 1970 GRUR 1971, 218, 219 – Energiezuführungen zu § 27 ArbEG a. F., vgl. im einzelnen *Bartenbach/Volz* KommArbEG Rz. 48 ff. zu § 27 ArbEG n. F.).

Der Gesetzeswortlaut läßt nicht erkennen, ob der Eintritt des Rechtserwerbers in die 86
Vergütungspflicht nur unter den Voraussetzungen des § 613 a BGB erfolgt, d. h. auch

einen **Übergang des Arbeitsverhältnisses des Arbeitnehmererfinders** auf den Rechtserwerber als neuen Arbeitgeber voraussetzt. Hiervon geht wohl die Amtl. Begründung aus, wonach der Erwerber im Falle des § 27 Nr. 1 ArbEG n.F., der nach § 613a Abs. 1 Satz 1 BGB in das Arbeitsverhältnis mit dem Arbeitnehmererfinder eintritt, kraft Gesetzes auch die Vergütungspflicht nach dem ArbEG zu erfüllen hat (Amtl. Begründung BT-Drucks. 12/3803, S. 99 r. Sp.). Nach der hier vertretenen Auffassung ist der Übergang des Arbeitsverhältnisses ungeschriebenes Tatbestandsmerkmal des § 27 Nr. 1 ArbEG n.F. (vgl. im einzelnen *Bartenbach/Volz* KommArbEG, Rz. 61 f. zu § 27 n.F. – gerichtlich zwangsläufig noch nicht geklärt). Dafür spricht auch die Aufhebung des § 419 BGB. Diese Auffassung hat zur Konsequenz, daß die Arbeitnehmererfinder, deren Arbeitsverhältnisse nicht auf den Rechtserwerber übergehen, auch keine Ansprüche nach § 27 Nr. 1 ArbEG n.F. begründen können. Für sie bleibt es hinsichtlich der Vergütungsansprüche bei den allgemeinen Positionen als Insolvenzgläubiger (s. dazu unten Rz. 105 ff.). Gleiches gilt gem. § 26 ArbEG für ausgeschiedene Arbeitnehmer.

87 Ist § 27 Nr. 1 ArbEG n.F. einschlägig, hat dies kraft Gesetzes zur Folge, daß der **Erwerber** jedenfalls **in die Vergütungspflicht des Arbeitgebers eintritt**. Der Umfang der Vergütungspflicht bestimmt sich nach § 9 ArbEG i.V.m. den Vergütungsrichtlinien. Getroffene Vergütungsvereinbarungen bzw. -festsetzungen (§ 12 Abs. 1 und 3 ArbEG) wirken auch gegenüber dem Erwerber. Ihn trifft ggf. eine Anpassungspflicht nach § 12 Abs. 6 ArbEG, etwa, wenn mit der Übernahme des Unternehmens des Schuldners neue Verwertungsformen bzw. zusätzliche Verwertungen verbunden sind.

88 Die Vergütungspflicht umfaßt den **Zeitraum ab der Eröffnung des Insolvenzverfahrens** (vgl. dazu § 27 InsO). Für rückständige Vergütungsansprüche aus der Zeit vor Eröffnungsbeschluß haftet der Rechtserwerber nicht (vgl. auch § 27 Nr. 5 ArbEG n.F., s. dazu unten Rz. 105 ff.). Erfaßt werden aber auch etwaige Vergütungsansprüche für Verwertungshandlungen des Insolvenzverwalters aus dem Zeitraum zwischen Eröffnung des Insolvenzverfahrens und Veräußerung der Diensterfindung.

89 Diese Vorschrift, mit der erstmals der zuvor geltende Grundsatz durchbrochen wird, daß die Rechte und Pflichten aus dem ArbEG keine dingliche Belastung zu Lasten des Rechtserwerbers darstellen, wirft mehr Fragen auf, als daß im Gesetz Antworten gegeben werden. So ist nicht nachvollziehbar, warum der Rechtserwerber für Nutzungshandlungen (auch des Insolvenzverwalters) vor Übernahme der Diensterfindung haften soll. Zudem ist problematisch, daß sich der Wortlaut der Regelung auf die Vergütungspflichten beschränkt, und keine Aussage über ein Fortwirken der sonstigen Rechte und Pflichten aus dem ArbEG enthält. Käme § 613a BGB voll zur Geltung, würden nach h.M. auch die sonstigen Rechte und Pflichten aus dem ArbEG unverändert fortbestehen (Einzelheiten aber streitig, vgl. *Bartenbach/Volz* KommArbEG, Rz. 118 ff. zu § 1).

90 Aufgrund der Zweifelsfragen empfiehlt es sich in der Praxis, im Falle der Veräußerung mit Geschäftsbetrieb unter Beachtung der Unbilligkeitsschranke des § 23 ArbEG eine Vereinbarung mit dem Arbeitnehmererfinder über die zukünftige erfinderrechtliche Behandlung anzustreben.

II. Verwertung der Diensterfindung durch den Insolvenzverwalter (§ 27 Nr. 3 ArbEG n.F.)

91 Verwertet der Insolvenzverwalter die unbeschränkt in Anspruch genommene Diensterfindung (s. dazu oben Rz. 35 ff.) im Unternehmen des Schuldners, so hat er dem

Arbeitnehmererfinder eine angemessene Vergütung für die Verwertung aus der Insolvenzmasse zu zahlen (§ 27 Nr. 3 ArbEG n. F.).

Diese Regelung betrifft bereits nach dem eindeutigen Wortlaut nur **tatsächliche Verwertungen** des Erfindungsgegenstandes durch den Insolvenzverwalter in der Zeit ab Eröffnung des Insolvenzverfahrens (vgl. dazu § 27 InsO). Damit entfällt eine Vergütung für eine bloße Verwertbarkeit der Erfindung, also insbesondere unter dem Aspekt des Vorratspatents (RL Nr. 21) bzw. der nicht oder nicht voll ausgenutzten Verwertbarkeit (RL Nrn. 20, 24). Der Begriff der tatsächlichen Verwertung stimmt im übrigen mit den allgemeinen Grundsätzen der Erfindervergütung überein, so daß darunter insbesondere Verwertungen im Unternehmen wie auch der Einsatz als Sperrpatent (RL Nr. 18) oder ausschließliche oder einfache Lizenzvergaben (RL Nrn. 14, 15) bzw. Austauschverträge (RL Nr. 17) fallen. Zwar stellt auch der Verkauf von Erfindungsrechten eine Form der tatsächlichen Verwertung dar; in diesen Fällen ergeben sich die vergütungsrechtlichen Folgen zunächst aus § 27 Nrn. 1 und 2 ArbEG n. F. Nur soweit dieser Anwendungsbereich nicht einschlägig wird, verbleibt es bei der Regelung des § 27 Nr. 3 ArbEG n. F. Aus der Fassung des § 27 Nr. 1 ArbEG n. F., wonach der Erwerber ab Eröffnung des Insolvenzverfahrens in die Vergütungspflichten eintritt (s. o. Rz. 87 ff.), folgt, daß nach der hier vertretenen Auffassung insoweit § 27 Nr. 3 ArbEG nicht einschlägig wird. Gerade der ausdrückliche Hinweis auf den rückwirkenden Eintritt in die Vergütungspflicht zeigt, daß § 27 Nr. 3 ArbEG n. F. nicht als lex specialis gegenüber § 27 Nr. 1 ArbEG n. F. zu verstehen ist. 92

Nr. 3 ist auch dann einschlägig, wenn die Diensterfindung bzw. darauf bezogene Schutzrechtspositionen auf Dritte übertragen werden, es jedoch an einem Verkauf fehlt, etwa bei Einbringung in eine Gesellschaft, einem Tausch oder bei (teilweise) unentgeltlicher Abtretung. 93

Rechtliche Konsequenz ist, daß es sich insoweit um Masseverbindlichkeiten handelt (vgl. dazu §§ 55, 209 InsO). 94

III. Nicht verwertete Diensterfindungen – Übertragungsanspruch des Arbeitnehmers (§ 27 Nr. 4 ArbEG n. F.)

Will der Insolvenzverwalter die unbeschränkt in Anspruch genommene Diensterfindung (s. o. Rz. 18) weder im Unternehmen des Schuldners verwerten (vgl. RL Nr. 27 Nr. 3 ArbEG n. F.) noch veräußern (vgl. § 27 Nrn. 1 und 2 ArbEG n. F.), so gilt § 16 Abs. 1 und 2 ArbEG entsprechend (§ 27 Nr. 4 Satz 1 ArbEG n. F.). Der Insolvenzverwalter wird also im Falle der Nichtverwertung der Diensterfindung verpflichtet, dem Arbeitnehmererfinder diese **zur Übernahme** anzubieten. Erfaßt werden sowohl die Situation, daß auf eine unbeschränkt in Anspruch genommene Diensterfindung noch kein Schutzrecht angemeldet worden ist als auch die Fälle, in denen Schutzrechtspositionen bestehen, seien es erteilte Schutzrechte oder Schutzrechtsanmeldungen. In der Praxis ist die Situation häufig, daß für eine Diensterfindung mehrere parallele Inlands- und Auslandsrechte begründet sind. Hier muß für jede einzelne Schutzrechtsposition geprüft werden, ob diese verwertet wird oder nicht. Wird beispielsweise nur ein Inlandsschutzrecht im Unternehmen des Schuldners eingesetzt und wird von parallelen Auslandsrechten kein Gebrauch gemacht, erfaßt die Anbietungspflicht die Auslandsrechte. Die Situation kann selbstverständlich auch bei mehreren Auslandsrechten gegeben sein, wenn nur von einzelnen von ihnen Gebrauch gemacht wird bzw. einzelne von ihnen veräußert werden. 95

96 Ob der Insolvenzverwalter die Diensterfindung bzw. einzelne Schutzrechtspositionen verwerten bzw. veräußern will, liegt zunächst in seinem pflichtgemäßen Ermessen. Das Gesetz gibt deshalb bewußt keinen **Zeitpunkt** an, bis wann der Insolvenzverwalter seine Entscheidung über die Verwendung der Diensterfindung getroffen haben muß. Im Hinblick auf die mit der Aufrechterhaltung von Schutzrechtspositionen verbundenen amtlichen Kosten liegt es aber im wohlverstandenen Interesse der Insolvenzmasse, hierüber zeitgerecht zu entscheiden. Der Übernahmeanspruch des Arbeitnehmers besteht analog § 16 Abs. 1 ArbEG erst dann, wenn der Insolvenzverwalter seine Entscheidung getroffen hat.

97 Der Insolvenzverwalter muß dem Arbeitnehmererfinder diese Entscheidung mitteilen und ist verpflichtet, ihm auf dessen Verlangen und Kosten das Recht zu übertragen sowie die zur Wahrung des Rechts erforderlichen Unterlagen auszuhändigen. Insoweit gelten die allgemeinen Grundsätze zu § 16 Abs. 1 ArbEG auch hier (vgl. dazu allg. *Reimer/ Schade/Schippel* Rz. 7 ff. zu § 16). Diese Pflicht besteht auch gegenüber dem ausgeschiedenen Arbeitnehmer (§ 26 ArbEG). Eine Verletzung dieser Mitteilungs- und Anbietungspflicht kann Schadenersatzansprüche begründen (vgl. auch § 60 InsO).

98 Teilt der Insolvenzverwalter die beabsichtigte Nichtverwertung mit, muß der Arbeitnehmer innerhalb von drei Monaten nach Zugang dieser Mitteilung die Übertragung der Diensterfindung bzw. der betroffenen Schutzrechtspositionen verlangen (vgl. § 16 Abs. 2 ArbEG). Erklärt sich der Arbeitnehmer nicht innerhalb der Drei-Monats-Frist, ist der Insolvenzverwalter berechtigt, die Schutzrechtspositionen aufzugeben, d. h. fallenzulassen, etwa durch Nichtzahlung der Jahresgebühren, Rücknahme einer Schutzrechtsanmeldung oder durch Verzichtserklärung gegenüber der Erteilungsbehörde (vgl. § 20 Abs. 1 Nr. 1 PatG bzw. § 23 Abs. 7 GebrMG).

99 Der Arbeitnehmer ist berechtigt, diese Drei-Monats-Frist voll auszuschöpfen (vgl. allg. *Schiedsst.* vom 23. 04. 1990 BlPMZ 1992, 197 – Jahresgebührenquotelung). Der Insolvenzverwalter kann diese Frist weder einseitig verkürzen noch Druck auf den Arbeitnehmer ausüben, sich vorzeitig zu erklären. Innerhalb der Drei-Monats-Frist muß der Insolvenzverwalter jede Verfügung unterlassen, die das Übernahmerecht des Arbeitnehmers an den ihm angebotenen Rechtspositionen einschränkt oder gar vereitelt. Kommt beispielsweise der Insolvenzverwalter nach bereits erfolgter Mitteilung der Nichtverwertung zu dem Ergebnis, die Erfindung doch im Unternehmen des Schuldners nutzen bzw. veräußern zu wollen, ist er gleichwohl an seine frühere Erklärung gebunden und verpflichtet, dem Arbeitnehmer die Rechtsposition auf Verlangen zu übertragen. Etwas anderes gilt dann, wenn der Arbeitnehmer diesen geänderten Überlegungen unter Verzicht auf seinen Übertragungsanspruch zustimmt oder die Erklärungsfrist von drei Monaten ergebnislos verstreichen läßt.

100 Das Verlangen des Arbeitnehmers auf Rechtsübertragung ist formlos möglich. Allerdings ist es bedingungsfeindlich, d. h. der Arbeitnehmererfinder kann keine über § 16 Abs. 1 und 2 ArbEG hinausgehenden Rechte beanspruchen. So wäre beispielsweise die Erklärung, das Recht übernehmen zu wollen, ohne dafür die Kosten tragen zu müssen, nicht zulässig.

101 Die Rechtsübertragung der Erfindungsrechte aus der Insolvenzmasse auf den Arbeitnehmererfinder vollzieht sich nicht automatisch. Vielmehr bedarf es hierzu einer entsprechenden Abtretung der Rechte (§§ 413, 398 BGB). Bei Auslandsschutzrechten sind ggf. besondere Übertragungsformalien gem. den dortigen Schutzrechtsordnungen zu beachten (z. B. Registrierung). Vom Zeitpunkt der Übertragung an wird der Arbeitnehmer Rechtsnachfolger des Schuldners, so daß er dann frei über die Erfindungsrechte verfügen kann.

Die **Kosten der Rechtsübertragung** hat der Arbeitnehmer zu tragen. So gehören hierzu 102
insbesondere Kosten des Übertragungsvertrages, Beglaubigungs-, Beurkundungs- oder
Umschreibungskosten bei den Erteilungsbehörden. Eine Erstattung der bis zum Zugang
der Annahmeerklärung des Arbeitnehmererfinders angefallenen Verfahrenskosten (patentamtliche Gebühren, Erteilungskosten usw.) kann nach der hier vertretenen Auffassung nicht verlangt werden (vgl. *Bartenbach/Volz* KommRL, Rz. 55 zu § 16; a. A.
Schiedsst. vom 07. 02. 1985 BlPMZ 1986, 74 und vom 23. 04. 1990 a. a. O.; vgl. auch
Reimer/Schade/Schippel Rz. 16 zu § 16).

§ 27 Nr. 4 Satz 2 ArbEG n. F. gestattet dem Arbeitnehmer, gegenüber solchen von ihm 103
zu tragenden Kosten **mit rückständigen Vergütungsansprüchen aufzurechnen**. Auch
hier gilt, daß der Aufrechnungsanspruch nur Vergütungsansprüche für die zu übertragende Diensterfindung betrifft (vgl. im übrigen oben Rz. 71 ff.).

Die ausdrückliche Beschränkung des § 27 Nr. 4 Satz 1 ArbEG n. F. auf die Regelung des 104
§ 16 Abs. 1 und 2 ArbEG verdeutlicht, daß der Insolvenzverwalter hier nicht die Möglichkeit hat, sich zugleich mit der Mitteilung der Nichtverwertungsabsicht ein sog.
einfaches Benutzungsrecht i. S. d. § 16 Abs. 3 ArbEG vorzubehalten. Dies entspricht
dem allgemeinen gesetzgeberischen Anliegen, dem Arbeitnehmererfinder im Falle einer
Nichtverwertung möglichst umfassende Eigennutzungsrechte an seiner Diensterfindung
zuzugestehen. Selbstverständlich können Arbeitnehmererfinder und Insolvenzverwalter
ein derartiges Benutzungsrecht vereinbaren.

IV. Der Arbeitnehmer als Insolvenzgläubiger (§ 27 Nr. 5 ArbEG n. F.)

§ 27 Nr. 5 ArbEG n. F. macht deutlich, daß der Arbeitnehmer nur in den Fällen der 105
Nrn. 1–4 eine insolvenzrechtliche Sonderstellung genießt. Im übrigen verbleibt es
hinsichtlich seiner Vergütungsansprüche bei der normalen Stellung als Insolvenzgläubiger:

1. Vergütungsansprüche aus der Zeit vor Insolvenzeröffnung

Entsprechend der Zielsetzung der Insolvenzrechtsreform, Konkursvorrechte zu beseitigen, hat der Arbeitnehmererfinder für die vor Eröffnung des Insolvenzverfahrens (vgl. 106
dazu § 27 InsO) begründeten Vergütungsansprüche die Stellung eines allgemeinen
Insolvenzgläubigers (vgl. dazu § 38 InsO). Erfaßt werden alle Vergütungsansprüche für
die früheren Nutzungshandlungen des Schuldners, soweit diese noch nicht erfüllt sind,
sei es aus einer Eigenverwertung, aus Lizenzvergabe oder sonstigem Einsatz der
Erfindung einschließlich etwaiger Vergütungsansprüche als Vorratspatent. Gemäß § 41
Abs. 1 InsO gelten dabei auch nicht fällige Forderungen als fällig.

2. Sonstige Ansprüche des Arbeitnehmers

Der Gesetzgeber hat mit der Novellierung des § 27 ArbEG bewußt davon abgesehen, 107
sonstige Vergütungsansprüche einzubeziehen, insbesondere für die Verwertung bei
beschränkter Inanspruchnahme einer Diensterfindung (§ 10 ArbEG) oder aus der Verwertung eines technischen Verbesserungsvorschlages (§ 20 ArbEG). Der Gesetzgeber
hat insoweit hervorgehoben, daß für solche Vergütungsansprüche, die jeweils erst durch
tatsächliche Benutzung oder Verwertung begründet werden, schon aus allgemeinen
insolvenzrechtlichen Grundsätzen folgt, daß sie Insolvenzforderungen darstellen, soweit

die Nutzung oder Verwertung schon vor Verfahrenseröffnung erfolgte bzw. Masseforderungen sind, soweit der Insolvenzverwalter nach Eröffnung Nutzungs- oder Verwertungshandlungen vornimmt (*Amtl. Begründung* in BT-Drucks. 12/3803, S. 99r. Sp.). Gleiches muß u. E. für Vergütungsansprüche aufgrund vorbehaltener Benutzungsrechte nach § 14 Abs. 3, § 16 Abs. 3 ArbEG gelten, auch wenn sie Diensterfindungen betreffen, die vor Insolvenzeröffnung unbeschränkt in Anspruch genommen worden sind. Auch Vergütungsansprüche für freie Erfindungen (vgl. § 19 ArbEG) unterliegen den allgemeinen insolvenzrechtlichen Bestimmungen.

108 Wird eine Diensterfindung erst durch den **Insolvenzverwalter unbeschränkt in Anspruch genommen**, ist § 27 ArbEG n. F. ebenfalls nicht einschlägig (s. auch oben Rz. 55). Nach allgemeinem Insolvenzrecht sind die daraus entstehenden Vergütungsansprüche des Arbeitnehmers voll aus der Insolvenzmasse zu erfüllen (*Amtl. Begründung* a. a. O.).

109 Die sonstigen wechselseitigen Rechte und Pflichten aus dem ArbEG bestehen im übrigen unverändert fort. Dementsprechend ist der Arbeitnehmererfinder beispielsweise verpflichtet, eine Diensterfindung dem Insolvenzverwalter zu melden, unabhängig davon, ob er diese bereits vor oder nach Eröffnung des Insolvenzverfahrens fertiggestellt hat. Den Insolvenzverwalter trifft dann die Pflicht, über die Frage der Inanspruchnahme zu entscheiden und diese ggf. zu erklären. Gleiches gilt für die sonstigen Rechte und Pflichten aus dem ArbEG (s. o. Rz. 34 ff.).

Anhang III

Betriebliche Altersversorgung

§ 7
Umfang des Versicherungsschutzes

(1) [1]Versorgungsempfänger, deren Ansprüche aus einer unmittelbaren Versorgungszusage des Arbeitgebers nicht erfüllt werden, weil über das Vermögen des Arbeitgebers oder über seinen Nachlaß das Insolvenzverfahren eröffnet worden ist, und ihre Hinterbliebenen haben gegen den Träger der Insolvenzsicherung einen Anspruch in Höhe der Leistung, die der Arbeitgeber aufgrund der Versorgungszusage zu erbringen hätte, wenn das Insolvenzverfahren nicht eröffnet worden wäre. [2]Satz 1 gilt entsprechend, wenn Leistungen aus einer Direktversicherung aufgrund der in § 1 Abs. 2 Satz 3 genannten Tatbestände nicht gezahlt werden und der Arbeitgeber seiner Verpflichtung nach § 1 Abs. 2 Satz 3 wegen der Eröffnung des Insolvenzverfahrens nicht nachkommt oder wenn eine Unterstützungskasse die nach ihrer Versorgungsregelung vorgesehene Versorgung nicht erbringt, weil über das Vermögen oder den Nachlaß eines Arbeitgebers, der der Unterstützungskasse Zuwendungen leistet (Trägerunternehmen), das Insolvenzverfahren eröffnet worden ist. [3]§ 11 des Versicherungsvertragsgesetzes findet entsprechende Anwendung. [4]Der Eröffnung des Insolvenzverfahrens stehen bei der Anwendung der Sätze 1 bis 3 gleich
1. die Abweisung des Antrags auf Eröffnung des Insolvenzverfahrens mangels Masse,
2. der außergerichtliche Vergleich (Stundungs-, Quoten- oder Liquidationsvergleich) des Arbeitgebers mit seinen Gläubigern zur Abwendung eines Insolvenzverfahrens, wenn ihm der Träger der Insolvenzsicherung zustimmt,
3. die vollständige Beendigung der Betriebstätigkeit im Geltungsbereich dieses Gesetzes, wenn ein Antrag auf Eröffnung des Insolvenzverfahrens nicht gestellt worden ist und ein Insolvenzverfahren offensichtlich mangels Masse nicht in Betracht kommt.

(1 a) [1]Der Anspruch gegen den Träger der Insolvenzsicherung entsteht mit dem Beginn des Kalendermonats, der auf den Eintritt des Sicherungsfalles folgt. [2]Der Anspruch endet mit Ablauf des Sterbemonats des Begünstigten, soweit in der Versorgungszusage des Arbeitgebers nicht etwas anderes bestimmt ist. [3]In den Fällen des Absatzes 1 Satz 1 und 4 Nr. 1 und 3 umfaßt der Anspruch auch rückständige Versorgungsleistungen, soweit diese bis zu sechs Monaten vor Entstehen der Leistungspflicht des Trägers der Insolvenzsicherung entstanden sind.

(2) [1]Personen, die bei Eröffnung des Insolvenzverfahrens oder bei Eintritt der nach Absatz 1 Satz 4 gleichstehenden Voraussetzungen (Sicherungsfall) eine nach § 1 unverfallbare Versorgungsanwartschaft haben, und ihre Hinterbliebenen haben bei Eintritt des Versorgungsfalls einen Anspruch gegen den Träger der Insolvenzsicherung, wenn die Anwartschaft beruht
1. auf einer unmittelbaren Versorgungszusage des Arbeitgebers oder
2. auf einer Direktversicherung und der Arbeitnehmer hinsichtlich der Leistungen des Versicherers widerruflich bezugsberechtigt ist oder die Leistungen aufgrund der in § 1 Abs. 2 Satz 3 genannten Tatbestände nicht gezahlt werden und

der Arbeitgeber seiner Verpflichtung aus § 1 Abs. 2 Satz 3 wegen der Eröffnung des Insolvenzverfahrens nicht nachkommt.
²Satz 1 gilt entsprechend für Personen, die zum Kreis der Begünstigten einer Unterstützungskasse gehören, wenn der Sicherungsfall bei einem Trägerunternehmen eingetreten ist. ³Die Höhe des Anspruchs richtet sich nach der Höhe der Leistungen gemäß § 2 Abs. 1 und 2 Satz 2, bei Unterstützungskassen nach dem Teil der nach der Versorgungsregelung vorgesehenen Versorgung, der dem Verhältnis der Dauer der Betriebszugehörigkeit zu der Zeit vom Beginn der Betriebszugehörigkeit bis zum Erreichen der in der Versorgungsregelung vorgesehenen festen Altersgrenze entspricht; § 2 Abs. 5 ist entsprechend anzuwenden. ⁴Für die Berechnung der Höhe des Anspruchs nach Satz 3 wird die Betriebszugehörigkeit bis zum Eintritt des Sicherungsfalles berücksichtigt.
(3) ¹Ein Anspruch auf laufende Leistungen gegen den Träger der Insolvenzsicherung beträgt im Monat höchstens das Dreifache der im Zeitpunkt der ersten Fälligkeit maßgebenden monatlichen Bezugsgröße gemäß § 18 des Vierten Buches Sozialgesetzbuch. ²Satz 1 gilt entsprechend bei einem Anspruch auf Kapitalleistungen mit der Maßgabe, daß zehn vom Hundert der Leistung als Jahresbetrag einer laufenden Leistung anzusetzen sind. ³Im Falle einer Entgeltumwandlung (§ 1 Abs. 5) treten anstelle der Höchstgrenzen drei Zehntel der monatlichen Bezugsgröße gemäß § 18 des Vierten Buches Sozialgesetzbuch, wenn nicht eine nach Barwert oder Deckungskapital mindestens gleichwertige, vom Arbeitgeber finanzierte betriebliche Altersversorgung besteht.
(4) ¹Ein Anspruch auf Leistungen gegen den Träger der Insolvenzsicherung vermindert sich in dem Umfang, in dem der Arbeitgeber oder sonstige Träger der Versorgung die Leistungen der betrieblichen Altersversorgung erbringt. ²Wird im Insolvenzverfahren ein Insolvenzplan bestätigt, vermindert sich der Anspruch auf Leistungen gegen den Träger der Insolvenzsicherung insoweit, als nach dem Insolvenzplan der Arbeitgeber oder sonstige Träger der Versorgung einen Teil der Leistungen selbst zu erbringen hat. ³Sieht der Insolvenzplan vor, daß der Arbeitgeber oder sonstige Träger der Versorgung die Leistungen der betrieblichen Altersversorgung von einem bestimmten Zeitpunkt an selbst zu erbringen hat, entfällt der Anspruch auf Leistungen gegen den Träger der Insolvenzsicherung von diesem Zeitpunkt an. ⁴Die Sätze 2 und 3 sind für den außergerichtlichen Vergleich nach Absatz 1 Satz 4 Nr. 2 entsprechend anzuwenden. ⁵Im Insolvenzplan soll vorgesehen werden, daß bei einer nachhaltigen Besserung der wirtschaftlichen Lage des Arbeitgebers die vom Träger der Insolvenzsicherung zu erbringenden Leistungen ganz oder zum Teil vom Arbeitgeber oder sonstigen Träger der Versorgung wieder übernommen werden.
(5) ¹Ein Anspruch gegen den Träger der Insolvenzsicherung besteht nicht, soweit nach den Umständen des Falles die Annahme gerechtfertigt ist, daß es der alleinige oder überwiegende Zweck der Versorgungszusage oder ihre Verbesserung oder der für die Direktversicherung in § 1 Abs. 2 Satz 3 genannten Tatbestände gewesen ist, den Träger der Insolvenzsicherung in Anspruch zu nehmen. ²Diese Annahme ist insbesondere dann gerechtfertigt, wenn bei Erteilung oder Verbesserung der Versorgungszusage wegen der wirtschaftlichen Lage des Arbeitgebers zu erwarten war, daß die Zusage nicht erfüllt werde. ³Verbesserungen der Versorgungszusagen werden bei der Bemessung der Leistungen des Trägers der Insolvenzsicherung nicht berücksichtigt, soweit sie in den beiden letzten Jahren vor dem Eintritt des Sicherungsfalls vereinbart worden sind.

(6) Ist der Sicherungsfall durch kriegerische Ereignisse, innere Unruhen, Naturkatastrophen oder Kernenergie verursacht worden, kann der Träger der Insolvenzsicherung mit Zustimmung des Bundesaufsichtsamtes für das Versicherungswesen die Leistungen nach billigem Ermessen abweichend von den Absätzen 1 bis 5 festsetzen.

§ 8
Übertragung der Leistungspflicht und Abfindung

(1) Ein Anspruch gegen den Träger der Insolvenzsicherung auf Leistungen nach § 7 besteht nicht, wenn eine Pensionskasse oder ein Unternehmen der Lebensversicherung sich dem Träger der Insolvenzsicherung gegenüber verpflichtet, diese Leistungen zu erbringen, und die nach § 7 Berechtigten ein unmittelbares Recht erwerben, die Leistungen zu fordern.

(2) [1]Eine Abfindung von Anwartschaften ist ohne Zustimmung des Arbeitnehmers möglich, wenn die Voraussetzungen nach § 3 Abs. 1 Satz 2 oder 3 erfüllt sind. [2]Die Abfindung ist über die nach § 3 Abs. 1 bestimmten Beträge hinaus möglich, wenn sie an ein Unternehmen der Lebensversicherungswirtschaft oder Pensionskassen gezahlt wird, bei dem der Versorgungsberechtigte im Rahmen eines Versicherungsvertrages nach § 1 Abs. 2 oder 3 versichert ist. [3]§ 2 Abs. 2 Satz 4 bis 6 und § 3 Abs. 2 gelten entsprechend.

§ 9
Mitteilungspflicht; Forderungs- und Vermögensübergang

(1) [1]Der Träger der Insolvenzsicherung teilt dem Berechtigten die ihm nach § 7 oder § 8 zustehenden Ansprüche oder Anwartschaften schriftlich mit. [2]Unterbleibt die Mitteilung, so ist der Anspruch oder die Anwartschaft spätestens ein Jahr nach dem Sicherungsfall bei dem Träger der Insolvenzsicherung anzumelden; erfolgt die Anmeldung später, so beginnen die Leistungen frühestens mit dem Ersten des Monats der Anmeldung, es sei denn, daß der Berechtigte an der rechtzeitigen Anmeldung ohne sein Verschulden verhindert war.

(2) [1]Ansprüche oder Anwartschaften des Berechtigten gegen den Arbeitgeber auf Leistungen der betrieblichen Altersversorgung, die den Anspruch gegen den Träger der Insolvenzsicherung begründen, gehen im Falle eines Insolvenzverfahrens mit dessen Eröffnung, in den übrigen Sicherungsfällen dann auf den Träger der Insolvenzsicherung über, wenn dieser nach Absatz 1 Satz 1 dem Berechtigten die ihm zustehenden Ansprüche oder Anwartschaften mitteilt. [2]Der Übergang kann nicht zum Nachteil des Berechtigten geltend gemacht werden. [3]Die mit der Eröffnung des Insolvenzverfahrens übergegangenen Anwartschaften werden im Insolvenzverfahren als unbedingte Forderungen nach § 45 der Insolvenzordnung geltend gemacht.

(3) [1]Ist der Träger der Insolvenzsicherung zu Leistungen verpflichtet, die ohne den Eintritt des Sicherungsfalles eine Unterstützungskasse erbringen würde, geht deren Vermögen einschließlich der Verbindlichkeiten auf ihn über; die Haftung für die Verbindlichkeiten beschränkt sich auf das übergegangene Vermögen. [2]Wenn die übergegangenen Vermögenswerte den Barwert der Ansprüche und Anwart-

schaften gegen den Träger der Insolvenzsicherung übersteigen, hat dieser den übersteigenden Teil entsprechend der Satzung der Unterstützungskasse zu verwenden. [3]Bei einer Unterstützungskasse mit mehreren Trägerunternehmen hat der Träger der Insolvenzsicherung einen Anspruch gegen die Unterstützungskasse auf einen Betrag, der dem Teil des Vermögens der Kasse entspricht, der auf das Unternehmen entfällt, bei dem der Sicherungsfall eingetreten ist. [4]Die Sätze 1 bis 3 gelten nicht, wenn der Sicherungsfall auf den in § 7 Abs. 1 Satz 4 Nr. 2 genannten Gründen beruht; es sei denn, daß das Trägerunternehmen seine Betriebstätigkeit nach Eintritt des Sicherungsfalls nicht fortsetzt und aufgelöst wird (Liquidationsvergleich).
(4) [1]In einem Insolvenzplan, der die Fortführung des Unternehmens oder eines Betriebes vorsieht, kann für den Träger der Insolvenzsicherung eine besondere Gruppe gebildet werden. [2]Sofern im Insolvenzplan nichts anderes vorgesehen ist, kann der Träger der Insolvenzsicherung, wenn innerhalb von drei Jahren nach Aufhebung des Insolvenzverfahrens ein Antrag auf Eröffnung eines neuen Insolvenzverfahrens über das Vermögen des Arbeitgebers gestellt wird, in diesem Verfahren als Insolvenzgläubiger Erstattung der von ihm erbrachten Leistungen verlangen.
(5) Dem Träger der Insolvenzsicherung steht gegen den Beschluß, durch den das Insolvenzverfahren eröffnet wird, die sofortige Beschwerde zu.

§ 10
Beitragspflicht und Beitragsbemessung

(1) Die Mittel für die Durchführung der Insolvenzsicherung werden auf Grund öffentlich-rechtlicher Verpflichtung durch Beiträge aller Arbeitgeber aufgebracht, die Leistungen der betrieblichen Altersversorgung unmittelbar zugesagt haben oder eine betriebliche Altersversorgung über eine Unterstützungskasse oder eine Direktversicherung der in § 7 Abs. 1 Satz 2 und Absatz 2 Satz Nr. 2 bezeichneten Art durchführen.
(2) [1]Die Beiträge müssen den Barwert der im laufenden Kalenderjahr entstehenden Ansprüche auf Leistungen der Insolvenzsicherung, die im gleichen Zeitraum entstehenden Verwaltungskosten und sonstigen Kosten, die mit der Gewährung der Leistungen zusammenhängen, und die Zuführung zu einem vom Bundesaufsichtsamt für das Versicherungswesen festgesetzten Ausgleichsfonds decken; § 37 des Gesetzes über die Beaufsichtigung der privaten Versicherungsunternehmen bleibt unberührt. [2] Der Rechnungszinsfuß bei der Berechnung des Barwertes bestimmt sich nach § 65 des Versicherungsaufsichtsgesetzes. [3]Auf die am Ende des Kalenderjahres fälligen Beiträge können Vorschüsse erhoben werden; reichen die Vorschüsse zur Deckung der Aufwendungen nach Satz 1 nicht aus, so kann der Ausgleichsfonds zu einem vom Bundesaufsichtsamt für das Versicherungswesen zu genehmigenden Umfang zur Ermäßigung der Beiträge herangezogen werden.
(3) Die nach Absatz 2 erforderlichen Beiträge werden auf die Arbeitgeber nach Maßgabe der nachfolgenden Beiträge umgelegt, soweit sie sich auf die laufenden Versorgungsleistungen und die nach § 1 unverfallbaren Versorgungsanwartschaften beziehen (Beitragsbemessungsgrundlage); diese Beiträge sind festzustellen auf den Schluß des Wirtschaftsjahres des Arbeitgebers, das im abgelaufenen Kalenderjahr geendet hat:

1. Bei Arbeitgebern, die Leistungen der betrieblichen Altersversorgung unmittelbar zugesagt haben, ist Beitragsbemessungsgrundlage der Teilwert der Pensionsverpflichtung (§ 6a Abs. 3 des Einkommensteuergesetzes).
2. ¹Bei Arbeitgebern, die eine betriebliche Altersversorgung über eine Direktversicherung mit widerruflichem Bezugsrecht durchführen, ist Beitragsbemessungsgrundlage das geschäftsplanmäßige Deckungskapital oder, soweit die Berechnung des Deckungskapitals nicht zum Geschäftsplan gehört, die Deckungsrückstellung. ²Für Versicherungen, bei denen der Versicherungsfall bereits eingetreten ist, und für Versicherungsanwartschaften, für die ein unwiderrufliches Bezugsrecht eingeräumt ist, ist das Deckungskapital oder die Deckungsrückstellung nur insoweit zu berücksichtigen, als die Versicherungen abgetreten oder beliehen sind.
3. Bei Arbeitgebern, die eine betriebliche Altersversorgung über eine Unterstützungskasse durchführen, ist Beitragsbemessungsgrundlage als Deckungskapital für die laufenden Leistungen (§ 4d Abs. 1 Nr. 1 Buchstabe a des Einkommensteuergesetzes) zuzüglich des Zwanzigfachen der nach § 4d Abs. 1 Nr. 1 Buchstabe b Satz 1 des Einkommensteuergesetzes errechneten jährlichen Zuwendungen für Leistungsanwärter im Sinne von § 4d Abs. 1 Nr. 1 Buchstabe b Satz 2 des Einkommensteuergesetzes.

(4) ¹Aus den Beitragsbescheiden des Trägers der Insolvenzsicherung findet die Zwangsvollstreckung in entsprechender Anwendung der Vorschriften der Zivilprozeßordnung statt. ²Die vollstreckbare Ausfertigung erteilt der Träger der Insolvenzsicherung.

§ 10a
Säumniszuschläge; Zinsen; Verjährung

(1) Für Beiträge, die wegen Verstoßes des Arbeitgebers gegen die Meldepflicht erst nach Fälligkeit erhoben werden, kann der Träger der Insolvenzsicherung für jeden angefangenen Monat vom Zeitpunkt der Fälligkeit an einen Säumniszuschlag in Höhe von bis zu eins vom Hundert der nacherhobenen Beiträge erheben.

(2) ¹Für festgesetzte Beiträge und Vorschüsse, die der Arbeitgeber nach Fälligkeit zahlt, erhebt der Träger der Insolvenzsicherung für jeden Monat Verzugszinsen in Höhe von 0,5 vom Hundert der rückständigen Beiträge. ²Angefangene Monate bleiben außer Ansatz.

(3) ¹Vom Träger der Insolvenzsicherung zu erstattende Beiträge werden vom Tage der Fälligkeit oder bei Feststellung des Erstattungsanspruchs durch gerichtliche Entscheidung vom Tage der Rechtshängigkeit an für jeden Monat mit 0,5 vom Hundert verzinst. ²Angefangene Monate bleiben außer Ansatz.

(4) ¹Ansprüche auf Zahlung der Beiträge zur Insolvenzsicherung gemäß § 10 sowie Erstattungsansprüche nach Zahlung nicht geschuldeter Beiträge zur Insolvenzsicherung verjähren in sechs Jahren. ²Die Verjährungsfrist beginnt mit Ablauf des Kalenderjahres, in dem die Beitragspflicht entstanden oder der Erstattungsanspruch fällig geworden ist. ³Auf die Verjährung sind die Vorschriften des Bürgerlichen Gesetzbuchs anzuwenden.

§ 11
Melde-, Auskunfts- und Mitteilungspflichten

(1) ¹Der Arbeitgeber hat dem Träger der Insolvenzsicherung eine betriebliche Altersversorgung nach § 1 Abs. 1, 2 und 4 für seine Arbeitnehmer innerhalb von 3 Monaten nach Erteilung der unmittelbaren Versorgungszusage, dem Abschluß einer Direktversicherung oder der Errichtung einer Unterstützungskasse mitzuteilen. ²Der Arbeitgeber, der sonstige Träger der Versorgung, der Insolvenzverwalter und die nach § 7 Berechtigten sind verpflichtet, dem Träger der Insolvenzsicherung alle Auskünfte zu erteilen, die zur Durchführung der Vorschriften dieses Abschnittes erforderlich sind, sowie Unterlagen vorzulegen, aus denen die erforderlichen Angaben ersichtlich sind.

(2) ¹Ein beitragspflichtiger Arbeitgeber hat dem Träger der Insolvenzsicherung spätestens bis zum 30. September eines jeden Kalenderjahres die Höhe des nach § 10 Abs. 3 für die Bemessung des Beitrages maßgebenden Betrages bei unmittelbaren Versorgungszusagen auf Grund eines versicherungsmathematischen Gutachtens, bei Direktversicherungen auf Grund einer Bescheinigung des Versicherers und bei Unterstützungskassen auf Grund einer nachprüfbaren Berechnung mitzuteilen. ²Der Arbeitgeber hat die in Satz 1 bezeichneten Unterlagen mindestens sechs Jahre aufzubewahren.

(3) ¹Der Insolvenzverwalter hat dem Träger der Insolvenzsicherung die Eröffnung des Insolvenzverfahrens, Namen und Anschriften der Versorgungsempfänger und die Höhe ihrer Versorgung nach § 7 unverzüglich mitzuteilen. ²Er hat zugleich Namen und Anschriften der Personen, die bei Eröffnung des Insolvenzverfahrens eine nach § 1 unverfallbare Versorgungsanwartschaft haben, sowie die Höhe ihrer Anwartschaft nach § 7 mitzuteilen.

(4) Der Arbeitgeber, der sonstige Träger der Versorgung und die nach § 7 Berechtigten sind verpflichtet, dem Insolvenzverwalter Auskünfte über alle Tatsachen zu erteilen, auf die sich die Mitteilungspflicht nach Absatz 3 bezieht.

(5) In den Fällen, in denen ein Insolvenzverfahren nicht eröffnet wird (§ 7 Abs. 1 Satz 4) oder nach § 207 der Insolvenzordnung eingestellt worden ist, sind die Pflichten des Insolvenzverwalters nach Absatz 3 vom Arbeitgeber oder dem sonstigen Träger der Versorgung zu erfüllen.

(6) Kammern und andere Zusammenschlüsse von Unternehmern oder anderen selbständigen Berufstätigen, die als Körperschaften des öffentlichen Rechts errichtet sind, ferner Verbände und andere Zusammenschlüsse, denen Unternehmer oder andere selbständige Berufstätige kraft Gesetzes angehören oder anzugehören haben, haben den Träger der Insolvenzsicherung bei der Ermittlung der nach § 10 beitragspflichtigen Arbeitgeber zu unterstützen.

(7) Die nach den Absätzen 1 bis 3 und 5 zu Mitteilungen und Auskünften und die nach Absatz 6 zur Unterstützung Verpflichteten haben die vom Träger der Insolvenzsicherung vorgesehenen Vordrucke zu verwenden.

(8) ¹Zur Sicherung der vollständigen Erfassung der nach § 10 beitragspflichtigen Arbeitgeber können die Finanzämter dem Träger der Insolvenzsicherung mitteilen, welche Arbeitgeber für die Beitragspflicht in Betracht kommen. ²Die Bundesregierung wird ermächtigt, durch Rechtsverordnung mit Zustimmung des Bundesrates das Nähere zu bestimmen und Einzelheiten des Verfahrens zu regeln.

§ 12
Ordnungswidrigkeiten

(1) Ordnungswidrig handelt, wer vorsätzlich oder fahrlässig
1. entgegen § 11 Abs. 1 Satz 1, Abs. 2 Satz 1, Abs. 3 oder Abs. 5 eine Mitteilung nicht, nicht richtig, nicht vollständig oder nicht rechtzeitig vornimmt,
2. entgegen § 11 Abs. 1 Satz 2 oder 4 eine Auskunft nicht, nicht richtig, nicht vollständig oder nicht rechtzeitig erteilt oder
3. entgegen § 11 Abs. 1 Satz 2 Unterlagen nicht, nicht richtig, nicht vollständig oder nicht rechtzeitig vorlegt oder entgegen § 11 Abs. 2 Satz 2 Unterlagen nicht aufbewahrt.

(2) Die Ordnungswidrigkeit kann mit einer Geldbuße bis zu 5000 Deutsche Mark geahndet werden.

(3) Verwaltungsbehörde im Sinne des § 36 Abs. 1 Nr. 1 des Gesetzes über Ordnungswidrigkeiten ist das Bundesaufsichtsamt für das Versicherungswesen.

§ 13
Zuständigkeit des Arbeitsgerichts

(aufgehoben)

§ 14
Träger der Insolvenzsicherung

(1) ¹Träger der Insolvenzsicherung ist der Pensions-Sicherungs-Verein Versicherungsverein auf Gegenseitigkeit; er unterliegt der Aufsicht durch das Bundesaufsichtsamt für das Versicherungswesen. ²Die Vorschriften des Versicherungsaufsichtsgesetzes gelten, soweit dieses Gesetz nichts anderes bestimmt.

(2) ¹Der Bundesminister für Arbeit und Sozialordnung weist durch Rechtsverordnung mit Zustimmung des Bundesrates die Stellung des Trägers der Insolvenzsicherung der Deutschen Ausgleichsbank zu, bei der ein Fonds zur Insolvenzsicherung der betrieblichen Altersversorgung gebildet wird, wenn
1. bis zum 31. Dezember 1974 nicht nachgewiesen worden ist, daß der in Absatz 1 genannte Träger die Erlaubnis der Aufsichtsbehörde zum Geschäftsbetrieb erhalten hat,
2. der in Absatz 1 genannte Träger aufgelöst worden ist oder
3. die Aufsichtsbehörde den Geschäftsbetrieb des in Absatz 1 genannten Trägers untersagt oder die Erlaubnis zum Geschäftsbetrieb widerruft.

²In den Fällen der Nummern 2 und 3 geht das Vermögen des in Absatz 1 genannten Trägers einschließlich der Verbindlichkeiten auf die Deutsche Ausgleichsbank über, die es dem Fonds zur Insolvenzsicherung der betrieblichen Altersversorgung zuweist.

(3) ¹Wird die Insolvenzsicherung von der Deutschen Ausgleichsbank durchgeführt, gelten die Vorschriften dieses Abschnittes mit folgenden Abweichungen:
1. In § 7 Abs. 6 entfällt die Zustimmung des Bundesaufsichtsamtes für das Versicherungswesen.

2. ¹§ 10 Abs. 2 findet keine Anwendung. ²Die von der Deutschen Ausgleichsbank zu erhebenden Beiträge müssen den Bedarf für die laufenden Leistungen der Insolvenzsicherung im laufenden Kalenderjahr und die im gleichen Zeitraum entstehenden Verwaltungskosten und sonstigen Kosten, die mit der Gewährung der Leistungen zusammenhängen, decken. ³Bei einer Zuweisung nach Absatz 2 Nr. 1 beträgt der Beitrag für die ersten 3 Jahre mindestens 0,1 vom Hundert der Beitragsbemessungsgrundlage gemäß § 10 Abs. 3; der nicht benötigte Teil dieses Beitragsaufkommens wird einer Betriebsmittelreserve zugeführt. ⁴Bei einer Zuweisung nach Absatz 2 Nr. 2 oder 3 wird in den ersten 3 Jahren zu dem Beitrag nach Nummer 2 Satz 2 ein Zuschlag von 0,08 vom Hundert der Beitragsbemessungsgrundlage gemäß § 10 Abs. 3 zur Bildung einer Betriebsmittelreserve erhoben. ⁵Auf die Beiträge können Vorschüsse erhoben werden.

3. In § 12 Abs. 3 tritt an die Stelle des Bundesaufsichtsamtes für das Versicherungswesen die Deutsche Ausgleichsbank.
²Die Deutsche Ausgleichsbank verwaltet den Fonds im eigenen Namen. ³Für Verbindlichkeiten des Fonds haftet sie nur mit dem Vermögen des Fonds. ⁴Dieser haftet nicht für die sonstigen Verbindlichkeiten der Bank. ⁵§ 14 Abs. 1 Satz 1 des Gesetzes über die Deutsche Ausgleichsbank vom 28. Oktober 1954 (Bundesgesetzblatt I S. 293), geändert durch das Einundzwanzigste Gesetz zur Änderung des Lastenausgleichsgesetzes vom 18. August 1969 (Bundesgesetzbl. I S. 1232), gilt auch für den Fonds.

§ 15
Verschwiegenheitspflicht

¹Personen, die bei dem Träger der Insolvenzsicherung beschäftigt oder für ihn tätig sind, dürfen fremde Geheimnisse, insbesondere Betriebs- oder Geschäftsgeheimnisse, nicht unbefugt offenbaren oder verwerten. ²Sie sind nach dem Gesetz über die förmliche Verpflichtung nichtbeamteter Personen vom 2. März 1974 (Bundesgesetzbl. I S. 469, 547) vom Bundesaufsichtsamt für das Versicherungswesen auf die gewissenhafte Erfüllung ihrer Obliegenheiten zu verpflichten.

Inhaltsübersicht: Rz.

A. Allgemeines	1– 6
B. Sicherungsfälle nach bisherigem Recht	7– 51
I. Konkurs des Arbeitgebers	9– 14
II. Ablehnung des Konkursverfahrens	15– 16
III. Gerichtliches Vergleichsverfahren	17– 21
IV. Außergerichtlicher Vergleich	22– 26
V. Vollständige Beendigung der Betriebstätigkeit	27– 32
VI. Wirtschaftliche Notlage des Arbeitgebers	33– 51
1. Allgemeines	33– 35
2. Merkmale	36– 51
C. Neuregelung der Sicherungsfälle ab 01. 01. 1999	52– 61
D. Gesicherte Ansprüche	62– 77
I. Allgemeines	62– 63
II. Zeitliche Abgrenzung	64– 69

III. Sonderfälle	70– 77
E. Gesicherte Anwartschaften	78–101
I. Allgemeines	78– 82
II. Sonderfälle	83– 85
III. Höhe der gesicherten Anwartschaft	86– 97
IV. Höhe bei Direktversicherung und Pensionskasse	98–101
F. Haftungsausschlüsse	102–133
I. Höchstbegrenzung	102–110
II. Anspruchsminderung	111–113
III. Versicherungsmißbrauch	114–133
G. Anspruchs- und Vermögensübergang (§ 9 BetrAVG)	134–149
I. Anspruchsübergang	134–145
II. Vermögensübergang bei Unterstützungskassen	146–149
H. Beitrags- und Mitwirkungspflichten	150–153

Literatur:

Ahrend BetrAVG, 1981; *Blomeyer/Otto* BetrAVG, 1997; *Griebeling* Handbuch zum Arbeitsrecht (HzA), 1998; *Höfer* BetrAVG, Bd. I/Arbeitsrecht, Stand 30. 09. 1995; *Wohlleben* in Höfer, Neue Chancen für Betriebsrenten, Der Betrieb 1998.

A. Allgemeines

Die gesetzliche Insolvenzsicherung (§§ 7 bis 15 BetrAVG) ist das wichtigste Mittel, Arbeitnehmer und Rentner vor dem Verlust ihrer betrieblichen Altersversorgung zu schützen. Die Versorgungsberechtigten werden vor der Zahlungsunfähigkeit des Arbeitgebers geschützt. Sie erhalten von Gesetzes wegen eine im Vergleich zu anderen Gläubigern bevorzugte Stellung. Sie sind, vergleichbar mit Haftpflichtgeschädigten im Straßenverkehr, gegen die Insolvenz des Versorgungsschuldners pflichtversichert. Versicherungsnehmer ist der Arbeitgeber. 1

Tritt einer der Sicherungsfälle des § 7 BetrAVG ein, so findet ein Schuldner- und Gläubigerwechsel statt (§§ 7 Abs. 1 Satz 1, 9 Abs. 2 BetrAVG). Der Pensions-Sicherungs-Verein Versicherungsverein auf Gegenseitigkeit (im folgenden PSV) wird als Träger der Insolvenzsicherung Schuldner der Versorgungsansprüche, und er wird zugleich Gläubiger der Ansprüche gegen den ursprünglichen Versorgungsschuldner. Der PSV muß zusehen, ob und welche Forderungen er noch gegen den Altschuldner realisieren kann. 2

Der PSV ist ein Versicherungsverein auf Gegenseitigkeit (§ 14 Abs. 1 BetrAVG). Er untersteht der Versicherungsaufsicht. Für diejenigen Arbeitgeber, die Leistungen der betrieblichen Altersversorgung im Wege der Direktzusage, über eine Unterstützungskasse oder als Direktversicherung zugesagt haben (§ 10 Abs. 1 BetrAVG), besteht eine Zwangsmitgliedschaft. Diese Arbeitgeber sind verpflichtet, dem PSV die zur Versicherung nötigen Angaben zu machen und Beiträge zu zahlen (§§ 10, 11, 12 BetrAVG). Die Beitragszahlung des Arbeitgebers ist aber im Verhältnis zum Versorgungsberechtigten keine Voraussetzung für die Einstandspflicht des PSV. Die Einstandspflicht ist selbständig zu prüfen. Der PSV muß auch dann eintreten, wenn ein Sicherungsfall eingetreten ist und, aus welchen Gründen auch immer, Beiträge nicht gezahlt worden sind (*BAG* 22. 09. 1987 EzA § 1 BetrAVG Ablösung Nr. 1). 3

4 Beim PSV sind nur die Risiken versichert, für die nach der Definition des § 1 BetrAVG Leistungen der betrieblichen Altersversorgung gewährt werden, also das Erlebensrisiko (Alter), das Invaliditäts- und Todesrisiko. Andere betriebliche Sozialleistungen, auch solche mit Versorgungscharakter, sind nicht versichert. Der PSV hat also nicht einzutreten für Abfindungen und Beihilfen in Fällen der Arbeitslosigkeit und bei Krankheit.

5 Durch das Einführungsgesetz zur Insolvenzordnung vom 05. 10. 1994, (BGBl. I 1994 2911, 2947) und das Rentenreformgesetz 1999 vom 22. 12. 1997 (BGBl. I 1997, 2998, 3025) ist die Insolvenzsicherung in der betrieblichen Altersversorgung in wichtigen Teilen geändert worden. Erhalten geblieben ist zwar die Systematik der Insolvenzsicherung, d.h. geschützt sind nach wie vor nur Direktzusagen, Unterstützungszusagen und Teile der Direktversicherung. Jedoch sind eine Reihe neuer Regeln geschaffen worden, die durch eine Anpassung an die neue Insolvenzordnung (und damit an die Aufhebung der bisherigen Konkurs- und Vergleichsordnung) bedingt sind. Ferner hat der Gesetzgeber teils die bisherige Rechtsprechung des BAG kodifiziert und sowohl auf der Beitrags- wie auf der Leistungsseite Entwicklungen in der betrieblichen Praxis aufgenommen.

6 Da die Insolvenzordnung am 01. 01. 1999 in Kraft tritt, und auch im übrigen (§ 30 b BetrAVG n. F.) Übergangsregeln geschaffen worden sind, werden die bisherigen Regeln noch für eine gewisse Zeit neben den neuen Vorschriften Anwendung finden (z.B. soweit noch Konkurse oder gerichtliche Vergleiche nach bisherigem Recht abzuwickeln sind). Die Darstellung des bisherigen Rechtszustands wird daher auch insoweit beibehalten, wie er durch die neuen Vorschriften geändert worden ist.

B. Sicherungsfälle nach bisherigem Recht

7 Die Eintrittspflicht des PSV besteht nur in den vom Gesetz ausdrücklich festgelegten Sicherungsfällen. Es sind dies (§ 7 Abs. 1 Satz 1, Satz 3 Nr. 1–5 BetrAVG a. F.):
der Konkurs oder Nachlaßkonkurs über das Vermögen des Arbeitgebers,
– die Ablehnung des Antrags auf Eröffnung des Konkursverfahrens mangels Masse,
– die Eröffnung des gerichtlichen Vergleichsverfahrens zur Abwendung des Konkurses,
– der außergerichtliche Vergleich des Arbeitgebers mit seinen Gläubigern nach Zahlungseinstellung im Sinne der Konkursordnung, wenn der PSV zustimmt,
– die vollständige Beendigung der Betriebstätigkeit im Geltungsbereich des Betriebsrentengesetzes, wenn ein Antrag auf Eröffnung des Konkursverfahrens nicht gestellt worden ist und ein Konkursverfahren offensichtlich mangels Masse nicht in Betracht kommt, und
– die Kürzung oder Einstellung von Versorgungsleistungen wegen wirtschaftlicher Notlage des Arbeitgebers, soweit dies durch rechtskräftiges Urteil eines Gerichts für zulässig erklärt worden ist oder der PSV zugestimmt hat (Satz 4).

8 Maßgeblich ist immer die Insolvenz des Arbeitgebers, nicht die des Versorgungsträgers. Wird die betriebliche Altersversorgung über eine Unterstützungskasse durchgeführt, so tritt der Sicherungsfall dann ein, wenn das Trägerunternehmen insolvent wird. Das gilt selbst dann, wenn die Kasse noch über hinreichende Mittel verfügt, um sämtliche Versorgungsansprüche befriedigen zu können (*BAG* 12. 02. 1991 EzA § 9 BetrAVG Nr. 4).

I. Konkurs des Arbeitgebers

Voraussetzung ist die Eröffnung des Konkursverfahrens über das Vermögen des Arbeitgebers oder seinen Nachlaß. Es gelten die Vorschriften der Konkursordnung. Maßgebend ist der Tag, der sich aus dem gerichtlichen Eröffnungsbeschluß ergibt (vgl. § 108 KO). 9

Konkursfähig sind nur natürliche und juristische Personen, also nicht die Gesellschaft des bürgerlichen Rechts als solche (§§ 705 ff. BGB), wohl aber die einzelnen Gesellschafter. Konkursfähig sind auch die Personengesellschaften des HGB (vgl. § 209 KO). 10

Sachliche Voraussetzung für die Konkurseröffnung ist die Zahlungsunfähigkeit des Schuldners, also »das auf dem Mangel an Zahlungsmitteln beruhende dauernde Unvermögen, die sofort zu erfüllenden Geldschulden im wesentlichen erfüllen zu können«. (RGZ 100, 65; *BGH* 10. 01. 1985 ZIP 1985, 363 = NJW 1985, 1785). Nach § 102 KO ist Zahlungsunfähigkeit insbes. dann gegeben, wenn eine Zahlungseinstellung erfolgt ist. 11

Bei Kapitalgesellschaften ist ein weiterer Konkursgrund die Überschuldung (§§ 207, 209, 213 KO). 12

Formelle Voraussetzungen für die Konkurseröffnung ist ein Konkursantrag (§ 103 KO). Er kann vom Arbeitgeber selbst, aber auch von den Arbeitnehmern oder anderen Gläubigern gestellt werden. 13

Der mit der Eröffnung des Konkursverfahrens eingetretene Sicherungsfall bleibt auch dann bestehen, wenn später das Konkursverfahren wegen Unzulänglichkeit der Masse eingestellt wird (*BAG* 12. 02. 1992 EzA § 613 a BGB Nr. 97). 14

II. Ablehnung des Konkursverfahrens mangels Masse

Gem. § 107 Abs. 1 KO kann der Antrag auf Eröffnung des Konkursverfahrens abgewiesen werden, wenn nach dem Ermessen des Gerichts eine den Kosten des Verfahrens entsprechende Konkursmasse nicht vorhanden ist. Damit wird der Insolvenzfall gesichert, in dem jedenfalls faktisch eine Befriedigung der Gläubiger ausgeschlossen ist. Im Unterschied zum eröffneten Konkursverfahren bleibt hier aber die Einzelvollstreckung zulässig (vgl. § 14 KO). 15

Zeitpunkt dieses Sicherungsfalls (§ 7 Abs. 1 Satz 3 Nr. 1 BetrAVG) ist der Zeitpunkt der Verkündung des Beschlusses nach § 107 KO (vgl. auch § 3 Abs. 3 AIB). 16

III. Gerichtliches Vergleichsverfahren

Gem. § 2 Abs. 1 Satz 2 VglO kann nur der Schuldner einen Antrag auf Eröffnung des Vergleichsverfahrens stellen, in der betrieblichen Altersversorgung also nur der Arbeitgeber. Der Antrag muß nach § 3 VglO einen Vergleichsvorschlag enthalten und ergeben, ob und wie die Erfüllung des Vergleichs sichergestellt werden soll. Der Vergleichsvorschlag muß gem. § 7 VglO mindestens eine Quote von 35 oder 40 v.H. der Forderungen vorsehen (Mindestsatz). 17

Der Vergleich kann zu einem Teilerlaß der bestehenden Forderungen mit dem Ziel der Fortführung des Unternehmens führen (**Erlaß- oder Quotenvergleich**) oder das Ziel haben, das Unternehmen zu liquidieren (**Liquidationsvergleich**). In beiden Fällen wird ein Teil der Versorgungsverbindlichkeiten nicht erfüllt. Der Versorgungsberechtigte 18 wird in diesem Umfang, also soweit der Schuldner nicht selbst leisten muß, durch den PSV gesichert. Der Versorgungsberechtigte ist sicherungsbedürftig, weil der Vergleich auch gegen seinen Willen verbindlich werden kann (§ 74 VglO).

19 Sicherungsbedarf besteht auch im Falle des **Stundungsvergleichs**, der lediglich die Fälligkeit der Forderungen hinausschiebt. Schon der Aufschub bedeutet Nichterfüllung i. S. d. § 7 Abs. 1 Satz 1 BetrAVG.

20 Eintritt des Sicherungsfalls ist der Zeitpunkt, der im Eröffnungsbeschluß angegeben ist (§§ 20, 21 VglO). Ist diese Angabe unterblieben, so ist die Mittagsstunde des Tages als Eröffnungszeitpunkt anzusehen, an dem der Beschluß erlassen wurde. Der Zeitpunkt der Antragstellung ist nicht maßgeblich (*BAG* 14. 07. 1981 EzA § 613 a BGB Nr. 31).

21 Regelmäßig dient der gerichtliche Vergleich dazu, den Schuldner zu sanieren; nur beim Liquidationsvergleich geht es um die endgültige Abwicklung. Gleichwohl tritt mit der Beendigung des Verfahrens (§ 90 VglO) nicht auch eine Beendigung des Sicherungsfalls ein. Für den erlassenen Teil der Versorgungsansprüche hat weiterhin der PSV einzustehen, auch wenn das Unternehmen erfolgreich saniert wird und die Versorgungslast wieder tragen, also auch den erlassenen Teil der Verbindlichkeiten erfüllen könnte. Anders ist der Fall zu beurteilen, daß der Vergleichsschuldner seinen Antrag zurücknimmt und das Verfahren eingestellt wird. Die Forderungen der Gläubiger bestehen dann ungeschmälert fort oder es kommt zum Anschlußkonkurs mit der Folge, daß der PSV dann nach § 7 Abs. 1 Satz 1 BetrAVG eintrittspflichtig wird.

IV. Außergerichtlicher Vergleich

22 Der außergerichtliche Vergleich dient ebenso wie der gerichtliche Vergleich entweder der **Sanierung oder der Liquidierung** des Schuldners. Er setzt aber voraus, daß alle Gläubiger, also auch die Versorgungsgläubiger, die keine volle Befriedigung erhalten haben, dem Vergleich zustimmen. Es müssen also jeweils Einzelverträge abgeschlossen werden.

23 Zu einem Sicherungsfall wird der außergerichtliche Vergleich nur, wenn zwei weitere Merkmale hintreten: Die **Zahlungseinstellung** des Schuldners im Sinne der Konkursordnung muß vorausgegangen sein und der PSV muß dem außergerichtlichen Vergleich **zugestimmt** haben (§ 7 Abs. 1 Satz 3 Nr. 3 BetrAVG). Zur Erteilung der Zustimmung ist der PSV nicht verpflichtet. Er wird seine Entscheidung davon abhängig machen, ob die geplante Sanierung aussichtsreich und geeignet ist, eine Insolvenz, etwa den Konkurs, zu vermeiden, der dann voraussichtlich zu einer höheren Einstandspflicht führte.

24 Grundsätzlich haben weder versorgungspflichtige Arbeitgeber noch die versorgungsberechtigten Arbeitnehmer gegen den PSV einen Anspruch auf Zustimmung. (Wegen der – fernliegenden – Möglichkeit eines Schadenersatzanspruchs gegen den PSV wegen Verweigerung der Zustimmung vgl. *Blomeyer/Otto* a. a. O., § 7 Rz. 108.)

25 Zeitpunkt des Sicherungsfalls ist nach dem Wortlaut des Gesetzes der außergerichtliche Vergleich. Danach müßte der Tag maßgeblich sein, an dem der Vergleich durch die Annahme des Versorgungsberechtigten, evtl. sogar erst des letzten Gläubigers zustande kommt. Dies könnte zu unerträglichen Verzögerungen, aber auch zu Ausfällen bei den Rentnern führen. Im Interesse der Rechtssicherheit hat daher der PSV in seinen allgemeinen Versicherungsbedingungen (§ 3 Abs. 3 AIB) den Zeitpunkt als Insolvenzstichtag anerkannt, an dem der Arbeitgeber seine Zahlungsunfähigkeit allen seinen Gläubigern bekanntgibt. Das BAG hat diese für die Rentner regelmäßig günstigere Regelung gebilligt (*BAG* 14. 12. 1993 EzA § 7 BetrAVG Nr. 47).

Darüber hinaus hat das BAG im Interesse der Rechtssicherheit Absprachen zwischen 26
dem insolventen Arbeitgeber und dem PSV über den Zeitpunkt des Sicherungsfalls
gebilligt und den Beteiligten insoweit einen Ermessensspielraum eingeräumt. Es erscheint sinnvoll, wenn sich Arbeitgeber und PSV über den Zeitpunkt des Sicherungsfalls
verständigen. Die Gefahr einer willkürlichen Bestimmung erscheint gering, weil dem
Arbeitgeber daran gelegen sein wird, den Vergleich zügig umzusetzen, während der PSV
ein Interesse daran haben muß, nicht durch Verzögerungen und eine mutmaßliche
weitere Verschuldung des Arbeitgebers mit höheren Einstandskosten herangezogen zu
werden (*BAG* 14. 12. 1993 EzA § 7 BetrAVG Nr. 47).

V. Vollständige Beendigung der Betriebstätigkeit

Der Sicherungsfall der vollständigen Betriebsbeendigung bei offensichtlicher Masseun- 27
zulänglichkeit (§ 7 Abs. 1 Satz 3 Nr. 4 BetrAVG) ist wörtlich dem § 141 b Abs. 3 Nr. 2
AFG nachgebildet, der für diesen Fall Anspruch auf Konkursausfallgeld vorsieht. Beiden
Vorschriften liegt erkennbar der gleiche Gedanke zugrunde: Rentner sollen Insolvenzschutz und aktive Arbeitnehmer Konkursausfallgeld erhalten, wenn der Arbeitgeber
zahlungsunfähig ist und seine Betriebstätigkeit beendet; außerdem muß ein Konkursantrag sinnlos erscheinen, weil offensichtlich keine Konkursmasse vorhanden ist, die eine
Eröffnung des Konkursverfahrens rechtfertigen würde (BT-Drucks. 7/1750 zu § 141 b
Abs. 3 AFG; *Hilger* ZIP 1981, 460).

Das Merkmal der **Zahlungsunfähigkeit** des Arbeitgebers ist zwar im Gesetz nicht 28
ausdrücklich genannt, aber – wie immer – auch hier Grundvoraussetzung für den Eintritt
der Insolvenzsicherung. Zudem verlangt das Gesetz, daß – bei kostendeckender Masse –
ein Konkursantrag hätte gestellt werden können; also muß ein Konkursgrund, also
Zahlungsunfähigkeit (Zahlungseinstellung) oder bei Kapitalgesellschaften Überschuldung, vorliegen.

Das Gesetz verlangt ferner, daß ein Konkursverfahren **offensichtlich mangels Masse** 29
nicht in Betracht kommt und die Betriebstätigkeit im Geltungsbereich des Betriebsrentengesetzes vollständig eingestellt ist.

Diese beiden Merkmale stehen zueinander in einem Zusammenhang; beide müssen 30
vorliegen, soll der Insolvenzschutz eingreifen. Das bedeutet aber nicht, daß schon bei
Beendigung der Betriebstätigkeit Masseunzulänglichkeit gegeben sein müßte; beide
Merkmale müssen im Betriebsrentenrecht nicht in einer bestimmten Reihenfolge erfüllt
werden (anders im Sozialrecht: *BSG* 17. 07. 1979 SozR 4100 § 141 b AFG Nr. 11). Im
Betriebsrentenrecht soll bei vollständiger Betriebseinstellung nur ein unbegründeter und
sinnloser Konkursantrag vermieden werden. Wird ein Betrieb weitergeführt, gilt zunächst
die Vermutung, daß ein Fall von Masseunzulänglichkeit nicht vorliegt, also ein Konkursantrag möglich ist. Erst mit der tatsächlichen Ablehnung eines Konkursantrags tritt der
Sicherungsfall ein (Satz 3 Nr. 1). Es kann mithin nicht entscheidend sein, ob die Betriebseinstellung vor oder nach dem Eintritt der Masseunzulänglichkeit stattfindet (*BAG* 20. 11.
1984 EzA § 7 BetrAVG Nr. 15; vgl. auch *BAG* 09. 12. 1997 ZIP 1998, 1156).

Umstritten ist, wann die Masseunzulänglichkeit offensichtlich ist. Das BAG hat dazu 31
ausgeführt, die Betriebsrentner könnten weder die zu erwartenden Kosten eines Konkursverfahrens noch den Wert der vorhandenen Deckungsmittel zuverlässig beurteilen;
es könne aber auch nicht allein das äußere Erscheinungsbild ausreichen. Deshalb müsse
der PSV sofort eingeschaltet und als Auffangstation für die Interessen der Versorgungsberechtigten tätig werden (*BAG* 11. 09. 1980 EzA § 7 BetrAVG Nr. 7).

32 Dieser Auslegung ist zuzustimmen. Das Merkmal der Offensichtlichkeit gewinnt so einen vernünftigen Sinn: Der sich aus äußeren Tatsachen ergebende Eindruck genügt, um den PSV einzuschalten. Der Sicherungsfall ist zwar nicht von der Zustimmung des PSV abhängig (Satz 3 Nr. 3), dem PSV ist aber ein Beurteilungsspielraum eröffnet. Dieser Spielraum ermöglicht es ihm, anhand der ihm bekannten Umstände zu entscheiden, ob er den Konkursantrag stellt oder ob er zur Vermeidung womöglich sinnloser Kosten davon absieht. Der PSV übernimmt dadurch mit der Anzeige der Zahlungseinstellung die Verantwortung für das weitere Verfahren (*BAG* 20. 11. 1984 EzA § 7 BetrAVG Nr. 15).

VI. Wirtschaftliche Notlage des Arbeitgebers

1. Allgemeines

33 Nach § 7 Abs. 1 Satz 3 Nr. 5 BetrAVG stellt die Kürzung oder die Einstellung von Versorgungsleistungen wegen wirtschaftlicher Notlage des Arbeitgebers einen Sicherungsfall dar, soweit dies durch rechtskräftiges Urteil eines Gerichts für zulässig erklärt worden ist. Der PSV kann auch ohne ein rechtskräftiges Urteil leisten, wenn er die Kürzung oder die Einstellung für zulässig erachtet (Satz 4).

34 Die Vorschrift beruht auf der – vorgesetzlichen – Rechtsprechung des BAG, die es dem Arbeitgeber unter bestimmten materiellen und formellen Voraussetzungen gestattete, (einseitig) die Versorgungszusage zu widerrufen, auch wenn der Widerruf nicht vorbehalten war (wie etwa bei der Versorgung über eine Unterstützungskasse).

35 Der Widerruf wurde als einseitiges Not-Recht für seltene Ausnahmefälle verstanden und bei aller Unsicherheit der dogmatischen Begründung auf § 242 BGB gestützt. Das BAG hat im Anschluß an einen Teil der wissenschaftlichen Literatur einen Fall des Wegfalls der Geschäftsgrundlage angenommen (vgl. die Darstellung des Meinungsstands und die zahlreichen Nachweise bei *Blomeyer/Otto* a. a. O., Vorbemerkung § 7 Rz. 83). In § 7 Abs. 1 Satz 3 Nr. 5 BetrAVG hat der Gesetzgeber den Widerruf unter den vom BAG aufgestellten Voraussetzungen gleichsam sanktioniert. Davon wird man ausgehen dürfen, nachdem im Gesetzgebungsverfahren aufgrund eines Gutachtens der Arbeitsgemeinschaft für betriebliche Altersversorgung e.V. (ABA) auch die Frage diskutiert worden war, eine Änderung dieser Rechtsprechung herbeizuführen (ABA-Gutachten S. 332f.). Der Gesetzgeber des Betriebsrentengesetzes hat davon abgesehen, jedoch als zusätzliche Voraussetzung das Vorliegen eines die Einstandspflicht des PSV feststellenden rechtskräftigen Urteils oder die Zustimmung des PSV hinzugefügt.

2. Merkmale

36 Der Sicherungsfall setzt nach der st Rspr. des BAG eine konkrete Bestandsgefährdung des Unternehmens infolge wirtschaftlicher Schwierigkeiten voraus. Das Unternehmen muß jedoch **sanierungsfähig** sein, und die Kürzung oder Einstellung der Versorgungsleistungen muß ein geeignetes Mittel sein, zur Sanierung beizutragen. Die Sanierungsfähigkeit und Sanierungswürdigkeit des Unternehmens muß durch Mittel der modernen Betriebswirtschaft dargelegt und nachgewiesen werden (*BAG* 18. 05. 1977 EzA § 242 BGB Ruhegeld Nr. 65).

37 Für die Beurteilung der Frage, ob eine wirtschaftliche Notlage vorliegt, ist der Zeitpunkt maßgebend, in dem der Versorgungsschuldner den PSV zur Übernahme der Versor-

gungsschuld auffordert. Eine solche zeitliche Fixierung ist geboten, weil sich die Faktoren, die auf diesen Sicherungsfall Einfluß haben, ständig ändern können und weil eine lange Zeit der Verhandlungen zwischen Arbeitgeber und PSV mit einem anschließenden Rechtsstreit nicht zur Gefährdung der Versorgungsrechte führen darf (*BAG* 16. 03. 1993 EzA § 7 BetrAVG Nr. 46).

Der Arbeitgeber muß einen **Sanierungsplan** aufstellen. Dieser muß eine gerechte 38 Lastenverteilung vorsehen, d. h., die Versorgungsberechtigten dürfen nicht einseitig zu Sonderopfern herangezogen werden. Auch die Unternehmenseigner und die aktiven Arbeitnehmer müssen Beiträge leisten (*BAG* 13. 03. 1975 EzA § 242 BGB Ruhegeld Nr. 41).

Eine **gerechte Lastenverteilung** scheitert allerdings nicht daran, daß der Arbeitgeber es 39 unterlassen hat, außenstehende Unternehmensgläubiger, z. B. Banken oder Lieferanten, zu Forderungsverzichten zu veranlassen. Das bedeutet, daß der PSV seine Einstandspflicht nicht davon abhängig machen kann, daß auch die Kreditgläubiger Sanierungsbeiträge leisten (*BAG* 16. 03. 1993 EzA § 7 BetrAVG Nr. 46).

Nachdem das Betriebsrentengesetz den gesetzlichen Insolvenzschutz eingeführt hat, ist 40 außerdem die **Einschaltung des PSV** als Träger der gesetzlichen Insolvenzsicherung erforderlich. Der PSV muß vor der Erklärung des Widerrufs eingeschaltet werden. Ist dies nicht geschehen oder stimmt der PSV nicht zu, ist der trotzdem ausgesprochene Widerruf unwirksam. Nur so ist eine effektive Insolvenzsicherung möglich. Lehnt der PSV seine Eintrittspflicht ab, so muß der Arbeitgeber zunächst im Wege der Freistellungsklage gegen ihn vorgehen und feststellen lassen, ob sein Widerrufsverlangen gerechtfertigt ist (*BAG* 06. 12. 1979 EzA § 7 BetrAVG Nr. 4).

Der PSV hat nach pflichtgemäßem Ermessen zu prüfen, ob er dem Widerruf zustimmt. 41 Angesichts des Umfangs der notwendigen Ermittlungen kann dies zu Verzögerungen führen. Andererseits kann die Sanierung insgesamt gefährdet werden, wenn sich die Entscheidung verzögert. Die Möglichkeit des Widerrufs mit dem Ziel der Sanierung kann gegenstandslos werden, wenn die Zulassung des Widerrufs unter allen Umständen von der Zustimmung des PSV oder deren Ersetzung durch ein rechtskräftiges Urteil abhängt. BAG und BGH haben es deshalb als ausreichend angesehen, daß der PSV eingeschaltet und, falls dieser den Eintritt ablehnt, Klage erhoben wird. Der gesetzliche Insolvenzschutz muß auch in solchen Fällen effektiv bleiben. Es ist nicht hinzunehmen, daß u. U. über Jahre hinweg offenbleibt, ob der PSV oder der Arbeitgeber zahlungspflichtig ist. Ein rechtskräftiges Urteil ist häufig nicht in kurzer Zeit zu erreichen (*BGH* 11. 02. 1985 BB 1985, 760; *BAG* 20. 01. 1987 EzA § 7 BetrAVG Nr. 23).

Besondere Probleme treten auf, wenn eine konzernabhängige Gesellschaft in eine wirt- 42 schaftliche Notlage gerät. Konzernrechtliche Tatbestände können dazu führen, daß nicht nur auf die wirtschaftliche Situation der einzelnen Gesellschaft abzustellen ist, sondern auf die wirtschaftliche Lage des Konzerns (vgl. § 303 AktG). Der BGH hat die aktienrechtlichen Haftungsregeln nicht nur in Fällen rechtlicher Abhängigkeit durch Beherrschungs- und Gewinnabführungsverträge angewendet, sondern auch bei faktischer Beherrschung in einer qualifizierten Form. Das BAG ist dieser Rechtsprechung gefolgt (*BAG* 15. 01. 1991 EzA § 303 AktG Nr. 1; *BAG* 06. 10. 1992 EzA § 303 AktG Nr. 3).

Die wirtschaftliche Notlage der beherrschten Gesellschaft ist der Konzernobergesell- 43 schaft dann nicht zuzurechnen, wenn bei der Entstehung der Verluste das Konzerninteresse keine Rolle gespielt hat, etwa zu dieser Zeit noch keine Leitungsmacht der Konzernobergesellschaft bestand. Andererseits muß sich die Konzernobergesellschaft an der Sanierung einer Tochtergesellschaft beteiligen, wenn sie das notleidende Unternehmen erworben hat, um es fortzuführen. Nach Auffassung des BAG muß in diesem

Anhang III *Betriebliche Altersversorgung*

Fall die Obergesellschaft sogar die Hauptlast der Sanierung tragen (*BAG* 16. 03. 1993 EzA § 7 BetrAVG Nr. 46).

44 Der PSV muß in einem solchen Fall dem Versorgungsschuldner die Chance einräumen, die Sanierung zu erreichen. Der PSV ist jedoch nicht verpflichtet, dem notleidenden Unternehmen die Versorgungslast auf Dauer abzunehmen. Es hängt von den Umständen ab, für welchen Zeitraum der PSV Sanierungsbeiträge zu leisten hat (*BAG* 16. 03. 1993 EzA § 7 BetrAVG Nr. 46).

45 Auch i. ü. richtet sich der Umfang der Kürzungs- oder Einstellungsbefugnis des Arbeitgebers nach den Umständen des Einzelfalls. Der Arbeitgeber hat möglichst schonend vorzugehen. Es gilt auch hier der Grundsatz der Verhältnismäßigkeit. Also hat eine Stundung Vorrang vor der Kürzung und eine Kürzung Vorrang vor der völligen Einstellung (*BAG* 11. 09. 1980 EzA § 7 BetrAVG Nr. 7).

46 Die Rechtsfolgen eines Versorgungswiderrufs können je nach der Durchführungsform der betrieblichen Altersversorgung verschieden sein. Soweit bei **Direktversicherungen** ein **unwiderrufliches Bezugsrecht** der Arbeitnehmer begründet worden ist, ist dem Arbeitgeber der Zugriff auf die Versicherungsleistung verwehrt. Das gleiche gilt für den Konkursverwalter; der Anspruch auf die Versicherungsleistung fällt nicht in die Konkursmasse. Ebenso sind Ansprüche der Versorgungsberechtigten gegen eine Pensionskasse grundsätzlich weiter zu erfüllen. Das führt dazu, daß in diesem Umfang es eines gesetzlichen Insolvenzschutzes nicht bedarf, also eine Zwangsversicherung beim PSV auch nicht vorgesehen ist.

47 Ist dem Arbeitnehmer hingegen nur ein widerrufliches Bezugsrecht eingeräumt, so fällt der Vermögenswert in die Konkursmasse; der Konkursverwalter ist berechtigt (und verpflichtet), den Wert zur Masse zu ziehen, d. h. den Versicherungsvertrag zu kündigen und sich den Rückkaufswert auszahlen zu lassen (*BAG* 28. 03. 1995 EzA § 1 BetrAVG Lebensversicherung Nr. 6).

48 Ob der Arbeitgeber eine Versorgungszusage wegen wirtschaftlicher Notlage auch dann widerrufen darf, wenn die Versorgung über eine **Unterstützungskasse** abgewickelt wird und die Kasse noch über liquide Mittel verfügt, erscheint fraglich. Das BAG stellt auch insofern auf die wirtschaftliche Lage in Trägerunternehmen ab (§ 7 Abs. 1 Satz 2 BetrAVG; *BAG* 05. 07. 1979 EzA § 242 BGB Ruhegeld Nr. 78).

49 Der Auffassung des BAG ist zu folgen: Einmal gibt auch bei der Unterstützungskasse der Arbeitgeber die Zusage, nicht die Kasse. Zum andern schuldet der Arbeitnehmer die Betriebstreue, die er zur Erlangung der betrieblichen Altersversorgung erbringt, dem Arbeitgeber und nicht der Kasse. Schließlich ist der Arbeitgeber derjenige, der die Kasse dotiert (§ 7 Abs. 1 Satz 2 BetrAVG). Die Kasse ist, auch wenn sich an ihr mehrere Arbeitgeber beteiligten (Gruppenunterstützungskasse), sein Instrument der Versorgung, das er wirtschaftlich und rechtlich beherrscht Die Kasse ist ihrerseits davon abhängig, daß der Arbeitgeber ihr die zur Versorgung erforderlichen Mittel zur Verfügung stellt. Deswegen kann der Arbeitnehmer den Arbeitgeber auch direkt in Anspruch nehmen, wenn die Kasse mangels hinreichender Dotierung nicht leisten kann.

50 Der Hinweis auf die andere Situation bei einer Versorgung über eine Direktversicherung oder eine Pensionskasse verfängt nicht. Diese Versorgungsträger haben, soweit Ansprüche der Arbeitnehmer bestehen, selbst für die Leistung einzustehen. Die Leistungen werden zwar (i. d. R. vom Arbeitgeber) durch Prämien vorfinanziert, aber der Arbeitgeber dotiert nicht die Versicherung oder die Pensionskasse in dem Sinne, daß sie letztlich von den Zuwendungen des Arbeitgebers und Versorgungsschuldners abhängig sind. Das BAG betrachtet Arbeitgeber und Unterstützungskasse zu Recht als wirtschaftliche Einheit (»Einheitstheorie«) (*Ahrend* BetrAVG 1981, 114 ff.).

Betriebliche Altersversorgung **Anhang III**

In der Praxis wird der Meinungsstreit nur selten Bedeutung gewinnen. Ist der Arbeitgeber notleidend, wird es regelmäßig auch die Kasse sein. Streit wird in der Regel nur entstehen, wenn der PSV den Übergang der Versorgungsansprüche und des Kassenvermögens nach § 9 Abs. 2 und Abs. 3 BetrAVG geltend macht (*BAG* 12. 02. 1991 EzA § 9 BetrAVG Nr. 4).

C. Neuregelung der Sicherungsfälle ab 01. 01. 1999

Durch die neue Insolvenzordnung und das RRG 1999 hat die Insolvenzsicherung der betrieblichen Altersversorgung z.T. einschneidende Änderungen erfahren. Das gilt zunächst für die Reihe der Sicherungsfälle, also die Tatbestände, die die Eintrittspflicht des PSV auslösen.

Sicherungsfälle sind hiernach
– die Eröffnung des Insolvenzverfahrens,
– die Abweisung des Antrags auf Eröffnung des Insolvenzverfahrens mangels Masse,
– der außergerichtliche Vergleich (Stundungs-, Quoten- oder Liquidationsvergleich) des Arbeitgebers mit seinen Gläubigern zur Abwendung eines Insolvenzverfahrens, wenn ihm der Träger der Insolvenzsicherung zustimmt,
– die vollständige Beendigung der Betriebstätigkeit im Geltungsbereich dieses Gesetzes, wenn ein Antrag auf Eröffnung des Insolvenzverfahrens nicht gestellt worden ist und ein Insolvenzverfahren offensichtlich mangels Masse nicht in Betracht kommt.

Der Sicherungsfall »Eröffnung des Insolvenzverfahrens« ist an die Stelle der Eröffnung des Konkursverfahrens getreten, ebenso ist der Sicherungsfall »Ablehnung der Eröffnung des Insolvenzverfahrens« an die Stelle der Ablehnung des Konkursverfahrens getreten. Der Grund liegt darin, daß nunmehr das Konkurs- und das gerichtliche Vergleichsverfahren in dem einheitlichen Insolvenzverfahren aufgegangen sind.

Auch der Sicherungsfall »außergerichtlicher Vergleich« vollzieht die Anpassung des Betriebsrentengesetzes an die neue Insolvenzordnung: Der außergerichtliche Vergleich muß nicht mehr der Abwendung des Konkursverfahrens, sondern des Insolvenzverfahrens dienen. Entfallen konnte auch das (bisherige) Merkmal »nach vorausgegangener Zahlungseinstellung im Sinne der Konkursordnung«.

Gemäß § 17 InsO ist nach wie vor die Zahlungsunfähigkeit des Schuldners »allgemeiner Eröffnungsgrund«. Nach § 17 Abs. 2 Satz 1 InsO ist der Schuldner zahlungsunfähig, wenn er nicht in der Lage ist, die fälligen Zahlungsansprüche zu erfüllen. Nach § 17 Abs. 2 Satz 2 InsO ist Zahlungsunfähigkeit in der Regel anzunehmen, wenn der Schuldner seine Zahlungen eingestellt hat.

Weiterer Eröffnungsgrund ist nach § 18 Abs. 1 InsO künftig auch schon die »drohende Zahlungsunfähigkeit« des Schuldners, sofern der Schuldner selbst die Eröffnung des Insolvenzverfahrens beantragt. Hier reicht also der Eröffnungsantrag eines Gläubigers nicht aus. Drohende Zahlungsunfähigkeit liegt nach § 18 Abs. 2 InsO dann vor, wenn der Schuldner voraussichtlich nicht in der Lage sein wird, die bestehenden Zahlungsverpflichtungen bei Fälligkeit zu erfüllen. Bei juristischen Personen und Gesellschaften ohne Rechtspersönlichkeit (OHG, KG, GbR) kann der Antrag auf Eröffnung wegen drohender Zahlungsunfähigkeit nur von den vertretungsberechtigten Personen bzw. den persönlich haftenden Gesellschaftern gestellt werden.

Für den Sicherungsfall »außergerichtlicher Vergleich« ist es angesichts dieser Neuregelung des Insolvenzverfahrens sachgerecht, von dem Erfordernis der vorherigen Zahlungseinstellung abzusehen. Einmal verhindert die notwendige Zustimmung des PSV

Anhang III *Betriebliche Altersversorgung*

(wie bisher) Mißbrauchsmöglichkeiten. Zum anderen wird die Aussicht auf ein erfolgreich durchgeführtes außergerichtliches Vergleichsverfahren eher günstiger, wenn der Sicherungsfall rechtzeitig, auch schon vor tatsächlicher Zahlungseinstellung versucht wird.

59 Der Sicherungsfall der vollständigen Beendigung der Betriebstätigkeit (bisher Nr. 4) ist mit dem bisherigen Inhalt erhalten geblieben mit der Maßgabe, daß an die Stelle des Konkurs- und Insolvenzverfahrens getreten ist.

60 Entfallen ist der Sicherungsfall der wirtschaftlichen Notlage (§ 7 Abs. 1 Satz 3 Nr. 5, Satz 4 BetrAV a.F.). Dies ist vor allem auf Betreiben des PSV geschehen, der den Gesetzgeber davon überzeugt hat, daß dieser Sicherungsfall zahlenmäßig nicht ins Gewicht fällt. In den Gesetzesberatungen wurde angenommen, die auf der Rechtsprechung des BAG beruhenden Anforderungen (vorherige Einschaltung des PSV, Erstreiten eines rechtskräftigen Urteils, einstweilige Sicherung der Versorgungsberechtigten) hätten den Tatbestand »überfordert« (Begr. RegE BT-Drucks. 12/3803, S. 110f.; *Blomeyer* NZA 1998, 911, 915).

61 Es wird sich noch erweisen müssen, ob der Sicherungsfall der wirtschaftlichen Notlage tatsächlich obsolet geworden ist (*Wohlleben* in Höfer, Neue Chancen für Betriebsrenten, S. 131, 135). Richtig ist, daß der Sicherungsfall in der tatsächlichen Abwicklung in die Nähe des außergerichtlichen Vergleichs gerückt war. Das BAG verlangte ja gerade, daß das Unternehmen noch sanierungsfähig sein müsse. Richtig ist ferner, daß es einem Unternehmen mit ernsthaften wirtschaftlichen Schwierigkeiten auch künftig nicht verwehrt ist, einen Vergleich mit dem Ziel der Unternehmensfortführung anzustreben. Schließlich könnte der Schuldner nunmehr auch – wenn der PSV die Zustimmung ablehnt – von sich aus die Eröffnung des Insolvenzverfahrens wegen drohender Zahlungsunfähigkeit beantragen. Dennoch: Sollten diese Möglichkeiten – aus welchen Gründen auch immer – im Einzelfall nicht zum Ziele führen, entfiele der Insolvenzschutz. Das BAG stünde dann vor der Frage, ob es einen Versorgungswiderruf wegen Wegfalls der Geschäftsgrundlage (wirtschaftlicher Notlage) zuläßt, obwohl ein Versicherungsschutz nicht besteht.

D. Gesicherte Ansprüche

I. Allgemeines

62 § 7 Abs. 1 Satz 1 BetrAVG sichert die Rechte der **Versorgungsempfänger**, also derjenigen, die einen Anspruch auf Leistungen der betrieblichen Altersversorgung haben und Versorgungsleistungen beziehen. Gesichert sind Ansprüche auf laufende Leistungen und auf Zahlung eines Kapitalbetrags aus einer Versorgungszusage, also nicht auf Leistungen, bei denen es sich nicht definitionsgemäß um Leistungen der betrieblichen Altersversorgung handelt (§ 1 Abs. 1 BetrAVG). Sachleistungen und Nutzungsrechte muß der PSV durch entsprechende finanzielle Leistungen abgelten.

63 Voraussetzung für den Eintritt der Insolvenzsicherung ist stets, daß der Versorgungsanspruch nicht erfüllt wird, weil der **Arbeitgeber insolvent** ist. Die Insolvenz muß Ursache der Nichterfüllung sein. Die Haftung des Trägers der Insolvenzsicherung ist demnach eine subsidiäre. Sie tritt nicht ein oder vermindert sich in dem Umfang, in dem der Arbeitgeber oder sonstige Versorgungsträger Leistungen erbringt oder – auch nach Eintritt des Sicherungsfalls – zu erbringen hat (§ 7 Abs. 4 Satz 1 BetrAVG).

II. Zeitliche Abgrenzung

Der PSV hat zunächst die Ansprüche zu sichern, die nach dem Eintritt des Sicherungs- 64
falls fällig werden. Nach der Rechtsprechung von BAG und BGH besteht darüber hinaus
Versicherungsschutz für vor dem Insolvenzstichtag fällig gewordene Leistungen, soweit
diese für einen Zeitraum von **sechs Monaten vor dem Sicherungsfall** geschuldet
waren.
Die Rechtsprechung beruht auf einer Übernahme der gesetzlichen Bewertung rückstän- 65
diger Forderungen in den §§ 59 Abs. 1 Nr. 3 d und 61 Abs. 1 Nr. 1 KO i. d. F. des
Gesetzes über das Konkursausfallgeld (*BGH* 14. 07. 1980 AP Nr. 5 zu § 7 BetrAVG;
BAG 30. 10. 1980 EzA § 1 BetrAVG Nr. 12).
Es kommt für die Sicherung rückständiger Forderungen nicht auf den Zeitpunkt an, zu 66
dem die Forderungen entstehen oder fällig werden. Maßgebend ist allein der **Zeitraum,
für den sie geschuldet werden** (*BAG* 26. 06. 1986 AP Nr. 20 zu § 59 KO m. Anm.
Moll).
Das BVerfG hat diese Auffassung gebilligt und ausgeführt, diese Auslegung des § 7 67
BetrAVG sei mit den anerkannten Methoden der Rechtsauslegung vereinbar (*BVerfG*
10. 04. 1981 BB 1981, 1276).
Der Gesetzgeber hat diese Rechtsprechung bei der Novellierung des Betriebsrentenge- 68
setzes aufgegriffen und z.T. präzisiert. § 7 Abs. 1a BetrAVG n. F. bestimmt nunmehr, daß
der Anspruch gegen den PSV mit dem Beginn des Kalendermonats entsteht, der auf den
Eintritt des Sicherungsfalls folgt (Abs. 1a Satz 1). Der Anspruch endet (erlischt) mit dem
Ablauf des Sterbemonats des Begünstigten; allerdings ist der PSV an eine etwaige
hiervon abweichende Versorgungszusage gebunden (Abs. 1a Satz 2).
Ausdrücklich wird nun auch bestimmt, daß in den Sicherungsfällen der Eröffnung des 69
Insolvenzverfahrens, der Abweisung des Antrags auf Eröffnung des Insolvenzverfahrens
mangels Masse und der vollständigen Beendigung der Betriebstätigkeit bei offensicht-
licher Masselosigkeit rückständige Versorgungsleistungen bis zur Dauer von sechs
Monaten insolvenzgesichert, also vom PSV zu erfüllen sind (Abs. 1a Satz 3). Der
Sicherungsfall des außergerichtlichen Vergleichs ist hiervon ausgenommen; der Gesetzgeber ist davon ausgegangen, daß der Versorgungsschuldner diese Rückstände noch
aufzubringen in der Lage ist oder ggf. im Vergleich eine Lösung gefunden wird, die die
Rentner als Gläubiger der Versorgungsansprüche befriedigt.

III. Sonderfälle

Ein Anspruch auf Insolvenzsicherung besteht nicht, soweit dem Versorgungsberechtig- 70
ten ein Rechtsanspruch gegen einen rechtlich selbständigen Versorgungsträger zusteht,
also dann nicht, wenn eine **Pensionskasse** oder ein **Direktversicherer** die Versorgung
schuldet. Diese unmittelbaren Ansprüche gegen den Versorgungsträger werden durch
die Insolvenz des Arbeitgebers grundsätzlich nicht beeinträchtigt.
Dennoch ist auch hier zu differenzieren: Auch die **Unterstützungskasse** ist ein rechtlich 71
selbständiger Versorgungsträger, jedoch ist sie in ihrem Bestand typischerweise von der
Leistungsfähigkeit des Arbeitgebers abhängig (§ 7 Abs. 1 Satz 2 a. E. BetrAVG). Bei ihr
hat der Gesetzgeber daher den Sicherungsfall ausschließlich von der **Insolvenz des
Arbeitgebers** (Trägerunternehmens) abhängig gemacht.
Auch bei einer Direktversicherung kann das Versorgungsrecht in Gestalt des Bezugs- 72
rechts Einbußen erleiden. Das Bezugsrecht kann widerruflich sein, der Arbeitgeber kann

die Versicherung auch beleihen oder abtreten. In diesem Umfang ist der Arbeitgeber gegenüber dem PSV beitragspflichtig (§ 10 Abs. 3 Nr. 2 BetrAVG) und in diesem Umfang besteht auch Insolvenzschutz (§ 7 Abs. 1 Satz 2 BetrAVG).

73 Einen Meinungsstreit hat die Frage ausgelöst, ob Insolvenzschutz auch dann besteht, wenn der Arbeitgeber als Versicherungsnehmer mit seinen **Prämienzahlungen in Rückstand** geraten ist und er selbst den Versorgungsberechtigten wegen seiner Insolvenz nicht sicherstellen kann (§ 1 Abs. 2 Satz 3 BetrAVG). *Blomeyer* will diesen Fall dem Fall gleichstellen, daß der Arbeitgeber eine Direktzusage wegen Insolvenz nicht erfüllen kann (§ 7 Abs. 1 Satz 1 i. V. m. § 1 Abs. 1 Satz 1 BetrAVG). *Höfer* will § 7 Abs. 1 Satz 2 BetrAVG entsprechend anwenden (*Blomeyer/Otto* a. a. O., § 7 Rz. 65; ebenso *Thürmann* BB 1985, 1269; *Höfer* BetrAVG, § 7 Rz. 2835 ff.).

74 Das BAG ist dem nicht gefolgt. Es hat darauf hingewiesen, daß der Insolvenzschutz nur bei Vorliegen der gesetzlichen Voraussetzungen eintrete und vom Gesetzgeber bewußt nicht auf alle Fälle von Versorgungsschäden erstreckt worden sei; vor allem müsse aber eine **rechtliche Kongruenz von Beitragspflicht des Arbeitgebers und Eintrittspflicht des PSV** bestehen. Daran fehle es für einen Schadenersatzanspruch des Arbeitnehmers infolge vertragswidriger Nichtzahlung der Prämien durch den Arbeitgeber (*BAG* 17. 11. 1992 EzA § 7 BetrAVG Nr. 45).

75 Die Auffassung des BAG verdient angesichts der bestehenden Gesetzeslage den Vorzug. Es führte zu einem Systembruch, eine Insolvenzsicherung ohne entsprechende Versicherungspflicht des Arbeitgebers anzuerkennen. Das Ergebnis mag nicht befriedigend erscheinen. Das Problem muß aber der Gesetzgeber lösen, etwa indem er, dem Vorschlag *Blomeyers* folgend, die unbezahlte Direktversicherung der Direktzusage gleichstellt und der Versicherungspflicht unterwirft. Dann müßte aber auch ein Instrumentarium geschaffen werden, das die Information des PSV sicherstellt und die Beitragsbemessung regelt.

76 Das Problem ist durch die Novelle des Betriebsrentengesetzes nicht ausdrücklich gelöst worden, jedenfalls nicht im Sinne der von der Literatur geforderten Lösung. Im Gesetzesentwurf war noch ein Schutz der Arbeitnehmer von einer Beschädigung der Versicherung infolge von Prämienrückständen vorgesehen gewesen (§ 1 Abs. 2 Satz 3 mit § 7 Abs. 1a Satz 3 des Entwurfs). *Blomeyer* ist zuzustimmen, daß das Schutzbedürfnis der Arbeitnehmer hier nicht geringer ist als in den Fällen der Beleihung oder Verpfändung des Bezugsrechts des Arbeitnehmers, für die gem. § 7 Abs. 1 Satz 2 und Abs. 2 Satz 1 Nr. 2 BetrAVG n. F. Versicherungsschutz besteht (NZA 1998, 911, 915).

77 Unklar bleibt, was aus dem Schweigen des Gesetzgebers zu schließen ist: Ablehnung der Einführung des Insolvenzschutzes für diesen Sonderfall oder bloßes Offenhalten des Problems (so *Blomeyer* a. a. O.). Entgegen *Blomeyer* (*Blomeyer/Otto* a. a. O., § 7 Rz. 186) dürfte allerdings das BAG überfordert sein, hier im Wege der Rechtsfortbildung eine Lösung zu schaffen, die sinnvollerweise auch die Beitragsseite und damit Aufbringung der Kosten für dieses bisher nicht versicherte Risiko berücksichtigen müßte.

E. Gesicherte Anwartschaften

I. Allgemeines

78 Gem. § 7 Abs. 2 BetrAVG sind Anwartschaften auf Leistungen der betrieblichen Altersversorgung gegen die Insolvenz des Arbeitgebers ebenfalls gesichert, **soweit sie nach den Regeln des § 1 BetrAVG unverfallbar** sind. Zu den gesetzlich unverfallbaren

Betriebliche Altersversorgung **Anhang III**

Versorgungsanwartschaften zählen auch die Anwartschaften, die nach der vorgesetzlichen Rechtsprechung als unverfallbar anzusehen waren (*BAG* 20. 01. 1987 EzA § 7 BetrAVG Nr. 23).

Ungesichert bleiben demnach die Anwartschaften, die den Voraussetzungen des § 1 Abs. 1 BetrAVG nicht genügen. Der Insolvenzschutz kann nicht durch eine **vertragliche Zusage der Unverfallbarkeit** herbeigeführt werden. Werden jedoch beim insolvent gewordenen Arbeitgeber Vordienstzeiten angerechnet, die von einer Versorgungszusage begleitet werden, und schließt das Arbeitsverhältnis mit dem neuen Arbeitgeber ohne Unterbrechung an das Arbeitsverhältnis bei dem früheren Arbeitgeber an, so wird im Blick auf den Insolvenzschutz nur der Versorgungsschuldner gewechselt. Die Vordienstzeit ist dann beim insolvent gewordenen Arbeitgeber zu berücksichtigen, d. h. der dort verbrachten Dienstzeit und Zusagedauer hinzuzurechnen (*BAG* 03. 08. 1978 EzA § 7 BetrAVG Nr. 1; *BAG* 26. 09. 1989 EzA § 7 BetrAVG Nr. 31). 79

Maßgeblicher Zeitpunkt für die Sicherungspflicht von Anwartschaften ist der **Zeitpunkt des Sicherungsfalls**. Tritt die Unverfallbarkeit später ein, etwa im Laufe eines Konkursverfahrens, so tritt der Insolvenzschutz nicht ein. Die Unverfallbarkeit hilft dann dem Arbeitnehmer nicht mehr. Er muß seine Rechte (selbst) als (einfacher) Konkursgläubiger wahrnehmen. 80

Der Zeitpunkt des Eintritts des Sicherungsfalls ist also von erheblicher Bedeutung. Dieser Zeitpunkt ist nach bisherigem Recht 81
– beim Konkurs das Datum der Eröffnung des Verfahrens (§ 108 KO),
– bei Ablehnung des Konkursverfahrens wegen Masseunzulänglichkeit das Datum des ablehnenden Beschlusses (§ 107 KO),
– beim gerichtlichen Vergleichsverfahren zur Abwendung des Konkurses das Datum des Beschlusses über die Eröffnung des Verfahrens (§ 16 VglO),
– beim außergerichtlichen Vergleich nach vorausgegangener Zahlungseinstellung das Datum, an dem der Arbeitgeber seine Zahlungsunfähigkeit mitteilt (Merkblatt des PSV 110/M 1/10.88),
– bei vollständiger Einstellung des Betriebes der Zeitpunkt, zu dem das letzte anspruchsbegründende Tatbestandsmerkmal eintritt, also Einstellung der Betriebstätigkeit und offensichtlicher Masseunzulänglichkeit; die Masseunzulänglichkeit kann auch erst nach der Betriebseinstellung eintreten. Die Offensichtlichkeit ist anspruchsbegründendes Tatbestandsmerkmal (*BAG* 11. 09. 1980 EzA § 7 BetrAVG Nr. 7; *BAG* 20. 11. 1984 EzA § 7 BetrAVG Nr. 15). Die Eintrittspflicht des PSV entsteht in dem Zeitpunkt, in dem alle Tatbestandsvoraussetzungen vorliegen. Tritt nach diesem Zeitpunkt ein weiterer Sicherungsfall ein, so entfällt nicht deshalb rückwirkend der Insolvenzschutz auf Grund des § 7 Abs. 1 Satz 3 Nr. 4 BetrAVG.

Nach neuem Recht ab 01. 01. 1999 ist maßgebend 82
– das Datum des Beschlusses über die Eröffnung des Insolvenzverfahrens (§ 27 InsO),
– bei Ablehnung des Insolvenzverfahrens mangels Masse das Datum des ablehnenden Beschlusses (§ 26 InsO),
– beim außergerichtlichen Vergleich und bei vollständiger Betriebseinstellung ist keine Änderung eingetreten.

Die Leistungspflicht beginnt einheitlich am 1. Tage des folgenden Kalendermonats (§ 7 Abs. 1 a BetrAVG n. F.).

II. Sonderfälle

83 Für den Fall der **Betriebsveräußerung im gerichtlichen Insolvenzverfahren** (§ 613 a BGB) gelten die bereits dargestellten Besonderheiten. Der PSV haftet in diesen Fällen für die Ansprüche der Arbeitnehmer, die vor dem Sicherungsfall bei dem insolvent gewordenen Arbeitgeber mit einer unverfallbaren Anwartschaft ausgeschieden waren.

84 Der PSV haftet ferner für die unverfallbaren Anwartschaften derjenigen Arbeitnehmer, die im Betrieb geblieben sind, allerdings nur soweit, als die Anwartschaft beim insolvent gewordenen Betriebsveräußerer erdient worden ist. Das bedeutet, daß der PSV in der bis zur Eröffnung des Insolvenzverfahrens zeitanteilig berechneten Höhe haftet. Für die später beim Betriebserwerber erdienten Teile haftet der Betriebserwerber selbst nach § 613 a BGB. Diese für das Konkurs- und gerichtliche Vergleichsverfahren geltenden Grundsätze sind auf den Sicherungsfall der Ablehnung eines Antrags auf Eröffnung des Insolvenzverfahrens mangels hinreichender Masse nicht anzuwenden. In diesem Fall gilt § 613 a BGB uneingeschränkt (*BAG* 17. 01. 1980 EzA § 16 BetrAVG Nr. 8 m. Anm. *Schulin*; *BAG* 04. 07. 1989 EzA § 613 a BGB Nr. 87; *BAG* 20. 11. 1984 EzA § 613 a BGB Nr. 41).

85 Ob der PSV für die Insolvenz einer **konzernabhängigen Gesellschaft** eintreten muß, hängt davon ab, ob ein Beherrschungs- oder Gewinnabführungsvertrag besteht oder – ohne eine solche Vereinbarung – inwieweit das herrschende Unternehmen die Geschäfte des beherrschten Unternehmens dauernd und umfassend geführt hat (vollständiger Nachweis der Rechtsprechung in *BAG* 16. 03. 1993 EzA § 7 BetrAVG Nr. 46 zu B II 2 a der Gründe).

III. Höhe der gesicherten Anwartschaft

86 Bei der Berechnung der Versorgung aus einer insolvenzgeschützten unverfallbaren Versorgungsanwartschaft wird der Berechtigte so gestellt, als wäre er zum Zeitpunkt des Sicherungsfalls aus dem Arbeitsverhältnis ausgeschieden. Die Höhe der Leistung wird nach **§ 2 BetrAVG** berechnet, auch wenn die Versorgungszusage eine günstigere Berechnungsmethode vorgesehen hatte (§ 7 Abs. 2 Satz 3 BetrAVG). Der gesetzliche Insolvenzschutz gewährleistet also nur den unabdingbaren Mindeststandard.

87 Das bedeutet: Die Betriebszugehörigkeit wird nur bis zum Eintritt des Sicherungsfalls berücksichtigt (§ 7 Abs. 2 Satz 4 BetrAVG). Abzustellen ist auf die Verhältnisse im Zeitpunkt des Sicherungsfalls, nicht im Zeitpunkt des Versorgungsfalls. Veränderungen nach Eintritt des Sicherungsfalls bleiben außer Betracht (§ 7 Abs. 2 Satz 3 i. V. m. § 2 Abs. 5 BetrAVG). Gegebenenfalls sind die Bemessungsgrundlagen z. Z. des Sicherungsfalls auf den Zeitpunkt des Versorgungsfalls hochzurechnen (*BAG* 12. 03. 1991 EzA § 7 BetrAVG Nr. 41).

88 Zunächst ist also festzustellen, welche fiktive Versorgung der Berechtigte ohne den Sicherungsfall erreicht hätte. Die fiktive Leistung ist nach den Verhältnissen zur Zeit des Sicherungsfalls zu ermitteln, es bleiben also die Änderungen der Bemessungsgrundlagen insoweit unberücksichtigt (Änderung der Versorgungsordnung, Änderungen des Gehalts, Steigerung der Dienstzeit). Andere anrechenbare Leistungen, die sich nach dem Sicherungsfall dynamisch weiterentwickeln, sind hochzurechnen. Die fiktive Leistung ist dann zeitanteilig und bei vorzeitigem Bezug ggf. versicherungsmathematisch zu kürzen. Der PSV ist insoweit an die Zusage des Arbeitgebers gebunden, auch was die vorzeitige Altersleistung angeht (*BAG* 20. 04. 1982 EzA § 6 BetrAVG Nr. 5).

Hat der PSV eine **volldynamische Rentenzusage** zu sichern, so gilt das auch, wenn der 89
Versorgungsberechtigte aufgrund einer unverfallbaren Anwartschaft nur eine Teilrente
erhält. Der PSV hat auch insoweit die Versorgungszusage so hinzunehmen, wie sie ist.
Die Dynamik der laufenden Leistung ist keine Bemessungsgrundlage, die nach der
Vorschrift des entsprechend anzuwendenden § 2 Abs. 5 BetrAVG auf den Zeitpunkt des
Sicherungsfalls festzuschreiben wäre. Diese Dynamik bestimmt nicht die Rentenhöhe
im Zeitpunkt des Versorgungsfalls, sondern bindet die Höhe der künftigen Rente an
eigene Faktoren, z. B. die Lohnentwicklung. Dieser Fall ist von der Anpassungsprüfung
nach § 16 BetrAVG zu unterscheiden. Eine Prüfungs- und Anpassungspflicht nach § 16
trifft den PSV nicht, weil die tatsächliche Rentenanpassung auch von der wirtschaftlichen Lage des Unternehmens abhängt, auf die es aber nach Eintritt eines Sicherungsfalles wegen Insolvenz des Arbeitgebers nicht mehr ankommen kann.

In diesem Zusammenhang kann ein Urteil des BAG v. 22. 11. 1994 zu Mißverständnissen führen. Ein Rentner, dem eine Versorgung nach der **Leistungsordnung des Essener** 90
Verbands zustand, verlangte die Anpassung seiner Rente entsprechend den Änderungen
dieser Leistungsordnung, die vom Verbandsvorstand regelmäßig vorzunehmen sind.
Das BAG hat die Klage unter Hinweis auf § 2 Abs. 5 BetrAVG abgewiesen, obwohl
schon die Versorgungszusage die regelmäßige Anpassung der Rente vorsah und lediglich der Umfang der Anpassung durch gesonderte Verbandsentscheidungen zu bestimmen war. Der Ruhegeldsenat hat damit seine frühere Rechtsprechung aufgegeben. Ihm
mag noch zu folgen sein, soweit es sich um Anpassungen handelt, über die jeweils
gesondert zu entscheiden ist – obwohl auch dies eine Bemessungsgrundlage ist, die sich
nicht nachträglich ändert, sondern schon Gegenstand der Zusage war. Sollte sich die
Aussage des BAG auch auf echte volldynamische Zusagen beziehen, die von vornherein
eine Anpassung nach festgelegten Parametern vorsieht, so ist sie abzulehnen. Das
Einfrieren der Bemessungsgrundlagen auf den Zeitpunkt des Sicherungsfalls in § 7
Abs. 2 BetrAVG kann nicht dazu führen, daß der Zusageinhalt in der Insolvenz des
Arbeitgebers eingeschränkt wird. Die exakte Ermittlung des Anwartschaftswerts z. Z.
der Insolvenz ist kein überragendes Prinzip der gesetzlichen Insolvenzsicherung. Der
PSV muß hinnehmen, was die Zusage ihm vorgibt (*BAG* 22. 11. 1994 EzA § 7 BetrAVG
Nr. 50; *BAG* 03. 08. 1978 EzA § 7 Nr. 1).

Auch in einem anderen Zusammenhang ist das BAG von dem Stichtagsprinzip des § 7 91
Abs. 2 BetrAVG abgewichen: Bei wirtschaftlichen Schwierigkeiten des Arbeitgebers
kann es dazu kommen, daß die zugesagten Versorgungsleistungen abgesenkt werden, um
zur Stabilisierung des Unternehmens beizutragen. Schon dann kann ein Sicherungsfall
eintreten. Tritt aber kein Sicherungsfall ein, etwa weil von den Kürzungen nur Steigerungen betroffen sind, und führt die Absenkung der Versorgungslast gleichwohl nicht zur
Sanierung, sondern tritt der Sicherungsfall später dennoch ein, **so erfaßt der Insolvenzschutz die Leistungen, die nach der früheren (besseren und dann verschlechterten)
Versorgungsordnung zu erbringen waren**. Das Sanierungsopfer der Arbeitnehmer
war dann vergebens. Basis der Berechnung ist der Stichtag der – absenkenden –
Neuregelung, nicht der Stichtag des Insolvenzfalls (*BAG* 22. 09. 1987 EzA § 1 BetrAVG
Ablösung Nr. 1; *BAG* 21. 01. 1992 EzA § 1 BetrAVG Ablösung Nr. 8).

Bei einem Vergleich, durch den das Unternehmen nicht liquidiert wird (**Fortsetzungs-** 92
vergleich), übernimmt der Insolvenzschutz nur den erlassenen Teil. Dieser Teil der
Anwartschaft wird auf den Insolvenzstichtag festgeschrieben. Soweit dagegen die Forderungen nicht erlassen werden, entwickelt sich die Anwartschaft gegenüber dem
Arbeitgeber weiter. Die Versorgungszusage gilt fort. Der Arbeitgeber schuldet den Teil
der Versorgung, der sich bis zum Versorgungsfall entwickelt hat, z. B. den nicht erlasse-

Anhang III *Betriebliche Altersversorgung*

nen Anteil der nach dem Endgehalt zu berechnenden Versorgung (*BAG* 15. 01. 1991 EzA § 7 BetrAVG Nr. 39).

93 Diese nach bisherigem Recht geltende Regelung gilt grundsätzlich auch nach der Novelle des Betriebsrentengesetzes über den 01. 01. 1999 hinaus fort. Die Leistungsverpflichtung des PSV ist aber in § 7 Abs. 4 Satz 2–5 BetrAVG n. F. an das neue Insolvenzrecht angepaßt worden; zugleich ist ein Wiederaufleben der vollen Verbindlichkeit des Arbeitgebers bei einer nachhaltigen Besserung seiner wirtschaftlichen Lage vorgesehen worden:

94 Gemäß §§ 217 ff. InsO kann u. a. die Haftung des Schuldners nach der Beendigung des Insolvenzverfahrens in einem Insolvenzplan geregelt werden. Das Insolvenzverfahren dient auch dem Ziel, einem angeschlagenen Unternehmen die Fortführung zu ermöglichen. Hieran anknüpfend bestimmt § 7 Abs. 4 Satz 2 und 3 BetrAVG n. F., daß, wenn ein Insolvenzplan durch das Insolvenzgericht bestätigt wird (§§ 235–253 InsO), sich der Anspruch gegen den PSV insoweit vermindert, als nach dem Insolvenzplan der Arbeitgeber oder Versorgungsträger einen Teil der Leistungen selbst zu erbringen hat. Die gleiche Regelung gilt für den Sicherungsfall des außergerichtlichen Vergleichs (Satz 4). Der Insolvenzplan soll vorsehen, daß bei einer nachhaltigen Besserung der wirtschaftlichen Lage des Arbeitgebers die Leistungen des PSV reduziert werden oder ganz enfallen (Satz 5).

95 Laufende Leistungen aus **Direktversicherungen** unterliegen dem Insolvenzschutz, wenn dem Arbeitnehmer lediglich ein widerrufliches Bezugsrecht eingeräumt ist oder wenn der Arbeitgeber die Rechte aus einem unwiderruflichen Bezugsrecht beliehen oder verpfändet hat (§ 7 Abs. 1 Satz 2, Abs. 2 Satz 2 Nr. 2 BetrAVG). Der umstrittene Fall, daß die Versorgungsleistung deswegen geschmälert wird, weil der Arbeitgeber als Versicherungsnehmer mit den Prämien in Rückstand geraten ist, ist in der Novelle ungeregelt geblieben.

96 **Pensionskassen** unterliegen der Insolvenzsicherung nach § 7 BetrAVG nicht. Das hat seinen Grund darin, daß der Versorgungsanspruch gegen die Kasse von der Insolvenz des Arbeitgebers unabhängig ist und die Kasse ihrerseits der Versicherungsaufsicht untersteht.

97 Dagegen ist die **Unterstützungskassenversorgung** in den gesetzlichen Insolvenzschutz einbezogen, weil die Unterstützungskasse trotz rechtlicher Selbständigkeit vom Arbeitgeber abhängig ist; hier ist auch die Insolvenz des Arbeitgebers und nicht die Insolvenz der Kasse das den Sicherungsfall auslösende Ereignis (§ 7 Abs. 1 Satz 2, Abs. 2 Satz 2 BetrAVG).

IV. Höhe bei Direktversicherung und Pensionskasse

98 Ähnlich wie bei der zeitanteiligen Anwartschaftsberechnung (§ 2 Abs. 1 BetrAVG), führt die Quotierung der Anwartschaft bei der Direktzusage und der Unterstützungskassenversorgung zu einer Streckung des Werts der Anwartschaft. Der Betrag kann höher oder niedriger ausfallen als der im Zeitpunkt des Ausscheidens tatsächlich erdiente Wert (vgl. Griebeling, HzA, G 10, Teilbereich 1 Rz. 466 ff.).

99 Wird nun die Versorgung über eine Direktversicherung oder eine Pensionskasse abgewickelt, richtet sich also der Rechtsanspruch des Versorgungsberechtigten gegen den rechtlich (und wirtschaftlich) selbständigen Versorgungsträger, so ist dieser infolge der Regelungen im **Deckungsverhältnis** nur verpflichtet, dem Versorgungsberechtigten dasjenige zu erhalten, was nach dem Versicherungsvertrag geschuldet wird. Deswegen

Betriebliche Altersversorgung **Anhang III**

enthält das Gesetz in § 2 Abs. 2 und Abs. 3 BetrAVG für diese beiden Durchführungsformen Sonderbestimmungen.

§ 2 Abs. 2 Satz 1 BetrAVG bestimmt, daß sich ein Anspruch auf einen **überschießenden** 100 **Betrag**, der sich nach der Quotierung nach § 2 Abs. 1 BetrVG ergibt, gegen den Arbeitgeber richtet. Dem Arbeitgeber wird aber durch § 2 Abs. 2 Satz 2 BetrVG ein Wahlrecht eingeräumt. Die nach dem Versicherungsvertrag geschuldete Leistung ist zu erbringen, wenn
– spätestens nach drei Monaten seit dem Ausscheiden des Arbeitnehmers das Bezugsrecht unwiderruflich ist und eine Abtretung oder Beleihung des Rechts aus dem Versicherungsvertrag durch den Arbeitgeber und Beitragsrückstände nicht vorhanden sind,
– vom Beginn der Versicherung, frühestens jedoch vom Beginn der Betriebszugehörigkeit an, nach dem Versicherungsvertrag die Überschußanteile nur zur Verbesserung der Versicherungsleistung zu verwenden sind und
– der ausgeschiedene Arbeitnehmer nach dem Versicherungsvertrag das Recht zur Fortsetzung der Versicherung mit eigenen Beiträgen hat.

Nach § 7 Abs. 2 Satz 3 BetrAVG wird für den **Insolvenzschutz** bestimmt, daß sich die 101 Höhe des Anspruchs gegen den PSV nach § 2 Abs. 2 Satz 2 BetrAVG richtet. Anders als der Arbeitgeber hat der PSV aber kein Wahlrecht. Der PSV hat ausschließlich die Leistung zu sichern, die der Versicherer nach den Regeln des Versicherungsvertrags zu erbringen hätte. Er hat nur für den Sollwert einzustehen. Das Quotierungsprinzip gilt insoweit nicht.

F. Haftungsausschlüsse

I. Höchstbegrenzung

Gem. § 7 Abs. 3 Satz 1 BetrAVG a. F. ist die Eintrittspflicht des PSV bei laufenden 102 Leistungen auf das Dreifache der Beitragsbemessungsgrenze für Monatsbezüge in der gesetzlichen Rentenversicherung für Arbeiter und Angestellte begrenzt. Versorgungsberechtigte, die höhere Ansprüche haben, hat der Gesetzgeber nicht mehr als schutzbedürftig angesehen (BT-Drucks. 7/2843, S. 9).

Maßgeblicher Zeitpunkt für die Berechnung der Höchstgrenze ist der erste Fälligkeits- 103 zeitpunkt, bei gesicherten Anwartschaften also der (spätere) Eintritt der ersten Fälligkeit. Das für die Höchstgrenze maßgebliche Datum wird – ungeachtet der weiteren Entwicklung – auf das erste Fälligkeitsdatum fixiert. Das kann zu Wertverlusten führen, ist aber hinzunehmen (*BGH* 21. 03. 1983 AP Nr. 16 zu § 7 BetrAVG).

§ 7 Abs. 3 BetrAVG n. F. hat die Höchstgrenzen der vom PSV zu erbringenden Leistun- 104 gen erheblich herabgesetzt: Der monatliche Höchstbetrag beläuft sich auf das Dreifache der monatlichen Bezugsgröße gemäß § 18 SGB IV, das ist das Durchschnittsentgelt der gesetzlichen Rentenversicherung im vorvergangenen Kalenderjahr (1996 neue Bundesländer = 4130 DM). Bei einer Kapitalleistung sind 10% der Leistung als Jahresbetrag einer laufenden Leistung anzusetzen. Das ist in etwa eine Halbierung der bisherigen Höchstgrenzen.

Eine ganz eigenartige Regelung enthält Abs. 3 Satz 3 n. F.: Beruht die Leistung auf einer 105 Entgeltumwandlung i. S. d. § 1 Abs. 5 BetrAVG, so verringert sich die Höchstgrenze auf 3/10 der monatlichen Bezugsgröße (1996 = 1239 DM), sofern nicht eine nach Barwert oder Deckungskapital mindestens gleichwertige, vom Arbeitgeber finanzierte betriebliche Altersversorgung besteht.

106 Es ist unklar, was der Gesetzgeber mit dieser Regelung (außer der Entlastung des PSV) bezweckt hat. Man solle annehmen, daß der Arbeitnehmer hinsichtlich der von ihm selbst finanzierten Versorgungsrechte nicht weniger, sondern eher stärker schutzbedürftig sei als bei einer rein arbeitgeberfinanzierten Versorgung (so auch ursprünglich die Auffassung des Gesetzgebers, vgl. BT-Drucks. 13/8011, S. 200 und später BT-Drucks. 13/8671, S. 120). Es war die Rede von der Vorbeugung vom Mißbrauch der Entgeltumwandlung (Amtl. Begr. BT-Drucks. 13/8011, S. 204). Man fragt sich, wieso gerade eine betriebliche Altersversorgung auf Grund einer Entgeltumwandlung der Gefahr des Mißbrauchs in besonderer Weise ausgesetzt sein soll; schließlich begibt sich der Versorgungsberechtigte der Verfügbarkeit über finanzielle Mittel bis zum Versorgungsfall, über die er andernfalls sogleich frei verfügen könnte. Man vergleiche die hier geschaffene Regelung mit der Kleinmütigkeit, die der Gesetzgeber – trotz Lockerungen – bei der Neuregelung der Abfindung in § 3 BetrAVG n. F. gezeigt hat.

107 *Blomeyer* vermutet, Entgeltumwandlungen seien offenbar sozialpolitisch unerwünscht, sie sollten verhindert werden, soweit sich der Arbeitgeber nicht an der Finanzierung paritätisch beteilige (NZA 1998, 911, 915 f.). Es erscheint höchst zweifelhaft, ob eine solche Haltung dem Ziel des Gesetzes dient, nämlich Anreize zur Stärkung der 2. Säule der Altersversorgung schaffen.

108 Im übrigen wird die Problematik der »Wertgleichheit« sowohl der umgewandelten Entgeltansprüche (§ 1 Abs. 5 BetrAVG n. F.) hier fortgeschrieben als auch die Prüfung der Wertgleichheit der Ansprüche aus der arbeitgeberfinanzierten Zusage (»mindestens gleichwertig«) verlangt. Hier wird unnötig Konfliktpotential geschaffen.

109 Fragen bleiben auch bei der Rechtsfolge einer unterparitätischen Finanzierung der Versorgung durch den Arbeitgeber. *Blomeyer* (NZA 1998, 911, 916) und wohl auch *Wohlleben* (in Höfer, Neue Chancen für Betriebsrenten, S. 131, 136) vertreten die Auffassung, die Höchstgrenze gelte für die gesamte, von Arbeitgeber und Arbeitnehmer finanzierte Versorgung. Die Auffassung *Blomeyers* hat den Wortlaut (»wenn nicht«) für sich, es heißt im Gesetz nicht etwa »soweit nicht«. Dieses Ergebnis mutet aber merkwürdig an: Der Insolvenzschutz wäre im Ergebnis schwächer ausgestaltet, wenn der Arbeitgeber der auf Entgeltumwandlung beruhenden Versorgung eine eigene, wenngleich geringere Zusage hinzufügte; »Arbeitgeber- und Arbeitnehmeranteil« wären in der Summe nur mit der geringen Höchstgrenze geschützt. Die Frage nach dem Sinn des gesetzgeberischen Vorgehens muß hier wiederholt werden.

110 Die Neuregelung gilt gem. § 30b BetrAVG n. F. erst für Zusagen, die nach dem 31. 12. 1998 erteilt werden (vgl. auch BT-Drucks. 13/8671, S. 121).

II. Anspruchsminderung

111 Gem. § 7 Abs. 4 Satz 1 BetrAVG vermindert sich ein Anspruch gegen den PSV, soweit der Arbeitgeber oder sonstige Versorgungsträger die Leistungen erbringt oder soweit er sie in den Sicherungsfällen des gerichtlichen Vergleichsverfahrens, des außergerichtlichen Vergleichs oder des Widerrufs wegen wirtschaftlicher Notlage nach Eintritt des Sicherungsfalls zu erbringen hat.

112 Hier wird die **subsidiäre Einstandspflicht** des Trägers der Insolvenzsicherung deutlich. Schon erbrachte und damit nach § 362 BGB erloschene Verbindlichkeiten und nach den Modalitäten des Sicherungsfalls vom Arbeitgeber weiterhin zu erbringende Leistungen hat konsequenterweise nicht der PSV zu erbringen.

§ 7 Abs. 4 BetrAVG spricht nur von Leistungen des Arbeitgebers oder sonstigen Trägers 113
der Versorgung. Hieraus ist zu schließen, daß Leistungen **Dritter** nicht betroffen sind.
Dritter kann auch derjenige sein, der – aus Schuldbeitritten oder aus akzessorischen
Sicherungsrechten – die Versorgung selbst schuldet. Denn dessen Leistungspflicht geht
gem. § 9 Abs. 2 BetrAVG auf den PSV über und der PSV erwirkt seinerseits kraft
Gesetzes den Anspruch des Versorgungsberechtigten gegen den Versorgungsschuldner.
Es findet somit ein kompletter Gläubiger- und Schuldneraustausch statt.

III. Versicherungsmißbrauch

§ 7 Abs. 5 beschreibt Fälle des Versicherungsmißbrauchs. Der PSV ist nicht einstands- 114
pflichtig, wenn es der alleinige oder überwiegende Zweck der Versorgungszusage oder
ihrer Verbesserung, der Beleihung oder der Abtretung war, den Versicherungsschutz in
Anspruch zu nehmen (Satz 1). Der Mißbrauchszweck wird bei schlechter wirtschaftlicher Lage des Arbeitgebers widerlegbar (Satz 2), bei entsprechenden Verfügungen im
letzten Jahr vor der Insolvenz unwiderlegbar (Satz 3) vermutet. Satz 3 ist durch die
Novelle des Betriebsrentengesetzes mit Wirkung vom 01. 01. 1999 geändert worden,
und zwar rückwirkend: Die unwiderlegbare Vermutung des Mißbrauchs und damit der
Ausschluß vom Versicherungsschutz ist auf zwei Jahre verlängert worden. Die Vorschrift gilt auch für Rentenanpassungen nach § 16 BetrAVG (*BAG* 26. 04. 1994 EzA § 16
BetrAVG Nr. 27).

Ein Haftungsausschluß des PSV setzt zunächst voraus, daß die betreffende Maßnahme 115
zu einer Haftungserweiterung führen müßte. Das Gesetz nennt in **§ 7 Abs. 5 Satz 1
BetrAVG** die (mißbräuchliche) Erteilung einer Versorgungszusage, wobei der Begriff
Versorgungszusage hier wie sonst auch jede Begründungsform und jede Durchführungsform erfaßt. Weiter nennt das Gesetz die Verbesserung der Zusage. Darunter sind die
Änderungen des Zusageinhalts zu verstehen, die den Versorgungsberechtigten besserstellen, also entweder die Leistung erhöhen oder die Leistungsbedingungen oder die
Aufnahmevoraussetzungen für den Versorgungsberechtigten günstiger gestalten (*BAG*
24. 06. 1986 EzA § 7 BetrAVG Nr. 20).

Auch die Anhebung der schon laufenden Leistungen stellt eine Verbesserung dar (*BAG* 116
29. 11. 1988 EzA § 7 BetrAVG Nr. 27).

Der Zusageerteilung und der Zusageverbesserung sind die Beleihung und die Abtretung 117
eines Anspruchs aus einer Direktversicherung gleichgestellt. Der Gesetzgeber hat das
jetzt in Abs. 5 Satz 1 dargestellt. In diesen Fällen ist die Interessenlage aber eine andere
als bei der Erteilung oder Verbesserung von Versorgungszusagen. Hier geht es nicht um
eine Haftungserweiterung für den PSV zugunsten des Versorgungsberechtigten, jedenfalls nicht unmittelbar, sondern um eine wirtschaftliche Nutzung des beim Versicherer
gebildeten Deckungskapitals. Diese Möglichkeit kommt dem Arbeitgeber als Versicherungsnehmer zugute. Typischerweise läßt sich dieses Ziel nur erreichen, wenn – unter
Mißbrauchsgesichtspunkten – Arbeitgeber und Arbeitnehmer einvernehmlich zusammengewirkt haben: Da eine Eintrittspflicht des PSV nur in Betracht kommt, wenn die
Versorgungsanwartschaft unverfallbar war und entweder das Bezugsrecht des Arbeitnehmers ein widerrufliches war oder ein unwiderrufliches, aber durch Beleihung oder
Abtretung in seinem Wert geschmälert war, muß beim unwiderruflichen Bezugsrecht der
Arbeitnehmer seine Zustimmung zur Beleihung oder Abtretung erteilt haben. Nur dann
kann es zu einer wirtschaftlichen Verwertung des Versorgungsrechts durch den Arbeitgeber kommen (*BAG* 26. 06. 1990 EzA § 1 BetrAVG Nr. 59).

Anhang III *Betriebliche Altersversorgung*

118 Ist das Bezugsrecht des Versorgungsberechtigten widerruflich, so kann der Arbeitgeber zwar ohne Mitwirkung des Versorgungsberechtigten über das Deckungskapital verfügen, aber der Versorgungsberechtigte hat dann ohnehin kein gesichertes Versorgungsrecht, d. h., der PSV hat im Insolvenzfall ohnehin für die volle Leistung einzustehen. Im Konkurs des Arbeitgebers kann der Konkursverwalter die Deckungsmittel zur Masse ziehen (BGH 22. 03. 1984 DB 1984, 1776; *BAG* 26. 02. 1991 EzA § 43 KO Nr. 2 m. Anm. *Uhlenbruck*; *BAG* 28. 03. 1995 EzA § 1 BetrAVG Lebensversicherung Nr. 6).

119 § 7 Abs. 5 Satz 1 BetrAVG schließt die Einstandspflicht des PSV aus, soweit nach den Umständen des Falles die Annahme gerechtfertigt ist, daß es der alleinige Zweck (der Maßnahme) gewesen ist, den Träger der Insolvenzsicherung in Anspruch zu nehmen. Beruft sich der PSV auf diesen Haftungsausschluß, muß er die Mißbrauchsabsicht beweisen. Regelmäßig wird ein kollusives Zusammenwirken von Arbeitgeber und Arbeitnehmer zu fordern sein. Es stellt sich die Frage, warum ein Arbeitgeber seine wirtschaftliche Lage durch höhere oder neu eingegangene Versorgungsverpflichtungen im Blick auf den Insolvenzschutz zusätzlich belasten sollte, erwartete er nicht von den Arbeitnehmern oder von der Betriebsvertretung Entgegenkommen an anderer Stelle. Bei Zusagen an Nichtarbeitnehmer (§ 17 Abs. 1 Satz 2 BetrAVG) kann die Interessenlage aber durchaus anders zu beurteilen sein.

120 Der für den PSV nur schwer zu führende Beweis einer Mißbrauchsabsicht wird durch die Mißbrauchsvermutung des **§ 7 Abs. 5 Satz 2 BetrAVG** erleichtert. Nach dieser Vorschrift ist die Mißbrauchsannahme insbes dann gerechtfertigt, wenn bei der Erteilung oder Verbesserung der Zusage wegen der wirtschaftlichen Lage des Arbeitgebers nicht zu erwarten war, daß die Zusage erfüllt werden könne.

121 Diese Mißbrauchsvermutung ist widerlegbar. Sie bewirkt eine Beweiserleichterung für den PSV: Er braucht nur nachzuweisen, daß bei der Erteilung oder Verbesserung der Zusage die Erfüllung nicht zu erwarten war, weil zu diesem Zeitpunkt die wirtschaftliche Lage des Arbeitgebers bereits schlecht war. Dem Versorgungsberechtigten bleibt es aber dennoch unbenommen, die Vermutung des Versicherungsmißbrauchs zu entkräften (*BAG* 29. 11. 1988 EzA § 7 BetrAVG Nr. 27; *Höfer* a. a. O., § 7 Rz. 2955; ebenso *Blomeyer/Otto* a. a. O., § 7 Rz. 303).

122 Der Auffassung des BAG und von *Höfer* ist zu folgen: Der Wortlaut des Satzes 2 (»Diese Annahme...«) nimmt auf den Mißbrauchstatbestand des Satzes 1 Bezug (anders Satz 3) und zeigt damit den Zweck der Norm: Ein Mißbrauch wird vermutet, aber auch bei schlechter wirtschaftlicher Lage des Unternehmens nicht festgeschrieben. Was nur vermutet wird, kann widerlegt werden.

123 Die Vorschrift des § 7 Abs. 5 Satz 2 BetrAVG nennt im Unterschied zu Satz 1 nicht die Fälle der Abtretung und Beleihung von Ansprüchen aus einer Direktversicherung. Die Vorschrift findet also insoweit keine Anwendung (*BAG* 26. 06. 1990 EzA § 1 BetrAVG Nr. 59).

124 Diese Auslegung erscheint sachgerecht. Für die Annahme eines Mißbrauchs bestehen angesichts der unterschiedlichen Interessenlage zur Versorgungsverbesserung kaum je typische tatsächliche Grundlagen, die den Schluß rechtfertigen, Versorgungsrechte würden vom Arbeitgeber beliehen, um den Insolvenzschutz in Anspruch zu nehmen (ebenso *Höfer* a. a. O., § 7 Rz. 2956).

125 Schließlich enthält **§ 7 Abs. 5 Satz 3 BetrAVG** einen absoluten Haftungsausschluß für Versorgungsverbesserungen in den beiden letzten Jahren vor dem Eintritt des Sicherungsfalls (»Verbesserungen... werden nicht berücksichtigt«). Diese Regelung, gleichgültig, ob sie als objektiver Haftungsausschluß oder als unwiderlegbare Vermutung verstanden wird, schließt eine Eintrittspflicht des PSV selbst dann aus, wenn es dem

Betriebliche Altersversorgung **Anhang III**

Vesorgungsberechtigten gelingt, den Nachweis zu führen, daß eine Mißbrauchsabsicht nicht vorlag (*BAG* 26. 04. 1994 EzA § 16 BetrAVG Nr. 27).

Das Gesetz geht davon aus, daß regelmäßig und typischerweise die wirtschaftliche Lage des Arbeitgebers in den beiden letzten Jahren vor dem Insolvenzfall bereits so geschwächt ist, daß eine Versorgungsverbesserung und selbst eine Rentenanpassung nach § 16 BetrAVG nicht mehr gerechtfertigt ist. Die zeitliche Nähe zum Insolvenzfall macht – ähnlich wie die §§ 31 Nr. 2, 32 Nr. 1 KO und § 28 VglO – den Insolvenzschutz für die Verbesserung hinfällig (*Otto* EWiR § 7 BetrAVG 2/89 S. 319). 126

Die gegenteilige Ansicht von *Höfer* (a. a. O., § 7 Rz. 2963) ist abzulehnen. Der Hinweis auf die Rechtsprechung des BAG, nach der bei automatischen Verbesserungen nach Maßgabe der Versorgungszusage der Zeitpunkt der Zusage und nicht der Zeitpunkt des Wirksamwerdens der Verbesserung maßgebend ist, überzeugt nicht. Auch § 7 Abs. 5 Satz 3 BetrAVG regelt einen Mißbrauchsfall, allerdings mit der rigorosen Wirkung des Haftungsausschlusses des Trägers der Insolvenzsicherung. Es ist nicht einsichtig, welchen Bezug eine vor Jahrzehnten erteilte Versorgungszusage zu einem Versicherungsmißbrauch im Zusammenhang mit einer Verbesserung kurz vor der Insolvenz des Arbeitgebers haben sollte. Die dann noch entstehende Versorgungsverbesserung und damit zugleich die Erhöhung des Umfangs der Eintrittspflicht des PSV kann schon deshalb nicht durchschlagen, weil sie bereits in der – unverdächtigen – Zusage vorgesehen war. 127

Gem. § 7 Abs. 6 BetrAVG können bei außergewöhnlichen **Katastrophenfällen zwischen** PSV und dem Bundesaufsichtsamt für das Versicherungswesen Regelungen vereinbart werden, die von den Bestimmungen des Betriebsrentengesetzes abweichen. 128

§ 8 Abs. 1 BetrAVG regelt den Fall, daß eine Pensionskasse oder ein Unternehmen der Lebensversicherung die Leistungen des gesetzlichen Insolvenzschutzes vom PSV übernimmt. Das Gesetz läßt eine solche Vereinbarung zu. 129

Gem. **§ 8 Abs. 2 BetrAVG a. F.** konnte der PSV Versorgungsrechte analog § 3 Abs. 2 BetrAVG nach dem Barwert abfinden. Eine darüber hinausgehende Abfindungsmöglichkeit hat der PSV dann, wenn dem Arbeitnehmer die Beiträge zur gesetzlichen Rentenversicherung erstattet worden sind. Hintergrund dieser Regelung ist das Gesetz zur Förderung der Rückkehrbereitschaft von Ausländern vom 28. 11. 1983. Rückkehrwilligen Ausländern soll dann sogleich ein Kapitalbetrag aus der betrieblichen Altersversorgung zukommen können, den sie bei Anwendung des § 3 BetrAVG noch nicht erhalten könnten. 130

Die Abfindungsmöglichkeit des PSV ist neu geregelt worden. Er kann jetzt ohne Zustimmung des Arbeitnehmers abfinden, wenn Altersrenten 1% der monatlichen Bezugsgröße und Kapitalleistungen 12/10 der monatlichen Bezugsgrenze nicht übersteigen werden (§ 8 Abs. 2 i.V.m. § 3 Abs. 1 Satz 2 BetrAVG n. F.) 131

Das gleiche gilt in den Fällen, in denen nach § 3 Abs. 1 Satz 3 BetrAVG n. F. der Arbeitgeber die Anwartschaft mit Zustimmung des Arbeitnehmers abfinden darf; der PSV kann dies auch ohne dessen Zustimmung (§ 8 Abs. 2 Satz 1 BetrAVG n. F.) 132

Schließlich kann der PSV den Arbeitnehmer abfinden, ohne an die in § 3 Abs. 1 BetrAVG n. F. genannten Beträge gebunden zu sein; Voraussetzung dafür ist aber, daß er die Abfindung an einen Lebensversicherer oder an eine Pensionskasse zahlt, bei dem der Versorgungsberechtigte auf Grund einer Direktversicherung oder einer Pensionskassenmitgliedschaft versichert ist (§ 1 Abs. 2 oder 3 BetrAVG). Insoweit handelt es sich nicht um eine Abfindung im eigentlichen Sinn; die Versorgung wird mit den dem Arbeitnehmer zustehenden Mitteln bei einem der genannten rechtsfähigen Versorgungsträger fortgeführt. Die für Direktversicherungen und Pensionskassen geltenden Berechnungs- 133

Anhang III *Betriebliche Altersversorgung*

und Abfindungsvorschriften gelten auch für den PSV (§ 8 Abs. 2 Satz 3 und §§ 2 Abs. 2 Sätze 4–6, 3 Abs. 2 BetrAVG).

G. Anspruchs- und Vermögensübergang (§ 9 BetrAVG)

I. Anspruchsübergang

134 Tritt ein Insolvenzfall ein und sind die Voraussetzungen für den Eintritt der gesetzlichen Insolvenzsicherung erfüllt, so erhalten die Versorgungsberechtigten gegen den PSV einen Anspruch auf die Leistung, die der Arbeitgeber aufgrund der Versorgungszusage zu erbringen hätte, wäre die Insolvenz nicht eingetreten (§ 7 Abs. 1 Satz 1 BetrAVG). Die Versorgungsgläubiger erhalten also in Gestalt des PSV einen neuen Versorgungsschuldner. Zugleich verlieren die Versorgungsgläubiger ihren alten Versorgungsschuldner. Gem. § 9 Abs. 2 BetrAVG wird der PSV im Verhältnis zum Arbeitgeber neuer Versorgungsgläubiger. Es findet also von Gesetzes wegen ein **Forderungsaustausch** statt.

135 Der Forderungsübergang findet in den Fällen des Konkurs- und des gerichtlichen Vergleichsverfahrens sowie des Insolvenzverfahrens nach der InsO mit der Eröffnung des Verfahrens statt. In den anderen Sicherungsfällen ist das Datum der Mitteilung maßgebend, die der PSV den Versorgungsberechtigten machen muß. Der PSV muß den Versorgungsberechtigten mitteilen, welche Ansprüche ihnen zustehen.

136 Der Forderungsübergang erfaßt alle Ansprüche des Arbeitnehmers gegen den Arbeitgeber. Er schafft eine endgültige Rechtszuweisung. Für den **gerichtlichen und außergerichtlichen Vergleich** mit dem Ziel der Fortsetzung des Unternehmens (**Fortsetzungsvergleich**) bedeutet dies, daß die Eintrittspflicht des PSV **nicht** endet und die Versorgungsschuld des Arbeitgebers nicht wieder auflebt, wenn das Unternehmen saniert ist und seine wirtschaftliche Lage die Erfüllung der Versorgungsansprüche wieder zuließe (*BAG* 12. 04. 1983 EzA § 9 BetrAVG Nr. 1).

137 Als neuer Gläubiger der Versorgungsansprüche der Arbeitnehmer nimmt der PSV am Konkurs- oder Vergleichsverfahren über das Vermögen des Arbeitgebers teil. Die Rangstellung der Ansprüche bleibt unverändert. Rückständige Forderungen für die letzten sechs Monate vor Konkurseröffnung bleiben also auch mit dem PSV als Gläubiger Masseforderungen gem. § 59 Abs. 1 Nr. 3 d KO (*BAG* 06. 09. 1988 EzA § 59 KO Nr. 16).

138 Die Änderung des Insolvenzrechts zum 01. 01. 1999 hat auch im vorliegenden Zusammenhang zu Änderungen und Ergänzungen geführt.

139 Im Insolvenzplan kann für den Fall der Fortführung des Unternehmens ein volles oder teilweises Wiederaufleben der Versorgungsverbindlichkeiten des Insolvenzschuldners vorgesehen werden (§ 7 Abs. 4 Sätze 2–5 BetrAVG n. F.). Diese Regeln werden in § 9 BetrAVG n. F. für den Fortsetzungsvergleich ergänzt: Sieht der Insolvenzplan die Fortführung des Unternehmens vor, so kann für den PSV eine »besondere Gruppe« gebildet werden. § 222 InsO sieht vor, daß bei der Festlegung der Rechte der Beteiligten im Insolvenzplan Gruppen zu bilden sind, soweit Gläubiger unterschiedliche Rechtsstellungen haben. Auch die Arbeitnehmer sollen nach § 222 Abs. 3 InsO eine besondere Gruppe bilden.

140 Davon unabhängig kann der PSV, soweit er mit auf ihn übergegangenen Forderungen im Insolvenzverfahren ausfällt und der Insolvenzplan nichts anderes vorsieht, »Erstattung der von ihm erbrachten Leistungen« verlangen, wenn der Sanierungsversuch scheitert

und binnen drei Jahren nach Aufhebung des Insolvenzverfahrens »ein Antrag auf Eröffnung eines neuen Insolvenzverfahrens« gestellt wird. Er kann die Erstattung als Insolvenzgläubiger« verlangen, was wohl nur bedeuten kann, daß die Forderung ungeachtet einer anderen Regelung im Insolvenzplan wieder auflebt. Unter den »erbrachten Leistungen« werden wohl die Zahlungen zu verstehen sein, die der PSV an Versorgungsberechtigte aus Anlaß der bisherigen Insolvenz des Arbeitgebers geleistet hat.

Unklar bleibt, was gilt, wenn die neue Insolvenz des Arbeitgebers zur Ablehnung des neuen Insolvenzverfahrens mangels Masse führt (§ 26 InsO). Eine solche Konstellation wird nicht sehr wahrscheinlich, aber trotz des ausgefeilten Sanierungsverfahrens nicht auszuschließen sein (vgl. die Vorschriften zur Überwachung der im Insolvenzplan vorgesehenen Regelungen, §§ 260 ff. InsO). Der PSV wird in einem solchen Fall seine Verluste abschreiben müssen. Mit der Aufhebung des Insolvenzverfahrens erhält der Schuldner das Recht zurück, über die Insolvenzmasse frei zu verfügen (§ 259 Abs. 1 Satz 2 InsO). 141

Führt das Insolvenzverfahren zur Abwicklung der Vermögensmasse des Gemeinschuldners, so entstehen allerdings **sofort zu berichtigende Kapitalansprüche**. Nur so läßt sich das Insolvenzverfahren überhaupt zum Abschluß bringen. Das führt nach st. Rspr. des BAG dazu, daß Ansprüche auf laufende Leistungen nach versicherungsmathematischen Grundsätzen in einen Kapitalbetrag umzurechnen, zu kapitalisieren sind. Das gleiche gilt für die auf den PSV übergegangenen Rechte aus Anwartschaften, die ebenfalls noch nicht fällig sind (zuletzt *BAG* 07. 11. 1989 EzA § 9 BetrAVG Nr. 2). 142

Der BGH hat der Auffassung des BAG widersprochen: Für aufschiebend bedingte Ansprüche komme nur eine **Sicherstellung** nach § 67 KO in Frage (*BGH* 10. 01. 1991 NJW 1991, 1111; *BGH* 23. 01. 1992 NZA 1992, 653). 143

Der Gesetzgeber hat nunmehr die Auffassung des BAG gebilligt. Er hat in § 9 Abs. 2 Satz 3 BetrAVG n. F. angeordnet, daß die mit der Eröffnung des Insolvenzverfahrens auf den PSV übergegangenen Anwartschaften, die ja noch keine sofortigen Zahlungspflichten auslösen, im Insolvenzverfahren als unbedingte Forderungen nach § 45 InsO geltend zu machen sind. Das heißt, daß diese (bedingten) Forderungen mit dem Wert geltend zu machen sind, den sie zur Zeit der Eröffnung des Insolvenzverfahrens haben. Der Wert soll nach § 45 InsO geschätzt werden; er läßt sich versicherungsmathematisch zuverlässig bestimmen. 144

Zu den auf den PSV übergehenden Rechten zählen auch **akzessorische Sicherungsrechte**, z. B. Pfandrechte oder Ansprüche aus Bürgschaften sowie Forderungen gegen Dritte aus einem Schuldbeitritt oder – in den Grenzen des Nachhaftungsbegrenzungsgesetzes – gegen ausgeschiedene oder zurückgetretene Gesellschafter und Einzelunternehmer (*BAG* 12. 12. 1989 EzA § 9 BetrAVG Nr. 3; *BGH* 13. 05. 1993 ZIP 1993, 903). 145

II. Vermögensübergang bei Unterstützungskassen

§ 9 Abs. 3 BetrAVG ordnet einen gesetzlichen Vermögensübergang auf den PSV an, wenn der Träger einer Unterstützungskasse insolvent wird und der PSV deswegen (§ 7 Abs. 1 Satz 2, Abs. 2 Satz 2 BetrAVG) eintreten muß. Der Vermögensübergang findet aber nur statt, wenn das Unternehmen beendet wird (§ 9 Abs. 3 Satz 4 BetrAVG). Andernfalls muß das Kassenvermögen weiter zur Verfügung stehen, um die fortbestehenden Versorgungsverpflichtungen erfüllen zu können. Das ist nunmehr in Satz 4 n. F. ausdrücklich klargestellt. 146

147 Da Sicherungsfall die Insolvenz des Trägerunternehmens ist, geht das Vermögen der Kasse auch dann auf den PSV über, wenn die Kasse – noch – leistungsfähig ist. Eine konkrete Leistungsgefährdung bleibt auf jeden Fall bestehen, sei es, daß entweder der Arbeitgeber oder der Konkursverwalter oder Vergleichsverwalter Zugriff auf das Kassenvermögen nimmt, wozu der Konkursverwalter nach § 6 Abs. 2 KO verpflichtet ist (*BAG* 12. 02. 1991 EzA § 9 BetrAVG Nr. 4).

148 Da trotz des Übergangs des Kassenvermögens auch die Ansprüche der Versorgungsberechtigten auf den PSV übergehen, muß ein Ausgleich gefunden werden. Der Betrag, der aus dem Kassenvermögen erzielt wird, muß von den nach § 9 Abs. 2 BetrAVG übergegangenen Ansprüchen abgesetzt werden. Andernfalls könnte der PSV im Insolvenzverfahren gegen den Arbeitgeber Ansprüche geltend machen, für die er in Höhe des übergegangenen Kassenvermögens bereits abgesichert ist (*BAG* 06. 10. 1992 EzA § 9 BetrAVG Nr. 6). Der Gesetzgeber hat nunmehr in § 9 Abs. 3 Satz 4 BetrAVG n. F. klargestellt, daß ein Übergang des Kassenvermögens auf den PSV nur stattfindet, wenn im Sicherungsfall des außergerichtlichen Vergleichs (§ 7 Abs. 1 Satz 4 Nr. 2 BetrAVG n. F.) es zu einer Unternehmensliquidation kommt. Wird das Unternehmen fortgeführt, so muß sinnvollerweise auch die Kasse fortbestehen, über die der Arbeitgeber die Versorgung abwickelt.

149 Besondere Schwierigkeiten können beim Übergang des Kassenvermögens dann auftreten, wenn eine Unterstützungskasse mehrere Trägerunternehmen hat und nur eines der Trägerunternehmen insolvent wird. Der PSV hat dann gegen die Kasse einen Anspruch auf Zahlung des Betrags, der dem Teil des Vermögens entspricht, der auf das insolvent gewordene Trägerunternehmen entfällt. Die Höhe der den einzelnen Trägerunternehmen zuzuordnenden Vermögensanteile richtet sich zunächst nach den getroffenen Vereinbarungen, und, sofern solche Vereinbarungen fehlen, nach der Höhe des Dotierungsanspruchs der Kasse gegen das insolvent gewordene Trägerunternehmen (*BAG* 22. 10. 1991 EzA § 9 BetrAVG Nr. 5).

H. Beitrags- und Mitwirkungspflichten

150 Gem. § 10 BetrAVG werden die Mittel zur Durchführung der Insolvenzsicherung aufgrund öffentlich-rechtlicher Verpflichtung durch Beiträge aller Arbeitgeber aufgebracht, die Leistungen der betrieblichen Altersversorgung gewähren. Die Beitragspflicht reicht soweit wie der Insolvenzschutz, erfaßt also nicht die Versorgung über eine Pensionskasse oder eine Direktversicherung mit unwiderruflichen und nicht beliehenen Bezugsrechten. Es handelt sich also um eine Pflichtversicherung, die auf der Beitragsseite als öffentlich-rechtliche Verpflichtung ausgestaltet ist. Der PSV ist ein beliehener Unternehmer, der vollstreckungsfähige Bescheide erläßt. Für Rechtsstreitigkeiten in diesem Bereich ist der Rechtsweg zu den Verwaltungsgerichten eröffnet.

151 Das Gesetz enthält Vorschriften über das notwendige Gesamtbeitragsaufkommen (§ 10 Abs. 2 BetrAVG) und über die Beitragsbemessungsgrundlagen (§ 10 Abs. 3 BetrAVG). Nach § 11 BetrAVG bestehen umfangreiche Mitteilungs- und Mitwirkungspflichten der versicherten Arbeitgeber. In gesetzlichen Insolvenzverfahren treffen entsprechende Pflichten den Konkurs- oder Vergleichsverwalter.

152 Die Pflichten der Arbeitgeber sind durch § 12 BetrAVG sanktioniert. Verstöße werden als Ordnungswidrigkeiten mit Geldbußen bis zu 5 000 DM geahndet.

153 Die dem PSV gemeldeten Daten stehen unter Geheimhaltungsschutz (§ 15 BetrAVG, §§ 11, 203 Abs. 2 Satz 1 Nr. 2, 204 StGB).

Anhang IV

Insolvenzrechtliche Vergütungsverordnung (InsVV)
vom 19. August 1998 (BGBl. I 1998, 2205)

Auf Grund des § 65 in Verbindung mit § 21 Abs. 2 Nr. 1, § 73 Abs. 2, § 274 Abs. 1, § 293 Abs. 2 und § 313 Abs. 1 der Insolvenzordnung vom 5. Oktober 1994 (BGBl. I S. 2866) verordnet das Bundesministerium der Justiz:

Erster Abschnitt
Vergütung des Insolvenzverwalters

§ 1
Berechnungsgrundlage

(1) ¹Die Vergütung des Insolvenzverwalters wird nach dem Wert der Insolvenzmasse berechnet, auf die sich die Schlußrechnung bezieht. ²Wird das Verfahren nach Bestätigung eines Insolvenzplans aufgehoben oder durch Einstellung vorzeitig beendet, so ist die Vergütung nach dem Schätzwert der Masse zur Zeit der Beendigung des Verfahrens zu berechnen.

(2) Die maßgebliche Masse ist im einzelnen wie folgt zu bestimmen:

1. ¹Massegegenstände, die mit Absonderungsrechten belastet sind, werden berücksichtigt, wenn sie durch den Verwalter verwertet werden. ²Der Mehrbetrag der Vergütung, der auf diese Gegenstände entfällt, darf jedoch 50 vom Hundert des Betrages nicht übersteigen, der für die Kosten ihrer Feststellung in die Masse geflossen ist. ³Im übrigen werden die mit Absonderungsrechten belasteten Gegenstände nur insoweit berücksichtigt, als aus ihnen der Masse ein Überschuß zusteht.
2. Werden Aus- und Absonderungsrechte abgefunden, so wird die aus der Masse hierfür gewährte Leistung vom Sachwert der Gegenstände abgezogen, auf die sich diese Rechte erstreckten.
3. Steht einer Forderung eine Gegenforderung gegenüber, so wird lediglich der Überschuß berücksichtigt, der sich bei einer Verrechnung ergibt.
4. ¹Die Kosten des Insolvenzverfahrens und die sonstigen Masseverbindlichkeiten werden nicht abgesetzt. ²Es gelten jedoch folgende Ausnahmen:
    a) Beträge, die der Verwalter nach § 5 als Vergütung für den Einsatz besonderer Sachkunde erhält, werden abgezogen.
    b) Wird das Unternehmen des Schuldners fortgeführt, so ist nur der Überschuß zu berücksichtigen, der sich nach Abzug der Ausgaben von den Einnahmen ergibt.
5. Ein Vorschuß, der von einer anderen Person als dem Schuldner zur Durchführung des Verfahrens geleistet worden ist, und ein Zuschuß, den ein Dritter zur Erfüllung eines Insolvenzplans geleistet hat, bleiben außer Betracht.

Anhang IV *Insolvenzrechtliche Vergütungsverordnung*

§ 2
Regelsätze

(1) Der Insolvenzverwalter erhält in der Regel

von den ersten 50 000 Deutsche Mark der Insolvenzmasse	40	vom Hundert,
von dem Mehrbetrag bis zu 100 000 Deutsche Mark	25	vom Hundert,
von dem Mehrbetrag bis zu 500 000 Deutsche Mark	7	vom Hundert,
von dem Mehrbetrag bis zu 1 000 000 Deutsche Mark	3	vom Hundert,
von dem Mehrbetrag bis zu 50 000 000 Deutsche Mark	2	vom Hundert,
von dem Mehrbetrag bis zu 100 000 000 Deutsche Mark	1	vom Hundert,
von dem darüber hinausgehenden Betrag	0,5	vom Hundert.

(2) Die Vergütung soll in der Regel mindestens 1 000 Deutsche Mark betragen.

§ 3
Zu- und Abschläge

(1) Eine den Regelsatz übersteigende Vergütung ist insbesondere festzusetzen, wenn
a) die Bearbeitung von Aus- und Absonderungsrechten einen erheblichen Teil der Tätigkeit des Insolvenzverwalters ausgemacht hat, ohne daß ein entsprechender Mehrbetrag nach § 1 Abs. 2 Nr. 1 angefallen ist,
b) der Verwalter das Unternehmen fortgeführt oder Häuser verwaltet hat und die Masse nicht entsprechend größer geworden ist,
c) die Masse groß war und die Regelvergütung wegen der Degression der Regelsätze keine angemessene Gegenleistung dafür darstellt, daß der Verwalter mit erheblichem Arbeitsaufwand die Masse vermehrt oder zusätzliche Masse festgestellt hat,
d) arbeitsrechtliche Fragen zum Beispiel in bezug auf das Insolvenzgeld, den Kündigungsschutz oder einen Sozialplan den Verwalter erheblich in Anspruch genommen haben oder
e) der Verwalter einen Insolvenzplan ausgearbeitet hat.
(2) Ein Zurückbleiben hinter dem Regelsatz ist insbesondere gerechtfertigt, wenn
a) ein vorläufiger Insolvenzverwalter im Verfahren tätig war,
b) die Masse bereits zu einem wesentlichen Teil verwertet war, als der Verwalter das Amt übernahm,
c) das Insolvenzverfahren vorzeitig beendet wird oder das Amt des Verwalters vorzeitig endet, oder
d) die Masse groß war und die Geschäftsführung geringe Anforderungen an den Verwalter stellte.

§ 4
Geschäftskosten. Haftpflichtversicherung

(1) [1]Mit der Vergütung sind die allgemeinen Geschäftskosten abgegolten. [2]Zu den allgemeinen Geschäftskosten gehört der Büroaufwand des Insolvenzverwalters einschließlich der Gehälter seiner Angestellten, auch soweit diese anläßlich des Insolvenzverfahrens eingestellt worden sind. [3]Unberührt bleibt das Recht des Verwalters, zur Erledigung besonderer Aufgaben im Rahmen der Verwaltung für die Masse Dienst- oder Werkverträge abzuschließen und die angemessene Vergütung aus der Masse zu zahlen.

(2) Besondere Kosten, die dem Verwalter im Einzelfall, zum Beispiel durch Reisen, tatsächlich entstehen, sind als Auslagen zu erstatten.
(3) ¹Mit der Vergütung sind auch die Kosten einer Haftpflichtversicherung abgegolten. ²Ist die Verwaltung jedoch mit einem besonderen Haftungsrisiko verbunden, so sind die Kosten einer angemessenen zusätzlichen Versicherung als Auslagen zu erstatten.

§ 5
Einsatz besonderer Sachkunde

(1) Ist der Insolvenzverwalter als Rechtsanwalt zugelassen, so kann er für Tätigkeiten, die ein nicht als Rechtsanwalt zugelassener Verwalter angemessenerweise einem Rechtsanwalt übertragen hätte, nach Maßgabe der Bundesgebührenordnung für Rechtsanwälte Gebühren und Auslagen gesondert aus der Insolvenzmasse entnehmen.
(2) Ist der Verwalter Wirtschaftsprüfer oder Steuerberater oder besitzt er eine andere besondere Qualifikation, so gilt Absatz 1 entsprechend.

§ 6
Nachtragsverteilung. Überwachung der Erfüllung eines Insolvenzplans

(1) ¹Für eine Nachtragsverteilung erhält der Insolvenzverwalter eine gesonderte Vergütung, die unter Berücksichtigung des Werts der nachträglich verteilten Insolvenzmasse nach billigem Ermessen festzusetzen ist. ²Satz 1 gilt nicht, wenn die Nachtragsverteilung voraussehbar war und schon bei der Festsetzung der Vergütung für das Insolvenzverfahren berücksichtigt worden ist.
(2) ¹Die Überwachung der Erfüllung eines Insolvenzplans nach den §§ 260 bis 269 der Insolvenzordnung wird gesondert vergütet. ²Die Vergütung ist unter Berücksichtigung des Umfangs der Tätigkeit nach billigem Ermessen festzusetzen.

§ 7
Umsatzsteuer

Zusätzlich zur Vergütung und zur Erstattung der Auslagen wird ein Betrag in Höhe der vom Insolvenzverwalter zu zahlenden Umsatzsteuer festgesetzt.

§ 8
Festsetzung von Vergütung und Auslagen

(1) ¹Die Vergütung und die Auslagen werden auf Antrag des Insolvenzverwalters vom Insolvenzgericht festgesetzt. ²Die Festsetzung erfolgt für Vergütung und Auslagen gesondert. ³Der Antrag soll gestellt werden, wenn die Schlußrechnung an das Gericht gesandt wird.
(2) In dem Antrag ist näher darzulegen, wie die nach § 1 Abs. 2 maßgebliche Insolvenzmasse berechnet worden ist und welche Dienst- oder Werkverträge für besondere Aufgaben im Rahmen der Insolvenzverwaltung abgeschlossen worden sind (§ 4 Abs. 1 Satz 3).

(3) Der Verwalter kann nach seiner Wahl anstelle der tatsächlich entstandenen Auslagen einen Pauschsatz fordern, der im ersten Jahr 15 vom Hundert, danach 10 vom Hundert der gesetzlichen Vergütung, höchstens jedoch 500 Deutsche Mark je angefangenen Monat der Dauer der Tätigkeit des Verwalters beträgt.

§ 9
Vorschuß

[1]Der Insolvenzverwalter kann aus der Insolvenzmasse einen Vorschuß auf die Vergütung und die Auslagen entnehmen, wenn das Insolvenzgericht zustimmt. [2]Die Zustimmung soll erteilt werden, wenn das Insolvenzverfahren länger als sechs Monate dauert oder wenn besonders hohe Auslagen erforderlich werden.

Zweiter Abschnitt
Vergütung des vorläufigen Insolvenzverwalters, des Sachwalters und des Treuhänders im vereinfachten Insolvenzverfahren

§ 10
Grundsatz

Für die Vergütung des vorläufigen Insolvenzverwalters, des Sachwalters und des Treuhänders im vereinfachten Insolvenzverfahren gelten die Vorschriften des Ersten Abschnitts entsprechend, soweit in den §§ 11 bis 13 nichts anderes bestimmt ist.

§ 11
Vergütung des vorläufigen Insolvenzverwalters

(1) [1]Die Tätigkeit des vorläufigen Insolvenzverwalters wird besonders vergütet. [2]Die Vergütung soll in der Regel einen angemessenen Bruchteil der Vergütung des Insolvenzverwalters nicht überschreiten. [3]Art, Dauer und Umfang der Tätigkeit des vorläufigen Insolvenzverwalters sind bei der Festsetzung der Vergütung zu berücksichtigen.
(2) Hat das Insolvenzgericht den vorläufigen Insolvenzverwalter als Sachverständigen beauftragt zu prüfen, ob ein Eröffnungsgrund vorliegt und welche Aussichten für eine Fortführung des Unternehmens des Schuldners bestehen, so wird er gesondert nach dem Gesetz über die Entschädigung von Zeugen und Sachverständigen entschädigt.

§ 12
Vergütung des Sachwalters

(1) Der Sachwalter erhält in der Regel 60 vom Hundert der für den Insolvenzverwalter bestimmten Vergütung.
(2) Eine den Regelsatz übersteigende Vergütung ist insbesondere festzusetzen, wenn das Insolvenzgericht gemäß § 277 Abs. 1 der Insolvenzordnung angeordnet hat, daß bestimmte Rechtsgeschäfte des Schuldners nur mit Zustimmung des Sachwalters wirksam sind.

(3) § 8 Abs. 3 gilt mit der Maßgabe, daß an die Stelle des Betrags von 500 Deutsche Mark der Betrag von 250 Deutsche Mark tritt.

§ 13
Vergütung des Treuhänders im vereinfachten Insolvenzverfahren

(1) ¹Der Treuhänder erhält in der Regel 15 vom Hundert der Insolvenzmasse. ²Ein Zurückbleiben hinter dem Regelsatz ist insbesondere dann gerechtfertigt, wenn das vereinfachte Insolvenzverfahren vorzeitig beendet wird. ³Die Vergütung soll in der Regel mindestens 500 Deutsche Mark betragen; sie kann in Abhängigkeit von der Tätigkeit des Treuhänders bis auf 200 Deutsche Mark herabgesetzt werden.
(2) §§ 2 und 3 finden keine Anwendung.

Dritter Abschnitt
Vergütung des Treuhänders nach § 293 der Insolvenzordnung

§ 14
Grundsatz

(1) Die Vergütung des Treuhänders nach § 293 der Insolvenzordnung wird nach der Summe der Beträge berechnet, die auf Grund der Abtretungserklärung des Schuldners (§ 287 Abs. 2 der Insolvenzordnung) oder auf andere Weise zur Befriedigung der Gläubiger des Schuldners beim Treuhänder eingehen.
(2) Der Treuhänder erhält
von den ersten 50 000 Deutsche Mark   5 vom Hundert,
von dem Mehrbetrag bis 100 000 Deutsche Mark   3 vom Hundert,
von dem darüber hinausgehenden Betrag   1 vom Hundert.
(3) Die Vergütung beträgt mindestens 200 Deutsche Mark für jedes Jahr der Tätigkeit des Treuhänders.

§ 15
Überwachung der Obliegenheiten des Schuldners

(1) Hat der Treuhänder die Aufgabe, die Erfüllung der Obliegenheiten des Schuldners zu überwachen (§ 292 Abs. 2 der Insolvenzordnung), so erhält er eine zusätzliche Vergütung. Diese beträgt regelmäßig 25 Deutsche Mark je Stunde.
(2) Der Gesamtbetrag der zusätzlichen Vergütung darf den Gesamtbetrag der Vergütung nach § 14 nicht überschreiten. Die Gläubigerversammlung kann eine abweichende Regelung treffen.

§ 16
Festsetzung der Vergütung. Vorschüsse

(1) ¹Die Höhe des Stundensatzes der Vergütung des Treuhänders, der die Erfüllung der Obliegenheiten des Schuldners überwacht, wird vom Insolvenzgericht bei der Ankündi-

Anhang IV *Insolvenzrechtliche Vergütungsverordnung*

gung der Restschuldbefreiung festgesetzt. ²Im übrigen werden die Vergütung und die zu erstattenden Auslagen auf Antrag des Treuhänders bei der Beendigung seines Amtes festgesetzt. ³Auslagen sind einzeln anzuführen und zu belegen. Soweit Umsatzsteuer anfällt, gilt § 7 entsprechend.

(2) ¹Der Treuhänder kann aus den eingehenden Beträgen Vorschüsse auf seine Vergütung entnehmen. ²Diese dürfen den von ihm bereits verdienten Teil der Vergütung und die Mindestvergütung seiner Tätigkeit nicht überschreiten.

Vierter Abschnitt
Vergütung der Mitglieder des Gläubigerausschusses

§ 17
Berechnung der Vergütung

¹Die Vergütung der Mitglieder des Gläubigerausschusses beträgt regelmäßig zwischen 50 und 100 Deutsche Mark je Stunde. ²Bei der Festsetzung des Stundensatzes ist insbesondere der Umfang der Tätigkeit zu berücksichtigen.

§ 18
Auslagen. Umsatzsteuer

(1) Auslagen sind einzeln anzuführen und zu belegen.
(2) Soweit Umsatzsteuer anfällt, gilt § 7 entsprechend.

Fünfter Abschnitt
Übergangs- und Schlußvorschriften

§ 19
Anwendung des bisherigen Rechts

Auf Verfahren nach der Konkursordnung, der Vergleichsordnung und der Gesamtvollstreckungsordnung sind weiter die bisherigen Vergütungsvorschriften anzuwenden.

§ 20
Inkrafttreten

Diese Verordnung tritt am 1. Januar 1999 in Kraft.

Begründung zur Insolvenzrechtlichen Vergütungsverordung

A. Allgemeines

1. Gesetzliche Grundlage

Nach § 65 der Insolvenzordnung vom 5. Oktober 1994 (BGBl. I S. 2866) ist das Bundesministerium der Justiz ermächtigt, die Vergütung und die Erstattung der Auslagen des Insolvenzverwalters näher zu regeln. In anderen Vorschriften der Insolvenzordnung wird diese Ermächtigung durch entsprechende Verweisungen auf die Vergütung und die Erstattung der Auslagen des vorläufigen Insolvenzverwalters (§ 21 Abs. 2 Nr. 1 InsO), des Sachwalters (§ 274 Abs. 1 InsO), des Treuhänders im vereinfachten Insolvenzverfahren (§ 313 Abs. 1 InsO), des Treuhänders während der Laufzeit der Abtretungserklärung (§ 293 Abs. 2 InsO) und der Mitglieder des Gläubigerausschusses (§ 73 Abs. 2 InsO) erstreckt.

Im Zusammenhang mit den genannten Bestimmungen enthält die Insolvenzordnung wichtige Vorgaben für den Inhalt der künftigen Vergütungsvorschriften. Insbesondere ist in § 63 InsO festgelegt, daß der Regelsatz der Vergütung des Insolvenzverwalters nach dem Wert der Insolvenzmasse zur Zeit der Beendigung des Verfahrens zu berechnen ist und daß dem Umfang und der Schwierigkeit der Geschäftsführung des Verwalters durch Abweichungen vom Regelsatz Rechnung getragen werden muß. Dies soll nach den bereits genannten Vorschriften der Insolvenzordnung entsprechend für den vorläufigen Insolvenzverwalter, den Sachwalter und den Treuhänder im vereinfachten Insolvenzverfahren gelten. Für die Bemessung der Vergütungen des Treuhänders während der Laufzeit der Abtretungserklärung und der Mitglieder des Gläubigerausschusses werden in § 293 Abs. 1 InsO und in § 73 Abs. 1 InsO der Umfang der Tätigkeit und der Zeitaufwand als maßgebliche Kriterien genannt. Die Vergütung soll wie bisher vom Gericht festgesetzt werden (vgl. § 64 für den Insolvenzverwalter; die Vorschrift gilt entsprechend für die übrigen genannten Personen).

2. Vorarbeiten für das neue Vergütungsrecht

Vorarbeiten für das neue Vergütungsrecht hat bereits die Kommission für Insolvenzrecht in ihrem Zweiten Bericht, der 1986 veröffentlicht wurde, geleistet (Leitsätze 3.4.1 bis 3. 4. 11). Sie hat die Struktur einer neuen Vergütungsregelung entwickelt, die auf das künftige einheitliche Insolvenzverfahren zugeschnitten ist und Mängel des geltenden Vergütungsrechts vermeidet. Von Vorschlägen zur Höhe der künftigen Vergütungssätze hat die Kommission abgesehen.

Weiter hat das Bundesministerium der Justiz im Jahre 1993 ein Gutachten von Professor Eickmann (Berlin) zur Ausgestaltung des künftigen Vergütungsrechts auf der Grundlage des Regierungsentwurfs der Insolvenzordnung eingeholt. In diesem Gutachten werden die Probleme der gegenwärtigen Vergütungspraxis ausführlich dargestellt und detaillierte Vorschläge für angemessene Lösungen im Rahmen der Vorgaben des Regierungsentwurfs unterbreitet.

Der hierauf aufbauende Entwurf einer insolvenzrechtlichen Vergütungsverordnung mit Begründung wurde erstmals 1994 und danach 1998 in einer überarbeiteten Fassung den Landesjustizverwaltungen, dem Bundesgerichtshof und den an der Insolvenzrechtsreform beteiligten Verbänden mit der Bitte um Stellungnahme übersandt.

3. Ziele der Neuregelung des Vergütungsrechts

Die wichtigste Aufgabe der neuen Vergütungsverordnung ist es, im Rahmen der geschilderten gesetzlichen Vorgaben Maßstäbe für die Bemessung der Höhe der jeweils geschuldeten Vergütung nach den Prinzipien der Angemessenheit und Vertretbarkeit festzulegen. Dabei ist einerseits zu berücksichtigen, daß die besonderen Probleme einer Insolvenzsituation regelmäßig den Einsatz besonders qualifizierter Personen erfordern und daß von solchen Personen nur dann die Übernahme einer Funktion im Insolvenzverfahren erwartet werden kann, wenn eine Vergütung in Aussicht steht, die der Schwierigkeit der Tätigkeit und dem häufig großen Haftungsrisiko entspricht. Andererseits muß sich die Belastung der Insolvenzmasse mit Vergütungsansprüchen in Grenzen halten, damit die Verfahren durchführbar bleiben und die Befriedigungsaussichten der Gläubiger nicht unzumutbar gemindert werden.

Bei der Bestimmung der Maßstäbe für die Höhe der Vergütungen orientiert sich die neue Vergütungsverordnung an der bisherigen Praxis zur Auslegung der geltenden Vergütungsverordnung (Verordnung über die Vergütung des Konkursverwalters, des Vergleichsverwalters, der Mitglieder des Gläubigerausschusses und der Mitglieder des Gläubigerbeirats in der im Bundesgesetzblatt Teil III, Gliederungsnummer 311-6, veröffentlichten bereinigten Fassung, zuletzt geändert durch Verordnung vom 11. Juni 1979, BGBl. I S. 637). Jedoch wird dafür gesorgt, daß die Vergütungen bei außergewöhnlich großen Insolvenzmassen nicht in unangemessene Höhen steigen; wie spektakuläre Einzelfälle vor einiger Zeit gezeigt haben, führt das geltende Vergütungsrecht in diesem Bereich nicht immer zu befriedigenden Ergebnissen. Allgemein muß bei der Übertragung von Lösungen des geltenden Vergütungsrechts in die neue Verordnung die geänderte Struktur des künftigen Insolvenzverfahrens berücksichtigt werden. Insbesondere entfällt mit dem einheitlichen Insolvenzverfahren die bisherige Unterscheidung zwischen der Vergütung des Konkursverwalters und der des Vergleichsverwalters; Vorbild für die neuen Vergütungsregelungen für Insolvenzverwalter sind in erster Linie die bisher für den Konkursverwalter geltenden Vorschriften. Da im künftigen Insolvenzverfahren die Gläubiger auf der Grundlage eines Berichts des Insolvenzverwalters darüber entscheiden sollen, ob die Liquidation des insolventen Unternehmens, die Sanierung des Schuldners oder die übertragende Sanierung ihren Interessen am besten dient, ist bei der Festlegung der Vergütungsvorschriften darauf zu achten, daß keine dieser Möglichkeiten von vornherein vergütungsmäßig favorisiert wird.

Bei der Ausgestaltung des neuen Vergütungsrechts ist ein weiteres Ziel, Schwierigkeiten zu vermeiden, die sich in der Praxis bei der Auslegung der geltenden Vergütungsvorschriften ergeben haben. Veraltete Vorschriften sind der heutigen Rechtswirklichkeit anzupassen, unklare Regelungen zu präzisieren, Lücken der gegenwärtigen Regelung zu schließen.

4. Wesentlicher Inhalt der neuen Vergütungsverordnung

Für den Aufbau der neuen Verordnung erscheint es sinnvoll, in einem Ersten Abschnitt die Vergütung des Insolvenzverwalters vollständig zu regeln (einschließlich des Auslagenersatzes und der Entnahme von Vorschüssen). Für die übrigen Vergütungsberechtigten kann in den folgenden Abschnitten dann weitgehend auf diese Regelung Bezug genommen werden.

Berechnungsgrundlage für die Vergütung des Insolvenzverwalters ist grundsätzlich der Wert der Insolvenzmasse, auf die sich die Schlußrechnung des Verwalters bezieht (vgl.

Begründung zur InsVV **Anhang IV**

§ 1 Abs. 1 der geltenden Vergütungsverordnung für die Vergütung des Konkursverwalters). Keine Entsprechung in der Verordnung hat die Berechnung der Vergütung nach dem Wert des Aktivvermögens zu Beginn des Verfahrens, wie sie bisher für die Vergütung des Vergleichsverwalters vorgesehen ist (§ 8 Abs. 1 der geltenden Vergütungsverordnung). Bei einer Beendigung des Verfahrens vor der Schlußverteilung ist die Vergütung nach dem Schätzwert der Masse zur Zeit der Beendigung des Verfahrens zu berechnen.
Massegegenstände, die mit Pfandrechten oder anderen Absonderungsrechten belastet sind, sollen abweichend vom geltenden Recht insoweit berücksichtigt werden, als die mit Absonderungsrechten belasteten Gegenstände durch den Verwalter verwertet werden. Da nach Schätzungen 4/5 der im Unternehmen vorgefundenen Gegenstände mit Aus- und Absonderungsrechten belastet sind, muß sichergestellt sein, daß durch die Einbeziehung von Vermögensgegenständen in die Berechnungsgrundlage, die für die Zahlung der Vergütung nicht zur Verfügung stehen, die Masse nicht vollständig durch die Verwaltervergütung absorbiert wird. Deshalb soll der Teil der Vergütung, der auf die mit Absonderungsrechten belasteten Gegenstände entfällt, limitiert werden. Der Mehrbetrag der Vergütung, der durch die Einbeziehung dieser Gegenstände entsteht, darf die Hälfte des nach § 171 Abs. 1 InsO, § 10 Abs. 1 Nr. 1 a ZVG anfallenden Kostenbeitrags nicht übersteigen. Mit dieser grundlegenden Änderung bei der Bestimmung der Berechnungsgrundlage soll der unterschiedlichen Aufgabenstellung von Konkursverwalter und Insolvenzverwalter Rechnung getragen werden. Während unter der Konkursordnung die Verwertung des mit einem Absonderungsrecht belasteten Gegenstandes regelmäßig durch den gesicherten Gläubiger erfolgte, steht nach § 166 InsO das Verwertungsrecht hinsichtlich der beweglichen Sachen, an denen Sicherheiten bestellt wurden, dem Insolvenzverwalter zu. Künftig wird somit die Verwertung durch den Insolvenzverwalter den gesetzlichen Regelfall bilden. Werden allerdings die mit Absonderungsrechten belasteten Gegenstände nicht durch den Insolvenzverwalter verwertet, so werden diese auch nicht in die Berechnungsgrundlage einbezogen und wirken sich deshalb auch nicht vergütungserhöhend aus. Hat der Insolvenzverwalter zwar insofern keine Verwertungshandlungen vorgenommen, hat er aber dennoch einen erheblichen Teil seiner Tätigkeit auf die Absonderungsrechte verwandt, so muß ihm ein Zuschlag gemäß § 3 Abs. 1 Buchstabe a InsVV gewährt werden.
Bei der Festsetzung der Regelsätze in § 2 wurde von der bisherigen Praxis zur Höhe der Konkursverwaltervergütung ausgegangen. Die zusätzlichen Aufgaben, die das neue Insolvenzrecht dem Insolvenzverwalter überträgt, wurden ebenso berücksichtigt wie die Auswirkungen der sonstigen Neuregelungen. Abweichend vom bisherigen Vergütungsrecht wurden die Regelsätze deutlich angehoben. Gleichzeitg wurde die Degression verstärkt, um exorbitant hohe Vergütungen, die vom Arbeitsaufwand, von der Leistung und von der Verantwortung des Insolvenzverwalters nicht mehr zu rechtfertigen sind, auszuschließen. Um trotz dieser stärkeren Degression besondere Leistungen bei großen Insolvenzmassen angemessen berücksichtigen zu können, ist in § 3 bei der Regelung der Zu- und Abschläge zum Regelsatz eine neue Regelung eingefügt worden, die einen besonderen Zuschlag im Fall der Mehrung einer ohnehin großen Insolvenzmasse erlaubt (Absatz 1 Buchstabe c). Die Bearbeitung schwieriger arbeitsrechtlicher Fragen und die Ausarbeitung eines Insolvenzplans sind weitere Umstände, die einen in der bisherigen Vergütungsverordnung nicht vorgesehenen Zuschlag rechtfertigen (§ 3 Abs. 1 Buchstabe d, e). Als neue Gründe für einen Abschlag vom Regelsatz werden die Tätigkeit eines vorläufigen Insolvenzverwalters und die vorzeitige Beendigung der Verwaltertätigkeit genannt (§ 3 Abs. 2 Buchstabe a, c).

Anhang IV *Insolvenzrechtliche Vergütungsverordnung*

In den §§ 4 und 5 werden Zweifelsfragen des geltenden Vergütungsrechts geklärt, indem die allgemeinen Geschäftskosten deutlicher als bisher von den besonderen, als Auslagen zu erstattenden Ausgaben abgegrenzt werden und indem außerdem der Fall geregelt wird, daß der Insolvenzverwalter als Anwalt, Wirtschaftsprüfer oder Steuerberater besondere Sachkunde zugunsten der Insolvenzmasse einsetzt. In § 7 wird die veraltete Umsatzsteuerregelung des § 4 Abs. 5 der geltenden Vergütungsverordnung durch die Bestimmung ersetzt, daß der Insolvenzverwalter zusätzlich zur Vergütung und zur Auslagenerstattung einen Betrag in Höhe der von ihm geschuldeten Umsatzsteuer beanspruchen kann.

In § 8 der Verordnung wird im Anschluß an § 64 der Insolvenzordnung das Verfahren zur Festsetzung von Vergütung und Auslagen näher geregelt. Hervorzuheben ist, daß nach Absatz 3 der neuen Vorschrift zur Vereinfachung der Abrechnung anstelle der tatsächlich entstandenen Ausgaben ein Auslagenpauschsatz verlangt werden kann.

Im Zweiten Abschnitt der Verordnung werden die Besonderheiten der Vergütungen des vorläufigen Insolvenzverwalters, des Sachwalters und des Treuhänders im vereinfachten Insolvenzverfahren geregelt.

Die Bestimmungen zur Vergütung des vorläufigen Insolvenzverwalters in § 11 schließen eine bisher vorhandene Regelungslücke. Im Anschluß an die bisherige Gerichtspraxis zur Sequestervergütung soll der vorläufige Insolvenzverwalter einen angemessenen Bruchteil der Vergütung des Insolvenzverwalters erhalten. Allerdings wird zur Vermeidung unangemessen hoher Vergütungen ausdrücklich festgelegt, daß bei kurzer Dauer der vorläufigen Verwaltung ein Zurückbleiben hinter dem Regelsatz gerechtfertigt ist. In Absatz 2 wird in Ergänzung des § 22 Abs. 1 Nr. 3 InsO bestimmt, daß der vorläufige Insolvenzverwalter gesondert als Sachverständiger vergütet wird, soweit das Gericht ihn beauftragt hat zu prüfen, ob ein Eröffnungsgrund vorliegt und welche Aussichten für eine Fortführung des Unternehmens des Schuldners bestehen.

Die Vergütung des Sachwalters, der im Falle der Eigenverwaltung den Schuldner beaufsichtigt, wird in § 12 in Anlehnung an die bisherigen Vorschriften über die Vergütung des Vergleichsverwalters geregelt (vgl. die §§ 8 und 12 der geltenden Vergütungsverordnung), wobei jedoch dem größeren Aufgabenbereich des Sachwalters Rechnung getragen wird. Regelmäßig erhält der Sachwalter 60 % der für den Insolvenzverwalter bestimmten Vergütung.

Als völlig neue Regelung war in die Verordnung die Vergütung für den anstelle des Insolvenzverwalters im vereinfachten Verbraucherinsolvenzverfahren tätigen Treuhänders (vgl. die §§ 311–314 InsO) aufzunehmen. Die Neuregelung ist eine notwendige Ergänzung des ersten Entwurfes der Insolvenzrechtlichen Vergütungsverordnung, nachdem das Verbraucherinsolvenzverfahren und sonstige Kleinverfahren im Ergebnis der Beratungen des Regierungsentwurfes der Insolvenzordnung im Rechtsausschuß des Deutschen Bundestages als neuer neunter Teil in die Insolvenzordnung eingestellt wurde.

Ausschlaggebend für die Bemessung der Treuhändervergütung sind sowohl der geringere Arbeitsaufwand im vereinfachten Verfahren als auch ein dem Verfahrensziel der Verbraucherentschuldung entsprechender Kostenumfang.

Ebenfalls ohne Vorbild im geltenden Recht ist der Dritte Abschnitt über die Vergütung des Treuhänders, der während der siebenjährigen »Wohlverhaltensperiode« vor der Erteilung der Restschuldbefreiung tätig werden soll (vgl. die §§ 292 und 293 InsO). Berechnungsgrundlage für die Vergütung ist nach § 14 der Verordnung der Gesamtwert der Beträge, die beim Treuhänder eingehen und von ihm an die Gläubiger zu verteilen sind. Von diesem Gesamtwert soll der Treuhänder bestimmte Bruchteile erhalten, die wie bei den Regelsätzen für die Vergütung des Insolvenzverwalters degressiv gestaffelt sind. Die zusätzliche Vergütung, die der Treuhänder im Falle einer Überwachung des Schuldners erhalten soll, ist gemäß § 15 grundsätzlich nach dem damit verbundenen Zeitaufwand zu bestimmen. Die Vorschriften der Verordnung über die Vergütung des Treuhänders schließen nicht aus, daß dieser im Einzelfall bereit ist, sein Amt unentgeltlich auszuüben.

Im Vierten Abschnitt der Verordnung wird die Vergütung der Mitglieder des Gläubigerausschusses dahin bestimmt, daß im Regelfall ein in etwa der gegenwärtigen Praxis entsprechender Stundensatz festzusetzen ist. Die Bestimmung soll ebenso wie bisher § 13 Abs. 1 der geltenden Vergütungsverordnung flexibel gehandhabt werden; jedoch sollen auch in diesem Bereich übermäßig hohe Vergütungen vermieden werden.

5. Kosten und Preise

a) Kosten der öffentlichen Haushalte

Die Haushalte des Bundes, der Länder, Gemeinden und Gemeindeverbände werden durch die Verordnung keine zusätzliche Belastung erfahren. Mit der Verordnung soll die gegenwärtige Vergütungspraxis, die sich erheblich vom Wortlaut der geltenden Vergütungsverordnung entfernt hat, wieder mit dem geschriebenen Vergütungsrecht in Einklang gebracht werden. Insgesamt sollen die Vergütungen nicht erhöht werden. Ganz im Gegenteil strebt die vorliegende Verordnung an, durch eine stärkere Degression exorbitant hohe Vergütungen bei außergewöhnlich großen Insolvenzmassen zu verhindern. Teilweise wird von den interessierten Kreisen die Befürchtung geäußert, die in der Verordnung festgelegten Regelsätze würden im Vergleich zur gegenwärtigen Vergütungspraxis zu erheblichen Gebühreneinbußen der Insolvenzverwalter führen.

Da die Insolvenzordnung die bisherige Aufteilung in Konkurs- und Vergleichsverfahren aufhebt und sie in einem einheitlichen Verfahren zusammenführt, entfällt auch die im geltenden Vergütungsrecht vorgesehene Unterscheidung zwischen der Vergütung des Konkursverwalters und der des Vergleichsverwalters. Insgesamt kann somit eher von einer kostendämpfenden Wirkung der Vergütungsverordnung ausgegangen werden.

b) Sonstige Kosten

Der Großteil der bisherigen Konkurs- und Vergleichsverwalter stammte aus der Anwaltschaft. Unter der Insolvenzordnung wird wohl auch die Mehrzahl der Insolvenzverwalter dieser Berufsgruppe angehören. Allerdings ist zu erwarten, daß durch die besondere Betonung des Sanierungsgedankens insbesondere durch den Insolvenzplan auch Wirtschaftsprüfer oder verwandte Berufsgruppen in diesem Bereich tätig sein werden. Auswirkungen auf die Kosten, die etwa bei Wirtschaftsunternehmen entstehen können, sind hierdurch nicht zu erwarten. Durch die Beseitigung von Zweifelsfragen des geltenden Rechts ist insofern eher mit einer Entlastung zu rechnen.

c) Preise

Da durch die Verordnung die bisherige Vergütungspraxis gesetzlich fixiert werden soll, sind Auswirkungen auf das Preisniveau, insbesondere das Verbraucherpreisniveau, nicht zu erwarten.

B. Zu den einzelnen Vorschriften

Erster Abschnitt. Vergütung des Insolvenzverwalters

Zu § 1 (Berechnungsgrundlage)

Die Festlegung der Berechnungsgrundlage in § 1 entspricht, wie schon in der Allgemeinen Begründung ausgeführt wurde, weitgehend der bisher für den Konkursverwalter geltenden Regelung. Dabei konkretisiert Absatz 1 die allgemeine Formulierung in § 63 InsO, nach der »der Wert der Insolvenzmasse zur Zeit der Beendigung des Insolvenzverfahrens« für die Berechnung des Regelsatzes der Vergütung maßgeblich ist. Satz 1 regelt im Anschluß an § 1 Abs. 1 der geltenden Vergütungsverordnung den Fall, daß das Insolvenzverfahren bis zur Schlußverteilung durchgeführt wird; Ausgangspunkt für die Berechnung der Vergütung ist in diesem Fall der in der Schlußrechnung festgestellte Wert der Masse. Schwerer feststellbar ist der Massewert, wenn das Verfahren vorzeitig beendet oder nach der Bestätigung eines Insolvenzplans aufgehoben wird; in diesen Fällen ist nach Satz 2 der Wert der Masse zur Zeit der Beendigung des Verfahrens zu schätzen. Anhaltspunkte können die in § 153 InsO und für den Fall eines Insolvenzplans die in § 229 InsO vorgesehenen Vermögensübersichten geben.

Nicht übernommen worden ist die Sonderregelung in § 1 Abs. 2 der bisherigen Vergütungsverordnung, nach der für die Berechnung der Gesamtbetrag der Konkursforderungen maßgeblich ist, wenn dieser geringer ist als der Wert der Masse. Ein Masseüberschuß ist häufig auf eine besondere Leistung des Verwalters zurückzuführen; schon deshalb sollte er bei der Festsetzung der Vergütung nicht außer Betracht bleiben. Außerdem ist in § 199 Satz 2 der InsO vorgesehen, daß es bei juristischen Personen und Gesellschaften ohne Rechtspersönlichkeit künftig Aufgabe des Verwalters sein wird, einen Masseüberschuß an die am Schuldner beteiligten Personen zu verteilen (vgl. die Begründung zu § 74 InsO, Bundestags-Drucksache 12/2443, S. 130).

Absatz 2 der neuen Vorschrift enthält Einzelregelungen zur Bestimmung der Masse, die für die Berechnung der Vergütung maßgeblich ist. Sie entsprechen bis auf Absatz 2 Nr. 1 weitgehend § 2 der bisherigen Vergütungsverordnung.

Bereits in der allgemeinen Begründung wurde erläutert, daß bei der Ermittlung der Berechnungsgrundlage auch die mit Absonderungsrechten belasteten Gegenstände einzubeziehen sind. Damit soll der unterschiedlichen Aufgabenstellung von Insolvenzverwalter und Konkursverwalter Rechnung getragen werden. Auch vom systematischen Ansatz ist es überzeugender, bei der Bestimmung der Berechnungsgrundlage die Gegenstände einzubeziehen, auf die sich die Tätigkeit des Insolvenzverwalters erstreckt. Allerdings muß dabei berücksichtigt werden, daß bei diesem Ansatz Werte in die Berechnungsgrundlage einbezogen werden, die letztlich nicht für die Bezahlung der Vergütung zur Verfügung stehen. Es sind deshalb mehrere Einschränkungen erforderlich. Zunächst werden die mit Absonderungsrechten belasteten Gegenstände nur insoweit berücksichtigt, als sie auch vom Insolvenzverwalter verwertet wurden. Werden etwa in einem Insolvenzplanverfahren lediglich die Forderungen der gesicherten Gläubiger gekürzt, so werden die mit Absonderungsrechten belasteten Gegenstände auch nicht bei der Berechnungsgrundlage berücksichtigt. Um zu verhindern, daß die freie Masse weitgehend durch die Vergütung aufgezehrt wird, wird der Teil der Vergütung, der sich durch die Einbeziehung der mit Absonderungsrechten belasteten Gegenstände ergibt, insofern limitiert, als er nicht die Hälfte des nach § 171 Abs. 1 InsO oder nach § 10 Abs. 1 Nr. 1a ZVG anfallenden Kostenbeitrags für die Feststellung der Sicherheit

Begründung zur InsVV **Anhang IV**

übersteigen darf. Bei der Berechnung der Vergütung ist somit ein Vergleich anzustellen, wie hoch die Vergütung bei Einbeziehung und bei Ausschluß der belasteten Massegegenstände ist. Die Differenz ergibt den Mehrbetrag der Vergütung, der dann auf die Hälfte des Kostenbeitrags nach § 171 Abs. 1 InsO bzw. § 10 Abs. 1 Nr. 1a ZVG limitiert wird. Bei der Bestimmung der Obergrenze wurde nur die Hälfte des Kostenbeitrags für die Feststellung herangezogen, da dieser Beitrag der gesicherten Gläubiger auch das Ziel hat, die Masse im Interesse der einfachen Insolvenzgläubiger anzureichern.
Nicht übernommen worden ist § 2 Nr. 3 Abs. 2 der bisherigen Vergütungsverordnung: Es dürfte selbstverständlich sein, daß von der Masse verauslagte Kosten, die später wieder eingehen, die Berechnungsgrundlage nicht vergrößern können.

Zu § 2 (Regelsätze)

Absatz 1 übernimmt aus § 3 Abs. 1 der geltenden Vergütungsverordnung das System der wertabhängig gestaffelten und degressiv gestalteten Regelsätze für die Vergütung des Insolvenzverwalters. Die Wertgrenzen und die Höhe der Vomhundertsätze weichen allerdings erheblich vom Wortlaut der geltenden Verordnung ab. Die bisherige erste Wertgrenze von 10 000 DM ist entfallen; auf der anderen Seite sind im oberen Bereich zwei neue Wertgrenzen – von 50 und von 100 Mio. DM hinzugekommen. Die Verordnung sieht danach im Gegensatz zum geltenden Recht sieben Wertstufen vor. Damit soll im oberen Bereich eine stärkere Differenzierung ermöglicht und der Verwalter angemessen an der von ihm be- und erwirtschafteten Teilungsmasse beteiligt werden. Im Bereich bis zu 50 Mio. DM wird gleichzeitig sichergestellt, daß für die Insolvenzverwalter im Vergleich zur gegenwärtigen Vergütungspraxis (Regelvergütung in Höhe der vierfachen Staffelvergütung) keine Verschlechterung eintritt. Lediglich bei sehr hohen Teilungsmassen über 50 Mio. DM greift eine stärkere Degression als nach dem bisher geltenden Recht.
Bei der Festsetzung der Höhe der einzelnen Regelsätze war davon auszugehen, daß die im Wortlaut der bisherigen Verordnung vorgesehenen Sätze keine angemessene Vergütung mehr gewährleisten. Diese Sätze sind zuletzt durch die Änderungsverordnung vom 19. Juni 1972 (BGBl. I S. 1260) angepaßt worden. Sie berücksichtigen weder die allgemeine Kostensteigerung seit dieser Zeit noch die Erweiterung des Aufgabenkreises des Insolvenzverwalters insbesondere auf dem Gebiet des Arbeitsrechts; auch die zunehmende Verbreitung von Sicherungsvereinbarungen, insbesondere des Eigentumsvorbehalts, der Sicherungsübereignung und der Sicherungsabtretung einschließlich ihrer Verlängerungs- und Erweiterungsformen, und die dadurch bedingte Schmälerung der unbelasteten Insolvenzmassen lassen die bisherigen Sätze seit langem als unangemessen erscheinen.
Für die Höhe der neuen Regelsätze waren weiter folgende Gesichtspunkte zu berücksichtigen:
– Die Insolvenzordnung überträgt dem Insolvenzverwalter eine Reihe von neuen Aufgaben. Er soll die Gläubiger im Berichtstermin sachkundig beraten, wenn sie zwischen Liquidation, Sanierung des Schuldners und übertragender Sanierung wählen (§§ 156f. InsO). Die Verwertung der »besitzlosen Mobiliarsicherheiten« ist in Zukunft Sache des Verwalters (§ 166 InsO). Die persönliche Haftung der Gesellschafter eines insolventen Unternehmens ist neuerdings vom Insolvenzverwalter geltend zu machen (§ 93 InsO).

2283

Anhang IV   *Insolvenzrechtliche Vergütungsverordnung*

- Auf der anderen Seite tragen zahlreiche Regelungen der Insolvenzordnung zur Vergrößerung der Insolvenzmasse bei, insbesondere die Kostenbeiträge der gesicherten Gläubiger (§§ 170 f. InsO), die Verschärfung des Anfechtungsrechts (§§ 122 ff. InsO) und die soeben erwähnte Zuweisung von gesellschaftsrechtlichen Ansprüchen an die Masse.
- Zusätzlich zur Vergütung und zur Erstattung der Auslagen soll in Zukunft die vom Insolvenzverwalter geschuldete Umsatzsteuer in voller Höhe erstattet werden (§ 7 der Verordnung).

Die Höhe der in die Verordnung aufgenommenen Regelsätze ist in Abwägung aller dieser Gesichtspunkte festgelegt worden. Die neuen Regelsätze sollen in Zukunft maßgeblich sein, ohne daß schon für ein Normalverfahren Multiplikatoren angewandt oder Zuschläge gewährt werden. Nur bei Besonderheiten des einzelnen Verfahrens sind die in § 3 geregelten Zu- und Abschläge vorzunehmen.

Zu § 3 (Zu- und Abschläge)

Als Korrektiv zu den starren, ausschließlich auf den Wert der Masse bezogenen Regelsätzen in § 2 sind wie im bisherigen Vergütungsrecht konkret tätigkeitsbezogene Zu- und Abschläge erforderlich. § 3 der Verordnung schließt an § 63 InsO an, wonach »dem Umfang und der Schwierigkeit der Geschäftsführung des Verwalters« durch Abweichungen vom Regelsatz Rechnung zu tragen ist. Bei der Berechnung der Zu- und Abschläge sind zukünftig aber nicht pauschal Multiplikatoren zu verwenden; maßgebendes Bemessungskriterium sollte der tatsächlich gestiegene oder geminderte Arbeitsaufwand des Insolvenzverwalters sein.

Die Kriterien für diese Abweichungen sind im wesentlichen aus § 4 Abs. 2 und 3 der bisherigen Vergütungsverordnung übernommen. Durch Änderungen und Ergänzungen werden der modifizierte Aufgabenbereich des künftigen Insolvenzverwalters und – in § 3 Abs. 1 Buchstabe c – die stärkere Degression der Regelsätze berücksichtigt. Wie im bisherigen Recht wird durch das Wort »insbesondere« gewährleistet, daß auch nicht geregelte Faktoren, die Einfluß auf den Umfang und die Schwierigkeit der Geschäftsführung des Verwalters haben, die Höhe der Vergütung beeinflussen können. So können beispielsweise die derzeit noch im Beitrittsgebiet vorhandenen Besonderheiten einen Zuschlag begründen (Restitutionsansprüche, die sich wertmindernd auf die Insolvenzmasse auswirken; unklare Rechtsverhältnisse an Grundstücken mit verfahrensverzögernder Wirkung usw.). Muß der Insovenzverwalter einen erheblichen Teil seiner Arbeitskraft auf die Bearbeitung von Aus- und Absonderungsrechten verwenden, ohne daß der Wert dieser belasteten Gegenstände in die Berechnungsgrundlage einfließen würden, so ist auch dies nach Abs. 1 Buchstabe a vergütungserhöhend zu berücksichtigen.

Hervorzuheben sind die neu in die Verordnung aufgenommenen Kriterien, die das Gericht bei der Vergütungsfestsetzung zu berücksichtigen hat. Für eine Überschreitung der Regelsätze sind dies in Absatz 1:
- der bereits in der allgemeinen Begründung erläuterte Fall, daß der Insolvenzverwalter eine ohnehin große Insolvenzmasse durch erheblichen Arbeitseinsatz weiter vergrößert hat (Buchstabe c); hier soll der Zuschlag die für diesen Fall nicht angemessene Degression der Regelsätze ausgleichen;
- Erschwernisse bei der Berücksichtigung von Arbeitnehmerinteressen im Insolvenzverfahren (Buchstabe d); außer den in der Vorschrift genannten Beispielen des

Begründung zur InsVV **Anhang IV**

Insolvenzgelds, des Kündigungsschutzes und des Sozialplans lassen sich weiter besondere Probleme im Zusammenhang mit der Insolvenzsicherung der Betriebsrenten oder schwierige Verhandlungen über eine Herabsetzung des Arbeitslohns oder über eine Änderung oder vorzeitige Beendigung von Betriebsvereinbarungen (vgl. dazu § 120 InsO) anführen;
– die Vorlage eines Insolvenzplans durch den Verwalter nach § 218 InsO.
Als neues Kriterium für eine regelsatzunterschreitende Vergütung wird der Fall genannt, daß ein vorläufiger Insolvenzverwalter im Verfahren tätig war (Absatz 2 Buchstabe a). Durch die Tätigkeit eines vorläufigen Insolvenzverwalters können dem Insolvenzverwalter erhebliche Arbeiten erspart werden. Auch das Kriterium einer vorzeitigen Beendigung der Verwaltertätigkeit (Absatz 2 Buchstabe c) – etwa durch Amtsenthebung oder durch Tod des Verwalters – wird in der bisherigen Verordnung nicht ausdrücklich aufgeführt. Die Kriterien für eine Minderung der Regelsatzvergütung sind auch hier nicht abschließend geregelt. So kann beispielsweise im Einzelfall auch die Entlastung des Insolvenzverwalters durch zusätzliche Hilfskräfte (auf der Grundlage von Dienst- und Werkverträgen, vgl. § 4 Abs. 1 Satz 2) einen Abschlag rechtfertigen.

Zu § 4 (Geschäftskosten. Haftpflichtversicherung)

Die Vorschrift schließt an § 5 der geltenden Vergütungsverordnung an. Jedoch wird in einer wichtigen Frage bewußt von diesem Vorbild abgewichen:
Mit der Vergütung des Insolvenzverwalters sind die Gehälter aller seiner Angestellten abgegolten, auch soweit diese für besondere Aufgaben im Rahmen eines bestimmten Insolvenzverfahrens eingestellt worden sind (Absatz 1 Satz 2). Eine Erstattung solcher Gehälter als Auslagen, wie sie § 5 Abs. 2 der geltenden Vergütungsverordnung erlaubt, soll nicht mehr möglich sein. Allerdings soll nicht ausgeschlossen werden, daß der Verwalter, der für die Durchführung eines besonders umfangreichen Insolvenzverfahrens zusätzliche Hilfskräfte benötigt, für die Insolvenzmasse entsprechende Dienst- oder Werkverträge abschließt (Absatz 1 Satz 3 der neuen Vorschrift). Auf diese Weise ist die Vergütung von Hilfskräften klarer als bisher geregelt.
Die neue Regelung hat für den Insolvenzverwalter den Vorteil, daß er das Arbeitsentgelt für die Hilfskräfte laufend aus der Masse entnehmen kann. Das Gericht wird von der Aufgabe entlastet, bei der Festsetzung der Auslagenerstattung zu prüfen, ob das Einstellen zusätzlicher Angestellter beim Insolvenzverwalter den Umständen nach angemessen war; es wird auf die Aufgabe beschränkt, die Angemessenheit der gezahlten Vergütung festzustellen. Im übrigen hat das Gericht bei der Festsetzung der Zu- und Abschläge zur Regelvergütung zu prüfen, inwieweit die Tätigkeit des Verwalters durch den Abschluß von Dienst- oder Werkverträgen für die Insolvenzmasse vereinfacht worden ist (vgl. die Erläuterung zu § 8 Abs. 2 der Verordnung). Die Prüfung der wirtschaftlichen Zweckmäßigkeit des Abschlusses zusätzlicher Dienst- oder Werkverträge wird auf die Gläubiger verlagert, in erster Linie auf den Gläubigerausschuß, der nach § 69 InsO den Insolvenzverwalter bei seiner Geschäftsführung zu unterstützen und zu überwachen hat und daher für diese Aufgabe am besten geeignet ist.
Wie bisher sind die besonderen Kosten, die für das einzelne Insolvenzverfahren über den Rahmen der allgemeinen Geschäftskosten hinaus entstehen (Reisekosten, weiter zum Beispiel Portokosten), als Auslagen zu erstatten (Absatz 2).
Für die Kosten von Haftpflichtversicherungen enthält Absatz 3 Satz 1 den Grundsatz, daß sie mit der Vergütung als abgegolten gelten (ebenso § 5 Abs. 1 Satz 4 der geltenden

Anhang IV *Insolvenzrechtliche Vergütungsverordnung*

Vergütungsverordnung). Schon für das heutige Recht hat sich jedoch die Auffassung durchgesetzt, daß bei Insolvenzverfahren, deren Risiken die eines Durchschnittsverfahrens übersteigen, die Kosten einer entsprechenden zusätzlichen Haftpflichtversicherung als Auslagen erstattungsfähig sind. Dies wird in § 4 Abs. 3 Satz 2 der Verordnung ausdrücklich festgelegt. Dabei ist zu berücksichtigen, daß durch die verstärkte Gläubigerautonomie bei wichtigen Verwertungsentscheidungen im Insolvenzverfahren das Haftungsrisiko des Verwalters verringert wird.

Zu § 5 (Einsatz besonderer Sachkunde)

Schon die geltende Vergütungsverordnung geht in § 2 Nr. 3 Satz 2 davon aus, daß der Verwalter, der für die Insolvenzmasse als Rechtsanwalt tätig wird, zusätzlich zu seiner Vergütung als Insolvenzverwalter Rechtsanwaltsgebühren aus der Insolvenzmasse erhält. § 5 Abs. 1 der Verordnung regelt dies ausdrücklich und legt als Kriterium für die Abgrenzung der gesondert zu vergütenden Tätigkeit fest, daß es bei einem nicht als Rechtsanwalt zugelassenen Verwalter sachgerecht gewesen wäre, mit dieser Tätigkeit einen Anwalt zu beauftragen. Es wird also nicht nur die Vertretung in einem Prozeß erfaßt, bei dem Anwaltszwang besteht, sondern auch andere Arten anwaltlicher Tätigkeit. Das entspricht der allgemeinen Auffassung zum geltenden Recht. Tätigkeiten, die in den Kernbereich der von der Insolvenzordnung festgelegten Aufgaben des Verwalters gehören, können nicht als Einsatz besonderer Sachkunde zusätzlich vergütet werden; zu diesen Tätigkeiten gehört beispielsweise die Ausarbeitung eines Insolvenzplans (vgl. auch § 3 Abs. 1 Buchstabe e der Verordnung).
Absatz 2 überträgt die für den Rechtsanwalt entwickelten Grundsätze auf andere Qualifikationen, insbesondere die des Wirtschaftsprüfers oder des Steuerberaters. Es wäre nicht gerechtfertigt, dem Rechtsanwalt den Einsatz seiner Sachkunde im Insolvenzverfahren besonders zu vergüten, dies dem Wirtschaftsprüfer aber zu versagen. Die vorgesehene entsprechende Anwendung bedeutet im einzelnen, daß ein Insolvenzverwalter, der Wirtschaftsprüfer ist, für den Einsatz dieser besonderen Sachkunde im Insolvenzverfahren unter der Voraussetzung, daß ein anderer Insolvenzverwalter sachgerechterweise einen Wirtschaftsprüfer eingeschaltet hätte, eine gesonderte Vergütung für die Wirtschaftsprüfertätigkeit aus der Insolvenzmasse entnehmen kann.
Wie im bisherigen Recht vermindern die Beträge, die der Insolvenzmasse für den Einsatz besonderer Sachkunde entnommen worden sind, die Berechnungsgrundlage für die Vergütung des Insolvenzverwalters (§ 1 Abs. 2 Nr. 4 Buchstabe a im Anschluß an die bereits genannte Vorschrift des § 2 Nr. 3 Satz 2 der geltenden Vergütungsverordnung).

Zu § 6 (Nachtragsverteilung. Überwachung der Erfüllung eines Insolvenzplans)

Absatz 1 betrifft den Fall, daß nach der Aufhebung oder Einstellung des Insolvenzverfahrens eine Nachtragsverteilung stattfindet (§§ 203, 211 Abs. 3 InsO). Im Anschluß an § 4 Abs. 4 der geltenden Vergütungsverordnung wird festgelegt, daß die Vergütung des Insolvenzverwalters in diesem Fall vom Gericht nach billigem Ermessen festgesetzt wird. Zur Konkretisierung wird zum einen hinzugefügt, daß bei der Vergütungsfestsetzung der Wert der nachträglich verteilten Insolvenzmasse zu berücksichtigen ist (Satz 1), und zum anderen, daß eine Vergütung entfällt, wenn die Nachtragsverteilung schon bei der Festsetzung der Vergütung für das Insolvenzverfahren berücksichtigt worden ist.

2286

Begründung zur InsVV

Absatz 2 betrifft eine andere Tätigkeit des Insolvenzverwalters nach der Aufhebung des Insolvenzverfahrens, nämlich die Überwachung der Erfüllung eines Insolvenzplans. Auch diese Tätigkeit soll nach billigem Ermessen vergütet werden, wobei der Umfang der Tätigkeit zu berücksichtigen ist. Vergütungserhöhend wird sich beispielsweise auswirken, wenn im Insolvenzplan bestimmte Geschäfte an die Zustimmung des Verwalters gebunden werden (§ 263 InsO) oder ein Kreditrahmen vorgesehen ist (§ 264 InsO).

Zu § 7 (Umsatzsteuer)

In Zukunft soll dem Insolvenzverwalter die Umsatzsteuer voll erstattet werden, die er auf die Vergütung und die Auslagen zu zahlen hat. Die bisherige Regelung in § 4 Abs. 5 der Vergütungsverordnung, die einen Umsatzsteuerausgleich in Höhe der Hälfte des Betrages vorsieht, der sich aus der Anwendung des allgemeinen Steuersatzes ergibt, hat ihre Grundlage verloren, seit der Insolvenzverwalter allgemein dem Regelsteuersatz unterliegt. Mit der Erstattung des vollen Umsatzsteuersatzes wird der Insolvenzverwalter vergleichbaren Berufen, zum Beispiel dem Rechtsanwalt (§ 25 Abs. 2 BRAGO), gleichgestellt.

Zu § 8 (Festsetzung von Vergütung und Auslagen)

Schon aus § 63 Abs. 1 InsO ergibt sich, daß die Vergütung und die zu erstattenden Auslagen vom Gericht festgesetzt werden. Ergänzend wird in § 8 Abs. 1 der Verordnung insbesondere festgelegt, daß die Festsetzung auf Antrag des Verwalters erfolgt und daß Vergütung und Auslagen gesondert festgesetzt werden. Die Regelung entspricht § 6 Abs. 1 und 2 der geltenden Vergütungsverordnung.
Auch § 8 Abs. 2 schließt in wesentlichen Teilen an das geltende Recht an (§ 6 Abs. 3 und 4 der geltenden Vergütungsverordnung): Zur Erleichterung der Prüfung des Antrags und der Festsetzung der Vergütung hat der Verwalter näher darzulegen, wie er die maßgebliche Masse berechnet hat – zum Beispiel, welche Beträge der Verwalter als Vergütung für den Einsatz besonderer Sachkunde entnommen hat (§ 1 Abs. 2 Nr. 4 Buchstabe a der Verordnung) – und weshalb der Abschluß von Dienst- oder Werkverträgen zur Erledigung von Aufgaben aus seinem Tätigkeitsbereich die Geschäftsführung nicht erleichtert hat (§ 3 Abs. 2 d).
Für die Auslagenerstattung sieht § 8 Abs. 3 der Verordnung die Möglichkeit einer Pauschalierung vor, um die aufwendige Vorlage und Prüfung von Einzelbelegen zu ersparen. Der Satz von 15 % der gesetzlichen Vergütung ist der entsprechenden Regelung in § 26 Satz 2 BRAGO entnommen; die zusätzliche Höchstgrenze von 500 DM je angefangenen Monat der Tätigkeit des Verwalters ist erforderlich, um bei größeren Insolvenzmassen zu vermeiden, daß sich die Höhe der Pauschale weit von den tatsächlich entstandenen Auslagen entfernt. Allerdings zeigen die Erfahrungen der Justizpraxis, daß die Auslagen nur im ersten Jahr der Verwaltung entsprechend hoch sind und später deutlich abnehmen. Aus diesem Grund wird eine Auslagenpauschale in Höhe von 15 % nur im ersten Jahr gewährt und anschließend eine Absenkung auf 10 % vorgesehen.

Anhang IV *Insolvenzrechtliche Vergütungsverordnung*

Zu § 9 (Vorschuß)

Wie in § 7 der geltenden Vergütungsverordnung wird vorgesehen, daß der Insolvenzverwalter mit Zustimmung des Gerichts der Insolvenzmasse Vorschüsse entnehmen darf. Auch die Kriterien für die Erteilung der Zustimmung sind aus dem geltenden Recht übernommen. Sie werden allerdings dahin präzisiert, daß die Zustimmung erteilt werden soll, wenn das Verfahren länger als 6 Monate dauert oder besonders hohe Auslagen anfallen. Abweichend von der geltenden Vergütungspraxis, die regelmäßig eine »ungewöhnlich lange« Verfahrensdauer im Sinne von § 7 der geltenden Vergütungsverordnung erst nach einem Jahr annahm, soll nach § 9 das Gericht einen Vorschuß bereits nach 6 Monaten genehmigen. Insbesondere Berufsanfängern ist es nicht zumutbar, länger als ein halbes Jahr auf ihre Vergütung zu warten und dabei noch die Auslagen aus eigenen Mitteln aufzubringen. Durch die Absenkung der Verfahrensdauer, ab der ein Vorschuß regelmäßig zu genehmigen ist, wird auch die Gefahr reduziert, daß der Insolvenzverwalter mit seinem Vergütungsanspruch in einem massearmen Verfahren ausfällt. Sollte sich jedoch bereits früher herausstellen, daß es zweifelhaft ist, ob der Verwalter seinen Vergütungsanspruch realisieren kann, so hat das Gericht in Übereinstimmung mit der Rechtsprechung des BGH die Zustimmung zur Entnahme eines Vorschusses zu erteilen (vgl. BGHZ 116 S. 233, 241 f.).

Zweiter Abschnitt. Vergütung des vorläufigen Insolvenzverwalters, des Sachwalters und des Treuhänders im vereinfachten Insolvenzverfahren

Zu § 10 (Grundsatz)

Da die Tätigkeiten des vorläufigen Insolvenzverwalters, des Sachwalters und des Treuhänders im vereinfachten Verfahren in vieler Hinsicht mit der Tätigkeit des Insolvenzverwalters vergleichbar sind, können für die Struktur, Berechnung und Festsetzung der Vergütung dieser Personen in weitem Umfang die entsprechenden Vorschriften zur Vergütung des Insolvenzverwalters gelten. Die erforderlichen Sonderregelungen sind Gegenstand der weiteren Vorschriften dieses Abschnitts. Allgemein gilt für alle von § 10 erfaßten Personen, daß ihr Tätigkeitsbereich im Vergleich zu dem des Insolvenzverwalters eingeschränkt ist. Dem geringeren Umfang ihrer Tätigkeit entsprechend ist auch ihre Vergütung niedriger zu bemessen.

Zu § 11 (Vergütung des vorläufigen Insolvenzverwalters)

Wie dies der bisherigen Praxis entspricht, soll die Vergütung des vorläufigen Insolvenzverwalters gesondert festgesetzt werden, auch wenn der vorläufige Insolvenzverwalter und der bei der Eröffnung des Insolvenzverfahrens bestellte Insolvenzverwalter personenidentisch sind (Absatz 1 Satz 1). Die in § 22 InsO vorgesehenen Aufgaben des vorläufigen Insolvenzverwalters, insbesondere die Sicherung und Erhaltung der Insolvenzmasse und die vorläufige Fortführung des insolventen Unternehmens, entsprechen dem ersten Teil der Tätigkeit des Insolvenzverwalters. Die dafür festzusetzende Vergütung soll demzufolge einen Bruchteil der Vergütung des Insolvenzverwalters ausmachen (Absatz 1 Satz 2). Die Sequester erhalten derzeit für die Inbesitznahme, Sicherung und zeitweilige Verwaltung des Vermögens des Schuldners häufig um die 25 % der Konkurs-

Begründung zur InsVV **Anhang IV**

verwaltervergütung. Neben der Dauer und dem Umfang ist insbesondere die Art der Tätigkeit des vorläufigen Insolvenzverwalters von Bedeutung. In der Höhe der Vergütung sollte sich auch widerspiegeln, daß zwischen einem vorläufigen Insolvenzverwalter mit Verwaltungs- und Verfügungsbefugnis und einem solchen ohne diese Kompetenz unterschieden werden muß. Erster ist für die Fortführung des Geschäfts verantwortlich und trägt insgesamt ein deutlich höheres Haftungsrisiko. Dies muß sich auch vergütungserhöhend auswirken.

Bei der Berechnung der Vergütung sind die Zu- und Abschläge nach § 3 der Verordnung zu berücksichtigen. Welche von ihnen gerechtfertigt sind, ist nach der konkreten Tätigkeit des vorläufigen Insolvenzverwalters zu bestimmen, nicht nach der des späteren Insolvenzverwalters.

Der vorläufige Insolvenzverwalter wird zusätzlich zu seiner Vergütung als Sachverständiger entschädigt, wenn das Gericht ihn nach § 22 Abs. 1 Nr. 3 InsO mit der Prüfung des Eröffnungsgrunds und den Aussichten für eine Fortführung des Unternehmens des Schuldners beauftragt hat (§ 11 Abs. 2 der Verordnung). Damit wird in Anlehnung an eine bisherige Gerichtspraxis sichergestellt, daß zumindest dieser Teil der Tätigkeit des vorläufigen Insolvenzverwalters auch dann vergütet wird, wenn das Verfahren mangels Masse nicht eröffnet wird. Ein antragstellender Gläubiger soll für die Vergütung des vorläufigen Insolvenzverwalters nicht einstehen müssen, ebensowenig der Fiskus (vgl. die Begründung zu Artikel 27 Nr. 8 des Entwurfs des Einführungsgesetz zur Insolvenzordnung, Bundestags-Drucksache 12/3803, S. 72, und die Gegenäußerung der Bundesregierung zur Stellungnahme des Bundesrates zum Entwurf der Insolvenzordnung, Bundestags-Drucksache 12/2443, S. 262, bei Nummer 3).

Zu § 12 (Vergütung des Sachwalters)

Die Rechtsstellung des Sachwalters, der den Schuldner bei der Eigenverwaltung überwacht (vgl. die §§ 270 bis 285 InsO), ist nach dem Modell des Vergleichsverwalters ausgestaltet. Daher kann in § 12 Abs. 1 der Verordnung für die Vergütung des Sachwalters grundsätzlich an die bisher für den Vergleichsverwalter getroffene Regelung angeknüpft werden, nach der in der Regel die Hälfte der für den Konkursverwalter vorgesehenen Vergütung festzusetzen ist (§ 9 der geltenden Vergütungsverordnung). Jedoch soll dem im Verhältnis zum Vergleichsverwalter größeren Aufgabenbereich des Sachwalters dadurch Rechnung getragen werden, daß er 60 % der Insolvenzverwaltervergütung erhält. Wenn das Gericht gemäß § 277 Abs. 1 InsO besondere Mitwirkungspflichten des Sachwalters angeordnet hat, sind diese mit einem besonderen Zuschlag zum Regelsatz zu vergüten (§ 12 Abs. 2 der Verordnung). Die Auslagenpauschale nach § 8 Abs. 3 der Verordnung ist für den Sachwalter um die Hälfte gemindert worden (§ 12 Abs. 3).

Zu § 13 (Vergütung des Treuhänders im vereinfachten Insolvenzverfahren)

Im Verbraucherinsolvenzverfahren geht dem vereinfachten Insolvenzverfahren nach §§ 311–314 InsO der Versuch einer außergerichtlichen Schuldenbereinigung und das Verfahren über den Schuldenbereinigungsplan voraus. Dementsprechend ist das Insolvenzverfahren zum Zeitpunkt seiner Eröffnung weitestgehend aufbereitet – das Vermögensverzeichnis, das Gläubigerverzeichnis und das Forderungsverzeichnis liegen bereits vor. Anstelle des dadurch entbehrlich gewordenen Berichtstermins wird nur der Prüfungstermin durchgeführt. Daneben können Rechtshandlungen nur von den Insolvenzgläubigern angefochten werden. Von der Verwertung der Insolvenzmasse kann ganz oder teilweise abgesehen und das Verfahren oder einzelne seiner Teile schriftlich durchgeführt werden; ausgeschlossen sind die Bestimmungen über den Insolvenzplan und über die Eigenverwaltung durch den Schuldner. Die Verwertung von Gegenständen, an denen Pfandrechte oder andere Absonderungsrechte bestehen, obliegt den Gläubigern.

Der Aufgabenkreis des anstelle des Insolvenzverwalters in diesem Verfahren tätigen Treuhänders ist dadurch erheblich reduziert und rechtfertigt regelmäßig eine auf 15 v. H. des Wertes der Insolvenzmasse geminderte Vergütung.

Ziel der Bestimmung über die Mindestvergütung des Treuhänders in Absatz 1 Satz 2 ist, daß das Verbraucherinsolvenzverfahren, in dem regelmäßig verwertungsfähige Masse nicht in nennenswertem Umfang vorhanden sein wird, nicht durch zu hohe und starre Vergütungssätze belastet bzw. undurchführbar wird.

Für die Vergütung des Treuhänders gelten nach § 10 die Vorschriften des ersten Abschnitts entsprechend. Jedoch sind aus den zuvor genannten Gründen der Verfahrensvereinfachung nach Absatz 2 die Regelungen der §§ 2 und 3 nicht anzuwenden. Allerdings muß auch im Rahmen des § 13 bei atypischen Sachverhalten die Möglichkeit bestehen, von der Regelsatzvergütung abzuweichen. Dies ist etwa bei einer vorzeitigen Verfahrensbeendigung der Fall.

Dritter Abschnitt. Vergütung des Treuhänders

Zu § 14 (Grundsatz)

Die Vergütung des Treuhänders hat – wie dessen Amt im Verfahren, das zur Restschuldbefreiung führt – im geltenden Recht kein Gegenstück. Die Höhe der Vergütung kann sich daher auch nicht unmittelbar an der Vergütung vergleichbarer Personen- oder Berufsgruppen orientieren.

Die gesetzliche Vorgabe in § 293 Abs. 1 Satz 2 InsO, nach der die Höhe der Vergütung des Treuhänders dem Zeitaufwand und dem Umfang der Tätigkeit Rechnung tragen muß, wird in § 14 Abs. 1 der Verordnung dahin konkretisiert, daß für die Vergütung von der Summe der Beträge auszugehen ist, die beim Treuhänder eingehen. Von dieser Summe erhält der Treuhänder nach Absatz 2 einen bestimmten Bruchteil. Wie bei der Vergütung des Insolvenzverwalters ist eine degressive Staffelung vorgesehen. Vorbild für diese Staffelsatzregelung ist allerdings in erster Linie die Vergütung des Zwangsverwalters im Zwangsverwaltungsverfahren nach den §§ 146 ff. des Gesetzes über die Zwangsversteigerung und die Zwangsverwaltung. Die Tätigkeit des Zwangsverwalters ist insofern mit der des Treuhänders vergleichbar, als auch der Zwangsverwalter Gelder (regelmäßig: Mietzinsleistungen) einzuziehen und nach einem bestimmten Schlüssel (dem Teilungsplan) an die Gläubiger zu verteilen hat. Für seine Vergütung sind in § 24 der Verordnung über die Geschäftsführung und die Vergütung des Zwangsverwalters vom 16. Februar 1970 (BGBl. I S. 185) ebenfalls degressiv gestaffelte Vomhundertsätze vorgesehen. Aus der Höhe der in der Verordnung festgelegten Sätze und aus deren Anwendung in der Praxis ergeben sich Anhaltspunkte für die angemessene Höhe der Vergütung des Treuhänders: Nach dem Wortlaut der Verordnung erhält der Zwangsverwalter jährlich von den ersten 1 000 DM des eingezogenen Betrages 9 v. H. und von den darüber hinausgehenden Beträgen bis 2 000 DM 8 v. H., bis 3 000 DM 7 v. H. und über

3 000 DM 6 v. H. Berücksichtigt man einerseits, daß diese Sätze von der Praxis als unzureichend empfunden werden – häufig wird der dreifache Satz für ein Normalverfahren bewilligt –, andererseits, daß die Tätigkeit des Zwangsverwalters regelmäßig schwieriger, umfangreicher und verantwortungsvoller ist als die des Treuhänders, so erscheint ein Bruchteil von 5 v. H. der eingehenden Beträge als Ausgangssatz für die Vergütung des Treuhänders angemessen. Für die Fälle, in denen außergewöhnlich hohe Summen eingehen, werden niedrigere Vomhundertsätze vorgesehen. Zur Vereinfachung der Regelung wird die Staffelung der Vomhundertsätze auf die Beträge bezogen, die während der Gesamtdauer der Tätigkeit des Treuhänders eingehen, also auf sieben Jahre, wenn es nicht zu einem vorzeitigen Abbruch der »Wohlverhaltensperiode« kommt.

Der Treuhänder kann nicht dazu verpflichtet werden, seine Tätigkeit unentgeltlich auszuüben. Er hat daher, auch wenn keine Beträge bei ihm eingehen, Anspruch auf eine jährliche Mindestvergütung. Zahlt der Schuldner diese Mindestvergütung trotz mehrfacher Aufforderung nicht ein, so wird die Restschuldbefreiung auf Antrag des Treuhänders versagt (§ 298 InsO). Um möglichst zu vermeiden, daß die Restschuldbefreiung an diesem Punkt scheitert, wird die Mindestvergütung in § 14 Abs. 3 der Verordnung auf den geringen Betrag von 200 DM pro Jahr festgesetzt.

Zu § 15 (Überwachung der Obliegenheiten des Schuldners)

Wenn dem Treuhänder auch die Überwachung des Schuldners übertragen worden ist, hat er dafür eine zusätzliche Vergütung zu erhalten (vgl. die Begründung zu den §§ 241 und 242 EInsO, Bundestags-Drucksache 12/2443, S. 191). Maßstab ist nach § 15 Abs. 1 der Verordnung der erforderliche Zeitaufwand. Der vorgesehene Regelsatz von 25 DM je Stunde kann den Umständen des Einzelfalls angepaßt werden.

Um zu verhindern, daß die Vergütung für die Überwachung des Schuldners in eine Höhe steigt, die von den Gläubigern nicht vorausgesehen werden kann, wird in Absatz 2 eine Höchstgrenze normiert, die auf den Gesamtbetrag der nach § 14 geschuldeten Vergütung bezogen ist. Die Gläubigerversammlung, die dem Treuhänder die Überwachungsaufgabe überträgt (vgl. § 292 Abs. 2 InsO), kann die Höchstgrenze abweichend festlegen.

Zu § 16 (Festsetzung der Vergütung. Vorschüsse)

Zusätzlich zu der in den §§ 14 und 15 geregelten Vergütung kann der Treuhänder den Ersatz angemessener Auslagen (vgl. § 293 Abs. 1 Satz 1 InsO) und gegebenenfalls die Erstattung der auf die Vergütung und die Auslagen entfallenden Umsatzsteuer verlangen. Das Gericht soll grundsätzlich nur einmal mit der Festsetzung dieser Beträge befaßt werden, nämlich bei der Beendigung der Tätigkeit des Treuhänders. Wenn der Treuhänder allerdings mit der Überwachung des Schuldners beauftragt ist, soll die Höhe des Stundensatzes bereits bei der Ankündigung der Restschuldbefreiung festgelegt werden, damit für alle Beteiligten Klarheit besteht, welche Aufwendungen durch die Überwachung verursacht werden (Absatz 1 Satz 1, 2). Beispielsweise sollte der Treuhänder schon während seiner Tätigkeit in der Lage sein festzustellen, ob die Höchstgrenze der Überwachungsvergütung nach § 14 Abs. 2 erreicht ist, um die Überwachungstätigkeit rechtzeitig entsprechend einschränken zu können.

Anhang IV *Insolvenzrechtliche Vergütungsverordnung*

Die für den Insolvenzverwalter vorgesehene Auslagenpauschale ist auf den Treuhänder nicht anwendbar (Absatz 1 Satz 3). Bei seinem begrenzten Aufgabenbereich ist es ihm zumutbar, die entstehenden Auslagen einzeln zu belegen.
Zur Verfahrensvereinfachung wird dem Treuhänder in Absatz 2 gestattet, Vorschüsse aus den bei ihm eingehenden Beträgen zu entnehmen, ohne daß eine Zustimmung des Gerichts erforderlich wäre. Gegen Mißbräuche schützen einerseits die in der Vorschrift vorgesehene Begrenzung des Entnahmerechts auf die Vergütung für die vergangene Zeit und auf die Mindestvergütung sowie die bereits entstandenen Auslagen, andererseits die Aufsicht des Gerichts über den Treuhänder (vgl. § 292 Abs. 3 Satz 2 i. V. m. den §§ 58, 59 InsO).

Vierter Abschnitt. Vergütung der Mitglieder des Gläubigerausschusses

Zu § 17 (Berechnung der Vergütung)

Die bisherige Regelung zur Vergütung der Mitglieder des Gläubigerausschusses im Konkursverfahren bestimmt den erforderlichen Zeitaufwand als »im allgemeinen« maßgebend für die Vergütung (§ 13 Abs. 1 Satz 2 der geltenden Vergütungsverordnung).
Die neue Regelung übernimmt dieses Bemessungskriterium. Der bisherige Regelsatz wird in der Praxis regelmäßig weit überschritten. Die Erhöhung der Regelsätze, wie sie § 17 Satz 1 der Verordnung vorsieht, ist aber vor allem mit dem erweiterten Aufgabenkreis der Mitglieder des Gläubigerausschusses im Insolvenzverfahren und mit der allgemeinen Preisentwicklung zu begründen. Abweichungen von diesem Satz sind möglich, damit im Einzelfall eine Vergütung festgesetzt werden kann, die dem Zeitaufwand und dem Umfang der Tätigkeit Rechnung trägt (§ 17 Satz 2 der Verordnung, vgl. auch § 73 Abs. 1 Satz 2 InsO). Zu berücksichtigen sind insbesondere die Schwierigkeit des jeweiligen Verfahrens und die Intensität der Mitwirkung des einzelnen Mitglieds des Gläubigerausschusses. So kann etwa bei einer starken zeitlichen Beanspruchung ein erhöhter Stundensatz gerechtfertigt sein. In besonders gelagerten Einzelfällen kann auch eine Vergütung, die nicht auf den Zeitaufwand bezogen ist, angemessen sein. Um dem Gericht die hierfür erforderliche Flexibilität zu ermöglichen, wird ein Rahmen für die Bestimmung des Stundensatzes zwischen 50 und 100 DM eröffnet, der auch Raum für die Berücksichtigung der jeweiligen Qualifikation des Mitglieds des Gläubigerausschusses gibt. In jedem Fall sollte aber beachtet werden, daß die Tätigkeit im Gläubigerausschuß regelmäßig der Durchsetzung der Interessen der Gläubiger dient und daß es insofern zumutbar ist, wenn die Gläubiger für diese Tätigkeit nur eine bescheidene Vergütung erhalten.

Zu § 18 (Auslagen. Umsatzsteuer. Vorschüsse)

Eine Auslagenpauschale, wie sie für den Insolvenzverwalter vorgesehen ist, eignet sich für die Mitglieder des Gläubigerausschusses wegen ihrer ganz unterschiedlichen Beanspruchung nicht (Absatz 1).
Durch die Vorschrift über die Erstattung der Umsatzsteuer in Absatz 2 wird eine Zweifelsfrage des geltenden Rechts entschieden.

Begründung zur InsVV **Anhang IV**

Fünfter Abschnitt. Übergangs- und Schlußvorschriften

Zu § 19 (Anwendung des bisherigen Rechts)

Die neue Verordnung soll nur auf Tätigkeiten in den Verfahren nach der neuen Insolvenzordnung Anwendung finden. Soweit nach der Übergangsvorschrift des Artikels 103 des Einführungsgesetzes zur Insolvenzordnung auch nach dem Inkrafttreten der Reform noch Konkursverfahren, Vergleichsverfahren und Gesamtvollstreckungsverfahren (einschließlich der diesen Verfahren vorgeschalteten Sequestration) durchgeführt werden, bleibt die bisher geltende Vergütungsverordnung maßgebend.

Zu § 20 (Inkrafttreten)

Die Vorschrift koordiniert das Inkrafttreten der Verordnung mit dem der Gesetze zur Insolvenzrechtsreform.

Anhang V

Formularsatz für das Verbraucherinsolvenzverfahren mit anschließender Restschuldbefreiung (NRW)

Anhang V

Formularsatz für das Verbraucherinsolvenzverfahren

Antragsteller(in) mit Name und Anschrift:

An das Amtsgericht (Insolvenzgericht) in:

Antrag auf Eröffnung
des Insolvenzverfahrens
(§ 305 InsO)

I. Eröffnungsantrag

Ich stelle den Antrag, über mein Vermögen das Insolvenzverfahren zu eröffnen. Nach meinen Vermögens- und Einkommensverhältnissen bin ich nicht in der Lage, meine bestehenden Zahlungspflichten, die bereits fällig sind oder in absehbarer Zeit fällig werden, zu erfüllen.

II. Erklärung zur Restschuldbefreiung

☐ Ich stelle den **Antrag** auf Erteilung von Restschuldbefreiung (§ 287 InsO).

☐ Restschuldbefreiung soll **nicht beantragt** werden.

III. Anlagen:

☒	Personalbogen	(Anlage 1)
☒	Bescheinigung über das Scheitern des außergerichtlichen Einigungsversuchs	(Anlage 2)
☐	Zusatzerklärungen zum Antrag auf Restschuldbefreiung	(Anlage 3)
☒	Vermögensverzeichnis mit den dort genannten Ergänzungsblättern	(Anlage 4)
☒	Gläubiger- und Forderungsverzeichnis	(Anlage 5)
☒	Schuldenbereinigungsplan	(Anlage 6)
☐	Chronologischer Zahlungsplan	(Anlage 6 A)
☐	Sonstige:	

IV. Versicherung (§ 305 Absatz 1 Nr. 3 InsO):

Die Richtigkeit und Vollständigkeit der in den beigefügten Anlagen enthaltenen Angaben und Erklärungen versichere ich.

Mir ist bekannt, daß mir die Restschuldbefreiung versagt werden kann, wenn ich vorsätzlich oder grob fahrlässig unrichtige oder unvollständige Angaben gemacht habe (§ 290 Abs. 1 Nr. 6 InsO).

_____   _____
(Ort, Datum)   *(Unterschrift)*

Eigenantrag Verbraucherinsolvenz: Hauptblatt
Musterformulare, Stand: 12.02.1998

Antrag auf Eröffnung des Insolvenzverfahrens **Anhang V**

Personalbogen: **Angaben zur Person der Schuldnerin** **oder des Schuldners**					**Anlage 1** **zum Eröffnungs-** **antrag**	
Name						
früherer Name						
Geburtsname						
Vornamen (Rufname unterstreichen)						
Geburtsdatum und Geburtsort						
Wohnanschrift Straße						
Hausnummer						
Postleitzahl						
Ort						
Telefon				Telefax		
Familienstand	☐ ledig	☐ verheiratet seit	☐ geschieden seit	☐ getrennt lebend seit		☐ verwitwet seit
Erlernter Beruf			zur Zeit tätig als			
Beteiligung am Erwerbsleben	☐ selbständig im Bereich ☐ Land- und Forstwirt/in ☐ Gewerbetreibende(r) ☐ Freiberuflich Tätige(r) ☐ Sonstiges: (Siehe Anlage 4 D)		☐ unselbständig als ☐ Arbeiter/in ☐ Angestellte(r) ☐ Beamter/Beamtin ☐ Aushilfe ☐ Sonstiges	☐ keine Beteiligung am Erwerbsleben, weil ☐ Rentner/in, Pensionär/in seit ☐ arbeitslos, seit ☐ Schüler/in, Student/in ☐ Sonstiges, und zwar		
Unterhaltsberech-tige Kinder (Siehe Anlage 4 F)	☐ nein	☐ ja, Anzahl:				
Verfahrensbe-vollmächtigter für das vorliegende Verfahren: ☐ Nein ☐ Ja, und zwar:	Name					
	Vorname					
	Straße					
	Postleitzahl					
	Ort					
	Telefon			Telefax		
	Geschäftszeichen					
	Sachbearbeiter					

Eigenantrag Verbraucherinsolvenz: Personalbogen
Musterformulare, Stand: 12.02.1998

Anhang V

Formularsatz für das Verbraucherinsolvenzverfahren

Antragsteller(in):	Anlage 2 zum Eröffnungsantrag

Bescheinigung über das Scheitern des außergerichtlichen Einigungsversuches
(§ 305 Abs. 1 Nr. 1 InsO)

Die Bescheinigung ist von der Stelle oder Person auszufüllen, die im außergerichtlichen Schuldenbereinigungsverfahren tätig war.

1.	Name der bescheinigenden Person bzw. Bezeichnung der bescheinigenden Stelle	
	Straße	
	Postleitzahl und Ort	
	Ansprechpartner	
2.	Ist die Person oder Stelle als geeignet anerkannt? ☐ Ja Anerkennende Behörde: Datum des Bescheids: Aktenzeichen : ☐ Nein, die Eignung ergibt sich jedoch aus folgenden Umständen:	
3. a)	Kurze Schilderung der Hauptursachen des Vermögensverfalls *(z.B. Arbeitslosigkeit, Krankheit, Scheidung, fehlgeschlagene oder mißlungene selbständige Tätigkeit etc.)*	
b)	der Geschichte der Verschuldung *(z.B. begründete Zahlungsklagen, Pfändungen, Kündigungen von Bankkrediten, Zahlungsstockungen, Wechselproteste u.ä., Zahlungseinstellung)*	
4.	Schuldner/in ist zahlungsunfähig seit	

Eigenantrag Verbraucherinsolvenz: Bescheinigung, Seite 1 von 3
Musterformulare, Stand: 12.02.1998

Antrag auf Eröffnung des Insolvenzverfahrens **Anhang V**

5.	Außergerichtlicher Einigungsversuch: Plan ist beigefügt ☐ ja ☐ nein, dann: kurze Darstellung des wesentlichen Inhalts des dem außergerichtlichen Einigungsversuchs zugrundeliegende Plans an die Gläubiger/innen	
6.	Darstellung des Ablaufs des Einigungsversuchs	
a)	Wann hat der Schuldner oder die Schuldner/in zum ersten Mal wegen einer Regulierung der Schulden bei Ihnen vorgesprochen?	
b)	Was wurde im einzelnen unternommen, um die Einigung mit den Gläubigern zu erzielen?	
c)	Wie wurde im wesentlichen mit den Gläubigern verhandelt?	☐ schriftlich ☐ telefonisch
d)	Haben Besprechungen mit den Gläubigern stattgefunden?	☐ nein ☐ ja, ☐ im Beisein eines Vertreters der bescheinigenden Stelle / Person 　　　☐ im Beisein des Schuldners / der Schuldnerin 　　　☐ ohne den Schuldner / die Schuldnerin 　　　☐ Zusammenkunft aller Gläubiger 　　　☐ Einzelgespräche mit den Gläubigern 　　　☐

Anhang V

Formularsatz für das Verbraucherinsolvenzverfahren

7.	Der Einigungsversuchs ist endgültig gescheitert am		
8.	Angabe der Gründe, aus denen der außergerichtliche Schuldenbereinigungsplan gescheitert ist		
a)	Welche Gläubiger widersprachen und mit welchen Teilen des Plans waren sie nicht einverstanden?		
b)	Welche Gegenvorschläge wurden unterbreitet?		
c)	Anteil der zustimmenden Gläubiger/innen an der Gesamtheit nach Köpfen	Gläubiger/innen von	Gläubiger/innen
d)	Anteil der zustimmenden Gläubiger/innen an der Gesamtheit nach Summen	DM/EURO von	DM/EURO
9.	In welchen wesentlichen Punkten unterscheidet sich der außergerichtliche vom nunmehr vorgelegten Schuldenbereinigungsplan?		

10. Ich bescheinige / Wir bescheinigen, daß die Schuldnerin bzw. der Schuldner mit meiner/unserer Unterstützung erfolglos versucht hat, eine außergerichtliche Einigung mit den Gläubigern über die Schuldenbereinigung auf der Grundlage eines Planes zu erzielen.

Datum

Unterschrift
der bescheinigenden
Person oder Stelle

Antrag auf Eröffnung des Insolvenzverfahrens **Anhang V**

Antragsteller(in):	Anlage 3 zum Eröffnungsantrag

Zusatzerklärungen zum Antrag auf Restschuldbefreiung
(nur beifügen, falls Antrag auf Erteilung der Restschuldbefreiung gestellt wird)

Ich habe auf dem Hauptblatt einen Antrag auf Erteilung der Restschuldbefreiung gestellt. Dieser Antrag ist mit dem Antrag auf Eröffnung des Insolvenzverfahrens verbunden.

Abtretungserklärung nach § 287 Absatz 2 Satz 1 InsO
(lesen Sie hierzu die Erläuterungen auf der Rückseite)

Für den Fall der gerichtlichen Ankündigung der Restschuldbefreiung trete ich meine pfändbaren Forderungen auf Bezüge aus einem Dienstverhältnis oder an deren Stelle tretende laufende Bezüge für die Zeit von 7 Jahren nach Beendigung des Insolvenzverfahrens an einen vom Gericht zu bestimmenden Treuhänder ab.

Erklärung über die Zahlungsunfähigkeit vor dem 1. Januar 1997
(§ 287 Absatz 2 Satz 1 InsO, Art. 107 EG InsO)
(nur ankreuzen und ergänzen, falls zutreffend)

☐ Ich war bereits vor dem 1. Januar 1997 zahlungsunfähig. Deshalb beantrage ich, bei der gerichtlichen Ankündigung der Restschuldbefreiung und der Bestimmung des Treuhänders (§ 291 InsO) festzustellen, daß sich die Laufzeit der Abtretung nach § 287 Absatz 2 Satz 1 InsO von 7 auf 5 Jahre verkürzt.

Für die Tatsache, daß ich bereits vor dem 1. Januar 1997 zahlungsunfähig war, lege ich folgende Beweismittel vor:
☐ Kopie der Niederschrift über die abgegebene Eidesstattliche Versicherung (Offenbarungsversicherung) und des Vermögensverzeichnisses
☐ Bescheinigung des zuständigen Gerichtsvollziehers über einen erfolglosen Vollstreckungsversuch
☐ Sonstige *(bitte näher erläutern)*

Erklärung über bereits bestehende Abtretungen und Verpfändungen
(§ 287 Absatz 2 Satz 2 InsO)

Die in der vorgenannten Abtretungserklärung und den umseitigen Erläuterungen angesprochenen Forderungen auf Bezüge aus einem Dienstverhältnis oder an deren Stelle tretende laufende Bezüge
☐ habe ich zur Zeit nicht an einen Dritten abgetreten oder verpfändet.
☐ habe ich bereits vorher abgetreten oder verpfändet:. Die Einzelheiten sind in einer Anlage dargestellt.

Falls ja: Geben Sie in der Anlage die Einzelheiten an und beantworten Sie dabei für jede Abtretung und Verpfändung die nachfolgenden Fragen:

a) Um welche Forderungen geht es (Rechtsgrund, z. B. Arbeitslohn oder Altersrente)?
b) Welche Stelle zahlt diese Bezüge aus (genaue und vollständige Angaben mit Namen, Firma, Anschrift und Geschäftszeichen, z.B. Personalnummer des Arbeitgebers)?
c) An wen sind die Bezüge abgetreten oder verpfändet (Sicherungsnehmer, genaue und vollständige Angaben mit Namen, Firma, Anschrift und Geschäftszeichen, z.B. Kunden- oder Vertragsnummer)?
d) Wann ist die Abtretung oder Verpfändung vereinbart worden (genaues Datum)?
e) Sind Sie im Besitz des Vertrages über die Abtretung oder Verpfändung?
f) In welcher Höhe sind die Bezüge abgetreten oder verpfändet?
g) Wann ist der erste Betrag aufgrund der Abtretung oder Verpfändung nicht mehr an Sie, sondern an den Sicherungsnehmer gezahlt worden?
h) Bis wann oder bis zu welchem Ereignis sind die Bezüge abgetreten oder verpfändet?

Anhang V *Formularsatz für das Verbraucherinsolvenzverfahren*

Erläuterungen des Gerichts zur Abtretungserklärung

Die Formulierung "Bezüge aus einem Dienstverhältnis oder an deren Stelle tretende laufende Bezüge" umfaßt
- jede Art von Arbeitseinkommen, Dienst- und Versorgungsbezüge der Beamten, Arbeits- und Dienstlöhne, Arbeitsentgelt für Strafgefangene,
- Ruhegelder und ähnliche fortlaufende Einkünfte, die nach dem Ausscheiden aus dem Dienst- oder Arbeitsverhältnis gewährt werden, sonstige Vergütungen für Dienstleistungen aller Art, die die Erwerbstätigkeit des Zahlungsempfängers vollständig oder zu einem wesentlichen Teil in Anspruch nehmen,
- Bezüge, die ein Arbeitnehmer zum Ausgleich für Wettbewerbsbeschränkungen für die Zeit nach Beendigung seines Dienstverhältnisses beanspruchen kann,
- Hinterbliebenenbezüge, die wegen des früheren Dienst- oder Arbeitsverhältnisses gezahlt werden,
- Renten, die aufgrund von Versicherungsverträgen gewährt werden, wenn diese Verträge zur Versorgung des Versicherungsnehmers oder seiner unterhaltsberechtigten Angehörigen geschlossen worden sind,
- Renten und sonstige laufende Geldleistungen der Sozialversicherungsträger oder der Bundesanstalt für Arbeit im Fall des Ruhestands, der teilweisen oder vollständigen Erwerbsunfähigkeit oder der Arbeitslosigkeit,
- alle sonstigen, den genannten Bezügen rechtlich oder wirtschaftlich gleichstehenden Bezüge.

Ein Schuldner, der eine selbständige Tätigkeit ausübt, ist verpflichtet, während der Laufzeit der Abtretungserklärung die Insolvenzgläubiger durch Zahlungen an den gerichtlich bestellten Treuhänder so zu stellen, wie wenn er ein angemessenes Dienstverhältnis eingegangen wäre (§ 295 Abs. 2 InsO).

Antrag auf Eröffnung des Insolvenzverfahrens **Anhang V**

Antragsteller(in):	Anlage 4 zum Eröffnungsantrag

Vermögensverzeichnis des Schuldners
(Verzeichnis des vorhandenen Vermögens und des Einkommens
- § 305 Abs. 1 Nr. 3 InsO)

I. Bargeld, Wohnung und Haushalt, Wertgegenstände, Fahrzeuge

	Genaue Bezeichnung - evtl. gesonderte Aufstellung beifügen -	Wert DM/EURO (Gesamtbetrag)
1	Bargeld *(auch ausländische Währung)* ☐ nein ☐ ja, und zwar:	
2	Guthaben aus Mietkautionen ☐ nein ☐ ja, Name und Anschrift des Vermieters lauten:	
3	Wertvolle Möbel, Fernseh- und Videogeräte, sonstige elektronische Geräte, Wertvolle Kleidungsstücke, sonstige wertvolle Gebrauchsgegenstände (z.B. Kameras, Waffen, optische Geräte u.ä.), Wertvolle Bücher (Anzahl, Gesamtwert) ☐ nein ☐ ja, und zwar:	
4	Sonstiger Hausrat ☐ nein ☐ ja nur im Rahmen bescheidener Lebensführung ☐ ja (nur Gesamtwert angeben):	
5	Sonstige Wertgegenstände *wertvolle Kunstobjekte, Musikinstrumente, Uhren, Schmuck, Sammlungen (z.B. Münzen, Briefmarken), Gegenstände aus Edelmetall, Edelsteine, Perlen, Goldmünzen usw.* ☐ nein ☐ ja, und zwar:	
6	Bauten auf fremden Grundstücken (z.B. Gartenhäuser, Verkaufsstände) ☐ nein ☐ ja, und zwar:	
7	Privat genutzte Fahrzeuge (PKW, LKW, Wohnwagen, Motorräder, Mopeds usw.) ☐ nein ☐ ja, und zwar: (genaue Bezeichnung, Typ, Baujahr, amtliches Kennzeichen) Wo befindet sich der Fahrzeugbrief?	

Eigenantrag Verbraucherinsolvenz: Vermögensverzeichnis, Seite 1 von 20
Musterformulare. Stand: 12.02.1998

Anhang V

Formularsatz für das Verbraucherinsolvenzverfahren

| 8 | Land- und forstwirtschaftliche Maschinen, Geräte und Fahrzeuge, Viehbestände, Vorräte, geschlagenes Holz u.ä.

☐ nein
☐ ja, und zwar: | |

II. Konten und Sparverträge bei Banken und Sparkassen

	Genaue Bezeichnung des Kreditinstituts **a) Name, Anschrift und Bankleitzahl** **b) Kontonummer** (evtl. gesonderte Aufstellung oder Depotauszug beifügen)	**Guthaben DM/EURO**
1	Girokonten, Tagesgeldkonten, Termin- oder Festgeldkonten, Fremdwährungskonten ☐ nein ☐ ja, und zwar:	
2	Sparkonten (Sparbücher) ☐ nein ☐ ja, und zwar: Die Sparbücher befinden sich bei (Name, Anschrift):	
3	Ratensparverträge, Bausparverträge ☐ nein ☐ ja, und zwar:	
4	Sonstige Einlagen ☐ nein ☐ ja, und zwar:	

Antrag auf Eröffnung des Insolvenzverfahrens **Anhang V**

	III. Forderungen aus Versicherungsverträgen:	
	Genaue Bezeichnung a) Name und Anschrift der Versicherungsgesellschaft oder Kasse b) Nr. des Versicherungsscheins c) Art des Anspruchs (z.B. Versicherungsleistung, Beitragserstattung) - evtl. gesonderte Aufstellung beifügen -	Wert DM/EURO
1	Lebensversicherung, Sterbekasse ☐ nein ☐ ja, Einzelheiten sind im Ergänzungsblatt 4 B (Lebensversicherungen) angegeben	
2	private Rentenversicherung ☐ nein ☐ ja, und zwar:	
3	private Krankenversicherung ☐ nein ☐ ja, und zwar:	
4	sonstige Versicherungen ☐ nein ☐ ja, und zwar:	

	IV. Vermögensgegenstände, die in Ergänzungsblättern gesondert aufgeführt sind		
1	Grundstücke und Eigentumswohnungen	☐ nein	☐ ja, siehe Ergänzungsblatt 4 A
2	Ansprüche aus Lebensversicherungen / Sterbekassen	☐ nein	☐ ja, siehe Ergänzungsblatt 4 B
3	Wertpapiere, Schuldbuchforderungen, sonstige Darlehensforderungen und ähnliche Geldanlagen	☐ nein	☐ ja, siehe Ergänzungsblatt 4 C
4	Gegenstände im Zusammenhang mit einem Erwerbsgeschäft oder einer anderen selbständigen wirtschaftlichen Tätigkeit des Schuldners	☐ nein	☐ ja, siehe Ergänzungsblatt 4 D
5	Aktien, Genußrechte und sonstige Beteiligungen an Kapitalgesellschaften (AG, GmbH, KGaA)	☐ nein	☐ ja, siehe Ergänzungsblatt 4 E
6	Beteiligungen an Personengesellschaften (Offene Handelsgesellschaft, Kommanditgesellschaft, Partnerschaftsgesellschaft, Gesellschaft bürgerlichen Rechts u.ä.)	☐ nein	☐ ja, siehe Ergänzungsblatt 4 E
7	Beteiligungen als stiller Gesellschafter	☐ nein	☐ ja, siehe Ergänzungsblatt 4 E
8	Beteiligungen an Genossenschaften	☐ nein	☐ ja, siehe Ergänzungsblatt 4 E

Anhang V *Formularsatz für das Verbraucherinsolvenzverfahren*

V. Sonstige private Geldforderungen

	Genaue Bezeichnung a) Name und Anschrift des Drittschuldners b) Rechtsgrund der Forderung c) Fälligkeitsdatum - evtl. gesonderte Aufstellung beifügen -	Wert DM/EURO
1	Rückständiges Arbeitseinkommen ☐ nein ☐ ja, und zwar:	
2	Steuererstattungsansprüche ☐ nein ☐ ja, und zwar:	
3	Sonstige Zahlungsansprüche, z.B. aus Schadensfällen oder aus noch nicht erfüllten Verträgen ☐ nein ☐ ja, und zwar	

VI. Immaterielle Vermögensgegenstände

	Genaue Bezeichnung, evtl. Registerbehörde (z.B. Deutsches Patentamt) und deren Geschäftszeichen, Angaben über Nutzungsverträge u.ä.	Wert DM/EURO
	Urheber-, Patent-, Verlagsrechte oder ähnliche Rechte ☐ nein ☐ ja, und zwar:	

Antrag auf Eröffnung des Insolvenzverfahrens **Anhang V**

VII. Rechte und Ansprüche aus Erbfällen	
Genaue Bezeichnung des Erbfalls sowie der Beteiligung oder des Anspruchs	Wert DM/EURO
Beteiligung an Erbengemeinschaften, Pflichtteilsansprüche, Vermächtnisse, Beteiligung an einer fortgesetzten Gütergemeinschaft ☐ nein ☐ ja, und zwar:	

VIII. Schenkungen und Veräußerungen des Schuldners in den letzten zehn Jahren (§§ 132, 133, 134 InsO)

Haben Sie in den letzten zehn Jahren vor dem Antrag auf Eröffnung des Insolvenzverfahrens in erheblichem Umfang Geld oder wertvolle Gegenstände verschenkt oder wertvolle Gegenstände in einem nicht mehr zum normalen Geschäftsbetrieb zählenden Umfang veräußert?

☐ nein   ☐ ja, und zwar:

Jahr	Empfänger	Gegenstand	Wert DM/EURO
	Nahestehende Personen (§ 138 InsO): ☐ mein Ehegatte (vor oder während der Ehe, nach Ehescheidung) ☐ mein Lebensgefährte, Personen, die mit mir in häuslicher Gemeinschaft leben oder im letzten Jahr vor der Veräußerung oder Schenkung gelebt haben ☐ meine Kinder oder Enkel ☐ meine oder meines Ehegatten Eltern, Geschwister und Halbgeschwister ☐ die Ehegatten der zuvor genannten Personen		
	Sonstige Empfänger:		

Anhang V

Formularsatz für das Verbraucherinsolvenzverfahren

IX. Laufendes Einkommen

A. Einkommen aus nichtselbständiger Arbeit und sonstigen Dienstverhältnissen

1	Berufliche Tätigkeit (Aufgabenbereich) des Schuldners / der Schuldnerin in den letzten zwei Jahren		
2	Genauer Name (Firma) und Anschrift des Arbeitgebers oder der sonstigen auszahlenden Stelle	Name Firma	
		Straße	
		PLZ	
		Ort	
		Personal-Nr. o.ä.:	

				DM/EURO		DM/EURO
3	Arbeitseinkommen einschl. Zulagen	☐ Nein	☐ Ja, monatlich brutto		monatlich netto	
4	Weihnachtsgeld	☐ Nein	☐ Ja, jährlich brutto		jährlich netto	
5	Urlaubsgeld	☐ Nein	☐ Ja, jährlich brutto		jährlich netto	
6	Zusätzliche Leistungen des Arbeitgebers (z.B. vermögenswirksame Leistungen)	☐ Nein	☐ Ja, monatlich brutto		monatlich netto	
7	Einkünfte aus sonstigen Dienstverhältnissen, Aufwandsentschädigungen und gewinnabhängige Tantiemen	☐ Nein	☐ Ja, jährlich brutto		jährlich netto	
8	Abfindungen bei Beendigung eines Dienst- oder Arbeitsverhältnisses	☐ Nein	☐ Ja, brutto		netto	

B. Einkommen im Rahmen des Ruhestands

				monatlich brutto DM/EURO	monatlich netto DM/EURO
1	Leistungen der Rentenversicherung	☐ Nein	☐ Ja - Auszahlende Stelle und deren Geschäftszeichen:		
2	Versorgungsbezüge	☐ Nein	☐ Ja - Auszahlende Stelle und deren Geschäftszeichen:		
3	Betriebsrenten	☐ Nein	☐ Ja - Auszahlende Stelle und deren Geschäftszeichen:		
4	Sonstige fortlaufende Einkünfte infolge des Ausscheidens aus einem Dienst- oder Arbeitsverhältnis	☐ Nein	☐ Ja - Auszahlende Stelle und deren Geschäftszeichen:		
5	Laufende Renten aus privaten Versicherungs- oder Sparverträgen	☐ Nein	☐ Ja - Auszahlende Stelle und deren Geschäftszeichen:	monatlich brutto	monatlich netto

Antrag auf Eröffnung des Insolvenzverfahrens **Anhang V**

C. Einkommen aus selbständiger wirtschaftlicher Tätigkeit
(siehe Ergänzungsblatt 4 D)
- Falls ja, bitte den letzten Einkommenssteuerbescheid beifügen -

☐ Nein		
☐ Ja, Einkünfte aus wirtschaftlicher Tätigkeit als Einzelunternehmer oder persönlich haftender Gesellschafter	jährlich brutto DM/EURO	jährlich netto DM/EURO

D. Einkünfte aus Unterhaltszahlungen

☐ Nein		
☐ Ja	Name und Anschrift des Zahlungspflichtigen	Monatsbetrag DM/EURO
Name Vorname Straße PLZ Ort		

E. Einkünfte aus Vermietung und Verpachtung

☐ Nein ☐ Ja,	Hier ist nur der Gesamtbetrag anzugeben. Einzelheiten (Bezeichnung der Objekte, Namen und Anschriften der Mieter oder Pächter, Höhe der einzelnen Einkünfte) sind in einem gesonderten Ergänzungsblatt aufzuführen.	jährlich brutto DM/EURO

F. Einkünfte aus Kapitalvermögen (Zinsen, Dividenden)

☐ Nein, ☐ Ja,	Gesamtbetrag dieser Einkünfte	jährlich brutto DM/EURO

G. Einkünfte aus Sozialleistungen

a) Genaue Bezeichnung der Leistungen a) Zahlungszeitraum b) auszahlende Stelle (Behörde) c) Aktenzeichen, Geschäftsnummer der Behörde	Betrag netto DM/EURO
Arbeitslosengeld, Arbeitslosenhilfe Erwerbsunfähigkeitsrente, Hinterbliebenenrente, Kindergeld, Krankengeld, Kriegsopferrente, Sozialhilfe, Unfallrente, Unterhaltsgeld, Wohngeld ☐ Nein ☐ Ja, und zwar:	

Anhang V

Formularsatz für das Verbraucherinsolvenzverfahren

H. Sonstige laufende Einkünfte	
a) Genaue Bezeichnung der Einkünfte b) Zahlungszeitraum c) auszahlende Person oder Stelle (Behörde) d) Aktenzeichen, Geschäftsnummer der Behörde	Betrag netto DM/EURO
☐ Nein ☐ Ja, und zwar:	

I. Falls Sie die vorstehenden Fragen nach den Einkünften alle mit "Nein" beantwortet haben:

Durch welche Einkünfte bestreiten Sie Ihren Lebensunterhalt?

X. Sicherungsrechte

Welche der bisher angegebenen beweglichen Gegenstände (Sachen, Forderungen, Rechte) sind mit Sicherungsrechten belastet, (z.B. Lohnabtretungen, Lohnverpfändungen, Eigentumsvorbehalt, Sicherungsübereignung, Sicherungsabtretung, freiwillige Verpfändung, zwangsweise Pfändung?)
Machen Sie für jeden betroffenen Gegenstand die nachfolgenden Angaben.
Fügen Sie evtl. eine gesonderte Aufstellung bei.

1	Eigentumsvorbehalt Gegenstand	Kaufpreis	Name und Anschrift des Verkäufers	Restschuld

2	Lohnabtretung, Sicherungsübereignung, Sicherungsabtretung Gegenstand und Umfang	Datum und Zweck der Abtretung bzw. Übereignung	Name und Anschrift des Sicherungsgläubigers	Gegenwärtige Höhe der gesicherten Schuld

Antrag auf Eröffnung des Insolvenzverfahrens **Anhang V**

3	Freiwillige Verpfändung (auch von Lohn) Gegenstand und Umfang	Datum und Zweck der Verpfändung	Name und Anschrift des Pfandgläubigers / der Pfandgläubigerin	Gegenwärtige Höhe der gesicherten Schuld
4.	Pfändung Gegenstand Datum der Pfändung	Name des Gerichtsvollziehers und DR-Nr. des Pfändungsprotokolls	Name und Anschrift des Gläubigers / der Gläubigerin	Gegenwärtige Höhe der gesicherten Schuld

XI. Regelmäßig wiederkehrende Zahlungsverpflichtungen

Ich habe regelmäßig wiederkehrende Zahlungsverpflichtungen	☐ nein	☐ ja, siehe Ergänzungsblatt 4 F

Befreiung von der Pflicht zur Verschwiegenheit

Als Schuldner bin ich gesetzlich verpflichtet, dem Insolvenzgericht über alle das Verfahren betreffenden Verhältnisse Auskunft zu erteilen, insbesondere auch solche Auskünfte, die zur Entscheidung über meine Anträge erforderlich sind (§§ 20, 97 InsO).

Ich bin bereit, auf Verlangen des Gerichts alle Personen und Stellen, die Auskunft über meine Vermögensverhältnisse geben können, von ihrer Pflicht zur Verschwiegenheit gegenüber dem Insolvenzgericht zu befreien. Dies gilt insbesondere für Banken und Sparkassen, sonstige Kreditinstitute, Versicherungsgesellschaften, Sozial- und Finanzbehörden, Sozialversicherungsträger, Rechtsanwälte, Notare, Steuerberater und Wirtschaftsprüfer.

Anhang V

Formularsatz für das Verbraucherinsolvenzverfahren

Antragsteller(in):					Anlage 4 A zum Eröffnungsantrag	
Ergänzungsblatt Grundstücke, Eigentumswohnungen und Erbbaurechte, Rechte an Grundstücken						
I. Genaue Bezeichnung (evtl. gesonderte Aufstellung beifügen)						
	Allgemeiner Begriff	lfd. Nr.	Lage des Objekts (Straße, Ort) und Nutzungsart	Grundbuchbezeichnung (Amtsgericht, Grundbuchbezirk, Band, Blatt)	Eigentumsanteil	Verkehrswert gesamt (ca.) DM/EURO
1	Eigentum an Grundstücken oder Eigentumswohnungen ☐ nein ☐ ja:					
2	Erbbaurechte ☐ nein ☐ ja:					
3	Grunddienstbarkeiten, Nießbrauchrechte ☐ nein ☐ ja:					
4	Sonstige im Grundbuch eingetragene Rechte an Grundstücken oder Eigentumswohnungen ☐ nein ☐ ja:					

Antrag auf Eröffnung des Insolvenzverfahrens **Anhang V**

II. Belastungen dieses Grundvermögens

Lfd. Nr. des Objekts wie Vorseite	Art der Belastung	Eintragung im Grundbuch in a) Abteilung b) lfd. Nr.	Name des Gläubigers	Effektive Belastung (Wert) DM/EURO

III. Ist die Zwangsversteigerung oder -verwaltung dieses Grundvermögens angeordnet?

Lfd. Nr. des Objekts wie Vorseite	Zwangsversteigerung (ja / nein)	Zwangsverwaltung (ja / nein)	Zuständiges Amtsgericht (mit Geschäftszeichen)	

Anhang V

Formularsatz für das Verbraucherinsolvenzverfahren

Antragsteller(in):			**Anlage 4 B zum Eröffnungsantrag**
Ergänzungsblatt **Lebensversicherungen, Sterbekassen**			
1	Genaue Bezeichnung der Versicherungsart				
2	Name und genaue Anschrift der Versicherung oder Sterbekasse				
3	Versicherungsschein-Nr.				
4	Höhe der Versicherungssumme oder des Sterbegeldes in DM/EURO				
5	Derzeitiger Rückkaufwert in DM/EURO				
6	Die Versicherung wurde abgeschlossen am				
7	Die monatliche Prämie beträgt DM/EURO				
8	Die Prämien sind gezahlt bis einschließlich (Monat, Jahr)				
9	Die Versicherungssumme wird ausgezahlt (Fälligkeit)	im Erlebensfall ☐ am ☐ im Sterbefall	im Erlebensfall ☐ am ☐ im Sterbefall	im Erlebensfall ☐ am ☐ im Sterbefall
10	Die Versicherungssumme wird bei Fälligkeit ausgezahlt an a) im Erlebensfall b) im Sterbefall	a) b)	a) b)	a) b)
11	Die Anordnung zu Nr. 10 ist	☐ widerruflich ☐ unwiderruflich	☐ widerruflich ☐ unwiderruflich	☐ widerruflich ☐ unwiderruflich

Antrag auf Eröffnung des Insolvenzverfahrens **Anhang V**

12	Handelt es sich um eine Versicherung mit Gewinnanteilen oder Dividenden?	☐ nein ☐ ja, und zwar:	☐ nein ☐ ja, und zwar:	☐ nein ☐ ja, und zwar:
13	Wo wird der Versicherungsschein aufbewahrt?			
14	Sind die Versicherungsansprüche abgetreten oder verpfändet?	☐ nein ☐ ja, und zwar an	☐ nein ☐ ja, und zwar an	☐ nein ☐ ja, und zwar an
	Name			
	Straße, Haus-Nr.			
	PLZ, Ort			
	Art der zugrundeliegenden Forderung			
	Höhe der zugrundeliegenden Forderung (DM/EURO)			

Anhang V *Formularsatz für das Verbraucherinsolvenzverfahren*

Antragsteller(in):				**Anlage 4 C zum Eröffnungsantrag**	
Ergänzungsblatt Wertpapiere, Schuldbuchforderungen, sonstige Darlehensforderungen und ähnliche Geldanlagen					
	Allgemeiner Begriff		Genaue Bezeichnung a) Art der Forderung, Name des Papiers (Typ, Serie, Fonds u.ä.), b) Name und Anschrift des Schuldners, c) Fälligkeitsdatum d) bei verbrieften Forderungen: Aufbewahrungsort der Papiere (Name, Anschrift, BLZ) e) Depot- oder Schuldbuchkonto-Nr., Grundbuchbezeichnungen u.ä.		Kurs- oder Verkehrswert
			- evtl. gesonderte Aufstellung oder Depotauszug beifügen -		DM/EURO
1	Aktien, Genußscheine	☐ Nein	☐ Ja, die Einzelheiten sind im Ergänzungsblatt 4 E (Beteiligungen) angegeben		
2	Optionsscheine, Bezugsrechte	☐ Nein	☐ Ja, und zwar		
3	Schuldverschreibungen, Obligationen, Pfandbriefe, Sparbriefe und ähnliche festverzinsliche Wertpapiere	☐ Nein	☐ Ja, und zwar		
4	Investmentfondsanteile	☐ Nein	☐ Ja, und zwar		
5	Wechsel	☐ Nein	☐ Ja, und zwar		
6	Schecks	☐ Nein	☐ Ja, und zwar		
7	Schuldbuchforderungen	☐ Nein	☐ Ja, und zwar		
8	Forderungen aus Hypotheken oder Grundschulden	☐ Nein	☐ Ja, und zwar		
9	Gesellschafterdarlehen	☐ Nein	☐ Ja, und zwar		
10	Sonstige Forderungen aus Darlehen oder ähnlichen Geldanlagen	☐ Nein	☐ Ja, und zwar		

Eigenantrag Verbraucherinsolvenz: Vermögensverzeichnis, Seite 14 von 20
Musterformulare, Stand: 12.02.1998

Antrag auf Eröffnung des Insolvenzverfahrens **Anhang V**

Antragsteller(in):	Anlage 4 D zum Eröffnungsantrag
	Ergänzungsblatt Erwerbsgeschäft, selbständige Tätigkeit der Schuldnerin oder des Schuldners

I. Allgemeine Angaben zum Erwerbsgeschäft
(Vermögensgegenstände, die Sie noch aus einem früheren Erwerbsgeschäft besitzen, sind nicht hier, sondern im Hauptblatt des Verzeichnisses einzutragen)

1	Geschäftszweig					
2	Sitz (Geschäftsanschrift)					
3	Rechtsform					
4	Eintragung im Handelsregister	☐ Nein	☐ Ja, und zwar	Amtsgericht		HR

II. Angaben zum Umfang des Erwerbsgeschäfts

1		Angestellte	Arbeiter	Auszubildende	Aushilfen	Gesamtzahl
a)	Zahl der Beschäftigten					
b)	davon mitarbeitende Familienangehörige					
c)	Vollzeitkräfte					
d)	Teilzeitkräfte					

2	Wie hoch ist etwa die Zahl der Lieferanten	
3	Wie hoch ist etwa die Zahl der Kunden	
4	Wie hoch war der Umsatz im letzten Kalendermonat?	DM/EURO
5	Wie hoch war der durchschnittliche Umsatz in den letzten zwölf Monaten?	DM/EURO
6	Ist eine kaufmännische Buchführung für das Unternehmen eingerichtet?	☐ Nein ☐ Ja
7	Sind regelmäßig Inventuren und Bilanzen aufgestellt worden?	☐ Nein ☐ Ja
8	Sind betriebswirtschaftliche Auswertungen erstellt worden?	☐ Nein ☐ Ja
9	Für welchen Monat liegt die letzte betriebswirtschaftliche Auswertung vor?	
10	Welcher Steuerberater war zuletzt für das Unternehmen tätig? Name Vorname Straße Hausnummer Postleitzahl Ort	

Eigenantrag Verbraucherinsolvenz: Vermögensverzeichnis, Seite 15 von 20
Musterformulare, Stand: 12.02.1998

Anhang V

Formularsatz für das Verbraucherinsolvenzverfahren

III. Körperliche Vermögensgegenstände (Sachen)

	Allgemeiner Begriff	Genaue Bezeichnung und Aufbewahrungsort – evtl. gesonderte Aufstellung beifügen –	Falls Vermögensgegenstände mit Sicherungsrechten belastet sind: Art des Sicherungsrechts, Bezeichnung und Anschrift des Gläubigers, Höhe der gesicherten Forderung	Wert DM/EURO nach Abzug der Sicherungsrechte
1	Büroeinrichtung (Möbel, Büromaschinen u.ä., Schreib- und Zeichenbedarf)	☐ nein ☐ ja, und zwar:		
2	Laden- und Lagereinrichtung (Theken, Gestelle usw.)	☐ nein ☐ ja, und zwar:		
3	Werkstätten-, Wirtschafts- oder Fabrikeinrichtungen (Werkbänke, Arbeits- und Werkzeugmaschinen, Werkzeuge usw.)	☐ nein ☐ ja, und zwar:		
4	Warenvorräte	☐ nein ☐ ja, und zwar:		
5 a)	Vorräte an Rohstoffen	☐ nein ☐ ja, und zwar:		
b)	Halbfertigerzeugnissen	☐ nein ☐ ja, und zwar:		
c)	Verpackungsstoffen, Kisten, Packpapier usw.	☐ nein ☐ ja, und zwar:		
6	Fahrzeuge (Bei Kraftfahrzeugen Typ, Baujahr, Zulassungsnummer, Fahrzeugpapiere und deren Aufbewahrungsort angeben)	☐ nein ☐ ja, und zwar:		
7	Anderes Inventar und Arbeitsgerät	☐ nein ☐ ja, und zwar:		

Antrag auf Eröffnung des Insolvenzverfahrens **Anhang V**

IV. Auftragsbestand

Liegen Aufträge in Ihrem Geschäft vor?
☐ nein

☐ ja, und zwar:

lfd. Nr.	Name	Auftraggeber - evtl. gesonderte Aufstellung beifügen -		
		Genaue Anschrift	Art des Auftrags	Der Auftraggeber hat voraussichtlich zu zahlen DM/EURO

V. Außenstände (Geldforderungen gegen Dritte, sog. Drittschuldner)
- evtl. gesonderte Aufstellung beifügen -

Haben Sie Außenstände (d.h. Geldforderungen gegen Dritte, sog. Drittschuldner)?
☐ nein ☐ ja, und zwar:
(Sicherungen, Urteile, Wechsel, Schuldurkunden u.ä. sind anzugeben)

lfd. Nr.	Drittschuldner		Forderung	
	Name	Genaue Anschrift	a) Grund (z.B. Kaufpreis, Darlehen) b) Entstehungszeit c) Fälligkeit d) Evtl. vorhandene Sicherungen usw.	Einbringlich sind vermutlich DM/EURO

Anhang V

Formularsatz für das Verbraucherinsolvenzverfahren

Antragsteller(in):	Anlage 4 E zum Eröffnungsantrag

Ergänzungsbogen Beteiligungen

I. Aktien, Genußrechte und sonstige Beteiligungen an Kapitalgesellschaften (AG, GmbH, KGaA)

a) Name und Anschrift der Gesellschaft b) Beteiligungsform	Nennbetrag je Gesellschaft DM/EURO	Kurs- bzw. Verkehrswert DM/EURO	Fällige Gewinnansprüche DM/EURO
Evtl. gesonderte Aufstellung oder Depotauszug beifügen			
1			

II. Beteiligungen an Personengesellschaften (Offene Handelsgesellschaft, Kommanditgesellschaft, Partnerschaftsgesellschaft, Gesellschaft bürgerlichen Rechts, EWIV u.ä.)

a) Name und Anschrift der Gesellschaft b) Beteiligungsform	Nennbetrag je Gesellschaft DM/EURO	Kapitalkonten Verkehrswert DM/EURO	Fällige Gewinnansprüche DM/EURO
Evtl. gesonderte Aufstellung beifügen			
1			

Eigenantrag Verbraucherinsolvenz: Vermögensverzeichnis, Seite 18 von 20
Musterformulare, Stand: 12.02.1998

Antrag auf Eröffnung des Insolvenzverfahrens **Anhang V**

III. Beteiligungen als stiller Gesellschafter

	Name und Anschrift der Unternehmens	Nennbetrag je Beteiligung DM/EURO	Verkehrswert DM/EURO	Fällige Gewinnansprüche DM/EURO
	Evtl. gesonderte Aufstellung beifügen			
1				

IV. Beteiligungen an Genossenschaften

	Name und Anschrift der Genossenschaft	Geschäftsguthaben DM/EURO	Fällige Gewinnansprüche DM/EURO
	Evtl. gesonderte Aufstellung beifügen		
1			

Anhang V

Formularsatz für das Verbraucherinsolvenzverfahren

Antragsteller(in):	**Anlage 4 F zum Eröffnungsantrag**

Ergänzungsblatt
Regelmäßig wiederkehrende Zahlungsverpflichtungen

I. Unterhaltszahlungen

Angehörige, denen Sie Unterhalt zahlen
- evtl. gesonderte Aufstellung beifügen -

Nr	a) Name, Vorname b) Geburtsdatum c) Genaue Anschrift *(nur, wenn sie von Ihrer Anschrift abweicht)*	Familienverhältnis *(z.B. Kind, Ehegatte, Schwiegermutter usw.)*	Unterhaltsleistung: a) Naturalleistung b) Geldbetrag monatlich (DM/EURO)	Haben die Empfänger eigene Einnahmen? ☐ Nein ☐ Ja, monatlich netto (DM/EURO)

II. Wohnkosten

Größe Ihrer Wohnung in Quadratmetern:

Miete ohne Mietnebenkosten monatlich DM/EURO	Nebenkosten monatlich DM/EURO	Gesamtbetrag monatlich DM/EURO	Ich zahle darauf monatlich DM/EURO	Mitbewohner zahlen monatlich DM/EURO

III. Sonstige regelmäßig wiederkehrende Zahlungsverpflichtungen, besondere Belastungen
- evtl. gesonderte Aufstellung beifügen -

Als sonstige regelmäßig wiederkehrende Zahlungsverpflichtungen (z.B. Zahlungen an Versicherungen, Zeitschriftenabonnements, längerfristig laufende Verträge, etwa mit Sporteinrichtungen) bzw. als besondere Belastung (z.B. Mehrausgaben für körperbehinderte Angehörige).mache ich geltend:
Die Angaben sind zu begründen und zu belegen.

Art der Verpflichtung bzw. Belastung	Ich bringe dafür auf: monatlich DM/EURO	Ehegatte bringt dafür monatlich auf:

Antrag auf Eröffnung des Insolvenzverfahrens **Anhang V**

Antragsteller(in):	**Anlage 5 zum Eröffnungsantrag**

Gläubiger- und Forderungsverzeichnis

Verzeichnis der Gläubiger und Verzeichnis der gegen den Schuldner gerichteten Forderungen
§ 305 Abs. 1 Nr. 3 InsO
Für jeden Gläubiger / jede Gläubigerin ist ein besonderes Blatt nach dem folgenden Muster auszufüllen.

Lfd. Nr.:	Genaue Bezeichnung des Gläubigers / der Gläubigerin	
Anrede		
Vorname		
Name (Firma)		
Straße		
Hausnummer		
Postleitzahl		
Ort		
Telefon		
Geschäftszeichen		
Ansprechpartner		
Nahestehende Person (§ 138 Abs. 1 InsO)	☐ nein ☐ ja	
Vertreter / Vertreterin des Gläubigers / der Gläubigerin		
Rechtsanwalt? Rechtsanwältin?	☐ nein ☐ ja	
Vorname		
Name		
Straße		
Hausnummer		
Postleitzahl		
Ort		
Geschäftszeichen		
Ansprechpartner		

Forderungen dieses Gläubigers / dieser Gläubigerin gegen den Schuldner / die Schuldnerin		
	Forderung 1	Forderung 2
Hauptforderung		
Zinsen		
Kosten		
Summe		
Forderungsgrund (z.B. Kaufvertrag, Wohnungsmiete, Darlehen, Unterhaltspflicht)		
Entstehungszeitpunkt		
Zeitpunkt der Fälligkeit		
Falls über die Forderung ein Schuldtitel existiert (z.B. Vollstreckungsbescheid, Urteil): genaue Bezeichnung des Titels mit Gericht, Datum und Aktenzeichen		
Summe aller Forderungen dieses Gläubigers / dieser Gläubigerin		

Eigenantrag Verbraucherinsolvenz: Gläubiger- und Forderungsverzeichnis
Musterformulare, Stand: 12.02.1998

Anhang V *Formularsatz für das Verbraucherinsolvenzverfahren*

	Anlage 6 (AT) **zum Eröffnungsantrag**
Schuldenbereinigungsplan § 305 Abs. 1 Nr. 4 InsO **Allgemeiner Teil** Neben diesem Allgemeinen Teil besteht der Schuldenbereinigungsplan aus dem Besonderen Teil. Dort sind für jeden einzelnen Gläubiger / jede einzelne Gläubigerin die angebotenen besonderen Regelungen zur angemessenen Bereinigung der Schulden dargestellt.	
Datum der aktuellen Fassung des Plans[1]:	

Genaue Bezeichnung der Schuldnerin oder des Schuldners	
Vorname	
Name	
Geburtsname	
Geburtsdatum	
Straße	
Hausnummer	
Postleitzahl	
Ort	

Gesamtübersicht über die vorgeschlagene Schuldenbereinigung					
Lfd. Nr.[2]	Gläubiger/in (Kurzbezeichnung)	Gesamthöhe der Forderungen dieses Gläubigers / dieser Gläubigerin	Gesamthöhe des Tilgungsangebots im Besonderen Teil des Plans	Quote der Befriedigung des Gläubigers / der Gläubigerin (%)	Endzeitpunkt der vorgeschlagenen Tilgung

[1] Falls der Plan geändert wird, ist hier das Datum der aktuellen Fassung anzugeben.
[2] Laufende Nummer des Gläubigers wie im Besonderen Teil und im Gläubigerverzeichnis (Anlage 5 zu Eröffnungsantrag)

Eigenantrag Verbraucherinsolvenz: Schuldenbereinigungsplan, Seite 1 von 3
Musterformulare, Stand: 12.02.1998

Antrag auf Eröffnung des Insolvenzverfahrens **Anhang V**

Antragsteller(in):	Anlage 6 (BT) zum Eröffnungsantrag

Schuldenbereinigungsplan – Besonderer Teil
§ 305 Abs. 1 Nr. 4 InsO

Für jeden Gläubiger / jede Gläubigerin ist im Besonderen Teil ein gesondertes Blatt nach dem folgenden Muster anzulegen. Die Gesamtheit dieser Blätter bildet den Besonderen Teil. Der vollständige Schuldenbereinigungsplan besteht aus dem Allgemeinen und dem Besonderen Teil.

Datum der aktuellen Fassung des Plans[3]:

Ich biete für den genannten Gläubiger / die genannte Gläubigerin folgende Regelung zur angemessenen endgültigen Bereinigung meiner Schulden an:

Lfd. Nr[4].:	Genaue Bezeichnung des Gläubigers / der Gläubigerin
Vorname	
Name (Firma)	
Straße	
Hausnummer	
Postleitzahl	
Ort	
Geschäftszeichen	

Gesamtsumme der Forderungen dieses Gläubigers / dieser Gläubigerin (Einzelheiten ergeben sich aus der Anlage 5 - Gläubiger- und Forderungsverzeichnis):	

Angebot zur Tilgung dieser Forderungen

Zahlungstermin(e), -fristen[5]	Betrag pro Termin/Frist	Zahlungstermin(e), -fristen	Betrag pro Termin/Frist

Gesamtsumme der angebotenen Zahlungen an diesen Gläubiger / diese Gläubigerin:	
Verhältnis der angebotenen Zahlungen zu den gesamten Forderungen des Gläubigers / der Gläubigerin (Prozentsatz, Quote)	%

---

[3] Falls der Plan geändert wird, ist hier das Datum der aktuellen Fassung anzugeben.
[4] Laufende Nummer des Gläubigers wie im Gläubigerverzeichnis (Anlage 5 zu Eröffnungsantrag)
[5] Es empfiehlt sich, Zahlungstermine entweder kalendermäßig zu bestimmen oder Fristen ab dem gerichtlichen Feststellungsbeschluß (§ 308 Abs. 1 Satz 1 InsO) vorzusehen.

Anhang V *Formularsatz für das Verbraucherinsolvenzverfahren*

Sicherheiten des Gläubigers / der Gläubigerin
Für die Sicherheiten des Gläubigers / der Gläubigerin (z.B. Sicherungsabtretungen, Bürgschaften, vereinbarte oder durch Zwangsvollstreckung erlangte Pfandrechte) sollen folgende Regelungen gelten:

Ergänzende Regelungen für den Fall einer wesentlichen Veränderung meiner Vermögens-, Einkommens- oder Familienverhältnisse[6]:

Begründung und Erläuterungen zur vorgeschlagenen Schuldenbereinigung:

---

[6] Die hier niedergelegten Vorschläge müssen die Bedingungen für eine Änderung des Schuldenbereinigungsplans möglichst genau festlegen, damit bei der späteren Vollstreckung keine Schwierigkeiten entstehen (vgl. § 308 Abs. 1 Satz 2 InsO).

Chronologischer Zahlungsplan
Anlage 6 A zum Eröffnungsantrag

Antragsteller(in):

Zahlungstermine			Zahlungen an Gläubiger (Angabe der Gläubiger und Gläubigerinnen nach der laufenden Nummer des Gläubigerverzeichnisses)							Gesamtzahlungen im Monat
Tag	Monat	Jahr	1	2	3	4	5	6	usw.	

Fortsetzung auf einem besonderen Blatt

Eigenantrag Verbraucherinsolvenz: Zahlungsplan, Musterformulare, Stand: 12.02.1998

Anhang V

Antrag auf Eröffnung des Insolvenzverfahrens

Chronologischer Zahlungsplan

Anlage zum Bestimmungsplan Monat	Abgabe V				Gegenüberstellungen Monat
	Anforderung von Geldbeträgen durch Gläubiger.	Zahlungen an Gläubiger, die nach dem Plan zu leisten sind.			

Stichwortverzeichnis

§ 3, 2 = § 3 InsO, Rz. 2
III, 76 = Anhang III, Rz. 76
IV = Anhang IV
Anh. zu § 113, 16 = Anhang zu § 113, Rz. 16

Abbuchungsauftrag, Erlöschen § 116, 25
Abeitnehmer-Sparzulage § 312, 63
Abfallrecht, Verfügung § 24, 38
Abfindung Anh. zu § 113, 16
– aus einem Auflösungsurteil Anh. zu § 113, 261 ff.
– aus einem Prozeßvergleich im Kündigungsschutzprozeß Anh. zu § 113, 268 ff.
– einzelvertraglich vereinbarte Anh. zu § 113, 272
Abfindungsanspruch, Arbeitnehmer § 113, 107
Abgeordneter, Sonderkündigungsschutz § 113, 74; § 126, 21
Ablehnung, rechtsmißbräuchliche § 4, 44
Ablehnungsgesuch
– unzulässiges § 4, 45
– zulässiges § 4, 46
Ablichtung § 4, 50
Abrechnungsvereinbarung, Clearingstelle § 116, 7
Absatzplanung § 217, 38
Abschlagsverteilung § 283, 8
– Berücksichtigung aufschiebend bedingter Forderungen § 191, 1 ff.
– Berücksichtigung des absonderungsberechtigten Gläubigers § 190, 12
– Einwendungen gegen das Verzeichnis § 194, 1
– Festsetzung des Bruchteils § 195, 1
Abschlußprüfer § 155, 103
– Auftragserteilung § 155, 104
Absichtsanfechtung § 133, 1
Absonderung
– Insolvenzmasse § 49, 1
– Verwertungserlös § 49, 1
Absonderungsberechtigter § 14, 35
– Antragsrecht § 13, 9
– gesetzliche Verwertung § 223, 12
– Insolvenzplan § 223, 12
– Steuergläubiger § 155, 124
– Teilverzicht § 52, 4
– Verzicht auf das Absonderungsrecht § 52, 4
Absonderungsgläubiger
– Befriedigung § 52, 2, 4

– Berechnung des Ausfalls § 52, 3
– Kosten § 52, 8
– Stimmrecht § 52, 2
– Umsatzsteuer § 52, 8
– Ungewißheit über den Ausfall § 52, 5
Absonderungsrecht § 26, 9; § 91, 1; § 155, 411
– Ausgestaltung § 49, 3
– Bruchteilsgemeinschaft § 84, 33
– Deckung § 130, 8
– des Fiskus § 51, 36
– Erbengemeinschaft § 84, 33
– Gesamthandsgemeinschaft § 84, 33
– konkurrierendes § 49, 15
– Miteigentum § 84, 33
– nach DepotG § 51, 32
– nach VVG § 51, 32
– Pfandrechte § 50, 1
– Pflichten des Verwalters § 50, 5
– Verarbeitung von Sachen § 172, 11
– Verwirkung § 52, 7
Abstimmung nachrangiger Insolvenzgläubiger § 246, 34
Abstimmungstermin § 235, 38; § 236, 1
– Annahme mehrerer Pläne § 244, 43
– Informationspflicht § 235, 53
– Inhalt § 235, 3
– Ladung der Beteiligten § 235, 49
Abtretung einer künftigen Forderung § 140, 6
Abtretungserklärung
– Beendigung der Laufzeit § 299, 11
– Laufzeit § 300, 12
Abtretungsgläubiger, absonderungsberechtigte § 292, 13
Abtretungsvertrag § 313, 53
Abweisung
– mangels Masse § 26, 6 ff.
– mangels Masse, Rechtsfolgen § 26, 78
Abwicklungs-Eröffnungsbilanz
– Abwicklungskapital § 155, 79
– ausstehende Einlagen § 155, 77
– eigene Anteile § 155, 78
– Erstellung § 155, 76
Abwicklungs-Jahresabschluß § 155, 85

2329

Stichwortverzeichnis

Abwicklungsbilanz
- Anhang § 155, 92
- Erläuterungsbericht § 155, 92

Abwicklungskosten § 108, 28

Adoption Minderjähriger § 138, 7

AG
- Antragspflicht § 15, 3
- Antragsrecht § 15, 3
- Vertretungsbefugnis § 18, 16

Agenturkonto § 116, 42

Akkordstörer § 245, 7

Akkreditiv § 103, 24

Akteneinsicht
- Anspruch auf Fertigung von Abschriften § 4, 75
- beendetes Verfahren § 4, 64 ff.
- Einsichtsmöglichkeit auf der Geschäftsstelle § 4, 74
- Entscheidung § 4, 76
- eröffnetes Verfahren § 4, 61 ff.
- Eröffnungsverfahren § 4, 57 ff.
- für Behörden § 4, 49
- Geheimhaltungsinteressen § 4, 75 a
- Gläubiger § 4, 53
- rechtliches Gehör des Schuldners § 4, 75 a
- technischer Ablauf § 4, 73

Aktien § 104, 17

Aktiengesellschaft
- Auflösung bei Abweisungsbeschluß mangels Masse § 26, 87

Aktionärsdarlehen, eigenkapitalersetzendes § 135, 103

Aktivprozeß
- Aufnahme § 85, 1
- Unterbrechung durch Eröffnung des Insolvenzverfahrens § 85, 3

Allein-Gesellschafter-Geschäftsführer § 108, 22

Allgemeine Gerichtsordnung für die Preußischen Staaten I, 38

Allgemeine Ortskrankenkasse, Insolvenzfähigkeit § 12, 4

Altershilfe für Landwirte § 287, 75

Altersruhegeld, vorgezogenes
- Berechtigung zum Bezug § 125, 17

Altersversorgung § 312, 58
- Ansprüche aus betrieblicher ~ § 26, 93
- betriebliche § 34, 8; § 134, 18 f.; § 287, 49; § 312, 55

Altgläubiger Begriff § 15, 37

Altmasseverbindlichkeit § 155, 251; § 208, 9; § 209, 29

Amtsermittlungsgrundsatz § 4, 17; § 5, 1
- Bedeutung § 5, 2

Amtsermittlungspflicht
- nicht im Vorprüfungsverfahren § 14, 5

Amtsgericht, Insolvenzgericht § 2, 1

Amtshaftungsanspruch § 5, 5; § 14, 30; § 34, 48

Amtsniederlegung § 15, 14

Amtsprüfung, Zuständigkeit § 3, 16

Amtstheorie, Insolvenzverwalter § 56, 5

Ancillary proceedings I, 27

Änderungskündigung § 125, 21
- soziale Rechtfertigung vor § 113, 29

Anerkenntnis § 129, 24

Anerkennung einer irrtümlich bestehenden Schuld § 134, 13

Anfechtung
- Absonderungsberechtigte § 143, 40
- Anspruchsinhaber § 143, 38
- Ausgleich von Vorteilen § 143, 22
- Auskunftpflicht des Anfechtungsgegners § 143, 43
- Ausschluß § 129, 48; § 133, 24
- Ausübung des Anfechtungsrechts § 143, 38
- Beendigung des Insolvenzverfahrens § 143, 55
- Beweislast § 134, 32
- der Sicherung oder Befriedigung kapitalersetzender Darlehen § 129, 17
- Eigentumserwerb durch Zuschlag in der Zwangsversteigerung § 133, 7
- entgeltliche Verträge mit nahestehenden Personen § 133, 21
- Erfüllungsgeschäft § 129, 34
- gebräuchliche Gelegenheitsgeschenke § 134, 30
- gezogene Nutzungen § 143, 24
- Grundgeschäft § 129, 34
- Haftung bei unentgeltlicher Leistung § 143, 28
- Inhalt der Rückgewährpflicht § 143, 4
- Inhalt des Schadenersatzanspruchs § 143, 21 ff.
- kapitalersetzendes Darlehen § 135, 1
- Kenntnis des Eröffnungsantrages § 130, 47
- Klageänderung § 143, 51
- Klageantrag § 143, 50
- Klageform § 143, 50
- Kosten § 143, 54
- Lebensversicherungsvertrag § 134, 28
- mittelbare Benachteiligung § 129, 43
- mittelbare Zuwendung § 134, 26
- nach den §§ 119 ff., 142 BGB § 129, 11
- Nebenintervention § 143, 52
- notwendige Verwendungen und Lasten § 143, 25

Stichwortverzeichnis

- nützliche Verwendungen § 143, 26
- objektive Benachteiligung § 133, 8
- Rechtsfolgen § 143, 1
- Rechtshandlung § 129, 19; § 130, 11; § 133, 5
- Rechtsnachfolger § 143, 41; § 145, 2
- Rechtsnatur § 129, 3
- – dingliche Theorie § 129, 4
- – haftungsrechtliche Theorie § 129, 5
- – schuldrechtliche Theorie § 129, 6
- Rechtsweg § 143, 45
- Rückgewähranspruch als Schuldverhältnis § 143, 33 ff.
- Rückgewährschuldner § 143, 41
- Sekundäransprüche § 143, 15
- Sicherheit § 130, 30
- Sicherung des Anspruchs § 143, 53
- Umfang der Rückgewähr bei unentgeltlicher Leistung § 143, 30
- Umfang der Rückgewährpflicht § 143, 14
- Umfang des Schadensersatzanspruchs § 143, 21 ff.
- unentgeltliche Leistung § 134, 1 ff.
- unentgeltliche Leistung, Haftung nach Kenntnis § 143, 32
- unmittelbar nachteilige Rechtshandlung § 132, 1 ff.
- unmittelbare Benachteiligung § 129, 41
- Unmöglichkeit der Rückgewähr § 143, 16
- Unmöglichkeit durch späteren Untergang § 143, 17
- Veräußerung eines gewerblichen Unternehmens § 143, 7
- Verfahrensrecht § 143, 45
- Verschlechterung der Rückgewähr § 143, 16
- Verschlechterung des Gegenstandes § 143, 19
- Verschulden bei Unmöglichkeit der Rückgewähr § 143, 20
- Verteidigung des Anfechtungsgegners § 143, 44
- Vertrag zugunsten Dritter § 134, 27
- Vollstreckungsmaßnahme gegen den Schuldner § 133, 6
- Vorsatz, seine Gläubiger zu benachteiligen § 133, 9
- Wertminderungen § 143, 21
- Wiederbeschaffung des Gegenstandes § 143, 21
- Zeitpunkt der Zuwendung § 134, 32
- Zuständigkeit § 143, 46 ff.

Anfechtungsanspruch, Verjährung § 146, 1 ff.

Anfechtungsfrist, Wahrung § 146, 6

Anfechtungsgegner
- Begriff § 133, 17
- Kenntnis über Zahlungsunfähigkeit des Schuldners § 130, 34 ff.
- Kenntnis vom Benachteiligungsvorsatz des Schuldners § 133, 17
- Kenntnis von Benachteiligung § 131, 28
- Zurechnung der Kenntnis § 130, 48

Anfechtungsklage
- internationale Zuständigkeit I, 365

Anfechtungsprozeß § 259, 25
- vollstreckbarer Titel § 141, 1

Anfechtungsrecht, Verschärfung vor § 1, 31

Anfechtungszeitraum, Berechnung § 139, 1

Angestellter
- Auskunftspflicht § 101, 7
- früherer, Auskunftspflicht § 101, 7

Anhörung
- Anordnung von Sicherungsmaßnahmen § 10, 9
- Aufenthalt des Schuldners im Ausland § 10, 7
- Folgen der unterlassenen ~ des Schuldners § 10, 11
- mündliche § 10, 4
- schriftliche § 10, 4
- unbekannter Aufenthalt des Schuldners zur § 10, 8

Anhörungsberechtigter § 10, 10

Anhörungspflichten § 10, 3

Anhörungsverfahren § 10, 3

Anlage- und Umlaufvermögen § 155, 113

Anlagevermögen § 155, 53

Anmeldung in fremder Währung § 45, 20

Anrufbeantworter § 312, 25

Anstellungsvertrag § 116, 8

Antrag auf Eröffnung des Insolvenzverfahrens V

Antragsabweisung mangels Masse § 18, 1

Antragspflicht, Verletzung § 15, 10

Antragsrecht
- Gesellschaft ohne Rechtspersönlichkeit § 15, 1
- juristische Person § 15, 1

Antragsrücknahme § 13, 16

Anwaltszwang § 6, 11

Anwartschaft
- unverfallbare § 45, 16
- verfallbare § 45, 16

Anweisung, Begriff § 130, 14

ArbEG
- Arbeitnehmer mit mehreren Arbeitsverhältnissen II, 9
- Aufgabenerfindung II, 21

2331

Stichwortverzeichnis

- Auswirkung einer Beendigung des Arbeitsverhältnisses II, 44
- Bemessung der Vergütung II, 35
- Betriebsübergang II, 6
- Diensterfindungen II, 17
- Erfahrungserfindung II, 22
- Erteilung der Restschuldbefreiung II, 45
- freie Erfindung II, 23
- Gebrauchsmusterfähigkeit II, 14
- gesetzliches Schuldverhältnis II, 4
- Höhe des Miterfinderanteils II, 10
- Inanspruchnahme der Diensterfindung II, 30 ff.
- Meldung der Diensterfindung II, 30 ff.
- Miterfinder II, 10
- Patentmusterfähigkeit II, 13
- Patentstreitsachen II, 47
- persönlicher Anwendungsbereich II, 7
- Rechtsbeziehungen zwischen Arbeitgeber und Arbeitnehmererfinder II, 4
- Rechtsstreitigkeiten II, 46
- Risikoabschlag II, 39
- sachlicher Anwendungsbereich II, 13
- Schiedsstellenverfahren II, 46
- sonstige schöpferische Leistungen des Arbeitnehmers II, 26
- technische Neuerungen II, 13
- technische Verbesserungsvorschläge II, 25
- Vergütungsanspruch des Arbeitnehmers II, 34
- vorläufige Vergütung II, 39

Arbeit, nichtselbständige
- nachträgliche Werbungskosten § 155, 511

Arbeitgeber
- ausländischer Anh. zu § 113, 82
- Beiträge Anh. zu § 113, 15
- Eintritt der Zahlungsunfähigkeit Anh. zu § 113, 62
- Fürsorgepflicht Anh. zu § 113, 69
- Insolvenzverfahren, Lohnsteuer § 155, 320 ff.
- Schadensersatzhaftung Anh. zu § 113, 70

Arbeitnehmer
- Abfindungen Anh. zu § 113, 251
- Abfindungsanspruch § 113, 107
- als Insolvenzgläubiger § 113, 105
- Arbeitsentgeltansprüche aus der Zeit nach Eröffnung des Insolvenzverfahrens Anh. zu § 113, 203 ff.
- Aufhebungsvertrag § 124, 18
- Begriff Anh. zu § 113, 26
- Eigenkündigung § 113, 85
- Geltendmachung der Entgeltansprüche aus der Zeit nach der Insolvenzeröffnung Anh. zu § 113, 218

- gesetzlicher Kündigungsschutz vor § 1, 40
- Insolvenzgeld § 30, 31
- Insolvenzverfahren, Lohnsteuer § 155, 316 ff.
- nicht verwertbare Diensterfindungen, Übertragungsanspruch II, 95 ff.
- Patentanmeldung auf Erfindungen II, 1
- Pfändung § 312, 24
- Schutz vor § 1, 40
- Übernahme vor § 113, 72
- Urlaubsgewährung durch den Insolvenzverwalter Anh. zu § 113, 214
- Wiedereinstellungsanspruch § 125, 25
- Zahlungsklage wegen rückständigen Arbeitsentgelts Anh. zu § 113, 201
- Zeugnis § 113, 108 ff.

Arbeitnehmer-Sparzulage § 287, 45

Arbeitnehmererfinder
- beschränkte Inanspruchnahme einer Diensterfindung II, 107
- Konkursvorrecht für seine Vergütungsansprüche II, 48
- rückständige Vergütungsansprüche II, 88
- Übergang des Arbeitsverhältnisses II, 86
- Vergütungsansprüche aus der Zeit vor Insolvenzeröffnung II, 106
- Vorkaufsrecht an seiner Diensterfindung II, 48

Arbeitsamt
- Auskunftspflicht gegenüber ~ Anh. zu § 113

Arbeitseinkommen § 312, 31
- Abtretung der pfändbaren Bezüge § 287, 1
- Begriff § 287, 40
- im vollstreckungsrechtlichen Sinn § 287, 40
- Insolvenzmasse § 35, 4

Arbeitsentgelt
- Begriff Anh. zu § 113, 6
- Erlöschen des Anspruchs durch Erfüllung Anh. zu § 113, 157
- Formularabtretungen § 313, 60
- laufendes Anh. zu § 113, 99
- Pfändung von Ansprüchen Anh. zu § 113, 148 ff.
- rückständige Ansprüche Anh. zu § 113, 198
- rückständiges Anh. zu § 113, 3
- tarifliche Verfallklausel Anh. zu § 113, 161

Arbeitsförderung, Reform Anh. zu § 113

Arbeitsgericht, Rechtswirksamkeit der Kündigungen § 126, 1

Arbeitslohn § 155, 256; § 287, 42

Arbeitslosengeld, Besteuerung § 155, 330 ff.

Arbeitsverhältnis
- befristetes § 113, 27

- Eröffnung des Insolvenzverfahrens vor § 113, 5
- Kündigung § 22, 14

Arbeitsvertrag, Forderungen § 312, 31

Arbeitszeitkonto, Zeitguthaben Anh. zu § 113, 115

Arrest § 14, 107
- Vollzug § 88, 4; § 89, 9
- Zwangsvollstreckung § 131, 24

Arrestanordnung, Erlaß § 89, 12

Arrestbefehl, Erlaß § 89, 12

Arresthypothek § 89, 16

Artikel 102 Abs. 1 EGInsO
- Absonderungsrechte I, 325
- Ansprüche aus der betrieblichen Altersversorgung I, 347
- Arbeitsverhältnisse I, 342
- Aufrechnung I, 329
- ausländischer Fiskus I, 322
- ausländischer Sozialversicherungsträger I, 322
- ausländischer Verwalter I, 316
- ausländisches Insolvenzverfahren I, 275
- Aussonderungsrechte I, 325
- Auswirkungen auf die Prozeßvollmacht des Schuldners I, 305
- Auswirkungen des Insolvenzverfahrens auf Schuldverhältnisse des Schuldners I, 334
- Bedeutung und Verfahren der Anerkennung eines ausländischen Insolvenzverfahrens I, 289
- Befugnisse des ausländischen Insolvenzverwalters I, 304
- Bestimmung der Insolvenzmasse I, 320
- Betriebsverfassungsrecht I, 346
- Eigentumsvorbehalt I, 335
- Eintragung in Register I, 307
- Eröffnungsbeschluß als Vollstreckungstitel I, 296
- Forderungsanmeldung I, 306
- Grundbuch, Eintragung des Insolvenzvermerks I, 313
- Grundbuch, Eintragung ins Handelsregister I, 315
- Günstigkeitsvergleich I, 343
- Information der ausländischen Gläubiger I, 307
- internationale Zuständigkeit I, 280
- Leistungen an den Schuldner in Unkenntnis der Verfahrenseröffnung I, 349
- Masseansprüche I, 321
- materielle Wirkungen des ausländischen Verfahrens I, 318
- Mietverträge I, 340

- öffentliche Bekanntmachung I, 307
- ordre public I, 283
- Pachtverträge I, 340
- Rang der Insolvenzforderungen I, 321
- Rechtsverfolgung im Inland I, 299
- Stellung des Schuldners I, 298
- unbenannte Anerkennungsvoraussetzungen eines ausländischen Insolvenzverfahrens I, 286
- verfahrensrechtliche Wirkungen bei Anerkennung eines ausländischen Hauptinsolvenzverfahrens I, 295 ff.
- Voraussetzungen der Anerkennung des ausländischen Insolvenzverfahrens I, 279
- vorläufige Sicherungsmaßnahmen I, 297
- Wirkung der Anerkennung eines ausländischen Insolvenzverfahrens I, 291

Artikel 102 Abs. 2 EGInsO
- Anfechtung I, 352
- internationale Zuständigkeit für Anfechtungsklagen I, 365

Artikel 102 Abs. 3 EGInsO I, 382

Artikel 102 EGInsO I, 2
- Bedeutung I, 270

Attest, privatärztliches § 20, 12

Außenhaftung § 93, 3

Außenpublizität § 135, 106

Aufgabenerfindung II, 21

Auflassungserklärung § 103, 41

Auflassungsvormerkung § 106, 1

Auflösung Anh. zu § 113, 11

Auflösungsurteil
- Abfindung, aus einem ~ Anh. zu § 113, 261 ff.

Auflösungsverlust
- bei Bürgschaften § 155, 500
- wesentlich beteiligter Gesellschafter § 155, 486

Aufrechnung § 130, 25
- Ausschluß § 94, 15 ff.; § 95, 5
- durch den Steuergläubiger § 155, 126
- Entstehung der Forderung des Schuldners nach Verfahrenseröffnung § 96, 4
- Erwerb der Forderung nach Eröffnung des Insolvenzverfahrens von einem anderen Gläubiger § 96, 10 ff.
- Fälligkeit der Forderung des Aufrechnenden § 94, 11 ff.
- Frist § 294, 43
- Gegenseitigkeit der Forderungen § 94, 6 f.
- Gleichartigkeit der Forderungen § 94, 8 ff.
- Insolvenzgläubiger § 94, 1 ff.
- Insolvenzverwalter § 94, 4
- sofortige § 95, 1

2333

Stichwortverzeichnis

- Unzulässigkeit § 96, 1 ff.
- Wirkung § 94, 29
- Zeitpunkt der Vornahme § 140, 9
- Zeitpunkt der Zulässigkeit § 95, 3 f.

Aufrechnungsbefugnis
- Aufrechnungslage § 294, 36
- Ausschluß § 96, 11
- Insolvenzverfahren § 294, 35

Aufrechnungserklärung § 94, 25 ff.
Aufrechnungslage, anfechtbare § 130, 26
Aufrechnungsmöglichkeit
- Erwerb durch eine anfechtbare Rechtshandlung § 96, 16

Aufrechnungsverbot § 294, 40
- nach § 96 Nr. 3 InsO § 129, 13

Auftrag
- Auflösung, Rechtsfolgen § 115, 10
- Begriff § 115, 3
- des Schuldners, Erlöschen bei Insolvenzeröffnung kraft Gesetzes § 115, 7 ff.

Aufwandsentschädigung § 312, 32
Aufwendungsersatzanspruch, Erbe § 323, 2
Aufzeichnung § 151, 2
Ausbildungsverhältnis § 108, 19
- Kündigungsfrist § 113, 20

Ausbildungsvertrag, Kündigung § 108, 19
Auseinandersetzung, vertragliche Beschränkung § 84, 37
Auskunft § 4, 56
- Erteilung § 45, 7
- Gegenstand § 97, 11 ff.
- Inhalt § 97, 11 ff.

Auskunftserteilung, Pflicht des Schuldners § 10, 12
Auslandsvermögen
- Erteilung einer Vollmacht für vorläufigen Insolvenzverwalter § 22, 63

Aussonderung § 47, 2 ff.
- Auskunftspflicht des Verwalters § 47, 60
- Begriff § 47, 3
- Besitz § 47, 53
- Bestimmung von Miteigentumsanteilen § 47, 12
- Eigentumsvorbehalt § 47, 17
- Miteigentümer § 47, 11
- Prüfungspflicht des Verwalters § 47, 59
- Prüfungszeitraum § 47, 59
- Umfang der Herausgabepflicht § 47, 62
- Verbot der Selbsthilfe § 47, 58
- Verfahren § 47, 58
- Voraussetzungen § 47, 5 ff.

Aussonderungsanspruch § 86, 11
- Vereitelung § 48, 4

Aussonderungsberechtigter § 14, 35; § 47, 4

- Antragsrecht § 13, 9
- Steuergläubiger § 155, 122

Aussonderungskosten § 47, 64
Aussonderungsobjekt § 47, 6
- Alleineigentum § 47, 9

Aussonderungsrecht § 26, 9
- Anerkennung § 47, 61
- Aufgabe § 47, 68
- Deckung § 130, 7
- dingliches § 47, 8
- persönliches § 47, 54

Aussonderungsrechtsstreit § 47, 69
- Beweislast § 47, 70
- Fälle mit Auslandsbezug § 47, 71

Aussonderungsvereitelung § 48, 21
Aussperrungsunterstützung § 287, 45
Auswertung, betriebswirtschaftliche § 22, 34
Auszubildender
- Eigenkündigung § 113, 8
- Kündigungsschutz § 113, 76

Bank
- allgemeiner Rahmenvertrag § 116, 34
- außerordentlicher Saldenabschluß § 116, 35
- Bereicherungsanspruch § 82, 6
- Fortführung des Gemeinschuldnerkontos § 116, 35
- Zahlungseingänge, Insolvenz § 116, 58

Bankkredit § 17, 16
Bankverkehr
- Unwirksamkeit von Vorausverfügungen § 24, 11

Bankvertrag § 116, 5, 34
Bargeld § 26, 8
Bargeschäft § 130, 4; § 142, 1
- Anfechtung § 142, 1
- Gleichwertigkeit von Leistung und Gegenleistung § 142, 2
- unmittelbarer Zusammenhang der Leistungen § 142, 5
- vorsätzliche Gläubigerbenachteiligung § 142, 1

Baubetreuungsvertrag § 103, 25; § 116, 6
Bauhandwerkersicherungshypothek § 106, 9
Baukostenzuschuß § 110, 8
Bauleistung
- halbfertige Arbeiten bei Werkverträgen § 155, 399
- Werkvertrag § 103, 54

Bausparkasse
- Antragspflicht § 15, 3
- Antragsrecht § 13, 13; § 15, 3

Stichwortverzeichnis

- Antragsrecht bei Aufsichtsbehörde § 15, 7
Baustofflieferant § 51, 22
Bauträgervertrag § 103, 79
Bauunternehmen, Insolvenz § 51, 22
Bauvertrag, Kündigung § 103, 79
Bedingung § 140, 15
- auflösende § 42, 3
Beerdigungskosten § 325, 9
Beförderer
- gesetzliches Pfandrecht § 50, 19
Befriedigung
- abgesonderte § 49, 7
- der Massegläubiger in massearmen Verfahren § 209, 1
- Einkommensteuer bei abgesonderter ~ § 155, 295
- insolvenzrechtliche § 45, 3
Befristung § 140, 15
Beibringungsgrundsatz
- ZPO § 5, 2
Bekanntmachung
- Aufgabe der öffentlichen ~ § 9, 1
- der Überwachung des Insolvenzplans § 267, 1 ff.
- öffentliche § 8, 11; § 9, 1
- – Anordnung § 9, 15
- – Anwendungsfälle § 9, 2
- – Auswirkungen auf die Einzelzustellung § 9, 7
- – Inhalt § 9, 13
- – Kosten § 9, 15
- – Lauf von Rechtsmittelfristen § 9, 6
- – Ort der Veröffentlichung § 9, 8
- – Publizitätswirkung § 9, 5
- – verfahrensmäßiger Ablauf § 9, 8
- – wiederholte Veröffentlichung § 9, 14
- – Wirksamkeitszeitpunkt § 9, 17
- – Wirkungen § 9, 4
- – Zustellungsfiktion § 9, 4
- Ort und Inhalt der öffentlichen ~ § 23, 13
Beleg § 22, 34
Belegarztvertrag § 108, 12
Benachteiligung, unmittelbare § 132, 6
Benachteiligungsvorsatz
- Gewährung einer inkongruenten Deckung § 133, 12
- kongruente Deckung § 133, 14
Beratungshilfe § 13, 97
- Erinnerung gegen Zurückweisung § 13, 99
Berechtigung, grundstücksähnliche § 49, 20
Bereicherungsklage § 88, 10
Bereicherungsschuldner, bösgläubiger § 143, 1
Bereitstellungsplanung § 217, 38

Bergungskostengläubiger
- gesetzliches Pfandrecht § 50, 19
Bergwerkpachtverhältnis § 108, 12
Bergwerkseigentum § 49, 20
Berichtspflicht, Insolvenzverwalter § 156, 2
Berichtstermin § 29, 1
- Begriff § 156, 1
- Folgen von Verstößen bei Fristen § 29, 12
- Frist § 29, 7
- Zweck § 29, 2
Berücksichtigung bestrittener Forderungen § 189, 1
Berufsausbildungsverhältnis § 113, 17
Berufssachverständiger
- Höhe der Entschädigung § 13, 68
Berufsunfähigkeitszusatzversicherung § 312, 56
Beschäftigter, geringfügig Anh. zu § 113, 30
Bescheinigung über das Scheitern des außergerichtlichen Einigungsversuches V
Beschwer § 34, 13
- formelle, Begriff § 34, 13
Beschwerde
- außerordentliche § 6, 30
- Begründetheit § 34, 27
- einfache § 6, 27
- – weitere § 7, 2
- – Rechtsbehelf § 6, 51
- Fehlen der allgemeinen Zulässigkeitsvoraussetzungen § 34, 28
- gegen Einstellung des Insolvenzverfahrens § 216, 1 ff.
- mangelnde Prozeßfähigkeit § 34, 28
- sofortige § 6, 1; § 34, 13
- – weitere § 7, 1
- – Abhilfebeschluß § 6, 42
- – außerhalb der InsO § 6, 50
- – Begründung § 6, 13
- – Entscheidungsmöglichkeiten § 6, 18
- – fehlende formelle Beschwer § 34, 14
- – keine aufschiebende Wirkung § 6, 15
- – Nichtabhilfeentscheidung § 6, 16
- – Verfahrensablauf bei Prüfung der Begründetheit § 6, 17
- – Zulässigkeitsprüfung § 6, 16
- – unerledigte § 6, 42
- – unzulässige § 6, 24
- – Verfahrensablauf § 34, 31
- – Voraussetzung für die Zulassung der sofortigen weiteren ~ § 7, 3
- – Vorliegen eines Eröffnungsgrundes § 34, 29
- – Wirkungen § 6, 15; § 34, 31
- – Zulässigkeitsvoraussetzungen der sofortigen ~ § 6, 11

2335

Stichwortverzeichnis

Beschwerdeberechtigter
- AG § 34, 10
- eingetragener Verein § 34, 12
- Gesellschaft in Liquidation § 34, 11
- gesetzlicher Vertreter § 34, 9
- GmbH § 34, 10
- GmbH & Co KG § 34, 11
- in Gründung befindliche GmbH § 34, 11
- Miterbe § 34, 9
- nichtrechtsfähiger Verein § 34, 12
- Personengesellschaft § 34, 9
- Schuldner § 34, 9

Beschwerdeberechtigung § 6, 8
Beschwerdefrist § 6, 12; § 8, 2
Beschwerdeführer § 6, 24
Beschwerdegebühr § 54, 21
Beschwerdegegner § 6, 17
Beschwerdegericht § 6, 23
- Verfahren bei sofortiger Beschwerde § 6, 23

Beschwerdemöglichkeit
- Abweisung des Antrags § 34, 6
- Ausschluß § 6, 2

Beschwerdeschrift, Einreichung § 6, 11
Besicherung
- kapitalersetzendes Darlehen § 135, 73

Besitz, Aussonderung § 47, 53
Besitzgesellschaft bei Betriebsaufspaltung § 135, 86
Besitzkonstitut § 50, 6
Besitzmittler § 47, 9
Bestandsverzeichnis § 155, 30
Bestellung des Pfandrechts an Rechten § 50, 6
Besteuerungsverfahren
- Rechte und Pflichten des Insolvenzverwalters § 155, 435
- Wirkungen des Insolvenzverfahrens auf das ~ § 155, 178

Besuchergeschenk § 134, 30
Beteiligung wesentliche, Begriff § 155, 487
Betrieb
- Funktionsnachfolge Anh. zu § 113, 241
- Nutzungsvereinbarung Anh. zu § 113, 242
- Rationalisierungsmaßnahmen vor § 113, 30
- Stillegung § 107, 33
- Unrentabilität vor § 113, 30

Betriebliche Altersversorgung Anh. zu § 113, 22; § 134, 18 f.
- Abfindung III, 130
- Ablehnung des Konkursverfahrens mangels Masse III, 15
- absoluter Haftungsausschluß III, 124
- Anspruch auf Insolvenzsicherung III, 69
- Anspruchsübergang III, 133
- außergerichtlicher Vergleich III, 21
- Beitrags- und Mitwirkungspflichten III, 149
- Betriebsveräußerung III, 82
- Direktversicherungen III, 94
- Direktzusage III, 72
- Einführungsgesetz zur Insolvenzordnung III, 5
- Entgeltumwandlung III, 104
- Ermittlung des Anwartschaftswerts III, 89
- Fortsetzungsvergleich III, 91
- Gefährdung der Versorgungsrechte III, 36
- gerichtliches Vergleichsverfahren III, 16
- gesetzliche Insolvenzversicherung III, 89
- gesicherte Ansprüche III, 61
- gesicherte Anwartschaften III, 77
- Gruppenunterstützungskasse III, 48
- Haftungsausschluß III, 101, 114
- Höhe der gesicherten Anwartschaft III, 85
- Katastrophenfall III, 127
- Konkurs des Arbeitgebers III, 9
- Leistungsordnung des Essener Verbands III, 89
- Mißbrauchsabsicht III, 119
- Mißbrauchsvermutung III, 120
- Neuregelung der Sicherungsfälle III, 51
- Pensionskassen III, 94
- Rentenreformgesetz 1999 III, 5
- Sicherungsfälle III, 52
- Sonderfälle III, 69, 82
- Stichtagsprinzip III, 90
- unbezahlte Direktversicherung III, 74
- Unterstützungskasse III, 47
- Unterstützungskassenversorgung III, 96
- unverfallbare Anwartschaften III, 83
- Vermögensübergang III, 145
- Versicherungsmißbrauch III, 113
- Versorgungswiderruf III, 45
- vollständige Beendigung der Betriebstätigkeit III, 26
- Wertgleichheit der Ansprüche III, 107
- widerrufliches Bezugsrecht III, 46
- wirtschaftliche Notlage des Arbeitgebers III, 32
- zeitliche Abgrenzung III, 63

Betriebsabteilung Begriff § 113, 46
Betriebsänderung vor § 113, 25; § 122, 5; § 126, 3
- Anrufung der Einigungsstelle § 122, 33
- Beschlußverfahren zum Kündigungsschutz § 122, 19 ff.
- Durchführung § 122, 16 ff.
- einstweilige Verfügung des Betriebsrats auf Unterlassung § 122, 29 ff.

- einstweilige Verfügung des Insolvenzverwalters § 122, 27
- geplante § 125, 2
- gerichtliche Zustimmung zur Durchführung § 122, 1 ff.
- nachträglicher Interessenausgleich § 122, 19 ff.
- Verfahren § 122, 22 ff.
- Vermittlungsverfahren § 121
- Zustimmung § 122, 16 ff.
- Zustimmung des Arbeitsgerichtes § 279, 16

Betriebsaufgabe § 155, 233
Betriebsaufgabegewinn, Besteuerung § 155, 451
Betriebsaufspaltung § 129, 22
- Besitzgesellschaft bei ~ § 135, 86
- Insolvenzverfahren § 155, 301

Betriebserwerb
- Haftung Anh. zu § 113, 222
- Umfang der Haftung vor § 113, 78 ff.

Betriebserwerber
- Übernahme von Vergütungspflichten zugunsten eines Arbeitnehmererfinders II, 74
- Umfang der Haftung Anh. zu § 113, 244 ff.

Betriebsmittel
- materielle Anh. zu § 113, 240
- sächliche Anh. zu § 113, 242

Betriebsrat
- Anhörung § 125, 20
- Betriebsstillegung, Restmandat § 122, 3
- Mitbestimmungsrecht § 125, 22
- Mitwirkungs- und Mitbestimmungsrechte § 122, 1
- Widerruf insolvenznaher Sozialpläne § 124, 4 ff.

Betriebsratsamt § 113, 54
Betriebsratsmitglied
- Ausschluß der ordentlichen Kündigung § 113, 33
- ordentliche Kündigung bei Betriebsstillegung § 113, 37
- ordentliche Kündigung bei Stillegung einer Betriebsabteilung § 113, 45 ff.
- Restmandat § 113, 54

Betriebsraum des Schuldners, Schließung § 21, 96
Betriebsrentengesetz
- gesetzlicher Insolvenzschutz III, 39

Betriebsschulden
- Tilgung durch Angehörige § 155, 457

Betriebsstillegung § 22, 24, 27; vor § 113, 40; § 113, 19
- Begriff vor § 113, 13
- etappenweise vor § 113, 18

Betriebstätigkeit, Beendigung Anh. zu § 113, 73
Betriebsteil § 113, 47
Betriebstreue, Sondervergütung Anh. zu § 113, 135
Betriebsübergang Anh. zu § 113, 222
- tatbestandliche Voraussetzungen Anh. zu § 113, 233
- Zeitpunkt vor § 113, 66
- Zuordnung des Zeitpunkts Anh. zu § 113, 233

Betriebsveräußerung
- an besonders Interessierte § 162, 1 ff.
- geplante § 120, 1
- unter Wert § 163, 1 ff.

Betriebsvereinbarung § 129, 22
- außerordentliches Kündigungsrecht § 120, 11
- belastende § 120, 8 ff.
- Beratungsgebot § 120, 6
- freiwillige § 120, 2
- in mitbestimmungspflichtigen Angelegenheiten/Nachwirkung § 120, 3 f.
- Kündigung § 120, 1 ff.
- – durch Schuldner § 279, 15
- Regelungsabrede § 120, 5
- Wegfall der Geschäftsgrundlage § 120, 13 ff.

Beweisaufnahme, Umfang § 5, 21
Beweismittel
- Anhörung des Schuldners § 5, 7

Bewertungsvorschriften
- Anlagevermögen § 155, 65
- Rückstellungen § 155, 68
- Umlaufvermögen § 155, 66
- Verbindlichkeiten § 155, 69

Bezahlung einer irrtümlich bestehenden Schuld § 134, 13
Bezüge § 114, 5
BGB-Gesellschaft
- Ausschluß aus einer § 129, 22
- Insolvenz
- – des Gesellschafters § 32, 3
- – eines Gesellschafters § 116, 40
- Insolvenzfähigkeit § 3, 35
- vergeblicher Zwangsvollstreckungsversuch in das gesamthänderische Vermögen § 14, 82
- Vertretungsbefugnis § 18, 16
- Zahlungsunfähigkeit § 14, 82

Bilanz § 155, 4
Bilanzierungsfragen der eigenkapitalersetzenden Darlehen § 135, 105
Bilanzierungspflicht, Befreiung § 155, 5

Bilanzrichtlinien-Gesetz § 155, 21
Bilder § 36, 9
Binnenschiffsregister § 33, 2; § 81, 34
Briefgeheimnis § 102, 1
Briefhypothek § 81, 31
Briefkastenanschrift § 3, 18
Bruchteilsgemeinschaft § 84, 2, 7
– Absonderungsrecht § 84, 33
Buchführung
– Bewertungsstetigkeit § 155, 32
– Bilanzidentität § 155, 32
– Going Concern-Prinzip § 155, 32
– Grundsatz der Vorsicht § 155, 32
– Grundsätze ordnungsgemäßer § 155, 15
– Imparitätsprinzip § 155, 32
– Klarheit und Übersichtlichkeit § 155, 32
– Kontinuität § 155, 32
– Niederstwertprinzip § 155, 32
– ordnungsgemäße, Grundsätze § 155, 31
– periodengerechte Zuordnung von Aufwendungen und Erträgen § 155, 32
– persönliche Zuordnung des Vermögens und der Schulden § 155, 32
– Prinzip der Einzelbewertung § 155, 32
– Realisationsprinzip § 155, 32
– Stichtagsprinzip § 155, 32
– Verrechnungsverbot § 155, 32
– Vollständigkeit § 155, 32
Buchführungspflicht § 155, 2
– abgeleitete § 155, 21
– Befreiung § 155, 5
Buchführungsverpflichtung
– handelsrechtliche § 155, 15
– steuerrechtliche § 155, 20
Buchgrundschuld § 91, 5
Buchhypothek § 91, 5
Bundesanstalt
– Schadensersatzverpflichtung Anh. zu § 113
Bundesanstalt für Arbeit
– Unzumutbarkeit der Kostenaufbringung § 26, 42
Bundesanzeiger, Veröffentlichung von Beschlüssen § 34, 35
Bundesaufsichtsamt für das Versicherungswesen III, 127
Bundesrepublik Deutschland
– Unzumutbarkeit der Kostenaufbringung § 26, 45
Bürge § 44, 2
Bürgschaft
– Auflösungsverlust § 155, 500
– risikobehaftete § 155, 501
Bürgschaftsschuld, Fälligkeit § 91, 2
Bürgschaftsvertrag, Anfechtung § 132, 5

Büroraum des Schuldners
– Schließung § 21, 96

Cherry Picking § 104, 5
Cram-down-rule § 245, 1

Darlehen
– Auflösungsverlust § 155, 489
– Begriff § 135, 21
– Bilanzierungsfragen der eigenkapitalersetzenden ~ § 135, 105
– eigenkapitalersetzende Sicherheit gem. § 32a Abs. 2 GmbHG § 135, 78
– eigenkapitalersetzendes
– –Insolvenzplan § 135, 71
– – Umfang der Rückzahlungssperre § 135, 57 ff.
– – Zeitraum der Sperrwirkung § 135, 60
– kapitalersetzender Charakter § 155, 492
– kapitalersetzendes § 14, 49
– – Ausschüttungsverbot § 135, 64
– – Besicherung § 135, 73
– – Durchführung der Anfechtung § 135, 77
– risikobehaftetes § 155, 490
– subordiniertes § 135, 111
Darlehensgeber
– Gesellschafter als ~ § 135, 26
Darlehensgewährung, anfechtbare § 143, 11
Darlehensrückzahlung vor der Insolvenzeröffnung § 135, 117
Darlehensvertrag
– Anfechtung § 132, 5
– verzinsliches Darlehen § 103, 6
Dauerschuldverhältnis § 90, 7
– Begleichung von Verbindlichkeiten § 25, 19
– Begriff § 209, 21
– Fortbestehen § 108, 1 ff.
Deckung
– durch mittelbare Zuwendungen § 130, 13
– kongruente § 130, 24 ff.
– – Anfechtung § 130, 1
Deckungsanfechtung
– Insolvenzgläubiger § 130, 6
Dekonzentration
– Kriterien für die Entscheidung § 2, 11
Depotgeschäft § 103, 26
Depotvertrag § 116, 47
Dereliktion § 129, 52
Devisentermingeschäft § 104, 18
Diäten § 312, 32
Diensterfinder, Abfindung II, 83
Diensterfindung II, 17
– Begriff der Veräußerung II, 62

- Eintritt des Betriebserwerbers in die Vergütungspflicht II, 84 ff.
- Miterfinder II, 70
- Veräußerung durch den Insolvenzverwalter II, 58 ff.
- Veräußerung mit Geschäftsbetrieb II, 84 ff.
- Vergütung II, 57
- Verwertung durch den Insolvenzverwalter II, 91 ff.
- Vorkaufsrecht II, 69

Dienstlohn § 287, 42

Dienstnehmer
- außerordentliche Kündigung § 113, 2
- Kündigungsrecht § 113, 1

Dienstverhältnis § 113, 12 ff.; § 114, 4
- Aufrechnung § 114, 7
- Begriff § 113, 12
- Bezüge § 114, 2 ff.
- – Verfügung im Wege der Zwangsvollstreckung § 114, 10
- – Wirksamkeit von Vorausverfügungen § 114, 2 ff.
- Fortbestehen § 108, 1 ff.
- Kündigung § 113, 1 ff.
- Organ § 113, 14 ff.
- vertragliche Sicherheiten an den laufenden Bezügen § 114, 6

Dienstvertrag § 103, 7
- mit Aufsichtsratsmitgliedern einer juristischen Person § 116, 4
- mit Geschäftsbesorgungscharakter § 116, 21

Difformitätsprinzip § 7, 1

Direktversicherung III, 49; § 47, 35; § 103, 76; § 287, 45
- Bezugsrecht III, 71
- Deckungsverhältnis III, 98
- Insolvenzschutz III, 71
- Prämienzahlungen III, 72

Direktversicherungen
- betriebliche Altersversorgung III, 94

Direktzusage III, 3

Disclosure statement § 220, 8

Doppelbesteuerungstheorie § 171, 10

Doppelumsatz nach Eröffnung des Insolvenzverfahrens § 155, 418

Drehflügler § 49, 23

Drittaufwand § 155, 506

Drittdarlehen
- Behandlung gesellschafterbesicherter ~ § 135, 112
- handelsrechtliche Rechnungslegung § 135, 112
- Überschuldungsstatus § 135, 113

Drittschuldner
- Aufforderung, keine Zahlung an Schuldner zu leisten § 28, 13

Drittsicherungsgeber § 254, 18

Drittwiderspruchsklage § 146, 11

Düngelieferant, gesetzliches Pfandrecht § 50, 19

Durchgriffserinnerung § 6, 41

Durchgriffskondiktion
- Bank § 82, 6
- Funktion § 82, 6

Durchsuchung der Wohn- und Geschäftsräume des Schuldners § 20, 10

Durchsuchungsanordnung
- besondere gerichtliche § 23, 20

Edelmetalle, Lieferung § 104, 16

Ehefrau, Auskunft § 97, 7

Ehegatte
- des Schuldners § 138, 5 f.
- überlebender, Fortsetzung der Gütergemeinschaft § 83, 14
- unbenannte Zuwendungen § 134, 21
- Zuwendungen § 134, 20

Eidesstattliche Versicherung § 24, 35; § 98, 2
- Abgabe § 14, 80
- Haftbefehle zur Erzwingung § 14, 79

Eigenantrag, unbeschränkte Auskunft § 4, 59

Eigenkapitalersatz
- Qualifikationsmerkmale § 135, 28 ff.
- Stundung eines Rückzahlungsanspruchs § 135, 50

Eigenkapitalersatzregel
- Anwendung bei der GmbH & Co KG § 135, 98
- Schutzfunktion § 135, 17

Eigenkündigung
- außerordenltiche § 113, 10
- Auszubildender § 113, 8

Eigentum, Rückerwerb § 130, 7

Eigentumsvorbehalt § 28, 8; § 107, 1 ff.
- Begründung § 47, 18
- einfacher; § 47, 17; § 103, 71
- erweiterter; § 47, 17; § 107, 7
- Erweiterungsformen § 51, 23
- in der Insolvenz des Vorbehaltsverkäufers § 47, 24
- Käuferinsolvenz § 107, 15
- mit Verarbeitungsklausel § 51, 18
- mit Veräußerungsermächtigung § 51, 20
- nachgeschalteter § 107, 7

Stichwortverzeichnis

- Schadensersatzpflicht bei Unterlassung der Mitteilung hinsichtlich Sicherungsrechten § 28, 11
- Untergang § 47, 22
- Verkäuferinsolvenz § 107, 4
- verlängerter § 107, 7; § 131, 19
- Verlängerungsformen § 51, 17
- Vorsteuerberichtigungsanspruch § 155, 374

Eigentumsvorbehaltskauf § 103, 1
Eigentumsvorbehaltsklausel auf Lieferschein § 47, 19
Eigentumsvorbehaltsware § 22, 13
Eigenverwaltung
- Anordnung § 18, 21; § 27, 17
- – des Insolvenzgerichtes § 271, 7
- – darf nicht zu einer Verfahrensverzögerung führen § 270, 35
- – Gläubigerzustimmung § 270, 32
- Anordnungsvoraussetzungen § 270, 19
- Antrag § 21, 32
- – auf Anordnung als Prozeßhandlung § 270, 23
- – der Gläubigerversammlung auf Aufhebung der Anordnung § 272, 5
- Antragskompetenz
- – auf Aufhebung der Anordnung, absonderungsberechtigter Gläubiger § 272, 7 ff.
- – der ersten Gläubigerversammlung § 271, 9
- Aufhebung vor § 270, 34
- – der Anordnung durch Insolvenzgericht § 272, 4; § 272, 1 ff.
- – Schuldnerantrag § 272, 13 ff.
- Aufhebungsbeschluß § 272, 16
- Aufhebungsfolge § 272, 18
- Aufhebungsvoraussetzungen § 272, 3
- Ausarbeitung eines Insolvenzplanes § 284, 5
- Berichtspflicht § 281, 22
- Gläubigergefährdung vor § 270, 13; § 272, 7
- Gläubigerverwaltung § 74, 14
- Grundbuch § 270, 46
- keine Feststellungskosten § 282, 15
- keine Gläubigerbenachteiligung § 270, 35
- Mittel zu einer bescheidenen Lebensführung § 278, 1
- nachträgliche Anordnung § 271, 1 ff.
- öffentliche Bekanntmachung der Anordnung § 273, 1
- öffentliche Bekanntmachung der Aufhebung der Anordnung § 273, 1
- Pflicht zur Stellungnahme § 281, 22
- Pflichtverletzung bei Eigenentnahme § 278, 10
- Rechnungslegungspflichten § 281, 25
- Rücknahme des Antrages auf Anordnung der ~ § 270, 28
- Schiffbauregister § 270, 46
- Schiffsregister § 270, 46
- Schuldner § 275, 2
- Schuldnerantrag § 270, 20 ff.
- Sinn vor § 270, 2
- Unterhalt für die Familie § 278, 3
- Unterrichtung der Gläubiger durch den Schuldner § 281, 1 ff.
- Unterrichtungspflichten § 281, 5
- Verwertung von Sicherungsgut § 282, 3
- Verwertungsrecht für absonderungsrechtsbelastete Gegenstände § 282, 1 ff.
- vorläufige Anordnung der § 281, 4
- Zustimmung des Gläubigerausschusses bei bestimmten Rechtshandlungen § 276, 1
- Zweck vor § 270, 2

Eigenverwaltungsantrag, gescheiterter § 271, 4
Eigenverwaltungsfähigkeit, fehlende § 270, 7
Eigenverwaltungslage, typische § 282, 10
Einfirmenvertreter § 108, 20
Einigung, außergerichtliche vor § 1, 43
Einkaufskommission § 47, 49; § 116, 10
Einkommen
- aus selbständiger Beschäftigung, Insolvenzmasse § 35, 6
- Begriff in der Insolvenz § 155, 274
- pfändbares § 309, 27

Einkommensteuer § 155, 232
- bei abgesonderter Befriedigung § 155, 295
- Bestimmung § 155, 260
- Ermittlung des zu versteuernden Einkommens § 155, 261

Einkommensteuer-Vorauszahlung § 155, 283
- Art der Durchsetzung § 155, 283
- Insolvenzforderung § 155, 284

Einkommensteuererklärung § 155, 270
- getrennte Veranlagung von Ehegatten § 155, 272

Einkommensteuererstattung § 287, 44
Einkommensteuerjahresschuld § 155, 141
Einkommensteuervorauszahlung § 155, 140
Einkünfte
- aus Gewerbebetrieb § 155, 261
- aus Kapitalvermögen § 155, 261
- aus Land- und Forstwirtschaft § 155, 261
- aus nichtselbständiger Arbeit § 155, 261

- aus selbständiger Arbeit § 155, 261
- aus Vermietung und Verpachtung § 155, 261
- einkommensteuerpflichtige § 155, 232

Einlagenrückgewähr § 136, 10
Einmann-GmbH § 108, 22
Einrede
- Wahrung der Anfechtungsfrist § 146, 6

Einzelgewerbetreibende
- Gewerbesteuerpflicht § 155, 337

Einzelkaufmann
- Bilanzen § 155, 29
- Fruchtlosigkeit § 14, 82
- Protokoll über eine erfolglose Zwangsvollstreckung § 14, 82

Einzelsteuer
- Behandlung im Verfahren der InsO § 155, 260

Einzelvollstreckungsschutz § 16, 4
Einzelzustellung § 8, 12
Einzelzwangsvollstreckung § 1, 1; § 14, 32; § 210, 1
- Verbot § 294, 1

Einzugsermächtigung, Erlöschen § 116, 25
Eltern § 138, 7
Elternteil, Vermögen § 313, 40
Energielieferungsvertrag § 103, 8; § 105, 1
Enkel § 138, 7
Entgeltfortzahlung
- an Feiertagen § 287, 42
- im Krankheitsfall § 287, 42

Entschädigungsberechtigter
- gesetzliches Pfandrecht § 50, 19

Entscheidung
- formelle Rechtskraft § 7, 27
- materielle Rechtskraft § 7, 31

Erbanteil, Pfandrecht § 50, 7
Erbausgleich, vorzeitiger § 83, 13; § 322, 2
Erbbaurecht § 49, 20
Erbe
- Aufwendungsersatzanspruch § 323, 2
- Auskunftspflichtige § 97, 4
- Beschränkung der Masse durch Rechtsgeschäfte § 315, 18
- Eigenschulden § 325, 10
- Forderung als Vorrechtsforderung § 326, 3
- Gesamtinsolvenz § 331, 5
- Haftungsbeschränkung § 331, 7
- Haftungsverteilung zwischen Insolvenzverwalter und ~ § 315, 29
- Insolvenz § 331, 4
- Interessen § 83, 6
- Nachlaßschulden § 325, 10
- Träger des Sondervermögens § 326, 3
- unbeschränkte Haftung § 316, 5
- Zurückbehaltungsrecht wegen Aufwendungen § 323, 2 ff.

Erbengemeinschaft § 315, 24 ff.; § 316, 8
- Absonderungsrecht § 84, 33

Erbenhaftung nach Beendigung des Nachlaßinsolvenzverfahrens § 331, 16
Erbersatzanspruch § 83, 13; § 325, 9; § 327, 11
Erbfall § 83, 1
- Anordnungen der Zwangsverwaltung § 321, 2
- - der Zwangsvollstreckung § 321, 2
- Eintragung von Zwangs- oder Arresthypotheken § 321, 2
- Erbersatzanspruch § 322, 4
- Erfüllung von Verbindlichkeiten § 322, 3
- Pfändungen § 321, 2
- Rang der Forderungen § 322, 1
- Zwangsvollstreckung nach ~ § 321, 1 ff.

Erbfallschulden § 325, 7
Erblasser § 315, 11
- allgemeiner Gerichtsstand § 315, 31
- Ansprüche des Erben § 326, 1 ff.
- mehrere allgemeine Gerichtsstände § 315, 33
- Mittelpunkt der selbständigen wirtschaftlichen Tätigkeit als Zuständigkeitskriterium § 315, 34
- Unterhaltsansprüche der Ehefrau § 325, 6
- Unterhaltsansprüche des nichtehelichen Kindes § 325, 6
- Vermögen § 83, 3

Erblasserschulden § 325, 5
Erbmasse, Ersatzansprüche § 315, 19
Erbrechtsgleichstellungsgesetz § 327, 11
Erbschaft
- Anfall § 332, 60
- Annahme § 316, 3
- Ausschlagung § 83, 7; § 129, 51
- Insolvenzmasse § 35, 7
- Veräußerung durch notariellen Vertrag § 330, 1

Erbschaftsanspruch § 47, 52
Erbschaftskauf § 330, 1
Erbschaftssteuer § 325, 9
Erbteil § 84, 9
Erbvertrag § 329, 1
Erbverzicht § 83, 8
Erfahrungserfindung II, 22
Erfindung, freie II, 23
Erfüllung
- einer klaglosen Schuld § 134, 14
- Schenkungsversprechen § 134, 15

2341

Stichwortverzeichnis

Erfüllungsgehilfe des Sachwalters § 274, 19
Erfüllungsgeschäft § 129, 34
Ergebnisplan § 229, 20
Erinnerung § 6, 5
– Anwaltszwang § 6, 32
– einfache § 6, 35
– Eröffnungsverfahren § 6, 53
– Frist § 6, 33
– Neuregelung § 6, 60
– Pfändungs- und Überweisungsbeschluß § 6, 55
– sofortige § 6, 35
– – Amtsgericht § 6, 44
– – Beschwerde § 6, 59
– – Kosten § 6, 47
– – Nichtabhilfebegründung § 6, 45
– – rechtliches Gehör § 6, 46
– – Rechtsbehelf § 6, 44
– unbefristete § 6, 34
– unbegründete § 6, 38
– unzulässige § 6, 38
– Urkundsbeamter der Geschäftsstelle § 6, 62
– Vollstreckungsverbot § 6, 56
– Zuständigkeitskonzentration § 6, 58
– Zwangsvollstreckung § 6, 54
Erinnerungsverfahren
– Auslagen § 6, 42
– Gebühren § 6, 42
Erlaßvertrag, Anfechtung § 132, 5
Erledigung § 13, 100
Erledigungserklärung
– einseitige § 13, 103
– – Kriterien für die Kostenentscheidung § 13, 113
– – Rechtsbehelfe gegen Kostenentscheidung § 13, 118
– Rechtsmittelinstanz § 13, 108
– übereinstimmende § 13, 101
– – Kriterien für die Kostenentscheidung § 13, 113
– – Rechtsbehelfe gegen Kostenentscheidung § 13, 117
Eröffnung
– Aufhebung, verfahrensmäßiger Ablauf § 34, 44
– – Wirkung § 34, 41 f.
Eröffnungsantrag
– Abweisung, Bekanntmachung § 26, 71 ff.
– – Kostentragungspflicht § 26, 66 ff.
– – Mitteilungen § 26, 71 ff.
– Antragsgrundsatz § 13, 7
– Antragsrecht § 13, 7
– Berechnung der Fristen vor dem ~ § 139, 2
– Einzelfälle zum Antragsrecht § 13, 8

– Entscheidung über den ~ § 2, 16
– erneute Antragstellung nach Antragsrücknahme § 13, 22
– Folgen der Rücknahme § 13, 19
– Gläubiger-Kalkül § 13, 25
– Kostenfreiheit § 13, 45
– Kostenschuldner § 13, 46
– Kostenvorschuß § 13, 44
– mehrere Anträge § 13, 36
– Mitteilungspflichten § 13, 42
– Rücknahme, Gläubiger-Kalkül § 13, 25
– – Schuldner-Kalkül § 13, 29
– Rücknahmeberechtigung § 13, 18
– Ruhen des Verfahrens § 306, 4
– Schuldner-Kalkül § 13, 29
– Umfang der Kostentragungspflicht § 13, 53
– verfahrensmäßiger Ablauf § 13, 33
Eröffnungsbeschluß § 5, 33
– als Räumungstitel § 148, 14
– Aufhebung § 34, 33
– Auflösung von juristischen Personen § 30, 27
– Berechnung der Fristen § 29, 6
– besondere Zustellung § 30, 14 ff.
– Bestallungsurkunde und Aufforderungen an den Verwalter § 30, 21
– Folgen für natürliche Personen § 30, 30
– Hinweis auf Restschuldbefreiung § 30, 19
– Inhalt § 27, 13 ff.
– Insolvenzgrund § 27, 27
– Mitteilungen § 30, 20
– öffentliche Bekanntmachung § 30, 10 ff.
– Prüfungstermin § 176, 1
– Rechtsbehelfe § 30, 32
– Regelungen zum Inhalt § 30, 1
– Terminbestimmung durch Rechtspfleger § 29, 1
– Unterschriftsleistung durch den Richter § 30, 6
– Verfahren bei Aufhebung § 34, 3
– Wirksamwerden § 30, 6 ff.
– Wirkungen der Eröffnung § 30, 23 ff.
Eröffnungsbilanz, Zweck § 155, 48
Eröffnungsgrund § 16, 1 ff.
– drohende Zahlungsunfähigkeit § 16, 4
– Überschuldung § 16, 3; § 19, 1
– Zahlungsunfähigkeit § 16, 5; § 17, 1
Eröffnungsverfahren
– Akteneinsicht § 4, 57
– Anhörung § 10, 1
– Auskunftspflichtige § 20, 6
– Durchsetzung der Auskunfts- und Mitwirkungspflichten § 20, 9 ff.
– erstattungsfähige Kosten § 13, 43

- Gerichtskosten § 13, 61; § 54, 8
- Hauptprüfung § 13, 2
- Rechtsanwaltskosten § 13, 70
- Schuldner für die Gebühr § 13, 47
- Vorprüfung § 13, 2
- Wertberechnung § 13, 61
- Zulässigkeit des Antrages § 13, 2

Erörterungstermin § 236, 1
- Ablauf § 235, 31 ff.
- Informationspflicht § 235, 53
- Inhalt § 235, 3, 29
- Ladung der Beteiligten § 235, 49
- Zweck § 235, 18 ff.

Ersatzabsonderung § 48, 22; § 49, 13

Ersatzaussonderung § 48, 1 ff.
- Höhe des Anspruchs § 48, 18 ff.

Ersatzaussonderungsanspruch
- Abtretung der ausstehenden Gegenleistung § 48, 13
- Deckung § 130, 7
- Entgeltlichkeit der Veräußerung § 48, 9
- Herausgabe der erbrachten Gegenleistung § 48, 14
- Inhalt § 48, 12 ff.
- keine Berechtigung zur Veräußerung § 48, 11
- Voraussetzungen § 48, 3
- Vorliegen einer Veräußerung § 48, 7
- Wirksamkeit der Veräußerung § 48, 10

Ersatzkassen, Insolvenzfähigkeit § 12, 4

Erstattungsanspruch, Steuer § 155, 160

Erstgericht § 3, 14

Ertrags- und Aufwandsplan § 217, 38

Ertragslage
- nicht nur vorübergehend negativ § 15, 34

Erwerb
- gutgläubiger § 23, 23
- vom Nichtberechtigten § 145, 10

Erziehungsgeld § 287, 75, 78

Erziehungsurlaub § 113, 67

Europäisches Übereinkommen über Insolvenzverfahren § 3, 40
- allgemeines Teilnahmerecht ausländischer Gläubiger I, 144
- Anfechtungsklagen I, 119
- Anmelderecht I, 144
- Antragsbefugnis I, 136
- anwendbares Recht I, 84
- Anwendung von Zwangsmitteln I, 100
- Auswirkungen auf den DöKV I, 199
- automatische Anerkennung I, 78
- automatische Anerkenung des ausländischen Verfahrens I, 101
- Befugnisse des ausländischen Verwalters I, 81
- Befugnisse des Verwalters des Hauptinsolvenzverfahrens I, 150 ff.
- dinglich gesicherte Gläubiger I, 179
- Eintragung in öffentliche Register I, 108
- Entscheidung über die Eröffnung des Verfahrens I, 117
- Entstehungsgeschichte I, 61
- erfaßte Verfahren I, 71
- Evaluierungskonferenz I, 203
- Exequaturverfahren I, 117
- Feststellung der Insolvenzgründe I, 133
- Forderungsanmeldung I, 175
- gegenseitige Unterrichtung der Verwalter I, 139
- gegenseitige Zusammenarbeit I, 141
- Gläubigergleichbehandlung I, 102
- Grundbuch- und Registersysteme I, 93
- gutgläubige Leistung durch Drittschuldner I, 115
- Handelsregister I, 111
- Informationspflicht I, 139
- Inländergleichbehandlung I, 175
- internationale Zuständigkeit I, 76
- Konkursübereinkommen des Europarats als Zwischenschritt zum ~ I, 65
- Kosten I, 113
- Kostenvorschuß I, 137
- nachträgliche Eröffnung des Hauptinsolvenzverfahrens I, 163
- Niederlassungsbegriff I, 130
- öffentliche Bekanntmachung I, 105
- ordre public-Klausel I, 125
- persönlicher Anwendungsbereich I, 73
- Planinitiativrecht I, 142
- Postgeheimnis I, 123
- Register, Bewirkung der Eintragung über das inländische Insolvenzgericht I, 110
- Schutz der Arbeitnehmer I, 92
- Sekundärinsolvenzverfahren I, 128
- Sicherungsmaßnahmen I, 170
- Überschuldung I, 134
- Umwandlung des zuvor eröffneten ausländischen Sanierungsverfahrens I, 164
- Unterzeichnung I, 200
- Verhältnis zu anderen Übereinkünften I, 199
- Vollstreckung I, 116
- vorläufige Sicherungsmaßnahmen I, 121
- Vorrecht des ausländischen Fiskus I, 175
- wesentlicher Inhalt I, 69
- wesentliches Regelungsziel I, 70
- Wirkungen der Verfahrenseröffnung auf anhängige Rechtsstreitigkeiten I, 99

Stichwortverzeichnis

- Wirkungserstreckung des ausländischen Verfahrens I, 101
- Zahlungsfähigkeit I, 133
- Zeichnung I, 69
- Zulässigkeit des Eröffnungsantrages I, 174
- Zuständigkeit I, 127
- – des EuGH I, 187
- – zur Eröffnung eines Sekundärinsolvenzverfahrens I, 173
- Zustimmung dieses Verwalters für einen Sanierungsplan oder Vergleich I, 155

Existenzgründung § 220, 94
Existenzminimum § 312, 36
- Bestimmung § 312, 49

Factor Konkurs § 116, 9
Factoring
- echtes § 47, 31; § 142, 2
- unechtes § 47, 32; § 51, 28

Factoringvertrag § 116, 9
Fahrgeld Anh. zu § 113, 12
Familienangehöriger, Zuwendungen § 134, 20
Faxgerät § 312, 25
Feiertagsarbeit Anh. zu § 113, 10
Fernsprechteilnehmerverhältnis
- mietähnlicher Vertrag § 105, 11

Feststellung, Umfang § 181, 1
Feststellungsbescheid
- Bestandskraft § 87, 54
- bestandskräftiger § 87, 62
- Einspruch § 87, 55

Feststellungsklage § 182, 1
- über zivilrechtliche Ansprüche, Zuständigkeit § 185, 1

Feststellungskosten
- Begriff § 171, 6
- Pauschalbeträge § 171, 2

Feststellungskostenpauschale § 282, 6
Feststellungsurteil, Wirkungen § 183, 1
Feststellungsverfahren § 283, 1
- allgemeine Stellung des Schuldners § 283, 2
- Erweiterung des Schuldnerwiderspruchs § 283, 2 ff.
- Parteien § 179, 8
- streitige Forderung § 176, 12
- Voraussetzungen § 179, 4 ff.

Filiale, Schließung § 22, 27
Finanzamt
- Anmeldung von Steuerforderungen § 87, 19
- außergerichtliche Schuldenbereinigung § 155, 259

- Erstattung der Kapitalertragsteuer § 155, 455
- Geltendmachung von Umsatzsteuerforderungen § 155, 345
- Glaubhaftmachung der Forderung § 14, 55
- Insolvenzantrag § 14, 46
- Insolvenzgläubiger § 155, 118
- Schätzung der Steuerschuld § 87, 26
- Schuldenbereinigungsplan § 155, 259
- Steuerschätzung § 21, 23
- Unzumutbarkeit der Kostenaufbringung § 26, 46
- Vollstreckungsverfahren § 155, 198

Finanzgläubiger § 245, 64
Finanzierungs-Leasing-Vertrag § 108, 10
Finanzierungsleasing § 47, 29
Finanzplan § 18, 9; § 229, 22
- Aufstellung § 17, 24

Finanztermingeschäft § 104, 3; § 104, 10 ff.
Firma
- Aufgabe einer § 129, 22
- Aufgabe, anfechtbare § 143, 9

Firmenänderung § 129, 22
Firmenwert § 155, 110
Fischereigerechtigkeit § 49, 21
Fiskus
- Absonderungsrecht § 51, 1, 36
- Vorrecht § 51, 1

Fixgeschäft § 104, 1, 6 ff.
Flugzeug § 49, 23
Folgeinsolvenz § 18, 15
Folgeinsolvenzverfahren § 264, 3
Forderung
- Abzinsung unverzinslicher ~ § 41, 4
- Anmeldung nach Ablauf der Anmeldefrist, Prüfung im Prüfungstermin § 177, 4
- Anmeldung, Frist § 29, 9
- auflösend bedingte § 42, 1
- Berichtigung der Tabelle § 87, 24
- Berücksichtigung von Abschlagszahlungen auf zedierte § 51, 22
- Bestreiten § 176, 10 ff.
- – durch Sachwalter § 283, 3
- – durch Schuldner § 283, 3
- bestrittene § 87, 33; § 179, 1
- Berücksichtigung § 189, 1
- Endurteil § 179, 11
- vollstreckbarer Schuldtitel § 179, 11
- Wirkungen des Feststellungsurteils § 183, 1 ff.
- deren Geldbetrag unbestimmt ist § 45, 12
- die nicht auf Geld gerichtet ist § 45, 6
- eines Gesellschafters auf Rückgewähr eines kapitalersetzenden Darlehens § 135, 1

2344

Stichwortverzeichnis

– festgestellte § 177, 1
– – Eintragungen in die Tabelle § 178, 7
– – Vermerke auf Schuldurkunden § 178, 15
– – Vermerke auf Wechseln § 178, 15
– – Widerspruch eines Beteiligten § 178, 4
– Frist zur Anmeldung § 177, 1
– gegen das freie Vermögen des Schuldners § 96, 19
– gesicherte § 140, 7
– in ausländischer Währung § 45, 19
– in einer Rechnungseinheit § 45, 19
– kommentarlose Nichtbegleichung einer unbestrittenen ~ § 14, 76
– Konkretisierung § 87, 18
– laufend veranlagte Steuern § 87, 18
– nachträglich angemeldete
– – Eintragung in Tabelle § 177, 6
– – Prüfung im schriftlichen Verfahren § 177, 13
– nachträgliche Anmeldungen § 177, 1
– nachträgliche, besonderer Prüfungstermin § 177, 8
– nicht fällige § 41, 1
– Prüfung nachrangiger § 177, 23
– Rang § 181, 4
– stillschweigende Stundung § 17, 11
– streitige § 176, 12; § 179, 1
– titulierte § 179, 11
– Titulierung § 257, 8 ff.
– Umrechnung § 45, 1 ff.
– Umwandlung in Anteilsrechte § 230, 20
– unverzinsliche § 41, 1
– Verbot der individuellen Befriedigung § 87, 6
– Verbot der individuellen Sicherstellung § 87, 6
– verzinsliche § 41, 9
– Vollstreckungsklausel § 257, 13 ff.
– währungsverschiedene § 95, 6
– Widerspruch § 189, 2
– Wiederaufleben § 144, 2
– Wirkungen des Bestreitens § 176, 14
Forderungsanmeldung
– Anmeldefrist § 28, 5
– formgerechte, Unterbrechung der Verjährung § 87, 16
– Inhalt der Anmeldung § 28, 4
– Insolvenzgläubiger § 28, 3
– Zweck § 28, 2
Forderungsausfälle, erhebliche § 15, 34
Forderungsbegleichung, ernstliches Verlangen § 17, 9
Forderungshöhe
– Streit über die ~ § 309, 19

Forderungsprüfungstermin § 236, 14
Formularabtretung § 313, 52
Formularklausel § 14, 85
Fortführung eines Unternehmens § 230, 8
Fortführungsfinanzierung § 264, 51
Fortführungsplan § 217, 103; § 230, 6
– Begriff § 217, 148 ff.
– darstellender Teil § 219, 8
– finanzwirtschaftliche Maßnahmen § 220, 161 ff.
– leistungswirtschaftliche Maßnahmen § 220, 166 ff.
– Sanierung des Unternehmensträgers § 220, 57
– Sanierungsmaßnahmen § 220, 157 ff.
– Scheitern § 220, 171
– Unternehmensbeschreibung § 220, 86
– Unternehmensperspektive § 220, 154
Fortführungsprognose
– geschönte § 19, 23
– substantiierte Dokumentation § 19, 23 a
Frachtführer, gesetzliches Pfandrecht § 50, 19
Frachtvertrag § 103, 9
Franchisevertrag § 290, 21
Freiberufler
– Veräußerung der Praxis durch den Insolvenzverwalter § 159, 9
Freigänger in einem freien Beschäftigungsverhältnis § 312, 52
Fremdkapital, Gesellschafterdarlehen § 135, 5
Fremdwährungsdarlehen als nachträgliche Anschaffungskosten auf eine Beteiligung § 155, 498
Freunde, enge § 138, 2
Fruchtlosigkeitszeugnis § 14, 81
Funktionsnachfolge vor § 113, 74

Gastwirt
– gesetzliches Pfandrecht § 50, 19
Gebrauchsmuster, Pfandrecht § 50, 7
Gebrauchsüberlassung
– eigenkapitalersetzende § 135, 89
– unentgeltliche § 143, 11
Geburtstagsgeschenk § 134, 30
Gefälligkeitsverhältnis § 115, 3
Gegenleistung § 144, 5
Gegenstand
– beweglicher, Absonderungsrecht § 171, 1
– unpfändbarer § 36, 1
Gegenvorstellung § 6, 29
Gehalt Anh. zu § 113, 8

2345

Gehaltserhöhung, Zusage Anh. zu § 113, 152
Gehaltsforderung, Abtretungsverbote § 287, 94
Geldilliquidität § 17, 15
Geldrente § 40, 1
Geldüberlassung, anfechtbare § 143, 6
Geldvollstreckung § 88, 10
Gelegenheitsgeschenk, gebräuchliches § 134, 30
Gemeinde
– Unzumutbarkeit der Kostenaufbringung § 26, 45
Gemeinschaft, häusliche § 138, 9
Gemeinschuldner
– Rechtsvorgänger § 129, 28
Genossenschaft
– Antragspflicht § 15, 3
– Antragsrecht § 15, 3
– Vertretungsbefugnis § 18, 16
Genossenschaftsregister
– Übersendung einer beglaubigten Abschrift des Eröffnungsbeschlusses § 31, 2
Gericht, Auslagen § 25, 17
Gerichtsgebühren § 25, 17
Gerichtskasse
– Vorschußzahlung § 26, 25
Gerichtskosten § 13, 43; § 54, 1
– die keine Masseverbindlichkeiten sind § 54, 20 ff.
– Eröffnungsverfahren § 54, 8
– nach der Eröffnung § 54, 17
Gerichtsvollzieher
– Entscheidungen § 6, 63
– Rügen von Verfahrensverstößen § 23, 21
– Vollstreckungserinnerung § 6, 63
Gesamtbereinigung der Schulden § 286, 22
Gesamtgläubigerschaft § 244, 35
Gesamtgut § 37, 4
– Alleinverwalter § 332, 13
– Begriff § 37, 5
– gemeinschaftliche Verwaltung durch die Ehegatten § 37, 14
– gesamthänderisch gebundenes § 332, 10
– Haftung § 37, 9
– Insolvenzverfahren § 37, 11
– Überschuldung § 333, 28
– Verwaltungsbefugnis über das eheliche ~ § 333, 1
– Zwangsvollstreckung § 37, 10
Gesamtgutsgläubiger
– Beeinträchtigung der Position der bisherigen ~ § 332, 29
Gesamtgutsinsolvenz § 332, 1 ff.

– entsprechende Anwendung der Regelungen des Nachlaßinsolvenzverfahrens § 332, 33
– nach Auseinandersetzung § 332, 55
Gesamtgutsinsolvenzverfahren
– Ablehnung der fortgesetzten Gütergemeinschaft § 332, 51
– Antragsberechtigung § 333, 16
– bei bestehender Gütergemeinschaft § 332, 4
– Geltendmachung der persönlichen Haftung § 334, 5 f.
– Haftungsbefreiung der Ehegatten § 334, 7 ff.
– Insolvenzgläubiger § 332, 45; § 333, 22
– Insolvenzgrund § 332, 43; § 333, 25
– Insolvenzmasse § 332, 38; § 333, 24
– örtliche Zuständigkeit § 332, 3
– persönliche Haftung der Ehegatten § 334, 1
– sachliche Zuständigkeit § 332, 3
– Schuldner § 332, 36
– Übertragung eines Unternehmens § 334, 10
– Vereinbarung eines Insolvenzplanes § 334, 13
– Verwertung der Insolvenzmasse § 334, 10
– Wiederherstellung der Ertragskraft § 334, 10
– Wirkung der Verfahrenseröffnung § 333, 29
– Zulässigkeit eines Verfahrens über das Gesamtgut nach Beendigung der Gütergemeinschaft § 333, 30
– zuständiges Insolvenzgericht § 333, 5
Gesamtgutsverbindlichkeit
– Schuldner § 333, 12 ff.
Gesamthandsberechtigung § 84, 2
Gesamthandsgemeinschaft
– Absonderungsrecht § 84, 33
Gesamthandsgläubiger § 244, 37
Gesamtinsolvenzverfahren
– Eröffnung eines Nachlaßinsolvenzverfahrens § 331, 6
Gesamtrechtsnachfolge, Erbfolge § 145, 3
Gesamtrechtsnachfolger § 145, 2
Gesamtschaden § 92, 1 ff.
Gesamtschuldner § 43, 1
– Insolvenzschuldner § 44, 1
Gesamtversicherungssozialbeitrag § 26, 93
Gesamtvollstreckung § 1, 2
Gesamtvollstreckungseröffnungsverfahren
– Sicherung § 21, 73
Gesamtvollstreckungsordnung vor § 1, 6
Gesamtvollstreckungsverfahren
– Restschuldbefreiung § 286, 55
Geschäftsbesorgung § 115, 4
Geschäftsbesorgungsverhältnis, bankmäßiges § 116, 33

Geschäftsbesorgungsvertrag § 103, 25; § 108, 19
- Beendigung, unabdingbar § 116, 69
- Begriff § 116, 2
- Erlöschen § 116, 2

Geschäftsbetrieb, Beendigung § 3, 9

Geschäftsbücher § 159, 11
- Begriff § 36, 6
- Bilanzen § 36, 6
- Buchführung § 36, 6
- Buchungsbelege § 36, 6
- empfangene und abgesandte Handels- und Geschäftsbriefe § 36, 6
- Inventare § 36, 6
- Jahresabschlüsse § 36, 6
- Schuldner § 36, 3

Geschäftsführer Anh. zu § 113, 34
- Auskunftspflichtige § 97, 4
- einer Gesellschaft, Rückgriffsanspruch hinsichtlich Vorschußzahlung § 26, 95
- faktischer § 15, 11
- Rückgriffsansprüche gegen ~ § 5, 5

Geschäftsraum, Siegelung § 21, 94

Geschäftsstelle, Aufgabengebiet § 2, 36

Geschenk, Zurückgewährung § 144, 5

Geschwister § 138, 7

Gesellschaft
- Außenstehender als Kreditgeber § 135, 79
- Auflösung § 118, 2
- ausländische § 11, 22
- des bürgerlichen Rechts, Auseinandersetzung § 84, 14
- Doppelbesicherung eines Darlehens § 135, 84
- eigenkapitalersetzende Leistung § 135, 85
- faktische § 11, 19
- – Insolvenzfähigkeit § 11, 1
- faktischer Geschäftsführer § 15, 11
- fehlerhafte § 11, 20
- – Insolvenzfähigkeit § 11, 1
- gelöschte, Insolvenzverfahren § 15, 25 a
- Kreditwürdigkeit § 135, 38
- Liquidation § 15, 5
- Nachtragsverteilung über eine gelöschte ~ § 3, 11
- Schlußbilanz der werbenden ~ § 155, 74
- Sitzverlegung § 3, 21
- Spaltung § 145, 4
- stille, Auflösung § 84, 25
- stille, Begriff § 136, 5ff.
- Vermögensübertragung § 145, 4
- Verschmelzung § 145, 4
- Vertreter, persönliche Haftung bei unterlassener oder verspäteter Antragstellung § 15, 37

- Vollbeendigung § 26, 86

Gesellschafter
- als Darlehensgeber § 135, 26
- atypisch stiller § 135, 86
- Außenhaftung § 93, 3
- ausgeschiedener, Haftung § 103, 81
- Auskunftspflichtige § 97, 4
- einer Gesellschaft ohne Rechtspersönlichkeit § 3, 7
- Finanzierungsmittel, Rangrücktrittsvereinbarung § 135, 9
- nichtunternehmerischer § 304, 23
- persönliche Haftung § 93, 2 ff.
- Rückgriffsansprüche gegen § 5, 5
- stiller, anfechtbare Rechtshandlung § 136, 1
- stiller, Erlaß des Verlustanteils § 136, 11
- typisch stiller § 135, 86
- unternehmerischer § 304, 23

Gesellschafterdarlehen
- kapitalersetzendes § 135, 1 § 264, 48
- – Begriff § 135, 18
- – Gegenindizien § 135, 43
- – Indizien § 135, 41
- – Stehenlassen § 135, 49

Gesellschafterinsolvenz § 11, 2

Gesellschafterleistung
- Anmeldung der nachrangigen Insolvenzforderung aus eigenkapitalersetzender ~ § 135, 68

Gesellschaftsinsolvenz § 11, 2

Gesellschaftsvertrag § 103, 27

Gesetz
- Verletzung, Begriff § 7, 8

Gesetz über Arbeitnehmererfindungen
- Bedeutung II, 1

Gesetz zur Verbesserung der betrieblichen Altersversorgung § 34, 8

Gesetzesverletzung
- Kausalität § 7, 11

Gesetzliche Insolvenzsicherung
- Arbeitnehmer III, 1
- betriebliche Altersversorgung III, 1, 89
- Rentner III, 1

Gesetzwidrigkeit § 6, 30

Geständnis § 129, 24

Gesundheitsschaden
- soziale Entschädigungen § 287, 74

Gewerbebegriff § 304, 6

Gewerbeerlaubnis, Entzug § 13, 25

Gewerbeertrag, Ermittlung § 155, 337

Gewerbesteuer § 155, 144, 239, 337

Gewerbesteuerbescheid § 155, 201

Gewerbesteuermeßbescheid § 155, 186

Gewerbeuntersagung § 26, 92

Stichwortverzeichnis

Gewinn- und Verlustrechnung § 155, 4, 88
Gewinnfeststellung
– Bescheid über gesonderte § 155, 186
– Durchführung der einheitlichen § 155, 189
Gewinnfeststellungsbescheid § 155, 201
Gewinnrealisierungsprinzip § 155, 289
Girokonto § 313, 39
Girovertrag § 116, 5; § 313, 41
– Überweisungen § 116, 64
Gläubiger
– absonderungsberechtigter § 38, 2; § 52, 1; § 152, 11; § 171, 1
– – Anmeldung einer persönlichen Forderung § 190, 5
– – Anspruch auf Auskehrung des Verwertungserlöses § 168, 7
– – Berücksichtigung § 190, 1, 10
– – Darlegung einer günstigeren Verwertungsmöglichkeit § 168, 5
– – Informations- und Einsichtsrechte § 167, 1
– – nachträgliche Berücksichtigung § 192, 1
– Absonderungsrecht § 52, 7
– – Verwertung § 173, 1
– Akteneinsicht § 4, 53
– Anspruch auf rechtliches Gehör zu dem Ergebnis der Ermittlungen § 5, 11
– Ausfallforderung § 52, 1
– Ausgleichspflicht § 172, 6
– Aussonderungsanspruch § 103, 71
– aussonderungsberechtigter § 152, 9
– – Befriedigung außerhalb des Insolvenzverfahrens § 179, 3
– beglaubigte Abschrift des Tabellenblattes, die mit einer Vollstreckungsklausel zu versehen ist § 257, 17
– bestrittener Forderungen, nachträgliche Berücksichtigung § 192, 1
– die öffentliche Aufgaben wahrnehmen, Kostenaufbringung § 26, 41
– Eigenverwertung von Gegenständen § 171, 7
– einer bestrittenen Forderung, Kostenaufbringung § 26, 37
– Erteilung des Tabellenauszuges zur Zwangsvollstreckung § 201, 6
– geringfügige Quotenverbesserung, Kostenaufbringung § 26, 38
– Gleichbehandlung § 294, 2
– Haftung durch mehrere Personen § 43, 1
– Insolvenzrisiko § 301, 16
– Klage gegen den Schuldner § 184, 4
– Kostenrisiko § 13, 27
– Mitteilung über Sicherungsrechte § 28, 9

– nachrangiger
– – kein Stimmrecht in der Gläubigerversammlung § 39, 4
– – Kosten § 39, 18
– – Zinsen § 39, 18
– nicht nachrangiger, Begriff § 224, 1
– persönliche § 38, 2
– Prozeßkostenhilfe § 13, 77; § 54, 51
– Recht auf Aussonderung § 38, 4
– rechtliches Gehör bei Ablehnung der Eröffnung § 26, 58
– Rechtsbehelfe gegen Abweisung des Eröffnungsantrages § 26, 76
– Sondervorteil § 295, 60
– sonstiger absonderungsberechtigter ~ § 51, 1
– Verbraucherinsolvenz, Stellungnahme zu den Verzeichnissen § 307, 5
– Verwertungsrecht, vertragliche Verpfändung von Gegenständen § 173, 2
– Vorschußanforderung § 26, 57
Gläubigeranfechtung § 88, 11
– außerhalb des Insolvenzverfahrens § 129, 10
Gläubigerantrag
– Abweisungsantrag des Schuldners mangels Masse § 34, 24
– allgemeine Zulässigkeitsvoraussetzungen § 14, 5
– Anhörung des Schuldners § 14, 3, 99
– Antragsrecht bei Insolvenz des Antragstellers § 14, 15 a
– Art und Weise der Anhörung des Schuldners § 14, 102
– Auswechseln einer Forderung § 14, 20
– Bedingung § 14, 21
– Befristung § 14, 21
– Bestehen der Forderung § 14, 36
– Bezeichnung von Antragsteller und Antragsgegner § 14, 11
– Darlegung der allgemeinen Zulässigkeitsvoraussetzungen § 14, 5
– einfachere Vollstreckungsmöglichkeit § 14, 31
– Einreichung einer Schutzschrift durch den Schuldner § 14, 107 f.
– erforderliche Anzahl von Durchschriften § 14, 11
– Erlaß von Sicherungsmaßnahmen § 21, 19
– Funktionen der Anhörung des Schuldners § 14, 104
– Geltendmachung nur eines Teilbetrages § 14, 19
– gestundete Forderungen § 17, 10

Stichwortverzeichnis

- gewillkürte Stellvertretung § 14, 16
- Glaubhaftmachung der Forderung durch Versäumnisurteil § 14, 67
- Glaubhaftmachung der Forderung durch Vorbehaltsurteil § 14, 68
- Glaubhaftmachung des Eröffnungsgrundes § 14, 70 ff.
- Glaubhaftmachung von Forderung und Eröffnungsgrund § 14, 50 ff.
- Höhe der Forderung § 14, 39
- Indizien für Zahlungsunfähigkeit § 14, 75 ff.
- Insolvenzgeld § 14, 45
- Kostenvorschuß § 14, 7 a
- ladungsfähige Anschrift § 14, 13
- Nachschieben einer Forderung § 14, 20
- nicht rechtskräftig (nur vorläufig vollstreckbar) titulierte Forderung § 14, 64 ff.
- nicht titulierte Forderung § 14, 57 f.
- ordnungsgemäßer Antrag § 14, 9
- Parteifähigkeit § 14, 14
- Prozeßfähigkeit § 14, 15
- rechtliches Gehör des Schuldners § 27, 12
- rechtliches Interesse § 14, 26
- Rechtshängigkeit § 14, 18
- Rechtskraft § 14, 18
- rechtskräftig durch Urteil titulierte Forderung § 14, 59 ff.
- Rücknahme § 13, 20
- Teilforderung § 14, 44
- Überschuldung des Schuldners § 14, 70
- unterlassene Anhörung des Schuldners § 14, 100
- Verbraucherinsolvenz, sofortige Beschwerde bei Ablehnung des Antrags § 306, 24
- Verfahrensgang § 14, 109
- Vollmachtsurkunde bei Stellvertretung § 14, 16
- Vollstreckungsgegenklage gegen notarielle Urkunde § 14, 69
- Vorschußleistung § 26, 22
- Zahlungsunfähigkeit des Schuldners § 14, 70
- Zulässigkeitsvoraussetzungen § 14, 1
- Zuständigkeit § 14, 8

Gläubigerausschuß
- Aufgabe § 67, 1; § 69, 1
- Auswahl der Hinterlegungsstelle § 149, 4
- Beschlußfähigkeit § 72, 1 ff.
- Beschlüsse § 72, 1 ff.
- Besetzung des Ausschusses § 67, 7
- Bestätigung durch die Gläubigerversammlung § 67, 5
- Einsetzungsrecht des Gerichts § 67, 3

- Entlassung eines Mitglieds § 70, 1
- – wichtige Gründe § 70, 6
- Erfüllung einer nachträglichen Zustimmung § 160, 13
- Erlöschen der Ämter § 259, 6
- Erstattung der Auslagen § 73, 1
- Geschäftsordnung § 72, 8
- Haftung der Mitglieder § 71, 1
- Haftung für Fehler von Hilfspersonen § 71, 7
- Mitglied
- – Beschränkung der Haftung § 71, 1
- – Entlassung auf Antrag § 70, 3
- – Entlassung von Amts wegen § 70, 2
- – Entlassungsbeschluß § 70, 11
- – Entlassungsvoraussetzungen § 70, 2
- – Bürokosten § 73, 2
- – Fahrtkosten § 73, 2
- – Übernachtungskosten § 73, 2
- Mitgliedschaft § 67, 14 ff.
- Pflichten § 69, 8
- Protokollführung § 72, 8
- Rechte § 69, 8
- Vergütung § 54, 32
- – der Mitglieder § 73, 1
- Voraussetzung der Haftung § 71, 8
- vorläufige Gewährung des notwendigen Unterhalts § 100, 6
- vorläufiger § 29, 1
- – Einsetzung § 27, 24

Gläubigerausschußangelegenheit
- weitgehend zustimmungsbedürftige § 276, 5
- zustimmungsbedürftige § 276, 4

Gläubigerautonomie § 157, 1; § 271, 2; § 272, 1
- Widerrufsverfahren Restschuldbefreiung § 303, 14

Gläubigerbefriedigung vor § 1, 15
- erheblich beeinträchtigte § 303, 10

Gläubigerbenachteiligung
- Anfechtung § 129, 36
- – kongruenter Deckungen § 130, 4
- Beweislast § 129, 47
- maßgebender Zeitpunkt für die Beurteilung der mittelbaren ~ § 129, 46
- mittelbare § 136, 12

Gläubigergefährdung
- Eigenverwaltung § 272, 7
- Indizien für eine drohende ~ § 270, 39

Gläubigerinteresse, Gefährdung § 290, 7
Gläubigerkategorien § 152, 8
Gläubigerrecht § 54, 39
Gläubigerschutz § 262, 4

2349

Stichwortverzeichnis

Gläubigerschutzbestimmung § 136, 3
Gläubigerversammlung § 2, 31
– Ablehnung des Einberufungsantrages § 75, 5
– abschließende § 197, 1
– absonderungsberechtigte Gläubiger § 77, 9
– Anhörungsrecht
– – des Betriebsrats § 156, 9 ff.
– – des Gläubigers § 156, 9 ff.
– – des Schuldners § 156, 9 ff.
– – des Sprecherausschusses § 156, 9 ff.
– Antrag
– – auf Einberufung § 75, 1 ff.
– – auf Entlassung des Insolvenzverwalters § 74, 8
– – auf Sachwalterzustimmung § 277, 2
– Aufhebung eines Beschlusses § 78, 1
– Auskunftsrecht § 79, 2 ff.
– Autonomiegrundsatz § 68, 3
– Beantragung der Eigenverwaltung § 271, 4
– Beauftragung, Ausarbeitung des Insolvenzplans § 284, 5 ff.
– Begründung des Antrages auf Einberufung § 75, 4
– Berichtspflicht des Insolvenzverwalters § 156, 3
– Berichtsrecht § 79, 2 ff.
– Berichtstermin § 29, 2
– Beschlußfähigkeit § 157, 4
– Bestellung eines Gläubigerausschusses § 68, 1
– bestrittene Forderungen § 77, 6
– Delegation von Rechten auf Gläubigerausschuß § 157, 6
– Eigenverwaltung § 74, 14
– Einberufung § 74, 3
– Einladung § 57, 1
– Einstellung des Verfahrens mangels Masse § 207, 7
– Entscheidung über den Fortgang des Verfahrens § 157, 1
– – über nicht verwertbare Gegenstände § 197, 16
– erste § 74, 5
– Feststellung
– – der Anwesenheit § 76, 2
– – des Stimmrechtes § 77, 1
– Insolvenzgläubiger § 38, 14
– keine Einigung über Stimmrecht § 256, 6
– Leitung § 76, 1
– nachrangige Gläubiger § 76, 11; § 77, 3
– Pressevertreter § 4, 27; § 74, 2
– Protokoll § 76, 5
– Stimmrecht § 77, 2

– Teilnahme § 74, 1
– Termin § 74, 4
– Unterhaltsbeschluß § 100, 9
– Unterrichtung über den jeweiligen Sachstand des Verfahrens § 79, 1
– Untersagung der Stillegung des Betriebes des Schuldners § 158, 6
– Verfahren bei bestrittenen Forderungen § 77, 10
– Verwertung der Insolvenzmasse § 74, 12
– Wahl eines anderen Insolvenzverwalters § 57, 1 ff.
– Wahl eines neuen Insolvenzverwalters § 74, 7
Gläubigerverzeichnis § 152, 1; § 281, 13; § 305, 21
– Erstellung durch den Schuldner § 281, 10 ff.
– Niederlegung in der Geschäftsstelle § 154, 1 ff.
Gleichbehandlung
– Gläubiger § 294, 2
Gliederungsvorschriften § 155, 70
Globalsicherheit
– nachträgliche Übersicherung bei revolierender ~ § 51, 12
Globalsicherung
– anfängliche Übersicherung bei revolierender ~ § 51, 15
Globalzession § 51, 25
– eines Kreditinstituts § 51, 26
GmbH
– Antragspflicht § 15, 3
– Antragsrecht § 15, 3
– Auflösung bei Abweisungsbeschluß mangels Masse § 26, 87
– in Gründung befindliche § 34, 11
– insolvente vor § 1, 14
– Überschuldung § 19, 25
– Vertretungsbefugnis § 18, 16
– Zahlungsunfähigkeit § 17, 3
GmbH & Co KG § 17, 3
– Antragspflicht § 15, 3
– Antragsrecht § 15, 3
– Auflösung bei Abweisungsbeschluß mangels Masse § 26, 87
– Insolvenz
– – der GmbH § 15, 9
– – der KG § 15, 9
GmbH-Anteil, Pfandrecht § 50, 7
GmbH-Mantel § 220, 50
GoB § 155, 31
– Aufstellung der Insolvenzbilanz § 155, 47
– Bewertungsstetigkeit § 155, 39
– Bilanzidentität § 155, 38

Stichwortverzeichnis

- Formalaufbau von Bilanzen sowie GuV-Rechnung § 155, 43
- Going Concern-Prinzip § 155, 40
- insolvenzbedingte Modifikationen im Rahmen der ~ § 155, 35
- Prinzip der Einzelbewertung § 155, 42
- Stichtagsprinzip § 155, 36
- Vervollständigung von Buchführung und Bilanz § 155, 46
- Vollständigkeitsprinzip § 155, 37

Gratifikation Anh. zu § 113, 14; § 134, 18 f.
Großeltern § 138, 7
Grundbuch
- Eigenverwaltung § 270, 46
- Eintragung der Eröffnung des Insolvenzverfahrens § 32, 1
- öffentlicher Glaube § 81, 28
- Überwachungsvermerk § 267, 13
- Verfügungsbeschränkungen § 32, 13
- zu Gunsten des Schuldners eingetragene Grundstücksrechte § 32, 4

Grundbuchberichtigung § 144, 3
Grundbuchinhalt, unrichtiger § 81, 27
Grundbuchrecht, formelles § 81, 15
Grundbuchsperre § 32, 12
Grunderwerbsteuer § 155, 156, 426
- Masseverbindlichkeit § 155, 243

Grundgeschäft § 129, 34
Grundpfandgläubiger § 190, 1
Grundpfandrecht § 38, 3
Grundpfandrechtsgläubiger
- Absonderungsrecht § 52, 3
- absonderungsberechtigter ~ § 282, 13

Grundrechtsbeschränkung § 102, 1
Grundsatz
- der Gläubigergleichbehandlung über die Landesgrenzen hinaus I, 1
- der lex fori I, 8

Grundsatz der prozessualen Waffengleichheit § 13, 87
Grundsatz der Rechtssicherheit § 113, 5
Grundsatz der Verhältnismäßigkeit § 14, 23; § 21, 25
Grundsatz der Vertragstreue § 113, 5
Grundsätze ordnungsgemäßer Buchführung § 155, 31
Grundschuld § 144, 3
- Pfandrecht § 50, 7

Grundschuldbrief, Übergabe § 91, 5
Grundsteuer
- land- oder forstwirtschaftliche Grundstücke § 155, 432
- Masseverbindlichkeit § 155, 244

Grundstück
- Antrag des Insolvenzverwalters auf Anordnung der Zwangsversteigerung § 165, 3
- Begriff § 49, 19
- Bruchteil § 49, 19
- Recht an einem ~ § 81, 26

Grundstücksübertragung § 133, 21
- Anfechtung § 143, 6
- Vormerkung § 106, 15

Grundstücksverkauf § 103, 41
Grundstückszubehör, Verwertung § 159, 14
Gutachterkosten § 13, 39
Gütergemeinschaft § 37, 4; § 332, 8
- Ablehnung der fortgesetzten ~ § 83, 8; § 332, 51
- eheliche § 84, 10
- fortgesetzte § 37, 16; § 83, 1, 14; § 145, 4; § 332, 20
- – Beteiligung der anteilsberechtigten Abkömmlinge § 332, 61
- gemeinschaftlich verwaltetes Gesamtgut einer ~ vor § 315, 1
- Haftung der Ehegatten § 332, 12
- Haftungserweiterung auf Seite des überlebenden Ehegatten § 332, 23
- Haftungslage bei Eintritt der fortgesetzten ~ § 332, 18
- Insolvenzverfahren über das Gesamtgut einer fortgesetzten ~ vor § 315, 1
- nachteilige Veränderung der Haftungslage bei Eintritt der fortgesetzten ~ § 332, 22
- Zeitpunkt des Eintritts der fortgesetzten ~ § 332, 40
- Ziel der fortgesetzten ~ § 332, 20

Güterrecht, zivilrechtliches § 332, 8
Gütertrennung § 332, 9
Gutglaubensschutz § 81, 32
- Immobiliarrechte § 91, 17
- Recht an Schiffen § 91, 17

GVG
- anwendbare Vorschriften § 4, 26

Haftbefehl
- Schuldner § 98, 5

Haftkapital, risikotragendes § 135, 11
Haftung
- des vollmachtslos Handelnden § 117, 9
- für Lohnsteuer § 155, 464
- gesamtschuldnerische § 43, 5
- Kirchensteuer § 155, 465
- mehrerer Erben § 145, 3
- nach § 69 AO, Voraussetzung § 155, 458

Haftungsanspruch
- Haftungsbescheid gemäß § 191 AO § 155, 163

Haftungsschulden nach § 69 AO § 155, 516

Haftungsverteilung zwischen Insolvenzverwalter und Erbe § 315, 29

Haftungszeitraum
- Fälligkeit von Steuerschulden § 155, 459

Halbgeschwister § 138, 7

Handelsbilanz § 135, 14
- Aktivierungsverbote § 155, 54
- Ansatzvorschriften § 155, 51
- Haftungsverhältnisse § 155, 63
- Rückstellungen § 155, 56
- Sonderposten § 155, 55

Handelsrechtsreformgesetz § 155, 6

Handelsregister
- Übersendung einer beglaubigten Abschrift des Eröffnungsbeschlusses § 31, 2

Handelsvertreter Anh. zu § 113, 32

Handelsvertreterverhältnis § 108, 20

Handelsvertretervertrag § 116, 15

Handlung
- geschäftsähnliche § 129, 25
- unerlaubte § 129, 12

Handlungsgehilfe Anh. zu § 113, 31

Handwerkskammer
- Anhörung § 156, 12

Hauptinsolvenzverfahren I, 17
- ausländisches I, 20

Hauptprüfungsverfahren, Ergebnis § 13, 6

Hausarrest
- Schuldner § 21, 98

Haushalte, überschuldete vor § 286, 2

Hausrat § 36, 9; § 312, 22

Havarievergütungsberechtigter
- gesetzliches Pfandrecht § 50, 19

Heimarbeiter Anh. zu § 113, 28

Herausgabeanspruch, Abtretung § 47, 9

Herausgabepflicht
- Anspruch auf Ersatz und Nutzungen § 144, 7

Herstellerklausel § 51, 17

Hilfskostengläubiger
- gesetzliches Pfandrecht § 50, 19

Hinterleger § 50, 20
- gesetzliches Pfandrecht § 50, 19

Hinterlegung § 49, 15
- Anfechtung § 143, 10
- Geld § 149, 1
- Wertgegenstände § 149, 1

Hinterlegungsstelle
- Bank § 149, 2
- Bestimmung § 27, 24

- Grundsätze zur Auswahl § 149, 1
- öffentliche § 149, 2
- Sparkasse § 149, 2
- Wahl § 149, 2

Höfeordnung
- Sondererbfolge § 315, 14

Hypothek
- Aufhebung § 143, 9
- Bewilligung der Löschung § 86, 11
- Pfandrecht § 50, 7
- Verzicht § 143, 9

Hypothekenbestellung § 133, 21

Hypothekenbrief, Übergabe § 91, 5

Hypothekenhaftung § 155, 423

Immobiliarverwertung
- Absonderungsrecht § 155, 423

Immobiliarzwangsvollstreckung § 14, 33

Immobilienleasingvertrag § 110, 6

Immobilienzwangsvollstreckung § 111, 2

Individualkündigungsschutzprozeß § 126, 1

Individualvollstreckung § 1, 4; § 286, 9; § 294, 1

Indossant
- Einlösen des Wechsels § 96, 15

Industrie- und Handelskammer
- Anhörung § 156, 12
- Insolvenzfähigkeit § 12, 4
- Unzumutbarkeit der Kostenaufbringung § 26, 44

Inhaberpapier
- Pfandrecht § 50, 7; § 173, 2

Inkongruenz § 131, 3

Innenpublizitätspflicht § 135, 106

Insolvenz
- Änderungskündigung vor § 113, 28 ff.
- außerordentliche Kündigung vor § 113, 37 ff.
- Bank § 130, 33
- Begriff des Einkommens § 155, 274
- betriebsbedingte Kündigung vor § 113, 11
- Betriebsübergang und Haftung des Betriebserwerbers vor § 113, 55 ff.
- des Gesellschafters einer BGB-Gesellschaft § 32, 3
- eines Nacherben § 32, 2
- Geltung des Kündigungsschutzgesetzes vor § 113, 8
- geordnete Abwicklung vor § 1, 29
- geschäftsführender Gesellschafter § 118, 6
- gewerblicher Bereich vor § 286, 4
- handelsrechtliche Rechnungslegung § 155, 1

- Höhe Anh. zu § 113
- Kündigungsmöglichkeiten des Vermieters/ Verpächters § 109, 5
- Massenentlassung vor § 113, 41 ff.
- Mitteilungspflicht des Arbeitgebers Anh. zu § 113
- nach Eröffnung ausscheidende Arbeitnehmer § 113, 99
- Steuern § 155, 117
- Verfahrenseröffnung vor § 1, 29
- Vergütungsansprüche des Arbeitnehmers Anh. zu § 113, S. 731 ff.
- verhaltensbedingte Kündigung vor § 113, 34 ff.
- vor Eröffnung ausgeschiedener Arbeitnehmer § 113, 95 ff.
- Zinsabschlag § 155, 478

Insolvenzanfechtung § 88, 6; § 97, 6
- besondere § 129, 17; § 130, 2; § 131, 1; § 132, 1
- Voraussetzungen § 129, 16
- Ziel § 129, 1

Insolvenzantrag
- Abgabe § 3, 31
- Abweisung § 3, 32
- Anfechtung § 14, 24
- Antragsfristen § 15, 31
- Antragspflichtiger § 15, 30
- Ausscheiden des Antragspflichtigen § 15, 36
- Beobachtungspflicht und Beginn des Laufes der Antragsfristen § 15, 34
- drohende Zahlungsunfähigkeit § 18, 16
- Entfallen der Antragspflicht § 15, 36
- Geschäftsführer
- – Abberufung § 15, 14 ff.
- – Amtsniederlegung § 15, 14 ff.
- Heilung § 14, 25
- Kleinbeträge § 17, 21
- neuer § 268, 16
- Pflicht zur Stellung § 15, 29
- Rechtsbehelfe § 3, 32
- Rücknahme
- – durch anderen Geschäftsführer § 15, 18 ff.
- – durch neuen Geschäftsführer § 15, 18 ff.
- – verfahrensmäßiger Ablauf § 13, 108
- – vorläufiger Insolvenzverwalter § 13, 112
- Schadensersatz bei unberechtigtem ~ § 13, 119
- Verzicht § 14, 24

Insolvenzantragspflicht, Verletzung § 92, 5
Insolvenzantragsverfahren, Erledigung § 13, 102

Insolvenzauslösung, zeitliche Vorverlagerung § 16, 2
Insolvenzausverkauf § 159, 4
Insolvenzbereinigung, effektive I, 1
Insolvenzbeschlag § 81, 22; § 312, 26
Insolvenzbilanz, Aufstellung § 155, 47
Insolvenzdividende § 230, 18
Insolvenzereignis Anh. zu § 113, 65
Insolvenzeröffnung
- Arbeitsentgeltansprüche aus der Zeit vor ~ Anh. zu § 113, 1 ff.
- Darlehensrückzahlung vor der ~ § 135, 117
- Erlöschen von Aufträgen des Schuldners § 115, 2
- geschuldete teilbare Leistungen § 105, 1
- nicht vollständig erfüllte gegenseitige Verträge § 103, 4
- Rechtserwerb nach ~ § 91, 7 ff.

Insolvenzeröffnungsbilanz § 229, 14
Insolvenzfähigkeit § 14, 14
- Aktiengesellschaft § 11, 5
- Beginn § 11, 27
- beschränkt Geschäftsunfähige § 286, 31
- BGB-Gesellschaft § 11, 14
- eingetragener Verein § 11, 9
- Ende § 11, 27
- Europäische Wirtschaftliche Interessenvereinigung § 11, 17
- Fehlen § 11, 34
- Genossenschaft § 11, 8
- Geschäftsunfähige § 286, 31
- Gesellschaften ohne Rechtspersönlichkeit § 11, 30
- GmbH § 11, 7
- Heilung eines Mangels § 7, 31
- juristische Personen § 11, 28
- KG § 11, 13
- Kommanditgesellschaft § 11, 6
- Minderjährige § 286, 31
- natürliche Personen § 11, 3, 27
- nicht rechtsfähiger Verein § 11, 10
- OHG § 11, 12
- Partenreederei § 11, 16
- Partnergesellschaft § 11, 15
- Sondervermögen § 11, 32
- Stiftung § 11, 11
- Umwandlung § 11, 33
- Verschmelzung § 11, 33
- Wegfall § 11, 34

Insolvenzfeststellungsklage § 2, 5
Insolvenzfeststellungsverfahren § 2, 5
Insolvenzforderung Anh. zu § 113, S. 731 ff.
- anmeldefähige Forderungen § 174, 27 ff.

2353

Stichwortverzeichnis

- Anmeldung, Beifügung von Beweisurkunden § 174, 19
- Anmeldung vor Verfahrenseröffnung § 174, 4
- Begriff § 87, 11
- Darlegung des zugrunde liegenden Sachverhalts § 174, 16
- des Finanzamtes § 155, 132
- einfache Anh. zu § 113, 3
- Erörterung § 87, 30
- fehlerhafte Anmeldungen § 174, 26 ff.
- Inhalt und Form der Anmeldung § 174, 11 ff.
- Minderung § 43, 2
- nachrangige § 225, 6; § 246, 19
- nachrangiger Insolvenzgläubiger § 174, 40 ff.
- nichtanmeldefähige § 174, 32
- pauschale Anmeldung mehrerer Gläubiger § 174, 30
- Säumnis- und Verspätungszuschläge § 155, 137
- Wirkung der Anmeldung § 174, 46
- Zurückweisung von Anmeldungen § 174, 36

Insolvenzgeld vor § 1, 16; § 12, 3; § 22, 2; § 26, 93; § 113, 104; Anh. zu § 113; § 155, 142; § 222, 66
- Anspruch Anh. zu § 113, 256
- Anspruchsvoraussetzung Anh. zu § 113, 24 ff.
- Antragsfrist Anh. zu § 113, 180
- Antragsverfahren Anh. zu § 113, 177
- Arbeitnehmer; § 22, 21 a; § 30, 31
- Arbeitnehmereigenschaft Anh. zu § 113, 25
- Aufbringung der Mittel Anh. zu § 113,
- Auszahlung Anh. zu § 113
- Beantragung Anh. zu § 113, 72
- Beitragsverfahren Anh. zu § 113
- Besteuerung § 155, 330 ff.
- Bestimmung des Zeitraums Anh. zu § 113, 83 ff.
- Erbe des Arbeitnehmers Anh. zu § 113
- Erben als Anspruchsberechtigte Anh. zu § 113, 40
- Eröffnung des Insolvenzverfahrens Anh. zu § 113, 67
- für rückständiges Arbeitsentgelt Anh. zu § 113, 64
- Gefährdung der Vorfinanzierung Anh. zu § 113, 58
- Gewährung, Verfahren Anh. zu § 113, 176
- Gläubigerantrag § 14, 45
- Höhe Anh. zu § 113, 194
- Insolvenzereignis Anh. zu § 113, 65
- insolvenzrechtliche Behandlung Anh. zu § 113, 197 ff.
- Leiharbeitnehmer Anh. zu § 113, 33
- Mitwirkungspflichten des Insolvenzverwalters Anh. zu § 113, 187 ff.
- prozeßrechtliche Behandlung Anh. zu § 113, 197 ff.
- Reduzierung des Anspruchs durch Anrechnung anderer Einkünfte Anh. zu § 113, 166
- Umlage Anh. zu § 113
- Unkenntnis von dem Insolvenzereignis Anh. zu § 113, 184
- unverschuldete Versäumung der Ausschlußfrist zur Beantragung Anh. zu § 113, 183
- Verfügungen Anh. zu § 113
- Vorfinanzierung Anh. zu § 113, 45
- Vorschußgewährung Anh. zu § 113, 185
- Vorschußleistung Anh. zu § 113
- Wahlrecht des Arbeitnehmers Anh. zu § 113, 192 f.
- Wegfall der Entgeltansprüche aus rückwirkenden Entscheidungen Anh. zu § 113, 170
- Zeitraum, zeitliche Zuordnung der Arbeitsentgeltansprüche Anh. zu § 113, 98

Insolvenzgeld-Zeitraum
- Gratifikationen Anh. zu § 113, 120 ff.
- Jahressondervergütungen Anh. zu § 113, 120 ff.
- laufendes Arbeitsentgelt Anh. zu § 113, 99
- Provisionen Anh. zu § 113, 106
- Weihnachtsgeld Anh. zu § 113, 120 ff.

Insolvenzgericht
- Ablehnung der Bestellung eines neuen Insolvenzverwalters § 57, 17
- Amtsermittlungen § 26, 56
- Anmeldefrist für Forderungen § 87, 13
- Anordnung der Sachwalterzustimmung § 277, 5
- Aufhebung der Sicherungsmaßnahmen § 25, 20
- Bekanntmachung der Anzeige über Masseunzulänglichkeit § 208, 6
- Benachrichtigungen § 179, 14
- Beurteilungsmaßstab hinsichtlich Obstruktionsverbot § 245, 24
- Entlassungsrecht hinsichtlich Sachwalter § 274, 11
- Eröffnungsbeschluß § 30, 24
- Erzwingung der Anhörung des Schuldners § 26, 56
- kostenfreie Tätigkeiten § 54, 31
- Prüfung der Beschwerde § 34, 31
- Prüfung der Zuständigkeit § 3, 16

- Übersendung von Stimmzetteln § 242, 10
- Überwachungsvermerk § 267, 16
- Verfahren bei sofortiger Beschwerde § 6, 16
- Verletzung der Aufsichtspflicht § 92, 5
- Verweisung § 3, 25
- Zwangsmaßnahmen gegen Insolvenzverwalter § 58, 19 ff.

Insolvenzgericht, Amtsgericht § 2, 1
Insolvenzgläubiger
- Abstimmung nachrangiger ~ § 246, 34
- Abstimmung über einen Insolvenzplan § 39, 6
- Abtretung § 91, 2
- Anmeldung
- – der Forderung beim Insolvenzverwalter § 174, 1 ff.
- – der Forderungen zur Tabelle § 87, 7
- – von Forderungen beim Sachwalter § 270, 44
- Antrag auf Versagung der Restschuldbefreiung § 290, 41
- Anwaltskosten § 39, 9
- Arbeitnehmer als ~ II, 105
- Arbeitseinkommen des unselbständigen Schuldners § 295, 10
- Aufrechnung § 94, 1 ff.
- Aufrechnungsmöglichkeit § 87, 12
- Beeinträchtigung der Gesamtheit der ~ § 129, 37
- Befriedigung
- – die nicht in der Art zu beanspruchen war § 131, 10
- – die nicht zu beanspruchen war § 131, 6 ff.
- – die nicht zu der Zeit zu beanspruchen war § 131, 14
- Begriff § 28, 3; § 38, 1, 11; § 237, 6
- begründeter Widerspruch § 183, 6
- Bestreiten einer Forderung § 176, 14
- Deckungsanfechtung § 130, 6
- Eröffnungsbeschluß § 30, 26
- Forderung, Anmeldefrist § 87, 7
- Gerichtskosten § 39, 9
- Gläubigerversammlung § 38, 13
- nachrangige § 38, 15; § 39, 1; § 174, 40
- – Befriedigung § 187, 11
- – Rangfolge § 39, 14
- – Stellung im Verfahren § 39, 2
- – Zinsen § 39, 8
- Rechte nach Verfahrensaufhebung § 201, 3
- Restschuldbefreiungsverfahren, Versagungsantrag § 290, 57 ff.
- Schutz § 81, 2
- Schutz vor schädigenden Handlungen des Schuldners § 280, 1

- Stellung im Verfahren § 38, 13
- Verfolgung der Forderungen nur im Insolvenzverfahren § 87, 1
- Vermögensanspruch § 45, 6
- verspätet angemeldete Forderung, Widerspruchsrecht gegen die Prüfung § 177, 5
- Verteilungen § 39, 5
- Vollstreckungsverbot § 89, 1
- Voraussetzung für die Berücksichtigung § 187, 2
- Zahlung § 187, 1
- – nur bei berechtigter Forderung § 189, 1
- – Zurückbehalten seines Anteils § 189, 8

Insolvenzmasse § 27, 25; § 80, 1; § 312, 18
- Anspruch auf Rückgewähr § 143, 1
- Arbeitseinkommen § 35, 4
- Aussetzung der Verwertung und Verteilung § 233, 1 ff.
- Aussonderung § 47, 3
- Begriff § 35, 1
- Einbeziehung des Gesamtgutes § 37, 3
- Einkommen aus selbständiger Beschäftigung § 35, 6
- Erbschaft § 35, 7
- Erwerb durch nicht natürliche Personen § 35, 8
- Feststellung § 151, 1
- im Ausland belegenes Vermögen § 22, 63
- Inbesitznahme § 148, 1
- Masseverbindlichkeit § 90, 1
- Nutzungsrecht des Insolvenzverwalters § 172, 3
- Steuererstattungsanspruch § 155, 204
- unpfändbare Gegenstände § 36, 2
- Unterhalt aus der ~ § 40, 14
- Vermögen des Ehegatten § 37, 3
- Verringerung § 290, 33 ff.
- Verteilung § 178, 1; § 187, 1

Insolvenzordnung
- Einführungsgesetz § 335, 1
- Geschichte der Reformbestrebungen vor § 1, 3
- Inkrafttreten § 335, 1
- sofortige Beschwerdemöglichkeit § 6, 7
- Stellung der übertragenden Sanierung § 220, 36
- Übergangsregelungen § 334, 5
- Verschärfung des Anfechtungsrechts § 129, 2
- Zielsetzungen der Reform vor § 1, 1

Insolvenzplan vor § 1, 39; § 14, 98; § 29, 2; § 157, 2; § 159, 2; § 284, 1; § 304, 13
- Abgrenzungskriterien bei Gruppenbildungen § 222, 44 ff.
- Abkommen, Begriff § 226, 20

2355

Stichwortverzeichnis

- Ablauf der Abstimmung in Gruppen § 243, 11 ff.
- Ablehnung § 235, 1
- absonderungsberechtigte Gläubiger § 217, 123; § 222, 14
- Abstimmung
- – in Gruppen § 243, 1 ff.
- – über § 39, 6
- – Kopfmehrheit § 244, 6
- – Summenmehrheit § 244, 6
- Abstimmungstermin § 241, 1 ff.
- Abstimmungsverfahren § 244, 1; § 246, 4
- Abweichung vom Gleichbehandlungsgrundsatz § 226, 14
- Analyse der Insolvenzursachen § 220, 125 ff.
- Anberaumung eines gesonderten Abstimmungstermins § 241, 8
- Änderung sachenrechtlicher Verhältnisse § 228, 1 ff.
- Änderungsmöglichkeit § 240, 1 ff.
- angemessene Beteiligung einer Gläubigergruppe § 245, 48
- angemessene Frist für die Erstellung § 218, 101
- Anhörung
- – der zuständigen amtlichen Berufsvertretung § 232, 36 ff.
- – durch das Insolvenzgericht § 248, 14 ff.
- Annahme § 235, 1
- – durch die Gläubiger § 248, 1
- anteilige Kürzung § 41, 1
- Arbeitnehmer § 222, 18
- Aufhebungsbeschluß § 258, 9 ff.
- Aufstellung, beratende Mitwirkung § 218, 96
- Ausarbeitung § 284, 4
- – durch den Sachwalter § 284, 9 ff.
- – durch den Schuldner § 284, 12
- Ausfallforderungen § 256, 1
- Aussetzung der Verwertung und Verteilung der Insolvenzmasse § 233, 1 ff., 17
- aussonderungsberechtigte Gläubiger § 217, 118
- Bedeutung § 217, 10 ff.
- bedingter ~ § 249, 1 ff.
- Befriedigung der Insolvenzgläubiger § 227, 1 ff.
- Begünstigung eines Gläubigers § 250, 16
- Bekanntgabe der Entscheidung, Rechtsmittelfrist § 252, 16
- Bekanntmachung der Überwachung § 267, 1 ff.
- – des Aufhebungsbeschlusses § 258, 21

- Berechnung der Mehrheiten bei Abstimmung § 244, 19 ff.
- beschränkte Überwachungswirkung § 260, 20
- besonderer Verkündungstermin § 252, 8 ff.
- Bestätigung § 264, 1 ff.
- – durch das Insolvenzgericht § 248, 1 ff.
- – Rechtsmittel § 253, 1 ff.
- – Wirkungen § 254, 2 ff.
- bestrittene Forderungen § 256, 1
- Beteiligte § 221, 7 ff.
- Betriebsrat § 232, 11
- Bürgschaft § 257, 26
- darstellender Teil § 217, 17; § 219, 1; § 220, 1 ff.
- Darstellung
- – der prägenden Unternehmerpersönlichkeit § 220, 96
- – der wesentlichen Änderungen des Gesellschaftsvertrages/der Satzung vor und in der Krise § 220, 103
- derivatives Planinitiativrecht § 218, 43
- Detailprüfung durch das Insolvenzgericht § 231, 5
- Differenzierungskriterien im Rahmen der Gruppenbildung § 222, 48 ff.
- dingliche Vollzugsakte § 254, 16
- eigenkapitalersetzendes Darlehen § 135, 71
- Einigung über die Übereignung einer beweglichen Sache § 228, 11
- Einzelerörterung der Absonderungsrechte § 238, 4
- Entwicklung der Gesellschafterstruktur und der Unternehmensleitung vor und in der Krise § 220, 101
- Entwicklung von Produkten und Dienstleistungen des insolventen Unternehmens in bezug auf seinen konkreten Markt § 220, 106
- erforderliche Genehmigung einer Behörde § 220, 117 ff.
- Erörterungs- und Abstimmungstermin § 235, 3
- Feststellung der Zahlungspflicht des Schuldners § 256, 13 ff.
- Finanzplan § 229, 22
- finanzwirtschaftliche Verhältnisse § 220, 110
- Forderungserlasse § 255, 43 ff.
- Fortführungsplan § 217, 47
- Frist
- – für die Erfüllung der Bedingungen § 249, 13 ff.
- – zur Abgabe der Stellungnahmen § 232, 44 ff.
- Garantievertrag § 257, 26

2356

- Gefährdung der Plandurchführung § 233, 20
- Gesamtgläubigerschaft, Abstimmung § 244, 35
- Gesamthandsgläubiger, Abstimmung § 244, 37
- gestaltender Teil § 217, 17; § 219, 1; § 221, 1 ff.; § 263, 1 ff.
- Gestaltungsmöglichkeiten § 221, 18 ff.
- geteiltes Stimmrecht § 237, 17
- Gläubigerausschuß § 232, 11
- Gleichbehandlungsgrundsatz innerhalb jeder Gruppe § 226, 1 ff.
- Gleichstellungsklausel § 247, 36
- Gliederung § 219, 1
- Grenze der Nachbesserung § 240, 15 ff.
- Gründungsmotivation des Unternehmens § 220, 93
- Gründungsvorgang des Unternehmens § 220, 93
- Gruppenbildung § 222, 4
- Haftung
- – des Schuldners § 227, 1 ff.
- – des Verwalters bei Scheitern § 220, 170 ff.
- Hinweis auf Änderungen § 241, 26 ff.
- inhaltliche Anforderungen § 220, 15 ff.
- – an die Vermögensübersicht § 229, 13 ff.
- inhaltlicher Aspekt § 217, 31
- Kernregelungen § 240, 26
- Kollision von originärem und derivativem Planinitiativrecht § 218, 70 ff.
- Kontrollumfang des Insolvenzgerichts § 231, 4 ff.
- Kostenersatzanspruch des Schuldners § 218, 37
- Kreditrahmen § 264, 1 ff.
- leistungswirtschaftliche Verhältnisse § 220, 112
- Masseforderungen § 254, 12
- Minderheitenschutz § 247, 41; § 251, 1 ff.
- – Antrag § 251, 11
- – unzulässiger Antrag § 251, 21 ff.
- Mitarbeiterstatus und arbeitsrechtlicher Hintergrund § 220, 111
- Mitwirkungspflichten § 218, 35
- Motivation des Schuldners § 227, 14 ff.
- mutmaßlicher Ausfall § 237, 25 ff.
- – bei Unternehmensfortführung § 237, 37
- Nachbesserungsrecht § 231, 7
- Nachfrist zur Nachbesserung und Mängelbeseitigung § 231, 18 ff.
- nachrangige Gläubiger § 222, 14
- nachrangige Insolvenzgläubiger § 217, 128; § 225, 1 ff.
- Nachrangvereinbarung § 246, 16
- nicht nachrangige Gläubiger § 222, 14
- nicht nachrangige Insolvenzgläubiger § 217, 125
- Niederlegung § 234, 1 ff.
- Niederlegungsvermerk § 234, 2
- Notwendigkeit eines unmittelbaren Widerspruchs des Schuldners § 247, 8
- öffentliche Bekanntmachung der Aufhebung § 258, 2
- originäres Planinitiativrecht des Insolvenzverwalters § 218, 54 ff.
- Pflichtgruppen § 222, 13
- Planung § 220, 140 ff.
- Planvorlage durch den Insolvenzverwalter § 218, 43
- – durch den Schuldner § 218, 21
- Planvorlagezeitpunkt § 218, 29
- Protokollführer bei Abstimmung § 244, 1
- Prüfungsgegenstand des Insolvenzgerichtes § 248, 5
- Prüfungsumfang des Insolvenzgerichtes § 248, 13
- Recht
- – der absonderungsberechtigten Gläubiger § 223, 1 ff.
- – der Insolvenzgläubiger § 224, 1 ff.
- – zur Planänderung § 240, 5
- – zur Planvorlage § 218, 1
- Rechtsfolgen bei unzulässigen Abkommen § 226, 27 ff.
- Rechtsnatur § 217, 74 ff.
- Rechtsstellung absonderungsberechtigter Gläubiger § 238, 1
- salavatorische Klausel § 247, 31; § 251, 25 ff.
- Sanierungsmaßnahmen § 220, 157 ff.
- schriftliche Stimmausübung bei gesondertem Abstimmungstermin § 242, 1 ff.
- Schuldner § 217, 131; § 218, 29
- Schuldnerschutz § 227, 8 ff.
- Schuldübernahme § 257, 26
- sofortige Beschwerde § 253, 5 ff.
- – gegen den Zurückweisungsbeschluß § 231, 45
- sofortige Erinnerung § 253, 5 ff.
- Sondervorteil § 226, 18
- Sprecherausschuß der leitenden Angestellten § 232, 11
- Stellungnahmen § 232, 1 ff.
- Stimmliste § 239, 1 ff.
- Stimmrecht

2357

- – der absonderungsberechtigten Gläubiger § 237, 17
- – der Insolvenzgläubiger § 237, 1, 6 ff.
- – der nachrangigen Insolvenzgläubiger § 237, 13
- – der nicht nachrangigen Insolvenzgläubiger § 237, 8
- – im gesonderten Abstimmungstermin § 241, 25 ff.
- Stundungen § 255, 43 ff.
- Tätigkeiten des Verwalters vor Aufhebung § 258, 16 ff.
- Teilgläubigerschaft, Abstimmung § 244, 33
- Überblick
- – über den darstellenden Teil § 219, 4 ff.
- – über den gestaltenden Teil § 219, 21
- Übereinstimmung von originärem und derivativem Plan § 218, 65
- Überprüfung des Kreditrahmens § 264, 29 ff.
- Überwachung § 259, 17
- – der Planerfüllung § 260, 1 ff.; § 284, 13
- Umfang
- – der Einzelerörterung § 238, 10 ff.
- – des Einsichtsrechts § 234, 7 ff.
- Umsetzung § 249, 3
- ungesicherte Kleingläubiger § 237, 48
- unrealistische Vorstellungen des Schuldners § 231, 33 ff.
- Unternehmensanalyse § 220, 125 ff.
- Unternehmensbeschreibung § 220, 86
- Unterstellung von Zustimmungen § 245, 34 ff.
- unzulässige Abkommen § 226, 20 ff.
- Verbindlichkeiten, Vorliegen eines erheblichen Rückstandes § 255, 24 ff.
- Verbindung des Erörterungs- und Abstimmungstermins mit dem Prüfungstermin § 236, 5
- Vereinbarungen § 217, 102
- Verfälschung der Abstimmung § 250, 19
- Vergleichsrechnung § 229, 24; § 247, 26
- Verkündung
- – des Bestätigungsbeschlusses § 252, 1 ff.
- – des Versagungsbeschlusses § 252, 1 ff.
- Vermögensübersicht § 229, 1 ff.
- Versagung
- – der Bestätigung, Rechtsmittel § 253, 1 ff.
- – eines Stimmrechts § 237, 44
- verspätete schriftliche Stimmabgabe § 242, 17
- Versteigerung eines befangenen Grundstücks § 233, 48
- Verstoß gegen Verfahrensvorschriften § 250, 1 ff.
- Verteilung § 217, 140
- Verwertung § 217, 140 ff.
- Verzicht auf ein Pfandrecht § 228, 11
- Vollstreckung § 257, 1 ff.
- Voraussetzung des Wiederauflebens einer erlassenen oder gestundeten Forderung § 255, 12 ff.
- Vorlage an Insolvenzverwalter § 232, 31 ff.
- – an Schuldner § 232, 31 ff.
- – eines zweiten Plans durch den Schuldner § 231, 37 ff.
- weitere Beschwerde § 253, 7 ff.
- Widerspruch der Gläubiger § 251, 15 ff.
- Wiederaufleben von Forderungen § 255, 4 ff.
- Wiederauflebensklausel § 255, 1 ff.
- Wille der Gläubigerversammlung § 231, 27
- zeitlicher Aspekt § 217, 30
- Zeitpunkt der Niederlegung § 234, 6
- Zeitrahmen für schriftliche Stimmabgabe § 242, 12 ff.
- Zielsetzung § 217, 10 ff.
- Zulassungsbeschwerde § 253, 7 ff.
- Zurückweisung § 231, 1 ff.
- Zustimmung
- – der nachrangigen Insolvenzgläubiger § 225, 18
- – des Schuldners § 247, 1 ff.; § 248, 1
- – nachrangiger Insolvenzgläubiger § 246, 1 ff.
- – von jeder Gruppe § 244, 18
- – Versagungsgründe § 250, 14
- zweiter Abstimmungstermin § 241, 11 ff.

Insolvenzplanerstellung
- Beschluß der Gläubigerversammlung § 284, 8

Insolvenzplanverfahren § 217, 1 ff.
- Verwertung unbeweglicher Gegenstände § 233, 33 ff.

Insolvenzquote § 190, 4

Insolvenzrecht
- Bedeutung § 1, 6
- funktionelle Zuständigkeit § 2, 13
- Funktionsverlust vor § 1, 14
- internationale Zuständigkeit § 2, 4
- internationales I, 1 ff.
- Ordnungsaufgabe vor § 1, 20
- rechtliche Bedeutung § 1, 8
- Stellung § 1, 1
- Ziele § 1, 9
- Zielsetzungen der Reform vor § 1, 20

Insolvenzrechtliche Vergütungsverordnung IV
Insolvenzrechtspfleger § 2, 25
– Abschluß einer Haftpflichtversicherung § 5, 5
Insolvenzrichter
– Abschluß einer Haftpflichtversicherung § 5, 5
– Anforderungen § 5, 3
– Aufsicht § 21, 40
Insolvenzschuldner
– Bürge § 44, 2
– Gesamtschuldner § 44, 1
– zustehender Steuererstattungsanspruch § 155, 162
Insolvenzschutz § 312, 25
Insolvenzstraftat § 290, 10 ff.; § 297, 1 ff.
– Versagungsgrund § 297, 4
– Versagungsverfahren § 297, 6
Insolvenzunfähigkeit
– BGB-Innengesellschaft § 11, 24
– Kirchen § 11, 23
– stille Gesellschaft § 11, 25
– unternehmerisch tätige Erbengemeinschaft § 11, 26
Insolvenzverfahren
– Ablehnung § 4, 30
– Absehen von mündlicher Verhandlung § 5, 27
– Abweisung
– – des Antrages auf Eröffnung § 25, 3
– – des Antrags mangels Masse § 26, 3
– – mangels Insolvenzmasse Anh. zu § 113, 71
– Amtsverfahren § 4, 37
– angestrebte Marktkonformität vor § 1, 46
– anhängiger Anfechtungsprozeß § 143, 56
– Ansatz von Liquidationswerten § 155, 7
– Antrag
– – auf Eröffnung V
– – des Schuldners, beizubringende Zustimmungen § 213, 6
– Antragsberechtigung § 13, 1
– anzumeldende Forderungen § 174, 6 ff.
– Aufhebung § 200, 1; § 258, 1 ff.; § 264, 1; § 294, 4
– – durch Beschluß § 200, 1
– – ohne Anordnung der Überwachung § 259, 2 ff.
– – Rechtsmittel § 200, 6
– Aufhebungsbeschluß, Benachrichtigungen § 200, 5
– Aufrechnungsbefugnis § 294, 35
– ausländisches § 27, 11
– – Anerkennungsfähigkeit I, 12 ff.
– – Rechtswirkungen im Inland I, 11
– Ausschluß § 4, 30
– Befriedigung der Gläubiger § 45, 1
– Bekanntgabe von Beschlüssen § 5, 33
– Beschluß über Einstellung, öffentliche Bekanntmachung § 215, 1
– Beschwerdegebühr § 54, 21
– Bestehen einer Aufrechnungslage § 94, 5
– Betriebsaufspaltung § 155, 301
– Definition § 40, 6
– des Arbeitgebers, Lohnsteuer § 155, 320 ff.
– des Arbeitnehmers, Lohnsteuer § 155, 316 ff.
– Durchführung des Termins § 5, 23
– eines Elternteils, Vermögenssorge für Minderjährige § 116, 44
– einheitliches vor § 1, 35
– Einstellung
– – mit Zustimmung der Gläubiger auf Antrag des Schuldners § 213, 1 ff.
– – Mitteilungspflichten § 215, 3
– – nach Anzeige der Masseunzulänglichkeit § 211, 1
– – wegen Wegfalls des Eröffnungsgrunds § 212, 1 ff.
– Entscheidung in Beschlußform § 5, 31
– Erläuterung der Einzelposten der Gewinn- und Verlustrechnung im ~ § 155, 97
– Eröffnung § 2, 20; § 4, 37; § 25, 16
– – durch das Beschwerdegericht § 34, 32
– – über das Vermögen der überlebenden Ehegatten § 332, 56
– – Kosten § 20, 13
– – neues Geschäftsjahr § 155, 8
– – Rechtsbehelfe § 155, 191
– – Rechtsmittel § 155, 191
– Eröffnungsverfahren § 5, 2
– Eröffnungsvoraussetzungen § 27, 3
– fällig werdende Ansprüche nach Abschluß des Verfahrens § 40, 9
– Geltendmachung kapitalersetzender Darlehen § 135, 66
– Gerichtskosten § 200, 7
– Gesamtgut § 37, 11
– – einer fortgesetzten Gütergemeinschaft § 11, 18
– – von Eheleuten § 35, 3
– grenzüberschreitende Wirkungen I, 11
– Haftung des Verwalters § 258, 25
– inländisches, Rechtswirkungen im Ausland I, 11
– internationale Zuständigkeit § 3, 39
– kein Schlußtermin § 290, 60

2359

Stichwortverzeichnis

- Kosten § 5, 19; § 26, 6 a; § 209, 8
- Ladung von Zeugen § 5, 23
- masseunzulängliches § 289, 20
- Masseunzulänglichkeit § 290, 60
- mündliche Verhandlung § 5, 27
- Nachlaß § 11, 18
- öffentliche Bekanntmachung über Aufhebung § 200, 3
- Organschaftsverhältnis § 155, 301
- Prognose des Gerichts § 26, 13
- Prüfungsgebühr § 54, 20
- Rechte der Insolvenzgläubiger nach Aufhebung § 201, 1
- rechtliches Gehör § 5, 27
- Rechtsanwaltskosten § 13, 70
- Rechtsbehelf § 5, 34
- Rechtsfolgen der Abweisung mangels Masse § 26, 5
- Rechtsmittel
- – bei Ablehnung der Eröffnung § 34, 1 ff.
- – gegen Einstellung § 216, 1 ff.
- Rechtsträger § 11, 1
- Restschuldbefreiung § 286, 8
- – als Ziel § 286, 6
- Schlußtermin § 289, 5
- schuldnereigenes Vermögen § 37, 1
- Steuerfeststellungsverfahren § 87, 21
- Steuerforderung nach Abschluß § 155, 259
- Steuerforderungen § 155, 117
- streitige Gerichtsbarkeit § 1, 5; § 4, 2
- Terminanberaumung § 5, 23
- über das Gesamtgut einer fortgesetzten Gütergemeinschaft vor § 315, 1
- über das Vermögen des überlebenden Ehegatten § 332, 4
- über das Vermögen eines gemeinschaftlichen Abkömmlings § 332, 4, 59
- über den Nachlaß des verstorbenen Ehegatten § 332, 4, 58
- Übergang des Verwaltungs- und Verfügungsrechts auf den Insolvenzverwalter § 80, 1 ff.
- Unterhaltsansprüche § 40, 3
- Verfahren bei Einstellung § 214, 1
- Verfahrenskosten für das vereinfachte § 26, 3
- Vermögensmassen § 11, 1
- von Ehegatten gemeinsam verwaltetes Gesamtgut § 11, 18
- Vorabinformation über das Wirksamwerden der Einstellung § 215, 2
- Voraussetzungen für die Eröffnung vor §§ 11–34, 7

- Vorschuß eines ausreichenden Geldbetrags § 26, 17
- Vorsteuer § 155, 363
- während der Dauer fällig werdende Unterhaltsansprüche § 40, 6
- Widerspruch gegen die Einstellung § 6, 3
- Wirksamwerden von Beschlüssen § 5, 33
- Wirkungen
- – der Aufhebung § 259, 1 ff.
- – der Einstellung § 215, 4
- Ziel vor § 1, 23
- Zulässigkeit § 11, 1
- Zuständigkeiten der Dienststellen der Finanzämter § 155, 129
- Zuständigkeitsbestimmung § 3, 34

Insolvenzvermerk
- Löschung der Eintragung § 32, 16; § 34, 44
- Löschungsantrag § 32, 18
- Wirkungen der Eintragung bei Eröffnung § 32, 10

Insolvenzverwalter
- Abdingbarkeit des Wahlrechts § 103, 85
- Abdingbarkeit von Sonderkündigungsrechten § 109, 29
- Abgabe von Steuererklärungen § 80, 15
- Abgrenzung
- – Individualschaden von Gesamtschaden § 60, 45 ff.
- – Pflichtverletzungen von unzweckmäßigen Handlungen § 60, 28 ff.
- – spezifischer von sonstigen Tätigkeiten § 60, 23 ff.
- Ablehnung der Aufnahme des unterbrochenen Prozesses § 85, 17 ff.
- Absehen von der Verteilung von Barmitteln § 187, 10
- Abweisung des Prozeßkostenhilfeantrags § 26, 53
- Aktenaufbewahrungspflicht § 269, 10
- Aktivprozeß § 24, 25
- allgemeine Bestellungsvoraussetzungen § 56, 18 ff.
- als Rechtsanwalt, Vergütung § 63, 8
- als unmittelbarer Fremdbesitzer § 148, 6
- als Unternehmer § 155, 358
- Amtstheorie § 56, 5
- Änderung des Verteilungsverzeichnisses § 193, 1
- Anfechtungsrecht § 80, 18
- Anhörungsrechte § 80, 19
- Anmeldung der Forderungen beim Insolvenzverwalter § 28, 1
- Anmeldung von Insolvenzforderungen § 174, 2

Stichwortverzeichnis

- Ansprüche gegen den ~ § 92, 8
- Antrag
- – auf Anordnung der Postsperre § 80, 17
- – auf Anordnung einer Nachtragsverteilung § 80, 17
- – auf Bestellung eines Abschlußprüfers § 80, 17
- – auf Einberufung der Gläubigerversammlung § 80, 17
- – auf Einleitung eines Beschlußverfahrens zum Kündigungsschutz § 80, 17
- – auf Einstellung des Verfahrens § 80, 17
- – auf gerichtliche Zustimmung zur Durchführung der Betriebsänderung § 122, 14
- – auf Setzung einer Verwertungsfrist § 80, 17
- – auf Zustimmung zur Betriebsänderung § 80, 17
- – auf Zustimmung zur Stillegung des Betriebes § 80, 17
- – hinsichtlich Vergütung § 64, 2 ff.
- Antragsrechte § 80, 16
- Anzeigepflicht § 262, 1 ff.
- Aufbewahrung der Geschäftsbücher § 36, 5
- Aufgaben § 60, 31 ff.
- Aufhebung der Eröffnung § 34, 44
- – Rechnungslegung § 34, 45
- – Vergütungsanspruch § 34, 45
- Aufhebung des Insolvenzverfahrens § 258, 16 ff.
- Aufnahme
- – anhängiger Prozesse § 80, 18
- – des unterbrochenen Prozesses § 85, 8 ff.
- Aufrechnung § 94, 4
- Aufsichtsbefugnis des Insolvenzgerichts § 58, 4
- Aufstellung
- – eines Gläubigerverzeichnisses § 152, 3
- – und Offenlegung von Jahresabschlüssen durch den ~ § 155, 10
- Aufzeichnung der Massegegenstände § 151, 2
- Auskunft
- – über Aufrechnung und Höhe der Masseverbindlichkeiten § 152, 14
- – über den Zustand einer Sache oder einer Forderung § 167, 3
- Auskunftspflicht
- – des Anfechtungsgegners § 143, 43
- – gegenüber ~ Anh. zu § 113
- Auskunftsrechte § 80, 19
- Auskunftsverlangen § 58, 10 ff.
- – der Gläubigerversammlung § 66, 14
- Auslagen § 13, 43; § 54, 1

- Auslagenerstattung § 63, 1
- ausländischer § 32, 5
- Auslegung des Prüfungsergebnisses § 66, 12
- Ausschluß
- – des Wahlrechts § 104, 3 ff.
- – des Wahlrechts bei Dauerschuldverhältnissen § 108, 24 ff.
- – des Wahlrechts, Rechtsfolgen § 104, 22 ff.
- – eines Verschuldens § 60, 41 ff.
- Ausübung der Arbeitgeberfunktionen § 80, 12
- Auswahl § 56, 1
- – der Hinterlegungsstelle § 149, 3
- – pflichtgemäßes Ermessen des zuständigen Insolvenzgerichtes § 56, 3
- Beantragung der Löschung einer Zwangshypothek § 321, 16
- Beauftragung § 27, 24
- Beendigung der Bestellung § 56, 36 ff.
- Befähigungen § 56, 1
- Bekanntmachung des Verteilungsverzeichnisses § 188, 3
- Benachteiligungsvorsatz, Beweislast § 133, 20
- Berichtspflicht § 156, 2; § 261, 29
- Beschlußfassung hinsichtlich Entlassung § 59, 15
- Beschwerderechte § 80, 19
- besondere Bestellungsvoraussetzungen im Einzelfall § 56, 24 ff.
- Besonderheiten der Bestellung § 56, 7
- Bestallungsurkunde § 30, 21
- Bestellung § 56, 33
- – weiterer Verwalter § 56, 11
- Bestellungsurkunde § 56, 40 ff.
- Bestreiten einer Forderung § 176, 14
- Beteiligte bei Ansprüchen auf Schadensersatz § 60, 13
- Betriebsveräußerung an besonders Interessierte § 162, 1 ff.
- Beweislast
- – bei entgeltlichem Vertrag § 133, 25
- – hinsichtlich Kenntnissen bei Anfechtung § 130, 57
- Bewilligung von Prozeßkostenhilfe § 26, 51
- deliktisches Handeln § 60, 7
- Durchführung eigener Kontrollen § 262, 11
- Eignung § 56, 14
- Einberufungsantrag der Gläubigerversammlung § 75, 7
- Einrede der Anfechtung § 146, 14

2361

Stichwortverzeichnis

- Einsicht in die Insolvenzakte in seinem Büro § 4, 79
- Einzelvorschriften hinsichtlich Pflichten § 60, 35
- Empfang von Vermögensgegenständen § 149, 9
- Entlassung § 59, 1 ff.
- – auf Antrag § 59, 12 ff.
- – von Amts wegen § 59, 10 f.
- Entscheidung für Erfüllung des Vertrages, Rechtsfolgen § 103, 65 ff.
- Erfolgsaussicht der Klage, Prozeßkostenhilfe § 26, 47
- Erfüllungsablehnung § 103, 64
- Erfüllungsverlangen § 103, 58
- Erinnerung gegen unzulässig vollzogene Vollstreckungen § 89, 16
- Erlöschen der Ämter § 259, 6
- Ernennung § 2, 20; § 27, 14
- Eröffnungsbeschluß als Vollstreckungstitel zur Räumung der Wohnung des Gemeinschuldners § 148, 13
- Ersatz von Individualschaden § 60, 2
- Ersatzvornahme hinsichtlich Rechnungslegung § 66, 5
- Erstellen der Tabelle § 175, 2
- – mit EDV-Anlage § 175, 3
- Folgen einer Bestellung bei Ungeeignetheit § 56, 27
- Form und Inhalt der Rechnungslegung § 66, 2
- freihändige Veräußerungen § 111, 1
- freihändige Verwertung § 166, 11
- Frist und Zwangsmaßnahmen hinsichtlich Rechnungslegung § 66, 3
- Führung von Handelsbüchern § 155, 4
- Gegenstand, einfacher Eigentumsvorbehalt § 172, 8
- Geltendmachung eines Gesamtschadensanspruches § 80, 18
- Geschäftsfähigkeit § 56, 9
- Geschäftsführung § 155, 360
- Geschäftskunde § 56, 15
- gesonderte Rechnung für Tätigkeit nach Anzeige der Masseunzulänglichkeit § 211, 3
- Gestaltungsrecht § 80, 16 ff.
- Gläubiger, Anspruch auf Schadensersatz § 60, 15
- Haftung § 155, 440
- – für die Richtigkeit des Verteilungsverzeichnisses § 188, 6
- – für Erfüllungsgehilfen § 60, 52
- – für Personal des Schuldners § 60, 54 ff.
- – gegenüber Nichtbeteiligten § 60, 62
- – nach Insolvenzrecht § 155, 444
- – nach Steuerrecht § 155, 441
- Haftungsfragen § 262, 19 ff.
- Haftungsverteilung zwischen ~ und Erbe § 315, 29
- handelsrechtliche Buchführungsverpflichtung § 155, 15
- Handlungsfreiheit § 58, 5
- Herausgabe
- – des Überschusses bei der Schlußverteilung an den Schuldner § 199, 4
- – von Buchhaltungsausdrucken durch den Steuerberater § 116, 27
- – von Handakten durch den Rechtsanwalt § 116, 28
- Herausgabeanspruch
- – hinsichtlich Buchhalter § 148, 17
- – hinsichtlich Steuerberater § 148, 17
- Hinterlegung
- – eines streitigen Wertes § 146, 19
- – zurückbehaltener Beträge § 198, 1
- Immobilienveräußerung, Rechte des Erwerbers § 111, 8
- Inbesitznahme
- – der Insolvenzmasse § 148, 1
- – des Auslandsvermögens des Schuldners § 148, 9
- Initiativrecht zur Vorlage eines Insolvenzplans § 80, 18
- Inkongruenz, Beweislast § 131, 29
- Insolvenzgeld Anh. zu § 113, 187 ff.
- Interessenausgleich § 122, 14 ff.
- Interessenkollission § 58, 6
- keine Einigung über Stimmrecht § 256, 6 ff.
- Kenntnis von der Schwerbehinderteneigenschaft § 113, 58
- Kontrolle § 58, 1
- Kontrollorgane § 58, 1
- Kontrollumfang § 262, 12 ff.
- Kostenbeteiligung der Gläubiger § 171, 3
- Kündigung des Bauvertrages § 103, 79
- Kündigung von Dauerschuldverhältnissen § 108, 24 ff.
- Kündigungserklärung hinsichtlich Mietverhältnis § 109, 11
- Kündigungsrechte § 80, 18
- Leistungsbereitschaft § 56, 15
- Leistungsverweigerungsrecht § 146, 14
- masseschädigende Geschäfte § 58, 6
- Mitteilungen über Sicherungsrechte durch Gläubiger § 28, 9
- Mutwilligkeit der beabsichtigten Rechtsverfolgung § 26, 48
- neuere Organtheorie § 80, 25

- neuere Vertretertheorie § 80, 25
- nicht befähigter § 59, 1
- Nichtausübung des Wahlrechts § 103, 83 f.
- Nichterfüllung von Masseverbindlichkeiten, Haftung § 61, 1
- Nutzung von absonderungsberechtigten Sachen § 172, 1 ff.
- ordnungsgemäße Buchführung § 60, 34
- Organtheorie § 56, 5
- persönliche Haftung § 60, 1
- persönliches Amt § 56, 8
- Pflichtverletzung § 60, 21
- Prozeßkostenhilfe § 13, 79; § 26, 27
- Prüfung hinsichtlich Verfahrenskosten § 207, 6
- Rechnungslegung
  - – Erläuterungen § 66, 13
  - – Prüfung durch das Gericht § 66, 7 ff.
  - – Prüfung durch den Gläubigerausschuß § 66, 11
  - – Rechte der Gläubigerversammlung § 66, 13
- Rechtshandlungen § 164, 4
- Rechtsmittel
  - – gegen Entlassungsbeschluß § 59, 19
  - – gegen Zwangsgeld § 58, 28
- Rechtsnatur der Haftung § 60, 8
- Rechtsstellung § 56, 5
- Restitutionsklage § 87, 37
- Richtlinien des Deutschen Anwaltvereins § 56, 15
- Schadensersatz § 220, 185
- Schlußrechnung § 58, 7
- schuldhaftes Verhalten im Sinne des § 276 BGB § 60, 37
- Schuldner, Anspruch auf Schadensersatz § 60, 14
- Sicherung dieser Inbesitznahme § 150, 1
- sofortiges Anerkenntnis eines Anspruchs § 86, 15
- Sonderkündigungsrechte § 109, 1
- Sorgfaltsmaßstab § 60, 39 ff.
- Steuererklärungspflicht § 155, 435
- steuerrechtliche Buchführungsverpflichtung § 155, 20
- Tätigkeitsbericht § 196, 12
- Teilnahme am Prüfungstermin § 176, 9
- Teilnahmerecht § 80, 19
- Überlassung eines Rechtsstreits dem Schuldner zur freien Verfügung § 85, 19
- Übertragung von Vermögenswerten oder Betriebsteilen § 80, 18
- Übertragung von Verwertungsrecht § 168, 2
- Überwachung der Planerfüllung § 261, 1 ff.
- Überwachungstätigkeit § 262, 1 ff.
- Überwachungsvermerk § 267, 16
- Umfang des Schadensersatzes § 60, 49
- umsatzsteuerliche Stellung § 155, 438
- Unabhängigkeit § 56, 15, 29
- ungeeigneter § 59, 1
- Unterlassen der Aufzeichnung der Massegegenstände § 151, 21
- Unterrichtung und Beratung des Betriebsrates § 122, 8 ff.
- Unterrichtung von absonderungsberechtigten Gläubigern über einen beabsichtigten Gegenstandsverkauf § 168, 1 ff.
- Unterstützung und Überwachung seiner Geschäftsführung § 69, 2
- Unzulässigkeit der Beeinträchtigung von Wahl- und Gestaltungsrechten § 119, 8
- Veräußerung
  - – einer Dienstfindung II, 58 ff.
  - – einer vermieteten Immobilie § 111, 2
  - – eines vermieteten Raumes § 111, 2
- Vergütung § 13, 43; § 54, 1; § 63, 1; § 64, 6 ff.
  - – Festsetzung durch das Gericht § 64, 2 ff.
  - – Grundlagen der Berechnung § 63, 2 ff.
  - – Rechtsmittel gegen Festsetzung § 64, 11
  - – Umsatzsteuer § 155, 439
  - – zusätzlicher Aufgaben § 63, 6
- Verjährung der Schadensersatzansprüche § 62, 1
- Verjährungsfrist Schadensersatzanspruch § 60, 63
- Verordnungsermächtigung hinsichtlich Vergütung und Erstattung der Auslagen § 65, 1
- Verpflichtung zur bestmöglichen Verwertung des Schuldnervermögens § 60, 33
- verspätet angemeldete Forderung, Widerspruchsrecht gegen die Prüfung § 177, 5
- Verteilungsverzeichnis, Niederlegung § 188, 3
- Vertretertheorie § 56, 5
- Verwaltungs- und Verfügungsrecht § 80, 10 ff.
- Verwertung
  - – beweglicher Gegenstände § 166, 1 ff.
  - – der Insolvenzmasse § 159, 1 ff.
  - – der Masse § 80, 18
  - – des Sicherungsgutes § 155, 416
  - – einer Dienstfindung II, 91 ff.
  - – von beweglichen Gegenständen § 103, 71
  - – von sicherungsübereigneten Gegenständen § 166, 3
- Verzeichnis der insolvenzbefangenen Vermögensgegenstände § 151, 21

2363

Stichwortverzeichnis

- Verzicht auf die Besitzergreifung der Insolvenzmasse § 148, 3
- VOB, Abdingbarkeit des Wahlrechts § 103, 5
- Vollstreckungserinnerung § 321, 16
- Vorausverfügung § 110, 11
- vorläufige Untersagung von Rechtshandlungen § 161, 1 ff.
- vorläufiger § 21, 6, 36
- – Abschluß von Rechtsgeschäften § 22, 5
- – Abschluß von Verwertungsverträgen § 22, 19
- – als Sachverständiger § 21, 59
- – Anspruch gegen die Landeskasse § 13, 56
- – Aufgaben § 21, 6
- – Aufsicht § 21, 6
- – Auslagen; § 13, 53; § 54, 1
- – Beauftragung als Sachverständiger § 22, 41
- – Begründung von Verbindlichkeiten § 55, 13 ff.
- – Benachrichtigung der Kreditinstitute § 22, 16
- – Berechnung der Vergütung § 21, 51
- – Beschaffung liquider Geldmittel § 22, 20
- – Bestellung § 21, 37 ff.
- – eingestellter Geschäftsbetrieb § 22, 14
- – Einziehung von Forderungen des Schuldners § 22, 15
- – Entlassung § 21, 6, 41
- – Entlassung von Amts wegen § 21, 41
- – Entwurf einer Vergütungsverordnung § 21, 64
- – Ernennung § 21, 6
- – Festsetzung der erstattungsfähigen Auslagen § 21, 55
- – Festsetzung der Vergütung § 21, 55
- – Fortführung der Produktion § 22, 18
- – Funktion § 22, 8
- – Gutachten § 22, 51
- – Haftung § 21, 42
- – Höhe der Entschädigung § 13, 68
- – Inbesitznahme der Masse § 22, 11
- – kein allgemeines Verfügungsverbot § 22, 60
- – Kündigung von Arbeitsverhältnissen § 22, 23
- – Kündigung von Dauerschuldverhältnissen § 22, 23
- – Nichterfüllung Masseverbindlichkeiten § 21, 43
- – Notverkauf verderblicher Waren § 22, 5

- – öffentliche Bekanntmachung der Bestellung § 23, 1
- – Partei kraft Amtes § 22, 8
- – Passivprozeß § 24, 27
- – persönliche Haftung § 24, 29
- – Prozeßkostenhilfe in Neuverfahren § 24, 34
- – Prüfung hinsichtlich Kostendeckung des Verfahrens § 22, 29
- – Rechnungslegung § 21, 65 ff.
- – Rechtshandlung § 129, 29
- – Rechtsstellung § 22, 1
- – Rechtsstellung bei Übergang der Verwaltungs- und Verfügungsbefugnis § 22, 5
- – Rücknahme des Insolvenzantrags § 13, 112
- – Sicherung und Erhalt des Vermögens des Schuldners § 22, 10
- – Sorge für ausreichenden Versicherungsschutz § 22, 12
- – Stellung § 22, 8
- – Stellvertretung § 21, 39
- – Steuerrecht § 24, 39
- – umfassende Unterrichtungsmöglichkeit § 22, 62
- – Unternehmensfortführung § 22, 17
- – verfahrensmäßiger Ablauf bei Entscheidung über Prozeßkostenhilfe § 26, 50
- – Verfügungsbefugnis über das Vermögen des Schuldners § 24, 23
- – Vergütung § 13, 53; § 21, 49; § 54, 1
- – Vergütung und Auslagen § 25, 17
- – Vorschußzahlung § 21, 69
- – Weisungen hinsichtlich Tätigkeit als Sachverständiger § 22, 42
- – Wirkung der Aufhebung von Sicherungsmaßnahmen § 25, 9
- – Vorsteuerabzug aus Rechnungen über eigene Leistungen § 155, 425
- – Vorstreckung der Verfahrenskosten durch Dritte § 26, 35
- – Wahlrecht bei gegenseitigen Verträgen; § 80, 18; § 103, 1
- – Wahlrecht, Grundsatz aus Treu und Glauben § 103, 63
- – wichtige Gründe für eine Entlassung § 59, 2 ff.
- Widerruf
- insolvenznaher Sozialpläne § 124, 4 ff.
- Widerspruch
- gegen Forderung § 176, 25
- Widerspruchsrecht gegen Teilungsplan § 165, 16
- Wirkungen von Eintragungen in die Tabelle § 178, 18

- Zinszahlungspflicht § 169, 1
- Zugriffsmöglichkeit auf Leistungen § 82, 4
- zur Abgabe von Erklärungen für die einheitliche und gesonderte Gewinnfeststellung § 155, 436
- Zusatzhonorar § 171, 2
- Zustellung durch den ~ § 8, 21
- Zwangsgeld § 58, 19
- Zwangsmaßnahmen gegen ~ § 58, 19 ff.
- Zwangsmaßnahmen hinsichtlich Herausgabeanspruch § 148, 11
- Zwangsmittel § 261, 21
- Zwangsversteigerung § 165, 1 ff.
- Zwangsversteigerungsverfahren § 165, 15
- Zwangsverwaltung § 165, 1 ff.

Insolvenzverwalter, vorläufiger
- Festsetzung der Vergütung § 2, 22

Insolvenzverwaltung
- Rechnungslegung § 66, 1 ff.
- vorläufige § 25, 16; § 155, 448
- – Haftung § 21, 6
- – Rechnungslegung § 21, 6
- – Rechtsstellung § 21, 6
- – Vergütung § 21, 6

Insolvenzvorrecht, Abschaffung § 226, 5
InsVV IV
Interessenausgleich
- Antrag auf gerichtliche Zustimmung zur Durchführung der Betriebsänderung § 122, 14
- besonderer § 125, 1 ff.
- – Zustandekommen § 125, 3
- Insolvenzverwalter § 122, 14 ff.
- Kündigung, Vermutung der Betriebsbedingtheit § 125, 7
- namentliche Bezeichnung der zu kündigenden Arbeitnehmer § 125, 4
- Schriftform § 125, 6
- wesentliche Änderung der Sachlage § 125, 24 f.

Internationales Insolvenzrecht
- Aufgabe I, 1 ff.
- Bedeutung I, 3
- Begriff I, 5 ff.
- Begriffsbestimmung I, 17
- Beispiele territorialer Verfahren I, 25
- Beschlag des Papstes in allen Ländern der Christenheit über das Vermögen der Bank I, 35
- bi- und multilaterale Verträge I, 49 ff.
- bisherige Regelungen I, 43
- der oberitalienischen Städte I, 36
- deutsch-niederländischer Vertrag I, 51

- deutsch-österreichischer Konkursvertrag I, 52
- Einheit oder Mehrheit der Verfahren I, 26
- geschichtliche Entwicklung I, 34 ff.
- grundlegende Prinzipien I, 16 ff.
- Kollisionsrecht I, 5 ff.
- Konsularverträge I, 48
- Rechtsnatur I, 5 ff.
- skandinavische Konkurskonvention I, 49
- Universalität – Territorialität I, 22 ff.
- Vereinheitlichungsbemühungen auf europäischer Ebene I, 59
- Verträge
- – mit der Schweiz I, 45 ff.
- – über unbewegliche Sachen I, 89
- – von Montevideo I, 49
- Vorschriften, Auslegung I, 9

Internationales Privat- und Prozeßrecht I, 5
Inventur § 155, 30
Investitionszulage § 155, 159, 431
- Anspruch auf Rückerstattung § 155, 246

Investmentzertifikat § 104, 17

Jagdgerechtigkeit § 49, 21
Jagdpachtvertrag § 108, 12
Jahresabschluß
- handelsrechtlicher
- – Erstellung § 155, 24
- – Offenlegung § 155, 24
- – Prüfung § 155, 24
- Offenlegung § 155, 105
- Prüfung § 155, 102

Jahresbilanz § 22, 34
Jubiläumsgeschenk § 134, 30
Jubiläumszuwendungen Anh. zu § 113, 14
Juristische Person des öffentlichen Rechts
Unzulässigkeit des Insolvenzverfahrens § 12, 2

Kapitalaufnahmeerleichterungsgesetz § 135, 26
Kapitalerhöhung § 249, 4
Kapitalersatzfunktion § 39, 12
Kapitalgesellschaft
- Bilanzen § 155, 29
- Veräußerung des Anteils des Schuldners § 84, 4

Kapitalgesellschaftsrecht § 304, 22
Kapitalherabsetzung § 249, 4
Kapitalvermögen
- Einkunftsart, nachträgliche Werbungskosten § 155, 509

Karenzzahlung § 287, 48
Kassenobligation § 104, 17

2365

Stichwortverzeichnis

Kauf unter Eigentumsvorbehalt § 107, 1
Käufer
– Einkaufsbedingungen § 47, 20
Käuferinsolvenz
– Eigentumsvorbehalt § 107, 15
– Rechte des Insolvenzverwalters bei Eigentumsvorbehalt § 107, 27
Kaufmannseigenschaft, Erlangung § 155, 18
Kaufpreisrate, Fälligkeit § 107, 8
Kaufvertrag § 103, 10; § 103, 39 ff.
– Anfechtung § 132, 5
Kennzeichen
– Pfandrecht § 50, 7
KG
– Auflösung § 118, 2
– Überschuldung § 19, 25
– Vertretungsbefugnis § 18, 16
– Zahlungsunfähigkeit § 17, 2–3
KGaA
– Antragspflicht § 15, 3
– Antragsrecht § 15, 3
– Auflösung § 118, 2
– Vertretungsbefugnis § 18, 16
Kilometergeld Anh. zu § 113, 12
Kinder § 138, 7
– von Elternteil gewährte Ausstattung § 134, 22
Kindergeld § 287, 45, 76
Kindesmutter
– Ansprüche § 40, 2
Kirchen
– Unzulässigkeit des Insolvenzverfahrens § 12, 5
Kirchensteuer
– Haftung § 155, 465
Klage
– auf Erteilung der Vollstreckungsklausel § 202, 1, 3
– gegen die Erteilung der Vollstreckungsklausel § 202, 1, 4
– Wahrung der Anfechtungsfrist § 146, 6
Klageänderung § 146, 11
Klageschrift § 146, 12
Klauselerteilungsverfahren § 257, 18; § 294, 20
Kleidergeld Anh. zu § 113, 11
Kleidungsstücke § 36, 2
Kleingläubiger § 245, 64
– ungesicherte § 237, 48
Kleininsolvenz
– eine Person als Treuhänder für das Verbraucherinsolvenz- und Restschuldbefreiungsverfahren § 288, 5

Kleinunternehmer, Verbraucherinsolvenzverfahren § 304, 1
KO, erste Reformbestrebungen vor § 1, 1
Kohleabbauberechtigung § 49, 21
Kollisionsnorm
– allseitige I, 5
– einseitige I, 5
Kommanditgesellschaft auf Aktien
– Auflösung bei Abweisungsbeschluß mangels Masse § 26, 87
Kommission § 47, 48
Kommissionär, gesetzliches Pfandrecht § 50, 19
Kommissionsvertrag § 103, 11; § 116, 12
Kommissionsware, Verwertung § 159, 8
Kommunalanlage § 104, 17
Komplementär-GmbH § 21, 34
Konkursausfallgeld vor § 1, 16; Anh. zu § 113
Konkursausfallgeldversicherung § 22, 21
Konkursgesetz der Republik Korea I, 25
Konkursordnung, japanische I, 25
Konkursrecht, Reformbedarf vor § 1, 10
Konkursübereinkommen des Europarats I, 13
Konkursverfahren
– Einheit und Universalität I, 40
– österreichisches I, 25
– Restschuldbefreiung § 286, 55
Kontensperre § 21, 93; § 22, 60 a; § 24, 12
Konto, Ersatzaussonderungsrechte § 48, 16
Kontoauszug § 22, 34
Kontobelastung, Untersagung § 22, 60 a
Kontokorrent § 103, 31; § 116, 35
Kontokorrentkonto § 48, 15
Kontokorrentvertrag, Erlöschen § 116, 35
Kontokorrentvorbehalt § 51, 23
Konzernvorbehalt § 51, 24
Kopfmehrheit § 244, 6
Kopierer § 312, 25
Körperschaft
– Besteuerung der Liquidation einer aufgelösten § 155, 234, 305
– Rumpfwirtschaftsjahr § 155, 309
Körperschaftsteuer § 155, 234, 302
Körperschaftsteuerjahresschuld § 155, 141
Körperschaftsteuerquote, Ermittlung § 155, 461
Körperschaftsteuervorauszahlung § 155, 140
Kosten
– Insolvenzverfahren § 209, 8
– Restschuldbefreiung § 286, 50
– Überwachung § 269, 3 ff.

Kostenaufbringung, unzumutbare § 26, 35
Kostenaufteilung § 13, 40
Kostendeckung, Prüfung § 22, 32 ff.
Kostenerstattung, Ausschluß bei Schuldenbereinigungsplan § 310, 3
Kostengrundentscheidung, sofortige Beschwerde § 6, 28
Kostenschuldner
– mehrere, Gesamtschuldner § 13, 52
– Prozeßkostenhilfe § 13, 52
Kostenvorschuß § 5, 19
Kraftfahrzeugsteuer § 155, 157, 245, 430
Kraftfahrzeugsteuer-Erstattungsanspruch
  Aufrechnung § 155, 127
Krankengeld Anh. zu § 113, 15, 147
Krankenkasse, Glaubhaftmachung der Forderung § 14, 55
Krankenversicherung § 287, 75
– private § 312, 55
Krankenversicherungsbeitrag Anh. zu § 113, 15
Kredit § 265, 3
– Begriff § 290, 21
– begünstigter § 266, 4
– Stehenlassen § 135, 49
– Verzugszinsen § 264, 47
Krediteröffnungsvertrag § 103, 32
Kreditinstitut
– Antragspflicht § 15, 3
– Antragsrecht § 13, 13; § 15, 3
– Antragsrecht bei Aufsichtsbehörde § 15, 7
Kreditrahmen
– Höchstgrenze § 264, 29
– Insolvenzplan § 264, 1 ff.
Kreditschutzorganisation § 26, 79
Kreditunwürdigkeit, Begriff § 135, 31 ff.
Kundenwechsel, Hingabe § 131, 11
Kündigung
– Anfechtung § 132, 5
– arbeitnehmerseitige § 113, 5
– außerordentliche vor § 113, 37
– Beispiele hinsichtlich Sozialauswahl § 125, 15 ff.
– bereits ausgesprochene § 126, 2
– Dienstverhältnis § 113, 1 ff.
– geplante § 126, 2
– Klageerhebungsfrist § 113, 111 ff.
– personenbedingte vor § 113, 34 ff.
– Rechtsfolgen § 113, 77 ff.
– Rechtsnatur des Schadenersatzanspruches § 113, 84
– Schadenersatz § 113, 88 ff.
– Schadenersatzanspruch § 113, 79
– Sozialauswahl vor § 113, 17 ff.

– Sozialauswahl, eingeschränkter Prüfungsmaßstab § 125, 8 ff.
– verhaltensbedingte vor § 113, 34 ff.
Kündigungsausschluß
– einzelvertraglicher § 113, 28
– tariflicher § 113, 29
– vereinbarter § 113, 28 ff.
Kündigungsfrist
– Ausbildungsverhältnis § 113, 20
– Höchstfrist § 113, 25 ff.
Kündigungsschutz
– Auszubildender § 113, 76
– Beschlußverfahren § 126, 1 ff.
– – Antrag § 126, 8
– – Beteiligte § 126, 7
– – Betriebsanhörung § 126, 15 ff.
– – einstweilige Verfügung § 126, 11
– – Feststellungsverfahren § 126, 11
– – Kosten § 126, 13
– – Rechtsmittel § 126, 12
– – Umfang der gerichtlichen Überprüfung § 126, 10
– – Verhältnis zu weiteren Beteiligungsrechten des Betriebsrats § 126, 15 ff.
– – präventives § 126, 1
Kündigungsschutzbestimmung, Zivilrecht § 111, 11
Kündigungsschutzgesetz vor § 113, 8 ff.
Kündigungsschutzprozeß § 125, 1
– Abfindung, aus einem Prozeßvergleich im ~ Anh. zu § 113, 268 ff.
Kündigungssperre § 112, 1
– Abdingbarkeit § 112, 12
– Umfang § 112, 4
Kunstwerk, Anspruch auf Erstellung § 45, 7
Kurzarbeitergeld § 287, 72

Lagebericht § 155, 100
Lagerhalter, gesetzliches Pfandrecht § 50, 19
Landwirtschaft
– Dünger und landwirtschaftliche Erzeugnisse § 36, 7
– Gerät und Vieh § 36, 7
Landwirtschaftskammer, Anhörung § 156, 12
Lastschrift § 130, 21
– Einlösung durch Bank § 116, 49
– Widerruf § 116, 56
Lastschriftabkommen § 116, 63
Lastschriftgläubiger, Deckung § 130, 21
Leasingnehmer, Insolvenz § 47, 28
Leasingrate, Abtretung § 110, 6

Stichwortverzeichnis

Leasingvertrag § 107, 5; § 108, 8
– über bewegliche Sachen § 103, 12
Lebensführung, bescheidene
– Einzelfallentscheidung § 278, 5 ff.
Lebensgemeinschaft
– nichteheliche § 138, 4
– Partner, gemeinsame Überschuldung § 286, 43
Lebensunterhalt, notwendiger § 287, 61
Lebensversicherung § 312, 57
– Vorrecht der Versicherten am Deckungsstock einer ~ § 155, 226
Lebensversicherungsvertrag § 103, 75; § 314, 6
– Anfechtung § 134, 28
Legalzession § 326, 8
– Einschränkung des Ausschlusses § 326, 12
– unbeschränkte Haftung des Erben § 326, 11
Leibrentenvertrag § 133, 21
Leiharbeitnehmer, Insolvenzgeld Anh. zu § 113, 33
Leiharbeitsverhältnis vor § 113, 73
– fehlerhaftes Anh. zu § 113, 18
Leistung
– eigenkapitalersetzende, Gesellschaft § 135, 85
– Teilbarkeit, Begriff § 105, 7
– unentgeltliche, Begriff § 134, 6
– wiederkehrende § 46, 1
Leistungs- und Kostenplan § 217, 38
Leistungsordnung des Essener Verbands, betriebliche Altersversorgung III, 89
Lieferantenkredit § 264, 19
Lieferantenkreditgläubiger § 245, 64
Lieferantenpool, Miteigentumsanteile im ~ § 47, 13
Liquidation, Gesellschaft § 15, 5
Liquidationsplan § 217, 103
– Begriff § 217, 142 ff.
– inhaltliche Anforderungen § 220, 19 ff.
Liquidator § 84, 18
– Aufgaben § 84, 21
– Auskunftspflicht § 5, 8
– geborener § 84, 19
– gekorener § 84, 19
Liquidierung, Schuldnervermögen § 286, 6
Liquiditätslücke, geringfügige § 17, 22
Liquiditätsplan § 14, 95; § 18, 9
Liquiditätsplanung § 19, 21
Liquiditätsprobleme, nachhaltige § 15, 34
Lizenzvertrag § 108, 15
Lohn Anh. zu § 113, 8
Lohnerhöhung, Zusage Anh. zu § 113, 152
Lohnpfändung vor § 286, 6

Lohnsteuer § 155, 315
– Haftung § 155, 464
– Masseverbindlichkeit § 155, 237
– Umfang der Haftung § 155, 473
Lohnsteuererstattung § 287, 44
Lohnsteuerforderung § 155, 142
Lohnverschleierung § 287, 64
Luftfahrzeug § 49, 23; § 81, 36
– Register für Pfandrechte § 267, 19
– Überwachungsvermerk § 267, 19
Luftfahrzeugrolle § 33, 3
Luftschiff § 49, 23
Luftverkehrs-Zulassungs-Ordnung § 49, 23

Mahnbescheid, Wahrung der Anfechtungsfrist § 146, 6
Maklervertrag § 103, 13; § 116, 13
Mantelkauf § 155, 447
Marken, Pfandrecht § 50, 7
Marktwirtschaft, soziale vor § 1, 20
Masse
– Aufzeichnung § 151, 2
– ausreichende Prüfung § 22, 33
– Berichtigung von Verbindlichkeiten § 55, 1
– Bewertung § 151, 13
– freie, Ermittlung § 22, 34
– Gegenstände des Anlagevermögens § 151, 10
– Maßnahmen des Gerichts zur Sicherung der ~ § 306, 3
– Schdenersatz zur ~ § 81, 23
– Umsatzsteuer § 49, 34
– ungerechtfertigte Bereicherung § 55, 12
– Unterhaltszahlungen § 101, 6
Massearmut § 22, 5
Massebestandteil § 81, 14
– Geschäftsbücher des Gemeinschuldners § 159, 11
Masseforderung
– Vollstreckung des Finanzamtes § 155, 247
– Zinsen § 169, 1
Massegegenstand § 281, 10 ff.
– Sicherungsrechte § 49, 5
– Veräußerung § 159, 6
– Verwertung und Verwaltung nach Anzeige der Masseunzulänglichkeit § 208, 8 ff.
Massegläubiger § 45, 1; § 155, 120
– Aufrechnungsbefugnis § 96, 20
– Befriedigung
– – in massearmen Verfahren § 209, 1
– – vor Insolvenzgläubiger § 206, 1
– Vollstreckungsverbot § 53, 8
Massekostendeckung § 26, 15
Massekostengarantie § 26, 25

Massekostenvorschuß § 34, 2
Massekredit § 22, 36
Masselosigkeit § 207, 2
– Begriff § 207, 3
Masseminderung durch Verfügungen des Insolvenzschuldners § 81, 2
Massenentlassung vor § 113, 18
– Insolvenz vor § 113, 41 ff.
– Zustimmung unter Auflagen vor § 113, 51
Masseprozeß, Schuldner als Zeuge § 80, 7
Masseunzulänglichkeit § 53, 3; § 55, 2; § 207, 2; § 210, 2
– Anzeige des Verwalters an Insolvenzgericht § 208, 4
– Begriff § 208, 1
– Berechnung § 155, 256
– Dauerschuldverhältnis
– – Inanspruchnahme der Gegenleistung § 209, 26
– – ~, das nicht rechtzeitig gekündigt worden ist § 209, 21
– drohende § 90, 1
– – Sorgfaltsmaßstab des Sachwalters § 274, 22
– eingetretene § 90, 1
– Einstellung des Verfahrens § 289, 22
– Feststellung § 155, 252; § 208, 2
– Handeln des Insolvenzverwalters § 209, 13
– offensichtliche Anh. zu § 113, 77
– Sachwalter § 285, 1
– Vergütung des Insolvenzverwalters § 208, 8
– Verwaltung und Verwertung der Masse durch den Insolvenzverwalter § 209, 10
– Vollstreckungsverbot § 210, 4
– Vollstreckungsverbot vom betroffenen Gläubiger § 210, 5
– Voraussehbarkeit des Insolvenzverwalters § 61, 4
– Wirkung des Vollstreckungsverbots § 210, 6
Masseunzulässigkeit § 48, 16
Masseverbindlichkeit § 38, 6; § 53, 6 ff.; § 55, 2; Anh. zu § 113, S. 731 ff.
– aus gegenseitigen Verträgen § 55, 6
– Anzeige der Masseunzulänglichkeit § 209, 9
– gewillkürte § 294, 14
– Haftung des Insolvenzverwalters § 61, 1
– Insolvenzmasse § 90, 1
– letztrangige § 209, 29
– nachinsolvenzliche Ansprüche auf Arbeitsentgelt Anh. zu § 113, 206 ff.
– ohne Vollstreckungsverbot § 90, 4
– oktroyierte § 294, 14

– Verwaltung, Verwertung und Verteilung der Masse § 55, 4
– Vollstreckungsverbot § 90, 1 ff.
Meßbescheid, bestandskräftiger § 87, 62
Medienunternehmen, freier Mitarbeiter § 287, 51
Mehrarbeitsvergütung § 287, 42
Mietkauf § 107, 5
Mietkaution
– Hinterlegung § 110, 9
– Rückzahlungsanspruch § 110, 9
Mietsache
– bloße Bereitstellung § 109, 18
– Freigabe § 313, 36
– Schadensersatzanspruch aus § 557 BGB wegen verspäteter Rückgabe § 109, 14
Mietverhältnis
– Fortbestehen § 108, 1 ff.
– insolvenzbedingte Beendigung § 109, 28
– Kündigungsrecht des Insolvenzverwalters § 109, 5
Mietvertrag
– Mietzins § 55, 10
– nicht vollzogener § 109, 15 ff.
– über bewegliche Sachen § 103, 56
– über bewegliche Sachen und Rechte § 103, 14
– über Grundstück § 103, 14
Mietwohnung, Räumungsschutz § 313, 36
Mietzinsvorauszahlung, Annahme § 110, 7
Minderkaufmann § 155, 6
Mitarbeiter im Unternehmen des Schuldners § 138, 2
Mitbürgschaft § 155, 505
Miteigentum, Absonderungsrecht § 84, 33
Mitwirkungspflicht
– Angestellte § 101, 4
– organschaftlicher Vertreter § 101, 4
Möbel § 36, 9
Mobilienleasing § 47, 28
Motivationsrabatt § 292, 15
Motorsegler § 49, 23
Mußkaufmann § 155, 6
Mutterschaftsgeld § 287, 75; Anh. zu § 113, 15
Mutterschutz
– Auszubildende § 113, 70
– Betriebsstillegung § 113, 66
– Sonderkündigungsschutz § 113, 64

Nacherbfolge § 145, 3; § 329, 1
Nacherbschaft § 317, 12; § 329, 1
Nachgeschäft § 104, 26
Nachinsolvenzgläubiger § 89, 5

Stichwortverzeichnis

Nachlaß
- Erfüllung für Rechnung § 326, 9
- Haftungsbeschränkung § 83, 7; § 330, 2
- Haftungsmasse zu § 320, 5
- Nachlaßgläubiger § 325, 1
- Singularsukzession § 315, 14
- Teilung § 316, 7
- Träger § 315, 22
- Universalsukzession § 315, 12
- Zeitpunkt der Bestimmung des Umfangs § 315, 16

Nachlaßaufwendungen § 324, 4
Nachlaßerbenschulden § 325, 8
Nachlaßgegenstand Pfändbarkeit § 315, 17
Nachlaßgläubiger
- Interessen § 83, 5
- Nachlaß § 325, 1

Nachlaßinsolvenz § 27, 14; § 315, 1
- Antragsfrist § 27, 10
- Beschwer § 34, 18
- Eröffnungsgründe § 27, 10
- Vormerkung § 106, 11
- Vorschriften über die Zulässigkeit § 27, 10

Nachlaßinsolvenzmasse § 315, 15; § 320, 27
Nachlaßinsolvenzverfahren § 11, 27; § 55, 3; § 83, 5; § 85, 22; § 286, 38; vor § 315, 1
- Abgrenzung der Eigenverbindlichkeit zur Nachlaßverbindlichkeit § 324, 5 ff.
- Anhörung § 3, 29
- Ansprüche aus einer fehlerhaften Berichtigung von Nachlaßverbindlichkeiten § 328, 8
- Antragspflicht § 317, 34
- Antragsrecht
- – bei Vor- und Nacherbschaft § 317, 12
- – des bzw. der Erben § 317, 7
- – Nachlaßgläubiger § 317, 25
- – Nachlaßverwalter § 317, 18
- – Testamentsvollstrecker § 317, 21
- – vormals Ausgeschlossene § 317, 26
- Antragsverfahren § 317, 3
- Aufgebot der Nachlaßgläubiger § 324, 16
- Aufgebotsverfahren § 327, 15
- Aufwendungen des Erben § 324, 4
- Ausschlagung der Erbschaft § 317, 9
- Beerdigungskosten § 324, 12
- Bemessung der Frist für die Antragstellung eines Nachlaßgläubigers § 319, 1
- drohende Zahlungsunfähigkeit § 320, 4, 19
- Eigenantrag § 21, 34
- Einschränkungen hinsichtlich Nachlaßverbindlichkeiten § 324, 22
- Erbengemeinschaft § 317, 32; § 324, 11
- Erbenhaftung nach Beendigung § 331, 16

- Erbenstellung eines Ehegatten § 318, 2
- Erbersatzanspruch § 322, 4
- Erleichterung der Verfahrenseröffnung § 320, 1
- Ermittlung der Zahlungsunfähigkeit § 320, 8
- Ermittlung und Zweck der drohenden Zahlungsunfähigkeit § 320, 20
- Eröffnung einer Verfügung des Erblassers von Todes wegen § 324, 16
- Eröffnungsgründe § 320, 4
- Erweiterung des Kreises der Masseverbindlichkeiten § 324, 1
- Freistellungsanspruch des Erben gemäß § 257 BGB bei Begründung einer Eigenverbindlichkeit § 324, 10
- gerichtliche Sicherung des Nachlasses § 324, 16
- Gläubigerbenachteiligung § 322, 6
- Haftung des Erben bei Einstellung des Verfahrens nach Zustimmung der Gläubiger § 331, 18
- Insolvenzantrag § 315, 8
- Inventarerrichtung § 324, 16
- Kosten der Todeserklärung § 324, 15
- Kreis der Antragsberechtigten § 317, 6
- laufender Nacherbfall § 329, 4
- minderberechtigte Insolvenzgläubiger § 328, 2
- Nachlaßinsolvenzgläubiger § 331, 13
- Nachlaßpflegschaft § 324, 16
- Nachlaßverwaltung § 324, 16
- nachrangige Forderungen § 327, 1
- Nachtragsverteilung § 331, 17
- Pflichtteilsvermächtnis § 327, 14
- Rangverhältnis im Falle der Massearmut § 324, 23
- Schuldner § 315, 22 ff.
- Schuldnereigenschaft des Erben § 320, 3
- Schutz der Altgläubiger § 328, 3
- sorgfaltswidrige Geschäftsführung des Erben § 328, 7
- Überschuldung § 320, 2, 4, 14 ff.
- ungerechtfertigte Bereicherung § 328, 6
- Verbindlichkeiten
- – aus Auflagen § 327, 7 ff.
- – aus den von einem Nachlaßpfleger oder Testamentsvollstrecker vorgenommenen Rechtsgeschäften § 324, 17
- – aus Vermächtnissen § 327, 7 ff.
- – – gegenüber Erbersatzberechtigten § 327, 11
- – – gegenüber Pflichtteilsberechtigten § 327, 4

- Vermächtnisnehmer § 317, 26
- verwaltungsbefugter Ehegatten § 318, 3
- Vorverlegung der durch das Insolvenzverfahren bewirkten Inbeschlagnahme § 321, 1
- Zahlungsunfähigkeit § 320, 2 ff.
- – des Schuldners § 320, 11
- zeitliche Schranke § 316, 9
- Zugewinnausgleichsforderung als gewöhnliche Insolvenzforderung § 327, 6

Nachlaßkonkursmasse § 103, 75
Nachlaßmasse § 315, 6
Nachlaßpfleger § 317, 18
- Verbindlichkeiten § 324, 17

Nachlaßspaltung § 315, 14
Nachlaßverbindlichkeit, Begriff § 325, 4
Nachlaßverkäufer § 330, 8
Nachlaßverwalter § 317, 18
- sofortige Beschwerde § 34, 21

Nachlaßverwaltung § 145, 3
Nachrang
- Neugläubiger § 265, 1 ff.
- vereinbarter § 39, 16

Nachtarbeit Anh. zu § 113, 10
Nachteilsausgleich, Anspruch auf ~ Anh. zu § 113, 257
Nachtragsliquidator § 15, 25 a
Nachtragsverteilung
- Absehen von der ~ § 203, 8
- Anordnung § 203, 1
- Anordnung von Amts wegen § 203, 5
- Antrag § 204, 1
- Antrag des Insolvenzgläubigers § 203, 5
- Antrag des Insolvenzverwalters § 203, 5
- Kosten § 203, 8
- nach Löschung einer Gesellschaft § 26, 91
- über eine gelöschte Gesellschaft § 3, 11
- Vollzug § 205, 1 ff.
- Vorbehalt § 196, 4
- vorbehaltene § 197, 18

Naturalkomputation § 139, 2
Nebenforderung § 155, 433
Nebenintervenient § 146, 20
Netting-Bestimmung, vertragliche § 104, 29
Neugläubiger
- Begriff § 15, 37
- Nachrang § 265, 1 ff.

Neumassegläubiger § 209, 11
Neumasseschulden § 208, 9
Neumasseverbindlichkeit § 155, 251; § 209, 9
Nichterfüllung, Schadensersatz wegen ~ § 103, 50
Nichtigkeit § 129, 12
Nichtigkeitsklage patentrechtliche § 85, 4

Nießbrauch § 244, 42
Nießbrauchsgläubiger § 135, 86
Notgeschäftsführer
- Auskunftspflicht § 5, 8
- Bestellung durch Registergericht § 15, 14 ff.

Notliquidator § 15, 25 a
Notzurückbehaltungsrecht § 51, 31
Nullplan § 1, 15; § 54, 39
- flexibler § 309, 36
- Zulässigkeit § 309, 35

Nutzungsüberlassung
- eigenkapitalersetzende, dingliche Zuordnung des überlassenen Gegenstandes § 135, 97
- eigenkapitalersetzende, Nutzungsentgelt § 135, 96
- eigenkapitalersetzende, Überlassungsdauer § 135, 95

Nutzungsvertrag Kündigungssperre § 112, 1

Oberjustizkasse, Unzumutbarkeit der Kostenaufbringung § 26, 45
Obliegenheitsverletzung
- Schuldner § 296, 5
- verschuldete § 296, 8

Obstruktionsverbot
- Anwendungsbereich § 245, 1 ff.
- Beurteilungsmaßstab § 245, 22 ff.
- mißbräuchliche Ausnutzung § 245, 68
- Minderheitenschutz § 245, 82
- Rechtsvergleichung § 245, 15 ff.
- Schuldenbereinigungsverfahren § 309, 4
- Unterstellung von Zustimmungen § 245, 34 ff.
- Vergleichsrechnung § 245, 37
- Zweck der Regelung § 245, 6

OHG
- Auflösung § 118, 2
- Liquidationsverfahren § 84, 15
- Vertretungsbefugnis § 18, 16
- Zahlungsunfähigkeit § 17, 2

Operating-Leasing § 47, 29
- Vertrag § 108, 9

Optionsgeschäft § 104, 11
Optionsrecht § 104, 11
Orderpapier, Pfandrecht § 50, 8
Organ
- Dienstverhältnis § 113, 14 ff.
- faktisches § 15, 11

Organgesellschaft, Überschuldung § 155, 301
Organschaftsverhältnis, Insolvenzverfahren § 155, 301

2371

Stichwortverzeichnis

Organtheorie, Insolvenzverwalter § 56, 5

Pächter, gesetzliches Pfandrecht § 50, 19
Pachtverhältnis
– Fortbestehen § 108, 1 ff.
– Kündigungsrecht des Insolvenzverwalters § 109, 5
Pachtvertrag
– Pachtzins § 55, 10
– über bewegliche Sachen und Rechte § 103, 14
– über Grundstück § 103, 14
Partikularinsolvenz § 11, 2; § 325, 1
Partikularinsolvenzverfahren, selbständiges I, 398
Partikularverfahren I, 20
Partner, einer nichtehelichen Lebensgemeinschaft § 138, 4
Partnergesellschaft, Insolvenzfähigkeit § 11, 1
Partnerschaftsregister
– Übersendung einer beglaubigten Abschrift des Eröffnungsbeschlusses § 31, 2
Passivbilanz, Begriff § 135, 14
Passivprozeß § 86, 1
Patent, Pfandrecht § 50, 7
Patientenpost § 99, 6
PC § 312, 25
Pensionskassen, betriebliche Altersvorsorgung III, 94
Pensionsrückstellung § 47, 34
Pensionssicherungsverein s. *PSV*
Person
– nahestehende § 138, 1
– natürliche, gesetzliche Schuldbefreiung § 286, 2
– persönlich nahestehende § 138, 4
Personengesellschaft
– Anteile an § 84, 11
– Auflösung § 118, 2
– Bekanntgabe von Feststellungsbescheiden § 155, 209
– Gewerbesteuerpflicht § 155, 337
– insolvenzrechtliche Probleme § 155, 455
Personengesellschaftsrecht § 304, 19
Personenhandelsgesellschaft
– Abwicklungs-Eröffnungsbilanz § 155, 26
– Abwicklungs-Schlußbilanz § 155, 26
– Bilanzen § 155, 29
Personenkreis, unterhaltsberechtigter
– Begriff § 278, 9
Personenstandsänderung § 129, 52
Pfandgläubiger § 135, 86
Pfandrecht § 38, 2; § 244, 40

– bewegliche Sachen § 50, 6
– gesetzlich erworbenes § 321, 6
– gesetzliches § 50, 16 ff.
– Grundschuld § 50, 6
– gutgläubiger Erwerb § 50, 17
– rechtsgeschäftliches § 50, 6 ff.
– Rentenschuld § 50, 6
Pfandrechtsbestellung, Pfandrecht § 50, 7
Pfändung, einer künftigen Forderung § 140, 6
Pfändungs- und Überweisungsbeschluß § 294, 20
– Zustellung an Drittschuldner § 89, 11
Pfändungsgrenze § 287, 57
Pfändungspfandrecht, Entstehung § 50, 9 ff.
Pfändungsprotokoll des Gerichtsvollziehers § 5, 16
Pfändungsschutz, erweiterter § 287, 62
Pfändungsversuch, fruchtloser § 14, 81
Pflegehilfsmittel § 287, 75
Pflegeversicherung § 287, 75
Pflichtteilsanspruch § 83, 11; § 327, 4
Pflichtteilsrecht § 325, 9
Plan-Liquiditätsrechnung § 229, 21
Planbilanz § 229, 21
Planbürge § 255, 42
Planerfolgsrechnung § 229, 21
Planinitiativrecht, derivatives
– Begriff § 218, 43
Planliquiditätsrechnung § 22, 38
Postkontrolle § 21, 86
Postsendung, Begriff § 99, 7
Postsperre § 2, 31; § 27, 24; § 34, 2, 49; § 80, 8
– Anhörung des Schuldners § 21, 88
– Anordnung § 5, 18; § 21, 23; § 23, 14; § 30, 20; § 99, 2
– Antrag des vorläufigen Insolvenzverwalters § 21, 86
– Aufhebung § 34, 36; § 99, 14
– Beschluß von Amts wegen § 21, 86
– Folgen § 99, 4
– gegen Arzt § 99, 6
– Grundsatz der Verhältnismäßigkeit § 21, 87
– Prüfung der Erforderlichkeit § 99, 2
– Rechtsbehelfe § 99, 14
– Telefonanschluß § 21, 89
– Verhältnismäßigkeitsgebot § 99, 12
– vom Schuldner herausgehende Sendungen § 21, 89
– Voraussetzungen § 99, 12
– Zweck § 99, 1
Postzustellungsurkunde § 8, 3

Pressevertreter, Gläubigerversammlung
§ 74, 2
Prioritätsprinzip, Befriedigung § 1, 1
Privatgeheimnis, drohende Verletzung
§ 99, 5
Produkthaftungsanspruch § 18, 6
Produktionsplanung § 217, 38
Prokura § 117, 2
Prorogationsverbot § 304, 5
Prozeßhandlung, Begriff § 129, 24
Prozeßkostenhilfe § 298, 5
– Bewilligung § 13, 76; § 26, 31
– Bewilligung durch Beschluß § 13, 92
– für Gläubiger § 54, 51
– für Schuldner § 54, 34 ff.
– Gleichheitsgebot des GG § 54, 45
– Insolvenzverwalter § 26, 27
– Restschuldbefreiungsverfahren § 286, 45
– Sachwalter § 280, 8
– Schuldnerantrag § 13, 94
– Sinn § 54, 37
– Umfang der Bewilligung § 13, 85
– unbegründeter Antrag § 13, 91
– unzulässiger Antrag § 13, 91
– verfahrensmäßiger Ablauf § 13, 90
– Voraussetzungen beim Gläubigerantrag
§ 13, 81
– Wirkung der Bewilligung § 13, 85
Prozeßkostenrisiko § 26, 10
Prozeßrisiko Anh. zu § 113, 270
Prozeßvollmacht in Ehesachen § 117, 3
Prüfungsgebühr § 54, 20; § 177, 30
Prüfungstermin § 29, 1; § 176, 1 ff.; § 236, 1
– angemeldete Steuerforderungen § 155, 174
– besonderer § 177, 9
– besonderer, Kosten § 177, 27
– Ergebnisse § 236, 6
– Frist § 29, 9
– nicht öffentlich § 176, 7
– Prüfung von Forderungen § 176, 4
– Teilnahmeberechtigte § 176, 7
– Versäumnis des Schuldners, Wiedereinsetzung in den vorigen Stand § 186, 1 ff.
– Vertagung § 176, 21
– vorläufiges Bestreiten § 176, 21
– Zweck § 29, 3
Prüfungsverfahren, Zweck § 180, 1
PSV § 45, 13; III, 2 ff.
– Abfindung III, 130
– Anspruchsminderung III, 110
– Antragsrecht § 13, 14
– Barwert III, 129
– Beitrags- und Mitwirkungspflichten III, 149
– Betriebsveräußerung III, 82

– Eintrittspflicht III, 7
– Entgeltumwandlung III, 104
– Eröffnung des Insolvenzverfahrens § 34, 8
– gesicherte Anwartschaften III, 77
– Haftungsausschluß III, 101, 114
– Höchstbegrenzung III, 101
– Insolvenz einer konzernabhängigen Gesellschaft III, 84
– Leistungsverpflichtung III, 92
– Prüfungs- und Anpassungspflicht III, 88
– Sanierung III, 40
– Sanierungsplan III, 37
– Sicherungsfälle III, 52
– subsidiäre Einstandspflicht III, 111
– Träger der gesetzlichen Insolvenzsicherung III, 39
– unverfallbare Anwartschaften III, 83
– Versicherungsaufsicht III, 3
– Versorgungswiderruf III, 45
– Widerruf III, 40
– wirtschaftliche Lage des Konzerns III, 41
– wirtschaftliche Notlage des Arbeitgebers III, 32
– Zeitpunkt des Eintritts des Sicherungsfalls III, 80
Publizitätsgesetz § 155, 10

Ratenzahlungsvereinbarung § 14, 22;
§ 17, 22
Räumungskosten § 108, 28
Räumungstitel
– Eröffnungsbeschluß als ~ § 148, 14
Räumungsverkauf § 22, 24, 27
Realakt, Begriff § 129, 25
Rechnung
– in Kürze zu erwartende Begleichung einer ausstehenden ~ § 17, 16
– Versicherung für fremde ~ § 47, 51
– Vertrag für fremde ~ § 47, 47
Rechnungsabgrenzungsposten § 155, 62
Rechnungslegung
– Anspruch auf ~ § 45, 7
– handelsrechtliche § 155, 1 ff.
– insolvenzrechtliche § 155, 2, 10
Rechnungslegungspflicht § 155, 2
Recht, begrenzt dingliches § 47, 46
Rechtsanwalt
– Beiordnung § 13, 87
– Beschlagnahme von Unterlagen des Schuldners § 5, 17
– Herausgabe der Handakten § 116, 28
– Vergütung § 13, 43
– Zurückbehaltungsrecht aufgrund einer noch offenen Gebührenforderung § 116, 28

2373

Stichwortverzeichnis

Rechtsanwaltskammer, Insolvenzfähigkeit
§ 12, 4
Rechtsanwaltskosten
– Eröffnungsverfahren § 13, 70
– Insolvenzverfahren § 13, 70
Rechtsbehelf
– Wertfestsetzung der Gerichtsgebühren § 13, 73
Rechtsbehelfsverfahren
– Einwendungen gegen das Bestehen des Steueranspruchs § 87, 57
Rechtserwerb
– Ausschluß § 91, 1 ff.
– originärer § 145, 8
Rechtsgeschäft
– Begriff § 129, 20
– Zustimmungsbedürftigkeit § 263, 5
Rechtshandlung
– Begriff § 129, 19
– die sich auf fremdes Vermögen bezieht § 129, 44
– eigenkapitalersetzende § 135, 87
– handelnde Personen § 129, 27
– nach Verfahrenseröffnung § 147, 1
– Vertreter § 129, 31
– Zeitpunkt der Vornahme § 140, 1 ff.
Rechtshilfe § 2, 12
– Vernehmungen im Wege der ~ § 5, 25
Rechtshilfeverkehr mit dem Ausland § 2, 33
Rechtsmittel, Ausschluß
– Verfahrensbeschleunigung § 34, 48
Rechtsmittelführer, Beschwer § 34, 13
Rechtsmittelinstanz, Erledigungserklärung
§ 13, 108
Rechtsnachfolger
– Anfechtung § 145, 2
– Verhältnis zwischen Rechtsvorgänger und ~ § 145, 21
– Voraussetzung für Anfechtung § 145, 19
Rechtspfleger
– Abhilfe § 6, 36
– Abhilfemöglichkeit § 6, 35
– Anordnungen § 6, 31
– Besorgnis der Befangenheit § 4, 34
– Entscheidungen § 6, 31
– Entscheidungskompetenz § 2, 30
– Erinnerung § 6, 5, 31; § 314, 35
– funktionelle Zuständigkeit § 2, 13
– Nichtabhilfevermerk § 6, 36
– Zuständigkeit § 30, 3
Rechtspflegererinnerung § 173, 4
– befristete § 21, 61
Rechtsverkehr, Schutz § 164, 1

Rechtsvorgänger
– Verhältnis zwischen Rechtsnachfolger und ~ § 145, 21
Regelinsolvenzverfahren
– Übergang zum Sonderinsolvenzverfahren § 320, 12
Register
– für Luftfahrzeuge § 33, 1 ff.
– für Schiffe § 33, 1 ff.
Registerauszug
– Prüfung der Antragsbefugnis § 15, 16
Registerbehörde
– Übersendung einer beglaubigten Abschrift des die Eröffnung mangels Masse abweisenden Beschlusses § 31, 5
Registergeschäft § 140, 11
Registerpfandrecht § 49, 26; § 81, 36
Rente § 40, 1
– an Hinterbliebene § 287, 75
Rentenanspruch, Kapitalisierung § 45, 15
Rentenversicherung § 287, 75
Rentenversprechen § 325, 6
Reorganisationsverfahren, Ausschluß
§ 304, 13
Reserve
– stille § 151, 17
– – Versteuerung § 155, 288 ff.
Restbetrag, vollstreckbarer § 302, 19
Restforderung, Verfolgung § 13, 102
Restitutionsklage, Insolvenzverwalter
§ 87, 37
Restschuldbefreiung vor § 1, 26, 42; § 1, 15; § 13, 31; § 18, 21; § 26, 18, 27; § 89, 2; § 155, 259; § 201, 1, 9; § 247, 19; § 286, 2; § 308, 1
– Absonderungsrechte § 301, 18
– Abtretungsschutz § 287, 52
– Abweisung des Antrags auf Erteilung der ~ § 289, 6
– abzutretende Forderungen § 287, 34 ff.
– Anhörung
– – der Insolvenzgläubiger § 289, 4
– – des Insolvenzverwalters § 289, 4
– – des Schuldners hinsichtlich Deckung der Mindestvergütung des Treuhänders § 298, 13
– Ankündigung § 289, 10; § 291, 4 ff.; § 299, 1
– – Ernennung des Treuhänders § 291, 9
– – Forderungsübertragung § 291, 9
– Antrag
– – auf Erteilung § 287, 6 ff.
– – auf Versagung § 296, 18
– – des Schuldners § 287, 2 ff.

2374

Stichwortverzeichnis

- – Rechtsschutzbedürfnis § 287, 14
- Antragstellung § 287, 6 ff.
- Aufhebung des Insolvenzverfahrens § 289, 16
- ausländische I, 370 ff.
- Ausschluß von Rückgriffsansprüchen § 301, 19
- begründeter Versagungsantrag § 296, 27
- Bekanntmachung
- – der Entscheidung § 300, 17
- – des Beschlusses § 289, 18
- Beschluß zur Ankündigung § 289, 12
- Bestand der Sicherungsrechte § 301, 14
- betroffene Verbindlichkeiten § 301, 3 ff.
- Dauer der Forderungsabtretung § 287, 87
- dingliche Sicherungsrechte § 301, 17
- Einzelfragen des Verfahrens § 286, 29
- Entscheidung § 300, 1 ff.
- – durch Rechtspfleger § 300, 14
- – Gebühr § 54, 30
- – über die ~ § 300, 6 ff.
- – über Versagung und Widerruf der ~ § 54, 28
- Erfüllung einer Forderung durch Mithaftenden § 301, 20
- erheblich beeinträchtigte Gläubigerbefriedigung § 303, 10
- Erteilung § 300, 12
- existenzgefährdende Schadensersatzforderungen § 302, 6
- Folgen § 286, 53; § 301, 2
- Forderungen auf Bezüge aus einem Dienstverhältnis § 287, 39 ff.
- Forderungsabtretungserklärung
- – als besondere Prozeßvoraussetzung § 287, 19 ff.
- – als Prozeßhandlung § 287, 27 ff.
- – Form und Inhalt § 287, 32
- Forderungsabtretungsschutz § 287, 81 ff.
- Gefährdungshaftungstatbestände § 302, 7
- Geldstrafen § 302, 15
- Geltungsgrund der Forderungsabtretung § 287, 22
- Gesamtvollstreckungsverfahren § 286, 55
- Glaubhaftmachung der Versagungsgründe § 296, 24
- im Insolvenzverfahren § 286, 8
- im Verlauf der Treuhandzeit begangene Obliegenheitsverletzung § 303, 2
- konstitutives Schuldanerkenntnis § 301, 11
- Kosten § 286, 50; § 289, 19; § 300, 18
- laufende Geldleistungen
- – der Bundesanstalt für Arbeit § 287, 68
- – der Sozialversicherungsträger § 287, 68

- Leistung trotz ~ § 301, 24
- materielle Wirkungen § 301, 1
- materiellrechtliche Theorie der Forderungsabtretung § 287, 23
- Nachtragsverteilung § 301, 13
- natürliche Person § 286, 29
- Obliegenheiten der Schuldner § 295, 8
- rechtsgestaltender Beschluß § 300, 1
- Rechtsmittel gegen als unzulässig abgewiesenen Antrag auf Erteilung der ~ § 289, 17
- Rechtsmittel gegen die Versagung § 300, 15
- Redlichkeitsvermutung § 290, 4
- Renten § 287, 68
- Restschuld als unvollkommene Verbindlichkeit § 301, 8
- Rücknahme des Antrags § 287, 15 ff.
- Schuldner § 286, 3
- strafbare Steuerhinterziehung § 302, 7
- Strafhäftling § 286, 32
- System von Schuld und Haftung § 286, 25
- Treuhandphase § 295, 1
- Unanfechtbarkeit der Entscheidung § 303, 1
- ungerechtfertigte Bereicherung § 302, 7
- Unterhaltsansprüche § 301, 5
- Untersuchungshäftling § 286, 32
- Unwirksamkeit vereinbarter Abtretungsverbote § 287, 94
- Versagung § 13, 49; § 286, 39; § 289, 7 ff.; § 290, 4; § 291, 2; § 296, 3; § 299, 1, 6; § 300, 6
- – Antrag des Treuhänders § 298, 8; § 300, 9
- – Insolvenzstraftat § 290, 10 ff.
- – mißbräuchlich wiederholtes ~sverfahren § 290, 28 ff.
- – schuldhafte Verletzung von Auskunfts- oder Offenbarungspflichten § 290, 16 ff.
- – unzutreffende Verzeichnisse § 290, 49
- – Verletzung von Auskunfts- und Mitwirkungspflichten § 290, 42 ff.
- – Verringerung der Insolvenzmasse § 290, 33 ff.
- Versagungsantrag § 290, 57 ff.
- – Anhörung des Schuldners § 296, 29
- – Begründetheit § 290, 64
- – gerichtliche Entscheidung § 296, 37
- Versagungsverfahren § 296, 16
- Verstoß des Schuldners gegen Obliegenheiten § 296, 1 ff.
- Vertragsverletzungen § 302, 7
- Verzicht auf den Antrag § 287, 18
- Vollstreckungsmaßnahme
- – Rechtsbehelfe § 294, 23

2375

Stichwortverzeichnis

- – Verfahren § 294, 23
- vor dem Insolvenzverfahren titulierte Forderung § 302, 14
- Vorausabtretung künftiger Sozialleistungsansprüche § 287, 70
- Voraussetzungen § 286, 29
- vorherige Abtretungen § 287, 90 ff.
- vorherige Verpfändungen § 287, 90 ff.
- vorsätzliche Obliegenheitsverletzung § 303, 8
- vorsätzliche unerlaubte Handlung § 302, 4
- Widerruf § 13, 49
- Widerrufsantrag § 303, 13
- Widerrufsentscheidung § 303, 19
- Widerrufsgrund § 303, 7
- Widerrufsregelung § 303, 4
- Widerrufsverfahren § 303, 12 ff.
- Wirkungen hinsichtlich verbleibender Verbindlichkeiten § 302, 17
- Zinsansprüche § 301, 6
- zivil- und strafrechtliche Folgen vorsätzlich begangener Delikte § 302, 1
- Zulässigkeit des Widerrufsantrags § 303, 15
- Zusatzerklärungen zum Antrag auf ~ V

Restschuldbefreiungsverfahren § 4, 53; § 40, 5; § 54, 34; § 286, 8; § 294, 14
- Beantragung zusammen mit einem Insolvenzverfahren § 286, 36
- Beschlußfassung über einen Antrag auf Prozeßkostenhilfe § 311, 9
- eigenständiges Verfahren § 286, 18
- früheres § 290, 28
- gesetzliches § 287, 5
- Hauptverfahren § 289, 1
- Konzept § 286, 18
- masseunzulängliches Insolvenzverfahren § 289, 20
- Prozeßkostenhilfe § 286, 45
- Rechtsmittel § 289, 17
- Treuhänder § 288, 2
- Treuhandzeit § 286, 38
- Verbraucherinsolvenzverfahren § 291, 10
- wirtschaftliche Schlechterstellung des Gläubigers bei Vergleich § 309, 21 ff.
- Zulassungsverfahren § 289, 1
- zweistufiges Verfahren § 286, 20

Resturlaub Anh. zu § 113, 113

Richter
- Besorgnis der Befangenheit § 4, 34
- funktionelle Zuständigkeit § 2, 13
- Zuständigkeit § 30, 3

Richtlinie über die Sanierung und Liquidation
- Kreditinstitut I, 236
- Bewertung I, 240
- Gleichheit der Gläubiger I, 243
- Sekundärinsolvenzverfahren I, 247
- Vorschlag I, 235; I 246
- wesentlicher Inhalt I, 238
- Ziel I, 236
- Zulassung von Sekundärinsolvenzverfahren I, 241

Richtlinie über die Wirksamkeit von Abrechnungen in Zahlungs- sowie Wertpapierliefer- und -abrechnungssystemen
- Anfechtungsrecht I, 221
- Option für Mitgliedsstaaten I, 223
- Praxis der Abrechnung in Zahlungssystemen I, 206
- Sicherheiten in Form von bestimmten Wertpapieren I, 230
- Überweisungsauftrag nach Eröffnung des Insolvenzverfahrens I, 219
- Wertersatzanspruch I, 222
- wesentlicher Inhalt I, 212
- Zahlungsauftrag nach Eröffnung des Insolvenzverfahrens I, 215
- Ziel I, 209

Richtlinie zur Angleichung der Rechtsvorschriften der Mitgliedsstaaten über die Wahrung von Ansprüchen der Arbeitnehmer beim Übergang von Unternehmen, Betrieben oder Unternehmens- oder Betriebsteilen vor § 113, 52

Rückabwicklung gemäß § 812 BGB § 321, 8

Rückabwicklungsschuldverhältnis aus gegenseitigen Verträgen § 103, 15

Rückdeckungsversicherung § 47, 39

Rückgriffsforderung, aufschiebend bedingte § 44, 5

Rücknahmeantrag § 13, 16

Rückschlagsperre § 88, 1; § 129, 15; § 306, 12
- Beschränkung § 88, 8
- betroffene Vollstreckungsforderungen § 88, 3
- freiwillig gewährte Sicherungen § 88, 7
- Frist § 88, 13 ff.
- kein Gutglaubensschutz § 88, 12
- Rechtsnatur § 88, 13 ff.

Rückschlagsperrfrist § 88, 2
- entscheidender Zeitpunkt § 88, 16

Rückstellung § 155, 115

Rückzahlungssperre, Umfang § 135, 57

Ruhegeld, keine Anfechtung § 134, 19

Ruhegeldzusage, Anfechtung § 134, 19

Rumpfwirtschaftsjahr § 155, 9

Sache, übereignete
- Anfechtung § 143, 6

Sachgesamtheit, Übereignung § 51, 8
Sachmängelhaftung § 103, 48
Sachverständige
- Höhe der Entschädigung § 13, 68
- Überblick über Vermögen des Schuldners § 22, 29

Sachverständigengutachten § 4, 62
Sachverständigenkommission für Insolvenzrecht
- umfassendes Regelungsmodell vor § 1, 6

Sachverständigenkosten § 13, 38; § 25, 17
Sachverständigenvergütung
- Beschwerde gegen Festsetzung § 13, 74

Sachverständiger § 27, 14
- Auftraggeber § 22, 49
- Aufwendungen für Hilfskräfte § 22, 54
- Auskunftserteilung § 22, 49
- Beauftragung § 5, 15
- Beauftragung, keine Anfechtung § 22, 43
- Ermittlungen § 22, 45
- Erstattung des Gutachtens § 22, 47
- erstattungsfähige Aufwendungen § 22, 54
- Erstellung einer Gläubiger- und Schuldnerliste § 22, 47
- Erstellung eines Inventarverzeichnisses § 22, 47
- Fahrtkosten § 22, 54
- gesonderter § 22, 57
- Haftung § 22, 50
- isolierter § 22, 57
- Stellung § 22, 45 ff.
- Vergütung § 22, 52
- – als Kosten des Verfahrens § 22, 56

Sachwalter vor § 270, 18
- Ablösung von einem Insolvenzverwalter § 280, 7
- Abrechnungspflicht § 275, 31
- Absonderungsrechte § 282, 11
- Aktenaufbewahrungspflicht § 269, 10
- allgemeiner Haftungsmaßstab § 274, 13
- allgemeiner Sorgfaltsmaßstab § 274, 18
- Anordnungsbeschränkung vor § 270, 30
- Antragsbeschränkung vor § 270, 30
- Aufgabenkreis § 274, 43
- Aufhebung des Amtes § 275, 34
- Aufsicht § 274, 8
- Aufsichtsinhalt § 274, 9
- Ausarbeitung des Insolvenzplans § 284, 5
- Auskunftspflicht § 275, 31
- bargeldloser Zahlungsverkehr § 275, 28
- Befugnisse vor § 270, 21
- bei der Begründung von Verbindlichkeiten § 275, 1
- besondere Leistungen zur Vermehrung der Masse, Vergütungsfragen § 280, 14
- Bestellung § 270, 41; § 274, 5 ff.
- Beurteilung zur Einzelfalleignung § 274, 6
- Eingehen von Verbindlichkeiten durch den Schuldner im nicht gewöhnlichen und gewöhnlichen Geschäftsbetrieb § 275, 6
- Eingriffsbeschränkung vor § 270, 30
- Entlassung § 274, 11
- Forderungsanmeldung § 270, 44
- Geldverkehr § 275, 28
- Grundpflichten § 274, 43
- Haftung § 274, 12; § 280, 13
- kassenführender ~
- – Rechtsstellung im Außenverhältnis § 275, 23
- – Rechtsstellung im Innenverhältnis § 275, 25
- Kassenführung vor § 270, 25
- Kassenführungsrecht § 275, 16 ff.
- Kernpflichten vor § 270, 28
- Klage gegen einen Widerspruch § 283, 4
- Masseunzulänglichkeit § 285, 1
- Mittel zu einer bescheidenen Lebensführung des Schuldners § 278, 1
- Neubestellung durch erste Gläubigerversammlung § 274, 7
- persönliche Verantwortlichkeit § 275, 5
- Pflichten § 270, 11
- Prozeßführung § 275, 30
- Prozeßkostenhilfe § 280, 8
- Prüfung der wirtschaftlichen Lage des Schuldners § 274, 46
- Prüfungs- und Überwachungspflichten § 281, 28
- Rechte § 270, 11
- rechtsgeschäftliche Erklärungen § 280, 5
- Rechtsstellung
- – zum Schuldner § 280, 11
- – zur Insolvenzmasse § 280, 4
- Regelsatzprinzip § 274, 27
- Regelvergütung § 274, 29
- Sachkompetenz § 282, 18
- Sorgfaltsmaßstab
- – bei drohender Masseunzulänglichkeit § 274, 22
- – bei Einschaltung von Erfüllungsgehilfen § 274, 19
- Stellung § 274, 1 ff.
- – im Prozeß § 280, 6
- – in der Zwangsvollstreckung § 280, 10
- Übernahme der Kassenführung § 275, 20

2377

Stichwortverzeichnis

– Überprüfung der Lebenshaltung des Schuldners § 278, 12
– Überwachung der Geschäftsführung des Schuldners und seiner privaten Ausgaben für die Lebensführung § 274, 51
– Überwachung des Schuldners bei Eigenverwaltung § 276, 2
– unaufgeforderte Erfüllung der Unterrichtungspflichten § 274, 56
– Unterrichtungspflichten § 274, 53
– – vor dem Berichtstermin § 281, 9
– Vergütung § 274, 26
– – Berechnungsbeispiel § 274, 38
– – besondere Sachkunde § 274, 40
– – einzelfallbezogene Beurteilung § 274, 35
– – Geschäftsunkostenabgeltung § 274, 39
– – geschmälerte Regelsatzabweichungen § 274, 31
– – Pauschalsatz § 274, 41
– – Regelsatzabweichungen § 274, 30
– – ungeschmälerte Regelsatzabweichungen § 274, 31
– – Vorschußberechtigung § 274, 42
– Vergütungsberechnung unter Berücksichtigung von Regelsatzabweichungen § 274, 36
– Verjährung von Schadensersatzansprüchen aus Pflichtverletzung § 274, 25
– Verletzung der Unterrichtungspflichten § 274, 59
– Verzeichnisse
– – Ergänzungspflicht § 281, 20
– – Prüfungs- und Erklärungspflicht § 281, 17
– vom Schuldner eingegangene Verbindlichkeiten, Zustimmung § 275, 15
– Widerklage § 280, 9
– Widerspruchsmöglichkeit § 275, 12
– Zustimmungsanordnung, Rechtsfolgen § 277, 7
– Zustimmungserfordernis § 275, 9
Sachwalteranspruch § 275, 16
Sachwalterbefugnis § 280, 3
Sachwalterbestellung § 280, 3
– bisheriger Insolvenzverwalter § 271, 10
Sachwalterhaftung bei Zustimmung § 277, 12
Sachwalterwechsel während des Rechtsstreites § 280, 7
Sachwalterzustimmung
– Antrag der Gläubigerversammlung § 277, 3
– Antrag eines einzelnen absonderungsberechtigten Gläubigers oder Insolvenzgläubigers § 277, 13
Saisonartikel § 107, 34

Sale- and Leaseback Verfahren § 107, 11
Samenlieferant, gesetzliches Pfandrecht § 50, 19
Samstagsarbeit Anh. zu § 113, 10
Sanierung vor § 1, 17; § 129, 2
– Begriff § 220, 58
– finanzwirtschaftliche § 220, 77
– Fortführung § 112, 1
– übertragende § 220, 25
– übertragene vor § 1, 17
– Vorbereitung § 22, 36
Sanierungschancen, Prüfung § 22, 30
Sanierungsgewinn, steuerfreier § 155, 447
Sanierungskonzept
– Inhalt § 220, 81 ff.
– Maßnahmen und Rechtshandlungen des Verwalters seit Eröffnung § 220, 82
– Vorbereitung § 22, 36
Sanierungskredit, Sicherheitenbestellung § 142, 4
Sanierungsmöglichkeit, außergerichtliche § 18, 22
Sanierungsvergleich, außergerichtlicher § 218, 23
Sanierungsversuch, Insolvenzgeld Anh. zu § 113, 54
Sanierungswürdigkeit vor § 1, 23
Säumniszuschlag § 155, 433
Schadensersatz
– bei unberechtigtem Insolvenzantrag § 13, 119
– Surrogationstheorie § 103, 47
– wegen Nichterfüllung § 103, 50
– zur Masse § 81, 23
Schadensersatzanspruch § 45, 9; Anh. zu § 113, 17
– wegen Verminderung der Insolvenzmasse § 92, 1
Scheck
– Ausstellung § 130, 17; § 140, 8
– Einlösung durch Bank § 116, 49
– Zahlung auf den ~ § 137, 7
Scheckinkasso, Anfechtung § 130, 8
Scheckprotest § 137, 2
Scheckrückgabe § 14, 83
Scheckzahlungen, Deckungsanfechtung § 130, 5
Scheingeschäft § 129, 50
Scheingesellschaft § 11, 21
– Insolvenzfähigkeit § 11, 1
Schenkung
– Begriff § 134, 23
– gemischte § 134, 24
– – Zurückgewährung § 144, 5

- unter Auflage § 134, 23
- verschleierte, Begriff § 134, 23

Schenkungsanfechtung § 129, 17; § 134, 1

Schenkungsversprechen, Erfüllung
§ 134, 15

Schenkungsvertrag, Anfechtung § 132, 5

Schiedsvertrag, Abschluß § 160, 11

Schiff, Zwangsversteigerung § 49, 22

Schiffsbauregister § 81, 34
- Eigenverwaltung § 270, 46
- Überwachungsvermerk § 267, 19

Schiffsbauwerk, Zwangsversteigerung
§ 49, 22

Schiffsgläubiger, gesetzliches Pfandrecht
§ 50, 19

Schiffsregister § 33, 2
- Eigenverwaltung § 270, 46
- Überwachungsvermerk § 267, 19

Schließung, Filiale § 22, 27

Schlußbilanz
- Anhang § 155, 93
- werbende Gesellschaft § 155, 74

Schlußrechnung
- durch den Schuldner § 281, 27
- Inhalt § 196, 9
- Tätigkeitsbericht des Insolvenzverwalters § 196, 12
- Zweck § 196, 10

Schlußtermin § 197, 1
- Erörterung der Schlußrechnung § 197, 6
- öffentliche Bekanntmachung § 197, 19
- Tagesordnungspunkte § 197, 4

Schlußverteilung § 196, 1
- aufschiebend bedingte Forderungen § 191, 2
- Überschuß § 199, 1
- Voraussetzung § 196, 3
- Zustimmung des Gerichts § 196, 8; § 197, 2

Schlußverzeichnis § 196, 8; § 292, 10
- Einwendungen § 197, 9
- Grundlage für die Nachtragsverteilung § 205, 2

Schönheitsreparatur § 108, 28

Schrankfachmietvertrag § 116, 45

Schriftstück, Zustellung § 8, 2

SCHUFA-Auskunft § 3, 23

Schuld
- Anerkennung einer irrtümlich bestehenden ~ § 134, 13
- Bezahlung einer irrtümlich bestehenden ~ § 134, 13
- Erfüllung einer klaglosen ~ § 134, 14

Schuldanerkenntnis § 133, 21

Schuldanerkenntnisvertrag, negativer
§ 132, 6

Schuldbefreiung § 286, 16
- gesetzliche § 287, 2

Schuldbefreiungsverfahren
- Antrag des Schuldners § 286, 42
- freiwillige Beendigung durch Schuldner § 299, 8
- gesetzliches § 286, 20
- Streitgenossenschaft § 286, 43
- Tod des Schuldners § 286, 34
- vorzeitige Beendigung § 299, 6
- Zuständigkeit § 286, 52
- zweistufiges § 300, 2

Schuldbegründung, anfechtbare § 143, 5

Schuldenbereinigung § 1, 2; § 26, 27; § 217, 13
- einvernehmliche § 306, 1
- endgültige vor § 1, 32

Schuldenbereinigungsplan § 2, 14; § 13, 31; § 21, 74; § 26, 18; § 30, 24; § 305, 5; V
- Änderungen § 307, 10 ff.
- Annahme § 308, 1 ff.
- Anpassung § 308, 23
- außenstehende Gläubiger § 308, 15
- Drittbeteiligung § 308, 5
- Entscheidung über § 22, 7
- Ergänzungen § 307, 10 ff.
- Ersetzung der Zustimmung der Gläubiger § 309, 2 ff.
- Erstattungsansprüche von Gläubigern § 310, 2 ff.
- Geltendmachung der Unwirksamkeit § 308, 21 ff.
- – einzelner Forderungen § 308, 21 ff.
- gesetz- und sittenwidrige Forderungen § 308, 9
- Inhalt § 305, 28
- keine Einwendungen § 308, 1 ff.
- Kosten § 310, 2 ff.
- mehrheitliche Zustimmung § 309, 8
- Nullplan § 309, 32 ff.
- Prozeßvergleich § 308, 2
- Ruhen des Verfahrens über den Antrag auf Eröffnung des Insolvenzverfahrens § 311, 1
- Schweigen der Gläubiger als Zustimmung § 307, 8
- Streit über die Höhe der Forderungen § 309, 38
- Titelfunktion § 308, 3
- Überprüfung des Vorliegens eines Insolvenzgrundes § 309, 30
- unangemessene Beteiligung im Verhältnis zu den übrigen Gläubigern bei Zustimmungsersetzung § 309, 11 ff.

Stichwortverzeichnis

- Unwirksamkeit § 308, 7
- – einzelner Bestimmungen § 308, 9
- Verfahren § 308, 19 ff.
- – bei der Zustimmungsersetzung § 309, 37
- Verfallklauseln § 308, 11 ff.
- zahlungsunfähiger Schuldner § 311, 4
- Zustellung § 307, 3 ff.
- Zustimmungsersetzung durch den Richter § 309, 40

Schuldenbereinigungsverfahren § 4, 53
- Entscheidung über den Eröffnungsantrag § 306, 5
- Ersetzung der Zustimmung der Gläubiger § 309, 5 ff.
- Gerichtskosten § 305, 52
- Insolvenzstraftat § 309, 31
- Kleingewerbetreibende § 305, 1
- Obstruktionsverbot § 309, 4
- Verbraucher § 305, 1
- zügige Abwicklung § 307, 1

Schuldenmassestreit § 86, 4; § 87, 4

Schuldner
- Abgabe der eidesstattlichen Versicherung § 24, 35
- abhängige Unternehmen § 138, 14
- Abweisung des Eröffnungsantrags § 26, 60
- aktive Mitwirkungspflicht § 97, 1
- allgemeiner Kündigungsschutz § 295, 17
- als Erbe des Verpflichteten bei Unterhaltsansprüchen § 40, 10
- als Mieter § 109, 2
- als Pächter § 109, 2
- als Unternehmer § 155, 358
- als Vermieter § 110, 2 ff.
- als Verpächter § 110, 2 ff.
- Anhörung § 5, 7
- Ansprüche auf eine unentgeltliche Leistung § 246, 26
- Arbeiten für die Masse § 97, 16
- außerordentliche Kündigung § 295, 18
- Aufhebungsvertrag § 295, 19
- Aufträge, Erlöschen bei Insolvenzeröffnung § 115, 2
- Ausgleichsansprüche § 81, 25
- Aushilfstätigkeit § 295, 31
- Auskunftserteilung § 296, 30
- Auskunftspflicht § 97, 2 f.
- – im Eröffnungsverfahren § 20, 1 ff.
- Ausübung einer angemessenen Erwerbstätigkeit § 295, 11
- beeinträchtigte Befriedigung § 296, 10
- Beendigung der Erwerbstätigkeit § 295, 15
- Bemühungen bei Beschäftigungslosigkeit § 295, 26

- Berichtspflicht § 281, 22
- Berichtstermin § 281, 22
- besonderer Zustimmungsvorbehalt § 21, 92
- besonderes Verfügungsverbot § 21, 92
- Bestellung
- – zum ehrenamtlichen Richter § 80, 8
- – zum Schöffen § 80, 8
- Betriebsführungsvertrag § 138, 15
- Beurteilung der Gefahr gläubigerbenachteiligenden Handelns § 270, 38
- bloßes Bestreiten der Forderung § 14, 109
- Darlehnsnehmer § 38, 3
- dienstvertragliche Verbindung § 138, 15
- doppelte Rechnungslegungspflicht § 281, 26
- Durchsuchung seiner Wohn- und Geschäftsräume § 20, 10
- Ehegatte § 138, 5
- eidesstattliche Versicherung § 5, 16; § 14, 40; § 98, 2; § 296, 30
- Eigenantrag § 14, 90; § 20, 1 ff.
- Eigenantrag, Vorschuß § 26, 18
- Eigenkündigung § 295, 20
- Eigenverwaltung § 275, 2
- Einkommensteuer, Zusammenveranlagung mit dem Ehegatten § 155, 291 ff.
- Einschränkung
- – der Verfügungsbefugnis § 277, 1
- – der Verwaltungsbefugnis § 277, 1
- Einziehung des Reisepasses § 21, 97
- Entnahmerecht für bescheidene Lebensführung § 278, 5 ff.
- Erbrecht § 295, 36
- Erlöschen von erteilten Vollmachten § 117, 1
- Eröffnung des Insolvenzverfahrens, Verfügungen § 81, 1 ff.
- Eröffnungsbeschluß § 30, 26
- Erreichbarkeit § 97, 17
- Erscheinen § 296, 30
- Erstellungspflicht der Verzeichnisse § 281, 10 ff.
- Erstreckung des Verfügungsverbots auf Verfügungen über künftige Forderungen § 81, 40
- Erzwingung der Anhörung § 26, 56
- familienrechtliche Beschränkung § 80, 8
- Folgen einer unterlassenen Anhörung § 10, 11
- Fortführung bis zur Entscheidung der Gläubigerversammlung § 158, 1
- Fremdwährungskonto § 116, 36
- Gegenglaubhaftmachung § 14, 66
- Geldzahlungen § 82, 2

2380

- Gelegenheitstätigkeit § 295, 31
- Gemeinschaftskonto § 116, 38
- genaue Bezeichnung im Eröffnungsbeschluß § 27, 18
- Gesamtgutsverbindlichkeit § 333, 12 ff.
- Geschäftsbücher § 36, 3
- Gesuch um Wiedereinsetzung in den vorigen Stand § 186, 8
- Gründe zur Anordnung von Verhaftung § 98, 8 ff.
- Haft § 21, 99
- Haftbefehl § 98, 8
- – zur Erzwingung von Auskunftspflichten § 98, 5
- Hausarrest § 21, 98
- herauszugebender Vermögenserwerb § 295, 36
- im Ausland belegenes Vermögen § 22, 63
- Indizien für Zahlungsunfähigkeit § 14, 75 ff.
- Insolvenzplan, Widerspruch § 247, 9
- keine natürliche Person, Beschwer bei Ablehnung der Eröffnung § 34, 19 ff.
- Kinderbetreuung § 295, 35
- Klage gegen einen Widerspruch § 283, 4
- Kreditwürdigkeit § 26, 79
- Kündigung von Betriebsvereinbarungen § 279, 15
- Leistung als Bürge § 144, 3
- Leistung als Mitschuldner § 144, 3
- Leistungen an ~ § 82, 1
- mangelnde Empfangszuständigkeit § 82, 1
- Mehrarbeit § 295, 21
- mehrere Wohnsitze § 3, 14
- Mitglieder des Vertretungs- oder Aufsichtsorgans § 138, 11
- Mitwirkungspflicht § 20, 5; § 97, 15 f.
- Nacherbschaft § 295, 41
- nachteilige Veränderung der Vermögenslage § 21, 5
- Nachzahlungsfrist § 256, 16
- Nichtablehnung zumutbarer Tätigkeit § 295, 30
- nichtakzessorische Sicherheiten § 144, 3
- Passivprozeß § 86, 3 ff.
- Pflicht
- – zum Einvernehmen mit dem Sachwalter als Muß-Handlung § 279, 13 ff.
- – zum Einvernehmen mit dem Sachwalter als Soll-Handlung § 279, 9 ff.
- – zum einvernehmlichen Handeln mit dem Sachwalter § 279, 4
- – zur Auskunftserteilung § 10, 12
- – zur Stellungnahme § 281, 22
- Prokura § 138, 15
- Prozeßkostenhilfe § 13, 78; § 54, 34 ff.
- Rechnungslegungspflichten § 281, 25
- Rechtsbehelfe gegen Abweisung des Eröffnungsantrages § 26, 76
- Rechtshandlungen
- – Wirksamkeit § 276, 11
- – bei Eigenverwaltung, Mitwirkungsregeln hinsichtlich Sachwalter § 279, 2
- – vorläufige Untersagung – § 276, 10
- – Zustimmung der Gläubigerversammlung § 276, 9
- – Zustimmung des Gläubigerausschusses § 276, 7
- Regelinsolvenzverfahren § 287, 10
- Regelungen zum Unterhalt § 22, 16 a
- Restschuldbefreiung § 286, 3
- Rückgewähranspruch § 256, 25 f.
- Sachwalter, Rechtsstellung § 270, 15 a
- Sekundärpflichten § 97, 1
- selbständige Tätigkeit § 295, 61
- Selbstverwaltung § 270, 1
- sofortige Beschwerde bei Eröffnung des Verfahrens § 34, 6
- streitige Verbindlichkeiten § 25, 23
- Teilzahlungen § 14, 34
- Teilzeitbeschäftigung § 295, 25
- Tod während Schuldbefreiungsverfahren § 286, 34
- Übernahme einer anderen Erwerbstätigkeit § 295, 22
- Überschuldung § 14, 70
- Übersicht der Vermögensmasse § 20, 4
- Überstunden § 295, 21
- Überwachungsvermerk § 267, 9
- Umfang der Auskunftspflicht § 97, 13
- ungerechtfertigte Zahlung an den Gläubiger § 256, 20 ff.
- Unterhalt § 100, 1
- Unterhaltsansprüche § 301, 5
- Unterlassungspflichten § 97, 19
- Unterrichtungen § 295, 43
- Unterrichtungspflichten vor dem Berichtstermin § 281, 9
- Unzumutbarkeit einer Tätigkeit § 295, 34
- Veräußerungsverbot § 80, 1
- Verbot des Betretens der Geschäftsräume § 21, 96
- verbotene Sondervorteile § 295, 53
- Verfahrensförderungspflicht § 97, 1
- Verfügungen § 81, 1 ff.; § 263, 15
- Verfügungsrecht § 270, 6 ff.
- Verhaftung § 98, 4
- Verlust des Verwaltungs- und Verfügungsrechts § 80, 5

- Vermögen § 26, 7
- Vermögenslosigkeit § 14, 41
- Vermögensverzeichnis V
- Vernehmung § 5, 25
- Verpflichtung
- – wiederkehrende Leistungen zu zahlen § 46, 1
- – zur Auskunftserteilung § 5, 7
- verschuldete Obliegenheitsverletzung § 296, 8
- Verstoß gegen Obliegenheiten § 296, 1
- Verwaltungs- und Verfügungsbefugnis § 30, 26
- Verwaltungsrecht § 270, 6 ff.
- Verwertung, Umsatzsteuer § 282, 16
- – Verwertungskosten § 282, 16
- Verwertungsrecht § 282, 14
- – Ausübung im Einvernehmen mit dem Sachwalter § 282, 17
- Vorführung § 21, 99; § 98, 4
- Vorlage eines Gläubiger- und Schuldnerverzeichnisses § 20, 4
- Vorschriften
- – – über Anordnung der Haft § 98, 11
- – – über die Beendigung der Haft § 98, 11
- – vorweggenommene Erbfolge § 295, 39
- Wechsel
- – – der Beschäftigungsstelle § 295, 45
- – – des Wohnsitzes § 295, 45
- – werbende Tätigkeit § 3, 18
- Widerspruch
- – – gegen die zur Tabelle angemeldeten Forderungen § 184, 1
- – – gegen Forderung § 176, 18
- Zahlungsunfähigkeit § 14, 70
- – Begriff § 14, 73
- – Zeitmoment des Verlustes der Verfügungsbefugnis § 81, 17
- – Zugewinnausgleichsanspruch § 295, 40

Schuldnerantrag
- Auskunftspflichten § 14, 97
- drohende Zahlungsunfähigkeit § 14, 95; § 17, 1
- erforderliche Anzahl von Durchschriften § 14, 11
- inhaltliche Anforderungen § 14, 88 f.
- Insolvenzplan § 14, 98
- Liquiditätsplan § 14, 95
- Mitwirkungspflichten § 14, 97
- Sicherungsmaßnahme § 21, 15
- Übersicht der Vermögensmasse § 14, 90
- Verzeichnis der Gläubiger und Schuldner § 14, 90
- Zulässigkeitsvoraussetzungen § 14, 4

Schuldnerberatung § 312, 13
Schuldnerkartei, Eintragung § 3, 23
Schuldnerunternehmen
- Fortführung § 172, 1
- Sanierung § 172, 1

Schuldnervermögen
- bestmögliche Verwertung vor § 1, 27
- Liquidierung § 286, 6

Schuldnerverzeichnis
- Auskunft § 26, 79
- Auskunftsrecht § 26, 82
- Eintragung § 4, 54; § 26, 60
- der Abweisung mangels Masse § 26, 78
- Löschungsfrist § 26, 80

Schuldnerverzeichnisverordnung § 26, 82
Schuldtitel
- vollstreckbarer § 155, 222
- – Begriff § 141, 2

Schuldübernahme § 129, 22
- Begriff § 130, 23

Schuldverhältnis, Anspruch auf Gegenleistung § 144, 9

Schutz des guten Glaubens § 81, 26; § 82, 8

Schutzschrift § 14, 107
Schwangerschaft, Kündigung § 113, 65
Schwerbehinderte, Kündigung eines Arbeitsverhältnisses § 126, 19
Schwerbehindertenschutz
- Sonderkündigungsschutz § 113, 56 ff.
- Zustimmung der Hauptfürsorgestelle § 113, 59

Schwimmdock, Zwangsversteigerung § 49, 22
Seeschiffregister § 33, 2
Sekundärinsolvenzverfahren I, 19
Selbstablehnung § 4, 41, 48
Selbständigkeit § 304, 7
- geringfügige § 304, 8 ff.

Selbstbestimmung, informationelle § 4, 49
Sequester § 22, 1
- Kündigungsrecht § 22, 23
- Rechtsstellung § 22, 1

Sequestration § 22, 2
- dynamische § 22, 1
- Zulässigkeit § 22, 1

Sicherheit
- Anfechtung § 130, 30
- Auffüllen nicht vollvalutierter § 131, 20
- Bestellung für den Insolvenzfall § 133, 15
- für mehrere Forderungen § 131, 18
- Streit über die Wirksamkeit § 309, 14

Sicherung
- Begriff § 131, 15

- die nicht zu der Zeit zu beanspruchen war § 131, 23
- die nicht in der Art zu beanspruchen war § 131, 22
- die nicht zu beanspruchen war § 131, 16
- fremder Schuld § 134, 11
- gesetzliche Ansprüche auf ~ § 131, 21

Sicherungsabrede § 51, 5
Sicherungsabtretung § 28, 8; § 50, 1
- Absonderungsrechte § 49, 2

Sicherungseigentum § 22, 13; § 47, 25
- Begründung § 51, 6

Sicherungsgut
- Verwertung § 155, 411
- – durch den Insolvenzverwalter § 155, 416
- – durch den Sicherungsnehmer § 155, 417
- – Kostenverteilung hinsichtlich des Umsatzsteuerbetrages § 171, 9
- – Umsatzsteuer § 155, 416

Sicherungsmaßnahme
- Änderung der Sachlage § 306, 15
- Anforderungen an den Erlaß § 21, 14 ff.
- Anordnung § 2, 17; § 4, 42; § 5, 27
- – Eilmaßnahme § 34, 52
- – Leistungen eines Drittschuldners § 24, 21
- – rechtliches Gehör des Schuldners § 21, 22
- – verfahrensmäßiger Ablauf § 21, 17 ff.
- – von Amts wegen § 21, 14
- Aufhebung § 2, 17
- – bei Abweisung des Eröffnungsantrages § 25, 1
- – der Anordnung § 21, 81
- – von Amts wegen § 25, 7
- Beschränkung auf bestimmte Gegenstände § 21, 75
- besondere Verfügungsverbote § 21, 30
- Erlaß § 14, 109
- Rechtsbehelfe gegen Anordnung § 21, 82
- Rechtsfolgen eines Verstoßes § 24, 16
- schnelle Aufhebung § 25, 22
- Überblick § 21, 1
- Übersendung der Beschlußabschrift § 25, 12 ff.
- Übersicht § 21, 13
- Veröffentlichung des Beschlusses § 23, 12
- Voraussetzung für die Anordnung § 23, 5
- Wirkungen § 24, 1

Sicherungsmaßnahmen, Anordnung
- Rechtsbehelf § 34, 47

Sicherungsnehmer, Verwertung des Sicherungsguts § 155, 417

Sicherungsrecht § 28, 8
Sicherungssequestration § 22, 5

Sicherungsübereignung § 28, 8; § 50, 1; § 144, 3
- Absonderungsrechte § 49, 2
- eigennützige Treuhand § 51, 5
- Kollision mit anderen Sicherungsmitteln § 51, 16
- Wirksamkeit § 51, 11

Sicherungsvertrag § 282, 11
Siegelung § 150, 1 ff.
Sitzungspolizei § 4, 28
Sitzverlegung ins Ausland § 3, 24
Software-Lizenzvertrag § 103, 16
Softwarevertrag § 108, 15
Sollkaufmann § 155, 6

Sonderabkommen
- Abschluß § 294, 26
- Sondervorteil § 294, 31

Sondererbfolge
- Höfeordnung § 315, 14
- in den Geschäftsanteil § 315, 14

Sondergut § 37, 4
- Begriff § 37, 7
- des Mannes und das der Frau § 332, 10

Sonderinsolvenz § 8, 16; § 11, 2; § 30, 22; § 332, 31

Sonderinsolvenzverfahren § 27, 11; § 88, 8
- Antragsberechtigung § 14, 7
- Antragsfrist § 14, 7

Sonderinsolvenzverwalter § 92, 9
- Ernennung § 30, 3

Sonderkündigungsrecht vor § 113, 8
Sonderkündigungsschutz § 113, 32 ff.
- Abgeordnete § 126, 21
- Abgeordnetenschutz § 113, 74
- Betriebsratsmitglieder § 113, 33
- Mutterschutz § 113, 64
- Schwerbehinderte § 126, 19
- Schwerbehindertenschutz § 113, 56 ff.
- Wehrdienstleistender § 113, 72; § 126, 21

Sonderleistung, einmalige
- Zusage Anh. zu § 113, 152

Sonderrechtsnachfolger § 145, 1, 6

Sondervergütung
- Belohnungscharakter für Betriebstreue Anh. zu § 113, 135
- Entgeltcharakter Anh. zu § 113, 129

Sondervermögen, Treuhänder
- notwendige Auslagen § 292, 6

Sonntagsarbeit Anh. zu § 113, 10
Sorgfaltsmaßstab, Begriff § 274, 18

Sozialauswahl
- auswahlrelevanter Personenkreis § 125, 11
- berechtigtes betriebliches Interesse an der Weiterbeschäftigung § 125, 14

Stichwortverzeichnis

- Darlegungs- und Beweislast hinsichtlich Fehler § 125, 18
- Erhaltung bzw. Schaffung einer ausgewogenen Personalstruktur § 125, 13
- grobe Fehlerhaftigkeit § 125, 10

Sozialhilfe § 100, 1; § 287, 80

Sozialhilfeträger
- Zahlung der Mindestvergütung des Treuhänders § 298, 7

Sozialleistung
- Unverhältnismäßigkeit von Formularabtretungen § 313, 57

Sozialleistungen
- laufende § 312, 42
- unpfändbare § 312, 42

Sozialleistungsanspruch, Pfändung § 287, 70

Sozialleistungsverhältnis, Forderungen § 312, 38

Sozialplan § 22, 23; § 113, 54; § 122, 2; § 129, 22; § 187, 1; § 208, 2
- Abschlagszahlungen § 123, 20
- absolute Obergrenze § 123, 2
- – maßgeblicher Zeitpunkt § 123, 9
- Anfechtung § 124, 13 ff.
- angepaßter Inhalt bei Wegfall der Geschäftsgrundlage § 124, 27
- außerordentliche Kündigung § 124, 22
- Ermessensrichtlinien zur Volumenbestimmung § 123, 19
- insolvenznaher § 124, 1
- – Rechtsfolgen des Widerrufs § 124, 9
- – Widerruf § 124, 4 ff.
- – zeitliche Grenze des Widerrufs § 124, 7 f.
- Kündigung § 124, 13 ff.
- Masseunzulänglichkeit § 123, 15
- Monatsverdienst § 123, 11
- ordentliche Kündigung § 124, 22
- Rechtsfolgen bei Überschreitung der absoluten Obergrenze § 123, 12
- relative Obergrenze; § 123, 2, 14 ff.
- Umfang § 123, 1 ff.
- von der Entlassung betroffene Arbeitnehmer § 123, 10
- vor Verfahrenseröffnung § 124, 1 ff.
- Wegfall der Geschäftsgrundlage § 124, 13 ff.
- Wirkung § 124, 20

Sozialplanabfindung
- Höhe Anh. zu § 113, 253
- nicht gezahlte Anh. zu § 113, 256

Sozialplananspruch, Zweck Anh. zu § 113, 254

Sozialplangesetz § 123, 2

Sozialversicherungsbeitrag, Nichtabführung § 14, 77

Sozialversicherungsträger
- Glaubhaftmachung der Forderung § 14, 55
- Schätzung § 21, 23
- Unzumutbarkeit der Kostenaufbringung § 26, 43

Spaltung, Gesellschaft § 145, 4

Spareinlagenvertrag § 116, 37

Sparvertrag § 312, 63

Spediteur, gesetzliches Pfandrecht § 50, 19

Sperrkonto, Begriff § 116, 43

Staatsanleihen § 104, 17

Staatsanwaltschaft
- Sicherstellung von Unterlagen § 5, 17

Stammeinlage bei nicht wesentlich beteiligten Gesellschafter-Geschäftsführern § 155, 524

Stammkapital, GmbH
- Prüfung hinsichtlich Einzahlung § 22, 33

Stellvertretung, gewillkürte § 34, 9

Steuerangelegenheit
- Auswirkungen der Schweigepflicht § 155, 450

Steueraufsichtsverfahren § 155, 178

Steuerberater
- Herausgabe von Buchhaltungsausdrucken § 116, 27

Steuerberatervertrag § 116, 18

Steuerbescheid, nichtiger § 155, 184

Steuererklärung, Berichtigung § 155, 437

Steuerermittlungsverfahren § 155, 178

Steuererstattungsanspruch § 155, 127

Steuerfestsetzung, bestandskräftige
- Vorliegen vor Eröffnung des Insolvenzverfahrens § 155, 222

Steuerfestsetzungsverfahren § 155, 179

Steuerfeststellungsverfahren § 155, 179
- Eröffnung des Insolvenzverfahrens § 87, 21

Steuerforderung § 38, 10
- Anmeldung § 87, 25; § 155, 172
- Aufrechnung § 155, 127
- Begründetsein § 155, 134
- Einhaltung von Verwaltungsvorschriften § 87, 27
- Entstehung § 155, 134
- Fälligkeit § 155, 134
- Feststellungsbescheid § 87, 49
- nach Abschluß des Insolvenzverfahrens § 155, 259
- Rechtskraftwirkung § 87, 39
- vor Eröffnung des Insolvenzverfahrens nach der InsO begründete ~ § 155, 132

- während des Insolvenzverfahrens entstehende ~ § 155, 230
- Widerspruch § 155, 210
- – gegen ~ § 87, 47
- zur Tabelle angemeldete ~ § 155, 219

Steuerfreiheit, Sanierungsgewinn § 155, 447
Steuergeheimnis § 155, 449
Steuergläubiger § 155, 118
- als Absonderungsberechtigter § 155, 124
- als Aussonderungsberechtigter § 155, 122
- Aufrechnung § 155, 126

Steuern
- in der Insolvenz § 155, 117
- Wegfall des Vorrechtes § 155, 227

Steuerverwaltungsakt
- Bekanntgabe § 155, 201
- Erlaß § 155, 201

Stiefgeschwister § 138, 2
Stiftung
- Antragspflicht § 15, 3
- Antragsrecht § 15, 3

Stille Gesellschaft, Auflösung § 118, 2
Strafhäftling
- Restschuldbefreiung § 286, 32
- Untersuchungshäftling § 286, 32

Streckengeschäft § 107, 20
- des täglichen Wirtschaftslebens § 107, 10

Streikunterstützung § 287, 45
Streitgenossen
- einfache § 85, 10; § 145, 23
- notwendige § 85, 10

Streitgenossenschaft, Schuldbefreiungsverfahren § 286, 43
Streitwert einer Klage auf Feststellung einer bestrittenen Forderung § 182, 1
Streitwertfestsetzung § 6, 4
Stromlieferungsvertrag § 103, 8
Stückprämie Anh. zu § 113, 13
Studentenwohngemeinschaft § 138, 9
Substantiierungspflicht § 4, 17
Sukzessivlieferungsvertrag § 105, 5
Summenmehrheit § 244, 6
- qualifizierte ~ § 244, 13

Surrogat § 144, 7
Surrogationstheorie, Schadensersatz § 103, 47
Swap-Geschäft § 104, 18

Tabelle
- Anmeldung zur § 45, 15
- Berichtigung § 183, 4; § 184, 7
- Einsicht § 175, 8
- Eintragung nachträglicher Forderungen § 177, 6

- Inhalt § 175, 1
- nachträgliche Änderungen § 178, 23
- Niederlegung § 175, 6
- Rechtskraftwirkung des Eintrags § 87, 35
- Verbleib nach Prüfung § 178, 22
- Widerspruchsrecht hinsichtlich Forderungen § 87, 32
- Wirkung von Eintragungen § 178, 18

Tabellenauszug
- Benachrichtigungen § 179, 14
- vollstreckbarer § 174, 28; § 201, 7

Tabelleneintrag § 302, 12
Tabellentitel, rechtskräftiger § 257, 4
Tagegeld
- aus privater Krankenversicherung § 287, 49
- Krankenversicherung § 312, 55

Tankstellenkonto § 116, 42
Tantieme Anh. zu § 113, 13
Tarifvertrag § 103, 33
Tätigkeit
- Beginn selbständiger wirtschaftlicher ~ § 304, 15 ff.
- Ende selbständiger wirtschaftlicher ~ § 304, 15 ff.
- Mittelpunkt der wirtschaftlichen ~
- – Begriff § 3, 5
- selbständige wirtschaftliche ~ § 304, 6 ff.
- – Begriff § 3, 4

Tauschvertrag § 103, 10
Teilamortisationsvertrag § 108, 8
Teilanfechtung § 129, 35
Teilerbbaurecht § 49, 20
Teilgläubigerschaft § 244, 33
Teilklage, Verjährungsfrist § 146, 13
Teilungsversteigerung § 111, 3
Teilzahlung, Schuldner § 14, 34
Teppich, kostbarer § 36, 9
Territorialinsolvenzverfahren
- Antragsrecht I, 397
- ausländische Gläubiger I, 413
- Bedeutung I, 382
- Eröffnungsgründe I, 401
- Fragen der Zuständigkeit I, 390
- Funktion I, 382
- Kooperation zwischen den Verwaltern und Einwirkungsmöglichkeiten des ausländischen Verwalters I, 405
- Pflicht zur Auskehrung des Überschusses I, 407
- Restschuldbefreiung im Partikularverfahren I, 410 ff.
- Sanierungspläne I, 410 ff.
- Sekundärinsolvenzverfahren I, 384, 401

Stichwortverzeichnis

- Teilnahme an den Gläubigerversammlungen I, 405
- Überschuß im Sekundärinsolvenzverfahren I, 406
- Überschuldung I, 404
- Vorhandensein einer inländischen Niederlassung I, 394
- Zahlungsunfähigkeit I, 403
- Zulässigkeit von Sanierungsplänen I, 412

Territorialverfahren I, 19
Testament § 329, 1
Testamentsvollstrecker § 317, 21
- Verbindlichkeiten § 324, 17

Tiere im häuslichen Bereich § 36, 2
Totalsanierung § 13, 31
Träger der Insolvenzsicherung
- sofortige Beschwerde gegen Verfahrenseröffnung § 34, 8

Treugeber § 135, 86
Treuhand § 47, 40
- eigennützige § 47, 43
- uneigennützige § 47, 41

Treuhänder § 288, 1
- Abschluß der Tätigkeit § 292, 24
- Abwicklung der Schuldverträge § 313, 21 ff.
- Antrag auf vereinfachte Verteilung § 314, 1 ff.
- Aufgaben § 313, 1, 5
- Aufgabenbereich § 292, 2
- Aufrechnungsbefugnis § 294, 37
- Aufsicht § 292, 25
- – des Gerichts über den § 292, 24
- Auskünfte über die Situation des Schuldners § 292, 20
- Auslagenerstattung § 293, 15
- Beantragung der Entlassung durch Insolvenzgläubiger § 292, 37
- Beendigung des Amtes § 299, 12
- Bemessung der Höhe der Vergütung § 293, 2
- Bestellung § 313, 6
- Bildung eines Sondervermögens § 292, 4
- Deckung der Mindestvergütung § 298, 1 ff.
- Entlassung durch das Insolvenzgericht § 292, 27
- Ermittlung der Bemessungsgrundlage der Vergütungssätze § 293, 8
- Ernennung durch Insolvenzrichter § 291, 13
- Festsetzung der Vergütung § 293, 20
- Feststellung von Verstößen gegen Obliegenheiten § 292, 20
- Funktion § 292, 2
- Haftung § 292, 29
- – als Überwacher § 292, 35
- – als Verwalter § 292, 31 ff.
- – gegenüber dem Schuldner § 292, 32
- Höhe der Mindestvergütung § 293, 7
- Inbesitznahme der Insolvenzmasse § 313, 10 ff.
- Kontrolle § 292, 25
- Kosten § 286, 47
- kostenpflichtige Übertragung der Überwachung auf den ~ § 292, 1
- Mitarbeiter der Beratungsstellen der Wohlfahrts- und Verbraucherverbände § 288, 9
- Prozeßführung § 313, 16 ff.
- Rechnungslegung § 292, 24
- Rechtsgrundlage für die Überwachungstätigkeit § 292, 19
- Rechtsmittel § 292, 36
- Rechtsstellung § 292, 2; § 292, 1 ff.; § 313, 5
- Restschuldbefreiung, Eignung § 288, 7 ff.
- schriftliche Aufforderung des Schuldners zur Zahlung § 298, 10
- Spezifizierung des Überwachungsauftrages durch die Gläubigerversammlung § 292, 23
- Überprüfung bevorrechtigter Abtretungen § 292, 7
- Überwachung des Schuldners § 292, 17; § 293, 12
- Umsatzsteuerpflicht § 293, 15
- Unterhaltsgewährung § 313, 19
- Unterrichtung des Entgeltschuldners von der Abtretung § 292, 4
- verfahrensrechtliche Stellung § 292, 2
- Vergütung § 293, 1
- – für die Überwachung § 293, 11
- – für die Verwaltung § 293, 6
- Verteilung der Beträge § 292, 9
- Verwertung der Masse § 313, 21 ff.
- Verzicht auf Vergütung § 293, 9
- Vorbereitung des Prüfungstermins § 313, 14
- vorläufiger § 22, 7
- Vorschuß § 293, 18

Treuhandkonto, verdecktes § 116, 41
Treuhandperiode
- Neugläubiger § 294, 11
- Verletzung von Obliegenheiten § 296, 2

Treuhandphase
- siebenjährige § 292, 1
- Verwaltung § 292, 4

Treuhandverhältnis
- Erlöschen § 116, 29
- unentgeltliches § 115, 4

Treuhandvertrag, entgeltlicher § 116, 19
Treuhandzeit
- siebenjährige § 286, 24

- Tod des Schuldners § 299, 9
- Verfahren nach dem Ende § 300, 4
Trinkgeld § 287, 45

Überlassungswürdigkeit § 135, 92
Übernahmegesellschaft § 255, 42
- Beschränkung hinsichtlich Verfügungen § 263, 22

Überschuß, verbleibender § 25, 25
Überschuldung § 5, 2; § 16, 3; § 135, 16
- Begriff § 19, 6; vor § 286, 2; § 320, 14
- Bewertungsregeln § 19, 10
- Ermittlung § 155, 107
- Eröffnungsgrund § 19, 1
- Folgen vor § 286, 6
- Fortführungsprognose § 19, 19 ff.
- Gesamtgut § 333, 28
- Liquidationswert § 19, 10
- ohne Zahlungsunfähigkeit § 19, 4
- persönlicher Anwendungsbereich § 19, 3
- Pflicht zur Eigenprüfung § 19, 24
- rechnerische § 19, 8 ff.
- Reihenfolge der Prüfung § 19, 6 b.
- Verhältnis zu anderen Insolvenzauslösungsvorschriften § 19, 4

Überschuldungsbegriff, modifizierter § 135, 111
Überschuldungsbilanz § 15, 34; § 19, 6, 9
- Aktivseite § 19, 11
- bestehende Verbindlichkeiten § 19, 12

Überschuldungsprüfung, zweistufige modifizierte § 16, 3; § 19, 6
Überschuldungsstatus § 19, 6; § 155, 49
- Anlage- und Umlaufvermögen § 155, 113
- Ansatz von Rückstellungen § 155, 115
- Erstellung § 155, 106
- Firmenwert § 155, 110
- Verbindlichkeiten § 155, 114

Übersendung, formlose § 8, 5
Übersicht über die wichtigsten Sicherungsmaßnahmen § 21, 13
Überstundenvergütung Anh. zu § 113, 10
Übertragungsplan § 217, 103
- Begriff § 217, 146 f.
- inhaltliche Anforderungen § 220, 24 ff.

Überwachung
- Aufhebung
- – öffentliche Bekanntmachung § 268, 20 ff.
- – Wirkungen § 268, 18
- Aufhebungsbeschluß § 268, 17
- Aufhebungsgrund § 268, 3 ff.
- Beschluß bezüglich der Aufhebung § 268, 20
- Kosten § 269, 3 ff.

- Zeitpunkt des Kostenersatzes § 269, 7
- Zweck § 268, 1

Überwachungsdauer, Verkürzung § 268, 11
Überwachungsvermerk
- Grundbuch § 267, 13
- Löschung § 268, 27 ff.

Überweisungsauftrag § 116, 5; § 130, 18
- allgemeines Veräußerungsverbot § 116, 50

Umgruppierung § 125, 21
Umrechnung, Forderung § 45, 1 ff.
Umsatzprämie Anh. zu § 113, 13
Umsatzsteuer § 49, 32; § 155, 145, 345
- Änderung der Bemessungsgrundlage § 155, 151
- Insolvenzforderung § 155, 238
- kein Absonderungsrecht § 51, 1
- Masse § 49, 34
- Masseverbindlichkeit § 155, 238
- Tätigkeit des Insolvenzverwalters § 155, 356
- Tätigkeit des Schuldners vor Eröffnung des Insolvenzverfahrens § 155, 356
- Vergütung des Insolvenzverwalters § 155, 439

Umsatzsteuer-Erstattungsanspruch, Aufrechnung § 155, 127
Umsatzsteuerforderung, Begründetheit § 155, 347
Umsatzsteuerquote, Ermittlung § 155, 461
Umsatztantieme Anh. zu § 113, 13
Unbilligkeit, persönliche § 155, 259
UNCITRAL-Modellbestimmungen
- Ancillary and other Cross-Border Cases I, 267
- Anfechtungsrecht I, 262
- ausländische Gläubiger I, 256
- automatic stay I, 268
- Bankruptcy Code I, 267
- Bedeutung I, 252
- Bewertung I, 265
- Entstehung I, 252
- vorläufige Sicherungsmaßnahmen I, 261
- wesentlicher Inhalt I, 255
- Ziel I, 254

Unfallversicherung § 287, 75
Unfallversicherungsträger Anh. zu § 113
Universalsukzession § 325, 6
Unmöglichkeit einer Rückgewähr in Natur § 81, 23
Unterbilanz, Begriff § 135, 15
Unterbilanzrechnung § 135, 15
Unterhalt
- bei getrennt lebenden Ehegatten § 40, 2
- des geschiedenen Ehegatten § 40, 2

Stichwortverzeichnis

- des nicht ehelichen Kindes § 40, 2
- ehelicher § 40, 2
- notwendiger § 100, 4; § 312, 48
- notwendiger, Begriff § 100, 8
- Schuldner § 100, 1
- Verwandte § 40, 2

Unterhaltsansprüche § 325, 9
- familienrechtliche § 40, 1
- rückständige § 40, 5

Unterhaltsberechtigter, eigene Einkünfte § 287, 57

Unterhaltsbeschluß, Gläubigerversammlung § 100, 9

Unterhaltsverpflichtung § 309, 27

Unterhaltszahlungen, Masse § 101, 6

Unterhaltungselektronik, aufwendige § 36, 9

Unterkapitalisierung § 135, 7
- Begriff § 135, 11
- materielle, Begriff § 135, 13
- nominelle, Begriff § 135, 12

Untermietvertrag § 108, 6

Unternehmen
- eigenes § 304, 7
- Sanierung vor § 1, 18
- vollkaufmännisches § 155, 5
- werbendes, Schlußbilanz § 155, 9
- Wertverfall § 21, 1

Unternehmensfinanzierung § 135, 5

Unternehmensfortführung
- auszugleichender Wertverlust § 169, 1
- Prüfung der Aussichten § 22, 30; § 22, 36 ff.
- Veräußerung einzelner Teile des Schuldnervermögens § 22, 26
- vereinbarte Zinsen § 169, 1

Unternehmensinsolvenz
- Arbeitnehmer § 5, 3
- Deckung, Kosten des Verfahrens § 27, 7
- Eröffnungsgrund § 27, 5
- Glaubhaftmachung der Forderung § 27, 6
- Zulässigkeitsvoraussetzungen § 27, 4

Unternehmenssanierung § 286, 6

Unternehmensstillegung § 22, 27

Unternehmer, gesetzliches Pfandrecht § 50, 19

Unternehmereigenschaft, umsatzsteuerliche § 155, 238

Untervollmacht § 117, 10

Urkunde § 5, 16

Urkundenprozeß § 180, 2

Urkundsbeamter
- der Geschäftsstelle § 2, 36
- − Entscheidungen § 6, 62

- − Erinnerung § 6, 62
- Erinnerung § 6, 6

Urlaubsabgeltung Anh. zu § 113, 23, 111
- nicht insolvenzgeldfähig Anh. zu § 113, 114

Urlaubsentgelt § 287, 42

Urlaubsgeld Anh. zu § 113, 14

Urteilstheorie § 217, 77

Verarbeitungsklausel § 91, 14
- Eigentumsvorbehalt mit ~ § 51, 18

Veräußerungsermächtigung
- Eigentumsvorbehalt mit ~ § 51, 20

Veräußerungsgewinn § 155, 233
- Besteuerung § 155, 451

Veräußerungsverbot
- absolutes § 21, 9, 13; § 80, 27
- allgemeines § 24, 3
- − Anordnung; § 21, 72; § 22, 2
- relatives § 21, 9, 13; § 80, 27

Veräußerungswert, Ermittlung § 151, 14

Verbindlichkeiten § 155, 114

Verbraucher, Verschuldung vor § 286, 1

Verbraucherinsolvenz vor § 1, 43; § 286, 11
- absonderungsberechtigte Gläubiger § 314, 10
- Absonderungsrechte § 313, 43 ff.
- Abtretung
- − von Ansprüchen auf Arbeitsentgelt und Sozialleistungen § 313, 45 ff.
- − von Ansprüchen aus Versicherungsverträgen § 313, 61 ff.
- anfechtbare Sicherungen § 313, 72 ff.
- anfechtbare Verrechnungen § 313, 75
- anfechtbare Zwangsvollstreckung § 313, 68 ff.
- Anfechtung § 313, 67 ff.
- − und Versicherung § 313, 77
- Anforderungen an die Schlußrechnung § 314, 27
- Ansprüche aus Sparverträgen § 312, 63 ff.
- Arbeitsentgelt von Strafgefangenen § 312, 51 ff.
- Arbeitsverträge § 313, 28 f.
- Aufhebung des Verfahrens § 314, 30 ff.
- Aussonderungsrechte § 312, 19
- − von Haushaltsangehörigen § 312, 21
- Bankverträge § 313, 38 ff.
- Beschlußfassung zum Kostenvorschuß § 311, 25 ff.
- Bestimmung der Insolvenzmasse § 312, 18
- Darlegungslast des Gläubigers § 312, 74
- Durchführung des vereinfachten Verfahrens § 312, 67 ff.
- Eigengeld von Strafgefangenen § 312, 51 ff.

2388

Stichwortverzeichnis

- Eigentumsvorbehalt § 312, 19
- einfache Freigabevereinbarungen § 314, 6 ff.
- Eintritt in Lebensversicherungsverträge § 314, 6 ff.
- erkaufte Freigabe § 314, 11
- Eröffnungsbeschluß § 312, 4 ff., 73
- Eröffnungsgrund § 312, 5 ff.
- fiduziarische Freigabevereinbarungen § 314, 9 ff.
- Forderungen
- – aus Erwerbs- und Erwerbsersatzeinkommen § 312, 31 ff.
- – aus Versicherungsverträgen § 312, 55 ff.
- – – mit Versorgungscharakter § 312, 55 ff.
- Gläubigerantrag § 27, 9; § 312, 16 f.
- Grundpfandrechte § 313, 65
- Hausrat § 312, 22
- Insolvenzbeschlag von Sachen des Schuldners § 312, 19 ff.
- Kosten des Eröffnungsverfahrens § 312, 79
- Kostendeckung § 312, 14 f.
- Mietverträge § 313, 30 ff.
- Pfandrechte § 313, 64
- Prozeßkostenhilfe
- – – und die Systematik der ~ § 311, 13 ff.
- – – und verfassungskonforme Auslegung § 311, 20
- qualifizierte Freigabe § 314, 14 ff.
- rechtliches Gehör des Schuldners beim Gläubigerantrag § 312, 75
- Schlußtermin § 314, 24 ff.
- Schlußverfahren § 314, 17
- Schlußverteilung § 314, 19; 30 ff.
- Schlußverzeichnis § 314, 19 ff.
- Schuldenbereinigungsplan § 27, 9
- Terminkonzentration § 312, 68
- Übertragung der Anfechtungsbefugnis an die einzelnen Gläubiger § 313, 4
- Unterhaltsforderungen § 312, 26 ff.
- vereinfachte Verteilung § 314, 1 ff.
- Verfahrenvereinfachungen § 312, 1 ff.
- Werthaltigkeit der Aktivmasse § 312, 15
- zur Erwerbstätigkeit erforderliche Gegenstände § 312, 23

Verbraucherinsolvenzverfahren § 286, 16f.; § 287, 11
- Absehen von der Verwertung der Masse § 289, 11
- Anforderungen an Verzeichnisse § 305, 21
- Antrag
- – auf Bewilligung von Prozeßkostenhilfe § 310, 18 ff.
- – auf Erteilung der Restschuldbefreiung § 305, 18
- Antragstellung § 305, 52
- Bescheinigung über das Scheitern eines außergerichtlichen Einigungsversuchs § 305, 11
- Beschlußfassung über einen Antrag auf Prozeßkostenhilfe § 311, 9
- Eröffnungsverfahren § 310, 13
- Erstellung der Forderungsverzeichnisse § 305, 31
- geringfügige selbständige wirtschaftliche Tätigkeit § 304, 1
- Gläubigerantrag § 306, 18 ff.
- Kleinunternehmer § 304, 1
- Kosten § 305, 52
- kostenrechtliche Regelungen § 310, 8 ff.
- Kostenschutz § 310, 7
- Mindestquote vor § 1, 9
- offene Verhandlungslösungen § 294, 28
- persönlicher Anwendungsbereich § 304, 3
- Pflicht zur Vorlage von Unterlagen § 305, 10
- Prozeßkostenhilfe § 310, 13
- Restschuldbefreiungsverfahren § 291, 10
- selbständige wirtschaftliche Tätigkeit § 304, 18
- unvollständige Antragsunterlagen § 305, 36 ff.
- Verfahrenskosten § 310, 7
- vorzulegende Verzeichnisse § 290, 49
- wirtschaftliche Schlechterstellung des Gläubigers bei Vergleich § 309, 21 ff.

Verbraucherkredit § 313, 54
Verein
- aufgelöster § 145, 4
- eingetragener
- – Antragspflicht § 15, 3
- – Antragsrecht § 15, 3
- nicht eingetragener
- – Antragspflicht § 15, 3
- – Antragsrecht § 15, 3
- nichtrechtsfähiger § 84, 5
- Vertretungsbefugnis § 18, 16

Vereinbarung
- Unwirksamkeit einer abweichenden ~ § 119, 1

Vereinsmitglied, ausscheidendes § 84, 6
Vereinsregister
- Übersendung einer beglaubigten Abschrift des Eröffnungsbeschlusses § 31, 2

Verfahren
- massearmes § 26, 4; § 53, 2; § 207, 1
- masseloses § 26, 4

2389

Stichwortverzeichnis

- nach der Insolvenzordnung, Rechtspfleger § 30, 3
- Nichteröffnung vor § 1, 15
- Verschleppung § 4, 44
- Wertfestsetzung § 13, 67

Verfahrenseinstellung
- Ablauf der Anmeldefrist § 213, 12
- absonderungsberechtigte Gläubiger § 213, 7
- bestrittene Forderungen § 213, 7
- Massegläubiger § 213, 11
- Niederlegung des Antrages § 214, 3
- öffentliche Bekanntmachung § 214, 3
- Pflichten des Verwalters § 207, 10

Verfahrenseröffnung
- nach Rechtshandlung § 147, 1
- Veräußerung der zur Masse gehörenden Sache § 81, 12
- Vollstreckung vor § 88, 1
- Zahlungseingänge § 166, 8

Verfahrenskosten
- erforderlicher Zeitraum zur Realisierung der erforderlichen Masse § 26, 15

Verfrachter, gesetzliches Pfandrecht § 50, 19

Verfügung
- abfallrechtliche § 24, 38
- Begriff § 81, 1, 5
- masseschädigende § 21, 1
- rechtsgeschäftliche, Begriff § 129, 21
- unentgeltliche § 133, 15

Verfügungsbefugnis, Beweislastverteilung § 81, 42

Verfügungsbeschränkung
- Anordnung, öffentliche Bekanntmachung § 23, 1
- Beschlußausfertigung an das Registergericht § 23, 22
- öffentliche Bekanntmachung der Aufhebung § 25, 10
- Übereignung einer beweglichen Sache § 24, 13
- Verkündung des Beschlusses § 23, 10
- Wirkungen des Beschlusses § 23, 18
- Zustellung des Beschlusses
- – an den Drittschuldner § 23, 15
- – an den Schuldner § 23, 15
- – an den vorläufigen Insolvenzverwalter § 23, 15

Verfügungsfreiheit, Begrenzung § 81, 40

Verfügungsverbot § 259, 9
- allgemeines § 21, 28, 31; § 55, 14; § 306, 8
- gutgläubiger Erwerb § 24, 7
- unpfändbare Gegenstände § 24, 6
- Vorausverfügungen des Schuldners § 24, 8

Vergleich
- außergerichtlicher § 160, 10
- gerichtlicher § 160, 10
- globaler § 1, 4

Vergleichsgläubiger § 222, 7

Vergleichsvertrag § 103, 17
- Anfechtung § 132, 5

Vergütung, Treuhänder § 293, 1

Vergütungsverordnung § 298, 5

Verjährung
- Anfechtungsanspruch § 146, 1 ff.
- Anmeldung der Forderung beim Insolvenzverwalter § 174, 47
- Rechtsnatur § 146, 4

Verjährungsfrist § 146, 1

Verkäufer
- allgemeine Geschäftsbedingungen § 47, 20
- Verkauf einer mangelhaften Sache § 103, 40

Verkäuferinsolvenz
- Eigentumsvorbehalt § 107, 4
- Rechte des Insolvenzverwalters bei Eigentumsvorbehalt § 107, 21

Verkaufskommission § 47, 50; § 103, 11

Verkehrsschutz, Immobiliarrechte § 91, 17

Verlagsvertrag § 103, 18

Verletztenrente § 287, 75

Verlustabzug § 155, 456

Verlustausgleich § 155, 456

Verlustdeckung, vertragliche § 155, 111

Vermächtnis § 325, 9
- Anfall § 83, 10; § 332, 60

Vermächtnisnehmer § 317, 26

Vermengung, Vermischung § 47, 12

Vermieter § 110, 2 ff.
- Aufrechnungsmöglichkeit mit Schadensersatzansprüchen § 109, 28
- fortwährende Zahlungsstockungen des Mieters, Kündigungsrecht § 112, 6
- gesetzliches Pfandrecht § 50, 19
- Kündigung wegen Zahlungsverzuges § 112, 6
- Kündigungsrecht § 109, 22
- Schadensersatzanspruch bei insolvenzbedingter Kündigung § 109, 12

Vermieterpfandrecht § 50, 21 ff.; § 190, 2
- Absonderungsrecht § 112, 11

Vermietung, anfechtbare § 143, 11

Vermischung, Vermengung § 47, 12

Vermögen
- im Ausland belegenes § 27, 25
- insolvenzfreies § 155, 121
- Schuldner § 26, 7
- unbewegliches § 36, 1

Vermögensanspruch

– vor Eröffnung des Insolvenzverfahrens begründet § 38, 5
Vermögensbegriff, einkommensteuerrechtlicher § 155, 275
Vermögensgegenstand
– freier § 26, 8
– Fremdkosten § 171, 4
– Transportkosten § 171, 4
– Werbungskosten § 171, 4
Vermögenshaftung § 286, 26
Vermögensübersicht § 153, 1; § 281, 14
– Aktiva § 229, 16
– Aufstellung § 155, 10
– eidesstattliche Versicherung des Schuldners § 153, 8
– Grundlage, Erstellung durch den Schuldner § 281, 10 ff.
– Inhalt § 153, 5
– Niederlegung in der Geschäftsstelle § 154, 1 ff.
– Passiva § 229, 18
– unvollständige § 153, 17
Vermögensübertragung, Gesellschaft § 145, 4
Vermögensunzulänglichkeit § 133, 9
Vermögensverschiebung
– sittenwidrige Schädigung der Gläubiger § 92, 5
Vermögensverschwendung § 290, 36
Vermögensverwaltungsvertrag § 116, 16
Vermögensverzeichnis § 151, 2; § 305, 21; § 308, 15
– Hilfsfunktion für die Durchführung des Schuldenbereinigungsverfahrens § 305, 23
– Schuldner V
Vermögenswert
– ausländischer § 26, 15
– Sicherung § 306, 9
– Vernichtung § 92, 5
– Verschleuderung § 92, 5
Vermögenswerte, berücksichtigungsfähige § 26, 7
Veröffentlichungskosten § 25, 17
Verordnung über das Gemeinschaftspatent I, 96
Verordnung über den gemeinschaftlichen Sortenschutz I, 96
Verordnung über die Gemeinschaftsmarke I, 96
Verpächter § 110, 2 ff.
– gesetzliches Pfandrecht § 50, 19
– Schadensersatzanspruch bei insolvenzbedingter Kündigung § 109, 12
Verpächterpfandrecht § 50, 21 ff.

Verpfändung einer künftigen Forderung § 140, 6
Verpflegungsgeld, pauschales Anh. zu § 113, 11
Verpflegungsmehraufwand Anh. zu § 113, 11
Verpflichtungsgeschäft
– Forderung aus einem unanfechtbaren ~ § 144, 2
Verrechnung
– Zeitpunkt der Vornahme § 140, 9
Versäumnisurteil § 14, 67
– rechtskräftiges § 14, 62
Verschaffungsanspruch § 45, 10
Verschleuderungsschutz § 314, 11
Verschmelzung, Gesellschaft § 145, 4
Verschollenheitsgesetz § 316, 10
Verschuldung
– für die Anschaffung von Konsumgütern vor § 286, 2
– Verbraucher vor § 286, 1
Versendungskauf § 103, 39
Versetzung § 125, 21
Versicherung
– Antragsrecht § 13, 13
– für fremde Rechnung § 47, 51
Versicherungsunternehmen
– Antragspflicht § 15, 3
– Antragsrecht § 15, 3
– Antragsrecht bei Aufsichtsbehörde § 15, 7
Versicherungsvertrag § 103, 20; § 312, 60
– gegenseitiger Vertrag § 105, 12
Versorgungsrente der Lebens- oder Unfallversicherung § 287, 49
Versorgungsunternehmen, Kontrahierungszwang § 105, 1
Versorgungszusageempfänger § 47, 36
Verspätungszuschlag § 155, 433
Verstorbener, Gläubiger § 83, 3
Verteilung, vorhandener Masse § 45, 2
Verteilungsgerechtigkeit vor § 1, 30
Verteilungsverfahren § 283, 1
– allgemeine Stellung des Schuldners § 283, 5
– Aufgabenverteilung § 283, 5
– Stellung des Sachwalters § 283, 7
Verteilungsverzeichnis § 188, 1 ff.
– Änderung § 193, 1
– Aufnahme einer Forderung § 188, 2
– Einwendung § 6, 3
– fehlerhaftes § 188, 6
– Richtigkeit, Haftung des Insolvenzverwalters § 188, 5
Vertrag

Stichwortverzeichnis

- Begriff § 133, 21
- – der Entgeltlichkeit § 133, 22
- gegenseitiger § 103, 1
- – halbfertige Arbeiten § 155, 388 ff.
- mit Patentanwalt § 116, 17
- mit Rechtsanwalt § 116, 17
- öffentlich-rechtlicher § 313, 55
- zu Lasten Dritter § 230, 17
- zugunsten Dritter § 130, 22
- – Anfechtung § 134, 27

Vertragshilfeverfahren § 286, 12
Vertreter, organschaftlicher § 101, 1 ff.
Vertretertheorie, Insolvenzverwalter § 56, 5
Vertretungsbefugnis
- Weiterwirkung der beendeten § 101, 5

Verwahrungsvertrag § 103, 19
Verwalter
- Abschluß einer Haftpflichtversicherung § 5, 5
- entlassener, Durchsetzung der Herausgabepflicht § 58, 29
- Vergütung § 54, 32

Verwandtenbegriff § 138, 7
Verweisung, Beschluß § 3, 27
Verweisungsantrag § 3, 25
- Anhörung zum § 3, 29

Verweisungsbeschluß, Bindungswirkung § 3, 28
Verwertungserlös
- Anfechtbarkeit § 131, 25
- Umsatzsteuerpflicht § 159, 18

Verwertungskosten, Pauschalbeträge § 171, 2
Verwertungsrecht des Insolvenzverwalters § 166, 4
Verzeichnis
- der gegen den Schuldner gerichteten Forderungen § 305, 21
- der Massegegenstände, Erstellung durch den Schuldner § 281, 10 ff.
- der Massegegenstände, Niederlegung in der Geschäftsstelle § 154, 1 ff.
- der Vermögensgegenstände § 153, 1
- Niederlegung durch den Schuldner § 281, 16

Verzicht, unentgeltliche Leistung § 134, 10
Verzugszinsen § 169, 4
Volkszählungsurteil § 4, 49
Volldynamische Rentenzusage
- Bemessungsgrundlage III, 88
- Dynamik III, 88

Vollmacht
- des Schuldners, Erlöschen § 117, 1
- Rechtsfolgen der unwirksamen ~ § 117, 8

Vollständigkeitsgebot, Vermögensgegenstände § 151, 5
Vollstreckung
- Titelumschreibung gegen den Insolvenzverwalter § 89, 10
- vor Verfahrenseröffnung § 88, 1

Vollstreckungsabwehrklage § 202, 5
Vollstreckungserinnerung § 6, 63; § 23, 21
- Insolvenzverwalter § 321, 16

Vollstreckungsgegenklage gegen eine notarielle Urkunde § 14, 69
Vollstreckungshandlung § 141, 4
Vollstreckungsklausel § 23, 20; § 257, 13; § 302, 19
- Klage
- – auf Erteilung § 202, 1
- – auf Erteilung der ~ § 202, 3
- – gegen die Erteilung der ~ § 202, 4

Vollstreckungsmaßnahme, Pfändung § 294, 21
Vollstreckungstitel § 23, 19
Vollstreckungsverbot § 21, 74; § 89, 1 ff.
- betroffene Gläubiger § 89, 5
- betroffene Maßnahmen § 89, 9
- Ende § 294, 17
- Masseverbindlichkeit § 90, 1 ff.
- – ohne ~ § 90, 4
- Verstoß § 89, 3
- Vollstreckungstitel § 89, 9

Vollstreckungsverfahren § 257, 23
- Finanzamt § 155, 198

Vor-Aktiengesellschaft, Antragsberechtigung § 15, 24
Vor-GmbH, Antragsberechtigung § 15, 24
Vor-GmbH & Co KG, Antragsberechtigung § 15, 25
Voranmeldungszeitraum
- Einfluß der Eröffnung des Insolvenzverfahrens auf den laufenden ~ § 155, 349

Vorausabtretung § 140, 6
Vorausabtretungsklausel § 51, 22
Vorausklage, Einrede der § 43, 5
Vorausverfügung, Wirksamkeit § 110, 12
Vorausvermächtnis § 325, 9
Vorbehaltsgut § 37, 4
- Begriff § 37, 8
- eines jeden Ehegatten § 332, 10

Vorbehaltskäufer § 47, 17; § 107, 15
- faktische Ausübungssperre § 47, 23

Vorbehaltsurteil § 14, 68
Vorbehaltsverkäufer § 47, 17
Vorerbe
- Widerspruch gegen eine angemeldete Forderung § 329, 5

2392

Vorerbschaft § 83, 17; § 317, 12
Vorgesellschaft § 11, 28
– Antragsberechtigung § 15, 22
Vorgründungsgesellschaft § 11, 28
– Antragsberechtigung § 15, 22
Vorkaufsrechtsinhaber § 106, 7
Vormerkung § 106, 1
– Eintragung § 140, 11
Vormundschaftsgericht
– Mitteilung über den Antrag auf Eröffnung des Insolvenzverfahrens § 13, 42
Vorpfändung § 140, 4
– gemäß § 845 ZPO § 321, 7
Vorrats-GmbH § 220, 53; § 260, 26
Vorsatz, Begriff § 290, 26
Vorsatzanfechtung § 129, 17
Vorschuß § 5, 19
Vorschußleistung, Behandlung § 26, 25
Vorschußzahlung, Art § 26, 25
Vorstand einer Gesellschaft
– Rückgriffsanspruch hinsichtlich Vorschußzahlung § 26, 95
Vorsteuer im Insolvenzverfahren § 155, 363
Vorsteuerberichtigungsanspruch
– bei Änderung der Verhältnisse § 155, 378
– bei unbezahlten Rechnungen § 155, 367
– im Fall der Aussonderung wegen Warenlieferung unter Eigentumsvorbehalt § 155, 374
Vorsteuererstattungsanspruch, Aufrechnung § 155, 127
Vorverfahren
– Abweisung des Antrages § 13, 4
– Erledigungserklärung § 13, 4
– Rücknahme des Antrages § 13, 4
– Verweisung § 13, 4

Währung
– Anmeldung in fremder ~ § 45, 20
Währungs-Swap § 104, 18
Wandelschuldverschreibung § 104, 17
Ware
– drohende Wertminderung § 107, 34
– verderbliche § 107, 34
Warenbestand, schwere Verkäuflichkeit § 15, 34
Warenlager, Zustimmungsgebot § 160, 5
Warentermingeschäft § 104, 18
Wäsche § 36, 2
Wechsel § 140, 8
– Ausstellung § 130, 17
– Einlösen § 96, 15
– Ersatzrückgewähr § 137, 5
– Zahlung auf den ~ § 137, 3
Wechselkurs, Änderungen § 45, 21

Wechselprotest § 14, 83; § 137, 2
Wechselprozeß § 180, 2
Wechselzahlung, Deckungsanfechtung § 130, 5
Wehrdienstleistender, Sonderkündigungsschutz § 113, 72; § 126, 21
Weihnachtsgeld Anh. zu § 113, 14
Weihnachtsvergütung § 287, 42
Werkleistung, Teilbarkeit § 105, 8
Werklieferungsvertrag § 103, 22
Werklohn, ausstehender § 103, 55
Werklohnforderung § 196, 5
Werksicherungshypothek § 106, 3
Werkvertrag § 103, 22
– der eine Geschäftsbesorgung zum Gegenstand hat § 116, 22
– über Bauleistungen § 103, 54 ff.
Wertermittlung, aussonderungsberechtigter Gegenstände § 171, 3
Wertpapier
– Pfandrecht § 50, 7
– Zurückbehaltungsrecht § 51, 31
Wertpapiergeschäft § 104, 17
Wettbewerbsabrede § 103, 21
Wettbewerbsverbot § 103, 21
– nachvertragliches § 113, 93
Widerklage
– Wahrung der Anfechtungsfrist § 146, 6
Wiederaufleben einer Forderung § 144, 2
Wiederaufnahmegesuch § 7, 33
Wiederkehrschuldverhältnis § 105, 1
Willkürkontrolle vor § 113, 15
Wirtschaftskonzession § 129, 52
Wohlverhaltensperiode s. *Treuhandzeit*
Wohngeld § 287, 77; § 313, 34
– Pfändbarkeit § 312, 43
Wohnsitz, Begriff § 295, 46
Wohnungseigentum § 49, 20
– Vormerkung § 106, 20
Wohnungserbbaurecht § 49, 20

Zahlung
– auf den Scheck § 137, 7
– auf den Wechsel § 137, 3
– durch mithaftenden Gesamtschuldner § 43, 7
Zahlungseinstellung § 16, 5; § 17, 1, 4; § 17, 26 ff.
– Feststellung § 17, 30
– objektives Element § 17, 28
– subjektives Element § 17, 29
Zahlungsklage, gerichtliche Geltendmachung Anh. zu § 113, 220
Zahlungspflichten

Stichwortverzeichnis

- bestehende § 18, 5
- fällige § 17, 7; § 312, 9

Zahlungsstockung § 312, 10
- Dauer § 17, 13
- Nachweis durch Schuldner § 17, 18
- vorübergehende § 17, 5
- – Begriff § 17, 16

Zahlungsunfähigkeit § 5, 2; § 131, 27; § 312, 10
- Art der Feststellung § 17, 24 f.
- Begriff § 17, 1, 4; § 130, 37
- des Schuldners, Glaubhaftmachung § 14, 33
- Drohen der § 18, 4
- drohende vor § 1, 36; § 5, 2; § 14, 95; § 15, 12; § 18, 1; § 312, 12
- – Anhaltspunkte § 18, 15
- – Prognose § 18, 9
- – Warnsignale § 18, 15
- Eröffnungsgrund § 17, 1
- erste Anhaltspunkte § 130, 42
- ohne Überschuldung § 19, 4
- Unterdeckung § 17, 19
- Wesentlichkeit § 17, 19
- Zahlungseinstellung § 17, 27
- Zeitpunkt der Feststellung § 17, 24 f.

Zahlungsunwilligkeit, Begriff § 17, 6
Zahlungsverpflichtung, noch nicht begründete § 18, 6
Zahlungsverweigerung § 17, 6
Zeitpunkt-Illiquidität § 17, 8; § 18, 4
Zerlegungsbescheid § 155, 186
Zeuge
- Entbindung von der Verschwiegenheitspflicht § 5, 14
- Vernehmung § 5, 12 ff.

Zeugenvernehmung § 5, 21
Zeugnis, Arbeitnehmer § 113, 108 ff.
Zeugnisverweigerungsrecht § 5, 14
Zinsabschlag in der Insolvenz § 155, 478
Zinsabschlaggesetz § 155, 483
Zinsabschlagsteuer § 155, 478
Zinsen § 155, 433
Zinssatz, gesetzlicher § 41, 5
Zitiergebot § 102, 1
Zivilprozeßordnung
- anwendbare Vorschriften § 4, 3 ff.
- Anwendbarkeit § 4, 1

Zuchtbetrieb § 36, 2
Zulagen, Begriff Anh. zu § 113, 9
Zulässigkeitsvoraussetzungen
- Zeitpunkt für die ~ § 3, 16

Zulassungsbeschwerde
- Antrag § 7, 3

- Entscheidungsmöglichkeiten des OLG § 7, 18
- Sicherung einer einheitlichen Rechtsprechung § 7, 12
- Verletzung des Gesetzes § 7, 7
- Vorlage an den BGH § 7, 24
- Zulässigkeit des Antrages § 7, 3

Zurückbehaltungsrecht § 144, 9
- kaufmännisches § 51, 31
- Kaufmannseigenschaft auf seiten des Gläubigers § 51, 31
- nach HGB § 51, 31
- wegen nützlicher Verwendungen § 51, 29

Zuständigkeit, örtliche § 3, 1
Zuständigkeitserschleichung § 3, 10
- Rechtsprechung des BGH § 3, 18

Zuständigkeitskonzentration § 7, 26
- Zweck § 2, 6

Zuständigkeitsregelungen § 2, 1
- Verstoß § 2, 29

Zustellung
- durch Aufgabe zur Post § 8, 4
- durch den Gerichtswachtmeister § 8, 3
- durch den Insolvenzverwalter § 8, 21
- förmliche § 8, 3
- gegen Empfangsbekenntnis § 8, 3
- im Ausland § 8, 17
- Notwendigkeit einer förmlichen § 8, 9
- öffentliche § 8, 18

Zustellungsadressat § 8, 16
Zustellungsart § 8, 3
- Auswahl § 8, 7

Zustellungsmangel § 6, 12
Zustimmungsvorbehalt, allgemeiner
- Anordnung § 24, 2

Zuwendung
- mittelbare § 129, 32; § 134, 26
- – Anfechtung § 143, 8

Zwangshypothek § 89, 16
Zwangsmittel, Kosten § 98, 7
Zwangsvergleich
- Abstimmung § 244, 9
- ausländischer I, 370 ff.
- im Ausland abgeschlossener, Voraussetzungen für die Anerkennung I, 372

Zwangsversteigerung § 21, 72; § 49, 26
- Einstellung, Antrag des vorläufigen Insolvenzverwalters § 21, 79
- einstweilige Einstellung § 30, 25
- Umsatzsteuer § 49, 33
- unbewegliche Gegenstände § 49, 18

Zwangsverwaltung § 21, 72; § 49, 26
Zwangsverwertung, konkursmäßige § 129, 2

Stichwortverzeichnis

Zwangsvollstreckung § 88, 4
– Arrest § 131, 24
– einstweilige Einstellung der ~ § 306, 8
– in künftige Lohnansprüche des Schuldners § 294, 11
– in künftigen Forderungen § 89, 13
– inkongruente Deckung § 131, 24
– nach Erbfall § 321, 1 ff.
– Stellung des Sachwalters § 280, 10
– unbewegliche Gegenstände § 49, 18
Zwangsvollstreckungsmaßnahme § 21, 72
– unzulässige
– – Beseitigung § 89, 15 ff.
– – Folgen § 89, 15 ff.
– Wirksamkeit § 110, 12

Zwangsvollstreckungsmaßnahmen § 294, 20
– Zahl vor § 286, 5
Zwangsvollstreckungsverbot
– Forderungen
– – anderer Gläubiger § 294, 9
– – der Insolvenzgläubiger § 294, 5
– zeitlicher Anwendungsbereich § 294, 16
Zwangsvormerkung § 131, 26
Zweigniederlassung § 3, 6
Zweitgericht § 3, 14
Zweitschuldner, Haftung § 13, 52
Zwischenverdienst, Anrechnung Anh. zu § 113, 167
Zwischenzinsen § 45, 15

2395

Neue Chance – Restschuldbefreiung

neu

**Kohte/Ahrens/Grote
Das Restschuld-
befreiungs- und
Verbraucherinsolvenz-
verfahren nach der
Insolvenzordnung**

*1999, ca. 300 Seiten,
gebunden*
ca. DM/sFR 90,–/öS 657,–
*ISBN 3-472-03304-5
Erscheint März 1999*

Die Zahl der überschuldeten Haushalte in Deutschland nimmt erschreckende Ausmaße an. Nach bisherigem Recht können die Gläubiger zahlungsunfähige Schuldner zeitlich nahezu unbegrenzt in Anspruch nehmen. Folglich ist der Aufbau einer neuen Existenz für viele aussichtslos.

Das neue Verbraucherinsolvenzverfahren soll dem Schuldner den Weg aus der wirtschaftlichen Krise ermöglichen und ihm nach Ablauf des Verfahrens die sogenannte Restschuld erlassen.

Dieses Werk kommentiert den Ablauf des Verbraucherinsolvenzverfahrens und der Restschuldbefreiung, geregelt in den §§ 286-314 InsO.

Neben der Kommentierung der §§ 286 bis 314 InsO enthält das Buch zusätzliche Erläuterungen

- zur Konsumentenverschuldung,
- zur europäischen Rechtsentwicklung und
- ergänzende Informationen zum allgemeinen Insolvenzrecht, die zum Verständnis der Verbraucherinsolvenz erforderlich sind.

Ebenso wird auf materiell-rechtliche Fragen, wie z. B. die Sittenwidrigkeit von Kredit- und Bürgschaftsverträgen sowie die Voraussetzungen wirksamer Entgeltabtretungen, eingegangen.

Zu beziehen über Ihre Buchhandlung oder direkt beim Verlag.

Postfach 2352 · 56513 Neuwied
Tel.:02631/801-329 · Fax:/801-411
info@luchterhand.de
http://www.luchterhand.de

Sicher in allen Fragen des Konkurs- und Insolvenzrechts

Wimmer/Stenner

Lexikon des Insolvenzrechts

1999, ca. 450 Seiten, Leinen, inkl. CD-ROM
ca. DM/sFR 100,—/öS 730,—
ISBN 3-472-03302-9
Erscheint Dezember 1998

Das Lexikon erläutert die neuen Rechtsbegriffe in der Insolvenzordnung, die ab Januar 1999 Geltung haben und weitet die Begriffsdefinitionen auf die wesentlichen Rechtsbegriffe der Konkurs- und Gesamtvollstreckungsordnung aus.

Dort wo die bisherige Rechtslage unverändert Bedeutung hat, wird jeweils ausdrücklich darauf hingewiesen. Breiten Raum nehmen die neuen Rechtsbegriffe wie Insolvenzplan, Verbraucherinsolvenzverfahren und Restschuldbefreiung innerhalb des Werkes ein.

Alle Begriffe auch auf CD-ROM zur weiteren Textverarbeitung verfügbar.

Zu beziehen über Ihre Fachbuchhandlung oder direkt beim Verlag.

Postfach 2352 · 56513 Neuwied
Tel.: 02631/801-329 · Fax:/801-411
info@luchterhand.de
http://www.luchterhand.de